RÉPERTOIRE GÉNÉRAL.

JOURNAL DU PALAIS.

Le RÉPERTOIRE GÉNÉRAL DU JOURNAL DU PALAIS est publié sous la direction de **M. LEDRU-ROLLIN**, docteur en droit, ancien avocat à la Cour de Cassation et au Conseil d'Etat, membre de la Chambre des Députés ;

ASSISTÉ DE MM.

J.-A. LEVESQUE, docteur en droit, avocat à la Cour royale de Paris ;

F. NOBLET, avocat à la Cour royale de Paris ;

AM. BOULLANGER, avocat à la Cour royale de Paris ;

AD. BILLEQUIN, avocat à la Cour royale de Paris ;

TH. GELLE, ancien magistrat, avocat à la Cour royale de Paris ,

ET AVEC LA COLLABORATION DE

MM.

LIGNIER, avocat à la Cour royale de Paris ;

BERTIN, avocat à la Cour royale de Paris ;

D'AUVILLIERS, avocat à la Cour royale de Paris ;

BENOIT, avocat auteur du *Traité de la Dot*, etc.;

CH. ROYER, avocat à la Cour royale de Paris ;

DOMENGET, docteur en droit, avocat à la Cour royale de Paris ;

FABRE, ancien avocat avoué à la Cour royale de Paris ;

TIXIER DE LA CHAPELLE, docteur en droit, avocat à la Cour royale de Paris ;

RÉQUÉDAT, docteur en droit, avocat à la Cour royale de Paris ;

FAVERIE, avocat à la Cour royale de Paris ;

BARNOUVIN, avocat à la Cour royale de Paris ;

CAUCHOIS, avocat à la Cour royale de Paris ;

GOUJET, avocat à la Cour royale de Paris ;

PEYRUSSE, avocat à la Cour royale de Paris ;

HECTOR LECONTE, avocat à la Cour royale de Paris :

RICHARD, avocat à la Cour royale de Paris ;

F. HOUSSET, docteur en droit, avocat à la cour royale de Paris;

MM.

GARNIER-DUBOURGNEUF, directeur des affaires civiles et du sceau au Ministère de la Justice ;

MEYNARD DE FRANC, substitut du procureur du Roi près le tribunal de la Seine ;

JOUAUST, président du tribunal civil de Rennes ;

SOUÈF, avocat général à la Cour royale de Montpellier ;

MONGIS, substitut du procureur du roi, près le tribunal de la Seine ;

SULPICY, procureur du roi à Coulommiers ;

MOURIER, substitut du procureur du roi à Coutances ;

CHEVILLOTTE, docteur en droit, substitut du procureur du roi à Philippeville (Algérie), ancien avocat à la Cour royale de Paris ;

CAPMAS, professeur-suppléant à la Faculté de droit de Toulouse.

MAILHER DE CHASSAT, ancien magistrat, avocat à la cour royale de Paris, auteur de différens ouvrages;

Et plusieurs autres magistrats et jurisconsultes.

PARIS. — IMPRIMERIE LANGE LÉVY ET COMP., RUE DU CROISSANT, 16.

JOURNAL DU PALAIS.

RÉPERTOIRE GÉNÉRAL

CONTENANT

LA JURISPRUDENCE DE 1791 A 1845,

L'HISTOIRE DU DROIT,

LA LÉGISLATION ET LA DOCTRINE DES AUTEURS,

PAR

M. LEDRU-ROLLIN,

DOCTEUR EN DROIT, ANCIEN AVOCAT A LA COUR DE CASSATION ET AU CONSEIL D'ÉTAT,
MEMBRE DE LA CHAMBRE DES DÉPUTÉS.

PUBLIÉ PAR

M. F.-F. PATRIS,

Propriétaire du *Journal du Palais*.

TOME TROISIÈME.

CAS. — COM.

PARIS,

AU BUREAU DU JOURNAL DU PALAIS,
rue des Grands-Augustins, 7.

1846

JOURNAL DU PALAIS.

RÉPERTOIRE GÉNÉRAL.

CAS AFFLIGEANS.

1. — « Les cas affligeans, dit M. Rolland de Villargues (*Rép. du not.*, *hoc verbo*), ne sont pas censés prévus dans les conventions. » *Nec enim fas est tristes casus exspectare.* — L. 34, § 2, ff., *De contrah. empt.*

2. — Tel est le cas où un usufruit a été constitué sur la tête d'une personne jusqu'au décès d'une autre. Par le décès, on doit entendre la mort naturelle et non la mort civile. — Proudhon, *Usufruit*, n° 245. — V. OBLIGATION.

CAS FORTUIT.

Table alphabétique.

Abordage. 7.
Accident, 5.
Avarie, 29.
Bail, 26.
Bailleur, 32.
Cheptel, 35.
Cheval, 36.
Chose empruntée, 37. — perdue, 40, 16 s.
Commodat, 56.
Conventions, 33.
Débiteur, 34, 37.
Débordement, 2, 11.
Débris de matériaux (abandon), 20. — (enlèvement), 19, 21.
Dégradation, 42.
Destruction de la chose, 22, 26.
Dommages-intérêts, 32.
Donataire, 24.
Emprunteur, 36.
Engagemens réciproques, 13, 15.
Épidémie, 2.
Fait du prince, 4.
Faute, 5 s., 34 s.
Fermier, 28.
Feu du ciel, 23.
Force majeure, 2 s., 25, 32.
Fruits sur le terrain voisin, 24.
Grêle, 33.

Guerre, 2.
Hasard, 2.
Immeuble (destruction), 24.
Incendie, 2, 5, 22, 27.
Indemnité, 7 s., 19.
Invasion, 2.
Jet à la mer, 13.
Locataire, 27.
Loi nouvelle, 2.
Mauvaise foi, 38.
Mer, 14.
Naufrage, 15.
Obligation (extinction), 22 s.
Orage, 2.
Pays inhabités, 14.
Perte, 29 s., 35. — de titre, n° 3.
Préjudice, 7.
Preuve, 31. — testimoniale, 23.
Puits, 24.
Rapport, 24.
Récolte, 28.
Refoulement des eaux, 12.
Remise de prix, 28.
Responsabilité, 27, 29, 38.
Retard, 37.
Rivière, 9.
Tremblement de terre, 2.
Vente, 30.
Voiturier, 29, 32.
Voleur, 38.
Voyages, 14.

CAS FORTUIT. — 1. — On appelle ainsi tout événement occasionné par une force majeure qu'on ne pouvait prévoir et à laquelle on ne peut pas résister. — V. L. 18, ff., *Commodati*; L. 23, *in fine*, ff., *De reg. jur.*

2. — A proprement parler, on n'entend par cas fortuits que les événemens résultant du hasard, tels qu'un incendie, un orage, une épidémie, un débordement de rivière, un tremblement de terre, etc. Mais souvent on considère également comme cas fortuits les événemens causés par la force majeure, comme les invasions de l'ennemi, les ravages de la guerre, l'effet d'une loi nouvelle prohibant, par exemple, l'exportation des blés, et autres accidens semblables, au-dessus de la prévoyance de l'homme, quoiqu'on ne puisse les considérer comme produits par ce qu'on nomme le hasard. Ces accidens diffèrent des premiers en ce que ceux-ci sont naturels, tandis que les autres proviennent du fait des hommes. Mais les uns et les autres se ressemblent en ce que tous sont indépendans de la volonté de celui qui a à s'en plaindre, et qu'en général il n'y a point à exercer de recours pour le dommage qui en résulte.

3. — Un événement que sa nature même soustrait au pouvoir de l'homme, rentre dans la classe des cas fortuits, encore bien que la possibilité de sa réalisation ait pu se présenter à l'esprit au moment du contrat. — *Cass.*, 4 mars 1842 (t. 2 1842, p. 168), Marion c. comm. de Saint-Denis.

4. — Le fait du prince, obligeant à soumission comme le fait de la nature, constitue un cas fortuit, alors que cette volonté du prince s'est accomplie par sa vertu propre, sans le concours ni l'adhésion de ceux sur lesquels elle s'est étendue. — Même arrêt.

5. — Un accident ne peut être considéré comme cas fortuit qu'autant qu'il n'a été occasionné par aucune faute. Conséquemment, l'incendie qui serait causé parce qu'on aurait serré du foin qui n'était pas encore assez sec, ne peut être considéré comme un cas fortuit. Il y a ici faute du propriétaire, parce qu'il devait prévoir l'accident survenu. Par suite, si l'incendie a préjudicié à quelqu'un, on devra considérer cet incendie comme un quasi-délit. — Rolland de Villargues, *Rép. du not.*, v° *Cas fortuit*, n° 4; Proudhon, *Usufruit*, n° 1539; Toullier, t. 11, n° 319.

6. — Encore bien que les cas fortuits ne sauraient être considérés comme résultant d'une faute, ils pourraient, néanmoins, avoir des suites diverses relativement aux engagemens qu'ils produisent. — Domat, liv. 2, tit. 9, *in pr.*; Toullier, t. 11, n° 320.

7. — D'abord, tous les cas fortuits qui amènent des gains ou des pertes ne forment pas pour cela des engagemens. La règle que l'on peut établir à cet égard, c'est que toutes les fois qu'un cas purement fortuit entraîne de la perte pour quelqu'un, lui préjudicie, sans enrichir un autre à ses dépens, la personne qui en souffre n'a droit à aucune indemnité. Ainsi, en cas d'abordage de deux navires, si l'événement a été purement fortuit, le navire qui en a souffert ne peut réclamer la réparation du dommage qu'il a éprouvé. — C. comm., art. 407; — Domat, liv. 2, tit. 9, sect. 1re, n° 10; Rolland, v° *Cas fortuit*, n°s 6 et suiv.; Toullier, t. 11, n°s 321 et 322.

8. — Mais si le cas fortuit, préjudiciable à une personne, en enrichit une autre à ses dépens, cette dernière sera tenue d'une indemnité envers la première. — Domat, sect. 1re, n° 10; Toullier, t. 11, n° 323; Rolland, *Rép.*, v° *Cas fortuit*, n° 10.

9. — Cette règle a cependant ses exceptions. Il peut se faire, en effet, que la personne qui souffre un dommage résultant du cas fortuit enrichissant à un autre, ne puisse prétendre à aucun dédommagement. Ainsi, par exemple, si, par cas fortuit, une rivière a quitté insensiblement une de ses rives pour se porter sur l'autre, ce qu'elle enlève à l'un des riverains se trouve perdu pour lui sans qu'il puisse réclamer contre celui dont le fonds se trouve augmenté. — Instit., *De rerum divis.*, §§ 20 et 23; L. 1, Cod., *De alluv.*; — Domat, sect. 1re, n°s 6 et 10; Rolland, n°s 11 et 12.

10. — Mais, à l'exception de semblables accidens, la règle qui astreint celui qui profite du cas fortuit à réparer le dommage reprend son empire. C'est ainsi que celui qui a trouvé un objet perdu doit le rendre à son maître, s'il connaît ou peut connaître ce dernier. — Les lois romaines voyaient même un larcin dans le fait de retenir la chose perdue sans tâcher de découvrir son propriétaire. — L. 43, §§ 4 et 7, ff., *De furtis*; — Domat, *ubi suprà*, sect. 2e, n° 1er; Toullier, t. 11, n° 323; Rolland, n° 13.

11. — Si une maison était abattue par un débordement des eaux, et que des matériaux ou des meubles fussent emportés par le courant sur quelque héritage, le possesseur de celui-ci ne pourrait refuser au propriétaire de la maison le droit de venir enlever ce que les eaux auraient entraîné. — L. 5, § 4, ff., *Ad. exhib.*; — Domat, sect. 1re, n° 2; Toullier, t. 11, n° 323; Rolland, n° 14.

12. — Si le cas fortuit produisait un changement nuisible à autrui dans l'état de certains lieux, et qu'il fût équitable de rétablir ces lieux dans l'état primitif, ceux chez qui le travail devrait être fait seraient obligés de le laisser la liberté aux personnes intéressées, ou d'y procéder eux-mêmes. — Cette règle s'appliquerait dans le cas où, par suite d'un accident imprévu, ou même par la succession des temps, des eaux courantes reflueraient d'une manière préjudiciable sur des terrains supérieurs. Le propriétaire de ceux-ci pourrait aller faire disparaître la cause du dommage, enlever des graviers, par exemple; seulement il devrait indemniser le maître du terrain traversé des dommages que les travaux pourraient occasionner — L. 2, § 6, ff., *De aq. et aq. pluv. arc.*; — Domat, liv. 2, tit. 9, sect. 2e, n°5; Toullier, t. 11, n° 327; Rolland, n° 15. — V. aussi Merlin, *Rép.*, v° *Eaux pluviales*, n° 3.

13. — Les engagemens causés par les cas fortuits sont quelquefois réciproques et entraînent des obligations mutuelles. Il en est ainsi au cas où, pour éviter un naufrage, une partie de la charge du vaisseau devrait être jetée à la mer pour sauver le reste de la cargaison. Alors ceux dont les effets ou les marchandises auraient été sauvés se verraient contraints de supporter leur part de la perte des choses sacrifiées pour l'intérêt commun. — L. 1, ff., *De lege rhodia, de jactu.* — Cette disposition, consacrée par l'ordonnance de la marine de 1681, l'est également par le Code de comm., art. 416 et suiv. — Toullier, t. 11, n° 329; Rolland de Villargues, *Rép. du not.*, v° *Cas fortuits*, n° 16.

14. — Pareillement si, dans un voyage sur mer ou à travers des pays inhabités, les provisions manquent, les voyageurs qui pourraient en avoir en réserve doivent les mettre en commun. — L. 2, § 2, *in fine*, ff., *De lege rhodia*; — Toullier, t. 11, n° 328; Rolland, n° 17.

15. — Il ne paraît pas qu'on puisse tracer une règle générale pour distinguer les cas fortuits dont il peut naître des engagemens réciproques de ceux qui ne peuvent produire des engagemens que d'un côté. Ces différences dépendent des circonstances qui rendent les événemens si divers. — Domat, sect. 2e, n° 11; Toullier, n° 324; Rolland, n° 19.

1

16. — Celui qui par cas fortuit trouve un objet perdu doit le rendre, avons-nous dit, s'il sait ou peut savoir à qui il appartient. Par suite, il doit le conserver ou en prendre soin. S'il ignore quel est le propriétaire de l'objet, c'est pour lui un devoir moral de s'en enquérir par les moyens en son pouvoir, par exemple, par des affiches ou des publications. — Domat, sect. 2e, no 1er; Toullier, t. 11, no 323; Rolland, no 20.

17.—La personne qui rendrait la chose trouvée par elle ne pourrait, bien que ce fût de l'argent, en retenir une partie ni exiger une récompense. Les Romains s'étaient même demandé s'il n'y aurait pas vol de la part de l'inventeur qui réclamerait quelque chose. — La loi 43, ff., *De furtis*, répondit néanmoins par la négative. — Domat, *ubi suprà*; Rolland de Villargues, vo *Cas fortuits*, no 21.

18. — Le propriétaire à qui on rend la chose perdue doit, de son côté, tenir compte des dépenses faites pour conserver ou remettre cette chose. —L. 2, § 5, ff., *De aq. et aq. pl. arc.* — Ainsi, il doit rendre le prix de la nourriture de la bête égarée, les frais qu'ont nécessités le transport et la remise de l'objet trouvé, ceux des publications faites, etc. — Domat, sect. 2e, no 323; Rolland, nos 22 et suiv.

19. — Quant à celui qui veut reprendre les débris de sa maison sur le terrain où le débordement les a entraînés, il devra indemniser le propriétaire du terrain, non seulement du dommage que pourra causer l'enlèvement de ces débris, mais encore de celui qu'y a déjà causé le transport de ces matériaux par les eaux. — L. 8, ff., *De incendiis*; L. 9, §§ 1er et 3, ff., *De damno infecto*; — Domat, sect. 2e, no 4; Toullier, t. 11, no 324; Rolland, no 24.

20.—Le maître des matériaux devrait même enlever l'inutile. —L. 7, § ult.; L. 9, § 2, ff.. *De damn. inf.* — Toutefois, s'il préférait abandonner tous les débris plutôt que de payer le dommage et les frais de l'enlèvement, il pourrait le faire; car, ici, le dommage a été causé par un pur cas fortuit, que le propriétaire de la maison détruite, qui a surtout à souffrir, ne pouvait ni prévoir ni empêcher. On ne peut donc l'en rendre responsable. — L. 7, §§ 1 et 2, ff., *De damn. inf.*; — Domat, *ubi suprà*; Toullier, t. 11, no 325; Rolland, no 26.

21. —Mais, s'il veut enlever ses matériaux, nous le répétons, il en a le droit, et le propriétaire du terrain ne peut lui en refuser l'entrée. Au surplus, cette obligation de laisser à autrui l'entrée de notre héritage existe, en outre, dans le cas où par une note trouvée dans certains papiers, ou par tout autre moyen, quelqu'un aurait appris qu'un trésor est enfoui chez nous. La loi romaine exigeait impérieusement que l'entrée fût alors accordée.— L. 15, ff., *Ad exhib.*—Elle devrait l'être aussi si, par hasard, j'avais laissé tomber un effet précieux dans votre puits, etc. — Pareillement, le propriétaire d'un arbre fruitier peut aller ramasser les fruits tombés chez le voisin.— Toullier, t. 11, no 326; Rolland, nos 27 et 28.

22. — Le cas fortuit éteint l'obligation lorsqu'il y a destruction totale de la chose qui faisait la matière de l'engagement (C. civ., art. 1302). Tel serait le cas où une maison vendue aurait été incendiée avant la mise en possession de l'acquéreur. — Si la chose n'a pas entièrement péri, l'obligation subsiste pour la partie qui en reste. — Rolland de Villargues, *Rép. du not.*, vo *Cas fortuits*, nos 29 et 30.

23.—L'obligation serait encore éteinte par le cas fortuit, si celui-ci empêchait le débiteur de tenir ses engagemens. — Arg. C. civ., art. 1148.

24. — L'immeuble qui a péri par cas fortuit et sans la faute du donataire n'est pas sujet à rapport. — C. civ., art. 855. — V. RAPPORT A SUCCESSION.

25. — La règle qui, en matière civile, prohibe la preuve testimoniale contre et outre le contenu aux actes lorsqu'il s'agit d'une somme ou valeur excédant 150 fr. souffre exception dans le cas où le créancier a perdu le titre qui lui servait de preuve littérale, par suite d'un cas fortuit imprévu et résultant d'une force majeure. — C. civ., art. 1348, no 4. — V. PREUVE TESTIMONIALE.

26.—Si, pendant la durée du bail, la chose louée est détruite en totalité par cas fortuit, le bail est résilié de plein droit; si elle n'est détruite qu'en partie, le preneur peut, suivant les circonstances, demander ou une diminution de son prix ou la résiliation même du bail. Dans l'un et l'autre cas, il n'y a lieu à aucun dédommagement. — C. civ., art. 1722. — V. BAIL.

27.— Le cas fortuit est un des cas où le locataire cesse d'être responsable de l'incendie. — C. civ., art. 1733. — V. BAIL.

28. —Le fermier dont la récolte est enlevée par des cas fortuits, peut, suivant les circonstances, demander une remise sur le prix de sa location.— C. civ., art. 1769 et 1770. — V. BAIL.

29. — Le voiturier n'est pas responsable de la perte ou de l'avarie des choses qui lui ont été confiées, lorsqu'il prouve que c'est le résultat d'un cas fortuit. — C. civ., art. 1784. — V. VOITURIER.

30. — La perte de la chose qui périt par cas fortuit doit être supportée par le propriétaire: *res perit domino*. Conséquemment, si, après la vente, l'objet vendu périt par cas fortuit, même chez le vendeur, sa perte sera pour l'acquéreur. — C. civ., art. 1647; — Merlin, *Rép.*, vo *Cas fortuits*. — V. VENTE.

31. — C'est au débiteur à prouver le cas fortuit qu'il allègue.—C. civ., art. 1302.— Il doit prouver l'accident ou l'événement de force majeure qui a détruit ou dégradé la chose.

32. — Quand, par force majeure ou cas fortuit, le débiteur n'a pas rempli l'obligation qui pesait sur lui, ou a fait ce qui lui était défendu, il n'y a lieu à aucuns dommages-intérêts. — C. civ., art. 1148. — Ainsi, quoique, aux termes de l'art. 1719, no 3, le bailleur soit tenu de faire jouir le preneur de la chose louée, il ne doit, néanmoins, aucun dédommagement à ce dernier si la chose louée a péri par cas fortuit. — C. civ., art. 1722. — De même, quoique le transport ne fût pas effectué dans le délai convenu, le voiturier ne devrait aucune indemnité pour cause de retard si celui-ci provenait d'un cas fortuit ou de force majeure. — C comm., art. 104.

33. — Néanmoins, cette règle comporte plusieurs exceptions : — 1o On ne peut l'appliquer si l'une des parties s'est chargée des cas fortuits (C. civ., art. 1302); car les conventions tiennent lieu de loi à ceux qui les ont faites (C. civ., art. 1134). — Ainsi le preneur peut être chargé des cas fortuits par une stipulation expresse. — C. civ., art. 1772. — Mais cette stipulation ne s'entend que des cas fortuits proprement dits, tels que grêle, feu du ciel, etc., à moins qu'on ne soit chargé de tous. — C. civ., art. 1773.

34. — 2o La règle n'est pas non plus applicable quand celui qui excipe du cas fortuit a commis quelque faute. *Quandò culpa præcessit casum, tunc casus fortuitus non excusat.*— Casaregis, *Disc. leg. de comm.*, art. 23, no 52.

35. — Ainsi, le preneur à cheptel est tenu du cas fortuit lorsqu'il est précédé de quelque faute de sa part sans laquelle la perte ne serait pas arrivée. — C. civ., art. 1807.

36. — De même, dans le commodat, l'emprunteur est tenu de la perte arrivée même par cas fortuit, s'il a employé la chose à un usage autre que celui auquel on la destinait: par exemple, s'il avait conduit dans un lieu un cheval prêté pour aller dans un autre. — Pothier, *Obligations*, no 142. — C. civ., art. 1881.

37.— 3o Le cas fortuit serait à la charge du débiteur si celui-ci était en retard d'exécuter le contrat, par exemple, si la perte fortuite de la chose empruntée n'était arrivée qu'après l'époque désignée pour sa remise. — C. civ., art. 1881. — Toutefois, cette dernière exception cesserait d'être applicable au cas où la chose eût également péri entre les mains du créancier si elle lui eût été livrée. — C. civ., art. 1302.

38.—4o Le voleur ou celui qui a reçu de mauvaise foi ce qui ne lui était pas dû, est responsable des cas fortuits.— L. ult., ff., *De cond. furt.*; 19, ff., *De vi et de vi armatâ*; — C. civ., art. 1302 et 1379.

V. en outre ACCIDENT, ACQUIT A CAUTION, ASSURANCES MARITIMES, CAPITAINE DE NAVIRE, NOVATION.

CAS PRÉSIDIAUX.

1. — Nom donné dans l'ancien droit à certains crimes dont la connaissance en dernier ressort appartenait aux justices présidiales.

2. — La connaissance en appartenait aussi concurremment aux prévôts (V. CAS PRÉVOTAUX); cependant il y avait des cas où la compétence des présidiaux obtenait la préférence, et d'autres où celle des prévôts était exclusive. — Déclar. 5 fév. 1731, tit. 1er, art. 12 et 15; 29 mai 1702; — Jousse, *Just. crimin.*, t. 1er, p. 226, no 219.

3.— Les ecclésiastiques, les gentilshommes, les secrétaires du roi, les officiers de judicature n'étaient pas soumis, pour quelque crime que ce fût, à la juridiction des présidiaux.

CAS PRÉVOTAUX.

1.— On donnait ce nom autrefois à certains crimes ou délits dont les prévôts des maréchaux connaissaient en dernier ressort.

2. — Ces cas, dit Jousse (*Just. crimin.*, t. 1er, p. 212, no 181), pouvaient être considérés de deux manières: ou par la qualité des accusés, ou par la nature du crime.

3.—Sous le premier rapport, les prévôts des maréchaux connaissaient de tous crimes commis par les mendians, vagabonds et gens sans aveu, c'est-à-dire, par des personnes qui, n'ayant ni profession ni domicile certain, ne pouvaient faire certifier de leurs bonnes vie et mœurs par personnes dignes de foi. — Déclar. 5 fév. 1731, art. 1er; ord. 1670, tit. 1er, art. 12.

4.—...De ceux commis par des repris de justice, ayant été précédemment condamnés à quelque peine corporelle, au bannissement ou à l'amende honorable. — Déclar. 5 fév. 1731, art. 2; ord. 1670, tit. 1er, art. 12.

5.—Quoique repris de justice, les ecclésiastiques, les secrétaires du roi et les officiers de judicature, dont les procès ressortissaient à la grand'chambre, n'étaient en aucun cas soumis à la juridiction des maréchaux.— Déclar. 5 févr. 1731, art. 11 et 13.

6.—Les prévôts connaissaient encore des crimes et délits commis par les gens de guerre pendant leur marche, leur séjour dans les lieux d'étape.— Déclar. 5 fév. 1731, art. 3; — D'Aguesseau, lettre 21 sept. 1734 — ... Ou par les déserteurs et ceux qui avaient favorisé leur désertion, encore qu'ils ne fussent pas gens de gerre. — Même déclar. 1731, art. 3.

7.—Envisagée sous le second rapport, c'est-à-dire à raison de la nature même du fait incriminé, la compétence des prévôts des maréchaux s'appliquait aux vols de grand chemin; aux vols avec effraction et port d'armes ou accompagnés de violence; aux sacriléges commis avec les mêmes circonstances; aux émeutes et séditions; aux attroupemens et assemblées illicites avec port d'armes; aux levées de gens de guerre sans commission; à la fabrication et émission de fausses monnaies, etc.

8.—L'ordonnance de 1670 rangeait aussi parmi les cas prévôtaux les assassinats prémédités; mais la déclaration du 5 fév. 1731 dérogea à l'ordonnance sur ce point.

9.—La plupart des cas prévôtaux étaient aussi des cas présidiaux (V. CAS PRÉSIDIAUX): ainsi deux juridictions pouvaient être saisies et juger sans appel. Seulement, dans certains cas, la juridiction des prévôts des maréchaux était exclusive, par exemple, en matière de désertion; dans d'autres circonstances, au contraire, la juridiction des présidiaux obtenait la préférence. Cela arrivait notamment lorsque les présidiaux avaient décrété avant les prévôts des maréchaux.

10.—Il y avait concurrence aussi entre les prévôts des maréchaux et les juges ordinaires pour connaître des crimes classés parmi les cas prévôtaux à raison de leur nature, qui exigeait une prompte décision; ces crimes constituaient tout à la fois et des cas prévôtaux et des cas royaux. — Guyot, *Répert.*, vo *Cas*, p. 730 et 731, édit. in-4o. — V. MARÉCHAUSSÉE, PRÉVOT DES MARÉCHAUX.

CAS PRIVILÉGIÉS.

1. — On appelait autrefois *cas privilégiés* les crimes et délits commis par les ecclésiastiques et qui, outre les peines canoniques, méritaient des peines de la nature de celles que le juge d'église ne pouvait pas prononcer.

2. — La procédure, pour parvenir à la conviction de ces crimes et délits, devait s'instruire conjointement par l'official et par le juge royal qui se transportait, à cet effet, à la juridiction ecclésiastique. — Edit d'avr. 1695, art. 38.

3. — On peut lire dans Denizart (vis *Cas privilégiés* et *Official*) le détail des règles suivant lesquelles procédaient, dans ces cas, la juridiction séculière et la juridiction ecclésiastique.

4. — L'église n'a plus en France aucune juridiction contentieuse ni extérieure; les délits commis par les ecclésiastiques ne diffèrent plus en rien de ceux commis par les particuliers, et les règles de compétence, ainsi que la forme de procédure et celle de juger, sont les mêmes pour les uns que pour les autres. — V. CULTE, MINISTRE DU CULTE. — V. aussi APPEL COMME D'ABUS.

CAS ROYAUX.

1. — On appelait ainsi les affaires contentieuses, soit civiles, soit criminelles, dont la connaissance était exclusivement réservée aux juridictions royales. — Jousse, *Just. crim.*, t. 1er, p. 175; Muyard de Vouglans, *Instit. du dr. crim.*, p. 25 et 203; Serpillon, *Comment. sur l'ordon. de 1670*, tit. 1er, art. 11; *Encycloped. méthod.* (jurisprud.), vo *Cas*.

2. — En regard des cas royaux on plaçait les cas seigneuriaux, c'est-à-dire les affaires contentieuses de la compétence des justices des seigneurs (V. JUSTICES SEIGNEURIALES).—Il existait en outre certaines causes dont les juges royaux pouvaient connaître, quoiqu'elles fussent dévolues à des ju-

ridictions spéciales. — V. CAS PRÉVOTAUX, n° 10.

3. — La distinction entre les cas royaux et seigneuriaux ne remonte pas, suivant Mably (*Observ. sur l'hist. de France*, liv. 4, ch. 1er), au-delà du treizième siècle; mais il est prouvé que, dès le siècle précédent, il existait déjà des cas réservés à la justice royale.

4. — Voici de quelle manière Meyer (*Progrès des instit. judic.*, t. 2, ch. 7, p. 441) explique l'institution des cas royaux. « Une des premières conséquences des entreprises des sénéchaux et des grands baillis sur les justices seigneuriales fut l'évocation des causes qui, d'après les usages féodaux, auraient dû être jugées dans ces justices. Les baillis ne se contentèrent plus de connaître de tous les différends qui s'élevaient entre les vassaux immédiats du roi ou du grand vassal, et de tous ceux qui pouvaient naître entre des arrière-vassaux non relevant du même seigneur, lesquels, représentés par leurs seigneurs respectifs, ne pouvaient plaider que devant le suzerain commun de ces seigneurs: ils attirèrent successivement à eux tous les conflits de juridiction, sous prétexte de dispute entre les seigneurs justiciers; les jugemens des affaires qui, portées aux cours seigneuriales, ne les avaient pas trouvées suffisamment garnies de pairs et qui étaient renvoyées par les seigneurs; ensuite, par extension, les appels de défaut de droit, et enfin les appels à raison du mal jugé (V. APPEL). — Il restait encore un grand pas à faire, et on n'y manqua pas: ce fut de restreindre la compétence des seigneurs, même en première instance. » De là l'origine des cas royaux.

5. — Toutefois, ce ne fut que peu à peu que la distinction entre les cas royaux et seigneuriaux s'établit et se développa; mais, grâce à cette théorie ingénieuse, le pouvoir royal reconquit insensiblement et pacifiquement tout le terrain qu'il avait perdu pendant l'anarchie féodale.

6. — Du reste, une certaine apparence de raison couvrait cette usurpation hardie, et dont les conséquences furent d'ailleurs très favorables au bien public. « Il serait, disait-on, indigne de la majesté du roi de voir des particuliers, ses vassaux, juger des crimes ou délits qui portent atteinte à sa haute dignité et à ses fonctions si élevées: que deviendrait le respect dû au roi, s'il devait s'en remettre à la décision et au pouvoir d'un de ses sujets pour venger son injure, pour sauver son honneur ou celui de ses officiers, pour protéger l'exécution du pouvoir monarchique? » — Meyer, *loc. cit.*, p. 443.

7. — Ce fut à l'aide de ce raisonnement, répété par les jurisconsultes et appuyé par la force, que les seigneurs finirent par reconnaître en principe l'existence de certains cas royaux, par exemple, le crime de lèse-majesté, de haute trahison, etc.; mais comme il n'existait en cette matière aucune règle précise, des difficultés nombreuses s'élevèrent toutes les fois que les juges royaux voulurent donner trop d'extension à leur compétence.

8. — « Il ne faut pas trouver étrange, dit Loyseau (*De l'abus des justices*, p. 14), que les ducs et comtes se soient emparés de la propriété de la justice dans leurs territoires, tout de même qu'ils avaient usurpé presque tous les droits royaux. » Quand on les dépossséda de ceux-ci, ajoute cet auteur, il fut plus malaisé de leur ôter la propriété de la justice, « pour ce que de leur première institution, l'exercice de la justice appartenait à leur dignité. »

9. — On aurait pu sans doute mettre fin à toutes les controverses, à toutes les résistances, en définissant bien les cas royaux; mais on n'eut garde de le faire, parce qu'à l'aide des incertitudes dont se plaignaient les seigneurs, le roi étendait chaque jour son pouvoir.

10. — Aussi, lorsque les barons de Champagne, alarmés des empiétemens de la royauté, vinrent supplier Louis X de préciser nettement, une fois pour toutes, ce qu'il fallait entendre par cas royaux, le prince leur répondit par une définition dont la merveilleuse élasticité dut peu contribuer à les rassurer. Voici sa réponse: « C'est à savoir que la royale majesté est étendue ès cas qui, de droit ou ancienne coutume, peuvent et doivent appartenir à souverain juge et nul autre. » Avec cette définition, les cas royaux pouvaient embrasser la juridiction tout entière.

11. — Afin de donner une idée de la manière dont s'y prirent les juges royaux pour dépouiller les justices seigneuriales, nous rappellerons qu'après avoir établi qu'il fallait regarder comme cas royal le crime de lèse-majesté, ils rangèrent dans la même catégorie: 1° sous prétexte de lèse-majesté divine, le sortilége, la magie, l'enchantement, le sacrilége, la violation de sépulcre, le schisme, l'hérésie, l'idolâtrie, etc.; — 2° sous prétexte de lèse-majesté humaine, la haute trahison, la fausse monnaie (à cause de l'effigie du prince), la rébellion envers les magistrats, le faux, la concussion, le péculat, etc.

12. — Quelque extension qu'on eût donnée au crime de lèse-majesté, il était loin de suffire pour atteindre tous les délits dont on voulait réserver la connaissance aux juridictions royales; on eut donc recours à un autre principe beaucoup plus large dans son application. On établit que le roi, comme chef de l'état, étant le gardien de la sûreté publique, c'était à ses juges, et non aux juges des seigneurs, qu'il appartenait de statuer sur tous les crimes et délits qui y portaient atteinte.

13. — On voit combien cette règle était féconde; aussi n'était-il guère de cas qui échappassent à la compétence des juges royaux. Les assassinats, les empoisonnemens, les parricides, les homicides, les infanticides, les viols, les rapts de séduction, les incendies, les rassemblemens tumultueux, les attentats au repos des citoyens, etc., etc., furent rangés dans la classe des cas royaux. — Jousse, *Justice criminelle*, t. 1er, part. 2e, tit. 1er, art. 4.

14. — On y comprenait même les adultères, d'autant plus, dit Charondas, dans ses *Notes sur le Grand-Coutumier* (p. 15, édit. de 1598), qu'ils offensent la société civile, et sont quelquefois cause de troubles, séditions et guerres, dont les histoires rendent assez de témoignage. »

15. — On alla plus loin encore, on déclara cas royaux les délits et crimes de la compétence des justices seigneuriales, lorsqu'ils avaient été commis dans une maison royale, dans une église, ou sur un chemin public.

16. — On décida de même qu'il fallait ranger dans la classe des cas royaux les injures et calomnies lorsqu'elles renfermaient le reproche d'un crime de la compétence du juge royal.

17. — Qu'on ajoute à tout ce qui précède que le juge royal pouvait connaître de tout crime et délit de la compétence du juge seigneurial lorsqu'il y avait déni de justice, et qu'on voyait un déni de justice dans le plus léger retard apporté aux poursuites, et l'on restera convaincu qu'avec l'ingénieuse théorie des cas royaux la compétence des juridictions royales était devenue à peu près illimitée, universelle. — « N'étant spécifiés ni arrêtés nettement par une ordonnance générale, dit Loyseau (*De l'abus des justices de village*, p. 32), ils devinrent un passe-partout de pratique, et l'on comprit sous les cas royaux toutes les causes où le roi pouvait avoir quelque prétexte d'intérêt, pour éloigné qu'il fût. »

18. — On voit par ce qui précède que le nombre des cas royaux n'a jamais été exactement fixé, et qu'il a varié suivant les époques et les circonstances.

19. — Les lettres du premier apanage d'Anjou, concédées par saint Louis à Charles, son frère, en 1249, contiennent une énumération des cas royaux qui diffère de la nomenclature qu'on trouve dans les praticiens du quatorzième siècle. — Il est également fait mention des cas royaux dans les lettres de l'échange de Montpellier entre Charles V et le roi de Navarre en 1371 (Bacquet, liv. 3, chap. 7); dans un réglement de 1372, relaté dans le *Grand coutumier* (liv. 1er, ch. 3), et enfin dans l'arrêt de 1574, rapporté dans Choppin, *sur la coutume d'Anjou*, liv. 1er, chap. 65.

20. — Bouteiller (dans la *Somme rurale*, liv. 2, tit. 1er) énumère trente-six cas royaux. — C'est à peu de chose près le nombre que l'on trouve aussi dans le *Grand coutumier*, liv. 1er, chap. 3. — Bacquet (tit. 1er, ch. 7) dit que l'énumération en serait trop longue, et se contente d'en rapporter la plus grande partie, contenue dans des lettres patentes. — Jousse et Serpillon, dans les commentaires sur l'ordonnance de 1670, ont essayé d'en donner une nomenclature complète; mais on remarque dans leur travail bien des lacunes, ce qui, du reste, est aujourd'hui à peu près indifférent.

21. — Qu'il suffise de savoir qu'on faisait autrefois une double distinction des cas royaux. — On distinguait ceux de *souveraineté* et ceux de *juridiction*.

22. — Les premiers, suivant Charondas le Caron (*Notes sur le Grand coutumier*, p. 24), comprenaient le droit de faire lois, édits, ordonnances, créer et établir nouveaux officiers, les supprimer et révoquer, faire assembler des états et ordres du royaume, imposer tailles, aides, subsides, gabelles et autres impôts sur le peuple, faire fabriquer monnaie, anoblir, naturaliser, légitimer, donner graces, abolition, rémission et pardon de crimes, rappel de bons, restitution en entier, lettres d'état en cause, amortir, ériger universités, octroyer foires et marchés publics, et autres.

23. — Les seconds, c'est-à-dire les cas de juridiction, étaient ceux qui appartenaient aux juges royaux, privativement à ceux des autres seigneurs. — Charondas, *loc. cit.*

24. — La distinction des cas royaux avait lieu non seulement en matière criminelle, mais aussi en matière civile.

25. — Les cas royaux, en matière criminelle, comprenaient, comme on l'a dit plus haut, et suivant la définition donnée par l'avocat-général Talon dans le procès-verbal de l'ordonnance de 1670, p. 25, tous les crimes et délits dans lesquels la majesté du prince, les droits de sa couronne, la dignité de ses officiers, et la sûreté publique dont il est protecteur, avaient été violées. — Ord. 1670, tit. 1er, art. 11; ord. de Blois, art. 42; édit de Crémieu, art. 10; — Jousse, *Justice criminelle*, t. 1er, p. 175; *Grand coutumier*, liv. 1er, chap. 3, p. 23 et suiv.; Bouteiller, *Somme rurale*, liv. 2, tit. 1er.

26. — Les cas royaux en matière civile étaient infiniment moins nombreux et n'étaient pas mieux définis dans les ordonnances que les cas royaux criminels.

27. — On faisait rentrer dans cette catégorie les causes du domaine du roi, les procès concernant les églises de fondation royale, la possession des bénéfices seulement, attendu que les juges royaux avaient perdu la complainte sur les autres biens compris dans les limites des justices seigneuriales. — Bacquet, t. 1er, chap. 7, § 35; Muyard de Vouglans, part. 1re, chap. 4.

28. — On y faisait rentrer encore les contestations relatives aux impôts, ainsi que celles relatives aux murs, portes, tours, chemins, rues de villes royales (art. 5, décl. 1559 sur l'édit de Crémieu); toutes les causes qui concernaient les officiers royaux ou les droits dépendans de leurs offices, les saisies réelles des offices royaux et les scellés apposés sur leurs minutes, papiers et effets.

29. — Il en était de même de l'amortissement et des causes qui avaient pour objet l'état ou les droits de la noblesse, la naturalisation des étrangers, la légitimation des bâtards, les lettres de changement de nom, de grace, de mission, de réhabilitation, les concessions de foires.

30. — Les causes concernant les académies, les abbayes, les hôpitaux et tous établissemens de fondation royale, étaient aussi l'objet des cas royaux.

31. — Il faut également mettre au rang des cas civils l'exercice que les juges royaux faisaient de leur autorité pour maintenir la séparation entre la puissance civile et la puissance ecclésiastique, pour veiller à l'accomplissement des devoirs et au respect des droits réciproques de chacune d'elles.

32. — Enfin il faut en dire autant des causes qui concernaient les villes dans leurs biens et droits, la conservation des édifices publics, l'état des personnes et les divers actes de l'état civil, et tout ce qui intéressait la police générale des forêts et des rivières.

33. — Du temps de Bouteiller, les juges royaux connaissaient aussi par prévention, c'est-à-dire en cas de plainte pour déni de justice, des causes des veuves, des pupilles, des étrangers et autres dignes de commisération. — Loyseau, *Abus des justices de village*, p. 32.

34. — On voit qu'en matière civile comme en matière criminelle, le pouvoir royal laissa aux juridictions seigneuriales une bien faible part dans l'administration de la justice. « Le dernier coup, dit Meyer (*loc. cit.*, p. 449), fut porté aux justices privées par l'édit de 1551, qui institua les présidiaux. » — V. JUSTICE SEIGNEURIALE, PRÉSIDIAUX.

CASERNE, CASERNEMENT.

§ 1er. — *Armée de terre.*

1. — Dans les villes de garnison, les troupes sont d'ordinaire logées dans des bâtimens spéciaux affectés à cet usage, et qui portent le nom de *casernes*. Ce n'est qu'en cas d'insuffisance de ces bâtimens, et temporairement seulement, que les habitans peuvent être astreints à recevoir des soldats dans leur domicile, ainsi que cela a lieu encore dans les gîtes d'étape pour les troupes de passage. — V. LOGEMENT DES GENS DE GUERRE.

2. — « Le logement des gens de guerre, dit M. Durat-Lassalle (*Dr. et législat. milit.*, t. 2, p. lxxv), était dans l'origine une source d'abus et de vexations; quelques provinces ou villes firent construire pour s'y soustraire des pavillons et casernes et mirent l'exemption de loger au rang de leurs plus précieuses immunités: ce fut ainsi que le casernement s'établit et devint une charge légale. »

3. — La loi du 10 juill. 1791, réunissant au domaine public les casernes et autres bâtimens militaires (art. 1er), posa en principe que le caserne-

ment cessait d'être à la charge des communes (art. 2), et, en conséquence, prescrivit qu'à défaut de bâtimens appartenant ou acquis à l'état il y aurait lieu d'établir les troupes dans des maisons vides et convenables, prises à loyer aux dépens du département de la guerre.

4. — Le règlement du 22 germin. an IV détermina quelles mesures devaient être prises pour la conservation et l'entretien des bâtimens militaires confiés à la surveillance des officiers du génie (art. 1er), à l'exception des arsenaux, fonderies et manufactures d'armes, laissés sous la direction de l'artillerie (art. 2), exception qui a toujours été maintenue.

5. — Mais survint le régime impérial, et, ainsi que nous l'avons vu (v° BATIMENS MILITAIRES, n° 2), les casernes, comme tous autres bâtimens militaires, furent concédées en *toute propriété* aux villes, chargées de les entretenir sans pouvoir en changer la destination (Décr. 23 avr. 1810). — Complétant ce système, le décret du 7 août 1810 voulut que dans toutes les communes jouissant des droits d'octroi, le loyer d'occupation des militaires fût désormais à la charge des communes, à qui un autre décret du 15 oct. même devait bientôt imposer l'obligation de fournir aux troupes de la garnison un champ de manœuvres.

6. — Rendu en exécution du décret du 23 mars 1810, celui du 16 sept. 1811 plaçait les casernes, comme tout autre établissement militaire, sous la surveillance simultanée des ministres de l'intérieur et de la guerre : source de difficultés nouvelles résultant du conflit de deux autorités distinctes, et que la loi de finances du 15 mai 1818 a eu pour objet de supprimer, en établissant, par son art. 46, la faculté pour les communes de se libérer des dépenses relatives au casernement et à la literie militaire, au moyen d'abonnemens dont le taux annuel ne peut dépasser 7 fr. par homme et 3 fr. par cheval. — L'abonnement est réglé suivant le nombre des journées d'occupation d'hommes et de chevaux. — *Cons. d'ét.*, 18 mai 1837, ville de Saint-Omer c. Min. de la guerre.

7. — L'abonnement individuel peut être remplacé par un abonnement fixe établi par ordonnance royale ; il peut aussi, et suivant les mêmes formes, être accordé des décharges aux communes dont les revenus, par une cause quelconque, se trouveraient insuffisans. En tous cas, c'est l'administration des contributions indirectes qui est chargée d'opérer la perception de l'abonnement, d'après le décompte établi tous les trois mois par le sous-intendant militaire.—Cons. d'ét. 8 août 1818.

— V. aussi, sur cette matière, Inst. min. guerre 8 août 1818 ; circul. du même min. 8 oct. 1818, 7 juin 1832.

8. — Les communes ayant des octrois peuvent seules être soumises à contribuer aux frais du casernement, en principe à la charge de l'état.— Inst. min. guerre, 8 août 1818 ; au cons. d'état, 29 avr. 1834 ; Circul. minist. int., 15 juill. 1833.

9. — C'est donc sur les *journées de présence réelle* de la garnison , quel que soit du reste le mode de logement des troupes , que doit être calculé le montant de l'abonnement ; d'où il suit qu'il ne saurait y avoir lieu au prélèvement légal pour *les officiers et agens militaires* à résidence fixe , ni pour *les hommes malades ou emprisonnés* pendant tout le temps de leur séjour dans une ville d'octroi restant sans garnison. — Inst. min. guerre, 5 août 1818.

10. — Par les mêmes motifs on ne saurait comprendre, pour établir la contribution des villes, ni la gendarmerie, dont le casernement est à la charge des départemens, ni les gardes municipales et les corps de pompiers, entretenus aux frais des villes.

11. — Toutefois, et en dehors de l'abonnement légal, les communes, pour s'assurer les avantages d'une garnison habituelle, peuvent, avec l'autorisation royale, s'imposer des subventions volontaires et d'une somme déterminée , pour contribuer aux frais de casernement. —Ordonn. 5 août 1818, art. 11.

12. — Le service du casernement des troupes est au surplus arrêté par un règlement général du ministre de la guerre, règlement daté du 17 août 1824, et contenant cent vingt-quatre articles, dont nous nous bornons à rappeler ici les art. 3 et 4. — L'art. 3 veut qu'en cas d'insuffisance des bâtimens militaires appartenant à l'état, il y ait lieu de louer, au nom du ministre de la guerre, d'autres bâtimens qui, pendant ce temps, sont considérés comme bâtimens militaires.

13. — L'art. 4 place les bâtimens sous l'attribution du ministre de la guerre, fixant du reste la part d'autorité respective qui doit appartenir aux corps de l'intendance militaire, à celui des officiers du génie et à l'officier chargé de la police militaire dans ces bâtimens.

14. — Comme on le voit sauf ce qui concerne la propriété et la jouissance des villes concessionnaires en vertu du décret du 7 août 1810 , qui n'a pas été rapporté sur ce point, la loi de 1818 a rétabli la législation de l'assemblée constituante sur le casernement des troupes.

15. — Jugé que la loi du 15 mai 1818 et l'ordonnance du 15 août suivant , en mettant toutes les dépenses du casernement à la charge du département de la guerre, à compter de l'exercice 1818, moyennant un abonnement imposé aux communes, n'ont fait aucune exception, et n'ont conféré aucun droit de répétition, soit au département de la guerre pour les dépenses qui auraient eu lieu par suite du défaut de réparations dans les exercices antérieurs à 1818, soit aux communes pour celles qu'elles auraient évitées pour l'avenir par des constructions neuves ou un entretien régulier. — Cons. d'ét., 22 févr. 1828, min. de la guerre.

16. — Du reste, les troupes n'ont jamais cessé d'être responsables des bâtimens qu'elles occupent, ainsi que des écuries qui leur sont fournies pour leurs chevaux. — L. 10 juill. 1791, art. 10 ; Ord. 15 août 1821, art. 7 et 9.

17. — Il importe encore d'observer que si la loi du 15 mai 1818 n'a pas révoqué la cession faite aux villes par le décret du 23 mars 1810, l'ord. du 5 août 1818, art. 12, fait réserve des bâtimens cédés sous certaines conditions, auquel cas les villes sont tenues d'accomplir les conditions ou de renoncer à la propriété. — V. conf. Cons. d'état, 9 janv. 1828, ville de Toulouse.

18. — Le service des lits militaires, qui comprend les effets de couchage et d'ameublement nécessaires aux troupes , est depuis long-temps confié à des entrepreneurs ; la dernière adjudication a eu lieu en 1837 pour vingt années. — Ce service a été l'objet d'un règlement fort détaillé du ministre de la guerre du 29 oct. 1841.

§ 2. — Armée de mer.

19. — Le casernement des troupes de la marine est établi, sauf quelques modifications réglementaires, sur les mêmes principes que celui de l'armée de terre, et est aujourd'hui réglé par le lit. 8, ord. 11 oct. 1836, sur l'organisation des équipages de ligne.

20. — Les marins des divisions sont logés dans les casernes des ports ou sur des bâtimens disposés à cet effet. — Ord. 11 oct. 1836, art. 71. — Les bâtimens affectés au service de la marine sont placés dans les attributions du ministre de ce département ; l'ordonnance fixe la part d'action respective des différentes autorités préposées à cet effet.

21. — Quelques villes maritimes avaient prétendu que la loi de 1818 n'était point applicable en ce qui concerne les troupes de marine, et qu'en conséquence elles ne devaient pas être tenues de contribuer à leur casernement ; mais cette prétention a été avec raison rejetée. — Cons. d'état, 15 sept. 1834, ville de Rochefort. — « En effet, dit M. Durat-Lassalle (*loc. cit.*, p. LXXX), nous ne saurions voir aucune différence entre les obligations des places et des villes dans lesquelles les troupes de l'armée de terre forment garnison, et celles des ports de mer ayant pour garnison l'infanterie et les autres corps de la marine : toutes ces communes retirent certainement un avantage du séjour des troupes : aucune, par conséquent , ne peut avoir le droit de s'exempter des obligations qui dérivent du même principe. »

22. — A la différence de l'administration du département de la guerre, celle de la marine est propriétaire de la literie et des objets d'ameublement destinés aux troupes.

V. ARMÉE, BATIMENS MILITAIRES, GENDARMERIE, LOGEMENT DES GENS DE GUERRE, PRISONNIERS DE GUERRE.

CASQUETTES (Fabricans de).

1. —Les fabricans de casquettes pour leur compte sont rangés par la loi du 25 avr. 1844, au patentes, dans la sixième classe des patentables, et imposés à : 1o un droit fixe basé sur le chiffre de la population de la ville ou commune où est situé l'établissement ; — 2o un droit proportionnel du vingtième de la valeur locative de la maison d'habitation et des locaux servant à l'exercice de la profession.

2. — Les fabricans à façon sont rangés dans la huitième classe des patentables et imposés à un droit fixe et à un droit proportionnel du quarantième de la valeur locative de tous les locaux occupés par les patentables, mais seulement dans les communes d'une population de 20,000 âmes et au-dessus.

V. PATENTE.

· CASSATION (Matière civile).

Table alphabétique.

CASSATION (matière civile). — 1. — La cassation est une voie extraordinaire ouverte par la loi, moins dans un intérêt privé que dans un intérêt public, pour arriver à la rétractation d'une décision judiciaire rendue en dernier ressort, et contre laquelle il n'existe aucune autre voie de recours.

2. — « C'est l'intérêt public et le respect de la loi plus que l'intérêt de la partie que l'on consulte, dit Joly de Fleury dans son *Mémoire sur la juridiction du conseil*; on a toujours tenu pour principe au conseil (*le conseil des parties*) que la cassation a été introduite plutôt pour le maintien des ordonnances que pour l'intérêt des justiciables. »

3. — Ainsi, la demande en cassation est un nouveau procès, bien que les parties qui figuraient dans le premier, qu'entre la décision attaquée et la loi. —« Ce n'est pas, dit Toullier (t. 4er, nos 126 et suiv.), le procès qu'il s'agit de juger, c'est le *jugement*. —V. aussi Carré, *Compél.*, t. 6, p. 438; Reneonne, Introd., t. 4er, p. 428; Tarbé, *Cour de Cassation*, p. 9.

4. — C'est par cette raison que la cassation est une voie à laquelle on ne peut recourir qu'après avoir épuisé les moyens ordinaires de réformation des jugemens.— Merlin, *Rép.*, vo *Cassation*, § 4, n° 8; Tarbé, *Cour de Cassation*, Introd., p. 47, § 14.

5. — C'est un remède extrême que ne peut avoir pour objet que le maintien de l'autorité législative et des ordonnances. — Arr. du cons. 48 déc. 1775.

CHAPITRE Ier. — *Origine du recours en cassation.*

6. — Avant le règne de saint Louis, on ne pouvait attaquer les jugemens que d'une seule manière, en les faussant, c'est-à-dire en provoquant le juge, et alors les griefs étaient vidés par la voie du combat judiciaire. —V. *Appel* (matière civile), nos 67 et suiv.; COMBAT JUDICIAIRE.

7. — En 1260, saint Louis fit un réglement par lequel il défendit le combat judiciaire dans toutes les justices de ses domaines, et ordonna que les appels de faux jugement portés devant ses cours de justice seraient décidés sans bataille et uniquement d'après les moyens respectifs des parties. — Henrion de Pansey, *Autorité judiciaire*, Introd., chap. 4.

8. — En 1270, les *Etablissemens* parurent et un nouveau texte vint proscrire l'usage du combat judiciaire : « Se aucuns veut fausser jugement en pays là où faussement de jugement a liert, il n'i aura point de bataille, mès il clieim , il respons, et il autre errement du plet seront rapportés en nostre cour; et lues les erremens du plet, tôt le jugement : et cil qui sera trouvé en son tort l'amendera par la coustume du pays de la terre; et se la défaute est prouvée, il sires qui est appelés il perdra ce qu'il devra par la coustume du pays et de la terre. » — *Etablissemens*, liv. 4er, chap. 6.

9. — Ce fut ainsi que s'établit l'appel contre les décisions des justices seigneuriales; mais cette voie de recours n'avait pas lieu contre les jugemens des *cours le roi*, c'est-à-dire des justices royales. Comme on tenait alors que l'appel *contenait félonie et iniquité*, c'était par la voie de la *supplication* seulement qu'on pouvait se pourvoir.—« Supplication doist estre faite en cort le roy, et non appel. » — *Etablissemens de saint Louis*, liv. 2, chap. 15.

10. —Ces supplications étaient de deux sortes : les unes adressées au roi, lorsque le grief portait sur une erreur de droit (*Etablissem.*, liv. 2, chap.15); les autres portées devant le tribunal qui avait rendu le jugement, lorsqu'on se plaignait seulement du mal jugé ou d'une erreur de fait. — *Etablissem.*, liv. 4er, chap. 80.

11. — « Ainsi, dit Henrion de Pansey (*Autorité judiciaire*, chap. 5 , Introd.), dès-lors on connaissait le *recours en cassation* et le pourvoi en *requête civile*; ce qui est assez remarquable, c'est que ces deux modes d'attaquer les jugemens en dernier ressort avaient lieu dans les mêmes circonstances et à peu près de la même manière qu'aujourd'hui. »

12.—Au commencement du quatorzième siècle, l'usage de l'appel s'introduisit dans les justices royales ; le parlement eut seul le droit de juger souverainement. Alors s'établit un nouvel ordre de choses.

13. — Comme les décisions du parlement pouvaient en certains cas avoir besoin de réformation, de rétractation, il fut statué par l'ordonnance du 23 mars 1302, art. 42, que l'on pourrait obtenir des *lettres de grace de dire contre les arrêts* qui renfermeraient des erreurs, des ambiguités ,

de nature à en nécessiter la révocation. — « *Volumus, sancimus et etiam ordinamus quod judicata, arresta et sententiæ quæ de nostrâ curiâ seu nostro communi consilio processerint teneantur et sine appellatione aliquâ executioni mandentur. Et si aliquid ambiguitatis vel erroris communis viderentur, ex quibus merito suspicio induceretur, correctio, interpretatio, revocatio vel declaratio eorumdem ad nos, vel nostrum commune consilium spectare noscantur.* »

14. — En vertu de ces lettres expédiées en chancellerie, l'arrêt était déféré au roi ou au parlement lui-même.

15. — En 1320, les *lettres de grace de dire contre les arrêts* perdirent cette dénomination et prirent celle de *proposition d'erreur*. — V. PROPOSITION D'ERREUR, REQUÊTE CIVILE.

16. — La proposition d'erreur donna lieu à une foule d'abus. — Pour y remédier, Philippe de Valois, par une ordonnance de déc. 1344, établit que cette voie de recours ne serait reçue qu'en vertu de lettres délibérées dans le conseil; que ces lettres devraient contenir les erreurs reprochées à l'arrêt; qu'on ne pourrait les obtenir qu'après avoir donné caution de payer au roi une double amende et à la partie des dommages-intérêts; que ces lettres ne pourraient être adressées qu'au parlement; qu'enfin le roi assisterait au procès en personne ou en s'y faisant représenter par des membres de son conseil. — Merlin, *Rép.*, vo *Cassation*, § 1er.

17. — Malgré la sagesse de ces dispositions, sous les règnes de Charles VI et de Charles VII, de grands désordres, de nouveaux abus vinrent altérer le cours de la justice. Sans respect pour l'autorité de la chose jugée, on sollicitait des lettres de révision, et l'on se dispensait d'alléguer aucune erreur; on obtenait des sursis à l'exécution des arrêts; enfin on enlevait au parlement la connaissance des lettres à l'effet de réviser, corriger ou annuler les arrêts attaqués.

18. — On ne s'en tint pas là, on imagina un nouveau moyen d'attaquer l'autorité du parlement, ce fut l'*évocation*. — V. ÉVOCATION.

19. — « Sur le commencement des factions qui intervinrent entre les maisons de Bourgogne et d'Orléans, dit Pasquier (*Recherches*, liv. 2, ch. 6),.. tout ainsi que toutes les choses de France se trouvèrent brouillées et en grand désarroi, aussi ceux qui avaient la force et la puissance par devers eux pour gouverner toutes choses à leur appétit *faisaient évoquer les négoces qu'il leur plaisait par devers le conseil du roi*, qui était composé ou de Bourguignons ou d'Orléanais, selon que les uns ou les autres des deux factions avaient le crédit en la cour du roi Charles VI, qui lors était mal disposé de son bon sens; *et par cette voie frustraient ceux de la cour de parlement des causes qui leur étaient affectées*... Et à peu dire, toutes et quantes fois que les seigneurs qui gouvernaient avaient envie d'égarer quelques matières en faveur des uns ou des autres, ils en usaient de cette manière. »

20. — Si, faute d'une évocation assez prompte, le parlement avait prononcé, la faction dominante faisait casser par le conseil l'arrêt qui était contraire à ses intérêts ou à ceux de quelques uns de ses partisans; puis le conseil retenait l'affaire et jugeait le fond.

21. — L'abus des évocations fut tel que les états-généraux assemblés à Tours en 1483 s'en plaignirent amèrement dans le cahier de leurs doléances; mais on n'eut aucun égard à ces réclamations, et sous le règne de François Ier, grâce aux chanceliers Duprat et Poyet, le mal empira et l'abus fut poussé jusqu'au scandale.

22. — Ainsi, l'on évoquait les affaires les moins importantes avec une déplorable facilité, et l'on cassait les arrêts du parlement sous le plus frivole prétexte.

23. — A cette époque, les cassations auraient dû être extrêmement rares; car, dans l'état où était alors notre législation, il était assez difficile que le parlement rendît des arrêts contraires aux lois de l'état. Sur presque tous les points qui faisaient l'objet des procès, les cours de justice n'avaient d'autres régulateurs que l'usage et la coutume, qui se prouvaient par témoins, ou les principes du droit romain et leur propre jurisprudence.

24. — Dans un pareil ordre de choses, on devait s'occuper fort peu de la cassation des arrêts pour contravention aux lois, et beaucoup de la manière de les attaquer pour erreur de fait. Aussi ne trouve-t-on, dans nos anciennes ordonnances, aucune disposition sur les formalités à observer pour se pourvoir en cassation; il n'y est question que des propositions d'erreur qui n'étaient jamais reçues pour *erreur de droit*. — V. Bouchel, *Bibl. du dr. français*, vo *Proposition d'erreur*.

25. — Vers la fin du règne de François Ier, pour échapper aux formalités dont les lettres de proposition d'erreur étaient environnées, on en imagina de nouvelles que l'on appela *lettres pour être reçu à alléguer nullités, griefs et contrariétés*.

26. — On entendait par *nullités* les vices de procédure; par *griefs*, le mal jugé; par *contrariétés*, l'opposition entre les différens chefs d'un même arrêt. C'était, comme on le voit, attenter de la manière la plus directe à la stabilité des jugemens, à l'autorité souveraine des parlemens.

27. — Aussi lisons-nous dans le préambule de l'édit donné à Chanteloup en 1545, édit qui abolit ces lettres de *nouvelle invention*, le passage suivant : « Combien qu'il ne soit loisible par les ordonnances d'impugner les arrêts de nos cours souveraines autrement que par la proposition d'erreur, et en gardant les formalités requises, néanmoins, depuis quelque temps, aucuns ont trouvé moyen d'obtenir lettres pour estre reçus à alléguer nullités, griefs et contrariétés, outre plusieurs arrêts de nos dites cours. A quoi ont été reçus, et par cette voie ont tenu l'exécution de plusieurs arrêts en suspens; et sur la vérification desdites nullités et contrariétés d'arrêts, la procédure a été quelquefois plus longue et de plus grande mise en notre grand conseil que la principale instance; et pour faire droit sur lesdites nullités et contrariétés d'arrêts, font apporter toutes les pièces et productions des procès, et *iceux font revoir* COMME SI C'ÉTAIT UNE VOIE D'APPEL, ce qui est rendre tous lesdits arrêts illusoires et sans effet. »

28. — En 1579, l'ordonnance de Blois précisa les cas dans lesquels les décisions des parlemens et de la chambre des comptes pourraient être attaquées. « Déclarons que les arrêts de nos cours souveraines ne pourront être *cassés* et *rétractés* que par les voies de droit, qui sont la requête civile et la proposition d'erreur, et par la forme prescrite par nos ordonnances. — Voulons que les ordonnances faites tant par nous que par les rois nos prédécesseurs soient inviolablement gardées.. Déclarons les jugemens, sentences et arrêts donnés contre la forme et la teneur d'icelles nuls et de nul effet. » — Art. 92 et 208.

29. — « On remarque dans ces textes, dit Henrion de Pansey (*ubi suprà*, ch. 31, sect. 9): 1o qu'ils établissent deux modes de réformation des arrêts, la rétractation et la cassation, précision inconnue jusqu'alors; — 2o qu'ils ne laissent subsister que trois manières d'obtenir cette réformation, la requête civile, la proposition d'erreur et la forme prescrite par les ordonnances; — 3o qu'ils donnent aux deux premières la qualification de voies de droit, et la raison en est fort simple, la requête civile et la proposition d'erreur remettant la question en jugement et la soumettant aux mêmes juges, les choses restent dans la sphère de l'autorité judiciaire. Au contraire, la troisième manière de se pourvoir constituant un nouveau procès aussi bien entre les parties qui auraient figuré dans le premier qu'entre l'arrêt et la loi, et plaçant le droit d'y statuer au-dessus du pouvoir des juges, n'est pas à proprement parler une voie de droit, mais une voie extraordinaire que le législateur a cru suffisamment désigner en disant : *Et par la forme prescrite par nos ordonnances.* »

30. — « On aurait pu s'expliquer plus clairement, ajoute le même auteur; mais il n'est pas possible de s'y méprendre, ces mots : *par la forme prescrite par nos ordonnances*, nous amènent nécessairement aux erreurs de droit. On ne peut, en effet, leur donner un sens déterminé qu'en les appliquant à ces sortes d'erreurs, puisque la requête civile et la proposition d'erreur avaient pour objet toutes celles de fait, quelles qu'en fussent la nature et la cause. »

31. — Ainsi, par ces mots de l'ordonnance de Blois dont parle l'art. 92, il faut entendre ce que nous appelons aujourd'hui la cassation.

32. — Quant à la manière de se pourvoir, elle ne peut pas avoir varié, suivant Henrion de Pansey. « Dans tous les temps, dit-il, elle a dû consister dans une requête tendante à ce que tel acte, quoique revêtu de la forme des jugemens, fût néanmoins déclaré nul et de nul effet, comme n'étant pas un véritable jugement, attendu qu'il est contraire aux lois. »

33. — Au surplus, la disposition de l'art. 92 de l'ord. de Blois fut reproduite avec plus d'énergie encore par l'art. 18 de l'édit du 15 janv. 1597, « où l'on trouve, dit M. Tarbé (*Cour de Cass.*, Introd., p. 12), tout le système de la cassation, tel qu'il s'est conservé, malgré le temps et les grandes mutations opérées dans les formes constitutionnelles. »

34. — Voici les termes de cet article : — « Voulons aussi que les arrêts donnés par nos cours souveraines soient reçus et exécutés, gardés et entretenus avec le respect qui convient, et, confirmant nos anciennes ordonnances, déclarons que lesdits arrêts ne pourront être cassés ni rétractés, sinon par les voies de droit et formes portées par nos ordonnances. N'en sera aussi l'exécution desdits arrêts suspendue ou retardée, soit par lettres ou requêtes présentées à notre dit conseil. »

35. — L'ordonnance de 1667 abrogea la proposition d'erreur, qui n'était au fond que la voie de révision (V. tit. 35, art. 42); elle ne laissa subsister que la requête civile (V. ce mot) et la cassation.

36. — En effet, l'art. 8, tit. 1er de l'ord., s'exprime ainsi : — « Déclarons arrêts et jugemens qui seront donnés contre la disposition de nos ordonnances, édits et déclarations nuls et de nul effet et valeur, et les juges qui les auront rendus responsables des dommages-intérêts des parties, ainsi qu'il sera par nous avisé. »

37. — Depuis l'ordonnance de 1667, on a eu fréquemment recours à la voie de la cassation. — V. Denisart, vo *Cassation*, no 4.

38. — C'était au conseil du roi qu'il appartenait de casser les décisions des cours souveraines. — Tarbé, Introd., p. 14; Domat, *Supplém. au droit public*, liv. 4, tit. 9, art. 8.

39. — Mais comme le conseil du roi, qu'il ne faut pas confondre avec le grand conseil (V. CONSEIL DU ROI, GRAND CONSEIL), se divisait en plusieurs sections, c'était la section dite *conseil privé* ou *conseil des parties* qui exerçait cette haute attribution.

40. — Ainsi, c'était là qu'étaient portées les affaires contentieuses entre particuliers, les demandes en cassation d'arrêts ou jugemens en dernier ressort, les conflits entre les cours supérieures, les réglemens de juges, les évocations pour parentés ou alliances, les oppositions au titre des offices, etc. — V. CONSEIL DES PARTIES.

41. — Le conseil des parties, auquel la cour de Cassation a succédé, était présidé par le chancelier, ou, en son absence, par le doyen du conseil. Quelquefois le roi tenait le conseil en personne, et à cet effet il y avait dans le lieu des séances un fauteuil destiné au roi, et tout était disposé comme si le souverain eût été présent. — Tarbé, p. 15.

42. — La procédure suivie au conseil était fixée par le réglement du 28 juin 1738, ouvrage du chancelier d'Aguesseau, et qui est encore en vigueur aujourd'hui devant la cour de Cassation. — V. *infrà* nos 1217 et suiv. — V. aussi COUR DE CASSATION.

43. — L'assemblée constituante n'eut garde, lorsqu'elle réforma nos institutions judiciaires, de supprimer le recours en cassation. — V. Décr. 24 mai 1790; — Duvergier, t. 1er, p. 224, 1re édit.

44. — Après avoir adopté le principe, elle décida que le tribunal qui connaîtrait des demandes en cassation serait unique, et qu'il siégerait près du corps législatif. — Décr. 26 mai 1790; 12 août 1790. — V. d'ailleurs COUR DE CASSATION.

45. — Enfin, par la loi du 29 nov.-1er déc. 1790 elle abolit le conseil des parties, à compter du jour où le tribunal de cassation serait installé. — Godart de Saponay, *Manuel de la cour de Cassation*, p. 181; Tarbé, p. 16.

46. — Les procès pendans au conseil des parties et aux commissions du conseil furent renvoyés au tribunal de Cassation pour y être instruits et jugés, sans qu'il fût besoin de nouvelle assignation et de reprise d'instance. — L. 14-27 avr. 1791.

47. — Depuis cette époque, la cour de Cassation n'a éprouvé dans son organisation que des modifications qui ne touchent en rien au principe de son institution; nous les ferons connaître au mot COUR DE CASSATION.

CHAPITRE II. — *Du droit de se pourvoir en cassation.*

48. — Ce serait en vain que la loi aurait chargé les tribunaux de maintenir entre leurs justiciables l'ordre qu'elle a établi dans les diverses relations que produit l'état de société, si les tribunaux pouvaient s'écarter impunément de cet ordre en substituant leur volonté à la sienne, c'est-à-dire l'erreur à la vérité et la confusion des jurisprudences à l'unité de législation. De là la nécessité d'un pouvoir prédominant qui soit pour ainsi dire celui de la loi même. — Poncet, *Tr. des jugemens*, t. 2, tit. 3, chap. 1er, p. 268.

49. — Ce pouvoir, conservateur de l'ordre judiciaire, réparateur des atteintes portées aux lois, et par suite aux droits, aux intérêts, aux procédures qu'elles consacrent, régulateur et centre des doctrines, n'est autre que l'institution de la cour de Cassation.

50. — La première, la principale attribution dont cette cour est investie est le jugement de toutes les demandes en cassation. Cette attribution résulte de l'art. 2, L. 27 nov.-1er déc. 1790, de l'art. 19 de la Constitution du 3-14 sept. 1791, de l'art.

254 de la Constitution du 5 fruct. an III, et de l'art. 65 de celle du 22 frim. an VIII.

51. — « Ainsi, pour qu'il y ait lieu à cassation, il faut que, dans la réalité, il n'y ait pas de jugement, et que l'acte qui en porte les caractères n'en soit pas un aux yeux de la loi ; et cela arrive toutes les fois que le tribunal dont il est émané est sorti des bornes légitimes de ses attributions. » — Henrion de Pansey, *Autorité judiciaire*, ch. 16.

52. — Quant au droit de recours, il peut être exercé dans un double intérêt, c'est-à-dire dans un intérêt privé (V. *infrà* nos 203 et suiv.) ou dans un intérêt public (V. *infrà* nos 297 et suiv.).

Sect. 1re. — *Décisions contre lesquelles on peut se pourvoir.*

53. — On ne peut pas se pourvoir contre toute espèce de jugemens; il y a en effet des décisions judiciaires qui ne sont pas susceptibles du recours en cassation, soit à raison de leur nature même, soit à raison de la juridiction qui les a rendues.

54. — Pour que le recours en cassation soit ouvert contre un jugement, il faut que ce jugement ne puisse être attaqué par aucune voie, soit ordinaire, soit extraordinaire; la cassation est, comme le dit fort bien Poncet (*Tr. des jugemens*, t. 2, p. 274), *l'ultima ratio*.

55. — C'est un principe que l'on reconnaissait déjà sous l'ancienne jurisprudence. « La cassation naturellement, dit M. Gilbert des Voisins dans un mémoire présenté au roi en 1762, ne trouve sa place que lorsque l'ordre des juridictions est épuisé, ainsi que les voies de droit, et que les arrêts ont reçu le dernier sceau de l'autorité publique. On le remarque d'abord par rapport à la voie de droit de la requête civile, qui, lorsqu'elle est ouverte, exclut celle de la cassation. A plus forte raison il en est de même lorsqu'il y a la voie de l'opposition contre les arrêts par défaut, ou sur requête, ou celle de la tierce opposition contre les arrêts rendus avec celui qui veut les attaquer. »

56. — Il suit de là que le pourvoi n'est recevable que lorsqu'il frappe un jugement en dernier ressort et définitif. — L. 1er déc. 1790, art 2 ; L. 14 sept. 1791, art 19.

57. — On ne peut se pourvoir en cassation qu'après qu'il n'existe plus de voie légale de réformation.

58. — Jugé, par application de ces principes, que l'art. 88, L. 27 vent. an VIII, qui ordonne au ministère public de se pourvoir en cassation contre les jugemens dans lesquels les formes ou les lois auraient été violées, n'autorise ce pourvoi que contre les jugemens rendus en dernier ressort. — *Cass.*, 24 juin 1829 (intérêt de la loi), Chaumasse.

59. — ... Qu'il n'a pu être dérogé, par une ordonnance royale rendue pour les colonies, au principe que le pourvoi en cassation n'est recevable que contre les jugemens en dernier ressort. — *Cass.*, 25 juill. 1839 (t. 2 1839, p. 488), Pesnel.

60. — ... Que le pourvoi formé contre un jugement qui n'est pas en dernier ressort est non recevable. — *Cass.*, 28 août 1840 (t. 2 1840, p. 767), Giraud.

61. — ... Que le pourvoi en cassation dirigé contre un jugement du tribunal civil n'est pas recevable tant que ce jugement peut être réformé par la voie de l'appel. — *Cass.*, 10 mars 1825, Domaine c. Monier.

62. — ... Spécialement contre un jugement de compétence en matière de commerce. — *Cass.*, 28 août 1840 (t. 2 1840, p. 767), Giraud.

63. — ... Que le jugement qui déclare recevable avant toute décision au fond une action dont la recevabilité est contestée est définitif et, comme tel, peut et doit être attaqué par voie de cassation dans les trois mois de sa signification. — *Cass.*, 26 vend. an XII, Hébert c. Delu.

64. — ... Que l'arrêt qui prononce définitivement sur une demande provisoire est susceptible du recours en cassation. — *Cass.*, 4 août 1819, Gille c. Benault de Lubières.

65. — ... Que le pouvoi dirigé contre un jugement contenant deux dispositions, dont l'une est appelable et l'autre en dernier ressort, est non recevable quant à la première, qui aurait dû être l'objet d'un appel, et n'est admissible que relativement à la seconde. — *Cass.*, 28 nov. 1831, Paret c. Comte.

66. — ... Que les jugemens en matière d'enregistrement, n'étant pas susceptibles d'appel, peuvent toujours être déférés à la censure de la cour suprême, lors même qu'ils seraient qualifiés en premier ressort. — *Cass.*, 1er prair. an XII, Enregistr. c. Cremieu.

67. — Jugé de même qu'il faut accueillir le pourvoi en cassation formé contre un jugement qui, bien que qualifié en premier ressort, est en réalité rendu en dernier ressort. — *Cass.*, 22 juin 1835, Célis c. Teyssonnière.

68. — Le pourvoi serait-il également recevable, si le jugement attaqué était susceptible d'appel, quoique mal à propos qualifié en dernier ressort? — Avant la promulgation du Code de procédure, la question était controversée, mais l'on tenait généralement pour l'affirmative. — Merlin, *Rép.*, vo *Dernier ressort*, § 12; *Quest. de dr.*, vo *Jugement*, § 13.

69. — Telle était du moins la jurisprudence constante de la cour de Cassation. — Ainsi l'on jugeait que le tribunal de Cassation avait seul droit d'annuler un jugement indûment qualifié en dernier ressort. — *Cass.*, 15 vent. an VI, Tramecourt c. Dostiet; 16 messid. an IV, Lasalle c. Gardy; 14 flor. an VI, Penard Flavigny c. Martinet; 4 prair. an VI, Mesme c. Deneguré; 17 niv. an VII, Varangot et Poussier; 22 prair. an IX, Vanderkun; 15 thermid. an X, Perdriolat; 20 fructid. an X (intérêt de la loi), Gismondi et Perrin; 1er niv. an X, Sénaux c. Négret; 2 thermid. an X, N...; 16 vent. an XIII, Laumens; 15 juill. 1806, Camino et Escobar c. Jharassary.

70. — C'est ce qui avait été jugé également par la cour de Besançon le 7 juillet 1808, dans l'affaire Chablais c. Goy, et ce qui l'a été depuis par la cour de Toulouse le 24 déc. 1842 (t. 2 1843, p. 246), Léonard c. Boel.

71. — Mais la cour de Paris n'admettait pas cette jurisprudence, qui du reste a été repoussée par l'art. 453, C. procéd. civ. — V. APPEL (Matière civile), nos 184 et suiv.

72. — Aussi décide-t-on aujourd'hui qu'un jugement mal à propos qualifié en dernier ressort et susceptible d'appel ne peut pas être attaqué en cassation depuis la promulgation du Code de procédure. — *Cass.*, 18 oct. 1810, Enregistr. c. Hondrat.

73. — Jugé de même qu'on ne peut se pourvoir en cassation contre un jugement mal à propos qualifié en dernier ressort, et contre lequel la voie de l'appel est ouverte. — *Cass.*, 9 juill. 1812, Enregistr. c. Baudouin.

74. — Peu importe donc la qualification donnée au jugement : il n'y a qu'une seule chose à considérer, à savoir si la décision est ou n'est pas en dernier ressort.

75. — Lors donc que les juges ont prononcé en premier ressort dans une matière où ils doivent juger en dernier ressort, leur jugement peut être attaqué par la voie de la cassation. — *Cass.*, 2 niv. an VIII, Enregist. c. Duprat; 22 juin 1835, Gelis et Gineste c. Teyssonnière.

76. — Il est à remarquer que le pourvoi en cassation contre les jugemens en dernier ressort et définitifs est recevable, alors même que ces jugemens n'auraient pas encore été signifiés. — *Cass.*, 6 janv. 1836, Gaultieur-l'Hardy c. Boyer Fonfrède.

77. — ... Et quoiqu'ils fussent par défaut. — *Cass.*, 1er frim. an XII, comm. de Montmirey c. Ratelot et Laplante; — Merlin, *Rép.*, vo *Cassation*, § 3, no 8; Tarbé, p. 45.

78. — Mais il faut dans ce cas que le délai de l'opposition soit expiré.

79. — Jugé en conséquence qu'il n'y a pas lieu à statuer sur la demande en cassation d'un jugement par défaut, lorsque ce jugement a été frappé d'opposition et qu'un second jugement est intervenu sur cette opposition. — *Cass.*, 21 niv. an X, Barreau c. Bordaries.

80. — Ainsi, lorsque sur une même affaire il est intervenu deux jugemens en dernier ressort, l'un par défaut, l'autre portant débouté de l'opposition formée au premier, on peut ne demander la cassation que du dernier de ces jugemens. — *Cass.*, 22 thermid. an IX, Leroux et Brandin c. Décougny.

81. — De même, lorsque dans une affaire il y a eu arrêt par défaut et arrêt confirmatif sur l'opposition, le pourvoi en cassation n'est pas recevable contre l'arrêt par défaut seul, si l'arrêt contradictoire a acquis l'autorité de la chose jugée. — *Cass.*, 24 nov. 1823, Lebreton c. de Bezons.

82. — Jugé encore que le pourvoi en cassation contre un arrêt ou jugement *par défaut* n'est pas recevable lorsque sur l'opposition de la partie défaillante l'exécution en a été ordonnée par un autre arrêt ou jugement qui n'a point été attaqué en temps utile. — *Cass.*, 21 avr. 1807, Moulard c. Lombard.

83. — On a jugé que le pourvoi contre un arrêt rendu par défaut-congé et qui néanmoins a statué sur un moyen proposé par l'intimé était recevable, si d'ailleurs la régularité dudit pourvoi n'est point contestée. — *Cass.*, 20 fév. 1833, Villemain c. Bonneau-Latouche.

84. — Mais on remarquera que le jugement par défaut-congé n'est pas plus un jugement définitif qu'un jugement de défaut ordinaire (V. JUGEMENT PAR DÉFAUT); il ne peut donc pas être l'objet d'un pourvoi, tant qu'il peut être attaqué par la voie de l'opposition. — V. JUGEMENT PAR DÉFAUT.

85. — On ne peut se pourvoir en cassation contre un jugement déclarant non recevable une opposition formée contre un jugement contradictoire. On ne peut pas dire, en effet, que ce jugement contient la violation de loi imputée au jugement contradictoire dont il aurait adopté la doctrine. — *Cass.*, 17 déc. 1834, Gauthier.

86. — Puisqu'il faut, pour que le recours en cassation soit ouvert, que le jugement soit *définitif*, il s'ensuit que les jugemens préparatoires ne peuvent être l'objet du pourvoi, ou du moins qu'on ne peut les attaquer que lorsqu'on attaque en même temps le jugement du fond. — *Cass.*, 3 juin 1826, Mas; 5 juin 1828, Peyrard. — V. APPEL (mat. civ.), nos 1007 et suiv., et JUGEMENT.

87. — C'est ce qui résulte aussi des termes de l'art. 14 de la loi du 2 brum. an IV, ainsi conçu : « Le recours en cassation contre les jugemens préparatoires et d'instruction ne sera ouvert qu'après le jugement définitif; mais l'exécution même volontaire de tels jugemens ne pourra en aucun cas être opposée comme fin de non-recevoir. » — Godart de Saponay, *Manuel de la cour de Cass.*, p. 37; Merlin, *Rép.*, vo *Cassation*, § 3, no 7; Boncenne, t. 1er, p. 485.

88. — Ainsi, il a été jugé que le jugement qui sur l'appel reçoit une partie intervenante, et celui qui repousse l'exception du prévenu tendant à ce que le demandeur ne soit pas admis à prendre des conclusions en dommages-intérêts, sont des jugemens préparatoires et d'instruction ; qu'en conséquence le recours en cassation contre ces jugemens n'est ouvert qu'après le jugement définitif, et que l'exécution volontaire qui a pu y être donnée ne peut en aucun cas être opposée comme fin de non-recevoir. — *Cass.*, 17 juillet 1841 (t. 2 1841, p. 343), R...

89. — ... Et même qu'un jugement qui maintient, par provision, une fabrique en possession d'une rente dont elle a joui jusqu'alors, et réserve à l'administration la faculté de faire valoir les droits du domaine quant à la propriété, n'est pas susceptible de cassation. — *Cass.*, 25 mars 1812, Enregist. c. marguilliers de Canaples.

90. — Jugé aussi qu'il n'y a aucune ouverture à cassation contre un arrêt qui déclare inutile la communication des livres d'un négociant, par le motif que la teneur n'en est pas contestée. — *Cass.*, 9 janv. 1839 (t. 1er 1839, p. 495), Déroche c. Kieffer et Desmond.

91. — ... Ou qui ordonne une mise en cause. — *Cass.*, 7 août 1833, Genay c. comm. de Champagne-Mouton.

92. — ... Ou qui refuse, quant à présent, la jonction de la demande en intervention à la demande principale. — *Cass.*, 8 avr. 1828, de Champdor c. d'Angeville.

93. — ... Ou qui met une cause en délibéré. — *Cass.*, 5 juin 1825, Riboulcau et Jourdain c. Prestat.

94. — ... Ou qui ordonne une production de titres et une articulation précise de faits. — Tarbé, p. 49.

95. — ... Ou qui prononce un sursis. — Ainsi le pourvoi n'est pas recevable contre l'arrêt qui, après avoir reconnu à des propriétaires riverains le droit d'user des eaux d'un ruisseau, surseoit à statuer sur les prétentions des propriétaires non riverains jusqu'à la justification de leurs droits, et production de leurs titres. — *Cass.*, 11 avr. 1837 (t. 1er 1837, p. 271), Blain.

96. — Il n'en est pas des jugemens interlocutoires comme des jugemens préparatoires; ils peuvent être l'objet d'un recours en cassation, même avant que le jugement définitif ait été rendu. C'est une faculté qui résulte de la disposition de l'art. 451, § 2, C. procéd. civ. — V. APPEL (mat. civ.), nos 1117 et suiv.

97. — Ainsi le recours en cassation n'est pas refusé par la loi contre les jugemens interlocutoires. — *Cass.*, 5 (et non 2) fév. 1825, Ribouleau et Jourdain c. Prestat; 21 (et non 9) mars 1809, Folignier; 16 mai 1809, Daurian c. Gombault; 17 mai 1810, N. c. N.; 28 déc. 1818, Bruère.

98. — Jugé de même que le jugement qui admet une preuve testimoniale malgré l'opposition d'une des parties est définitif et susceptible du recours en cassation. — *Cass.*, 29 mai 1827, Boulet c. Lapeyre; 9 mai 1837 (t. 2 1843, p. 21), préfet de l'Aude c. comm. de Montfort.

99. — ... Que le recours en cassation contre un jugement qui admet une demande en expertise et qui nomme des experts à l'effet d'y procéder est recevable comme formé contre un jugement définitif. — *Cass.*, 27 avr. 1807, Enregistr.

100. — ... Que lorsqu'il y a eu contestation sur l'admissibilité de la preuve par témoins pour l'établissement d'un droit d'usage, le pourvoi contre l'arrêt interlocutoire qui admet cette preuve est recevable. — *Cass.*, 9 mai 1837 (t. 2 1843, p. 21), Préfet de l'Aude c. comm. de Montfort.

101. — ... Que lorsqu'un arrêt de cour royale est

interlocutoire, et que néanmoins l'une de ses dispositions est définitive, la voie de cassation est ouverte contre la disposition définitive. — *Cass.*, 28 mai 1827, Beautier et Duval c. de Fumechon.

102. — ...Que le pourvoi est recevable contre un jugement qui, tout en ordonnant un compte, rejette une demande de mise en possession et maintient le défendeur dans cette possession jusqu'au jugement du compte. — *Cass.*, 2 fév. 1830, Eurière c. Artaud.

103. — ...Ou contre le jugement qui, après avoir reconnu le droit de l'usager, ordonne une expertise pour déterminer le cantonnement. — *Cass.*, 16 avr. 1833, préfet de Saône-et-Loire c. Perrin et Pajot.

104. — ...Ou contre le jugement qui, après avoir décidé le principe de la réductibilité d'une créance, renvoie les parties à compter. — *Cass.*, 25 nov. 1817, Cathala c. Saysset.

105. — ... Ou contre la sentence qui ordonne la reddition d'un compte de tutelle et qui condamne les héritiers à le recevoir. — *Cass.*, 26 avr. 1837 (t. 2 1837, p. 491), Le Barrois c. Sainte-Marie.

106. — ... Ou contre l'arrêt qui déclare une demande recevable, quoique l'adversaire contestât cette recevabilité, et qui ordonne une enquête. — *Cass.*, 15 juin 1831, Meih c. Wernert.

107. — Jugé cependant, mais à tort selon nous, que les jugemens interlocutoires en dernier ressort, quoique préjugeant le fond, ne sont pas sujets au recours en cassation avant le jugement définitif. — *Cass.*, 12 avr. 1810, Noguès c. de Navailles.

108. — ...Que le recours en cassation n'est point ouvert contre les jugemens ou arrêts purement interlocutoires, c'est-à-dire qui ne décident définitivement aucun point contesté entre les parties. — *Cour supér. Bruxelles*, 31 mai 1823, N..

109. — ... Ou qui ne préjugent rien, qui laissent entiers les droits et exceptions des parties. — *Cass.*, 29 mars 1836, d'Avrincourt c. Tétart; — Tarbé, *Cour de Cassation*, p. 48.

110. — L'on jugeait aussi, sous l'empire de la loi du 4 brum. an II, que le jugement par lequel un tribunal statue sur la pertinence et l'admissibilité des moyens de faux proposés contre une pièce produite dans une instance ne donne point ouverture à cassation. — *Cass.*, 11 germin. an IX, Bonnet c. Pieper.

111. — Cette décision était fondée sur ce que l'art. 6 de cette loi ne parlait pas des jugemens interlocutoires qui se trouvaient ainsi assimilés aux simples préparatoires. — Du reste, la jurisprudence n'était pas bien fixée sur ce point. — V. APPEL (mat. civ.), nos 284 et suiv.

112. — Aujourd'hui la loi est plus précise, et il s'élève peu de difficultés sur le principe; ce sont seulement les questions d'application qui sont délicates.

113. — Et, par exemple, comment distinguer les jugemens interlocutoires des jugemens préparatoires? — On sait que cela n'est pas toujours facile et que la jurisprudence hésite souvent lorsqu'il s'agit de le faire avec précision. — V. APPEL (mat. civ.), nos 300 et suiv., et JUGEMENT.

114. — D'un autre côté, c'est un point vivement controversé que celui de savoir si le pourvoi en cassation contre un jugement interlocutoire est recevable lorsqu'il est formé plus de trois mois après la signification, ou lorsqu'il y a eu acquiescement exprès ou tacite.

115. — Nous avons fait connaître l'état de la jurisprudence au mot APPEL (nos 1117 et suiv., et nos 1139 et suiv.); il nous suffit d'y renvoyer. — Nous dirons seulement ici que nous persistons à penser que le recours en cassation contre les jugemens interlocutoires n'est pas recevable : 1° lorsqu'il y a eu acquiescement exprès ou tacite.

116. — ... 2° Lorsque le pourvoi a été formé plus de trois mois après la signification, encore que le délai pour attaquer le jugement du fond ne fût pas expiré.

117. — Ainsi, c'est avec raison qu'il a été décidé que le jugement qui déclare une créance réductible est interlocutoire, et qu'en conséquence il ne peut être attaqué par la voie de cassation après les trois mois de sa signification à personne ou domicile. — *Cass.*, 25 nov. 1817, Cathala c. Saisset.

118. — Il en serait autrement, bien entendu, si le jugement avait été signifié à avoué et non à personne ou domicile; cette signification ne fait pas courir le délai. — *Cass.*, 15 avr. 1840 (t. 1er 1840, p. 694), comm. d'Availles et de la Ville-Dieu c. Lair.

119. — Nous croyons aussi que l'on a bien jugé en décidant que le pourvoi contre le jugement interlocutoire n'est pas recevable quand il a été exécuté sans protestations ni réserves. — *Cass.*, 23 nov. 1841 (t. 1er 1842, p. 518), comm. de Laroque c. Bonavant-Rodez.

120. — ... Qu'on ne peut demander la cassation d'un arrêt interlocutoire après l'avoir signifié *sans réserve*. — *Cass.*, 6 juill. 1819, Hirtz c. Kuntzmann. — V. ACQUIESCEMENT.

121. — ...Qu'on n'est pas recevable à se pourvoir contre un arrêt qui n'est que la suite d'un jugement interlocutoire, lequel avait ordonné des enquêtes, et qui avait été exécuté sans recours en cassation. — *Cass.*, 1er fév. 1832, Honnet c. comm. de Vierzy.

122. — ...Que lorsqu'on a volontairement exécuté un jugement interlocutoire, il n'est pas permis de présenter, lors du pourvoi formé contre le jugement définitif qui n'en est que la conséquence, les moyens dont le premier aurait pu être l'objet. — *Cass.*, 20 mars 1816, Enregist. c. Baillot.

123. — ... Qu'on ne peut se pourvoir en cassation contre un arrêt définitif lorsqu'on a laissé exécuter sans réclamation, et que d'ailleurs on n'attaque pas un arrêt interlocutoire qui préjuge le fond. — *Cass.*, 11 janv. 1808, Van-Wyndekens c. Van-Outrive.

124. — ... Que quand une partie ne s'est pas pourvue contre l'arrêt interlocutoire qui admet une preuve, elle n'est pas fondée à demander la cassation de l'arrêt définitif, sous le prétexte qu'il aurait admis une preuve testimoniale dans une matière qui n'en était pas susceptible. — *Cass.*, 23 nov. 1831, Guillaume c. fabrique de Saint-Calais.

125. — ... Que lorsqu'une cour, en annulant un jugement pour vice de forme, a retenu le fond et ordonné une mesure d'instruction avant dire droit, on ne peut puiser dans cette double circonstance un moyen de cassation contre son arrêt définitif, si l'on ne s'est pas pourvu contre son arrêt interlocutoire. — *Cass.*, 3 juill. 1820, Carrez-Vacherias et Berlry-Durost c. Fauvelle.

126. — ... Que lorsque, pour admettre la preuve par témoins de l'acquisition d'une servitude par la prescription trentenaire, un arrêt interlocutoire a examiné contradictoirement le caractère et la légalité de cette servitude, et déclaré qu'elle constituait une servitude continue et apparente susceptible d'être prescrite, cet arrêt est définitif quant à ce. Dès lors, il ne peut plus être l'objet d'un pourvoi en cassation, après l'arrêt définitif, de la part de celui qui l'a volontairement exécuté sans réserve. — *Cass.*, 11 janv. 1841 (t. 2 1843, p. 146), Roess c. Zebler.

127. — Cependant il a été jugé en sens contraire que l'exécution d'un jugement interlocutoire ne fait point obstacle au pourvoi en cassation contre le jugement définitif rendu dans la même affaire. — *Cass.*, 1er frim. an XII, comm. de Montmirey c. Raterot et Laplante.

128. — ... Que le pourvoi contre un arrêt purement interlocutoire est recevable concurremment avec le pourvoi contre l'arrêt définitif, encore qu'il y ait eu exécution de l'arrêt interlocutoire et qu'il se soit écoulé plus de trois mois depuis la signification. — *Cass.*, 27 janv. 1818, Duvau de Chavagne c. Clémentine.

129. — ... Que l'exécution d'un jugement interlocutoire ne peut être opposée comme fin de non-recevoir au pourvoi en cassation, lorsque l'opération n'a été ordonnée que sous la réserve de tous les droits des parties, et lorsque celle contre laquelle on veut exciper de l'exécution de ce jugement n'y a concouru que sous la réserve expresse de se pourvoir en cassation. — *Cass.*, 26 août 1818, de Rohan-Rochefort. — V. au surplus ACQUIESCEMENT, APPEL, JUGEMENT.

130. — Remarquez que c'est contre le jugement même, c'est-à-dire contre son *dispositif*, que le pourvoi doit être dirigé. Si donc le recours en cassation contre un arrêt n'avait pour objet que de contrôler les motifs donnés par la cour, le pourvoi serait inévitablement rejeté. — *Cass.*, 29 janv. 1824, Forbin-Janson. — V. APPEL, nos 73 et suiv., et *infrà* nos 468 et suiv.

131. — Jugé que le pourvoi, recevable sur une des questions résolues par l'arrêt attaqué, l'est également sur les autres questions accessoires, lors même qu'isolément elles ne pourraient être soumises à la cour de Cassation. — *Cass.*, 17 août 1839 (t. 2 1839, p. 463), Fraboulet.

132. — Peut-on se pourvoir contre les jugemens et arrêts statuant en dernier ressort sur une question de compétence? — On le peut assurément en matière civile et commerciale, car ces jugemens sont définitifs. — *Cass.* (implic.), 18 avr. 1827, comm. de la Grand-Combes c. comm. de Champagne-Mouton.

133. — Mais il en est autrement relativement aux arrêts de compétence rendus dans les colonies. — V. *infrà* no 178.

134. — Il en est autrement aussi en matière criminelle, du moins dans certains cas déterminés par la loi du 9 sept. 1835. — V. *infrà* CASSATION (matière criminelle).

135. — Maintenant que nous avons expliqué contre quels jugemens le recours en cassation est ouvert, nous allons rapidement examiner quelles sont les juridictions dont les décisions peuvent être déférées à la cour suprême.

136. — En matière civile, on peut se pourvoir : 1° contre les arrêts des cours royales.

137. — ... Et même contre les anciens arrêts des parlemens et les ordonnances du grand maître des eaux et forêts. — *Cass.*, 26 nov. 1834, comm. de Belesta c. de La Rochefoucault.

138. — ... Mais non contre les arrêts du conseil dans les matières de sa compétence. — *Cass.*, 17 niv. an XIII, comm. de Houtteville et Liesville c. préfet de la Manche.

139. — ... Ni contre une décision de l'ancien conseil supérieur de l'île de France, qui a refusé l'enregistrement d'un arrêt du conseil d'état portant réintégration d'un membre de l'ordre judiciaire dans la colonie. — *Cass.*, 8 juill. 1829, Ailhaud.

140. — ... Ni contre les arrêts de la cour de Cassation, même en se fondant sur des moyens de requête civile. — *Cass.*, 29 déc. 1832, comm. de Moulins-lès-Metz c. Fabert.

141. — ... Ni contre des décisions administratives. — V. COMPÉTENCE ADMINISTRATIVE, CONSEIL D'ÉTAT.

142. — 2° On peut se pourvoir contre les jugemens rendus en dernier ressort par les tribunaux civils de première instance, soit comme juges du premier et dernier ressort, soit comme juges du dernier ressort sur l'appel des jugemens des juges de paix. — V. JUSTICE DE PAIX.

143. — ... Lors même que la décision rendue sur l'appel par le tribunal civil rentrerait dans la compétence de ce tribunal comme juge de première instance. — *Cass.*, 18 avr. 1827, comm. de la Grand-Combes c. comm. des Combes. — Car il ne peut y avoir appel sur appel. — Tarbé, p. 45.

144. — 3° On peut se pourvoir contre les jugemens rendus en dernier ressort par les tribunaux de commerce, soit comme juges de premier et dernier ressort, soit comme juges d'appel sur les appels des jugemens rendus en premier ressort par les conseils de prud'hommes. — V. TRIBUNAUX DE COMMERCE.

145. — Cependant il est important de rappeler qu'en matière de faillite, et depuis la loi du 28 mai 1838, on ne peut se pourvoir en cassation contre les jugemens relatifs à la nomination ou au remplacement du juge commissaire, à la nomination ou à la révocation des syndics.

146. — ... Ni contre les jugemens qui statuent sur les demandes de saufs-conduits et sur celles de secours pour le failli et sa famille.

147. — ... Ou qui autorisent à vendre les effets ou marchandises appartenant à la faillite.

148. — ... Ou qui prononcent sursis au concordat ou admission provisionnelle de créanciers contestés.

149. — On ne peut se pourvoir non plus contre les jugemens par lesquels le tribunal de commerce statue sur les recours formés contre les ordonnances rendues par le juge commissaire dans les limites de ses attributions. — C. comm., art. 583. — V. FAILLITE.

150. — 4° Par exception et dans certains cas, le pourvoi en cassation est admissible contre les jugemens des juges de paix rendus en dernier ressort.

151. — ... Et même contre un jugement par défaut. — *Cass.*, 1er frim. an XII, comm. de Montmirey c. Raterot et Laplante. — V. *suprà* nos 77 s.

152. — La loi du 27 nov.-1er déc. 1790, art. 4, avait interdit l'admission des demandes en cassation contre les sentences des juges de paix. Mais l'inexpérience d'un grand nombre de ces magistrats, la gravité des questions qui leur sont soumises, notamment en matière possessoire, et la facilité pour eux d'abuser d'un pouvoir qui n'était sujet à aucun contrôle, firent bientôt comprendre la nécessité de modifier ce que cette prohibition avait de trop absolu, et de concilier les intérêts de la justice et des lois avec la faible importance pécuniaire qu'offrent souvent les questions soumises aux juges de paix en premier et dernier ressort. — Tarbé, p. 45, no 10.

153. — La loi du 1er déc. 1790 fut donc modifiée, et l'on admit qu'il y aurait ouverture à cassation contre les jugemens en dernier ressort des juges de paix, mais dans deux cas seulement, savoir : pour incompétence ou excès de pouvoir. — L. 27 vent. an VIII, art. 77.

154. — Depuis cette loi, une nouvelle modification a été apportée à cette règle par l'art. 454, C. procéd. civ. En effet, cet article ouvre la voie de l'appel contre les jugemens qu'on prétend incompétemment rendus, même lorsqu'ils sont qualifiés en dernier ressort. Or, si l'appel existe contre ces jugemens, le recours en cassation ne peut être ouvert contre eux, ce ne sont pas des décisions *définitives*.

155. — Ainsi, on n'est pas recevable à se pour-

voir en cassation contre un jugement de justice de paix dont on n'a point appelé, lorsque cependant il était de nature à subir deux degrés de juridiction comme ayant statué sur des objets d'une valeur indéterminée, par exemple, sur une question de jouissance de terrain et de démolition de mur. — *Cass.*, 12 mai 1835, comm. de Castillon c. Garrigey.

156. — De là il suit que les jugemens des juges de paix ne peuvent plus être attaqués aujourd'hui en cassation que pour *excès de pouvoir.* C'est, en effet, ce que porte expressément l'art. 15, L. 25 mai 1838. — V. EXCÈS DE POUVOIR, JUSTICE DE PAIX.

157. — L'excès de pouvoir, qui seul, dans l'état actuel de la législation, ouvre le recours en cassation contre les décisions des juges de paix rendues en matière civile, ne peut s'entendre que de l'infraction par suite de laquelle le juge, sortant du cercle de ses attributions, troublerait par sa décision illégale l'ordre des juridictions, ou porterait atteinte aux principes d'ordre public. — *Cass.*, 7 août 1843 (t. 2 1843, p. 506), Esnault c. Bouilier. — V. *infrà* nos 879 et suiv.

158. — Ainsi, les jugemens des juges de paix ne sont point passibles du recours en cassation pour omission de formalités prescrites expressément dans les causes susceptibles d'être jugées en dernier ressort. — *Cass.*, 5 fév. 1810, Lomboley. — V. JUSTICE DE PAIX.

159. — Jugé cependant que le ministère public peut demander, dans l'intérêt de la loi, la cassation d'une sentence de juge de paix autrement que pour le cas d'incompétence ou d'excès de pouvoir. — *Cass.*, 21 avr. 1813, Urbain.

160. — Un arrêtiste prétend que la contrariété de jugement donne ouverture à cassation contre les jugemens des juges de paix; mais il ne cite aucune autorité à l'appui de son opinion. Ce qui est certain, c'est que la loi ne dit mot de ce moyen.

161. — 5o On peut se pourvoir contre les décisions des conseils de prud'hommes statuant en dernier ressort. — V. PRUD'HOMMES.

162. — Les conseils de prud'hommes, sous une infinité de points, peuvent être comparés aux justices de paix; mais l'art. 77, L. 27 vent. an VIII, qui porte que le recours en cassation contre les jugemens des juges de paix rendus en dernier ressort ne peut avoir lieu que pour cause d'incompétence et d'excès de pouvoir, présentant une exception au droit commun, ne peut être appliqué hors du cas pour lequel il a été créé. Il en résulte que les jugemens en dernier ressort des prud'hommes peuvent être attaqués par toutes les ouvertures ordinaires à la cassation, excepté l'incompétence, qui, aux termes de l'art. 454, C. procéd., rend les jugemens en dernier ressort susceptibles de l'appel. — Godart, p. 41.

163. — 6o On peut se pourvor contre les jugemens rendus en dernier ressort en matière d'arbitrage forcé. — V. ARBITRAGE.

164. — Il en était de même, sous l'empire de la loi du 22 vent. an II, en matière d'arbitrage sur les contestations auxquelles donnait lieu l'exécution de la loi du 17 niv. an II, relative aux donations et aux successions. — Tarbé, p. 45, no 7.

165. — Aussi a-t-il été jugé qu'on pourrait se pourvoir en cassation contre un jugement arbitral rendu en l'an II, et exécuté avant la loi du 12 prair. an IV, jusqu'à laquelle l'opinion commune était que cette voie n'était pas ouverte contre les jugemens arbitraux. — *Cass.*, 9 pluv. an XIII, de Chaunes c. comm. de Vezannes; 12 frim. an XIV, Brisy c. comm. de Famproux et Roueux.

166. — Mais le recours en cassation n'est pas ouvert contre les sentences arbitrales rendues en matière d'arbitrage volontaire. — *Cass.*, 18 déc. 1810, Parizot c. Beau; 20 mars 1817, Lasneret c. Vandelle; — Poncet, *Tr. des jugemens*, t. 2, p. 277. — V. ARBITRAGE.

167. — ... Alors même que le compromis en contiendrait la réserve expresse. — *Cass.*, 16 prair. an XIII, Benoît c. Cavalier.

168. — ... Ni même contre une décision d'arbitres forcés, si ceux-ci ont été autorisés par les parties à faire un réglement d'équité contre lequel les associés ne se sont réservé aucun recours. — V. ARBITRAGE.

169. — Comme le fait très bien remarquer Merlin (*Rép.*, vo *Cassation*), la cour de Cassation n'est pas instituée la régulatrice de tous les actes auxquels on a pu donner la forme et la qualification de jugemens : la loi ne lui a confié sa défense que contre les atteintes qui pourraient lui être portées par les tribunaux qu'elle-même a institués. — V. (dans ses motifs) *Cass.*, 16 prair. an XIII, Benoît c. Cavalier.

170. — Ainsi, le pourvoi ne serait pas admissible contre une sentence arbitrale rendue à l'occasion d'une société *civile* d'assurance mutuelle. — *Cass.*, 15 juill. 1829, Assur. mut. du Pas-de-Calais c. le Phénix.

171. — Il a été décidé que le jugement qui, sous la loi de 1790, refusait d'homologuer une sentence arbitrale, devait être attaqué par la voie de cassation et non par appel. — *Turin*, 22 (et non 24) germin. an XII, Athénée c. Imprimerie de Turin.

172. — 7o On peut se pourvoir contre les jugemens rendus par les tribunaux, sur l'appel d'un jugement arbitral, en cas d'arbitrage volontaire. — *Cass.*, 21 messid. an IX, Verger c. Lintramnu; 23 niv. an X, Toulaville c. Dubeaudier; 16 prair. an XIII, Benoît c. Cavalier; 8 déc. 1810, Parisot c. Beau; 20 mars 1817, Lasneret c. Vandelle. — V. au surplus ARBITRAGE, nos 89 et suiv., 1144 et suiv.

173. — ... 8o Contre les arrêts rendus par une cour impériale avant le démembrement des provinces temporairement réunies à la France, lorsque depuis la séparation on veut les exécuter en France et contre un Français. — *Cass.* (implic.), 22 juill. 1816, Lemarié c. Roberts.

174. — ... 9o Contre les jugemens rendus par un tribunal étranger avant la réunion à la France, si la réunion a eu lieu avant l'expiration des délais et si, dans ce pays, le pourvoi en cassation était une voie de recours admise. — *Cass.*, 3 août 1812, Pestel c. Redetrer; — Merlin *Rép.*, vo *Pays réunis*, no 4.

175. — Mais on ne peut attaquer par voie de cassation des arrêts rendus dans des pays réunis à la France, si ces arrêts n'y étaient susceptibles que de révision. — *Cass.*, 2 juin 1808, de Tana c. N....

176. — Jugé de même qu'on ne peut dénoncer à la cour de Cassation un jugement rendu dans un pays qui ne connaissait pas la voie du recours en cassation, en cas de réunion ultérieure de ce pays à la France. — *Cass.*, 21 fructid. an IX, Delaizette c. Marc.

177. — 10o On peut se pourvoir contre les arrêts rendus dans les colonies, tant en matière civile que commerciale. — Ord. 30 sept. 1827, art. 42.

178. — Cependant le recours en cassation contre les arrêts interlocutoires, et même contre les arrêts rendus sur la compétence, n'est ouvert qu'après l'arrêt définitif. L'exécution de ces arrêts n'emporte pas fin de non-recevoir. — Ord. 31 août 1828, art. 181.

179. — D'après l'art. 43, ord. 30 sept. 1827, la cour royale connaît, sans qu'il soit nécessaire de recourir en cassation, des demandes formées par les parties en annulation des jugemens en dernier ressort des justices de paix, pour incompétence ou excès de pouvoir. C'est une exception exorbitante du droit commun, motivée sur l'éloignement du siége de la cour de Cassation et sur la nécessité d'expédier promptement les affaires. — V. CASSATION (matière criminelle), COLONIES, COUR DE CASSATION.

180. — En matière civile et commerciale, la cour royale connaît encore des demandes *formées dans l'intérêt de la loi*, par le procureur général, en annulation pour incompétence, excès de pouvoir ou contravention à la loi, des jugemens rendus en dernier ressort par les justices de paix, lorsqu'ils ont acquis force de chose jugée. — Même ord., art. 44.

181. — On peut se pourvoir en cassation contre les jugemens rendus aux colonies pendant l'occupation anglaise, pourvu qu'en se conformant à la loi anglaise pour la forme et le délai on n'ait point encouru la déchéance. — *Cass.*, 27 fév. 1822, Pasturin c. Barbe; 10 août 1825, Dumoulier de la Brosse c. de Lamotte. — V. COLONIES.

182. — 11o Peut-on se pourvoir en cassation contre les décisions disciplinaires rendues contre les magistrats ou les officiers ministériels? — En général, on ne le peut pas, et la cour de Cassation a souvent déclaré de semblables pourvois non-recevables. — *Cass.*, 12 fév. 1813, Miguel; 17 juill. 1823, Pothier; 29 juill. 1823, Martin; 26 janv. 1830, Lombardon; 20 avr. 1830, avocats de Paris.

183. — Cependant cette proposition n'est pas vraie d'une manière absolue; la règle admet des exceptions.

184. — On reconnaît que le pourvoi est admissible 1o quand il s'agit de jugemens intervenus à l'occasion de fautes disciplinaires commises ou découvertes à l'audience. — Tarbé, p. 91, 1re col.

185. — Jugé, en conséquence, que la voie de cassation est ouverte contre l'arrêt qui prononce des peines de discipline contre un avoué, incidemment à un procès lors duquel il n'a été ni appelé ni entendu, et alors même qu'il n'aurait pas usé de la voie d'opposition ou tierce-opposition. — *Cass.*, 30 août 1824, L... c. procur. gén. de Nancy.

186. — ... 2o Lorsque le pourvoi est fondé sur l'incompétence ou l'excès de pouvoir. — Dupin, Réquisitoire dans l'affaire Parquin, sous *Cass.*, 22 juill. 1834.

187. — Jugé en ce sens que les décisions prises par voie de discipline, soit contre des magistrats, soit contre des membres du barreau, n'ont pas le caractère des actes de la juridiction ordinaire des tribunaux et ne peuvent, par conséquent, être déférées à la cour de Cassation que pour cause d'incompétence ou d'excès de pouvoir. — *Cass.*, 22 juill. 1834, Parquin; 2 mai 1843 (t. 2 1843, p. 230), bâtonnier de l'ordre des avocats à la cour royale de Limoges c. Bourdeau.

188. — Jugé néanmoins que les avertissémens donnés par les présidens, même en dehors des limites de leurs pouvoirs, ne sont pas attaquables par la voie de la cassation. — *Cass.*, 7 mai 1844 (t. 2 1844, p. 190), procur. gén. de la cour de Cassation c. le tribunal de première instance de...; — Tarbé, p. 90.

189. — Jugé de même que l'on ne peut se pourvoir contre la décision rendue dans une assemblée à huis clos de toutes les chambres d'une cour royale réunies pour la mercuriale annuelle prescrite par l'art. 8, L. 20 avr. 1810. — *Cass.*, 25 juin 1838 (t. 2 1838, p. 352), P... c. la cour de Colmar.

190. — Ces décisions et autres semblables pourraient cependant être annulées, sur la provocation du garde des sceaux, aux termes de l'art. 80, L. 27 vent. an VIII. — Tarbé, p. 92. — V. d'ailleurs DISCIPLINE.

191. — 12o En matière d'expropriation pour cause d'utilité publique, on peut se pourvoir contre les jugemens d'expropriation. — LL. 7 juill. 1833, art. 20; 21 mai 1836, art. 16; 3 mai 1841, art. 20.

192. — ... Et contre les décisions du jury ou les ordonnances du magistrat directeur, dans les cas prévus par la loi. — V. EXPROPRIATION POUR CAUSE D'UTILITÉ PUBLIQUE.

193. — 13o En matière électorale, on peut attaquer par la voie de la cassation les arrêts rendus sur la réclamation des électeurs ou des tiers réclamant contre une décision du préfet. — LL. 2 juill. 1828, art. 18; 19 avr. 1831, art. 33. — V. ÉLECTIONS.

194. — On peut attaquer aussi les jugemens rendus sur les réclamations concernant les listes des électeurs communaux, ou dans certains cas sur la validité des élections communales. — L. 21 mars 1831, art. 42 et 52. — V. ÉLECTIONS MUNICIPALES.

195. — ... Ou les jugemens statuant sur les réclamations contre la capacité légale des personnes nommées soit aux conseils d'arrondissement, soit aux conseils généraux. — V. CONSEILS GÉNÉRAUX ET D'ARRONDISSEMENT.

196. — 14o Il est de principe qu'on peut se pourvoir en cassation contre un arrêt rendu en matière de taxe ou de dépens. — *Cass.*, 12 mai 1812, Devaux; — Chauveau, *Comment. du tarif*, t. 1er, p. 117, no 48; Favard, vis *Dépens*, p. 54; *Vacations extraordinaires*, p. 882; Merlin, *Quest. de dr.*, vo *Cassation*, § 42.

197. — Ainsi, lorsque la cour ou le tribunal a compensé les dépens hors des cas prévus par la loi, lorsque la condamnation aux dépens n'a pas été prononcée contre la partie qui succombe, etc..., le recours en cassation est certainement ouvert. — V. DÉPENS.

198. — Mais il en serait autrement s'il ne s'agissait que d'un simple exécutoire. — *Cass.*, 14 flor. an X, Mouchot.

199. — ... Ou d'une simple taxe du jugé, sauf à former opposition et à se pourvoir ensuite par les voies de droit contre le jugement qui interviendrait. — *Cass.*, 21 août 1828, Platarest c. Raynal.

200. — Au surplus, comme l'exécutoire ou le jugement au chef de la liquidation des dépens ne sont pas, en général, susceptibles d'appel (V. 2e décr. 16 fév. 1807, art. 6), il est tout simple qu'ils ne soient pas non plus soumis au recours en cassation. — V. DÉPENS.

201. — Peut-on se pourvoir en cassation contre les arrêts rendus en matière d'adoption? Non. — *Cass.*, 14 nov. 1815, Bernard. — V. cependant ADOPTION.

Sect. 2e. — *Personnes qui peuvent ou contre lesquelles on peut se pourvoir en cassation.*

202. — On peut se pourvoir en cassation ou dans un intérêt privé ou dans l'intérêt de l'ordre public; le recours dans le premier cas appartient aux parties en cause; il appartient au procureur général dans le second.

ART. 1er. — *Pourvoi dans l'intérêt privé.*

§ 1er. — *Parties en cause. — Représentans. — Héritiers. — Ayant-cause.*

203. — Pour se pourvoir en cassation, il faut, comme première condition, avoir été partie au jugement ou à l'arrêt dont on demande l'annulation.

204. — Par conséquent, celui qui n'a été partie au procès ni en première instance ni devant les juges d'appel est non-recevable à intervenir devant la cour de Cassation. — *Cass.*, 19 fév. 1830, Morisseau.

205. — De même, une femme est non-recevable à se pourvoir en cassation contre le jugement qui, sur le vu de toutes les pièces, a prononcé contre son mari, et sans qu'elle y fût partie, l'expropriation de diverses parcelles de terrain, sous prétexte que ces parcelles étaient sa propriété, et non celle de son mari. Le pourvoi en cassation n'est recevable que de la part de ceux qui ont été parties au jugement. — *Cass.*, 12 août 1844 (t. 2 1844, p. 321), Lamothe c. préfet de l'Allier.

206. — De même encore, l'avoué de première instance condamné d'office par la cour royale aux frais d'une procédure frustratoire, sans avoir été ni partie au procès, ni appelé, ni entendu, ne peut pas se pourvoir en cassation contre l'arrêt de la cour. — *Cass.*, 7 mars 1831, Wast c. Bocquet.

207. — Jugé cependant que l'huissier qui est condamné personnellement aux frais d'une saisie immobilière, annulée sur le fondement d'un prétendu défaut de pouvoir spécial, est recevable à se pourvoir en cassation de l'arrêt qui le condamne, et à citer, sur son pourvoi, la partie dans l'intérêt de laquelle la nullité de la saisie a été prononcée, encore que cette partie n'ait pas demandé la condamnation personnelle de l'huissier. — *Cass.*, 20 (et non 10) avr. 1818, Houssmann c. Weyl et Marx. — V. HUISSIER.

208. — ... Et que lorsque l'acquéreur d'un immeuble a été évincé, son vendeur peut se pourvoir en cassation contre le jugement, bien qu'il n'ait pas été partie en cause. — *Cass.*, 30 juin 1818, Rollet c. comm. de Loyette.

209. — A plus forte raison, la caution qui a été partie en cause, a-t-elle qualité pour se pourvoir, nonobstant le défaut de pourvoi du débiteur principal. — *Cass.*, 11 fructid. an XIII, Lacouture.

210. — Jugé de même que le rejet du pourvoi du liquidateur d'une société commerciale contre un arrêt qui le condamne en sa qualité ne rend pas irrecevable le pourvoi des associés qui étaient eux-mêmes parties dans l'instance : le liquidateur d'une société ne la représente que comme mandataire et détenteur des valeurs sociales. — *Cass.*, 17 avr. 1837 (t. 1er 1837, p. 442), Dugas-Vialis c. de Massilian.

211. — Jugé aussi que le rejet du pourvoi présenté au nom des héritiers collectivement n'empêche pas un héritier de former un nouveau pourvoi en son nom personnel. — *Cass.* (implicit.), 25 thermid. an XII, Mesange c. Wathaire.

212. — Un associé est recevable à se pourvoir en cassation, en son nom seul, contre un jugement rendu par défaut contre la société et contradictoirement avec lui. — *Cass.*, 30 vent. an II, Deschuytener c. Decarondelet.

213. — On remarquera que, pour se pourvoir, il n'est pas nécessaire que le tribunal ait donné acte aux parties des réserves par elles faites de se pourvoir. C'est là un droit naturel qu'elles tiennent de la loi même. — *Cass.*, 6 août 1838 (t. 2 1838, p. 324), maire d'Elcouis.

214. — Le recours en cassation est une instance nouvelle ; conséquemment pour y figurer il faut être capable d'ester en jugement.

215. — Lorsqu'une partie est incapable, l'exercice de ses actions appartient à un représentant légal.

216. — Ainsi, les mineurs, les interdits ne peuvent se pourvoir en cassation, ni défendre à un pourvoi ; c'est le tuteur qui agit en leur nom, qui les représente en justice.

217. — Les communes, les fabriques, les établissemens publics ont également un représentant légal, et de plus ils doivent être munis d'une autorisation. — V. AUTORISATION DE PLAIDER, COMMUNES, ÉTABLISSEMENS PUBLICS.

218. — Jugé que le maire, étant le représentant légal des intérêts de sa commune, a seul le droit de former un recours contre un arrêt qui condamne *personnellement* les habitans de cette commune, si le droit dont ils excipent est un droit commun à tous les habitans. — *Cass.*, 2 janv. 1811, Bonnabaud c. Villaguet.

219. — Un habitant peut cependant se pourvoir contre un arrêt rendu dans une affaire intéressant une commune (vaine pâture sur les communaux) s'il a été partie au procès devant la cour royale qui a rendu cet arrêt. — *Cass.*, 14 déc. 1831, Gendret.

220. — Les femmes mariées ne peuvent se pourvoir sans l'autorisation du mari ou de la justice. — V. AUTORISATION DE FEMME MARIÉE.

221. — Jugé que le mari a qualité pour se pourvoir seul en cassation contre un arrêt qui a refusé à sa femme la qualité d'héritière, quoique, en première instance et en appel, il n'ait figuré que conjointement avec elle. — *Cass.*, 2 vent. an XII, Picard.

222. — Jugé aussi que lorsque la femme est principale intéressée et a procédé sur appel conjointement avec son mari, celui-ci peut se pourvoir seul en cassation. — *Cass.*, 2 vent. an XII, Delavacquerie c. Joseph-Auguste.

223. — Les individus pourvus d'un conseil judiciaire doivent être assistés de ce conseil pour plaider en cassation comme devant toute autre juridiction. — V. CONSEIL JUDICIAIRE.

224. — Nous avons dit au mot APPEL (n° 509) que celui dont les juges de première instance ont prononcé l'interdiction peut interjeter appel du jugement qui le prive de ses droits ; il faudrait décider autrement s'il s'agissait du recours en cassation contre l'arrêt prononçant l'interdiction. En effet, dans le premier cas, l'appel est suspensif ; mais comme le pourvoi ne l'est pas, il s'ensuit que l'arrêt qui prononce l'interdiction doit être exécuté. — V. INTERDICTION.

225. — Lorsqu'un individu qui figurait devant la cour royale tant en son nom personnel que comme subrogé tuteur d'un mineur ne s'est présenté devant la cour de Cassation qu'en la première de ces qualités, il n'y a réelement pas de pourvoi dans l'intérêt du mineur qu'il représentait, alors même que dans le mémoire ampliatif produit au greffe postérieurement au délai du pourvoi il aurait pris sa double qualité. — *Cass.*, 26 juill. 1843 (t. 1er 1844, p. 84), Robert c. Coste-Millard.

226. — Jugé, sous l'empire de l'ancienne loi, que le failli peut se pourvoir en cassation contre un arrêt rendu contre les syndics de sa faillite dans le cas où ceux-ci ne se pourvoient pas. — *Cass.*, 7 avr. 1830, Lassalle c. Diguet.

227. — En serait-il de même depuis la loi du 28 mai 1838? — V. FAILLITE.

228. — On voit, au surplus, par ce qui précède, que la solution des difficultés qui peuvent s'élever en cette matière se trouve dans l'application des règles générales qui fixent la capacité et qui déterminent les conditions à remplir pour l'exercice des actions. Nous ne pouvons que nous référer à cet égard à ce qui a été dit aux mots ACTION, APPEL, AUTORISATION DE PLAIDER. — V. aussi COMMUNE, CONSEIL JUDICIAIRE, ÉTABLISSEMENS PUBLICS, FABRIQUE, FAILLITE, FEMME MARIÉE, INTERDIT, MINEUR, etc.

229. — Il ne suffit pas pour exercer un recours en cassation d'être capable et d'avoir qualité, il faut encore avoir *intérêt*.

230. — Conformément à ce principe fondamental, il a été jugé qu'une partie ne pourrait se plaindre en cassation de ce que le tribunal lui aurait accordé dans sa défense une latitude plus grande que celle que la loi comporte. — *Cass.*, 9 juill. 1834, Dupeysset.

231. — ... Ni de ce que le tribunal aurait refusé d'admettre une preuve testimoniale réclamée par son adversaire. — *Cass.*, 17 mai 1830, Faure-Lalande.

232. — ... Qu'elle serait sans intérêt à se pourvoir en cassation contre un arrêt d'une cour royale qui se serait borné à prononcer au fond, sans annuler préalablement un jugement irrégulier dont l'annulation était requise. — *Cass.*, 7 mars 1833, Prévost.

233. — ... Qu'elle serait sans intérêt aussi à se plaindre d'avoir été déclarée non-recevable dans un appel, lorsque l'arrêt critiqué porte que l'appel, fût-il recevable, serait certainement mal fondé. — *Cass.*, 11 avr. 1811, Chantot c. Plantade.

234. — ... Que le légataire contre lequel seul un testament a été annulé en *totalité*, serait sans intérêt et par conséquent non recevable à se pourvoir contre un arrêt qui aurait annulé, même à tort, un legs particulier fait à un tiers. — *Cass.*, 30 mai 1826, Dunant.

235. — ... Que le légataire universel institué par un testament qui a été annulé ne peut se faire un moyen de cassation de ce que ce testament aurait révoqué un premier testament qui a été maintenu et par lequel il est nommé légataire de l'usufruit. — Même arrêt.

236. — ... Qu'on ne serait pas recevable à se plaindre, quand une nullité de mariage a été admise sur la demande de la partie principale, de ce que le tribunal aurait admis l'intervention d'un individu qui réclamait la même nullité, laquelle n'aurait pas été prononcée au chef de ce dernier. — *Cass.*, 8 mars 1831, Floredieu.

237. — ... Qu'une partie n'aurait aucun intérêt et partant ne serait pas recevable à se pourvoir contre un arrêt qui ne fait pas grief, qui refuserait, par exemple, de faire droit jusqu'à ce que certaines parties aient été mises en cause. — *Cass.*, 13 août 1839 (t. 2 1843, p. 659), Vogué et Legat c. Lemercier et Aubry.

238. — ... Que lorsque sur l'appel d'une partie, fondé sur ce que le jugement de première instance n'est pas motivé, la cour d'appel, sans statuer sur cette demande, met simplement l'appellation au néant, cette partie est sans intérêt à se pourvoir en cassation contre cet arrêt, et que par suite son pourvoi doit être rejeté. — *Cass.*, 17 mai 1810, Devink.

239. — ... Qu'une partie ne peut se plaindre en cassation d'avoir été déclarée non-recevable dans son appel, lorsque l'arrêt attaqué a néanmoins examiné et jugé le fond. — *Cass.*, 22 mars 1825, Baleau c. Gougenot.

240. — ... Qu'on n'est pas recevable (pour défaut d'intérêt) à exciper en cour de Cassation de ce que les juges d'appel n'auraient pas annulé le jugement de première instance pour vice de forme, lorsque cette annulation n'aurait pas entraîné la réformation du jugement sur le fond. — *Cass.*, 2 déc. 1839 (t. 1er 1840, p. 179), compagnie du Phénix c. Sigallas.

241. — ... Que l'appelant principal n'est pas recevable à se faire un moyen de cassation d'une irrégularité qui ne concerne que l'appel incident formé par l'intimé, alors que cet appel incident n'a pas amené la réformation du jugement de première instance. — *Cass.*, 14 août 1840 (t. 2 1840, p. 491), Christol c. Pardaillé.

242. — ... Qu'on ne peut demander la cassation de l'ordonnance rendue sur le réglement des qualités d'un arrêt, et qui n'a eu aucune influence sur la régularité de cet arrêt. — *Cass.*, 30 avr. 1839 (t. 1er 1839, p. 545), Ancillon c. Navelle.

243. — ... Que le demandeur en cassation est non-recevable à attaquer la disposition d'un arrêt qui ordonne une distraction de dépens, quand il n'allègue même pas que cette distraction lui soit préjudiciable. — *Cass.*, 2 janv. 1828, Secondé c. Picard.

244. — ... Que lorsqu'une partie intimée devant une cour royale a déclaré désavouer son avoué de première instance et demander un sursis pour la décision au fond, l'arrêt qui a refusé ce sursis ne peut être attaqué que par elle seule ; qu'en conséquence une autre personne, partie dans la même instance, ne peut se faire un moyen de cassation de ce refus de sursis. — *Cass.*, 12 août 1841 (t. 2 1841, p. 569), Lancey c. Dulacq.

245. — ... Qu'une femme ne serait pas recevable à faire valoir dans son intérêt personnel un moyen de cassation tiré de ce que la contrainte par corps aurait été illégalement prononcée contre son mari par une décision portant contre eux des condamnations solidaires. — *Cass.*, 27 mars 1832, Clément c. Morrel.

246. — ... Que les créanciers qui, dans le cas où l'un d'eux a été colloqué pour toute sa créance sur le prix à distribuer, attaquent le jugement de collocation en ce qu'une partie de la créance aurait été éteinte par la prescription, n'ont aucun intérêt dans leur pourvoi si la partie non prescrite de cette créance suffit pour absorber et au-delà le prix à distribuer. — *Cass.*, 14 nov. 1826, Ferrette.

247. — ... Qu'un jugement préjudiciel qui rejette une exception d'incompétence proposée par le préfet, en matière électorale, ne peut être déféré à la cour de Cassation, lorsque, au fond, ce magistrat obtient ensuite gain de cause. — *Cass.*, 15 janv. 1838 (t. 2 1845, p. 465), Préfet de l'Hérault.

248. — ... Qu'un préfet est non-recevable dans son pourvoi contre un arrêt qui compte à un citoyen, pour la formation de son cens, des contributions, telles que prestations en nature, que l'administration prétend ne devoir pas y être comprises, lorsque ce citoyen paie, indépendamment de ces contributions, un impôt suffisant pour lui donner la qualité d'électeur. — *Cass.*, 12 fév. 1838 (t. 1er 1838, p. 366), Préfet de l'Oise.

249. — ... Que le mari séparé de biens d'avec sa femme est sans qualité pour se pourvoir en cassation contre la décision du jury qui alloue à cette femme une indemnité comme locataire du terrain exproprié dont le mari était le bailleur (cette décision ne lui portant aucun préjudice et ne le concernant pas). — *Cass.*, 5 mars 1844 (t. 1er 1844, p. 759), François c. comm. de La Villette.

250. — ... Que l'administration des contributions indirectes serait sans intérêt, et par suite mal fondée à demander la cassation d'un jugement qui admettrait un individu contre lequel on aurait saisi un cheval, comme n'étant pas le même que celui mentionné dans un acquit à caution, à prouver qu'il était réellement propriétaire du cheval saisi. — *Cass.*, 19 juill. 1831, Solau.

251. — ... Qu'une partie est sans intérêt à se plaindre devant la cour de Cassation de ce que l'autorité judiciaire, après avoir demandé à l'autorité administrative l'interprétation d'un acte administratif, et obtenu cette interprétation du conseil de préfecture seulement, aurait statué définitivement sans attendre l'ordonnance du conseil d'état, saisi du re-

cours contre l'arrêté du conseil, alors que le jugement intervenu, fondé d'ailleurs sur l'examen de titres anciens, s'est conformé à l'interprétation donnée par le conseil de préfecture, laquelle elle-même a été postérieurement (depuis le pourvoi) confirmée par le conseil d'état. — *Cass.*, 2 déc. 1844 (t. 1er 1845, p. 217), La Ranloue c. de Brulon.

252. — ... Que lorsque le défendeur à une action intentée par une commune lui oppose une fin de non-recevoir tirée du défaut d'autorisation, la commune est sans intérêt pour se faire un moyen de cassation de ce que les juges, en déclarant son action mal fondée, n'auraient pas statué sur la fin de non-recevoir. — *Cass.*, 28 juin 1842 (t. 1er 1843, p. 449), communes de Mailly-le-Château et de Mérysur-Yonne c. le préfet de l'Yonne.

253. — ... Que la régie doit être déclarée sans intérêt à demander la cassation de la disposition d'un jugement qui la condamne illégalement aux intérêts d'une restitution de droits, lorsque le contribuable a renoncé, par acte extrajudiciaire, et avant que le pourvoi n'ait été formé, à user du bénéfice de cette disposition. — *Cass.*, 19 mars 1839 (t. 1er 1839, p. 455), Enregist. c. Marchand.

254. — ... Qu'on ne peut se pourvoir contre une décision au bénéfice de laquelle la partie adverse aurait renoncé avant le pourvoi. — Même arrêt.

255. — Jugé cependant que la cour de Cassation, saisie d'un pourvoi, ne peut l'apprécier que dans l'état où la cause se présentait devant la cour royale, et abstraction faite des événemens qui ont pu depuis modifier la position des parties, et seraient de nature à justifier l'arrêt; — Qu'ainsi le pourvoi formé par un créancier contre l'arrêt qui a rejeté son action individuelle contre son débiteur, sous prétexte que celui-ci était en état de suspension de paiemens, ne peut être déclaré non-recevable par le motif que, le débiteur ayant été depuis déclaré en faillite, et l'action individuelle du créancier ne pouvant plus être exercée, la cassation de l'arrêt serait sans objet; qu'il y a intérêt suffisant à faire statuer sur le pourvoi, ne fût-ce que pour les dépens. — *Cass.*, 26 juin 1844 (t. 2 1844, p. 283), Quiquandon c. Giroud.

256. — Jugé qu'une partie a intérêt et, par conséquent, est recevable à se pourvoir contre le jugement qui a rejeté sa demande principale, encore bien qu'il lui ait donné gain de cause sur sa demande en garantie. — *Cass.*, 25 janv. 1814, Chabaud c. Lascoux.

257. — Jugé aussi que le désistement, par un cessionnaire, du pourvoi dirigé contre l'arrêt qui déclarait nulle et frauduleuse, à son préjudice, la créance cédée, avec condamnation aux dépens, sauf son recours contre son cédant, ne rend pas celui-ci non-recevable, pour défaut de qualité, à soutenir le pourvoi qu'il avait formé en même temps contre le même arrêt, alors qu'il était partie devant la cour royale comme garant de la cession. — *Cass.*, 15 juill. 1839 (t. 2 1839, p. 320), Rossary et Berthoux c. Vincent.

258. — Jugé, au contraire, qu'un garant qui, mis en cause en appel, a déclaré prendre le fait et cause de l'appelant, mais contre lequel l'intimé n'a pas pris de conclusions, et qui a été simplement condamné à indemniser l'appelant des condamnations prononcées contre ce dernier, est non-recevable à attaquer cette décision par un pourvoi dirigé contre l'intimé seul. — *Cass.*, 14 juin 1843 (t. 2 1843, p. 180), Association des vidanges de Tarascon c. Achardy. — Un pareil pourvoi est sans intérêt. En effet, l'absence de recours relativement au garanti laissant subsister avec force de chose jugée la disposition du jugement qui condamne ce dernier au principal et lui adjuge ses conclusions tendant à recours, en quoi peut-il être utile au défendeur en garantie de faire annuler, en ce qui le touche personnellement, vis-à-vis du demandeur principal, le jugement de condamnation?

259. — Indépendamment des parties en cause ou de leurs représentans légaux, le pourvoi peut aussi être formé par un héritier ou par un légataire. — V. SUCCESSION.

260. — ... Ou par un mandataire ou un ayant-cause. — V. AYANT-CAUSE, MANDAT.

261. — Il peut l'être aussi par les créanciers, aux termes de l'art. 1166, C. civ., qui leur permet d'exercer les droits et actions de leur débiteur.

262. — Jugé que l'héritier peut se pourvoir en cassation contre un jugement qui a condamné le défunt, lors même que, dans son intérêt personnel, l'un des créanciers de la succession aurait déjà exercé ce recours sans succès. — *Cass.*, 14 avr. 1806, de Queyrieux c. de Pestre.

263. — On ne peut se pourvoir au nom d'une personne décédée : si donc une partie en cause est morte pendant l'instance d'appel ou même après l'arrêt intervenu, le pourvoi doit être formé au nom des héritiers, surtout si c'est à eux que la signification de l'arrêt a été faite. — *Cass.*, 8 mai 1820, Cailletau.

§ 2. — *Personnes contre lesquelles on peut diriger un pourvoi.*

264. — Le demandeur en Cassation doit diriger son pourvoi contre les parties qui ont figuré au procès, et au profit desquelles les jugemens ou arrêts ont été rendus, ou contre leurs héritiers, représentans ou ayant-cause.

265. — La partie condamnée comme garante est recevable à se pourvoir en cassation non seulement contre le demandeur en garantie, mais aussi contre le demandeur principal, encore bien que celui-ci n'ait pas conclu contre elle, alors que l'arrêt a été, par une disposition spéciale, déclaré commun avec toutes les parties. — *Cass.*, 17 nov. 1840 (t. 1er 1841, p. 119), compagnie du charbonnage de Wasmes et Bornu c. Legrand et Harven-Chasselet.

266. — Il n'est pas nécessaire, alors même qu'il y a eu garant en cause devant la cour royale, que le demandeur dirige son pourvoi en cassation à la fois contre le défendeur principal et contre le garant, si celui-ci n'a pas pris le fait et cause du garanti. — *Cass.*, 23 juin 1834, Honoral c. Artigues. — V. GARANTIE.

267. — Lorsqu'en appel le garant n'a pas pris fait et cause pour le garanti, le demandeur, qui a succombé dans son action, peut se borner à ne diriger son pourvoi que contre le garanti. — *Cass.*, 5 déc. 1836, Lebœuf de Brasseuse.

268. — Le pourvoi formé contre une partie décédée depuis l'arrêt attaqué, et qui a seule été désignée soit dans l'arrêt d'admission, soit dans la notification de cet arrêt portant assignation devant la chambre civile, est non-recevable à l'égard des héritiers de cette partie qui sont restés personnellement étrangers à cette procédure. — *Cass.*, 26 fév. 1840 (t. 1er 1840, p. 697), Roche c. Roudel.

269. — Lorsqu'à défaut de production au greffe de la cour de Cassation des assignations données à quelques parties en vertu d'un arrêt d'admission, il n'y a eu décision qu'à l'égard des parties dont les significations étaient produites, et vis-à-vis desquelles il y a eu cassation, il ne s'ensuit pas que le demandeur ne soit pas recevable à reprendre plus tard son pourvoi contre les premiers, en déposant au greffe les significations faites en temps utile. — *Cass.*, 19 avr. 1837 (t. 1er 1840, p. 315), Préfet du Doubs c. Cugnolet et Finot.

270. — Un pourvoi régulièrement introduit contre plusieurs parties peut, lorsque l'arrêt d'admission n'a permis d'assigner qu'une partie, sans rien statuer à l'égard des autres, et que l'arrêt attaqué a été cassé vis-à-vis cette seule partie, être repris quelque temps après contre les autres parties non assignées. — *Cass.*, 19 août 1833, Barbotte.

271. — Lorsqu'un arrêt rendu au profit de plusieurs copropriétaires indivis n'a été signifié qu'à la requête de quelques uns d'entre eux, le pourvoi en cassation peut n'être formé que contre ceux qui ont fait la signification, et ces parties sont non-recevables à prétendre que l'arrêt attaqué a acquis l'autorité de la chose jugée au profit des autres cointéressés. — *Cass.*, 12 mars 1839 (t. 1er 1839, p. 380), Fabrique de Sainte-Eulalie et Masclary c. Pradel.

272. — Lorsque dans un procès où les attributions des huissiers sont contestées, le syndic a pris le fait et cause de l'un des membres de sa compagnie, et qu'il lui en a été donné acte par un arrêt, le pourvoi contre cet arrêt est valablement formé contre le syndic seul, sans qu'il soit besoin d'appeler le membre avec lequel l'instance avait d'abord été engagée. — *Cass.*, 10 déc. 1828, notaire des Andelys c. Huissiers de la même ville.

273. — Un fonctionnaire appelé devant la cour de Cassation en vertu d'un arrêt d'admission qui permet de l'assigner ne peut exciper, comme fin de non-recevoir, de ce qu'il n'aurait pas qualité pour défendre. — *Cass.*, 12 août 1834, Dain c. directeur de l'intérieur de la Guadeloupe.

274. — Lorsque, sur une demande en nullité d'un paiement fait par le trésor, malgré une opposition, le trésor a été partie en première instance et en appel, il n'est pas recevable à prétendre devant la cour de Cassation qu'il doit être mis hors de cause, sous prétexte qu'il n'aurait payé qu'en vertu d'une ordonnance de référé. — *Cass.*, 31 mars 1828, Aymard c. Onfroy et le trésor.

275. — Lorsque l'appelant, qui a obtenu la réformation du jugement attaqué sur quelques points, a été condamné à l'amende, contrairement à l'art. 471, C. procéd. civ., cette condamnation, étrangère à l'autre partie, ne peut être l'objet d'un recours en cassation à l'égard de cette dernière. — *Cass.*, 12 avr. 1836, Bouelle.

276. — La disposition d'un jugement réglant le paiement des droits de succession entre le légataire universel de l'usufruit et celui de la nu-propriété ne peut être annulée en cassation sur le pourvoi dirigé seulement contre l'administration de l'enregistrement. — *Cass.*, 2 avr. 1839 (t. 1er 1839, p. 461), de Gouvelle c. Enreg.

ART. 2. — *Pourvoi dans l'intérêt de la loi.*

277. — Ce n'est pas seulement dans l'intérêt privé que le recours en cassation est ouvert, il est également autorisé dans un intérêt doctrinal, dans *l'intérêt de la loi.*

278. — Voici quelle est, sur ce point, la disposition de l'art. 88 de la loi du 27 vent. an VIII. — « Si le commissaire du gouvernement apprend qu'il ait été rendu en dernier ressort un jugement contraire aux lois et aux formes de procéder, et contre lequel cependant aucune des parties n'ait réclamé dans le délai fixé, après ce délai expiré il en donnera connaissance au tribunal de cassation ; et si les formes ou les lois ont été violées, le jugement sera cassé sans que les parties puissent se prévaloir de la cassation pour éluder les dispositions de ce jugement, lequel vaudra transaction pour elles. » — V. L. 27 nov. 1790, art. 25 ; L. 3-14 sept. 1791, art. 16. — V. aussi CASSATION (matière criminelle).

279. — Le droit de former le pourvoi dans l'intérêt de la loi n'appartient qu'au procureur général près la cour de Cassation. Les officiers du ministère public près les cours royales et les tribunaux ne peuvent agir que dans l'intérêt de l'action publique qui leur est confiée. — Tarbé, p. 69.

280. — Cette règle est très sage, car autrement le nombre des pourvois serait trop considérable ; d'ailleurs il y aurait à craindre que cette faculté concédée à tous les officiers du ministère public ne fût pas toujours exercée avec la discrétion et le discernement convenable. — V. cependant CASSATION (matière criminelle), COLONIES.

281. — Jugé, en conséquence, que c'est au seul commissaire national près le tribunal de cassation et non aux procureurs généraux syndics des départemens, que la loi attribue la dénonciation des jugemens contraires aux lois contre lesquelles les parties n'ont pas réclamé. — *Cass.*, 19 juill. 1793, Petit Perrin. — V. aussi *Cass.*, 13 déc. 1843 (t. 1er 1844, p. 29), Préfet de la Corse c. Piccioni et Soavi.

282. — Jugé de même que les préfets n'ont pas qualité pour se pourvoir, en matière électorale, contre des décisions judiciaires, uniquement dans l'intérêt des principes. — *Cass.*, 15 janv. 1838 (t. 2 1845, p. 467), Préfet de l'Hérault; 12 fév. 1838 (t. 1er 1838, p. 366), Préfet de l'Oise c. Boutcille; 19 août 1844 (t. 2 1844, p. 163), Préfet de la Seine-Inférieure.

283. — Jugé aussi que les parties ne peuvent dénoncer directement à la cour régulatrice les actes par lesquels les juges ont excédé leurs pouvoirs. — *Cass.*, 26 vend. an XII, Girod; 29 janv. 1824, Forbin-Janson.

284. — Ainsi, il n'appartient qu'au procureur général à la cour de Cassation de poursuivre, dans l'intérêt de la loi, l'annulation d'un arrêt qui blesse les intérêts d'une partie, lorsque celle-ci a consenti à l'exécution de l'arrêt qui lui fait grief. — *Cass.*, 11 juin 1810, Debazarne c. Héreau.

285. — Mais la cour de Cassation ne doit point statuer sur le pourvoi formé par le ministère public dans l'intérêt de la loi avant qu'il soit prouvé que les personnes qui avaient le droit d'attaquer la décision qui lui est déférée y ont acquiescé ou ont laissé expirer les délais sans se pourvoir. — *Cass.*, 29 août 1827, Minart-Barrois; 28 nov. 1827 (intérêt de la loi), même partie.

286. — Il suffit que, depuis la signification par défaut et en dernier ressort d'un jugement, il se soit écoulé un délai de plus de trois mois, sans qu'il ait été formé un pourvoi en cassation, pour que celui du ministère public soit recevable. — *Cass.* (intérêt de la loi), 12 nov. 1832, Serrano.

287. — Le droit du procureur général de se pourvoir dans l'intérêt de la loi n'est pas restreint aux seules décisions contre lesquelles les parties auraient elles-mêmes pu se pourvoir, il peut être exercé aussi même pour des causes qui ne donneraient pas ouverture à cassation au profit des intéressés.

288. — Ainsi, un recours dans l'intérêt de la loi est ouvert contre un jugement de juge de paix, même pour d'autres causes que l'excès de pouvoir. — Tarbé, *Cour de cass.*, p. 69.

289. — ... Ou contre une décision disciplinaire. — *Cass.* (implicit.), 28 mars 1826 (intérêt de la loi), Duch; 15 avr. 1826, N...; 5 mai 1835, proc. gén. près la cour de Cassation. — ... Même pour d'autres causes que l'incompétence ou l'excès de pouvoir.

290. — Ici se place une observation importante.

On remarquera que les deux arrêts de 1826 sont de la chambre criminelle, et celui du 5 mai 1835 de la chambre des requêtes, et l'on se demandera comment, sur une même matière, il a pu être rendu des arrêts par deux chambres dont les attributions sont si différentes.—La cour de Cassation se préoccupa elle-même de cette espèce de conflit, et M. Tarbé nous apprend (p. 70) que les procédures de 1826 furent l'objet d'une sérieuse discussion. Une commission fut nommée pour examiner la question, et le 3 mars 1827 une délibération de la cour arrêta que désormais les pourvois en de telles matières seraient portés aux chambres civiles suivant les règles spéciales de leur compétence. — V. COUR DE CASSATION, DISCIPLINE.

291. — Comme le pourvoi dans l'intérêt de la loi n'a pour motif que l'ordre public, auquel tout autre intérêt doit être subordonné, il est sensible qu'aucune des restrictions ou fins de non-recevoir opposables aux parties ne peuvent, en général, y mettre obstacle. — Poncet, t. 2, p. 279.

292. — Observons, toutefois, ajoute le même auteur, que la cassation n'est ouverte que contre ceux de ces jugemens et actes qui émanent de tribunaux ou juges proprement dits, et qui sont de nature à compromettre l'ordre public. Ainsi les sentences arbitrales civiles ne sont pas plus susceptibles de cassation dans l'intérêt de la loi que dans l'intérêt des parties.—V. *suprà* nos 166 et suiv.

293.—Il ne faut pas confondre le pourvoi formé par le procureur général dans l'intérêt de la loi seulement et le pourvoi formé par l'une des parties en cause. Ces deux pourvois n'exercent aucune influence l'un sur l'autre. Ainsi le rejet du pourvoi du ministère public ne fait pas obstacle à la cassation sur le pourvoi d'une partie, lors même que, sur ce premier pourvoi, la partie adverse serait intervenue dans l'instance devant la cour suprême.

294. — Le ministre de la justice et le procureur général de la cour de Cassation ne peuvent, sur un pourvoi formé dans l'intérêt de la loi seulement, requérir le renvoi de l'affaire devant les juges compétens: ce droit ne leur appartient qu'en cas de conflit négatif. — *Cass.*, 2 avr. 1831, Mazas.

Sect. 3e. — *Fins de non-recevoir contre le pourvoi.*

295. — Il serait impossible de préciser toutes les fins de non recevoir qui peuvent être proposées contre un pourvoi; les unes tiennent au droit lui-même, les autres à la procédure; les unes ne sont que des exceptions de forme, les autres sont des exceptions péremptoires du fond. Il suffit d'indiquer les principales.

296. — Le défaut de qualité et de capacité, le défaut d'intérêt sont des exceptions qui font rejeter le pourvoi, comme on l'a vu *suprà* (nos 214, 229 et suiv.), quel que soit d'ailleurs le mérite au fond du moyen proposé; nous n'avons pas à revenir sur ce que nous avons dit à cet égard.

297. — Nous n'insisterons pas non plus sur la fin de non-recevoir résultant de l'acquiescement: on sait qu'il y a deux espèces d'acquiescement: l'acquiescement *exprès* et l'acquiescement *tacite*. Tous deux produisent le même effet; ils font acquérir au jugement la force de la chose définitivement jugée, et le mettent à l'abri de toute espèce de recours. — V. ACQUIESCEMENT.

298. —Mais quand y a-t-il acquiescement? — Il y a acquiescement toutes les fois qu'il résulte des faits et circonstances de la cause la preuve que la partie a eu l'intention, la volonté d'exécuter le jugement ou l'arrêt rendu contre elle, toutes les fois qu'elle est présumée avoir renoncé aux voies de recours que la loi lui offrait.

299.—Toutefois, cette présomption n'existe pas, 1o lorsqu'il s'agit d'une matière qui touche à l'ordre public.

300. — ... 2o Lorsque l'exécution a été forcée.

301. — ... 3o En général, lorsqu'il y a eu des réserves.

302.— Dans ces trois hypothèses, il n'y a aucune fin de non-recevoir à opposer, parce que la présomption sur laquelle cette exception repose est ou démentie par le fait, ou réputée non avenue.— V. ACQUIESCEMENT.

303. — C'est par application de ces principes qu'il a été jugé avant le Code civil que l'exécution par le mari d'un jugement qui admettait sa demande en divorce, et le fait, de sa part, d'avoir fait prononcer son divorce et contracté un nouveau mariage, ne pouvait créer une fin de non-recevoir contre le pourvoi en cassation dont le jugement était frappé par la femme. — *Cass.*, 7 niv. an VII, Deshommais.

304. — ... Que l'exécution forcée d'un arrêt ne rend point non-recevable à se pourvoir en cassation contre cet arrêt.— *Cass.*, 3 avr. 1838 (t. 2 1838, p. 86), Guyonie c. Beille.

305. — ... Qu'une partie n'est pas irrecevable à se pourvoir en cassation contre l'arrêt qui a rejeté des exceptions par elle proposées par cela seul que, sans protestations ni réserves, elle aurait plaidé au fond; cette obéissance à l'arrêt étant forcée, sous peine de voir prononcer au fond un arrêt définitif. — *Cass.*, 21 nov. 1837 (t. 1er 1838, p. 286), Martin c. comm. de Thianges.

306. — ... Qu'en matière civile, l'exécution forcée d'un arrêt après signification, commandement, et prise de possession avec l'assistance de la force publique, ne constitue pas un acquiescement, et n'élève aucune fin de non-recevoir contre le pourvoi en cassation. — *Cass.*, 12 mai 1840 (t. 2 1840, p. 153), Arragon et Cure c. de Montlogis.

307. — ... Que l'exécution d'un jugement ou arrêt comme contraint et forcé, et sous la réserve de se pourvoir en cassation, n'emporte pas acquiescement et ne rend pas non-recevable le pourvoi en cassation. — *Cass.*, 8 juill. 1840 (t. 1er 1841, p. 90), Corail c. Bousquet.

308. — ... Qu'un pourvoi en cassation ne peut être déclaré non-recevable par le seul motif que la partie qui l'a formé aurait postérieurement figuré dans une instance où s'agitait la même question que celle du pourvoi, et où elle aurait pris des conclusions incompatibles avec ce pourvoi, lorsque d'ailleurs elle a fait des réserves expresses. — *Cass.*, 18 mai 1830, Saint-Paul c. Tourneyssen.

309. — Voici d'autres espèces dans lesquelles la cour de Cassation a également reconnu, à raison des circonstances, qu'il n'y avait pas à se prévaloir contre le pourvoi de la fin de non-recevoir tirée de l'acquiescement.

310. — Elle a jugé que la partie qui s'est pourvue en cassation contre un jugement ne cesse pas d'être recevable en son pourvoi, en faisant des offres réelles du montant des condamnations contre elle prononcées, si elle déclare qu'elle en a demandé la cassation. — *Cass.*, 16 messid. an II, Thomas c. Boudot et Mairé.

311. — ... Que lorsque, après s'être pourvue en cassation d'un arrêt, une partie comparaît dans les instances qui ont lieu en exécution de ce même arrêt, elle ne se rend pas pour cela non-recevable dans son pourvoi. — *Cass.*, 18 août 1830, Crespel.

312. — ... Que, la cassation d'un arrêt entraînant l'annulation des décisions qui ne sont que la conséquence et l'exécution de cet arrêt, il en résulte que l'autorité de chose jugée acquise par ces décisions ne crée pas de fin de non-recevoir contre le pourvoi, alors surtout qu'elles contiennent réserve des droits résultant du pourvoi. — *Cass.*, 8 fév. 1843 (t. 1er 1843, p. 605), Rouveure c. Deprat.

313. — ... Que le défendeur en cassation ne peut opposer au pourvoi formé par son adversaire une fin de non-recevoir qui a été rejetée par le jugement dont il demande le maintien. — *Cass.*, 12 juill. 1836, Leroux.

314. — ... Que lorsqu'un arrêt ordonnant une restitution a été suivi d'un arrêt qui, prescrivant de plus fort cette restitution, et statuant sur les difficultés auxquelles son exécution donnait lieu, a déterminé le mode de cette restitution, le pourvoi dirigé contre le premier arrêt est recevable, bien qu'aucun pourvoi n'ait été formé contre le second, celui-ci n'étant que la suite et l'exécution du premier.—*Cass.*, 10 août 1841 (t. 2 1841, p. 515), Cousin c. la Liste civile et Maillé.

315. — ... Que celui qui, plaidant contre plusieurs héritiers, repousse d'une manière générale à l'égard de tous l'exception de chose jugée qui lui est proposée, sans faire observer que vis-à-vis de quelques uns d'entre eux l'absence de chose jugée résulte de ce qu'ils n'ont pas été parties au jugement, n'en est pas moins recevable à faire valoir ce moyen en cour de Cassation contre l'arrêt qui décide qu'il y a chose jugée au profit de tous. — *Cass.*, 28 juin 1808, Préfet de l'Eure et Crotat c. Bois-Roussel.

316. — ... Que la partie qui a poursuivi l'exécution d'un jugement contenant des chefs distincts, en faisant des réserves expresses pour les chefs non exécutés, est recevable à se pourvoir en cassation contre ces derniers. — *Cass*, 17 frim. an II, Boyer; 22 brum. an XIII, Testu Balaincourt.

317. — ... Qu'une partie n'est pas déchue de la faculté de se pourvoir en cassation par la demande qu'elle a faite, après le prononcé du jugement, qu'il lui fût donné acte de ce qu'elle consentait à l'exécuter et de ce qu'elle allait payer les frais, si, dans la réalité, elle n'a ni payé ni cherché à payer les frais, si le tribunal de simple police ne l'a pas interpellée de signer sa déclaration, et si, enfin, son acquiescement n'a pas été accepté avant d'être révoqué.—*Cass.*, 12 mai 1809, Jaconnet c. Ollivier.

318.—... Qu'une commune déclarée propriétaire par jugement arbitral, de plusieurs immeubles, ne peut repousser le pourvoi formé par l'état contre ce jugement, sous prétexte qu'il y aurait acquiescé par plusieurs actes, qui n'ont fait que statuer sur le mode de partage déjà consommé de ces biens, lorsque d'ailleurs la sentence arbitrale n'est énoncée dans aucun de ces actes, et qu'il n'en résulte pas non plus qu'elle ait été connue par l'état. — *Cass.*, 20 fév. 1826, Préfet du Bas-Rhin c. comm. d'Hattmatt.

319. — ... Que l'acquiescement donné à un jugement rendu par des arbitres forcés à une époque où l'on tenait en point de doctrine que ces sortes de jugemens n'étaient pas susceptibles de recours en cassation, ne peut constituer aucune fin de non-recevoir contre le pourvoi dont ce jugement a été frappé ultérieurement. — *Cass.*, 13 fév. 1822, Dumont c. comm. de Carvin-Epinay.

320. — ... Que lorsqu'un jugement interlocutoire, irrégulier dans sa forme, a été exécuté par toutes les parties, et que les délais accordés pour en poursuivre la réformation sont expirés sans qu'aucune d'elles l'ait attaqué, celle qui a succombé ne peut se pourvoir contre le jugement définitif qui n'en est que la conséquence et l'exécution; — Spécialement, que la régie des contributions indirectes, prétendant qu'il a été rendu contre elle un jugement interlocutoire qui prescrit à son égard une forme de procéder différente de celle qui est indiquée par les lois particulières relatives à la poursuite de ses procès, ne peut, lorsque, au lieu d'attaquer ce jugement, elle l'a exécuté, se pourvoir en cassation de celui qui a prononcé définitivement sur le résultat de l'interlocutoire. — *Cass.*, 13 mars 1826, Contrib. indir. c. Joiseou.

321. — ... Que les demandeurs en cassation, quoique ayant gardé le silence pendant plusieurs années après l'arrêt d'admission qui avait restreint le pourvoi à une seule des parties adverses, ne sont pas pour cela non-recevables à l'égard des autres dans leur recours: ce silence n'est pas un acquiescement. — *Cass.*, 19 août 1833, Barbotte.

322. — ... Que l'exécution donnée à une disposition d'un arrêt n'empêche pas le pourvoi contre une autre disposition, surtout lorsqu'il y a eu réserve expresse à cet égard. — *Cass.*, 14 avr. 1834, Mallez c. Castellane.

323. — ... Que la partie qui exige de son adversaire le paiement d'une portion des dépens mis à la charge de ce dernier par un arrêt de cour royale, ne se rend pas par là non-recevable à se pourvoir en cassation contre les chefs de cet arrêt qui sont entièrement distincts de ceux à l'occasion desquels a été prononcée la condamnation des dépens. — *Cass.*, 14 août 1840 (t. 2 1840, p. 226), d'Aurelle et Laqueuille c. Peydière.

324. — ... Que l'exécution sous toutes réserves de l'arrêt qui ordonne une expertise pour fixer les dommages-intérêts dus par le vendeur à un acquéreur évincé ne rend pas cet acquéreur irrecevable à se pourvoir en cassation contre le chef de l'arrêt qui prononce l'éviction. — *Cass.*, 10 août 1841 (t. 2 1841, p. 515), Cousin c. la Liste civile et Maillé.

325. — ... Que lorsqu'une fin de non-recevoir élevée contre un pourvoi en cassation, et tirée d'un prétendu acquiescement résultant de lettres non enregistrées a été rejetée par un arrêt, cette fin de non recevoir ne peut être produite de nouveau après l'enregistrement de ces lettres.— *Cass.*, 20 janv. 1806, Valhaire c. Mesenge.

326. — Du reste, le pourvoi ne serait pas recevable si l'acquiescement avait été exprès et sans réserves. — *Cass.*, 30 déc. 1818, Contrib. indir. c. Lorion Pavis; 25 juin 1832, Picard.—... Et même simplement tacite, pourvu que ce ne fût pas dans des matières intéressant l'ordre public.

327. — Ainsi jugé qu'une partie qui a payé les dépens n'est pas recevable à se pourvoir en cassation d'un arrêt après avoir demandé des délais pour les payer et des réductions sur diverses parties. — *Cass.*, 8 fév. 1831, Perrin c. Tassy.

328. — ... Que lorsqu'une partie a exécuté sans protestations ni réserves la disposition d'un arrêt qui lui porte préjudice, elle n'est pas recevable à se pourvoir en cassation contre cet arrêt. — *Cass.*, 6 mai 1839 (t. 2 1843, p. 284), Nusse et Villacrose c. Proc. du roi de Château-Thierry.

329. — ... Que la partie qui, non seulement a payé spontanément et sans réserve le montant intégral, en principal, intérêts et frais, des condamnations prononcées contre elle, mais encore a reçu sans inventaire toutes les pièces du procès, et réclamé et obtenu à ses frais la radiation d'une inscription prise sur ses biens, est non-recevable dans son pourvoi. — *Cass. belge*, 18 déc. 1833, Beke-Beke c. syndics Delestrée.

330. — ...Qu'on ne peut se pourvoir en cassation contre un jugement rendu en dernier ressort, après *avoir payé*, avant sa signification, et *sans aucune contrainte*, une des condamnations qu'il contient. — *Cass.*, 3 fructid. an XIII, Cante c. Emelin.

331. — ...Qu'une partie est non-recevable à se pourvoir en cassation contre un arrêt qui n'est que la suite ou la conséquence d'un précédent arrêt auquel elle a formellement acquiescé. — *Cass.*, 4 janv. 1831, Dubusq et Lenfant c. Beaussieu.

332. — ...Que les syndics d'une faillite ne peuvent se pourvoir en cassation contre un arrêt après l'avoir signifié à partie sans protestation ni réserve. — *Cass.*, 15 nov. 1818, Chaline.

333. — ...Que lorsqu'un arrêt ayant refusé une communication de pièces demandée et ordonné qu'il serait plaidé au fond, il est intervenu un second arrêt de condamnation, le pourvoi fondé sur refus de communication, et dirigé uniquement contre l'arrêt définitif, n'est pas recevable ; il aurait dû être formé également contre l'arrêt rendu sur la demande de communication. — *Cass.*, 9 janv. 1839 (t. 1er 1839, p. 495), Déroche c. Kieffer et Desmonts.

334. — ... Que lorsque, sur l'appel, les juges ordonnent une enquête pour fixer le point du litige sur lequel les premiers juges se sont trompés, et que le défendeur comparaît à l'enquête sans aucune réserve, et, lors de l'arrêt définitif, prend des conclusions au principal, il n'est pas recevable à se faire un moyen de cassation de ce que les deux degrés de juridiction auraient été violés. — *Cass.*, 9 déc. 1828, Gally c. Hérambourg.

335. — La partie qui a exécuté sans réserve le jugement ordonnant une enquête est non recevable à se faire un moyen de cassation contre le jugement définitif de ce que cette enquête aurait été ordonnée à tort. — *Cass.*, 8 janv. 1845 (t. 1er 1845, p. 268), Coquebert et préfet de Maine-et-Loire c. Bouet. — V. ACQUIESCEMENT, nos 465 et suiv.

336. — ...Que, lorsque sur un avenir donné à deux parties assignées en condamnation solidaire l'avoué, prétendant que ses pouvoirs ont cessé à l'égard de l'une des parties, fait ordonner par arrêt que cette partie sera assignée à personne ou domicile, le demandeur qui soutenait la régularité de son assignation par avenir, n'est pas fondé à se faire un moyen de cassation de ce que l'avoué aurait été sans pouvoir pour conclure en faveur de la partie assignée par avenir. — *Cass.*, 9 mars 1825, Outreguin.

337. — Que lorsque des parties en instance devant une cour royale demandent acte de leur consentement à ce que certains débats nouveaux soient directement jugés par elle, déclarant expressément renoncer au premier degré de juridiction, il ne peut y avoir lieu à ouverture de cassation fondée sur l'omission de ce premier degré de juridiction. — *Cass.*, 1er déc. 1841 (t. 1er 1842, p. 338), Bourjuge c. Farron. — V. DEGRÉ DE JURIDICTION.

338. — Remarquez que la fin de non-recevoir qui résulte de l'acquiescement est telle en cassation qu'elle peut être opposée d'office par la chambre des requêtes. C'est ce qui a été jugé par la cour de Cassation le 6 mai 1839 (t. 2. 1843, p. 284), dans l'affaire Nusse et Villacrose contre le procureur du roi de Château-Thierry.

339. — Il a été jugé aussi que, l'exécution volontaire d'un acte équivalant à confirmation ou ratification, il appartient à la cour de Cassation d'apprécier le caractère légal des faits qui la constituent. — *Cass.*, 8 janv. 1838 (t. 2 1838, p. 282), Barbotte c. Hamard ; 31 janv. 1844 (t. 2 1844, p. 629), Hamard c. Barbotte.

340. — Indépendamment de la fin de non-recevoir tirée de l'acquiescement, du défaut de qualité ou du défaut d'intérêt, le demandeur en cassation peut voir repousser son pourvoi : — 1° lorsqu'il a été formé hors des délais, ce qui emporte déchéance. — V. *infrà* ch. 4, sect. 1re, art. 1er.

341. — ...2° Lorsqu'il a été formé prématurément, et alors qu'il existait une autre voie de recours. — V. *suprà* nos 54 et suiv.

342. — ...3° A défaut de consignation d'amende. — V. *infrà* ch. 4, sect. 1re, art. 2, § 3.

343. — ... 4° Lorsque la signification de l'arrêt d'admission n'a pas été faite régulièrement. — V. *infrà* ch. 4, sect. 2e, art. 1er.

344. — ... 5° Lorsque la cour de Cassation est incompétente.

345. — ... 6° Lorsqu'il s'est écoulé plus de trente ans depuis que le jugement est rendu, car alors la faculté de se pourvoir est prescrite.

346. — Et ici nous ferons remarquer que toutes les dispositions qui concernent la forme et le délai des pourvois et de la signification des arrêts d'admission sont conçues en termes qui font au juge de cassation un devoir d'apprécier les procédures qui lui sont soumises et de prononcer,

même d'office, des fins de non-recevoir ou des déchéances contre les pourvois irréguliers et les significations tardives. — Tarbé, p. 122.

347. — Jugé que la partie dont le pourvoi en cassation contre un jugement a été rejeté, n'est pas recevable à intenter un second pourvoi contre le même jugement. — *Cass.*, 2 mai 1815, Enregist. ; — Tarbé, p. 119 et 327, n° 1099. — V. aussi C. inst. crim., art. 438.

348. — Mais le pourvoi en cassation est recevable contre un jugement en dernier ressort qui a décidé tout à la fois une question de compétence et une question du fond, et qui est attaqué sur le seul chef qui statue au fond. Il n'y a pas lieu d'admettre la fin de non-recevoir tirée de ce que les jugemens qui ont prononcé sur une question de compétence doivent être attaqués par appel, et non par cassation. — *Cass.*, 7 mai 1828, Vernhes c. Arvengas.

349. — Indépendamment des fins de non-recevoir contre le pourvoi, il faut bien distinguer celles qui peuvent être présentées contre les moyens. « On conçoit en effet, dit M. Tarbé (p. 120), que la recevabilité du pourvoi dépende uniquement de l'exacte observation des délais et des formes prescrites pour la procédure suivie devant la cour de Cassation ; mais, cela posé, les moyens présentés peuvent être considérés comme étant eux-mêmes non-recevables, soit à cause de leur nouveauté, soit parce qu'ils ne seraient pas justifiés par la production des pièces invoquées, soit parce qu'ils porteraient atteinte à la chose jugée, soit parce qu'ils n'auraient pas d'intérêt. »

350. — De toutes ces fins de non-recevoir la plus fréquente est certainement celle qui résulte de ce que le moyen proposé est nouveau et n'a pas été soumis d'abord à la cour dont la décision est attaquée. Toutefois, ce n'est pas ici que nous indiquerons les nombreux arrêts qui ont été rendus sur cette question ; on les trouvera réunis *infrà* ch. 3, sect. 8e, nos 998 et suiv.

351. — Quant à présent, il suffit de rappeler qu'il est de principe que la cour de Cassation ne doit pas accueillir un moyen qui est proposé devant elle pour la première fois.

352. — La raison en est simple, c'est que puisque la cassation n'a d'autre but que de réprimer les contraventions à la loi que les juges ont pu commettre dans leurs décisions, on ne doit pas leur reprocher d'avoir violé la loi en ne s'occupant pas des moyens qui ne leur ont point été présentés.

353. — Toutefois il existe une exception à ce principe, c'est que, lorsque le moyen nouveau est d'ordre public, la cour de Cassation peut l'accueillir, quoiqu'il n'ait pas été proposé devant la cour dont l'arrêt est attaqué. Sur ce point il existe aussi un grand nombre d'arrêts. — V. *infrà* nos 1187 s.

CHAPITRE III. — *Ouvertures et moyens de cassation.*

354. — Dans la rigueur des principes on pourrait soutenir que toutes les ouvertures de cassation se réduisent à une seule classe, savoir : *la violation de la loi*. En effet, comme le fait très bien remarquer Poncet (*Tr. des jugem.*, t. 2, p. 280), soit qu'un tribunal ait méconnu les règles de sa compétence, ou franchi les bornes de son autorité ; soit qu'il ait négligé l'observation des formes judiciaires, ou qu'il n'ait pas annulé les irrégularités de ce genre qu'auraient commises les parties ou les officiers ministériels en leur nom ; soit qu'en statuant au fond il se soit mis en contradiction formelle avec la loi, ou qu'il en ait fait une fausse application, soit même qu'un tribunal souverain ayant déjà jugé la contestation dans un sens, cette même contestation soit ensuite jugée par un autre tribunal souverain dans un sens tout opposé ; il y a toujours, et dans tous ces cas sans distinction, une contravention expresse aux lois d'organisation judiciaire, ou aux lois de procédure, ou aux lois qui garantissent ou confèrent les droits de toute nature, en matière civile, criminelle ou commerciale, ou enfin à la loi positive qui fait de la chose jugée une présomption *juris et de jure*, inattaquable et indestructible.

355. — Toutefois, comme ces moyens divers de recours, quoique présentant un caractère commun, comportent dans l'application des règles différentes, il est naturel de les distinguer les uns des autres et de les ranger dans des catégories à part, suivant leur nature et leur spécialité.

356. — Du reste le législateur lui-même a distingué plusieurs ouvertures de cassation ; seulement sa nomenclature n'est pas complète.

357. — Différens systèmes ont été proposés par les auteurs sur la classification des moyens de cassation ; nous ne nous arrêterons pas à les exposer

ou à les critiquer ; ce qui importe le plus en pareille matière, c'est moins l'ordre adopté, qui, par la force des chose, laisse toujours beaucoup à l'arbitraire, que la claire et complète exposition des principes posés par la loi et consacrés par la jurisprudence.

358. — Rappelons ici que la juridiction de la cour de cassation diffère essentiellement de celle qu'exercent les autres tribunaux qui lui sont subordonnés ; qu'elle s'exerce moins dans un intérêt privé que dans l'intérêt public ; qu'elle ne connait pas du fond des affaires ; enfin qu'elle est appelée à réprimer les contraventions à la loi, et non à connaître du mal jugé.

359. — Voici, du reste, un document important qui fait connaître avec exactitude quel est le véritable caractère de la mission conférée à la cour suprême, c'est un extrait des considérans qui précèdent un avis du conseil d'état du 18 janv. 1806. « Les constitutions n'ont établi que deux degrés de juridiction. Elles ont créé les cours d'appel pour juger en dernier ressort ; mais les actes émanés de ces cours n'ont le caractère de décisions souveraines qu'autant qu'ils sont revêtus de toutes les formalités requises pour constituer un jugement. Si les formes ont été violées, il n'y a pas de jugement à proprement parler, et la cour de Cassation détruit un acte irrégulier. Si, au contraire, toutes les formes ont été observées, le jugement est réputé la vérité même. Des raisons puissantes, d'un intérêt général, ont impérieusement exigé cette maxime. Des juges supérieurs sont établis pour réparer les erreurs d'une première décision : s'il était encore permis de remettre en question ce qui aurait été jugé par les cours, où faudrait-il arrêter ces examens ultérieurs, et quelles plus fortes garanties la société aurait-elle contre les erreurs de troisièmes ou de quatrièmes juges ? — Cependant la stabilité des jugemens rendus par les cours repose, il faut en convenir, non sur la certitude acquise qu'un arrêt est juste, mais sur la présomption de sa justice, quand il est revêtu des formes qui lui donnent le caractère d'un jugement. Or il est de la nature de toutes présomptions de céder à la vérité contraire, quand elle est démontrée. Si donc un arrêt se trouve en opposition formelle avec une disposition textuelle de la loi, la présomption de sa justice disparaît ; car la loi est et doit être la justice des tribunaux. Aussi la cour de Cassation a-t-elle le droit d'annuler encore, dans ce cas, les actes des cours. Voilà les seules garanties que les constitutions de l'empire aient données contre les erreurs des magistrats. On ne pourrait s'écarter de ces principes conservateurs sans tomber dans un arbitraire inconciliable avec le droit de propriété et avec la liberté civile. » — V. Duvergier, *Coll. des lois*, à la date de cet avis.

Sect. 1re. — *Contraventions aux lois, ordonnances, décrets, coutumes, etc. — Erreurs de fait et de droit.*

ART. 1er. — *Violation de la loi. — Fausse application, fausse interprétation de la loi.*

360. — Lorsqu'en jugeant le procès au fond, les juges s'écartent d'un texte précis ou qu'ils appliquent à la cause un texte qui ne devrait point s'y rapporter, dans l'un et l'autre cas ils violent ouvertement la loi, et leur décision peut être déférée à la cour de Cassation. — LL. 1er déc. 1790, art. 3 ; 27 vent. an VIII, art. 76 ; 20 avr. 1810, art. 7 ; Const. 5 fructid. an III, art. 255 ; 22 frim. an VIII, art. 66.

361. — « Mais remarquons bien, dit Poncet (t. 2, p. 294), que pour autoriser ce recours il faut qu'il y ait eu contravention à une disposition formelle de la loi écrite ; car si le tribunal n'avait fait que se mettre en opposition avec un principe de jurisprudence, ou avec un usage reçu, ou avec une loi abrogée, on ne pourrait pas dire qu'il a contrevenu formellement à la loi. » — V. *infrà* nos 443 s., 455 s.

362. — Suivant Tolosan, pour qu'il puisse y avoir ouverture à cassation, il faut : 1° qu'il y ait une loi vivante et connue des juges que l'on accuse d'y avoir contrevenu ; — 2° que la disposition de leur jugement soit contradictoire avec celle de cette loi ; — 3° qu'il n'y ait rien dans le fait particulier de l'affaire qui puisse faire disparaître cette contravention. »

363. — C'est donc un des premiers soins du juge de cassation, dit M. Tarbé (p. 52), que de rechercher si la décision qui lui est dénoncée juge en point de droit ou en point de fait.

364. — Du reste, le principe de la matière est écrit dans l'art. 66 de la constitution du 22 frim. an VIII, ainsi conçu : « Le tribunal de Cassation ne connaît pas du fond des affaires, mais il casse les jugemens rendus sur des procédures dans lesquelles les for-

mes ont été violées, *ou qui contiennent quelque contravention expresse à la loi*, et il renvoie le fond du procès au tribunal qui doit en connaître.

565.— Ce n'était pas tout-à-fait ainsi que s'exprimait la loi du 1er déc. 1790; son art. 3 portait que la cour annulerait toute procédure dans laquelle les formes auraient été violées, et *tout jugement qui contiendrait une contravention expresse* AU TEXTE *de la loi*.

566.— La différence de rédaction entre ces deux lois prouve que les idées du législateur se sont un peu modifiées depuis l'institution de la cour de Cassation, et qu'il n'est pas absolument nécessaire aujourd'hui que le *texte* même de la loi ait été violé. — V. Carré, *Compét.*, t. 8, p. 154.

567.— Mais il faut que la contravention à la loi soit *expresse*, et il s'agit de savoir à quel caractère on peut reconnaître qu'il en est ainsi.

568. — « Cela, dit Henrion de Pansey (*Traité de l'autorité judiciaire*, t. 2, chap. 31, sect. X), ne peut jamais faire la matière d'un doute raisonnable. La contravention est expresse toutes les fois que le jugement et la loi sont en opposition diamétrale et se détruisent respectivement.»

569. — « Deux autorités bien graves nous garantissent la certitude de ces principes, ajoute M. Henrion de Pansey, les lois romaines et la jurisprudence du conseil d'état. »

570. — Les lois romaines distinguent avec beaucoup de soin le cas où un jugement choque la loi de celui où il ne blesse que l'intérêt des parties. Dans le premier cas, elles permettent de se refuser à son exécution et d'en déclarer la nullité, fût-il rendu par le préteur lui-même; dans le second, si la sentence était l'ouvrage d'un juge inférieur, on pouvait en appeler; mais si elle était émanée d'un juge qui ne reconnût aucun supérieur, il ne restait aucune ressource à la partie condamnée.

571. — Les principes de l'ancien conseil sont consignés dans deux mémoires présentés au roi en 1762 par MM. Joly de Fleury et Gilbert des Voisins. En voici quelques passages : « On n'écoute que les moyens qui sont fondés sur une contravention claire et précise aux ordonnances; encore faut-il qu'il soit question d'une disposition importante, car c'est l'intérêt public et le respect de la loi plus que l'intérêt des parties que l'on consulte.... Si la contravention n'est pas claire et littérale, si l'on peut croire que les circonstances du fait ont influé sur le jugement, on rejette la demande en cassation, parce que l'on peut croire que le juge n'a pas méprisé la loi, mais qu'il a pensé que ce n'était pas le cas d'en faire l'application. »

572. — On y lit encore : « La contravention aux ordonnances fait une ouverture à cassation, qui est regardée comme la principale. En effet, les ordonnances du royaume publiées et enregistrées dans les cours sont pour elles des lois inviolables. Ainsi la contravention aux ordonnances est ordinairement le moyen de cassation le le plus clair et le plus précis, et a lieu en toutes sortes de matières, soit du fond, soit de la forme, excepté le cas où s'applique la voie de droit de la requête civile. »

573. — M. Gilbert des Voisins ajoutait : « Il faut avouer cependant qu'entre l'*application* des ordonnances et leur *interprétation* la différence est souvent si délicate que ce serait souvent confondre les cours souveraines avec les juges de l'ordre le plus subalterne, et gêner leur conduite de trop près, contre le bien même de la justice, que de prendre à la dernière rigueur ce moyen de cassation. »

574. — Telle était la doctrine de l'ancien conseil d'état; tels sont encore, suivant M. Henrion de Pansey (*loc. cit.*), les principes en vigueur; telles sont les bases sur lesquelles repose cette partie de notre organisation judiciaire.

575. — Nous ferons cependant remarquer que la jurisprudence moderne n'est peut-être pas aussi restrictive que le dit le savant magistrat dont nous venons de rappeler la doctrine.

576. — Toujours est-il constant que la contravention à la loi contient les ouvertures que l'on désigne tous les jours dans la pratique sous le nom de *violation de la loi* et de *fausse application de la loi*, et dont la loi romaine semble donner l'explication lorsqu'elle dit : *Contrà legem facit qui id facit quod lex prohibet, in fraudem verò qui, salvis verbis legis, sententiam ejus circumvenit.* — Godard de Saponnay, *Manuel*, p. 51 et 52.

577. — Cependant M. Tarbé (p. 52) prétend qu'il ne faut pas confondre avec la contravention à la loi *la fausse application de la loi*. Celle-ci, dit-il, n'est qu'un mal jugé si elle n'entraîne pas avec elle violation de la loi. — *Cass.*, 14 nov. 1826, de Bourbel c. Payen. — V. aussi Berriat, t. 2, p. 534, note 18e; Merlin, *Quest. de dr.*, vo *Cassation*, § 18.

578. — Violer une loi, ajoute M. Tarbé, c'est permettre ce qu'elle défend, défendre ce qu'elle permet ou ne pas faire ce qu'elle ordonne. — *Cass.*, 29 janv. 1824, Forbin-Janson c. cour royale de Paris. — *Legis virtus hæc est imperare, vetare, permittere, punire.*— L. 7, ff., *De legibus.*

579. — D'après cette explication, on voit que la fausse application de la loi doit assez souvent être employée comme ouverture de cassation en matière civile.

580. — En matière criminelle, la fausse application de la loi est presque toujours une violation de la loi.

581. — Cependant l'art. 411, C. inst. crim., démontre qu'on peut rencontrer une loi faussement appliquée sans contravention expresse.— V. CASSATION (Mat. crim.)

582. — Suivant Poncet (*Tr. des jugemens*, t. 2, p. 295), il n'y a pas contravention à la loi lorsqu'un tribunal refuse d'étendre la loi par analogie d'un cas à un autre, quelque raisonnable que pût être l'induction qu'il n'aurait pas voulu admettre. — V. aussi Berriat, t. 2, p. 534, note 18e; Merlin, *Quest. de dr.*, vo *Testament*, § 15.

583. — Bien moins encore faudrait-il voir une contravention à la loi dans l'application trop scrupuleuse que le tribunal aurait faite d'un texte de loi contre la raison et l'équité naturelle. Ce serait un mal jugé et non une violation de la loi. — Avis cons. d'état, 18 janv. 1806;—*Cass.*, 7 mai 1839 (t. 1er 1839, p. 504); Bonnaud c. Chollet; — Tarbé, p. 53; Poncet, t. 2, p. 295; Berriat, t. 2, p. 534.

584. — Ainsi est à l'abri de la censure de la cour de Cassation le jugement qui décide que la loi qui a soumis au droit de 25 cent. les voitures suspendues s'applique aux voitures suspendues *à l'intérieur* comme à celles qui le sont *à l'extérieur*. Cette décision ne viole ni n'étend la loi, mais en assure l'exécution. — *Cass.*, 21 déc. 1833, Gauckler c. Paulus.

585. — La fausse interprétation de la loi doit-elle être mise au rang des ouvertures de cassation? — La compétence de la cour régulatrice, dit Carré, *Compét.*, t. 8, p. 155, s'étend jusqu'à casser non seulement les décisions qui seraient en opposition avec *la lettre* de la loi, mais encore celles qui seraient en opposition avec *son esprit*, ou qui auraient appliqué à telle cause une disposition législative qui ne lui était point applicable. En d'autres termes, cette cour peut casser toute décision judiciaire en dernier ressort, tant pour fausse application que pour fausse interprétation de la loi.

586. — Toute fausse interprétation est nécessairement une violation de la loi, dit aussi M. Tarbé, p. 52.

587. — Cependant, avant que ce point de doctrine fût bien fixé, le système contraire avait trouvé de zélés défenseurs. M. Henrion de Pansey notamment a toujours refusé de voir une ouverture à cassation dans la fausse interprétation de la loi.

588. — Dans son *Traité de l'autorité judiciaire*, ce savant magistrat, après avoir rappelé que lors de la promulgation de nos codes de grandes controverses s'élevèrent devant les tribunaux sur le vrai sens d'une foule d'articles, ajoute que pour arriver à l'unité de jurisprudence on forma des pourvois fondés, non sur la violation de la loi, puisque la loi ne s'expliquait pas clairement, mais sur sa fausse interprétation.

589. — « La cour de Cassation, dit-il, subjuguée par l'opinion qu'il fallait maintenir ce système d'uniformité auquel on mettait un si grand prix, accueillit cette innovation, et l'on fut admis à se pourvoir contre les arrêts, sur le motif que, des différentes interprétations dont la loi était susceptible, la cour qui avait rendu l'arrêt n'avait pas adopté la plus conforme à l'esprit du législateur. »

590. — C'est ce système qui a prévalu et qui domine encore aujourd'hui, nonobstant la disposition de l'art. 7, L. 20 avr. 1810, qui proclame que les arrêts des cours souveraines, lorsqu'ils sont revêtus des formes prescrites à peine de nullité, ne peuvent être cassés que *pour contravention expresse aux lois*; il faut donc ranger la fausse interprétation de la loi au rang des ouvertures à cassation.

591. — Une contravention *indirecte* à la loi renferme quelquefois une contravention *expresse*, et donne lieu à cassation. — Berriat, t. 2, p. 534, note 18e, no 1er; Merlin, *Rép.*, vo *Substitution-Fidéicomm.*, sect. 8e.

592. — Quelles que soient les contradictions apparentes ou les vices de rédaction d'un arrêt, il n'y a pas lieu à cassation si la substance de ses dispositions est conforme à la loi. — *Cass.*, 25 août 1831, Livet c. Duvant et Senée.

593. — Le pourvoi qui n'est fondé que sur la violation des principes, sans qu'on excipe de la violation d'aucun texte de loi, doit être rejeté. — *Cass.*, 19 nov. 1834, Lesueur c. Marchand.—V. aussi *Cass.*, 22 vent. an X, Giraud c. Thomas et Brice.

594. — Jugé de même que la violation d'une maxime de jurisprudence ne peut constituer un moyen de cassation qu'autant que cette maxime serait revêtue du caractère législatif. — *Cass.*, 23 sept. 1837 (t. 1er 1848, p. 436), Perrachon. — V. *infrà* no 455.

595. — Cependant la cour de Cassation a décidé que le jugement qui, au lieu de faire l'application d'une loi positive, s'étaie sur un principe général de droit et d'équité en matière de libération, pouvait être cassé. — *Cass.*, 22 vent. an X, Giraud c. Thomas et Brice.

596. — La violation de la chose jugée est une ouverture qui se trouve classée au nombre des ouvertures *in genere*, dit M. Godart de Saponay (p. 53); mais elle doit faire l'objet de quelques réflexions particulières.

597. — Il y a une différence à faire entre le cas où les jugemens qui contiennent des dispositions différentes ont été rendus par le même tribunal et celui où ils ont été rendus par deux tribunaux différens.

598. — Dans le premier cas, c'est-à-dire dans celui où la contrariété des jugemens existe entre deux jugemens du même tribunal, il faut faire cette distinction.

599. — Si la contrariété n'est que l'effet d'une erreur de fait ou d'une inadvertance involontaire des juges, elle n'est alors qu'une ouverture de requête civile et non de cassation.

400. — Si la contrariété est l'effet de la volonté du tribunal, qui a rejeté à tort l'exception de la chose jugée proposée devant lui par les parties, elle devient alors une violation de la loi, qui donne ouverture à cassation.

401. — Dans le deuxième cas, c'est-à-dire celui où les deux jugemens émanent de tribunaux différens, le recours en cassation est la seule voie à prendre, soit que l'erreur des juges ait été volontaire ou involontaire. — V. *infrà* nos 952 et suiv.

402. — L'arrêt qui, en raisonnant dans une double hypothèse, applique successivement à la question qu'il doit résoudre la législation de deux pays différens, n'encourt point pour ce seul fait la censure de la cour de Cassation s'il a en définitive jugé conformément à la législation applicable. — *Cass.*, 14 nov. 1833, Kænakiah c. Bouchez.

403. — Mais si, par suite d'une erreur sur le sens et l'application d'une loi étrangère, des juges français ont contrevenu à des lois spéciales du royaume, leur jugement donne ouverture à cassation. — *Cass.*, 1er fév. 1813, Tarchini c. Magnocavalli.

404. — L'arrêt qui déclare à tort une partie non-recevable est à l'abri de toute critique, s'il la déclare en même temps mal fondée, et que cette dernière décision soit conforme à la loi. — *Cass.*, 30 janv. 1839 (t. 1er 1839, p. 291), Toutin.

405. — Les tribunaux sont tenus de juger suivant la loi, et ne peuvent pas se permettre de la juger elle-même. — *Aix*, 5 juill. 1832, Amic.

§ 1er. — *Violation des ordonnances et des décrets. — Circulaires. — Déclaration des droits de l'homme.*

406. — Le titre 1er de l'ordonnance de 1667, ouvrait la voie de la cassation pour réprimer les contraventions aux ordonnances. « Déclarons, porte l'art. 8, tous arrêts et jugemens qui seront donnés contre les dispositions de nos ordonnances, édits et déclarations, nuls et de nul effet et valeur. *Contrà Constitutiones autem judicatur cùm de jure constitutionis, non de jure litigatoris pronunciatur.*—L. 1, ff., *Quæ sentent. sine appell. rescindantur.*

407. — Les juges, dit Jousse (*Ordonn. civ.*, t. 1er, p. 113), quels qu'ils soient, souverains ou subalternes, sont tenus indispensablement de l'observation des ordonnances, édits et déclarations; et il ne dépend pas d'eux de s'en dispenser, ou d'en modérer les dispositions.

408.— On sait que, d'après un vieil usage, devenu un principe de notre ancien droit public, les ordonnances, édits et déclarations, n'étaient obligatoires qu'après qu'ils avaient été enregistrés par les parlemens. — V. DÉCLARATION, EDIT, LIT DE JUSTICE, ORDONNANCES, PARLEMENT.

409. — La contravention aux ordonnances était regardée comme la principale ouverture de cassation; en effet, les ordonnances royales étaient alors de véritables lois.

410. — Aujourd'hui les ordonnances n'ont plus le même caractère; elles ne sont plus une émanation du pouvoir législatif, mais bien du pouvoir réglementaire.

411. — Aussi ne sont-elles obligatoires que lorsqu'elles se renferment dans les limites tracées par la Charte, c'est-à-dire lorsqu'elles ont pour objet

d'assurer l'éxécution des lois. — Chart. contit., art. 13.

412.—C'est pour cela que M. Tarbé (p. 52, 2e col.) pense que toutes les fois qu'une cassation est fondée sur la violation d'une ordonnance royale, il serait convenable de viser non seulement l'ordonnance, mais encore la loi en exécution de laquelle cette ordonnance a été rendue.

413. — Il y a plusieurs exemples de cassations motivées sur des violations d'ordonnances. Nous citerons notamment un arrêt du 20 fév. 1830 (aff. Breton).— Dans cette espèce il s'agissait de la violation de l'ordonnance du 14 janvier 1815, concernant les établissemens insalubres.

414. — Nous citerons encore les nombreux arrêts de la cour de Cassation rendus sur la constitutionnalité de l'ordonnance du 27 février 1822. — V. AVOUÉ.

415.—Il a été jugé, et avec raison, que les ordonnances royales portant approbation des statuts d'une société anonyme, quoique publiées et insérées au bulletin des lois, ne peuvent être considérées comme des lois générales dont la violation puisse donner ouverture à cassation. — *Cass.*, 15 févr. 1826, comp. du Phénix c. Wolff et Schmitt.

416. — Quant aux décrets, la cour de Cassation n'a jamais hésité à les considérer comme ayant force de loi, lorsqu'ils n'avaient pas été annulés, dans le délai de la constitution, par le sénat conservateur. — *Cass.*, 28 flor. an X, Commiss. de la marine c. Lévesque; 3 fév. 1820, Contr. ind. c. Potelle; 12 déc. 1823; Forêts c. Anquetil; 8 avr. 1831, Connard; 18 nov. 1831, Blum.

417. — Les circulaires et arrêtés ministériels ne sont pas obligatoires pour les tribunaux: ainsi ils ne peuvent déterminer une cassation. — *Cass.*, 11 janv. 1816, Proc. du roi de Corté c. Vincensini.

418. — On a vu un demandeur en cassation appuyer son pourvoi sur un principe consigné dans la *déclaration des droits de l'homme*. — V. Merlin, *Quest. de dr.*, vo *Servitude*, § 2.—Voici en quels termes s'exprimait Merlin dans son réquisitoire, pour faire repousser ce moyen : « Si la déclaration des droits de l'homme qui se trouvait en tête de l'acte constitutionnel de l'an III *a jamais été une loi proprement dite*, bien certainement elle a perdu ce caractère par l'abrogation de l'acte dont elle fait partie. »

419. — Il est certain que dans l'affaire où Merlin portait la parole le moyen proposé n'avait aucune espèce de fondement; mais si la constitution de l'an III eût encore été en vigueur, et si, en fait, la contravention à l'un des principes de la déclaration des droits eût été constante, nous ne doutons pas que le pourvoi n'eût été accueilli.

420.— Le caractère des divers articles de la déclaration des droits de l'homme et du citoyen était tel, que les violer c'eût été, dans l'esprit de nos institutions commettre une contravention plus grave qu'une simple violation de loi. — V. DÉCLARATION DES DROITS DE L'HOMME.

§ 2. — *Violation du droit romain.*

421. — Sous l'ancienne jurisprudence, la violation des lois romaines donnait ouverture à cassation dans les pays où, par un statut spécial, elles avaient une autorité véritablement législative.

422. — Voici ce qu'écrivait le chancelier d'Aguesseau au premier président du parlement de Toulouse, à la date du 29 oct. 1736 : « Ceux qui vous ont assuré qu'on ne fondait point les moyens de cassation sur les dispositions du droit romain ne sont pas bien informés des maximes du conseil. »

423. — Aujourd'hui le droit romain est abrogé par la loi du 30 vent. an XII. Cependant comme il s'élève encore des contestations sur des contrats passés ou des successions ouvertes avant le Code civil, il y a nécessité dans ces sortes d'affaires de revenir à la loi romaine, puisque c'était elle qui régissait les pays de droit écrit, et qui, dans les pays de droit coutumier, suppléait aux lacunes du statut local.

424. — Toutes les fois donc qu'il s'agit d'actes ou de faits passés sous l'empire du droit romain, la violation de ce droit donne ouverture à cassation. C'est la jurisprudence habituelle de la Cour. — Merlin, *Répert.*, vo *Cassation*, § 2, no 6; Tarbé, p. 53; Berriat, t. 2, p. 533.

425. — Si le sens de la loi romaine était controversé, l'interprétation donnée par l'arrêt attaqué serait à l'abri de la cassation. — *Cass.*, 12 janv. 1832, Magnoncour; 13 déc. 1830, Charmasson c. Iménie; — Berriat, t. 2, p. 533, note 15e, no 1er.

426. — Jugé de même qu'aucune loi n'est violée par l'arrêt qui décide que, d'après la jurisprudence ou la doctrine de tous les auteurs, le fils de famille ayant atteint sa majorité pouvait agir par lui-même pour la conservation de ses biens

et qu'ainsi la prescription courait contre lui. — *Cass.*, 28 août 1826, Dispan.

427. — Depuis la promulgation du Code, on ne peut se faire un moyen de cassation de la contravention à la loi romaine sur des matières qui sont réglementées par la loi nouvelle.

428.—Ainsi, le Code civil traitant des biens dans leurs rapports avec ceux qui les possèdent et des modifications de la propriété, la violation des lois romaines en cette matière, ne peut donner ouverture à cassation. — *Cass. belge*, 1er juill. 1835, Desaegher c. Van Poucke.

429. — Cependant, dit M. Tarbé (p. 53), la simplicité des règles données dans le droit romain invite pour ainsi dire à les invoquer, surtout lorsque nos lois n'en donnent pas l'équivalent et laissent le juge embarrassé pour justifier par un texte actuel la proposition la plus évidente.

430. — Par exemple, continue M. Tarbé, la loi 2, ff., *De probationibus*, dit : *Incumbit probatio ei qui dicit, non qui negat.* — L'art. 1315 s'est approprié ce principe quant à la preuve des obligations et des libérations; mais s'il s'agit d'un pur fait, l'art. 1315 est insuffisant; aussi la chambre des requêtes a-t-elle décidé qu'un arrêt qui imposait la preuve à celui qui affirmait le fait (*ei qui dicebat*) avait fait une juste application de la loi 2, *De probationibus*.—*Cass.*, 18 avr. 1838 (t. 2 1841, p. 678), Desailly c. Baudouin.

431. — De même, s'il s'agit d'un contrat dont les lois nouvelles n'ont pas fixé le caractère, comme l'emphytéose, et qui cependant est resté dans les usages, on peut invoquer la violation des lois romaines qui définissent ce contrat. — *Cass.*, 26 juin 1822, Bournizim-Dubourg c. d'Espagnac; 19 juill. 1832, Boutan c. Barbet.

432. — On a vu, ce qui est plus extraordinaire, en matière de garde nationale, la loi romaine invoquée à l'appui d'un pourvoi. Voici l'espèce.

433. — Un garde national avait été condamné par un conseil de discipline pour n'avoir pas rapporté, dans le délai fixé par un premier jugement, la décision d'un conseil de révision qui ne s'était pas rassemblé, et que le garde national n'avait aucun moyen de contraindre à statuer sur sa demande. Il y eut un pourvoi.—Le demandeur invoqua la loi 185, ff., *De regulis juris*, où est écrite cette maxime : *Impossibilium nulla est obligatio*. Il invoqua encore le texte de la loi 39, au même titre, qui porte : *In omnibus causis pro facto accipitur id in quo per alium moræ fit quominus fiat.* Que fit la cour? — Elle cassa le jugement, et ce fut uniquement par les deux motifs tirés de ces lois.— *Cass.*, 5 nov. 1835, Begué.

434.—C'était certainement, dit M. Tarbé (p. 54), une idée plaisante que de faire intervenir le droit romain dans une affaire de garde nationale; aussi la cour ne visa-t-elle pas dans son arrêt les deux textes qu'invoquait le demandeur; mais comme d'un côté il n'y avait pas de texte français qui posât la règle, la cour cassa sans citer aucune loi, ce qui est une contravention à l'art. 17, L. 27 nov. 1790.

§ 3. — *Violation d'un article de coutume.*

435. — Dans l'ancien droit la contravention aux coutumes a toujours été regardée comme ouverture à cassation. — *Mémoire* de Joly de Fleury, de 1762; Domat, *Tr. des lois*, XI, 18; Mignot, *Sur le double lien*, t. 1er, p. 5; Merlin, *Répert.*, vo *Cassation*, § 2, no 5.

436. — « Toutes les lois d'un royaume, disait Gilbert des Voisins, ne sont pas renfermées dans les ordonnances. En France, où nous vivons, la coutume enracinée est tellement la souveraine loi, que nos lois même les plus essentielles, et même les plus sacrées, tiennent souvent leur force d'elles, et se maintiennent par la tradition. La contravention aux lois de ce genre, qui appartiennent à la majesté du prince plus que ses ordonnances mêmes et qui forment une partie principale du droit public de son état, ne sera-t-elle pas aussi une ouverture à cassation? — C'est de quoi on ne disconviendra pas sans doute, avec cette observation, néanmoins, que ce qui consiste dans l'usage et dans la tradition n'est pas toujours susceptible d'une précision aussi exacte que ce qui est consigné dans la disposition textuelle d'une ordonnance, d'où il faut conclure que, pour l'application de ce principe de cassation souvent si important, il faut que le principe de droit public soit assuré, et la contravention expresse. »

437. — Si tel était le principe dans l'ancien droit, faut-il l'appliquer encore aujourd'hui dans les contestations où il s'agit de faits ou contrats passés avant les lois nouvelles? — M. Tarbé (p. 53, 1re col.) n'hésite pas à se prononcer pour l'affirmative.

438. — Cependant la cour de Cassation a jugé,

sous la présidence de M. Henrion de Pansey, que l'interprétation des dispositions des anciennes coutumes ne peut donner lieu à cassation; qu'elle est dans les attributions des cours royales. — *Cass.*, 23 nov. 1825, d'Olce c. Laharrague.

439. — Elle a jugé aussi que lorsqu'une cour royale décide que la particule *et* employée dans une coutume est *disjonctive*, son arrêt ne saurait donner prise à la cassation. — *Cass.*, 24 déc. 1828, comm. de Change.

440. — Mais ces arrêts n'ont pas fait jurisprudence; en effet, il résulte de plusieurs autres décisions que la fausse interprétation, que la violation d'une coutume donnent lieu à cassation. — *Cass.*, 9 fév. 1823, Cordier c. Leperchey; 20 nov. 1824, Esnault c. Desvaulx; 10 janv. 1825, Denis c. Desars; 16 mai 1827, Saint-Denis c. Levacher; 29 déc 1829, Lespès c. Dufau; 27 août 1834, Roy et Duval c. Buzelin.

441. — Jugé aussi qu'un jugement rendu aux colonies sous l'empire de la coutume de Paris est sujet à cassation, de même qu'un jugement rendu en France, pour contravention à cette coutume. — *Bordeaux*, 25 janv. 1820, Beaudenom-Delamaza; *Cass.*, 1er fév. 1825, Freissinet.

442. — Jugé du reste, et avec raison, qu'on ne peut motiver une demande en cassation sur la violation d'une coutume et de la jurisprudence d'un ancien parlement, lorsque le texte de la coutume n'est point formel et que la jurisprudence invoquée est controversée. — *Cass.*, 27 déc. 1830, Sabourin c. Bedresne.

§ 4. — *Violation d'un usage.*

443. — La violation d'un usage peut-elle donner ouverture à cassation? — En général non, car l'usage est quelque chose de si vague, de si difficile à bien constater, que ce serait aller contre le but du législateur que de permettre de se pourvoir en se fondant sur ce qu'il aurait été contrevenu à l'usage. — Berriat, t. 2, p. 533, note 15e; Merlin, *Rép.*, vis *Interlocutoire*, sect. 2e, § 3, art. 1er, no 33, et *Péremption*, § 1er.

444. — Cette règle reçoit exception lorsque l'usage allégué est consacré par la loi. — Tarbé, p. 55, 2e col.

445. — Jugé en conséquence que la violation d'un usage ou d'une jurisprudence qui ne repose sur aucun texte de loi, ne peut donner ouverture à cassation. — *Cass.*, 29 juin 1836, Vasquez c. Arnaud; 5 vendém. an XI, Boubert c. Desfontaines; 15 janv. 1812, Michel c. Hainguerlot; 23 janv. 1816, Domaines c. Jouau; 20 nov. 1837, (t. 2 1839, p. 191), Balguerie c. comm. d'Ardernos; 7 mai 1839, (t. 1er 1839, p. 504), Bonnaud c. Chollet.

446. — ... Que même avant la promulgation du Code à la Martinique, l'admission de l'appel interjeté par le procureur du roi d'un jugement conforme à ses conclusions, ne pouvait donner ouverture à cassation, quoiqu'elle fût contraire à un ancien usage et à la jurisprudence qui prohibaient cet appel. — *Cass.*, 11 juin 1825, Rollaude.

447. — ... Qu'on ne peut proposer comme ouverture à cassation même la violation d'un usage de commerce. — *Cass.*, 14 août 1817, Gazay c. Vidal.

448. — Sous l'empire de l'ancienne jurisprudence, on pouvait casser pour violation d'un usage constaté. — *Cass.*, 23 fructid. an XI, Royon.

449. — On admettait aussi, contrairement à la doctrine qui prévaut aujourd'hui, que l'usage pouvait abroger la loi, et on en concluait qu'il n'y avait plus à se prévaloir de la violation de la loi abrogée comme ouverture de cassation.

450. — C'est ce qu'enseignait d'Aguesseau (dans une *Lettre au premier président du parlement de Toulouse*, 29 oct. 1736) en ces termes : « Toutes les lois sont sujettes à tomber en désuétude; et il est bien certain que, quand cela est arrivé, on ne peut plus tirer un moyen de cassation d'une loi qui a été abrogée tacitement par un usage contraire. » — Aujourd'hui cette théorie serait repoussée par la cour de Cassation. — V. ABROGATION, LOI.

451. — Ainsi, quelque ancien que soit un usage, il ne peut jamais prévaloir sur l'autorité de la loi. — *Cass.*, 30 juin 1827, Forêts c. Monnier; 11 fév. 1840 (t. 1er 1840, p. 221), Bocca c. Garavini

452. — Un usage même immémorial ne peut légitimer l'infraction à une loi positive. — *Cass.*, 3 oct. 1828, Forêts c. Doudits; — Tarbé, p. 55 *in fin.* et 56.

453. — En effet la cour de Cassation, dont le devoir est de veiller à l'exacte application de la loi et de la maintenir, ne peut annuler un arrêt qui s'est conformé littéralement à son texte, et faire prévaloir sur ce texte clair et précis un usage et une jurisprudence qui n'y seraient pas conformes. — *Cass.*, 7 mai 1839 (t. 1er 1839, p. 504), Bonnaud c. Chollet.

454. — Jugé que l'arrêt qui, pour justifier l'application de l'art. 578, C. comm., se fonde sur un usage qui attribue au simple endos du connaissement l'effet d'une vente de marchandises, n'est pas à l'abri de la cassation. — Cass., 11 fév. 1840 (t. 1er 1840, p. 221), Rocca c. Garavini.

§ 5. — *Violation de la jurisprudence.*

455. — La jurisprudence, même la plus constante, même conforme à la doctrine des auteurs, n'a pas plus d'autorité, au point de vue de la cassation, que l'usage; on ne peut donc proposer comme moyen de cassation la violation d'une maxime de jurisprudence. — V. *suprà* no 394.

456. — ... A moins que cette maxime ne repose sur un texte de loi. — *Cass.*, 29 juin 1836, Vasquez c. Amand; 23 sept. 1837 (t. 1er 1843, p. 436), Perrachon.

457. — Ainsi, un arrêt ne peut être cassé pour violation d'une jurisprudence contraire à la loi dont il a fait l'application. — Cass., 28 fév. 1825, Poux c. Raynaud.

458. — A plus forte raison ne peut-on se plaindre en cassation de ce que la jurisprudence a été appliquée, lorsqu'aucun texte de loi ne contrarie cette application. — Cass., 2 mai 1836, Daubuisson c. Dalmas et Duperrier.

459. — Ainsi est à l'abri de la cassation l'arrêt qui, faisant application d'une ancienne jurisprudence à une cause antérieure aux nouveaux Codes, se conforme à une doctrine attestée par plusieurs auteurs. — Cass., 11 juill. 1826, Renaud-Ducreux c. Tournier.

460. — Néanmoins, lorsqu'une cour royale fonde sa décision sur une ancienne jurisprudence dont elle n'indique aucun monument positif, la cour de Cassation peut annuler l'arrêt, si elle y reconnaît la violation formelle d'un texte de coutume. — Cass., 29 déc. 1829, Lespès c. Dufaud. — V. *suprà* no 440.

461. — Cette décision ne détruit pas le principe que l'appréciation d'une ancienne jurisprudence échappe à la censure de la cour de Cassation. — Cass., 2 mai 1836, Daubuisson c. Dalmas et Duperrier.

462. — Jugé en conséquence que la contravention à une jurisprudence existante avant le Code n'est pas une ouverture de cassation. — Cass., 1er fructid. an IX, Tranchant; 25 août 1812, Antoine Abel c. Schwartz; 13 juill. 1830, Dasque c. Page; 27 déc. 1830, Sabourin.

463. — ... Alors même qu'il s'agirait de la violation d'un arrêt de réglement rendu par un parlement. — Cass., 23 janv. 1816, Roubier c. Dacquin; — Berriat, t. 2, p. 534, note 4e.

464. — ... Que l'arrêt qui s'est conformé à la jurisprudence la plus récente des parlemens ne peut donner ouverture à cassation. — Cass., 11 août 1825, Couturier-Lassalle.

465. — ... Que les cours royales apprécient souverainement quelle était la jurisprudence suivie dans le ressort du parlement qu'elles remplacent. — Cass., 24 juill. 1832, d'Ecquevilley.

466. — ... Qu'il n'y a pas ouverture à cassation contre un arrêt qui s'est fondé sur une doctrine controversée avant le Code, lorsque, d'ailleurs, cette doctrine n'est contraire à aucun texte de loi. — Cass., 13 déc. 1830, Charmasson c. Imenie.

467. — C'est en ce sens que Merlin décide que juger révocable un testament conjonctif que les auteurs et la jurisprudence tenaient pour irrévocable, ce n'est pas juger contre les lois. — Merlin, *Quest. de dr.*, vo *Testament conjonctif*, § 2.

ART. 2. — *Contravention à la loi, contenue dans les motifs du jugement attaqué.*

468. — Pour fonder le recours en cassation, il ne suffit pas que le tribunal se soit mis textuellement en opposition avec la loi dans les motifs de son jugement; car les motifs ne sont par eux-mêmes susceptibles d'aucun pourvoi (V. *suprà* no 130); il faut que la contravention se trouve dans le dispositif même. — Cass., 4 germin. an XIII, Basterot c. Cheyron; 29 janv. 1824 (implic.), Forbin-Janson c. cour royale de Paris; 22 déc. 1831, Alexandre; — Carré, *Compét.*, t. 2, p. 167; Berriat, t. 2, p. 534, note 16e; Merlin, *Quest. de dr.*, vo *Propres*; *Rép.*, vo *Motifs*, no 24; Poncet, t. 2, p. 295.

469. — Ce principe est tellement certain qu'il suffit de l'énoncer et de rappeler les nombreux arrêts qui en ont fait l'application.

470. — Ainsi jugé qu'on ne peut se pourvoir en cassation contre les motifs d'un jugement. — Cass., 7 mars 1828, Joseph Fichet.

471. — ... Qu'il n'y a pas lieu à cassation d'un arrêt, par cela seul que les motifs ne sont pas tous également conformes aux lois de la matière, si son dispositif est fondé en droit. — Cass., 4 mars 1816, de Saint-Genois; 15 mai 1816, Rousset c. Michaud; 12 nov. 1817, Leprestre; 24 juill. 1821, Bahuaud c. Cellier; 1er fév. 1836, Durand c. Brun; 22 avr. 1840 (t. 2 1840, p. 414), Freydier-Lafond c. Grand.

472. — ... Que des motifs erronés en droit ne suffisent pas pour donner lieu à cassation, lorsque l'arrêt attaqué est motivé en outre sur une appréciation de faits, dévolue souverainement aux juges du fond. — Cass., 8 août 1837 (t. 2 1837, p. 615), Adelon c. Dervier et Chevalier.

473. — ... Qu'un motif erroné en droit ne peut donner ouverture à cassation, si ce motif n'est pas nécessaire à la justification de la décision, et s'il n'est d'ailleurs développé que comme raisonnement à l'appui d'un point de fait constaté par l'arrêt. — Cass., 8 fév. 1837 (t. 2 1837, p. 104), Petit-Dugours c. Chaulier.

474. — ... Qu'un arrêt qui se fonde sur un principe erroné est sujet à cassation, encore bien qu'il existât un fait qui pût le justifier, si ce fait n'a pas été pris en considération par la cour. — Cass., 31 août 1825, Coiffard.

475. — ... Que l'arrêt qui déclare non-recevable l'opposition à une décision par défaut, en se fondant sur un motif erroné, n'est pas sujet à cassation, si, abstraction faite de ce motif, l'arrêt se trouve conforme aux lois de la procédure. — Cass., 17 vendém. an XIII, Hélène.

476. — ... Que lorsqu'un arrêt, dans son dispositif, ne repousse une tierce-opposition que comme irrecevable, et non comme mal fondée, la partie qui l'a obtenue ne peut se prévaloir contre le pourvoi de ce que certains considérans seraient relatifs à la question du fond. — Cass., 20 avr. 1836, Guillemet c. Sue.

477. — ... Qu'un motif erroné ne peut donner ouverture à cassation lorsqu'il n'est que subsidiaire ou surabondant. — Cass., 9 déc. 1840 (t. 1er 1841, p. 136), Arrighi c. Grimaldi.

478. — ... Que le dispositif d'un jugement n'est pas vicié par l'incohérence ou la contradiction de ses motifs, peu importe que la matière soit criminelle ou civile. — Cass., 2 déc. 1824, Bélicard; 16 août 1837 (t. 2 1837, p. 361), Bouchet c. Dubray.

479. — ... Qu'un arrêt ne peut être cassé en ce qu'il aurait invoqué dans ses motifs un article de loi abrogée, lorsqu'il existe une loi qui justifie la décision. — Cass., 20 juin 1828, Contrib. indir. c. Lecomte.

480. — ... Que la citation erronée d'un article de loi à l'appui de l'un des chefs du dispositif d'un arrêt ne donne pas ouverture à cassation, si d'ailleurs l'arrêt n'a point faussement appliqué la loi. — Cass., 19 août 1834, Macusson c. Camonin et Parmentier.

481. — Cependant il a été jugé qu'il y a lieu à cassation, lorsqu'un dispositif est le résultat d'une fausse interprétation de la loi exprimée dans les motifs mêmes du jugement, lors même que ce dispositif serait conforme *littéralement* au texte de la loi. — Cass., 1er août 1825, Pailhès; 22 juin 1836, Glise c. Descours.

ART. 3. — *Erreurs de fait, fausses énonciations contenues dans l'arrêt attaqué. — Erreurs de droit.*

482. — Comme il est de principe que la cour de Cassation ne connaît pas du fond des affaires, et que l'appréciation des faits et circonstances de la cause appartient souverainement aux cours royales, il en résulte que les erreurs de fait commises par les juges du fond ne donnent pas en général ouverture à cassation; ce ne sont que des *mal jugés*. — V. *infrà* nos 575 et suiv.

483. — Jugé en conséquence que l'erreur des juges dans l'interprétation des jugemens qu'ils ont rendus ne peut donner ouverture à cassation. — Cass., 13 fév. 1827, Crucy c. Chalabre.

484. — Mais si l'erreur porte sur le caractère et la nature d'un jugement, elle constitue, non pas un simple mal jugé, mais une ouverture à cassation. — Cass., 28 août 1809, Ollery c. Marteau.

485. — Jugé encore que l'erreur de fait résultant, par exemple, d'une énonciation contenue dans un jugement où une partie aurait été qualifiée de cessionnaire d'un individu, lorsqu'elle était cessionnaire d'une autre personne, ne peut donner ouverture à cassation. — Cass., 13 déc. 1826, Servel.

486. — ... Que le pourvoi n'est pas recevable contre un arrêt ordonnant, sur la demande de l'une des parties, la mise en cause d'un individu sans intérêt dans la contestation. Ce n'est là qu'une erreur de fait. — Cass., 9 mars 1809, Lafresnaye c. comm. de Saint-Aignan.

487. — Cependant lorsqu'une *déclaration en fait* est le résultat et la conséquence d'une erreur de droit, elle est sujette à cassation. — Cass., 26 mai 1835, Dulauloy.

488. — L'erreur de calcul n'est pas une ouverture à cassation. — Cass., 23 nov. 1824, Delours c. d'Huc; 13 janv. 1840 (t. 1er 1840, p. 54), Favier.

489. — .. A moins qu'elle ne tienne à une erreur sur le fond du droit. — Cass., 8 janv. 1814, Lecarpentier c. Enfantin.

490. — Quelque étendu que soit le pouvoir discrétionnaire des tribunaux quant à l'appréciation des faits, il a cependant ses limites. Il y aurait trop d'inconvéniens, en effet, à ce que les juges du fond pussent toujours, et dans tous les cas, appuyer impunément leurs décisions sur des faits manifestement faux et erronés. — V. *infrà* no 642 et suiv.; 593 et suiv.

491. — Aussi la cour de Cassation a-t-elle apporté un sage tempérament à cette faculté d'appréciation dont on a souvent abusé. Elle a décidé que lorsque la preuve de la fausseté du fait admis comme constant serait prouvée par un acte authentique, il y aurait ouverture à cassation.

492. — Jugé aussi que l'arrêt qui déclare en fait qu'un acte d'appel n'a été signifié ni à personne ni à domicile doit être cassé sur la représentation de l'original constatant qu'il a été signifié à personne et à domicile. — Cass., 4 avr. 1821, Henon c. Jamet.

493. — ... Que lorsqu'une question d'incompétence personnelle n'a été rejetée en appel que sur le motif qu'elle n'aurait pas été proposée *in limine litis*, si la preuve du contraire résulte des actes relatés dans les qualités même de l'arrêt attaqué, il y a erreur matérielle qui donne lieu à la cassation de l'arrêt. — Cass., 21 mars 1825, Pompidon c. Voisin.

494. — ... Que l'arrêt qui fixe le décès d'un individu à une autre date que celle indiquée dans un acte produit en justice doit être annulé. — Cass., 8 juill. 1835, Fitz-James.

495. — ... Qu'une cour royale ne peut décider souverainement que des conclusions n'ont pas été prises en première instance, si le jugement lui-même mentionne ces conclusions. — Cass., 7 juin 1836 (implic.), Dechavannes c. Perrault.

496. — ... Qu'elle ne peut pas non plus, contrairement aux actes de la procédure et à l'exploit introductif d'instance, décider qu'une femme n'est pas autorisée. — Cass., 2 mai 1815, Sombret c. Enregist.

497. — ... Ni dénier un fait établi par un acte authentique signifié avant l'arrêt attaqué. — Cass., 16 fév. 1813 (impl.), Weyl c. Antoine.

498. — ... Qu'un arrêt de cour royale qui déclare en fait et pour seul motif de sa décision, que *l'acte d'appel* (interjeté par les demandeurs) n'a été signifié *ni à personne ni à domicile*, doit être annulé par la cour de Cassation, sur la représentation de l'original de l'acte d'appel, constatant qu'il a été signifié à personne et à domicile. — Cass., 30 août 1820, Jamet c. Henon.

499. — ... Que lorsqu'une femme a pris, soit dans l'exploit introductif d'instance, soit pendant le procès, la qualité de femme séparée de biens, les tribunaux ne peuvent décider qu'elle a laissé ignorer cette qualité à la partie adverse. — Cass., 10 janv. 1826, Borelli c. Lefebvre.

500. — ... Que lorsqu'un jugement est annulé pour excès de pouvoir, la cour de Cassation est autorisée à vérifier dans les pièces s'il y a eu erreur de fait de la part des juges qui ont prononcé l'annulation. — Cass., 14 fév. 1814, Choiseul-Praslin c. Marjot.

501. — ... Que le président d'un bureau d'administration des salines qui, condamné en cette qualité au paiement d'une somme, a payé à la suite d'une saisie de ses propres meubles, en faisant constater dans le procès-verbal qu'il ne payait que comme contraint et forcé, n'ayant en sa possession aucuns deniers ni effets appartenant à l'administration, ne peut être déclaré non-recevable dans sa demande en restitution de la somme payée, sous prétexte que ses protestations et réserves n'énoncent pas que les deniers du paiement proviennent de ses fonds personnels. — Cass., 27 août 1829, Roques c. Roure.

502. — ... Que le jugement qui annule le procès-verbal d'un garde forestier, par le motif qu'il n'en résulterait pas que lecture lui avait été faite avant l'affirmation, doit être cassé, s'il est constaté par les termes du procès-verbal que cette formalité a été remplie. — Cass., 27 déc. 1828, Forêts c. André.

503. — Jugé cependant que la fausseté d'un fait tenu pour constant par l'arrêt attaqué, et qui n'a point été dénié, ne peut être proposée devant la cour de Cassation par la représentation d'un acte. — Cass., 21 fév. 1814, Rueff; 6 juin 1837 (t. 2 1837, p. 451), comm. de Saint-Pierre c. Laurent; 5 juill. 1837 (t. 1er 1840, p. 266), Bon c. fabrique de Sauveterre.

504. — Jugé aussi que lorsque le vice qui a fait annuler l'acte d'appel a été reconnu constant par la partie intéressée, soit devant la cour royale, soit dans un mémoire ampliatif présenté par cette partie à l'appui de son pourvoi en cassation, la pro-

duction postérieure d'un prétendu acte d'appel régulier ne peut changer les faits soumis à la cour royale, et influer sur la décision de la cour régulatrice. — *Cass.*, 20 mars 1820, Baron de Batz c. de Frondeville.

505. — Du reste, la cour de Cassation regarde comme pièces probantes et dont l'authenticité est acquise au procès, les faits et actes constatés par les qualités du jugement, lorsque l'arrêt confirmatif ne les a pas contredits. — V. JUGEMENT, QUALITÉS.

506. — Quant à l'erreur de droit, il est évident qu'elle donne ouverture à cassation toutes les fois qu'elle détermine le juge à prononcer un dispositif contraire à la loi.

507. — Si, au contraire, l'erreur n'existe que dans les motifs, elle échappe à la censure de la cour suprême. — V. *suprà* nos 468 et suiv.

508. — Jugé que l'erreur de droit sur une législation étrangère ne donne ouverture à cassation qu'autant qu'elle est devenue le principe et la source d'une contravention aux lois françaises. — *Cass.*, 28 avr. 1836, Onslow.

Sect. 2e. — *Violation de la loi du contrat.*

ART. 1er. — *Appréciation et interprétation des actes et conventions.*

509. — La violation du contrat doit-elle être assimilée à la violation de la loi et rangée parmi les ouvertures de cassation? — La question a été longtemps controversée, et a donné lieu à plusieurs systèmes très différens.

510. — Dans l'origine, la cour de Cassation avait admis comme moyen de cassation la violation de la foi due aux contrats qui, surtout dans les pays de droit écrit, *sont des lois* pour les parties et pour leurs ayant-cause. — *Cass.*, 22 messid. an IX, Préfet de la Haute-Saône c. comm. de Saponcourt; 26 pluv. an XI, Chenevière; 5 thermid. an XIII, Buthler; 19 prair. an VII, Lagrange.

511. — Ainsi, avant la promulgation du Code civil, la cour avait cru pouvoir casser, pour violation de la loi du contrat, des jugemens qui avaient prononcé en sens inverse des conditions que les parties avaient stipulées. — Elle se fondait sur la loi 23, ff., *De regulis juris : contractus legem dicit.*

512. — Ce système se trouva fortifié lorsque parut l'art. 1134, C. civ., ainsi conçu : les conventions légalement formées *tiennent lieu de loi à ceux qui les ont faites.*

513. — On en conclut qu'il fallait casser tout jugement dont la décision était fondée sur l'interprétation donnée aux clauses d'un acte contrairement au sens grammatical des termes. — Carré, *Compétence*, t. 8, p. 144.

514. — On alla plus loin, on prétendit que la cour de Cassation est, dans tous les cas, compétente pour rétablir dans son intégrité un fait *altéré* ou *dénaturé* par les juges inférieurs, « parce qu'avant son altération, telle loi s'appliquait à ce fait, que depuis elle ne s'y applique plus, et que par conséquent il y a eu de la part des premiers juges refus de juger d'après la loi qui régissait l'espèce, ou fausse application à cette espèce d'une loi qui ne la régissait pas. » — Lavaux, *Exposit. de l'esprit des lois concernant la cour de Cassation*, ch. 6, p. 70.

515. — Dans le système de cet auteur, la cour de Cassation ne cessait d'être compétente que dans le cas où les parties, n'élevant point de contestation sur le droit, étaient seulement en opposition sur des faits de nature à être prouvés par témoins, et où par conséquent l'office des premiers juges se fût borné à reconnaître que ces faits existaient ou n'existaient pas.

516. — Nous devons dire qu'aucun auteur n'est jamais allé aussi loin, et qu'il n'existe pas d'arrêt qui ait consacré cette théorie.

517. — Quoi qu'il en soit, en 1807 la cour de Cassation prit une direction diamétralement opposée à celle qu'elle avait généralement suivie jusqu'à cette époque.

518. — Ce fut Merlin qui contribua le plus à amener ce changement, et voici comment il le justifiait. « Si avant de faire juger une troisième demande en cassation, disait-il, il faut recourir au souverain pour *faire interpréter la loi* (L. 16 sept. 1807), nulle cassation ne peut être motivée ni *sur la violation du contrat*, ni sur toute autre contravention résultant d'une fausse application de la loi au fait de la cause, puisqu'il n'est pas réservé au prince de remettre le *fait* en question. On ne comprendrait guère, en effet, qu'une loi interprétative fût nécessaire pour déterminer le véritable sens d'un contrat. »

519. — Il est évident, dit aussi Poncet (*Traité des jugemens*, t. 2, p. 297), que le gouvernement ne peut interpréter les conventions privées, ni comme législateur ni comme juge, les conventions et les

droits qui en dérivent n'étant jamais directement à sa disposition.

520. — Touchée par cette considération, la cour de Cassation revint sur sa jurisprudence et abandonna une doctrine qui, dans sa trop grande généralité, la jetait nécessairement dans l'examen du fond, et par conséquent hors de ses attributions.

521. — Elle jugea donc que l'interprétation des actes échappe en général à la censure de la cour de Cassation. — *Cass.* (et non *Agen*), 23 fév. 1825, Dotézac c. Poulet.

522. — ... Que les tribunaux apprécient souverainement la nature et le caractère des contrats ordinaires ; et que l'art. 1134 ne fournit pas un moyen de cassation. — *Cass.*, 23 fév. 1825, Dotézac; 9 juin 1812, Ch...; 28 nov. 1831, Dupont c. Pichon; 20 avr. 1841 (t. 1er 1841, p. 644), Perdrizot c. Granger.

523. — ... Que les règles indiquées par la loi en matière d'interprétation de contrats sont plus des conseils que des prescriptions rigoureuses données aux juges. — *Cass.*, 18 mars 1807, Guillon c. Burley; — Tarbé, p. 58, 2e col., note 2e.

524. — ... Que la mauvaise interprétation n'est qu'un mal jugé ne pouvant donner ouverture à cassation. — Tarbé, p. 58.

525. — ... Que l'appréciation de l'intention des parties à laquelle une cour royale s'est livrée échappe à la censure de la cour de Cassation, encore bien qu'elle soit puisée entièrement dans les termes mêmes de la convention litigieuse, et non dans les actes ou faits extérieurs. — *Cass.*, 12 août 1829, Massa.

526. — ... Que la simple appréciation des actes ne donne pas ouverture à cassation, même en matière domaniale. — *Cass.*, 5 juill. 1836, Aribert.

527. — ... Qu'en matière domaniale, le jugement basé sur l'interprétation des actes et contrats n'est sujet à cassation qu'autant qu'il dénaturerait ces actes et contrats. — *Cass.*, 8 fév. 1836, Dietrich.

528. — ... Que l'arrêt qui, uniquement fondé sur un acte, s'est borné à l'interpréter, peut bien constituer un mal jugé, mais non une ouverture à cassation ; — qu'ainsi une commune est non-recevable à se pourvoir en cassation contre un arrêt qui, appréciant des titres produits par elle, décide que le droit de vaine pâture ne lui avait été concédé qu'à titre révocable, et par ce motif rejette sa demande en cantonnement. — *Cass.*, 29 juill. 1812, Habitans de Beauregard c. de Clermont.

529. — ... Que l'arrêt d'une cour d'appel qui, en appréciant les expressions d'un acte et les circonstances dans lesquelles il a été passé, déclare qu'il est unilatéral, constitue une décision en fait qui ne peut donner ouverture à cassation. — *Cass.*, 18 nov. 1833, Walkiers c. de Pesser.

530. — ... Que l'appréciation des actes et des clauses qu'ils contiennent, rentrant dans les attributions de la cour royale, si cette cour a décidé que ces actes constituaient une créance non encore éteinte, on ne peut prétendre devant la cour suprême que cette créance a été éteinte par compensation. — *Cass.*, 16 fév. 1841 (t. 1er 1844, p. 754), de Barrois c. Pluchart et de Maupassant.

531. — ... Que les tribunaux apprécient souverainement la question de savoir s'il y a eu convention verbale. — *Cass.*, 7 mars 1834, Gastineau.

532. — ... Que l'arrêt qui déclare une convention nulle comme illicite et contraire à l'ordre public est à l'abri de la censure de la cour suprême. — *Cass.*, 18 juin 1828, Enfert.

533. — ... Que les cours royales ont le droit d'apprécier souverainement les contrats, et qu'il en est ainsi même au cas où le contrat intervenu entre un particulier et l'état aurait été ratifié par une loi spéciale, par exemple, celle du 25 flor. an X. — *Cass.*, 30 juin 1841 (t. 2 1841, p. 512), Liste civile c. Dupont et Lecourbe.

534. — ... Qu'on ne peut assimiler les statuts d'une société anonyme, quoique publiés et insérés au *Bulletin des lois* avec l'ordonnance d'autorisation, aux lois générales dont la violation donne ouverture à cassation des arrêts et jugemens en dernier ressort. — *Cass.*, 15 fév. 1826, comp. d'assurance du Phénix c. Wolff et Schmitt.

535. — Cette jurisprudence est conforme à la doctrine de M. Henrion de Pansey. — « Parmi les différentes lois, dit-il, qui ont établi les limites du pouvoir judiciaire, aucune ne parle de l'interprétation des actes et de la manière dont doivent être entendues les conventions privées : il n'existe aucune règle sur cette interprétation ni dans les lois anciennes, ni dans les lois nouvelles, ni dans l'ordonnance de 1667, celle de toutes qui a circonscrit le pouvoir judiciaire avec le plus de soin et d'exactitude. »

536. — Il en conclut « que c'est aux tribunaux qu'il appartient d'interpréter les actes, d'en déterminer le véritable sens et d'en régler les effets, que cette règle, qui ne fléchit que dans des cas ex-

traordinaires, et par conséquent très rares, est applicable sans exception à celui où, pour découvrir l'intention des parties, il faut analyser différens actes, en rapprocher et en combiner les expressions et les dates. » — V. aussi Merlin, *Rép.*, vo *Société*, sect. 3e, § 3, art. 2, no 3 ; Toullier, *Droit civil*, t. 6, no 194 ; Poncet, *Tr. des jugemens*, t. 1er, Introduct., p. 500.

537. — Cependant Carré (*Lois de la compét.*, t. 8, p. 150 et suiv., § 3) regarde comme un principe incontestable que la violation de la loi du contrat est une ouverture de cassation. Selon lui, admettre cette opinion, c'est décider en d'autres termes que le pourvoi est admissible pour violation expresse de l'art. 1134, C. civ.

538. — Il fait néanmoins une distinction : ou la clause d'un contrat est claire, dit-il, ou elle est obscure. Dans le premier cas, il veut que l'arrêt qui a forfait à l'évidence soit cassé; dans le second, il accorde que l'interprétation donnée par la cour royale est souveraine.

539. — Cette distinction doit être repoussée, et elle l'a été en effet par les auteurs et la jurisprudence. « Je ne puis admettre cette doctrine, dit Boncenne (t. 1er, p. 503), à moins que la loi ne marque le point où les lueurs douteuses disparaissent et se perdent dans les clartés de l'évidence. Les textes offrent-ils un modèle normal de l'évidence? — Non. Ce qui est pour celui-ci une lumière éblouissante ne présente aux yeux de celui-là qu'un jour vague et incertain. Une fausse opinion de la clause d'un acte n'est qu'une erreur ordinaire, quand la loi n'a rien statué sur l'expression et les effets de cette clause; et la cour de Cassation n'a pas été créée, comme une cour d'appel, pour redresser la fausse interprétation des contrats. »

540. — Suivant Boncenne (t. 1er, no 504), il n'y a contravention expresse à l'art. 1134, C. civ., que dans un seul cas : celui où un arrêt décide qu'une convention reconnue pour avoir été légalement formée n'oblige pas les parties contractantes. Alors ce n'est pas seulement la loi particulière du contrat, c'est la loi commune qui est violée; l'arrêt qui décide ainsi doit être cassé.

541. — ... Que si, ajoute-t-il, les juges ont interprété la convention d'après des faits et des circonstances, il y a eu peut-être une injustice, une appréciation erronée de ces faits et de ces circonstances, qui blesse l'intérêt privé d'un plaideur. Mais cet accident ne porte aucune atteinte à l'intégrité de la loi générale... La violation de la loi du contrat n'est donc alors qu'un *mal jugé* qui échappe à la censure de la cour de Cassation.

542. — Il convient de remarquer cependant que la cour de Cassation a le droit d'apprécier le mérite des arrêts des cours royales, lorsque ces arrêts déterminent le caractère des contrats dans ses rapports avec les lois qui en assurent la validité.

543. — « Il serait, dit Tarbé (p. 58), contraire au but de son institution qu'elle dût s'abstenir d'annuler ces arrêts, lorsque ayant donné de fausses qualifications aux contrats et les ayant placés dans une classe à laquelle ils ne devraient pas appartenir, ils les auraient affranchis des règles spéciales auxquelles ils étaient soumis, ou les auraient soumis à des règles qui ne pouvaient pas leur être appliquées. » — *Cass.*, 26 juill. 1823, Delorme c. Hardy et Guyot.

544. — Il en est de même lorsqu'il s'agit de déterminer la nature et l'essence d'un acte dans les cas où la loi annule ou prohibe. La fausse interprétation qui tend à maintenir ce que la loi annule ou prohibe, en donnant une fausse qualification aux actes, ne peut échapper à la censure, car elle couvre une véritable violation de la loi. — *Cass.*, 22 juin 1812, Royère c. Blayac.

545. — Jugé, d'après ces principes, que la cour de Cassation, en tenant pour constans les faits déclarés par les arrêts qui lui sont déférés, a le droit de décider la qualification légale qui doit leur être attribuée. — *Cass.*, 16 oct. 1840 (t. 2 1841, p. 439), Eldin c. Dupuy.

546. — ... Que la cour de Cassation peut se livrer à l'appréciation des actes faite par les premiers juges, lorsque cette appréciation présente une contravention à la loi, par exemple, si elle est en contradiction avec les règles légales d'interprétation. — *Cass.*, 7 janv. 1835, Roccaserra.

547. — ... Que la cour de Cassation n'est point liée par l'appréciation des cours royales, lorsqu'il s'agit de décider si les formalités constitutives d'un acte authentique, prescrites par la loi à peine de nullité, ont été observées. — *Cass.*, 22 juill. 1829, Millereau.

548. — ... Qu'il y a lieu à cassation toutes les fois que la loi détermine les caractères distinctifs d'un acte, et que ces caractères sont méconnus. — *Cass.*, 15 juill. 1835, de Villequier.

549. — ... Que la cour de Cassation a le droit

d'apprécier le mérite des arrêts des cours royales, lorsque ces arrêts déterminent la nature ou le caractère des contrats pour y appliquer les lois qui en prononcent, soit la validité, soit la nullité; qu'ainsi l'arrêt qui refuse à tort à un acte le caractère et les effets de *transaction* doit être cassé. — *Cass.*, 26 juill. 1823, Delorme c. Hardy et Guyot; 16 fév. 1815, Cisterne.

550. — ... Que l'acte qui présente tous les caractères d'une véritable transaction ne peut être considéré comme une simple rétrocession, et que l'arrêt qui lui donnerait cette qualification serait sujet à cassation. — *Cass.*, 2 janv. 1839 (t. 1er 1839, p. 349), Laurent c. Doublat.

551. — ... Que l'arrêt qui décide qu'une transaction qui comprend en même temps l'abandon de la réclamation d'enfant naturel et des droits successifs qui en résultent, moyennant un seul et même prix, doit être maintenu quant aux intérêts pécuniaires, et que la convention n'est pas nulle pour le tout, ne peut échapper à la censure de la cour de cassation sous le prétexte qu'il ne s'agit que d'une interprétation de faits. — *Cass.*, 27 fév. 1839 (t. 1er 1839, p. 218), Delille c. Dussillet. — V. au surplus, quant au pouvoir de la cour de Cassation relativement aux transactions, vo TRANSACTION.

552. — ... Qu'un arrêt qui déclare un contrat nul, comme manquant de quelqu'une des conditions essentielles, peut être attaqué en cassation, s'il est établi que le contrat renfermait toutes les conditions nécessaires pour être valable. — *Cass.*, 22 août 1812, Delambre.

553. — ... Que la violation du contrat sur le caractère et les effets d'une servitude donne ouverture à cassation. — *Cass.*, 7 fév. 1825, Tombette et Duplessis c. Beaucher.

554. — ... Que l'appréciation d'un contrat de mariage faite dans le but de déterminer les conséquences légales d'une des causes de ce contrat, tombe dans les attributions de la cour de Cassation. — *Cass.*, 29 mai 1839 (t. 2 1839, p. 102), Bern c. Bruyn; 12 août 1839 (t. 2 1839, p. 267), Delaloy c. Clapisson.

555. — ... Que dès-lors l'arrêt qui, dans la stipulation précitée, veut trouver une stipulation de communauté *générale*, et non une simple communauté réduite aux acquêts, doit être cassé. — *Cass.*, 10 fév. 1841 (t. 1er 1841, p. 373), Guilhery c. Bruno.

556. — ... Que l'arrêt qui refuse de reconnaître le caractère de créance certaine aux reprises d'une femme, constatées par son contrat de mariage, bien qu'elles ne soient évaluées qu'en assignats, viole l'esprit de l'art. 2218, C. civ., et doit être cassé. — *Cass*, 21 mars 1827, Brouard c. Baudouin.

557. — ... Que l'arrêt qui décide qu'un acte contient un pacte sur une succession future, tandis qu'en réalité il ne contient qu'une vente de la chose d'autrui, n'échappe pas à la censure de la cour de Cassation, en ce qu'il ne contiendrait qu'une simple appréciation d'acte. — *Cass.*, 23 janv. 1832, Fargeot c. Laroche.

558. — ... Que le jugement qui, après avoir constaté que l'une des parties s'était engagée à livrer à l'autre, qui l'avait acceptée, une chose déterminée pour un prix convenu, qualifie cette convention de louage au lieu de vente, ne peut échapper à la censure de la cour suprême. — *Cass.*, 20 juin 1813.

559. — ... Que le jugement qui verrait dans la vente du fonds d'un immeuble, avec la réserve de la jouissance de la superficie, une réserve de la superficie transmissible aux héritiers du vendeur, au lieu d'y voir un simple usufruit extinguible à la mort de ce dernier, donnerait ouverture à cassation. — *Cass.*, 24 juin 1829, Enregist. c. Jacquot.

560. — ... Que le jugement qui, en prononçant la rescision d'une vente pour cause de lésion, a omis de tenir compte d'un des élémens du prix, donne ouverture à cassation. — *Cass.*, 28 avr. 1835, Péricouche.

561. — ... Que l'arrêt qui annule un testament comme ne contenant pas une mention exigée par la loi peut être déféré à la cour de Cassation. — *Cass.*, 15 déc. 1819, Lehugeur c. Delahay-Delalande.

562. — ... Que le recours en cassation est ouvert contre le jugement qui annule comme illicite la stipulation, dans un acte de remplacement militaire, portant qu'au cas où le remplaçant « céderait sa créance sur le remplacé, cette créance deviendrait exigible, non plus après l'année de garantie, mais seulement après son congé définitif. » — *Cass.*, 27 juin 1837 (t. 2 1837, p. 112), Salomon c. Scribe.

563. — Ces principes sont également applicables lorsqu'il s'agit de rechercher avec les lois le caractère féodal d'un titre, d'une rente, d'une concession. — *Cass.*, 5 déc. 1836 (t. 1er 1837, p. 245), Lebœuf c. Mayan; 5 juill. 1837 (t. 1er 1840, p. 266), Bon c. fabricans de Sauveterre; — Tarbé, p. 59, 1re col.

564. — On sent que dans les matières de ce genre, dit M. Godart de Saponay (p. 62, no 3), la cour de Cassation ne peut statuer qu'après s'être livrée à l'examen et à l'interprétation du contrat, et qu'elle est obligée d'en apprécier en fait tous les caractères, pour décider s'il se trouve en opposition avec les lois qui ont déclaré éteints les droits féodaux et redevances seigneuriales. Du reste, l'examen de ces questions devient chaque jour plus rare devant la cour de Cassation. — V. FÉODALITÉ.

565. — En matière d'enregistrement, et par exception, la cour de Cassation a aussi compétence pour apprécier la nature des actes soumis aux droits. Elle peut donc examiner les clauses de ces actes et se baser sur les faits qu'ils établissent. — *Cass.*, 4 août 1835, Houlbec; 19 nov. 1834, Lockat.

566. — En effet, dans cette matière où les tribunaux de première instance jugent en premier et dernier ressort, la cour de Cassation est bien obligée, pour connaître si la loi fiscale a été bien ou mal appliquée, d'entrer dans l'examen du bien ou mal jugé en fait, et de se livrer à l'appréciation des actes et contrats donnant lieu à la perception. — V. ENREGISTREMENT.

567. — Il en est de même en matière de douanes et de contributions indirectes. — Godart de Saponay, p. 62.

ART. 2. — *Violation du contrat judiciaire. — Interprétation des jugemens.*

568. — La violation du contrat judiciaire ne constitue pas un moyen de cassation. — *Cass.*, 13 fév. 1827, Crucy c. de Chalabre.

569. — Dès-lors, et à plus forte raison, la simple interprétation d'un contrat judiciaire est-elle tout-à-fait dans le domaine des juges du fond. — *Cass.*, 15 mai 1822, Delavergne c. Delafresnaye.

570. — Jugé en conséquence que l'interprétation d'un consentement donné en justice appartient aux tribunaux, et ne peut donner ouverture à cassation. — *Cass.*, 13 mai 1824, Mayoncourt.

571. — Quoique, en principe, les tribunaux aient le droit exclusif d'interpréter leurs jugemens, il est cependant des cas où la cour de Cassation peut contrôler ces interprétations.

572. — Ainsi, lorsque, sous prétexte d'interpréter leurs jugemens, les juges ordonnent ce qu'ils avaient refusé par une première décision, et qu'ils violent, soit les principes en matière de contrats, soit l'autorité de la chose jugée, leur nouvelle décision donne ouverture à cassation. — *Cass.*, 6 fév. 1838 (t. 1er 1838, p. 306), Baudard de Saint-James c. la compagnie des mines.

573. — Jugé de même que, malgré la déclaration interprétative d'une cour que son arrêt a jugé un point sur lequel il ne contient pas de disposition expresse, la cour de Cassation peut déclarer, sans être liée par cette interprétation, que ce point litigieux n'y était pas compris. — *Cass.*, 27 janv. 1829, Comm. du Villars.

574. — Au surplus, les dispositions comminatoires contenues dans les jugemens ne peuvent donner lieu à cassation : ainsi on ne peut faire réformer la décision qui accorde une option à l'une des parties. — *Cass.*, 16 août 1826, Pinard.

Sect. 3e. — *Mal jugé.*

ART. 1er. — *Cas où le mal jugé donne ouverture à cassation.*

575. — C'est un principe constant en jurisprudence que toutes les fois que les juges du fond se sont bornés à statuer en fait, et se sont décidés d'après les circonstances particulières du procès, leurs jugemens échappent à la cassation. Ce n'est pas que le jugement ne puisse être erroné, mais dans ce cas l'erreur ne constitue qu'un mal jugé.

576. — Le mal jugé n'est pas toujours une contravention à la loi, dit Boucenne (t. 1er, *Introduction*, p. 495, 2e édit.), car il n'y a d'autres lois pour l'appréciation des faits et pour l'interprétation des clauses d'un contrat que celles de l'intelligence et de l'équité; le pouvoir régulateur ne pénètre pas jusque là, autrement la cour de Cassation ne serait qu'une autre cour d'appel.

577. — « En créant la cour de Cassation, disait Merlin à l'audience du 16 avr. 1809 (V. *Rép.*, vo *Société*), le législateur ne l'a point chargée de réparer toutes les erreurs des tribunaux placés sous sa surveillance; il ne l'a point investie, à leur égard, d'un pouvoir réviseur. Il ne lui a délégué que le droit d'examiner si, dans leurs arrêts, ils ont violé la loi. »

578. — Le mal jugé ne froisse qu'un intérêt privé; la contravention à la loi attaque les bases de l'ordre et du repos public.

579. — Ceci entendu, il faut maintenant indiquer

rapidement les exceptions que le principe comporte.

580. — Et d'abord, on trouve un exemple d'une ouverture à cassation tirée de l'injustice évidente, dans la loi du 26 vendém. an VI. Cette loi autorisait le recours contre les décisions du conseil exécutif provisoire sur la validité des prises maritimes, et permettait de proposer, indépendamment des contraventions formelles à la loi, la justification que, soit par surprise, soit par suite des événemens révolutionnaires, le défendeur n'avait pu se défendre.

581. — Cette loi, toute spéciale et toute politique, dit M. Tarbé (p. 56), confirme, par l'exception même qu'elle autorise, la règle à laquelle nos auteurs se sont attachés.

582. — Aussi voyons-nous dans l'avis du cons. d'état du 18 janv. 1806 (V. *suprà* no 359), que la cour de Cassation doit rejeter le moyen tiré d'une *injustice prétendue*.

583. — Une autre exception est encore admise par la jurisprudence lorsqu'il s'agit de droits féodaux. — V. *suprà* nos 563 et 564.

584. — Il en est de même dans les matières d'enregistrement. — En effet, il est dans la nature des choses que la cour de Cassation apprécie, en pareil cas, les faits et les actes, puisque c'est le seul moyen de s'assurer si la perception est bien assise. — V. *suprà* no 565.

585. — Jugé en conséquence qu'en matière d'enregistrement, quoiqu'un jugement déclare qu'un individu n'a pas acquis un immeuble, la cour de Cassation peut décider que du fait de la cause il résulte présomption légale de mutation qui rend exigible la perception du droit. — *Cass.*, 5 janv. 1825, Enregist. c. Valory.

586. — Jugé cependant qu'un jugement qui décide, *en fait*, contre la régie, qu'un acte renferme un contrat pignoratif, et non un contrat de vente à réméré, est à l'abri de la cassation. — *Cass.*, 10 nov. 1824, Enregist. c. Oberlin.

587. — Est aussi à l'abri de la censure de la cour de Cassation le jugement qui décide, d'après les actes et circonstances, qu'un acte de vente resté sans exécution entre les parties, et dont celle à qui la production en a été demandée par un tiers, à titre de renseignement, a déclaré ne vouloir tirer aucun avantage, comme lui étant inutile, n'a été qu'un simple projet, qui ne peut donner lieu au droit proportionnel de mutation. — *Cass.*, 18 fév. 1829, Enregist. c. Planté. — V. au surplus ENREGISTREMENT.

588. — En matière de douanes et de contributions indirectes, la cour de Cassation est obligée de réprimer le mal jugé, lorsque les tribunaux se permettent de dénaturer les faits constatés par les procès-verbaux, base de toute action, soit au civil, soit au correctionnel; seulement, dans ce cas, la cour casse pour violation du principe qui veut que foi soit due au procès-verbal. — L. 9 flor. an VII, art. 11; 1er germ. an XIII, art. 26. — V. CONTRIBUTIONS INDIRECTES, DOUANES.

589. — Ainsi, une cour royale n'apprécie pas souverainement les circonstances matérielles constatées par un procès-verbal régulier desquelles il résulterait qu'une voiture est ou n'est pas suspendue. — *Cass.* (implicit.), 15 avr. 1837 (t. 2 1837, p. 317), Lemarchand c. Picaut.

590. — Jugé aussi que, si un procès-verbal constate qu'on a trouvé chez un individu des apprentis et ouvriers, ainsi que les instrumens de sa profession, une cour royale ne peut, sans violer la foi due au procès-verbal, décider que cet individu ne peut être considéré comme fabricant d'orfèvrerie. — *Cass.*, 27 août 1831, Glaton.

591. — ... Que lorsqu'il résulte des faits et pièces de la cause que des objets d'orfèvrerie, présentés à la marque, ne contiennent aucun mélange de matières étrangères, une cour royale ne peut, sans exposer son arrêt à la censure de la cour de Cassation, décider, même conformément à l'avis de l'essayeur, que ces objets sont fourrés. — *Cass.*, 22 juill. 1808, Moynier et Baulle.

592. — Jugé de même que les arrêts qui décident que des passavans sont surannés ou ne se rapportent pas aux marchandises saisies, ne sont pas à l'abri de la censure de la cour de Cassation. — *Cass.*, 19 vent. an XII, Stevens.

593. — Indépendamment de ces exceptions parfaitement légitimes, la cour de Cassation a maintes fois décidé qu'il entre dans ses attributions d'annuler des décisions qui lui sont déférées, encore bien que, pour échapper à la cassation, ces décisions soient motivées en fait.

594. — En voici plusieurs exemples. — Jugé qu'il entre dans les attributions de la cour de Cassation d'apprécier les conséquences légales des faits que les juges du fond ont déclarés constans et l'application qui a été faite de la loi à ces faits; — qu'ain-

si elle doit examiner si les faits qui ont servi de base au jugement qui a prononcé l'interdiction constituent, ou non, l'état d'imbécilité. — *Cass.*, 6 déc. 1831, de Plœuc. — V. INTERDICTION.

595. — ... Qu'il y a lieu à cassation, et non pas à un simple mal jugé, lorsqu'un arrêt a annulé une transaction pour dol personnel, quoique les faits admis comme indices n'offrissent évidemment ni manœuvres, ni tromperies de la part de celui à qui on les impute. — *Cass.*, 4 juin 1810, Grand c. Grandmaison.

596. — ... Que la décision qui fait prévaloir l'intention sur le fait (en matière d'adition d'hérédité, par exemple) n'est pas irréfragable. — *Cass.*, 8 mars 1830, Semidey.

597. — ... Que l'arrêt qui décide que le paiement d'intérêts ou d'une rente fait par un héritier à un légitimaire réduit à une certaine somme par testament est une reconnaissance de la légitime fixée par la loi et non par le testament, encourt la censure de la cour de Cassation; ce n'est plus là une simple question de fait. — *Cass.*, 12 mai 1834 (implicit.), Papinaud c. Cathala.

598. — ... Qu'un arrêt qui refuserait d'ordonner la suppression du nouvel œuvre consistant dans un toit en vitrage élevé au-dessus des croisées par lesquelles s'exerce une servitude, devrait être cassé, sans qu'il fût possible d'objecter que c'était là une appréciation de faits souveraine. — *Cass.*, 15 janv. 1840 (t. 1er 1840, p. 223), Leveil c. Lemoine.

599. — ... Que l'arrêt qui attribue à tort à un acte de concession, en méconnaissant sa nature et son objet, la qualification et les effets d'un accensement à charge de défrichement, n'échappe pas, comme décision de fait, à la censure de la cour de Cassation. — *Cass.*, 11 juill. 1842 (t. 2 1842, p. 412), Préfet de la Meurthe c. de Mailler.

600. — ... Que la cour de Cassation est compétente pour apprécier le caractère des faits d'où un arrêt a induit l'exécution volontaire emportant renonciation à la nullité d'un acte. — *Cass.* (implicit.), 12 juin 1839 (t. 2 1839, p. 16), Dessain.

ART. 2. — *Cas où les décisions des juges du fond échappent à la cassation. — Questions d'appréciation.*

601. — Maintenant que nous avons fait connaître les principaux cas dans lesquels on peut déférer à la cour de Cassation les décisions en dernier ressort, quoique ces décisions semblent ne prononcer qu'en fait, nous allons réunir un certain nombre d'arrêts rendus dans les limites du pouvoir discrétionnaire des tribunaux, et qui, à raison des circonstances particulières de la cause, ont été reconnus être à l'abri de la cassation. — Pour faciliter les recherches, nous les classerons d'après l'ordre des matières suivi dans nos différens codes.

§ 1er. — *Matière civile.*

602. — *Etat civil.* — Les tribunaux apprécient sans contrôle, si un Français a perdu la qualité de français et l'esprit de retour. — *Cass.*, 15 mars 1836, d'Asbeck.

603. — Ils décident souverainement si un individu est décédé en possession d'état de citoyen français. — *Cass.*, 8 août 1808, Kercado.

604. — *Domicile.* — La question de savoir si un individu a ou n'a pas son domicile dans tel lieu, est dans l'appréciation souveraine des tribunaux. — *Cass.*, 5 déc. 1838 (t. 1er 1839, p. 133), Boode c. Larrouy.

605. — Une cour royale peut décider souverainement que la preuve du domicile d'un individu dans une localité ne résulte pas du fait du paiement par cet individu de la contribution personnelle dans cette localité. — *Cass.*, 15 mars 1843 (t. 2 1843, p. 85), André c. Théoleyre.

606. — *Désaveu.* — L'arrêt qui décide si les actes extrajudiciaires signifiés dans le but du désaveu de paternité sont, ou non, conformes au vœu de l'art. 318, C. civ., est à l'abri de toute censure. — *Cass.*, 31 mai 1838 (t. 2 1838, p. 361), Rignoux c. Didelot. — V. DÉSAVEU, FILIATION.

607. — *Séparation de corps.* — Les cours royales ont un pouvoir discrétionnaire pour apprécier si les faits qui font l'objet d'une demande en séparation de corps sont suffisamment expliqués dans la demande. — *Cass.*, 2 mars 1808, de Cordey; 19 avr. 1825, de la Marthonie.

608. — ... Ne peut être critiqué devant la cour de Cassation l'arrêt qui apprécie la nature des faits susceptibles de constituer soit une injure grave, soit des excès ou sévices. — *Cass.*, 11 janv. 1837 (t. 1er 1840, p. 225), Barberaud.

609. — Il en est de même des faits qui peuvent constituer un acte de violence. — *Cass.*, 4 nov. 1835, Gascot.

610. — Jugé, au contraire, que l'appréciation d'une réconciliation empêchant la séparation de corps n'échappe pas à la censure de la cour suprême. — *Cass.*, 8 déc. 1832, Geiger. — V. au surplus SÉPARATION DE CORPS.

611. — L'arrêt qui admet ou refuse la preuve de la nullité de l'adoption, d'après l'appréciation des faits, ne peut encourir la censure de la cour suprême. — *Cass.*, 24 août 1831, Harmand. — On sait que les arrêts d'adoption ne sont jamais motivés. — V. ADOPTION.

612. — *Tutelle.* — Lorsqu'une cour royale a jugé qu'une mère tutrice de son fils interdit n'a agi que pour elle, bien qu'elle ait déclaré avoir agi en qualité de tutrice, son arrêt échappe à la censure de la cour de Cassation. — *Cass.*, 20 nov. 1832, Dehamel.

613. — *Conseil de famille.* — Les tribunaux apprécient souverainement les irrégularités dans la composition du conseil de famille résultant de ce qu'on n'y aurait point appelé les plus proches parens. — *Cass.*, 30 avr. 1834, Roulet. — V. CONSEIL DE FAMILLE.

614. — *Propriété. — Revendication.* — Est souverain l'arrêt qui reconnaît, par appréciation des faits, qu'un terrain désigné dans des actes authentiques anciens sous le nom de *sables d'une rivière* et séparant un héritage voisin de cette rivière, constitue une propriété particulière. — *Cass.*, 26 fév. 1840 (t. 2 1840, p. 788), Arbelat c. Despeuilles.

615. — La décision qui attribue à un terrain le caractère de propriété privée est une décision de fait qui ne permet pas de soutenir plus tard devant la cour de Cassation que ce terrain fait partie de la voie publique, et qu'ainsi on a violé les règles relatives à l'imprescriptibilité des choses qui ne sont pas dans le commerce. — *Cass.*, 23 janv. 1844 (t. 1er 1844, p. 252), ville de Tours c. Chaudesais.

616. — Mais il a été jugé que la loi portant concession, par l'état, à un particulier d'une propriété faisant partie de son domaine, ne peut être assimilée, non plus que les plans auxquels elle se réfère et qui y sont annexés, à de simples titres de propriété, dont l'appréciation, quant à l'étendue de la chose cédée, appartiendrait exclusivement aux juges du fond. — La cour de Cassation peut donc se livrer à l'inspection du plan et à la comparaison de ce plan avec les termes de la loi pour décider si les juges qui ont attribué telle ou telle étendue à la concession n'ont pas violé la loi qui l'a consacrée. — *Cass.*, 13 janv. 1845 (t. 1er 1845, p. 64), de Nazella c. ville de Paris.

617. — Est à l'abri de la censure de la cour suprême l'arrêt qui, d'après des bornes usitées, fixe la délimitation entre deux héritages. — *Cass.*, 30 déc. 1818 (dans ses motifs), Lotte c. Dupuis.

618. — La demande tendant à être maintenu dans le droit de passer par un chemin de desserte, qui est interprétée dans le sens d'une demande tendant à être reconnu *copropriétaire* du chemin lui-même, ne peut donner ouverture à cassation. — *Cass.*, 14 janv. 1840 (t. 1er 1841, p. 316), Callard c. Pernet-Godin.

619. — Il n'y a pas ouverture à cassation contre un arrêt qui rejette une demande en revendication en se fondant sur ce que le demandeur n'a pas justifié des droits de propriété par lui allégués. — Une telle décision repose sur une appréciation de fait qui est inattaquable. — *Cass.*, 12 avr. 1841 (t. 1er 1841, p. 654), Desmaizières c. Buniau.

620. — *Mine.* — Ne tombe pas sous la censure de la cour de Cassation l'arrêt qui, appréciant les conventions intervenues entre les parties relativement aux droits à transmettre sur une mine, a déclaré que ces conventions constituaient une *cession* pure et simple, et qu'elles devaient conséquemment rester sans effet, le cessionnaire ayant négligé de se pourvoir en autorisation auprès du gouvernement. — *Cass.*, 27 mars 1843 (t. 1er 1843, p. 507), Gallier c. de Lassalle et Société des houillères de l'Aveyron.

621. — *Servitude.* — En matière de servitude, les juges ont un pouvoir souverain d'appréciation. — *Cass.*, 6 nov. 1828, Lafond et Salamo c. Carcassonne; 30 mars 1837 (t. 2 1837, p. 16), Thayer c. Sœbnée.

622. — Ainsi l'arrêt qui juge qu'une servitude n'est établie ni par titre ni par une possession immémoriale, a fait une appréciation d'actes et de faits qui ne tombe pas sous la censure de la cour de Cassation. — *Cass.*, 27 mai 1834, comm. de Vinzieux c. Giraud.

623. — N'est pas sujet à cassation l'arrêt qui décide, d'après des titres et une enquête, qu'un droit que l'on allègue être de pure tolérance, est une véritable servitude, et que ce droit n'est pas prescrit contre ceux qui le réclament. — *Cass.*, 11 juill. 1831, Bonneval.

624. — Lorsque, dans un procès, il ne s'agissait pas d'une question de servitude, et qu'un arrêt s'est fondé uniquement sur une appréciation de titres et de faits, laquelle appartenait souverainement à la cour royale, on ne saurait reprocher à cet arrêt d'avoir arbitrairement créé une servitude sans titre. — *Cass.*, 2 juill. 1839 (t. 2 1839, p. 474), Levavasseur c. Radepont.

625. — *Succession.* — En matière d'adition d'hérédité, les juges ont un pouvoir souverain d'appréciation. — *Cass.*, 26 juin 1828, Chastenay-Lanty c. d'Argence; 19 août 1822, Gazotte c. Notteret. — V. *contrà Cass.*, 8 mars 1830, Bertarelli c. Semidey.

626. — Lorsqu'en donnant portion d'un immeuble le donateur s'est réservé l'autre portion, et a imposé, *pour l'utilité des deux héritages*, l'obligation de laisser sans culture un terrain qui les sépare, une cour royale a pu décider, sans encourir la censure de la cour de Cassation : 1° qu'une maison construite sur le fonds dominant postérieurement à la donation jouirait, comme le fonds lui-même, de la servitude imposée par le donateur; — 2° que le droit de passage en résultant devait s'étendre sur une portion d'allée aboutissant à une route, bien que cette portion ne fût pas comprise expressément dans les réserves du donateur. — *Cass.*, 1er mars 1843 (t. 2 1843, p. 181), Moreau c. Gouault.

627. — Est à l'abri de toute critique l'appréciation faite par les cours royales de la mauvaise foi de l'héritier qui perçoit les fruits d'une succession à laquelle un autre héritier, qui l'avait acceptée bénéficiairement, a fait une renonciation nulle. — *Cass.*, 25 mars 1840 (t. 1er 1840, p. 708), Forbin la Barben c. Rosières de Soran.

628. — *Rapport.* — Un arrêt déclare souverainement que la dispense du rapport résulte de la clause d'un contrat. — *Cass.*, 16 juin 1830, Cannelli.

629. — *Partage.* — On ne peut déférer à la censure de la cour régulatrice le jugement qui, sur un rapport d'experts, décide qu'un terrain indivis pouvait commodément se partager conformément à l'art. 827, C. civ. — *Cass.*, 9 mai 1827, Barde.

630. — L'arrêt qui décide, par interprétation des faits et actes, qu'un cohéritier chargé par une clause de partage de payer toutes les dettes de la succession n'était pas tenu au remboursement de la dot de sa femme dont la succession était débitrice, ne peut donner ouverture à cassation. — *Cass.*, 1er déc. 1835, Durozel.

631. — N'est pas sujet à cassation le jugement qui voit un acte de restitution et non de partage dans le premier acte qui fait cesser l'indivision entre les cohéritiers. — *Cass.*, 13 janv. 1825, Tessèdre.

632. — Bien qu'une statue soit fixée à perpétuelle demeure à une chapelle comprise dans un partage, il n'en résulte pas comme conséquence nécessaire quelle soit devenue, en l'absence de toute stipulation expresse, la propriété de celui des cohéritiers dans le lot duquel la chapelle est entrée, alors, d'ailleurs, que les faits et circonstances indiquent que cette statue a été omise dans le partage, à raison de l'opinion où l'on était que sa destination religieuse la mettait hors du commerce. — En conséquence, l'arrêt qui, en pareil cas, ordonne, conformément à l'art. 889, C. civ., un partage supplémentaire quant à cette statue, échappe à la censure de la cour de Cassation. — *Cass.*, 22 mars 1843 (t. 2 1843, p. 59), de Boisgelin. V. PARTAGE.

633. — *Partage d'ascendans.* — L'arrêt qui décide qu'un acte, bien que qualifié *partage d'ascendant*, renferme une aliénation à titre onéreux, échappe à la censure de la cour suprême. — *Cass.*, 28 mars 1820, Adenot.

634. — Une cour royale décide souverainement que l'abandon de l'universalité de leurs biens fait par des père et mère à leurs enfans, avec telle ou telle condition, ne renferme pas seulement un partage, mais présente un contrat aléatoire ou vente de droits successifs indéterminés dans le sens de l'art. 889, C. civ. — *Cass.*, 11 fév. 1835, Bourdiot.

635. — Est souverain l'arrêt qui décide que l'acte, intervenu entre une mère et ses enfans, par lequel celle-là règle un compte avec ses gendres, puis consent la vente successive de plusieurs immeubles à deux de ses filles, et fait abandon à ses enfans des sommes restant libres après le paiement de ses dettes, est un *partage d'ascendant*, attaquable, par suite, pour omission d'un enfant. — *Cass.*, 20 juin 1837 (t. 2 1837, p. 52), Moreau c. Freslon.

636. — *Donation.* — Est souveraine l'interprétation des termes d'une donation. — *Cass.*, 27 mess. an XI, Jouve.

637. — Un sourd-muet n'est pas incapable de faire une donation entre vifs par cela seul qu'il ne sait pas écrire. — La donation par lui faite peut être déclarée valable, lorsqu'il est constant d'une part qu'il avait la capacité nécessaire pour contracter, d'autre part qu'il a pu se mettre en communication avec les témoins et le notaire, de ma-

nière à ne laisser aucun doute sur son intention et sur sa volonté. L'appréciation de ces circonstances rentre exclusivement dans les pouvoirs des juges du fond. — *Cass.*, 30 janv. 1844 (t. 1er 1844, p. 321), Roques c. Clergue. — V. DONATION, SOURD MUET.

638. — Les jugemens, en matière de donation, qui portent sur le caractère et l'étendue des actes sont à l'abri de toute critique de la cour suprême. — *Cass.*, 24 nov. 1825, Boisnard ; 22 août 1826, Colnet ; 23 déc. 1834, Lambert ; 7 août 1839 (t. 2 1839, p. 301), Thorle c. Marsan.

639. — La question de savoir à qui une donation a profité échappe à la censure de la cour de Cassation. — *Cass.*, 7 juill. 1830, Delrieu.

640. — Une cour royale peut, sans que son arrêt soit exposé à la censure de la cour suprême, décider qu'un acte de donation est fait avec dispense de rapport. — *Cass.*, 23 févr. 1831, de Joviac c. de Rougrave.

641. — Si le juge a attribué à l'auteur de la libéralité la qualité de donateur et non celle de covendeur, cette interprétation est souveraine. — *Cass.*, 21 févr. 1828, Lignière.

642. — Est à l'abri de toute censure l'arrêt qui décide, par appréciation des termes d'une donation, que les biens donnés n'ont pu faire retour au profit du donateur qu'avec la charge de l'hypothèque légale de la dot. — *Cass.*, 7 avr. 1829, Boucherat.

643. — Est souverain l'arrêt qui décide, par appréciation des charges d'une donation, qu'une dette non portée à l'état annexé à cette donation, devait être acquittée par les donataires. — *Cass.*, 18 fév. 1829, Michel.

644. — Les tribunaux apprécient souverainement les caractères qui constituent un traitement médical dans le sens de l'art. 909 C. civ. — *Cass.*, 9 avr. 1835, Trainard.

645. — L'appréciation de la question de savoir si la donation faite par un père à sa fille, dans le contrat de mariage de celle-ci, comprend dans sa généralité et dans ses effets soit les biens propres du donateur, soit les biens dépendant de la communauté des père et mère de la donataire, rentre dans l'appréciation exclusive des juges du fond. — *Cass.*, 2 janv. 1844 (t. 1er 1844, p. 297), Lamilhade c. Touzery.

646. — Spécialement, la donation, ainsi faite par le père à un enfant commun, de *tous ses biens présens et à venir*, a pu, sans qu'une pareille décision tombe sous la censure de la cour de Cassation, être réputée comprendre tous les biens de la communauté existant entre le donateur et son épouse. — Même arrêt.

647. — Lorsqu'en donnant ses biens à ses enfans, conformément à l'art. 1075, C. civ., un père, tout en disant que la donation était faite par préciput et hors part, a néanmoins déclaré conserver la libre disposition des biens non compris dans la donation, cette réserve a pu être considérée comme ne s'appliquant qu'au droit de disposer des biens de toute autre manière qu'à titre gratuit, et, par suite, les libéralités postérieures ont pu être déclarées sans effet, sans que l'arrêt qui le décide ainsi tombe sous la censure de la cour de Cassation. — *Cass.*, 27 nov. 1843 (t. 1er 1844, p. 353), Bailleul c. Angot.

648. — En présence de l'interprétation souveraine des juges du fait, on ne peut présenter une telle donation comme étant le résultat d'une transaction entre le père et ses enfans, alors d'ailleurs qu'aucune des parties n'a, devant la cour royale, songé à donner ou à refuser à l'acte la nature de transaction. — Même arrêt. — V. DONATION.

649. — *Testament.* — Il appartient aux tribunaux d'interpréter souverainement soit l'intention du testateur, soit l'étendue des dispositions du testament, et d'expliquer ses termes. — *Cass.*, 23 janv. 1810, Losée c. Legros ; 17 janv. 1811, Rioult d'Avenay c. Gomaville ; 14 avr. 1824, Hutteau ; 25 juin 1828, Mahuzier c. Ducros ; 24 avr. 1834, Ratier.

650. — Les juges ont un pouvoir souverain pour apprécier le dégré de capacité d'un testateur. — *Cass.*, 13 déc. 1831, Vallet.

651. — Les cours royales ont un pouvoir discrétionnaire pour décider si un testament est la volonté libre du testateur, ou s'il est le fruit de manœuvres employées envers ce dernier. — *Cass.*, 14 nov. 1831, Hamel.

652. — On ne peut se pourvoir contre un arrêt appréciant des faits qui constituent la possession d'état fondant l'erreur commune, et qui, en conséquence, justifient l'erreur personnelle du testateur. — *Cass.*, 18 janv. 1830, Rueff.

653. — La cour de Cassation ne peut pas connaître d'un moyen fondé sur la nullité d'un testament résultant des ratures, surcharges, interlignes, qui s'y trouvent. — *Cass.*, 29 avr. 1824, Devillers c. Vérac.

654. — Il appartient aux cours royales de décider souverainement si des barres, ratures et autres vices, dans un testament, proviennent du testateur ou d'une main étrangère, et s'ils annulent l'acte comme le ferait la lacération. — *Cass.*, 21 févr. 1837 (t. 1er 1837, p. 142), Fleury.

655. — La cour de Cassation ne peut connaître de l'appréciation faite par les juges de l'intention du testateur. — *Cass.*, 1er mars 1830, Veyle.

656. — Les cours royales jugent souverainement la question de savoir, si les dispositions contenues dans deux testamens successifs, sont contraires et incompatibles. — *Cass.*, 22 juin 1831, Lecointe.

657. — Est à l'abri de la censure de la cour de Cassation l'arrêt interprétatif des clauses d'un testament. — *Cass.*, 5 avr. 1825, Lorgueilleux.

658. — Une cour royale décide souverainement, en fait, qu'il n'a pas été dans l'intention du testateur d'envelopper dans un legs à titre universel les biens compris dans une donation antérieure au testament, et annulée depuis l'ouverture de la succession. — *Cass.*, 18 mai 1825, Guedeney.

659. — On ne peut se pourvoir en cassation contre un arrêt qui interprète les intentions du testateur. — *Cass.*, 1er mars 1830, Veyle.

660. — La déclaration du testateur que le testament a été écrit et signé par lui peut résulter de circonstances dont l'appréciation est souveraine. — *Cass.*, 8 nov. 1832, Dufaur.

661. — La demande tendant à établir, à l'aide de la preuve testimoniale, l'existence d'un testament olographe et sa suppression, rentre dans le domaine exclusif et souverain des juges du fait, et ne peut donner ouverture à cassation. — *Cass.*, 14 mai 1834, Berger c. Dechampeaux.

662. — *Legs.* — Les cours royales apprécient souverainement les caractères constitutifs d'un legs, soit à titre particulier, soit à titre universel. — *Cass.*, 16 juin 1835, Demons.

663. — Une cour royale décide souverainement qu'il y a legs avec dispense de rapport dans un testament ainsi conçu : Je lègue à mon fils aîné le quart de mes biens ; *mes héritiers paieront, en outre*, une pension viagère à ma cuisinière. — *Cass.*, 17 mars 1825, Mandosse.

664. — Une cour royale décide souverainement, par interprétation de conventions, qu'un legs a été révoqué. — *Cass.*, 18 janv. 1825, Morin.

665. — *Substitution.* — Sur ce point la jurisprudence de la cour de Cassation est loin d'être uniforme. Plusieurs arrêts, il est vrai, ont décidé que les tribunaux apprécient sans contrôle l'existence comme la nature et le caractère des *substitutions.* — *Cass.*, 27 avr. 1819, d'Alsace c. de Caraman ; 12 mai 1819, Auberge ; 17 août 1824, Delabrosse c. Marguillé ; 1er fév. 1827, Ornano.

666. — Mais dans d'autres circonstances la cour de Cassation a décidé au contraire que la question de savoir si un acte contenait ou non une substitution prohibée, n'appartenait pas expressément aux cours royales, mais rentrait dans ses attributions. — *Cass.*, 22 juin 1812, Royère c. Blayac ; 24 mars 1829, Percher c. Berreau ; 20 janv. 1840 (t. 1er 1840, p. 327), Garneray c. Cabanne. — V. au surplus SUBSTITUTION.

667. — *Obligation.* — Les cours royales sont souveraines (L. 20 avr. 1810, art. 7) : elles ont la plénitude de l'autorité judiciaire ; elles apprécient souverainement les faits et les contrats, que cependant elles ne peuvent dénaturer. — Tarbé, p. 340.

668. — Quoiqu'il appartienne aux cours royales d'apprécier les faits et d'interpréter souverainement le sens et la lettre des conventions, il entre dans les attributions essentielles de la cour de Cassation d'examiner si, dans l'exercice de ce pouvoir, les cours royales n'ont pas méconnu les caractères de la convention dans ses rapports avec la loi qui en a défini les élémens constitutifs. — *Cass.*, 24 avr. 1844 (t. 1er 1844, p. 619), Julien Combes et Combes-Syeyes c. Combes et Tissot.

669. — *Clause pénale.* — Lorsqu'un huissier s'est engagé à travailler chez un autre huissier et à tenir le cabinet de celui-ci, avec clause pénale contre celui qui résilierait le traité, s'il arrive que ce dernier transporte ailleurs son cabinet, et que le premier refuse de l'y suivre, une cour peut décider qu'il y a résiliation acceptée et consentie, et compenser les dépens, sans contrevenir à la clause pénale, et sans qu'on puisse lui imputer d'avoir fait une transaction sans l'aveu des parties. — *Cass.*, 10 fév. 1825, Roulet.

670. — *Fraude et simulation.* — La disposition d'un arrêt qui déclare un contrat simulé ne peut donner lieu au recours en cassation. — *Cass.*, 26 pluv. an XI, Choiseul c. Oudet ; 17 fév. 1824, Dupont et Ancessy c. Delamarre ; 1er juin 1826, Bernard.

671. — On ne peut se pourvoir contre une décision qui apprécie des faits de fraude qu'un créancier allègue contre les actes passés par son débiteur. — *Cass.*, 25 brum. an XIV, Billois.

672. — La déclaration faite par une cour royale qu'une obligation a été consentie par un individu sans fraude des droits de ses créanciers est souveraine et rend dès-lors ces derniers non-recevables à les critiquer en vertu de l'art. 1167. — *Cass.*, 18 juill. 1843 (t. 2 1843, p. 681), Delarivière c. Riccardo.

673. — *Dol.* — Les cours royales apprécient souverainement les preuves de dol et de fraude. — *Cass.*, 5 août 1839, Lechaflotec.

674. — C'est aux juges du fond qu'il appartient d'apprécier souverainement les preuves du dol, de la captation, des violences et des autres manœuvres frauduleuses au moyen desquelles la volonté d'un testateur aurait été surprise, et de déclarer si le testament est le résultat de ces manœuvres. — *Cass.*, 22 déc. 1841 (t. 1er 1843, p. 160), Broquery c. Guignon.

675. — Les cours royales ont souverainement le droit de déclarer l'existence de manœuvres constitutives du dol personnel invoqué comme cause de nullité d'une convention. — *Cass.*, 2 mars 1840 (t. 1er 1840, p. 47), Guilbert c. Delanoé.

676. — *Violence.* — L'appréciation des faits de violence ne peut donner ouverture à cassation. — *Cass.*, 5 fév. 1828, comm. de Bagnères c. Soulerat.

677. — *Erreurs de fait.* — L'allégation tendant à faire considérer comme nulle une reconnaissance fondée sur une prétendue erreur de fait ne peut servir de base à un moyen de cassation pris de la violation de l'art. 1109, C. civ., lorsque cette reconnaissance se trouve d'accord avec les dispositions du titre invoqué par son auteur. — *Cass.*, 26 avr. 1843 (t. 2 1843, p. 564), Dugrivel c. préfet de Saône-et-Loire. — V. *suprà* nos 482 et suiv.

678. — *Bonne foi.* — Il n'appartient qu'aux juges du fait de décider si une partie est de bonne foi. — *Cass.*, 14 avr. 1836, Gugenheim.

679. — Les tribunaux apprécient souverainement les faits constitutifs de la bonne ou de la mauvaise foi. — *Cass.*, 13 déc. 1830, Quevremont.

680. — *Lésion.* — L'arrêt qui décide qu'un acte doit être rescindé pour cause de lésion échappe à toute censure. — *Cass.*, 22 août 1831, Sevigonon c. Fabre ; 11 niv. an IX, Collin.

681. — *Subrogation.* — Une cour royale décide souverainement que, dans un acte qualifié de subrogation, le nom du bailleur de fonds a été rempli après coup, et déclare en conséquence que cet acte est nul et ne vaut que comme quittance. — *Cass.*, 17 janv. 1827, Crespin.

682. — *Délégation.* — Échappe à la censure de la cour de Cassation l'arrêt qui apprécie des circonstances constitutives de l'acceptation d'une délégation. — *Cass.*, 9 juill. 1834, Poullain.

683. — *Novation.* — La cour de Cassation avait d'abord semblé reconnaître aux juges du fond le droit d'apprécier souverainement si les parties ont eu ou non l'intention de faire une novation. — V. en ce sens *Cass.*, 27 juill. 1820, Boué ; 16 janv. 1828, Mathelin c. Rousseau ; 10 août 1830, Fleurot c. Lalanne.

684. — Mais depuis, revenant sur sa jurisprudence, elle a jugé que la déclaration des juges du fond que la volonté des parties d'opérer novation résulte clairement de l'acte n'est pas souveraine ; qu'il entre dans le droit et le devoir de la cour de Cassation de comparer cette déclaration et les énonciations de l'acte avec les dispositions de l'art. 1271, C. civ., pour décider si cet acte présente ou non les caractères légaux de la novation. — *Cass.*, 22 juin 1841 (t. 2 1841, p. 182), Barbaud c. Vergen-Dugoulet ; 16 nov. 1841 (t. 2 1843, p. 410), Bataillé c. Dulil.

685. — Ainsi jugé que la décision qui statue sur l'existence d'une novation doit constater qu'il y a eu de la part des parties volonté de l'opérer, et que cette volonté s'est manifestée par un des trois modes que la loi (art. 1271) détermine pour constituer la novation, et qu'il appartient à la cour de Cassation d'examiner si la novation résulte réellement des circonstances relevées par l'arrêt. — *Cass.*, 19 août 1844 (t. 2 1844, p. 680), Ricquier de la Bonnevalière c. Leroy et Lemaignen. — V. au surplus NOVATION.

686. — *Remise de la dette.* — L'arrêt qui, d'après les documens fournis dans l'instruction, décide que la remise du titre n'a pas été volontaire ni par suite libératoire, est à l'abri de toute censure. — *Cass.*, 22 janv. 1828, Bunel.

687. — *Ratification.* — Les cours royales apprécient souverainement les faits constitutifs de la ratification. — *Cass.*, 15 fév. 1832, Verdier c. de Pins et de Thézan.

688. — Les cours royales peuvent, par appréciation des titres et circonstances, décider que la réception d'une somme d'argent payée par un mari à sa femme divorcée, à compte de ses reprises, ne constitue pas une ratification de la vente de ses biens dotaux. — *Cass.*, 22 fév. 1827, Bertrand.

689. — *Preuve.* — La question de savoir si une preuve

est ou non frustratoire ne peut faire l'objet d'un pourvoi en cassation. —*Cass.*, 1er août 1833, Luzel.

690. —L'arrêt qui déclare non-recevable la demande dirigée par un créancier contre son débiteur, bien que celui-ci n'établisse pas formellement sa libération, ne peut être cassé, alors que, pour décider ainsi, il se fonde sur ce que c'est par la faute du créancier que la preuve de la libération ne peut être fournie. — *Cass.*, 1er mars 1843 (t. 2 1843, p. 37), de Chapeaurouge c. Urbain.

691. — S'il est vrai qu'en matière civile le juge peut au besoin puiser les élémens de sa décision dans une procédure criminelle, cependant aucune disposition de loi ne lui en fait un devoir ; en conséquence, s'il pense qu'il n'a pas besoin de recourir à une instruction criminelle dirigée contre l'une des parties en instance devant lui, le refus de consulter ce document ne saurait donner ouverture à cassation. — *Cass.*, 22 juin 1843 (t. 1er 1844, p. 537), Gaussin c. Maurin. — V. conf. *Cass.*, 20 mai 1840 (t. 1er 1844, p. 536), Lanlaud c. Vincent.

692. — *Preuve littérale.* — Est souveraine l'appréciation que font les cours royales des titres établissant la propriété d'une partie. —*Cass.*, 1er avr. 1835, comm. d'Esserval.

693. — L'arrêt qui déclare que des titres, tels qu'arrêts du conseil, produits par une partie, il ne résulte pas qu'elle ait été dispensée d'une obligation, ne peut donner ouverture à cassation. — *Cass.*, 21 août 1828, comm. de Sorède.

694. — L'appréciation de termes étrangers à la disposition principale dans le sens de l'art. 1320, C. civ., est souveraine. —*Cass.*, 4 mars 1834, Gerfaud.

695. — La déclaration qu'un débiteur n'a produit aucun titre pouvant modifier les titres authentiques des créanciers est une décision de fait qui échappe à la censure de la cour de Cassation. — *Cass.*, 16 nov. 1831, Borel.

696. — La déclaration qu'un acte constitue non seulement une reconnaissance d'écriture, mais une rectification d'un autre acte et une substitution à la place de celui ci échappe à la censure de la cour suprême. — *Cass.*, 15 fév. 1832, Verdier-Pins.

697. — Ne serait pas recevable le pourvoi formé contre un arrêt qui déciderait que des titres produits par une commune, il résulterait qu'elle avait jadis la propriété de terrains productifs qu'elle prétendait lui avoir été enlevés par abus de la féodalité. — *Cass.*, 9 déc. 1828, comm. de Puyloubier.

698. —Est souverain l'arrêt qui, d'après l'appréciation des actes, déclare simple usagère une commune qui prétend à la propriété d'une forêt. — *Cass.*, 8 août 1831, comm. de Sutrieux.

699. — Les cours royales peuvent, par interprétation des titres anciens, déclarer que les mots *usages communaux* n'emportent point l'idée de propriété, mais seulement celle d'usage proprement dit. — *Cass.*, 18 août 1830, comm. de Bligny.

700. — Une cour royale décide souverainement, dans le conflit de titres anciens qui accordent un droit d'usage à la généralité des habitans d'une commune et d'actes postérieurs qui ont limité ce droit aux maisons existantes au moment où il a été concédé, que foi est due aux anciens titres.—*Cass.*, 18 mai 1825, Leseliers de Chezelles; 26 janv. 1819, comm. de Bar.

701. —Lorsque en réponse à une réclamation fondée sur un acte authentique, le débiteur a opposé des bordereaux attribués au créancier lui-même, et dont il prétendait tirer la preuve complète que la créance consignée dans cet acte n'était réelle que pour une partie, l'arrêt qui, par appréciation de ces bordereaux, a décidé qu'ils ne constituaient que de simples actes et documens incapables dès-lors de détruire la reconnaissance résultant de l'acte authentique, n'a violé aucune loi. — *Cass.*, 27 nov. 1843 (t. 1er 1844, p. 21), Noël et Lerambert c. Ravel.

702.— Le demandeur en revendication d'un immeuble qui n'a produit aucun titre à l'appui de sa prétention ne peut se faire un moyen de cassation de ce que l'arrêt qui a rejeté sa demande se serait fondé sur un titre du défendeur, entaché de féodalité. — *Cass.*, 15 mars 1837 (t. 1er 1840, p. 327), comm. de Villa Saint-Anselme c. Jean.

703.— *Acte sous seing-privé.*— Les cours peuvent déclarer nul un acte sous seing-privé en s'appuyant sur des moyens de fraude résultant de l'état matériel de cet acte, sans avoir recours à l'inscription de faux. Leurs décisions à cet égard sont à l'abri de toute censure. — *Cass.*, 18 août 1813, Giboulot.

704. — *Preuve testimoniale.* — Les tribunaux ont un pouvoir discrétionnaire pour admettre ou refuser la preuve testimoniale.— *Cass.*, 28 juin 1820, Legroing c. Jouvain Roux.

705. — La question de savoir si des faits tendant à prouver l'état de démence d'un individu à l'époque de certains actes sont pertinens et admissibles est du domaine exclusif des juges du fait. — *Cass.*, 26 mars 1822, hosp. de Mâcon c. Martizière; 19 août 1834, Macusson.

706. — Les juges du fond apprécient souverainement les faits de démence articulés par ceux qui poursuivent une interdiction.— *Cass.*, 6 janv. 1829, saint Léger.

707.— Les juges du fond apprécient souverainement des faits articulés comme frauduleux et dolosifs, présentant des caractères insuffisans pour faire admettre la preuve testimoniale. — *Cass.*, 14 mai 1834, Berger c. Dechampeau.

708.—La décision qui admet ou rejette la preuve d'un fidéicommis ne peut donner lieu à cassation. — *Cass.*, 27 avr. 1830, Schneider.

709. — Les jugemens qui décident si la preuve de certains faits est impossible dans le sens de l'art. 1369, C. civ., relatif à la délation de serment, sont à l'abri de toute censure.—*Cass.*, 8 déc. 1832, Feilleul c. Collin.

710. — L'appréciation de la pertinence des faits est souveraine.—*Cass.*, 13 déc. 1831, Valet.

711. — L'appréciation de la pertinence et de l'admissibilité des faits de possession articulés à l'appui d'une exception de prescription, ne peut donner ouverture à cassation.—*Cass.*, 18 juin 1839 (t. 2 1839, p. 222), comm. de Marseillan c. Comp. des Salins de Cette.

712.— La décision est souveraine lorqu'elle porte sur le rejet ou l'admission des preuves de captation, d'interposition de personnes, etc. — *Cass.*, 30 déc 1829, Perethon.

713. — L'admission ou le rejet de la preuve des faits de possession articulés sur un immeuble litigieux, ne peut donner matière à cassation.— *Cass.*, 3 janv. 1832, Brouges c. Aveille.

714.— Est souveraine la déclaration que des faits articulés par une partie ne sont point établis. — *Cass.*, 18 nov. 1840 (t. 1er 1841, p. 316), comm. de Bonneuil c. Cagniard-Damainville.

715. — L'arrêt qui, même en rejetant une offre de preuve testimoniale, décide d'après les faits et par l'interprétation des écrits, que des esclaves n'ont jamais été libres de fait, ne donne point ouverture à cassation. — *Cass.*, 18 janv. 1834, Delisle-Loture.

716. — *Commencement de preuve par écrit.* —Les juges apprécient souverainement ce qu'on devait entendre par commencement de preuve par écrit, sous l'ordonnance de 1667. — *Cass.*, 16 août 1831, Lorphelin.

717. — Un arrêt a pu décider, sans tomber sous la censure de la Cour suprême, que des notes écrites par un individu poursuivi en restitution de sommes prétendues déposées entre ses mains, notes se rapportant à un décompte des arrérages provenant de ces sommes, ne formaient pas, alors même qu'elles seraient accompagnées de présomptions graves, précises et concordantes, le commencement de preuve par écrit rendant vraisemblable le dépôt allégué et autorisant l'administration de la preuve testimoniale. — *Cass.*, 26 juill. 1843 (t. 1er 1844, p. 315), Letourneur c. Laroze.

718. — L'arrêt qui décide si des écrits ou déclarations présentent les caractères d'un commencement de preuve par écrit n'est pas exposé à la censure de la cour suprême. — *Cass.*, 6 août 1839 (t. 2 1839, p. 203), Lemonnier; 27 avr. 1836, Falez.

719. —Jugé cependant que la cour de Cassation peut connaître de la question de savoir si des pièces ont un caractère suffisant pour constituer un commencement de preuve par écrit. — *Cass.*, 30 déc. 1839 (t. 1er 1840, p. 99), Leclerc.

720.—Jugé de même qu'en matière de commencement de preuve par écrit la cour de Cassation a le droit d'examiner si l'écrit émane réellement de la personne à laquelle on l'oppose, ou de celle qui le représente ; les cours royales ne prononcent souverainement que sur la question de savoir si l'acte rend vraisemblable le fait allégué.—*Cass.*, 10 août 1840 (t. 2 1840, p. 745), Nicolay.

721. — *Présomptions.*— Les jugemens en dernier ressort apprécient souverainement la question de savoir si les présomptions sont graves, précises ou concordantes, dans les cas où elles sont admises. — *Cass.*, 4 janv. 1808, Deloy.

722.— L'arrêt qui, sur des présomptions graves, annule comme n'étant en réalité que des contrats pignoratifs renfermant des stipulations usuraires, deux actes simulés, l'un sous la couleur d'une vente à réméré, l'autre sous celle de la prorogation du délai du réméré, est à l'abri de la censure de la cour suprême.—*Cass.*, 8 mars 1825, Bernard.

723. — L'arrêt qui décide que des présomptions sont suffisantes pour faire prononcer l'annulation d'un acte pour dol et fraude est à l'abri de la censure de la cour suprême.—*Cass.*, 1er fév. 1832, Ruby.

724.—De simples présomptions suffisent pour autoriser les tribunaux à juger souverainement que, d'après les circonstances, le porteur d'un billet endossé en blanc en est le véritable propriétaire.— *Cass.*, 10 mars 1824, Lallemand.

725. — Les jugemens en dernier ressort apprécient souverainement la gravité des présomptions et indices nécessaires pour faire admettre la preuve par témoins de la filiation.— *Cass.*, 16 mars 1825, Cairon.

726. — Echappe à la censure de la cour de Cassation la décision portant qu'il résulte des faits qu'un avocat est partie au procès dans lequel il a plaidé. — *Cass.*, 16 fév. 1830, Gaffori.

727. — *Aveu.* — Les cours royales apprécient souverainement si les déclarations d'une partie, à l'audience, renferment les caractères d'un aveu judiciaire. — *Cass.*, 25 avr. 1826, Ayncart.

728.—Il n'appartient pas à la cour de Cassation de prononcer le redressement d'un aveu inséré dans les qualités d'un jugement.—*C. supér. Bruxelles*, 22 fév. 1819, Gillis-Pilarès.

729. — *Dommages-intérêts.* — Il ne peut y avoir ouverture à cassation pour fausse application de l'art. 1382, C. civ., le jugement du fond étant souverain en matière de dommages-intérêts. — *Cass.*, 21 avr. 1841 (t. 1er 1841, p. 630), Dancy c. Ernoule.

730. — Les juges du fait apprécient souverainement des faits et circonstances d'où résulte la preuve d'une faute ou négligence donnant lieu à des dommages-intérêts.—*Cass.*, 18 oct. 1834, Brunswick; 23 juill. 1835, Rochoux; 30 mai 1837 (t. 1er 1837, p. 475), de Sommariva c. Perreau; 9 août 1837 (t. 2 1837, p. 316), Arnoult c. Lambert; 13 nov. 1838 (t. 2. 1839, p. 308), Préf. du Bas-Rhin c. Feiler et le prince de Rohan.

731. — Un arrêt qui apprécie s'il y a faute, et quelle en est la gravité, ne peut donner ouverture à cassation.—*Cass.*, 11 janv. 1830, Hospice de Sainte Marie.

732. — Les tribunaux ont un pouvoir souverain pour fixer l'étendue et la quotité des dommages-intérêts que peuvent devoir à leurs voisins les propriétaires d'ateliers insalubres.— *Cass.*, 3 mai 1827, Armand c. Talamel.

733.— *Contrat de mariage.*— Est à l'abri de toute censure l'arrêt qui déclare que telle disposition d'un contrat de mariage contient une institution contractuelle de tous les biens de l'instituant. — *Cass.*, 1er mars 1821, de Wendel c. Gand.

734. — Jugé toutefois que la cour de Cassation peut apprécier, après les cours royales, la nature et le caractère d'une clause d'un contrat de mariage. — *Cass.*, 3 déc. 1839 (t. 2 1839, p. 590), Burgault c. de Mirabeau.

735. — La cour de Cassation ne pourrait critiquer l'allocation d'une certaine somme, faite par le juge à la veuve pour sa nourriture et celle de ses domestiques, en conformité de l'art. 1465 C. civ. — *Cass.*, 7 nov. 1827, Razout.

736. — *Séparation de biens.*— L'arrêt qui prononce la séparation de biens, en reconnaissant, en fait, que la femme a administré la preuve du péril de sa dot et de l'insuffisance des biens de son mari, pour sûreté de ses droits et reprises, est à l'abri de la censure de la cour suprême. — *Cass.*, 5 janv. 1808, Darcluy.

737.— *Régime dotal.* — Les cours royales apprécient souverainement quelle est la portion des revenus dotaux nécessaires aux époux, pour subvenir aux besoins du mariage. — *Cass.*, 6 janv. 1840 (t. 1er 1840, p. 26), Fouyeul c. Truchy-Grimer.

738. — *Vente.* — L'arrêt qui refuse à un acte les caractères de la promesse de vente ne peut donner ouverture à cassation. — *Cass.*, 9 juill. 1834, Commandeur c. Pelisson et Catrial.

739.— Une cour royale décide souverainement, d'après les actes et les faits, qu'un acquéreur n'était qu'une personne interposée, et que l'acquisition avait lieu dans l'intérêt d'un tiers. — *Cass.*, 28 mars 1821, Duvouzet c. Delaborderie-Saint-Sernin.

740. — La question de savoir si l'acquéreur a eu l'intention de posséder pour lui ou pour autrui est souverainement appréciée par les cours royales. — *Cass.*, 12 janv. 1832, de Magnancour c. de Buyer et de Lorge.

741. — Est à l'abri de toute critique l'arrêt qui décide qu'une créance paraphernale de 10,000 fr. en paiement de laquelle il y a eu vente entre époux, a une trop faible importance en proportion des biens cédés. — *Cass.*, 24 juin 1839 (t. 2 1839, p. 24), Leiris c. de Tinseau.

742. — Ne peut être cassé l'arrêt qui décide que la vente d'un moulin ne comprend que les eaux nécessaires à son jeu. —*Cass.*, 18 juill. 1822, Degros.

743. — Est à l'abri de toute censure le jugement qui décide ce que comprend la vente d'une maison avec les *meubles meublans*, *vaisselles vinaires*, *cuves*, *linges et denrées*, etc. — *Cass.*, 3 mai 1837 (t. 2 1837, p. 114), Sancan c. Mourlan.

744. — Est à l'abri de la cassation l'arrêt d'une cour royale qui, après une expertise et une estima-

tion, décide qu'il n'y a pas de prix réel et sérieux dans une vente d'immeubles faite moyennant une rente viagère, et même moyennant une somme fixe, mais modique, en sus de la rente viagère. — *Cass.*, 23 juin 1841 (t. 2 1843, p. 68), Parsonneau c. Héritiers Barriat.

745. — Lorsque des actes d'une nature diverse et contestée, contenant des clauses peu compatibles entre elles et donnant lieu à des interprétations opposées, sont produits devant une cour royale, cette cour peut décider souverainement que, sous la forme d'une procuration, les parties ont eu l'intention frauduleuse de déguiser une vente de droits successifs. Ce n'est point là violer le principe que les juges du fait ne peuvent, sans exposer leur décision à la censure de la cour de Cassation, méconnaître le caractère des contrats définis par la loi, ni soustraire ces contrats aux conséquences légales qu'ils sont appelés à produire. — *Cass.*, 23 nov. 1842 (t. 1er 1843, p. 625), Nadaud c. Chauveau.

746. — L'appréciation des cas de garantie pour défaut de contenance ne peut pas donner ouverture à cassation. — *Cass.*, 25 mai 1830, Berlier.

747. — Le jugement qui décide que la garantie existait nonobstant une clause expresse de non-garantie, échappe à toute censure. — Même arrêt.

748. — Il n'y a violation d'aucune loi dans l'arrêt qui juge en fait qu'aucune clause d'un contrat de vente n'interdisait à l'acquéreur de délaisser l'immeuble avant d'avoir payé. — *Cass.*, 8 août 1816, Ardens.

749. — L'arrêt qui déclare que la garantie réclamée contre un vendeur par un acquéreur condamné à délaisser à un tiers partie des terres acquises, et qui auraient été usurpées sur celui-ci, peut être refusée, en l'état, jusqu'à justification de l'époque où l'usurpation a eu lieu, n'est pas sujet à cassation. — *Cass.*, 27 juin 1837 (t. 2 1837, p. 419), Bontemps c. Michelet.

750. — L'arrêt qui déclare que l'art. 918, C. civ., n'est pas applicable à une vente faite moyennant une rente foncière ne peut donner matière à cassation. — *Cass.*, 2 janv. 1828, Peyrière et Diudé c. Vedel.

751. — Est à l'abri de toute censure l'appréciation faite par les cours royales, d'après l'ensemble des stipulations d'un contrat de vente de droits successifs, que la vente, conformément à l'art. 889, C. civ., n'est pas sujette à l'action en rescision, quoique les termes *aux risques et périls de l'acheteur* ne se trouvent pas insérés dans l'acte. — *Cass.*, 3 juin 1840 (t. 2 1840, p. 510), Legendre c. Courtois.

752. — Les tribunaux peuvent admettre l'action en rescision pour lésion de plus du quart contre une vente de droits successifs faite à un cohéritier, même à ses *risques et périls*, lorsqu'il est constant que l'acquéreur connaissait, lors de la vente, les forces de la succession; leur décision à cet égard ne peut être censurée. — *Cass.*, 9 juill. 1839 (t. 2 1839, p. 69), Malhevet c. Celle.

753. — *Transport-cession.* — Les juges apprécient souverainement l'étendue du transport de sommes dues à un individu. — *Cass.*, 12 mai 1835, Glaumont-Roullet.

754. — Est à l'abri de toute censure l'arrêt qui décide que la signification d'une cession a pu être déclarée suppléée par la connaissance que le débiteur en aurait eue d'une autre manière, dans le cas, par exemple, où soit ce débiteur, soit son mandataire, aurait eu communication des pièces constatant cette cession. — *Cass.*, 18 juill. 1831, Burco.

755. — On a pu déclarer qu'une cession générale de droits successifs ne comprenait pas un droit échu depuis au cédant, tel que l'indemnité des émigrés. — *Cass.*, 8 fév. 1830, Folin.

756. — *Marchés.* — Ne peut donner ouverture à cassation la décision sur le point de savoir si une convention présente ou non le caractère d'un marché à forfait. — *Cass.*, 20 mai 1824, ville de Poitiers c. Maîtré.

757. — Un arrêt peut décider, sans encourir la cassation, qu'un marché passé entre deux négocians est conditionnel, bien qu'il soit conçu en apparence d'une manière pure et simple. — *Cass.*, 7 juin 1836, Pereyra c. Inigo.

758. — Les tribunaux décident souverainement la question de savoir si un individu est sous-traitant de l'état ou fournisseur d'une entreprise particulière. — *Cass.*, 12 janv. 1830, Dupin.

759. — *Louage.* — Les tribunaux ont un pouvoir souverain pour constater l'usage suivi dans un lieu pour le délai des congés. — *Cass.*, 23 fév. 1814, Montigny c. Langlois.

760. — Les questions relatives à la résiliation des baux pour pertes occasionnées par les vices de la chose louée, sont dans le domaine exclusif des juges du fait. — *Cass.*, 30 mai 1837 (t. 1er 1839, p. 475), de Sommariva c. Perreau.

761. — L'arrêt qui, d'après les circonstances de la cause, prononce la résiliation d'un bail, et refuse des indemnités au fermier, n'est pas susceptible de cassation. — *Cass.*, 11 août 1830, Boissier.

762. — Les juges apprécient souverainement les caractères du cas fortuit, et spécialement dans le cas de l'art. 1733, C. civ. — *Cass.*, 11 fév. 1834, Ass. gén. c. d'Autremer.

763. — Jugé cependant que la cour de Cassation peut connaître de l'appréciation erronée d'un cas de force majeure, faite par la cour royale. — *Cass.*, 12 juill. 1834, Cont. ind. c. Biet.

764. — *Louage d'industrie.* — L'arrêt d'une cour qui décide qu'un acte dont les clauses sont soumises à son appréciation renferme non un contrat de société, mais bien un contrat de louage d'industrie, échappe à la censure de la cour de Cassation. — *Cass.*, 20 fév. 1843 (t. 2 1843, p. 83), de Beaujeu c. de Barlillat.

765. — *Bail à domaine congéable.* — Échappe à toute censure le jugement qui, en appréciant les actes intervenus entre les parties, déclare qu'un bail à domaine congéable est essentiellement limité. — *Cass.*, 19 juin 1828, Enreg. c. Mazurié; 13 déc. 1820, Petit c. Titon.

766. — *Sequestre.* — Les tribunaux apprécient souverainement l'opportunité de nommer un sequestre. — *Cass.*, 6 mars 1834, Lebir.

767. — *Contrats aléatoires.* — On ne peut se pourvoir en cassation contre l'appréciation d'usure dans un contrat aléatoire. — *Cass.*, 31 déc. 1833, Havas c. Capey.

768. — *Rente.* — Les cours royales peuvent, suivant les circonstances, décider souverainement qu'une rente a été créée exempte de retenue. — *Cass.*, 19 janv. 1825, Delamothe.

769. — Échappe à la censure de la cour suprême l'arrêt qui déclare qu'un acte de constitution de rente est une obligation simple et non une donation entre-vifs, en reconnaissant que cet acte a une cause naturelle. — *Cass.*, 22 août 1826, Colmet.

770. — *Mandat.* — Les tribunaux apprécient souverainement le caractère et l'étendue d'une procuration. — *Cass.*, 14 juin 1827, Luxembourg; 5 juill. 1827, Etchegoyen c. Leray; 12 juin 1839 (t. 2 1839, p. 661), Rousseau c. Guesdon; 19 fév. 1834, Vacquerie c. Baudry.

771. — Est à l'abri de toute censure l'arrêt qui décide, d'après les faits et circonstances de la cause, si un individu a été le mandataire d'un tiers. — *Cass.*, 22 juin 1836, Noël; 13 mai 1835, Pélegrin.

772. — Lorsqu'un acte n'offre pas des caractères propres à faire connaître d'une manière certaine s'il constitue un mandat de payer ou un transport de créance, la décision des juges du fond qu'il constitue un mandat de payer est souveraine. — Spécialement, un arrêt échappe à la censure de la cour de Cassation pour avoir décidé qu'il y avait mandat de payer, et non transport de créance, dans l'acte ainsi conçu : « J'autorise M. B..., syndic de la faillite, à payer à M. A..., sur ce qui me reviendra, jusqu'à concurrence de telle somme, montant de la saisie-arrêt qu'il a mise entre ses mains. » — *Cass.*, 22 juin 1841 (t. 2 1843, p. 413), Abaujret c. Desfontaines et Godefroy.

773. — L'arrêt qui, après examen des pièces et audition contradictoire des parties, déclare qu'un mandataire (qui ne présente, d'ailleurs, aucun compte régulier et détaillé) s'est libéré de toutes les sommes par lui reçues pour le mandant, échappe, comme statuant en fait, à la censure de la cour de Cassation. On dirait en vain que la qualité de mandataire entraîne nécessairement l'obligation de rendre un compte dans la forme prescrite par l'art. 522, C. procéd. civ. — *Cass.*, 11 janv. 1843 (t. 2 1843, p. 57), Pierrot c. Moussy.

774. — Une cour royale peut, sans excéder les bornes de son pouvoir d'interprétation, décider souverainement qu'une procuration expresse à l'effet de traiter, composer, transiger, prendre tous arrangemens en cas de faillite, comprend le pouvoir d'adhérer à une société en commandite formée pour sauver l'avoir des créanciers au nombre desquels se trouve le mandant. — *Cass.*, 4 janv. 1843 (t. 1er 1843, p. 308), Aubert c. Paranque.

775. — Un arrêt peut, par appréciation des faits et des circonstances de la cause, et à raison de la faute du mandataire, mettre à sa charge les mauvaises créances qu'il déclare être le résultat du mode et de la direction adoptés pour l'exploitation que lui avait confiée son mandant. — *Cass.*, 1er mars 1843 (t. 2 1843, p. 37), Chapeau-Rouge c. Urbain.

776. — *Cautionnement.* — Une obligation, quoique paraissant directe et personnelle dans ses termes, a pu, d'après les faits et circonstances, être déclarée ne constituer qu'un cautionnement. — *Cass.*, 19 mars 1834, Durand.

777. — *Transactions.* — L'appréciation des transactions divise la cour de Cassation. La chambre civile a pensé que, les transactions ayant entre les parties l'autorité de la chose jugée en dernier ressort (art. 2052, C. civ.), elle devait se livrer à leur appréciation, comme elle peut le faire à l'égard des jugemens et des arrêts. — *Cass.*, 26 juill. 1823, Delorme c. Hardy et Guyot; 21 janv. 1825, Laurent c. Bruno-Blanche.

778. — Ainsi doit être cassé pour fausse application d'acte l'arrêt qui considère un acte comme une simple rétrocession, alors qu'il présente tous les caractères d'une véritable transaction. — *Cass.*, 2 janv. 1839 (t. 1er 1839, p. 349), Laurent c. Doublat.

779. — La chambre des requêtes professe l'opinion contraire. Elle assimile les transactions aux autres conventions, et ne croit pas pouvoir se livrer à leur appréciation. — *Cass.*, 21 nov. 1832, Vassal c. Joly; 25 juin 1834, Hiller c. Pagan; 8 juill. 1834, Giron c. Rancès; 31 déc. 1835, de Fumel; 12 avr. 1837 (t. 2 1837, p. 210), comm. d'Anguilcourt-le-Sart c. comm. de Danizy.

780. — Ainsi les cours royales décident souverainement si un acte constitue une transaction ou un arrêté de compte. — *Cass.*, 3 janv. 1831, Lemarchand.

781. — ...Si un réglement de droits successifs, qualifié *transaction*, contient un partage déguisé ou une transaction véritable. — *Cass.*, 7 fév. 1809, de Reynaud c. Vourey.

782. — ... Si tel cas prévu dans une transaction est arrivé, et, par exemple, si une inondation, prévue dans cet acte, a eu lieu, et si, par suite, des dommages-intérêts sont dus. — *Cass.*, 1er mars 1830, Compagnie des Salins.

783. — Les jugemens et arrêts qui, appréciant le droit à l'occasion duquel une transaction a eu lieu, décident si ce droit était réellement litigieux, ne peuvent être critiqués devant la cour de Cassation. — *Cass.*, 7 fév. 1809, de Reynaud c. Vourey.

784. — Il entre dans les attributions souveraines d'une cour royale d'apprécier le caractère et les effets d'une transaction intervenue entre un failli et ses créanciers; en conséquence l'arrêt par lequel elle déclare une telle transaction valable ne peut tomber sous la censure de la cour de Cassation. — *Cass.*, 31 mai 1843 (t. 2 1843, p. 105), Dequeux-Druet c. Hainguerlot et de Vatry.

785. — Cependant l'arrêt qui annule une transaction pour dol personnel, quoique les faits admis comme indices ne fussent pas l'effet des manœuvres de l'une des parties, tombe sous la censure de la cour suprême. — *Cass.*, 4 juin 1810, Grand c. Grandmaison.

786. — Décidé aussi que le droit d'interprétation dont sont investies les cours royales ne les autorise pas à détruire ou modifier une transaction. — *Cass.*, 21 janv. 1835, Laurent; 27 août 1835, Laurent. — V. *contrà Cass.*, 6 juill. 1836, Laurent. — V. au surplus TRANSACTION.

787. — *Stellionat.* — En matière de stellionat, les caractères constitutifs de la bonne foi sont appréciés souverainement par les juges du fond. — *Cass.*, 21 fév. 1827, Hoffmann c. Kargès.

788. — L'arrêt qui, d'après les circonstances, décide qu'il y a stellionat, ne tombe pas sous la censure de la cour de Cassation. — *Cass.*, 11 janv. 1825, Gabion.

789. — *Hypothèque.* — L'arrêt qui déclare que la stipulation générale d'hypothèque, ne comprend pas des dommages-intérêts accordés pour retard, ne donne pas ouverture à cassation. — *Cass.*, 11 mars 1834, Est.

790. — Une cour royale peut décider, sans que son arrêt tombe sous la censure de la cour de Cassation, que l'hypothèque conférée sur un domaine situé dans un terroir indiqué ne comprend pas trois pièces de terre qui, bien que dépendant de ce domaine, sont néanmoins situées dans un autre terroir. — *Cass.*, 6 avr. 1844 (t. 1er 1844, p. 573), Malzac c. Hilaire.

791. — Bien qu'il n'y ait d'hypothèque conventionnelle valable que celle qui déclare spécialement la nature et la situation de chacun des immeubles hypothéqués, néanmoins, quand il y a eu désignation des immeubles, la question de savoir si cette désignation est suffisante rentre dans les attributions souveraines des juges du fait, et la décision rendue à cet égard échappe à la censure de la cour de Cassation. — *Cass.*, 8 avr. 1844 (t. 1er 1844, p. 573), Directeur du mont-de-piété c. Baron.

792. — Ainsi, quand la désignation d'immeubles dans une donation a exactement et littéralement servi de base à la désignation faite dans le titre constitutif de l'hypothèque, une cour royale a pu décider que quelques uns des immeubles, situés dans les mêmes communes, bien que non explicitement indiqués, avaient été assujétis à l'hypothèque comme les dépendances des autres immeubles. — Même arrêt.

793.— Un arrêt peut déclarer en fait, sans donner ouverture à cassation, qu'une inscription ne contient pas la mention de l'époque de l'exigibilité de la créance.—*Cass.*, 5 déc. 1814, Gonduin c. Lambert.

794. — La cour de Cassation ne peut connaître de la question de savoir si les sûretés promises dans un contrat ont été diminuées. — *Cass.*, 4 déc. 1832, Bloche.

795. — *Prescription.* — La cour de Cassation ne peut connaître de l'appréciation des faits d'où résulte tacitement une prescription.—*Cass.*, 27 janv. 1829, Delabrosse c. Guillemet.

796. — L'arrêt qui décide si celui qui se prévaut de la prescription est de bonne ou mauvaise foi ne tombe pas sous la censure de la cour suprême.— — *Cass.*, 9 août 1831, Pressey c. Noblet.

797. — Les juges du fond ont un pouvoir discrétionnaire pour apprécier les circonstances qui font présumer une renonciation au moyen de prescription, conformément à l'art. 2224, C. civ. — *Cass.*, 11 fév. 1840 (t. 1er 1840, p. 585), Pavy c. Leblant.

798. — Il a cependant été jugé que la cour de Cassation devrait annuler un arrêt qui induirait de la déclaration *de ne rien devoir* une présomption de renonciation à la prescription. — *Cass.*, 19 avr. 1815, Janson c. Leclerc.

799. — Jugé aussi que la cour de Cassation peut examiner, d'après les mémoires ou plaidoiries, si les actes invoqués comme interruptifs d'une prescription sont au nombre de ceux que la loi considère comme tels; mais l'arrêt attaqué est à l'abri de la censure, si aucun fait ne met la cour régulatrice à même d'exercer cette faculté.—*Cass.*, 13 avr. 1826, comm. de Vandeuvre.

§ 2. — *Procédure.*

800. — *Action possessoire.* — Les tribunaux décident souverainement quels sont les faits qui constituent un trouble autorisant la complainte. — *Cass.*, 19 juill. 1825, Bergier.

801. — *Exploit.* — La question de savoir si les termes d'un exploit désignent suffisamment le domicile de l'assigné est souveraine.—*Cass.*, 27 avr. 1830, hospices de Salon.

802.— *Délai.* — Le jugement qui refuse un délai pour justifier un moyen ne présente qu'une appréciation ne pouvant donner ouverture à cassation. — *Cass.*, 4 avr. 1831, Capponi.

803. — *Demande.—Qualité.* — L'arrêt qui, après avoir jugé au fond et accueilli, contre la partie qui succombe, les prétentions des adversaires en masse, reconnaît le droit individuel de quelques uns de ces derniers, et renvoie les autres devant un notaire pour y établir définitivement leur qualité, non encore suffisamment justifiée, quant à la détermination de leurs droits respectifs, ne peut encourir la censure de la cour de Cassation, comme violant la règle qui veut que tout demandeur, avant d'être admis dans son action, justifie préalablement de la qualité en laquelle il agit.—*Cass.*, 4 mai 1836, Dreux c. Abeille et Laveyssière.

804. — *Jugement par défaut.* — Les tribunaux ont un pouvoir souverain pour apprécier les actes desquels peut résulter que le débiteur a eu connaissance de l'exécution d'un jugement par défaut. — *Cass.*, 23 mars 1825, de Brancas.

805. — *Exception.* — Une cour royale décide souverainement qu'une exception proposée, en appel, par le défendeur, se trouvait également comprise dans les conclusions en première instance.— *Cass.*, 20 juin 1837 (t. 1er 1840, p. 510), Wieland c. Genty.

806. — *Vérification d'écriture.* — La décision des juges d'appel chargés d'apprécier discrétionnairement si les faits allégués à l'appui de la dénégation d'écriture d'un testament olographe sont pertinens et admissibles, et leur refus d'en autoriser la preuve échappent à la censure de la cour de Cassation. — *Cass.*, 15 mai 1843 (t. 2 1843, p. 382), Verrière c. Béroux.

807. — *Inscription de faux.* — Les cours royales décident souverainement si des faits articulés à l'appui d'une demande en inscription de faux sont pertinens et admissibles.—*Cass.*, 20 déc. 1836, Desrives c. Junca.

808. — *Enquête.* — Le jugement qui statue sur le mérite d'un reproche contre un témoin, par exemple, sur son intérêt dans la contestation, est à l'abri de la cassation. — *Cass.*, 17 juin 1839 (t. 2 1843, p. 785), Chambleau c. comm. de Thenay.

809. — L'arrêt qui admet les reproches des témoins, pris de leur parenté au degré prohibé avec les habitans de la commune, ne peut échapper à la censure de la cour de Cassation, sous le prétexte qu'il n'aurait fait qu'apprécier les faits qui rendraient suspects les témoins produits. — *Cass.*, 30 mai 1825, comm. de Mignerette.

810. — *Expertise.* — L'appréciation d'un plan de lieux est souveraine.—*Cass.*, 15 janv. 1833, Frémion.

811. — *Désaveu.* — Lorsque le rejet d'une demande en désaveu est fondé sur ce que la partie aurait donné son adhésion aux actes faits par son avoué, la cour de Cassation ne peut connaître du fait de cette adhésion. — *Cass.*, 13 août 1827, Armaignac c. Partarrieu.

812.— *Récusation.* — Lorsque des faits de récusation non soutenus d'un commencement de preuve par écrit sont allégués contre des juges et déniés par ceux-ci, des tribunaux peuvent refuser d'admettre la preuve de ces faits, sans que leur arrêt donne prise à la censure de la cour de Cassation. — *Cass.*, 16 nov. 1825, Tivollier.

813. — *Appel.* — Le seul préjudice *moral* causé à l'intimé par un appel reconnu mal fondé peut motiver contre l'appelant une condamnation en dommages-intérêts. Et l'appréciation de ce préjudice appartient souverainement aux juges du fond. — *Cass.*, 24 mai 1842 (t. 2 1842, p. 616), Bordères c. Archidet.

814. — Lorsqu'une cour royale déclare, en fait, qu'une exception proposée en appel par l'intimé était comprise dans les conclusions par lui prises en première instance, une pareille déclaration échappe à la censure de la cour de Cassation. — *Cass.*, 20 juin 1837 (t. 1er 1840, p. 510), Wieland c. Genty.

815. — Lorsqu'une cour d'appel, tout en déclarant non-recevable un appel incident comme portant sur d'autres chefs que l'appel principal, a prononcé au fond sur le chef contre lequel le premier appel était dirigé, on ne peut demander la cassation de son arrêt, sous prétexte qu'il a déclaré l'appel incident non-recevable. — *Cass.*, 12 sept. 1812, Gouyon c. Dacosta.

816. — *Exécution.* — On ne peut demander la cassation d'un arrêt qui, d'après les circonstances de la cause, décide qu'un acte a été volontairement exécuté.— *Cass.*, 29 août 1827, Alleaume c. de Lanterie.

817. — La décision qui apprécie les faits d'exécution d'un arrêt ne peut être critiquée en cassation. — *Cass.*, 20 janv. 1830, Naylies.

818. — Dès qu'une cour royale déclare, par appréciation des circonstances, qu'un acte a été exécuté, sa décision est à l'abri de la censure de la cour suprême, lors même qu'elle ne mentionnerait pas les faits d'exécution.— *Cass.*, 22 mai 1834, Mercier.

819. — Les cours royales décident souverainement si l'état, ou toute autre partie, a exécuté un acte volontairement et en connaissance de cause. — *Cass.*, 16 déc. 1839 (t. 2 1840, p. 6), ville de Cherbourg c. Lebuhotel.

820. — Jugé cependant que la cour de Cassation peut apprécier le caractère des faits d'où un arrêt induit une exécution volontaire. — *Cass.*, 11 juin 1839 (t. 1er 1839, p. 668), comm. de Cheillé c. Perthuis; 22 oct. 1811, Savournin c. Fauthier; 24 août 1830, Caffin c. Blondeau.

821. — Mais elle ne le peut que lorsqu'il s'agit d'actes judiciaires dont l'effet est réglé par la loi, et non lorsque l'acquiescement se tirerait de faits qui sont du domaine du juge du fait. — *Cass.*, 29 janv. 1833, Béthune. — V. ACQUIESCEMENT.

822. — Jugé aussi que la cour de Cassation peut réformer un arrêt qui déclare qu'un jugement ordonnant qu'une femme soit reçue par son mari a été valablement exécuté. Ce n'est pas là une pure question de fait. — *Cass.*, 20 janv. 1830, Naylies.

823. — *Reddition de compte.* — Une cour royale qui déclare qu'il n'y a lieu à ordonner, quant à présent, la reddition d'un compte, lors surtout qu'elle n'a pas été demandée formellement en appel, ne viole aucune loi. — *Cass.*, 12 janv. 1830, Oupin c. Doncker.

824. — Les tribunaux sont souverains pour apprécier si des frais faits dans une instance sont ou non frustratoires. — *Cass.*, 19 août 1835, Vast.

825. — *Saisie immobilière.* — Décidé que les tribunaux apprécient souverainement les faits d'où résulte un acquiescement en matière de saisie immobilière. — *Cass.*, 18 janv. 1832, Cholet.

826. — *Offres.* — Est souverain le jugement qui décide si des offres sont suffisantes et si elles sont sérieuses. — *Cass.*, 15 déc. 1829, Lemoine c. Boussières; 18 mai 1829, Papalhiou c. Latapie.

827. — *Séparation de biens.* — L'appréciation des caractères de l'exécution du jugement de séparation de biens est du domaine exclusif des tribunaux. — *Cass.*, 23 août 1825, Menwel c. Dubois.

828. — Les cours royales apprécient souverainement les faits d'exécution d'une séparation de biens. — *Cass.*, 3 fév. 1834, Tulasne.

§ 3. — *Matière commerciale.*

829. — *Commerçant.* — On ne peut se pourvoir en cassation contre l'appréciation des cours royales portant sur la question de savoir si un individu se livre habituellement aux actes qui constituent la qualité de commerçant. — *Cass.*, 15 déc. 1830, Durand.

830. — Une cour royale déclare souverainement qu'un individu est commerçant comme étant maître de poste et associé dans une entreprise de diligences. — *Cass.*, 6 juill. 1836, Dotezac.

831. — *Société commerciale.* — La régie de l'enregistrement ne peut critiquer devant la cour de Cassation l'existence d'une société, quoique non rendue publique dans la forme légale, si elle a été reconnue par les juges du fait. — *Cass.*, 9 mars 1831, Enreg. c. Bouchard.

832. — Dans un arrêt du 28 mai 1806 (Lubbert c. Vancaneghem), la cour de Cassation, se livrant à une interprétation d'actes et à une appréciation de faits, avait décidé qu'un acte par lequel il avait été constitué une société pure et simple ne pouvait être considéré comme ayant constitué une société en commandite.

833. — Mais depuis, par un autre arrêt du 2 fév. 1808 (même affaire) elle a jugé que l'interprétation des clauses d'un acte de société appartient au juge du fait et ne peut donner ouverture à cassation.

834. — La question de savoir si un associé, dont la mise est industrielle, est affranchi de toute contribution aux pertes, est souverainement résolue par les tribunaux. — *Cass.*, 7 déc. 1836 (t. 1er 1837, p. 504), Lebrac; 8 janv. 1840 (t. 1er 1840, p. 168), Morel c. Caccia.

835. — L'arrêt qui décide, par l'interprétation des actes et faits de la cause, qu'une société nouvelle est indépendante de l'ancienne et affranchie de ses engagemens, contient une appréciation de faits qui ne peut fonder un moyen de cassation. — *Cass.*, 12 août 1841 (t. 2 1841, p. 569), Lancey c. Dutacq.

836. — La décision qui apprécie si des significations ont été faites en conformité du pacte social est à l'abri de la censure de la cour de Cassation. — *Cass.*, 17 avr. 1834, Mallez.

837. — Les juges du fond n'apprécient pas souverainement la question de savoir si une convention constitue une association en participation. — *Cass.*, 4 déc. 1839 (t. 2 1839, p. 569), Bouis.

838. — Les cours royales sont investies du droit d'apprécier si un fait implique immixtion dans l'administration de la société, et leurs décisions à cet égard sont à l'abri de la censure de la cour de Cassation. — *Cass.*, 26 sept. 1842 (t. 1er 1843, p. 628), Coste Millard c. Actionnaires de la société des mines du Ragny et des Perrins. — V. conf. avis du conseil d'état 29 avr. et 17 mai 1808; *Cass.*, 6 mai 1835, actionn. des mines de Jouffroy. — V. aussi Pardessus, *Cours de droit comm.*, part. 5e, tit. 2, ch. 2; Malepeyre et Jourdan, p. 151.

839. — Le négociant qui a cédé à un bailleur de fonds le tiers des bénéfices de son commerce peut être considéré comme ayant fait à ce dernier un don bénévole, et non comme ayant contracté une société en participation qui donnerait à l'associé le droit de prendre communication des livres.—Cette appréciation, faite par le tribunal de commerce sur la demande en partage de la société formée par le prétendu associé, ne peut donner ouverture à cassation comme contenant une interprétation d'un contrat civil.—*Cass.*, 2 juill. 1833, Platel c. Buchelet.

840. — *Preuve testimoniale.* — En matière de commerce, les juges du fond décident sans contrôle possible s'il y a lieu d'admettre la preuve testimoniale. — *Cass.*, 15 juin 1829, Morice c. Legouès.

841. — La preuve testimoniale étant permise, en matière commerciale, pour les ventes et achats, les tribunaux de commerce peuvent aussi admettre des présomptions graves, précises et concordantes, comme prouvant la libération des acheteurs, et leur appréciation à cet égard ne saurait tomber sous la censure de la cour de Cassation. — *Cass.*, 8 fév. 1843 (t. 2 1843, p. 82), Desgranges c. Galignani.

842. — *Lettre de change.* — Est souveraine la fixation faite par les juges de l'époque de l'acceptation d'une lettre de change, en cas d'admission de date sur l'acceptation. — *Cass.*, 21 mars 1808, Cabarrus et Béchade c. Guérard.

843. — *Aval.* — En matière d'aval, les tribunaux apprécient souverainement la question de savoir si les formes constitutives d'un aval sont remplies. —*Cass.*, 24 juin 1816, Saguhes c. Boissier.

844. — *Marché à terme.* — Les tribunaux ont un pouvoir discrétionnaire pour décider si, dans une vente d'effets publics, il y a ou non marché à terme prohibé. — *Cass.*, 11 août 1824, Perdonnet c. de Forbin-Janson.

845. — On ne peut attaquer devant la cour de Cassation la déclaration contenue dans un arrêt qu'un marché relatif à des effets publics couvre

un jeu de bourse. C'est là une décision purement de fait. — *Cass.*, 27 nov. 1827, Pinette.

846. — *Faillite.* — La fixation de l'ouverture d'une faillite est souverainement faite par l'arrêt qui constate en fait la cessation de paiemens d'un débiteur. — *Cass.*, 7 avr. 1819, Kauffmann c. Collin et Barthelemy; 26 avr. 1823, Dubois c. Delchamps.

847. — Cependant la cour de Cassation peut décider si des faits reconnus constans par les tribunaux il résulte l'état de faillite. — *Cass.*, 1er avr. 1829, Philippe.

848. — Les tribunaux apprécient souverainement si, en matière de faillite, il résulte des *faits et circonstances* de la cause qu'une vente consentie par un failli a été faite en fraude des créanciers. — *Cass.*, 3 fév. 1829, Bourdin.

849. — Est souverain l'arrêt d'une cour royale qui annule une vente d'immeubles faite par un failli comme l'étant en fraude de ses créanciers. — *Cass.*, 13 juill. 1830, Gaillard.

850. — Lorsqu'un arrêt a déclaré en fait qu'un individu n'a agi que comme syndic définitif d'une faillite, on ne pourrait soutenir devant la cour suprême que les pouvoirs conférés à cet individu excèdent les bornes du mandat attribué par la loi aux syndics. — *Cass.*, 23 mai 1837 (t. 2 1837, p. 8), Roussille c. Carol.

851. — Ne peut être critiqué l'arrêt qui réduit, sur la demande du failli réintégré, le montant des salaires alloués à un agent par les syndics. — *Cass.*, 13 mai 1840 (t. 2 1840, p. 323), Patron c. Petit.

852. — *Droit maritime.* — L'appréciation de baraterie de patron est du domaine exclusif des tribunaux. — *Cass.*, 18 mai 1824, Pouilly.

853. — L'appréciation des faits desquels on prétend faire résulter la responsabilité d'un capitaine de navire envers un armateur est souverainement faite par les juges du fond. — *Cass.*, 8 mars 1832, Platel.

854. — L'arrêt qui déclare qu'un navire avait péri par son vice propre ou par fortune de mer échappe à la censure de la cour de Cassation. — *Cass.*, 29 juin 1836, Vasquez.

855. — Les tribunaux décident souverainement qu'il résulte des circonstances constitutives de la force majeure qu'il y a eu relâche forcée. — *Cass.*, 16 déc. 1835, Loubatière.

856. — ...Et que l'expédition d'un navire n'est pas un acte de bonne administration, et qu'en conséquence il y a lieu d'admettre l'opposition des créanciers au départ du navire. — *Cass.*, 28 janv. 1824, Segond.

857. — Une cour royale a pu voir dans l'estimation contradictoire d'un sinistre une fin de non recevoir contre l'exception de déchéance insérée dans une police d'assurance, sans que son appréciation à cet égard puisse être soumise à la censure de la cour de Cassation. — *Cass.*, 15 mai 1844 (t. 1er 1844, p. 718), la compagnie le Réparateur c. Silbermann.

§ 4. — *Matières diverses.*

858. — *Usure.* — Le pourvoi n'est pas admissible contre un arrêt qui rejette la preuve testimoniale contre un acte attaqué *pour usure*, en se fondant sur ce qu'*en droit* cette preuve n'est pas recevable, et en outre, sur ce que les faits dont la preuve est demandée ne sont pas pertinens. — *Cass.*, 22 mars 1824, Prués Latour.

859. — Les tribunaux peuvent, dans leur pouvoir d'appréciation, décider que certains actes, tels que vente, ne sont en réalité que des prêts usuraires. — *Cass.*, 21 août 1829, Humbert.

860. — *Remplacement militaire.* — Les jugemens qui, en matière de remplacement militaire, statuent, en interprétant les contrats, sur l'étendue de l'obligation de payer tout ou partie du prix convenu, échappent à la censure de la cour suprême. — *Cass.*, 11 mars 1818, Isabel-Desnouvriers c. Rageot.

861. — *Office.* — Lorsque par un premier traité un notaire cède la propriété de son office, et que, par un second traité, il modifie seulement la fixation de l'époque à laquelle il sera tenu de se démettre, l'arrêt qui décide que ces deux contrats n'étaient pas indivisibles, et que le premier pouvait et devait être exécuté indépendamment du second, et de la même manière qu'il l'aurait été si le second contrat n'avait jamais été consenti, ne fait qu'une appréciation d'actes et de circonstances qui échappe à la cour de Cassation. — *Cass.*, 28 fév. 1828, Chenot.

862. — *Discipline.* — En matière disciplinaire, la cour de Cassation ne peut connaître de l'appréciation des fautes commises par les notaires et qui seraient de nature à entraîner leur suspension ou leur destitution. — *Cass.*, 24 juin 1828, Dejarnac. — V. DISCIPLINE.

863. — *Forêts.* — N'est pas exposé à la censure de la cour suprême l'arrêt qui déclare que le procès-verbal de délimitation de forêt royale n'est pas contradictoire à l'égard d'un riverain intéressé, bien que ce procès-verbal énonçât la présence de riverains s'il ne les désigne pas individuellement. — *Cass.*, 23 déc. 1835, Préfet de l'Allier.

864. — *Usage dans les forêts.* — Ne peut tomber sous la censure de la cour suprême l'arrêt qui fixe l'étendue du droit de *chauffage* d'après les faits et les titres de la cause. — *Cass.*, 18 nov. 1835, Préfet du Jura.

865. — Les juges du fond apprécient souverainement la question de savoir si quelques espèces d'arbres réclamées par les usagers dans une forêt sont, d'après leurs titres, affectées à leurs droits d'usage. — *Cass.*, 7 avr. 1840 (t. 2 1840, p. 553), Louis c. préfet de la Moselle.

866. — Les lois de 1792 et de 1793, en restituant aux communes les droits d'usage dont elles avaient pu être dépouillées par abus de la puissance féodale, ont disposé, il est vrai, en faveur des sections de commune considérées comme corps distincts et individuels, aussi bien qu'au profit de la commune; mais ces sections ne peuvent être admises à réclamer le bénéfice de ces lois qu'autant qu'elles justifient d'un titre de possession exclusive, titre dont l'appréciation, appartenant souverainement aux cours royales, ne peut tomber sous la censure de la cour de Cassation. — *Cass.*, 28 nov. 1843 (t. 1er 1844, p. 663), Sections de Baule et de Baulette c. comm. de Baule.

867. — *Pacage.* — N'est soumise à aucune censure la déclaration d'une cour royale portant, par appréciation d'enquête et d'expertise, qu'un droit de pacage n'est pas indispensable aux habitans d'une commune. — *Cass.*, 2 déc. 1835, comm. de Bourbourg.

868. — La question de savoir si, d'après les termes d'un ancien arrêt du conseil, constitutif d'un droit de pâturage dans une forêt au profit d'une commune, ce droit peut être exercé par les habitans pour tout ou partie de leurs bestiaux, tombe dans le domaine d'appréciation des tribunaux. — *Cass.*, 24 juin 1840 (t. 2 1840, p. 477), Ferras c. comm. de Campuzan et de Hachan.

869. — *Cours d'eau.* — Echappe à la censure de la cour suprême l'interprétation que les tribunaux ont donnée aux conventions par lesquelles des particuliers ont réglé l'usage d'une rivière navigable. — *Cass.*, 2 août 1827, Escolle.

870. — *Terres vaines et vagues.* — Les juges du fond décident souverainement si des terrains sont ou non *vains et vagues.* — *Cass.*, 22 fév. 1837 (t. 2 1837, p. 382), comm. de Ciron.

871. — *Chemin.* — La nature d'un chemin public est dans l'appréciation exclusive des juges du fait. — *Cass.*, 21 juin 1836, Jehanne.

872. — *Elections.* — Les appréciations en fait des cours royales sont souveraines en matière électorale comme en toute autre. — *Cass.*, 15 janv. 1838 (t. 1er 1838, p. 422), Préfet de l'Eure c. Fondière.

873. — On ne peut se pourvoir en cassation contre un arrêt qui constate qu'un étranger qui demandait à être porté sur la liste électorale n'avait point encore obtenu ses lettres de naturalité au moment de la clôture de la liste. — *Cass.*, 27 juin 1831, Berthollet.

874. — Est à l'abri de toute censure l'arrêt qui attribue à un citoyen, pour la formation de son cens électoral, une somme d'impôts supérieure à celle qu'on prétend lui appartenir. — *Cass.*, 24 avr. 1838 (t. 2 1838, p. 13), Préfet de la Corse c. Losinchi.

875. — La question de savoir si des pièces produites devant le préfet justifient du cens électoral est souverainement résolue. — *Cass.*, 30 juin 1830, Préfet de l'Yonne.

876. — *Ecrit diffamatoire.* — Les circonstances qui peuvent motiver la suppression d'un écrit réputé diffamatoire tombent sous l'appréciation des tribunaux. — *Cass.*, 17 juin 1817, comm. d'Haplincourt c. Bresson.

877. — *Emigré.* — Lorsque le proche parent d'un émigré a déclaré son intention de se rendre adjudicataire des biens de celui-ci, pour les céder ensuite à ses enfans mineurs, moyennant le remboursement de ses avances, lorsqu'en outre, depuis l'acquisition faite dans ce dessein, l'acquéreur a spontanément sommé le curateur des enfans de recevoir la subrogation pour ses pupilles, cette intention ainsi manifestée, quoique non acceptée, forme un contrat obligatoire au profit des enfans. — Du moins, l'arrêt qui, d'après l'appréciation des actes et des faits, a décidé que, dans ce cas, l'acquéreur n'était qu'une personne interposée, qui avait acheté dans l'intérêt des enfans, échappe à la censure de la cour de Cassation. — Dans ce cas, les juges peuvent décider, alors surtout que la réclamation des enfans n'a eu lieu qu'après un long délai, que les fruits perçus depuis l'instance seront seuls restitués. — *Cass.*, 28 mars 1821, Dubouzet c. de la Borderie-Saint-Sernin.

Sect. 4e. — *Incompétence ou excès de pouvoir.*

878. — Un juge peut excéder ses pouvoirs, en abuser ou en user incompétemment. Ses actes, dans toutes ces hypothèses, peuvent être annulés par la cour de Cassation. — L. 27 vent. an VIII, art. 80 et 88.

879. — Quoique l'incompétence et l'excès de pouvoir soient également des ouvertures de cassation, cependant il ne faut pas les confondre. — Mais à quels caractères les distinguer? — C'est là un point assez délicat.

880. — Suivant M. Lasagni, « la cour de Cassation a constamment, et avec raison, distingué le cas où le tribunal était sorti du cercle de ses attributions, en empiétant sur les attributions d'un autre tribunal, de celui où le même tribunal avait franchi les limites de ses attributions pour empiéter sur celles du pouvoir administratif dans une affaire d'intérêt général. » — V. le rapport sous *Cass.*, 12 août 1835 (hospice de Brest). — Dans le premier cas, il y a incompétence proprement dite; et, dans le second, l'excès de pouvoir prévu par l'art. 80, L. 27 vent. an VIII.

881. — Telle est aussi la théorie de M. Henrion de Pansey (*Autorité judic.*, chap. 33) : — « Le juge excède ses pouvoirs, dit-il, lorsque, franchissant les limites de l'autorité judiciaire, il se porte dans le domaine d'un autre pouvoir. — Il abuse de son pouvoir lorsqu'il viole la loi, ou qu'il prévarique dans l'exercice des fonctions judiciaires. — Il use incompétemment de son pouvoir lorsqu'il statue sur une affaire dont la connaissance appartient à un autre tribunal. »

882. — « Ainsi, ajoute M. Henrion de Pansey, point d'excès de pouvoir dans le jugement même le plus inique, le plus incompétent, en un mot, le plus illégal, toutes les fois qu'il a statué sur une question qui, par sa nature, était judiciaire. — Celui-là seul commet donc un excès de pouvoir qui usurpe des fonctions étrangères à celui dont il est investi, et que la constitution de l'état avait placées dans les attributions de l'un des autres pouvoirs de la société. »

883. — Merlin n'avait pas d'abord adopté ce système; il était beaucoup plus large dans l'appréciation des excès de pouvoir.

884. — Dans son opinion, il y avait excès de pouvoir toutes les fois qu'un tribunal violait les règles de sa compétence, ou créait des nullités, et par conséquent toutes les fois qu'un tribunal supérieur annulait, comme faits incompétemment, des actes réguliers, émanés d'une autorité compétente. — V. *Rép.*, vo *Discipline.*

885. — Il disait encore (vo *Divorce*) que « créer une nullité que la loi ne prononce pas, anéantir des actes qu'elle ordonne de maintenir, c'était commettre un excès de pouvoir manifeste. »

886. — Plus tard, il modifia son opinion. — « Pour qu'il y ait excès de pouvoir, dit-il, il faut que le juge ait franchi le cercle dans lequel la loi a renfermé le pouvoir qu'elle lui a confié. Il faut qu'il ait ou entrepris sur les fonctions du législateur, soit en faisant une loi, soit en défendant qu'une loi soit exécutée, ou entrepris sur les attributions de l'autorité administrative, en prenant connaissance des faits et des actes que la loi réserve à cette autorité; ou entrepris sur la compétence d'un autre tribunal, en s'arrogeant le droit de juger les justiciables, ou de prononcer sur des matières dont la loi l'a constitué le juge exclusif. — S'il ne fait rien de tout cela, il peut mal juger, il peut trahir ses devoirs, il peut violer la loi, mais il n'excède pas ses pouvoirs; seulement il en fait un mauvais usage. »

887. — M. Berriat Saint-Prix (p. 427, no 20, 5e édit.) va beaucoup plus loin : il prétend qu'il y a excès de pouvoir proprement dit, non seulement lorsque, dans les causes de sa compétence, le juge a créé des nullités et admis des fins de non-recevoir qui ne sont pas établies par la loi, mais encore lorqu'il a statué au-delà des valeurs où la loi restreignait sa juridiction de dernier ressort.

888. — Suivant M. Tarbé (p. 54), il y a excès de pouvoir non pas seulement dans l'empiétement sur une attribution que la loi n'avait pas donnée, mais encore dans le refus de faire ce que la loi ordonne. — V., pour plus de détails, au mot EXCÈS DE POUVOIR.

889. — Jugé en ce sens que, quand il s'agit d'action publique ou disciplinaire, refuser de juger ou de faire un acte nécessaire, c'est méconnaître son pouvoir et sortir des limites tracées par le législateur. — *Cass.*, 13 sept. 1832 (intérêt de la loi), Moulin-Dufresne.

890. — Au reste, quelle que soit l'opinion qu'on embrasse sur la distinction à faire entre l'incompétence et l'excès de pouvoir, il est certain que l'excès de pouvoir peut être employé comme moyen de cassation par les parties intéressées, car il constitue toujours une violation de la loi.— *Cass.*, 8 août 1807, Chatel c. Hubert.

891.— L'action directe du gouvernement est admise dans le cas d'excès de pouvoir, pour que la répression soit prompte et éclatante. Elle ne l'est pas lorsqu'il ne s'agit que d'un moyen d'incompétence. — Tarbé, p. 70 et 71.

892. — Jugé que le pourvoi est recevable contre un jugement du tribunal de première instance, statuant comme juge d'appel sur une demande en péremption d'instance dont la cour royale devait connaître. — *Cass.*, 18 avr. 1827, comm. de la Grande-Combe.

893. — ... Qu'un arrêt de cour royale, incompétemment pris, par exemple, interdisant aux avoués de plaider les causes dont ils étaient chargés, ne peut être réformé que par la cour de Cassation. — *Nîmes*, 20 juill. 1832, avoués d'Apt.

894. — ... Qu'il y a excès de pouvoir dans le jugement qui condamne aux frais un préfet, et que la cour de Cassation doit annuler ce jugement. — *Cass.*, 12 oût 1835, hospice de Brest.

895. — ... Qu'une cour royale excède ses pouvoirs en enjoignant au ministère public de prendre des renseiguemens sur la forme et l'existence d'un registre tenant lieu du registre des inscriptions hypothécaires. Sa décision à cet égard doit être annulée par la cour de Cassation sur la dénonciation qui lui en est faite par le procureur général, de l'ordre du garde des sceaux. — *Cass.*, 17 avr. 1832, Pondichéry.

896. — ... Que la délibération d'un tribunal lue publiquement à l'audience, par laquelle il censure les observations du ministère public qu'il qualifie de diffamations, constitue un acte judiciaire entaché d'excès de pouvoirs, et qui doit être annulé par la cour de Cassation, en exécution de l'art. 80, L. 27 vent. an VIII. — *Cass.*, 24 sept. 1824, tribunal d'Issoire.

897.—... Que les cours royales ne peuvent annuler un acte sur le simple soupçon de fraude, sans s'exposer à voir leurs arrêts réformés par la cour régulatrice.—*Cass.*, 1er fév. 1825, Freissinet c. Verrière.

898. — ... Que les tribunaux excèdent leurs pouvoirs en modifiant une convention qui, par elle-même, est claire et précise, sous prétexte d'intention présumée des parties ou de considérations de temps et de lieu. — *Cass.*, 5 germin. an XII, Ferussac.

899. — Le 23 août 1831, la chambre des requêtes a annulé pour excès de pouvoir un jugement du tribunal de Mortagne, qui avait refusé d'admettre au serment un employé des postes. — *Cass.*, 23 août 1831 (intérêt de la loi), Rogeard.

900. — Malgré cet arrêt, le tribunal de Mortagne persista dans sa résistance et se déclara incompétent. — Le 5 déc. 1831 (intérêt de la loi, tribunal de Mortagne), nouvel arrêt qui annule la délibération, attendu « que le tribunal de Mortagne n'avait plus à délibérer sur la question de savoir si ce serment devait ou ne devait pas être prêté ; qu'il ne lui restait plus qu'à remplir le devoir que la loi lui impose, en recevant le serment du sieur Rogeard ; qu'en délibérant de nouveau et en se déclarant incompétent pour statuer sur une question définitivement et irrévocablement jugée par un arrêt rendu par la cour en vertu du pouvoir qui lui est conféré par l'art. 80, L. 27 vent. an VIII, le tribunal de Mortagne a commis un nouvel excès de pouvoir et porté atteinte à l'autorité de l'arrêt du 23 août dernier. »

901. — Jugé que, lorsqu'un jugement est annulé pour excès de pouvoir, la cour de Cassation est autorisée à vérifier dans les pièces s'il y a eu erreur de fait de la part des juges qui ont provoqué l'annulation. — *Cass.*, 14 fév. 1814, Choiseul-Praslin c. Marjot.

Sect. 5e. — *Violation ou omission des formes légales.*

902. — L'exacte observation des formalités garantit à chacun le maintien de ses droits, la sécurité de sa possession, la validité de ses titres, l'exercice utile de ses actions (Tarbé, p. 51). — C'est pour cela que le législateur attache une si grande importance à ce que les procédures soient régulières et les formes des jugemens exactement remplies.

903. — Sous l'ord. de 1667 (tit. 35, art. 34), la violation des formes était un moyen de requête civile.

904. — La loi du 27 nov.-1er déc. 1790 en fit un moyen de cassation; elle donna au tribunal de

cassation le pouvoir d'annuler *toutes procédures dans lesquelles les formes auraient été violées*, et décida que « jusqu'à la formation d'un code unique des lois civiles, *la violation des formes de procédure*, PRESCRITES SOUS PEINE DE NULLITÉ, donnerait ouverture à cassation. » —Art. 3.—V. aussi L. 24 juin 1793, art. 99.

905. — La loi du 4 germin. an II alla plus loin; elle décida « qu'à l'avenir toute violation ou omission des formes prescrites en matière civile par les décrets..., *quand même ils ne prononceraient pas expressément la peine de nullité*, donnerait ouverture à la cassation. » — Art. 2.

906. — L'art. 3 restreignit la disposition de la loi du 1er déc. 1790 aux formes déterminées par les lois antérieures à 1789.

907. — L'art. 55 de la constitution du 5 fructid. an III porte que le tribunal de cassation « casse les jugemens *rendus sur des procédures dans lesquelles les formes ont été violées.* » — Telle est aussi la disposition de l'art. 66 de la constitution du 22 frim. an VIII.

908. — Le Code de procédure fait de la violation des formes un moyen de requête civile. L'art. 480 permet d'attaquer par cette voie les jugemens et arrêts « si les formes *prescrites à peine de nullité* ont été violées, soit avant, soit lors des jugemens, pourvu que la nullité n'ait pas été couverte par les parties. »

909.—Enfin, la loi du 20 avr. 1810, art. 7, donne ouverture à cassation contre les jugemens et arrêts *quand ils ne sont pas revêtus des formes prescrites à peine de nullité.*

910. — Il suit de cet exposé qu'aujourd'hui la violation ou l'omission des formes est tantôt un moyen de requête civile, tantôt un moyen de cassation.

911. — Carré (*Compét.*, t. 8, p. 153) fait remarquer que la violation des formes prescrites à peine de nullité se confond avec la contravention à la loi, dont elle est une espèce particulière ; mais elle en diffère en ce qu'elle donne ouverture le plus souvent à la requête civile, tandis que la contravention à la loi ne donne jamais ouverture qu'à la cassation.

912. — Peut-être eût-il mieux valu qu'il en fût autrement et que la cour de Cassation eût conservé exclusivement dans ses attributions le droit de connaître des violations de formes.

913. — Quoi qu'il en soit, et puisque la violation des formes fournit un double recours, il s'agit de préciser dans quels cas la voie de la requête civile est ouverte, et dans quels cas la voie de la cassation.

914. — En général, on distingue si la violation des formes provient du fait des parties ou des officiers ministériels qui les représentent, ou si elle est le fait du juge. — Dans le premier cas, c'est par la requête civile qu'il faut se pourvoir ; dans le second cas, c'est par la voie de la cassation. — Argum. art. 7, L. 20 avr. 1810.

915. — Jugé en conséquence que les nullités de formes, lorsqu'elles proviennent du fait des juges, peuvent donner ouverture à cassation, si elles sont du nombre de celles que la loi prescrit à peine de nullité. — *Cass.*, 19 déc. 1831, Choiseul ; — Merlin, *Rép.*, vo *Cassation*. — V. REQUÊTE CIVILE.

916. — Suivant M. Poncet (t. 2, p. 285, no 527), un tribunal viole les formes judiciaires, soit en ne s'y conformant pas dans les actes de son ministère, soit en n'annulant pas les actes faits par les parties ou en leur nom, et dans lesquels ces formes ont été omises ou violées. Dans l'un et l'autre cas il y a de sa part une contravention textuelle à la loi qui a réglé les procédures, et qui l'oblige non seulement à les observer lui-même, mais à les faire observer par les parties ou par les officiers ministériels.

917. — Nous n'admettons pas cette opinion : selon nous, la violation des formes commise par les parties ne peut jamais être réputée le fait du juge que lorsque la nullité a été proposée et que le tribunal a refusé de la prononcer. Ce n'est que dans ce cas qu'elle peut être un moyen de cassation, ainsi que l'a jugé la cour suprême le 19 juill. 1809.

918. — Pour que la violation des formes légales provenant de la partie soit un moyen de cassation, il faut qu'elle ait été articulée en termes exprès; il ne suffit pas de demander d'une manière générale la nullité de l'exploit et des pièces de la procédure.

919. — Comme on l'a vu *suprà* (no 905), la violation des formes donnait ouverture à cassation, *même lorsqu'elles n'étaient pas prescrites à peine de nullité* : aujourd'hui cette disposition n'est plus en vigueur, elle a été implicitement abrogée par le Code de procédure et par la loi du 20 avr. 1810. Il y a donc nécessité de rechercher de quelle nature

est le vice de forme allégué lorsqu'on veut en faire un moyen de requête civile ou de cassation.

920.— Parmi les formes, on distingue celles que la loi déclare *irritantes* et celles qu'elle ne prescrit pas à peine de nullité.

921. — En général, l'inobservation des formes que la loi n'a pas prescrites à peine de nullité ne donne pas ouverture à cassation.

922. — Cependant il en est autrement lorsque la nullité, quoique non prononcée par la loi, tient à la substance de l'acte ; car, ainsi que le fait observer Poncet (t. 2, p. 288, no 529), les nullités substantielles non seulement peuvent, mais doivent être appliquées par les tribunaux.

923.—M. Poncet (t. 2, no 530) pense aussi, quoique avec beaucoup d'hésitation, que si un tribunal, jugeant souverainement, avait omis dans les actes qui lui sont propres une formalité, même non prescrite à peine de nullité ou substantielle, son jugement pourrait être déféré par les parties à la cour de Cassation. Seulement il subordonne, dans ce cas, l'admissibilité du pourvoi à la preuve de l'intérêt appréciable qu'aurait eu la partie à l'observation de la forme négligée ou omise.

924. — « Le seul motif qui puisse nous déterminer à faire cette concession, dit-il, c'est qu'il n'est peut-être pas permis de regarder comme purement facultatives et comme absolument étrangères à l'intérêt des parties, les formes de la procédure qui doit être faite par le juge, quelque simples qu'elles puissent être, et quelque peu de rigueur que la loi y attache, vu qu'en ce cas l'irrégularité ne retombe jamais personnellement à la charge du juge. »

925. — Nous ne pouvons adopter cette opinion, car il ne nous est pas possible de comprendre comment une omission réputée indifférente devant les juges du fond changerait de caractère devant la cour de Cassation et deviendrait la base d'un pourvoi. Du reste, les hésitations de M. Poncet indiquent assez combien l'opinion qu'il a embrassée lui paraissait contestable.

926. — Dans tous les cas, M. Poncet reconnaît que si le vice de forme est le fait de l'une des parties ou d'un officier ministériel, cette irrégularité ne donnera jamais ouverture à cassation, à moins que la forme émise ne soit substantielle ou prescrite à peine de nullité.—Cela est de toute évidence, et, ce qui le prouve, c'est que le pourvoi serait admissible contre un jugement qui aurait, dans le cas ci-dessus, annulé l'acte de procédure jugé irrégulier ; il y aurait, en effet, violation de l'art. 1030, C. procéd. civ.

927. — Jugé que la violation des formes qui ne sont ni prescrites à peine de nullité ni substantielles, ne peut donner ouverture à cassation ; il en est notamment ainsi d'un jugement d'ordre qui a omis la liquidation des dépens. — *Cass.*, 6 juin 1820, Douceur.

928. — D'après la loi du 20 avr. 1810, art. 7, il y a ouverture à cassation pour vices de forme dans les cas suivans :

929. — 1o Lorsque le jugement n'a pas été rendu par le nombre de juges prescrit.

930.—2o Lorsque les juges qui ont pris part au jugement n'ont pas assisté à toutes les audiences.

931. — 3o Lorsque le jugement n'est pas motivé. — V. JUGEMENT.

932. — 4o Lorsqu'il n'a pas été rendu publiquement. — *Cass.*, 5 déc. 1836, Lacrouts c. Batbedat. — V. PUBLICITÉ DE L'AUDIENCE.

933. — Le défaut de motifs est le moyen de cassation le plus souvent invoqué, mais aussi le plus souvent rejeté; rappelons quelques règles consacrées par la jurisprudence.

934. — Quoiqu'il soit de principe que tout arrêt ou jugement doit être motivé, on excepte cependant les jugemens en matière d'adoption. — V. ADOPTION.

935. — .... Les jugemens de remise de cause. — V. JUGEMENT.

936. — .... Ceux qui mettent une cause en délibéré. — *Cass.*, 30 août 1837 (t. 1er 1838, p. 69), Ségur c. Davenne.

937. — .... Ou qui donnent acte d'un serment prêté à l'audience par suite d'une décision antérieure. — *Cass.*, 14 juin 1836, Lafaure c. Lauga.

938. — Un motif quelconque ne suffit pas : la décision des juges doit se justifier par un motif suffisant.— *Cass.*, 17 avr. 1822, synd. Wetter c. Vassal ; 11 avr. 1831, Moreau c. Durepaire.

939.—Elle doit répondre à l'objection judiciaire. — *Cass.*, 17 avr. 1822, syndic Wetter c. Vassal.

940. — Elle ne doit pas renfermer une pétition de principe et juger la question par la question. — *Cass.*, 30 avr. 1839 (t. 2 1839, p. 398), comm. de Brest c. Hoffmann.

941. — Dire qu'un moyen de nullité n'est pas justifié, ce n'est pas un motif suffisant, suivant un

arrêt du 14 juin 1836 (Lafaure c. Lauga); mais le contraire a été jugé par un autre arrêt du 22 août 1837 (t. 2 1837, p. 461), d'Esterno c. de Mornay.

942. — Il faut un motif pour chaque exception. — *Cass.*, 2 août 1825, Humbert c. Paillette de l'Isle; 20 juin 1827, Boubée c. Laffitte; 17 juin 1835, Enregist. c. Pascaut Dubuissonnet; 4 mars 1839 (t. 1er 1839, p. 318), Roustain c. Borardier.

943. — Il est inutile de donner des motifs sur des conclusions non motivées. — *Cass.*, 10 mars 1829, Verrier c. Oudart.

944. — ... Ou sur des conclusions non développées. — *Cass.*, 2 juin 1840 (t. 2 1840, p. 139), Bonnault c. comm. de Ste-Thorette.

945. — .... Ou sur des conclusions non produites. — *Cass.*, 4 déc. 1837 (t. 2 1840, p. 434), Pécoud c. Lacorre; 9 janv. 1839 (t. 1er 1839, p. 495), Deroche c. Kieffer; 20 fév. 1839 (t. 2 1839, p. 269), de Cluny c. Doublet.

946. — Inutile à plus forte raison de répondre à toutes les argumentations des plaidoiries. — *Cass.*, 23 août 1836 (t. 1er 1837, p. 398), de Puységur c. comm. de Saffres; 3 janv. 1838 (t. 1er 1838, p. 58), Berel c. Bonne.

947. — Il faut un motif pour chaque chef de conclusions. — Ainsi, lorsque des moyens nouveaux sont proposés en appel, il ne suffirait pas d'adopter les motifs des premiers juges, à moins que les motifs adoptés ne répondissent aux nouveaux moyens et ne les réfutassent péremptoirement. — *Cass.*, 17 mars 1840 (t. 1er 1840, p. 546), Barbereux; 29 janv. 1840 (t. 1er 1840, p. 244), Salmon et Richomme c. Parquin. — V. JUGEMENT.

948. — Le défaut de conclusions du ministère public peut-il donner ouverture à cassation, ou n'est-il dans tous les cas qu'un moyen de requête civile? — La question est très controversée; nous croyons et quelques arrêts ont jugé que ce défaut de conclusions peut quelquefois devenir un moyen de cassation. — V. à cet égard REQUÊTE CIVILE.

949. — Pigeau (*Procéd. civ.*, t. 1er, p. 643), quoiqu'il soutienne en principe qu'il n'y a pas ouverture en cassation pour violation de formes, reconnait, par exception, que le pourvoi serait admissible, si le moyen proposé avait déjà été rejeté sur une première requête civile. — V. aussi Berriat, p. 536. — Cette solution est certaine.

950. — Suivant M. Tarbé (p. 51), quelques décisions peuvent donner tout à la fois ouverture à un moyen de cassation et à un moyen de requête civile, et cela est vrai; mais ce double recours pourrait-il exister à l'occasion du même moyen présenté simultanément? — Un arrêt de cassation du 5 déc. 1836 se prononce pour l'affirmative; néanmoins nous ne saurions approuver cette solution. Nous n'admettons pas qu'on puisse tout à la fois se pourvoir et par la requête civile et par le recours en cassation pour le même grief; il faut que l'une ou l'autre de ces voies soit suivie; il ne peut y en avoir qu'une de légale. — Chauveau sur Carré, t. 4, no 1741, p. 320. — V. REQUÊTE CIVILE.

951. — Lorsqu'il y a lieu d'apprécier si une formalité, telle qu'une mention prescrite par la loi à peine de nullité, a été remplie, l'interprétation que les tribunaux ont donnée aux expressions employées pour mentionner l'accomplissement de cette formalité ne peut lier la cour de cassation. — *Cass.*, 20 déc. 1830, Beyrie c. Darrieu-Merlon.

Sect. 6e. — *Contrariété de jugemens.*

952. — La contrariété de jugemens ou d'arrêts est tantôt un moyen de cassation, tantôt un moyen de requête civile.

953. — C'est un moyen de requête civile lorsqu'il y a contrariété d'arrêts ou de jugemens entre les mêmes parties et sur les mêmes moyens, dans les mêmes cours ou tribunaux. — C. procéd. civ., art. 480, § 7.

954. — C'est un moyen de cassation lorsqu'il y a contrariété d'arrêts ou de jugemens entre les mêmes parties, sur les mêmes moyens, mais dans des tribunaux différens. — *Cass.*, 17 janv. 1838 (t. 1er 1838, p. 136), d'Etruchat; 14 août 1811, Vandevelde c. Baron et Adbibert; Berriat, t. 2, p. 513, note 2e; Poncet, *Tr. des jugemens*, t. 2, p. 221; Tarbé, p. 56; Merlin, *Répert.*, vis *Cassation*, § 2, no 6, et *Contrariété d'arrêts*; — Boncenne, t. 1er, p. 507.

955. — ... Lors même que l'une des décisions émane d'une cour royale et l'autre d'un tribunal de première instance, pourvu que celle-ci ait l'autorité de la chose jugée. — *Paris*, 3 mars 1835, Guerreau c. Cathrein; — Berriat, t. 2, p. 513, note 2e.

956. — Mais on ne regarde pas comme des tribunaux différens les différentes chambres d'une même cour ou d'un même tribunal.

957. — Pour qu'il y ait ouverture soit à cassation, soit à requête civile, il faut que la contrariété existe entre les *dispositifs*, et non pas entre les *motifs* des jugemens. — *Rennes*, 2 janv. 1834, B... c. synd. B...; — Tarbé, p. 57, 2e col.

958. — Il faut aussi que la contrariété des jugemens existe entre les mêmes parties. — *Cass.*, 11 brum. an XI, Vissec c. Leclerc; 12 fév. 1844 (t. 1er 1844, p. 592), Lamaud c. assur. de Paris et de Bordeaux.

959. — Ainsi, la contrariété d'arrêts ne donne pas ouverture à cassation, lorsque les arrêts contraires sont rendus entre parties différentes, et surtout lorsque le second arrêt est rendu sur la tierce opposition formée contre le premier. — *Cass.*, 13 nov. 1823, de Villaine c. Faye.

960. — Lorsqu'il y a contrariété entre deux jugemens rendus par le même tribunal, entre les mêmes parties et pour le même objet, et que cette contrariété n'est pas l'effet d'une erreur, mais de la volonté du juge, on doit se pourvoir en cassation, et non par requête civile. — *Cass.*, 21 avr. 1813, Urbain; — Berriat, t. 2, p. 513, note 3e.

961. — La contrariété, dans ce cas, est assez grave pour motiver une cassation dans l'intérêt de la loi. — Tarbé, p. 57.

962. — Lorsqu'il y a contrariété entre deux arrêts rendus par la même cour entre les mêmes parties, et que, lors du second arrêt, on a opposé la chose jugée par le premier, il y a ouverture à cassation et non à requête civile. — *Cass.*, 8 avr. 1812, Le Roy c. Billoir.

963. — Les cours royales ayant le droit d'apprécier et d'interpréter souverainement les causes et conditions des contrats, il s'ensuit qu'il n'y a point ouverture à cassation lorsque, dans deux procès différens, deux cours royales ont interprété en sens contraire un même acte, tel qu'une police d'assurance. — *Cass.*, 12 fév. 1844 (t. 1er 1844, p. 592), Lamaud c. Assureurs de Paris et Bordeaux.

964. — Suivant un arrêt de la cour suprême du 16 nov. 1825 (Wendel c. Cochard), le demandeur en cassation ne peut critiquer la disposition d'un arrêt qui est en sa faveur, en la présentant comme contraire à une autre disposition qui lui est défavorable.

965. — Mais cette cour a jugé qu'il y a contrariété dans le sens de l'art. 504, C. procéd., lorsque les jugemens ont été rendus par le même tribunal, si, lors du dernier, l'exception tirée de la chose jugée a été expressément opposée devant le tribunal. — *Cass.*, 8 avr. 1812, Leroy c. Billoir; 18 déc. 1815, Hémery c. Pouillaude; 17 août 1841 (t. 1er 1842, p. 188), Barrière c. Bataillé; — Boncenne, t. 1er, p. 507; Poncet, t. 2, p. 220 et 221.

966. — Quoique nous approuvions cette décision, nous ferons remarquer que, dans ce cas, c'est moins la contrariété de jugemens qui donne ouverture à cassation que la contravention aux art. 1350 et 1351, C. civ., relatifs à l'autorité de la chose jugée.

967. — Lorsqu'une cour royale a violé par un second arrêt la chose par elle précédemment jugée, et que plus tard ce premier arrêt a été cassé, le second arrêt peut-il être cassé aussi pour violation de la chose jugée? — La cour de Cassation a jugé affirmativement par arrêt du 17 nov. 1835 (syndics Desprez c. syndics Steinmann): « Attendu que si, postérieurement à l'arrêt attaqué, le précédent arrêt qu'il avait violé avait été lui-même annulé par la cour de Cassation, cette circonstance ne peut rien changer au point de droit; qu'il n'en est pas moins vrai qu'au moment où l'arrêt attaqué a été rendu, l'arrêt de 1829 existait dans toute sa force; que c'est à ce moment qu'il faut se reporter pour apprécier le mérite de l'arrêt de 1831 et sa régularité, attendu que juger autrement ce serait faire dépendre cette régularité d'un fait futur et incertain, et rendre pour ainsi dire suspensif le pourvoi en cassation dirigé contre un arrêt souverain. »

968. — Du reste la contrariété entre une décision administrative et un jugement ne peut donner ouverture à cassation sous prétexte de violation de la chose jugée. — *Cass.*, 15 juill. 1819, Fabry.

969. — De même, il n'y a pas contrariété entre la décision de la cour des comptes qui statue sur la quotité du droit réclamé par le fondateur d'une tontine pour le temps de son administration, et la décision par laquelle les tribunaux prononcent différemment sur la quotité de ce droit, mais pour un temps postérieur. — *Cass.*, 22 mai 1822, Lafarge.

970. — De même encore, il n'y a pas contrariété de jugemens donnant lieu à cassation dans la contrariété existant entre deux arrêts dont l'un statue sur une exception et l'autre sur le fond du procès. — *Cass.*, 17 janv. 1838 (t. 1er 1838, p. 136), d'Etruchat.

971. — Il n'y a pas non plus contrariété de jugemens de nature à donner ouverture à cassation entre le jugement rendu civilement qui maintient un particulier en possession d'un droit au bac, contre les prétentions du fermier administratif, et le jugement rendu par le tribunal de police qui, sur la poursuite du ministère public, condamne ce particulier comme coupable d'avoir usé du droit au bac au préjudice du même fermier. — *Cass.*, 24 fév. 1837 (t. 1er 1837, p. 319), Bardon.

972. — Le réglement de 1738 (tit. 4, art. 39) défend de se pourvoir de nouveau après le rejet d'un premier pourvoi. Ainsi, on ne peut, sous le prétexte qu'un arrêt de la cour de Cassation est en contradiction avec un arrêt de l'ancien conseil, former devant la cour de Cassation un nouveau pourvoi pour contrariété de décision. — *Cass.*, 12 germin. an X, Vinther c. comm. de Hesdin.

973. — Sous la loi de 1790 on ne pouvait invoquer comme moyen de cassation la contrariété résultant de ce qu'une opposition admise par jugement d'un tribunal de district, passé en force de chose jugée, avait été rejetée postérieurement par jugement d'un tribunal civil, substitué au tribunal de district. — *Cass*, 15 germin. an IX, Jeannin.

974. — Pour justifier le moyen de cassation tiré de la contrariété de jugemens, il faut présenter à la cour les jugemens ou arrêts contraires entre eux, il ne suffirait pas de produire l'arrêt attaqué. — *Cass.*, 14 fév. 1837 (t. 2 1843, p. 122), Poulhariès c. l'état.

975. — Un juge de paix ne peut rétracter expressément un jugement définitif par lui précédemment rendu, sans qu'il y ait contrariété de jugement. — *Cass.*, 21 avr. 1813, Urbain.

Sect. 7e. — *Omission de statuer sur un chef de demande.* — Ultrà petita.

976. — L'omission de statuer sur un chef de demande est un moyen de requête civile, et non un moyen de cassation. — *Cass.*, 16 mess. an IV, Charpillon et Goujet c. Stoch-Kauser; 19 janv. 1834, Desnoyers; 28 mars 1837 (t. 2 1837, p. 23), Comp. du plan d'Aren c. Cappeau. — V. REQUÊTE CIVILE.

977. — Il y a omission de statuer sur un chef de demande lorsque les juges prononcent purement et simplement la relaxation d'un débiteur qui a conclu à sa relaxe et à la rescision de son obligation. — *Agen*, 1er fév. 1806, Mallet c. Dreme.

978. — Lorsqu'une exception n'est présentée que comme un argument de la défense, les juges ne sont pas tenus de statuer particulièrement sur ce point. — *Cass.*, 3 déc. 1836 (t. 1er 1838, p. 37), François Demiannay et Thuret.

979. — Lorsqu'un arrêt, sans prononcer explicitement, dans son dispositif, sur une fin de non-recevoir proposée par le défendeur, qu'un motif formel de cet arrêt repousse, accueille au fond les conclusions du demandeur, l'exception doit être considérée comme implicitement rejetée. — *Cass.*, 4 mai 1836, Bourbon-Busset c. comm. de Saint-Hilaire-en-Lignières.

980. — Lorsque les juges ont omis de prononcer sur un chef de demande, ils ne peuvent y faire droit en se réformant par un nouveau jugement. — *Paris*, 6 août 1813, Chezjean c. Ragon de la Ferrière.

981. — Ne donne pas ouverture à cassation le refus par une cour royale de statuer sur une demande reconventionnelle, par le motif qu'elle n'aurait point été formée devant les premiers juges. — *Cass.*, 2 août 1825, Domaine c. d'Hennezel.

982. — De même, le recours en cassation n'est pas recevable contre l'arrêt qui colloque dans un ordre ouvert sur deux immeubles, un créancier qui n'est inscrit que sur un, sans ordonner une ventilation. — *Cass.*, 10 déc. 1806, Deloine.

983. — A plus forte raison faut-il décider ainsi lorsqu'une partie demande la cassation d'un jugement sous prétexte qu'il n'a pas statué sur une demande formée par son adversaire. — *Cass.*, 4 août 1806, Labrousse de Vertillac c. liquidateurs de la caisse des Comptes-courans.

984. — Jugé de même que le demandeur en cassation ne peut fonder son pourvoi sur ce que l'arrêt attaqué aurait omis de statuer sur une partie des conclusions des défendeurs, ces derniers étant seuls recevables à se prévaloir d'une semblable omission. — *Cass.*, 12 avr. 1843 (t. 1er 1843, p. 587), préfet de la Vienne c. duc de Bordeaux et Marie-Thérèse d'Artois.

985. — Le pourvoi ne peut être fondé non plus sur ce que l'arrêt attaqué a refusé de statuer sur certains faits ou moyens, lorsqu'il n'apparaît pas des conclusions que ces faits ou moyens aient été présentés à la cour. — *Cass.*, 24 mars 1828, H. Leroy de Cochois c. Dutertre.

986. — Jugé dans le même sens que lorsqu'une demande (en nullité d'une enquête, par exemple)

n'est contenue que dans une enquête produite devant un tribunal, sans qu'il ait été pris de conclusions sur ce point lors du jugement, ce jugement n'est point soumis à cassation pour avoir omis de s'en occuper. — *Cass.*, 16 janv. 1834, Pinçon.

987. — Nous trouvons cependant un arrêt qui décide que l'omission de prononcer sur un appel interjeté par le ministère public donne ouverture à cassation, encore bien que le tribunal s'en soit occupé, mais seulement dans les motifs de son jugement. — *Cass.*, 16 août 1811 (int. de la loi), Colas. — Mais il est important de remarquer que cet arrêt a été rendu en matière criminelle en vertu de l'art. 408, C. inst. crim., et qu'il n'y a par conséquent rien à en conclure pour la matière civile. — V. CASSATION (mat. crim.)

988. — L'*ultrà petita* est aussi un moyen de requête civile et non un moyen de cassation. — C. procéd., art. 480, § 4.

989. — C'était déjà un principe constant sous l'ordonnance de 1667. — V. tit. 35, art. 34; — Jousse, *Ordonn. civ.* t. 2, p. 397; — *Cass.*, 3 frim. an IX, Jodard c. Rubrecq.

990. — Suivant MM. Berriat Saint-Prix (*Cours de procéd. civ.* [6e édit.], t. 2, p. 536, note 2e), Carré et Chauveau (*Lois de la procéd. civ.*, t. 4, no 1747), ce principe reçoit exception, lorsqu'en statuant *ultrà petita* l'arrêt attaqué a violé ou mal appliqué la loi.

991. — A l'appui de cette proposition, on cite un arrêt qui a jugé, en effet, qu'une condamnation *ultrà petita* cesse d'être uniquement moyen de requête civile et devient moyen de cassation, quand la loi s'opposait à la condamnation, lors même qu'il y eût été conclu. — *Cass.*, 18 (et non 12) juin 1810, Enregist. c. Ramus.

992. — On pourrait s'étayer encore, dans le même sens, d'un autre arrêt duquel il résulte que la condamnation *ultrà petita* donne ouverture à la cassation lorsqu'elle contient une violation formelle de la loi. — *Cass.*, 21 mars 1842 (t. 2 1842, p. 292), Enregist. c. Morand.

993. — Mais il nous semble qu'on donne à ces deux décisions une signification qu'elles ne comportent pas. Tout ce qu'on peut en induire, c'est que lorsqu'il y a tout à la fois et violation de la loi et *ultrà petita*, la cour de Cassation peut statuer sur cette violation nonobstant l'*ultrà petita*; mais ce n'est pas là une exception au principe.

994. — Et ce qui le prouve, c'est que M. Daniels, qui portait la parole lors de l'arrêt du 18 juin 1810, fit observer dans ses conclusions que l'administration de l'enregistrement ne se plaignait pas d'un simple *ultrà petita*; mais de ce qu'elle avait été condamnée à des intérêts qu'aucune loi n'autorisait à prononcer. Nous croyons donc pouvoir soutenir que le moyen tiré de ce qu'il avait été statué sur choses non demandées a été étranger à la cassation.

995. — Du reste, l'*ultrà petita* devient une ouverture de cassation, lorsque ce moyen a été proposé à l'appui d'une requête civile, et repoussé. Effectivement, c'est violer l'art. 480, C. procéd., que de ne pas accueillir un pareil moyen, s'il est fondé.

996. — Jugé que la cour de Cassation ne peut statuer sur le moyen d'*ultrà petita* proposé contre un arrêt qui a rejeté ce motif de requête civile, alors que l'arrêt que l'on dit entaché d'*ultrà petita* n'est pas produit. — *Cass.*, 28 déc. 1840 (t. 1er 1841, p. 529), Grosellier de Chenereilles c. Lajarrige.

997. — Cependant lorsqu'une cour royale a décidé sur appel que le tribunal de première instance n'a point été suffisamment saisi d'une demande reconventionnelle sur laquelle il a néanmoins fait droit, et a infirmé la sentence des premiers juges, parce qu'il a été statué *ultrà petita*, la cour suprême peut encore examiner si des actes de la procédure il ne résulte pas que cette demande a été au contraire assez explicite pour qu'il ait dû y être statué. — *Cass.*, 7 juin 1836, Dechavannes c. Perrault.

Sect. 8e. — *Moyens nouveaux. — Principes.*

998. — Nous avons dit *suprà* (no 342) que la cour de Cassation devait rejeter le pourvoi lorsque le moyen sur lequel il s'appuyait était un moyen nouveau qui n'avait pas été proposé devant les juges du fond, et nous avons expliqué que cette règle, très sage, fondée sur ce que le jugement ou l'arrêt attaqué ne peut avoir contrevenu à la loi en ne tenant pas compte d'un moyen dont on n'avait pas excipé, avait été appliquée très fréquemment par la jurisprudence; maintenant il nous reste à faire connaître les nombreuses décisions qui ont été rendues sur la matière.

999. — On ne peut fonder un pourvoi en cassation sur un moyen non présenté devant la cour royale. — *Cass.*, 27 nov. 1843 (t. 1er 1844, p. 358), Bailleul c. Angol; 24 déc. 1844 (t. 1er 1845, p. 65), Lepetit de Montfleury c. Rémion de Longueveau; 4 nov. 1843 (t. 1er 1844, p. 560), Prodhomme c. Jambes; 21 avr. (et non août) 1806, Enregist. c. Dauphin; 9 juin 1808, comm. de Vaudelainville; 24 août 1809, Bertaut; 26 août 1818, Rohan; 28 juin 1815, Lauchère; 13 déc. 1816, N...; 23 nov. 1841 (t. 1er 1842, p. 86), comm. du Miroir c. Lorin; 20 déc. 1841 (t. 1er 1842, p. 32), Formel c. Vériot.

1000. — ... A moins qu'il ne s'agisse d'un moyen d'ordre public. — *Cass.*, 7 juin 1810, Schauemberg c. Hirtz et Scheuch. — V. *infrà* nos 1187 et suiv.

1001. — Ainsi on ne peut soulever, comme moyen de cassation une question qui n'a pas été nettement proposée devant la cour royale. — *Cass.*, 21 fév. 1828, Lignières c. Daude.

1002. — Tout moyen qui, d'après les qualités et les conclusions y insérées, ne paraît pas avoir été invoqué devant la cour royale, ne peut être discuté devant la cour de Cassation. — *Cass.*, 14 juill. 1840 (t. 2 1840, p. 325), Bowerman c. O'Mullane.

1003. — Et même, lorsqu'un moyen invoqué en cour d'appel et consigné dans les mémoires imprimés des parties, n'est pas relaté dans les qualités de l'arrêt, on ne peut se prévaloir de ce même moyen pour faire casser l'arrêt. — *Cass.*, 5 avr. 1827, Frachisse.

1004. — Lorsqu'il n'est prouvé ni par la production des conclusions, ni par la relation de ces conclusions dans l'arrêt, qu'un moyen ait été soumis à la cour royale, il n'y a pas lieu par la cour de Cassation de statuer sur ce moyen, alors même qu'il se trouverait résolu par l'arrêt attaqué. — *Cass.*, 18 fév. 1845 (t. 1er 1845, p. 476), Poinsel.

1005. — Dans cette espèce, le conseiller rapporteur se demandait si le doute résultant de ce que les conclusions n'étaient produites ni relatées dans l'arrêt ne devait pas être résolu en faveur du pourvoi, puisqu'il résultait des considérans de l'arrêt que le moyen avait dû être proposé. — Cependant la cour a déclaré le moyen non-recevable.

1006. — On ne peut, devant la cour de Cassation, proposer un moyen fondé sur des conclusions subsidiaires prises en première instance, mais qui n'ont pas été reproduites en cause d'appel. — *Cass.*, 4 déc. 1839 (t. 1er 1840, p. 196), Lemarié c. Cohin.

1007. — Celui qui s'est laissé juger par défaut en appel n'est pas recevable à proposer, devant la cour de Cassation, des moyens qu'il n'a ni présentés ni pu présenter devant la cour royale. — *Cass.*, 15 avr. 1834, Roche c. Aulanié.

1008. — On ne peut présenter en cassation des moyens qui n'ont pas été présentés en appel, encore bien qu'ils l'aient été en première instance. — *Cass.*, 12 janv. 1830, Oupin c. Doncker.

1009. — On ne peut tirer un moyen de cassation d'un fait dont il n'a pas été question, et qui par conséquent n'a pas été agité ni en première instance ni en appel. — *Cass.*, 11 fév. 1818, Réaux c. Pannier.

1010. — On ne peut exciper devant la cour de Cassation d'un acte dont il n'a point été fait usage devant les premiers juges. — *Cass.*, 29 avr. 1818, Archambaud c. Enregist.; 18 avr. 1820, Magon de Saint-Elier c. Emma.

1011. — On ne peut être admis devant la cour de Cassation à prouver, même par la représentation d'une nouvelle pièce, un fait contraire à celui que, d'après les élémens qui lui ont été fournis, l'arrêt attaqué a dû considérer comme constant. — *Cass.*, 21 fév. 1814, Rueff c. Eck.

1012. — Des actes ou procès-verbaux dont il n'a été excipé ni en première instance ni en appel ne peuvent pas être pris par la cour de Cassation pour base de sa décision. — *Cass.*, 4 fév. 1825, préfet du Haut-Rhin c. comm. de Lauterbach.

1013. — On ne peut établir devant la cour suprême la validité d'un acte en l'invoquant sous un aspect différent de celui présenté en cour royale. — *Cass.*, 31 janv. 1837 (t. 2 1837, p. 409), de Marion c. comm. de Glatigny.

1014. — La cour de Cassation ne peut apprécier, en statuant sur un pourvoi porté devant elle, les actes qui n'ont pas été soumis à la cour royale qui a rendu l'arrêt attaqué ou qui sont d'une date postérieure à cet arrêt. — *Cass.*, 29 juin 1825, Canonne c. Canolle.

1015. — Lorsqu'un individu n'a point présenté devant les juges du fond le titre qu'il avait et a constamment fait défaut sans indiquer le moyen qu'il pouvait en tirer, il est non-recevable à invoquer devant la cour de Cassation la violation d'un article de la loi qu'il n'a point invoqué et que les juges ne pouvaient savoir être applicable à la cause. — Spécialement le donataire d'un usufruit à titre de pension alimentaire qui, sur la demande en validité de la saisie faite à son préjudice, n'a point fait connaître l'acte de donation, est non-recevable à demander la cassation du jugement intervenu, sous prétexte que, d'après l'art. 581, C. procéd., l'usufruit était insaisissable. — *Cass.*, 28 nov. 1826, Demontis c. Fournal.

1016. — La cour de Cassation ne peut prendre en considération, en matière de résolution de contrat de remplacement, une lettre ministérielle produite après l'arrêt dénoncé et qui contredit les faits reconnus constans par cet arrêt. — *Cass.*, 4 déc. 1826, Becquebois.

1017. — Une partie est non-revable à contester pour la première fois devant la cour de Cassation la forme et la validité d'actes constitutifs d'une fondation. — *Cass.*, 4 niv. an X, Enregist. c. Patrice Chapus.

1018. — Celui qui n'a contesté devant la cour royale que la validité en la forme d'un engagement et non la réalité de la dette elle-même ne peut se plaindre en cour de Cassation de ce que l'engagement a été validé, bien qu'il ne se présentât pas sous une forme probante. — *Cass.*, 8 avr. 1834, Kitzinger.

1019. — C'est à la cour royale devant laquelle une affaire est renvoyée, qu'il appartient d'apprécier le mérite des actes produits pour la première fois devant la cour de Cassation. — *Cass.*, 28 juin 1808, préfet de l'Eure.

1020. — On ne peut se pourvoir en cassation pour fausse application de la loi, lorsque le moyen qui en résulte n'a été proposé ni en première instance, ni en appel. — *Cass.*, 21 févr. 1826, de Grelle c. Caraman.

1021. — Ainsi, lorsque devant les premiers juges, les parties ne se sont fondées que sur une loi déterminée (édit de 1611), elles ne peuvent devant la cour de Cassation, se fonder sur l'édit de 1560. — *Cass.*, 7 avr. 1834, Basquin.

1022. — Cependant en matière civile, on peut se prévaloir devant une cour de Cassation d'un article de loi, bien qu'il ne soit pas constant que cet article ait été ou invoqué par les parties lors du jugement, ou cité dans ce jugement. — *Cass.*, 21 mars 1827, Pothier.

1023. — Il a été jugé que, lorsque, dans une instance, le débat a porté uniquement sur le point de savoir quelle loi formait à une certaine époque le statut réel d'une colonie, on ne peut soutenir pour la première fois devant la cour de Cassation que la cause devait être régie non par ce statut, mais par le Code civil. — *Cass.*, 16 déc. 1834, Loyseau de Montaugé c. Lesénéchal.

1024. — Jugé cependant que, lorsque la question soumise aux juges du fond emportait nécessairement l'examen de l'applicabilité à la cause d'une loi déterminée, cette loi peut être invoquée devant la cour de Cassation, alors même qu'il ne résulterait pas de l'arrêt qu'elle l'ait été devant la cour royale. On dirait en vain que c'est là un moyen nouveau. — *Cass.*, 9 nov. 1842 (t. 2 1843, p. 493), Valorge.

ART. 1er. — *Cas dans lesquels un moyen nouveau ne peut être proposé.*

§ 1er. — *Matière civile.*

1025. — *Mort civile.* — On est non-recevable à proposer devant la cour de Cassation des exceptions telles que celles prises de la mort civile, si elles n'ont pas été proposées devant la cour royale. — *Cass.*, 11 juill. 1833, Pagès.

1026. — *Propriété.* — On ne peut se faire un moyen de cassation de ce qu'un droit réclamé sur un domaine est entaché de féodalité, si devant les premiers juges ce moyen n'a pas été proposé. — *Cass.*, 5 juill. 1826, Bartholdy.

1027. — *Fruits.* — Lorsque, dans une instance à fin de restitution des fruits naturels d'un domaine indûment possédé, le demandeur conclut à une estimation plus élevée que celle faite par les premiers juges des divers produits de ce domaine, sans requérir l'application des mercuriales, mais, au contraire, s'en remet à une évaluation fixe, à arbitrer par la cour royale, de ces divers fruits, ce demandeur ne peut pour la première fois, devant la cour de Cassation, se plaindre d'une appréciation qu'il n'a pas méconnu à la cour royale le droit de faire. — *Cass.*, 15 janv. 1839 (t. 1er 1839, p. 169), Constant c. Budel.

1028. — *Servitude.* — On ne peut se plaindre pour la première fois en cassation de ce qu'une cour royale aurait ordonné la preuve testimoniale d'une servitude dans une circonstance où les parties auraient réduit toute la cause à une discussion de faits.

CASSATION (mat. civ.), ch. 3, sect. 8e.

1029. — *Succession.* — On ne peut invoquer pour la première fois devant la cour de Cassation un moyen tiré des art. 871 et 1012, C. civ., relatifs à la contribution des légataires à titre universel aux dettes de la succession. — *Cass.*, 9 mars 1841 (t. 1er 1841, p. 716), Seigle c. Mesaize.

1030. — *Quotité disponible.* — Lorsque l'on n'a présenté ni en première instance ni en appel le moyen tiré, contre des billets déguisant une donation, de ce qu'elle excéderait la quotité disponible, et serait sujette à rapport, ce moyen ne peut être invoqué pour la première fois devant la cour de Cassation. — *Cass.*, 5 janv. 1814, Antelme c. Lambert et Chaptal.

1031. — Le moyen tiré de ce qu'un acte renfermerait une donation excédant la quotité disponible ne peut être proposé pour la première fois devant la cour de Cassation. — *Cass.*, 20 avr. 1842 (t. 1er 1842, p. 719), Bothon et Aulas c. Berthelier.

1032. — Il en serait de même s'il s'agissait d'une donation entre époux qui excédât cette quotité.

1033. — *Donation.* — Le moyen tiré contre une donation de ce qu'elle comprend des objets qui n'appartenaient pas au donateur, n'est pas recevable pour la première fois en cassation. — *Cass.*, 23 nov. 1824, Leblanc.

1034. — On ne peut soumettre à la cour de Cassation la question de savoir si l'auteur d'une donation qui n'a pas été transcrite a participé depuis avec le donataire à la vente transcrite de l'immeuble, objet de la libéralité, s'il s'agit d'éclaircir l'interprétation de l'acte fait par les tribunaux. — *Cass.*, 21 fév. 1828, Lignières.

1035. — *Obligation.* — On ne peut proposer pour la première fois devant la cour de Cassation le moyen tiré de ce qu'une obligation n'a été contractée que par erreur. — *Cass.*, 20 déc. 1841 (t. 1er 1842, p. 32), Formel c. Vériot.

1036. — *Solidarité.* — La solidarité ne peut être invoquée *de plano* devant la cour de Cassation. — *Cass.*, 29 janv. 1834, Normand.

1037. — Le moyen pris de ce que des individus actionnés individuellement n'auraient dû l'être que collectivement, et de ce qu'ils auraient été à tort condamnés solidairement, ne peut être invoqué devant la cour de Cassation s'il ne l'a pas été devant les juges de la cause. — *Cass.*, 5 nov. 1834, Commiss. priseurs.

1038. — *Paiement.* — On n'est pas recevable à présenter devant la cour de Cassation un moyen pris de ce que les juges de la cause n'ont pas fait l'imputation d'un paiement conformément à la loi lorsque cette imputation n'a point été réclamée devant eux. — *Cass.*, 22 fév. 1827, Bertrand et Guille c. Febvre; 4 fév. 1840 (t. 1er 1840, p. 614), Puthod c. Dupuy.

1039. — *Subrogation.* — La cour de Cassation ne peut connaître, pour la première fois, du moyen pris de l'irrégularité de la subrogation, en vertu de laquelle un créancier a exercé l'action hypothécaire, lors même que ce moyen serait invoqué par la femme, dont les biens dotaux étaient grevés de l'hypothèque cédée. — *Cass.*, 25 mai 1840 (t. 2 1840, p. 411), Pirony c. Martin.

1040. — *Novation.* — On ne peut invoquer devant la cour de Cassation un moyen tiré de la novation, alors que ce moyen n'a pas été présenté devant la cour royale. — *Cass.*, 10 août 1840 (t. 2 1840, p. 745), de Nicolay et de Gouy c. de Milleville.

1041. — *Compensation.* — Le pourvoi en cassation contre un arrêt de cour royale ne peut être admis, sous prétexte que cet arrêt a illégalement refusé d'accueillir un moyen de compensation quand il est démontré que, sur ce moyen, il n'y a eu devant la cour royale ni conclusions prises ni questions de droit posées. — *Cass.*, 18 nov. 1839 (t. 1er 1840, p. 732), Patey c. Harel.

1042. — *Ratification.* — Un moyen tiré de la ratification d'une des parties ne peut être présenté pour la première fois en cassation. — *Cass.*, 31 janv. 1844 (t. 2 1844, p. 629), Hamard c. Bardotte.

1043. — *Chose jugée.* — L'exception de la chose jugée ne peut être opposée pour la première fois en cour de Cassation. — *Cass.*, 12 brum. an X, Poussineau c. Fouchier; 26 déc. 1808, Belz c. Porta; 23 mars 1824, Rion-Kerhallet c. Delarue; 9 août 1827, comm. de Roche et de Bettaincourt c. de Rennepont; 24 déc. 1827, Chantereau c. la Baume; 26 fév. 1828, Sauvaire c. Bourguignon; 17 déc. 1828, Renaud c. Bruneau; 10 fév. 1835, Perthiot; 25 mai 1840 (t. 1er 1841, p. 182), Demimuid c. Fabrique de Saint-Pantaléon; 22 juin 1837 (t. 2 1837, p. 272), Vastel c. Pézéril; 16 mars 1843 (t. 1er 1843, p. 540), Thoreau; 2 avr. 1844 (t. 1er 1845, p. 479), Douanes c. Doris; 19 mars 1844 (t. 1er 1844, p. 723), Dulac.

1044. — La violation de la chose jugée ne peut être proposée comme moyen de cassation lorsque les qualités de l'arrêt attaqué ne constatent pas que l'exception de la chose jugée ait été proposée en première instance ou en appel. — *Cass.*, 29 déc. 1841 (t. 1er 1842, p. 472), Lerat c. comm. de Caudebec-lez-Elbeuf.

1045. — La contravention à l'autorité de la chose jugée n'est un moyen de cassation que lorsqu'elle a fait la matière d'une exception non accueillie. — En d'autres termes, on est présumé renoncer à l'exception de la chose jugée lorsqu'on néglige de la proposer, et le nouveau jugement qui contrarie le premier est en ce cas à l'abri de toute attaque. — *Cass.*, 12 avr. 1817, Noël c. Lagnier.

1046. — En supposant que l'appel du jugement qui a validé une adoption soit recevable de la part d'un des adversaires de l'adopté, bien qu'à l'égard des autres le jugement soit passé en force de chose jugée, cette question ne peut être soulevée devant la cour de Cassation si elle ne l'a pas été devant la cour royale. — *Cass.*, 16 mars 1843 (t. 1er 1843, p. 540), Thoreau.

1047. — Un moyen fondé sur la fausse application de l'autorité de la chose jugée ne peut être présenté pour la première fois devant la cour de Cassation. — *Cass.*, 1er déc. 1840 (t. 1er 1841, p. 130), Isnard c. de Brisis. — V. CHOSE JUGÉE.

1048. — *Aveu.* — On ne peut demander la cassation d'un arrêt sur le motif que sa décision est contraire à un aveu fait par l'une des parties devant les premiers juges et constaté par leur jugement, lorsque, devant la cour royale, il n'a aucunement été question de cet aveu. — *Cass.*, 13 juill. 1824, Hasser c. Heilmann.

1049. — On ne peut proposer comme moyen de cassation la contravention aux principes sur les caractères et l'effet d'un aveu judiciaire, si l'on n'a pas demandé acte de cet aveu aux juges de la cause. — *Cass.*, 12 nov. 1833, Delsol c. Bois.

1050. — On n'est pas recevable à invoquer devant la cour de Cassation des aveux dont on ne s'est pas prévalu devant les juges du fond par des conclusions formelles. — *Cass.*, 20 janv. 1841 (t. 2 1841, p. 138), Berthonnier c. Masson.

1051. — L'aveu de la partie ne peut être invoqué comme moyen de cassation lorsqu'il n'a pas été légalement proposé devant le juge du fait, auquel il n'en a pas été demandé acte. — *Cass.*, 18 juin 1837 (t. 1er 1844, p. 806), Griolet c. Collier.

1052. — *Serment.* — On ne peut proposer pour la première fois devant la cour suprême le moyen pris de ce qu'un serment a été prêté en des termes autres que ceux dans lesquels la prestation a été ordonnée. — *Cass.*, 8 déc. 1829, Pielfort c. Custers.

1053. — *Contrat de mariage.* — Le moyen de cassation fondé sur ce que le mari a exercé seul une action immobilière appartenant à sa femme, n'est pas fondé, si l'exception n'a été proposée ni en première instance ni en appel. — *Cass.*, 24 août 1825, Foltz c. Heuchel et Biehlmann.

1054. — Lorsque, devant la cour royale, il n'a été élevé de discussion que sur le taux plus ou moins élevé des créances et fermages recouvrés par le mari et non sur l'époque où les sommes auraient été reçues, ce dernier moyen ne peut être présenté pour la première fois devant la cour de Cassation. — *Cass.*, 3 déc. 1838 (t. 1er 1839, p. 282), Duponceau c. Sergent.

1055. — La cour de Cassation n'est pas compétente pour connaître, *de plano*, de l'exception tirée de ce qu'à défaut d'inventaire des meubles ne pouvaient pas être propres à l'un des époux, mais tombaient dans la communauté. — *Cass.*, 9 mars 1837 (t. 2 1837, p. 35), Ducrocq c. Cuttier.

1056. — *Régime dotal.* — N'est pas proposable pour la première fois devant la cour suprême l'exception tirée de ce que le tiers cessionnaire des droits dotaux de la femme aurait été, après l'annulation de la cession, condamné à rendre compte des fruits, bien qu'ils lui fussent acquis comme ayant été valablement aliénés par le mari usufruitier de la dot pendant le mariage. — *Cass.*, 26 janv. 1836 (t. 2 1837, p. 374), Villanova c. Sors.

1057. — *Vente.* — Lorsqu'un arrêt a appliqué à la vente d'une quote part d'un immeuble indivis les règles relatives à la différence de contenance, le moyen tiré de ce que cette vente aurait dû être considérée comme mobilière et régie par d'autres règles, ne peut être admis devant la cour de Cassation lorsqu'il ne résulte ni des conclusions des parties ni des motifs de l'arrêt attaqué que ce moyen ait été proposé devant la cour royale et qu'elle ait eu à le résoudre. — *Cass.*, 27 avr. 1840 (t. 2 1840, p. 85), de la Blottais et Roger.

1058. — La rescision pour lésion des sept douzièmes ne peut être demandée en cassation, si elle n'a pas été invoquée devant les tribunaux. — *Cass.*, 1er avr. 1829, Mazellier.

1059. — *Transport-cession.* — Un arrêt échappe à la censure de la cour de Cassation lorsque, surtout devant la cour royale, on n'a pas proposé comme fin de non-recevoir le défaut de signification du transport au débiteur personnellement. — *Cass.*, 25 juill. 1832, Fould c. Ardouin.

1060. — *Louage.* — La partie qui n'a, en première instance et en appel, fait porter sa contestation que sur le caractère de l'acte contenant cession pour douze ans d'objets mobiliers appartenant à un mineur, mais qui n'en a pas demandé la réduction pour le cas où cet acte serait considéré comme bail, ne peut se plaindre devant la cour de Cassation de ce que le bail n'a pas été réduit au délai de neuf ans. — *Cass.*, 7 déc. 1819, Bosch c. Pujarnicle.

1061. — *Rente.* — Le demandeur en paiement d'une rente constituée par les anciens habitans d'une commune ne peut, si, sur l'appel qu'il a interjeté du jugement repoussant sa demande, il a refusé de conclure et de plaider, reprocher devant la cour de Cassation à la cour royale de n'avoir pas reconnu que la cause était de la compétence de l'administration, et, par suite, réclamer la cassation de son arrêt pour incompétence et défaut de motifs. — *Cass.*, 17 avr. 1837 (t. 1er 1837, p. 373), de Moidière c. la comm. de Toussieux.

1062. — *Cautionnement.* — La caution est non-recevable à invoquer devant la cour de Cassation un moyen tiré de sa subrogation dans les droits du vendeur, lorsque ce moyen n'a pas été présenté devant la cour royale. — *Cass.*, 7 juill. 1841 (t. 2 1841, p. 367), Poisson c. Mure.

1063. — *Transaction.* — Lorsque devant les premiers juges on a soutenu seulement qu'une transaction ne contenait pas renonciation à demander un rapport, on est non-recevable à prétendre pour la première fois devant la cour de Cassation que cette transaction ne renfermait qu'une simple indication de paiement, et que d'ailleurs la renonciation serait nulle comme manquant de cause. — *Cass.*, 1er mai 1832, Duboispéan c. de Labrosse.

1064. — *Hypothèque.* — On n'est pas recevable à proposer devant la cour de Cassation un moyen non présenté en appel, tel que celui qui serait tiré, par exemple, de l'existence d'une inscription hypothécaire, et cela quand bien même on se serait laissé juger par défaut. — *Cass.*, 29 août 1832, Bedeaux c. Lavasnier.

1065. — *Prescription.* — La prescription ne peut être opposée pour la première fois devant la cour de Cassation. — *Cass.*, 9 oct. 1811, Civate c. Giraud; 11 juill. 1833, Pagès; 31 juill. 1832, comm. de Pressigny c. Pierrot.

1066. — On ne peut se faire un moyen de cassation de ce que la prescription n'a pas été admise par les juges du fond, lorsque le moyen de prescription n'a pas été invoqué devant eux. — *Cass.*, 13 déc. 1830, Quevremont c. Ballier.

1067. — La question de savoir si la prescription était applicable aux fruits et arrérages de rente échus avant la promulgation du Code civil ne peut être soulevée devant la cour de Cassation, lorsqu'elle n'a pas été discutée devant la cour royale et qu'elle n'est pas posée dans le point de droit de l'arrêt attaqué. — *Cass.*, 3 janv. 1842 (t. 1er 1842, p. 166), comm. de Vauvert c. de Cabrières et de Lisbroi.

1068. — On ne peut proposer pour la première fois devant la cour de Cassation un moyen tiré de ce qu'une forêt n'aurait pas pu être acquise par la prescription, comme faisant partie des grandes masses de bois et forêts nationales déclarées inaliénables par l'art. 12, L. 1er déc. 1790. — *Cass.*, 30 nov. 1841 (t. 1er 1842, p. 332), Préfet de Vaucluse c. comm. de Mérindol.

1069. — On ne peut, devant la cour de Cassation, invoquer comme ayant interrompu la prescription admise par la décision attaquée, un acte qui n'a pas été soumis aux premiers juges. — *Cass.*, 13 juin 1834, Contrib. indir. c. Acquart.

1070. — On ne peut proposer pour la première fois devant la cour de Cassation le moyen tiré de la suspension de prescription puisée dans la minorité du possesseur auquel on oppose la prescription. — *Cass.*, 6 fév. 1839 (t. 1er 1839, p. 285), Declercq c. de Broyes.

1071. — Le moyen tiré de la suspension de prescription pour cause de minorité, et celui résultant de ce que l'état aurait été illégalement représenté, ne peuvent être proposés pour la première fois devant la cour de Cassation. — *Cass.*, 21 fév. 1827, Demailly c. comm. d'Auneuil.

1072. — Les parties appelantes d'un jugement qui prononçait une prescription ne peuvent, alors qu'après avoir fait défaut une première fois elles ne sont point ensuite venues soutenir le mérite de leur opposition, opposer pour la première fois devant la cour de Cassation que la prescription n'a

pu être acquise, en ce qu'elle ne pouvait pas courir contre des époux ni contre des mineurs. — *Cass.*, 8 janv. 1833, Changey c. Gueniveau.

1073. — On ne peut présenter devant la cour de Cassation, pour la première fois, un moyen de prescription de fruits proposée par une commune. — *Cass.*, 4 déc. 1833, Blosseville.

1074. — On ne peut non plus prétendre pour la première fois devant la cour de Cassation qu'un jugement aurait adjugé des intérêts à partir d'une époque antérieure à la demande, ou n'aurait pas admis la prescription quinquennale, lorsque ces moyens n'ont pas été proposés devant les juges du fond. — *Cass.*, 25 janv. 1825, Bizet c. Cornaton.

1075. — Le défendeur à la cassation ne peut soutenir devant cette cour qu'il a payé la somme qu'on lui demande, lorsqu'en cour royale il s'était borné à opposer la prescription de la créance. — *Cass.*, 11 déc. 1833, Roberjot.

§ 2. — *Procédure.*

1076. — *Justice de paix.* — L'incompétence du juge de paix fondée sur ce que la valeur de la demande portée devant lui était indéterminée, ne peut être proposée pour la première fois devant la cour de Cassation. — *Cass.*, 13 oct. 1835, Vandyck.

1077. — On ne peut opposer en cassation, quand on ne s'en est pas prévalu en appel, que le juge de paix a ordonné une expertise pour évaluer les dommages-intérêts au lieu de se transporter lui-même sur les lieux contentieux pour en faire l'appréciation. — *Cass. belge,* 13 mai 1835, Gofflot c. Castagne.

1078. — *Action possessoire.* — L'exception tirée de ce qu'une action possessoire serait prescrite, ou de ce qu'elle avait été mal à propos dirigée contre une commune qui n'était pas l'auteur du trouble, ne peut être soumise pour la première fois à la cour de Cassation. — *Cass.*, 23 janv. 1844 (t. 1er 1844, p. 252), ville de Tours c. Chaudesais.

1079. — La fin de non-recevoir résultant de ce que l'action pétitoire a été intentée avant que le demandeur eût satisfait aux condamnations prononcées contre lui au possessoire, ne peut être invoquée pour la première fois en cour de Cassation. — C. procéd., art. 27. — Il en est de même du moyen tiré de ce que le droit litigieux serait entaché de féodalité. — *Cass.*, 5 juill. 1826, Bartholdy c. ville de Colmar.

1080. — Lorsque, sur l'action possessoire intentée par le propriétaire d'un pré contigu à la voie publique, en raison du trouble apporté à la jouissance d'eaux pluviales qui, après avoir coulé dans une rigole traversant le chemin public, aboutissent à un pré, il n'a pas été question, devant les juges, d'*eaux pluviales coulant sur la voie publique*, mais simplement d'*eaux coulant par une rigole aboutissant à un pré*, on ne peut se faire un moyen de cassation contre le jugement qui réprime ce trouble, de ce qu'il s'agirait d'eaux pluviales coulant sur la voie publique, et conséquemment non susceptibles d'une possession privée. — *Cass.*, 5 juin 1827, Bagnères c. Daries.

1081. — *Conciliation.* — Le défaut d'essai de conciliation n'est pas un moyen qu'on puisse invoquer pour la première fois devant la cour de Cassation. — *Cass.*, 22 thermid. an XI, Leclaque.

1082. — On ne peut proposer pour la première fois devant la cour suprême le défaut de préliminaire de conciliation. — *Cass.*, 29 janv. 1838 (t. 1er 1838, p. 503), D'Harcourt c. Mercier.

1083. — On ne peut se prévaloir, devant la cour de Cassation, de la contravention à la loi en matière d'épreuve conciliatoire que lorsqu'elle a été agitée dans les débats antérieurs, et qu'on l'a soumise, comme exception dilatoire ou moyen de nullité, à l'examen des juges du fond. — *Cass.*, 19 fév. 1840 (t. 1er 1840, p. 644), Ferrier c. Chabert.

1084. — L'irrégularité résultant du défaut de citation en conciliation ne peut être opposée pour la première fois devant le tribunal de Cassation. — *Cass.*, 22 thermid. an XI, Barbé et Leclaque c. Boirie.

1085. — On ne peut se prévaloir pour la première fois en Cassation d'une nullité d'exploit. — *Cass.*, 5 brum. an XI, Bossot c. Michel.

1086. — Une nullité d'exploit ne peut être proposée pour la première fois devant la cour de Cassation. — *Cass.*, 12 fév. 1817, Jouenne c. Saint-Julien; 2 mars 1837 (t. 2 1837, p. 39), Billoneau.

1087. — Lorsque, sur une demande principale, le défenseur oppose une prétention de nature à être considérée elle-même comme action principale, le demandeur originaire qui n'a opposé, ni devant le tribunal de première instance, ni en appel, l'irrégularité résultant de ce que cette action n'a pas été formée et suivie par instance séparée, n'est plus recevable à s'en prévaloir devant la cour de Cassation. — *Cass.*, 8 juill. 1835, de Fitz-James c. Walter-Boyd.

1088. — Un moyen de nullité en la forme contre un exploit d'appel, tiré de ce que la signification en aurait été faite au domicile d'un mandataire ne peut être proposé pour la première fois devant la cour de Cassation, lorsqu'il ne résulte ni des conclusions insérées dans les qualités ni des termes de l'arrêt que ce moyen ait été discuté devant la Cour royale. — *Cass.*, 14 juill. 1840 (t. 2 1840, p. 325), Bowermann c. O'Mullane.

1089. — *Conclusions.* — Lorsque les faits servant de base à un moyen, quoique rentrant dans la défense au fond, n'ont été discuté, ni en première instance ni en appel, ils ne peuvent l'être pour la première fois devant la cour de Cassation. — *Cass.*, 26 août 1818, Rohan-Rochefort.

1090. — *Conclusions du ministère public.* — On ne peut se pourvoir en cassation contre l'omission de conclusions du ministère public, en première instance, lorsque ce moyen n'a pas été en appel l'objet de conclusions formelles. — *Cass.*, 11 frim. an IX, Bardonnex.

1091. — Le moyen tiré de ce que le ministère public ne serait pas intervenu dans la poursuite de la restitution des rentes concédées à un hospice en vertu de la loi du 4 vent. an IX ne peut être invoqué pour la première fois devant la cour de Cassation. — *Cass.*, 8 fév. 1837 (t. 2 1837, p. 106), Cornudet c. Hospice d'Ardes.

1092. — Une femme mariée n'est pas recevable à proposer comme moyen de cassation l'omission de conclusions du ministère public en première instance, lorsque ce moyen n'a pas été l'objet de conclusions formelles en appel. — *Cass.*, 11 frim. an IX, Bardonnex c. Mercier.

1093. — Lorsqu'un moyen d'incompétence qui aurait exigé l'audition du ministère public n'a été proposé ni en première instance ni en appel par aucune des parties, celles-ci ne sont pas recevables à se prévaloir en cassation du défaut d'audition du ministère public. — *Cass.*, 22 déc. 1824, De Neuflize c. Lelaurain.

1094. — *Jugement.* — La cour de Cassation ne peut connaître d'un moyen de nullité contre un jugement de première instance, lorsque ce moyen n'a pas été présenté en appel. — *Cass.*, 5 brum. an XI, Bossot c. Michel; 23 juin 1831, Bergé.

1095. — On ne peut proposer comme moyen de cassation la violation ou omission des formes provenant du fait des juges de première instance, lorsqu'on n'en a pas excipé en cause d'appel. — *Cass.*, 20 thermid. an XIII, Thobois c. N...

1096. — La nullité résultant de ce qu'un jugement a été rendu sans président ne peut être invoquée en cassation si elle ne l'a été en appel. — — *Cass.*, 4 niv. an IX, Petit c. Négré.

1097. — Le moyen de nullité résultant de ce qu'un juge titulaire a été remplacé sans qu'il ait été fait mention de son empêchement ou de son absence, n'est pas opposable pour la première fois en cour de Cassation. — *Cass.*, 9 août 1826, Gaussaud Poulon c. Gazagues.

1098. — Lorsqu'un arrêt a confirmé un jugement de première instance, sans en adopter les motifs, on ne peut s'appuyer sur ces motifs non reproduits par l'arrêt, pour le justifier devant la cour de Cassation. — *Cass.*, 8 avr. 1814, N....

1099. — Jugé cependant qu'un arrêt peut être maintenu en cassation par un motif dont la cour royale ne s'est pas prévalue, et que même elle semble avoir rejeté. — *Cass.*, 20 déc. 1814, Alex.

1100. — Le défaut de motifs sur une question ne peut donner ouverture à cassation, lorsque rien ne justifie que cette question a été soumise à la cour qui a rendu l'arrêt attaqué. — *Cass.*, 20 avr. 1841 (t. 1er 1841, p. 644), Perdrizot c. Granger.

1101. — Lorsque après avoir présenté un moyen lors d'un arrêt interlocutoire, une partie ne l'a pas présenté de nouveau lors de l'arrêt nouveau, la présomption est qu'elle l'a abandonné, et dès-lors, elle ne peut se faire un moyen de cassation de ce que l'arrêt définitif n'a pas statué sur ce moyen. — *Cass.*, 23 nov. 1831, Marconnay c. Boscal de Réals.

1102. — *Jugement par défaut.* — Lorsqu'à la demande formée par des tiers en péremption d'un jugement par défaut pour inexécution dans les six mois, il n'a été opposé ni en première instance, ni en appel, que le jugement a été exécuté par l'un des débiteurs solidaires, mais qu'on s'est borné à se prévaloir d'un acquiescement par acte sous seing-privé, émané de l'un des débiteurs, le moyen tiré de l'exécution de la part du débiteur solidaire ne peut être opposé pour la première fois devant la cour de Cassation. — *Cass.*, 2 août 1826, Saunier.

1103. — *Exception.* — Des exceptions contre l'action ne peuvent être proposées pour la première fois devant la cour de Cassation. — *Cass.*, 26 déc. 1808, Betz; 11 mars 1834, Moyria.

1104. — Ainsi, on ne peut se plaindre pour la première fois de ce que les défendeurs auraient plaidé sans intérêt. — *Cass.*, 8 fév. 1837 (t. 1er 1837, p. 98), Lebrun et Noël c. de Folleville.

1105. — ... Ni proposer pour la première fois devant la cour de Cassation des fins de non-recevoir contre le fond de la demande, lorsqu'elles ne reposent que sur des appréciations de faits qui ne paraissent pas même avoir été soumis à la cour royale. — *Cass.*, 2 août 1831, ville de Paris c. Barthier.

1106. — On ne peut pas non plus proposer pour la première fois en cassation le moyen pris du défaut de qualité, en vertu de la maxime : *nul en France ne plaide par procureur.* — *Cass.*, 6 avr. 1831, Changeur c. Reilly.

1107. — La maxime que *nul en France, excepté le roi, ne plaide par procureur*, ne peut être invoquée comme moyen de cassation qu'autant qu'elle a été soumise aux juges devant lesquels l'action du fond a été portée, et qu'on en a fait l'objet d'une discussion. — *Cass.*, 20 août 1839 (t. 1er 1840, p. 380), Michaud c. Verchères; 9 juin 1841 (t. 2 1841, p. 101), Marsuzzi c. Pertat.

1108. — Le demandeur en cassation n'est point recevable à prétendre, à l'appui de son pourvoi, que son adversaire n'avait pas d'action directe contre lui, lorsqu'il n'a fait valoir ce moyen ni en première instance ni en appel. — *Cass.*, 18 juill. 1827, Lacaze c. Delamarre.

1109. — Une partie qui n'a pas conclu elle-même à ce qu'une demande en sursis formée par son adversaire fût accueillie, ne peut critiquer devant la cour suprême le rejet de cette demande. — *Cass.*, 14 avr. 1836, Gugenheim.

1110. — *Incompétence.* — L'exception tirée de ce qu'un tribunal de commerce était incompétent à raison de la nature de la contestation, ne peut plus être présentée devant la cour suprême quand on a négligé de la faire valoir en cour d'appel. — *Cass.*, 13 mai 1833, Legros c. Saillard.

1111. — Mais l'exception d'incompétence *ratione materiæ* peut être présentée en tout état de cause et même devant la cour de Cassation. — *Cass.*, 26 août 1825, Martin.

1112. — On ne peut invoquer pour la première fois devant la cour de Cassation la fin de non-recevoir opposée à une exception d'incompétence, et tirée de ce que cette exception n'aurait pas été proposée avant toute défense au fond. — *Cass.*, 31 janv. 1838 (t. 1er 1838, p. 240), Patu de Rosemond c. Camin et Mellinet.

1113. — On ne peut se plandre en cassation pour la première fois de ce qu'un tribunal de première instance aurait été incompétent comme tribunal de commerce, si cette exception d'incompétence n'avait été proposée ni devant le tribunal ni devant la cour. — *Cass.*, 5 juill. 1837 (t. 2 1837, p. 370), Sillac-Lapierre c. Boussairolles.

1114. — Lorsqu'un jugement du tribunal de commerce, intervenu sur une action civile, a été confirmé sur l'appel, l'arrêt qui s'est approprié cette décision n'est pas susceptible de cassation, si l'incompétence n'a été proposée ni devant les premiers juges ni devant la cour. — *Cass.*, 24 janv. 1832, Boursier c. Lecavelier.

1115. — *Nullité de procédure.* — On ne peut proposer pour moyens de cassation des nullités de procédure commises en première instance et qui n'ont pas été invoquées en appel. — *Cass.*, 24 août 1832, Maquillé.

1116. — On ne peut proposer devant la cour de Cassation un moyen de forme contre la décision des premiers juges, si ce moyen n'a pas été opposé sur l'appel. — *Cass.*, 30 nov. 1831, Lépingleux.

1117. — *Connexité.* — L'exception de renvoi pour cause de connexité ne peut être, pour la première fois, proposée devant la cour de Cassation. — *Cass.*, 17 avr. 1837 (t. 1er 1837, p. 489), Hermel c. Delgrange.

1118. — *Litispendance.* — L'exception de litispendance ne peut être proposée pour la première fois devant la cour de Cassation. — *Cass.*, 23 déc. 1840 (t. 1er 1841, p. 518), Berret c. Pollan.

1119. — *Communication de pièces.* — Une partie n'est pas recevable à se plaindre devant la cour de Cassation de ce qu'une communication de pièces qu'elle aurait demandée en première instance lui aurait été refusée, alors qu'il n'appert d'aucunes conclusions prises en appel que la même demande ait été formée devant la cour royale. — *Cass.*, 29 janv. 1838 (t. 1er 1838, p. 500), Beaumier c. Gauffriau et Dugray.

1120. — *Garantie.* — On ne peut se faire un moyen de cassation de ce qu'on n'aurait pas obtenu contre un prétendu garant une condamnation récursoire qui n'aurait été demandée ni en pre-

mière instance ni en appel. — *Cass.*, 21 juin 1842 (t. 2 1842, p. 62), Revel c. Faudoas.

1121. — *Faux incident.* — La cour de Cassation ne peut pas connaître d'une demande en inscription de faux contre des énonciations dans des actes produits en première instance.—*Cass.*, 31 mai 1831, Grouet.

1122. — *Enquête.*— La partie qui n'a pas expressément conclu devant la cour royale à la nullité d'une enquête, sur le fondement qu'elle n'y aurait pas été représentée par son avoué, ne peut être admise à présenter ce moyen pour la première fois devant la cour de Cassation. — *Cass.*, 12 juin 1838 (t. 2 1838, p. 11), Gellas.

1123. — Une partie ne peut exciper pour la première fois devant la cour de Cassation de ce que le dispositif du jugement ordonnant une enquête n'aurait pas été signifié aux témoins. — *Cass.*, 2 avr. 1845 (t. 1er 1845, p. 431), Martin et Souchy c. Gouziau, Souchy et Louberg.

1124. — On ne peut se faire un moyen de cassation de ce que des témoins n'auraient pas dû, en raison de leur position, être entendus dans une enquête, si ce reproche n'a pas été présenté devant les juges de la cause. — *Cass.*, 12 août 1834, Lecomte.

1125. — La partie qui s'est pourvue régulièrement en cassation contre un jugement définitif peut se prévaloir des irrégularités commises dans d'autres jugemens qui feraient corps avec lui et en seraient les élémens, tel que celui qui statuerait sur des reproches de témoins, encore bien que le pourvoi ne soit pas dirigé spécialement contre eux. — *Cass.*, 11 juin 1842 (t. 2 1842, p. 731), Deville c. Debas.

1126. — *Expertise.* — On n'est pas recevable à se plaindre pour la première fois devant la cour de Cassation d'une nomination d'expert faite irrégulièrement par les juges de première instance.— *Cass.*, 22 fév. 1827, Delacroix c. Dufay.

1127.—On ne peut pas proposer, comme moyen de cassation, des nullités puisées dans les art. 303 et 317, lorsque ces nullités n'ont pas été précisées devant les juges de la cause, et qu'on s'est borné à conclure vaguement à la nullité de l'expertise.— *Cass.*, 26 mai 1835, Pelletan et Delamarre c. Vigier.

1128.— Une partie ne peut se faire un moyen de cassation de ce qu'un jugement aurait été rendu après un simple rapport verbal à l'audience d'un expert ou d'un arbitre commis, si ce moyen n'a été invoqué devant les tribunaux ordinaires. — *Cass.*, 7 mai 1833, Goulard.

1129. — *Récusation.* — Un moyen de récusation, quoique fondé, ne peut être proposé devant la cour de Cassation, s'il ne l'a point été devant les juges d'appel.—*Cass.*, 25 flor. an XIII, com. d'Allemagne.

1130. — *Désistement.* — Lorsqu'on n'a ni opposé en première instance ni sur l'appel le désistement de la partie adverse, on ne peut s'en faire un moyen de cassation. — *Cass.*, 5 avr. 1825, Guiscz c. Piecq.

1131. — *Acquiescement.* — On ne peut invoquer pour la première fois en cour de Cassation des faits et actes dont on prétendrait faire résulter un acquiescement à un jugement. — *Cass.*, 25 fév. 1840 (t. 1er 1840, p. 275), comm. de Stenay, Laneuville c. le duc d'Aumale.

1132. — La preuve des faits constituant l'exécution volontaire d'un acte nul ne peut être proposée pour la première fois devant la cour de Cassation. — *Cass.*, 8 nov. 1842 (t. 1er 1843, p. 73), Mattei c. Limarola.

1133. — *Appel.* — L'intimé qui a conclu à la confirmation pure et simple d'un jugement qui ne lui avait adjugé qu'une partie de ses conclusions, ne peut proposer contre l'arrêt qui infirme, en ce qui concerne les chefs accordés en première instance, un moyen de cassation tiré de ce que la cour royale ne se serait pas expliquée sur la portion des conclusions déjà repoussée par les premiers juges.—*Cass.*, 10 janv. 1843 (t. 2 1843, p. 629), Mullot c. Pernelle.

1134. — Les fins de non-recevoir contre l'appel d'une partie ne peuvent être proposées en cassation qu'autant qu'elles l'ont déjà été en cour royale. — *Cass.*, 19 août 1835, Vast.

1135. — On ne peut se faire un moyen devant la cour de Cassation de ce qu'il n'aurait pas été statué sur la nullité proposée de l'acte d'appel, lorsque le demandeur n'a pas, dans ses conclusions, expliqué en quoi consistait cette nullité. — *Cass.*, 7 mars 1838 (t. 1er 1838, p. 350), dame Titon c. son mari.

1136. — *Degrés de juridiction.* — On ne peut invoquer, pour la première fois en cassation, le moyen pris de la violation de la règle des deux juridictions. Ce n'est pas là un moyen d'ordre public. — *Cass.*, 27 avr. 1840 (t. 2 1840, p. 106), de Juigné c. Dulphé.

1137. — La partie qui n'a point excipé en cause d'appel de ce que le jugement de première instance était rendu en dernier ressort, ne peut s'en faire un moyen devant la cour de Cassation.—*Cass.*, 27 avr. 1825, Reiss c. Bommer.

1138.—La partie qui a conclu au fond sans protester contre l'évocation du fond faite par les juges d'appel est non-recevable, quoique la cause ne fût pas en état, à exciper plus tard, comme moyen de cassation, de la violation de la règle des deux degrés de juridiction. — *Cass.*, 24 déc. 1833, Prébois c. Louvel.

1139. — *Demande nouvelle.* — La partie qui n'a pas prétendu devant la cour royale que des conclusions prises par son adversaire constituaient une demande nouvelle est non-recevable à proposer pour la première fois ce moyen devant la cour de Cassation.— *Cass.*, 3 janv. 1844 (t. 1er 1844, p. 360), syndics Durand c. Durand.

1140. — Jugé de même que le moyen tiré de ce que la cour dont l'arrêt est attaqué a statué sur une demande nouvelle ne peut être proposé pour la première fois devant la cour de Cassation. — *Cass.*, 24 déc. 1844 (t. 1er 1845, p. 66), Lepetit de Montfleury c. Réméon de Longueveau.

1141. —*Exécution.* — Une partie qui s'est défendue au fond en première instance et en appel, n'est pas recevable à invoquer devant la cour de Cassation, contre le titre qui lui est opposé, un nouveau moyen de nullité fondé, par exemple, sur ce que la formule exécutoire de ce titre n'avait point été rectifiée conformément à l'art. 545, C. procéd., et à l'ordonnance du 30 août 1815.— *Cass.*, 10 août 1824, Carray c. Bischon de Latour.

1142. — On ne peut invoquer en cassation un moyen résultant de ce que les juges français, dans la révision d'un jugement étranger dont l'exécution était demandée en France, ont fait porter leur décision sur un point qui n'avait fait l'objet d'aucun débat devant les tribunaux étrangers, lorsque ce moyen n'a été présenté ni en première instance, ni en appel.—*Cass.*, 1er avr. 1839 (t. 2 1839, p. 314), Longpré c. de Clouet.

1143. — *Reddition de compte.* — N'est pas recevable en cassation le moyen tiré de ce qu'un arrêt a déclaré n'y avoir lieu à ordonner, quant à présent, la reddition d'un compte, lorsque cette reddition n'a pas été formellement demandée en appel. — *Cass.*, 12 janv. 1830, Dupin.

1144. —*Taxe.*— On n'est pas recevable à proposer pour la première fois devant la cour de Cassation un grief de taxe qui n'a pas été proposé devant les premiers juges. — *Cass.*, 28 nov. 1826, Dupuis c. de Bouqueval.

1145. — *Saisie-arrêt.* — On ne peut alléguer pour la première fois devant la cour de Cassation que le jugement qui a validé une saisie-arrêt serait en contradiction avec la chose jugée par un précédent jugement. — *Cass.*, 25 janv. 1825, Bizet c. Cornaton.

1146. —*Saisie immobilière.* — La tardiveté d'une demande en nullité de saisie immobilière ne peut être proposée pour la première fois devant la cour de Cassation.—*Cass.*, 21 mars 1827, Brouard c. Baudoin.

1147.—Est non-recevable en cassation un moyen *indiqué* seulement et indirectement dans des conclusions d'appel; par exemple, si, ce moyen étant tiré de ce qu'une adjudication définitive a été ordonnée *immédiatement* après le jugement prononçant sur les moyens de nullité postérieurs à l'adjudication préparatoire, et non après les délais fixés par la loi, on avait seulement dit, en concluant à l'annulation, soit du jugement, soit de l'adjudication définitive, qu'il a été prononcé le même jour et *immédiatement*.— *Cass.*, 24 juin 1834, Lenud.

1148. — *Ordre.* — Le créancier dont la demande en collocation à fin de privilége a été rejetée en appel, sur le motif qu'elle n'avait pas été formée en première instance, ne peut contredire en cassation cette assertion de l'arrêt attaqué par la production d'une pièce propre à démontrer le contraire, s'il n'est pas constant que cette pièce là même ait été déjà produite. — *Cass.*, 26 frim. an XIII, Mun.

1149.—*Autorisation de femme mariée.*—Le moyen résultant du défaut d'autorisation d'une femme mariée pour ester en première instance ne peut point être proposé en cassation, s'il ne l'a pas été sur l'appel. — *Cass.*, 10 mai 1831, Bailac c. Nogarolles; 23 août 1832, Prisonnier.

1150. —La nullité résultant de ce que l'autorisation donnée par un tribunal de première instance à une femme mariée pour ester en justice aurait été irrégulière ou tardive ne peut être opposée devant la cour de Cassation, alors qu'il n'en a pas été excipé devant la cour royale. — *Cass.*, 29 juin 1842 (t. 2 1842, p. 670), de Sainneville c. Burel.

1151. — Le mari lui-même ne peut, devant la cour de Cassation, opposer à sa femme le défaut d'autorisation, lorsqu'il ne s'en est prévalu ni en première instance, ni en appel, et qu'il a plaidé volontairement au fond. — *Cass.*, 16 nov. 1825, de Cairon c. sa femme.

1152.—Néanmoins, le défaut d'autorisation peut être invoqué par la femme *en tout état de cause*, même devant la cour de Cassation, qu'elle soit demanderesse ou défenderesse. — *Cass.*, 5 août 1840, (t. 2 1840, p. 205), de Sainneville c. de Narbonne-Pelet. — V. AUTORISATION DE FEMME MARIÉE.

1153. — *Autorisation de commune.* — La nullité résultant du défaut d'autorisation d'une commune ne peut être proposée pour la première fois devant la cour de Cassation. — *Cass.*, 2 fév. 1833, Pinçon c. la section du Berval, comm. de Bonneuil.

1154.—Le défaut d'autorisation d'une commune ne peut être proposé par son adversaire pour la première fois devant la cour de Cassation.—*Cass.*, 15 avr. 1833, Lacroix c. comm. de Rouffach; 30 mai 1837 (t. 1er 1837, p. 567), D'Aubigny c. habit. de la Sole et de Jean-Guyard.

1155. — Jugé cependant que le défaut d'autorisation de plaider d'une commune constitue une nullité d'ordre public qu'on peut invoquer devant la cour suprême pour la première fois, si la commune a perdu son procès. — *Cass.*, 17 nov. 1835, sections de Trélans c. Sinègre. — V. AUTORISATION DE PLADER.

1156. —*Fabriques.* — On ne peut, devant la cour de Cassation, prétendre qu'une fabrique n'a pas été autorisée à plaider, lorsque les qualités de l'arrêt attaqué énoncent le contraire, et qu'on n'a pas formé opposition à ces qualités. — *Cass.*, 1er fév. 1825, Senot c. fabrique de Cassagnoles.

1157. — *Arbitrage.* — On ne peut proposer pour la première fois en cour de Cassation l'exception d'incompétence tirée de ce que l'homologation d'une sentence rendue par des arbitres volontaires a été faite par le tribunal de commerce, au lieu de l'être par le tribunal civil. — *Cass.*, 18 mai 1824, Pouilly c. Guillon.

1158. — On ne peut se faire un moyen de cassation de ce qu'on a plaidé devant les tribunaux, malgré les termes d'un compromis qui constituait un arbitrage entre les parties, si cette exception n'a été proposée ni en première instance ni en appel. — *Cass.*, 13 juin 1831, Lafitte c. Morel.

1159. — On peut proposer pour la première fois devant la cour de Cassation le moyen de nullité d'une sentence arbitrale, tiré de ce qu'elle a été rendue exécutoire par le président d'un tribunal de commerce, tandis qu'elle aurait dû l'être par le président d'un tribunal civil.—*Cass.*, 14 juin 1831, Grimoult c. Delamarre.

§ 3. — *Matière commerciale.*

1160. — *Société commerciale.* — Le moyen tiré de ce qu'une société commerciale n'a pas été affichée ni publiée conformément à la loi, ou de ce que tous les profits de la société ont été attribués à l'un des associés, ne peut être proposé en cassation, s'il ne l'a pas été devant les tribunaux. — *Cass.*, 22 janv. 1834, Dupuy.

1161. — Le moyen tiré de ce qu'une cour royale, en reconnaissant à une société le caractère de société en commandite, aurait cependant retenu la connaissance du litige, au lieu de renvoyer devant arbitres, ne peut être présenté pour la première fois devant la cour de Cassation. — *Cass.*, 21 juin 1842 (t. 2 1842, p. 62), Revel c. de Faudoas.

1162. — Le moyen d'incompétence tiré de ce qu'une contestation entre associés, à raison de la société, aurait été portée devant un tribunal de commerce, et par suite devant la cour royale, au lieu de l'être devant arbitres, ne peut être présenté pour la première fois devant la cour de Cassation. — *Cass.*, 5 juill. 1837 (t. 2 1837, p. 370), Sillac-Lapierre c. Boussairolles.

1163. — *Courtage.* — Les opérations qui ont donné lieu à la demande en paiement de droits de courtage ne peuvent être déclarées illicites en cassation. — *Cass.*, 16 avr. 1838, Séguin.

1164. — *Marché à terme.* — On ne peut se faire un moyen de cassation de ce que l'arrêt attaqué aurait admis une action relative à des marchés à terme quand on a négligé de proposer cette exception, tant en première instance qu'en appel. — *Cass.*, 29 nov. 1834, Quenesson c. Vidil-Fayolle.

1165. — On ne peut invoquer en cassation pour la première fois la nullité prise de ce que des marchés à terme ne constituent, dans la réalité, que des jeux ou paris. — Même arrêt.

1166. — *Lettres de change.* — La cour de Cassation ne peut décider qu'une lettre de change n'a pour cause qu'une obligation *purement civile*, en vertu de laquelle la contrainte par corps ne peut être prononcée, si la cour royale avait jugé que cette cause était *commerciale* de sa nature.—*Cass.*,

31 déc. 1839 (t. 1er 1840, p. 47), Gonthier c. Fromage.

1167. — On ne peut proposer pour la première fois en cassation l'exception qui résulterait de la qualité de tiers-porteur. — *Cass.*, 5 mars 1833, Agache.

1168. — Le moyen résultant de ce que le tireur aurait été en faillite à l'époque de la création des traites, en supposant qu'il pût être invoqué par celui qui avait promis d'accepter, ne pouvait être présenté pour la première fois en cassation. — *Cass.*, 22 vent. an XII, Parthon c. Hèbre Saint-Clément et Rouzeau.

1169. — *Tribunal de commerce.* — La cour de Cassation ne peut connaître des vices reprochés au jugement d'un tribunal de commerce, s'ils n'ont pas été invoqués devant la cour d'appel. — *Cass.*, 5 brum. an XI, Bosset.

1170. — L'incompétence des tribunaux civils en matière commerciale ne peut être opposée pour la première fois devant la cour de Cassation. — *Cass.*, 9 janv. 1838 (t. 1er 1838, p. 631), Loisel c. Pluchard.

1171. — *Conseil de prud'hommes.* — On ne peut se faire un moyen de cassation de ce que des jugemens d'un conseil de prud'hommes n'auraient été rendus que par quatre juges, au lieu de cinq ou un plus grand nombre, si ce moyen n'a pas été proposé en appel. — *Cass.*, 28 avr. 1830, Wiltz Blech.

§ 4. — *Matières diverses.*

1172. — *Enregistrement.* — On ne peut opposer *de plano*, devant la cour de Cassation, la nullité prise de ce qu'un redevable, en attaquant une contrainte décernée contre lui, n'a pas suivi la marche prescrite par l'art. 64, L. 22 frim. an VII. — *Cass.*, 19 flor. an XII, Enregist. c. Lafon.

1173. — La régie ne peut se faire un moyen de cassation de ce que le tribunal aurait violé un article de la loi du 22 frim. an VII, en n'ordonnant pas la perception d'un droit sur un acte, si elle avait omis devant les premiers juges de réclamer cette perception. — *Cass.*, 26 janv. 1831, Enregist. c. Détourbet.

1174. — *Notaire.* — Lorsqu'un notaire a été poursuivi disciplinairement, à la requête du ministère public, pour un fait qui constituerait une infraction à la défense d'*offrir son ministère sans réquisition*, et qu'il a été mis hors de cause, le ministère public ne peut prétendre pour la première fois devant la cour de Cassation que le même fait constitue une infraction à l'*obligation de résider.* — *Cass.*, 15 juill. 1840 (t. 2 1840, p. 171), Boissel c. Mauchou.

1175. — *Discipline.* — Le moyen tiré de ce que la décision d'un conseil de discipline a été attaquée par voie d'appel et non par voie d'opposition ne peut être proposé utilement pour la première fois devant la cour de Cassation. — *Cass.*, 26 déc. 1842 (t. 1er 1843, p. 666), Borne de Grandpré.

1176. — *Forêts.* — Il n'y a pas ouverture à cassation en ce que les juges d'appel auraient, sans en donner de motifs, changé la qualification que les objets litigieux avaient reçue des premiers juges (en ce que, par exemple, dans une contestation relative à l'abattage de certains arbres, ils auraient qualifié *haute futaie* des arbres que les premiers juges auraient qualifiés *baliveaux*), alors même qu'il aurait pu en résulter une différence pour le fond du droit, si d'ailleurs cette qualification n'a fait l'objet d'aucune contestation ni en première instance, ni en appel. — *Cass.*, 14 mars 1838 (t. 2 1838, p. 339), de Montlezun c. Ramès.

1177. — *Cantonnement.* — On ne peut fonder un moyen de cassation sur ce qu'un décret, prétendu applicable au cantonnement, aurait été violé par le tribunal de première instance, si ce moyen n'a pas été proposé devant la cour royale. — *Cass.*, 20 août 1828, Préfet de la Nièvre c. Moreau.

1178. — *Expropriation pour utilité publique.* — En matière d'expropriation pour cause d'utilité publique, les moyens propres à justifier un pourvoi peuvent être suppléés d'office par la cour de Cassation. — *Cass.*, 11 janv. 1836, Préfet de la Côte-d'Or.

1179. — On ne peut opposer pour la première fois en cassation l'irrégularité résultant de ce qu'en matière d'expropriation la notification de la liste des jurés a été faite aux parties intéressées au moins huit jours avant la réunion du jury. — *Cass*, 13 janv. 1840 (t. 1er 1840, p. 54), Favier.

1180. — *Commune.* — On peut proposer pour la première fois en cassation l'exception tirée du défaut de qualité d'un individu pour représenter une commune. — *Cass.*, 21 nov. 1837 (t. 1er 1838, p. 286), Martin c. comm. de Thianges. — V. *contrà Cass.*, 17 déc. 1838 (t. 1er 1839, p. 345), Guyot c. comm. de Ville-les-Aulesy.

1181. — *Elections municipales.* — En matière d'élections communales, on ne peut se plaindre devant la cour de Cassation de ce qu'un tribunal n'a pas fait droit à une demande fondée sur des pièces qui n'ont pas été produites devant lui. — *Cass.*, 6 juin 1837 (t. 2 1839, p. 451), comm. de Saint-Pierre-le-Vieux c. Laurent.

1182. — *Conseiller municipal.* — Le moyen pris de ce qu'un juge de paix qui, en qualité de conseiller municipal, a participé à la rédaction d'arrêtés municipaux, a néanmoins connu des contraventions à ces arrêtés, n'est pas proposable pour la première fois devant la cour de Cassation. — *Cass.*, 12 mai 1843 (t. 2 1843, p. 610), Moreau.

1183. — *Chemins.* — La cour suprême ne peut connaître pour la première fois de la question de savoir si un règlement ancien, relatif à la largeur des chemins connus anciennement sous la dénomination de vicinaux, était applicable à certaine partie d'une province. — *Cass.*, 10 août 1840 (t. 2 1840, p. 489), Baume c. Paret.

1184. — On ne peut prétendre devant la cour de Cassation qu'un chemin n'a pas le caractère public, lorsqu'un arrêt ou un jugement lui a, conformément aux conclusions d'une partie, donné la qualification de chemin public. — *Cass.*, 23 fév. 1825, Reculard.

1185. — *Presse.* — On ne peut proposer devant la cour de Cassation le fait d'avoir donné, dans le délai prescrit, un mandat à un avoué pour former opposition à un arrêt par défaut, en matière de presse, si ce moyen n'a été invoqué devant les juges du fond. — *Cass.*, 28 août 1834, Laroze.

1186. — *Dette publique.* — L'état ne peut proposer pour la première fois en cassation un moyen pris de la déchéance prononcée par les décrets des 25 fév. 1808 et 13 déc. 1809. — *Cass.*, 11 déc. 1838 (t. 2 1839, p. 392), Préfet des Basses-Pyrénées c. Renaud.

Art. 2. — *Cas dans lesquels un moyen nouveau peut être proposé pour la première fois en cassation.*

1187. — Quelque générale que soit la règle dont nous venons de voir des applications si diverses, il est cependant une exception importante et qu'il faut signaler; c'est que lorsque le moyen est *d'ordre public*, il peut être proposé pour la première fois devant la cour de Cassation.

1188. — Mais il n'est pas toujours facile de déterminer à quels caractères on reconnaît les matières qui touchent à l'ordre public; aussi les magistrats éprouvent-ils souvent des doutes avant de se prononcer.

1189. — Un arrêt de la cour de Cassation du 18 juin 1828 (Enfert c. Bonneau Letang) semble abandonner à l'appréciation des cours royales la question de savoir si une convention blesse l'ordre public. « Je crois, dit M. Tarbé (p. 121), que cette doctrine ne peut être admise sans restriction, et qu'on doit lui préférer celle d'un arrêt du 5 juin 1832 (François c. Haranchipy), qui maintient par des motifs de droit une appréciation de la même nature.

1190. — Quoi qu'il en soit, on reconnait que lorsque le moyen touche à l'ordre des juridictions, il intéresse l'ordre public.

1191. — Ainsi, on peut se prévaloir pour la première fois en cassation d'un moyen d'incompétence absolue. — *Cass.*, 22 mars 1820, Racouchot c. Ballard de la Chapelle.

1192. — On le pourrait même après avoir volontairement procédé devant le tribunal incompétent, car en pareille matière la nullité ne se couvre pas. — V. EXCEPTIONS, NULLITÉS.

1193. — Toutefois, la règle d'après laquelle l'incompétence à raison de la matière peut être invoquée pour la première fois devant la cour de Cassation n'est nullement applicable au cas où le pourvoi est dirigé contre un jugement rendu sur le fond, alors qu'un premier jugement passé en force de chose jugée avait déjà statué sur la compétence. — *Cass.*, 21 août 1843 (t. 1er 1844, p. 428), Administration du pénitencier militaire de Saint-Germain c. Larbouriech-Nadal.

1194. — Il faut également considérer comme étant d'ordre public le moyen tiré de ce que l'autorité judiciaire aurait empiété sur le pouvoir administratif.

1195. — Ainsi jugé que le moyen tiré de l'incompétence judiciaire peut être suppléé d'office par la cour de Cassation. — *Cass.*, 9 juin 1812, Noé.

1196. — ...Que la cour de Cassation peut connaître pour la première fois d'une exception d'incompétence, résultant de ce que l'autorité judiciaire aurait empiété sur les attributions de l'autorité administrative. — *Cass.*, 15 juin 1837 (t. 2 1837, p. 350), Préfet des Ardennes c. la ville de Sédan.

1197. — Jugé aussi que l'incompétence des tribunaux administratifs en matière civile, étant d'ordre public, peut être proposée pour la première fois devant la cour de Cassation. — *Cass.*, 27 août 1839 (t. 2 1839, p. 168), Brame c. les comm. de Bronchaux.

1198. — Jugé cependant qu'un arrêt qui a statué contrairement à des décisions administratives antérieures ne peut être critiqué devant la cour de Cassation, si devant la cour royale on n'a pas excipé de ces décisions. — *Cass.*, 10 mars 1818, Trésor public c. Lemaire.

1199. — Il est encore d'ordre public que les communes soient autorisées à ester en justice, et que, dans les procès où elles figurent, elles soient régulièrement représentées. La jurisprudence, après quelques variations, s'est fixée sur ce point. — V. AUTORISATION DE PLAIDER, COMMUNE.

1200. — Si donc une commune, demanderesse en cassation, se plaint du défaut d'autorisation, elle est recevable à présenter ce moyen pour la première fois.

1201. — Mais si elle a gagné son procès, son adversaire n'est pas recevable à se prévaloir devant la cour de Cassation des irrégularités de la procédure, s'il ne les a pas relevées en cour royale; ce n'est pas en sa faveur, en effet, que la formalité était exigée.

1202. — Il a été jugé, le 6 mai 1840 (t. 1er 1840, p. 627, Furcy c. Lory), qu'un moyen concernant l'état d'un esclave se prétendant ingénu pouvait, quoique nouveau, être proposé en cassation, parce qu'il était d'ordre public.

1203. — Mais on ne peut proposer pour la première fois en cassation un moyen fondé sur l'état de mort civile. — V. *suprà* n° 1025.

1204. — Jugé que la nullité tirée de la composition d'un conseil de famille est d'ordre public et peut dès-lors être invoquée pour la première fois devant la cour suprême. — *Cass.*, 27 août 1840, Morel.

1205. — Jugé aussi que la nullité des conventions formées entre des concessionnaires pour l'exploitation partielle de leur concession, étant d'ordre public, peut être proposée pour la première fois devant la cour de Cassation. — *Cass.*, 4 juin 1844 (t. 2 1844, p. 329), de Castellane c. Michel.

1206. — ... Que la cour de Cassation peut connaître d'un système nouveau, pourvu qu'il ressorte des faits constatés devant les premiers juges. — *Cass.*, 25 juin 1825, Daru.

1207. — ..... Qu'une partie ne propose pas devant la cour suprême un moyen nouveau en attaquant la décision des premiers juges qui reconnaît à son adversaire un droit d'*usage* sur les biens dont elle réclamait la *propriété entière* en première instance et en appel. — *Cass.*, 23 mai 1837 (t. 1er 1837, p. 478), préfet des Pyrénés-Orientales c. Montferré, Escampé et Teulière.

1208. — ... Qu'un moyen peut être proposé devant la cour de Cassation, lorsqu'il a été apprécié d'office par les premiers juges, sans qu'il leur ait été formellement soumis. — *Cass.*, 28 nov. 1826, Coqueret.

1209. — Dans un autre sens, il a été jugé que la nullité d'une clause compromissoire, pour défaut de la désignation du nom des arbitres, ne peut être considérée comme un moyen d'ordre public qu'on puisse invoquer en tout état de cause, et notamment pour la première fois devant la cour de Cassation, ou qui puisse même être suppléé d'office par le juge. — *Cass.*, 3 janv. 1844 (t. 1er 1844, p. 421), Philippon c. Chabert.

1210. — ... Que le moyen présenté pour la première fois devant la cour de Cassation et tiré de ce qu'un arrêt a, par une application erronée du titre, déclaré propriétaire d'une rente une communauté qui en réalité n'y avait aucun droit, n'est pas un moyen d'ordre public qu'on puisse invoquer en cassation pour la première fois. — *Cass.*, 15 fév. 1832, Sollier.

1211. — Si le pourvoi est restreint dans son objet, des moyens de cassation ne peuvent être utilement dirigés contre une partie de la décision tout-à-fait étrangère au but du pourvoi et au défendeur. — *Cass.*, 2 avr. 1839 (t. 1er 1839, p. 461), Fluquet; — Tarbé, p. 121.

CHAPITRE IV. — *Procédure devant la cour de cassation.*

1212. — La procédure devant la cour de Cassation est d'une extrême simplicité, et c'est pour cela sans doute que plusieurs jurisconsultes ont proposé d'appliquer ce mode d'instruction aux autres tribunaux.

1213. — Mais pour peu qu'on réfléchisse à la différence qui existe entre les attributions de la cour de Cassation et celles des tribunaux ordinaires, on reconnaît bien vite que cette idée est impraticable.

1214. — En effet, devant les tribunaux ordinaires, il ne s'agit pas seulement de rechercher quelle est la loi applicable, il faut d'abord et avant tout s'éclairer sur les faits et sur les actes du procès, il faut les vérifier, les constater : de là ces incidens nombreux et variés, de là ces procédures diverses qui viennent compliquer la cause et ralentir le cours de l'instruction, et qui cependant sont indispensables.

1215. — Devant la cour de Cassation, au contraire, rien de semblable : le juge ne connaît point du fond des affaires, il prend pour constans les faits tels qu'ils ont été constatés par le tribunal dont la décision est attaquée, et se borne à examiner si la loi a été violée ou non : or, c'est là une question de *pur droit*, dont la solution est souvent embarrassante sans doute, mais qui, en définitive, ne peut donner lieu à aucun incident particulier.

1216. — Du reste, il est à remarquer que lorsqu'aucun incident ne s'élève dans une instance pendante devant un tribunal ordinaire, l'instruction y est plus prompte et plus simple que devant la cour de Cassation elle-même. Pour s'en assurer, il suffit de comparer le réglement de 1738 avec le tit. 3, liv. 2, C. procéd.

1217. — La procédure de la cour de Cassation est la même que celle du conseil des parties. En effet, lorsqu'en 1790 l'assemblée constituante eut créé et organisé le tribunal de cassation et fixé la compétence, elle s'arrêta là et décida que *provisoirement* les parties seraient tenues de suivre pour la forme de procéder le réglement du 28 juin 1738. — L. 27 nov.-1er déc. 1790, art. 28.

1218. — Depuis cette époque, bien des années se sont écoulées, et dans l'intervalle bien des lois et des décrets sont venus changer l'organisation primitive de la cour de Cassation ; mais quant à la procédure, rien n'a été innové. Il existe à la vérité des réglemens particuliers qui contiennent des dispositions relatives au service intérieur de la cour (Réglem. 4 prair. an VIII ; Ord. 15 janv. 1826) ; mais pour tout ce qui concerne l'instruction des affaires, il faut toujours se référer au réglement de 1738. — V. LL. 2 brum. an IV, art. 28 ; 27 vent. an VIII, art. 90.

1219. — Quoique ce réglement ait suffi jusqu'ici à la marche des affaires, il est à regretter, comme le remarque M. Tarbé (p. 100), que la difficulté de faire des lois sous un gouvernement représentatif ne permette pas de soumettre ce réglement à une révision éclairée dont le soin principal serait d'en accommoder les dispositions à notre époque, et même à la langue usuelle de nos institutions judiciaires.

Sect. 1re. — *Procédure devant la chambre des requêtes.*

Art. 1er. — *Délai du pourvoi.*

1220. — D'après le réglement de 1738 (1re part., tit. 4, art. 13), le délai ordinaire pour le pourvoi était de six mois, à compter, pour les majeurs, du jour de la signification du jugement à personne ou domicile, et pour les mineurs, du jour de la signification faite également à personne ou domicile, mais depuis la majorité acquise.

1221. — Le conseil avait même la faculté d'accorder un relief de temps pour grandes et importantes considérations. — Art. 15.

1222. — Aujourd'hui le délai pour se pourvoir n'est plus le même, des lois particulières l'ont réglé ainsi qu'il suit :

1223. — 1o Le délai est de trois mois du jour de la signification du jugement à personne ou domicile pour tous ceux qui habitent la France continentale. — L. 27 nov. 1790, art. 14.

1224. — ... 2o De six mois pour les habitans de la Corse. — Décr. 11 fév. 1793.

1225. — ...Et pour ceux qui habitent hors de la France continentale, mais en Europe. — Argum. réglem. 28 juin 1738, 1re part., tit. 4, art. 13 ; décr. 11 fév. 1793 ; — Godart de Saponay, *Manuel*, p. 22, *in pr.* ; Tarbé, p. 112 ; Souquet, *Dict. des temps légaux*, vo *Cassation*, 48e tab., 3e col.

1226. — C'est ce qui a été jugé aussi par la cour de Cassation le 22 mai 1838 (t. 2 1838, p. 158), Huck c. préfet du Bas-Rhin.

1227. — ... 3o D'un an à compter du jour de la signification à leur dernier domicile, à l'égard de ceux qui sont absens du royaume pour cause publique. — Réglem. de 1738, 1re part., tit. 4, art. 11 ; L. 2 sept. 1793 ; L. 140, ff., *De regul. juris.* ; — Tarbé, p. 112, no 4 ; Godart, *ubi suprà*, p. 22 ; Souquet, *loc. cit.*, 48e tab., 5e col., no 5.

1228. — ... Et pour les parties qui demeurent dans l'étendue du ressort des conseils supérieurs de la Martinique et de la Guadeloupe. — Réglem. de 1738, tit. 4, art. 12.

1229. — Le délai est le même pour les habitans de la Guyane française et du Sénégal. — Godart, p. 22 ; Tarbé, p. 112 ; Souquet, *loc. cit.* — C'est par analogie qu'on le décide ainsi, car le réglement n'en parle pas.

1230. — Jugé en conséquence que le réglement de 1738, dont l'art. 12 fixe à un an le délai pendant lequel les habitans des colonies de Saint-Domingue, Martinique, Guadeloupe, Canada et Ile-Royale pourront se pourvoir en cassation contre les jugemens signifiés au domicile des parties, est applicable aux habitans de Cayenne ou de la Guyane française. — *Cass.*, 19 (et non 22) vendém. an XII, Beauregard c. Devieux.

1231. — Il en est de même encore pour les pourvois dirigés contre les jugemens rendus par les tribunaux de l'Algérie. — Arg. ord. 18 août 1834, art. 46.

1232. — Ainsi il a été jugé que le délai pour se pourvoir en cassation contre les jugemens du tribunal supérieur d'Alger est d'une année comme pour les colonies situées en deçà du cap de Bonne-Espérance, et non de six mois seulement comme pour la Corse. — *Cass.*, 9 mai 1842 (t. 2 1842, p. 10), Delcambre c. Luxardo. — V. ALGÉRIE, no 212. — Cependant M. Souquet (*Dict. des temps légaux*, vo *Cassation*, 48e tab., 3e col.) est d'un avis contraire.

1233. — 4o Le délai est de deux ans pour les parties qui sont domiciliées dans l'étendue du ressort des conseils supérieurs de Pondichéry et de l'île Bourbon. — Réglem. 1738, tit. 4, art. 12.

1234. — 5o En matière d'expropriation pour cause d'utilité publique, le délai est de trois jours ou de quinze jours, suivant les circonstances. — V. EXPROPRIATION POUR CAUSE D'UTILITÉ PUBLIQUE.

1235. — Adhérer à une demande en cassation, c'est se pourvoir soi-même en cassation ; en conséquence, on ne peut y être recevable que dans les délais fixés par la loi pour ce genre de recours. — *Cass.*, 2 janv. 1811, maire de Medeyrolle et Bonnabaud c. Villaguet.

1236. — Ainsi, le maire d'une commune qui a été mis en cause sur la réclamation d'un droit communal formée par quelques habitans, et condamné ainsi qu'eux, est non-recevable à adhérer au pourvoi formé par ces particuliers, s'il s'est écoulé plus de trois mois depuis la signification qui lui a été faite de l'arrêt attaqué. — Même arrêt.

1237. — Le délai pour se pourvoir en cassation court à partir de la signification du jugement ou de l'arrêt attaqué.

1238. — Cependant la partie condamnée peut former son pourvoi dès le jour du jugement, sans être obligée d'attendre qu'on le lui ait signifié.

1239. — Ainsi un jugement d'expropriation pour cause d'utilité publique peut, comme tout autre jugement, être attaqué en cassation avant d'avoir été signifié. — *Cass.*, 6 janv. 1836, Gaullieur-l'Hardy c. Boyer-Fonfrède.

1240. — Jugé que le pourvoi en cassation formé contre un jugement rendu sur une demande en paiement d'une lettre de change, et qui n'a point été notifié, ne doit pas être déclaré non-recevable, sous le prétexte qu'il se serait écoulé cinq ans, temps suffisant pour opérer la prescription de l'action, aux termes de l'art. 189, C. comm. — En d'autres termes, le délai de trois mois pour le recours en cassation commence à courir seulement du jour de la signification de l'arrêt ou du jugement contre lequel il est dirigé. — *Cass.* 28 juill. 1824, Lefebvre c. Harel.

1241. — Jugé aussi que le pourvoi est recevable tant que la signification n'a pas eu lieu, lors même qu'il y aurait eu signification à avoué. — *Cass.*, 1er mars 1841 (t. 1er 1841, p. 408), Gourgueil c. Bellaud.

1242. — Pour que la signification du jugement ou de l'arrêt qu'on veut attaquer serve de point de départ pour calculer le délai du pourvoi, il faut qu'elle soit régulière.

1243. — Il faut notamment qu'elle ait été faite à personne ou à domicile. — Réglem. 1738, part. 1re, tit. 4, art. 13 ; L. 1er déc. 1790, art 14.

1244. — Ainsi, on peut se pourvoir contre un jugement plus de trois mois après sa signification, si l'huissier qui l'a faite n'a pas indiqué le tribunal près lequel il exerce ses fonctions. — *Cass.*, 22 thermid. an X, préfet des Vosges c. comm. de Thaon.

1245. — ... Ou si le jugement ou l'arrêt n'a pas été signifié au domicile réel. — *Cass.*, 6 juill. 1818, Contrib. indir. c. Messageries.

1246. — Jugé que l'exploit contenant commandement de se conformer à un jugement dont copie est laissée à la partie est une signification suffisante pour faire courir le délai du pourvoi en cassation. — *Cass.*, 19 niv. an XII, Hubert.

1247. — Si la signification est nulle, elle doit être recommencée pour faire courir le délai.

1248. — Puisqu'il faut que la signification pour faire courir ce délai soit faite à personne ou domicile, il est certain qu'une simple signification de jugement à un domicile élu ne suffit pas.

1249. — C'est donc avec raison qu'on a jugé que le délai du pourvoi en cassation ne court qu'à partir de la signification du jugement ou arrêt attaqué, faite à personne ou domicile, et non de celle faite seulement à un domicile élu pour les actes de l'instance. — *Cass.*, 3 fév. 1817, Jousselin c. Enregist.

1250. — ... Que la signification d'un arrêt faite à une partie résidant hors de France, au domicile par elle élu dans le cours de l'instance, n'est pas suffisante, aux termes de l'art. 69, C. procéd., pour faire courir les délais du pourvoi en cassation. — *Cass.*, 3 août 1818, Decoster de Chéry c. Haller.

1251. — ... Que la signification à avoué ou à partie, chez son avoué, d'un arrêt qui ordonne une enquête, ne fait pas courir le délai du pourvoi en cassation ; — Que ce délai ne court, dans ce cas, comme dans tout autre, qu'à partir de la signification à personne ou à domicile. — *Cass.*, 23 (et non 22) mars 1835, comm. de Vernoy c. Duclergei.

1252. — Dans le cas prévu par l'art. 73, C. proc. civ., le délai court du jour de la signification faite au parquet du procureur-général de la cour de Cassation. — C. procéd. civ., art. 69 ; — *Cass.*, 3 août 1818, Ducoster de Chery c. Haller.

1253. — Les délais pour se pourvoir en matière civile sont toujours francs ; c'est-à-dire que ni le jour de la signification, ni celui de l'échéance n'y sont compris. — L. 1er frim. an II, art. 1er ; Réglem 1738, part. 2e, tit. 1er, art. 5 ; Souquet, *Dict. des temps légaux*, vo *Cassation*, 48e tableau, 5e col. no 1er ; Tarbé, p. 111 ; Godart, p. 22 ; Merlin, *Rép.* vo *Cassation*, § 4, no 7.

1254. — Ainsi le pourvoi est tardif s'il est formé le *six septembre* contre un arrêt signifié le *quatre juin* précédent. — *Cass.*, 24 nov. 1823, Lebreton.

1255. — Le délai de trois mois pour se pourvoir n'est jamais augmenté à raison des distances, conformément à l'art. 1033, C. civ. — Tarbé, p. 111 ; Souquet, *ubi suprà*, 48e tableau, 5e col., no 3 ; Bioche, vo *Cassation*, no 239.

1256. — Sous le calendrier républicain, les jours complémentaires ne devaient point être comptés dans le délai pour les pourvois en cassation. — *Cass.*, 11 pluv. an X, Chopin c. Thoury.

1257. — On ne comptait pas dans les délais les jours sans-culottides. — Tarbé, p. 111, 2e col.

1258. — Aujourd'hui, on doit suivre le calendrier grégorien pour la fixation des délais. — Bioche, no 237. — V. APPEL ; CALENDRIER.

1259. — Le pourvoi doit être formé au plus tard le dernier jour du délai avant l'heure fixée pour la fermeture du greffe. Il n'est pas recevable jusqu'à minuit le dernier jour du délai. — *Cass.*, 6 avr. 1842 (t. 2 1842, p. 485), Denuelle Saint-Leu.

1260. — Les délais pour se pourvoir se règlent d'après les lois en vigueur à l'époque où les jugemens ont été rendus. — Merlin, *Répert.*, vo *Cassation*, § 5, no 10.

1261. — Ils courent contre toute personne sans distinction. — Godart, *Manuel*, p. 23.

1262. — ... Et par conséquent contre les mineurs aussi bien que contre les majeurs. — Pigeau, *Procéd.*, t. 1er, p. 546 ; Souquet, vo *Cassation*, 48e tabl., 5e col., no 6.

1263. — Jugé que le réglement de 1738, qui accordait aux mineurs un délai de six mois, à partir de la signification qui leur serait faite après leur majorité, a été abrogé par l'art. 14, L. 1er déc. 1790 ; que dès-lors le pourvoi en cassation formé par des mineurs devenus majeurs, plus de trois mois après la signification de l'arrêt faite à leur tuteur, est non-recevable, bien que, depuis leur majorité, on leur ait fait une nouvelle signification de cet arrêt. — *Cass.*, 5 juin 1832, Fleury Pichon c. Basset.

1264. — Jugé de même que le délai du pourvoi en cassation n'est sujet à aucune prorogation ni renouvellement en faveur des mineurs ; que dès-lors un pourvoi formé dans l'intérêt de mineurs est nul s'il est déposé plus de trois mois après la signification de l'arrêt attaqué, encore bien qu'il n'ait été déposé que comme rectification d'un premier pourvoi formé dans le délai, mais où l'on a par erreur indiqué comme demandeur le père décédé des mineurs, au lieu d'indiquer les mineurs eux-mêmes. — *Cass.*, 27 juin 1844 (t. 2 1844, p. 606), Freyssinier c. Cabanel.

1265. — Jugé toutefois qu'un mineur avait trente ans pour se pourvoir en cassation contre un jugement qui lui aurait été signifié avant la loi de 1790, si la signification n'avait pas été réitérée depuis sa majorité ou depuis la promulgation de cette loi. — *Cass.*, 7 flor. an X, Carrion-Nisas c. Spinola.

1266. — Le délai du pourvoi court contre le domaine de l'état, aussi bien que contre les majeurs. — *Cass.*, 23 brum. an X, préfet du Calvados c. comm. de Grainville.

34 CASSATION (mat. civ.), ch. 4, sect. 1re.

1267. — Jugé que la faculté accordée aux agens du gouvernement par le réglement du conseil de 1738, de former leurs pourvois en cassation hors des délais fixés, est abrogé par l'art. 14, L. 27 nov.-1er déc. 1790, qui assujétit à la fatalité du délai qu'il détermine tous ceux qui habitent la France, sans aucune distinction quelconque, et sans que, sous aucun prétexte, il puisse être donné des reliefs de laps de temps.—Ainsi, en matière de recrutement, un préfet est non-recevable à se pourvoir en cassation contre un arrêt de cour royale, lorsque trois mois se sont écoulés depuis la signification qui lui a été faite de cet arrêt à personne ou à domicile. — *Cass.*, 7 fév. 1827, préfet de Lot-et-Garonne c. Delsol; 8 fév. 1827, préfet de Lot-et-Garonne c. Méral.

1268. — Si la partie condamnée meurt dans le délai sans avoir formé son pourvoi, le délai est suspendu, et un nouveau délai de trois mois commence à courir contre les héritiers, majeurs ou mineurs, à compter de la signification à eux faite à personne ou domicile. — Réglem. de 1738, 1re part., tit. 4, art. 14; argum. L. 1er déc. 1790, art. 28; L. 27 vent. an VIII, art. 90; — Godart, p. 24.

1269. — Mais le délai pour se pourvoir en cassation contre un jugement indûment qualifié en dernier ressort n'a pas été suspendu par l'appel qui a été mal à propos interjeté de ce jugement, contre lequel la loi n'ouvrait que la cassation. Il importe peu qu'en déclarant l'appel non-recevable le tribunal d'appel ait renvoyé les parties à prendre la voie de cassation.— *Cass.*, 2 thermid. an VIII, Lafargue c. Grégoire.

1270. — Suivant la loi du 6 brum. an V, les défenseurs de la patrie et autres citoyens attachés au service de terre et de mer pendant la guerre ont trois mois pour se pourvoir à compter de la publication de la paix générale ou de la signature du congé absolu qui leur a été délivré avant cette époque. Le délai est étendu à huit mois pour ceux qui avaient leur service dans les colonies, en deçà du cap de Bonne-Espérance, et à deux ans pour ceux employés au-delà.

1271. — Suivant Merlin (*Répert.*, vo *Cassation*, § 5, no 10), cette loi, quoique faite pour la guerre qui régnait alors, doit être appliquée à tous les cas de guerre sans distinction; il y a même raison de décider.

1272. — La disposition de l'art. 2 de la loi du 6 brum. an V ne s'applique pas à un gendarme qui n'a point réellement fait partie de l'armée.—*Cass.*, 14 nov. 1827, Jamet c. Dubiez.

1273. — Les militaires ou marins en activité de service ne sont pas déchus du bénéfice de la suspension du délai de recours en cassation à eux accordé en temps de guerre, par cela seul qu'ils se seraient trouvés fortuitement à leur domicile au moment où y aurait été faite la signification du jugement par eux attaqué. — *Cass.*, 26 pluv. an XI, Chenevières c. Lacaze; — Troplong, *Prescription*, no 705; Merlin, *Rép.*, vo *Cassation*, § 5, no 10.

1274. — Les gens de mer absens du territoire français, en Europe, pour cause de navigation, sans avoir acquis ou fixé leur domicile, soit dans les colonies françaises, soit en pays étranger, ont trois mois, à compter de leur retour en France, pour se pourvoir en cassation des jugemens rendus contre eux pendant leur absence. — L. 2 sept. 1793, art. 1er; — Godart, p. 22 et 23; Tarbé, p. 112.

1275. — La durée de l'absence et l'époque du retour en France sont justifiées par des extraits en bonne forme des rôles des bureaux des classes. — *Ibid.*

1276. — Il faut d'ailleurs que la signification ait été faite, autrement ils se trouveraient moins favorisés que toute autre personne, puisqu'il pourrait arriver qu'ils n'eussent pas connaissance de l'arrêt rendu contre eux. — Bioche, vo *Cassation*, no 248.

1277. — Aux termes de la loi du 22 août 1793, les délais pour se pourvoir en cassation ne commencent à courir que quinze jours après la cessation des troubles et l'entier rétablissement de l'ordre pour tous les citoyens situés dans les départemens en révolte.

1278. — Une autre loi du 23 frim. an II a appliqué la disposition de celle du 22 août 1793 aux départemens occupés par l'ennemi, aux villes bloquées, assiégées ou en état de siége, aux pays envahis et à ceux où le peuple s'était levé en masse pour s'opposer aux incursions de l'ennemi. — Tarbé, p. 260.

1279. — Jugé que les lois des 22 août 1793 et 23 frim. an II, déclarant que les délais fixés pour le pourvoi en cassation ne courraient contre les habitans des villes bloquées par l'ennemi ou en état de rébellion que quinze jours après le rétablissement de l'ordre, n'ont pu être invoquées par les habitans de la Guyane française durant la guerre avec l'Angleterre. — *Cass.*, 19 vend. an VII, Beauregard c. Devieux.

1280. — Jugé, au contraire, que le recours en cassation contre les jugemens rendus à la Martinique, pendant l'occupation de cette île par les Anglais, a pu être exercé, même après le délai d'un an depuis l'évacuation de cette île et sa rentrée sous la domination française, si les parties avaient légalement déclaré leur pourvoi devant l'autorité compétente dans les quatorze jours fixés par les lois anglaises. — *Cass.*, 10 août 1825, Dumoulier de la Brosse c. Lejeune de Lamotte.

1281.— Jugé de même qu'un arrêt rendu par la cour royale de la Guadeloupe, pendant que cette colonie était au pouvoir des Anglais, a pu être attaqué par la voie de cassation, dans l'année de la reddition de l'île à la France, quelle que soit l'époque de la signification de l'arrêt, si, dans les quatorze jours de la date de cet arrêt, la partie condamnée a fait sa déclaration de recours au conseil du roi d'Angleterre, conformément à l'arrêté du gouvernement britannique. — *Cass.*, 18 fév. 1819, Thélusson; 15 avr. 1819, Régis Leblanc; 27 fév. 1822, Pasturin c. Barbes.

1282.—Les demandes en cassation des jugemens d'arbitres forcés rendus avant le 1er vendém. an IV devaient, d'après la loi du 12 prair. an IV, être formées dans les trois mois à compter de la publication de cette loi. — Jugé que cette disposition n'a pas été modifiée par l'art. 8, L. 9 vent. an XII, qui n'est applicable qu'au sursis ordonné par la loi du 21 prair. an IV relative au partage des biens communaux. — *Cass.*, 27 brum. an XIV, Delarue c. comm. de Leurville.

1283. — Jugé également que le pourvoi en cassation formé contre un jugement arbitral rendu en matière de biens communaux, à l'égard duquel les délais du recours n'étaient pas expirés au moment de la promulgation de la loi du 12 prair. an IV, est recevable dans les trois mois de la signification dudit jugement.—*Cass.*, 28 mai 1816, Dandlaw c. comm. de Ronchamp.

1284.— Lorsque, avant la loi du 21 prair. an IV, des biens prétendus communaux ont été partagés aux termes de la loi du 10 juin 1793, et en vertu des jugemens d'arbitres forcés, le délai pour se pourvoir en cassation contre ces jugemens n'a pas couru pendant tout le temps qui s'est écoulé depuis la publication de la loi de prairial jusqu'à celle de la loi du 29 vent. an XII, et un nouveau pourvoi a pu être formé par la même partie, si le délai de sursis n'était pas encore expiré. —*Cass.*, 24 mars 1807, de Valence et de Belissens c. comm. de Saint-Jory.

1285. — Le délai ne court pas contre celui qui est dans l'impossibilité d'agir, en ce sens qu'il est suspendu et qu'on ne doit pas regarder comme courus les jours où l'impossibilité d'agir a réellement existé. — Godart, p. 23.

1286. — Lorsque le pourvoi est formé hors des délais, il y a déchéance. — V. *suprà* no 841.

1287. — Ainsi, un pourvoi en cassation est non-recevable lorsqu'il est formé plus de trois mois après la signification de la décision attaquée.—*Cass.*, 9 déc. 1806, Enregist. c. Moyer; 29 nov. 1836, Clin.

1288. — Jugé en conséquence qu'on n'est plus recevable à se pourvoir contre un arrêt qui a jugé définitivement un incident, trois mois après la signification de cet arrêt, lors même que le délai du pourvoi contre l'arrêt définitif ne serait pas expiré. — *Bruxelles*, 12 fév. 1822, Schœder.

1289. — .... Que le pourvoi en cassation contre l'arrêt qui admet une requête civile doit être, à peine de déchéance, formé dans les trois mois de la signification de cet arrêt. — Ce n'est pas là une décision purement préparatoire contre laquelle le pourvoi soit encore recevable en même temps que contre l'arrêt définitif.—Par suite, et si, la requête civile ayant été admise pour omission de statuer sur un des chefs de demande, le pourvoi dirigé tant contre l'arrêt d'admission que contre l'arrêt définitif ne porte que sur la violation de la chose jugée par l'arrêt frappé de requête civile, la déchéance du pourvoi contre l'arrêt d'admission rend inutile l'examen du pourvoi contre l'arrêt définitif. — *Cass.*, 18 fév. 1839 (t. 1er 1839, p. 258), Walsh-Serrant et de la Tour-du-Pin-Mautauban c. Meurinne.

1290. — Quand le pourvoi en cassation est tardif, il doit être rejeté, lors même que le défendeur n'en invoquerait pas la tardiveté. — *Cass. belge*, 20 fév. 1819, Vandoeren c. de Lannoy.

1291. — Jugé de même que la section des requêtes peut, d'office, rejeter un pourvoi formé après l'expiration du délai.—*Cass.*, 6 avr. 1819, Andréas de Marcy. — V. aussi *suprà* no 338.

1292. — La partie qui oppose qu'un pourvoi en cassation a été formé hors des délais, doit justifier de l'exploit de signification du jugement attaqué, qui ne peut être remplacé par aucune autre pièce du procès.—*Cass.*, 13 fév. 1822, Dumont c. comm. de Carvin-Epinay.

1293. — Le pourvoi en cassation dirigé tout à la fois contre un jugement de compétence et contre un jugement du fond est non-recevable à l'égard du premier de ces jugemens, s'il s'est écoulé plus de trois mois depuis la signification, encore bien qu'il ait été formé en temps utile contre le second. — *Cass.*, 21 août 1843 (t. 1er 1844, p. 425), Administration du pénitencier militaire de Saint-Germain c. Tabouriech-Nadal.

1294. — Mais le pourvoi en cassation contre un arrêt n'est pas non-recevable, par cela que d'autres décisions rendues depuis en dernier ressort, et par suite de cet arrêt, n'ont pas été attaquées par la même voie dans les trois mois de leur signification. — *Cass.*, 18 nov. 1812, Petou et Soymier c. Delarue.

1295. — La déchéance d'un pourvoi pour inobservation du délai, prononcée en faveur de quelques individus, ne profite pas à d'autres dont les droits ne sont pas les mêmes, à moins qu'il n'y ait indivisibilité. — V. APPEL.

1296. — Le réglement de 1738 permettait de relever des déchéances encourues, d'accorder des prorogations. La loi des 27 nov.-1er déc. 1790 (art. 14) a abrogé cette partie du réglement.—La disposition de cette loi a été répétée par la loi du 2 brum. an IV, art. 15.

1297. — Jugé aussi que l'art. 12, tit. 4, 1re part., réglem. 1738, qui permettait d'accorder des reliefs de temps pour se pourvoir en cassation contre les jugemens, même après les délais, a été abrogé par la loi du 2 brum. an IV. — *Cass.*, 19 vendém. an XII, Beauregard c. Devieux.

ART. 2. — *De la consignation de l'amende.*

1298. — Le réglement du 3 janv. 1673, art. 62, ordonnait la consignation de 300 livres pour le roi et 150 livres pour la partie pour les arrêts contradictoires, et pour ceux par défaut de 150 livres pour le roi et de 75 livres pour la partie.

1299. — Le réglement de 1687 ne renouvela pas cette disposition. On voulait rendre par là la juridiction du conseil plus accessible; mais on dépassa le but; les pourvois se multiplièrent tellement qu'il fallut prendre des mesures pour parer à cet inconvénient; c'est ce que fit d'abord l'arrêt du conseil du 3 fév. 1714, c'est ce que fit plus tard le réglement de 1738.

1300. — Malgré cette expérience, les membres du tribunal de cassation, lors de leur première institution, ne voyant dans la consignation de l'amende qu'une mesure purement fiscale, chargèrent une commission d'en demander l'abrogation au pouvoir législatif. — Délibér. 9 mai 1791.

1301. — On ne s'arrêta pas à cette demande, et les choses restèrent dans le même état; seulement le tribunal de cassation accorda des dispenses de consignation d'amende aux indigens (V. *infrà* no 1368).— M. Tarbé affirme (p. 259, no 652, note *a*) qu'une nouvelle expérience démontra qu'on ne pouvait pas donner suite au vœu exprimé par le tribunal de cassation, le 9 mai 1791.

1302. — Aux termes du réglement de 1738, qui est encore en vigueur aujourd'hui, le demandeur en cassation est tenu de consigner la somme de 150 fr. pour l'amende, lorsqu'il s'agit d'un arrêt ou jugement contradictoire, et celle de 75 fr. s'il ne s'agit que d'un arrêt ou jugement par défaut.— Réglem. de 1738, 1re part., tit. 4, art. 5.

1303. — Il faut remarquer que la disposition par laquelle les jugemens par défaut ne sont soumis qu'à la moitié de l'amende n'est pas applicable aux jugemens par défaut sur débouté d'opposition, qui ont le même caractère que les jugemens contradictoires. — *Cass.*, 11 nov. 1836, Béguin; — Tarbé, p. 117 *in fin.*

1304. — L'amende est augmentée du dixième pour subvention de guerre, suivant l'usage; de sorte qu'au lieu d'être de 150 fr. seulement, elle s'élève à 165 quand le jugement est contradictoire, et à 80 fr. 50 c. quand il est par défaut.

1305. — Suivant Tarbé (p. 116), l'amende n'est pas une mesure fiscale, mais un moyen de répression contre la témérité des pourvois.

1306. — « La présomption légale, dit ce magistrat, est en faveur du juge, et toutes les fois que le justiciable élève ses plaintes et ses critiques contre la décision judiciaire, la loi exige une consignation d'amende qui, tout en le forçant à quelques réflexions sur son entreprise nouvelle, donne à la société la certitude que cette sorte d'atteinte à l'autorité du juge ne sera pas impunie. Telle est la nature des amendes en cas de fol appel, de requête civile, de prise à partie, de recours en cassation de faux incident. »

1507. — Rappelons, en passant, que l'amende exigée en cassation n'a pas le caractère pénal des amendes prononcées en matière criminelle; il y a entre les deux espèces d'amendes de notables différences. — V. AMENDE (mat. civ.), nos 2 et suiv.

1508. — L'amende peut être consignée entre les mains de tous les receveurs de l'enregistrement. — Souquet, *Dict. des temps légaux*, vo *Amende*, 14e tabl., 1re col.; — *Cass.*, 12 août 1831, Matussier de Mercœur.

1509. — Cependant, à Paris, il y a un receveur qui est spécialement chargé de percevoir l'amende exigée pour la validité du pourvoi, et c'est à son bureau exclusivement que la consignation s'opère. — Même arrêt.

1510. — La consignation d'amende se prouve par la quittance qu'en délivre le receveur de l'enregistrement.

1511. — Si le receveur de l'enregistrement ne veut pas recevoir la consignation d'amende, son refus peut être constaté par huissier.

1512 — ... Et dans ce cas, le demandeur en cassation peut être déclaré recevable quoiqu'il n'ait pas consigné l'amende; le refus du receveur est considéré comme un cas de force majeure. — *Cass.*, 12 août 1831, Matussier de Mercœur.

1513. — La disposition qui impose au demandeur en cassation l'obligation de consigner préalablement une amende, est générale. — Poncet, t. 2, p. 311, no 548.

1514. — Elle s'applique même aux colons de Saint-Domingue : l'art. 10, L. 30 avr. 1826, qui dispense de tous droits d'enregistrement et de timbre les titres et actes produits dans les affaires relatives à l'indemnité de Saint-Domingue, ne s'étend pas à l'amende. — *Cass.*, 7 août 1834, Valette c. Crevon.

1515. — Elle s'applique aussi aux parties qui se pourvoient en matière disciplinaire. — *Cass.*, 7 juill. 1836, bâtonnier des avocats de Grenoble; — Tarbé, p. 116.

1516. — Il en est de même en matière d'octroi. — *Cass.*, 23 nov. 1837 (t. 2 1839, p. 469), octroi de Marseille c. Gras. — ... Et d'expropriation pour cause d'utilité publique. — *Cass.*, 2 janv. 1837 (t. 1er 1837, p. 577), Arizoli c. comp. du chemin de fer de Saint-Germain; 22 juill. 1839 (t. 2 1842, p. 409), comm. de Saint-Vincent de Paul c. Préfet de la Gironde.

1517. — En matière d'expropriation pour cause d'utilité publique, l'amende n'est que de 75 fr. 50 c. — Toutefois, la recevabilité des pourvois, en pareille matière, n'est pas subordonnée à la consignation préalable de l'amende; il suffit que la consignation ait eu lieu avant l'époque où l'affaire est en état de recevoir arrêt. — *Cass.*, 22 juill. 1839 (t. 2 1843, p. 409), comm. de Saint-Vincent de Paul c. Préfet de la Gironde; 14 déc. 1842 (t. 1er 1843, p. 378), Dupontavice c. Préfet du Calvados; 2 janv. 1843 (t. 1er 1843, p. 129), Lafitte c. Préfet de la Seine.

1518. — ... Du moins quand c'est le propriétaire exproprié qui se pourvoit. — Tarbé, p. 117.

1519. — Dans ce cas, la cour considère le jugement comme rendu par défaut, puisque le demandeur en cassation n'y a pas été appelé. — V. au surplus EXPROPRIATION POUR UTILITÉ PUBLIQUE.

1520. — En matière électorale il n'y a pas d'amende à consigner. — L. 2 juill. 1828, art. 18; L. 19 avril 1831, art. 33. — Pour les autres dispenses, V. *infrà* nos 1359 et suiv.

§ 1er. — *Cas où il faut consigner plusieurs amendes. — Cas où une seule consignation suffit.*

1521. — Le demandeur en cassation qui n'attaque qu'un seul arrêt n'a qu'une seule amende à consigner.

1522. — ... Même lorsque cet arrêt contient des dispositions distinctes en faveur de plusieurs parties. — *Cass.*, 3 janv. 1814, Berthèche c. Augrand-la-Tanchère.

1523. — ... A moins que le demandeur n'attaque successivement les divers chefs et par des pourvois séparés. — Poncet, *Des jugemens*, no 548; Bioche et Goujet, *Dict. procéd.*, vo *Cassation*, 2e édit., no 195; Souquet, *ubi suprà*, vo *Amende*, 14e tableau, 5e col.

1524. — En cas de pourvoi dirigé contre plusieurs arrêts prononcés dans une seule et même cause, il n'est dû qu'une seule consignation d'amende. — *Cour supér. Bruxelles*, 28 juin 1830, Dietz.

1525. — Il en est de même lorsque le pourvoi est dirigé contre plusieurs jugemens ou arrêts dont les uns sont la conséquence des autres. — Poncet, t. 2, no 548; Souquet, *Dictionn. des temps légaux*, vo *Amende*, 14e tabl., 5e col.

1526. — Jugé en conséquence qu'il n'y a lieu de consigner qu'une seule amende lorsque les divers jugemens frappés par le même pourvoi dépendent les uns des autres, et sont relatifs à la même contestation. — *Cass.*, 13 nov. 1844 (t. 2 1844, p. 564), Deschamps c. Brice.

1527. — La consignation d'une seule amende suffit pour la régularité d'un pourvoi en cassation formé contre deux jugemens rendus dans la même instance, et dont l'un a statué sur la compétence, et l'autre sur le fond. — *Cass.*, 21 août 1844 (t. 1er 1844, p. 425), Admin. du pénitentiaire militaire de St-Germain c. Tabouriech-Nadal.

1528. — L'exception d'incompétence et la défense au fond sont deux moyens de résistance à une même demande. En matière commerciale, le même jugement peut statuer sur l'un et l'autre de ces moyens, pourvu que ce soit par des dispositions distinctes. Or on n'a jamais songé à soumettre à une double amende le pourvoi dirigé contre ces deux décisions lorsqu'elles se trouvent réunies dans un même jugement; il n'en saurait donc être autrement lorsqu'elles sont rendues, comme en matière civile, par deux jugemens séparés.

1529. — Jugé en ce sens que le pourvoi formé contre deux jugemens rendus sur une seule et même question, par exemple contre le jugement qui statue sur la compétence et prononce l'évocation, et contre celui qui intervient postérieurement sur le fond, n'est soumis, pour sa régularité, qu'à une seule consignation d'amende. — *Cass.*, 21 déc. 1842 (t. 1er 1843, p. 202), Jesse de Charleval c. Gille.

1530. — La partie qui se pourvoit en même temps contre un jugement interlocutoire et contre un jugement définitif rendus dans la même cause et sur le même objet n'est pas obligée de consigner deux amendes. — *Cass.*, 1er flor. an X, Favre c. Leduchat.

1531. — De même le pourvoi formé contre deux arrêts ne donne lieu à la consignation que d'une seule amende lorsque, dans la même cause, l'un de ces arrêts statue sur des exceptions et l'autre sur le fond. — *Cass.*, 21 nov. 1837 (t. 1er 1838, p. 286), Martin c. comm. de Thianges.

1532. — De même encore, lorsqu'une cour a prononcé par un premier arrêt sur quelques uns des points qu'elle devait juger, en se déclarant partagée sur les autres, et que, par un second arrêt, elle a vidé le partage, il n'y a lieu, en cas de pourvoi contre ces deux arrêts, dont le deuxième n'est que le complément du premier, qu'à une seule consignation d'amende. — *Cass.*, 14 juill. 1835, comm. d'Arbigny.

1533. — Mais on doit consigner autant d'amendes qu'il y a de jugemens attaqués, lorsque ces jugemens s'appliquent à des contestations distinctes et indépendantes. — Régl. 1738, 1re part., tit. 4, art. 5; — Godart, p. 48; Tarbé, p. 118.

1534. — Jugé en conséquence que, lorsque la jonction de deux instances introduites par un créancier inscrit contre divers acquéreurs a été demandée et rejetée par le tribunal saisi desdites deux instances, et qu'en conséquence il a été statué sur icelles par deux jugemens séparés, le double pourvoi dirigé contre ces deux jugemens donne lieu à une double amende. — *Cass.*, 24 mars 1841 (t. 1er 1841, p. 536), Desmanet c. Duchatel.

1535. — ... Que la partie qui forme un pourvoi en cassation tant contre l'arrêt par lequel un jugement a été déclaré en dernier ressort que contre ce jugement, pour le cas où le pourvoi principal serait rejeté, doit consigner deux amendes, sous peine d'être déclarée non-recevable dans son pourvoi subsidiaire. — *Cass.*, 23 avr. 1835, Mayne c. Laborde.

1536. — Lorsqu'un pourvoi en cassation est formé par plusieurs demandeurs, il n'est pas nécessaire de consigner autant d'amendes qu'il y a de parties en cause; une seule amende suffit, si tous les demandeurs ont le même intérêt. — *Cass.*, 31 janv. 1827, Hamard c. Barbotte; — Godart de Sapponay, p. 48; Tarbé, p. 118; Souquet, *loc. cit.*

1537. — Les parties ont un même intérêt lorsqu'elles sont cohéritières, coassociées, copropriétaires, communistes, etc. — V. Godart, p. 48.

1538. — Si les demandeurs en cassation ont des intérêts séparés, distincts, ils doivent consigner chacun une amende, quoique le pourvoi soit formé collectivement. — Réglem. 1738, 1re partie, tit. 4, art. 5.

1539. — Quoique les principes soient simples sur cette matière, il s'élève cependant de fréquentes contestations relativement à leur application. Voici plusieurs espèces dans lesquelles la cour de Cassation a dû se prononcer. — Le pourvoi formé par un seul et même acte à la requête de plusieurs parties ayant un intérêt commun est régulier, bien qu'il n'ait été précédé que de la consignation d'une seule amende. Peu importerait d'ailleurs que quelques uns des moyens invoqués appartinssent plus spécialement à la défense de quelques uns d'entre eux. — *Cass.*, 16 janv. 1843 (t. 1er 1843, p. 331), de Rastignac c. Rolland.

1540. — Une seule amende suffit pour toutes les parties qui dans le même intérêt demandent la cassation d'un arrêt. — *Cass.*, 24 mars 1807, de Valence et de Belissens c. comm. de Saint-Jory.

1541. — Les parties qui ont plaidé dans le même intérêt et pris les mêmes conclusions ne peuvent être sommées de fournir chacune une amende sur leur pourvoi en cassation. — *Cass.*, 12 germin. an X, Paul c. Masmejan.

1542. — Bien qu'il ait été statué par un même arrêt sur deux difficultés distinctes, cependant les parties qu'elles concernaient ont pu, en se pourvoyant en cassation, se borner à consigner une seule amende, si ces difficultés étaient de même nature, avaient le même objet, et si en outre le pourvoi de ces parties, guidé par le même intérêt et fondé sur les mêmes moyens, a été collectif. — *Cass.*, 9 août 1843 (t. 1er 1844, p. 295), Amat et Drulhon c. Cavalier.

1543. — Mais lorsque le pourvoi est formé contre deux individus ayant des intérêts distincts, sur lesquels peut intervenir pour l'un une décision sans influence quant aux droits de l'autre, on doit décider qu'il y a réellement deux pourvois, et qu'une amende doit être consignée pour chacun d'eux. — *Cass.*, 16 fév. 1841 (t. 1er 1844, p. 754), de Barrois c. Pluchart et de Maupassant.

1544. — La loi n'exige pas deux consignations d'amende pour la demande commune en cassation; en conséquence, lorsque deux coïntéressés ont pris, dans un mémoire en cassation, des conclusions communes, leur demande leur rend de même commune la consignation d'amende faite sous le nom d'un seul des intéressés. — *Cass.*, 16 messid. an IV, Charpillon et Goujet c. Stochkauser.

1545. — Lorsque les demandeurs en cassation, après avoir agi dans le même intérêt et avoir été tous partie dans l'arrêt attaqué, ont intenté un seul et même recours contre cet arrêt, ils ont pu ne consigner qu'une seule et même amende. — *Cass.*, 20 nov. 1816, Lenig c. Delaval; 6 nov. 1821, Daillet c. Leroy.

1546. — Lorsque deux demandeurs en cassation présentent par requête collective un seul pourvoi, et que leur intérêt est d'obtenir l'annulation par les mêmes moyens, une seule consignation d'amende suffit. — *Cass.*, 2 mars 1840 (t. 1er 1840, p. 280), Laurans c. Verhnette.

1547. — Lorsque plusieurs parties se pourvoient en cassation contre le même jugement et par un moyen commun, elles ne doivent consigner qu'une seule amende, encore qu'elles agissent dans un intérêt distinct. — *Cass.*, 11 juin 1836 (t. 1er 1837, p. 397), Montfouilloux.

1548. — Lorsque des héritiers de différentes lignes, condamnés sur l'appel, se pourvoient en cassation, il n'y a lieu, néanmoins, qu'à la consignation d'une seule amende. — *Cass.*, 2 vent. an XII, Delavacquerie et Reusse c. Joseph-Auguste.

1549. — Lorsque les demandes formées contre des individus avaient un seul et même objet, et ne présentaient qu'une seule et même question, que toutes les instances ont été réunies et sont restées jointes, qu'il a été statué par une même disposition contre tous les individus en nom collectif, et qu'enfin il n'y a eu qu'un seul pourvoi formé sous le nom de tous, il leur a suffi de consigner une seule amende. — *Cass.*, 10 fév. 1813, Brasseurs c. hospices d'Auch.

1550. — Il suffit de la consignation d'une seule amende par plusieurs entrepreneurs de différens ouvrages relatifs à une même construction, dont le pourvoi est dirigé contre un arrêt qui rejette, par les mêmes motifs, leur demande en paiement de ces divers ouvrages. — *Cass.*, 14 juin 1820, Croullebois c. Galand de Lisle.

1551. — Il suffit d'une seule consignation d'amende sur le pourvoi en cassation formé par deux tiers-saisis contre un arrêt qui rejette, par une seule et même disposition, et par le même motif, leur demande en péremption de l'instance en validité des deux saisies, poursuivie cumulativement par le créancier saisissant, et dans laquelle ils ont un intérêt commun. — *Cass.*, 26 fév. 1823, Raymond et Bourrisson c. Meytadier.

1552. — Le donateur d'un immeuble qui s'est réservé pour lui et pour un tiers l'usufruit de cet immeuble, et le tiers au profit duquel il a stipulé pareille réserve, ont, en cas de saisie de la part des créanciers du donataire, le même intérêt à faire constater leur droit par une clause dans le cahier des charges qui suit cette saisie. Si donc ils se pourvoient en cassation contre l'arrêt qui leur refuse l'insertion d'une telle clause, ils ne sont point tenus de consigner chacun une amende. — *Cass.*, 28 juin 1837 (t. 2 1837, p. 31), Richein c. Saint-Benoit.

CASSATION (mat. civ.), ch. 4, sect. 1re.

CASSATION (mat. civ.), ch. 4, sect. 1re.

1353. — Les créanciers chirographaires qui, ayant intérêt à faire rejeter la collocation d'un autre créancier, se pourvoient par une seule requête en cassation contre le jugement qui a admis la collocation de ce dernier, ne sont pas tenus de consigner plusieurs amendes. — *Cass.*, 20 germin. an XII, Gilbert c. Dumesnil.

1354. — Une seule consignation d'amende est suffisante de la part des différens créanciers demandeurs en cassation qui attaquent une collocation faite dans un ordre, par des motifs qui les blessent tous également. — *Cass.*, 22 juin 1825, Bedarrides c. Fumagalli.

1355. — Deux demandeurs en cassation qui, en vertu de titres différens, ont contesté une collocation d'ordre qui leur préjudicie, ne sont pas tenus de consigner chacun une amende, pour être reçus à se pourvoir contre le même arrêt. — *Cass.*, 3 fév. 1819, Letimonnier c. Chapet.

1356. — Il n'y a pas lieu à consigner plusieurs amendes, lorsque le pourvoi en cassation a été fait au nom de plusieurs créanciers réunis dans une instance d'ordre, encore qu'ils aient des intérêts distincts. — *Cass.*, 27 fév. 1815, Gihoule et Roussel c. N...

1357. — Jugé dans un autre sens que trois individus, à qui un immeuble a été partiellement et divisément affermé par trois baux différens, ont des intérêts distincts et doivent consigner chacun une amende, s'ils se pourvoient en cassation contre le jugement qui leur ordonne de délaisser cet immeuble comme leur ayant été frauduleusement loué. — *Cass.*, 11 janv. 1808, Grimal c. Affre.

1358. — ... Que lorsque plusieurs parties, qui ont figuré dans une instance, et dont les intérêts sont différens, se pourvoient en cassation contre le jugement et par la même requête, elles doivent chacune consigner l'amende fixée par les réglemens. — *Cass.*, 1er brum. an XIII, Michel c. Burgraff.

§ 2. — *Cas où le demandeur est dispensé de consigner l'amende.*

1359. — Sont dispensés de la consignation d'amende : 1° les agens publics pour affaires qui concernent directement l'administration des domaines ou revenus de l'état. — L. 2 brum. an IV, art. 17 ; Réglem. 1738, part. 1re, tit. 4, art. 16 ; — Godart, p. 47.

1360. — 2° Les procureurs généraux qui se pourvoient contre les arrêts dans lesquels ils ont été parties, ou dans lesquels ils ont formé des réquisitions dans l'intérêt public. — Réglem. 1738, 1re part., tit. 4, art. 17 ; — Tarbé, p. 116.

1361. — 3° Les indigens. — L. 14 brum. an V, art. 2.

1362. — Sous l'ancien régime, c'étaient les procureurs généraux ou les inspecteurs généraux du domaine qui agissaient pour le roi dans les affaires domaniales. (Réglem. de 1738, 1re part., tit. 4, art. 16.) — Aujourd'hui ce sont les préfets qui ont cette attribution (Cod. procéd., art. 69), concurremment avec l'administration domaniale. — Ord. royale 6 mai 1838.

1363. — L'administration des forêts de la couronne, comme celle des forêts de l'état, est dispensée de la consignation d'amende. — *Cass.*, 6 déc. 1839 (t. 1er 1840, p. 545), Poulard.

1364. — Ainsi un receveur général poursuivant le recouvrement du prix d'adjudication des coupes de bois royaux, agissant pour l'état, a pu se dispenser de consigner l'amende exigée pour se pourvoir en cassation. L'obligation de consigner l'amende imposée pour la recevabilité du pourvoi en cassation ne s'étend pas à l'administration des domaines. — *Cass.*, 15 déc. 1829, Froidefont.

1365. — Le maire qui se pourvoit, au nom de sa commune, en cassation d'un jugement rendu à son préjudice, en matière d'octroi, ne peut être assimilé à un agent *public*, et, à ce titre, dispensé de consigner l'amende : ce n'est, en ce cas, qu'un agent particulier de la commune. — *Cass.*, 7 oct. 1836 (t. 1er 1837, p. 123), l'octroi de Salins et l'administration des contributions indirectes c. Debulle.

1366. — Poncet (t. 2, p. 313, n° 548 *in fine*) prétend que les parties sont dispensées de consigner l'amende lorsqu'elles se pourvoient pour raison de ce qu'un tribunal de second degré aurait mal à propos admis l'appel d'un jugement souverain par sa nature, comme aussi pour cause de contrariété entre deux arrêts ou jugemens souverains. L'usage est contraire à cette opinion.

1367. — Le réglement de 28 juin 1738 n'accordait pas de dispense aux indigens pour la consignation de l'amende; cependant l'ancien conseil en accordait quelquefois.

1368. — Dans les premiers temps de son institution le tribunal de cassation fit de même, malgré le silence de la loi à cet égard. Les premières dispenses sont du 21 mai et du 19 juillet 1791.

1369. — Afin de rendre plus facile l'obtention de ces dispenses, le président du bureau des requêtes fut spécialement autorisé à les délivrer, et cela se pratiqua ainsi jusqu'à la loi du 8 juillet 1793. — V. CERTIFICAT D'INDIGENCE.

1370. — Par cette loi, les demandeurs en cassation qui justifiaient de leur indigence en représentant un certificat du conseil général de la commune du lieu de leur résidence et un extrait de leurs impositions, étaient dispensés de la consignation d'amende. — V. art. 1er.

1371. — Un autre décret du 13 brum. an II admit l'attestation de pauvreté donnée par deux députés comme prouvant l'indigence et dispensant de la consignation. — Tarbé, p. 259, note *b*.

1372. — Malgré ces facilités, des dispenses particulières furent encore délivrées par la Convention. M. Tarbé (p. 259) cite notamment deux décrets des 26 niv. an II et 2 niv. an III.

1373. — La loi du 14 brum. an V mit fin à cet arbitraire et régularisa cette partie de la législation. D'après cette loi, la dispense de consigner l'amende n'est accordée qu'aux demandeurs qui représentent un certificat de l'administration municipale de leur canton constatant leur indigence. — V. art. 2.

1374. — Le même article exige en outre que le certificat soit visé et approuvé par l'administration centrale du département.

1375. — ... Et enfin qu'à ce certificat soit joint un extrait de leurs impositions.

1376. — Aujourd'hui les certificats d'indigence doivent, pour être réguliers, être délivrés par les maires ou leurs adjoints, visés par les sous-préfets et approuvés par les préfets. — L. 28 pluv. an VIII ; C. inst. crim., art. 420.

1377. — L'extrait du rôle des contributions doit justifier que le demandeur en cassation paie moins de six francs d'impôts. — C. inst. crim., art. 420.

1378. — Si le demandeur n'est pas imposé, le fait est constaté par un certificat du percepteur. — Même article ; — *Cass.*, 14 août 1837 (t. 2 1837, p. 364), Messeant c. Cordier.

1379. — Le citoyen qui jouit d'un traitement en qualité d'employé dans une administration publique ne peut être réputé indigent, et dès-lors n'est pas dispensé de la consignation d'amende à laquelle est soumis tout demandeur en cassation. — *Cass.*, 29 mars 1842 (t. 2 1842, p. 30), Deville Chabrol c. Nobileau.

1380. — Un certificat d'indigence, à fin de dispenser de l'amende, doit être délivré pour la cause actuelle; il ne serait pas valable, s'il était antérieur au jugement contre lequel le pourvoi est dirigé. — *Cass.*, 25 thermid. an XII, Mauric.

1381. — Le certificat d'indigence produit à la cour de Cassation par le demandeur pour être dispensé de consigner l'amende, fait pleine foi s'il a été délivré et approuvé par les autorités compétentes. — *Cass.*, 10 mai 1836, Narjot c. Frossard.

1382. — Ainsi, le demandeur en cassation qui produit un certificat d'indigence régulier ne peut être déclaré non-recevable sous prétexte qu'il ne serait pas réellement indigent en ce qu'il paie 20 fr. 22 c. d'impôt. — *Cass.*, 22 août 1836, Limosin c. Comperat.

1383. — Le certificat d'indigence approuvé seulement par le sous-préfet n'est pas suffisant pour suppléer l'amende à consigner en cassation. — *Cass.*, 11 mai 1808, Michel c. Bouchard.

1384. — La formalité de la légalisation est également insuffisante.

1385. — Jugé en conséquence que le certificat d'indigence qui n'a été visé par le préfet que pour valoir approbation de son contenu, est insuffisant pour tenir lieu de la consignation d'amende exigée à l'appui d'un pourvoi en cassation. — *Cass.*, 18 janv. 1821, Leroux.

1386. — ... Que les certificats d'indigence destinés à suppléer l'amende que doit consigner tout demandeur en cassation doivent, à peine de nullité, être non seulement visés pour légalisation, mais encore *approuvés* par le préfet. — *Cass.*, 2 mai 1808, Thurat c. N... ; 2 mai 1806, N. ; 9 sept. 1825, Landes ; 14 août 1837 (t. 2 1837, p. 364), Messeant c. Cordier.

1387. — ... Que le certificat d'indigence destiné, en cas de pourvoi en cassation, à suppléer la quittance de consignation d'amende, ne remplit complétement son objet qu'autant qu'il émane de l'autorité municipale, et qu'il est visé par le sous-préfet et approuvé par le préfet. — Que dès-lors on doit considérer comme insuffisant le certificat du percepteur légalisé par le maire seul, et constatant que le demandeur n'est inscrit au rôle pour aucune contribution foncière, personnelle et mobilière. — *Cass.*, 15 fév. 1841 (t. 1er 1841, p. 557), ville de Clermont c. Richon ; 29 nov. 1836, Clin.

1388. — Les certificats délivrés par un receveur de contributions et par un commissaire de police, attestant qu'un individu ne peut payer ses contributions ni acquitter l'amende pour se pourvoir en cassation, ne peuvent tenir lieu d'extrait de contribution et du certificat d'indigence exigés à défaut de consignation. — *Cass.*, 22 prair. an XII, Dewaele.

1389. — Il faut que le certificat du percepteur de la commune du domicile de la personne qui se pourvoit, constate qu'elle n'est point imposée ou qu'elle paie moins de 6 fr. de contribution. — *Cass.*, 9 fév. 1832, Liétot.

1390. — Il n'y a pas de formule consacrée, de termes sacramentels pour la rédaction du certificat, mais il faut que la rédaction constate nettement l'état d'indigence.

1391. — Jugé que le certificat du maire doit constater l'indigence et non l'état de détresse plus ou moins grande de celui qui se pourvoit. — *Cass.*, 31 juill. 1834, Barbey.

1392. — ... Que l'état de faillite d'un individu demandeur en cassation ne suffit pas pour constater son indigence et le dispenser de joindre à son pourvoi, en cas de non-consignation d'amende, un certificat d'indigence. — *Cass.*, 15 juin 1836 (t. 1er 1837, p. 88), Mollard c. Morel.

1393. — ... Que des certificats délivrés par le maire et par le greffier du tribunal constatant qu'un individu est en faillite, et se trouve, par suite de cet état, dans l'impuissance de consigner l'amende, ne peuvent remplacer le certificat d'indigence exigé par la loi pour être dispensé de consigner l'amende à l'appui d'un pourvoi en cassation. — *Cass.*, 19 août 1837 (t. 1er 1840, p. 105), Durand.

1394. — ... Que l'attestation du maire portant qu'un citoyen est dans une position de fortune qui, vu sa nombreuse famille, ne lui permet pas de consigner l'amende, n'équivaut pas à un certificat d'indigence dans la forme légale. — *Cass.*, 29 mars 1842 (t. 2 1842, p. 30), Deville Chabrol c. Nobileau.

1395. — ... Que le certificat est suffisant lorsqu'il est conçu en ces termes : *Le maire de... atteste que le sieur P... et sa femme sont dans l'impossibilité absolue de consigner l'amende, vu la pénurie de leurs moyens ; en foi de quoi le présent certificat a été délivré pour valoir comme certificat d'indigence*, alors d'ailleurs que ce certificat a été visé par le préfet. — *Cass.*, 5 déc. 1832, Perilhe c. Vignau.

1396. — ... Que le demandeur qui présente un certificat portant qu'il ne possède *aucune espèce de propriété*, remplit le vœu de la loi, qui exige un certificat d'indigence. — *Cass.*, 26 flor. an XII, Couderille c. N...

1397. — ... Que le certificat du maire attestant que le demandeur en cassation ne possède aucune propriété immobilière, quoique approuvé par le préfet, n'équivaut pas au certificat d'indigence exigé par l'art. 420, C. inst. crim., et ne dispense pas le demandeur en cassation de consigner l'amende. — *Cass.*, 27 août 1812, Dodon.

1398. — ... Que le certificat ne remplit pas le vœu de la loi lorsqu'il se borne à constater que le demandeur ne paie pas d'impôt, attendu que tous ses biens sont en saisie réelle. — *Cass.*, 4 déc. 1812, Delègues.

1399. — Jugé de même qu'on doit considérer comme insuffisant pour dispenser de consigner l'amende sur un pourvoi en cassation, le certificat d'indigence, délivré par le maire, suivi non d'un extrait des impositions du demandeur, mais d'un certificat (délivré par le percepteur et visé par le maire) attestant qu'il ne paie pas d'impositions parce que *tous ses biens sont en saisie réelle*, surtout lorsque ce certificat n'est pas *approuvé* mais seulement *visé* par le préfet, encore que le préfet ait ajouté à son *visa* l'attestation que tous les biens du demandeur sont saisis réellement. — *Cass.*, 4 déc. 1811, Sylvain Delegues c. le Trésor.

1400. — Le certificat d'indigence joint au pourvoi peut-il, s'il est irrégulier, être remplacé par un autre, après le délai du pourvoi ? Le doute vient de ce que la consignation de l'amende doit avoir lieu préalablement à peine de déchéance ; mais il n'en est pas de même du certificat d'indigence, s'il est irrégulier ; on peut en produire un autre après que le pourvoi a été formé.

1401. — Jugé qu'un certificat d'indigence irrégulier, joint à un pourvoi en cassation, peut être remplacé par un autre régulier, même après l'expiration du délai donné pour se pourvoir. — *Cass.*, 1er fructid. an IX, Coissat c. Forgeron.

1402. — Jugé de même que l'irrégularité d'un certificat d'indigence peut être rectifiée après le dé-

pôt du pourvoi. — *Cass.*, 16 août 1837 (t. 2 1837, p. 361), Bouchet. — V. aussi *Cass.*, 6 avr. 1842 (t. 2 1842, p. 465), Denuelle Saint-Leu.

1403. — Du reste, les indigens ne sont dispensés que de la consignation préalable ; car si leur pourvoi est rejeté, ils sont condamnés à l'amende vis-à-vis de l'état comme les autres demandeurs en cassation. — *Cass.*, 28 déc. 1812, Ducayla c. Enregistrement. — V. au surplus CASSATION (mat. crim.), CERTIFICAT D'INDIGENCE.

§ 3. — *Déchéance du pourvoi, faute de consignation. — Restitution de l'amende consignée.*

1404. — Le demandeur en cassation qui ne justifie pas de la consignation d'amende doit être déclaré non-recevable, non pas seulement quant à présent, mais purement et simplement. — Réglem. 28 juin 1738, 1re part., art. 5, tit. 4. — *Cass.*, 11 frim. an IX, Grugeon c. Lévêque.

1405. — A défaut de consignation préalable, le demandeur est déclaré non-recevable en son pourvoi et n'en est pas moins condamné à payer cette amende. — *Cass.*, 15 oct. 1831, Guérard ; 5 nov. 1831, Lebons.

1406. — Cette déchéance est encourue même en matière d'expropriation pour utilité publique ; ainsi le pourvoi est non-recevable lorsque le demandeur n'a pas consigné d'amende avant l'expiration des délais fixés par le paragraphe 2 (art. 20) de la loi du 3 mai 1841. — V. EXPROPRIATION POUR UTILITÉ PUBLIQUE.

1407. — La consignation postérieure au pourvoi ne relève pas de la déchéance. — *Cass.*, 15 fév. 1841 (t. 1er 1841, p. 557), ville de Clermont c. Richon. — V. *suprà* no 1317.

1408. — Pendant le régime révolutionnaire, un décret du 26 niv. an II releva un pétitionnaire de la déchéance qu'il avait encourue en ne consignant pas l'amende, et lui accorda un nouveau délai pour se pourvoir et une dispense de consignation.

1409. — Ce décret, par lequel le pouvoir législatif intervenait d'une manière inusitée dans un débat privé, ne fut pas imprimé et fut envoyé manuscrit au tribunal de cassation ; ce qui prouve que la Convention comprenait parfaitement toute la portée de l'acte de faveur qu'elle avait accordé. Au surplus, ce fâcheux exemple de la violation des lois ne se renouvela plus dans la suite.

1410. — La requête en permission de désavouer dans une instance en cassation est nulle si la quittance de l'amende n'y est jointe ; la nullité n'est pas couverte par une consignation postérieure. — *Cass. belge*, 27 déc. 1835, Ghislain c. Dehulstère.

1411. — Le demandeur en cassation qui a été déclaré non-recevable faute d'avoir consigné l'amende peut se faire restituer contre l'arrêt rejetant son pourvoi en rapportant la quittance de la consignation qu'il a faite en temps utile et qui n'a pas été mise sous les yeux de la cour de Cassation. — *Cass.*, 26 mai 1809, N.

1412. — Le demandeur en cassation qui n'a consigné que 75 fr. pour l'amende doit être déclaré non-recevable si le jugement dénoncé est contradictoire. — *Cass.*, 16 thermid. an VIII, Freby c. Clerget.

1413. — Il y a eu jugement contradictoire à l'égard de la partie qui a pris des conclusions à l'audience ; dès-lors, elle ne peut, en cas de rejet du pourvoi en cassation, demander la restitution de la moitié de l'amende si elle l'a consignée tout entière. — *Cass.*, 12 mai 1835, comm. de Castillon c. Garritey.

1414. — Il n'y a pas lieu non plus à restituer la moitié de l'amende lorsque le jugement est par défaut, mais sur débouté d'opposition, attendu que cette espèce de jugement a le même caractère que les jugemens contradictoires. — *Cass.*, 11 nov. 1836, Béguin ; — Tarbé, p. 117 et 118.

1415. — Il en est de même lorsque le jugement a été rendu sur qualités posées et qu'il n'est par défaut que faute de plaider.

1416. — Ainsi, l'arrêt rendu par défaut faute de plaider, mais sur les conclusions de toutes les parties, est contradictoire ; dès-lors il n'y a pas lieu à restitution de la moitié de l'amende en cas de rejet du pourvoi. — *Cass.*, 5 avr. 1837 (t. 2 1837, p. 357), Malhevet c. Seyve.

1417. — Mais la partie qui a consigné par erreur, sur un pourvoi par elle formé contre un arrêt véritablement par défaut, l'amende qui doit être consignée sur le pourvoi contre un arrêt contradictoire, peut exiger la restitution de la différence, si son pourvoi est rejeté. — *Cass.*, 15 déc. 1835, Gauthier c. Husson.

1418. — Nous ferons remarquer que lorsqu'il y a plusieurs demandeurs en cassation ayant des intérêts distincts et qu'une seule amende a été consignée, la fin de non-recevoir s'applique à tous, parce que l'amende déposée ne s'applique pas plus à l'un qu'à l'autre.

1419. — Aussi, M. Godart de Saponay (p. 49) conseille-t-il, lorsque, dans un cas incertain, une seule amende est consignée, de déclarer dans l'acte de pourvoi que si la cour croit nécessaires autant de consignations d'amendes que de parties, la consignation faite s'applique spécialement à l'une d'elles ; et, dans ce cas, la partie désignée ne pourra être déclarée non-recevable.

1420. — M. Tarbé (p. 118) approuve cette précaution, quoique bien insuffisante. Nous pensons, quant à nous, que lorsqu'il y a doute sur la quotité des amendes à fournir, il faut en déposer autant qu'il y a de parties, sauf à en demander à la cour la restitution ; c'est le seul moyen d'éviter une déchéance, car le remède indiqué par M. Godart ne protége qu'une seule personne, et c'est là un résultat fâcheux.

1421. — Lorsque plusieurs parties ayant le même intérêt se sont pourvues contre un même arrêt, et n'ont déposé qu'une seule amende, si la requête de l'une ou plusieurs des parties est rejetée, la consignation originaire suffit pour la validité du pourvoi de la partie à l'égard de laquelle il a été ordonné qu'il serait passé outre au jugement des moyens de cassation. — *Cass.*, 20 janv. 1806, Vathaire.

1422. — Lorsqu'un individu qui avait un intérêt commun avec d'autres parties demanderesses en cassation s'est pourvu par une requête distincte, et a consigné une amende, indépendamment de celle consignée par ses coïntéressés, il a droit, en cas de rejet de son pourvoi, à la restitution de cette amende, quand bien même son pourvoi serait fondé sur un moyen différent. — *Cass.*, 3 avr. 1839 (t. 1er 1839, p. 587), Darcel c. Demiannay.

1423. — De même, lorsque les assureurs d'un chargement de marchandises, engagés par une même police d'assurance, n'ont qu'un même intérêt, ils ne doivent consigner qu'une seule amende pour se pourvoir en cassation ; s'ils en ont consigné davantage et s'ils ont consigné avec réserve de restitution, il y a lieu d'ordonner que les sommes surabondamment consignées leur seront rendues. — *Cass.*, 3 août 1825, Assureurs de Nantes c. Cabarrus.

1424. — Lorsque deux parties, l'une principale et l'autre intervenante, ont déposé chacune une amende, comme par précaution et pour éviter toute déchéance du pourvoi en cassation, la partie intervenante, qui a d'ailleurs des intérêts distincts, n'est pas fondée à demander la restitution de l'amende par elle consignée. — *Cass.*, 21 nov. 1826, Baillon c. Declercq Vissocq.

1425. — Lorsque trois pourvois sont formés contre trois arrêts rendus entre les mêmes parties et dans la même instance, mais sur des demandes différentes, il n'y a pas lieu à restituer deux des trois amendes consignées. — *Cass.*, 9 juill. 1828, Timothée.

1426. — En cas de rejet du pourvoi, la chambre des requêtes condamne le demandeur à l'amende, soit qu'elle le juge mal fondé, soit qu'elle le déclare non-recevable.

1427. — Aux termes du réglement du 28 juin 1738, l'amende est acquise de plein droit, encore bien que la cour ait omis de la prononcer. — V. 1re part., tit. 4, art. 37.

1428. — Si, au contraire, après que le pourvoi a été accueilli, l'arrêt attaqué est cassé, l'amende consignée doit être restituée sans délai, lors même que la cour aurait omis d'en ordonner la restitution. — Réglem. de 1738, 1re part., tit. 4, art. 38 ; C. inst. crim., art. 437.

1429. — Lorsque le demandeur en cassation se désiste, l'amende doit-elle être restituée ? — Nous avons vu au mot APPEL (nos 1682 et suiv.) que la plupart des auteurs soutenaient l'affirmative, lorsqu'il s'agit de l'amende de fol appel ; la question est plus controversée lorsqu'il s'agit de l'amende consignée sur un pourvoi.

1430. — A cet égard, la jurisprudence des chambres civiles de la cour de Cassation diffère de celle de la chambre criminelle. Celle-ci considère comme non avenu un pourvoi dont on s'est désisté. — V. *infrà* CASSATION (mat. crim.)

1431. — Les chambres civiles, au contraire, assimilent le cas du désistement au rejet du pourvoi, et considèrent l'amende comme acquise irrévocablement au trésor.

1432. — Ainsi, il a été jugé que le demandeur en cassation qui se désiste de son pourvoi n'est pas fondé à réclamer la restitution de l'amende consignée. — *Cass.*, 26 mai 1830, Enregist. c. Cottun et Lamache ; 22 juin 1836, Desmortiers c. Crossac.

1433. — .... Que la restitution de l'amende ne doit avoir lieu que lorsque l'arrêt attaqué a été cassé. — *Cass.*, 24 fév. 1835, Mazé c. Marquer ; même jour, Leroux-Beaulieu c. Janin Saint-Just.

1434. — Jugé de même en matière d'expropriation pour cause d'utilité publique. — *Cass.*, 2 fév. 1836, Lecouturier.

1435. — M. Tarbé (p. 119) prétend que cette jurisprudence est l'application sévère du réglement. — Nous ne le pensons pas. Le réglement ne contient aucune disposition qui prévoie le cas de désistement. C'est dans un arrêt du conseil de 1698 qu'on trouve que l'amende doit être perçue sur le pied de l'ordonnance, « de quelque manière qu'il soit prononcé, soit par débouté, ou sans avoir égard, sans s'arrêter, ou hors de cour, et même en cas d'acquiescement ou de *désistement*. »

1436. — Reste à savoir jusqu'à quel point cet arrêt de 1698, non reproduit dans le réglement de 1738, peut encore être appliqué aujourd'hui. Il nous semble qu'il doit être considéré comme entièrement abrogé depuis long-temps.

1437. — Ajoutons que la jurisprudence de la cour de Cassation de Belgique est conforme à notre opinion. Ainsi, elle juge, comme la chambre criminelle, que lorsque le demandeur en cassation se désiste de son pourvoi, il y a lieu à restitution de l'amende consignée. — *Bruxelles*, 21 janv. 1833, Horgnies Regnier c. Doman et Deneux ; 18 juill. 1832, Van-Antgaerden.

1438. — La cour de Cassation avait également jugé antérieurement que l'amende consignée sur le pourvoi en cassation contre un arrêt de la cour royale doit être restituée, lorsque, cet arrêt ayant été annulé par ordonnance royale par suite de conflit élevé par l'autorité administrative, la partie s'est alors désistée de son pourvoi. — *Cass.*, 4 juill. 1826, Bérard c. Trésor. — V. DÉSISTEMENT.

ART. 3. — *Forme du pourvoi. — Production. — Dépôt.*

1439. — En matière civile, le pourvoi contre un arrêt ou jugement en dernier ressort ne s'introduit pas par la voie de l'assignation, mais par la voie de la requête. — Réglem. 1738, 1re part., tit. 4, art. 1er.

1440. — Cette requête doit être signée par un avocat à la cour de Cassation, à peine de nullité. — Réglem. 1738, 1re part., tit. 4, art. 2.

1441. — ... Même en matière disciplinaire.

1442. — Ainsi, il a été jugé qu'en matière de discipline de l'ordre des avocats, le pourvoi contre un arrêt doit être fait dans la forme prescrite pour les matières civiles, c'est-à-dire présenté par un avocat à la cour de Cassation, déposé à son greffe civil, et la requête accompagnée d'une quittance de consignation d'amende. — *Cass.*, 1er déc. 1829, Pélissier c. avocats de Montélimart.

1443. — ... Que le pourvoi en cassation contre un arrêt rendu en matière disciplinaire ne peut être formé par un acte déposé au greffe de la cour royale, et qu'il doit être formé par une requête déposée au greffe de la cour de Cassation. — *Cass.*, 7 juill. 1836, le bâtonnier des avocats de Grenoble.

1444. — En matière d'élections, la signature d'un avocat à la cour de Cassation n'est pas nécessaire pour la régularité du pourvoi. — V. ÉLECTIONS.

1445. — Il en est de même lorsqu'il s'agit du domaine de l'état. — V. DOMAINE DE L'ÉTAT.

1446. — Aussi a-t-on déclaré régulier un pourvoi signé par le préfet en matière domaniale. — *Cass.*, 31 juill. 1837 (t. 2 1837, p. 166), préfet d'Ille-et-Vilaine c. Pierre.

1447. — Par exception à la règle que le pourvoi doit être formé par requête, du moins en matière civile, il a été jugé qu'une demande en cassation formée par le ministère public, en matière civile, au moyen d'un simple acte mis au greffe du tribunal qui a rendu le jugement attaqué, et transmis par l'intermédiaire du ministre de la justice au greffe du tribunal de cassation, est valable lorsque cet acte remplit, d'ailleurs, les autres conditions prescrites par la loi. — *Cass.*, 1er germin. an IX, Douanes c. Latour.

1448. — Jugé de même que, la loi ne fixant aucune règle sur la forme des requêtes en cassation, on ne saurait considérer comme irrégulière la déclaration de pourvoi ainsi formée par le ministère public : *attendu que Me...., notaire, a été acquitté de l'amende qu'il avait justement encourue.* — *Cass.*, 4 juill. 1820, Colisson.

1449. — Le mode pour se pourvoir en matière criminelle n'est pas le même que celui que nous venons d'indiquer pour connaître les différences V. *infrà* CASSATION (mat. crim.).

1450. — Une déclaration de pourvoi en cassation est valablement faite par un mandataire. — *Cass.*, 17 flor. an XI, Douanes c. Klenck. — V. *suprà* no 260.

1451. — Et elle est valable alors même que le

mandat n'aurait pas été enregistré au moment où la déclaration a eu lieu.—*Cass.*, 18 janv. 1837 (t. 1er 1837, p. 83), Louzet Vanlequeren, c. le préfet du Nord et la ville de Roubaix. — V. EXPROPRIATION POUR UTILITÉ PUBLIQUE.

1452. — Jugé qu'un avoué n'a pas besoin d'un pouvoir spécial pour demander la cassation d'un jugement rendu sur une procédure d'inscription de faux. — *Cass.*, 21 déc. 1792, Destrehan c. Dussaussois.

1453. — La requête doit contenir : 1° les noms, profession et demeure du demandeur et du défendeur ; — 2° l'indication de l'arrêt attaqué ; — 3° les moyens de cassation ; — 4° les conclusions ; — 5° l'énonciation qu'il a été joint au pourvoi la copie signifiée ou l'expédition de la décision attaquée et la quittance de l'amende consignée. — L. 2 brum. an IV, art. 17.

1454. — *Noms du demandeur.* — S'il y a plusieurs demandeurs, il faut les désigner tous.

1455. — Jugé que le pourvoi formé au nom de plusieurs héritiers dénommés avec cette addition : *et autres* ; ou celle-ci : *et consorts*, ne s'applique qu'aux héritiers dénommés. — *Cass.*, 25 thermid. an XII, Mésange c. Wathaire.

1456. — Lorsqu'une partie a figuré dans une instance avec une double qualité, par exemple, comme créancier et comme subrogé tuteur, elle ne peut plus prendre cette dernière qualité après l'expiration des délais, si elle ne l'avait prise dans la requête introductive.—*Cass.*, 26 juill. 1843 (t. 1er 1844, p. 84), Robert c. Coste-Millard.

1457. — *Noms du défendeur.* — Un pourvoi peut ne pas désigner par leurs noms toutes les parties contre lesquelles il est dirigé ; il suffit que cette désignation soit assez précise pour qu'on ne puisse se méprendre sur chacune de ces parties, comme si, après avoir indiqué les noms de quelques uns des adversaires, on ajoute : *et autres dénommés dans l'arrêt attaqué.* — *Cass.*, 31 janv. 1827, Hamard c. Barbotte ; 25 mars 1816, Pomme c. Joannès et Lautier ; 7 nov. 1821, Wamant c. Demolon.

1458. — S'il a été commis une erreur dans la requête, relativement à la qualité d'un des défendeurs, cette erreur est suffisamment réparée par la dénomination régulière que renfermait à son égard l'arrêt attaqué, auquel se référait le pourvoi. — *Cass.*, 31 janv. 1827, Hamard c. Barbotte.

1459. — Lorsque l'arrêt attaqué a été rendu au profit d'une partie dont le garant avait été mis en cause devant les juges du fond, il n'est pas nécessaire de désigner dans le pourvoi le garant, s'il n'a pas pris le fait et cause du garanti. — *Cass.*, 5 déc. 1836 (t. 2 1837, p. 245), Lebœuf de Brasseuse c. Mayan.

1460. — *Indication de l'arrêt attaqué.* — Il importe de désigner avec précision l'arrêt contre lequel on entend se pourvoir, car la moindre incertitude à cet égard entraînerait la déchéance du pourvoi.

1461. — Cependant si l'erreur pouvait être facilement rectifiée, par exemple par la production même de l'arrêt attaqué, la cour ne s'y arrêterait pas.

1462. — Ainsi, lorsque le demandeur a déclaré se pourvoir contre un arrêt préparatoire, tandis que c'est réellement un arrêt définitif qu'il attaque, cette erreur, quoique répétée dans la quittance de consignation d'amende, peut être rectifiée par l'expédition de l'arrêt définitif jointe au pourvoi, si les moyens de cassation ne se rapportent qu'à lui. — *Cass.*, 5 fév. 1825, Ribouleau c. Prestat.

1463. — *Moyens.* — La requête introductive de l'instance en cassation doit, à peine de déchéance, contenir non seulement l'indication des lois que le demandeur soutient avoir été violées, mais encore un exposé des moyens qu'il veut faire valoir. — *Cass. belge*, 7 juill. 1829, N... ; *Cass.*, 11 pluv. an XI, Gauffereau ; 17 juill. 1827, Leroy c. Enregist. ; 19 nov. 1834, Lesueur c. Marchand.

1464. — Ainsi, un pourvoi en cassation est non-recevable et nul lorsqu'aucun des moyens qu'on prétend lui donner pour base n'est articulé dans le mémoire sommaire par lequel il est introduit. — *Cass.*, 6 oct. 1812, Enregist. c. Pirmoulin.

1465. — Jugé qu'il faut que l'indication des moyens soit dans la requête et qu'il ne suffirait pas de s'en référer aux griefs proposés devant les juges d'appel, même lorsque les écritures contenant ces griefs seraient produites avec le pourvoi. — *Cass.*, 15 déc. 1818, Emeric c. Pontanier.

1466. — Jugé aussi que la requête en cassation doit indiquer le texte de loi auquel il a été contrevenu ; qu'ainsi, dans une question relative aux droits des particuliers sur les chemins communaux, il ne suffit pas, pour attaquer l'arrêt qui aurait méconnu ces droits, d'invoquer l'art. 543, C. civ., qui ne fait qu'énoncer les droits qu'on peut avoir

CASSATION (mat. civ.), ch. 4, sect. 1re.

sur les biens. — *Cass. belge*, 1er juill. 1835, Desaegher c. Van Poucke.

1467. — Les moyens de cassation peuvent n'être qu'indiqués dans la requête ; il n'est pas nécessaire qu'ils y soient développés. — *Cass.*, 1er fructid. an IX, Coissat c. Forgeron ; — Merlin, *Quest. de dr.*, v° *Inscription hypothécaire*, § 3.

1468. — Mais il faut qu'on ne puisse se méprendre sur la violation de la loi qu'on reproche à l'arrêt attaqué. — *Cass.*, 14 niv. an X, Lecomte c. Guy Duval.

1469. — Les moyens doivent s'appliquer au jugement attaqué. — *Cass.*, 17 déc. 1834, Gauthier c. de Brivazac.

1470. — Il ne peut être suppléé à l'omission des moyens de cassation par le mémoire ampliatif. — *Cass. belge*, 7 juill. 1829, N... — V. *contrà* Bioche, v° *Cassation*, n° 275, et *infrà* nos 1559 et suiv.

1471. — La déchéance qui résulte de ce que la requête ne contient ni l'indication des moyens de cassation, ni l'indication des lois qui auraient été violées par l'arrêt attaqué, peut être demandée par le ministère public et prononcée d'office par la cour. — *Cass. belge*, 7 juill. 1829, N...

1472. — *Conclusions.* — Elles tendent à la cassation de la décision attaquée. Quelquefois elles ont pour objet un avant-faire droit, par exemple, l'apport à la cour de la minute du jugement contre lequel on s'est pourvu.

1473. — Dans l'usage, on les termine par la réserve de proposer, s'il y a lieu, de nouveaux moyens et de produire un mémoire ampliatif.

1474. — *Enonciation des pièces jointes au pourvoi.* — Cette énonciation est très utile, car elle justifie, jusqu'à un certain point, qu'on s'est conformé au prescrit de la loi.

1475. — Cependant le défaut d'énonciation ne serait pas une nullité, si les pièces avaient été réellement jointes à la requête. — *Cass.*, 27 pluv. an XI, Guyenot c. Delarue ; 26 mars 1834, Préfet du Finistère c. Legué et Nicol.

1476. — Pour que le pourvoi soit recevable, il ne suffit pas qu'il remplisse les conditions que nous venons d'énumérer, il faut encore : 1° qu'il soit enregistré.

1477. — 2° Qu'à la requête soient jointes la copie de l'arrêt ou du jugement attaqué et la quittance constatant la consignation de l'amende.

1478. — 3° Que la requête et les pièces produites soient déposées au greffe de la cour de cassation.

1479. — *Enregistrement.* — Le pourvoi en cassation est passible d'un droit fixe d'enregistrement de 25 francs. — L. 28 avr. 1816, art. 47, § 1er.

1480. — Il est dû autant de droits qu'il y a de demandeurs ayant des intérêts distincts. — L. 22 frim. an VII, art. 68, § 1er, n° 30 ; délibér. 17 juin 1824. — Ce sont les mêmes principes que pour la consignation d'amende. — V. *suprà* nos 1336 et suiv.

1481. — Les pourvois sont enregistrés gratis en matière d'élections. — V. ÉLECTIONS, ENREGISTREMENT.

1482. — Il en est de même en matière d'expropriation pour cause d'utilité publique. — V. ce mot.

1483. — Les originaux des pourvois et mémoires à produire sont écrits sur papier timbré à 1 fr. 50 ; les copies, sur papier timbré à 35 ou 70 cent, la feuille. — V. *infrà* n° 1792.

1484. — *Production.* — Le demandeur en cassation est tenu de joindre à sa requête la copie qui lui a été signifiée de l'arrêt ou du jugement en dernier ressort, ou une expédition en forme dudit arrêt ou jugement, s'ils ne lui ont pas été signifiés. — Réglem. de 1738, tit. 4, art. 4.

1485. — Si cette production n'a pas été faite, le pourvoi en cassation est non-recevable. Il n'y a pas lieu à examiner les moyens que le demandeur aurait développés ou indiqués dans sa requête. — *Cass.*, 22 août 1836 (t. 2 1837, p. 559), Boissier c. Chevalier.

1486. — Jugé de même que le demandeur en cassation doit être déclaré déchu de son pourvoi, s'il n'a déposé au greffe, avec le mémoire introductif, qu'une copie non authentique de l'arrêt ou du jugement attaqué. — *Cour supér. Bruxelles*, 13 juill. 1819, N... ; *Cass.*, 13 germin. an XII, Marau c. Donat.

1487. — ...Qu'un pourvoi n'est point admissible lorsque l'on ne présente à l'appui ni l'expédition ni la copie signifiée du jugement attaqué. — *Cass.*, 2 avr. 1806, Bray c. Enregist.

1488. — La copie du jugement attaqué, jointe à la requête, doit être régulière.

1489. — Si donc la copie du jugement attaqué jointe à la requête n'est signée par aucun huissier et ne contient aucune autre signature, le pourvoi est non-recevable. — *Cass.*, 16 juill. 1812, Dupin.

1490. — Jugé cependant que le demandeur qui a joint à son pourvoi en cassation une expédition irrégulière du jugement dénoncé, n'est pas déchu, si, dans le délai, il peut en produire une autre régulière. — *Cass.*, 22 messid. an XII, Vigier c. Margerin.

CASSATION (mat. civ.), ch. 4, sect. 1re.

1491. — L'arrêt qui refuse une remise de cause ne devant être ni levé ni signifié, le pourvoi en cassation dirigé contre un tel arrêt est valable sans qu'il soit besoin de produire à l'appui une expédition en forme. — *Cass.*, 14 mai 1838 (t. 2 1838, p. 205), Maurat c. Jourde.

1492. — Dans les cas où il y a pourvoi en cassation contre un arrêt qui a adopté les motifs du jugement de première instance, le demandeur doit, pour mettre la cour de Cassation en état d'apprécier les moyens du pourvoi, produire une copie non seulement de l'arrêt de la cour royale, mais encore du jugement dont les motifs ont été adoptés. La mention des motifs dans le mémoire produit par le demandeur ne suffirait pas. — *Cass.*, 11 nov. 1828, Jaubert c. Gissey.

1493. — Jugé de même que le demandeur en cassation doit produire, à l'appui de son pourvoi, le jugement de première instance, lorsque l'arrêt attaqué ne reproduit pas dans ses qualités les motifs des premiers juges qu'il s'est contenté d'adopter. — *Cass.*, 22 juill. 1840 (t. 2 1845), Gougel.

1494. — Le pourvoi contre deux arrêts, l'un interlocutoire, l'autre définitif, ne dispense pas de joindre à la requête la copie signifiée ou une expédition de l'arrêt interlocutoire, bien que les motifs et le dispositif de ce dernier arrêt se trouvent transcrits dans les qualités de l'arrêt définitif. — *C. supér. Bruxelles*, 20 déc. 1821, N...

1495. — La partie qui s'est pourvue en cassation contre un arrêt contradictoire qui a refusé de renvoyer la cause à l'audience solennelle doit être déclarée non-recevable dans son pourvoi, si elle n'a point produit une copie ou expédition quelconque de cet arrêt, encore que les motifs et le dispositif en soient relatés dans l'arrêt qui a statué sur le fond, arrêt contre lequel le pourvoi était également dirigé, et qui a été produit devant la cour de cassation. — *Cass.*, 17 avr. 1817, Sens c. Arnoult.

1496. — Le demandeur en cassation qui prétend qu'en contravention à l'art. 543, C. procéd., la taxe des dépens en matière sommaire n'a pas été insérée dans la minute de l'arrêt, doit produire la signification, et non l'expédition de l'arrêt. — *Cass.*, 28 août 1827, Boutoey c. Mayor.

1497. — Les préfets agissant au nom et dans l'intérêt du domaine sont soumis à la disposition du réglement de 1738, suivant laquelle aucune requête en cassation ne peut être reçue si le demandeur n'y joint la copie qui lui a été signifiée du jugement dont il provoque la cassation, ou une expédition en forme de ce jugement, quand il ne lui a pas été signifié. — *Cass.*, 28 brum. an X, Préfet du Calvados c. comm. de Grainville.

1498. — Les pièces jointes au pourvoi doivent être timbrées et enregistrées. — L. 13 brum. an XI, art. 22 ; Lettre du procureur général Merlin du 2 vent. an XI.

1499. — La quittance constatant la consignation de l'amende doit être jointe au pourvoi, à moins que le demandeur ne soit dans un cas d'exception indiqué par la loi.

1500. — Et, par exemple, lorsque le demandeur est indigent, il n'y a pas de quittance à joindre, puisqu'il y a dispense de consignation ; mais dans ce cas on doit produire les pièces justificatives de l'indigence.

1501. — Il n'est pas nécessaire que l'arrêt dont la cassation est demandée soit indiqué dans la quittance de l'amende consignée ; cependant le receveur a toujours soin de le faire connaître.

1502. — Si le pourvoi a été rejeté pour défaut de production, on ne peut se faire restituer contre l'arrêt même en justifiant que la consignation a eu lieu en temps utile. — *Cass.*, 29 messid. an VIII, Martin ; — Merlin, *Rép.*, v° *Cassation*, § 5.

1503. — Mais lorsque le rejet a été prononcé par erreur, par exemple, sur le motif qu'il n'avait été produit ni quittance de consignation ni certificat d'indigence, l'arrêt de rejet doit être rapporté si l'on découvre que le certificat existait réellement dans le dossier du demandeur.

1504. — Lorsque la requête a été rédigée dans la forme qui a été indiquée plus haut, qu'elle porte la signature de l'avocat chargé de suivre sur le pourvoi et qu'elle a été enregistrée, elle doit être déposée avec les pièces à l'appui au greffe de la cour de Cassation. — Réglem. 1738, 1re part., tit. 18, n° 6.

1505. — C'est au greffe de la cour de Cassation, et non ailleurs (spécialement au domicile du greffier), que le pourvoi doit être déposé. — En conséquence, le greffier de la cour de Cassation ne peut être contraint à tenir le greffe ouvert, soit d'autres jours, soit à d'autres heures, soit pendant un temps plus long que celui légalement fixé, et ne doit pas recevoir un pourvoi, chez lui, après le

clôture du greffe. — *Cass.*, 6 avr. 1842 (t. 2 1842, p. 485), Denuelle Saint-Leu.

1506. — Pendant long-temps l'usage a été contraire à cette décision, qui, d'ailleurs, n'a été rendue qu'après une vive controverse. On fera bien de se reporter au t. 2 1842, p. 485, pour y rechercher les moyens présentés par Me Nachet et le réquisitoire de M. le procureur général Dupin.

1507. — En matière d'expropriation pour cause d'utilité publique, et par exception à la règle, le pourvoi est formé au greffe du tribunal où la décision a été rendue, soit qu'elle émane du tribunal, soit qu'elle émane du jury. — V. EXPROPRIATION POUR UTILITÉ PUBLIQUE.

1508. — Le greffier donne un récépissé constatant le dépôt de la requête et des pièces à l'appui.

1509. — Si le greffier refusait de recevoir la déclaration du recours, le refus pourrait être constaté par huissier, et le pourvoi serait valablement formé par la signification faite au greffe. — *Cass.*, 15 nov. 1811, Giorgetti; — Merlin, *Rép.*, vo *Faux témoignage*; Bioche, vo *Cassation*, no 296.

ART. 4. — *Effets du pourvoi.*

1510. — En matière civile, la cassation n'arrête pas l'exécution du jugement. — L. 27 nov.-1er déc. 1790, art. 16.

1511. — Ce principe était déjà écrit dans l'ordonnance de Philippe-de-Valois, de 1344, et dans celle de Blois. — V. ord. 1579, art. 92.

1512. — Il fut répété dans l'édit donné à Rouen par Henri IV, en 1597, en ces termes : — « Voulons aussi que les arrêts donnés par nos cours souveraines soient reçus et exécutés, gardés et entretenus avec le respect qui convient. Et confirmant nos anciennes ordonnances, déclarons que lesdits arrêts ne pourront être cassés ni rétractés, sinon par les voies de droit et formes portées par nos ordonnances. — *N'en sera aussi l'exécution desdits arrêts suspendue*, soit par lettres ou requêtes présentées à notre dit conseil. » — V. art. 18. — Cette disposition, dit M. Tarbé (p. 166), contient tout le système de la cassation.

1513. — Le même principe se retrouve encore dans le réglement du 28 juin 1738, 1re part., tit. 4, art. 29. — « Les demandes en cassation, porte cet article, ni même les arrêts qui viendront pour ordonner que la requête sera communiquée à la partie, ne pourront empêcher l'exécution des arrêts ou jugemens en dernier ressort, dont la cassation sera demandée. »

1514. — Cependant cet article permettait d'accorder des défenses ou des surséances, *de l'ordre exprès de Sa Majesté.*

1515. — Quoique rien ne fût plus rare à l'ancien conseil que d'accorder des surséances ou des défenses, ainsi que l'atteste Tolosan, l'art. 16 de la loi du 27 nov. 1790 a abrogé cette disposition, et aujourd'hui la cour de Cassation ne peut user, sous aucun prétexte, de la faculté dont jouissait le conseil des parties, même lorsque le mal produit par l'exécution doit être irréparable en définitive.

1516. —... Par exemple, quand il s'agit d'un arrêt ou jugement en dernier ressort qui fait main-levée d'une opposition à mariage.

1517. — ... Ou d'une inscription hypothécaire.

1518. — ... D'un arrêt qui prononce une séparation de corps ou de biens.

1519. — ... Ou qui statue en matière disciplinaire.

1520. — Jugé en conséquence que le pourvoi en cassation contre un arrêt qui prononce main-levée d'une opposition à mariage n'est pas suspensif. — *Riom*, 27 juin 1806, Dalbiat; *Lyon*, 13 fév. 1828, Quirequin de Saint-Léger.

1521. — ... Qu'en matière de séparation de corps, le pourvoi n'est pas suspensif comme en matière de divorce. — *Bordeaux*, 17 messid. an XIII, Royer.

1522. — ... Que le pourvoi en cassation contre un arrêt qui prononce la séparation de biens entre époux n'est pas suspensif. — *Cour supér. Bruxelles*, 15 mars 1825, duc de B... c. sa femme.

1523. — ... Que celui qui a pris inscription en vertu d'un jugement réformé sur l'appel n'est pas fondé à exiger le maintien de cette inscription, sur le motif qu'il a formé un pourvoi en cassation contre l'arrêt. — *Bordeaux*, 6 déc. 1832, Maraval.

1524. — ... Qu'en matière disciplinaire, le pourvoi en cassation n'est pas suspensif. — *Grenoble*, 7 janv. 1836, Avocats de Grenoble.

1525. — Jugé de même que le demandeur en cassation d'un jugement rendu en matière civile au profit d'un étranger, ne peut exiger qu'avant de l'exécuter celui-ci lui donne caution. — *Cass.*, 4 prair. an VII, Finetti c. Giordani.

1526. — ... Que lorsqu'une commune est condamnée à payer une somme déterminée et qu'elle se pourvoit en cassation, son créancier n'en a pas moins le droit de poursuivre l'exécution de la sentence judiciaire qui l'a condamnée, et qu'il n'est pas obligé de donner caution. — *Aix*, 28 juin 1825, Barlatier c. ville de Marseille.

1527. — ... Que le pourvoi en cassation, ne pouvant, en matière civile, suspendre l'exécution du jugement qui en est l'objet, ne peut être envisagé comme un acquiescement volontaire propre à faire obstacle au pourvoi. — *Cass.*, 25 frim. an XIV, de Brion c. comm. de Vinneuf. — V. cependant ACQUIESCEMENT.

1528. — Quelque absolu que soit le principe suivant lequel le pourvoi n'est pas suspensif, il existe quelques exceptions qu'il faut signaler.

1529. — 1o D'après un décret de la Convention, du 16 juillet 1793, il ne peut être fait par le trésor ou par les caisses des diverses administrations publiques aucun paiement en vertu de jugemens qui sont attaqués par la voie de cassation, qu'au préalable ceux au profit desquels lesdits jugemens ont été rendus n'aient donné bonne et suffisante caution pour sûreté des sommes à eux adjugées.

1530. — 2o En matière de faux incident civil, les jugemens et arrêts rendus sur le fond, soit qu'ils déclarent ou non la pièce fausse, ne peuvent être mis à exécution tant que le délai pour se pourvoir en cassation n'est pas expiré. — C. procéd., art. 241 et suiv.

1531. — 3o En matière de douanes, suivant l'art. 13 (tit. 4) L. 9 flor. an VII, les jugemens qui ordonnent la main-levée d'objets saisis ne peuvent être exécutés et la remise de ces objets effectuée, si la partie qui a obtenu gain de cause ne donne bonne et suffisante caution.

1532. — Lorsqu'il s'agit de marchandises prohibées à l'entrée, la remise n'en peut jamais être accordée; dans ce cas, le pourvoi est toujours suspensif. — Godart, p. 66 *in fine.*

1533. — 4o En matière électorale, le pourvoi est suspensif, mais seulement dans le cas où il est formé par la partie dont le nom a été rayé des listes. — Tarbé, p. 122, § 7.

1534. — 5o En matière d'expropriation pour cause d'utilité publique, le pourvoi est également suspensif, quoique la loi ne le dise pas. L'exécution provisoire, dit M. Tarbé (p. 122, § 7), serait incompatible avec la rapidité des formes prescrites par la loi du 7 juillet 1833.

1535. — 6o Avant la loi du 8 mai 1816, l'art. 263, C. civ., avait établi une exception spéciale pour le pourvoi en matière de divorce. Il en était de même déjà sous la législation intermédiaire antérieure au Code. — *Paris*, 17 germin. an XII, Mac-Mahon. — V. DIVORCE.

1536. — Aujourd'hui que le divorce est aboli, cette exception n'a plus de signification. L'art. 263 ne peut pas être étendu à la séparation de corps. — V. *suprà* no 1521.

1537. — Mais peut-il l'être lorsqu'il s'agit de l'exécution d'un arrêt qui prononce la nullité du mariage? M. Godart de Saponay (p. 65) se prononce pour l'affirmative, attendu, dit-il, que la raison de décider est absolument la même.

1538. — M. Bioche, au contraire (*Dict. de procéd.*, vo *Cassation*, no 325), malgré l'identité de motifs, pense que, puisqu'il n'y a pas d'exception pour ce cas, il faut appliquer la règle générale, le droit commun; mais il reconnaît que cette partie de la législation devrait être modifiée. — En matière d'opposition à mariage, V. *suprà* no 1520.

1539. — Ce n'est pas seulement sur ce point que M. Godart de Saponay (p. 67) voudrait que le législateur introduisît des modifications. « Si l'état, dit-il, considéré comme partie privée, exige une caution de la partie qui veut exécuter l'arrêt contre lui, la même latitude dans le même cas, et lorsqu'il s'agit, par exemple, de somme mobilière, doit appartenir aux particuliers. »

1540. — Cette considération nous touche peu, car si la solvabilité d'un simple particulier peut inspirer des craintes, l'état est dans une position telle qu'il serait déraisonnable d'exiger de lui une caution : aussi l'a-t-on dispensé de cette obligation en matière de surenchère.

1541. — Nous sommes plus disposé à trouver mérité le reproche d'imprévoyance adressé à la loi, pour n'avoir pas exigé que l'étranger qui veut exécuter l'arrêt ou le jugement obtenu contre un Français qui s'est pourvu en cassation, soit tenu préalablement de donner caution.

1542. — « Cette formalité, dit M. Godart, qui garantirait tous les droits sans suspendre l'exécution, devrait être exigée de tous les Français notoirement insolvables, et par là on parviendrait à éviter que le pourvoi ne devînt tout-à-fait illusoire. »

1543. — Nous ne voudrions pas aller jusque-là; mais il nous semble que la caution devrait être exigée de l'étranger, et nous n'appuyons pas seulement cette opinion sur la loi du 10 sept. 1807 (V. ÉTRANGER), ou sur l'art. 16 du C. civ. (V. CAUTION JUDICATUM SOLVI). Nous invoquons le décret du 7 fév. 1809, qui déclare que pour les matières dans lesquelles il y a recours au conseil d'état, l'étranger ne pourra exécuter la décision qu'il aura obtenue pendant le délai accordé pour ce recours, qu'au préalable il n'ait fourni une bonne caution. Telle est la disposition que nous voudrions voir appliquer devant la cour de Cassation comme devant le conseil d'état.

1544. — Le pourvoi ne peut produire d'effet qu'à dater de son dépôt. — Il ne profite qu'à celui au nom duquel il a été formé.

1545. — Ainsi, le pourvoi formé en temps utile par l'un des héritiers ne profite pas à son cohéritier qui a laissé expirer le délai sans se pourvoir. — *Cass.*, 8 messid. an XII, Mioche c. Carles.

1546. — Jugé de même que, en matière divisible, l'héritier qui s'est pourvu en temps utile ne relève point de la déchéance son cohéritier qui a laissé expirer le délai du pourvoi. — *Cass.*, 7 nov. 1821, Wumant c. Demolon.

1547. — ... Que le tiers saisi dont le pourvoi contre l'arrêt qui le déclare débiteur des causes de la saisie-arrêt est non-recevable pour tardiveté ne peut profiter du pourvoi régulièrement formé par le saisi contre cet arrêt. — *Cass.*, 25 mars 1833, Marchais c. de Ligny.

1548. — Au contraire, dans une instance dirigée à la fois contre le liquidateur d'une société dissoute et contre les associés à fin de condamnation solidaire au paiement d'une dette sociale, le pourvoi en cassation formé par l'un des associés, en temps utile, profite aux autres, alors même que le liquidateur aurait encouru la déchéance. — *Cass.*, 17 avr. 1837 (t. 1er 1837, p. 442), Dugas-Vialis c. de Massilian. — Il en serait de même en matière indivisible.

ART. 5. — *Mise au rôle.*

1549. — Toutes les affaires sont inscrites par ordre de dates et de numéros au moment de leur dépôt au greffe. Il existe, à cet effet, un registre général pour le service de la cour. — Ord. 15 janv. 1826, art. 7.

1550. — Chaque chambre a, en outre, deux rôles de distribution, l'un pour les affaires urgentes, l'autre pour les affaires ordinaires. — Art. 8.

1551. — Sont réputées affaires urgentes, en matière civile, les réquisitions du ministère public; les affaires qui requièrent célérité suivant la loi. — Art. 9.

1552. — L'arrêté du 4 prairial an VIII déclarait urgentes les affaires où la nation est intéressée et généralement toutes celles pour lesquelles la préférence d'expédition est établie par la loi. — Art. 3.

1553. — Les affaires ne sont distribuées aux chambres qui doivent en connaître que lorsqu'elles ont été mises en état. — Ord. 15 janv. 1826, art. 10.

1554. — L'affaire est réputée en état lorsque les mémoires et pièces ont été produits, ou que les délais pour les produire sont expirés. — Même article.

1555. — « Cette disposition, dit M. Tarbé (p. 119), est la cause de bien des lenteurs et de retards considérables. Une distribution immédiate mettrait les avocats en demeure de faire leurs productions avec plus de promptitude. »

1556. — Les affaires attribuées à chaque chambre y sont inscrites par ordre de numéros et de dates, sur le rôle auquel elles appartiennent suivant qu'elles sont urgentes ou ordinaires. — Ord. 15 janv. 1826, art. 18.

ART. 6. — *Instruction et jugement.*

1557. — L'instruction devant la chambre des requêtes, comme devant la chambre civile, se fait par simples requêtes ou mémoires déposés au greffe. — L. 2 brum. an IV, art. 16.

1558. — La requête introductive ne contient ordinairement que l'indication des moyens. C'est plus tard, et dans les délais du réglement, qu'un mémoire ampliatif développe et fixe les moyens.

1559. — Le demandeur peut signifier à son adversaire de nouveaux moyens et les présenter à la cour jusqu'au moment de l'arrêt définitif. — Tarbé, no 193. — V. cependant *suprà* no 1470.

1560. — Jugé, dans le même sens, que la partie qui se pourvoit en cassation est toujours recevable à proposer de nouveaux moyens dans les mémoires ampliatifs qu'elle est autorisée à fournir. — *Cass.*, 4 août 1818, Enregist. c. Gauthier. — V. aussi *Cass.*, 13 mars 1816, Gauthier.

1561. — Jugé au contraire, mais à tort, que le demandeur en cassation n'est pas recevable à présenter, dans son mémoire ampliatif, des moyens de cassation autres que ceux repris dans sa re-

quête. — *Cour supér. Bruxelles*, 26 mai 1826, N...

1562. — Dans tous les cas, il est certain que de nouveaux moyens peuvent être présentés lorsqu'on a fait des réserves à cet égard dans la requête introductive. — V. *suprà* nº 1473.

1563. — Jugé aussi que l'irrégularité d'une requête en cassation, résultant de ce que les moyens n'y sont pas exposés, peut être réparée par une requête d'ampliation présentée dans le délai fixé pour le recours en cassation. — *Cass.*, 27 pluv. an XI, Guyenot c. Delarue.

1564. — Du reste, la cour supérieure de Bruxelles elle-même a reconnu que, lorsque le demandeur en cassation a indiqué par erreur dans sa requête, comme ayant été violé, un article de loi autre que celui qui, d'après lui, aurait été violé réellement, il est recevable à redresser cette erreur dans le mémoire ampliatif joint à cette requête. — *C. supér. Bruxelles*, 2 juin 1826, de Limmingue c. Bodaert.

1565. — Jugé, mais ce point est délicat, que le demandeur en cassation d'un arrêt obtenu par plusieurs individus ayant un intérêt commun, qui n'a d'abord dirigé son pourvoi que contre quelques uns d'entre eux, peut ensuite appeler les autres en déclaration d'arrêt commun, sans qu'on puisse lui opposer l'expiration des délais, lorsque ces derniers ne lui ont pas fait signifier l'arrêt attaqué. — La requête en déclaration de l'arrêt commun à intervenir n'est qu'une ampliation de la première requête et, sous ce rapport, elle est dispensée de la formalité de l'enregistrement. — *Cass.*, 14 mars 1821, Daloz c. Devin.

1566. — Le délai pour présenter le mémoire ampliatif est d'un mois pour les affaires urgentes, et de deux mois pour les affaires ordinaires, à dater de leur inscription sur le registre général des dépôts. — Ord. 15 janv. 1826, art. 11.

1567. — Ce délai peut être prorogé par le président sur la demande écrite et motivée de l'avocat du demandeur. — Décis. de la chamb. des req., 18 déc. 1811, insérée dans les délibérations du cons. de l'ordre du 20; ord. 15 janv. 1826, art. 11. — Godart, p. 25.

1568. — La cour de Cassation peut se dispenser de statuer sur les moyens énoncés dans la requête en pourvoi, qui n'ont point été reproduits dans le mémoire ampliatif, et n'ont subi aucune discussion à l'audience. — *Cass.*, 9 fév. 1836, Nusse c. Leseur.

1569. — Si le mémoire produit est signé par une personne sans qualité, la cour de Cassation n'y a aucun égard.

1570. — Ainsi, lorsqu'après un pourvoi régulièrement formé par le préfet comme étant aux droits de l'administration pour tout ce qui est relatif à l'expropriation, une défense est produite, portant pour titre : *Mémoire à l'appui du pourvoi en cassation formé par M. le préfet, au nom de l'état*, et signée du directeur-général des ponts et chaussées, la cour de Cassation ne tient aucun compte de ce mémoire portant la signature d'une personne sans qualité pour intervenir dans la contestation, et ne s'occupe pas de l'examen des moyens exposés dans ce mémoire à l'appui du pourvoi du préfet. — *Cass.*, 11 janv. 1836, Préfet de la Côte-d'Or c. comm. de Chazilly.

1571. — Jugé dans le même sens que les syndics d'une faillite qui ne se sont pas pourvus en cassation contre un arrêt rendu contradictoirement entre eux et l'un des créanciers du failli, ne sont pas recevables à produire un mémoire ampliatif à l'appui du pourvoi que le failli a formé lui-même contre cet arrêt. — *Cass.*, 7 avr. 1830, Lassalle c. Diguet.

1572. — Lorsque l'avocat à la cour de Cassation dépose son mémoire ampliatif, il doit y joindre une copie lisible et correcte de l'arrêt ou du jugement attaqué certifiée par lui. — Ord. 15 janv. 1826, art. 11.

1573. — Cette disposition a été nécessitée par le mauvais état des copies signifiées; elles sont fort souvent illisibles et font, dit M. Tarbé (p. 133), le désespoir des magistrats.

1574. — Pour remédier à un tel inconvénient, M. Tarbé voudrait qu'on fît imprimer et distribuer aux magistrats les arrêts ou jugemens attaqués, avec les qualités.

1575. — « On ne pourrait, dit-il, qu'applaudir à cette précaution qui faciliterait pour tous les juges l'étude du procès, et leur permettrait de mieux comprendre le rapport, les observations du défenseur et le conclusions du ministère public. — Ce serait, avec une faible dépense pour chaque partie, un moyen de rendre moins pénibles les travaux du cabinet, d'abréger les discusions de l'audience et les délibérations de la cour, et les magistrats ne seraient plus contraints de perdre leur temps, leur patience et leurs yeux à l'étude des copies incorrectes que la mauvaise humeur des

clercs d'avoués prend à tâche de rendre illisibles, ou des copies lithographiées qu'une économie mal entendue compose de caractères microscopiques, d'abréviations arbitraires et d'hiéroglyphes indéchiffrables. »

1576. — Aux termes de l'arrêt du conseil de 1684, les requêtes en cassation ne doivent en aucun cas être communiquées avant que l'arrêt ne soit communiqué.

1577. — Cette disposition fut renouvelée par l'art. 32 (tit. 4) du réglement de 1738, qui prononçait même une amende de deux cents livres contre les greffiers ou leurs commis et les clercs de rapporteurs qui se permettaient de faire une semblable communication.

1578. — On était si sévère à cet égard à l'ancien conseil, qu'on refusait même de faire connaître aux parties s'il y avait pourvoi, et quel était le rapporteur.

1579. — Pendant quelque temps, le greffier du tribunal de cassation se conforma à cet usage; mais, assailli par des réclamations incessantes, il dut consulter les magistrats. Par une délibération en date du 1er sept. 1791, il fut autorisé à faire connaître que l'on s'était pourvu et même à donner le nom du rapporteur. — De bons esprits ont blâmé cette innovation.

1580. — Un arrêt du conseil du 18 déc. 1775 avait défendu l'impression des requêtes en cassation avant l'arrêt de soit communiqué. Cet arrêt était motivé sur ce que cette impression donnait lieu à des abus aussi préjudiciables à l'autorité de la chose jugée, même à l'honneur des magistrats, qu'au repos des familles. C'est un moyen, disait-on, de retarder l'exécution des arrêts et jugemens attaqués; de donner de l'inquiétude à ceux qui les ont obtenus; de les engager à y répondre par des mémoires non communiqués, quelquefois même imprimés; enfin, on introduit ainsi une espèce d'instruction extrajudiciaire entièrement contraire au bien de la justice et aux anciens usages.

1581. — Malgré ces considérations, on peut imprimer les requêtes et mémoires produits devant la chambre des requêtes afin de les distribuer aux magistrats.

1582. — Mais on ne peut les signifier avant l'arrêt d'admission. — L. 2 brum. an IV, art. 16.

1583. — Cette prohibition est insuffisante, dit M. Tarbé (p. 124), et malgré les efforts des magistrats, la cour de Cassation, chambre des requêtes, paraît quelquefois se transformer en un troisième degré de juridiction.

1584. — A défaut du dépôt du mémoire ampliatif dans les délais, les affaires sont mises au rôle et, sans espoir de remise, jugées en l'état où elles se trouvent. — V. arr. de la cour, inséré dans la délibération du cons. de l'ordre, 26 flor. an XIII.

1585. — Lorsque l'affaire est mise en état, le président de la chambre des requêtes nomme, dans le mois, un conseiller pour en faire le rapport. — Ord. 15 janv. 1826, art. 13.

1586. — La distribution des affaires urgentes a lieu au fur et à mesure qu'elles sont prêtes.

1587. — Ainsi, il n'y a plus besoin, comme le prescrivait l'art. 7, tit. 4, 1re part., du réglement de 1738, de présenter une requête spéciale pour faire commettre un rapporteur.

1588. — Cependant si, par une cause quelconque, il était nécessaire de subroger un nouveau rapporteur à celui qui avait été d'abord désigné, le demandeur en cassation pourrait présenter une requête au président de la chambre des requêtes à cet effet.

1589. — En cas d'empêchement du président, la distribution est faite par le premier président ou par le plus ancien conseiller de la chambre des requêtes.

1590. — Le rapporteur est tenu de remettre les pièces au greffe avec son rapport écrit, savoir : pour les affaires urgentes, dans le mois, et pour les affaires ordinaires, dans les deux mois à partir du jour de la distribution. — Ord. 15 janv. 1826, art. 14.

1591. — Ces délais ne peuvent, dans aucun cas, être prolongés pour attendre les productions qui n'auraient pas été faites en temps utile. — Tarbé, p. 355, nº 1259.

1592. — Autrefois, les rapporteurs étaient tenus de faire eux-mêmes leurs extraits, et de les écrire de leur main. — Réglem. 3 janv. 1673, art. 14.

1593. — Aujourd'hui, l'usage permet aux rapporteurs de dicter leur travail ; mais tous les rapports doivent être écrits.

1594. — La date de la nomination du rapporteur et celle de la remise du rapport au greffe sont inscrites sur le rôle de distribution auquel l'affaire appartient. — Ord. 15 janv. 1826, art. 15.

1595. — Lorsque les pièces sont rétablies au greffe par les rapporteurs, les affaires sont inscrites sur

le rôle d'audience par ordre de dates et de numéros. — Même ord., art. 18.

1596. — Les rôles d'audience sont renouvelés savoir : le rôle des affaires urgentes, le 1er et le 15 de chaque mois, et celui des affaires ordinaires, le premier jour de chaque mois seulement. — Même ord., art. 19.

1597. — Les rôles d'audience sont certifiés par le greffier et arrêtés par le président de la chambre. Ils restent affichés au greffe et dans la salle d'audience jusqu'à leur renouvellement. — Art. 20.

1598. — Le jour même de la remise des pièces par le rapporteur, les pièces sont envoyées au procureur général, qui les distribue aux avocats généraux pour préparer leurs conclusions. — Art. 22. — Ce travail doit être fait dans le plus bref délai.

1599. — Aussitôt que les conclusions des avocats généraux sont préparées, le procureur général fait rétablir les pièces au greffe.

1600. — Ce rétablissement du dossier au greffe doit avoir lieu au moins trois jours avant celui où l'affaire viendra à l'audience. — Ord. 15 janv. 1826, art. 24.

1601. — Les avocats sont avertis par une lettre du greffier du jour des plaidoiries.

1602. — A l'audience, le conseiller fait son rapport, l'avocat peut ensuite présenter ses observations, puis le ministère public donne ses conclusions. — *Ibid.*, art. 36 et 37.

1603. — Devant la chambre des requêtes, c'est le demandeur seul qui procède : c'est une épreuve préparatoire, il s'agit de savoir si le pourvoi aura les honneurs d'une discussion contradictoire devant la chambre civile, ou s'il sera immédiatement et définitivement rejeté.

1604. — Ainsi, tant que l'affaire est pendante devant la chambre des requêtes, le défendeur reste étranger à l'instance, Il peut seulement faire distribuer aux magistrats des observations ou une consultation tendant à établir que le pourvoi doit être rejeté.

1605. — Comme cette production n'a pas un caractère officiel, comme le mémoire ou la consultation n'est pas une pièce du procès, il peut n'être pas signé d'un avocat à la cour de Cassation.

1606. — Toutefois, quand le défendeur juge utile de *se mettre en surveillance*, c'est-à-dire de s'occuper du pourvoi devant la chambre des requêtes, il est de son intérêt bien entendu de s'adresser à l'expérience d'un avocat à la cour de Cassation.

1607. — Quelque intérêt qu'ait le défendeur à faire repousser le pourvoi de son adversaire par la chambre des requêtes, il doit n'user qu'avec beaucoup de réserve et de circonspection de la faculté qu'il a de produire un mémoire, une consultation; en effet cette production n'est pas sans danger. Comme le défendeur ignore quels sont les moyens du demandeur en cassation, il est obligé de les deviner pour les combattre. Or, il est arrivé quelquefois qu'en réfutant ainsi, sans les connaître, des moyens qu'on supposait avoir été proposés, on donnait l'éveil à l'adversaire et on lui fournissait des ouvertures de cassation auxquelles il n'avait d'abord pas songé.

1608. — Devant la chambre des requêtes aucune intervention n'est admise, quel que soit l'intérêt de l'intervenant dans la contestation. Ceci est très rationnel; comment accorder, en effet, à un tiers un droit qui n'appartient pas au défendeur éventuel lui-même?

1609. — Après le rapport et les observations de l'avocat et du ministère public, la chambre des requêtes rend son arrêt, par lequel elle admet ou rejette le pourvoi.

1610. — Les arrêts de rejet rendus par la chambre des requêtes sont motivés, à la différence des arrêts d'admission, qui ne le sont pas. — L. 4 germin. an II, art. 6.

1611. — Les arrêts de rejet rendus par la chambre des requêtes ont moins d'autorité que les arrêts de la chambre civile. La raison en est que la chambre des requêtes n'entend que le demandeur, tandis que la chambre civile ne statue qu'après un débat contradictoire. — Godart, p. 27 ; Bioche, vº *Cassation*, nº 338.

1612. — Le demandeur est condamné, par suite du rejet, à l'amende qu'il avait consignée. — Réglem. 1738, part. 1re, tit. 4, art. 25.

1613. — Il encourt cette condamnation, même lorsqu'il a été dispensé de consigner parcequ'il avait produit un certificat d'indigence. — V. *suprà* 1403.

1614. — L'arrêt de rejet n'est susceptible d'aucun recours. — *Ibid.* — V. *suprà* nº 140.

1615. — Jugé dans le même sens qu'aucune voie n'est ouverte contre un arrêt de rejet en matière civile. — *Cass.*, 10 thermid. an XIII, Froidefond.

1616. — .. Pas même la voie de la requête civile. — *Cass.*, 2 frim. an X, Sabadin.

1617. — On n'est plus recevable à se pourvoir soit par opposition, soit par tierce opposition contre un jugement par défaut, après avoir épuisé la voie du recours en cassation. — *Cass.*, 19 fév. 1823, Lafayette.

1618. — Lorsque le pourvoi dirigé contre un arrêt qui contient tout à la fois des dispositions préparatoires et des dispositions définitives n'est pas limité aux dispositions définitives, l'arrêt qui rejette le pourvoi, s'applique aux dispositions préparatoires comme aux dispositions définitives. — *Cass.*, 19 juin 1816, Michaux-Larosière c. Bidermann.

1619. — L'arrêt d'admission, qu'on appelle aussi arrêt de *soit communiqué* ordonne que la requête soit signifiée au défendeur, avec assignation à comparaître dans les délais du réglement. — Ord. 15 janv. 1826, art. 28.

1620. — L'arrêt d'admission n'est pas suspensif. — *Ibid.*, art. 29.

Sect. 2e. — *Procédure devant la chambre civile.*

1621. — La chambre civile ne prononce définitivement sur un pourvoi en cassation que lorsqu'il a été admis par la chambre des requêtes.

1622. — En prononçant l'admission, la chambre des requêtes ordonne que la requête en cassation sera signifiée au défendeur, avec assignation à comparaître devant la chambre civile dans les délais du réglement. — Réglem. de 1738, tit. 4, art. 28.

ART. 1er. — *Signification de l'arrêt d'admission.*

§ 1er. — *Délais de la signification.*

1623. — Lorsque la chambre des requêtes a admis le pourvoi, le demandeur doit lever l'arrêt pour le faire signifier à son adversaire.

1624. — La requête introductive et même le mémoire ampliatif en cassation sont insérés entièrement dans l'arrêt d'admission. — Ord. 27 fév. 1660.

1625. — Les arrêts d'admission doivent être signifiés dans le délai de trois mois au plus tard, à compter du jour où ils ont été rendus, pour les parties domiciliées en France. — Réglem. 1738, tit. 4, art. 30. — Merlin, *Rép.*, v° *Cassation*, § 6, n° 7; Tarbé, § 10, p. 129; Godart, p. 28.

1626. — Le délai est de six mois si la partie est domiciliée dans le ressort de la cour royale de Corse.

1627. — Et si elle est domiciliée dans les colonies françaises, la signification doit être faite dans les délais qui lui sont fixés pour former le pourvoi. — Réglem. 1738, part. 1re, tit. 4, art. 30.

1628. — Faute par le demandeur en cassation d'avoir fait signifier l'arrêt de soit communiqué dans les délais fixés par le réglement, il est déchu de sa demande. — Même article.

1629. — Jugé en conséquence que le demandeur en cassation est frappé de déchéance lorsqu'il n'a pas fait signifier, dans le délai légal, l'arrêt d'admission, soit à la personne, soit au domicile réel ou élu du défendeur. — *Cass.*, 14 vent. an XIII, Gay; 7 août 1807, Enregist. c. Gay et Blachier; 16 juill. 1811, Enregist. c. Faivre; 11 janv. 1831, Dupoey c. Claverie-Cailleau.

1630. — Jugé de même qu'un arrêt d'admission est nul si la signification n'en a pas été faite dans les trois mois de sa date, ou si l'on en a été empêché pour cause de force majeure, après que cet obstacle a cessé, et dans le même laps de temps qui restait encore à courir avant qu'il n'existât. — *Cass.*, 28 août 1815, Enregist. c. Vogin.

1631. — ... Qu'il y a déchéance du pourvoi à l'égard du créancier poursuivant, s'il n'a pas reçu dans le délai la notification de l'arrêt d'admission, bien que le saisi demandeur ait valablement notifié cet arrêt à l'adjudicataire. — *Cass.*, 5 mars 1838 (t. 1er 1838, p. 354), Varennes c. de Neuchèze.

1632. — Cette exception de déchéance peut être prononcée sans que le défendeur s'en soit prévalu. — *Cass.*, 23 janv. 1816, Maupou.

1633. — Elle peut être demandée par le ministère public. — *Cour supér. Bruxelles*, 8 juill. 1819, N...

1634. — La déchéance est encourue alors même que le demandeur aurait obtenu un arrêt par défaut contre les défendeurs, si ces derniers se sont fait restituer contre cet arrêt. — *Cass.*, 23 janv. 1816, Maupou.

1635. — Ce délai est tellement de rigueur, qu'il n'est pas prorogé par la circonstance que le défendeur est décédé et que les héritiers mineurs n'ont pas de tuteur. — *Cass.*, 2 fév. 1813, Dumas c. Commarmond. — C'est au demandeur, dit M. Godart (p. 29), à prévoir ces divers cas.

1636. — Les délais de signification sont francs; ainsi ils ne comprennent ni le jour de l'arrêt ni celui de la signification. — Réglem. 1738, part. 2e, tit. 1er, art. 5.

1637. — Le délai de trois mois, durant lequel l'arrêt admettant un pourvoi en cassation doit être signifié, ne comprend ni les jours supplémentaires ni le jour dont l'arrêt porte la date, ni celui de la signification. — *Cass.*, 7 août 1811, Barré c. Gardien.

1638. — Sous le calendrier républicain, on ne devait point compter les jours complémentaires dans le délai fixé pour signifier le jugement d'admission d'une requête en cassation. — *Cass.*, 21 vendém. an XI, Gavier c. Guespereau.

1639. — Le délai pour signifier l'arrêt qui admet un pourvoi en cassation ne court pas pendant le temps où cette signification a été empêchée par l'effet d'une force majeure. — *Cass.*, 24 janv. 1815, Weyl c. Vonderscheer.

1640. — ... Par exemple, quand les communications étaient interrompues par l'invasion des ennemis. — L'obstacle de fait résultant de l'invasion peut être régulièrement constaté par des certificats du président du tribunal de première instance et du sous-préfet de l'arrondissement. — *Cass.*, 21 juin 1815, comm. de Chevigney c. Dormer.

1641. — Jugé aussi que le délai pour signifier un arrêt d'admission de la cour de Cassation a été suspendu pendant le temps que les communications ont été interceptées par force majeure entre Paris et le lieu où la signification devait être faite. — *Cass.*, 20 nov. (et non déc.) 1816, Lenig c. Delaval et Bourg d'Orschwiller.

1642. — Lorsque le délai fixé pour signifier l'arrêt d'admission d'un pourvoi en cassation a été interrompu par la force majeure, le délai entier ne court pas seulement du jour où elle a cessé. Au contraire, le délai se compose du temps qui s'est écoulé avant la force majeure et du temps nécessaire pour le compléter qui a couru depuis qu'elle n'a plus existé.

1643. — Ainsi un arrêt d'admission rendu le 6 janvier, signifié le 22 juin, n'est pas signifié dans les trois mois prescrits par le réglement de 1738, si la force majeure n'a duré que depuis le 1er mars jusqu'au 1er avril. — *Cass.*, 14 fév. 1815, Brunsse c. Pourrat.

1644. — La déchéance d'un pourvoi en cassation prononcée à raison de l'inobservation du délai au profit de quelques parties ne profite pas à une partie dont les droits sont distincts et divisés des intérêts des autres parties. — *Cass.*, 24 déc. 1834, Trésor c. Laffitte et Richard-Lenoir.

1645. — Elle ne profite même pas aux autres parties auxquelles le jugement a été signifié en temps utile, quoiqu'il y eût solidarité entre elles. — *Cass.*, 20 germin. an XI, Régie c. Vallery; 5 mars 1838 (t. 1er 1838, p. 354), Varennes c. de Neuchèze.

1646. — La déchéance encourue par le demandeur en cassation à l'égard d'un défendeur non régulièrement assigné, et contre lequel il avait formé une action en délaissement d'un immeuble, profite au vendeur de cet immeuble régulièrement cité, qui ne figurait dans l'instance que comme garant du tiers détenteur. Cette déchéance profite au vendeur, encore que dans l'instance il eût été personnellement assigné en restitution des fruits antérieurs à l'acquisition du tiers détenteur. — *Cass.*, 8 nov. 1831, comm. de Branges c. Germain et Maleissye.

§ 2. — *Formes de la signification. — Assignation devant la chambre civile.*

1647. — La forme des exploits d'ajournement donnés devant la cour de Cassation en vertu d'arrêts d'admission est régie, non par le Code de procédure, mais par le réglement de 1738. — *Cass.*, 8 nov. 1807, Enregist. c. Francq.

1648. — Les exploits, dans les affaires de la compétence de la cour de Cassation, doivent, à peine de nullité, être faits par les huissiers de cette cour, dans le lieu où elle siége. — *Cass.*, 1er fév. 1808, Hubert c. Coquelin.

1649. — Ainsi, la signification d'un arrêt d'admission faite à Paris par un huissier près le tribunal de première instance de la Seine est nulle, et, par suite, le demandeur en cassation est déchu de son pourvoi, à défaut d'autre signification régulière dans le délai du réglement. — *Cass.*, 8 nov. 1831, comm. de Branges c. Germain et Maleissye.

1650. — La signification du jugement admettant un pourvoi en cassation, même prononcée au profit d'un préfet agissant pour l'état, est nulle si l'huissier instrumentaire l'a faite hors de l'arrondissement du tribunal auquel il est attaché. — *Cass.*, 12 niv. an X, préfet de l'Eure c. Quintanadoine.

1651. — En matière électorale, les gendarmes ont qualité pour signifier les arrêts d'admission. — *Cass.*, 1er juill. 1830, Préfet de la Seine c. Lesage.

1652. — Cette signification n'est pas soumise aux formes ordinaires des exploits. — *Cass.*, 5 juill. 1830, Préfet de la Seine c. Chalain; 6 juill. 1830, Préfet de la Seine c. Leroy.

1653. — La signification d'un arrêt d'admission faite par un gendarme doit être signée par lui. — *Cass.*, 6 juill. 1830, Préfet de la Seine c. d'Aligny; 13 juill. 1830, Desfors c. Préfet de Seine et Oise.

1654. — Cette procédure exceptionnelle est celle que détermine l'art. 389, C. instr. crim., auquel se réfère la loi du 2 juillet 1828. — V. ÉLECTIONS.

1655. — La signification de l'arrêt d'admission faite sur papier libre n'est pas nulle; seulement l'huissier qui y a procédé est passible d'une amende. — *Cass.*, 12 mars 1839 (t. 1er 1839, p. 330), fabrique de Sainte-Eulalie et Masclary c. Pradel.

1656. — L'arrêt qui admet un pourvoi en cassation est valablement signifié, quoique la copie de la signification énonce une année pour une autre, si d'ailleurs on n'a pu se tromper sur sa véritable date : tel serait le cas où la copie porterait 1800 au lieu de 1808. — *Cass.*, 8 nov. 1808, Bousquet. — V. EXPLOIT.

1657. — N'est pas nulle la signification de l'arrêt admettant un pourvoi dont la copie porte l'an mil cent neuf au lieu de l'an mil huit cent neuf. — *Cass.*, 15 janv. 1810, Brouvel c. Dechuytener.

1658. — La signification de l'arrêt qui admet un pourvoi en cassation est nulle, si la copie n'indique pas le mois dans lequel elle est faite, lors même qu'il serait mentionné dans l'original. — *Cass.*, 18 déc. 1816, Quignon c. Mouton; 8 nov. 1820, Paris c. Charmois et Roze.

1659. — La signification de l'arrêt d'admission d'un pourvoi dont la copie porte une date antérieure à l'expédition de cet arrêt est nulle, lors même que l'original serait régulier. — *Cass.*, 8 fév. 1809, Enregist. c. Guérin de Beaupré.

1660. — Est nulle la signification d'un arrêt d'admission si le *parlant à* est laissé en blanc. — *Cass.*, 19 juin 1832, Chambeyron. — V. EXPLOIT.

1661. — Le défendeur ne peut critiquer devant la cour de Cassation la qualification de *commis* donnée à l'individu trouvé à son domicile et à qui l'huissier a remis copie de l'exploit, tant qu'il ne rapporte pas la preuve de la fausseté de cette qualification. — *Cass.*, 28 janv. 1834, Dumarest.

1662. — L'original de la signification de l'arrêt d'admission constatant qu'il a été donné copie de cet arrêt est, malgré la dénégation de l'adversaire, valable jusqu'à inscription de faux. — *Cass.*, 28 janv. 1811, Enregist. c. Bordes.

1663. — Lorsque l'huissier qui assigne deux personnes par le même exploit n'exprime pas littéralement qu'il en a laissé deux copies séparées, on peut présumer, d'après les circonstances, que cela a réellement eu lieu. — *Cass.*, 7 août 1811, Barré c. Gardien.

1664. — Lorsqu'un arrêt rendu au profit d'une personne qui y figure sous diverses qualités est dénoncé à la cour de Cassation, le *permis d'assigner* porté dans l'arrêt d'admission s'applique nécessairement aux qualités du défendeur énoncées dans l'arrêt attaqué, sans qu'il soit nécessaire de les rappeler toutes dans l'assignation. — *Cass.*, 7 janv. 1818, Gravet c. Marcy.

1665. — L'exploit contenant signification de l'arrêt d'admission du pourvoi ne doit point, à peine de nullité, faire mention de l'enregistrement de la requête. — *Cass.*, 8 janv. 1817, Enregist. c. Devalois.

1666. — Il n'y a pas déchéance du pourvoi en ce qu'une des requêtes produites par le demandeur en cassation, fût-ce la requête introductive, a été omise dans la copie signifiée d'un arrêt d'admission, lorsque la requête ou les requêtes qui ont été signifiées énoncent les faits, les moyens de cassation, et que la cassation de l'arrêt dénoncé a été demandée. — *Cass.*, 6 juill. 1831, Marc Dolle c. de Rosières.

1667. — La signification d'un arrêt d'admission rendu par la chambre des requêtes est nulle, si elle est faite à la requête d'une personne décédée. — En conséquence, le pourvoi doit être déclaré non-recevable par la chambre civile. — *Cass.*, 9 déc. 1834, Pillou c. Germain.

1668. — Est nulle l'assignation donnée devant la cour de Cassation par suite d'un arrêt d'admission, à la requête d'un individu décédé depuis cinq mois. — Conséquemment le pourvoi est non-recevable si la signification n'a pas été renouvelée dans les délais utiles, à la requête des héritiers. — *Cass.*, 19 déc. 1837 (t. 1er 1837, p. 332), Cottanceau c. Cantal.

1669. — L'héritier d'une personne décédée depuis l'admission de son pourvoi en cassation peut se prévaloir du jugement d'admission, lors même que la signification qui en a été faite à sa requête ne contient aucune qualité de sa part. — *Cass.*, 2 thermid. an IX, Deladeuse c. Beeckmann.

1670. — Lorsque deux associés procédant *conjointement*, mais non pas en *nom social et collectif*, ont formé un pourvoi en cassation, le décès de l'un d'eux, survenu postérieurement à l'introduction du pourvoi n'influe en rien sur la régularité de l'arrêt d'admission, en exécution duquel l'autre associé a pu valablement procéder. — *Cass.*, 18 nov. 1835, Bochard.

1671. — La signification de l'arrêt d'admission est valablement donnée à la requête d'un maire, en sa qualité, encore qu'elle n'énonce ni le nom ni le domicile de ce fonctionnaire, ni qu'elle a été faite par l'adjoint remplissant les fonctions du maire, alors suspendu. — *Cass.*, 12 sept. 1809, comm. d'Odratzheim c. comm. de Kirscheim.

1672. — L'erreur dans les noms ou qualités de l'une des personnes à la requête desquelles la notification d'un arrêt d'admission est faite collectivement à un défendeur qu'on aurait pu se dispenser de mettre en cause, ne vicie pas la signification qui a été régulièrement faite aux autres défendeurs. — *Cass.*, 14 août 1840 (t. 1er 1840, p. 228), d'Aurelle et Laqueuille c. Peydière.

1673. — Est valable la signification de l'arrêt d'admission qui n'énonce pas le domicile du demandeur, si elle contient l'indication du domicile élu chez l'avocat à la cour de Cassation chargé de sa défense. — *Cass.*, 10 avr. 1811, Fianda c. Delpralo.

1674. — La signification d'un jugement admettant un pourvoi accompagné d'une assignation devant la section civile du tribunal de cassation doit, à peine de nullité, contenir constitution d'avoué (aujourd'hui d'avocat). — *Cass.*, 17 brum. an XII, Hermann-Anderbach c. Tholmann.

1675. — Jugé cependant que, lorsque la signature de l'avocat est apposée au bas de la requête en cassation qui a été signifiée avec l'arrêt d'admission, l'exploit de signification peut ne pas contenir la constitution d'avocat. — *Cass.*, 16 (et non 6) mai 1815, Enregist. c. Montcharmont.

1676. — Jugé de même que la signature de l'avocat qui doit occuper pour un demandeur en cassation dont le pourvoi a été admis équivaut à une indication de cet avocat, si cette signature se trouve dans la copie signifiée de l'arrêt d'admission, et si cette copie contient élection de domicile chez lui. — *Cass.*, 11 (et non 8) mars 1812, Beauchef de Servigny c. Le Prévol.

1677. — L'omission de la qualité de l'avocat qui fait signifier un arrêt d'admission de pourvoi, à la suite de sa signature certifiant la copie de l'arrêt signifié, ne rend pas cette signification irrégulière. — *Cass.*, 9 mars 1824, Darmay c. Garnier.

1678. — La signification de l'arrêt qui a admis le pourvoi formé par un préfet contre un jugement rendu au préjudice de l'état, n'est pas nulle pour ne pas contenir le nom de l'avocat chargé de défendre les intérêts de l'état, ou pour ne pas contenir élection de domicile chez l'avocat, la personne chargée de défendre les intérêts de l'état étant le ministère public. — *Cass.*, 22 thermid. an X, préfet des Vosges.

1679. — Suivant M. Isambert, *Notes sur l'ord. du* 17 sept. 1817, il faut, à peine de nullité et d'amende contre l'huissier, que la copie de l'arrêt soit signée de l'avocat. — Arr. du conseil, 16 juin 1746.

1680. — Néanmoins il a été jugé qu'il n'est pas nécessaire, à peine de nullité, que la copie signifiée de l'arrêt d'admission soit revêtue de la signature de l'avocat qui l'a obtenue, si d'ailleurs la signification porte la désignation de cet avocat. — *Cass.*, 3 juin 1839 (t. 1er 1839, p. 601), Ribard c. Lefebvre.

1681. — La cour supérieure de Bruxelles a jugé, le 22 février 1819 (Macs), que la signification d'une requête en cassation doit, à peine de déchéance, contenir assignation dans les délais de la loi.

1682. — Mais la cour de Cassation a une jurisprudence contraire. — Ainsi elle a décidé que la signification de l'arrêt de la section des requêtes de la cour de Cassation qui admet un pourvoi emporte sommation de répondre dans le délai légal; que par conséquent, lorsque cette signification est valable, le défendeur ne peut se plaindre de ce que l'assignation faite dans le même acte est irrégulière. — *Cass.*, 3 nov. 1807, Enregist. c. Francq.

1683. — ... Que la signification de l'arrêt d'admission d'un pourvoi en cassation emporte de plein droit citation au défendeur à comparaître devant la section civile et à y fournir ses défenses dans les délais prescrits, sans qu'il soit nécessaire de lui donner aucune assignation à cet effet. — *Cass.*, 1er juill. 1823, Drée et Mandelot c. comm. de Lompnieux.

1684. — ... Qu'une assignation donnée pour comparaître à la prochaine audience dans le délai prescrit par l'arrêt d'admission, est suffisamment interpellative, et conséquemment n'est pas nulle. — *Cass.*, 6 juill. 1830, Préfet de la Seine c. Pinpernel.

1685. — L'exploit de signification d'un arrêt d'admission est nul à défaut d'enregistrement, et cette nullité entraîne la déchéance du pourvoi. — *Cass.*, 23 flor. an IX, Mathevet c. Brachet.

1686. — Décidé au contraire qu'un exploit de signification d'un arrêt d'admission n'est pas nul pour n'avoir pas été enregistré. — *Cass.*, 3 juill. 1830, préfet de la Seine c. Lamoureux.

1687. — La signification nulle peut être réitérée, pourvu qu'elle le soit dans les délais. — Bioche, no 234.

1688. — L'arrêt d'admission doit être signifié au domicile réel du défendeur. — L. 2 brum. an IV, art. 16.

1689. — Cependant, lorsque le défendeur éventuel a changé de domicile sans faire connaître ce changement, la signification de l'arrêt d'admission faite au domicile indiqué dans la signification de l'arrêt attaqué est valable, surtout si la réponse faite à l'huissier n'a signalé le défenseur que comme absent du domicile indiqué. Dans ce cas la copie a pu, sur le refus des voisins, être remise au maire, conformément à l'art. 68, C. procéd. civ. — *Cass.*, 3 mai 1837 (t. 2 1837, p. 62), le préfet de la Seine c. Pellagot et Goujet.

1690. — La signification de l'arrêt d'admission ne peut être faite au domicile élu par le défendeur dans l'exploit de signification de la décision attaquée. — *Cass.*, 2 flor. an IX, Pastech c. de Kessel.

1691. — Néanmoins la signification du jugement admettant un pourvoi en cassation peut être faite au domicile élu en première instance par le défendeur, s'il n'a pas fait connaître son véritable domicile. — *Cass.*, 16 messid. an XI, Hasenforder c. Voyer; 13 germin. an XII, Simons c. Tort-la-Sonde.

1692. — La notification de l'arrêt d'admission du pourvoi est valablement faite par un débiteur incarcéré à ses créanciers, au domicile par eux élu dans les actes d'écrou et de recommandation pour les procédures et opérations auxquelles ces actes pourraient donner lieu. — *Cass.*, 14 mars 1821, Daloz c. Devin.

1693. — La signification faite à la *résidence* momentanée est valable, lorsque dans l'instance la partie qui a obtenu l'arrêt attaqué n'a pas indiqué d'autre domicile. — Merlin, *Quest de dr.*, vo *Inscription hypothécaire*, § 1er.

1694. — La signification d'un arrêt d'admission est valable bien que faite non au domicile, mais à la seule résidence connue de l'héritier du défendeur éventuel, décédé depuis cet arrêt, lorsque cette signification a été reçue au lieu de cette résidence, et qu'en outre elle a été réitérée au parquet du procureur général, en la forme voulue par l'art. 69, § 8, C. procéd. — *Cass.*, 17 avr. 1837 (t. 1er 1837, p. 442), Dugas-Vialis c. de Massilian.

1695. — Un arrêt d'admission peut être signifié à un étranger, au lieu de sa résidence en France, s'il n'y a pas de domicile réel, surtout si cette résidence est avouée par lui dans la signification qu'il a faite du jugement attaqué. — *Cass.*, 27 juin 1809, Enregist. c. Basseinheim.

1696. — La signification d'un arrêt d'admission peut être faite au parquet de la cour de Cassation, lorsqu'il résulte du procès-verbal dressé par l'huissier que, malgré les informations par lui prises, il n'a pu trouver la maison d'habitation du défendeur, et lorsque d'ailleurs ce dernier a reçu au parquet la signification qui y avait été déposée pour lui. — *Cass.*, 13 mars 1820, Auber c. Ruffi.

1697. — Les arrêts d'admission qui permettent d'assigner des individus domiciliés dans les colonies sont valablement signifiés au procureur général près la cour de Cassation. — *Cass.*, 16 mars 1831, Chazelles c. Lacroix.

1698. — .... Encore bien que cette signification soit postérieure au décès du défendeur en cassation, si ce décès, arrivé aux colonies, n'était pas connu en France. — *Cass.*, 18 juin 1823, Duquerny c. de St.-Riquier; 21 déc. 1830, Douanes c. Lassichère.

1699. — On dépose, en outre, au parquet, en temps de guerre, deux copies de l'arrêt sur papier libre. Ces copies sont certifiées par l'avocat et rappellent la date de la signification. — Décis. du proc. génér. près la cour de Cassation, rappelée dans la délibération du cons. de l'ordre, du 30 nov. 1820.

1700. — En temps de paix une seule copie suffit. — Circul. du Conseil de l'ordre du 11 janv. 1821.

1701. — Le procureur-général se charge de faire remettre la signification aux parties par la voie des ministres de la marine et des affaires étrangères. — Godart de Saponay, *Manuel de la cour de Cassation*, p. 30.

1702. — L'arrêt d'admission ne doit être signifié qu'aux personnes qu'il désigne.

1703. — Le demandeur en cassation ne peut appeler devant la chambre civile de la cour la partie que l'arrêt d'adméission ne l'a pas autorisé à assigner. — *Cass.*, 3 fv. 1835, Martin c. Chautard.

1704. — Ainsi, l'assignation à comparaître devant la cour de Cassation donnée à des parties qui n'étaient pas désignées dans l'arrêt d'admission, n'est pas valable. — *Cass.*, 27 août 1833, Joseph c. Garelon.

1705. — Jugé dès-lors et avec raison que la chambre civile de la cour de Cassation ne doit rien statuer à l'égard d'une personne à qui l'arrêt d'admission a été notifié, mais contre laquelle le pourvoi n'a pas été dirigé, lorsque d'ailleurs l'arrêt d'admission ne porte pas autorisation de l'assigner, et que sa notification n'explique pas pourquoi elle a été faite. — *Cass.*, 13 fév. 1832, Fournier.

1706. — Toutefois on peut assigner devant la section civile de la cour de Cassation une partie, quoique non nominativement désignée dans l'arrêt d'admission du pourvoi, si elle s'y trouve comprise sous la dénomination de consort. — *Cass.*, 28 déc. 1818, Bruère.

1707. — La signification faite au défendeur sous un nom qui n'est pas le sien n'est pas nulle, si l'erreur se trouve dans les qualités de l'arrêt attaqué signifiées par le défendeur lui-même et ses consorts. — *Cass.*, 3 fév. 1835, Martin c. Chautard.

1708. — Il importerait peu qu'une personne eût dû être appelée au jugement : dès qu'elle n'y a pas figuré la signification ne peut lui être adressée. — *Cass.*, 4 vent. an XI, Lavoire c. Longuet; — Merlin, vo *Cassation*, § 6, no 7.

1709. — Ainsi, de ce qu'une femme aurait dû être mise en cause commune dans un procès où son mari l'a représentée, cela n'autorise point celui qui s'est pourvu contre le jugement à assigner la femme devant la cour avec son mari, pour défendre au pourvoi; la femme est fondée dans ce cas à demander son renvoi de l'assignation. — Même arrêt.

1710. — La partie qui figure au procès sous deux qualités distinctes est non-recevable, lorsqu'elle a défendu au fond, à se plaindre de ce qu'elle n'a pas reçu deux copies de l'arrêt d'admission. — *Cass.*, 21 juin 1815, comm. de Chevigny c. Dornier.

1711. — Lorsqu'un père et un fils ont figuré en nom collectif dans la procédure d'instance et d'appel, l'admission du pourvoi contre le jugement par eux obtenu peut être signifiée en une seule copie au père, tant pour lui que pour son fils. — *Cass.*, 1er germin. an X, Dufayel c. Lahaye.

1712. — La signification d'un arrêt d'admission est valablement faite par une seule copie à une femme qui procède en son nom personnel et comme tutrice de son enfant. — *Cass.*, 20 nov. (et non déc.) 1816, Lenig c. Delaval et Bourg d'Orschwiller.

1713. — Lorsqu'un mari a figuré dans un procès comme étant aux droits de sa femme, et que celle-ci n'a point paru personnellement dans la cause, le pourvoi en cassation ne doit être dirigé que contre lui. — *Cass.*, 4 vent. an XI, Lavoire c. Longuet.

1714. — Il suffit d'une seule copie de l'arrêt d'admission, lorsqu'une femme mariée, non séparée de biens, est assignée conjointement avec son mari. — *Cass.*, 20 avr. 1818, Houssemann c. Weyl.

1715. — Deux conjoints ont pu être valablement assignés devant la cour de Cassation par une seule copie, lorsque le mari était le maître de l'action, comme s'il s'agissait de biens de communauté. — *Cass.*, 31 janv. 1827, Hamard c. Barbotte.

1716. — La signification d'un arrêt d'admission peut être faite au mari et à la femme communs en biens par un seul et même exploit, alors même qu'ils ont des intérêts distincts, mais non pas contraires. — *Cass.*, 29 janv. 1840 (t. 1er 1840, p. 511), Burdon c. Lasjais.

1717. — Il n'est pas nécessaire, sur le pourvoi en cassation formé contre une femme mariée, d'assigner en même temps le mari, dans le cas où la femme a été spécialement autorisée par un *acte authentique* à intenter toutes actions relatives à ses biens personnels, et à défendre sur toutes celles qui seraient dirigées contre elle et pour le même objet. — *Cass.*, 2 août 1820, Aubery c. Bellot de Bussy.

1718. — Le demandeur en cassation est déchu de son pourvoi, quoiqu'il ait fait signifier l'arrêt d'admission à la femme dans les trois mois de sa date, si c'est seulement après ce délai qu'il a assigné le mari à l'effet de l'autoriser. — *Cass.*, 14 juill. 1819, Mignot c. Marion.

1719. — Si une fille s'est mariée depuis que le jugement ou arrêt dans lequel elle était partie a été attaqué devant la cour de Cassation, l'assignation doit, à peine de nullité, être signifiée au mari aussi bien qu'à la femme. — *Cass.*, 30 mars 1841 (t. 1er 1841, p. 682), Enregist. c. Delaremanichère.

1720. — Jugé de même que l'arrêt admettant un pourvoi contre une femme mariée depuis l'arrêt attaqué doit, sous peine de déchéance, être signifié à cette femme et à son mari. — *Cass.*, 29 nov. 1836 (t. 1er 1837, p. 131), Ramandié c. Dutour-Lachaise.

1721. — Mais lorsqu'un subrogé tuteur, autorisé

à défendre les droits du mineur, a fait signifier en son nom un arrêt rendu en faveur de ce dernier, le pourvoi en cassation contre cet arrêt est valablement signifié au subrogé tuteur, bien que dans l'intervalle un tuteur ait été nommé au mineur, si la partie adverse n'en a pas eu connaissance. — *Cass.*, 11 août 1829, Baron c. Balastron.

1722. — L'arrêt d'admission contre un jugement rendu au profit d'un mineur représenté par son tuteur doit être signifié, à peine de déchéance, non au tuteur, mais au mineur, si celui-ci est devenu majeur depuis que le jugement attaqué a été rendu. — *Cass.*, 27 mai 1834, Enregist. c. Bonnet.

1723. — Cependant lorsqu'un mineur devenu majeur a été qualifié de mineur dans la signification du jugement par lui obtenu, et a été ensuite, sur le pourvoi formé contre ce jugement, assigné comme mineur en la personne de son tuteur devant la cour de Cassation, il n'est point fondé à opposer contre ce pourvoi une fin de non-recevoir tirée de ce qu'en qualité de majeur il eût dû être assigné personnellement. — *Cass.*, 30 mars 1841 (t. 1er 1841, p. 682), Enregist. c. Delaremanichère.

1724. — Lorsque deux personnes cohabitent constamment ensemble, la copie d'un arrêt d'admission signifiée à l'une d'elles peut être remise au serviteur de l'autre. — *Cass.*, 7 août 1807, Pène c. Touya.

1725. — Le pourvoi en cassation est le principe d'une instance nouvelle et extraordinaire, et par suite, l'arrêt qui l'admet doit être signifié, à peine de déchéance, non au domicile du défendeur, décédé avant le pourvoi, mais au domicile de ses héritiers, encore que le décès n'ait pas été notifié au demandeur en cassation. — *Cass.*, 2 fév. 1813, Dumas c. Commarmond; 1er déc. 1829, Roucaute.

1726. — Est nulle la signification d'un arrêt qui admet une requête en cassation, si le défendeur à qui elle est faite est décédé, encore bien que ses héritiers n'aient pas notifié le décès au demandeur. — *Cass.*, 18 juill. 1842 (t. 2 1842, p. 178), Laburthe c. Besse; 14 niv. an XI, Thouvenin c. Demange.

1727. — Cependant la signification de l'arrêt d'admission d'un pourvoi à une personne décédée, mais dont le décès n'est pas connu, est valablement faite à son dernier domicile, parlant à son procureur fondé. — *Cass.*, 3 sept. 1811, Marquier c. Cavaller.

1728. — Lorsque le défendeur au pourvoi est mort depuis l'arrêt d'admission, cet arrêt peut être signifié à sa veuve et à ses héritiers, sans qu'il soit besoin d'un nouvel arrêt qui permette de les citer sur cette admission. — *Cass.*, 13 thermid. an XII, Queste c. Lenoble; 20 thermid. an XII, N...

1729. — La signification de l'arrêt d'admission et l'assignation devant la section civile de la cour de Cassation peuvent être valablement données à la veuve et aux héritiers du défendeur, décédé postérieurement au pourvoi, au domicile du défunt, en la personne de sa veuve commune en biens, et quand ses droits étaient encore individuellement connus. — *Cass.*, 6 sept. 1813, Enregist. c. Tandou.

1730. — En cas de décès de la partie contre laquelle un pourvoi est formé, il faut assigner ceux de ses héritiers qui n'ont pas renoncé à sa succession, ou un curateur à sa succession vacante. — *Cass.*, 11 juin 1833, Laure c. Affre.

1731. — L'arrêt d'admission doit être signifié à l'héritier bénéficiaire, et non aux créanciers de la succession. — *Cass.*, 1er fév. 1830, Enregist. c. Lagarde.

1732. — Le demandeur en cassation qui ne signifie son arrêt qu'à l'un des héritiers du défendeur, avec sommation d'avertir les autres héritiers qu'il nomme, est déchu de son pourvoi vis-à-vis de ceux-ci. — *Cass.*, 23 fructid. an XII, Lemathis c. Nicolas.

1733. — Lorsque plusieurs cohéritiers sont assignés en vertu d'un arrêt d'admission, et que, dans l'un des exploits, il s'est glissé une nullité, cette nullité ne peut profiter aux autres cohéritiers, bien et régulièrement assignés. Au contraire, la solidarité qui existe entre eux couvre la nullité, même à l'égard de celui qui a été mal assigné. — *Cass.*, 9 oct. 1811, Enregist. c. Santerre.

1734. — Lorsqu'il s'agit d'une action solidaire, il n'est pas nécessaire de signifier l'arrêt séparément à toutes les parties, comme cela se pratique en général quand il y a plusieurs défendeurs. — *Cass.*, 31 janv. 1827, Bamard c. Barbotte; — Merlin, *Quest. de dr.*, v° *Cassation*, § 22.

1735. — Lorsqu'une partie, décédée depuis la décision attaquée, se trouve représentée par quelques uns des défendeurs en cassation, il n'est pas nécessaire que l'arrêt d'admission du pourvoi soit signifié à ceux-ci comme représentans du défunt; il suffit que cette signification ait été faite personnellement à chacun d'eux, et que, par là, ils aient été mis à même de défendre au pourvoi, tant en leur nom personnel qu'en qualité d'héritiers de leur consort. — *Cass.*, 26 août 1839 (t. 2 1839, p. 636), comm. de Serres c. Lafont.

1736. — La signification de l'arrêt d'admission d'un pourvoi en cassation faite à des individus qualifiés de syndics définitifs d'une faillite, bien qu'ils aient perdu cette qualité, n'en est pas moins valable si ces individus, nommés commissaires par le concordat, avaient continué d'être, quant à l'instance, représentans de la masse des créanciers. — *Cass.*, 6 mai 1845 (t. 2 1845, p. 126), Beyreix c. synd. Airaud.

1737. — Quand le pourvoi a été dirigé contre une partie principale et d'autres appelées seulement en garantie, l'arrêt d'admission doit être signifié, à peine de déchéance, à la partie principale, comme aux garans. — *Cass.*, 11 juin 1833, Laure c. Affre.

1738. — Toutefois, le demandeur en cassation n'est tenu de diriger son pourvoi contre le garant et de lui notifier l'arrêt d'admission que lorsque ce dernier a, dans l'instance en cour royale, pris le fait et cause du garanti. — *Cass.*, 5 déc. 1836 (t. 1er 1837, p. 245), Lebœuf de Brasseuse c. Mayan.

1739. — La partie défenderesse au principal et demanderesse en garantie, qui a gagné son procès sur l'appel, et dont par conséquent la demande récursoire a été écartée par un *hors de cour*, peut, si le pourvoi dirigé contre l'arrêt est admis, appeler ses garans devant la section civile de la cour de Cassation pour y défendre leurs droits, afin de conserver, dans le cas éventuel de l'annulation de l'arrêt, son recours subsidiaire contre eux. — *Cass.*, 14 déc. 1819, de Broé c. Thiesset.

1740. — Le défendeur en cour de Cassation peut, en cas d'admission du pourvoi, citer directement devant la chambre civile, et afin de faire déclarer commun avec lui l'arrêt à intervenir, celui qu'il avait appelé en garantie devant les juges du fond, et qui avait été renvoyé de la demande en garantie par l'effet de la disposition du jugement qui faisait peser le poids de la condamnation réclamée par le demandeur principal sur un garant plus éloigné. — *Cass.*, 2 déc. 1833, Vidal c. Morel. — V. GARANTIE.

1741. — Est valable le pourvoi en cassation notifié au cessionnaire et non au cédant, bien que la cession ait été faite dans l'instance d'appel, et que l'arrêt ait été rendu au profit du cédant. — *Cass.*, 28 janv. 1835, habitans de Geispolsheim c. Mayer.

1742. — Celui qui s'est pourvu en cassation d'un arrêt rendu dans l'intérêt commun de plusieurs individus, et qui n'a d'abord dirigé son pourvoi que contre quelques uns de ses adversaires, peut, par une requête postérieure, appeler les autres en déclaration d'arrêt commun, sans qu'on puisse lui opposer l'expiration du délai du pourvoi, si ceux-ci ne lui ont pas fait signifier l'arrêt attaqué. — *Cass.*, 14 mars 1821, Dalos c. Devin.

1743. — Le demandeur doit justifier, sous peine de rejet de sa demande, de la signification, en produisant l'original de l'exploit qui la contient. — *Cass.*, 13 fév. 1822, Dumont c. comm. de Larvin Epinay.

1744. — Ainsi, lorsque la chambre des requêtes a permis d'assigner plusieurs défendeurs, la chambre civile ne peut statuer qu'à l'égard des personnes que le demandeur justifie avoir assignées, par les originaux de signification. — *Cass.*, 27 août 1833, Joseph c. Galeron.

1745. — Cependant le demandeur pourrait produire plus tard l'original qu'il aurait égaré. La cour ferait alors droit à son pourvoi. — *Cass.*, 19 avr. 1837 (t. 1er 1840, p. 315), préfet du Doubs c. Cugnolet et Finot.

1746. — Lorsque, sur un recours en cassation dirigé contre plusieurs parties, l'arrêt d'admission a autorisé nominativement leur assignation devant la chambre civile, et qu'ensuite cette chambre n'a pu casser l'arrêt attaqué qu'à l'égard de quelques unes des parties, à cause du défaut de production des originaux d'assignation adressés aux autres, il ne résulte de cette circonstance aucune déchéance du pourvoi au profit de ces derniers, et la cour de Cassation peut encore prononcer sur le vu des exploits ultérieurement représentés. — Même arrêt.

ART. 2. — *Instruction et jugement.*

1747. — Après l'arrêt d'admission de la chambre des requêtes, c'est à la chambre civile que l'affaire est portée. — V. COUR DE CASSATION.

1748. — Ainsi, à part quelques cas exceptionnels (V. EXPROPRIATION POUR CAUSE D'UTILITÉ PUBLIQUE), l'admission est le préalable indispensable en matière civile. — Jugé en conséquence que la section civile de la cour de Cassation ne peut connaître d'un jugement dont le pourvoi n'a pas été spécialement admis par la section des requêtes, et encore bien que ce jugement se rattache à une affaire dont la cour est régulièrement saisie. — *Cass.*, 27 (et non 7) avr. 1807, Enregist. c. Colin.

1749. — Le défendeur reste maître d'arrêter l'effet du pourvoi, même après l'arrêt d'admission, en déclarant renoncer au bénéfice de la condamnation que le pourvoi a pour objet de critiquer.

1750. — Jugé en ce sens que le défendeur devant la cour de Cassation peut arrêter les effets du pourvoi, même après l'arrêt d'admission, en faisant signifier au demandeur un acte extrajudiciaire par lequel il déclare renoncer au bénéfice de la condamnation, et en faisant offres réelles du montant des frais. — *Cass.*, 24 déc. 1839 (t. 1er 1840, p. 38), Enregist. c. Ledru.

1751. — Le défendeur à la cassation d'un arrêt peut, quoiqu'il se soit désisté du bénéfice de cet arrêt, être condamné aux frais faits depuis la signification de son désistement. — *Cass.*, 24 août 1836 (t. 1er 1837, p. 5), Delpech c. ville d'Avignon.

1752. — Jugé qu'il y a lieu à statuer sur un pourvoi en cassation, nonobstant le désistement du bénéfice de l'arrêt prononcé, et quoique la signification du désistement soit antérieure au pourvoi, lorsqu'à raison des distances le pourvoi a été formé dans l'ignorance du désistement, et quand surtout celui-ci n'est que conditionnel. — *Cass.*, 26 juill. 1824, Masoyer c. Dufour et Girard.

1753. — De même que le défendeur peut renoncer au bénéfice de l'arrêt attaqué, de même le demandeur peut se désister de son pourvoi.

1754. — En matière civile, le désistement ne peut être formé que par un avocat à la cour de Cassation et par acte au greffe. — Tarbé, p. 132.

1755. — Lorsque le demandeur se désiste de son pourvoi, la cour lui en donne acte, sans entrer dans l'examen des moyens et sans statuer sur les conclusions. — Bioche, n° 272.

1756. — Le désistement, pour être valable, doit être pur et simple, et non sous toutes réserves. — *Cass.*, 9 janv. 1834, Spinola. — V. DÉSISTEMENT.

1757. — Le 7 mai 1838, dans une affaire Bresson c. Bousquet, la chambre civile a autorisé un failli concordataire à accepter le désistement d'un pourvoi formé contre les syndics.

1758. — Le 8 mai 1838, la même chambre a reçu le désistement donné par un majeur d'un pourvoi formé pendant sa minorité par son tuteur.

1759. — Le désistement en matière civile n'affranchit pas le demandeur du paiement de l'indemnité envers le défendeur. — Décis. du grand-juge, 15 avr. 1806.

1760. — Jugé aussi que le demandeur qui ne s'est désisté de son pourvoi qu'après la signification de l'arrêt d'admission, et après que l'autre partie a fait signifier ses défenses, est réputé avoir succombé et doit être condamné à l'indemnité de 150 fr. et aux frais envers son adversaire. — *Cass.*, 26 mai 1830, Enregist. c. Cottun et Lamache.

1761. — Mais pour que cette condamnation soit prononcée, il faut que le défendeur la réclame.

1762. — Lorsque l'arrêt de soit communiqué a été régulièrement signifié au défendeur, celui-ci doit comparaître devant la chambre civile dans le délai de la loi, même sans assignation (V. *suprà* nos 1582 et suiv.), sinon il peut être pris défaut contre lui.

1763. — Le délai pour comparaître est de quinze jours pour Paris et dix lieues à la ronde, — d'un mois pour les ressorts des parlemens de Paris, Rouen, Dijon, Metz et Flandres et du conseil d'Artois, — de deux mois pour les autres ressorts, — d'un an pour la Martinique et la Guadeloupe.

1764. — Pour les autres colonies, le délai doit être réglé par l'arrêt portant permis d'assigner. — Tarbé, p. 133, § 15.

1765. — Il serait à désirer, dit M. Tarbé (p. 206), qu'on adoptât purement et simplement les dispositions des art. 72, 73 et 1033, C. procéd.

1766. — C'est ce qu'on fait déjà quant à la Corse dont le réglement ne parle pas; on applique par analogie l'art. 73, C. procéd. civ.

1767. — Ainsi jugé que le délai pour comparaître devant la cour de Cassation, en matière civile, pour les personnes domiciliées en Corse, est de deux mois à dater de la signification de l'arrêt d'admission. L'art. 73, C. procéd. civ., est applicable à ce cas. — *Cass.*, 30 mai 1838 (t. 2 1838, p. 98) Capollini c. Casabianca et Paoli.

1768. — En matière électorale, les lois du 2 juill. 1828 et du 19 avr. 1831 n'ont pas indiqué de délais particuliers pour le pourvoi. C'est donc le délai ordinaire qui doit être observé.

1769. — Cependant la cour de Cassation a pensé que le délai ordinaire de l'assignation pouvait être abrégé, à raison de la matière; mais il faut toujours observer le délai accordé pour la défense. — V. ÉLECTIONS.

1770. — Jugé qu'en matière électorale la cour de Cassation peut permettre d'assigner à trois jours. — *Cass.*, 21 juin 1830, préfet de la Seine.

1771. — Si le défendeur à la cassation ne se présente pas devant la chambre civile dans les délais

ci-dessus, s'il ne constitue pas un avocat, le demandeur peut requérir défaut dans la huitaine après l'échéance de l'assignation.— Réglem. 1738, 2e part., tit. 2, art. 1er.

1772. — Lorsque le jugement admettant un pourvoi a été signifié au domicile du défendeur, et qu'une autre personne du même nom et demeurant dans la même maison comparaît sur cette signification, il y a lieu de donner défaut contre le défendeur et non de juger que la signification n'a pas été laissée à son domicile. — *Cass.*, 6 messid. an XI, Bebier c. Fontan.

1773. — Pour obtenir l'arrêt par défaut, le demandeur lève au greffe un certificat de non-production qu'il joint à la grosse de l'arrêt d'admission, et produit le tout au greffe; l'affaire suit alors la marche ordinaire. — Régl. 1738, part. 2e, tit. 2, art. 1er.

1774. — A la cour de Cassation, les affaires par défaut sont jugées avec la même attention que les affaires contradictoires; aussi ne cite-t-on, depuis l'institution de la cour suprême, que deux exemples d'arrêts rétractés sur opposition (14 germin. et 28 thermid. an XI).

1775. — Si la cour de Cassation rejette le défaut, le demandeur est condamné à l'amende de 300 fr. — Si elle pense qu'il y a lieu de l'adjuger, elle casse l'arrêt attaqué.

1776. — Tant que l'arrêt par défaut n'est pas rendu, le défendeur a encore le droit de produire ses défenses. — Godart de Saponay, *Manuel*, p. 33; Tarbé, p. 217, no 344, note.

1777. — L'arrêt par défaut est susceptible d'opposition. — Réglem. 1738, 2e part., tit. 2, art. 9.

1778. — Pour être restitué contre le défaut, il faut offrir à l'avocat adverse 100 fr. pour la *réfusion des frais*. — Réglem. 1738, art. 10. — V. aussi ord. 1331; réglem. 1597, art. 17; 27 fév. 1660, art. 40 et suiv.; 17 juin 1687, art. 94.

1779. — Les offres doivent être réelles.— Tarbé, p. 240, no 289. — En cas de refus, la somme est consignée, et sur le vu de la quittance, l'opposant peut obtenir un arrêt de restitution. — Réglem. 1738, art. 11.

1780.— Les sommes payées pour la réfusion des frais ne peuvent être répétées par l'opposant ou demandeur en restitution, quand même il lui aurait été adjugé des dépens par l'arrêt définitif. — Réglem. 1738, tit. 2, art. 15.

1781. — Si cependant la procédure sur laquelle le défaut a été obtenu était nulle, par exemple, si le défaut avait été obtenu sur une assignation dont l'original était valable, tandis que la copie était irrégulière, la partie condamnée par défaut pourrait obtenir la restitution de la somme payée pour la réfusion des frais. — Même article.

1782. — L'arrêt de restitution contre un arrêt par défaut de la chambre civile doit être rendu et même signifié dans les trois mois quand l'assignation a été donnée à deux mois; — dans les deux mois, quand elle a été donnée à un mois; — et dans le mois quand elle a été donnée à quinzaine. —Réglem. 1738, 2e part., tit. 2, art. 11.

1783. — Ce délai d'un mois, de deux mois, de trois mois, court à partir du jour de la signification de l'arrêt par défaut à personne ou domicile.

1784.— Lorsque le défaillant est domicilié dans les colonies, il a pour se pourvoir en restitution le même délai que ceux de l'assignation, augmenté d'un nouveau délai de six mois.

1785. — On ne connait à la cour de Cassation ni défaut-congé ni défaut profit-joint. — Tarbé, p. 134 et 209.

1786. — Il n'y a pas non plus de défaut contre avocat ou défaut faute de plaider.

1787. — Le ministère de l'avocat est nécessaire au défendeur comme au demandeur devant la cour de Cassation. La simple remise de la copie de signification de l'arrêt d'admission, faite à l'avocat, vaut pouvoir d'occuper pour le défendeur. — Réglem. 1738, part. 2e, tit. 1er, art. 12.

1788. — L'avocat du défendeur rédige et signe un mémoire en défense, le signifie à l'avocat du demandeur, et le dépose ensuite au greffe avec les pièces justificatives. — L. 2 brum. an IV, art. 16; — Godart, *ibid.*; Bioche, no 263.

1789. — En effet les parties doivent produire devant la cour de Cassation les titres et pièces qu'elles ont invoqués devant les premiers juges, sous peine d'être déclarées non recevables.—*Cass.*, 19 juill. 1837 (t. 2 1837, p. 115), Bichard c. Dutour.

1790.—L'affaire est en état lorsque le défendeur a fait sa production au greffe et l'a signifiée à l'avocat du demandeur. Celui-ci peut répliquer et déposer à son tour, au greffe, la grosse de l'arrêt d'admission et son mémoire en réplique. — Ord. 15 janv. 1826, art. 10.

1791.— Il ne peut en matière civile y avoir plus de deux mémoires de la part de chaque partie, en y comprenant la requête introductive. — L. 2 brum. an IV, art. 18.

1792. — Les mémoires en défense sont écrits, comme les requêtes en Cassation, sur grand papier au timbre de 1 fr. 50 centimes. — L'administration des domaines emploie seule du papier au timbre de 1 fr. 25 c.

1793.—Si les parties jugent à propos de faire signifier un mémoire imprimé, contenant le précis de l'instance ou de nouveaux moyens, l'art. 23, tit., 4, 2e part. du réglem. de 1738 les y autorise; il fait plus, il décide que ce mémoire pourra entrer en taxe.

1794. —A l'ancien conseil, on ne pouvait distribuer aucun mémoire imprimé qu'il ne fût signé d'un avocat au conseil, sous peine de 500 fr. d'amende contre le signataire, l'imprimeur et le distributeur. — Tolosan, p. 488; — Arrêts du conseil, 27 fév. et 17 oct. 1740; 29 nov. 1741; 10 déc. 1743; 25 fév. 1758; 2 juill. 1786.

1795. — On s'écarte aujourd'hui, dit M. Tarbé (p. 216), de la sagesse de ces règles; on produit à la cour des mémoires imprimés signés les uns par les parties, les autres par des avocats de cours royales. La passion prend la place du raisonnement, la discussion du fait est substituée à celle du droit. L'institution se trouve altérée, et la sagesse des défenses n'est plus garantie à la cour, comme elle devait l'être, par la signature des officiers soumis à sa discipline. »

1796. — La partie qui n'a pas mis sa production au greffe dans deux mois, à compter du jour de la signification de l'acte de produit de l'autre partie, encourt la forclusion. — Réglem. 1738, 2e part., tit. 5, art. 1er.

1797. — Ainsi la forclusion peut être encourue par le demandeur en Cassation comme par le défendeur, tandis que le défaut ne peut être prononcé que contre ce dernier.

1798. — Personne ne peut demander la forclusion qu'il n'ait produit lui-même.— Tarbé, p. 134 et 217, no 343.

1799. — Les arrêts par forclusion ont le même effet que s'ils avaient été rendus contradictoirement, et les parties forcloses ne peuvent être reçues à se pourvoir contre leurs dispositions par voie de restitution ou d'opposition.—Réglem. 1738, 2e part., tit. 5, art. 5.

1800. — Si le demandeur, après avoir régulièrement signifié l'arrêt de soit communiqué, ne dépose pas au greffe l'expédition de cet arrêt, le défendeur peut anticiper, déposer et signifier ses défenses, sommer le demandeur de produire et le faire déclarer forclos. — Réglem. 1738, 2e part., tit. 1er, art. 16.

1801. — Lorsque de plusieurs parties les unes ont produit, sans que les autres l'aient fait, l'instance ne peut être jugée contre celles qui n'ont pas produit que par l'arrêt qui statue contradictoirement avec la partie qui a produit. — Réglem. 1738, 2e part., tit. 5, art. 4.

1802. — Une partie qui a obtenu un arrêt de restitution contre un arrêt de cassation par défaut peut, sur la demande de son adversaire, être déclarée forclose, si, dans les trois ans, elle n'a pas produit de défense contre le pourvoi. — *Cass.*, 14 juil. 1827, comm. de Mignères c. comm. de Mignerette.

1803. — La forclusion de produire n'empêche pas la cour de prendre connaissance du fond. — *Cass.*, 12 déc. 1836 (t. 1er 1837, p. 260), Bonneau c. Enfert; 14 fév. 1837 (t. 1er 1837, p. 602), Barthe c. Carrivène. —*Contrà* Guyot, *Rép.*, vo *Cassation.* — V. aussi Tarbé, p. 134 et 135.

1804. — Ainsi, quoique la chambre civile de la cour de Cassation déclare forclos le demandeur qui, ayant obtenu un arrêt d'admission et l'ayant signifié, ne se présente pas et ne fait aucune production, néanmoins elle apprécie, sur les productions du défendeur, les moyens de cassation articulés devant la chambre des requêtes.— *Cass.*, 14 fév. 1837 (t. 1er 1837, p. 602), Barthe c. Carrivène.

1805.— La procédure de forclusion est en général mal comprise; elle a pour but de mettre un terme aux procès et de rendre contradictoires des arrêts rendus sur des productions incomplètes.

1806. — La forclusion n'a pas lieu en matière d'expropriation pour cause d'utilité publique. Et la raison en est simple, c'est que, d'après l'art. 20 de la loi du 3 mai 1841, les pièces doivent être adressées à la cour dans la quinzaine et l'affaire jugée dans le mois suivant.

1807. — L'art. 20 ajoute que si l'arrêt est rendu par défaut, à l'expiration de ce délai il ne sera pas susceptible d'opposition.

1808.— De ces dispositions il résulte que la forclusion est inutile dans cette matière spéciale, car l'arrêt est rendu longtemps avant que le délai nécessaire pour la forclusion soit expiré.—Tarbé, p. 135.

1809. — La partie défenderesse en cassation, qui soutient que le pourvoi n'a été formé qu'après le délai prescrit, ne peut suppléer au défaut de représentation de l'exploit de signification de la décision attaquée, par des actes qui en prouvent l'existence. — *Cass.*, 7 brum. an XIII, Portalis c. comm. d'Ansouis.

1810. — Le défendeur ne peut, après avoir conclu au fond devant la section civile de la cour de Cassation, invoquer la nullité de la signification de l'arrêt qui admet le pourvoi de son adversaire. — *Cass.*, 14 messid. an XIII, Chanvrier c. Sanrey.

1811. — Une partie assignée devant la chambre civile de la cour de Cassation doit être mise hors de cause, si le demandeur n'a formulé aucun moyen contre le chef de l'arrêt qui la concerne.— *Cass.*, 30 mai 1837 (t. 1er 1837, p. 475), de Sommariva c. Perreau.

1812. — Le principe général devant la cour de Cassation est qu'aucune partie ne peut se présenter devant la chambre civile sans y avoir été autorisée, et delà il semblerait résulter qu'aucune intervention ne doit avoir lieu devant elle; cependant il est plusieurs circonstances où l'intérêt évident de quelques parties est de ne pas laisser rendre sans elles une décision qui les touche nécessairement, et, dans ce cas, l'intervention peut être reçue, toutefois avec une distinction.

1813. — Si c'est une partie qui ne s'est pas pourvue en cassation dans les délais, qui veut intervenir pour appuyer la cassation, elle n'est pas recevable, car elle a encouru la déchéance. — V. *suprà* no 1286 et suiv.

1814. — Jamais, en effet, l'intervention n'est admise quand elle n'est qu'un moyen détourné pour se faire relever d'une déchéance encourue. — Tarbé, p. 138.

1815. — Si, au contraire, le délai du pourvoi n'est pas expiré, son intervention peut être reçue.

1816. — Il n'y a pas de règles bien précises à cet égard, mais on tient en général que pour admettre un intervenant à se joindre au demandeur, il faut que l'intérêt soit non seulement connexe, mais indivisible.

1817. — On admet plus facilement l'intervention de ceux qui ont un intérêt direct au maintien de l'arrêt attaqué, comme l'acquéreur dont le titre est menacé, en matière de saisie immobilière ou de faillite.

1818. — On admet aussi le garant à intervenir dans les instances où il a un intérêt réel. — V. GARANTIE, INTERVENTION.

1819. — Jugé que, quand on n'a été partie ni en première instance ni en appel, on ne peut intervenir devant la cour de Cassation. Ce droit d'intervention n'appartient qu'à celui qui serait recevable à se pourvoir par tierce-opposition contre l'arrêt de la cour de Cassation. — *Cass.*, 14 nov. 1832, de Broyes c. Rigoult.

1820. — Toute intervention doit être formée par requête déposée au greffe.—Règlem. 1738, 2e part., titr. 8, art. 1er.

1821. — Elle doit contenir les conclusions de l'intervenant, et est remise au rapporteur de l'instance principale. — *Ibid.*, art. 2.

1822.— Elle donne lieu à un rapport particulier et à un arrêt particulier qui, s'il y a lieu, la joint à la demande principale. — *Ibid.*, art. 4.

1823. — Cet arrêt particulier peut être rendu le jour même où la cause principale reçoit jugement, mais il peut l'être aussi auparavant.

1824. — Suivant M. Tarbé (p. 137), l'intervention devrait toujours être jugée préalablement et elle ne devrait être signifiée qu'après que l'intervenant y aurait été autorisé par la cour. — L'usage est contraire à cette opinion, qui s'appuie cependant sur les dispositions mêmes du réglement de 1738.

1825.— L'arrêt qui admet l'intervention est signifié aux avocats de toutes les parties et remis au greffe avec les pièces trois jours après la signification, autrement il est regardé comme non avenu, et il est passé outre au jugement des instances. — *Ibid.*, art. 5.

1826. — S'il n'y a pas de contestation sur l'arrêt qui a reçu l'intervention, l'instruction est faite à l'égard de la partie intervenante comme à l'égard des autres parties de l'instance qui doivent déposer leurs requêtes et pièces au greffe, où l'intervenant en prend communication, sans qu'il soit permis de faire aucune signification.— *Ibid.*, art. 7.

1827.— L'intervention du maire d'une commune devant la cour de Cassation couvre la nullité résultant de ce que ce pourvoi a été formé sous le nom collectif des habitans de la commune.— *Cass.*, 21 juin 1815, comm. de Chevigny c. Dornier.

1828. — La chambre civile n'a pas à statuer sur une requête en intervention, si la requête n'est présentée qu'après les plaidoiries closes et le ministère public entendu. —*Cass.*, 17 janv. 1826, Piquet.

1829. — L'art. 1er, tit. 6, 2e partie du réglem. de

1738, défendait de donner aucune communication des pièces aux parties qui n'avaient pas donné leur requête ou fait leur production; mais cet article est tombé en désuétude, sans qu'il y ait à le regretter: il est tout simple en effet que la communication précède la défense; comment répondre pertinemment à des pièces qu'on n'a pas vues, qu'on ne connaît pas?

1830. — Les avocats peuvent prendre cette communication toutes les fois qu'ils le jugent à propos, et même entre les mains du conseiller rapporteur; ils peuvent extraire ou copier telles pièces qu'ils jugent à propos, le tout sans déplacement, sans frais et sans retard du jugement.

1831. — C'est par la voie du greffe que la communication a lieu le plus habituellement.

1832. — S'il était nécessaire que la communication des pièces produites ou même de toute l'instance eût lieu chez l'avocat, celui-ci ne pourrait l'obtenir que sur un récépissé de lui, contenant le jour auquel le dossier lui a été confié et celui auquel il s'engage à le rendre. — Réglem. 1738, tit. 6, art. 3.

1833. — Dans tous les cas, le délai pour cette communication ne peut excéder deux mois au plus pour l'instance entière, et quinze jours pour une production nouvelle, faite depuis la première communication. — *Ibid.*, art. 4.

1834. — Mais cette disposition n'est pas de rigueur: c'est au rapporteur et à l'avocat général de veiller à ce que les communications ne retardent pas l'expédition des affaires.

1835. — Jusqu'au moment de l'arrêt, même après l'admission, et devant la chambre civile, le demandeur peut présenter de nouveaux moyens, à la charge de les signifier à son adversaire. — Tarbé, p. 195, n° 193.

1836. — La cour de Cassation peut, à défaut d'intérêt des parties, se dispenser d'examiner un moyen présentant un point jugé irrévocablement entre les parties par d'autres arrêts. — *Cass.*, 17 avr. 1832, Saint-Denis c. Levacher-Durclé.

1837. — Si quelques documens sont nécessaires, c'est aux avocats des parties qu'ils sont demandés. Il arrive toutefois que sur des questions de forme, les avocats généraux prennent des renseignemens auprès des procureurs généraux et des procureurs du roi, et que les parties, pour éviter des frais, s'en rapportent à ces communications officieuses. — Tarbé, p. 198, n° 215, note.

1838. — Lorsqu'un fait est allégué devant la cour de Cassation, et que ce fait, s'il était prouvé, entraînerait la nullité des débats, comme le fait, par exemple, qu'un juge a été incapable, à raison d'un motif d'incompatibilité, elle peut ordonner un interlocutoire pour constater ce fait et l'apport des pièces à son greffe. — *Cass.*, 3 août 1827, Reynaud.

1839. — Lorsqu'une affaire qui doit s'instruire par écrit devant le tribunal de Cassation est mise en état d'être jugée par les productions des deux parties ou par le défaut dans lequel l'une d'elles a été constituée de produire, si l'une des parties vient à mourir avant que le rapport en soit fait à l'audience, il n'est pas nécessaire d'assigner ses héritiers en reprise d'instance; et si le rapport se fait sans qu'ils aient été assignés, le jugement qui intervient à la suite de ce rapport n'est pas nul. — *Cass.*, 19 vent. an IX, Roquelaure c. Sirey.

1840. — La péremption d'instance n'a point lieu pour les procédures en cassation. — Il en est autrement de la prescription trentenaire. Ainsi, est prescrite, et par conséquent non-recevable, l'action en reprise d'instance devant la cour de Cassation, lorsqu'il y a eu discontinuation de poursuites pendant trente ans. — *Cass.*, 16 janv. 1837 (t. 1er 1837, p. 255), hameau de Lenglet c. comm. de Lambres.

1841. — On ne peut opposer à un demandeur en cassation qu'il a laissé son pourvoi impoursuivi pendant un an, si, dans cette année, il a fait commettre un juge rapporteur. — *Cass.*, 6 messid. an II, Bchier c. Fontan.

1842. — Lorsque le demandeur en cassation a fait signifier l'arrêt d'admission, il dépose l'expédition au greffe, et un rapporteur est commis.

1843. — Le rapporteur, après que l'affaire est en état ou que les délais sont expirés, prépare son rapport, puis les pièces sont remises à l'avocat général qui doit porter la parole dans l'affaire.

1844. — Les affaires inscrites au rôle d'audience peuvent, sur la demande des parties ou de l'une d'elles, être continuées par la cour une seule fois et à jour fixe. Il ne peut être accordé sous aucun prétexte de nouveaux délais. — Ord. 15 janv. 1826, art. 35.

1845. — Le jour de l'audience, après la lecture du rapport, les avocats sont entendus dans leurs observations, s'ils le requièrent. — Réglem. 4 prair. an VIII, art. 15; ordonn. 15 janv. 1826, art. 37.

1846. — Les parties peuvent aussi être entendues après en avoir obtenu la permission de la cour. — Mêmes articles.

1847. — Les avocats ne peuvent soumettre à l'audience leurs observations sur le rapport qu'après avoir fait signifier leur mémoire en défense et produit les pièces dans les termes prescrits par les réglemens. — Arr. 2 messid. an IX, art. 8.

1848. — Après les défenses orales des avocats ou des parties, le ministère public est entendu dans ses conclusions.

1849. — Les avocats ne peuvent jamais obtenir la parole après l'avocat général, si ce n'est dans les affaires où le procureur général est partie poursuivante et principale. — Ord. 15 janv. 1826, art. 38; Réglem. 4 prair. an VIII, art. 16.

1850. — Ils peuvent cependant remettre sur-le-champ de simples notes pour rectifier les erreurs que le ministère public pourrait avoir commises. — C. procéd., art. 111; Décr. 30 mars 1808, art. 87; — Tarbé, p. 357.

1851. — Les audiences sont publiques.

1852. — Elles doivent durer quatre heures. — (Ord. 15 janv. 1826, art. 22), mais elles se prolongent souvent davantage. Seulement le temps des audiences est consacré en partie aux délibérations.

1853. — Dans les premiers temps de l'établissement du tribunal de cassation, chaque section donnait deux audiences par jour: l'une de neuf heures à onze heures et demie, l'autre de midi à trois heures. — Délib. 11 août 1791.

1854. — Le rapporteur occupe pendant le rapport et le jugement de l'affaire une place particulière auprès du président de la chambre. — Ord. 15 janv. 1836, art. 36.

1855. — Les membres de la cour délibèrent ou dans la salle d'audience ou dans la chambre du conseil; l'arrêt est prononcé publiquement par le président.

1856. — C'est, en général, le rapporteur qui rédige l'arrêt (Réglem. de 1738, 2e part., tit. 13, art. 2); il est d'usage qu'il apporte un projet tout préparé dans le sens de l'opinion qui lui paraît préférable. La cour le modifie quand il n'exprime pas exactement sa pensée.

1857. — Aux termes de l'art. 4, tit. 13, 2e part., réglem. 1738, le dispositif doit être écrit en entier de la main du rapporteur. — D'Aguesseau, *Maximes des ord.*, t. 5, p. 612. — L'ord. de juin 1510 voulait aussi que l'arrêt fût de la main des rapporteurs ou de leurs *compagnons*.

1858. — L'art. 41, ord. 15 janv. 1826, prescrit aux rapporteurs de remettre au greffe chaque semaine la rédaction des motifs et du dispositif des arrêts rendus sur leur rapport. Ces motifs et ce dispositif doivent être écrits de leur main dans la minute des arrêts. — V. aussi réglem. 4 prair. an VIII, art. 17.

1859. — En 1830, la cour de Cassation fut saisie, en matière électorale, d'un si grand nombre de pourvois, qu'elle fut obligée de donner aux rapporteurs l'autorisation de ne plus écrire eux-mêmes tous les motifs et les dispositifs entiers des arrêts. Une délibération expresse ordonna que les formules seraient lithographiées ou imprimées, et que les rapporteurs n'auraient qu'à remplir de leur main les mots essentiels, comme *casse*, *rejette*, etc... Sans cette dérogation nécessaire aux règles de la cour, il eût été impossible de juger à temps toutes les affaires qui furent alors portées en cassation.

1860. — Les rapporteurs dressent eux-mêmes les qualités des arrêts, dont l'importance n'a pas besoin d'être signalée. Le réglem. de 1738, 2e part., tit. 13, art. 2, défendait que les qualités fussent préparées par les parties ou leurs avocats.

Sect. 3e. — *Arrêts de la chambre civile. — Effets de la cassation. — Tribunal de renvoi.*

1861. — Les décisions de la cour de Cassation portent le nom d'*Arrêts* (V. ce mot). — Sénatus-cons. 28 flor. an XII, art. 134 et 141.

1862. — La rédaction des arrêts de cassation ou de rejet offre cette différence que, conformément à la loi du 27 nov. 1790, les premiers contiennent le texte de la loi violée, et commencent par ces mots: « Vu l'article..... portant..... attendu que.... etc. » — Les autres, au contraire, commencent toujours par: « Attendu que..... etc. » — Tarbé, p. 142.

1863. — La rédaction de ces arrêts, au surplus, est conforme aux prescriptions de l'art. 15, tit. 5, L. 16-24 août 1790, et de l'art. 141, C. procéd.

1864. — Aucune qualification n'est donnée dans l'intitulé des arrêts aux plaideurs; on n'y inscrit que leurs noms patronimiques et de famille, et

celui de leurs fonctions ou de leur profession. — L. 27 nov.-1er déc. 1790, art. 18; Décr. 6 juill. 1810, art. 38.

1865. — La formule des arrêts de rejet est celle-ci: « La Cour rejette le pourvoi, condamne le demandeur à l'amende, à l'indemnité et aux dépens. »

1866. — En cas de rejet, le demandeur est condamné 1° à 300 fr. d'amende, y compris les 150 fr. d'amende consignés avant le dépôt du pourvoi; — 2° à 150 fr. d'indemnité envers le défendeur, si l'arrêt attaqué est contradictoire, et à moitié de ces sommes s'il est par défaut ou par forclusion; — 3° et en outre aux dépens de l'instance. — Réglem. 1738, 1re partie, tit. 4, art. 35.

1867. — En Belgique, le demandeur en cassation dont le pourvoi est rejeté ne peut être condamné qu'à une seule amende de 150 fr. Il ne peut non plus être condamné comme devant la chambre civile de la cour de Cassation de France à une indemnité de 150 fr. envers le défendeur. — *C. supér. Bruxelles*, 4 nov. 1815, Trioné c. Dechentines.

1868. — En matière d'expropriation pour cause d'utilité publique, le demandeur en cassation dont le pourvoi est rejeté ne doit être condamné au profit du défendeur qu'à une indemnité de 37 fr. 50 c., formant la moitié de l'amende de 75 fr., qui seule doit être consignée au moment du pourvoi. — V. *suprà* n° 1317. — V. aussi EXPROPRIATION POUR UTILITÉ PUBLIQUE.

1869. — L'amende ne peut être remise ni modérée, mais elle peut être augmentée. — Réglem. 1738, part. 1re, tit. 4, art. 36. — Il n'y a pas d'exemple de condamnation à une amende de plus de 300 fr. La cour n'use jamais de la faculté qui lui est attribuée par le réglement.

1870. — Lorsqu'une demande en cassation a été rejetée, la partie qui l'avait formée ne peut plus se pourvoir en cassation contre le même arrêt ou jugement, sous quelque prétexte et par quelque moyen que ce soit. — Réglem. 1738, 1re part., tit. 4, art. 25 et 39; avis cons. d'état 16 janv. 1806.

1871. — Le second pourvoi, déclaré non-recevable, soumet, comme le premier, le demandeur à l'amende et à l'indemnité. — *Cass. belge*, 23 déc. 1834, Ghislain c. Dehulstère.

1872. — Lorsque la renonciation au chef d'un jugement ou arrêt rend sans intérêt le pourvoi en cassation formé contre ce chef, le demandeur en cassation doit être condamné au paiement de l'indemnité. — *Cass.*, 19 mars 1839 (t. 1er 1839, p. 455), Enregist. c. Marchand.

1873. — La formule des arrêts de cassation est celle-ci: « La Cour casse et annulle l'arrêt rendu le..... dans la cause de..... remet les parties au même et semblable état où elles étaient avant ledit arrêt, et pour être statué conformément à la loi, renvoie les parties devant la cour royale de.... ordonne la restitution de l'amende, et qu'à la diligence du procureur général du roi le présent arrêt sera transcrit sur les registres de la cour royale de..., dont l'arrêt est annulé. »

1874. — L'arrêt de cassation ordonne la restitution de l'amende consignée et des sommes qui peuvent avoir été perçues en exécution de l'arrêt annulé; il renvoie l'affaire devant un des trois tribunaux de même ordre, le plus voisin de celui dont la décision a été cassée. — Réglem. 1738, 1re partie, tit. 4. art. 38; LL. 1er déc. 1790, art. 21; 2 brum. an IV, art. 24; 27 vent. an VIII, art. 87.

1875. — Pour que l'amende consignée soit restituée, il faut remettre au receveur de l'enregistrement auquel la consignation a été faite: 1° un extrait sur papier timbré de l'arrêt en ce qui concerne la cassation de l'arrêt attaqué et la restitution de l'amende, et énonçant en totalité l'enregistrement de l'arrêt; — 2° la quittance de consignation d'amende. — Lettre du receveur de l'enregistrement de la cour de Cassation, 25 thermid. an IX.

1876. — Lorsque l'arrêt de cassation est contradictoire, il ne peut être mis à exécution avant d'avoir été *signifié* à l'avocat de la partie, *à peine de nullité* de toutes procédures et exécutions antérieures à cette signification. — Réglem. 1738, 2e part., tit. 13, art. 9; arrêt du conseil, 12 mars 1759.

1877. — L'arrêt de cassation est imprimé dans un bulletin officiel qui doit paraître chaque mois, et qui est rédigé par les soins et sous la surveillance du garde des sceaux. — V. BULLETIN DES ARRÊTS.

1878. — Il est transcrit sur les registres du tribunal dont la décision est cassée. — L. 27 nov.-1er déc. 1790, art. 22; L. 27 vent. an VIII, art. 85.

1879. — Les dépens faits en cassation ne suivent pas le sort de ceux du fond: ils ne sont jamais restituables, et nul tribunal ne peut réformer sur ce

point un arrêt de la cour suprême.— *Cass.*, 4 août 1818, Enregist. c. Gauthier. — V. aussi *Cass.*, 13 1816, Gauthier.

1880. — Jugé de même que la partie qui, après avoir obtenu la cassation *entière*, et non pas seulement *partielle*, d'un arrêt, perd son procès devant la cour de renvoi, ne peut être condamnée aux frais de l'arrêt cassé. — *Cass.*, 31 mars 1841 (t. 2 1841, p. 89), Dumesnil c. Balde-Barlet; 22 juill. 1844 (t. 1er 1845, p. 20), Comm. de Bust c. Kœchlin.

1881. — Cette décision, au premier coup d'œil, paraît contraire à l'équité; et, en effet, lorsque la partie qui a fait casser un arrêt succombe en définitive devant la cour de renvoi, il semble qu'elle devrait être condamnée même aux dépens de cet arrêt, car c'est une preuve qu'elle a eu tort de le faire casser. Mais, d'une part, il est de principe que la faute du juge est la faute de la partie. Or, dès que l'arrêt a été cassé, c'est une preuve qu'il n'a pas été rendu conformément à la loi; et, en conséquence, il est juste qu'il reste à la charge de celui qui l'a irrégulièrement obtenu. D'autre part, un arrêt cassé ne subsiste plus; il est comme s'il n'avait jamais existé, et ne fait plus dèslors partie de la procédure. Donc les frais de cet arrêt et ceux de la signification ne doivent point être compris dans les dépens adjugés par la cour de renvoi, alors même que la partie qui l'avait fait casser vient à succomber une seconde fois.

1882. — Jugé cependant que l'arrêt rendu par la cour de renvoi peut mettre les frais faits antérieurement à l'arrêt de cassation, à la charge de la partie qui a définitivement succombé, sans encourir la censure de la cour suprême. — *Cass.*, 31 août 1826, Cardon.

1883. — Jugé aussi que, lorsque, par suite de cassation d'un arrêt au fond, la cour royale devant laquelle l'affaire a été renvoyée condamne le demandeur en cassation aux dépens des causes principale et d'appel, on doit considérer comme compris dans les dépens ceux faits devant la première cour et pour parvenir à l'arrêt cassé. — *Rennes*, 26 juin 1823, Letondal c. Milscent.

1884. — La cour de Cassation a le droit incontestable d'interpréter ses arrêts.

1885. — Toutefois la requête en interprétation d'un arrêt de la cour de Cassation n'est point admissible alors qu'elle a seulement pour objet un point sur lequel la cour de Cassation n'avait point eu à se prononcer. — *Cass.*, 28 avr. 1835, Montal.

1886. — La partie qui refuse la restitution des sommes payées en vertu d'un arrêt cassé doit supporter les frais occasionnés par la demande en interprétation de l'arrêt de cassation, lors même que la cour suprême déclarerait n'y avoir lieu à interprétation.—*Cass.*, 15 janv. 1812, Mens c. Lansberg.

1887. — L'arrêt par défaut de la cour de Cassation qui casse l'arrêt d'une cour royale et renvoie la cause devant une autre cour ne tombe pas en péremption, bien que dans les six mois de son obtention aucune des parties n'ait saisi cette nouvelle cour.— *Orléans*, 6 déc. 1833, Barbery c. d'Arquian.

1888. — Comme la cour de Cassation ne connaît pas du fond des affaires, lorsqu'elle casse un arrêt ou un jugement, soit pour vice de forme, soit pour violation de la loi, elle renvoie les causes et les parties devant un autre tribunal, pour y être procédé sur les derniers erremens qui n'ont pas été atteints par la cassation.—L. 22 frim. an VIII, art. 66.

1889.—Le renvoi doit être fait à un tribunal du même ordre que celui qui a rendu l'arrêt ou le jugement annulé.

1890. — Lorsque la cour de Cassation annule le jugement d'un tribunal de première instance, en ce qu'il a mal à propos connu d'une action qui aurait dû être déférée à la cour royale, elle peut renvoyer elle-même l'affaire devant cette cour royale. — *Cass.*, 18 avr. 1827, comm. de la Grand-Combes c. comm. des Combes.

1891. — Si le tribunal auquel la cour de Cassation a renvoyé l'affaire est supprimé, il faut revenir devant la cour, qui seule peut remplacer par une nouvelle indication le renvoi qu'elle avait prononcé. — *Cass.*, 29 août 1811, Droits réunis c. Chavannes; 25 juin 1812, Villemur-Finsac.

1892. — Lorsque, après la cassation d'un jugement rendu en dernier ressort, sous l'empire de la loi du 25 août 1790, les parties ont négligé d'user de la faculté que leur accordait cette loi de convenir d'un tribunal d'appel ou de procéder par voie d'exclusion entre les sept tribunaux les plus proches, la cour royale dans le ressort de laquelle siégeait le tribunal qui avait rendu le jugement attaqué a été saisie de plein droit, et on ne peut dire que cette cour est incompétente comme remplaçant le tribunal d'appel dont le jugement a été cassé.—*Cass.*, 18 fév. 1828, Delannoy c. Quesnel.

1893. — L'indication du tribunal ou de la cour de renvoi ne se fait en général qu'à la chambre du conseil et lorsque les arrêts sont prononcés. La formule est: « Renvoi devant la cour qui sera ultérieurement désignée dans la chambre du conseil. »

1894. — Est nulle la substitution, sans approbation, sur la minute d'un arrêt de cassation, du nom d'une cour où l'affaire aurait été renvoyée à celui d'une autre cour. — *Cass.*, 8 mars 1818, Delumbre c. d'Hericy.

1895. — Il peut arriver qu'il n'y ait aucun renvoi à prononcer en cassant un jugement, ainsi que le fait remarquer M. Gilbert des Voisins, dans son mémoire au roi.

1896. — Néanmoins, en matière civile, la cassation par retranchement et sans renvoi est une mesure tout-à-fait extraordinaire, bien qu'il y en ait des exemples.

1897. — Ainsi M. Tarbé (p. 143, § 20) cite l'espèce suivante : — Dans un procès, uniquement relatif à des intérêts pécuniaires, une cour royale avait pensé que l'un des deux adversaires n'avait pas le droit de porter le nom sous lequel il avait plaidé, et par suite, elle avait ordonné d'office que ce nom serait rayé de l'expédition du jugement dont était appel et partout où besoin serait. Or, il n'y avait pour ce nom aucun débat entre les parties ; elles n'avaient pris aucunes conclusions sur ce point. Il y eut pourvoi de la part de la partie lésée relativement à cette disposition si inattendue de l'arrêt. La cassation fut prononcée, et attendu le défaut de demande au fond, il fut déclaré n'y avoir lieu à renvoi à d'autres juges, ni à aucune condamnation de dépens contre la partie adverse qui avait fait défaut, parce qu'il lui était indifférent que la disposition de l'arrêt attaqué reçût ou ne reçût pas d'exécution.

1898. — « Dans cette affaire, dit M. Tarbé (p. 144), il s'agissait en réalité d'un procès sans adversaire; d'une décision spontanée sans demande préalable; d'une entreprise d'office et sans provocation. Donc le défendeur n'en pouvait répondre même par une condamnation aux dépens. La cour, qui doit toujours renvoyer devant d'autres juges le fond du procès, ne trouvait pas ici de matière à ce renvoi, d'aliment à de nouveaux débats : elle ne voyait ni contestation ni plaideurs. Qu'eût-elle donc renvoyé à d'autres juges? »

1899. — Il n'y a jamais lieu à renvoi lorsque la chambre des requêtes annulle une décision en vertu de l'art. 80, L. 27 vent. an VIII, ou lorsque la chambre civile casse dans l'intérêt de la loi. — V. COUR DE CASSATION.

1900. — La cour de Cassation ne prononce pas de renvoi lorsque le jugement ou l'arrêt cassé avait mal à propos reçu l'appel d'un jugement en dernier ressort. — L'arrêt de cassation, dans ce cas, doit ordonner l'exécution du jugement dont l'appel a été illégalement reçu. — Règlem. 1738, 1re part., tit. 5, art. 19; — Godart, p. 72.

1901. — Il en est de même lorsque la cassation est prononcée pour contrariétés d'arrêts ou jugemens en dernier ressort rendus par des cours et tribunaux différens. — L'arrêt qui casse, dans ce cas, doit ordonner que, sans s'arrêter ni avoir égard au deuxième arrêt ou jugement, le premier sera exécuté suivant sa forme et teneur.—Règlem. 1738, tit. 4, art. 19; tit. 6, art. 6.

1902. — On pourrait, ce semble, contester les deux applications qui précèdent. En effet, elles ont pour résultat de priver la partie contre laquelle la cassation est prononcée du droit qui lui appartient d'obtenir devant la cour de renvoi une décision favorable à ses prétentions, et, s'il y a nouveau pourvoi, de faire juger la question par les chambres réunies, qui peuvent ne pas sanctionner la doctrine de la chambre civile.

1903. — D'ailleurs n'est-ce pas juger le fond que de décider souverainement, définitivement, qu'un appel n'est pas recevable ou qu'il y a contrariété d'arrêts et violation de l'autorité de la chose jugée ? — Ce sont là des questions qui ne sont pas d'une évidence telle qu'il n'y ait pas de doute possible sur leur solution.

1904. — Lorsqu'un préfet, agissant au nom de l'état, a été personnellement condamné aux dépens, la cassation du jugement efface la condamnation, sans qu'il soit nécessaire de renvoyer l'affaire à un autre tribunal. — *Cass.*, 12 août 1835, Hôpital de Brest.

1905. — L'effet virtuel de l'arrêt de cassation est de rendre nul l'arrêt ou le jugement dénoncé et cassé, et de remettre les parties au même et semblable état qu'auparavant. — Godart, p. 69; Tarbé, p. 147.

1906. — L'effet de la cassation n'est pas seulement d'annuler la décision attaquée, mais également tout ce qui en est la suite. — *Cass.*, 15 janv. 1812, Mens c. Lansberg; 22 janv. 1822, Garagnon c. Martin d'André; 26 juill. 1826, Duclaux et Lemonnier c. d'Espinay Saint-Luc; 13 fév. 1828, ville de Marseille c. Barlatier; — Tarbé, p. 147; Godart, p. 73.

1907. — Ainsi, toute décision nouvelle intervenue par suite de celle qui a été anéantie, et qui en est une conséquence forcée, doit être réputée non avenue.—*Colmar*, 2 mars 1825, Scheer c. Mertian.

1908. — Toutes les procédures faites en vertu de l'arrêt cassé s'écroulent avec lui. — *Cass.*, 22 mai 1821, de Barras c. Magne de Saint-Victor; 18 fév. 1828, ville de Marseille c. Barlatier.

1909. — La cassation d'un arrêt entraîne par voie de conséquence la nullité de toutes les poursuites qui ont eu lieu, et même des décisions qui ont pu intervenir pour son exécution. Toutefois cette nullité n'a pas lieu de plein droit, en sorte qu'il soit inutile de la faire prononcer; les frais faits pour y parvenir devant la cour de Cassation ne doivent donc pas être considérés comme frustratoires et rester à la charge du demandeur.—*Cass.*, 28 août 1837 (t. 2 1837, p. 418), Speisser c. Prost; *Cass.*, 15 mai 1839 (t. 2. 1839, p. 418), Bayeux c. Delage.

1910. — Mais elle n'annule pas les procédures antérieures. Ainsi, les procédures faites en appel doivent conserver leur effet, surtout lorsque ces procédures ont couvert une nullité de l'acte d'appel. — *Cass.*, 18 juin 1823, Lameyer c. Thounens.

1911. — De ce principe que l'arrêt de cassation annulle l'arrêt attaqué et tout ce qui s'en est suivi, il résulte que lorsque la cassation porte sur un arrêt qui valide une enquête, elle annule également l'arrêt définitif qui a suivi l'arrêt cassé.

1912. — Jugé en conséquence que la cassation d'un arrêt interlocutoire qui ordonne à tort une enquête entraîne l'annulation de l'arrêt définitif qui se fonde uniquement sur les résultats de cette enquête. — *Cass.*, 13 oct. 1812, Rémont c. Dusautoir; 28 fév. 1838 (t. 1er 1838, p. 275), Venger c. Thiriet; 25 juin 1838 (t. 2 1838, p. 319), Béthune Charost c. de Fussy.

1913. — Lorsque la cour suprême casse un arrêt et tout ce qui s'en est suivi, les arrêts postérieurs qui en ont été la suite et la conséquence sont virtuellement compris dans la cassation du premier, bien qu'ils n'aient pas été nommément attaqués. —*Cass.*, 25 oct. 1813, Selves c. Boudard.

1914. — C'est ce que reconnaît Poncet (*des Jug.*) : « Une conséquence nécessaire de la cassation du jugement, dit-il, c'est que tous les autres jugemens qui en auraient été l'accessoire ou la dépendance sont de même anéantis. Mais le fond du droit, continue le même auteur, n'est pas atteint par la cassation; il reste intact, sans que l'arrêt de cassation doive être, à cet égard, un *préjugé* ni d'autorisation, ni même de *considération* pour le nouveau tribunal, dont le jugement peut aussi être l'objet d'un nouveau pourvoi. »

1915. — La cassation d'un arrêt préjudiciel qui déclare un appel recevable a pour effet immédiat et nécessaire d'annuler l'arrêt intervenu au fond sur cet appel. En conséquence, on ne peut opposer à la partie qui a été mise, par l'arrêt de renvoi, *au même et semblable état qu'auparavant*, ni l'existence de l'arrêt au fond, bien qu'il n'ait été l'objet d'aucun pourvoi, ni l'exécution qui en aurait été consentie.—*Paris*, 7 mars 1842 (t. 1er 1842, p. 410), Belland des Commines c. Gourgueil.

1916. — Jugé cependant que, lorsqu'un arrêt interlocutoire a été cassé, la nullité de l'arrêt définitif rendu en exécution du premier n'a pas lieu de plein droit; il faut qu'elle soit prononcée. La seconde cour saisie par le renvoi sur l'arrêt interlocutoire ne peut prononcer cette nullité. Ce droit n'appartient qu'à la cour de Cassation. Dans ces circonstances, tant que l'arrêt définitif existe, il a toute la force de la chose jugée et oppose, par conséquent, une fin de non-recevoir insurmontable ; la seconde cour n'a rien à statuer.— *Agen*, 29 avr. 1841 (t. 2 1841, p. 453), Dumoreh c. Laffite.

1917. — La cassation d'un arrêt, quant à l'action principale, emporte la cassation de la disposition du même arrêt qui, sur la demande en garantie, avait mis les parties hors de cour. — *Cass.*, 5 juin 1810, Dervieux.

1918. — La cassation de la disposition principale d'un arrêt entraîne la cassation de la disposition accessoire sur les intérêts. — *Cass.*, 13 août 1838, Coulon.

1919. — L'annulation du jugement qui a statué sur une fin de non-recevoir entraîne l'annulation du jugement sur le fond. — *Cass.*, 4 flor. an IX, Baur C. Gouguenheim et Isaac.

1920. — La cassation de l'arrêt qui a rejeté comme non recevable l'appel d'un jugement qui repoussait un déclinatoire emporte nécessairement l'annulation de l'arrêt rendu sur l'appel du jugement qui a statué au fond. Dans ce cas, la cour de Cassation prononce sur le pourvoi dirigé contre

le deuxième arrêt, sans qu'on puisse soutenir que ce pourvoi est frustratoire, en ce que l'annulation de cet arrêt serait virtuelle et n'aurait pas besoin d'être prononcée. — *Cass.* (implicit.), 20 fév. 1843 (t. 1er 1843, p. 607), Delhalle c. Malherbe.

1921.—Lorsqu'une cour Royale a déclaré un successible propriétaire de certains biens, et que par un second arrêt, elle a condamné l'administrateur de ces biens à lui en rendre compte, si ultérieurement le premier arrêt est cassé sur le pourvoi d'un autre successible, le second doit l'être également, et c'est à ce dernier successible, qui a la possession des biens, que le compte doit être rendu. —*Cass.*, 15 oct. 1812, Desbrières.

1922. —Lorsqu'un arrêt est cassé sans qu'il soit fait de distinction entre les dispositions qu'il renferme, il est déslors complétement nul et non avenu, encore bien qu'il se composât de deux chefs distincts, et que les motifs de cassation ne s'appliquassent qu'à l'un deux. Il en est surtout ainsi, lorsque le pourvoi a été formé contre les deux chefs de l'arrêt attaqué, et que chacun de ces chefs a été discuté devant la cour de cassation.— *Cass.*, 15 janv. 1818, Bernard c. Chauvet; 5 juin 1814, Chauvet.

1923.— La cassation de plusieurs des chefs d'un arrêt relatifs à l'attribution d'intérêts fondée sur la fausseté de la base prise pour le calcul des capitaux entraîne la cassation du chef relatif aux intérêts produits par ces capitaux, alors que la Cour, au lieu de se borner à ordonner un simple paiement d'intérêts, quel qu'en puisse être le montant, en a elle-même déterminé le chiffre. — *Cass.*, 14 fév. 1843 (t. 1er 1843, p. 607), Berne c. Brugne et Berne.

1924.—Un arrêt cassé indéfiniment ne peut avoir dans la nouvelle instance d'appel l'autorité de la chose jugée, à l'égard des *questions de fait* jugées par cet arrêt, quoique ces questions n'aient pas été résolues par la cour suprême. — *Cass.*, 23 janv. 1816, Rigonneau.

1925. — Il y a des cas où la cour suprême ne prononce la cassation du jugement ou arrêt attaqué qu'en une ou plusieurs de ses dispositions seulement et laisse subsister les autres, soit parce que le demandeur ne s'en est pas plaint, soit parce qu'une partie des moyens qu'il a proposés a été jugée insuffisante. — Gilbert des Voisins, Mémoire présenté au roi en 1762. — Ces cassations partielles sont une conséquence directe de l'impossibilité pour la cour d'examiner le fond.

1926. — Ainsi la cassation doit être limitée à la disposition attaquée, lorsque le jugement n'est attaqué que dans une disposition.— *Cass.*, 22 vend. an X, Testu Balincourt; 19 mars 1816, comm. de Gannat; 29 juill. 1832, Geoffroy.

1927. — Jugé de même que l'effet du rejet d'un pourvoi en cassation contre *l'un des chefs* d'un arrêt qui est cassé sur un autre chef est de rendre toute action non-recevable, sur le *chef qui est rejeté*, devant la cour à laquelle l'affaire a été renvoyée. — *Cass.*, 18 nov. 1834, Raymond.

1928. — ... Que le rejet d'un moyen sur un chef de demande donne à la décision sur ce chef le caractère de la chose jugée; que par conséquent la cour de renvoi, saisie par suite de la cassation sur un autre chef, ne peut s'occuper du point qui était définitivement jugé. — *Cass.*, 8 mars 1826, Clément c. comm. de Château-Thierry; 8 juill. 1826, Lamothe c. Sabatier.

1929.—...Que lorsqu'un jugement qui rejette une exception et statue au fond n'est attaqué que dans cette deuxième partie, l'annulation sur le moyen du fond n'entraîne pas l'annulation de la première partie, et, tout en cassant pour le surplus, la cour maintient la disposition non attaquée. — *Cass*, 11 fév. 1837 (t. 1er 1838, p. 98), Douanes c. Rash; — Tarbé, p. 146.

1930. —...Que si un premier arrêt de cassation n'a statué que sur des questions de compétence ou de qualité, il n'a aucune influence sur les autres points de la contestation, qui restent tout entiers soumis au tribunal de renvoi.— *Cass.*, 27 mai 1837 (t. 1er 1837, p. 375), Lezin Delpech c. Vianès.

1931. — ... Que lorsqu'un arrêt a été cassé pour défaut de motifs sur un chef, le demandeur qui a obtenu cette annulation ne peut pas se prévaloir des dispositions de cet arrêt sur d'autres chefs. — *Cass.*, 13 mars 1828, Lemarrois c. Gallien.

1932.—...Qu'une demande en capitalisation d'intérêts formée devant les premiers juges, négligée devant la cour royale, dont l'arrêt a été cassé, mais seulement dans un chef étranger à cette capitalisation, ne peut être soumise à la Cour de renvoi. — *Cass.*, 22 mars 1841 (t. 1er 1841, p. 606), Delille c. héritiers de Grusse.

1933.—...Que l'arrêt de la cour de Cassation qui n'a statué que sur la qualité d'une partie intervenante et sur la compétence d'une juridiction, relativement aux faits reconnus constants, n'a pas l'autorité de la chose jugée vis-à-vis du second pourvoi dirigé plus tard contre la décision au fond, intervenue sur renvoi, à l'occasion des mêmes faits.— *Cass.*, 27 mai 1837 (t. 1er 1837, p. 375), Lezin-Delpech c. Vianès.

1934. — Quoique la cassation d'un arrêt ne soit prononcée que dans le chef attaqué sur le pourvoi, elle doit être considérée comme générale, et non comme partielle, lorsque le moyen accueilli tendait à détruire l'arrêt attaqué dans son entier. — Ainsi, bien que, sur le pourvoi dirigé contre un arrêt qui rejetait, sans donner de motifs, une exception de prescription opposée à une action en revendication, la cour de Cassation n'ait annulé cet arêt que dans *le chef attaqué sur le pourvoi*, néanmoins, comme il résultait du moyen de prescription une fin de non-recevoir péremptoire contre la demande en revendication, la cassation doit être réputée porter sur l'arrêt entier, si cette demande en revendication était le seul objet du procès. — *Cass.*, 31 mars 1841 (t. 2 1841, p. 89), Dumesnil c. Balde-Bartet.

1935. — La cassation d'un jugement rendu contre des cohéritiers ne profite qu'à ceux qui l'ont demandée.—*Cass.*, 24 pluv. an VII, Versaud c. Renaud.

1936. — La cassation obtenue par le demandeur originaire profite au défendeur originaire en ce qui touche l'action en garantie qu'il avait formée contre d'autres individus par suite de l'action dont il était l'objet. — *Cass.*, 5 juin 1810, Dervieux.

1937. — Les créanciers d'un débiteur condamné par un arrêt peuvent, dans le silence de celui-ci, former un pourvoi en cassation en vertu de l'art. 1166, et, dans le cas où le pourvoi qu'ils ont formé l'a été à la fois comme exerçant les droits de leur débiteur et en leur nom personnel, il suffit que ce pourvoi n'ait pas été rejeté sous le premier rapport, pour que la cassation prononcée par suite de l'admission d'un moyen qui leur était personnel, et qui renvoie les parties dans le même état où elles étaient avant l'arrêt, remette tout en question, à l'égard du créancier, devant la cour de renvoi.— *Cass.*, 24 nov. 1840 (t. 2 1840, p. 729), Cie du Phénix c. Lainné.

1938.—L'effet légal et nécessaire de la cassation est d'astreindre les parties qui avaient obtenu l'arrêt cassé à restituer toutes les sommes dont, en vertu de cet arrêt, elles avaient obtenu le paiement.

1939. — Une cour royale ne peut donc, sans violer la chose souverainement jugée, chercher à anéantir cette conséquence légale; et si elle le fait, la nouvelle décision, si elle est attaquée, tombe, par voie de conséquence, comme la première. — *Cass.*, 28 août 1837 (t. 2 1837, p. 418), Speisser c. Prost.

1940. — Jugé en conséquence que la partie qui a obtenu la cassation d'un arrêt peut se faire restituer les sommes payées en vertu de cet arrêt, lors même que la cour de Cassation n'en aurait pas expressément ordonné la restitution.—*Cass.*, 15 janv. 1822, Mens c. Lansberg; 22 janv. 1822, Garagnon c. Martin d'André.

1941.— ... Que la cassation d'un arrêt a pour effet d'astreindre les parties qui l'ont obtenu à restituer les sommes qu'elles se sont fait payer en le mettant à exécution; qu'il en est ainsi lors même que la cour de Cassation n'aurait point expressément ordonné cette restitution. — *Cass.*, 28 août 1837 (t. 2 1837, p. 496), Speisser c. Prost.

1942. — .... Que lorsqu'un arrêt de cour royale est cassé par un arrêt de la cour de Cassation, les parties retombent de plein droit sous l'empire du jugement de première instance; — qu'ainsi, les sommes payées en vertu de l'arrêt cassé doivent être intégralement restituées. — *Aix*, 13 juill. 1826, Constantin c. Fournier.

1943.—... Que celui qui refuse de faire cette restitution, sous le prétexte qu'elle n'est pas formellement ordonnée, et dont le refus donne lieu à un recours devant la cour de Cassation en interprétation de son arrêt, doit seul supporter les frais de cet incident. — *Cass.*, 22 janv. 1822, Garagnon c. Martin d'André.

1944. — Jugé cependant que les sommes saisies sur un tiers, et reçues de bonne foi par des créanciers d'un individu au profit duquel a été rendu un arrêt qui lui a alloué ces sommes, ne sont pas restituables, bien que cet arrêt soit ultérieurement cassé. — *Cass.*, 13 mai 1823, Derazart.

1945. — Quant aux intérêts des sommes à restituer, la cour de Cassation n'a pas une jurisprudence parfaitement homogène.

1946. — Ainsi, elle avait jugé d'abord que les intérêts des sommes payées en vertu d'un arrêt qui a été cassé ne peuvent être exigés par la partie qui a obtenu l'arrêt de cassation, à compter du jour où ces sommes ont été payées. — *Cass.*, 15 janv. 1822, Mens c. Lansberg; 22 janv. 1822, Garagnon c. Martin d'André.

1947. — Plus tard, elle a jugé le contraire; elle a décidé que lorsqu'un individu a déclaré ne payer une somme à laquelle il a été condamné par arrêt, *que comme contraint et forcé, et sous la réserve de se pourvoir en cassation*, si cet arrêt est cassé, et la restitution de la somme ordonnée, l'exécution de cet arrêt entraîne les intérêts de la somme payée, à compter du jour du paiement. — *Cass.*, 11 nov. 1828, Delonchamp.

1948. — Enfin, elle a modifié de nouveau sa doctrine, et elle a jugé que la partie qui a payé en vertu d'un arrêt de condamnation, mais comme contrainte et forcée, et sous réserve de se pourvoir en cassation, n'a pas droit, dans le cas où cet arrêt est cassé, à la restitution, outre le capital, des intérêts à partir du jour du paiement, mais qu'elle a droit aux intérêts à partir de la signification de l'arrêt d'admission. — *Cass.*, 29 avr. 1839 (t. 1er 1839, p. 442), Papinaud c. Cathala.

1949. — M. Tarbé (p. 147) est d'avis que le point de départ pour le paiement des intérêts des sommes à restituer doit être l'assignation de comparaître devant la chambre civile. — Si celui qui a touché les sommes qu'il doit restituer en vertu de l'arrêt de cassation était de mauvaise foi, il devrait les intérêts à partir du jour du paiement.

1950. — La cassation d'un arrêt sur tous ses chefs entraîne cassation du chef relatif aux dépens. — *Cass.*, 14 fév. 1843 (t. 1er 1843, p. 607), Berne c. Bruyn et Berne.

1951.—Cependant l'avoué qui s'est fait payer par la partie condamnée les dépens dont la distraction a été ordonnée à son profit par un arrêt n'est pas obligé de les restituer à cette partie, si l'arrêt vient à être cassé. — *Cass.*, 16 mars 1807, Vigier.

1952. — La cassation d'un arrêt entraîne, même à l'égard des tiers, la nullité de tout ce qui s'en est suivi.

1953. — Si donc la partie qui ne tenait ses droits de propriété que de l'arrêt attaqué a vendu le bien litigieux pendant l'instance en cassation, elle n'a pu transmettre que des droits subordonnés au sort de cette instance, et la cassation, si elle est prononcée, vient résoudre cette vente dans les mains du tiers acquéreur. — Henrion de Pansey, *Autorité judic.*, ch. 37.

1954. — Jugé conformément à ce principe que la vente faite par un individu en vertu d'un arrêt qui le déclarait propriétaire d'un immeuble a été, même vis-à-vis du tiers acquéreur, résolue par la cassation de cet arrêt, suivie d'une décision nouvelle et irrévocable, adjugeant la propriété à un autre que le vendeur; alors surtout que la vente a eu lieu à une époque où le premier arrêt était déjà attaqué par voie de recours en cassation. — *Cass.*, 26 juill. 1826, Duclaux et Lemonnier c. d'Espinay Saint-Luc.

1955.—...Que l'acquéreur d'un immeuble dont le vendeur était propriétaire en vertu d'un jugement en dernier ressort n'est pas à l'abri de l'éviction si ce jugement est cassé et s'il intervient une décision contraire de la part des nouveaux juges. — *Bordeaux*, 14 août 1809, Martin.

1956. — ...Que l'adjudication sur expropriation forcée faite en exécution d'un arrêt dont plus tard la cassation est prononcée, tombe avec cet arrêt, qui lui servait de base. — *Cass.*, 8 janv. 1838 (t. 2 1838, p. 282), Barbotte c. Hamard.

1957. — La cassation du chef d'un arrêt qui reconnaît à un individu la qualité d'usufruitier entraîne cassation des chefs relatifs au réglement de ses droits en cette qualité. — *Cass.*, 8 mars 1843 (t. 1er 1843, p. 661), Delalleau.

1958. — De ce que depuis l'arrêt obtenu par une partie, un arrêt de cassation rendu sur un autre pourvoi aurait déclaré qu'elle n'a pas la qualité qui lui est attribuée par le nouvel arrêt, le pourvoi dirigé contre ce dernier arrêt n'en doit pas moins être jugé à son égard par la cour. — *Cass.*, 28 juin 1831, Gabriel.

1959. — Devant les juges de renvoi, l'affaire se trouve remise de droit dans l'état où elle se trouvait avant l'arrêt cassé. Ainsi, les parties sont renvoyées en état d'appel devant une nouvelle cour royale, où elles peuvent faire valoir leurs moyens contre la procédure ou les jugemens antérieurs.

1960. — Le tribunal de renvoi n'a qu'une juridiction purement accidentelle et restreinte à ce qui fait l'objet du litige. Il ne pourrait donc, sans excéder ses pouvoirs, juger des contestations autres que celles portées devant le premier tribunal et par suite devant la cour de Cassation, surtout entre d'autres parties que celles qui figuraient dans l'instance qui lui a été renvoyée. — *Cass.*, 18 janv. 1837 (t. 1er 1837, p. 83), Louzet c. Préfet du Nord.

1961. — Jugé de même qu'une cour royale saisie

d'une affaire, par un arrêt de renvoi portant cassation partielle de l'arrêt d'une autre cour, ne peut prononcer sur des points qui n'ont pas été l'objet du pourvoi. — *Agen*, 12 juill. 1825 (sous *Cass.*, 8 juill. 1826), Lamothe c. Sabatier.

1962. —...Qu'une cour royale saisie en vertu d'un arrêt de renvoi de la cour de Cassation, n'ayant sur le procès renvoyé qu'une juridiction déléguée, doit essentiellement se borner à statuer sur les objets et à l'égard des parties comprises dans le renvoi, alors même qu'au moment où la cour royale serait appelée à statuer, il existerait devant la cour de Cassation une demande en rectification des qualités de l'arrêt de renvoi. — *Cass.*, 17 nov. 1835, préf. du Doubs c. de Roussillon.

1963. — ...Que lorsque, par suite de pourvois formés par deux parties adverses sur des chefs distincts, la chambre des requêtes de la cour de Cassation a admis l'un des pourvois et rejeté l'autre, la cour royale qui, après cassation par la chambre civile, est appelée à prononcer de nouveau, ne peut statuer que sur les chefs à l'égard desquels le pourvoi a été admis, et qu'il y a chose jugée à l'égard des autres chefs sur lesquels le pourvoi a été rejeté. — *Rennes*, 22 avr. 1822, Milscent c. Letondal.

1964. —... Que si un arrêt contenant deux dispositions, l'une, par laquelle une commune est déclarée civilement responsable d'un délit, l'autre, qui fixe des dommages-intérêts à raison de ce délit, est cassé dans la seconde disposition et maintenu dans la première, la cour à laquelle l'affaire est renvoyée ne doit statuer que sur la fixation des dommages-intérêts; elle ne peut décharger la commune de toute responsabilité, sous le prétexte qu'elle aurait fait tout ce qui dépendait d'elle. — *Cass.*, 8 mars 1826, Clément c. comm. de Château-Thierry.

1965. — Lorsque, par suite d'un arrêt de *cassation*, une cour royale se trouve saisie d'une affaire, cette cour royale ne peut accueillir une fin de non-recevoir qui n'aurait pas été proposée devant la première. — *Aix*, 9 fév. 1832, Badon c. Rouveure et Salin.

1966. — Lorsque la cour de Cassation a rejeté, faute de justification, une fin de non-recevoir opposée à un pourvoi et cassé l'arrêt d'une cour d'appel, cette même fin de non-recevoir ne peut être opposée de nouveau devant la cour d'appel saisie par le renvoi prononcé par suite de la cassation. L'arrêt cassé doit être considéré comme n'existant plus, de telle sorte qu'on ne peut tirer aucun argument de sa prétendue exécution. — *Orléans*, 8 mars 1833, huissiers c. notaires des Andelys.

1967. — Lorsqu'un arrêt qui a prononcé, mal à propos la contrainte par corps, est cassé sur ce chef seulement et maintenu dans ses dispositions au fond, il y a lieu à renvoyer la cause et les parties devant une autre cour, pour être de nouveau statué sur ce chef seulement. Le renvoi doit avoir lieu, encore qu'il ait été satisfait aux condamnations prononcées par cet arrêt. — *Cass.*, 25 mai 1826, Assur. marit. de Paris c. Carré.

1968. — Le renvoi après cassation d'un jugement d'expropriation pour irrégularité dans l'instruction administrative a pour effet de substituer le tribunal de renvoi à toutes les attributions qui appartenaient sur le litige au tribunal dont le jugement a été cassé, et non pas seulement au droit de connaître des nouvelles formalités que l'administration devra recommencer pour arriver à l'expropriation. — Dès-lors, de ce qu'à raison de l'irrégularité de ces nouvelles formalités le tribunal de renvoi aurait déclaré la demande en expropriation non-recevable en cet état, il ne résulte pas qu'il ait par là épuisé ses pouvoirs, et qu'il soit, après que les formalités ont été complétées, sans droit pour statuer sur la même demande reproduite devant lui. — *Cass.*, 20 juill. 1841 (t. 2 1841, p. 354), préf. du Doubs et ville de Besançon c. Bourgon.

1969. — Lorsqu'un premier jugement d'expropriation pour utilité publique a été cassé pour vice de forme, le tribunal saisi de la cause par le renvoi après cassation peut statuer valablement sans que la partie expropriée ait été appelée, et sans qu'il soit besoin que préalablement l'arrêt de cassation rendu à sa requête lui ait été signifié. — Dans ce cas, le tribunal de renvoi peut, sans excéder les bornes de sa compétence, appuyer sa décision même sur des pièces, conclusions, titres et documens, dont la production ou même l'existence serait postérieure au premier jugement d'expropriation. — *Cass.*, 11 août 1841 (t. 2 1841, p. 285), Desbrosses c. ville de La Rochelle.

1970. — Les parties qui ont figuré dans les qualités de l'arrêt de cassation doivent seules être en cause devant la cour de renvoi. — Bioche, n° 304.

1971. — Celui qui a été partie dans une instance devant une cour dont l'arrêt a été cassé, ne peut, sous prétexte qu'il n'est pas propriétaire du bien qui donne lieu au litige, refuser de figurer devant la cour à laquelle l'affaire a été renvoyée. — L'arrêt à intervenir doit, en tant que de besoin, être déclaré commun avec lui. — *Paris*, 21 juill. 1828, Baulier c. Defumechon.

1972. — La cour de renvoi peut connaître de tous les moyens, de toutes les exceptions, de tous les incidens que comporte la nature de l'affaire. — *Cass.*, 12 nov. 1816, Gruel c. Pacquet.

1973. —... Lors même que ces moyens ou exceptions n'auraient pas été proposés devant les cours royales dont les décisions ont été cassées. — *Cass.*, 15 mai 1839 (t. 2 1839, p. 449), Bayeux c. Delage.

1974. — Le tribunal auquel une affaire a été renvoyée après cassation d'un jugement qui avait statué sur une question incidente et préjudicielle est compétent pour prononcer, non seulement sur cette question, mais encore sur le fond, lorsqu'il est constant que le tribunal auquel il a été substitué s'en trouvait saisi. — *Cass.*, 14 fév. 1834, Landry-Guignard c. Beauchêne-Boreau.

1975. — La cour royale devant laquelle les parties sont renvoyées par suite de cassation d'un arrêt rendu sur une question préjudicielle (par exemple, la question de validité d'un divorce et d'un second mariage) opposée exceptionnellement à une demande principale, est saisie non seulement de la question préjudicielle, mais encore de la demande principale et des incidens qui s'y rattachent. — Et cela, alors même que, durant l'instance en cassation, il serait intervenu sur cette demande et ces incidens un jugement dont l'appel serait porté devant la cour royale dont l'arrêt a été cassé. — *Cass.*, 15 mai 1839 (t. 2 1839, p. 449), Bayeux c. Delage.

1976. — Lorsque l'arrêt d'une cour royale a été cassé pour avoir jugé que l'atterrissement formé dans un fleuve appartient au propriétaire du fonds riverain séparé du cours d'eau par un chemin vicinal, la cour royale devant laquelle la cause est renvoyée, par suite de la cassation, est saisie du procès tel qu'il résulte des erremens judiciaires antérieurs à l'arrêt cassé; en sorte qu'elle peut, sans violer l'autorité de la chose jugée, décider que le chemin est un chemin de halage, et que l'atterrissement qui y accède appartient non à la commune, mais au propriétaire riverain, lorsque ce système a été dans l'origine de la contestation embrassé par les riverains. — *Cass.*, 1er déc. 1825, comm. de Roques c. Guittard.

1977. — La cour royale à laquelle une cause a été renvoyée après cassation d'un arrêt qui admettait une fin de non-recevoir est compétente pour connaître du fond même du litige, si elle rejette l'exception. — *Cass.*, 8 nov. 1843 (t. 1er 1844, p. 437), Trepied c. Voisin.

1978. — S'il est vrai qu'un arrêt qui casse fait revivre *tous les moyens* des parties, même ceux qui n'ont pas été soumis à la cour de Cassation, il n'en est pas de même pour *les divers chefs de demande* de l'un desquels cette cour a été saisie : ainsi, lorsqu'un arrêt qui a rejeté les conclusions principales d'une partie, et accueilli ses conclusions subsidiaires, n'a été déféré à la cour de Cassation, sur la demande de l'autre partie, et annulé qu'en ce qu'il a accueilli ces dernières conclusions, on ne peut reproduire devant la cour de renvoi les conclusions principales. — *Amiens*, 14 fév. 1840 (t. 2 1841, p. 718), Chambre d'assurances c. Labaraque.

1979. — Lorsque la cour de Cassation a annulé la procédure seulement, elle doit être recommencée devant la cour de renvoi, à partir du premier acte cassé. — L. 2 brum. an IV, art. 24.

1980. — Mais lorsque la cassation a porté sur la décision, l'affaire vient à l'audience, sans nouvelle procédure, et l'on procède au jugement sans nouvelle instruction. — L. 2 brum. an IV, art. 24.

1981. — De là il suit : 1° Que, si l'arrêt cassé avait débouté le demandeur en cassation de son opposition à un arrêt rendu par défaut contre lui, la deuxième cour, ou la cour de renvoi ne serait appelée à statuer que sur le mérite de cette opposition, et que, si cette partie se laissait condamner une seconde fois par défaut, l'arrêt serait définitif, et par conséquent non susceptible d'opposition. — Tarbé, *Lois et réglemens concernant la cour de Cassation*, p. 145, § 21.

1982. —... 2° Que c'est à tort que les avoués qui occupent devant la cour de renvoi recommencent la procédure, ou, du moins, signifient de nouveau des requêtes de défenses. Il ne faut pas en effet perdre de vue que l'arrêt de cassation remet les parties au même et semblable état où elles étaient avant l'arrêt cassé. Or en quel état étaient-elles avant cet arrêt? En l'état de parties ayant respectivement pris et signifié leurs conclusions. Donc, à moins qu'elles n'aient des motifs légitimes pour les changer et en prendre d'autres, elles ne doivent pas les signifier une seconde fois, car ce serait une véritable redondance.

1983. — Il est d'ailleurs à remarquer que l'assignation qui est donnée devant la cour de renvoi en vertu de l'arrêt de cassation est une véritable assignation en reprise de l'instance d'appel. Or il est de principe en cette matière que l'instance se reprend au point où elle en était restée au moment où elle a été suspendue. Enfin la défense de signifier de nouvelles écritures est formellement exprimée dans les art. 20 et 21 de la loi du 1er déc. 1790, et particulièrement dans l'art. 24 du décret du 2 brum. an IV, concernant l'organisation de la cour de Cassation, qui porte « qu'en matière civile, lorsque la procédure seule aura été cassée, elle sera recommencée à partir du premier acte où les formes n'auront point été observées, et que, si le jugement seul a été cassé, le tribunal devant lequel l'affaire sera portée procédera au jugement *sans nouvelle instruction.* »

1984. — C'est en vain qu'on objecterait que les avoués constitués devant la cour de renvoi ne peuvent être engagés par les conclusions que leurs prédécesseurs ont jugé à propos de prendre devant la cour dont l'arrêt a été cassé; que devenus à leur tour *domini litis*, ils ont évidemment le droit, pour mettre leur responsabilité à couvert, de prendre les conclusions que nécessite le nouvel état de la cause et qu'ils estiment utiles à la défense de leurs parties. Il est évident que dès que la procédure suivie devant la première cour continue de subsister avec tous ses effets légaux, on ne peut pas dire que l'affaire ait changé d'état; elle se présente au contraire devant la cour de renvoi absolument dans la même position où elle se trouvait devant l'autre cour. En un mot, la seconde cour est entièrement substituée à la première, et en conséquence elle est appelée à statuer sur les conclusions respectivement prises devant celle qu'elle remplace.

1985. — C'est en vain qu'on voudrait encore se retrancher dans l'art. 462, C. procéd. civ., qui porte que, dans la huitaine de la constitution d'avoué par l'intimé l'appelant signifiera ses griefs contre le jugement, et que l'intimé répondra dans la huitaine. D'une part, il a été satisfait à cette prescription de la loi devant la première cour, et nous avons vu que la cassation de son arrêt n'entraînait pas l'anéantissement de la procédure; d'autre part, les lois qui défendent de recommencer l'instruction devant les cours de renvoi sont des lois spéciales qui règlent et déterminent les effets des arrêts de cassation, et qui, en conséquence, n'ont point été abrogées par le Code de procédure. Donc les avoués ne peuvent puiser dans l'art. 462, C. proc. civ., le droit de recommencer l'instruction devant la cour de renvoi. Tel est au surplus l'avis de Pigeau (t. 1er, p. 684, § 15).

1986. — Si depuis l'arrêt de cassation le demandeur n'y donne aucune suite, ni ne fait signifier et ne dirige aucune procédure, il encourt la péremption de trois ans. — V. PÉREMPTION D'INSTANCE.

1987. — Ainsi, lorsque la cour de Cassation annulle un arrêt et renvoie les parties devant une autre cour, la péremption peut courir contre cette instance, si elle n'est pas poursuivie dans le délai ordinaire, lors même qu'il n'y a pas eu de constitution d'avoué devant la nouvelle cour, ni de la part de l'appelant ni de la part de l'intimé, quoiqu'il n'ait pas été donné d'assignation devant la cour de renvoi. — *Cass.*, 10 juill. 1832, Fargues c. de Rigaud.

1988. — Jugé de même que, l'arrêt de cassation qui annule un jugement ou un arrêt laissant subsister l'appel et les procédures faites devant le tribunal ou la cour qui en avait été saisie, il s'ensuit que si plus de trois ans s'écoulent sans qu'il ait été fait de poursuites en vertu de l'arrêt de renvoi, la péremption de l'instance d'appel peut être valablement demandée contre l'appelant et que cette péremption a dû courir encore bien qu'il n'ait pas été donné assignation devant la cour de renvoi. — *Cass.*, 12 juin 1827, Roux et Anne Lafoy c. Lafoy.

1989. — Cette péremption est prononcée par la cour de renvoi. — *Cass.*, 12 juin 1827, Roux et Anne Lafoy c. Lafoy; 18 fév. 1828, Delannoy c. Cluesnel; *Toulouse*, 10 juill. 1832, Fargues c. Rigaud; *Rouen*, 10 avr. 1839 (t. 1er 1839, p. 543), Scnar c. Philippot.

1990. — La cour de renvoi peut, si la cause est disposée à recevoir jugement définitif, évoquer le fond, et le juger par un seul et même arrêt, encore bien que la cour royale dont l'arrêt a été cassé, et qui aurait pu évoquer pareillement se fût bornée à infirmer le jugement pour un vice de forme. — *Cass.*, 4 déc. 1827, comm. de Montagnac.

1991. — La cour de renvoi est compétente pour statuer sur une demande en restitution de sommes

payées, en exécution de l'arrêt attaqué. — *Cass.,* 28 août 1837 (t. 2 1837, p. 496), Speisser c. Prost.

1992. — Lorsque la cour de Cassation a décidé la question de savoir si un associé a pu, en qualité de liquidateur, obliger par compromis son associé, tandis que la question qui s'élève sur la restitution demandée est celle de savoir si, par l'effet de conventions, celui qui demande la restitution n'a point été désintéressé, cette dernière question n'est pas tellement connexe à la première qu'elle doive nécessairement être portée devant la cour d'appel saisie en vertu de l'arrêt de renvoi : elle peut être décidée par les juges du domicile des parties. — *Cass.,* 8 mai 1816, Michel.

1993. — Il n'y a pas violation de la chose jugée dans le jugement qui, sur nouvelles discussions des parties soumises au même tribunal, déclare exécutoires entre ces parties des jugemens qui avaient été annulés par la cour de Cassation. — *Cass.,* 4 juin 1822, Vérac.

1994. — Les tribunaux civils saisis par arrêt de renvoi de la connaissance des contestations existantes entre les parties à l'occasion d'une succession et de la vérification de l'écriture d'un testament, n'encourent aucune censure en ordonnant la vérification d'un double de ce même testament, découvert depuis l'arrêt de renvoi. — *Cass.,* 19 avr. 1816, Poussot.

1995. — La cour de renvoi, après avoir infirmé un jugement d'un tribunal situé dans le ressort de la première cour, qui avait prononcé un sursis au jugement d'une affaire pendante devant ce tribunal, peut renvoyer l'affaire devant le même tribunal pour statuer au fond. — *Cass.,* 24 janv. 1826, Paulée.

1996. — La cour royale qui, par suite de renvoi après cassation, a statué sur les contestations relatives à un règlement d'ordre, est seule compétente pour connaître ensuite des incidens qui se rattachent à cet ordre. Ainsi, lorsque des difficultés s'élèvent sur l'ordonnance de clôture, l'appel du jugement qui statue sur ces difficultés doit être porté devant la cour à laquelle la cour de Cassation avait renvoyé l'instance relative au règlement. — *Riom,* 3 mai 1842 (t. 1er 1843, p. 450), Dumiral.

1997. — Lorsque la cour de Cassation, en annulant l'arrêt d'une cour royale qui a prononcé sur l'appel d'un jugement de première instance, a renvoyé la cause et les parties, pour être fait droit sur le fond, devant une autre cour, cette dernière est seule compétente pour statuer sur un nouvel appel du même jugement, interjeté postérieurement à l'arrêt de renvoi. — *Cass.,* 12 nov. 1816, Gruel c. Pacquet.

1998. — Jugé cependant que la cour royale qui, en prononçant par suite de renvoi après cassation, a renvoyé les parties devant un tribunal situé hors de son ressort pour une opération qui était la conséquence de son premier arrêt par exemple, une liquidation de fruits), s'est dessaisie complètement du litige, et n'est plus compétente pour statuer sur l'appel du jugement qui a prononcé sur la mesure ordonnée. — *Montpellier,* 12 nov. 1840 (t. 1er 1841, p. 389), Bouschot c. Dubay.

1999. — Quand, par suite de cassation, l'appel d'un jugement ne peut plus être porté devant la cour dans le ressort de laquelle le jugement a été rendu, l'exploit d'appel signifié avec réserve d'assigner devant le juge qui sera indiqué par la cour de Cassation suffit pour conserver les droits de l'appelant. — *Bruxelles,* 20 avr. 1812, Defavereau.

2000. — Lorsque dans la même affaire il est intervenu deux arrêts de cassation fondés sur les mêmes motifs, le tribunal de renvoi est tenu, aux termes de l'art. 2, L. 1er avr. 1837, de se conformer à la décision de la cour de Cassation. — *Cass.,* 28 juin 1844 (t. 2 1844, p. 675), Corneille.

2001. — On peut se pourvoir contre le second arrêt lorsqu'il rend conforme à la même cause que le premier. — Bioche, n° 808.

2002. — Le nouveau demandeur en cassation peut invoquer, contre le second arrêt, un moyen qui aurait été improuvé dans les motifs de l'arrêt de cassation, pourvu que la cour suprême n'ait pas rejeté ce moyen d'une manière précise. — Merlin, *Rép.,* v° *Cassation,* § 7, n° 4.

V. ACQUIESCEMENT, ADMINISTRATION PUBLIQUE, ALGÉRIE, AMENDE (mat. civ.), APPEL, ASSURANCE MARITIME, AUTORISATION DE PLAIDER, AVOCAT, AVOCAT A LA COUR DE CASSATION, AVOUÉ, BULLETIN DES LOIS, CHOSE JUGÉE, COLONIES, COMMENCEMENT DE PREUVE PAR ÉCRIT, COMPÉTENCE, COMPÉTENCE COMMERCIALE, CONSEIL DES PARTIES, CONTRAINTE PAR CORPS, DÉCIME DE GUERRE, DEGRÉ DE JURIDICTION, DISCIPLINE, ÉLECTIONS, ENREGISTREMENT, EXCEPTIONS, EXCÈS DE POUVOIR, EXPROPRIATION POUR UTILITÉ PUBLIQUE, FRAIS ET DÉPENS, GRAND-JUGE, HUISSIER, JUGE, JUGEMENT, JUGEMENT PAR DÉFAUT, MINISTÈRE PUBLIC, ORGANISATION JUDICIAIRE, RÉGLEMENT DE JUGES (mat. civ.).

CASSATION (Matière criminelle).

Table alphabétique.

CASSATION (mat. crim.).—1.— Anciennement, les affaires civiles et criminelles étaient toutes portées au conseil des parties devant les mêmes magistrats; et le réglement de 1738 s'en occupait indistinctement.—Dans les premiers temps de son institution, la section de cassation statuait aussi sur tous les pourvois; plus tard, le tribunal de cassation se divisa en trois sections; or cette organisation fut provisoirement maintenue par le décret du 29 sept. 1793, puis définitivement établie par la loi du 2 brum. an IV.—V. Tarbé, Cour de Cassation, p. 148, § 1er, p. 261, n° 668 , et p. 269, n° 727.

— 2.— D'après cette loi (art. 4, § 2), la troisième section de la cour de Cassation devait prononcer exclusivement sur les demandes en cassation en matière criminelle, correctionnelle et de police, sans qu'il fût besoin de jugement préalable d'admission.

— 3.—Cette disposition a été reproduite par l'art. 60, L. 27 vent. an VIII, et par l'art. 408, G. inst. crim. V. COUR DE CASSATION, ORGANISATION JUDICIAIRE.

— 4.—Ainsi, relativement au recours en cassation, il faut distinguer les affaires civiles des affaires criminelles; la loi et la jurisprudence ont établi entre elles de grandes différences sur une foule de points.

CHAP. Ier. — Du droit de se pourvoir en cassation (n° 5).

SECT. 1re.— Décisions susceptibles de pourvoi (n° 5).

CHAPITRE Ier. — *Du droit de se pourvoir en cassation.*

Sect. 1re. — *Décisions contre lesquelles on peut se pourvoir.*

5. — En matière criminelle, comme en matière civile, on peut se pourvoir contre les arrêts et jugemens en dernier ressort, pourvu que ces arrêts et jugemens soient *définitifs*. — Merlin, *Rép.*, vº *Cassation*, § 1er, nº 2, et § 3, nº 8 ; Morin, vº *Cassation*, § 1er.

6. — Le recours en cassation est ouvert, soit que la décision émane d'un tribunal de simple police, d'un tribunal correctionnel ou d'un conseil de discipline de la garde nationale, soit qu'elle ait été rendue par la chambre des appels de police correctionnelle, par la chambre d'accusation ou par la cour d'assises.

7. — Il est même ouvert, dans certains cas, contre les jugemens des tribunaux militaires ou maritimes.

8. — ... Et contre les décisions des juridictions coloniales.

9. — Enfin, il est ouvert aussi contre certaines ordonnances du juge d'instruction, quoique ces ordonnances n'aient pas le caractère de jugemens.

§ 1er. — *Jugemens de simple police.*

10. — On peut se pourvoir en matière criminelle contre les jugemens en dernier ressort des tribunaux de simple police. — L. 2 brum. an IV, art. 4; C. inst. crim., art. 177.

11. — Si le jugement n'était pas en dernier ressort, le recours ne serait pas ouvert. — *Cass.*, 25 juin 1830, Fromage ; 16 août 1833, Bouffetti.

12. — Sont en dernier ressort, d'après le Code d'instruction criminelle, les jugemens rendus en matière de simple police, lorsqu'ils ne prononcent ni emprisonnement ni condamnation au-dessus de la somme de cinq francs, outre les dépens. — C. inst. crim., art. 172. — V. APPEL (mat. crim).

13. — Ainsi, le recours en cassation est ouvert contre le jugement par lequel un tribunal de simple police, loin de prononcer un emprisonnement ou des condamnations excédant cinq francs, renvoie le prévenu de la plainte et des demandes formées contre lui. — *Cass.*, 20 fév. 1823, Bouviet.

14. — Jugé de même que le jugement d'un tribunal de police qui ne prononce qu'une amende de deux francs, quoiqu'avec défense de récidiver, n'est pas susceptible d'appel, mais seulement du recours en cassation. — *Cass.*, 30 juill. 1825, Bourin.

15. — On voit que, d'après le Code d'instruction criminelle, il y a des jugemens du tribunal de simple police contre lesquels on peut se pourvoir, et d'autres contre lesquels on ne le peut pas.

16. — Il en était autrement sous le Code du 3 brum. an IV. — Tous les jugemens de simple police étaient alors en dernier ressort et pouvaient être attaqués, dès lors, par la voie du recours en cassation. — *Cass.*, 19 messid. an XIII, Elie Foucault.

17. — Pour qu'un jugement de simple police puisse être attaqué en cassation, il ne suffit pas qu'il soit en dernier ressort, il faut encore qu'il soit *définitif*. — C. inst. crim., art. 416.

18. — Et il faut ranger dans cette catégorie les jugemens des tribunaux de simple police rendus en matière de compétence. — *Cass.*, 18 juill. 1817, Raveau et Tapiu; 11 juin 1818, Cotin.

19. — Il en est autrement des jugemens rendus par défaut, tant que la voie de l'opposition est encore ouverte; en effet, ces jugemens ne sont pas définitifs. — *Cass.*, 10 frim. an XIII, Imbert. — Legraverend, t. 2, ch. 3, sect. 5e, p. 355 et 356 ; Bourguignon, *Manuel d'instr. crim.*, sur l'art. 413, t. 1er, p. 525, nº 7 ; Carnot, t. 3, p. 150, nº 22 ; Merlin, *Rép.*, vº *Cassation*, § 3, nº 8.

20. — Le recours en cassation est ouvert non-seulement contre les jugemens qui émanent du tribunal de police tenu par le juge de paix, mais encore contre ceux qui émanent du tribunal du maire; la loi ne distingue pas. — Tarbé, p. 150.

21. — Mais il n'appartient pas à la cour de Cassation de prononcer sur les pourvois du ministère public près les tribunaux de simple police contre des actes qui n'ont pas le caractère de jugemens, notamment contre un acte du juge de paix qui, sur une citation en injures, entre particuliers, se bornerait à constater un accord au moyen duquel le plaignant renoncerait à son action. — *Cass.*, 31 oct. 1828, Prevost.

§ 2. — *Jugemens et arrêts en matière correctionnelle.*

22. — Il en est des jugemens de police correctionnelle comme des jugemens de simple police; ils ne peuvent être attaqués en cassation que lorsqu'ils sont définitifs et en dernier ressort. — Merlin, vº *Cassation*, § 1er, nº 11; Tarbé, p. 317, nº 1054.

23. — Ainsi, point de pourvoi contre ces jugemens : 1º lorsqu'ils sont par défaut et peuvent être frappés d'opposition. — V. *suprà* nº 29.

24. — ... 2º Lorsqu'ils sont susceptibles d'appel.

25. — Dès-lors les jugemens rendus par les tribunaux correctionnels, sur des affaires portées *en premier degré* devant eux, ne peuvent être attaqués par la voie du recours en cassation, mais seulement par celle de l'appel, bien qu'ils n'aient prononcé que des peines de simple police. — *Cass.*, 26 nov. 1812, Wan Ommeren; 2 oct. 1828, Dulong.

26. — Mais peut-on se pourvoir contre le jugement susceptible des deux degrés de juridiction, lorsque le délai d'appel est expiré? — La cour de Cassation a jugé la négative, en se fondant sur l'art. 407, C. inst. crim., qui n'autorise le pourvoi que contre les jugemens *rendus en dernier ressort*. — *Cass.*, 10 août 1844 (t. 1er 1845, p. 575), Capel. — Mais V. en sens contraire *Cass.*, 24 avr. 1834, Dupont.

27. — Cette dernière interprétation des art. 177, 216 et 407, C. inst. crim., nous paraît la seule acceptable; elle est en effet conforme au principe qui veut qu'on ne puisse recourir à la juridiction supérieure pour obtenir une réformation qu'on peut solliciter de la juridiction inférieure, mais seulement lorsque les voies ordinaires ne peuvent plus être employées. — En outre, celui contre lequel a été prononcée une décision susceptible d'appel a droit à différens recours qu'il peut exercer successivement. L'abandon qu'il fait de l'un ne peut créer contre lui une déchéance, alors qu'il s'est pourvu dans les délais de la loi contre une sentence qui ne pouvait plus être réformée par d'autres voies.

28. — Du principe posé dans l'art. 407, C. inst. crim., il suit que le recours en cassation est ouvert : 1º contre les jugemens des tribunaux correctionnels statuant sur l'appel des tribunaux de police. — C. inst. crim., art. 177.

29. — ... 2º Contre ceux qui statuent sur l'appel des jugemens d'un tribunal correctionnel dans les cas prévus par les art. 200 et 201, C. inst. crim.

30. — ... 3º Contre les arrêts des chambres des appels de police correctionnelle. — C. inst. crim., art. 201 et 416.

31. — Il en est de même lorsque la cause, bien que ne présentant à juger qu'une contravention de simple police, a été, ainsi que le permet l'art. 192, C. inst. crim., jugée en police correctionnelle, car dans ce cas le jugement est en dernier ressort. — *Cass.*, 10 juill. 1834, Lhabitant c. Deslandes; 19 janv. 1837 (t. 1er 1838, p. 102), Normand.

32. — Au reste, le caractère en dernier ressort d'un jugement dépend, non de la qualification qui lui est donnée par les juges, mais des règles de compétence établies par la loi. — V. *Cass.*, 7 juill. 1838 (t. 2 1838, p. 500), Carbonniet.

§ 3. — *Arrêts criminels. — Ordonnances d'acquittement.*

33. — Indépendamment des arrêts rendus par les chambres des appels de police correctionnelle, il est d'autres décisions des cours souveraines qui peuvent être attaquées en cassation.

34. — Ce sont, en premier lieu, les arrêts de chambre d'accusation; et le droit de les attaquer appartient soit à l'accusé, soit au prévenu renvoyé en police correctionnelle, soit au ministère public, même contre un arrêt de non lieu à suivre, à compter du jour où il a été rendu. — Il est refusé à la partie civile. — Tarbé, p. 150, 2e col., 4º.

35. — Si l'arrêt attaqué avait un caractère provisoire, le pourvoi ne serait pas admissible.

36. — Ainsi, on a jugé que l'arrêt de la chambre des mises en accusation qui, faute par le procureur-général d'avoir fait enregistrer au greffe les procédures criminelles sur lesquelles il demande à faire entendre son rapport, remet à un autre jour et ordonne l'enregistrement préalable, ne peut être déféré à la cour suprême, comme étant un réglement intérieur du service des audiences. — *Cass.*, 10 août 1838 (t. 2 1838, p. 394), Roux.

37. — Jugé aussi que les arrêts de la chambre d'accusation portant renvoi en police correctionnelle, ne pouvant être considérés, en tant qu'ils statuent sur les faits de la prévention, comme ayant un caractère définitif et comme liant la juridiction par eux saisie, ne peuvent être attaqués par le recours en cassation. — *Cass.*, 15 avr. 1836, Myran.

38. — Jugé toutefois que, lorsqu'un arrêt de renvoi en police correctionnelle statue en même temps sur une exception, notamment sur le point de savoir si l'opposition du ministère public à une ordonnance de la chambre du conseil a été formée en temps utile, cet arrêt a un caractère définitif qui le rend susceptible du recours en cassation. — Même arrêt.

39. — M. Tarbé (p. 151, 1re col. au texte) fait remarquer, avec raison, que l'examen des arrêts de la chambre des mises en accusation n'est soumis qu'à l'autorité de la cour de Cassation. — V. CHAMBRE DES MISES EN ACCUSATION.

40. — Dans la catégorie des arrêts criminels susceptibles d'être attaqués en cassation, il faut ranger encore : 1º les arrêts de cours d'assises portant condamnation. — C. inst. crim., art. 262. — Le recours, dans ce cas, appartient à l'accusé et au ministère public.

41. — ... 2º Les arrêts d'absolution. — Dans ce cas, le recours est ouvert au ministère public (art. 410, C. inst. crim.) et à la partie civile, mais seulement lorsque l'arrêt a prononcé contre elle des condamnations civiles supérieures aux demandes de la partie absoute. — C. inst. crim., art. 412.

42. — ... 3º Les ordonnances d'acquittement (C. inst. crim., art. 409). — Ces ordonnances ne peuvent être attaquées que par le ministère public et dans le seul intérêt de la loi, et par la partie civile, mais seulement en ce qui concerne ses intérêts. — (C. instr. crim., art. 412). — Tarbé, p. 151, 4e alinéa.

43. — Ainsi jugé que le ministère public est non-recevable à demander, au préjudice de l'accusé, la cassation de l'ordonnance qui, sur la déclaration du jury, a prononcé son acquittement. — *Cass.*, 10 oct. 1811, Stragin.

44. — Si l'accusé avait été déclaré coupable par le jury et acquitté par la cour d'assises, l'arrêt pourrait être déféré à la cour de Cassation, à la réquisition du ministère public; et, dans ce cas, le pourvoi pourrait préjudicier à la partie acquittée. — *Cass.*, 9 mai 1822, Couturier; — Tarbé, p. 320, nº 1070, note *a*.

45. — Il en serait de même si l'acquittement avait été prononcé par un arrêt de contumace ; ici s'applique l'art. 473, et non l'art. 409, qui ne prévoit que le cas d'acquittement prononcé sur une déclaration du jury. — V. CONTUMACE.

46. — ... 4º Les arrêts rendus sur les poursuites en reconnaissance d'identité des individus condamnés, évadés et repris. — C. inst. crim., art. 520. — V. IDENTITÉ (RECONNAISSANCE D').

47. — ... 5º Les arrêts de contumace. — C. inst. crim., art. 473.

48. — Sous le code de brum. an IV il n'y avait que le ministère public qui fût autorisé à se pourvoir en Cassation contre les arrêts de contumace ; le Code d'inst. crim. a étendu ce droit à la partie civile, mais seulement *en ce qui la regarde*. — C. inst. crim., art. 473.

49. — L'art. 473 ne parle que des jugemens rendus par contumace ; d'où naît la question de savoir si le recours serait recevable de la part du contumax, contre l'arrêt qui aurait rejeté l'excuse proposée par ses parens ou amis, en son nom, aux termes de l'art. 468. — Il semble, au premier coup d'œil, qu'on doit se prononcer pour la négative : 1º parce que l'art. 473 ne parle pas du contumax ; — 2º parce qu'un pareil arrêt n'est qu'un jugement d'instruction ; — 3º parce qu'il n'existe aucun délai pour se pourvoir.

50. — Cependant Carnot (t. 3, p. 335, nº 2) fait une distinction. Il est d'avis que le recours est admissible lorsque la cour saisie a refusé d'admettre les parens ou amis de l'accusé à proposer une excuse fondée sur les dispositions de l'art.

168; il voit dans ce fait un déni de justice. Si, au contraire, les parens ou amis ont été entendus, il pense que le pourvoi n'est pas recevable, lors même que l'excuse aurait été rejetée, car alors il n'y aurait de jugé qu'un *point de fait* dont l'appréciation n'appartient pas à la cour de Cassation.

51. — Hors le cas, fort contestable du reste, indiqué par Carnot, le contumax ne peut se pourvoir ni contre l'arrêt de mise en accusation ni contre l'arrêt de condamnation. — *Cass.*, 27 oct. 1815, Delaire.

52.—Il ne le pourrait même pas en se fondant sur l'*incompétence*. En effet, l'art. 347 du projet du Code d'instruction criminelle contenait bien une exception pour ce cas; mais cet article n'a pas été converti en loi.— V. CONTUMACE.

§ 4. — *Ordonnances. — Actes d'instruction.*

53. — On peut se pourvoir en cassation contre les ordonnances rendues par les juges d'instruction dans les cas prévus par les art. 34, 80, 81, 86, C. inst. crim.

54. — « Ces décisions, en effet, dit M. Tarbé (p. 151, n° 9), ne sont pas susceptibles d'appel ou d'opposition, et il serait impossible de ne pas les soumettre à un recours quelconque. »

55. — Il en est autrement lorsqu'il s'agit : — d'ordonnances rendues par les juges d'instruction dans le seul but de prescrire ou de refuser les mesures nécessaires pour compléter l'instruction ou pour régler la marche de la procédure à l'égard des prévenus.—Ces ordonnances peuvent être attaquées devant les chambres d'accusation, et c'est alors contre les arrêts de ces chambres que les pourvois sont dirigés, s'il y a lieu. —*Cass.*, 4 août 1820, Nicolas Chevalier.

56. —...Ou d'ordonnances de la chambre du conseil. — *Cass.*, 6 mars 1818, Guérive.

57. —...Ou d'ordonnances rendues par des membres des chambres d'accusation chargés des fonctions de juge instructeur, dans le cas de l'art. 235, C. inst. crim.; ces ordonnances ne sont point des décisions souveraines susceptibles d'être déférées à la cour de Cassation; elles ne peuvent être soumises qu'à l'appréciation des chambres d'accusation elles-mêmes, qui ont le droit de les confirmer ou de les réformer. — *Cass.*, 2 nov. 1821, Angeli.

58. — Mais lorsque les premiers présidens font les fonctions de juges d'instruction dans les cas prévus par l'art. 484, C. inst. crim., leurs ordonnances sont susceptibles de recours. — *Cass.*, 27 août 1818, Constans.

59. —On peut de même se pourvoir en cassation contre une ordonnance du juge d'instruction qui condamne à l'amende un témoin qui refuse de déposer. — *Cass.*, 23 juill. 1830, Cressent. — Cette ordonnance présente le caractère des jugemens par la condamnation; elle est d'ailleurs rendue sur les conclusions du procureur du roi. — *Cass.*, 13 janv. 1838 (t. 1er 1840, p. 224), Radez. — V. en outre *Cass.*, 25 juill. 1845 (t. 2 1845, p. 289), Saint-Pair.

60. — Mais les actes de la première instruction antérieure à la mise en accusation ne peuvent, ni sous le rapport de la forme, ni sous celui de l'incompétence des fonctionnaires dont ils émanent, être soumis à la censure de la cour de Cassation. — *Cass.*, 31 oct. 1817, Wilfrid Regnault.

61. — Sous le code de brumaire an IV, aucune disposition n'autorisait un recours d'aucune espèce, et notamment un recours en cassation, contre les ordonnances du directeur du jury favorables aux accusés. — *Cass.*, 3 vendém. an V, Berignot.

62. — Et l'on jugeait, au surplus, que les ordonnances du directeur du jury qui refusaient d'ordonner une mise en liberté, n'étant pas des jugemens en dernier ressort, ne pouvaient par conséquent être attaquées par la voie du recours en cassation. — *Cass.*, 7 sept. 1810, Ducarroy.

63. — Il a été jugé, sous l'empire des lois du 18 pluv. an IX et du 23 flor. an X, que l'acte par lequel le procureur général près une cour spéciale déclare, sur une plainte, que des dépositions des témoins par lui entendus et des réponses des prévenus par lui interrogés, il ne résulte la preuve d'aucun fait de nature à donner lieu à de plus amples poursuites, ne présente point les caractères d'un jugement, et ne peut être attaqué par la voie du recours en cassation. — *Cass.*, 7 fructid. an XII, Miroy; — Merlin, v° *Cassation*, § 4, n° 9.

§ 5.— *Jugemens des conseils de discipline de la garde nationale.*

64. — Le recours en cassation est ouvert contre les jugemens définitifs des conseils de discipline de la garde nationale (L. 22 mars 1831, art. 120) : ce recours appartient au ministère public et au condamné.

65. — Il n'est recevable que pour incompétence, excès de pouvoirs ou contravention à la loi. — Art. 120, § 1er.

66. — Jugé que l'on ne peut pas se pourvoir en cassation contre une décision du jury de révision (L. 22 mars 1831, art. 26). — *Cass.*, 1er sept. 1832, Dumenildot. — V. GARDE NATIONALE.

§ 6. — *Tribunaux militaires. — Tribunaux maritimes.*

67. — *Tribunaux militaires.* — En thèse générale, les jugemens des conseils de guerre permanens, rendus contre des militaires, ne sont pas susceptibles du pourvoi en cassation. — L. 27 vent. an VIII. — Cette rigueur s'explique par la nécessité toujours sentie de conserver aux tribunaux militaires la puissance et la célérité d'action.

68. — Ainsi jugé que le pourvoi en cassation n'est pas admissible contre les jugemens des tribunaux militaires, si le condamné est militaire, et alors surtout que, dans sa déclaration de pourvoi, il a lui-même pris la qualité de soldat. — *Cass.*, 4 fév. 1830, Jean Rives; 18 nov. 1830, Combes.

69. — ...Que le pourvoi d'un militaire contre un arrêt d'un conseil de révision, confirmatif d'un arrêt d'un conseil de guerre qui l'a condamné aux travaux forcés pour viol, doit être déclaré non-recevable. — *Cass.*, 13 sept. 1832, Bonnet.

70. — ... Que les jugemens des conseils de guerre rendus contre des remplaçans insoumis ne sont pas susceptibles de recours en cassation, comme s'ils étaient rendus contre des citoyens non militaires. — *Cass.*, 12 avr. 1845 (t. 2 1845, p. 54), Aurlac. — V. REMPLACEMENT MILITAIRE.

71. — Mais lorsque le pourvoi contre les jugemens des conseils permanens est formé par un citoyen non militaire ni assimilé aux militaires à raison de ses fonctions, il est recevable, s'il est fondé sur l'incompétence ou l'excès de pouvoir.

72. — Quant aux jugemens des conseils de guerre extraordinaires et des commissions militaires, la cour de Cassation n'a plus à en connaître, car ces tribunaux exceptionnels ne pourraient être créés aujourd'hui qu'en violation de la Charte constitutionnelle. — Art. 54. — V. TRIBUNAUX MILITAIRES.

73. — Cependant, suivant Carnot (t. 3, p. 85, n° 2), « si l'on se permettait d'établir des conseils de guerre extraordinaires, en contravention à l'art. 63 (aujourd'hui art. 54) de la Charte, le recours qui serait exercé contre les jugemens émanés de ces conseils devrait être suivi et jugé dans la forme prescrite par le décret de 1812, c'est-à-dire par la cour de Cassation, *en la chambre du conseil*, sur des mémoires qui ne pourraient être *imprimés*, et le jugement dénoncé devrait être nécessairement annulé comme émanant d'un tribunal inconstitutionnellement établi. »

74. — *Tribunaux maritimes.* — Ce qui vient d'être dit, relativement aux tribunaux militaires permanens et extraordinaires, s'applique également aux tribunaux maritimes et aux cours martiales. — V. TRIBUNAUX MARITIMES.

§ 7. — *Jugemens et arrêts rendus par les tribunaux des colonies.*

75. — Quoique l'organisation judiciaire des colonies et leur juridiction aient toujours été différentes de celles de la métropole, il est certain qu'antérieurement à la révolution de 1789, les arrêts rendus en matière criminelle par leurs conseils souverains pouvaient être attaqués par la voie de la cassation. — V. COLONIES.

76. — Il a été jugé, en effet, que la voie du recours en cassation en matière criminelle, était ouverte pour les jugemens ou arrêts rendus à la Martinique, même avant la promulgation du Code d'instruction criminelle dans cette île. — *Cass.*, 30 sept. 1826, Bissette, Fabien et Volny.

77. — L'ancien conseil du roi avait même le droit de réviser les jugemens rendus dans les colonies, droit qui, aujourd'hui, n'appartient pas à la cour de Cassation. — *Cass.*, 29 déc. 1827, Bissette.

78. — Le recours contre les décisions des justices coloniales, après l'abolition du conseil privé, fut porté devant le tribunal de cassation. Cette attribution donna lieu à des réclamations fondées sur le trop grand éloignement du siége de ce tribunal. On demanda pour nos colonies situées au-delà du cap de Bonne-Espérance la création d'un second tribunal de cassation dont le siége serait dans l'Inde. — Tarbé, p. 379, n° 4.

79.—Cette proposition fut repoussée par la convention, comme elle l'avait été par l'Assemblée constituante, en 1791 ; la cour de Cassation est donc restée investie, vis-à-vis des juridictions coloniales, des hautes attributions qui lui appartiennent sur tous les tribunaux du royaume.

80. — Toutefois, la nécessité a fait introduire depuis quelques années une innovation importante dans le régime judiciaire des colonies.

81. — Les ordonnances nouvelles, tout en réservant à la cour de Cassation ses attributions principales et son droit de haute censure sur les grands corps de la magistrature, ont donné aux cours royales, aux conseils d'appel et aux conseils privés le droit d'annuler, sur la dénonciation du gouverneur, pour incompétence ou excès de pouvoir, et de casser, dans l'intérêt de la loi, les jugemens qui leur seraient déférés. — V. COLONIES.

82.—C'est là un changement grave, dont les conséquences ne sont pas encore parfaitement appréciées : de bons esprits craignent que cette délégation aux tribunaux supérieurs des colonies du pouvoir que les constitutions n'avaient confié qu'à la cour de Cassation, ne présente quelques dangers. — Tarbé, p. 382, § 2.

83. — L'institution des cours prévôtales existait aux colonies sous la restauration et a continué de subsister dans quelques unes d'entre elles après 1830. — Leurs arrêts, même sur la compétence, ne pouvaient être attaqués en cassation. — V. COLONIES.

84. — Aujourd'hui que les colonies ne sont plus soumises au régime des ordonnances, mais à celui de la loi, l'institution des cours prévôtales, que nos lois constitutionnelles prohibent, ne pourrait être justifiée, « du moins, dit M. Tarbé (p. 400, n° 1555, note), tant que la paix facilitera les rapports entre la colonie et la métropole. » — V. *infrà* n° 96. — V. COURS PRÉVÔTALES.

85.—Cette opinion, au surplus, paraît être aussi celle du gouvernement, car on lit dans les statistiques du ministère de la marine le passage suivant: « Lorsque la colonie est en état de siége ou lorsque sa sûreté intérieure est menacée, il peut y être établi une cour prévôtale. Il n'a point été fait usage jusqu'à présent à la Martinique de cette juridiction exceptionnelle, que *le gouvernement se propose d'ailleurs d'y supprimer.* »— *Statistique*, vol. 1837, p. 77 et 190; vol. 1838, p. 63 et 206.

86. — Quant au pourvoi en cassation en ce qui concerne les décisions rendues par les tribunaux de l'Algérie, V. ALGÉRIE, nos 195 et suiv., 211 et suiv.

87. — Il a été jugé qu'un Algérien indigène ne peut plus se pourvoir, même pour incompétence et excès de pouvoir, contre un jugement rendu par un conseil de guerre depuis l'ordonnance du 26 sept. 1842, qui a réservé cette faculté aux seuls Européens. — *Cass.*, 3 mai 1845 (t. 2 1845, p. 274), Mustapha-ben-Galem; même jour (*eod. loc.*), Saïd-ben-Mouglaar; 26 juin 1845 (*eod. loc.*), Mohammed.

§ 8. — *Tribunal révolutionnaire.*

88. — La loi du 10 mars 1793, en créant le tribunal révolutionnaire, disposa que les jugemens de ce tribunal seraient exécutés sans recours au tribunal de cassation. — Art. 13.

89. — Cette disposition, maintenue par la loi du 19 flor. an II, fut reproduite dans le décret du 8 niv. an III. — V. TRIBUNAL RÉVOLUTIONNAIRE.

90. — Le 17 germin. an III parut une loi destinée à déterminer les tribunaux par lesquels devaient être jugés les fonctionnaires publics; l'art. 4 de cette loi donna le délai d'un mois pour se pourvoir à ceux qui avaient été condamnés d'après les formes prescrites par la loi du 19 flor. an II.

91.—Les tribunaux révolutionnaires furent supprimés par un décret du 12 flor. an III, qui maintint contre les accusés de conspiration ou d'attentat à la sûreté publique la prohibition du recours en cassation.

92. — Plus tard, une loi du 4 messid. an III attribua aux tribunaux criminels des départemens la connaissance des meurtres et des assassinats commis depuis le 1er sept. 1792 ; et l'art. 8 affranchit les jugemens qui interviendraient par suite de cette attribution de tout recours en cassation.

§ 9. — *Cours prévôtales.*

93.—La loi du 20 déc. 1815 établit dans toute la France, sous le nom de cours prévôtales, des tribunaux d'exception dont la Charte de 1814 autorisait la création.

94. — D'après l'art. 39 de cette loi, les décisions des cours prévôtales sur la compétence pouvaient être attaquées devant la chambre d'accusation, qui statuait définitivement, *sans recours en cassation.*

95. — L'art. 45 de la même loi contenait la disposition suivante : « Les arrêts des cours prévôtales seront rendus en dernier ressort, et *sans recours en cassation.* »

96. — Jugé que, la loi du 20 déc. 1815 ayant affranchi les arrêts des cours prévôtales de tout recours en cassation, le pourvoi formé par un con-

damné n'avait pas pour effet de saisir la cour de Cassation, qui ne pouvait l'être que conformément à la disposition d'ordre public de l'art. 441, C. inst. crim. — *Cass.*, 28 janv. 1818, Gabriel Roussac.

97.—Jugé de même qu'à aucune époque de notre législation, la voie de la cassation n'a été ouverte contre les jugemens prévôtaux rendus sur le fond; qu'elle ne l'a été que contre ceux rendus sur la compétence: et qu'ainsi une négresse libre, condamnée à la réclusion perpétuelle par la cour prévôtale de la Martinique, était non-recevable à se pourvoir en cassation pour fausse application de la loi. — *Cass.*, 25 août 1826, Lambert.

98. — D'après l'art. 54 de la Charte de 1830, les cours prévôtales ne peuvent plus être rétablies, car ce sont des tribunaux extraordinaires et exceptionnels. — V. COURS PRÉVOTALES.

§ 10. — *Cours prévôtales des douanes.*

99.—Le décr. du 18 oct. 1810 avait établi dans certains lieux des cours prévôtales des douanes, qui devaient connaître, exclusivement à tous autres tribunaux, tant du crime de contrebande à main armée que du crime d'entreprise à main armée. Elles devaient fonctionner jusqu'à la paix générale.

100. — Leurs arrêts ne pouvaient être sujets au recours en cassation que sur la compétence. — Même décret, art. 5.

101. — Les cours prévôtales des douanes furent supprimées par un *décret* du comte d'Artois, du 26 avr. 1814, qui, entre autres motifs, s'appuie pour justifier cette suppression sur ce que ces cours étaient investies du droit de prononcer des peines afflictives et infamantes *sans recours en cassation*. — V. COURS PRÉVOTALES DES DOUANES, DOUANES.

§ 11. — *Haute cour nationale.*

102.—L'assemblée constituante avait établi, sous le titre de *haute cour nationale*, une juridiction extraordinaire qui devait connaître de certains crimes politiques ou de délits de *lèse-nation*. Cette institution fut conservée dans les constitutions qui suivirent celle de 1791.—Par une loi du 19 therm. an IV, il fut décidé que les jugemens rendus par la haute cour ne seraient pas soumis au recours en cassation. — V. HAUTE COUR NATIONALE.

§ 12. — *Cour des pairs.*

103.—La cour des pairs est investie par l'art. 28 de la Charte de la connaissance des crimes de haute trahison et des attentats à la sûreté de l'état. Elle statue souverainement sur la compétence, sur le fait et sur le droit; ses arrêts ne sont pas soumis au recours en cassation. Aussi, le 19 avril 1833, le greffier de la cour de Cassation s'est-il refusé à recevoir le pourvoi du journal la *Tribune*. — V. COUR DES PAIRS.

104. — Il n'y a pas de recours non plus contre les décisions que les Chambres législatives peuvent prononcer dans certains cas, conformément à l'art. 7 de la loi du 25 mars 1822. — V. CHAMBRE DES DÉPUTÉS, CHAMBRE DES PAIRS.

Sect. 2e. — *Qualités requises pour se pourvoir ou défendre au pourvoi.*

105. —Pour se pourvoir en cassation, comme pour toute autre action à exercer, soit au civil, soit au criminel, il faut: 1° avoir qualité; — 2° avoir intérêt;—3° qu'il n'existe contre le pourvoi qu'on veut former aucune fin de non-recevoir.

106. — On a qualité lorsqu'on a été partie au jugement, soit en personne, soit par quelqu'un qui vous représente.— *Cass.*, 22 juill. 1825, Rougon.

107. — En effet, c'est une règle générale qu'en matière criminelle on ne peut se pourvoir en cassation contre des arrêts ou jugemens, lorsqu'on n'y a pas été partie.—*Cass.*, 23 juill. 1807, Douanes c. N...; 16 déc. 1808, Frary; 8 fév. 1811, Bruno.

108. — L'intérêt est le principe des actions; si donc une décision était attaquée par un condamné, par exemple, dans le cas où elle contiendrait plutôt une diminution qu'une aggravation de peine, le pourvoi ne serait pas recevable. —*Cass.*, 30 déc. 1824, Labitte; 2 juin 1825, Suzzoni.

109.—Il faut remarquer que, quoique le ministère public n'ait pas d'intérêt *personnel* dans l'affaire qu'il a poursuivie, il a qualité pour se pourvoir contre la décision qui est intervenue, car il représente la société et agit dans un intérêt d'ordre public.—V. MINISTÈRE PUBLIC.

110.—Ces notions rappelées, on voit que les personnes qui peuvent se pourvoir en matière criminelle sont: 1° les accusés ou condamnés; — 2° les personnes civilement responsables; — 3° le ministère public; — 4° la partie civile; et dans cette catégorie il faut ranger les administrations publiques, telles que celles des douanes, des contributions indirectes, des forêts, etc. — C. inst. crim., art. 177, 216 et 373.—V. ACTION CIVILE.

111. — Mais ce n'est pas dans tous les cas indistinctement que le recours est ouvert aux personnes qui viennent d'être désignées: il y a dans la loi, relativement à chacune d'elles, des restrictions qu'il importe de faire connaître.

112. — Il faut remarquer encore que le pourvoi peut être formé non seulement dans des affaires où les parties ont intérêt, mais encore dans des instances irrévocablement terminées, par exemple, dans le cas où le délai du pourvoi est expiré sans que l'arrêt ait été attaqué. Dans cette hypothèse, un recours existe encore, mais dans l'intérêt de la loi seulement; et c'est au ministère public exclusivement qu'il appartient de le former.

ART. 1er. — *Pourvoi concernant l'intérêt des parties.*

§ 1er. — *Pourvoi des accusés ou condamnés. — Personnes civilement responsables.*

113. — Tout individu condamné définitivement en matière criminelle, correctionnelle ou de police, a le droit de se pourvoir en cassation contre la sentence en dernier ressort qui l'a frappé sans préjudice du droit qui a pu lui appartenir comme accusé, de se pourvoir contre l'arrêt de mise en accusation. — C. inst. crim., art. 177, 216, et 373.

114. — Jugé, en effet, que le droit d'attaquer les arrêts de la chambre d'accusation appartient à l'accusé et même, dans certains cas, au prévenu renvoyé en police correctionnelle.—*Cass.*, 15 avr. 1836, Myran; 17 août 1839 (t. 2 1839, p. 463), Fraboulet. —V. CHAMBRE DES MISES EN ACCUSATION.

115. — Le droit de recours en cassation contre la sentence qui le frappe est pour le condamné une garantie si importante, que la loi prescrit au président de l'avertir après la prononciation de l'arrêt, qu'il a trois jours pour se pourvoir.—C. inst. crim., art. 371.—V. COUR D'ASSISES.

116. — Le droit qui appartient au condamné de se pourvoir en cassation cesse: 1° lorsqu'il a acquiescé à la décision. — V. *infrà* nos. 236 et suiv.

117.—...2° Lorsqu'il est sans intérêt.—V. n° 280.

118. — ...3° Lorsqu'il s'est laissé condamner par contumace. En effet, suivant l'art. 473, C. inst. crim., le recours en cassation n'est ouvert contre les jugemens de contumace qu'au ministère public et à la partie civile en ce qui la regarde.

119.—Ainsi, le pourvoi formé par un contumax contre l'arrêt qui le met en accusation n'est pas recevable. — *Cass.*, 27 oct. 1815, Delattre.

120. — Jugé de même qu'on doit considérer comme non-recevable le pourvoi formé par un contumax contre l'arrêt de condamnation, quoique ce pourvoi soit fondé sur l'incompétence de la cour. — *Cass.*, 28 déc. 1833, Larochejaquelin.

121. — Quoiqu'en principe les jugemens des tribunaux militaires ne soient pas susceptibles du recours en cassation (V. *suprà* n° 67 et suiv.), cependant cette prohibition doit être limitée dans son application aux militaires. — Ainsi, il est de règle qu'un individu non militaire ni assimilé à un militaire peut se pourvoir contre un jugement de conseil de guerre. — *Cass.*, 30 juin 1832, Geoffroy.

122. — ... Que le pourvoi en cassation contre les jugemens des tribunaux militaires de terre et de mer n'est valablement exercé, d'après l'art. 77, L. 27 vent. an VIII, qu'autant qu'il est formé par les individus non justiciables de ces tribunaux.— *Cass.*, 11 av. 1839 (t. 1er 1839, p. 470), Marsaud.

123. — ... Que le pourvoi contre un jugement du conseil de guerre est valablement formé par un non militaire tant qu'il n'a pas été exécuté, et qu'il n'y a pas eu acquiescement formel par le condamné.— *Cass.*, 9 mai 1833, Dessaule.

124. —Non seulement les individus condamnés peuvent se pourvoir contre la sentence de condamnation, mais ce droit appartient aussi aux personnes civilement responsables. — C. inst. crim., art. 216.— V. RESPONSABILITÉ CIVILE.

§ 2. — *Pourvoi du ministère public.*

125. — Aux termes de l'art. 1er, C. inst. crim., l'action pour la répression des crimes et délits, et l'application des peines appartient au ministère public. —V. ACTION PUBLIQUE. —Dès-lors c'est au ministère public aussi qu'appartient le droit de recours en cassation contre les décisions qui doivent être attaquées dans l'intérêt de la vindicte publique. — C. inst. crim., art. 178, 216 et 413.

126. —Mais ce n'est pas à tous les fonctionnaires exerçant l'action publique indistinctement que ce droit de recours est attribué; la règle diffère suivant la nature des jugemens qu'il s'agit d'attaquer.

127. — En matière de simple police, lorsque le jugement est en dernier ressort, c'est à l'officier qui a rempli devant le tribunal les fonctions du ministère public que le droit de recours appartient.

128. — Dans ce cas, le procureur du roi est sans qualité pour former un pourvoi en cassation. — *Cass.*, 6 août 1824, Boucheron.

129. — On jugeait également, autrefois, qu'un commissaire du gouvernement n'était recevable à se pourvoir en cassation que contre les jugemens du tribunal près lequel il exerçait ses fonctions. Ainsi, le commissaire près le tribunal de police correctionnelle était sans qualité pour attaquer par cette voie le jugement d'un tribunal de simple police. — *Cass.*, 15 prair. an VIII, Tondelay.

130. — Il a été jugé que le maire, quoiqu'il ait rempli les fonctions du ministère public, est non-recevable à intervenir en cette qualité devant la cour de Cassation, sur le pourvoi du prévenu, où il est représenté par le procureur général.—*Cass.*, 20 juin 1829, Bicheux.

131.—Jugé encore qu'un maire ne peut se pourvoir en cassation contre un jugement du tribunal de police dans lequel il n'a figuré ni comme partie, ni comme officier du ministère public. — *Cass.*, 28 janv. 1837 (t. 2 1840, p. 95), Hartmann.

132.—Si la peine de simple police avait été prononcée par un tribunal de police correctionnelle, soit sur appel, soit sur une action directe, le droit de recours appartiendrait au procureur du roi.

133. — Aussi a-t-il été jugé que le procureur du roi est recevable à se pourvoir contre le jugement de police correctionnelle qui statue sur une contravention de police. — *Cass.*, 16 déc. 1826, Berlot.

134.—... Que l'adjoint au maire qui a rempli les fonctions du ministère public est sans qualité pour se pourvoir contre le jugement de police correctionnelle qui statue sur l'appel d'un jugement de police simple. — *Cass.*, 18 sept. 1828, Daroles; — Massabiau, *Manuel du procur. du roi*, n° 2351; Mangin, *Action publique*, t. 1er, p. 211, n° 105.

135.—Comme on ne peut se pourvoir que contre les jugemens en dernier ressort, et seulement quand on a épuisé les autres degrés de juridiction, il en résulte qu'en matière correctionnelle, il n'y a que le procureur du roi des tribunaux d'appel ou de chef-lieu judiciaire qui puisse recourir à cette voie. — Massabiau, n° 2351.

136. — Ce droit existe, soit que le jugement ou l'arrêt ait prononcé le renvoi du prévenu ou sa condamnation. — *Cass.*, 21 oct. 1830, Gibert.

137.—Néanmoins, en cas de renvoi du prévenu, le ministère public ne pourrait se prévaloir contre lui de la violation ou omission des formes prescrites pour assurer sa défense. — C. inst. crim., art. 413, 2e alinéa.

138. — Le droit du ministère public existe, nonobstant la condamnation du prévenu, parce qu'il agit, non dans un intérêt privé, mais dans l'intérêt de la justice. — *Cass.*, 26 brum. an IX, Duprat et Vignac; 13 juill. 1827, Guerchey.

139.—Peu importe que le jugement ait été rendu sur ses conclusions. — *Cass.*, 7 janv. 1813, Faure; 25 fév. 1813, Blanchini. — V. ACQUIESCEMENT (mat. crim.).

140. — ... Et même après signification de ce jugement avec sommation de l'exécuter. — *Cass.*, 26 mai 1827, Chauvet et Imbert.

141. — Cependant il a été jugé que le ministère public était non-recevable à attaquer un jugement relaxant, pour défaut de preuves, un prévenu non comparant, sous prétexte que ce jugement aurait dû se borner à prononcer défaut. — *Cass.*, 23 mars 1832, Bacciaglieri. —Morin, v° *Cassation*, p. 131, § 2.

142. — En matière criminelle, le droit du ministère public est limité.

143. — Ainsi il peut attaquer: 1° les arrêts de la chambre des mises en accusation, mais seulement dans les trois cas prévus par l'art. 299, C. inst. crim., c'est-à-dire si le fait n'est pas qualifié crime par la loi; si le ministère public n'a pas été entendu; si l'arrêt n'a pas été rendu par le nombre de juges fixé par la loi.

144. — ... Et même lorsque l'arrêt prononce qu'il n'y a lieu à suivre. — *Cass.*, 2 août 1839 (t. 2 1840, p. 193), Denys.

145.—...2° Les arrêts des cours d'assises portant condamnation, toutes les fois qu'il y a eu incompétence, ou violation des formes prescrites à peine de nullité ou de formes substantielles, ou refus de prononcer sur une réquisition ou demande tendant à user d'une faculté ou d'un droit. — C. inst. crim., art. 408.

146.—...3° Les arrêts d'absolution, mais seulement ceux fondés sur la non-existence d'une loi pénale qui existerait néanmoins.—C. inst. crim., art. 364 et 410, 2e alinéa.

147.—...4° Les ordonnances d'acquittement, mais seulement dans l'intérêt de la loi, et sans préju-

dicier à la partie acquittée (C. inst. crim., art. 409). — V. *suprà* nº 42, et *infrà* nº 211.

148. — La faculté de se pourvoir contre un arrêt de la cour d'assises appartient au procureur général. C'est à lui seul également qu'appartient le droit de se pourvoir contre les arrêts de mise en accusation. — C. inst. crim., art. 298.

149. — Toutefois, la jurisprudence a varié sur ce dernier point, et quelques arrêts ont déclaré recevables certains pourvois formés par des procureurs du roi de chefs-lieux de cours d'assises. — *Cass.*, 10 juill. 1812, N...; 25 août 1831 (implic.), Bénard. — V. en ce sens Legraverend, t. 2, p. 148; Carnot, sur l'art. 298, t. 2, p. 423, nº 6.

150. — Mais plus récemment la Cour a reconnu *in terminis* que le procureur du roi établi dans un chef-lieu de cour d'assises n'a pas qualité pour se pourvoir contre un arrêt de la chambre d'accusation. Ce droit n'appartient qu'au procureur général et à l'accusé. — *Cass.*, 25 mai 1832, Colas.

151. — Au surplus, lorsque la loi donne aux agens du ministère public le droit de recours en cassation, ce n'est qu'en leur nom qu'ils peuvent agir, et nullement par la considération de l'intérêt privé des parties, auxquelles la loi accorde la même faculté. —*Cass.*, 26 brum. an IX, Duprat et Vignac.

152. — Dès lors, le ministère public est non-recevable à se pourvoir en cassation, même pour cause d'incompétence, dans l'intérêt de la partie civile. — *Cass.*, 13 juill. 1827, Guerchey.

153. — Le procureur général près d'une cour de justice criminelle est non-recevable à se pourvoir en cassation contre le jugement d'un conseil de guerre. — *Cass.*, 29 frim, an XIII, Bunicourt.

154. — Un commissaire du roi près un conseil de guerre n'a pas qualité non plus pour se pourvoir en cassation contre les décisions du conseil de révision. — *Cass.*, 22 août 1839 (t. 1er 1840, p. 485), Normand.

155. — .. Spécialement contre un jugement d'incompétence rendu sur son recours par le conseil de révision. —*Cass.*, 22 juill. 1837 (t. 2 1837, p. 284), Lespagnol.

156. — Les décisions qui précèdent ne s'appliquent pas au procureur général près la cour de Cassation, qui doit veiller à l'application des lois dans les juridictions de tout genre.

157. — Aussi a-t-il été jugé que le procureur général près la cour de Cassation a qualité pour demander la cassation des décisions des conseils de guerre, pour violation des règles de juridiction. — *Cass.*, 6 avr. 1832, Bunel. — V. TRIBUNAUX MILITAIRES.

158. — Le ministère public est sans qualité pour se pourvoir contre le jugement d'un tribunal de répression qui, après le décès du prévenu, prononce une condamnation civile contre ses héritiers. —*Cass.*, 23 mars 1839 (t. 2 1842, p. 635), Charmeusat.

159. — Le ministère public n'a pas qualité pour se pourvoir en cassation contre un arrêt qui, en matière de contributions indirectes, statue sur une contravention n'entraînant que des peines pécuniaires. — *Cass.*, 25 août 1827, Leblanc.

160. — Jugé de même que le ministère public ne peut se pourvoir en cassation contre un jugement qui a statué sur une contravention aux lois sur les contributions indirectes entraînant seulement la confiscation ou l'amende. — *Cass.*, 6 mars 1840 (t. 2 1840, p. 785), messageries Laffitte et Caillard c. Contrib. indir. — V. CONTRIBUTIONS INDIRECTES.

§ 3. — *Pourvoi formé par les parties civiles.*

161. — La partie civile ne joue jamais dans une instance criminelle ou correctionnelle qu'un rôle subordonné; le principe de son action dérive toujours d'un intérêt d'argent; de là il suit que, quoique la loi lui accorde la faculté de se pourvoir en cassation, son droit est beaucoup plus limité, surtout en matière criminelle, que celui même du ministère public.

162. — Sous l'ancienne jurisprudence, où le rôle du plaignant était beaucoup plus important qu'il n'est aujourd'hui (V. ACTION CIVILE, ACTION PUBLIQUE, PARTIE CIVILE), le droit de la partie civile était plus large. — En effet, il a été jugé qu'aucune loi antérieure au 14 juill. 1789 n'interdisait aux parties civiles la faculté de se pourvoir contre les jugemens rendus en matière criminelle qui leur faisaient préjudice. — *Cass.*, 29 vendém. an VIII, Robaz et Martin c. Deville.

163. — Cet état de choses fût changé depuis la révolution, époque à laquelle notre législation criminelle fut radicalement réformée, et une nouvelle organisation judiciaire fut donnée à la France.

164. — Le Code du 3 brum. an IV n'avait pas expressément autorisé le recours en cassation de la partie civile; et, par cette raison, cette faculté lui fut refusée pendant plusieurs années. — Carnot, *Instr. crim.*, t. 3, p. 147, nº 11.

165. — ... Du moins en matière criminelle, car en matière correctionnelle et de police le recours existait. — Merlin, *Répert.*, vº *Cassation*, § 4.

166. — Ainsi l'on jugeait, sous l'empire de ce Code, que la partie civile n'était pas recevable à se pourvoir en cassation contre le jugement qui acquittait l'accusé. — *Cass.*, 12 pluv. an XIII, Bigot.

167. — ...Que la partie civile était non-recevable à se pourvoir en cassation contre une ordonnance du directeur du jury renvoyant le prévenu de la plainte. — *Cass.*, 29 germin. an XIII, Girateau.

168. — ...Que si les parties civiles non condamnées ne pouvaient se pourvoir en cassation contre les arrêts des cours de justice criminelle rendus en matière ordinaire, elles étaient, à bien plus forte raison, non-recevables à se pourvoir contre ceux des cours spéciales qui jugeaient le fond sans recours possible, même à l'égard des condamnés. — *Cass.*, 7 fév. 1806, Bonneau.

169. — Cependant Carnot (*loc. cit.*) prétend que cette jurisprudence fut modifiée en l'an XI, par un arrêt du 17 floréal, rendu, sections réunies, dans l'affaire Klenc.

170. — Mais ce grave magistrat a trop généralisé cette décision: il n'a pas remarqué que l'arrêt du 17 floréal an XI avait été rendu en matière correctionnelle, et qu'il n'y avait pas à conclure du petit au grand criminel.

171. — Du reste, en matière correctionnelle le droit en cassation a été reconnu à la partie civile par un autre arrêt de cassation du 7 prairial an XI, Bossange c. Moutardier.

172. — Aujourd'hui le Code d'inst. crim. (art. 412) décide que la partie civile ne peut se pourvoir en cassation contre l'arrêt d'absolution ou d'acquittement rendu au grand criminel, à moins qu'elle n'ait été condamnée elle-même *ultrà petita*.

173. — En matière de grand criminel, le recours contre les arrêts de la chambre d'accusation n'appartient qu'à l'accusé ou au ministère public; il est refusé à la partie civile. — Tarbé, p. 150, nº 4.

174. — Ainsi la partie civile est non-recevable à se pourvoir, sans le concours du ministère public, contre un arrêt de la chambre d'accusation portant qu'il n'y a lieu à suivre. — *Cass.*, 17 oct. 1811, Rancez; 20 janv. 1820, Jourdan; 30 avr. 1829, Chauveau; 30 avr. 1830, Guiguais c. Thirion-Montauban; 30 sept. 1841 (t. 1er 1842, p. 627), Bidel c. Lemire.

175. — ... Alors d'ailleurs que cet arrêt ne prononce aucune condamnation contre elle. — *Cass.*, 22 juill. 1831, Rohan.

176. — Il en serait ainsi, lors même que cette partie civile serait le mari portant plainte en adultère contre sa femme et son complice; la loi ne fait aucune exception. — *Cass.*, 26 juill. 1828, Paillet. — V. ADULTÈRE, nº 32.

177. — Jugé aussi que la partie civile n'est recevable ni en matière criminelle, ni en matière correctionnelle et de simple police, à se pourvoir contre un arrêt de la chambre d'accusation portant qu'il n'y a lieu à suivre, si cet arrêt n'a point été attaqué en temps utile par le ministère public. — *Cass.*, 10 juin 1826, Douanes c. Gonin.

178. — ...Que la partie civile est non-recevable à se pourvoir en cassation contre l'arrêt de la chambre des mises en accusation qui statue sur son opposition à une ordonnance de la chambre du conseil, soit que cet arrêt ait rejeté son opposition comme mal fondée, soit qu'il l'ait seulement déclarée non-recevable. — *Cass.*, 31 janv. 1828, Rigault.

179. — ... Que la partie civile dont l'opposition à l'ordonnance de la chambre du conseil a été rejetée par la chambre des mises en accusation est non-recevable à se pourvoir en cassation lorsque le ministère public ne s'est pas lui-même pourvu. — *Cass.*, 9 oct. 1840 (t. 2 1840, p. 503), Picard.

180. — ... Que le condamné qui a porté une plainte en faux témoignage peut former seul opposition à l'ordonnance de la chambre du conseil qui rejette sa plainte; mais qu'il n'a pas le droit de se pourvoir, sans le concours du ministère public, contre un arrêt de la chambre d'accusation, portant qu'il n'y a lieu à suivre, lors même que sa demande aurait pour objet d'obtenir la révision de son procès. — *Cass.*, 28 mars 1829, Chauvière.

181. — Quoique la partie civile soit non-recevable à se pourvoir contre un arrêt de la chambre d'accusation portant qu'il n'y a lieu à suivre, elle peut attaquer par cette voie un arrêt par lequel cette chambre s'est déclarée incompétente à raison du domicile du prévenu. — *Cass.*, 26 nov. 1822, Maupas.

182. — Le créancier dont l'opposition à l'homologation du concordat a été rejetée est non-recevable à intervenir sur le pourvoi formé par le failli contre l'arrêt d'accusation qui le renvoie aux assises comme accusé de banqueroute frauduleuse. — *Cass.*, 16 déc. 1820, Ricard c. Duchesne.

183. — La partie civile ne peut se pourvoir con-

tre les ordonnances d'acquittement qu'en ce qui concerne ses intérêts, et dans le seul cas déterminé par l'art. 412, C. inst. crim.

184. — Il en est de même en ce qui concerne les arrêts d'absolution. — Même article.

185. — Ainsi elle est non-recevable, en cas d'acquittement, à se pourvoir en cassation contre les arrêts de la cour d'assises qui ont statué sur des incidens survenus dans le cours des débats. — *Bruxelles*, 14 mars 1822, N...

186. — Legraverend soutient que la partie civile peut se pourvoir, même au grand criminel, si l'ordonnance d'acquittement ou d'absolution a été irrégulière; comme si, par exemple, la cour prononçait l'absolution d'un individu déclaré par le jury coupable d'un fait constituant un délit.

187. — Merlin (vº *Cassation*, § 4) avait émis une opinion semblable avant le Code d'instruction criminelle.

188. — Au contraire, dans les affaires correctionnelles ou de simple police, la partie civile peut se pourvoir contre tout jugement qui lèse ses intérêts, ou intervenir devant la cour de Cassation pour défendre le jugement qu'elle a obtenu. — *Cass.*, 5 brum. an XIII, Mauconduit c. Lecunier; 3 juill. 1829, Henchel c. Bischoff.

189. — Ainsi jugé qu'en matière de police correctionnelle, la partie civile a essentiellement le droit de se pourvoir en cassation sans le concours du ministère public contre l'arrêt qui, sur appel, prononce l'acquittement du prévenu. — *Cass.*, 9 mars 1811, Ragouleau c. Mondot-Lagorce.

190. — .... Que la partie civile est recevable à se pourvoir, quant à ses intérêts civils, contre un jugement correctionnel qui renvoie le prévenu de toute action, tant civile que publique, et cela encore bien que le ministère public ne se soit pas pourvu. — *Cass.*, 1er fév. 1834, Durand.

191. — Jugé toutefois que la partie civile est non-recevable à se pourvoir contre l'arrêt ou le jugement qui déclare qu'un fait ne constitue pas de délit, et qui, par suite, refuse de prononcer des dommages-intérêts, si elle ne base son recours sur un des moyens énoncés en l'art. 408, C. inst. crim. — Le ministère public et la partie condamnée peuvent seuls proposer les moyens exprimés en l'art. 410 même Code. — *Cass.*, 26 juin 1812, Bechemore c. Mastran; — Legraverend, t. 2, ch. 4, p. 411.

§ 4. — *Pourvoi formé par des tiers.*

192. — La loi ayant désigné d'une manière spéciale les personnes admises à former le pourvoi, son silence équivaut à une exclusion formelle. — Ainsi les tiers ne sont pas recevables à se pourvoir, quel que soit d'ailleurs leur intérêt.

193. — Jugé en effet qu'un particulier qui n'a point été partie au procès et qui n'a subi aucune condamnation personnelle est non-recevable à se pourvoir au nom des habitans de sa commune contre un jugement de simple police qui condamne à l'amende le pâtre de la commune pour délit rural. — *Cass.*, 1er frim. an VIII, Messerchmit.

194. — ... Que bien plus, l'intervention d'un tiers intéressé à la réussite d'un pourvoi en cassation dirigé par un accusé contre un arrêt qui le renvoie devant la cour de justice spéciale, n'est pas recevable. — *Cass.*, 8 oct. 1807, Quinquerez.

195. — Mais il a été jugé (dans le cas d'une décision rendue par une cour spéciale des colonies, conformément à l'ord. de 1670, en matière de contravention par un navire aux lois sur l'introduction de certaines marchandises), que le propriétaire d'un navire et celui de la cargaison étaient recevables à attaquer en cassation l'arrêt qui prononçait des condamnations contre le capitaine dont ils étaient les représentans naturels, les condamnations prononcées contre celui-ci étant censées l'être contre eux. — *Cass.*, 22 juill. 1825, Bougon.

196. — On a jugé, sous le Code de brum. an IV, qu'un citoyen était recevable à se pourvoir contre l'acte d'accusation qui s'étendait à lui et à des circonstances qui lui étaient essentiellement personnelles, quoiqu'aucune ordonnance de traduction n'eût soumis à jugement ni lui ni le délit qui lui était imputé dans cet acte d'accusation. — *Cass.*, 30 frim. an XII, Fardel.

197. — On jugerait de même aujourd'hui, quant à l'arrêt de renvoi et à l'acte d'accusation; mais il faudrait, comme dans l'espèce de l'arrêt précité, que le tiers fût compris dans l'accusation elle-même; car s'il n'avait à se plaindre que des imputations dirigées contre lui dans le contexte de ces actes, sans qu'il en fût fait mention dans leur dispositif, il serait non-recevable à en demander la nullité.

198. — La seule voie qu'il aurait à prendre, dans ce cas, serait celle que suivirent MM. Laffitte, Benjamin Constant, Kératry et Foy lorsqu'ils

se prétendirent attaqués par M. Mangin, procureur-général à Poitiers, dans l'acte d'accusation dressé par ce magistrat contre le général Berton. — V. *Cass.*, 24 déc. 1822, Laffitte et autres c. Mangin.

ART. 2. — *Pourvoi dans l'intérêt de la loi.*

199. — La cour de Cassation est instituée pour protéger la loi, pour la faire observer et respecter par tous les tribunaux de France et pour établir, autant que possible, l'uniformité dans la jurisprudence; c'est pour atteindre ce but qu'elle a reçu le pouvoir, soit en matière civile, soit en matière criminelle, de casser et d'annuler dans l'intérêt de la loi les jugemens en dernier ressort non attaqués par les parties intéressées dans les délais.

200. — Cette attribution n'altère en rien le droit des parties; elle n'a pour objet que de proclamer la véritable pensée de la loi, que de faire triompher les principes.

201. — Aussi arrive-t-il souvent en matière criminelle qu'un pourvoi dans l'intérêt de la loi soit formé, quoique la vindicte publique se trouve satisfaite, malgré les atteintes portées au texte légal.

202. — Quelquefois ce pourvoi est jugé nécessaire, parce que les délais étant expirés et la déchéance acquise, soit par la négligence des officiers inférieurs, soit par celle des parties intéressées, il n'existe plus que ce moyen de faire prononcer la cour de Cassation sur des questions difficiles qui partagent les tribunaux. — Tarbé, p. 68, § 7.

203. — C'est donc dans un intérêt public que la loi du 27 vent. an VIII, art. 88, a conféré à la cour de Cassation l'attribution qui lui avait déjà été donnée par l'art. 25, L. 27 nov. 1790. — V. CASSATION (mat. civ.), COUR DE CASSATION, ORGANISATION JUDICIAIRE.

204. — Au surplus, en matière criminelle, les principes sur le pourvoi en cassation dans l'intérêt de la loi sont exposés dans les articles suivans du Code d'instruction criminelle. — Art. 441. « Lorsque sur l'exhibition d'un ordre formel à lui donné par le ministre de la justice, le procureur général près la cour de Cassation dénoncera à la section criminelle des actes judiciaires, arrêts ou jugemens contraires à la loi, ces actes, arrêts ou jugemens pourront être annulés et les officiers de police ou les juges poursuivis, s'il y a lieu. »

205. — Art. 442. « Lorsqu'il aura été rendu par une cour royale ou une cour d'assises, ou par un tribunal correctionnel ou de police, un arrêt ou jugement en dernier ressort, sujet à cassation, et contre lequel néanmoins aucune des parties n'aurait réclamé dans le délai déterminé, le procureur général près la cour de Cassation pourra aussi, d'office, et nonobstant l'expiration du délai, en donner connaissance à la cour de Cassation; l'arrêt ou le jugement sera cassé sans que les parties puissent s'en prévaloir pour s'opposer à son exécution. »

206. — Il résulte de ces textes que le pourvoi dans l'intérêt de la loi n'appartient qu'au procureur général près la cour de Cassation, qui tantôt agit d'office et spontanément, tantôt sur l'ordre qui lui est donné par le ministre de la justice. — *Cass.*, 3 déc. 1812, Baillet; 9 janv. 1813, Harrasse.

207. — Lorsque les cours spéciales existaient, leurs arrêts ne pouvaient jamais être attaqués d'office par le procureur général, dans l'intérêt de la loi, le magistrat devait, pour agir, attendre l'ordre du ministre de la justice.

208. — En effet, il a été jugé par la cour de Cassation que les arrêts des cours spéciales, rendus sur le fond, pouvaient être cassés dans l'intérêt de la loi, sur le réquisitoire du procureur général à la cour de Cassation, agissant d'après les ordres du ministre de la justice. — *Cass.*, 13 nov. 1812, Dirck Frezert; 9 mai 1813, Levic.

209. — ...Et qu'en pareille matière le procureur général près la cour de Cassation était sans qualité pour demander de son chef l'annulation de ces arrêts. — *Cass.*, 30 avr. 1812, Pisani.

210. — Il suit de ce qui précède que les officiers du ministère public près les cours royales et les tribunaux n'ont pas le droit de se pourvoir dans l'intérêt de la loi; ils ne peuvent agir que dans l'intérêt de l'action publique qui leur est confiée. — *Cass.*, 26 nov. 1812, Amaddabl; 9 juill. 1813, Harasse; 13 juill. 1827, Guerchey; 22 oct. 1829, Gibelin; 24 avr. 1829, Moras; 4 janv. 1839 (t. 2 1839, p. 643), Louysy; 22 mars 1839 (t. 2 1843, p. 516), Roussel.

211. — Une seule exception est faite à ce principe par l'art. 409 du C. inst. crim., qui porte : « En cas d'acquittement de l'accusé, l'annulation de l'ordonnance qui l'a prononcé et de ce qui l'a précédé ne peut être poursuivie par le ministère public que dans l'intérêt de la loi, et sans préjudicier à la partie acquittée. » — V. *suprà* nos 42 et 47.

212. — Comme on le voit, l'art. 409 borne la faculté qu'il accorde au cas d'acquittement. Elle n'existe donc pas en cas de condamnation ou d'absolution. — *Cass.*, 1er déc. 1814, Barbot.

213. — En matière de pourvoi dans l'intérêt de la loi, c'est l'art. 442 qui forme la règle, et l'art. 409 l'exception; il y a donc lieu d'appliquer cet article restrictivement. — *Cass.*, 27 janv. 1831, Fageoli.

214. — D'autres arrêts confirment cette doctrine.

215. — Ainsi, il a été jugé que les procureurs généraux près les cours d'assises ne peuvent se pourvoir *dans le seul intérêt de la loi* que dans le cas où l'accusé a été acquitté. — *Cass.*, 3 déc. 1812, Baillet; 9 janv. 1813, Harasse; 1er sept. 1814, Barbot.

216. — .... Et non lorsqu'il est intervenu un arrêt de *condamnation*. — *Cass.*, 1er déc. 1814, Barbot; 27 janv. 1831, Fageoli.

217. — ...Que les officiers du ministère public près les cours royales et les tribunaux ne peuvent se pourvoir, dans l'intérêt de la loi, que dans le seul cas où le prévenu serait acquitté sous le faux prétexte qu'il *n'existe pas de loi pénale qui lui soit applicable*. — *Cass.*, 13 juill. 1838, Griat.

218. — ... Que le ministère public près les cours d'assises ne peut se pourvoir en cassation *dans l'intérêt de la loi*, que dans le cas d'*acquittement*, et nullement dans le cas d'*absolution*; — Que si, dans ce dernier cas, le ministère s'est pourvu seulement *dans l'intérêt de la loi* son pourvoi n'est pas recevable, et l'arrêt d'absolution doit être purement et simplement confirmé, sauf à la cour de Cassation à annuler, s'il y a lieu, l'arrêt d'absolution dans l'intérêt de la loi, sur le réquisitoire du procureur général. — *Cass.*, 30 mai 1812, Stakebrand.

219. — Dans cette hypothèse, le ministère public peut se pourvoir de la manière ordinaire, conformément à l'art. 410, C. inst. crim. — *Cass.*, 9 mai 1822, Couturier.

220. — Des termes de l'art. 409 on a conclu que la faculté accordée au procureur général près la cour d'assises de se pourvoir en cassation dans l'intérêt de la loi ne s'applique pas au cas où la cour d'assises s'est permis d'exempter l'accusé de toute peine sur des circonstances non comprises dans la déclaration du jury. — *Cass.*, 29 avr. 1819, Legueval.

221. — Et qu'elle ne s'applique pas non plus au cas où la cour d'assises a rendu un arrêt par lequel elle a ordonné que les jurés rentreraient dans la chambre de leurs délibérations pour s'expliquer sur les circonstances atténuantes qu'ils ont omises. — *Cass.*, 2 janv. 1834, Poulain.

222. — D'après les principes qui viennent d'être exposés, il est évident que les procureurs du roi sont également non-recevables à se pourvoir en cassation dans l'intérêt de la loi contre les jugemens rendus sur des appels de police correctionnelle. Cette faculté n'appartient qu'au procureur général près la cour de Cassation. — *Cass.*, 26 nov. 1812, Amaddabl; 27 mars 1817, Montgaillard; 13 juill. 1827, Guerchey.

223. — De même le ministère public près les tribunaux de police ne peut se pourvoir en cassation dans l'intérêt de la loi contre le jugement de simple police : ce droit n'appartient qu'au procureur général près la cour de Cassation. — *Cass.*, 23 sept. 1826, Legal; 7 déc. 1826, Michel; 28 mars 1829, Debelut; 21 mai 1829, Guérin; 23 avr. 1831, Turquet; 13 nov. 1834, Bos; 22 fév. 1840 (t. 2 1840, p. 619), Maran.

224. — Même solution en ce qui concerne les jugemens des tribunaux militaires ou maritimes, dans les cas où les jugemens sont passés en force de chose jugée, et ne peuvent plus être attaqués que dans l'intérêt de la loi. — V. TRIBUNAUX MILITAIRES.

225. — A l'égard des arrêts rendus par les cours coloniales, il a été jugé que dans les colonies, comme sur le continent, le pourvoi en cassation dans le seul intérêt de la loi est une attribution spécialement réservée au ministère public près la cour de Cassation. — *Cass.*, 24 avr. 1829, Moras.

226. — ... Qu'ainsi le procureur général près la cour royale de la Guyane française est sans qualité pour former un pourvoi en cassation dans l'intérêt de la loi. — *Cass.*, 22 oct. 1829, Gibelin; 4 janv. 1839 (t. 2 1839, p. 643), Louysy.

227. — Mais depuis il a été reconnu, conformément aux nouvelles ordonnances, que le procureur général près la cour royale de la Guadeloupe peut, *dans l'intérêt de la loi*, se pourvoir contre les arrêts de la chambre d'accusation, sans distinction entre les arrêts de non-lieu et les arrêts de renvoi. — *Cass.*, 2 août 1839 (t. 1er 1840, p. 193), Denys. — V. aussi *Cass.*, 6 juin 1839 (t. 1er 1840, p. 195), Lafage.

228. — Bien entendu que le même principe reçoit application lorsqu'il s'agit des procureurs généraux de l'île Bourbon ou de la Martinique, comme lorsqu'il s'agit du procureur général de la Guadeloupe. — V. aussi COLONIES, COUR DE CASSATION, MINISTÈRE PUBLIC.

229. — Beaucoup de pourvois, dans l'intérêt de la loi, sont formés à l'audience même.

230. — « Il arrive trop souvent, dit M. Tarbé (p. 68), qu'en proposant le rejet d'un pourvoi présenté par un condamné, on ait lieu de relever des fautes graves échappées à l'inexpérience ou à la préoccupation des juges, et qui ne profitent qu'aux condamnés. Ce sont, en général, des omissions de prononcer quelques peines, comme l'amende ou l'exposition en matière de faux; des qualifications inexactes, lorsqu'elles ont eu pour but de faire prononcer des peines moins fortes que celles portées par la loi; des contraventions aux règles de la procédure, lorsqu'elles ont profité aux condamnés, comme l'admission d'un appel tardif ou d'une opposition irrégulière. — Dans toutes ces circonstances et dans les cas analogues, la cour statue sur la réquisition verbale de l'avocat général; il serait mieux que ce magistrat prît la peine de consigner par écrit les réquisitions qu'il présente à cet effet. Elles resteraient annexées à l'arrêt, et le vœu de la loi serait mieux accompli; car, à la cour de Cassation, toute procédure est écrite. »

Sect 3e. — *Fins de non-recevoir contre le pourvoi.*

231. — En matière criminelle, comme en toute autre, on tient pour principe que l'acquiescement à un jugement constitue une fin de non-recevoir contre celui qui, après coup, viendrait l'attaquer.

232. — Les arrêts ont fait l'application de ce principe, soit aux parties elles-mêmes, accusés, condamnés, personnes civilement responsables ou parties civiles, soit au ministère public.

ART. 1er. — *Acquiescement.*

§ 1er. — *Acquiescement des accusés, des condamnés, des personnes civilement responsables ou des parties civiles.*

233. — C'est un point certain que la partie civile peut, lorsqu'elle est capable, acquiescer au jugement ou à l'arrêt auquel elle a figuré. En effet, il ne s'agit pour elle que d'un intérêt civil qu'elle peut abandonner quand bon lui semble. — V. ACQUIESCEMENT, no 668.

234. — Il en est de même, et par la même raison, en ce qui concerne les personnes civilement responsables.

235. — Relativement au condamné, on admet que l'acquiescement par lui donné emporte déchéance quant aux réparations civiles qui auraient été prononcées contre lui; mais on décide autrement, en général, lorsqu'il s'agit de priver ce condamné de la faculté de se pourvoir vis-à-vis du ministère public. On tient avec raison qu'en pareille matière l'acquiescement ne nuit pas, parce qu'il est d'intérêt public qu'une condamnation n'atteigne pas un innocent. — V. ACQUIESCEMENT, no 670.

236. — Cependant, quelque vrai que soit ce principe, il reçoit exception dans plusieurs cas, et notamment lorsque la loi a imparti à l'accusé un délai, passé lequel il ne lui est plus permis d'exercer aucun recours. Dans ce cas, en effet, il s'agit moins d'un acquiescement proprement dit que d'une déchéance.

237. — De même encore, il y a diverses circonstances dans lesquelles l'accusé peut valablement renoncer au droit qui lui appartient de se prévaloir de l'inaccomplissement de formalités prescrites par la loi; mais il ne faut pas qu'il soit privé, par cette renonciation, des garanties essentielles qui le protégent contre la prévention ou l'erreur. — V. ACQUIESCEMENT, nos 705 et 706.

238. — D'ailleurs, il résulte du texte même de la loi que l'exécution volontaire, qui n'est après tout qu'un acquiescement tacite (V. ACQUIESCEMENT), couvre dans certains cas la nullité dont aurait pu exciper l'accusé. — Arg. C. inst. crim., art. 416.

239. — Au surplus, il faut reconnaître que la jurisprudence n'est pas toujours bien homogène; c'est ce qu'on pourra vérifier en comparant les notices qui vont suivre avec celles que nous avons déjà indiquées au mot ACQUIESCEMENT. — La tendance de la cour de Cassation est de se constituer juge du fait en appréciant la gravité des erreurs ou des irrégularités qu'on lui défère, de sorte qu'elle peut à son gré casser ou maintenir la décision attaquée, ce qui n'est point conforme à la loi de son institution. — Legraverend, *Tr. de législat. crim.*, t. 2, ch. 2, § 1er, p. 163, note 2e, édit. de 1832.

240. — D'après l'art. 416, C. inst. crim., le recours en cassation contre les arrêts préparatoires et d'instruction n'est ouvert qu'après le jugement ou l'arrêt définitif; l'exécution volontaire de tels arrêts ou jugemens préparatoires ne peut, en aucun cas, être opposée comme fin de non-recevoir.

CASSATION (mat. crim.), ch. 1er, sect. 3e.
CASSATION (mat. crim.), ch. 1er, sect 3e.

241. — Mais l'exécution volontaire des jugemens et arrêts définitifs emporterait au contraire une présomption légale de renonciation au pourvoi. — Ainsi l'accusé doit se pourvoir spécialement contre l'arrêt de la chambre des mises en accusation qui le renvoie devant la cour d'assises. C'est un arrêt définitif.

242. — Donc, lorsque l'arrêt de renvoi à la cour d'assises a décidé que la réunion de tels faits constituait une tentative de crime, l'accusé qui ne s'est pas pourvu dans le délai fixé par la loi, n'est plus recevable à se faire un moyen de cassation de ce que les faits constatés ne pouvaient pas être qualifiés de tentative de crime. — *Cass.*, 6 fév. 1812, Morin.

243. — Jugé dans le même sens que l'accusé qui a reçu l'avertissement prescrit par l'art. 296, C. inst. crim., et qui n'a fait aucun pourvoi contre l'arrêt de renvoi à la cour d'assises est non-recevable à se pourvoir contre cet arrêt après sa condamnation, et à proposer pour moyen de cassation la violation de la chose jugée par une ordonnance de la chambre du conseil, qui avait précédemment déclaré n'y avoir lieu à suivre. — *Cass.*, 25 juill. 1812, Dessali; 17 juill. 1821, Barric.

244. — ...Que l'accusé qui ne s'est pas pourvu en cassation contre l'arrêt de renvoi aux assises, est non-recevable à se prévaloir des irrégularités qui auraient pu être commises dans la procédure antérieure à cet arrêt. — *Bruxelles*, 22 nov. 1820, Baivier.

245. — .....Que l'accusé qui, sur l'interpellation que lui a faite le président avant les débats, consent à être jugé immédiatement, renonce par là expressément à la faculté de se pourvoir contre l'arrêt de renvoi dans les cinq jours de son interrogatoire. — *Cass.*, 16 avr. 1831, Médal.

246. — ... Que l'accusé qui ne s'est point pourvu contre l'arrêt de renvoi de la chambre d'accusation, ne peut se faire un moyen de nullité contre l'arrêt de condamnation rendu par la cour d'assises, de ce qu'il aurait été, à son préjudice, compris dans un même arrêt de renvoi et soumis au même débat que d'autres accusés auxquels un crime plus grave que le sien était imputé. — *Cass.*, 28 avr. 1831, Jouen et Bous.

247. — ...Que le moyen de cassation tiré de ce que l'arrêt de renvoi et l'ordonnance de prise de corps ne contiennent que la qualification du fait incriminé sans en énoncer les circonstances, ne peut être invoqué qu'à l'appui d'un pourvoi spécial formé contre cet arrêt, et n'est plus recevable comme venant à l'appui d'un pourvoi contre l'arrêt de condamnation. — *Cass.*, 20 janv. 1842 (t. 1er 1842, p. 691), Pasquier.

248. — Jugé encore, en vertu du même principe, que le pourvoi en cassation pour cause d'incompétence contre un jugement rendu par un conseil de guerre n'est pas recevable si, lorsqu'il a été formé, le jugement était en cours de pleine exécution. — *Cass.*, 8 mai 1835, Goullières.

249. — L'acquiescement à la procédure peut élever une fin de non recevoir contre l'accusé indépendamment de l'exécution même de l'arrêt.

250. — Ainsi, lorsque l'accusé n'a pas demandé la nullité de l'arrêt qui le met en accusation, quoiqu'il ait été dûment averti de la faculté et du délai que lui donnait à cet égard l'art. 296, C. inst. crim., la cour d'assises est, par cet arrêt acquiescé et passé en force de chose jugée, légalement saisie de la connaissance du fait de l'accusation ; et la cour de Cassation ne peut l'apprécier ensuite que d'après l'appréciation du jury. — *Cass.*, 20 avr. 1820, Bernard Alquier.

251. — Comme aussi l'accusé qui a consenti à être jugé dans la session malgré son arrivée tardive dans la maison de justice, est présumé avoir renoncé à la faculté de se pourvoir en cassation contre l'arrêt de mise en accusation, et ne peut se faire un moyen de nullité de ce qu'il n'aurait pas reçu l'avertissement prescrit par l'art 296, C. inst. crim. — *Bruxelles*, 11 nov. 1819, Gilbert; 27 sept. 1821, Botte.

252. — Jugé de même qu'un accusé est non-recevable à proposer comme moyen de cassation, que l'un des jurés qui ont rendu la déclaration sur laquelle il a été condamné, n'a pas, dans une administration, le traitement nécessaire pour lui conférer le titre et les fonctions de juré. — *Cass.*, 22 mai 1812, Jouve.

253. — ... Que l'accusé qui ne s'est point opposé aux débats, à l'audition des témoins dont les noms ne lui auraient pas été notifiés, et qui n'a point, en conséquence, demandé le renvoi de l'affaire à une autre session, n'est plus recevable à se prévaloir devant la cour de Cassation, de ce défaut de notification. — *Cass.*, 30 sept. 1841 (t. 1er 1842, p. 590), Liarsou.

254. — ...Que lorsque le jury a omis de répondre sur l'un des chefs de l'accusation, et que le ministère public ne s'est pas pourvu en cassation à cet égard, l'accusé est sans griefs, et, par suite, non-recevable à s'en faire un moyen de nullité. — *Cass.*, 4 avr. 1844 (t. 1er 1844, p. 744), Gombeau.

255. — De même, en matière correctionnelle, l'inculpé qui a procédé volontairement, et qui n'a pas requis que l'instruction fût recommencée, est non-recevable à se faire un moyen de cassation de ce que le magistrat appelé pour remplacer l'un des juges empêchés, n'a pas assisté au commencement de l'instruction, et de ce qu'elle a été continuée sur la simple lecture des notes retenues par le greffier. — *Cass.*, 17 août 1811, N....

256. — On ne peut se faire un moyen de cassation des résultats inévitables d'une demande que l'on a soi-même formée, et qui se trouve accueillie par la justice. — On ne serait pas même recevable à proposer comme moyen de cassation l'irrégularité du mode par lequel il a été satisfait à la demande.

257. — Ainsi, l'accusé qui a lui-même demandé que l'arrêt qui renvoyait son affaire à une autre session fût rapporté, est non-recevable à se plaindre de ce qu'il ne se serait pas écoulé un intervalle de dix jours entre la notification de l'arrêt qui fixe la cause à un autre jour, dans la même session, et le jour du débat. — *Cass.*, 11 oct. 1821, Curione.

258. — De même, un accusé qui a demandé qu'un témoin ne fût pas entendu, ne peut se faire un moyen de cassation de ce que c'est le président seul, et non la cour, qui a statué sur sa demande, si cette demande a été accueillie. — *Cass.*, 2 sept. 1830, Gromelle.

259. — Jugé encore que le condamné par défaut, en police correctionnelle, qui a interjeté appel au lieu de recourir à la voie de l'opposition, est non-recevable à se plaindre devant la cour de Cassation, d'avoir été privé d'un degré de juridiction. — *Cass.*, 6 mai 1826, Bourgeois.

260. — Cependant un recours est ouvert à l'accusé qui n'a pas été mis à même de dénoncer à la justice les irrégularités de la procédure, ou de l'arrêt de renvoi. — Jugé en ce sens que l'accusé qui n'a pas été interrogé depuis son arrivée dans la maison de justice est recevable à se pourvoir en cassation contre l'arrêt de renvoi, même après l'expiration du délai fixé par la loi. — *Cass.*, 5 fév. 1829, Gény.

261. — Le silence du condamné, en matière d'exceptions introduites en sa faveur, ne peut lui être opposé tant que les voies de droit lui sont ouvertes. — Ainsi, lors de la réunion du Piémont à la France, l'accusé qui n'avait pas réclamé devant le tribunal criminel une commutation de peine à laquelle il avait droit d'après les lois de son pays, était recevable à s'en faire un moyen de cassation. — *Cass.*, 16 flor. an XI, Miglietta. — V. au surplus ACQUIESCEMENT, COUR D'ASSISES, INSTRUCTION CRIMINELLE.

§ 2. — *Acquiescement du ministère public.*

262. — Il est de principe que le ministère public ne peut acquiescer à un jugement, et que cet acquiescement n'élève pas une fin de non-recevoir contre le pourvoi. — V. ACQUIESCEMENT, nos 722 et suiv., APPEL (mat. crim.), no 145. — V. aussi ACTION PUBLIQUE, nos 111 et suiv., et MINISTÈRE PUBLIC.

263. — De même que le ministère public ne peut acquiescer, de même il ne peut se désister du pourvoi qu'il a formé. — V. ACQUIESCEMENT, no 727.

264. — En effet, dit Carnot (t. 3, p. 105, *in fine*), « la loi n'a pas remis au procureur général un droit aussi exorbitant que celui de faire grâce à l'accusé des peines que la loi prononce pour raison du délit dont il est convaincu. » — Il ne peut donc pas dépendre de lui d'arrêter le cours de la justice par un acquiescement ou un désistement.

265. — Ces principes reçoivent quelques exceptions, notamment dans le cas prévu par l'art. 298, C. inst. crim.; encore est-ce une déchéance que la loi prononce, et non un acquiescement que donne le ministère public.

266. — Plusieurs arrêts ont également prononcé une fin de non-recevoir contre le ministère public, dans des circonstances particulières qui ne justifient pas toujours la solution.

267. — Ainsi l'on jugeait, sous le Code du 3 brum. an IV, que le commissaire du gouvernement était non-recevable à se pourvoir en cassation dans le cas où la procédure ayant été instruite sans réclamation de sa part, le président du tribunal criminel avait prononcé l'acquittement de l'accusé déclaré non convaincu. — *Cass.*, 17 prairial an VIII, N... ; même jour, Denies.

268. — ...Que, de même, le commissaire du gouvernement était non-recevable à se pourvoir en cassation contre une ordonnance du président portant que des personnes seraient appelées pour donner des éclaircissemens, si cette ordonnance avait été rendue sans réclamation de sa part et du consentement de l'accusateur public. — *Cass.*, 17 flor. an VIII, Michel.

269. — ... Que le commissaire du gouvernement près un tribunal criminel était non recevable à se pourvoir en cassation contre une ordonnance d'acquit à laquelle il avait acquiescé en la signant. — *Cass.*, 3 (et non 2) flor. an X), Vivian.

270. — ... Que le commissaire du gouvernement qui n'avait fait aucune réclamation devant le tribunal criminel était non-recevable à se pourvoir contre l'ordonnance d'acquittement, pour des irrégularités commises dans la position des questions au jury. — *Cass.*, 16 brum. an X, P. D. L...

271. — ... Que, lorsque l'accusé avait été acquitté d'après la délibération d'un jury légal portant que le fait n'était pas constant, le ministère public ne pouvait pas proposer contre l'ordonnance d'acquittement des moyens de cassation qui ne portaient que sur des actes de la procédure dont il n'avait pas contesté la régularité lors de l'instruction et du jugement. — *Cass.*, 25 pluv. an XIII, N...

272. — Jugé en outre que le ministère public ne peut, après avoir acquiescé au refus fait par une cour criminelle d'entendre un témoin produit, employer comme moyen de cassation, au préjudice du prévenu, la nullité qui en résulte. — *Cass.*, 18 juin 1807, Ducb.

273. — ... Que le procureur général qui a lui-même induit la cour de justice criminelle en erreur est non-recevable à se pourvoir en cassation contre l'arrêt ordonnant la mesure qu'il a provoquée. — *Cass.*, 29 oct. 1808, Ravier; même jour, Forgues.

274. — ... Que lorsque le jugement d'un conseil de révision qui déclare la juridiction militaire incompétente, alors même que le prévenu serait militaire, n'a été ni attaqué par le prévenu, soutenant ne pas être militaire, ni dénoncé à la cour de Cassation sur l'ordre du ministre de la justice, et que, sur le renvoi à la juridiction ordinaire, il ne s'est élevé aucun conflit, le ministère public est non-recevable à demander la cassation, soit du jugement du conseil de révision, soit de l'arrêt par lequel la chambre d'accusation s'est déclarée compétente. — *Cass.*, 13 juill. 1821, Delouault.

275. — ... Qu'il n'y a pas lieu, par la cour de Cassation, d'examiner les observations dirigées par un maire contre le jugement d'un tribunal de simple police, lorsque ce jugement n'a été l'objet d'aucun pourvoi du ministère public. — *Cass.*, 6 janv. 1831, N...

276. — ... Que le ministère public qui ne s'oppose pas à ce que l'accusé soit jugé avant l'expiration du délai prescrit par l'art. 296, C. inst. crim., et produit contre cet accusé la liste des témoins qui doivent être entendus aux débats, est présumé avoir renoncé au droit que lui confère l'art. 298, même Code, d'attaquer en cassation l'arrêt de mise en accusation. — *Cass.*, 16 avr. 1831, Médal.

277. — ...Que le ministère public, qui n'a point appelé d'un jugement correctionnel, ne peut se pourvoir en cassation contre l'arrêt qui déclare non-recevable l'appel du prévenu. — *Cass. belge*, 17 mars 1836, Ockier.

278. — Une décision plus importante doit être encore rappelée, car elle pose un principe; il a été jugé que les officiers du ministère public ne sont déclarés par la loi non-recevables à se pourvoir en cassation que lorsqu'ils ont laissé écouler, sans prendre cette voie, le délai qu'elle leur fixe à cet égard ; et qu'il n'est pas permis d'étendre de pareilles dispositions d'un cas à un autre. — Ainsi, le ministère public qui reconnaît s'être trompé est recevable à se pourvoir en cassation contre un arrêt conforme à ses conclusions. — *Cass.*, 20 (et non 30) nov. 1811, Gaudi; 7 janv. 1813, Faure; 25 fév. 1813, Bianchini.

279. — Jugé aussi que la notification d'un arrêt faite aux condamnés à la requête du ministère public, avec sommation de l'exécuter, ne lui enlève pas le droit de l'attaquer par la voie du recours en cassation, tant que le délai n'est pas expiré. — — *Cass.*, 26 mai 1827, Chauvet et Imbert.

ART. 2. — *Fin de non-recevoir pour défaut d'intérêt.*

280. — Le vieil adage : *pas d'intérêt, pas d'action* s'applique avec une juste rigueur en matière criminelle. Le pourvoi du condamné n'est donc recevable qu'autant qu'il a intérêt à le former.

281. — Il y a défaut d'intérêt quand la peine prononcée est inférieure à la peine qui était encourue de droit. — *Cass.*, 17 niv. an XII, N...

282. — Ainsi l'insuffisance de la peine prononcée ne peut, sur le seul pourvoi du condamné, fournir un moyen de cassation. — *Cass.*, 3 avr. 1807, Bonacorsi; 8 sept. 1826, Ainon; 7 déc. 1827, Sagniez; 2 avr. 1831, Lugues; 21 oct. 1831, Pichery; 27 fév. 1832, Raspail.

283. — Néanmoins on peut casser un arrêt dans l'intérêt de la loi, malgré le rejet du pourvoi formé contre cet arrêt par le prévenu, qui n'était pas recevable à se plaindre d'avoir été condamné à une peine moindre que celle portée dans la loi. — *Cass.*, 18 mai 1810 (intérêt de la loi), Dainelli.

284. — L'accusé est non-recevable à se pourvoir en cassation pour fausse application de la loi pénale, lorsque la peine prononcée contre lui est inférieure à celle qu'il avait encourue. — *Cass.*, 2 juin 1825, Jacques Suzzoni; 22 juill. 1825, Fouesnard.

285. — ... La partie reconnue coupable ne peut se plaindre non plus de ce qu'elle n'aurait pas été condamnée à toutes les peines qu'elle avait encourues. — *Cass.*, 30 déc. 1824, Labitte; même jour, Charnier.

286. — Jugé, comme conséquence et comme application de ces principes, qu'un individu condamné comme coupable d'abus de blanc-seing, n'a aucun intérêt à se plaindre de n'avoir pas été poursuivi pour délit d'escroquerie. — *Cass.*, 11 mars 1825, Aaron.

287. — ... Qu'un accusé est non-recevable, comme étant sans intérêt, à se pourvoir en cassation contre l'arrêt d'une cour d'assises qui s'est déclarée incompétente pour connaître de certains faits qui lui sont imputés, sous le prétexte que ces faits ne constituent qu'un délit, alors d'ailleurs que les faits retenus par la cour sont postérieurs en date à ceux qu'elle a retranchés, et qu'ils sont passibles de peines plus fortes. — *Cass.*, 14 sept. 1827, Boulin.

288. — ... Que l'accusé est non-recevable à se faire un moyen de cassation des erreurs commises dans la position des questions et dans l'application de la loi pénale, lorsque ces erreurs ont déterminé l'application d'une peine moindre que celle qu'il avait encourue. — *Cass.*, 3 janv. 1828, Gabriel.

289. — ... Que le condamné ne peut pas se plaindre de ce que l'arrêt de condamnation aurait omis de lui appliquer l'une des peines du faux, l'amende par exemple. — *Cass.*, 11 avr. 1828, Lacaze.

290. — ... Que l'accusé qui n'a été condamné qu'aux peines du faux en écriture privée, quoiqu'il eût été reconnu coupable d'un faux en écriture de commerce, est sans intérêt et, par conséquent, non-recevable à se faire de cette erreur des juges un moyen de nullité. — *Cass.*, 22 janv. 1830 (intérêt de la loi), Coupeux.

291. — ... Que le pourvoi du condamné ne serait pas recevable s'il était fondé sur ce que l'arrêt n'a appliqué que le minimum de la peine. — *Cass.*, 2 déc. 1830, Ferland.

292. — ... Qu'un condamné à l'emprisonnement ne peut se pourvoir contre un arrêt qui eût dû le frapper de la peine des travaux forcés à temps, comme complice d'un crime entraînant cette peine. — *Cass.*, 9 janv. 1840 (t. 2 1845, p. 561), Auger et Barbotin.

293. — ... Qu'un individu condamné pour habitude d'usure ne peut se plaindre de ce qu'une disposition de l'arrêt de condamnation a considéré comme légitimes les escomptes faits avec intérêt de 7 p. %, et n'a condamné que ceux qui étaient au-dessus de ce taux. — *Cass.*, 8 nov. 1839 (t. 2 1845), Vincent.

294. — On devrait décider par application des mêmes principes, qu'un condamné serait sans intérêt, et par conséquent ne serait pas recevable à se pourvoir contre un arrêt qui aurait omis de lui appliquer une aggravation de peine.

295. — Il y a défaut d'intérêt et fin de non-recevoir contre le pourvoi, lorsque le jugement applique à l'auteur d'une contravention une disposition de loi étrangère au fait incriminé, si d'ailleurs la condamnation prononcée par ce jugement est justifiée par une autre disposition de loi pénale. — *Cass.*, 29 août 1817, Madière.

296. — Jugé de même que lorsque la condamnation d'un accusé est justifiée par une réponse complète et régulière du jury, il est non-recevable à se faire un moyen de nullité de ce que, sur une autre question, la déclaration du jury aurait été incomplète, insuffisante ou irrégulière. — *Cass.*, 15 avr. 1824, Pigeonnat.

297. — ... Que l'accusé ne peut se faire un moyen de cassation des irrégularités qui existeraient dans la déclaration des jurés si leurs réponses régulières suffisent pour motiver la condamnation prononcée contre lui. — *Cass.*, 12 déc. 1834, Gilbert dit Miran.

298. — ... Que lorsque la condamnation prononcée contre un accusé est justifiée par la réponse faite par le jury à une des questions qui le concernent, il n'y a pas lieu par la cour de Cassation d'examiner si les réponses faites à d'autres questions sont nulles et contradictoires. — *Cass.*, 3 déc. 1836 (t. 1er 1838, p. 37), Demiannay c. Thuret.

299. — .... Et que l'individu condamné pour avoir fait usage d'une pièce fausse, sachant qu'elle était

fausse, ne peut tirer une ouverture à cassation de ce que le crime de falsification de la pièce serait éteint par la prescription, si celui de l'usage de cette pièce n'est pas prescrit. — *Cass.*, 20 juin 1817, Pastoret.

300. — Jugé encore que, lorsque la cour d'assises a condamné un individu comme coupable sur deux chefs d'accusation, quoiqu'il n'eût été déclaré coupable par le jury que sur un seul, si la peine prononcée contre lui est le *minimum* de celle qu'il avait encourue, il ne peut se faire un moyen de cassation de l'erreur commise par la cour d'assises. — *Cass.*, 13 août 1829, Nalis.

301. — On doit encore considérer comme sans intérêt et, dès-lors, comme non-recevable à se pourvoir en cassation, le condamné qui se plaint des irrégularités commises dans une question qui a été résolue *en sa faveur* par le jury. — *Cass.*, 30 mai 1818, Bastide et Jausion c. Fualdès; 14 sept. 1826, Deschamps.

302. — Jugé de même que, lorsqu'en admettant des circonstances atténuantes en faveur de l'accusé, le jury a énoncé le nombre de voix auquel cette déclaration a été rendue, l'accusé est non-recevable à s'en plaindre. Une pareille énonciation ne pourrait être une cause de nullité de la déclaration que sur pourvoi du ministère public dans l'intérêt de la loi. — *Cass.*, 26 janv. 1838 (t. 1er 1840, p. 198), Marc.

303. — ... Qu'un condamné n'est pas recevable à se pourvoir devant la cour de Cassation, sous le prétexte que la question soumise au jury n'est pas celle résultant de l'arrêt de renvoi ni de l'acte d'accusation, lorsque la question posée lui impute un fait moins grave. — *Cass.*, 30 nov. 1827, Delahaye.

304. — L'accusé ne peut se faire un moyen de nullité de ce que le président de la cour d'assises aurait dressé un plan des lieux, qui n'a été présenté aux débats qu'à titre de renseignement, et dont l'exactitude a été reconnue par l'accusé lui-même. — *Cass.*, 26 juin 1828, Pierre Marie.

305. — Le prévenu ne peut se plaindre devant la cour de Cassation de ce qu'il a été admis à se faire représenter par un avocat ou par un avoué, bien que le délit emportât la peine de l'emprisonnement. — *Cass.*, 18 juill. 1828, Magnoncourt.

306. — Un condamné ne peut se plaindre d'un arrêt de cour d'assises, sous prétexte de déclaration contradictoire des jurés, si la question d'où dérivait la contradiction avait été posée surabondamment, et se trouvait *nécessairement* comprise dans la position de la première. — *Cass.*, 19 janv. 1838 (t. 1er 1840, p. 212), Pailher.

307. — Il n'y a pas lieu pour la cour de Cassation de statuer sur le pourvoi formé par le ministère public, alors que le condamné est décédé au moment où ce pourvoi est soumis à la cour. — *Cass.*, 23 juill. 1836 (t. 1er 1837, p. 444), Trescens.

ART. 3. — *Fins de non-recevoir tirées de la procédure. Pourvoi prématuré.*

308. — De même que l'on doit se conformer exactement à la hiérarchie des juridictions, de même il faut employer dans l'ordre légal les moyens de réformation que la loi établit contre les décisions judiciaires.

309. — Ainsi, l'on ne peut se pourvoir en cassation contre un jugement, tant qu'il existe pour le faire réformer un recours ordinaire, tel que l'opposition ou l'appel. — C'est un principe général applicable aux matières criminelles comme aux matières civiles.

310. — Jugé en conséquence que le recours en cassation n'est pas admissible contre un jugement par défaut rendu par un tribunal de simple police, tant que la voie de l'opposition est encore ouverte. — *Cass.*, 10 frim. an XIII, Imbert.

311. — .... Que l'omission faite par un tribunal correctionnel de prononcer sur une fin de non-recevoir ne peut former qu'un grief d'appel, et jamais un moyen de cassation, lorsque l'omission a été réparée par le tribunal d'appel. — *Cass.*, 22 fév. 1811, Octroi de Nantes c. Bureau.

312. — ... Que l'on ne saurait se pourvoir en cassation contre les ordonnances de la chambre du conseil qui peuvent être attaquées par la voie de l'opposition. — *Cass.*, 23 oct. 1840 (t. 2 1840, p. 627), Barquisseau.

313. — De même est non-recevable le pourvoi en cassation formé contre un jugement du tribunal correctionnel qui, saisi de la connaissance d'un délit et d'une contravention, acquitte le prévenu du chef du délit et ne le condamne que pour la contravention. — C'est par la voie d'appel, et non par celle du pourvoi, que ce jugement doit être attaqué. — *Cass.*, 12 mai 1842 (t. 2 1842, p. 741), Sevenet.

314. — Comme la cour de Cassation n'est instituée que pour connaître du droit, et non des faits, qui sont souverainement appréciés par les cours royales, le pourvoi en cassation qui ne tend qu'à contredire des faits déclarés constans par une cour criminelle, est non-recevable. — *Cass.*, 23 oct. 1806, Monché c. Leudet.

315. — La validité du pourvoi s'établit par l'acte du pourvoi lui-même, et non par les actes annexés ou postérieurs : ainsi, l'officier du ministère public qui a formé un pourvoi en cassation pur et simple, ne peut pas y être déclaré non-recevable, sous le prétexte que, dans une enquête jointe au pourvoi, il n'aurait demandé la cassation que dans l'intérêt de la loi. — *Cass.*, 30 mars 1827, Jacquemont; même jour, six arrêts identiques.

316. — La cour de Cassation n'a pas le droit de connaître des demandes en nouvelle instruction formées par l'accusé devant la chambre d'accusation, ni même des décisions intervenues à cet égard et insérées dans l'arrêt de renvoi, qui ne rentrent point dans l'un des trois cas exprimés en l'art. 299, C. inst. crim. — *Cass.*, 17 août 1821, Dieudonné et Flandin.

ART. 4. — *Moyens nouveaux.*

317. — Quand une personne appelée en justice garde le silence sur des moyens de fait ou de droit qui devaient naturellement servir à la défense de sa cause, et qu'elle persiste dans ce silence jusqu'à la décision en dernier ressort qui termine le débat, elle n'est pas recevable à produire ces moyens devant la cour suprême.

318. — Toutefois cette règle reçoit exception toutes les fois que la question à décider touche à un intérêt d'ordre public. — V. CASSATION (mat. civ.).

319. — Ainsi jugé que l'accusé ne peut proposer comme moyens de nullité contre l'arrêt définitif de la cour d'assises des griefs se référant à des faits antérieurs à l'arrêt de la chambre d'accusation. — *Cass.*, 22 avr. 1830, Gairal.

320. — ... Que des moyens fondés sur des faits antérieurs à l'arrêt de renvoi ne peuvent être présentés devant la cour de Cassation par un accusé qui s'est pourvu contre un arrêt de condamnation prononcé par la cour d'assises. — *Cass.*, 20 janv. 1832, Charbonneau.

321. — ... Qu'un garde national condamné par une cour d'assises pour attaque contre la dignité royale dans une plaidoirie prononcée devant un conseil de discipline, est non-recevable à se faire un moyen de cassation contre l'arrêt qui le condamne, de ce que le conseil de discipline n'aurait pas dressé de procès-verbal des paroles incriminées ni réservé l'action publique, lorsqu'il ne s'est pas pourvu contre l'arrêt de mise en accusation. — *Cass.*, 7 juin 1832, Desavignac.

322. — ... Que des violations de loi commises dans une instruction criminelle avant l'arrêt de mise en accusation ne peuvent être présentées comme moyens de cassation contre l'arrêt de condamnation. Ainsi un notaire condamné par une cour d'assises pour détournement de ses minutes ne peut se faire un moyen de cassation de ce que, lors de la vérification de ces minutes, on n'aurait pas observé les formalités prescrites par la loi du 25 vent. an XI. — *Cass.*, 27 janv. 1838 (t. 1er 1840, p. 209), Costet.

323. — ... Que le moyen tiré de ce que l'acte d'accusation dressé contre un musulman n'a pas été notifié avec une analyse sommaire en langue arabe ne peut être opposé devant la cour de Cassation, lorsqu'il ne l'a pas été devant la juridiction saisie du procès. — *Cass.*, 10 déc. 1841 (t. 1er 1842, p. 48), Ben-Hadj-Ben-Bayr.

324. — ... Que l'accusé n'est pas recevable à se prévaloir devant le tribunal de cassation d'un moyen d'incompétence qu'il n'a pas proposé devant le tribunal criminel. — *Cass.*, 14 prair. an VII, Constant Dieu.

325. — Mais il faut remarquer qu'on suppose, dans cet arrêt et les suivans, que l'exception d'incompétence est proposée à raison de la personne; s'il s'agissait d'une incompétence absolue, le pourvoi serait admissible. — V. *infrà* nos 408 et suiv.

326. — Ce point entendu, nous rappelons qu'il a été jugé par la chambre criminelle que lorsque, pour faire statuer sur une exception d'incompétence, un prévenu a conclu devant la cour royale à ce que le jugement définitif ainsi qu'un jugement interlocutoire fussent annulés comme incompétemment rendus, et lorsque, après le rejet de cette exception par un arrêt infructueusement attaqué devant la cour de Cassation, le prévenu n'a demandé dans ses nouvelles conclusions en cour royale qu'à être reçu appelant du jugement définitif, il est censé avoir implicitement renoncé à son appel du jugement interlocutoire, et ne peut se faire un moyen de cassation de ce qu'il n'y a pas

été statué.—*Cass.*, 19 mars 1825, Roumage c. Banès.

527. — ... Que l'on ne peut faire valoir devant la cour de Cassation, même en matière criminelle, un moyen d'incompétence, lorsque, présenté et rejeté en première instance, il n'a pas été renouvelé en cour royale. — *Cass.*, 22 fév. 1828, Piétri.

528. — ... Qu'un moyen d'incompétence, en matière de simple police, ne peut être présenté en cassation, lorsqu'il n'a pas été invoqué en appel.— *Cass.*, 30 mars 1833, Ricard.

529. — ... Que l'on ne peut proposer pour la première fois en cassation un moyen pris de l'illégalité de la composition d'un conseil de discipline.— *Cass.*, 12 oct. 1833, Meillet.

530. —... Que l'exception prise de l'illégalité de la composition d'un conseil de discipline ne peut donner ouverture à cassation, si elle n'a pas été proposée devant le conseil de discipline lui-même. — *Cass.*, 16 mars 1837 (t. 1er 1838, p. 83), Bérard.

531. — ... Que le défaut de serment de la part des témoins entendus devant un tribunal de police correctionnelle ne peut être allégué devant la cour de Cassation qu'autant qu'il a été dénoncé au tribunal d'appel, et que ce tribunal a refusé de statuer sur le grief et d'y faire droit. — *Cass.*, 11 mars 1825, Aaron.

532. — ... Que celui qui n'a pas opposé en cause d'appel la nullité résultant de ce que les témoins entendus devant le tribunal de police correctionnelle n'auraient pas prêté le serment voulu par la loi est non-recevable à s'en faire un moyen de cassation contre l'arrêt confirmatif. — *Cass.*, 27 août 1813, Martin Liévin ; 2 sept. 1813, Salleron.

533. — ... Qu'en matière correctionnelle la partie qui n'a proposé ni devant les premiers juges ni en cause d'appel aucun reproche contre un témoin est non-recevable à se faire un moyen de cassation des reproches qu'elle aurait eu à lui opposer. — *Cass.*, 13 août 1819, Contrib. ind. c. Greze.

534.— .. Que le moyen de nullité tiré de ce qu'en première instance il aurait été fait illégalement des perquisitions au domicile des témoins et des investigations sur leurs livres de commerce, pour vérifier leurs déclarations, ne peut pas être proposé pour la première fois devant la cour de Cassation. — *Cass.*, 12 avr. 1834, Corbie c. courtiers de Paris.

535.— ... Que l'accusé ne peut se faire un moyen de cassation de ce qu'il n'a pas été statué sur son prétendu état de démence, s'il n'a fait à cet égard aucune demande ni réquisition. — *Cass.*, 23 mars 1820, Durand.

536.—... Que l'inscription de faux dirigée par un accusé de bigamie contre l'un des actes de mariage établissant la preuve de son crime, ne peut fournir un moyen de cassation contre l'arrêt qui le met en accusation, si elle n'a été formée que postérieurement à cet arrêt. — *Cass.*, 18 fév. 1819, Sarrazin.

537.— ...Que le failli condamné comme banqueroutier frauduleux n'est pas fondé à contester devant la cour de Cassation la validité de la déclaration de faillite. — *Cass.*, 16 sept. 1831, Buret.

538.—...Que le propriétaire condamné comme civilement responsable des condamnations prononcées contre son capitaine, en matière de douanes, ne peut proposer pour la première fois devant la cour de Cassation l'abandon du navire et du fret pour se soustraire à l'amende. — *Cass.*, 30 avr. 1830, Roignan.

539. — ... Que le prévenu ne peut soutenir pour la première fois devant la cour de Cassation que la prise d'eau qui lui est imputée a été faite en temps non prohibé, et sur une portion de la rivière à laquelle ne doit pas s'appliquer le règlement en vertu duquel il a été condamné. — *Cass.*, 23 mars 1838 (t. 1er 1840, p. 364), Pied-Fé c. la commission syndicale des eaux de l'Ilon.

CHAPITRE II.—*Des ouvertures de cassation.*

540. — La loi indique deux principaux modes de recours contre les décisions des cours royales et des tribunaux en matière criminelle : les voies de nullité contre l'instruction et les jugemens, la voie de cassation.

541. — Cette distinction est fondamentale : l'annulation frappe par les moyens de forme ou de compétence; la cassation par les moyens du fond.

Sect. 1re. — *Voies de nullité.*

§ 1er. — *Des voies de nullité contre l'instruction et les jugemens.*

542. — Les voies de nullité sont invoquées particulièrement pour les vices de forme et les irrégularités commises dans les procédures; elles le sont aussi en cas d'incompétence. — V. *infrà* § 2, nos 589 et suiv.

543.—Le principe de la matière se trouve à l'art. 408, C. inst. crim., dont voici la teneur : « Lorsque l'accusé aura subi une condamnation, et que, soit dans l'arrêt de la cour royale, qui aura ordonné son renvoi devant une cour d'assises, soit dans l'instruction et la procédure qui auront été faites devant cette dernière cour, soit dans l'arrêt même de condamnation, il y aura eu violation ou omission de quelques unes des formalités que le présent Code prescrit sous peine de nullité, cette omission ou violation donnera lieu, sur la poursuite de la partie condamnée ou du ministère public, à l'annulation de l'arrêt de condamnation et de ce qui l'a précédé, à partir du plus ancien acte nul. »

544. — « La loi veut, avant tout, dit M. Tarbé (p. 155, § 4), qu'aucune peine ne soit prononcée qu'après une instruction régulière dans laquelle tous les droits de la défense sont respectés. — Un jugement qui n'est pas régulier n'est plus un jugement, et l'on comprend que ce soit surtout en matière criminelle qu'il importe de s'attacher, même avec une scrupuleuse rigueur, à ce principe conservateur. — Toutefois, si l'omission des formes prescrites ne porte aucun préjudice à la défense, ou si l'accusé lui-même a prêté son consentement à ce qu'il soit dérogé à quelque mesure qui ne soit pas d'ordre public, l'annulation ne doit pas être prononcée. »

545. — C'est ainsi, par exemple, qu'une cour d'assises peut entendre le parent d'un accusé qui ne s'oppose pas à cette audition. — V. COUR D'ASSISES.

546. — ... Qu'elle peut recevoir le serment d'un témoin dont le nom n'a pas été notifié, si l'accusé consent à ce que cette formalité soit remplie. — V. COUR D'ASSISES.

547. — C'est encore ainsi, et par le même principe, qu'une erreur dans la citation d'un texte de loi n'entraîne pas l'annulation de l'arrêt, si la peine prononcée par application d'un autre texte est la même que celle portée par la loi. — *Cass.*, 10 avr. 1817 (implic.), Savin.

548. — ... Et à plus forte raison, si elle est plus légère. — *Cass.*, 8 sept. 1826, Amen ; 27 fév. 1832, Raspail.

549. — Du reste, la citation inexacte d'une loi est autre chose que la fausse interprétation. — *Cass.*, 8 mars 1833, Lefèbre.

550. — Quoique les auteurs du Code d'instruction criminelle se soient félicités dans l'exposé des motifs d'avoir fait disparaître de notre législation une foule de nullités peu importantes, quoiqu'ils aient supposé que les formalités dont l'inobservation devait entraîner nullité étaient rares, et que l'art. 408 les déterminait avec précision, il est certain qu'il y a plus d'une lacune dans le Code d'instruction criminelle et que la jurisprudence a dû annuler des procédures, soit lorsque la nullité était substantielle, soit lorsqu'elle résultait d'une loi spéciale. — Morin, *Dict. de dr. crim.*, vo *Nullité*, p. 547; — *Journ. Pal.*, 3e édit., t. 21, p. 346, 2e col., note 3.

551. — L'énumération des différens cas dans lesquels la nullité de la procédure ou du jugement doit être prononcée ne peut pas trouver sa place ici, car elle embrasserait toute la procédure criminelle ; c'est donc aux mots spéciaux qu'il faut recourir, si l'on veut connaître d'une manière exacte les différentes nullités que la loi et la jurisprudence ont consacrées, tant en matière de petit que de grand criminel.

552.—On remarquera cependant : 1o que, d'après l'art. 413, C. inst. crim., les voies d'annulation exprimées en l'art. 408 sont applicables aux matières correctionnelles et de police ; toutefois lorsque le renvoi du prévenu a été prononcé, nul ne peut se prévaloir contre lui de la violation ou omission des formes prescrites pour assurer sa défense. — Art. 413, § 2.

553. — 2o Que la disposition de l'art. 408, relative aux vices de forme, ne s'applique pas à la juridiction des conseils de guerre permanens, dont la justice expéditive est affranchie du pourvoi.

554. — Mais elle s'appliquait aux jugemens des conseils de guerre extraordinaires créés par le décret du 1er mai 1812, et aujourd'hui proscrits par la Charte, art. 9. — *Cass.*, 15 janv. 1814, Guillot. — V. TRIBUNAUX MILITAIRES.

555. — Aux termes de l'art. 7, L. 20 avr. 1810, les arrêts et jugemens sont nuls : 1o lorsqu'ils n'ont pas été rendus par le nombre de juges prescrit.

556. — 2o Lorsqu'ils l'ont été par des juges qui n'ont pas assisté à toutes les audiences.

557. — 3o Lorsqu'ils n'ont pas été rendus publiquement.

558. — 4o Lorsqu'ils ne contiennent pas de motifs. — V. JUGEMENT (mat. crim.).

559. — Non seulement les jugemens et arrêts doivent être rendus *publiquement*, mais ils doivent

en faire mention. La chambre criminelle veut qu'il soit dit que la prononciation a été faite *à l'audience publique*. — *Cass.*, 20 et 30 oct. 1823, Fouillaux; 6 fév. 1824, Simon Dubourg; 7 déc. 1826, Cardillac; 1er déc. 1827, Hennequin; même jour, Gourel; 15 déc. 1827, Michaud; 19 juin 1828, Lago; 21 nov. 1828, Huvelin; 20 mars 1829, Astré; 6 mai 1830, Delon; 30 mars 1832, Christiani. — Les deux chambres civiles trouvent dans ces mots *à l'audience* une présomption suffisante de publicité. — V. CASSATION (mat. civ.).

560. — Les jugemens et arrêts doivent être motivés, mais un motif quelconque ne suffit pas; la décision des juges doit se justifier par un motif suffisant et qui puisse être apprécié.—*Cass.*, 13 janv. 1827, Romain ; 18 janv. 1827, Labbé.

561. — Ainsi, une déclaration vague et équivoque qui, en confondant le fait et le droit, élude le droit qui appartient à la cour de Cassation de juger la qualification légale donnée ou refusée aux faits incriminés, n'est pas motivée. — *Cass.*, 20 oct. 1838 (t. 1er 1839, p. 185), Lorois et de Sivry. — V. au surplus JUGEMENT (mat. crim.).

562. — Jugé de même que les arrêts des cours de justice criminelle doivent contenir la fixation précise des faits dont l'instruction a fourni la preuve pour servir de base aux délibérations de la cour de Cassation, qui ne peut juger de l'application de la loi, quant à la qualification donnée au délit reproché, sur une déclaration vague de circonstances et de présomptions indéterminées. — *Cass.*, 3 déc. 1807, Cardon c. Lorcès.

563. — Mais il a été jugé que le défaut d'énonciation ou d'articulation des faits qui ont été considérés comme constituant des manœuvres frauduleuses ne peut donner ouverture à cassation. — *Cass.*, 9 sept. 1826, Lahayes. — V. à cet égard ESCROQUERIE.

564. — ... L'arrêt de condamnation rendu par une cour d'assises pour banqueroute frauduleuse doit être annulé lorsque ni l'acte d'accusation, ni la question posée au jury, ni la réponse de ce dernier ne se sont expliqués sur la qualité de commerçant failli, qui seule pouvait constituer l'accusé en état de banqueroute frauduleuse, et alors surtout que cette qualité était rappelée dans l'arrêt de renvoi de la chambre d'accusation. — *Cass.*, 21 av. 1831, Robin.

565. — En matière de simple police et de police correctionnelle, l'instruction et le jugement sont nuls si des procès-verbaux faisant foi jusqu'à inscription de faux ont été détruits par des preuves contraires. — *Cass.*, 28 août 1824, Forêts c. Brice-Tridon ; 6 oct. 1832, Forêts c. Lassoubre.

566.— ... Ou si l'autorité des procès-verbaux faisant foi jusqu'à preuve contraire a été méconnue. — *Cass.*, 22 déc. 1831, Forêts c. Faure; 21 mars 1833, Bourdrel ; 9 août 1838 (t. 1er 1839, p. 510); Beurel; 15 nov. 1838 (t. 2 1839, p. 650), Chavaudrel. — V. PROCÈS-VERBAUX, JUGEMENT (mat. crim.).

567. — Il y a également nullité si le ministère public n'a pas donné ses conclusions. — *Cass.*, 12 mai 1820, Maison c. Dunepart ; 4 août 1832 (implic.), Grimard Doulcet c. Gauvain ; 26 mars 1841 (implic., t. 1er 1844, p. 345), Romat.—V. MINISTÈRE PUBLIC.

568. — ... Ou si les témoins entendus n'ont pas prêté serment. — *Cass.*, 8 août 1817, Dessommes; 27 nov. 1828, Jeoffrin; 24 mai 1833, Beaufort; 23 janv. 1835, Marsilly; 13 mai 1837 (t. 1er 1840, p. 442), Lefébure-Loseray; 5 oct. 1838 (t. 2 1838, p. 449), Bonicard et Lebrier. — V. TÉMOINS.

569. — En matière de grand criminel, en général, toutes les nullités de procédure antérieures à l'arrêt de renvoi sont couvertes si elles n'ont pas été proposées dans l'instruction, de manière à appeler une décision contre laquelle il pourra y avoir pourvoi utile en cas de condamnation. — V. INSTRUCTION CRIMINELLE.

570. — Ainsi les irrégularités commises dans les actes antérieurs à l'arrêt de mise en accusation, et particulièrement dans le mandat de dépôt, ne peuvent ni donner ouverture à cassation ni être soumises à l'examen de la cour suprême. — *Cass.*, 11 avr. 1817, Verdier; 25 juin 1819, Ch. Pydt; — Tarbé, p. 320, note *a*. — V. INSTRUCTION CRIMINELLE. — V. aussi CHAMBRE DES MISES EN ACCUSATION.

571. — Cette décision est fondée sur ce que, l'arrêt de mise en accusation ayant acquis l'autorité de la chose jugée, toutes les irrégularités commises antérieurement se trouvent couvertes. — Carnot, sur l'art. 91, C. inst. crim., t. 1er, p. 393, *Observ. addit.*; Bourguignon, *Manuel d'instr. crim.*, sur l'art. 299, même Code, t. 1er, p. 387, no 2.

572. — Carnot (sur l'art. 232, C. inst. crim., t. 2, p. 252, *Observ. addit.*) dit qu'il y aurait ouverture à cassation si le prévenu avait demandé la nullité du mandat devant la chambre d'accusation : ceci a be-

soin d'une explication. Les irrégularités commises dans la procédure antérieure ne sont point au nombre des moyens que l'art. 299, C. inst. crim., permet à l'accusé de proposer contre l'arrêt de renvoi; elles ne peuvent même, selon l'art. 408, être invoquées après l'arrêt de condamnation que lorsqu'elles reposent sur une omission ou une violation de quelques unes des formalités que ce Code a prescrites *sous peine de nullité*. Mais la disposition qui aurait rejeté la nullité du mandat de dépôt devrait être considérée comme une disposition définitive intervenue sur un chef distinct de la mise en accusation, et par conséquent elle pourrait être l'objet d'un recours en cassation dans le délai de l'art. 373, C. inst. crim.

373. — Quant à l'arrêt de renvoi, il est annulable par voie de recours en cassation, dans trois cas: 1° si le fait n'est pas qualifié crime par la loi; — 2° si le ministère public n'a pas été entendu; — 3° si l'arrêt n'a pas été rendu par le nombre de juges fixé par la loi. — C. inst. crim., art. 299. — V. CHAMBRE DES MISES EN ACCUSATION.

374. — L'annulation de l'arrêt de renvoi peut être demandée soit par voie de nullité, si le recours a lieu avant le jugement; soit par voie de cassation après le jugement et par un même pourvoi, tant contre l'arrêt de renvoi que contre l'arrêt de condamnation. — Carnot, t. 3, p. 96, n° 6; Morin, *Dict. dr. crim.*, v° *Nullité*, p. 548.

375. — Est nul l'arrêt de condamnation rendu par la cour d'assises, lorsque ni l'arrêt de renvoi, ni la question posée au jury, ni la réponse de celui-ci ne mentionnent les conditions exigées pour que le fait soit punissable. — Ainsi, par exemple, en cas de discours, cris ou menaces, poursuivis en vertu de la loi du 17 mai 1819, l'arrêt de condamnation est nul s'il n'énonce pas que ces cris, discours et menaces, ont été proférés dans un lieu public et publiquement. — *Cass.*, 11 juin 1831, Latour du Pin-Gouvernet.

376. — Jugé qu'un supplément d'information fait par des juges d'instruction incompétens, sur la délégation du président de la cour d'assises, pour la désignation des témoins à entendre devant cette cour, ne peut vicier ni les débats ni l'arrêt de condamnation. — *Cass.*, 13 sept. 1827, Germain Rivière.

377. — Lorsque le procès-verbal des débats d'une cour d'assises constate que l'on s'est conformé à ce qui est prescrit par les art. 313, 314 et 332, C. inst. crim., l'accusé ne peut proposer comme moyen de cassation que l'acte d'accusation lui a été lu sans le secours d'un interprète, quoiqu'il n'entende pas le français, ainsi que la cour l'a reconnu elle-même, en lui nommant un interprète pour lui traduire les dépositions des témoins. — *Cass.*, 15 janv. 1829, Ferracci. — V. COUR D'ASSISES.

378. — Au surplus, il n'y a lieu de prononcer la nullité des condamnations prononcées par les cours d'assises qu'autant que les formalités de l'omission ou de la violation desquelles on excipe sont prescrites par le Code d'instruction criminelle à peine de nullité. — *Cass.*, 7 janv. 1842 (t. 1er 1842, p. 675), Valois. — V. COUR D'ASSISES.

379. — Bien que l'accusé puisse invoquer en sa faveur l'omission des formalités prescrites à peine de nullité, il est des détails de police d'audience qui appartiennent au président de la cour d'assises, et dont on ne doit aucun compte à la cour suprême.

380. — Jugé en conséquence que l'allégation de l'accusé faite après la déclaration du jury, et par laquelle il a prétendu que l'un des jurés avait constamment lu un journal pendant les plaidoiries, ne pouvait être l'objet que d'une observation d'ordre de la part du président, et n'est pas de nature à donner ouverture à cassation. — *Cass.*, 30 juin 1838 (t. 2 1838, p. 418), Hubert.

381. — De même, l'ordre donné par le président de la cour d'assises d'arrêter un témoin dont la déposition paraît fausse, ne peut produire en aucun cas une ouverture à cassation. — *Cass.*, 3 oct. 1822, Berton. — V. COUR D'ASSISES.

382. — Il a été jugé qu'un condamné ne peut pas se faire un moyen valable de cassation de ce qu'il n'aurait pas eu la parole le dernier aux débats. — *Cass.*, 8 avr. 1813, Klaaseabels.

383. — Mais Carnot fait remarquer sur cet arrêt qu'il n'était sans doute pas suffisamment constaté, dans l'espèce, que le condamné eût demandé la parole le dernier, « car, dit-il (t. 2, p. 567, n° 6), le refus qui lui en aurait été fait aurait constitué une nullité *substantielle*; et tout ce qui tend à gêner la défense de l'accusé porte ce caractère. »

384. — S'il est exigé par la loi que les questions posées au jury soient conformes au résumé de l'acte d'accusation, elle n'a pu méconnaître l'immense influence que doit exercer le débat oral et lui refuser une part souvent nécessaire dans la solution du procès. — C. inst. crim., art. 338.

385. — Aussi a-t-il été jugé que l'accusé ne peut tirer une ouverture à cassation de ce que les questions posées au jury ne seraient pas conformes au résumé de l'acte d'accusation, lorsque ce résumé a été modifié par des circonstances résultées des débats. — *Cass.*, 10 avr. 1819, Morel. — V. COUR D'ASSISES.

386. — Lorsqu'un fait, quoique criminel en lui-même, ne peut pas être actuellement poursuivi d'après une disposition de la loi qui s'y oppose, on doit le considérer comme n'étant pas actuellement qualifié crime par la loi. En conséquence, l'accusé est recevable à se pourvoir en cassation contre l'arrêt qui, en cet état, le renvoie devant la cour d'assises. — Spécialement, le pourvoi en cassation de l'accusé contre l'arrêt de renvoi est recevable lorsqu'il fonde sa demande sur une exception telle que celle tirée de la prescription ou de ce que, s'agissant d'une question d'état, il n'y a pas été préalablement statué par le tribunal civil. — *Bruxelles*, 12 mars 1816, Henry N...

387. — La loi ne défendant en aucune manière de poursuivre contre un interdit le châtiment d'un crime qu'il aurait commis dans l'état de raison, on a jugé qu'un accusé ne peut se faire un moyen de nullité soit de ce que les poursuites auraient été exercées, nonobstant son état d'interdiction prononcée pour cause d'aliénation mentale, soit de ce que la question d'excuse n'aurait pas été posée au jury. — *Cass.*, 5 sept. 1828, Aubry; — V. aussi *Cass.*, 9 sept. 1825, Rouff.

388. — Quelque blâmable que soit le refus fait par un officier de police judiciaire de faire procéder au dépouillement des livres d'un prévenu de banqueroute frauduleuse, sous le prétexte que cette opération à décharge n'est pas de sa compétence, il n'en saurait résulter une ouverture à cassation. — *Cass.*, 18 brum. an IX, Roux et Villefranche.

§ 2. — *De l'incompétence.*

389. — Parmi les principaux moyens de nullité contre les jugemens, il faut compter l'incompétence.

390. — L'incompétence est un motif de nullité que le condamné peut toujours invoquer avec avantage en matière criminelle; l'ordre des juridictions étant d'ordre public, l'incompétence donne nécessairement lieu à l'annulation des jugemens et arrêts rendus par des cours qui n'avaient pas reçu de la loi le pouvoir de juger.

391. — Ainsi jugé que indépendamment des causes d'annulation énoncées en l'art. 299, C. inst. crim., les arrêts de mise en accusation peuvent être attaqués en cassation pour violation des règles de compétence. — *Cass.*, 18 fév. 1831, Gamache.

392. — ... Que le recours en cassation contre les arrêts des chambres d'accusation est ouvert contre ceux de ces arrêts qui, en renvoyant devant le tribunal correctionnel, décident une question de compétence; qu'ainsi il n'est pas limité au cas où ils renvoient les prévenus devant la cour d'assises. — *Cass.*, 17 août 1839 (t. 2 1839, p. 463), Fraboulet.

393. — Jugé encore que le pourvoi en cassation formé par le ministère public contre un arrêt de la chambre des mises en accusation, portant qu'il n'y a lieu à suivre, est recevable, lorsqu'il repose sur une violation des règles de compétence établies par la loi, et non sur une appréciation plus ou moins exacte des preuves. — *Cass.*, 12 oct. 1811, Mondot-Lagore.

394. — Les jugemens rendus par un juge de paix en tribunal de police, en dernier ressort, sur une question de propriété évidemment de la compétence des tribunaux civils, doivent être attaqués par la voie de la cassation, et non par la voie de l'appel devant le tribunal civil, lors même qu'ils ne mentionnent point qu'ils ont été rendus en dernier ressort. — *Cass.*, 11 germin. an X, Hyvernaud c. Ferrand.

395. — Le recours en cassation est permis contre les jugemens des tribunaux militaires, pour cause d'incompétence. — *Cass.*, 14 vendém. an V, Langevin; 18 mess. an VII, Massoni; 19 fruct. an VII, Carlette.

396. — Jugé de même que les actes incompétemment faits par les tribunaux spéciaux encouraient la cassation, lors même qu'ils étaient postérieurs au jugement de compétence rendu par le tribunal de cassation, et relatifs au jugement du fond. — *Cass.*, 7 fruct. an IX, Jourgeon-Lacroix.

397. — ... Que les jugemens des tribunaux spéciaux institués par les lois des 18 pluv. an IX et 23 flor. an X étaient susceptibles d'être attaqués en cassation lorsqu'ils s'étendaient à des objets et à des personnes pour raison desquels leur compétence n'avait pas été confirmée par le tribunal de cassation. — *Cass.*, 30 frim. an XII, N....

398. — On jugeait aussi que le pourvoi en cassation était recevable contre le jugement d'une commission militaire extraordinaire pour cause d'incompétence. — *Cass.*, 8 mai 1806, Parelle.

399. — Observons néanmoins que le bénéfice du pourvoi n'appartient ici qu'à l'accusé qui renie la qualité de militaire. Les arrêts précités étaient rendus dans ce sens.

400. — Le recours en cassation pour cause d'incompétence est également recevable, de la part des individus non militaires, contre les jugemens des conseils de guerre maritimes. — *Cass.*, 25 mars 1808, Jean Cornelte. — V. TRIBUNAUX MARITIMES.

401. — Jugé qu'un accusé ne peut se faire un moyen de cassation de ce qu'il a été traduit devant une cour d'assises au lieu de l'être devant un conseil de guerre. — *Cass.*, 20 juin 1839 (t. 2 1839, p. 489), Belkassem-Ben-Ali.

402. — ... Que le pourvoi contre un jugement du conseil de guerre, formé par un individu qui n'articule pas qu'il n'est point militaire, est non-recevable. — *Cass.*, 24 avr. 1829, Jean Maire.

403. — Il a été dit (*suprà* n° 325) que le moyen tiré de l'incompétence ne pouvait être proposé pour la première fois devant la cour de Cassation à moins qu'il ne s'agit de l'incompétence absolue, qui est d'ordre public. Il a été jugé conformément à ce principe:

404. — ... Que l'exception d'incompétence *ratione materiæ* est valablement présentée pour la première fois devant la cour de Cassation. — *Cass.*, 26 août 1825, Martin.

405. — ... Que l'on peut proposer pour la première fois en cassation la nullité résultant de ce qu'une chambre correctionnelle de cour royale a connu d'une cause civile qui n'était pas matière sommaire; que c'est là un moyen d'ordre public. — *Cass.*, 30 juill. 1827, Solichon.

406. — Et ce principe doit être appliqué même par la partie qui a acquiescé à un jugement par lequel le tribunal civil s'était déclaré incompétent, et encore bien que ce jugement ait acquis l'autorité de la chose jugée. — *Cass.*, 3 janv. 1828, Douanes c. Cachot.

407. — Jugé également que la cour de Cassation peut connaître d'une exception tirée de la prescription du délit, lequel est un moyen d'ordre public, quoique cette exception n'ait pas été invoquée devant la cour d'assises. — *Cass.*, 28 janv. 1808, Jeudi; 4 juill. 1816, Raillt; 11 juin 1829, Contrib. indir. c. Soccard.

408. — Le juge doit même suppléer d'office cette prescription. — *Cass.*, 11 juin 1829, Contrib. indir. c. Soccard.

409. — Cependant il a été jugé que la cour de Cassation n'a pas le droit d'examiner une question d'interruption de prescription qui n'a pas été soumise au tribunal dont le jugement lui est déféré, et qui n'a pas été jugée par ce tribunal. — *Cass.*, 3 févr. 1827, Barbe. — V. conf. Legraverend, t. 2, chap. 5, sect. 1re, dist. 3°, § 4, p. 439. — V. au surplus PRESCRIPTION CRIMINELLE.

410. — Jugé, comme conséquence du principe posé plus haut, qu'on ne peut déclarer un prévenu non-recevable dans son pourvoi, sur le motif qu'il ne s'est pas opposé devant les juges d'appel au cumul des peines. — *Cass.*, 19 mars 1841 (t. 1er 1842, p. 653), Rieux. — V. CUMUL DE PEINES.

411. — Nous avons vu *suprà* (n° 389) qu'on peut se pourvoir en cassation contre les jugemens ou arrêts rendus sur la compétence avant que le jugement définitif ait été rendu (C. inst. crim., art. 416, § 2); cette disposition a été modifiée par l'art. 7, L. 9 sept. 1835, sur les cours d'assises.

412. — D'après cet article, le pourvoi en cassation contre les arrêts qui ont statué, tant sur la compétence que sur les incidens, ne peut être formé qu'après l'arrêt définitif, et en même temps que le pourvoi contre cet arrêt. — V. COUR D'ASSISES.

413. — Il en est de même des arrêts de compétence rendus dans les colonies, soit par les cours d'assises, soit par les cours royales jugeant correctionnellement. — Ord. 12 oct. 1828, art. 424. — V. *suprà* n° 81. — V. aussi COLONIES.

§ 3. — *Omission ou refus de statuer.*

414. — Outre les moyens d'annulation résultant, soit de l'omission ou de la violation d'une formalité prescrite par le Code à peine de nullité, soit du défaut de compétence, il peut encore y avoir ouverture à cassation contre les arrêts de condamnation rendus en matière criminelle, lorsque la cour a omis ou refusé de prononcer sur une ou plusieurs demandes de l'accusé, ou sur une ou plusieurs demandes du ministère public tendant à

user d'une faculté ou d'un droit accordé par la loi, bien que la peine de nullité ne fût pas textuellement attachée à l'absence de la formalité dont l'exécution a été demandée ou requise. — C. inst. crim., art. 408, § 2.

415. — Sous le Code du 3 brum. an IV, il suffisait, d'après l'art. 456, nº 3, que l'accusé ou le ministère public eussent requis l'exécution d'une formalité non prescrite à peine de nullité et que cette formalité n'eût pas été remplie, pour autoriser l'annulation de l'arrêt.

416. — Il résultait de cette disposition que l'accusé pouvait se ménager des moyens de cassation en multipliant les réquisitions.

417. — C'est pour parer à tous les inconvéniens qui résultaient de ce système, et dont il avait été frappé, que le législateur de 1808 a cru donner une garantie suffisante à l'accusé, en disposant comme il l'a fait dans l'art. 408, C. inst. crim.

418. — D'après cet article, en le prenant à la lettre, point de cassation possible lorsque la cour d'assises a statué sur la réquisition faite par l'accusé, quelle que soit d'ailleurs la décision rendue.

419. — C'est en ce sens que l'art. 408 avait été compris dans les premiers temps, soit par la cour de Cassation, soit par les auteurs. — Legraverend, t. 2, chap. 5, sect. 1re, dist. 1re, p. 430; Bourguignon, *Manuel d'inst. crim.*, sur l'art. 408, t. 1er, p. 515, nos 10 et 11; *Jurisp. des Codes criminels*, t. 2, p. 292, nº 4.

420. — On jugeait donc que la réquisition de l'accusé ou du ministère public, pour l'observation des formes non prescrites à peine de nullité, ou pour l'exercice des droits ou facultés qui lui sont accordés, ne pouvait produire un moyen de cassation que dans le seul cas où il y avait eu refus ou omission de prononcer. S'il avait été prononcé sur la réquisition, le refus qu'on aurait fait d'observer les formalités ou d'accorder l'exercice du droit ou de la faculté, ne pouvait donner ouverture à cassation, sur les articles de loi non prescrits à peine de nullité. — *Cass.*, 12 déc. 1811, N...; 30 nov. 1815, Bosi; 2 août 1816, Lerath.

421. — Mais après avoir maintenu cette jurisprudence pendant long-temps, la cour de Cassation s'est aperçue qu'elle avait suppléé la peine de nullité dans un grand nombre de cas où il n'y avait eu aucune réquisition. Pouvait-elle juger le contraire, par cela seul que les réquisitions avaient été faites et rejetées? — Evidemment non. Elle s'est donc placée elle-même dans la nécessité de modifier sa jurisprudence.

422. — En conséquence, elle a jugé qu'il ne résulte pas de l'art. 408, C. inst. crim., qui ouvre une voie d'annulation en cas d'omission ou de refus de statuer sur l'accomplissement d'une formalité ou l'exercice d'un droit non prescrit à peine de nullité, qu'il suffise que la cour d'assises ait statué sur la demande de l'accusé ou du ministère public, pour que la nullité ne puisse pas être prononcée. — *Cass.*, 12 avr. 1827, Guérin et Roque.

423. — Ainsi, quoique l'art. 408, dans son sens littéral, semble n'exiger qu'une chose, à savoir que la cour d'assises ait statué d'une manière quelconque sur la réquisition, cependant la nullité doit être prononcée, même dans ce cas, toutes les fois qu'il s'agit d'une nullité substantielle.

424. — La disposition de l'art. 408, C. inst. crim., suivant laquelle l'omission de statuer sur une réquisition du ministère public, donne ouverture à cassation, s'applique aux arrêts des chambres d'accusation portant qu'il n'y a lieu à suivre, comme aux arrêts de condamnation rendus en audience publique. — C. inst. crim., art. 299; — *Cass.*, 11 mai 1811, Domergue.

425. — Il est constant d'ailleurs que le recours en cassation est ouvert au ministère public contre les arrêts des chambres des mises en accusation qui déclarent que les faits imputés au prévenu ne constituent ni crime ni délit. — *Cass.*, 7 juin 1811, Balonchard. — V. CHAMBRE DES MISES EN ACCUSATION, MINISTÈRE PUBLIC.

426. — Pour que le refus de statuer sur une demande de l'accusé puisse donner ouverture à cassation (art. 408), il ne suffit pas que la faculté qu'il réclame soit seulement tolérée par le silence de la loi, il faut qu'elle soit accordée par une disposition explicite.

427. — Ainsi, l'omission de la part de la cour d'assises de statuer sur une demande de l'accusé tendant à ce qu'un mémoire par lui produit fût paraphé par un témoin et annexé à la procédure, ne peut donner ouverture à cassation. — *Cass.*, 11 avr. 1817, Verdier.

428. — On ne peut comprendre parmi les facultes accordées par la loi celle de faire questionner un témoin sur la moralité d'un autre témoin. L'art. 319, il est vrai, autorise l'accusé à questionner les témoins par l'organe du président, mais cela doit s'entendre de ce qu'ils ont vu ou entendu comme témoins. — Ce qui n'empêche pas le président de réclamer tous les éclaircissemens qu'il jugera utiles.

429. — Ainsi, l'accusé ne peut se faire un moyen de cassation du refus fait par le président de la cour d'assises d'interroger un témoin à décharge sur ce qu'il pense de la moralité d'un témoin à charge. — *Cass.*, 28 mai 1818, Beaumé.

430. — On a jugé, par application de l'art. 408, que le refus ou l'omission par un tribunal criminel de statuer sur la réquisition réitérée de l'accusé, tendant à une surséance jusqu'à ce qu'il ait fait citer un témoin qui n'a pas été trouvé à son domicile, donne ouverture à cassation du jugement. — *Cass.*, 19 pluv. an IX, Charles Fehr.

431. — ... Que l'omission, de la part d'un tribunal de simple police, de prononcer sur une demande du plaignant tendant à l'audition de nouveaux témoins, constitue en sa faveur une nullité et un moyen de cassation. — *Cass.*, 4 avr. 1811, Ancelin c. Delahaye.

432. — ... Que l'omission, de la part de la cour d'assises, de prononcer sur les conclusions du ministère public tendant à l'application des peines de la récidive, est une cause de nullité de son arrêt. — *Cass.*, 17 janv. 1828, Gautherot.

433. — Lorsque les jurés ont déclaré que l'accusé n'est pas l'auteur du délit, le ministère public ne peut se faire un moyen de cassation de ce que le tribunal criminel a refusé de poser au jury une question sur la circonstance aggravante de l'escalade, qui n'a plus d'objet. — *Cass.*, 22 germin. an XII, Larseneur.

434. — On jugeait, sous le Code du 3 brum. an IV, que le commissaire du gouvernement n'était recevable à se pourvoir en cassation contre une ordonnance d'acquittement rendue dans le cas de l'art. 424 de ce Code, *qu'autant qu'il n'avait pas été fait droit sur quelqu'une de ses réquisitions*, et qu'il résultait de cette omission la nécessité de prononcer la nullité de la déclaration du jury. — *Cass.*, 17 flor. an VIII, Antoine Michel.

Sect. 2e. — *Moyens de cassation.*

435. — A proprement parler, tous les moyens de cassation se réduisent à un seul, la *violation de la loi*; mais pour faciliter les recherches et pour rendre plus sensibles les distinctions que la jurisprudence a établies en cette matière, quelques divisions sont nécessaires. — V. CASSATION (mat. civ).

ART. 1er. — *Violation de la loi.*

436. — Le principal grief contre un arrêt ou un jugement en dernier ressort, la plus grave des ouvertures en cassation, c'est la violation de la loi.

437. — En principe, la violation de la loi, pour devenir un moyen de cassation, devrait être directe, expresse (V. L. 20 avr. 1810, art. 7); mais la cour suprême a étendu la règle dans ses applications, mue qu'elle était par le désir de maintenir l'uniformité de jurisprudence. — V *infrà* nos 459 et suiv.

438. — On comprend que le pourvoi ne présente aucune difficulté lorsque la contravention à la loi est expresse, lorsque le texte a été ouvertement violé; par exemple, lorsque l'arrêt ou le jugement attaqué a prescrit ou fait le contraire de ce que prescrit le Code.

439. — Ainsi, les tribunaux d'appel étant institués pour réformer les sentences d'une juridiction inférieure, le tribunal criminel qui se refuse à cette réformation, quand elle est due, commet une violation directe de la loi.

440. — On jugeait déjà avant le Code d'instruction criminelle (C. 3 brum., art. 456, nº 5), que l'oubli ou le refus fait par un tribunal criminel de réformer les vices d'un jugement correctionnel attaqué par appel donnait ouverture à la cassation de son propre jugement. — *Cass.*, 26 messid. an VIII, Puvis; 28 thermid. an VIII, Bonnafaud.

441. — D'ailleurs, on peut dire qu'en ne réformant pas les dispositions vicieuses du jugement attaqué devant elle, une cour de justice criminelle se les rend propres et expose son arrêt à la cassation. — *Cass.*, 5 vent. an VII, Roy; 29 déc. 1808, Ocelli.

442. — Jugé de même, sous le Code de brum. an IV, qu'il y avait lieu à cassation contre un arrêt d'une cour criminelle qui, dans un cas où elle en avait le droit, n'avait pas prononcé les nullités établies par la loi. — *Cass.*, 9 nov. 1808, Allard la Resnière.

443. — La loi ne permettant au président d'une cour d'assises de rendre une ordonnance d'acquittement que dans le cas où le jury a rendu un verdict de non-culpabilité, et dans le cas contraire, l'ordonnance d'acquittement ne pouvant être qu'une violation flagrante de l'art. 358, C. inst. crim., on en a conclu que l'art. 409 du même code, portant que l'annulation des ordonnances d'acquittement ne peut être poursuivie par le ministère public que dans l'intérêt de la loi, ne s'applique pas au cas où ces ordonnances ont été rendues sur des réponses qui déclarent les accusés coupables de faits prévus par les lois pénales. — *Cass.*, 2 juill. 1813, Dupart.

444. — La violation de la loi, dont on excipe devant la cour de Cassation, doit être tirée de l'arrêt même ou du jugement attaqué.

445. — Ainsi, le ministère public ne peut se pourvoir utilement en cassation contre un arrêt, lorsque le moyen qu'il propose à l'appui de son pourvoi repose sur une violation de la loi qui aurait été commise par un précédent arrêt, dont l'arrêt attaqué ne serait que la conséquence. — *Cass.*, 15 juin 1832, Bignon.

446. — La loi n'ayant pas fixé le nombre des témoins, pour déterminer la conviction des juges ou du jury, on ne saurait attaquer avec succès, en vertu de l'ancienne maxime *testis unus testis nullus*, un arrêt de condamnation, sur cet unique motif qu'il aurait été rendu sur la déposition d'un seul témoin.

447. — Il a même été jugé qu'on ne peut se faire un moyen de cassation, même dans une affaire criminelle, *jugée d'après les principes de l'ancienne jurisprudence*, de ce qu'une condamnation aurait été prononcée sur la déposition d'un seul témoin. — *Cass.*, 11 juin 1825, Rollande.

448. — L'art. 299, C. inst. crim., qui limite les cas dans lesquels l'arrêt de renvoi peut être attaqué, doit être interprété en ce sens qu'il ne se réfère qu'aux arrêts de renvoi à la cour d'assises, mais il ne met pas obstacle à ce que les dispositions de ces arrêts, formant des décisions distinctes et séparées, soient soumises au recours des parties en vertu des règles générales du pourvoi. — *Cass.*, 7 sept. 1832, Carlo-Alberto.

449. — Ainsi, on a déclaré recevable le pourvoi formé par le ministère public contre la disposition d'un arrêt de renvoi ou de mise en accusation devant la cour d'assises qui ordonnait en outre la mise hors de poursuites de certains accusés, comme illégalement arrêtés. — Même arrêt.

450. — La chose jugée existe au criminel comme au civil : elle termine souverainement le débat entre les parties. C'est violer la loi que de violer l'autorité de cette présomption légale. Aussi a-t-on décidé, avec raison, qu'en matière correctionnelle, il y a ouverture à cassation dans le moyen tiré de ce qu'il a été fait droit sur des appels interjetés hors le délai de la loi, attendu qu'il y a dans ce cas violation de la chose jugée — *Cass.*, 22 germin. an XIII, N... — V. CHOSE JUGÉE.

451. — Il ne peut résulter une ouverture à cassation de ce que les juges n'ont pas prononcé conformément à une loi particulière qui n'a pas été publiée solennellement ni même produite devant eux. — *Cass.*, 27 nov. 1812, Projetto.

ART. 2. — *Fausse application de la loi.*

452. — D'après la loi du 1er déc. 1790, la principale ouverture de cassation consiste dans la *contravention expresse* AU TEXTE *de la loi* : plus générale, la loi du 20 avr. 1810 dispose (art. 7) que le recours en cassation est ouvert pour *une contravention expresse à la loi.*

453. — Ainsi, dans la pensée du législateur, la voie de la cassation devait être très limitée (V. CASSATION [mat. civ.]), car il est assez rare que les tribunaux se mettent en contravention directe, expresse, avec le *texte de la loi.*

454. — Cependant, malgré la restriction apportée au recours en cassation, on admit les pourvois fondés sur la fausse *interprétation de la loi*, même en matière criminelle; on a voulu assurer ainsi l'uniformité de la jurisprudence. — Henrion de Pansey, *Autorité judiciaire*, chap. 31.

455. — Il n'est donc pas douteux aujourd'hui qu'en matière criminelle on puisse se pourvoir en cassation pour fausse application de la loi.

456. — On le peut aussi en matière correctionnelle et de police simple. — *Cass.*, 27 juin 1811, N...

457. — Jugé en conséquence que l'individu condamné pour faux en écriture de commerce peut se pourvoir contre cette condamnation s'il ne ressort pas des faits déclarés par le jury qu'il ait commis ce crime. Mais il n'est pas recevable à critiquer l'arrêt de la chambre d'accusation passé en force de chose jugée, et qui le renvoie à la cour d'assises sous prétexte que cette chambre aurait dû considérer comme simples promesses, et non

comme effets de commerce, les lettres de change qu'il a falsifiées. — *Cass.*, 9 sept. 1837 (t. 2 1837, p. 368), F. V.....

458. — Le jugement qui condamne un individu comme coupable d'escroquerie, sans déclarer que pour se faire remettre la chose d'autrui, le prévenu a fait usage d'une fausse qualité ou d'un faux nom, ni qu'il a employé des manœuvres frauduleuses pour persuader l'existence de fausses entreprises, d'un pouvoir ou d'un crédit imaginaire, ou pour faire naître l'espérance d'un succès, d'un accident ou de tout autre événement chimérique, fait une fausse application de la loi pénale. — *Cass.*, 13 fév. 1824, François Daunou. — V. ESCROQUERIE.

459. — Une observation importante, c'est que l'application qui a été faite de la loi pénale ne peut être appréciée par la cour de Cassation que sur les faits déclarés constans par le jury. Il suffit que, d'après ces faits, la condamnation prononcée soit conforme à la loi. — *Cass.*, 5 fév. 1819, Benoît Arnaud.

460. — Il faut appliquer, dans un arrêt sujet à cassation, la maxime *utile per inutile non vitiatur*. Si donc, sur une poursuite exercée contre le même individu à raison de deux délits correctionnels devant le même tribunal, la peine a été mal appliquée relativement à un délit et bien appliquée relativement à l'autre, la cassation ne doit être prononcée que sur le chef qui a fait une fausse application de la loi pénale. — *Cass.*, 27 nov. 1812, Dangueguer.

461. — Du reste, quoique la loi ait été faussement appliquée, si la peine encourue est la même que celle qui a été prononcée par l'arrêt attaqué, le pourvoi est non-recevable. — C. inst. crim., art. 411.

462. — Cette disposition est fondée sur ce que l'erreur dont il s'agit ne portant aucun préjudice à qui que ce soit, personne n'a réellement d'intérêt à la faire rectifier, et que l'annulation, si elle avait été autorisée en pareil cas, n'aurait eu en définitive aucun résultat ni pour la société ni pour le condamné. — Legraverend, t. 2, p. 430 (3e édit.).

463. — Lorsque la pénalité portée par deux articles de loi est la même, il n'y a pas nullité de ce qu'à certain fait on aurait, par erreur, appliqué un article, tandis qu'on aurait dû faire l'application d'un autre. — *Cass.*, 19 mai 1827, Robart.

ART. 3. — *Fausse qualification des faits.*

464. — En principe, la cour de Cassation n'a pas pour attribution l'examen des faits, appréciés en dernier ressort par les cours et tribunaux; cela est vrai en matière criminelle comme en matière civile.

465. — Cependant il est du devoir de la cour de Cassation de rectifier les fausses inductions et les conséquences erronées tirées par les cours criminelles des faits déclarés constans par les arrêts attaqués. — *Cass.*, 22 août 1806, Riva.

466. — Aussi, quoiqu'un accusé ne soit pas recevable à contester devant la cour de Cassation l'existence ou l'exactitude des faits reconnus par l'arrêt dénoncé, il est recevable à contester en droit la conséquence que l'arrêt en a tirée. — *Cass.*, 23 nov. 1827, Ruault.

467. — Jugé par application de ce principe que lorsque la cour de justice criminelle s'est bornée à déclarer qu'il est constant que le prévenu a, par dol, fraude, vaines espérances, fausses entreprises et craintes chimériques, abusé de la crédulité d'une personne et lui a escroqué une partie de sa fortune, cette déclaration n'étant pas une déclaration de fait, mais une qualification donnée aux faits, il rentre dans les attributions de la cour de Cassation de juger si ces faits avaient réellement le caractère qui leur a été donné. — *Cass.*, 3 déc. 1807, Cardon c. Lorier-Delisle. — V. au surplus, pour plus amples explications sur ce point spécial, ESCROQUERIE.

468. — Cependant il est arrivé dans quelques circonstances que la cour de Cassation a rejeté les pourvois formés contre telle ou telle qualification que l'on entendait contester, sur le motif que la décision attaquée échappait en ce point à la cassation.

469. — Il a été jugé notamment que l'accusé ne peut tirer un moyen de cassation de ce que les faits auraient été mal qualifiés par l'arrêt de mise en accusation. Il suffit, pour la régularité de cet arrêt, que les faits constituent réellement un crime. — *Cass.*, 5 fév. 1819, Benoît Arnaud.

470. — ... Que le jugement qui déclare en fait qu'un dépôt n'a pas été déterminé par des manœuvres frauduleuses ne peut être en ce point attaqué devant la cour de Cassation. — *Cass.*, 16 fév. 1838 (t. 1er 1840, p. 374), Faye.

471. — Lorsque l'accusé a été qualifié de serviteur à gages du maître qu'il a volé, dans l'arrêt de renvoi, l'acte d'accusation, la question et la réponse du jury, il ne peut appartenir à la cour de Cassation d'examiner si cette qualité lui a été bien ou mal donnée. — *Cass.*, 18 avr. 1833, Feyt.

472. — Lorsqu'il résulte de l'arrêt d'une cour royale qu'elle a discuté et apprécié toute l'instruction, et que c'est après cette appréciation qu'elle a déclaré qu'il n'existait pas charges suffisantes pour poursuivre un prévenu de faux témoignage, le plaignant ne peut tirer une ouverture à cassation de ce que les motifs de cette décision seraient de nature à soumettre l'exercice de la faculté accordée par l'art. 445, C. inst. crim., à des conditions illégales — *Cass.*, 12 fév. 1818, Wilfred Regnault.

473. — ... Que lorsqu'une ordonnance de la chambre du conseil, restée sans opposition, a déclaré faux les faits imputés dans une plainte à un prévenu, le plaignant poursuivi et condamné comme calomniateur ne peut critiquer devant la cour de Cassation l'appréciation que les tribunaux correctionnels ont faite du caractère calomnieux des faits, ni par suite l'application de la loi pénale. — *Cass.*, 1er fév. 1828, Lagard.

474. — On peut aussi consulter quelques décisions rendues dans un sens analogue en matière d'escroquerie. — V. ESCROQUERIE.

475. — Mais il n'en faut pas moins tenir pour constant comme point de doctrine que la *qualification* donnée, soit par la chambre d'accusation, soit par les tribunaux correctionnels, aux faits incriminés tombe sous la censure de la cour suprême. — *Cass.*, 2 avr. 1825, Bory; 7 fév. 1833, Garnier; 5 juin 1841 (t. 1er 1842, p. 653), Kitcheu.

476. — Jugé, en conséquence de ce principe, que le recours en cassation est ouvert au ministère public contre les arrêts des chambres des mises en accusation, qui déclarent que les faits imputés au prévenu constituent un simple délit correctionnel et non un crime. — *Cass.*, 14 août 1812, Cassel.

477. — ... Que la cour de Cassation peut déclarer qu'il y a *outrage* envers un magistrat dans des propos qu'une cour royale n'a regardés que comme *une injure* envers ce magistrat. — *Cass.*, 2 avr. 1825, Bory. — V. *contrà Cass.*, 29 mai 1813, Budebert.

478. — ... Que l'arrêt qui déclare que tels faits reconnus constans ne constituent pas un délit d'outrage prévu par la loi, peut être annulé par la cour suprême. — *Cass.*, 5 août 1831, Robert.

479. — ... Que la cour de Cassation peut déclarer qu'un enseignement est gratuit ou public et non domestique, lors même qu'un jugement eût déclaré, en fait, qu'il n'y avait pas enseignement public. — *Cass.*, 3 nov. 1827, Gaillard.

480. — ... Que l'accusé de banqueroute frauduleuse peut contester devant la cour de Cassation la qualification de commerçant failli résultant des faits reconnus par la chambre des mises en accusation. — *Cass.*, 23 nov. 1827, Ruault.

481. — En matière d'emblèmes ou de signes séditieux, les tribunaux n'apprécient pas souverainement s'il y a eu ou non la *publicité* constitutive du délit. — *Cass.*, 20 sept. 1832, Debourg.

482. — Jugé encore que lorsqu'il résulte d'un procès-verbal de deux gardes champêtres, des déclarations de plusieurs témoins et d'un jugement de première instance, que le prévenu a porté deux coups de poing à l'un d'eux, dans l'exercice de ses fonctions, le jugement du tribunal d'appel qui, sans contredire ces faits, décide qu'ils ne caractérisent pas les violences de l'espèce mentionnée en l'art. 228, C. pén., doit être annulé par la cour de Cassation comme violant ledit article et l'art. 230, même Code. — *Cass.*, 4 août 1826, Spettel. — V. BLESSURES ET COUPS.

483. — Il faut même reconnaître qu'en matière de tentative de crime, la cour de Cassation n'excède pas les limites de ses attributions en examinant si les faits dont l'existence est constatée dans l'arrêt d'une cour royale (chambre des mises en accusation) constituent le commencement d'exécution exigé par la loi pour que la tentative soit passible de la même peine que le crime consommé. — *Cass.*, 13 juill. 1837 (t. 1er 1843, p. 12), D...

484. — Lorsque la loi détermine le caractère aggravant du fait qualifié crime, la cour de Cassation a le droit d'examiner si ce caractère se retrouve dans les chefs de prévention.

485. — Ainsi, l'on a bien jugé que la cour de Cassation a le droit d'apprécier si de l'analyse de l'instruction rapportée dans un arrêt de compétence il résulte prévention suffisante qu'un meurtre a été commis avec préméditation. — *Cass.*, 19 fructid. an XIII, Jourdan et Pinet.

486. — Pour que la cour de Cassation puisse apprécier la qualification donnée au délit, il faut que la loi ait déterminé le caractère du délit, qu'elle en ait fixé les élémens constitutifs; dans le cas contraire, l'incrimination est une pure question de fait et la cour suprême n'a pas à en connaître.

487. — C'est donc avec raison qu'il a été jugé, en matière de presse, que la cour de Cassation ne peut rechercher si la loi a été violée dans la qualification des crimes ou des délits, que dans les cas où la loi détermine les élémens constitutifs de ces crimes ou délits, ce qui n'a pas lieu pour l'outrage à la morale publique, ni pour l'attaque à l'inviolabilité de la personne du roi. — *Cass.*, 15 oct. 1825, Catineau.

488. — Jugé de même que les tribunaux décident souverainement que des écrits sont séditieux et diffamatoires. — *Cass.*, 29 déc. 1827, Bisselte.

489. — ..... Ou que des propos sont outrageans. — *Cass.*, 11 avr. 1822, Cenac.

490. — Cependant, il existe plusieurs arrêts aussi qui décident qu'en matière de presse, comme en toute autre, la cour de Cassation a le droit d'apprécier la légalité des qualifications données par les tribunaux aux faits par eux déclarés constans ou non méconnus (*Cass.*, 21 oct. 1831, *Gazette de Bretagne*), même lorsque cette qualification se résout en une simple question de fait.

491. — Ainsi, il a été jugé qu'il y a lieu à cassation contre l'arrêt de cour d'assises qui déclare *étranger aux matières politiques* dans le sens de l'art. 3, L. 18 juill. 1828, un ouvrage périodique qui contient des satires contre des personnages politiques vivans, et des allusions aux événemens contemporains. — *Cass.*, 29 déc. 1831, Barthélemy.

492. — ... Que le caractère politique de divers passages d'un écrit périodique non cautionné ne tombe pas dans le domaine exclusif des tribunaux. — *Cass.*, 3 juill. 1840 (t. 2 1840, p. 567), Guérin. — *Contrà Cass.*, 4 nov. 1834, *Gazette de Metz*.

493. — ... Que lorsqu'une chambre des mises en accusation, tout en qualifiant d'*expressions démesurées* plusieurs passages d'un journal poursuivi pour offense à la personne du roi, a cependant ordonné la discontinuation des poursuites par le seul motif qu'il n'était pas suffisamment établi que ces expressions s'adressassent au roi, son arrêt est sujet à cassation, s'il est constant pour la cour suprême que les passages incriminés ne pouvaient se rapporter qu'au gouvernement du roi. — *Cass.*, 7 fév. 1833, Garnier.

494. — ... Que la cour de Cassation a le droit de décider qu'il y a excitation au mépris et à la haine du gouvernement dans les expressions d'un écrit où la chambre des mises en accusation n'avait trouvé que des phrases de jactance et d'amplification inconstitutives de délit. — *Cass.*, 29 mai 1834, *Gazette de Metz*. — V. au surplus DÉLIT DE PRESSE.

495. — Jugé encore que les caractères légaux du délit d'escroquerie sont fixés et limités dans l'art. 405, C. pén. La cour de Cassation a le droit de rechercher si l'appréciation des faits constatés au jugement attaqué présente ces caractères. — *Cass.*, 12 oct. 1838 (t. 1er 1839, p. 404), Berthelot. — V. ESCROQUERIE.

496. — ... Qu'en matière de discipline de garde nationale, il y a ouverture à cassation dans la fausse qualification d'un fait, lors même que la peine dont ce fait a été puni serait légale, s'il avait été envisagé sous son véritable caractère. — *Cass.*, 11 mars 1837 (t. 2 1840, p. 23), C... — V. GARDE NATIONALE.

ART. 4. — *Questions d'appréciation.*

497. — La cassation n'est pas un troisième degré de juridiction, elle n'a pas pour objet le bien ou le mal jugé de l'affaire, c'est une voie extraordinaire contre les jugemens rendus en contravention à la loi; de là il suit que les questions de fait ne sont pas du domaine de la cour suprême, et que cette cour, par conséquent, ne peut exercer sa censure à propos de l'existence des faits reconnus et admis par les décisions attaquées.

498. — A plus forte raison, les faits qui tiennent à la préparation des débats se trouvent-ils en dehors de son examen.

499. — Ainsi, la cour de Cassation n'a pas le droit d'apprécier le temps nécessaire à un accusé pour préparer sa défense. — *Cass.*, 5 fév. 1831, Servant.

500. — A la vérité, lorsque la loi détermine certaines règles de qualification à donner aux faits constitutifs de délits ou de crimes, il tombe sous le sens que la cour suprême doit connaître de l'application de ces règles. — V. *suprà* nos 465 et suiv.

501. — Mais ce droit d'examen cesse de lui appartenir dans tous les cas où la loi désigne seulement le fait qu'elle reconnait coupable, en laissant aux cours et aux tribunaux l'appréciation des circonstances.

502. — Ainsi, lorsque la loi n'a pas déterminé les caractères de la participation à un délit, l'ap-

plication de la peine par les tribunaux criminels aux individus déclarés convaincus d'une telle participation ne peut point donner ouverture à cassation. — *Cass.*, 16 vendém. an VII, Ducas et Worms.

503. — De même, dans les matières de police simple et correctionnelle, les tribunaux sont appréciateurs et juges des faits, en telle sorte que leur déclaration à cet égard ne peut donner ouverture à cassation. — Spécialement, l'individu condamné pour avoir débité ou vendu des boissons falsifiées ne peut tirer un moyen de cassation de ce que les faits constatés ne présentaient pas le caractère d'une falsification dans le sens de la loi pénale. — *Cass.*, 28 oct. 1814, Werhlé. — V. BOISSONS FALSIFIÉES.

504. — C'est par application du principe qui vient d'être rappelé qu'il a été jugé que l'arrêt qui décide que le pardon accordé par un mourant à son meurtrier n'emporte point remise des réparations civiles du crime, en se fondant sur ce que le fait du pardon n'est pas constant, ne donne point ouverture à cassation. — *Cass.*, 5 mai 1818, Desbuissons c. Lecholsmier.

505. — ... Que la qualité de loueur dans le sens de l'art. 475, n° 2, C. pén., est souverainement appréciée par les tribunaux. — *Cass.*, 3 nov. 1827, Aubry.

506. — ... Que l'on ne peut se pourvoir en cassation contre la déclaration que certains actes, tels que des ventes de marchandises, ne sont en réalité que des prêts usuraires. — *Cass.*, 21 août 1829, Humbert.

507. — ... Que les tribunaux décident souverainement s'il y a ou non plagiat, donnant lieu à contrefaçon. — *Cass.*, 3 juill. 1812, N...

508. — ... Que les tribunaux apprécient souverainement le fait de contrefaçon d'ouvrage. — *Cass.*, 1er mars 1834, Terry.

509. — ... Que les tribunaux correctionnels apprécient souverainement les faits constitutifs du délit d'excitation à la corruption prévu par l'art. 334, C. pén. — *Cass.*, 5 juill. 1834, Fernet.

510. — ... Qu'il n'y a pas ouverture à cassation dans la déclaration que le délit d'annonce indirecte d'une souscription illégale résulte d'un seul fait d'annonce. — *Cass.*, 1er sept. 1836, Lamoude.

511. — ... Que lorsque la cour d'appel a décidé qu'il y a eu, non pas indication, mais annonce d'un remède secret, elle a résolu un point de fait qui ne peut être attaqué devant la cour de Cassation. — *Cass.*, 17 déc. 1837 (t. 1er 1838, p. 282), Giraudeau de Saint-Gervais. — V. REMÈDES SECRETS.

512. — ... Et que c'est souverainement aussi que la cour d'appel a statué sur le point de savoir si le fait qui lui était déféré a préjudicié aux parties civiles. — Même arrêt.

513. — Jugé encore que les juges du fond décident souverainement si des faits qui sont poursuivis par le ministère public, comme constituant l'exercice illégal de la médecine, ont réellement ce caractère. — *Cass.*, 30 août 1839 (t. 1er 1842, p. 51), Corson. — V. MÉDECINE ET CHIRURGIE.

514. — ... Que l'arrêt qui décide que des sommes saisies dans une maison de jeu clandestine, étaient exposées au jeu ou destinées aux enjeux ultérieurs, est à l'abri de la cassation. C'est là une simple constatation de faits que la cour de Cassation n'a pas mission de contrôler. — *Cass.*, 25 mai 1838 (t. 1er 1838, p. 622), Audibert.

515. — ... De même les variations dans les dépositions de témoins ne peuvent donner ouverture à cassation. — *Cass.*, 19 juin 1817, Hubert. — En effet, ces dépositions forment un des élémens de la conviction des juges ou des jurés, conviction qui, de sa nature, est indépendante de la cour suprême.

516. — ... Car il est reconnu que les faits élémentaires de la conviction des magistrats échappent à la censure de la cour de cassation. — *Cass.*, 20 août 1825, Lorano.

517. — Jugé aussi que l'appréciation faite par une chambre des mises en accusation, des indices et des présomptions de culpabilité, ne peut jamais donner ouverture à cassation. — *Cass.*, 7 août 1812, Depiéker.

518. — ... Qu'il n'est point dans les attributions de la cour de Cassation de prononcer sur les élémens d'une déclaration rendue d'après le résultat des charges d'une instruction. — *Cass.*, 12 fév. 1818, Wilfrid Regnault.

519. — ... Que la chambre d'accusation étant investie du droit de juger si une plus ample instruction est utile, la partie civile ne peut se faire un moyen de cassation de ce qu'elle aurait refusé de faire droit à sa demande tendant à un plus ample informé. — *Cass.*, 20 janv. 1820, Jourdan.

520. — ... Que l'arrêt par lequel une chambre d'accusation déclare qu'il ne résulte de la procédure aucun indice des crimes imputés au prévenu repose sur une appréciation des charges qui le met à l'abri de la cassation. — *Cass.*, 20 janv. 1820, Jourdan.

521. — ... Que la cour de Cassation ne peut connaître de l'appréciation des artifices ou machinations qui constituent la complicité par provocation au crime, susceptible de motiver la mise en accusation d'un individu. — *Cass.*, 17 juill. 1835, Deminiac.

522. — ... Que lorsqu'une chambre d'accusation a décidé en fait que des prévenus de complicité n'ont commis aucun des faits qui la constituent, cette déclaration ne peut être attaquée devant la cour de Cassation, même à l'aide des élémens de l'instruction. — *Cass.*, 23 nov. 1837 (t. 1er 1840, p. 147), de Fusseau.

523. — Ce que nous avons dit sur l'existence matérielle des faits doit s'appliquer encore, lorsque le jury est chargé d'apprécier et leur existence et le degré de culpabilité qu'ils renferment.

524. — Autrefois les cours de justice criminelle jugeant sans jurés n'étaient pas tenues de déclarer de quels genres de preuves elles faisaient résulter la conviction de la culpabilité de l'accusé; en conséquence, un accusé ne pouvait se faire un moyen de nullité de ce qu'il serait incertain si les juges ont formé leur conviction d'après les déclarations écrites ou d'après les déclarations verbales des témoins qui présentaient des contradictions. — *Cass.*, 4 sept. 1828, Bernardini.

525. — Le même droit existe aujourd'hui, sans restriction, en faveur des jurés. — Aussi a-t-on jugé que l'on ne peut fonder un pourvoi en cassation sur ce que le jury aurait déclaré constant un fait à l'égard duquel il n'existait que des notions vagues et incertaines. — *Cass.*, 17 niv. an X, Conore.

526. — ... Qu'un accusé de tentative de meurtre ne peut se faire un moyen de nullité, de ce que la cour d'assises aurait proposé au jury une question sur l'intention de tuer, si cette question ne tendait pas à régler seule la moralité du fait, mais à lui donner un caractère plus aggravant, et si, ayant été répondu négativement, la moralité se trouvait restreinte à des questions sur la volonté et la préméditation, répondues affirmativement par le jury. — *Cass.*, 14 fév. 1817, Riétsch.

527. — ... Que, les jurés n'étant point liés par les procès-verbaux produits devant eux et ne devant apprécier les faits que d'après le résultat des débats, l'accusé ne peut puiser un moyen de cassation dans les procès-verbaux constatant le délit. — *Cass.*, 4 juin 1818, Casse.

528. — ... Que, la loi n'ayant fixé aucun mode de preuve qui doive servir de base à la conviction du jury, l'accusé déclaré convaincu ne peut fonder son recours en cassation sur ce que le ministère public n'aurait pas prouvé le fait de l'accusation avec le caractère qu'il doit avoir, pour rentrer dans l'application de la loi pénale. — *Cass.*, 27 avr. 1820, Lecarpentier.

529. — ... Que lorsqu'un individu arrêté en France, comme ayant enfreint le bannissement dont il était atteint par une loi d'exception, a été déclaré coupable par le jury des faits d'après lesquels cette loi prononce le bannissement, il ne peut se faire un moyen de cassation de ce qu'il n'aurait pas été nominativement désigné dans cette loi, ou de ce qu'il n'aurait pas été préalablement décidé qu'elle lui était applicable. — Même arrêt.

530. — ... Que la cour de Cassation ne peut apprécier les élémens de la réponse du jury; et qu'ainsi lorsque la cour d'assises, en suivant les termes de l'arrêt de renvoi et de l'acte d'accusation, qualifie de collusoire une dette passive dans une question soumise au jury, sur une accusation de banqueroute frauduleuse, et que le jury la déclare telle, l'accusé n'est pas admis à soutenir, devant la cour de Cassation, que le contraire résulte de ses livres de commerce. — *Cass.*, 18 mars 1826, Darmenon Annet.

531. — ... Que lorsqu'un accusé a été déclaré coupable de faux pour avoir altéré une signature sur un billet, il n'est plus permis de plaider devant la cour de Cassation que ce faux ne pouvait pas porter préjudice à des tiers, ni qu'il n'était pas criminel. — *Cass.*, 6 juill. 1827, Joseph Marcassin.

532. — ... Que lorsqu'un jury a prononcé sa déclaration sur des questions légalement extraites, soit d'un arrêt de la chambre d'accusation, soit du réquisitoire du ministère public en tenant lieu, d'après la citation faite au prévenu, conformément à la loi du 8 avr. 1831, on ne peut se pourvoir contre cet arrêt ou ce réquisitoire pour fausse appréciation des charges déclarées exister, et du caractère de criminalité. — *Cass.*, 18 juill. 1832, Fleury.

533. — ... Qu'il n'appartient pas à la cour de Cassation de rechercher si une question posée comme résultant des débats en résulte réellement. — *Cass.*, 2 juill. 1835, Aubry.

534. — ... Que l'accusé de faux ne peut se faire un moyen de cassation de ce qu'il n'a pas été mis en position d'apprécier si le fait principal et les circonstances constitutives de la complicité ont été

qualifiés légalement, alors que leur développement renfermé soit dans le réquisitoire du ministère public sur lequel a statué l'arrêt de mise en accusation, soit dans l'acte d'accusation dressé en conséquence de cet arrêt, exclut toute incertitude, tant sur la nature et la date de l'acte argué de faux que sur les caractères de la complicité. — *Cass.*, 17 juill. 1835, Deminiac.

535. — ... Que l'accusé déclaré coupable d'avoir aidé ou assisté l'auteur d'un crime dans les faits qui l'ont préparé ou facilité, ou dans ceux qui l'ont consommé, est non-recevable à se faire un moyen de cassation de ce que les faits qui ont motivé sa condamnation sont postérieurs à la consommation du crime et ne peuvent le rendre complice d'un fait déjà accompli. — *Cass. belge*, 9 oct. 1835, Michel.

536. — ... Que lorsqu'il a été déclaré par le jury que les accusés sont coupables du crime de faux avec les caractères qui le constituent légalement, il ne peut être soutenu devant la cour de Cassation que, l'acte étant nul, le faux ne pouvait être le principe d'une action criminelle. — *Cass.*, 4 nov. 1836, Horner.

537. — ... Que le procureur général est non-recevable à se pourvoir en cassation contre l'ordonnance du président d'une cour de justice criminelle qui prononce l'acquittement d'un accusé déclaré non convaincu, lorsque le pourvoi n'est formé ni pour composition illégale du jury, ni pour refus de statuer sur les réquisitions du ministère public. — *Cass.*, 8 août 1807, Sérac.

538. — Jugé que les cours royales décident souverainement quand il y a outrage à la morale religieuse, et spécialement, si la négation, dans un écrit, de la perpétuité des croyances chrétiennes, constitue un outrage à la religion de l'état. — *Cass.*, 15 janv. 1830, Laviso.

539. — De même, il appartient aux juges du fond d'apprécier souverainement si un compte rendu des débats d'une cour d'assises est injurieux pour les membres qui la composent. — *Cass.*, 19 oct. 1833, Paulin.

540. — Jugé aussi que le fait de détournement de fonds, au préjudice de ses créanciers, par un commerçant condamné comme banqueroutier, ne peut faire l'objet d'un pourvoi en cassation. — *Cass.*, 16 sept. 1831, Buzel.

541. — ... Que lorsqu'un juré ayant demandé à être rayé de la liste, sur le motif qu'il ne payait pas le cens, la cour d'assises a écarté en fait son allégation, ce moyen ne peut être reproduit devant la cour de Cassation. — *Cass. belge*, 1er sept. 1836, Vanhayenberg et Rosiers.

542. — ... Qu'il n'appartient qu'à la cour d'assises de décider s'il y a, ou non, utilité d'ordonner le renvoi des jurés dans la salle de leurs délibérations, pour rectifier ou régulariser des réponses obscures. — *Cass.*, 8 oct. 1840 (t. 2 1845, p. 561), Mirebeau.

543. — ... Que lorsque l'effet argué de faux a la forme extérieure d'un effet de commerce, et qu'il a été négocié, l'arrêt qui applique à l'accusé coupable de l'avoir fabriqué, les peines du faux en écriture de commerce est à l'abri de la cassation. — *Cour supér. Bruxelles*, 25 juin 1822, Chrysostôme P...

544. — Quoique la jurisprudence soit bien établie sur ce point que les cours et tribunaux décident souverainement les questions de fait, cependant il a été jugé que l'on peut se pourvoir en cassation contre la déclaration qu'une société prétendue nouvelle, pour l'exploitation d'un journal, n'est dans la réalité que l'ancienne. — *Cass.*, 11 oct. 1827, Pulot; 4 avr. 1834, le *National*.

545. — On s'est fondé sur ce que la cour suprême peut alors voir si toutes les conditions prescrites par la loi ont été remplies pour cette formation. Malgré l'autorité des deux arrêts qui précèdent, il est constant que la chambre criminelle, dans cette circonstance, a failli à ses précédens.

546. — Lorsque l'erreur de fait est démontrée par la production d'un acte authentique, cette erreur donne-t-elle ouverture à cassation?

547. — En matière civile, on tient pour l'affirmative (V. CASSATION [matière civile], n° 491); mais la chambre criminelle semble ne pas admettre cette doctrine.

548. — Elle a jugé en effet que celui qui se pourvoit contre un arrêt d'accusation qui le renvoie aux assises, comme accusé d'un attentat commis sur une fille de moins de onze ans, ne peut se pourvoir utilement en cassation contre cette décision, sur le motif que cette jeune personne avait plus de onze ans, même en justifiant de ce fait par la production de l'acte de naissance. — *Cass.*, 1er mars 1838 (t. 1er 1840, p. 381), Bertrand.

549. — Je ne comprends pas ce système, dit M. Tarbé (p. 156). — En matière criminelle, tous les moyens légaux de défense doivent être suppléés par le ministère public et par le juge, et ici

la circonstance de l'âge de la victime était constitutive du crime.

550. — Mais un autre exemple plus frappant encore doit être cité. Un jeune homme est condamné aux travaux forcés et à l'exposition ; il ne se pourvoit pas. Cependant le ministre apprend que ce condamné n'a que dix-huit ans, et qu'ainsi la peine de l'exposition ne lui doit pas être infligée. Des ordres sont donnés pour que l'acte de naissance soit soumis à la cour et qu'à l'aide de l'art. 441 l'arrêt de la cour d'assises soit annulé *parte in quâ*. — La cour rejette. — *Cass.*, 17 mars 1838 (t. 1er 1840, p. 382), Delunet.

551. — M. Tarbé (*loc. cit.*) s'élève avec force contre cet arrêt. — « C'est une disposition d'ordre public, dit-il, et d'humanité que cette prohibition d'exposer des mineurs. Son exécution est confiée aux procureurs généraux et aux cours royales. Si l'acte de naissance n'a pas été connu des magistrats, c'est leur faute ; pourquoi n'ont-ils pas instruit à charge et à décharge ? L'arrêt, dit-on, ne devrait être annulé que pour les vices intrinsèques qu'il pourrait renfermer. Et quel vice plus grand que l'ignorance volontaire du fait, que la négligence dans l'instruction ! Il ne s'agit pas ici de ces vices de forme, de ces nullités de procédure qui se couvrent par le silence ou le consentement des parties, mais d'une condamnation *contraire à la loi* et de la violation *re ipsâ* d'un principe social. »

552. — Au surplus, la chambre criminelle avait rendu une décision plus généreuse dans l'espèce suivante : Un accusé s'était dit, aux débats, âgé de seize ans. Déclaré coupable, il fut condamné ; mais, après cette condamnation, il se procura son acte de naissance et demanda la cassation, parce que l'on n'avait pas posé la question de discernement. La cour de Cassation, après vérifications contradictoires des titres et des pièces, a prononcé l'annulation. — *Cass.*, 17 sept. 1818, Bertrand Olivier.

553. — Il est bien entendu que si le moyen tiré de l'âge n'était pas justifié par la production de l'acte de naissance, soit devant la cour d'assises, soit devant la cour de Cassation, le pourvoi devrait être rejeté. Dans ce cas, il y aurait présomption que l'accusé avait plus de seize ans. — *Cass.*, 19 avr. 1821, Picard.

554. — Les conseils de discipline jugeant les délits commis dans le service de la garde nationale sont aussi appréciateurs souverains de la question de fait.

555. — Ainsi, la cour de Cassation est incompétente pour examiner les excuses qu'un garde national pourrait faire valoir pour se justifier d'un refus de service. — *Cass.*, 10 nov. 1831, Bonfils ; 24 août 1832, Chéron. — V. GARDE NATIONALE.

ART. 5. — *Excès de pouvoir.*

556. — L'excès de pouvoir, qui se distingue de l'incompétence, donne ouverture à cassation contre les actes ou décisions qui sont entachés de ce vice.

557. — Et il y a excès de pouvoir lorsque le juge ou le tribunal franchit les limites de ses attributions. — Henrion de Pansey, *Autorité judiciaire*, chap. 33.

558. — ... Lorsqu'il usurpe des fonctions qui sont étrangères à l'autorité dont il est investi. — Henrion de Pansey, *loc. cit.*

559. — ... Lorsqu'il crée des exceptions, des fins de non-recevoir, des distinctions, des déchéances, que le législateur n'a pas jugé à propos d'admettre. — *Cass.*, 4 juill. 1811, Riboni ; 14 mai 1830, Forêts c. Lannelongue.

560. — Ainsi il y a excès de pouvoir lorsque le tribunal admet en matière de contravention l'excuse tirée de la nécessité. — *Cass.*, 27 mai 1830, Soyer.

561. — ... Ou de l'usage. — *Cass.*, 6 janv. 1827, Lelattu ; 31 juill. 1830, Desmarets.

562. — ... Même d'un usage immémorial. — *Cass.*, 24 sept. 1830, Lamarque.

563. — ... Ou l'excuse tirée de la bonne foi. — *Cass.*, 23 juill. 1836, comm. de Surville c. Holley.

564. — ... Ou celle tirée de l'erreur. — *Cass.*, 20 avr. 1837 (t. 1er 1838, p. 87), Capretz.

565. — ... Lorsqu'il refuse de statuer sur une prévention régulière. — *Cass.*, 4 juin 1830, Delarue.

566. — ... Ou d'appliquer la peine à l'accusé reconnu coupable. — *Cass.*, 18 juill. 1811, Thévenet.

567. — ... Lorsque l'ordre des juridictions est interverti. — *Cass.*, 14 avr. 1827, Vincente Brunel.

568. — ... Lorsqu'un sursis indéfini est prononcé. — *Cass.*, 7 juill. 1838 (t. 1er 1839, p. 393), Maurasca.

569. — ... Lorsque l'arrêt applique une peine à un fait non atteint par la loi pénale. — *Cass.*, 1er thermid. an XII, Bailly.

570. — ... Ou qu'il applique une peine abrogée. — *Cass.*, 7 germin. an XI, Robin.

571. — ... Lorsque des injonctions ou des défenses sont adressées à des prévenus reconnus non coupables. — *Cass.*, 6 juill. 1826, Mesnard.

572. — ... Ou qu'un blâme est infligé à un témoin par une disposition expresse. — *Cass.*, 16 déc. 1837 (t. 1er 1838, p. 622), Bourgeois.

573. — ... Lorsqu'un agent du gouvernement est condamné sans autorisation préalable. — *Cass.*, 10 janv. 1827, Andrieu ; 30 août 1833, Dercheux.

574. — ... Lorsque l'arrêt renferme la protestation de l'un des juges contre la décision. — *Cass.*, 21 avr. 1827, Russeau.

575. — ... Lorsque, à titre de peine, le tribunal a prononcé l'affiche de son jugement. — *Cass.*, 18 prair. an XII, Fradel c. Boulard ; 1er thermid. an XII, Bailly ; 30 juill. 1807, Gaspard Giraud c. Olivier. — V. *contrà Cass.*, 10 avr. 1806, Beaussier. — V. au surplus EXCÈS DE POUVOIR.

576. — En matière civile, l'omission de prononcer sur un chef de demande ou la décision *ultrà petita* sont des moyens de requête civile ; en matière criminelle ce sont des ouvertures de cassation, des excès de pouvoir. — V. *suprà* no 414.

ART. 6. — *Contrariété de jugemens.*

577. — En matière civile, la contrariété d'arrêts ou de jugemens en dernier ressort est tantôt un moyen de requête civile, tantôt un moyen de cassation ; en matière criminelle, c'est ordinairement un moyen de cassation, et quelquefois un moyen de révision. — V. RÉVISION.

578. — En matière criminelle, il est très rare que le pourvoi en cassation s'appuie sur la contrariété de jugemens ou d'arrêts. En effet, il est assez difficile que le cas se présente au milieu des précautions dont s'entoure notre procédure criminelle.

579. — Du reste, la contrariété d'arrêts se réduit souvent au moyen tiré de la violation de la chose jugée.

580. — Il a été jugé que la contrariété existant entre le jugement rendu par un tribunal militaire et une décision de l'autorité administrative ne peut fournir, en aucun cas, une ouverture à cassation tirée d'une violation de chose jugée. — *Cass.*, 15 juill. 1819, Fabry. — V. CASSATION (mat. civ.), REQUÊTE CIVILE.

CHAPITRE III. — *Procédure en matière criminelle.*

581. — En matière civile, c'est le règlement du 28 juin 1738 qui règle principalement la marche des affaires ; en matière criminelle, ce règlement est abandonné, c'est le Code d'instruction criminelle qui fixe l'ordre de la procédure. Ainsi, c'est à ce Code qu'il faut recourir pour la fixation des délais, pour les amendes, pour la mise en état, pour le pourvoi, pour les formes à observer devant la chambre criminelle ; il forme à cet égard une loi complète.

Sect. 1re. — *Délai pour se pourvoir.*

582. — En matière criminelle, les délais pour se pourvoir sont beaucoup moins longs que ceux que la loi a fixés pour les matières civiles ; ils varient d'ailleurs suivant que la décision attaquée émane de telle ou telle juridiction.

ART. 1er. — *Délai pour se pourvoir en matière de simple police et de police correctionnelle.*

583. — Sous le Code du 3 brum. an IV, d'après les art. 163, 205, 440 et 441 combinés, le délai pour se pourvoir en cassation contre les jugemens de simple police ou de police correctionnelle était de trois jours francs.

584. — Le délai était le même pour le condamné que pour le ministère public.

585. — Cependant, et par exception, lorsque le tribunal avait rendu un jugement d'absolution, le ministère public n'avait que vingt-quatre heures pour se pourvoir. — C. 3 brum. an IV, art. 442 ; — *Cass.*, 13 brum. an XI, Boursignon ; 25 frim. an XI, Ulmann.

586. — Le Code d'instruction criminelle est bien moins précis que le Code du 3 brum. an IV, il ne détermine pas le délai du pourvoi contre les jugemens de simple police et de police correctionnelle. L'art. 177 porte seulement que le recours en cassation aura lieu, en matière de police, dans les formes et *les délais qui seront prescrits*.

587. — L'art. 216 est moins catégorique encore, il pose en principe la faculté du pourvoi, mais il ne parle même pas du délai.

588. — Pour combler cette lacune, il a donc fallu recourir à l'analogie, et l'on a pensé que c'était à l'art. 373, C. inst. crim., qu'on devait s'arrêter de préférence. — Legrand, t. 1er, p. 439 et 440 ; Souquet, *Dict. des temps légaux*, vo *Cassation*, 49e tableau, 5e col., no 24 ; Morin, *Dict. de dr. crim.*, vo *Cassation*, p. 132 ; Poncet, *Tr. des jugemens*, t. 2, p. 320, no 553.

589. — Ainsi, d'après cette interprétation, le délai du pourvoi est de trois jours francs, comme sous le Code de brumaire.

590. — La jurisprudence de la cour de Cassation est conforme à cette doctrine aujourd'hui incontestée.

591. — Jugé en conséquence que le délai du pourvoi contre un jugement de police est de trois jours francs. — *Cass.*, 13 déc. 1821, Boulland ; 16 juill. 1824, Sauveur Campi ; 6 avr. 1838 (t. 1er 1840, p. 211), Terreude.

592. — Jugé aussi que dans les matières de simple police, le ministère public n'a, ainsi que les condamnés, que trois jours francs après celui de la prononciation du jugement pour faire au greffe une déclaration de pourvoi en cassation. — *Cass.*, 24 déc. 1824, habitans de Gramat.

593. — Jugé de même qu'en matière correctionnelle il faut, pour déterminer le délai du pourvoi, se référer à l'art. 373, comme formant le droit commun. — *Cass.*, 28 juill. 1820, Legracieux ; 22 déc. 1827, Beuret et Cadot ; 9 juill. 1829, Pérard ; *Cour supér. Bruxelles*, 17 mars 1827, N... ; *Cass.*, 21 oct. 1830, Gibert.

594. — Ce délai reste le même, soit que le pourvoi soit dirigé contre un jugement du tribunal correctionnel rendu en matière de droits réunis. — *Cass.*, 7 janv. 1808, Rosy.

595. — ... Soit qu'il soit dirigé contre un arrêt interlocutoire. — *Cass.*, 9 juill. 1824, Combes ; 18 oct. 1832, Paillard.

596. — Mais si l'art. 373, C. inst. crim., est applicable en matière correctionnelle et de police, y a-t-il lieu d'appliquer également l'art. 374 qui, en cas d'acquittement, réduit à vingt-quatre heures le délai de trois jours à l'égard du ministère public et de la partie civile. — Carnot (sur l'art. 177, C. inst. crim., t. 1er, p. 732, no 3) fait remarquer que l'art. 409, auquel renvoie l'art. 374, ne parle que de l'acquittement de l'*accusé*, et qu'en police correctionnelle il y a des *prévenus* et non des *accusés*. Cette observation nous touche peu, car les expressions de tout article de loi doivent être appropriées à la rubrique sous laquelle il se trouve placé, et nous ne voyons point en quoi celle employée dans l'art. 409 pourrait détruire l'analogie si elle existait. C'est avec plus de fondement que le même auteur fait ensuite remarquer, sur l'art. 412, comme il aurait pu le faire sur l'art. 409, que l'*ordonnance d'acquittement* dont parlent ces deux articles ne peut pas s'entendre des matières correctionnelles (V. conf. Legraverend, t. 2, p. 442, chap. 5, § 4). Et ici, ajouterons-nous, la différence n'est pas seulement dans les mots, elle est aussi dans les choses. Le délai a été abrégé dans l'art. 409, parce que le législateur accorde toujours la plus grande faveur aux déclarations du jury dont le président des assises est simplement l'organe quand il prononce l'acquittement de l'accusé.

597. — Jugé en ce sens que si le ministère public et la partie civile ont trois jours francs pour se pourvoir en cassation contre l'arrêt d'une cour royale rendu sur une poursuite correctionnelle exercée contre un magistrat, l'art. 374, C. inst. crim., qui réduit le délai à vingt-quatre heures, n'est relatif qu'aux ordonnances d'acquittement rendues par les présidens des cours d'assises. — *Cass.*, 22 déc. 1827, Beuret et Cadot. — V. *contrà Cour supér. Bruxelles*, 17 mars 1827, N... ; 16 mars 1827, N... ; 26 juin 1827, N...

598. — Le délai pour se pourvoir est le même quel que soit le demandeur en cassation, que ce soit le prévenu condamné, la partie civile, la personne civilement responsable ou le ministère public.

599. — Il court au profit du ministère public ou du condamné détenu, à partir de l'arrêt.

600. — ... Et au profit de la partie civile, du condamné non détenu, des personnes civilement responsables à partir de la notification de l'arrêt. — Tarbé, p. 113, 2e col., dernier alinéa.

601. — Si les jugemens ou arrêts des tribunaux de police et de police correctionnelle n'ont pas été rendus contradictoirement, le délai du pourvoi ne court à leur égard qu'à partir de l'expiration du délai d'opposition. — Poncet, *loc. cit.*, p. 321 ; Godart de Saponay, p. 106.

602. — ... Ou à partir du jour de la signification quand le jugement ou arrêt par défaut est définitif et en dernier ressort. — Morin, *Dict. de Droit crim.*, p. 132.

ART. 2. — *Délai pour se pourvoir contre les arrêts de la chambre des mises en accusation.*

603. — Le délai pour se pourvoir contre un arrêt de la chambre d'accusation est tantôt de cinq jours, tantôt de trois jours seulement, suivant la nature de l'affaire et le caractère de la décision.

604. — Il est de cinq jours à partir de l'interrogatoire subi par l'accusé, après son arrivée dans la maison de justice, lorsque l'arrêt renvoie cet accusé pour crime devant la cour d'assises. — C. inst. crim., art. 296; — *Cass.*, 7 janv. 1836, Tournery.

605. — Jugé que, quoique l'accusé n'ait pas encore reçu la signification de l'acte d'accusation, lorsqu'il a été averti à la suite de son interrogatoire dans la maison de justice, qu'il avait cinq jours pour se pourvoir en nullité contre cet acte, il n'y a pas nullité de la procédure, si l'accusé a réellement joui du délai de cinq jours, à dater de la signification jusqu'aux débats. — *Cass.*, 1er fév. 1839 (t. 1er 1840, p. 184), Willandt.

606. — Au surplus, l'accusé n'est pas obligé d'attendre son interrogatoire, ni même sa translation dans la maison de justice, pour se pourvoir en cassation contre l'arrêt qui le met en accusation. Le délai de cinq jours établi par l'art. 296, C. inst. crim., lui a été accordé dans son intérêt, et non pour restreindre ses droits. — *Cass.* (impl.), 7 nov. 1812, Dardelut et Rivière.

607. — Mais le délai de cinq jours accordé à l'accusé par l'art. 296, C. inst. crim., pour se pourvoir contre l'arrêt de renvoi, ne peut pas être abrégé sans son consentement, sous peine de nullité des débats et de l'arrêt de condamnation. — *Cass.*, 15 mars 1828. Pierre.

608. — Le délai fixé par l'art. 296, C. inst. crim., emporte déchéance.

609. — Le procureur général est tenu de faire sa déclaration dans le même délai de cinq jours, à compter de l'interrogatoire de l'accusé, sous la même peine de déchéance. — C. inst. crim., art. 298.

610. — L'officier du ministère public près la cour d'assises a, comme le procureur général, la faculté de se pourvoir en cassation contre l'arrêt de renvoi par l'un des trois moyens exprimés dans l'art. 299, C. inst. crim., pourvu que sa déclaration soit faite dans les cinq jours de l'interrogatoire de l'accusé. — *Cass.*, 10 juill. 1812, N...

611. — Le délai est de trois jours seulement, si l'arrêt prononce le renvoi devant la cour d'assises, mais pour délit de presse. — Tarbé, p. 114. — V. CHAMBRE DES MISES EN ACCUSATION, DÉLIT DE PRESSE.

612. — Jugé aussi qu'un individu qui est renvoyé devant la cour d'assises sous la prévention d'un simple délit correctionnel, n'a, pour se pourvoir en cassation contre l'arrêt de renvoi, que le délai général de trois jours. — *Cass.*, 28 juill. 1820, Legracieux.

613. — Jugé de même que le pourvoi en cassation contre un arrêt de mise en accusation pour violation des règles de compétence n'est recevable que dans le cas où il a été déclaré dans les trois jours de la signification. — *Cass.*, 4 déc. 1823, Castaing.

614. — Le délai n'est que de trois jours lorsque la chambre des mises en accusation prononce le renvoi devant le tribunal de simple police ou de police correctionnelle. — Tarbé, p. 114.

615. — ... Ou lorsqu'elle déclare qu'il n'y a lieu à suivre. — *Cass.*, 6 mars 1817, Monnot.

616. — Jugé en ce sens que le délai accordé au ministère public pour se pourvoir en cassation contre les arrêts des chambres d'accusation n'est que de trois jours francs toutes les fois que son pourvoi est basé sur d'autres moyens que ceux qui sont énumérés en l'art. 299, C. inst. crim. — *Cass.*, 30 juin 1827, Morat.

617. — Le délai court contre le ministère public à partir du jour où l'arrêt a été rendu, encore bien qu'il n'ait eu connaissance de cet arrêt qu'après l'expiration du délai. — Même arrêt. — V. CHAMBRE DES MISES EN ACCUSATION.

618. — Sous le Code du 3 brum. an IV, le ministère public n'avait que vingt-quatre heures pour se pourvoir en cassation contre l'ordonnance du directeur du jury portant qu'il n'y avait lieu à suivre. — *Cass.*, 29 frim. an XIII, Weilet.

ART. 3. — *Délai pour se pourvoir contre les arrêts des cours d'assises et contre les ordonnances d'acquittement.*

619. — D'après l'art. 373, C. inst. crim., le délai pour se pourvoir contre les arrêts de condamna-

tion rendus par la cour d'assises est de trois jours francs.

620. — On jugeait aussi sous le Code de brum. an IV, que le condamné qui avait été présent à la prononciation du jugement n'avait que trois jours francs pour se pourvoir en cassation. — *Cass.*, 18 messid. an VIII, Nicolas Masson.

621. — Ce délai est le même pour le condamné, la partie civile et le ministère public.

622. — Jugé que c'est dans le délai de trois jours que doit être formé le pourvoi contre un arrêt repoussant la poursuite pour rupture de ban contre un banni qui n'a pas été saisi. — *Cass.*, 6 mars 1817, Monnot.

623. — ... Ou contre un arrêt de cour d'assises qui ne prononce qu'une condamnation correctionnelle. — Morin, *Dict. dr. crim.*, v° *Cassation*, p. 133, 1re col.

624. — Quand la cour d'assises a rendu un arrêt d'absolution, le délai accordé à la partie civile pour se pourvoir n'est que de vingt-quatre heures. — Art. 374 et 412, C. inst. crim.

625. — Il est de trois jours pour le ministère public. — C. inst. crim., art. 373, 374 et 409 combinés; — Tarbé, p. 113.

626. — Sous le Code du 3 brum. an IV, le ministère public n'avait que vingt-quatre heures pour se pourvoir en cassation contre le jugement d'un tribunal criminel portant absolution. Son pourvoi n'était plus recevable le troisième jour après celui de la prononciation du jugement. — C. 3 brum. an IV, art. 205 et 442; — *Cass.*, 4 vent. an VII (intérêt de la loi), Delcasso.

627. — Jugé, sous l'empire du Code d'instruction criminelle, que le délai du pourvoi n'est réduit à vingt-quatre heures pour le ministère public qu'à l'égard des ordonnances d'acquittement, et qu'il reste fixé à trois jours en ce qui concerne les arrêts d'absolution rendus par la cour d'assises. — Spécialement le ministère public a trois jours francs pour se pourvoir en cassation contre l'arrêt d'une cour d'assises qui, statuant par contumace, acquitte un accusé de banqueroute frauduleuse, sur le motif qu'il n'est pas commerçant. — *Cass.*, 21 nov. 1812, Léger-Lafont.

628. — Lorsque le pourvoi est dirigé contre une *ordonnance d'acquittement*, le délai n'est que de vingt-quatre heures, soit au profit de la partie civile, soit au profit du ministère public. — C. inst. crim., art. 374, 409 et 412; — *Cass.*, 9 janv. 1829, Lombard; 30 déc. 1831, Tourneaux; — Tarbé, p. 113; Morin, p. 133.

629. — Jugé que le pourvoi du ministère public contre les arrêts qui prononcent des peines autres que celles établies par la loi doit, à peine de non-recevabilité, être formé dans les vingt-quatre heures. — C. inst. crim., art. 374, 409 et 412; — *Cass.*, 13 avr. 1837 (t. 1er 1838, p. 321), Farcinet.

630. — L'art. 373, C. inst. crim., ne réserve pas d'une manière formelle à l'accusé qui est *acquitté*, ni au *dénonciateur* qui est condamné, la faculté de se pourvoir en cassation; mais les choses rentrent, à leur égard, dans les termes du droit commun, et il n'y aurait pas de motif raisonnable pour les déclarer non-recevables. — Carnot, t. 2, p. 777, n° 3.

631. — La seule difficulté, suivant cet auteur, est de savoir s'ils doivent faire leur déclaration de recours dans les vingt-quatre heures, ou s'ils ont trois jours francs pour le déclarer. Dans le silence de l'art. 374, Carnot est d'avis, quoiqu'en hésitant, que l'accusé acquitté et le dénonciateur condamné doivent jouir pour se pourvoir du délai de trois jours et non de vingt-quatre heures seulement.

632. — On peut dire contre cette solution qu'il n'y a pas de motifs pour traiter le dénonciateur plus favorablement que la partie civile: mais la raison de décider, c'est que l'art. 374, C. inst. crim., ne réduit le délai ordinaire que lorsqu'il s'agit du ministère public ou de la partie civile; il faut donc, relativement aux autres, rester dans le droit commun.

ART. 4. — *Délai pour se pourvoir contre les jugemens rendus par les tribunaux des colonies, les tribunaux militaires et les conseils de discipline de la garde nationale.*

633. — *Tribunaux coloniaux.* — Dans l'ancienne jurisprudence, le délai pour les pourvois en cassation était le même en matière civile et criminelle; on se conformait dans les deux cas au réglement du 28 juin 1738, qui ne faisait aucune distinction.

634. — Le Code du 3 brum. an IV changea cet état de choses, il établit en matière criminelle des délais plus courts que ceux qui étaient déterminés dans le réglement.

635. — Le Code d'instruction criminelle fit de même; mais comme il n'était pas obligatoire dans les colonies, on continua à y observer le réglement de 1738.

636. — Ainsi l'on jugeait qu'à la Guadeloupe les pourvois en cassation devaient être formés conformément au réglement de 1738, et que le délai pour se pourvoir en cassation était d'un an. — *Cass.*, 22 juill. 1825, Jean Rougon.

637. — Même décision relativement à l'île Bourbon. — *Cass.*, 26 mai 1827, Chauvet et Imbert. — Et il est bien évident que la même règle s'appliquait aussi aux autres colonies.

638. — Aujourd'hui il en est autrement; le Code d'instruction criminelle ayant été promulgué dans les colonies, c'est à ce Code qu'il faut recourir et non au réglement de 1738. — V. COLONIES.

639. — *Tribunaux militaires.* — Le Code d'instruction criminelle n'a pas fixé ce qui concerne le pourvoi contre les décisions des tribunaux militaires.

640. — On jugeait sous l'empire de la loi du 3 brum. an IV que les délais fixés par le Code pour les pourvois en cassation n'étaient pas applicables aux arrêts rendus par des commissions militaires extraordinaires. — C. 3 brum. an IV, art. 441 et 442; — *Cass.*, 8 frim. an XIII, Ingoult c. Merlet.

641. — On jugeait aussi qu'aucun délai fatal n'est prescrit par la loi pour le recours en cassation contre les jugemens des tribunaux militaires de terre ou de mer. — *Cass.* (impl.), 19 prair. an X, Rivoire.

642. — On a jugé de même sous l'empire du Code d'instruction criminelle que les pourvois contre les arrêts des conseils de guerre pour incompétence peuvent être formés utilement en tout temps; l'art. 77 de la loi du 27 vent. an VIII n'a fixé aucun délai pour ces pourvois. — *Cass.*, 17 nov. 1832, Didier. — V. TRIBUNAUX MILITAIRES. — V. aussi TRIBUNAUX MARITIMES.

643. — *Conseils de discipline de la garde nationale.* — La loi sur la garde nationale a fixé d'une manière précise le délai du pourvoi contre les décisions du conseil de discipline. Elle accorde trois jours francs. — L. 22 mars 1831, art. 122. — V. GARDE NATIONALE.

644. — Jugé que le pourvoi formé le 29 fév. 1832, contre un jugement d'un conseil de discipline, notifié le 31 déc. 1831, est non-recevable, comme formé hors du délai légal. — *Cass.*, 12 mai 1823, Deparny.

ART. 5. — *Manière de compter le délai. — Point de départ.*

645. — L'époque à laquelle il est permis de former un recours en cassation varie suivant la nature de la décision attaquée.

646. — D'après l'art. 416, C. inst. crim., le pourvoi contre les arrêts préparatoires et d'instruction ne peut être formé qu'après l'arrêt définitif.

647. — De là il suit que le délai pour se pourvoir contre ces arrêts est suspendu tant que l'arrêt définitif n'a pas été rendu.

648. — Il importera donc, pour savoir si le pourvoi a été ou non régulièrement formé, de bien fixer, en fait, quelle est la qualité du jugement attaqué.

649. — Par exemple, on a décidé que l'arrêt par lequel une cour d'assises renvoie une affaire à la session prochaine, sous le prétexte que les jurés se sont trompés sur les circonstances aggravantes, est purement préparatoire, et peut encore, après l'expiration du délai ordinaire, être attaqué par la voie du recours en cassation. — *Cass.*, 29 nov. 1811, Vansommern.

650. — ... Que le jugement d'un tribunal d'appel de police correctionnelle qui joint, comme connexes, deux plaintes portées par des individus différens contre le même individu, est préparatoire ou d'instruction, et ne peut être attaqué par la voie du recours en cassation qu'après le jugement définitif. — *Cass.*, 22 janv. 1825, Pepin c. Dumarton.

651. — .. Qu'il en est de même de l'arrêt qui déclare n'y avoir lieu d'ordonner la disjonction des poursuites simultanément exercées contre deux prévenus; ce n'est là qu'un arrêt d'instruction. — *Cass.*, 3 juin 1826, Mas c. Min. pub.

652. — ... Que l'arrêt qui rejette le moyen tiré de prétendues irrégularités de la poursuite du ministère public doit, quoique définitif, être rangé dans la classe des arrêts préparatoires et d'instruction dont le pourvoi est ouvert après l'arrêt ou jugement définitif, et sans que son exécution volontaire puisse être opposée comme fin de non-recevoir. — *Cass.*, 11 mai 1833, Paulin.

653. — ... Que l'arrêt par lequel une cour d'assi-

ses refuse d'ordonner sur la demande de l'accusé le renvoi de la cause à une autre session est un arrêt d'instruction qui ne peut être attaqué devant la cour de Cassation qu'après l'arrêt définitif. — *Cass. belge*, 29 oct. 1835, Dewit.

654. — ... Que l'arrêt qui ordonne la reprise de l'instruction sur la production de charges nouvelles, peut être attaqué par le recours en cassation en même temps que l'arrêt de mise en accusation qui l'a suivi. — *Cass.*, 18 mai 1839 (t. 2 1839, p. 427), Thurel c. Demiannay.

655. — Mais l'arrêt de renvoi devant la cour d'assises ne peut être assimilé aux jugemens préparatoires et d'instruction régis par le premier alinéa de l'art. 416, C. inst. crim.; dès-lors on ne peut dire que le recours en cassation n'est ouvert contre cet arrêt qu'après l'arrêt définitif. — *Cass.*, 19 janv. 1833, Ledieu.

656. — De même l'arrêt par lequel une cour de justice criminelle annule l'instruction faite en première instance, et en ordonne une nouvelle, n'est point un jugement simplement préparatoire. En conséquence, le pourvoi formé contre cet arrêt est non-recevable s'il est formé seulement après le jugement du fond. — *Cass.*, 5 nov. 1807, Huré c. Chaussin.

657. — Le délai pour se pourvoir en cassation est également suspendu, comme on l'a vu (*suprà* nos 10 s., 22 s.), pendant le délai de l'opposition ou de l'appel; il ne commence à courir que lorsque la décision est devenue définitive.

658. — Jugé en conséquence que l'on ne peut se pourvoir dans les délais de l'opposition contre un jugement rendu par défaut. — *Cass.*, 10 frim. an XIII, Imbert; 15 janv. 1808, Arnoult; 1er mars 1832, Decombe.

659. — ... Que le ministère public ne peut se pourvoir, en matière criminelle, contre un jugement par défaut, qu'après l'avoir fait notifier au prévenu, et qu'après que ce jugement, susceptible d'être attaqué par opposition, a acquis un caractère définitif. — *Cass.*, 21 nov. 1839 (t. 2 1845), Legé.

660. — ... Et qu'il en est de même à l'égard d'un jugement du tribunal de simple police. — *Cass.*, 5 déc. 1834, Hello. ... Ou d'un jugement rendu par un conseil de discipline de la garde nationale. — *Cass.*, 10 sept. 1831, Jegou; — Souquet, *ubi suprà*, 5e col., no 42. — V. GARDE NATIONALE.

661. — Jugé encore que le délai du pourvoi en cassation ne court, en matière criminelle, contre un jugement par défaut, qu'après l'expiration du délai d'opposition, et que dès-lors on doit réputer non-recevable, en pareil cas, le pourvoi formé par le ministère public avant la notification du jugement attaqué, qui seule fait courir les délais d'opposition. — *Cass.*, 23 oct. 1840 (t. 2 1840, p. 627), Barquisseau; 23 juill. 1842 (t. 2 1842, p. 682), Lich.

662. — Jugé aussi que le pourvoi formé contre un jugement correctionnel avant que le délai de l'appel soit expiré, est non-recevable. — *Cass.*, 14 mai 1824, Lecourt.

663. — Le pourvoi est recevable lorsqu'il est formé après l'expiration du délai de l'opposition. — *Cass.*, 22 oct. 1831, Chauvenet.

664. — En général, le délai pour se pourvoir est *franc*. — Cependant il est des cas où l'on ne doit pas tenir compte du *dies ad quem*, par exemple, lorsque la loi dit que le recours sera exercé *dans tel délai*.

665. — Ainsi, lorsque l'art. 296, C. inst. crim., dispose que le pourvoi sera formé *dans les cinq jours*, ce délai accordé à l'accusé pour former sa demande en cassation de l'arrêt de mise en accusation n'est pas franc; conséquemment la déclaration de pourvoi formée le 19 n'est plus recevable, lorsque l'accusé a été interrogé le 13 par le président de la cour d'assises. — *Cass.*, 12 juin 1828, Canac Deserre.

666. — Quand la loi donne un délai de vingt-quatre heures seulement, on ne doit pas compter *de momento ad momentum*; c'est comme si elle avait accordé un jour franc.

667. — Les jours fériés sont comptés comme jours utiles dans la fixation du délai. — Carnot, *Instr. crim.*, t. 1er, p. 316, no 14.

668. — Ainsi, en matière criminelle, une déclaration de pourvoi en cassation faite le 15, contre un arrêt ou jugement rendu le 10 du même mois, est non-recevable, quoique, dans le nombre des jours intermédiaires, il s'en soit trouvé un férié. — *Cass.*, 12 fév. 1808, Forge.

669. — De même, quoique le dernier jour utile pour la déclaration d'un pourvoi en cassation en matière correctionnelle soit un jour de fête légale, le délai n'est pas prorogé au lendemain. — *Cass. belge*, 9 oct. 1835, Deschietère. — V. DÉLAI.

670. — La loi n'a pu faire courir le délai du pourvoi à compter de la date de l'arrêt ou du jugement que dans le cas où le prévenu, présent à la prononciation, en a eu une connaissance personnelle qui lui tînt lieu de notification; mais lorsqu'il s'agit d'un arrêt de la chambre des mises en accusation, qui se prononce toujours hors la présence des parties, elles ne peuvent être réputées en avoir eu connaissance que par la notification qui leur en est faite officiellement.

671. — Ainsi, le prévenu peut encore, après l'expiration des trois jours, à compter de la date de l'arrêt par lequel la chambre des mises en accusation l'a renvoyé en police correctionnelle, former un recours en cassation, lorsque cet arrêt ne lui a pas été notifié. — *Cass.*, 18 mars 1813, Dauga; — Merlin, *Rép.*, vo *Vol*, sect. 1re, no 5. — V. aussi *infrà* no 704.

672. — Jugé de même que le pourvoi en cassation formé par l'accusé, pour cause d'incompétence, contre l'arrêt qui le met en accusation, est toujours recevable, tant que cet arrêt ne lui a pas été signifié. — *Cass.*, 22 janv. 1819, Vergé; 23 déc. 1819, Brice; 30 juin 1820, Pelletier de Chambure.

673. — ... Que le délai de cinq jours accordé à l'accusé, à compter du jour de son interrogatoire par le président des assises, pour le pourvoi contre l'arrêt de renvoi, ne court que du jour de la notification de cet arrêt, si elle n'a été faite qu'après l'interrogatoire. — *Cass.*, 7 janv. 1836, Tournery.

674. — L'accusé ne peut valablement renoncer à ce délai et consentir à être jugé de suite, qu'autant qu'il connaît déjà, par une notification préalable, l'arrêt de renvoi qu'il renonce à attaquer. — Même arrêt.

675. — La notification de l'arrêt de la chambre des mises en accusation est-elle nécessaire pour faire courir le délai contre le ministère public? — La question est fort délicate.

676. — On jugeait, sous le Code du 3 brum. an IV, que le délai ne courait contre le commissaire du pouvoir exécutif, pour se pourvoir contre une ordonnance du directeur du jury rendue sans ses conclusions préalables et à son insu, que du jour où il en avait eu la communication officielle. — *Cass.*, 16 vendém. an VIII, N.

677. — Mais comment constater cette communication officielle? — Carnot (sur l'art. 229, C. inst. crim., t. 2, p. 228, no 7) avait proposé de faire constater par le greffier, en marge de la minute de l'arrêt, la communication par lui donnée au ministère public de l'arrêt de renvoi. Ce système était raisonnable, mais comme il ne reposait sur aucune disposition de la loi, la cour de Cassation ne l'a point accueilli.

678. — Dans le principe, elle décida, comme elle le faisait sous l'empire du Code du 3 brum. an IV, que le délai accordé au ministère public pour se pourvoir en cassation contre un arrêt de la chambre des mises en accusation portant qu'il n'y a lieu à suivre, est de trois jours et ne commence à courir que du jour où une expédition de l'arrêt lui a été remise par le greffier. — *Cass.*, 1er mars 1816, G.

679. — ... Ou que communication lui a été donnée de la minute. — *Cass.*, 22 août 1817, Thomas Goullay.

680. — Mais cette jurisprudence avait les plus graves inconvéniens; aussi la cour de Cassation a-t-elle fini par reconnaître que le délai courait, contre le ministère public, à compter du jour de la prononciation. — *Cass.*, 10 juin 1826, Gonin. — V. CHAMBRE DES MISES EN ACCUSATION.

681. — Le délai pour se pourvoir contre les arrêts des cours d'assises court à partir du jour qui suit la prononciation. — Souquet, *Dict. des temps légaux*, 49e tabl., 1re col.

682. — Il court contre le ministère public aussi bien que contre le condamné ou la partie civile; en effet, le ministère public a connu ou dû connaître l'arrêt lors de sa prononciation.

683. — On a donc jugé avec raison que le ministère public ne pourrait se pourvoir le 17 contre un arrêt rendu le 12, bien que le greffier de la cour eût délivré un certificat constatant que le procureur général n'a eu connaissance de cet arrêt que le 16, et que la minute a été signée par un conseiller le jour même. — *Cass.*, 13 janv. 1832, Clugny.

684. — Quand un recours est exercé contre un arrêt de cour d'assises, le principe est que le délai du pourvoi est franc. C'est ce que disait l'article 440, C. 3 brum. an IV; c'est ce que dit également l'art. 373, C. inst. crim.

685. — Mais quel sens faut-il donner à ces expressions? Faut-il supprimer du délai le *dies à quo* et le *dies ad quem*?

686. — On est généralement d'accord que le *dies à quo* ne doit pas être compté dans les trois jours accordés par l'art. 373 pour se pourvoir. — Souquet, *loc. cit.*

687. — Mais il y a plus de difficulté relativement au *dies ad quem*. — Carnot (sur l'art. 373, C. inst. crim., t. 2, p. 777, no 2) pense que, la loi ayant accordé trois jours *francs après* celui où l'arrêt a été prononcé, le *cinquième* jour est encore utile. — Bourguignon (*Jurisp. des C. crim.*, sur le même article, t. 2, p. 222, no 3) et Legraverend (t. 2, p. 437) pensent, au contraire, qu'un pourvoi serait tardivement formé le 5 contre un jugement prononcé le 1er du même mois. Mais on répond que si la déclaration devait être faite avant l'entière révolution des trois jours, ce délai ne serait point franc puisque le condamné ou le ministère public qui voudrait se pourvoir serait toujours privé d'une partie quelconque du troisième jour. La loi du 1er frim. an II prête un grand appui à cette interprétation.

688. — Au surplus, la cour de Cassation a jugé, sous le Code de brumaire an IV, que le délai de trois jours francs accordé par la loi pour le pourvoi en cassation; en matière criminelle, ne comprend ni le jour de la prononciation du jugement ni le dernier des trois jours. Ainsi, le pourvoi doit être déclaré au plus tard le 21 contre un jugement prononcé le 17 du même mois. — *Cass.*, 21 therm. an XIII, Martin Teysset.

689. — La jurisprudence est restée la même sous l'empire du Code d'instruction criminelle, car la disposition de l'art. 373 est semblable à celle de l'art. 440 du Code de brumaire.

690. — Ainsi, elle a jugé que l'on ne doit comprendre, dans le délai de trois jours accordé pour se pourvoir en matière criminelle, ni le jour de la prononciation de l'arrêt, ni le dernier des trois jours qui ont suivi cette prononciation. — *Cass.*, 8 nov. 1834, Avril.

691. — Les trois jours accordés au condamné, pour faire au greffe sa déclaration de pourvoi, étant francs, il s'ensuit que le pourvoi contre un arrêt de cour d'assises du lundi 15 est valablement formé le vendredi 19 — *Cass.*, 7 déc. 1832, Poumeyret; 26 janv. 1837 (t. 1er 1838, p. 16), Laurent; — Souquet, *loc. cit.*, 49e tabl., 5e col., no 19.

692. — L'inobservation du délai emporte déchéance; ainsi, le pourvoi en cassation qui n'a été déclaré qu'après les trois jours francs accordés par l'art. 373, C. inst. crim., est non-recevable. — *Cass.*, 13 déc. 1821, Boulland.

693. — Jugé de même que l'on ne peut se pourvoir le 18 contre un arrêt de cour d'assises rendu le 10. — *Cass.*, 26 janv. 1837 (t. 1er 1838, p. 16), Laurent.

694. — Cette déchéance est la sanction nécessaire de la fixation des délais. Elle doit s'appliquer partout.

695. — Ainsi est non-recevable un pourvoi contre un arrêt criminel de la cour royale de la Guadeloupe, s'il a été formé après le délai de trois jours francs établi par l'art. 8 de l'ord. du 4 juill. 1827. — *Cass.*, 24 avr. 1829, Moras.

696. — Jugé de même que, depuis la promulgation de l'ordonnance du 4 juill. 1827, le pourvoi en cassation contre un arrêt rendu par le conseil privé de la Martinique, constitué en commission d'appel, est non-recevable et tardif s'il n'a pas été formé dans le délai de trois jours francs, à partir de celui où l'arrêt a été rendu. — *Cass.*, 11 déc. 1829, Gayot.

697. — Quelle que soit la rigueur de la loi criminelle pour le calcul des délais du pourvoi, elle devrait cependant céder dans quelques circonstances exceptionnelles à des considérations d'une évidente équité. — Ainsi, il est certain que celui qui se trouve dans l'ignorance d'une décision rendue contre lui ne peut être reproché pour ne l'avoir pas attaquée, et que dès-lors aucun délai fatal ne doit pouvoir courir contre lui.

698. — Jugé en ce sens qu'un pourvoi en cassation est recevable, lorsqu'il est justifié par un certificat du greffier que le prévenu a fait en temps utile tout ce qui était en lui pour en faire la déclaration, et que le greffier a refusé de la recevoir. — *Cass.*, 15 nov. 1811, Giorgetti.

699. — Jugé de même que le pourvoi en cassation formé hors des délais, en matière criminelle, est recevable, lorsqu'il est établi en fait que le demandeur avait manifesté en temps utile, par l'intermédiaire de son défenseur, l'intention de se pourvoir en cassation contre l'arrêt de condamnation, et que ce n'est que par des faits qui lui sont étrangers que le procès-verbal a été dressé après l'expiration des délais voulus par la loi. — *Cass.*, 29 nov. 1838 (t. 1er 1839, p. 269), Bourdolle.

700. — On tient même compte d'une erreur bien justifiée, comme le prouve l'arrêt suivant. — Jugé que lorsqu'une partie n'a pu former son pourvoi à cause de l'erreur où étaient les magistrats d'une colonie, qui ne pensaient point que la voie de la cassation fût ouverte, le recours devait être reçu, quoique formé après l'expiration du délai. — *Cass.*, 30 sept. 1826, Bisselte, Fabien et Volny.

701. — Le délai de vingt-quatre heures accordé au ministère public pour se pourvoir en cassation

contre un arrêt d'acquittement, court seulement du jour qui suit celui où le jugement ou l'arrêt a été prononcé, et non de l'instant même de la prononciation. — *Bruxelles*, 12 fév. 1828, D.

702. — En matière correctionnelle, le délai pour se pourvoir en cassation court à partir de la signification de l'arrêt ou du jugement qu'on veut attaquer.

703. — Ainsi, jugé que la partie civile est toujours recevable à se pourvoir en cassation contre un arrêt qui la condamne par défaut à des dommages-intérêts, tant qu'il ne lui a pas été signifié. — *Cass.*, 18 sept. 1828, Dumas de Pascaud.

704. — Nous ferons remarquer que lorsque le jugement de police correctionnelle est définitif et en dernier ressort, il n'est nécessaire d'attendre aucun délai pour l'attaquer en cassation; le pourvoi peut être formé avant que le jugement ou l'arrêt ait été signifié. — Souquet, *Dict. des temps légaux*, t. 1er, 49e tabl., 5e col., no 32. — V. aussi *suprà* no 671.

705. — En matière de police, le délai du pourvoi en cassation contre les jugemens rendus en dernier ressort court à partir du jour de la prononciation, et non, comme celui de l'appel, à partir du jour de la signification. — *Cass.*, 2 août 1828, Bocquet; — Souquet, *Temps légaux*, t. 1er, 49e tabl., 5e col., no 28; — *Cass.*, 19 nov. 1835, Bellé.

706. — Jugé que le recours en cassation contre les jugemens ou arrêts contradictoires en dernier ressort, n'étant, en matière de police simple ou correctionnelle, comme en matière de grand criminel, admissible, suivant l'art 373, C. inst. crim., qu'autant qu'il a été formé trois jours francs après celui où ils ont été prononcés, il y a lieu de rejeter le pourvoi formé le 7 juin contre un jugement de police rendu le 1er du même mois. — *Cass.*, 31 juill. 1830, Desplas.

707. — Jugé aussi que le pourvoi en cassation formé le 6 oct. contre un jugement de simple police rendu le 20 août précédent est tardif et non recevable. — *Cass.*, 11 déc. 1829, Benoît.

708. — En matière de garde nationale, pour déterminer le point de départ du délai, il faut distinguer si le pourvoi est formé par le rapporteur ou par le garde national condamné.

709. — Dans le premier cas, c'est-à-dire lorsque c'est le rapporteur qui se pourvoit, le délai court à partir de la prononciation du jugement. — L. 22 mars 1831, art. 122; — *Cass.*, 10 sept. 1831, Jegou; 17 mars 1832, Prault; 8 nov. 1838 (t. 1er 1839, p. 320), Darson.

710. — Dans le second cas, le délai ne court qu'à dater de la signification. — Souquet, *Temps légaux*, t. 1er, 49e tabl., 1re col.

711. — Cependant e garde national condamné par jugement contradictoire du conseil de discipline peut se pourvoir avant la signification. — *Cass.*, 26 déc. 1835, Durand.

712. — Si la signification est nécessaire pour faire courir le délai du pourvoi contre un jugement contradictoire, elle l'est à plus forte raison encore lorsque le jugement est par défaut.

713. — Mais il faut remarquer que la même signification qui fait courir les délais de l'opposition à un jugement par défaut, en matière de garde nationale, suffit pour faire courir le délai du recours en cassation. — Ainsi le délai prend cours à partir du moment où le jugement est devenu définitif, et cela sans qu'il soit besoin d'une signification nouvelle. — *Cass.*, 17 janv. 1834, Bousché; — Souquet, *loc. cit.*, 5e col., no 44.

714. — Jugé d'après ces principes qu'on doit se pourvoir contre un jugement du conseil de discipline rendu par défaut au plus tard le septième jour à partir de sa signification. Ainsi le pourvoi contre un jugement signifié le 17 doit être formé au plus tard le 24; il est non-recevable s'il n'a été formé que le 26. — *Cass.*, 14 juill. 1832, Bellonge; — Souquet, *loc. cit.*, 5e col., no 43.

Sect. 2e. — *De la consignation d'amende.*

715. — En matière criminelle il faut, comme en matière civile, pour que le recours soit recevable, que le demandeur en cassation ait consigné préalablement une amende dont la quotité varie suivant les circonstances.

ART. 1er. — *Quotité de l'amende. — Cas où il faut en consigner plusieurs. — Cas où une seule suffit.*

716. — L'amende est de 150 fr. quand l'arrêt ou le jugement est contradictoire, et de 95 fr. s'il est par défaut ou par contumace. — C. inst. crim., art. 419.

717. — Lorsque le pourvoi est dirigé contre la décision d'un conseil de discipline en matière de garde nationale, la consignation est du quart de l'amende ordinaire.

718. — Dans tous les cas, le taux de l'amende doit être augmenté du décime de guerre.

719. — Pour être autorisé à ne consigner que l'amende de 75 fr., suffit-il que l'une des parties ait été défaillante, ou faut-il que ce soit le réclamant personnellement qui ait été condamné par défaut? « L'art. 419, C. inst. crim., dit Carnot (t. 3, p. 171, no 4), ne met pas en opposition, comme le faisait le règlement de 1738, les arrêts *contradictoires* et les arrêts par défaut; le mot *contradictoire* ne se trouve pas dans sa disposition, mais c'est le même esprit qui a présidé aux deux rédactions : le mot *contradictoire* doit donc y être suppléé; et nous pensons, dès lors, qu'il y a consignation suffisante d'une amende de 75 fr., lorsque l'une des parties a été défaillante, sans que l'on doive s'occuper du point de savoir si c'est le réclamant ou toute autre partie qui a fait défaut. Un arrêt n'est contradictoire, en effet, que lorsqu'il a été rendu contradictoirement entre toutes les parties qui sont en cause, et tout arrêt qui n'est pas contradictoire est nécessairement par défaut. »

720. — « Cette explication de l'art. 419, ajoute Carnot, résulte clairement de l'assimilation faite par cet article du jugement rendu par *défaut* ou par *contumace*; car la partie civile est la seule qui soit autorisée à faire sa déclaration de recours contre les arrêts de contumace, et la contumace ne peut s'instruire et se juger que contre l'accusé. »

721. — Cependant il a été jugé que la partie civile qui se pourvoit en cassation contre un arrêt rendu par défaut à l'égard d'un prévenu, mais contradictoirement entre elle et un autre prévenu, est tenue de consigner une amende de 150 fr. et non de 75 fr. seulement, sous peine de déchéance. — *Cass.*, 14 mai 1813 (et non pas 19, comme l'indique Merlin, vo *Vol*, sect. 1re, no 4), Lemère c. Duhamel.

722. — « Cet arrêt, dit Merlin (*Quest. de dr.*, vo *Cassation*, § 19, no 10), a sans doute bien jugé; mais pourquoi? Parce que Lemère et Ménier n'attaquaient pas seulement l'arrêt de la cour de Rennes en tant qu'il avait acquitté la femme Thabuis, mais qu'ils l'attaquaient en tant qu'il avait acquitté contradictoirement la femme Duhamel; parce que, dans ce cas, il était impossible de les considérer comme demandeurs en cassation d'un arrêt non contradictoire à leur égard. — Mais la cour de Cassation eût-elle prononcé de même, soit dans le cas où la femme Duhamel eût fait défaut tout aussi bien que la femme Thabuis devant la cour de Rennes, soit dans le cas où les sieurs Lemère et Ménier ne se fussent pourvus en cassation contre l'arrêt de la cour de Rennes qu'en tant qu'il avait acquitté la femme Thabuis? Je crois pouvoir assurer que non. »

723. — Comme on le voit, Merlin partage l'opinion de Carnot, et donne à l'art. 419 la même interprétation que lui : c'est celle qui doit prévaloir.

724. — Vainement objecterait-on que la partie dont les moyens ont été rejetés sans que son adversaire se défendit, est plus téméraire lorsqu'elle forme un pourvoi que celle qui a succombé contradictoirement; on répondra toujours victorieusement que l'art. 419 ayant réduit à 75 fr. l'amende à consigner quand l'arrêt attaqué a été rendu par *contumace*, a nécessairement tranché la question, puisqu'il n'y a de *contumace* que contre l'accusé. Or, si l'amende est de 75 fr. seulement quand l'arrêt est par contumace, comment voudrait-on qu'elle fût de 150 fr. quand l'arrêt est par défaut?

725. — Il est, au surplus, reconnu que lorsque deux personnes attaquent une même décision, elles sont soumises à une consignation simple ou double, selon qu'il y a ou non communauté d'intérêts.

726. — Ainsi, lorsque plusieurs individus condamnés pour le même délit par un seul et même arrêt attaquent cet arrêt par les mêmes moyens communs à tous, ils ne doivent qu'une seule amende. — *Cass.*, 31 août 1838 (t. 2 1838, p. 391), Mille. — V. CASSATION (mat. civ.), nos 1336 et suiv.

727. — Nous avons dit (*suprà* no 64) que le recours contre les décisions rendues par les conseils de discipline de la garde nationale est assujetti à la consignation de l'amende; d'après la loi du 22 mars 1831, cette amende est du quart de l'amende ordinaire; elle s'augmente, en outre, suivant l'usage, du dixième pour subvention de guerre.

728. — Ainsi, le total de l'amende, dixième compris, forme la somme de 41 fr. 25 c., quand le jugement est contradictoire.

729. — L'amende à consigner diminue dans la même proportion quand il s'agit de jugemens par défaut — Jugé que dans ce cas elle est de 18 fr. 75 c., plus le dixième. — *Cass.*, 19 sept. 1833, Morin.

730. — Le jugement n'est plus considéré comme étant par défaut, quand il est rendu avec débouté d'opposition. — Dans ce cas, le garde national qui, condamné par un premier jugement par défaut, auquel il a formé opposition, s'est laissé condamner une seconde fois par défaut, doit, s'il se pourvoit en cassation, consigner l'amende entière de 41 fr. 25 c. à peine de déchéance. — *Cass.*, 29 mai 1835, Bérard.

731. — Jugé de même qu'en matière de garde nationale, comme en matière correctionnelle, la partie qui se pourvoit en cassation contre un jugement par défaut sur débouté d'opposition, lequel a le caractère de jugement contradictoire, est tenue de consigner l'amende entière, à peine de déchéance. — *Cass.*, 11 nov. 1836, Béguin.

732. — Bien que la loi du 22 mars 1831 ait considérablement réduit le taux de l'amende à consigner en matière de garde nationale, cependant cette exception disparaît lorsque ce n'est plus contre une décision du conseil de discipline, mais contre un jugement du tribunal de police correctionnelle que le pourvoi est dirigé.

733. — Ainsi, lorsque le garde national qui se pourvoit en cassation a été condamné par un jugement correctionnel rendu après deux précédentes condamnations, par un conseil de discipline, il doit consigner l'amende ordinaire de 150 fr., plus le dixième, et se constituer en état, sous peine d'être déclaré non-recevable. — *Cass.*, 29 août 1833, Rivière; 18 mai 1837 (t. 1er 1838, p. 357), Chesnay.

734. — Nous ferons remarquer, au surplus, qu'avant la loi du 22 mars 1831, la consignation de l'amende ne différait dans aucun cas de la consignation ordinaire.

735. — Jugé, en effet, avant la nouvelle loi sur la garde nationale, que le garde national qui se pourvoit contre une décision du conseil de discipline, est non-recevable s'il ne consigne l'amende de 150 fr., ou s'il ne produit les certificats d'indigence prescrits par l'art 420, C. inst. crim. — *Cass.*, 3 déc. 1830, Hamart. — V. GARDE NATIONALE.

736. — Le pourvoi en cassation contre les jugemens des tribunaux consulaires établis en matière criminelle, correctionnelle et de police, par la loi du 25 mai 1836 dans les Echelles du Levant et en Barbarie, est soumis à la consignation d'amende. — *Cass.*, 4 janv. 1838 (t. 2 1839, p. 469), Colin.

ART. 2. — *Dispense de consignation.*

737. — La consignation d'amende n'est pas exigée dans tous les cas : il existe des dispenses qui sont fondées soit sur la nature de la consignation, soit sur la qualité de la personne qui se pourvoit, soit sur l'indigence.

738. — D'après l'art. 420, C. inst. crim., les condamnés en matière criminelle sont dispensés de l'amende.

739 — Jugé, en conséquence, qu'en matière de grand criminel, la consignation de l'amende n'est pas exigée de l'accusé qui se pourvoit en cassation, et que, s'il l'a faite, il y a lieu d'en ordonner la restitution. — *Cass.*, 10 sept. 1830, Tennesson

740. — ... Que le pourvoi formé par le condamné contre un arrêt de cour d'assises qui, en vertu d'un précédent arrêt de condamnation pour crime, statue sur des réparations civiles, n'est pas soumis à la condition préalable d'une consignation d'amende. — *Cass.*, 16 janv. 1834, Priou.

741. — Jugé aussi que le demandeur en cassation, en matière de délit passible de peines afflictives ou infamantes, est dispensé de consigner l'amende, quand même la poursuite ne serait pas encore en état. — *Cass.*, 7 sept. 1810, Ducorroy.

742. — La dispense établie par l'art. 420 est limitative; elle ne peut être réclamée par la partie civile. — Legraverend, t. 1er, p. 443; Poncet, *Des jugemens*, t. 2, no 547.

743. — ... Ni invoquée en matière correctionnelle ou de simple police. — *Cass.*, 2 août 1816, Noulet; 20 août 1818, Bailoart; 7 mai 1819, Achard. — V. aussi *Cass.*, 27 vendém. an IX, Poncet; 7 niv. an XIII, Scholle; 25 thermid. an XII, Mauric; 11 oct. 1827, Gambel; 9 sept. 1825, Landes.

744. — L'obligation de consigner l'amende, imposée à tout condamné en matière correctionnelle qui se pourvoit en cassation, doit être déterminée non par la nature de la poursuite, mais par la condamnation intervenue.

745. — Ainsi l'individu poursuivi pour crime, mais déclaré par le jury coupable d'un simple délit et condamné par la cour d'assises, jugeant correctionnellement, à une peine correctionnelle, est non-recevable dans son pourvoir s'il n'a pas préalablement consigné l'amende de 150 fr. — *Cass.*, 14 janv. 1831, Brousse.

746. — ... Ou produit un certificat d'indigence. — *Cass.*, 18 janv. 1821, Leroux; 2 sept. 1824, Caisse;

17 juill. 1828, Jousseaume; *Cass. belge*, 17 déc. 1835, Schoolaart.

747. — Jugé de même que la consignation d'amende est nécessaire de la part de celui qui se pourvoit en cassation contre un arrêt de cour d'assises, par lequel, quoique absous de l'accusation portée contre lui, il a été, comme coupable d'un délit, condamné à une peine correctionnelle. — *Cass.*, 9 juill. 1812, Jean Albenne; 20 août 1812, Laroche; 16 oct. 1812, Ledreux; 5 nov. 1812, Camille Arducini; 12 nov. 1812, Hyacinthe Guyot; 29 janv. 1813, Leppert et Berger; 11 mars 1813, Lebourgeois et Calois; 18 mars 1813, Raymond Macubiau; 1er avr. 1813, Vincent Pluviose; 15 avr. 1813, Edme Carillon; 29 avr. 1813, Joseph Philippe; 28 mai 1813, Joseph Bozeux; même jour, Victoire Barel; même jour, Victor Simon; 2 nov. 1815, Hagard et Laporte.

748. — Jugé d'après les mêmes principes que l'accusé acquitté qui veut se pourvoir en cassation contre l'arrêt par lequel la cour d'assises l'a condamné à des dommages-intérêts envers la partie civile, ne peut se dispenser de consigner l'amende ou de justifier de son indigence, sous peine d'être déclaré non-recevable dans son pourvoi. — *Cass.*, 12 oct. 1815, Daniel Mauri c. Jean Poulot; 30 déc. 1831, Sazarrini.

749. — Quoique la jurisprudence soit bien établie sur cette question, elle a cependant été contredite par Poncet, *Traité des jugemens*, t. 2, p. 310, note 1re 2o. « Si l'arrêt de la Cour criminelle, dit-il, n'avait prononcé que des peines correctionnelles ou de police, le condamné qui se pourvoit devrait-il consigner? — Non, car il était accusé criminellement et il a subi l'épreuve d'une instruction criminelle. »

750. — Cette opinion, vers laquelle semble pencher Carnot (t. 3, p. 174, no 3), et qui du reste était suivie sous l'empire du Code du 3 brum. an IV, est aujourd'hui abandonnée; toutefois ce n'est qu'après de vives discussions que la jurisprudence de la cour de Cassation s'est fixée: Carnot nous apprend que l'arrêt du 9 juill. 1812 ne fut rendu que *nullis contradicentibus* et après un long délibéré

751. — Néanmoins la jurisprudence distingue entre le cas où le fait qualifié crime se réduit aux simples proportions du délit correctionnel et celui où la peine correctionnelle se trouve appliquée seulement par suite des circonstances atténuantes. — Dans le premier cas, la consignation est exigée, elle ne l'est pas dans le second.

752. — Ainsi il a été jugé que l'individu déclaré coupable d'un crime, mais auquel une condamnation correctionnelle a été appliquée par suite de l'admission de circonstances atténuantes, n'est pas tenu de consigner l'amende pour se pourvoir en cassation. — *Cass.*, 9 mars 1838 (t. 1er 1840, p. 668), Bernard.

753. — ... Et que, s'il a consigné une amende, on doit en ordonner la restitution, lors même que son pourvoi serait rejeté. — *Cass.*, 10 mai 1832, Gaetan; 7 mars 1833, Lelièvre.

754. — On s'est demandé si le mineur de seize ans, qui a été déclaré avoir agi sans discernement, est obligé de consigner l'amende pour se pourvoir en cassation contre l'arret de la cour d'assises qui, aux termes de l'art. 66, C. pén., a ordonné sa détention dans une maison de correction, et l'on a prétendu que la négative avait été jugée par arrêt du 12 août 1813, Henri Pierratz.

755. — « Je crois en effet, dit Merlin (*Quest. de dr.*, vo *Cassation*, § 19, no 6), que c'est la négative qu'il eût dû adopter, s'il eût prononcé sur la question; mais le fait est qu'il ne l'a point du tout jugée. »

756. — D'après l'art. 420, C. inst. crim., il y a dispense de consignation au profit des agens publics pour affaires qui concernent directement l'administration et les domaines ou revenus de l'état.

757. — Cet article ne parle pas, comme on peut le remarquer, du ministère public agissant dans l'intérêt de la vindicte publique, mais il est constant que la dispense lui est applicable. — V. CASSATION (mat. civ.), MINISTÈRE PUBLIC.

758. — La disposition de l'art. 420 a particulièrement en vue l'administration des forêts, celles de l'enregistrement et des domaines, des douanes, des contributions indirectes, etc. — V. ces mots.

759. — Mais elle ne s'applique pas aux régies intéressées. — Carnot, t. 3, p. 174, no 2.

760. — D'après le même auteur, pour que la dispense existe, il ne faut pas non plus que l'administration qui se pourvoit ait un intérêt *personnel* à l'affaire, soit direct, soit indirect. Il faut qu'elle plaide dans le seul intérêt de l'état.

761. — « Ainsi, dit-il (*loc. cit.*), le préposé qui a pris des conclusions personnelles en dommages-intérêts contre le prévenu, doit consigner l'amende sur son recours, lors même que l'action aurait été introduite à la requête de l'administration à laquelle il est attaché. »

762. — Comme administrateur de l'octroi, le maire d'une commune ne représente pas la commune elle-même: aussi n'est-il pas compris dans la faveur de l'art. 420, et il doit consigner l'amende. — Ainsi jugé que le maire qui se pourvoit en cassation contre un arrêt rendu en matière correctionnelle, dans une affaire concernant l'octroi de sa commune, n'est point dispensé de consigner l'amende prescrite à peine de déchéance. — *Cass.*, 13 oct. 1820, maire de Nantes c. Houdet; 5 mars 1831, octroi de Mirande; 23 nov. 1837 (t. 2 1839, p. 469), Gras.

763. — ... Il en est de même du fermier de l'octroi. — *Cass.*, 5 mars 1831, octroi de Mirande.

764. — Toutefois on a décidé que lorsque le maire d'une ville, en qualité d'administrateur de l'octroi, et l'administration des contributions indirectes se sont tous les deux pourvus en cassation contre un arrêt rendu en matière correctionnelle, la régularité du pourvoi de la régie suffit pour justifier celui du maire du défaut de consignation d'amende. — *Cass.*, 26 mars 1819, Malleux c. maire de Rouen et Contrib. ind.

765. — D'après l'art. 420, C. inst. crim., sont encore dispensées de la consignation les personnes qui joindront à leur demande en cassation: 1o un extrait du rôle des contributions constatant qu'elles paient moins de six francs, ou un certificat du percepteur de leur commune, portant qu'elles ne sont point imposées; — 2o un certificat d'indigence à elles délivré par le maire de la commune de leur domicile, ou par son adjoint, visé par le sous préfet et approuvé par le préfet de leur département.

766. — L'indigence étant un état qui peut cesser d'une manière plus ou moins rapide, et par des causes diverses, il importe que le certificat ne remonte pas à une époque éloignée. — Ainsi jugé que le certificat d'indigence qui doit être produit lors du pourvoi en cassation est insuffisant, s'il est antérieur de vingt mois à l'arrêt attaqué. — *Cass.*, 25 thermid. an XII, Mauric.

767. — Au surplus, la circonstance qu'un condamné, depuis la production d'un certificat d'indigence à défaut de consignation d'amende, a versé un cautionnement de 1000 fr. pour avoir sa liberté provisoire, ne rend pas le pourvoi non-recevable. — *Cass.*, 27 fév. 1831, Raspail. — Et cela d'autant mieux, que le cautionnement a pu être fourni par un tiers.

768. — Pour être valable, le certificat d'indigence doit remplir les conditions exprimées dans l'art. 420. — Ainsi jugé qu'en matière correctionnelle, un pourvoi en cassation est non-recevable lorsque, pour suppléer à la quittance de consignation d'amende, le demandeur y a joint un certificat d'indigence non revêtu de l'approbation du préfet, mais seulement légalisé quant aux signatures par le sous-préfet. — *Cass.*, 27 vendém. an IX, Pancet; 25 thermid. an XII, Mauric; 7 niv. an XIII, Scholler; 9 sept. 1825, Landes; 11 oct. 1827, Gambet.

769. — Jugé que le pourvoi en cassation est non-recevable lorsque, pour suppléer à la consignation d'amende, le demandeur produit un certificat d'indigence qui est légalisé, mais non approuvé par le préfet et qui n'est accompagné ni d'un extrait du rôle des contributions ni d'un certificat de non-imposition. — *Cass.*, 30 nov. 1811, Muller; 26 déc. 1811, Valenq. — V. au surplus CASSATION (mat. civ.), CERTIFICAT D'INDIGENCE.

ART. 3. — *Déchéance faute de consignation. — Restitution de l'amende.*

770. — Le défaut de consignation de l'amende entraîne la déchéance du pourvoi en matière criminelle comme en matière civile.

771. — La quittance doit également dans les deux cas être jointe à la requête ou à la déclaration de recours; cependant en matière criminelle cette omission n'entraîne pas nécessairement le rejet du pourvoi.

772. — En effet il a été jugé qu'en matière correctionnelle ou de police, un pourvoi en cassation ne peut pas être déclaré non-recevable, faute par le demandeur d'avoir joint à sa requête une quittance de consignation d'amende et qu'il suffit que cette quittance soit produite avant le jugement du pourvoi. — *Cass.*, 6 fructid. an VIII, Hache c. Douanes; — Godart, p. 109.

773. — Mais il serait trop tard si la production était faite après l'arrêt, l'amende eût-elle été réellement consignée. — *Cass.*, 24 déc. 1824.

774. — Il y a toutefois, dit Tarbé (p. 328, no 1080), des exemples contraires.

775. — Lorsqu'il a été consigné plusieurs amendes, quoiqu'une seul suffit, la cour, en rejetant le pourvoi, ne prononce qu'une seule amende et ordonne la restitution des autres aux parties intéressées. — Tarbé, p. 118.

776. — En matière criminelle, l'amende est restituée lorsqu'il y a désistement; la chambre criminelle considère comme non avenu le pourvoi dont on s'est désisté. — *Cass.*, 9 juill. 1830, Forêts c. Glonner.

777. — On sait que les chambres civiles ont une jurisprudence contraire, et qu'elles se croient liées par les termes du réglement du 28 juin 1738. — V. CASSATION (mat. civ.).

778. — Lorsqu'une ordonnance d'amnistie intervient avant la décision sur un pourvoi, la cour de Cassation ordonne la restitution de l'amende. — *Cass.*, 14 mai 1835, Oriol; — Tarbé, no 1084.

779. — Il suffit que l'arrêt attaqué soit annulé dans une seule de ses dispositions pour qu'il y ait lieu à restitution de l'amende.

780. — Et même cette restitution doit avoir lieu quoique la cassation ait été prononcée sur le recours du ministère public et non sur celui du condamné. Ce point avait d'abord fait difficulté, mais il fut tranché par la cour de Cassation, le 27 février 1808 (arrêt cité par Carnot, t. 3, p. 175). — Comme l'affaire avait été renvoyée devant une autre cour pour qu'il fût procédé à un nouveau jugement, ce renvoi, dit Carnot (*loc. cit.*) fut le motif qui décida la cour suprême à ordonner la restitution de l'amende. Il résultait en effet de l'annulation de l'arrêt que la cour qui l'avait rendu n'avait pas rempli les formalités prescrites par la loi; et quoique le pourvoi de la partie condamnée eût été rejeté, cette partie n'en avait pas moins obtenu l'objet de sa demande, qui était d'être jugée de nouveau.

Sect. 3e. — *Mise en état. — Liberté provisoire.*

781. — L'art. 421, C. inst. crim., pose en principe que les condamnés, même en matière correctionnelle ou de police, à une peine emportant privation de la liberté, ne sont pas admis à se pourvoir en cassation, lorsqu'ils ne sont pas actuellement en état, ou qu'ils n'ont pas été mis en liberté sous caution.

782. — Se mettre en état c'est se constituer dans les prisons des juges qui ont rendu les décisions attaquées, et quelquefois dans celle du lieu où siége la cour de Cassation. — V. *infrà* no 792.

783. — La disposition de l'art. 421 a trouvé des contradicteurs. — « Dans notre opinion, dit Carnot (t. 3, p. 181, no 5), l'art. 421 doit être retranché du Code; car il déroge au principe consigné dans tous les monumens de la législation et de la jurisprudence, qu'en matière criminelle un jugement de condamnation ne peut être exécuté qu'après qu'il est devenu irrévocable: ce qui est fondé sur ce que l'exécution en serait irréparable et définitive. Dans la raison comme dans la justice, tant qu'il reste au condamné un moyen légal de faire connaître son innocence, il ne peut être réputé coupable, ni conséquemment être puni comme tel. »

784. — « Vainement, dit le même auteur, prétend-on établir une distinction à cet égard entre les peines afflictives et infamantes et la simple détention; car si la détention est une peine moins sévère, ce n'en est pas moins une *peine*, et même une peine *corporelle*, et il n'est aucune peine de cette qualité qui puisse être appliquée provisoirement. »

785. — La disposition de l'art. 421, C. inst. crim., maintenue par l'arrêté du 15 mars 1815, art. 50, est exécutoire en Belgique. — *Cour sup. Bruxelles*, 15 déc 1829, N....

786. — La mise en état est exigée même pour le garde national condamné à des peines correctionnelles pour refus réitéré de service. — *Cass.*, 18 mai 1837 (t. 1er 1838, p. 357), Chesnay; — Tarbé, p. 324.

787. — ... Comme aussi pour l'individu qui n'a pas été en détention préventive. — *Cass.*, 22 oct. 1812, Chambellan.

788. — Jugé de même que l'individu condamné correctionnellement par la cour d'assises à l'emprisonnement pour délit de presse ne peut se pourvoir en cassation qu'autant qu'il est en état ou en liberté sous caution. — *Cass. belge*, 19 nov. 1836, Maurice Bernard.

789. — La mise en état est-elle nécessaire pour le contumax qui veut se pourvoir contre l'arrêt de renvoi? — V. CHAMBRE DES MISES EN ACCUSATION, CONTUMACE.

790. — L'art. 421 exige que le condamné soit actuellement en état lorsque la cour de Cassation prononce sur son recours, et non pas qu'il y soit effectivement lorsqu'il fait sa déclaration de recours; ce qui serait souvent impossible, car le condamné peut être fort éloigné du lieu où il doit se mettre en état, et il doit faire sa déclaration de recours dans les trois jours. — Carnot, t. 3, p. 183, no 7.

791. — Il n'y a lieu de la part du condamné à se mettre en état, que lorsqu'il a été condamné à

l'emprisonnement comme *peine*; il l'aurait été à des dommages-intérêts ou à d'autres réparations civiles qui emportent de leur nature la contrainte par corps, que la simple déclaration du recours suffirait; car la contrainte par corps n'est qu'un mode d'exécution des jugemens.—Carnot, t. 3, p. 183, no 8.

792. — Lorsque le recours en cassation est motivé sur l'incompétence, il suffit au demandeur, pour que son recours soit reçu, de justifier qu'il s'est actuellement constitué dans la maison de justice du lieu où siége la cour de Cassation.—C. inst. crim., art. 421, 3e alin.

793. — Pour user de cette faculté, dit Carnot (t. 3, p. 180, no 3), il n'est pas nécessaire que le recours du condamné soit uniquement motivé sur l'incompétence. Il suffit que l'incompétence soit un des motifs de son recours.

794. — On a même jugé que, lorsqu'en matière correctionnelle il a été rendu deux arrêts, l'un sur la compétence et l'autre au fond, le prévenu qui a été condamné à l'emprisonnement par ce dernier jugement peut se pourvoir contre celui seulement qui a statué sur la compétence sans se constituer préalablement prisonnier. — *Cass.*, 9 sept. 1836, Fournier-Verneuil c. Hocmelle.

795.— La mise en liberté sous caution tient lieu de mise en état. — *Cass.*, 3 juin 1813, Boddi.

796.—Mais il faut que la caution ait été fournie. — *Cass.*, 6 déc. 1834, Arga.

797.—Quoique aucun article du Code n'autorise le prévenu de simple contravention à solliciter sa liberté provisoire sous caution, Carnot (t. 3, p. 179, no 2) est d'avis qu'une pareille demande est légale, et même qu'elle ne doit jamais être refusée (art. 182); car il n'a pu entrer dans l'intention du législateur que le prévenu de délit fût plus favorablement traité que le prévenu de simple *contravention*.

798. — Mais, dans cette hypothèse, devant qui doit être portée la demande en liberté provisoire sous caution? — Carnot avait d'abord pensé que le condamné devait s'adresser au juge d'instruction de l'arrondissement; mais depuis il est revenu sur cette opinion et a reconnu que c'était devant la cour ou le tribunal jugeant sur appel que la demande devait être portée.

799.—Si le prévenu avait été mis en liberté sous caution par la chambre du conseil, et que son renvoi eût été prononcé par le jugement, il ne serait pas tenu de se mettre en état, pour rendre son pourvoi recevable contre l'arrêt qui serait intervenu sur l'appel, attendu que l'effet du jugement rendu sur l'appel est suspendu par le recours en cassation, et que le prévenu se trouve par ce moyen au même état qu'il était avant ce jugement.—*Cass.*, 3 juin 1813, Boddi; — Carnot, t. 3, p. 179.

800. — La demande de mise en liberté sous caution peut être adressée à la cour royale: si elle refuse de statuer, on peut se pourvoir pour déni de justice et la cour de Cassation peut statuer sur le tout par un seul et même arrêt, sans que, dans ce cas, le condamné soit en état. — *Cass.*, 27 mars 1830, Coudert.

801. — C'est au procureur général de la cour de Cassation que le demandeur doit s'adresser pour obtenir l'ordre au gardien de la maison de justice de l'y recevoir.

802. — Si le condamné doit se mettre en état dans la maison de justice ou d'arrêt du lieu où sa condamnation a été prononcée, il doit présenter sa requête à l'officier du ministère public attaché au tribunal qui a rendu le jugement. — Carnot, t. 3, p. 180, no 4.

803. — L'acte d'écrou constatant la mise en état ou l'acte de mise en liberté sous caution doit être annexé à l'acte de recours en cassation.

804. — Jugé en conséquence que le condamné en matière correctionnelle qui ne justifie point de l'acte de son écrou, doit être déclaré non-recevable dans son pourvoi en cassation. — *Cass.*, 2 août 1816, Noulet.

805. — ... Qu'il en est de même lorsque le demandeur qui a été condamné à l'emprisonnement ne produit ni un certificat d'écrou, ni une ordonnance de mise en liberté provisoire.—*Cass.*, 26 mars 1812, Oster; 10 juin 1812, Rauguole; 20 août 1818, Bellvert; 4 mai 1839 (t. 2 1839, p. 391), Pailharey.

806. — Le condamné qui a laissé prononcer la déchéance de son recours en cassation faute d'avoir annexé à sa déclaration l'acte de son écrou ou de sa mise en liberté provisoire sous caution, n'est recevable à revenir par opposition contre l'arrêt que dans le même cas où il y serait autorisé s'il avait été déclaré en déchéance pour n'avoir pas justifié d'une consignation d'amende; c'est-à-dire que dans le cas où il est légalement constaté qu'il était en état lorsque la cour de Cassation a prononcé son arrêt, et que ce n'a été que par la négligence de l'officier du ministère public ou par celle du greffier que l'acte de son écrou n'a pas été

joint à sa déclaration de recours en cassation. — Carnot, t. 3, p. 183, no 6.

807. — Quoique l'art. 421, C. inst. crim., subordonne l'admission du pourvoi à la mise en état, il n'appartient qu'à la cour de statuer sur la fin de non-recevoir qui résulte de l'inexécution de cette condition. — Tarbé, p. 324.

808.— Quelle que soit la rigueur de la règle tracée par l'art. 421, on a jugé que le pourvoi en cassation formé par un condamné à l'emprisonnement est recevable, quoique le demandeur ne se soit pas constitué prisonnier, et n'ait pas produit l'acte de sa mise en liberté provisoire, s'il a fait tout ce qui était en lui pour se conformer à la loi et n'en a été empêché que par une force majeure. — *Cass.*, 12 fév. 1830, Courlat; 27 mars 1830, Coudert.

809.—Jugé toutefois qu'il suffit qu'un condamné à l'emprisonnement ne soit pas en état au moment où il prétend s'être présenté au greffe, pour qu'il ne puisse pas être admis à prouver qu'il a fait tout ce qu'il lui était possible de faire pour régulariser sa déclaration de pourvoi.—*Cass. belge*, 9 oct. 1835, Deschietère.

810.—Dans tous les cas, le greffier, n'étant point juge de la validité d'un pourvoi en cassation, ne peut refuser d'en recevoir la réclamation, quoique le demandeur ne soit pas en état, et qu'il n'ait pas été mis en liberté sous caution. — *Cour supér. Bruxelles*, 15 déc. 1829, N...

811.—Jusqu'à l'arrêt de la cour, le ministère public ne peut se permettre d'agir comme si le pourvoi était non avenu et de faire exécuter le jugement. — Tarbé, p. 324.

Sect. 4e. — *Formes du pourvoi.*

812. — En matière civile, le pourvoi doit être formé par une requête, conformément aux dispositions du réglement du 28 juin 1738; mais, en matière criminelle, ce réglement a été abandonné; la marche des affaires se trouve aujourd'hui réglée par le Code d'instr. crim.

ART. 1er. — *Déclaration du pourvoi.*

813. — En matière criminelle, correctionnelle ou de police, le pourvoi en cassation se forme par déclaration faite *au greffe* de la cour ou du tribunal dont l'arrêt ou le jugement contradictoire est attaqué. — C. instr. crim., art. 373. — Et cette forme est imposée, non seulement au condamné, mais au ministère public et à la partie civile.

814. — Ainsi, le ministère public, comme l'accusé, doit, à peine de nullité, déclarer au greffe son pourvoi, et non l'adresser directement à la cour de Cassation. — *Cass.*, 9 juin 1832, Vernet.

815. — Jugé de même qu'en matière criminelle, le pourvoi en cassation ne peut pas être formé autrement que par une déclaration au greffe du tribunal qui a rendu le jugement attaqué, et que le pourvoi formé au moyen d'une requête signée d'un avocat à la cour de Cassation et déposée au greffe de cette cour est irrégulier et nul. — *Cass.*, 3 oct. 1822, Caron.

816. — Jugé encore qu'une requête adressée à la cour de Cassation ne peut remplacer la déclaration au greffe; — Qu'ainsi, en supposant que la cour de Cassation soit compétente pour connaître de deux décisions disciplinaires rendues par défaut, contre un juge d'instruction, par la cour royale, elle ne serait pas légalement saisie, par un simple dépôt fait en son greffe de la requête et des pièces produites par le magistrat inculpé, et qu'il faudrait une déclaration faite au greffe de la cour qui a rendu la décision. — *Cass.*, 12 fév. 1813, Mignel.

817. — L'art. 447, C. brum. an IV, exigeait que le recours fût fait *au greffe*, ce qui était impraticable lorsque l'accusé était détenu. L'art. 417 a parlé avec plus d'exactitude en chargeant le greffier de recevoir la déclaration.

818. — Jugé en conséquence qu'il n'est pas nécessaire, pour sa validité, que la déclaration de pourvoi soit faite *au greffe*; elle est régulièrement faite au parquet, si le greffier s'y est transporté pour la recevoir et la consigner sur le registre à ce destiné. — *Cass.*, 16 août 1839 (t. 2 1839, p. 346), Marie.

819. — Le greffier ou l'un de ses commis assermentés doit se transporter dans les prisons lorsqu'il en est requis, pour recevoir la déclaration du condamné qu'il entend se pourvoir en cassation.

820. — La déclaration de recours en cassation doit être écrite sur le registre destiné à cet usage. — *Cass.*, 18 messid. an VIII, Masson.

821. — On a donc jugé qu'elle est non-recevable lorsqu'elle a seulement été signifiée par exploit.— *Cass.*, 18 messid. an VIII, Nicolas Masson; 23 juill. 1812, Casaccia.

822.—... Qu'on ne saurait regarder comme équipollente à ces formes une simple lettre écrite à la cour ou au tribunal, dans laquelle on déclarerait qu'on se pourvoit en cassation. — *Cass.*, 28 juin 1811, Kersou; 26 juill. 1811, N...

823. — ... Non plus qu'une simple déclaration de se pourvoir, faite verbalement à l'audience. — *Cass.*, 20 juin 1812, Sinden.

824. — De même encore on ne peut assimiler à un pourvoi régulièrement formé le désir exprimé par un accusé de se pourvoir en cassation contre un arrêt incident de la cour d'assises, surtout lorsque ce pourvoi n'a pas été déclaré au greffier qui s'était transporté auprès de l'accusé à l'effet de le recevoir. — *Cass.*, 12 avr. 1838 (t. 1er 1840, p. 226), Gilbert.

825. — Jugé dans le même sens que le ministère public n'est pas recevable à demander acte, après le prononcé du jugement qui acquitte un prévenu, de sa déclaration qu'il entend se pourvoir en cassation contre ce jugement.—Une pareille déclaration, indépendamment de ce qu'elle n'a rien de légal, est d'ailleurs contraire au respect dû à la justice, et c'est à bon droit que le tribunal refuse d'en donner acte. —*Cass.*, 14 juill. 1838 (t. 1er 1845, p. 395), Martin.

826. — Jugé à plus forte raison que la cour de Cassation ne peut s'occuper des observations par lesquelles un maire critique un jugement de simple police, lorsqu'il n'y a pas eu un pourvoi régulier contre ce jugement. — *Cass.*, 6 janv. 1831, N... c. N...

827. — La déclaration doit exprimer nettement son objet et indiquer avec exactitude la décision contre laquelle il y a recours.

828.—Il suit de là que le ministère public, pour être recevable dans son pourvoi, doit indiquer qu'il forme un recours en cassation, et que sa déclaration portant qu'il *appelle* d'un jugement de simple police, n'est pas suffisante. — *Cass.*, 6 déc. 1834, Quesney.

829. — La déclaration doit être signée par le demandeur en cassation et par le greffier.—Si le déclarant ne peut ou ne sait signer, le greffier en fait mention.

830. — Si le greffier refusait de recevoir la déclaration de pourvoi, le condamné pourrait suppléer à la forme prescrite par la loi, en faisant constater ce refus par un officier public. — *Cass.*, 3 oct. (et non juill.) 1822, Caron.

831.—... Par exemple, par un huissier.—Godart, *Manuel*, p. 107; Merlin, *Répert.*, vo *Cassation*, § 5.

832. — ... Ou par un notaire. — *Cass.*, 3 janv. 1812, Dervin; 24 janv. 1812, Dervin.

833. — ... Ou par un officier public quelconque. — Merlin, *Répert.*, vo *Cassation*, § 5.

834. — Jugé que le pourvoi en cassation en matière criminelle est valablement formé par déclaration passée devant notaire avant l'expiration du délai, lorsqu'il est établi *qu'il n'y avait personne au greffe* ou que le greffier a refusé de recevoir la déclaration. — *Cass.*, 21 fév. 1812, Robine; 4 déc. 1807, Vestrale.

835. — Suivant Carnot, t. 3, p. 165, no 4, dans l'absence d'officiers de police judiciaire, de notaires et d'huissiers, il suffirait, pour relever le condamné de sa déchéance, que le gardien de la maison de justice ou d'arrêt inscrivit sur ses registres que le greffier de la cour ou du tribunal a été averti tel jour et à telle heure, de la part d'un tel, de venir recevoir sa déclaration de recours, et qu'il a négligé ou refusé de le faire; mais le gardien, rédacteur de la déclaration faite par le prévenu, doit prendre la précaution de la faire signer par le réclamant et par la personne qui a donné l'avertissement, et de la signer lui-même. Cette opinion souffrirait grande difficulté, car le geôlier n'a aucun caractère public pour faire de semblables constatations.

836. — Si le refus du greffier était constaté par lui-même, nul doute, dit Merlin (*Répert.*, vo *Cassation*, § 5), que l'acte par lui délivré n'équivaille à une déclaration en forme.—C'est en effet ce qui a été jugé expressément par la cour de Cassation, le 15 nov. 1811, dans l'affaire Giorgetti.

837. — Lorsqu'il est établi que le greffier d'un tribunal de police n'a jamais tenu de registre destiné à recevoir les déclarations de pourvoi en cassation, cette négligence ne peut pas porter préjudice aux tiers. En conséquence, est recevable, en ce cas, le pourvoi formé par exploit signifié à la partie adverse, au commissaire du pouvoir exécutif, ainsi qu'au greffier, et enregistré dans les trois jours du jugement. —*Cass.*, 17 messid. an VII, Douzel.

838. — Le greffier doit donner communication de son registre non seulement aux parties intéressées, mais encore à toute autre personne lorsqu'il en est requis. — Carnot, t. 3, p. 166, no 7.

839. — Il ne pourrait même, sous quelque pré-

texte que ce fût, refuser d'en délivrer des extraits à ceux qui lui en demanderaient, s'ils offraient d'en faire les frais. — C. inst. crim., art. 417.

840. — La déclaration peut être faite non seulement par la partie, mais par son avoué ou par son fondé de pouvoir. — C. inst. crim., art. 417.

841. — Jugé qu'en matière de douanes le pourvoi est valablement formé par le fondé de pouvoir d'un receveur de la régie, lors même que la procuration serait antérieure au jugement. — *Cass.*, 17 flor. an XI, Douanes c. Klenck.

842. — Jugé aussi qu'une déclaration de pourvoi en cassation est régulièrement formée par un fondé de pouvoir du directeur des douanes. — *Cass.*, 20 mess. an XI, Douanes c. Laurent Lesecq.

843. — L'inspecteur des forêts a qualité, en matière de délit forestier, pour faire au nom de l'administration forestière une déclaration de pourvoi. — *Cass.*, 4 août 1827, Forêts c. Bouchard.

844. — Lorsque la déclaration est faite par un fondé de pouvoir, la procuration doit être suffisante, explicite; elle est annexée à la déclaration. — Art. 417, § 2.

845. — Cependant l'omission de cette formalité n'entraînerait pas déchéance. — Carnot, t. 3, p. 165, nº 5.

846. — L'avoué n'a pas besoin d'un pouvoir spécial pour former un pourvoi au nom du condamné : la loi n'exige pas cette formalité.

847. — Mais de quel avoué l'art. 417 entend-il parler? est-ce de celui qui a occupé dans la cause ou d'un avoué agissant pour la partie sans avoir figuré au jugement contre lequel il y a pourvoi?

848. — Dans notre opinion, dit Carnot (t. 3, p. 167, nº 3), l'avoué n'aurait fait dans la cause aucun acte de son ministère, qu'il suffirait qu'il eût pris la qualité de défenseur du condamné, pour rendre le pourvoi recevable. On le jugeait ainsi sous l'empire du Code de brum. an IV au regard des défenseurs officieux, et à plus forte raison devrait-on le juger de même aujourd'hui que les avoués sont constitués en titre d'office.

849. — Jugé, conformément à ce principe, que l'avoué qui n'a pas occupé dans un procès criminel ou correctionnel pour la partie condamnée peut, au nom de celle-ci, sans procuration spéciale, faire déclaration de recours en cassation. — *Cass.*, 6 mai 1830, d'Amenoville c. habitans de Noaillat.

850. — ...Que la déclaration de se pourvoir en cassation contre un arrêt rendu par une cour royale en matière correctionnelle est régulièrement faite au nom du condamné par un avoué près cette cour, qui s'est dit occupant pour lui et qui avait déjà signé en cette qualité la requête d'appel, quoiqu'il n'ait fait aucun acte particulier de constitution, surtout s'il n'a pas été désavoué. — *Cass.*, 2 déc. 1814, Leclerc c. Villeprend et Brunet.

851. — ... Que la déclaration de pourvoi en cassation formée par un avoué qui, tant dans cette déclaration que dans la consignation d'amende, a pris la qualité de défenseur-avoué du condamné est régulière, encore bien que ce ne soit point lui qui ait occupé dans l'instance, et qu'il ne soit pas muni d'un pouvoir spécial. — *Cass.*, 23 oct. 1806, Bruysset c. Albert Joly.

852. — Jugé de même qu'un avoué qui a défendu un garde national devant un conseil de discipline a qualité pour former un pourvoi en son nom devant la cour de Cassation. — *Cass.*, 11 juil. 1840 (t. 2 1845), Mélin.

853. — Les avocats ont-ils le même droit que les avoués? Peuvent-ils former un pourvoi sans procuration du condamné? — Sous l'empire du droit intermédiaire, on avait déjà jugé la question négativement relativement à un défenseur officieux. — *Cass.*, 29 thermid. an VIII, Douanes c. John Davidson.

854. — Aujourd'hui la solution doit être la même, car l'art. 417 est limitatif, il parle de l'avoué et non de l'avocat.

855. — Aussi a-t-il été jugé que l'avocat d'un prévenu ou les coprévenus de ce dernier n'ont pas qualité pour former en son nom un pourvoi en cassation. Pour que le pourvoi soit recevable, il faut que le prévenu leur ait donné un pouvoir spécial. — *Cass.*, 8 oct. 1829, Gazagne.

856. — On tient de même en Belgique que les avocats de l'administration des accises ont qualité pour se pourvoir en cassation dans l'intérêt de cette administration, en matière correctionnelle, sans être tenus de joindre à chaque pourvoi une copie de leur procuration. — *Cour supér. Bruxelles*, 16 déc. 1829, Accises c. Verheyden.

857. — Le pourvoi en cassation entraînant des conséquences sérieuses, une amende à consigner, des frais judiciaires, l'acte de pourvoi formé par un fondé de pouvoir s'interprète d'une manière restrictive.

858. — Ainsi, celui qui, pouvant se pourvoir en cassation tant pour lui que pour un autre dont il

CASSATION (mat. crim.), ch. 3, sect. 4e.

tes le mandataire, n'agit qu'en son nom privé, est censé ne point agir en vertu de son mandat. — *Cass.*, 26 fév. 1807, Henri et Darbois c. Forêts.

859. — De même, lorsque l'avoué qui a occupé pour deux prévenus fait au greffe une déclaration de pourvoi, en sa qualité d'avoué de l'un d'eux, prenant le fait et cause de l'autre, cette déclaration ne profite qu'au premier. — *Cass.*, 21 nov. 1812, Quesnil, Clavel et Jourdan.

860. — Le recours en cassation contre les jugemens des tribunaux militaires est soumis aux mêmes formes que celui qui est exercé contre les jugemens des tribunaux ordinaires. — *Cass.*, 3 oct. 1822, Caron.

861. — Par conséquent, si le greffier d'un conseil de guerre a refusé de se transporter dans la prison où est détenu un condamné, pour y recevoir sa déclaration de pourvoi en cassation, la sommation qui lui est faite à cette fin doit être considérée comme équivalant à l'expédition d'un pourvoi régulier et en tenir lieu. — *Cass.*, 9 janv. 1824, Lecalvé.

862. — En matière de garde nationale, on n'est pas assujetti aussi rigoureusement aux formes énumérées plus haut. — Ainsi, on juge qu'il suffit pour la régularité d'une déclaration de pourvoi en cassation contre un jugement de garde nationale, que cette déclaration soit authentique, ou qu'elle soit signifiée par un huissier au rapporteur, dans le délai de la loi. — *Cass.*, 7 janv. 1832, Callenge; 11 janv. 1833, Cosserel.

863. — Mais on ne peut considérer comme un pourvoi régulier une lettre par laquelle un garde national condamné à six heures de prison écrit au secrétaire du conseil de discipline qu'il ne veut pas laisser confirmer la condamnation, et le prie de lui indiquer les moyens nécessaires à la formation de son pourvoi. — *Cass.*, 3 juin 1837 (t. 1er 1840, p. 417), de Marguerite. — V. au surplus GARDE NATIONALE.

ART. 2. — *Notification du pourvoi.*

864. — Lorsque le pourvoi est formé par la partie civile ou le ministère public, il doit être notifié à la partie contre laquelle il est dirigé dans les trois jours de la déclaration. — C. inst. crim., art. 418.

865. — Si la partie contre laquelle le pourvoi est dirigé est actuellement détenue, l'acte contenant la déclaration de recours lui est lue par le greffier. — C. inst. crim., art. 418.

866. — Cet acte doit être signé par elle, ou mention doit être faite par le greffier du refus ou de l'empêchement. — Même article.

867. — Si elle est en liberté, le demandeur lui notifie son recours par exploit d'huissier, soit à la personne, soit au domicile par elle élu. — C. inst. crim., art. 418.

868. — Dans ce cas, le délai peut être augmenté par chaque distance de trois myriamètres. — Même article.

869. — Si le prévenu n'a pas fait élection de domicile, la notification peut lui être faite à son domicile réel. — Carnot, t. 3, p. 168, nº 3.

870. — Si le prévenu n'a pas de domicile connu, on doit observer les règles prescrites pour les ajournemens par le Code de procédure.

871. — La notification du pourvoi du ministère public peut être faite indifféremment par un huissier ou par un agent de la force publique.

872. — Quoique l'art. 418 exige la notification du pourvoi au condamné, cependant le défaut de notification dans le délai prescrit n'entraîne pas déchéance du pourvoi. — *Cass.*, 13 juin 1812, N.....; 18 avr. 1817, Roget; 15 oct. 1819, Contrib. indir. c. Lacoche; 25 juin 1824, Forêts c. Giraudet; 29 juill. 1826, Roé; 2 mars 1838 (t. 1er 1838, p. 333); Gérard; 26 mai 1838 (t. 1er 1838, p. 632), Tolozé.

873. — Jugé de même que le défaut de notification du pourvoi dans les délais fixés par l'art. 418, C. inst. crim., n'opère pas la déchéance de ce pourvoi, et qu'il ouvre seulement la voie de l'opposition contre l'arrêt de la cour de Cassation. — *Cass.*, 14 nov. 1811, Claude Lenoir; 18 déc. 1834, Aubert de Résie; 23 sept. 1836 (t. 1er 1837, p. 562), de Tinan.

874. — Lorsque la cour de Cassation s'aperçoit que la notification n'a pas été faite, elle peut ordonner que cette omission soit réparée. — Godart, p. 107.

875. — Mais, le plus souvent, elle passe outre et réserve au prévenu qui n'a pas été averti la voie de l'opposition ou de l'intervention. Cette manière de procéder est vicieuse. C'est sans doute par une tradition de ce qui se pratiquait sous le Code du 3 brum. an IV, qui ne prescrivait pas, comme le Code d'inst. crim., la notification du pourvoi au prévenu, que la cour de Cassation continue

à prononcer en son absence, sans s'inquiéter s'il a été averti, ou à le recevoir dans son intervention quand il se présente. Nous avons déjà blâmé ce mode de procéder. — V. *J. Pal.*, t. 17, p. 649, note 1re.

876. — Au surplus, la cour supérieure de Bruxelles, contrairement à l'usage de la cour de Cassation, a jugé que la cour de Cassation ne peut pas statuer, en l'absence du prévenu, sur le pourvoi formé par la partie civile, lorsque ce pourvoi n'a pas été notifié au prévenu. — *Cour supér. Bruxelles*, 4 nov. 1822, N..... c. N.....

877. — L'accusé ne peut opposer le défaut de notification lorsqu'il s'est présenté et s'est défendu devant la cour de Cassation. — *Cass.*, 31 août 1832, Chevalier. — Car, dans tous les cas, la défense au fond couvrirait la nullité. — *Cass.*, 7 sept. 1832, Carlo-Alberto.

878. — Jugé qu'il n'y a pas nullité dans l'acte de notification signifié à la requête de l'administration forestière, par cela seul qu'il n'énonce pas la demeure du garde qui a fait cette notification. — *Cass.*, 18 oct. 1811, Eaux et forêts c. Bonzille.

Sect. 5e. — *Effets du pourvoi.*

879. — Le principe en matière criminelle n'est pas le même qu'en matière civile : non seulement le pourvoi est suspensif, mais le délai pour se pourvoir arrête lui-même l'exécution du jugement ou de l'arrêt attaqué. — Art. 373, C. inst. crim.

880. — L'arrêt de condamnation ne peut être exécuté pendant le délai qui est accordé pour le recours en cassation, lors même que l'accusé aurait formellement déclaré qu'il entend y acquiescer. Sa déclaration ne peut le lier qu'autant qu'il y persiste jusqu'à ce que le délai soit expiré. — Carnot, t. 3, p. 778, nº 7.

881. — Lorsqu'il y a eu recours en cassation, il doit être sursis à l'exécution tant que la cour suprême n'a pas prononcé, et même jusqu'à ce que l'arrêt soit parvenu au procureur général par une voie légale. — Art. 373, C. inst. crim.

882. — Si, au mépris de la suspension légale, on procédait à l'exécution du jugement attaqué, la cour de Cassation devrait arrêter cette exécution par un arrêt de défense, sur la réquisition de la partie, soit publique, soit privée. — Poncet, t. 2, p. 326, note 2e. — V. aussi Merlin, *Rép.*, vº *Cassation*, § 6, nº 6.

883. — Elle pourrait même sévir contre le magistrat qui aurait ainsi violé la loi et forfait à ses devoirs.

884. — Jugé cependant qu'il n'y a pas lieu de dénoncer à la chambre des requêtes de la cour de Cassation, pour crime de forfaiture, le procureur du roi qui, *sans intention répréhensible*, mais par une fausse interprétation de l'art. 421, C. inst. crim., a fait arrêter illégalement un condamné qui avait formé un pourvoi en cassation dont l'effet est suspensif. — *Cass.*, 14 juill. 1827, Jacques de Saint-Nicolas.

885. — Le pourvoi du ministère public est suspensif, comme celui qui peut être formé par le condamné. — *Cass.*, 20 juill. 1827, Louis Laffitte; — Carnot, t. 2, p. 781, nº 4.

886. — Ainsi, le pourvoi en cassation formé par le ministère public contre un arrêt qui refuse de prononcer la nullité d'une opposition tardivement formée en matière de presse, est suspensif et oblige la cour d'assises à surseoir sur le fond. — *Cass.*, 20 oct. 1832, Maslatrie.

887. — L'effet suspensif du pourvoi en matière criminelle n'opère pas seulement en faveur de la partie qui s'est pourvue, mais aussi en faveur de la partie adverse qui aurait négligé de le faire en temps utile. — Poncet, *Tr. des jugemens*, t. 2, p. 327, nº 558.

888. — C'est pour cela qu'en discutant le projet du Code d'inst. crim., Treilhard proposait d'intimer au procureur général l'ordre de se pourvoir toutes les fois que le jury aurait recommandé à la clémence du prince un condamné qui ne se serait pas pourvu lui-même. — Du reste, l'ancien art. 595, C. inst. crim., voulait qu'il fût sursis à l'exécution dans les cas où la cour spéciale avait recommandé l'accusé à la commisération du souverain.

889. — Doit-on surseoir lorsque le pourvoi a été formé par le procureur général ou par la partie civile dans le cas d'*absolution* ou d'*acquittement* de l'accusé? — Il faut distinguer.

890. — En général, lorsqu'il est intervenu une ordonnance d'acquittement, rien ne peut s'opposer à ce que l'accusé soit mis de suite en liberté, s'il n'est pas retenu pour autre cause, puisque, quel que soit le résultat du recours en cassation, l'accusé ne peut être remis en jugement pour le même fait.

891. — Cependant si le président avait prononcé

l'acquittement de l'accusé, quoique celui-ci eût été déclaré *coupable*, il faudrait surseoir à sa mise en liberté, car l'ordonnance d'acquittement ne serait pas légale.

892. — En cas d'*absolution*, si le procureur géné ral s'est pourvu, l'accusé ne doit pas être mis en liberté, puisque, aux termes de l'art. 410, l'annulation de l'arrêt emporte renvoi de l'affaire à une autre cour, pour faire l'application de la loi pénale au fait déclaré.

893. — Si la partie civile s'était seule pourvue contre l'arrêt d'absolution, comme son recours n'aurait pu porter que sur ses intérêts civils, il n'y aurait aucun motif pour retenir l'accusé en détention.

894. — Le pourvoi en cassation formé prématurément par l'accusé contre un arrêt préparatoire ou d'instruction ne peut pas arrêter les débats ni obliger la cour d'assises à surseoir au jugement du fond. — *Cass. belge*, 29 oct. 1835, Dewit.

895. — De même, le pourvoi en cassation contre une ordonnance par laquelle le président d'une cour d'assises refuse de surseoir aux débats n'est pas suspensif et ne fait pas obstacle à ce qu'il soit passé outre aux débats. — *Cass.*, 5 mars 1835, Buffart.

896. — La loi du 9 septembre 1835, art. 7, refuse aussi le caractère suspensif aux pourvois qui seraient formés contre les arrêts de compétence ou d'incidens rendus par les cours d'assises.

897. — Mais avant cette loi, le pourvoi formé pour incompétence était suspensif dans tous les cas. — *Cass.*, 14 déc. 1833, le *National*.

898. — Ajoutons que le pourvoi contre l'arrêt de renvoi est encore recevable et a un effet suspensif, même lorsqu'il est formé pour cause d'incompétence.

899. — Le pourvoi dirigé contre un arrêt qui admet une preuve que l'une des parties repoussait comme irrecevable (arrêt interlocutoire et non préparatoire) étant suspensif, la cour qui juge l'affaire, nonobstant ce pourvoi, commet un excès de pouvoir. — *Cass.*, 6 oct. 1826, Etienne Rey.

900. — Au reste, c'est à la cour de Cassation seule qu'il appartient de juger si le recours est recevable et s'il est fondé; de sorte que, fût-il irrégulier dans la forme, la partie publique ni la partie civile ne pourraient en prendre prétexte pour mettre le jugement à exécution. — *Cass.*, 6 avr. 1810, N...

901. — Jugé cependant que l'exécution des condamnations prononcées par un jugement correctionnel n'est pas suspendue par le pourvoi en cassation, lorsque le condamné n'a donné aucune suite au pourvoi, en ne consignant pas l'amende et en ne déposant pas sa requête dans le délai de dix jours, fixé par l'art. 422, C. inst. crim. — En tous cas, c'est le jugement en dernier ressort qui a ordonné l'exécution des condamnations prononcées par le jugement correctionnel qui était l'objet du pourvoi en cassation, qu'on pourrait critiquer pour avoir ordonné cette exécution nonobstant le pourvoi, et non l'arrêt rendu sur l'appel de ce même jugement, et qui n'a fait que reconnaître que le tribunal de première instance avait jugé en dernier ressort. — *Cass.*, 3 août 1820, Garba c. commune de Brimeux.

902. — Le pourvoi formé en conséquence de l'art. 296, C. inst. crim., contre l'arrêt de renvoi aux assises, ne nécessite le sursis aux débats ordonné par l'art. 301, même Code, que dans le cas où le pourvoi est fondé sur l'un des trois moyens de nullité mentionnés dans l'art. 299. — *Cass.*, 24 déc. 1812, Pompé Grecco. — V. à cet égard *suprà* nº 373.

903. — Le pourvoi en cassation formé seulement contre l'arrêt définitif ne s'applique point aux arrêts préparatoires ou d'instruction rendus incidemment. — *Cass. belge*, 31 mars 1836, Mathias-Boeck.

904. — Par la même raison, la déclaration qu'on se pourvoit contre l'arrêt de condamnation n'a pas d'effet contre l'arrêt de renvoi; il faut un pourvoi distinct et séparé contre ce dernier arrêt. — *Cass.*, 19 janv. 1833, Ledieu.

905. — On jugeait autrefois que le pourvoi formé par un accusé acquitté saisissait le tribunal de Cassation de l'examen de toute la procédure, et lui donnait le droit d'annuler l'ordonnance d'acquittement, encore bien que le demandeur eût déclaré ne se pourvoir que contre la disposition qui le condamnait à des dommages-intérêts. — *Cass.*, 26 niv. an VII, Gros.

906. — Mais on a renoncé à ces erremens pour en revenir à cette idée, que le pourvoi formé par l'accusé acquitté ne peut empirer sa situation. — *Cass.*, 2 avr. 1831, Lugues.

907. — L'effet suspensif du pourvoi s'applique aussi bien aux matières correctionnelles qu'aux matières criminelles. — *Cass.*, 6 mai 1825, Capperon; *Bordeaux*, 24 déc. 1828, Lesueur c. Dotézac.

908. — Jugé en conséquence que la saisie-arrêt faite en vertu d'un arrêt correctionnel contre lequel on s'est pourvu est nulle, et que le condamné peut, dans ce cas, réclamer des dommages-intérêts. — *Bordeaux*, 24 déc. 1828, Lesueur c. Dotézac; — Roger, *Saisie-arrêt*, nº 83.

909. — Jugé aussi que, le pourvoi en cassation étant suspensif en matière correctionnelle, le ministère public ne peut faire exécuter le jugement de condamnation, nonobstant le pourvoi du condamné, sous le prétexte que ce dernier n'est pas en état. — *Cass.*, 14 juill. 1827, Jacques de Saint-Nicolas.

910. — En matière de simple police, le pourvoi est également suspensif; il en est de même du délai du pourvoi. Ce dernier point est d'autant plus essentiel que, les peines de simple police étant fort courtes, on en subirait toujours une partie importante, si l'on n'admettait l'effet suspensif.

911. — C'est pourquoi l'on décide qu'un condamné en simple police ayant trois jours pour se pourvoir en cassation, le tribunal ne peut, sans rendre illusoire cette faculté et sans sortir de ses attributions, ordonner que le condamné soit sur-le-champ mis en prison, pour y subir la peine prononcée contre lui. — *Cass.*, 21 messid. an X, Jean Rulleau.

912. — ...Que la déclaration de pourvoi contre le jugement d'un tribunal de police qui admet une opposition à un jugement par lui rendu, est suspensive du jugement définitif. Le tribunal ne peut rendre son jugement, sous le prétexte que le pourvoi est irrégulier. — *Cass.*, 26 avr. 1811, Demerlier.

913. — Jugé également que les saisies pratiquées en vertu d'un jugement de simple police, malgré le pourvoi en cassation de la partie condamnée et l'opposition formée par celle-ci, sont nulles et doivent être déclarées telles par le tribunal compétent, quoique l'autre partie propose des moyens de nullité contre le pourvoi. — *Metz*, 11 déc. 1811, Thiry c. Neumann.

914. — Le pourvoi contre les jugemens des conseils de discipline de la garde nationale est encore suspensif, mais seulement lorsqu'ils prononcent la peine d'emprisonnement. — L. 22 mars 1831, art. 120, § 2.

915. — Bien entendu que le pourvoi contre un semblable jugement, quoique suspendant l'exécution de la peine prononcée, ne dispense pas d'obéir aux ordres de service. — *Cass.*, 22 nov. 1832, Duclos.

916. — Il ne met pas obstacle non plus à ce qu'un conseil de discipline, dont une première décision est déférée à la cour de Cassation, juge un fait nouveau semblable, imputé au même prévenu. — *Cass.*, 12 mai 1832, Duclos.

917. — Mais quand un pourvoi en cassation est dirigé contre le jugement d'un conseil de discipline qui a prononcé une seconde condamnation contre un garde national, s'il arrive qu'une troisième infraction, donnant lieu à la compétence correctionnelle, soit commise, le tribunal doit, en raison de ce que le pourvoi est suspensif, et que par suite sa juridiction est encore incertaine, surseoir à statuer sur la troisième infraction, jusqu'à ce que la cour ait prononcé sur le pourvoi. — *Cass.*, 1er mars 1834, Schattenmann.

918. — La cour de Cassation a posé comme règle que l'effet suspensif du pourvoi a lieu, en matière criminelle, à l'égard des condamnations civiles prononcées par l'arrêt comme à l'égard des condamnations pénales. — *Cass.*, 20 brum. an XIV, Droits réunis c. Besquent.

919. — Par voie de conséquence, il a été jugé que la contrainte par corps ne peut être exigée pour le paiement des condamnations pécuniaires, avant le jugement du pourvoi, à peine de nullité des poursuites, et même d'interdiction de l'officier ministériel qui a instrumenté. — *Cass.*, 30 brum. an XIV, Droits réunis c. Besquent.

920. — ... Et même qu'un jugement ou arrêt attaqué en cassation ne peut autoriser même une simple apposition de scellés, pour la conservation des frais de la poursuite. — *Rouen*, 17 flor. an XIII, Fauresse c. Enregistrement.

921. — On peut toutefois, quand il s'agit d'une simple mesure conservatoire, dire que de pareils actes ne sont point une exécution, puisque dans divers cas la loi les autorise, même avant toute condamnation; qu'il suffit, pour pouvoir les faire, d'avoir un titre, et qu'en ordonnant seulement qu'il soit *sursis à l'exécution*, l'art. 13, C. inst. crim., reconnaît implicitement qu'il y a toujours titre, et n'interdit nullement les mesures de précaution.

922. — Au surplus, quoiqu'en matière criminelle, correctionnelle et de police, le recours en cassation ait un effet suspensif, il ne résulte point de là que si, avant qu'il ait été statué sur le pour-

voi, la partie civile a fait des poursuites pour le recouvrement des dépens à elle adjugés, la cour qui a rendu l'arrêt attaqué puisse se déclarer incompétente pour connaître de l'opposition formée aux exécutoires par elle délivrés, et en renvoyer la connaissance à la cour de Cassation, qui ne connaît jamais du fond des affaires. — *Cass.*, 2 avr. 1812, Droits réunis c. Vanhamme.

923. — Jugé encore, mais ce point souffre difficulté, que l'arrêt d'une cour d'assises qui, conformément à un précédent arrêt de condamnation, statue sur les réparations civiles, n'est pas une exécution de ce premier arrêt dans le sens de l'art. 373, C. inst. crim.; qu'ainsi, malgré le pourvoi dirigé contre le premier arrêt, la cour d'assises peut, avant la décision de la cour de Cassation, statuer sur les réparations civiles. — *Cass.*, 16 janv. 1834, Prion; 1er juin 1839 (t. 2 1845), Nougué. — V. COUR D'ASSISES.

924. — Quoique la loi déclare expressément que pendant le délai du pourvoi et jusqu'à la réception de l'arrêt définitif qui l'aurait rejeté, il doit être sursis à l'exécution du jugement attaqué, elle exige pourtant que le condamné qui réclame y donne une sorte de commencement d'exécution en se mettant *en état*. C'est une disposition qui a pour objet de prévenir le trop grand nombre de pourvois, mais dont l'utilité est loin d'être démontrée.

Sect. 6e. — *Instruction et jugement.*

925. — La procédure en matière criminelle diffère de celle suivie en matière civile; elle est plus simple et plus rapide. — V. CASSATION (mat. civ.), nos 1212 et suiv.

926. — Aux termes de l'art. 422, C. inst. crim., le condamné ou la partie civile, soit en faisant sa déclaration, soit dans les dix jours suivans, peut déposer au greffe de la cour ou du tribunal qui a rendu l'arrêt ou le jugement attaqué, une requête contenant ses moyens de cassation. Le greffier lui en donne reconnaissance, et remet sur-le-champ cette requête au magistrat chargé du ministère public. — C. 3 brum. an IV, art. 450.

927. — La disposition de cet article est purement facultative; elle est tout entière dans l'intérêt du réclamant; elle lui offre un moyen de faire parvenir sans frais à la cour de Cassation les pièces qu'il doit produire et les moyens de son pourvoi. — Carnot, t. 3, p. 185.

928. — Si la partie qui a fait une déclaration de pourvoi laisse expirer le délai de dix jours sans user de la faculté qui lui est accordée par l'art. 422, C. inst. crim., elle doit transmettre directement ses pièces et sa requête au greffe de la cour de Cassation.

929. — En matière criminelle, pour que la cour de Cassation puisse statuer sur un pourvoi, il faut que le pourvoi soit accompagné d'une copie signifiée, ou d'une expédition régulière de l'arrêt ou du jugement attaqué. — *Cass*, 10 mars 1808, N.....

930. — La partie civile qui se pourvoit en cassation est tenue de joindre aux pièces une expédition authentique de l'arrêt. — C. inst. crim., art. 419.

931. — Si l'expédition est irrégulière, la partie civile n'est pas déchue pour cela de son pourvoi, mais elle peut, avant le jugement de l'affaire, produire une deuxième expédition plus régulière. — *Cass.*, 22 messid. an XII, Vigier c. Margerin et Velye.

932. — Quand le pourvoi est formé par un condamné, l'acte d'écrou ou de mise en liberté sous caution doit être annexé à l'acte de recours en cassation. — C. inst. crim., art. 421. — Cette mesure est de rigueur.

933. — Après les dix jours qui suivent la déclaration, le procureur général chargé fait passer au ministre de la justice les pièces du procès et les requêtes des parties, si elles en ont déposé. — C. inst. crim., art. 428.

934. — Cependant, il a été jugé que le pourvoi contre le jugement d'un conseil de discipline est recevable quoiqu'il ait été envoyé directement au procureur général de la cour de Cassation, par le demandeur, au lieu d'être adressé au ministre de la justice par le capitaine rapporteur. — *Cass.*, 24 juin 1831 (sol. implic.), de Boishébert.

935. — Le greffier de la cour ou du tribunal qui a rendu l'arrêt ou le jugement attaqué, rédige sans frais et joint un inventaire des pièces, sous peine de 100 francs d'amende. — C. instr. crim., art. 423.

936. — Cette amende peut être prononcée par la cour de Cassation. — Même article.

937. — Le procureur général en transmettant les pièces au garde des sceaux peut y joindre ses observations.

938. — Ce magistrat doit scrupuleusement observer le délai de six jours avant d'envoyer les

pièces à la chancellerie, afin de ne pas obliger le réclamant à des dépenses inutiles.

959. — Il ne doit pas non plus faire cet envoi prématurément, afin de laisser au réclamant le temps de préparer sa défense.

940. — Suivant Carnot (t. 3, p. 186, n° 3), si par suite d'un renvoi trop précipité, il avait été prononcé sur le recours avant l'expiration des dix jours, l'opposition à l'arrêt qui serait intervenu serait nécessairement recevable. — « Ce serait, ajoute-t-il, blesser toutes les règles de la justice que de rendre le condamné responsable de la faute d'autrui. »

941. — Mais si l'arrêt n'avait été rendu qu'après les dix jours expirés et que le réclamant ne pût justifier par la reconnaissance du greffier du dépôt de sa requête dans ce délai, son opposition devrait être rejetée, lors même que sa requête n'aurait pas été mise sous les yeux de la cour de Cassation; l'on présumerait dans ce cas qu'il en aurait fait un dépôt tardif. — Il est donc important pour celui qui fait sa déclaration de recours en cassation qu'il exige du greffier la reconnaissance du dépôt qu'il fait de sa requête. — Carnot, *ubi suprà*.

942. — L'art. 423, C. inst. crim., s'applique aux jugemens et arrêts rendus en matière correctionnelle ou de simple police, comme aux arrêts rendus en matière criminelle. — Carnot, t. 3, p. 187, n° 4 *in fine*.

943. — Mais il n'est pas applicable dans le cas de recours contre les arrêts de renvoi. — Il suffit qu'avant l'envoi de l'arrêt ou des pièces à la cour de Cassation, la notification en ait été faite à l'accusé dans une forme régulière. — V. CHAMBRE DES MISES EN ACCUSATION.

944. — Dans les vingt-quatre heures de la réception de ces pièces, le ministre de la justice doit les adresser à la cour de Cassation, et il en donne avis au magistrat qui les lui a transmises. — C. inst. crim., art. 424; C. 3 brum. an IV, art. 450.

945. — Les condamnés peuvent aussi transmettre directement au greffe de la cour de Cassation soit leurs requêtes, soit les expéditions ou copies signifiées tant de l'arrêt ou du jugement que de leurs demandes en cassation. — C. inst. crim., même article.

946. — Quant aux parties civiles, elles ne peuvent user du bénéfice de l'art. 424 que par le ministère d'un avocat à la cour de Cassation. — *Ibid.*

947. — Jugé en conséquence que le pourvoi en cassation formé par une partie civile est non-recevable, si son mémoire, signé d'elle seule, a été présenté sans le concours d'un avocat à la cour de Cassation. — *Cass.*, 18 sept. 1828, Dumas de Pascaud.

948. — M. Tarbé (p. 325, n° 1086) dit que, par arrêté de la cour de Cassation du 25 brum. an IX, tout citoyen peut défendre en matière de police simple ou correctionnelle, sans le ministère d'un avoué (maintenant d'un avocat à la cour de Cassation). — Ce n'est qu'en matière de grand criminel qu'un particulier ou même un avocat de cour royale peut plaider sur un pourvoi devant la chambre criminelle; en matière correctionnelle ou de police, les parties ne peuvent être représentées que par le ministère d'un avocat à la cour de Cassation. — V. Godart de Saponay, p. 108. — V. aussi *suprà* AVOCAT, nos 386 et suiv., AVOCAT A LA COUR DE CASSATION, n° 51.

949. — Un pourvoi est recevable quoiqu'il n'indique aucun grief. — Tarbé, p. 324, n° 1084.

950. — En matière de grand criminel, le demandeur est dispensé de l'enregistrement et du timbre. — V. ENREGISTREMENT.

951. — Il en est de même en matière de garde nationale. — L. 22 mars 1831, art. 120, 121 et 122. — V. GARDE NATIONALE.

952. — Lorsqu'une seule et même contravention a donné lieu à autant de poursuites qu'il y avait de prévenus, la cour de Cassation joint les pourvois pour être statué sur le tout par un seul et même arrêt. — *Cass.*, 1er août 1829, Roux.

953. — Les parties civiles peuvent intervenir devant la cour, sur le pourvoi du ministère public ou de l'accusé.

954. — La cour de Cassation admet aussi l'intervention des personnes civilement responsables. — Tarbé, Introd., p. 161 et 325.

955. — La cour de Cassation peut ordonner la suppression d'un mémoire injurieux produit devant elle. — *Cass.*, 14 brum. an XI, Tirel.

956. — ... Même lorsque ce mémoire contient des expressions injurieuses pour les juges qui ont rendu l'arrêt attaqué. — *Cass.*, 17 mars 1808, Meunier.

957. — La cour de Cassation, en toute affaire criminelle, correctionnelle ou de police, peut statuer sur le recours en cassation aussitôt après l'expiration des délais fixés par les art. 422, 423 et

CASSATION (mat. crim.), ch. 3, sect. 6e.

424, et doit y statuer dans le mois au plus tard, à compter du jour où ces délais sont expirés. — C. inst. crim., art. 425; C. 3 brum. an IV, art. 452.

958. — La chambre criminelle se fait un devoir rigoureux de suivre autant qu'il lui est possible ce que prescrit cet article; cependant si l'arrêt n'était pas rendu dans le mois, il n'en résulterait aucune fin de non-recevoir en faveur ni contre le recours. Du reste, on n'a jamais fait une autre application de l'art. 452 du Code de brumaire an IV, qui renfermait une disposition semblable.

959. — Lorsque le demandeur en cassation est atteint d'aliénation mentale, la cour de Cassation peut surseoir à statuer sur son pourvoi jusqu'à ce que son état de démence ait cessé. — *Cass.*, 25 janv. 1839 (t. 1er 1839, p. 79), Gilbert.

960. — En effet, dit M. Tarbé (p. 325), dans le silence de la loi sur les effets du recours formé par un aliéné dans un intervalle lucide, ou par un individu atteint postérieurement à ce recours d'aliénation mentale, il appartient à la cour de prendre les mesures nécessaires à la conservation des droits de la défense et à l'intérêt général de la justice.

961. — Mais la cour de Cassation ne doit pas surseoir à statuer sur la demande en translation formée par le prévenu jusqu'à ce que cette demande ait été appréciée par le ministre auquel elle a été soumise. — *Cass.*, 28 juin 1838 (t. 2 1838, p. 231), Lemeneur.

962. — Du reste, aucune disposition de la loi n'autorise la cour de Cassation à ordonner l'extraction d'un condamné de la maison où il est détenu, et sa translation dans la maison de justice où elle siége, pour qu'il puisse être entendu en personne sur ses moyens de cassation. — *Cass.*, 28 juin 1838 (t. 2 1838, p. 231), Lemeneur.

963. — Sous la loi du 18 pluv. an IX, lorsque l'affaire était disposée à recevoir jugement, la cour de Cassation ne pouvait pas accorder de sursis. — *Cass.*, 28 fév. 1807, Chazot.

964. — La cour de Cassation peut faire apporter à son greffe les pièces d'un procès pour vérifier si un prévenu est réellement auteur ou complice d'un délit. — *Cass.*, 9 sept. 1808, Desfarges.

965. — De même, en cas d'allégation de la part du ministère public de circonstances qui, si elles étaient vraies, seraient de nature à faire annuler un arrêt pour cause de nullité, la cour de Cassation peut ordonner l'apport à son greffe de toutes pièces ou documens propres à éclaircir les faits allégués. — *Cass.*, 31 janv. 1828, Sommabert.

966. — La preuve testimoniale ne peut pas être admise devant la cour de Cassation, à l'effet d'établir que le défenseur du prévenu a été interrompu dans sa plaidoirie, ou n'a pas eu la parole le dernier; le prévenu n'a d'autre voie à suivre que l'inscription en faux. — *Cass.*, 8 mars 1828, Loisel.

967. — Nous ne répéterons pas ici ce qui a été dit au mot CASSATION (mat. civ.), sur la mise au rôle, la distribution des causes, la nomination du rapporteur, les communications, le rapport, les plaidoiries, la publicité des audiences, etc., etc.; il est clair que ces détails s'appliquent tout aussi bien à la chambre criminelle qu'à la chambre civile. — V. d'ailleurs COUR DE CASSATION.

968. — On remarquera seulement que la chambre criminelle a, comme les deux chambres civiles, un rôle pour les affaires *urgentes* et un rôle pour les affaires *ordinaires*. — Ord. 15 janv. 1826, art. 12 et 17.

969. — ... Et que sont réputées affaires urgentes les affaires criminelles où la peine de mort a été prononcée, celles qui requièrent célérité, et les réquisitions du ministère public. — Même ord., art. 9.

970. — Nous ferons remarquer encore que, suivant un arrêté du conseil de discipline de cet ordre, qui a reçu l'approbation de la cour, deux avocats sont désignés chaque semaine pour défendre d'office, devant la cour, les pourvois de tous les condamnés à la peine capitale qui n'ont pas fait choix d'un défenseur. — Godart de Saponay, p. 145, *in fin.*

971. — En matière criminelle, la cour de Cassation rejette ou casse, sans qu'il soit besoin d'un arrêt préalable d'admission. — C. inst. crim., art. 426.

972. — Dans l'un et l'autre cas, sa décision doit être motivée. — C. 3 brum. an IV, art. 453.

973. — « On ne saurait avoir trop d'exactitude, dit d'Aguesseau (lettre 37e), quand il s'agit d'examiner une procédure criminelle. Mais il ne faut pas aussi que cette exactitude dégénère dans une espèce de critique portée jusqu'à la minutie, quand on veut y trouver le fondement de la cassation. »

974. — Le Code d'instruction criminelle n'exige pas que le défendeur à la cassation soit cité; c'est à lui de surveiller ses intérêts. — Carnot, t. 3, p. 189, n° 3.

975. — Si l'arrêt prononçant cassation est rendu par défaut, le défendeur peut y former opposition.

976. — Le délai ne doit pas, dans ce cas, être réglé par l'art. 533, C. inst. crim., dont l'objet est spécial pour les réglemens de juges. — Il doit l'être, suivant Godart de Saponay (p. 111), par les dispositions générales du même Code sur les jugemens par défaut.

977. — Ainsi, ajoute cet auteur, en matière de police, ce délai doit être de trois jours, à compter de la notification de l'arrêt de cassation (C. inst. crim., art. 151). — En matière de police correctionnelle, il doit être de cinq jours (C. inst. crim., art. 187 et 208). — En matière criminelle enfin, il doit être de huit jours, d'après la règle établie par les anciennes lois pour toute opposition à des jugemens en dernier ressort rendus par défaut.

978. — L'opposition formée contre un arrêt de la cour de Cassation rendu en matière criminelle n'est pas recevable lorsqu'il y a eu notification du pourvoi. — *Cass.*, 21 juin 1844 (t. 1er 1845, p. 63), Touchard et Toulouse. — V. conf. *Cass.*, 4 juin 1836, Duhomme et Sainte-Croix c. Contrib. indir. — Mais l'opposition est recevable lorsque le pourvoi n'a pas été notifié. — *Cass.*, 23 sept. 1836 (t. 1er 1837, p. 562), de Tinan.

979. — L'opposition à un arrêt de cassation rendu par défaut doit être formée par déclaration faite au greffe du tribunal ou de la cour dont le jugement ou l'arrêt a été cassé.

980. — Le demandeur en opposition peut s'en faire délivrer une expédition et transmettre cette expédition avec les pièces à un avocat à la cour de Cassation, qui la réitère par le mémoire qu'il dépose à la cour. — Godart, p. 112.

981. — La partie qui forme opposition à un arrêt de la cour de Cassation, rendu par défaut, ne peut être soumise à aucune consignation d'amende.

982. — La consignation de la somme de cent francs pour la réfusion des dépens, lorsqu'on se pourvoit par opposition contre un arrêt par défaut de la cour de Cassation, n'est pas requise en matière criminelle.

983. — Il est de principe que la mort avant le jugement éteint l'action criminelle, et qu'après le jugement contradictoire, elle affranchit le condamné de la peine; mais, dans les deux cas, elle laisse subsister l'action et les adjudications civiles. — Av. cons. d'état, 23-26 fructid. an XIII.

984. — Il suit de là que le décès du condamné, avant qu'il ait été statué sur son pourvoi, rend l'exécution impossible et ne permet pas à la cour de Cassation de prononcer. — *Cass.*, 15 avr. 1830, Peillon; 21 juill. 1834, Enreg. c. Vincent.

985. — Cependant, d'après l'avis du conseil d'état du 23 fructid. précité, il doit en être autrement en ce qui concerne les frais, attendu que sur ce point l'exécution de la condamnation était encore possible.

986. — La chambre civile de la cour de Cassation a adopté cette doctrine par arrêt du 16 janv. 1811, dans une circonstance où le condamné était décédé depuis le pourvoi, mais où cependant la chambre criminelle, qui n'était pas instruite de ce décès, avait rejeté le pourvoi. Un arrêt de cassation décida que l'administrateur du domaine avait eu le droit de poursuivre le recouvrement des frais. — Tarbé, p. 162.

987. — La question se présenta de nouveau devant la chambre criminelle, qui jugea de même que, quand le condamné meurt avant qu'il ait été prononcé sur son pourvoi en cassation, la cour n'en statue pas moins sur son pourvoi au chef de la condamnation aux frais. — *Cass.*, 18 mai 1815, Thérèse Baudry; 10 fév. 1814, Sicard.

988. — Mais les deux chambres ont plus tard abandonné cette doctrine et ont reconnu que, quoique l'action en réparations et dommages existât, malgré le décès, au profit des parties civiles, l'arrêt de condamnation ne pouvait être exécuté dans aucune de ses dispositions, même quant aux frais. — Tarbé, p. 162.

989. — Remarquez que la mort de la personne civilement responsable n'empêche pas la cour de statuer sur son pourvoi contradictoirement avec ses héritiers. — *Cass.*, 29 mars 1827, Pestel c. Gagin.

990. — La démence du condamné n'est pas, comme son décès, une cause d'extinction de la procédure, elle donne lieu seulement au sursis.

991. — Nous avons dit (v° CASSATION [mat. civ.], n° 1740) que la péremption d'instance n'a point lieu pour les procédures en cassation. Cependant, la péremption d'un pourvoi en matière criminelle serait prononcée si, depuis la déclaration du pourvoi faite au greffe, il s'était écoulé, en matière criminelle plus de dix ans, en matière correctionnelle plus de trois ans, et en matière de police plus d'un an, sans que la cour eût été saisie. — *Cass.*, 7 mai 1830, Forêts c. Lachanguette; — Godart de Saponay, *Manuel*, n° 112. — V. PÉREMPTION D'INSTANCE.

992. — En matière correctionnelle et de police, la cour de Cassation ne doit prononcer que sur l'instruction faite par la cour ou par le tribunal qui a rendu le jugement attaqué et sur le jugement en lui-même, à moins qu'elle n'ait à statuer sur la compétence. — En matière criminelle, au contraire, la cour doit juger toutes les parties de l'instruction. — Carnot, t. 3, p. 190, n° 2.

993. — La disposition de l'art. 434 est dans les principes d'une bonne législation; il n'est pas proposable, en effet, d'autoriser l'annulation pour le tout d'un arrêt ou d'un jugement, et d'ordonner par suite qu'une procédure sera recommencée à grands frais, par la raison qu'il s'y trouve une disposition vicieuse, lorsque cette disposition ne tient pas à la substance de l'arrêt ou du jugement annulé. — La seule question sur laquelle doit porter l'examen de la cour de Cassation lorsqu'il s'agit de décider si le jugement doit être annulé *pour le tout* ou seulement *pour partie*, est celle de savoir si la disposition de l'arrêt ou du jugement sur laquelle porte la nullité peut influer directement ou indirectement sur les autres dispositions. — Carnot, t. 3, p. 191, n° 5.

994. — Si la nullité résulte de l'incompétence ou d'un vice inhérent à l'instruction, et non pas seulement d'une disposition *indépendante*, il y a lieu à l'annulation du jugement *pour le tout*, lors même qu'il serait régulier dans toutes ses autres parties, parce que l'annulation d'un des actes de l'instruction emporte nécessairement celle de tout ce qui a suivi. — C. inst. crim., art. 408.

995. — Si les motifs seuls du jugement ou de l'arrêt sont mauvais, et que l'arrêt se défende par son dispositif appliqué régulièrement à un fait constant, la cour rejette *sans approuver les motifs*. — Tarbé, p. 325.

996. — .... Ou même en les blâmant. — *Cass.*, 4 avr. 1835, Vernet.

997. — La partie civile qui succombe dans son pourvoi, soit en matière criminelle, soit en matière correctionnelle ou de police, est condamnée à une indemnité de 150 fr. et aux frais envers la partie acquittée, absoute ou renvoyée. — C. inst. crim., art. 436.

998 — .... Fût-ce une administration publique. — Même article; — Tarbé, p. 119, 1re col. *in fin.*

999. — Elle est de plus condamnée à l'amende. — Même article.

1000. — Toutefois, cette amende n'est pas de 300 fr., comme en matière civile, mais seulement de 150 (avec le dixième 165), si le jugement est contradictoire; et de moitié, si le jugement est par défaut. — C. inst. crim., art. 436.

1001. — Jugé en ce sens que la disposition du réglement de 1738, qui condamnait à une amende de 300 fr., dans le cas du rejet d'une demande en cassation préalablement admise, n'est plus applicable en matière criminelle. — *Cass.*, 21 janv. 1812, Laget c. Enregistrement.

1002. — On assimile au rejet le cas où le pourvoi est déclaré non-recevable. — Ainsi jugé qu'en matière criminelle le demandeur en cassation doit être condamné à l'amende, soit que son pourvoi soit rejeté, soit qu'il soit déclaré non-recevable. — *Cass.*, 26 avr. 1813, Rochefort.

1003. — Jugé de même que la condamnation à 150 fr. d'indemnité au profit de la partie acquittée, que l'art. 436, C. inst. crim., ordonne de prononcer contre la partie civile qui succombe dans son pourvoi en cassation, doit avoir lieu, soit que la partie civile succombe pour rejet de ses moyens de cassation, soit qu'elle succombe pour fin de non-recevoir, faute de consignation d'amende. — *Cass.*, 26 avr. 1813, Rochefort c. N...

1004. — Il a été jugé que celui qui succombe dans un pourvoi en cassation qu'il a formé, non seulement en qualité de partie civile, sur sa propre plainte, mais encore en celle de condamné, sur la plainte de l'autre partie, ne doit pas être condamné envers elle à l'indemnité de 150 fr. prononcée par l'art. 436, C. inst. crim. — *Cass.*, 11 juill. 1823, Gémond c. Garat.

1005. — ... Que l'indemnité de 150 fr. encourue par un pourvoi mal fondé ne peut être prononcée que contre la partie civile qui succombe, et non contre la partie condamnée au profit de la partie intervenante; celle-ci ne peut obtenir que ses dépens. — *Cass.*, 2 mai 1835, Vaysset c. Marion.

1006. — ... Que lorsque deux pourvois ont été dirigés, l'un contre l'arrêt de mise en accusation, l'autre contre l'arrêt de condamnation, dans le but unique d'obtenir la cassation de celui-ci, et que deux amendes ont été consignées, la cour de Cassation qui rejette les deux pourvois ne doit cependant condamner le demandeur qu'à une seule amende, et ordonner la restitution de la seconde. — *Cass.*, 26 août 1837 (t. 2 1837, p. 200), Donnadieu.

1007. — En matière criminelle ou correctionnelle, le désistement de la partie fait disparaître entièrement le pourvoi en cassation formé par elle dans son intérêt. — *Cour supér. Bruxelles*, 23 oct. 1828, Josse Dérinck.

1008. — C'est pour cela que, lorsque des condamnés qui se sont pourvus en cassation déclarent se désister purement et simplement de leur pourvoi, la cour de Cassation, en leur en donnant acte, ordonne la restitution de l'amende consignée. — *Cass.*, 15 oct. 1820, Nicolas Decorde. — Il en est autrement en matière civile. — V. CASSATION (mat. civ.).

1009. — En est-il de même en ce qui concerne la partie civile? Est-elle passible de l'indemnité, nonobstant son désistement? — Sur cette question Legraverend (t. 2, chap. 5, p. 460) s'exprime ainsi : « Puisque l'indemnité est due par la partie civile lorsqu'elle *succombe* dans son recours, je ne doute pas que la cour de Cassation, qui se trouve dans le cas de rendre un arrêt, pour donner acte de ce désistement, ne doive condamner la partie civile à l'indemnité et aux frais envers le prévenu ou l'accusé en même temps qu'à l'amende envers l'état, comme dans le cas où elle rejette le recours. C'est un aveu tacite de la partie civile que son pourvoi était mal fondé; elle succombe évidemment, puisqu'elle renonce à ses poursuites. Mais comme l'indemnité doit être prononcée pour être acquise, si le désistement de la partie civile avait eu lieu avant que la cour de Cassation eût été saisie, il ne pourrait pas y avoir de question. » — Malgré ces objections, nous pensons avec la cour de Cassation que la partie civile qui se désiste prévient le jugement qui aurait pu la faire succomber et qu'elle ne succombe pas. L'opinion de Legraverend reduirait le demandeur à une condition telle qu'il y aurait pour lui plus d'avantage à attendre les chances de son pourvoi qu'à s'en désister. Il serait peu convenable de mettre des entraves aux désistemens qui méritent plutôt d'être encouragés.

1010. — Jugé en ce sens que la partie civile qui se désiste de son pourvoi en cassation ne succombe point, et ne peut pas être condamnée à l'indemnité de 150 fr., ni aux frais envers le prévenu intervenant. — *Cass.*, 31 déc. 1824, Mariette c. Lebourgeois; 9 juill. 1830, Forêts c. Glonner.

1011. — Antérieurement, la cour de Cassation jugeait en sens contraire que lorsque la partie acquittée est *intervenue* dans l'instance en cassation, sur le pourvoi d'une administration ou régie de l'état, le *désistement* du pourvoi ne peut soustraire cette administration ou régie au paiement des frais et indemnité envers ladite partie *intervenante*, aux termes du dernier paragraphe de l'art. 436, C. inst. crim. — *Cass.*, 16 août 1811, Forêts c. N... ; 4 sept. 1812, Douanes c. Meyer.

1012. — Mais aujourd'hui elle est revenue au principe que la partie qui se désiste ne succombe pas; seulement comme cette partie a causé par son fait un préjudice à son adversaire, la Cour, tout en décidant qu'elle n'est point passible de l'indemnité de 150 fr., la condamne cependant aux frais de l'intervention du défendeur au pourvoi. — *Cass.*, 27 janv. 1838 (t. 2 1839, p. 499), Douanes c. Facrot; 23 mai 1833, Forêts c. Guyon.

1013. — Le ministère public ne peut se désister d'un pourvoi en cassation par lui régulièrement formé. — V. DÉSISTEMENT, MINISTÈRE PUBLIC.

1014. — Pour produire son effet, le désistement doit être régulier; ainsi le désistement d'un pourvoi formé par un prévenu contre un arrêt de la chambre des mises en accusation est nul lorsqu'il a été notifié par exploit au procureur général, mais sans que l'huissier fût porteur d'un pouvoir spécial de ce prévenu. — *Cass.*, 14 mars 1845 (t. 1er 1845, p. 743), Courtaud.

1015. — De même la déclaration reçue par le directeur d'une prison et déposée au greffe de la cour royale, portant qu'un condamné par arrêt de cette cour se désiste du pourvoi qu'il a formé contre cet arrêt, ne peut avoir l'effet d'un désistement régulier, en ce que ce directeur n'a pas qualité pour lui imprimer le caractère d'un acte légal. — *Cass.*, 16 oct. 1828, Bonvouloir.

1016. — Lorsqu'un condamné correctionnellement qui s'est pourvu en cassation déclare se désister de son pourvoi et se réunir au ministère public pour former avec lui une demande en réglement de juges, la cour de Cassation peut, en lui donnant acte de son désistement, statuer sur le réglement de juges. — *Cass.*, 26 déc. 1829, Mergant.

1017. — Lorsque l'arrêt ou le jugement attaqué a été annulé, l'amende consignée doit être rendue sans aucun délai, en quelques termes que soit conçu l'arrêt qui a statué sur le recours, et quand même il aurait omis d'en ordonner la restitution. — C. inst. crim., art. 437.

1018. — L'arrêt qui rejette la demande en cassation doit être délivré dans les trois jours au procureur général près la cour de Cassation, par simple extrait signé du greffier. Cet extrait est adressé au ministre de la justice et envoyé par celui-ci au magistrat chargé du ministère public près la cour ou le tribunal qui a rendu l'arrêt ou le jugement attaqué.

1019. — L'art. 457, C. 3 brum. an IV, voulait que l'arrêt de cassation fût envoyé en expédition authentique et communiqué au condamné et à son conseil.

1020. — La désignation de la cour ou du tribunal de renvoi appartient à la cour; elle est l'objet d'une délibération spéciale prise en la chambre du conseil, immédiatement après la prononciation de l'arrêt de cassation, et il en est fait mention dans cet arrêt. — C. inst. crim., art. 430.

1021. — Cet article fut ajouté sur la demande de Merlin (Locré, t. 29, p. 39). — Auparavant, on renvoyait devant la cour la plus voisine.

1022. — Le Code d'instruction criminelle ne porte pas, comme le faisait la loi institutive de la cour de Cassation, que le renvoi sera fait à l'une des trois cours ou à l'un des trois tribunaux les plus voisins, ce qui donne une grande latitude à la chambre criminelle. — Carnot, t. 3, p. 190, n° 1er.

1023. — L'art. 427 ne dit pas en termes exprès que la cour de Cassation a le choix du tribunal auquel elle fait le renvoi, lorsqu'elle annule en matière correctionnelle ou de police; mais cet article n'apporte aucune restriction au choix que la cour peut faire en se conformant aux dispositions de l'art. 430. — Carnot, t. 3, p. 191, n° 4.

1024. — Lorsqu'une demande en cassation a été rejetée, la partie qui l'avait formée ne peut plus se pourvoir en cassation contre le même arrêt ou jugement, sous quelque prétexte et par quelque moyen que ce soit. — C. inst. crim., art. 438.

1025. — Ainsi jugé que l'opposition formée par un accusé renvoyé devant une cour d'assises à l'arrêt de la cour de Cassation qui a rejeté le pourvoi qu'il avait dirigé contre l'arrêt de renvoi, sous prétexte qu'il avait été statué sur ce pourvoi nonobstant des réserves expresses de produire une requête, ne doit pas être un obstacle à ce qu'il soit passé outre aux débats, une telle opposition n'étant qu'un nouveau pourvoi contre le même arrêt. — *Cass.*, 9 mai 1834, Bouvet.

1026. — Après le rejet du pourvoi, il ne peut plus y avoir d'effet suspensif; ainsi on se rend coupable d'un délit en faisant, depuis cet arrêt, l'acte punissable, quoiqu'il n'y ait pas eu signification du rejet. — *Cass.*, 31 mai 1834, le *National*.

1027. — La séparation de la Belgique d'avec la France ayant fait cesser la juridiction de la cour de Cassation sur les tribunaux de cette province, il fut pris, le 9 avril 1814, un arrêté provisoire dont il est nécessaire de faire connaître les principales dispositions.

1028. — En matière de simple police, la connaissance des pourvois en cassation contre les jugemens d'appel, portés par les tribunaux correctionnels, et ceux rendus en dernier ressort par les tribunaux de simple police, est attribuée à la chambre de mise en accusation de la cour supérieure de justice; cette chambre doit être composée, dans ce cas, de sept membres, et doit renvoyer le fond de la contestation, si la cassation est prononcée à un autre tribunal correctionnel ou de simple police du ressort. — Art. 1er.

1029. — En matière criminelle proprement dite, le pourvoi en cassation est porté à la chambre des appels correctionnels de la même cour, composée également de sept membres. — En cas de cassation, la cause est renvoyée à une autre cour d'assises du ressort. — Art. 2.

1030. — La connaissance des pourvois en cassation contre les arrêts de la chambre des mises en accusation et des appels de police correctionnelle de la cour, de même que contre les jugemens rendus en appel correctionnel par les tribunaux de première instance de quelques chefs-lieux de département, est attribuée à la première chambre civile de la cour. — Cette chambre, en cas de cassation, juge aussi le fond, mais par un nouvel arrêt et sans recours ultérieure en cassation. — Art. 3.

1031. — Les pourvois contre les arrêts rendus par cette première chambre dans les matières correctionnelles, qui, d'après l'art. 479, C. inst. crim., sont de sa compétence, doivent être portés devant une autre chambre civile à désigner par le premier président. — Cette autre chambre est, pour ce cas, renforcée de deux membres à la désignation du premier président, en suivant l'ordre du tableau autant que le bien du service peut le permettre. — En cas de cassation, cette même chambre ainsi renforcée juge aussi le fond par un nouvel arrêt et sans recours ultérieur en cassation. — Art. 4.

1032. — A cet arrêté en a succédé un autre, qui

porte la date du 15 mars 1815, et qui règle ainsi le mode d'exécution de l'arrêté du 9 avril.

1033. — La procédure est instruite par écrit.... sans arrêt préalable d'admission, quelle que soit la matière qui fait l'objet du pourvoi. — Art. 1er et 3.

1034. — Le demandeur doit déposer au greffe un mémoire introductif, la quittance constatant la consignation de l'amende ou un certificat d'indigence, la copie signifiée ou une expédition de la décision attaquée, à peine de déchéance. — Art. 5.

1035. — La cour ne peut connaître, dans l'intérêt des parties, que des chefs indiqués dans la requête introductive; mais il appartient toujours au ministère public de discuter, et à la cour d'apprécier les moyens de droit qu'on aurait pu alléguer contre les chefs qui sont l'objet de la demande en cassation. — Art. 9.

1036. — Aucune pièce n'est censée faire partie de la procédure, à moins qu'elle n'ait été déposée au greffe, et que le dépôt n'ait été constaté par une note écrite en marge de chaque pièce. — Art. 20 et 21.

1037. — Les mémoires écrits et imprimés que la partie veut distribuer doivent porter le nom et la signature de l'avocat. Ils sont remis au rapporteur et au ministère public, au moins trois jours avant le rapport de l'affaire. — Art. 33.

1038. — Aucun avocat ne peut suivre sur un pourvoi, s'il n'est licencié en droit depuis plus de dix ans, domicilié à Bruxelles et inscrit sur le tableau officiel des avocats de la cour. — Arrêté du 9 avr. 1814, art. 20.

1039. — En matière criminelle comme en matière civile, le procureur général près la cour ne peut être considéré comme partie; il ne donne que des conclusions, à moins qu'il n'ait demandé lui-même la cassation. Dans ce cas, il présente son réquisitoire, qui, déposé au greffe, est remis sans autre formalité au rapporteur désigné par le premier président, et distribué ensuite avec le rapport entre les membres du parquet. — Arrêté 15 mars 1815, art. 37.

1040. — Aux termes de l'art. 2, lorsque les deux parties attaquent le même arrêt par la voie de cassation, chacune est tenue d'observer les formalités et les délais prescrits pour le demandeur, mais la jonction des deux instances est de droit.

1041. — La cour juge, autant que possible, séance tenante, et le ministère public a le droit d'assister à la délibération, lorsqu'elle n'a pas lieu à l'instant et dans la salle même d'audience; mais il n'a pas voix délibérative. — Art. 39. — V. COUR DE CASSATION.

CHAPITRE IV. — *Effet de la cassation en matière criminelle.*

1042. — Le principal effet de la cassation en matière criminelle, comme en matière civile, est d'annuler la décision attaquée et de remettre la cause et les parties au même état qu'avant cette décision.

1043. — Cependant, quelle que soit la force des arrêts de cassation, l'autorité de la chose jugée ne s'attache pas réellement à leur décision. Aussi, dans le cas d'un second pourvoi contre un second arrêt de cour royale, le pourvoi est recevable de quelque part qu'il vienne, et la question peut être de nouveau débattue. — Tarbé, p. 104; Merlin, *Quest. de dr.*, vo *Tierce opposition*.

1044. — Les arrêts de la cour de Cassation n'acquièrent le caractère de la chose jugée, lorsqu'ils annulent dans l'intérêt des parties, que lorsqu'il est intervenu un jugement conforme qui n'a pas été attaqué. — Carnot, t. 3, p. 192.

1045. — ... Ou lorsqu'après une première cassation la cour de renvoi rend un arrêt conforme au premier arrêt cassé, et qu'il intervient une deuxième cassation dans la même affaire et sur les mêmes moyens. Dans ce cas la deuxième cour de renvoi est tenue, sur le point de droit, de se conformer à la décision de la cour suprême. — V. COUR DE CASSATION.

1046. — Jugé aussi que la cour de Cassation ne peut, en annulant un jugement du tribunal de police qui avait déclaré non obligatoire un arrêté de l'autorité administrative, conférer l'autorité de la chose jugée à cet arrêté au regard de la partie en cause, si une ordonnance d'amnistie a empêché le tribunal saisi du renvoi de statuer sur la légalité de cet arrêt. — *Cass.*, 17 mai 1836, ville de Bordeaux.

1047. — Un autre effet de la cassation, c'est de faire restituer au demandeur l'amende qu'il a consignée. — V. *suprà* nos 779 et suiv.

1048. — ... Et de faire cesser la mise en état.

1049. — Ainsi, la cassation d'un jugement de police correctionnelle procure immédiatement la liberté au condamné qui, pour faire juger le pourvoi en cassation du jugement rendu contre lui, se rend en prison ou se met en état, conformément à l'art. 421, C. inst. crim. — *Cass.*, 2 juin 1832, Paturaux.

1050. — Mais il en serait autrement si le demandeur en cassation était détenu préventivement.

1051. — Les arrêts de la cour de Cassation sont imprimés et inscrits sur les registres du tribunal dont la décision a été cassée. — Décr. 27 nov. 1790, art. 22.

1052. — Il est de principe que la cassation ne peut intervenir, sur le pourvoi d'une partie, que dans son intérêt et sans aggraver sa position. — *Cass.*, 27 mai 1808 (intérêt de la loi), Collot.

1053. — On a été même si loin dans les conséquences du principe, qu'il a été jugé que, lorsqu'une seule et unique peine a été prononcée pour deux délits différens, la cassation en ce qui concerne un délit entraîne la cassation de la condamnation dans son entier. — *Cass.*, 12 août 1808, Martin Lacoste.

1054. — La cassation peut porter sur toute l'affaire ou n'être que partielle.

1055. — Si la cour de Cassation n'avait pas déclaré que l'arrêt ou le jugement dénoncé n'est annulé que dans telle ou telle de ses dispositions, l'annulation porterait sur le tout, et tout dès-lors devrait être remis en question devant la cour ou le tribunal de renvoi. — Carnot, sur l'art. 427, C. inst. crim., no 6.

1056. — Mais il a été jugé que la cassation d'un jugement ne s'étend point aux dispositions du même jugement qui n'ont été l'objet d'aucun pourvoi. — *Cass.*, 15 juin 1809, Baudoin.

1057. — ... Que lorsque l'officier du ministère public a restreint sa déclaration de recours en cassation à tel ou tel chef de l'arrêt ou du jugement, ce n'est que sur sa déclaration restreinte qu'il doit être prononcé. — *Cass.*, 25 juin 1812, N...

1058. — ... Que lorsque l'accusé a été déclaré coupable sur un chef non compris dans l'arrêt de renvoi, et indépendamment des autres, la déclaration du jury et l'arrêt de condamnation ne doivent être annulés que dans ce chef qui est le seul vicié. — *Bruxelles*, 11 nov. 1819, Barbe Honckx.

1059. — Jugé que, lorsqu'un jugement de cassation, ayant adopté une partie des moyens présentés par le demandeur, ne mentionne cependant que ceux qui ont été rejetés, il est indispensable de corriger l'erreur qui s'est glissée dans sa rédaction. Cette erreur se rectifie par un jugement subséquent. — *Cass.*, 21 vendém. an VIII, Laporte et Jourdain.

1060. — L'arrêt de cassation fait tomber et la disposition attaquée et toutes celles qui n'en sont que la conséquence.

1061. — Ainsi jugé que la cassation de l'arrêt d'une cour d'assises qui condamne un accusé aux peines portées par la loi entraîne celle de l'arrêt qui a statué distinctement sur la demande en dommages-intérêts formée par la partie civile à la suite de cette condamnation. — *Cass.*, 5 mai 1826, Louis Renault c. Boine.

1062. — De même, la déclaration du jury portant sur un chef principal et sur une circonstance de ce chef, est indivisible. — En conséquence, lorsqu'elle est annulée sur le fait principal, l'existence de la circonstance aggravante se trouve par cela même remise en question, encore bien qu'à ce dernier égard la déclaration ait été favorable à l'accusé. — *Cass.*, 8 janv. 1836 (t. 1er 1837, p. 63), Marie Plisson.

1063. — Jugé également que l'annulation de la déclaration du jury sur l'âge et le discernement de l'accusé doit, par suite de son indivisibilité, s'étendre aux réponses sur la culpabilité. — *Cass.*, 28 avr. 1836, Mari dit Imbatista.

1064. — ... Que l'annulation de la réponse du jury à la question principale entraîne celle des déclarations relatives aux circonstances aggravantes et atténuantes se rattachant au fait énoncé dans cette question. — *Cass.*, 5 janv. 1837 (t. 2 1840, p. 89), Jeannin.

1065. — ... Que la déclaration du jury portant sur un chef principal et sur une circonstance de ce chef est indivisible; — Que, conséquemment, lorsqu'elle est annulée sur le fait principal, l'existence de la circonstance aggravante se trouve par cela même remise en question, encore bien qu'à ce dernier égard la déclaration ait été favorable à l'accusé. — *Cass.*, 23 juill. 1840 (t. 2 1840, p. 413), Verrières; — *Revue de législation et de jurisprudence*, t. 12, p. 201.

1066. — Lorsque la cour de Cassation annule un jugement ou un arrêt, elle peut, suivant les cas, ou prononcer la cassation sans renvoi, ou renvoyer la cause et les parties devant un autre tribunal pour juger le fond.

Sect. 1re. — *Cassation sans renvoi.*

1067. — Le droit de casser sans renvoi est pour la chambre criminelle un véritable attribut de souveraineté. Ce droit existait sous l'ancien conseil; mais les lois du 16-29 sept. 1793 et du 3 brum. an IV n'en faisaient pas mention. Le Code a réparé cette omission.

1068. — Aux termes de l'art. 429, C. inst. crim. (dernier alinéa), lorsque l'arrêt attaqué se trouve annulé parce que le fait qui a donné lieu à une condamnation n'est pas qualifié délit par la loi, la cassation, s'il n'y a pas de partie civile, doit être prononcée sans renvoi.

1069. — Le motif de cette disposition est clair : en effet, lorsque les faits incriminés sont constans, et qu'on discute seulement sur leur qualification, s'il est établi que ces faits ne tombent sous l'application d'aucune peine, s'il n'y a pas même de réparations civiles à réclamer, la procédure de renvoi deviendrait absolument frustratoire et sans intérêt.

1070. — Ainsi, il n'y a lieu à aucun renvoi lorsque le fait déclaré constant par le jury ne constitue ni crime ni délit. — Tarbé, p. 326.

1071. — C'est ce qui a été jugé également par les arrêts suivans : — *Cass.*, 9 oct. 1828, Claude Lejeal; 29 avr. 1826, Séraphin Carlin; 8 sept. 1826, Françoise Aussant; 14 sept. 1826, Françoise Delpeux; 24 avr. 1828, Ismérie Talon; 22 janv. 1830, Brunet.

1072. — Lorsque le fait incriminé ne constitue ni crime ni délit, non seulement la cour de Cassation ne prononce aucun renvoi, mais elle ordonne la mise en liberté du condamné. — *Cass.*, 14 oct. 1825, André Clément; 9 sept. 1826, Jean-Baptiste Duserech; 27 janv. 1827, Mathieu Laloua; 10 fév. 1827, Gandon; 6 avr. 1827, Catherine Perrin; 22 janv. 1830, Brunet; 28 janv. 1830, Moutte; 9 sept. 1830, René Merleau.

1073. — Il en est de même, soit qu'il s'agisse d'une condamnation correctionnelle ou criminelle. — *Cass.*, 22 mai 1828, Lazard Hayem.

1074. — Lorsqu'en faisant application d'une amnistie la cour de Cassation annule un arrêt de condamnation, elle ne prononce aucun renvoi. — *Cass.*, 21 mars 1817, Mathieu Moulin; — Legraverend, t. 2, p. 452 et 453.

1075. — Même décision lorsque, en annulant un arrêt de condamnation, la cour de Cassation reconnaît que la peine se trouve expiée. — *Cass.*, 19 mars 1818, Thérèse Boudois.

1076. — Le renvoi serait encore inutile et ne servirait qu'à constater une fois de plus l'impuissance de la justice contre le coupable, si la peine était prescrite. — Aussi, dans le cas où la cour de Cassation reconnaît que le fait qui a motivé la condamnation est éteint par la prescription, elle casse sans renvoi. — *Cass.*, 7 janv. 1818, Pierre Malvagia; 31 août 1827, Antoine Buchillot; 11 juin 1829, Contrib. indir. c. Soccard; — Legraverend, t. 2, p. 452 et 453.

1077. — De même, lorsque la cour de Cassation annule l'arrêt par lequel une cour d'assises a prononcé une condamnation contre un contumax repris, mais dont la peine était prescrite, elle n'ordonne aucun renvoi. — *Cass.*, 5 août 1825, Antoine Bruyèron; 2 fév. 1827, André Blanc.

1078. — Ce qui vient d'être dit relativement à l'amnistie ou à la prescription s'applique aussi à l'exception de la chose jugée. — Legraverend, t. 2, p. 452 et 453.

1079. — Si donc la cour de Cassation annule le jugement par lequel un tribunal a reçu l'opposition formée à un jugement qui était contradictoire et qui a acquis l'autorité de la chose jugée, la cause se trouvant entièrement vidée, elle ne prononce aucun renvoi. — *Cass.*, 11 août 1827, Ancillon c. Avias.

1080. — De même, lorsqu'une cour d'assises a déclaré que l'identité d'un individu avec un condamné évadé n'était pas constante, elle ne peut, sans violer l'autorité de la chose jugée, déclarer par un nouvel arrêt qu'il y a identité. — Dans ce cas, en annulant l'arrêt qui viole la chose jugée, la cour de Cassation ne prononce aucun renvoi. — *Cass.*, 12 août 1825, Claude Rosay.

1081. — Voici d'autres espèces dans lesquelles la cour de Cassation, par suite des principes plus haut exposés, ne prononce aucun renvoi. — Jugé que lorsque la cour de Cassation annule l'arrêt rendu à la suite d'une décision qui avait renvoyé les jurés dans leur chambre pour donner une nouvelle déclaration, quoique la première fût régulière, elle ne prononce aucun renvoi. — *Cass.*, 25 août 1826, Mathurin Romain.

1082. — Il en est de même lorsque l'accusé a été déclaré coupable seulement sur une question posée comme résultant des débats, et que la réponse à cette question est entachée de nullité. — *Cass.*, 6 janv. 1837 (t. 2 1840, p. 90), Chemin.

1083. —... Ou que la cassation est prononcée par le motif que c'était le cas d'un arrêt d'absolution et non d'une ordonnance d'acquittement. — *Cass.*, 21 janv. 1813, Guillaume Philibert.

1084.—... Ou lorsqu'en annulant l'arrêt de condamnation rendu par une cour d'assises, la cour de Cassation reconnaît qu'il y avait lieu à l'absolution de l'accusé. — *Cass.*, 29 août 1829, Lhermite.

1085. —... Ou lorsqu'elle annule l'arrêt par lequel une cour d'assises a prononcé une peine, quoique l'accusé eût été déclaré non coupable, mais parce que le jury avait excédé ses pouvoirs en répondant à une question qui ne lui avait pas été posée. — *Cass.*, 10 avr. 1829, Dubois.

1086. — ...... Ou lorsqu'elle annule un arrêt de condamnation rendu sur une déclaration du jury, qui porte sur des faits autres que ceux compris dans les questions. — *Cass.*, 26 oct. 1820, Charles Blin.

1087. — Jugé de même que lorsque la cour de Cassation annule l'arrêt de condamnation rendu contre un accusé, par suite de la réponse du jury à une question qui, ne se rattachant point au fait de l'accusation, n'aurait pas dû être posée, elle ne prononce aucun renvoi, et elle ordonne la mise en liberté immédiate de l'accusé, si le ministère public n'a fait, en vertu de l'art. 361, C. inst. crim., aucunes réserves. — *Cass.*, 30 juin 1826, Demery.

1088.—... Que lorsque la cassation d'un arrêt est prononcée sur ce que la complicité qui avait motivé la condamnation ne réunit point les caractères voulus par la loi, la cour de Cassation ordonne la mise en liberté du condamné sans renvoyer devant une cour. — *Cass.*, 3 sept. 1812, Billet.

1089.—... Que lorsque la cour de Cassation annule l'arrêt de condamnation rendu contre un individu déclaré coupable de complicité par aide et assistance, mais sans que le jury ait été interrogé sur la connaissance que l'accusé pouvait avoir du crime, elle ordonne la mise en liberté du condamné, sans prononcer aucun renvoi. — *Cass.*, 16 juin 1827, Laroche.

1090.—... Qu'il en est de même lorsque la cour de Cassation annule l'arrêt d'une cour d'assises qui condamnait un individu comme complice d'un vol par recélé, sans qu'il soit fait aucune mention dans l'arrêt de renvoi que l'accusé ait agi sciemment, le fait ainsi présenté ne constituant ni crime ni délit. — *Cass.*, 26 (et non 28) sept. 1817, Joussaume.

1091.—... Ou lorsque la cour de Cassation annule la disposition d'un arrêt distincte des autres, et qui opérait une cumulation de peines. — *Cass.*, 6 août 1824, Le Bourhis.

1092.—... Ou lorsqu'elle annule un arrêt qui avait appliqué les peines du faux, malgré l'absence d'intention criminelle. — *Cass.*, 25 nov. 1819, Rey.

1093.—... Ou lorsqu'elle annule l'arrêt par lequel une cour d'assises avait condamné un individu comme coupable de faux témoignage, sans que le jury eût ajouté que le faux témoignage avait été porté pour ou contre l'accusé, le fait ne constituant point de délit. — *Cass.*, 10 août 1827, Garaux.

1094.—... Ou lorsqu'un arrêt de cour d'assises est cassé pour avoir prononcé des peines contre un individu convaincu d'avoir exercé des violences et des voies de fait sans coups ni blessures, ce fait n'étant point un délit qualifié par la loi. — *Cass.*, 15 oct. 1813, Hartmann.

1095. — Jugé encore qu'il n'y a pas lieu de prononcer de renvoi lorsque la cour de Cassation annule l'arrêt par lequel une cour royale a mis en accusation un prévenu de suppression d'état, avant le jugement de la question d'état. — *Cass.*, 24 juill. 1828, Boussac.

1096.—... Ou l'arrêt qui avait ordonné au procureur général de recueillir des renseignemens sur une mise au cachot. — *Cass.*, 26 déc. 1825, Ponsart.

1097. — ... Ou la condamnation prononcée sur la réquisition faite par un officier du ministère public incompétent pour exercer l'action. — *Cass.*, 3 nov. 1820, Martin.

1098. — ... Ou le jugement d'appel qui a incompétemment infirmé un jugement en dernier ressort. — *Cass.*, 19 juill. 1821, Marquis c. Douanes.

1099. — ... Ou la disposition du jugement d'un tribunal d'appel de police correctionnelle qui avait à tort aggravé la peine du prévenu seul appelant. — *Cass.*, 7 juill. 1827, Chatel c. Moinot.

1100. —... Ou l'arrêt par lequel une cour royale avait infirmé un jugement de police correctionnelle dont l'appel n'était pas recevable. — *Cass.*, 2 sept. 1830, Forêts c. Pierre.

1101. — Lorsque, sur les appels respectivement interjetés par le prévenu et par le ministère public *à minimâ*, le tribunal d'appel a déchargé le prévenu de la condamnation contre lui prononcée par les premiers juges, et a en même temps déclaré mal à propos le ministère public non-recevable dans son appel, la cassation du jugement d'appel dans cette dernière disposition ne donne lieu à aucun renvoi devant un autre tribunal; le jugement au fond doit être maintenu, dès qu'on ne propose aucun moyen capable de le faire annuler. — *Cass.*, 21 janv. 1814, Schweitzerve.

1102. — La cour de Cassation n'a pas une manière uniforme de statuer dans le cas d'une peine régulièrement ajoutée. Ainsi, dit M. Tarbé (p. *144*), deux peines sont prononcées, mais d'après l'art. 365 une seule devait l'être : — la cour casse SANS RENVOI (*Cass.*, 6 avr. 1827, Perrin); — elle casse AVEC RENVOI (*Cass.*, 19 sept. 1828, Lévy).

1103. — La cassation sans renvoi doit être prononcée quand même il s'agirait d'un étranger prévenu d'un prétendu délit commis en France, et qui serait en même temps puni en pays étranger pour des faits que les tribunaux français ne pourraient atteindre. C'est au gouvernement seul qu'il appartient de prendre, s'il y a lieu, les mesures d'extradition ou de police que la position de l'étranger peut nécessiter. — *Cass.*, 17 oct. 1834, Cresciat; — Tarbé, p. 145.

1104. — Les cassations sans renvoi mettent souvent dans les mains de la chambre criminelle le jugement définitif et absolu du point de droit et quelquefois même le jugement du fond. — Par exemple, le ministère public poursuit un fait qu'il considère comme un crime; la cour royale et les jurés le jugent ainsi, mais la chambre criminelle pense le contraire : elle casse sans renvoi, et dès-lors l'action publique est éteinte. — *Cass.*, 17 août 1815, Borel.

1105. — La cour de Cassation peut aussi juger par voie de retranchement. Par exemple, si une cour d'assises a prononcé deux natures de peines, encore bien qu'une seule dût être infligée, elle ordonne que l'arrêt sera exécuté sauf en ce qui concerne telle peine.

1106. — Ainsi, la cour statue par voie de retranchement lorsque, par exemple, le jugement attaqué a ordonné l'affiche du jugement, quoique la loi n'autorisât pas cette mesure. — *Cass.*, 30 juill. 1807, Giraud c. Olivier.

1107. — Elle procède encore de la même manière lorsque les magistrats ont ajouté à leur décision une disposition tout-à-fait inutile, comme la contrainte par corps contre un homme condamné à mort ou aux travaux forcés à perpétuité. — Tarbé, p. *144*.

1108. — Il n'y a pas lieu à faire le renvoi de l'affaire à un autre tribunal lorsque l'annulation n'est prononcée que dans l'*intérêt de la loi*.

Sect. 2e. — *Cassation avec renvoi.*

1109. — Sous l'empire de la loi du 3 brum. an IV, lorsque le tribunal de cassation annulait la décision attaquée, il renvoyait le fond du procès, savoir : — devant un autre officier de police judiciaire que celui qui avait fait la première instruction, si le jugement était annulé pour fait de ce dernier, non réformé par le directeur du jury ni par le tribunal criminel; — devant un autre directeur du jury que celui qui avait dressé l'acte d'accusation, si le jugement était annulé pour fait de ce dernier ou du jury d'accusation, non réformé par le tribunal criminel ; — devant un des tribunaux criminels les plus voisins, si le jugement était annulé pour fait du tribunal criminel ou du jury de jugement. — Art. 453.

1110. — L'accusé dont la condamnation avait été annulée par le tribunal de cassation était traduit *en personne* devant l'officier de police judiciaire, directeur du jury au tribunal criminel à qui son procès était renvoyé. — Art. 458.

1111. — Si le jugement avait été annulé pour fausse application de la loi, le tribunal criminel à qui le procès était renvoyé rendait son jugement sur la déclaration déjà faite par le jury, après avoir entendu l'accusé ou son conseil et le ministère public. — Art. 459.

1112. — Si le jugement avait été annulé pour une autre cause (V. art. 456), l'officier de police judiciaire, directeur du jury au tribunal criminel, recommençait l'instruction à partir du plus ancien des actes qui se trouvaient frappés de nullité. — Art. 460.

1113. — Enfin, d'après l'art. 461, aucun de ceux qui avaient rempli les fonctions de jurés dans la procédure annulée ne pouvait les remplir dans la nouvelle.

1114. — Du reste, sous l'empire de ce Code, le tribunal dont le jugement avait été cassé se trouvait irrévocablement dessaisi par le jugement de cassation qui renvoyait la cause devant un autre tribunal. Le second ne pouvait la renvoyer au premier sans excéder ses pouvoirs. — Il n'appartenait qu'au tribunal de cassation de renvoyer devant d'autres juges que ceux qui se trouvaient saisis de la connaissance du procès. — *Cass.*, 9 vend. an VII, Morel.

1115. — Aujourd'hui que ces dispositions ont été modifiées par le Code d'instruction criminelle, la cassation a des effets différens, suivant la qualité de l'arrêt ou du jugement attaqué.

1116. — Aux termes de l'art. 427, C. inst. crim., lorsque la cour de Cassation annule un arrêt ou un jugement rendu, soit en matière correctionnelle, soit en matière de police, elle renvoie le procès et les parties devant une cour ou un tribunal de même qualité que celui qui a rendu l'arrêt ou le jugement annulé.

1117. — Toutefois, lorsque le jugement attaqué, prononçant des peines de simple police, a été rendu, soit par le tribunal correctionnel, soit par une cour d'assises, la cour de Cassation, en l'annulant, ne doit pas saisir une autre cour d'assises ou un autre tribunal correctionnel, puisque le fait n'est ni criminel ni correctionnel; mais elle doit prononcer le renvoi devant un tribunal de simple police, à moins que ce ne soit parce que l'on a considéré à tort le fait incriminé comme ne constituant qu'une contravention, que la cassation a été prononcée. — Legraverend, t. 2, p. 450.

1118. — En matière criminelle, le Code établit, pour le renvoi, des distinctions qu'il importe de rappeler.

1119. — Si l'arrêt est annulé, lorsqu'il s'agit d'un arrêt de mise en accusation et de renvoi devant une cour d'assises, soit parce que le fait qui était la matière de l'accusation n'était pas qualifié crime par la loi, soit parce que le ministère public n'a pas été entendu, soit enfin parce que l'arrêt n'a pas été rendu par le nombre de juges fixé par la loi, la cour de Cassation doit renvoyer le procès et les parties devant une autre cour royale que celle qui a réglé la compétence et prononcé la mise en accusation. — C. inst. crim., art. 429.

1120. — Il en est de même toutes les fois que la cour de Cassation se trouve dans le cas d'annuler, pour quelque motif que ce soit, un arrêt de cour royale qui, en prononçant le renvoi devant une autre cour d'assises ou devant un tribunal correctionnel ou de police, ou même devant une juridiction d'exception qui serait légalement établie, a mal réglé la compétence, ou violé les règles, ou omis des formalités prononcées à peine de nullité. — Legraverend, t. 2, p. 450.

1121. — La cour de Cassation doit de même renvoyer devant une cour royale, si l'accusé, n'ayant point été averti, lors de l'interrogatoire par le président des assises, de la faculté que lui accorde l'art. 299, C. inst. crim., n'a pu former son pourvoi contre l'arrêt de mise en accusation qu'après le jugement définitif dont il a été l'objet. — Legraverend, t. 2, p. 450 et 451. — V. CHAMBRE DES MISES EN ACCUSATION, COUR D'ASSISES.

1122. — « Et il est à remarquer, ajoute Legraverend (*loc. cit.*), que, dans ces divers cas, le vœu de la loi ne peut être rempli que par le renvoi devant une *autre* cour royale, quand même il aurait été formé une chambre temporaire d'accusation dans la cour dont l'arrêt a été annulé, parce que la loi le prescrit formellement, et que, d'ailleurs, les chambres temporaires d'accusation ne sont destinées qu'à suppléer les chambres ordinaires et non à rectifier leurs décisions.

1123. — Lorsque, les formalités prescrites par l'art. 296 du Code ayant été remplies, l'accusé ne s'est point pourvu conformément à l'art. 299, ou que, son pourvoi ayant été rejeté, il a été passé outre au jugement définitif, et que c'est seulement sur un pourvoi contre l'arrêt de la cour d'assises que prononce la cour de Cassation, et que cet arrêt et l'instruction sont annulés pour cause de nullités commises à la cour d'assises, le renvoi doit être fait devant une autre cour d'assises (C. inst. crim., art. 429), et cette cour doit procéder à partir du plus ancien acte annulé. L'arrêt qui a réglé la compétence et prononcé la mise en accusation se trouvant alors maintenu, il n'y a pas lieu de saisir une autre cour royale. — Legraverend, t. 2, p. 451.

1124. — Si, par le résultat du renvoi prononcé par la cour de Cassation, l'affaire se trouvait portée devant une cour d'assises à laquelle siégeassent un ou plusieurs des juges qui auraient concouru à l'arrêt annulé, il est évident qu'ils devraient s'abstenir de prendre part aux nouveaux débats et au nouvel arrêt.

1125. — Ainsi, un conseiller qui aurait fait partie de la cour d'assises dont l'arrêt aurait été cassé ne pourrait présider la cour d'assises à laquelle la cour de Cassation aurait renvoyé l'affaire. — *Cass.*, 6 mai 1824, Baranger; — Duvergier, sur Legraverend, *Législ. crim.*, t. 2, p. 451, note 3e. — V. COUR D'ASSISES.

1126. — Lorsque l'arrêt de la cour d'assises n'a été annulé qu'en ce qui concernait les intérêts civils, soit sur la demande de la partie civile, soit sur celle

de l'accusé acquitté ou absous, c'est devant un tribunal de première instance autre que celui auquel a appartenu le juge d'instruction, que le renvoi doit être fait. — C. inst. crim., art. 429, § 3.

1127. — Dans ce cas, le tribunal est saisi sans citation préalable en conciliation. — V. CONCILIATION.

1128. — Si l'annulation de l'arrêt est prononcée parce que le fait qui a donné lieu à la condamnation se trouve n'être pas un délit qualifié par la loi, la cour de Cassation, s'il y a une partie civile en cause, renvoie l'affaire devant un tribunal de première instance, comme dans le cas où la cassation ne porte que sur les intérêts civils; mais la loi ne dit pas si, dans cette hypothèse, il y aura dispense de conciliation.

1129. — Malgré son silence à cet égard, nous pensons que la disposition de l'art. 429, C. inst. crim., doit par analogie s'appliquer d'une manière générale; cette décision est dans la nature des choses.

1130. — Si l'arrêt et la procédure sont annulés pour cause d'incompétence, la cour de Cassation renvoie le procès devant les juges qui doivent en connaître et les désigne. — Art. 429.

1131. — Toutefois, si la compétence se trouvait appartenir au tribunal de première instance où siége le juge qui aurait fait la première instruction, le renvoi serait fait à un autre tribunal de première instance. — Même article.

1132. — Du reste, lorsqu'il y a lieu de compléter l'instruction des affaires dans lesquelles il y a eu cassation et renvoi, les nouveaux juges d'instruction ne peuvent être pris parmi ceux établis dans le ressort de la cour dont l'arrêt a été annulé. — C. inst. crim., art. 431.

1133. — Cette disposition se rapporte surtout au cas où la cour de Cassation prononce l'annulation de l'arrêt d'une chambre de cour royale, parce qu'alors il peut y avoir à redouter l'influence de cette cour sur les opérations des juges d'instruction de son ressort, qui sont incessamment soumis à sa surveillance. — Legraverend, t. 2, p. 454.

1134. — Mais en cas d'annulation d'un arrêt de cour d'assises, le renvoi peut être fait devant une cour d'assises dépendant de la même cour royale, pourvu qu'elle siége dans un autre département.

1135. — Nous avons dit (*suprà* nos 1081 et suiv.) que, lorsqu'il y a cassation d'un arrêt de condamnation, la cour suprême ne doit pas prononcer de renvoi, si l'accusation se trouve purgée par les premiers débats; si, au contraire, nous supposons l'hypothèse inverse, il est évident que le renvoi doit avoir lieu.

1136. — Jugé en conséquence que lorsque la cassation d'un arrêt de condamnation a pour cause l'omission d'une circonstance tant dans l'acte d'accusation que dans la position des questions, l'accusation n'étant pas purgée, il y a lieu au renvoi devant une autre cour d'assises pour procéder à de nouveaux débats. — *Cass.*, 26 sept. 1822, Fructueux Duhamel.

1137. — De même, lorsqu'une circonstance constitutive du crime comprise dans l'arrêt de renvoi, mais omise dans l'acte d'accusation, n'a pas été résolue par le jury, l'accusation n'étant pas purgée, la cour de Cassation, en annulant l'arrêt de condamnation, renvoie à de nouveaux débats. — *Cass.*, 24 déc. 1825, Rose Bonhoure.

1138. — Spécialement, il y a lieu de renvoyer l'affaire devant une autre cour d'assises pour purger l'accusation, lorsque l'arrêt de la chambre d'accusation a donné la qualification de *commerçant* à un accusé de banqueroute frauduleuse, et que cet arrêt a été cassé par le motif que cette qualification ne se trouvait ni dans l'acte d'accusation, ni dans les questions posées au jury. — *Cass.*, 19 sept. 1828, Escande.

1139. — Jugé aussi que lorsque les circonstances aggravantes sur l'existence desquelles la déclaration du jury a été annulée résultaient de l'arrêt de renvoi, l'accusation n'est pas purgée, et qu'il y a lieu par la cour de Cassation de renvoyer devant une cour d'assises pour être procédé à de nouveaux débats. — *Cass.*, 30 sept. 1831, Rivaliès.

1140. — On a jugé, sous l'empire du Code du 3 brum. an IV, que l'accusé acquitté par le président du tribunal criminel, sur une déclaration incomplète du jury, devait, après la cassation de cette ordonnance par suite du pourvoi du ministère public, être renvoyé à de nouveaux débats. — *Cass.*, 26 flor. an VII, Bonifay.

1141. — Il en serait de même sous le Code d'instruction criminelle. La disposition de l'art. 409, qui, en cas d'acquittement, ne permet au ministère de se pourvoir en cassation que dans l'intérêt de la loi, et sans préjudicier à la partie acquittée, ne doit évidemment s'entendre que d'un acquittement prononcé par le jury, parce que les vices de forme sont impuissans pour anéantir le fait d'une déclaration de non culpabilité et la présomption morale qui en résulte (V. les paroles de l'orateur du gouvernement rapportées par Bourguignon, *Jurisprudence des codes criminels*, sous l'art. 409); mais rien ne saurait légitimer l'excès de pouvoir que commettrait le président en comblant lui-même la lacune laissée par les jurés dans leur déclaration. Il a été jugé, d'après les mêmes principes, qu'un accusé acquitté par le président, sur une déclaration contradictoire du jury, devait être renvoyé à de nouveaux débats. — *Cass.*, 2 juill. 1815, Héneck.

1142. — Jugé aussi que lorsque la cour de Cassation annule le jugement qui a condamné un comptable, comme coupable de dilapidation de deniers publics, elle ne peut se dispenser de prononcer le renvoi à de nouveaux débats, encore bien que, par une décision administrative postérieure, le prévenu ait été reconnu créancier lui-même de l'état. — *Cass.*, 15 juill. 1819, Fabry.

1143. — L'accusation n'est pas purgée par un arrêt préliminaire sur la compétence; aussi, lorsque, sur un réquisitoire présenté sur l'ordre du ministre de la justice, la cour de Cassation annule un jugement qui, sans conférer un droit acquis au fond, a violé les règles de la compétence, elle renvoie devant un autre tribunal pour être procédé au fond. — *Cass.*, 9 mars 1835, Cordier.

1144. — Jugé encore qu'en annulant pour incompétence le jugement d'un tribunal de simple police, la cour de Cassation peut renvoyer directement devant le tribunal correctionnel compétent. — *Cass.*, 3 janv. 1828, Dollé.

1145. — Lorsque deux chefs d'accusation résultent d'un même fait indivisible, et que l'accusé a été acquitté sur l'un et condamné sur l'autre, la cour de Cassation annule en entier l'arrêt de la cour d'assises et renvoie devant une autre cour pour être statué de nouveau sur le tout. — *Cass.*, 14 fév. 1835, Boisnier.

1146. — En effet, la loi ne demandant aucun compte aux jurés des moyens par lesquels ils se sont convaincus, et leur opinion se formant sur l'ensemble des impressions qu'ils reçoivent du débat, il n'y a aucun moyen de constater que leur conviction sur les chefs répondus affirmativement n'a pas eu pour un de ses élémens la partie des débats entachée de nullité. — Tarbé, p. 326.

1147. — Cependant, lorsque l'accusation signalait deux chefs d'accusation distincts et que la déclaration du jury a été négative sur l'un d'eux, le bénéfice de cette déclaration est acquis à l'accusé, et, quel que soit le sort du pourvoi, le fait écarté par le jury ne peut plus figurer aux débats. — Tarbé, p. 146.

1148. — A la vérité, le 30 mai 1818 il fut jugé par la cour de Cassation, qui annula l'arrêt prononcé dans l'affaire Fualdès, qu'il serait procédé devant la nouvelle cour à de nouveaux débats et que la nouvelle déclaration du jury porterait sur tous les points du procès, sur ceux-là même qui avaient été résolus à la décharge des accusés; mais cet arrêt, (dit Carnot (t. 3, p. 193, no 2), qui fut fondé sur des circonstances particulières, ne pouvait établir jurisprudence.

1149. — Aussi fut-il jugé depuis, dans d'autres espèces, qu'il ne serait soumis de questions au nouveau jury que sur les points qui auraient été déclarés à la charge des accusés, ou sur lesquels le premier jury n'aurait pas répondu d'une manière catégorique. — *Cass.*, 20 avr. 1820, Nicolas Poupon; 15 avr. 1824, Pigeonnat; — Carnot, t. 3, p. 193, no 2.

1150. — Jugé de même qu'un individu accusé de deux faux et acquitté sur l'un, qui seul a été soumis au jury, ne peut être poursuivi sur l'autre chef dans le cas où l'arrêt de la cour d'assises viendrait à être cassé. — *Cass.*, 20 sept. 1828, Girard.

1151. — Quand il s'agit du même chef d'accusation composé d'un fait principal et de circonstances accessoires et aggravantes, la cour de Cassation casse sur le tout et renvoie l'accusation entière devant un nouveau jury. — Tarbé, *loc. cit.*

1152. — Il en est de même lorsque les faits sont connexes ou indivisibles.

1153. — Il y a indivisibilité entre le fait principal et la provocation. — Tarbé, p. 326.

1154. — Par application de ces principes, il faut décider que les circonstances aggravantes sont inséparables du fait dont elles modifient le caractère; d'où il suit que les juges du fait doivent l'être aussi desdites circonstances, et que ce n'est pas porter atteinte à l'autorité de la chose jugée que de soumettre au jury de renvoi les circonstances déjà écartées par le premier jury dont la décision a été annulée. — Tarbé, p. 327.

1155. — De même, lorsque la cour de Cassation annule l'arrêt par lequel une cour d'assises avait prononcé une peine sur une déclaration incomplète du jury, elle renvoie à de nouveaux débats pour être procédé, non seulement sur le fait principal et sur ses circonstances aggravantes résolues contre l'accusé, mais même sur celles résolues en sa faveur et qui en sont inséparables. — *Cass.*, 9 fév. 1827, Delair.

1156. — Cependant la cour de Cassation a décidé, le 20 déc. 1834, dans l'affaire Coudard, que l'annulation de l'arrêt par lequel cet accusé, déclaré coupable d'homicide, mais sans préméditation, avait été condamné pour meurtre, quoique le jury n'eût rien dit sur la question de *volonté*, avait pour effet le renvoi de l'affaire devant une autre cour d'assises, *la déclaration négative sur la préméditation restant acquise à l'accusé.* — Il paraît assez difficile de concilier ces deux décisions. — V. au surplus CIRCONSTANCES AGGRAVANTES, CIRCONSTANCES ATTÉNUANTES, COUR D'ASSISES.

1157. — Lorsque la cour de Cassation annule relativement à une partie des accusés un arrêt de compétence, elle renvoie pour le tout devant une nouvelle cour malgré la régularité de l'arrêt relativement aux autres accusés, à cause de l'indivisibilité de la procédure en matière criminelle. — *Cass.*, 11 fruct. an XIII, Masencal.

1158. — Si l'accusé, condamné pour un fait compris dans l'arrêt d'accusation, avait en même temps été poursuivi et jugé pour un autre fait à l'égard duquel cet arrêt aurait dit qu'il n'y avait lieu à suivre, mais que l'acte d'accusation aurait rappelé par erreur, cette grave violation de l'art. 271, C. inst. crim., entraînerait la nullité de tout ce qui aurait suivi, soit à l'égard du premier, soit à l'égard du second fait. — *Cass.*, 29 nov. 1834, Bournon; — Tarbé, p. 146.

1159. — Lorsqu'un acte d'accusation porte sur deux vols, encore bien que l'arrêt de renvoi n'ait admis que l'un des deux et écarté l'autre, cette accusation est nulle, et cette nullité frappe non seulement la condamnation qui pourrait intervenir, mais aussi, et dans tous les cas, l'acte d'accusation et les débats. — Tarbé, p. 326. — V. TRIBUNAUX MARITIMES, TRIBUNAUX MILITAIRES.

Sect. 3e. — *Effet du renvoi après cassation. — Attributions du tribunal de renvoi.*

1160. — Tout tribunal qui, sur une affaire criminelle ou correctionnelle de sa compétence, a fait un acte ou rendu un jugement que la cour de Cassation a ensuite réformé et annulé, est irrévocablement dessaisi de cette affaire, et ni lui ni les magistrats qui lui sont subordonnés ne peuvent plus en connaître. — « Ce principe, dit Merlin (*Rép.*, vo *Renvoi après cassation*, no 3) n'est pas écrit littéralement dans le Code d'instruction criminelle, mais il résulte de plusieurs dispositions de ce Code. »

1161. — Lors donc que la cour de Cassation a annulé l'arrêt ou le jugement attaqué, l'affaire est renvoyée devant la cour ou le tribunal désigné par une disposition spéciale prise dans la chambre du conseil, conformément à l'art. 430, C. inst. crim. — Mais cette disposition est-elle toujours irrévocable? Peut-elle être modifiée? Et comment? — En d'autres termes, la disposition d'un arrêt de cassation par laquelle un procès est renvoyé à un tribunal qui y est spécialement désigné, pour y être jugé de nouveau lie-t-elle la cour de Cassation elle-même de manière à l'empêcher, lorsque les choses sont entières, de renvoyer le procès à un autre tribunal? — Merlin (*Rép.*, vo *Renvoi après cassation*, no 4) nous apprend que dans plusieurs circonstances la cour suprême crut devoir rapporter les dispositions de ses arrêts contenant renvoi à un tribunal précédemment indiqué, et désigna d'autres juges pour connaître du procès.

1162. — Et par exemple, lorsque le tribunal auquel la cour a renvoyé le fond du procès est supprimé, il faut bien revenir devant la cour, qui seule peut remplacer par une nouvelle indication le renvoi qu'elle avait d'abord prononcé. — Tarbé, p. 148; Legraverend, t. 2, p. 159; Merlin, *Quest. de dr.*, vo *Attribution de juridiction*, § 3.

1163. — Jugé en ce sens que lorsque le tribunal auquel une affaire a été renvoyée par la cour de Cassation vient à être supprimé avant de l'avoir jugée, il n'appartient qu'à cette cour de déterminer les juges qui doivent en connaître. — *Cass.*, 25 juin 1812, Villemur; 29 août 1811, Chavannes.

1164. — Jugé même que la cour de Cassation peut, par des considérations de commodité pour les témoins et d'économie dans les frais, rapporter la disposition d'un de ses arrêts, par laquelle, en annulant un arrêt, elle a renvoyé l'affaire devant une cour, et désigner une autre cour pour en connaître. — *Cass.*, 12 août 1813, Tourtillier.

1165. — Cet arrêt, rendu sur les conclusions de Merlin, a été blâmé, malgré les considérations qui l'avaient motivé, attendu que la loi n'a pas conféré à la cour de Cassation cette attribution; mais

nous ferons remarquer d'abord contre cette opinion que si l'attribution n'est pas littéralement écrite dans la loi, elle semble résulter de la nature des choses; qu'elle est nécessaire dans certains cas, par exemple, quand un tribunal est supprimé; qu'enfin, parmi les attributions générales dont la cour suprême est investie, se trouve le droit d'indiquer le tribunal qui doit connaître quand le tribunal compétent est empêché.

1166. — Dans tous les cas, l'arrêt par lequel la cour de Cassation rapporte la disposition d'un de ses arrêts qui fixe le tribunal de renvoi, échappe à toute espèce de recours.

1167. — Lorsque le renvoi a été fait à une cour royale, celle-ci, après avoir préparé l'instruction en ce qui la concerne, doit désigner la cour d'assises par laquelle le procès devra être jugé. — C. inst. crim., art. 432.

1168. — Cette désignation ne peut porter que sur des cours d'assises du ressort de la cour de renvoi.

1169. — Jugé en ce sens que dans le cas de renvoi fait par la cour de Cassation à une autre cour royale, celle-ci ne peut point envoyer l'affaire devant des juges établis dans le ressort de la cour royale dont l'arrêt a été annulé, elle doit faire le renvoi devant les juges de son propre ressort. — *Cass.*, 28 nov. 1811, Arent.

1170. — Lorsqu'après cassation, il y a renvoi du procès devant une cour d'assises, et qu'il y a des complices qui ne sont pas en état d'accusation, cette cour doit commettre un juge d'instruction, et le procureur général un de ses substituts, pour faire, chacun en ce qui le concerne, l'instruction, dont les pièces sont ensuite adressées à la cour royale, qui prononce s'il y a lieu ou non à la mise en accusation. — C. inst. crim., art. 433.

1171. — Si l'arrêt a été annulé pour avoir prononcé une peine autre que celle que la loi applique à la nature du crime, la cour d'assises à qui le procès est renvoyé, doit rendre son arrêt sur la déclaration déjà faite par le jury. — C. inst. crim., art. 434.

1172. — Si l'arrêt a été annulé pour autre cause, il doit être procédé à de nouveaux débats devant la cour d'assises à laquelle le procès est renvoyé. — Même article.

1173. — Les juges saisis par un renvoi ne peuvent se dessaisir et renvoyer eux-mêmes devant un autre tribunal sous quelque prétexte que ce soit.

1174. — Cependant si le fait changeait tellement de nature que, considéré par la cour de Cassation comme un simple délit, il présentât réellement le caractère d'un crime, et que cependant la cour de Cassation en eût attribué la connaissance à un tribunal sans qualité pour le juger, il est évident que le tribunal saisi devrait se déclarer incompétent; ce qui donnerait lieu à un réglement ultérieur de juges. — Legraverend, t. 2, p. 452.

1175. — Jugé en conséquence que le renvoi après cassation ne lie pas le tribunal auquel est fait le renvoi : ce tribunal peut examiner sa compétence et se déclarer incompétent. — *Cass.*, 30 janv. 1822, le *Constitutionnel*.

1176. — Jugé de même que, lorsque la cour de cassation a annulé un arrêt de la chambre d'accusation statuant sur la question de savoir si un fait présentait un crime ou un délit, l'attribution de compétence conférée à la cour royale saisie sur renvoi ne se borne pas à l'appréciation et à la qualification du fait imputé; et que, loin d'être tenue de renvoyer l'affaire devant le tribunal du lieu où le fait s'est passé, si elle reconnaît qu'il n'offre que le caractère d'un délit, elle peut, sans excéder ses pouvoirs, elle doit même en attribuer la connaissance aux juges correctionnels de son ressort. — *Cass.*, 14 mars 1828, Bernadet.

1177. — Si la cour de renvoi reconnaît que le fait ne constitue point un crime, mais un délit ou une contravention, elle renvoie devant un tribunal correctionnel ou de simple police, toujours choisi dans son ressort.

1178. — Si même cette cour pense qu'il n'y a pas lieu à diriger des poursuites, elle doit le déclarer, et ordonner en conséquence la mise en liberté du prévenu, parce que son droit est le même que celui de la première cour dont l'arrêt a été annulé, et que l'arrêt de la cour de cassation qui l'a investie n'est point un préjugé contre le prévenu.

1179. — On juge aussi que les juges auxquels une affaire précédemment décidée par un jugement correctionnel est renvoyée, après cassation, pour y être statué, peuvent ordonner l'audition de témoins sur le délit qui leur est déféré. — *Cass.*, 7 juin 1825, Meyer; 16 nov. 1827, Saint-Nicolas.

1180. —... Qu'en renvoyant une affaire devant un autre tribunal de simple police, la cour de Cassation confère à ce tribunal le pouvoir de procéder, dans le canton de celui dont le jugement a été annulé, à tous les actes d'instruction nécessaires et particulièrement à une vérification des lieux, comme aurait pu le faire le tribunal auquel il est substitué. — *Cass.*, 25 janv. 1821, Vincent Chenel; 26 mars 1819, même partie.

1181. —... Que sous l'empire de la loi du 30 juill. 1828, la cour royale saisie purement et simplement d'une affaire correctionnelle ou de simple police, par suite d'un second renvoi de cassation, devait connaître de toutes les exceptions qui pouvaient s'y rattacher, et spécialement de la prescription de l'action publique. — *Cass.*, 16 juin 1836 (t. 1er 1837, p. 389), Chandesais.

1182. —... Que lorsque, par suite d'une opposition dirigée contre un jugement de police, et suivie d'une citation, le tribunal s'est trouvé saisi de toute l'affaire avec pouvoir de statuer au fond, un autre tribunal jugeant l'appel de ce jugement sur renvoi après cassation, a pu également prononcer sur la question du fond. — *Cass.*, 14 fév. 1834, Landry-Guignard.

1183. — Jugé encore que lorsqu'un arrêt a été annulé par la cour de Cassation dans la disposition qu'il contient, la cause et les parties sont remises dans l'état où elles étaient avant cette décision, et que, dès lors, la cour devant laquelle l'affaire a été renvoyée est saisie de la libre appréciation du fait incriminé et du soin de le qualifier légalement. — *Orléans*, 15 janv. 1836, Gouge (journal le *Figaro*).

1184. — Le tribunal criminel à qui une cause a été renvoyée, après cassation, ne peut soumettre a la délibération du jury d'autres délits que ceux qui font l'objet du premier jugement. — *Cass.*, 25 flor. an VII, Pussot.

1185. — Jugé de même que lorsqu'un individu accusé de deux faits distincts a été déclaré non coupable sur l'un et coupable sur l'autre, la cassation de l'arrêt de condamnation rendu contre lui ne porte aucune atteinte à la déclaration qui lui est acquise sur le premier fait, et que les nouveaux débats ne peuvent comprendre que le second. — *Cass.*, 25 vent. an VII, Morel; 15 janv. 1824, Abraham Blum.

1186. — Jugé encore qu'en cas d'annulation d'un arrêt de condamnation, les réponses régulières du jury qui sont favorables à l'accusé lui sont acquises et doivent être maintenues. — *Cass.*, 31 mai 1827, Rivière; 10 oct. 1832, Michallet.

1187. — En annulant, comme irrégulière, la déclaration du jury, sur un fait de complicité, la cour de Cassation maintient les réponses favorables aux accusés, sur le point de savoir s'ils étaient coupables comme auteurs principaux. — *Cass.*, 2 déc. 1825, François Gardey.

1188. — Jugé également que lorsque, sur une accusation d'assassinat, le jury a écarté la circonstance de la préméditation, cette partie de la déclaration est définitivement acquise à l'accusé et ne peut plus, après la cassation de l'arrêt de condamnation, faire l'objet d'une nouvelle question au jury devant une autre cour d'assises saisie par le renvoi de la cour de Cassation. — *Cass.*, 19 sept. 1828, Jacques Neulander.

1189. — ... Et que l'annulation prononcée par la cour de cassation d'un arrêt de cour d'assises pour omission de l'avertissement prescrit par l'art. 341, C. inst. crim., laisse subsister les réponses favorables à l'accusé sur des chefs distincts; et que le débat ne peut s'engager devant une nouvelle cour d'assises que sur le chef qui a motivé la condamnation, malgré le silence de l'arrêt de cassation. — *Cour d'assises de la Meurthe*, 5 août 1833, Pierre Vion.

1190. — Jugé en sens contraire, mais à tort, que lorsque, sur le pourvoi d'un condamné, la cour de Cassation a annulé la liste et le tirage au sort des trente jurés, *la déclaration du jury* et, par suite, l'arrêt de condamnation, et qu'elle a renvoyé devant une autre cour d'assises pour être procédé à une nouvelle formation du jury, à de nouveaux débats et à un nouvel arrêt, le débat doit porter devant cette seconde cour sur tous les chefs d'accusation, même sur ceux dont l'accusé avait été déclaré non coupable; le président ne doit pas se borner à ne soumettre à la nouvelle déclaration du jury que les chefs dont l'accusé a été déclaré coupable. — *Cass.*, 7 mai 1825, Lang.

1191. — Le tribunal saisi par un renvoi après cassation ne peut connaître que des actes dont l'attribution lui est faite par ce renvoi, et il commet un excès de pouvoir en portant ses regards sur les actes antérieurs à ceux cassés et en les annulant. — *Cass.*, 8 messid. an VIII, Rebours et Bardel; 4 prair. an XII, Argentera Mazzona.

1192. — Lorsque la cour de Cassation annule l'arrêt d'une cour d'assises qui a prononcé l'absolution de l'accusé, quoique le fait dont il a été déclaré coupable fût prévu par la loi pénale, elle ne renvoie pas l'accusé à un autre examen, mais devant une autre cour, pour qu'il lui soit fait application de la peine résultant de la déclaration du jury. — *Cass.*, 6 fév. 1812, veuve et fille Morin; 2 oct. 1819, Jacques Bompar; 18 avr. 1822, Richard; 17 avr. 1824, Giliste.

1193. — Lorsque aucun appel n'a été interjeté par le ministère public, la cassation de l'arrêt qui a prononcé sur l'appel de la partie civile ne donne lieu au renvoi devant une autre cour que pour être statué sur les intérêts civils. — *Cass.*, 8 juin 1820, Victor Leguen c. Dupuy.

1194. — Lorsque la cour de Cassation annule l'arrêt d'une cour d'assises pour n'avoir point appliqué les peines de la récidive à un accusé qui en était passible, elle renvoie devant une autre cour d'assises pour statuer, sans assistance de jurés, sur la première déclaration qui est maintenue. — *Cass.*, 18 janv. 1827, Michel Collesch.

1195. — Jugé qu'un tribunal de police, saisi, par suite du renvoi après cassation, de la connaissance d'une contravention, ne peut, lorsque le jugement cassé n'avait été attaqué que sur un point, par exemple sur ce qu'il n'avait pas ordonné la démolition de réparations faites sans autorisation de la police locale, prononcer sur les autres points de ce jugement et renvoyer le prévenu de l'amende et des dépens prononcés contre lui. — *Cass.*, 28 janv. 1832, Mauger.

1196. —... Que lorsqu'un jugement de simple police est cassé, au chef seulement qui refuse des dommages-intérêts à la partie lésée par la contravention qu'il punit, le tribunal de renvoi ne peut s'occuper que de la fixation des dommages-intérêts, et non de la contravention elle-même. — *Cass.*, 16 mars 1839 (t. 2 1839, p. 625), Tasche.

1197. — Jugé *à fortiori* qu'il n'y a pas obligation pour une cour royale devant laquelle une affaire a été renvoyée par suite de cassation, de se livrer à un nouveau débat et d'entendre des témoins; il suffit qu'elle entende la défense sur l'application de la peine. — *Cass.*, 21 fév. 1835, Zimmerman.

1198. — L'effet de la cassation d'un jugement ne s'étend pas aux condamnés qui n'ont point formé de pourvoi. Ainsi, lorsque sur quatre condamnés trois se sont pourvus, le quatrième ne peut pas être compris dans les débats qui ont lieu devant le tribunal où la cause est renvoyée après cassation. — *Cass.*, 9 thermid. an IX, Barry.

1199. — La cour royale, qui statue sur le renvoi, peut certainement juger les difficultés qui sont la conséquence nécessaire de la cassation. — Dès-lors, une cour royale de renvoi n'excède pas sa compétence en statuant sur une demande en restitution de sommes payées en exécution de l'arrêt cassé. — *Cass.*, 1er déc. 1827, Labesse.

1200. — La cour d'assises, saisie d'une affaire par suite d'annulation d'un arrêt de contumace qui faisait une fausse application de la loi pénale, ne peut surseoir à statuer sur la disposition annulée jusqu'à ce que l'arrêt de cassation ait été signifié au contumax pour le mettre en demeure de fournir ses moyens. — *Cass.*, 24 déc. 1830, Mariotti.

1201. — Un arrêt de la cour de Cassation qui annule l'arrêt d'une chambre des mises en accusation, bien qu'il aggrave la position de l'accusé, ne doit point lui être notifié à peine de nullité; il suffit que l'arrêt de la chambre des mises en accusation saisie par le renvoi lui soit signifié. — *Cass.*, 21 sept. 1837 (t. 1er 1838, p. 379), Keis.

1202. — Jugé, en matière de garde nationale, que lorsqu'en vertu d'un arrêt de cassation il y a eu renvoi de l'affaire devant le conseil de discipline de la garde nationale d'une ville dans laquelle il en existe plusieurs, sans désignation de celui qui doit en connaître, le conseil qui a été saisi de l'instance en renvoi ne peut se déclarer incompétent, mais doit se borner à surseoir jusqu'à ce que la cour de Cassation ait interprété son arrêt. — *Cass.*, 6 juill. 1832, Loisel. — V. GARDE NATIONALE.

1203. — Un conseil de discipline devant lequel la cour de Cassation a renvoyé, *en l'état où il se trouve*, un garde national prévenu de manquement à des services d'ordre et de sûreté et à une garde hors de tour, est compétent pour statuer sur ces différens chefs, bien que les premiers juges n'eussent retenu que le dernier. Il n'y a pas dans ce cas violation de la chose jugée. — *Cass.*, 11 juill. 1840 (t. 2 1845), Melin.

1204. — L'arrêt rendu par suite du renvoi peut lui-même être l'objet d'un recours en cassation; mais ce pourvoi, pour être accueilli, doit porter sur des vices contenus dans ce dernier arrêt et non dans le premier.

V. APPEL (mat. crim.), ACTION PUBLIQUE, ACTION CIVILE, CASSATION (mat. civ.), CHAMBRE DES MISES EN ACCUSATION, COUR DE CASSATION, CHAMBRE DU CONSEIL, CIRCONSTANCES ATTÉNUANTES, RÉGLEMENT DE JUGES, RÉVISION, CHOSE JUGÉE, COUR D'ASSISES, TRIBUNAUX MILITAIRES, TRIBUNAUX MARITIMES.

CASTINE (Marchands de).

Les marchands de castine sont rangés par la loi du 25 avr. 1844, sur les patentes, dans la huitième classe des patentables et imposés à : 1° un droit fixe basé sur le chiffre de la population de la ville ou commune où est situé l'établissement ; — 2° un droit proportionnel du quarantième de la valeur locative de tous les locaux occupés par les patentables, mais seulement dans les communes d'une population de 20,000 âmes et au-dessus. — V. PATENTE.

CASTRATION.

1. — Mutilation des organes virils, dont l'effet est de frapper d'impuissance génitale celui qui en est victime.

2. — Dans la langue du droit romain, on appelait *castrati* ceux qui avaient été mutilés. On les appelait quelquefois aussi *spadones*, quoique ce mot désignât plus spécialement l'impuissance naturelle. — L. 27, § 28, ff., *Ad leg. aquiliam* ; L. 28, ff., *De verb. signif.*

3. — Le fait de castration était fréquent sous le bas-empire, alors que le commerce des eunuques faisait l'objet d'une odieuse spéculation. Il fut, de la part des lois romaines, l'objet de dispositions sévères. « *Nemo*, disait la loi 4, ff. (*Ad leg. corn. de sicariis*), *liberum servumve, invitum sinentemve castrare debet ; neve quis se sponte castrandum præbere debet.* » — Et la loi 1, Cod., *Eunuchis*, dispose : « *Si quis post hanc sanctionem in orbe romano eunuchos fecerit*, CAPITE PUNIATUR. »

4. — La loi 4, § 1, *eod. tit.*, punissait également de mort le chirurgien ou médecin qui avait fait l'opération, et celui qui s'y était librement soumis.

5. — La législation romaine subit sur ce point de nombreuses modifications. M. Morin (*Dict. de dr. crim.*) dit que son dernier état est fixé par la novelle 60, contenant une constitution de l'empereur Léon : suivant cette constitution, celui qui appelait un homme de l'art pour faire cette opération perdait son emploi s'il était placé dans la maison impériale ; il était, en outre, condamné à une amende de 10 livres d'or envers le fisc et à la relégation pendant dix ans. Quant à l'opérateur, il encourait la peine du fouet, celle du bannissement pendant le même espace de temps, et de la confiscation.

6. — Jousse (t. 3, p. 834), résumant la jurisprudence ancienne, dit que ceux qui se mutilent eux-mêmes dans les parties nécessaires à la génération sont punissables de la mort, et que les chirurgiens ou autres qui mutilent les autres pour en faire des eunuques doivent être punis de mort.

7. — Le Code pénal du 25 sept. 1791 punissait de mort le crime de castration. — Art. 28.

8. — Aujourd'hui, toute personne coupable du crime de castration doit subir la peine des travaux forcés à perpétuité. — Et si la mort en est résultée avant l'expiration des quarante jours qui auront suivi le crime, le coupable encourt la peine de mort. — C. pén., art. 316.

9. — Ainsi qu'on le voit, le crime de castration a ses caractères spéciaux, sa pénalité particulière ; il faut donc, pour qu'il existe avec toutes ses conséquences légales, qu'il renferme les conditions nécessaires à sa constitution. — Ce sont : 1° le but de la part du coupable d'anéantir la faculté procréatrice ; — 2° le résultat matériel de la blessure, c'est-à-dire l'ablation d'un organe quelconque nécessaire à la génération.

10. — Mais dès que ces conditions se rencontrent, le crime existe, sans que la durée de la maladie ou de l'incapacité de travail occasionnée par la blessure puisse changer son caractère ni la nature de la peine.

11. — Seulement, comme cela résulte de l'art. 316, la mort survenue avant l'expiration des quarante jours motive l'aggravation de peine et donne lieu à l'application de la peine de mort, quoique le crime de castration ne puisse avoir, et que la loi ne lui reconnaisse (art. 325) pas le caractère d'un meurtre.

12. — Puisque le crime de castration n'existe qu'autant que le *but* de l'agent a été de priver la victime de la faculté procréatrice, il résulte de là que si son but avait été de *tuer*, bien que la castration s'en fût seule suivie, le fait pourrait être qualifié assassinat ou homicide, et non pas seulement *castration*.

13. — Par le mot *but*, employé au numéro qui précède, il faut nécessairement entendre *but criminel* et *contraire à la loi*. Il semble donc inutile de dire que si la castration était nécessitée par une circonstance impérieuse, comme cela peut avoir lieu dans certains cas médicaux, le fait devenant *légitime*, la loi pénale ne recevrait pas son application.

14. — Mais, sauf ce cas, peu importent les motifs qui ont donné naissance à la perpétration d'un tel crime commis sur autrui ; que ce soit la vengeance, la jalousie, la spéculation, la peine est la même. A cet égard, l'exposé des motifs du code ne laisse aucun doute. « Le législateur, disait l'orateur au corps législatif, n'a pas dû prendre en considération les motifs du coupable. Sa cruauté n'est-elle pas la même, soit qu'elle ait été excitée par la jalousie, provoquée par la vengeance, ou même inspirée par le seul désir d'ajouter dans nos temples et sur nos théâtres aux charmes de la mélodie. »

15. — Il résulte, au surplus, des termes de l'art. 316, que la castration n'est un crime qu'autant qu'elle s'exerce *sur autrui* ; autrement, et exercée par l'agent *sur lui-même*, elle rentre dans une classe de faits contre lesquels la loi ne prononce aucune peine.

16. — Le crime de castration, s'il a été immédiatement provoqué par un outrage violent à la pudeur, est considéré comme meurtre ou blessures excusables. — C. pén., art. 325. — V. PROVOCATION.

17. — La tentative du crime de castration est punie comme le crime lui-même. — C. pén., art. 2.

CATALOGUE.

V. LIBRAIRIE, POSTE AUX LETTRES, TIMBRE.

CATÉCHISME.

V. CULTE, LIVRES D'ÉGLISE, PROPRIÉTÉ LITTÉRAIRE.

CATTEL.

1. — Originairement ce mot signifiait *meuble* (Eusèbe de Laurière, *Glossaire*, vis *Cattel* et *Cateuls*) ; et c'est en ce sens qu'il a toujours été employé dans les coutumes du Hainaut et du chef-lieu de Valenciennes. — Guyot, *Répert.*, v° *Catteux*, sect. 4e.

2. — Quelques auteurs ont confondu mal à propos les mots *cattel* et *catteux* ; le premier était, comme on l'a dit, synonyme de *meuble* ; le second ne s'appliquait qu'à certains immeubles considérés comme meubles dans certaines coutumes, par l'effet d'une fiction. — Les catteux formaient une troisième classe de biens. — V. CATTEUX.

3. — Dans la Flandre flamande et le Hainaut, il existait un droit seigneurial désigné sous le nom de *droit de meilleur cattel* ; il consistait dans la faculté de prendre le meuble le plus précieux du vassal, à son décès.

4. — On attribue l'introduction de ce droit à la comtesse Marguerite, qui, en 1252, affranchit ses serfs en se réservant le meilleur meuble que chacun d'eux laisserait à son décès : *In morte cujuslibet ipsorum, tam viri quam mulieris*, MELIUS CATTELLUM *habere debemus morientis.*

5. — Le droit de meilleur cattel était ouvert au seigneur, quel que fût le genre de mort du redevable. — V. CHARTRES DE HAINAUT, ch. 124, art. 11.

6. — Il pouvait être exercé même en cas de mort civile, ou contre un lépreux, sauf à rendre le cattel à ce dernier, s'il guérissait. — Guyot, *Répert.*, v° *Meilleur cattel*, § 7, article de Merlin.

7. — Le droit de meilleur cattel pouvait être exercé indéfiniment sur toutes sortes de biens. — Burgundus, dans ses coutumes de Flandre, s'exprime ainsi : « *Catellum autem hic est non domus, non armentum, non grex, aut arbor, aut alia quæpiam res parieti vel solo affixa, sed ejus pecoris pecudisve caput, vel quidquid in supellectili, ornamento, et mundo, in instrumento habetur pretiosissimum, vel pro carissimo patronus eligit.* »

8. — Il paraît qu'au douzième siècle, si le défunt ne laissait aucun meuble qui permît l'exercice du droit de meilleur cattel, on lui coupait la main pour l'offrir au seigneur : *In eo vero consistebat jus ut quandoque aliquis pater familiâs qui hanc debuit servitutem moreretur, in signum servitutis præteritæ, optimum pignus, vel jocale, quod in ipsius domo reperiri contigerit, à dominis exigeretur ; sin autem nihil esset, ut tum defuncti* MORTUA MANUS OFFERRETUR. — *Magn. chronic. Belg.*, ann. 1123, *in Adalberone* ; Laurière, *Glossaire*, vis *Cattel* et *Cateuls*, t. 1, p. 204.

9. — Pour faciliter le choix du seigneur, l'héritier des meubles était tenu de lui représenter les trois meilleurs effets de la succession à peine de confiscation des effets plus précieux qu'il aurait recélés. — V. CHARTRES DE HAINAUT, ch. 125, art. 9.

10. — Quand le choix était fait, le seigneur était réputé propriétaire, et c'était pour lui que la chose périssait : *Res perit domino.*

11. — Dans la coutume de Mons, le droit de meilleur cattel appartenait au puîné au préjudice de l'aîné. — Laurière, *Glossaire*, vis *Cattel* et *cateuls*, p. 203, 1re col.

12. — Le droit de meilleur cattel fut aboli dans les domaines du roi par l'édit du mois d'août 1779. — Il le fut dans toute la France par l'art. 8, L. 15-28 mars 1790.

13. — Indépendamment du droit de meilleur cattel *seigneurial*, il en existait un autre dans la Flandre flamande, dit de *meilleur cattel ecclésiastique*. — Ce droit appartenait à un doyen de chrétienté, et s'exerçait sur les meubles de la succession du curé dont ce doyen avait célébré les funérailles. Il était surtout en vigueur dans le diocèse d'Ypres. — Guyot, *Répert.*, *loc. cit.*, sect. 1re.

CATTEUX, CATEULS.

1. — Ce mot, dérivé du mot *cattel*, désignait en droit coutumier, non des meubles réels, non des effets mobiliers proprement dits, mais des choses, qui, par leur nature, étaient immeubles, et qui néanmoins se partageaient comme des meubles. — Brillon, *Dict. des arrêts*, vis *Cattel, Cateuls* ; Ferrière, *Dict. de dr. et de pratique*, v° *Catel.*

2. — Les catteux n'étaient guère connus que dans les coutumes de Beauquesne, de Montreuil, de Boulenois, d'Artois, de Lille, de Douai, de Metz, et dans quelques autres de la Flandre française et flamande. — Guyot, *Répert.*, v° *Catteux* ; *Encyclop. méthod.* (jurispr.), v° *Catteux.*

3. — Dans ces provinces, il ne suffisait pas qu'une chose ne pût pas être transportée d'un lieu dans un autre pour être réputée immeuble, il fallait encore qu'elle produisît des fruits, un revenu annuel et ordinaire. — « Héritages, dit Beaumanoir (*Coutume de Beauvoisis*, ch. 33), si sont choses qui ne » peuvent être mues et qui valent par années os » seigneurs à qui ils sont. »

4. — Ainsi, indépendamment des meubles et des immeubles, il y avait dans les Pays-Bas une troisième classe de biens, c'était les *catteux*. — « *Est medium quoddam inter utramque vocem mobilium scilicet et immobilium eoque nomine appellantur quædam res, quæ licet reverâ sint immobiles, in quibusdam tamen provinciis jure mobilium censentur, et pro mobilibus habentur, cum tractantur de rebus communibus inter conjuges, vel de successionibus.* » — Eusèbe de Laurière, *Glossaire*, vis *Catel et Cateuls.*

5. — Dans les coutumes du Hainaut et de Valenciennes, on ne connaissait pas les catteux ; il y est bien question des *cattels* (V. *Chartes générales du Hainaut*, ch. 122, art. 11 ; *Coutume du chef-lieu de Valenciennes*, art 31) ; mais ce mot s'entend des véritables meubles, et non des meubles fictifs. — V. CATTEL.

6. — On distinguait deux espèces de *catteux*, les *verts* et les *secs*. Les premiers étaient des arbres, les seconds des bâtiments. — *Encyclop. méthod.* (Jurispr.), v° *Catteux.*

7. — Dans la classe des catteux verts figuraient les chênes au-dessus de l'âge de soixante ans, les arbres fruitiers sauvages, non entés, les bois blancs qu'on n'avait pas mis en coupes réglées, les taillis après l'expiration du délai fixé pour la coupe, les baliveaux des taillis. — Guyot, *Répert.*, v° *Catteux*, sect. 1re.

8. — Les coutumes particulières d'Artois, de Montreuil, de Beauquesne et de Boulenois rangeaient aussi parmi les *catteux verts* les *blés et autres advestures des champs avant la mi-mai* ; avant ce temps elles les regardaient comme immeubles.

9. — Il en était de même des oignons de fleurs, à moins que le propriétaire n'en fît commerce. — *Encyclop. méthod.* (jurispr.), v° *Catteux.*

10. — C'était aussi dans la classe des immeubles, et non dans celle des catteux verts, qu'on rangeait les bois taillis qu'on a coutume de couper régulièrement, les arbres fruitiers dont on peut faire usage, les chênes qui portent des glands propres à la nourriture des pourceaux, les vignes, les noyers, les haies qu'on est dans l'habitude d'émonder.

11. — On entendait par *catteux secs* tous les bâtiments légers qui peuvent aisément se détacher du fonds, tels que les étables, hangards, écuries, bergeries, granges, remises, les moulins, etc. On les désignait ainsi par opposition aux autres constructions, qui gardaient le nom général d'héritages. — Arrêt du conseil provincial d'Artois, 30 juin 1716. — Guyot, *Répert.*, v° *Catteux*, sect. 1re.

12. — Les coutumes qui admettaient des *catteux* les déféraient à l'héritier des meubles : mais elles accordaient à l'héritier qui succédait à l'héritage sur lequel ils étaient situés la faculté de les retenir en en payant la valeur, de sorte que l'héritier mobilier ne pouvait rien *démolir, abattre ou emporter, que, préalablement, il n'eût fait* signifier audit héritier s'il voulait les retenir ou non. — Coutume de Lille, tit. 1er, art. 56 ; d'Artois, art. 147 ; de Boulenois, art. 73 ; de Beauquesne, art. 12 ; de Montreuil, art. 46 ; de Saint-Pol, tit. 4, art. 5.

13. — Les catteux verts ou secs devaient être estimés suivant leur valeur intrinsèque, comme s'ils étaient abattus, arrachés ou démolis ; sans égard à la valeur qu'ils pouvaient avoir comme bâtimens ou comme arbres fruitiers. — « Sachez, dit Boutillier, en sa *Somme rurale*, que celui qui a le gros de la maison, c'est-à-dire le fonds de l'héritage, doit avoir tous les héritages qui sont tenus pour meubles, pour au tel pris qu'ouvriers à ce connaissans le priseraient en valeur *pour emporter dehors*. »

14. — Il y avait une différence essentielle entre les meubles et les catteux ; c'est que les meubles étaient toujours régis par la coutume du domicile du défunt, au lieu que les catteux l'étaient par les coutumes des lieux où ils étaient situés. — C'est ce qui fut jugé pour la succession du duc de Melun, par arrêt de la grand'chambre du 12 août 1734. — Denizart, *Collect. de décis. nouv.*, v° *Catteux*, n° 6.

CATHÉDRALE.

1. — Cathédrale vient de *cathedra*, chaire ; la cathédrale est l'église principale d'un diocèse, celle où est établie la chaire de l'évêque.

2. — De même qu'il n'y a qu'un seul évêque dans un diocèse, de même aussi il ne peut y avoir qu'une seule cathédrale. Toutefois, ce titre se donne quelquefois dans l'usage à d'autres églises quand elles ont été le siége d'un évêché depuis supprimé. Il existe un assez grand nombre de ces églises en France.

V. au surplus, pour le développement de ce mot, ÉGLISE. — V. aussi CHAPITRE, ÉVÊQUE.

CATONIENNE (Règle).

V. RÈGLE CATONIENNE.

CAUSE.

1. — Ce mot est synonyme de procès, contestation, affaire, instance (V. ces mots) ; cependant il s'emploie le plus souvent pour désigner un procès qui se plaide et qui se juge à l'audience.

2. — La cause, dit Denizart (v° *Cause*, n° 11), diffère du procès en ce que celui-ci se juge sur les écritures des avocats et procureurs.

3. — On appelle *cause principale*, par opposition à *cause incidente*, celle qui constitue le fond même du procès.

4. — La *cause incidente* est celle qui survient dans le cours d'un procès et qui se rattache à la cause principale. C'est ce qui a lieu notamment en matière d'intervention, de garantie, etc. — V. DEMANDE, GARANTIE, INCIDENT, INTERVENTION, SAISIE IMMOBILIÈRE.

5. — On se sert encore du mot *cause principale* lorsqu'on oppose la demande au fond à la demande en référé. Le juge du référé ne peut pas connaître de la cause principale, il ne peut que renvoyer les parties à se pourvoir. — V. RÉFÉRÉ.

6. — Enfin, on appelle *cause principale*, par opposition à *cause d'appel*, celle qui a été portée devant les premiers juges. C'est en ce sens que les cours royales, dans leurs arrêts, en statuant sur les dépens, condamnent la partie qui succombe aux frais et dépens *des causes principale, d'appel et demande*.

7. — On distingue aussi les causes *ordinaires* des causes *sommaires*, et cette distinction a de l'importance quant à la compétence, à l'instruction de l'affaire et à la taxe. — V. MATIÈRE SOMMAIRE.

8. — Les causes *pétitoires* et *possessoires* ne doivent pas non plus être confondues ; les unes concernent la *propriété*, les autres la *possession*. On ne les juge ni d'après les mêmes principes, ni suivant les mêmes règles de compétence. — V. ACTION POSSESSOIRE, ACTION PÉTITOIRE, COMPLAINTE, POSSESSION, PROPRIÉTÉ, SAISIE-REVENDICATION.

9. — La cause *provisoire* est celle qui a pour objet de faire statuer sur une provision, en attendant le jugement du fond. — V. AFFAIRE, DEMANDE, INSTANCE.

CAUSE DES DONATIONS.

1. — C'est le motif ou la fin qui y est exprimé, ou qu'on y découvre, et qui n'est ni condition, ni charge de disposer.

2. — En règle générale, la cause ou le motif des dispositions à titre gratuit ne fait pas partie de ces dispositions ; *ratio legandi legato non cohæret*. — L. 72, § 6, ff., *De cond. et dem.* ; Instit., *De legat.*, § 31. — Dès-lors, la fausseté de ce motif ne vicie pas la disposition. — Delvincourt, *Cours de Code civ.*, t. 2. p. 283 ; Duranton, t. 8, n° 546. — Il en est autrement dans les contrats ou obligations conventionnelles. — V. OBLIGATION.

3. — La cause d'une disposition à titre gratuit ne doit pas être confondue avec la condition ou charge qui peut y être apposée. Quand le donateur a déclaré qu'il donnait dans l'intention que telle chose se fît, et qu'il est clair qu'il ne donne que dans cette intention, c'est là une condition ou charge qui doit être exécutée pour que la libéralité reçoive son effet. — Nouveau Denizart, v° *Cause des donations et legs* ; Domat, *Lois civ.*, liv. 1er, tit. 10, sect. 1re, n° 13 ; Grenier, *Des Donations*, n° 24 ; Toullier, t. 5, n° 284, et t. 6, nos 507 et 508.

V. CONDITION, DISPOSITION A TITRE GRATUIT, DONATION, LEGS.

CAUSE DES OBLIGATIONS.

1. — C'est le motif qui détermine à faire la promesse que contient une obligation ou un contrat. — On appelle aussi par métonymie *cause* du contrat la chose ou l'objet de la volonté qui forme le contrat.

2. — Comme les obligations sont d'une multitude de sortes, les causes qui les font naître varient pareillement. — V. OBLIGATION.

3. — L'obligation sans cause, ou sur une fausse cause, ou sur une cause illicite, ne peut avoir aucun effet. — C. civ., art. 1131. — V. OBLIGATION.

CAUSE EN ÉTAT.

1. — C'est celle dans laquelle les plaidoiries sont commencées. — C. procéd., art. 343.

2. — D'après le Code, la plaidoirie est réputée commencée quand les conclusions ont été contradictoirement prises à l'audience. — Même article.

3. — Dans les affaires qui s'instruisent par écrit, la cause est en état quand l'instruction est complète, ou quand les délais pour les productions et reprises sont expirés. — C. procéd., art. 344.

4. — Lorsque l'affaire est en état, le jugement ne doit être différé ni par le changement d'état des parties, ni par la cessation des fonctions dans lesquelles elles procédaient, ni par leur mort, ni par les décès, démissions, interdictions ou destitutions de leurs avoués. — V. REPRISE D'INSTANCE.

5. — Certaines réclamations peuvent être présentées en *tout état de cause* : cela veut dire jusqu'à ce que l'instruction soit terminée. — Berriat, t. 1er, p. 199, note 44 *a*.

V. EXCEPTION, PRESCRIPTION.

CAUSE GRASSE.

1. — On donnait ce nom autrefois à certaines causes amusantes qu'on avait coutume de plaider dans quelques siéges et même dans quelques parlemens, l'un des derniers jours du carnaval. — On voit que la dénomination de *Cause grasse* vient de ce que ces sortes d'affaires étaient plaidées un jour *gras*.

2. — Lors de la plaidoirie des causes grasses, les magistrats toléraient une certaine licence ; mais il arrivait souvent que les avocats, pour égayer l'auditoire, se livraient à des plaisanteries obscènes et de mauvais goût. Aussi, Expilly (*Œuvres*, plaid. 8.) donne-t-il le conseil à ceux qui sont appelés à plaider ces sortes de causes de retrancher de leurs discours les paroles trop licencieuses, plus dignes d'un théâtre ou d'un cabaret que du temple de la justice.

3. — On ne sait pas à quelle époque s'introduisit dans les tribunaux cet usage de plaider des causes grasses. Expilly prétend que c'est un vestige des bacchanales ; mais il est très permis de repousser cette conjecture qui ne repose sur aucune base sérieuse.

4. — Quoi qu'il en soit, les causes grasses se plaidèrent long-temps non seulement dans les bailliages, mais dans quelques cours souveraines. Néanmoins cet usage n'exista jamais au Parlement de Paris. — Boucher d'Argis, *Hist. abrégée de l'ordre des Avocats*, ch. 13.

5. — On trouve, dans les œuvres d'Henrys, un plaidoyer que ce grave jurisconsulte prononça dans une cause grasse en qualité d'avocat du roi au bailliage de Montbrison. Il s'agissait dans cette affaire de l'état d'un enfant dont la mère avait fait déclarer son mariage nul en alléguant l'impuissance de son mari, et qui cependant était enceinte pendant le premier procès. Henrys prend la cause du côté plaisant, et, jouant avec son sujet, compare le procès à une partie de trictrac, afin de pouvoir lui appliquer toutes les expressions techniques employées pour ce jeu.

6. — Dans les œuvres du président Expilly, on trouve aussi, sous le titre de *Causse grasse*, un réquisitoire que ce magistrat prononça, le mardi-gras 1605, devant le parlement de Dauphiné, en qualité d'avocat général (V. 8e plaidoyer). — Il s'agissait, cette fois, de savoir si un enfant né viable six mois après le mariage consommé devait être réputé légitime. Expilly nous apprend que les avocats *s'étendirent assez avant selon le sujet et la saison*. Quant à lui, il fut plus réservé, comme on peut s'en assurer par la lecture de son plaidoyer, dont les plaisanteries n'ont rien de bien vif ni de bien ingénieux.

7. — Ce fut dans les basoches que l'usage de plaider des causes grasses se perpétua le plus long-temps ; c'était, du reste, le seul tribunal où cet usage pût s'introduire avec convenance.

8. — On devine ce que devaient être, en temps de carnaval, devant une juridiction naturellement disposée à faire une large part aux *excentricités*, des plaidoiries qui, en tout temps, n'étaient pas fort sérieuses.

9. — L'éloquence qui y avait cours était si chargée d'équivoques et d'obscénités, que le président de Verdun défendit aux basochiens de plaider des causes grasses pendant tout le temps qu'il fut placé à la tête du Parlement (1612-1627). — Mornac, au Cod., L. penult., *Ex quib. causis infamia irrogatur*.

10. — Après le décès de M. de Verdun, l'abus des causes grasses se rétablit peu à peu à la basoche, tellement que Husson, dans son traité *De advocato*, exhorte les magistrats à renouveler les défenses qui avaient déjà été faites antérieurement. — Boucher d'Argis, *Hist. abrégée de l'ordre des Avocats*, ch. 13.

11. — Effectivement, le premier président de Lamoignon, choqué de voir qu'en ces occasions on violait trop souvent la pudeur publique, soit par de grossières équivoques, soit par les noms indécens donnés aux parties, donna des ordres pour que les choses s'y passassent à l'avenir plus convenablement. — Ferrière, *Dict. de droit et de pratique*, v° *Cause*.

12. — Depuis cet avertissement, on a plaidé à la basoche les causes grasses avec plus de circonspection. — Dareau, *Rép. de jurispr.*, v° *Basoche*.

13. — Quoique les archives de la basoche aient été dispersées pendant la Révolution, on conserve dans quelques bibliothèques des plaidoyers manuscrits prononcés dans des causes grasses ; il y en a de fort curieux.

CAUSE ILLICITE.

1. — C'est celle qui est prohibée par la loi ou qui est contraire, soit aux bonnes mœurs, soit à l'ordre public. — C. civ., art. 1133.

2. — L'obligation qui a une cause illicite ne peut produire aucun effet. — C. civ., art. 1131. — V. OBLIGATION.

CAUSE MAJEURE.

1. — En droit canon, on donne ce nom à toutes les questions importantes qui concernent, soit le dogme, soit la discipline, et plus particulièrement aux actions intentées contre les évêques, dans le cas où il peut y avoir lieu à déposition.

2. — Les canonistes regardent comme *causes majeures* dont la connaissance appartient au pape, le droit de déclarer les articles de foi, de convoquer les conciles généraux, d'approuver les conciles et les écrits des docteurs, de diviser ou de transférer les évêchés, d'exempter les évêques et les abbés de la juridiction de leurs ordinaires, de transférer les évêques d'un siége à un autre, de les déposer, de les rétablir, de les juger souverainement.

3. — D'après les principes reçus en France avant 1789, et qui étaient au nombre des libertés de l'église gallicane, un évêque ne pouvait être déposé que par les évêques de sa province réunis en concile, et par les évêques des provinces voisines jusqu'au nombre de douze, sauf appel au pape. — Gerbais, *De causis majoribus*.

4. — Dans les temps de la primitive église, on ne faisait aucune distinction entre les *causes majeures* et les autres : toutes étaient jugées définitivement par le concile de la province. Ce n'a été qu'après le concile de Sardique en 347, que les causes des évêques, en vertu du septième canon, ont pu être portées par appel au pape. — V. *Encycloped. méthod.* (Jurispr.), v° *Cause majeure*.

5. — En matière civile, dans l'ancien droit, on se servait aussi du mot *cause majeure*, pour désigner les affaires qui demandaient à être plaidées avec plus de solennité que les affaires ordinaires. Telles étaient les causes intéressant les princes du sang, les ducs et pairs, l'église, les bénéfices, etc. — Guyot, *Rép.*, v° *Cause*.

CAUSE PIE.

1. — On entend par là ce qui est fait dans un but de religion ou de charité, c'est-à-dire en faveur de l'église, des hôpitaux, des pauvres, des personnes misérables, etc.

2. — Par une espèce de vénération qui dégénérait en superstition, on accordait autrefois à la cause pie une infinité de priviléges qui n'avaient aucun fondement dans le droit. — Boehmer, *Exercit. de collisione probat.*, cap. 4, § 17. — Mais c'est là, dit Toullier (t. 8, n° 43), une doctrine fausse, une doctrine que tout homme juste doit détester, car ce serait donner à la justice deux poids et deux balances pour lui faire juger la même cause différemment, suivant la qualité des personnes.

3. — Ainsi, des auteurs prétendaient que, dans le doute sur les preuves présentées pouvaient laisser, il fallait prononcer en faveur du demandeur qui soutenait une cause de cette nature. — Tiraqueau, *De privilegiis piæ causæ* ; Rolland de Villargues, v° *Cause pie.*

CAUSES ET MOYENS D'APPEL.

C'est le nom qu'on donnait, dans l'ancienne pratique, aux écritures dans lesquelles on développait les moyens d'appel. — V. APPEL, GRIEFS D'APPEL.

CAUTELLE.

1. — Ce mot, dans les anciens auteurs, s'employait comme synonyme de *ruse* ou de *finesse*. En droit canon, il signifiait *précaution*.

2. — L'usage des cautelles envahit notre procédure, au grand désespoir de nos jurisconsultes, lorsque les papes transportèrent leur siége de Rome à Avignon. Ce fut alors que l'esprit de chicane pénétra dans nos tribunaux et pervertit nos praticiens.

3. — A l'instar de ce qui se passait depuis longtemps en Italie, ce fut un mérite que de savoir tendre des piéges à ses adversaires et surprendre les magistrats ; on fit une science de l'art d'embrouiller les procédures, et l'on s'étudia à tuer le fond par la forme.

4. — Malheureusement de véritables jurisconsultes contribuèrent, par leurs ouvrages, à donner de la consistance à cet art perfide, à cette pratique scandaleuse. On reprochera toujours à Coppola d'avoir vulgarisé ces ruses, ces précautions, ces procédés subtils de la chicane, par son traité *Des cautelles* ; il ne pouvait faire un plus mauvais emploi de ses connaissances et de sa sagacité.

5. — En droit canon, sous le mot *d'absolution à cautelle*, on désignait l'absolution provisoire qu'on donnait à une personne excommuniée, afin qu'il lui fût permis d'ester en justice pour poursuivre l'appel de la sentence d'excommunication. — V. EXCOMMUNICATION.

CAUTION.

On appelle ainsi la personne qui contracte l'obligation de cautionnement ; on lui donne encore le nom de fidéjusseur. — V. CAUTIONNEMENT, RÉCEPTION DE CAUTION.

CAUTION (Réception de).

V. RÉCEPTION DE CAUTION.

CAUTION JUDICATUM SOLVI.

Table alphabétique.

CAUTION JUDICATUM SOLVI. — 1. — La caution *judicatum solvi* est celle que tout étranger demandeur principal ou intervenant est obligé de donner pour assurer le paiement des frais et dommages-intérêts résultant du procès auxquels il pourrait être condamné. — C. civ., art. 16 ; C. procéd., art. 166.

2. — Le Français, dit M. Boncenne (t. 3, p. 467), se trouverait exposé dans les foyers à d'irréparables vexations, s'il ne lui était donné aucune garantie pour le remboursement des frais de sa défense et pour le paiement des dommages-intérêts qu'une attaque téméraire lui fera éprouver. Il serait facile à l'étranger de calculer sa départie de manière à ne pas laisser sur ses traces fugitives le moindre gage auquel on se puisse prendre. — De là l'obligation qui est imposée à celui-ci de fournir la caution *judicatum solvi.*

§ 1er. — *Historique* (n° 3).

§ 2. — *Dans quels cas la caution* judicatum solvi *est-elle due ? — Qui la doit ? — A qui est-elle due* (n° 45) ?

§ 3. — *Que doit garantir la caution ? — Quand et comment doit-elle être demandée ? — Du jugement qui ordonne que la caution sera fournie* (n° 94).

§ 4. — *Comment la caution doit-elle être fournie* (n° 445) ?

§ 1er. — *Historique.*

3. — Les mots *caution judicatum solvi* ont été empruntés à la loi romaine ; mais cette loi ne les appliquait pas dans le sens que nous leur donnons.

4. — Ainsi, d'après les premières règles de la législation romaine, lorsqu'il s'agissait d'une action réelle, c'était le *défendeur* qui devait fournir caution pour assurer au demandeur, si celui-ci venait à gagner le procès, la restitution du bien litigieux, ou le paiement de son estimation ; c'est ce qu'on entendait sous le mot *stipulatio judicatum solvi.* — Gaïus, *Comm.* 4, § 89 ; Justinien, *Inst.*, liv. 4, tit. 14, princip.

5. — Quand l'action, soit réelle, soit personnelle, était poursuivie par un procureur, tuteur ou curateur, celui-ci était tenu de donner caution pour la ratification de ce qu'il ferait. — Gaïus, §§ 83, 96, 97, 98.

6. — Plus tard, le défendeur qui se présentait de sa personne pour répondre à une action, même réelle, ne se vit plus astreint à fournir la caution *judicatum solvi*, mais seulement caution qu'il resterait en jugement jusqu'à la fin du procès (*Instit.*, liv. 4, tit. 14, *De satisdationibus*), et la novelle 442, cap. 3, *De cautione quæ anté reorum citationem præstari debet ab actore*, ordonne aux juges de soumettre les demandeurs à la même condition. — Mais toujours la caution *judicatum solvi* dut être imposée aux défendeurs qui se faisaient représenter. — Gaïus, 4, § 404.

7. — On connaissait aussi à Rome une autre espèce de caution *judicatum solvi* qui devait garantir, non ce qui serait jugé, mais ce qui avait été jugé. — Gaïus, *Comm.* 4, § 25.

8. — On voit par ce qui vient d'être dit, et l'on verra surtout par ce qui sera dit plus bas, que notre législation n'a, de la loi romaine, en ce qui concerne la caution *judicatum solvi*, conservé guères que le nom.

9. — Dans notre droit, l'obligation pour les étrangers de fournir la caution *judicatum solvi*, lorsqu'ils voulaient diriger en France des actions contre les Français, fut long-temps inconnue ; « d'autant, dit Bacquet (*Tr. du dr. d'aubaine*, 2e part., chap. 46, n° 6), que le roi étoit justice tant à l'étranger qu'au Français. »

10. — Mais plus tard il en fut autrement : « Parce que, ajoute le même auteur (n° 7), l'exécution des jugemens qu'on obtiendrait contre l'étranger serait fort difficile, et qu'en un moment il peut se retirer du royaume et, par ce moyen, rendre les jugemens contre lui obtenus illusoires et sans effet, ainsi que le Français plaidant hors du royaume est tenu de bailler caution de payer le jugé, et qu'il y a pour le jourd'hui grande multitude d'étrangers en France, *quorum valdè suspecta fides erat*, et qui plaidaient à outrance contre les Français, on contraint à présent les étrangers à bailler caution de payer le jugé. »

11. — Le premier arrêt qui admit la nécessité de cette caution fut rendu par le parlement de Paris, le 4 janv. 1562, sans qu'on puisse citer aucune loi qui l'ait consacrée. — On ne la trouve écrite que dans une ordonnance du duc Léopold de Lorraine antérieure de quelques années à la réunion de cette province à la couronne de France (novembre 1707, tit. 2, art. 18). — Mais la jurisprudence des parlemens s'accorda pour en faire une disposition générale que nos Codes ont trouvée en vigueur et qu'ils ont adoptée.

12. — Au reste, et sauf quelques cas très rares, à l'égard desquels la jurisprudence des parlemens n'était même ni générale ni constante, la caution n'était pas due de Français à Français. — On cite, il est vrai, quelques arrêts des parlemens de Paris, Bordeaux et Dijon, qui soumettaient à la caution des banqueroutiers et les gens qui avaient fait cession de biens. — Nouveau Denizart, v° *Caution judicatum solvi*, § 1er, n° 7 ; Merlin, *Rép.*, v° *Caution judicatum solvi*, § 2 ; Papon, liv. 8, tit. 1er, n° 7 ; Raviot sur Perier, *Quest.*, n° 202. — Mais d'autres arrêts du parlement de Paris ont jugé le contraire (Bacquet, *loc. cit.*, n° 5), et, en outre, cette doctrine n'était pas observée aux parlemens de Grenoble et de Toulouse. — Basset, partie 2e, t. 1er, p. 439 ; Serres, *Inst.*, p. 586.

13. — L'obligation de cette caution, ainsi due de Français à Français, était originairement plus formelle en ce qui concerne les dévolutaires. — Ord. 4667, tit. 45, art. 43. — Mais une déclaration du roi, du 40 mars 1776, déchargea les dévolutaires de la caution, en les astreignant à consigner préalablement une somme de 200 liv. — En outre, dans les coutumes d'Anjou et du Maine, nul ne pouvait intenter l'action en retrait sans fournir la caution de payer le jugé envers les défendeurs, s'il n'était habitant du ressort. — Dupineau, *sur cout. d'Anjou*, art. 444 ; Olivier de Saint-Vast, *sur cout. du Maine*, art. 422.

14. — Aujourd'hui la *caution judicatum solvi* n'est plus jamais exigée de Français à Français. Et elle n'est exigée de l'étranger que dans les cas et suivant des formes spécialement prévus par la loi.

§ 2. — *Dans quels cas la caution est-elle due ? qui la doit ? à qui est-elle due ?*

15. — L'art. 16, C. civ., dispose que « en toutes matières, autres que celles de commerce, l'étranger qui sera demandeur, sera tenu de donner caution pour le paiement des frais et dommages-intérêts résultant du procès, à moins qu'il ne possède en France des immeubles d'une valeur suffisante pour assurer ce paiement. »

16. — Et les art. 466 et 467, C. procéd., reproduisant cette disposition avec quelques modifications destinées à en éclairer l'application, s'expriment en ces termes : Art. 466. « Tous étrangers demandeurs principaux ou intervenans seront tenus, si le défendeur le requiert avant toute exception, de fournir caution de payer les frais et dommages-intérêts auxquels ils pourraient être condamnés. » Art. 467. « Le jugement qui ordonnera la caution fixera la somme jusqu'à concurrence de laquelle elle sera fournie ; le demandeur qui consignera cette somme, ou qui justifiera que ses immeubles situés en France sont suffisans pour en répondre, sera dispensé de fournir caution. »

17. — Ainsi, c'est sur l'étranger *seul* que pèse l'obligation de fournir la caution *judicatum solvi*. Mais aussi, peu importe de quelle manière la qualité d'étranger lui ait été acquise.

18. — Dès-lors la caution peut être exigée du

Français qui est devenu étranger dans les termes de l'art. 17, C. civ., ou de la femme française qui a a épousé un étranger. — Coin-Delisle, *Comment. analyt. Cod. civ.*, tit. *De la jouiss. des droits civ.*, sur l'art. 16, nº 2; Merlin, *Rép.*, vº *Caution judicatum solvi*; Carré, *Lois de la procéd.*, nº 701, note.

19. — Il a donc été jugé que l'étrangère qui a épousé un Français n'est pas tenue de fournir la caution *judicatum solvi*, si elle actionne son mari. En effet, par son mariage, elle est devenue Française. — *Bourges*, 17 janv. 1820, Barbarin c. Rupa.

20. — Quant à la femme étrangère de naissance qui intente une demande en qualité de veuve d'un Français qu'elle soutient avoir été naturalisé en pays étranger, elle ne peut se soustraire à l'obligation de fournir la caution *judicatum solvi*, sous prétexte que le défendeur ne veut pas reconnaître la qualité d'étranger de son mari, et se réserve au contraire de critiquer son acte de naturalisation. — *Bourges*, 20 juill. 1838 (t. 2 1838, p. 521), Augu c. Loretto Demar.

21. — On expliquera au mot ÉTRANGER quels sont ceux auxquels appartient la qualité d'étranger. — Il n'est pas toutefois sans intérêt de rappeler ici que les Algériens ne sont pas, au moins quant à l'obligation de fournir la caution *judicatum solvi*, considérés comme tels; c'est ce qui a déjà été jugé par la cour de Paris et reconnu formellement par l'ord. du 16 avr. 1843, art. 19. — V. à cet égard ALGÉRIE, nºs 137 et suiv.

22. — Et l'on devrait en dire autant des citoyens nés dans les colonies françaises; ils sont nécessairement considérés, non comme étrangers, mais comme Français, et, dès-lors, les art. 16, C. civ., et 166, C. procéd., ne sauraient les concerner. — V. en ce sens *Trib. de la Seine*, 16 oct. 1845 (*Gaz. des trib.* du 17 oct.), Iller c. Iller.

23. — L'obligation de fournir la caution est attachée à la qualité d'étranger, dans la personne du demandeur ou intervenant, mais sans qu'il y ait lieu de rechercher s'il *demeure* en France ou hors de France. — Peu importerait même que l'étranger résidât en France depuis longues années, et y eût formé un établissement ou acquis un domicile de fait, même attributif de juridiction.

24. — .... A moins, toutefois, dit M. Boncenne (t. 3, p. 180, note), que l'étranger n'ait été autorisé par le roi à établir son domicile en France : car cet étranger jouit des droits civils (art. 13, C. civ.), « or, c'est essentiellement un droit civil que la liberté de plaider sans cautionnement préalable; cet étranger en sera donc affranchi. » — Coin-Delisle, *Comm. anal.*, art. 16, nº 2. — V. en ce sens *Bordeaux*, 29 mai 1839 (t. 2 1845), Accijas.

25. — On peut également consulter à l'appui de cette distinction entre l'étranger qui a simplement son domicile en France et celui qui a été autorisé, conformément à l'art. 13, à y demeurer et à y jouir des droits civils, les arrêts cités (*infrà* nºs 90 et suiv.) qui la consacrent en ce qui touche le droit de demander la caution. Il y a même raison de décider dans les deux cas, puisque, dans l'un comme dans l'autre, tout dépend du point de savoir si la qualité d'étranger existe ou non dans les termes et les prévisions de l'art. 16, C. civ., et de l'art. 166, C. procéd.

26. — En disant que *tous étrangers* seraient obligés de fournir la caution, la loi a montré qu'elle n'entendait faire acception ni de titres ni de qualités. — Ainsi : 1º un prince, même souverain, devrait y être soumis. — C'est ce qui a été jugé le 23 mai 1781 contre le prince souverain de Hohenlohe. « En effet, disait M. l'avocat général Séguier, sa qualité est un titre de plus pour exiger de lui la caution, puisqu'il ne serait pas possible de mettre à exécution dans ses états les condamnations prononcées contre lui. » — Il en serait de même d'un ambassadeur. — *Parlem. Paris*, 15 mars 1732; — Denisart, vº *Caution judicatum solvi*; Boncenne, t. 3, p. 173, note); Coin-Delisle, sur l'art. 16, nº 2; Merlin, *Rép.*, vº *Caution judicatum solvi*, et *Quest. de dr.*, *eod. verbo*; Pigeau, liv. 2, part. 2ᵉ, tit. 1ᵉʳ, chap. 1ᵉʳ, sect. 3ᵉ, § 1ᵉʳ, art. 1ᵉʳ, nº 11; Favard de Langlade, vº *Exception*, § 1ᵉʳ, nº 2.

27. — Toutefois, l'étranger, bien qu'il ne se trouvât pas dans les conditions de l'art. 13, serait dispensé de fournir la caution *judicatum solvi* s'il existait à cet égard un traité entre la France et la nation à laquelle il appartient. — *Parlem. Paris*, 6 fév. 1630 (*J. des Aud.*, t. 1ᵉʳ, liv. 2, chap. 66); *Dijon*, 11 sept. 1678 (Raviot sur Perrier, *Quest.*, nº 202); *Toulouse*, 1ᵉʳ fév. 1718 (Serres, *Inst. dr. franç.*); *Paris*, 23 mars 1787 (Denizart, vº *Caution judicatum solvi*); — Boncenne, t. 3, p. 181.

28. — Il existe des traités qui règlent ce point avec deux nations : la Suisse et la Sardaigne.

29. — Les traités avec la Sardaigne sont des 24 mars 1760, 5 août 1787 et 15 mai 1796.

30. — Il a été jugé que le traité du 24 mars 1760, entre la France et la Sardaigne, aux termes duquel les sujets respectifs des deux gouvernemens, pour être admis en jugement, ne sont tenus de part et d'autre qu'aux mêmes cautions et formalités exigées de ceux du propre ressort, suivant l'usage de leurs tribunaux, n'a point été abrogé par la réunion momentanée du Piémont à la France; — et qu'en conséquence, les sujets sardes plaidant devant les tribunaux français sont dispensés de fournir la caution *judicatum solvi*. — *Paris*, 3 mai 1843 (t. 2 1843, p. 169), Domaine c. Mayrand. — V. aussi *Bastia*, 8 fév. 1841 (t. 2 1841, p. 148), Borghi c. Canessa; 16 fév. 1844 (t. 1ᵉʳ 1845, p. 216), P.; — Boilard, t. 2, p. 11.

31. — Le traité qui règle ce point avec la Suisse est du 4 vendém. an XII (art. 14); il a été renouvelé par ceux des 30 mai 1827 (*Bulletin des lois*, nº 7122), et 31 déc. 1828. — L'art. 2 de ce dernier traité porte : « Il ne sera exigé des Français qui auraient à poursuivre une action en Suisse, et des Suisses qui auraient une action à poursuivre en France, aucuns droits, cautions ou dépens auxquels ne seraient pas soumis les nationaux eux-mêmes, conformément à la loi du pays. » — Duvergier, *Coll. des lois*, année 1829, p. 3.

32. — Ainsi, les Suisses ne sont point tenus de fournir aux Français la caution *judicatum solvi*. — *Cass.*, 9 avr. 1807, Sabatier c. Blanc-Mavit; *Colmar*, 28 mars 1810, Zœsslier et Ottendorf c. Diétrich; 10 janv. 1816, Mettler c. Muller; 28 déc. 1831, Trimaille c. Durand; — Boilard, t. 2, p. 11.

33. — Toutefois, ajoute M. Boncenne (*loc. cit.*), si le Français n'était admis à plaider sans caution chez l'étranger qu'en vertu *de la loi* de l'étranger, cette considération ne suffirait pas pour que ce dernier fût admis à réclamer la même faveur en France; la réciprocité ne s'établit que par la clause spéciale d'un *traité*. On n'a pas voulu que les lois de France pussent être modifiées par les lois d'un autre pays, et que ce pays, en nous accordant un droit de sa seule autorité, nous imposât la nécessité d'accorder le même droit à ses habitans. — V. dans Locré (*Législ. civ.*) la discussion de l'art. 11, C. civ., au conseil d'état. — L'opinion de M. Boncenne est également professée par MM. Favard de Langlade, t. 2, p. 456; Carré et Chauveau, nº 696.

34. — Dans tous les cas M. Merlin (*Rép.*, vº *Caution judicatum solvi*, § 1ᵉʳ) fait observer que la dispense de caution peut être implicite dans les traités, et qu'ainsi elle résulterait de la clause que les jugemens exécutoires dans un pays le seraient également dans l'autre, parce que alors le motif de la loi cesserait d'exister. — Et il faudrait en dire autant, ajoute M. Coin-Delisle (nº 8), si le traité portait que les habitans d'un pays jouiraient dans l'autre des mêmes droits que les nationaux. — Mais on ne pourrait induire cette exception de la simple exemption du droit d'aubaine. — V. le Nouveau Denizart, vº *Caution judicatum solvi*, § 1ᵉʳ, nº 19, et plusieurs arrêts de parlement au *Journal des Audiences*, t. 1ᵉʳ, liv. 2, chap. 66; Raviot sur Périer, *Quest.*, nº 202; Merlin, *Rép.*, vº *Caution judicatum solvi*.

35. — Si les traités entre la France et une puissance étrangère portaient exemption pour les Français de l'obligation de fournir caution, cette clause devrait être exécutée en France à l'égard des sujets de cette puissance, conformément au principe de réciprocité consacré par l'art. 11. — *Praticien français*, t. 1ᵉʳ, p. 18; Carré et Chauveau, nº 696. — V. aussi les motifs de l'arrêt du 9 avr. 1807 précité (nº 32).

36. — L'étranger, d'après l'art. 16, C. civ. et l'art. 166, C. procéd., ne peut être contraint à donner la *caution judicatum solvi*, qu'autant qu'il est *demandeur principal* ou *intervenant*.

37. — L'étranger *défendeur* n'y est donc pas soumis; il n'était pas juste de gêner, par cette entrave, le droit toujours sacré de la défense. C'est parce que la défense est de droit naturel que les parlemens refusèrent de soumettre l'aubain défendeur à cette nécessité, et de transformer en interdit de justice une mesure uniquement introduite en faveur de celui qui est attaqué. — Arr. du 13 fév. 1581 et 28 avr. 1698 (Bacquet, ch. 8, nº 3); — Pothier, *Traité des personnes*, tit. 2, sect. 2ᵉ; Denizart, vº *Caution judicatum solvi*, nº 3; Merlin, *eod. verb.*; Coin-Delisle, *loc. cit.*, nº 14.

38. — Il faut remarquer aussi que la loi n'oblige pas à fournir caution *tout étranger intervenant* dans une instance, mais seulement l'étranger *demandeur intervenant*. — Boncenne, t. 3, p. 177, et la note; Coin-Delisle, nº 4. — Il n'y a donc pas de difficulté, dit ce dernier auteur, quand l'étranger intervient en son nom personnel pour réclamer la chose qui fait l'objet du litige, il doit caution aux deux parties, ni quand il vient soutenir le défendeur auquel il devait garantie, car alors il ne fait que se défendre et ne doit pas de caution. — Pigeau, *loc. cit.*; Carré et Chauveau, nº 697 *bis*.

39. — Mais que doit-on décider dans le cas où l'étranger intervient comme auxiliaire du demandeur? — De deux choses l'une : ou il intervient *spontanément*, et dans ce cas il tombe sous l'application de l'art. 16, car il est évidemment *demandeur*; ou bien il est forcé d'intervenir, par exemple, s'il est assigné en intervention, et alors il est simplement *défendeur*, et la loi ne lui est pas applicable : *Non voluntariè agit, sed ex necessitate se defendit*. — Berriat Saint-Prix, t. 2, p. 227, note 4ᵉ; Delvincourt, t. 1ᵉʳ, p. 197, note 3ᵉ; Pigeau, *loc. cit.*; Coin-Delisle, *loc. cit.* : *Praticien français*, t. 2, p. 16; Carré et Chauveau, nº 697 *bis*.

40. — D'après le principe qui vient d'être posé, on voit qu'il sera toujours important de distinguer quand l'étranger aura réellement la qualité de demandeur, et, comme le dit M. Boncenne (t. 3, p. 178), pour y parvenir, il ne faudra pas s'en tenir *à l'écorce du mot*. — A cet égard, il s'est élevé plusieurs difficultés qui ont été résolues tant par les auteurs que par la jurisprudence.

41. — Ainsi, d'une part, on a refusé de reconnaître la qualité de *demandeur* à l'étranger qui poursuit, par la voie de l'expropriation forcée, contre un Français, l'exécution d'un titre paré et exécutoire, et on a décidé, en conséquence, qu'il n'est point tenu de fournir la caution *judicatum solvi*. — *Cass.*, 9 avr. 1807, Sabatier c. Blanc-Mavit; *Bordeaux*, 3 fév. 1835, Kellinghuzen c. Domaine; *Liége*, 29 nov. 1828 (dans ses motifs), N...; — Duranton, t. 1ᵉʳ, nº 164, édit. 1ʳᵉ; Delvincourt, t. 1ᵉʳ, p. 179; Merlin, *Rép.*, vº *Caution judicatum solvi*, § 1ᵉʳ, *Quest. de droit*, même mot, § 2; Demiau, p. 138; Berriat, p. 227; Carré et Chauveau, nº 698; Boncenne, t. 3, p. 178; Bioche et Goujet, vº *Judicatum solvi*, nº 21. — En effet, dit l'arrêt de 1807, il ne s'agit pas là d'un demandeur en condamnation, et même, comme ajoute M. Boncenne (*loc. cit.*) : « c'est un souverain qui mande et ordonne directement à ses officiers légalement requis de prêter leur ministère pour l'exécution du titre. » D'ailleurs, ajoute M. Coin-Delisle (*loc. cit.*, nº 13), dans ce cas, le débiteur français qui aurait droit à des frais sur quelques incidens, n'a-t-il pas pour garantie le montant même de l'obligation dont il est débiteur?

42. — Mais l'étranger serait soumis à fournir la caution s'il y avait contestation sur la validité du titre en vertu duquel l'expropriation aurait eu lieu. — *Liége*, 29 nov. 1828, N... — M. Chauveau sur Carré (nº 698) trouve cette décision sévère, et il pense qu'elle ne devrait être appliquée que si le titre n'était qu'apparent, et si de la part du saisissant « la chicane et la mauvaise foi débordaient. »

43. — L'étranger qui veut exécuter un jugement en dernier ressort rendu à son profit, en matière civile, n'est pas tenu de donner caution, alors même que le défendeur alléguerait qu'il doit se pourvoir en cassation contre le jugement qui l'a condamné, et que l'étranger est sur le point d'emporter hors de France l'objet du litige; c'est la conséquence du principe qu'en matière civile le pourvoi n'est pas suspensif. — *Cass.*, 4 prair. an VII, Finetti c. Giordani; — Bioche et Goujet, vº *Judicatum solvi*, nº 21. — V. CASSATION (mat. civ).

44. — De même, on tenait autrefois, et l'on tient encore aujourd'hui pour constant que l'étranger sur qui a été pratiquée une saisie et qui en demande la main-levée ou la nullité, ne peut être réputé *demandeur*, et que dès lors il n'est pas tenu de fournir la caution *judicatum solvi*. — *Parlem. Douai*, 4 janv. 1772; — Demangeat, *Des étrangers*, p. 141; Boncenne, p. 178; Bioche et Goujet, vº *Jud. solvi*, nº 21. — En effet, dit M. Coin-Delisle (*loc. cit.*, nº 14), s'il est demandeur en la forme, il est véritablement défendeur au fond. — V. aussi Merlin, *Rép.*, vº *Caution judicatum solvi*, et *Quest. de droit*, même mot, § 1ᵉʳ, nº 3, où il cite ces mots de Lefebvre de la Planche (*Tr. du domaine*, liv. 6, chap. 8, nº 7) : « Le saisissant a formé la demande par la saisie. » — Carré et Chauveau, nº 698.

45. — Toutefois, un auteur (M. Dalloz, *Recueil alphabét.*, vº *Exception*, sect. 1ʳᵉ, nº 4, t. 7, p. 580 à la note) soutient qu'il faut distinguer entre la saisie-arrêt faite en vertu d'un titre sous signature privée ou de la permission du juge, et celle qui aurait lieu en vertu d'un titre exécutoire. — Selon lui, dans le premier cas, la créance n'étant pas authentiquement prouvée, le saisi est défendeur au fond; dans le second, au contraire, il doit être considéré comme demandeur et tenu de donner caution. — « Ainsi, dit M. Coin-Delisle (*loc. cit.*), il lui faudra des cautions avant qu'il lui soit permis de produire en justice les quittances émanées de son débiteur, avant de prouver l'extinction de la dette par compensation, par remise, par con-

fusion, et ses biens seront, en attendant, exécutés et vendus, sa personne emprisonnée, car la contrainte par corps est aussi une saisie, et cela avant qu'il lui ait été permis de dire un mot pour sa défense : ce système est insoutenable. Celui de M. Merlin (V. *loc. cit.*) est, au contraire, le système du législateur, qui a partout considéré le saisi comme défendeur, sans distinction de la nature du titre qui fonde la saisie. On en trouve la preuve notamment dans l'art. 567, C. procéd., qui, en attribuant *au tribunal de la partie saisie* la connaissance de la demande en validité formée par le créancier ou de la demande en main-levée formée par le saisi, sans distinguer entre les causes de la saisie, n'est qu'une application juste de la maxime *actor sequitur forum rei*, loin d'en être une exception. »

46. — Comme application du principe qui vient d'être posé on a dû juger qu'on ne saurait considérer comme demandeur principal (et conséquemment comme soumis à la caution *jud. solvi*) l'étranger qui poursuit en justice la nullité de son emprisonnement et conclut à des dommages-intérêts contre le créancier incarcérateur. — *Bruxelles*, 12 juin 1828, d'Aubreby c. marquis D... ; *Trib. de la Seine*, 22 oct. 1831, en note sous l'arrêt de Paris du 20 oct. 1831, ci-après cité ; — Chauveau sur Carré, n° 698. — V. *contrà* (mais à tort selon nous) *Paris*, 20 oct. 1831, Britow c. Grugeon et David ; — Legat, *Code des étrangers*, p. 311. — V. aussi *Trib. de la Seine*, 8 juill. 1545 (*Gaz. des Tribun.* du 16 juill.).

47. — De même, il n'y a pas lieu à dation de la caution *judicatum solvi* par l'étranger qui demande main-levée d'une opposition à la délivrance d'un legs. — V. en ce sens Chauveau sur Carré (n° 698), qui cite un jugement du tribunal de Paris du 13 nov. 1836.

48. — Mais l'étranger qui forme une demande en revendication d'objets saisis sur un tiers est tenu de donner la caution *judicatum solvi*. — *Cour supér. Bruxelles*, 20 oct. 1825, Elise L... c. V... ; — Carré et Chauveau, n° 698.

49. — De même, l'étranger contestant un réglement provisoire de contribution est tenu, si l'un des créanciers le requiert, de fournir la caution *judicatum solvi*, car, par la contestation formée sur le procès-verbal, il s'est constitué demandeur principal. — *Paris*, 22 juill. 1840 (t. 2 1840, p. 138), curateur à la succession Civrac c. Samuel Mosès.

50. — Mais on a jugé avec raison que l'étranger défendeur qui poursuit l'audience ne devient pas par cela même demandeur, et ne saurait, dès-lors, être obligé de donner caution. — *Trib. de la Seine*, 19 juill. 1828 (*Gazette des Tribunaux* du 20 juill.), Martinez c. Luguet.

51. — De même, l'étranger qui oppose une compensation ou toute reconvention dont l'effet serait de neutraliser la demande principale, ne peut être réputé demandeur dans les termes de l'art. 166, C. procéd. : il n'est pas, en effet, *demandeur principal* ; on ne saurait donc l'obliger à donner caution. — Coin-Delisle, n° 14.

52. — De ce que l'étranger sur qui on forme une saisie-arrêt est *défendeur*, on doit, *à contrario*, et d'après cette expression de Lefebvre de Laplanche que « le saisissant a *formé sa demande* par la saisie », conclure que l'étranger saisissant est *demandeur* et tenu de donner caution. — *Bordeaux*, 28 juin 1828, Patchen c. de Bellegarde. — Toutefois, il ne semble pas qu'il doive être tenu de fournir cette caution avant la saisie. — Roger, *Saisie-arrêt*, n° 153.

53. — Mais nul doute qu'il ne doive, si le saisi le requiert, être obligé de donner caution pour répondre des frais de la demande en validité de saisie.... alors même qu'il s'agirait d'une matière commerciale. — Roger, *loc. cit.*

54. — En ce qui concerne la matière des brevets d'invention, V. BREVET D'INVENTION, n°s 501 et suiv.

55. — Si l'étranger *défendeur* en première instance a perdu son procès et interjette appel, sera-t-il considéré comme *demandeur* devant la cour et devra-t-il fournir la caution ? — Non, répond Boncenne (t. 3, p. 173), car l'appel n'est que la continuation de la défense. — C'est en ce sens qu'ont prononcé la jurisprudence et la doctrine. — V., sous l'ancien droit, *Parlem. Paris*, 16 janv. 1710 (Brillon, *Dict. des arrêts* ; v° *Caution*, n° 225) ; *Parlem. Flandres*, 12 janv. 1784, rapporté par Merlin, *Rép.*, v° *Caution judicatum solvi* ; — Bacquet, 2e part., ch. 17 ; — et, sous le droit nouveau, *Metz*, 27 août 1817, Pauletz c. Bernard ; *Limoges*, 20 juill. 1832, Castro c. Declareuil ; *Paris*, 31 janv. 1835, Miniussir c. Lérieux ; 18 mai 1844 (t. 1er 1844, p. 672), Lakemann c. Membré ; — Lepage, *Quest.*, p. 157 ; Coin-Delisle, *Comm. analyt.*, sur l'art. 16, C. civ. ; — *Praticien fr.*, t. 2, p. 18 ; Pigeau, t. 1er, p. 220 ; Favard, v° *Exception*, § 1er, n° 2 ; Delvincourt, t. 1er, p. 197 ; Carré et Chauveau, *Lois de la procéd.*, sous l'art. 166, n° 700 ; Bioche et Goujet, *Dict. de procéd.*, v° *Judicatum solvi*, n° 16.

56. — Par identité de raison, et attendu que l'appel ne change en rien les qualités dans lesquelles on procédait en première instance (motifs de l'arr. de Paris, 18 mai 1844, précité), on décide que l'étranger, demandeur principal et intimé sur l'appel, doit donner la caution pour garantir le paiement des frais d'appel. — *Parl. de Flandres*, 12 janv. 1784 ; — Merlin, v° *Caution judicatum solvi*, § 1er ; Lepage, *Quest.*, p. 157 ; Boncenne, t. 3, p. 170 ; Favard, t. 2, p. 456 ; Legat, p. 314 ; Delvincourt, t. 1er, p. 197.

57. — A plus forte raison doit-il fournir caution lorsque, débouté de sa demande, il interjette appel devant le tribunal supérieur, car il est encore demandeur. — Rousseau de Lacombe, v° *Aubaine* ; Malleville, art. 16, C. civ. ; Legat, *Code des étrangers*, p. 314. — V. sur le point de savoir si la caution peut être demandée pour la première fois en appel, *infrà* n° 119.

58. — Selon M. Carré (n° 700), il en est de la requête civile et du pourvoi en cassation comme de l'appel ; ainsi l'étranger défendeur originaire qui voudrait user d'une de ces voies de recours ne serait pas tenu de fournir la caution *judicatum solvi*. — Cet auteur s'appuie sur l'opinion du Nouveau Denizart (v° *Cautio judicatum solvi*, t. 4, p. 328), qui cite un arrêt du 4 mai 1736. — M. Coin-Delisle (n° 15) combat cette opinion par des considérations qui méritent d'être reproduites. « L'appel, dit-il, n'est à la vérité qu'une seconde phase du même procès, et cela est si vrai qu'il détruit la chose jugée, ce qui permet encore de reconnaître dans l'appelant son caractère de défendeur originaire. — Au contraire, la cassation et la requête civile sont des voies extraordinaires qui laissent subsister la chose jugée ; l'arrêt ou le jugement, tant qu'il n'est ni cassé ni rétracté, constitue une vérité légale, *pro veritate habetur*. La propriété ou le droit qui faisait l'objet du litige est acquis à la partie qui a gagné son procès ; celle qui l'a perdu n'a plus, comme sur l'appel, à défendre ce droit ou cette propriété ; elle a désormais, si l'on ose ainsi parler, à reconquérir ce qui est devenu le droit d'autrui ; elle a donc perdu, par la décision souveraine, sa qualité de défendeur au fond. »

59. — Cette distinction entre l'appel et la cassation ou la requête civile conduirait nécessairement à décider que si l'étranger *demandeur principal* avait gagné son procès en appel, le Français qui se pourvoirait en cassation ou en requête civile ne pourrait le contraindre à fournir caution pour les frais de ces procédures.

60. — D'après l'art. 16, C. civ., l'étranger doit la caution *jud. solvi*, en toutes matières *autres que celles de commerce*.

61. — La dispense de caution, tirée de la nature commerciale de la contestation, est due à la faveur que méritent les relations commerciales, comme aussi à la modicité des frais et à la rapidité de ces sortes d'affaires. Elle existait déjà avant le Code civil. — *Paris*, 30 flor. an X, Parent et Merigier c. Dulaury. — V. aussi Denizart (v° *Caution judicatum solvi*, n° 18), qui cite un arrêt du 12 août 1758 ; Valin, sur l'art. 1er, tit. 2, ord. 1681. — Mais, comme on le comprend, c'est là une exception à un principe d'ailleurs général ; aussi ne peut-elle être étendue d'un cas à un autre.

62. — Il ne semble donc pas que les juges puissent, quelque favorables que soient d'ailleurs la position du demandeur et la nature de sa prétention, étendre le bénéfice de l'exception aux causes alimentaires. — Merlin, *Rép.*, v° *Caution judicatum solvi*. — Il en était autrement autrefois ; c'est du moins ce qu'a décidé le parlement de Toulouse par arrêt du 3 fév. 1730, que rapporte Serres (*Inst. du dr. franç.*, liv. 4, tit. 11).

63. — On doit aussi reconnaître que la caution est due, soit que le procès s'agite devant un tribunal de première instance, ou devant un juge de paix ; car, bien que l'art. 166, C. procéd., se trouve au tit. 2, *Des tribunaux de première instance*, on ne saurait le considérer comme ayant atténué la généralité du principe posé dans l'art. 16, C. civ., qui exige la caution en *toutes matières*, sans distinction de juridiction. — Coin-Delisle, n° 6.

64. — De même, l'étranger *demandeur ou partie civile* devant un tribunal criminel (art. 366, C. inst. crim.), même en matière correctionnelle ou de police, est soumis à la caution, aussi bien que s'il était demandeur en matière purement civile. — *Cass.*, 2 fév. 1814, Neuman c. Damon. — V. aussi Bacquet, chap. 17, n° 1er ; Nouveau Denisart, v° *Caution judicatum solvi*, § 1er, n° 9 ; Carnot, sur l'art. 68, C. inst. crim., t. 1er, p. 306, n° 12 ; Legraverend, t. 1er, chap. 5, p. 201, note 8e ; Mangin, *Tr. de l'act. publ. et civ.*, t. 1er, p. 259, n° 126 ; Carré, *Lois de la procéd.*, t. 1er, n° 705 ; Berriat Saint-Prix, p. 227 ; Favard, v° *Exception*, § 1er, n° 2 ; Duranton, t. 1er, n° 161 ; Coin-Delisle, n° 6. — C'est également ce qui résulte implicitement de l'arrêt de *Bordeaux*, 15 juill. 1841 (t. 1er 1842, p. 427), Lajarrige c. Blanco et Guillau. — V. en outre *Cass.*, 15 avr. 1842 (t. 1er 1843, p. 700), Picola c. Cabrera. — V. cependant Chauveau sur Carré (n° 705), qui déclare dispensé de la caution l'étranger qui se porte partie civile en police correctionnelle, alors du moins que le ministère public ne poursuit pas sur sa plainte, ou s'il use du droit de citation directe ; mais cette opinion ne doit pas être suivie. — V. aussi *Paris*, 5 fév. 1840 (t. 1er 1840, p. 191), Pedazzi et Selgi c. Andréani.

65. — M. Collinières (*Journal des avoués*, édit. Chauveau, t. 6, p. 563) émet des doutes sur l'application de l'art. 16 aux matières criminelles, attendu qu'elles sont régies par des lois spéciales, et que l'effet immédiat de la protection de lois françaises à l'égard des étrangers devrait être de leur donner la faculté de poursuivre la répression des délits qui peuvent compromettre leurs personnes ou leurs biens, et que la nécessité de donner caution pouvait rendre illusoire cette faculté. — « Mais, répond avec raison M. Coin-Delisle (*loc. cit.*), n'ont-ils pas la voie de plainte, comme les Français qui ne se portent pas parties civiles ; et, par conséquent, la répression du délit en lui-même n'est-elle pas assurée ? »

66. — Nous devons dire néanmoins que la nouvelle jurisprudence n'a pas suivi les erremens de l'ancienne, qui en cette matière, dispensait de la caution. — Bouvot, *Parlem. de Bourgogne*, 21 janv. 1612 ; Brillon, *Dict. des arr.*, v° *Etranger*.

67. — Mais il suffit que la *matière soit commerciale* pour que l'étranger soit dispensé de la caution, quelle que soit d'ailleurs la juridiction qui doive en connaître. — C'est ce que décide formellement l'art. 423, C. procéd., pour le cas où la demande est portée devant le tribunal civil dans les lieux où il n'y a pas de tribunal de commerce. — Boitard, t. 2, p. 11.

68. — Et il en serait ainsi, même pour le cas où, par le consentement mutuel des parties, la demande serait soumise à un tribunal civil. — Favard de Langlade, v° *Exception*, § 1er, n° 2 ; Coin-Delisle, n° 7.

69. — La dispense de caution doit être appliquée même au cas où il s'élèverait, sur la demande commerciale d'un étranger, un incident qui forcerait le tribunal de commerce à renvoyer devant un tribunal civil pour y statuer avant le jugement du fond. — C'est ce qui a été jugé dans une espèce où le renvoi devant le tribunal civil avait été motivé par une dénégation d'écritures. — *Metz* (et non *Riom*), 26 mars 1821, Guyaux c. Pros ; — Merlin, *Quest. de dr.*, v° *Caution judicatum solvi*, § 1er, n° 3 ; Coin-Delisle, *Dr. civ.*, art. 16, n° 7. — « En effet (ainsi que le dit dans ses motifs l'arrêt de 1821), cet incident ne dessaisit pas le tribunal de commerce, ne dénature pas la demande principale et ne change pas l'affaire commerciale en une affaire civile ; ce n'est qu'un moyen de forme à l'aide duquel on veut parvenir à faire juger le fond en définitive pardevant les juges de commerce. »

70. — V. au surplus, sur ce qu'on doit entendre par matière commerciale, v° COMPÉTENCE COMMERCIALE.

71. — Quelque générale que soit la règle qui soumet l'étranger à la prestation de la caution *judicatum solvi*, son application cesse, sous le droit actuel, comme sous l'empire de l'ancien droit, lorsque l'étranger *possède* en France des immeubles d'une valeur suffisante pour assurer le paiement des frais et dommages-intérêts. — C. civ., art. 16 ; C. procéd., art. 166. — C'est la reproduction de cette loi romaine : « *Sciendum est possessores immobilium rerum satisdare non compelli.* » — L. 15, ff., *Qui satisd. non cog.*

72. — Et telle est la faveur attachée à la possession d'immeubles en France, que même l'étranger condamné à fournir la caution en est dispensé *s'il justifie* de la suffisance de son immeuble. — C. procéd., art. 167 ; — Coin Delisle, n° 9.

73. — C'est là, comme on le voit, une exception au principe général qui veut que l'étranger fournisse caution ; aussi cette exception doit-elle être appliquée limitativement au cas spécialement prévu par la loi et ne saurait-elle protéger l'étranger qui serait simplement possesseur d'un établissement de commerce en France. — Coin-Delisle, n° 10.

74. — Peu importe, au surplus, dans quelles parties de la France seraient situés ces immeubles ; ici ne s'appliquent pas les dispositions de l'art. 2023, C. civ., sur le cautionnement (V. CAUTIONNEMENT). — Coin-Delisle, n° 9. — MM. Pigeau (t. 1er, p. 376, n°s 4 et 5) et Chauveau sur Carré (n° 708 *bis*) professent l'opinion contraire, par le motif que « l'é-

tranger étant caution de lui-même, » il y a lieu de lui appliquer les règles relatives à la caution. — Mais cette assimilation entre l'étranger qui invoque le bénéfice de la disposition finale de l'art. 16, C. civ., et la caution, ne nous semble pas devoir être adoptée.

75. — M. Coin-Delisle (*loc. cit.*) émet l'opinion que la faveur accordée à l'étranger qui possède des immeubles *situés en France* n'est attachée qu'aux immeubles situés *sur le territoire continental français*, et non à ceux situés *dans les colonies*, car, dit-il, le nom de France employé seul ne s'applique qu'à la métropole. » — V. aussi Bioche et Goujet, vº *Judicatum solvi*, nº 8; Pigeau, *Comm.*, t. 1er, p. 376, notes 4e et 5e; Chauveau sur Carré, nº 708 *bis*. — L'argument de texte sur lequel M. Coin-Delisle fonde son opinion n'a qu'une valeur douteuse, car il est impossible de poser en principe que le mot de France ou Français pris seul ne s'applique qu'à la métropole ou à ceux qui l'habitent : on trouverait, au besoin, la preuve du contraire dans les art. 11 et suiv., C. civ. — Il nous semble donc que l'étranger qui justifierait posséder dans une colonie française des immeubles d'une valeur suffisante pour assurer le paiement des frais du procès et des dommages-intérêts, pourrait invoquer le bénéfice de l'exception.

76. — Il ne devrait, au surplus, s'élever aucune difficulté relativement aux immeubles situés en Algérie, surtout en présence de l'arrêt précité, qui refuse d'assimiler l'Algérien à l'étranger, en ce qui concerne le paiement de la caution *judicatum solvi*. — V. *suprà* nº 21.

77. — Il faut toutefois reconnaître que les immeubles situés dans les colonies seront, le plus souvent, d'une discussion très difficile, et que les juges, n'ayant sous les yeux que des documens de date ancienne, seront presque toujours dans l'impossibilité de reconnaître, à des signes certains pour le présent et rassurans pour l'avenir, la suffisance de ces immeubles; c'est à eux qu'il appartiendra d'apprécier les faits suivant les inspirations de leur conscience; mais nous ne pensons pas que, s'ils considéraient comme suffisant, dans les termes de droit, un immeuble situé aux colonies françaises, leur décision pût être censurée comme contraire à la loi.

78.—MM. Pigeau et Chauveau (*loc. cit.*), par suite de l'assimilation qu'ils ont cherché à établir entre l'étranger et la caution, soutiennent que la *suffisance des biens* possédés par l'étranger ne peut être déclarée qu'en observant les règles tracées par la loi pour le cautionnement. — V. CAUTIONNEMENT. — Mais la loi ne dit rien de semblable; elle laisse, à cet égard, aux juges plein pouvoir d'appréciation.

79.—Mais ici se présente une difficulté assez grave et sur la solution de laquelle les auteurs ne sont pas d'accord. Comment devront être entendues et appliquées les dispositions des art. 16, C. civ., et 167, C. procéd., en ce qui concerne le point de savoir si les immeubles possédés par l'étranger seront ou non suffisans pour *assurer le paiement* des frais et dommages-intérêts? — Suffira-t-il que l'étranger ait établi, aux abords du procès, qu'il est possesseur d'immeubles non grevés d'hypothèques, pour que le défendeur n'ait plus rien à exiger; ou bien, au contraire, le défendeur ne pourra-t-il pas, en s'autorisant du texte même des articles précités, ne considérer comme justification suffisante que celle qui sera de nature à *assurer*, non seulement pour le présent, mais aussi pour l'avenir, et d'une manière efficace, le paiement de ces dommages-intérêts et frais. — On comprend, en effet, combien, dans le premier de ces deux systèmes, il serait facile à l'étranger de rendre illusoire la justification qu'il aurait faite, au moyen de ventes ou d'hypothèques consenties ultérieurement.

80.—Quelques auteurs, frappés de ce grave danger, ont pensé que, dans le cas prévu, le défendeur pouvait demander acte au tribunal de la déclaration que l'étranger fait de ses immeubles, et exiger une hypothèque jusqu'à concurrence d'une somme fixée par le tribunal, ou, si l'étranger refusait son consentement, prendre, en vertu de l'acte judiciaire une inscription, conformément à l'art. 2123, C. civ., jusqu'à concurrence de cette somme. — Boncenne, t. 3, p. 197 et suiv.; Chauveau sur Carré, nº 708 *bis*; Delvincourt, t. 1er, p. 199, note 7e; Sebire et Carteret, *Encycl. du dr.*, vº *Caution judicatum solvi*, nºs 49 et 50, § 1er, nº 7; Favard de Langlade, t. 2, p. 457, vº *Exception*; Pigeau, *Comm.*, t. 1er, p. 375, nº 3.

81. — D'autres auteurs, au contraire, ont pensé que la loi avait pu trouver dans le seul fait de la possession d'immeubles en France une garantie suffisante, parce qu'il en résulte un lien puissant qui attache l'étranger au sol français, et qui ne permet pas de supposer qu'il consente à se défaire de ses immeubles précipitamment et dolosivement.

Ils ont en outre fait remarquer que la loi exige seulement l'existence d'immeubles suffisans, sans ajouter la condition de l'hypothèque; or, disent-ils, exiger de l'étranger cette hypothèque, n'est-ce pas précisément, dans une autre forme, l'obliger à fournir une sorte de cautionnement dans le cas même où la loi le dispense d'en fournir? — Merlin, *Rép.*, vº *Caution judicatum solvi*; Duranton, t. 1er, nº 162; Coin-Delisle, art. 16, nº 10; Richelot, *Princip. du droit civ.*, t. 1er, p. 135; Toullier, t. 1er, nº 265; Legat, *C. des étrangers*, p. 310.

82. — Entre ces deux solutions, dont l'une semble ajouter à la loi et l'autre risque d'abandonner le défendeur sans garantie réelle, il en existe une intermédiaire que nous croyons préférable : c'est celle qui consiste à laisser les tribunaux juges des cas où il conviendra d'obliger l'étranger à fournir hypothèque. Nous admettons en effet très bien que, pour rentrer dans la prévision du législateur, la garantie résultant pour le défendeur de l'existence d'immeubles doit à la fois porter sur le présent et embrasser l'avenir; mais n'est-ce pas aux juges qu'il appartient d'examiner, au moyen de tous les documens et élémens d'appréciation dont ils pourront s'entourer, la valeur réelle de la garantie offerte, et de décider si, suffisante aux abords du procès, elle le sera encore quand il arrivera à son terme? — Ce droit se trouve nécessairement écrit dans l'art. 16 du Code civil, et dans les art. 166 et 167, qui leur supposent plein pouvoir pour apprécier la *suffisance* ou l'*insuffisance* des immeubles possédés par l'étranger. Or, le droit de proclamer *de plano* et sans contrôle l'insuffisance d'un immeuble n'entraîne-t-il pas celui de ne la reconnaître qu'à certaines conditions, et, par exemple, à la charge par l'étranger de constituer une hypothèque sur son immeuble? — Telle est la solution donnée par M. Demante, dans son *Programme*, sur l'art. 16.

83. — Il semble certain d'ailleurs que si des immeubles, réputés d'abord suffisans, perdaient ce caractère en cours du procès, à raison, soit de ventes, soit d'hypothèques consenties par le possesseur, le défendeur rentrerait dans le droit d'exiger la caution. — Boncenne, t. 3, p. 196.

84. — Le simple usufruitier peut-il, comme possesseur d'immeubles, réclamer le bénéfice de la dispense de caution? — Que l'usufruit soit immeuble, cela n'est pas douteux; mais ce n'est pas seulement au fait de la possession d'immeubles que la loi attache cette dispense; elle veut encore que ces immeubles *soient suffisans* pour répondre des frais et dommages-intérêts; or, M. Proudhon (*Tr. de l'usufruit*, t. 1er, nº 19) soutient que le défendeur ne serait pas obligé de se contenter de la justification d'un droit d'usufruit immobilier dont la valeur, *toujours incertaine*, ne pourrait être pour lui d'un recours assuré; et il invoque, comme le décidant ainsi, la loi romaine qui, après avoir dit : « *Sciendum est possessores immobilium rerum satisdare non compelli...* ajoutait : *Eum verò qui tantùm usumfructum habet possessorem non esse Ulpianus scripsit.* — L. 15, § 1, ff., *Qui satisdare cogantur.* — V. aussi Merlin, *Rep.*, vº *Caution judic. solvi*, Zachariæ, t. 1er, p. 77, nº 4 (note 15e). — Toutefois il nous paraît difficile, en raison du pouvoir discrétionnaire dont les juges se trouvent investis dans l'appréciation de la suffisance de l'immeuble, de leur refuser celui de déclarer, eu égard à la modicité des frais, à l'importance annuelle des produits, et aux chances présumées d'existence de l'étranger, que l'usufruit présente une garantie suffisante dans les termes de la loi.

85. — A plus forte raison l'emphytéote et le nu-propriétaire devraient-ils être réputés *possesseurs d'immeubles* dans les termes de droit. C'est ce que décidait la loi romaine (*loc. cit.*). — V. aussi Merlin, *ibidem*.

86. — La loi, en accordant à la partie assignée comme défenderesse par un étranger le droit de réclamer *la caution judicatum solvi*, n'a pas dit si, pour jouir de ce bénéfice, le défendeur devrait ou non être Français, ou tout au moins jouir des droits civils, conformément à l'art. 13, C. civ. Cette question est assez controversée.

87. — Quelques auteurs anciens, se fondant sur un arrêt du parlement de Paris, rapporté par Bacquet (*Aubaine*, chap. 17, nº 2), ont enseigné que, dans l'ancienne jurisprudence, deux étrangers plaidant l'un contre l'autre, en France, devaient respectivement fournir la caution, ou, en d'autres termes, que le défendeur ne pouvait l'exiger de son adversaire qu'en offrant lui-même de la donner. — Pothier, *Tr. des personnes*, tit. 2e, sect. 2, nº 2; Argou, liv. 1er, ch. 11. — Boncenne (t. 3, p. 138) soutient que cet arrêt a été mal rapporté, ainsi que le constate le texte consigné dans le recueil d'Anne Robert (*Rerum judicatarum*, lib. 4, ch. 11), et qu'il résulte de ce texte que *le demandeur* fut, sur la

demande de *l'étranger défendeur*, soumis à la caution. — Telle paraissait être, au surplus, l'ancienne jurisprudence, fondée sur ce que les jugemens n'avaient pas de force exécutoire hors du territoire français, sur ce qu'il n'était pas plus juste de faire supporter à l'étranger les frais d'une défense légitime et nécessaire qu'au Français lui-même. — Raviot sur Périer, *Quest.* 202e, nº 4; Bacquet, *Aubaine*, ch. 17, nº 2; Denisart, vº *Caution judicatum solvi*, nºs 8 et suiv.

88. — Ces considérations ont été reproduites par divers commentateurs modernes, qui ont pensé qu'elles militaient encore avec force sous l'empire du Code civil et du Code de procédure, parce que, soit que les tribunaux français aient sur les étrangers une juridiction nécessaire, comme dans les matières réelles, soit que, par leur consentement dans les affaires personnelles, les étrangers en acceptent la compétence, dans tous les cas la dignité nationale veut que le jugement reçoive son exécution, et parce que l'art. 16 a été écrit moins pour l'intérêt privé du défendeur que pour assurer l'exécution contre l'étranger qui abuserait de la protection accordée par nos lois. — V. Coin-Delisle, nº 3; Bioche et Goujet, *Dict. de procéd. civ.*, vº *Judicatum solvi*, nº 20; Boitard, t. 2, p. 10 et 184; Lepage, p. 157; Maleville, *Analyse du Code civ.*, art. 16; Merlin, vº *Caution judicatum solvi*, § 1er, nº 7; Favard, vº *Exception*, § 1er; Carré, nº 702; Valette, sur Proudhon, t. 1er, p. 157; Zachariæ, t. 1er, p. 166; Chauveau sur Carré, nº 702; Boncenne, t. 3, p. 183; Thomine, t. 1er, p. 314.

89. — Et il a été jugé, en ce sens, par quelques arrêts, que l'étranger demandeur plaidant en France contre un autre étranger peut être soumis à la caution *judicatum solvi*. — *Paris*, 28 mars 1832, Oncale c. Haurie; 30 juill. 1834, duc de Cambridge c. duc de Brunswick; *Trib. de la Seine*, 19 juill. 1827 (*Gaz. des Tribun.*, 22 juill. 1827), Harrisson c. Mauby.

90. — Mais la cour de Paris elle-même est revenue sur cette jurisprudence, en jugeant que le droit d'invoquer l'exception de la caution *judicatum solvi* est *un privilége attaché à la nationalité*, et ne peut appartenir qu'aux Français. — *Paris*, 5 févr. 1840 (t. 1er 1840, p. 191), Peduzzi c. Andreani. — V. en ce sens Duranton, t. 1er, nº 166; Legat, *Code des étrangers*, p. 313 et suiv.

91. — Et la cour de Cassation, saisie pour la première fois, en 1842, de la question *in terminis*, l'a décidée dans le même sens par un arrêt de doctrine dont les considérans résument nettement les motifs de décider : — « Attendu, porte cet arrêt, que la caution *judicatum solvi* est un privilége de nationalité dont le bénéfice appartient exclusivement, soit aux Français, soit aux étrangers *admis à l'exercice des droits civils*; qu'il ressort de la discussion qui a précédé l'adoption de cette disposition légale et de son insertion dans le chapitre du Code intitulé : *De la jouissance des droits civils* (V. Fenet, t. 7, p. 12 et 124), qu'elle a eu pour unique objet de prémunir le justiciable français présumé, à raison des liens qui l'attachent au territoire, offrir des garanties personnelles et locales de solvabilité contre le préjudice éventuel résultant de l'absence de ces garanties de la part de l'étranger demandeur; que cette précaution de la loi en faveur de celle des deux parties exposée par l'action de sa partie adverse aux chances d'une lutte inégale, ne saurait être étendue au cas où deux étrangers, plaidant entre eux, se trouvent placés vis-à-vis l'un de l'autre dans des conditions toutes semblables; qu'appliquer à ce cas l'art 16, C. civ., ce serait, au lieu de compenser, comme l'a voulu cet article, l'inégalité des positions existant entre le défendeur et le demandeur, créer au profit du premier une inégalité qui n'existe pas, en lui attribuant une sûreté qu'il ne présente pas lui-même, etc... » — *Cass.*, 15 avril 1842 (t. 1er 1843, p. 700), Picola c. Cabrera. — V. sous cet arrêt le port de M. le conseiller Rocher et les conclusions de M. l'avocat-général Quesnault.

92. — Il avait, au reste, déjà été jugé par la cour d'Orléans que « l'étranger qui a demandé, *mais qui n'a pas obtenu*, l'autorisation d'établir son domicile en France, n'a pas le droit d'exiger de l'étranger la caution *judicatum solvi*. — *Orléans*, 26 juin 1828 (et non 1826), Linnet c. Welch.

93. — ... Et par la cour de Pau, que la disposition de l'art. 16, C. civ., qui autorise à exiger la caution *judicatum solvi* de l'étranger demandeur rentre dans la classe des droits civils, et que dès-lors cette disposition ne peut être invoquée que par le Français ou l'étranger admis par le roi à établir son domicile en France; il ne suffirait pas que l'étranger défendeur résidât en France depuis longues années et y eût formé un établissement. — *Pau*, 3 déc. 1836 (t. 1er 1837, p. 569), Etchalas c. Giovanelli.

§ 3. — *Que doit garantir la caution? — Quand et comment doit-elle être demandée? — Du jugement qui ordonne que la caution sera fournie.*

94. — L'art. 167, C. procéd., dispose que « le jugement qui ordonnera la caution fixera la somme jusqu'à concurrence de laquelle elle sera fournie. » Mais quels doivent être les élémens de cette fixation?

95. — La différence de rédaction qui existe entre l'art. 166, C. procéd. civ., et l'art. 16, C. civ., a fait naître une difficulté sur le point de savoir ce que doit garantir la caution *judicatum solvi*. — En effet, tandis que l'art. 16 porte que « la caution sera donnée pour le paiement des frais et dommages *résultant du procès* »; l'art. 166 dispose qu'elle garantira « les frais *et dommages-intérêts auxquels l'étranger sera condamné*. » Or, cette seconde rédaction est, comme on le voit, plus large que la première; toutefois, les auteurs sont généralement tombés d'accord que le Code de procédure civile n'a nullement entendu déroger au Code civil, et qu'ainsi la caution ne peut être demandée ni ordonnée que pour les frais et dommages-intérêts résultant du procès lui-même, et non pour les dommages qui, résultant d'un préjudice antérieur à l'instance, constitueraient, non pas un accessoire de cette instance, mais une demande principale. En effet, ainsi que le dit M. Duranton (t. 1er, n° 160, note 1re), si la demande principale est mal fondée, l'étranger n'aura rien à recevoir, et si elle est bien fondée, c'est le Français défendeur qui en devra payer le montant. Et d'ailleurs, comme le font observer avec raison les auteurs de l'*Encyclop. du droit* (v° *Caution judicatum solvi*, n° 40), si le Français demandait réconventionnellement des dommages-intérêts pour préjudice antérieur à l'instance, l'étranger serait, dans ce cas, simplement défendeur; or, la caution n'est due que par le demandeur. » — V. en ce sens Pigeau, liv. 2, tit. 1er, ch. 1er, sect. 3e, § 1er, art. 1er; Delvincourt, note 8e sur la p. 16; Carré, n° 697; Coin-Delisle, *loc. cit.*, n° 17; Boncenne, t. 3, p. 189.

96. — Les dommages résultant du procès sont ceux que le défendeur pourrait éprouver, par suite de l'action intentée contre lui, pour la réparation du temps perdu, pour la souffrance que ses affaires en auraient ressentie, le tort qu'une assignation injuste ou injurieuse aurait pu causer à son crédit ou à sa réputation, ou tout autre préjudice illicite et appréciable en argent.

97. — Les frais pour lesquels le demandeur doit la caution sont ceux que le défendeur est obligé de faire pour sa propre défense, et qu'il serait tenu de payer à son avoué dans le cas où son recours contre le demandeur serait infructueux; quant à ceux qui sont faits pour la demande, comme le demandeur en est personnellement débiteur envers l'avoué, qui est son mandataire et qui a action contre lui, il est évident qu'ils ne doivent pas être garantis par la caution. L'art. 166 n'a entendu parler que des frais et dommages-intérêts dus au défendeur injustement actionné.

98. — Il est certain d'ailleurs que, la loi n'autorisant la caution que pour les frais et dommages-intérêts dont parle la loi, on ne saurait comprendre le principal de la demande dans l'appréciation du cautionnement dû par un étranger intervenant pour contester une saisie-arrêt. — *Colmar*, 3 fév. 1821, Banger c. Kolb.

99. — Mais la caution doit être déterminée eu égard aux droits d'enregistrement auxquels le jugement à intervenir peut donner lieu, ces droits étant compris dans les dépens. — *Douai*, 12 fév. 1841 (t. 2 1845, p. 544), Guislain. — V. à cet égard FRAIS ET DÉPENS.

100. — Selon M. Coin-Delisle (n° 18), dont l'opinion paraît devoir être suivie, la loi, par les mots *frais résultant du procès*, a entendu parler des frais de première instance et de ceux d'appel. Aussi pense-t-il que le jugement qui ordonne la caution et qui fixe la somme jusqu'à concurrence de laquelle elle sera engagée, doit comprendre dans son appréciation l'ensemble de tous ces frais (V. *infrà* nos 133 et suiv.); il invoque Bacquet, ch. 17, n° 9, et le Nouv. Denisart, v° *Caution judicatum solvi*, § 2, n° 6. — Mais tel n'est pas l'avis de Boncenne (t. 3, p. 191), sauf au défendeur, si l'affaire est portée en appel, à requérir la caution pour les frais que pourra entraîner cette nouvelle phase de l'instance. — V. au surplus *infrà* (n° 136), en ce qui touche le droit de demander une caution supplémentaire.

101. — Il ne faut pas d'ailleurs confondre avec la caution *judicatum solvi* celle que les étrangers sont obligés de fournir quand ils ont obtenu des adjudications à leur profit dans les matières administratives contentieuses, pour lesquelles il y a recours au conseil d'état. — Dans ce cas, aux termes d'un décret du 7 fév. 1809, les jugemens rendus à leur profit ne peuvent être exécutés pendant le délai accordé pour le recours (lequel, en thèse ordinaire, n'est pas suspensif, à moins qu'il n'en soit autrement ordonné. — Décr. 22 juill. 1806, art. 3), qu'autant que l'étranger aura préalablement fourni en France une caution bonne et solvable. — C'est là, ainsi que le font remarquer MM. Carré (n° 699) et Coin-Delisle (n° 21), une caution semblable à celle que les juges doivent ou peuvent ordonner dans les cas où le jugement peut être exécuté provisoirement d'après l'art. 135, et qui dès-lors a pour objet d'assurer, non seulement les frais et dommages-intérêts, mais aussi le remboursement, en cas de réformation par le conseil d'état, des condamnations que l'étranger mettrait à exécution.

102. — On doit remarquer au surplus que c'est là une disposition spéciale au recours devant le conseil d'état, et qui ne saurait être étendue. — On ne pourrait donc exiger d'un étranger qui aurait obtenu un jugement frappé d'un pourvoi en cassation qu'avant de l'exécuter il donnât caution, le pourvoi n'étant pas suspensif. — *Cass.*, 4 prair. an VII, Finetti c. Giordani.

103. — La doctrine qui restreint au cas spécial qu'il a prévu les effets du décret du 7 fév. 1809 est consacrée par un arrêt de *Paris*, 22 nov. 1831, Leblanc de Gerigny c. Loyson.

104. — L'exception de la caution *judicatum solvi* n'est établie que dans l'intérêt privé du défendeur; aussi les juges ne peuvent-ils la suppléer d'office si celui-ci garde le silence (Carré et Chauveau, n° 703; Coin-Delisle, n° 11; Boitard, t. 2, p. 9). Le défendeur est donc libre d'y renoncer, et il est censé le faire s'il n'use pas de son droit à un certain moment de la procédure.

105. — Mais à quelle phase de l'instance l'exception, pour être recevable, doit-elle être opposée? — L'art. 166, C. procéd., dit, il est vrai, qu'elle doit être opposée *avant toute exception*. Toutefois, la question n'en est pas moins difficile à résoudre.

106. — En effet, si d'un côté l'art. 166, C. procéd. veut que l'exception *judicatum solvi* soit proposée *avant toute exception*, de l'autre la même disposition est reproduite par l'art. 169 pour l'exception d'*incompétence*. — En sorte qu'à ne s'attacher qu'au texte de la loi, chacune de ces deux exceptions devrait être opposée *avant l'autre*. Il semble donc qu'il y ait là une contradiction flagrante.

107. — En outre l'art. 173, même Code, vient encore compliquer la question lorsqu'il dispose que toute nullité d'exploit doit être proposée avant toute défense ou exception *autre* que les exceptions d'incompétence; d'où il semblerait résulter que l'exception de nullité d'exploit doit précéder celle de caution.

108. — Toutefois, il ne semble pas qu'on doive attacher une très grande importance à l'art. 173, ni le séparer de l'art. 169, auquel il se relie nécessairement. — Aussi, ne sommes-nous pas disposés à adopter l'avis de M. Duranton (t. 1er n° 166), qui paraît placer l'exception *judicatum solvi entre les deux autres*, c'est-à-dire après l'exception d'incompétence, mais avant celle de nullité d'exploit. Rien dans la loi ne justifie ce système. — Et toute la difficulté nous semble au contraire reposer sur le point de savoir à laquelle des deux exceptions *de caution* ou d'*incompétence* il faut donner la priorité.

109. — Mais la question, ainsi réduite, n'en est pas plus simple, car on ne peut se dissimuler qu'il existe des motifs à peu près aussi puissans pour faire donner la priorité à l'une ou à l'autre de ces exceptions. En effet, d'un côté, exiger que l'exception de la caution soit présentée la première, c'est mettre un tribunal, incompétent peut-être, dans la nécessité de faire, jusqu'à un certain point, acte de compétence, puisqu'il ne pourra fixer (conformément à l'art. 167) la somme jusqu'à concurrence de laquelle sera fournie la caution qu'en entrant dans le fond du procès. — D'autre part, si l'exception d'incompétence doit être proposée la première, n'est-ce pas mettre le Français défendeur en péril de perdre les frais faits sur cette demande? — Aussi les opinions sont-elles fort divergentes.

110. — D'une part, MM. Pigeau (t. 1er, p. 222), Delvincourt (t. 1er, p. 298), Berriat (p. 228), donnent la priorité au déclinatoire, considérant ainsi les art. 169 et 173 comme dérogatoires à l'art. 166.

111. — Au contraire, M. Boncenne (t. 3, p. 201) pense que l'exception de caution doit être proposée avant toutes autres. Tel est aussi l'avis de MM. Coin-Delisle, n° 11; Commaille, t. 1er, p. 212; *Bibl. du Barreau*, t. 3, p. 283; Poncel, *Tr. des actions*, n° 172; Boitard, *Leçons de procéd.*, t. 1er, n° 565, 2e édit.; Legat, *C. des étrangers*, p. 311. — En ce sens, *Trib. de la Seine*, 30 nov. 1841 (V. le *Droit* du 9 déc.).

112. — Quant à M. Carré (art. 166, n° 704), il enseigne que, les art. 166 et 169 plaçant sur la même ligne les deux exceptions, on ne peut déclarer le défendeur non recevable pour avoir commencé par l'une plutôt que par l'autre. Il y a lieu, suivant lui, de s'attacher à ce principe général d'interprétation qui veut que toutes les fois qu'il y a contrariété entre deux dispositions législatives on les interprète de manière à ce que chacune d'elles ait son effet. Toutefois M. Carré conseille de présenter simultanément, et par un seul acte, toutes les exceptions à chacune desquelles la loi semble accorder, par ses termes, la priorité sur l'autre. — V. aussi en ce sens Chauveau sur Carré, n° 704; Bioche et Goujet, v° *Exception*, n° 138; Lepage, *Quest. sur le C. procéd.*, p. 157; Favard de Langlade, v° *Exception*, § 2.

113. — Jugé dans ce dernier sens que l'exception de caution *judicatum solvi* peut être opposée après l'exception d'incompétence, de même qu'elle pourrait l'être avant; aucune priorité n'existant entre ces deux exceptions. — *Bourges*, 20 juill. 1838 (t. 2 1838, p. 521), Augu c. Demar.

114. — Pour nous, nous pensons, conformément à l'opinion de MM. Boncenne et Coin-Delisle, que la caution *judicatum solvi* doit être demandée *avant toute autre exception*, même avant celle d'incompétence. Tels sont, en effet, les termes de l'art. 166, C. procéd. Les articles 169 et 173 se servent, il est vrai, de termes semblables; mais il faut remarquer que l'ordre des matières dans le Code de procédure est conforme à la marche régulière de l'instance; or, l'exception *judicatum solvi* est placée par la loi elle-même avant les deux autres, puisque l'art. 166 est le premier dans l'ordre des paragraphes. « Il n'est pas supposable, dit Boncenne, que le législateur ait eu la frivole intention de cisailler son plan à mesure qu'il travaillait à le tracer, et de mettre en flagrant conflit les articles de son code. » — En outre, si l'on se reporte à la discussion qui a précédé le Code de procéd. (Locré, *Espr. C. procéd.*, t. 1er, p. 350), on voit que le tribunat avait demandé que l'art. 166 fût ainsi conçu : « Tout étranger... avant toute exception, *autre que celle de renvoi ou de nullité.* » Or les mots *avant toute exception*, qui ne se trouvaient pas dans le projet, furent seuls ajoutés lors de la rédaction définitive; le reste fut rejeté. Il demeura donc bien entendu que la caution serait requise, non après, mais avant les exceptions d'incompétence et de nullité. — Enfin M. Boncenne (*loc. cit.*) donne la véritable et la plus simple raison de décider lorsqu'il dit que la *caution judicatum solvi* est tout à-fait à part et en dehors des autres exceptions, qu'elle laisse entiers tous les droits, tous les moyens, toutes les prétentions du procès; que ce n'est qu'une sûreté relativement aux frais, et que dès-lors il *faut la requérir aussitôt qu'il y a des frais à faire.* — V. aussi Boitard, t. 2, p. 26.

115. — Nous considérons donc comme consacrant une saine doctrine l'arrêt qui juge que la demande de la caution *judicatum solvi* doit être formée avant toute autre exception, notamment avant la demande en nullité d'un exploit pour vice de forme. — *Metz*, 26 avr. 1820, Varsberg c. Schoumacker.

116. — Jugé, également avec raison, que le défendeur à une action correctionnelle intentée à un étranger ne renonce pas, par cela seul qu'il oppose l'exception *judicatum solvi*, à proposer toute autre exception, notamment celle tirée de ce que le demandeur n'aurait pas capacité pour agir en justice. — *Bordeaux*, 15 juill. 1841 (t. 1er 1842, p. 427), Lajarrige c. Blanco et Guillem.

117. — Il a été jugé que la partie qui, assignée en justice en reddition de compte par un étranger, lui a présenté ce compte, est encore recevable ensuite, sur les contestations élevées par l'étranger relativement au même compte, à demander contre lui la caution *judicatum solvi*. — *C. supér. Bruxelles*, 21 fév. 1828, D. c. V. — Cet arrêt est critiqué par M. Chauveau sur Carré (n° 708), qui refuse de voir, dans ce cas, une exception proposée *in limine litis*.

118. — Le Français qui, après avoir opposé à l'étranger qui l'assigne devant les tribunaux français l'exception préjudicielle de la caution *judicatum solvi*, conteste long-temps au fond les causes de la créance, ne peut proposer, comme moyen de cassation, qu'il n'a pas été statué sur l'exception. — *Cass.*, 28 déc. 1831, Trimaille c. Durand.

119. — La caution qui n'aurait pas été demandée en première instance pourrait-elle être demandée pour la première fois en appel? — La négative est certaine en ce qui concerne les frais de première instance. Ainsi on doit tenir pour constant que celui qui n'aurait pas demandé la caution devant les premiers juges ne pourrait se faire garantir ré-

trospectivement par le tribunal d'appel les frais faits devant le tribunal du premier degré. — *Bordeaux*, 27 fév. 1843, cité *infra* n° 124.

120. — ... À moins, disent MM. Bioche et Goujet (v° *Judicatum solvi*, n° 26), que le défendeur n'ait été condamné par défaut en première instance; dans ce cas, suivant ces auteurs, il peut demander la caution même des frais faits devant les premiers juges, car, disent-ils, elle est réellement demandée avant toute exception.

121. — Mais que faut-il décider à l'égard des frais d'appel? — C'est sur ce point qu'existe une grande divergence dans la jurisprudence et dans la doctrine.

122. — D'une part, MM. Coin-Delisle (n° 12), Merlin (*Rép.*, v° *Caution*, § 1er) et Carré (*Lois de la procéd.*, t. 1er, p. 131) pensent que le Français, en contestant au fond, en première instance, a perdu le droit de demander la caution *judicatum solvi* en appel. — V. en ce sens *Toulouse*, 27 déc. 1819, Delon c. Ferrer; 16 août 1831, Bousquet c. Sanche; *Bruxelles*, 12 juin 1826, d'Aubreby; 13 nov. 1826, N...; 20 avr. 1833, N... c. Delbove; *Douai*, 15 avr. 1833, Mark c. Marylay.

123. — Jugé en sens contraire que la caution *judicatum solvi* peut être exigée en cause d'appel, même lorsqu'elle n'a pas été requise en première instance. — *Liége*, 29 nov. 1828, N.; *Paris*, 14 mai 1831, Macmahon c. Demoutry; 19 mars 1838 (t. 1er 1838, p. 554), Leboulanger c. Stratton; 22 juill. 1840 (t. 2 1840, p. 139), Civrac c. Moser; — Boncenne, t. 2, p. 491.

124. — Jugé encore dans ce dernier sens que si la caution *judicatum solvi* ne peut être demandée en cause d'appel contre un étranger pour les frais de première instance, elle peut l'être pour les frais et dommages-intérêts qui pourront résulter de l'instance d'appel, bien qu'elle n'ait pas été requise devant les premiers juges. — *Bordeaux*, 27 fév. 1843 (t. 2 1845, p. 520), Poel c. Rubichon.

125. — Entre ces deux opinions, la première nous semble préférable. — Il faut, en effet, reconnaître que l'appel n'est qu'un second degré de juridiction, une suite, une continuation de l'instance, et non pas une instance nouvelle. L'instance est donc introduite et irrévocablement liée au fond depuis le premier degré de juridiction. D'où cette conséquence que l'exception de la caution, devant être présentée *in limine litis*, n'est pas recevable pour la première fois à la nouvelle phase de l'instance qui commence par l'appel. En outre les art. 464 et 465 présentent un argument d'une grande force lorsqu'ils interdisent de former en cause d'appel des demandes ou des *exceptions* nouvelles (art. 465), sauf celles qui constitueraient des moyens de *défense d'action principale* (art. 464, alin. 1er); or, l'exception de caution n'étant pas une défense à *l'action principale*, elle ne doit pas pouvoir être proposée en appel.

126. — L'exception de la caution *judicatum solvi* est opposée par acte d'avoué à avoué, sous la forme de requête. Cette requête ne peut excéder deux rôles. Le défendeur répond dans la même forme. — Tarif, art. 75, § 3.

127. — Il a été jugé que le jugement qui ordonne la caution *judicatum solvi* est *simplement préparatoire* et ne peut prononcer de condamnation définitive aux dépens. — *Colmar*, 3 fév. 1821, Bunger c. Kolb.

128. — Toutefois, et malgré la qualification de *préparatoire* donnée à un pareil jugement par l'arrêt qui précède, il semble qu'on devrait, suivant les règles de droit, le considérer comme susceptible d'appel.

129. — L'appel en serait incontestablement recevable, si le litige avait porté moins sur le chiffre de la caution que sur le point de savoir si la caution elle-même était due à raison de la nationalité du demandeur.

130. — En tous cas, jugé que l'étranger condamné à fournir caution peut appeler incidemment, même après avoir consigné la somme fixée, pour s'en faire décharger, si le Français appelle pour faire élever le chiffre de la caution. — *Metz*, 26 mars 1821, Guyaux c. Gros; — Bioche et Goujet, *Dict. de procéd.*, v° *Appel*, n° 418, édit. 2e.

131. — L'exception tendant à faire condamner l'étranger demandeur originaire à fournir la caution *judicatum solvi* peut être valablement jugée après l'expiration des délais de réassignation après un jugement de défaut profit joint, si l'étranger demandeur originaire auquel l'exception est opposée n'a pas demandé de sursis. — *Paris*, 30 juill. 1834, Duc de Cambridge c. duc Charles de Brunswick.

132. — La caution ordonnée par le tribunal ne saurait être tenue d'une manière indéfinie, ainsi qu'il le résulte de l'art. 167, C. procéd., suivant lequel « le jugement qui ordonnera la caution fixera

la somme jusqu'à concurrence de laquelle elle sera fournie. »

133. — Mais, dans les limites de la somme fixée par les juges, la caution est tenue de tous les frais des incidens de procédure, soit de première instance, soit d'appel. — Coin Delisle, n° 20.

134. — Mais non, ajoute le même auteur *loc. cit.*), des frais de requête civile ou de cassation, car ce sont des voies extraordinaires auxquelles la caution n'a pas dû s'attendre.

135. — De même la caution, étant donnée *au défendeur*, n'est pas engagée envers le fisc pour les amendes que l'étranger demandeur encourrait pendant le cours du procès. — Bacquet, *Tr. dr. aubaine*, ch. 17, n° 9; Rousseau de la Combe, v° *Aubain*, sect. 2, n° 2; Delvincourt, note 8 sur la p. 16; Coin Delisle, n° 20.

136. — L'estimation du cautionnement ne demeure pas toujours définitivement arrêtée; en effet, rien ne s'oppose à ce que, suivant les circonstances, et s'il survient des incidens inattendus, le tribunal ordonne qu'un supplément sera fourni. — Il ne serait pas même, dit M. Boncenné (t. 3, p. 491), dans l'intérêt de l'étranger qu'il en fût autrement; car alors les juges, n'y pouvant plus revenir, se verraient de prime-abord forcés à élever la somme pour laquelle une caution devra être fournie bien au-dessus de ce qui pourrait être nécessaire. » — V. en ce sens Favard, t. 2, p. 457; Carré, *Lois de la procéd.*, n° 708. — *Contra* Coin-Delisle, *Comment. analyt.*, *Droits civils*, p. 48 et 49; Boitard, t. 3, p. 43; Chauveau sur Carré, n° 708 (à moins, suivant ce dernier auteur, que le premier jugement ne confint réserve d'élever la caution, ou bien encore que, par suite d'un contrat judiciaire, le demandeur et le défendeur ne fussent convenus de la somme qui devrait être consignée ou acquittement de laquelle une caution devrait s'obliger. »

137. — Il a été jugé, dans le premier sens, que la somme fixée d'abord par le juge pour la caution *judicatum solvi* peut être augmentée, si par suite des devoirs ordonnés pour l'instruction de la cause à première se trouve entièrement épuisée. — *Metz*, 13 mars 1821, Rouff c. Walster; *Bruxelles*, 20 avr. 1833 (dans ses motifs), Delbove.

138. — Il résulte également d'un arrêt de la cour de Cassation que la fixation peut n'être que provisoire. — *Cass.*, 12 niv. an XII, Boutiny c. Benjamin.

139. — Jugé aussi par le même arrêt que, lorsqu'un premier jugement a condamné un étranger demandeur à fournir caution sans spécifier comment et jusqu'à quelle somme cette caution serait fournie, le second jugement qui déclare valable la caution consistant dans la consignation d'une somme déterminée ne viole pas la chose jugée.

140. — Le tribunal doit fixer le délai pendant lequel la caution sera fournie. — *Bordeaux*, 23 juin 1828, Paicheu c. Bellgarde; — Favard, t. 2, p. 457; Bonccenne, t. 3, p. 188; Boitard, t. 2, p. 42; *Praticien français*, t. 2, p. 42; Carré sur Chauveau, n° 706. — Mais le fait, par l'étranger, de ne pas avoir fourni la caution dans le délai fixé, n'entraîne pas *déchéance* de son action; seulement audience doit lui être refusée jusqu'à ce qu'il ait satisfait au jugement. — *Cass.*, 12 niv. an XII, Boutiny c. Benjamin.

141. — On lit néanmoins dans l'arrêt de Bordeaux du 27 fév. 1843, cité au n° 124, que la cour, après avoir fixé le délai dans lequel l'appelant serait tenu de fournir la caution *judicatum solvi* ajoute : « *Sinon, et ledit délai passé, déclare ledit.... non-recevable dans son appel.* »

142. — Resterait le point de savoir si, dans le cas où l'étranger n'aurait pas fourni la caution dans le délai de trois ans, à partir du jugement qui l'aurait ordonnée, son action serait périmée. — V. *Péremption d'instance*.

143. — La caution fournie par suite de l'exception *judicatum solvi* est tenue dans les mêmes termes et soumise aux mêmes obligations que la caution ordinaire. — V. à cet égard CAUTIONNEMENT.

144. — Comme elle n'est due que par *l'étranger*, il en résulte que si, pendant l'instance, celui qui y avait été soumis obtenait des lettres de naturalisation ou la jouissance des droits civils, la caution serait déchargée pour l'avenir, mais elle ne le serait pas pour le passé. — Nouveau Denizart, *ib.*, n° 6.

§ 4. — *Comment la caution doit être fournie.*

145. — En principe la caution fournie par l'étranger doit consister dans une personne qui s'oblige, conformément aux règles tracées v° CAUTIONNEMENT, au paiement de la somme arbitrée par le juge.

146. — Toutefois l'art. 167 autorise le défendeur à remplacer le cautionnement en personne par une garantie *in re*, et il dispose que s'il consigne ladite somme, il sera dispensé de fournir caution.

CAUTIONNEMENT.

147. — Il en était de même avant le Code civ., l'étranger condamné à fournir la caution *judicatum solvi* pouvait, au lieu de présenter un *fidéjusseur*, consigner une somme d'argent. — *Cass.*, 12 niv. an XII, Boutiny c. Benjamin.

148. — Du principe posé dans l'art. 167 il résulte que l'ordonnance de fournir la caution *judicatum solvi* peut être exécutée par la présentation d'une caution pour moitié réelle et pour moitié personnelle. — *Bruxelles*, 16 avr. 1834, Delamme.

149. — Il est évident que la consignation ainsi faite par l'étranger emportera attribution au profit du défendeur français sur la demande de qui la caution aura été ordonnée.

150. — L'obligation de fidéjusseur pourrait encore, d'après le principe énoncé dans l'art. 2041, être remplacée par un gage suffisant. — C. civ., art. 2041; — Carré, n° 707 (note); Favard, v° *Exception*, § 1er, n° 7. — Et les auteurs de l'*Encyclop. du droit* (n° 44) pensent qu'on doit considérer comme équivalant à caution ou consignation le fait que le défendeur se trouverait avoir en main une somme suffisante dont il serait débiteur envers le demandeur étranger. Pourvu toutefois qu'il n'y ait pas de contestation sur l'existence de la dette. — V. aussi *Parlem de Flandres*, 12 janv. 1784, rapporté par Merlin, *Rép.*, v° *Caution judicatum solvi*; — Carré et Chauveau, n° 707, t. 1er, p. 435; Favard, *Rép.*, v° *Exception*, § 1er; Thomine, t. 1er, p. 317.

151. — Mais une créance future ou incertaine ne pourrait servir de caution réelle. — Ainsi il a été jugé que la délégation que fait le plaideur étranger des gages à échoir qui lui seront dus par un Français au service duquel il se trouve attaché n'est pas admissible à titre de cautionnement. — *Metz*, 13 mars 1821, Roust c. Walster; — Chauveau sur Carré, n° 707.

152. — Lorsque l'étranger demandeur a fourni en argent le cautionnement *judicatum solvi*, le défendeur qui succombe n'est pas assujéti à lui payer les intérêts de ce cautionnement. — *Pau*, 9 fév. 1834, sous *Cass.*, 21 août 1832, Rancés c. syndics d'Ossuna.

V. BREVET D'INVENTION, CAUTIONNEMENT, ÉTRANGER, EXCEPTION, PÉREMPTION D'INSTANCE.

CAUTION JURATOIRE.

C'est celle qui consiste dans le serment que fait un individu en justice, d'exécuter ce qui lui est ordonné par la loi ou par un jugement, comme de représenter tels meubles et papiers, d'administrer fidèlement. — V. SERMENT.

CAUTIONNEMENT.

Table alphabétique.

CAUTIONNEMENT. — 1. — Le cautionnement est l'engagement ou contrat par lequel une personne s'oblige envers le créancier à acquitter la dette d'un tiers, dans le cas où celui-ci ne l'acquitterait pas lui-même. — On appelle *caution* la personne qui contracte une telle obligation.

2. — Lorsque la caution est elle-même cautionnée par une autre, celle-ci s'appelle CERTIFICATEUR DE CAUTION. — V. ce mot.

5. — Pris dans son acception la plus large, le mot *cautionnement* est synonyme de *garantie*, *sûreté*; ainsi l'on appelle cautionnement le versement, par certains fonctionnaires publics ou officiers ministériels, dans les caisses de l'état, d'une somme déterminée qui doit servir de gage au gouvernement, et qui le garantit, lui ou les tiers, contre les fautes ou les infidélités de ces fonctionnaires, officiers ou agens. — V. CAUTIONNEMENT, COMPTABLES, FONCTIONNAIRE PUBLIC, OFFICIERS MINISTÉRIELS, etc.

4. — Il ne sera question dans cet article que du cautionnement considéré comme contrat et pris dans son acception la plus restreinte. Quant au cautionnement considéré *lato sensu*, les principes qui régissent la matière seront exposés dans un article à part.

5. — Dans l'ancien droit français il n'existait presque aucun texte sur la matière du cautionnement; les ordonnances et les coutumes étaient

muettes à cet égard; à leur défaut, c'était au droit romain qu'on avait recours.

6. — Les auteurs du Code civil ont aussi puisé à cette source féconde, mais ils se sont surtout inspirés des traités de Pothier; c'est donc dans les œuvres de ce grand jurisconsulte qu'il faut aller chercher la pensée du législateur; il s'est rarement écarté des opinions qui s'y trouvent enseignées.

7. — Chez les Romains on distinguait les personnes obligées pour la dette d'un tiers en : 1° *mandatores* ; — 2° *pecuniæ constitutæ rei* ; — 3° *expromissores* ; — 4° *fidejussores*. L'engagement pris par ces derniers constituait notre contrat de cautionnement. — Vinnius, *De fidejuss.*, n° 1er ; Voët, *Ad Pand.*, *De fidejuss.*, n° 1er ; Pothier, *Oblig.*, n° 368. — De là le mot de *fidejusseur* est resté dans la langue du droit comme synonyme de *caution*. — Merlin, *Rép.*, v° *Caution, in princip.*

8. — Le cautionnement n'est qu'un accessoire de l'obligation principale, dont il peut exister sans lui ; mais il ne peut exister sans elle.

9. — Le cautionnement est conventionnel, légal ou judiciaire. — Nous allons traiter de chacun d'eux sous les sections suivantes.

—

Sect. 1re. — *Nature, étendue et formes du cautionnement.*

§ 1er. — *Nature du cautionnement.*

10. — Le cautionnement conventionnel est celui qui ne résulte que de la convention des parties. C'est de celui-là qu'on entend ordinairement parler par le simple mot de *cautionnement*.

11. — Ce contrat est d'un usage très fréquent dans la société. Les autres obligations conventionnelles ont souvent besoin de son intervention ; il le facilite et le multiplie en assurant leur exécution. La garantie qu'il procure établit la confiance, qui est la base de toutes les transactions civiles. La sécurité qu'il inspire appelle la circulation des capitaux et les progrès de l'industrie. Le contrat de cautionnement présente donc un grand intérêt par l'appui qu'il donne aux autres conventions, et par son caractère de bienfaisance. — Locré, *Exposé des motifs*, t. 15, p. 337, n° 2.

12. — L'utilité du cautionnement dans les transactions civiles existe sous un double rapport, comme l'explique très bien Domat, *Lois civiles*, liv. 3, tit. 4.

13. — « L'usage des cautions, dit cet auteur, renferme deux sortes de sûreté : l'une qui regarde le paiement d'une somme ou l'exécution de quelque autre engagement, pour assurer celui envers qui la caution s'oblige que ce qui lui est promis par le principal débiteur sera exécuté ; — l'autre sorte de sûreté regarde la *validité* de l'obligation dans le cas où elle pourrait être annulée, comme si le principal débiteur était un mineur, quoique solvable ; l'engagement de la caution serait non seulement de payer la dette si l'obligation n'était pas annulée, mais de faire valoir l'obligation, en cas que le mineur s'en fît relever, et de payer pour lui. »

14. — Le premier caractère qui frappe dans le cautionnement, c'est que c'est un contrat accessoire par sa nature, puisqu'il n'a d'autre but que de garantir l'exécution d'une obligation à laquelle il se rattache.

15. — Quoique le contrat de cautionnement soit un contrat accessoire, il crée une obligation nouvelle, et il la crée entre d'autres personnes que celles qui ont consenti l'obligation principale. Aussi le concours de ces personnes n'est-il pas nécessaire pour la validité de l'obligation de cautionnement. — Ponsot, *Tr. du cautionnement*, liv. 1er, chap. 1er, sect. 2e, n° 64.

16. — Le cautionnement est un contrat *unilatéral* ; il est valable, par conséquent, alors même qu'il n'a pas été formellement accepté par le créancier. La caution ne pourrait donc se prévaloir d'un défaut d'acceptation expresse pour se soustraire à l'exécution de son engagement.

17. — Jugé, en ce sens, qu'il n'est pas exigé, à peine de nullité, que le cautionnement soit accepté par le créancier. En tout cas, l'acceptation résulterait de l'assignation en paiement donnée par le créancier à la caution — *Grenoble*, 10 juin 1825, Bajat c. Barthellon. — Toutefois, il y a exception quand le cautionnement est légal ou judiciaire ; il a besoin d'être accepté par le créancier.

18. — Le cautionnement constitue-t-il un contrat à titre gratuit ou à titre onéreux ? — Il faut distinguer. — Entre le créancier et la caution le cautionnement est un contrat à titre onéreux ; mais entre le débiteur et la caution il n'est ordinairement qu'un contrat de bienfaisance. — Pothier, *Oblig.*, n° 366. — Cependant, entre le débiteur et la caution, le contrat peut être à titre onéreux, par exemple, si la caution stipule que dédommagement pour le risque auquel elle se soumet. C'est ce qui a lieu à l'égard des cautionnemens fournis au gouvernement dans des entreprises de fournitures, etc. — Voët, *Ad Pandect.*, *De fidejuss.*, n° 32 ; Delvincourt, *Cours de C. civ.*, t. 3, p. 251 ; Duranton, *Dr. franç.*, t. 18, n° 300.

19. — Le cautionnement produit une obligation personnelle ; conséquemment il ne faut pas le confondre avec le contrat par lequel un individu, sans s'engager personnellement, affecte ses meubles ou ses immeubles à l'exécution des engagemens pris par un tiers. En pareil cas, il y a nantissement, antichrèse ou affectation hypothécaire, mais non pas cautionnement. Dès-lors les principes relatifs au cautionnement ne sont pas applicables ; au lieu d'un engagement personnel, c'est là un contrat purement réel, qui ne confère de droit que sur la chose qui en est l'objet. Ainsi, à la différence du cautionnement, dont l'obligation personnelle passe aux héritiers de la caution, l'obligation purement réelle ne passe qu'au détenteur des meubles ou immeubles affectés. — Pothier, *Oblig.*, n° 388 ; Duranton, *Dr. fr.*, t. 18, n° 296 ; Ponsot, *Tr. du cautionnement*, p. 24, sect. 2e, n°s 17 § 3, n°s 27 et suiv.

20. — Ainsi jugé qu'on ne saurait considérer comme cautionnement la convention par laquelle un individu consent une affectation hypothécaire pour sûreté de la créance d'un tiers, et sans s'obliger lui-même au paiement. En conséquence, il ne peut être déchargé de son obligation et obtenir main-levée de l'inscription prise contre lui, parce que le créancier se serait mis dans l'impossibilité de le subroger à ses droits et hypothèques. — *Cass.*, 25 nov. 1812, Trésor public c. Morin ; 10 août 1814, mêmes parties.

21. — Ainsi encore, lorsqu'un individu a donné une hypothèque spéciale sur ses biens, pour sûreté de la dette d'un tiers, il ne peut opposer au créancier l'exception de discussion accordée à sa caution par l'art. 2021, C. civ. — Il ne peut pas non plus, comme tiers détenteur de l'immeuble hypothéqué, invoquer le bénéfice de discussion, lequel n'est donné que par la loi contre le créancier qui a une hypothèque générale. — *Bruxelles*, 30 avr. 1816, Vanlathem c. Durquet ; — Ponsot, *Tr. du Cautionnement*, ch. 1er, § 6, n° 46, p. 25.

22. — La promesse d'acquitter la dette d'un tiers, dans laquelle on n'est pas intéressé, par exemple, de réparer le tort que cause à un mineur le défaut d'inscription hypothécaire, prise par son tuteur, ne forme point un lien de droit entre celui qui l'a faite et celui qui l'a reçue, lorsqu'elle n'a eu pour cause aucune obligation préexistante, soit civile, soit naturelle. — Dans ce cas, la promesse de payer est simplement une libéralité qui ne serait valable qu'autant qu'elle aurait été revêtue des formes d'une donation. — *Bourges*, 6 mai 1829, Chappu c. Sallé.

23. — Lorsqu'une personne engagée à une chose stipule d'une autre personne l'obligation d'en donner ou d'en faire une autre, il y a là non pas un cautionnement, c'est-à-dire un contrat accessoire du premier, mais une obligation principale et subsistant par elle-même. — Delvincourt, *Cours de C. civ.*, t. 3, p. 255 ; Duranton, *Dr. français*, t. 18, n° 315.

24. — Ainsi une obligation où il y a expromission et engagement principal est valable, et ne constitue pas un simple cautionnement, quoique cette obligation ne résulte que de la déclaration du créancier dont on a reconnu le fondement et la véracité. — *Besançon*, 15 frim. an XIV, Joly c. Forestier et Wey.. — En effet, par l'expromission, il y a novation dans la personne du débiteur, au lieu que, par le cautionnement, le fidéjusseur ne décharge point le débiteur de son obligation, mais il y accède seulement et se rend débiteur avec lui. — Toullier, *Droit civil*, t. 7, n° 273.

25. — Le cautionnement diffère de l'obligation de celui qui s'est *porté fort*. Celui-ci s'engage seulement à faire ratifier le contrat par la personne pour qui il s'est porté fort. Du moment que la ratification a eu lieu, son obligation est remplie. Peu importe, quant à lui, que le contrat soit par la suite exécuté ou non.

26.—Il en est ainsi, même dans le cas où le cautionnement a pour objet non pas seulement la solvabilité du débiteur, mais la validité de l'acte, par exemple, quand c'est l'obligation d'un mineur qui a été cautionnée. Dans cette hypothèse, l'engagement de la caution diffère encore sous plusieurs rapports de celui qui pèse sur le tiers qui s'est porté fort et dont la promesse n'a point été ratifiée. — Ponsol, *loc. cit.*, p. 16, n° 13.

27. — Lorsque, par un acte d'emprunt, l'emprunteur a subrogé le porteur dans son privilége de vendeur, *sans novation, et même avec garantie de faire jouir et valoir jusqu'à parfait paiement*, une pareille clause a pu être déclarée ne point constituer de la part de l'emprunteur une obligation directe, mais un simple cautionnement. — *Cass.*, 23 mai 1833, Fritz c. Durkheim.

28. — Le cautionnement ne doit pas être confondu avec la délégation, car le débiteur a une obligation propre et principale. Dès-lors, le débiteur délégué ne pourrait, comme la caution, invoquer le bénéfice de discussion. — Duranton, *Dr. français*, t. 18, n° 295.

29. — Cependant les auteurs de l'*Encyclopédie*, (v° *Cautionnement*, n° 5, 2e alin.) sont d'avis qu'on doit voir un cautionnement dans l'hypothèse où le délégué consent bénévolement à payer la dette, quoiqu'il ne doive rien au débiteur qui a fait la délégation.

30. — Le cautionnement ne se présume pas et doit être exprès (C. civ., art. 2015). Il n'y aurait point cautionnement, mais simple recommandation, dans la lettre par laquelle on écrirait à une personne qu'elle peut prêter à un tel, parce que c'est un honnête homme, etc. L'existence et l'étendue de l'obligation dépendent, en pareil cas, de la teneur de l'écrit. — Pothier, *Oblig.*, n° 401; Duranton, *Dr. français*, t. 18, n° 318.

31. — Ainsi encore, si une femme mariée fait un emprunt avec l'autorisation de son mari, l'intervention de celui-ci dans l'acte ne suffit pas pour le faire réputer obligé comme caution. — Duranton, *Dr. français*, t. 18, n° 318.

32. — Mais, lors même qu'en s'engageant à payer la dette d'autrui, un tiers ne déclare pas que c'est comme caution qu'il contracte cet engagement, les juges peuvent cependant, d'après les faits, la correspondance et les livres du créancier, déclarer que cet engagement n'était qu'un cautionnement, alors surtout que le créancier l'a reconnu lui-même, soit en n'ouvrant de compte sur ses livres qu'au débiteur originaire, et non au tiers, bien qu'il fût commerçant, soit en s'adressant à ce débiteur originaire pour obtenir le paiement. — *Cass.*, 10 mars 1834, Durand c. Répiton.

33. — Une lettre de crédit portant autorisation d'avancer jusqu'à une somme déterminée sous garantie formelle, a l'effet d'un cautionnement. — *Bordeaux*, 30 nov. 1830, Echenique c. Fonsèque.

34. — Un engagement de commerce peut être considéré entre les parties contractantes comme simple cautionnement, lorsqu'il résulte des circonstances que, dans l'intention des contractans, le souscripteur a entendu s'obliger non pour son propre compte, mais seulement comme caution. — *Grenoble*, 29 juill. 1832, Durand c. Répiton-Préneuf.

§ 2. — *Quelles obligations peuvent être cautionnées.*

35. — Le cautionnement ne peut exister que pour une obligation principale valable; si l'obligation n'était pas valable, le cautionnement serait nul. — C. civ., art. 2012.

36. — Il en était de même d'après les principes du droit romain; jugé en conséquence que la nullité de l'obligation principale contractée par le fils de famille entraînait la nullité du cautionnement. — *Paris*, 26 brum. an XIII, Choin c. Perrette et Humbert.

37. — Mais par obligation valable il faut entendre ici celle qui a un effet civil quelconque, ne fût-ce que celui d'empêcher la répétition de ce qui avait été payé en vertu d'une semblable obligation telle qu'est l'obligation naturelle. — Toullier, *Dr. civ.*, t. 6, n° 394. — Il en était de même sous le droit romain. — *Inst.*, lib. 3, tit. 21, et L. 16, § 3, ff., *De fidejuss.*

CAUTIONNEMENT, sect. 1re, § 2.

38. — Ainsi, on pourrait cautionner une obligation prescrite. — Delvincourt, *Cours de C. civ.*, n° 3, p. 252.

39. — Cependant il y a des obligations naturelles qui ne pourraient être l'objet d'un cautionnement; ce sont celles qui ayant une cause réprouvée par des raisons d'ordre et d'intérêt public ne seraient pas susceptibles de confirmation: telle serait l'obligation de continuer le paiement de droits féodaux. — Toullier, *Dr. civ.*, t. 6, n° 395; Rolland de Villargues, *Rép.*, v° *Cautionnement*, n° 32.

40. — Ainsi jugé que l'acte par lequel un copartageant et vendeur s'engage à ne pas exercer l'action en rescision pour cause de lésion étant nul, il ne peut être l'objet d'une garantie ou d'un cautionnement valable. — *Pau*, 12 (et non pas 15) janv. 1826, Paucis c. Belleport.

41. — ...Que la garantie promise par un beau-père d'une renonciation consentie par une fille à la succession future de ses père et mère, est nulle comme la renonciation elle-même. — *Bastia*, 14 avr. 1834, Franceschini.

42. — ...Que le cautionnement donné pour garantir une donation déguisée qui aurait pour but de diminuer la quotité disponible est également nul, car, aux termes de l'art. 920, C. civ., la donation dans de telles circonstances doit rester sans effet. — *Grenoble*, 4 déc. 1830, Bernard-Raymond c. Blanc-Gros.

43. — ...Que le cautionnement qui de la part de la caution n'est point libre et spontané, mais dont le but est de déguiser entre les parties une convention usuraire, est nul et de nul effet. — *Paris*, 17 mai 1843 (t. 1er 1844, p. 408), Leleu c. Bechem.

44. — De ce que le cautionnement ne peut porter que sur une obligation valable, il suit qu'il est nul lorsque l'obligation à laquelle il se réfère est sans cause, ou peut être annulée pour cause de dol, de fraude ou de violence. — *Encyclopéd. du dr.*, v° *Cautionnement*, n° 41 *bis.* — ...En un mot, lorsqu'elle manque d'une condition essentielle à sa validité. — Ponsol, *Tr. du cautionnement*, n° 39; Locré, t. 15, p. 337 et 338 (*Rapport* de Chabot de l'Allier).

45. — On peut néanmoins cautionner valablement une obligation qui pourrait être annulée par une exception purement personnelle à l'obligé, par exemple, dans le cas de minorité (C. civ. art. 2012). Cependant, il est quelques obligations de cette espèce qui ne pourraient être cautionnées. Telle est l'obligation nulle pour défaut de liberté dans le consentement. Il est vrai que, dans ce cas, la nullité affecte la substance même de l'obligation. — Delvincourt, *Cours de C. civ.*, t. 3, p. 353; Toullier, *Dr. civ.*, t. 6, n° 394; Merlin, *Répert.*, v° *Cautionnement*, § 1er.

46. — Toutefois, si la caution connaissait le vice de l'obligation, et que, pour empêcher une demande en rescision ou en nullité, elle se fût rendue garant de l'exécution de l'obligation en renonçant au bénéfice de discussion, le cautionnement serait valable: car on peut se rendre caution sans ordre de celui pour lequel on s'oblige, et même à son insu; et si, dans le cas proposé, la caution était intervenue par l'ordre du principal obligé, celui-ci aurait, par cela même, renoncé à demander la nullité ou la rescision. — Toullier et Delvincourt, *ibid.*

47. — Suivant les principes du droit romain, la nullité de la vente consentie par un mineur sans formalités, n'entraîne pas celle du cautionnement fourni par un tiers. — *Cass.*, 30 nov. 1812, Reggio c. Rosco.

48. — Les majeurs peuvent valablement cautionner la vente d'un immeuble qu'ils possèdent par indivis avec des mineurs. Une telle obligation n'est pas sans cause. — *Cass.*, 6 juin 1821, Berlin c. Genin.

49. — Relativement au cautionnement des obligations d'un mineur émancipé, M. Duranton (t. 18, n° 308) fait, d'après les lois romaines, une distinction qu'il serait souvent difficile d'appliquer; c'est que la caution ne pourrait profiter de la réduction dans les obligations qui reposeraient sur des causes personnelles au mineur, tandis qu'elle pourrait se prévaloir de celles qui seraient faites à raison de la mauvaise foi du créancier. Car, dans ce dernier cas, il s'agissait d'une réduction fondée sur quelque chose qui tient à l'obligation elle-même.

50. — Quant aux obligations contractées par l'interdit, Voët (*Ad pandect.*, *De fidejuss.*, n° 9) et

CAUTIONNEMENT, sect. 1re, § 2.

Pothier (*Obligations*, n° 394) pensent que le cautionnement n'a de force que pour la garantie des faits indépendans de la volonté de l'interdit. Vinnius (*Inst.*, *De fidejuss.*, § 1er, n° 4) et Delvincourt (t. 2, p. 156, et t. 3, p. 253) sont d'avis que celui qui a cautionné l'interdit est tenu moins comme caution que comme obligé principal. — Il nous semble qu'il faut dire, avec M. Duranton (t. 18, n° 306), que, les engagemens d'un interdit n'étant pas absolument nuls, mais seulement susceptibles d'être annulés par une exception purement personnelle à l'interdit, le cautionnement de ces engagemens est valable. Toutefois, la caution, pour repousser l'action du créancier, pourrait exciper de ce que le créancier lui aurait laissé ignorer l'interdiction de l'obligé. — V. en ce sens Ponsol, *loc. cit.*, n° 65.

51. — La nullité de l'obligation principale contractée sans autorisation par une femme sous puissance de mari n'entraîne pas la nullité de l'obligation accessoire de la caution. — *Paris*, 24 juill. 1819, Giot c. Varin. — Car il y a même raison de décider que s'il s'agit du cautionnement donné à l'obligation souscrite par un mineur. — Domat, *Lois civ.*, liv. 3, tit. 4, *Des cautions.* — *Contrà* Pothier, *Obligations*, nos 194 et 395.

52. — Si, au mépris de l'art. 25, C. civ., un mort civilement avait disposé de ses biens par une donation entre vifs, un pareil acte pourrait-il être garanti par un cautionnement valable? Non. — La disposition du Code est précise, la donation est nulle; par conséquent, elle ne peut être l'objet d'un cautionnement. — Ponsol, *loc. cit.*, n° 11.

53. — La vente d'un bien dotal peut être l'objet d'un cautionnement valable. — *Cass.*, 11 mars 1807, Chalvet c. Mathieu; *Poitiers*, 5 mai 1825, Dabut c. Delor et Bernard; — Ponsol, *loc. cit.*, n° 52.

54. — ...Alors surtout que le statut (tel que la coutume d'Auvergne) qui régit les biens dotaux n'en annule la vente qu'autant qu'elle a été faite au préjudice de la femme. — *Cass.*, 11 mars 1807, Chalvet c. Mathieu.

55. — Lorsqu'un bail passé à un mari et à sa femme solidairement a été volontairement exécuté par eux, la caution ne peut prétendre que le bail est nul, pour défaut de la signature de la femme. — *Cass.*, 22 nov. 1825, Morichon c. Charpentier.

56. — Il n'est pas nécessaire que le cautionnement soit contemporain de l'obligation principale; il peut la suivre, comme il peut la précéder. — Pothier, *Obligations*, n° 400, Domat, *Lois civ.*, liv. 3, tit. 4. — Mais, dans ce dernier cas, il est conditionnel, en ce sens qu'il est subordonné à la formation de l'obligation principale, de sorte que la caution n'est tenue par un lien de droit qu'au moment où se réalise le contrat dont elle garantit l'exécution. — *Ità tamen ut præcedens fidejussoris obligatio tum demum vires capiat, cùm et principalis obligatio, cujus accessio est, constituta est.* — L. 6, ff., *De fidej.*

57. — Jugé, d'après ces principes, qu'on peut cautionner les obligations qu'un associé pourra contracter envers la société. — *Paris*, 13 mars 1816, Seural c. Laurent et Guichardet; — Delvincourt, *Cours de C. civ.*, t. 3, p. 254.

58. — Dans le cas d'une obligation future, le cautionnement ne précède pas l'obligation principale, mais il est subordonné à l'existence de cette obligation; il ne prend naissance et date qu'avec elle; ce qui est important lorsqu'il s'agit de discuter des questions de priorité d'hypothèque sur les immeubles de la caution. — Duranton, t. 18, n° 297.

59. — Cependant on peut stipuler qu'une obligation future, bien qu'éventuelle, devra, si elle se réalise, produire ses effets du jour même du contrat. Alors le cautionnement subit le même sort; tel est le cas d'un crédit ouvert. Il n'y a obligation, et par suite cautionnement, que jusqu'à concurrence de la somme dont l'emprunteur a profité; mais les effets du double engagement remontent au jour de l'ouverture du crédit.

60. — On peut cautionner une obligation consistant dans un fait qui ne peut être exécuté que par le principal obligé. Car les termes de l'art. 2011, C. civ., sont sans exception; et d'ailleurs, en cas d'inexécution, une pareille obligation se résout en dommages-intérêts. — Delvincourt, t. 3, p. 254.

61. — Le principe que l'on peut cautionner toutes les obligations valables reçoit exception dans certains cas, par exemple, en matière de droit maritime, pour le salaire des matelots, pour le change maritime, pour le profit espéré de la marchandise exposée aux chances d'un voyage sur mer; la raison en est que si ces divers objets pouvaient être cautionnés, les matelots, le prêteur à la grosse, le marchand et le capitaine seraient moins intéressés à la conservation du navire. — Boulay-Paty sur Emérigon, t. 1er, p. 228, 236, 239, et t. 2, p. 614.

§ 3. — *Étendue et limites du cautionnement.*

62. — Le cautionnement ne peut excéder ce qui est dû par le débiteur, ni être contracté sous des conditions plus onéreuses. — C. civ., art. 2013. — En effet, il est contre la nature des choses que l'accessoire soit plus étendu que le principal. — Treilhard, *Exposé des motifs* (Locré, *Législation de la France*, t. 15, p. 323, n° 5).

63. — Il suit de-là que la caution ne peut valablement s'engager ni à payer à un terme plus rapproché que celui qui a été accordé au débiteur, ni à payer des denrées dans un lieu où elles vaudraient plus qu'elles ne valent dans le lieu où le débiteur devait les payer, ni à payer des intérêts quand celui-ci n'en doit pas; elle ne peut non plus se soumettre à une clause pénale qui n'aurait pas été imposée au débiteur, ni s'obliger purement et simplement quand le débiteur a contracté sous condition. — Duranton, *Dr. français*, t. 18, n° 311.

64. — Celui qui, sous la forme de crédit, s'est rendu garant de traites à créer, n'est point délié de son obligation, par le motif que les effets ont été tirés à une échéance plus longue que celle énoncée dans l'acte de garantie, alors que le crédit, non limité à une opération déterminée, était déclaré permanent et valable jusqu'à révocation. — *Paris*, 12 avr. 1834, Paravey c. Jollimon de Marolles.

65. — Mais la caution peut être liée plus étroitement que le débiteur principal, en ce sens qu'elle puisse moins se dégager de son obligation, par exemple, dans le cas de minorité du débiteur principal, si l'obligation principale est purement naturelle, etc. — Elle peut encore l'être en ce sens qu'elle peut s'obliger à fournir un gage ou une hypothèque, lors même que le débiteur n'en fournirait pas. — Duranton, t. 18, n° 311.

66. — Le cautionnement peut être contracté pour une partie de la dette seulement et sous des conditions moins onéreuses. — C. civ., art. 2013.

67. — L'engagement de la caution est volontaire: il doit être, par conséquent, renfermé dans les limites qu'elle a posées; si elle s'était engagée indéfiniment, son engagement embrasserait toute l'obligation principale avec ses accessoires. — Treilhard, *Exposé des motifs* (Locré, t. 15, p. 323, n° 6).

68. — Quoiqu'on puisse cautionner une obligation principale d'une manière indéfinie, le cautionnement n'est valable qu'autant qu'il s'applique à une obligation déterminée; ainsi, il ne pourrait être donné d'une manière générale pour toutes les obligations que contracterait une tierce personne.

69. — Le cautionnement qui excède ce qui est dû par le débiteur ou qui est contracté sous des conditions plus onéreuses n'est point nul; il est seulement réductible à la mesure de l'obligation principale. — C. civ., art. 2013.

70. — La loi romaine allait plus loin; elle annulait le cautionnement qui excédait l'obligation principale (L. 8, § 7, *De fidej.*); mais cela tenait à des principes particuliers à cette législation, et qui n'étaient pas suivis dans notre jurisprudence. — Ponsot, p. 100, n°s 90 et suiv.

71. — Lorsqu'une caution s'est obligée sous deux conditions alternatives, tandis que le débiteur principal ne l'est que sous une seule, le cautionnement doit être réduit au cas d'accomplissement de cette dernière condition. Si, au contraire, l'obligation principale portant deux conditions, la caution n'en a assumé qu'une, c'est l'événement de la condition prévue qui seul donne droit contre la caution. — En général, tout cautionnement d'une obligation conditionnelle est conditionnel lui-même, et de la même manière. — Duranton, t. 18, n° 313.

72. — Si le débiteur s'est obligé à livrer telle chose ou telle autre à son choix, et que la caution se soit engagée relativement à une de ces choses seulement, la caution a, comme le débiteur, le choix de se libérer par la délivrance de l'une des choses promises par celui-ci; de plus, elle a l'avantage, attaché à sa propre obligation, d'être libérée par la perte de la chose qu'elle a promise. Si c'est la caution qui a stipulé l'alternative des deux choses, non seulement elle peut payer l'une ou l'autre des choses promises, mais de plus elle serait libérée par la perte de celle due par le débiteur. — Duranton, t. 18, n° 314.

73. — La caution ne peut être tenue d'une obligation autre que l'obligation principale; par exemple, si Pierre doit à Paul 2,000 fr., Jacques ne peut s'obliger envers Paul à lui payer cent sacs de blé dans le cas où Pierre ne le paierait pas. Un pareil engagement constitue non un cautionnement, mais une obligation principale conditionnelle. — Delvincourt, *Cours de C. civ.*, t. 3, p. 255. — D'où il suit que le tiers, en remplissant l'engagement dont il est seul tenu, ne serait pas subrogé de plein droit dans les actions du créancier contre le débiteur. Cette subrogation ne pourrait résulter que d'une convention. — Duranton, t. 18, n° 315.

74. — Nous avons vu que le cautionnement devait être exprès; de plus, on ne peut pas l'étendre au-delà des limites dans lesquelles il a été contracté. — C. civ., art. 2015.

75. — Jugé, en ce sens, que le cautionnement est de droit étroit et ne peut être étendu au-delà des limites dans lesquelles il a été contracté. — *Bordeaux*, 22 mai 1840 (t. 1er 1841, p. 132), Vasquez c. Goyenèche et Orense; *Cass.*, 12 janv. 1842 (t. 1er 1842, p. 374), Guebin c. de Boulen.

76. — De plus, les conditions du cautionnement doivent être rigoureusement exécutées. — Ainsi, lorsqu'à l'occasion d'un marché de fournitures passé avec le gouvernement la caution de l'entrepreneur a stipulé que son cautionnement ne serait affecté aux créanciers des préposés et sous-fournisseurs qu'autant qu'ils auraient formé opposition au paiement des sommes qui pourraient être dues à l'entrepreneur pour raison de son service, l'omission de cette formalité prive les sous-fournisseurs de leur droit au cautionnement. — *Cass.*, 17 juill. 1827, Mambèche c. Mottet.

77. — Le cautionnement ne devant pas être étendu au-delà de ses limites, il suit de là: — 1° que celui qui a cautionné un fermier pour le paiement de ses fermages n'est point garant des indemnités que le fermier pourra devoir à son propriétaire pour une autre cause que le non-paiement des fermages. — Duranton, t. 18, n° 320.

78. — ... 2° Qu'un cautionnement ne peut être étendu au-delà de la somme pour laquelle il a été contracté, pas même quant aux intérêts qui peuvent en résulter. — *Turin*, 19 mars 1808, Muschetti c. Camosso.

79. — ... 3° Que la caution qui s'est engagée à payer, à un terme fixe, le capital d'une créance portant intérêt, ne peut être forcée à payer avant ce terme, par cela seul que le débiteur tombé en déconfiture ne paierait pas les intérêts. — *Rennes*, 12 juill. 1824, Verdet c. Cardinal; — Ponsot, *Tr. du cautionnement*, p. 110, n°s 101 et suiv.

80. — La caution ne pouvant être engagée sous des conditions plus onéreuses que le débiteur principal, on demande si elle doit profiter du *délai de grace* accordé à celui-ci pour payer sa dette. — Non; car le délai de grace accordé par les tribunaux est une faveur toute personnelle qui ne se justifie que par la position exceptionnelle du débiteur.

81. — Cependant, dit M. Ponsot (p. 114, n° 104), si la caution ne peut se prévaloir directement du délai de grace obtenu par le cautionné, elle peut le faire indirectement, en usant du bénéfice de discussion, si elle n'y a pas renoncé.

82. — La caution qui s'est obligée pour une somme principale ne l'est pas pour les intérêts, bien que cette somme en porte; alors du moins que la caution a pu ignorer l'existence d'un fait par suite duquel couraient ces intérêts. — *Bordeaux*, 21 déc. 1833, Ansotégui c. Inigo.

83. — De même, celui qui s'est rendu caution d'un capital non productif d'intérêts, et qui n'a point été mis en demeure de payer, n'est pas tenu des intérêts qui peuvent être dus à raison du retard que le débiteur a mis à se libérer. — *Orléans*, 8 déc. 1840 (t. 1er 1841, p. 468), de Boulen c. syndics Guébin.

84. — Ne donne point ouverture à cassation la décision qui juge en fait que la caution avait entendu ne s'engager que pour le principal, et non pour les intérêts de la dette cautionnée. — *Cass.*, 12 janv. 1842 (t. 1er 1842, p. 374), Guébin c. de Boulen.

85. — La caution que le vendeur d'un immeuble est obligé, pour pouvoir exiger le paiement du prix, de fournir à l'acquéreur, en cas de crainte d'éviction, ne doit porter que sur le capital de la somme que l'acquéreur doit encore, et non sur les intérêts de cette somme, non plus que sur les à-compte antérieurement payés, et sur les dommages-intérêts résultant de toutes les conséquences possibles de l'éviction. — *Turin*, 5 juill. 1808, Bosio c. Serra.

86. — Jugé cependant que, bien que des billets ne renferment aucune stipulation d'intérêts entre le créancier et le débiteur principal, s'il résulte des documens du procès (même étrangers à la caution) et de l'usage, que des intérêts ont dû être stipulés, celui qui a cautionné le paiement de ces billets est aussi passible du paiement de ces intérêts. — *Grenoble*, 10 juin 1825, Bajat c. Barthellon.

87. — Le cautionnement souscrit par une personne, non d'une manière indéfinie, mais seulement pour une somme déterminée, ne peut être étendu au delà de cette somme, et, par exemple, aux intérêts et aux frais dont, par suite de condamnation judiciaire, le débiteur principal serait tenu. — *Bordeaux*, 22 mai 1840 (t. 1er 1841, p. 132), Vasquez c. Goyenèche et Orense.

88. — Le cautionnement indéfini d'une obligation principale s'étend à tous les accessoires de la dette, même aux frais de la première demande, et à tous ceux postérieurs à la dénonciation qui en est faite à la caution. — C. civ., art. 2016. — Alors la caution est dite tenue *in omnem causam*.

89. — Ainsi, le cautionnement indéfini s'étend même aux intérêts moratoires. — Arg. L. 54, ff., *Locati*. — En effet, la caution doit connaître l'échéance de la dette; elle n'avait qu'à payer si elle voulait empêcher les intérêts de courir. — Rolland, *Rép.*, v° *Cautionnement*, n° 79.

90. — Celui qui cautionne par une lettre de crédit s'oblige de plein droit pour les intérêts, comme pour le capital. — *Bordeaux*, 10 nov. 1830, Echenique c. Fonsèque.

91. — Un cautionnement indéterminé est valable, lorsqu'il se rapporte à une dette qui peut être fixée par les titres des parties. Tel est celui que, pour obtenir délai en faveur de son beau-père, un gendre donnerait au créancier, par une lettre missive ainsi conçue: « *C'est avec empressement que je me rends garant de ce que peut vous devoir mon beau-père.* » — *Grenoble*, 10 juin 1825, Bajat c. Barthellon.

92. — Jugé que le cautionnement du capital d'une rente constituée n'emporte pas toujours le cautionnement du service des arrérages. — *Bruxelles*, 24 mars 1810, Sironval c. Robyns. — Mais il nous semble que la solution de la question dépend beaucoup des termes de l'acte de cautionnement; il ne faut donc pas regarder l'arrêt indiqué comme une décision de jurisprudence générale; c'est un cas particulier sur lequel il a été statué d'après la disposition du titre qui a donné lieu à la contestation.

93. — Jugé encore que lorsqu'un individu a cautionné le service d'une rente, pour laquelle le débiteur a promis de donner hypothèque, sinon de rembourser le capital, il est également tenu de cette obligation accessoire, lorsque l'acte de constitution de rente et de cautionnement se termine par une clause ainsi conçue: « *Obligeant tant le principal que les cautions, pour sûreté de tout ce que dessus, leurs personnes et biens respectifs* in solidum. » — *Bruxelles*, 23 nov. 1814, Van c. de Keyser.

94. — Encore bien que celui qui s'est rendu caution pour le paiement d'une rente soit obligé pour le principal et pour tout ce qui est contenu dans l'acte de constitution, néanmoins il ne peut être considéré comme obligé *in omnem causam*. — En conséquence, si la rente a été constituée avant le Code civil, et que le débiteur principal se soit obligé à fournir hypothèque ou à rembourser le capital, la caution qui offre une hypothèque ne peut être contrainte au remboursement dans les cas prévus par les art. 1912 et 1913, C. civ. — *Bruxelles*, 6 janv. 1818, Storm c. Minne.

95. — On ne saurait dire qu'une caution est obligée, par jugement passé en force de chose jugée, à garantir, après la réduction prononcée par la loi du 9 vendém. an VI, le service total d'une rente sur l'état qu'avait cédée le débiteur pour le service d'une rente viagère, par cela que cette caution a été condamnée à donner main-levée des oppositions formées au transport de cette rente, ou bien à en payer les arrérages. — *Cass.*, 29 flor. an VII, Hemart c. Contant de Lille.

96. — Le cautionnement donné pour l'exécution d'un bail ne s'étend pas aux obligations qui résultent de la tacite reconduction. — C. civ., art. 1740.

97. — En l'absence d'une stipulation spéciale, la caution du preneur ne peut être poursuivie en paiement des droits d'enregistrement auxquels un bail peut donner lieu. — *Cass.*, 6 oct. 1806, Archinard c. Enregist.

98. — La garantie pendant un temps déterminé, donnée à un crédit ouvert par une maison de banque, s'applique au paiement des traites souscrites pour assurer ce crédit, échues postérieurement au délai fixé pour la garantie, mais acceptées antérieurement; en pareil cas, c'est l'époque de l'acceptation, et non celle de l'exigibilité des traites qu'il faut considérer. — *Paris*, 15 janv. 1831, Daubigny c. Masson de Maizeray.

99. — Celui qui a cautionné un crédit ouvert au failli antérieurement à la faillite n'est, à raison de ce cautionnement, tenu envers le bailleur de fonds que jusqu'à concurrence des sommes pour lesquelles celui-ci a été admis au passif de la faillite. — En pareil cas, la caution peut répéter les som-

mes qu'elle a payées en plus, et le dividende revenant au bailleur de fonds, dans la faillite, doit également être attribué à cette caution. — *Douai*, 9 janv. 1841 (t. 1er 1842, p. 39), Bottiau c. Martin.

100. — Celui qui intervient dans un concordat comme caution des engagemens du failli, ne peut être obligé de payer des créances non vérifiées ni affirmées. — *Rouen*, 2 juin 1815, Marie c. Poullain-Dumesnil.

101. — De la clause que les tiers porteurs pourront poursuivre les souscripteurs et endosseurs étrangers à un contrat d'atermoiement, à l'exception de quelques uns désignés dans cet acte, on peut induire que ces derniers sont appelés à jouir des délais convenus, et que les cautions du débiteur qui a atermoyé sont tenues de payer les effets indiqués dans cette clause exceptionnelle. — Ces cautions ne sont point recevables à repousser la demande du souscripteur, sous prétexte que la correspondance entre lui et l'endosseur cautionné est, par la nature des choses, assimilée à une contre-lettre, qui n'a point d'effet contre les tiers. — *Cass.*, 9 nov. 1831, Villedieu c. Richard-Laborde.

102. — Dans une société en participation de bénéfices, le cautionnement pour avances à faire à l'agent est applicable aux avances déjà faites, lorsque les marchandises achetées avec ces premières ont été vendues depuis le commencement, et que le prix en a été touché par l'agent, qui l'a gardé entre ses mains. — *Bruxelles*, 15 mars 1808, Broeta c. Heyns.

103. — Bien que le tiers détenteur d'un immeuble ne soit en général obligé envers les créanciers inscrits qu'à raison de cet immeuble et non personnellement, cependant ceux qui l'ont cautionné envers un créancier ont pu être considérés comme tenus personnellement du paiement de la créance, soit en vertu de ce cautionnement, soit par suite de l'exécution qu'ils lui ont donnée. — *Cass.*, 27 janv. 1835, Pely et Divuy c. Danis.

104. — L'engagement contracté par une femme de garantir son père des suites d'endossemens qu'il donnera pour son mari, comprend les cautionnemens ordinaires. — *Metz*, 28 mars 1833, D...

105. — Une femme qui, par un acte séparé, a cautionné solidairement le paiement de lettres de change souscrites par son mari, négociant, n'est pas justiciable des tribunaux de commerce. — *Paris*, 18 mai 1811, Poot c. Channac.

106. — Celui qui se rend purement et simplement caution d'un commerçant, ou d'un individu qui fait un acte de commerce, n'est point, par cela seul, justiciable des tribunaux de commerce ; son obligation ne peut donner lieu qu'à une action civile. — *Poitiers*, 29 juill. 1824, Deschamps c. Maixent ; — Ponsot, *Tr. des cautionnemens*, p. 85, nos 79 et suiv.

107. — La caution d'une obligation commerciale ne peut être obligée commercialement, qu'autant qu'elle s'y est expressément engagée. — *Bruxelles*, 30 oct. 1830, Guillemaint c. Pavy.

108. — Mais l'individu non commerçant qui a cautionné le paiement du prix de marchandises livrées à un négociant est justiciable du tribunal de commerce, lorsque l'action est intentée tout à la fois contre lui et contre le débiteur négociant. — C. procéd., art. 181 — Toutefois, la contrainte par corps ne peut être prononcée contre la caution. — *Lyon*, 4 fév. 1835, Patricot c. Serdat-Carcassonne.

109. — En admettant qu'un cautionnement donné par un non-commerçant à l'occasion d'une affaire commerciale ait pour effet d'attribuer juridiction au tribunal de commerce, il en est autrement lorsque l'instance introduite a pour objet l'existence même du cautionnement, qui est contestée. — *Bourges*, 18 janv. 1840 (t. 1er 1841, p. 592), Millot c. Bittard-Evrat.

110. — L'individu non négociant qui se rend caution d'une obligation commerciale (par exemple, de la promesse de souscrire des billets pour une opération commerciale) ne devient pas par cela seul, en l'absence de toute soumission expresse, contraignable par corps. — *Cass.*, 21 juill. 1824, Degain c. Bourryaud ; 7 juin 1837 (t. 2 1837, p. 251), Capelle c. Pezet.

111. — De même, l'individu non commerçant, qui a cautionné une obligation pour prêt souscrit par un commerçant au profit d'un autre commerçant, ne peut être condamné par corps au paiement. — *Caen*, 25 fév. 1825, Fouet c. Fontaine.

112. — La caution d'un débiteur emprisonné, à condition qu'il sera élargi, cesse d'être liée par son cautionnement, si le débiteur est emprisonné de nouveau pour les mêmes causes. — Ainsi, le créancier qui consent à l'élargissement de son débiteur en acceptant le cautionnement d'un tiers qui s'oblige à la dette, à défaut de paiement par le débiteur principal sous un délai déterminé, est réputé

consentir à la résolution du cautionnement, s'il arrive que le débiteur principal n'ayant pas payé le créancier à l'expiration du délai, le fasse emprisonner de nouveau. — *Paris*, 29 août 1812, de B...

113. — Les engagemens des cautions passent à leurs héritiers, à l'exception de la contrainte par corps, si l'engagement était tel que la caution y fût obligée. — C. civ., art. 2017. — Il en était de même sous l'empire du droit romain. — L. 4, § 1er, ff., *De fidejuss.* ; — *Cass.*, 14 avr. 1812, de Broe c. Clément de Renesse.

114. — Jugé, toutefois, que la renonciation du débiteur à la discussion préalable de son mobilier dans les pays où cette condition était de rigueur, n'a pu, depuis le Code civil, produire effet contre son héritier mineur. — *Gênes*, 28 juill. 1812, Del Veccio c. Crovara.

115. — Les héritiers de la caution sont tenus de la dette, non pas solidairement, mais seulement chacun pour sa part dans l'hérédité. — *Bordeaux*, 9 mars 1809, Becanne c. Desmaries.

116. — Il suffit que l'obligation principale existe pour que celle de la caution soit perpétuée. Dès-lors, l'interpellation faite au débiteur principal, ou sa reconnaissance, interrompt la prescription contre la caution. — C. civ., art. 2250.

117. — Toutefois, l'art. 2250, C. civ., portant que l'interpellation faite au débiteur principal interrompt la prescription contre la caution, est inapplicable à un cautionnement souscrit sous l'empire d'une jurisprudence qui avait établi, au contraire, que l'interruption de la prescription vis-à-vis du débiteur principal était sans effet à l'égard de la caution simple et non solidaire. — *Aix*, 2 janv. 1826, Savournin c. Belissen ; *Cass.*, 26 juin 1827, mêmes parties.

§ 4. — *Qui peut être cautionné, qui peut cautionner et à quelles conditions.*

118. — En principe, on peut se rendre caution pour toute personne, même pour des incapables.

119. — On peut se rendre caution sans ordre de celui pour qui on s'oblige, et même à son insu. — C. civ., art. 2014.

120. — Mais peut-on cautionner un débiteur malgré lui ? — Oui, quoique le cautionnement soit un contrat de bienfaisance, et que le débiteur puisse avoir intérêt à n'être pas cautionné. Ce qui nous fait adopter cette solution, c'est que la caution pourrait devenir forcément le créancier du débiteur cautionné en achetant la créance, et acquerrait ainsi les mêmes droits qu'en se portant caution.

121. — Néanmoins celui qui a cautionné le débiteur malgré lui, ne peut avoir contre lui l'action *negotiorum gestorum* ; mais il peut se faire subroger aux droits du créancier qu'il a payé ; il a même la subrogation légale. — Duranton, t. 18, no 317.

122. — Le cautionnement stipulé dans le même acte que l'obligation principale, doit, en l'absence de toute déclaration à cet égard, être considéré comme ayant été donné à la demande du débiteur. — Duranton, t. 18, no 316.

123. — On peut aussi se rendre caution, non seulement du débiteur principal, mais encore de celui qui l'a cautionné (C. civ., art. 2014). — Celui qui cautionne la caution s'appelle *certificateur de caution*. Il ne faut pas le confondre avec la caution supplémentaire qui cautionne le débiteur principal, au lieu que le certificateur cautionne seulement la caution.

124. — Le débiteur obligé à fournir une caution doit en présenter une : 1o qui ait la capacité de contracter ; — 2o qui ait un bien suffisant pour répondre de l'objet de l'obligation ; — 3o et dont le domicile soit dans le ressort de la cour royale où elle doit être donnée. — C. civ., art. 2018.

125. — Il est évident que dans le cautionnement conventionnel, ces conditions subissent des modifications ; alors la volonté des parties fait leur loi. — Duranton, t. 18, no 324. — Ici on suppose que les parties ont gardé le silence et que la loi supplée à leurs conventions.

126. — 1o *Capacité de la caution*. — Pour pouvoir se rendre valablement caution, il faut être habile à contracter et être maître de sa personne et de ses biens. — C. civ., art. 2018 ; — Merlin, *Répert.*, vo *Caution*, § 2, no 1er.

127. — Il suit de là que le mineur, même émancipé, n'a point capacité pour cautionner. Cela résulte de ce qu'il ne peut emprunter. — Merlin, *Rép.*, vo *Caution*, § 2, no 1er, 3e alin. — V. ÉMANCIPATION, MINORITÉ.

128. — Toutefois, sous les lois romaines, le fils de famille pouvait se porter caution solidaire de son père, pour la restitution de la dot. — L. 10, § 2, ff., *De fidejuss.* ; — *Turin*, 11 fév. 1807, Binda c. Caroelli ; — Voët, *De fidejuss.*, no 11 ; Rousseau de Lacombe, vo *Caution*, sect. 1re, no 1er ; Domat, *Lois civiles*, *Des cautions*, sect. 1re, no 11 ; Pothier, *Oblig.*, no 367.

CAUTIONNEMENT, sect. 1re, § 4.

129. — Dans l'ancien droit, le mineur pouvait aussi se rendre caution pour tirer son père de prison, lorsque celui-ci n'avait pas la voie de la cession de biens pour en sortir. — Merlin, *Rép.*, vo *Caution*, § 2. — Cette doctrine ne peut plus être suivie d'après les principes du Code civil.

130. — Si le mineur est incapable de s'engager comme caution, à plus forte raison, l'interdit ne le peut-il pas. — C. civ., art. 1124.

131. — La femme mariée ne peut cautionner qu'avec l'autorisation de son mari. Toutefois, si elle est séparée de biens, elle peut s'obliger jusqu'à concurrence de ses revenus et de son mobilier. — V. AUTORISATION DE FEMME MARIÉE, FEMME MARIÉE, SÉPARATION DE BIENS.

132 — Une femme, qui a reçu de son mari une procuration générale à l'effet de gérer ses affaires de commerce et autres, n'est point autorisée pour cela à cautionner le paiement de la dette d'un tiers. — *Bruxelles*, 13 fév. 1809, Feneuille c. Legrand.

133. — Les lois romaines avaient d'abord interdit aux femmes la faculté d'intercéder pour leurs maris. Bientôt après, le sénatus-consulte velléien étendit la prohibition à toutes les obligations indistinctement que les femmes pourraient contracter pour autrui (ff., lib. 16, tit. 1er). — Depuis, la Novelle 134, cap. 8, permit aux femmes de renoncer au bénéfice du sénatus-consulte velléien. — Tel était le droit suivi autrefois en France lorsque l'édit de 1606 abolit entièrement le sénatus-consulte velléien. Toutefois, cet édit ne fut point vérifié ni enregistré dans tous les parlemens, notamment dans ceux de Grenoble, de Bordeaux, d'Aix, de Rouen et de Toulouse. On continua donc d'y suivre les maximes du droit romain. — V. SÉNATUS-CONSULTE VELLÉIEN.

134. — Jugé, en conséquence, que le cautionnement souscrit par une femme soumise au sénatus-consulte velléien, était nul encore bien qu'elle eût déclaré souscrire une obligation principale, s'il était démontré qu'aucune partie de la somme empruntée n'avait tourné à son profit. — *Paris*, 8 fév. 1813, Schluter c. de Pontevès.

135. — ... Que la femme qui, ayant pouvoir de vendre des biens du mari, stipulait dans le contrat de vente, tant en vertu de cette procuration qu'en son propre nom, faisait une intercession réprouvée par le sénatus-consulte velléien (L. 1, ff., *De senat.-cons. velléien*). — *Cass.*, 2 messid. an IV, Lagarde c. Dessales.

136. — ... Qu'en vertu du sénatus-consulte velléien, la femme normande pouvait demander la nullité du cautionnement qu'elle avait souscrit pour tirer son fils de prison. — *Cass.*, 2 niv. an IX, Renard et Lenormand c. Paysant ; — Merlin, *Quest. de dr.*, vo *Sénatus-consulte velléien*, § 1er. — Le doute venait d'une jurisprudence contraire qui paraissait établie au parlement de Rouen. — V. Basnage, *Tr. des hypoth.*, part. 2e, ch. 2, qui cite notamment deux arrêts des 17 mars 1644 et 10 fév. 1658.

137. — ... Que la femme normande qui, avant le Code civil, s'était rendue caution d'un tiers a pu, depuis la publication du Code, invoquer le sénatus-consulte velléien. — *Paris*, 11 frim. an XIV, Mesnager c. Saulet.

138. — ... Que la veuve qui, avant sa renonciation, s'était obligée comme associée aux acquêts de son mari, pouvait, après avoir renoncé, et en vertu du sénatus-consulte velléien, se faire décharger de ses obligations. — *Cass.*, 22 vent. an IX, Lagarélie c. Dupin.

139. — Pour l'application du sénatus-consulte velléien, c'est le domicile de fait de la femme qui s'est obligée, et non celui du mariage qu'il faut considérer. — *Limoges*, 24 mai 1813, Sabataul-Lablanchardie c. Lagrange.

140. — Depuis le Code civil, une femme mariée sous l'empire du sénatus-consulte velléien qui lui défendait d'intercéder pour autrui, a pu souscrire un cautionnement pour son mari. — *Cass.*, 27 août 1810, Levacher c. Lejeune ; 5 mars 1811, Leduc c. Worbe ; 17 août 1813, Caron c. Roussel

141. — Elle a pu affecter à ce cautionnement ses biens dotaux, quoique le Code les déclare inaliénables, si la coutume (telle que celle de Dreux) qui régissait auparavant les époux, en permettait l'aliénation. — C. civ., art. 2 et 1554 ; Cout. Dreux, art. 55 ; — *Cass.*, 27 août 1810, Levacher c. Lejeune.

142. — 2o et 3o. *Solvabilité et domicile de la caution*. — Les biens possédés par la caution doivent être libres, du moins jusqu'à concurrence de la somme cautionnée ; tels ne seraient pas les biens grevés d'hypothèques ou dont la propriété est résoluble entre les mains de la caution. — Delvin-

court, *Cours de C. civ.*, t. 3, p. 137, note 6e; Duranton, t. 18, no 326.

143. — Avant le Code de commerce c'était à celui qui présentait une caution dont la solvabilité reposait sur des immeubles, à justifier que ses biens n'étaient point grevés d'inscription, ou du moins que, déduction faite des charges hypothécaires, ils restaient toujours d'une valeur suffisante. — *Rouen*, 15 prair. an XI, Schroder c. Cholet.

144. — Celui à qui une somme doit être payée, moyennant caution, ne peut exiger aucune partie de la somme avant d'avoir fourni une caution qui ait un bien suffisant pour répondre de la totalité du paiement ordonné. — *Turin*, 19 déc. 1806, Garda c. Renaldi.

145. — Si les biens de la caution doivent être libres, il n'est pas nécessaire qu'elle s'engage à souffrir que le créancier prenne hypothèque sur ces biens. Le créancier qui, à défaut d'hypothèque, aurait à souffrir ultérieurement de l'insolvabilité de la caution, pourrait en demander une autre. Ce serait aux tribunaux à apprécier quand il y a insolvabilité; car on sent que la solvabilité ne saurait avoir cessé par cela seul que des hypothèques viendraient à frapper les biens de la caution. — Duranton, t. 18, nos 328 et 329.

146. — Jugé, en ce sens, que les art. 2018 et 2019 C. civ., qui imposent l'obligation de fournir bonne et valable caution, doivent s'entendre dans le sens d'une caution personnelle, et non d'une caution hypothécaire. — *Paris*, 12 sept. 1839 (t. 2 1839, p. 292), Vannuis c. Seillier.

147. — De simples créances peuvent être offertes à titre de cautionnement supplémentaire, alors surtout que la caution n'est contestée que par un simple légataire, et que d'ailleurs la solvabilité de la caution est garantie par une tierce-personne qui offre hypothèque sur une part de succession indivise. — *Paris*, 15 avr. 1820, Hermel c. Bourguignon.

148. — Le propriétaire qui vend les productions de son sol ne faisant point un acte de commerce, la solvabilité de la caution qui lui est présentée pour l'exécution de son marché doit s'estimer eu égard à ses propriétés foncières *seulement*, bien que de la part de l'acquéreur il puisse y avoir un véritable acte de commerce. — *Bourges*, 22 janv. 1814, Boivin c. Dugon.

149. — Si l'exécution d'une vente de bois est stipulée partielle et devant se faire à des époques diverses, et que le marché soit conçu de manière que l'échéance des paiemens de chaque coupe soit arrivée avant que l'acquéreur puisse recevoir la livraison de la coupe suivante, il n'est pas nécessaire que, pour être admise par les tribunaux, la caution offerte au vendeur possède des immeubles suffisans pour répondre du prix de la totalité des bois; il suffit qu'elle puisse répondre du prix d'une coupe, le vendeur ne courant aucun risque pour la coupe suivante, qu'il serait toujours maître de ne pas livrer; surtout si la personne offerte pour caution est un commerçant qui, outre ses immeubles, présente une solvabilité personnelle et notoire. — Dans ces circonstances, et s'il s'agit de caution judiciaire, les tribunaux peuvent adjoindre à la première caution une femme comme caution solidaire, quoique les femmes ne soient pas susceptibles de contrainte par corps. — Même arrêt.

150. — Une caution peut être refusée comme insuffisante, si elle n'offre que des biens qu'elle possède à titre d'emphytéose. — *Colmar*, 31 août 1810, Hemberger c. Roth.

151. — Un usufruit ne peut non plus, à cause de l'incertitude de sa valeur, être offert pour cautionnement. — Proudhon, *De l'usufruit*, no 18.

152. — Une caution ne peut être rejetée, par cela seul que les immeubles qu'elle offre en hypothèque sont situés hors du ressort de la cour d'appel, où les parties ont respectivement leurs domiciles. — *Turin*, 13 avr. 1808, Reybaud c. Garda.

153. — Cette limite n'est imposée que quand la caution requiert le bénéfice de discussion. Les tribunaux apprécient la convenance du plus ou moins de distance des biens possédés par la caution. — Delvincourt, *Cours de C. civ.*, t. 3, p. 137, no 7; Duranton, t. 18, no 327.

154. — Si, depuis le cautionnement, la caution agréée par le créancier, transporte son domicile hors de la cour royale, le créancier peut en exiger une autre, à moins, cependant, que l'acte de cautionnement ne contienne une élection de domicile dans un lieu du ressort de la cour royale. — Duranton, t. 18, no 325.

155. — Lorsque le cautionnement est contesté, la caution ne peut intervenir pour en soutenir la régularité ou la suffisance. — *Paris*, 15 avr. 1820, Hermel c. Bourguignon.

156. — Lorsque le débiteur ne satisfait pas à son engagement de fournir ou de remplacer la caution promise ou imposée, le créancier peut demander la résiliation du contrat avec dommages-intérêts. — Duranton, t. 18, no 330.

§ 5. — *Formes du cautionnement.*

157. — Le cautionnement n'est assujéti à aucune forme particulière. Ainsi, il peut être donné par acte authentique ou sous seing-privé, par une simple lettre (L. 5, § 3, ff., *De constit. pecun.*), et même verbalement. Il y a lieu, à cet égard, d'appliquer les règles du droit commun relativement à la preuve des obligations.

158. — Ainsi, un acte de cautionnement qui ne renferme point d'autre engagement que celui de la caution étant un acte unilatéral, n'a pas besoin d'être fait double. — *Grenoble*, 10 juin 1825, Bajat c. Barthelon. — V. aussi *Cass.*, 22 nov. 1824, Morichon c. Charpentier.

159. — Ainsi encore, jugé que l'existence d'un bail ne peut être contestée, et que son exécution ne peut être refusée non plus que celle du cautionnement, qui n'en est que l'accessoire, sous prétexte de l'absence d'originaux en nombre suffisant, si l'existence du bail et le fait de cautionnement résultent, d'ailleurs, de l'aveu des parties. — *Turin*, 6 mai 1806, Oreglia c. Baretta.

160. — ...Que l'acte dans lequel un individu intervient pour s'engager conjointement et solidairement avec le débiteur étant un cautionnement, n'est pas nul pour n'avoir point été fait en triple original. — *Rouen*, 5 mars 1824, Ameulant c. Cardon.

161. — Mais l'acte par lequel une partie se rend caution d'une dette et s'oblige à la payer, sous la condition, acceptée par le créancier, *de ne pas exiger le paiement de la créance avant un terme convenu*, contient une convention synallagmatique. En conséquence, s'il est sous seing-privé, il doit être fait double, à peine de nullité. — *Cass.*, 14 mai 1817, Menot c. Martel; — Duranton, t. 13, no 152.

162. — Jugé également que celui qui a consenti un cautionnement causé pour un délai accordé au débiteur peut en demander la nullité, lorsque le créancier seul, étant nanti du titre de cautionnement rédigé en un seul original, pourrait, en le supprimant, priver le débiteur du délai convenu. — *Bordeaux*, 10 déc. 1830, Peters c. Danet.

163. — Le cautionnement fait par acte sous seing-privé doit-il contenir un bon ou approuvé en toutes lettres de la somme pour laquelle la caution s'oblige à garantir le débiteur principal? — La jurisprudence est divisée sur cette question. (V. APPROBATION DE SOMME). — Il nous semble que l'art. 1326, C. civ., ne faisant aucune distinction, il y a lieu de l'appliquer à l'obligation accessoire de la caution, aussi bien qu'à l'obligation principale du débiteur. — V. en ce sens Ponsot, *loc. cit.*, p. 26, no 20.

164. — De ce que le cautionnement doit être exprès, il ne s'ensuit point qu'il doive être écrit; il peut être prouvé par témoins lorsqu'il existe un commencement de preuve par écrit. — *Cass.*, 1er fév. 1836, Durand c. Brun.

165. — A plus forte raison, en doit-il être ainsi en matière commerciale.

166. — Aussi a-t-il été jugé que le cautionnement d'une dette commerciale est soumis, comme toute autre obligation commerciale, à la preuve testimoniale, et conséquemment à celle résultant de présomptions graves, précises et concordantes. — *Bordeaux*, 18 août 1841 (t. 1er, 1842, p. 164), Gauthier c. Huard.

Sect. 2e. — *Effets du cautionnement.*

167. — Après avoir considéré le cautionnement dans sa nature et son objet, il faut le considérer dans ses effets, qui varient suivant qu'il s'agit des rapports de la caution avec le créancier, avec le débiteur ou avec les autres cofidéjusseurs, lorsqu'il en existe plusieurs pour la même obligation.

§ 1er. — *Effets du cautionnement entre le créancier et la caution.*

168. — La caution n'est obligée envers le créancier à le payer qu'à défaut du débiteur. — C. civ., art. 2021. — Elle ne peut donc être poursuivie qu'autant que le débiteur lui-même pourrait l'être, à moins toutefois que celui-ci n'ait une exception purement personnelle à opposer. — C. civ., art. 2036.

169. — Lorsqu'un débiteur s'est obligé à payer une certaine somme, *toutefois qu'il serait par justice ordonné*, la caution qui a garanti cet engagement solidairement et avec renonciation à tous les bénéfices des fidéjusseurs ne peut être poursuivie avant que le créancier ait obtenu un jugement contre le débiteur principal. — *Turin*, 6 pluv. an XII, Birolo c. Frola.

170. — La circonstance que le débiteur principal est tombé en faillite et a hypothéqué un immeuble qui ne lui appartenait pas, ne rend point la dette exigible à l'égard de la caution, même solidaire, si elle n'a point participé au stellionat. — *Grenoble*, 16 août 1808, Marchand c. Roux.

171. — La caution solidaire de l'acquéreur de biens nationaux peut être poursuivie en paiement du prix, en vertu de la même contrainte qui a été décernée contre le débiteur principal. — *Cass.*, 19 thermid. an XII, Domaine c. Vandenheude.

172. — La caution peut opposer au créancier toutes les exceptions qui appartiennent au débiteur principal et qui sont inhérentes à la dette; il n'en est pas de même si ces exceptions sont purement personnelles au débiteur. — C. civ., art. 2036. — Elle peut de plus opposer les exceptions de discussion et de division.

173. — 1o *Bénéfice de discussion.* — La caution n'étant obligée de payer le créancier qu'à défaut de débiteur principal, celui-ci doit être préalablement discuté dans ses biens (C. civ., art. 2021), pour qu'on sache s'il peut payer.

174. — Dans l'ancien droit romain, le créancier pouvait contraindre les cautions sans avoir préalablement discuté le débiteur principal. Justinien trouva ce droit trop rigoureux, et il introduisit en faveur des cautions une exception dont l'effet est d'obliger le créancier à discuter le débiteur principal avant de l'admettre à la poursuite des fidéjusseurs. — C'est cette exception qui est connue en jurisprudence sous le nom de *bénéfice de discussion*.

175. — Cette exception étant toute en faveur de la caution, il en résulte que le bénéfice de discussion ne peut plus être invoqué par elle, si elle y a renoncé ou si elle s'est obligée solidairement avec le débiteur; dans ce cas, l'effet de son engagement se règle d'après les principes établis pour les dettes solidaires. — C. civ., art. 2021. — Ponsot, *Tr. du cautionnement*, p. 207, no 187.

176. — Il y a encore exception au principe posé par l'art. 2021, C. civ., lorsqu'il s'agit d'un donneur d'aval. En effet, le donneur d'aval est tenu *solidairement* et par les mêmes voies que les tireurs et endosseurs. — C. comm., art. 142.

177. — Il faut remarquer que, lors même que la caution aurait renoncé au bénéfice de discussion, le créancier doit, puisqu'elle n'est tenue de payer qu'à défaut du débiteur, prouver que ce dernier a été mis en demeure de payer et qu'il ne l'a pas fait. — Delvincourt, t. 3, p. 258; Duranton, t. 18, no 331.

178. — Mais si la caution s'est obligée solidairement avec le débiteur principal, cette mise en demeure n'est plus nécessaire. — Duranton, *ibid.*, no 332.

179. — Lorsque plusieurs individus se sont obligés solidairement, s'il est ajouté que l'un d'eux cautionne l'autre et que celui-ci a seul profité de la somme prêtée, cette circonstance ne détruit pas la solidarité. — *Cass.*, 19 prair. an VII, Lagrange c. Larochette de Lafeuillharade.

180. — Dans le ressort du ci-devant parlement de Paris, le créancier pouvait, comme sous le Code civil, poursuivre directement la caution tant qu'elle n'avait point requis la discussion du débiteur principal. — *Cass.*, 12 janv. 1808, Taschereau-Despictières c. Frécine.

181. — Jugé également que la caution qui ne s'est point obligée solidairement avec le débiteur principal peut être actionnée à l'effet de remplir l'obligation avant que le débiteur principal ait été poursuivi de ce chef, sauf à elle à requérir alors la discussion préalable des biens de celui-ci. — *Bruxelles*, 3 fév. 1826, Berré c. Rolands.

182. — ...Que le créancier qui a pour obligés un débiteur principal et une caution peut agir d'abord contre la caution, à la charge toutefois de prouver l'existence de la dette principale. — *Bordeaux*, 18 août 1841 (t. 1er 1842, p. 164), Gauthier c. Huard.

183. — Le créancier n'est obligé de discuter le débiteur principal que lorsque la caution le requiert sur les premières poursuites dirigées contre elle. — C. civ., art. 2022.

184. — Suivant Treilhard, *Exposé des motifs* (Locré, t. 15, p. 325, no 12), la caution doit réclamer le bénéfice de discussion dans le principe, « toute exception, dit-il, étant couverte par une défense au fond. »

185. — Pothier enseignait aussi que l'exception de discussion était au nombre des exceptions *dilatoires*; d'où il concluait que le fidéjusseur devait être censé y avoir renoncé s'il avait plaidé sur le fond sans l'avoir proposée.

186. — Suivant Malleville, le Code a voulu consacrer l'opinion de Pothier; d'où il conclut que la caution peut opposer le bénéfice de discussion tant que les plaidoiries ne sont point commencées.

187. — Est-il bien vrai cependant que toute conclusion au fond fasse perdre à la caution le bénéfice de discussion ? — Il s'agit de bien s'entendre. « Si la caution, dit M. Ponsot (p. 210, nº 189) nie au fond qu'il y ait cautionnement, si elle conteste la validité, soit de son obligation, soit de l'obligation du débiteur principal, si elle soutient que la dette est éteinte, elle peut encore opposer le bénéfice de discussion, car dans ce cas elle n'est pas censée avoir renoncé à la faculté que la loi lui donne. — Si, au contraire, la contestation élevée entre le créancier et la caution portait, soit sur la quotité de l'obligation principale, soit sur l'étendue des obligations de la caution, celle-ci devrait, avant de conclure au fond, opposer le bénéfice de discussion; car si plus tard les biens du débiteur principal ne suffisaient pas, la caution serait toujours à temps de discuter sur la quotité de l'obligation principale ou l'étendue de son engagement; il n'y a donc pas de motif pour qu'elle s'abstienne d'user du bénéfice de la loi, et si elle ne le fait pas, elle en sera déchue, parce qu'elle sera présumée y avoir tacitement renoncé. »

188. — Quoi qu'il en soit, les mots *premières poursuites* ne doivent pas être entendus dans le même sens que ceux de *in limine litis*. Ils signifient que l'exception peut toujours être opposée par la caution, tant que celle-ci n'a point annoncé par ses actes qu'elle renonçait au bénéfice de discussion. — Favard, *Répert.*, vº *Cautionnement*. — En effet, on ne peut admettre qu'un individu qui conteste l'existence même ou l'étendue du cautionnement puisse être non-recevable à opposer ultérieurement l'exception de discussion, parce qu'il ne l'avait pas d'abord opposée comme on le fait pour les exceptions de forme. — Duranton, t. 18, p. 335. — *Contrà* Pigeau, *Procéd.*, liv. 2, part. 5e, tit. 1er, chap. 8, § 11.

189. — Une fois que le jugement a été rendu, la caution ne peut plus invoquer le bénéfice de discussion, encore bien que le jugement fût sujet à appel ou à opposition. — Duranton, t. 18, nº 336. — Cette opinion ne doit être adoptée qu'avec restriction. En cas de jugement par défaut, l'opposition remettant tout en question, l'exception peut être opposée après le jugement, si elle pouvait l'être avant. Après un jugement susceptible d'appel, l'exception pourrait encore être opposée, si l'instance avait eu uniquement pour objet la question d'existence du cautionnement.

190. — Jugé que l'exception de discussion du débiteur principal doit être proposée par la caution dès l'entrée de la cause. — *Paris*, 21 avr. 1806, Chataigner c. Chespy.

191. — Jugé également que le tiers détenteur sur lequel un créancier saisit et veut faire vendre l'immeuble hypothéqué doit former sa demande en discussion dès les premières poursuites en saisie immobilière : une pareille demande serait tardivement formée la veille de l'adjudication préparatoire. — *Toulouse*, 30 avr. 1836, Coudere c. Brousse.

192. — ... Que l'exception de discussion ne peut être opposée pour la première fois en appel ; attendu qu'elle doit l'être sur les premières poursuites. — *Bourges*, 31 déc. 1830, Préville c. Davidière; *Cass*, 27 janv. 1835, Pety et Divuy c. Danis ; — Duranton, t. 18, nº 336.

193. — ... Et cela quand bien même la caution eût, en première instance, contesté l'existence du cautionnement. — *Cass.*, 27 janv. 1835, Pety et Divuy c. Danis. — Cette décision, par laquelle la cour de Cassation ne fait, d'ailleurs, que reconnaître l'exercice du droit d'appréciation pour les juges du fond a été déterminée par des circonstances de fait. La caution n'avait point contesté en première instance; elle avait même, depuis l'appel, payé un à-compte sur le principal et sur les frais; ce ne fut que subsidiairement et en dernier lieu, qu'elle demanda la nullité du cautionnement. L'arrêt a donc été bien rendu en fait; mais en droit la proposition serait sujette à contestation, et nous ne pouvons que nous en référer à ce que nous disions plus haut (nº 188).

194. — La caution qui a requis le bénéfice de discussion ne peut plus demander ultérieurement la nullité ou la rescision du cautionnement. En requérant la discussion, elle a par là même ratifié ou exécuté le cautionnement. — Delvincourt, *Cours de C. civ.*, t. 3, p. 258.

195. — Lorsque, faute de pouvoir indiquer les biens du débiteur à discuter, la caution n'a pas opposé le bénéfice de discussion sur les premières poursuites, elle peut néanmoins le faire encore s'il survient à celui-ci des biens réunissant les conditions requises, car la règle que les exceptions dilatoires doivent être opposées avant la contestation en cause ne peut avoir lieu qu'à l'égard des exceptions déjà nées, et non à l'égard de celles qui ne sont nées que depuis. — Pothier, *Oblig.*, nº 411 ; — *Contrà* Duranton, t. 18, nº 337.

196. — La caution qui requiert la discussion doit indiquer au créancier les biens du débiteur principal et avancer les deniers suffisans pour faire la discussion. Elle ne doit indiquer ni des biens du débiteur principal situés hors de l'arrondissement de la cour royale du lieu où le paiement doit être fait, ni des biens litigieux, ni ceux hypothéqués à la dette qui ne sont plus en la possession du débiteur. — C. civ., art. 2023.

197. — La caution ou les tiers détenteurs qui requièrent la discussion, dans les cas prévus par les art. 2023 et 2170, C. civ., ne peuvent indiquer au créancier les biens échus au débiteur principal dans les successions indivises de ses père et mère. Ces biens doivent être réputés litigieux dans le sens du premier de ces articles. — *Toulouse*, 9 mars 1819, Martin c. Alexandre.

198. — Il n'y a point de règle absolue, d'après laquelle les tribunaux puissent décider si la discussion des immeubles offerts par la caution deviendrait trop dificile, en raison de leur situation et de leur éloignement. — *Turin*, 18 avr. 1808, Reybaud c. Garda.

199. — L'insolvabilité notoire du débiteur principal dispense le créancier de le discuter. — *Paris*, 21 avr. 1806, Chataignier c. Chespy.

200. — Il y a, entre la discussion accordée à la caution et celle permise au tiers détenteur de biens hypothéqués, cette différence que ce dernier ne peut requérir que la discussion des immeubles hypothéqués à la même dette, au lieu que la caution peut demander celle des biens non hypothéqués à la dette, pourvu qu'ils soient en la possession du débiteur et non grevés d'hypothèque. — Duranton, t. 18, nº 338.

201. — La discussion demandée par la caution peut s'appliquer aux meubles comme aux immeubles. Elle est recevable bien qu'elle n'indique pas des biens suffisans pour payer la totalité de la dette. — Duranton, t. 18, nº 338.

202. — Toutes les fois que la caution a fait l'indication de biens autorisée pour la discussion et qu'elle a fourni les deniers suffisans, le créancier est, jusqu'à concurrence des biens indiqués, responsable, à l'égard de la caution, de l'insolvabilité du débiteur principal survenue par le défaut de poursuites. — C. civ., art. 2024.

203. — L'art. 2024, C. civ., s'applique même au cas où, au nombre de ces biens indiqués, il s'en trouverait d'hypothéqués à la créance et d'autres qui ne l'étaient pas. — Dans ce cas, le créancier ne peut pas échapper aux conséquences du défaut de poursuites simultanées sur tous les biens du débiteur en invoquant l'art. 2209, qui n'autorise de la part du créancier hypothécaire la saisie des biens non hypothéqués qu'en cas d'insuffisance de ceux qui lui sont affectés. — Si la valeur des biens non discutés par le créancier n'est pas déterminée, les juges peuvent annuler les poursuites dirigées contre la caution, comme faites pour chose non due. — Ils ne sont pas tenus d'apprécier la valeur de ces biens pour décider jusqu'à quelle concurrence le créancier perdra son recours contre la caution. — *Cass.*, 8 avr. 1835, Cachon c. Lacrampe.

204. — Lorsqu'il y a un certificateur de caution, il peut, de son chef, demander la discussion de la caution, car elle est débiteur principal à son égard. Il peut encore, du chef de cette même caution, demander la discussion du débiteur principal.

205. — 2º *Bénéfice de division.* — Lorsqu'il y a plusieurs cautions d'un même débiteur pour une même dette, elles sont obligées chacune à toute la dette; mais chacune peut exiger que le créancier divise préalablement son action et la réduise à la portion de chaque caution. C'est ce qu'on appelle le *bénéfice de division.* — C. civ., art. 2025 et 2026.

206. — Une caution ne peut plus invoquer le bénéfice de division : 1º quand elle y a renoncé (C. civ., art. 2026); — 2º quand elle s'est obligée solidairement avec le débiteur (C. civ., art. 1203, 2021). — Toullier, t. 6, n. 728; Duranton, t. 18, nº 343 ; — *Contrà* Delvincourt, t. 2, p. 259 et 260.

207. — La renonciation au bénéfice de division n'emporte pas renonciation au bénéfice de discussion, et réciproquement. — Duranton, t. 18, nº 344.

208. — Si les cautions sont solidaires seulement entre elles et non avec le débiteur principal, elles ne peuvent exciper du bénéfice de division, mais elles peuvent invoquer le bénéfice de discussion, si elles n'y ont pas renoncé. — Duranton, t. 18, nº 345.

209. — La division peut-elle être demandée par les cautions qui sont engagées séparément et successivement ? — Oui, car la loi ne distingue pas. — Delvincourt, *Cours de C. civ.*, t. 3, p. 260. — Non, car le Code ne peut avoir eu l'intention d'accorder le bénéfice de division qu'à ceux qui ont cautionné conjointement. Cependant il en serait autrement si le second acte de cautionnement était mis à la suite du premier ou qu'il en fît mention : la seconde caution serait fondée à dire qu'elle a agi en considération du premier cautionnement et en vue du bénéfice de division. — Duranton, t. 18, nº 346. — Cette seconde opinion nous semble préférable.

210. — Lorsqu'il y a plusieurs cautions de la même dette, mais non du même débiteur, par exemple, s'il y a deux débiteurs solidaires qui ont chacun donné une caution, la caution de l'un ne peut demander la division avec la caution de l'autre (L. 51, § 2, ff., *De fidejuss.*), car l'art. 2025, dont l'art. 2026 n'est que la suite, dit : *cautions d'un même débiteur.* — Rolland, *Rép.*, vº *Cautionnement*, nº 112.

211. — Si l'une des cautions s'est obligée purement et simplement, et l'autre à terme ou sous condition, la première pourra demander la division, mais à la charge qu'elle sera tenue de la totalité si la condition ne s'accomplit pas, ou si, au moment de l'événement de la condition ou de l'échéance du terme, l'autre caution n'est pas solvable. — L. 27, ff., *De fidejuss.* ; — Rolland, *Rép.*, vº *Cautionnement*, nº 113.

212. — Le bénéfice de division n'a pas lieu de plein droit, et n'est prononcé que sur la demande de la caution. L'exception peut etre opposée en tout état de cause. — Delvincourt, *Cours de C. civ.*, t. 3, p. 260; Duranton, t. 18, nº 348.

213. — Lorsque la caution a payé toute la dette sans opposer le bénéfice de division, elle n'a aucune répétition à exercer contre le créancier (L. 49, § 1er, ff., *De fidejuss.*), sauf son recours contre le débiteur ou les autres cautions, s'il y a lieu. Si elle a payé un à-compte sans demander la division, elle pourra la demander ensuite, et imputer ce à-compte sur sa part. — L. 51, § 1er, ff., *De fidejuss.*; — Rolland, *Rép.*, vº *Cautionnement*, nº 108.

214. — La caution qui a été condamnée par jugement à payer toute la dette ou plus que sa part, n'est plus recevable à opposer le bénéfice de division, à moins qu'elle ne fasse réformer le jugement par l'une des voies légales. Si elle est poursuivie extrajudiciairement, elle peut opposer le bénéfice de division jusqu'à la vente de ses biens exclusivement. En tout cas, la loi ne l'oblige pas d'avancer les frais, comme pour la discussion. — Duranton, t. 18, nº 348.

215. — Si, dans le temps où une des cautions a fait prononcer la division, il y en avait d'insolvables, cette caution est tenue proportionnellement de ces insolvabilités ; mais elle ne peut plus être recherchée à raison des insolvabilités survenues depuis la division (C. civ., art. 2026). En pareil cas, pour connaître s'il y a insolvabilité, il faut discuter; et cette discussion doit avoir lieu aux frais et risques des cautions solvables, qui doivent profiter de l'effet que la discussion doit produire. — L. 27, § 2, ff., *De fidejuss.* ; — Rolland, *Rép.*, vº *Cautionnement*, nº 117.

216. — Il y a même raison de décider pour le cas où le cofidéjusseur solvable conteste son obligation en prétendant qu'il n'a pas souscrit de cautionnement ou que son obligation est éteinte. La division ne peut être demandée avec ce fidéjusseur, sauf aux autres cautions à le poursuivre postérieurement et à prouver contre lui l'existence de son obligation. — Delvincourt, t. 3, p. 261.

217. — Lorsque le créancier a divisé lui-même et volontairement son action, il ne peut revenir contre cette division, quoiqu'il y eût, même antérieurement au temps où il l'a ainsi consentie, des cautions insolvables (C. civ., art. 2027). L'effet de cette division a lieu, bien que les cautions n'y aient pas encore acquiescé, et qu'il ne soit pas encore intervenu de jugement de condamnation. — Duranton, t. 18, nº 347.

218. — Le certificateur de caution ne peut invoquer le bénéfice de division quand la caution qu'il a garantie est unique ; car, en pareil cas, il n'y a pas lieu au bénéfice de division. Mais, s'il y a plusieurs cautions, il peut demander la division du chef de celui qu'il a cautionné.

§ 2. — *De l'effet du cautionnement entre le débiteur et la caution.*

219. — Pour déterminer les effets du cautionnement entre le débiteur et la caution, le Code distingue si la caution a payé ou non : de là une division toute naturelle.

220. — 1º *Recours de la caution qui a payé.* — La caution qui a payé a son recours contre le débiteur principal, soit que le cautionnement ait été donné au su ou à l'insu du débiteur (C. civ., art.

2028). — Par le mot *payé*, il faut entendre toute espèce de libération ou extinction de la dette. — Duranton, t. 18, no 349; Ponsot, p. 262, no 232.

221. — La caution qui a payé la dette a contre le débiteur deux sortes d'actions: l'une en simple recours qu'elle exerce en son nom et de son chef pour se faire rembourser de ce qu'elle a payé pour le débiteur; l'autre qu'elle exerce du chef du créancier payé et comme subrogée à tous ses droits contre le débiteur.

222. — Ces deux actions ne sont point exclusives l'une de l'autre; au contraire, la subrogation est un avantage nouveau qui vient s'ajouter à celui du simple recours, et rendre meilleure la position de la caution; cet avantage devient surtout manifeste lorsque le créancier avait un privilége ou une hypothèque sur les biens du débiteur, puisque avec la subrogation la caution est en droit de s'en prévaloir dans son intérêt personnel, ce qu'elle ne pourrait pas au moyen du simple recours.

223. — La caution qui paie le créancier remplit une obligation personnelle, et n'a, à la différence du mandataire et du *negotiorum gestor*, de recours vers le principal obligé qu'autant qu'elle l'a valablement libéré et sous la condition de garantir le paiement par elle fait. — *Rennes*, 19 juill. 1826, Jagu c. Grellier.

224. — Si, lors du paiement fait par la caution, le terme n'était pas échu, la caution ne pourrait recourir contre le débiteur qu'après l'échéance; car elle ne peut, par un paiement anticipé, priver du bénéfice du terme le débiteur qui n'est en état ni de faillite ni de déconfiture. — Duranton, t. 18, no 349.

225. — Le recours de la caution a lieu tant pour le principal que pour les intérêts et les frais; néanmoins la caution n'a de recours que pour les frais par elle faits depuis qu'elle a dénoncé au débiteur principal les poursuites dirigées contre elle. — C. civ., art. 2028. — Nonobstant les termes restrictifs de l'article, M. Duranton (t. 18, no 350) pense, et avec raison ce nous semble, que la caution peut encore exercer son recours pour les frais de la demande formée contre elle, ou pour ceux de commandement, si le créancier agissait en vertu d'un titre authentique; car, dans ces deux cas, la caution a ignoré l'intention du créancier. Il faudrait en dire autant pour les frais de saisie immobilière, si la caution n'avait pas eu le temps d'en instruire le débiteur.

226. — Il paraît certain, du reste, qu'il y a dans l'art. 2028 une légère inexactitude de rédaction, le mot *que* y est transposé; de sorte que pour avoir la pensée de la loi, il faut, comme le propose M. Delvincourt, au lieu de cette phrase: *la caution n'a de recours* QUE POUR LES FRAIS FAITS *par elle depuis*, etc..., il faut, disons-nous, rétablir le texte de la disposition de la manière suivante: *la caution n'a de recours, pour les frais faits par elle*, QUE POUR CEUX FAITS *depuis*, etc...

227. — Aussi M. Ponsot (*Cautionnement*, p. 265, no 236) n'hésite-t-il pas à soutenir que la caution a un recours contre le débiteur *pour tous les frais qu'elle a supportés par la faute du débiteur*.

228. — La caution a droit de répéter contre le débiteur principal les intérêts, à compter du jour du paiement, de toutes les sommes qu'elle a versées pour son compte, soit pour acquitter des intérêts, soit pour solder un capital. — *Toulouse*, 4 fév. 1828, Dernis c. Squivier; *Caen*, 7 août 1840 (t. 1er 1841, p. 122), Scelles c. Leroux.

229. — V. dans le même sens *Parlem. de Paris*, 22 juill. 1682 (rapporté au *J. du Palais* de Blondeau et Guéret); Rousseau de Lacombe, *Dict. de jurisp. civ.*, vo *Cautionnement*, sect. 6e, no 9; Delvincourt, t. 3, p. 140, note 4e; Duranton, t. 18, no 352. — V. *contrà* Pothier, *Obligations*, no 439. — Leprêtre (centur. 2, chap. 30, no 37) rapporte un arrêt du parlement de Paris du 14 déc. 1606, qui a jugé que les intérêts des arrérages de rentes payés par la caution ne lui étaient dus qu'à compter du jour de la demande.

230. — Toutefois, ces intérêts sont soumis à la prescription de cinq ans. — *Caen*, 7 août 1840 (t. 1er 1841, p. 122), Scelles c. Leroux.

231. — Mais l'action en répétition, de la part de la caution solidaire, des intérêts ou arrérages non prescrits qu'elle a payés, dure trente ans. — Même arrêt.

232. — La caution a aussi son recours contre le débiteur pour obtenir des dommages-intérêts, s'il y a lieu. — C. civ., art. 2028. — L'intérêt légal du cautionnement n'est point un obstacle à l'exercice de cette action, car le débiteur doit indemniser la caution du dommage qu'elle peut avoir éprouvé. — Duranton, t. 18, no 351; Ponsot, *Cautionnement*, p. 267, no 238.

233. — Delvincourt fait observer que le cautionnement n'est un service qu'autant qu'il est gratuit, et que l'art. 2028, dernier alinéa, ne doit s'appliquer que dans ce cas. — Mais M. Duranton (*loc. cit.*) rejette avec raison cette distinction. — « Notre article, dit-il, ne distingue pas et ne devait pas distinguer, attendu que tout en payant un prix pour le cautionnement, le débiteur ne s'obligeait pas moins à remplir son engagement envers le créancier, et à prévenir par là le dommage qui est venu atteindre la caution; or, c'est pour ce dommage que la caution réclame une indemnité. Et remarquez, ajoute-t-il, que, dans beaucoup de cas, le dommage pourrait surpasser de beaucoup le prix du cautionnement. »

234. — Lorsqu'il y avait plusieurs débiteurs principaux solidaires d'une même dette, la caution qui les a tous cautionnés a contre chacun d'eux le recours pour la répétition du total de ce qu'elle a payé. — C. civ., art. 2030.

235. — Si la caution qui a payé n'avait cautionné qu'un ou plusieurs des débiteurs solidaires, elle aurait son recours pour le tout contre ceux qu'elle aurait cautionnés; contre les autres, son action devrait être divisée. Mais si, non contente de la subrogation légale, la caution, en payant le créancier s'était fait subroger conventionnellement à ses droits, elle peut poursuivre, pour le tout, chacun des débiteurs solidaires, puisque le même recours pourrait être exercé par un tiers qui aurait payé avec subrogation. — Duranton, t. 18, no 355.

236. — La caution qui a payé une première fois n'a point de recours contre le débiteur principal qui a payé une seconde fois, lorsqu'elle ne l'a point averti du paiement par elle fait, sauf son action en répétition contre le créancier. — Lorsque la caution a payé sans être poursuivie et sans avoir averti le débiteur principal, elle n'a point de recours contre lui dans le cas où, au moment du paiement, ce débiteur avait des moyens pour faire déclarer la dette éteinte, sauf son action en répétition contre le créancier. — C. civ., art. 2031.

237. — Dans le cas de contestation sur le point de savoir si la caution a prévenu le débiteur, ce serait à elle à le prouver. Alors, comme il s'agirait d'établir un fait, toute espèce de preuve serait admissible, même la preuve testimoniale. — Duranton, t. 18, no 356.

238. — Les nullités de la procédure ne sont pas des moyens que la caution soit tenue d'invoquer (L. 29, § 4, ff., *Mandati*). Toutefois, il en est autrement de la prescription. S'il répugnait à la caution de l'invoquer, elle doit appeler le débiteur, qui fera valoir l'exception s'il le juge à propos. — Delvincourt, *Cours de C. civ.*, t. 3, p. 264.

239. — La caution qui a payé la dette est subrogée à tous les droits qu'avait le créancier contre le débiteur. — C. civ., art. 2029.

240. — Avant le Code civil, aucune disposition formelle de loi n'accordant la subrogation *ipso jure* à la caution qui payait pour l'obligé principal, l'arrêt qui l'aurait décidé ainsi est à l'abri de la cassation. — *Cass.*, 1er sept. 1808, Pierre c. Husse-not et Henriot.

241. — C'est d'après les lois existant à l'époque du paiement qu'il faut décider si la caution qui a payé pour le débiteur principal est subrogée aux droits du créancier. — Même arrêt.

242. — Merlin (*Rép.*, vo *Effet rétroactif*) critique cet arrêt: « La cour, dit-il, n'eût pas fait application à l'espèce du principe que les contrats sont régis par la loi du temps où ils ont été passés, si elle eût considéré que l'ancienne législation donnait à la caution le droit de contraindre le créancier à lui céder ses actions en recevant son paiement. En effet, suivant Proudhon, la loi nouvelle a pu accorder ce que la caution était déjà en droit d'obtenir sous l'ancienne législation; et puisqu'elle pouvait forcer la cession d'actions du créancier, il faut en conclure qu'elle serait subrogée de plein droit. » — Chabot (*Quest. transit.*, vo *Jurisprudence*, t. 2, p. 111) ajoute: « Il est évident que la cour de Cassation se serait bornée au premier motif résultant de ce qu'il n'y avait pas de loi sur la question, et n'aurait pas ajouté le motif résultant de ce qu'il n'y avait pas de jurisprudence constante, si elle n'avait pas considéré la jurisprudence constante comme ayant force de loi et pouvant également servir de base à l'ouverture en cassation. »

243. — La subrogation légale a lieu de plein droit au profit de la caution qui paie la dette principale depuis la promulgation du Code civil, quoique le cautionnement ait été souscrit antérieurement. — *Bruxelles*, 22 avr. 1813, Vanfersel et Vandongen c. Vanriet et Beckx.

244. — La compagnie d'assurances qui s'est rendue caution solidaire du service des intérêts d'un prêt hypothécaire, et qui en a payé une partie en cette qualité, ne peut, bien que subrogée dans les droits du créancier, se faire colloquer dans l'ordre ouvert sur le débiteur au même rang et en concurrence avec le créancier tant que celui-ci n'a pas reçu intégralement ce qui lui est dû. — *Bordeaux*, 28 août 1844 (t. 1er 1845, p. 574), Favreau c. Aubert et Demonchy.

245. — L'individu qui s'oblige vis-à-vis d'un débiteur à payer pour son compte des intérêts à quelques uns de ses créanciers, ne peut se faire considérer comme une caution à l'égard de ces créanciers. En conséquence, il ne peut être subrogé légalement à leurs droits pour les sommes qu'il leur a payées, ni se faire rembourser, dans l'ordre ouvert sur le débiteur, au préjudice de ce qui leur reste encore dû. — Il ne pourrait non plus se prévaloir d'une subrogation conventionnelle stipulée dans les quittances qu'il a reçues desdits créanciers, alors que les actes d'emprunt et d'emploi (ceux par lesquels il s'est engagé à payer les intérêts et les quittances données par les créanciers) sont faits par actes sous seing-privé. — *Paris*, 27 nov. 1841 (t. 2 1842, p. 475), Huc c. Pochet et Mouton.

246. — La subrogation accordée par l'art. 2029, C. civ., à la caution, dans tous les droits du créancier qu'elle paie, n'est point exclusive de l'action personnelle de la caution contre le débiteur principal. — *Paris*, 26 avr. 1838 (t. 1er 1838, p. 633), Lieudenec c. Tetart.

247. — La caution qui a payé pour le preneur est substituée aux droits du bailleur, et peut, si celui-ci y consent, poursuivre contre le premier la résiliation du bail. — *Bourges*, 8 juin 1812, Gobier c. Descharme.

248. — 2o *Action de la caution avant qu'elle ait payé.* — La caution, même avant d'avoir payé, peut agir contre le débiteur pour être par lui indemnisée: 1o lorsqu'elle est poursuivie en justice. — C. civ., art. 2032.

249. — Toutefois, la caution ne serait pas fondée à demander que le débiteur fût tenu de lui compter le montant de la dette qu'elle n'aurait pas encore versé. Car si, après l'avoir reçu, la caution ne payait pas le créancier, le débiteur se trouverait obligé de payer deux fois. — Duranton, t. 18, no 359.

250. — Le codébiteur qui, par transaction avec le créancier, s'est engagé à payer la dette de son codébiteur peut, comme caution, demander à être indemnisé par celui-ci, même avant d'avoir payé, s'il est poursuivi. Et ce dernier ne peut échapper à cette action, sous prétexte que la transaction lui serait étrangère. — *Colmar*, 5 juin 1816, Houssmann c. Schauffler.

251. — .... 2o Lorsque le débiteur a fait faillite, ou est en déconfiture. — C. civ., art. 2032.

252. — Il ne s'ensuivrait pas cependant que la caution eût le droit de se présenter, concurremment avec le créancier, dans les distributions de deniers faites par le débiteur. Il en serait autrement si le créancier ne se présentait pas, sauf le droit pour la masse de l'écarter, dans le cas où le créancier se présenterait ensuite. — Duranton, t. 18, no 360.

253. — La caution qui, après un concordat accordé au débiteur, paierait le créancier en totalité, ou seulement pour la partie remise au débiteur par le concordat, ne serait pas fondée à recourir contre le débiteur pour être remboursée au-delà de ce que le créancier avait droit d'exiger en vertu du concordat. En effet, pour ce surplus la dette du débiteur est éteinte, et la caution, subrogée aux droits du créancier, devrait subir les exceptions qui y sont attachées. — Duranton, t. 18, no 361.

254. — La faillite ou la déconfiture du débiteur principal ne prive point la caution du bénéfice du terme.

255. — ... 3o Lorsque le débiteur s'est obligé de lui rapporter sa décharge dans un certain temps. — C. civ., art. 2032. — C'est une proposition empruntée à Pothier, et qui n'était pas alors universellement admise.

256. — En pareil cas, la caution peut demander que sa décharge soit rapportée ou qu'une somme suffisante pour payer la dette soit déposée par le débiteur jusqu'à ce que la caution la fasse retirer par le créancier et en rapporte quittance. — Duranton, t. 18, no 363.

257. — .... 4o Lorsque la dette est devenue exigible par l'échéance du terme sous lequel elle avait été contractée. — C. civ., art. 2032.

258. — Quand, après la cessation et la liquidation d'une entreprise générale de fournitures pour le gouvernement, l'indemnité due par l'état a été payée aux entrepreneurs, les créances des sous-traitans et fournisseurs particuliers contre l'entreprise doivent être considérées comme exigibles. En conséquence, en pareil cas, la caution des entrepreneurs peut, même avant d'avoir payé, agir contre eux pour être indemnisée. — *Paris*, 20 mai 1825, compagnie Leleu c. légataires Corboz Delatour.

259. — Le débiteur solidaire ne peut, comme la caution simple, agir contre son codébiteur après l'échéance de l'obligation, tant qu'il n'a pas payé pour lui. — *Riom*, 18 août 1840 (t. 2 1841, p. 396), Bouffet c. Coudert.

260. —...5° Au bout de dix années, lorsque l'obligation principale n'a point de terme fixe d'échéance, à moins que l'obligation principale, telle qu'une tutelle, ne soit pas de nature à pouvoir être éteinte avant un temps déterminé. — C. civ., art. 2032.

261. — Les rédacteurs du Code ont emprunté cette doctrine à nos anciens auteurs qui, eux-mêmes, prétendaient l'avoir empruntée aux jurisconsultes Romains, et notamment à la loi 38, § 1, ff., *Mandati*. Mais cette loi avait été mal comprise, ainsi que le prouve M. Ponsot, p. 309, n° 269.

262. — Quoi qu'il en soit, il existait dans l'ancienne jurisprudence de grands débats sur la question de savoir au bout de quel temps la caution pouvait demander sa décharge. Les uns l'arbitraient à deux ou trois ans, d'autres à dix ans, d'autres enfin à trente ans. Henrys et Pothier voulaient que la question fût laissée à l'arbitrage du juge. — Le Code a mis fin à toute cette controverse et tranché la difficulté.

263. — M. Duranton (*Dr. franç.*, t. 18, n° 364) pense qu'il y a un vice de rédaction dans le texte de l'art. 2032, et que le mot *pas* devrait être effacé dans le dernier membre de phrase. — Il nous semble que, pour être plus régulière, la rédaction devrait être celle-ci : « à moins que l'obligation principale soit de nature à ne pouvoir être éteinte. »

264. — Celui qui a consenti une hypothèque sur ses biens pour sûreté d'une rente constituée par un tiers, peut, comme une caution, demander, au bout de dix ans, l'extinction de cette obligation. — *Bruxelles*, 2 avr. 1819, Meyns c. Lauweyrins.

265. — La disposition de l'art. 2032, § 5, est-elle applicable au cautionnement donné pour un contrat de vente? — Avant le Code, la question était controversée. Dumoulin (*Tract. de usur.*, quest. 30e) décide qu'en ce cas la caution ne peut, au bout de quelque long temps que ce soit, obliger le débiteur principal à rembourser la rente pour la décharger de son cautionnement, parce que, la nature de la rente étant de durer perpétuellement, jusqu'à ce qu'il plaise au débiteur de la racheter, la caution qui en a connu la nature et qui a bien voulu la cautionner s'est soumise à contracter une obligation perpétuelle, ainsi que l'est la rente..... « Nonobstant ces raisons, dit Pothier (*Oblig.*, n° 444), on tient au palais que, même dans le cas auquel il n'y a eu aucune convention entre le principal débiteur et la caution, lorsque la caution s'est obligée à la prière du débiteur et que son cautionnement dure depuis un temps très considérable, comme de dix ans au moins, la caution est bien fondée à demander au débiteur principal qu'il l'en décharge en remboursant la rente dans un certain temps qui lui sera limité par le juge. »

266. — Cependant, jugé que celui qui, avant le Code civil, a cautionné le service d'une rente sans stipuler que le débiteur devrait la rembourser dans un délai quelconque, ne peut demander contre celui-ci à être déchargé de son obligation par le motif qu'il se serait écoulé trente ans depuis qu'il l'a contractée. — *Liége*, 1er messid. an XIII, Demaret c. Rosée.

267. — Aujourd'hui on est généralement d'avis que la caution a droit d'agir contre le débiteur, lorsqu'il s'agit d'un cautionnement donné pour sûreté d'une rente perpétuelle. — Merlin, *Rép.*, v° *Caution*, § 6 ; Favard, *Rép.*, v° *Caution*, sect. 1re, § 2, art. 2; Malleville, *Anal. du C. civ.*, t. 4, p. 121 ; Delvincourt, *Cour de C. civ.*, t. 3 p. 262 ; Duranton, t. 18, n° 364; Ponsot, *Cautionnement*, p. 311, n° 271.

268. — Jugé, en conséquence, que celui qui s'est porté caution dans un acte de constitution de rente peut, au bout de dix ans, agir contre le débiteur pour obtenir sa décharge. — *Bruxelles*, 1er fév. 1827, N....

269. — La femme s'obligeant solidairement avec son mari, pour le compte d'une société qui lui est étrangère, peut, comme caution, exercer sa garantie, même avant d'avoir payé, conformément à l'art. 2032, C. civ., non seulement contre son mari, mais même contre chacun des membres de la société. — *Paris*, 4 déc. 1830, Bureaux c. Garnot; *Cass.*, 17 août 1831, mêmes parties.

270. — Le certificateur de caution étant une véritable caution à l'égard de la caution, peut, avant d'avoir payé, agir contre elle dans les mêmes cas où elle peut agir contre le débiteur principal.

271. — La faculté accordée, en certains cas, à la caution d'agir contre le débiteur principal, même avant d'avoir payé, ne lui confère que le droit de former contre lui une action en justice; elle ne lui donne pas celui de poursuivre le débiteur par voie parée d'exécution, alors qu'elle n'est pas porteur d'un titre exécutoire. — *Bordeaux*, 22 fév. 1832, Jollivet c. Laroussie.

§ 3. — *De l'effet du cautionnement entre les cofidéjusseurs.*

272. — Lorsque plusieurs personnes ont cautionné un même débiteur pour une même dette, la caution qui a acquitté la dette a recours contre les autres cautions, chacune pour sa part et portion. — C. civ., art. 2033.

273. — Mais ce recours n'a lieu que lorsque la caution a payé dans l'un des cas énoncés en l'art. 2032 (*ibid.*), et qu'autant qu'elle pourrait recourir contre le débiteur lui-même. — Duranton, t. 18, n° 366.

274. — Si la caution avait payé avant l'exigibilité de la dette, elle n'aurait point personnellement de recours contre ses cofidéjusseurs, lors même que le débiteur n'aurait pas payé depuis; car elle ne serait pas dans l'un des cas prévus par l'art. 2032. Il en serait autrement si elle s'était fait subroger par le créancier dans ses droits, car alors elle agirait comme tout tiers qui paie la dette d'autrui. — Duranton, t. 18, nos 367 et 368.

275. — Dans le cas où le créancier a fait remise à l'une des cautions de son obligation, il faut distinguer : si les cautions ne se sont obligées que successivement, et que celle à laquelle la remise a été faite se soit obligée la dernière, cela doit être indifférent pour les autres cautions, qui ne peuvent dire qu'en s'engageant elles ont compté sur le recours contre celle-ci, dont elles ignoraient l'engagement futur. Dans le cas contraire, c'est-à-dire si les cautions se sont obligées toutes ensemble, ou si le créancier a fait remise à celle qui s'est engagée la première, il ne peut exercer son recours que sous la déduction de la part de cette caution dans la dette. — Delvincourt, t. 3, p. 265. Rolland, *Rép.*, v° *Cautionnement*, n° 145.

276. — Le certificateur de caution qui a payé la dette a, indépendamment de son recours pour le tout contre la caution qu'il a cautionnée, une action du chef de celle-ci contre les autres cautions, chacune pour leur part.

Sect. 3e. — *Extinction du cautionnement.*

277. — L'obligation qui résulte du cautionnement s'éteint par les mêmes causes que les autres obligations. — C. civ., art. 2034.

278. — Elle peut même s'éteindre, bien que l'obligation principale continue de subsister. Alors l'extinction ne profite que pour l'avenir et le cautionnement subsiste pour le passé. Ainsi, la caution du débiteur d'une rente est tenue des arrérages échus, sauf à invoquer la prescription, s'il y a lieu. — Duranton, t. 18, n° 371.

279. — Lorsque la caution excipe de la prescription de la dette, on ne saurait lui opposer la reconnaissance de cette dette, faite par le débiteur principal depuis que le temps de la prescription était accompli. — *Bruxelles*, 26 juin 1818, Swemere c. d'Hondt.

280. — Celui qui, avant la révolution, a cautionné solidairement une commune pour le paiement d'une rente, n'a pas été dégagé de la solidarité par l'effet de la loi du 24 août 1793, qui a déclaré biens nationaux les biens des communes et mis leurs dettes à la charge de l'état. — *Rouen*, 14 flor. an IX, Hamon c. Grandin.

281. — Lorsqu'une dette a été cautionnée, et que le débiteur, en la payant, se fait remettre par le créancier un blanc-seing au moyen duquel il pourra la négocier, et faire revivre ainsi le cautionnement, la cession postérieure doit être maintenue lorsque le cessionnaire a ignoré l'extinction de cette dette; d'où il suit que la caution, simple *ayant-cause* du débiteur pour tout ce qui tient à l'existence de l'obligation sur laquelle porte le cautionnement, ne saurait, d'après l'art. 1341, C. civ., être reçue à rien prouver par témoins contre et outre le contenu de l'acte de cession. — *Cass.*, 12 fév. 1840 (t. 1er 1840, p. 603), Aumont c. Bigot.

282. — Le cautionnement est éteint en tout ou en partie par la confusion, selon que le débiteur ou la caution sont devenus héritiers l'un de l'autre, pour le tout ou partie. — C. civ., art 1301. — Duranton, t. 18, nos 373 et 375. — A moins toutefois que la succession n'ait été acceptée sous bénéfice d'inventaire. — *Ibid.*, n° 374.

283. — Jugé cependant que, bien que le débiteur principal ait accepté la succession de la caution obligée à la même dette, le créancier peut toujours exercer les actions qui lui appartenaient contre chacun d'eux séparément. Ainsi il conserve une action distincte contre la caution. — *Riom*, 5 août 1840 (t. 1er 1841, p. 343), de Terves c. de Besse-Bosredon.

284. — Lors même que la succession a été acceptée purement et simplement, la confusion n'éteint point le cautionnement si l'obligation principale, étant susceptible d'être annulée par quelque exception personnelle au débiteur, présente au créancier moins d'avantages que le cautionnement lui-même. — Duranton, t. 18, n° 375.

285. — Dans le cas où la caution qui a hypothéqué un immeuble à la sûreté de son engagement, décède en instituant le débiteur pour héritier, l'engagement personnel est éteint, mais l'hypothèque conférée au créancier, étant un droit réel, continue de subsister. — Duranton, t. 18, nos 376 et 377.

286. — Lorsque le créancier succède à la caution, et réciproquement, le cautionnement est éteint, sauf le droit de répétition pour ce qui a pu être payé auparavant. — Duranton, t. 18, n° 378.

287. — La confusion qui s'opère entre le créancier et la caution n'éteint point l'action du créancier contre celui qui s'est rendu caution de la caution. — C. civ., art. 2035.

288. — La caution peut opposer au créancier toutes les exceptions qui appartiennent au débiteur principal, et qui sont inhérentes à la dette; mais elle ne peut opposer les exceptions purement personnelles au débiteur. — C. civ., art. 2036.

289. — La caution solidaire est recevable à attaquer comme simulée l'obligation qui déguise une donation excédant la portion disponible, bien qu'il ait été stipulé dans l'acte que le cautionnement sera valable, quoique l'obligation puisse être annulée par des exceptions personnelles au débiteur principal ou pour toute autre cause. — *Grenoble*, 4 déc. 1830, Bernard-Reymond c. Blanc-Gras.

290. — La caution ne peut être poursuivie à raison du même fait pour lequel le principal obligé a été judiciairement relaxé. — Pothier, *Oblig.*, n° 381 ; Toullier, *Dr. civ.*, t. 10, n° 209. — Spécialement : quand des négocians ont été renvoyés des poursuites dirigées contre eux par les régisseurs de la douane, pour défaut de rapport d'un acquit-à-caution valablement déchargé, les cautions de ces négocians ne sauraient être condamnées à raison de ce même fait. — *Cass.*, 29 brum. an XII, Vincent, Rey et Barrois c. commissaire-général de police de Marseille.

291. — La caution qui n'a été ni partie ni appelée lors des jugemens rendus contre le débiteur principal, ne peut y former tierce-opposition, si elle n'a point des exceptions personnelles à proposer, mais seulement des moyens déjà proscrits par ces jugemens. — *Cass.*, 27 nov. 1811, Borel c. Duchesne.

292. — Une caution est recevable à former tierce opposition à un arrêté du conseil de préfecture, rendu hors de sa présence, qui l'a condamnée au paiement de la dette solidairement avec l'obligé principal. — *Cons. d'état*, 13 juin 1821, ville de Nancy c. Douville.

293. — La caution solidaire ne peut pas, comme la caution simple, opposer la compensation de ce qui peut être dû par le créancier au débiteur principal. — *Colmar*, 16 juin 1821, Lossaint c. Gsell. — *Contrà* Toullier, *Dr. civ.*, t. 7, n° 376. — « Il nous paraît, dit-il, qu'il faut modifier par l'art. 2036, qui accorde à la caution toutes les exceptions qui appartiennent au débiteur principal, la rédaction trop générale de l'art. 2021, qu'il sera à propos de corriger lors de la révision du Code, ou plutôt il faudra changer la disposition finale de l'art. 1294. »

294. — La remise que les créanciers font au débiteur dans un concordat, étant une remise forcée, ne profite point à la caution ; il en serait autrement de la remise volontaire. — Duranton, t. 18, n° 381.

295. — Le créancier qui a adhéré, sans faire de réserves, à un concordat par lequel une remise a été faite à son débiteur tombé en faillite, ne perd pas pour cela son recours contre la caution. — A plus forte raison en doit-il être ainsi s'il y a eu entre la caution et le créancier réserve expresse des droits de celui-ci. — *Lyon*, 14 juin 1826, Durand c. Dalmais et Girodet.

296. — La caution est déchargée lorsque la subrogation aux droits, hypothèques et priviléges du créancier ne peut plus, par le fait de ce créancier, s'opérer en faveur de la caution. — C. civ., art. 2037.

297. — La caution solidaire peut, tout aussi bien que la caution simple, invoquer la décharge prononcée par l'art. 2037, C. civ., lorsque le créancier ne peut plus, par son fait, la subroger à ses droits, priviléges et hypothèques. — *Rennes*, 28 mars 1814, Lambert c. Laumaillerie; *Nîmes*, 3 déc. 1819, Ventujols c. Molines; *Bordeaux*, 19 août 1822, Espipasse c. Bellot; *Pau*, 3 janv. 1824, Adéma c. Casenave; *Caen*, 18 mars 1828, Dumesnil-Dubuisson

c. Forfait-Bellecœur; *Cass.*, 17 août 1836, Douanes c. Pugliesi; 29 mai 1838 (t. 2 1838, p. 132), Bureau de bienfaisance de la Basse-Terre c. Coquille; 14 juin 1841 (t. 2 1841, p. 49), Gilbert-Gillot c. ville du Mans; 20 mars 1843 (t. 2 1843, p. 255), Dartigues c. Charropin; *Limoges*, 28 mars 1844 (t. 1er 1845, p. 538), Diverneresse c. Ribord-Duchalard.

298. — En effet, la solidarité prive bien la caution des bénéfices de division et de discussion; mais elle ne l'assimile pas pour cela entièrement au débiteur principal vis-à-vis du créancier; celui-ci n'en est pas moins tenu de lui reconnaître le caractère de caution, qu'elle conserve, et il ne peut, en cette qualité, l'obliger au paiement qu'autant qu'il est en état de la subroger à ses droits.

299. — Ce droit pour le débiteur de se faire décharger peut être exercé par voie d'action, comme par voie d'exception. — *Nîmes*, 3 déc. 1819, Ventujols c. Molines.

300. — Le jugement qui condamne la caution solidaire, conjointement avec le débiteur principal au paiement de l'obligation, ordonne seulement l'exécution du titre. En conséquence, bien que la caution ait acquiescé à ce jugement, elle peut néanmoins se prétendre libérée, d'après l'art. 2037, C. civ. A cet égard il n'y a point chose jugée. — *Cass.*, 29 mai 1838 (t. 2 1838, p. 132), Bureau de bienfaisance de la Basse-Terre c. Coquille.

301. — Jugé, au contraire, qu'à la différence de la caution simple, la caution *solidaire* n'est pas déchargée, lorsque, par son fait, le créancier ne peut plus la subroger à ses droits, hypothèques et priviléges, qu'il a laissé périr ou diminuer. — *Rouen*, 7 mars 1818, Lemoine c. héritiers Paumier; *Cass.*, 17 janv. 1831, Dumesnil-Dubuisson c. Forfait Bellecourt; *Caen*, 30 mars 1833 (sous *Cass.*, 12 mai 1835), Baillet c. Louchet; *Limoges*, 21 mai 1835, Beaulieu c. Saubade; *Cass.*, 5 déc. 1843 (t. 2 1843, p. 815), Durand de Berlatz c. Balaran; — Merlin, *Quest.*, v° *Solidarité*; Delvincourt, t. 2, p. 618; Toullier, t. 7, n° 772.

302. — Le débiteur solidaire soutiendrait en vain qu'en renonçant aux sûretés fournies par un des codébiteurs, le créancier a renoncé à poursuivre les autres au-delà de leur part virile dans la dette. — *Cass.*, 5 déc. 1843 (t. 2 1843, p. 815), Durand de Berlatz c. Balaran.

303. — Le codébiteur solidaire ne peut point se comparer à une caution, et prétendre écarter le créancier qui s'est mis, par son fait, hors d'état de le subroger dans tous ses droits. — En d'autres termes, le créancier qui, ayant plusieurs débiteurs solidaires, a reçu de l'un d'eux une partie de la dette, et lui a donné main-levée de son hypothèque, peut encore agir contre les autres pour le surplus, bien qu'il ne puisse plus le subroger dans l'hypothèque à laquelle il a renoncé. — *Orléans*, 29 nov. 1826, Lemaistre c. Thierry.

304. — Jugé également que le débiteur solidaire qui, par le fait du créancier, ne peut plus être subrogé aux droits, hypothèques et priviléges de ce dernier, ne cesse pas pour cela, comme la caution, d'être obligé solidairement. — *Colmar*, 11 mai 1838 (t. 1er 1839, p. 97), Léonard et Bourcard c. Hell.

305. — La disposition de l'art. 2037, C. civ., ne peut être invoquée par la caution, lorsque l'hypothèque a été acquise par le créancier postérieurement au cautionnement. — *Cass.*, 17 janv. 1831, Dumesnil-Dubuisson c. Forfait Bellecourt; 12 mai 1835, Baillet c. Louchet.

306 — Spécialement, l'art. 2037 ne peut être opposé par les endosseurs d'un effet de commerce au tiers porteur qui, en recevant un à-compte de l'accepteur, s'est départi de l'inscription qu'il avait prise sur les biens de ce débiteur principal. — *Cass.*, 17 (et non 16) janv. 1831, Dumesnil Dubuisson c. Forfait Bellecourt. — *Contrà Caen*, 18 mars 1828, mêmes parties.

307. — Pour que la caution non solidaire soit déchargée de son obligation, dans le cas où la subrogation aux droits, hypothèques et priviléges du créancier ne peut plus, par le fait de ce dernier, s'opérer en faveur de la caution, il suffit que l'impossibilité de la subrogation résulte d'une simple négligence du créancier, d'un fait négatif (*in omittendo*). — *Toulouse*, 27 août 1829, de Montaut c. Galy.

308. — Jugé de même à l'égard d'une caution solidaire; ainsi une commune ne peut poursuivre contre la caution solidaire du fermier de son octroi l'exécution du contrat de cautionnement, alors qu'en négligeant de faire inscrire l'hypothèque légale qui lui appartenait sur les biens de ce fermier, et en laissant vendre ces biens sans réclamation, elle s'est mise dans l'impossibilité de conférer à la caution la subrogation que lui assure l'art. 2037. — *Cass.*, 14 juin 1841 (t. 2 1841, p. 49), Gilbert-Gillot c. ville de Nevers.

309. — Jugé dans le même sens qu'un fait négatif (*in omittendo*) de la part du créancier, tel que le défaut de renouvellement d'une inscription hypothécaire, suffit pour opérer la libération de la caution. — *Cass.*, 29 mai 1838 (t. 2 1838, p. 132), Bureau de bienf. de la Basse-Terre c. Coquille.

310. — Toullier (t. 7, n° 172), adoptant la doctrine enseignée par Pothier (n° 557), pense que pour donner lieu à l'application du principe de l'art. 2037, il faut un *fait positif* du créancier, comme, par exemple, le désistement d'une inscription, mais qu'une simple omission, une négligence, ne suffit pas.

311. — Jugé en ce sens qu'il faut *un fait positif* de la part du créancier pour que l'impossibilité de subrogation donne lieu à l'application de l'art. 2037, C. civ.; une *simple négligence* ou *omission* de la part du créancier ne suffirait pas. — *Toulouse*, 19 mars 1842, sous *Cass.*, 5 déc. 1843 (t. 2 1843, p. 815), Durand de Berlatz c. Balaran.

312. — ... Que la caution ne peut pas opposer au créancier solidaire l'exception *cedendarum actionum*, par cela qu'il n'aurait pas renouvelé l'inscription prise sur le débiteur principal. — *Colmar*, 16 juin 1821, Lossaint c. Gsell.

313. — ..... Alors surtout qu'elle s'est engagée pour arrêter les poursuites en supplément d'hypothèque dirigées contre le débiteur, au moment où le cautionnement solidaire a eu lieu. — *Bruxelles*, 16 mai 1821, Poëlman et Vandewaele c. Portois.

314. — ... Que la caution n'est pas déchargée par le retard que le créancier a apporté à prendre inscription sur les biens du débiteur. — *Turin*, 11 juin 1808, Bocchio c. Belliardi.

315. — Lorsqu'un créancier a restreint son hypothèque à l'égard de l'un de ses débiteurs solidaires, et qu'il en poursuit un autre pour sa part seulement dans la dette commune, celui-ci ne peut repousser la demande du créancier, sur le fondement qu'il s'est mis dans l'impuissance de le subroger à ses droits. — *Cass.*, 13 janv. 1816, Carré c. Laprime.

316. — La caution solidaire ne peut opposer l'exception *cedendarum actionum* au créancier qui, averti de produire à l'ordre, par suite de la vente forcée des biens du débiteur principal sur lesquels il avait hypothèque, n'a pas produit et s'est laissé forclore. — *Rennes*, 19 mars 1811, Priour c. L....

317. — La caution qui a payé des à-compte sur la dette à la sûreté de laquelle les biens du débiteur principal étaient hypothéqués, n'est point fondée à réclamer des dommages-intérêts contre le créancier qui, en recevant du débiteur le solde de sa créance, lui a donné main-levée pure et simple de l'inscription. — *Bruxelles*, 13 nov. 1818, Sterckx c. Powis.

318. — La caution doit être déchargée, pour défaut de subrogation aux droits du créancier contre le débiteur principal, lorsque, dans l'acte de cautionnement, il a été stipulé que le créancier pourrait faire toutes oppositions sur les fonds dont le remboursement est cautionné, qu'aucune opposition n'a été faite, et qu'il résulte des circonstances de la cause que c'est par sa négligence que le créancier qui pouvait être payé ne l'a pas été. — *Pau*, 3 janv. 1824, Adéma c. Casenave.

319. — De ce qu'un propriétaire a consenti que son fermier quittât la ferme avant la fin du bail et emportât son mobilier, à la charge de payer seulement les fermages échus, il ne s'ensuit pas que la caution du fermier, contre laquelle le propriétaire réclame ces fermages, puisse refuser de les payer, sous le prétexte que, en laissant sortir les meubles, le propriétaire s'est mis hors d'état de subroger la caution dans ses droits, alors qu'il est reconnu que le résiliement, loin d'avoir préjudicié à la caution, l'a, au contraire, affranchie de la garantie pour les années du bail non encore échues. — *Cass.*, 22 nov. 1825, Morichon c. Charpentier.

320. — Lorsqu'il est décidé par un jugement passé en force de chose jugée, que l'agent d'un entrepreneur de fournitures pour l'état, a perdu son privilége contre le trésor, pour omission des formalités qui devaient le conserver, cet agent se trouvant, dès-lors, dans l'impossibilité de subroger la caution de l'entrepreneur dans ce privilége, n'est point fondé à contraindre la caution au paiement de la créance. — *Cass.*, 25 juill. 1827, Fortin c. Carnot.

321. — La femme qui a transigé sur ses reprises matrimoniales avec les tiers détenteurs des biens de son mari, et qui, par suite du paiement d'une somme arbitrairement convenue entre elle et ces tiers détenteurs, renonce à toute action contre eux, perd le droit de poursuivre la caution de son mari pour le surplus de ses reprises, en ce que, par sa renonciation, elle s'est mise dans l'impossibilité de subroger la caution dans ses droits contre les tiers détenteurs. — *Cass.*, 10 janv. 1833, Noailles c. Bouisson.

322. — La caution doit être déchargée comme ne pouvant plus être subrogée dans les droits du créancier contre le débiteur principal, lorsque ce créancier a, sans opposition ni acte conservatoire, laissé vendre la presque totalité de la superficie d'une forêt hypothéquée à la sûreté de sa créance par des coupes anticipées qui ont gravement altéré ce gage. Vainement on prétendrait que la décharge prononcée par l'art. 2037, C. civ., n'a lieu que pour le fait du créancier *in committendo*, et non de sa faute *in omittendo*, laquelle ne doit être réputée que simple négligence. — *Cass.*, 23 mai 1833, Fritz c. Durckheim.

323. — La caution n'est point, d'après l'art. 2037, C. civ., déchargée par la simple négligence du créancier si, de son côté, elle avait tout pouvoir d'agir elle-même contre ce dernier. — *Agen*, 26 nov. 1836, Saunhac-Dufossat c. Bayle.

324. — La disposition de l'art. 2037 ne peut plus être invoquée, lorsqu'il est reconnu par les juges que la perte des droits et hypothèques est imputable à la caution aussi bien qu'au créancier. — *Cass.*, 12 mai 1835, Baillet c. Louchet.

325. — Lorsque le cautionnement et l'obligation principale se trouvent réunis sur le même titre, par exemple, lorsque le fils succède à son père qui l'a cautionné, ce fils n'est point recevable à se refuser au paiement, sous prétexte que la subrogation aux droits du créancier ne peut plus s'opérer en faveur de la caution. — *Bordeaux*, 16 juill. 1834, Faure et Eyma c. Guinchan.

326. — La caution n'est pas toujours libérée pour le tout par le fait du créancier qui s'est mis hors d'état de pouvoir la subroger à ses droits et priviléges contre le débiteur principal. Elle n'est déchargée que jusqu'à concurrence du préjudice qu'elle éprouve par l'impossibilité de la subrogation. — *Toulouse*, 2 janv. 1823, Bouteille c. Rouvellac.

327. — L'acceptation volontaire que le créancier a faite d'un immeuble ou d'un effet quelconque en paiement de la dette principale, décharge la caution, encore que le créancier vienne à en être évincé. — C. civ., art. 2038. — Car il est de principe que le cautionnement, une fois éteint, l'est irrévocablement, quand même l'obligation principale viendrait à revivre par quelque circonstance. — Toullier, *Dr. civ.*, t. 6, n° 572.

328. — Lorsque, après avoir été cautionné dans une qualité, le mineur se fait ensuite restituer contre cette qualité, le cautionnement cesse d'avoir son effet; tel est le cas où le mineur se fait restituer contre l'acceptation, sans formalité, d'une succession. — Delvincourt, *Cours de C. civ.*, t. 3, p. 253; Grenier, *Hypoth.*, n° 55.

329. — La novation opérée à l'égard du débiteur principal libère les cautions. Néanmoins, si le créancier a exigé l'accession des cautions, l'ancienne créance subsiste, dans le cas où les cautions refusent d'accéder au nouvel arrangement. — C. civ., art. 1281.

330. — La simple acceptation par le créancier d'une créance de son débiteur, n'emportant pas novation de l'obligation originaire, ne libère pas la caution. — *Turin*, 11 juin 1808, Bocchio c. Belliardi.

331. — Si, dans la nouvelle obligation, le créancier avait déclaré qu'il se réservait, en cas d'éviction, les droits résultant de sa créance, non seulement contre le débiteur, mais aussi contre la caution, cette clause, bien que stipulée en l'absence de celle-ci, devrait, le cas échéant, avoir son effet; sauf à la caution, s'il ne lui plaît pas d'accéder à cette nouvelle convention, à demander la décharge au débiteur, à l'échéance de la dette, en vertu de l'art. 2032. — Duranton, t. 18, n° 383.

332. — Le bénéfice de la cession judiciaire, non plus que le terme de grâce, ne peuvent être invoqués par la caution. — Delvincourt, t. 3, p. 253; Toullier, t. 7, n° 980.

333. — Avant le Code civil, celui qui s'était engagé, comme caution, à représenter dans un certain délai des meubles saisis et laissés en la possession du débiteur, était tenu de son obligation, même après l'expiration de ce délai, et quand bien même le débiteur aurait, sans son concours, obtenu un nouveau délai et élevé ensuite des contestations sur le titre du créancier. — *Turin*, 3 mess. an X, Ducco c. Bertolino.

334. — Avant le Code civil, le créancier du montant d'une obligation à terme qui, au lieu de se faire payer à l'échéance, accordait un nouveau délai au débiteur, conservait néanmoins son recours contre la caution, quand bien même il aurait reçu les intérêts de sa créance. — *Paris*, 25 pluv. an XII, Depresle c. Fayon.

335. — La simple prorogation de terme accordée par le créancier au débiteur principal, ne dé-

charge point la caution qui peut, en ce cas, poursuivre le débiteur pour le forcer au paiement. — C. civ., art. 2039.

556. — Jugé, en conséquence, que la caution n'est pas libérée par la prorogation de terme que le créancier accorde au débiteur principal. — *Turin, 11 juin 1808, Bocchio c. Belliardi.*

557. — ... Alors surtout que cette prorogation a été sollicitée par la caution elle-même. — *Paris, 21 avr. 1806, Chateigner c. Chespy.*

558. — La caution qui s'est obligée dans une simple promesse n'est pas déchargée par l'atermoiement que le créancier a consenti au débiteur principal. — *Grenoble, 3 mars 1810, Garde c. Pascal.*

559. — Le sursis accordé au débiteur, d'une manière générale et sans spécification des créances auxquelles il s'applique, profite à la caution, alors même qu'il y aurait des créances autres que celles cautionnées. — *Cass., 19 janv. 1830, admin. colon. c. Rochoux.*

540. — Le sursis accordé au débiteur profite à la caution solidaire et qui a renoncé aux bénéfices de droit, alors surtout que le sursis résulte d'un acte de l'autorité administrative non réformée. — *Trèves, 28 nov. 1807, Juifs de Cologne c. leurs créanciers.*

541. — *Quid* si le créancier avait déclaré que c'était au débiteur seul et non à la caution qu'il accordait un sursis : ce sursis devrait-il être considéré comme une exception personnelle au débiteur? — Nous ne le pensons pas. Le créancier ne peut faire la condition de la caution pire que celle du débiteur. D'ailleurs, si ce serait plus à défaut du débiteur que la caution se trouverait obligée à payer. D'ailleurs, la caution aurait immédiatement son recours contre le débiteur; il y aurait là un circuit d'actions qu'il est dans l'esprit de la loi d'écarter. — V. en ce sens Hua, *Rép.*, vo *Caution*, sect. 4re, § 1er, no 3.

542. — Le serment déféré au débiteur principal libère les cautions, et celui déféré à la caution profite au débiteur principal. Dans ce dernier cas, le serment de la caution ne profite au débiteur principal que lorsqu'il a été déféré sur la dette, et non sur le fait du cautionnement. — C. civ., art. 4365.

Sect. 4e. — Du cautionnement légal et du cautionnement judiciaire.

543. — Le cautionnement légal est celui que la loi impose à certaines personnes, telles que l'usufruitier, le créancier surenchérisseur, et qui, dans certains cas, pour être admis à la liberté provisoire. — C. inst. crim., art. 114 et suiv.

544. — Le cautionnement judiciaire est celui qui est ordonné par un jugement, soit d'avant faire droit, soit définitif.

545. — Toutes les fois qu'une personne est obligée par la loi ou par une condamnation à fournir une caution, la caution offerte doit remplir les conditions prescrites par les art. 2018 et 2019. — V. *suprà* nos 424 et suiv.). — De plus, lorsqu'il s'agit d'un cautionnement judiciaire, la caution doit être susceptible de contrainte par corps. — C. civ., art. 2040.

546. — En cas de contestation sur la solvabilité d'une caution judiciaire, les tribunaux ne sont astreints à aucun mode particulier de vérification, pour constater la suffisance des biens. — *Turin, 28 mai 1806, Biffrari c. Meyer.*

547. — La valeur des immeubles présentés par une caution judiciaire afin de justifier de sa solvabilité peut, à défaut d'autres titres, résulter suffisamment d'un extrait de la matrice du rôle des contributions constatant le revenu des biens. — *Montpellier, 18 août 1831, Limoussy c. Bonafous et Bartissol.*

548. — Dans un cautionnement judiciaire, la contrainte par corps a lieu de plein droit et sans qu'il soit besoin de stipulation expresse. — *Turin, 28 mai 1806, Biffrari c. Meyer*; — Ponsot, *Tr. du cautionnement*, p. 534, no 444. — V. *contrà* Duranton (t. 18, no 586), qui pense que l'art. 2040 doit seulement être entendu en ce sens que le créancier a le droit d'exiger que la caution se soumette à la contrainte par corps, la nature de la dette le permet.

549. — En matière de commerce, la femme ne peut se rendre caution judiciaire de son mari. — *Paris, 30 oct. 1810, Robin c. Mailler.*

550. — De même un créancier ne peut être contraint à recevoir une femme pour caution judiciaire, et il a le droit de la refuser, même après s'être borné d'abord à discuter sa solvabilité, surtout s'il a fait la réserve de tous ses droits. — *Bourges, 29 nov. 1825, Sauvageot c. Guillemot.*

551. — Lorsqu'il n'y a entre les époux ni communauté ni régime dotal, et qu'ainsi la femme a conservé les revenus de ses biens personnels, le mari peut être caution judiciaire de sa femme, s'il réunit les qualités exigées par la loi. — Peu importe, au reste, que le mari ait figuré pour autoriser sa femme dans l'instance où est intervenu le jugement qui a ordonné à celle-ci de fournir caution. — *Bordeaux, 29 juin 1830, Rochette-Lafaurie c. Delmas.*

552. — Celui qui ne peut pas trouver une caution soit légale, soit judiciaire, est reçu à donner à sa place un gage en nantissement suffisant. — C. civ., art. 2041.

553. — L'individu qui, pour assurer la représentation d'une somme d'argent, a été condamné à fournir bonne et valable caution, n'est point recevable à offrir une affectation hypothécaire. Il ne peut présenter comme gage que le nantissement d'une chose mobilière. — *Toulouse, 10 mai 1809, Najac c. Marcorelle.*

554. — N'est pas admissible à titre de cautionnement la délégation que fait le plaideur étranger des gages à échoir qui lui seront dus par un Français au service duquel il est attaché. — *Metz, 13 mars 1821, Rouff c. Walster.*

555. — La solvabilité hypothécaire de la caution peut être suppléée par le dépôt fait par celle-ci à la caisse des consignations d'une somme suffisante pour assurer les droits de toutes les parties intéressées. — *Paris, 27 déc. 1839* (t. 1er 1840, p. 127), Gillot c. Plançon.

556. — La réception des cautions judiciaires se fait d'après les règles tracées par les art. 517 et suiv. — C. proc. — V. RÉCEPTION DE CAUTION.

557. — Un acte de cautionnement n'est pas nul, par cela qu'une caution judiciaire aurait fait sa soumission au greffe avant que le tribunal eût prononcé sur sa solvabilité. — *Turin, 28 mai 1806, Biffrari c. Meyer.*

558. — Un acte d'offre de caution pour une somme modique, et notamment celui fait par la partie saisie pour le paiement des frais d'un incident qu'elle a élevé après l'adjudication préparatoire, ne doit pas nécessairement, à peine de nullité, être précédé du dépôt au greffe des titres constatant la solvabilité de la caution, et contenir l'énonciation de ces titres. — *Cass., 24 juin 1834, Sabot c. Meyrel.*

559. — La caution judiciaire ne peut point demander la discussion du débiteur principal. — C. civ., art. 2042.

560. — Celui qui a simplement cautionné une caution judiciaire, ne peut demander la discussion du débiteur principal et de la caution (C. civ., art. 2043). — V. Ponsot, p. 539, no 415.

V. ABSENCE, ACTE AUTHENTIQUE, ACTE SOUS SEING-PRIVÉ, APPROBATION DE SOMME, ASSURANCES MARITIMES, ASSURANCES TERRESTRES, AVAL, BILLET A ORDRE, CAPITAINE DE NAVIRE, CAISSE DES DÉPÔTS ET CONSIGNATIONS, CAUTIONNEMENT (Fonctionnaires publics, officiers ministériels, comptables), CAUTION JUDICATUM SOLVI, CERTIFICATEUR DE CAUTION, CESSION DE BIENS, CHANGE, COMMENCEMENT DE PREUVE PAR ÉCRIT, COMPÉTENCE COMMERCIALE, CONFUSION DE DETTES, CONSIGNATION, DOUBLE ÉCRIT, ENDOSSEMENT, ENREGISTREMENT, INDICATION DE PAIEMENT, LETTRE DE CHANGE, LIBERTÉ PROVISOIRE, NOVATION, OFFRES RÉELLES, PAIEMENT, PLÈGE, PREUVE TESTIMONIALE, PRÉSOMPTION, REMISE DE LA DETTE, RÉCEPTION DE CAUTION, SERMENT JUDICIAIRE, SOLIDARITÉ, TIMBRE, USUFRUIT, USUFRUIT PATERNEL.

CAUTIONNEMENT (Fonctionnaires publics, Comptables, Officiers ministériels, etc.).

Table alphabétique.

Théâtre-Français (caissier du), 72.
Timbre (droits de), 166 s.
Transport, 110 s., 220 s., 227 s., 239 s.
Travaux publics (adjudicataires de), 56, 69, 99 s., 127, 138 s., 289.
Trésor public (droits du), 166 s. — public (responsabilité du), 218 s., 295 s.
Versement, 80 s. — (époque du), 85, 98 s., 126. — (défaut de), 83 s. — (lieu du), 102 s.

CAUTIONNEMENT (*fonctionnaires publics, comptables, officiers ministériels, adjudicataires, etc...*)— 1. — On donne, assez improprement, le nom de cautionnement aux sommes que certains fonctionnaires publics, certains comptables et employés ou titulaires d'offices sont tenus de déposer au trésor, pour répondre des fautes ou malversations qu'ils pourraient commettre dans l'exercice de leurs fonctions. — Voici comment cette expression a été détournée de son véritable sens vers le milieu du siècle dernier.

2. — Dans l'origine, les lois d'administration obligèrent tous comptables de deniers publics à présenter une caution qui répondît de la fidélité de leur gestion ; l'engagement alors contracté par un tiers fut justement nommé cautionnement. Mais un arrêt du conseil du 30 avril 1758 ordonna qu'à l'avenir ils seraient tenus de déposer une somme déterminée : « Au moyen duquel paiement (porte l'art. 2) ils seraient déchargés de donner caution. » — Evidemment et d'après sa nature, et d'après les termes mêmes de l'arrêt, la consignation prescrite ne constituait plus un cautionnement ; cependant, par suite de l'usage primitif, on appela cautionnement précisément cette somme au moyen de laquelle le comptable était déchargé de donner caution. — Championnière et Rigaud, *Tr. des droits d'enregistrement*, t. 2, nº 1418.

3. — Cette dénomination prévalut tellement que les obligations de même nature imposées aux autres employés ou fonctionnaires publics reçurent aussi le nom de cautionnement ; elle a depuis été consacrée, malgré son inexactitude, par les lois administratives, et admise par les jurisconsultes. — V. Guyot, *Répert.*, vº *Cautionnement* ; Merlin, *Répert.*, vº *Cautionnement des employés et des fonctionnaires publics.*

SECT. 1re. — *Historique* (nº 4).

SECT. 2e. — *Fonctionnaires et officiers publics, comptables, etc., soumis à l'obligation de fournir un cautionnement* (nº 22).

ART. 1er. — *Fonctionnaires et officiers publics, comptables, etc., qui versent leur cautionnement au trésor* (nº 23).

ART. 2. — *Comptables, employés, etc., qui ne fournissent pas leur cautionnement en numéraire ou qui ne le versent pas au trésor* (nº 60).

SECT. 3e. — *Versement du cautionnement* (nº 80).

SECT. 4e. — *Intérêts* (nº 119).

SECT. 5e. — *Droits des créanciers sur les cautionnemens* (nº 140).

ART. 1er. — *Des différentes espèces de créanciers* (nº 144).

§ 1er. — *Créanciers pour faits de charge. — Privilége de premier ordre* (nº 144).

§ 2. — *Bailleurs de fonds. — Privilége de second ordre* (nº 198).

§ 3. — *Créanciers ordinaires* (nº 229).

ART. 2. — *Formalités à suivre pour la conservation et la poursuite des droits des créanciers* (nº 245).

SECT. 6e. — *Remboursement des cautionnemens* (nº 268).

—

Sect. 1re. — *Historique.*

4. — Dans tous les pays et sous toutes les législations, on a senti la nécessité de garantir l'état contre les malversations de ses agens et surtout des comptables et détenteurs de deniers publics, et l'on a dû prendre des mesures à peu près semblables partout pour arriver à ce résultat.

5. — C'est ainsi qu'à Athènes où la plupart des revenus de la république étaient mis en ferme, un cautionnement était toujours exigé de la part des fermiers adjudicataires de la perception. — Plutarque, *Vie d'Alcibiade*, t. 1er, p. 193.

6. — A Rome, pareille précaution était prise, et même, dans l'application rigoureuse de ce principe, la responsabilité, lorsqu'il s'agissait d'une charge vénale, devait s'étendre jusqu'aux actes de tous ses successeurs. Mais on sentit ce qu'une pareille responsabilité avait d'inique en elle-même et on la restreignit, ce qui était encore bien rigoureux, aux faits du successeur immédiat. — L. 15, ff., *Ad municipalem* ; L. 2, Cod., *Periculo nominatorum.*

7. — Au surplus, et quelque étendue que fût cette responsabilité, elle n'avait d'effet qu'en ce qui concernait les actes accomplis à raison des fonctions, et non ceux qui auraient eu le caractère de délit ou de faute. — L. 66, *pr.*, ff., *De fidejussor. et nominator.*; L. unique, Cod., *De periculo eorum qui...*

8. — En France, et dans l'origine, ce n'était pas le versement d'une somme d'argent qu'on exigeait des comptables, c'était une caution (V. *suprà* nº 2.) — Plus tard, on substitua le dépôt d'espèce à l'ancienne garantie, et depuis on a presque toujours préféré ce mode à tout autre. Cependant quelquefois le cautionnement a pu être fourni en immeubles ou en rentes. — V. Guyot, *Répert.*, vº *Cautionnement*, et *infrà*, nos 193 et suiv.; L. 22 juill.-1er août 1791; 23 vent. an VIII.

9. — Les employés des fermes du roi furent longtemps les seuls assujétis en principe à la nécessité du cautionnement. — Arrêt du conseil 30 avr. 1750, 16 sept. 1760, 3 mars 1761, 26 déc. 1762, 8 mars 1771. — Un nouvel arrêt du 17 fév. 1779 généralisa cette nécessité du cautionnement, en l'imposant à tous comptables des deniers publics. Il importe de résumer ici les dispositions de cet arrêt, dernier état de la législation en cette matière avant les règles nouvelles depuis introduites, et qui, au résumé, n'en sont guère que la reproduction.

10. — Un rôle arrêté en conseil déterminait le montant de chaque cautionnement, pour le paiement duquel le comptable ne pouvait, à peine de révocation et d'être poursuivi comme détenteur des deniers royaux, employer aucune somme provenant de ses recettes. — Art. 1er et 2.

11. — Nul ne pouvait être admis à exercer aucune fonction sans le versement préalable du cautionnement, dont au surplus l'intérêt ne courait qu'un mois après l'installation. — Art. 11.

12. — Les commis qui empruntaient pour payer leur cautionnement pouvaient faire insérer dans les récépissés de caisse la déclaration de leur emprunt, afin de conserver le privilége des prêteurs ; mais ce privilége ne pouvait être exercé qu'après ceux du roi et de ses fermiers, administrateurs et régisseurs. — Arr. du conseil 17 fév. 1779, art. 3.

13. — Les employés qui avaient consigné les fonds de leurs cautionnemens devaient percevoir les intérêts de ces fonds, au denier vingt, sans aucune retenue de dixième et autre imposition, quelle qu'elle pût être. — *Ibid.*, art. 5.

14. — Au cas de cessation des fonctions, le cautionnement était restitué aux comptables, toutefois après comptes rendus et débets payés ; et si le comptable ou ses ayant-cause étaient en retard sur ce point, l'intérêt du cautionnement cessait de courir après un mois à compter du jour de la cessation des fonctions. — Art. 9. — Les sommes consignées ayant pour objet de garantir le paiement des débets, il devait être fait conversion de la reconnaissance délivrée au comptable en récépissé à valoir sur ses débets, et si dans le délai de six mois à compter de la cessation des fonctions le compte n'était point apuré et les reconnaissances représentées pour opérer cette conversion, on pouvait la faire et régler définitivement le compte, comme si la reconnaissance avait été représentée. — Art. 10.

15. — Les contestations qui pouvaient surgir relativement aux cautionnemens entre les fermiers, administrateurs et régisseurs généraux et les employés, leurs prêteurs et les autres créanciers de ces employés, devaient être portées directement au conseil. — Art. 12.

16. — Cependant il importe de remarquer qu'aux comptables des deniers publics seuls était imposée l'obligation du cautionnemens, et qu'elle n'existait point à l'égard des officiers ministériels. Sans doute on considérait le prix de leurs offices, qu'ils payaient au roi, comme une garantie suffisante de leur gestion. — *Encycl. du dr.*, vº *Cautionnement de titulaires et comptables*, nº 4.

17. — En supprimant les compagnies de finance et tous les emplois qui y étaient attachés, la révolution détruisait par cela même le principe du cautionnement des comptables. La loi du 22 sept. 1791 ordonna en conséquence le remboursement des cautionnemens ; et celle du 14 pluv. an II, statuant pour l'avenir, déclara que désormais aucun comptable ne serait tenu de verser un cautionnement. — V. aussi L. 7 flor. an II.

18. — C'était là un principe funeste, et l'on ne tarda pas à le reconnaître : la loi du 15 germinal an IV rétablit de nouveau, pour les receveurs des impositions, la nécessité du cautionnement.

19. — Comme on se trouva bien de la mesure, on l'étendit par des lois postérieures aux différens comptables de deniers publics et aussi à certains fonctionnaires ou officiers publics qui n'avaient jamais été astreints au cautionnement sous l'ancien régime.

20. — Puis vint la loi du 28 avril 1816, qui, pour soulager le trésor et lui créer des ressources nouvelles, après les désastres d'une double invasion, imposa aux personnes assujéties au cautionnement l'obligation de fournir un supplément, et accorda en échange aux titulaires d'offices le droit de présentation. — V. OFFICE.

21. — D'après la loi et à cause de la déplorable situation où se trouvait le trésor, le supplément de cautionnement devait être versé dans un certain délai (L. 28 avril 1816, art. 95) ; néanmoins on fut obligé de le proroger plusieurs fois. — Ord. 19 fév. 1817 ; 12 janv. 1820 ; 1er mars 1820 ; 6 avril 1820 ; 28 juill. 1820.

Sect. 2e. — *Fonctionnaires et officiers publics, comptables etc., soumis à l'obligation de fournir un cautionnement.*

22. — Les fonctionnaires, titulaires et comptables assujétis au cautionnement peuvent être rangés en deux classes principales, savoir : ceux qui fournissent leur cautionnement en numéraire et le versent au trésor ; ceux dont le cautionnement peut être effectué autrement qu'en argent et qui ne sont pas tenus comme les premiers de le verser au trésor public.

ART. 1er. — *Fonctionnaires et officiers publics, comptables, etc., qui versent leur cautionnement au trésor.*

23. — A part quelques exceptions fort restreintes, le cautionnement des titulaires portés sur le compte général du budget consiste en numéraire. — Le nombre de ces titulaires, d'après le dernier compte général, s'élevait, au 1er janvier 1845, à 49,797 fr. Les versemens effectués montaient à 220,407,040 fr.

24. — Sont rangés dans cette première catégorie : — *Les avocats à la cour de cassation et aux conseils du roi.* — Fixé d'abord à 3,000 fr. par la loi du 27 ventôse an VIII, augmenté d'un tiers par celle du 2 ventôse an XIII, art. 2, leur cautionnement est aujourd'hui de 7,000 fr. — L. 28 avr. 1816, art. 88. — Le compte du ministère des finances présente, pour le 1er janv. 1845, 61 titulaires en fonctions, ayant versé au trésor 427,000 fr. — V. AVOCAT A LA COUR DE CASSATION ET AUX CONSEILS DU ROI, nº 41.

25. — ... *Les avoués.* — Il varie suivant la juridiction près de laquelle exerce l'officier ministériel, et aussi, suivant les localités, d'après la composition du tribunal ou de la cour. — Etabli par la loi du 27 vent. an VIII, augmenté d'un tiers par celle du 2 vent. an XIII, il est aujourd'hui déterminé, d'après l'art. 88 de la loi du 28 avr. 1816, suivant un tarif qui varie pour les avoués de première instance de 1,800 fr. à 5,000 fr., 8,000 fr. à Paris ; et pour les avoués d'appel de 4,000 fr. à 6,000 fr., 10,000 fr. à Paris. — Le compte du ministère des finances présente, pour le 1er janv. 1845, 3,430 titulaires en fonctions, 10,199,400 fr. — V. AVOUÉ.

26. — ... *Les greffiers de la cour de cassation, des cours royales, des tribunaux civils et des tribunaux de commerce.* — Même législation que pour le cautionnement des avoués (V. le nº qui précède). — Suivant le tarif annexé à la loi du 28 avr. 1816, le cautionnement des greffiers près les tribunaux civils varie de 4,000 fr. à 6,500 fr., 10,000 fr. à Paris ; près les cours royales de 12,000 fr. à 16,000 fr., 20,000 fr. à Paris ; près la cour de Cassation 8,000 fr. ; près les tribunaux de commerce à Paris, 8,000 fr. ; partout ailleurs, 3,000 fr. — Le compte du ministère des finances présente, pour le 1er janv. 1845, 601 titulaires en fonctions, 2,648,500 fr. — V. GREFFIER.

27. — ... *Les greffiers des justices de paix.* — Fixé d'abord par l'art. 3 de la loi du 28 flor. an X, organique de leur institution, à 4,800 fr. à Paris, 3,600 fr. à Bordeaux, Lyon, Marseille, puis déclaré variable suivant la population dans toutes les autres localités, depuis 2,400 fr. jusqu'à 400 fr., élevé d'un tiers par la loi du 2 vent. an XIII, ce cautionnement est aujourd'hui déterminé par la loi du 28 juin 1816 à 10,000 fr. pour Paris ; 6,000 fr., pour Bordeaux, Lyon, Marseille ; dans les autres localités il varie de 1,200 fr. à 4,000 fr. — Le compte du ministère des finances présente, pour le 1er janv. 1845,

2,795 titulaires en fonctions; 4,213,600 fr.—V. GREFFIER.

28. —...*Les greffiers des tribunaux de police.*—Il a toujours été d'un quart en sus de celui des greffiers près les justices de paix dans les mêmes localités. — L. 28 flor. an X, art. 14; 2 vent. an XIII; ord. 9 oct. 1816, art. 1er. — Le compte du ministère des finances présente, pour le 1er janv. 1845, 103 titulaires en fonctions, 323,666 fr. — V. GREFFIER.

29. — ...*Les huissiers.* — Etabli par les mêmes lois que celui des avoués, il avait été soumis aux mêmes distinctions de juridiction et de localité (V. *suprà* no 25). — Depuis la loi du 28 avr. 1816, la dernière distinction est seule maintenue; en conséquence, et d'après le tarif, le cautionnement des huissiers varie de 600 fr. à 1,600 fr., il est de 3,000 fr. à Paris. — V. aussi ordonn. 9 oct. 1816, art. 2 et 3. — Le compte du ministère des finances présente, pour le 1er janv. 1845, 7,675 titulaires en fonctions; 6,625,802 fr. 59 c. — V. HUISSIER.

30.—...*Les gardes du commerce.*—Fixé à 6,000 fr. par l'art. 5 du décret du 14 mars 1808, qui a créé leur institution, leur cautionnement n'a subi aucune modification. — Le compte du ministère des finances présente, pour le 1er janv. 1845, 14 titulaires en fonctions, 66,000 fr. — V. GARDE DU COMMERCE.

31.—...*Les notaires.*—Créé par la loi du 6 oct. 1791, aboli le 12 pluv. an II, rétabli par la loi du 27 vent. an VIII, confirmé par la loi organique du notariat du 25 vent. an XI, augmenté d'un quart par la loi du 2 vent. an XIII, le cautionnement des notaires est aujourd'hui ainsi fixé par le tarif annexé à la loi du 28 avr. 1816 : à Paris, 50,000 fr.; dans toutes les autres villes chefs-lieux de cours royales, 4,000 fr. à 25,000 fr.; dans les villes siéges d'un tribunal civil, 3,000 fr. à 12,000 fr.; dans tous autres endroits, 1,800 à 5,200 fr.; c'est d'après le chiffre de la population que varie le chiffre du cautionnement dans chaque catégorie. — Le compte du ministère des finances présente, pour le 1er janv. 1845, 10,191 titulaires en fonctions, 33,425,200 fr. — V. NOTAIRE.

32. —...*Les commissaires-priseurs.*—Fixé d'abord pour les commissaires-priseurs de Paris à 10,000 fr. par l'art. 10 de la loi organique de cette institution, du 27 vent. an IX, il fut porté ensuite à 20,000 fr. par celle du 22 vent. an XIII, art. 3. — Quant aux commissaires-priseurs dans les départemens, la loi du 28 avr. 1816, en autorisant leur création, a basé la quotité de leur cautionnement sur la population locale; il varie de 3,000 fr. à 15,000 fr. — Le compte du ministère des finances présente, pour le 1er janv. 1845, 410 titulaires en fonctions, 4,077,200 fr. — V. COMMISSAIRE-PRISEUR.

33. —...*Les agens de change à Paris.* — La loi du 28 vent. an IX, établissant ce cautionnement, le fixa d'abord à 60,000 fr.; élevé à 100,000 fr. par la loi du 2 vent. an XIII, il a été fixé, en exécution de l'art. 90 de la loi du 28 avr. 1816, à 125,000 fr. par l'ordonn. du 9 janv. 1818.—Le compte du ministère des finances présente, pour le 1er janv. 1845, 61 titulaires en fonctions; 7,625,000 fr. — V. AGENT DE CHANGE, nos 66 s., 313 s., 352.

34. — ... *Les agens de change et courtiers de commerce dans les départemens.* — Ce cautionnement, fixé d'abord par l'art. 9 de la loi du 28 vent. an IX, et qui variait pour les agens de change de 60,000 fr. à 6,000 fr.; et pour les courtiers de 12,000 fr. à 6,000 fr., est aujourd'hui, d'après l'art. 90 de la loi du 28 avr. 1816, fixé au maximum de 125,000 fr. et au minimum de 4,000 fr.; en conséquence l'ordonn. du 9 janv. 1818 et depuis diverses ordonnances ont établi le montant des cautionnemens dans chaque localité où les titulaires existent. — Le compte du ministère des finances présente, pour le 1er janv. 1845, 796 titulaires en fonctions; 5,925,554 fr. 80 c. — V. AGENT DE CHANGE, nos 66 et suiv., 313 et suiv., 352; COURTIER DE COMMERCE.

35. —...*Les courtiers de commerce et d'assurance à Paris.*—Fixé d'abord à 12,000 fr. en vertu de l'art. 9 de la loi du 28 vent. an IX, ce cautionnement a été, en exécution de l'art. 90 de la loi du 28 avril 1816, porté par l'ordonn. du 9 janv. 1818 à 13,000 fr. pour les courtiers de marchandises, et à 15,000 fr. pour les courtiers d'assurances. — Le compte du ministère des finances présente, pour le 1er janv. 1845, 69 titulaires en fonctions; 900,000 fr. — V. COURTIER DE COMMERCE, COURTIER D'ASSURANCE.

36. —...*Les préposés divers et officiers ministériels dans les colonies.* — Ainsi que celui des préposés comptables en France, le cautionnement des préposés dans les colonies est fixé par le ministre de la marine, des ordonnances spéciales n'ont rien réglé sur ce point. — Les notaires sont assujétis à un cautionnement de 10,000 fr., les avoués à 12,000 fr., les agens de change à 100,000 fr. — Le cautionnement des officiers ministériels peut être versé en numéraire.— Le compte du ministère des finances présente, pour le 1er janv. 1845, 48 titulaires en fonctions ayant versé 345,366 fr. 67 c. — V. COLONIES.

37.— ...*Les titulaires divers en Algérie.*—Les cautionnemens sont régis par l'ordonnance du 4 mars 1835, portant dans son tit. 1er réglement sur tout ce qui concerne le cautionnement des titulaires d'emplois administratifs, d'offices ministériels, des comptables et fournisseurs ou adjudicataires de travaux de l'état dans les possessions françaises du nord de l'Afrique. — Le compte du ministère des finances présente, pour le 1er janv. 1845, 151 titulaires en fonctions, 688,200 f. — V. ALGÉRIE, no 43.

38.— ...*Les préposés de l'administration de l'enregistrement.* — Etabli d'abord quant aux administrateurs par la loi du 8 fév. 1791, pour les divers employés par celle du 18 mai même année, fixé ensuite à 5,000,000, somme totale dont la répartition devait être faite par les régisseurs et soumise à l'approbation du ministre des finances, le cautionnement des préposés de l'enregistrement fut porté ensuite par la loi du 24 avr. 1806, art. 15, au double de la remise accordée à chaque préposé pour l'an XIII. Enfin, la loi du 28 avr. 1816, art. 86, statua que le cautionnement des conservateurs des hypothèques serait établi suivant le tableau no 5, annexé à cette loi, et, par conséquent, variable suivant les localités; c'est ainsi que le supplément s'y trouve porté à 54,000 fr. pour le conservateur de Paris, tandis qu'il n'est que de 100 fr. dans trois conservations de la Corse. — Le compte du ministère des finances présente, pour le 1er janv. 1845, 3,552 titulaires en fonctions, 16,209,900 fr. — Il faut au surplus rattacher ici le cautionnement des distributrices de papier timbré à Paris, fixé à 2,400 fr. par la loi du 17 juill. 1819. — V. ENREGISTREMENT.

39.—...*Les préposés des contributions indirectes.*— La loi du 5 vent. an XII, art. 87, posa le principe du cautionnement pour tout employé ayant manutention de deniers ou recettes, cautionnement fixé d'abord par l'art. 24, L. 5 germin. an XII, à 100,000 fr. pour le receveur général, et au douzième du montant des recettes faites par eux en l'an XIII pour tout autre employé.—Porté à 3,000 f. pour les receveurs sédentaires et ambulans par le décret du 29 août 1807, ce cautionnement a été en dernier lieu déterminé par la loi du 28 avr. 1816, art. 85, suivant le tarif no 4 annexé à cette loi. Pour les inspecteurs divisés en trois classes, il est de 4,000, 5,000, 6,000 fr.; pour les directeurs, divisés en quatre classes, il est de 3,000, 4,000, 5,000, 6,000 f.; de 3,000 fr. pour les contrôleurs, soit de ville, soit ambulans. — Le compte du ministère des finances présente, pour le 1er janv. 1845, 5,088 titulaires en fonctions; 21,005,740 fr. 37 c. — V. CONTRIBUTIONS INDIRECTES.

40. — ... *Les préposés des octrois.*— D'après la loi du 28 avr. 1816, art. 159, tous les préposés comptables des octrois sont tenus de fournir un cautionnement en numéraire, lequel est fixé par le ministre des finances, à raison du vingt-cinquième brut de la recette présumée, et sans que le *minimum* puisse être inférieur à 200 fr. — Le même article déclare qu'il sera présenté des fixations particulières pour les octrois des grandes villes. — Le compte du ministère des finances présente, pour le 1er janv. 1845, 1,890 titulaires en fonctions, 1,897,778 fr. 66 c. — V. OCTROI.

41. — ... *Les agens spéciaux du service des tabacs.* —Fixé, en exécution de l'art. 20, décr. 29 déc. 1810, par l'art. 50, décr. 12 janv. 1811, à 250 fr. par mille âmes de population pour les entreposeurs principaux, et à 320 fr. pour les entreposeurs particuliers, ce cautionnement fut, en vertu de l'art. 85, L. 28 avr. 1816, appliqué aux employés des manufactures de tabac et fixé ainsi qu'il suit : les régisseurs, 12,000 fr.; les garde-magasin, 6,000 fr.; les contrôleurs en chef de la fabrication ou de la comptabilité, 4,000 fr.; les garde-magasins généraux des feuilles : première classe, 8,000 fr.; deuxième classe, 6,000 fr.; troisième classe, 5,000 fr.; les contrôleurs en chef, garde-magasins particuliers et contrôleurs de culture : première classe, 4,000 fr.; deuxième classe, 3,000 fr.—D'après l'art. 2, ord. 25 sept. 1816, ces cautionnemens recevaient application à résidence fixe pour les titulaires, disposition abrogée depuis par l'ordonnance du 23 nov. 1823. — Le compte du ministère des finances présente, pour le 1er janv. 1845, 99 titulaires en fonctions, 439,221 fr. 36 c. —V. TABACS.

42.—... *Les débitans de tabacs.*—Fixé, en exécution de l'art. 20, décr. 29 déc. 1810, par l'art. 51, décr. 12 janv. 1811, à 1,500 fr. pour Paris, et dans toutes les autres localités entre 1,200 fr. à 300 fr., suivant la population, ce cautionnement a été abrogé par la loi du 10 juin 1839, art. 9, qui en a ordonné la restitution. — V. TABAC.

43.— ... *Les préposés de l'administration des douanes.*—La loi du 23 avr. 1791, art. 17, n'avait d'abord imposé qu'aux régisseurs des douanes la nécessité d'un cautionnement, déterminé à 100,000 liv. en immeubles pour chacun; mais le principe fut généralisé par la loi du 7 vent. an VIII, art. 4, d'après laquelle le montant total du cautionnement à fournir par les employés de tous grades était fixé à 500,000 fr., dont la répartition devait être immédiatement faite par les régisseurs et soumise à l'approbation du ministre des finances. La loi du 28 avr. 1816, art. 87, déclara qu'il serait tenu de fournir un cautionnement suivant un tarif déterminé, par un état (no 6) annexé à la loi, à 1,677,744 f. pour 1165 employés, par suite de l'augmentation du nombre des receveurs principaux; en 1822 le montant total du cautionnement s'est trouvé élevé. — Le compte des finances présente, pour le 1er janv. 1845, 1310 titulaires en fonctions, 2,412,100 fr. — V. DOUANES.

44.—... *Les préposés de l'administration des postes.* — Fixé par le décret du 8 mars 1793 au cinquième du produit net de l'année commune des recettes de chaque direction, déclaré par la loi du 7 vent. an VIII, art. 3, de 500,000 fr., somme totale à répartir entre les employés de l'administration, par suite de l'augmentation toujours croissante du personnel, le chiffre total tend à s'accroître à chaque jour. Etablis sur le montant des recettes faites par le prédécesseur pendant l'année qui précède la nomination de chaque titulaire, ces cautionnemens, d'après le compte du ministère des finances, s'élevaient, au 1er janv. 1845, pour 2396 titulaires en fonctions, à 4,079,615 fr. 25 c. — V. POSTES.

45.— ... *Les préposés de l'administration de la loterie.* — Certains préposés de l'administration de la loterie étaient autrefois assujétis au cautionnement. Aujourd'hui, et par suite de la suppression de la loterie, on ne voit plus figurer au budget que le cautionnement de ceux qui n'ont pas encore été retirés. — V. LOTERIE.

46. — ... *Les receveurs généraux des finances.* — Fixé d'abord au vingtième de la contribution foncière de leurs départemens respectifs, par l'art. 4, L. 6 frim. an VIII, porté ensuite au douzième des quatre contributions directes, et augmenté d'une somme déterminée suivant un état par la loi du 2 vent. an XIII, art. 13 et suiv., leur cautionnement est aujourd'hui établi par l'art. 80, L. 28 avr. 1816, sur le montant de toutes les contributions directes ou indirectes, et par conséquent varie suivant les localités. C'est ainsi que sur l'état (no 1er) annexé à la loi, le receveur général de la Seine se trouve porté à 1,268,741 fr., tandis que celui de la Corse n'est indiqué que pour 3,696 fr. — Depuis la suppression de la recette générale de la Seine, par l'ordonnance du 5 mars 1832, la plus forte recette générale serait, suivant le même état, celle du département de la Seine-Inférieure, dont le cautionnement s'y trouve porté à 884,882 f. — Le compte du ministère des finances présente, pour le 1er janv. 1845, 86 titulaires en fonctions; 26,618,524 fr. 6 c. — V. RECEVEUR GÉNÉRAL.

47.—... *Les receveurs particuliers.*— Fixé d'abord au vingtième de la contribution foncière dont la perception leur était confiée par l'art. 4, L. 7 vent. an VIII, augmenté d'un quart par celle du 5 vent. an XII, art. 7, porté au douzième des quatre contributions directes par celle du 2 vent. an XIII, leur cautionnement est aujourd'hui réglé par l'art. 81, L. 28 avr. 1816, et, comme celui des receveurs généraux, basé sur le montant des contributions de toute nature, et variant par conséquent suivant les localités. C'est ainsi que sur l'état (no 2) annexé à la loi, le receveur particulier du Havre est porté à 168,298 fr., tandis que celui de Calvi en Corse n'est marqué que pour 3,987 fr. — Le compte du ministère des finances présente, pour le 1er janv. 1845, 277 titulaires en fonctions, 16,161,883 f. 66 c. — Il y a deux recettes particulières de moins qu'en 1816, par suite de la suppression de celles du département de la Seine (Saint-Denis et Sceaux) par l'ordonnance du 5 déc. 1832. — V. RECEVEUR PARTICULIER.

48. — ... *Les receveurs communaux.* — Fixé d'abord au douzième des revenus communaux dont ils étaient chargés de faire la recette, puis au dixième en vertu de l'art. 83, L. 28 avr. 1816, ce cautionnement a cessé de figurer sur les comptes du trésor par suite de la confusion, opérée par la loi du 18 juill. 1837, du titre de receveur municipal avec celui de percepteur des contributions directes, sauf toutefois pour ce qui concerne les villes dont le revenu excède 30,000 francs, et qui peuvent avoir un receveur municipal spécial. — C'est ainsi qu'il existe à Paris un receveur municipal dont le cautionnement est fixé à 100,000 francs en immeubles. — V. COMMUNE, RECEVEUR COMMUNAL.

49.— ... *Les percepteurs.* — Fixé d'abord au tiers des contributions foncières et mobilières (L. 26 sept.

1791, art. 4), puis ensuite au quart de la contribution foncière (LL. 3 frim. an VII, art. 120; 5 thermid. an VIII, art. 5), puis au douzième du montant des quatre contributions directes dont la perception leur était confiée (L. 5 vent. an XII, art. 12 et suiv.; décr. 30 frim. an XIII, art. 1er), sauf toutefois le pouvoir laissé au gouvernement, par l'art. 8 du dernier décret, d'introduire des modifications pour quelques villes, le cautionnement des percepteurs fut, par la loi du 28 avr. 1816, art. 82, augmenté d'un quart pour ceux de Paris, Bordeaux, Marseille, Lyon, Montpellier, Nantes, Rouen, Lille, Strasbourg, Orléans, Toulouse, Amiens, Metz, Dijon, Caen, Rennes, Nîmes et Versailles, et pour tous autres porté au douzième du montant en principal et centimes additionnels des recettes par eux opérées sur le montant des quatre contributions directes dont la perception leur était confiée, ce que l'ordonnance du 31 oct. 1824 entendit en ce sens qu'on ne devait plus comprendre dans cette évaluation le montant des centimes imposés pour frais de perception. — Depuis est intervenue l'ordonnance du 5 déc. 1832 sur l'organisation des préposés aux recettes des contributions directes dans le département de la Seine. — En résumé, le compte du ministère des finances présente au 1er janv. 1845 7,751 titulaires en fonctions, 39,258,303 fr. 54 c., somme totale dans laquelle est compris depuis quelques années le montant des cautionnemens imposés aux percepteurs chargés des recettes communales. — V. PERCEPTEUR.

50. — ... *Le caissier central du trésor public.* — Ce cautionnement a subi diverses variations par suite de la division du service entre plusieurs titulaires; depuis que les recettes et dépenses du service de la trésorerie à Paris ont été confiées à un seul comptable, son cautionnement, d'abord fixé à 120,000 francs par l'ordonnance du 18 nov. 1817, art. 7, est aujourd'hui de 300,000 francs. — V. TRÉSOR PUBLIC.

51. — ... *Les caissiers divers.* — Aujourd'hui il n'y a plus qu'un seul titulaire de cette classe, par suite de suppression d'emplois et de transport aux agens comptables de la marine : c'est le caissier général de la caisse d'amortissement et des dépôts et consignations. — La loi du 28 avr. 1816, art. 102, en le créant déclarait qu'il fournirait un cautionnement dont le montant serait réglé par ordonnance du roi sur la proposition de la commission de surveillance de la caisse. Son cautionnement est de 100,000 fr. — Ordonn. 22 mai 1816, art. 15; 31 mai 1838, art. 538 et suiv. — V. CAISSE DES DÉPOTS ET CONSIGNATIONS, no 72.

52. — ... *Les payeur central et payeurs des départemens.* — Posé en principe par la loi du 24 sept. 1791, rappelé par la loi du 1er pluv. an VIII, art. 16, fixé à la somme totale de 16 millions par la loi du 4 germin. an VIII, réglé encore par les arrêtés des 7 thermid. même année, 13 frim. an X, 18 frim. an XII, augmenté le 26 germin. même année, il fut fixé, par l'art. 84, L. 28 avr. 1816, suivant l'état (no 3) annexé à cette loi et modifié depuis, par suite de changemens dans l'organisation du service des payeurs du trésor, par les ordonnances des 25 nov. 1817, 9 janv. 1818, et particulièrement 1er nov. 1829, portant suppression à mesure des vacances et confusion avec la qualité de payeur de département des fonctions de payeur de la guerre et de la marine, le cautionnement des payeurs se trouve partagé en quatre classes; les plus élevés sont portés à 80,000 fr. (départemens du Finistère, du Nord et du Var), le plus bas à 18,000 fr. (département des Pyrénées-Orientales, d'après le tableau annexé à l'ordonnance du 1er nov. 1829). — En 1835, le compte des payeurs des ports a cessé de figurer sur le compte général au chapitre du ministère des finances pour être reporté à celui de la marine, ce qui a diminué le chiffre total des cautionnemens. — Quant au payeur central du trésor, créé par l'ordonnance du 27 déc. 1823, son cautionnement est de 100,000 fr. — Le compte du ministère des finances présente au résumé, pour le 1er janv. 1845, 86 titulaires en fonctions, 3,129,000 francs. — V. TRÉSOR PUBLIC.

53. — ... *Les préposés divers des finances.* — Leur cautionnement est fixé par réglemens particuliers du ministre. — Le compte du ministère des finances ne présente, pour le 1er janvier 1845, que deux titulaires en fonctions, ayant versé 13,000 francs.

54. — ... *Les agens comptables des divers services de la guerre en France.* — Placés sous la responsabilité du ministre (ordon. 14 sept. 1822, art. 17; 31 mai 1838, art. 67), ils sont soumis à un cautionnement fixé, quant à sa nature et sa quotité, par le ministre de la guerre, d'après l'importance de leur service, à moins qu'une ordonnance n'ait statué sur ce point; c'est ainsi que le décret du 17 mars 1811 a établi, pour les garde-magasins du campement et de l'habillement, la nécessité de verser un cautionnement, dont le montant s'élève au quadruple de leur traitement; de même, pour les agens du service des poudres et salpêtres, le cautionnement, établi d'abord par la loi du 23 sept. 1791, art. 20, a été depuis fixé par l'ordonnance du 15 juil. 1818, à 15,000, 12,000 et 10,000 fr. pour les commissaires, suivant la classe; à 4,000 fr. pour les commissaires-adjoints; à 50,000 fr. pour le trésorier de la direction générale; à 6,000 fr. pour les entreposeurs. — Depuis, la loi du 23 juill. 1820 a encore imposé un cautionnement de 3,000 fr. aux entreposeurs en Corse, ainsi qu'aux garde-magasins des poudres à Paris et à Lyon. — Le compte du ministère des finances présente, pour le 1er janvier 1845, 287 titulaires en fonctions, versant au trésor 2,380,739 fr. — V. COMPTABLE.

55. — ... *Les agens comptables et trésoriers des invalides de la marine.* — Aux termes des ordonnances des 22 mai 1816, art. 11, et 31 mai 1838, art. 585, le cautionnement des trésoriers des invalides de la marine est réglé, quant à la nature et à la quotité, par le ministre de la marine, d'après l'importance de leur service. — Celui des agens comptables est également fixé par le ministre, si des ordonnances royales n'ont pas statué à ce sujet. — Le compte du ministère des finances présente, pour le 1er janvier 1845, 38 titulaires en fonctions, versant au trésor 836,000 francs. — V. CAISSE DES INVALIDES DE LA MARINE, no 47.

56. — ... *Les fournisseurs et adjudicataires des travaux publics en France.* — Le montant de chacun de ces cautionnemens, essentiellement variable, est fixé par le cahier des charges imposé au fournisseur ou adjudicataire, quel que soit du reste le ministère à qui les fournitures soient faites, ou sous la direction duquel les travaux soient exécutés. — Ordonn. 31 mai 1838, art. 49. — V. MARCHÉS ET FOURNITURES, TRAVAUX PUBLICS.

57. — ... *Certains préposés particuliers.* — Le montant des cautionnemens de ces préposés est quelquefois fixé par le ministre, d'autres fois il est réglé par ordonnance. C'est ainsi que l'ordonnance du 26 déc. 1834 a fixé à 40,000 francs le cautionnement du trésorier de la garde municipale, et à 25,000 francs celui du trésorier des sapeurs-pompiers de la ville de Paris.

58. — ... *Les économes des colléges royaux et préposés divers de l'instruction publique.* — Ces cautionnemens se composent notamment de ceux des économes des colléges royaux, fixés à 8,000 francs, et de ceux des secrétaires des écoles de droit, fixés à la même somme par le décret du quatrième jour complémentaire an XII. — Le compte du ministère des finances présente, pour le 1er janvier 1845, 55 titulaires en fonctions, ayant versé au trésor 529,000 francs. — V. UNIVERSITÉ.

59. — ... *Les journaux et écrits périodiques.* — Les propriétaires de certains journaux et écrits périodiques sont soumis par la loi à l'obligation de fournir un cautionnement. Le taux de ce cautionnement a subi de nombreuses variations, dont nous présenterons l'analyse sous le mot PRESSE; mentionnons seulement ici que la législation en vigueur aujourd'hui est celle de la loi du 9 sept. 1835, tit. 2, art. 13 et suiv. — Le compte du ministère des finances présente, pour le 1er janvier 1845, 304 titulaires en fonctions, ayant versé au trésor 6,402,500 francs 43 centimes.

ART. 2. — *Comptables, employés, etc., qui ne fournissent pas leur cautionnement en numéraire ou qui ne le versent pas au trésor.*

60. — Les cautionnemens de cette seconde catégorie, soumis à des lois, ordonnances et réglemens particuliers, s'établissent pour la plupart en rentes sur l'état ou même en immeubles, et ne sont pas versés au trésor, même lorsqu'ils sont fournis en numéraire.

61. — Sont rangés dans cette classe : — *Les receveurs des hôpitaux et établissemens charitables.* — Aux termes de l'arrêté réglementaire du 16 germin. an XII, art. 1er, ceux d'entre eux qui recevaient des appointemens ou taxations furent assujétis à un cautionnement en numéraire, dont la fixation, établie par les préfets, ne pouvait excéder le douzième des diverses parties de recettes qu'ils étaient chargés de faire, ni être moindre de 500 fr. — V. ÉTABLISSEMENS DE BIENFAISANCE, HOSPICES.

62. — « On voit, disent MM. Durieu et Roche (*Rép. des établ. de bienfaisance*, vo *Cautionnement*, no 2), que l'obligation du cautionnement était imposée aux receveurs de tous les établissemens de bienfaisance; il n'y avait d'exception que pour ceux dont le cautionnement ne s'élevait pas à 500 fr. Le principe général a été maintenu et l'exception réduite aux cautionnemens qui, calculés d'après les proportions déterminées par l'art. 22 de l'ordonn. du 31 oct. 1821, ne s'élèveraient pas à 100 fr. — Ordonn. 15 oct. 1823; Circul. 16 sept. 1830. — Il a même été décidé que l'exception ne pourrait être étendue aux comptables de recettes plus importantes, lors même qu'ils géreraient gratuitement. — Même circul. »

63. — L'ordonnance du 6 juin 1830 a modifié cet état de choses par son art. 4, ainsi conçu : « Les cautionnemens auxquels sont assujétis les receveurs des hospices et établissemens de bienfaisance seront à l'avenir fournis *en immeubles ou en rentes sur l'état.* Toutefois notre ministre secrétaire d'état de l'intérieur pourra, s'il y a lieu, autoriser ces comptables à fournir leur cautionnement en deniers, dont le versement sera soumis aux règles prescrites par l'art. 23 de l'ordonn. du 31 oct. 1821. »

64. — ... *Les économes des hôpitaux ou établissemens charitables.* — L'ordonnance du 29 nov. 1831 (art. 2) a établi ce cautionnement dans les établissemens où la valeur des denrées et objets de consommation livrés aux économes s'élève annuellement à 20,000 fr. et au-delà. Ce cautionnement est réglé d'après les mêmes bases que celui des receveurs.

65. — Toutefois, par suite de l'établissement de ce cautionnement, celui des receveurs a dû être réduit de moitié en ce qui concerne leur responsabilité sur la rentrée des revenus en nature. — Même ordonn., art. 4.

66. — ... *Les directeurs, caissiers, garde-magasins, et autres préposés et employés des monts-de-piété.* — Les cautionnemens de ces agens sont déterminés en numéraire par le conseil d'administration, sauf l'approbation du ministre de l'intérieur. — Décr. 24 messid. an XII, art. 11; 8 thermid. an VIII, art 36 et suiv. — V. MONTS-DE-PIÉTÉ.

67. — ... *Les directeurs d'asiles privés consacrés aux aliénés.* — Le taux du cautionnement est fixé par l'ordonnance spéciale d'autorisation. — Ordonn. 18 déc. 1829. — V. ALIÉNÉ.

68. — ... *Les caissiers des caisses d'épargne.* — Le taux du cautionnement est déterminé, sauf l'approbation des préfets, par les conseils d'administration de ces caisses. — V. CAISSE D'ÉPARGNE.

69. — ... *Les adjudicataires de fournitures et travaux pour le compte des communes et établissemens de bienfaisance.* — L'ordonnance du 14 nov. 1837 a établi d'une manière générale la nécessité de ce cautionnement, dont le taux est déterminé par le cahier des charges. Il est d'usage de fixer ce taux au vingtième du prix d'adjudication. — Circul. 9 juin 1838. — V. MARCHÉS ET FOURNITURES, TRAVAUX PUBLICS.

70. — Diverses ordonnances ou arrêtés ont encore créé et déterminé les cautionnemens suivans.

71. — *Trésorier de la ville de Paris.* — Son cautionnement est aujourd'hui de 1,000 fr. en immeubles.

72. — *Caissier du Théâtre-Français.* — Le décret du 15 oct. 1812, art. 23, l'a assujéti à un cautionnement de 60,000 fr. en immeubles.

73. — *Bouchers de la ville de Paris.* — Leur cautionnement fut d'abord de 3,000, 2,000, 1,000 fr., suivant la classe de chacun d'eux, d'après l'arrêté du 8 vendem. an XI. Aujourd'hui ils sont assujétis à un cautionnement de 3,000 fr. chacun, lequel cautionnement est versé à la caisse de Poissy. — Ordonn. du roi 18 oct. 1829, art. 5; ordonn. de police 25 mars 1830, art. 32. — V. BOUCHER (nos 83, 92 et suiv. et 108), CAISSE DE POISSY.

74. — *Chefs de ponts de Paris.* — Ils sont soumis à un cautionnement de 24,000 fr. en numéraire, 50,000 fr., soit en immeubles, soit en rentes 5 %, ou en actions immobilisées de la Banque. — Décr. 28 janv. 1811, art. 3. — V. PONT.

75. — Il faut encore ranger dans cette classe les individus exerçant certains emplois dans les marchés publics, à qui l'autorité locale peut imposer des cautionnemens. — V. HALLES ET MARCHÉS.

76. — Ainsi notamment sont soumis à Paris à un cautionnement : — *Les facteurs de la halle aux beurres, œufs et fromages.* — Chacun d'eux est tenu de fournir un cautionnement de 20,000 fr. en immeubles ou en rentes cinq pour cent, pour la garantie des marchands forains. — Ord. de police, 29 janv. 1806, art. 8.

77. — ... *Les facteurs de la halle à la marée.* — Chacun d'eux est tenu de verser à la caisse de la marée un cautionnement de 6,000 fr., en trois paiemens égaux : le premier, avant que la commission ne leur soit délivrée; le second, dans les six mois; le troisième avant la fin de l'année. — Ord. de police 9 flor. an X, art. 14.

78. — ... *Les facteurs et contrôleurs à la vente du poisson d'eau douce.* — Le décret du 28 janv. 1811 a fixé, par son art. 3, le cautionnement des facteurs au même taux que celui des facteurs à la vente de la marée (V. le numéro précédent); et par l'art. 5, celui des contrôleurs au même chiffre que celui

des contrôleurs à la Vallée. — V. le numéro suivant.

79. — ...*Les facteurs et commis de l'administration de la Vallée* (vente de la volaille et du gibier). — Fixé d'abord à 9,000 fr. par l'ordonnance de police du 22 vent. an XII, il a été porté par arrêté du préfet de police du 25 juin 1817, à 19,000 fr., soit en immeubles, soit en rentes cinq pour cent, soit en actions de la banque de France.

Sect. 3e. — *Versement du cautionnement.*

80. — La première obligation que doive remplir un titulaire avant d'entrer en fonctions est d'opérer le versement du cautionnement qui lui est imposé. L'installation et même la prestation de serment, si elle est nécessaire, ne peuvent avoir lieu qu'en justifiant de la quittance de ce cautionnement. — C'est le prescrit formel de l'art. 96, L. 28 avr. 1816, qui n'a fait que généraliser un principe consacré déjà pour presque toutes les fonctions astreintes au cautionnement par des dispositions spéciales, reproduit depuis pour tous les comptables par l'ordonnance du 31 mai 1838, portant réglement général de la comptabilité — V. COMPTABLES.

81. — Toutefois, et en ce qui concerne le supplément de cautionnement exigé par la loi du 28 avr. 1816, une ord. du 1er mai suivant régla l'époque du versement, qui depuis fut prorogée par une ordonnance postérieure du 19 fév. 1817, et par quelques autres ordonnances postérieures (V. *suprà* no 21). — Enfin, une dernière ordonnance du 12 janv. 1820 déclara révoqué, après deux ans à partir de sa promulgation, tout officier ministériel qui n'aurait point opéré le versement du supplément exigé. — V. OFFICE, OFFICIER MINISTÉRIEL.

82. — D'après une décision ministérielle du 3 mai 1836, il ne peut être exigé d'un officier ministériel en exercice un supplément de cautionnement sous prétexte d'augmentation de la population.

83. — Le ministère public est chargé, et spécialement pour les notaires, de veiller à ce que les prescriptions des lois et ordonnances sur le versement des cautionnemens soient complétement exécutées. — Circul. min. just. 31 oct. 1836.

84. — Sous l'empire de la loi du 7 vent. an VIII, la sanction apportée au défaut de versement de cautionnement était des plus sévères. On décidait que l'infraction commise par un notaire qui continuait ses fonctions sans avoir satisfait à l'obligation de fournir le cautionnement déterminé par cette loi, devait être réputée un délit, et que la connaissance en appartenait à la police correctionnelle à raison de la quotité de l'amende encourue. — *Cass.*, 17 germin. an IX, Leture.

85. — Mais la loi du 25 vent. an XI (art. 53) ayant attribué expressément aux tribunaux civils la connaissance des diverses infractions commises par les notaires, la compétence du tribunal correctionnel serait dès lors inadmissible; d'ailleurs, aujourd'hui, la loi du 28 avr. 1816 (art. 96) ayant déclaré que nul ne pouvait être admis à l'exercice de la fonction sans le versement préalable du cautionnement, il serait difficile que la question se présentât.

86. — Le cautionnement, pendant la durée des fonctions, peut être absorbé en tout ou en partie par suite de condamnations encourues pour fait de charge (V. *infrà* no 194). Or, dans ce cas, la loi du 25 vent. an XI sur l'organisation du notariat (art. 33) veut que le notaire demeure suspendu de ses fonctions jusqu'à ce que le cautionnement ait été entièrement rétabli, et que, faute par lui de rétablir dans les six mois l'intégralité du cautionnement, il soit considéré comme démissionnaire et remplacé. — V. NOTAIRE.

87. — La suspension, dans le cas prévu par la loi du 25 vent. an XI, est prononcée par le tribunal civil de la résidence du notaire. — Décis. minist. 26 janv. 1817; — Massabiau, *Manuel du procureur du roi*, t. 3, p. 279, no 3176. — V. NOTAIRE.

88. — Il est bon de remarquer qu'aucune loi ne contient, relativement aux avoués, huissiers, etc., de dispositions semblables à celle de l'art. 33, L. 25 vent. an XI — Pourrait-on, par analogie, la leur appliquer? Nous ne le pensons pas, quoique le contraire ait été soutenu. — V. OFFICIER MINISTÉRIEL.

89. — Toutefois, un arrêté des consuls du 27 prair. an X a décidé qu'il y avait lieu de provoquer la déchéance contre les greffiers des juges de paix et des tribunaux de police en retard de verser leur cautionnement. — V. GREFFIER.

90. — Mais si l'avoué, ou tout autre officier ministériel dont le cautionnement a été entamé, ne peut être atteint par la pénalité de la loi de ventôse, nul doute qu'il ne soit cependant obligé à le compléter et que le ministère public n'ait qualité pour l'y contraindre.

91. — A cet effet, et aussitôt que le trésor est dé-

laissé de tout ou partie des fonds du cautionnement, le procureur du roi du tribunal du domicile de l'officier ministériel doit en être informé de suite par le directeur de la dette inscrite, afin qu'il prenne les mesures nécessaires, et qu'assigné par lui devant le tribunal l'officier ministériel soit mis en demeure de satisfaire aux prescriptions de la loi. — Inst. gén. 5 mars 1838.

92. — Du reste, relativement aux notaires eux-mêmes, tant que la révocation n'a pas été prononcée, le titulaire est toujours à même de compléter son cautionnement, et d'éviter ainsi cette cause de révocation. — M. Rolland de Villargues (*Répert. du notar.*, vo *Cautionnement de titulaires*, no 43) émet une opinion plus radicale encore; il croit pouvoir conclure de l'art. 52 de la loi du 25 vent. an XI, d'après lequel le notaire révoqué ne cesse ses fonctions qu'à compter du jour de la notification de cette révocation, que, même après la révocation prononcée, et tant qu'elle n'a pas été notifiée, le notaire est toujours à même de compléter son cautionnement. — Au surplus, il est dans les usages de l'administration de mettre le notaire en demeure avant de procéder à son remplacement, ce dont il y a fort peu d'exemples.

93. — Autrefois, le cautionnement pouvait être fourni en immeubles; mais depuis la loi du 28 avr. 1816, art. 96, le cautionnement doit toujours se faire en numéraire et en une seule fois. Cette loi ne fit au surplus que généraliser un principe déjà consacré, pour la majeure partie des cautionnemens, par des dispositions spéciales, ainsi notamment par la loi du 7 vent. an VIII.

94. — L'art. 97 de la loi du 28 avr. 1816 ajoute : « La faculté conservée à des fonctionnaires de l'ordre judiciaire, employés des administrations civiles, receveurs des communes et comptables de deniers publics, de fournir tout ou partie de leurs cautionnemens en immeubles ou rentes sur l'état, ne sera pas accordée à ceux qui seront nommés à partir de la publication de la présente loi. Ces cautionnemens devront en conséquence être fournis, à l'avenir, en numéraire pour la totalité. »

95. — Cependant il a été fait exception aux principes posés par la loi du 28 avr. 1816 : 1o pour les officiers ministériels de l'île de Corse; l'ordonn. du 4 juill. 1821 les autorise à fournir provisoirement les cautionnemens et supplémens de cautionnemens exigés par la loi de 1816 en immeubles pour totalité ou partie suivant diverses règles qu'elle établit.

96. — ...2o De même encore pour les colonies; les officiers ministériels ainsi que les agens de change et courtiers fournissent leurs cautionnemens en immeubles, qui doivent excéder d'un tiers le taux du cautionnement.

97. — ...3o Pour certains comptables particuliers; c'est ainsi que nous avons vu (*suprà*, no 71) que le cautionnement du trésorier de la ville de Paris consiste en immeubles; de même les receveurs des hospices et des établissemens de bienfaisance doivent, en principe, fournir leurs cautionnemens en immeubles ou en rentes sur l'état; une autorisation est nécessaire pour qu'ils puissent l'effectuer en numéraire. — Ordonn. 6 juin 1830. — V. *suprà* no 63.

98. — Les fonds composant le cautionnement peuvent être versés au trésor, même avant la nomination du titulaire; c'est une faculté dont il peut user pour éviter une perte d'intérêts, si les deniers restaient oisifs entre ses mains jusqu'au jour de sa nomination.

99. — Quelquefois, lorsqu'il s'agit d'entrepreneurs ou fournisseurs d'un service public, le versement préalable et intégral du cautionnement n'est pas exigé; mais l'ordonnance ou mandat de premier paiement ne peut être soldée, si elle n'est appuyée d'une déclaration de l'ordonnateur, destinée à faire connaître la date de la réalisation de la garantie exigée et la nature des valeurs qui y ont été affectées. Cette justification est toujours exigée.

100. — Aussi, dans le cas où aucun cautionnement ne serait exigé de l'entrepreneur ou fournisseur, l'état des dépenses à ordonner doit le faire connaître; comme aussi s'il résultait du marché que le paiement intégral du cautionnement n'était pas exigible avant le paiement d'aucune somme, la preuve devrait encore en être produite, pour que le paiement pût avoir lieu.

101. — Que si le cautionnement n'avait pas été réalisé dans le délai fixé, le paiement ne pourrait avoir lieu sans un certificat de l'ordonnateur constatant que le retard ne peut être imputé à l'entrepreneur ou fournisseur, ou même qu'il a obtenu un délai pour effectuer ce paiement; en tous cas la preuve de la réalisation doit toujours être produite dans le plus bref délai.

102. — Dans le principe, c'était à la caisse d'amortissement que les cautionnemens devaient être versés (L. 2 vent. an XIII, art. 26); mais ce service a été transféré depuis au trésor par l'ordonn. du 8 mai 1816.

103. — A Paris, le cautionnement est versé directement au trésor; dans les départemens, il est porté aux caisses des receveurs-généraux et receveurs particuliers, qui en font parvenir le montant au trésor. — LL. 7 et 27 vent. an VIII, art. 5; arrêté 26 prair. an XI; L. 28 avr. 1816, art. 93; ordonn. 8 mai 1816.

104. — Toutefois, le montant des cautionnemens affectés à garantir l'exécution ou la gestion des entrepreneurs chargés d'exécuter les grands travaux qui ressortent du ministère des travaux publics est versé à la caisse des dépôts et consignations; c'est elle aussi qui, en vertu d'une circulaire ministérielle du 1er juin 1839, reçoit les cautionnemens provisoires que doivent déposer ceux qui se proposent de concourir aux fournitures et adjudications des divers services publics. — V. CAISSE DES CONSIGNATIONS, CHEMINS DE FER, EMPRUNTS, MARCHÉS ET FOURNITURES, TRAVAUX PUBLICS.

105. — Chaque année le ministre des finances présente à l'appui du budget le compte des cautionnemens déposés au trésor et comprenant la situation au commencement et à la fin de l'année, ainsi que le mouvement pendant cette période.

106. — Ce compte se compose de deux tableaux qui font connaître les capitaux des cautionnemens restant dus par l'état, ceux qui ont été reçus et remboursés pendant l'année, l'indication des classes de titulaires des emplois, et enfin la situation du trésor au 1er janvier de l'année courante, relativement au solde dont il demeure débiteur.

107. — Ainsi, au 1er janvier 1845, outre les 49,797 titulaires ayant versé 220,407,040 fr. 59 c., 7,318 titulaires hors de fonctions n'ayant pas encore retiré leurs cautionnemens s'élevant à 14,044,246 fr. 01 c., le montant total des cautionnemens versés au trésor était de 234,451,286 fr. 60 c. pour 57,110 titulaires.

108. — Les cautionnemens en numéraire des comptables des établissemens de bienfaisance sont versés à titre de dépôt et de prêt dans les caisses des monts-de-piété. S'il n'y en a point dans la ville où est situé l'établissement, il est versé dans celui du département; s'il y en a plusieurs dans le département, ou s'il n'en existe point dans le département, à celui désigné par le ministre de l'intérieur. — Ordon. 31 oct. 1821, art. 23. — V. *suprà* no 63.

109. — Il n'est pas indispensable que le cautionnement soit formé par le comptable lui-même; il peut l'être par des tiers bailleurs de fonds, et il existe même sur ce point et pour garantir ces bailleurs de fonds, quant au remboursement, des dispositions spéciales. — V. *infrà* nos 269 et suiv.

110. — Quelquefois même le cautionnement total n'est que le produit des sommes données par des employés inférieurs soumis au comptable, employés dont celui-ci est responsable; c'est ainsi, par exemple, qu'une portion des cautionnemens versés par le caissier central du trésor public, et par le caissier général de la caisse d'amortissement et des dépôts et consignations, est fournie à ce dernier par leurs sous-caissiers.

111. — Mais, et quoique les sommes déposées à titre de cautionnement soient susceptibles de transport (V. *infrà* no 239 et suiv.), on n'admettrait pas le nouveau titulaire à opérer le versement de son cautionnement par le moyen du transport de celui de son prédécesseur; et en effet, le cautionnement du titulaire qui quitte ses fonctions ne devenant libre qu'après l'accomplissement de certaines formalités, souvent assez longues, ne peut évidemment garantir la gestion du nouveau titulaire. — Circul. min. just., 31 oct. 1836.

112. — Si un fonctionnaire assujéti à un cautionnement, pourvu que ce ne soit pas un titulaire d'office, est appelé à une fonction de même nature, son ancien cautionnement garantit sa gestion actuelle, sauf à parfaire ou même à retirer l'excédant, si le cautionnement exigé est différent du premier. — Ordonn. 4 fév. 1816, art 5.

113. — Il en serait de même, à plus forte raison, s'il ne s'agissait que d'un simple changement de résidence.

114. — Cette règle n'est pas admise quand il s'agit du cautionnement des officiers ministériels; s'ils changent de fonctions, ou même simplement de résidence, ils doivent fournir un nouveau cautionnement. — V. OFFICIER MINISTÉRIEL.

115. — L'ordonnance du 25 sept 1816, art. 3, sur le cautionnement des préposés des contributions indirectes, permet au bailleur de fonds, lorsque le titulaire change d'emploi, de consentir à ce que le

cautionnement non remboursé serve de garantie à la gestion nouvelle, suivant les formes qu'elle établit.

116. — Il a été jugé spécialement que le cautionnement, même fourni par un tiers à un préposé des contributions indirectes, s'étend à la comptabilité des octrois ruraux dont, par addition à ses fonctions, ce préposé a été chargé postérieurement. — *Cons. d'état*, 3 déc. 1823, Laligant.

117. — Mais cette décision est généralement combattue; et l'opinion contraire s'appuie sur l'art. 2015, C. civ., suivant lequel le cautionnement ne se présume point; il doit être exprès et on ne peut l'étendre au-delà des limites dans lesquelles il a été contracté. Or, n'est-ce pas véritablement violer la disposition si précise de cet article que de décider ainsi que l'a fait l'ordonn. du 3 déc. 1813?

118. — Au surplus, le conseil d'état n'a pas toujours décidé de même; c'est ainsi qu'il a été jugé que, la gestion des préposés aux recettes, supprimés par la loi du 7 vent. an VIII, étant étrangère à celle des receveurs particuliers qui en ont été chargés, il en résulte que les cautions d'un préposé aux recettes ne sont passibles du débet de ce préposé que pour sa gestion, mais qu'ils ne sont point garans de sa gestion comme receveur particulier. — *Cons. d'état*, 9 sept. 1811, Lavergne. — V. conf. *Cons. d'état*, 29 déc. 1819, Lebrun c. Min. des finances.

Sect. 4e. — *Intérêts des cautionnemens.*

119. — Le capital déposé à titre de cautionnement par les officiers publics et les comptables restant toujours, malgré sa destination spéciale, la propriété du titulaire, il ne serait pas juste qu'il demeurât improductif, surtout quand l'état en tire un profit; c'est pour cela que la loi a établi que les cautionnemens porteraient intérêts, et que ces intérêts seraient servis par le trésor, qui est le dépositaire du capital. — LL. 7 vent. an VIII, art. 5; 15 sept. 1807, tit. 8, art. 21; 28 avr. 1816, art. 94.

120. — Le taux de ces intérêts a beaucoup varié suivant les époques; c'est ainsi que celui des officiers ministériels, fixé d'abord à 5 % par les lois qui les avaient créés fut réduit à 4 % par la loi du 15 sept. 1807.

121. — Cette loi réduisit au même taux de 4 % les cautionnemens des comptables de toutes choses, à l'exception cependant de ceux qui relevaient directement du trésor public. Toutefois les receveurs communaux n'avaient droit aussi qu'à 4 %.

122. — Le taux des intérêts des cautionnemens des receveurs généraux fut fixé d'abord à 10 % pour l'an VIII, 7 % pour l'an IX, 6 % pour l'an X, et furent réduits à 5 % seulement par la loi du 15 sept. 1807, taux auquel l'intérêt dû aux payeurs et aux receveurs particuliers fut également fixé. — Décr. 5 oct. 1808. — L'intérêt du cautionnement des receveurs particuliers avait d'abord été fixé à 6 %.

123. — La loi du 28 avril 1816 n'avait rien changé à cette position exceptionnelle, et n'avait fixé l'intérêt à 4 % que pour les cautionnemens nouveaux qu'elle créait. Ce ne fut que plus tard que le taux de l'intérêt des cautionnemens des comptables relevant directement du trésor fut abaissé à 4 %, ainsi que pour tous les autres titulaires. — Ordonn. 31 oct. 1824.

124. — La loi de finances du 4 août 1844 est venue modifier, par son art. 7, l'intérêt des cautionnemens, réduit aujourd'hui à 3 %. Le projet du gouvernement n'établissait, il est vrai, que sur les cautionnemens des officiers ministériels cette réduction; mais la chambre des députés, sur la proposition d'un de ses membres, l'étendit à tous les cautionnemens, et cet amendement passa définitivement dans la loi.

125. — Quoique le trésor ne paie à ceux qui sont assujétis à un cautionnement que 3 % d'intérêts, rien n'empêche le bailleur de fonds de stipuler du titulaire l'intérêt à 5 % de sa créance. La fixation de l'intérêt des cautionnemens à taux moins élevé n'est point d'ordre public, mais simplement établie dans l'intérêt du trésor. — *Rouen*, 4 déc. 1827, Féval c. Philippe.

126. — L'intérêt dû par le trésor ne court qu'à compter de la date, soit du versement du numéraire, soit de l'acquittement des obligations. — L. 24 germin. an VIII, art. 8.

127. — Par suite de ce principe, le titulaire ne peut toucher aucun intérêt sans justifier d'une quittance du trésor constatant le versement intégral du cautionnement (*ibid.*), sauf bien entendu le cas où, par exception particulière, le versement du cautionnement serait divisé, ainsi que cela peut se présenter pour l'adjudication de travaux publics; mais cette justification devrait être faite par le comptable.

128. — Le paiement de l'intérêt est fait, soit au titulaire, soit au bailleur de fonds ou à tous autres ayants-droits. — L. 24 germin. an VIII, art. 4.

129. — Jugé que lorsqu'il y a un bailleur de fonds, et jusqu'à la cessation des fonctions de l'officier ministériel, les intérêts du cautionnement doivent être payés au premier par préférence. — *Bordeaux*, 25 avr. 1833, Montaxier c. Sibilotte-Latour et Becette.

130. — Les intérêts sont payés sur le vu de la lettre d'avis de paiement qui est adressée aux parties prenantes et des inscriptions, ou duplicata d'inscriptions, ou sur le vu de pièces tendant à établir la qualité de celui qui se présente; par exemple, d'une procuration, s'il s'agit d'un mandataire.

131. — En tous cas, quittance est donnée par la partie prenante, quittance dont la formule imprimée lui a été remise de la part du payeur du trésor par l'intermédiaire du maire de la commune. — L. 28 avr. 1816, art. 94. — Le paiement se constate par des estampilles différentes au dos des inscriptions ou duplicata.

132. — Ainsi que nous le verrons (*infrà* nº 259), le paiement des intérêts peut être empêché par l'opposition des parties intéressées; mais il faut que cette opposition ait été formée avant l'ordonnancement des intérêts. En conséquence, le conseil d'état a décidé par avis du 12 août 1807, que du moment où l'ordonnancement a eu lieu, et quand même connaissance surviendrait d'oppositions avant le paiement au trésor, il doit être considéré comme régulièrement libéré des intérêts de cautionnemens payés d'après l'ordonnance ou mandat.

133. — Comme tous autres intérêts, les intérêts des cautionnemens sont soumis à la prescription quinquennale. — Avis du cons. d'état 24 déc. 1808, approuvé le 24 mars 1809.

134. — La prescription peut être, il est vrai, interrompue; mais lorsque cinq années se sont écoulées depuis le dernier acte d'interruption, une nouvelle demande introduite ne pourrait avoir pour effet d'empêcher la prescription de s'appliquer pour les années antérieures aux cinq qui précèdent la nouvelle demande.

135. — Jugé même qu'une saisie-arrêt d'un cautionnement n'a pu avoir pour effet d'interrompre la prescription de cinq ans, résultant de l'avis du conseil d'état du 24 mars 1809. — *Cons. d'état*, 28 nov. 1839, Papin. — Solution du reste qui n'est pas à l'abri de critique, en ce qu'elle se fonde sur un principe généralement repoussé, à savoir que la saisie-arrêt ne saurait être réputée qu'un acte conservatoire, et non une mesure judiciaire. — V. PRESCRIPTION, SAISIE-ARRÊT.

136. — Toutefois, et après avoir posé en principe la non-interruption de la prescription par l'effet de l'opposition, l'ordonnance ajoutait qu'il ne s'agissait que d'intérêts antérieurs à l'année 1829, « considérant, dit l'ordonnance, que c'est avec raison que notre ministre des finances a appliqué la prescription résultant de l'avis du conseil d'état du 24 mars 1809, aux intérêts dudit cautionnement antérieurs à 1829. »

137. — En effet, depuis la loi du 9 janv. 1831, art. 9, les intérêts de cautionnemens frappés d'opposition, devant être, à l'époque des clôtures des paiemens de l'exercice, versés à la caisse des dépôts et consignations, demeurent acquis à l'état après cinq ans à partir de l'ouverture de l'exercice, s'il s'agit de créanciers domiciliés en Europe, après six ans s'ils résident hors du territoire européen.

138. — Les intérêts du cautionnement déposé par l'entrepreneur de fournitures publiques pour garantie de sa gestion appartiennent, en cas de saisie de la part des créanciers de son entreprise et de dépôt à la caisse des consignations, aux créanciers opposans. — En vain, pour se faire attribuer ces intérêts, exciperait-il des principes relatifs au contrat de cautionnement, régi par l'art. 2011 et suiv., C. civ., et soutiendrait-il que le cautionnement, étant d'une somme fixe, ne peut être augmenté au moyen des intérêts de cette somme. — *Cass.*, 6 janv. 1840 (t. 1er 1840, p. 153), Ouvrard c. ses créanciers.

139. — Jugé dans le même sens que les intérêts des sommes déposées par un entrepreneur de service public à titre de cautionnement affecté à sa gestion appartiennent aux créanciers saisissans, à l'exclusion du bailleur de fonds. Celui-ci ne peut être considéré comme caution dans le sens de l'art. 2015, C. civ.; et, dès lors, il ne peut prétendre que, le cautionnement étant d'une somme fixe, c'est l'étendre au-delà des limites pour lesquelles il a été contracté que d'y joindre les intérêts. — *Cass.*, 6 janv. 1840 (t. 1er 1840, p. 155); Vassal c. Ouvrard et ses créanciers.

Sect. 5e. — *Droits des créanciers sur les cautionnemens.*

140. — Le principal objet du cautionnement étant d'assurer un recours utile aux personnes lésées par les prévarications de l'officier public dont elles ont employé le ministère, la loi a affecté le cautionnement, par privilége de premier ordre, aux créances pour faits de charge. Elle a en outre attribué à ceux qui ont fourni tout ou partie du cautionnement un privilége de second ordre. Quant aux créanciers ordinaires, ils n'exercent de droit que subsidiairement et dans le cas où les fonds n'auraient pas été absorbés par les créanciers privilégiés.

141. — Voici du reste le texte même de la loi du 25 niv. an XIII, art. 5: « Les cautionnemens fournis par les agens de change, les courtiers de commerce, les avoués, greffiers, huissiers et les commissaires-priseurs sont, comme ceux des notaires (art. 23 de la loi du 25 vent. an XI), affectés, par premier privilége, à la garantie des condamnations qui pourraient être prononcées contre eux par suite de l'exercice de leurs fonctions; — par second privilége, au remboursement des fonds qui leur auraient été prêtés pour tout ou partie de leur cautionnement; — et subsidiairement au paiement, dans l'ordre ordinaire, des créances particulières qui seraient exigibles sur eux. »

142. — Cette disposition fut bientôt étendue aux cautionnemens des receveurs généraux et particuliers, et généralement à tous les comptables publics ou préposés des administrations. — L. 6 vent. an XIII.

143. — Suivant Grenier (*Tr. des hypoth.*, tit. 2, nº 298), les priviléges sur les fonds des cautionnemens doivent, comme le privilége sur le gage, primer les priviléges généraux sur les meubles et les immeubles.

ART. 1er. — *Des différentes espèces de créanciers.*

§ 1er. — *Créanciers pour faits de charge. — Privilége de premier ordre.*

144. — Nous avons dit *suprà* (nos 140 et suiv.), que le cautionnement est affecté par premier privilége aux condamnations prononcées contre le titulaire pour faits de charge; il s'agit maintenant de savoir quels faits, quels actes donnent naissance à ce privilége.

145. — Or l'art. 2102, § 7, énumère au nombre des créances privilégiées celles résultant d'*abus commis par les fonctionnaires publics dans l'exercice de leurs fonctions*, et il fait porter le privilége sur le capital du cautionnement et sur les intérêts tout à la fois. — V. aussi loi du 25 niv. an XIII.

146. — Ainsi, le privilége est assuré aux personnes qui ont été victimes des malversations d'un officier public, qui ont vu leur confiance trahie par sa négligence ou son impéritie, qui ont éprouvé un préjudice qui peut être attribué au fait de l'officier public, agissant avec le caractère que lui donnent les fonctions dont il est investi, et non comme homme privé. — V. FAITS DE CHARGE.

147. — C'est sur ce fondement qu'un arrêt du parlement de Paris en date du 31 mars 1745, rapporté par Merlin (*Rép.*, vº *Fait de charge*), avait jugé que la dissipation d'un dépôt fait entre les mains d'un notaire en exécution de mandement de justice n'était point un fait de charge, parce que les notaires n'avaient point été institués pour recevoir de pareils dépôts.

148. — Ce principe que la créance, pour être privilégiée, doit nécessairement être la suite de l'exercice des fonctions, provenir *ex necessitate officii*, comme le disaient Loyseau (*Tr. des offices*, liv. 3, chap. 8, nº 55), et Basnage (*Tr. des hypoth.*, ch. 14), a été également consacré par notre jurisprudence actuelle.

149. — Jugé en effet qu'on ne peut considérer comme se rattachant aux fonctions d'un receveur général, et, conséquemment, comme susceptibles de conférer un privilége sur son cautionnement (LL. 3 et 25 niv. et 6 vent. an XIII), que les opérations proprement dites de la recette générale, c'est-à-dire les rapports du receveur soit avec le trésor, soit avec des comptables ou contribuables, et les faits résultant des délits ou quasi-délits auxquels ces rapports auraient pu donner lieu. Mais ne doivent pas être réputées telles les opérations que ce fonctionnaire a pu faire comme banquier, alors même que, par suite des exigences du ministre des finances, il les aurait signées en qualité de receveur général. — *Grenoble*, 3 janv. 1842 (t. 2 1842, p. 499), Quiquandon c. Giroud.

150. — Jugé de même que, lorsqu'un courtier de commerce joint à ses fonctions la profession de

commissionnaire, les commerçans qui l'emploient en cette qualité n'ont privilége sur son cautionnement que pour la partie de leur créance résultant de ses fonctions de courtier. Ainsi, si un commerçant a chargé un courtier de vendre des marchandises, il n'a pas privilége sur le cautionnement de ce courtier à raison du prix que celui-ci en aurait reçu à titre de commissionnaire.— *Paris*, 14 mai 1832, Lavalade c. Dumont.

151. — Jugé encore que l'agent de change qui retient les arrérages des rentes qu'il s'était chargé de toucher, ne commet pas un fait de charge qui puisse donner un privilége sur son cautionnement. — *Paris*, 15 avr. 1833, Lallier c. Raguet-Lepine.

152. — Mais si l'agent de change avait reçu mandat non seulement de toucher les arrérages des rentes, mais en outre de procurer des traites sur l'étranger, à l'effet de faire passer aux titulaires les arrérages reçus pour leur compte, et s'il abuse des fonds qui lui ont été laissés pour ce motif, il se rend alors coupable d'un fait de charge donnant privilége sur son cautionnement. — Même arrêt.

153. — De même le privilége pour faits de charge sur le cautionnement des agens de change a lieu par suite du transfert des fonds étrangers cotés à la bourse, ainsi que pour le transfert des fonds français.—*Cass.*, 14 juill. 1829, Roger c. Ragouleau.

154. — Jugé qu'on ne peut considérer comme fait de charge entraînant ce privilége le fait par un avoué d'avoir obtenu, à l'aide de menaces de poursuites, du débiteur de son client, le montant d'une condamnation qu'il avait lui-même fait prononcer au profit de ce dernier, alors surtout que celui-ci a accepté depuis de cet avoué des billets à ordre en paiement de la dette ainsi contractée envers lui. — *Toulouse*, 15 mai 1844 (t. 2 1844, p. 626), Darrieu c. Jackson.

155. — .... Mais que l'avoué qui a exigé de son client plus qu'il ne lui était dû, peut être poursuivi en restitution même par la saisie de son cautionnement. — *Rennes*, 19 déc. 1819, Bernard c. Legal.

156. — Jugé que le privilége pour faits de charge attribué sur le cautionnement ne s'applique pas au cas où un notaire qui a reçu un acte de vente a détourné le prix de cette vente, que l'acquéreur avait laissé entre ses mains pendant le temps de la purge. — *Rouen*, 15 fév. 1838 (t. 1er 1839, p. 417), Jamot c. Dufilleul.

157. — ... Qu'il en est de même s'il s'agit de fonds remis à un notaire pour en opérer le placement, attendu qu'il y a dans l'espèce dépôt volontaire, et non dépôt nécessaire dont la dissipation constituerait un fait de charge. — *Paris*, 6 janv. 1832, (sous *Cass.*, 18 nov. 1834), Barre c. Gambier; 16 nov. 1833, Barre c. Elouin.

158. — ... Qu'il en est encore ainsi quand le notaire dissipe une somme qui lui a été remise partie pour les frais et l'enregistrement d'un acte, et partie pour faire un travail salarié. — Argum. *Cass.*, 31 juill. 1817, Bizat.

159. — ... Que le notaire qui a reçu d'un entrepreneur de bâtimens les capitaux empruntés par son ministère, à la charge de les appliquer au paiement des créanciers, fournisseurs, ouvriers, au fur et à mesure des constructions exécutées par cet entrepreneur, doit être considéré comme un simple mandataire et non comme un dépositaire dans l'acception légale du mot. — *Cass.*, 10 fév. 1832, Rivet. c. Joanon.

160. — ... Que, la loi n'ayant chargé les notaires que du dépôt des minutes des actes de leur ministère, ils ne peuvent pas être considérés comme dépositaires publics des deniers, billets ou lettres de change qui leur sont remis par les parties, lors même que ce serait en vertu d'une clause d'un acte passé devant eux ; et qu'en conséquence le notaire qui divertit les deniers à lui confiés par suite d'un acte de son ministère, n'encourt pas les peines que la loi attache à la qualité de dépositaire public. — *Cass.*, 15 avr. 1813, Dufaut.

161. — Legravérend (t. 1er, chap. 1er, p. 48) dit que la question lui paraît susceptible de doute; il ajoute avec Carnot (sur l'art. 169 *C. pén.*, t. 1er, p. 517, no 6), qu'il en serait autrement du divertissement fait par le notaire de fonds qui lui auraient été remis pour payer l'enregistrement d'un acte passé devant lui, parce que la loi du 22 frim. an VII (art. 29), ayant chargé les notaires du versement des droits d'enregistrement, les parties sont dans l'obligation de les en rendre dépositaires.

162. — Cette opinion n'est pas fondée: le notaire qui reçoit l'argent destiné à l'enregistrement d'un acte de son ministère, n'est pas tenu de le garder ni de le rendre en nature. La remise qui lui en est faite ne constitue donc pas un dépôt et surtout un dépôt public.

163. — Jugé cependant qu'il y a fait de charge constituant un privilége de premier ordre sur son cautionnement, de la part d'un notaire qui, chargé de placer des fonds, se les attribue, et ne remet en échange à son client qu'une obligation entachée de nullité, et cela encore bien que la nullité de l'acte n'ait été ni demandée ni obtenue. — *Paris*, 4 mars 1834, Michaux c. Chapoteau.

164. — En tous cas, les juges du fond peuvent, sans violer aucune loi, décider que la remise d'une somme d'argent faite à un notaire pour en opérer le placement, constitue non un prêt, mais un dépôt volontaire, encore que le notaire se soit soumis au paiement des intérêts jusqu'au jour du placement. — *Cass.*, 18 nov. 1834, Barre c. Gambier.

165. — Le fait de charge peut résulter non seulement du fait personnel de l'officier ministériel ou du comptable, mais encore de celui de ses clercs, commis ou préposés. — Dard, *Des offices*. p. 31. — V. CLERCS.

166. — Le droit qui appartient à la régie contre les officiers ministériels pour le recouvrement des droits d'enregistrement, de greffe, de timbre, etc., est-il garanti par le cautionnement? La créance de la régie est-elle privilégiée comme fait de charge? Quoique la question soit controversée, il faut tenir pour l'affirmative.

167. — Comme le remarque M. Rolland de Villargues, c'est là une créance qui dérive éminemment de l'exercice des fonctions, créance personnelle pour la régie, qu'aucune défaveur ne peut atteindre, et c'est le cas d'appliquer la loi romaine : *Actiones personales fisci privilegium habent præ cœteris creditoribus personalibus* (L. 37, ff., *De jure fisci*).

168. — Jugé en ce sens que le trésor a un privilége sur le cautionnement des notaires, par exemple pour le paiement des droits d'enregistrement dus à raison de tous les actes passés devant eux ; et que l'effet de ce privilége ne peut être restreint aux droits d'enregistrement dont les notaires ont reçu le montant de la part des parties contractantes.—*Cass.*, 25 juill. 1827, Enregistrement c. Smith. —V. aussi Instr. de la régie, 1229, § 8; *Dict. des dr. d'enregist.*, vo *Notaire*, no 125.

169. — Cependant, MM. Championnière et Rigaud (*Tr. des Dr. d'enregist.*, t. 4, no 3906) enseignent que, pour jouir du privilége accordé par les lois du 25 vent. an XI et 25 niv. an XIII, il faut être porteur d'un jugement (V. *infrà* no 189 et suiv.). Or, les droits d'enregistrement sont recouvrés par voie de contrainte, et la régie ne peut obtenir aucune condamnation lorsqu'il n'y a pas d'opposition aux poursuites. De là il suit que le privilége ne pourrait être exercé qu'à l'égard des droits litigieux, et jamais pour ceux dont l'exigibilité ne serait pas contestée. Cela serait absurde, et c'est un motif de croire que les lois précitées n'ont pas eu en vue les perceptions confiées à la régie. — V. au surplus ENREGISTREMENT.

170. — C'est une question plus controversée de savoir si le fisc jouit du même privilége quant au recouvrement des amendes; et pour soutenir la négative on invoque les principes de la loi romaine : *Fiscalium pœnarum petitio creditoribus postponitur* (LL. 17 à 37, ff., *De jure fisci*), principes consacrés par notre ancienne jurisprudence, ainsi que l'attestent Loyseau (*Tr. des offices*, liv. 1er, chap. 4, no 65), et Basnage (*Traité des Hypothèques*, chap. 13); ce dernier auteur rapporte même dans ce sens un arrêt du parlement de Paris du 2 mars 1667.

171. — Suivant les auteurs de l'*Encyclopédie du Droit*, vo *Cautionnemens des titulaires et des comptables*), notre législation actuelle semble elle-même avoir consacré cette règle dans les art. 2098 et 2022, C. civ., et dans les art. 2 et 5, L. 5 sept. 1805. — V. encore dans ce sens Grenier, *Hypoth.*, t. 2, no 98; Pardessus, *Dr. comm.*, t. 1er, no 128; Thomine-Desmazures, *Procéd. civ.*, t. 1er, no 63; Persil, *Questions*, t. 1er, p. 11; Dard, *loc. cit.*, p. 42; Troplong, *Hypoth.*, no 95 *ter* et 210.

172. — Il a été jugé en effet que le privilége accordé sur le cautionnement des fonctionnaires publics s'applique exclusivement aux créances résultant des faits de charge et non aux amendes et aux peines pécuniaires prononcées contre ces fonctionnaires.— *Paris*, 21 juill. 1837 (t. 2 1837, p. 494), Domaine c. Manet.—V. encore *Lettre du min. de la justice*, 19 mars 1808.

173. — ... Qu'en conséquence, le trésor public n'a point privilége sur le cautionnement d'un agent de change pour les amendes encourues par celui-ci dans l'exercice de ses fonctions, et pour le paiement des frais de la procédure. — Il ne peut même dans ce cas obtenir le concours avec les créanciers qui ont le cautionnement pour gage, surtout lorsque la créance du fisc est postérieure à la faillite du débiteur.— *Cass.*, 7 mai 1816, Enregistrement c. Soumain.

174. — Toutefois, en présence des textes formels de la loi, qui ne fait aucune distinction entre les condamnations prononcées par suite de l'exercice des fonctions, l'opinion de l'affirmative a généralement prévalu.

175. — Et il a été décidé qu'on peut saisir-arrêter le cautionnement d'un officier ministériel, par exemple d'un huissier, pour le recouvrement des amendes qu'il a encourues. — *Cass.*, 11 juin 1811, Enregist. c. Massard. — V. instr. de la régie des 19 germin. an XIII, art. 277, et 1er août 1806, art. 313. — V. aussi le *Dict. des Droits d'enreg.*, vo *Cautionnement*, no 137; Roland et Trouillet, *Dict. de l'enreg.*, vo *Cautionnement des employés*, § 3 no 3; Rolland de Villargues, *Rép. du not.*, vo *Cautionnement*, no 38; Roger, *Saisie-arrêt*, no 15; Masson-Delongpré, *Code de l'enreg.*, no 3387; Merlin, *Rep.*, vo *Saisie-arrêt*, § 7.

176. — ... Que ce droit s'étend sur le capital aussi bien que sur les intérêts du cautionnement. — *Cass.*, 1er juin 1814, Enregist. c. Vinette; 26 mars 1821, Enregist. c. Guyot. — V. aussi *Dictionn. de l'enreg.*, vis *Cautionnement*, no 137, *Huissier*, no 37, et *Poursuites*, § 2, no 17; Rigaud et Championnière, *Traité des droits d'enregist.*, t. 4, no 3906; Bioche et Goujet, *Dict. de procéd.*, vis *Cautionnement*, no 22, et *Distribution par contribution*, no 136; Roger, *Saisie-arrêt*, nos 326 à 328.

177. — ... Et qu'en conséquence, la régie de l'enregistrement peut poursuivre le paiement des droits et amendes encourues par les officiers ministériels dans l'exercice de leurs fonctions, non seulement sur les intérêts, mais encore sur le capital de leurs cautionnemens, sans que la remise des deniers formant le capital du cautionnement saisi puisse être différée jusqu'au décès, à la démission ou à la destitution de l'officier ministériel, et sauf au titulaire à remplacer les deniers saisis ainsi qu'il est prescrit par la loi du 25 niv. an XIII. — *Cass.*, 26 mars 1821, Enregist. c. Guyot; 4 fév. 1822, Enregist. c. Delanoë; — Rolland de Villargues, *loc. cit.* no 12.—*Contrà Cass.*, 1er juin 1814, Enregist. c. Vinette.

178. — Autrefois, et sous l'ancienne jurisprudence, les créanciers pour faits de charge, outre le privilége sur le cautionnement, jouissaient aussi d'un privilége sur le prix de l'office (Basnage, *Tr. des hypoth.*, ch. 14), privilége assez semblable dans ses effets à celui résultant de l'hypothèque légale de la femme mariée. — Dard, p. 31.

179. — Ce privilége n'a pas été maintenu ; et, aujourd'hui, c'est un point incontesté qu'en cas d'insuffisance du cautionnement les créanciers pour faits de charge viennent en concurrence avec tous autres créanciers. — V. *infrà* nos 231 et suiv.

180. — Mais sur le cautionnement ce privilége est absolu, et ils peuvent l'exercer sans discussion préalable et jusqu'à l'épuisement des biens de leur débiteur. — *Cass.*, 30 mars 1831, Cuoq c. Roger.

181. — Ainsi, lorsqu'un garde-magasin a été autorisé par le ministère de la guerre à combler un déficit, en remplaçant en nature les denrées manquantes, les vendeurs n'ont de recours à exercer que contre le garde-magasin, et s'il est en débet, l'état doit être payé le premier par privilége sur le cautionnement.—*Cons. d'état*, 22 août 1834, Puech et Mendisco.

182. — Il frappe sur le cautionnement en entier sans déduction. Ainsi les communes ont privilége sur toutes les parties du cautionnement fourni par les percepteurs, et non pas seulement sur le supplément de cautionnement que la loi du 30 frim. an XIII a exigé de ces comptables en les imposant aux communes comme receveurs. — *Caen*, 30 mai 1837 (t. 1er 1838, p. 358), commune de Vrétot c. Lefèvre.

183. — Il frappe sur les intérêts comme sur le capital, sauf ce qui a été dit *suprà* no 145.

184. — Il n'est soumis à aucune prescription particulière pour sa conservation; il subsiste tant que la dette n'a pas été éteinte de l'une des manières énoncées par l'art. 1234, C. civ. — *Paris*, 4 juill. 1828, Roger c. Ragouleau; *Cass.*, 14 juill. 1829, mêmes parties.

185. — Jugé en conséquence que l'arrêt de la chambre syndicale des agens de change, qui fixe à cinq jours le délai dans lequel les opérations relatives au transfert des inscriptions sur le grand-livre doivent être terminées, n'est pas obligatoire pour la partie forcée d'employer le ministère de l'agent de change, de telle sorte qu'elle perde son privilége sur le cautionnement pour fait de charge, si elle laisse écouler le délai fixé sans réclamer ses fonds ou ses titres. — Mêmes arrêts.

186. — Les créanciers pour faits de charge, ayant privilége sur le capital aussi bien que sur les intérêts du cautionnement peuvent évidemment prendre toutes les mesures conservatoires pour la sûreté de leurs créances (V. *infrà* nos 245 et suiv.). — Mais leur droit se borne-t-il à des mesures conservatoires, et les condamnations qu'ils ont obtenues

sont-elles ou non susceptibles d'exécution immédiate?

187. — Quant aux intérêts, l'affirmative ne peut faire aucun doute; et il a été jugé spécialement que le droit des créanciers, même ordinaires, et à plus forte raison pour fait de charge, ne pouvait être arrêté par les créanciers bailleurs de fonds. — *Cass.*, 6 janv. 1840 (t. 1er 1840, p. 155), Vassal c. Ouvrard; même jour (t. 1er 1840, p. 153), Ouvrard c. ses créanciers.

188. — Long-temps aussi pour le capital, le trésor ne fit aucune difficulté de verser entre les mains de tout créancier porteur d'un titre régulier, tel qu'un jugement de condamnation passé en force de chose jugée, le montant des fonds du cautionnement jusqu'à concurrence de la somme due.

189. — Mais depuis, le trésor s'est montré moins disposé à opérer ces sortes de versemens, qu'il faisait auparavant aux créanciers de toute classe, même non privilégiés et ordinaires, et beaucoup de titulaires ou comptables ont prétendu que leur cautionnement était inviolable jusqu'au jour de la cessation de leurs fonctions.

190. — Ce système, à l'appui duquel on invoque les arrêts de Grenoble, 15 fév. 1823 (Léon c. Gens), Bordeaux, 18 avr. 1833 (Montosier c. Bellard), 25 avr. 1833 (Montaxier c. Sibilotte), repose principalement sur cette double considération: 1o que tous les créanciers pour faits de charge, quelle que soit la date de leur créance, ont le même privilége sur le cautionnement, et qu'en conséquence ce que l'officier ministériel ou comptable ne pourrait faire de sa propre volonté, c'est-à-dire aliéner immédiatement tout ou partie de son cautionnement tant que durent ses fonctions, un créancier, quelque favorable que soit sa position, ne peut le faire lui-même, en ôtant ainsi à d'autres créanciers la garantie à laquelle ils ont autant de droits que lui; — 2o que l'intégralité du cautionnement étant essentiellement exigée sous peine de suspension et même de révocation (V. *suprà* 86), permettre à un créancier d'agir immédiatement sur le capital du cautionnement, c'est admettre par cela même pour l'autorité judiciaire qui aurait ordonné cette exécution, et même pour le créancier qui serait fondé à la réclamer, le pouvoir implicite de provoquer nécessairement la suspension ou même la révocation de l'officier ministériel ou du comptable, mesures pour lesquelles l'action du gouvernement doit toujours être libre et indépendante. — Dard, *loc. cit.*, p. 86 et suiv.

191. — Cependant, et modifiant ce que cette opinion a de trop absolu M. Dard (p. 95 et suiv.) pense que «le porteur d'une condamnation pour fait de charge, pourrait, avant l'événement de l'une des conditions qui donnent lieu à la cessation des fonctions du titulaire de l'office, faire afficher pendant trois mois l'expédition du jugement ou de l'arrêt obtenu contre son débiteur, dans le lieu des séances du tribunal ou de la cour près desquels exerce le titulaire de l'office et où il a été reçu, en annonçant qu'il est dans l'intention de faire exécuter ce jugement ou cet arrêt sur les fonds du cautionnement; et que si, pendant le délai de trois mois, il ne survenait pas d'autres créanciers opposans pour faits de charge, le cautionnement serait purgé du privilége accordé à ces créanciers, et le ministre des finances pourrait payer le montant des condamnations pour faits de charge, sans être exposé à aucun recours de la part des créanciers qui n'auraient pas formé d'oppositions.»

192. — Mais, ainsi que le remarquent M. Rolland de Villargues (*loc. cit.*, no 88) et les auteurs de l'*Encyclopédie du droit* (*loc. cit.*, no 34), cette marche, qu'il serait peut-être convenable de suivre, n'est prescrite nulle part, et ne saurait en conséquence être imposée aux créanciers pour faits de charge, et ces auteurs n'hésitent pas à reconnaître le droit absolu et immédiat des créanciers, consacré par les arrêts déjà cités. — *Cass.*, 11 juin 1811, Enregist. c. Massard; 1er juin 1814, Enregist. c. Vinelle; 26 mars 1821, Enregist. c. Guyot; 4 fév. 1822, Enregist. c. Delanoë. — Ils font encore remarquer que les arrêts cités en sens contraire n'ont été rendus que sur des créances ordinaires.

193. — Cette jurisprudence, ajoutent les auteurs de l'*Encyclop. du dr.* (no 32), est, selon nous, justifiée par la raison et par la nature même des choses, car le cautionnement ayant précisément pour objet de garantir cette classe de créanciers et de réparer le préjudice que la fraude ou la mauvaise gestion des fonctionnaires publics peuvent leur causer, c'eût été manquer le but que le législateur voulait atteindre que de les forcer à attendre pour l'exercice de leurs droits une époque où ils fussent devenus peut-être illusoires.

194. — Si donc il n'existe sur les fonds du cautionnement aucune opposition antérieure (V. *infrà* nos 245 et suiv.), il suffira au créancier pour faits de charge, pour obtenir la remise, de justifier de son droit au moyen d'un certificat délivré par le greffier du tribunal et visé par le président; et après examen du registre des oppositions, le trésor paiera. — Inst. gén. 5 mars 1838.

195. — Mais s'il existe d'autres oppositions sur le cautionnement formées même par des créanciers ordinaires, le créancier pour faits de charge ne saurait obtenir la remise du trésor qu'après avoir mis ces créanciers en cause et en justifiant d'un jugement ordonnant le paiement *par premier* privilége et *préférence à tous autres saisissans*, ou la délivrance des deniers du cautionnement à tous les créanciers admis à concourir, s'il y a des fonds suffisans. — Même instruction.

196. — S'il n'y a fonds suffisans, et s'il est par conséquent nécessaire de procéder par contribution, le paiement ne peut être fait à chaque créancier que sur la remise du mandement de collocation délivré en exécution des art. 665 et 671, C. procéd. — Même instruction.

197. — Toutefois, au cas où les autres créanciers et le titulaire consentiraient au paiement par préférence du créancier pour faits de charge, ce dernier ne serait tenu que de produire acte authentique de ce consentement et certificat des greffiers constatant les oppositions existantes. — Même instruction.

§ 2. — *Créanciers bailleurs de fonds. — Privilége de second ordre.*

198. — Par une faveur particulière et fort bien justifiée, surtout à l'époque où la loi fut rendue, les bailleurs de fonds qui ont fourni le cautionnement jouissent d'un privilége, dit de second ordre, et priment tous les créanciers, excepté ceux pour faits de charge. — LL. 6 vent. an XIII; 25 niv. an XIII, art. 1er; — *Rouen*, 15 avr. 1806, Dufresne c. Auges.

199. — Ce privilége si légitime n'est évidemment qu'une application des principes du droit commun, et lors de la rédaction du Code civil, il parut tellement hors de toute controverse que, Regnault de Saint-Jean-d'Angely ayant demandé qu'il fût formellement consacré par l'art. 2102, Treilhard répondit que les bailleurs de fonds étaient propriétaires du cautionnement et qu'on n'a pas besoin de privilége sur sa propre chose. — V. la discus. au cons. d'état (Locré, *Lég. civ.*, t. 17, p. 245).

200. — Jugé, en effet, qu'en matière de cautionnement exigé des fonctionnaires publics le bailleur de fonds demeure propriétaire des deniers par lui fournis pour former le cautionnement. — *Paris*, 24 avr. 1834, Ribot c. Meunier.

201. — Si donc une contribution est ouverte sur le cautionnement entre des créanciers du titulaire autres que pour faits de charge, le bailleur de fonds n'est pas tenu d'y produire, sous peine d'être déclaré déchu de son droit. — *Paris*, 24 avr. 1834, Ribot c. Meunier.

202. — Et, s'il existe plusieurs bailleurs de fonds, leurs droits se règlent, non par concurrence, mais par ordre de date de leur titre. — Rolland de Villargues, *Rép. du not.*, vo *Cautionnement*.

203. — Mais ce privilége, quelque étendu qu'il soit, ne s'étend que sur le cautionnement, et non sur le prix de la charge lui-même; c'est là un point incontestable.

204. — Ainsi, le prix de la charge d'un agent de change n'est pas affecté par privilége à ceux qui ont prêté des fonds pour le cautionnement. — *Cass.*, 30 mars 1831, Cuoq c. Roger.

205. — Ils ne sauraient non plus prétendre qu'ils doivent être subrogés aux droits des créanciers pour faits de charge, remboursés sur le cautionnement. — Même arrêt (sol. impl.).

206. — La loi du 25 niv. an XIII n'a donc pu avoir d'autre but, en consacrant formellement le privilége incontestable des bailleurs de fonds, que de rendre moins difficiles pour les titulaires assujétis à un cautionnement les emprunts qu'ils peuvent avoir à faire, par la certitude donnée aux bailleurs de fonds que les capitaux par eux prêtés ne courraient d'autres risques que ceux résultant des faits de charge des emprunteurs. — Dard, *loc. cit.*, p. 43; Rolland de Villargues, *loc. cit.*, no 46.

207. — Or, pour que le privilége existe, deux conditions sont nécessaires: — 1o que l'emprunt ait été fait pour être employé au cautionnement; — 2o que les fonds prêtés aient eu réellement cette destination.

208. — Cela établi, deux moyens existent pour le bailleur de fonds à l'effet de conserver ses droits: — 1o l'opposition, comme pour *tout autre* créancier (V. *infrà* nos 215 et suiv.); — 2o la déclaration faite à son profit par le titulaire, établie par la loi du 25 niv. an XIII, et beaucoup plus efficace que le moyen de l'opposition.

209. — Cette déclaration doit être faite par le fonctionnaire ou comptable qui a fourni le cautionnement, et a pour objet d'attester que tout ou partie de ce cautionnement versé au trésor provient des deniers d'un tiers.

210. — Elle doit être passée devant notaire, dans la huitaine du versement des fonds. — Décr. 22 déc. 1812, art. 1er.

211. — Dans l'usage, elle est délivrée en expédition et doit être légalisée par le président du tribunal de première instance de l'arrondissement. — Même disposition.

212. — Elle ne donne lieu qu'à la perception d'un droit d'enregistrement de *un franc*, droit fixe. — *Cass.*, 4 déc. 1821, Enregist. c. Rozier; — Décis. minist. 23 mars 1822; Instruct. de la Régie 30 mars 1822.

213. — Elle est ensuite présentée au trésor, sur les registres duquel elle est enregistrée à peine de nullité. — Un certificat constatant cet enregistrement au trésor est délivré au bailleur de fonds. — Décr. 28 août 1808, art. 3; 22 déc. 1812, art. 6.

214. — Si la déclaration constatant l'origine des fonds avait lieu plus de huit jours après le versement au trésor, elle devrait être accompagnée d'un certificat de non-opposition délivré par le greffier du tribunal de première instance du domicile des parties, avec mention de ce certificat dans la déclaration. — Décr. 28 août 1803, art. 1er.

215. — S'il n'existait pas d'opposition au greffe du tribunal de première instance, mais qu'il en eût été formé au trésor, la déclaration faite au profit du bailleur de fonds ne serait admise que sous la réserve de ces oppositions. — Décr. 22 déc. 1812, art. 2.

216. — Ainsi, le bailleur de fonds a un délai de huitaine à partir du versement du cautionnement pour remplir les formalités nécessaires à la conservation de son privilége de second ordre, délai pendant lequel aucune opposition ne peut être formée à son préjudice; mais, la huitaine expirée, le bailleur de fonds est primé par les oppositions antérieures à la déclaration d'origine des deniers.

217. — Au surplus, l'observation des formalités que nous venons d'énumérer est de rigueur. — Jugé en conséquence que la remise que fait le bailleur de fonds au trésor de la déclaration de privilége de second ordre ne suffit pas pour lui faire acquérir ce privilége aux yeux des tiers; et que le privilége ne lui est acquis que par l'inscription qui doit en être faite par le trésor. — *Cass.*, 19 juill. 1842 (t. 2 1842, p. 186), Trésor pub. c. Triboulet.

218. — ...Et que le trésor peut, à défaut d'avoir fait cette inscription, être déclaré responsable envers les bailleurs de fonds de l'effet des oppositions postérieures à la réception des pièces nécessaires pour y procéder. — Même arrêt.

219. — Cette dernière décision ne résulte, il est vrai, qu'implicitement de l'arrêt; mais elle n'en doit pas moins être considérée comme constante. En effet, le jugement attaqué avait condamné le trésor comme *responsable* de la négligence dont il le reconnaissait coupable à raison du défaut d'inscription du privilége antérieurement à toute opposition. Le trésor s'est pourvu en cassation; son pourvoi a été rejeté; le principe de responsabilité se trouve par cela même consacré, sauf aux tribunaux à apprécier, suivant les circonstances, dans quels cas il y aura lieu d'en faire l'application à raison de la négligence du trésor et du préjudice causé à la partie.

220. — On ne saurait douter que le privilége de second ordre, attribué sur le cautionnement, ne soit exclusivement en faveur des bailleurs de fonds du cautionnement. Ainsi, lorsque la déclaration primitivement faite au profit du prêteur des fonds du cautionnement d'un officier ministériel a été annulée après remboursement opéré par le titulaire, le privilége est tellement éteint, qu'il ne peut revivre en faveur de nouveaux bailleurs de fonds, par nouvelles déclarations du titulaire à leur profit. — *Paris*, 4 mars 1834, Michaux c. Chapoteau.

221. — Il faut remarquer ici que cet arrêt a eu pour but de supprimer l'usage qui s'était introduit dans l'administration, d'admettre que la déclaration du titulaire, à quelque époque qu'elle intervînt, alors même qu'elle avait lieu en faveur d'un second et troisième bailleur de fonds, suffisait pour conférer le privilége, usage évidemment contraire à l'esprit du décret.

222. — La jurisprudence est du reste aujourd'hui fixée sur ce point. Car il a été jugé: 1o que la cession du cautionnement faite par un titulaire à celui qui n'en a pas fourni les fonds, alors que le cessionnaire connaît la destination des fonds prêtés, ne transmet pas à ce cessionnaire un privilége ou même un droit de propriété sur ce cautionnement. — *Paris*, 11 juill. 1836, Bureaux c. Agens de ch. de Paris.

223. — ... 2° Et, sur le pourvoi contre cet arrêt, que le titulaire d'un cautionnement ne peut valablement attribuer au tiers, qui l'a libéré d'une dette, le privilége de second ordre que la loi ne confère qu'au bailleur des fonds versés pour constituer le cautionnement. — *Cass.*, 30 mai 1838 (t. 2 1838, p. 80), Agens de ch. de Paris c. Bureaux.

224. — La déclaration de privilége, ne pouvant valoir comme telle dans ce cas, ne peut non plus avoir effet comme cession de cautionnement, l'intention de céder et celle d'acquérir par cette voie devant être formellement exprimées. — Même arrêt.

225. — Mais faudrait-il conclure de là que le titulaire ne pourrait subroger, dans le privilége de second ordre, celui dont les fonds lui auraient servi à rembourser le titulaire originaire? Nous ne le croyons pas : en effet, en quoi cette subrogation peut-elle nuire aux créanciers ordinaires, et pourquoi, par conséquent, en l'absence de disposition expresse, restreindre une faculté qui est de droit commun?

226. — Seulement, et pour écarter tout soupçon de fraude, il conviendra de suivre les prescriptions de l'art. 1250, C. civ. — Rolland de Villargues, *loc. cit.*, n° 101. — V. *contrà* Bioche, *Dict. de procéd.*, n° 33.

227. — En ce sens, le bailleur de fonds est libre de transférer ses droits à toute autre personne ; il n'y a dans un pareil transport rien de contraire aux prescriptions de la loi ; le cautionnement est sa propriété ; rien donc ne s'oppose à ce qu'il en dispose pour le temps où elle doit lui revenir, à la charge de respecter les droits que peuvent acquérir les créanciers pour faits de charge.

228. — Jugé, en conséquence, que le bailleur de fonds d'un cautionnement fourni à l'état peut céder à un tiers ses droits et son privilége de second ordre ; — Que ce transport doit, pour saisir le cessionnaire, être signifié non à celui pour qui le cautionnement a été déposé, mais au ministre des finances ou au directeur de la caisse des consignations. — *Cass.*, 17 nov. 1841 (t. 1er 1842, p. 706), Paillet c. Lecomte.

§ 3. — *Créanciers ordinaires.*

229. — Ce n'est point en faveur des créanciers ordinaires que la garantie du cautionnement a été établie ; ce cautionnement en réalité constitue une espèce de contrat par lequel le gouvernement investit le comptable, l'officier ministériel, de ses fonctions, et celui-ci aliène éventuellement un capital pour sûreté de l'exercice qu'il en fera. Si donc il est vrai que la loi affecte les fonds de ce cautionnement à une destination fixe, à acquitter une espèce particulière de dettes, il est évident que ce serait aller contre le but qu'elle s'est proposé que de les en détourner pour les consacrer à payer des dettes ordinaires.

230. — Cependant la loi du 25 vent. an XIII établit des règles, des formalités destinées à assurer aux créanciers ordinaires des droits sur le cautionnement ; et cela est juste puisque, d'une part, le titulaire est resté propriétaire du cautionnement, et que, d'autre part, les créanciers ordinaires ne peuvent venir qu'après les créanciers privilégiés

231. — Reste à savoir, et la difficulté est sérieuse, si les créanciers ordinaires peuvent, lorsqu'il n'existe pas de créanciers privilégiés, saisir-arrêter le cautionnement et se faire payer immédiatement de leurs créances.

232. — D'une part, on soutient qu'en présence des art. 2092 et 2093, C. civ., le cautionnement d'un officier public, quoique déposé entre les mains du gouvernement, ne cesse point pour cela de faire partie de ses biens et d'être le gage commun de tous ses créanciers, qui peuvent le saisir-arrêter, sauf toutefois, lors de la distribution, le droit de préférence qui pourrait être exercé par le gouvernement. L'art. 557, C. procéd. civ., est, dit-on, une autorité que l'on peut invoquer à l'appui du principe général. D'après la disposition de cet article, en effet, on peut faire saisir-arrêter les biens de toute espèce appartenant au débiteur, sans en excepter son cautionnement. Or, il serait inconséquent qu'on pût employer une pareille mesure à d'autres fins que d'être payé de suite, suivant le résultat ordinaire d'une saisie-arrêt. A la vérité, le gouvernement a un privilége sur les fonds de ce cautionnement ; mais tout ce qu'il résulte de là, c'est que le fisc ou le créancier privilégié a le droit de se faire payer de préférence jusqu'à concurrence de ce qui pourrait lui être dû ; il ne peut pas retenir le surplus au préjudice d'autres créanciers légitimes. D'ailleurs, il résulte manifestement des termes de l'art. 1er, L. 25 niv. an XIII, que le droit des créanciers ordinaires est mis sur la même ligne que le droit des privilégiés, quant au mode de leur exercice ; que le droit suppose l'action, à moins que celle-ci n'ait été suspendue par une disposition qu'on chercherait en vain. — V. Rolland de Villargues, *loc. cit*, n° 98.

233. — D'autre part, on fait observer que le cautionnement n'est exigé qu'en considération de la foi publique, et pour répondre spécialement des fautes que pourrait commettre celui qui est revêtu d'une charge.

234. — ... Que ce n'est point en faveur des créanciers ordinaires que le cautionnement a été établi, et que si la loi l'a affecté à acquitter une espèce particulière de dettes, ce serait aller contre ses intentions que de détourner ces fonds pour les consacrer à payer des dettes ordinaires. Bien plus, ajoute-t-on, la faculté de faire saisir ce cautionnement serait, entre les mains des créanciers, un moyen indirect de faire encourir au fonctionnaire sa déchéance et sa destitution, puisqu'il dépendrait d'eux de retirer le montant de ce cautionnement, s'il était hors d'état d'en déposer un nouveau, et de le faire ainsi considérer comme démissionnaire. Cette conséquence de l'opinion contraire en prouve donc l'inadmissibilité.

235. — En présence de ces deux systèmes opposés, la jurisprudence semble vouloir établir un terme moyen qui donne satisfaction suffisante à tous les intérêts ; elle paraît se fixer en ce sens que tous les créanciers d'un officier ministériel ont le droit, seulement à titre de mesure conservatoire, de saisir-arrêter le montant de son cautionnement, mais sans qu'ils puissent en exiger le versement entre leurs mains et la distribution avant la cessation de ses fonctions ; c'est alors seulement que peut être agitée la question de préférence entre les créanciers.

236. — Jugé, en conséquence, que le cautionnement d'un officier ministériel peut être saisi par les créanciers, quoique leur créance ne résulte pas d'un fait de charge. — *Bourges*, 21 mars 1817, D... c. de Plagny ; *Grenoble*, 15 fév. 1823, Léon c. Gras ; *Bordeaux*, 18 avr. 1833, Montaxier c. Balland ; 25 avr. 1833, Montaxier c. Sibilotte. — V. conf. Bioche et Goujet, *Dict. de procéd.*, v° *Cautionnement*, n° 26, et surtout Roger, *Saisie-arrêt*, n° 333, et Gagneraux, *Comment. sur la loi du notariat*, art. 33.

237. — ... Et que, jusqu'à la cessation des fonctions, les créanciers ont seulement droit à la distribution des intérêts de ce cautionnement. — *Grenoble*, 15 fév. 1823, Léon c. Gras. — Jugé même que, sur le montant de ces intérêts, ils doivent être payés de préférence au bailleur de fonds. — *Bordeaux*, 25 avr. 1833, Montaxier c. Sibilotte.

238. — Ainsi, à l'égard des créanciers autres que ceux pour faits de charge, le cautionnement doit être assimilé à une créance à terme qu'aurait le débiteur, et dont ils ne pourraient exiger le paiement de la part du tiers saisi, qu'à son échéance. Ici, le tiers saisi, c'est l'état ; et le terme est le décès, la démission ou la révocation du titulaire. A la vérité, le cautionnement pourrait n'être pour les créanciers ordinaires qu'une ressource éventuelle, car elle peut être absorbée par les créances privilégiées pour faits de charge ; mais le cautionnement atteint son but naturel et reçoit sa destination essentielle.

239. — Une autre question est de savoir si parmi les créanciers ordinaires, quelques uns peuvent avoir une position privilégiée, à raison de conventions particulières ; en d'autres termes, le prix du cautionnement est-il susceptible de transport, à charge bien entendu par le titulaire de respecter les priviléges établis par la loi en faveur des créanciers pour faits de charge et des bailleurs de fonds?

240. — La cour de Paris, dans son arrêt déjà cité du 11 juill. 1836 (Bureaux c. Agens de change de Paris), s'est prononcée pour la négative, et le pourvoi contre son arrêt a été rejeté. — *Cass.*, 30 mai 1838 (t. 2 1838, p. 80), mêmes parties.

241. — Pour soutenir cette opinion, on part de ce principe que le cautionnement doit être nécessairement la propriété du titulaire, et qu'en transférer la propriété à un tiers ce serait par cela même renoncer à l'exercice des fonctions ; d'ailleurs, ajoute-t-on, ce serait là un moyen détourné de constituer un privilége sur les fonds du cautionnement, ce qui est contraire à la loi. — V. *suprà* n°s 220 et suiv.

242. — Mais cette opinion est généralement combattue. Pourquoi, en effet, interdire la faculté de transport, lorsque l'effet de ce transport ne peut avoir lieu qu'à l'époque où le cautionnement devient disponible, et en respectant les priviléges acquis pour faits de charge? Et quant à l'objection que le titulaire ne peut constituer de privilége sur son cautionnement, ce n'est pas un privilége que transporte ainsi le titulaire, mais sa créance contre le trésor pour son remboursement, sauf à suivre pour la validité de ce transport les règles ordinaires de la matière. — V. TRANSPORT.

243. — Jugé en effet que le cautionnement d'un officier ministériel peut être l'objet d'un transport, même avant l'accomplissement des formalités exigées par la loi du 25 niv. an XIII pour le remboursement du cautionnement, et que ce transport, en l'absence de faits de charge et de privilége de second ordre, doit s'exécuter dans les termes du droit commun à l'égard des créanciers ordinaires du titulaire. — *Paris*, 17 avr. 1845 (t. 1er 1845, p. 546), Leroux c. Blanchard. — V. en ce sens Circul. not. de Paris, 20 nov. 1818 ; — Dard, *loc. cit.*, p. 67 et suiv. ; Bioche, *Dict. de procéd.*, v° *Cautionnement*, n° 42 ; Favard, v° *Cautionnement*, § 4 ; Roger, *Saisie-arrêt*, n° 327 ; Rolland de Villargues, *loc. cit.*, n° 95.

244. — Journellement, dit M. Dard, des officiers ministériels, dans les contrats de mariage de leurs filles, leur font donation de tout ou partie des fonds du cautionnement de leur office ; ces donations, et d'autres actes contenant des cessions de fonds de cautionnement à titre onéreux, sont signifiés au ministre des finances, visés par le chef du bureau des oppositions, et nous n'avons pas connaissance que leur validité ait été contestée. — V. AMENDE, n° 73 ; COMPTABLES ; ENREGISTREMENT, OFFICIER MINISTÉRIEL.

ART. 2. — *Formalités à suivre pour la conservation et la poursuite des droits des créanciers.*

245. — D'après la loi du 25 niv. an XIII, ceux qui veulent assurer la conservation de leurs droits sur les cautionnemens de leurs débiteurs, doivent former opposition, soit directement à la caisse d'amortissement (aujourd'hui le trésor ; V. *suprà* n° 102), soit au greffe du tribunal dans le ressort duquel les titulaires exercent leurs fonctions. — Art. 2.

246. — Cette disposition, spéciale à certains fonctionnaires et officiers publics a été étendue aux comptables publics et aux préposés des administrations par la loi du 6 vent. an XIII. — Art. 1er et 2.

247. — Lorsque l'opposition est formée sur le cautionnement d'un agent de change ou d'un courtier, elle doit être faite au greffe du tribunal de commerce. — L. 25 niv. an XIII, art. 2.

248. — L'original des oppositions faites sur le cautionnement soit au trésor, soit au greffe, y reste déposé pendant vingt-quatre heures pour être visé. — L. 25 niv. an XIII, art. 3.

249. — L'opposition doit être *motivée* (L. 25 niv. an XIII, art. 2), c'est-à-dire énoncer la cause pour laquelle elle est faite. — Toutefois, pour former valablement opposition, il n'est pas nécessaire de produire un titre ; la loi ne l'exige pas.

250. — Suivant M. Mollot (*Tr. des bourses de commerce*, p. 321), il faut en ce cas suppléer au titre par une permission du juge, conformément à l'art. 558, C. procéd. Mais cette formalité n'est pas nécessaire dans la matière spéciale dont il s'agit.

251. — Et c'est ici le lieu d'examiner si l'opposition dont parle la loi du 25 niv. an XIII doit être formée suivant les règles ordinaires du Code de procédure? — Un jugement du tribunal de la Seine du 8 août 1843 (V. le *Droit*, 5 oct. 1843), a décidé la négative en se fondant sur la spécialité de la matière.

252. — Les auteurs de l'*Encyclopédie du droit* (*loc. cit.*, n° 57, note) répondent que rien ni dans la loi du 25 niv. an XIII (qui n'a pour but que de spécifier dans quel cas l'opposition peut être faite), ni dans le décret du 18 août 1807 (qui prescrit les formes à suivre pour les saisies-arrêts entre les mains des caissiers publics), n'exclut l'application des règles du droit commun, surtout en ce qui concerne la nécessité de la dénonciation au saisi.

253. — Nous ne pensons pas que cette dernière opinion puisse prévaloir sur la doctrine consacrée par le tribunal de la Seine. Indépendamment des motifs énoncés dans le jugement du 8 août 1843, nous ferons remarquer que l'opposition dont parle la loi du 25 niv. an XIII est un acte *sui generis*, qui n'a pas changé de caractère depuis la promulgation du Code de procédure ; que vouloir imposer au créancier l'obligation de dénoncer l'opposition au débiteur, de l'assigner en validité, de contre-dénoncer, de constituer avoué, de plaider, de prendre jugement, et peut-être d'aller en appel, à grands frais, et tout cela pour n'arriver qu'à un résultat presque illusoire, c'est présenter un système inadmissible dont les conséquences seraient désastreuses ; aussi est-il repoussé dans la pratique.

254. — Et quand nous disons que le résultat de la doctrine que nous combattons serait illusoire, nous n'exagérons pas ; en effet, quelle est la posi-

tion du créancier ordinaire qui, voulant user de la faculté que lui donne la loi du 25 niv. an XIII, aura cru devoir se conformer aux dispositions des art. 557 et suiv., C. procéd.? — Il sera d'abord obligé d'attendre que son débiteur ait cessé ses fonctions; il devra, jusque là, renouveler son opposition tous les cinq ans, à peine de déchéance; enfin, lorsque sera arrivé le moment où son droit sera ouvert, il sera écarté par des créanciers privilégiés pour faits de charge, ou par le bailleur de fonds, ou même par un tiers auquel le cautionnement aura été transporté antérieurement. N'est-ce pas une fort triste perspective?

255. — Il faut encore observer que le créancier ne pourrait agir par voie de saisie-exécution, mais seulement par celle de saisie-arrêt, attendu que la voie de la saisie-exécution ne peut être pratiquée que sur un débiteur directement, et sur les objets dont il est personnellement en possession. — *Cass.*, 11 juin 1811, Enregist. c. Massard.

256. — L'opposition au cautionnement est encore soumise aux formalités spécifiées par les lois du 9 juill. 1836, art 14; 8 juill. 1837, art. 11, et par l'ordonnance du 16 sept., même année. — Ainsi elle n'a d'effet que pendant cinq années, à partir de sa date, et si elle n'est renouvelée dans ces délais, elle est périmée, quels que soient les actes, traités ou jugemens intervenus depuis.

257. — Indépendamment de la voie de l'opposition, qui lui est ouverte comme aux autres créanciers, le bailleur a en outre une autre voie pour assurer son privilége, c'est la déclaration. — V. *suprà* nos 208 et suiv.

258. — Nous avons vu (*suprà* no 132) que le conseil d'état, consulté sur la question de savoir si l'opposition survenue après l'ordonnancement pouvait arrêter le paiement des intérêts, avait, par avis du 12 août 1807, décidé dans le sens de la négative. — Le même avis a encore décidé que :

259. — 1° Les oppositions formées sur le cautionnement affectent le capital et les intérêts, à moins que mention expresse ne soit faite pour les restreindre au capital seulement.

260. — ... 2° Les oppositions faites aux greffes des tribunaux ne sont valables que quant au capital du cautionnement; tant qu'elles n'ont pas été notifiées au trésor, elles ne peuvent arrêter le paiement des intérêts dus aux titulaires et bailleurs de fonds.

261. — Toutes les fois que, sur l'opposition, la nature ou l'étendue des cautionnemens est l'objet d'une contestation, c'est à l'autorité administrative qu'il appartient de statuer.

262. — Jugé en conséquence : 1° que, le cautionnement d'une ferme de barrière étant un acte administratif, c'est à l'autorité administrative et non aux tribunaux qu'il appartient de décider si l'existence de l'acte de cautionnement est légalement prouvée, et quels en doivent être les effets. — *Cons. d'état*, 24 juin 1808, Chorel. — Et que l'autorité administrative est seule compétente pour prononcer sur l'exécution d'un bail d'octroi tant au regard de l'adjudicataire que de sa caution. — *Cons. d'état*, 26 mars 1812, Vincent. — V. conf. *Cons. d'état*, 20 nov. 1822, Larivière c. Contributions indirectes.

263. — ... 2° Que l'autorité judiciaire ne peut prononcer sur la demande en main-levée des inscriptions hypothécaires, prises par un receveur général sur les biens d'un préposé aux recettes, pour sûreté de sa gestion, avant que l'autorité administrative, seule compétente à cet effet, ait arrêté le compte du préposé, et qu'en conséquence il y a lieu à surseoir jusqu'à la décision de cette autorité sur ce compte. — *Cons. d'état*, 6 juill. 1810, Coste c. Mazars. — V. conf. *Cass.*, 25 nov. 1812, Trésor c. Martin; 10 août 1814, mêmes parties. — Cormenin, *Dr. adm.*, vo *Comptables*; Delamarre et Magnitot, *Dict. dr. adm.*, vo *Cautionnement*, p. 175.

264. — Mais lorsqu'on ne demande ni la décharge, ni la modération d'un cautionnement fourni par un comptable du gouvernement, on peut porter devant les tribunaux l'action même relative à ce cautionnement formée contre le comptable et ses ayant-cause. — *Cass.*, 22 mai 1811, Bernard c. Vieillard.

265. — Ainsi, par exemple, c'est à l'autorité judiciaire et non à l'autorité administrative qu'il appartient de prononcer sur les contestations qui s'élèvent entre un comptable et sa caution, relativement aux garanties exigées par cette caution, si, d'ailleurs, elle ne prétend pas se soustraire aux obligations par elle contractées envers le gouvernement. — *Cons. d'état*, 23 oct. 1811, Barrau; — Cormenin, *Dr. adm.*, vo *Comptables*, t. 1er, p. 345; Chevalier, *Jurispr. admin.*, vo *Comptabilité*, p. 190.

266. — Jugé cependant que lorsque le ministre des finances a décerné une contrainte pour débet contre un comptable et sa caution, si la caution forme opposition à la contrainte et conteste la validité de son acte de cautionnement, la contestation doit être portée devant l'autorité administrative et non devant l'autorité judiciaire. — *Cons. d'état*, 24 janv. 1827, Santelli. — V. conf. Cormenin, *Dr. adm.*, vo *Comptables*, t. 1er, p. 345. — V. encore *Cons. d'état*, 22 nov. 1810, Loise.

267. — M. Chevalier (vo *Comptabilité*, p. 190) critique au contraire cette décision : « Un acte de cautionnement, dit-il, n'est pas un titre irrévocable entre les mains de l'état; il peut être discuté pour vices de forme, et alors l'état doit subir les chances et les instances judiciaires; pourquoi l'autorité administrative serait-elle juge dans sa propre cause? Du reste, il n'y a pas de loi qui lui donne un pareil pouvoir. — Elle décrète des contraintes, mais elle ne connaît pas des contestations qui peuvent s'élever en la forme sur l'irrégularité de ces contraintes. — Elle reçoit des tiers pour cautions; mais lorsque ces tiers excipent des moyens de droit commun, l'autorité administrative ne peut pas décliner la compétence judiciaire. »

Sect. 6e. — *Remboursement des cautionnemens.*

268. — La cessation des fonctions entraîne, sans aucun doute, le remboursement des cautionnemens fournis, mais ce remboursement n'étant pas immédiat, et ne pouvant avoir lieu qu'après l'accomplissement des conditions déterminées pour la libération des divers titulaires, il s'ensuit nécessairement que le trésor public reste toujours plus ou moins long-temps encore dépositaire des cautionnemens.

269. — Les formalités imposées au titulaire qui a cessé ses fonctions, par quelque cause que ce soit, volontaire par démission, ou forcée par suite de destitution ou de suppression de titre ou d'emploi, ou à ses héritiers en cas de décès, ont le double but de mettre en demeure les tiers qui peuvent avoir un droit quelconque sur le cautionnement, et de garantir le trésor, pour éviter que le paiement, n'étant pas fait à qui de droit, il se trouve obligé de rembourser une seconde fois le cautionnement, sauf un recours, souvent inutile, et en tous cas fort difficile, contre celui qui aurait reçu indûment le montant du cautionnement.

270. — C'est pour protéger les droits des tiers que la loi du 25 niv. an XIII porte que « les notaires, avoués, greffiers et huissiers près les tribunaux, ainsi que les commissaires priseurs seront tenus, avant de pouvoir réclamer leur cautionnement... de déclarer au greffe du tribunal, dans le ressort duquel ils exercent, qu'ils cessent leurs fonctions. Cette déclaration sera affichée dans le lieu des séances du tribunal, pendant trois mois. »

271. — Les agens de change et courtiers sont, en outre, d'après l'art. 6 de la même loi, astreints à faire afficher à la bourse à laquelle ils appartiennent la déclaration de cessation de fonctions; un certificat délivré par le syndic de la bourse constate l'accomplissement de cette prescription.

272. — Cette déclaration faite, et pour obtenir le remboursement de son cautionnement, le titulaire doit fournir au trésor les pièces suivantes, d'après arrêté du ministre des finances du 16 déc. 1833, et dont des modèles imprimés ont été rédigés :

273. — 1° Une lettre de demande en remboursement, adressée au ministre des finances, énonciative des pièces produites à l'appui et indiquant le département et l'arrondissement de sous-préfecture où devra s'opérer le remboursement.

274. — 2° Le certificat d'inscription au nom du titulaire, et à défaut, une déclaration de perte faite sur papier timbré et dûment légalisée, ou enfin, s'il n'a pas eu de certificat d'inscription, les récépissés des versemens ou certificats des comptables du trésor public qui ont reçu les fonds. — Arr. du 24 germin. an VIII. — Les bailleurs de fonds, au lieu du certificat d'inscription, produisent le certificat de second ordre, et, à défaut, une déclaration de perte, etc.

275. — 3° Un certificat délivré par le greffier de la cour ou du tribunal près lequel ont exercé les titulaires, visé par le président, constatant que la cessation des fonctions a été affichée pendant trois mois, que, pendant cet intervalle, il n'a été prononcé contre eux aucune condamnation pour faits relatifs à leurs fonctions, et qu'il n'existe aucune opposition à la délivrance de ce certificat, ou que les oppositions sont levées. — Tit. 5 et 7, L. 25 niv. an XIII.

276. — Les avocats près la cour de Cassation, les avoués près les cours royales, les greffiers près les cours et tribunaux de commerce, ont en outre à produire un certificat de non-opposition pure et simple, délivré par le greffier et visé par le président du tribunal de première instance de l'arrondissement.

277. — Les héritiers, légataires ou ayant-cause, à quelque titre que ce soit, outre les pièces détaillées ci-dessus, produisent un certificat de propriété conforme au modèle annexé au décret du 28 sept. 1806; les créanciers ou ayant-droit, les jugemens ou actes établissant leur propriété. — V. CERTIFICAT DE PROPRIÉTÉ.

278. — Il est du reste interdit aux greffiers des tribunaux d'exiger aucun droit de recherche pour la délivrance des certificats de non opposition; il ne doit leur être payé que 1 fr. 50 c., dont 1 fr. 25 c. pour droit de greffe, et 25 c. de légalisation. — Déc. min. just. et fin., 1er et 8 avr. 1835; — Circul. de la régie, 24 déc. 1836.

279. — Indépendamment de ce droit, les certificats délivrés par les greffiers des tribunaux de première instance et de commerce, constatant qu'il n'existe pas d'opposition au remboursement du cautionnement, sont assujétis au droit fixe d'enregistrement de 1 fr. — Décis. 18 sept. 1806, art. 2.

280. — Certaines formalités particulières ont été encore imposées pour le retrait du cautionnement des commissaires priseurs et des huissiers : ils sont tenus de représenter à l'appui de leur demande un *quitus* ou acte constatant leur libération du produit des ventes opérées par leur ministère. — Déc. 24 mars 1809.

281. — Il est assez difficile de comprendre pourquoi les commissaires priseurs et les huissiers sont les seuls officiers publics assujétis à cette formalité spéciale; les notaires, greffiers et courtiers de commerce ayant également le droit de faire, dans certains cas, des ventes à l'encan, auraient dû être assimilés, sous ce rapport, aux officiers dont il est question dans le décret du 24 mars précité.

282. — Quoi qu'il en soit, ce *quitus* est délivré par la chambre de discipline, sur le vu des quittances de produit des ventes qu'ils ont faites, ou sur celui du récépissé des consignations des fonds qui n'ont pas été remis; il doit être en outre visé par le procureur du roi du lieu où a exercé le postulant. — Même décret.

283. — S'il n'y a pas de chambre de discipline, le certificat est délivré, aux huissiers, par les huissiers audienciers du tribunal, visé par le président ou le procureur du roi (décis. minist. 12 mai 1809), aux commissaires priseurs, par le procureur du roi du ressort, et visé par le président. — Dans tous les cas mention doit être faite dans le certificat qu'il n'existe pas de chambre de discipline. — Même décis. minist.; ord., 12 janv. 1818.

284. — Une ordonnance postérieure du 22 août 1821, art. 1er, a prévu le cas où, quoiqu'il existât une chambre de discipline, la délivrance du *quitus* serait impossible : il suffit de faire constater cette impossibilité par une délibération motivée de la chambre, visée par le procureur du roi.

285. — Mais alors une déclaration de cessation de fonctions, outre l'affiche prescrite, doit être insérée pendant trois mois dans un des journaux imprimés au chef-lieu du département. — Même ord. — V. aussi décis. minist. interprétative, 17 nov. 1821.

286. — Les diverses dispositions que nous venons d'énumérer, ne concernent expressément que les officiers ministériels; toutefois il faut reconnaître qu'elles sont applicables aux comptables des administrations publiques, tant que des règles particulières n'ont pas été établies. Telle a été toujours la marche suivie par l'administration.

287. — D'ailleurs l'ordonnance du 25 juin 1835, réglementaire aujourd'hui du cautionnement des comptables porte, art. 8 : « Lors de la demande en remboursement de son cautionnement, après cessation de fonction, chaque titulaire *continuera* de produire avec les *pièces justificatives constatant qu'il est libéré*, le certificat de non-opposition du greffier du tribunal dans le ressort duquel se trouve sa dernière résidence. »

288. — Parmi ces pièces justificatives de sa libération, le comptable doit produire un certificat du directeur de la comptabilité générale des finances, constatant que le comptable qui demande la restitution ou la compensation de son cautionnement, n'est pas débiteur envers le trésor public; ce certificat est affranchi du timbre et de l'enregistrement. — Inst. génér. 7 sept. 1825, no 1171. — V. COMPTABLES.

289. — Le remboursement du cautionnement des adjudicataires est d'ordinaire réglé par le cahier des charges de l'adjudication.

290. — Le comptable qui gère plusieurs services, et qui doit fournir pour chacun d'eux un cautionnement, est tenu en cas de débet pour chacun de

ces services sur la totalité de son cautionnement, dont il ne peut, en conséquence, obtenir le remboursement qu'après apuration complète.

291. — Dès lors, les cautions, bien qu'elles ne soient obligées que jusqu'à concurrence d'une somme déterminée, ne peuvent être déchargées de leurs obligations qu'au moment de l'entière libération du comptable. — *Cons. d'état*, 13 oct. 1809, Monnat c. Trésor public. — V. aussi Chevalier, vº *Comptabilité*, p. 197 ; Cormenin, *Droit admin.*, vº *Comptables*, t. 1er, p. 349 ; Macarel, *Elém.*, t. 1er, p. 218.

292. — Si, au moment où un comptable remplace par un cautionnement en numéraire, conformément à la loi du 2 vent. an XIII, le cautionnement immobilier par lui précédemment fourni, sa caisse était en déficit, ce remplacement, étant présumé provenir des deniers de sa caisse, lesquels appartiennent au trésor, ne décharge pas les tiers qui avaient fourni le cautionnement immobilier. — *Cons. d'état*, 22 avr. 1809, Boisquet.

293. — Néanmoins, si au moyen d'actes conservatoires faits par le trésor, les droits sur les biens hypothéqués au cautionnement se trouvent assurés et que l'agent du trésor ne s'y oppose pas, il y a lieu de surseoir aux poursuites en expropriation contre les cautions jusqu'au jugement définitif de la comptabilité du comptable. — Même décision.

294. — Le remboursement des cautionnemens est fait à Paris par le trésor directement, dans les départemens par l'intermédiaire des receveurs généraux et particuliers des finances. — Arr. 26 prair. an XI ; LL. 7 et 27 vent. an VIII.

295. — Mais il peut se faire que l'officier ministériel ou le comptable, après la cessation de ses fonctions, n'apporte pas toute la diligence nécessaire pour obtenir le remboursement de son cautionnement, ou ne produise pas les justifications exigées : de là pour le trésor, et à raison de ce retard, une responsabilité qu'il importait de ne pas prolonger.

296. — C'est dans ce but que la loi du 9 juill. 1836, art. 16, a autorisé le trésor, si le remboursement n'a pas eu lieu dans l'année de la cessation des fonctions, à verser à la caisse des consignations le capital et les intérêts, à la conservation des droits de qui il appartiendra. Le versement libère le trésor.

297. — Le projet de loi tel qu'il fut présenté par le gouvernement portait en outre, dans un article spécial, que la prescription de cinq ans établie par l'art. 9 de la loi du 29 janvier, à l'égard des intérêts des cautionnemens, s'appliquerait au capital lui-même.

298. — Cet article fut l'objet d'une longue discussion. Quelques députés pensaient que l'article était inutile, parce qu'ils croyaient que la loi de 1831, dans la généralité de ses termes, s'appliquait aux capitaux des cautionnemens, comme à toute autre créance sur l'état ; mais la commission, par l'organe de M. Dufaure, a vivement soutenu que les titulaires de cautionnemens étaient des créanciers d'une espèce particulière, qui n'étaient pas atteints pour leur capital par la prescription quinquennale établie en 1831, et qui ne devaient pas y être assujétis à cause de la nature de leur créance. — Duvergier, année 1836, p. 265, note.

299. — « La chambre, dit le même auteur, a rejeté l'article du projet à la majorité de 148 voix contre 127, et par là elle a décidé deux choses : 1º que les cautionnemens n'ont pas été frappés de la déchéance prononcée par la loi de 1831 ; — 2º qu'il ne convient pas de leur appliquer cette règle. » — Ils restent donc soumis au droit commun quant à la prescription du capital.

300. — Toutefois il importe d'observer que par suite des événemens politiques qui, à la chute de l'empire, retranchèrent du territoire français les pays que la conquête y avait annexés, les traités stipulèrent des règles particulières à observer pour le remboursement à faire aux comptables qui se trouvaient cesser d'être Français. — V. traité du 20 nov. 1815, art. 9, et convention nº 3 en exécution de cet article.

301. — Et à l'occasion de la réclamation formée par un ancien comptable, il a été décidé que l'administration des domaines ne peut refuser à un ancien receveur né Français le certificat de *quitus*, sous prétexte qu'il a perdu sa qualité de Français, qu'en rapportant la preuve de ce fait. — *Cons. d'état*, 23 juill. 1823, Marula c. le domaine. — V. aussi *Cons. d'état*, 22 fév. 1826, Voirhaye.

302. — Mais jugé que le comptable né étranger, qui, par suite des traités, a été obligé de payer au gouvernement étranger la somme dont il était reliquataire, déduction faite des fonds de son cautionnement, n'a pu recourir contre le gouvernement français en remboursement de ce cautionnement, alors qu'il est certain qu'il n'était que fictif en ce qu'il avait été formé des deniers pris dans la caisse du trésor. — *Cons. d'état*, 6 juin 1834, Castellinard.

303. — Ainsi que le versement, le remboursement des cautionnemens dans les colonies est l'objet de dispositions particulières. — V. COLONIES.

304. — Jugé spécialement que, aux termes de l'ordonnance du 30 sept. 1827, l'inspecteur colonial a qualité pour prendre inscription à raison du cautionnement des avoués, et qu'il est également compétent pour consentir main-levée de cette inscription, lorsqu'à l'expiration des fonctions de l'avoué les formalités prescrites pour la libération du cautionnement ont été remplies. — *Cass.*, 24 fév. 1836, Bourgoin c. Orsat.

305. — .... Qu'en conséquence, l'acte de main-levée d'inscription ainsi donné par l'inspecteur colonial, dans les limites de sa compétence, est un acte authentique dans le sens de la loi, bien qu'il n'ait pas été passé devant notaire, et qu'il ait été délivré dans la forme des écrits sous seing privé. — Même arrêt.

V. AVOCAT A LA COUR DE CASSATION, AVOUÉ, COMMISSAIRE-PRISEUR, COMPTABLE, COURTIER, ÉCRITS PÉRIODIQUES, ENREGISTREMENT, FONCTIONNAIRE PUBLIC, GARDE DU COMMERCE, GREFFIER, HUISSIER, MARCHÉS ET FOURNITURES, NOTAIRE, OFFICIER MINISTÉRIEL, PRESSE, QUITUS, SAISIE-ARRÊT, TRAVAUX PUBLICS, TIMBRE.

CAVE.

1. — Aucune cave ne peut être creusée sous la voie publique. — Edit de déc. 1607. — Pour la ville de Paris, une ordonnance du bureau des finances du 4 sept. 1778 renouvelle cette défense à peine de 300 fr. d'amende contre les propriétaires, entrepreneurs ou maçons.

2. — La voie publique faisant partie du domaine public, et étant, par suite, imprescriptible, les propriétaires qui y ont fait établir des caves peuvent toujours être contraints à les combler, quel que soit le temps de leur possession.

3. — Cependant un arrêt du conseil du 3 août 1685 permet, par exception, aux propriétaires des maisons qui ont dû reculer pour cause d'éloignement, de conserver les caves précédemment établies, et qui, par suite du reculement, se trouvent en partie sous la voie publique, pourvu qu'il soit établi que ces caves sont solidement voûtées.

4. — Du reste, lorsque les caves sont construites contre la voie publique, le constructeur doit obtenir préalablement l'autorisation et l'alignement de l'autorité administrative.

5. — Selon Desgodets (sur l'art. 190, cout. Paris, nos 19 et 22) et Lepage (t. 1er, p. 165), les voûtes de caves en berceau ne peuvent être établies contre les murs mitoyens sans un contre-mur d'au moins un pied d'épaisseur. — La hauteur de ce contre-mur doit être telle qu'il serve d'appui à la naissance de la voûte.

6. — Les mêmes auteurs pensent (*loc. cit.*) que, pour les voûtes d'arêtes en lunette ou cintrées des quatre côtés, on peut se dispenser d'établir un contre-mur, en établissant près du mur mitoyen deux dosserets ou pilastres en saillie, destinés à porter le pied des deux arêtes qui se courbent du côté du lit du mur. Si tous les côtés avoisinent des murs mitoyens, il suffit de quatre dosserets pour supporter les quatre arêtes.

7. — On doit creuser les caves de manière à ne point nuire au voisin, et faire les travaux nécessaires pour prévenir les éboulemens. — Pardessus, *Servitudes*, nos 199 et suiv. ; Solon, *Servit. réelles*, nº 263.

8. — Parmi les règles suivies, M. Perrin (*Code des constructions*, nos 1003 et suiv.) énumère les suivantes : il pense que celui qui veut faire creuser une cave près d'un mur dont il a acquis la mitoyenneté, doit faire régler par experts, avec le voisin, comment le travail sera exécuté ; que le propriétaire de la cave doit supporter les frais de l'augmentation de profondeur du mur en *sous-œuvre* ; que celui qui bâtit en sous-œuvre n'a droit à aucune indemnité de surcharge ; que le voisin qui veut ensuite établir lui-même une cave doit acheter la mitoyenneté du *sous-mur*, etc.

9. — A ce sujet, M. Vaudoré (*Dr. civ. des juges de paix*, vº *Cave*, nº 7) fait observer que ces mesures doivent être observées comme règles d'art et comme rentrant dans le véritable esprit de l'art. 662, C. civ. ; qu'au reste on peut suivre les coutumes et les réglemens locaux comme indicateurs.

10. — Desgodets (*ibid.*, nº 21) pense que celui qui veut établir une cave doit élever un contre-mur contre la masse des terres ; Goupy, son annoteur, ne partage point cet avis.

11. — L'entretien des voûtes et murs latéraux des caves est à la charge exclusive des propriétaires, sans que les propriétaires des étages supérieurs soient tenus d'y participer. — Vaudoré, *Dr. civ. des juges de paix*, vº *Cave*, nº 9.

12. — Mais les propriétaires supérieurs ne doivent point surcharger les voûtes, non plus qu'y laisser ou faire couler des eaux, ni enfin rien faire qui puisse déterminer des éboulemens.

13. — Quant aux eaux qui coulent naturellement, par infiltration, des étages supérieurs, les propriétaires des caves doivent les supporter.

14. — C'est au propriétaire de la cave d'en entretenir *l'aire*, bien que la maison appartienne à plusieurs. — Pardessus, nº 193 ; Duranton, t. 5, nº 344.

15. — Les règles prescrites relativement aux vues ne peuvent guère s'observer quant à la distance des jours qu'on peut avoir besoin de prendre au moyen de soupiraux de caves ; les voisins ne devraient être admis à s'en plaindre que s'il en résultait pour eux un préjudice évident. — Pardessus, nº 210 ; Lepage, t. 1er, p. 191 et suiv. ; Perrin, nº 1007.

16. — A défaut de titre ou possession contraire, toute cave est réputée appartenir au propriétaire de l'édifice sous lequel elle est établie.

17. — La possession publique, pendant un an, d'une cave placée sous le fonds d'autrui donne droit à celui qui l'a acquise de se plaindre du trouble qu'on apporterait à sa jouissance. — Perrin, nº 1005.

18. — Et la possession, soit trentenaire, soit même décennale ou de vingt ans, avec tous les caractères nécessaires pour fonder la prescription, ne peut faire acquérir la propriété. — Toullier, t. 3, nº 469 *bis*.

19. — Les propriétaires et locataires de caves peuvent être, pour cause de salubrité, contraints par les mesures de police de vider l'eau qui inonde leurs caves, et d'en enlever les boues et les limons. — Ord. de pol. 11 mai 1701, 28 janv. 1741 et 13 fév. 1802 ; — Elouin, Trébuchet et Labat, *Dict. de police*, vº *Cave*.

20. — Les préposés de la police doivent veiller à ce que les trappes et entrées de caves qui se trouvent dans les allées et passages des maisons soient solides et restent fermées. — Elouin, Trébuchet et Labat, *eod. verbo*.

21. — Au point de vue des contributions indirectes, les caves des débitans de boissons sont soumises à diverses obligations ou interdictions destinées à empêcher la fraude.

22. — Ainsi, les caves appartenant aux débitans, ou tenues par eux à loyer doivent être déclarées à la régie, et sont assujéties aux exercices des préposés.

23. — Il ne peut exister de communications entre ces caves et les maisons voisines.

24. — Les débitans ne peuvent prendre ni donner à loyer des caves, celliers ou magasins, que par bail authentique. — V. BOISSONS, CONTRIBUTIONS INDIRECTES.

CÉCITÉ.

1. — C'est l'état de celui qui est privé de la faculté de voir.

2. — On a vu (vº AVEUGLE) les différens rapports sous lesquels peuvent être considérés les individus atteints de cécité.

3. — Nous ajouterons qu'aucune loi ne les déclare, d'une manière formelle, incapables de passer soit des actes entre vifs, soit des actes à cause de mort.

4. — Mais soumis, comme tous les autres citoyens, à l'observation des formalités requises pour la validité des différens actes, ils restent capables toutes les fois que ces formalités ne sont pas incompatibles avec la nature de leur infirmité, et leur capacité ne cesse que là où il y a impossibilité pour eux, à cause de leur cécité, d'observer les formes exigées par la loi. — *Encyclop. du dr.*, vº *Aveugles*, nº 2.

5. — D'après cette règle, si l'aveugle est dans une impuissance absolue d'écrire, il est bien évident qu'il se trouve alors matériellement incapable de passer des actes sous seing privé.

6. — Et même il faut admettre avec la cour royale de Paris (8 août 1808, Rhéaux c. Roze), qu'en supposant que l'aveugle puisse signer, cette signature apposée à un acte sous seing privé dont le corps serait rédigé par une autre personne ne produirait rien de valable. En effet, on ne peut pas dire qu'un aveugle qui appose sa signature à un écrit qu'il n'a pu vérifier ait donné son consentement : rien ne prouve que l'écrit présenté à sa signature soit effectivement celui qu'il entendait signer. — V. ACTE SOUS SEING-PRIVÉ, nº 67.

7. — Le même arrêt a décidé qu'il en serait de

même de l'individu qui, sans être entièrement aveugle, n'y verrait pas assez pour pouvoir lire l'écriture au bas de laquelle il aurait apposé sa signature.

8. — Mais s'il peut lire au moyen d'une loupe, cela suffit, quoiqu'il ne pût lire que lentement, et même avec difficulté. — C'est au surplus une question de fait que les tribunaux jugeraient, comme telle, d'après les élémens de la cause. — Duranton, *Dr. fr.*, t. 9, nº 136.

9. — Les divers inconvéniens qu'on vient de signaler ne se présentent pas lorsqu'il s'agit d'un *acte notarié*. En effet, d'une part, les notaires ayant reçu de la loi la mission absolue de certifier la vérité des contrats, l'acte passé devant eux, quel que soit l'état physique des parties, fera foi jusqu'à inscription de faux : d'autre part, l'art. 14, L. 25 vent. an XI, qui prévoit positivement le cas où les parties ne savent ou ne *peuvent* signer, porte qu'il suffit alors de mentionner leur déclaration à cet égard et la *cause* qui les empêche de signer. Cette disposition est évidemment applicable à l'aveugle : on lui fera déclarer qu'il ne *peut* signer à cause de sa *cécité*, et on mentionnera cette double déclaration dans l'acte. — *Encycl. du dr.*, *loc. cit.*, nº 5.

10. — Il résulte de ce qui précède que les aveugles ont pleine capacité pour faire des donations entre vifs, et pour tester par actes publics. — V. DONATION ENTRE VIFS, TESTAMENT.

CÉDULE.

1. — Ordonnance du juge de paix ayant pour objet, soit d'autoriser la citation du défendeur, soit d'abréger les délais de la citation, soit de fixer les jour, lieu et heure d'une enquête, d'une visite sur lieux.

2. — Le décret du 18 (14 et)-26 oct. 1790, contenant réglement sur la procédure en la justice de paix, portait que toute citation devant cette juridiction serait faite en vertu d'une cédule délivrée par le juge de paix. — Art. 1er.

3. — Cette cédule énonçait sommairement l'objet de la demande, et désignait le jour et l'heure de la comparution. — *Ibid.*

4. — Le juge de paix délivrait cette cédule à la réquisition du demandeur ou de son fondé de pouvoir, après avoir entendu l'exposition de sa demande. — Art. 2.

5. — Elle était demandée au juge de paix du domicile du défendeur, en matière purement personnelle ou mobilière, et au juge de paix de la situation de l'objet litigieux, dans les autres matières. — Art. 3 et 4.

6. — La cédule était notifiée à la partie poursuivie par le greffier de la municipalité de son domicile, qui lui en remettait copie, ou la laissait à ceux qu'il trouvait en sa maison, ou l'affichait à la porte de la maison, s'il n'y trouvait personne. — Art. 5.

7. — Elle était écrite sur papier timbré, mais elle n'était pas sujette aux formalités de l'enregistrement. — Art. 6.

8. — Aux termes de la même loi, lorsque le défendeur demandait à mettre garant en cause, le juge de paix lui délivrait une cédule de citation et fixait le délai de comparution. — Art. 9.

9. — Il en était de même en matière de conciliation : toute citation devant le bureau de paix devait être faite en vertu d'une cédule délivrée par le juge de paix au demandeur ou à son fondé de pouvoir; elle devait énoncer sommairement l'objet de la demande et désigner le jour, le lieu et l'heure de la comparution. — L. 26 vent. an IV, art. 4.

10. — Devant les tribunaux de police, les commissaires de police n'étaient point tenus de prendre la cédule du juge de paix pour faire citer un prévenu : l'art. 153 du Code des délits et des peines n'exigeait point cette formalité. — *Cass.*, 4 brum. an XIV, Chambon ; — Merlin, *Rép.*, vº *Cédule*, 6e alinéa.

11. — L'usage de la cédule fut aboli par les rédacteurs du Code de procédure, par le motif qu'elle était devenue de pure forme, bien qu'elle pût avoir son utilité dans certaines circonstances.

12. — Voici, en effet, comment s'exprimait M. Treilhard, dans l'Exposé des motifs du 1er liv., C. procéd., art. 1er : « Nous avons supprimé la cédule qu'il fallait demander au juge de paix pour faire une citation devant lui. — Cette cédule, qui pouvait bien présenter quelques avantages sous certains points de vue, était devenue une affaire de pure forme ; il eût été bien difficile d'empêcher que cela ne fût encore ainsi dans la suite. Cet inconvénient n'étant pas balancé par des avantages marqués, nous avons aboli l'usage de la cédule; nous avons substitué à cette formalité l'obligation de faire donner les citations par l'huissier du juge de paix, ou, en cas d'empêchement, par un autre huissier que le juge indiquerait. C'est un moyen infaillible de s'assurer que la citation a été donnée en effet. »

13. — Ces considérations reçurent la sanction législative; les art. 1er, 5 et 52, C. procéd., abolirent les formalités des cédules pour les remplacer par une citation que signifie l'huissier sans permission du juge, comme devant les autres juridictions, sauf la restriction portée par l'art. 17 de la loi du 25 mai 1838. — V. AVERTISSEMENT, JUSTICE DE PAIX.

14. — Quoique le Code de procédure ait aboli l'usage des cédules pour les citations, il y a cependant des cas où les juges de paix sont encore autorisés à en délivrer.

15. — C'est ainsi que dans les cas urgens les juges de paix peuvent délivrer une cédule pour abréger les délais. — C. procéd., art. 6; C. inst. crim., art. 146.

16. — C'est ainsi encore que l'on requiert la cédule du juge de paix pour arriver à l'exécution d'un jugement préparatoire ou interlocutoire, ou pour obtenir la nomination d'un huissier ou d'un expert. — Carré et Chauveau, *Lois de la procéd.*, art. 6, à la note.

17. — Ainsi lorsque le jugement ordonne une enquête, la cédule de citation fait mention de la date du jugement, du lieu, du jour et de l'heure auxquels l'enquête aura lieu. — Art. 29.

18. — De même, lorsqu'il s'agit d'une opération par des gens de l'art, le juge délivre à la partie requérante, cédule de citation qui énonce la mention du lieu, du jour et de l'heure, et contient les motifs et la disposition du jugement relatifs à l'opération ordonnée. — *Ibid.*

19. — Le concours du greffier est inutile pour la délivrance d'une cédule ; aussi cet officier n'a-t-il droit pour cet acte à aucun émolument.

20. — Le tarif n'alloue non plus aucun émolument au juge de paix pour la délivrance des cédules. — *Comment. du tarif*, t. 1er, p. 7, nº 20.

21. — Lorsque le juge de paix délivre une cédule, il doit en être signifié copie en tête de la citation signifiée par huissier.

22. — Lorsque le juge a donné une cédule pour abréger les délais, le jugement peut être prononcé avant l'enregistrement de la citation, pourvu que cette citation soit soumise à la formalité dans les quatre jours. — Décis. minist. fin. 13 juin 1809.

23. — C'est le juge compétent pour statuer sur la contestation qui doit délivrer la cédule. Il serait donc peu régulier de s'adresser au juge dans le ressort duquel la citation doit être donnée. — Carré, *Justice de paix*, t. 4, nº 2685.

24. — Aucune loi n'impose au juge de paix l'obligation d'écrire lui-même la cédule qu'il accorde, il n'est astreint qu'à la signer. — Augier, *Encyclop. des juges de paix*, vº *Cédule*, nº 26. — V. AVERTISSEMENT, JUSTICE DE PAIX.

CÉDULE ÉVOCATOIRE.

Acte par lequel, dans l'ancien droit, on demandait l'évocation d'un procès et son renvoi devant un autre tribunal. — V. ÉVOCATION.

CÉDULE HYPOTHÉCAIRE.

1. — C'étaient des billets ou titres qui, délivrés par le conservateur des hypothèques et signés par le propriétaire qui les aurait requis, devaient se transmettre par voie d'endossement nominatif à ordre et emporter, pour un temps déterminé qui ne pouvait excéder dix années, hypothèque sur la propriété immobilière du souscripteur, de telle sorte cependant que, d'après les vérifications ordonnées par la loi et sous la responsabilité du conservateur, ces billets ne pussent jamais excéder les trois quarts de la valeur nette de l'immeuble hypothéqué.

2. — Ces cédules avaient été autorisées par la loi du 9 messid. an III, qui contenait, comme on le sait, un système hypothécaire complet.

3. — Cette loi, par son art. 36, comprenait au nombre des diverses manières de conférer volontairement hypothèque la faculté accordée à tout propriétaire de biens et droits susceptibles d'hypothèque de prendre hypothèque sur lui-même pour un temps déterminé, qui ne pouvait excéder dix années, jusqu'à concurrence néanmoins des trois quarts de la valeur capitale, au prix vénal, de ses biens présens désignés dans la cédule, y compris le montant des hypothèques dont ils étaient déjà grevés.

4. — Dans le cas où un propriétaire aurait usé de cette faculté, le conservateur des hypothèques chargé de faire la délivrance de la cédule eût été garant de la valeur capitale annoncée par la cédule, et du montant des créances hypothécaires antérieures.

5. — Cette cédule hypothécaire, transmissible, non point à un porteur innommé, mais par la voie de l'endossement à ordre, devait former un titre exécutoire contre celui qui l'avait souscrite au profit de celui à l'ordre duquel elle aurait été passée. — L. 9 messid. an III, art. 36.

6. — Il ne devait y avoir aucun recours de garantie d'un endosseur à l'autre, excepté seulement en cas de faux. — Même article.

7. — Les cédules hypothécaires devaient être délivrées aux requérans dans les formes indiquées au modèle annexé à la loi du 9 messid. an III.

8. — La souche originale devait rester entre les mains du conservateur des hypothèques qui l'aurait délivrée, afin que la cédule pût y être confrontée au besoin, et tous les dix jours le conservateur aurait envoyé au bureau de la conservation générale des hypothèques, à Paris, les doubles souches des cédules expédiées pendant le cours des dix jours précédens. — Art. 37.

9. — Tout citoyen voulant requérir cédule eût été tenu préalablement, s'il ne l'avait déjà fait, de déposer, dans les formes prescrites par la loi additionnelle du 9 messid. an III, la déclaration foncière de ses biens, et d'en justifier au conservateur, sans pouvoir se servir à cet effet de la déclaration foncière de son auteur, le tout à peine de nullité de l'acte de réquisition et de la cédule hypothécaire, dont le conservateur fût demeuré responsable. — Art. 38.

10. — Chaque déclaration foncière devait contenir : 1º les nom, prénoms, âge et lieu de naissance, profession et domicile du propriétaire; — 2º la description de chacun de ses biens territoriaux, la situation, nature ou genre d'exploitation et destination, quantité superficielle d'après les mesures locales comparées soit au mètre, soit à la toise ou au pied de France, confins ou limites par aspects solaires, le tout par autant d'articles séparés, sans que plusieurs pièces, qui ne seraient pas parfaitement contiguës, pussent entrer dans un même article, ni dans une description commune; — 3º la valeur de chacun de ses biens tant en revenu net annuel qu'en capital au prix vénal, séparément par chaque article, ladite valeur exprimée en livres ou monnaies de compte dans le rapport qu'elle avait avec le marc d'argent fin en l'année 1790; — 4º l'origine de la propriété de chacun des biens déclarés dans la main du propriétaire actuel, avec l'indication et la date du titre matériel d'où elle résulte, en remontant jusqu'à la déclaration foncière précédente; — 5º et le prix moyennant lequel il en est devenu propriétaire. — L. addit. 9 messid. an III, art. 15.

11. — Avant d'être délivrées aux requérans par le conservateur des hypothèques, ces cédules devaient être, à la diligence du conservateur, enregistrées, sur un registre à ce destiné, au bureau de la perception des droits d'enregistrement établi au chef-lieu de district, en exécution du décret du 5 déc. 1790, art. 39.

12. — Le droit dû au trésor public pour cette formalité avait été fixé à un denier pour cent par an du montant desdites cédules. — Art. 40.

13. — Celui qui ne savait pas écrire ou qui ne pouvait venir en personne, ne pouvait requérir cédule que par procuration spéciale et authentique, qui devait demeurer déposée au bureau du conservateur des hypothèques. — Art. 41.

14. — Il devait être tenu registre des réquisitions de cédules. — Art. 42.

15. — Pour mettre le conservateur des hypothèques en état de juger de la propriété et de la valeur des biens du requérant, celui-ci était tenu de lui donner sur-le-champ communication de ses titres de propriété, baux, de l'extrait du rôle de la contribution foncière, etc. — Art. 43.

16. — Le conservateur, dans les dix jours de la réquisition de cédule, devait déclarer par écrit s'il entendait contester soit la justification de la propriété des biens dans la main du requérant, soit l'évaluation des biens dans la déclaration foncière faite par le requérant (art. 46, 47 et 48), et dans ce dernier cas la valeur des biens devait être fixée d'après une expertise dont la loi du 9 messid. an III traçait minutieusement les formes.

17. — Soit qu'il y eût eu ou non expertise, les cédules hypothécaires ne pouvaient être délivrées par le conservateur des hypothèques qu'après un mois du jour de la réquisition, à peine d'en répondre. — Art. 78.

18. — Ces cédules conféraient sur le bien du requérant hypothèque à la date de la réquisition. — Art. 79.

19. — Mais si, depuis que la réquisition avait été faite jusque et compris le trentième jour suivant, il était survenu des inscriptions de créances don-

nant une hypothèque antérieure à ladite réquisition, le conservateur eût été tenu d'y avoir égard, en sorte qu'en aucun cas la somme desdites cédules, ajoutée à celle des inscriptions donnant une hypothèque antérieure, ne pût excéder les trois quarts de la valeur capitale des biens qui en étaient l'objet, à peine, par le conservateur, d'en répondre. — Art. 80.

20. — Les cédules expédiées pour les échéances et dans les coupures déterminées par le requérant, devaient être signées par lui ou son fondé de procuration spéciale et par le conservateur des hypothèques. — Art. 81.

21. — Il devait être tenu, par le conservateur, registre des cédules par lui expédiées et avant toute délivrance desdites cédules. — Art. 82.

22. — Aussitôt que les cédules auraient été remises au requérant, il en aurait eu la libre disposition, et leur circulation par la voie de l'endossement nominatif à ordre n'aurait pu être arrêtée entre les mains du possesseur, par aucune opposition principale ou en sous-ordre. — Art. 83.

23. — La loi du 9 messid. an III avait elle-même indiqué que sa mise en vigueur n'aurait lieu qu'à compter du 1er niv. an IV, mais ce terme fut, par la loi du 26 frim. an IV, prorogé jusqu'au 1er germinal an IV; par la loi du 19 vent. an IV, jusqu'au 1er messid. an IV; par la loi du 19 prair. an IV, jusqu'au 1er fructid. an IV; par la loi du 24 thermid. an IV, jusqu'au 1er frim. an V; la loi du 28 vendém. an V prononça une prorogation indéfinie, et ordonna qu'on suivrait provisoirement les formes en usage dans chaque lieu, tant pour la conservation que pour le purgement des hypothèques, jusqu'à ce qu'il eût été définitivement statué sur les modifications dont la loi du 9 messid. an III pouvait être susceptible; enfin la loi du 9 messid. an III fut, avant d'avoir pu être appréciée par ses résultats pratiques, remplacée par la loi du 11 brum. an VII, qui ne reproduisit pas l'institution des cédules hycaires.

24. — M. Decourdemanche, dans son ouvrage intitulé *Du danger de prêter sur hypothèque*, p. 271, propose en quelque sorte le retour à la loi du 9 messid. an III et au régime hypothécaire du Code, en voulant substituer une vaste mobilisation du sol que l'on assimilerait aux rentes sur l'état.

25. — Ce système, qui se rapproche des principes de la doctrine saint-simonienne, a été, ainsi que la loi du 9 messid. an III, vivement critiqué par M. Troplong, qui (*Tr. des hypothèques*, t. 2, nº 564), le déclare destructif de la propriété foncière. « Tout ce que je puis en dire, ajoute M. Troplong, c'est que je le trouve radicalement impraticable et profondément antipathique aux besoins que la sagesse du législateur doit spécialement protéger. » Le même auteur, dans un autre passage de l'ouvrage précité, fait en ces termes le tableau des conséquences qu'entraîneraient les cédules hypothécaires. « C'était, dit-il, un papier monnaie à l'aide duquel le législateur convertissait le sol en une espèce nouvelle d'assignats dont la destinée était de ne pouvoir se négocier qu'avec perte, et de servir de masque à l'usure la plus criante. Il semait les écueils autour du père de famille; il excitait et influençait les goûts du changement, les projets aventureux, la fureur de spéculer; il creusait un abîme pour y précipiter le propriétaire après l'avoir ruiné par les facilités désordonnées mises sous sa main. »

26. — C'est avec raison qu'on a dit encore que cette loi du 9 messid. an III n'offrait pas de garantie pour la valeur des cédules, car la responsabilité du conservateur ne pouvait qu'être illusoire; et qu'en outre les cédules hypothécaires étaient, non pas des créances hypothécaires dotées d'un caractère particulier de sécurité et de commodité, mais un véritable papier-monnaie ne portant point intérêt, ne procurant aucun revenu au porteur et donnant lieu dans l'intervalle qui séparait l'émission de l'échéance, aux négociations les plus onéreuses.

27. — Dans un mémoire à l'Académie des sciences morales et politiques (séance du 13 juill. 1839), relativement à la mobilisation du crédit foncier, M. L. Wolowski, professeur de législation industrielle au Conservatoire des arts et métiers, et directeur de la *Revue de législation et de jurisprudence*, a proposé un système d'émission centrale d'obligations foncières délivrées aux propriétaires dont les immeubles sont libres de toute charge, ou dont les créanciers hypothécaires consentiraient à cette émission en se mettant au second rang. L'étendue du crédit ainsi accordé pourrait s'élever jusqu'à la moitié de la valeur de la propriété. Les emprunteurs paieraient annuellement 4 % du capital ainsi obtenu entre les mains des percepteurs des contributions directes, et ce versement annuel centralisé dans la caisse de l'état servirait à acquitter les intérêts dus aux prêteurs devenus porteurs d'obligations foncières. 5 % sur le montant de l'intérêt servi seraient ajoutés pour couvrir le gouvernement des frais d'administration et des droits ordinairement perçus sur les emprunts hypothécaires. Enfin, à partir de la cinquième année, le propriétaire foncier ajouterait à la prestation annuelle de 4 %, un demi % pour servir de fonds à un amortissement qui, grâce à la puissance de l'intérêt composé, s'accomplirait en cinquante-six ans. — V. pour plus de détails le texte même du mémoire de M. Wolowski, et le rapport de M. Rossi sur ce mémoire, *Revue de législation*, t. 10, p. 241 et 386.

28. — C'est au mot HYPOTHÈQUE que nous traiterons une question analogue à la matière qui nous occupe, et qui a été soulevée par la circulaire du garde des sceaux (M. Martin du Nord), relative à la réforme hypothécaire; c'est la question de savoir si des titres hypothécaires peuvent, en l'état actuel de la législation, ou devront, d'après les modifications à introduire, recevoir une forme telle qu'on puisse les transmettre par la voie d'endossement; nous nous bornerons à dire ici qu'il a été arrêté par la cour de Cassation, dans les observations provoquées par la circulaire ministérielle précitée, qu'il faut soigneusement éviter tout ce qui pourrait tendre à la mobilisation du sol et rappeler les cédules hypothécaires créées par la loi du 9 messid. an III, et qu'ainsi il n'y a pas lieu d'autoriser la transmission des titres hypothécaires par voie d'endossement; que la même opinion a été embrassée par les cours royales d'Agen, Angers, Bastia, Bordeaux, Colmar, Douai, Grenoble, Limoges, Lyon, Metz, Nancy, Nîmes, Paris, Pau, Poitiers et Rennes, ainsi que par les facultés de Caen, Rennes et Strasbourg, tandis que les cours royales d'Aix, Amiens, Bordeaux, Dijon, Montpellier, Pau, Riom, Rouen et Toulouse, et les facultés de droit de Dijon, Grenoble et Poitiers sont d'avis d'autoriser, avec certaines variations, l'endossement des titres hypothécaires. — V. *Documens relatifs au régime hypothécaire et aux réformes qui ont été proposées*, publiés par ordre de M. Martin du Nord, garde des sceaux, ministre secrétaire d'état au département de la Justice et des Cultes, t. 1er, Introduct., p. XCI et p. 500 et suiv.

CEINTURONNIERS.

1. — Les ceinturonniers pour leur compte sont rangés par la loi du 25 avr. 1844, sur les patentes, dans la septième classe des patentables et imposés à : 1º un droit fixe basé sur le chiffre de la population de la ville ou commune où est situé l'établissement : — 2º un droit proportionnel du quarantième de la valeur locative de tous les locaux occupés par les patentables, mais seulement dans les communes d'une population de 20,000 ames et au-dessus.

2. — Les ceinturonniers à façon sont rangés dans la huitième classe et imposés aux mêmes droits, sauf la différence de classe.

V. PATENTE.

CÉLÉRITÉ.

V. ABRÉVIATION DE DÉLAI, CASSATION, MATIÈRE SOMMAIRE.

CÉLIBAT.

1. — Etat d'une personne non mariée.

2. — Autrefois le célibat était en quelque sorte noté d'infamie. — Si l'on ouvre l'histoire ancienne, on y lit que Lycurgue, après avoir marqué le terme dans lequel on devait se marier, soumit à des peines sévères ceux qui ne se mariaient qu'après cette époque; on y lit aussi qu'à Lacédémone il existait une cérémonie dans laquelle, après avoir éprouvé aux pieds des autels l'humiliation d'une amende honorable, les célibataires subissaient en outre une correction. — Merlin, *Rép.*, vº *Célibat*.

3. — A Rome, pendant un certain temps, les célibataires furent privés d'une partie de leurs droits de citoyens, et notamment de la faculté de tester et de rendre témoignage. — Mais sous les empereurs ces peines furent abolies.

4. — En France autrefois il n'avait jamais existé de peine contre les célibataires; mais le mariage a été parfois l'objet d'encouragemens : ainsi Louis XIV accorda des récompenses aux pères de famille qui auraient un certain nombre d'enfans. — Merlin, *Rép.*, vº *Célibat*.

5. — Certaines mesures furent prises, après la révolution de 1789, contre les célibataires. — Ainsi l'art. 26, L. 13 janv. 1791, les plaçait pour la contribution mobilière dans une classe supérieure à celle où leur loyer les plaçait. — Aux termes de la loi du 20-23 fév. 1793 (art. 23), le célibataire qui réclamait des secours pour pertes imprévues ne recevait que la moitié des sommes accordées à l'homme marié. — Le décret du 7 thermid. an III portait (art. 4) que les hommes et les femmes âgés de plus de trente ans et non mariés devaient payer un quart en sus de leurs contributions personnelles et taxes somptuaires. — Enfin les loyers d'habitation des célibataires avaient été surhaussés par les art. 17 et 23, L. 3 niv. an VII, de moitié de leur valeur pour l'assiette de la contribution personnelle et mobilière.

6. — Etaient considérés comme célibataires, aux termes de l'art. 24, L. 3 niv. an VII, les hommes seulement âgés de trente ans et non mariés ni veufs. — Les femmes, de quelque âge qu'elles fussent, n'étaient point assujéties aux dispositions concernant les célibataires.

7. — Du reste, ce n'était point dans un intérêt purement moral qu'agissait alors le législateur; ce qu'il voulait, avant tout, c'était l'accroissement de la population, et tous les moyens lui semblaient bons, non point précisément pour favoriser le mariage, mais pour augmenter le nombre des défenseurs de la patrie : sa pensée à cet égard se révèle tout entière dans le curieux décret du 17 pluv. an II, qui accordait un secours aux filles-mères et à leur enfant naturel. Ce n'était point la première fois d'ailleurs que sa sollicitude s'était étendue aux filles-mères; déjà le décret du 28 juin 1793 avait ordonné dans chaque district l'établissement d'une maison où elles pussent faire leurs couches (tit. 1er, § 2, art. 3), et accordait même une récompense à celles qui allaitaient leurs enfans. — *Ibid.*, art. 4 et 5. — Il est inutile sans doute d'ajouter qu'aujourd'hui toutes ces dispositions ont cessé d'être en vigueur.

8. — Les célibataires domiciliés dans une commune ont droit à l'affouage. — V. AFFOUAGE, nº 87.

9. — Le célibat est d'obligation pour ceux qui se consacrent aux fonctions ecclésiastiques. — V. MARIAGE, PRÊTRE.

10. — Les marins et les ouvriers de professions maritimes, célibataires, forment une des classes de l'inscription maritime. — V. INSCRIPTION MARITIME.

11. — Les célibataires forment encore la première classe des gardes nationaux qui peuvent être appelés pour la formation des corps détachés. — V. GARDE NATIONALE.

CENDRES.

1. — C'est la poudre qui reste des matières combustibles après qu'elles ont été brûlées et consumées par le feu. — Merlin, *Rép.*, vº *Cendres*.

2. — L'ordonnance des eaux et forêts de 1669 (tit. 3, art. 18), renouvelant les prohibitions d'anciennes ordonnances de François Ier et de Henri II, ainsi que l'arrêt du conseil du 6 juill. 1756, défendait, sous peine d'amende arbitraire et de confiscation des outils, à tout adjudicataire des bois du roi, aux usagers ou autres personnes quelconques, de faire des cendres dans les forêts du roi, ni dans celles des ecclésiastiques ou des communautés, sans avoir obtenu pour cet effet des lettres patentes. Les officiers qui ne réprimeraient point l'infraction à ces règles étaient privés de leurs charges. — Guyot, *Rép.*, vº *Cendres*.

3. — Aujourd'hui la prohibition est, avec raison, absolue et pour tous bois et forêts. L'art. 148, C. forest., rangeant parmi les délits ce que le Code pénal ne qualifiait que de contravention (art. 475, nº 12), défend de porter ou allumer du feu dans l'intérieur et à la distance de deux centimètres des bois et forêts, sous peine d'une amende de 20 à 100 fr., sans préjudice, en cas d'incendie, des peines portées par le Code pénal et de tous dommages-intérêts. — V. au surplus FORÊTS.

4. — Le nom de cendre est encore appliqué à une certaine nature de terre qui, par sa couleur et sa friabilité, offre beaucoup de ressemblance avec la cendre, et dont la loi du 12 juill. 1791 (tit. 1er, art. 2) permet au propriétaire de faire l'extraction sans aucune autorisation, à la différence des mines et minières. — V. MINES.

5. — Les laveurs de cendres sont rangés par la loi du 25 avr. 1844, sur les patentes, dans la sixième classe des patentables et imposés à : 1º un droit fixe basé sur le chiffre de la population de la ville ou commune où est situé l'établissement; — 2º un droit proportionnel du vingtième de la valeur locative de la maison d'habitation et des locaux servant à l'exercice de la profession.

6. — Les fabricans de cendres gravelées sont imposés à : 1º un droit fixe de 25 fr.; — 2º un droit proportionnel du vingtième de la valeur locative de la maison d'habitation et des magasins de vente complétement séparés de l'établissement, et du vingt-cinquième de celle de cet établissement.

7. — Les extracteurs de cendres noires sont imposés à : 1º un droit fixe de 25 fr. pour moins de

dix ouvriers, et de 3 fr. pour chaque ouvrier en sus, jusqu'au maximum de 200 fr.; — et 2° un droit proportionnel du quinzième de la valeur locative de la maison d'habitation seulement.

8. — Les marchands de cendres ordinaires sont rangés dans la septième classe des patentables et imposés à un droit fixe et à un droit proportionnel du quarantième de la valeur locative de tous les locaux occupés par les patentables, mais seulement dans les communes d'une population de 20,000 ames et au-dessus. — V. PATENTE.

9. — Les établissemens destinés soit à la fabrication des *cendres gravelées*, soit au traitement des *cendres d'orfèvres*, sont classés parmi les établissemens insalubres. — V. ÉTABLISSEMENS INSALUBRES (nomenclature).

CENS ÉLECTORAL. — CENS D'ÉLIGIBILITÉ.

1. — C'est la quotité d'impôt que doit payer un citoyen pour participer à l'exercice du droit électoral.

2. — Le cens n'est pas exigé pour toute espèce d'élections, mais c'est une des conditions imposées par la loi pour participer aux élections législatives, à celles des conseils de département ou d'arrondissement et à celles des communes.

3. — Le cens diffère suivant l'importance et l'étendue des droits politiques que l'on veut exercer.

4. — Ainsi l'art. 40 de la Charte de 1814 voulait que pour participer à l'élection des députés, on justifiât d'un cens de 300 fr. — Pour être éligible, il fallait payer 1000 fr. d'impôts. — Art. 38.

5. — Aujourd'hui, pour les élections législatives, 200 fr. de contributions déterminent le droit d'élection, et 500 fr. celui d'éligibilité. Les membres de l'Institut et les officiers en retraite, domiciliés depuis trois ans, sont électeurs en payant seulement 100 fr. — L. 19 avr. 1831, art. 2, 3 et 59. — V. ÉLECTIONS LÉGISLATIVES.

6. — Lorsqu'il n'y a pas deux cent cinquante électeurs dans un arrondissement, on appelle encore au droit d'élection les plus imposés nécessaires pour compléter ce nombre. — Même loi, art. 2 et 20.

7. — Tous les citoyens qui ont capacité pour élire un député et tous ceux qui sont portés sur la liste du jury sont électeurs pour les conseils de département et d'arrondissement. — L. 22 juin 1833, art. 1er, 2 et 3.

8. — Pour être éligible au conseil de département, il faut payer 200 fr. de contributions directes dans le département même. — Mais, quand il ne se trouve pas dans un arrondissement un nombre d'éligibles sextuple du nombre des conseillers à élire, on complète ce nombre par l'adjonction des plus imposés. — L. 22 juin 1833, art. 2 et 23. — V. ÉLECTIONS DÉPARTEMENTALES ET D'ARRONDISSEMENT.

9. — Pour le conseil d'arrondissement, le cens d'éligibilité est de 150 fr. de contributions directes dans le département, dont un tiers au moins dans l'arrondissement. — L'addition complémentaire est la même que pour le conseil général. — Même loi, art. 20 et 26.

10. — Sont électeurs et éligibles pour les conseils municipaux, tous les citoyens les plus imposés formant le dixième de la population pour les communes qui ne comptent pas 1000 ames. — Le nombre des électeurs s'augmente de cinq pour cent habitans jusqu'à 5,000; de quatre en sus jusqu'à 15,000 et de trois encore au-dessus de 15,000. — Les personnes désignées dans les art. 11 et 13 de la loi du 21 mars 1831 exercent encore le même droit en vertu de leur seule qualité.

11. — Le cens municipal est donc indéterminé, et peut descendre indéfiniment suivant le rôle des communes. Le minimum du cens électoral a été de six centimes dans certaines localités. — Foucart, *Élém. de dr. publ.*, t. 1er, p. 597.

12. — Le cens électoral à tous les degrés donne lieu à de nombreuses et importantes questions. — V. ÉLECTIONS DÉPARTEMENTALES ET D'ARRONDISSEMENT, ÉLECTIONS LÉGISLATIVES, ÉLECTIONS MUNICIPALES.

CENS SEIGNEURIAL.

1. — Le cens féodal était une redevance annuelle que le possesseur d'un héritage censuel payait au seigneur, comme signe récognitif de sa seigneurie. — C'est aussi la définition qu'en donne Dumoulin (*Tr. des fiefs*, préface du titre *Des censives*, n° 20) : *Modicum annuum canon quod præstatur in recognitionem dominii directi*.

2. — Ce mot avait primitivement une acception beaucoup plus étendue. Il désignait, non seulement les droits seigneuriaux, mais les charges foncières, et quelquefois même les simples rentes constituées. — Dumoulin, dans sa préface sur le titre *Des censives*, n° 7, le remarque en ces termes : *Census est dictio æquivoca et variæ significationis*. — V. aussi Montesquieu, *Esprit des lois*, liv. 30, chap. 15.

3. — Dans un capitulaire de l'an 803, on lit : *Teloneus aut* CENSUS *non exigatur à quolibet, ubi nec aquam navigio, aut pontem transeundum non est*. — Baluze, *Capitul.*, t. 1er, p. 395.

4. — Dans un autre capitulaire de l'an 865, où il est parlé des voitures que les hommes libres étaient tenus de fournir aux envoyés du roi, on donne à cette obligation la dénomination de CENS. *Ut missi nostri de omnibus* CENSIBUS, *vel paraverdis quos franci homines ad regiam potestatem exsolvere debent, inquirent*. — Baluze, t. 2, p. 198.

5. — En 743, Carloman distribua une partie des biens du clergé à ses soldats, à la charge par eux de payer à l'église un *cens* annuel de douze deniers.

6. — C'était aussi sous la dénomination de *cens* que l'on désignait la prestation annuelle de quelques deniers que devaient payer à l'église les propriétaires des biens ecclésiastiques à eux distribués par Charles Martel, indépendamment des dîmes affectées aux mêmes biens.

7. — Les donations aux églises, dit M. Henrion de Pansey (*Dissert. féodales*, v° *Cens*, § 1er) servirent encore à multiplier cette espèce de cens. On donnait un immeuble à un monastère, qui le rendait ensuite au donateur, à la charge de le tenir précairement et sous la prestation d'un cens annuel.

8. — C'était un moyen de s'affranchir des charges publiques au moyen d'un cens modique payé au monastère ; on jouissait ainsi, pour la propriété donnée, de l'immunité attachée aux biens d'église.

9. — Cette prestation, quoique désignée sous le nom de cens, n'avait rien de seigneurial : l'objet de cette redevance était de conserver, non une seigneurie à l'église, mais la preuve que le possesseur ne jouissait de l'immeuble qu'à titre précaire.

10. — L'emploi du mot *cens*, appliqué aux objets les plus disparates, était encore plus familier aux gens d'église qu'aux laïques ; ainsi l'on voit, dans le corps du droit canon, désignées sous le nom de *cens*, toutes les charges indistinctement, même les droits de procuration que les évêques percevaient pour la visite de leur diocèse (*Extravag. comm.*, liv. 3, tit. 10), même les rétributions que les prélats avaient coutume d'imposer sur les églises. — *Décr. grég.*, liv. 3, tit. 39, chap. 7.

11. — Plus tard, on donna aux rentes constituées la qualification de cens, et cet usage devint si général que les anciennes ordonnances du Comté de Bourgogne permettaient à perpétuité le rachat *de tous les cens constitués à prix d'argent*.

12. — On voit qu'il a été un temps où le mot *cens* avait des acceptions très variées. Aussi lorsqu'on trouve dans des actes anciens la qualification de cens donnée à une rente, à une redevance, ne faut il pas chercher dans cette expression la preuve que la prestation est *seigneuriale*, qu'elle est récognitive de la directe et emporte lods et ventes. — V. Henrion de Pansey, *loc. citat.*, t. 1er, p. 265.

13. — C'est une observation importante qu'avait déjà faite Dumoulin dans sa préface du titre *Des censives*, n° 18 : — *Undè cùm census præstatio tanquam equivocum ad plura sè habere possit, non concludit ad aliquod certum, nec probat subjectionem vel aliud, nisi aliter probetur, nec de causa specifica solvendi appareat*.

14. — Pris dans son acception véritable, le cens différait des rentes ordinaires en ce qu'il était tout à la fois une dette et un devoir. Comme prestation périodique, en argent ou en grain, c'était une dette, une rente; comme prestation récognitive de la seigneurie, c'était un devoir, un droit honorifique dans la main du seigneur, le signe de sa supériorité. — *Census non est merum debitum pecuniarium sed annexam habet honoris et reverentiæ exhibitionem*. — Dumoulin, sur l'art. 85 de la nouvelle coutume de Paris, n° 3.

15. — Pour distinguer le cens féodal des autres espèces de prestations, il faut s'attacher à deux caractères principaux : 1° la rente, sous quelque dénomination qu'elle soit désignée, est-elle due au seigneur de l'héritage ? 2° est-elle la première imposée sur cet héritage ? — Toutes les fois que ces deux circonstances se trouvent réunies, la rente est un véritable cens. — V. cout. d'Auvergne, tit. 3, art. 1er; *Grand coutum. de France*, liv. 2, tit. 6; Loyseau, *Tr. des rentes*, liv. 1er, chap. 5.

16. — Dans plusieurs provinces, notamment dans une grande partie de la Champagne, le cens dû pour les terres se payait proportionnellement au nombre des chevaux qui les exploitaient : tant de boisseaux par cheval. Ces droits se nommaient *assise*, *avenage*, *congé*, *joinson*, etc...

17. — Lorsque le censitaire ne payait pas le cens, le seigneur avait le droit de saisir les fruits de l'héritage tenu à cens (Jacquet, *Tr. des droits de justice*, liv. 2, chap. 2, n° 6), sans commandement et sans interpellation préalable ; mais il était d'usage de prendre une commission du juge.

18. — La saisie devait être notifiée à personne ou domicile, et, en cas d'absence du censitaire, aux voisins.

19. — Elle ne pouvait frapper que l'héritage chargé du cens, ou plutôt les fruits de cet héritage (*Parlem. Paris*, 11 août 1739 ; Guyot, *Tr. des fiefs*), et ne s'étendait pas aux autres biens du vassal.

20. — Mais si l'héritage donné à cens pouvait être saisi par le seigneur, le cens ne pouvait pas être saisi par ses créanciers. — V. BAIL A CENS, n° 28.

21. — Lorsque le vassal refusait ou négligeait de payer le *cens* à l'échéance, il encourait une amende qui différait suivant les coutumes. — V. Jacquet, *Tr. des droits de justice*, liv. 1er, chap. XI, n° 14.

22. — Le cens emportait lods et ventes. Cette règle, généralement reçue, est consignée dans le traité des censives de Dumoulin en ces termes : *Laudimia et mulctæ ex naturâ census generaliter insunt. Is cui census solvitur est dominus directus et percipit laudimia*. — V. aussi Brodeau, sur l'art. 76 de la cout. de Paris.

23. — Il y avait cependant plusieurs coutumes dans lesquelles le droit de percevoir le *cens* ne donnait pas les lods, il fallait pour les exiger un titre formel.

24. — On rencontre souvent dans les anciennes chartres les mots *fundus terræ* comme synonymes de *cens*. — V. Brodeau, sur l'art. 74 de la cout. de Paris ; Henrion de Pansey, *loc. cit.*, § 7. — Dumoulin reconnaît aussi que ces expressions sont employées comme synonymes dans tout le titre *des censives*, de la coutume de Paris, et que c'est la même chose qu'une redevance soit due *ex censu vel fundo terræ*.

V. au surplus BAIL A CENS, § 3, n°s 16 et suiv. ; CHAMPART, CHEF CENS, GROS CENS, MENU CENS, SUR-CENS, TERRAGE, TIRAGE.

CENSIVE.

La *censive* était le droit de seigneurie directe qu'avait le seigneur sur l'héritage donné à cens. — V. BAIL A CENS.

CENSURE (Discipline).

1. — Peine de discipline que les chambres d'avoués, d'huissiers et de notaires sont autorisées à prononcer contre les membres de leurs compagnies qui manquent aux devoirs de leur profession. — Arr. 13 frim. an IX, art. 8; 2 niv. an XII, art. 10; décr. 14 juin 1813, art. 71.

2. — Le décret du 14 déc. 1810, art 25, autorisait aussi le conseil de discipline des avocats à prononcer contre ses membres, suivant l'exigence des cas, la peine de la censure; mais l'ordonnance du 20 nov. 1822, art. 18, a modifié cette disposition : aujourd'hui la *censure* n'est plus une peine légale contre les avocats, c'est la *réprimande* qu'on prononce lorsque la faute est trop grave pour n'être punie que de la peine de l'*avertissement*.

3. — Cependant il a été jugé par la cour de Cassation qu'un tribunal, jugeant disciplinairement, pouvait employer le mot *censure* au lieu du mot *réprimande*, sans qu'on pût lui reprocher d'avoir créé une peine non admise par l'ordonnance. — *Cass.*, 6 août 1844 (t. 1er 1845, p. 749), Imberdis et Pacros. — Ainsi, suivant cette jurisprudence, l'expression de la loi n'est pas sacramentelle. — V. AVOCAT.

4. — Quelques auteurs, M. Carré notamment, regrettent que l'ord. du 20 nov. 1822 n'ait pas laissé subsister, comme le faisait le décret du 14 déc. 1810, la peine de la *censure* aussi bien que celle de la *réprimande*; mais il faut reconnaître avec M. Mollot (*Règles sur la profession d'avocat*, p. 203) que ces deux peines se confondent et que la nuance que le législateur avait voulu établir entre elles était tout-à-fait arbitraire ; on a donc bien fait d'en supprimer une. Peut-être eût-il fallu maintenir la censure et abolir la réprimande, afin de conserver l'expression déjà consacrée par les réglemens disciplinaires relatifs à d'autres corporations : il y aurait ainsi de l'uniformité dans la législation.

5. — C'est aussi par voie de censure que la cour de Cassation procède contre les juges qui se rendent coupables de fautes graves que les lois n'ont pas qualifiées délits. — V. COUR DE CASSATION, DISCIPLINE.

6. — Les cours royales exercent aussi la censure sur leurs propres membres et sur les juges inférieurs. — V. COUR ROYALE, DISCIPLINE, JUGE.

CENSURE DES ÉCRITS ET JOURNAUX.

Table alphabétique.

CENSURE DES ÉCRITS ET JOURNAUX. — 1. — La censure est un droit d'examen réservé par la loi au gouvernement, et lui donnant la faculté d'autoriser l'impression et la publication totale ou partielle, soit de toute espèce d'écrits, soit d'une certaine nature d'écrits.

2. — On voit que nous ne parlons ici de la censure que dans son application aux écrits et à la presse; la censure dramatique et la censure disciplinaire font l'objet d'articles séparés. —L'autorisation préalable nécessaire, aux termes de l'art. 20 L. 9 sept. 1835, pour la publication des dessins, gravures, lithographies, estampes, médailles et autres emblèmes, et qui peut être considérée comme une espèce de censure, sera traitée au mot GRAVURES.

3.—La liberté de la presse, dit Blackstone (liv. 4, chap. 11, nº 13), est véritablement essentielle à la nature d'un état libre; mais ce qui la constitue, c'est l'affranchissement de tout obstacle, de toute restriction avant la publication, et non de toute répression, de toute punition après la publication, si l'objet en est criminel; tout homme libre a le droit incontestable de publier telles opinions qu'il lui plaît : le lui défendre ce serait détruire la liberté de la presse; mais si ce qu'il publie est inconvenant, nuisible ou illégal, il doit supporter les conséquences de sa propre témérité. Ainsi, la volonté de l'individu reste libre : l'abus seul de cette volonté libre est l'objet d'une punition légale.

4. — Cette citation du publiciste anglais établit nettement en matière de presse la distinction entre le régime préventif dont la censure est l'instrument, et le régime répressif qui, laissant à la pensée toute sa liberté, lui permettant de se produire, ne s'occupe de la poursuivre et de la condamner qu'après qu'elle a été matérialisée et formulée par la publication, et qu'en cet état elle est tombée au rang des infractions punissables.

5. — Les principes qui constituent le régime répressif, bien qu'appuyés sur des bases conformes à la vérité, ont été long-temps méconnus par plus d'un gouvernement; les hommes chargés du pouvoir ont cru trouver un appui dans le mutisme imposé à l'opinion publique; mais aujourd'hui la liberté de la pensée, le droit de la publier sont les conquêtes les plus précieuses de nos révolutions; et la censure appliquée à la presse a été définitivement et à jamais interdite par l'art. 7 de la Charte de 1830. — Nous n'aurons donc à nous en occuper que sous le rapport de l'intérêt historique.

6.—L'histoire ancienne nous a conservé le souvenir de beaucoup d'actes législatifs ou judiciaires destinés à réprimer les écarts de la liberté d'écrire; mais les exemples du système préventif sont rares. Nous citerons le fait suivant : L'an 272 avant Jésus Christ, les livres de Numa furent retrouvés dans son tombeau : on les lut; mais comme on s'aperçut qu'ils contenaient des choses qui n'étaient plus en harmonie avec la religion du moment, le sénat ordonna qu'ils fussent brûlés.

7. —Instrument d'émancipation et de discussion,

la liberté d'écrire a été l'objet d'une inquiète surveillance de la part des gouvernemens ombrageux et absolus. — Aussi la censure a-t-elle précédé en France la naissance même de l'imprimerie.

8. — Les libraires, agens intermédiaires entre les auteurs et le public, ont presque toujours été astreints à ne vendre que des livres qui auraient été revus et approuvés par les délégués de l'autorité, et les réglemens, statuts et ordonnances sur la librairie, ont toujours eu pour but de maintenir les libraires dans cette sujétion.

9. — Le douzième siècle n'offre rien de bien positif sur la liberté d'écrire; on trouve, sous le rapport de la répression, la condamnation au feu des livres d'Abeillard, en 1141, et de ceux d'Armand de Bresse, en 1145; mais il est un fait qu'il est bon de mentionner, dit M. Peignot (*Essai historique sur la liberté d'écrire chez les anciens et au moyen-âge, sur la liberté de la presse depuis le quinzième siècle*, p. 13), «c'est qu'il existait déjà des libraires à Paris, car Pierre de Blois, qui vivait dans ce siècle, parle d'un livre de droit qu'il s'était procuré *a quodam publico mangone librorum*. Nous ne trouvons encore aucun statut relatif à la librairie, ni dans le douzième siècle, ni dans une bonne partie du treizième; ce n'est qu'en 1275 qu'une ordonnance de Philippe-le-Hardi place les libraires de Paris sous la surveillance de l'université, tant pour empêcher les mauvais livres que pour éviter la circulation des copies fautives des livres, ou plutôt des cahiers classiques.» On voit par là que deux siècles avant la découverte de l'imprimerie la censure était établie en France.

10. —Dès le 8 déc. 1275 un statut de l'université, pour assurer l'exécution de l'ordonnance du roi Philippe-le-Hardi, obligea les libraires de Paris à prêter serment de se bien comporter dans l'exercice de leur emploi et d'observer les lois que l'université leur imposait relativement à leur commerce; ce serment devait se renouveler tous les ans ou au moins tous les deux ans.

11. —Les fraudes commises par les libraires dans leur commerce motivèrent en 1323 de la part de l'Université un statut plus général que ceux qu'elle avait publiés jusque là, et qui régla et taxa la vente, et le louage des livres, plus fréquent que la vente. Comme les manuscrits sont sujets à bien des fautes de copistes, ce statut défendit aux libraires de louer aucun exemplaire qui n'eût été corrigé par son autorité, et il ordonna que le recteur ferait publier dans les écoles que si quelqu'un trouvait des exemplaires corrompus, il les apportât et les présentât publiquement au recteur, afin qu'ils fussent corrigés ou détruits; et le libraire qui les aurait loués devait être puni.

12. — De ce statut, de ceux de 1342 et de 1405 et d'autres qu'il serait trop long de détailler, il résulte un point essentiel, c'est que les *escrivains de livres*, comme il y est dit, n'en pouvaient communiquer aucun, soit par vente, soit par louage, qu'il n'eût été préalablement examiné, corrigé et approuvé par l'une des Facultés de l'Université; il est vrai qu'on ne mentionnait point alors sur les manuscrits le permis de vendre et de louer, mais on n'en exerçait pas moins une sévère surveillance sur tous les livres qui, dans ce temps-là, il faut en convenir, étaient fort rares; les libraires jurés de l'Université, gens ordinairement assez instruits, qu'on nommait clercs-libraires et dont le commerce consistait principalement à faire transcrire les manuscrits, étaient donc obligés d'en apporter les copies aux députés de la Faculté que concernait la nature des ouvrages, afin que ces députés les revissent et les approuvassent avant qu'on en affichât la vente. — Peignot, p. 20.

13. — La découverte de Jean Guttemberg, de Mayence, par la facilité de communiquer la pensée en multipliant à l'instant les copies d'un livre, changea la face des choses. L'art de l'imprimerie fut d'abord, à raison des services qu'il pouvait rendre, l'objet de grandes louanges; c'est ce qui résulte de la déclaration de Louis XII, du 9 avr. 1513. — Isambert, Jourdan et Decruzy, *Recueil des anciennes lois françaises*, t. 1er, p. 642.

14. — Il est probable néanmoins que les premiers produits de la presse ont dû subir le sort des manuscrits remplacés par l'impression, et être soumis au contrôle de l'Université, auquel, comme nous venons de le dire, les libraires étaient assujétis.

15. — Divers actes du parlement viennent témoigner de l'application de ces mesures préventives : ainsi, le 23 avr. 1525, le parlement ordonna qu'une traduction de latin en français des *Heures de Nostre-Dame*, faite à la requête de la duchesse de Lorraine, par Pierre Grégoire, hérault d'armes, serait, avant toute permission d'imprimer, soumise à l'examen de la Faculté de théologie. — Le 13 août 1526, le parlement faisait encore défense de pu-

blier aucun ouvrage qui n'eût été « prématurément vu par la cour du parlement, ou *les commis*. » — Registres du parlement, MSS., à ces dates.

16. — Les livres de théologie et de morale, qui formaient le principal objet de la librairie, se trouvant menacés dans leur pureté par l'invasion des doctrines de la réforme religieuse, de plus sévères mesures d'ordre et de police furent prescrites et vinrent entraver la marche de ce nouvel auxiliaire de l'esprit humain. — Au milieu des luttes qui s'engagèrent en religion et en politique, la presse fut l'écho des passions; de là les rigueurs que l'autorité, conservatrice des anciennes institutions et hostile aux innovations, déploya contre elle, et qui empruntèrent à la haine de l'hérésie beaucoup de son implacabilité.

17. — Ce fut en 1543 que parut en France, pour la première fois, un *index* des livres défendus; la Faculté de théologie, voulant prévenir les esprits des fidèles contre les mauvaises doctrines, résolut de dresser un catalogue des livres qu'elle avait censurés depuis un certain temps et de le présenter au procureur général, afin que ce magistrat, par l'autorité royale, empêchât la publication et la vente des ouvrages pernicieux dont le jugement doctrinal appartient aux théologiens. Ce catalogue, dans lequel on trouve le livre de Rabelais, parut l'année suivante, et le second fut publié le 6 oct. 1551. — Peignot, *ibid.*, p. 56.

18. — Dans le même temps à peu près, les prédicateurs de la réforme mettant tout en œuvre pour répandre leur doctrine et la glissant dans tous leurs écrits, jusque dans les livres de grammaire, l'Université fit un réglement par lequel il fut défendu à tous les imprimeurs de France de publier aucun livre sans que le recteur et les doyens des facultés supérieures en fussent avertis, et le recteur fut chargé de choisir deux maîtres dans chaque Faculté pour examiner et censurer au besoin les nouveaux livres, chacun dans son département.

19. — Un édit de Henri II, 11 déc. 1547, ajouta aux défenses d'imprimer aucun livre sans permission et visites préalables l'obligation par l'auteur et l'imprimeur d'apposer leurs noms et surnoms, avec l'enseigne ou marque du libraire sur les ouvrages qu'ils publiaient, et subordonna cette publication à la *permission* donnée par lettres du roi expédiées sous le grand scel de la chancellerie.

20. — Le 12 fév. 1551, défense fut faite au parlement d'accorder à l'avenir « priviléges pour livres, que premièrement ils n'ayent esté examinez par gens bien capables qui signeront la minute et pourront en respondre. »

21. — On peut ranger aussi parmi les mesures relatives à ce système d'autorisation préalable, l'édit de Châteaubriant du 27 juin 1551, qui défendit les imprimeries clandestines, en prohibant les presses secrètes des imprimeurs de profession. Le même édit punit des peines du faux la simple supposition du nom d'auteur.

22. — La censure s'étendit même sur les discours prononcés en chaire par les prédicateurs, qui tantôt recevaient du parlement certaines inspirations, tantôt soumettaient préalablement leurs sermons et leurs doctrines à l'évêque diocésain qui leur accordait le permission de prêcher. — V. registres du parlement MSS., 7 mars 1525 et 9 avr. 1536. — V. CULTE.

23. —Une ordonnance de Charles IX, du 10 sept. 1563, porta : « Défense à toutes personnes, de quelque état et condition qu'elles soient, de publier, imprimer, faire imprimer aucun livre, lettres, harangues ou autre écrit, soit en rhythme (vers) ou en prose, faire semer libelles diffamatoires, attacher placards, mettre en évidence aucune autre composition, et à tous libraires d'en imprimer aucuns sans permission dudit seigneur roy, sur peine d'estre pendus et estranglez, et que ceux qui se trouveront attachans ou avoir attaché ou semé aucuns placards seront punis de semblables peines. »

24. — L'ordonnance de Moulins de février 1566 renouvelle les prohibitions de l'art. 1563, et l'art. 78 continue ainsi : « Défendons à toutes personnes que ce soit d'imprimer ou faire imprimer aucuns livres ou traictiés, sans notre congié ou permission et lettres de priviléges expédiées sous notre grand scel, auquel cas aussi enjoignons à l'imprimeur d'y mettre et insérer son nom et le lieu de sa demeure. »

25. —En 1571, une nouvelle ordonnance de Charles IX, sur la librairie et l'imprimerie, rappelle toutes les injonctions portées dans les précédentes, surtout dans l'art. 10, où il est dit : « Défendons l'impression de tous nouveaux livres sans notre permission par lettres de notre grand scel auxquels sera attachée la certification de ceux qui auront vu et visité le livre, et ne sera loisible d'imprimer aucun livre sans au commence-

ment et première page d'icelui nommer l'auteur et l'imprimeur.»

26. — Il est certain que ces peines rigoureuses ont été appliquées; car le 9 fév. 1573, le nommé Geoffroi Vallée fut pendu et brûlé à Paris pour avoir composé la *Béatitude des chrestiens ou fléau de la foy* sans nom de lieu ni d'imprimeur. D'autres décisions ont également prononcé cette cruelle pénalité.

27. — En présence de ces documens judiciaires d'une irrécusable authenticité, on peut s'étonner que M. Charles Nodier ait entrepris (dans l'écrit intitulé *De la liberté de la presse avant Louis XIV à propos d'un petit livre intitulé* AU TIGRE DE LA FRANCE) de prouver que la presse n'avait jamais été, qu'elle ne sera jamais plus libre en France qu'elle ne le fut avant le règne de Louis XIV. La réfutation du paradoxe de M. Nodier a été entreprise par M. C. Leber (*De l'état réel de la presse et des pamphlets depuis François Ier jusqu'à Louis XIV*), qui a démontré que les lois de la presse au seizième siècle étaient d'une rigueur extrême, et que la faculté de publier ses pensées n'a jamais été plus cruellement réprimée ni plus sévèrement contrainte dans le droit, mais que jamais lois n'ont été plus enfreintes par la force des choses ou plus adoucies par le pouvoir d'exécution que les dispositions répressives de la licence de la presse avant Louis XIV.

28. — En 1626, Louis XIII donne une déclaration, et, en 1627, des lettres patentes qui réitèrent toutes les défenses portées dans les ordonnances précédentes; mais en janvier 1629, le même roi publia une nouvelle ordonnance, connue sous le nom de Code Michaut, du nom de son auteur Michel de Marillac. L'art. 3 porte: «Les grands désordres et inconvéniens que nous voyons naître tous les jours de la facilité et liberté des impressions, au mépris de nos ordonnances et au grand préjudice de nos sujets et de la paix et le repos de cet état, corruption des mœurs et introduction des mauvaises et pernicieuses doctrines, nous obligent d'y apporter un remède plus puissant qu'il n'a été fait par les précédentes ordonnances, encore que la force des lois consiste plus en la vigilance des magistrats sur l'observation et exécution d'icelles qu'en ce qu'elles contiennent. C'est pourquoi, suivant le LXXVIIIe art. des ordonnances faites à Moulins, nous défendons à tous imprimeurs d'imprimer, et à tous libraires ou autres de vendre ou débiter aucuns livres ou écrits qui ne portent le nom de l'auteur et l'imprimeur, et sans notre permission par lettres de notre grand sceau, lesquelles ne pourront être expédiées qu'il n'ait été présenté une copie du livre manuscrit à nos chancelier ou garde des sceaux, sur laquelle ils commettront telles personnes qu'ils verront être à faire selon le sujet et la matière du livre, pour le voir et examiner et bailler sur icelui, si faire se doit, leur attestation en la forme requise, sur laquelle sera expédié le privilége.» — Une autre disposition de cette ordonnance, pénible pour les auteurs, et qui est rappelée dans un arrêt du conseil du 29 avril 1678, est celle qui prescrit de faire deux copies du manuscrit que l'on veut faire imprimer, dont l'une, originale, restera entre les mains du chancelier, et l'autre, collationnée, servira à l'impression; «s'en remettant néanmoins, ajoute l'article, à la prudence de nos dits chancelier et garde des sceaux, pour dispenser de cette observation ceux qu'ils verront devoir faire, soit par le mérite et dignité des auteurs, soit par autre considération.» — Peignot, p. 74.

29. — C'est de l'ordonnance de 1629, dit M. Peignot (p. 76), qu'on peut dater la véritable origine des censeurs nommés par le chancelier et pris parmi les hommes de lettres et les savans, mais ils n'ont eu le titre permanent de censeurs royaux que long-temps après; car dans le principe ils n'étaient désignés que momentanément et pour l'examen de l'ouvrage que leur renvoyait le chancelier.

30. — Ce n'est pas que la censure proprement dite ait commencé à l'ord. de 1629, dont nous parlons; elle était exercée, comme nous l'avons vu, par l'Université, dès le treizième siècle; et pendant très long-temps ce corps, qui s'était rendu si formidable, a fait valoir ses droits exclusifs à la censure universelle, comme les tenant du pape; mais depuis Charles IX et les troubles qui ont signalé le règne de Henri III, et surtout la Ligue, l'Université, ayant un peu perdu de son crédit et de sa puissance, fut insensiblement réduite à la censure des écrits sur la religion. Quant à l'examen des livres de droit et d'histoire, dans lesquels on peut agiter les questions qui intéressent l'état, les maîtres des requêtes en furent d'abord chargés; ils ont exercé ces fonctions jusqu'au règne de Henri IV, et même sous ce prince et sous le commencement de celui de Louis XIII.

31. — «Ce dernier prince, par lettres patentes de 1624, poursuit M. Peignot, confia l'examen des livres concernant la religion à quatre docteurs de la faculté de théologie, et les rendit responsables de leur approbation, ce qui prouve que les livres étrangers à la religion avaient d'autres examinateurs pris parmi les laïques; ces derniers examinateurs ont donc exercé depuis 1629, conformément à la clause de l'ordonnance qui dit: «Nos chancelier ou garde des sceaux commettront telles personnes qu'ils verront être à faire selon le sujet et la matière du livre, pour le voir et examiner et bailler sur icelui, si faire se doit, leur attestation en la forme requise, sur laquelle sera expédié le privilége.» Cette forme était: *J'ai lu*, par ordre de M. le chancelier, un manuscrit intitulé ..... Je n'y ai rien trouvé qui puisse en empêcher l'impression.» Puis le manuscrit devait être signé par l'examinateur au bas de chaque page et à toutes les surcharges ou ratures qui pouvaient s'y trouver; en outre, chaque feuille du premier exemplaire sortant de dessous la presse devait également être signé du censeur pour que l'on fût assuré que l'imprimé était parfaitement conforme au manuscrit approuvé.»

32. — Ce n'est que vers 1741, continue le même auteur, qu'on nomma des censeurs royaux en certain nombre pour chacune des parties des connaissances humaines et avec un titre permanent. C'est ce que prouve la liste des censeurs royaux, donnée par Lottin de Saint-Germain, dans son catalogue chronologique des libraires: on y trouvera dix censeurs royaux nommés pour la théologie; dix pour la jurisprudence; un seul pour la jurisprudence maritime; dix pour la médecine, histoire naturelle et chimie; deux pour la chirurgie et l'anatomie; huit pour les mathématiques; trente-cinq pour les belles-lettres; un pour la géographie, la navigation et les voyages; un pour la peinture, gravure et sculpture; enfin, un pour l'architecture. Ces soixante-dix-neuf censeurs royaux figurent sur la liste comme exerçant en 1742, et continuant à exercer jusqu'à telle ou telle année, époque de leur mort ou de leur remplacement, et cela continua ainsi jusqu'à 1787, ou plutôt jusqu'à la révolution.

33. — Un arrêt du conseil du 7 sept. 1701, portait, art. 2 «qu'aucun imprimeur, libraire ou autres ne pourront faire imprimer ou réimprimer, en aucun lieu du royaume, aucun livret, sans en avoir obtenu permission des juges de police des lieux, et sans une approbation de personnes capables, choisies par lesdits juges pour l'examen desdits livrets, sous lequel nom de livrets ne seront compris que les ouvrages n'excédant pas la valeur de deux feuilles, caractère *cicéro*.»

34. — La nécessité d'une autorisation préalable à l'impression est la pensée générale des différens actes législatifs qui, dans le dix-huitième siècle, ont réglementé la presse et tenté de maîtriser l'essor de la pensée; nous citerons la déclaration du roi du 12 mai 1717, le réglem. 28 fév. 1723, les décl. du roi du 10 mai 1728, 16 avr. 1757, 28 mars 1764, et l'arrêt du parlem. de Paris, 10 janv. 1767.

35. — La révolution de 1789 vint affranchir l'expression et la publication de la pensée de toute entrave préventive, et la constitution du 14 sept. 1791, par l'art. 3 du tit. 1er, proclama la liberté de la presse en ces termes: «La constitution garantit à tout homme la liberté d'écrire, d'imprimer et publier ses pensées, sans que ses écrits puissent être soumis à aucune censure ni inspection avant leur publication.

36. — Par l'art. 6 de la déclaration des droits de l'homme placée en tête de la constitution du 24 juin 1793, la convention nationale a aussi consacré *la liberté indéfinie de la presse.* Les écrits ne peuvent être soumis à aucune censure avant leur publication, a répété l'art. 353 de la constitution du 5 fructid. an III. Mais après la journée du 18 fructid., la loi du 19 fructid. an V et celle du 9 fructid. an VI restreignirent la liberté de la presse en l'assujétissant à la surveillance du directoire exécutif.

37. — La constitution du 22 frim. an VIII n'avait pas mentionné la liberté de la presse, et bientôt un arrêté des consuls du 28 pluv. an VIII fixa le nombre des journaux, attendu que plusieurs de ces feuilles étaient des instrumens entre les mains des ennemis de la république, et autorisa les consuls à supprimer ceux des journaux qui se permettraient d'insérer des articles contraires au pacte social, à la souveraineté du peuple, à la gloire des armes, et aux nations amies et alliées.

38. — L'arrêté des consuls du 4 vendém. an XII décida que, pour assurer la liberté de la presse, aucun libraire ne pourrait vendre un ouvrage avant de l'avoir présenté à une commission de révision, laquelle le rendrait, s'il n'y avait pas lieu à censure.

39. — Le serment que d'après le sénatus-consulte du 28 flor. an XII le nouvel empereur devait prêter, ne mentionnait pas la liberté de la presse parmi les différentes libertés que le souverain devait protéger, mais l'art. 64 créait une commission sénatoriale de la liberté de la presse chargée de veiller à cette liberté, et à laquelle pouvaient recourir directement par voie de pétition les auteurs, imprimeurs ou libraires qui se croiraient fondés à se plaindre d'empêchement mis à leur impression ou à la circulation d'un ouvrage. A notre connaissance, cette commission sénatoriale n'a manifesté son existence par aucun acte protecteur de l'émission de la pensée, et le sénat conservateur n'a rien fait pour préserver la liberté de la presse des atteintes du despotisme impérial.

40. — Enfin, le gouvernement impérial ne craignit pas de rétablir formellement la censure par le décret du 5 fév. 1810, contenant réglement de l'imprimerie et de la librairie.

41. — Tout imprimeur fut soumis à l'obligation de faire connaître au directeur général de l'imprimerie le titre de l'ouvrage destiné à l'impression et le nom de l'auteur, sous peine de perdre son brevet. — Art. 11.

42. — Le directeur général pouvait arrêter l'impression de tout ouvrage et le soumettre à l'examen d'un censeur. — Art. 13 et 14.

43. — Le censeur avait le droit d'exiger tous les changemens ou suppressions qui lui paraissaient convenables. — Art. 25.

44. — Les seules peines spéciales prononcées par ce décret furent, il est vrai, la suppression du brevet et la confiscation de l'ouvrage, mais cette inquisition n'en fut pas moins réelle et complétée par le décret du 3 août 1810, par suite duquel la presse périodique réduite par chaque département autre que celui de la Seine à un seul journal placé sous l'autorité du préfet et ne pouvant paraître que sous son autorisation, devint muette ou esclave du gouvernement.

45. — Des décrets des 14 déc. 1810, 26 sept. 1811 et 22 mars 1813, autorisèrent la publication de feuilles d'annonces et de journaux de littérature, sciences et arts, dans diverses villes de l'empire.

46. — Un autre décret du 14 déc. 1810 donna aux censeurs de l'imprimerie le titre de censeurs impériaux, leur accorda un traitement de 1,200 fr. et une rétribution proportionnelle.

47. — La censure ne paraissait pas pouvoir être rétablie sous l'empire de la Charte de 1814, dont le préambule et l'art. 8 reconnaissaient aux Français le droit de publier et de faire imprimer leurs opinions en se conformant aux lois qui devaient réprimer les abus de cette liberté. Cependant, une ordonnance du 10 juin 1814, c'est-à-dire postérieure de six jours à la Charte, maintint provisoirement et en attendant que les lois fussent faites, la législation antérieure en tant qu'elle pouvait être compatible avec les nouvelles institutions.

48. — Au bout de peu de mois, l'esprit réactionnaire était parvenu à imaginer une interprétation de l'art. 8 de la Charte, qui, du système répressif consacré par cet article, avait tiré le système préventif; la loi du 21 oct. 1814 était venue donner un caractère définitif aux mesures qualifiées d'abord provisoires, et détruire, en rétablissant la censure, toutes les espérances qui avaient, à son avénement, accueilli la première restauration.

49. — L'art. 1er de la loi du 21 oct. 1814 déclara soumettre à la censure tout écrit de moins de vingt feuilles, quelles que fussent d'ailleurs la forme, les conditions ou la périodicité de sa publication.

50. — La nomination des censeurs royaux fut effectuée par l'ord. royale du 24 oct. 1814.

51. — L'empereur Napoléon, après son retour de l'île d'Elbe, rendit le 26 mars 1815 un décret qui, sans tenir compte de la loi du 21 oct. 1814, maintint *provisoirement* les réglemens relatifs à l'imprimerie et à la librairie.

52. — L'art. 64 de l'acte additionnel aux constitutions de l'empire du 22 avr. 1815 prescrivit de nouveau la censure préalable; mais cette constitution disparut avec le gouvernement qui l'avait promulguée, et la loi du 21 oct. 1814 reprit son empire. — V. l'ord. royale 20 juill. 1815, et l'ord. du 8 août 1815, qui, spéciale pour les journaux et écrits périodiques, les soumet tous à l'examen préalable d'une commission.

53. — Mais cette loi du 21 oct. 1814, dont les art. 3, 4 et 5 avaient été déjà abrogés par l'ord. du 20 juill. 1815, avait elle-même fixé un terme à sa force obligatoire. D'après l'art. 22, les dispositions du tit. 1er, qui organisaient la censure, devaient cesser d'avoir leur effet à la fin de la session de 1816, à moins qu'elles n'eussent été renouvelées par une loi. Aucune loi n'ayant été portée dans ce but, la censure qui frappait sur *tout écrit quelcon-*

tile de moins de vingt feuilles, cessa de plein droit.

54. — La loi du 28 fév. 1817, qui devait cesser d'avoir effet au 1er janv. 1818, puis la loi du 30 déc. 1817, dont la force obligatoire devait s'éteindre avec la session de 1818, décidèrent, sans rétablir expressément la censure, que les journaux ne pourraient paraître qu'avec l'autorisation du roi.

55. — Les lois des 17, 26 mai et 9 juin 1819 devaient faire penser que la France allait enfin rentrer complétement sous les véritables principes de la répression des abus de la liberté de la presse (V. *suprà* no 3); mais la loi du 31 mars 1820, rendue sous l'influence de la réaction occasionnée par la mort violente du duc de Berry, soumit de nouveau la publication des journaux à l'autorisation préalable du roi, et chaque article de ces journaux à la censure avant son impression.

56. — L'ord. royale du 1er avril 1820, par son titre 2, organise cette censure, institue auprès du ministre de l'intérieur une commission de douze censeurs et de trois censeurs seulement auprès du préfet dans chaque département. Deux ordonnances des 1er et 5 avr. 1828 nommèrent les douze censeurs de Paris. Un conseil de surveillance de la censure pris parmi les membres de la cour de Cassation, de la cour des comptes et de la cour royale, fut constitué par une troisième ordonnance du 1er avr. 1820.

57. — La loi du 31 mars 1820, qui devait cesser de plein droit d'avoir son effet à la fin de la session de 1820, fut confirmée, par la loi du 26 juill. 1821, jusqu'à la fin du troisième mois qui devait suivre l'ouverture de la session de 1821. L'expiration de ce terme approchait, lorsque fut promulguée la loi du 17 mars 1822 qui, après avoir renouvelé pour les journaux les dispositions d'autorisation préalable, dispose en ces termes par son art. 4. « Si dans l'intervalle des sessions des chambres, des circonstances graves rendaient momentanément insuffisantes les mesures de garantie et de répression établies, les lois des 31 mars 1820 et 26 juill. 1821 pourront être remises immédiatement en vigueur en vertu d'une ordonnance du roi, délibérée en conseil, et contresignée par trois ministres. Cette disposition cessera de plein droit un mois après l'ouverture de la session des chambres, si pendant ce délai elle n'a pas été convertie en loi. Elle cessera pareillement de plein droit le jour où serait publiée une ordonnance qui prononcerait la dissolution de la chambre des députés. »

58. — Un mois avant la mort de Louis XVIII, une ordonnance datée du 15 août 1824, et rendue en exécution de la loi du 17 mars 1822, remit en vigueur les lois des 31 mars 1820 et 26 juill. 1821, suspendues par une ordonnance du nouveau monarque, Charles X, le 29 sept. 1824, puis encore rétablies par l'ord. du 24 juin 1827. — V. pour la constitution et la composition du bureau des censeurs et du conseil chargé de la surveillance de la censure, les ordonnances royales du même jour, 24 juin 1827.

59. — Enfin le ministère Martignac fut présenté à la France comme un gage de conciliation, et la loi du 18 juill. 1828 reconnut à tout Français majeur le droit de publier sa pensée, et prononça l'abolition de la censure facultative.

60. — Ce retour aux vrais principes de la Charte constitutionnelle et de la liberté de la presse, devait céder encore aux conseils réactionnaires qui égaraient le gouvernement de la restauration, et bientôt parurent sous un nouveau ministère dont M. de Polignac était le président, les ordonnances du 25 juill. 1830.

61. — L'art. 1er de *l'ordonnance* sur la presse violait l'art. 8 de la Charte en déclarant suspendue la liberté de la presse périodique.

62. — L'art. 2 violait tous les principes de la constitution en rétablissant par un seul acte de la volonté du prince, la censure abolie par la loi du 8 juill. 1828.

63. — On sait comment la nation répondit à ces tentatives liberticides. L'affranchissement définitif de la presse fut une des conséquences les plus précieuses de cette grande victoire populaire.

64. — Lors de la rédaction de la Charte de 1830, dans la séance de la chambre des députés du 6 août, la commission annonça quelle avait conservé cette disposition de l'art. 8 : « Les Français ont le droit de publier et de faire imprimer leurs opinions en se conformant aux lois. » Nous avons cru devoir, dit le rapporteur, M. Dupin aîné, supprimer les expressions : *qui doivent réprimer les abus de cette liberté*, parce que, pendant longues années, une administration malveillante y a trouvé le prétexte de toutes les lois d'exception qui ont entravé la presse, ou qui l'ont opprimée.

65. — Dans le cours de la discussion, un député, M. Devaux, a dit : la Charte indique des lois répressives, et non des lois préventives; dans l'article que la commission propose, on peut trouver la faculté de rétablir la censure; il est dit : « En se conformément aux lois. » Qui empêchera de faire une loi de censure? Pour éviter une interprétation semblable, dont nous avons eu des exemples, je propose d'ajouter : *sans que jamais la censure puisse être rétablie*. M. Dupin aîné, appuyant cette proposition, a pensé qu'il serait mieux d'en faire un paragraphe séparé. La chambre a adopté cette opinion, et elle a ajouté à l'art. 8 un alinéa ainsi conçu : « La censure ne pourra jamais être rétablie ».

CENSURE DRAMATIQUE.

Table alphabétique.

CENSURE DRAMATIQUE. — 1. — L'origine de la censure dramatique se rattache aux arrêts du parlement de Paris qui, restreignant la liberté absolue que Louis XI puis Louis XII avaient laissée au théâtre de la Basoche, ordonnèrent que les pièces, avant d'être jouées, seraient soumises à la censure de quelques-uns des membres du parlement. — De même, un arrêt du 23 janv. 1538 accorda aux basochiens la permission de faire jouer leurs pièces à la table de marbre, ainsi qu'il est accoutumé, porte cet arrêt, *en observant d'en retrancher les choses rayées*.

2. — Le 12 nov. 1609, une ordonnance de police du lieutenant civil défendit aux comédiens de représenter aucunes comédies ou farces qu'ils ne les eussent communiquées au procureur du roi, et qu'un rôle ou registre ne fût signé du lieutenant civil. — Denizart, vo *Comédien*, no 5 ; Delamarre, *Tr. de la police*, t. 1er, p. 440. — L'édit de nov. 1706 avait attribué aux lieutenans-généraux de police, à l'exclusion de tous autres juges, la juridiction sur les spectacles et la faculté d'accorder les permissions requises par les comédiens et autres personnes de cette qualité. — Edit de nov. 1706, art. 20.

3. — Ce pouvoir des magistrats fut délégué à des censeurs royaux. Crébillon fut fait censeur royal, et, en cette qualité, chargé d'examiner le *Mahomet* de Voltaire. Il refusa d'approuver *questa bellissima tragedia*, comme disait le pape Benoît XIV, qui, moins scrupuleux que le censeur, en accepta la dédicace. — Plus tard, on trouva sur la liste des censeurs royaux le nom de Marin, qui censura le chef-d'œuvre de Beaumarchais ; le *Mariage de Figaro*.

4. — La loi du 19 janvier 1791 abolit la censure en interdisant aux municipalités « *d'arrêter ni défendre la représentation d'une pièce.* » — Mais la liberté absolue ainsi établie par cette loi ne tarda pas à dégénérer en licence ; aussi, dès le 14 janv. 1793, une proclamation du conseil exécutif provisoire de la commune de Paris enjoignit-elle, au nom de la paix publique, aux directeurs des différens théâtres, d'éviter la représentation des pièces qui jusqu'alors avaient occasionné quelque trouble, ou qui pourraient le renouveler. — Mais deux jours après (le 16 janvier), la Convention cassa l'arrêté du conseil exécutif provisoire, comme blessant les principes et pouvant donner lieu à l'arbitraire. — Toutefois, le 31 mars 1793, un décret défendit la représentation de *Mérope*.

5. — Quelques mois après, une loi du 2 août 1793 disposa que « *Tout théâtre sur lequel seraient représentées des pièces tendant à dépraver l'esprit public et à réveiller la honteuse superstition de la royauté, serait fermé et les directeurs arrêtés et punis selon la rigueur des lois* » ; et bientôt ensuite une autre loi du 14 août 1793 prescrivit aux conseils des communes de faire représenter sur les spectacles les pièces les plus propres à former l'esprit public et à développer l'énergie républicaine.

6. — Un arrêté du 25 pluv. an IV prescrivit aux administrations municipales et au bureau central de police de tenir sévèrement la main à l'exécution des lois et réglemens sur le fait des spectacles, notamment des lois rendues les 16-24 août 1790 et 2 et 14 août 1793, et, en conséquence, de veiller à ce qu'il ne fût représenté sur les théâtres aucune pièce dont le contenu pût servir de prétexte à la malveillance et occasionner du désordre. L'art. 2 de cet arrêté reproduisait l'art. 2 de la loi du 2 août 1793.

7. — Bientôt ces mesures parurent insuffisantes. — Le 22 germ. an VIII une circulaire du ministre de l'intérieur avertit les préfets qu'on ne pourrait jouer dans les départemens que les seuls ouvrages dont la représentation aurait été autorisée par lui à Paris. — Ainsi se trouva rétablie la censure à Paris et dans les départemens, et le décret du 8 juin 1806 disposa expressément (art. 10) qu'il était défendu « de jouer aucune pièce sans l'autorisation du ministre de la police générale ».

8. — Le décret du 8 juin 1806 servit de règle et reçut son exécution pendant tout le temps de la restauration. — Toutefois les dispositions qu'il renferme furent l'objet d'assez énergiques manifestations. On soutenait qu'elles avaient été abrogées par l'art. 8 de la Charte constitutionnelle, qui permettait aux citoyens « *de publier* et faire publier leurs opinions en se conformant aux lois qui doivent réprimer les abus de cette liberté. » En effet, disait-on, la représentation d'une pièce de théâtre *est un mode de publication*; d'ailleurs n'est-il pas odieux de dévouer aux ciseaux ignorans d'un censeur les badinages de l'esprit ou les hardiesses du génie? N'est-ce pas arrêter l'homme de lettres dans son essor, exposer ses inspirations au supplice de Procuste et mutiler notre gloire littéraire?

9. — Mais MM. Vivien et Blanc (Edmond) n'étaient pas de cet avis, et ils répondaient « qu'il y avait plus d'entraînement que de solidité dans le système des ennemis de la censure théâtrale. » La publication des ouvrages de théâtre par la voie de représentation, disaient-ils (*Législation des théâtres*, no 140), appartient à une classe toute particulière et ne peut être confondue avec les autres genres de publication. L'ouvrage reproduit par l'impression agit séparément sur chacun des lecteurs auxquels il parvient, ses effets sont isolés et il ne peut toucher la multitude qu'après un temps plus ou moins long, qu'après que, transmis à toutes les intelligences, il aura frappé des mêmes coups les diverses passions qu'il est susceptible d'agiter; on peut en dire autant des productions du graveur et du peintre; à l'égard de ces voies de publicité, le système de répression suffit à la sûreté publique.... Mais ces considérations s'appliquent-elles à la représentation d'une pièce de théâtre? Peut-on confondre avec le lecteur qui parcourt un livre dans le silence de son cabinet, ces masses tout entières si promptes à une communication électrique et toutes prêtes à s'enflammer à l'approche d'une étincelle? — Evidemment il n'existe aucune ressemblance, et les précautions, superflues à l'égard du public disséminé dans les villes, deviennent indispensables en présence de la foule assemblée. » On invoque, ajoutaient les mêmes auteurs, l'art. 8 de la Charte : mais il ne s'agit ici ni de *publication* ni d'*impression*; on pourra invoquer cet article quand il s'agira de *faire imprimer* une pièce de théâtre, ainsi que tout autre ouvrage, mais il est sans application à la déclamation, au chœur, aux autres modes de transmettre au public assemblé le produit de l'imagination des auteurs. » De ces observations si justes, MM. Vivien et Blanc concluaient que la censure théâtrale n'avait pas été abolie par la Charte; et que dès-lors c'était avec raison que le gouvernement continuait d'exiger l'exécution du décret de 1806.

10. — La question d'abrogation de ce décret parut pouvoir se représenter de nouveau en présence de l'art. 7 de la Charte de 1830 qui, en abolissant la censure, proclame *qu'elle ne pourra jamais être rétablie*. — Et, en effet, à partir de cette époque, la censure théâtrale cessa pendant quelque temps d'exister de fait ; le bureau des théâtres établi au ministère de l'intérieur fut supprimé. Toutefois, plusieurs *véto* apposés en 1832 et en 1834 à la représentation de diverses pièces vinrent prouver que le gouvernement ne croyait nullement à cette abrogation.

11. — Enfin, la loi du 9 sept. 1835, art. 21, § 2, vint formellement soumettre à l'autorisation spéciale du ministre de l'intérieur, à Paris, et des préfets, dans les départemens, les pièces qui seraient représentés sur les théâtres et spectacles ». Et le même article (§ 3) disposa qu'en cas de contravention à l'obligation de soumettre à l'autorisation préalable les pièces représentées sur les théâtres et spectacles, les contrevenans seraient punis d'un emprisonnement d'un mois à un an, et d'une amende de 1,000 à 5,000 francs, sans préjudice, contre eux, des poursuites auxquelles pourraient donner lieu les pièces représentées sans cette autorisation.

12. — Il résulte de la discussion qui a eu lieu sur cet article 20 à la chambre des députés que la peine prononcée pour cette contravention ne pourrait être tempérée par l'application de l'art. 463. — V. Duvergier, *Coll. des lois*, t. 35, p. 272.

13. — L'exposé des motifs de cette loi s'attache à établir que l'art 21 ne viole pas la disposition de l'art. 7 de la Charte : « quand la Charte, est-il dit, a déclaré que la *censure ne pourait jamais être rétablie*, elle a pris soin d'expliquer que ce grand principe s'appliquait *à la presse*. En effet, ce n'est pas d'une manière vague, indéfinie, que la Charte parle de la censure : elle ne s'en explique que par rapport au droit de *publier et faire imprimer ses opinions*. Ce qui laisse en dehors toute autre manifestation, tout autre acte qu'une opinion qui, par son importance, par ses conséquences sur la vie publique ou privée, sur les mœurs générales du pays, peut exiger des précautions et des garanties. » — La Charte serait évidemment allée au-delà de son but si elle avait accordé la même protection aux opinions *converties en actes*. Qu'un auteur se contente de faire imprimer sa pièce, il ne pourra être assujéti à aucune mesure préventive.... Mais lorsque les opinions sont converties en actes par la représentation d'une pièce.... il y a plus que la manifestation d'une opinion, *il y a un fait, une mise en action, une vie* dont ne s'occupe pas l'art. 7 de la Charte et qu'il confie par cela même à la haute direction des pouvoirs établis. » — Duvergier, *Coll.*, t. 35, p. 269.

14. — La loi du 9 sept. 1835 disposait qu'il serait pourvu par un réglement d'administration publique, qui serait converti en loi dans la session de 1837, au mode d'exécution des dispositions renfermées dans le tit. 4 (au nombre desquelles se trouve l'établissement de la censure dramatique). Mais cette prescription n'a jamais été accomplie. C'est seulement en 1843 que M. le ministre de l'intérieur (M. Duchatel) a proposé aux chambres un projet de loi, qui n'est, à peu de chose près, que la reproduction de la loi de 1835, et qui, après avoir été voté à la chambre des pairs dans les séances des 26, 27 et 28 mai 1843, n'a pas été depuis discuté par la chambre des députés. — Au surplus la loi de 1835 avait elle-même paré à l'avenir en disant que « ces dispositions n'en demeureraient pas moins exécutoires à compter de la promulgation de la présente loi. »

15. — En exigeant l'autorisation pour les pièces qui seraient représentées sur les théâtres et spectacles, la loi du 9 septembre 1835 (art. 21, § 2) a-t-elle entendu maintenir ou plutôt renouveler une circulaire du 10 octobre 1829, prise en exécution de la loi du 24 août 1790, et par laquelle M. de Labourdonnaye, ministre de l'intérieur, prescrivait aux autorités municipales (investies par cette loi de la police des lieux publics) de se faire rendre compte préalablement des explications, parades, chants dont les spectacles forains, tels que marionnettes, ombres chinoises, seraient accompagnés, afin d'exiger la suppression de ce qui pourrait s'y trouver de dangereux pour l'ordre, les mœurs et le gouvernement du roi ? — Avant la loi de 1835, MM. Vivien et Blanc (nº 192) reconnaissaient que la circulaire de 1829, bien qu'attestant la susceptibilité du pouvoir, qui croyait devoir s'occuper de détails aussi puérils et s'effrayait de dangers imaginaires, ne pouvait néanmoins être critiquée sous le rapport de la légalité. — Il n'existe aucun motif de croire qu'il doive en être autrement aujourd'hui, la loi de 1835 n'ayant pu avoir pour effet de porter atteinte aux droits que l'autorité municipale tient de la loi de 1790, dont la circulaire ministérielle (qui ne s'occupe pas du décret de 1806) n'était que la salutaire application.

16. — La censure est exercée, au ministère de l'intérieur, par des employés spéciaux, qui ont reçu le titre d'*examinateurs*. Ces employés ont été institués par une ordonnance royale, rendue en exécution de la loi du 9 sept. 1835; la même ordonnance a rétabli, à ce ministère, le bureau des théâtres, qui avait été supprimé à la suite de la révolution de juillet 1830.

17. — Les censeurs étant délégués par le ministre de l'intérieur pour soumettre à l'investigation les ouvrages nouveaux des auteurs, leur visa suffit pour que la pièce puisse être jouée. S'ils opposent au contraire leur *véto* à la représentation de la pièce, leur décision n'est susceptible d'aucun recours légal, ces censeurs n'ayant point de responsabilité officielle. Mais nous pensons toutefois que les auteurs peuvent toujours en appeler au ministre lui-même, du moment où celui-ci est, aux termes de la loi, le seul dont le consentement soit requis. — Tel est aussi l'avis de MM. Vivien et Edmond Blanc, nº 142.

18. — C'est, en effet, au ministre de l'intérieur qu'appartient le pouvoir supérieur en matière de censure théâtrale, et le projet de loi présenté en 1843 ne contient aucune autre disposition destinée à garantir les auteurs et directeurs contre les abus de la censure.

19. — M. le ministre de l'intérieur reconnaissait néanmoins qu'il y avait des abus possibles, mais il pensait que les garanties contre ces abus existaient principalement dans la faculté qu'avaient les auteurs d'en appeler par la voie de la presse du jugement de la censure à celui du public, et dans la responsabilité ministérielle. — V. Exposé des motifs (*Gazette des Tribunaux* du 7 avr. 1843). — Quelque insuffisantes que puissent paraître ces garanties, est-il possible de leur en substituer d'autres?

20. — Quelques personnes avaient cru voir un remède à ces abus dans l'organisation d'un comité où siégeraient des membres indépendans de l'autorité ministérielle; et c'est en s'associant à cette pensée qu'à la tribune de la chambre des pairs, M. Lebrun avait annoncé l'intention de proposer un amendement dont le but serait d'établir près du ministre de l'intérieur une commission consultative ayant pouvoir de statuer par avis sur les recours dirigés contre les décisions de la censure; mais l'honorable pair ne réalisa pas cette intention, et la chambre ne fut pas dès-lors appelée à prononcer.

21. — M. le ministre de l'intérieur avait, au surplus, repondu par avance dans l'exposé des motifs de la loi et signalé cette pensée comme impraticable. « En effet, disait-il, de deux choses l'une : ou ce comité aura pouvoir de décider, ou il sera simplement consultatif. Dans le premier cas, des personnes indépendantes du ministre décideraient et le ministre serait responsable : c'est la violation de toutes les règles de notre droit constitutionnel; dans le second, le moindre défaut du comité consultatif serait d'être un rouage inutile. — En fait, un tel comité est impossible, quand on sait que, depuis la loi de 1835, la censure dramatique a eu à juger plus de 4000 pièces de théâtre, que cette production immense s'accroît loin de se restreindre; que les ouvrages acceptés après modification sont dans la proportion de la moitié au tout; que les décisions définitives sont le résultat non seulement d'un examen scrupuleux et répété, mais presque toujours de fréquentes conférences avec les auteurs et les directeurs; quand on réfléchit que cette épineuse et délicate mission s'exerce sur une matière doublement irritable, la liberté du théâtre et l'amour-propre littéraire, est-il possible de s'en reposer, pour un travail si assidu, si difficile, sur un comité officieux, indépendant de l'administration ? »

22. — Quoi qu'il en soit, les censeurs doivent se rappeler, comme le disent MM. Vivien et Blanc (nº 146), que la censure n'est établie que dans l'intérêt de l'ordre public et des bonnes mœurs; et qu'elle n'a pour mission que de défendre tout ce qui pourrait y porter atteinte. Elle commettrait donc une grave erreur si elle voulait adopter une autre direction, si elle se constituait juge littéraire et prétendait, en conséquence, interdire tel système, favoriser tel autre, et convertir ainsi en un patronage de goût et de critique un ministère public exclusivement destiné au maintien des intérêts généraux de police et de sûreté publique. — Et c'est parce que la censure doit fonctionner dans l'intérêt de l'ordre public et des bonnes mœurs que, devant la chambre des pairs, MM. Dubouchage et de Tascher, protestant contre les licences théâtrales quelquefois autorisées par elle, proposaient par amendement « de défendre d'introduire à l'avenir dans les représentations théâtrales, les signes et symboles révérés de la religion, ainsi que ses cérémonies, les images de son culte et les costumes de ses ministres. » Mais cet amendement, sous-amendé lui-même par M. de Gabriac, qui en retranchait le mot *costume*, fut repoussé, ainsi que le sous-amendement, par la chambre, sur l'observation faite par M. le ministre de l'intérieur qu'une pareille prohibition, prise dans son sens absolu, irait jusqu'à rendre impossible des représentations contre lesquelles il n'est venu jusqu'à présent à l'esprit de personne de protester (celle d'*Athalie*, par exemple), et risqueraient même, à force de rigorisme, de compromettre les intérêts de l'art. « Dans ces matières, a dit le ministre, il ne faut pas poser de règles, il faut laisser au gouvernement le soin de protéger les intérêts sacrés, et s'il ne les protége, la religion ne manquera pas de défenseurs qui le rappelleront à ses devoirs. — V. *Moniteur* du 28 mai 1843, p. 1184 et 1185.

23. — A côté des abus de pouvoir de la censure peut se placer aussi la négligence des agens. C'est pour rassurer les auteurs et directeurs contre les résultats fâcheux de cette négligence qu'une disposition nouvelle, introduite dans le projet de loi de 1843, autorisait le directeur à passer outre à la représentation s'il n'avait pas été statué dans le délai d'un mois à partir de la remise du manuscrit.

24. — On avait créé, sous la restauration, des employés inférieurs, qui, sous le nom d'*inspecteurs des théâtres*, se rendaient aux premières représentations, parfois même aux répétitions, pour exercer sur la représentation, les costumes et autres accessoires un second contrôle. MM. Vivien et Edmond Blanc (nº 148) ont écrit que ces employés, lorsqu'ils ne sont pas d'ailleurs revêtus de la qualité d'officiers de police et des pouvoirs *déterminés* inhérens à ce titre, n'ont aucune autorité légale et ne peuvent donner aucun ordre exécutoire, à titre de censeurs additionnels, « attendu, disent-ils, que, le décret de 1806 ne conférant la censure qu'au ministre, les théâtres ne doivent pas être soumis aux caprices et à l'arbitraire de ces délégués inférieurs. » — Bien que la lettre de la loi du 9 septembre 1835 ne paraisse pas conférer au ministre le droit préventif de censurer les costumes et décorations servant à la représentation d'une œuvre dramatique, il nous semble difficile, si l'on doit considérer, non comme un acte de vigilance, de la part de l'autorité répressive, mais comme l'exercice du droit de censure, la surveillance exercée sur les objets extérieurs de la représentation, d'admettre que le ministre qui a le droit de déléguer ses pouvoirs de censeur ne peut opérer et diviser cette délégation comme bon lui semble.

25. — L'autorisation donnée par le ministre de l'intérieur de représenter une pièce de théâtre à Paris, emporte le droit de la faire représenter dans tout le royaume, sans la soumettre au visa des préfets. Ces derniers n'ont le droit d'empêcher la représentation que lorsqu'ils jugent qu'elle peut troubler l'ordre public. — *Cass.*, 31 mars 1838 (t. 1er 1838, p. 599), Ponchard. — V. conf. Vivien et Blanc, nº 144.

26. — Le même arrêt décide que les pièces de théâtre jouées avant la loi du 9 septembre 1835, peuvent être représentées depuis cette loi sans avoir besoin d'autorisation, pourvu que la représentation n'en ait pas été interdite par le ministre de l'intérieur, et qu'il n'y soit fait aucun changement. — Même arrêt.

27. — La suspension ordonnée dans le cas prévu par l'arrêt précité (V. le nº qui précède) n'est, de la part de l'autorité, que l'exercice du droit qui lui est conféré par l'art. 22. L. 9 sept. 1835, ainsi conçu : « L'autorité pourra *toujours*, pour des motifs d'ordre public, suspendre la représentation d'une pièce. » — Et il a été jugé, par un arrêt de la cour de Paris (infirmatif d'un jugement du tribunal de commerce, du 14 juill. 1834), que « la décision du ministre de l'intérieur, qui interdit sur un théâtre la représentation d'une pièce, peut être considérée comme une force majeure qui empêche le directeur de remplir l'engagement qu'il avait pris vis-à-vis de l'auteur de faire jouer sa pièce, et l'affranchit de tous dommages-intérêts, lors même que cette pièce aurait été jouée à un autre théâtre. » — *Paris*, 29 déc. 1835, Jouslin de la Salle c. Al. Dumas. — V. THÉATRE.

28. — Une circulaire ministérielle du 10 oct. 1822 a décidé que « les exemplaires de pièces de théâtre représentées à Paris ne seraient envoyés aux directeurs des départemens qu'après avoir été timbrés au ministère de l'intérieur, et que ce timbre ne serait apposé que sur les exemplaires conformes au manuscrit censuré. » Elle recommande, en conséquence, aux préfets de n'accorder d'autorisation pour la représentation d'ouvrages nouveaux que sur la production de ces exemplaires timbrés. — Cette précaution a pour but d'éviter que l'on ne joue en province le passage supprimé par la censure.

29. — La remise du manuscrit de l'auteur entre les mains des censeurs constitue un dépôt sacré; ce dépôt serait violé s'ils lisaient ou permettaient à qui que ce soit de lire ou copier les ouvrages qu'on leur a confiés. L'indiscrétion grave qu'ils commettraient en révélant le sujet des œuvres nouvelles pourrait, si elle présentait des caractères frauduleux, autoriser contre les censeurs des poursuites criminelles, et donnerait lieu, dans tous les cas, à

des dommages-intérêts, si elle n'était le fait que d'une imprudence. — Vivien et Edmond Blanc, p. 145.

30. — Le décret du 8 juin 1806 n'ordonnait rien sur le mode de remise des ouvrages. — Une circulaire du ministre de l'intérieur du 1er oct. 1829 prescrivit la remise directe des manuscrits au cabinet du ministre avec une lettre signée des directeurs. — Elle disposait en outre que lorsqu'une décision aurait été prise, ces manuscrits seraient renvoyés du ministère aux administrations théâtrales elles-mêmes; qu'ainsi ils ne seraient plus rendus aux directeurs ni aux auteurs, sur leur demande verbale. MM. Vivien et Blanc (nº 145) ont critiqué cette circulaire comme vexatoire en ce qu'elle obligeait les auteurs à confier leurs manuscrits sans récépissé. — Le projet de loi de 1843 porte formellement que le directeur doit, avant de mettre à l'étude une pièce non encore représentée, en adresser deux copies signées de lui au ministre de l'intérieur, et qu'il lui en est donné récépissé.

31. — La loi de 1835 ne dit pas en termes exprès ce qui adviendrait si, lors de la représentation, le directeur rétablissait les passages supprimés par la censure. Mais il semble évident que cette contravention constituerait la représentation d'une pièce, qui n'aurait pas été autorisée dans toutes ses parties, et tomberait sous le coup du troisième paragraphe précité de l'art. 21. — Il en serait aussi nécessairement de même si le directeur ajoutait à la pièce primitive des passages non compris dans le manuscrit soumis aux censeurs.

32. — Le projet de loi présenté en 1843 porte formellement que les peines prononcées par l'art. 21 de la loi du 9 sept. 1835 seront applicables au cas où le directeur aurait changé le titre sous lequel la pièce aurait été autorisée; et la prohibition de changer le titre se trouvait également dans une circulaire du 29 oct. 1822 (V. Elouin et Trébuchet, *Nouveau dictionn. de police*, t. 2, p. 756, vº *Théâtres*). — Le projet de loi a-t-il entendu par là combler une lacune de la loi de 1835 ou seulement rendre plus claire et plus explicite la définition du mot *pièce*, contenu dans cette loi? — Pour nous, il nous paraît difficile d'admettre que le titre de la pièce échappe à la censure: évidemment les investigations des censeurs doivent s'exercer sur toute la pièce prise dans son ensemble et dans ses détails, et le changement du titre tomberait, selon nous, sous l'application de la loi pénale aussi bien que la modification apportée à toute autre partie de la pièce. — V. au surplus THÉATRE.

CENTIÈME DENIER.

1. — On appelait ainsi autrefois une espèce d'impôt qui est aujourd'hui remplacé par le droit d'enregistrement.

2. — Le centième denier, ou droit de 1 % était dû sur toutes mutations de propriété ou d'usufruit d'immeubles, rentes foncières et autres droits réels et immobiliers; à l'exception des successions directes *ab intestat* ou par testament et des donations faites en ligne directe par contrat de mariage. — Il était le salaire de l'insinuation de ces sortes de mutations, ordonnée par les édits de 1703, 1705 et 1706, pour faire connaître exactement toutes les mutations qui devaient produire des droits seigneuriaux.

3. — Tous contrats de vente, échange, décrets et autres titres translatifs de propriété de biens immeubles tenus en fief ou en censive, soit du roi, soit des seigneurs particuliers, devaient être insinués et enregistrés aux greffes des insinuations dans le ressort desquels les biens étaient situés, et il était dû pour cet enregistrement le centième denier du prix ou de la valeur des biens. — Edit 1703, art. 24.

4. — Le droit de centième denier était indépendant du droit de contrôle, et avait été augmenté de dix sous par livre avant le moment où il fut supprimé. — V. ENREGISTREMENT.

5. — Le droit de centième denier différait de celui de *lods et ventes*, qui était un droit seigneurial et non point un impôt. — V. LODS ET VENTES.

CENTIMES ADDITIONNELS.

Supplément dont peuvent être annuellement et proportionnellement augmentées les contributions directes dans le but d'accroître les ressources du trésor ou de subvenir aux dépenses locales des départemens et des communes, ou de couvrir les non-valeurs et les frais résultant de la perception de l'impôt. — V. CONTRIBUTIONS DIRECTES.

CERCEAUX (Marchands de.)

V. CERCLES.

CERCLES ou SOCIÉTÉS.

1. — On donne ce nom à certaines réunions ou associations dont les membres se rassemblent avec un but déterminé.

2. — Sous le rapport du droit de se réunir, les cercles sont soumis à toutes les conditions exigées en matière d'association. — V. ASSOCIATION ILLICITE, nº 51.

3. — Sur la nature et l'étendue des obligations contractées par ceux qui font partie de ces cercles, V. SOCIÉTÉS.

4. — Sur le point de savoir si l'entreprise d'un cercle constitue un acte de commerce, V. ACTE DE COMMERCE, nº 163.

5. — Les fournisseurs des objets de consommation dans les cercles ou sociétés sont rangés par la loi du 25 avr. 1844, sur les patentes, dans la cinquième classe des patentables, et imposés à : 1º un droit fixe basé sur le chiffre de la population de la ville ou commune où est situé l'établissement; 2º un droit proportionnel du vingtième de la valeur locative de la maison d'habitation seulement.

V. en outre ABONNEMENT (contributions indirectes).

CERCLES ou CERCEAUX (Marchands de).

Les marchands de cercles ou cerceaux sont rangés par la loi du 25 avr. 1844, sur les patentes, dans la sixième classe des patentables et imposés à : 1º un droit fixe basé sur le chiffre de la population de la ville ou commune où est situé l'établissement; — 2º un droit proportionnel du vingtième de la valeur locative de la maison d'habitation et des locaux servant à l'exercice de la profession. — V. PATENTE.

CERCLIERS.

Les cerclicrs sont rangés par la loi du 25 avr. 1844, sur les patentes, dans la huitième classe des patentables, et imposés à : 1º un droit fixe basé sur le chiffre de la population de la ville ou commune où est situé l'établissement; — 2º un droit proportionnel du quarantième de la valeur locative de tous les locaux occupés par les patentables, mais seulement dans les communes d'une population de 20,000 ames et au-dessus. — V. PATENTE.

CÉRÉALES.

V. BLÉ EN VERT, GRAINS.

CÉRÉMONIES PUBLIQUES.

1. — On entend par ce mot toute cérémonie qui a lieu par l'ordre et sous la direction du gouvernement, soit à l'occasion d'un événement particulier et fortuit, soit pour la commémoration anniversaire d'événemens mémorables.

2. — Quand l'événement à l'occasion duquel ont lieu les cérémonies est un événement heureux, ces cérémonies prennent le titre de *réjouissances publiques*. Telles sont les réjouissances qui ont lieu à l'occasion des naissances, baptêmes et mariages des princes de la famille royale.

3. — Si cet événement est de nature à intéresser l'honneur du pays, les cérémonies sont appelées *fêtes nationales* ou *patriotiques*. Telles étaient autrefois les plantations d'arbres de la liberté; tels sont encore aujourd'hui les grands succès militaires, les prises de ville, les batailles gagnées, les victoires navales, etc... Les journées de juillet sont l'objet de fêtes commémoratives. — V. JOURS FÉRIÉS.

4. — On appelle *cérémonies funèbres* celles qui ont lieu à l'occasion d'un événement qui intéresse la douleur publique, comme les funérailles du roi, d'un prince de la famille royale, ou les honneurs à rendre aux victimes de certains événemens politiques, etc.

5. — Les cérémonies publiques sont religieuses, civiles et militaires.

6. — Quand la cérémonie est religieuse, les ordres du gouvernement pour la célébration des cérémonies publiques sont adressés aux archevêques et évêques; c'est aux préfets qu'ils sont transmis lorsqu'il s'agit de cérémonies civiles. — Décr. 24 messid. an XII, art. 5. — Quant aux cérémonies militaires, les ordres sont naturellement adressés aux autorités militaires.

7. — Autrefois, lorsque les évêques avaient reçu les ordres du roi pour les cérémonies religieuses, il était d'usage qu'ils envoyassent le maître des cérémonies de l'église cathédrale au commandant de la province et au premier président des cours souveraines, pour leur proposer un jour et leur demander si ce jour leur convenait; mais à l'égard de l'intendant de la province et du lieutenant du roi de la ville, ils les faisaient inviter par le maître des cérémonies à assister, au jour fixé, aux prières ordonnées. — V. édit du mois d'avril 1695, art. 46. — V. Merlin, *Rép.*, vº *Clergé*, § 1er.

8. — Aujourd'hui, et d'après l'art. 6, décr. 24 messid. an XIII, lorsque le gouvernement ordonne une cérémonie religieuse sans en marquer le jour et l'heure, l'évêque doit se rendre chez le préfet, le premier président de la cour royale, et le lieutenant général commandant la division, pour convenir du jour et de l'heure de la cérémonie; l'archevêque ne doit se rendre que chez les deux derniers. — L'autorité ecclésiastique a en outre l'obligation spéciale de faire les invitations, et elle ne peut s'en dispenser. — Décis. minist. 17 sept. 1830.

9. — Les évêques et archevêques, après s'être concertés avec l'autorité administrative et l'autorité militaire, demeurent toujours les vrais arbitres de ce qui est convenable. — Portalis, *Rapport sur les articles organiques*. — Ils règlent tout ce qui est relatif à la cérémonie, tout ce qui la constitue, le jour, l'heure et le mode d'exécution. — Toussaint, *Code des préséances*, p. 14 et 15.

10. — Lorsqu'il s'agit d'une cérémonie civile, c'est aux préfets, sous-préfets et maires, suivant les localités, qu'il appartient de faire les convocations.

11. — Si le chef-lieu du département est en même temps le chef-lieu d'une division militaire, le siége d'une cour royale ou d'un archevêché, le préfet doit s'entendre pour la célébration avec le lieutenant-général commandant la division, avec l'archevêque; quant aux autres personnes désignées après lui dans l'ordre des préséances (V. le mot PRÉSÉANCE), il les invite par écrit en leur désignant le jour et l'heure qu'il aura fixés. — V. avis cons. d'état, 23 janv. 1814. — Les sous-préfets et les maires doivent suivre les mêmes règles dans leurs localités.

12. — Plusieurs fonctionnaires qui devaient occuper le premier rang dans les cérémonies se sont fondés sur leur droit de préséance pour prétendre au droit de convocation. Mais cette prétention a été écartée, par le conseil d'état, en ces termes : — « Considérant que l'exécution des ordres du gouvernement ne peut être confiée qu'aux agens qui les reçoivent; que le droit de préséance n'emporte pas le droit de convocation; que l'usage généralement suivi confirme cette doctrine; Est d'avis : que la convocation pour les cérémonies doit être faite, dans les départemens, par les préfets ou sous-préfets, ou les maires, quand les ordres sont donnés à l'autorité civile, en remplissant les formes prescrites par l'art. 6, décr. 24 messid. an XII, et en se concertant avec le fonctionnaire qui doit jouir du droit de préséance dans la cérémonie ordonnée. — Avis cons. d'état, 23 janv. 1814.

13. — Les corps sont invités en la personne de leur chef. — Pour les cours et tribunaux la lettre d'invitation doit être adressée au président, et en son absence au plus ancien président de chambre ou vice-président. — Le président convoque les autres membres de la cour ou du tribunal, de même que le chef du parquet, qui à son tour convoque les substituts. — Ord. 15 janv. 1826; 18 avr. 1841.

14. — En ce qui concerne les cérémonies militaires, nulle règle n'est tracée pour les invitations aux cérémonies qui concernent spécialement l'armée de terre; mais on peut s'en référer aux règles des invitations pour les autres cérémonies publiques, et à l'art. 70, décr. 6 frim. an XIII, qui porte que, pour les cérémonies qui ont lieu dans les ports et arsenaux de la marine, les invitations sont faites par la personne à qui les ordres du chef de l'état sont adressés. — Toussaint, *loc. cit.*, chap. 2, § 2, p. 16. — V. HONNEURS CIVILS ET MILITAIRES, PORTS ET ARSENAUX.

15. — Lorsque la fête n'est point publique, c'est-à-dire lorsqu'elle n'a pas été ordonnée par le gouvernement et qu'elle a un caractère purement communal, c'est le maire qui en est l'ordonnateur; c'est lui qui y préside, c'est lui qui fait les invitations; mais l'approbation du préfet ou du sous-préfet est toujours nécessaire.

16. — Si la cérémonie non ordonnée par le gouvernement est religieuse, c'est le curé qui y préside, qui fait les invitations et qui place les autorités appelées à y assister comme elles peuvent l'être pour les cérémonies religieuses et solennelles. — Décis. minist. 5 prair. an XIII.

17. — Le droit d'assister aux cérémonies publiques appartient aux fonctionnaires et aux corps désignés dans les art. 1er et 8, décr. 24 messid. an XIII. Ce droit est pour ces fonctionnaires et ces corps un droit permanent, tandis que la chambre des pairs, celle des députés, la cour de Cassation et le conseil d'état ne jouissent du droit d'assister aux cérémonies publiques que lorsqu'ils y ont été

invités par lettres closes du roi. — Décr. 4 messid. an XII, art. 2.

18. — Le 3 déc. 1809, anniversaire du couronnement, la cour de Cassation assista à la cérémonie, où des places lui avaient été réservées, quoiqu'on eût omis de lui adresser des lettres closes. Mais elle protesta et réclama contre cette omission.

19. — Depuis cette époque, la cour de Cassation ne se rend aux cérémonies que lorsqu'elle y a été expressément convoquée par l'ordre du roi. — C'est ainsi que, le 16 octobre 1817, elle s'abstint d'assister au service funèbre célébré pour Marie-Antoinette, service pour lequel elle n'avait point été convoquée. — Elle tint même audience ce jour-là, et le premier président, par une lettre du 17 octobre, rendit compte au ministre de l'abstention de la cour.

20. — Les convocations par lettres closes cessèrent d'être en usage après la révolution de juillet. Dans les premières années qui la suivirent la cour de Cassation était convoquée par l'un des aides-de-camp du roi, ce qui excita avec raison sa susceptibilité. — Aujourd'hui, indépendamment de la lettre de l'aide-de-camp, la cour reçoit une invitation expresse du garde des sceaux, ce qui est plus convenable.

21. — L'art. 7 du tit. 1er, décr. 24 messid. au XII, porte : — « Les autorités appelées aux cérémonies publiques se réuniront chez la personne qui doit y occuper le premier rang. »

22. — Sur la réclamation des corps judiciaires, qui prétendirent que cette disposition était inconciliable avec leur indépendance consacrée par la Charte (art. 49), il est intervenu, le 23 août 1816, une décision du ministre de la justice qui dispense les corps judiciaires de se rendre chez la personne qui a le premier rang, et qui les autorise à se rendre directement et de la manière qui leur paraîtra la plus convenable au lieu de la cérémonie, pour y occuper la place qui leur est assignée d'après la législation réglementaire de messidor.

23. — Cette décision a été appliquée aux autres fonctionnaires. Les membres des différens corps se rendent séparément au lieu ordinaire de leurs réunions, pour de là marcher à la suite de leur chef au lieu indiqué pour la cérémonie. — Toussaint, p. 17. — Cependant, ajoute cet auteur, l'art. 7 du décret de messidor reprendrait toute sa force, si le roi ordonnait qu'il y eût *cortége*.

24. — Depuis la décision du 23 août 1816, plusieurs fonctionnaires qui avaient la préséance et qui devaient, d'après les termes de l'art. 6 du décret, convoquer les autres fonctionnaires et les corps, se sont crus dispensés de le faire. Ils donnaient pour raison que, cet article portant que le fonctionnaire qui a la préséance convoquera chez lui les autorités, on ne peut, en consultant les convenances, convoquer que chez soi; qu'ainsi si le premier fonctionnaire convoque, c'est pour qu'on vienne chez lui, et que, si l'on tient à ne pas s'y rendre, il n'est pas tenu de convoquer. — Massabiau, *Manuel du procureur du roi*, t. 1er, no 42.

25. — L'autorité supérieure a approuvé ces raisons. Mais si le fonctionnaire qui a la préséance ne peut plus être tenu de convoquer, du moins doit-il *inviter* à assister à la cérémonie ou, si l'on veut, *avertir* les autorités du jour, de l'heure et du lieu où elle doit se faire. — Lettre du procureur général de la cour de Rennes, 31 juill. 1834.

26. — Quoique le droit d'assister aux cérémonies publiques n'appartienne qu'aux corps et fonctionnaires compris dans le décret de messidor et dans les décrets et ordonnances postérieurs, il est reconnu cependant que l'on peut inviter d'autres corps et fonctionnaires que ceux qui y sont nominativement désignés; il existe un grand nombre de décisions ministérielles qui ont constaté cette faculté.

27. — Ainsi l'ordre des avocats a été plusieurs fois appelé ou admis dans les cérémonies publiques, malgré le silence du décret de messidor. Mais depuis 1830, les barreaux de France s'abstiennent parce que leur rang n'est pas officiellement désigné. C'est par ce motif que l'ordre des avocats à la cour royale de Rouen a refusé d'assister aux funérailles du cardinal-archevêque, prince de Croï, ancien grand aumônier de France. — V. Lettre de M. Senart, bâtonnier (*Gazette des tribunaux*).

28. — Les compagnies des notaires et des avoués ne sont pas non plus désignées nominativement dans le décret de messidor; elles n'ont pas de rang officiel. Toutefois, quand elles assistent à une cérémonie publique, elles suivent le tribunal de leur siége.

29. — Les seuls officiers ministériels dont la loi ait fixé les rangs dans les cérémonies publiques, sont les greffiers et les huissiers. Les premiers accompagnent toujours le tribunal auquel ils sont attachés; ils suivent le parquet et sont eux-mêmes suivis de leurs commis greffiers. — Quant aux huissiers, ils marchent en avant des cours et des tribunaux, soit dans les cérémonies, soit lorsqu'ils entrent au siége ou en sortent pour leur faire porter honneur et respect. — V. HONNEURS CIVILS ET MILITAIRES, HUISSIERS, PRÉSÉANCE.

30. — Les huissiers ne doivent point être séparés du corps judiciaire près duquel ils exercent leurs fonctions. On voulut, il y a quelques années, retenir à la porte de la salle du trône, aux Tuileries, les huissiers qui accompagnaient la cour de Cassation, mais c'était un malentendu, et, sur les représentations de la cour, la consigne fut changée et le droit reconnu. On trouvera au mot HUISSIER le procès-verbal qui fut rédigé à cette occasion.

31. — En ce qui concerne l'ordre suivant lequel se placent les autorités dans le local destiné aux cérémonies civiles et religieuses, V. décr. de messid., tit. 1er, art. 4, 9 à 11 inclusivement, et le mot PRÉSÉANCE.

32. — Lorsque des magistrats n'obtiennent pas, dans une cérémonie publique, le rang que leur assignent les réglemens, le plus convenable pour eux est de se retirer sur-le-champ, après avoir adressé leurs réclamations au fonctionnaire chargé de diriger la cérémonie, et s'il n'y a pas fait droit, d'en référer à l'autorité compétente. — Déc. min. 14 août 1828. — Telle fut, en effet, la conduite que tint la cour de Cassation le 20 sept. 1824, au service qui eut lieu à Notre-Dame pour Louis XVIII, mort le 16 du même mois. — V. PRÉSÉANCE.

33. — La cérémonie ne doit commencer que lorsque l'autorité qui occupe la première place a pris séance. Cette autorité se retire la première. — Décr. 24 messid. an XII, art. 12.

34. — L'art. 3, tit. 11, L. 24 août 1790, range parmi les objets de police qui sont confiés à la vigilance et à l'autorité des officiers municipaux, « le maintien du bon ordre dans les endroits où il se fait de grands rassemblemens d'hommes, tels que les réjouissances et cérémonies publiques. »

35. — Il résulte de là que toute contravention aux arrêtés pris relativement à cet objet par des officiers municipaux doit être punie, par les tribunaux de police, des peines que la loi place dans leurs attributions. — Merlin, *Rép.*, vo *Cérémonies publiques*, et *Quest. de dr.*, vo *Tribunal de police*, § 4; Favard, *Rép.*, vo *Cérémonies publiques*.

36. — Si des corps et fonctionnaires ne tiennent pas à l'église une conduite convenable, ce n'est pas au procureur du roi à les reprendre; s'ils occupent des places qu'ils ne doivent pas avoir, ce magistrat doit se borner à en dresser procès-verbal, sans faire aucun éclat, et à le transmettre au chef du parquet du ressort. — Décis. minist. 14 déc. 1824.

37. — Aux colonies, les mesures d'ordre à l'occasion des fêtes et des cérémonies publiques sont dans les attributions du directeur de l'intérieur. — Ord. 9 fév. 1827, art. 120, § 58.

V. AVOCAT, COUR DE CASSATION, GREFFIER, HONNEURS CIVILS ET MILITAIRES, HUISSIER, LETTRES CLOSES, NOTAIRE, PORTS ET ARSENAUX, PRÉSÉANCE.

CERTIFICAT.

1. — C'est un acte par lequel une personne rend témoignage d'un fait qui ne l'intéresse pas personnellement. Tout autre certificat est une déclaration.

2. — Le certificat ne doit pas être confondu avec le témoignage que rend d'un fait la personne qui est assignée pour déposer dans une enquête ou dans une information. Le serment qu'on exige dans ces derniers cas donne bien plus de poids à l'attestation du témoin qui dépose, que ne peut en avoir un témoignage que la partie intéressée a pu surprendre. Aussi les certificats ne sont-ils pas en général considérés comme moyens suffisans pour éclairer la religion des juges dans les affaires contentieuses. — Merlin, *Rép.*, vo *Certificat*. — V. ENQUÊTE, TÉMOIN.

3. — Il y a un grand nombre de circonstances où la production d'un certificat est une formalité nécessaire. — C'est ce qu'on peut voir dans les articles suivans qui traitent des différentes espèces de certificats.

4. — Le certificat d'un notaire énonçant les dispositions d'un acte passé devant lui constitue un véritable extrait de l'acte. Par conséquent, il doit être délivré sur papier à expédition. — L. 19 brum. an VII, art. 19; — Rolland de Villargues, *Répert. du notar.*, vo *Certificat*. — V. ENREGISTREMENT, TIMBRE.

V. ACTE AUTHENTIQUE, BOUCHER, CAPITAINE DE NAVIRE, ENREGISTREMENT, TIMBRE.

CERTIFICAT DE CAPACITÉ ET DE MORALITÉ.

1. — Certificat qui doit être délivré par les chambres de discipline à ceux qui aspirent aux fonctions d'avocats à la cour de Cassation, d'avoués, d'huissiers, de notaires, de commissaires priseurs, de courtiers, d'agens de change.

2. — Avant 1791, l'examen de la capacité et de la moralité de l'aspirant ne se faisait qu'après la délivrance des provisions.

3. — L'officier ministériel qui demande à passer d'une résidence dans une autre est tenu de produire un nouveau certificat de moralité. — Gagneraux, *Encyclop. sur le notariat*, t. 1er, p. 180, § 1er, no 2.

4. — Les chambres de discipline ne peuvent refuser de délibérer sur la demande de l'aspirant qui requiert la délivrance du certificat de moralité et de capacité (Décis. minist. 6 vendém. an XIII); mais elles peuvent refuser le certificat.

5. — Si le certificat est refusé, l'aspirant peut en référer au tribunal.

6. — La chambre qui refuse le certificat par des motifs fondés sur des causes d'immoralité, n'est pas tenue d'entrer à ce sujet dans des détails.

7. — Lorsque la chambre a émis un avis favorable, et que le ministère public n'a fait aucune observation contraire, le certificat est délivré sans difficulté et sans nouvelle délibération.

8. — Mais si le procureur du roi refuse son *admittatur*, une nouvelle délibération devient nécessaire. — Décis. minist. 8 mai 1837; — Joye, *Almanach de la magistr.*, p. 132.

CERTIFICAT DE CARENCE.

1. — C'est, en matière de contributions directes ou indirectes, un acte dressé par les maires ou adjoints sous leur responsabilité, pour constater l'insolvabilité des redevables du trésor public. — Arr. 6 messid. an X, art. 1er.

2. — Le certificat de carence doit être visé par le préfet pour l'arrondissement du chef-lieu et par le sous-préfet pour les autres arrondissemens. — Même arrêté, art. 2.

3. — Le certificat de carence est gratuit et doit être réservé pour le cas où, l'insolvabilité des redevables étant notoire, il n'y a lieu à aucune poursuite. — Il diffère donc essentiellement du procès-verbal de carence qui, rédigé après les poursuites commencées, par les huissiers ou porteurs de contraintes, contre les redevables auxquels on soupçonne des ressources, emporte nécessairement des frais.

4. — Les directeurs des contributions, appelés à justifier les non-valeurs qu'ils sont forcés de présenter à la régie, doivent dès-lors préférer les certificats de carence comme moins dispendieux que des procès-verbaux. — D'Agar, *Man. des contrib.*, vo *Insolvabilité*.

5. — Quant aux procès-verbaux de carence, on n'en doit faire emploi que dans le cas où l'insolvabilité n'a été découverte que postérieurement aux poursuites. Hors ce cas, il faut se contenter du certificat du maire qui ne nécessite aucuns frais. — Réglement du 26 août 1824, art. 78; — Durieu, *Contentieux en matière de contrib. dir.*, t. 2, p. 155. — V. au surplus CONTRIBUTIONS DIRECTES, CONTRIBUTIONS INDIRECTES.

6. — Quelques préfets, craignant que l'attribution conférée aux maires de délivrer des certificats de carence ne donnât lieu à quelques abus, avaient demandé si ces fonctionnaires devaient la conserver, dans tous les cas, à quelque somme que s'élevât la cote d'impôt. — Le ministre des finances a répondu que, le but étant d'éviter des frais, la mesure devait s'appliquer à toutes les cotes, quelle que fût leur importance. — Durieu, *ibid.*, t. 2, p. 156, no 7.

7. — En cas de refus du maire de delivrer le certificat, le receveur général, qui a la certitude que le débiteur ne possède réellement rien de susceptible de contrainte, doit réclamer lui-même du maire ce certificat; si le maire persiste dans son refus, le receveur doit se concerter avec le préfet sur les mesures à prendre pour l'allocation en non-valeurs. — Durieu, *ibid.*, p. 157.

8. — On appelait aussi certificats de carence, autrefois, les attestations qu'en matière d'eaux et forêts les curés ou les juges des lieux délivraient pour constater que certains particuliers condamnés à des amendes étaient hors d'état de les payer. — Merlin, *Rép.*, vo *Certificat de carence*. — Aujourd'hui ces certificats ne sont plus usités.

CERTIFICAT DE CIVISME.

1. — On appelait ainsi en 1792, 1793, 1794 et 1795 un acte par lequel un corps administratif attestait

que telle personne avait rempli dans toutes les circonstances les devoirs que la loi prescrivait à chaque citoyen. — Merlin, *Rép.*, v° *Certificat de civisme.*

2. — Ces certificats étaient délivrés par les conseils généraux des communes et vérifiés et approuvés par les administrations de district et de département.

3. — Les conseils généraux des communes et les administrations de district et de département étaient même dispensés d'expliquer les motifs qui les déterminaient à accorder ou refuser ces certificats, leur vérification et approbation. — Décr. 29-30 janv. 1793.

4. — Tous les citoyens devaient représenter des certificats de civisme, sous peine d'être arrêtés comme suspects. — Décis. 9-10-24 août 1792, art. 1er et 2.

5. — Quant à ceux qui voulaient être maintenus dans une fonction publique ou l'obtenir, ou qui sollicitaient quelques secours du gouvernement, cette formalité était de rigueur : ainsi, elle était imposée aux avoués, hommes de loi, huissiers (décr. 26-29 janv. 1793) et notaires (décr. 29-30 janv. 1793).

6. — Le certificat de civisme était encore exigé des citoyens qui réclamaient l'indemnité des pertes occasionnées par l'invasion de l'ennemi. — Décr. 27 vendém. an IV.

7. — Un décret du 21 mai 1793, relatif aux pensionnaires sur les biens des colléges, n'assujétissait à rapporter un certificat de civisme pour toucher leur pension que ceux qui, étant en activité de service confondaient dans les émolumens qui y étaient attachés leurs pensions avec les traitemens qui leur étaient assignés.

8. — Chaque commissaire des guerres était aussi tenu de faire parvenir au ministre de la guerre un certificat qui attestait son civisme reconnu. — Décr. 16 avr. 1793, art. 3.

9. — Nul ne pouvait obtenir son replacement dans l'armée, s'il ne produisait un certificat attestant qu'il avait fait son service dans la garde nationale et qu'il n'avait cessé de prouver son attachement à la constitution. — Décr. 29 nov.-11 déc. 1791, art. 7.

10. — Ce certificat était exigé pour les sous-lieutenances dans l'armée accordées aux gardes nationales du royaume. — Décr. 29 nov.-11 déc. 1791, art. 7; 10-15 avr. 1792, art. 7.

11. — Les certificats produits par les citoyens promus en vertu des dispositions précédentes au grade de sous-lieutenant devaient être adressés par le ministre de la guerre dans les huit premiers jours de chaque mois au corps législatif — Décr. 10-15 avr. 1792, art. 8.

12. — Une proposition, faite le 12 messid. an III, pour la suppression des certificats de civisme, fut suivie, le 11 therm. de la même année, d'un décret qui les supprimait à l'égard des notaires, et le 18 du même mois de thermidor d'un autre décret portant d'une manière plus générale que la formalité des certificats de civisme était abolie. — Mais un dernier décret du 27 vend. an IV ne tarda point à limiter cette disposition, en expliquant que, ne concernant que les certificats exigés des fonctionnaires publics, elle ne s'appliquait point à ceux exigés des citoyens qui réclamaient des indemnités pour les pertes par eux éprouvées à la suite de l'invasion de l'ennemi.

13. — Du reste, les certificats de civisme, nés dans des temps de trouble et de suspicion, disparurent aussitôt que la tranquillité se rétablit. Quant à ceux exigés des fonctionnaires, ils firent place à de simples certificats destinés à constater leur moralité et leur capacité spéciale. — V. CERTIFICAT DE MORALITÉ.

CERTIFICAT DU CONSERVATEUR DES HYPOTHÈQUES.

1. — Attestation écrite, délivrée par le conservateur des hypothèques pour constater l'état des hypothèques qui frappent sur un immeuble, ou qui ont été requises contre une personne.

2. — Les certificats du conservateur des hypothèques, quand ils constatent l'existence de plusieurs inscriptions, prennent le nom d'*état des inscriptions.*

3. — Les certificats sont négatifs, individuels, partiels, sur immeubles désignés, ou sur transcription d'actes de mutation. — Hervieu, *Résumé de jurisprud. hypothéc.*, v° *Etats d'inscription*, n° 2.

4. — Par le certificat *négatif* ou de non-inscription, le conservateur atteste qu'il n'existe aucune inscription contre la personne ou les personnes indiquées, ou sur les immeubles désignés. — Hervieu, v° *Etats d'inscription*, n° 3.

5. — Le certificat ou état *individuel* est celui qui comprend toutes les charges hypothécaires existantes sur une ou plusieurs personnes. — Hervieu, *ibid.*, n° 4.

6. — Le certificat ou état *partiel* ne doit comprendre que les inscriptions existantes aux époques indiquées par le requérant. — Hervieu, *ibid.*, n° 5.

7. — Le certificat délivré sur des *immeubles désignés* ne doit comprendre que les charges hypothécaires dont ils sont grevés du chef des personnes indiquées. — Hervieu, *ibid.*, n° 6.

8. — Le certificat de *clôture d'état*, dont la dénomination indique l'objet, ne donne lieu à aucun salaire. — Avis du cons. d'état, 10 sept. 1811 ; Instr. n° 547 ; — Baudot, *Traité des formalités hypothécaires*, t. 2, n° 1742.

9. — Le *certificat de transcription* est délivré par un conservateur des hypothèques et atteste seulement la transcription entière qu'il a faite sur un registre spécial, conformément à l'art. 2181, C. civ., d'un contrat translatif de propriété de biens susceptibles d'hypothèques. — V. TRANSCRIPTION.

10. — Ce certificat diffère de la *mention de transcription* que le conservateur fait sur la pièce transcrite pour prouver son identité.

11. — Le certificat de transcription ou l'état sur transcription doit présenter toutes les charges hypothécaires grevant les biens aliénés, tant du chef du dernier possesseur que des subséquens propriétaires dénommés en l'acte translatif de propriété. — Hervieu, *ibid.*, n° 7.

12. — L'état sur transcription, dit Hervieu (*Résumé de jurisprud. hypoth.*, v° *Etats d'inscription*, n° 8), est plus généralement demandé après la quinzaine de la transcription. Il doit contenir, indépendamment des charges hypothécaires existantes au jour de la transcription, celles survenues pendant la quinzaine. Cet état peut être demandé le jour même du dépôt du contrat ; quant à celui qui serait requis postérieurement pour compléter le premier, et qui ne devrait comprendre que les inscriptions survenues pendant la quinzaine de la transcription, il pourrait être mis à la suite du premier, dont il ne serait que le complément.

13. — Cependant, à Paris, dans la pratique, il est délivré deux certificats : le premier, immédiatement après la transcription, et constatant les inscriptions qui l'ont frappée ; l'autre, à l'expiration de la quinzaine indiquée par l'art. 834, C. procéd., durant laquelle peuvent requérir inscription les créanciers hypothécaires ou privilégiés de celui qui a consenti l'aliénation.

14. — Ainsi, le *certificat de quinzaine* est celui par lequel le conservateur des hypothèques atteste que, dans la quinzaine qui a suivi la transcription d'un acte d'aliénation, il n'est survenu aucune inscription, soit contre celui qui a consenti une aliénation de la propriété ou de l'usufruit de biens immeubles et de leurs accessoires, soit contre les précédens propriétaires.

15. — La délivrance d'un seul certificat au lieu de deux peut présenter, pour la partie requérante, un avantage qui semble se réduire à une très faible diminution des droits de timbre. Mais la délivrance d'un premier certificat immédiatement après la transcription peut permettre d'accélérer les opérations de la purge et de commencer les notifications prescrites par l'art. 2183, C. civ., aux créanciers inscrits dont le certificat sur transcription a révélé l'existence.

16. — Il y a aussi lieu, sur la réquisition des intéressés, à la délivrance d'un certificat de *non-transcription* d'un acte de mutation, pour lequel le salaire est de 1 fr. — Baudot, *Traité des form. hypoth.*, t. 2, n° 1778. — La pluralité des salaires est exigible lorsque les recherches sont demandées sous les noms de particuliers étrangers l'un à l'autre, ou ayant des droits distincts. — Baudot, n° 1779; solut. 11 juill. 1809.

17. — Le certificat de *radiation* est délivré par un conservateur des hypothèques pour attester la radiation partielle ou définitive, ou la réduction d'une inscription à un immeuble déterminé. — V. RADIATION ET RÉDUCTION D'INSCRIPTION HYPOTHÉCAIRE.

18. — La partie qui a fait opérer la radiation de plusieurs inscriptions ne peut être contrainte à recevoir et à payer les certificats divers qui constatent ces radiations. Ainsi, après avoir fait rayer toutes les inscriptions qui le grevaient, un particulier peut demander un état sur lui-même, et, par un seul certificat négatif, prouver son entière libération. — Baudot, *Traité des form. hypoth.*, t. 2, n° 1424.

19. — Le certificat de radiation délivré à l'instant où la radiation s'opère, n'est passible d'aucun droit; il est nécessaire au requérant pour faire connaître que la formalité est accomplie. — Instr. n° 494 ; Baudot, *Traité des form. hypoth.*, n° 1663.

20. — Quand la partie refuse de prendre le certificat de radiation, le salaire de 1 fr. n'en est pas moins dû, puisqu'il est accordé pour la radiation de l'inscription. — Si le certificat était ultérieurement demandé, qu'il eût été délivré ou non au moment de la radiation, le conservateur exigerait le salaire de 1 fr., puisqu'il est dû pour chaque extrait d'inscription ou chaque certificat négatif. — Instr. n° 494 ; Baudot, n° 1664.

21. — Un conservateur peut être astreint à délivrer un certificat de non-renouvellement pour attester qu'une inscription n'a pas été renouvelée. — Baudot, *Traité des form. hypoth.*, t. 2, nos 1693 et 1694.

22. — Les certificats délivrés par les conservateurs sont expédiés sur du papier de la débite ordinaire, dont le prix est indiqué par le timbre de chaque feuille. — Baudot, *Traité des form. hypoth.*, t. 2, n° 1418.

23. — Les conservateurs ne sont astreints à employer pour les certificats que le papier dont la dimension leur paraît convenable. — Baudot, *Tr. des form. hypoth.*, t. 2, n° 1419.

24. — Mais les certificats délivrés par les conservateurs sont dispensés de la formalité de l'enregistrement ; on peut en faire usage en justice, et les déposer sans être enregistrés. — Décision du 21 mars 1809 ; Instr. n° 433 ; Baudot, *Tr. des form. hypoth.*, t. 2, n° 1830.

25. — Quand des certificats forment suite à ceux précédemment délivrés, soit à l'expiration de la quinzaine de la transcription, soit lorsque les formalités pour purger les hypothèques légales ont été remplies, il n'est rien dû pour le remboursement du timbre, à moins qu'il ne faille, à défaut d'espace, ajouter une ou plusieurs feuilles de papier dont la valeur doit, dans ce cas, être remboursée. — Baudot, n° 1423.

V. au reste CONSERVATEUR DES HYPOTHÈQUES, HYPOTHÈQUE, INSCRIPTION HYPOTHÉCAIRE, TRANSCRIPTION.

CERTIFICAT DE COUTUME.

1. — Attestation donnée par des tribunaux ou des jurisconsultes sur un point de législation ou de jurisprudence locale ou étrangère.

2. — Les tribunaux, qui autrefois accordaient des certificats d'usage sur simple requête des parties intéressées, excéderaient aujourd'hui leurs pouvoirs en délivrant de pareilles attestations. — *Cass.*, 14 avr. 1824, tribunal de Guéret.

3. — Des avocats, des procureurs réunis en corps délivraient des certificats semblables, ce qui n'était pas exempt d'abus. Aujourd'hui, pour constater un usage local, une partie pourrait produire des consultations d'avocats ou des attestations émanées des officiers ministériels qui, par l'exercice de leur profession, devraient avoir une connaissance exacte du point qu'il s'agirait de constater. V., à titre d'exemple, ce qui a été pratiqué dans l'espèce jugée par la cour de Cassation le 14 juillet 1821, Pecastaing.

4. — Ces certificats, qui ne peuvent servir que de simples renseignemens pour les tribunaux (Favard de Langlade, *Rép. de la nouvelle législation*, v° *Tribunal de première instance*, p. 763) peuvent toujours être contredits par ceux qui y ont intérêt.

5. — Pour établir un point de législation étrangère, et par exemple pour constater le mode de transmission des biens d'une personne par donation, testament ou succession, les parties produisent aussi devant les tribunaux ou les officiers publics se font remettre des attestations émanant des magistrats ou des jurisconsultes étrangers : ce ne sont alors que de simples documens destinés à éclairer les juges ou les notaires, à leur attester les lois des pays étrangers, et qu'il peut être prudent de faire contrôler par d'autres renseignemens.

6. — On nomme aussi *certificat de coutume* le certificat que délivre en pays étranger un magistrat autorisé suivant les lois pour, au cas de mutation autre que par voie de transfert, arriver à faire immatriculer au nom du nouveau propriétaire une rente sur le grand-livre de la dette publique de France dépendant de la succession d'un individu non français. — L. 28 flor. an VII, art. 6.

7. — Ces certificats, lorsqu'ils ne constatent pas nettement et directement, lorsqu'ils ne certifient pas, à proprement parler, la propriété des rentes sur l'état, sont déposés en France entre les mains d'un notaire, qui, en s'appuyant sur ces pièces, délivre le certificat de propriété que le trésor admet alors, parce qu'il lui offre la garantie exigée par la loi, la certification d'un officier public.

8. — Les tribunaux de commerce ont aussi recours à des actes analogues aux certificats de coutume et d'usage. — V. PARÈRE.

CERTIFICAT DE DÉCHARGE.

On appelle ainsi, en matière de contributions indirectes, de douanes et d'octroi, le certificat constatant que des marchandises, circulant sur acquit à caution ou achetées à charge de réexportation, sont parvenues à leur destination, pour opérer la décharge de la caution. — V. ACQUIT A CAUTION, CONTRIBUTIONS INDIRECTES, DOUANES, OCTROI.

CERTIFICAT D'INDIGENCE.

1. — Attestation délivrée à un indigent pour le dispenser de consigner l'amende exigée de ceux qui se pourvoient en cassation.

2. — Cette faveur fut d'abord accordée aux indigens par le tribunal de Cassation lui-même (21 mai et 19 juill. 1791); puis le président du bureau des requêtes fut autorisé à délivrer à l'avenir ces dispenses quand cela serait nécessaire. — Tarbé, *Cour de Cassation*, p. 259, note *a*.

3. — Quoique ces décisions ne fussent peut-être pas parfaitement légales, elles continuèrent à recevoir exécution jusqu'au décret de la Convention du 8 juill. 1793, qui chargea l'administration municipale de la délivrance de certificats d'indigence.

4. — Aux termes de l'art. 1er de ce décret, c'était le conseil général de la commune du lieu de la résidence du demandeur en cassation qui devait constater l'indigence par un certificat soumis au visa de l'administration de district et de département.

5. — A ce certificat on devait joindre, d'après le même article, un extrait du rôle des contributions. — V. aussi L. 14 brum. an V (4 nov. 1796), art. 2.

6. — Le 13 brum. an II, un nouveau décret admit l'attestation de pauvreté, donnée par deux députés, comme dispense de la consignation d'amende.

7. — D'après l'art. 420, C. inst. crim., les indigens qui veulent se dispenser de consigner l'amende exigée pour se pourvoir en cassation doivent produire : 1° un extrait du rôle des contributions, constatant qu'ils paient moins de *six francs*, ou un certificat du percepteur de leur commune portant qu'ils ne sont pas imposés; — 2° un certificat d'indigence à eux délivré par le maire de la commune de leur domicile ou par son adjoint, visé par le sous-préfet et approuvé par le préfet de leur département. — V. CASSATION (mat. crim.).

8. — Le certificat doit être d'une date rapprochée. — *Cass.*, 25 thermid. an XII, Mauric.

9. — ... Et approuvé. Une simple légalisation ne suffirait pas. — *Cass.*, 7 niv. an XIII, Scholler; 11 oct. 1827, Gambet.

10. — On peut le régulariser même après l'expiration des délais fixés pour se pourvoir. — *Cass.*, 1er fructid. an IX, Coissat c. Forgeron.

11. — Foi est due aux certificats d'indigence, et l'on ne peut, devant la cour de Cassation, contester avec succès le point de fait constaté par l'autorité compétente. — *Cass.*, 22 août 1836, Limosin c. Comperat.

V. TIMBRE.

CERTIFICAT D'INDIVIDUALITÉ.

1. — C'est un acte qui a pour objet d'attester d'une manière authentique, sur la réquisition d'une personne, ses nom, âge, état, qualité et demeure. — Il est ordinairement délivré par un notaire.

2. — Le certificat d'individualité a cela de commun avec le certificat de vie, qu'il atteste l'existence d'un individu; mais il a de plus pour objet de justifier de l'identité de la personne avec les titres et papiers qui la concernent, et de garantir les tiers de toute usurpation de nom et de qualité. — Rolland de Villargues, *Rép. du not.*, v° *Certificat d'individualité*, n° 1er.

3. — D'après le décret du 24 août 1793, sur la formation du grand livre de la dette publique, chaque créancier de l'état devait, pour être payé, produire un certificat d'individualité, qui lui était délivré par le juge de paix de son domicile, ou par l'agent de la république dans les pays étrangers. — Art. 187.

4. — Le certificat d'individualité est principalement usité dans le transfert des rentes, pour certifier la signature d'une personne inconnue de l'agent de change qui veut transférer une rente. Par ce moyen la responsabilité de l'agent de change, en ce qui concerne l'identité de la personne, est mise à couvert. — Arg. ord. 14 avr. 1829, art. 6.

5. — Si le notaire ne connaît pas la partie qui lui demande le certificat, il se fait attester l'individualité, dans le certificat, par deux témoins connus et idoines. — L. 25 vent. an XI, art. 11.

6. — Le certificat d'individualité doit être rédigé dans la forme des actes notariés. — Rolland de Villargues, n° 4.

7. — Il doit être délivré en brevet pour qu'on ait le moyen de reconnaître et comparer la signature de l'impétrant. — Rolland de Villargues, n° 5. — V. ENREGISTREMENT, TIMBRE.

CERTIFICAT DE MORALITÉ.

1. — Il est beaucoup d'emplois ou de fonctions qu'on ne peut occuper qu'autant qu'on justifie d'une moralité irréprochable. Cette moralité doit être attestée par d'autres que par celui qui l'invoque. L'acte qui la constate s'appelle *certificat de moralité*. Autrefois et aujourd'hui encore dans l'usage on le nomme certificat de vie et mœurs.

2. — La loi n'accorde pas à toute personne le droit de délivrer des certificats; elle désigne, selon les cas, ceux qui ont qualité pour les signer.

3. — Suivant l'art. 18, déclar. du 13 déc. 1598, les certificats de moralité devaient être délivrés par le curé ou vicaire de la paroisse, et constater que celui auquel il s'appliquait professait la religion catholique, apostolique et romaine. L'art. 14 étendait cette disposition aux licences des étudians en droit et en médecine. C'est depuis l'organisation des municipalités que la délivrance des certificats de bonne vie a été retirée aux curés.

4. — Néanmoins, dans l'ordre spirituel, les curés ont conservé le privilége d'en délivrer. C'est à eux que s'adressent les élèves des séminaires pour avoir le certificat qu'on exige d'eux à chaque rentrée des vacances ; c'est que, la conduite s'appréciant surtout au point de vue religieux, le curé en est considéré comme le meilleur juge. Mais sous le rapport civil, dans les relations administratives, on n'a plus recours au curé pour avoir un certificat, mais bien aux officiers civils ou fonctionnaires publics, tels que les maires, les chefs de régimens, les capitaines de vaisseau et autres.

5. — L'art. 4, L. 28 juin 1833, exige, indépendamment du brevet de capacité que doit produire le candidat aux fonctions d'instituteur primaire, un *certificat de moralité*.

6. — La loi n'ayant parlé que des instituteurs proprement dits, de ceux qui tiennent une école, qui dirigent un établissement d'instruction primaire, on ne peut soumettre aux conditions et aux formalités qu'elle prescrit les individus qui, sous le titre de surveillans, d'aides, de moniteurs, d'aspirans, ou de sous-maîtres, sont employés par le véritable instituteur, dépendent de lui, sont à son choix et à sa libre disposition. Comme ils n'ont point les garanties de la loi, ils ne doivent pas être assujétis aux obligations de la loi. Seulement, en vertu des règles générales de discipline et de bon ordre qui régissent toutes les écoles placées sous la surveillance de l'Université, nul ne peut être employé pour l'enseignement ni pour la discipline par un instituteur primaire, soit communal, soit privé, que le recteur de l'académie n'en ait été prévenu et qu'il n'ait donné son consentement exprès ou tacite. L'instituteur est, dans tous les cas, responsable des faits de tous ceux qu'il emploie dans son école. — Conseil royal de l'instr. publ. 3 sept. 1833.

7. — Le certificat de moralité délivré à l'instituteur doit exprimer formellement que l'impétrant est digne par sa moralité de se livrer à l'enseignement. Le candidat doit justifier d'une moralité relative ; car l'on conçoit très bien que la moralité qui serait suffisante pour le remplaçant d'un jeune soldat pourrait ne pas paraître assez parfaite pour l'instituteur.

8. — Ce certificat est délivré, sur l'attestation de trois conseillers municipaux, par le maire de la commune ou de chacune des communes où l'impétrant aura résidé depuis trois années. — L. 28 juin 1833, art. 4.

9. — A Paris, où il n'existe pas de conseillers municipaux attachés aux douze mairies, le certificat de moralité doit être délivré dans chaque arrondissement par le maire seul. — Conseil royal de l'instr. publ. 30 août 1833.

10. — Bien que celui qui veut ouvrir une école privée pour l'enseignement primaire ait obtenu de trois conseillers municipaux une attestation de bonne conduite, le maire n'est pas tenu de délivrer un certificat de moralité. — Mais s'il ne croit pas devoir l'accorder, il doit manifester son refus par un acte patent. — *Douai*, 15 mai 1835, Bidault, et *Douai*, 16 oct. 1835, Bidault (sous *Cass.*, 20 nov. 1835).

11. — Le certificat de moralité que doit obtenir du maire celui qui veut ouvrir une école primaire privée ne peut pas être remplacé par un certificat de quatre membres du conseil municipal. — *Cass.*, 20 nov. 1835 et 1er juill. 1836, Bidault.

12. — ... Ni par le certificat de six conseillers municipaux. — *Cass.*, 9 juill. 1835, Fourié.

13. — Par suite du renvoi ordonné après la cassation du 20 nov. 1835, la cour royale d'Amiens avait rendu, le 22 févr. 1836, un arrêt qui jugeait comme la cour de Douai. Un nouveau pourvoi fut suivi d'une nouvelle cassation (*Cass.*, 1er juill. 1836, Bidault), et la question fut renvoyée devant la cour royale de Paris, qui, se prononçant dans le sens de la cour suprême, décida que tout individu qui veut exercer la profession d'instituteur primaire doit justifier de l'accomplissement de la double condition et de l'attestation de trois conseillers municipaux et de l'attestation du maire.

14. — En conséquence, l'individu qui a ouvert une école avec une semblable attestation et sans certificat signé par le maire, est passible des peines portées par l'art. 6, L. 28 juin 1833. — Même arrêt.

15. — Quand le maire a refusé de signer ce certificat, l'impétrant ne peut, profitant de l'absence du maire, faire signer valablement ce certificat par un adjoint. — L'adjoint supplée le maire, mais il n'exerce point une autorité rivale de la sienne ; il ne lui appartient pas de contrôler, et bien moins de contrarier ses actes. — La proposition que nous venons d'émettre paraît conforme aux motifs de l'arrêt de la cour de Cassation du 23 déc. 1839 (t. 1er 1840, p. 306), Arthaud.

16. — Le certificat de moralité délivré par le maire, sur l'attestation de trois conseillers municipaux, à un individu qui veut exercer la profession d'instituteur primaire, n'est pas une présomption de droit qui empêche toutes recherches de la part de l'autorité judiciaire relativement à des fautes antérieures à l'époque où cet instituteur a été investi de ses fonctions. — En conséquence, un instituteur primaire peut être interdit, sur la poursuite du ministère public, pour des discours ou propos contraires aux mœurs, tenus dans un collége à des élèves, avant sa nomination, alors surtout que ces faits se sont passés à une époque voisine de son entrée en fonctions, et qu'ils sont trop récens pour avoir été atténués par la bonne conduite postérieure de leur auteur. — *Grenoble*, 26 août 1841 et 8 mars 1842 (t. 1er 1843, p. 528), G...

17. — Le maire qui refuse le certificat de bonnes vie et mœurs exigé par la loi, lorsque trois conseillers municipaux se présentent pour attester la moralité de l'instituteur primaire qui le réclame, doit alléguer les motifs de son refus. Dans le cas où ce fonctionnaire ne voudrait pas accorder de certificat et ne déduirait pas les motifs de son refus, le comité doit prendre des renseignemens, et si la moralité est suffisamment établie, il peut passer outre à la nomination de l'instituteur, sur l'avis du comité communal et sur la présentation du conseil municipal. — Conseil royal de l'instr. publ. 25 mars 1834.

18. — Le maire ne peut refuser le certificat réclamé, quoique l'instituteur qui le requiert ait eu le tort de ne pas se présenter devant lui à son arrivée dans la commune, s'il peut indiquer trois conseillers municipaux qui attestent sa conduite et son aptitude morale à l'enseignement dans les termes de la loi. — Conseil royal de l'instr. publ. 28 janv. 1834.

19. — En délivrant un certificat de moralité, le maire peut exprimer son opinion personnelle en constatant celle des trois conseillers municipaux, alors même que cette opinion est défavorable à l'impétrant. — Conseil royal de l'instr. publ. 8 avr. 1844.

20. — Le maire n'a pas le droit de retenir le certificat délivré par divers conseillers municipaux à un candidat qui demande à exercer les fonctions d'instituteur primaire. Mais il est loisible à ce magistrat de se borner à certifier la signature des conseillers municipaux, ou même d'exprimer formellement sur ledit certificat son opinion personnelle concernant le candidat. — Conseil royal de l'instr. publ. 8 août 1834.

21. — En cas de refus non motivé de la part des conseillers municipaux du certificat de moralité que l'individu voulant exercer la profession d'instituteur primaire doit réclamer à la mairie de son domicile, le maire doit le délivrer seul. Le comité doit prendre ensuite des renseignemens, et si la moralité est suffisamment établie, il peut passer outre à la nomination.

22. — La loi du 28 juin 1833 exigeant un certificat du maire ou des maires de la commune ou des communes où l'individu a résidé depuis trois ans, aucun certificat délivré avant les trois dernières années ou se référant à un temps antérieur à ces trois dernières années, comme aussi aucun certificat délivré par toute autre autorité, ne peut suppléer au certificat que la loi demande. —

Conseil royal de l'instr. publ. 15 avr. 1834 et 1er févr. 1822.

25. — Les attestations des chefs de corps auxquels le candidat aurait appartenu ne peuvent remplacer le certificat de moralité qui doit être délivré par les maires, aux termes de l'art. 4, L. du 28 juin 1833, et que le candidat ne peut se procurer, attendu que sa position antérieure de sous-lieutenant en activité de service ne lui permettait d'avoir sa résidence dans aucune commune. — Conseil royal de l'instr. publ. 26 déc. 1834.

24. — Un ancien militaire en congé, qui ne peut actuellement remplir la condition de temps et de séjour prescrite par la loi du 28 juin 1833, doit attendre qu'il se soit écoulé un intervalle de trois années pour obtenir les certificats exigés par la loi, et en attendant, s'il offre d'ailleurs toutes les conditions nécessaires, il peut être autorisé provisoirement par le comité à tenir une école avec l'approbation du recteur. — Conseil royal de l'instr. publ. 26 déc. 1834.

25. — Dans le cas où des militaires en congé définitif pourvus de brevet de capacité pour l'instruction primaire, n'ayant pas eu de résidence notoire dans les communes de France durant les trois dernières années, ne peuvent pas, par suite de leur position, obtenir de l'autorité municipale le certificat de moralité, produiraient, pour être autorisés à tenir école, des certificats qui leur auraient été délivrés par les conseils d'administration des corps dont ils ont fait partie, il ne pourrait y avoir lieu qu'à des autorisations provisoires ; il appartient aux conseils municipaux et aux comités d'arrondissement de juger s'il convient aux premiers de proposer aux second d'autoriser provisoirement les anciens militaires qui se trouvent dans les circonstances ci-dessus énoncées. — Conseil royal de l'instr. publ. 15 avr. 1834.

26. — C'est aussi par le maire que doit être délivré le certificat de bonne conduite exigé par le conseil royal pour être admis au concours des bourses fondées par l'Université en faveur des élèves-maîtres. — *Code de l'instr. publ.*, par Franque, p. 167.

CERTIFICAT D'ORIGINE.

1. — Les certificats d'origine sont usités dans deux circonstances différentes : en matière d'inscription de rente sur l'état et en matière de douanes.

2. — *Rentes sur l'état.* — On donne le nom de certificats d'origine, dans la pratique du notariat, à des certificats qu'on obtient du trésor sur l'origine de la propriété d'inscriptions de rentes sur l'état. Ces certificats sont délivrés à la suite de demandes qu'on désigne aussi sous le nom de demandes d'origine.

3. — Ils sont nécessaires aux notaires, soit dans une liquidation de communauté, ou d'autres stipulations matrimoniales, pour connaître si la rente est un propre, ou un conquêt, ou si elle est grevée d'usufruit, ou si elle appartient en toute propriété à l'un des conjoints, soit lorsqu'étant obligés de justifier de la propriété d'une rente, ils ne trouvent pas dans les pièces à eux remises les documens suffisans pour constater l'origine de la possession.

4. — Si le notaire est suffisamment édifié sur la propriété de la rente par les renseignemens que fournit le certificat, et qui se donnent à la suite de la demande ou séparément, il peut délivrer des certificats de propriété, mais il doit garder le certificat d'origine à titre de dépôt ou d'annexe.

5. — Le certificat d'origine délivré par les agents du trésor est exempt du timbre et de l'enregistrement, comme acte servant aux opérations de liquidation de la dette publique. — L. 26 frim. an VIII, tit. 1er et 2.

6. — *Douanes.* — Le certificat d'origine est, en cette matière, l'attestation du fabricant français, visée, si la douane l'exige, par le maire et par le sous-préfet, ayant pour objet de justifier qu'une marchandise présentée à un bureau de sortie, et pour laquelle le détenteur réclame une prime d'exportation, est réellement d'origine française. — Ord. 23 sept. 1818. — Cette pièce est exempte de la déclaration de l'expédition.

7. — Si l'exportation n'a lieu que pour partie des marchandises décrites au certificat d'origine, le receveur des douanes, ou, à son défaut, le maire, ou le conseil des prud'hommes pour les tissus de coton, délivre un extrait de ce certificat. — Ord. 23 sept. 1818.

8. — Les certificats d'origine doivent désigner es tissus de laine pure ou mélangée, sous les dénominations textuelles consignées dans les ordonnances du 10 oct. 1835, en indiquant leur prix, soit au mètre, soit au poids, pour les tissus dont la

prime est réglée sur le poids. — Circul. min. fin. 14 déc. 1835.

9. — Les commissionnaires qui font travailler les ouvriers des villages voisins des villes de fabrique sont admis à fournir les certificats d'origine pour les tissus qu'ils ont reçus de ces ouvriers, et auxquels ils ont apposé leur marque. — Circul. min. fin. 14 fév. 1822.

10. — A l'appui des déclarations faites à la douane pour les tissus expédiés à l'étranger sous bénéfice de primes, on peut recevoir, sans qu'ils soient revêtus de marques de fabrique, les certificats d'origine que délivrent des négocians ou entrepositaires des lieux d'exportation, autres que les fabricans, lorsque ces entrepositaires ou négocians sont suffisamment connus. — Les certificats qu'ils remettent doivent donner des renseignemens complets sur la nature des produits, et établir, quant aux tissus mélangés de laines et d'autres substances, quelle en est la composition. — Décision admin. de la dir. des douanes.

11. — Lorsqu'il s'agit de mettre en circulation, dans la ligne des douanes, des marchandises de la classe de celles taxées au-dessus à 20 fr. par 100 kilogr. ou à 10 % de la valeur, la justification de leur origine, prescrite par l'art. 6, arrêté du 22 thermid. an X, n'est pas exigible seulement pour les objets tirés de l'étranger ou de l'intérieur, ceux provenant de l'industrie locale y sont également soumis. — Un certificat du maire doit être produit pour affirmer l'origine de ces fabrications, conformément à l'art. 38, L. 28 avr. 1816. — Lettre admin. 17 juin 1836.

12. — Les certificats délivrés par les raffineries de sucre sont soumis à l'examen du jury spécial établi dans le lieu d'exportation avant d'être reçus par la douane. — L. 27 mars 1817, art. 5.

13. — Un certificat d'origine est exigé encore relativement aux marchandises pour lesquelles le détenteur peut se prévaloir à l'entrée du privilège colonial. — LL. 29 mars 1791, art. 6 et 10 ; 17 juill. 1791, art. 17 et 21 ; décls. 16 juin 1808 ; ord. 22 oct. 1817.

14. — Le certificat d'origine est prescrit notamment pour obtenir l'exemption, pour les provenances de l'île de Corse, des droits de sortie de l'île et d'entrée en France. — Toutefois, il y a dispense de ce certificat pour les huiles d'olive. — L. 17 mai 1826, art. 8 ; ord. 23 juill. 1838.

15. — Pendant le blocus continental les certificats d'origine étaient indispensables dans le transport par mer des produits des différens pays, et un arrêté du 12 messid. an XI, ainsi que l'art. 8, déct. 5 niv. au XIII, avaient ordonné cette mesure, qui concernait les bâtimens neutres qui devaient se munir d'un pareil certificat lorsqu'ils étaient destinés pour quelque port de France. Ces lois sont tombées en désuétude depuis la paix générale de 1815.

16. — Aux termes d'un traité avec l'Angleterre, du 26 janv. 1826, art. 5, et d'une ordonnance du 8 fév. suivant, les marchandises importées en France par navires anglais des ports du Royaume-Uni et de ses possessions en Europe, ne doivent acquitter à leur rentrée en France que les droits dont ces marchandises sont passibles lorsqu'elles arrivent par navires français. — A cette occasion, une décision de l'administration des douanes a voulu que les marchandises réputées d'Europe, mais ayant leurs similaires dans d'autres parties du globe, ne pussent en général, et sauf quelques exceptions, en venant directement des possessions britanniques en Europe, être admises à la consommation en France qu'autant que leur origine européenne serait justifiée par un certificat régulier. — Ce certificat doit être visé par le consul britannique du port où le chargement a eu lieu.

CERTIFICAT DE NON-OPPOSITION.

— V. CAUTIONNEMENT (fonctionnaires, officiers ministériels, etc), EXÉCUTION, GREFFE (droits de), VENTE D'IMMEUBLES.

CERTIFICAT DE PROPRIÉTÉ.

Table alphabétique.

CERTIFICAT DE PROPRIÉTÉ. — 1. — Acte par lequel un officier public atteste le droit de propriété ou de jouissance d'une ou de plusieurs personnes à une rente sur le grand-livre, à un décompte d'arrérages de rente ou pension viagère, à un cautionnement, à des actions de la banque de France.

CHAPITRE Ier. — *Dans quels cas les certificats de propriété sont nécessaires.*

2. — Il serait impossible de prévoir tous les cas dans lesquels les certificats de propriété sont nécessaires ; nous nous bornerons donc à rappeler quelques unes des circonstances principales dans lesquelles la loi exige qu'il en soit délivré.

3. — Il y a lieu à la délivrance d'un certificat de propriété en cas de mutation de rentes sur l'état, lorsque l'on cède celles qui s'effectuent par la voie de transfert. — L. 28 flor. an VII, art. 6. — V. aussi circulaire minist. des fin. 5 juill 1825.

4. — Il y a également lieu à la délivrance d'un certificat de propriété : lorsque les héritiers ou ayant-droit demandent le remboursement des cautionnemens des titulaires décédés ou interdits. — Décr. 18 sept. 1806, art. 1er.

5. — .... Lorsque les ayant-droit à une succession veulent toucher les arrérages courus jusqu'au jour du décès du titulaire d'une rente ou d'une pension viagère sur l'état. Le certificat doit, dans ce cas, être produit dans les six mois du décès du rentier ou du pensionnaire à peine de déchéance. — Arr. 15 flor. an XI, art. 10.

6. — Un certificat de propriété est encore nécessaire, quand les héritiers des propriétaires d'actions de la banque de France requièrent soit la nouvelle immatricule de ces inscriptions, soit le paiement des dividendes. — *Dict. du not.*, vo *Certificat de propriété*, no 1er 4o.

7. — ... Lorsque les veuves et orphelins de militaires pensionnés demandent soit une pension, soit des secours, soit un décompte d'arrérages de pension militaire. — Ord. 16 oct. 1822 ; instr. gén. 1 mars 1823.

8. — ... Lorsque les représentans d'un émigré prétendent à l'indemnité accordée par la loi du 27 avr. 1825. — Circ. minist. des fin. 5 juill 1825.

9. — ... Lorsque les titulaires d'actions de la caisse Lafarge réclament le décompte des arrérages de ces actions courus jusqu'au jour des décès.

10. — La chambre des notaires de Paris a, par une délibération du 15 mai 1815, décidé que les notaires peuvent délivrer indistinctement des certificats de propriété pour toutes les caisses publiques, quand elles veulent adopter pour leur comptabilité ce mode de justification. Mais, rapportant cette délibération, la chambre a décidé, le 28 janv. 1836, que les notaires doivent s'abstenir de délivrer des certificats de propriété à l'égard des mutations d'actions et autres droits sur des caisses et établissemens qui ne dépendent pas de l'administration publique.

11. — Hors les cas dans lesquels les certificats de propriété sont exigés par la loi, ces actes ne peuvent remplacer ni les titres de propriété, ni les pièces qui justifient de sa transmission à titre héréditaire.

12. — Enfin, dans tous les cas relatés ci-dessus où la loi exige des certificats de propriété, on doit y joindre, pour en faire usage, le titre de propriété comme l'inscription de la rente, de la pension, du cautionnement ou de l'action. — Arg. L. 28 flor. an VII, art. 6. — Quand le certificat de propriété est destiné à faire recevoir les arrérages courus jusqu'au jour du décès du titulaire d'une rente ou d'une pension viagère sur l'état, ce certificat doit, selon l'usage du trésor public, être accompagné d'une expédition de l'acte de décès.

CHAPITRE II. — *Par qui et sous quelle responsabilité les certificats de propriété sont délivrés.*

13. — La loi a dû confier la délivrance des certificats de propriété aux officiers publics, détenteurs des actes qui établissent cette propriété.

14. — Lors donc qu'il y a eu inventaire ou partage par acte public ou transmission gratuite par donation entre vifs ou par testament, le certificat de propriété est délivré par le notaire détenteur de la minute. — L. 28 flor. an VII, art. 6.

15. — S'il a été fait plusieurs actes établissant la mutation, le certificat de propriété est délivré par le notaire détenteur de la minute du dernier acte qui fixe la propriété dans les mains de la partie prenante au jour du certificat. — Stat. des not. de Paris 9 vent. an XIII.

16. — Si le notaire requis de délivrer le certificat de propriété ne trouve pas dans les actes dont les minutes sont en sa possession, toutes les justifications nécessaires pour sa rédaction, il peut y être suppléé au moyen du dépôt pour minute par la partie intéressée, d'expédition des actes relatifs à la mutation qui ont été reçus par d'autres notaires. — Délib. chamb. des not. du départ. de la Seine 9 vent. an XIII; arr. de la cour des comptes.

17. — Mais le certificat de propriété ne peut être fait par le notaire qui ne serait détenteur d'aucune minute relative à la mutation, et auquel seulement on aurait fait le dépôt de tous les actes relatifs à la mutation et reçus par d'autres notaires. — *Dict. du not.*, suppl., v. 1er, p. 279.

18. — Dans le cas de legs d'une rente, le certificat de propriété est délivré par le notaire dépositaire du procès-verbal de la délivrance de legs ou du jugement qui en tient lieu. — Stat. des not. de Paris 17 juin 1813.

19. — Lorsqu'une mutation s'est opérée par jugement, le certificat de propriété doit être délivré par le greffier dépositaire de la minute.—L. 28 flor. an VII, art. 6.

20. — De là on peut conclure que si le notaire peut délivrer le certificat de propriété d'une rente léguée dans le cas où la délivrance a eu lieu volontairement, c'est le greffier qui doit régulièrement dresser le certificat de propriété quand la délivrance du legs a eu lieu par jugement.

21. — Dans le cas de mutation par décès, s'il n'existe ni testament ni aucun acte authentique établissant les droits du nouveau propriétaire, le certificat est délivré par le juge de paix du domicile du décédé sur l'attestation de deux témoins. — L. 28 flor. an VII, art. 6.

22. — Les notaires délivrent également, dans ce cas, les certificats de propriété lorsqu'ils sont dépositaires d'un acte de notoriété qui, fait dans la forme des actes notariés ordinaires, atteste le fait qu'aurait constaté le partage ou l'inventaire. Cette voie est celle qu'on adopte ordinairement.

23. — Quant aux successions ouvertes à l'étranger, l'art. 6 de la loi du 28 flor. an VII dispose que les certificats délivrés par les magistrats autorisés par les lois du pays seront admis lorsqu'ils seront rapportés dûment légalisés par l'agent de la république française. Malgré ce texte si formel, le trésor royal, sans doute pour augmenter ses garanties et diminuer ses chances de responsabilité, ne reçoit pas les certificats délivrés par les magistrats du pays; mais il oblige qu'on les dépose chez un notaire qui, sur le vu de ces certificats et des autres pièces qu'il juge à propos d'exiger, délivre un certificat de propriété. Cette pratique du trésor viole la loi, et de plus elle oblige les parties à supporter une seconde fois, en France, les frais d'un certificat de propriété qui a déjà payé à l'étranger le tribut de la fiscalité.

24. — Les notaires ne peuvent être contraints de délivrer un certificat de propriété. Ils sont seuls juges si les justifications qu'on leur représente sont suffisantes. — *Ibid.*, n° 12.

25. — Cette proposition, toutefois, ne doit s'entendre que du cas où un notaire, en délivrant le certificat de propriété, encourrait quelque responsabilité. Ainsi le notaire détenteur d'un testament authentique qui institue Pierre légataire universel ne pourrait se dispenser de délivrer à Pierre un certificat de propriété, sous prétexte que son legs a été révoqué par testament postérieur resté inconnu. On ne demande au notaire que l'attestation d'un fait constant, le legs universel fait à Pierre, et la survenance d'un nouveau testament ne saurait nuire au notaire.

26. — En général, les notaires, juges de paix et greffiers ne sont garans que de la véracité des faits qu'ils allèguent dans ces sortes de certificats. — *Dict. du not.*, n° 22.

27. — Le notaire qui délivre un certificat de propriété à un prodigue pourvu d'un conseil judiciaire n'encourt aucune responsabilité pour n'avoir pas fait mention de l'incapacité sur le certificat de propriété. — *Cass.*, 8 août 1827, Vandermarcq c. de Bussy.

CHAPITRE III. — *Formes des certificats de propriété.*

28. — Le certificat de propriété doit contenir : 1° les nom, prénoms et domicile du nouveau propriétaire ou ayant-droit.

29. — 2° La qualité en laquelle il possède, c'est-à-dire sa qualité d'héritier, donataire ou légataire.

30. — 3° L'indication de sa portion dans la rente, dans ses arrérages ou dans le cautionnement à percevoir. L'époque de son entrée en jouissance, ou celle à compter de laquelle il a droit aux arrérages ou intérêts. — L. 28 flor. an VII, art. 6.

31. — Le certificat de propriété peut être délivré par un seul notaire, puisqu'il doit être délivré par *le notaire détenteur de la minute.* — *Ibid.*

32. — Dans l'usage, lorsque l'acte attributif ou déclaratif de propriété a été bien reçu par deux notaires, les deux mêmes notaires délivrent ensemble le certificat de propriété.—*Dict. du not.*, n° 6.

33. — Les certificats de propriété ne sont pas assujétis aux formalités prescrites par l'art. 9 de la loi du 25 vent. an XI. Ce ne sont pas, à proprement dire, des actes authentiques, et les notaires les délivrent moins comme officiers publics, que comme liquidateurs ou vérificateurs de la dette publique. — L. 26 frim. an VIII, art. 2; Déc. minist. des fin. 1er août 1824.

34. — Les certificats de propriété doivent être signés par les parties lorsqu'elles-mêmes y déclarent quelque chose, comme lorsque les veuves ou orphelins de militaires pensionnés déclarent, pour obtenir une pension ou des secours, que le pensionnaire ne jouissait d'aucun traitement. — *Dict. du not.*, n° 19.—Autrement le notaire signe seul.

35. — La légalisation est prescrite à l'égard des certificats de propriété comme pour les actes que signent les notaires.

36. — Mais comme ils ne sont pas soumis aux formalités particulières aux actes notariés, il n'y a pas obligation de les porter sur le répertoire. — Déc. min. des fin. 1er août 1824.

37. — A Paris, on ne les répertorie pas, on les transcrit seulement pour ordre sur un registre non timbré.

V. ANNEXE DE PIÈCES.

CERTIFICAT DE RÉSIDENCE.

1. — Avant la loi du 12 vent. an VIII, qui a déclaré les Français libres de sortir de France depuis la mise en activité de l'acte constitutionnel du 22 frimaire précédent, on distinguait deux sortes de certificats de résidence : les uns étaient nécessaires à quiconque était inscrit sur la liste des émigrés pour obtenir sa radiation de cette liste ; les autres étaient exigés des créanciers et pensionnaires de l'état pour toucher ce qui leur était dû. — L. 13 déc. 1791, 17 janv. et 4 fév., 31 mars, 23, 30 juin et 20 déc. 1792, 28 mars 1793, 44 et 19 pluv., 9 et 11 vent., 16 flor., 3 prair., 26 messid., 6 et 29 thermid. an II; 25 brum., 25 frim., 23 germin. an III et 3 flor. an V. — Merlin, *Rép.*, v° *Certificat de résidence.*

2. — La législation qui concernait les certificats de résidence a perdu son intérêt avec les circonstances qui lui avaient donné naissance.—V. ÉMIGRÉS.

CERTIFICAT DE VIE.

Table alphabétique.

CERTIFICAT DE VIE. — 1. — Acte qui constate l'existence d'un individu.

Sect. 1re. — *Certificats de vie en général.*

2. — Le créancier d'une rente viagère n'en peut demander les arrérages qu'en justifiant de son existence ou de celle de la personne sur la tête de laquelle elle a été constituée. C. civ., art. 1983. — Cette disposition est nécessairement applicable aux pensions ou prestations en nature, également viagères. — Rolland de Villargues, *Rép. du notar.*, v° *Certificat de vie*, n° 1er.

3. — Comment cette justification doit-elle être faite ? — L'art. 1983, C. civ., en exigeant la justification de l'existence de la personne sur la tête de laquelle une rente viagère a été constituée, ne détermine pas le mode d'après lequel elle doit avoir lieu ; ainsi cet article s'en est rapporté à la prudence des juges. — *Cass.*, 18 juin 1817, Bretocq c. Monibosq.

4. — Il suit de là que non seulement l'existence peut être établie par un certificat *ad hoc*, mais par tout autre acte authentique duquel il résulte qu'une personne y a figuré, et était par conséquent existante à l'époque de sa passation. — Aussi le rentier qui donnerait une procuration notariée pour toucher des arrérages échus n'aurait pas besoin d'y joindre une attestation spéciale de son existence. — Rolland de Villargues, n° 4.

5. — La loi du 5 mars 1791, sur l'organisation judiciaire, porte (art. 11) : « Les certificats de vie ne seront point donnés par les juges de paix ; ils seront donnés *gratuitement* par les présidents des tribunaux de district ou ceux des juges qui en feront les fonctions. Dans les chefs-lieux où sont établis soit les tribunaux, soit les administrations de district, les maires donneront les certificats de vie concurremment avec les présidents, mais seulement pour les citoyens qui seront domiciliés dans l'étendue de la commune. »

6. — Toutefois cette disposition, dont le but était de donner aux rentiers et pensionnaires de l'état le moyen de faire constater sans frais leur existence, n'enlevait pas aux notaires le droit de dres-

ser également des certificats de vie, et l'art. 20, L. 25 vent. an XI, met ces certificats au nombre des actes qu'ils peuvent délivrer en brevet.

7. — Mais comme il arrivait fréquemment que les magistrats désignés par la loi de 1791 étaient trompés sur l'identité des personnes, et qu'ils délivraient de faux certificats qui compromettaient les intérêts du trésor public, sans lui laisser de recours contre les certificateurs, on attribua aux notaires, sauf quelques exceptions (V. *infrà* nos 24 et suiv.), le droit exclusif de délivrer les certificats de vie aux rentiers et pensionnaires sur l'état. — De plus, pour donner toute sécurité au trésor, on limita le nombre des notaires certificateurs, et on prononça contre eux une responsabilité toute spéciale, outre celle qui résulte de la loi du 25 vent. an XI, quant à la connaissance de l'individualité des parties. — Décr. 21 août 1806.

8. — Le droit exclusif pour les notaires de délivrer les certificats de vie, ne leur ayant été spécialement attribué qu'à l'égard des rentes viagères dues par l'état, il s'ensuit que la loi du 6 mars 1791 est toujours en vigueur, et que les certificats de vie pour les autres rentes viagères peuvent être délivrés par le président du tribunal ou par le maire. — *Cass.*, 19 (et non 18) nov. 1817, Tardif c. Cottun.

9. — En général, les certificats de vie délivrés par les notaires sont soumis aux formalités prescrites pour les actes notariés. — Rolland de Villargues, no 9. — V. ACTE NOTARIÉ, ENREGISTREMENT, TIMBRE.

10. — Ainsi jugé qu'en matière de rentes viagères autres que celles dues par l'état, le certificat de vie doit être délivré au rentier, non par un notaire certificateur seul, mais par deux notaires ou par un notaire et deux témoins. — *Cass.*, 19 (et non 18) nov. 1817, Tardif c. Cottun.

11. — Ces mêmes certificats de vie n'ont rien non plus de particulier quant à l'inscription sur le répertoire et aux honoraires. — Rolland de Villargues, no 10.

12. — Quant aux certificats de vie délivrés en vertu de la loi du 6 mars 1791, si cette loi a tracé des règles sur les certificats de vie, aucune disposition de cette loi ni du Code de procédure n'a prononcé de nullité contre les actes qui ne sont pas conformes à ces règles. — *Cass.*, 18 juin 1817, Bretocq c. Montbosq.

13. — Les certificats pour constater l'existence des enfans qui ne savent ou ne peuvent signer se font à la réquisition des personnes qui ont ces enfans sous leur autorité ou administration, et sur la présentation de ces mêmes enfans. — Rolland de Villargues, no 12.

Sect. 2e. — *Certificats de vie pour le paiement des rentes et pensions sur l'etat.*

14. — D'après le décret du 21 août 1806 (art. 1er), les certificats de vie nécessaires pour le paiement des rentes viagères et pensions sur l'état doivent être exclusivement délivrés par les notaires. Mais, comme on le verra (*infrà* nos 24 et suiv.), quelques restrictions ont été apportées à ce droit exclusif.

15. — D'après le même décret, ce droit n'appartenait pas d'abord à tous les notaires indistinctement, mais seulement aux notaires qui avaient été nommés à cet effet par le roi (art. 1er) : ces notaires portaient le nom de notaires *certificateurs*.

16. — Il y avait dans chaque sous-préfecture un ou plusieurs notaires certificateurs nommés par le roi sur la présentation du ministre des finances, auxquels devaient s'adresser les rentiers et pensionnaires domiciliés dans leur arrondissement. — Décr. 21 août 1806, art. 4.

17. — Depuis, tous les notaires de Paris et ceux des cantons ruraux du département de la Seine obtinrent le droit de délivrer des certificats de vie aux rentiers et pensionnaires de l'état, à la charge de se conformer aux dispositions du décret du 21 août 1806. — Ord. 30 juin 1814.

18. — Enfin, une ordonnance du 6 juin 1839 a autorisé « tous les notaires du royaume, indistinctement, à délivrer les certificats de vie nécessaires pour le paiement des rentes viagères et pensions sur l'état. » — Le préambule de cette ordonnance donne pour motifs : « Que la position des nombreux pensionnaires exige des ménagemens, et qu'il convient de faciliter le plus possible le paiement de la pension qui forme souvent leur unique ressource ; — que la faculté accordée exceptionnellement aux notaires de Paris peut être étendue sans inconvénient à tous les notaires du royaume ; — que cette extension, en ce qui touche les notaires ruraux, aura pour effet d'éviter des déplacemens onéreux aux pensionnaires qui se trouvent sur des points éloignés de la résidence des certificateurs ; — que d'ailleurs l'abolition du privilége rétablira une égalité toute naturelle entre des officiers publics dont la nomination a reçu la sanction royale, qui sont soumis aux mêmes conditions, et qui présentent les mêmes garanties et les mêmes titres à la confiance du gouvernement. »

19. — Toutefois, si tout rentier viager ou pensionnaire de l'état peut ainsi aujourd'hui s'adresser, pour obtenir ses certificats de vie, au notaire qui se trouve le plus à sa convenance, même en dehors de la circonscription de son canton, il ne lui est permis, dès qu'il a fixé son choix sur un notaire, de requérir le ministère d'un autre, qu'après avoir obtenu du premier une attestation portant qu'il lui a déclaré l'intention de faire à l'avenir certifier ailleurs son existence. — Instr. min. fin., 27 juin 1839.

20. — Cette attestation se délivre sur papier à 35 cent., et n'est pas susceptible d'enregistrement. — Décr. 4 messid. an. XIII, art. 3.

21. — Dans les colonies, les certificats de vie des rentiers et pensionnaires de l'état sont délivrés par les notaires, en se conformant aux dispositions du décret du 21 août 1806. — Ord. 24 janv. 1816, art. 1er.

22. — Les certificats de vie des rentiers viagers et pensionnaires de l'état résidant hors du royaume peuvent être délivrés indifféremment, soit par les ambassadeurs, envoyés et consuls français dans les pays qu'ils habitent, soit par les magistrats du lieu, soit même par les notaires, ou tous autres officiers publics ayant qualité à cet effet, quelle que soit la distance du lieu qu'ils habitent à celui de la résidence des agens français. — Dans l'un et l'autre de ces deux derniers cas, les certificats de vie doivent être légalisés par les agens diplomatiques ou consulaires français, établis dans l'étendue du territoire de la puissance sous la domination de laquelle se trouve le lieu de la résidence des rentiers et pensionnaires. — Ord. 20 mai 1818, art. 1er ; 26 juill. 1821, art. 1er.

23. — Néanmoins, dans le cas où, soit présentement, soit accidentellement, il n'existerait pas en pays étranger, lors de la délivrance des certificats, des agens français ou de puissances étrangères et amies, les certificats peuvent être légalisés à Paris par les ambassadeurs ou chargés d'affaires de chaque puissance respective. — Ord. 20 mai 1818, art. 2 ; 26 juill. 1821, art. 1er.

24. — Les certificats de vie des militaires servant dans les armées françaises, qui jouissent de rentes viagères ou de pensions, ou sur la tête desquels reposent des rentes viagères, sont délivrés par les conseils d'administration des corps, ou officiers en remplissant les fonctions pour les militaires en troupe, et par les inspecteurs aux revues, pour les officiers sans troupes et les employés des armées. — Ord. 24 janv. 1816, art. 2.

25. — Les certificats de vie qui doivent être joints à l'appui des mandats de paiement des mois de nourrices et des pensions des enfans trouvés sont délivrés par les maires. Ces certificats sont exempts de timbre. — Déc. min. fin. 26 janv. 1832 ; instr. 1401, § 9.

§ 1er. — *De quels rentiers ou pensionnaires des certificats de vie peuvent être exigés.*

26. — Les pensionnaires ou rentiers de l'état auxquels les notaires ont à délivrer des certificats de vie, sont, dit M. Rolland de Villargues (*Rép.*, vo *Certificat de vie*, nos 25 et suiv.) : 1o les titulaires des rentes viagères sur une, deux, trois ou quatre têtes, lorsqu'elles sont payables par semestres, aux échéances des 21 juin et 21 déc. de chaque année.

27. — ...2o Les titulaires des pensions de toute nature immatriculées sur les registres du trésor, lesquelles se divisent : en pensions à échéances semestrielles (comme ci-dessus), savoir : 1o les pensions civiles, anciennes et nouvelles ; 2o les pensions ecclésiastiques ; 3o celles des veuves et orphelins des militaires ; 4o celles des donataires ; — et en pensions payables par trimestre aux 1er janvier, 1er avril, 1er juillet et 1er octobre de chaque année, savoir : 1o les pensions des militaires ; 2o les doublemens des soldes de retraite des anciens vétérans de Juliers et d'Alexandrie ; 3o les pensions de la pairie et de l'ancien sénat ; 4o celles à titre de récompense nationale ; 5o et les pensions des vainqueurs de la Bastille. — Instr. min. fin. 27 juin 1839, art. 4.

28. — Ne sont pas compris dans cette nomenclature les titulaires de pensions de retraite sur les fonds de retenue, qui ont la faculté de faire certifier leur existence, soit par les notaires, soit par les maires des communes où ils résident. — *Ibid.*, note.

29. — Les formalités relatives aux certificats de vie nécessaires pour le paiement des rentes et pensions viagères sur l'état sont applicables : 1o aux pensions militaires définitives, connues sous le nom de *soldes de retraite*. — Ord. 20 juin 1817.

30. — ...2o Aux secours temporaires ou de retraite payés par l'état. — Décis. min. fin. 27 et 31 oct. 1817.

31. — ...3o Aux indemnités accordées par l'état aux employés en non-activité et aux veuves d'employés. — *Ibid.*

32. — ...4o Aux pensions sur l'administration des postes. — Ord. 29 janv. 1818.

33. — ...5o Aux pensions des *donataires*, ce qui comprend les militaires des armées royales et les pensionnaires du domaine extraordinaire inscrits au trésor. — Ord. 26 juill. 1821.

34. — ...6o Aux pensions de veuves ou mères de militaires et marins. — Ord. 17 juill. 1822.

35. — ...7o Aux pensions des chevaliers de Saint-Louis, assignées sur la portion attribuée à l'Ordre dans la dotation de l'hôtel royal des Invalides. — Ord. 2 fév. 1825.

36. — ...8o Aux rentes sur la tontine d'Orléans. — Ord. 30 août 1827. — La même règle semble applicable pour la caisse Lafarge.

37. — ... 9o Aux perceptions de sommes à l'administration de la légion-d'honneur. — Ord. 11 août 1817.

38. — Lorsqu'une rente ou pension viagère sur l'état a été créée sur plusieurs têtes, il faut, après le décès de la personne inscrite, pour obtenir la nouvelle inscription sur les têtes des personnes survivantes, et, par suite, le paiement des arrérages postérieurs au décès, produire avec l'acte de décès le certificat de vie des personnes survivantes, délivré par un notaire.

39. — Les rentes viagères se classent ainsi : celles sur une tête forment la première classe ; celles sur deux têtes forment la seconde classe, etc. (inst. min. fin. 12 sept. et 8 déc. 1806). — Les pensions se classent aussi, selon leur origine, en pensions civiles et ecclésiastiques. — Inst. 8 déc. 1806.

§ 2. — *Formalités pour la délivrance des certificats de vie pour le paiement des rentes et pensions sur l'état.*

40. — La forme que doivent avoir les certificats de vie est réglée par le décret du 21 août 1806, et de plus, en ce qui concerne les pensions, par l'ord. royale du 20 juin 1817, et par l'arrêté ministériel du 12 août suivant. — Inst. min. fin. 27 juin 1839, art. 6.

41. — Les rentiers et pensionnaires doivent se présenter devant le notaire certificateur, munis de leur acte de naissance et de l'extrait de leur inscription. Les individus non jouissans sur la tête desquels reposent des rentes viagères, sont dispensés de la représentation de cette dernière pièce, qui alors est faite par le jouissant. — Inst. min. fin. 8 déc. 1816.

42. — Lorsqu'un rentier viager ou pensionnaire est atteint d'une maladie ou d'infirmités qui l'empêchent de venir requérir lui-même son certificat de vie, le notaire est autorisé à délivrer ce certificat sur le vu d'une attestation du maire de la commune, visée par le sous-préfet ou le juge de paix, et constatant l'existence du titulaire, sa maladie ou ses infirmités. — Le certificat de vie doit contenir la mention détaillée de cette attestation, qui reste déposée entre les mains du notaire, et ne peut servir pour une autre échéance de paiement. — Décr. 23 sept. 1806, art. 1er et 2 ; instr. min. fin. 27 juin 1839, art. 17.

43. — Si l'attestation ne constate pas la représentation de l'acte de naissance, le notaire doit exiger qu'on le lui représente, et en faire mention dans le certificat. — Rolland de Villargues, no 34.

44. — Lorsque c'est pour cause de détention qu'un pensionnaire est hors d'état de se présenter pour faire certifier son existence, le notaire ne doit obtempérer à la demande que sur la production préalable d'un certificat, soit du greffier, soit du directeur de la prison où ce pensionnaire est renfermé, énonçant les motifs de l'emprisonnement, la date du jugement qui l'a ordonné, ainsi que la nature de la peine infligée. Ces renseignemens, qu'il n'y a lieu d'exiger que pour la première délivrance à faire au détenu, doivent être consignés sur le registre du notaire, et relatés en marge du certificat de vie de chaque semestre ou trimestre. — Instr. min. fin. 1er août 1826 ; 27 juin 1839.

45. — S'il résulte de la pièce produite que c'est pour démence que le pensionnaire est enfermé, le notaire doit suivre la marche indiquée (V. *infrà* no 48) pour les pensionnaires mineurs, en exigeant l'assistance du tuteur ou curateur nommé à l'interdiction. — Instr. min. fin. 1er août 1826 ; 27 juin 1839, art. 19.

46. — Si la détention a lieu pour vagabondage, défaut de ressources, mesure de sûreté ou accusation, le notaire est tenu d'exiger à chaque échéance la preuve que la position du pensionnaire n'a point changé, et alors on se borne à énoncer le motif de

cette détention sur le certificat de vie.—Instr. min. fin. 1er août 1826 ; 27 juin 1839, art. 20.

47. — Le notaire qui vient à reconnaître que le pensionnaire a été l'objet d'un jugement, doit en informer immédiatement le payeur, soit par voie de correspondance, si la condamnation est afflictive ou infamante, puisque, dans ce cas, il doit s'abstenir de délivrer le certificat de vie, soit en relatant dans le certificat de vie (quand la condamnation est purement correctionnelle) la date du jugement, le siége du tribunal qui l'a rendu et la nature de la peine infligée. Le but de ces renseignemens est de mettre l'administration à portée d'assurer l'exécution des art. 26 et 28 de la loi du 11 avr. 1831, aux termes desquels la pension doit être ou frappée de suspension pendant la durée de la peine, ou assujétie à une retenue pour le recouvrement des frais et amendes résultant des condamnations prononcées. — *Ibid.*

48. — Quant aux pensionnaires mineurs qui, jusqu'à leur majorité, sont incapables de tous les actes de la vie civile, les certificats de vie ne peuvent être délivrés qu'autant qu'il y est fait mention que le titulaire a été assisté de son tuteur, nommé par délibération du conseil de famille, et que la signature de ce dernier, dont les nom, prénoms, qualités et domicile doivent être relatés, a été apposée au bas de chaque certificat, concurremment avec celle du mineur. Si l'un ou l'autre, ou tous les deux ne savent signer, on fait mention de cette circonstance dans la forme ordinaire. — Instr. min. fin. 1er août 1826 ; 27 juin 1839, art. 21.

49. — Lorsque des personnes sur la tête desquelles reposent des rentes viagères refusent de fournir leur certificat de vie aux jouissans, les notaires doivent délivrer le certificat sur la production d'une sommation préalablement faite par un huissier, assisté de deux témoins, laquelle doit contenir le refus de donner le certificat de vie par la personne sur la tête de laquelle la rente est assise. — Décis. min. fin. 13 août 1807.

50. — Tous les certificats de vie doivent faire mention de la représentation de l'acte de naissance. — Rolland de Villargues, n° 40.

51. — Ils doivent énoncer la date de la naissance. — Si, à l'égard des naissances antérieures à la création des actes de l'état civil, l'acte de baptême n'indique pas le jour de la naissance, mais que la date du baptême soit la même que celle de la naissance portée en l'extrait du certificat d'inscription, il faut mettre dans les certificats de vie *baptisé* le... au lieu de *né* le... — Décis. 30 sept. 1807 ; Rolland de Villargues, n° 41.

52. — Si le réclamant est dans l'impossibilité de produire son acte de naissance, il peut y être suppléé par un acte de notoriété qui constate, en même temps que ses nom, prénoms, date, lieu de naissance et profession, le motif pour lequel il n'a pu se procurer ledit acte de naissance. — Lettre du payeur gén. de la dette publique, 31 mars 1807 ; instr. min. fin. 27 juin 1839, art. 15.

53. — Les certificats de vie, délivrés à chaque pensionnaire, doivent comprendre la déclaration que le titulaire ne jouit d'aucun traitement, sous quelque dénomination que ce soit, ni d'aucune autre pension ou solde de retraite, soit à la charge de l'état, soit sur les fonds de la caisse des invalides de la guerre ou de la marine. — Ord. 20 juin 1810, art. 10, et 29 août suivant, art. 2 ; L. 25 mars 1817, art. 27.

54. — Le notaire doit demander au pensionnaire s'il jouit ou non d'un traitement ou de quelque pension autre que celle pour laquelle il fait certifier son existence. Il doit de plus, pour ne pas compromettre sa responsabilité, donner à ce pensionnaire lecture de la disposition pénale applicable à toute déclaration qui serait reconnue fausse ou incomplète. — Avis com. des fin. du cons. d'ét., approuvé par décis. min. des 23 sept. 1833, 23 fév. et 24 déc. 1835 ; instr. min. fin. 27 juin 1839.

55. — En cas de déclaration négative faite au notaire, si néanmoins celui-ci a la certitude que le pensionnaire jouit d'un traitement ou d'une autre pension, il doit non seulement s'abstenir de délivrer ce certificat de vie, aussi bien que l'*exéat* qui, dans ce cas, pourrait lui être réclamé, mais encore signaler, sans le moindre retard, au payeur, le refus de déclaration de la partie. — Instr. min. fin. 29 avr. 1823 ; 27 juin 1839, art. 23.

56. — Si la réponse du pensionnaire est affirmative, le certificat de vie doit énoncer toujours la quotité et la nature des traitemens ou pensions possédés en double, quand bien même le notaire ou la partie croiraient pouvoir considérer ces allocations comme affranchies des prescriptions sur le cumul. — Mêmes instr.

57. — Lorsque le certificat est délivré sur l'attestation du maire, la déclaration du titulaire qu'il ne jouit d'aucun traitement ni d'aucune pension est prise de l'attestation même qui doit la contenir, cette déclaration ne pouvant être faite que par le pensionnaire ou le fonctionnaire devant lequel il se présente. — Instr. du payeur gén. 13 déc. 1808.

58. — Lorsque les rentiers viagers jouissant de plusieurs rentes peuvent ne fournir qu'un seul certificat de vie, quel que soit le nombre des têtes sur lesquelles ces rentes reposent, et celui des échéances dont ils ont à réclamer le paiement, le certificat doit seulement, en pareil cas, énoncer distinctement chacune des rentes de diverses classes, dont sa délivrance a pour objet d'assurer le recouvrement. — Cette faculté existe aussi, sous la même condition, pour les titulaires de plusieurs pensions de différentes natures. — Instr. min. fin. 27 juin 1839.

59. — On peut mettre la date de la naissance en chiffres dans les certificats de vie. — Lettre min. fin. de juill. 1831. — V. ACTE NOTARIÉ, n° 284.

60. — Les renvois et l'approbation des ratures des mots écrits à la main sont paraphés par le rentier ou pensionnaire et le notaire. Les mots rayés qui étaient imprimés ne s'approuvent pas. — Inst. du payeur de la dette publique ; — Rolland de Villargues, n° 50.

61. — Les certificats de vie doivent toujours être revêtus du sceau particulier du notaire, sous peine d'être refusés par le payeur ; de plus, lorsque les parties ont à en faire usage dans un département autre que celui où s'est effectuée la délivrance, la signature du notaire doit être légalisée par le préfet ou par le sous-préfet de l'arrondissement. — Décis. minist. fin. 11 nov. 1828 ; instr. 27 juin 1839.

62. — Les certificats de vie délivrés aux rentiers viagers et pensionnaires civils de l'état ne sont point sujets à l'enregistrement et sont expédiés sur du papier au timbre de 35 cent. — Décr. 21 août 1806, art. 10 ; instr. de l'enreg. 604.

63. — Il en est de même de ceux à fournir pour les pensionnaires de la liste civile. — Décis. minist. fin. 17 fév. 1817 ; inst. 769.

64. — ... Des certificats de vie des actionnaires de la caisse d'épargne ou tontine *Lafarge*. — Décis. minist. fin. 6 oct. 1812 ; instr. 604.

65. — .... De ceux à fournir par les actionnaires de la *tontine perpétuelle d'amortissement*, et généralement de toute tontine légalement autorisée et dont les fonds sont employés en achat de rentes perpétuelles sur l'état. — Décis. minist. fin. 8 fév. 1822 ; inst. 20 fév. 1822, 1021.

66. — De plus, les certificats de vie délivrés pour les pensions militaires sous la dénomination de soldes de retraite, sont exempts du droit de timbre. — Ord. 20 juin 1817, art. 12.

67. — Cette disposition a été déclarée applicable aux certificats de vie délivrés aux veuves de militaires et de marins pour toucher, en cette qualité, les pensions dont elles jouissent sur le trésor. — Décis. minist. fin. 17 juill. et 28 août 1822 ; inst. 1051 et 1054.

68. — ... Aux certificats de vie délivrés aux membres de la légion d'honneur, et aux procurations mises à la suite pour toucher les traitemens et gratifications. — Décis. min. fin. 22 août 1817 et 28 fév. 1826 ; instr. 1180, § 9.

69. — Mais l'exemption étant toute spéciale, on ne pourrait l'appliquer aux certificats relatifs aux rentes et pensions civiles ; ainsi les militaires qui jouiraient de rentes sur le trésor devraient, comme les autres rentiers de l'état, produire des certificats de vie rédigés sur papier timbré. — Décis. min. fin. 23 mai 1821 ; instr. 981.

70. — Aucun certificat délivré pour être produit au trésor ne s'inscrit au répertoire. — Décis. min. fin. 1er août 1808.

71. — Les certificats de vie faits ailleurs qu'à Paris et dans le département de la Seine sont légalisés par le préfet ou le sous-préfet. — Décr. 21 août 1806, art. 10.

§ 3. — *Obligations et responsabilité des notaires.*

72. — Tout notaire est tenu d'avoir constamment affiché, dans l'endroit le plus apparent de son étude, un avis conforme au modèle donné par l'administration, qui a pour objet de porter à la connaissance des pensionnaires les conséquences auxquelles ils s'exposent en enfreignant les lois prohibitives du cumul. — Instr. min. fin. 27 juin 1839, art. 22.

73. — Les notaires doivent tenir un registre spécialement destiné à recevoir l'indication des nom, prénoms, date de naissance et domicile des rentiers viagers et pensionnaires dont il est requis de certifier l'existence. — Ce registre doit relater également le montant annuel et la classe ou la nature des rentes ou pensions de chaque titulaire. — Décr. 21 août 1806, art. 5 ; ord. 30 juin 1814 ; inst. min. fin 12 sept. 1816 ; 27 juin 1839, art. 14.

74. — Ce registre n'est pas sujet au timbre. — Déc. min. fin. 7 fév. 1807.

75. — Pour être à même de consigner exactement ces divers renseignemens sur son registre, le notaire doit exiger du rentier ou pensionnaire qui s'adresse à lui pour la première fois, qu'il lui représente (indépendamment d'un *caveat*, si sa pension ou sa rente a déjà été l'objet d'un précédent paiement), le titre qui constate son inscription au trésor et son acte de naissance. — Instr. minist. fin. 27 juin 1839, art. 15.

76. — Le pensionnaire qui ne possède pas de titre d'inscription, ce qui arrive lorsqu'il a perdu les deux expéditions qui lui ont été successivement délivrées, est tenu d'exhiber la lettre que l'administration lui a écrite, comme destinée à lui en tenir lieu, et à le prévenir qu'il sera désormais payé sur la production seule de ses certificats de vie quittancés. — Même instr., *ibid.*

77. — On doit également mentionner sur le registre la production de l'acte de notoriété dressé pour suppléer à l'acte de naissance qu'on n'a pu représenter (V. *suprà*). — Même instr., *ibid.*

78. — Ce n'est qu'autant qu'il s'est assuré positivement de la vérité de la déclaration relative au domicile d'un rentier ou pensionnaire, que le notaire peut consigner sur son registre et dans le certificat de vie l'indication de ce domicile ; toute énonciation fautive, faite à ce sujet par le notaire, s'il ne justifiait pas avoir pris les précautions suffisantes pour l'éviter, le rendrait au besoin responsable des paiemens que le trésor aurait indûment continués, notamment en ce qui concerne les pensions de l'armée de terre, dans les cas prévus par l'art. 28, L. du 11 avr. 1831. — Instr. 27 juin 1839, art. 16.

79. — Chaque rentier ou pensionnaire qui requiert un premier certificat appose sa signature sur le registre, comme point de comparaison pour le notaire. — Rolland de Villargues, n° 59.

80. — Si le notaire ne connaît pas le requérant, il se fait certifier son individualité par deux témoins etc., conformément à la loi du 25 vent. an XI, lesquels signent au registre après le rentier ou pensionnaire. Tel est l'usage adopté à Paris. — Rolland de Villargues, n° 60.

81. — L'individualité une fois attestée de la sorte sur le registre, il n'est plus nécessaire de la certifier pour les autres certificats qui se délivrent dès que le notaire reconnaît d'ailleurs l'identité entre la signature existante au registre et celles qui s'apposent aux certificats successifs. C'est encore ainsi que procèdent, sous leur responsabilité, les notaires de Paris. — Rolland de Villargues, n° 61.

82. — Le notaire doit, à mesure qu'il délivre des certificats de vie, indiquer, en marge de chaque certificat, le numéro correspondant au registre. — Instr. min. fin. 12 sept. 1806. — D'un autre côté, il fait mention sur le registre de la délivrance de chaque certificat de vie. — Rolland de Villargues, n° 63.

83. — Les notaires certificateurs doivent donner connaissance au ministre des finances du décès des rentiers et pensionnaires inscrits sur leur registre. — Décr. 21 août 1806, art. 6.

84. — Ces sortes de notifications se font en la personne du payeur du département par l'envoi de formules imprimées qui sont, à cet effet, en dépôt dans les mains dudit payeur. — Instr. min. fin. 27 juin 1839.

85. — Les notaires doivent en outre adresser au même ministre (au payeur), le 1er mars de chaque année, la liste des rentiers et pensionnaires qui, dans le cours de l'année qui a précédé, n'ont pas réclamé un certificat de vie (Décr. 21 août 1806, art. 7). — Cette liste désigne la nature et le montant de la rente ou pension. — Instr. min. fin. 12 sept. 1806.

86. — De plus, les notaires doivent adresser au payeur, deux fois au moins par année, la liste des rentiers et pensionnaires qui, depuis plus d'une échéance, n'ont pas réclamé leur certificat de vie, et ils doivent mentionner sur cette liste les causes auxquelles, d'après les informations prises, il y a lieu d'attribuer la non-comparution des titulaires. — Instr. min. fin. 27 juin 1839, art. 29.

87. — Lorsque les héritiers d'un pensionnaire dont un notaire certifiait l'existence viennent s'enquérir auprès de lui des formalités qu'ils ont à remplir pour être payés du décompte d'arrérages dus à la mort de leur auteur, le notaire doit, en leur donnant l'indication des pièces qui sont exigées en pareil cas, leur faire connaître qu'ils sont tenus, sous peine de déchéance de leurs droits (Arr. gouvern. 15 flor. an II, art. 10), de produire, soit au ministre des finances, soit au payeur du département, l'extrait mortuaire du pensionnaire dans les six mois de la date de son décès. — Cet avertissement donné aux héritiers ne dispense pas le notaire de

transmettre lui-même au payeur l'avis du décès dont il a ainsi connaissance.—Même instr. d e 1839.

88. — Les notaires certificateurs sont garans et responsables envers le trésor public de la vérité des certificats de vie par eux délivrés, qu'ils aient ou non exigé des parties requérantes l'intervention de témoins pour attester l'individualité, sauf, dans tous les cas, leur recours contre qui de droit. — Décr. 21 août 1806, art. 9.

89. — En attribuant à tous les notaires de Paris indistinctement le pouvoir de délivrer des certificats de vie, l'ord. du 30 juin 1814, loin de déroger au décret du 24 août 1806, en ce qui concerne la responsabilité des notaires, en contient au contraire la ratification la plus formelle. — *Paris*, 2 fév. 1838 (1. 1ᵉʳ 1838, p. 178), Grulé c. Sanders, Gounioux et Lapeyre.

90.—Cette responsabilité ne cesse pas par le motif que le certificat avait été délivré sur la représentation d'un brevet de pension émané du trésor public. — Même arrêt.

91. — Le notaire ne peut pas non plus se soustraire à la garantie en prétendant que le trésor a à s'imputer d'avoir payé au faussaire les arrérages d'une pension qui n'était pas due, attendu que, le titulaire véritable, ayant repris du service, ne pouvait pas, aux termes des lois et règlemens, toucher à la fois une solde d'activité et une pension de retraite. — Même arrêt. — V. NOTAIRE.

92. — La vérité des certificats de vie ne consiste pas uniquement dans le fait de l'individualité, elle embrasse également les indications de tout genre qui sont à donner sur la position et le domicile des parties, et les déclarations que celles-ci ont à faire en exécution des lois prohibitives du cumul. — Avis du comité des fin. du cons. d'état, approuvé par décis. min. des 28 fév., 24 déc. 1832 et 13 sept. 1833 ; instr. min. fin. 27 juin 1839.

93.—Les notaires n'ont de recours contre les témoins qui ont attesté l'individualité d'une partie qu'autant qu'ils ont fait intervenir ces témoins dans le certificat de vie et les ont ainsi rendus certificateurs de l'individualité.—Il ne suffirait pas que ces témoins eussent signé sur les registres de l'étude, — *Paris*, 2 fév. 1838 (1. 1ᵉʳ 1838, p. 178), Grulé c. Sanders, Gounioux et Lapeyre. — V. NOTAIRE.

§ 4. — Honoraires des notaires.

94.—Il est alloué aux notaires, pour la délivrance de chaque certificat de vie aux rentiers et pensionnaires de l'état, une rétribution ainsi fixée, savoir :

95.—« Pour les rentes et pensions viagères civiles, savoir : pour celles de 601 fr. et au-dessus, 2 fr.; pour celles de 301 fr. à 600 fr., 1 fr.; pour celles de 101 fr. à 300 fr., 75 c.; et pour celles de 100 fr. et au-dessous, 50 c.—La valeur du papier est en outre due —Décr. 24 août 1806; instr. min. fin. 27 juin 1839.

96. — Cette disposition a été déclarée applicable aux secours temporaires ou de retraite (Décis. min. fin. 21 et 24 oct. 1817); aux indemnités accordées aux employés de non-activité et aux veuves d'employés (ibid.) ; aux pensions sur l'administration des postes (Décis. min. fin. 29 janv. 1818); aux pensions des donataires, des militaires des armées royales et du domaine extraordinaire, inscrits au trésor (Décis. min. fin. 26 juill. 1821); aux pensions sur têtes genevoises (Ord. 30 août 1817); aux pensions sur la tontine d'Orléans (Décis. min.fin. 30 août1827).

97. — 2ᵒ Pour les pensions militaires, savoir : pour celles de 601 fr. et au-dessus, 1 fr.; pour celles de 301 à 600 fr., 50 c.; pour celles de 101 fr. à 300 fr., 35 c.; pour celles de 51 fr. à 100 fr., 20 c.; pour celles de 50 fr. et au-dessous, 00. — Il ne peut rien être exigé pour le prix du papier. — Ord. 20 juin 1817, art. 12; instr. min. fin. 27 juin 1839.

98. — Cette disposition est applicable aux pensions militaires définitives ou soldes de retraite, aux pensions de veuves et veuves de militaires et marins, et aux pensions des chevaliers de Saint-Louis assignées sur la portion attribuée à l'Ordre dans la dotation de l'hôtel royal des Invalides. — Décis. min. fin. 17 juill. 1828; Décis. roy. 2 févr. 1825.

99. — La rétribution se calcule, non d'après la somme que les titulaires reçoivent annuellement, mais uniquement sur celle qui leur revient par semestre ou par trimestre. — Toutefois, quand un rentier viager ou un pensionnaire a besoin d'un certificat de vie pour toucher plusieurs termes arriérés, la rétribution est due par lui en raison du nombre d'échéances dont se compose la somme d'arrérages qui à payer le trésor. — Instr. min. fin. 27 juin 1839, art. 11.

100. — Lorsque les certificats de vie s'appliquent à plusieurs rentes ou pensions, la rétribution du notaire est proportionnelle au total des arrérages à recevoir.—Décis. min. fin. 10 nov. 1817; 1ᵉʳ août 1826.

101.—Les honoraires des certificats de vie pour

---

toucher des rentes ou pensions sur les établissemens publics ne sont point tarifés. A Paris, les notaires prennent 2 fr., timbre compris. — Rolland de Villargues, nᵒ 74.

102. — Les certificats de vie des titulaires de récompenses nationales, de même que tous autres actes dont la production peut être à faire, soit pour des ratifications à l'immatricule de ces pensions, soit pour la liquidation des arrérages qui en sont dus au décès des parties, ne donnent lieu, pour les notaires, qu'au droit de 5 c. à titre de remboursement des frais de l'imprimé.—Ord. 20 oct. 1831 ; Inst. min. fin. 27 juin 1839, art. 12 ; — Rolland de Villargues, nᵒ 72.

V. ACTE NOTARIÉ, ENREGISTREMENT, NOTAIRE, TIMBRE.

CERTIFICAT DE VIE ET MŒURS.

1. — C'était un témoignage de la religion et de la bonne conduite d'une personne, que lui donnait par écrit le curé, le desservant ou le vicaire de la paroisse dans laquelle elle résidait.

2. — Il était absolument nécessaire à tous ceux qui voulaient se pourvoir d'une charge ou d'un office de judicature. — L'art. 13 d'une déclaration du mois de déc. 1598 défendait d'admettre personne à faire les fonctions de juge en quelque tribunal que ce fût, ni celles de greffier, notaire, procureur ou huissier, que le récipiendaire ne justifiât, par un pareil certificat, qu'il faisait profession de la religion catholique, apostolique et romaine.

3. — L'art. 44 de la même déclaration exigeait un pareil certificat pour ceux qui demandaient le degré de licence dans les Facultés de droit et de médecine. Il est bon de remarquer que, dans ce cas, le certificat était valable bien que signé par un simple ecclésiastique constitué dans les ordres sacrés.

4. — D'après un arrêté pris au conclave de 1700, les résignations de bénéfices à charge d'amet, n'étaient reçues à Rome que si à la procuration *ad resignandum* était joint un certificat de l'évêque témoignant de la vie, des mœurs et de la doctrine du résignataire. — Quoique cet arrêté fût fait à la sollicitation des évêques français pour exclure des bénéfices les sujets indignes, il ne fut néanmoins pas reçu en France, parce que, émanant d'une autorité étrangère, il aurait pu blesser les principes du droit public du royaume et violé les règles de l'autonomie nationale.

5. — D'ailleurs, cet arrêté, inadmissible de droit en France, était sans objet à cause de l'art. 3, édit d'avr. 1693, aux termes duquel les bénéficiaires à charge d'âmes ne pouvaient entrer en possession de leur bénéfice, qu'auparavant il n'eût été informé sur leur vie, mœurs et religion, et que leur ordinaire ou leur vicaire général ne les eût examinés, ou ne leur eût accordé le visa.

6. — Le visa ne pouvait pas être refusé à un ecclésiastique engagé dans une congrégation séculière, lorsque l'évêque l'avait employé dans les fonctions du ministère de temps avant l'impétration du bénéfice, bien que le certificat de vie et de mœurs ait été refusé à cet ecclésiastique par ses supérieurs. — *Parlem. Paris*, 7 janv. 1751.

7. — Toutes les formalités relatives à la réception des bénéficiaires et à l'investiture des fonctions de judicature, sont devenues inutiles et sans objet depuis la suppression des bénéfices et depuis la loi du 24 déc. 1790, qui a déclaré « les non-catholiques capables de tous les emplois civils et militaires comme les autres citoyens. » — Merlin, *Rép.*, vᵒ *Certificat de vie et mœurs*. — En sorte qu'aujourd'hui les certificats de bonne vie et mœurs délivrés par les curés sont dénués de tout caractère-officiel, bien qu'ils continuent de jouir de ce caractère dans la hiérarchie ecclésiastique, dans l'ordre spirituel. — V. CERTIFICAT DE MORALITÉ.

CERTIFICATEUR (Notaire).
V. NOTAIRE CERTIFICATEUR.

CERTIFICATEUR DE CAUTION.

On appelle ainsi celui qui se rend caution d'une caution envers le débiteur principal. — V. CAUTIONNEMENT, CONFUSION DE DETTES, ENREGISTREMENT.

CERTIFIÉ VÉRITABLE.

C'est l'attestation qu'une partie fait de la sincérité d'une pièce qu'elle représente pour être an-

---

nexée à un acte notarié. — V. ANNEXE DE PIÈCES, nᵒ 33.

CÉRUSE (Fabriques de).
V. ÉTABLISSEMENS INSALUBRES (nomenclature).

CESSATION DE PAIEMENS.
V. CESSION DE BIENS, FAILLITE.

CESSION D'ACTIONS.
V. CAUTIONNEMENT, ENREGISTREMENT.

CESSION DE BIENS.

Table alphabétique.

CESSION DE BIENS, — 1. — La cession de biens est l'abandon qu'un débiteur fait de tous ses biens à ses créanciers, lorsqu'il se trouve hors d'état de payer ses dettes. — C. civ., art. 1265.

Sect. 1re. — *De la cession de biens en général.*

2. — La cession de biens est de deux sortes : volontaire ou judiciaire. — C. civ., art. 1266.

3. — La cession volontaire est celle que les créanciers acceptent volontairement, et qui n'a d'effet que celui résultant des stipulations même du contrat passé entre eux et le débiteur. — C. civ., art. 1267. — On lui donne aussi le nom de *contrat d'abandonnement*.

4. — La cession judiciaire est un bénéfice que la loi accorde au débiteur malheureux et de bonne foi, auquel il est permis, pour avoir la liberté de sa personne, de faire en justice l'abandon de tous ses biens à ses créanciers. — C. civ., art. 1268. — On l'appelle aussi *cession forcée*, parce qu'elle a lieu contre le gré des créanciers, à la différence de la cession volontaire.

5. — La cession judiciaire est venue des Romains. Chez eux toute dette emportait la contrainte par corps. Il fallait payer *aut in ære, aut in cute*. Le débiteur qui ne trouvait ni argent, ni caution, était remis au pouvoir du créancier, qui pouvait le faire travailler comme un esclave. De là des abus et, par suite, des séditions. — La rigueur de la loi fut depuis modérée par deux lois de Jules César, dont l'une autorisait le débiteur à donner des biens-fonds en paiement à ses créanciers, et dont l'autre accordait au débiteur de bonne foi, dont les biens ne suffisaient pas pour payer les créanciers, le moyen de conserver la liberté de sa personne et de ses actions en leur abandonnant tous ses biens. C'est ce qu'on appela *beneficium cessionis*. — Heineccius, *Antiquit.*, lib. 3, tit. 30, no 7. — Cette dernière faculté, qui constitue notre cession judiciaire, est encore appelée par le Code *bénéfice de cession*.

6. — La cession de biens n'opère point immédiatement et par elle-même l'extinction de l'obligation. Mais c'est un moyen de parvenir à l'éteindre. C'est par ce motif que les dispositions relatives à cette cession ont été rangées par le Code civil dans la section *Du paiement*. — Toullier, *Dr. civ.*, t. 10, no 236. — C'est, dit M. Carré (*L. de la procéd.*, éd. Chauveau, t. 6, p. 519), une espèce de paiement partiel qui, sous quelques rapports, a les mêmes effets qu'un paiement intégral.

7. — Ce n'est ordinairement que lorsqu'il ne peut obtenir de ses créanciers ni un atermoiement, ou un abandonnement de biens volontaire, que le débiteur a recours à la cession judiciaire.

8. — Le débiteur dont la cession de biens n'a été ni volontairement acceptée, ni judiciairement admise, ne peut se soustraire à l'exercice de la contrainte par corps. — *Turin*, 10 juin 1808, Secondino c. Calandra.

9. — On ne peut renoncer d'avance à la cession de biens. Ainsi, elle doit être admise nonobstant toute stipulation contraire. — C. civ., art. 1268. — C'est l'ancien principe. — Toullier, t. 7, no 269. — S'il en était autrement, la renonciation deviendrait une clause de style qu'on ne manquerait pas d'insérer dans tous les actes dont l'exécution pourrait entraîner la contrainte par corps. — Delvincourt, t. 3, p. 631, note 9e de la page 186.

10. — Nous allons traiter séparément de chacune des deux espèces de cession.

Sect. 2e. — *De la cession volontaire.*

§ 1er. — *Conditions et formes de la cession volontaire.*

11. — La cession volontaire peut être faite par tout débiteur, commerçant ou non, contraignable par corps ou non, apte ou non à jouir du bénéfice de la cession judiciaire, parce qu'elle n'est qu'un simple arrangement entre le débiteur et ses créanciers. — Duranton, *Dr. fr.*, t. 12, no 244.

12. — Elle peut avoir lieu avec un seul créancier aussi bien qu'avec plusieurs ; car une seule créance peut être assez forte pour surpasser les facultés du débiteur. — Toullier, t. 7, no 251.

13. — Lorsqu'il y a plusieurs créanciers, la cession ou contrat d'abandonnement doit être consentie par tous ; autrement celui d'entre eux qui n'y aurait pas consenti ne serait pas lié, et pourrait exercer des poursuites contre la personne et sur les biens du débiteur, car il est de principe que personne n'a le droit de me contraindre à prendre pour règle la volonté d'autrui ou la sienne. — Toullier, *Dr. civ.*, t. 7, no 252 ; Duranton, t. 12, no 245 ; Delvincourt, t. 3, note 6e de la page 186.

14. — Jugé, en conséquence, que l'abandonnement volontaire qu'un débiteur fait de ses biens doit être consenti par la totalité de ses créanciers. — *Paris*, 14 mai 1812, Hubert c. Pascal ; *Cass.*, 5 août 1839 (t. 2 1839, p. 124), Gaucher de Valdone c. Jourdheuille.

15. — Cependant il y a exception à ce principe, en matière de commerce ; c'est lorsque la majorité des créanciers, représentant les trois quarts des créances vérifiées et affirmées, consent un concordat au débiteur failli. Ce concordat, dûment homologué, est obligatoire pour tous. — L. 28 mai 1838, art. 507 et 516. — Mais, ce concordat ne pouvant avoir lieu que sous certaines conditions et après l'observation de certaines formalités prescrites par la loi (V. FAILLITE), il suit de là que toute cession volontaire qui ne constitue pas un concordat ne peut en produire les effets et le bénéfice.

16. — Ainsi jugé que la cession de biens volontaire laisse subsister l'état de faillite, tant qu'elle n'a pas été acceptée par tous les créanciers. — *Cass.*, 11 août 1837 (t. 2 1837, p. 427), Grimardias.

17. — ... Que la cession de biens volontaire, postérieure à la cessation des paiemens, n'empêche pas la déclaration de faillite, si elle n'est pas acceptée par tous les créanciers. — *Cass.*, 6 déc. 1831, Sebire-Lavasserie c. Roussel.

18. — Les créanciers qui n'ont pas accepté la cession ou qui ne l'ont fait que sous une condition qui ne s'est pas accomplie peuvent toujours provoquer la déclaration de faillite. — Même arrêt.

19. — Mais un traité par lequel des créanciers ont accepté la cession de biens proposée par leur débiteur est obligatoire pour les signataires, malgré le refus de plusieurs autres de souscrire au traité. — *Paris*, 15 déc. 1815, Hubert c. Tobler.

20. — Il en serait autrement si, comme c'est assez l'usage, on stipulait que l'abandonnement n'aura d'effet qu'autant qu'il sera souscrit par tous les créanciers ou que tous y auront adhéré. — Rolland de Villargues, *Rép.*, vo *Cession de biens*, no 14.

21. — L'arrêt qui décide, par appréciation d'un acte : — 1o qu'il n'a pour objet, de la part du débiteur, que de conférer à ses créanciers une hypothèque, et qu'il ne présente pas les caractères d'une cession de biens volontaire ; — 2o que l'intention du débiteur et des divers créanciers qui ont figuré à l'acte n'a pas été d'en subordonner l'exécution à l'acquiescement de tous les créanciers qui n'étaient pas présens, — échappe à la censure de la cour de Cassation. — *Cass.*, 5 août 1839 (t. 2 1839, p. 124), Gaucher de Valdone c. créanciers Jourdheuille.

22. — Jugé cependant que, s'il est fait entre un débiteur et plusieurs de ses créanciers un traité sous signatures privées, qui, entre autres conditions, porte qu'il ne sera obligatoire pour les parties présentes qu'autant que les créanciers non signataires y adhéreront, le jugement d'homologation obtenu par défaut pour le débiteur contre ces derniers, et qui prononce l'exécution pure et simple du traité, a pour effet de suppléer l'adhésion des créanciers non signataires ; qu'il peut dès-lors leur être opposé par le débiteur sans qu'ils aient le droit d'invoquer les clauses du traité qui, pour sa validité, exigeait leur consentement volontaire. — On ne saurait considérer ce jugement d'homologation comme donnant simplement au traité une forme authentique, en laissant à ses différentes clauses tout leur effet. — *Bourges*, 17 mars 1826, Jourdan-Dumazot c. Deneuchèze.

23. — Pour que l'abandon volontaire constitue une véritable cession de biens, il faut : 1o qu'il soit fait au profit de tous les créanciers indistinctement. — Duranton, *Dr. français*, t. 1er, no 246.

24. — ... 2o Qu'il comprenne tous les biens du débiteur, sans que celui-ci puisse s'en réserver aucun, si ce n'est cependant des objets qui lui sont absolument indispensables, et qui, à ce titre, sont déclarés insaisissables par les art. 581 et 592, nos 2 à 8, C. procéd. Autrement, l'abandon aurait le caractère et les effets d'une dation en paiement. — Duranton, t. 12, no 246 ; Delvincourt, t. 3, note 3e de la page 187.

25. — Si le débiteur n'avait pas déclaré tous ses biens, les créanciers pourraient, suivant les circonstances, faire prononcer la nullité du traité pour cause de fraude, surtout si les objets non déclarés et découverts ne leur étaient pas remis ; c'est une conséquence de l'art. 1184, C. civ. — Duranton, t. 12, no 246 ; Delvincourt, t. 3, note 3e de la page 187.

26. — Une part indivise dans un immeuble est dans le commerce comme le bien intégral, et peut dès-lors être l'objet d'une action en délaissement. — *Bruxelles*, 25 mai 1822, Taymans.

27. — L'ancienne législation ne s'opposait pas à ce qu'une pension alimentaire fût accordée au débiteur qui faisait la cession volontaire de ses biens. — *Paris*, 27 fév. 1813, Fournier c. Josselin et Delaporte.

28. — Si, sous l'empire de la nouvelle législation, les motifs qui ont fait accorder cette pension subsistent toujours, un créancier ne peut en demander la cessation, ni même l'annulation de la cession que le débiteur en aurait faite à un autre créancier. — Même arrêt.

29. — La cession volontaire émanant de la libre volonté des parties, il s'ensuit qu'elles peuvent lui donner telle forme et y faire telles stipulations qu'elles jugent convenables.

30. — Ainsi la cession peut avoir lieu par un acte authentique ou par un acte sous seing-privé.

31. — Ainsi encore, l'abandonnement peut ne pas comprendre tous les biens du débiteur nouveau. — Denisart, vo *Abandonnement* ; Toullier, t. 7, no 238 ; Rolland de Villargues, *Rép. du not.*, vo *Cession de biens*, no 21.

32. — Le contrat d'abandonnement n'opérant point par lui-même la libération du débiteur (V. *infrà* no 46), les créanciers peuvent, par une clause spéciale, consentir la remise du surplus de leurs créances, après ce qu'ils auront pu tirer de la vente des biens. — Cette clause, fréquente dans l'usage, ne change en rien la nature du contrat.

33. — Lorsqu'un acte de cession de biens ne doit libérer le débiteur que jusqu'à concurrence du prix des biens abandonnés pour être vendus, et que parmi les créanciers il se trouve des mineurs ou un établissement public, cette cession peut être acceptée par le tuteur ou l'administrateur, sans homologation préalable du tribunal. — *Colmar*, 20 fév. 1820, Schnée c. Gayl et Bothmer. — Toutefois, si le contrat contenait une remise de la créance en partie, le tuteur devrait se faire autoriser à la consentir par un avis de parens. — Rolland de Villargues, *Rép.*, vo *Cession de biens*, no 18. — V. TUTELLE.

34. — Lorsque le contrat d'abandonnement se fait avec plusieurs créanciers, comme il devient nécessaire de régler la manière dont les biens abandonnés seront administrés et vendus, on a coutume de former, par le contrat ou par un acte séparé, une association volontaire de créanciers, ce qu'on appelle *direction* ou *union*. On confie la gestion des affaires communes à ceux qu'on choisit pour *commissaires, directeurs* ou *syndics*. Ceux-ci sont les mandataires de tous les créanciers unis, par conséquent tout ce qu'ils font a la même force que s'il avait été fait par tous et par chacun d'eux, pourvu que ces syndics n'excèdent point les bornes de leur mandat. — Nouveau Denisart, vo *Direction*, § 1er, no 2 ; Toullier, t. 7, no 251.

35. — Par cela que les créanciers ont désigné dans leur intérêt commun un mandataire ou syndic qu'ils ont chargé de vendre les biens cédés, ils sont censés avoir renoncé à critiquer individuellement les opérations de ce dernier, de sorte qu'ils ne sont recevables à le faire qu'en agissant tous ensemble, ou, en cas de dissentiment, d'après une délibération prise à la majorité. — *Colmar*, 20 fév. 1820, Schnée c. Gayl et Bothmer.

§ 2. — *Effets de la cession volontaire.*

36. — Les effets de la cession dépendent des conventions intervenues entre les parties. A défaut de stipulations particulières, ces effets consistent, d'une part, en ce que les créanciers renoncent à faire aucunes poursuites contre leur débiteur, relativement aux biens compris dans l'abandonnement, et, d'autre part, en ce que les créanciers sont mis en possession des biens abandonnés. — Toullier, t. 7, no 238.

37. — Cette mise en possession confère aux créanciers un mandat irrévocable à l'effet d'administrer et de vendre les biens pour se payer tant sur les revenus que sur le prix. — L. 3, ff., *De cess. bon.* ; — Pothier, *De la propriété*, no 278 ; Nouveau Denisart, vo *Abandonnement* § 2, no 1er ; Toullier, t. 7, no 244. — Ces créanciers sont censés constitués par la cession *procuratores in prem suam* pour faire vendre les biens. — Duranton, t. 12, no 244.

38. — Ainsi jugé que l'abandon qu'un débiteur fait de tous ses biens à ses créanciers, avec mission de les vendre pour se payer sur le produit, constitue un mandat irrévocable à l'effet d'aliéner. — *Cass.*, 3 vent. an XI, Enregistr. c. Anthennis ; 1er messid. an XII, mêmes parties.

39. — ... Que lorsque l'acte par lequel un débiteur cède à ses créanciers tous ses biens avec abandon du prix n'exprime point de transmission de propriété, il doit être considéré comme un mandat à l'effet de vendre les biens et d'en toucher et répartir le prix entre les créanciers en raison de leurs droits. — *Colmar*, 20 fév. 1820, Schnée c. Gayl et Bothmer.

40. — Cependant ce mandat, bien qu'irrévocable, à la différence des mandats ordinaires, peut, dans un cas, être révoqué par le débiteur. C'est lorsque celui-ci a, par quelque événement imprévu, acquis le moyen de désintéresser complétement ses créanciers et qu'il offre de le faire. Le mandat comprend tacitement cette condition résolutoire. — Duranton, t. 12, no 244; Delvincourt, t. 3, note 4e de la page 187. — Si les créanciers refusaient de recevoir, le débiteur pourrait leur faire des offres réelles, même consigner et les faire condamner à lui remettre la possession des biens abandonnés. — Toullier, t. 7, no 244.

41. — La cession volontaire ne dépouille pas le débiteur de la propriété des biens abandonnés. Cette propriété continue de résider sur sa tête jusqu'à la vente. — Nouveau Denisart, vo *Abandonnement*, § 4, no 1er; Toullier, t. 7, no 241; Delvincourt, t. 3, note 4e de la page 187.

42. — D'où il suit que, si, lors du décès du débiteur, ces biens n'ont pas encore été vendus, ils doivent être compris dans la déclaration de la succession à faire par les héritiers. — *Cass.*, 3 vent. an XI, Enregistr. c. Anthennis; 1er messid. an XII, mêmes parties; 27 juin 1809, Enregistr. c. Mabille; — Nouveau Denisart, vo *Abandonnement*, § 4, no 4; Toullier, t. 7, no 247.

43. — S'il était stipulé que les biens abandonnés appartiendraient en toute propriété aux créanciers, le contrat changerait de nature et constituerait une *vente* ou une *dation en paiement*. En pareil cas, la propriété cesserait de résider sur la tête du débiteur.

44. — Jugé, en ce sens, que l'acte par lequel un débiteur cède, transporte, délaisse et abandonne à ses créanciers tous ses droits sur les biens d'une succession, sous la réserve d'un objet déterminé, sans leur imposer l'obligation de vendre et de liquider, et moyennant un prix convenu, par forme de gratification, présente les caractères d'une véritable vente, et non d'une simple cession de biens, qui ne conférerait aux créanciers que le droit de vendre. — *Riom*, 13 juill. 1820, Vanduerne c. Domaistre.

45. — Jugé également que la cession de biens volontaire faite par un débiteur ordinaire à ses créanciers hypothécaires inscrits, tant pour eux que pour ses autres créanciers absens, leur en transmet la propriété lorsque le contrat en contient la stipulation expresse, et ce, nonobstant la clause portant qu'il sera procédé à la vente amiable des biens cédés et à la distribution de leur prix auxdits créanciers, qui se sont réservé les droits résultant de leurs titres, sans novation ni dérogation aucune. — Dans ce cas, les créanciers qui ont accepté la cession sont dispensés de renouveler leurs inscriptions avant l'expiration des dix années. — *Paris*, 14 avr. 1826, Robit.

46. — La cession volontaire ne libère pas non plus le débiteur; elle ne produit cet effet que jusqu'à concurrence de ce que la jouissance ou la vente des biens abandonnés pourront procurer. — Nouveau Denisart, vo *Abandonnement*, § 4, no 2. — Cependant il faut excepter le cas où, par une clause spéciale, les créanciers, majeurs et maîtres de leurs droits, ont fait au débiteur la remise du surplus de leurs créances. — Toullier, t. 7, no 241.

47. — La cession volontaire ou abandonnement ne doit pas être confondue avec l'*atermoiement* ou contrat par lequel les créanciers accordent à leur débiteur ou seulement un délai pour les payer, ou tout ensemble un délai et une remise. Par l'abandonnement, le débiteur est dépouillé de ses biens, au lieu que, par l'atermoiement il en reste en possession et continue de les administrer. — Toullier, t. 7, no 240.

48. — Avant le Code de comm. de 1808, on n'a pas dû considérer comme une cession de biens, mais bien comme un contrat d'atermoiement, l'acte par lequel un débiteur failli abandonne tous ses biens à ses créanciers négocians, à la condition de s'en contenter et de le tenir quitte. — *Cass.*, 10 avr. 1810, Lelargue c. Fortin et Sauret.

49. — L'abandonnement ou cession de biens diffère de l'antichrèse en ce que ce dernier contrat donne seulement le droit de percevoir les fruits des biens abandonnés, au lieu que l'abandonnement n'a lieu que pour autoriser les créanciers à vendre et à se payer sur les fruits et le capital. — Toullier, t. 7, no 242.

50. — De ce que le contrat d'abandonnement ne transfère pas la propriété aux créanciers, il suit encore : — 1o que ce contrat ne donne point ouverture au droit proportionnel de mutation, mais seulement à un droit fixe. — L. 22 frim. an VII, art. 68, § 4, no 1er. — V. ENREGISTREMENT.

51. — ... 2o Qu'en cas de décès du débiteur, le contrat demeurant dans toute sa force et la possession des biens restant à ses créanciers, ceux-ci ne sont pas obligés de faire déclarer le contrat exécutoire contre les héritiers; seulement, si les biens n'étaient pas encore vendus lors de l'ouverture de la succession, les créanciers ne pourraient les vendre que huit jours après la signification du contrat à la personne ou au domicile de l'héritier. — Toullier, t. 7, no 246.

52. — ... 3o Que les créanciers de ceux à qui l'abandonnement est fait n'acquièrent aucun droit d'hypothèque sur les biens abandonnés, lors même qu'ils auraient une hypothèque légale ou judiciaire sur tous les biens de leurs débiteurs. Ils ne peuvent se pourvoir que par la voie d'opposition, quand la vente a eu lieu. — Toullier, t. 7, no 248.

53. — ... 4o Que les créanciers, ne possédant point *pro suo* les biens abandonnés, n'en peuvent prescrire la propriété contre le débiteur par aucun laps de temps. — L. 4, Cod., *Qui bon. ced.*; — Toullier, t. 7, no 249.

54. — Bien que le débiteur qui a fait l'abandon de ses biens en conserve la propriété, néanmoins il se dessaisit du droit de les administrer; il ne peut plus les aliéner, les hypothéquer. La mise en possession a ici le même effet qu'une saisie réelle qu'auraient faite les créanciers. — Nouv. Denisart, vo *Abandonnement*, § 1er, no 5; Pardessus, *Droit comm.*, no 1326.

55. — La cession de biens volontaire a pour effet d'immobiliser les fruits des immeubles cédés. — En conséquence ces fruits, comme les fonds dont ils proviennent, doivent être affectés aux créanciers hypothécaires inscrits par préférence aux créanciers chirographaires. — *Grenoble*, 20 juill. 1843 (t. 1er 1845, p. 276), Busco c. Charransol.

56. — Si le débiteur avait quelques droits ou priviléges à raison de ses biens, il continuerait d'en jouir en supposant qu'ils fussent intransmissibles, tel que celui d'électeur ou d'éligible. — *Cour des aides*, 16 janvier 1693; — Nouveau Denisart, vo *Abandonnement*, § 4, no 4; Rolland de Villargues, *Rép.*, vo *Cession de biens*, no 47.

57. — Si depuis le contrat d'abandonnement il survient quelques biens au débiteur, soit par succession soit autrement, ses créanciers peuvent exercer leurs droits sur ces nouveaux biens, pour se remplir de ce qui peut leur rester dû. — Nouveau Denisart, vo *Abandonnement*, § 4, no 3; Toullier, t. 7, no 243. — *Contrà* Duranton, t. 7, no 247, par le motif qu'aujourd'hui la cession volontaire n'étant obligatoire que pour ceux qui l'ont acceptée, elle a, sauf les réserves, le caractère d'une remise ou décharge conventionnelle pour l'excédant de ce que les créanciers retireront des biens abandonnés.

58. — Par la même raison, le même auteur (t. 12, nos 248 et 249) pense qu'à la différence du cas où il s'agirait d'un concordat, les codébiteurs solidaires et les cautions sont libérés par le traité, si les créanciers n'ont pas réservé leurs droits contre eux. — Arg., C. civ., art. 1285 et 1287.

59. — Quant à la forme de la vente des biens abandonnés, il faut suivre la convention. Si le contrat garde le silence à cet égard, la vente doit être faite en justice. — Grenier, *Hypoth.*, no 336; Pardessus, *Dr. comm.*, no 1326; Rolland, *Rép.*, vo *Cession de biens*, nos 49 et 50.

60. — S'il arrivait que les biens fussent vendus à un prix tel qu'il y eût un reliquat après toutes les créances acquittées, ce reliquat n'appartiendrait pas aux créanciers, mais au débiteur, à qui, dans tous les cas, ils doivent rendre compte. — Toullier, t. 7., no 245.

61. — La cession volontaire de la part d'un individu qui, depuis, a été déclaré en faillite, n'a point opéré novation dans la créance de celui qui avait consenti à la cession, de manière que, de commerciale, sa créance soit devenue civile. — *Cass.*, 6 déc. 1831, Sebire-Lavasserie c. Roussel.

Sect. 3e. — *De la cession de biens judiciaire.*

§ 1er. — *Conditions de la cession. — Qui peut l'obtenir.*

62. — La cession judiciaire, fort rare en matière civile, attendu que la contrainte par corps ne peut être prononcée que dans un très petit nombre de cas, était, avant la loi du 28 mai 1838, sur les faillites, d'un fréquent usage parmi les commerçans. — Duranton, *Dr. fr.*, t. 12, no 251.

63. — En général, toute personne peut demander la cession judiciaire, et les créanciers ne peuvent la refuser, si ce n'est dans les cas déterminés par la loi. — C. civ., art. 1270. — Les personnes qui ne peuvent être admises au bénéfice de cession sont, ainsi que nous le verrons plus bas, les étrangers, les stellionataires, les banqueroutiers frauduleux, les personnes condamnées pour cause de vol ou d'escroquerie, les comptables, tuteurs, administrateurs et dépositaires. — C. procéd., art. 905. — La loi du 28 mai 1838 a depuis ajouté dans l'art. 541 que « aucun commerçant ne sera recevable à demander son admission au bénéfice de cession de biens. »

64. — Les lois nouvelles ont aboli l'ancien usage qui empêchait les bouchers d'être admis au bénéfice de cession. — *Aix*, 13 avr. 1807, Mathey c. Hugues. — V. sur cet ancien usage Rousseau de Lacombe, *Jurispr. civ.*, vo *Cession*, no 2; Denisart, vo *Cession de biens*, no 14.

65. — L'art. 905, C. procéd., est-il limitatif ou simplement indicatif des cas où le débiteur doit être exclu du bénéfice de cession? — Jugé qu'il n'est qu'indicatif. — *Aix*, 30 déc. 1817, Bedouin c. Laurent; *Colmar*, 13 mai 1821, Osselin c. Schlumberger-Thierry et Hug; *Bordeaux*, 30 août 1821, Laclotte et Lamarque c. Ferrière; *Paris*, 17 janv. 1823, P.... c. Courtiers de commerce de Paris; — Carré (édit. Chauveau), t. 6, no 3056; Delvincourt, t. 3, p. 633, note 7e, p. 187.

66. — Toullier pense, au contraire, que l'article est limitatif; d'où il ne faudrait pas conclure cependant que, dans d'autres cas, un débiteur ne puisse être exclu par une conséquence directe de la disposition de la loi. Ainsi, bien qu'aucune disposition formelle n'exclue du bénéfice de cession le débiteur convaincu d'avoir détourné de ses biens en fraude de ses créanciers, sa demande devrait néanmoins être rejetée, puisqu'en pareil cas il ne prouverait pas sa *bonne foi* et ne ferait pas l'abandon de *tous* ses biens. — Merlin, *Répert.*, vo *Cession*, no 8; Toullier, t. 7, no 262.

67. — Le bénéfice de cession n'est accordé qu'au débiteur malheureux et de bonne foi. — C. civ., art. 1268. — Ce n'est qu'autant que ces deux circonstances se trouvent réunies que la loi a entendu subvenir à la position fâcheuse du débiteur.

68. — De plus, c'est à celui qui réclame la cession *à prouver* et ses malheurs et sa bonne foi. Ce n'est point ici le cas d'appliquer la règle qui veut que la bonne foi se présume de droit. Il s'agit d'une grâce que le débiteur ne peut obtenir qu'en établissant qu'il en est digne. — Pardessus, *Dr. comm.*, no 1328; Rolland, *Rép.*, vo *Cession de biens*, no 59; Chauveau sur Carré, no 3056.

69. — Jugé, en conséquence, que ce n'est pas aux créanciers à prouver que le débiteur qui demande à être admis au bénéfice de cession a été de mauvaise foi. — *Bruxelles*, 19 nov. 1810, Domaine c. Beauthier.

70. — ... Que ce n'est pas au créancier porteur d'un titre qui peut être mis à exécution par la contrainte par corps, à prouver l'indignité du débiteur qui réclame le bénéfice de la cession de biens. — *Toulouse*, 30 mars 1838 (t. 2 1838, p. 637), Fourlet c. Taillard.

71. — ... Que c'est au débiteur qu'il incombe de prouver ses malheurs et sa bonne foi. — *Liége*, 17 janv. 1809, N... c. ses créanciers; 17 fév. 1809, M... c. ses créanciers; *Riom*, 22 nov. 1809, Amel c. Dégrenon; *Paris*, 1er déc. 1812, Navarre de la Briquette c. ses créanciers; *Aix*, 30 déc. 1817, Bedouin c. Laurent; *Riom*, 28 janv. 1820, Charbonnel c. Marty; *Colmar*, 13 mai 1821, Osselin c. Schlumberger-Thierry et Hug; *Bordeaux*, 30 août 1821, Laclotte et Lamarque c. Ferrière; *Paris*, 17 janv. 1823, P... c. Courtiers de commerce de Paris; 18 août 1824, Lescale c. Delavit; *Bordeaux*, 1er juin 1827, Gaudichaud c. Cabireau; *Toulouse*, 30 mars 1838 (t. 2 1838, p. 637), Fourlet c. Taillard; *Riom*, 16 fév. 1841 (t. 2 1841, p. 462), Comitis et Marche c. Rabusson-Devaure; — Delvincourt, t. 3, note 7e de la page 186.

72. — Un débiteur ne peut être considéré comme étant de mauvaise foi et, par suite, non admissible au bénéfice de cession de biens, par cela seul qu'il s'est livré à des opérations de contrebande. — *Caen*, 23 janv. 1826, Leloup c. Roussel.

73. — Mais celui qui a été condamné correctionnellement pour fait de courtage clandestin est, par cela seul, constitué en mauvaise foi, et, comme tel, inadmissible au bénéfice de cession de biens. — *Paris*, 17 janv. 1823, P... c. Courtiers de commerce de Paris; — Durand Saint-Amand, *Manuel des courtiers de commerce*, no 179.

74. — On peut considérer comme devant écarter la preuve de la bonne foi les circonstances suivantes : lorsque le débiteur a appliqué à son profit le prix d'une cession, au lieu de l'employer à éteindre ses dettes; qu'il a cédé un titre, malgré

des saisies-arrêts faites entre les mains de celui qui le lui avait souscrit; qu'il a vendu à son domestique la plus grande partie de son mobilier, sur un effet souscrit au profit d'une personne interposée; qu'il a fait à ce même domestique des baux qui ont été ensuite annulés, et dont il avait reçu le canon de la première année; enfin, qu'il n'a appelé qu'une partie de ses créanciers, tandis qu'il déclarait faire à *tous* l'abandon de ses biens. — *Colmar*, 13 mai 1821, Osselin c. Schlumberger-Thierry et Hug.

75. — Les effets que le débiteur aurait souscrits ou endossés pour d'autres doivent être considérés moins comme des malheurs que comme des imprudences graves. — Même arrêt.

76. — La demande doit être repoussée lorsque le débiteur ne justifie pas que les malheurs auxquels il attribue sa ruine soient le résultat d'événemens imprévus ou de force majeure. — *Riom*, 16 fév. 1841 (t. 2 1841, p. 462), Comitis et Marche c. Rabusson-Devaure.

77. — Sous l'ord. de 1673, n'était pas admissible au bénéfice de cession tout commerçant, sans exception, qui n'avait pas de livres en règle, et ne justifiait pas de ses pertes ou malheurs. — *Paris*, 2 avr. 1808, Bazire c. Bertot.

78. — Jugé également, sous le Code de 1808, que le débiteur failli ne pouvait être admis au bénéfice de cession, lorsqu'il ne représentait pas les registres qu'il tenait pour l'exercice de son commerce. — *Paris*, 13 juin 1808, Billardon.

79. —...Que le débiteur devait, s'il était commerçant, produire ses livres et établir sa bonne foi. — *Bruxelles*, 19 nov. 1810, Domaine c. Beauthier.

80. —... Qu'on ne pouvait admettre au bénéfice de cession le négociant qui ne justifiait pas des registres qu'il a dû tenir en cette qualité. — *Paris*, 20 sept. 1808, Azémar c. Michelié.

81. — Le failli ne pouvait être admis au bénéfice de cession s'il n'avait pas tenu et déposé les livres de son négoce, conformément aux lois sur le commerce. — *Paris*, 11 août 1807, Jadras c. Belleçote.

82. — Jugé cependant que le commerçant failli qui n'avait point tenu de livres pouvait être admis au bénéfice de cession, s'il n'avait pas été déclaré banqueroutier frauduleux. — *Cass.*, 15 mai 1815, Parche c. Fabre.

83. — Ne peut être admis au bénéfice de cession l'individu qui ne justifie pas de ses pertes et de ses malheurs, non plus que le négociant qui n'a point tenu de livres et dont le bilan ne contient pas le tableau de ses profits et pertes. — *Besançon*, 25 août 1809, Bassand c. Paillard.

84. — En général, le défaut de représentation de livres de la part d'un commerçant et un état peu satisfaisant de l'actif et du passif doivent rendre la bonne foi suspecte. — *Bordeaux*, 1er juin 1827, Gaudichaud c. Cabireau. — V. aussi *Besançon*, 25 août 1809, Bassand c. Paillard. — Il ne suffirait pas d'une allégation vague qu'il a éprouvé des malheurs. — *Nîmes*, 10 janv. 1811, Lavondès c. Gibiard.

85. — Le débiteur qui ne remettrait pas les titres actifs qu'il a en sa possession se rendrait à jamais indigne du bénéfice de cession. — *Toulouse*, 30 avr. 1824, Delmas-Grossin c. Fraunié.

86. — Sous le Code de commerce de 1808, ne pouvait être admis au bénéfice de cession de biens, comme n'ayant pas été de bonne foi, le négociant qui n'avait pas tenu des livres réguliers, qui avait annoncé dans une circulaire au commerce une commandite dont on ne trouvait aucune trace, et des capitaux dont l'existence n'était rien moins que constatée; qui avait fait dans sa caisse des prélèvemens considérables qu'il avait remplacés par des créances douteuses, et qui, depuis sa faillite, avait payé à divers créanciers des sommes considérables en sus du dividende qu'il avait promis. — *Bordeaux*, 30 août 1821, Laclotte et Lamarque c. Ferrière.

87. — Un débiteur reconnu malheureux et de bonne foi peut être admis au bénéfice de cession, encore bien que son bilan, par une rédaction incomplète, ne soit pas conforme à l'art. 471, C. comm., et qu'il ne représente pas de livres. — *Angers*, 21 nov. 1817, Mabille c. Raguis. — V. *infrà* no 106.

88. — Un débiteur ne justifie ni de ses malheurs ni de sa bonne foi en présentant un bilan où il ne donne que cette explication vague: *pertes dans mon commerce*, sans indication des causes qui les ont produites et où il ne donne ni renseignemens ni détails sur sa position. — *Aix*, 30 déc. 1817, Bedouin c. Laurent.

89. — Le débiteur doit, dans son bilan, donner l'état détaillé de ses effets mobiliers et rendre compte des causes qui ont occasionné sa faillite ou sa déconfiture. — *Nîmes*, 10 janv. 1811, Lavondès c. Gibiard.

90. — Le marchand failli devait, sous le Code de commerce de 1808, pour être admis au bénéfice de cession, indiquer l'emploi des marchandises qui lui avaient été livrées quelque temps avant sa faillite. — Il ne lui suffisait pas d'articuler des marchés usuraires, des dépenses forcées, ou la perte d'une partie de ces marchandises. — *Riom*, 26 janv. 1820, Charbonnel c. Marty.

91. — Ne pouvait être considéré comme étant de bonne foi l'individu qui, après avoir déposé son bilan et déclaré son intention de faire cession, n'avait cependant pas fait la procédure nécessaire, et était resté en possession de son actif. — *Paris*, 14 avr. 1812, Caillat c. Duru.

92. — Le commerçant dont la déclaration de faillite n'avait point été antérieurement provoquée par ses créanciers pouvait être admis au bénéfice de cession. — *Paris*, 27 nov. 1828, Meuron et Berthond c. Rochat.

93. — Avant de pouvoir être admis au bénéfice de cession de biens, le débiteur failli n'était pas tenu de passer par tous les degrés des formes établies en matière de faillite. — *Rouen*, 13 déc. 1816, Drouet c. ses créanciers.

94. — Nous rappelons que, depuis la nouvelle loi sur les faillites, aucun débiteur commerçant n'est recevable à demander son admission au bénéfice de cession. — C. comm. nouveau, art. 541.

95. — Reprenons, en outre, les causes d'exclusion contenues dans l'art. 905, C. procéd.

96. — 1o *Les étrangers.* — Car le bénéfice de cession est une institution du droit civil. Mais il en serait autrement si l'étranger appartenait à une nation avec laquelle il existât des traités qui permissent aux Français de l'invoquer dans le pays de l'étranger (C. civ., art. 4); ou si l'étranger avait été admis par le roi à établir son domicile en France pour y jouir des droits civils. — C. civ., art. 13; — Duranton, t. 12, no 270; Toullier, t. 7, no 263; Pardessus, *Droit comm.*, no 1328; Delvincourt, t. 3, p. 684, note 11e, p. 187; Carré et Chauveau, no 3057; Berriat Saint-Prix, p. 685, note 1re; Favard de Langlade, t. 1er, p. 446.

97. — Ainsi jugé que le négociant étranger qui a un établissement de commerce et des propriétés en France peut être admis au bénéfice de la cession de biens. — *Trèves*, 24 fév. 1808, Carnape et Zhenchen c. Brauss et Neumeyer.

98. — Sous l'ordonnance de 1673, un Français pouvait être admis au bénéfice de cession envers un étranger. — *Cass.*, 19 fév. 1806, Booysens c. Barrié et Saurin. — *Contrà* Jousse, sur l'ord. 1673, tit. 10, art. 2.

99. — Un Français qui, ayant formé un établissement de commerce à l'étranger s'y est fait admettre au bénéfice de cession, ne peut opposer cette cession à ses créanciers français. — S'il veut se soustraire aux poursuites de ces derniers, il est tenu de réitérer en France sa demande en cession. — Dans ce cas, la forme et les effets de la cession sont uniquement réglés par les lois françaises. — *Bruxelles*, 8 mai 1810, Mock c. Séminck et Lecoq.

100. — Lorsqu'un Français refuse d'adhérer à la cession de biens volontaire faite en pays étranger par son débiteur étranger, cette cession de biens cesse d'être volontaire, et le créancier ne peut être contraint judiciairement d'y adhérer, puisque la qualité d'étranger du débiteur l'empêche d'être admis au bénéfice de la cession judiciaire. — *Paris*, 25 fév. 1825, Pedemonte c. Mollet.

101. — 2o *Les stellionataires.* — Le stellionat est un genre de fraude; celui qui le commet n'est donc pas de bonne foi. — Duranton, t. 12, no 270. — V. STELLIONAT.

102. — Il n'y a que le créancier au préjudice duquel le stellionat a été commis qui puisse l'opposer utilement au débiteur qui réclame le bénéfice de la cession de biens. — *Bourges*, 15 fév. 1810, Naudin c. Rousseau et syndics Rousseau; *Turin*, 21 déc. 1812, F. c. L.; *Montpellier*, 21 mai 1827, Calage c. Puech; — Pardessus, *Dr. comm.*, nos 1327 et 1329; Rolland, *Rép. du notar.*, vo *Cession de biens*, no 88. — V. *contrà* Delvincourt, *Cours de dr. civ.*, t. 3, p. 633, note; Duranton, *Dr. franç.*, t. 12, no 272, par le motif que le fait de stellionat est exclusif de la qualité de débiteur de bonne foi.

103. — De plus, il faut que le débiteur soit actuellement en état de stellionat: car si précédemment il avait été condamné comme tel, et que depuis il eût payé sa dette, ce ne serait plus le cas de lui refuser la cession. — Rolland, *Rép.*, vo *Cession de biens*, no 69.

104. — 3o *Les banqueroutiers frauduleux.* — Ainsi, sous le Code de commerce de 1808, le banqueroutier simple pouvait être admis au bénéfice de cession. — Duranton, t. 12, no 270.

105. — Décidé, en ce sens, que le négociant jugé banqueroutier simple pouvait être admis au bénéfice de cession, s'il administrait la preuve de ses malheurs et de sa bonne foi. — *Paris*, 8 août 1812, Lavallée c. ses créanciers. — Il n'en serait plus de même aujourd'hui d'après la loi du 28 mai 1838, art. 541.

106. — La circonstance qu'un débiteur n'a pas tenu de livres réguliers ne suffit pas pour le faire considérer comme banqueroutier frauduleux et indigne du bénéfice de cession. — *Aix*, 13 avr. 1807, Mathey c. Hugues. — V. *suprà* no 38.

107. — Le banqueroutier frauduleux doit être exclu du bénéfice de cession, lors même que l'on aurait recouvré les objets dont il aurait diminué son actif, ou que l'on aurait écarté tout ce dont il aurait frauduleusement augmenté son passif. — Nouveau Denisart, vo *Cession de biens*, § 2, no 2. — L'effet du délit étant indélébile, l'exclusion peut être invoquée en tout temps et par toute personne. — Rolland, *Rép.*, vo *Cession de biens*, no 89.

108. — 4o *Les personnes condamnées pour cause de vol ou d'escroquerie.* — Car le délit exclut évidemment la qualité de débiteur malheureux et de bonne foi.

109. — La demande en cession de biens peut être combattue non seulement par ceux qui ont la contrainte par corps à exercer pour cause de vol ou d'escroquerie, mais encore par les autres créanciers, quand même les premiers ne s'y opposeraient pas ou auraient été désintéressés; car le fait de vol ou d'escroquerie est exclusif de la bonne foi, et l'effet du délit est indélébile. — Duranton, t. 12, no 272. — On peut aussi tirer argument par analogie de l'art. 268, C. procéd., qui déclare incapable de déposer dans toute affaire celui qui a été condamné correctionnellement.

110. — Cependant M. Pardessus (*Droit comm.*, no 1329) pense que le débiteur condamné pour vol simple ou escroquerie envers une seule personne, pourrait être admis à la cession contre les autres créanciers, si ce délit ne paraissait point avoir entaché le reste des opérations du débiteur.

111. — Celui qui a été condamné par la juridiction criminelle à des réparations civiles pour voies de fait, n'est pas, pour cela, privé du bénéfice de cession. — *Colmar*, 17 janv. 1812, Desbœufs et Deyber c. Bloch.

112. — 5o *Les personnes comptables.* — Cette exception est motivée sur la nature de la dette et la faveur due à toutes personnes dont la confiance a été trahie. — Carré, *Lois de la procéd.*, sur l'art. 905.

113. — L'exception s'applique non seulement aux comptables du trésor et à ceux de toute administration publique, communes, hospices, corps, communautés, etc., mais encore à ceux de toute administration confiée par la loi ou la justice, comme les tutelles, les curatelles, etc. — C. procéd., art. 126; — Nouveau Denisart, § 1er, no 4; Rolland, *Rép.*, vo *Cession de biens*, no 78.

114. — Peu importe que ces comptables aient été condamnés par corps: car la loi n'exige point le concours de cette circonstance. D'ailleurs, cette condamnation n'étant que *facultative* (C. procéd., art. 126), il en résulterait que les comptables qui pourraient y échapper auraient le droit d'user du bénéfice de cession: or, la loi ne le permet en aucun cas, puisqu'elle ne distingue point. — Rolland, *Rép.*, vo *Cession de biens*, no 79. — *Contrà* Duranton, t. 12, no 270.

115. — Il n'y a que les seuls créanciers à qui le compte est dû qui puissent s'opposer à ce que leur débiteur soit admis au bénéfice de cession; les autres sont sans intérêt. — *Bourges*, 15 fév. 1810, Naudin c. Rousseau et syndics Rousseau; — Pardessus, *Dr. comm.*, nos 1327 et 1329; Duranton, t. 12, no 272.

116. — 6o *Les tuteurs*; — 7o *les administrateurs.* — Il y a lieu de leur appliquer tout ce que nous avons dit relativement aux comptables.

117. — Jugé cependant que la qualité de tuteur n'est un motif d'exclusion au bénéfice de la cession de biens, qu'autant que la contrainte par corps a été prononcée contre le tuteur, d'après l'art. 126, C. procéd.; et c'est au créancier qui s'oppose à la cession, en se fondant sur la qualité de tuteur du débiteur, à prouver que cette condamnation a été prononcée. — *Grenoble*, 29 juill. 1824, Vernet c. Blanc.

118. — 8o Enfin *les dépositaires.* — Et cette disposition est applicable même aux dépositaires volontaires. — Rolland, *Rép.*, vo *Cession de biens*, no 83.

119. — Peu importe que la contrainte par corps ait été ou non prononcée contre le dépositaire. La loi n'exigeant pas le concours de cette circonstance, on ne saurait la suppléer. — Rolland, *Rép.*, vo *Cession de biens*, no 84. — *Contrà* Duranton, t. 12, no 271.

120. — Le débiteur qui ne représente pas les objets mobiliers saisis sur lui et dont il a été constitué gardien judiciaire ne peut être admis au bé-

néfice de cession. — *Pau*, 16 avr. 1810, Bergerot c. Sillègue. — Cette décision nous paraît recevoir un inébranlable appui des dispositions ajoutées par la loi du 28 avr. 1832 à l'art. 400, C. pén.

121. — Ce n'est qu'à l'égard de ceux à qui la restitution du dépôt doit être faite que les dépositaires sont exclus du bénéfice de cession; mais ils peuvent y être admis envers les autres créanciers dont la créance n'est pas fondée sur la même cause. — Pardessus, *Dr. comm.*, nos 1327 et 1329; Rolland, *Rép.*, vo *Cession de biens*, no 87. — *Contrà* Duranton, t. 12, no 272, par la raison qu'un dépositaire infidèle ne peut civilement être réputé de bonne foi.

122. — Pour être admis au bénéfice de cession de biens, un débiteur doit faire abandon de tous ses biens, et, par conséquent, s'il est marié sous le régime de la communauté, des revenus des propres de sa femme. — *Bruxelles*, 4 sept. 1819, Van Achter c. ses créanciers.

123. — Les biens survenus à un débiteur constitué en état de cession, mais qui n'a pas encore été admis au bénéfice de cession, doivent être réunis à ceux de la première masse et discutés devant le tribunal saisi de la liquidation de cette première masse. — *Cass.*, 2 déc. 1806, Mellot c. créanciers Colli.

§ 2. — *Formes de la cession judiciaire.*

124. — Le débiteur qui est dans le cas de réclamer la cession judiciaire est tenu à cet effet de déposer, au greffe du tribunal où la demande est portée, son bilan, ses livres, s'il en a, et ses titres actifs. — C. procéd., art. 898. — Ce dépôt a pour objet de fournir tous les éclaircissemens propres à faire connaître sa conduite à ses créanciers.

125. — Cependant, jugé que, la remise des livres et titres actifs du demandeur en cession de biens n'étant pas impérativement demandée par la loi, il s'ensuit que la demande du débiteur ne saurait être rejetée par cela qu'il n'aurait pas effectué le dépôt de ces objets au greffe du tribunal. — *Toulouse*, 30 avr. 1821, Delmas-Grossin c. Fraunié.

126. — Le négociant qui, lors de sa faillite, a déposé au greffe du tribunal de commerce ses livres, ses papiers et ses titres actifs, peut se borner, en formant sa demande en cession de biens, à déposer au greffe du tribunal un extrait de son bilan et à déclarer que ses titres et papiers ont été remis au greffe du tribunal de commerce. — *Aix*, 13 avr. 1807, Mathey c. Hugues.

127. — En conséquence, dans cette même affaire, comme le débiteur avait, depuis sa faillite, transporté son domicile dans un autre arrondissement, on a décidé avec raison que la cession de biens avait pu être admise par un tribunal autre que celui où le bilan et les autres papiers avaient été déposés. — Même arrêt. — Ainsi cette proposition qui, émise d'une manière générale, serait en contradiction formelle avec l'art. 898, C. procéd., est complétement justifiée par le fait.

128. — C'est au greffe du tribunal civil saisi de la demande que doivent être déposés le bilan et les livres du débiteur. Dès lors le tribunal de commerce ne peut refuser de recevoir la réitération de la cession, sous prétexte que le dépôt n'aurait pas été fait en son greffe. — *Bourges*, 15 fév. 1810, Naudin c. Rousseau.

129. — M. Duranton (t. 12, no 264) pense que, quand la cession est demandée par un commerçant, c'est, d'après l'art. 635, § 1o, C. comm., au greffe du tribunal de commerce que le bilan doit être déposé. — Cette opinion nous semble mal fondée. C'est du bilan en matière de faillite que parle l'art. 635. Or ici il s'agit du bilan en matière de cession de biens, ce qui est autre chose, bien que le bilan puisse servir dans un cas comme dans l'autre.

130. — Le négociant qui veut se faire admettre au bénéfice de cession n'est pas tenu de faire la déclaration de cessation de paiemens prescrite par le Code de procéd., et l'art. 569, C. comm. — *Bruxelles*, 7 fév. 1810, Vanbelleghem c. Vanderstrasten.

131. — Il n'est pas non plus tenu de justifier qu'il a préalablement rempli les formalités prescrites par la loi, en cas de faillite. — *Cass.*, 4 nov. 1823, Planque c. syndics de ses créanciers. — Il ne saurait plus aujourd'hui, en présence de l'art. 541, C. comm. nouv., être soulevé de difficulté semblable.

132. — C'est devant le tribunal civil du domicile que la demande doit être portée. — C. procéd., art. 899. — ... Et cela, lors même que la demande est formée par un débiteur négociant. — *Cass.*, 4 nov. 1823, Planque c. syndics de ses créanciers; — Pardessus, t. 4, no 2808; Delvincourt, *Instit. comm.*, aux notes, p. 709; Locré, *Espr. C comm.*, t. 8, p. 551; Carré (éd. Chauveau), nos 2044 et 2045. — *Contrà* Duranton, t. 12, no 264.

133. — Le débiteur qui veut être admis au bénéfice de la cession de biens n'est pas tenu de se pourvoir par requête en permission d'assigner ses créanciers. Il peut, à cet effet, intenter action dans la forme ordinaire. — *Grenoble*, 11 juill. 1829, Berton c. Pélissier-Tanon; — Demiau, p. 606; Carré, éd. Chauveau, no 3045; Thomine, t. 2, p. 515 et 522. — C'est seulement lorsque le demandeur assigne à bref délai pour demander la suspension des poursuites à diriger contre lui, qu'il doit s'adresser au président pour en obtenir une ordonnance. — Bioche et Goujet, *Dict. de procéd.*, vo *Cession de biens*, no 14.

134. — Toutefois, la demande ne serait pas nulle pour avoir été formée par requête. Mais comme ce n'est qu'après avoir préalablement appelé ses créanciers que le débiteur peut être admis au bénéfice de cession, le jugement est nul s'il a admis cette cession sur requête non signifiée aux créanciers. — *Colmar*, 24 nov. 1807, Burghoffer c. Hau.

135. — Les créanciers hypothécaires, comme les créanciers chirographaires, doivent être appelés au contrat de cession. — *Cass.*, 11 août 1837 (t. 2 1837, p. 427), Grimardias.

136. — Le débiteur doit-il, à peine de nullité du jugement, mettre en cause tous ses créanciers? — Pour la négative on dit: que les créanciers n'ont à cette époque aucun intérêt à se trouver en cause; que la demande en cession ne suspend pas l'effet de leurs poursuites; que d'ailleurs ils pourront s'opposer à l'admission lorsqu'il la réitérera à l'audience. — On répond pour l'affirmative que la nécessité d'appeler les créanciers pour obtenir le jugement résulte des principes généraux et de l'obligation de déposer le bilan et les titres afin de mettre les créanciers, véritables contradicteurs, à même de discuter la bonne foi et les malheurs du débiteur. — Bioche et Goujet, *Dict. de procéd.*, vo *Cession de biens*, no 15.

137. — Jugé, dans le sens de la première opinion, que, la demande en cession de biens ayant pour objet immédiat, non pas la cession, mais seulement l'admission du débiteur à faire cette cession, il s'ensuit que le tribunal en doit d'office apprécier le mérite, et qu'il n'est nécessaire d'appeler les créanciers qu'au moment où le débiteur effectue la cession devant le tribunal de commerce. — *Toulouse*, 30 avr. 1821, Delmas-Grossin c. Fraunié.

138. — ... Que la demande n'a pas besoin d'être nécessairement formée contre tous les créanciers, et qu'elle peut ne l'être que contre une partie d'entre eux, sauf à ceux qui n'avaient pas été appelés à invoquer le droit de tierce opposition contre le jugement qui aurait admis la cession de biens. — *Grenoble*, 11 juill. 1829, Berton c. Pélissier-Tanon; — Carré, *L. procéd. civ.* (éd. Chauveau), no 3045.

139. — ... Que par le mot *partie*, qu'on trouve dans les art. 900, C. procéd., et 570, C. comm., il faut entendre plus particulièrement les auteurs des poursuites dont le débiteur veut provisoirement arrêter les effets. — *Toulouse*, 30 avr. 1821, Delmas-Grossin c. Fraunié.

140. — ... Que le failli qui, depuis le Code de comm., veut former sa demande en cession de biens, n'est pas tenu d'assigner chacun des créanciers individuellement; qu'il peut les assigner tous en la personne du syndic; qu'il peut même porter sa demande devant le tribunal, sans citation aucune, puisque l'insertion dans les feuilles publiques requise par l'art. 569, C. comm., n'aurait pas d'objet, gnation particulière à chaque créancier avait été dans l'intention du législateur. — *Bruxelles*, 10 fév. 1821, N...

141. — L'assignation contient sommation de venir prendre communication du bilan déposé au greffe. Dans l'usage, on donne, en tête de cette assignation, copie de l'acte de dépôt.

142. — L'affaire est sujette à communication au ministère public. — C. procéd., art. 900. — Et elle doit être jugée à la première audience, sans remise ni tour de rôle. — Carré, *Lois de la procéd.* (éd. Chauveau), no 3048.

143. — La demande ne suspend l'effet d'aucune poursuite; mais les juges peuvent ordonner, parties appelées, qu'il y sera sursis provisoirement. — C. procéd., art. 900.

144. — Jugé en conséquence que le débiteur en faillite qui demande à être reçu au bénéfice de cession ne peut obtenir l'élargissement provisoire de sa personne avant qu'il ait été statué sur cette demande. — *Paris*, 11 août 1807, Jadras c. Bellecote; *Toulouse*, 17 nov. 1808, créanciers Delhom c. Delhom; — Toullier, t. 7, no 261; Carré, *Lois de la procéd.*, no 2806.

145. — ... Qu'un débiteur condamné par corps ne peut point, au moyen d'une demande à fin de cession de biens, obtenir un sursis à l'exécution de la contrainte par corps, jusqu'au jugement définitif sur cette demande. — *Cass.*, 23 fév. 1807, Villegarde c. Claro.

146. — Est attaquable par la voie d'appel le jugement qui, en donnant au demandeur en cession de biens un délai pour déposer au greffe ses livres et pièces, lui accorde un sauf-conduit pour se présenter en personne à l'audience. — *Trèves*, 24 fév. 1808, Carnape et Zhenchen c. Brauss et Noumeyer.

147. — Les créanciers qui s'opposent à la cession de biens sont tenus de présenter en même temps toutes leurs exceptions préjudicielles, et ils sont non-recevables à former une demande en sursis, après s'être bornés d'abord à demander une communication de pièces. — *Paris*, 27 nov. 1828, Meuron et Berthond c. Rochat.

148. — La demande en cession de biens est de sa nature indéterminée puisqu'elle implique l'abandon de tous les biens présens du débiteur et même de ses biens futurs, jusqu'à concurrence des dettes; le jugement qui statue sur l'opposition des créanciers est donc susceptible d'appel lors même que les titres des créanciers n'excéderaient pas 150 fr. — Carré (éd. Chauveau), no 3045.

149. — Le débiteur admis au bénéfice de cession est tenu de réitérer sa cession en personne et non par procureur, après avoir appelé ses créanciers à l'audience du tribunal de commerce de son domicile; et s'il n'y en a pas, à la maison commune, un jour de séance. La déclaration du débiteur est constatée dans ce dernier cas par un procès-verbal de l'huissier, qui est signé par le maire. — C. procéd., art. 901.

150. — Sous l'ancienne législation l'usage était de publier au pilori dans le marché public et en présence du débiteur le jugement qui l'avait admis au bénéfice de cession; on a pensé que ce mode de publication ne pouvait être maintenu, car pourquoi eût-on imposé cette humiliation à celui que la loi juge digne d'être mis à l'abri des contraintes? — Carré (éd. Chauveau), sur l'art. 901.

151. — Cette obligation de réitérer la cession n'est point particulière aux commerçans; elle est commune à tous les débiteurs qui ont fait cession, quel que soit d'ailleurs leur état. — Berlier, *Exposé des motifs*, séance du 12 avr. 1806; Merlin, *Rép.*, vo *Cession de biens*, no 5; Toullier, t. 7, no 264.

152. — Si le débiteur est détenu, le tribunal ordonne son extraction, avec les précautions en tel cas requises et accoutumées, à l'effet de faire sa déclaration. — C. procéd., art. 902. — En conséquence, il ordonne que le débiteur sera mis sous la garde d'un huissier, pour être conduit au lieu où il doit réitérer sa déclaration, et n'être mis en liberté qu'après avoir rempli cette formalité. L'huissier dresse du tout un procès-verbal. — Tarif, art. 65. — Carré (éd. Chauveau), no 3050.

153. — Lorsque le débiteur est détenu, le tribunal qui accueille sa demande en cession de biens ne peut ordonner sa mise en liberté avant que ce débiteur, extrait de sa prison avec les précautions accoutumées, ait réitéré sa cession en personne à l'audience du tribunal de commerce. — *Toulouse*, 30 avr. 1821, Delmas-Grossin c. Fraunié.

154. — Un jugement qui a admis un débiteur incarcéré à la cession de biens n'est pas nul, par cela qu'il n'a pas ordonné l'extraction de ce débiteur de la maison d'arrêt, à l'effet de réitérer la cession à l'audience. Cette omission ne constitue qu'un mal jugé. — *Colmar*, 17 janv. 1812, Deshœufs et Deyber c. Bloch; — Carré (éd. Chauveau), no 3049 *ter*.

155. — Le débiteur admis à la cession de biens, mais qui ne l'a point réitérée en personne à l'audience, conserve l'administration de ses biens; en conséquence, il peut exercer les actes conservatoires de ses droits, et notamment faire recommander son débiteur. — *Lyon*, 8 déc. 1824, Girardon c. Myèvre.

156. — La réitération de la cession de biens faite par le débiteur devant le tribunal de commerce, en l'absence de ses créanciers, ne saurait constituer un acquiescement, de la part de ceux-ci, au jugement qui a admis la cession, surtout lorsqu'ils ont protesté lors de cette réitération. — *Nîmes*, 10 janv. 1811, Lavondès c. Gibiard.

157. — Lorsque, postérieurement au jugement qui a admis un débiteur au bénéfice de cession de biens, un créancier a assisté, sans faire aucune observation quelconque, aux convocations des créanciers devant le tribunal, ayant pour objet d'y régler tout ce qui est relatif à l'administration de la masse, il est non-recevable à interjeter appel du jugement d'admission. — *Bruxelles*, 14 juin 1828, K.... c. S.....

158. — Lorsque l'avoué d'un créancier qui n'a opposé que des fins de non-recevoir à la demande en cession de biens formée par le débiteur, dé-

clare qu'il n'a pas de moyens de fait à opposer et qu'il s'en tient aux moyens de droit, on ne peut induire d'une telle déclaration qu'il renonce à faire valoir ses moyens au fond contre la demande. — *Bruxelles*, 7 fév. 1840, Vanbelleghem c. Vanderstraeten.

159. — Si le débiteur se trouvait dans l'impossibilité absolue de se présenter à l'audience du tribunal de commerce pour y réitérer sa cession, un juge devrait être commis pour recevoir la réitération du débiteur empêché. — Pigeau, t. 2, p. 606; Carré (éd. Chauveau), n° 3050 *bis*.

160. — Enfin, les nom, prénoms, profession et demeure du débiteur doivent être insérés dans un tableau public à ce destiné, placé dans l'auditoire du tribunal de commerce de son domicile, ou du tribunal de première instance qui en fait les fonctions, et dans le lieu des séances de la maison commune. — C. procéd., art. 903. — La même insertion doit être faite dans un journal. — Tarif, art. 92. — Ces formalités ont principalement pour but de rendre la cession publique et d'empêcher qu'on ne se porte avec la même confiance à traiter avec le débiteur. — Merlin, *Rép.*, v° *Cession de biens*, n° 5; Rolland, *Rép.*, v° *Cession de biens*, nos 106 et 108.

161. — La loi ne s'explique pas sur la durée que doit avoir l'insertion au tableau. Mais on peut la retirer au bout d'un an. — Arg. C. procéd., art. 872; — Rolland, *Rép.*, v° *Cession de biens*, n° 107; Pigeau, t. 2, p. 364; Carré (éd. Chauveau), n° 3051; Thomine, t. 2, p. 521.

§ 3. — *Effets de la cession judiciaire.*

162. — Les effets de la cession judiciaire sont en général les mêmes que ceux de la cession volontaire. Le principal est d'opérer la décharge de la contrainte par corps. — C. civ., art. 1270.

163. — La cession judiciaire emporte nécessairement l'abandon de tous les biens du débiteur (C. civ., art. 1268); autrement ses créanciers ne pourraient être forcés de l'accepter. Ils pourraient même demander la résolution de la cession s'ils acquéraient ultérieurement la preuve de quelque détournement. — C. civ., art. 1184; — Delvincourt, t. 3, note 3e de la page 187. — Le débiteur ne peut donc retenir ni les usufruits, ni les rentes viagères constituées à son profit. — Toullier, t. 7, n° 256.

164. — Mais le débiteur peut retenir les choses que la loi déclare insaisissables (C. procéd., art. 581 et 592, n° 2), car il ne doit pas être contraint d'abandonner ce qu'on ne pourrait saisir sur lui. — Toullier, t. 7, n° 256; Duranton, t. 12, n° 258.

165. — Le débiteur peut également ne pas abandonner les objets indispensables à son existence. Il peut même demander à ses créanciers, et à leur refus, aux tribunaux, quelque chose à titre de secours. Cette disposition d'humanité, prescrite en faveur des commerçans faillis, doit être admise en matière civile. — Duranton, t. 12, n° 258 et 259. — *Contrà* Toullier, t. 7, n° 257, par le motif qu'une pareille disposition est contraire à la justice rigoureuse et peut-être au crédit public.

166. — La cession judiciaire, comme la cession volontaire, ne confère point aux créanciers la propriété des biens abandonnés, elle leur donne seulement le droit de faire vendre les biens à leur profit, et d'en percevoir les revenus jusqu'à la vente. — C. civ., art. 1269.

167. — Mais, lorsqu'au moyen de l'abandon de tous ses biens consenti par un failli en faveur de ses créanciers dans un concordat ceux-ci lui ont accordé pleine et entière libération, ils sont devenus réellement propriétaires des immeubles cédés, et par suite non recevables à user de la faculté de surenchérir, après la vente ou l'adjudication de ces mêmes biens, poursuivie à la requête d'un mandataire nommé par eux. — Ce cas, dans lequel les créanciers sont réputés vendeurs, ne peut être assimilé à celui où l'adjudication se poursuit à la diligence des syndics, après le contrat d'union. — *Nancy*, 9 avr. 1829, Prat c. Thouaud et Toussaint.

168. — Il était d'usage autrefois de faire nommer par le juge un curateur qui était chargé de faire la vente des biens et la perception des revenus, ainsi que le recouvrement des créances; et cet usage était venu du droit romain. — L. 2, ff., *De curat. bonis dando*. — La loi actuelle n'autorise pas la nomination d'un semblable curateur, car d'après l'art. 904, C. procéd., le jugement qui admet au bénéfice de cession vaut pouvoir aux créanciers à l'effet de vendre les biens; ces créanciers doivent donc agir par eux-mêmes ou nommer un mandataire qui les représente. — Toullier, t. 7, n° 268; Carré (éd. Chauveau), n° 3052; Rolland, *Rép.*, v° *Cession de biens*, n° 118.

169. — Il doit être procédé à la vente dans les formes prescrites pour les héritiers sous bénéfice d'inventaire. — C. procéd., art. 904. — La vente est nulle si elle n'a été accompagnée de ces formalités. — *Metz*, 30 mars 1833, Dureteste c. Thibout.

170. — Lorsqu'un particulier a été admis au bénéfice de cession, le plus diligent des créanciers a le droit de poursuivre la vente des biens cédés, sans être obligé d'avoir l'assentiment des autres créanciers. — *Toulouse*, 5 janv. 1811, Hénault c. Caunes.

171. — Lorsque le créancier, poursuivant la vente des biens de son débiteur admis au bénéfice de cession, a laissé passer le jour indiqué pour l'adjudication définitive sans y faire procéder, il peut, sans recourir de nouveau au tribunal, indiquer lui-même le jour de cette adjudication, en se conformant à l'art. 964, § 2, C. procéd. — *Bordeaux*, 1er juin 1816, Bousquet c. Hostein.

172. — Le débiteur qui a été admis au bénéfice de cession de biens ne doit pas nécessairement être appelé aux opérations préliminaires de la vente; il est, par conséquent, sans qualité pour les critiquer, alors surtout qu'étant marchand à l'époque de la cession, il peut être considéré comme failli. — *Bourges*, 3 mai 1822, syndics Thibault c. Thibault; — Chauveau sur Carré, n° 3052 *bis*. — Cependant, la cession ne conférant point aux créanciers la propriété des biens abandonnés, il semble que les actes de poursuite devraient tous être dénoncés à celui qui est resté propriétaire des biens. Il peut être fondé à les critiquer, soit dans son intérêt personnel, soit dans celui de ses créanciers. La circonstance que le débiteur était commerçant lorsqu'il a été admis à la cession des biens ne fait rien; les effets de la faillite ne sauraient exister tant que cette faillite n'a pas été déclarée.

173. — C'est d'après le mode prescrit par le Code de commerce pour le cas d'union des créanciers, et non par voie de contribution dans les formes tracées par le Code de procédure, que doit avoir lieu la distribution des deniers mobiliers composant l'actif d'un commerçant admis à la cession de biens. — *Paris*, 20 mars 1837 (t. 2 1837, p. 261), Duclos.

174. — Dans la cession judiciaire comme dans la cession volontaire, les effets du jugement qui accueille la demande du débiteur cessent lorsque ce dernier se trouve, par un événement quelconque, dans la possibilité de désintéresser complétement ses créanciers. — V. *suprà* n° 40.

175. — La cession ne libère le débiteur que jusqu'à concurrence des biens abandonnés; et dans le cas où ils auraient été insuffisans, s'il lui en survient d'autres, il est obligé de les abandonner jusqu'au parfait paiement. — C. civ., art. 1270.

176. — Ainsi, le débiteur n'aurait pas le droit de retenir sur les biens acquis depuis la cession ce qui serait nécessaire pour vivre selon son état et sa condition, ainsi que le permettait le droit romain. C'est ce qu'on appelait bénéfice de compétence. — Vinnius, *Inst.*, tit. *De actionib.*, § 40; Toullier, t. 7, n° 258; Rolland, *Rép.*, v° *Cession de biens*, n° 122. — Toutefois, les tribunaux auraient à décider quels délais il serait convenable d'accorder à un débiteur industrieux qui, dans la vue de faire subsister sa famille, essaierait de reprendre le commerce, et dont il ne serait pas juste d'arrêter les efforts par des poursuites et saisies journalières que feraient ses anciens créanciers. — Pardessus, *Dr. comm.*, n° 1334.

177. — Lorsqu'un débiteur poursuivi malgré sa faillite a fait des offres *de payer quand il reviendra à meilleure fortune*, l'arrêt qui lui en a donné acte, loin d'avoir ajouté une condition nouvelle à l'acte dont le créancier est porteur et violé par conséquent l'art. 1134, n'a fait que se conformer à l'art 1270, C. civ. — *Cass.*, 4 mars 1824, Moreau c. Derepas.

178. — Tant que le débiteur ne s'est point libéré de la totalité de la dette, les codébiteurs solidaires et les cautions demeurent toujours obligés envers le créancier, sauf pour ces dernières l'exercice du bénéfice de discussion, s'il y a lieu. — L. 60, ff., *De fidejuss.*; — Nouveau Denisart, v° *Cession de biens*, § 4, n° 5; Duranton, t. 2, nos 256 et 257.

179. — Si, depuis la cession, le débiteur faisait un contrat d'atermoiement avec ses créanciers, qui consentiraient à lui faire la remise d'une partie de sa dette, ceux-ci ne pourraient plus agir contre lui pour être payés du surplus, à moins qu'ils ne justifiassent que, dans la cession qui a servi de base à l'atermoiement, il y a eu dol ou fraude de la part de leur débiteur. — Merlin, *Rép.*, v° *Cession de biens*, n° 10; Toullier, n° 267. — V. *suprà* n° 25.

180. — La cession de biens a toujours entraîné avec elle une espèce de note d'infamie. A Rome, le débiteur qui avait fait cession était flétri de l'odieux nom de *decoctor*. L'ancienne jurisprudence française exigeait qu'il portât un bonnet vert. — Nouveau Denisart, v° *Bonnet vert*; Rolland, *Rép.*, v° *Cession de biens*, n° 127. — V. BONNET VERT.

181. — Aujourd'hui, celui qui a fait cession de biens n'est pas privé de ses droits civils; il peut ester en jugement soit en demandant, soit en défendant. — Dès-lors on peut poursuivre contre lui l'expropriation d'immeubles qui ont fait l'objet de la cession judiciaire de ses biens. — *Bruxelles*, 25 mai 1822, Taymans c. N...

182 — En est-il de même de l'exercice des droits politiques? — Toullier (t. 7, n° 266) et M. Duranton (*Des cont. et oblig.*, n° 856) disent que le débiteur qui a fait cession en est privé, en vertu de l'art. 5 de la constitution du 22 frim. an VIII. Mais cette disposition ne s'applique qu'au débiteur failli. On conçoit que jusqu'à sa réhabilitation le failli qui a fait cession reste frappé d'incapacité. Mais les incapacités étant de droit strict, il n'y a plus même raison de décider à l'égard du non-commerçant qui a été admis au bénéfice de cession.

183. — Par cela qu'un débiteur a été admis par jugement au bénéfice de cession de biens, sur le motif qu'il était malheureux et de bonne foi, il ne s'ensuit pas que les juges ne puissent plus tard, sans contrevenir à l'autorité de la chose jugée, déclarer, surtout à l'égard d'un tiers, qu'une convention faite entre ce tiers et le débiteur, avant la cession, est entachée de fraude. — *Cass.*, 14 déc. 1829, Lapierre c. Goupy.

184. — La cession judiciaire de biens prononcée contradictoirement entre le débiteur et ses créanciers, ainsi qu'un arrêt qui, après cinq ans d'emprisonnement consécutifs commencés sous la loi du 15 germin. an VI, ordonne la mise en liberté, ne peuvent être opposés à un autre créancier dont la créance contestée lors de la cession judiciaire, n'a été reconnue que par un arrêt postérieur. — *Bruxelles*, 23 août 1823, Deroy c. Rolland.

185. — Le stellionat est une exception qui doit être nécessairement opposée à la demande en cession de biens, de telle sorte qu'il ne peut faire ultérieurement la base d'une action principale contre le débiteur admis au bénéfice de cession. — *Cass.*, 23 janv. 1822, Allard c. Lecat.

186. — Le créancier ne peut contraindre par corps son débiteur, comme *stellionataire*, après que, sans opposition de sa part, celui-ci a été admis au bénéfice de cession par un jugement confirmé sur l'appel d'un autre créancier. — *Cass.*, 15 avr. 1819, Saint-Victor c. Donnet.

187. — La cession de biens n'empêche pas le tribunal de déclarer postérieurement la faillite, quand il a appris la cessation de paiemens. — *Metz*, 30 mars 1833, Dureteste c. Thibout.

188. — Bien qu'un jugement ait donné acte à un débiteur de sa déclaration de cession de biens, et fait provisoirement défense à ses créanciers d'exercer contre lui la contrainte par corps, mais sans prononcer définitivement sur la cession, ce jugement ne fait pas obstacle à ce que, ultérieurement, le débiteur, en renonçant à demander le bénéfice de cession, se fasse déclarer en faillite alors surtout qu'aucun créancier ne s'y oppose. — *Cass.*, 21 mai 1827, Pelcerf.

CESSION DE CRÉANCE OU DE DROITS INCORPORELS.

V. CESSION, CONTRE-LETTRE, TRANSPORT.

CESSION DE DROITS LITIGIEUX.

V. DROITS LITIGIEUX.

CESSION DE DROITS SUCCESSIFS.

C'est l'aliénation par un successeur de l'universalité ou d'une quotité de ses droits ou prétentions à une succession qui lui est échue. — V. DROITS SUCCESSIFS.

CHABLIS.

1. — Arbres de haute-futaie que les vents ont abattus ou brisés dans les forêts ou qui sont tombés de vieillesse ou de pourriture.

2. — Les gardes doivent constater le nombre, l'essence et la grosseur des chablis, et en dresser des procès-verbaux qu'il leur est enjoint de remettre à leur chef immédiat dans les dix jours de la rédaction. — La reconnaissance de ces chablis est faite par un agent forestier qui les marque de son marteau. — L. 15-29 sept. 1791, tit. 4, art. 12; Ord. 1er août 1827, art. 101 et suiv. — Ces dispositions ont été empruntées à l'ord. de 1669, tit. 17, art. 1er et 2.

3. — Les conservateurs des forêts autorisent et font effectuer les adjudications des chablis, ainsi que celles des bois de délit, etc., qui n'auraient pas été vendus sur pied.—L. 15-29 sept. 1791, tit. 6, art. 16, 17 et 24 ; Ord. 1er août 1827, art. 474. — V. aussi Curasson, *Code forestier annoté*, t. 2, p. 240.

4.—L'ord. de 1669, tit. 17, art. 5, défendant, sous peine d'amende arbitraire, au garde-marteau, de marquer, et aux officiers, de vendre aucun arbre, sous prétexte qu'il aurait été fourché ou ébranché par la chute des chablis.

5. — Quiconque enlève dans les forêts des chablis ou bois de délit est passible des mêmes amendes et restitutions que s'il les avait abattus sur pied. — Ord. 1669, tit. 17 et 27, art. 33 ; L. 15-29 sept. 1791, tit. 12, art. 15 ; C. forest., art. 197.

6.—La défense faite, même aux usagers, par les lois forestières, de toucher sous aucun prétexte aux chablis, n'est pas de principe tellement rigoureux, que les chablis ne puissent en aucun cas ni par aucun titre être assujétis à un droit d'usage à exercer dans les formes voulues par la loi.—*Cass.*, 8 août 1832, préfet du Jura c. comm. de Champagnole.

7. — Le fait d'avoir façonné dans une forêt un arbre déjà coupé dans le but de le faire servir à son usage, constitue le délit de chablis, prévu par l'art. 197, C. forest., bien qu'il n'ait pas encore été enlevé. — *Cass.*, 24 sept. 1829, Forêts c. Valence ; *Nancy*, 14 fév. 1833, Forêts c. Christophe.

8. — L'adjudicataire de chablis dans une forêt est,comme l'adjudicataire d'une coupe de bois, responsable des délits et contraventions commis dans la vente et à l'ouie de la cognée. — *Cass.*, 17 juin 1842 (t. 2 1842, p. 445), Poisson-Quenardel c. Forêts ; — Meaume, *Comment. du Code forestier*, no 233.

9.—En pareil cas, le rayon dans lequel s'étend cette responsabilité se détermine en le calculant à partir de chacun des arbres vendus. — *Paris*, sous *Cass.*, 17 juin 1842 (L. 2 1842, p. 445), Poisson-Quenardel c. Forêts.

10. — Les chablis, dans les forêts communales, doivent être vendus au profit des communes. Toutefois ils ne peuvent accroître leur affouage que dans le cas où ils sont compris dans les coupes affouagères. — Déc. min. 21 juin 1820 ; — Baudrillart, t. 2, p. 856.

11. — Une ordonn. du 20 mai 1827, modifiant l'art. 86 de l'ordonn. d'exécution du 1er août 1827, porte que les bois chablis et de délit provenant des forêts domaniales, quelle qu'en soit la valeur, pourront être adjugés aux chefs-lieux de canton ou dans les communes voisines des forêts. — V. forêts.

12. — Pour les droits de l'usufruitier sur les chablis, V. usufruit.

CHAINE (Peine de la).

1.—Peine afflictive prononcée contre les auteurs et complices de certains délits commis dans les ports et arsenaux (V. ports et arsenaux) et contre les marins déserteurs. — Arrêté 5 germin. an XII.

2. — Suivant l'art. 34 de cet arrêté, doit être puni de la chaîne : 1o le marin déserteur à l'étranger ;—2o le marin déserteur à l'intérieur, mais redevable à l'état des avances qui lui auraient été faites, soit sur sa solde, soit en effets d'habillement qu'il aurait emporté des vêtemens ou effets à ses camarades ;—3o le marin déserteur à l'intérieur pour la seconde fois depuis la publication de l'arrêté. — Quant au marin déserteur à l'intérieur, mais sans aucune des circonstances que nous venons d'expliquer, il encourt la peine de la bouline. — V. ce mot.

3. — Les déserteurs condamnés à la chaîne sont conduits dans un des bagnes établis dans les ports pour être employés aux travaux de l'arsenal ; ils doivent porter un vêtement particulier et de couleurs absolument différentes de celles affectées aux autres condamnés. — Hors le temps des travaux, ils sont détenus dans un local particulier et séparé de celui des autres condamnés. — *Ibid.*, art. 31.

4. — La durée de la peine de la chaîne est toujours de trois ans, sauf pour les déserteurs à l'étranger qui y auraient pris service, auquel cas elle est portée au double. — *Ibid.*, art. 35.

5.—La peine de la chaîne peut être augmentée, mais d'une année seulement pour chacune des circonstances suivantes : 1o si la désertion n'a pas été individuelle ;—2o si le coupable était de service sur quelque embarcation ou s'il était de quart ou de garde à bord. — *Ibid.*, art. 35. — V. désertion, peine, ports et arsenaux, tribunaux maritimes.

CHAINES (Marchands de).

Les marchands de chaînes de fil, laine ou coton, préparées pour la fabrication des tissus, sont rangés par la loi du 25 avr. 1844, sur les patentes, dans la sixième classe des patentables, et imposés à : 1o un droit fixe établi d'après le chiffre de la population de la ville ou commune où est situé l'établissement ;— 2o un droit proportionnel du vingtième de la valeur locative de la maison d'habitation et des locaux servant à l'exercice de la profession.—V. patente.

CHAIRS OU DÉBRIS D'ANIMAUX.

V. établissemens insalubres (nomenclature).

CHAIRES D'ENSEIGNEMENT.

V. collège de france, collèges royaux, concours, écoles, enseignement, facultés, université.

CHAISES (d'Eglise).

Tout ce qui concerne la location ou concession des chaises et bancs dans les églises a été traité au mot banc et chaises dans les églises.

CHAISES (Loueurs, marchands et fabricans de).

1. — Les loueurs de chaises pour un prix de ferme de 2,000 fr. et au-dessus sont rangés par la loi du 25 avril 1844, sur les patentes, dans la sixième classe des patentables, et imposés à : 1o un droit fixe établi sur le chiffre de la population de la ville ou commune où est situé l'établissement ;— 2o un droit proportionnel du vingtième de la valeur locative de la maison d'habitation et des locaux servant à l'exercice de la profession.

2. — Les loueurs de chaises pour un prix de 500 à 2,000 fr. sont rangés dans la septième classe et imposés à : 1o un droit fixe ;— 2o un droit proportionnel du quarantième de la valeur locative de tous les locaux occupés par les patentables, mais seulement dans les communes d'une population de 20,000 ames et au-dessus.

3. — Les loueurs de chaises pour un prix de ferme au-dessous de 500 fr. sont rangés dans la huitième classe et imposés, sauf la différence de classe, aux mêmes droits fixe et proportionnel que les loueurs pour un prix de ferme de 500 à 2,000 fr.

4. — Les marchands et fabricans de chaises fines sont rangés dans la sixième classe et imposés à : 1o un droit fixe ; — 2o un droit proportionnel du vingtième de la valeur locative de la maison d'habitation et des locaux servant à l'exercice de la profession.

5. — Les marchands et fabricans de chaises communes sont rangés dans la huitième classe et imposés à : 1o un droit fixe ;— 2o un droit proportionnel du quarantième de la valeur locative de tous les locaux occupés par les patentables ; mais seulement dans les communes de 20,000 ames et au-dessus.

V. patente.

CHAISE DE POSTE.

V. poste aux chevaux, voitures, voitures publiques.

CHALES (Marchands de).

1. — Les marchands de châles en gros sont rangés par la loi du 25 avril 1844, sur les patentes, dans la première classe des patentables, et imposés à : 1o un droit établi basé sur le chiffre de la population de la ville ou commune où est situé l'établissement ; — 2o un droit proportionnel du quinzième de la valeur locative de la maison d'habitation et des locaux servant à l'exercice de la profession.

2. — Les marchands en détail de châles sont rangés dans la troisième classe, et imposés à : 1o un droit fixe ; — 2o un droit proportionnel du vingtième de la valeur locative de la maison d'habitation et des locaux servant à l'exercice de la profession. — V. patente.

CHALOUPE.

1.—Construction employée à naviguer sur mer. — Les chaloupes sont confondues par la loi dans l'expression générique de *navire*, lorsqu'elles ne sont pas elles-mêmes des accessoires d'un bâtiment plus considérable ; dans ce dernier cas, elles font partie des *agrès*. — Pardessus, *Dr. comm.*,

t. 3, no 599. — V. assurance maritime , navire.

2. — Quelquefois les chaloupes, quoique détachées du navire, ne laissent pas d'être considérées comme ne faisant qu'un avec le navire ; tel est le cas où l'on voudrait arrêter pour dettes civiles le capitaine et les gens de l'équipage qui sur les chaloupes se rendent à bord pour faire route. — C. comm., art. 231. — V. capitaine de navire, gens d'équipage.

4. — Les chaloupes de commerce employées à la navigation maritime doivent être marquées à la poupe, en lettres blanches, d'un décimètre de hauteur, sur un fond noir, de leur nom et du port auquel elles appartiennent, sous peine d'une amende de 500 fr., solidairement encourue par les propriétaire, agent ou capitaine, et pour sûreté de laquelle les chaloupes peuvent être retenues. Les marques ne peuvent, sous la même peine, être effacées, altérées, couvertes ou masquées. — L. 6 mai 1841, art. 21.

V. aussi avaries, cabotage, pilote.

CHAMBELLAN.

1. — On nommait autrefois chambellans les officiers de la couronne attachés à la chambre du roi.

2.—Le grand chambellan avait la surintendance sur les officiers composant cette chambre. Ses pouvoirs, assez étendus, remontaient aux temps les plus reculés de la monarchie. On pense que sa charge était la plus ancienne de la couronne. Il en est parlé dès Grégoire de Tours.

3. — Les chambellans, supprimés par la loi du 18 juin 1791, furent rétablis sous l'empire et abolis de nouveau en 1830.

4. — Le grand chambellan, que le sénatus-consulte de l'an XII avait placé au second rang des grands officiers civils de la couronne, c'est-à-dire immédiatement après le grand officier, ne fut placé qu'au troisième rang par l'ord. du 1er nov. 1820, c'est-à-dire après le grand aumônier et le grand maître.

CHAMBRANLE.

Les chambranles des portes, fenêtres et cheminées sont immeubles par destination, parce qu'ils font partie de la maison et qu'on ne pourrait les enlever sans dégrader et détériorer l'édifice. — Proudhon, *Traité du domaine privé*, t. 1er, no 448. — V. bail, nos 1101 à 1104 ; biens, no 129 ; cheminée.

CHAMBRE.

Ce mot a plusieurs significations ; il s'emploie pour désigner : 1o certaines juridictions ou certaines sections d'un même tribunal (V. chambre ardente, chambre des comptes, chambre de la tournelle, chambre des requêtes, chambre des vacations, etc...) ;—2o certains corps politiques ou administratifs (V. chambre des députés, chambre des pairs, chambre du commerce, etc.....) ; — 3o le lieu où se tiennent certaines assemblées, soit de justice, soit politiques ou administratives (V. chambre du plaidoyer, chambre du conseil, chambre des pairs, etc.)

CHAMBRE (Grand').

V. grand'chambre.

CHAMBRE ARDENTE.

1. — On donnait anciennement ce nom au lieu dans lequel on jugeait les criminels d'état qui étaient de grande naissance. On l'appelait ainsi parce que la chambre destinée à cet usage était tendue de deuil, et n'était éclairée que par des flambeaux. — Guyot, *Répert. de jur.*, vo *Chambre ardente*.

2. — Dans la suite, on a désigné sous ce nom, des chambres particulières, établies par François Ier, dans chaque parlement, pour faire le procès aux Luthériens et aux Calvinistes. On leur fut appliqué, parce qu'elles condamnaient sans miséricorde au supplice du feu ceux qui étaient convaincus d'hérésie. — *Ibid.*

3.—C'est par la même raison que sous Louis XIV on a appelé chambre ardente une chambre de justice établie le 11 janv. 1680, sous la présidence de M. de La Reynie, pour juger ceux qui étaient accusés d'avoir fait ou donné du poison.

4. — On sait qu'à cette époque le nombre des empoisonnemens commis à l'aide d'un poison connu sous le nom de *poudre de succession*, fut si considérable, et que de si grands personnages fu-

rent impliqués dans ces pratiques, que la justice ordinaire fut jugée impuissante pour réprimer de pareils attentats ; on eut donc recours pour instruire cette affaire à une commission extraordinaire et spéciale qui prit le nom de *Chambre ardente.*

2. — Cette commission tint d'abord ses séances à Vincennes et ensuite à l'Arsenal. Elle procéda à la recherche des coupables avec la plus grande activité, décréta de prise de corps le maréchal de Luxembourg, la comtesse de Soissons et plusieurs autres grands seigneurs compris par l'instruction ; mais il n'y eut de condamnation prononcée que contre La Voisin , sage-femme de Paris, qui fut brûlée vive, après avoir eu la main coupée et percée d'un fer chaud.

6. — En 1780, le grand nombre d'empoisonnemens commis par les esclaves à la Martinique fit aussi instituer une chambre ardente dans cette colonie.

7. — D'autres chambres ardentes furent également instituées, sous Louis XV, pour réprimer les attentats des bandes de contrebandiers. Ainsi, il y en eut une établie à Valence, une à Reims et une à Saumur.

8. — Ces chambres étaient composées de commissaires choisis dans la cour des aides et relevaient de cette cour, qui pouvait, dans certains cas, infirmer leurs décisions. — *Nouveau Denisart,* vo *Chambre ardente; Encyclopéd. méthod.* (jurispr.), vo *Chambre ardente,* no 4.

V. CONTREBANDE, EMPOISONNEMENT.

CHAMBRE DES AVOUÉS.

1. — Les chambres des avoués, instituées par l'arrêté des consuls du 13 frim. an IX, ont pour mission de représenter leurs compagnies, de défendre les intérêts communs, de maintenir l'observation des lois et réglemens qui les concernent, de donner leur avis sur les difficultés de taxe, de prévenir ou concilier tous différents entre avoués, d'apprécier les plaintes et réclamations des tiers contre des avoués, de former un bureau de consultation gratuite, de délivrer des certificats de moralité et de capacité aux candidats qui veulent traiter d'un office d'avoué, enfin de maintenir dans la corporation la discipline intérieure, et d'exercer une juridiction domestique sur les membres qui manquent aux devoirs de leur profession et à la dignité de leur caractère. V. AVOUÉ.

2.—L'arrêté du 13 frim. an IX ne s'applique pas seulement aux avoués, mais aussi aux avocats à la cour de Cassation. — V. AVOCAT A LA COUR DE CASSATION ET AUX CONSEILS DU ROI.

CHAMBRES DE COMMERCE.

Table alphabétique.

CHAMBRES DE COMMERCE. — 1. — Réunions de commerçans formées sous l'autorité du gouvernement, dans certaines villes désignées par les ordonnances qui règlent la matière.

§ 1er. — *Établissement et attributions des chambres de commerce* (no 2).

§ 2. — *Composition et élection des chambres de commerce* (no 17).

§ 1er. — *Établissement et attributions des chambres de commerce.*

2. — L'établissement général de chambres de commerce dans les principales villes de France

remonte au 30 août 1701 ; mais l'exécution particulière n'a suivi l'édit de création qu'à des dates inégales. — *Merlin, Répert.*, vo *Chambre de commerce.*

3.—La loi du 27 sept. 1791 avait supprimé toutes les chambres de commerce existant en France à l'époque de sa promulgation ; mais un arrêté du gouvernement du 3 niv. an XI les rétablit.

4. — Les chambres de commerce ne peuvent être créées qu'en vertu d'ordonnances royales. — L. 22 germ. an XI, art. 1er; Arr. 40 therm. an XI, art. 1er.

5. — Leur nombre n'est pas limité. Il en est établi de nouvelles toutes les fois que l'intérêt du commerce le demande.

6. — Créées d'abord dans les villes d'Amiens, Avignon, Bayonne, Bordeaux, Carcassonne, Dunkerque, le Havre, Lille, Lyon, Marseille, Montpellier, Nantes, Nîmes, Rouen, Strasbourg, Toulouse et Tours , les chambres de commerce sont aujourd'hui au nombre de quarante-trois, dont neuf sont composées au moins de quinze membres chacune, et trente-quatre de neuf membres au moins.—Sont composées de quinze membres au moins les chambres de Bordeaux, le Havre, Lille, Lyon, Marseille, Nantes, Paris, Rouen et Toulouse.—Sont composées de neuf membres celles d'Amiens, Arras, Avignon, Bastia, Bayonne, Besançon , Boulogne-sur-Mer, Caen, Calais, Carcassonne, Châlons-sur-Saône, Cherbourg, Clermont-Ferrand, Dieppe, Dunkerque, Fécamp, Granville, La Rochelle, Laval, Lorient, Metz, Montpellier, Morlaix, Mulhausen, Nîmes, Orléans, Reims, Saint-Brieuc, Saint-Étienne, Saint-Malo, Strasbourg, Toulon, Tours, Troyes.

7. — Les attributions des chambres de commerce consistent : à donner au gouvernement les avis et renseignemens qui leur sont demandés de sa part, sur les faits et les intérêts industriels et commerciaux ; à présenter leurs vues sur l'état de l'industrie et du commerce, sur les moyens d'en accroître la prospérité, sur les améliorations à introduire dans toutes les branches de la législation commerciale, y compris les tarifs de douanes. — Ord. 16 juin 1832, art. 11 ; 20 janv. 1835.

8. — A cet effet, les chambres de commerce peuvent correspondre avec les chambres consultatives des arts et des manufactures ; et directement et sans intermédiaire, avec le ministre du commerce.— Ord. 16 juin 1832, art. 11.—V. CHAMBRE CONSULTATIVE DES ARTS ET MANUFACTURES.

9.—Leur avis est spécialement demandé :— sur les changemens projetés dans la législation commerciale ; —sur les érections et réglemens des chambres de commerce ;—sur les créations de bourses ;—sur les établissemens d'agens de change ou de courtiers ; — sur les tarifs et réglemens des courtages et des autres services établis à l'usage du commerce et sujets à des tarifs ;—sur les créations des tribunaux de commerce dans leur circonscription ; — sur les établissemens de banques locales ; — sur les projets de travaux publics locaux relatifs au commerce, et sur l'exécution de ces projets.— Ord. 15 juin 1832, art. 12.

10. — Quand il existe dans une même ville une chambre de commerce et une bourse, l'administration de la bourse appartient à la chambre, sans préjudice des droits ordinaires du maire et de la police municipale dans les lieux publics.—Art. 13.

11. — Les établissemens créés pour l'usage du commerce, comme les magasins de sauvetage, entrepôts, conditions pour les soies, cours publics des connaissances commerciales et industrielles, sont administrés par les chambres de commerce, s'ils ont été formés au moyen de contributions spéciales sur les commerçans. — L'administration de ceux de ces établissemens qui ont été formés par des souscriptions volontaires peut leur être remise d'après le vœu des souscripteurs. — Cette administration peut leur être déléguée pour les établissemens de même nature créés par l'autorité. — Art. 14.

12. — Les chambres de commerce concourent à la nomination des membres du conseil général du commerce établi par ordonnance du 29 avril 1831. — V. CONSEIL GÉNÉRAL DU COMMERCE ET DES MANUFACTURES.

13. — Les dépenses annuelles des chambres de commerce sont acquittées au moyen d'un impôt spécial établi par les patentables, et perçu comme il est prescrit par l'art. 4, L. 28 vent. an IX. — L'art. 21, décr. 23 sept. 1806, et l'art. 16, L. 23 juill. 1820.

14. — L'art. 4, L. de l'an IX, porte : « Les dépenses annuelles relatives à l'entretien et réparation des bourses, seront supportées par les banquiers, négocians et marchands ; en conséquence, il pourra être levé une contribution proportionnelle sur le total de chaque patente de commerce de première et deuxième classes et sur celles d'agens de change

et courtiers. Le montant en sera fixé chaque année en raison des besoins, par un arrêté du préfet du département. »

15.—L'art. 1er, décret de 1806, porte : « Les dépenses relatives aux chambres de commerce seront assimilées à celles des bourses de commerce et acquittées comme elles, conformément à l'art.4, L. 28 vent. an IX. »

16.—L'art. 16, L. 23 juill. 1820, veut que les sommes à imposer pour subvenir aux chambres et bourses de commerce soient fixées par une ordonnance royale, et non par le préfet, comme cela était sous l'empire de la loi de vent., an IX, ou par le ministre, comme le voulait le décret du 23 sept. 1806. — V. aussi même loi, art. 13, 14 et 15 ; Ord. 16 juin 1832, art. 13.

§ 2. — *Composition et élection des chambres de commerce.*

17. — Les chambres de commerce sont composées de neuf ou de quinze membres, suivant que le porte le titre de leur érection, ou qu'il est ainsi réglé par les ordonnances postérieures.—En outre, sur la demande des commerçans et sur la proposition des préfets, il peut être nommé un membre de plus, élu dans chacun des arrondissemens autres que celui où la chambre réside. L'élection et le renouvellement se font en la forme habituelle (V. *infrà*) au chef-lieu de l'arrondissement ou des arrondissemens qui ont demandé à se prévaloir de cette faculté. Si un membre s'est nommé par plusieurs arrondissemens, il serait tenu d'opter dans le délai d'un mois. Son remplacement aurait lieu dans le mois suivant, là où il aurait laissé la place vacante. — Ord. 6 juin 1832, art. 6.

18. — Les chambres de commerce nomment tous les ans leur président. Le préfet, au chef-lieu, ou le maire, dans les autres villes, est membre-né et président d'honneur de la chambre de commerce : il préside effectivement les séances où il assiste en personne. — Ord. 16 juin 1832, art. 10.

19.—Chaque chambre de commerce se choisissent, en outre, un vice-président dans chaque leur sein. C'est à ce vice-président qu'appartiennent les droits que certaines lois attribuent aux présidens des chambres de commerce. — Goujet et Merger, *Dict. de dr. comm.*, vo *Chambre de commerce,* no 11.

20. — Il n'y a d'élection qu'à Paris pour tout le département de la Seine. — Même article.

21. — Les élections ont lieu au scrutin secret de liste, à la majorité absolue des membres présens à l'assemblée.—Ord. 16 juin 1832, art. 4.

22. — S'il s'agit de la première formation d'une nouvelle chambre de commerce, l'assemblée électorale est composée : 1o des membres du tribunal de commerce ; — 2o du conseil des prud'hommes, s'il en existe dans la ville ; — 3o de dix commissaires délégués par le conseil municipal de la ville et pris dans son sein ; — 4o de notables en nombre égal à celui des membres du tribunal de commerce et des commissaires municipaux, et pas au-dessous de vingt-quatre membres. Ces notables sont nommés, savoir : dix par le conseil municipal, et le surplus par le tribunal de commerce. S'il n'existe point de tribunal de commerce, le conseil municipal choisit les deux tiers des notables et le conseil des prud'hommes l'autre tiers. Dans le cas où il n'y a ni tribunal de commerce, ni prud'hommes, le conseil municipal nomme seul les notables.— Ord. 16 juin 1832, art. 16.

23.—Quand l'érection de la chambre de commerce a lieu pour remplacer une *chambre consultative,* les membres de celle-ci font partie de l'assemblée et désignent la moitié des notables, s'il y a un tribunal de commerce, qui nomme l'autre moitié. S'il n'y a point de tribunal, la chambre consultative nomme les deux tiers ; l'autre tiers est nommé par le conseil des prud'hommes, et à défaut par le conseil municipal.— Ord. 16 juin 1832, art. 5.

24. — S'il s'agit, au contraire, du renouvellement des chambres de commerce, l'assemblée électorale est composée : 1o des membres du tribunal de commerce ; — 2o de ceux de la chambre de commerce, y compris les membres sortans ; — 3o des membres du conseil des prud'hommes, là où il se trouve un tel conseil ; — 4o de notables en nombre égal au nombre des membres dont sont composés le tribunal de commerce, la chambre de commerce, au nombre de vingt au moins.

25. — Les notables sont choisis par moitié par le tribunal de commerce et par la chambre de commerce. — S'il n'y a pas de tribunal de commerce dans la ville où siége la chambre de commerce, les notables sont nommés, moitié par ladite chambre, et moitié par le conseil des prud'hommes, ou, par le conseil municipal de la ville s'il

n'y réside pas de conseil de prud'hommes. Les notables doivent nécessairement être patentés, et en exercice actuel de leur industrie. — Ord. 16 juin 1832, art. 1er.

26. — Le tribunal de commerce, et à son défaut, soit le conseil des prud'hommes, soit le conseil municipal, comme il vient d'être dit, fait connaître à la chambre de commerce, avant le jour de l'élection, la liste des notables qu'il a choisis, et ladite chambre ne fait son choix qu'après cette notification. — Ord. 16 juin 1832, art. 2.

27. — L'assemblée électorale est convoquée et présidée par le préfet au chef-lieu du département, par le sous-préfet dans les autres arrondissemens; le maire de la ville remplace au besoin le préfet ou le sous-préfet. — Ord. 16 juin 1832, art. 3.

28. — Les membres des chambres de commerce peuvent être pris indistinctement parmi les patentables de tout le département, s'il n'y a qu'une chambre de commerce dans le département; et parmi les patentables de la circonscription qui a été attribuée à chacune par l'ordonnance de création, s'il y en a plusieurs dans le département. Les membres nommés qui s'abstiendraient de se rendre aux convocations pendant un an, sont considérés comme démissionnaires et remplacés à la plus prochaine élection. — V. ord. 16 juin 1832, art. 7; L. 23 juill. 1820, art. 13.

29. — Nul ne sera nommé s'il n'a exercé le commerce ou une industrie manufacturière, en personne, au moins pendant cinq ans. — Les anciens commerçans ou manufacturiers peuvent être nommés, mais leur nombre ne doit jamais excéder le tiers des membres. — Art. 8.

30. — Le commerçant qui, sur son refus de prêter serment lors de l'élection des membres de la chambre de commerce, n'a pas été admis à voter, peut néanmoins être nommé lui-même membre de cette chambre, et il y a excès de pouvoir de la part du préfet qui annule une telle nomination. — *Cons. d'état*, 20 fév. 1835, Cavalier.

31. — Les membres d'une chambre de commerce n'ont pas qualité pour se pourvoir, soit collectivement, soit particulièrement, contre l'élection d'un des membres de ladite chambre. — *Cons. d'état*, 25 juin 1841, Chambre de commerce de Dieppe.

32. — Les fonctions des membres durent trois ans; le renouvellement se fait par tiers pendant les deux premières années, après la nomination générale: le sort décide de l'ordre des sorties. — Néanmoins, les membres fournis par les arrondissemens extérieurs ne comptent pas dans le pemier roulement: ils sortent après trois ans d'exercice. Nul ne peut être réélu plus d'une fois sans interruption d'exercice. — Les vacances accidentelles sont remplies à la plus prochaine élection. Les élus ne le sont que pour le temps qui restait à courir sur l'exercice du remplacé. — Art. 9.

CHAMBRE DES COMPTES.

1. — On appelait ainsi une cour souveraine, dont la juridiction embrassait l'ordre des finances, la conservation du domaine de la couronne et des droits qui en dépendaient. — De Laurière, *Ord. des rois de France* (collect. du Louvre, t. 6, p. 141); Isambert, *Anciennes lois franç.*, t. 5, p. 449.

2. — L'origine d'un corps judiciaire exclusivement appelé au jugement des comptes de l'état remonte aux premiers âges de la monarchie. — Maffioli, *Essai d'un projet de loi de réorganisation de la cour des comptes*, p. 2.

3. — Cependant on ne sait pas précisément comment la chambre des comptes fut instituée. Suivant Bayard et Camus (t. 4, *eod. verbo*, no 2), elle formait primitivement une chambre du parlement qui n'était distinguée de la grand'chambre que par les matières dont elle s'occupait. — V. sur ce point un Mémoire publié par la chambre des comptes en 1780, p. 261.

4. — Sous les deux premières races de nos rois, et bien avant sous la troisième, cette compagnie était ambulatoire et composée d'officiers qui voyageaient avec la cour du roi, et en faisaient partie avec les membres du parlement. — V. Pasquier, *Rech. de la Fr.*, liv. 2.

5. — Dans la suite, on démembra le parlement et l'on en détacha la chambre des comptes; de sorte que l'on fit deux compagnies souverainement bien distinctes: l'une, pour la distribution de la justice, et l'autre pour le réglement des deniers publics, l'administration du domaine du roi, et même, dans l'origine, pour la direction des monnaies. — V. ord. de janv. 1340; — Pasquier, t. 1er, p. 72.

6. — C'est une question assez controversée que de savoir à quelle époque la chambre des comptes fut établie à Paris et devint sédentaire.

7. — Selon Pasquier, il ne faut « pas douter que

ce fust sous Philippe-le-Bel, et quelques années auparavant la resseance du parlement. »

8. — D'autres prétendent que cette cour n'a été rendue sédentaire qu'en 1319, sous Philippe-le-Long. — V. Nouveau Denisart, vo *Chambre des comptes*; Guyot, *Rép.*, *eod verbo*.

9. — Mais les auteurs de l'*Encycl. méth.* (jurisp.), soutiennent que la chambre des comptes de Paris était déjà sédentaire sous le règne de Saint-Louis, et ils se fondent sur une ordonnance de 1256, qui enjoint aux *majeurs et prud'hommes* de venir compter devant *les gens des comptes* à Paris. — V. ord. du Louvre, t. 1er, p. 81 et 82. — Cependant il est difficile d'admettre que la chambre des comptes soit devenue sédentaire cinquante ans avant que le parlement ne le fût lui-même.

10. — A plus forte raison doit-on repousser l'opinion de l'auteur du mot *compte* dans l'*Encyclopédie* de Diderot, lequel prétend que la chambre des comptes était en permanence à Paris dès l'an 1100. Cette conjecture ne repose sur aucun document certain.

11. — D'anciens édits désignent la chambre des comptes de Paris, *comme étant cour souveraine, principale, première, seule et singulière du dernier ressort en tout le fait des comptes et des finances, l'arche de répositoire des titres et enseignemens de la couronne et du secret de l'état, gardienne de la régale, et conservatrice des droits et domaines du roi.*

12. — La chambre des comptes était en si grande considération auprès de nos rois, que Philippe de Valois, lorsqu'il alla en Flandre, lui donna pouvoir par des lettres patentes des 13 mars 1339, d'octroyer pendant son voyage des lettres de grâce, d'anoblissement et de légitimation. — Il lui permit même, en 1340, d'augmenter ou de diminuer le prix des monnaies d'or et d'argent. — V. Pasquier, *Recherches*, t. 1er, p. 72.

13. — Pasquier (*loc. cit.*) ajoute que parmi les officiers de cette compagnie on voyait figurer des princes du sang et les personnages les plus considérables du royaume. — Du reste, ce fut dans son sein que Charles V et Charles VI choisirent leurs exécuteurs testamentaires.

14. — Sous la troisième race, les rois Philippe de Valois, Charles V, Charles VI et Louis XII, vinrent plusieurs fois à la chambre des comptes pour délibérer sur les affaires les plus importantes de l'état. Ce fut là que l'on examina s'il convenait de donner connaissance au peuple du traité de Brétigny, conclu en 1359, et qu'il fut résolu qu'on le rendrait public.

15. — Au treizième siècle, la chambre des comptes de Paris avait non seulement le droit d'entendre tous les comptes des deniers du roi; elle pouvait en outre prononcer des amendes contre des personnes autres que les comptables. — Brussel, *Examen de l'usage des fiefs*, t. 1er, p. 473.

16. — Il y avait, avant l'année 1566, plusieurs chambres des comptes établies en France, et siégeant à Dijon, à Grenoble, à Aix, à Nantes, à Montpellier et à Blois. L'ordonnance de Moulins les supprima et ne laissa subsister que la chambre des comptes de Paris; mais cet état de choses dura peu. En 1568, on rétablit les chambres supprimées, et plus tard on en créa plusieurs autres, savoir: celles de Rouen (1580), de Pau (1624), de Dôle, dont le siége fut plus tard transporté à Besançon (1692), de Metz, de Nancy, de Bar-le-Duc et de Lille. Bref, en 1789, il y avait treize chambres des comptes en France, en y comprenant celle de Paris, et déduction faite de celle de Blois, qui fut définitivement supprimée en 1775. — V. Maffioli, *loc. cit.*, préf., p. 3, note.

17. — Les chambres des comptes d'Aix, de Montpellier, de Rouen, de Besançon étaient réunies à la cour des aides (V. COUR DES AIDES); celle de Pau, à la cour des aides et au parlement (V. PARLEMENT); celles de Metz, de Berry et de Lorraine au parlement, à la cour des aides et à la cour des Monnaies. — V. Guyot, *Rép.*, *loc. cit.*

18. — Les chambres des comptes n'avaient été originairement instituées que pour surveiller la gestion des agens du domaine royal. Leur juridiction, long-temps restreinte au jugement des comptes de ces préposés sur les pièces produites par les procureurs généraux, s'étendit ensuite sur l'établissement et la gestion des contributions publiques qui vinrent accroître la somme des revenus du prince. — Maffioli, *Réorganisation de la cour des comptes*, p. 4.

19. — La chambre des comptes de Paris jouissait spécialement du droit de recevoir les contrôleurs généraux des finances, et d'enregistrer les contrats de mariage de nos rois, les traités de paix, les provisions des chanceliers, gardes des sceaux, secrétaires d'état, maréchaux de France et grands officiers de la couronne; elle enregistrait aussi les sermens de fidélité de tous les archevêques, évê-

ques et cardinaux, et ce n'était qu'à partir de cette formalité que ces prélats pouvaient toucher leurs revenus et disposer de leurs bénéfices.

20. — La chambre des comptes dominait toutes les autres par le nombre et l'importance des comptabilités soumises à la juridiction.

21. — Elle jugeait les comptes du trésor royal, des travaux de la guerre, de la marine, de l'artillerie et du génie, des ponts et chaussées, de toutes les dépenses de la maison du roi et de celles des princes de sa famille. — Elle jugeait les comptes des domaines de la couronne, des caisses d'amortissement, du marc d'or, des parties casuelles, des administrations et régies financières et de toutes les comptabilités générales. — Maffioli, *ubi suprà*.

22. — Anciennement elle passait les baux des fermes des domaines du roi, et faisait des recherches sur les usurpations et dégradations de ces domaines.

23. — Elle connaissait aussi des comptes dits *de ménage*, des apanages, argenterie, grande aumônerie et petite écurie.

24. — Quant aux autres cours du royaume, elles avaient dans leurs attributions le jugement des comptes, des impositions locales, des octrois et revenus patrimoniaux des villes et de ceux de quelques parties du domaine royal situé dans leur ressort.

25. — Les fonctions des chambres des comptes, dit le Nouveau Denisart, consistaient à examiner et à juger tous les comptes des officiers et commissaires comptables; à vérifier et enregistrer les ordonnances, édits, déclarations et lettres patentes concernant les finances qui leur étaient envoyées; à recevoir les aveux et dénombremens des vassaux du roi; à vérifier et enregistrer les lettres de concession d'apanage, d'aliénation, d'échange et d'engagement des domaines, ainsi que les brevets de pensions accordées par le roi, les lettres de naturalité, d'amortissement, de légitimation, etc., etc.

26. — Les procureurs généraux des provinces étaient tenus d'envoyer chaque année à la chambre des comptes de Paris les arrêts rendus par leurs chambres respectives; mais ces arrêts n'étaient point accompagnés des pièces ni des comptes sur lesquels ils étaient intervenus.

27. — Les chambres des comptes avaient une juridiction souveraine. On observait devant elles dans l'instruction les formalités prescrites par l'ordonnance de 1667.

28. — Quelque étendues que fussent les attributions des chambres des comptes, la compétence en était souvent disputée par la spécialité des évocations du conseil du roi, des bureaux des finances et des intendans des provinces. — Maffioli, *loc. cit.*

29. — Henri IV avait eu le projet de centraliser à Paris toute la comptabilité du royaume, et de ne conserver qu'une seule chambre des comptes. Voici ce que ce monarque dit un jour au premier président de la chambre de Paris à qui il avait donné audience: « Mes intentions sont de régler mes affaires avec le temps, de telle sorte que je réunirai non seulement toutes les recettes générales, mais *toutes les chambres des comptes à Paris*. J'ai jugé de longue main que c'était le bien de mes affaires. Mais nous devons considérer que toutes choses ne se peuvent pas accomplir sitôt qu'on pourrait le désirer. J'espère faire voir avec le temps les effets de mes bonnes intentions.

30. — La chambre des comptes de Paris était composée d'un premier président qui, depuis l'année 1500 jusqu'en 1791, fut toujours choisi dans la famille de Nicolaï, de douze autres présidens, de soixante-dix-huit maîtres des comptes, de trente-huit correcteurs, de quatre-vingt-deux auditeurs, d'un avocat général, d'un procureur-général, de deux greffiers en chef, d'un contrôleur des restes, d'un garde des livres, de vingt-neuf procureurs et de trente huissiers.

31. — Le premier président, dont l'office dans l'origine était toujours exercé par un archevêque ou un évêque, avait un service permanent.

32. — Il ouvrait les lettres de cachet adressées à la compagnie, et les donnait à un maître des comptes pour en faire la lecture. — Dans toutes les occasions où la compagnie était admise à l'audience du roi, c'était le premier président qui portait la parole; il répondait au nom de la compagnie à toutes les invitations qui lui étaient faites.

33. — Il distribuait aux maîtres, correcteurs et auditeurs, les affaires qui les concernaient, et leur donnait jour pour en faire le rapport au grand bureau.

34. — Indépendamment des audiences fixées au mercredi et samedi, il avait la faculté d'en donner d'extraordinaires aux jours qu'il lui plaisait d'indiquer.

35. — Il recevait le serment des officiers de la

chambre; c'était entre ses mains que les vassaux du roi rendaient leur foi et hommage.

56. — Il nommait aux commissions établies par la chambre et y présidait de droit. Il était toujours de celles que le roi formait, soit pour la réunion ou l'échange des domaines, soit pour faire l'évaluation des terres données en apanage, en échange ou pour les douaires des reines.

57. — Il présentait à la chambre les personnes qui remplissaient les différens emplois dont elle disposait.

58. — La garde du trésor de la sainte-chapelle lui était confiée. Il était, avec l'un des maîtres par lui choisis, l'ordonnateur de ce qui concernait l'administration et l'entretien de cette chapelle.

59. — Il avait titre de *conseiller du roi en tous ses conseils d'état et privés*, et était compris au nombre de ceux qui recevaient des droits d'écurie et de deuil dans les états de la maison du roi; il drapait lorsque sa majesté prenait le grand deuil. Il était le seul des premiers présidens des cours souveraines qui jouissait de cette distinction.

40. — Les autres présidens étaient relativement à la chambre des comptes ce qu'étaient les présidens du parlement dans leur compagnie. Ils ne faisaient de service que par semestre.

41. — Suivant les statuts de l'ordre du Saint-Esprit, l'un de ces présidens devait assister aux chapitres généraux de cet ordre, pour procéder avec le chancelier et cinq commandeurs de l'ordre commis par le chapitre, à l'examen des comptes de ses deniers.

42. — Les avocats généraux et le procureur général du parlement de Paris exerçèrent pendant long-temps les fonctions du ministère public, tant au parlement qu'à la chambre des comptes; mais, en 1454, Charles VII créa pour cette cour souveraine un procureur général particulier, et Louis XI, en 1479, un avocat général.

43. — L'avocat général avait rang et préséance avant le procureur général; il portait la parole et prenait des conclusions sur les délits et déclarations, lorsque la publication s'en faisait à l'audience.

44. — Les fonctions les plus importantes du procureur général consistaient à requérir l'enregistrement des édits, ordonnances, déclarations et lettres patentes adressées à la chambre avec les ordres du roi; à donner ses conclusions sur toutes les lettres obtenues par des particuliers; à faire exécuter par les comptables les ordonnances qui les concernaient; à les obliger de soumettre leurs comptes à la chambre; à requérir les poursuites qui résultaient des charges subsistantes sur les *comptes*; à pourvoir à la sûreté des deniers du roi pendant le cours de leurs exercices et après leur décès; à veiller à ce que les vassaux du roi rendissent foi et hommage, aveux et dénombremens, dans le délai prescrit par les coutumes, etc.

45. — C'était lui qui donnait aux comptables le *quitus* après l'apurement total de leurs comptes.

46. — En l'absence de l'avocat général, il le suppléait dans ses fonctions.

47. — Il y avait aussi à la cour des comptes un office de substitut, qui, après avoir été, à plusieurs reprises, créé et supprimé ou réuni à la charge du procureur général, fut définitivement établi par un édit de 1690. — Les fonctions du substitut consistaient à suppléer le procureur général absent ou empêché.

48. — Les officiers de la chambre des comptes de Paris avaient la noblesse au premier degré; ils étaient commensaux de la maison du roi, jouissaient du privilège de *committimus*, et étaient exempts de droits seigneuriaux, quints et requints, reliefs et rachats, lods et ventes dans la mouvance du roi; ils étaient exempts aussi de toutes les charges publiques, telles que ban et arrière-ban, logement des gens de guerre, tailles, corvées, péages, aides, gabelles, etc.— *Encyclop. méthod.* (jurisp.), v° *Chambre des comptes*, p. 418.

49. — Les chambres des comptes furent définitivement supprimées par la loi du 4 juill. 1791, et un nouveau régime de comptabilité fut institué. — V. COMPTABILITÉ, COUR DES COMPTES.

50. — La dernière séance de la chambre des comptes de Paris a été tenue le lundi 19 sept. 1791.

V. AUDITEUR, CONTROLEUR GÉNÉRAL DES RESTES, CORRECTEURS DES COMPTES, COUR DES AIDES, COUR DES COMPTES, COUR DES MONNAIES, MAITRES DES COMPTES, PARLEMENT, PRÉSÉANCE.

CHAMBRE DU CONSEIL (Matière civile).

1. — C'est le lieu où délibèrent les magistrats et où se plaident certaines affaires.—On donne aussi ce nom à la section du tribunal qui exerce sa juridiction dans la salle des délibérés.

2. — Les juges ne se retirent pas toujours dans la chambre du conseil pour leur délibéré, mais ils peuvent le faire dans toutes les instances, aux termes de l'art. 116, C. procéd. civ.— V. DÉLIBÉRÉ.

Toutefois le jugement doit toujours être prononcé à l'audience, si ce n'est dans les cas suivans.

3. — En matière d'adoption, le jugement est prononcé en la chambre du conseil.—C. civ., art. 355. V. ADOPTION, n° 102.— Il en est de même de l'arrêt de la cour qui intervient sur ces sortes de demandes et qui les rejette (V. *ibid.*, n° 108); mais si l'adoption est admise, l'arrêt doit être prononcé en audience publique.—C. civ., art. 358.—V. ADOPTION, n° 109.

4. — En matière d'ordre, lorsqu'il y a négligence ou retard dans les poursuites, la subrogation peut être demandée par l'un des créanciers; cet incident est jugé en la chambre du conseil.— C. procéd., art. 779.— V. ORDRE.

5. — Aux termes de l'art. 103 du décret du 30 mars 1808, c'est également en la chambre du conseil que sont jugées les affaires disciplinaires concernant les officiers ministériels, lorsque le fait qui donne lieu aux poursuites n'a pas été commis ou découvert à l'audience.— V. AVOUÉ, DISCIPLINE, HUISSIER, OFFICIER MINISTÉRIEL.

6. — M. Berriat Saint-Prix (t. 1er, p. 29, note 43e, *Observ.*) dit qu'il ne connaît que ces trois exceptions à la règle de la prononciation publique des jugemens. Selon nous, il existe encore d'autres cas où le tribunal statue en la chambre du conseil en matière civile.

7. — 1° En matière d'autorisation de femme mariée, le jugement est rendu en la chambre du conseil.— C. procéd., art. 861 ; — Merlin, *Rép.*, v° *Autorisation maritale*, sect. 8e, n° 3 bis; Chauveau sur Carré, t. 6, n° 2928.— V. aussi *suprà* l. 2, v° AUTORISATION DE FEMME MARIÉE, n° 378. —

8. — 2° Aux termes de l'art. 380, C. procéd. civ., lorsqu'un juge connaît une cause de récusation en sa personne, il est tenu de le déclarer à la chambre, qui décide s'il doit s'abstenir; cette communication et cette décision (qui du reste n'est pas un jugement proprement dit) ont lieu à la chambre du conseil.— V. RÉCUSATION.

9. — 3° Enfin, en matière de taxe, c'est à la chambre du conseil que se juge l'opposition formée en vertu de l'art. 6 du deuxième décret du 16 fév. 1807.— V. FRAIS ET DÉPENS, TAXE.

10. — 4° En matière de rectification des actes de l'état civil, lorsque la chambre du conseil que la procédure s'instruit et que le jugement est rendu lorsque le demandeur est seul en cause et n'a pas de contradicteur.— V. ACTES DE L'ÉTAT CIVIL, n° 538.

11.—5° D'après l'art. 32, L. 30 juin 1838, lorsqu'il y a lieu de donner un administrateur provisoire à un aliéné, la nomination est faite en la chambre du conseil.— V. ALIÉNÉS, n° 245.

12. — Enfin c'est, en général, à la chambre du conseil que procède le tribunal lorsqu'il s'agit de jugemens sur requêtes.— V. JUGEMENT SUR REQUÊTE.

13. — C'est en matière criminelle que les attributions de la chambre du conseil ont le plus d'importance et offrent le plus d'intérêt.—V. le mot suivant.

CHAMBRE DU CONSEIL (Matière criminelle).

Table alphabétique.

CHAMBRE DU CONSEIL (matière criminelle).—1.— On donne ce nom en matière criminelle à la réunion du tribunal ou d'une section du tribunal chargée de statuer en chambre du conseil, et d'après le rapport du juge d'instruction, sur les procédures criminelles instruites par ce magistrat.

CHAPITRE Iᵉʳ. — *Notions générales.*

2. — L'institution de la chambre du conseil n'est pas une innovation du Code actuel d'instruction criminelle; sous l'empire de notre ancienne législation, lorsque le juge délégué spécialement pour l'instruction de l'affaire avait procédé aux informations nécessaires, l'affaire revenait devant les juges assemblés du tribunal.

3. — Sur le rapport qui leur était fait de la procédure, et après un nouvel et dernier interrogatoire subi par l'accusé, *sur la sellette*, les juges décidaient quelle suite devait être donnée à l'accusation. — Ord. 1670, tit. 14, art. 2, 15, 21; tit. 25, art. 15; décl. 24 janv. 1684, 13 août 1707.

4. — Notre législation criminelle fut, on le sait, complétement changée par les lois intermédiaires; à cette époque, les pouvoirs, auparavant divisés, quant à l'instruction criminelle, entre le juge spécialement chargé des informations et le tribunal, se trouvèrent réunis dans les mains du directeur du jury d'accusation. — V. notamment constit. 3 sept. 1791, tit. 3, chap. V, art. 26 ; décr. 16 sept. 4794 ; *De la just. crim.*, tit. 4ᵉʳ et suiv.

5. — Seul chargé de l'instruction criminelle, le directeur du jury d'accusation tirait lui-même des conséquences des actes de l'instruction à laquelle il avait procédé ; c'était lui de décider, d'après sa conviction personnelle, s'il devait ou non traduire le prévenu devant le jury d'accusation, et en conséquence de rédiger l'acte d'accusation, sur les questions duquel le jury d'accusation était tenu de se prononcer.—L. 3 brum. an IV, art. 247 et suiv.

6. — Mais on ne tarda pas à reconnaître ce que la concentration de tant d'autorité dans les mains d'un seul homme pouvait offrir de périlleux, et quels inconvénients pouvait présenter ce droit si étendu accordé au directeur du jury d'accusation de statuer seul sur des questions où l'honneur et la liberté des citoyens se trouvent si souvent gravement engagés.

7. — Aussi, tout en maintenant en principe le pouvoir absolu du directeur du jury d'accusation, la loi du 7 pluv. an IX (art. 16) voulut-elle que,

dans tous les cas où l'ordonnance ne serait pas conforme aux réquisitions du ministère public, l'affaire fût soumise au tribunal de l'arrondissement, qui ne pouvait décider qu'après avoir entendu le ministère public, le directeur du jury ne pouvant prendre part à la délibération.

8. — Quelques jours plus tard, la loi du 18 pluv. an IX, sur les tribunaux spéciaux, consacrait cette règle qu'au tribunal spécial seul appartenait le droit de statuer sur les effets et les résultats de l'information, le juge commis pour l'instruction n'ayant de pouvoir que pour la confection des actes relatifs à cette instruction.—L. 18 pluv. an IX, art. 23 et 24.

9. — Par suite, la cour de Cassation dut annuler plusieurs fois pour incompétence des ordonnances rendues dans les matières réservées aux tribunaux spéciaux par le juge commis pour l'instruction seule et sans la participation du tribunal. — *Cass.*, 12 pluv. an XIII, Bigot; 23 vent. an XIII, N.; 29 germin. an XIII, Gitareau ; 14 août 1808, d'Haulpoul.

10. — Ce que la loi du 7 pluv. an IX avait fait pour des cas spéciaux, les rédacteurs du Code d'instruction criminelle le consacrèrent comme droit commun, en rétablissant d'une manière générale le principe salutaire de la division des attributions entre le juge spécialement chargé de l'instruction et le tribunal dont il fait partie dans les matières criminelles.

11. — Sans doute, comme auparavant le directeur du jury d'accusation, le juge d'instruction est chargé de faire toutes les recherches nécessaires pour la constatation des délits et des crimes, et doit à cet effet rassembler tous les documens qui peuvent servir à la manifestation de la vérité ; mais là se borne son pouvoir, et il ne lui appartient pas de statuer seul sur les conséquences de son information.

12. — C'est donc aujourd'hui un principe constant que toute affaire dont l'instruction a été suivie et même simplement commencée doit être rapportée à la chambre du conseil, quel que soit le résultat de la procédure, et lors même qu'elle n'aurait produit aucunes charges, ou que l'auteur du crime ou du délit serait resté inconnu.

13. — Saisie en même temps que le juge d'instruction, la chambre du conseil ne peut plus être dessaisie que par une décision émanant d'elle-même, ou par une évocation de la part de la cour royale, ou par un arrêt de règlement de juges, ou en renvoi à un autre tribunal, prononcé par l'autorité judiciaire supérieure.—Duverger, *Manuel du juge d'instr.*, t. 4ᵉʳ, nº 905.

14.—En effet, la loi légalement saisi de la connaissance d'une affaire ne peut être dessaisi que par un acte qui épuise sa juridiction. — *Cass.*, 18 juin 1812, Vitrac.—Or, ici, cet acte, c'est le plus ordinairement l'ordonnance de la chambre du conseil.

15. — Jugé cependant que le procureur du roi peut, quoiqu'il ait saisi le juge d'instruction, citer directement le prévenu à l'audience, sans attendre que l'information soit terminée, et avant le rapport du juge d'instruction à la chambre du conseil. — Grenoble, 7 fév. 1828, Joubert.

16. — Mais cette décision est inadmissible, et c'est une jurisprudence constante que le ministère public ne peut, après avoir saisi le juge d'instruction, abandonner la voie de l'instruction préparatoire, et traduire directement le prévenu en police correctionnelle. — *Cass.*, 18 juin 1812, Vitrac; 7 juin 1821, Beck ; — Legraverend, *Traité de législation criminelle*, t. 2, ch. 4, p. 386; Chassan, *Tr. des délits de la parole*, t. 2, nº 297. — V. ACTION PUBLIQUE, nᵒˢ 224 et suiv.

17.—Toutefois la loi du 9 sept. 1835, *sur la presse* (art. 3), et celle du même jour *sur les cours d'assises* (art. 3 et 4), contiennent une dérogation à ce principe, en accordant au procureur général la faculté de saisir directement la cour d'assises, malgré l'information commencée par le juge d'instruction, en vertu de citations données directement aux prévenus. — V. DÉLIT DE PRESSE.

18. — Ce droit n'existe du reste que tant que la chambre du conseil n'a pas été appelée à statuer sur la cause, car, ainsi que l'observe M. de Grattier (*Comment. sur les lois de la presse*, t. 2, p. 269, note 2ᵉ), ce droit ne peut plus être exercé du moment où la chambre du conseil a prononcé, et dès-lors la procédure doit suivre sa marche ordinaire.

CHAPITRE II. — *Attributions de la chambre du conseil.*

19. — Aux termes de l'art. 127, C. inst. crim., le juge d'instruction doit rendre compte à la cham-

bre du conseil au moins une fois par semaine des affaires dont l'instruction est de lui dévolue.

20. — On s'est demandé si l'art. 127, C. inst. crim, devait être entendu en ce sens que chaque semaine le juge d'instruction devait rendre compte de toutes les affaires en cours d'instruction, quelque peu avancée même que fût la procédure, ou si l'obligation ne portait que sur les affaires dont l'instruction était complète.

21. — C'est ce dernier sentiment qui seul nous paraît admissible. Ainsi, quand le juge d'instruction pense que les élémens d'appréciation d'une affaire sont suffisans, et qu'une décision peut utilement intervenir, il n'y aurait, on doit le sentir, inconvénient grave, et il y aurait, au contraire, à ce que le magistrat rendît compte chaque semaine de procédures qu'il ne considérerait pas comme complètes ; le titre même du chapitre fournit la preuve des intentions qui ont dicté cette disposition.

22. — Du reste, la loi ne détermine aucun délai autre que celui de la prescription pour mettre fin à une procédure criminelle, et les tribunaux ne peuvent en fixer un au procureur du roi ni au juge d'instruction (*Douai*, 15 oct. 1832, Valque°c. Daniel), sauf la surveillance à laquelle ces magistrats sont soumis d'après les art. 279 et suiv., C. inst. crim.

23. — En matière de presse cependant, quand il y a cassation, le juge d'instruction est tenu d'en faire rapport à la chambre du conseil dans la huitaine de la notification de mandat de saisie, aux termes de l'art. 8, L. 26 mai 1819, et la chambre du conseil est tenue de statuer dans les dix jours de cette notification à peine de nullité de la saisie; cette nullité entraîne celle de la procédure lorsqu'il s'agit d'un simple délit.

24. — Dans tous les autres cas, une circulaire ministérielle du 10 fév. 1849 émet néanmoins le vœu que dans les trois mois, à partir du réquisitoire introductif du procureur du roi, le rapport de l'affaire soit présenté à la chambre du conseil, et que celle-ci ait statué les mêmes que des complices seraient fugitifs et des témoins éloignés, si le procès présente d'ailleurs des indices suffisans pour établir la prévention et régler la compétence.

25. — Le délai fixé par l'art. 127, C. inst. crim., n'est donc pas de rigueur ; et que la loi a voulu dire, c'est qu'aucune lenteur ne doit être apportée dans l'instruction, et non que le rapport doit nécessairement être fait dans la huitaine.

26. — En effet, il est des cas où ce rapport ne saurait être fait avant une époque bien plus prolongée que le délai de huitaine ; ainsi, s'il s'agit de blessures graves ayant occasionné une maladie ou incapacité de travail, le rapport devra quelquefois être différé jusqu'à l'expiration du délai de vingt jours depuis la perpétration du fait, et ce, quand l'instruction serait complètement terminée, puisque pour qualifier le fait il faut savoir si la maladie ou l'incapacité de travail a duré plus de vingt jours.

27. — D'un autre côté, si l'instruction de l'affaire est complète avant l'expiration de la huitaine, le juge d'instruction n'a pas besoin d'attendre plus long-temps pour déposer son rapport; la justice ne saurait être trop promptement rendue.

28. — C'est pour cela que la loi n'a pas cru devoir déterminer le degré d'instruction où doivent être parvenues les affaires pour être soumises à la chambre du conseil. Ainsi, si l'affaire est simple et ne peut donner lieu à aucune difficulté, aussitôt la plainte portée et le prévenu interrogé, rien n'empêche le juge d'instruction de déposer son rapport, et la chambre du conseil peut statuer immédiatement et renvoyer pour suite en police correctionnel. — *Cass.*, 1ᵉʳ avr. 1813, Delnau.

29.—.—Sauf le droit qu'a la chambre d'ordonner la continuation de l'instruction dans le cas où elle ne se croirait pas suffisamment éclairée (*Orléans*, 11 déc. 1840 [1ᵉʳ avr. 1841], p. 494], Boulet), et ce, quelles que soient les conclusions du ministère public.

30. — Cette marche pratiquée déjà sous l'ancienne jurisprudence (Jousse, *Tr. de la justice criminelle*, t. 3, p. 7) est encore enseignée par les auteurs qui ont écrit depuis le Code d'instruction criminelle et, d'ailleurs, conforme à la circulaire du ministre de la justice du 25 sept. 1862. — Merlin, *Rép.*, vᵒ *Opposition à ordonnance*, note 7ᵉ; Carnot, sur l'art. 127, nº 8, et Obs. add. nº 4; Bourguignon, t. 4ᵉʳ, p. 273, nº 7 ; Berriat Saint-Prix, *Dr. crim.*, p. 94 ; Duverger, t. 2, nº 507; Massabiau, nº 1947.

31. — Et il y a d'autant moins d'inconvéniens à admettre que le juge d'instruction peut faire incessamment son rapport, que le ministère public peut facilement compléter l'instruction en faisant recueillir par ses auxiliaires les renseignemens qui

lui manqueraient. Aussi les circulaires ministérielles des 9 avr. 1825 et 16 août 1842, enjoignent-elles au ministère public de recourir le plus souvent possible à l'emploi de cette mesure, dans le but de réduire les frais. — Duverger, *loc. cit.*

52. — Toutefois M. Massabiau (*loc. cit.*) fait observer avec raison que ces circulaires ministérielles ne parlent que d'affaires correctionnelles; et que s'il s'agissait d'un crime, le rapport ne devait être fait à la chambre du conseil qu'autant que l'information serait complète et entièrement terminée.

53. — Cependant, même dans ce cas, lorsque plusieurs prévenus sont compris dans une même instruction, le défaut de complément de la procédure, quant à tous les prévenus, ne serait point un obstacle à ce que sur un rapport du juge d'instruction la chambre du conseil statuât sur le sort de ceux d'entre eux à l'égard desquels il serait devenu constant qu'il n'existe aucun indice suffisant de culpabilité, ni possibilité de charges nouvelles. — *Toulouse*, 6 sept. 1841 (t. 2 1841, p. 730), N...

54. — Le motif de cette décision se conçoit aisément; on ne saurait retenir plus long-temps privé de sa liberté un homme dont l'innocence est devenue évidente : or, il faut bien recourir sans plus tarder à la chambre du conseil, seule compétente pour statuer en pareil cas. — Carnot, sur l'art. 28, n° 2, et sur l'art. 61, n° 4.

55. — Car, ainsi que nous l'avons dit plus haut (n°s 12 et suiv.), le juge d'instruction ne peut en aucun cas et de sa propre autorité se dessaisir, soit en prononçant sur le mérite de la plainte, soit en statuant sur la qualification du fait, ou sur sa propre compétence, sans faire auparavant rapport à la chambre du conseil. — *Grenoble*, 22 déc. 1832, habitans de Jallieu; *Paris*, 13 mai 1836, Bienaimé.

56. — D'où il faut conclure que le juge d'instruction ne peut décider seul, sur une instruction commencée, qu'il n'y a pas lieu à suivre contre un prévenu et, en conséquence, qu'il y a lieu à le mettre immédiatement en liberté. — *Metz*, 14 mai 1833, Hebling; *Paris*, 26 juin 1840 (t. 2 1840, p. 175), Chevrel; — Carnot, sur l'art. 127, *Obs. add.*, n° 7.

57. — Par les mêmes motifs il ne peut décider seul qu'il n'y a pas lieu à procéder sur une information requise par le ministère public, cette décision équivalant à une *ordonnance de non-lieu*. — *Cass.*, 10 avr. 1829, Bonnet; *Grenoble*, 22 déc. 1832, habitans de Jallieu; *Paris*, 11 mai 1838 (t. 1er 1838, p. 569), Varvager.

58. — Requis par le ministère public de faire un supplément d'instruction, il ne peut non plus s'y refuser de son chef, et doit en référer à la chambre du conseil seule compétente pour apprécier si ce supplément est ou non nécessaire. — *Paris*, 15 juin 1838 (t. 1er 1838, p. 644), Recusson.

59. — Toutefois l'irrégularité de l'ordonnance, par laquelle le juge d'instruction renvoie le procureur du roi à se pourvoir par citation directe devant le tribunal de police correctionnelle, devient indifférente dès qu'il a été statué ultérieurement d'une manière régulière par la chambre du conseil. — *Cass.*, 1er avr. 1813, Delnau.

40. — Les juges d'instruction ont sans doute le droit de refaire par eux-mêmes ou par des délégations nouvelles les actes des officiers de police judiciaire par eux commis ou délégués, mais l'annulation ne peut en être prononcée que par la chambre du conseil. — *Cass.*, 27 août 1818, Constans.

41. — De ce que la chambre du conseil est saisie de l'instruction des affaires criminelles en même temps que le juge spécialement chargé de l'information, il suit que relativement à la délivrance des mandats, ils sont investis du même pouvoir que le juge d'instruction, et qu'en conséquence elle est compétente pour décider sur le rapport du magistrat instructeur s'il y a lieu ou non de les décerner. — *Cass.*, 8 nov. 1834, Avril.

42. — Mais elle dépasserait ses pouvoirs en décernant elle-même le mandat, ce droit étant réservé exclusivement au juge d'instruction; elle n'a qualité que pour décerner une ordonnance de prise de corps. — *Cass.*, 18 fév. 1831, Gamache.

43. — De même, c'est au juge d'instruction seul qu'il appartient de lever comme d'ordonner la mise au secret d'un détenu; la chambre du conseil ne peut, surtout si le juge d'instruction s'y oppose, prescrire cette mesure. — *Cass.*, 26 fév. 1825, Ponsart; 27 juill. 1838 (t. 2 1838, p. 91), Aucquetin; — Carnot, sur l'art. 613; Legraverend, t. 1er, chap. 9, p. 335 et 336; Bourguignon, sur l'art. 90.

44. — Une circulaire du ministre de la justice du 10 fév. 1839 ne semble cependant pas pouvoir se concilier avec ce principe : « Je désire, dit le ministre, que dans les comptes hebdomadaires que l'art. 127, C. inst. crim., charge les juges d'instruction de rendre à la chambre du conseil, ils aient toujours soin de faire connaître les procédures à l'occasion desquelles la défense de communiquer aura été faite à un prévenu, pour que le tribunal apprécie cette mesure extraordinaire, qu'il prévienne par sa surveillance et réprime par son autorité tout ce qui serait irrégulier, injuste et vexatoire. »

45. — La doctrine émise par cette circulaire n'est pas, selon nous, admissible; nulle part la loi n'a accordé à la chambre du conseil un droit de surveillance sur le juge d'instruction, qui n'a pas à expliquer et à justifier ses actes devant elle; s'il y a abus de la part du juge d'instruction, c'est au procureur général qu'il appartient d'agir, et nullement à la chambre du conseil, qui ne pourrait, sans commettre un manifeste excès de pouvoir, s'attribuer ainsi un droit de censure qui ne lui appartient point. — Duverger, t. 3, n° 511.

46. — Aussi dans une nouvelle circulaire du 6 déc. 1840, le ministre de la justice ne parle plus du pouvoir répressif du tribunal, et tout en maintenant le principe du rapport à la chambre du conseil, il ne reconnaît plus à cette dernière qu'un droit de contrôle; ce qui, suivant M. Duverger (*loc. cit.*), serait encore trop, puisque la loi ne soumet le juge d'instruction et ses actes qu'à la surveillance du procureur général et de la cour royale au besoin.

47. — Le juge d'instruction peut encore statuer seul sur *la légalité* de l'audition des témoins indiqués par le ministère public : il n'est tenu d'en référer à la chambre du conseil que lorsqu'il s'agit de décider si l'audition demandée est ou non *utile* pour compléter l'instruction (*Rennes*, 8 déc. 1836 [t. 1er 1837, p. 349], procureur du roi de Rennes), sauf le droit du ministère public de se pourvoir devant la chambre d'accusation contre l'ordonnance rendue par le juge.

48. — On doit décider de même s'il s'agit, dans une affaire où il y a plusieurs accusés, de la question de savoir s'ils doivent être ou non interrogés en présence l'un de l'autre.

49. — C'est ainsi que, sous la loi du 7 pluv. an IX, on jugeait que la dissidence entre le magistrat de sûreté et le directeur du jury ne donnait lieu à un référé au tribunal que dans le cas où ce directeur avait reconnu que l'affaire était suffisamment instruite, en sorte que ce référé ne pouvait avoir pour objet de faire décider si deux accusés seraient interrogés l'un en présence de l'autre, puisqu'il en résultait que l'affaire n'était pas suffisamment instruite. — *Cass.*, 12 juill. 1806, Cagnard.

50. — Le Code d'instruction criminelle, il est vrai, ne contient pas de disposition analogue à celle de la loi du 7 pluv. an IX; néanmoins on doit décider que la dissidence qui pourrait exister entre le juge d'instruction et le procureur du roi ne donnerait pas nécessairement lieu à un référé à la chambre du conseil; c'est ce qui résulte de la rubrique du chap. 9, liv. 1er, C. inst. crim., intitulée *Du rapport du juge d'instruction quand la procédure est complète*. Ces deux magistrats se trouvant placés l'un comme l'autre sous la surveillance du procureur général, la marche la plus simple qu'ils auraient à suivre serait de lui en référer.

51. — Jugé que l'opposition du procureur du roi à une ordonnance du juge d'instruction doit être portée devant la chambre des mises en accusation de la cour royale, et non devant la chambre du conseil de première instance. — *Cass.*, 1er août 1822, Guende; 10 avr. 1829, Bonnet. — V. CHAMBRE DES MISES EN ACCUSATION, INSTRUCTION CRIMINELLE.

52. — Il ne faut pas cependant conclure de là que si l'incident avait été soumis à la chambre du conseil, l'ordonnance qu'elle aurait rendue dût être annulée comme dans l'espèce de l'arrêt ci-dessus. Le tribunal a toujours la faculté, lors même que le juge d'instruction croirait la procédure complète, d'ordonner un supplément d'information ou tout acte spécial d'instruction. Il suffirait, pour établir la compétence de la chambre du conseil, qu'elle fût saisie par un rapport du juge d'instruction; elle ne serait incompétente qu'autant que, s'érigeant en juge d'appel de ce magistrat, elle statuerait sur l'opposition du ministère public et en l'absence de tout rapport.

53. — Enfin, il est hors de doute que le juge d'instruction dessaisi par l'ordonnance de la chambre du conseil ne peut plus faire aucun acte de son ministère, et à plus forte raison réformer des actes antérieurs. — *Cass.*, 27 août 1831, Haoud; 5 sept. 1833, Domey. — V. encore *Cass.*, 18 avr. 1816, Nicoli.

54. — Déjà, même sous l'empire de la loi du 3 brum. an IV, on décidait que lorsque le tribunal correctionnel avait prononcé par jugement passé en force de chose jugée, le directeur du jury était irrévocablement dessaisi et n'avait plus le droit d'examiner la régularité du mandat d'arrêt et de la mise en liberté sous caution, ni de les réformer. — *Cass.*, 6 niv. an VII, Dorturier. — V. INSTRUCTION CRIMINELLE.

CHAPITRE III. — *Composition de la chambre du conseil. — Conclusions du ministère public. — Rapport du juge d'instruction.*

55. — La chambre du conseil, pour réaliser les garanties que l'ordre social est en droit d'attendre de l'administration de la justice, a été, comme les tribunaux jugeant en audience publique, composée de trois juges au moins y compris le juge d'instruction; ainsi le prescrit l'art. 127, C. inst. crim.

56. — Les mots *au moins* indiquent que la prescription de cet article n'est pas limitative; la chambre du conseil peut donc être composée de plus de trois juges.

57. — Dans les tribunaux composés de plusieurs chambres, un réglement intérieur détermine, au commencement de chaque année judiciaire, la chambre à laquelle le juge d'instruction sera tenu de faire ses rapports, et, s'il existe plusieurs juges d'instruction, la répartition de chacun d'eux dans les différentes chambres. — Legraverend, chap. 10, p. 371.

58. — Et cette chambre est seule compétente pour statuer sur le rapport du juge d'instruction, sauf l'époque des vacances judiciaires pendant laquelle l'administration de la justice est confiée exclusivement à la chambre des vacations.

59. — Les juges attachés aux autres chambres, ainsi que les juges suppléans, ne peuvent être appelés à en faire partie que pour compléter le nombre de trois juges nécessaire pour la constituer légalement.

60. — Jugé que si, par suite d'abstention, absences ou empêchemens quelconques, la chambre du conseil se trouvait réduite à un nombre de juges inférieur à trois, l'art. 49, décr. 30 mars 1808, recevrait son application; et, comme s'il s'agissait du service des audiences, on appellerait un avocat ou un avoué pour les compléter. — *Angers*, 21 juin 1825, L....

61. — Remarquons, du reste, que, quel que soit le nombre des juges, la présence du juge d'instruction est toujours indispensable et de rigueur (C. inst. crim., art. 127); il y prend place d'après son rang d'ancienneté et, en conséquence, peut être appelé à la présidence en cas d'absence des président, vice-président et de juges plus anciens.

62. — Et par juge d'instruction, il faut évidemment ici entendre celui *actuellement* chargé de l'instruction, alors même qu'il n'aurait pas instruit toute la procédure et que d'autres magistrats y auraient pris part. — Carnot, sur l'art. 127, n° 3; Bourguignon, *Jurisp. des Codes crim.*, t. 1er, p. 270.

63. — Il est incontestable que les causes de récusation établies par les art. 378 et suiv, C. procéd., doivent s'appliquer en ce qui concerne la composition de la chambre du conseil.

64. — Mais faut-il aller plus loin et dire que le juge qui, conformément au prescrit de l'art. 29, C. inst. crim., a dénoncé officiellement au ministère public un délit parvenu à sa connaissance, doit s'abstenir de siéger à la chambre du conseil ?

65. — Nous ne le pensons pas. En effet, il y a loin de la dénonciation faite dans ces circonstances à celle qui provient d'un simple particulier, libre de se taire et qui en agissant n'obéit peut-être qu'à un sentiment personnel d'intérêt ou de passion : le juge, au contraire, dénonce le délit, de bonne foi, sans mobile intéressé, et ne se constitue pas par conséquent l'adversaire du prévenu : il n'y a donc point lieu, et en thèse générale, à moins de circonstances particulières, de le récuser. — Duverger, n° 506, note 2e.

66. — Quant à la question de savoir si les juges qui ont connu d'une affaire en chambre du conseil, peuvent faire partie de la cour d'assises devant laquelle est portée la même affaire, V. COUR D'ASSISES.

67. — Les séances de la chambre du conseil ne sont point publiques; la procédure, en effet, devant, dans l'intérêt même du prévenu, rester secrète jusqu'à l'arrêt de renvoi devant la juridiction compétente, il eût été contraire à tout le système de notre législation que le rapport du juge d'instruction fût soumis au tribunal en séance publique. — *Cass.*, 19 mai 1827, Gaumont c. Bourgois; — Legraverend, chap. 10, p. 271.

68. — En conséquence, ni la partie civile, s'il en existe, ni les témoins, ne peuvent assister à la séance de la chambre du conseil, laquelle a nécessairement lieu à huis-clos.

69. — Il en est de même du prevenu, à qui la loi ne prescrit aucune communication préalable de la procédure; toutefois, on ne saurait lui contester le droit de produire pour sa défense un mémoire devant le juge d'instruction, lequel, joint aux pièces de la procédure, passe ainsi sous les yeux de la chambre du conseil. — *Cass.*, 29 déc. 1822, Bordes.

70. — Et le procureur du roi ne pourrait s'y opposer, sous prétexte que le mémoire contiendrait des énonciations injurieuses pour un officier de police judiciaire, sauf à exercer telles poursuites que de droit. — Même arrêt.

71. — Le droit de produire un mémoire doit-il être également accordé à la partie civile? — Sous l'empire de l'ancienne législation, c'était à cette époque de la procédure que la partie civile devait produire la requête de ses *conclusions civiles* contre l'accusé. Il en était donné copie à celui-ci, qui pouvait y répondre par une *requête d'atténuation* tendant à démontrer la fausseté des allégations de cette partie. Ces deux requêtes étaient signifiées. — Ord. 1670, tit. 23, art 3.

72. — Ces prescriptions n'ont pas été reproduites dans notre Code, et il est certain, au contraire, que la partie civile ne saurait intervenir par des conclusions devant la chambre du conseil, parce que cette juridiction, appelée uniquement à statuer sur la compétence, ne peut rien décider relativement aux questions d'intérêts civils.

73. — Cependant, et de même que devant la chambre des mises en accusation, on reconnaît généralement à la partie civile, aussi bien qu'à l'accusé, le droit de produire un mémoire devant la chambre du conseil. — Argum. *Cass.*, 13 fév. 1818, Regnault ; — Massabiau, t. 2, n° 1940.

74. — L'art. 127, C. inst. crim., ne s'explique point sur la présence du greffier : or, selon Carnot (t. 1er, chap. 9, n° 5), il doit assister aux séances de la chambre du conseil. Cette opinion se fonde sur ce que le greffier fait partie nécessaire du tribunal et qu'il est chargé de transcrire l'ordonnance. Nous n'apercevons aucun inconvénient à ce qu'il assiste au rapport du juge et au prononcé de l'ordonnance, si prononcé il y a ; mais nous pensons qu'il doit se retirer pendant la délibération ; dans l'usage, il se borne généralement à transcrire les ordonnances sur les notes du juge d'instruction.

75. — Quant au ministère public, la question de savoir s'il peut ou non assister aux délibérations de la chambre du conseil a été controversée entre les auteurs. — L'affirmative est enseignée par Schenck, *Tr. du min. publ.*, t. 2, p. 291 ; Ortolan et Ledeau, *Tr. du min. publ.*, t. 2, p. 85 ; Carnot, sur l'art 127, n° 4 ; Massabiau, *Manuel du proc. du roi*, n° 1944 ; Delamorte-Felines, *Manuel du juge d'inst.*, p. 345. — Mais la négative est adoptée par Legraverend, t. 1er, chap. 10, p. 373 ; Bourguignon, *Jurisp. des Codes crim.*, t. 1er, p. 269, n° 3 ; Boitard, *Code d'inst. crim.*, p. 202.

76. — M. Duverger (t. 2, n° 516), tout en admettant ce dernier système comme plus conforme à la loi, paraît regretter qu'il en soit ainsi : « Le juge d'instruction, dit-il, n'a pas de motifs de décliner la présence du magistrat du ministère public. Fort de ses intentions, il sait qu'il fera un rapport fidèle et complet; et si pourtant quelque omission ou quelque erreur lui était échappée, il s'applaudirait de ce que le procureur du roi lui viendrait en aide pour éclairer la chambre du conseil, soit sur les faits, soit sur les questions de droit que le procès aurait soulevées, et dont le réquisitoire final aurait provoqué la solution. »

77. — Nous croyons, quant à nous, devoir adopter la négative, mais sans y voir les mêmes inconvéniens que M. Duverger. C'est en effet un principe de notre droit public que le ministère public doit rester étranger à la délibération des juges; et c'est surtout en matière criminelle qu'il importe de maintenir ce principe dans son intégrité, surtout si l'on considère que, le prévenu n'ayant pas le droit d'assister au rapport du juge d'instruction, ni personne pour lui, il ne pourrait contrebalancer l'influence défavorable qu'exercerait la présence du ministère public.

78. — Déjà autrefois l'ord. 1670 (tit. 24, art. 2) défendait au procureur du roi d'assister à la *visite des procès criminels*. — Jousse, *Just. crim.*, t. 2, p. 112 ; Bornier, *Confér. des ordonn.*, t. 2, p. 330. — C'est également ce qui semble résulter de l'art. 127, C. inst. crim., qui exige communication *préalable* au ministère public, pour qu'il ait à prendre ses réquisitions. — Une pratique générale et non interrompue depuis la mise à exécution de ce Code avait d'ailleurs préparé la décision de la jurisprudence et ne laisse plus matière à la controverse. — *Cass.*, 19 sept. 1839 (t. 2 1840, p. 52), Coste. — V. encore circul. min. de la justice, 30 sept. 1812.

79. — Cependant, il ne faut pas oublier que dans tous les actes judiciaires où l'ordre public est intéressé, surtout en matière criminelle, le ministère public est partie nécessaire et comme gardien public et constitutionnel des formes établies par la loi et surveillant de sa juste application. — *Cass.*, 16 vendém. an VIII, N... — Il y a donc lieu de s'abstenir de tout ce qui pourrait être inconciliable avec ce principe.

80. — Aussi la loi veut-elle que, avant que la chambre soit saisie, communication de la procédure soit donnée au procureur du roi préalablement au rapport, afin qu'il requière selon les circonstances. — On appelle ordonnance de *soit communiqué* l'acte par lequel le magistrat instructeur constate la transmission qu'il fait au ministère public de la procédure. — C. inst. crim., art. 127.

81. — Si la communication n'avait pas eu lieu, le rapport du juge d'instruction ne saurait valablement être soumis à la chambre du conseil, dont la décision devrait être annulée, de même que, sous le Code du 3 brum. an IV, on annulait pour le même motif les ordonnances du directeur du jury rendues sans les conclusions préalables du commissaire du gouvernement. — *Cass.*, 16 vendém. an VIII, N...; 29 messid. an VIII, Progneaux; *Toulouse*, 6 sept. 1841 (t. 2 1841, p. 730), N...

82. — Notons toutefois que la communication ainsi exigée n'est pas celle du rapport lui-même, qui dans les cas ordinaires n'est pas écrit (V. *infrà* n° 99), mais du dossier des pièces de la procédure.

83. — Du moment où il est admis que le ministère public n'a pas entrée à la chambre du conseil, il suit évidemment que ses conclusions doivent être données *par écrit*. — Legraverend, t. 1er, p. 269 ; Massabiau, *loc. cit.*, t. 2, p. 349 ; Boitard, *id.*, p. 202 ; Duverger, t. 2, p. 515. — V. *contrà* Carnot, sur l'art. 127, n° 4 ; Ortolan et Ledeau, t. 2, p. 83.

84. — Ainsi le voulait l'ord. 1670 (tit. 23, art. 3), qui, de plus, exigeait que les conclusions fussent cachetées, interdisant aux magistrats qui les rédigeaient d'énoncer les raisons sur lesquelles elles étaient fondées, afin, sans doute, que l'esprit des juges ne fût pas influencé par ces raisons.

85. — Et sous l'empire du Code du 3 brum. an IV, on décidait que la mention que le commissaire du pouvoir exécutif avait été ouï ne pouvait pas remplacer les conclusions par écrit que ce commissaire devait prendre avant l'ordonnance de renvoi devant le jury d'accusation. — *Cass.*, 8 vendém. an VIII, Vinet.

86. — Aujourd'hui aussi, comme sous l'ancien droit, ces conclusions doivent être *définitives*, c'est-à-dire porter sur le fond de l'affaire, à la différence des conclusions *préparatoires* prises pendant le cours de l'instruction pour faciliter la marche de l'instruction criminelle.

87. — Aucune forme sacramentelle n'est au surplus tracée pour la rédaction de ce réquisitoire, dans l'usage sommaire s'il s'agit de matières correctionnelles; mais les instructions et circulaires prescrivent, lorsque l'affaire paraît de nature à être portée à la cour d'assises, de le présenter complet et développé de manière à servir à la rédaction ultérieure de l'acte d'accusation.

88. — Si la communication au ministère public est indispensable, et si ses conclusions doivent être nécessairement jointes au dossier pour que la chambre du conseil puisse statuer valablement, d'un autre côté il est évident qu'il ne peut retarder arbitrairement le rapport, et qu'il faut appliquer ici l'art. 61, C. inst. crim., qui exige que la procédure ne soit pas retenue plus de trois jours.

89. — Que devrait-on décider, cependant, si les pièces étaient retournées, sans conclusions du ministère public ?

90. — La question avait déjà été agitée sous l'empire de l'ordonnance, et Jousse (*Tr. de la just. crim.*, p. 68) accordait dans ce cas au tribunal, provoqué par le juge d'instruction, un droit d'injonction sur le procureur du roi; et si celui-ci n'obtempérait pas, il ne voyait que deux partis à prendre : en informer le procureur général et même le président de la Tournelle, afin qu'ils avisassent à enjoindre au procureur du roi à donner ses conclusions ; ou bien commettre, sur le refus persévérant du procureur du roi, un des juges présens pour le suppléer.

91. — Evidemment, et sous notre droit actuel, la chambre du conseil ne saurait exercer, à l'égard du ministère public, le droit d'injonction que lui accordait l'ancienne doctrine, comme aussi il est bien douteux qu'elle puisse commettre, en cas d'abstention du procureur du roi, un des juges du tribunal. La seule voie légale serait d'en référer au procureur général, qui aviserait à prendre les mesures nécessaires pour que le cours de la justice ne fût pas plus long-temps entravé. — Duverger, t. 3, n° 515.

92. — Toutefois le cas d'un refus absolu de conclure, de la part du ministère public, n'est guère susceptible de se présenter; mais souvent il peut se faire que les conclusions présentées tendent simplement à de nouvelles mesures d'instruction, et non point à une déclaration immédiate sur le fond de l'affaire.

93. — Or, il a été jugé qu'il suffit que le ministère public ait donné des conclusions quelconques, même tendant simplement à un supplément d'information, pour que la chambre du conseil puisse statuer sans plus de retard sur le fond de l'affaire, si elle juge la procédure suffisamment instruite. — *Cass.*, 25 sept. 1824, Delaunay.

94. — Et la doctrine consacrée ici par la cour de Cassation, toute rigoureuse qu'elle paraît, ne méconnaît en cela ni le texte ni l'esprit de la loi; pour remplir entièrement le but qu'elle se propose, les juges de la chambre du conseil doivent, sans aucun doute, s'appliquer à donner aux officiers du ministère public tous les moyens de formuler leurs conclusions d'une manière complète; mais, en dernier état de cause, la voie de l'opposition lui reste ouverte, aux termes de l'art. 135, pour faire réformer les décisions rendues, si elles méritaient de l'être.

95. — Les conclusions du procureur du roi étant jointes à la procédure, la chambre du conseil assemblée entend le rapport de l'affaire qui lui est présenté par le juge instructeur.

96. — Aucune forme n'est prescrite ni par la loi ni par les réglemens pour la confection de ce rapport; le juge n'est donc pas tenu de le faire par écrit; et dans l'usage il est presque toujours verbal.

97. — Le point important c'est qu'il soit complet et fidèle, et de nature à éclairer suffisamment la religion des membres du tribunal, et pour cela un des meilleurs modes à suivre par le juge d'instruction, c'est de donner ou faire donner par le greffier, dont la présence est sans inconvénient jusqu'au moment de la délibération (V. *suprà* n° 74) lecture des pièces de la procédure. — Massabiau, t. 2, n° 1943 ; Duverger, t. 3, n° 518.

98. — Il n'est pas nécessaire de constater par des procès-verbaux que les juges d'instruction ont fait rapport à la chambre du conseil des affaires par eux instruites ; l'ordonnance rendue dans chaque affaire, mentionnant le rapport, le nombre des juges et le dispositif, supplée au procès-verbal, qui serait parfaitement inutile. — Bourguignon, *Manuel d'inst. crim.*, t. 1er, p. 214, et *Jurisp. C. crim.*, t. 1er, p. 269, n° 3. — V. *contrà* Carnot, sur l'art. 127, *Obs. addit.*, n° 6.

99. — Le rapport entendu, la chambre délibère; aucun délai n'a été fixé par la loi pour rendre sa décision; il importe néanmoins que cette décision ne se fasse pas trop long-temps attendre. — V. cependant *infrà* (nos 158 et suiv.) l'exception en ce qui concerne les ordonnances de plus ample informé.

100. — Mais, dans toutes les affaires dont l'instruction est complète, les chambres du conseil sont tenues de statuer de suite sur la prévention et le réglement de la compétence; elles ne peuvent ordonner le sursis du procès sans méconnaître les règles de leur juridiction. — Arg. *Cass.*, 20 mai 1813, Gambette.

CHAPITRE IV. — *Ordonnances de la chambre du conseil.*

101. — La juridiction de la chambre du conseil est une juridiction extraordinaire, en ce sens que les décisions qui en émanent n'ont pas le caractère de jugemens, mais simplement d'actes de pure instruction, d'actes essentiellement préparatoires.

102. — Aussi la loi ne leur donne-t-elle que la dénomination d'ordonnances, parce qu'elles interviennent hors la présence des inculpés et sur des procédures restées secrètes jusque là.

103. — Si l'on excepte les ordonnances de plus *ample informé*, le caractère commun des décisions de la chambre du conseil est que la compétence de la chambre du conseil et celle du juge d'instruction sont épuisées, tellement que ni l'un ni l'autre ne peuvent se saisir de nouveau, sauf réglement de juges, de la connaissance de l'affaire, quant aux chefs omis.

104. — Mais, d'un autre côté, l'ordonnance de la chambre du conseil ne pouvant évidemment avoir l'autorité de la chose jugée, relativement aux points qui lui ont été déférés, qu'autant qu'elle a statué expressément, il suit que, quand saisie d'une prévention dirigée pour deux délits, la chambre du conseil statue sur l'un et omet de prononcer sur l'autre, le ministère public ou le plaignant peuvent encore porter devant le tribunal compétent celui des faits auquel l'omission se rapporte; on ne peut regarder l'ordonnance comme ayant implicitement rejeté la prévention. — *Cass.*, 4 juin 1830, Delaruc; 6 janv. 1837 (t. 2 1837, p. 136), Jeannin c. Jeunesse.

Sect. 1re. — *Conditions de validité des ordonnances de la chambre du conseil. — Mentions qu'elles doivent contenir. — Signature. — Signification.*

105. — Le premier devoir de la chambre du conseil est d'examiner sa compétence et de se dessai-

sir, si elle ne la reconnaissait pas, suivant les règles qu'en tracent les art. 23 et 69, C. inst. crim.

106. — Mais, en se dessaisissant, elle ne pourrait pas renvoyer l'affaire devant une juridiction déterminée, car elle ferait en cela acte de juridiction. — *Cass.*, 4 août 1827, P...; — Carnot, sur l'art. 127, *Obs. addit.*, nº 10.

107. — Par la même raison, la chambre du conseil d'un tribunal excède ses pouvoirs en se permettant de renvoyer directement une affaire devant la chambre d'accusation de la cour royale d'un autre ressort. — *Cass.*, 7 fév. 1833, Pousset.

108. — La chambre du conseil régulièrement saisie, sur rapport du juge d'instruction, d'une prévention de sa compétence, en ce que le crime ou le délit a été commis et le prévenu arrêté dans un lieu soumis à sa juridiction, ne peut se dessaisir sous le prétexte que les complices et les témoins signalés par le prévenu résident dans un autre ressort. — *Cass.*, 29 mars 1838 (t. 1er 1843, p. 302), Puech.

109. — Le droit d'appréciation par la chambre du conseil des charges qui peuvent résulter de l'instruction est absolu, sauf le droit d'opposition contre la décision (V. *infrà* nos 260 et suiv.). — Il est sur ce point le même que celui conféré à la chambre d'accusation. — V. CHAMBRE DES MISES EN ACCUSATION.

110. — Après s'être assurée que les faits reprochés à l'inculpé constituent réellement un crime, un délit ou une contravention, la chambre du conseil doit rechercher s'il résulte contre lui de la procédure des charges suffisantes pour saisir de ces faits le tribunal compétent. L'expression *charges suffisantes* traduit exactement l'esprit de l'art. 128; car, s'il faut d'une part que la culpabilité puisse être raisonnablement admise (Legraverend, t. 1er, ch. 10, p. 459; Bourguignon, *Jurisp. C. crim.*, t. 1er, p. 488; Duverger, t. 2, nº 523), quelquefois, d'un autre côté, il existe des charges, mais si légères, tellement combattues par les circonstances et la moralité de l'inculpé, comme l'enseigne Carnot (sur l'art. 128, nº 4), que ce serait une vexation de le faire poursuivre sur des présomptions de cette nature.

111. — Mais la chambre du conseil doit se borner à apprécier les charges actuellement existantes contre l'inculpé, abstraction faite des moyens qui pourraient être employés dans les débats pour les aggraver, atténuer ou même les anéantir. — *Angers*, 22 oct. 1825, Houdebert. — De nombreuses décisions judiciaires ont consacré ce principe.

112. — Jugé, en effet, que la loi ne confère aux chambres d'instruction que le droit et le pouvoir d'apprécier les charges et les indices que présente l'instruction, et qu'il ne saurait leur appartenir de décider s'il existe ou non des preuves de culpabilité; qu'en conséquence est nulle l'ordonnance qui déclare n'y avoir lieu à poursuites ultérieures, sur le motif que la procédure n'offre pas des élémens suffisans pour établir la conviction. — *Cass.*, 27 fév. 1812, Delluc; 2 août 1821, Peretti; 17 nov. 1826, Ernest et Devèze.

113. — ... Que la chambre du conseil ne peut, sur le motif que les témoins entendus par le juge d'instruction sont reprochables à cause de leur parenté avec le prévenu, écarter leur témoignage à charge et déclarer, dès à présent, qu'il n'y a lieu à poursuivre. — *Angers*, 22 oct. 1825, Houdebert.

114. — Les causes de récusation établies par les art. 156 et 322, C. inst. crim., sont purement facultatives. L'audition des témoins qu'elles concernent n'opère jamais une nullité, lorsque les parties y ont consenti, soit expressément, soit par leur silence. L'art. 75, même Code, dit que les témoins entendus dans l'information seront interpellés sur leur rapport de parenté avec le prévenu. Si le législateur avait voulu défendre d'admettre leurs dépositions au nombre des charges susceptibles de motiver la prévention, loin de se contenter de cette interpellation, il n'aurait pas manqué de s'en expliquer catégoriquement. Les chambres du conseil n'en ont pas moins la faculté de refuser leur confiance à la déposition des parens du prévenu comme à celles de tous les autres témoins; mais ce n'est qu'en vertu de leur droit d'appréciation, et elles ne pourraient, sans violer la loi, repousser la déposition d'un témoin sous le prétexte qu'il est parent du prévenu.

115. — Jugé encore qu'une chambre du conseil ne peut, sans violer les règles de compétence, renvoyer en police correctionnelle un fait qualifié *crime* par la loi, sous le prétexte qu'il n'est susceptible que de peines correctionnelles à raison des faits qui le rendent excusable. — *Cass.*, 9 oct. 1812, Lefoudré; 25 fév. 1813, Persiani; 8 janv. 1819, Cazelles; — Merlin, *Rép.*, vº *Excuse*, nº 6; Legraverend, t. 1er, chap. 11, p. 432; Carnot, sur l'art. 221, nº 3. — La raison en est que les faits d'excuse ne détruisent point la criminalité de l'action, qu'ils en modifient simplement le caractère et en atténuent la peine, sans être pour cela exclusifs des poursuites.

116. — ... Qu'ainsi, la chambre du conseil ne peut, sous le prétexte que des blessures volontaires ayant occasionné une incapacité de travail de plus de vingt jours sont excusables, renvoyer le prévenu en police correctionnelle; attendu qu'il n'appartient qu'au jury de prononcer sur les faits d'excuse. — *Cass.*, 29 mai 1829, Vitoul. — V. aussi *Cass.*, 30 avr. 1829, Couronne.

117. — Mais il appartient à la chambre du conseil de statuer sur les circonstances qui dépouillent le fait imputé à l'accusé de tout caractère de crime ou délit, et, par exemple, de décider que l'homicide dont un individu est prévenu a été commis dans la nécessité actuelle d'une légitime défense. — *Cass.*, 27 mars 1818, Rosay; *Paris*, 9 mai 1818, Morys; *Cass.*, 8 janv. 1819, Cazelles.

118. — Il en est de même de la démence; la chambre du conseil est compétente pour examiner l'état mental du prévenu, attendu que si la démence lui paraît constante, il n'y a pas là simple fait d'excuse, mais absence de volonté et, par conséquent, de délit. — *Grenoble*, 13 nov. 1823, Laurent C...

119. — Mais aujourd'hui, comme sous l'empire des lois intermédiaires, il y aurait excès de pouvoir dans l'ordonnance de la chambre du conseil qui renverrait devant le tribunal civil, pour faire vérifier l'état mental d'un accusé. — *Casss*, 15 frim. an VIII, Verdolle; 9 déc. 1814, Delalande.

120. — Il faut encore reconnaître que, la prescription étant un moyen péremptoire pour faire cesser toute poursuite à raison d'un crime, il s'ensuit que la chambre du conseil chargée de prononcer sur la mise en prévention est nécessairement compétente pour statuer sur le mérite de la prescription. — *Cass.*, 8 nov. 1811, Barthélemy. — V. au surplus, sur ces diverses questions qui se représentent et doivent recevoir la même solution de la part de la chambre d'accusation, le mot CHAMBRE DES MISES EN ACCUSATION.

121. — Les pouvoirs de la chambre du conseil sont rigoureusement restreints à la constatation de l'existence de la prévention et au réglement de la compétence; elle ne saurait donc jamais, et sous aucun prétexte, être appelée à statuer sur des questions étrangères.

122. — Ainsi, elle excède ses pouvoirs lorsqu'elle déclare un étranger vagabond et ordonne qu'il sera conduit devant le directeur de la police pour être conduit hors du royaume; elle ne peut que le renvoyer en police correctionnelle. — *Cass.*, 7 juill. 1827, Metziger; 6 déc. 1832, Dezimbert.

123. — Elle est également incompétente pour prononcer sur la reconnaissance de l'identité d'un condamné évadé et repris. — *Cass.*, 20 oct. 1826, Bon.

124. — Elle ne peut statuer sur les intérêts civils des parties. — *Bruxelles*, 28 déc. 1822, Lantremange.

125. — Par les mêmes raisons il n'appartient pas à la chambre du conseil de déclarer que la poursuite ne sera pas exercée d'office par le ministère public, et aux frais du trésor. Une pareille décision violerait, soit l'art. 1er, C. inst. crim., d'après lequel la chambre du conseil ne participe pas à l'exercice de l'action publique, soit l'art. 1er, décr. 18 juin 1811, qui veut que l'état fasse l'avance de tous les frais des poursuites exercées d'office par le ministère public.

126. — Quelle que soit la décision qui intervienne, l'ordonnance de la chambre du conseil est assujétie à des prescriptions puisées dans l'économie et dans les dispositions écrites de la loi.

127. — Il faut qu'elle constate d'une manière formelle que le ministère public a donné ses réquisitions, et que le juge d'instruction a fait son rapport, qu'il l'a fait en chambre du conseil et devant le tribunal régulièrement constitué; elle doit en outre contenir des motifs et un dispositif portant réglement de la compétence.

128. — Ces énonciations diverses sont de rigueur, et il a été jugé, en conséquence, qu'on ne peut considérer comme une véritable ordonnance les mots *soit fait ainsi qu'il est requis*, mis au bas du réquisitoire du procureur du roi et signés par trois juges du tribunal, surtout si ce réquisitoire demandait précisément que le juge d'instruction fît son rapport, et que la chambre procédât au réglement de la compétence. — *Cass.*, 30 mai 1828, Brac.

129. — Ainsi, l'ordonnance doit donc présenter avec plus ou moins de développemens, suivant les cas, l'exposé des faits incriminés; l'art. 134, C. inst. crim., qui le prescrit pour les ordonnances de prise de corps, contient à cet égard un principe général applicable aux autres ordonnances de la chambre du conseil; car, bien qu'elles n'aient point le titre de jugemens, elles participent néanmoins de leur nature, et ne sauraient régulièrement s'écarter des formes qui en sont constitutives.

130. — C'est ainsi que, sous l'empire du Code du 3 brum. an IV, on jugeait que l'acte d'accusation rédigé par le directeur du jury d'accusation, et remplacé aujourd'hui par l'ordonnance de la chambre du conseil, devait, à peine de nullité, exposer toutes les circonstances de fait de l'affaire. — *Cass.*, 8 frim. an X, Coste; 5 mai 1808, Lambrique.

131. — Le Code du 3 brum. an IV (art. 229) voulait que l'accusé fût *clairement désigné et dénommé* dans l'acte d'accusation, et l'on jugeait en conséquence qu'on ne pouvait, à peine de nullité, mettre en accusation ni juger par contumace un inconnu. — V. notamment *Cass.*, 9 pluv. an IX, Petit Cuenot. — V. ACTE D'ACCUSATION.

132. — Aujourd'hui, suivant le Code d'inst. crim. (art. 134), l'ordonnance doit contenir le nom du prévenu, son signalement, son domicile, *s'ils sont connus*. Or, on pourrait croire, en s'attachant à la construction grammaticale, que ces dernières expressions, *s'ils sont connus*, s'appliquent au *nom* comme au domicile et au signalement, mais rien n'annonce que telle ait été l'intention du législateur, et tout repousse, au contraire, cette interprétation vraiment destructive de la liberté individuelle : « L'accusation, dit Legraverend (t. 1er, p. 413), exige nécessairement une désignation. » Le jugement ne doit pas être rendu contre un être imaginaire; « ce serait, dit aussi Carnot (sur l'art. 134 C. inst. crim., t. 1er, p. 527), une arme perfide dans les mains de celui qui voudrait en abuser. » La jurisprudence au surplus est conforme à cette opinion. — *Cass.*, 7 janv. 1825, Fagi; 10 déc. 1825, Passy. — V. au surplus ACCUSATION.

133. — Du reste, ce que la loi a principalement en vue c'est qu'aucun doute ne puisse exister sur l'identité du prévenu, et c'est en ce sens que la cour de Cassation, dans une espèce où plusieurs individus réfractaires et portant le même nom se trouvaient compromis, a néanmoins maintenu la décision judiciaire prise, attendu qu'à raison des circonstances de la cause aucun doute ne pouvait exister. — *Cass.*, 29 nov. 1833, Loiseau.

134. — A l'énonciation des noms et prénoms du prévenu, le Code de brum. an IV (art. 259) veut qu'on joigne celle des profession, domicile et signalement, à peine de nullité; et la cour de Cassation a annulé en conséquence des ordonnances rendues par le jury d'accusation qui ne contenaient pas cette mention. — V. *Cass.*, 8 vendém. an V, Vialy; 28 vendém. an V, Haquebert; 13 vent. an V, Cormier; 1er frim. an VIII, Chambart; 15 frim. an VIII, Savinien Diot; 13 oct. 1808, Mancielle.

135. — Jugé toutefois que l'omission du signalement de l'accusé dans une ordonnance de prise de corps ne pouvait en faire prononcer la nullité que dans le cas où ce signalement était connu. — *Cass.*, 19 flor. an VIII, Delubat.

136. — Le Code inst. crim. (art. 134) a passé sous silence la profession, et ne prononce point la peine de nullité pour absence des autres énonciations. Jugé en conséquence que les ordonnances de la chambre du conseil ne doivent mentionner les domicile et signalement du prévenu qu'autant que l'instruction a mis à portée de les connaître; et que, hors ce cas, il suffit que les prévenus y soient désignés le plus clairement possible. — *Cass.*, 29 nov. 1833, Loiseau.

137. — Sous le Code du 3 brum. an IV, une ordonnance était encore nulle lorsqu'elle ne rappelait pas la loi en vertu de laquelle elle était rendue. — *Cass.*, 9 germin. an VII, Ramel; 8 frim. an X, Coste; 19 frim. an X, Tubeuf.

138. — Cette mention n'est point prescrite par le Code d'inst. crim.; mais l'obligation imposée au juge d'énoncer dans l'ordonnance *la nature* du délit comprend nécessairement celle d'y relater la loi qui déclare le fait punissable.

139. — Enfin la qualification du délit, c'est-à-dire l'attribution de qualité qui ressort de la nature du fait incriminé, et que les juges ont à en extraire, est parmi les élémens essentiels des ordonnances de la chambre du conseil un de ceux qui appellent le plus sa juste sollicitude; il importe, afin d'établir clairement cette qualification, que les magistrats se servent des termes mêmes de la loi pénale et qu'ils indiquent le texte qui prononce la répression.

140. — Il est non moins indispensable pour la chambre du conseil de relever et signaler explicitement toutes les circonstances constitutives soit du crime, soit de la complicité ou de la tentative, et même les circonstances aggravantes qui peuvent influer sur la qualification.

141. — Ainsi, ceux qui, sans être fonctionnaires publics, sont constitués dépositaires par l'autorité publique de certaines choses ou effets, étant punis, en cas de soustractions par eux commises, suivant

la valeur ou la quotité des objets soustraits, il faut que les chambres du conseil déterminent ces valeurs ou quotités dans leurs réglemens de compétence; autrement ces ordonnances n'ont aucune base. — *Cass.*, 10 juin 1813, Maroni; — Legraverend, t. 1er, p. 42, n° 5.

142. — Toutefois, une fausse qualification ne peut être assimilée à un défaut de qualification; ainsi, l'erreur des juges qui leur fait qualifier délit un fait de publication qui a les caractères d'un crime n'entraîne pas la nullité. — *Cass.*, 16 août 1832, Paulin. — La seule conséquence à tirer de cet arrêt, c'est que l'erreur commise par les juges dans la qualification du délit ne peut donner ouverture à cassation lorsqu'elle a été réparée par la chambre des mises en accusation. — V. CHAMBRE DES MISES EN ACCUSATION.

143. — L'inobservation de ces formalités, fort importantes lorsqu'il s'agit d'ordonnances de prise de corps, ne saurait du reste préjudicier au prévenu en faveur duquel aurait été rendue l'ordonnance de non-lieu. — V. toutefois *infrà* n° 168.

144. — On ne saurait douter que dans une affaire qui comprend plusieurs prévenus, les uns peuvent être relaxés, les autres mis en prévention par la même ordonnance. — Berriat Saint-Prix, *Dr. crim.*, p. 105; Bourguignon, *Manuel d'inst. crim.*, t. 1er, p. 317; Duverger, t. 3, n° 531. — V. au surplus CONNEXITÉ.

145. — Hors le cas exceptionnel d'une ordonnance de prise de corps (V. *infrà* n°s 229 et suiv.), les décisions de la chambre du conseil sont prises à la majorité des voix, le partage d'opinions devant profiter au prévenu d'après les règles générales en matière criminelle. — *Cass.*, 27 juin 1811, Royer; 5 mars 1813, Mathis; *Metz*, 24 août 1819, N...

146. — Toutefois, la loi du 26 mai 1819, relative à la poursuite et au jugement des crimes et délits commis par la voie de la presse, contient encore une exception, mais c'est la seule que reçoive cette règle générale en matière de délits; elle a pour objet, en exigeant par ses art. 9 et 10 l'unanimité des suffrages pour déclarer qu'il n'y a lieu à suivre, de déférer à un examen plus approfondi, quand il y a dissidence entre les juges, des questions graves dont la solution intéresse à un très haut degré la société; et la disposition de l'art. 28 de la même loi, qui, par dérogation aussi au droit commun, rend obligatoire la liberté provisoire sous caution des personnes inculpées, ôte d'ailleurs à cette exception ce qu'elle pouvait offrir de dangereux.

147. — Mais, même dans le cas d'ordonnance de renvoi, l'ordonnance ne pourrait faire mention que la décision a été prise par suite de la volonté d'un seul magistrat: ce serait là violer le principe du secret des délibérations de la chambre du conseil. — *Cass.*, 2 fév. 1837 (t. 2 1837, p. 154), R...; 9 juin 1843 (t. 2 1843, p. 491), Guilliot.

148. — La minute des ordonnances de la chambre du conseil doit être signée dans les vingt-quatre heures par tous les juges qui y ont coopéré, sans aucune interligne, sans ratures et renvois qui ne soient approuvés et signés aussi de la même manière. Dans quelques tribunaux même ces ordonnances sont signées *à chaque page* par tous les magistrats qui y ont concouru.

149. — La rédaction de l'ordonnance, comme toute autre décision judiciaire, appartient au président; cependant, ainsi que l'observe M. Massabiau (t. 2, n° 1961), il paraît plus rationnel d'en laisser le soin, comme cela a lieu dans plusieurs siéges, au juge d'instruction, qui a une connaissance plus particulière de la procédure.

150. — Le greffier qui n'a point assisté à la délibération transcrit les ordonnances sur un registre pour en conserver le texte, qu'il peut être utile de consulter après qu'elles ont été jointes en original au dossier qu'elles concernent. — M. Massabiau (t. 2, n° 1960) pense encore ici que rien n'empêche, la délibération une fois arrêtée, que le greffier écrive lui-même la minute de cette délibération sous la dictée des juges qui l'ont prise.

151. — Aussitôt que l'ordonnance a été rendue et signée, elle doit être communiquée par le greffier au procureur du roi, afin que celui-ci, s'il le juge à propos, puisse y former opposition en temps utile.

152. — Mais c'est une simple communication, et non une expédition de l'ordonnance, que le ministère public est en droit d'exiger, sauf le cas fort rare où plusieurs prévenus, étant impliqués dans la même instruction, seraient renvoyés à des tribunaux différens. — Circ. minist. 30 déc. 1812; 28 oct. 1823; instr. génér. 30 sept. 1826.

153. — Quant à la partie civile, lors même qu'elle aurait formé opposition, elle n'a pas le droit d'exiger communication de la procédure pour dresser son mémoire à la chambre d'accusation. — *Cass.*, 19 mai 1827, Gaumont c. Bourgeois; — Carnot, t. 2, p. 810 (Appendice).

154. — Même décision a été rendue à l'égard du ou des prévenus. — *Poitiers*, 30 janv. 1832, Germain. — V. aussi *Cass.*, 19 mai 1827, Gaumont; — Legraverend, t. 2, p. 156; — *Contrà* Carnot, t. 2 sur l'art. 302, n° 3. — V. CHAMBRE DES MISES EN ACCUSATION.

155. — En général aussi les ordonnances de la chambre du conseil n'ont pas besoin d'être signifiées non plus que les jugemens de compétence et de renvoi. — Inst. min. 7 juin 1814; inst. génér. 30 sept. 1826.

156. — Et c'est ainsi qu'il a été jugé qu'aucune disposition de la loi ne prescrit la notification au prévenu d'une ordonnance de prise de corps qui n'est que provisoire jusqu'à ce qu'elle ait été sanctionnée par la chambre des mises en accusation. — *Cass.*, 29 avr. 1830, Vaudemars. — V. au surplus *infrà* n° 231 et suiv.

157. — Mais elle est nécessaire à l'égard de la partie civile pour la constituer en demeure de former opposition si elle le juge à propos. — C. inst. crim., art. 135. — V. *infrà* n° 174.

Sect. 2e. — *Ordonnances de plus ample informé.*

158. — Bien que le juge d'instruction ait regardé l'instruction comme complète, et que le procureur du roi ait conclu à ce que la chambre réglât sans plus tarder sa compétence, il peut se faire que la chambre du conseil ne trouve pas dans l'instruction qui lui est soumise des motifs suffisans pour prendre une détermination définitive.

159. — Il peut donc être important dans ce cas de procéder à une instruction plus complète, et quoique nulle part dans la loi ce droit ne se trouve positivement écrit, néanmoins c'est un point constant, aussi bien en doctrine qu'en jurisprudence, que la chambre du conseil peut rendre une ordonnance de plus ample informé. — *Orléans*, 11 déc. 1840 (t. 1er 1841, p. 194), Boutet; — Legraverend, t. 1er, ch. 10, p. 401; Carnot, sur l'art. 127, n° 1er; Ortolan et Ledeau, t. 2, p. 84; Rauter, t. 2, p. 703; Boitard, p. 403; Bourguignon, *Inst. crimin.*, t. 1er, p. 141 et 270; Massabiau, t. 2, n° 1963.

160. — Elle peut encore, observe M. Duverger (t. 2, n° 261), ne pas se borner à ordonner en général un supplément d'instruction, mais préciser les points à vérifier, les actes qui lui paraissent devoir être faits, afin d'arriver à une manifestation plus certaine de la vérité: c'est même son devoir; et celui du juge d'instruction, qu'éclairent nécessairement des observations échangées à ce sujet, est de reprendre l'information pour satisfaire, en la poursuivant avec encore plus de soin, aux justes exigences de ses collègues.

161. — L'ordonnance de plus ample informé est du reste exécutée tant à la diligence du juge d'instruction qu'à celle ministère public, qui peut toujours surabondamment et nonobstant l'ordonnance, conclure à fin d'exécution de l'ordonnance et de nouveau rapport à la chambre du conseil. — Massabiau, t. 2, n° 1969.

Sect. 3e. — *Ordonnances de non-lieu.*

162. — Si les juges sont d'avis que le fait ne présente ni crime ni délit ni contravention, et qu'il n'existe aucune charge contre l'inculpé, il doit être déclaré qu'il n'y a pas lieu à poursuivre; et si l'inculpé avait été arrêté, il doit être mis en liberté. — C. inst. crim., art. 128.

163. — Ce n'est pas seulement, ainsi que l'exprime l'art. 128, lorsqu'il n'existe aucune charge contre le prévenu que la chambre du conseil doit déclarer qu'il n'y a lieu à suivre; elle le doit aussi lorsque les charges existantes ne lui paraissent pas suffisantes pour faire présumer sa culpabilité.

164. — En effet, le renvoi à la police correctionnelle ou à la cour d'assises ordonné sans probabilité de condamnation serait fâcheux tout à la fois pour le prévenu et pour la société: pour le prévenu, car dans nos mœurs ce renvoi laisse toujours une tache, malgré l'acquittement qui le suit; pour la société, parce que, s'il survenait plus tard de nouvelles charges, la poursuite ne pourrait plus être reprise après un acquittement.

165. — Mais c'est seulement lorsqu'il n'existe pas d'indices suffisans de culpabilité que la chambre du conseil peut rendre une ordonnance de non-lieu; nous avons vu que l'ordonnance serait nulle si elle se fondait sur ce que le crime ou le délit n'est pas suffisamment *justifié*, c'est-à-dire *prouvé*. — *Cass.*, 17 nov. 1826, Ernest. — V. *suprà* n° 142.

166. — Un inconnu ne pouvant être mis en prévention (*suprà* n°s 131 et suiv.), quand il a été informé contre un *quidam*, la chambre du conseil doit, après les investigations demeurées inutiles des officiers de police et de la gendarmerie, déclarer, sur

les conclusions conformes du ministère public, qu'il n'y a lieu à suivre en l'état. — Legraverend, t. 1er, ch. 10, p. 392.

167. — Une circulaire ministérielle du 5 janv. 1826 veut que, lorsqu'après deux mois d'attente et de recherches il a été impossible de rassembler les charges contre un inculpé détenu, ou de le connaître, s'il est fugitif, le ministère public requière sans plus tarder une ordonnance de non-lieu; cette prescription complète la recommandation contenue dans la circulaire déjà citée du 10 fév. 1819 (V. *suprà* n° 24), aux termes de laquelle les ordonnances doivent être rendues dans les trois mois à partir des premières poursuites.

168. — Du reste, dans tous les cas où il intervient une ordonnance de non-lieu, les motifs doivent être consignés dans l'ordonnance; il ne suffirait pas que la chambre du conseil renvoyât l'inculpé et mît fin ainsi à toutes poursuites sans autres explications; l'énonciation vague que les faits incriminés ne constituent ni crime ni délit ne suffirait pas. — *Cass.*, 17 juill. 1834, Venet; — Carnot, sur l'art. 128, n° 6; Duverger, t. 3, n° 534.

169. — Il est fait au greffe dépôt de la procédure pour servir plus tard, et si le cas y échet, à ce que de besoin.

170. — Si l'ordonnance n'ordonnait pas d'une manière expresse la mise en liberté, cette omission ne nécessiterait aucune décision supplétive, car la mise en liberté doit être considérée comme une conséquence forcée de la déclaration de non-lieu, à moins cependant que le prévenu ne fût détenu pour autre cause.

171. — Autrefois, l'élargissement s'opérait par le ministère d'un huissier, lequel assistait à la radiation de l'écrou. — Aujourd'hui, la présence de l'huissier n'est plus nécessaire: il suffit de l'ordre du ministère public, sans même qu'il soit besoin que cet ordre soit accompagné d'une expédition de l'ordonnance.

172. — L'ordonnance de mise en liberté ne se notifie pas au prévenu: cette formalité serait sans objet.

173. — Legraverend (t. 1er, ch. 10, p. 381) prétend qu'il faut en excepter les individus arrêtés pour vagabondage. Une circulaire du ministre de la justice du 30 déc. 1812 avait prescrit de délivrer aux prévenus de ce genre de délit un extrait de l'ordonnance ou du jugement rendu en leur faveur, pour leur tenir *lieu de passeport*; mais cette dernière disposition était évidemment erronée. Aussi a-t-il été dit, par une nouvelle circulaire du 14 août 1821, que cet extrait ne pourrait servir aux prévenus que pour se faire délivrer un passeport par l'autorité administrative. — Delmas, *Des frais de justice criminelle*, p. 104, n° 6. — La signification formerait double emploi avec la remise d'un extrait. Le procureur du roi évite l'une et l'autre de ces formalités en écrivant au maire une lettre sur le vu de laquelle l'officier municipal délivre un passeport à l'individu mis en liberté.

174. — Mais lorsqu'il y a partie civile en cause, l'ordonnance de mise en liberté doit être notifiée, pour faire courir le délai de l'opposition, conformément à l'art. 135, soit à son domicile réel, s'il est situé dans l'arrondissement, soit à son domicile élu lorsqu'elle est domiciliée dans un autre arrondissement.

175. — Le ministère public devrait même, selon Legraverend (t. 1er, p. 382), faire cette notification, quoiqu'il s'opposât, de son côté, à la mise en liberté du prévenu, en ce qui concerne la vindicte publique. Cependant il peut, pour éviter les frais d'une signification, se contenter dans ce cas d'avertir la partie civile. — V. au surplus *infrà* n°s 304 et suiv.

176. — « Lorsque l'ordonnance a renvoyé hors de poursuite, comme atteint d'aliénation mentale, un individu inculpé de violence, son interdiction pour cause de fureur doit, si la mise en liberté du prévenu était menaçante pour la sûreté publique, être immédiatement poursuivie par le procureur du roi, qui se concerte avec l'autorité administrative pour que le défendeur soit mis en lieu de sûreté pendant l'instance en interdiction. » — Massabiau, t. 2, n° 1970. — V. ALIÉNÉS.

177. — Si la chambre du conseil a renvoyé des poursuites le prévenu faute de charges suffisantes, et que cette ordonnance soit devenue définitive, il ne peut plus être repris pour le même fait, à moins qu'il ne soit survenu de nouvelles charges. — V. CHAMBRE DES MISES EN ACCUSATION, NON BIS IN IDEM. — Cette réserve est de plein droit, et existe quand même elle ne serait pas faite dans l'ordonnance.

178. — Remarquez toutefois qu'il faut que le renvoi du prévenu ait eu lieu faute de charges: ainsi, lorsqu'il a seulement été décidé par une ordonnance de la chambre du conseil qu'il n'y avait

point de charges pour poursuivre d'office ou aux frais du trésor, cette décision, qui n'éteint point l'action, ne met aucun obstacle à ce que la partie plaignante poursuive elle-même par citation directe en police correctionnelle, ni à ce que le ministère public se joigne à elle dans l'intérêt de la vindicte publique. — *Cass. belge*, 20 juin 1827, P...

179. — De même l'ordonnance qui, n'ayant en vue que l'insuffisance des indices de culpabilité, décide qu'il n'y a lieu à suivre contre les prévenus, par le motif que les faits imputés ne sont pas punissables, n'est qu'une décision provisoire qui ne fait aucun obstacle à la reprise des poursuites en cas de découverte de charges nouvelles. — *Cass.*, 15 avr. 1842 (t. 1er 1843, p. 700), Picola c. Cabréra.

Sect. 4e. — *Ordonnances de renvoi.*

180. — Si le fait incriminé présente les caractères d'une infraction punie par quelque loi pénale, et s'il y a des charges suffisantes pour que le prévenu en soit considéré comme l'auteur ou le complice, la chambre du conseil doit ordonner son renvoi devant la juridiction compétente : cette juridiction est le tribunal de simple police, le tribunal de police correctionnelle ou la cour d'assises, selon qu'il s'agit d'une simple contravention, d'un délit ou d'un crime.

§ 1er. — *Renvoi devant les tribunaux de simple police ou correctionnels.*

181.—Les art. 129, 130, 131 et 132, C. inst. crim., sont relatifs aux ordonnances de renvoi que peut prononcer la chambre du conseil devant les tribunaux de police simple ou correctionnelle.

182. — Si les juges sont d'avis que le fait n'est qu'une simple contravention de police, l'inculpé doit être renvoyé au tribunal de police, et il doit être mis en liberté s'il est arrêté. — C. inst. crim., art. 129.

183. — Les contraventions de simple police emportent sans doute quelquefois la peine d'emprisonnement; mais elles n'ont pas assez de gravité pour nécessiter une détention préventive. La loi ne suppose pas que le prévenu ait intérêt à se soustraire par la fuite à l'exécution du jugement.

184.—... Sauf, bien entendu, le droit d'opposition à l'ordonnance par la partie civile et par le ministère public : l'art. 129 d'ailleurs le réserve spécialement dans son deuxième paragraphe.

185. — Les principes relatifs aux renvois devant le tribunal de simple police quant aux effets de l'ordonnance, à la qualification du fait et à la compétence, sont au reste les mêmes que ceux applicables aux renvois devant le tribunal correctionnel dont il va être question ci-après.

186. — Ainsi jugé que le tribunal de police conserve le droit d'examiner sa compétence et d'y prononcer conformément à la loi, quoique l'ordonnance de la chambre du conseil n'ait pas été attaquée. — *Cass.*, 14 mars 1816, Habitans de Beaune.

187. — Il en était de même sous le Code du 3 brum. an IV; le renvoi d'une affaire au tribunal de simple police fait par le directeur du jury n'obligeait pas ce tribunal d'en connaître si l'affaire n'était réellement pas de sa compétence. — *Cass.*, 5 fév. 1808, Vitta. — V. au surplus *infrà* nos 193 et suiv.

188. — Si le délit est reconnu de nature à être puni par des peines correctionnelles, le prévenu doit être renvoyé au tribunal de police correctionnelle. — C. inst. crim., art. 130.

189. — C'est d'après les règles de compétence tracées par l'art. 179, C. inst. crim., que la chambre du conseil doit déterminer les cas où il y a lieu, par la chambre du conseil, de renvoyer en police correctionnelle.

190. — La chambre du conseil ne doit pas se borner à déclarer que le fait incriminé présente les caractères d'un délit et qu'il y a charges suffisantes; elle doit encore, sous peine de nullité, prononcer le renvoi en police correctionnelle.

191. — Mais à la différence de la chambre des mises en accusation, la chambre du conseil qui renvoie un prévenu en police correctionnelle n'est pas obligée de désigner le tribunal qui doit connaître de la poursuite. Le renvoi emporte de droit désignation du tribunal du même lieu, le seul qu'elle ait le droit de saisir par ses ordonnances. — V. CHAMBRE DES MISES EN ACCUSATION.

192. — Lorsqu'il y a ordonnance de la chambre du conseil portant renvoi en police correctionnelle, le ministère public ne peut plus se désister de son action. — *Cass.*, 17 déc. 1824, Arnal. — D'ailleurs, en principe, le ministère public n'a pas, comme les particuliers, la faculté de donner un désistement valable. — V. ACTION PUBLIQUE, MINISTÈRE PUBLIC. — Saisi par l'ordonnance, le tribunal ne peut pas être dépouillé de la connaissance de l'affaire.

193. — Mais c'est un principe incontestable que, de même que l'arrêt de la chambre des mises en accusation, l'ordonnance de la chambre du conseil portant renvoi en police correctionnelle n'est définitive qu'en ce qu'elle saisit le tribunal du droit de statuer sur le fait imputé au prévenu; elle est, sous tout autre rapport, purement préparatoire, et ne lie point ce tribunal.

194. — De là plusieurs conséquences fort importantes que la jurisprudence a consacrées, et qui du reste avaient été également reconnues sous l'empire du Code du 3 brum. an IV, où le directeur du jury réunissait les pouvoirs aujourd'hui conférés à la chambre du conseil.

195. — Ainsi d'abord, en ce qui concerne l'appréciation des faits, l'ordonnance de renvoi ne peut lier le tribunal quant à la qualification du délit, pourvu que la condamnation porte toujours sur le même fait. Il n'existe point de raison qui puisse faire refuser aux tribunaux correctionnels un droit analogue à celui conféré aux cours d'assises par l'art. 338, C. inst. crim., et par la jurisprudence. — *Cass.*, 11 sept. 1807, Deshayes; 27 juin 1811, Boyer; 19 mars 1813, Gans.

196. — Le tribunal n'est pas lié davantage quant à la compétence. Si donc il reconnaît que les faits présentent les caractères d'un crime, il doit immédiatement déclarer son incompétence; car il n'en est pas de même des tribunaux correctionnels que des cours d'assises, attendu que leur juridiction est restreinte et limitée.

197. — Et il doit se dessaisir, même en l'absence de conclusions du ministère public, et sans qu'il soit besoin qu'opposition ait été formée à l'ordonnance; il ne pourrait donc se refuser de statuer sur un point de compétence sous le prétexte qu'aucun recours n'a été exercé contre l'ordonnance qui a renvoyé l'affaire en police correctionnelle.

198. — Comme aussi l'appel du procureur général fondé sur l'incompétence du tribunal ne saurait être déclaré non-recevable sous le prétexte que l'ordonnance n'a pas été frappée d'opposition par le procureur du roi. — *Cass.*, 21 nov. 1811, Liebaert; 15 mai 1812, Rotondi; 12 mars 1813, Doane; 4 sept. 1813, Dick; même jour, Lohr; 21 oct. 1813, Bourdin; 30 mars 1816, Valade; 13 juin 1816, Auruss; 19 juill. 1816, Lemoine; 15 nov. 1816, Deville; 12 juin 1817, Guéry de Maubreuil; 26 août 1817, mêmes parties; 5 nov. 1819, Martin Villet, *Grenoble*, 28 avr. 1824, Gessey; *Cass.*, 3 juin 1825, Foucher Séguinard; 13 juill. 1827, Couder; 14 sept. 1827, Boulin; 2 oct. 1828, même partie; 26 mars 1831, Bonnet; 13 mai 1831, Marsal; 7 mars 1835, Marion; 27 mars 1835, Chassaigne.

199. — On ne peut citer en sens contraire que deux arrêts; encore le seul qui soit formel sur la question n'émane-t-il pas de la juridiction française. — *Bruxelles*, 2 juin 1832, V... — L'autre, il est vrai, a été rendu par la cour de Cassation de France; mais son texte est loin d'être explicite. — *Cass.*, 5 août 1813, Bouchard.

200. — Cependant Bourguignon (*Jurisp. des C. crim.*, sur l'art. 202, C. inst. crim., t. 1er, p. 453, no 6), s'appuyant sur cet arrêt de la cour de Cassation, enseigne qu'il faudrait décider dans le sens contraire à la jurisprudence, si la chambre du conseil avait erré *en point de fait*, en déclarant que la prévention de crime n'existait pas, et qu'elle n'eût renvoyé devant le tribunal correctionnel que pour un simple délit. L'ordonnance, en ce cas, n'ayant pas été attaquée, le prévenu ne pourrait plus, selon cet auteur, être poursuivi *criminellement*, sans violer la maxime *non bis in idem*. — V. NON BIS IN IDEM.

201. — Cette opinion nous paraît erronée: le ministère public a sans doute la faculté de se pourvoir par la voie de l'opposition; mais son silence peut-il empêcher le tribunal correctionnel d'examiner à son tour sa compétence, et l'oblige-t-il à prononcer sur un fait qui lui paraît constituer un crime? — Non évidemment : l'ordonnance de la chambre du conseil a bien l'autorité de la chose jugée en ce sens qu'elle saisit le tribunal correctionnel, qui ne peut pas l'annuler, mais elle ne lie point ce tribunal, même en ce qui concerne la compétence.

202 — Toutefois il faut reconnaître aussi avec la jurisprudence que le pouvoir du tribunal correctionnel ne saurait aller jusqu'à renvoyer l'affaire au juge d'instruction; il ne peut que déclarer son incompétence, et, par suite de cette déclaration, il y a lieu à réglement de juges, la chambre du conseil ayant été définitivement dessaisie de l'affaire par son ordonnance de renvoi, qui en ce sens a un caractère définitif. — Mêmes arrêts que ceux cités *suprà* no 198. — V. conf. Carnot, sur l'art. 129, no 6, et sur l'art. 182, no 6; Legraverend, t. 1er, chap. 10, p. 443 et 450, note 4e; Merlin, *Quest.*, vo *Incompétence*, § 1er, art. 2, no 6.

203. — Si, au contraire, l'affaire dont le tribunal correctionnel est saisi, au lieu d'excéder la compétence du tribunal, paraissait n'être que du ressort de la simple police, le tribunal, se dessaisissant nonobstant l'ordonnance de renvoi, pourrait alors renvoyer l'affaire devant le juge compétent. — *Cass.*, 17 vent. an XII, Charnay. — Cette solution, rendue sous l'empire du Code du 3 brum. an IV, nous paraît encore applicable aujourd'hui.

204. — Les délits correctionnels sont de deux espèces bien distinctes : ils peuvent entraîner contre leur auteur la peine corporelle de l'emprisonnement ou n'être atteints que de peines pécuniaires.

205.—Dans le premier cas, le prévenu détenu que la chambre du conseil a renvoyé devant le tribunal de police correctionnelle ne doit garder prison provisoirement, aux termes de l'art. 130, § 2, que sauf l'exercice du droit qui lui appartient d'après les art. 114 et suiv., relatifs à la liberté sous caution. — *Cass.*, 30 nov. 1832, Bonnal; 5 sept. 1833, Zemb; 28 avr. 1836, Muller.

206. — Plusieurs fois, il est vrai, et en ce moment encore, la chambre des députés a été saisie d'une proposition tendant à ajouter à l'art. 130 une disposition qui permettrait à la chambre du conseil d'ordonner la mise en liberté du prévenu, à la charge de se représenter devant le tribunal au jour qui lui sera fixé. Cette innovation, si elle était adoptée, dérogerait à la jurisprudence qui interdit la mise en liberté provisoire autrement qu'à la charge de donner caution.

207. — Toutefois le prévenu contre lequel il n'aurait été décerné aucun mandat d'arrêt ou de dépôt, ne pourrait pas, après l'ordonnance de la chambre du conseil, être mis en arrestation. Il n'y a plus de magistrat ni d'autorité qui ait reçu mission de décerner un mandat contre lui. A la vérité, Carnot (t. 1er, chap. 9, p. 512, no 4) prétend que la chambre du conseil pourrait ordonner la traduction du prévenu au tribunal correctionnel, en état de mandat de dépôt, ou autoriser le juge d'instruction à décerner ce mandat; mais la chambre du conseil n'a pas le droit de décerner elle-même des mandats, ni par conséquent la faculté de déléguer ce droit. — *Cass.*, 18 fév. 1831, Gamache.

208. — Si le délit ne doit pas entraîner la peine de l'emprisonnement, le prévenu est mis en liberté, à la charge de se représenter à jour fixe devant le tribunal compétent. — C. inst. crim., art. 131.

209. — Si au jour indiqué le prévenu ne comparaît pas, il doit être jugé par défaut.

210. — Mais dans ce cas, pour que le prévenu comparaisse à jour fixe, il faut que l'ordonnance contienne l'indication du jour de l'audience, et qu'il lui en ait été donné connaissance. A défaut de ces deux conditions, il ne peut être jugé par défaut que sur une citation notifiée dans la forme ordinaire. Ce dernier mode est d'ailleurs le seul suivi, parce qu'il n'est pas toujours facile de fixer dans l'ordonnance le jour de la comparution.

211. — La mise en liberté prononcée en vertu de l'art. 131 est définitive, et non pas simplement provisoire, ainsi que le prétend Carnot (sur l'art. 131, nos 1 et 2): à quel titre, en effet, le prévenu pourrait-il être reconstitué prisonnier? Le délit qu'on lui impute n'est pas de nature à nécessiter cette mesure. L'arrêtera-t-on pour avoir désobéi à l'injonction de se représenter à jour fixe? Ce serait à tort, et de ce que les véritables caractères du délit n'étaient pas encore connus lorsqu'il a été arrêté une première fois, cet acte de sévérité ne saurait en légitimer un second. Carnot veut que l'incarcération ait lieu en vertu d'un jugement. Il faudrait une disposition expresse. La loi n'ayant point autorisé une pareille contrainte, le jugement qui la prononcerait serait entaché d'un véritable excès de pouvoir. La seule conséquence à tirer de ces mots, *à la charge de se représenter à jour fixe*, est que, ainsi que nous venons de le dire, faute de comparaître au jour indiqué, il sera jugé par défaut. — V. Bourguignon, *Jurisp.*, t. 1er, p. 286, no 1er.

212. — Les auteurs se sont demandé ce qui arriverait si le prévenu était un vagabond ou un repris de justice. — V. notamment Carnot, sur l'art. 131, no 2, et *Obs. add.*, no 1er. — L'art. 115 défend, à la vérité, d'accorder la liberté provisoire, sous caution, aux vagabonds et aux repris de justice; mais, ainsi que nous venons de l'établir, il s'agit dans l'art. 131 d'une liberté définitive et non d'une liberté provisoire. Cet article ne fait aucune distinction entre les divers prévenus; il suffit que le délit n'entraîne pas la peine de l'emprisonnement pour que la détention préventive soit sans objet.

213. — Dans tous les cas de renvoi, soit à la police municipale, soit à la police correctionnelle, le procureur du roi est tenu d'envoyer dans les vingt-

quatre heures au plus tard au greffe du tribunal qui doit prononcer, toutes les pièces après les avoir cotées. — C. inst. crim., art. 132.

214. — Il semble que le délai de vingt-quatre heures doive courir à compter de l'ordonnance de la chambre du conseil; mais comment le vœu de la loi pourrait-il être accompli, puisque les pièces ne se trouvent pas, en ce moment, dans les mains du procureur du roi? — Pour rendre cette disposition exécutable, Carnot (sur l'art. 132, n° 1er) dit que le délai court à partir de celui qui est accordé par l'art. 135, pour former opposition, en sorte que le procureur du roi aurait quarante-huit heures au lieu de vingt-quatre.

215. —Et par conséquent, s'il y a partie civile en cause, dans ce même système le délai de l'opposition ne devrait courir qu'après les vingt-quatre heures à compter du jour de la signification faite de ladite ordonnance, au domicile élu, le tout conformément aux prescriptions dudit art. 135.

216. —En fait, et malgré l'importance que le même auteur (sur l'art. 132, nos 2 et 3) attache à ce que les pièces soient déposées au greffe dans les vingt-quatre heures, et cotées par le procureur du roi, cette disposition est rarement exécutée, et ne donne lieu à aucune réclamation.

217. — Les pièces, avant d'être envoyées, sont classées dans l'ordre le plus méthodique et le plus clair; d'ordinaire l'ordre des dates est le plus convenable. Après ce classement, inventaire des pièces est dressé par le greffier, sans frais, et en double expédition, dont l'une doit être renvoyée du greffe du tribunal, où les pièces ont été transmises avec reçu du greffier mis au bas de l'expédition. — Inst. gén. 30 sept. 1826.

218. — A l'occasion de cet art. 132, M. Massabiau (t. 2, p. 1972) fait observer que bien que les termes de la loi parlent de l'envoi au *greffe*, dans l'usage ce n'est pas au greffe qu'est fait l'envoi des pièces, mais au procureur du roi de ce tribunal, lequel est tenu d'en accuser réception.

219. — L'obligation imposée au procureur du roi de déposer les pièces au greffe ne lui interdit pas la faculté de se les faire remettre pour les examiner dans son parquet ou à son domicile. Le dépôt au greffe a pour but d'en faciliter la communication à toutes les parties intéressées. Le procureur du roi a, sous ce rapport, autant de droits que le prévenu et la partie civile. Sa qualité lui donne de plus le privilége de pouvoir prendre cette communication avec déplacement.

220. — On ne saurait douter qu'il ait également le droit de retirer du dossier, avant de l'envoyer, des pièces évidemment inutiles, telles que notes et brouillons, qui s'y sont glissées par mégarde, et qui même peuvent être complétement étrangères.

221. — Mais il faut qu'il apporte une grande circonspection dans l'exercice de cette faculté; et même une décision ministérielle du 12 avril 1833 veut que la chambre du conseil seule puisse statuer sur la distraction d'une pièce *quelconque* de la procédure, sans que le ministère public puisse s'arroger ce droit.

§ 2. — *Renvoi devant la chambre des mises en accusation. — Ordonnances de prise de corps.*

222. — « Si, sur le rapport fait à la chambre du conseil par le juge d'instruction, les juges ou l'un d'eux estiment que le fait est de nature à être puni de peines afflictives ou infamantes, et que la prévention contre l'inculpé est suffisamment établie, les pièces d'instruction, le procès-verbal constatant le corps du délit et un état des pièces servant à conviction, seront transmis sans délai par le procureur du roi au procureur général près la cour royale, pour être procédé ainsi qu'il sera dit au chapitre *Des mises en accusation*. — Les pièces de conviction resteront au tribunal d'instruction, sauf ce qui sera dit aux art. 248 et 291. »—C. inst. crim., art. 133.

223. — « La chambre du conseil décernera dans ce cas contre le prévenu une ordonnance de prise de corps, qui sera adressée avec les autres pièces au procureur général. — Cette ordonnance contiendra le nom du prévenu, son signalement, son domicile s'ils sont connus, l'exposé du fait et la nature du délit ». — C. inst. crim., art. 134.

224.— Sous la législation intermédiaire, l'ordonnance de prise de corps était l'acte par lequel le directeur du jury, trouvant dans les faits de la prévention les caractères d'un crime, traduisait le prévenu devant le jury d'accusation. Elle produit aujourd'hui un effet analogue; mais les attributions du directeur du jury sont dévolues à la chambre du conseil, et celles du jury d'accusation à la chambre des mises en accusation.

225. — Pour qu'il y ait lieu d'en référer à la chambre des mises en accusation, il faut, ainsi qu'on le voit, la réunion des deux circonstances suivantes: 1° que le fait soit de nature à être puni de peines afflictives ou infamantes; — 2° que la prévention soit suffisamment établie. — L'absence d'une seule de ces deux circonstances suffit pour motiver, non une ordonnance de prise de corps, mais une ordonnance de non-lieu.

226.—Ainsi les délits de presse sont aujourd'hui justiciables de la cour d'assises; mais comme ils ne peuvent entraîner aucune *peine afflictive et infamante*, l'ordonnance de prise de corps ne saurait valablement être décernée contre le prévenu.

227. — Par suite, en matière de presse, les ordonnances de la chambre du conseil qui statuent sur les saisies ne sont susceptibles d'acquérir l'autorité de la chose jugée que lorsqu'elles déclarent qu'il n'y a lieu à suivre; la chambre d'accusation peut, sans violer l'autorité de la chose jugée, réformer, pour insuffisance dans la qualification, les ordonnances de mise en prévention qui n'ont pas été attaquées par le ministère public. — *Cass.*, 16 août 1832, Paulin.

228. — L'ordonnance de prise de corps ne pourrait non plus être valablement décernée, l'affaire n'étant justiciable que des tribunaux correctionnels.

229. — Il suffit aussi que l'un des juges estime que le fait est de nature à être puni de peines afflictives et infamantes et que la prévention contre l'inculpé est suffisamment établie pour qu'il y ait lieu à décerner une ordonnance de prise de corps.

230.—Cette disposition, il est vrai, ainsi que l'observe Carnot (t. 1er, ch. 9, p. 519, n° 1er), déroge aux principes généraux, en ce qu'elle fait prévaloir l'avis de la minorité sur celui de la majorité; mais il s'agit seulement de déférer à un examen plus approfondi la mise en accusation, et non de prononcer une condamnation.

231. — L'ordonnance rendue par la chambre du conseil n'est, en effet, qu'un acte provisoire, puisqu'elle peut être annulée par la chambre d'accusation, qui désigne la maison de justice où le prévenu, jusque là *provisoirement* en prison, doit être conduit. — Ortolan et Ledeau, t. 2, p. 94; Carnot, t. 1er, ch. 9, p. 529; Massabiau, t. 2, n° 1777.

232. — C'est par suite de ce principe que l'ordonnance de prise de corps n'est qu'une mesure provisoire, que nulle part la loi n'en a ordonné la notification au prévenu détenu.—*Cass.*, 29 avr. 1820, Vandemans. — V. *suprà* n° 156. — C'est seulement après l'arrêt de renvoi de la chambre d'accusation et dans cet arrêt même, où elle doit être insérée, conformément à l'art. 233, C. inst. crim., que l'ordonnance est notifiée en exécution de l'art. 242 du même Code.

233. — Toutefois il est d'usage que le ministère public en donne immédiatement connaissance au prévenu, afin qu'il puisse fournir à la chambre des mises en accusation tel mémoire qu'il juge convenable. Le greffier se transporte, à cet effet, dans la maison d'arrêt, et mentionne en marge de l'ordonnance la communication qu'il en a donnée au prévenu.—M. Massabiau (t. 2, n° 1978) ajoute que cette mention doit être signée du procureur du roi.

234. — Mais c'est une question controversée que celle de savoir si l'ordonnance de prise de corps, décernée contre un individu resté en liberté, peut être mise à exécution avant d'avoir été confirmée par la cour royale. — Carnot (sur l'art. 134, n° 65), Bourguignon (*Jurispr. des C. crim.*, t. 1er, p. 289) et MM. Ortolan et Ledeau (t. 2, p. 294) se prononcent pour la négative; ces auteurs se fondent sur ce que la loi n'a pas désigné la prison où le prévenu doit être écroué ni ordonné l'exécution provisoire. Cette opinion a été adoptée, mais seulement d'une manière incidente et énonciative, par M. Jacquinot-Pampelune, procureur général à la cour royale de Paris, dans une lettre de service du 22 janv. 1830.

235. — Nous préférons, comme plus conforme aux principes, l'opinion contraire exprimée formellement par un autre chef du parquet de Paris dans une lettre du 27 juill. 1811 et adoptée par Legraverend (t. 1er, ch. 10, p. 376), qui argumente d'un arrêt de la cour de Cassation du 4 août 1820 (Chevalier). — L'ordonnance de la chambre du conseil serait, en effet, un acte en quelque sorte inutile si elle n'était pas susceptible d'une exécution immédiate. Si la loi exige qu'elle soit confirmée, c'est parce qu'à la cour seule appartient le droit de prononcer la mise en accusation qui la rend définitive. Mais elle ne constitue pas moins celui qui en est l'objet dans un état de prévention suffisant pour autoriser la justice à s'assurer de sa personne. Elle doit donc produire, provisoirement du moins, les effets indiqués par son titre même et qui ne sont modifiés par aucune autre disposition de la loi. — Carnot voudrait un texte formel autorisant l'exécution; il en faudrait un au contraire, ce nous semble, pour la défendre.

236. — Ce qui est incontestable, c'est que la chambre du conseil commettrait un excès de pouvoir qui emporterait nullité de sa décision, si elle ordonnait la liberté provisoire d'un prévenu qu'elle aurait renvoyé, sous prévention de crime, devant la chambre d'accusation.—*Cass.*, 27 fév. 1812, N...

237. — L'ordonnance rédigée, elle doit, à la diligence du procureur du roi, être transmise au parquet du procureur général avec les pièces de procédure et un état des pièces à conviction (art. 133 et 134), celles-ci restant, provisoirement du moins, au tribunal d'instruction.

238.— Les art. 133 et 134 ordonnent le simple envoi des pièces et de l'ordonnance de prise de corps au procureur général, parce qu'il n'appartient point aux chambres du conseil de saisir les cours d'assises, ce droit étant réservé exclusivement par l'art. 231 aux chambres d'accusation.

239. — Jugé en conséquence que lorsqu'une affaire politique, au lieu d'être portée directement devant la cour d'assises par le ministère public, a été préalablement instruite, la chambre du conseil, en déclarant la prévention suffisamment établie, ne peut renvoyer le prévenu directement devant la cour d'assises; elle doit se borner à ordonner l'envoi des pièces au procureur général. — *Cass.*, 9 janv. 1835, Boutelier. — V. conf. Parant, *Lois de la presse*, p. 477; de Grattier, *Comm. L. de la presse*, t. 1er, p. 410, n° 14; t. 2, p. 267, n° 2.

240. — Et il faut appliquer ici en général les règles que nous avons posées (V. *suprà* nos 216 et suiv.) relativement au renvoi à la police correctionnelle. C'est ainsi que, bien que l'art. 133 n'oblige pas, comme l'art. 132, le procureur du roi à coter les pièces, comme cette formalité est plus essentielle ici qu'en matière correctionnelle, l'usage a suppléé à la loi. Le greffier dresse un inventaire des pièces, conformément à l'art. 423, et le procureur du roi paraphe sur chacune d'elles un numéro correspondant à celui de l'inventaire.

241.— Mais, en outre et auparavant, les instructions ministérielles imposent au procureur du roi diverses obligations dont l'accomplissement a pour but de compléter les documens qui doivent éclairer la chambre d'accusation.

242.—En effet, aux termes de l'art. 134, l'ordonnance doit sans doute contenir, outre l'exposé du fait et la nature du délit, les nom, signalement, domicile du prévenu, s'ils sont connus (V. *suprà* nos 126 et suiv.); mais à ces énonciations, le ministère public doit joindre tous les renseignemens qu'il a pu se procurer sur la profession, le domicile, l'âge, la conduite antérieure, l'état civil et intellectuel du prévenu. — Circ. minist. 8 mars 1828; — Massabiau, t. 2, n° 1984.

243.— *La profession.* — Quoiqu'elle ne soit pas mentionnée par l'art. 134 (V. *suprà* 223) comme devant nécessairement être indiquée dans l'ordonnance, on comprend de quelle importance elle peut être, soit pour l'appréciation des charges, soit pour l'application des peines. — Si l'interrogatoire du prévenu n'a pu sur ce point fournir des documens suffisans, le procureur du roi doit, dès le commencement de la procédure, s'adresser aux autorités locales du domicile ou de la résidence des prévenus.

244. — *Le domicile.* — Cette mention doit déjà exister dans l'ordonnance; mais les recherches du ministère public peuvent compléter utilement ce qu'il peut y avoir d'incomplet sur ce point.

245.— *L'âge.* — Dans certains cas, l'âge des prévenus peut avoir une grande influence sur la décision; bien plus, nous avons vu que, s'il s'agit d'un mineur de moins de seize ans, sans complices plus âgés, une ordonnance de prise de corps ne saurait être valablement rendue, quel que soit le fait imputé, puisque la juridiction correctionnelle serait seule compétente. Il est fort important de joindre au dossier des renseignemens authentiques. — Circ. du minist. de la just. des 10 fév. 1810, 3 mars 1818 et 5 janv. 1826, § 3, et circ. du proc. gén. de Paris, du 21 avr. 1823.

246. — Cependant, si l'inculpé n'a aucun intérêt à déguiser la vérité, c'est-à-dire s'il est âgé de plus seize ans et de moins de soixante-dix, on pourrait regarder comme suffisante sa déclaration. — Du reste, s'il y a lieu à joindre une copie de l'acte de naissance, elle est demandée au greffe du tribunal, délivrée sur papier libre et payée sur les fonds généraux de la justice criminelle. — Décr. 12 juill. 1807, 18 juin 1811, art. 133.

247. — *La conduite antérieure.*— Lorsque le prévenu est en état de récidive ou a déjà subi quelque condamnation, le procureur du roi doit joindre au dossier un extrait de chaque jugement, soit pour servir de base à l'application des peines de la récidive, soit pour faire apprécier la conduite du prévenu. Il est surtout essentiel que ces extraits soient authentiques.

248. — *L'état civil.* — C'est-à-dire si le prévenu est enfant légitime ou naturel, s'il est célibataire, marié ou veuf; s'il a des enfans légitimes ou naturels, et combien.

249. — *L'état intellectuel.* — Le degré de l'instruction de l'accusé, s'il sait lire ou écrire, ou si ses connaissances sont supérieures, renseignemens qui, ainsi que l'observe la circulaire du 3 mars 1828, sont faciles à obtenir, soit des autorités locales de la résidence, soit même en visitant le prévenu dans la maison d'arrêt.

250. — Aux termes de la circulaire du 3 mars 1818, tous ces renseignemens divers sont portés sur un tableau, ordinairement désigné sous le titre de *notice ou tableau des renseignemens*, et que l'on joint au dossier.

251. — Le procureur du roi peut y joindre d'autres renseignemens : ainsi, sur les habitudes du prévenu, sa famille les complices, si le crime a été commis par plusieurs, l'arrestation de chaque prévenu, en un mot tous les documens qu'il croira utiles pour éclairer la marche de la justice. — Massabiau, t. 2, nº 1984.

252. — Tous ces renseignemens doivent du reste être rassemblés par avance par le procureur du roi, puisqu'ils doivent être joints à l'envoi de l'ordonnance et des pièces de la procédure, lequel doit avoir lieu, d'après l'art. 133, C. inst. crim., dans *le plus bref délai*, avec l'état des frais dressé par le greffier.

253. — Cependant, en matière de presse et de délits politiques, le procureur général peut devancer l'envoi des pièces ordonné par cet article, et les faire apporter au greffe de la cour royale, conformément aux art. 24, L. 9 sept. 1835, et 3 de la loi du même jour, sur les cours d'assises.

254. — Enfin, pour accélérer la délivrance des copies qui, d'après l'art. 305, doivent être remises gratuitement à l'accusé, le procureur du roi doit mettre en marge de chaque pièce de nature à être copiée, ces mots : *essentielle à la défense*, avec sa signature (V. circulaire du procureur général à Paris, du 17 juin 1822); mais le procureur du roi près la cour d'assises n'est pas lié par cette annotation.

CHAPITRE V. — *Voies de recours ouvertes contre les ordonnances de la chambre du conseil.*

255. — Le Code d'instruction criminelle n'interdit pas tout recours contre les ordonnances de la chambre du conseil; son art. 135 est même ainsi conçu : « Lorsque la mise en liberté des prévenus sera ordonnée, conformément aux art. 128, 129 et 131, le procureur du roi ou la partie civile pourra s'opposer à leur élargissement. »

256. — La législation intermédiaire n'ouvrait aucune voie pour la réformation des ordonnances rendues par le directeur du jury pour le réglement de la compétence; c'est donc une innovation dans la matière de l'instruction criminelle que le recours permis par l'art. 135, C. inst. crim., contre les ordonnances de la chambre du conseil.

257. — Cette voie de recours a été qualifiée tantôt du nom d'*appel*, tantôt de celui d'*opposition*. Toutefois, l'usage a plus particulièrement consacré cette dernière dénomination, généralement adoptée aujourd'hui.

258. — Et quelle que soit la nature de l'ordonnance rendue par la chambre du conseil, quand même elle aurait prononcé sur des questions placées hors de sa compétence, c'est à la chambre des mises en accusation, et non à la chambre civile ou à la chambre correctionnelle de la cour que l'ordonnance doit être déférée, que l'opposition soit formée par le ministère public ou par la partie civile. — V. notamment *Cass.*, 5 déc. 1823, Chauvel. — V. CHAMBRE DES MISES EN ACCUSATION.

259. — Au surplus, d'assez nombreuses difficultés se sont élevées sur l'exercice de ce droit d'opposition aux ordonnances de la chambre du conseil, notamment sur les ordonnances susceptibles de cette voie de recours, sur les personnes appelées à en profiter, sur le délai dans lequel l'opposition doit être faite, enfin sur les formes auxquelles elle est assujétie; nous examinerons séparément chacun de ces points divers.

Sect. 1re. — *Opposition ou appel.*

§ 1er. — *Ordonnances susceptibles d'opposition.*

260. — Les termes dans lesquels est conçu l'art. 135, C. inst. crim., ont fait demander si toutes les ordonnances de la chambre du conseil étaient indistinctement susceptibles d'être attaquées par la voie de l'opposition : il n'y est question, en effet, que du cas *où la mise en liberté du prévenu aurait été ordonnée*, d'où l'on avait cru pouvoir conclure que les ordonnances de non-lieu ordonnant la mise en liberté étaient les seules dont la réformation pût être réclamée.

261. — Quelques cours royales crurent en conséquence, dans l'origine, devoir rejeter les oppositions dirigées contre des ordonnances des chambres du conseil déclarant n'y avoir lieu à suivre; mais la cour de Cassation annula constamment les arrêts rendus en ce sens.

262. — Et c'est depuis long-temps une jurisprudence constante que le droit d'opposition aux ordonnances de la chambre du conseil accordé par l'art. 135, C. inst. crim., au ministère public et aux parties civiles, n'est pas restreint au seul cas de la mise en liberté du prévenu. L'opposition doit être reçue, soit que le prévenu ait été arrêté, soit qu'il ne l'ait pas été, et soit que sa mise en liberté ait été accordée ou refusée. — *Cass.*, 13 sept. 1811, Arent; 25 oct. 1811, Langlois; 20 juin 1812, Graffe; 8 oct. 1812, Renshaysen; 28 janv. 1813, Heusdans; 5 fév. 1813, Régniton; 19 mars 1813, Kilian; 8 avr. 1813, Gilles; 13 mai 1813, Werner; 10 juin 1813, Béchaud; 29 oct. 1813 (ch. réun.), Kilian; *Bruxelles*, 16 mai 1814, L...

263. — Ces solutions sont adoptées également par les auteurs. — V. notamment Bourguignon, *Jurisp. des Codes criminels*, t. 1er, ch. 10, p. 294, nº 3; Carnot, sur l'art. 127, nº 1er. — Toutefois, Legraverend (t. 1er, ch. 10, p. 387) dit que la cour de Cassation a créé par cette jurisprudence une disposition législative; mais que du moins l'erreur qu'elle a commise ne nuit point à l'instruction des procédures, n'entrave point l'administration de la justice répressive, et n'est pas de nature à entraîner de véritables inconvéniens.

264. — Mais les motifs que ce dernier auteur donne à l'appui de son opinion semblent complétement réfutés par l'arrêt solennel et doctrinal rendu par la cour de Cassation le 29 oct. 1813, Kilian. — Et, en effet, comment aurait-il pu entrer dans l'esprit de la loi que l'ordonnance de la chambre du conseil serait en premier ou en dernier ressort, selon que le prévenu se trouverait détenu ou en liberté? — Cette interprétation, qui aurait laissé dans les mains d'un tribunal composé de trois juges, disposés naturellement à adopter les conclusions présentées par celui d'entre eux qui a procédé à l'instruction, le moyen de décider ainsi en dernier ressort sur des questions dont la solution est souvent si importante pour l'ordre social, était évidemment inadmissible. — V. au surplus Merlin, *Rép.*, vº *Opposition à une ordonnance*, nº 2.

265. — Il faut donc tenir pour certain que l'art. 135 est énonciatif au profit du ministère public et de la partie civile du droit de former opposition aux ordonnances de la chambre du conseil, droit qui découle des règles générales de l'organisation judiciaire, d'après lesquelles les décisions portées en matière criminelle comme en matière civile doivent, sauf les dispositions contraires, être déférées à des juges supérieurs, s'il y a réclamation ou appel.

266. — On a encore agité la question de savoir si l'opposition du procureur du roi à une ordonnance qui renvoie le prévenu devant l'autorité compétente est recevable lorsqu'elle se fonde sur ce que l'instruction n'a pas été assez approfondie pour faire connaître tous les prévenus et les témoins; aucune solution n'est intervenue, mais on doit admettre l'affirmative. — Arg. *Cass.*, 1er avr. 1813, Delnan; 29 oct. 1813, Kilian.

267. — Quant à ce qui concerne le recours contre les ordonnances rendues par la chambre du conseil, en matière de mise en liberté provisoire, V. LIBERTÉ PROVISOIRE.

§ 2. — *Qui peut former opposition.*

268. — L'art. 135, C. inst. crim., n'énonce que le procureur du roi et la partie civile comme pouvant former opposition aux ordonnances de la chambre du conseil : cette indication est-elle limitative?

269. — En ce qui concerne le ministère public, le droit de former opposition est-il restreint au procureur du roi seul; peut-il être au contraire exercé directement par le procureur général? — C'est là une question sur la solution de laquelle les auteurs ne sont pas d'accord, et que la jurisprudence n'a pas toujours uniformément décidée.

270. — Ceux qui admettent l'opposition du procureur général comme valable, font observer que sans doute les procureurs du roi sont seuls désignés par l'art. 135, mais qu'on ne trouve dans cet article aucune expression qui exclue les procureurs généraux. Or, dit-on, ce n'est point sur le texte de l'article précité, mais sur celui des art. 6, 45, 47 de la loi du 20 avr. 1810 que repose ce droit. « L'action de la justice criminelle, dit Mangin (*Traité de l'action publique*, t. 2, nº 87), appartient aux procureurs généraux sans restriction; les autres fonctionnaires du ministère public établis près les tribunaux, ne sont que leurs substituts, placés sous leur surveillance et soumis à leur direction. C'est pour cela qu'ils (les procureurs généraux) ont le droit de former opposition aux ordonnances de la chambre du conseil, pourvu qu'elle intervienne dans les vingt-quatre heures... C'est ainsi que l'action des procureurs généraux s'exerce sur tous les crimes, tous les délits, et même sur les simples contraventions de police. Cette action n'a dans leurs mains d'autres limites que celles du territoire des cours royales près desquelles ils sont établis » — On décide, en effet, que ces magistrats peuvent en leur nom appeler des jugemens de police correctionnelle rendus dans l'étendue de leur ressort, lors même que l'appel devrait être porté à un tribunal chef-lieu de département, et non à la cour royale; sur quelles raisons donc légitimement fonder le refus au procureur général du droit d'opposition contre les ordonnances de la chambre du conseil?

271. — Ce système, adopté encore par Merlin (*Rép.*, vº *Opposition à une ordonnance*, nº 3); Legraverend (t. 1er, ch. 10, p. 388); Massabiau (nº 1988), a été d'abord consacré par la cour de Cassation implicitement par deux arrêts. (*Cass.*, 13 sep. 1811, Jacob; 27 fév. 1812, Garrique); formellement par un troisième arrêt. — *Cass.*, 14 avr. 1814, Edouard.

272. — Mais depuis, changeant sa jurisprudence, la même cour a décidé que l'opposition aux ordonnances de la chambre du conseil ne peut être faite que par le procureur du roi, et non par le procureur général. — *Cass.*, 6 mars 1818, Guérive. — V. conf. Carnot, t. 1er, ch. 9, p. 102, nº 13; de Serre, *Manuel*, t. 1er, p. 174. — V. encore circul. min. just. 12 juill. 1813.

273. — Et, en effet, disent les partisans de cette dernière opinion, le procureur du roi étant le représentant légal du procureur général, ce dernier magistrat doit être non-recevable à attaquer de son chef les ordonnances de la chambre du conseil; lui accorder cette faculté qu'on ne voit écrite nulle part, et que repousse l'économie de la loi, ce serait multiplier les épreuves sans nécessité, créer des entraves à la liberté civile, et aggraver le sort des inculpés, le plus souvent innocens. D'ailleurs, comme le rappelle la circulaire citée au numéro précédent, la faculté de reprendre ultérieurement la procédure sur nouvelles charges, aux termes de l'art. 247, C. inst. crim., ôte à cette doctrine toute espèce de danger.

274. — MM. Teulet, d'Auvilliers et Sulpicy, dans leurs *Codes annotés* (sur l'art. 135, C. inst. crim., nº 12), semblent se ranger à la première opinion; ils en donnent pour motif que les procureurs généraux ne peuvent sans doute faire directement aucun acte près des tribunaux de première instance, mais que l'opposition, analogue à l'appel autorisé par l'art. 205 du même Code, doit être considérée comme un acte fait près de la juridiction de la cour, parce qu'elle a pour effet de la saisir de l'affaire.

275. — Relativement à la partie civile le droit de former opposition à l'ordonnance de la chambre du conseil ne peut lui être contesté puisqu'il lui est formellement accordé par l'art. 135; mais le simple plaignant, qui ne s'est pas constitué partie civile avant l'ordonnance, ne peut exercer ce droit. — *Pau*, 23 janv. 1813, sous *Cass.*, 19 juin 1813, Gans; *Metz*, 17 déc. 1819, Janet c. Charton; 10 mars 1832, Burthe c. Dappel.

276. — Et cette distinction se justifie par la différence notable qui existe entre celui qui s'est porté partie civile et le simple plaignant, le premier étant réellement partie dans le procès, est exposé à supporter tous les frais de la procédure, si le prévenu est acquitté (*Cass.*, 10 juin 1813, Béchaud; 6 nov. 1823, Brière c. Guérard), tandis que le second, qui s'est borné à déposer sa plainte, reste à l'écart et ne hasarde aucun frais.

277. — Il est vrai qu'aux termes de l'art. 467, C. inst. crim., le plaignant peut se porter partie civile en tout état de cause; mais ceci doit s'entendre des différens cas où la cause est portée devant les juges chargés d'appliquer la peine. Ici, au contraire, une fois l'ordonnance rendue, la chambre du conseil est dessaisie; il n'y a plus rien en état de cause : on ne saurait admettre l'opposition formée dans une instance terminée, et où l'on n'a pas été partie.

278. — Jugé, cependant, en Belgique, mais à tort, que le plaignant peut se porter partie civile, quoiqu'il n'ait pas formé opposition à l'ordonnance de la chambre du conseil, portant qu'il n'y a lieu à suivre, dans les vingt-quatre heures de la signification qui lui a été faite, si de son côté le minis-

tère public y a formé opposition. — *Bruxelles*, 28 déc. 1822, Lantremange.

279. — Quant au prévenu, la loi se tait sur son compte, et on ne peut, dès-lors, lui reconnaître le droit de former opposition aux ordonnances de la chambre du conseil. — En effet, sa position diffère essentiellement de celle de la partie publique ou de la partie privée dont les intérêts peuvent souffrir, par suite de l'ordonnance, un mal irréparable, tandis qu'elle ne constitue, après tout, à l'égard du prévenu qu'une véritable déclaration de plus ample informé; il perdrait même plus de temps pour faire juger son opposition qu'il ne lui en faut pour arriver à se justifier devant le tribunal auquel l'ordonnance le renvoie.

280. — C'est là, au surplus, un point incontestable en jurisprudence aussi bien qu'en doctrine. — *Cass.*, 30 déc. 1813, Poupier; 7 nov. 1816, Girardon; 14 mai 1819, N...; *Bruxelles*, 13 fév. 1828, D....; *Bordeaux*, 14 mai 1831, Claverie; *Lyon*, 31 janv. 1834, Savernier; *Grenoble*, 29 mars 1834, Rossignol; — Merlin, *Rép.*, *loc. cit.*, n° 9; Bourguignon, *Jurispr. des Codes crim.*, sur l'art. 135, C. inst. crim., t. 1er, p. 408, n° 6; Carnot, t. 1er, chap. 9, p. 538, n° 9; Legraverend, t. 1er, p. 410, n° 2; Rauter, *Dr. crim.*, t. 2, p. 352.

281. — Cependant, la cour de Cassation fait une exception à cette règle pour le cas d'incompétence. — Le droit de former opposition résulte alors, selon elle, non de l'art. 135, mais de l'art. 539, C. inst. crim.; mais la disposition de ce dernier article ne peut être étendue au-delà des cas auxquels il se réfère : or cet article, qui fait partie du chapitre *Réglement de juges*, ne peut être appliqué qu'aux circonstances qui dans l'art. 526 sont nécessairement supposées exister, c'est-à-dire au cas où l'exception d'incompétence relevée contre le juge d'instruction ou la chambre du conseil serait fondée sur les art. 63 et 69 dudit Code, qui déclarent compétent le juge soit du lieu du crime ou du délit, soit de la résidence du prévenu, soit enfin du lieu où il a été trouvé. — *Cass.*, 7 nov. 1816, Girardon.

282. — Néanmoins, lorsque, dans ce cas, la cour royale a statué sur l'opposition du prévenu, il est non-recevable à se pourvoir en cassation contre l'arrêt de cette cour. — Même arrêt.

283. — Jugé, contrairement à cette doctrine, que le prévenu ne peut être admis à former opposition à l'ordonnance de la chambre du conseil même pour cause d'incompétence, surtout s'il n'avait proposé son exception ni devant le juge d'instruction, ni devant la chambre du conseil. — *Bruxelles*, 18 fév. 1828, D... et F... — V. en ce sens Bourguignon, *Jurisp. des Codes crim.*, sous l'art. 135, C. inst. crim., n° 7.

284. — Il faut encore remarquer que l'art. 11, L. 26 mai 1819, consacre en matière de presse un droit d'opposition, au profit de la partie saisie, contre les ordonnances de la chambre du conseil qui prononcent la validité de la saisie; ce droit, dont le caractère est exceptionnel, ne peut dès-lors être étendu et il ne s'étend pas aux ordonnances qui sur le fond renvoient le prévenu devant le tribunal compétent. — V. conf. Chassan, *Traité des délits de la parole*, t. 2, p. 318; de Berny, *Concordance des lois de la presse*, p. 65; Rauter, *Droit pénal*, t. 2, p. 356. — V. aussi de Grattier, *Comment. sur les lois de la presse*, sous l'art. 11, L. 26 mai 1819, § 1er, n° 5.

285. — Jugé toutefois que le pourvoi du prévenu contre l'ordonnance de la chambre du conseil dont il est fait mention dans l'art. 11, L. 26 mai 1819, sur la presse, ne doit s'entendre que du droit qui appartient à out individu renvoyé devant une chambre d'accusation, d'attaquer devant elle l'ordonnance qui a prononcé ce renvoi, et non d'un droit particulier d'opposition à l'ordonnance qui statue sur un procès-verbal de saisie. — *Cass.*, 12 août 1826, Dentu. — V. conf. de Grattier, *Comment. sur les lois de la presse*, t. 1er, p. 378, n° 5.

286. — ...Qu'ainsi, sous l'empire de l'art. 17, L. 25 mars 1822, abrogé par l'art. 5, L. 8 oct. 1830, et qui avait retiré aux cours d'assises la connaissance des délits de la presse, les prévenus ne devant pas être traduits devant la chambre de mises en accusation, la faculté qu'ils n'exerçaient qu'à cause de ce renvoi était nécessairement révoquée. — Même arrêt. — V. au surplus DÉLIT DE PRESSE.

§ 3. — *Délai de l'opposition.*

287. — Légitime en principe, le droit d'opposition aux ordonnances de la chambre du conseil ne serait plus qu'un privilége dangereux pour la bonne administration de la justice, si son exercice n'était pas restreint dans un temps fort limité : il doit être exercé dans les *vingt-quatre heures*. — C. inst. crim., art. 135.

288. — Et il ne faut pas confondre avec un jour *franc*, ainsi que le fait Carnot (t. 1er, chap. 9, p. 534, n° 2), le délai de *vingt-quatre heures* accordé ici par la loi. Si ce délai était franc, ou, en d'autres termes, si le jour de l'échéance ne devait pas être compté, l'opposition pourrait être formée le surlendemain de l'ordonnance ou de sa notification, ce qui n'entre pas évidemment dans les termes de l'article précité.

289. — Mais il faut du moins que le délai soit entier. Or, la loi l'ayant fait courir *du jour* et non de *l'heure* de l'ordonnance ou de sa notification, il s'ensuit que, pour ne pas priver le ministère public ou la partie civile d'une partie quelconque de ce délai, on est forcé d'admettre l'opposition pendant toute la durée du jour qui suit celui de l'ordonnance ou de sa notification. — V. conf. Carnot, t. 1er, chap. 9, p. 534, n° 2; Legraverend, t. 1er, chap. 10, p. 382. — Cette interprétation est généralement suivie dans la pratique.

290. — Toutefois, le point de départ du délai pour former opposition ne saurait être le même quant au ministère public et quant à la partie civile; aussi l'art. 135 contient-il quant à ce une disposition spéciale.

291. — Sous le Code du 3 brum. an IV, qui n'admettait contre les ordonnances du directeur du jury que le pourvoi en cassation, le délai ne courait contre le commissaire du pouvoir exécutif, pour se pourvoir contre une ordonnance du directeur du jury rendue sans ses conclusions préalables et à son insu, que du jour où il en avait eu la communication officielle. — *Cass.*, 16 vendém. an VIII, N....

292. — Aujourd'hui, nous avons vu que le délai était de vingt-quatre heures. — Ces vingt-quatre heures courent, contre le procureur du roi, aux termes de l'art. 135, à compter du jour de l'ordonnance de mise en liberté.

293. — Et la chambre d'accusation ne pourrait, sans violer l'autorité de la chose jugée, annuler une ordonnance de la chambre du conseil qui ne lui aurait point été déférée par la voie de l'opposition dans le délai fixé par l'art. 135, C. inst. crim. — *Cass.*, 19 mars 1812, Lebouvier; 18 sept. 1834, Guerineau.

294. — Legraverend, rapprochant ce système de celui qui refuse au procureur général le droit de former directement opposition, dit (t. 1er, ch. 10, p. 388) qu'il fait dépendre d'un tribunal de première instance l'impunité de toute espèce de crimes, même les plus graves, sans qu'il soit au pouvoir ni du procureur général, ni de la cour royale, de l'empêcher, puisque, d'une part, ils n'ont aucun droit de redressement, et que, de l'autre, ils se trouveront presque toujours prévenus trop tard. Le législateur aurait été inconséquent, poursuit cet auteur, s'il avait donné aux procureurs généraux moins de droits pour faire réviser les ordonnances de la chambre du conseil que pour faire réformer les jugemens correctionnels. La faculté accordée par l'art. 235 aux cours royales est nécessairement commune aux procureurs généraux. On ne doit point s'arrêter aux expressions de cet article : « soit qu'il y ait ou non une instruction *commencée*, » car après l'ordonnance de non-lieu il n'y a réellement qu'une instruction *commencée*; elle n'est complète qu'après les débats. Les actes de la police judiciaire sont, de leur nature, essentiellement provisoires. La police judiciaire, qui ne peut pas punir, ne peut pas non plus absoudre ni acquitter; on ne saurait donner à ses actes l'effet des jugemens définitifs. — Le dernier paragraphe (art. 129) porte que les dispositions de cet article et celles du précédent, relatives, 1° à la déclaration qu'il n'y a lieu à suivre ou qu'il n'y a lieu qu'à renvoi en simple police; — 2° à la mise en liberté du prévenu, *ne pourront préjudicier* aux droits de la partie civile ou *de la partie publique, ainsi qu'il sera expliqué ci-après*. L'art. 135, qui vient ensuite, ne parle que de la *mise en liberté*, et ne permet de la retarder que pendant vingt-quatre heures. Il ne résulte nullement de là que le délai pour attaquer la déclaration qu'il n'y a lieu à poursuite ne soit également que de vingt-quatre heures. L'art. 206, même Code, fournit un exemple frappant d'analogie. — Dans l'opinion contraire, il faudrait rayer l'art. 235, C. inst. crim., l'art. 11, L. 20 avr. 1810, et anéantir l'effet de l'art. 45 de cette loi, et le § 1er, art. 279, C. inst. crim.

295. — A cette argumentation Bourguignon (*Jurisprudence des C. crim.*, sous l'art. 135, n° 5) répond que les discussions qui ont eu lieu dans le sein du conseil d'état prouvent que la voie de l'opposition a été admise d'une manière générale pour dispenser de la sanction supérieure dans tous les cas, et qu'elle s'applique à la déclaration de non-lieu, comme à l'élargissement. — Ces mots de l'art. 235 *l'instruction commencée* excluent nécessairement

l'instruction *achevée*. — V. rubrique du chap. 9, liv. 1er. — Les ordonnances de *non-lieu* ne sont point des actes de police judiciaire, mais de véritables décisions, susceptibles d'être attaquées et conséquemment aussi d'acquérir force et valeur. — L'intérêt social est suffisamment garanti par les art. 133 et 135. Une seule voix suffit dans le tribunal pour faire transmettre les pièces au procureur général; le procureur du roi lui-même n'en est pas excepté, puisqu'il a la voie de l'opposition. Ce n'est pas tout : la poursuite peut encore être reprise sur une nouvelle charge. Accorder en outre au procureur général un droit indéfini, quoiqu'il ait été *légalement représenté* par le procureur du roi, qui est son substitut, et sans qu'il soit survenu de nouvelles charges, ce serait multiplier les épreuves sans nécessité, créer des entraves à la liberté civile, et aggraver le sort des prévenus, le plus souvent inconnus.

296. — Cette dernière opinion, adoptée au surplus par presque tous les auteurs (Merlin, *Rép.*, v° *Opposition à une ordonnance*, n° 3; Carnot, sur l'art. 217, C. inst. crim., t. 2, p. 175, n° 1er; sur l'art. 288, p. 224; sur l'art. 235, p. 257; sur l'art. 246, p. 288, n° 6; de Serre, *Manuel*, t. 1er, p. 174; Mangin, *Tr. de l'action publique*, t. 2, p. 312, n° 387), a été de plus consacrée par de nombreux arrêts, outre ceux déjà cités.

297. — Ainsi jugé que, l'ordonnance de mise en liberté contre laquelle il n'a été formé aucune opposition dans les vingt-quatre heures ayant acquis l'autorité de la chose jugée, le procureur général est non-recevable à l'attaquer. Le pouvoir qui lui est conféré par l'art. 250, C. inst. crim., de faire apporter les pièces et de saisir la cour impériale, ne s'applique qu'au cas où la poursuite est encore entière. — *Cass.*, 27 fév. 1812, Garrigue; 19 mars 1812, Lebouvier.

298. — ... Que les ordonnances de la chambre du conseil portant qu'il n'y a lieu à suivre acquièrent l'autorité de la chose jugée jusqu'à la survenance de nouvelles charges, lorsqu'elles n'ont été frappées d'opposition ni par le ministère public, ni par la partie civile, dans le délai de vingt-quatre heures, et que le ministère public n'est plus recevable à les attaquer. — *Cass.*, 13 sept. 1811, Jacob; 27 août 1812, Sonnet.

299. — ... Que l'ordonnance de la chambre du conseil qui n'a pas été frappée d'opposition dans le délai de la loi ne perd son caractère définitif que lorsqu'il y a de nouvelles charges constituant une affaire nouvelle, et que l'instruction, en ce cas, ne porte point atteinte à l'autorité de la chose jugée. — *Cass.*, 19 mars 1813, Gans.

300. — ... Que l'opposition qui ne porte pas de date doit être considérée comme nulle, après le délai de vingt-quatre heures fixé par l'art. 135. — *Paris*, 15 mars 1825, L...

301. — ... Que lorsqu'il résulte de l'acte même d'opposition formée par le procureur du roi à une ordonnance de la chambre du conseil que cet acte n'a été rédigé qu'après l'expiration du délai de vingt-quatre heures, l'opposition doit être déclarée non-recevable, encore bien qu'il y soit exprimé que le jour même de l'ordonnance le procureur du roi s'est présenté au greffe pour y déclarer son opposition. — *Douai*, 4 déc. 1835, Meunier.

302. — Observons cependant que, quand le ministère public a laissé passer le délai de la loi sans faire opposition à une ordonnance de la chambre du conseil, l'opposition formée par la partie civile saisit la chambre d'accusation du droit de réviser l'ordonnance attaquée, non seulement dans l'intérêt de l'opposant, mais même dans celui de la vindicte publique; cela découle nécessairement de ce que, la chambre des mises en accusation n'ayant pas compétence, sauf l'exception portée en l'art. 136, pour statuer sur les intérêts civils des parties, l'opposition du plaignant ne peut avoir d'autre objet que de conserver l'action publique. — *Cass.*, 10 mars 1827, Dubreuil.

303. — Il y a plus, la partie civile ne peut, en pareil cas, par un désistement, enlever à la vindicte publique les droits qui lui sont acquis par l'effet de cette opposition, sur laquelle en conséquence il doit être statué malgré le désistement. — Même arrêt. — V. conf. Carnot, t. 1er, chap. 9, p. 541, n° 5; Massabiau, t. 1er, n° 1999.

304. — Comme le ministère public, la partie civile doit former son opposition dans les vingt-quatre heures; mais le délai ne court contre elle qu'à compter du jour de la signification à elle faite de l'ordonnance au domicile par elle élu dans le lieu où siége le tribunal. — C. inst. crim., art. 135. — V. aussi *Cass.*, 17 août 1839 (t. 2.1840, p. 364), Fraboulet.

305. — L'art. 135 ne s'est occupé, il est vrai, que du cas où la notification a été faite au domicile élu; mais, par un argument *à fortiori*, et d'après

les principes du droit commun, il faut décider que la notification à la personne ou au domicile réel fait courir également le délai de l'opposition. — Carnot, t. 1er, chap. 9, p. 535, n° 5.

306. — La cour de Cassation a même jugé que la signification de l'ordonnance, faite par le ministère public au mandataire de la partie civile, fait courir contre cette dernière le délai d'opposition, bien qu'antérieurement ce mandataire eût été par elle remplacé par un autre, si la connaissance de ce remplacement n'est point parvenue légalement au ministère public. — *Cass.*, 6 juin 1833, Bruzon.

307. — Cette solution donne lieu à une observation importante : aux termes de l'art. 135, c'est la signification au domicile que la partie civile a élu, conformément à l'art. 68, et non à la personne de son mandataire, qui fait courir le délai de l'opposition. L'arrêt contient sur ce point une confusion occasionnée dans l'espèce par la circonstance que le domicile avait été élu chez un mandataire; il mériterait en conséquence d'être suivi dans le cas où, une nouvelle élection de domicile n'ayant pas été légalement faite par la partie civile, le procureur du roi aurait fait signifier l'ordonnance au domicile précédemment élu.

308. — Encore bien que la partie civile, domiciliée dans l'arrondissement, réside à plus de trois myriamètres du lieu où se fait l'instruction, le délai reste le même. Il n'y a pas, en effet, au Code d'instruction criminelle, un article général, comme l'art. 1033, C. procéd. civ.; mais tantôt le législateur augmente les délais à raison des distances, tantôt il n'en tient aucun compte et garde le silence, et c'est ce qui a lieu ici. — Carnot, t. 1er, chap. 9, p. 535, n° 5.

309. — Si la partie civile qui ne réside pas dans l'arrondissement avait négligé d'élire un domicile, le délai courrait contre elle, suivant Bourguignon (*Man. d'inst. crim.*, t. 1er, p. 218), à partir de l'ordonnance. — Mais de ce qu'elle est non-recevable à se plaindre du défaut de notification de l'ordonnance il ne faut point conclure qu'elle soit déchue du droit d'opposition, de même que si la notification lui avait été faite. Ainsi, s'il s'agit d'une ordonnance de mise en liberté, le prévenu devra être mis en liberté, et voilà tout. La loi a voulu seulement que la partie civile prît les choses dans l'état où elle les trouverait.

§ 4. — *Formes de l'opposition.*

310. — La loi ne détermine pas le mode de formuler les oppositions aux ordonnances de la chambre du conseil; mais ces actes ayant la plus grande analogie avec les déclarations d'appel en matière correctionnelle, on en conclut avec raison qu'il y a lieu d'observer la forme de procéder prescrite par l'art. 203, C. inst. crim.

311. — Jugé, en conséquence, que l'opposition du procureur du roi peut être valablement formée par déclaration faite au greffe du tribunal. — *Cass.*, 18 juill. 1833, Jourdan d'Allayrac.

312. — .... Et qu'on doit réputer nulle l'opposition formée par une simple mention mise au bas de l'ordonnance par le procureur du roi en son parquet. — *Grenoble*, 20 juin 1826, S...

313. — Mais il ne suffit pas que la déclaration soit faite au greffe, il faut que l'acte en soit dressé. Le système contraire priverait les parties d'une garantie importante, puisqu'elles auraient toujours à craindre de voir revivre la poursuite à l'aide d'un acte fait après coup.

314. — Ainsi, quoique la mention de l'opposition fût datée du greffe, l'opposition devrait encore être déclarée non-recevable, si l'acte n'en a été dressé par le greffier. — *Cass.*, 18 juill. 1833, Jourdan d'Allayrac; *Douai*, 4 déc. 1833, Meunier.

315. — Mais formée dans les délais, elle serait valable, bien que, au lieu d'être portée sur le registre, elle eût été seulement consignée sur une feuille volante, qu'elle n'eût pas été inscrite au répertoire, et qu'enfin elle n'eût été enregistrée qu'après les délais. — *Cass.*, 15 avr. 1836, Myran.

316. — La déclaration ainsi consignée par le greffier, le ministère public requiert qu'il lui en soit délivré expédition, laquelle, immédiatement visée par lui et jointe à la procédure, est mentionnée au registre des salaires du greffier. — Décr. 18 juin 1811, art. 57.

317. — Telle est d'ordinaire la marche suivie en pareille circonstance; mais est-elle obligatoire et ne peut-on recourir valablement à la voie plus simple de la signification par exploit d'huissier, conformément à l'art. 205, C. inst. crim. ?

318. — S'il s'agit de la partie civile, le droit de former opposition par voie de signification d'huissier est admis comme incontestable. — *Grenoble*, 20 juin 1826, S......; *Cass.*, 17 août 1839 (t. 2 1839, p. 463), Fraboulet.

319. — Quant au ministère public, la question est controversée; et la cour de Cassation, par son arrêt déjà cité (*Cass.*, 18 juillet 1833, Jourdan d'Allayrac), a décidé implicitement la négative, ce que repousse formellement l'arrêt aussi précité de Grenoble (*Grenoble*, 20 juin 1826, N ....), dont nous croyons devoir cependant adopter la solution.

320. — En effet, ce que la loi veut, c'est que l'acte d'opposition ait lieu dans la forme authentique; or, un exploit d'huissier a la même authenticité qu'un acte passé au greffe : il donne également date certaine à la déclaration, et il garantit complétement qu'il a été fait avant l'expiration des délais : comment, d'ailleurs, annuler un arrêt qui maintiendrait une pareille opposition ? évidemment on ne pourrait le casser pour avoir violé la loi, puisque la loi est muette. Une simple analogie ne saurait suffire, et d'ailleurs l'art. 205 est lui-même également analogue.

321. — Mais, en tous cas, le greffier n'a aucune qualité pour recevoir cette copie. Cette signification n'étant point un acte de son ministère, rien ne l'oblige à la conserver, ni même à la communiquer aux parties intéressées; elle peut s'adirer ou être supprimée, sans que sa responsabilité légale soit engagée. Si donc on veut employer la forme des exploits, il faut, de toute nécessité, se conformer aux règles substantielles du Code de procédure, qui exigent que la signification soit faite à la personne ou au domicile de la partie intéressée, à moins que la loi elle-même n'en ait autrement ordonné par une disposition spéciale.

322. — Jugé en conséquence qu'on doit déclarer nulle l'opposition de la partie civile à une ordonnance de la chambre du conseil, lorsqu'elle a été signifiée, non au procureur du roi ni à l'inculpé, mais seulement au greffier, encore bien qu'il y soit fait mention que c'est à la charge par lui d'en donner connaissance à qui il appartiendra. — *Lyon*, 30 avr. 1830, D...

323. — Cette signification, nécessaire dans le cas où l'opposition a lieu par voie d'huissier, est-elle exigée au cas où l'opposition a été faite par la voie du greffe? — Sur ce point, les auteurs sont loin d'être d'accord.

324. — Carnot (t. 1er, chap. 9, p. 536, n° 9) soutient l'affirmative comme nécessaire, soit pour mettre le prévenu en demeure de fournir son mémoire, conformément à l'art. 217, soit pour qu'il puisse réclamer des dommages-intérêts en vertu de l'art. 136. — V. conf. Ortolan et Ledeau (t. 2, p. 96); Massabiau (t. 2, n° 358), qui cite en ce sens un arrêt inédit de Rennes, 5 août 1825, relatif à une espèce où le prévenu était en état de détention.

325. — La cour de Cassation, il est vrai, a décidé que la partie civile pourrait se borner à faire signifier son opposition au parquet du procurer du roi, et qu'on ne saurait, dans le silence de la loi, faire résulter une déchéance du défaut de notification au prévenu. — *Cass.*, 17 août 1839 (t. 2 1839, p. 463), Fraboulet. — Mais cette doctrine ne nous paraît pas admissible : le prévenu étant la partie la plus intéressée, il faudrait, suivant nous, décider que l'opposition doit, de plein droit, lui être notifiée, quoique le législateur n'ait pas jugé nécessaire de s'en expliquer.

326. — Cependant, malgré l'utilité et même la nécessité de la notification au prévenu, aucune disposition n'ayant prononcé la nullité en cas d'omission de cette notification, nous pensons avec Legraverend (t. 1er, chap. 10, n° 382) que la chambre des mises en accusation ne pourrait s'en faire un motif pour déclarer l'opposition non-recevable.

327. — Il faut enfin, suivant l'art. 135, C. inst. crim., que l'envoi des pièces soit fait au procureur général près la cour, et l'article ajoute : ainsi qu'il est dit à l'art. 132. Erreur évidente dans ce renvoi, qui, ainsi que l'a parfaitement expliqué Bourguignon (*Jurisp. C. crim.*, t. 1er, p. 292, n° 1er, et *Manuel d'inst. crim.*, t. 1er, p. 218, n° 6), est le résultat d'une faute typographique et doit s'entendre de l'art. 133, ce qui ne peut faire l'objet d'aucune difficulté.

328. — Ces formalités remplies, la chambre d'accusation régulièrement saisie est appelée à statuer sur le mérite de l'opposition. — V. CHAMBRE DES MISES EN ACCUSATION.

§ 5. — *Dommages-intérêts encourus par la partie civile.*

329. — La partie civile qui succombe dans son opposition doit être condamnée aux dommages-intérêts envers le prévenu. — C. inst. crim., art. 136.

330. — Ce sont les chambres d'accusation qui sont compétentes pour statuer sur ces dommages-intérêts, il n'est donc pas besoin de recourir aux tribunaux civils par action séparée. — *Cass.*, 10 juin 1813, Béchaud; — Legraverend, t. 1er, ch. 1er, p. 401; Bourguignon, *Jur. C. crim.*, sur l'art. 136, C. inst. crim.; Merlin, *Quest.*, v° *Réparation civile*, § 4; Carnot, *Inst. crim.*, t. 2, p. 237, n° 14.

331. — Si cependant la chambre d'accusation n'avait pas statué sur les dommages-intérêts dus au prévenu, ce dernier serait recevable à en poursuivre la condamnation contre la partie civile par la voie civile. — *Aix*, 22 mai 1835, Maurin et Trimolière.

332. — Mais la partie civile qui a succombé dans son opposition ne peut, après la confirmation par la chambre d'accusation de l'ordonnance de la chambre du conseil, introduire devant le tribunal civil une action en dommages-intérêts, sans violer la maxime *non bis in idem*, s'il n'a fait aucune réserve devant la chambre d'accusation. — *Aix*, 22 mai 1835, Maurin et Trimolière.

333. — La différence que l'on peut remarquer entre ces deux solutions du même arrêt s'explique par la position respective des parties. — La présence du plaignant le constitue demandeur; après avoir choisi la voie criminelle, il ne peut plus revenir par la voie civile; le prévenu au contraire, obligé de défendre à l'action publique se trouverait entièrement privé de la voie civile, si le jugement de l'action publique élevait désormais contre lui une fin de non-recevoir.

334. — Le cas de mise en liberté du prévenu n'est énoncé dans l'art. 135 que dans un sens démonstratif et non dans un sens limitatif; de plus, l'opposition aux ordonnances de la chambre du conseil étant admissible, soit que le prévenu ait été ou non arrêté, soit que la mise en liberté ait été prononcée ou refusée par la chambre du conseil, il en résulte que, dans tous ces cas, l'art. 136, qui est corrélatif à l'art. 135, peut recevoir son application.

335. — C'est, en effet, ce qu'a décidé la cour de Cassation en jugeant que la partie civile qui a formé opposition à l'ordonnance de la chambre d'instruction rendue en faveur du prévenu peut être condamnée à des dommages-intérêts envers lui, soit qu'il ait été arrêté, soit qu'il *ne l'ait pas été*. — *Cass.*, 10 juin 1813, Béchaud.

336. — Du reste, les dommages-intérêts, qui font l'objet de l'art. 136, sont les seules réparations dont la chambre d'accusation ait le droit de s'occuper. — Bourguignon, *Jur. C. crim.*, t. 1er, p. 312, n° 4. — Elle ne pourrait donc accorder de dommages-intérêts pour dénonciation calomnieuse (C. inst. crim., art. 358); ce sont deux cas distincts et parfaitement indépendans.

337. — On s'est demandé si la cour devait accorder des dommages-intérêts, même d'office et dans le silence du prévenu.

338. — La cour de Cassation, considérant que le mot *sera* employé dans l'article est impératif, s'est prononcée pour l'affirmative. — *Cass.*, 6 nov. 1823, Brière c. Guérard. — Et sa doctrine a été adoptée par Carnot, *Inst. crim.*, t. 1er, p. 543, n° 2, et 543, n° 2; Merlin, *Quest.*, v° *Réparation civile*, § 4, n° 3.

339. — Mais Bourguignon (*Jur. C. crim.*, t. 1er, p. 310, n° 1er) et Legraverend (t. 1er, p. 401) combattent cette interprétation, et c'est leur opinion qui nous semble la plus rationnelle tout à la fois et la plus légale. — Le législateur, en effet, n'a employé le mot *sera* que pour consacrer le principe qu'il est dû des dommages-intérêts au prévenu; que la cour ne peut point lui en refuser ni le renvoyer à se pourvoir devant d'autres juges; mais il n'a rien d'incompatible avec les règles du droit commun, et doit même se combiner avec elles; c'est donc comme si le législateur avait dit : la partie civile sera condamnée aux dommages-intérêts du prévenu *qui en aura demandé;* cette condition est sous entendue.

340. — Selon Bourguignon (*Jur. C. crim.*, t. 1er, p. 310, n° 2), le prévenu qui prétend à des dommages-intérêts ne peut se borner à présenter requête à la chambre d'accusation ni à prendre des conclusions; il doit faire signifier sa requête ou ses conclusions à la partie civile, pour la mettre en état de défendre à sa demande.

341. — Nous ne pensons pas que la partie civile puisse être admise à former opposition à l'arrêt de la chambre d'accusation qui la condamne en des dommages-intérêts. — Les arrêts des chambres d'accusation, étant rendus hors la présence des parties et à la chambre du conseil, ne sont point précisément contradictoires ou par défaut, et les règles qui sont quant à ce applicables aux jugemens ordinaires ne sauraient être invoquées. — C'est à la partie civile, qui s'est constituée demanderesse par son opposition, de prendre connaissance exacte des conclusions et mémoires produits par le prévenu et d'y répondre par d'autres

conclusions ou mémoires dans la forme admise devant les chambres d'accusation.

Sect. 2e. — *Recours en cassation.*

342. — Sous le Code du 3 brum. an IV, le commissaire du pouvoir exécutif était recevable à se pourvoir en cassation contre les ordonnances du directeur du jury. —*Cass.*, 16 vendém. an VIII, N.

343. — Il n'en est plus de même aujourd'hui. — La seule voie de recours que le Code d'instruction criminelle donne contre les ordonnances de la chambre du conseil, est celle de l'opposition dont il vient d'être question. Quant au pourvoi en cassation, la jurisprudence le repousse absolument. — *Cass.*, 6 mars 1818, Guérive ; 23 oct. 1840 (t. 2 1840, p. 627), Barquisseau. — V. aussi *Cass.*, 7 nov. 1816, Girardon.

344. — Le motif donné par la cour de Cassation à l'appui de ses décisions est que le pourvoi n'est autorisé qu'envers les jugemens en dernier ressort, et que les ordonnances de la chambre du conseil, pouvant être réformées par les voies ordinaires de l'opposition et de l'appel, ne remplissent pas cette condition essentielle. — On peut encore ajouter que les jugemens définitifs seuls sont susceptibles de pourvoi ; or, sous ce rapport encore, les ordonnances de la chambre du conseil devraient être écartées, puisqu'elles ont un caractère essentiellement provisoire, soit qu'elles renvoient devant les juges compétens, soit même qu'elles déclarent n'y avoir lieu à suivre, leur déclaration à cet égard cessant d'avoir effet s'il survient de nouvelles charges. — V. CASSATION (mat. crim.).

345. — C'est même par ce dernier motif que la cour de Cassation a décidé que les arrêts de la chambre d'accusation portant renvoi en police correctionnelle, lesquels cependant sont bien rendus en dernier ressort, ne sont pas susceptibles de recours en cassation, à moins toutefois que, statuant en même temps sur une exception, ils n'aient à cet égard un caractère définitif. — *Cass.*, 15 avr. 1836, Myran. — V. CHAMBRE DES MISES EN ACCUSATION.

346. — Jugé aussi que le ministère public est recevable à se pourvoir contre des ordonnances de la chambre du conseil qui statuent sur des demandes à fin de liberté provisoire. — *Bruxelles*, 26 nov. 1821, Hendrikx.

347. —Toutefois les ordonnances de la chambre du conseil acquièrent, lorsqu'elles n'ont point été frappées d'opposition, un caractère définitif, en ce sens qu'elles ont force de *chose jugée*.—Dès-lors, si la juridiction devant laquelle elle a renvoyé l'affaire se déclare incompétente par un jugement ou arrêt passé lui-même en force de chose jugée, il résulte de ces deux décisions contraires un conflit négatif qui nécessite un réglement de juges de la part de la cour de Cassation.—V. notamment *Cass.*, 21 janv. 1836, Lantuejoul et Lacaze ; 17 oct. 1836, Rothenburger. — V. au surplus RÉGLEMENT DE JUGES.

348. — Carnot (t. 1er, ch. 9, p. 501, no 9) agite la question de savoir quel est le délai du pourvoi, et décide que le procureur général et le procureur du roi auraient trois jours francs pour déclarer leur recours, à compter du jour de l'expiration du délai, *si ce recours était autorisé* contre les ordonnances de mise en liberté émanées de la chambre du conseil, mais qu'ils n'auraient que ce délai de trois jours. —Il n'y a pas lieu, d'après ce que nous venons de dire, d'examiner la même question, et la manière dubitative qu'emploie cet auteur annonce même qu'il n'est pas bien convaincu lui-même de la recevabilité du recours en cassation.

V. ACCUSATION, ACTE D'ACCUSATION, ACTION PUBLIQUE, CASSATION (matière criminelle), CHAMBRE DES MISES EN ACCUSATION, COUR D'ASSISES, DÉLIT DE PRESSE, INSTRUCTION CRIMINELLE, NON BIS IN IDEM, RÉGLEMENT DE JUGES.

CHAMBRE DES CONSULTATIONS.

1. — C'était celle où les avocats au parlement donnaient des consultations, soit verbales, soit écrites.

2. — Les parties qui voulaient consulter pouvaient appeler dans chacune d'elles, à cet effet, un ou plusieurs avocats.

3. — On choisissait ordinairement les avocats à leurs bancs ; c'était là aussi que se donnaient quelquefois des consultations verbales.

4. — Au seizième siècle, c'était au banc dit *pilier des consultations*, au palais de justice, que les parties venaient conférer avec les anciens avocats et chercher les conseils dont elles avaient besoin.

5. —Les chambres des consultations ont été supprimées avec l'ordre, en 1790, et n'ont pas été rétablies depuis. C'est dans leur cabinet que les avocats consultent.

CHAMBRES CONSULTATIVES DES MANUFACTURES.

1. — Réunions de commerçans formées, sous l'autorité du gouvernement, dans les villes de fabriques qui lui paraissent assez importantes.

2. — Les fonctions de ces chambres consistent à faire connaître les besoins et les moyens d'amélioration des manufactures, fabriques, arts et métiers. — L. 22 germin. an XI ; arr. 10 thermid. an XI, art. 3 ; ord. 16 juin 1832.

3. — Ces chambres correspondent directement avec le ministre du commerce.—Ord. 16 juin 1832, art. 11.

4. — Les chambres de commerce remplissent les fonctions des chambres consultatives dans les communes où celles-ci n'ont pas été établies. — Arr. 10 thermid. an XI, art. 4.

5. — Les chambres consultatives des manufactures sont composées de six membres élus parmi les manufacturiers, fabricans, directeurs de fabriques ayant exercé leur industrie pendant cinq années. — Arr. 10 thermid. an XI, art. 2 ; ord. 16 juin 1832, art. 6.

6. — Toutefois, les anciens commerçans ou manufacturiers ne peuvent jamais former plus du tiers des membres de la chambre. Les deux autres tiers doivent être composés de commerçans exerçant actuellement leur industrie. — Ord. 16 juin 1832, art. 8.

7. — Les membres des chambres consultatives peuvent être pris indistinctement dans tout le département où elles sont établies ; mais les membres nommés qui s'abstiendraient de se rendre aux convocations pendant un an seraient considérés comme démissionnaires et remplacés à la plus prochaine élection. — Ord. 16 juin 1832, art. 7.

8.— L'élection des membres des chambres consultatives est faite de la même manière que celle des membres des chambres de commerce.—V. ce mot. — Ord. 16 juin 1832, art. 1er et suiv.

9. — Les membres restent en fonctions pendant trois ans et sont renouvelés chaque année par tiers. Pendant les deux premières années, le sort décide de l'ordre des sorties. Nul ne peut être réélu plus d'une fois sans interruption d'exercice. — Les vacances accidentelles sont remplies à la plus prochaine élection ; les élus ne le sont que pour le temps qui restait à courir sur l'exercice du remplacé. — Arr. 10 thermid. an XI, art. 7 ; ord. 16 juin 1832, art. 9.

10. — Les chambres consultatives des manufactures sont présidées par les maires des communes où elles sont établies. A Paris, elles le sont par le préfet de la Seine, à moins que celui-ci ne se fasse suppléer. — Décr. 10 thermid. an XI, art. 1er.

11. — La commune fournit un local convenable pour la tenue des séances et acquitte les menus frais de bureau auxquels cette tenue donne lieu. — Arr. 10 thermid. an XI, art. 8 et 9.

12. — Les chambres consultatives des manufactures concourent à la nomination des membres du *conseil général des manufactures* établi par l'ordonnance du 29 avr. 1831. — V. art. 9 de l'ord., et CONSEIL GÉNÉRAL DU COMMERCE ET DES MANUFACTURES.

13. — Les villes où il existe des chambres consultatives des arts et manufactures sont : AISNE : Saint-Quentin. — ALLIER : Moulins. — ARDÈCHE : Annonay, Privas. — ARDENNES : Sédan, Réthel, Charleville, Mezières. — AUDE : Limoux, Chalabre. — AVEYRON : Rhodez, Saint-Genicz, Saint-Affrique, Milhaud. — BOUCHES-DU-RHONE : Aix. — CALVADOS : Bayeux, Lizieux, Vire. — CHARENTE : Angoulême. — COTES-DU-NORD : Loudéac, Moncontour, Quintin, Uzel. — CREUSE : Aubusson. — EURE : Bernay, Evreux, Louviers, Pont-Audemer. — EURE-ET-LOIR : Nogent-le-Rotrou. — GARD : Levigan, Saint-Hippolyte, Sommiers. — HÉRAULT : Bédarieux, Clermont-l'Hérault, Ganges, Lodève. — ILLE-ET-VILAINE : Rennes. — INDRE : Châteauroux, Issoudun. — ISÈRE : Grenoble, Vienne, Voiron. — JURA : Saint-Claude. — LOIR-ET-CHER : Romorantin, Saint-Aignan. — LOIRE : Rive-de-Gier, Saint-Chamond. — HAUTE-LOIRE : Le Puy. — LOT : Cahors. — LOT-ET-GARONNE : Agen, Tonneins. — LOZÈRE : Mendes. — MAINE-ET-LOIRE : Angers, Cholet, Saumur. — MANCHE : Saint-Lô. — MARNE : Chalons-sur-Marne. — MAYENNE : Mayenne. — MEURTHE : Nancy. — MEUSE : Bar-le-Duc. — NIÈVRE : Nevers. — NORD : Roubaix, Turcoing, Valenciennes. — PAS-DE-CALAIS : Saint-Omer. — PUY-DE-DOME : Ambert, Thiers. — BASSES-PYRÉNÉES : Oloron, Pau. — HAUT-RHIN : Sainte-Marie-aux-Mines. — RHONE : Tarare. — SARTHE : Le Mans. — SEINE-INFÉRIEURE : Bolbec, Elbeuf, Yvetot. — DEUX-SÈVRES : Niort, Saint-Maixent. — SOMME : Abbeville. — TARN : Alby, Castres. — TARN-ET-GARONNE : Montauban. — VAR : Brignoles, Draguignan, Grasse. — VAUCLUSE : Orange. — VIENNE : Poitiers. — HAUTE-VIENNE : Limoges. — VOSGES : Saint-Dié. — YONNE : Sens. — V. CHAMBRES DE COMMERCE.

CHAMBRE CORRECTIONNELLE.

1. — Section d'une cour royale dont la principale attribution consiste à connaître des appels des jugemens rendus par les tribunaux de police correctionnelle. — Décr. 6 juill. 1810, art. 2.

2. — Quelques tribunaux de première instance ont aussi des chambres correctionnelles. — Ceux qui ne sont pas composés d'un nombre de juges assez considérable pour avoir deux chambres se forment en chambre correctionnelle, quand cela est nécessaire pour l'expédition des affaires de petit criminel. — V. TRIBUNAUX DE POLICE CORRECTIONNELLE.

3. — Suivant l'art. 2, Décr. 6 juill. 1810, les chambres correctionnelles des cours royales pouvaient juger au nombre de cinq juges ; l'art. 11 ajoutait qu'elles pourraient connaître des affaires civiles sommaires qui leur seraient renvoyées par le premier président.

4. — Pendant plusieurs années de grandes difficultés s'élevèrent sur le point de savoir si ces chambres jugeraient, au nombre de cinq juges, les affaires civiles comme les affaires correctionnelles. — V. MATIÈRES SOMMAIRES. — Pour faire cesser les incertitudes de la jurisprudence, une ordonnance du 24 sept. 1828 a décidé : 1o que les chambres correctionnelles des cours royales seraient composées d'au moins sept juges, y compris le président, pour juger en matière civile (Art. 1er et 5).

5. — ... 2o Qu'elles connaîtraient des causes civiles, tant ordinaires que sommaires (Même ordonn., art. 1er, § 2).

6. — . . 3o Que dans les cours divisées en trois chambres seulement, la chambre des appels de police correctionnelle se réunirait à la chambre civile pour le jugement des causes qui doivent être portées aux audiences solennelles. — V. AUDIENCE SOLENNELLE, COUR ROYALE.

7. — La chambre correctionnelle est réputée juger *civilement* les affaires civiles qui lui sont soumises, encore qu'elle n'en fasse mention dans ses arrêts.—*Cass.*, 16 janv. 1823, Constantin c. Mercier.

8. — Dans le cas prévu par l'art. 218, C. inst. crim., la chambre correctionnelle est tenue de se réunir à la chambre des mises en accusation, sur l'invitation du procureur général, pour entendre son rapport dans les affaires où ce concours est jugé nécessaire, soit à raison de la gravité des circonstances, soit à raison du nombre des prévenus. — Décr. 6 juill. 1810, art. 3.

9. — Dans les colonies, à la Martinique, à la Guadeloupe et à l'Ile Bourbon, la chambre correctionnelle connaît des demandes formées par le ministère public ou par les parties en annulation des jugemens en dernier ressort des tribunaux de police, pour incompétence, excès de pouvoir ou contravention à la loi. — Ord. 4 juill. 1827, art. 43 ; 24 sept. 1828, art. 50.

10.— Elle connaît également des demandes formées dans l'intérêt de la loi et pour les mêmes causes, par le procureur général, en annulation, soit des jugemens en dernier ressort des tribunaux de police, lorsqu'ils sont passés en force de chose jugée, soit des jugemens rendus par les tribunaux correctionnels sur l'appel de ceux de tribunaux de police ; l'annulation ne donne lieu à aucun renvoi. — Ord. 30 sept. 1827, art. 44 ; 24 sept. 1828, art. 51. — V. COLONIES, COUR DE CASSATION.

V. aussi TIMBRE.

CHAMBRE AUX DENIERS.

Lieu où se réglaient et se payaient anciennement toutes les dépenses de bouche de la maison du roi.

CHAMBRE DES DÉPUTÉS.

Table alphabétique.

CHAMBRE DES DÉPUTÉS. — 1. — Celui des trois pouvoirs législatifs de l'état qui est formé de membres élus par les collèges électoraux.

2. — Depuis que la révolution de 1789 a introduit en France le gouvernement représentatif, les événemens politiques ont imprimé diverses modifications successives à la représentation nationale. A l'assemblée nationale législative, à l'assemblée constituante a succédé la convention nationale , qui, par la constitution de l'an III, s'est substitué le conseil des anciens et le conseil des Cinq-Cents. La constitution du 22 frim. an VIII a institué le corps législatif, que la Charte de 1814 a remplacé par la chambre des députés des départemens.

3. — Lors de la révision de la Charte de 1830, le *mot des départemens* fut supprimé pour qu'il fût bien entendu que les députés réunis sont les représentans de la France. L'art. 14 de la Charte de 1830 fut donc rédigé en ces termes : — « La puissance législative s'exerce collectivement par le roi, la chambre des pairs et la chambre des députés. »

§ 1er. — *Composition , convocation et dissolution de la chambre des députés* (n° 4.)

§ 2. — *Organisation , constitution et attributions de la chambre des députés* (n° 23.)

§ 3. — *Prérogatives attachées aux fonctions de député* (n° 54.)

§ 1er. — *Composition, convocation et dissolution de la chambre des députés.*

4. — La chambre des députés est composée des députés élus par les collèges électoraux dont l'organisation est déterminée par la loi du 19 avr. 1831. — Charte de 1830, art. 30. — V. ÉLECTIONS.

5. — L'élection des députés n'a pas toujours été complétement franche, puisqu'aux termes de l'art. 20 de la constitution du 22 frim. an VIII le sénat était chargé d'élire les membres de la DÉPUTATION au corps législatif sur une liste au moins triple de citoyens présentés par les collèges électoraux.

6. — Le nombre des députés a varié depuis 1789 jusqu'à la restauration.

7. — La loi du 29 juin 1820 compose la chambre des députés de 430 membres : 258 étaient nommés par les collèges d'arrondissemens, 172 par les collèges des départemens. — Mais, l'élection au double degré ayant été supprimée par la charte de 1830, l'art. 38, L. 19 avr. 1831, a fixé le nombre des députés à 459.

8. — Tout député doit être français; aussi aucun étranger ne peut siéger à la chambre des députés et à la chambre des pairs, à moins qu'il n'ait obtenu des lettres de naturalisation vérifiées par les deux chambres. — Ord. 4 juin 1814.

9. — Aucun député ne peut être admis dans la chambre s'il n'est âgé de trente ans et s'il ne réunit les autres conditions déterminées par la loi. — Charte 1830, art. 32.

10. — D'après l'art. 38 de la Charte de 1814, aucun député ne pouvait être admis dans la chambre s'il ne payait une contribution directe de 1,000 f. La loi du 19 avr. 1831 a réduit a 500 fr. le cens d'éligibilité. — V. ÉLECTIONS.

11. — La loi du 25 mars 1818 voulut que les quarante ans fussent accomplis et les 1,000 fr. d'impôt payés au jour de l'élection.

12. — La Charte de 1814 avait fixé l'âge de quarante ans; lors de la révision de la Charte, le 8 août 1830, la commission de la chambre des députés avait proposé l'âge de trente ans. M. Villemain présenta un amendement tendant à substituer à l'âge de trente ans celui de vingt-cinq ans. M. Villemain invoquait, à l'appui de son amendement, une ordonnance de juil. 1815, qui avait formellement déterminé l'âge des députés serait fixé à vingt-cinq ans. Cette proposition , appuyée par M. Eusèbe Salverte, combattue par M. Berryer, a été rejetée par la chambre, qui a adopté l'âge de trente ans proposé par la commission.

13. — Un aveugle pourrait, en l'absence d'aucune disposition de loi prohibitive, exercer les fonctions de député. Il est, d'ailleurs, un précédent analogue qui peut être cité. L'illustre Portalis, le père, quoique frappé de cécité, exerçait les plus hautes fonctions administratives, et venait devant le corps législatif prononcer des discours pour exposer les motifs des lois qu'il était chargé de défendre.

14. — La moitié au moins des députés doit être choisie parmi les éligibles qui ont leur domicile politique dans le département. — Charte de 1830, art. 36.

15. — Si, néanmoins, il ne se trouvait pas dans le département cinquante personnes de l'âge indiqué, payant le cens d'éligibilité déterminé par la loi, leur nombre devait être complété par les plus imposés au-dessous du taux de ce cens, et ceux-ci pourraient être élus concurremment avec les premiers.— Charte de 1830, art. 33.

16.—La Charte de 1814, art. 37, portait: Les députés seront élus pour cinq ans, et de manière que la chambre soit renouvelée chaque année par cinquième. Mais la loi du 9 juin 1824 viola ouvertement cet article en établissant l'intégralité du renouvellement et la septennalité du mandat. Une nouvelle institution fut le résultat de la révolution de 1830, et aujourd'hui le mandat des députés dure cinq ans.— Charte de 1830, art. 31.

17. — Chaque année le roi convoque la chambre des députés en même temps que la chambre des pairs.

18. — Les rapports de la chambre des députés avec le roi ou avec la chambre des pairs sont réglés encore aujourd'hui par le règlement du 12 août 1814, dont beaucoup de dispositions ont été frappées de désuétude.

19. — Le roi peut proroger les deux chambres et même dissoudre la chambre des députés. Mais dans ce cas une nouvelle chambre des députés doit être convoquée dans le délai de trois mois.— Charte de 1830, art. 38 et 42.

20. — Un député peut donner sa démission; une démission qu'il appartient à la chambre seule de recevoir.— L. 19 avr. 1831, art. 66.

21. — Une condamnation emportant privation des droits politiques, la mort, peuvent aussi rendre vacantes les places dans la chambre. — Berriat-Saint-Prix, *Comment. sur la Charte consit.*, p. 222.

22. — Les députés promus à des fonctions publiques salariées doivent être soumis à la réélection. — Charte de 1830, art. 69, 3°.

§ 2. — *Organisation, constitution et attributions de la chambre des députés.*

23. — La chambre des députés pour la marche de sa délibération, suit les formes tracées par un règlement rédigé pour la première fois le 25 juin 1814, modifié à plusieurs reprises, notamment le 21 août 1830 et enfin le 28 janvier 1839.

24. — Les séances de la chambre des députés sont publiques, mais la demande de cinq membres suffit pour qu'elle se forme en comité secret. — Charte de 1830, art. 38.

25. — La chambre des députés se partage en bureaux pour discuter les projets qui lui ont été présentés de la part du roi (Charte , de 1830, art. 39) et pour procéder à ses autres opérations.

26. — La chambre est divisée en neuf bureaux qui de mois en mois sont renouvelés par la voie du sort. — Chaque bureau nomme son président et son secrétaire.

27. — La première opération à laquelle se livre une chambre qui siège pour la première fois est la vérification des pouvoirs, qui a lieu préliminairement dans les bureaux.

28. — Les procès-verbaux d'élection, les pièces justificatives de l'âge et du cens sont renvoyés à l'examen des bureaux, qui, dans une séance publique de la chambre font émettre par un rapporteur leurs conclusions sur l'admission des députés élus.

29. — Les élections non contestées sont soumises les premières à la chambre par un rapporteur nommé à cet effet par chaque bureau.

30. — La chambre, juge souverain des questions d'éligibilité, prononce sur la validité des élections, et le président proclame députés ceux dont les pouvoirs ont été reconnus valables.

31. — En matière de vérification de pouvoirs, la chambre des députés ne prononce qu'une formule générale. Il n'y a jamais pour elle la question de savoir si une élection est ou n'est pas régulière. Mais la connaissance exacte des circonstances dans lesquelles une élection a été validée, établit pour la chambre une série de précédens propres à la guider dans l'avenir.

32. — Pendant les opérations préliminaires la chambre est présidée par le doyen-d'âge, les quatre plus jeunes députés remplissent les fonctions de secrétaires.

33. — Après la vérification des pouvoirs, le président de la chambre des députés est élu par elle. — Charte de 1830, art. 37. — La chambre nomme également quatre vice-présidents et quatre secrétaires; elle est ainsi constituée et donne immédiatement avis de cette constitution au roi et à la chambre des pairs.

34. — La chambre des députés, au commencement de chaque législature et pour toute sa durée, choisit parmi les députés deux questeurs chargés de l'administration du personnel, du matériel, et des finances de la chambre.

35. — La chambre, une fois constituée, délibère et discute, dans les formes établies pour les propositions de loi, une adresse au roi en réponse au discours par lequel le roi ou ses commissaires ont fait l'ouverture de la session. — L. 13 août 1814, tit. 6.

36. — Toute loi doit être discutée et votée librement par la majorité des deux chambres, sanctionnée et promulguée par le roi. — Charte de 1830, art. 16 et 18.

37. — D'après la Charte de 1830, l'initiative pour la proposition des lois appartient au roi, à la chambre des pairs et à la chambre des députés. — Mais cette dernière chambre doit , à l'exclusion de la chambre des pairs, exercer l'initiative relativement aux lois d'impôt ou à toutes celles qui ont pour résultat même indirect d'augmenter les charges de l'état. — Charte de 1830, art. 14 et 15.

38. — Les projets de loi présentés au nom du roi ne sont pour leur rédaction assujétis à aucune forme particulière. Le projet de loi est porté à chacune des deux chambres et à la tribune par un ministre ou par un commissaire du roi. Le président en ordonne l'impression, la distribution et l'envoi dans les bureaux. La même chose a lieu lorsque la proposition émane de l'une des deux chambres : elle est portée à l'autre par un messager d'état et remise au président qui en donne lecture.

39. — Le député qui veut faire une proposition la signe et la dépose sur le bureau pour qu'elle soit communiquée par le président aux bureaux de la chambre. Si trois bureaux pensent que la proposition doive être développée, elle est lue à la séance suivante, et la chambre fixe le jour auquel les développemens auront lieu. Si après ces développemens la proposition est appuyée, on la discute, et le président consulte la chambre pour savoir si elle prend la proposition en considération, si elle l'ajourne ou si elle déclare qu'il n'y a lieu à délibérer. Dans le cas de prise en considération, la proposition est imprimée, distribuée et renvoyée à chacun des bureaux, qui la discutent et nomment un membre de la commission centrale chargée de faire un rapport à la chambre. La discussion s'engage après le rapport sur la proposition; si la chambre après la discussion générale entend passer outre , on discute les articles et les amendemens qui peuvent y être apportés. En cas d'adoption, la proposition est transmise à l'autre chambre par un messager d'état.

40. — L'amendement adopté par l'une des chambres est incorporé au projet , il en fait partie intégrante et ne peut plus en être séparé. — V. AMENDEMENT, n° 28.

41. — Tout projet de loi présenté aux chambres est examiné dans chaque bureau, qui nomme un commissaire. La réunion des commissaires de chaque bureau constitue la commission plus spéciale, chargée de l'examen approfondi du projet de loi.

42.—La chambre, après qu'elle rapporte lui a été présenté, fixe le jour où la discussion s'ouvrira en assemblée générale. Cette discussion se divise en deux parties : la première, appelée discussion générale, porte sur le principe et l'ensemble du projet;

la seconde, appelée discussion des articles, porte sur chacun des articles dont il se compose et des amendemens qui tendent à le modifier.

43. — Il est voté sur chacun des articles ou amendemens par assis et levé, et ensuite sur l'ensemble de la loi au scrutin secret.

44. — La loi doit être votée par la majorité de la chambre des députés, c'est-à-dire, par la moitié plus un des membres qui composent la chambre. — La chambre des pairs ne procède pas de la même manière. — V. CHAMBRE DES PAIRS.

45. — La chambre ne motive jamais ses délibérations relativement aux projets de loi ou propositions, elle dit seulement : *la chambre adopte, la chambre n'adopte pas.* Il ne faudrait pas voir une exception à cette règle dans ce que le langage parlementaire appelle *un ordre du jour motivé.* L'ordre du jour motivé est en réalité une proposition faite par un membre de la chambre, et cette proposition est adoptée ou repoussée dans la forme que nous venons d'indiquer.

46. — La chambre des députés exprime le vœu du pays par des adresses au roi, mais elle ne peut jamais en faire au peuple. — L. 18 août 1814, tit. 6.

47. — Il existe deux dérogations à cette règle. Le 27 et le 31 août 1830, la chambre des députés a adressé au peuple français deux proclamations, provoquées par la gravité des circonstances dans lesquelles le pays se trouvait.

48. — La chambre des députés a aussi le droit d'ouvrir des enquêtes sur les questions qui lui sont soumises. Elle a usé de ce droit en 1835 relativement au monopole du tabac, et en 1848 à propos des fraudes électorales.

49. — Elle a le droit d'accuser les ministres et de les traduire devant la chambre des pairs. L'objet de l'accusation, qui semblait restreint d'après l'art. 56 de la Charte de 1814, est aujourd'hui général et absolu, d'après l'art. 47 de la Charte de 1830.

50. — La chambre des députés, lorsqu'elle use du droit d'accuser les ministres et de les traduire devant la chambre des pairs, a le droit d'exercer, soit par elle-même, soit par une commission qu'elle choisit dans son sein, les fonctions appartenant aux juges d'instruction et aux chambres du conseil. — Elle peut, en conséquence, décerner des mandats d'amener, de comparution et de dépôt, interroger les inculpés, entendre les témoins et réunir en un mot toutes les pièces et documens qui peuvent l'éclairer sur l'accusation. — *Cour des pairs*, 21 déc. 1830, Chambre des députés c. Prince de Polignac, comte de Peyronnet, de Chantelauze, et comte de Guernon-Ranville. Cette solution émanée de la chambre des députés a été ratifiée par l'arrêt de la chambre des pairs du 1er oct. 1830. — Au reste V. MINISTRE.

51. — La chambre des députés délibère sur les pétitions qui ne peuvent être présentées que par écrit.

52. — La chambre des députés peut réprimer directement les offenses commises envers elle et les comptes-rendus de ses séances rédigés avec infidélité et mauvaise foi. — V. COMPTE-RENDU DES CHAMBRES ET TRIBUNAUX et OFFENSES ENVERS LES CHAMBRES. — La chambre peut aussi autoriser les poursuites par les voies ordinaires devant les tribunaux compétens. — L. 17 mai 1819, art. 12 ; 26 mai 1819, art. 5.

53. — Deux députés forment avec un pair de France la commission chargée de la surveillance de la caisse d'amortissement. — L. 28 avr. 1816, art. 99, 111 et 114.

§ 3. — *Prérogatives attachées aux fonctions de député.*

54. — Aucune contrainte par corps ne peut être exercée contre un membre de la chambre des députés durant la session et dans les six semaines qui l'ont précédée ou suivie. — Charte de 1830, art. 43.

55. — Les intérêts que la contrainte par corps a pour objet de sauvegarder ne peuvent pas beaucoup souffrir du sursis que la Charte leur impose ; aussi cet article de la constitution est-il rédigé en termes tellement précis que, durant le délai fixé, la chambre n'aurait pas le droit, même sur la provocation de la partie intéressée, d'accorder l'autorisation de contraindre par corps un de ses membres.

56. — Mais, les intérêts engagés en matière de crime ou de délit sont bien plus graves et entraînent avec eux une incontestable urgence ; aussi, aucun membre de la chambre des députés ne peut, mais pendant la durée de la session seulement, être poursuivi ni arrêté en matière criminelle, sauf le cas de flagrant délit, qu'après que la chambre a permis sa poursuite. — Charte de 1830, art. 44. — V. ACTION PUBLIQUE, n° 194.

57. — Sont, comme coupables de forfaiture, punis de la dégradation civique tous officiers de police judiciaire, tous procureurs généraux ou du roi, tous substituts, tous juges, qui ont provoqué donné ou signé un jugement, une ordonnance ou un mandat tendant à la poursuite personnelle ou accusation, soit d'un membre de la chambre des pairs, ou de la chambre des députés, sans les autorisations prescrites par les lois de l'Etat ; ou qui, hors les cas de flagrant délit ou de clameur publique, ont sans les mêmes autorisations donné ou signé l'ordre, ou le mandat de saisir, ou arrêter un ou plusieurs membres de la chambre des pairs ou de la chambre des députés. — V. FORFAITURE.

58. — Lorsque l'autorisation de poursuivre un député est demandée, le président indique seulement l'objet de la demande et la renvoie immédiatement aux bureaux, qui nomment une commission pour examiner s'il y a lieu d'accorder l'autorisation. La chambre est donc ainsi juge des motifs de la poursuite, et, si elle les adopte, elle accorde l'autorisation demandée.

59. — Mais une fois l'autorisation obtenue, le député est renvoyé devant les tribunaux ordinaires compétens, à la différence des pairs, qui sont jugés par leur chambre.

60. — Mais aucune autorisation de la chambre des députés n'est exigée pour intenter durant les sessions l'action civile contre des députés, pourvu toutefois qu'il ne s'agisse pas de l'exercice de la contrainte par corps. — V. ACTION CIVILE (n° 152).

61. — Les discours tenus ou prononcés au sein de la chambre, les rapports et autres pièces imprimés par ses ordres ne donnent ouverture à aucune action. — L. 17 mai 1819, art. 23.

62. — Cependant, les opinions écrites, qui, faute d'avoir pu être prononcées à la tribune, auraient été imprimées et publiées par des députés, rentreraient dans le nombre des publications ordinaires et exposeraient leurs auteurs à la répression portée par la loi pénale ordinaire. — Parant, *Lois de la presse*, p. 97 ; Chassan, *Tr. des crimes et délits de la parole, etc.*, t. 1er, p. 56.

CHAMBRE DIOCÉSAINE.

1. — Bureau établi autrefois dans chaque diocèse pour la répartition des décimes, présidé par l'évêque, et composé des députés des différens corps ecclésiastiques du diocèse, tant séculiers que réguliers.

2. — Chaque chambre diocésaine avait ordinairement un syndic et un secrétaire ; elle faisait exercer par commission les charges de greffier de la chambre, de receveur diocésain, que presque tous les diocèses avaient rachetées.

3. — Les chambres diocésaines jugeaient en dernier ressort quand la somme n'excédait pas vingt livres ; en premier ressort seulement au-dessus de cette somme ; l'appel se portait à la chambre supérieure ecclésiastique. — V. ce mot.

V. ÉVÊCHÉ, ÉVÊQUE.

CHAMBRE DE DISCIPLINE.

Espèce de tribunal formé dans le sein d'un corps, d'une compagnie, pour maintenir l'ordre parmi leurs membres, et punir les fautes graves dont ils se rendent coupables. — V. AVOUÉ, COMMISSAIRE-PRISEUR, DISCIPLINE, ENREGISTREMENT, NOTAIRE.

CHAMBRE DE DISCIPLINE DES NOTAIRES.

1. — Espèce de tribunal formé parmi les notaires pour le maintien de l'ordre parmi eux et la punition des fautes graves dont ils se rendent coupables.

2. — La chambre de discipline des notaires a été instituée par l'art. 50, L. 25 vent. an XI, et organisée par un arrêté du gouvernement du 2 niv. an XII.

3. — D'après l'art. 1er de cet arrêté, il doit y avoir une chambre de notaires auprès de chaque tribunal de première instance et dans son chef-lieu.

4. — Pour tout ce qui concerne l'organisation, les attributions et les pouvoirs des chambres de discipline des notaires, V. NOTAIRE.

V. aussi ENREGISTREMENT, TIMBRE.

CHAMBRE DU DOMAINE.

Juridiction composée des trésoriers de France, à laquelle était attribuée la connaissance des affaires relatives au domaine du roi.

CHAMBRE DORÉE.

V. GRAND'CHAMBRE.

CHAMBRE DE L'ÉDIT. — MI-PARTIE, TRIPARTIE.

1. — Lors de la pacification des troubles religieux qui avaient si long-temps agité la France, l'édit de Nantes créa dans certains parlemens une chambre spéciale destinée à connaître en dernier ressort des causes et affaires des Français appartenant au culte réformé, à l'exception toutefois des appels comme d'abus.

2. — De là vient le nom donné à ces chambres, qui du reste faisaient partie du corps des parlemens où elles étaient établies, de *chambres de l'édit.*

3. — Leur composition variait ; ainsi à Paris et à Rouen, la chambre de l'édit ne comptait qu'un membre de la religion réformée ; à Bordeaux, Toulouse et Grenoble, les catholiques et les protestans devaient être par moitié : la chambre devait être *mi-partie ;* dans d'autres parlemens enfin, les deux tiers des conseillers étaient catholiques, un tiers protestant : la chambre était *tri-partie.*

4. — Tous les parlemens n'avaient pas de chambre de l'édit. Tels étaient ceux de Rennes et de Dijon ; mais la chambre de l'édit de Paris était compétente pour statuer sur les appels intéressant les protestans domiciliés dans ces ressorts. Les protestans de Bourgogne pouvaient même, s'ils le préféraient, porter la connaissance de leurs affaires à la chambre de l'édit de Grenoble. — Guyot, *Rép.*, v° *Chambre de l'édit.*

5. — Un édit de janv. 1669 supprima les chambres de l'édit dans les parlemens de Paris et de Rouen, et déféra les affaires pendantes à ces chambres à la juridiction ordinaire ; seulement, et par compensation, il était libre aux protestans, lors du jugement de leurs affaires en la grande chambre, *de récuser deux conseillers-clercs, sans autre expression de cause que celle de la religion réformée.* A Dijon le droit de récusation était de deux conseillers en matière civile et trois en matière criminelle. — Denisart, v° *Chambre de l'édit.*

6. — « Mais, ajoute le même auteur, cette faculté n'existe plus, parce que tous les Français sont présumés catholiques, au moyen de ce que l'exercice public de la religion protestante en France a été défendu par l'édit du mois d'oct. 1685, portant révocation de l'édit de Nantes d'avr. 1598 et de l'édit interprétatif de juill. 1629. » — Les chambres de l'édit disparurent nécessairement avec l'édit qui les avait créées.

CHAMBRE DES ENQUÊTES.

C'était sous ce nom qu'on désignait autrefois les chambres des parlemens qui jugeaient les procès par écrit. Les chambres des enquêtes avaient beaucoup moins d'autorité que la grande chambre ou chambre du plaidoyer. — V. PARLEMENT.

CHAMBRE ÉTOFFÉE, ÉTORÉE, GARNIE, MEUBLÉE, TAPISSÉE.

1. — On désignait par ces mots en Provence, en Bresse et dans quelques coutumes des Pays-Bas, un gain de survie conventionnel consistant dans le droit pour la femme de prélever une certaine quantité de meubles sur ceux existant dans la maison mortuaire du mari.

2. — La stipulation de la chambre étoffée paraît fort ancienne, car on en trouve un exemple dans le contrat de mariage de Louis II, roi de Sicile, avec Yolande, fille de Jean, roi d'Arragon, sous la date du 14 mars 1399. — Guyot, *Rép.*, v° *Chambre étoffée.*

3. — Les meubles de la chambre étoffée étaient prélevés sur ceux trouvés dans la maison du défunt, eu égard à l'état et à la qualité de la veuve survivante. — Cout. Douai, chap. 6, n° 5 ; Cout. d'Orchies, chap. 5, n° 35. — Il existe à la suite de certaines éditions de la coutume de Douai, des réglemens où sont détaillés tous les meubles, vaisselles et linges qui doivent composer la chambre étoffée des veuves de chaque état. — Guyot, *Rép.*, v° *Chambre étoffée ;* Nouveau Denisart, *ibid.* — Mais ces réglemens ne sont pas rapportés dans le Coutumier général de Bourdot de Richebourg.

4. — Selon la coutume d'Ypres (Rub. 7, art. 3), et suivant celle de Rousselare (Rub. 8, art. 3), la chambre étoffée ne pouvait être demandée qu'autant qu'elle avait été estimée dans le contrat de mariage : « Ceux qui ont par contrat de mariage, porte l'art. 3 de cette dernière coutume, stipulé une chambre étoffée ou meublée doivent priser et

estimer ladite chambre et l'ameublement jusque es
à une somme certaine de deniers *à peine de nullité.* » — La chambre étoffée était alors acquittée en
nature ou en argent, au choix de la veuve, selon
la coutume d'Ypres, ou des héritiers du mari, selon
la coutume de Rousselare. — V. les articles précités desdites coutumes.

5. — La stipulation de la chambre étoffée était
aussi d'usage en Picardie ; on lui donnait le nom
de *chambre étarée.* — Nouveau Denisart, v° *Éta-
rance.*

6. — Aujourd'hui, les époux pouvant faire par
contrat de mariage toutes les conventions qu'ils
jugent à propos, pourvu qu'elles ne soient pas
contraires aux lois et aux bonnes mœurs, la stipulation d'une chambre tapissée serait valable et devrait être exécutée comme toute autre convention
matrimoniale.

CHAMBRE ÉTOILÉE.

Ancienne juridiction de l'Angleterre, qui connaissait principalement des plaintes ou accusations contre les personnes qu'on aurait gagnées pour commettre des crimes, corrompre des juges, maltraiter
des sergents et autres faits semblables. — La chambre étoilée était présidée par le chancelier ; elle fut
abolie par un statut du 1er août 1644.

CHAMBRES GARNIES.

On appelle ainsi les chambres qui sont louées
toutes meublées. — Les mesures de police et autres
auxquelles sont assujétis ceux qui font de pareilles
locations sont exposées v° HOTEL GARNI.

CHAMBRE DES HUISSIERS.

1. — Les huissiers de chaque arrondissement, à
quelque juridiction qu'ils soient attachés, forment
une communauté à la tête de laquelle se trouve
placée une chambre dont la discipline dont la mission
et les attributions sont à peu près celles qui appartiennent aux chambres d'avoués et de notaires. —
V. HUISSIER.

2. — A Paris, les huissiers audienciers du tribunal de la Seine, dont les fonctions sont fort importantes, ont senti la nécessité d'avoir une chambre particulière qui ne s'occupe que des questions
qui concernent le service des audiences et l'administration de leur bourse commune.

3. — C'est le décret du 14 juin 1813 qui a organisé les chambres d'huissiers.
V. TIMBRE.

CHAMBRE DE JUSTICE.

1. — Commission établie extraordinairement, à
différentes époques, pour la recherche de ceux qui
avaient malversé dans les finances. Les fonctions
de cette chambre étaient temporaires.

2. — La plus ancienne commission de cette espèce qui ait été instituée est celle que créa, en
Guyenne, la déclaration du roi du 26 nov. 1584 ; la
plus récente est celle qui fut établie par le régent, après la mort de Louis XIV, et qui fut présidée par le maréchal de Noailles.

CHAMBRE DES MISES EN AC-
CUSATION.

Table alphabétique.

CHAMBRE DES MISES EN AC-
CUSATION. — 1. — Sec-
tion ou chambre de la cour royale chargée spécialement et principalement de prononcer sur la mise
en accusation des prévenus de crimes emportant
peine afflictive ou infamante. — Dans l'usage et par
corruption on lui donne plus simplement le nom
de *Chambre d'accusation.*

2. — Les attributions conférées aux chambres
d'accusation par le Code d'instruction criminelle,
en ce qui concerne la mise en accusation pour crimes, étaient auparavant remplies par les jurys
d'accusation.

3. — Les jurys d'accusation dont l'idée première
avait été émise par l'art. 9, ch. 5, tit. 3, constitut.
3-14 sept. 1794, furent institués par la loi du 16-29
du même mois, partie 2e, tit. 1er, art. 48 et suiv.

4. — Les jurés, réunis au nombre de huit au chef-
lieu d'arrondissement, prenaient connaissance de
l'acte d'accusation et des pièces qui leur étaient
soumises par le président du tribunal, puis, après
avoir entendu le plaignant et les témoins, ils décidaient s'il y avait lieu ou non à accusation.

5. — Le respect pour la liberté individuelle est

le motif donné à l'institution des jurys d'accusation par l'instruction législative sur la procédure criminelle du 29 sept.-24 oct. 1791; on ne voulait pas qu'un homme pût être détenu, poursuivi et jugé criminellement sans qu'un délit grave articulé contre lui eût été considéré comme suffisamment probable par ses concitoyens.

6. — Ces règles et ce mode d'instruction confirmés par le Code des délits et des peines du 3 brum. an IV (art. 236 et suiv.) furent de nouveau maintenus par la constitution du 22 frim. an VIII.—En matière de délits emportant peine afflictive et infamante, porte l'art. 62 de cette constitution, un premier jury admet ou rejette l'accusation; si elle est admise, un second jury reconnaît le fait. » — Depuis, la loi du 7 pluv. an IX voulut (art. 21) que le jury d'accusation donnât la déclaration sur la procédure écrite sans que le prévenu ni les témoins comparussent devant les jurés.

7. — Les jurys d'accusation supprimés par le Code d'instruction criminelle ont été remplacés par une section ou chambre de la Cour alors impériale. — On avait cru remarquer que, trop exigeans sur les indices qu'une première information avait révélés, ils ne comptaient pas assez sur les preuves que pouvait produire un débat plus complet et définitif, et que, se faisant juges du fond, ils renvoyaient fréquemment les accusés et arrêtaient ainsi des poursuites utiles. On pensa que des membres éminens de l'ordre judiciaire, guidés par une expérience plus éclairée et plus habitués à distinguer les présomptions sérieuses des indices insuffisans, atteindraient mieux le but, tout en présentant par leurs lumières et leur indépendance toutes les garanties désirables à la liberté individuelle.

CHAPITRE Ier. — *Composition de la chambre d'accusation.*

8. — Dans chaque cour royale, formée d'au moins trois chambres, une de ces chambres doit connaître des mises en accusation. — Décr. 6 juill. 1810, art. 2.

9. — S'il est nécessaire d'établir dans une cour royale plus d'une chambre d'accusation, le roi peut le déclarer par un décret spécial. — Même décret, même article. — Il n'y a pas de cour dans laquelle on ait établi plus d'une chambre d'accusation en vertu de cette disposition.

10. — Lorsque le procureur général estime qu'à raison de la gravité des circonstances dans lesquelles une affaire se présente, ou à raison du grand nombre des prévenus, il est convenable que le rapport qu'il doit faire en conséquence de l'art. 218, C. inst. crim., soit présenté à deux chambres d'accusation réunies dans les cours où il y a plusieurs chambres d'accusation, ou à la chambre d'accusation, dans les cours où il n'y en a qu'une, réunie à la chambre qui doit connaître des appels de police correctionnelle, lesdites chambres sont tenues de se réunir sur l'invitation qui leur en est faite par le procureur général après en avoir conféré avec le premier président. — Décr. 6 juill. 1840, art. 3.

11. — La conférence que le procureur général doit avoir avec le premier président n'a pas pour objet, dit M. Faustin Hélie (*Encyclop. du droit*, v° *Chambre d'accusation*, n° 7), de lui soumettre et de lui faire approuver les motifs de la réunion, elle n'a d'autre but que de le mettre à même de régler le service de la cour et d'empêcher qu'une de ces chambres ne soit convoquée au même moment pour d'autres services.

12. — La réunion de la chambre correctionnelle à la chambre d'accusation peut avoir lieu, bien que plusieurs des affaires soumises à cette dernière aient été comprises dans le réquisitoire qui provoque cette réunion, lorsque chacune d'elles présente au procureur général un caractère suffisant de gravité. — *Cass.*, 4 mars 1834, de Bryan.

13. — La chambre d'accusation ne peut rendre arrêt qu'au nombre de cinq juges au moins. — Décr. 6 juill. 1840, art. 2.

14. — De ces mots « cinq juges *au moins* » il faut conclure que plus de cinq juges pourraient avoir pris part aux travaux de la chambre d'accusation sans que ses arrêts en devinssent annulables. C'est ce qui arrive même nécessairement lorsque le premier président préside la chambre en conformité des dispositions de l'art. 7, décr. 6 juill. 1840, et que tous les titulaires sont présens.

15. — Si en pareil cas le nombre des membres délibérans était pair, le partage devrait faire rendre l'arrêt dans le sens le plus favorable à l'accusé; cette règle s'applique aux arrêts d'instruction comme aux arrêts définitifs. — Arg. des art. 347 et 583 (ce dernier article est aujourd'hui abrogé), C. inst. crim. — Legraverend, *Traité de législat. crim.*, t. 1er, p. 428, et t. 2, p. 34; Merlin, *Rép.*, v° *Partage d'opinions*, § 2; Carnot, *C. instr. crim.*, art. 433, n° 3, et art. 476, n° 2.

16. — Lorsque dans une chambre des mises en accusation il y a partage d'opinions, il n'y a pas lieu à appeler d'autres juges pour vider le partage, l'avis le plus favorable à l'accusé doit prévaloir. — *Metz*, 24 août 1819, N.; *Cass.*, 5 mars 1813, Mathis; 27 juin 1841, Royer.

17. — Dans le cas de réunion de deux chambres d'accusation ou de la chambre d'accusation à la chambre des appels de police correctionnelle, les arrêts doivent, par conséquent, être rendus, à peine de nullité, par dix juges au moins. — *Cass.*, 8 oct. 1819, Vilerbi. — Les délibérations sont dès lors soumises aux mêmes règles que celles d'une chambre unique. — Legraverend, t. 1er, p. 429.

18. — Si le besoin du service exige qu'il soit formé dans une cour royale une chambre temporaire d'accusation, elle doit être composée de cinq membres de cette cour, conseillers ou auditeurs, que le roi désigne sur la présentation du ministre de la justice. Ils entrent en exercice à l'époque fixée par l'ordonnance qui les désigne et sont installés par le premier président de la cour royale. Ils ne peuvent connaître des affaires dans lesquelles il y aurait eu, avant leur nomination, rapport, dénonciation, plainte, poursuite ou information d'office.—Décr. 6 juill. 1840, art. 12.

19. — Les chambres temporaires sont dissoutes de plein droit six mois après leur entrée en exercice (même article); à moins que le roi ne proroge leurs pouvoirs par une nouvelle ordonnance. — Legraverend, t. 1er, p. 429.

20. — La chambre d'accusation est assistée du greffier de la cour royale ou l'un de ses commis assermentés.—C. inst. crim., art. 222 et 224.—Décr. 6 juill. 1840, art. 56 et 57.

21. — Les membres de cette chambre sont soumis au roulement qui doit avoir lieu chaque année entre les diverses chambres de la cour royale. —Décr. 6 juill. 1840, art. 45 et suiv.; ord. 41 oct. 1820.

22. — La chambre d'accusation ne se réunissant

dans la plupart des cours royales qu'une fois par semaine (C. inst. crim., art. 248), la part de travail qui en résultait, pour chacun de ses membres, a paru en disproportion avec celle imposée aux autres membres de la cour; aussi une ordonnance royale, du 5 août 1844, rendue en exécution de l'art. 5, L. 20 avr. 1840, d'après lequel la division des cours royales en chambres décide par les réglemens d'administration publique, a-t-elle, dans le but de remédier à un pareil état de choses, voulu que les magistrats composant les chambres des mises en accusation des cours royales fissent en outre le service des autres chambres, entre lesquelles ils seraient, sauf toutefois le président, répartis à l'époque et suivant le mode déterminés par l'ord. du 44 oct. 1820.

23. — Cette ordonnance de 1844 a paru inconstitutionnelle à la cour royale de Poitiers, qui, dans sa réunion en assemblée générale du 12 août 1844, a refusé de s'y soumettre; mais, sur le pourvoi formé, selon l'ordre du garde des sceaux, par le procureur général près la cour de Cassation, cette cour, se fondant sur ce qu'aucune loi ni l'art. 50 de la Charte n'avaient abrogé l'art. 5, L. 20 avr. 1840, a proclamé la légalité de l'ord. de 1844 et annulé la délibération de la cour de Poitiers. — *Cass.*, 49 août 1844 (t. 2 1844, p. 129), cour royale de Poitiers.

24. — En cas d'absence ou d'empêchement d'un ou plusieurs membres de la chambre d'accusation, ils sont remplacés par d'autres membres de la cour royale.—Legraverend pense (t. 1er, p. 428)qu'il est convenable de mentionner, dans les arrêts auxquels concourent des remplaçans, les motifs de l'absence ou de l'empêchement des titulaires, pour établir qu'on a agi régulièrement et qu'il n'a pas été statué sur l'accusation par des juges spécialement choisis ou désignés pour cette opération.

25. — Jugé toutefois qu'il ne résulte aucun moyen de cassation de ce qu'un seul juge titulaire de la chambre d'accusation a concouru à un arrêt de cette chambre, sans que rien constatât le motif du remplacement des quatre autres. — *Cass.*, 2 nov. 1824, Angéli. — En effet, tous les conseillers de la cour royale ont également qualité pour entrer dans les diverses chambres auxquelles ils ne sont pas spécialement attachés, toutes les fois que leur présence est nécessaire pour les compléter, et il y a présomption de droit que ceux qui n'ont pas siégé ont été légitimement remplacés et légalement remplacés.

26. — La chambre d'accusation n'a point de vacances. — Décr. 6 juill. 1840, art. 29.—On conçoit, en effet, que les affaires criminelles n'admettent aucun retard.

27. — Le conseiller qui a rempli les fonctions de juge d'instruction, en vertu des art. 235 et 236, C. inst. crim., peut concourir à l'arrêt de mise en accusation. — *Cass.*, 8 nov. 1834, Avril et Pirault.

28. — Aucune loi ne défend, au conseiller qui a rempli les fonctions de juge d'instruction dans une affaire, soit d'en faire le rapport, soit de prononcer sur la mise en accusation. — *Cass.*, 21 janv. 1843, Louis Branzon.

29. — Il a même été jugé que le conseiller de cour royale qui a été chargé de l'instruction d'une affaire évoquée par cette Cour fait partie nécessairement de la chambre des mises en accusation, et *doit* assister au rapport du procureur général et concourir à l'arrêt de mise en accusation, sous peine de nullité, encore bien que, par l'effet du roulement, il appartienne à une autre chambre.— *Cass.*, 20 fév. 1824, Roux de Saint-Félix; 24 fév. 1824 (intérêt de la loi), Furgole.

30. — Et que le conseiller instructeur qui, par le roulement, est sorti de la chambre d'accusation, en fait toujours nécessairement partie pour les affaires dont il a dirigé l'instruction. Si donc, lorsqu'il y revient pour le rapport et le jugement de ces affaires, la chambre d'accusation se trouve, par suite de sa présence, composée de cinq membres, on ne peut, à peine de nullité, appeler, pour remplacer un des membres absens, un conseiller d'une autre chambre.—*Cass.*, 18 mai 1839 (t. 2 1839, p. 427), Thuret c. Demiannay aîné et syndics Demiannay.

31.—Bourguignon (*Jurispr. des Codes crim.*, sur l'art. 236, C. inst. crim., t. 1er, p. 512, n° 2) dit que s'il peut être avantageux que le magistrat qui a fait ou achevé l'instruction assiste au rapport et prenne part à la délibération, la loi ne l'exige pas à peine de nullité. On ne peut se dissimuler que la force de l'objection prise de ce que la loi n'exige pas, à peine de nullité, le concours du magistrat instructeur à la délibération de la cour. Néanmoins les plus puissantes considérations nous semblent devoir faire suppléer cette peine. La présence du magistrat instructeur est indispensable, ainsi que le dit la cour de Cassation, pour contrôler le rapport

du procureur général, le compléter s'il y a lieu, et fournir sur le caractère des prévenus et des témoins tous les renseignemens particuliers qui n'étaient pas de nature à trouver place dans les pièces de l'information.

32.—L'art. 484, C. inst. crim., qui confie au premier président les fonctions de juge d'instruction dans les affaires énumérées dans cet article et celui qui précède, lui donne également le droit de déléguer ses fonctions à tel officier qu'il juge à propos de désigner. Lorsque cette désignation a été faite, et que le premier président n'a fait personnellement aucun acte d'instruction, il peut se dispenser d'assister à la séance dans laquelle la chambre d'accusation doit entendre le procureur général et prononcer sur la mise en accusation.—*Cass.*, 17 août 1837 (t. 1er 1838, p. 551), Gazeau.

CHAPITRE II. — *Attributions de la chambre d'accusation. — Compétence.*

33.—La chambre des mises en accusation a plusieurs attributions distinctes : la première et la principale consiste à statuer, c'est-à-dire à prononcer la mise en accusation ou le renvoi des prévenus en matière de crimes; — elle forme de plus le second degré de juridiction à l'égard des chambres du conseil et des juges d'instruction, alors même qu'il ne s'agit que de simples délits ou de contraventions; — enfin, elle est chargée de procéder à l'instruction des affaires dont la connaissance a été évoquée par elle ou par la cour royale, chambres réunies.

34.— La chambre d'accusation est saisie dans le premier cas, de plein droit, par le renvoi que lui fait directement de l'affaire la chambre du conseil, lorsqu'elle estime qu'il y a contre l'inculpé prévention suffisante d'un crime emportant des peines afflictives ou infamantes;— dans le second cas, par l'opposition formée soit contre l'ordonnance de non lieu à suivre ou de renvoi devant le tribunal de police correctionnelle rendue par la chambre du conseil, soit contre la décision du juge d'instruction; — dans le troisième, enfin, par l'arrêt d'évocation rendu par elle ou par la cour royale entière, soit qu'elles aient agi d'office, soit que le procureur général ait cru devoir prendre l'initiative.

35. — Mais la chambre d'accusation n'est jamais compétente qu'autant qu'il s'agit d'un crime, d'un délit ou d'une contravention : si les faits qui lui sont soumis n'avaient point ce caractère, elle devrait absolument s'abstenir.

36. — Dans les poursuites exercées contre des fonctionnaires de la qualité exprimée en l'art. 483, C. inst. crim., pour des crimes emportant la peine de la forfaiture ou autre plus grave, c'est encore la chambre des mises en accusation seule qui a juridiction pour prononcer tant en premier qu'en dernier ressort sur la mise en accusation. — *Cass.*, 9 mai 1822, Grisard et Monnier.

37. — Mais la chambre d'accusation est incompétente pour connaître d'une instruction criminelle dirigée contre un garde particulier, à l'occasion d'un délit commis par lui dans l'exercice de ses fonctions, cette poursuite ayant dû être instruite dans les formes tracées par les art. 478 et 483, C. instr. crim. — *Orléans*, 18 août 1845 (t. 2 1845, p. 339), Blanchet.

38. — Les chambres d'accusation avaient été chargées par la loi du 20 déc. 1815 de régler définitivement et sans recours en cassation la compétence des cours prévôtales, soit qu'elles se fussent déclarées incompétentes (art. 38), soit qu'elles eussent reconnu leur compétence (art. 39). — Mais cette loi, toute de circonstance, ayant, aux termes de son art. 55, cessé d'avoir effet, après la session de 1817, faute d'avoir été renouvelée dans le courant de cette session, les chambres d'accusation ont perdu cette partie de leurs attributions.

39. — Jugé, du reste, sous l'empire de ladite loi du 20 déc. 1815, que les chambres d'accusation n'avaient juridiction sur les arrêts des cours prévôtales que pour la qualification du fait et le règlement de la compétence; elles ne pouvaient donc, sans sortir des bornes de leurs attributions, apprécier le mérite des charges ni déclarer qu'il y avait lieu à accusation. — *Cass.*, 9 mai 1817, Labarthe; — Legraverend, t. 2, p. 559.

40. — En ce qui concerne les audiences solennelles tenues par la cour royale, il faut distinguer : s'il s'agit de celles qui doivent être tenues par le jugement de certaines affaires civiles, conformément à l'art. 22, décr. 30 mars 1808, la chambre d'accusation ne peut être appelée à y participer; mais elle peut assister et doit être convoquée aux audiences solennelles indiquées pour l'enregistrement des lettres de grâce ou de commutation de peine adressées aux cours royales, sans toutefois qu'elle puisse connaître d'aucune autre affaire portée à ces audiences. — Décr. 6 juill. 1810, art. 19 et 20.

Sect. 1re. — *Compétence après ordonnance de mise en prévention.*

41.— Lorsque la chambre d'accusation est appelée directement à statuer en matière de crime, à la suite du renvoi de l'affaire qui lui est fait par la chambre du conseil, les juges doivent examiner s'il existe contre le prévenu des preuves ou des indices d'un fait qualifié crime par la loi, et si ces preuves ou ces indices sont assez graves pour que la mise en accusation soit prononcée. — C. inst. crim., art. 221.

42. — Examiner les indices tendant à établir le fait et apprécier la criminalité d'après la loi pénale, — telles sont les limites posées par la loi elle-même en pareil cas au pouvoir des chambres d'accusation, et qu'elles ne peuvent franchir. — F. Hélie, *Encyclop. du droit*, v° *Chambre d'accusation*, n° 11.

43. — Jugé en conséquence que la mission des chambres d'accusation est d'examiner non s'il existe des preuves suffisantes pour que la condamnation soit prononcée, mais s'il existe des indices suffisans de culpabilité pour autoriser la mise en accusation du prévenu. — *Cass.*, 27 fév. 1812, Antoine Delluc; 17 nov. 1826, Ernest et Devèze; — Carnot, sur l'art. 221, *C. inst. crim.*, t. 2, p. 193, n° 2; Merlin, *Quest.*, v° *Accusation*, § 2; Legraverend, t. 2, p. 432.

44. — C'est seulement lorsqu'il n'existe pas *d'indices* suffisans de culpabilité que les chambres d'accusation doivent déclarer qu'il n'y a lieu à suivre; l'arrêt qui ordonne la mise en liberté du prévenu, sur le motif que le crime n'est pas suffisamment *justifié*, c'est-à-dire *prouvé*, encourt la cassation. — *Cass.*, 2 août 1821, Peretti.

45. — Est nul l'arrêt qui déclare n'y avoir lieu à des poursuites ultérieures, sur le motif que la procédure n'offre pas des élémens suffisans pour tablir la conviction. — *Cass.*, 17 nov. 1826, Ernest et Devèze.

46.— Jugé en vertu du même principe que la preuve des faits diffamatoires imputés à des fonctionnaires publics ne peut être faite que devant la cour d'assises, et non devant la chambre des mises en accusation. — *Douai*, 1er mai 1831, Fourdinier.

47.—Mais il n'y a lieu d'attaquer un arrêt d'une chambre d'accusation motivant le relaxe des prévenus, non sur ce qu'il n'est pas suffisamment prouvé que les délits aient été commis, mais sur ce qu'il ne résulte pas de la procédure que les faits incriminés aient eu lieu.—*Cass.*, 23 nov. 1837 (t. 1er 1840, p. 147), Fusseau.

48. — De même la chambre d'accusation qui se contente de déclarer les accusés suffisamment prévenus du fait qui leur est imputé et ne les en déclare pas coupables ne sort pas des limites de ses attributions. —*Cass.*, 7 avr. 1831, N...

49. — Du reste, aucune définition n'est donnée par la loi de ce qu'on doit entendre par *indices*, aucune règle tracée pour l'application de la culpabilité; elle s'en est remise au juge, qui doit consulter toutes les circonstances accessoires de l'action, soit à charge, soit à décharge, telles que la qualité des personnes, leur moralité, leur intérêt, etc., et surtout n'admettre que des présomptions graves et précises.

50. — L'appréciation faite par une chambre des mises en accusation des indices et des présomptions de culpabilité, ne peut jamais donner ouverture à cassation. — *Cass.*, 7 août 1812, Depiéker.

51. — Une chambre d'accusation a pu, en déclarant, par une souveraine appréciation des faits, que les témoins qui ont assisté à un duel ont fait, jusqu'au dernier moment, tous leurs efforts pour l'empêcher, les renvoyer de la prévention de complicité de meurtre ou de blessures dirigée contre eux, sans que son arrêt encoure la censure de la Cour de Cassation. — *Cass.*, 4 janv. et 25 mars 1845 (t. 1er 1845, p. 5), Servient; 5 avr. 1838 (t. 2 1838, p. 214), Reybaud.

52. — L'arrêt par lequel une chambre d'accusation déclare qu'il ne résulte de la procédure aucun indice des crimes imputés au prévenu, repose sur une appréciation des charges qui le met à l'abri de la cassation. —*Cass.*, 20 janv. 1820, Jourdan.

53. — Aucune loi n'ayant déterminé les faits qui doivent caractériser dans une tentative de crime soit le commencement d'exécution, soit l'interruption par des circonstances indépendantes de la volonté des prévenus, il s'ensuit qu'à cet égard on doit s'en rapporter à la conscience des juges, qui doivent statuer sur la mise en accusation, et que, quelque grave que soit l'erreur de la chambre d'accusation, cette erreur ne peut fonder un moyen de cassation. — *Cass.*, 27 (et non 17) août 1812, Stepmann; 18 mars 1813, Croubèle; 29 avr. 1824, Rose; 23 sept. 1825, Lavareille.

54. — Lorsqu'il se joint au faux matériel résultant de la signature apposée après coup à un acte par un notaire et des témoins instrumentaires qui n'ont pas assisté à la confection, des circonstances qui révèlent un but et un intérêt coupables, il appartient aux chambres d'accusation de reconnaître dans ce fait les élémens du faux prévu et puni par la loi, à savoir : l'altération de la vérité dans une intention criminelle qui a porté ou pu porter préjudice à des tiers. — *Cass.*, 17 juill. (et non juin) 1835, Dominiac.

55. — Lorsqu'une chambre d'accusation a décidé en fait que des prévenus de complicité n'ont commis aucun des faits qui la constituent, cette déclaration ne peut être attaquée devant la cour de Cassation, même à l'aide des élémens de l'instruction. — *Cass.*, 23 nov. 1837 (t. 1er 1840, p. 147), Fusseau.

56. — Lorsqu'il résulte de l'arrêt d'une cour royale qu'elle a discuté et apprécié toute l'instruction, et que c'est après cette appréciation qu'elle a déclaré qu'il n'existait pas charges suffisantes pour poursuivre un prévenu de faux témoignage, le plaignant ne peut tirer une ouverture à cassation de ce que les motifs de cette décision seraient de nature à soumettre l'exercice de la faculté accordée par l'art. 445, C. inst. crim., à des conditions illégales. — *Cass.*, 13 fév. 1818, Regnault.

57. — Il n'est point, en effet, dans les attributions de la cour de Cassation de prononcer sur les élémens d'une déclaration rendue d'après le résultat des charges d'une instruction. — *Cass.*, 13 fév. 1818, Regnault.

58. — Il a cependant été décidé, dans une affaire de presse, que c'était à tort que la chambre d'accusation, ayant à apprécier des passages d'un journal incriminés comme excitant à la haine et au mépris du gouvernement du roi, avait ordonné la discontinuation des poursuites par le mtif qu'il n'était pas suffisamment établi que ces passages s'adressassent directement au gouvernement du roi; et en conséquence l'affaire a été renvoyée devant une autre chambre d'accusation. — *Cass.*, 7 fév. 1833, Garnier.

59. — Mais la chambre d'accusation ne peut se livrer à l'examen des faits d'excuse que les art. 339 et 367 supposent évidemment ne pouvoir être produits que devant la cour d'assises. — *Cass.*, 27 mars 1818, Rozay; 9 mai 1818, Saint-Morys c. Barbier Dufay; 8 janv. 1819, Cazelles; — Merlin, *Quest.*, v° *Accusation*, § 4; Legraverend, t. 1er, p. 452.

60. — Une chambre des mises en accusation ne peut, sans violer les règles de compétence, renvoyer à la police correctionnelle un fait qualifié crime par la loi, sous le prétexte qu'il n'est susceptible que de peines correctionnelles, à raison de faits qui le rendent excusable. — *Cass.*, 9 oct. 1812, Lefoudre; 6 nov. 1812, Rotondi; 25 fév. 1813, Persiani.

61. — La chambre d'accusation qui reconnaît comme constante l'existence d'un faux matériel ne peut, sans usurper les fonctions réservées au jury, se dispenser de renvoyer l'accusé devant la cour d'assises par des motifs tirés de sa bonne foi et de ses antécédens favorables. — *Cass.*, 25 avr. 1833, Geoffroy.

62. — Une chambre d'accusation ne peut, en déclarant l'existence de coups et blessures ayant occasionné une incapacité de travail de plus de vingt jours, renvoyer le prévenu devant le tribunal correctionnel par le motif que ces coups et blessures ont été provoqués par des violences graves. Il n'appartient qu'au jury de prononcer sur les faits d'excuse. —*Cass.*, 21 fév. 1828, Delmas; — Legraverend, t. 2, p. 433, note 2e. — *Contrà Cass.*, 15 mai 1812, Rotondi.

63. — Cependant aucune loi ne défend aux chambres d'accusation de faire mention dans leurs arrêts de mise en accusation des faits qui peuvent rendre les crimes excusables. — *Cass.*, 13 janv. 1820, Piquet.

64. — La prohibition n'est pas la même lorsque les faits invoqués constituent non une excuse, mais une justification qui fait disparaître tout délit; puisqu'on ne peut mettre en accusation celui qui n'a commis ni crime, ni délit, ni contravention, il doit évidemment en être de même quand le fait imputé, bien qu'établi, perd, à raison de certaines circonstances, tout caractère criminel et cesse d'être punissable. — Legraverend, t. 1er, p. 433; Carnot, art. 221, n° 2.

65. — Jugé qu'il appartient à la chambre d'accusation de décider que l'homicide dont un individu est prévenu a été commis dans la nécessité actuelle d'une légitime défense, et qu'ainsi il n'y a pas lieu

à mise en accusation. — *Cass.*, 27 mars 1818, Rosay; 8 janv. 1819, Cazelles; *Paris*, 9 mai 1818, Saint-Morys c. Barbier-Dufay; — Legraverend, t. 2, p. 432 et 433; Merlin, *Quest.*, v° *Duel.*

66. — Les chambres du conseil et des mises en accusation sont compétentes pour examiner l'état moral du prévenu, et pour déclarer qu'il n'y a ni crime, ni délit, si elles reconnaissent que le prévenu était en état de démence au moment où il a commis le fait qui lui est imputé. — *Grenoble*, 13 nov. 1823, Laurent.

67. — Les pouvoirs de la chambre d'accusation seraient les mêmes en ce qui concerne les vols commis entre parens ou époux, prévus par l'art. 380, C. pén. — Hélie, *Encyclop.*, v° *Ch. d'accus.*, n° 16.

68. — ...Et dans tous les cas d'exception qui éteignent l'action publique, tels que la prescription, la chose jugée, l'amnistie, etc. — Hélie, *ibid.*

69. — La prescription étant un moyen péremptoire pour faire cesser toute poursuite à raison d'un crime, il s'ensuit que la cour chargée de prononcer sur la mise en accusation est nécessairement compétente pour statuer sur le mérite de la prescription. — *Cass.*, 8 nov. 1811, Barthélemy.

70. — Lorsque les nullités invoquées contre son premier mariage par un individu accusé de bigamie ne sont pas absolues et sont seulement relatives aux droits de ses père et mère, la chambre des mises en accusation est compétente pour prononcer sur la fin de non-recevoir qu'il veut en tirer pour repousser l'accusation de bigamie. — *Cass.*, 17 déc. 1812, Bernard.

71. — Une chambre de mises en accusation ne viole aucune loi en renvoyant un individu devant la cour d'assises comme accusé de bigamie, quoique la nullité de son premier mariage ait été prononcée, si c'est par un jugement rendu par défaut de constituer avoué, qui n'a pas été exécuté dans les six mois de sa date. — *Cass.*, 17 déc. 1812, Bernard.

72. — Mais lorsqu'en infirmant le jugement de condamnation rendu par un tribunal de police correctionnelle, un tribunal d'appel a renvoyé le prévenu devant le juge d'instruction pour être procédé par la voie criminelle, la chambre des mises en accusation ne peut, sans violer elle-même l'autorité de la chose jugée, déclarer qu'il n'y a lieu à suivre, sous le prétexte que, le jugement de première instance ayant été exécuté, l'appel n'était pas recevable, et que la poursuite criminelle serait une violation de la maxime *non bis in idem*. — *Cass.*, 17 juin 1819, Berthe.

73. — Il suit de tout ce qui précède que les chambres d'accusation peuvent apprécier les circonstances constitutives de l'intention, même la bonne foi, lorsqu'elle est de nature, ainsi que nous l'avons dit, à produire non une excuse, mais une justification. — Carnot, art. 220, n° 6.

74. — Carnot (*C. inst. crim.*, art. 3, n° 4, et *C. pén.*, art. 340, n° 10) invoque l'esprit d'un arrêt de la cour de Cassation du 13 avril 1815 (Raould) comme établissant que les chambres d'accusation sont juges en dernier ressort du point de moralité résultant de la bonne foi de l'accusé, qu'on pourrait croire rentrer dans les attributions du jury. — La question n'est pas douteuse; un accusé ne peut être renvoyé aux assises lorqu'il est déjà constant que sa bonne foi détruit l'accusation.

75. — La chambre des mises en accusation est investie du pouvoir de déclarer qu'il n'y a lieu à suivre contre un notaire prévenu de faux, en se fondant sur ce qu'il n'a pas agi frauduleusement. — *Cass.*, 18 fév. 1813, Delamotte.

76. — La chambre d'accusation peut, sans excéder ses pouvoirs, et sans violer l'art. 84, C. pén., déclarer que la négociation d'un emprunt pour un prince étranger, en guerre avec un allié de la France, ne constitue pas un acte hostile de nature à attirer une déclaration de guerre à la France. — *Cass.*, 28 nov. 1834, Jauge.

77. — Celui qui, pour se faire écrouer au lieu d'un autre individu, fait rédiger un acte d'écrou sous un faux nom, commet un faux en écriture authentique; mais il appartient aux chambres d'accusation d'apprécier les circonstances qui peuvent dépouiller ce fait de tout caractère de criminalité. — *Cass.*, 17 fév. 1838 (t. 2 1838, p. 509), Dumoulin.

78. — Jugé qu'il suffit qu'une cour royale n'ait pas reconnu en termes précis l'intention de la part d'un prévenu de commettre un vol, pour que sa décision soit à l'abri de la cassation, quoique cette intention paraisse résulter des faits qu'elle a déclarés constans. — *Cass.*, 4 oct. 1827, Germain Demeur.

79. — Mais les chambres d'accusation ne peuvent statuer sur des exceptions qui ont pour effet non d'éteindre l'action publique, mais seulement d'en suspendre le cours. La connaissance de ces exceptions appartient exclusivement aux juges du fond, et la chambre d'accusation doit statuer comme si elles n'avaient pas été soulevées devant elle. — Carnot, *C. inst. crim.*, art. 22, n° 2, et art. 331, n° 3.

80. — Ainsi, lorsque celui qui est inculpé d'avoir commis un crime, en récidive, soutient que le jugement de condamnation qui est produit ne s'applique pas à lui, la cour ne peut, sans violer les règles de compétence, surseoir à la mise en accusation et renvoyer devant une autre juridiction pour faire statuer préalablement sur l'identité de l'inculpé. — *Cass.*, 30 juill. 1812, Ministère public c. Joseph Dubernard; — Legraverend, t. 2, chap. 10, p. 614. — Dans ce cas spécial la question se présentera sans doute rarement, depuis que, par une conséquence de la suppression des cours spéciales, la récidive est sans influence sur la compétence. — V. Merlin, *Rép.*, v° *Récidive*, n° 7.

81. — Dans toutes les affaires dont l'instruction est complète, les chambres d'accusation sont tenues de statuer de suite sur la prévention et le réglement de la compétence; elles ne peuvent ordonner le sursis du procès sans méconnaître les règles de leur juridiction. — Spécialement, lorsqu'à la suite des débats, la cour d'assises a mis en état d'arrestation plusieurs témoins prévenus de faux témoignage, et ordonné le renvoi de l'affaire à la prochaine session, la chambre des mises en accusation ne peut, sans contrevenir aux règles de compétence et sans porter atteinte à l'autorité de la cour d'assises qui a accordé la priorité à la prévention de faux témoignage, surseoir à statuer sur cette poursuite dont l'instruction est complète, jusqu'à ce que la cour d'assises ait prononcé sur l'accusation principale. — *Cass.*, 20 mai 1813, Gambette.

82. — Les pouvoirs de la chambre d'accusation étant restreints au réglement de la compétence et de l'instruction, elle ne peut rien décider au fond, ni par conséquent prononcer aucune condamnation.

83. — Ainsi elle ne pourrait condamner soit la partie civile, soit le prévenu à des dommages-intérêts.

84. — Une chambre des mises en accusation excède ses pouvoirs en prononçant la suppression d'un mémoire produit devant elle par le prévenu comme offensant pour le procureur général, et en condamnant l'auteur de ce mémoire à des dommages-intérêts : elle doit se borner à le dénoncer au procureur du roi. — *Cass.*, 7 déc. 1821, Merlino.

85. — En effet l'art. 23, L. 17 mai 1819, qui porte que les mémoires produits devant les cours et les tribunaux ne donneront lieu à aucune action en diffamation ou injure, est inapplicable aux procédures suivies devant les cours et tribunaux où la publicité et le débat judiciaire sont interdits, et notamment aux affaires portées à la chambre des mises en accusation. — *Cass.*, 7 déc. 1821, Merlino.

86. — Les chambres d'accusation, qui ne sont appelées en aucun cas à prononcer des peines, ne pourraient pas faire l'application de l'art. 2, L. 30 juill. 1828, sur l'interprétation des lois, qui portait qu'en cas de contradiction entre deux cours royales et la cour de Cassation, la peine la moins grave, dans les matières criminelles et correctionnelles, serait appliquée. — *Cass.*, 16 janv. 1829, Laberthe.

87. — Toutefois, l'art. 16, C. inst. crim. portant que la partie civile qui succombera dans l'opposition qu'elle a formée contre l'ordonnance rendue par la chambre du conseil en faveur du prévenu, sera condamnée aux dommages-intérêts envers le prévenu, il va de soi que, pour ce cas exceptionnel, la chambre d'accusation qui est appelée à statuer sur l'opposition prononce en même temps sur les dommages-intérêts.

88. — Les chambres d'accusation sont compétentes pour statuer sur les dommages-intérêts que l'art. 136, C. inst. crim. accorde au prévenu comme une suite du débouté de l'opposition de la partie civile, sans qu'il soit besoin de recourir aux tribunaux civils par action séparée. — *Cass.*, 10 juin 1813, Béchard.

89. — Et les dommages-intérêts peuvent être accordés soit que le prévenu ait été arrêté, soit qu'il ne l'ait pas été. — *Cass.*, 10 juin 1813, Béchaud. — V. au surplus CHAMBRE DU CONSEIL.

Sect. 2e. — *Compétence comme deuxième degré de juridiction.*

90. — Les chambres d'accusation, considérées comme second degré de juridiction, peuvent être appelées à statuer sur les ordonnances des chambres du conseil, ou sur les décisions des juges d'instruction.

91. — *Ordonnances de la chambre du conseil.* — Les ordonnances de la chambre du conseil ont pour objet soit de reconnaître au fait qui motive la poursuite les caractères d'un crime, d'un délit ou d'une contravention, soit de déclarer qu'il n'y a lieu à suivre.

92. — S'il s'agit d'un crime, nous avons vu (*suprà* nos 33 et 34) que la chambre d'accusation, appelée par la loi elle-même à statuer nécessairement sur la mise en accusation, est saisie de plein droit par le renvoi direct que lui fait de l'affaire la chambre du conseil.

93. — S'il s'agit d'un délit ou d'une contravention ou d'une déclaration de non lieu à suivre, l'intervention de la chambre d'accusation n'est plus nécessaire et forcée : elle n'est alors saisie qu'autant qu'il a été formé opposition par le ministère public ou la partie civile, conformément à l'art. 135, C. inst. crim., à l'ordonnance de la chambre du conseil.

94. — Ce droit de juridiction supérieure reconnu à la chambre d'accusation n'est point formellement écrit dans le Code d'instruction criminelle : aussi a-t-il été l'objet de sérieuses controverses; on ne peut cependant se dissimuler qu'il résulte de l'ensemble de ses dispositions et surtout des art. 135 et 136; aussi la jurisprudence l'a-t-elle constamment et fréquemment consacré. — Legraverend, t. 1er, p. 429; Merlin, *Rép.*, v° *Opposition à une ordonnance*, n° 2; Carnot, *Instr. crim.*, art. 246, n° 7.

95. — Ainsi jugé que, si illégale que soit l'ordonnance rendue par la chambre du conseil sur le rapport du juge d'instruction, c'est par la voie de l'opposition qu'elle doit être attaquée, et que c'est à la chambre des mises en accusation seule qu'il appartient de l'annuler. — *Cass.*, 5 déc. 1823, Chauvet. — Il en serait cependant autrement si l'ordonnance avait le caractère d'un acte d'administration intérieure.

96. — Les chambres d'accusation ont caractère de juridiction pour connaître de toutes les oppositions formées par le ministère public et les parties civiles contre les ordonnances des chambres d'instruction, soit que le fait sur lequel portent ces ordonnances ait été qualifié par elles ou par la plainte de crime emportant peine afflictive ou infamante, soit qu'il n'ait été qualifié que de simple délit ou de contravention. — *Cass.*, 13 sept. 1811, Arent; 25 oct. 1811, Langlois c. Serry; 29 juin 1812, Bostal et Graffe; 8 oct. 1812, Reinshuysen; 5 fév. 1813, Regniton; 28 janv. 1813, Frans-Heusdans; 19 mars (et non mai) 1813, Kilian; 8 avr. 1813, Gilles; 13 mai 1813, Werner.

97. — Les ordonnances de la chambre du conseil qui renvoient le prévenu en police correctionnelle, peuvent être attaquées par la voie de l'opposition devant la chambre des mises en accusation, comme celles qui déclarent qu'il n'y a lieu à suivre. — *Cass.*, 29 oct. 1813 (et non 1815), Kilian.

98. — Le droit d'opposition existe, soit que le prévenu ait été arrêté, soit qu'il ne l'ait pas été, et soit que sa mise en liberté ait été accordée ou refusée. — *Cass.*, 20 juin 1812 (intérêt de la loi), Dostal et Graffe; 19 mars (et non mai) 1812, Kilian; 28 janv. 1813, Franshensdans; 13 mai 1813, Werner; 8 oct. 1813, Reinshuysen. — V. aussi *Cass.*, 15 oct. 1813 (et non 1815), Kilian.

99. — Une chambre des mises en accusation méconnaît ses attributions et viole les règles de compétence, lorsqu'au lieu de statuer elle-même sur l'opposition formée à une ordonnance de mise en liberté, elle renvoie à cet effet devant le tribunal qui a rendu l'ordonnance attaquée. — *Cass.*, 27 (et non 22) août 1812 (intérêt de la loi), Subra et Esteil. — V. au surplus CHAMBRE DU CONSEIL.

100. — Toutefois, le principe que les chambres d'accusation sont juges d'appel des décisions de la chambre du conseil doit être restreint au cas où la chambre du conseil a procédé en vertu de l'art. 127, C. inst. crim., et sur le rapport du juge d'instruction : elles seraient absolument incompétentes pour apprécier une mesure prise par la chambre du conseil, en dehors dudit art. 127. — Legraverend, t. 1er, p. 387, note 4e.

101. — Jugé en conséquence que l'ordonnance par laquelle un tribunal nomme un second juge d'instruction, quoique le roi n'en ait établi qu'un seul, étant moins un acte de procédure qu'un acte d'administration, il n'entre point dans les attributions conférées à la chambre des mises en accusation d'en prononcer la nullité sur l'opposition formée par le procureur du roi à ladite ordonnance. — *Cass.*, 17 oct. 1823, Philippi. — V. aussi Merlin, *Rép.*, v° *Opposition à ordonnance*, n° 10; et Duvergier, sur Legraverend, t. 1er, p. 387, note 4e. — Quoique rendue en chambre du conseil, l'ordonnance dont il s'agit est l'œuvre du tribunal de première instance et non de la chambre du conseil instituée par l'art. 127, C. inst. crim. : elle ne peut être réformée que par la cour de Cassation.

102. — *Ordonnances du juge d'instruction.* — Si

des doutes se sont élevés sur la compétence de la chambre d'accusation pour connaître des oppositions formées aux ordonnances des chambres du conseil, à plus forte raison a-t-on dû contester quand il s'agissait de l'appel des ordonnances rendues par les juges d'instruction. — En effet, la loi est entièrement muette sur une semblable attribution, et de bons esprits ont nié même qu'il y eût un recours possible contre ces actes.

103. — Sous le Code du 3 brum. an IV, aucune disposition de la loi n'autorisait l'appel des actes des directeurs de jury d'accusation, qui remplissaient alors les fonctions confiées aujourd'hui aux juges d'instruction; aussi la cour de Cassation repoussait-elle l'appel formé contre les ordonnances des directeurs du jury. — *Cass.*, 3 vendém. an V, Bérignot; 13 flor. an V, Mallevais.

104. — On a cherché à faire survivre cette jurisprudence au Code du 3 brum. an IV, mais cette prétention ne semble pas, depuis le Code d'instruction criminelle, devoir résister à un examen attentif: les actes du juge d'instruction intéressent trop l'ordre public pour qu'on les affranchisse de tout recours. Déjà l'art. 539, C. inst. crim., autorise formellement, en matière de compétence, le pourvoi devant la cour royale contre la décision prise par le juge d'instruction; en outre, les art. 34 et 80, par cela seul que, dans les cas qu'ils prévoient, ils portent que les mesures prescrites par le juge d'instruction seront *sans appel*, supposent évidemment que l'appel est de droit commun.

105. — D'autres difficultés se sont encore élevées sur la juridiction appelée à statuer en cas de recours: ainsi, on avait prétendu que la chambre du conseil en pouvait seule connaître.

106. — Il est impossible d'admettre une pareille solution: le juge d'instruction constitue une juridiction à part, dont les attributions, notamment lorsqu'il s'agit de prononcer des amendes contre les témoins récalcitrans, sont complétement indépendantes; on ne pourrait donc le soumettre aux décisions de la chambre du conseil qu'autant qu'un texte explicite l'ordonnerait. — *Grenoble*, 22 déc. 1832, de Jallien. — D'ailleurs le juge d'instruction faisant lui-même partie *nécessaire* de la chambre du conseil, comment pourrait-on lui remettre le soin de se réformer ou confirmer lui-même?

107. — C'est donc par appel qu'on peut se pourvoir contre les ordonnances des juges d'instruction, et c'est devant la chambre d'accusation que cet appel doit être porté; la cour de Cassation l'a toujours décidé ainsi. — Merlin, *Rép.*, v° *Juge d'instruction*, n° 4, et v° *Appel*, § 1er, art. 3, n° 1er; Legraverend, t. 1er, ch. 10, p. 402; Bourguignon, *Jurisp. des C. crim.*, art. 61.

108. — Ainsi jugé que les ordonnances des juges d'instruction ne sont point affranchies du recours par voie d'appel. — *Cass.*, 4 août 1820, Chevalier; 1er août 1822, Guenda; 23 déc. 1831, Chaillou. — V. aussi *Grenoble*, 22 déc. 1832, de Jallien.

109. — ... Et que ce n'est pas devant la chambre du conseil, mais bien devant la chambre des mises en accusation qu'il doit être porté. — *Cass.*, 4 août 1820, Chevalier; 1er août 1822, Guenda; 23 déc. 1831, Chaillou; 10 avr. 1829, Bonnet; 24 fév. 1831, N...

110. — Le délai de vingt-quatre heures, fixé par l'art. 135, C. inst. crim., pour les oppositions aux ordonnances de la chambre du conseil ne s'applique pas aux ordonnances du juge d'instruction prononçant sur la taxe d'un expert; à défaut d'autre disposition cette opposition, qui présente les caractères d'un appel, doit être formée dans le délai prescrit pour les appels par le droit commun. — *Paris*, 5 janv. 1836, N...

111. — L'opposition à une ordonnance du juge d'instruction, et spécialement à un exécutoire de ce magistrat, délivrée à un expert, doit être portée devant la chambre des mises en accusation de la cour royale et non devant la chambre du conseil de première instance. — *Paris*, 5 janv. 1836, N... — V. au surplus INSTRUCTION CRIMINELLE.

Sect. 3e. — *Droit d'évocation.*

112. — La chambre d'accusation peut enfin être appelée à statuer dans une poursuite criminelle, soit quand elle évoque des poursuites commencées par les juges de première instance, ou procède directement à des poursuites non encore commencées: soit quand elle est chargée par la cour royale, chambres assemblées, de procéder à l'instruction d'une affaire qui lui a été dénoncée. — Bourguignon, *Jur. C. crim.*, sous l'art. 218, t. 1er, p. 484.

113. — Elle agit dans ces divers cas en vertu des art. 235 et 250 C. instr. crim., et de l'art. 11, L. 20 avr. 1810, ainsi conçus: Art. 235. « Dans toutes les affaires, les cours royales, tant qu'elles n'auront pas décidé s'il y a lieu de prononcer la mise en accusation, pourront d'office, soit qu'il y ait ou non une instruction commencée par les premiers juges, ordonner des poursuites, se faire apporter les pièces, informer ou faire informer, et statuer ensuite ce qu'il appartiendra. » — Art. 250. « Lorsque, dans la notice des causes de police correctionnelle ou de simple police (envoyées tous les huit jours par les procureurs du roi, en vertu de l'art. 249), le procureur général trouvera qu'elles présentent des caractères plus graves, il pourra ordonner l'apport des pièces dans la quinzaine seulement de la réception de la notice, pour ensuite être par lui fait dans un autre délai de quinzaine du jour de la réception des pièces, telles réquisitions qu'il estimera convenables, et par la cour être ordonné, dans le délai de trois jours, ce qu'il appartiendra. » — Art. 11, L. 20 avr. 1812. « La cour royale pourra, toutes les chambres assemblées, entendre les dénonciations qui lui seraient faites par un de ses membres de crimes ou de délits: elle pourra mander le procureur général pour lui enjoindre de poursuivre à raison de ces faits, ou pour entendre le compte que le procureur général lui rendra des poursuites qui seraient commencées. »

114. — « Comme la cour royale, disait Treilhard dans l'*Exposé des motifs*, sur l'art. 235, est à portée par la nature de ses attributions de connaître la relation des affaires entre elles et les points délicats par lesquels elles se rapprochent et se tiennent, elle peut informer et faire informer d'office sur les faits parvenus à sa connaissance; le soin d'apprécier les cas qui l'exigent est abandonné à sa prudence; en un mot, le projet lui donne tous les moyens nécessaires pour empêcher qu'aucun crime ne reste impuni. »

115. — On a éprouvé quelque embarras à fixer d'une manière nette la portée précise de chacun des art. 235, C. inst. crim., et 11, L. 20 avr. 1810, qui tous deux semblent s'appliquer aux mêmes objets.

116. — Suivant M. Mangin (*Act. publ.*, t. 1er, n° 25), les mots *cours royales* de l'art. 235, C. inst. crim., ne désigneraient que les chambres d'accusation, puisque seules elles peuvent faire ce que porte le commencement de l'article, c'est-à-dire *décider s'il y a lieu de prononcer la mise en accusation*, et cet auteur applique cet article au cas seulement où, *l'action publique étant intentée*, les chambres d'accusation croient nécessaire d'évoquer l'instruction, ou d'ordonner dans les affaires dont elles sont saisies des poursuites contre d'autres personnes que celles qui figurent dans la procédure, ou à raison de délits connexes qui n'auraient pas été compris dans les réquisitions du ministère public; — mais les chambres d'accusation ne seraient pas autorisées à enjoindre au procureur général de diriger des poursuites à raison de crimes ou de délits qui n'auraient encore été l'objet d'aucune recherche, ou qui ne se rattacheraient à aucune affaire actuellement en instruction; ici l'art. 11 de la loi du 20 avril 1810 devient seul applicable, et les cours royales, toutes chambres réunies, sont exclusivement compétentes pour exercer le droit qu'il confère. — V. dans le même sens Bourguignon, *Jur. C. crim.*, sous l'art. 235, C. inst. crim., n° 1er (cet auteur revient ici, et peut-être à tort, sur l'opinion qu'il avait précédemment émise dans son Manuel). — V. aussi Legraverend, t. 1er, p. 439, et Lesellyer, *Tr. act. publ.*, t. 2, n° 478.

117. — Deux raisons principales militent fortement contre le sentiment de M. Mangin: la première, c'est que l'art. 236, C. inst. crim., en chargeant pour le cas de l'art. 235, un des membres *de la section dont il est parlé en l'art.* 218, c'est-à-dire de la chambre d'accusation, des fonctions de juge d'instruction, indique clairement que, dans l'art. 235, les mots *les cours royales* ne désignent pas seulement la même *section*; la seconde, c'est que l'art. 235, loin de supposer que l'action publique est déjà intentée, dit précisément le contraire par les mots *soit qu'il y ait* OU NON *une instruction commencée*, rapprochés de ceux *pourront... ordonner d'*OFFICE *des poursuites*.

118. — Aussi M. Hélie, tout en émettant un avis qui se rapproche beaucoup de celui de Mangin, y apporte-t-il cependant ce double tempérament, qu'il admet les chambres d'accusation, 1° à évoquer la connaissance des crimes restés sans poursuites, et dont elle a découvert les traces dans l'exercice de ses attributions, alors même que ces crimes ne seraient pas précisément connus, et à ceux poursuivis; 2° et à enjoindre au procureur général de diriger des poursuites dans les affaires où une instruction n'est pas encore commencée. « Telle est, au reste, dit cet auteur (*loc. cit.*, n° 25), la règle tracée dans la pratique. »

119. — Selon Carnot, au contraire (*Inst. crim.*, art. 235, n° 1er), l'art. 235, C. inst. crim., s'appliquerait aux cours royales, chambres réunies; d'où il résulterait que l'art. 11, L. 20 avr. 1810, n'aurait point créé un droit nouveau.

120. — Tel paraît être également l'avis des auteurs des *Codes français annotés*, MM. Teulet, d'Auvilliers et Sulpicy, qui disent sous l'art. 235, C. inst. crim., n° 1er, que « l'art. 11, L. 20 avr. 1810, a déterminé la manière de provoquer l'exercice du droit conféré par l'art. 235, C. inst. crim., aux cours royales. »

121. — Quoi qu'il en soit, l'art. 11, L. 20 avr. 1810, ne paraît pas s'appliquer, ainsi que le fait observer Carnot (art. 235, n° 4), aux simples contraventions qui ne peuvent jamais avoir un assez haut degré d'importance pour motiver l'emploi d'une mesure aussi extraordinaire, mais seulement aux crimes *et aux délits*.

122. — M. Le Sellyer (t. 2, n° 478) ajoute que l'art. 236, au contraire, ne peut s'appliquer qu'aux crimes et non aux délits, ce qui donnerait à cette disposition moins d'étendue qu'à celle de la loi de 1810; cette distinction nous paraît inadmissible.

123. — Mais l'attribution conférée aux cours royales par l'art. 235, C. inst. crim., ne peut devenir applicable à des objets qui ne constitueraient ni crime, ni délit, ni contravention, et qui ne seraient passibles d'aucune peine. Ainsi une chambre d'accusation excède ses pouvoirs en ordonnant à son procureur général de prendre des renseignemens sur les motifs qui ont déterminé la mise au cachot d'un prévenu. — *Cass.*, 26 fév. 1825, Ponsart.

124. — Carnot (art. 236, C. inst. crim., obs. add., n° 1) semble ne pas approuver cet arrêt, en se fondant sur l'art. 82, Constit. de frim. an VIII, qui qualifie crime l'emploi, dans la détention des prévenus, de voies non autorisées par la loi; mais cet article ne parle que de rigueurs non autorisées; et l'art. 614, C. inst. crim., permet formellement la mise au cachot. D'ailleurs il faudrait une disposition pénale, pour que le fait rentrât dans les attributions de la cour.

125. — De même le pouvoir disciplinaire sur les officiers ministériels s'exerçant, abstraction faite de crimes, délits ou contraventions, est hors des attributions de la chambre des mises en accusation, et par suite cette chambre excède ses pouvoirs en enjoignant au ministère public d'exercer des poursuites disciplinaires contre un notaire. — *Cass.*, 8 oct. 1829, Carpgot.

126. — La chambre correctionnelle d'une cour royale n'a pas le droit d'ordonner au ministère public d'exercer des poursuites sur une dénonciation. Ce droit n'appartient qu'à la chambre des mises en accusation ou à l'assemblée générale des chambres. — *Cass.*, 8 déc. 1826 (intér. de la loi), Calmette et Laborde; — Mangin, t. 1er, n° 23.

127. — Le plus souvent, la chambre d'accusation est saisie par un réquisitoire du procureur général, mais elle pourrait agir même en l'absence de réquisitoire, et quoiqu'aucune action publique ne fût encore intentée; c'est ce qui résulte des mots de l'art. 235: « pourront *d'office*, » et, « soit qu'il y ait *ou non* une instruction commencée. » — F. Hélie, *loc. cit.*, n° 28. — V. cependant Mangin, *Act. publ.*, t. 1er, p. 50.

128. — L'art. 11, L. 20 avril 1810, ne parlant que de la *dénonciation d'un des membres* de la cour royale, on en avait conclu que le procureur général était exclu par cet article de la faculté de provoquer l'action de la cour; mais la cour de Cassation ne paraît pas avoir admis cette doctrine, car il résulte d'un de ses arrêts qu'un procureur général qui, à l'occasion d'une affaire civile, avait acquis la connaissance d'un crime resté impoursuivi, avait pu le dénoncer directement à la cour, et que cette cour avait pu ordonner des poursuites conformément aux art. 235 et suiv., C. inst. crim., la loi du 20 avr. 1810, art. 11, n'ayant pas interdit au procureur général la faculté de mettre en action la cour royale. — *Cass.*, 9 janv. 1812, Herbault. — V. aussi Legraverend, t. 1er, p. 394; Carnot, art. 235, n° 1er.

129. — Le conseiller qui croit devoir faire une dénonciation sur un objet d'ordre public doit s'adresser au premier président, qui n'est cependant pas tenu de déférer à sa demande (Décr. 6 juill. 1810, art. 64); mais le conseiller peut alors en instruire la chambre à laquelle il appartient; et si cette chambre, après en avoir délibéré, demande l'assemblée, le premier président ne peut refuser de la convoquer. — Décr. 6 juill. 1810, art. 63 et 65.

130. — Le procureur général doit assister à l'assemblée, quoique l'art. 11, L. 20 avr. 1810, porte que la cour pourra *le mander*, ce qui fait supposer qu'il n'est pas présent. Mais l'art. 66, décr. 6 juill. 1810, explique cette disposition en ajoutant que le procureur général sera appelé lorsque l'assemblée sera formée et qu'il y assistera.

CHAMBRE DES MISES EN ACCUSATION.
CHAMBRE DES MISES EN ACCUSATION.

131. — Le droit d'évocation accordé, soit à la cour royale, chambres réunies, soit à la chambre d'accusation, cesse de pouvoir être exercé lorsqu'elles ont épuisé leur juridiction, — par exemple, si la chambre d'accusation a statué sur la mise en accusation ou s'il a été rendu des arrêts de non-lieu, — ou lorsqu'il y a chose jugée sur le fait, objet de l'évocation, notamment s'il a été déjà soumis aux tribunaux répressifs. — Le Sellyer, t. 2, nos 479 et 480; Merlin, *Rép.*, vo *Opposition à une ordonnance*, no 3; Mangin, *Act. publ.*, t. 2, no 387; Bourguignon, *Jur. C. crim.*, sur l'art. 235, no 3, et sur l'art. 228, no 1er; Carnot, *Inst. crim.*, art. 335, no 2. — V. toutefois Legraverend, t. 1er, p. 388.

132. — Jugé que la faculté accordée aux cours royales d'ordonner de nouvelles poursuites dans toutes les affaires où elles n'ont pas prononcé sur la mise en accusation, n'est applicable qu'au cas où l'instruction commencée n'a pas reçu son complément par une ordonnance définitive de la chambre du conseil. — *Cass.*, 19 mars 1813, Gans.

133. — De même le procureur général est non recevable à attaquer, en vertu de l'art. 250, C. inst. crim., une ordonnance de mise en liberté contre laquelle il n'a été formé aucune opposition en temps utile, le pouvoir conféré à ce magistrat par ledit article de faire apporter les pièces et de saisir la cour royale ne s'appliquant qu'au cas où la poursuite est encore entière. — *Cass.*, 27 fév. 1812, Garrigue. — V. aussi 27 août 1812, Sonnet.

134. — Toutefois, l'ordonnance non attaquée ou l'arrêt de non-lieu cesseraient d'être un obstacle au droit d'évocation, s'il était survenu de nouvelles charges. Alors la cour peut évoquer le fond et ordonner une instruction nouvelle. — *Cass.*, 19 mars 1813, Gans; 10 avr. 1823 (intér. de la loi), Boucher. — Mangin, *Act. publ.*, t. 2, no 389. — V. au surplus NON BIS IN IDEM.

135. — La chambre des mises en accusation est investie du droit d'ordonner des poursuites immédiates à raison d'un crime, et de statuer d'après l'information faite par un de ses membres, sans qu'il soit nécessaire que le procès ait subi un premier degré d'instruction dans un tribunal de première instance. — *Cass.*, 21 janv. 1813, Branzon.

136. — Le même principe a fait décider que la chambre d'accusation saisie de l'opposition à une ordonnance de la chambre du conseil rendue en faveur de deux prévenus de banqueroute frauduleuse, pouvait ordonner, sur la demande du ministère public, une nouvelle information tant contre ces deux prévenus que contre un troisième qui n'avait pas été l'objet de l'instruction première, et à les mettre tous trois en accusation par un seul et même arrêt, sans violer la règle des deux degrés de juridiction. — *Cass.*, 10 mars 1827, Dubreuil.

137. — Toutefois le pouvoir de la chambre d'accusation n'irait pas jusqu'à comprendre dans un arrêt de mise en accusation un individu qui, n'ayant pas été compris dans les poursuites, n'aurait pas été mis à même de se défendre. Toute mise en accusation doit être précédée, à l'égard de tous ceux qui y sont compris, d'une procédure d'information. C'est ainsi qu'il a été jugé que la chambre d'accusation saisie des poursuites dirigées contre un individu ne peut d'office renvoyer aux assises, avec ce prévenu, un autre individu *non poursuivi*, et qui n'a point été compris dans l'instruction. — *Cass.*, 6 nov. 1834, Villepelet.

138. — Le pouvoir qui appartient aux cours royales de dénoncer au procureur général les crimes et délits portés à leur connaissance par un de leurs membres, ne peut être exercé qu'à huis-clos, hors la présence des parties, par voie de dénonciation et non par voie de jugement. — *Cass.*, 25 juill. 1839 (t. 2 1839, p. 488), Pesnel et Moreau. — V. aussi Le Sellyer, t. 2, no 482; — V. COURS ROYALES, ÉVOCATION.

CHAPITRE III. — *Procédure devant la chambre d'accusation.*

Sect. 1re. — *Procédure quand la chambre d'accusation est saisie directement ou sur opposition ou appel.*

139. — Aussitôt que le procureur général a reçu les pièces des procédures sur lesquelles la chambre d'accusation doit statuer, il est tenu de mettre l'affaire en état dans le plus bref délai.

140. — Ce délai est, suivant l'art. 217, C. inst. crim., fixé à cinq jours; cinq autres jours sont en outre accordés au procureur général pour faire son rapport.

141. — Ce terme de dix jours peut cependant n'être point suffisant, et si l'affaire était trop compliquée et trop volumineuse, le retard qu'éprouverait le rapport ne vicierait point la procédure; la prescription de la loi est ici, en effet, simplement comminatoire. — Legraverend, t. 1er, p. 430; Carnot, *Inst. crim.*, art 217, no 2, t. 2, p. 175.

142. — Jugé, en conséquence, que le délai fixé par l'art. 217, C. inst. crim., pour l'instruction qui doit se faire devant la chambre des mises en accusation, n'est pas prescrit à peine de nullité. — *Cass.*, 5 fév. 1829, Geny.

143. — Cependant le procureur général doit faire toutes les diligences nécessaires pour ne point dépasser le délai. Sa négligence pouvant prolonger la détention des prévenus serait véritablement coupable. — Nouguier, *Encycl. du dr.*, vo *Accusation*, no 21.

144. — Le procureur général peut-il du moins saisir la chambre d'accusation avant l'expiration du délai fixé? Carnot (*Inst. crim.*, art. 217, no 7) enseigne la négative; il y voit une atteinte portée à la défense, en ce que les parties seraient privées de la faculté qu'elles ont de produire des mémoires; cette doctrine a même été consacrée par un arrêt de la cour royale de Nîmes du 28 janv. 1841 (t. 1er 1841, p. 504), Borrell.

145. — Mais la cour de Cassation a repoussé cette solution et décidé qu'en accélérant ainsi le rapport d'une affaire, le ministère public, loin de violer les droits de la défense, se conformait au contraire au vœu du législateur, qui tend partout à la prompte exécution des affaires criminelles. — *Cass.*, 13 mars 1841 (t. 1er 1841, p. 504), Borrell; — Procès-verbaux du cons. d'état, séance du 5 juill. 1808; — Faustin Hélie, *Encycl. du droit*, vo *Chambre d'accusation*, no 36; Bourguignon, *Man. d'inst. crim.*, t. 1er, p. 314, note *a*.

146. — Pendant le délai fixé pour mettre l'affaire en état et faire un rapport à la chambre d'accusation, l'art. 217 donne à la partie civile et au prévenu le droit de fournir tels mémoires qu'ils estiment convenables, sans néanmoins que le rapport puisse être retardé.

147. — La faculté accordée au prévenu et à la partie civile de fournir des mémoires, a pour but de suppléer à leur présence devant la chambre d'accusation où ils ne sont point appelés. — Elle doit donc être renfermée strictement dans les termes mêmes de l'art. 217.

148. — Jugé, en effet, que l'accusé et la partie civile n'ont pas d'autre droit que celui de produire des mémoires. — *Cass.*, 13 fév. (et non janvier) 1818, Wilfrid Regnault.

149. — Et qu'ils ne peuvent, par conséquent, exiger la communication des pièces de l'instruction, l'instruction étant secrète, en matière criminelle, jusqu'au moment où l'accusé, renvoyé devant la cour d'assises, a été interrogé par le président de cette cour. — *Cass.*, 19 mai 1827, Gaumont c. Bourgeois; 31 août 1833, Lélagé; *Aix*, 21 juill. 1832, passagers du *Carlo Alberto*; *Poitiers*, 30 janv. 1832, Germain; — Faustin Hélie, *loc. cit.*, no 35. — V. aussi Legraverend, t. 2, p. 156.

150. — Cette doctrine est combattue par Bourguignon (*Jurispr. des codes crim.*, sous l'art. 217, C. instr. crim., t. 1er, p. 483), qui ne voit nulle part, dans le Code d'instruction criminelle, que l'instruction doive rester secrète pour le prévenu et pense dès lors qu'en lui donnant, par l'art. 217, le droit de se défendre, le législateur l'a nécessairement autorisé à prendre connaissance des pièces et charges qui existent contre lui. — V. aussi Carnot, *Instr. crim.*, art. 302, no 3, et Append., t. 2, p. 810.

151. — M. Barthe, ministre de la justice, consulté sur la question par le procureur général de la cour de Poitiers, dans l'affaire Germain, sus-indiquée, lui a fait la réponse suivante: « Je pense, comme vous, que, d'après la disposition formelle de l'art. 302, C. inst. crim., ce n'est qu'après que l'accusé a été interrogé par le président des assises ou par le magistrat qui le remplace, que l'accusé ou son défenseur peut prendre connaissance des pièces; jusque-là la procédure est essentiellement secrète; ce qui ne met pas obstacle à ce que le prévenu présente un mémoire à la chambre d'accusation sur les faits qu'on lui impute, faits dont il a obtenu connaissance soit par les interrogatoires que le juge d'instruction lui a fait subir, soit par l'énonciation qui s'en trouve dans le mandat d'arrêt, dont copie lui a été délivrée. » — C. inst. crim., art. 96 et 97.

152. — Toutefois, M. F. Hélie (*loc. cit.*) pense que si la communication peut être refusée au prévenu et à plus forte raison à la partie civile, il serait cependant du devoir du procureur général de l'accorder lorsqu'il la croit exempte d'inconvénient. — Il serait même disposé à croire que la chambre d'accusation pourrait, comme moyen d'investigation, l'autoriser sur la demande du prévenu, la défense du prévenu étant le moyen le plus sûr d'éclairer la justice.

153. — Il ne peut résulter une nullité de ce que les pièces de la procédure auraient été communiquées au défenseur de l'accusé pour la rédaction d'un mémoire. — *Cass.*, 31 août 1833, Lélagé.

154. — Jugé, au surplus, que les chambres d'accusation ayant le droit de compléter les procédures qui leur sont renvoyées par les chambres du conseil peuvent, dès lors, comprendre dans une accusation les faits complémentaires connexes résultant de leurs recherches, sans qu'il en résulte aucun empêchement pour le prévenu de présenter les mémoires qui lui semblent nécessaires. — *Cass.*, 12 déc. 1834, Gilbert dit Meran.

155. — Le prévenu fugitif a, comme le prévenu présent, le droit de produire un mémoire; l'art. 468, C. inst. crim., ne concerne que l'accusé déclaré en état de contumace par l'arrêt de mise en accusation. — *Cass.*, 3 fév. 1826, Martin.

156. — La chambre d'accusation est tenue de se réunir au moins une fois par semaine à la chambre du conseil pour entendre le rapport du procureur général et statuer sur ses réquisitions. — C. inst. crim., art. 218.

157. — Le rapport est fait par le procureur général, ou par un des avocats généraux ou substituts en son nom. — Il peut être verbal, mais les conclusions doivent être écrites et signées. — C. inst. crim., art. 224. — Ces conclusions précisent les points sur lesquels la chambre est appelée à statuer, qualifient les faits et indiquent les lois pénales qui s'y appliquent.

158. — La mention que le ministère public a été ouï ne remplace pas les conclusions écrites qu'il doit déposer. — *Cass.*, 8 vendém. an VIII, Come Vinet.

159. — Un arrêtiste pense à tort qu'il y aurait nullité si le procureur général était admis à s'expliquer oralement. — Le contraire résulte de l'art. 218, qui porte ces mots: *pour* ENTENDRE *le rapport du procureur général*, et des autres dispositions de la matière.

160. — Il n'est pas nécessaire que l'arrêt constate l'audition orale du ministère public, dès qu'il est dit qu'il a fait son rapport et déposé ses conclusions. — *Cass.*, 26 mars 1812, Robinet; — Merlin, *Rép.*, vo *Parricide*, no 2.

161. — La partie civile, le prévenu, les témoins ne paraissent point. — C. inst. crim., art. 223. — Les seuls élémens de décision de la chambre d'accusation sont l'instruction écrite et les mémoires fournis par les parties. — Legraverend, t. 1er, p. 431.

162. — Autrefois (C. 3 brum. an IV, art. 238) les parties et les témoins étaient entendus devant le jury d'accusation; mais nous avons vu (*suprà* nos 6 et 7) que ce mode de procéder, déjà réformé en partie par la loi du 7 pluv. an IX (art. 21), a été repoussé définitivement par le Code d'instruction criminelle.

163. — Si les parties et les témoins avaient été entendus en personne devant la chambre d'accusation, son arrêt devrait être annulé comme reposant sur des élémens que la loi n'admet point, et qui sont en opposition avec l'institution même des chambres d'accusation. — Carnot, *Inst. crim.*, art. 223, no 4.

164. — Le greffier donne aux juges, en présence du procureur-général, lecture de toutes les pièces du procès; elles sont ensuite laissées sur le bureau, ainsi que les mémoires que la partie civile et le prévenu ont fournis. — C. inst. crim., art. 222.

165. — L'art. 332, C. 3 brum. an IV, chargeait de cette lecture le chef du jury; le Code d'inst. crim. a sagement innové en cela; toutefois la disposition de l'art. 222 n'est pas tellement de rigueur que l'arrêt dût être annulé si cette lecture avait été faite par l'un des juges. — Carnot, *Inst. crim.*, art. 222, no. 1er.

166. — Le greffier est tenu de lire les dépositions de tous les témoins sans exception, quel que soit leur degré de parenté ou d'alliance avec l'accusé. — *Cass.*, 11 août 1808, Petit; 15 juin 1809, Gervaise, Graffetaux.

167. — Les mémoires produits par les parties doivent également être lus par le greffier.

168. — Puis le procureur général, après avoir déposé sur le bureau sa réquisition écrite, se retire, ainsi que le greffier. — C. inst. crim., art. 224.

169. — Cette disposition a pour but d'empêcher que les juges ne soient gênés dans leurs délibérations et ne soient exposés à aucune influence; mais elle n'est point prescrite à peine de nullité. L'art. 296 n'ouvre pas d'autres voies d'annulation que celles exprimées en l'art. 299. — Carnot, *Inst. crim.*, t. 2, p. 209, art. 224, no 2.

170. — La cour royale d'Aix a jugé que les chambres des mises en accusation peuvent refuser d'entendre les rapports du procureur général avant qu'il ait fait enregistrer les procédures au greffe. — V. cet arrêt sous celui de *Cass.*, 10 août 1838 (t. 2 1838, p. 394), Barthélemy Roux. — Toutefois, cette

solution nous paraît susceptible de sérieuses objections.

171. — En tous cas, l'arrêt qui ordonne cet enregistrement préalable, et remet à une autre audience pour entendre les réquisitions du ministère public, est un arrêt préparatoire et d'instruction, qui ne peut être l'objet d'un recours en cassation immédiat. — *Cass.*, 10 août 1838 (t. 2 1838, p. 394), Procureur général d'Aix c. Barthélemy Roux.

172. — Lorsque le procureur général a été entendu, la cour peut prononcer sur le fond, n'eût-il même conclu que sur la forme ou sur quelque exception : il a consommé son droit. — Carnot, *Instr. crim.*, art. 224, nos 3 et 4. — C'est du reste ce qui a été décidé, quant à la chambre du conseil, par un arrêt de la cour de Cassation du 25 sept. 1824, Delaunay. Les principes sont les mêmes. — V. CHAMBRE DU CONSEIL.

173. — Si l'affaire est de la nature de celles qui sont réservées à la haute cour ou à la cour de Cassation, le procureur général est tenu d'en requérir la suspension et le renvoi, et la chambre d'accusation de l'ordonner. — C. instr. crim., art. 220.

174. — La haute cour n'existe plus : elle a été remplacée par la cour des pairs, qui connaît, aux termes de l'art. 28, Charte 1830, des crimes de haute trahison et des attentats contre la sûreté de l'état. — Toutefois cette attribution n'est exclusive que pour les crimes de haute trahison, les attentats contre la sûreté de l'état n'ayant pas encore été définis par la loi, peuvent être jugés concurremment par les cours d'assises et par la Cour des pairs.

175. — Quant aux affaires réservées à la cour de Cassation, ce sont celles mentionnées dans les art. 482 et suiv., C. inst. crim., et l'art. 82, sén. cons. 16 therm. an X. — Bourguignon, *Jurisp. des C. crim.* sous l'art. 220, C. inst. crim., t. 1er, 488.

176. — Le défaut par le procureur général de requérir et par la chambre d'accusation d'ordonner la suspension et le renvoi de l'affaire dans les cas prévus par l'art. 220, pourrait être considéré comme constituant une forfaiture. — C. pén., art. 121, Charte 1830, art. 29 et 44 ; — Carnot, *Inst. crim.*, t. 2, p. 187, no 1er.

177. — Si les faits dont la chambre d'accusation est saisie sont de la compétence de toute autre juridiction spéciale, telle que les tribunaux militaires ou maritimes, aux cas notamment de crimes ou délits commis par des militaires ou des marins, ou par des forçats, etc., elle doit en renvoyer la connaissance à la juridiction compétente. — Legraverend, t. 1er, p. 432.

178. — La chambre des mises en accusation qui renvoie un individu à la cour d'assises, comme accusé du crime de meurtre, aggravé par la circonstance qu'il aurait été commis à la suite de celui de désertion, pour en favoriser et assurer l'exécution, viole les règles de compétence, en ce qu'elle appelle le jury ou la cour d'assises à prononcer au moins implicitement sur l'existence du crime de désertion, que rien ne justifie avoir été reconnu ni jugé par la juridiction militaire. — *Cass.*, 14 mai 1825, Oltevaer.

179. — La chambre d'accusation ne peut décider la question de savoir si, ou non, il y a charges suffisantes pour prononcer la mise en accusation d'un agent du gouvernement, prévenu de délits commis dans l'exercice de ses fonctions, qu'après que l'autorisation de le poursuivre a été accordée par le conseil d'état. — *Cass.*, 8 mai 1824, Kouch.

180. — La chambre d'accusation statue par un seul et même arrêt sur les délits connexes dont les pièces se trouvent en même temps produites devant elle. — C. inst. crim., art. 226.

181. — L'art. 234, C. 3 brum. an IV, défendait, à peine de nullité, de dresser plusieurs actes d'accusation pour les délits connexes dont les pièces étaient produites en même temps; et la loi du 18 germin. an IV prescrivait, même au ministère public, de requérir la jonction des divers actes d'accusation dressés à raison du même délit. — Le Code d'inst. crim., moins impérieux, se borne à dire, dans l'art. 307, que lorsqu'il a été formé, à raison du même délit, plusieurs actes d'accusation contre différens accusés, le procureur général *pourra* en requérir la jonction et le président l'ordonner même d'office.

182. — « Les délits sont connexes, aux termes de l'art. 217, C. inst. crim., soit lorsqu'ils ont été commis en même temps par plusieurs personnes réunies, soit lorsqu'ils ont été commis par différentes personnes, même en différens temps et en divers lieux, mais par suite d'un concert formé à l'avance entre elles, soit lorsque les coupables ont commis les uns pour se procurer les moyens de commettre les autres, pour en faciliter, pour en consommer l'exécution, ou pour en assurer l'impunité. »

183. — Jugé notamment qu'il y a connexité entre le délit de contravention à un réglement sur les épizooties et le faux commis dans un certificat de maire, ayant pour objet de dissimuler cette violation. — Lorsque, malgré cette connexité, la chambre des mises en accusation et, par suite, la cour d'assises, n'ont statué que sur le faux, l'acquittement de l'accusé n'empêche pas de reprendre la poursuite, sur le fait de la violation des réglemens sur les épizooties, quand même cette action n'aurait pas été réservée au ministère public. — *Cass.*, 28 fév. 1828, Bugnet et autres ; — Mangin, *Tr. de l'action publique*, t. 2, p. 358, no 408, et p. 374, no 410. — V. au surplus CONNEXITÉ, NON BIS IN IDEM.

184. — Quand le délit est indivisible, la procédure l'est également, et le tribunal saisi de la connaissance d'un crime ou délit, attire à lui la connaissance de ceux qui y sont connexes, et devient compétent à l'égard de tous ceux que l'instruction révèle comme complices. — Circul. min. just. 23 frim. an V, citée par Bourguignon (*Jurisp. C. crim.*, t. 1er, p. 491, no 1er).

185. — En matière criminelle, la poursuite contre plusieurs personnes prévenues d'un même délit est indivisible. — *Cass.*, 28 brum. an XI, Bouin; 21 mars 1807, Viaud ; 14 avr. 1808, Metz et Kreiss; — *Paris*, 14 juill. 1831, Montalembert, Decoux et Lacordaire; — Legraverend, t. 2, p. 25. — V. au surplus COMPÉTENCE CRIMINELLE.

186. — L'obligation de statuer par un seul arrêt sur les délits connexes, s'applique *à fortiori* au jugement de faits semblables imputés à plusieurs individus, soit comme auteurs principaux, soit comme complices. — *Paris*, 8 juin 1821, Paul-Louis Courier.

187. — Les art. 226, 227 et 307, C. inst. crim., ne sont pas limitatifs, et la jonction des causes peut être ordonnée en matière criminelle, même hors des cas prévus par ces articles, et sans que les jugemens ou arrêts ordonnant la jonction aient besoin d'être motivés. — *Cass.*, 25 nov. 1837 (t. 1er 1840, p. 140), Phélu.

188. — Le président est tenu de faire statuer la chambre d'accusation au plus tard dans les trois jours du rapport du procureur général. — C. inst. crim., art. 219. — Ce délai peut en effet être nécessaire pour l'examen des pièces : nous ne pensons point qu'il résulte aucune nullité de ce que la gravité de l'affaire, ou tout autre motif, l'aurait fait dépasser.

189. — Les juges doivent délibérer entre eux sans désemparer et sans communiquer avec personne. — C. inst. crim., art. 225. — Il résulte d'une observation de M. Treilhard, lors de la discussion de cet article au conseil d'état que, dans ce cas, les juges ne sont sans doute point tout-à-fait des jurés, mais qu'ils n'opèrent pas non plus tout à fait comme juges, puisqu'ils décident d'après les mêmes règles que les jurés. — Locré, t. 25, p. 432.

190. — La défense de communiquer avec des étrangers n'est pas absolue : c'est seulement sur l'affaire en délibéré que les juges ne peuvent communiquer avec personne : l'inobservation de cette prescription n'entraînerait cependant point de nullité.

191. — L'art. 225 n'est point en contradiction avec l'art 219, qui accorde à la chambre d'accusation un délai de trois jours pour prononcer, *à partir du rapport du procureur général*. La délibération peut ne commencer que trois jours après ce rapport, mais une fois commencée elle ne peut plus être interrompue. — Carnot, *Inst. crim.*, art. 225, no 2, et art. 219, no 4; Bourguignon, *Man. d'inst. crim.*, t. 1er, p. 315, note *a* ; Legraverend, t. 1er, p. 431, note 6.

Sect. 2e. — *Procédure en cas d'évocation.*

192. — Dans le cas où la chambre d'accusation aurait, soit d'office, soit sur les réquisitions du procureur général, usé du droit d'évocation qui lui est déféré par l'art. 235 (*suprà* no 112), C. inst. crim., « un des membres, porte l'art. 236 de la section dont il est parlé en l'art. 218 (de la chambre d'accusation), fera les fonctions de juge instructeur. »

193. — C'est la chambre d'accusation elle-même qui d'ordinaire désigne celui de ses membres qui devra procéder à l'instruction ; si elle n'avait pas fait de désignation, il faudrait la demander au président. — Carnot, *Inst. crim.*, art. 236, no 2.

194. — En tous cas, il résulte des termes de l'art. 236, que le magistrat chargé de l'instruction ne pourrait êre pris en dehors de la chambre d'accusation. — Carnot, *Inst. crim.*, t. 2, p. 259, sous l'art. 235, no 12.

195. — Cependant, si la chambre correctionnelle avait été réunie à la chambre d'accusation, conformément à l'art. 13, décr. 6 juill. 1810, ces deux chambres ne formeraient plus qu'une seule chambre d'accusation, et le conseiller instructeur pourrait être pris indifféremment dans l'une ou dans l'autre. — Teulet, d'Auvilliers et Sulpicy, *Codes français, loc. cit.*, no 5.

196. — Aucune disposition de loi ne défend au président de remplir lui-même les fonctions de juge instructeur ; il n'y a donc pas de raison pour l'exclure ; et d'ailleurs s'il a le droit de déléguer ces fonctions, il faut bien admettre qu'il est lui-même investi des pouvoirs qu'il délègue. — *Codes français* de MM. Teulet, d'Auvilliers et Sulpicy, art. 237, — C. inst, crim., no 3 ; — *contrà* Carnot, *loc. cit.*

197. — Le conseiller rapporteur faisant partie de la chambre d'accusation, nous avons vu (*suprà* no 29), non seulement qu'il pouvait, mais qu'il devait, à peine de nullité, concourir à l'arrêt.

198. — Art. 237, C. inst. crim. : « Le juge entendra les témoins ou commettra pour recevoir leurs dépositions un des juges du tribunal de première instance dans le ressort duquel ils demeurent, interrogera le prévenu, fera constater par écrit toutes les preuves ou indices qui pourront être recueillis, et décernera, suivant les circonstances, les mandats d'amener, de dépôt ou d'arrêt. »

199. — Lorsqu'en ordonnant un supplément d'instruction pour vérification par experts d'une pièce arguée de faux, la chambre d'accusation n'a pas désigné les experts, le conseiller par elle commis a le droit de les nommer et de recevoir leur serment, nonobstant les dispositions du Code de procédure sur la vérification d'action et le faux incident civil qui sont sans application. — *Cass.*, 31 août 1833, Létagé.

200. — Le conseiller instructeur n'est pas tenu de désigner dans le tribunal de première instance le juge d'instruction : les termes de l'art. 237, « *un des juges du tribunal* » lui laissent toute liberté de choisir celui qu'il estime convenable. — Carnot, t. 2, p. 263, sous l'art. 237, no 3.

201. — La chambre du conseil ne se trouve pas saisie par le fait de la désignation d'un des membres du tribunal : ce membre ne doit donc pas lui faire rapport de l'affaire, mais renvoyer les pièces au magistrat qui l'a commis. — Bourguignon, *Jurisprudence C. crim.*, sur l'art. 237, C. inst. crim. ; Carnot, t. 2, p. 264, sous l'art. 238, no 1er.

202. — Le conseiller instructeur peut, malgré les termes de l'art. 237 portant *qu'il commettra pour entendre les témoins....* et *interrogera le prévenu, etc.*, déléguer le droit d'interroger le prévenu : Carnot repousse cette solution (art. 237, C. inst. crim., no 2), mais elle se justifie suivant nous par les art. 103 et 497, C. inst crim. — Il serait d'ailleurs d'une rigueur excessive de contraindre le prévenu à se transporter fort loin de son domicile et à abandonner ses affaires pour répondre à des charges qui peut-être s'évanouiront aux premières explications.

203. — Décidé que le juge instructeur près la chambre d'accusation peut encore interroger le prévenu après que la mise en accusation a été ordonnée. — *Cass.*, 18 avr. 1816, Nicoli.

204. — Sans doute, nous pensons que l'accusé ne pourrait tirer de cet interrogatoire un moyen de nullité contre l'arrêt de condamnation ; mais il est évident pour nous que, par l'arrêt de renvoi, la chambre d'accusation a épuisé ses pouvoirs, et que le juge d'instruction qui ne tenait les siens que d'elle ne peut ni ne doit s'immiscer dans la procédure ultérieure.

205. — Les ordonnances des membres des chambres d'accusation chargés des fonctions de juge instructeur dans le cas de l'art. 235, C. inst. crim., ne sont point des décisions souveraines susceptibles d'être attaquées par la voie du recours en cassation : elles ne peuvent être soumises qu'à l'appréciation des chambres d'accusation elles-mêmes qui ont le droit de les confirmer ou de les réformer. — *Cass.*, 2 nov. 1821, Angeli.

206. — Le magistrat instructeur a même le droit de concourir à l'arrêt de la chambre d'accusation qui statue sur l'opposition formée par le ministère public à une ordonnance par lui rendue. — *Cass.*, 2 nov. 1821, Angéli. — V. au surplus *suprà* nos 27 et suiv.

207. — La chambre d'accusation n'est pas liée par les actes d'instruction faits par un de ses membres en vertu de sa délégation ; elle peut ordonner de plus amples poursuites, et décerner un mandat d'arrêt contrairement à l'ordonnance du juge instructeur par elle commis. — *Cass.*, 5 mai 1808, Badin. — Cette décision, quoique rendue sous l'empire du Code du 3 brum. an IV, conserve toute sa force depuis le Code d'instruction criminelle.

208. — Le procureur général fera son rapport dans les cinq jours de la remise que le juge instructeur lui aura faite des pièces. — C. inst. crim., art. 238.

209. — D'ordinaire, ce n'est pas au procureur général directement que le conseiller instructeur remet les pièces, ainsi que le prescrit cependant cet article, mais par la voie du greffe. — Bourguignon, *Jurispr. C. crim.*; C. inst. crim., art. 237; Carnot, t. 2, p. 265, sous l'art. 238, nº 5.

210. — L'art. 217 reçoit encore ici son application : la partie civile et le prévenu peuvent donc fournir des mémoires dans leur intérêt. — Carnot, t. 2, p. 265, sous l'art. 238, nº 3.

211. — Les formes à observer lors du rapport sont les mêmes que dans les cas ordinaires : dans le silence, à cet égard, de l'art. 238, il y a lieu évidemment de recourir aux art. 217 et suiv. — Carnot, t. 2, p. 265, sous l'art. 238, nº 4.

212. — Doivent, au surplus, être observées les autres dispositions du Code d'instruction criminelle non contraires aux art. 235 et suiv., relatives au droit d'évocation attribué aux chambres d'accusation. — C. inst. crim., art. 240.

213. — Dans le même cas, le conseiller instructeur est tenu de suivre les mêmes règles que le juge d'instruction des tribunaux de première instance. — *Cass.*, 12 fév. 1835, Dumoulin.

Sect. 3ᵉ. — *Instruction nouvelle. — Apport de pièces.*

214. — Si la chambre d'accusation ne se trouve pas suffisamment instruite pour statuer d'après le rapport du ministère public et l'examen qu'elle a fait elle-même de la procédure, la loi lui donne le droit d'ordonner des instructions nouvelles. — Elle peut également ordonner, s'il y a lieu, l'apport des pièces servant à conviction qui seraient restées déposées au greffe du tribunal de première instance, le tout, dans le plus court délai. — C. inst. crim., art. 228.

215. — L'art. 228, en autorisant à ordonner une instruction nouvelle, ne contredit en rien les art. 219 et 225, qui prescrivent de prononcer dans les trois jours, car c'est réellement statuer que rendre une semblable décision. — Carnot, art. 228, nº 1ᵉʳ.

216. — Autrefois, les juges pouvaient ordonner un plus ample informé d'une année pendant laquelle l'accusé devait tenir prison, et si pendant ce temps il ne survenait pas de plus grandes charges contre l'accusé prévenu de différens crimes, on ordonnait un plus ample informé *usquequo*, c'est-à-dire indéfini. — Rousseaud de Lacombe, *Inst. crim.*, p. 563. — Il est inutile d'ajouter qu'aujourd'hui il n'en est plus ainsi.

217. — Le droit de la chambre d'accusation ne doit, bien entendu, être exercé qu'autant qu'elle en reconnaît la nécessité, uniquement dans l'intérêt de la justice, et qu'il existerait déjà des indices sérieux de culpabilité : — « Les présomptions disait M. Faure au Corps Législatif (séance du 29 nov. 1808) sont-elles vagues ou légères, n'existe-t-il aucun moyen d'en acquérir de plus fortes; la cour doit mettre le prévenu en liberté, une rigueur plus longue ne serait pas seulement inutile, elle serait encore injuste à l'égard de la personne poursuivie, et alarmante pour la société entière. »

218. — Elle ne devrait donc céder ni aux exigences du ministère public, ni aux prières de la partie civile : elle est complétement indépendante, et le refus qu'elle ferait d'ordonner une nouvelle instruction ne pourrait donner ouverture à cassation. — *Cass.*, 17 août 1821, Dieudonné.

219. — Les chambres d'accusation étant investies d'un pouvoir discrétionnaire, pour ordonner les actes d'instruction qu'elles croient utiles, on ne peut faire valoir contre leurs arrêts l'ouverture à cassation tirée de l'art. 408, C. inst. crim., relatif à l'omission ou au refus de prononcer sur une demande tendant à l'exercice d'un droit ou d'une faculté accordée par la loi. — *Cass.*, 13 fév. (et non 13 janv.) 1818, Wilfrid Regnault; 20 janv. 1820, Jourdan; — Legraverend, t. 1ᵉʳ, chap. 11, p. 438. — V. *contrà* Carnot, sur l'art. 408, C. inst. crim., nº 3.

220. — .... Notamment au refus d'ordonner un accès des lieux requis par la partie civile. — Même arrêt.

221. — L'objet du supplément d'instruction doit être uniquement de compléter et régulariser une instruction insuffisante : et l'arrêt par lequel la chambre d'accusation croit devoir ordonner une nouvelle instruction et enjoindre au juge d'instruction et au ministère public de suivre la marche par elle tracée, contiendrait un excès de pouvoir. — *Cass.*, 4 fév. 1832, Ouessen-Mœdim.

222. — Soit qu'il y ait, soit qu'il n'y ait pas flagrant délit, une cour royale excède ses pouvoirs en autorisant le procureur du roi à se transporter sur les lieux, sans être accompagné du juge d'instruction, pour y dresser tous procès-verbaux nécessaires. — *Cass.*, 30 sept. 1826, Robelin.

223. — Mais on ne pourrait considérer comme disposant par voie générale et réglementaire l'arrêt par lequel une chambre des mises en accusation, en annulant une instruction, tracerait la marche que devraient suivre le ministère public et le juge d'instruction de la nouvelle procédure. — *Cass.*, 4 fév. 1832, Ouessen-Mœdim; — Bourguignon, *Jur. C. crim.* sous l'art. 127 nº 5; t. 1ᵉʳ, p. 270.

224. — Lorsque, devant la chambre d'accusation, une procédure criminelle a été en partie détruite, la cour peut, si le rétablissement de cette partie semble nécessaire, non pas ordonner que l'instruction soit commencée à partir du point où les pièces manquent, conformément à l'art. 524, C. inst. crim., mais recourir au mode prescrit par l'art. 235, c'est-à-dire ordonner une continuation par un de ses membres. — *Toulouse*, 7 janv. 1836, Proc. gén. près la cour royale de Toulouse.

225. — Mais par qui doivent être faites les nouvelles informations? — L'art. 228 ne le dit point, et le juge d'instruction, dépouillé par l'ordonnance de la chambre du conseil, n'est plus compétent pour ressaisir la poursuite. Nous pensons qu'il y a lieu dès lors de revenir à l'art. 236, et de charger l'un des membres de la chambre d'accusation de remplir les fonctions de juge d'instruction. Ce serait alors à ce magistrat à déléguer, s'il le croyait convenable, soit le juge d'instruction du lieu de la poursuite, soit tout autre officier de police judiciaire. — Carnot, art. 228, nº 2.

226. — La chambre d'accusation qui ordonne une information dans une affaire dont elle est saisie par suite de l'opposition à une ordonnance de non-lieu rendue par la chambre du conseil, peut également ou commettre un de ses membres pour vaquer à cette information, ou désigner un juge de première instance pour le même objet, ou enfin charger le tribunal lui-même de faire cette désignation. — *Cass.*, 10 sept. 1831 (réglem. de juges), Davoust.

227. — Toutefois, la chambre des mises en accusation qui annulle une ordonnance, soit du juge d'instruction, soit de la chambre du conseil portant qu'il n'y a lieu à continuer les poursuites, ne peut renvoyer devant un autre juge d'instruction ni devant une autre chambre du même tribunal; ce serait prononcer comme pour cause de suspicion légitime, ce qui n'appartient qu'à la cour de Cassation. Les poursuites doivent reprendre leur cours ordinaire. — *Cass.*, 10 avr. 1829, Bonnet.

228. — Selon Carnot (art. 228, nº 3), la chambre des mises en accusation ne pourrait ordonner que le prévenu fût amené devant elle; mais le conseiller chargé par elle des complémens d'instruction, aurait comme le juge d'instruction lui-même le droit de faire comparaître devant lui le prévenu et de l'interroger.

229. — Il est possible que l'état des pièces servant à conviction, qui est seul envoyé conformément à l'art. 133, ne suffise point à la chambre d'accusation pour fonder sa décision, l'art. 228 prévoyant le cas où l'examen des pièces elles-mêmes pourrait mieux l'éclairer, l'autorise à en ordonner l'apport.

230. — Cependant elle peut régulièrement prononcer sur une plainte en faux témoignage, sans que les pièces de l'affaire dans laquelle on prétend que ce faux témoignage a été commis soient produites devant elle. — *Cass.*, 13 fév. (et non janv.) 1818, Wilfred Regnault.

CHAPITRE IV. — *Arrêts de la chambre d'accusation.*

Sect. 1ʳᵉ. — *Arrêts de non-lieu. — Nouvelles charges.*

231. — Si la cour n'aperçoit *aucune trace d'un délit* prévu par la loi, ou si elle ne trouve pas des indices suffisans de culpabilité, elle ordonne la mise en liberté du prévenu; — dans le même cas, lorsque la cour statuera sur une opposition à la mise en liberté du prévenu prononcée par les premiers juges, elle confirmera leur ordonnance. — C. inst. crim., art. 229.

232. — La chambre d'accusation peut refuser de déclarer qu'il y a lieu à suivre à l'égard d'un prévenu, jusqu'à ce qu'il ait été entendu dans ses moyens de défense et mis en demeure de les produire : on ne saurait prétendre qu'elle a usurpé le droit réservé au juge d'instruction d'apprécier la nécessité de décerner les mandats, par cela seul qu'elle aurait mentionné parmi d'autres motifs l'absence d'un mandat d'amener et de l'interrogatoire du prévenu. — *Cass.*, 7 janv. 1830, Rivière.

233. — L'arrêt qui, après une déclaration de non-lieu, ou après la confirmation de l'ordonnance de non-lieu de la chambre du conseil, ordonne la mise en liberté du prévenu, doit être exécuté sur-le-champ, si le prévenu n'est détenu pour autre cause. — C. inst. crim., art. 229.

234. — La mise en liberté ne doit pas avoir lieu s'il y a recours en cassation formé contre l'arrêt de non-lieu. Dès-lors le prévenu peut être retenu jusqu'à l'expiration du délai accordé pour se pourvoir, et dans le cas où il y a pourvoi jusqu'à ce qu'il ait été définitivement vidé. — Carnot, *Inst. crim.*, t. 2, p. 221; art. 228, nº 4; p. 235, art. 229, nº 10, et p. 237, art. 229, nº 13.

235. — Selon Carnot (t. 1ᵉʳ, p. 538, art. 135, nº 7), la détention du prévenu ne pourrait être maintenue, au cas de pourvoi du ministère public, qu'autant que ce pourvoi se fonderait sur une prévention de crime. Peut-être vaudrait-il mieux qu'il en fût ainsi; mais aucune disposition de loi ne justifie cette distinction; aussi pensons-nous qu'elle n'est point admissible.

236. — Lorsque la chambre d'accusation déclare qu'il n'y a lieu à suivre, elle doit ordonner la remise des pièces saisies sur l'accusé; elle ne peut se dispenser d'ordonner cette remise sous prétexte qu'elle aurait donné acte au ministère public de poursuivre disciplinairement plusieurs coaccusés, et qu'en vue de ces poursuites les pièces seraient sorties du greffe de la cour pour être transmises aux tribunaux saisis des actions disciplinaires. — *Cass.*, 5 avr. 1839 (t. 2 1839, p. 442), Villacrose.

237. — La remise des objets saisis ne peut être refusée sous le prétexte que ces objets sont inutiles au réclamant, et peuvent servir ultérieurement dans des poursuites qui peuvent avoir lieu. — *Cass.*, 31 mai 1838 (t. 2 1838, p. 122), R...

238. — Le prévenu, à l'égard duquel la cour a décidé qu'il n'y a pas lieu au renvoi à la cour d'assises, ne peut plus être traduit à raison du même fait, à moins qu'il ne survienne de nouvelles charges. — C. inst. crim. art. 246.

239. — Une chambre des mises en accusation ne peut donc, après avoir déclaré qu'il n'y a lieu à suivre contre un individu, enjoindre au ministère public d'exercer de nouvelles poursuites. — *Cass.*, 8 oct. 1829, Carpgot.

240. — Quand une chambre de mises en accusation a déclaré n'y avoir lieu à suivre sur une plainte, si, plus tard, des pièces et des témoins sont produits comme apportant des charges nouvelles, c'est à cette chambre seule qu'il appartient de les apprécier. En ce cas, le juge d'instruction ne doit pas faire de rapport à la chambre du conseil, qui ne doit rendre aucune ordonnance pour apprécier ces charges. — *Paris*, 30 nov. 1838 (t. 2 1838, p. 576). P... c. R...

241. — C'est à la chambre d'accusation seule qu'il appartient d'apprécier les charges nouvelles qui seraient découvertes depuis le moment où la chambre du conseil du tribunal de première instance a été dessaisie par l'opposition du ministère public, alors même que les faits révélés par ces charges nouvelles ne devraient constituer qu'un délit; cette circonstance ne rend pas la chambre du conseil compétente pour en connaître. — *Cass.*, 11 août 1842 (t. 2 1843, p. 454), Leblond.

242. — Il en serait autrement si les premières charges n'avaient été soumises qu'à la chambre du conseil du tribunal de première instance : dans ce cas, l'information sur les charges nouvelles appartiendrait à cette chambre du conseil et non à la chambre d'accusation. — *Cass.*, 31 août 1821, Olive; — Bourguignon, *Jur. codes crim.*, art. 257, C. inst. crim.; Carnot, *ibid.*, nº 11; Legraverend, t. 1ᵉʳ, p. 477.

243. — Cette règle toutefois cesse d'être applicable lorsque la chambre d'accusation évoque, en vertu de l'art. 235, C. inst. crim., la connaissance de l'affaire dans laquelle des charges nouvelles sont révélées. — *Cass.*, 10 avr. 1823 (int. de la loi), Boucher; — Mangin, *Tr. act. publ.*, t. 2, nº 389, p. 317; Carnot, *Inst. crim.*, art. 128, nº 2; Legraverend, t. 1ᵉʳ, ch. 2, p. 452.

244. — L'instruction sur charges nouvelles doit être dirigée par la chambre d'accusation qui a connu des anciennes charges et les a déclarées insuffisantes; en conséquence, la marche tracée par l'art. 248, C. inst. crim., n'est pas exclusive du droit qui appartient à la chambre d'accusation dans toutes les affaires, en vertu des art. 235 et 236 C. inst. crim., d'ordonner des poursuites et de charger un de ses membres de faire les fonctions de juge d'instruction. — *Cass.*, 18 mai 1839 (t. 2 1839, p. 427), Thuret c. Demiannay aîné et syndics Demiannay.

245. — Quant à ce qu'on doit entendre par charges nouvelles, V. art. 348, C. inst. crim. et le mot NON BIS IN IDEM.

246. — Le prévenu renvoyé des poursuites par un arrêt de la chambre des mises en accusation, n'a pas, comme l'accusé acquitté par arrêt de la cour d'assises, le droit d'exiger que le procureur

général lui fasse connaître ses dénonciateurs. — *Nîmes*, 15 juill. 1837 (t. 2 1837, p. 270), Dortier.

Sect. 2e. — *Arrêts de renvoi.*

§ 1er. — *Renvoi devant le tribunal de police simple ou correctionnelle.*

247. — Si la cour estime que le prévenu doit être renvoyé à un tribunal de simple police ou à un tribunal correctionnel, elle prononce le renvoi et indique le tribunal qui doit en connaître. — C. inst. crim., art. 230.

248. — La chambre d'accusation ne peut se borner à déclarer que le fait présente le caractère d'un délit correctionnel et qu'il y a des indices suffisans; elle doit en outre, à peine de nullité, prononcer le renvoi du prévenu en police correctionnelle et désigner le tribunal chargé d'en connaître. — *Cass.*, 10 avr. 1823, Jérôme Favier; — Carnot, sur l'art. 127, C. inst. crim., t. 1er, p. 495, n° 9.

249. — Lorsque les faits constatés par l'ordonnance des premiers juges présentent les caractères d'un délit, l'arrêt portant qu'il n'y a lieu à suivre, sur le fondement que ces faits ne constituent ni crime ni délit, doit être annulé, soit comme dépourvu de motifs, soit comme violant la loi qui déclare lesdits faits crimes ou délits. — *Cass.*, 27 juin 1828, Pierre Tronche.

250. — Lorsque le fait d'avoir escaladé une palissade et brisé des châssis et des carreaux de vitres, pour se procurer l'entrée d'une maison, est déclaré ne pas présenter les caractères d'une tentative de vol, il constitue du moins un bris de clôture, et la chambre d'accusation ne peut, en reconnaissant le fait constant, se dispenser de prononcer le renvoi sur ce chef en police correctionnelle. — *Cass.*, 4 oct. 1827, Germain Demeur.

251. — Le renvoi au tribunal correctionnel ne doit avoir lieu qu'autant que le fait dont l'existence est reconnue par la chambre d'accusation constitue un délit.

252. — Une chambre d'accusation viole les règles de compétence en renvoyant devant le tribunal de police correctionnelle un fait qualifié crime par la loi. — *Cass.*, 4 avr. 1811, Colin; 27 juin 1811, Colin; 7 août 1812, Thomas Smit.

253. — Une chambre des mises en accusation ne peut attribuer à la police correctionnelle la connaissance d'un vol commis sur un chemin public, sous le prétexte qu'il a été commis par adresse, supercherie et filouterie. — *Cass.*, 20 mars 1828, Guillard.

254. — Lorsque le réquisitoire du procureur général relate, comme résultant de l'instruction, des faits établissant un complot tendant à ramener sous les drapeaux de l'ennemi des prisonniers de guerre retenus en France, la chambre des mises en accusation ne peut écarter ces faits, qui présentent le caractère d'un crime, qu'en déclarant que l'instruction n'en fournit pas des preuves ou des indices suffisans. Si elle ne s'explique pas sur ces faits, elle est censée les reconnaître prouvés, et ne peut conséquemment renvoyer les prévenus en police correctionnelle, sans violer les règles de compétence. — *Cass.*, 5 juin 1812, Ranfast.

255. — Si une ordonnance de prise de corps avait été décernée par les premiers juges, la cour qui se bornerait à renvoyer devant le tribunal de police correctionnelle devrait infirmer cette ordonnance, car il ne peut en être rendu que pour fait qualifié crime. — Carnot, t. 2, p. 241, art. 230, n° 5; Legraverend, t. 1er, p. 434.

256. — La chambre d'accusation qui, dans le cas prévu par l'art. 230, C. inst. crim., décide que le prévenu doit être renvoyé devant le tribunal de police correctionnelle, et annule l'ordonnance de la chambre du conseil qui n'a point prononcé ce renvoi, peut indiquer, pour connaître de l'affaire au fond, le tribunal correctionnel qui a déjà statué comme chambre du conseil. — Gaillard, *Rev. de législation*, t. 6, p. 142.

257. — Jugé même que la chambre d'accusation doit en pareil cas renvoyer devant le même tribunal, surtout si les membres de ce tribunal sont assez nombreux pour qu'il puisse être composé d'autres juges. — *Cass.*, 24 avr. 1828 (int. de la loi), Dominique Lacaze.

258. — Si ce tribunal est composé de plusieurs chambres, la cour ordonne qu'il soit procédé par d'autres juges que ceux qui ont rendu l'ordonnance annulée. — Selon Carnot (t. 2, p. 241, art. 230, n° 4), l'affaire devrait même être renvoyée à un autre tribunal, si celui dont l'ordonnance est infirmée ne compte pas assez de juges pour que d'autres puissent rendre la nouvelle décision. — L'opinion que les premiers juges ont émise établit en effet, dit-il, une suspicion légitime.

259. — C'est seulement devant les juges de son ressort que la cour peut renvoyer l'affaire. — Carnot cependant (t. 2, p. 240, art. 230, n° 3) croit qu'il en pourrait être différemment, si aucun tribunal du ressort n'était compétent (par exemple si la cour était saisie sur renvoi après cassation de l'arrêt d'une autre cour). — Mais Legraverend rejette avec raison cette restriction : dans ce cas, selon lui, la cour doit se borner à renvoyer devant qui de droit, car une cour n'ayant aucune juridiction sur les tribunaux d'un autre ressort ne peut pas les saisir.

260. — La chambre d'accusation qui annule une ordonnance soit du juge d'instruction, soit de la chambre du conseil, portant qu'il n'y a lieu à suivre, doit faire reprendre à l'instruction son cours ordinaire et ne peut renvoyer devant un autre juge d'instruction, ni devant une autre chambre du même tribunal. — *Cass.*, 10 avr. 1829, François Bounet.

261. — Dans le cas de renvoi à un tribunal de simple police, le prévenu doit être mis en liberté. — C. inst. crim., art. 230, § 2.

262. — ... Et cela alors même que le fait serait de nature à emporter un emprisonnement. — Legraverend, t. 1er, p. 434.

263. — Mais le Code ne dit point ce que doit faire la chambre d'accusation, si elle renvoie devant un tribunal correctionnel. — Dans ce cas, il faut recourir aux règles tracées par les art. 130 et 131, pour les chambres du conseil.

264. — Dès lors, si le délit entraîne la peine de l'emprisonnement, le prévenu demeure en état d'arrestation, s'il y est déjà.

265. — Ainsi jugé que la chambre d'accusation qui infirme une ordonnance de prise de corps et renvoie l'inculpé en police correctionnelle, n'a pas le droit d'ordonner sa mise en liberté pure et simple. Il n'y a lieu qu'à sa mise en liberté sous caution, et c'est à la chambre du conseil de première instance qu'il appartient de la prononcer. — *Cass.*, 5 sept. 1833, Pierre Zemb. — V. *contrà* Carnot, t. 2, p. 241, art. 230, n° 7; Legraverend, t. 1er, p. 434.

266. — Les chambres du conseil et d'accusation ne peuvent ordonner la mise en liberté, sans caution, des individus qui restent prévenus de délits emportant la peine de l'emprisonnement, et que le juge d'instruction avait placés dans les liens d'un mandat de dépôt ou d'arrêt. — *Cass.*, 28 avr. 1836, Muller.

267. — A plus forte raison n'a-t-elle pas ce droit postérieurement à l'arrêt qu'elle a rendu. C'est au tribunal saisi par suite du renvoi qu'il appartient de statuer sur la mise en liberté. — *Cass.*, 27 mars 1823, Carbonnier.

268. — Un projet de loi présenté à la chambre des députés, le 19 février 1842, donnait à la chambre d'accusation le pouvoir d'ordonner la mise en liberté du prévenu à la charge de se représenter; mais ce projet n'a pu être converti en loi.

269. — Mais si la peine dont est passible le délit qui motive le renvoi est simplement pécuniaire, le prévenu doit être mis en liberté, à la charge de se représenter à jour fixe devant le tribunal compétent. — Hélie, *Encyclop. du dr.*, v° *Chambre d'accusation*, n° 42; Legraverend, t. 1er, p. 434.

270. — Dans le cas où le fait entraînant la peine d'emprisonnement, le prévenu n'a pas été mis en état d'arrestation, il n'appartient point à la chambre d'accusation de l'ordonner et de le renvoyer par exemple en état de mandat de dépôt ou d'arrêt. — Elle ne peut, si elle juge cette mesure indispensable, qu'ordonner de nouvelles informations et prescrire à celui de ses membres qu'elle charge d'y procéder, de faire opérer l'arrestation : dans ce cas même, ce n'est pas elle, mais seulement le juge par elle délégué qui peut décerner le mandat d'amener, de dépôt ou d'arrêt.

271. — Il n'en est point de même aux colonies et notamment à la Guadeloupe, où l'art. 230, C. inst. crim., rendu commun, à quelques modifications près, à cette île et à celle de la Martinique par l'ord. du 24 sept. 1828, dispose que dans le cas où la cour royale, qui fait à la fois les fonctions de chambre du conseil et de chambre d'accusation, estimerait que l'inculpé doit être renvoyé à la chambre correctionnelle de la cour et prononcerait en conséquence ce renvoi, ladite cour pourra maintenir le mandat de dépôt ou d'arrêt qui aura été délivré par le juge d'instruction, *ou en décerner un d'office, s'il y a lieu.*

272. — Aussi a-t-il été décidé qu'à la Guadeloupe, la cour royale, chambre d'accusation, a pu, en prononçant le renvoi de l'inculpé à la chambre correctionnelle, décerner d'office un mandat d'arrêt. — *Cass.*, 5 fév. 1830, Leray.

§ 2. — *Renvoi devant la cour d'assises.*

273. — Si le fait est qualifié crime par la loi et que la cour trouve les charges suffisantes pour motiver la mise en accusation, elle ordonne le renvoi du prévenu aux assises. — C. inst. crim., art. 231.

274. — Sous l'empire de la loi du 16 sept. 1791 (art. 5, tit. 1er), un acte d'accusation ne pouvait être dressé et soumis au jury, qu'autant que le délit emportait peine afflictive ou infamante. — *Cass.*, 13 juill. 1792, Faure; 8 août 1792, Vallée; même jour, Blondel; 24 août 1792, Denis.

275. — Le Code du 3 brum. an IV (art. 229) maintint ce principe dans son intégrité. — *Cass.*, 27 flor. an VIII, Lafaye; 8 thermid. an VIII, Chambré; 9 thermid. an VIII, Bernard-Benoît; 14 brum. an XI, Rinaudi; 29 pluv. an XI, Terristre; 22 messid. an XIII, Bauchat.

276. — Et par application de l'art. 228, C. 3 brum. an IV, la jurisprudence annulait tout acte d'accusation qui comprenait un ou plusieurs délits correctionnels. — *Cass.*, 3 pluv. an VII, Blankaert; 19 fructid. an VII, Berkeim; 19 frim. an X, Tubœuf; 5 sept. 1806, Choley; 10 fév. 1809 (int. de la loi), Lapouterie.

277. — Aujourd'hui, et d'après le Code d'instruction criminelle, le principe est toujours resté le même, c'est-à-dire qu'en règle générale l'arrêt de renvoi aux assises ne peut être prononcé qu'autant que le délit est de nature à entraîner une peine afflictive ou infamante. — *Cass.*, 9 janv. 1812, Luisart.

278. — ... Sauf cependant dans deux cas : 1° s'il s'agit d'un délit de presse, ces délits étant depuis la loi du 26 mai 1819 justiciables de la cour d'assises. — V. DÉLIT DE PRESSE.

279. — ... 2° S'il s'agit de délits connexes à un crime : dans ce cas la cour d'assises saisie de la connaissance du crime a juridiction sur les simples délits. — C. inst. crim., art. 227.

280. — Jugé en conséquence que lorsqu'un individu se trouve inculpé de deux délits, l'un de la compétence du tribunal correctionnel, l'autre, plus grave, de la compétence de la cour d'assises, il y a lieu de le renvoyer devant la cour d'assises pour être jugé simultanément sur le tout. — *Cass.*, 10 nov. 1832, Duc.

281. — Et s'il arrivait que la chambre d'accusation comprît dans le renvoi aux assises des faits correctionnels, sans qu'il résultât de son arrêt qu'ils étaient connexes au fait principal, l'accusé ne pourrait, en formant un pourvoi en cassation, faire annuler l'arrêt de renvoi que dans le chef relatif aux délits correctionnels, en vertu de l'art. 299, C. inst. crim. — La mise en accusation, à la différence de ce qui avait lieu précédemment, serait maintenue pour le surplus. — V. CONNEXITÉ.

282. — Le renvoi aux assises est en lui-même un fait trop grave, pour qu'il soit possible de le prononcer prématurément et avant une instruction qui ait mis la chambre d'accusation à même de statuer en connaissance de cause.

283. — C'est pour cela que, sous l'empire du Code du 3 brum. an IV, on annulait l'acte d'accusation en ce qu'il s'étendait à un citoyen et à des circonstances qui lui étaient personnelles, sans qu'aucune mise en prévention eût eu lieu contre lui, et sans que le délit, faisant l'objet de l'accusation, eût été imputé à ce citoyen. — *Cass.*, 30 frim. an XII, Fardel.

284. — Et qu'aujourd'hui la chambre d'accusation, saisie des poursuites dirigées contre un individu, ne peut d'office renvoyer aux assises avec ce prévenu un autre individu non poursuivi, et qui n'a point été compris dans l'instruction. — *Cass.*, 6 nov. 1834, Villepelet; 12 fév. 1835, Dumoulin.

285. — ... Quand bien même un mémoire et des pièces auraient été produits par lui, une semblable production ne pouvant suppléer au défaut de mandat et à l'absence de tout interrogatoire. — *Cass.*, 12 fév. 1835, Dumoulin.

286. — De même la chambre d'accusation ne pourrait pas mettre en accusation un individu dont le nom est inconnu. — *Cass.*, 7 janv. 1825 (intérêt de la loi), Fagi; 10 déc. 1825, Passy; Lacombe, *Matières criminelles*, part. 2e, chap. 16, n° 25; Carnot, *Inst. crim.*, sur l'art. 134, t. 1er, p. 352; Legraverend, t. 1er, p. 392.

287. — Mais la chambre d'accusation peut, sur une nouvelle information par elle ordonnée, statuer d'après l'instruction faite par l'un de ses membres, et renvoyer en conséquence devant la cour d'assises des individus autres que ceux originairement inculpés, sans qu'il soit nécessaire de retourner à la juridiction de première instance. — *Cass.*, 10 mars 1827, Dubreuil.

288. — L'arrêt par lequel une chambre d'accusation se borne à statuer sur la compétence, en renvoyant devant une cour d'assises, sans apprécier les charges ni qualifier les faits, ne saisit pas valablement cette cour d'assises. — *Cass.*, 18 oct. 1827, Rimbault.

289. — Les cours d'assises ne peuvent pas juger les accusés sur des faits à raison desquels ils n'ont pas été renvoyés devant elle par la chambre des mises en accusation.—*Cour sup. Bruxelles,* 11 nov. 1819, Barbe-Honchx.

290. La chambre des mises en accusation, qui est chargée de l'appréciation des faits et non de l'application des peines (*suprà* nos 81 et suiv.), ne peut se dispenser d'ordonner le renvoi d'un prévenu à la cour d'assises, sous le prétexte que le crime dénoncé serait passible d'une peine inférieure à celle que subit le prévenu pour un fait postérieur.—*Cass.*, 6 mai 1826, Delahène.

291. — Cependant Mangin (*Tr. de l'act. publ.*, t. 2, p. 486, no 458) fait les réflexions suivantes : « S'il est vrai que, par sa condamnation à la peine la plus forte, un individu expie tous les délits dont il a pu se rendre coupable, il en résulte nécessairement que l'action publique ne peut plus s'exercer contre ces crimes ou ces délits, que conséquemment elle est éteinte. En effet, l'action publique n'a pour objet que l'application des peines. Ainsi, toutes les fois que l'auteur d'un fait défendu par la loi cesse d'être punissable, l'action publique n'a plus d'objet, elle ne peut plus être intentée, elle n'existe plus. » A l'arrêt ci-dessus, Mangin oppose la jurisprudence d'après laquelle un prévenu mis en jugement à raison de plusieurs crimes et délits, est non-recevable à se plaindre de n'avoir été jugé que sur ceux qui entraînaient les peines les plus fortes (V. *Cass.*, 21 août 1817, Simonnet), et la jurisprudence d'après laquelle la cour de Cassation annule *sans renvoi* les arrêts qui ont violé les art. 365 et 379, C. inst. crim. — V. *Cass.*, 19 mars 1818, Boudois, et 6 août 1824, Lebourrhis.

292. — Le renvoi doit surtout être ordonné lorsque l'exécution du premier arrêt est suspendue par un pourvoi en cassation. — *Cass.*, 6 mai 1826, Delahène; — Mangin, *loc. cit.*

293. — Et c'est par suite du principe de la nécessité de la mise en accusation que, lors de l'existence des juridictions spéciales exceptionnelles, la jurisprudence avait décidé :

294. —... Que lorsqu'il était incertain si la chambre des mises en accusation avait connaissance d'une condamnation antérieure, qui constituait l'accusé en récidive, et qui le rendait justiciable de la cour spéciale, l'arrêt qui le renvoyait devant la cour d'assises était régulier. — *Cass.*, 23 janv. 1813, Xaverio Capo.

295. —... Et sous la loi du 20 déc. 1815, que bien qu'une cour royale eût précédemment confirmé un jugement de compétence rendu par la cour prévôtale, si, après le débat, cette dernière cour se déclarait incompétente, le prévenu ne pouvait pas être traduit devant la cour d'assises, sans y avoir été renvoyé par un nouvel arrêt de la chambre d'accusation. —*Cass.*, 7 août 1818, Antoine Castanié ; — Legraverend, t. 1er, p. 438.

296. — L'ordonnance du 29 oct. 1820, qui déclare (art. 251) les gendarmes justiciables des cours d'assises à raison des crimes qu'ils commettent dans le service de la police judiciaire, et la loi du 28 germin. an VI, art. 97, ne permettent pas qu'ils soient traduits en cour d'assises sans un arrêt de mise en accusation. — Une décision analogue de la cour de Cassation, intervenue sous l'empire de la loi du 28 germin. an VI et du Code du 3 brum. an IV, le 27 frim. an X (Barbier), est encore aujourd'hui pleinement applicable.

297. — Jugé qu'il n'y a pas lieu de recourir à la cour de Cassation, conformément à l'art. 542, C. inst. crim., lorsqu'il s'agit non pas de dessaisir une cour d'assises de la connaissance d'une affaire qui lui serait déjà renvoyée, mais bien d'en attribuer la connaissance à une cour d'assises autre que celle qui devrait en connaître d'après les règles ordinaires. — *Bruxelles*, 25 oct. 1824, Subiaux.

298. — Cet arrêt consacre une erreur manifeste, et il est impossible d'admettre une semblable solution. — La chambre des mises en accusation n'a pas le droit de choisir la cour d'assises devant laquelle il lui plaît de renvoyer l'accusé : elle doit respecter les règles de compétence établies par le Code d'instruction criminelle.

299. — Décidé cependant que, lorsque la chambre des appels de police correctionnelle a renvoyé l'instruction d'une affaire devant un tribunal autre que celui qui est compétent, la chambre d'accusation peut attribuer la connaissance de l'accusation à la cour d'assises véritablement compétente, bien que siégeant dans un département dont ne dépend point le tribunal qui a procédé à l'instruction. — *Cass.*, 10 fév. 1842 (t. 2 1842, p. 416), Brassier.

§ 3. — *Ordonnance de prise de corps.*

300. — Si la chambre d'accusation, en prononçant l'accusation du prévenu, statue sur une opposition à sa mise en liberté, elle annulera l'ordonnance des premiers juges et décernera une ordonnance de prise de corps. — C. inst. crim. art. 231.

301. — L'arrêt par lequel une chambre d'accusation renvoie un individu devant la cour d'assises, en état de mandat d'amener, viole les règles de compétence, en ce qu'il n'appartient qu'au magistrat instructeur de décerner un mandat d'amener, et doit être annulé dans cette disposition. — *Cass.*, 18 fév. 1831, Gamache.

302. — Et l'arrêt d'une chambre d'accusation qui annule une ordonnance de prise de corps de la chambre du conseil, et en décerne une nouvelle pour les mêmes faits, ne contient aucune violation de loi. — *Cass.*, 6 avr. 1838 (t. 1er 1840, p. 216), Isnard.

303. — C'est au surplus le prescrit de l'art. 231, § 2, C. d'instr. crim., lequel porte : « Si le délit a été mal qualifié dans l'ordonnance de prise de corps, la cour l'annulera et en décernera une nouvelle. »

304. — Et c'est ainsi, que l'on jugeait, déjà sous l'empire du Code du 3 brum. an IV, que le tribunal criminel qui annulait, pour vice de forme, une ordonnance de prise de corps précédée d'une instruction régulière, devait en décerner lui-même une nouvelle et se tenir saisi de l'affaire; il ne pouvait pas renvoyer à cet effet devant un autre directeur du jury. — *Cass.*, 19 flor. an VIII, Delubat.

305. — Dans le cas d'instruction faite sur évocation, conformément aux art. 235 et suiv., l'art. 239 défend expressément de décerner avant l'arrêt de la chambre d'accusation aucune ordonnance de prise de corps, et s'il résulte de l'examen qu'il y a lieu de renvoyer le prévenu à la cour d'assises ou au tribunal de police correctionnelle, l'arrêt doit porter cette ordonnance ou celle de se représenter, si le prévenu a été admis à la liberté sous caution.

306. — D'ordinaire, lorsque l'arrêt de la chambre d'accusation renvoie simplement devant le tribunal de police correctionnelle, on se contente du mandat de dépôt ou d'arrêt déjà décerné : cependant l'art. 239 ne faisant ici aucune distinction, il y a lieu de se conformer à sa prescription même au cas de renvoi en police correctionnelle.

307. — La dernière disposition de l'art. 239 n'est applicable qu'autant que l'arrêt de la chambre d'accusation contient simplement renvoi devant le tribunal de police correctionnelle. — Il en est autrement si l'arrêt prononce la mise en accusation. —Alors, en effet, la cour ne peut se dispenser de décerner une ordonnance de prise de corps pour faire cesser la liberté provisoire. — Rien ne justifierait une exemption pour le cas d'évocation au principe général de l'art. 113, qui interdit la liberté provisoire toutes les fois que le titre de l'accusation emporte une peine afflictive ou infamante. — Legraverend, *Lég. crimin.*, t. 1er, p. 443. — V. cependant Bourguignon, *Jur. C. crimin.*, art. 239, C. inst. crim.

308. — L'ordonnance de prise de corps, soit qu'elle ait été rendue par les premiers juges, soit qu'elle l'ait été par la cour, doit toujours être insérée dans l'arrêt de mise en accusation, lequel contient l'ordre de conduire l'accusé dans la maison de justice établie près la cour où il est renvoyé. C. inst. crim., art 233.

309. — Lorsqu'elle est décernée par la cour royale, on peut se dispenser d'en faire un acte séparé; elle doit même faire partie intégrante de l'arrêt. — V. Bourguignon, *Manuel d'inst. crim.*, t. 1er, p. 336, note *a.*

310. — Au surplus le défaut d'insertion de l'ordonnance de prise de corps n'emporterait pas la nullité de l'arrêt de mise en accusation, s'il y avait eu réellement ordonnance de prise de corps contre l'accusé, et qu'elle se trouvât jointe aux pièces. — V. Carnot, t. 2, p. 253, art. 233, no 1er.

311. — Comme aussi quand bien même l'arrêt ne contiendrait pas l'ordre de conduire l'accusé dans la maison de justice, le procureur général n'en serait pas moins tenu de faire opérer ce transfert. — Carnot, t. 2, p. 253, art. 233, no 4.

312. — Toutes les fois que la cour décerne elle-même l'ordonnance de prise de corps, elle doit se conformer au § 2 de l'art. 134. — C. inst. crim., art. 232.

313. — C'est-à-dire que l'ordonnance doit contenir, comme si elle émanait du tribunal de première instance, le nom du prévenu, son signalement, son domicile, s'ils sont connus, l'exposé du fait et la nature du délit. — V. CHAMBRE DU CONSEIL.

314. — Au contraire, dans le cas de *confirmation* par la chambre d'accusation de l'ordonnance de la chambre du conseil, il n'est pas nécessaire que l'arrêt contienne l'exposé des faits, puisque l'ordonnance des premiers juges qui les contient doit être insérée dans l'arrêt. — *Cass.*, 17 août 1837 (t. 2 1839, p. 557), Blaucher.

315. — C'est seulement dans le cas d'annulation de l'ordonnance de la chambre du conseil que l'exposé des faits est nécessaire. — Même arrêt.

316. — Toutefois l'arrêt qui annule l'ordonnance rendue par le tribunal de première instance est suffisamment motivé par la mention que les faits ont été mal qualifiés en première instance, et qu'il existe contre le prévenu charges suffisantes de faits qualifiés *crimes*, sans qu'il soit besoin d'exprimer en quoi et comment les faits ont été mal qualifiés. — *Cass.*, 10 juill. 1828, Garcet. — Mais l'arrêt doit les qualifier lui-même.

317. — D'où il suit que l'ordonnance de prise de corps décernée par la chambre des mises en accusation ne formant avec l'arrêt de mise en accusation qu'un seul et même contexte, il est inutile de répéter dans cette ordonnance l'exposé des faits et leur qualification légale qui se trouvent dans ledit arrêt. — *Cass.*, 10 juill. 1828, Garcet.

318. — Une fois l'arrêt de renvoi rendu par la chambre d'accusation, la juridiction de celle-ci est épuisée, et les juges du fond valablement saisis doivent désormais statuer seuls sur l'affaire dont la connaissance leur est actuellement déférée.

319. — Jugé en conséquence que la chambre d'accusation qui a prononcé le renvoi d'une affaire à la cour d'assises et maintenu la saisie des pièces à conviction n'est plus compétente pour statuer sur la mainlevée de cette saisie. — *Cass.*, 1er déc. 1832, Barchi (aff. du *Carlo-Alberto*).

320. — Et qu'après l'arrêt de mise en accusation, le procureur général ne peut, sans excès de pouvoir, faire aucun acte d'instruction, ni déléguer personne à cet effet; ce droit appartient exclusivement au président de la cour d'assises. — *Cass.*, 27 août 1840 (t. 1er 1841, p. 489), Piotte.

321. — Cependant il a été jugé que le juge instructeur près la chambre d'accusation peut encore interroger le prévenu après que la mise en accusation a été ordonnée. — *Cass.*, 18 avr. 1816, Nicoli. — Si l'accusé ne peut tirer de cet interrogatoire un moyen de nullité contre l'arrêt de condamnation, il est évident pour nous que, par l'arrêt de renvoi, la chambre d'accusation a épuisé ses pouvoirs, et que le juge instructeur qui ne tenait les siens que d'elle ne peut ni ne doit s'immiscer dans la procédure ultérieure.

322. — Mais quels sont les effets du renvoi quant à l'attribution de juridiction ? — Il faut distinguer si le renvoi a été fait au tribunal de police correctionnelle ou simple, ou s'il l'a été à la cour d'assises.

323. — Au premier cas le tribunal auquel une affaire a été renvoyée par la chambre d'accusation est investi du droit de prononcer définitivement, non seulement sur le fond, mais même sur la compétence et sur toutes les circonstances du crime ou délit qui résultent des débats, quoiqu'elles n'aient pas été exprimées dans l'acte d'accusation, et qu'elles aient été écartées par l'arrêt de renvoi. — *Cass.*, 10 déc. 1812, Carini.

324. — A son égard, les arrêts des chambres d'accusation rendus sur des ordonnances des chambres d'instruction, sont, comme ces ordonnances, seulement indicatifs, et non attributifs de juridiction. En conséquence, saisi par le renvoi d'une chambre d'accusation, il conserve encore le droit de statuer sur sa compétence et de se déclarer incompétent, si le fait présenté comme un délit lui paraît constituer un crime. — *Cass.*, 21 nov. 1811, Liébaert ; 15 mai 1812, Rotondi ; 13 juin 1816 Aurussi ; 19 juill. 1816 Lemoine ; 12 juin 1817, Guéry de Maubreuil ; 26 août 1817, même partie ; 14 sept. 1827, Boulin, 2 oct. 1828, Olive.

325. — Et la juridiction de la chambre d'accusation ayant été épuisée par l'arrêt de renvoi, il en résulte que si le tribunal de police correctionnelle s'est déclaré incompétent pour connaître d'une affaire qui lui avait été renvoyée par un arrêt de la chambre des mises en accusation, il y a lieu à réglement de juges. — *Cass.*, 25 fév. 1813. — Persiani; 29 oct. 1813, Kilian ; 13 juill. 1827, Paila; même jour, Berment.

326. — L'arrêt d'une chambre d'accusation qui a rejeté la prescription opposée par le prévenu et l'a renvoyé à la police correctionnelle n'a point l'autorité de la chose jugée; la police correctionnelle peut toujours juger de nouveau la question. — *Cass.*, 9 sept. 1812, Saubès; 15 juill. 1813 Mautica.

327. — A la différence des tribunaux correctionnels, les cours d'assises sont irrévocablement saisies par les arrêts de la chambre des mises en accusation, qui n'ont pas été attaqués dans les délais de la loi : à cet égard, l'arrêt est pour la cour d'assises attributif et non simplement indicatif de juridiction — *Cass.*, 13 juin 1816, Aurassi ; 19 juill. 1816, Lemoine ; 15 oct. 1816, Deville ; 22 janv. 1819,

Vergé; 14 sept. 1827, Boulin; 23 mars 1820, Durand; 20 avr. 1820, Alquier; 2 oct. 1828, Olive; 15 avr. 1832, Guignard; 9 juill. 1813, Roques; 18 mai 1831, Marsal; 4 déc. 1823, Castaing. — Merlin, *Rép.*, v^is *Faillite*, sect. 2e, § 2, art. 3, n° 2, et *Récidive*, n° 12; Chauveau et Hélie, *Th. C. pén.*, t. 2, p. 198; Bourguignon, *Jurisp. des C. crim.*, t. 1er, p. 507 et 527; Carnot, *Inst. crim.*, t. 2, p. 691, n° 8. — V. pourtant le même auteur, t. 2, p. 328, n° 5; Merlin, *Quest.*, v° *Incompétence*, § 1er, art. 2, n° 6.

328.—En effet, la cour d'assises a une juridiction ordinaire et générale qui comprend aussi bien les simples délits que les crimes.

329. — Jugé en conséquence que la cour d'assises saisie par un arrêt de mise en accusation ne peut se déclarer incompétente, sur le motif que le fait de l'accusation n'est pas qualifié crime par la loi. — *Cass.*, 28 mai 1816, Figeart. — V. aussi 13 juill. 1820, Chevalier.

330.—...Ou sous le prétexte que l'accusé est âgé de moins de seize ans.—*Cass.*, 20 avr. 1827, Boulin; 13 juill. 1827, Couder; 17 janv. 1828, Theisse; 5 juill. 1832, Gouges.

331.—Quoiqu'une cour d'assises ne soit pas liée, quant à la qualification du fait, par l'arrêt de renvoi, elle ne peut, avant l'ouverture des débats, se déclarer incompétente pour connaître de certain chef d'accusation sous le prétexte qu'il s'agirait d'un délit commis hors du territoire français. — *Cass.*, 15 avr. 1837 (t. 1er 1838, p. 315), Cambres. — V. aussi *Cass.*, 15 frim. an VII, Beaudoin.

332.—La cour d'assises légalement saisie d'une affaire, par un arrêt de renvoi passé en force de chose jugée, ne peut se déclarer incompétente, lors même qu'elle reconnaîtrait l'existence d'une circonstance faisant rentrer l'affaire dans les attributions d'une autre juridiction. — *Cass.*, 12 fév. 1818, Monnier; 11 mars 1843, Bayer; 26 janv. 1815, Brochet; 2 fév. 1815, Guérin.

333. — ... Notamment si l'accusé était, comme militaire, justiciable d'un conseil de guerre. — *Cass.*, 25 avr. 1816, Olivier; 5 fév. 1819, Arnaud.

334.—Elle ne le peut non plus, même à l'égard de délits qui auraient donné lieu à des poursuites dans plusieurs tribunaux ne ressortissant point à la même cour royale, mais qui auraient été définitivement réunis dans une seule poursuite. — *Cass.*, 19 oct. 1820, Terrier.

335. — La cour d'assises saisie par un arrêt de la chambre d'accusation d'un délit de trouble à la paix publique commis en excitant à la haine et au mépris d'une classe de personnes, ne peut, sous le prétexte que le fait constituerait une diffamation envers des personnes publiques, admettre la preuve par témoins de la vérité des faits diffamatoires. —*Cass.*, 6 avr. 1832, Bouchard.

336.—Quoi qu'il en soit, et si, nonobstant l'arrêt de renvoi d'une affaire, la cour d'assises s'est déclarée incompétente pour en connaître, il y aura lieu à un recours en réglement de juges devant la cour de Cassation.—*Cass.*, 12 fév. 1813, Monnier; 26 janv. 1815, Brochet. — La raison en est, ainsi que nous l'avons déjà dit (*suprà* n° 325), que, par l'arrêt de renvoi, la cour a épuisé sa juridiction.

337.—Mais il importe de remarquer que les arrêts des chambres d'accusation n'ont l'autorité de la chose jugée qu'en ce qu'ils prononcent la mise en accusation et le renvoi de l'accusé devant la cour d'assises. Cette cour a donc le droit de s'assurer s'il existe des circonstances atténuantes ou aggravantes non exprimées dans l'arrêt de renvoi; de déclarer, s'il y a lieu, que le jury s'est trompé au fond; de décider en droit que le fait de l'accusation est ou n'est pas défendu, et de condamner ou d'absoudre l'accusé.

338.—D'où il faut conclure : que les cours d'assises ne sont nullement liées par la qualification donnée aux faits de l'accusation par l'arrêt de renvoi, bien qu'il n'ait été frappé d'aucun pourvoi; qu'elles doivent délibérer sur les faits déclarés par le jury pour en fixer la qualification, et pour leur faire l'application de la peine d'après les seules règles de la loi et de leur conscience.— *Cass.*, 19 juin 1817, Hubert. — *Cass.*, 15 oct. 1813, Hartmann; 5 févr. 1819, Arnaud.

339.— ... Et avant la charte de 1814, que le président d'une cour spéciale extraordinaire ne pouvait refuser de poser au jury une question sur une circonstance aggravante résultant des débats, sous le prétexte qu'elle avait été rejetée par l'arrêt de renvoi contre lequel le ministère public ne s'était pas pourvu. — *Cass.*, 10 déc. 1812, Carini.

340.— ... De même, la cour d'assises peut, sans violer l'autorité de la chose jugée, manifester son avis, dans le cas de l'art. 352, C. inst. crim., que l'individu renvoyé devant elle comme accusé de faux par supposition de personne est coupable de faux par supposition de nom. — *Cass.*, 21 avr. 1814, Fradel.

341.—L'arrêt de renvoi n'impose à la cour d'assises d'autre obligation que de prendre connaissance du procès et de statuer selon les règles établies par les lois; il ne met point obstacle à ce qu'elle déclare qu'il n'y a lieu à poursuivre sur une accusation de supposition d'enfant avant le jugement de la question d'état. — *Cass.*, 21 mai 1813, Mangis.

342. — En matière criminelle, l'incompétence d'une cour d'assises, qui est la juridiction commune, n'est que relative; elle se couvre par le silence des parties intéressées. — *Cass.*, 23 janv. 1813, Xaverio Capo.

343.—Aux termes de la constitution du 22 frim. an VIII, la mise en accusation d'un crime produit cet effet important, que l'exercice des droits politiques se trouve suspendu chez l'accusé.

344. — Mais il n'en est pas de même des droits civils, dont l'accusé conserve toujours la jouissance et l'exercice.—V. ACCUSATION, n°s 18 et suiv.

Sect 3e. — *Omission de statuer, qualification, motifs, signature, mentions.*

345. — *Omission de statuer.* — Les arrêts de la chambre d'accusation doivent statuer formellement sur tous les chefs relevés dans l'ordonnance de la chambre du conseil et dans le réquisitoire du procureur-général, et sur toutes les demandes formées par la partie civile ou par le prévenu, et ce, à peine de nullité dudit arrêt. — C. inst. crim., art. 218 et 408.

346. — Est nul l'arrêt d'une chambre des mises en accusation qui ne statue pas d'une manière formelle sur les faits explicitement articulés et qualifiés par le ministère public, ou qui ne statue que sur une partie des chefs de prévention. — *Cass.*, 30 mai 1833, Bachelin. —V. aussi *Cass.*, 6 janv. 1821, Champigny-Pertuis.

347. — L'arrêt d'une chambre d'accusation qui, en reconnaissant l'existence des faits qui constituent deux délits, ne renvoie en police correctionnelle que sur un seul, encourt la cassation. — *Cass.*, 4 oct. 1827, Germain Demeur.

348.—Lorsqu'un notaire est inculpé d'avoir commis un faux dans la minute et un faux dans l'expédition d'un acte, l'arrêt qui le décharge de la prévention, sur le motif que le faux commis dans la minute n'est pas suffisamment justifié, sans parler de celui commis dans l'expédition, laisse ignorer s'il y avait sur ce dernier chef des indices suffisans de culpabilité, et doit être annulé. — *Cass.*, 2 août 1821, Peretti.

349. — Est entaché de contradiction et de nullité l'arrêt par lequel une chambre d'accusation, sans s'expliquer sur l'existence et la qualification légale des provocations à la désobéissance aux lois, au mépris et à la haine d'une classe de citoyens, articulées par le ministère public, comme résultant d'un écrit distribué, déclare que cet écrit est subversif de tout ordre social établi, et cependant renvoie le prévenu des poursuites, sous le prétexte que les expressions de l'écrit échapperaient à l'application précise des lois pénales. — *Cass.*, 10 août 1833, Vidal.

350.—La disposition de l'art. 408, C. inst. crim., suivant laquelle l'omission de statuer sur une réquisition du ministère public, donne ouverture à cassation, s'applique aux arrêts des chambres d'accusation portant qu'il n'y a lieu à suivre, comme aux arrêts de condamnation rendus en audience publique. —*Cass.*, 14 mai 1812, Domergue.

351. —*Qualifications.* — Toutes les circonstances qui concourent à constituer le fait incriminé doivent être spécifiées pour chacun des chefs d'accusation par l'arrêt de renvoi. — Les chambres d'accusation ne pouvant ordonner le renvoi qu'autant que le fait qui y donne lieu constitue un crime, un délit ou une contravention, ce n'est, en effet, que par la détermination des caractères légaux et constitutifs des faits qu'il est possible de s'assurer de leur criminalité et de la légalité de l'arrêt; c'est au reste ce que consacre formellement l'art. 299, C. inst. crim., qui autorise l'accusé à se pourvoir en cassation contre l'arrêt de renvoi, si *le fait n'est pas qualifié crime par la loi.*

352.— Jugé, par application de ce principe, que l'arrêt par lequel une chambre d'accusation se borne à statuer sur la compétence, en renvoyant devant une cour d'assises, sans apprécier les charges ni qualifier les faits, ne saisit pas valablement cette cour d'assises. — *Cass.*, 18 oct. 1827, Rimbault.

353. — De même, est nul l'acte d'accusation qui ne contient aucun des faits ni aucune des circonstances auxquels la loi a attaché le caractère de complicité. —*Cass.*, 25 janv. 1793, Allay. —V. aussi *Cass.*, 13 avr. 1793, Taulet; 24 août 1793, Joubert.

354. — Celui qui a recélé des effets soustraits à l'aide d'un crime, ne pouvant être puni comme complice qu'autant qu'il a agi sciemment, l'arrêt qui met un individu en accusation pour avoir recélé des objets volés avec effraction, est nul s'il ne mentionne pas que l'accusé a agi sciemment. — *Cass.*, 12 sept. 1812, Masson.

355.—Est nul l'arrêt de la chambre d'accusation qui, — sur l'opposition du prévenu à un mandat de comparution, fondée sur ce que, les faits incriminés ayant été commis par un maire, en cette qualité, aucun mandat ne pouvait être décerné avant que les poursuites eussent été autorisées par le conseil d'état,—n'a pas statué sur les motifs ainsi déduits de l'opposition, et s'est borné à la déclarer non-recevable et mal fondée, par la raison qu'il s'agissait de l'imputation d'un crime, et que c'était un mandat d'amener et non un mandat de comparution qui aurait dû être décerné. — *Cass.*, 6 fév. 1836, Debosque.

356. — Le fait d'avoir employé des lettres missives fausses pour détourner une mineure de la maison paternelle, doit donner lieu à deux chefs distincts d'accusation, l'un relatif au détournement, l'autre relatif au faux; on ne saurait prétendre que l'usage des lettres fausses se confond avec les moyens de fraude employés pour le détournement. — *Cass.*, 24 mars 1838 (t. 2 1838, p. 40), Alamelle.

357. — L'arrêt de la chambre d'accusation qui mentionne seulement la fabrication d'une pièce fausse en écriture privée et l'usage fait sciemment de cette pièce fausse, n'énonce pas suffisamment les faits matériels qu'il qualifie de crime de faux et manque d'un des élémens indispensables pour sa régularité. — *Cass.*, 9 sept. 1819, Honoré Rabouin. — Merlin, *Quest.*, v° *Accusation*, § 6.

358. — Quant à l'usage fait sciemment d'une pièce fausse, comme ce fait constitue le crime de faux, quel que soit l'emploi auquel l'accusé l'a appliqué, il s'ensuit qu'il est inutile qu'un arrêt de mise en accusation spécifie en quoi l'usage a consisté. — *Cass.*, 10 juill. 1828, Garcet.

359. — Toutefois l'arrêt qui met en accusation un fonctionnaire pour avoir dénaturé la substance ou les circonstances d'un acte de son ministère, ne peut pas être annulé comme n'annonçant pas que l'accusé a agi frauduleusement, si le caractère de la fraude résulte suffisamment des faits mentionnés dans ledit acte. — *Cass.*, 10 juill. 1828, Garcet.

360.— Du reste, la fausse qualification des faits, dans une ordonnance de la chambre du conseil, n'est pas, comme le défaut de qualification, une cause de nullité, et peut être réparée par la chambre des mises en accusation.— *Cass.*, 16 août 1832, Paulin (aff. du *National*).

361. — En conséquence, l'accusé ne peut tirer un moyen de cassation de ce que les faits auraient été mal qualifiés par l'arrêt de mise en accusation. Il suffit, pour la régularité de cet arrêt, que les faits constituent réellement un crime. — *Cass.*, 5 fév. 1819, Arnaud.

362. — A cet égard, la chambre d'accusation ayant la plénitude d'attributions en matière de compétence, peut et même doit, par cela seul qu'elle est saisie, considérer chacun des faits sur lesquels a porté l'instruction sous toutes ses faces, de manière à régulariser et même compléter, soit sur les réquisitions du ministère public, soit d'office, les qualifications données par les premiers juges. — *Cass.*, 7 fév. 1835, Lanlaud; 6 avr. 1838 (t. 1er 1840, p. 216), Isnard.

363. — Lorsque l'ordonnance de la chambre du conseil n'a pas donné aux faits imputés au prévenu les qualifications qui leur appartiennent d'après la loi pénale, la cour royale (chambre d'accusation) doit, même indépendamment des réquisitions du ministère public, régulariser et compléter ces qualifications. —*Cass.*, 17 sept. 1836, Coupron et Desbordes; *Montpellier*, 12 mai 1841 (t. 1er 1842, p. 138), M... L...

364. — Lorsque la chambre des mises en accusation découvre, par l'instruction, que le crime dont elle est saisie a été mal qualifié dans l'ordonnance de prise de corps, notamment par l'omission d'une ou plusieurs circonstances aggravantes, elle peut et doit rectifier la qualification, lors même que le ministère public, dans ses conclusions, aurait gardé le silence à cet égard. —*Cass*, 21 mai 1835, Renvoizé.

365. — La banqueroute frauduleuse et la banqueroute simple ne constituent qu'un fait unique, selon les circonstances qui les accompagnent; la chambre d'accusation peut se saisir à la fois de la connaissance de deux décisions de la chambre du conseil, dont l'une renvoie le prévenu devant elle à raison du crime de banqueroute frauduleuse, et l'autre le renvoie éventuellement en po-

lice correctionnelle pour banqueroute simple ; et ce encore bien qu'il n'y ait pas d'opposition formée par le ministère public à la seconde décision de la chambre du conseil. — *Cass.*, 6 avr. 1838 (t. 1er 1840, p. 216), Isnard.

366. — Elle ne pourrait donc, sous prétexte que ces faits constituent un crime nouveau dont elle n'est pas saisie, renvoyer le ministère public à rendre une nouvelle plainte devant le juge d'instruction. — *Cass.*, 7 fév. 1835, Lanlaud.

367. — Lorsque, sur une prévention de faux, la chambre du conseil a écarté le chef relatif à l'usage de la pièce fausse, la chambre des mises en accusation, qui a le droit de modifier les qualifications des crimes ou délits, peut, sans violer l'autorité de la chose jugée, rétablir dans l'arrêt de renvoi aux assises le chef de fabrication écarté par les premiers juges. — *Douai*, 4 juill. 1834, Petit.

368. — *Motifs.* — L'art. 7, L. 20 avr. 1810, qui déclare nuls les arrêts qui ne contiennent pas de motifs, est applicable aux arrêts des chambres d'accusation. — En effet, les arrêts dont parle cette disposition sont, ainsi que l'a justement décidé un arrêt de la cour de Cassation du 24 fév. 1821 (Salicetti), « ceux qui prononcent sur le fond de la contestation, ou sur des faits ou des demandes qui en sont des dépendances, ou sur des moyens qui ont pour objet de justifier le droit ou la défense des parties. » — Or, évidemment, les arrêts des chambres d'accusation rentrent dans cette énumération.

369. — Jugé, en conséquence, que les arrêts des chambres d'accusation qui statuent sur l'existence des faits et sur leur appréciation légale doivent être motivés, à peine de nullité, afin que la cour de Cassation puisse reconnaître si la qualification donnée aux faits est régulière et légale. — *Cass.*, 27 juin 1828, Pierre Tronche.

370. — Ainsi encore est nul, pour défaut de motifs, l'arrêt de la chambre d'accusation qui ne constate pas qu'il y a charges suffisantes contre les prévenus. — *Cass.*, 10 mai 1822, Delavie. — V. aussi 11 juill. 1834, Leroux.

371. — ... Ou qui déclare qu'il ne résulte pas de la procédure des charges et indices suffisans pour accuser ou pour mettre en prévention des inculpés, à raison des crimes et délits qui leur sont imputés. — *Cass.*, 20 oct. 1838 (t. 1er 1839, p. 185), Lorois et de Sivry; 18 janv. 1834, Amaury 13 juill. 1843 (t. 2 1843, p. 669), Béliard.

372. — ... Ou l'arrêt qui, réformant l'ordonnance de la chambre du conseil, déclare n'y avoir lieu à suivre contre le prévenu, en énonçant vaguement que les faits à lui imputés ne constituent ni crime ni délit. — *Cass.*, 17 juill. 1834, Vinet.

373. — Jugé cependant que l'arrêt d'une chambre des mises en accusation qui, sur une accusation de contrefaçon de monnaies étrangères, décide que les faits spécifiés ne révèlent pas les caractères, conditions et circonstances constituant le crime de fabrication et de participation à l'émission de fausses monnaies étrangères, est suffisamment motivé en droit : on ne peut pas dire qu'il soit nul comme violant la loi du 20 avr. 1810, art. 7, en ce qu'il n'est pas motivé de manière à répondre aux objections dont le système qu'il embrasse est susceptible. — *Cass.*, 25 mars 1837 (t. 1er 1838, p. 89), Merle.

374. — N'est pas nul, pour défaut de motifs, l'arrêt de la chambre des mises en accusation qui, après avoir constaté que les faits du procès ne présentent aucun des caractères constitutifs de la complicité du crime de faux, en conclut que là où il n'y a point crime de faux, il n'y a point usage punissable d'une pièce dont rien n'établissait la fausseté. — *Cass.*, 18 fév. 1842 (t. 1er 1842, p. 688), Romy.

275. — Les motifs donnés par l'arrêt d'une chambre d'accusation, pour renvoyer des poursuites les auteurs du fait principal, s'appliquent au renvoi des complices. — *Cass.*, 23 nov. 1837 (t. 1er 1840, p. 147), de Fusseau.

376. — Doit être cassé l'arrêt de la chambre d'accusation statuant sur l'opposition du ministère public à une ordonnance de la chambre du conseil, lorsque les motifs de cet arrêt tendent à écarter l'un des chefs de prévention contenus dans cette ordonnance, et que cependant le dispositif se maintient dans son intégrité. — *Cass.*, 17 sept. 1836, Coupron et Desbordes.

377. — *Signatures, mentions.* — Les arrêts de la chambre d'accusation doivent être signés par chacun des juges qui les ont rendus; il y est fait mention, à peine de nullité, tant de la réquisition du ministère public que du nom de chacun des juges. — C. inst. crim., art. 233.

378. — Les dispositions de cet article relatives à la signature de l'arrêt par tous les juges qui y ont concouru ne sont point prescrites à peine de nullité. — *Cass.*, 21 avr. 1832, Gueux; 10 mars 1827, Dubreuil; 26 août 1837 (t. 2 1837, p. 200); — Carnot, art. 234, no 1er. — V. cependant Legraverend, t. 1er, p. 380, et Bourguignon, *Man. d'inst. crim.*, t. 1er, p. 337, note *a*.

379. — D'ailleurs, l'accusé qui ne s'est pas pourvu en cassation contre l'arrêt de renvoi est non-recevable à se plaindre ultérieurement de ce que cet arrêt n'est pas revêtu de la signature de tous les juges qui l'ont rendu. — *Cass.*, 21 avr. 1832, Gueux.

380. — Mais il n'en est pas de même de la disposition relative aux réquisitions du ministère public et au nom de chacun des juges. — Ces mentions sont indispensables puisque l'arrêt devrait être annulé, aux termes de l'art. 299, s'il avait été rendu en l'absence des réquisitions du ministère public, ou par un nombre de juges inférieur à celui fixé par la loi. — Carnot, t. 2, p. 254, art. 234, no 2.

Sect. 4e. — *Signification et exécution de l'arrêt.*

381. — L'arrêt de renvoi doit, ainsi que l'acte d'accusation être signifié à l'accusé, et il doit lui être laissé copie du tout. — C. inst. crim., art. 242.

382. — La signification de l'arrêt de renvoi et de l'acte d'accusation doit avoir lieu par un seul et même acte. — Legraverend, t. 1er, p. 447. — Néanmoins il ne résulterait pas nullité de leur signification par actes séparés.

383. — Lorsque plusieurs affaires pendantes à une cour d'assises ont été jointes, il n'est pas nécessaire de signifier à chacun des accusés copie de l'acte d'accusation et de l'arrêt de renvoi concernant ses coaccusés. — *Cass.*, 7 fév. 1834, Fagonde.

384. — Un arrêt de la cour de Cassation qui annulle l'arrêt d'une chambre des mises en accusation, bien qu'il aggrave la position de l'accusé, ne doit point lui être notifié à peine de nullité; il suffit que l'arrêt de la chambre des mises en accusation, saisie par le renvoi, lui soit signifié. — *Cass.*, 21 sept. 1837 (t. 1er 1838, p. 379), Keis.

385. — Il n'est pas nécessaire de notifier une nouvelle copie de l'arrêt de renvoi aux accusés renvoyés par la cour de Cassation devant une autre cour d'assises, quand il n'y a eu d'annulé que la composition du jury, les débats et l'arrêt de condamnation, et alors surtout que les accusés n'articulent pas qu'on ait refusé à leurs conseils copies de telles pièces qu'ils auraient jugées nécessaires à la défense. — *Cass.*, 9 juin 1831, Perrin.

386. — Mais la notification de l'arrêt de renvoi et de l'acte d'accusation est-elle prescrite à peine de nullité?

387. — La cour de Cassation s'était prononcée pour la négative par de nombreux arrêts. — En consignant cette jurisprudence au mot ACTE D'ACCUSATION (no 144), nous avons combattu cette interprétation, peu compatible, selon nous, avec les droits de la défense. — La cour de Cassation a eu occasion depuis d'examiner de nouveau la question, et, revenant sur ses anciens arrêts, elle a cru devoir consacrer une doctrine tout à la fois plus légale et plus humaine.

388. — Spécialement, elle a décidé que l'arrêt de renvoi et l'acte d'accusation doivent être simultanément notifiés à l'accusé, et que ce n'est qu'après cette double notification que cet accusé peut être légalement transféré dans la maison de justice, et que court le délai pour le pourvoi contre l'arrêt de renvoi, lorsque l'interrogatoire et l'avertissement du président des assises ont précédé cette notification. — *Cass.*, 31 juill. 1845 (t. 2 1845, p. 161), Maginot.

389. — Un assentiment général a accueilli cette jurisprudence à laquelle les cours d'assises se sont empressées de se conformer. — Une cour d'assises a même été jusqu'à renvoyer à une session ultérieure l'affaire d'un accusé qui, il est vrai, n'avait pas reçu la notification de l'acte d'accusation cinq jours avant l'ouverture des débats, mais qui, par lui-même et par l'organe de son défenseur, exprimait le désir d'être jugé immédiatement. — C'est là faire une trop rigoureuse application des principes posés par la cour de Cassation dans son dernier arrêt, car soit que l'acquittement, soit que la condamnation de l'accusé fût inévitable, il éprouvait un préjudice incontestable, si on lui refusait le droit de renoncer au bénéfice du délai de cinq jours. En effet, dans le premier cas, la détention préventive était inutilement prolongée, et dans le second, la captivité pénale se trouvait aggravée de tout l'intervalle qui devait s'écouler entre les deux sessions.

390. — Jugé même que l'accusé qui n'a élevé aucune réclamation, soit lors de son interrogatoire, soit devant la cour d'assises, est non-recevable à se faire un moyen de cassation de ce que l'arrêt de renvoi ne lui aurait pas été signifié. — *Cass.*, 18 janv. 1828, Chateau; 12 juill. 1832, Grey; 26 janv. 1833, Peigné.

391. — En tous cas, si l'accusé, réclamant contre le défaut de signification, avait demandé le renvoi de l'affaire à une autre session et que la cour eût passé outre aux débats, il puiserait dans l'art. 408, § 2, un moyen de nullité. — *Cass.*, 7 fév. 1834, Fagonde. — V. au surplus ACTE D'ACCUSATION, nos 138 et suiv.

392. — Dans les vingt-quatre heures qui suivent cette notification, l'accusé doit être transféré de la maison d'arrêt dans la maison de justice établie près la cour où il doit être jugé. — C. inst. crim., art. 243 et 292.

393. — Cet article veut seulement que la translation de l'accusé n'éprouve aucun retard, mais le délai de vingt-quatre heures qu'il prescrit n'est point de rigueur et n'entraîne aucune nullité. — Il se pourrait même qu'il y eût impossibilité, ou pour le moins inconvénient grave pour l'accusé à ce que le délai fût observé trop strictement.

394. — La translation de l'accusé se fait d'après les ordres du procureur général transmis au procureur du roi du lieu où l'accusé est détenu, et sur le réquisitoire de ce dernier à la gendarmerie. — Carnot, t. 2, p. 403, no 1.

395. — Le délai de vingt-quatre heures court, aux termes de l'art. 292, C. inst. crim., *du moment* de la signification; mais comme les exploits ne mentionnent pas l'heure de la signification, il s'ensuit nécessairement que le procureur du roi a toute la journée du lendemain pour requérir la translation de l'accusé.

396. — Si l'affaire ne doit pas être jugée dans le lieu où siège la cour royale, le *procès* est, par les ordres du procureur général, envoyé dans les vingt-quatre heures au greffe du tribunal de première instance du chef-lieu du département ou au greffe du tribunal qui pourrait avoir été désigné. — Dans tous les cas, les pièces servant à conviction, qui sont restées déposées au greffe du tribunal d'instruction ou qui ont été apportées à celui de la cour royale, doivent être remises dans le même délai au greffe où doivent être remises les pièces du procès. — C. inst. crim., art. 291.

397. — Le mot *procès*, employé dans cet article, désigne les pièces du procès instruit en première instance, ainsi que les actes et procédures faits devant la chambre des mises en accusation. — Bourguignon, *Man. d'inst. crim.*, t. 1er, p. 381, note *a*.

398. — Le délai de vingt-quatre heures imparti par cet article n'est pas de rigueur, et son inobservation n'entraîne aucune nullité; cependant, ainsi que le fait avec raison observer Carnot (*Inst. crim.*, art. 292, no 2), le procureur général doit faire toutes les diligences pour ne point retarder le jugement de l'accusé.

399. — Si l'accusé ne peut être saisi ou ne se présente point, on procède contre lui par contumace, ainsi qu'il est réglé au chap. 2, tit. 4, liv. 2 (art. 465 à 478), C. inst. crim. — Art. 244.

400. — Lorsque le domicile de l'accusé contumax est inconnu, la signification de l'arrêt de mise en accusation doit lui être faite dans la forme tracée par l'art. 69, no 8, C. procéd., par affiche à la porte de la cour d'assises, et par copie remise au parquet. — *Cass.*, 8 avr. 1826, Bidi.

401. — Lorsque l'arrêt de renvoi et l'acte d'accusation ont été signifiés au dernier domicile de l'accusé contumax, pendant sa contumace, ni le texte ni l'esprit de la loi n'exigent, à peine de nullité, qu'une nouvelle signification lui en soit faite à sa personne après son arrestation ou sa représentation. — *Bruxelles*, 3 mars 1819, Ghezelle. — V. CONTUMACE.

402. — Le procureur général donne avis de l'arrêt de renvoi à la cour d'assises, tant au maire du lieu du domicile de l'accusé, s'il est connu, qu'à celui où le délit a été commis. — C. inst. crim., art. 245.

403. — Les maires sont ainsi éclairés sur le sort des accusés ou sur les suites données au fait qui s'est passé dans leur commune, et mis en demeure de fournir aux magistrats tous les renseignemens qui leur sont parvenus. — Il est de leur devoir, et il leur est expressément recommandé, d'instruire la famille de l'accusé de sa mise en accusation. — Bourguignon, *Jur. C. crim.*, sous l'art. 245, C. inst. crim.; Carnot, *Inst. crim.*, t. 2, p. 281, sous l'art. 245, no 1er.

404. — L'observation de cette formalité n'est garantie par aucune sanction : elle n'a même besoin d'être constatée au dossier par aucune pièce authentique, et s'exécute par une simple lettre écrite au maire.

405. — Vingt-quatre heures au plus tard après la remise des pièces au greffe et l'arrivée de l'accusé dans la maison de justice, celui-ci sera inter-

rogé par le président de la cour d'assises ou par le juge qu'il aura délégué. — C. inst. crim., art. 293.

406. — Quant aux formes de cet interrogatoire, aux avertissemens qui doivent y être donnés à l'accusé et aux difficultés qui peuvent s'élever à ce sujet, V. INTERROGATOIRE DES ACCUSÉS.

CHAPITRE V. — *Voies de recours contre les arrêts de la chambre d'accusation.*

407. — Les décisions des chambres d'accusation sur les faits qui leur sont déférés sont souveraines; et, par suite, l'arrêt qui déclare qu'il n'y a lieu à suivre ou qui renvoie les prévenus, soit devant la cour d'assises, soit devant une autre juridiction, ne peut être frappé ni d'opposition ni d'appel.

408. — La partie civile notamment ne pourrait former opposition à l'arrêt portant qu'il n'y a lieu à suivre. En effet, elle ne doit pas y être appelée; la cour ne donne point défaut contre elle. Enfin, ainsi que le fait observer Carnot (*Inst. crim.*, t. 1er, p. 539, nº 10), ce n'est pas juger par défaut une plainte que de prononcer d'après l'instruction qui en a été la suite.

409. — Mais les arrêts des chambres d'accusation peuvent être attaqués par la voie du recours en cassation.—Toutefois, quant à ce recours, il faut distinguer si l'arrêt emporte avec lui quelque chose de définitif, ou s'il ne contient qu'un simple réglement indicatif, soit quant à l'appréciation ou à la qualification des faits, soit quant à la compétence. —Dans ce dernier cas, en effet, on comprend que la juridiction saisie n'étant liée sous aucun rapport par l'arrêt de renvoi, un pourvoi serait complétement sans intérêt, et par conséquent inadmissible.

410. — C'est ainsi qu'il a été jugé que les arrêts de la chambre d'accusation qui portent renvoi en police correctionnelle, ne pouvant être considérés en tant qu'ils statuent sur le fait de la prévention comme ayant un caractère définitif et comme liant la juridiction par eux saisie, ne sont pas susceptibles d'être attaqués par la voie du recours en cassation. — *Cass.*, 15 avr. 1836, Myran.

411. — Cependant si l'arrêt de renvoi en police correctionnelle statuait en même temps sur une exception, notamment sur le point de savoir si l'opposition du ministère public à une ordonnance de la chambre du conseil a été formée en temps utile, cet arrêt aurait un caractère définitif qui le rendrait susceptible du recours en cassation. — Même arrêt.

412. — Le pourvoi se forme par une déclaration au greffe. — C. inst. crim., art. 300.

413. — La déclaration de pourvoi doit énoncer l'objet de la demande en nullité. — C. inst. crim., art. 299.

414. — Aussitôt que ladite déclaration a été reçue par le greffier, l'expédition de l'arrêt doit être transmise par le procureur général près la cour royale au procureur général près la cour de Cassation, laquelle est tenue de prononcer toutes affaires cessantes. — C. inst. crim., art. 300.

415. — Quant aux formes des pourvois et aux difficultés qu'elles peuvent soulever, V. CASSATION (mat. crim.). — Nous avons seulement à examiner ici : 1º quelles personnes peuvent se pourvoir en cassation; — 2º pour quels motifs le pourvoi peut être formé; — 3º dans quel délai; — 4º quel est l'effet du pourvoi; — 5º enfin quel est l'effet de la cassation.

Sect. 1re. — *Quelles personnes peuvent se pourvoir.*

416. — D'abord le pourvoi en cassation peut être formé par l'accusé. — C. inst. crim., art. 296.

417. — Mais peut-il être formé par l'accusé fugitif ou contumax? — Cette question présente quelque difficulté; l'examen en trouvera plus naturellement sa place au mot CONTUMACE.

418. — Il peut l'être également par le ministère public. — C. inst. crim., art. 297.

419. — Ainsi jugé que le recours en cassation est ouvert au ministère public contre les arrêts des chambres d'accusation portant qu'il n'y a lieu à suivre. — *Cass.*, 7 juin 1811, Balonchard; 6 mars 1817, Monnot. — V. aussi Merlin, *Rép.*, vº *Cassation*, § 5, nº 9; Carnot, *Instr. crim.*, t. 2, p. 229, nº 8.

420. — ... Ou qui déclarent que les faits imputés au prévenu constituent un simple délit correctionnel et non un crime. — *Cass.*, 14 août 1812, Cassel.

421. — Mais quel est l'organe du ministère public qui a qualité pour former le pourvoi? Cette faculté est-elle réservée exclusivement au procureur général, ou bien appartient-elle également au procureur du roi près la cour d'assises devant laquelle le prévenu est renvoyé?

422. — La cour de Cassation s'était prononcée en ce dernier sens par un arrêt du 10 juill. 1812, N...; et cette doctrine est également enseignée par Carnot, *C. inst. crim.*, t. 2, p. 423, nº 6, et Legraverend, t. 2, p. 150.

423. — Mais depuis la cour de Cassation est revenue sur sa jurisprudence. Elle a jugé que le procureur du roi près la cour d'assises est sans qualité pour se pourvoir en cassation contre un arrêt de la chambre d'accusation; que ce droit n'appartient qu'au procureur général.—*Cass.*, 25 mai 1832, Colas.

424. — On peut objecter que, lorsque les assises se tiennent dans un autre département, il est possible que le procureur général ignore le jour de l'interrogatoire qui fait courir le délai; mais il a la faculté de charger le procureur du roi près la cour d'assises de l'en instruire; et d'ailleurs la connaissance qu'il a eue de l'arrêt par l'expédition qu'il en a levée, la signification qu'il en a fait faire, et la rédaction de l'acte d'accusation, présentent des garanties telles qu'il n'est pas permis de croire que l'exercice de son droit soit compromis.

425. — Le procureur général près la cour royale de la Guadeloupe peut, dans l'intérêt de la loi, se pourvoir contre les arrêts de la chambre d'accusation, sans distinction entre les arrêts de non-lieu et les arrêts de renvoi. — *Cass.*, 2 août 1839 (t. 1er 1840, p. 193), Denys.

426. — Quant à la partie civile, il y a une distinction à faire. Voici en quels termes elle a été formulée par le président Barris dans une note que Carnot a insérée en son *C. inst. crim.*, sur l'art. 286, nº 5 (t. 2, p. 287) : « Lorsqu'un arrêt de la chambre d'accusation a déclaré qu'il n'y a pas lieu à suivre, ou que les faits de la plainte ne peuvent donner lieu qu'à une action civile, et que le ministère public n'a pas attaqué cet arrêt, la partie civile ne peut être reçue à l'attaquer en son nom propre; dans ce cas, l'action publique est éteinte, et dans les matières criminelles, la partie civile ne peut agir qu'accessoirement à l'action publique; mais, si la chambre d'accusation s'est bornée à se déclarer incompétente, à raison du domicile des prévenus, du lieu du crime, ou à raison d'autres circonstances étrangères à l'exercice de l'action publique, son arrêt n'éteint pas son action; elle la laisse subsister; dans ce cas, la partie civile est recevable à se pourvoir en cassation contre l'arrêt d'incompétence, quoique le ministère public n'attaque pas cet arrêt, parce que l'action est demeurée libre et entière dans son exercice. »

427. — Jugé, conformément à ces principes, que la partie civile est non-recevable à se pourvoir en cassation, sans le concours du ministère public, contre un arrêt de la chambre d'accusation portant qu'il n'y a lieu à suivre. — *Cass.*, 17 oct. 1811, Rancez; 20 janv. 1820, Jourdain; 28 juin 1822, Niogret c. Chazal; 10 juin 1826, Gonin; 30 avr. 1829, Chauvières; 30 avr. 1830, Ginguais c. Thirion-Montauban; 22 juill. 1831, de Rohan; 2 sept. 1831, Clin c. Tafin-Sauvage; 9 oct. 1840 (t. 2 1840, p. 504), Picard; 30 sept. 1841 (t. 1er 1842, p. 627), Bidel c. Lemire; — Legraverend, *Législ. crim.*, t. 1er, p. 443; Bourguignon, *Jurisp. C. crim.*, sur l'art. 299, § 3; Carnot, *Inst. crim.*, t. 2, p. 284, nº 5 (cet auteur avait d'abord soutenu l'opinion contraire, t. 2, p. 233, nº 9); de Serres, t. 1er, p. 91; Merlin, *Rép.*, vº *Cassation*, § 4; Mangin, *Act. pub.*, t. 1er, p. 263, nº 126.

428. — Jugé dans le même sens que la partie civile est non-recevable à se pourvoir en cassation contre l'arrêt de la chambre des mises en accusation qui statue sur son opposition à une ordonnance de la chambre du conseil, soit que cet arrêt ait rejeté son opposition comme mal fondée, soit qu'il l'ait seulement déclarée non-recevable. — *Cass.*, 31 janv. 1828, Rigault.

429. — ...Que le mari qui a porté plainte en adultère contre sa femme est non-recevable, comme toute autre partie civile, à se pourvoir en cassation, sans le concours du ministère public, contre l'arrêt de la chambre des mises en accusation portant qu'il n'y a lieu à suivre sur sa plainte.—*Cass.*, 26 juill. 1828, Paillet c. Dubarret.

430. — Déjà il avait été jugé, avant le Code d'instruction criminelle, que la partie civile non condamnée n'a pas reçu de la loi le droit de se pourvoir en cassation, sans l'intervention de la partie publique, contre les actes ou arrêts rendus dans la procédure de grand criminel. — *Cass.*, 12 pluv. an XIII, Bigot; 29 germin. an XIII, Gitareau.

431. — Et plus spécialement que, sous le Code du 3 brum. an IV, la partie plaignante était non-recevable à se pourvoir en cassation contre la déclaration du jury portant qu'il n'y avait lieu à accusation, même en fondant son pourvoi sur l'irrégularité de la procédure qui avait précédé cette déclaration.—*Cass.*, 28 germin. an IX, Haslaver.

432. — ...Que sous la loi du 7 pluv. an IX, comme sous le Code du 3 brum. an IV, la partie plaignante était non-recevable à se pourvoir contre une ordonnance du directeur du jury qui renvoyait le prévenu de la plainte. — *Cass.*, 16 fructid. an IX, Darbault; 29 thermid. an XIII, Toubon.

433. — ...Ou qui, sur les conclusions conformes du magistrat de sûreté, renvoyait les parties à se pourvoir à fins civiles. — *Cass.*, 9 frim. an XIII, Coutenceau.

434. — Il avait été jugé également que, d'après la loi du 7 pluv. an IX, il ne pouvait être élevé de conflit avec le substitut magistrat de sûreté; — qu'ainsi la partie civile était non-recevable à appeler de l'ordonnance du directeur du jury, portant que l'action était éteinte par la prescription, et à se pourvoir en cassation contre l'arrêt intervenu sur son appel. — *Cass.*, 13 juin 1806, Dujardin de Ruré c. Delamarre.

435. — Mais il a été jugé (toujours conformément à la distinction faite ci-dessus, nº 426) que la partie civile peut se pourvoir en cassation contre les arrêts qui laissent l'action publique entière et prononcent seulement sur une exception d'incompétence. — *Cass.*, 26 nov. 1812, Maupas; 25 oct. 1811, Langlois c. Serry.

436. — Il avait été jugé toutefois, avant le Code d'instruction criminelle, que, l'action publique étant exercée par des fonctionnaires spécialement établis à cet effet, les parties civiles étaient sans qualité pour attaquer les arrêts de compétence rendus sur ces sortes d'actions.—*Cass.*, 28 germin. an XIII, Bonnet-Imbert c. Goz.

437. — ... Et que, sous la loi du 7-18 pluv. an IX, la partie plaignante était non-recevable à intervenir devant la cour de Cassation, dans les questions de compétence qui, tenant à l'ordre des juridictions et à l'exercice de l'action publique, appartenaient exclusivement au ministère public. — *Cass.*, 28 fructid. an XII, Vauban.

438. — En matière correctionnelle, la partie civile est-elle recevable à se pourvoir en cassation contre l'arrêt de la chambre d'accusation qui, sur son opposition, confirme une ordonnance de la chambre du conseil, portant qu'il n'y a lieu à suivre? — L'affirmative est soutenue par Bourguignon (*Jurisp. C. crim.*, t. 2, p. 17), qui cite à tort, comme l'ayant consacrée, l'arrêt de la cour de Cassation du 25 oct. 1811, précité (nº 435). — Il est difficile d'admettre avec cet auteur que l'intérêt de la vindicte publique ne soit qu'un simple accessoire de l'intérêt privé. La distinction entre les matières correctionnelles et criminelles présenterait d'ailleurs beaucoup de difficultés. — Carnot, *Inst. crim.*, t. 2, p. 287, nº 5.

Sect. 2e. — *Motifs pour lesquels on peut se pourvoir.*

439. — L'art. 299, C. inst. crim., porte que la demande en nullité ne peut être formée contre l'arrêt de renvoi à la cour d'assises que dans les trois cas suivans : 1º si le fait n'est pas qualifié crime par la loi; — 2º si le ministère public n'a pas été entendu; — 3º si l'arrêt n'a pas été rendu par le nombre de juges fixé par la loi.

440. — Mais il ne faut pas prendre à la lettre et considérer comme limitative cette énumération des moyens de nullité qui peuvent être invoqués contre l'arrêt de renvoi. Nous verrons plus bas qu'il en existe d'autres encore.

441. — La nullité peut être demandée premièrement, disons-nous, si le fait n'est pas qualifié crime par la loi.

442. — Mais l'accusé ne peut tirer un moyen de cassation de ce que les faits auraient été mal qualifiés par l'arrêt de mise en accusation. Il suffit, pour la régularité de cet arrêt, que les faits constituent réellement un crime. — *Cass.*, 26 mars 1812, Robinet; 5 fév. 1819, Arnaud. — V. *suprà* nos 351 et suiv. — En effet, l'art. 299 ne dit pas « si le fait a été mal qualifié, » mais « s'il n'est pas qualifié crime par la loi. »

443. — Toutefois, lorsqu'un arrêt de la chambre des mises en accusation portant qu'il n'y a lieu à suivre est fondé sur une base naturellement erronée, il appartient à la cour de Cassation de restituer aux faits reconnus constans dans cet arrêt leur qualification légale. — *Cass.*, 7 fév. 1833, Garnier.

444. — L'arrêt qui met un individu en accusation pour avoir recélé des objets volés est nul, s'il ne mentionne pas que l'accusé a agi sciemment. — *Cass.*, 12 sept. 1812, Masson.

445. — L'arrêt de la chambre d'accusation qui, dans une prévention d'attentat à la pudeur, d'une part, omet d'énoncer la circonstance de violence constitutive de la criminalité du fait; d'autre part, confirme l'ordonnance de la chambre du conseil qui reconnaît cette circonstance, et se réfère aux articles du Code pénal, qui la présupposent, ne sta-

tue pas d'une manière catégorique et concordante sur la qualification de crime du fait imputé, et doit être annulé. — *Cass.*, 25 août 1831, Bénard.

446.—De même l'arrêt qui, renvoyant plusieurs prévenus devant la cour d'assises à raison d'un même crime, a omis l'un d'eux dans l'appréciation de scharges résultant de l'instruction, et n'a précisé contre lui aucun fait qui pût l'en constituer soit auteur, soit complice, doit être annulé à son égard. — *Cass.*, 11 juill. 1834, Leroux.

447.— La nullité peut être demandée en second lieu si le ministère public n'a pas été entendu.

448. — Pour qu'il ait été entendu dans le sens de l'art. 219, il faut que le ministère public ait pris des conclusions. Il n'aurait pas été entendu s'il s'était borné à faire le rapport à la chambre du conseil, sans prendre des conclusions. — Arg. art. 234. C. inst. crim. ;—Carnot, *Inst. crim.*, t. 2, p. 429, nº 8.

449. — Il y a preuve suffisante que le ministère public a été entendu sur le fond, lorsqu'il a non seulement donné ses conclusions sur une demande incidente en renvoi, mais requis de plus un apport de pièces. — *Cass.*, 11 nov. 1824, Aymard.

450. — Enfin, la nullité peut être demandée si l'arrêt n'a pas été rendu par le nombre de juges fixé par la loi.

451.—L'art. 299 ne parle que du nombre des juges. Cependant, s'il s'en trouvait quelqu'un parmi eux qui fût sans caractère légal, cette circonstance suffirait, dit Carnot (*Inst. crim.*, t. 2, p. 431, nº 11), pour entraîner la nullité de l'arrêt. Il n'y a point de doute à cet égard. Mais le moyen de nullité n'étant point celui prévu par le nº 3, art. 299, le pourvoi devrait être formé dans les trois jours de la signification de l'arrêt de renvoi.

452.—Pour que l'arrêt soit réputé rendu par cinq juges au moins, il faut que chacun d'eux y soit désigné par son nom. On ne pourrait pas suppléer au silence de l'arrêt par des preuves extrinsèques. — C. inst. crim., art. 334 ; — Carnot, *Inst. crim.*, t. 2, p. 430, nº 10.

453. — Indépendamment des causes d'annulation énoncées en l'art. 299, C. inst. crim., les arrêts de mise en accusation peuvent être attaqués en cassation pour violation des règles de compétence. — C. inst. crim., art. 408 ; — *Cass.*, 22 janv. 1819, Vergé ; 4 déc. 1823, Castaing ; 18 fév. 1831, Gamache ; — Legraverend, *Inst. crim.*, t. 2, p. 425 ; Carnot, *Inst. crim.*, t. 2, p. 425, nº 8.

454. — Ainsi, bien que les arrêts des chambres d'accusation ne puissent être déférés à la cour de Cassation lorsqu'ils renvoient le prévenu, non devant la cour d'assises, mais devant le tribunal correctionnel seulement (V. *suprà* nºs 410 et suiv.), il en est autrement si le recours contre un tel arrêt porte sur la compétence même de la cour qui l'a rendu, ou du tribunal de renvoi. — *Cass.*, 17 août 1839 (t. 2 1839, p. 463), Fraboulet.

455. — La chambre d'accusation, comme nous l'avons dit ci-dessus (nº 407), apprécie souverainement les faits sur lesquels elle est appelée à prononcer.

456. — Il suit de là que l'arrêt par lequel une chambre d'accusation déclare qu'il ne résulte de la procédure aucun indice des crimes imputés au prévenu, repose sur une appréciation des charges qui le met à l'abri de la cassation. — *Cass.*, 20 janv. 1820, Jourdain.

457. — ...Que la décision d'une chambre d'accusation de laquelle il résulte qu'il y a eu de la part du prévenu absence de toute intention criminelle est souveraine, et ne peut être attaquée devant la cour de Cassation. — *Cass.*, 20 déc. 1844 (t. 1er 1845, p. 665), Recoules.

458. — ...Que la question de savoir s'il y a eu ou non violence est du domaine exclusif de la chambre des mises en accusation, et ne peut donner ouverture à cassation. — *Cass.*, 21 nov. 1839 (t. 1er 1840, p. 5), G....

459.—...Que l'arrêt qui renvoie un individu aux assises comme accusé de subornation de témoins suivie du faux témoignage de ces derniers ne peut pas être annulé sous le prétexte, soit que les individus subornés n'ont pas été condamnés pour faux témoignage, soit qu'ils étaient âgés de moins de quinze ans : il n'appartient pas à la cour de Cassation d'apprécier les faits déclarés constans par la chambre d'accusation. — *Cass.*, 25 mai 1832, Colas.

460.—On ne peut se pourvoir contre un arrêt de la chambre d'accusation sur ce qu'il aurait écarté une circonstance aggravante, parce qu'il n'a pas à cet égard l'autorité de la chose jugé, et que la cour d'assises a la faculté de soumettre cette circonstance au jury, si elle lui paraît résulter du débat. — *Cass.*, 2 janv. 1829, Bousquet.

461. — Mais lorsqu'un arrêt de la chambre d'accusation, après avoir reconnu en fait l'existence d'une circonstance aggravante, l'a écartée en droit par une décision formelle, le procureur général est recevable à se pourvoir contre l'arrêt qui a rejeté la circonstance aggravante, nonobstant les dispositions du nº 1er de l'art. 299, qui n'est pas limitatif, et dont les dispositions doivent s'interpréter par les attributions ordinaires de la cour de Cassation. — *Cass.*, 11 juin 1841 (t. 2 1841, p. 419), Migeot ; 20 janv. 1843 (t. 2 1843, p. 464), Marion. — V. toutefois Carnot, *Instr. crim.*, t. 2, p. 429, nº 7.

462. — L'accusé pourrait-il fonder son recours sur le motif que le crime qui lui est imputé est prescrit ou amnistié, ou qu'il y a chose jugée, ou que la poursuite présente une question d'état à vider préjudiciellement ?—Nous ne le pensons pas. Ce sont là des moyens dont la cour d'assises est le juge naturel. — V. en ce sens Carnot, *Instr. crim.*, t. 2, p. 429, nº 7.

463.—Cependant la cour de Bruxelles, par arrêt du 12 mars 1816 (Henry N...), avait jugé que, lorsqu'un fait, quoique criminel en lui-même, ne peut pas être actuellement poursuivi d'après une disposition de loi qui s'y oppose, on doit le considérer comme n'étant pas actuellement qualifié crime par la loi ; qu'en conséquence l'accusé est recevable à se pourvoir en cassation contre l'arrêt qui, en cet état, le renvoie devant la cour d'assises ;— que spécialement le pourvoi en cassation de l'accusé contre l'arrêt de renvoi est recevable lorsqu'il fonde sa demande sur une exception telle que celle tirée de la prescription ou de ce que, s'agissant d'une question d'état, il n'y a pas été préalablement statué par le tribunal civil. — V. conf. Bourguignon, *Manuel d'instr. crim.*, t. 1er, p. 387, nº 3.

464. — Mais ce n'est là qu'une pure subtilité : la prescription, l'amnistie, la chose jugée, etc., sont des exceptions qui portent sur l'action du ministère public, sans changer en aucune manière les caractères du fait. La chambre d'accusation peut sans doute les admettre (V. *suprà* nº 68), mais en renvoyant l'accusé devant la cour d'assises, elle lui réserve tous ses droits, ce qui suffit pour démontrer l'inutilité du recours dont l'art. 299 s'est montré si sobre.

465. — L'inscription de faux dirigée par un accusé de bigamie contre l'un des actes de mariage établissant la preuve de son crime ne peut fournir un moyen de cassation contre l'arrêt qui le met en accusation, si elle n'a été formée que postérieurement à cet arrêt. — *Cass.*, 18 fév. 1819, Sarrazin ; — Carnot, *Code pén.*, sur l'art. 340, nº 5, t. 2, p. 133.

466. — Un accusé de banqueroute frauduleuse ne pourrait tirer une ouverture à cassation de ce qu'il ne serait pas en état de faillite. C'est là une question de fait qui n'entre pas dans les pouvoirs de la cour de Cassation, sauf à lui à s'en faire un moyen de défense devant le jury.

467. — L'accusé ne peut se faire un moyen de cassation contre l'arrêt de mise en accusation de ce qu'il n'aurait point eu assez de temps pour préparer sa défense. — *Cass.*, 3 fév. 1831, Servant. — Il est évident, en effet, que l'insuffisance du temps laissé à l'accusé pour préparer sa défense ne peut être appréciée par la cour de Cassation, mais seulement par la cour d'assises qui, s'il en est besoin, remettra l'affaire à la fin de la session ou à une session suivante. C'est seulement contre l'arrêt de cette cour qui aurait refusé à l'accusé une remise qu'un pourvoi pourrait être dirigé, s'il était résulté de ce refus une violation des droits de la défense.

468. — L'accusé ne peut fonder sa demande en nullité sur ce que l'arrêt de mise en accusation a été rendu lorsqu'il était au secret. — *Cass.*, 11 avr. 1817, Verdier.

469. — Il ne peut non plus se faire un moyen de cassation de ce qu'il n'a pas été mis en position d'apprécier si le fait principal et les circonstances constitutives de la complicité ont été qualifiées légalement, alors que leur développement renfermé, soit dans le réquisitoire du ministère public sur lequel a statué l'arrêt de mise en accusation, soit dans l'acte d'accusation dressé en conséquence de cet arrêt, exclut toute incertitude, tant sur la nature et la date de l'acte argué de faux que sur les caractères de la complicité. — *Cass.*, 17 juill. (et non juin) 1835, Deminiac.

470. — Le défaut de pourvoi contre l'arrêt de renvoi à la cour d'assises couvre les vices de la procédure antérieure à cet arrêt. — *Cass.*, 19 janv. 1833, Ledieu.

471. — L'accusé qui s'est désisté de son pourvoi contre l'arrêt de mise en accusation est non-recevable à l'attaquer ultérieurement pour incompétence ou excès de pouvoir, ces moyens, aussi bien que ceux tirés de l'art. 299, C. inst. crim., étant nécessairement compris dans son pourvoi. — *Cass.*, 12 déc. 1834, Gilbert dit Miran.

Sect. 3e. — *Délai du pourvoi.*

472. — Le délai pendant lequel le pourvoi contre les arrêts de la chambre d'accusation est recevable, est soumis à des règles différentes, suivant que le pourvoi émane de l'accusé, du ministère public ou de la partie civile.

473. — *Accusé.* — A l'égard de l'accusé, il faut faire une distinction. — Ou bien le pourvoi est fondé sur l'un des trois moyens déterminés par l'art. 299, ou bien il est fondé sur un moyen différent.

474. — Dans le premier cas, le délai est fixé par l'art. 296, C. inst. crim. — Cet article porte que le juge (après l'interrogatoire qu'il doit faire subir à l'accusé dans les vingt-quatre heures de son arrivée à la maison de justice, *suprà* nº 405) l'avertira que, dans le cas où il se croirait fondé à former une demande en nullité, il doit faire sa déclaration dans les cinq jours suivans, et qu'après l'expiration de ce délai, il n'y sera plus recevable.

475. — L'exécution de cet article doit être constatée au procès-verbal qui doit être dressé, et que signent l'accusé, le juge et le greffier ; si l'accusé ne sait ou ne veut pas signer, le procès-verbal en doit faire mention. — C. inst. crim., art. 296, 2e alinéa.

476.—Lorsque l'accusé n'a pas été averti, comme l'exige l'art. 296, la nullité qui résulte de cette omission n'est pas couverte par son silence : ses droits sont conservés, sauf à les faire valoir après l'arrêt définitif. — C. inst. crim., art. 297.

477. — La lecture faite à l'accusé des art. 296 et 299, C. inst. crim., équivaut à l'avertissement que le président (ou le juge) doit lui donner. — *Cass.*, 3 janv. 1812, N...

478. — Il ne résulte aucune nullité de ce qu'en l'absence du président des assises dans lesquelles l'accusé doit être jugé, il aurait été interrogé dans les vingt-quatre heures de son arrivée par le président des assises du trimestre précédent qui n'était pas encore expiré. L'avertissement donné à la suite de cet interrogatoire suffit pour faire courir contre l'accusé le délai du pourvoi en cassation contre l'arrêt de mise en accusation. — *Cass.*, 5 fév. 1819, Arnaud.

479. — Le délai court-il pendant la contumace, lorsque l'accusé s'est évadé après avoir subi son interrogatoire et reçu l'avertissement prescrit par l'art. 296, mais avant l'expiration des cinq jours ? — V. CONTUMACE.

480. — Lorsque l'accusé qui a reçu l'avertissement prescrit par l'art. 296, C. inst. crim., ne s'est pas pourvu contre l'arrêt de mise en accusation, cet arrêt a l'autorité de la chose jugée, et la cour royale criminelle ou d'assises est régulièrement saisie de l'instruction et du jugement. — *Cass.*, 23 mars 1820, Durand ; 20 avr. 1820, Alquier.

481. — Dans ce cas, la cour de Cassation ne peut apprécier les faits de l'accusation que d'après la déclaration du jury. — *Cass.*, 20 avr. 1820, Alquier.

482. — Les débats et le jugement sont nuls lorsqu'il y a été procédé avant l'expiration des cinq jours accordés à l'accusé pour se pourvoir en cassation contre l'arrêt de mise en accusation. — *Cass.*, 30 juill. 1836, Remy.

483. — Dans ce cas, l'accusé est encore recevable à former sa demande en nullité après l'arrêt définitif. — *Bruxelles*, 24 août 1815, Corneille Deconninck.

484. — Mais le pourvoi en cassation formé par l'accusé contre l'arrêt de condamnation ne suffit pas, s'il n'a point formé un pourvoi distinct, pour l'autoriser à proposer des moyens de nullité contre l'arrêt de renvoi, qui ne peut pas être assimilé aux jugemens préparatoires ou d'instruction. — *Cass.*, 19 janv. 1833, Ledieu. — V. aussi *Cass.*, 3 oct. 1844 (t. 2 1845, p. 66), Lavèle.

485. — La nullité des débats prématurément engagés, ainsi que du jugement qui les suit, est couverte lorsque l'accusé a formellement renoncé à s'en prévaloir, et notamment lorsque, interpellé dans le cours des débats par le président, il a déclaré vouloir être jugé immédiatement et renoncer à se pourvoir contre l'arrêt de renvoi. — *Cass.*, 30 juill. 1836, Remy ; 25 avr. 1839 (t. 1er 1840, p. 183), Dubois.

486. — Cette déclaration valide non seulement les débats qui la suivent, mais encore ceux qui l'ont précédée. — *Cass.*, 25 avr. 1839, cité au numéro précédent.

487. — Il ne serait pas même besoin d'une déclaration expresse. — Ainsi, la citation à témoins donnée à la requête de l'accusé, l'exercice de son droit de récusation, sa participation aux débats sans aucune réclamation de sa part, constituent un consentement suffisant au jugement de la cause, une renonciation aux délais accordés par l'art.

261, C. inst. crim., et à l'exercice du droit de recours contre l'arrêt de renvoi. — *Cass.*, 5 janv. 1838 (t. 1er 1838, p. 176), Breton.

488. — Lorsque l'accusé, arrivé dans la maison de justice après l'ouverture des assises, consent à être jugé pendant la session, il est censé renoncer à la faculté de se pourvoir contre l'arrêt de renvoi; et dès-lors il n'est pas nécessaire, à peine de nullité, que le président lui donne l'avertissement prescrit par l'art. 296, C. inst. crim. — *Bruxelles*, 11 nov. 1819, Gilbert.

489. — De même, lorsque l'accusé qui n'est arrivé dans la maison de justice qu'après l'ouverture des assises a non seulement consenti, mais même demandé à être jugé durant la session, il est non-recevable à se faire un moyen de nullité de ce qu'il n'y aurait eu ni réquisitoire écrit de la part du procureur général, ni ordonnance expresse du président des assises. — *Bruxelles*, 27 sept. 1821, Joseph Botte.

490. — Au surplus, le défaut d'interrogatoire par le président cinq jours avant les débats n'a d'autre effet que de conserver à l'accusé le droit d'attaquer l'arrêt de renvoi en même temps que l'arrêt définitif. — *Cass.*, 25 avr. 1839 (t. 1er 1840, p. 183). Dubois.

491. — Le délai ne courrait pas, selon Bourguignon (*Manuel d'instr. crim.*, t. 1er, p. 384, no 2), si l'accusé n'était pas pourvu d'un conseil, conformément à l'art. 294 (V. aussi Carnot, *Instr. crim.*, t. 2, p. 423, no 5), ou s'il n'avait pas eu la faculté de communiquer avec lui, conformément à l'art. 302. Quelque importantes que soient la désignation d'un conseil et la faculté de communiquer avec lui, la loi ayant fait courir le délai à partir de l'avertissement, sans subordonner la déchéance à l'accomplissement de ces deux conditions, nous ne pensons pas qu'il soit possible d'étendre ainsi un texte formel.

492. — Si l'avertissement n'avait été donné à l'accusé que par un acte postérieur à l'interrogatoire prescrit par l'art. 293, le délai ne commencerait à courir contre lui que du jour de cet avertissement, qui n'en serait pas moins valable; l'accusé ne saurait se plaindre d'un retard qui lui aurait laissé plus de temps pour rechercher ses moyens de nullité. Il suffit, d'ailleurs, pour la régularité de la procédure, que l'avertissement ait précédé de cinq jours l'ouverture des débats. — V. Bourguignon, *Manuel d'inst. crim.*, t. 1er, p. 385, no 3.

493. — Le délai de cinq jours accordé à l'accusé pour se pourvoir contre l'arrêt de renvoi n'est pas franc. Ainsi, la déclaration de pourvoi formée le 19 n'est plus recevable lorsque l'accusé a été interrogé le 13 par le président. — *Cass.*, 12 juin 1828, Canac Deserre. — V. aussi Carnot, *Inst. crim.*, t. 2, p. 417, no 3.

494. — L'accusé n'est considéré comme ayant été averti qu'autant que la preuve en est établie par un procès-verbal dressé conformément au deuxième paragraphe de cet article. — Carnot, *Instr. crim.*, t. 2, p. 417, no 2.

495. — La date incomplète du procès-verbal dressé conformément à l'art. 296, C. inst. crim., ne saurait entraîner la nullité des formalités dont il constate l'accomplissement; elle ne pourrait, dans tous les cas, avoir pour effet que de relever l'accusé de la déchéance du délai de cinq jours pour se pourvoir en nullité contre l'arrêt de renvoi. — *Cass.*, 22 janv. 1841 (t. 1er 1842, p. 262), Raynal et Puel.

496. — L'omission du mois dans la date du procès-verbal dressé conformément à l'art. 296, C. inst. crim., peut être réparée à l'aide des autres énonciations de ce procès-verbal, lorsque d'ailleurs il en résulte que plus de cinq jours se sont écoulés entre l'interrogatoire exigé par l'art. 293 et la comparution de l'accusé devant la cour d'assises. — Même arrêt.

497. — Lorsque l'interrogatoire de l'accusé prescrit par l'art. 296, C. inst. crim., a eu lieu à une époque où cet accusé n'avait pas encore reçu la signification de l'acte d'accusation, cette irrégularité ne peut entraîner la nullité de la procédure, s'il s'est écoulé plus de cinq jours entre cette signification et la comparution devant la cour d'assises. — *Cass.*, 1er févr. 1839 (t. 1er 1840, p. 184), Willandt.

498. — Lorsqu'un individu a été illégalement traduit devant la cour d'assises, sans un arrêt préalable de mise en accusation, l'avertissement que lui donne le président lors de son interrogatoire, en exécution de l'art. 299, C. inst. crim., n'élève contre lui ni déchéance, ni fin de non-recevoir. — *Cass.*, 8 août 1818, Castanié.

499. — Lorsque le pourvoi de l'accusé est fondé sur un moyen autre que ceux prévus par l'art. 299, ce n'est pas dans le délai de cinq jours fixé par l'art. 296, mais dans le délai général de trois jours établi par l'art. 373, que ce pourvoi doit être formé.

500. — Ainsi jugé que le recours pour violation des règles de compétence doit nécessairement être formé dans le délai de trois jours, à partir de la signification de l'arrêt. — *Cass.*, 22 janv. 1819, Pierre Vergé; 4 déc. 1823, Castaing.

501. — La notification de l'arrêt de renvoi est nécessaire pour faire courir le délai du pourvoi. — Ainsi jugé que le pourvoi en cassation formé par l'accusé pour cause d'incompétence contre l'arrêt de mise en accusation est toujours recevable, tant que cet arrêt ne lui a pas été signifié. — *Cass.*, 23 déc. 1819, Brice; 30 juin 1820, Pelletier de Chambure.

502. — Jugé même que, bien que la copie de l'exploit contenant notification de l'arrêt de renvoi et de l'acte d'accusation soit datée seulement du mois et de l'an, et non du jour, cet exploit n'est pas nul s'il s'est écoulé plus de cinq jours entre la fin du mois où l'exploit a été notifié et le jour où l'accusé a paru aux débats. — *Cass.*, 28 août 1845 (t. 2 1845, p. 168), Rossi.

503. — L'accusé qui, dans les trois jours de la notification de l'arrêt de renvoi, se pourvoit par des motifs autres que ceux prévus dans l'art. 299, peut, s'il y a lieu, invoquer ces derniers dans le même pourvoi, encore bien qu'il n'ait point encore reçu l'avertissement prescrit par l'art. 296. On ne concevrait pas qu'il fût tenu d'attendre son interrogatoire, ce qui l'obligerait à faire deux pourvois dont les moyens seuls différeraient.

504. — Jugé en ce sens que l'accusé n'est pas obligé d'attendre son interrogatoire, ni même sa translation dans la maison de justice pour se pourvoir en cassation contre l'arrêt qui le met en accusation. Le délai de cinq jours établi par l'art. 296, C. inst. crim., lui a été accordé dans son intérêt et non pour restreindre ses droits. — *Cass.*, 7 nov. 1812, Dardelut. — V. conf. Merlin, *Rép.*, vo *Faux*, sect. 1re, § 38.

505. — Après l'expiration du délai fixé par la loi, l'accusé n'est plus recevable à attaquer l'arrêt de renvoi, quoique cet arrêt n'exprime pas les circonstances qui donnent au fait le caractère d'un crime. — *Cass.*, 9 janv. 1812, Herbault; 20 janv. 1842 (t. 1er 1842, p. 691), Pasquier.

506. — Il n'est pas non plus recevable, après sa condamnation, à critiquer cet arrêt dans la disposition qui a fixé le caractère des faits incriminés. — *Cass.*, 6 fév. 1812, Morin; 12 sept. 1816, Pierre Richer; 9 sept. 1837 (t. 2 1837, p. 431), Vidal.

507. — Si l'arrêt de renvoi à la cour d'assises n'avait pas été signifié à l'accusé avant l'arrêt définitif, l'accusé serait recevable à l'attaquer sur son pourvoi contre l'arrêt qui aurait prononcé sa condamnation, mais seulement pour d'autres causes que celles énoncées dans l'art. 299, C. inst. crim. — *Cass.*, 24 déc. 1812, N....; 17 déc. 1812, N...; — Carnot, *C. instr. crim.*, art. 298.

508. — L'art. 296 n'est applicable, en matière de presse, que dans le cas où l'arrêt de renvoi a pour base un fait qualifié *crime*; c'est à l'art. 373, qui fixe le délai général à trois jours, à partir de la signification de l'arrêt, qu'il faut recourir lorsqu'il s'agit d'un simple délit correctionnel, encore bien que le prévenu ait été renvoyé, conformément à la loi du 8 oct. 1830, devant la cour d'assises. — *Cass.*, 28 juill. 1820, Legracieux, Leduc et Genoude; 19 janv. 1833, Ledieu; — Legraverend, *Législ. crim.*, t. 1er, p. 452, et t. 2, p. 373; Chassan, *Tr. des dél. de la parole*, t. 2, p. 373; Parant, *Lois de la presse*, p. 309.

509. — Il suit de là qu'en matière de simples délits correctionnels, l'avertissement prescrit par l'art. 296, C. inst. crim., n'est pas nécessaire pour faire courir le délai du pourvoi. — *Cass.*, 19 janv. 1833, Ledieu.

510. — Jugé de même que lorsqu'un recours a été formé devant la chambre d'accusation contre une ordonnance du juge d'instruction, le pourvoi en cassation contre l'arrêt qui intervient sur ce recours doit être formé dans le délai de trois jours déterminé par l'art. 373, C. inst. crim. — *Cass.*, 4 août 1820, Nicolas Chevalier.

511. — L'accusé qui ne s'est pas pourvu contre l'arrêt de renvoi à la cour spéciale est non-recevable à se pourvoir contre cet arrêt après sa condamnation, et à proposer pour moyen de cassation la violation de la chose jugée par une ordonnance de la chambre du conseil qui avait précédemment déclaré n'y avoir lieu à suivre. — *Cass.*, 25 juill. 1812, Septime Vassali; 17 juill. 1812, N....; 13 août 1812, N... — V. conf. Merlin, *Rép.*, vo *Opposition à une ordonnance.* — V. *contrà* Legraverend, t. 1er, p. 387.

512. — L'individu condamné pour faux en écriture de commerce n'est pas recevable à critiquer l'arrêt de la chambre d'accusation passé en force de chose jugée qui le renvoie à la cour d'assises, sous prétexte que cette chambre aurait dû considérer comme simples promesses, et non comme effets de commerce, les lettres de change qu'il a falsifiées. — *Cass.*, 9 sept. 1837 (t. 2 1837, p. 363), F.

513. — L'accusé ne peut proposer contre l'arrêt de condamnation un moyen tiré de ce que, s'agissant d'un faux serment, dans une matière excédant la somme de 150 fr., la preuve testimoniale n'était pas admissible, s'il n'a formé aucun pourvoi contre l'arrêt de mise en accusation. — *Cass.*, 5 sept. 1812, Gilbert Merlin.

514. — Le garde national condamné par une cour d'assises pour attaque contre la dignité royale dans une plaidoirie prononcée devant un conseil de discipline, ne peut se faire un moyen de cassation de ce que le conseil n'aurait pas dressé procès-verbal des paroles incriminées, ni réservé l'action publique, s'il ne s'est pas pourvu contre l'arrêt de mise en accusation. — *Cass.*, 7 juin 1832, Desavignac.

515. — L'accusé qui ne s'est pas pourvu contre l'arrêt de renvoi ne peut se faire un moyen de nullité contre l'arrêt de condamnation rendu par la cour d'assises de ce qu'il aurait été, à son préjudice, compris dans un même arrêt de renvoi et soumis au même débat que d'autres accusés auxquels un crime plus grave que le sien était imputé. — *Cass.*, 28 avr. 1831, Gouen, Bous.

516. — *Ministère public.* — A l'égard du ministère public, il faut distinguer, relativement au délai qui lui est imparti pour se pourvoir, entre le pourvoi qu'il forme contre l'arrêt de non-lieu et celui qu'il forme contre l'arrêt de renvoi.

517. — Quant au premier, comme il n'a été l'objet d'aucune disposition spéciale, il doit être déclaré dans le délai de trois jours, conformément à la disposition générale de l'art. 373, C. inst. crim., qui forme le droit commun. — *Cass.*, 7 juin 1811, Balonchard; 1er mars 1816, G...; 6 mars 1817, Monnot; 10 juin 1826, Gonin; 30 juin 1827, Morat; 13 janv. 1832, de Clugny; — Legraverend, *Instr. crim.*, t. 2, p. 426 et 436; Carnot, *Instr. crim.*, t. 2, p. 781, no 1er; Bourguignon, *Jurisp. C. crim.*, t. 1er, p. 322, N... — La cour de Bruxelles, par arrêt du 31 oct. 1825, avait décidé que ce délai était de vingt-quatre heures. Mais c'était évidemment une fausse application de la loi.

518. — Il ne pourrait y avoir lieu à une prorogation de délai en faveur du ministère public, quoique l'arrêt eût été prononcé en son absence, et lors même qu'il serait établi authentiquement que les pièces ne lui ont été remises qu'après l'expiration du délai. — *Cass.*, 10 juin 1826, Gonin.

519. — Mais quel est le point de départ de ce délai? — La cour de Cassation a varié sur ce point.

520. — Elle avait d'abord décidé que le délai de trois jours ne commençait à courir que du jour où une expédition de l'arrêt avait été remise au ministère public par le greffier. — *Cass.*, 1er mars 1816, G...

521. — Mais, comme cette jurisprudence présentait les plus graves inconvéniens, Carnot (*Instr. crim.*, sur l'art. 229, no 7, t. 2, p. 228) avait proposé de faire courir le délai du jour où le ministère public avait eu connaissance officielle de l'arrêt par la communication que lui en avait faite le greffier.

522. — Cette doctrine a même été consacrée par un arrêt de la cour de Cassation, décidant que le délai du pourvoi contre un arrêt de non-lieu ou de renvoi en police correctionnelle de la chambre d'accusation ne commence à courir contre le ministère public qu'après qu'il en a eu connaissance, ou par expédition délivrée par le greffier, ou par la communication de la minute. — *Cass.*, 22 août 1817, Goullay.

523. — Mais la cour de Cassation ne tarda point à reconnaître que ce système ne reposait sur aucune disposition de la loi, et que, puisqu'elle était obligée de recourir à l'art. 373 pour combler la lacune qui existe dans la législation, elle ne pouvait pas, en adoptant cet article pour le délai, le rejeter pour la fixation du point de départ qu'il détermine.

524. — Elle a donc jugé que le délai courait contre le ministère public à compter du jour de la prononciation de l'arrêt. — *Cass.*, 10 juin 1826, Gonin; 30 juin 1827, Morat; 13 janv. 1832, de Clugny.

525. — ...Et cela alors même qu'il n'aurait eu connaissance de cet arrêt qu'après l'expiration du délai. — *Cass.*, 30 juin 1827, Morat; 13 janv. 1832, de Clugny.

526. — ...Et que la minute n'aurait été signée par un conseiller que le jour même où elle lui a été communiquée. — *Cass.*, 13 janv. 1832, de Clugny.

527. — Il nous semble que, pour prévenir ces inconvéniens, l'arrêt devrait être prononcé à la cham-

bre du conseil, en présence du procureur général et du greffier. L'art. 224 ne leur interdit point d'y rentrer après la délibération pour en connaître le résultat. La prononciation de l'arrêt en présence du ministère public équivaudrait à une mise en demeure de se pourvoir, et garantirait tous ses droits.

528. — Quant au pourvoi contre l'arrêt de renvoi, l'art. 298 porte que le procureur général est tenu de faire sa déclaration dans le même délai que l'accusé, c'est-à-dire dans le délai de cinq jours, à compter de l'interrogatoire, et sous la même peine de déchéance portée en l'art. 296.

529. — Alors même que l'accusé n'aurait pas été averti de se pourvoir, le délai courrait contre le procureur général à partir de l'interrogatoire de l'accusé, en sorte qu'il serait possible que celui-ci fût encore dans le délai et que le procureur général eût encouru la déchéance. — Carnot, *Instr. crim.*, t. 2, p. 443, nº 2.

530. — Lorsqu'un arrêt de renvoi qui viole les règles de la compétence à l'égard des faits ou des personnes est passé en force de chose jugée, les règles de juridiction peuvent encore être rétablies par l'effet du pouvoir extraordinaire que l'art. 441, C. inst. crim., accorde à la cour de Cassation, dans l'intérêt de l'ordre public, et qu'elle peut exercer sur la provocation directe et expresse du ministre de la justice. — *Cass.*, 19 juill. 1816, Lemoine.

531. — *Partie civile.* — Quant à la partie civile, aucune disposition spéciale ne fixe de délai au pourvoi qu'elle peut être autorisée à exercer; — mais comme ce pourvoi ne peut guère être formé par elle qu'au cas d'incompétence (*suprà* nº 435), c'est-à-dire en vertu seulement de l'art. 408. C. inst. crim, c'est dans l'art. 373 seul, et non dans l'art. 299, qu'il faut prendre le délai, qui, par suite, ne doit être que de trois jours.

Sect 4e. — *Effets du pourvoi.*

532. — Nonobstant la demande en nullité du pourvoi, l'instruction doit être continuée jusqu'aux débats exclusivement. — C. inst. crim., art. 301. — Mais il doit être sursis aux débats jusqu'à ce que la cour de Cassation ait prononcé sur le mérite du pourvoi.

533. — Jugé que le pourvoi formé en conséquence de l'art. 296, C. inst. crim., contre l'arrêt de renvoi aux assises, ne nécessite le sursis aux débats, ordonné par l'art. 301, même Code, que dans le cas où le pourvoi est fondé sur l'un des trois moyens de nullité mentionnés dans l'art. 299. — *Cass.*, 24 déc. 1812, Pompé Grecco. — V. conf. Carnot, *Instr. crim.*, t. 2, p. 436, nº 1er; Legraverend, t. 2, p. 153.

534. — Jugé également qu'une cour d'assises peut procéder à l'ouverture des débats nonobstant un pourvoi tardivement déclaré ou qui ne lui paraît pas porter sur des ouvertures à cassation déterminées par la loi, et cela sans préjudice du droit qui appartient à la cour de Cassation de juger si cette cour d'assises a été régulièrement saisie. — *Cass.*, 5 fév. 1819, Benoît Arnaud.

535. — Jugé au contraire, et avec plus de raison, que l'arrêt de mise en accusation portant renvoi à la cour d'assises ne peut être considéré comme un simple arrêt d'instruction, et que dès lors le pourvoi contre un tel arrêt, bien que formé tardivement, n'en est pas moins *suspensif*, et n'autorise la continuation de l'instruction que jusqu'aux débats *exclusivement*; — que le jugement de la validité, soit en la forme, soit au fond, d'un pourvoi en nullité formé contre un arrêt de ce genre, rentrant dans les attributions exclusives de la cour de Cassation, la cour d'assises ne peut passer outre aux débats tant que cette cour n'a pas statué. — *Cass.*, 5 juin 1841 (t. 1er 1842, p. 399), Tozzoli et Ratti.

536. — Jugé que le pourvoi en cassation formé contre un arrêt de compétence, en matière criminelle, est de plein droit suspensif, et oblige le juge à surseoir au jugement du fond. — *Cass.*, 14 déc. 1833, Paulin.

537. — Jugé de même que la cour de Cassation seule a le droit de statuer sur la recevabilité d'un pourvoi qui, étant suspensif de plein droit lorsqu'il frappe directement sur l'incompétence matérielle, doit faire surseoir à toute exécution de l'arrêt qu'il attaque: la cour d'assises qui juge qu'un pourvoi, sous prétexte qu'il n'a pas été fait en temps utile, ne peut motiver une demande en surséance, commet un excès de pouvoir et viole la loi. — *Cass.*, 11 mai 1833, Paulin.

538. — Lorsque l'accusé qui n'a pas été averti conformément à l'art. 296, a néanmoins formé son recours avant l'ouverture des débats, la cour d'assises, qui n'est pas juge du mérite de son pourvoi, ne peut se permettre de passer outre. — Carnot, *Instr., crim.*, t. 2, p. 418, nº 4, et 436, nº 2.

539. — Mais si la déclaration du recours en cassation n'avait été formée qu'après l'ouverture des débats, l'art. 353 imposerait, selon Carnot, le devoir aux juges de les continuer, sauf à l'accusé à faire valoir, après l'arrêt définitif, les droits que l'art. 297 lui réserve. On peut invoquer à l'appui de ce système l'art. 26, L. 9 sept. 1835. Un pareil pourvoi, s'il entraînait le sursis, équivaudrait à une récusation en masse du jury de jugement.

540. — Lorsqu'un accusé de suppression d'état a laissé passer le délai de la loi sans se pourvoir en cassation contre l'arrêt qui a prononcé sa mise en accusation avant le jugement de la question d'état, la cour d'assises peut, sur sa demande, surseoir à l'ouverture des débats jusqu'au jugement de cette question. — *Cass.*, 22 juin 1820, Delahaye; *C. d'assises de Toulouse*, 12 mai 1823, Justine Deschamps; — Mangin, *Act publ.*, t. 1er, nº 189.

541. — Mais la cour de Cassation a jugé, par le premier de ces deux arrêts, qu'en pareil cas, la cour d'assises ne pouvait annuler l'ordonnance de prise de corps, ni ordonner la mise en liberté de l'accusé; c'est aussi l'avis de Mangin (*loc. cit.*). — Au contraire, la cour d'assises de Toulouse a décidé par le second arrêt que l'action, criminelle étant prématurée, il y avait lieu d'ordonner la mise en liberté de l'accusé.

Sect. 5e. — *Effets de l'arrêt rendu sur le pourvoi.*

542. — Si le pourvoi formé par l'accusé, le ministère public ou la partie civile, contre l'arrêt de renvoi rendu par la chambre d'accusation est rejeté, l'affaire suit son cours, et est dès-lors portée devant la juridiction saisie pour être vidée définitivement.

543. — L'arrêt de rejet doit être délivré dans les trois jours au procureur général près la cour de Cassation par simple extrait signé du greffier, lequel est adressé au ministère de la justice et envoyé par celui-ci au magistrat chargé du ministère public près la cour de laquelle émane l'arrêt attaqué. — C. inst. crim., art. 439.

544. — Ce délai de trois jours n'est pas prescrit à peine de nullité. — Legraverend, t. 2, p. 461.

545. — Le ministère public n'est pas tenu de notifier à un accusé le rejet de son pourvoi contre l'arrêt qui l'a mis en accusation. L'accusé est suffisamment averti de ce rejet par la fixation du jour déterminé pour sa comparution devant la cour d'assises, et par l'accomplissement des formalités préalables à cette comparution. — *Cass.*, 24 mars 1833, Gamel.

546. — Si au contraire la cour de Cassation annule l'arrêt, elle doit renvoyer le procès et les parties devant une cour royale autre que celle qui a réglé la compétence et prononcé la mise en accusation. — C. inst. crim., art. 427 et 429, § 1er.

547. — ...A moins toutefois que l'annulation n'ait été prononcée dans l'intérêt de la loi. — Carnot, *Inst. crim.*, t. 3, p. 192, nº 7. — V. aussi *Cass.*, 2 avr. 1831, Mazas et Pignol.

548. — ... Ou que le fait qui avait donné lieu à la mise en accusation ne constitue aucun crime qualifié par la loi. — C. inst. crim., art. 429, § 5. — V. aussi *Cass.*, 9 nov. 1823, Claude Lejeal; 2 juin 1825, Ferdinand Joson; 29 avr. 1826, Séraphin Carlin; 8 sept. 1826, Françoise Aussant; 9 sept. 1826, Jean-Baptiste Duserech; 14 sept. 1826, Françoise Delpeux; 27 janv. 1827, Mathieu Laloux; 10 fév. 1827, Gandon; 6 avr. 1827, Catherine Perrin; 16 juin 1827, Laroche; 10 août 1827, Joseph Garaux; 22 mai 1828, Lazard Hayem; 28 janv. 1830, Matte; 28 nov. 1833, Nicolas Dieudonné; 11 juin 1836 (t. 1er 1837, p. 387), Montfouillou; 26 fév. 1841 (t. 1er 1842, p. 203), Lardet; — Bourguignon, *Jur. C. crim.*, t. 2, p. 325, nº 1er.

549. — ... Ou que les faits, objets de la poursuite ne soient couverts par une amnistie. — Arg. *Cass.*, 8 fév. 1817, Pierre Sabatier; 21 mars 1817, Moulin.

550. — ... Ou que le délit ne soit prescrit. — Arg. *Cass.*, 7 janv. 1813, Pierre Malvagia; 5 août 1825, Bruyeron; 2 fév. 1829, André Blanc; 31 août 1827, Buchillot; 11 juin 1829, Contr. indir. c. Soccard. — *Contrà* Carnot, t. 3, p. 198, nº 11.

551. — L'arrêt qui violerait la maxime *non bis in idem* ou l'autorité de la chose jugée ne pouvant être suivi d'aucune action, la cour de Cassation en l'annulant ne prononce non plus aucun renvoi. — *Cass.*, 12 août 1825, Claude Rosay.

552. — La cassation d'un arrêt de partage, équivalant à une déclaration de non-lieu, ne donne lieu à aucun renvoi. — Arg. *Cass.*, 6 mai 1825, Capperon.

553. — Lorsque la cour de Cassation annule l'arrêt par lequel une cour royale a mis en accusation un prévenu de suppression d'état avant le jugement de la question d'état, elle n'ordonne aucun renvoi. — *Cass.*, 24 juill. 1823, Boussac.

554. — De même, en annulant l'arrêt qui avait ordonné au procureur général de recueillir des renseignemens sur une mise au cachot, la cour de Cassation ne prononce aucun renvoi. — *Cass.*, 26 fév. 1825, Ponsart.

555. — Si l'arrêt et la procédure sont annulés pour cause d'incompétence, la cour de Cassation renvoie le procès devant les juges qui doivent en connaître et les désigne. — Toutefois, si la compétence se trouvait appartenir au tribunal de première instance où siége le juge qui a fait la première instruction, le renvoi devrait être fait à un autre tribunal de première instance. — C. inst. crim., art. 429, § 4.

556. — La cour de Cassation ne peut renvoyer l'affaire au tribunal auquel a appartenu le magistrat qui a fait la première instruction, lors même qu'il ne serait plus membre du tribunal, ou que ce tribunal serait composé de plusieurs chambres. — Carnot, t. 3, p. 197, nº 7.

557. — Aucun des juges qui ont participé à un arrêt cassé ne peut entrer, à peine de nullité, dans la composition de la nouvelle cour qui prononce sur la même affaire, en exécution du renvoi ordonné par la cour de Cassation. — *Cass.*, 6 mai 1824, Baranger.

558. — Le choix que la cour de Cassation est appelée à faire de la nouvelle cour qui doit connaître de l'affaire ne peut résulter, aux termes de l'art. 430, C. inst. crim., que d'une délibération spéciale prise en la chambre du conseil, immédiatement après la prononciation de l'arrêt de cassation, et dont il est fait mention expresse dans l'arrêt.

559. — La cour de Cassation peut, par des considérations de commodité pour les témoins et d'économie dans les frais, rapporter la disposition d'un de ses arrêts, par laquelle, en annulant un arrêt, elle a renvoyé l'affaire devant une cour, et désigner une autre cour pour en connaître. — *Cass.*, 12 août 1813, Tourtillier; — Merlin, *Rép.*, vº *Renvoi après cassation*, nº 4.

560. — Les nouveaux juges d'instruction auxquels il pourrait être fait des délégations pour l'instruction de l'affaire renvoyée ne peuvent être pris parmi les juges d'instruction établis dans le ressort de la cour dont l'arrêt a été annulé. — C. inst. crim., art. 431.

561. — Cette disposition a pour objet de ne laisser aux cours royales dont les arrêts ont été annulés, aucune influence sur la nouvelle instruction à faire. — Legraverend, t. 2, p. 455, note 1re; Carnot, *Inst. crim.*, t. 3, p. 202.

562. — Toutefois il ne paraît pas que l'infraction à la prohibition de l'art. 431 dût entraîner une nullité. — *Cass.*, 13 sept. 1827, Rivière; 9 juin 1831, Perrin.

563. — La cour royale saisie par la cour de Cassation désigne dans son ressort, après avoir réparé l'instruction en ce qui la concerne, la cour d'assises par laquelle le procès doit être jugé. — *Cass.*, 14 mars 1828, Bernadet.

564. — Mais elle ne peut la renvoyer devant une cour d'assises étrangère à son ressort sans violer les règles de compétence établies par la loi. — *Cass.*, 16 avr. 1812, Clavié et Carré; 27 juin 1845 (t. 2 1845, p. 624), Jeannin; — Carnot, t. 3, p. 284, art. 433, nº 3.

565. — Par conséquent, elle ne pourrait renvoyer devant les juges ou une cour d'assises établis dans le ressort de la cour dont l'arrêt a été annulé. — *Cass.*, 28 nov. 1811, Arent; — Legraverend, t. 2, chap. 5, § 4, p. 439, note 5e.

566. — Le renvoi fait par la cour de Cassation à la chambre d'accusation ne lui confère en effet que les mêmes droits qu'avait la cour saisie directement. — Carnot, t. 3, p. 204, nº 5.

567. — La cassation prononcée en faveur d'une partie, ne profite pas à une autre partie qui n'a formé aucun pourvoi. C'est ce qui résulte par analogie de plusieurs arrêts de cassation rendus sur le pourvoi des condamnés. — *Cass.*, 9 thermid. an IX, Barry; 24 messid. an XI, Olard; 18 avr. 1816, Vastine.

568. — La partie civile qui succombe dans son pourvoi est condamnée en une indemnité de 150 fr. et aux frais envers la partie; plus 150 fr. envers l'état, ou seulement 75 fr. si l'arrêt a été rendu par défaut. — C. inst. crim., art. 436.

569. — Si l'arrêt a été annulé, l'amende consignée doit être rendue, en quelques termes que soit conçu l'arrêt qui a statué sur le recours, alors même qu'il aurait omis d'en ordonner la restitution. — C. inst. crim., art. 437.

570. — ... Et quand même l'arrêt attaqué n'aurait été annulé que dans une de ses dispositions. —

Carnot, *Inst. crim.*, t. 3, p. 242, n° 3. — V. au surplus CASSATION (mat. crim.).
V. DUEL, EXCUSE, TENTATIVE.

CHAMBRES DES PAIRS.

Table alphabétique.

§ 1er. — *Historique.*

3. — La Charte du 4 juin 1814, octroyée par Louis XVIII, disait dans son préambule : « Nous avons cherché les principes de la Charte constitutionnelle dans le caractère français et dans les mo-

numens vénérables des siècles passés. Ainsi, nous avons vu dans le renouvellement de la pairie une institution vraiment nationale, et qui doit lier tous les souvenirs à toutes les espérances, en réunissant les temps anciens et les temps modernes. » L'art. 27 de cette Charte était conçu en ces termes : « La nomination des pairs de France appartient au roi. Leur nombre est illimité; il peut en varier les dignités, les nommer à vie ou les rendre héréditaires, selon sa volonté. »

4. — « Le mot pairs (pares), dit M. F. Berriat Saint-Prix (*Commentaire sur la Charte constitutionnelle*, p. 160), signifie égaux. Selon la loi de la féodalité, tout propriétaire de fief ne pouvait être privé de ses droits que par le jugement de ses pairs (*Const. Conradi de feudis*, lib. V, tit. 4), c'est-à-dire des propriétaires de fiefs qui dépendaient de la seigneurie et occupaient ainsi, comme vasseaux du même suzerain, un pareil degré dans la hiérarchie féodale. Chaque seigneur présidait, en effet, une cour dont étaient membres ses vassaux immédiats, tour à tour juges et justiciables; c'étaient les pairs de la seigneurie; ainsi, ceux qui tenaient des fiefs du duc de Bourgogne et composaient sa cour féodale, s'appelaient pairs de Bourgogne; ceux qui relevaient du roi, en tant que duc de France, comte de France, etc., se nommaient pairs du roi. La qualification de pair de France était réservée (au moins en théorie) aux grands feudataires qui relevaient nûment de la couronne; aussi supposait-on qu'il n'y avait, lors de l'avénement de Hugues Capet, que six pairs de France auxquels on adjoignit, probablement en mémoire des *douze pairs* de Charlemagne, six archevêques ou évêques, dont les fiefs relevaient du roi, à l'occasion de ces domaines. Il paraît même que, dans les rares occasions qui se présentèrent de convoquer la cour des pairs, on n'obligea de la compléter par les hauts barons qui se trouvaient auprès du roi. Plus tard, les pairies primitives s'éteignirent par des réunions à la couronne. Il fallut bien conférer cette dignité à des seigneurs qui ne relevaient du roi qu'à cause de ces domaines. Ce furent d'abord des princes du sang, puis de simples gentilshommes (1551 à 1787); mais déjà la difficulté de réunir des seigneurs éloignés pour la plupart, et leur ignorance des formes de procédure qui avaient remplacé les combats judiciaires, avaient fait naître l'idée de fondre la cour des pairs dans le parlement. Depuis cette réunion, la cour du parlement, suffisamment garnie de pairs, put connaître de toutes les difficultés relatives à la pairie. L'institution elle-même subit une importante modification vers la fin du quinzième siècle : jusqu'alors les fonctions judiciaires avaient été considérées dans les pairs comme une conséquence de leur qualité de propriétaires d'un fief de premier ordre; mais, le principe que toute justice émane du roi ayant prévalu, on finit par distinguer les fonctions judiciaires du domaine féodal. Dès-lors les pairs furent considérés comme des officiers institués par le roi, avec cette différence entre eux et les autres conseillers au parlement, que les institutions des premiers étaient collectives pour eux et leurs descendans, et celles des derniers individuelles. Dès-lors aussi la pairie cessa d'exister, les pairs ne furent plus que des espèces de juges héréditaires, ayant, en mémoire de leur ancienne puissance, le privilège d'être jugés par le parlement, garni d'au moins douze pairs, et de figurer à côté des rois dans la cérémonie de leur sacre. On ne comprend donc pas comment Louis XVIII a pu prétendre qu'il renouvelait une institution née du régime féodal. »

5. — Nous croyons, avec le même auteur, que c'est dans un autre ordre d'idées qu'il faut chercher l'origine de la chambre des pairs. En effet, la division du corps législatif en deux chambres peut être établie dans le but de prévenir l'entraînement ou l'asservissement auquel serait exposée une assemblée unique, ou dans le but de donner à une partie de la nation le moyen de défendre les avantages dont elle jouit exclusivement. C'est le système que Louis XVIII voulut introduire en France en prenant les pairs dans la noblesse ancienne ou nouvelle, et les faisant tous héréditaires.

6. — Ainsi que nous venons de l'indiquer, l'ordonnance du 4 juin 1814, qui nomma les cent cinquante premiers membres, les choisit parmi des hommes appartenant à l'ancienne noblesse, parmi les anciens sénateurs et parmi des hommes qui s'étaient distingués dans l'ordre militaire, administratif ou judiciaire.

7. — Les premiers pairs avaient été nommés à vie; mais l'ordonnance du 19 août 1815, par quelques personnes voulurent faire considérer comme une concession de même nature que la Charte, et irrévocable comme elle, rendit héréditaire la dignité de tous les pairs nommés et déclara que la même

prérogative serait accordée aux pairs à nommer à l'avenir.

8. — L'ordonnance du 28 mars 1816 avait déterminé les formes d'admission dans la chambre des membres appelés par droit d'hérédité.

9. — Une ordonnance du 25 août 1817 décida qu'à l'avenir nul ne serait appelé à la chambre des pairs, les ecclésiastiques exceptés, s'il n'avait préalablement institué un majorat d'au moins dix mille francs de revenu net.

10. — Une autre ordonnance du même jour, 25 août 1817, régla le mode de délivrance des lettres patentes institutives de la pairie, affecta des titres spéciaux aux pairies instituées et créa un *livre de la pairie*, sur lequel les lettres patentes devaient être inscrites.

11. — La Charte de 1830 n'a pas par elle-même modifié l'institution de la pairie, elle s'est bornée à réserver la révision de l'art. 27 de la Charte de 1814 et à frapper d'annulation les nominations de pairs faites sous le règne de Charles X, et dont le but avait été de fausser, au profit d'un intérêt ministériel et rétrograde, la majorité de la chambre des pairs.

12. — Cette révision a été opérée par la loi du 29 décembre 1831 qui, en conservant au roi la nomination des pairs, circonscrit son choix dans certaines catégories telles qu'elle représente aujourd'hui non l'aristocratie de la naissance, mais bien celle des places et des richesses.

13. — Cette loi a force de disposition constitutionnelle, comme rendue en vertu d'une délégation du pouvoir constituant; il faut en excepter quelques points où elle-même a jugé à propos de laisser dans le domaine du pouvoir législatif. — F. Berriat, p. 170.

§ 2. — *Composition de la chambre des pairs.*

14. — La nomination des membres de la chambre des pairs appartient au roi. — L. 29 déc. 1831, § 1er.

15. — M. F. Berriat (p. 166) remarque que, depuis la loi du 29 déc. 1831, on ne peut dire que l'expression de pair de France n'est plus constitutionnelle, et qu'il est au moins difficile de lui trouver un sens raisonnable, puisqu'il n'y a pas d'autres pairs que ceux qui siègent à la chambre.

16. — La loi du 29 déc. 1831 n'a pas dérogé à l'art. 26, Charte de 1830, d'après lequel les princes du sang sont pairs par droit de naissance.

17. — Le roi ne peut choisir les membres de la chambre des pairs que parmi les notabilités désignées par la loi du 29 déc. 1831, et dont voici l'énumération :

18. — Le président de la chambre des députés et autres assemblées législatives. — L. 28 déc. 1831, § 2. — Cette dernière expression comprend l'assemblée nationale constituante, l'assemblée nationale législative, la convention nationale, les conseils des cinq-cents et des anciens, le corps législatif, le sénat et le tribunat, les deux chambres élues pendant les Cent-Jours, et les chambres de la Restauration.

19. — Les députés qui auront fait partie de trois législatures, ou qui auront six ans d'exercice. — L. 29 déc. 1831, § 3. — Peu importe que les législatures soient antérieures à la révolution de juillet 1830. En effet, un amendement de M. Vatout, tendant à exiger qu'une au moins des trois législatures fût postérieure à 1830, a été rejeté; les trois législatures n'ont pas besoin d'être successives, tandis que les six ans d'exercice doivent être continus.

20. — Les maréchaux et amiraux de France. — L. 29 déc. 1831, § 4.

21. — Les lieutenans généraux et vice-amiraux des armées de terre et de mer, après deux ans de grade. — L. 29 déc. 1831, § 5. — Un amendement proposé d'admettre dans ces catégories les contre-amiraux et les maréchaux-de-camp, qui occupent le degré immédiatement inférieur dans la hiérarchie militaire.

22. — Les ministres à département. — L. 29 déc. 1831, § 6. — Ainsi un ministre sans portefeuille, fût-il président du conseil, ne pourrait être, à raison de cette qualité, nommé pair. La chambre des députés a écarté un amendement tendant à exiger une certaine durée d'exercice des fonctions de ministre.

23. — Un député, M. Fiot, avait proposé de mettre un certain intervalle entre la sortie du ministère et l'admissibilité à la chambre des pairs; mais M. Bérenger répondit qu'il pouvait être urgent qu'un ministre passât pendant une session de l'une à l'autre chambre, pour y appuyer de son influence un projet de loi, et l'amendement fut écarté.

24. — Les ambassadeurs après trois ans, et les ministres plénipotentiaires après six ans de fonctions. — L. 29 déc. 1831, § 7. — La loi exclut

les envoyés, les ministres non plénipotentiaires, les chargés d'affaires, les résidens, etc. Sur la différence entre les ambassadeurs et les ministres plénipotentiaires, V. AGENT DIPLOMATIQUE.

25. — ... Les conseillers d'état, après dix ans de service ordinaire. — L. 29 déc. 1831, § 8.

26. — ... Les préfets de département et les préfets maritimes après dix ans de fonctions. — L. 29 déc. 1831, § 5. — On n'aperçoit pas trop pourquoi les préfets, qui ont été exclus des fonctions de député par la loi du 19 avr. 1831, ont été déclarés admissibles à la dignité de pair.

27. — ... Les gouverneurs coloniaux après cinq ans de fonctions. — L. 29 déc. 1831, § 10.

28. — ...Les membres des conseils généraux électifs après trois élections à la présidence.—L. 29 déc. 1831, § 11. — Les conseils généraux antérieurs à la loi du 22 juin 1833 n'ayant pas été électifs, leurs membres ne sont pas compris dans cette catégorie.

29. — ... Les maires des villes de 30,000 ames et au-dessus, après deux élections au moins comme membres du conseil municipal, et après cinq ans de fonctions de maire. — L. 29 déc. 1831, § 12. — D'après le tableau annexé à l'ordonnance du 11 mai 1832, il n'y a en France que seize communes ayant une population agglomérée de plus de 30,000 habitans, sans compter Paris, qui n'a pas de maire particulier.

30. — ...Les présidens de la cour de Cassation et de la cour des comptes. — L. 29 déc. 1831, § 13.

31. — ... Les procureurs généraux près ces deux cours après cinq ans de fonctions en cette qualité. — L. 29 déc. 1831, § 14.

32. — ... Les conseillers de la cour de Cassation et les conseillers maîtres de la cour des comptes après cinq ans, les avocats généraux après dix ans d'exercice. — L. 29 déc. 1831, § 15.

33. — ...Les premiers présidens des cours royales après cinq ans de magistrature dans ces cours. — L. 29 déc. 1831, § 16. — Mais il faut qu'un premier président ait fait pendant cinq ans partie d'une cour royale, soit en qualité de président de chambre, de conseiller ou même de membre du parquet.

34. — ...Les simples présidens de chambre, dit M. Berriat Saint-Prix (p. 180), ne sont pas admis, fût-ce après dix ans de service; cependant les avocats généraux à la cour de Cassation, dont la situation est moins indépendante, sont appelés par le § 15.

35. — ... Les procureurs généraux près les mêmes cours après dix ans de fonctions. — L. 29 déc. 1831, § 17.

36. — ...Les présidens des tribunaux de commerce dans les villes de 30,000 ames et au-dessus, après quatre nominations à ces fonctions. —L. 29 déc. 1831, § 18.—Les présidens des tribunaux civils, même dans les arrondissemens où ils jugent les affaires commerciales, faute de tribunal de commerce (C. comm., art. 640), ne peuvent être, en cette qualité, appelés à la pairie, puisque le § 18 parle de juges électifs et renouvelés à diverses reprises dans leurs charges.

37. — ... Les membres des *quatre* académies de l'Institut. —L. 29 déc. 1831, § 19. —Le nombre des classes de l'Institut est aujourd'hui de cinq. Par la promotion de M. Rossi à la pairie, il a été décidé que les membres de l'Académie des sciences morales et politiques sont habiles à être nommés pairs. — M. Berriat (p. 182) soutient, mais à tort selon nous, qu'un pair ne pourrait être choisi parmi les membres de l'académie des inscriptions et belles-lettres.

38. — Il est incontestable que les académiciens libres ou honoraires et les correspondans ne sont pas admissibles.

39. — ...Les citoyens à qui, par une loi, et à raison d'éminens services, aura été nominativement décernée une récompense nationale.—L. 29 déc. 1831, § 20. — Il faut donc, non pas une indemnité, mais une récompense; cette récompense doit être nominative, décernée par une loi, à raison de services véritablement éminens.

40. — ... Les propriétaires, les chefs de manufactures et de maisons de commerce et de banque, payant 3,000 fr. de contributions directes, soit à raison de leurs propriétés foncières, depuis trois ans, soit à raison de leurs patentes, depuis cinq ans, lorsqu'ils auront été pendant six ans membres d'un conseil général et d'une chambre de commerce. — L. 29 déc. 1831, § 21.

41. — Les membres des chambres consultatives des manufactures, du conseil général ou supérieur du commerce ne sont pas compris dans la nomenclature du § 21.

42. — Il est à remarquer que le § 21 n'exige pas, comme l'a fait le § 11, que les conseils généraux soient électifs.

43. — ...Les propriétaires, les manufacturiers, commerçans ou banquiers, payant 3,000 fr. d'impositions, qui auront été nommés députés ou juges des tribunaux de commerce, pourront aussi être admis à la pairie sans autre condition.—L. 29 déc. 1831, § 22.

44. — Un amendement avait été proposé tendant à admettre les archevêques, évêques et présidens de consistoire. Il a été repoussé dans la séance du 15 oct. 1831. — Mais il ne faudrait pas en conclure que les ecclésiastiques ne peuvent, à un autre titre, entrer à la chambre des pairs, soit comme députés (§§ 22 et 23), soit comme membres de l'Institut (§ 19), soit comme ayant mérité une récompense nationale (§ 20).

45. — Le titulaire qui aura successivement exercé plusieurs des fonctions ci-dessus, pourra cumuler ses services dans toutes pour compléter le temps exigé dans celle où le service devrait être le plus long. — L. 29 déc. 1831, § 23. — La faculté de cumuler n'est pas accordée au fonctionnaire qui a exercé simultanément certaines fonctions, il faut qu'il y ait eu succession de fonctions.

46. — Ont été dispensés du temps d'exercice exigé par les §§ 5, 7, 8, 9, 10, 14, 15, 16 et 17 ci-dessus, les citoyens qui ont été nommés dans l'année qui a suivi le 30 juill. 1830 aux fonctions énoncées dans ces paragraphes. — L. 29 déc. 1831, § 24.

47. — Ont été également dispensés, jusqu'au 1er janv. 1837, du temps d'exercice exigé par les §§ 3, 11, 12, 18 et 21 ci-dessus, les personnes nommées ou maintenues depuis le 30 juill. 1830 aux fonctions énoncées dans ces cinq paragraphes. — L. 29 déc. 1831, § 25.

48. — Ces conditions d'admissibilité à la pairie pourront être modifiées par une loi. — L. 29 déc. 1831, § 26.— Le motif pour lequel cette disposition a été introduite dans la loi a été expliqué dans le rapport présenté à la chambre des députés par M. Bérenger. On a voulu que les diverses fonctions énumérées dans la loi du 29 déc. 1831 ne reçussent pas de leur mention dans un article de la Charte une espèce d'immutabilité constitutionnelle, bien que la plupart ne soient basées que sur des lois, quelques unes sur de simples ordonnances.

49. — Les ordonnances de nomination de pairs doivent être individuelles, mentionner les services et indiquer les titres sur lesquels la nomination est fondée.— L. 29 déc. 1831, § 27.—La seule sanction à l'exécution de cette prescription se trouve dans le droit et le pouvoir qu'a la chambre des pairs, en vérifiant les titres de l'individu nommé, de refuser d'admettre le récipiendaire qui ne serait pas porteur d'une ordonnance régulière de nomination.

50. — Le nombre des pairs est illimité. — L. 29 déc. 1831, § 28. — De cette rédaction générale il résulte que le nombre des pairs n'est limité ni quant au maximum ni quant au minimum.

51. — La cécité ne devrait pas être, en termes généraux, considérée comme rendant un citoyen inhabile à être revêtu de la dignité de pair.

52. — La dignité des pairs est conférée à vie. — L. 29 déc. 1831, § 29. — Elle peut cependant s'éteindre par la démission, ou par une peine emportant mort civile ou dégradation civique. —Berriat Saint-Prix, p. 191.

53. — Cette dignité n'est pas transmissible par droit d'hérédité. — L. 29 déc. 1831, § 29.

54. — Les pairs ont entrée dans la chambre à vingt-cinq ans, et voix délibérative à trente ans seulement.— Charte de 1830, art. 24.— M. Foucart (*Elém. dr. publ. et admin.*) fait observer avec raison que, d'après la loi du 29 déc. 1831, qui a supprimé l'hérédité et institué des catégories dans lesquelles le choix du roi est circonscrit, cet art. 24 recevra rarement son application. — Duvergier, *Collect.*, notes sur la loi du 29 déc. 1831.

55. — Les princes du sang siégent immédiatement après le président. — Charte de 1830, art. 26.

56. — Les autres pairs prennent rang entre eux par ordre de nomination. — L. 29 déc. 1831, § 30.

57. — Les princes du sang, soumis à des règles spéciales quant à l'origine de leur pairie et à leur rang dans la chambre, sont, pour le surplus, dans la même condition que les autres pairs; ainsi ils ne peuvent siéger dans la chambre qu'à l'âge de vingt-cinq ans, et délibérer et voter qu'à l'âge de trente ans.—Duvergier, *Coll. des lois*, t. 30, p. 169.

§ 3. — *Convocation et attributions de la chambre des pairs.*

58. — La chambre des pairs est convoquée par le roi en même temps que la chambre des députés. La session de l'une commence et finit en même temps que celle de l'autre.—Charte de 1830, art. 21.

59. — Toute assemblée de la chambre des pairs qui serait tenue hors du temps de la session de la chambre des députés est illicite et nulle de plein droit, sauf le seul cas où elle est réunie comme cour de justice, et alors elle ne peut exercer que des fonctions judiciaires.— Charte de 1830, art. 22.

60. — La chambre des pairs est présidée par le chancelier de France, qui est nommé par le roi (V. CHANCELIER DE FRANCE), et en son absence par un pair aussi nommé par le roi. — Charte de 1830, art. 25. — Le roi a désigné quatre vice-présidens de la chambre des pairs. — V. notamment ord. 20 sept. 1834 et 2 avr. 1835.

61. — A l'ouverture de chaque session, le président appelle au bureau comme secrétaires provisoires les quatre plus jeunes pairs présens à la séance et ayant voix délibérative.

62. — Dans la deuxième séance au plus tard, la chambre des pairs désigne au scrutin de liste et pour chaque session quatre de ses membres pour remplir les fonctions de secrétaires. — Les secrétaires sont spécialement chargés de surveiller la rédaction du procès-verbal, ils observent et constatent dans les délibérations les résultats du vote. Ils tiennent note des suffrages dans le dépouillement des scrutins de nomination. Ils font lecture des projets de loi et autres pièces qui doivent être lues à la chambre.

63. — Les délibérations de la chambre sont dirigées en vertu d'un réglement qui, rédigé pour la première fois le 2 juillet 1814, a été modifié par délibérations des 7 mai 1828, 7 septembre 1830, 19 juin 1833 et 3 avril 1838.

64. — Les séances de la chambre des pairs sont publiques comme celles de la chambre des députés. — Charte de 1830, art. 27. — C'est une importante modification à la Charte de 1814, qui avait refusé aux débats de la chambre des pairs une publicité que ses travaux recevaient cependant, mais incomplétement, soit par l'impression de l'opinion émise par quelques pairs, soit par l'insertion au *Moniteur* des procès-verbaux de quelques séances.

65. — Quoiqu'il n'y ait pas à cet égard de disposition précise, la demande de cinq pairs suffit pour que la chambre des pairs se forme, comme l'art. 38 de la Charte en donne le droit à la chambre des députés, en comité secret.

66. — C'est à tort que les rédacteurs de l'*Encyclopédie du droit* disent que, de 1830 à 1843, ni la chambre des pairs, ni la chambre des députés n'ont usé de l'exception portée en l'art. 38 de la Charte pour délibérer en comité secret. Chaque année les chambres se forment en comité secret pour discuter et voter leur budget particulier, et de plus, en 1834, la chambre des pairs s'est formée en comité secret pour délibérer et voter sur la proposition de M. le duc de Montebello de poursuivre le journal *Le National*.

67. — La chambre des pairs, pour l'examen préparatoire des projets de loi ou des propositions qui lui sont soumises, se divise en sept bureaux composés chacun, autant que possible, d'un même nombre de pairs, de vingt-cinq membres environ, désignés par la voie du sort et renouvelés de mois en mois; chaque bureau, après sa formation, nomme un président et un secrétaire. Les membres du bureau qui ont obtenu le plus de suffrages après ceux qui ont été nommés président et secrétaire, remplissent en cas d'absence les fonctions de ceux-ci.

68. — Lorsqu'un projet de loi est présenté au nom du roi, le président en ordonne l'impression, la distribution et l'envoi dans les bureaux.

69. — Après le rapport fait par une commission spéciale, la discussion en séance publique a lieu dans une forme analogue à celle suivie par la chambre des députés. — V. CHAMBRE DES DÉPUTÉS.

70. — Au jour déterminé par la chambre, l'un des secrétaires fait lecture de la proposition soumise à l'examen des bureaux, et l'assemblée est consultée pour savoir si elle veut ouvrir sur-le-champ la discussion, ou nommer auparavant une commission spéciale pour lui faire son rapport. La discussion est dirigée par le président, qui accorde la parole à ceux qui la lui demandent, rappelle les orateurs à la question ou à l'ordre, consulte la chambre sur la clôture de la discussion et sur la position des questions, en cas de difficulté, constate le résultat des votes, etc. — Foucart, *Elém. de droit public et admin.*, n° 51.

71. — Après l'examen préliminaire des projets ou propositions par les bureaux, la chambre des pairs a la faculté de décider s'il sera nommé une commission pour lui faire son rapport, ou si elle procédera sans rapport à la discussion, et si la commission sera de sept ou de neuf membres. Si elle décide qu'il sera nommé une commission, les bureaux délibèrent d'abord sur le point de savoir si les membres de la commission seront nommés par la chambre ou par le président. Si trois bureaux, le cinquième au moins des membres qui les com-

72. — Si la chambre des pairs délègue au chancelier qui la préside le soin de choisir les commissions, la désignation des membres qui les composent est faite par le chancelier en séance publique.

73. — Cette commission spéciale, ainsi formée, fait en séance publique, par l'organe d'un de ses membres nommé rapporteur, connaître à la chambre son opinion sur le projet renvoyé à son examen.

74. — Sur l'effet à l'égard de l'autre chambre d'amendemens que la chambre des pairs a adoptés, V. AMENDEMENT, n° 28.

75. — La chambre des pairs, qui, sous la Charte de 1814, avait, comme la chambre des députés, que la faculté de supplier le roi de proposer une loi et d'indiquer ce qu'elle jugeait convenable que cette loi contint, tient de la Charte de 1830 l'initiative de la loi. Il existe cependant une exception relative aux lois d'impôt.—V. CHAMBRE DES DÉPUTÉS.

76. — Le pair qui veut faire une proposition de loi en indique sommairement l'objet et dépose sur le bureau une proposition écrite et signée.

77. — La chambre, après avoir examiné la proposition, délibère sur son opportunité. Si elle décide qu'il y a lieu de s'en occuper, elle fixe le jour où son auteur pourra la développer. L'examen en est ensuite renvoyé à une commission dont l'auteur est nécessairement partie. Cette commission, dans un premier rapport, pose les questions relatives aux principes de la loi et à sa distribution générale. Ce rapport est imprimé et distribué; la discussion a lieu sur les questions posées par la commission, laquelle d'après le vote de la chambre rédige, s'il y a lieu, un projet de loi dont les articles sont successivement discutés et mis aux voix. L'adoption n'est que provisoire, la loi est renvoyée à la commission qui en présente à la chambre la rédaction définitive. La chambre vote sur chaque article et sur les amendemens proposés, puis sur l'ensemble; et si la proposition est adoptée, elle prend le nom de projet de loi, et est transmise par un message à la chambre des députés. Une proposition que la chambre n'aurait pas prise en considération, ou qu'elle aurait rejetée après la discussion, ne pourrait être représentée dans la session.

78. — Relativement au vote des projets de loi, il existe entre la chambre des pairs et la chambre des députés une différence importante; l'art. 16 de la Charte dispose que toute loi doit être discutée et votée librement par la majorité de chacune des deux chambres. La chambre des députés a toujours interprété cet article comme exigeant la majorité absolue de tous les membres composant l'assemblée; mais la chambre des pairs a décidé que la majorité peut valablement se former lorsque les tiers des pairs ayant voix délibérative est présent.

79. — La chambre des pairs a, comme la chambre des députés, le droit de faire des adresses au roi, mais elle ne pourrait faire des adresses au peuple; de délibérer sur les pétitions écrites qui lui sont adressées (V. PÉTITION), de mander à sa barre et de punir tout individu qui se serait rendu coupable d'offenses envers elle par l'un des moyens énoncés en l'art. 1er, L. 17 mai 1819, ou qui dans un journal aurait rendu un compte infidèle et de mauvaise foi des séances de la chambre.—V. OFFENSES ENVERS LES CHAMBRES, COMPTE-RENDU DES CHAMBRES ET TRIBUNAUX.

80. — La chambre des pairs dresse chaque année une liste de trois candidats, parmi lesquels le roi choisit le pair qui devra présider la commission de surveillance de la caisse des dépôts et consignations.— L. 28 avr. 1816, art. 99.

81. — C'est le chancelier de France, président de la chambre des pairs qui, aux termes de l'ord. 28 mars 1816, remplit par rapport au roi, aux princes et princesses de la famille royale, les fonctions attribuées par les lois aux officiers de l'état civil.— V. ACTES DE L'ÉTAT CIVIL, FAMILLE ROYALE.

82. — La chambre des pairs aurait, comme la chambre des députés, le droit d'ouvrir une enquête parlementaire sur un sujet soumis à ses délibérations.

83. — La chambre des pairs a seule le droit de juger les ministres que la chambre des députés met en accusation devant elle.— V. COUR DES PAIRS.

84. — La chambre des pairs connaît des crimes de haute trahison et des attentats à la sûreté de l'état qui seront définis par la loi.—Charte de 1830, art. 28.—V. COUR DES PAIRS.

85. — Il en est de même pour les attentats commis par des associations illicites.— V. COUR DES PAIRS.

86. — La chambre des pairs, dans les différens cas dont nous venons de parler, devient cour de justice, et ses audiences peuvent être valablement tenues hors du temps des sessions de la chambre des députés. — Charte de 1830, art. 22.

§ 4. — Prérogatives des membres de la chambre des pairs.

87. — Aucun pair ne peut être arrêté que de l'autorité de la chambre et jugé que d'elle en matière criminelle. — Charte de 1830, art. 29. — V. COUR DES PAIRS.

88. — Il faut toutefois faire exception à cette règle pour le cas où un pair serait inculpé d'une simple contravention de police. — Cass., 25 mai 1833, de la Villegontier.

89. — Quant à l'action civile en dommages-intérêts pour réparation d'un crime ou d'un délit, V. ACTION CIVILE, n° 152.

90. — Quant à l'exercice de la contrainte par corps contre un membre de la chambre des pairs, V. CONTRAINTE PAR CORPS.

91. — A l'avenir, aucun traitement, aucune pension, aucune dotation ne pourront être attachés à la dignité de pair (L. 29 déc. 1831, § 31); mais les pensions et dotations antérieures sont conservées aux anciens sénateurs ou pairs.

CHAMBRE DES PAUVRES.
V. PARLEMENT.

CHAMBRE DU PLAIDOYER.
C'était le nom sous lequel on désignait la principale chambre de chaque parlement, celle où toute la compagnie se réunissait quand il y avait une assemblée générale, et où le roi tenait son lit de justice. — V. GRAND'CHAMBRE, PARLEMENT.

CHAMBRE DE POSTULATION.
Espèce de juridiction chargée anciennement de rechercher et de poursuivre les particuliers qui postulaient sans en avoir le droit, et les procureurs qui leur prêtaient leurs noms. — V. POSTULATION.

CHAMBRE DES REQUÊTES.
1. — C'est le nom qu'on donne aujourd'hui à celle des deux chambres civiles de la cour de cassation qui statue préalablement sur l'admission des pourvois. Cette chambre est également chargée, sur la dénonciation du procureur général et sans préjudice du droit des parties, de prononcer l'annulation des actes par lesquels les juges ont excédé leurs pouvoirs. — V. CASSATION, COUR DE CASSATION, EXCÈS DE POUVOIR.

2. — Autrefois on donnait le nom de chambre des requêtes du Palais à un tribunal composé de membres du parlement, et chargé de juger en première instance les causes civiles, personnelles, possessoires et mixtes des privilégiés qui avaient droit de committimus au grand et au petit sceau. — V. COMMITTIMUS, PARLEMENT, REQUÊTES DU PALAIS.

CHAMBRES RÉUNIES.
Il est certaines affaires qui ne peuvent être jugées que par le tribunal entier ou par plusieurs chambres réunies pour concourir au jugement.— V. AUDIENCE SOLENNELLE, AVOCAT, AVOUÉ, COUR DE CASSATION, COURS ROYALES, DISCIPLINE, HUISSIER, OFFICIER MINISTÉRIEL, RENVOI APRÈS CASSATION, TRIBUNAUX CIVILS.

CHAMBRE RIGOUREUSE.
Juridiction établie dans quelques villes du ressort du parlement de Toulouse pour connaître de l'exécution des contrats passés sous un certain scel, appelé scel rigoureux, en vertu duquel on avait exécution parée contre les biens et la personne du débiteur. — Cette juridiction fut supprimée en 1790. — V. Merlin, Répert., v° Chambre rigoureuse.

CHAMBRE ROYALE DES CONSULTATIONS.
1. — C'était une commission établie par le roi Stanislas, pour consulter gratuitement sur les affaires des pauvres du parlement de Lorraine. Il était défendu à ce parlement de recevoir aucun appel des pauvres à moins que ceux-ci ne fussent munis

d'une consultation de la chambre royale des consultations.

2. — Cette chambre était composée de cinq avocats qui avaient chacun 2,000 livres de gages et qui pouvaient cumuler ces fonctions avec l'exercice du barreau. Il y avait en outre un secrétaire.

3. — C'était la chambre elle-même qui procédait au remplacement des membres décédés ou démissionnaires; elle pouvait même donner la survivance de ces places à des jurisconsultes qui jouissaient d'avance des privilèges attachés à ces honorables fonctions, et qui quelquefois partageaient, même avant d'être en exercice, les honoraires qui y étaient attachés. — V. MISÉRICORDE.

CHAMBRE SUPÉRIEURE ECCLÉSIASTIQUE.
1. — Instituées pour juger souverainement, par appel des chambres diocésaines, de toutes les contestations concernant les impositions du clergé de France, ces chambres étaient composées de conseillers commissaires, députés par chacun des diocèses de leur ressort.

2. — A ces conseillers ecclésiastiques étaient adjoints un certain nombre de conseillers des cours souveraines ou des tribunaux laïques de la ville où se tenaient les chambres.

3. — Elles étaient au nombre de huit, et siégeaient dans les villes métropolitaines de Paris, Lyon, Rouen, Bordeaux, Tours, Toulouse, Bourges, Aix.

4. — Elles exerçaient gratuitement leurs fonctions.—Les demandes en cassation de leurs jugemens se portaient au grand conseil, qui était dans l'usage de renvoyer aux assemblées générales du clergé la connaissance de ces sortes d'affaires.— V. CLERGÉ, CULTE.

CHAMBRE DE SURETÉ.
1. — Local particulier, établi spécialement dans les casernes de gendarmerie, et destiné à recevoir momentanément les individus en état d'arrestation.

2. — Aux termes de l'art. 85 de la loi du 28 germ. an VI, dans les lieux de résidence des brigades où il ne se trouve ni maison de justice ou d'arrêt, ni prison, il doit y avoir dans la caserne de la brigade de gendarmerie une chambre sûre, particulièrement destinée pour déposer les prisonniers conduits de brigade en brigade. — V. aussi ord. 29 oct. 1820, art. 1er.

3. — Que s'il y a plusieurs prisonniers, et qu'ils soient de différens sexes, les hommes seuls sont déposés à la chambre de sureté, et les femmes remises à la garde de l'autorité locale, qui pourvoit à leur logement.

4. — Si un prisonnier confié à la garde de la gendarmerie tombe ou arrive malade dans une résidence de brigade où il n'y a ni prison, ni hôpital, il reste déposé à la chambre de sureté de la caserne, où par les soins de l'autorité municipale, les secours lui sont administrés, jusqu'au moment où sa translation peut être opérée sans danger dans la prison ou l'hôpital le plus à proximité.— Ord. 29 oct. 1820, art. 211.

5. — A cet effet, il doit être aussi établi, autant que faire se peut, dans les hospices une chambre de sureté destinée à recevoir les malades civils et militaires en état d'arrestation.— Circ. 10 juin 1816. — Ils y sont placés sous la surveillance des autorités locales. — Ordonn. 29 oct. 1820, art. 211. — V. HOSPICES.

6. — Lors de leur tournée annuelle pour le recrutement, et lors de toutes autres tournées, les préfets et sous-préfets doivent s'assurer de l'état des chambres de sureté annexées aux casernes de gendarmerie. — Régl. 31 oct. 1824, art 125. — V. ÉVASION, GENDARMERIE, PRISON.

CHAMBRE SYNDICALE (Discipline).
V. AGENT DE CHANGE, n°s 54, 61 et suiv., 69 et suiv. et 357, AGRÉÉ, n° 64, COURTIER DE COMMERCE.

CHAMBRE SYNDICALE DE L'IMPRIMERIE ET DE LA LIBRAIRIE.
1. — On nommait ainsi le lieu où s'assemblaient les syndics et adjoints (autrement appelés les officiers de l'imprimerie et de la librairie), pour surveiller les affaires générales de la communauté des imprimeurs et libraires. — On désignait par le

21

même mot la réunion de 'ces syndics et adjoints.

2. — Les chambres syndicales, tant pour Paris que pour les provinces, avaient été organisées par le tit. 12 du règlement du 28 fév. 1723, ouvrage du chancelier d'Aguesseau. Les art. 78, 79, 80, 81, 82 et 83, indiquaient les formalités pour l'élection des officiers, les qualités requises pour être élu, les règles de l'administration de la communauté et les comptes à rendre.

3. — C'était dans la chambre syndicale de l'imprimerie et de la librairie de Paris que s'enregistraient les priviléges du roi et les autres honnisions d'imprimer.

4. — Les exemplaires saisis tant des éditions faites au préjudice d'un privilége que de celles faites sans permission, devaient être transportés à la chambre syndicale dans l'arrondissement de laquelle la vente avait été faite, pour y être mis au pilon. — Arrêt du conseil du 30 août 1777, art. 5.

5. — C'était à la chambre syndicale de Paris que devaient être, aux termes notamment de l'arrêt du conseil du 16 avr. 1785, déposés les neuf exemplaires de tous les livres, musique, cartes, etc., pour lesquels un privilége une permission avaient été obtenus, ou des livres étrangers; musique ou autres ouvrages imprimés ou gravés venant des pays étrangers, et dont la vente avait été autorisée en France.

6. — C'était aussi à la chambre syndicale que devaient être portés tous les livres qui arrivaient à Paris, pour y être visités par les syndics et adjoints, et que les marchands forains devaient vendre les livres qu'ils apportaient à cet effet dans cette ville.

7. — Les plaintes respectives des maîtres contre les ouvriers et des ouvriers contre les maîtres étaient portées aux chambres syndicales pour être jugées par les syndics et adjoints, à moins que leur gravité ne les obligeât d'en rendre compte au chancelier ou au garde des sceaux, pour être par lui ordonné ce qu'il appartiendrait. — Arrêt du conseil du 30 août 1777, art. 25.

8. — L'art. 84 de l'arrêt du conseil du 28 fév. 1723 enjoignait aux imprimeurs, libraires, fondeurs, relieurs, doreurs, compagnons, ouvriers, apprentis, colporteurs et autres, de porter honneur aux syndics et adjoints, et de leur obéir en faisant leurs charges, leur défendait de les injurier, leur méfaire ou médire, à peine de 50 liv. d'amende et de punition exemplaire si le cas le requérait.

9. — Les syndics et adjoints des différentes chambres syndicales du royaume devaient avertir le chancelier ou le garde des sceaux des contraventions à l'arrêt précité.

10. — La chambre syndicale de Paris, qui tenait ses assemblées deux fois par semaine, n'existe plus aujourd'hui légalement. Mais la plupart des imprimeurs de Paris se sont réunis sous l'empire d'une convention arrêtée entre eux, et, pour leurs rapports privés, ont institué une chambre syndicale. — V. IMPRIMERIE, LIBRAIRIE, PROPRIÉTÉ LITTÉRAIRE.

CHAMBRE TEMPORAIRE.

1. — On donne ce nom aux chambres que l'on institue pour un certain temps, afin de vider l'arriéré et de hâter l'expédition des affaires dans les tribunaux dont le rôle est trop chargé.

2. — C'est par la voie des ordonnances que l'on pourvoit à la création des chambres temporaires.

3. — Cependant ce fut par une loi que le tribunal de Cassation fut autorisé, en l'an VI, à fournir une quatrième section pour le jugement des affaires arriérées. — L. 12 vend. an VI, art. 4er à 3. — V. COUR DE CASSATION.

4. — L'ordonnance du 24 septembre 1828 déclare, dans son exposé des motifs, que le service des chambres temporaires a le grave inconvénient de nuire au service ordinaire. Cependant on en a établi plusieurs depuis cette époque.

5. — Il y a quelques tribunaux où les chambres temporaires faisaient un service permanent depuis plusieurs années, lorsque la loi du 11 avr. 1838 est venue porter remède à cet état de choses en modifiant un peu la composition de ces tribunaux écrasés sous le nombre des affaires. — V. ORGANISATION JUDICIAIRE, TRIBUNAUX.

CHAMBRE DE LA TOURNELLE.

On donnait ce nom à la section du parlement de Paris qui était chargée de l'instruction et du jugement en dernier ressort de tous les procès criminels. — V. PARLEMENT.

CHAMBRE DES TIERS.

Nom donné à une assemblée d'anciens procureurs préposés pour juger les différends relatifs aux taxes de dépens, quand les parties refusaient de s'en tenir à ce qu'avait réglé le procureur tiers. — V. FRAIS ET DÉPENS, TAXE.

CHAMBRE DES VACATIONS.

1. — Chambre dont les attributions consistent à juger pendant les vacances les affaires sommaires et celles qui requièrent célérité. — V. COMPÉTENCE, MATIÈRE SOMMAIRE, TRIBUNAUX, VACANCES.

2. — A la cour de Cassation, c'est la chambre criminelle qui est chargée de ce service. — V. COUR DE CASSATION.

3. — La chambre de vacations de la cour des comptes est nommée, chaque année, par une ordonnance du roi. — V. COUR DES COMPTES.

4. — Les tribunaux de commerce, n'ayant pas de vacances, n'ont point de chambres de vacations.— V. TRIBUNAUX DE COMMERCE, VACANCES.

CHAMBRERIE.

On appelait ainsi anciennement une justice qui était attachée à l'office du grand chambrier de France. — V. CHAMBELLAN.

CHAMOISEUR.

1. — Les chamoiseurs pour leur compte sont rangés par la loi du 25 avril 1844, sur les patentes, dans la sixième classe des patentables, et imposés à : 1° un droit fixe fondé sur le chiffre de la population de la ville ou commune où est situé l'établissement ; — 2° un droit proportionnel du vingtième de la valeur locative de la maison d'habitation et des locaux servant à l'exercice de la profession.

2. — Les chamoiseurs à façon sont rangés dans la huitième classe, et imposés à : 1° un droit fixe ; — 2° un droit proportionnel du quarantième de la valeur locative de tous les locaux occupés par les patentables, mais seulement dans les communes d'une population de 20,000 ames et au-dessus. — V. PATENTE.

3. — Les établissemens de chamoiseurs sont rangés parmi les établissemens insalubres. — V. ÉTABLISSEMENS INSALUBRES (nomenclature).

CHAMP.

V. CHASSE, COMPÉTENCE, CULTURE, DÉLIT RURAL, DOMMAGE AUX CHAMPS, GLANAGE, GRAPILLAGE, JUSTICE DE PAIX, MARAUDAGE, PARCOURS, VAINE PATURE, VOL.

CHAMPS ENSEMENCÉS.

1. — Suivant l'art. 27 (tit. 2) de la loi du 28 sept.-6 oct. 1791, « celui qui entrait à cheval dans les champs ensemencés, ou si ce n'est le propriétaire ou ses agens, devait payer le dommage et une amende de la valeur d'une journée de travail ; l'amende était du double si le délinquant était entré en voiture. »

2. — En outre, cet article ajoutait : « Si les blés sont en tuyaux et que quelqu'un y entre, même à pied, ainsi que dans toute autre récolte pendante, l'amende sera au moins de la valeur d'une journée de travail et pourra être d'une somme égale à celle due pour dédommagement au propriétaire. »

3. — Ces dispositions ont été remplacées par plusieurs articles du Code pénal qui prévient diverses hypothèses.

4. — D'une part, l'art. 474 n° 13, C. pén., punit d'une amende de 1 fr. à 5 fr. ceux qui, n'étant ni propriétaires, ni fermiers ou locataires, ni usufruitiers, ni jouissant d'un terrain ou d'un droit de passage, ou qui n'étant ni agens ou préposés d'aucune de ces personnes, auront passé sur partie de ce terrain s'il est préparé ou ensemencé.

5. — D'un autre côté, le § 14 du même article punit de la même peine ceux qui auront laissé passer leurs bêtes de trait, de charge ou de monture sur le terrain d'autrui avant l'enlèvement de la récolte.

6. — La peine est plus grave et elle s'élève à une amende de 6 fr. à 10 fr. inclusivement : 1° à l'égard de ceux qui, n'étant pas propriétaires, usufruitiers ni jouissant d'un terrain ou d'un droit de passage, y sont entrés ou passés dans le temps où ce terrain était chargé de grains en tuyaux , de raisins ou autres fruits mûrs ou voisins de leur maturité art. 475, § 9, C. pén. ; — 2° à l'égard de ceux qui auraient fait ou laissé passer des bestiaux, animaux de trait, de charge ou de monture sur le terrain d'autrui ensemencé ou chargé d'une récolte, en quelque saison que ce soit, ou dans un bois

CHAMPART.

taillis appartenant à autrui (même article , § 10). — V. au surplus à cet égard ANIMAUX, n°s 37 et suiv., PASSAGE SUR LE TERRAIN D'AUTRUI.

7. — La loi sur la police de la chasse punit d'une peine plus sévère le fait de chasse illicite lorsqu'il a été commis sur des terres non encore dépouillées de leurs fruits. — V. CHASSE.

8. — Le vol dans les champs est frappé d'une peine particulière par l'art. 388, C. pén. — V. VOL.

CHAMP DE MANŒUVRES.

1. — Terrain affecté aux exercices et aux manœuvres des troupes.

2. — Dans tous les lieux où il y a garnison, la commune doit procurer un champ de manœuvres et en supporter la dépense.

3. — Mais cette obligation ne concerne pas les villes de garnison où il existe des champs de manœuvres suffisans dépendant d'un terrain militaire.

4. — Le général commandant la division doit se concerter , à cet égard, avec le préfet du département.

5. — Dans les villes où il n'y a qu'un régiment, l'étendue du terrain sera déterminée pour un bataillon. Elle le sera pour un régiment dans les villes où il y en a plusieurs. — Magnitot et Delamarre, Dict. de dr. administ., v° Champs de manœuvres.

6. — Les frais de location ou indemnités à payer aux propriétaires des emplacements désignés pour champs de manœuvres, font partie des dépenses imprévues dans le budget des communes. — Magnitot et Delamarre, ibid.

7. — Les indemnités d'occupation, s'il y a lieu, sont réglées en conformité de l'ordonnance du 1er août 1821, tit. 3, la loi du 15 mai 1818 ayant, par son art. 16 ,.déchargé les communes des anciennes prestations applicables aux champs de manœuvres. — Magnitot et Delamarre, v° Champs de manœuvres.

CHAMP DE MARS. — CHAMP DE MAI.

1. — C'était le nom que, dans les premiers temps de la monarchie, on donnait aux assemblées de la nation française. Cette dénomination était tirée des deux mois successivement choisis pour la tenue de ces assemblées.

2. — Mably (Observat. sur l'hist. de Fr.) croit que le champ de mars ne fut plus convoqué régulièrement sous les petits-fils de Clovis, et qu'il est impossible de fixer l'époque où il fut assemblé pour la dernière fois.—Encycl. méthod., v° Champ de mai.

3. — Dès le commencement de la seconde race, les assemblées de la nation étaient transférées au mois de mai. Charlemagne y ayant fait rentrer le peuple, le champ de mai redevint l'assemblée de la nation. — Hincmar, De ordine palatii, ch. 35.

4. — Pour prévenir le désordre d'une assemblée trop nombreuse, Charlemagne établit que chaque comté députerait au champ de mars douze représentans. — Art. 2, Capitulaire 2 de l'an 819. — V. au surplus, sur ces assemblées périodiques, le mot CAPITULAIRE, n°s 11 et suiv.

5. — Cet ordre de choses ne put se conserver pendant les révolutions qu'amenèrent les guerres des fils de Louis-le-Débonnaire et de leurs descendans. Les fiefs s'étant insensiblement établis, les grands propriétaires s'étant cantonnés, les comtes et ducs s'étant rendus en quelque sorte indépendans, il n'y eut plus que ceux qui relevaient directement du roi, à cause de la couronne, qui se crurent obligés de se rendre aux assemblées qui avaient remplacé celles de la nation et que l'on convoqua très rarement. — Encycl. méthod., v° Champ de mars.

6.—Ce fut aussi dans une assemblée dite du champ de mai, tenue en mai 1815, et composée des membres de tous les colléges électoraux de départemens et d'arrondissemens et de députations des armées de terre et de mer, que fut proclamé le résultat des votes du peuple relativement à l'acceptation de l'acte additionnel aux constitutions de l'empire.

CHAMPART.

Table alphabétique.

CHAMPART. — 1. — On donnait ce nom, dans l'ancienne jurisprudence, au droit de partager avec le propriétaire les fruits de l'héritage qu'il cultivait, dans telle ou telle proportion. — Henrion de Pansey, *Dissert. féodales*, vº *Champart*, § 1er; Pothier, *Des champarts*, art. prélimin.; Merlin, *Rép.*, vº *Champart*..

2. — Ce mot *champart* venait du latin *campi pars* ou *campi partus*, d'où l'on avait formé, dans les anciens titres latins, les noms de *campipars*, *campipartum*, *campartium*, *campartus*, etc. — Merlin, *Rép.*, vº *Champart*; Henrion de Pansey, *Dissert. féodales*, t. 1er, vº *Champart*, § 1er.

3. — Ce droit avait aussi différens noms en français: dans quelques contrées on l'appelait *terrage* ou *agrier*; dans d'autres on l'appelait *tasque* ou *tâche*, ou encore *droit de quart* ou de *cinquain*, *neuvième*, *vingtain*, suivant que la redevance était du quart, du cinquième, du neuvième, du vingtième, etc. — Merlin, *Rép.*, vº *Champart*; Henrion de Pansey, *loc. cit.*, § 1er.

4. — Suivant M. Henrion de Pansey (*Dissert. féodales*, t. 1er, § 1er, p. 326), le champart existait parmi les Germains, au moins en germe: « Comment ne pas voir, dit ce savant magistrat, l'image de cette prestation dans ce passage de Tacite (*De moribus Germanorum*): *Frumenti modum dominus aut pecoris aut vestis, colono injungit*.

5. — Sans remonter aussi haut, le plus ancien réglement que l'on trouve en France sur le droit de champart est du douzième siècle. Ce sont des lettres de Louis-le-Gros de l'an 1119, accordées aux habitans du lieu nommé *Angere regis* (que Secousse croit être Angerville dans l'Orléanais), et portant que les habitans de ce lieu paieront au roi un cens annuel en argent pour les terres qu'ils posséderont; que, s'ils y sèment du grain, ils en paieront la dîme ou le champart. — Ces lettres furent confirmées par Charles VI, le 4 nov. 1391. — *Encyclop. méthod.* (jurispr.), vº *Champart*.

6. — On trouve quelques autres dispositions relatives au champart dans les Etablissemens de saint Louis (ch. 99 et 163); dans un mandement de Philippe-de-Valois du 10 juin 1331, adressé au sénéchal de Beaucaire; dans des lettres du roi Jean, d'oct. 1361, portant confirmation de la charte de bourgeoisie accordée aux habitans de Busency; enfin, dans un des articles des privilèges accordés aux habitans de Monchauvette en Beauce, par Amaury, comte de Montfort, et Simon, comte d'Evreux, son fils, confirmés par plusieurs de nos rois, notamment par Charles VI, au mois de mars 1393. — *Encycl. méthod.* (jurispr.), vº *Champart*.

7. — Il était certaines localités où le champart était réglé par la coutume; dans d'autres, au contraire, il dépendait uniquement des titres.

8. — Les coutumes qui faisaient mention du champart étaient celles de Châteauneuf, Chartres, Dreux, Dunois, Etampes, Orléans, Mantes, Senlis, Clermont, Amiens, Ponthieu, Saint-Pol, Montargis, Romorantin, Menetou, Nivernais, Péronne, Berry, Bourbonnais, Poitou, Blois, et plusieurs autres où il recevait différens noms.

9. — Suivant M. Henrion de Pansey (*Dissert. féodales*, t. 1er, § 7, p. 330), le bail à champart n'était autre chose qu'une espèce de société originairement établie entre le seigneur qui avait donné l'héritage et le cultivateur qui l'avait reçu. Le seigneur était obligé de faire jouir le preneur, et celui-ci de cultiver, de faire valoir, de partager le produit dans des proportions convenues. « Ainsi, ajoute M. Henrion, pour décider les difficultés auxquelles l'exécution du contrat de cette espèce peut donner lieu, c'est aux principes des contrats de société qu'il faut recourir...., c'est sur cette idée fondamentale que repose toute la théorie de cette matière: toutes les lois, tous les réglemens relatifs au droit de champart ont pour base ce point de fait que le seigneur et le tenancier de l'héritage tenu à champart sont deux copropriétaires, deux associés, dont les droits et les titres sur l'immeuble grevé sont également respectables, de manière que l'un des deux ne peut préjudicier à l'autre. »

10. — D'après l'usage observé dans les pays coutumiers, le champart n'était dû que sur les terres ensemencées en grains tels que blé, seigle, orge, avoine, pois et vesce, blé noir ou sarrasin, blé de mars et chanvre. Il ne se percevait point sur le vin ni sur les légumes, non plus que sur les bois, sur les arbres fruitiers, à moins qu'il n'y eût quelque disposition contraire dans la coutume ou un titre précis. — *Encycl. méthod.* (jurispr.), vº *Champart*; Henrion de Pansey, *loc. cit.*, § 1er, p. 326; Merlin, *Rép.*, vº *Champart*, nº 6.

11. — En quelques endroits les seigneurs ou propriétaires avaient sur les vignes un droit semblable au champart; ce droit s'appelait *teneau* à Chartres, *complant* en Poitou, Angoumois et Saintonge, *carpot* en Bourbonnais, *quart-raisin* ou *tiers-raisin* dans quelques contrées de la rive gauche du Rhin. Ce droit dépendait aussi de l'usage et des titres, tant pour la perception en général que pour la quotité. — *Encycl. méthod.*, vº *Champart*; Merlin, *Rép.*, vº *Champart*, nº 6; Henrion de Pansey, vº *Champart*, t. 1er, § 1er, p. 326.

12. — Dans les pays de droit écrit, le *champart* ou *agrier* se levait sur toutes sortes de fruits; mais on y distinguait l'*agrier* sur les vins et autres fruits de celui qui se percevait sur les grains; les noms en étaient différens aussi bien que la quotité. Cela dépendait ordinairement du titre commun. — *Encycl. méthod.*, vº *Champart*; Merlin, *Rép.*, vº *Champart*, nº 6.

13. — Le champart pouvait être de trois sortes: *censuel*, *seigneurial* ou *simple rente foncière*.

14. — On appelait *champart censuel* celui qui tenait lieu du cens et qui était la première ou la seule charge de la seigneurie.

15. — Lorsque le champart était établi par le seigneur et par le bail à cens, que l'héritage était en outre grevé d'un cens, et que les deux prestations indépendantes, l'une de l'autre, existaient chacune *tanquam onus separatum per se*, suivant l'expression de Dumoulin, alors le champart était *seigneurial*. Il n'était pas censuel, puisqu'il existait un cens; mais étant dû au seigneur, représentant, comme le cens lui-même, l'héritage aliéné, c'était quelque chose de plus qu'une simple rente foncière; il appartenait à la classe des droits seigneuriaux. — Henrion, *loc. cit.*, § 2.

16. — Le champart n'était autre chose qu'une rente ou prestation purement foncière, lorsque ce n'était pas au seigneur de l'héritage qu'il appartenait.

17. — Quoique ces distinctions fussent élémentaires, plusieurs auteurs, et notamment Guyot (*Tr. des fiefs*, t. 4, p. 445), ont eu le tort de les méconnaître, ou du moins de les exposer avec une certaine confusion; ils n'ont pas toujours su distinguer avec précision quand le champart était seigneurial ou non.

18. — Pour dissiper tous les doutes sur ce point, rappelons que la question pouvait se présenter dans trois hypothèses diverses. Il pouvait arriver: 1º que la nature du champart fût déterminée par les titres; — 2º que les titres fussent muets; — 3º qu'il n'y eût pas de titres. — C'était dans ces deux derniers cas seulement qu'il pouvait s'élever une controverse.

19. — Dans le cas où les titres ne s'expliquaient pas sur la nature du champart, si l'héritage qui y était soumis n'était grevé d'aucun autre cens envers le seigneur direct, et si le champart était la plus ancienne redevance imposée sur l'héritage, il était censé avoir été stipulé, non seulement comme droit utile, mais encore comme droit récognitif de la directe, et dès-lors il était seigneurial. — Mais lorsque l'héritage grevé du champart était aussi grevé d'un droit de cens, soit envers le même seigneur à qui le champart était dû, soit envers un autre seigneur, le cens était censé être la première redevance, et, par suite, la redevance seigneuriale; alors le champart était une redevance purement foncière; il n'avait rien de seigneurial, car un même héritage ne pouvait être tenu de deux redevances seigneuriales, ni relever de plusieurs seigneuries. — Pothier, *Tr. des champarts*, art. 1er, § 1er; Nouveau Denisart, vº *Champart*, nº 6; Merlin, *Rép.*, vº *Champart*.

20. — Cette distinction du champart seigneurial ou non seigneurial, suivant qu'il était ou non la première redevance dont l'héritage était chargé, est très ancienne. Elle se trouve dans l'auteur du *Grand Coutumier*, et formait le droit commun. — Pothier, *loc. cit.*; Merlin, *loc. cit.*

21. — Bien que, lorsqu'il y avait un cens seigneurial, le champart dût être présumé simple redevance foncière, cependant il devait être considéré comme étant également un droit seigneurial, lorsqu'il apparaissait que l'intention des parties avait été que les deux prestations ne formassent, sous deux dénominations différentes, qu'un seul devoir récognitif de la directe. — Merlin, *Rép.*, vº *Champart*, nº 2; Bassel, t. 2, liv. 6, tit. 8, chap. 2; Nouveau Denisart, vº *Champart*, nº 6.

22. — Mais comment reconnaître quelle avait été, à cet égard, l'intention des parties? — Nous ne pouvons mieux faire que de rapporter ici les paroles mêmes de Dumoulin: *Aut secundum onus est appositum in augmentum primi et utrumque est unus et idem census, velut census duplicatus...; aut vero secundum onus est appositum, tanquam separatum per se, et tunc vere non est census, sed reditus fundiarius.* — Merlin, *Rép.*, vº *Champart*, nº 2; Henrion de Pansey, *Dissert. féodales*, t. 1er, § 2, p. 327.

23. — Dans le cas où il n'y avait pas de titres, ou le seigneur percevait le champart seul, ou il percevait un cens avec le champart.

24. — Lorsqu'il percevait le champart seul: — dans les coutumes qui contenaient une disposition expresse au sujet du champart, la nature de ce droit se réglait par cette disposition; — dans celles qui n'en parlaient pas, et qui n'étaient pas allodiales, il était seigneurial (Pothier, *Introd. au tit. 4 de la cout. d'Orléans*; Charondas, sur *Cout. de Paris*, art. 73); — enfin, dans les pays allodiaux, le champart était toujours réputé foncier, et non seigneurial, jusqu'à preuve contraire. — Nouveau Denisart, vº *Champart*, nº 7.

25. — Lorsqu'avec le champart le seigneur percevait un cens, le champart était purement foncier, et cela par la raison donnée ci-dessus (nº 15), à moins que le contraire ne résultât d'une disposition expresse de la coutume, ou qu'il ne fût prouvé par terriers et reconnaissances que la possession du champart était plus ancienne que celle du cens, car alors ce dernier n'était plus qu'un simple droit foncier. — Nouveau Denisart, *loc. cit.*

26. — Le champart seigneurial avait les mêmes prérogatives que le cens. — Ainsi: 1º il était imprescriptible, c'est-à-dire que les possesseurs de terres soumises au champart ne pouvaient être libérés de ce droit, quel que fût le nombre des années que le seigneur eût laissé écouler sans le faire acquitter; — 2º le décret ne purgeait pas le droit de champart seigneurial, quoique le seigneur n'eût point formé d'opposition aux criées; — 3º enfin, il emportait profit de vente aux mutations de l'héritage, à moins toutefois que la coutume ne contînt une disposition contraire. — Merlin, *Rép.*, vº *Champart*, nº 7; Pothier, *Des champarts*, art. 1er, § 1er.

27. — Ainsi, d'après l'art. 143, cout. d'Orléans, les terres grevées du champart n'étaient sujettes à aucun profit lors des mutations, à moins toutefois que, outre le champart, elles ne fussent chargées d'un cens seigneurial; dans ce cas, le profit était dû pour le droit de cens. — Pothier, *loc. cit.*; Merlin, *loc. cit.*

28. — Lors, au contraire, que le champart n'était pas seigneurial: 1º il était prescriptible comme toutes les autres redevances foncières; — 2º il se purgeait par décret, comme les autres redevances foncières; — 3º enfin, il n'emportait aucuns profits aux mutations. — Pothier, *loc. cit.*; Merlin, *Rép.*, vº *Champart*, nº 8. — V. aussi Nouveau Denisart, vº *Champart*, § 2.

29. — Toutefois, suivant l'art. 480, cout. d'Orléans, il n'était pas nécessaire de s'opposer au décret, alors même que le champart n'était pas seigneurial. — Pothier, *loc. cit.*; Merlin, *loc. cit.*

30. — Soit que le champart fût seigneurial ou purement foncier, la quotité n'en était généralement déterminée que par les titres ou la possession; il n'y avait qu'un petit nombre de coutumes qui la déterminassent. — Pothier, *Des champarts*, art. 1er, § 1er.

31. — Les coutumes de Montargis, de Berry et de Vatan fixaient le champart à la douzième gerbe, celle de Bovines à la dixième. Quelques seigneurs, en Poitou, percevaient sur douze gerbes deux et même trois. — Dans les provinces du Lyonnais, Forèz et Beaujolais, il était ordinairement du quart ou du cinquième des fruits; c'est pourquoi on l'appelait droit de *quarte* ou de *cinquain*. En Dauphiné

on l'appelait droit de *vingtain* parce qu'il était d'une gerbe sur vingt.— *Encycl. méthod.* (jurispr.), vº *Champart*; Merlin, *Rép.*, vº *Champart*, nº 10; Henrion de Pansey, *Dissertations féodales*, t. 1er, vº *Champart*, § 1er.

32. — La dîme se levait avant le champart, qui n'était que la quotité des gerbes qui restaient après la dîme prélevée.—Pothier, *loc. cit.*; Dunod, *Traité de la dîme*, p. 41; Henrys, t. 1er, liv. 1er, chap. 3, 9, 34; Brodeau, lett. C, somm. 19; Duplessis, *Consult.*, 22; Coquille, sur *Cout. Nivernais*, ch. 12, article dern.; La Thaumassière, sur *Cout. Montargis*; *Encyclop. méthod.* (jurispr.), vº *Champart*; Henrion de Pansey, *loc. cit.*, p. 327, § 3; Merlin, *Rép.*, vº *Champart*, nº 6; Nouveau Denisart, vº *Champart*, § 3, nº 7.

33.—Cependant, il n'en avait pas toujours été ainsi, et l'on trouve dans les registres du parlement connus sous le nom d'*Olim* un passage qui atteste que dans le treizième siècle, en Normandie, le champart se prélevait avant la dîme. — « *Anno Domini 1269, dictum fuit secundum usus terræ Normaniæ de terrâ quæ ab aliquo tenetur ad terragium*, PRIUS SOLVITUR TERRAGIUM DOMINO A QUO TENETUR QUAM DECIMA DE TERRA DEBITA SOLVATUR. »

34. — En général, le champart, même seigneurial, était quérable, soit dans les pays coutumiers, soit dans les pays de droit écrit, excepté toutefois dans quelques coutumes et dans le ressort du parlement de Bordeaux, où il était portable. — Nouveau Denisart, vº *Champart*, § 3, nº 4; *Encycl. méthod.* (Jurispr.), vº *Champart*; Merlin, *Rép.*, vº *Champart*, nº 9; Henrion de Pansey, *loc. cit.*, § 4, p. 328.

35. — Dans les pays même où le champart était quérable, il pouvait être dérogé au droit commun par une stipulation contraire ou par une longue possession équipollente à titre. — Pothier, *Des champarts*, art. 1er, § 1er; Merlin, *Rép.*, vº *Champart*, nº 9.

36. — Quand le champart était portable, il ne pouvait jamais l'être au-delà de la seigneurie dont relevait l'héritage qui devait le champart, s'il n'y avait disposition de la coutume ou convention contraire.—Nouveau Denisart, vº *Champart*, § 3, nº 4.

37. — Dans les pays coutumiers, le champart ne s'arrérageait point, et le seigneur auquel il était dû était présumé en avoir été payé tous les ans, à moins toutefois que la prestation n'eût été l'objet d'un procès entre le seigneur et le tenancier et que le paiement n'en eût été ainsi forcément retardé. — Pothier, *loc. cit.*; Merlin, *loc. cit.*

38. —Dans les pays de droit écrit, au contraire, le champart tombait en arrérages; mais au parlement de Toulouse, on n'en pouvait demander que cinq ans, soit que le droit fût seigneurial ou non; à Bordeaux on en adjugeait vingt-neuf quand il était seigneurial, et cinq lorsqu'il ne l'était pas; au parlement de Provence on en adjugeait trente-neuf années quand il était dû à un seigneur ecclésiastique. — Merlin, *Rép.*, vº *Champart*, nº 9.

39.—Le droit de champart s'acquérait par prescription lorsqu'il avait été perçu pendant trente ans consécutifs sur la même terre. Cette longue possession faisait supposer qu'il y avait eu un titre et produisait le même effet qu'un bail à champart. — Pothier, *Des champarts*, art. 1er, § 2, et art. 2, § 3; Merlin, *Rep.*, vº *Champart*, nº 14.

40. — Lorsque le seigneur qui prétendait un droit de champart justifiait qu'il était dans la possession annale de le percevoir, il devait y être maintenu par provision, à la charge de rendre ce qu'il aurait perçu, si plus tard il venait à être, par un jugement pétitoire, déclaré mal fondé dans sa prétention. — Merlin, *Rép.*, vº *Champart*, nº 14; Pothier, *Des champarts*, art. 2, § 3.

41. — Dans les provinces où la maxime *Nulle terre sans seigneur* était admise, lorsque le champart était seigneurial, il suffisait au seigneur de justifier que le terrain sur lequel il le réclamait était dans l'enclave de sa seigneurie, et que toutes les terres qui environnaient ce terrain y étaient sujettes. Dans ce cas, le possesseur du terrain contesté, ne justifiant pas relever d'un autre seigneur, était présumé relever de la seigneurie dans l'enclave de laquelle il se trouvait. — Pothier, *loc. cit.*

42. — Le seigneur n'avait, pour se faire payer du champart, que la voie d'action; les coutumes ne lui accordaient pas, comme au cas de bail à cens, la voie de saisie. La raison de cette différence, c'est que, dans le champart, le seigneur n'était pas, comme dans la censive, créancier d'une somme ou quantité déterminée, puisqu'il pouvait y avoir contestation entre lui et le tenancier sur la quantité des gerbes que la terre avait produites. — Pothier, *Des champarts*, art. 2, § 3; Merlin, *Rép.*, vº *Champart*, nº 12.

43. —Lorsque le tenancier avait fait moissonner les terres grevées du champart, il était tenu d'en donner avis au seigneur, avant de les enlever, afin que ledit seigneur ou ses préposés pussent venir les compter. — Pothier, *Des champarts*, art. 2, § 1er; Nouveau Denisart, vº *Champart*, § 3, nº 6; Merlin, *Rép.*, vº *Champart*, nº 11.

44. — Cet avis pouvait être donné verbalement; mais afin que le seigneur ou ses préposés ne pussent en disconvenir, il était prudent au redevable de se faire accompagner de témoins. — Nouveau Denisart, vº *Champart*, § 3, nº 6; Pothier, *loc. cit.*; Merlin, *loc. cit.*

45. — L'avertissement donné, le redevable devait attendre le seigneur ou ses préposés pendant un temps convenable. Mais quel était ce temps ? — Quelques coutumes seulement en déterminaient la durée. — Dans la coutume de Mantes, le seigneur devait comparaître du soir au matin, et du matin à l'après-dîner. Les coutumes de Poitou et de Berry voulaient qu'on l'attendît vingt-quatre heures.—Nouveau Denisart, *loc. cit.*; Pothier, *Des champarts*, art. 2, § 1er; Merlin, vº *Champart*, nº 11.

46. — Toutefois, en cas d'urgente nécessité, lorsque, par exemple, un orage était imminent, le redevable pouvait enlever la récolte sans attendre l'arrivée du seigneur ou de ses préposés. — Nouveau Denisart, vº *Champart*, § 3, nº 6; Pothier, *Des champarts*, art. 2, § 1er; Merlin, *Rép.*, vº *Champart*, nº 11.

47. — Lorsque le temps voulu s'était écoulé sans que le seigneur ou ses préposés fussent venus compter les gerbes, le redevable devait les compter en présence de témoins; après quoi, si le champart était quérable, il pouvait enlever sa part en laissant sur le champ celle du seigneur; si, au contraire, le champart était portable, il devait conduire les gerbes du seigneur à la grange champarteresse. — Pothier, *Des champarts*, art. 2, § 1er; Nouveau Denisart, vº *Champart*, § 3, nº 6.

48. — Le redevable qui n'avait pas compté les gerbes en présence de témoins n'était pas pour cela passible de l'amende, car les coutumes ne la prononçaient pas pour ce cas; seulement le seigneur n'était pas obligé de s'en rapporter à son compte, mais il pouvait requérir une estimation de ce que le champ avait pu produire, et cette estimation se faisait aux frais du redevable. — Pothier, *loc. cit.*

49. — Lors au contraire que l'opération avait été faite en présence de témoins, le seigneur était obligé de s'en rapporter à leur témoignage pour la quantité des gerbes, à moins qu'il n'eût de grands reproches contre eux. — Pothier, *loc. cit.*

50. — Le tenancier était obligé de cultiver la terre, suivant l'usage des pays et dans les saisons ordinaires. — Pothier, *Des champarts*, art. 2, § 2; *Encyclop. méthod.* (jurispr.), vº *Champart*; Henrion de Pansey, *Dissert. féod.*, vº *Champart*, t. 1er, p. 329, § 5.

51. —Le seigneur ne pouvait exiger ni *champart*, ni indemnité, à raison des terres qui, conformément à l'usage du pays, étaient en guéret ou repos pour l'année suivante. — *Encycloped. méthod.* (jurispr.), vº *Champart*; Nouv. Denisart, vº *Champart*, § 8; Henrion de Pansey, *loc. cit.*

52. — Lorsque le tenancier laissait en friche les terres qu'il tenait en champart, quelles peines encourait-il ? — A cet égard, les coutumes se divisaient en deux classes principales.

53. — Les unes permettaient au seigneur de s'emparer et de réunir à son domaine l'héritage laissé en friche pendant un espace de temps plus ou moins long (trois ans dans les cout. de Berry, Clermont, la Marche; neuf ans dans celle de Blois). — *Encyclop. méthod.* (jurispr.), vº *Champart*.

54. — Dans d'autres, au contraire, le seigneur pouvait bien réunir le fonds à son domaine, mais précairement; il était obligé de rendre l'héritage au tenancier, lorsqu'il se présentait pour le cultiver. — Cout. d'Amiens, art. 195. — V. aussi Pothier, *Des champarts*, art. 2, § 2; Henrion de Pansey, *loc. cit.*, p. 329.

55. — Certaines coutumes défendaient d'une manière absolue au tenancier de changer, sans le consentement du seigneur, la forme des terres grevées du champart, — par exemple, de terres labourables, un bois, une vigne, etc. — V. notamment les coutumes de Blois, art. 131, et d'Amiens, art. 197; — Henrion de Pansey, *Dissert. féod.*, t. 1er, p. 329, § 6. — D'autres, au contraire, comme la coutume de Montargis (art. 7), lui permettaient de faire ce changement, en avertissant le seigneur et l'indemnisant à dire d'experts. — Pothier (*Des champarts*, art. 2, § 2) pensait que cette disposition devait être suivie dans les coutumes muettes, comme plus conforme à la liberté et plus favorable à l'agriculture. — Mais Guyot (*Rép.*, vº *Champart*, nº 13) rejetait cette opinion, qui lui semblait faire trop bon marché des droits du seigneur. Il était, suivant cet auteur, un meilleur moyen de concilier équitablement les intérêts, c'était de permettre le changement de culture avec indemnité, mais toutefois en admettant le seigneur à contredire cette innovation. Deux experts décideraient alors, d'après la nature du sol et la position des lieux. —V. en ce sens Henrion de Pansey, *Dissert. féod.*, vº *Champart*, t. 1er, p. 330, § 6.

56. — Quoiqu'il ne fût pas d'usage de faire passer des reconnaissances pour le champart par les nouveaux propriétaires des terres qui y étaient sujettes, Pothier (*Des champarts*, art. 2, § 3) pensait que néanmoins les seigneurs de champart étaient fondés à en demander, comme pour toutes les autres redevances foncières.

57. — Les décrets du 4 août 1789, qui prononcèrent l'abolition du régime féodal, déclarèrent les champarts de toute espèce, et sous toute dénomination, rachetables au taux qui serait ultérieurement fixé. En même temps, défense fut faite de plus à l'avenir créer aucune redevance non remboursable. — Art. 6.

58. — De même, l'art. 1er (tit. 3, décr. 15 mars 1790) déclara simplement rachetables, et par conséquent payables jusqu'au rachat effectué, tous les droits et devoirs féodaux ou censuels utiles qui étaient le prix et la condition d'une concession primitive de fonds.

59. — Etaient présumées telles, d'après l'art. 2 du même titre, sauf toutefois la preuve contraire, notamment les redevances seigneuriales annuelles connues sous la dénomination de champart, terrage, agrier, etc., qui ne se payaient et n'étaient dues que par le propriétaire ou possesseur d'un fonds, tant qu'il était propriétaire ou possesseur, et à raison de la durée de sa possession.

60. —Quant au mode et aux conditions du rachat, ils furent réglés par les décrets du 3 mai 1790, du 18 déc. 1790 et du 20 août 1792.

61. — Ce dernier décret (tit. 1er, art. 15 et suiv.) conféra à tout redevable de champarts, complants, tasques, terrages, agriers et autres redevances de même nature, le droit d'exiger, quand bon lui semblerait, la conversion en une rente ou redevance annuelle d'une quotité fixe de grains, payable aux termes ordinaires jusqu'au rachat.

62. — Le décret du 25 août 1792 (art. 5) supprima sans indemnité toutes les redevances seigneuriales annuelles, et notamment celles connues sous le nom de champart, complant, tasque, terrage, agrier, etc, à moins pourtant qu'elles ne fussent justifiées avoir pour cause une concession primitive de fonds, laquelle cause ne pourrait être établie qu'autant qu'elle se trouverait clairement énoncée dans l'acte primordial de concession, qui devrait être rapporté.

63. — N'étaient point compris dans cette suppression les rentes, champarts et autres redevances qui ne tenaient point à la féodalité, et qui étaient dus par des particuliers à des particuliers non seigneurs ni possesseurs de fiefs. — *Ibid.*, art. 17.

64. — Jugé que l'obligation de rapporter les titres primitifs n'est imposée par la loi du 25 août 1792 que relativement aux droits féodaux. — *Cass.*, 3 juin 1835, Souchal c. Bidon de Villemonteix.

65. — Enfin le décret du 17 juill. 1793 supprima sans indemnité toutes redevances ci-devant seigneuriales, même celles conservées par le décret du 25 août 1792. — Cette suppression, ne s'appliquant qu'aux redevances seigneuriales, a laissé subsister les champarts qui n'avaient que le caractère de redevance foncière, soit qu'ils fussent dus d'ailleurs à un seigneur ou à un particulier non seigneur.

66. — En présence de ces dispositions, un grand intérêt s'attachait à l'appréciation des caractères du champart. A quels signes devait-on reconnaître s'il était féodal ou purement foncier ? — Nous allons voir comment cette question a été résolue par l'autorité judiciaire dans les cas où elle lui a été déférée.

67. — Jugé que le terrage n'était point essentiellement un droit féodal de sa nature; qu'il était féodal ou purement foncier suivant les conventions et les actes qui l'établissaient ou le modifiaient. — *Cass.*, 2 janv. 1809, Malapert et Blanchet c. Corps-de-Roy.

68. — Le droit de champart est de sa nature présumé féodal. — Pour qu'il n'ait pas été atteint par les lois abolitives de la féodalité, il faut prouver que la redevance a eu pour cause une concession primitive de fonds. — Il conserve sa nature entre les mains d'un particulier qui le tient, à titre de fief, du seigneur dominant, par des actes antérieurs à la promulgation des lois qui ont aboli

la féodalité. — *Bruxelles*, 3 janv. 1808, Massenaël c. Vancauwenberghe.

69. — Dans les pays allodiaux, au contraire, tels que l'Auvergne, les *percières*, comme toutes les autres redevances dues sur des biens, étaient réputées purement foncières, à moins que le contraire ne fût positivement stipulé par acte. — *Cass.*, 24 vendém. an XIII, Jacoux et Mouley c. de Lasalle. — En Auvergne on appelait *percière* une redevance qui consistait en une partie de la récolte; c'était, comme on le voit, une espèce de terrage ou de champart.

70. — Jugé de même que la percière, comme le champart, n'était point un droit essentiellement féodal, et que même la directe seigneurie, en pays allodial, ne supposait pas toujours une mouvance féodale. — *Cass.*, 3 juin 1835, Souchal c. Bidon de Villemonteix.

71. — Jugé enfin qu'en pays de droit écrit le champart était une prestation purement foncière, s'il n'y avait titre contraire. — Des énonciations ayant trait à la féodalité qui se trouveraient dans les titres constitutifs ou récognitifs de redevances foncières, ne sauraient faire réputer ces redevances féodales, si ceux au profit de qui elles ont été constituées n'avaient point la directe seigneurie des héritages grevés. — *Cass.*, 23 juin 1807, Gualy c. Wareilhes.

72. — Doivent être réputés féodaux et, comme tels, ont été atteints par les lois des 25 août 1792 et 17 juill. 1793, les droits de champart ou terrages seigneuriaux qui, avant la révolution, auraient été aliénés avec la directe. — *Cass.*, 16 fév. 1809, Rapsael c. Vispoel; même jour, Vancauwenberghe c. Massenaërt.

73. — Un droit de champart, tenu autrefois en foi et hommage, sous la charge d'un relief aux mutations, était essentiellement féodal. — Mêmes arrêts.

74. — Un droit de terrage dû au roi dans le ci-devant pays de Hainault était un droit féodal et domanial. — Le droit n'a pas changé de nature dans les mains de l'aliénataire. — Le possesseur d'un semblable droit peut être tenu de justifier par la production des titres primitifs de concession, que ce droit n'était point féodal ni mélangé de féodalité. — *Cass.*, 30 juill. 1817, Manesse et Bailleul c. N...

75. — Le terrage ou champart dans les mains d'un particulier non seigneur était, de droit commun, réputé prestation purement foncière et non seigneuriale, si le contraire n'était prouvé par titre ou établi par le statut local. — Cette présomption ne cessait pas d'avoir lieu par cela que les fonds grevés du terrage étaient tenus à fief, si ce fief ne constituait qu'un fief passif. — En conséquence, un pareil droit n'a point été supprimé par les lois prohibitives de la féodalité. — *Cass.*, 17 flor. an XII, Thobois c. Derieux.

76. — Lorsque rien ne constate que, dans un pays où était reçue la maxime *nulle terre sans seigneur*, un terrage ait été créé simultanément avec un sens récognitif de la directe, un arrêt a pu le considérer comme purement foncier, et déclarer en conséquence qu'il n'avait point été aboli comme mélangé de féodalité. — *Cass.*, 12 oct. 1814, Dayner c. Despiènes.

77. — Un droit de champart, quoique noble et féodal dans son origine, avait été arroturé, et n'était plus, au moment de la révolution, qu'une simple rente foncière, si l'aliénation en avait été précédemment faite avec réserve de la directe au profit du seigneur. En conséquence, une pareille redevance n'a pas été abolie par les lois suppressives de la féodalité. — *Cass.*, 23 juill. 1811, Castan c. Cavalier.

78. — On doit considérer comme purement foncier un droit de terrage originairement féodal, lorsque, avant les lois abolitives de la féodalité, il a été vendu par le ci-devant seigneur, avec retenue expresse de la directe. — L'aveu qui sert à établir un pareil droit, est, entre les mains de l'acquéreur, un titre suffisant qui rend admissible la preuve testimoniale à l'effet d'établir l'interruption de la prescription du droit de terrage. — *Rennes*, 22 janv. 1812, C...

79. — Lorsqu'un seigneur qui était en même temps propriétaire foncier a concédé, en cette dernière qualité, l'exploitation d'une mine de houille, et que l'acte de concession ne renfermait ni cens ni réserve dérivant de la féodalité, le terrage qui a été stipulé n'a pas été atteint par les lois abolitives de la féodalité, surtout quand il est reconnu que cette redevance n'était autre chose qu'un loyer ou fermage ou prestation annuelle ordinaire. — *Cass.*, 21 déc. 1808, Enregistr. c. Fontaine et Cornil.

V. ACTION POSSESSOIRE, AGRIER, CINQUAIN, FÉODALITÉ, TERRAGE, VINGTAIN.

CHAMPÉAGE.

Ce mot, dans l'ancien pays de Bresse, désignait le droit de pâturage dans un étang lorsqu'il était en assec. Ce droit prenait le nom de *brouillage* lorsqu'il s'exerçait sur un étang en eau. — Prost de Royer, *Dict. de jurispr.*, v° *Assec.* — V. ASSEC, ÉTANG.

CHAMPIGNONS.

1. — Plante recherchée comme aliment. — Il existe des champignons d'espèces différentes parmi lesquelles il s'en trouve de très malfaisantes et dont l'usage, comme aliment, est de nature à causer des accidens graves et même la mort.

2. — De tout temps la police a exercé une surveillance active sur la vente des champignons, afin de mettre le public à l'abri des funestes effets de l'ignorance ou de la cupidité des marchands. Ainsi, une ordonnance du lieutenant général de police en date du 13 mai 1782, rendue pour Paris, a fait défense d'exposer en vente aucuns mousserons ou champignons des bois, morilles et autres espèces de champignons d'une qualité suspecte, ou qui, malgré leur bonne qualité, auraient été gardés d'un jour à l'autre, à peine de 50 fr. d'amende.

3. — A cette ordonnance est venue s'en joindre une autre du 12 juin 1720 qui en reproduit et précise les dispositions. — Ainsi, cette dernière ordonnance 1° détermine le marché qui doit être affecté à la vente en gros des champignons (art. 1er); — 2° fait défense d'exposer et vendre aucuns champignons suspects et des champignons de bonne qualité qui auraient été gardés d'un jour à l'autre sous les peines portées par la loi (V. COMESTIBLES GATÉS, CORROMPUS OU NUISIBLES), et ordonne qu'ils seront visités et examinés avec soin avant l'ouverture de la vente (art. 3 et 4).

4. — En outre, les art. 5, 6 et 7 disposent : 1° que les seuls champignons achetés au marché à ce destiné peuvent être vendus en détail dans le même jour sur tous les marchés aux fruits et légumes et dans les boutiques de fruiterie; — 2° qu'il est défendu de crier, vendre ni colporter des champignons sur la voie publique et d'en colporter dans les maisons; — 3° que tout jardinier qui aura été condamné par les tribunaux pour avoir exposé en vente des champignons malfaisans ou de mauvaise qualité, sera expulsé des halles et remplacé.

5. — La contravention aux réglemens faits par l'autorité administrative ou municipale en cette matière, comme en toutes celles qui sont sous la surveillance de cette autorité, tombe sous l'application des art. 471 et 474 du Code pénal (amende de 1 à 5 fr., emprisonnement de trois jours au plus, en cas de récidive.

V. AGARICS (marchands d').

CHAMPOYER.

Les coutumes d'Auxerre, de Chaumont, de Meaux, de Sens et de Troyes se servaient de ce mot comme synonyme de *vain-pâturer*, c'est-à-dire paître dans les champs qui sont dépouillés. — V. VAINE-PATURE.

CHANCELIER DE LA BASOCHE.

Président de la juridiction des clercs de procureurs au parlement de Paris. Il portait dans le principe le titre plus ambitieux de *roi de la basoche*. — V. BASOCHE.

CHANCELIER DE FRANCE.

1. — On donnait autrefois le nom de chancelier de France, *Cancellarius Franciæ*, à un magistrat revêtu en France de la première dignité de la justice et du premier grand office de la couronne.

2. — L'office de chancelier de France est presque aussi ancien que la monarchie; mais ceux qui en exercèrent les fonctions ne portèrent pas d'abord le titre de chancelier. Sous les rois de la première race, le chef de la justice s'appelait *grand référendaire*, et avait à ce titre la garde des sceaux. — Fontanon, *Ordonn.*, t. 1er, p. 8.

3. — Plus tard, et notamment sous les quatre premiers rois de la deuxième race, il fut appelé *archichancelier*. Sous les neuf derniers de la même race on lui donna le titre de *grand-chancelier* ; ce ne fut qu'en 988, sous Hugues Capet, qu'il reçut le nom de chancelier.

4. — Le chancelier de France était le premier officier de la couronne en ce qui regardait la justice. Il était le chef de tous les conseils du roi, auquel il rendait compte de tout ce qui concernait l'administration de la justice. Il était le président du grand conseil, et, après le roi, les cours souveraines lui rendaient les premiers honneurs.

5. — Le chancelier de France pouvait aussi présider les parlemens et les autres cours du royaume; c'est pour cela que ses provisions étaient présentées et enregistrées dans toutes les cours souveraines. — Le 4 mars 1715, le chancelier Voisin prit en cette qualité séance au parlement; il était à la petite audience en robe violette, et vint à la grande audience en robe de velours rouge doublée de satin. On plaida devant lui un appel comme d'abus, et il prononça l'arrêt.

6. — C'était le chancelier ou la chambre des comptes qui recevait la foi et hommage des détenteurs des fiefs de dignité mouvants immédiatement du roi. — V. CHAMBRE DES COMPTES.

7. — C'était à lui qu'on s'adressait pour obtenir l'agrément de tous les offices de judicature. Les charges d'avocats aux conseils tombaient dans ses parties casuelles. Il était le conservateur né des secrétaires du roi.

8. — Anciennement le chancelier instituait les notaires et les examinait avant leur réception.

9. — La principale fonction du chancelier (lorsqu'il était en même temps garde des sceaux) était, de garder le sceau royal, de sceller seul les lettres des affaires d'état, de justice et des finances, et de prendre garde à ce qu'aucunes lettres ne passassent au sceau au préjudice du roi et de son état.

10. — Il était encore chargé de préparer et de faire vérifier et enregistrer par les cours les nouvelles ordonnances, édits, déclarations et lettres patentes.

11. — Lorsque le roi tenait son lit de justice aux parlemens, le chancelier était assis devant lui à gauche et prononçait les arrêts par ces mots : *Le roi vous dit... le roi vous ordonne...* etc. — C'était lui qui recueillait les suffrages : il ne pouvait être récusé.

12. — Le chancelier était, comme s'expriment les auteurs de ce temps-là, la bouche du roi et l'interprète de ses volontés : son office n'était ni vénal, ni héréditaire, mais seulement à vie; il était qualifié de *chevalier* et de *monseigneur*; dans toutes les cérémonies, il avait rang, séance et voix délibérative après les princes du sang. — Hénaut, *Abrégé chronolog.*, 1541.

13. — Il recevait directement les représentations et remontrances des parlemens, sous les yeux du roi.

14. — Il ne pouvait être privé de son office que par mort, démission ou forfaiture. — Du Tillet, *Chronologie des rois de France.*

15. — Quoique l'office de chancelier ne fût établi que pour le fait de justice, quelques uns de ceux qui furent revêtus de cette dignité obtinrent des commandemens militaires et portèrent les armes. On cite notamment Pierre Flotte, qui fut tué à la bataille de Courtrai, en 1302. — Sous Louis XIII, le chancelier Séguier fut envoyé à Rouen pour réprimer la sédition *des pieds-nus*. Il donnait ses ordres aux troupes; on prenait le mot de lui.

16. — Le chancelier fut d'abord nommé par le roi seul. Dans la suite il fut élu au parlement par voie de scrutin, en présence du roi. C'est ainsi notamment que fut nommé Guillaume de Dormans, en 1371. — Louis XI rétablit l'ancien mode de nomination, et depuis ce monarque les chanceliers de France furent toujours nommés directement par le roi.

17. — Le chancelier de France était admis à l'exercice de ses fonctions, sans information de vie et mœurs.

18. — D'après une ordonnance de Charles V, de 1356, le chancelier prêtait serment entre les mains du roi de le bien conseiller et servir loyalement, de bien garder le patrimoine du roi et la chose publique du royaume. — Et comme le chancelier se détachait de lui-même pour ne plus représenter que la justice dont il était le chef, il ne portait jamais le deuil pour quelque cause que ce fût, et ne faisait aucune visite.

19. — Le costume de cérémonie du chancelier était l'épitoge ou robe de velours rouge doublée de satin, avec le mortier comblé d'or et bordé de perles. Il avait le droit d'avoir chez lui des tapisseries semées de fleurs de lys, avec les armes de France et les insignes de sa dignité.

20. — Dans les cérémonies publiques, le chancelier était précédé de quatre huissiers, appelés *huissiers de la chaîne*, et des huissiers du conseil; il était aussi accompagné d'un lieutenant de robe courte de la prévôté de l'hôtel et de deux gardes.

21. — Cette grande charge de la couronne subsista avec toutes ses prérogatives jusqu'à la révolution. Le 27 nov. 1790 cet office fut supprimé.

22. — Les constitutions de l'empire avaient rétabli, au nombre des grands dignitaires de l'empire, le *prince archichancelier*. Cambacérès fut revêtu de cette dignité, qui disparut avec les institutions impériales.

23. — Les attributions de ce grand dignitaire furent tracées dans le sénatus-consulte du 28 flor. an XII, et consistaient principalement : — à faire les fonctions de chancelier pour la promulgation des sénatus-consultes organiques et des lois ; — à faire celles de chancelier du palais impérial ; — à être présent au travail annuel dans lequel le grand juge ministre de la justice rendait compte des abus qui pouvaient s'être introduits dans l'administration de la justice ; — à présider la haute cour impériale, à laquelle était confié le soin de connaître des délits, crimes et complots contre la sûreté de l'état, la personne de l'empereur et celles de sa famille ; — à présider les sections réunies du conseil d'état ; — à être présent à la naissance et à la célébration des mariages des princes ; — à assister au couronnement et aux obsèques de l'empereur, etc.

24. — Une ord. du 13 mai 1814 avait dit : Le roi a nommé M. Dambray chancelier de France (M. de Barentin aura les honneurs de garde des sceaux.) M. Dambray fut en même temps investi du portefeuille de la justice, et c'est sans doute pour ce motif que fut placée sur la façade de l'hôtel du ministère de la justice cette inscription qu'on y lit encore aujourd'hui : *Chancellerie de France*. M. Dambray, ayant quitté le ministère de la justice, fut appelé, tout en conservant le titre de chancelier, à la présidence de la chambre des pairs, et sur la porte d'un bâtiment qui dépend du Luxembourg et est affecté au logement du président de la chambre on inscrivit aussi ces mots : *Chancellerie de France*.

25. — Une ordonnance du duc d'Orléans, lieutenant général du royaume, en date du 3 août 1830 (*Moniteur* du 4), porte ce qui suit : « Vu la démission, en date du 1er de ce mois, à nous adressée par le marquis de Pastoret, des fonctions de *titre de chancelier de France;* voulant pourvoir par le-champ à la *présidence* de la chambre des pairs; sur le rapport de notre commissaire provisoire au département de la justice, avons nommé et nommons le baron Pasquier, pair de France, président de la chambre des pairs. »

26. — L'ord. du 23 mars 1816 disposa que le chancelier de France remplirait près de la famille royale les fonctions d'officier de l'état civil. — V. FAMILLE ROYALE.

27. — Quelques personnes avaient cru pouvoir conclure des termes de cette ordonnance que le titre et les fonctions de chancelier n'existaient plus. Mais contre cette opinion on pouvait invoquer l'art. 25 de la Charte du 7 août 1830, qui portait encore : « La chambre des pairs est présidée par le chancelier de France. » Aussi une ordonnance royale du 27 mai 1837 a conféré à M. Pasquier, président de la chambre des pairs, le titre de *chancelier*, qui certainement aujourd'hui n'emporte aucune des attributions des anciens chanceliers, et ne doit guère être considéré que comme une distinction honorifique conférée au président de la chambre des pairs. — V. ACTES DE L'ÉTAT CIVIL, CHAMBRE DES PAIRS, COUR DES PAIRS.

CHANCELIER DE LA LÉGION-D'HONNEUR.

V. LÉGION-D'HONNEUR.

CHANCELIER, CHANCELLERIE DU CONSULAT.

1. — Le chancelier d'un consulat est un officier public chargé d'assister le consul dans l'exercice de ses fonctions, et qui a en outre des attributions nombreuses et importantes qui lui sont particulières : ainsi il est à la fois greffier, notaire et même huissier.

2. — La chancellerie d'un consulat est, à proprement parler, le greffe du consulat où l'on reçoit des négocians et des capitaines de navires, où l'on délivre des expéditions authentiques de tout ce qui concerne le consulat.

3. — Comme tout ce qui concerne le chancelier et la chancellerie d'un consulat se lie intimement à ce qui regarde le consul lui-même, nous renvoyons à ce mot pour en parler. V. CONSUL.

CHANCELLERIES.

1. — Il y avait autrefois, près de chaque parlement et près de chaque cour souveraine ou présidiale, de petites chancelleries où l'on scellait toutes les lettres de justice et de grâce qui devaient être revêtues du petit sceau.

2. — La plus ancienne de ces chancelleries était celle du parlement de Paris, dite *Chancellerie du palais*; elle remontait, suivant du Tillet, au règne de Philippe-le-Long.

3. — Les lettres de justice qui devaient être scel-

lées du petit sceau étaient les reliefs d'appel, les anticipations, compulsoires, requêtes civiles, rescisions, etc.

4. — Les lettres de grâce qui s'expédiaient en petite chancellerie étaient les *committimus*, les bénéfices d'âge ou d'émancipation, les bénéfices d'inventaire, etc.

5. — A Paris, c'était un maître des requêtes qui tenait le sceau; dans les autres parlemens c'était un conseiller.

6. — Chaque chancellerie avait en outre des audienciers et contrôleurs, des référendaires, des secrétaires du roi, des scelleurs, un chauffe-cire, des greffiers et des huissiers.

7. — Les audienciers, contrôleurs et secrétaires du roi des petites chancelleries des parlemens jouissaient du privilège de la noblesse. — V. GRANDE CHANCELLERIE, CHAUFFE-CIRE, SECRÉTAIRES DU ROI.

CHANCELLERIE DE FRANCE.

V. CHANCELIER DE FRANCE, GRANDE CHANCELLERIE.

CHANCELLERIE ROMAINE.

1. — On désigne, en droit canonique, sous le nom de chancellerie romaine, la réunion des officiers chargés d'expédier certains actes et de les revêtir du sceau qui en garantit l'authenticité. Elle est présidée par un cardinal qui prend le titre de chancelier, et qui d'ordinaire fait partie des cardinaux-évêques. — V. CARDINAL.

2. — La chancellerie romaine est principalement chargée de l'expédition de tous les actes faits par le pape dans le consistoire, tels, par exemple, que les nominations de cardinaux et les institutions d'évêques. — C'est elle qui expédie les bulles et les brefs. — V. BULLE, BREF.

CHANDELIERS (Fabricans de).

1. — Les fabricans de chandeliers en fer et en cuivre, pour leur compte, sont rangés par la loi du 25 avril 1844, sur les patentes, dans la sixième classe des patentables, et imposés à : 1o un droit fixe établi d'après le chiffre de la population de la ville ou commune où est situé l'établissement; — 2o un droit proportionnel du vingtième de la valeur locative de la maison d'habitation et des locaux servant à l'exercice de la profession.

2. — Les fabricans à façon sont rangés dans la huitième classe et imposés à : 1o un droit fixe; — 2o un droit proportionnel du quarantième de la valeur locative de tous les locaux occupés par les patentables, mais seulement dans les communes d'une population de 20,000 ames et au-dessus. — V. PATENTE.

CHANDELLES, CHANDELIERS.

1. — Les fabricans de chandelles sont mis au nombre des patentables par la loi du 25 avril 1844, sur les patentes, et imposés à : 1o un droit fixe de 10 fr. pour cinq ouvriers au nombre inférieur, et de 3 fr. par chaque ouvrier en sus, jusqu'au maximum de 100 fr.; — 2o un droit proportionnel du vingtième de la valeur locative de la maison d'habitation et des magasins de vente complètement séparés de l'établissement, et du vingt-cinquième de l'établissement industriel.—V. PATENTE.

2. — Les fabricans de chandelles ou fabricans de chandelles sont considérés et classés comme insalubres. — V. ÉTABLISSEMENS INSALUBRES (nomenclature).

CHANDERNAGOR.

V. INDE (ÉTABLISSEMENS DE L').

CHANGE.

Table alphabétique.

CHANGE. — 1. — Le mot *change* indique en général l'abandon d'une chose pour une autre. — Dans le langage du droit il indique ou une permutation d'espèces l'une pour l'autre, ou bien l'action de faire payer une somme dans un lieu déterminé pour une valeur promise ou donnée dans un autre. — Enfin, on donne encore le nom de *change* au gain qui se fait à l'occasion de l'une ou de l'autre de ces deux opérations.

2. — Nous allons considérer le change sous ces trois points de vue.

3. — Le change de la première espèce, désigné par les docteurs sous le nom de *Cambium minutum, vel reale, vel manuale*, était connu des anciens. Les Romains l'appelaient *collybus*, et donnaient le nom de *collybiste* à ceux qui le pratiquaient. — Cicéron, *In Verrem*, art. 5, no 181. — Les Grecs mêmes avaient des κολλυβισταί ou changeurs d'argent.

4. — Ce change, qui n'est que l'échange d'une monnaie contre une autre, a lieu : 1o lorsqu'on veut changer des pièces d'une certaine valeur contre d'autres d'une valeur moindre ou supérieure, ou même du papier-monnaie représentant la même somme; — 2o lorsqu'on veut se procurer des espèces ayant cours contre d'autres altérées quant à la forme et au poids par la circulation; — 3o enfin quand on veut échanger des espèces étrangères contre des espèces du pays et réciproquement.

5. — On donne à ceux qui se livrent à ces opérations le nom de *changeurs*, et à leurs établissemens le nom de *bureaux de change*. — V. CHANGEUR.

6. — Ces opérations, considérées comme contrats, constituent de véritables ventes commerciales. Elles participent aussi de l'échange et du mandat. Il y a donc lieu de leur appliquer, au besoin, les règles propres à ces espèces de contrats. — Jousse, *Comment. sur l'ord.* de 1673, tit. 5, p. 102; Savary, *parère* 70; Pothier, *Contrat de change*, no 51; Pardessus, no 319; Frémery, *Études de droit comm.*, chap. 13; Louis Nouguier, t. 1er, p. 62; Goujet et Merger, vo *Change*, no 1.

7. — La seconde espèce de change, appelée par les docteurs *Cambium locale, mercantile, trajectitium*, a lieu toutes les fois qu'une somme quelconque d'argent est donnée dans un lieu à une personne qui s'oblige à en rendre ou faire rendre l'équivalent dans un autre. En pareil cas, il constitue toujours un contrat. — Merlin, *Rép.*, vo *Lettre et billet de change*, § 2, no 1.

8. — On ne trouve chez les Romains aucun vestige de cette espèce de change. — Pothier, *Contr. de change*, no 6 ; Merlin, *Rép.*, vo *Lettre et billet de change*, § 2. — L'origine de ce contrat et de sa réalisation par la lettre de change n'a rien de certain. Les uns en attribuent l'invention aux Gibelins, chassés de Florence par les Guelfes; les autres aux juifs, après leur expulsion de France; enfin, les troisièmes, aux besoins et aux progrès du commerce.—Pothier, no 7; Nouguier, *Lettres de change*, t. 1er, p. 38.

9. — Le contrat de change se réalise par la délivrance : 1o soit d'une lettre de change. En ce cas le paiement doit être fait par un tiers qu'on indique. — Pardessus, *Dr. comm.*, no 43. — V. LETTRE DE CHANGE.

10.—2o Soit d'un billet à ordre, et plus spécialement d'un billet à domicile. — Alors le paiement en est fait par la personne même qui délivre le billet, et le change est dit *personnel*. — Pardessus, *Dr. comm.*, no 23; Frémery, *Études de dr. comm.*, chap. 46, p. 98. — V. BILLET A DOMICILE.

11.—3o Soit d'un effet de commerce de l'une ou de l'autre de ces deux espèces, créé par un tiers et qu'on transporte au moyen d'un endossement. — Pardessus, *Contr. de change*, no 66; Favard, *Rép.*, vo *Lettre de change;* Merlin, *Rép.*, vo *Lettre et billet de change*, § 1er. — V. ENDOSSEMENT.

12. — Ainsi il ne faut pas confondre le contrat de change avec les lettres, billets ou endossemens, qui n'en sont que l'exécution. — Pothier, *Contr. de change*, no 8. — Le plus souvent, il est vrai, le contrat n'existe ou n'est stipulé qu'implicitement; mais le fait seul de la délivrance ou de l'endosse-

ment du titre constate la stipulation qui l'a précédée, ou du moins qui l'accompagne.—Pardessus, *Contr. de change*, nº 15; *Dr. comm.*, nº 318.

13. — Quoique le contrat de change se compose de la combinaison de divers contrats, tels que la vente, le mandat, le cautionnement, etc., il n'en a pas moins sa nature particulière, qui ne permet pas de le confondre avec d'autres, même avec ceux dont il est formé. — Pardessus, *Dr. comm.*, nº 319. — Ce n'est donc qu'à défaut des règles particulières qui le concernent qu'il faut recourir à celles de ces autres contrats.

14. — En général, tous les individus capables des obligations ordinaires peuvent stipuler le contrat de change. Cependant la loi en a restreint les effets pour quelques personnes, en raison de l'âge, de la qualité ou de la profession. On verra au mot LETTRE DE CHANGE en quoi consistent ces restrictions et à qui elles s'appliquent.

15. — Toutes choses indistinctement ne peuvent former l'objet dont le contrat de change doit procurer le paiement ; cet avantage est accordé seulement aux monnaies. — Pardessus, *Dr. comm.*, nº 320 ; Goujet et Merger, vº *Change*, nº 5.

16. — Néanmoins, il n'est pas nécessaire que la monnaie qui fait l'objet de la convention ait un cours légal dans le lieu où la délivrance doit en être faite, ni même dans celui où l'on stipule; il suffit que ce soit de la monnaie d'un pays quelconque. — Pardessus, *Dr. comm.*, nº 330.

17.—Il est encore essentiel au contrat de change que la somme convenue soit payable dans un lieu différent, soit de celui où l'engagement a été formé, soit de celui où la valeur a été ou doit être payée. —Pardessus, *Contr. de change*, nºs 32 et suiv.; *Dr. comm.*, nº 320; Goujet et Merger, vº *Change*, nº 6.

18. — De ce que le contrat de change peut se réaliser au moyen du billet à domicile, c'est-à-dire que celui-là même qui délivre le billet peut s'obliger à le payer, il s'ensuit que, si trois personnes figurent ordinairement dans un contrat de change, cependant leur concours, indispensable quand ce contrat emprunte la forme de la lettre de change, n'est pas absolument nécessaire.

19. — Le contrat de change entraîne des obligations réciproques.

20. — Le contrat de change se forme et est parfait par le seul consentement des parties.—Dupuis de la Serra, *Traité de l'art des lettres de change*, chap. 5; Pothier, *Contr. de change*, nº 51 ; Delvincourt, *Instit. de dr. comm.*, t. 1er, p 69 ; Pardessus, *Dr. comm.*, nº 322.—Mais sa réalisation est soumise à des formes spéciales.

21. — Celui qui a promis de fournir une ou plusieurs lettres de change doit les délivrer payables à l'époque, dans le lieu, par la personne, pour la somme indiqués par la convention. Il peut même, à moins de convention contraire, céder des lettres déjà tirées, dont il a la libre disposition, pourvu qu'elles ne soient ni échues ni si près de l'échéance que le porteur ne puisse faire les diligences nécessaires. — Pardessus, *Dr. comm.*, nº 323.

22. — Il est aussi, sous la même restriction, libre d'employer indistinctement plusieurs voies ; de tirer plusieurs lettres, même sur diverses personnes, telles que bon lui semble. — Pardessus, *Dr. comm.*, nºs 323 et 325.

23.—Mais celui qui a promis une lettre de change ou même une remise d'argent sur un lieu ne serait pas recevable à offrir un billet souscrit et payable par lui-même, dans le lieu convenu. — Pardessus, *Dr. comm.*, nº 323 ; Goujet et Merger, vº *Change*, nº 13.

24. — De même, un négociant qui a reçu de son correspondant l'autorisation de fournir sur celui-ci un mandat ne peut pas, au lieu d'un simple mandat, créer une lettre de change. — *Paris*, 11 mars 1836, Nadler c. Boucher.

25. — Il ne peut refuser le nombre d'exemplaires demandé par le preneur, en usant des précautions convenables pour qu'on ne puisse en abuser, ni se dispenser d'y insérer les énonciations nécessaires au but que les parties se proposent. — Pardessus, *Dr. comm.*, nº 323.

26. — Il doit envoyer à celui sur qui la lettre de change est tirée, et même, si tel est l'usage ou la convention, remettre au porteur, lorsqu'il en exige un double, les lettres d'avis sans lesquelles le tiré pourrait refuser d'accepter. — Pardessus, *Droit comm.*, nº 323; Goujet et Merger, vº *Change*, nº 15.

27. — De son côté, celui à qui la lettre de change est ou doit être délivrée, contracte l'obligation d'en payer la valeur convenue de la manière fixée, sinon c'est suivant le cours et comptant. — Pardessus, *Dr. comm.*, nº 323.

28. — Si ce sont des marchandises qu'il donne pour fournir la valeur, il garantit le tireur du trouble ou de l'éviction que des tiers pourraient lui causer; si c'est une valeur négociable, une lettre de change, ou un billet à ordre, il doit veiller à ce qu'ils soient acquittés à l'échéance. — Nouguier, t. 1er, p. 68.

29. — Quant aux autres obligations que lui impose sa qualité de porteur du titre, on les verra détaillées aux mots BILLET A DOMICILE, LETTRE DE CHANGE et PROTÊT.

30. — Autrefois, quand le contrat de change ne recevait pas immédiatement sa complète exécution par le défaut de délivrance actuelle, soit de la lettre de la part d'une des parties, soit de la somme de la part de l'autre, on souscrivait des *billets de change* (V. ce mot). — Ord. 1673, tit. 5, art. 27 ; — Pothier, *Contr. de change*, nºs 207 et suiv.—Aujourd'hui cette espèce particulière d'engagement n'est plus en usage.

31. — Le contrat de change, une fois formé, ne peut être dissous, ni recevoir aucune modification, sans le consentement des deux parties. — Dupuis, *Art des lettres de change*, chap. 5 ; Pardessus, *Contr. de change*, nº 199, et *Dr. comm.*, nº 324 ; Nouguier, *Lettres de change*, t. 1er, p. 60 ; Goujet et Merger, nº 22.

32. — Toutefois, si depuis la convention il était survenu, dans la fortune de celui à qui la lettre aurait été promise moyennant un prix payable quelque temps après la livraison, un changement tel qu'on pût en conclure qu'il sera dans l'impossibilité de satisfaire à ses engagemens au terme convenu, celui qui a promis la lettre pourrait refuser de la tirer. — Pardessus, *Dr. comm.*, nº 324; Goujet et Merger, nº 22.

33. — De même, s'il était arrivé, dans la fortune de celui qui a promis la lettre, un changement tel qu'on eût à craindre que, le paiement n'étant pas fait à l'échéance, il ne pût en rendre la valeur, celui à qui cette lettre a été promise serait fondé à demander caution, et pourrait, jusque là, refuser d'en payer la valeur. — Pardessus, *Droit comm.*, nº 324.

34.—La convention formée ne pouvant plus être résolue que par le consentement des deux parties, il en est ainsi, à plus forte raison, lorsque la lettre de change promise a été délivrée. Ainsi, la perte d'une lettre délivrée ne serait pas une cause, pour le preneur, de demander la dissolution du contrat; il n'aurait que la faculté d'en exiger une nouvelle copie. — Pardessus, *Dr. comm.*, nº 328 ; Nouguier, t. 1er, p. 60 ; Goujet et Merger, nº 24.

35.— L'engagement de celui qui promet de tirer une lettre de change n'est réellement, sous le rapport de la confection de l'acte, qu'une obligation de faire. S'il refuse d'exécuter ce à quoi il s'est obligé, celui à qui la lettre a été promise, n'a qu'une action pour obtenir des dommages-intérêts. — Pardessus, *Dr. comm.*, nº 326.

36. — Il n'en est pas de même de celui qui s'est obligé à prendre une lettre sur *tel* lieu, moyennant *telle* valeur. S'il refuse d'exécuter son engagement, celui qui a promis cette lettre peut la lui offrir, revêtue des formes requises ou convenues, comme on peut offrir un corps certain. — Pardessus, *Droit comm.*, nº 327.

37.—Le contrat de change n'est, comme la vente commerciale, assujéti à aucune forme ; il est, comme nous l'avons dit *suprà* nº 20, parfait par le seul consentement. — Pardessus, *Dr. comm.*, nº 322.

38 — Ainsi, il peut n'être que verbal ; et par suite on peut prouver par témoins l'engagement de délivrer une lettre de change. —*Ibid.*, nº 330.

39. — Lorsque le contrat de change est rédigé par écrit, l'acte qui le constate a les effets résultant de la forme dans laquelle il a été rédigé, mais il ne peut tenir lieu des lettres de change ou des billets dont il n'est que la promesse. — *Ibid.*

40. —Par la même raison, le délai de cinq ans, qui éteint les actions relatives aux lettres de change et aux billets à ordre, n'éteindrait pas l'obligation d'en fournir (Pardessus, nº 322). — La prescription trentenaire pourrait seule libérer de cette obligation. — *Cass.*, 19 janv. 1813, Mortain c. Bourget.

41. — Le change, considéré sous le troisième point de vue, est la somme au versement ou à l'encaissement de laquelle donnent lieu les deux opérations dont nous venons de parler. C'est plutôt en réalité *le prix du change*.

42.—L'argent, comme métal, a une valeur, ainsi que toutes les autres marchandises; l'argent, comme monnaie, a une valeur que le prince peut fixer dans quelques rapports, et qu'il ne saurait fixer dans d'autres. — Merlin, *Rép.*, vº *Lettre et billet de change*, § 1er.

43. — Le change est une fixation de la valeur actuelle et momentanée des monnaies des divers pays. — Merlin, *ibid.*

44. — Le pair du change est fondé sur une proportion arithmétique du titre, du poids et de la valeur numéraire des espèces réelles d'or et d'argent reçues et données en paiement ; on en a partout des tables exactes qu'on peut consulter au besoin. — Merlin, *ibid.*

45. — Mais le cours du change s'éloigne sans cesse de ce pair réel dans toutes les places, suivant les circonstances ou la situation momentanée de leur commerce respectif, et ce sont ces circonstances qui établissent le cours actuel. — Merlin, *ibid.*

46. — On entend par *cours actuel* du change le prix auquel sont les lettres de change pour faire des remises d'une place à une autre. Ce taux est constaté par les agens de change. — Arr. 27 prair. an X, art. 8. ; C. comm. art. 73 et 76.

47. — Le change n'est pas le même entre toutes les places de commerce. Il varie selon la quantité plus ou moins grande d'envois à faire d'un lieu à un autre, le plus ou moins de frais et de risques dans les transports, et une infinité d'autres circonstances. Il est au *pair* entre deux villes quand on paie dans l'une toute la somme qu'il donne droit de toucher dans l'autre. Il est *pour une ville* si le porteur des effets qui y sont payables gagne un prix de change. Il est *contre elle* dans le cas inverse, c'est-à-dire si le propriétaire de l'effet a payé une somme supérieure à celle qu'il devra toucher. — Pardessus, *Dr. comm.*, nº 26.

48. — Comme il est quelquefois impossible d'avoir directement des effets de commerce ou *du papier* sur une place, on négocie alors par l'entremise d'une troisième. Pour cela, on combine les divers élémens du change de places les unes à l'égard des autres. Cette combinaison se nomme *arbitrage* ; elle se fait par une opération arithmétique qu'on nomme règle composée, dans laquelle on prend pour terme chacun des cours des places entre lesquelles il s'agit d'établir une comparaison.— *Ibid.*, nº 26. — V. aussi ARBITRAGE EN BANQUE, nºs 2 et 3.

49. — Le prix du change ne saurait être considéré comme l'intérêt des sommes qui sont l'objet du contrat, car ce contrat n'est point un prêt.

50. — En effet, le contrat de change offre de notables différences avec le prêt. Le prêt est unilatéral ; l'emprunteur s'engage seul. Le contrat de change, au contraire, engendre des obligations réciproques ; il est synallagmatique. Dans le prêt, c'est en général l'emprunteur qui restitue la somme prêtée ; dans le contrat de change, c'est un tiers. Le prêt est ordinairement payable au même lieu : le contrat de change s'accomplit nécessairement dans un lieu différent. — Pardessus, nº 319 ; Pothier, nº 51 ; Louis Nouguier, *De la lettre de change*, t. 1er, p. 60 ; Goujet et Merger, vº *Change*, nº 2.

51. — Il n'est pas cependant contraire à l'esprit de la convention de change que, dans des circonstances données et par des arrangemens particuliers, elle ne soit mêlée de prêt. Par exemple, une personne me prête une somme ; je lui donne en échange sur un tiers une obligation formulée en lettre de change, dans laquelle je m'engage à faire rembourser la somme prêtée à une époque fixée ; dans cette espèce il y a d'abord un prêt qui s'est compliqué d'un change.

52. — Le change offre des chances de gain et de perte aux contractans. « Comme il y a, dit M. Pardessus (*Contrat de change*, nº 24, et *Droit comm.*, nº 26), du danger à faire voiturer de l'argent ; qu'il y en a aussi quelquefois à se contenter d'une créance qui peut n'être pas payée avec exactitude, il en résulte une balance par suite de laquelle une des parties paie ordinairement à l'autre un profit semblable au retour dans l'échange de deux choses de valeur inégale. »

53. — Dès-lors, quelque élevé que soit le droit de change payé au banquier, il ne saurait être considéré comme usuraire. — Pothier, *Contr. de change*, nº 52 ; Merlin, *Rép.*, vº *Lettre et billet de change*, § 1er ; Pardessus, *Dr. comm.*, nº 26 ; Garnier, *De l'usure*, p. 47 ; Goujet et Merger, vº *Change*, nº 3. — Toutefois, si une opération usuraire était déguisée sous la forme d'un contrat de change, il y aurait lieu d'appliquer les lois sur l'usure. — Pothier, nº 55 ; Delvincourt, *Inst. comm.*, t. 2, p. 93 ; Garnier, *De l'usure*, p. 28.

54. — Le contrat de change n'est pas par lui-même un acte de commerce. — *Nancy*, 5 avr. 1845 (t. 1er 1845, p. 740), Hennequin c. Husson. — V. cependant les distinctions exposées au mot ACTE DE COMMERCE, nºs 403 et suiv. — V. aussi COMPÉTENCE COMMERCIALE.

55. — C'est au change considéré sous ce troisième point de vue qu'on peut rapporter certaines espèces de change autrefois connues, qui n'avaient du change que le nom et ne constituaient en réalité que des prêts. En voici l'indication :

56. — 1º Le change *sec*, *feint*, *adultérin* ou *impur*. — C'était un véritable prêt qu'un créancier qui voulait rester inconnu faisait par l'intermédiaire de *courtiers de change* que l'on peut assimi-

ler à nos courtiers de commerce. Le courtier fournissait la promesse du créancier, mais le nom de celui-ci était connu de lui seul; la place de ce nom restait et devait rester en blanc. Comme l'on prêtait à un intérêt excessif, le créancier ne pouvait poursuivre, de peur de se compromettre. Tout dépendait donc de l'honnêteté et de l'habileté du courtier. Cette espèce de change, proscrite par les lois civiles et religieuses, était peu connue en France. — Dupuis de la Serra, *Art des lettres de change*, chap. 1er, no 5; Nouguier, *Des lettres de change*, t. 1er, p. 85.

57. — ... 2o Le change particulier à la place de Lyon. Ce change, seulement toléré entre les marchands *trafiquans ès-foires de Lyon*, était un intérêt de deniers que l'on percevait dans cette ville d'une foire à la foire suivante. — Dupuis de la Serra, *Art des lettres de change*, chap. 1er, no 6; Nouguier, *Lettres de change*, t. 1er, p. 84.

58. — ... 3o Le contrat de change appelé par les Italiens *Il cambio con la ricorsa*. Ce contrat a lieu par suite d'une double opération successivement faite entre le donneur de la lettre de change et le preneur, vis-à-vis du même tiré, leur débiteur ou correspondant. — V. Pothier, *Contr. de change*, no 57. — Il y a lieu alors d'examiner s'il y a véritablement contrat de change ou prêt usuraire. A ce sujet, on ne peut que se reporter à ce que nous venons de dire no 53.

V. BILLET A ORDRE, CONTRAT DE CHANGE, ENDOSSEMENT, EXÉCUTION, LETTRE DE CHANGE.

CHANGEMENT DE DOMICILE.

V. DOMICILE, ÉLECTIONS.

CHANGEMENT D'ÉTAT.

1. — Il y a changement d'état toutes les fois qu'une personne perd tout ou partie des droits qui constituent son état.

2. — A Rome, on distinguait trois sortes de changemens d'état: la *maxima capitis diminutio*, qui avait lieu lorsqu'un citoyen perdait à la fois la liberté, le droit de cité et le droit de famille; la *media capitis deminutio*, qui arrivait par la perte du droit de cité et du droit de famille; et enfin la *minima capitis deminutio*, qui s'opérait quand un individu, restant libre et citoyen, changeait simplement de famille. — Instit. Justin., lib. 1, tit. 16.

3. — Chez nous, les changemens que peut éprouver l'état des hommes consistent dans la perte de la qualité de citoyen, c'est-à-dire dans la perte de l'exercice des droits politiques, ou dans la perte de la qualité de Français, c'est-à-dire dans la perte de l'exercice des droits civils. Nous avons indiqué sous les mots CITOYEN FRANÇAIS et FRANÇAIS (V. ces deux mots) les causes qui font perdre ces deux qualités. Il est encore un autre changement d'état qui, indépendamment de la qualité de Français, s'opère par la mort civile encourue. — V. MORT CIVILE.

4. — Sans changer complétement d'état, comme dans les cas qui précèdent, on peut éprouver dans l'exercice des droits dont on est investi une altération, un retranchement partiel, temporaire ou perpétuel; tels sont les cas de dégradation civique, ou de privation de certains droits civils prononcée notamment en vertu de l'art. 42, C. pén. — V. à cet égard les mots DÉGRADATION, DROITS CIVILS, DROITS POLITIQUES. — V. aussi ÉTAT DES PERSONNES, PEINE.

5. — Quant aux différens cas résultant de la transition de l'état de minorité à celui de majorité, du mariage de la femme, de l'interdiction ou de la dation d'un conseil judiciaire, ce ne sont ni un changement, ni même des modifications d'état, car l'état reste toujours le même, les droits civils ne reçoivent aucune atteinte; il n'y a que l'exercice qui en passe d'une personne à une autre. — V. CONSEIL JUDICIAIRE, INTERDICTION, MARIAGE, MINORITÉ.

CHANGEMENT DE NOM.

V. NOM ET PRÉNOMS.

CHANGEMENT DE ROUTE, VOYAGE OU VAISSEAU.

1. — Il y a changement de route, de voyage ou de vaisseau, lorsque l'assuré remplace par d'autres ceux qui étaient indiqués dans la police d'assurance.

2. — Si le changement de route, voyage ou vaisseau est forcé, il ne fait pas cesser la garantie de l'assureur. — C. comm., art. 350.

3. — Il en est autrement quand ce changement est le fait de l'assuré (art. 351). — V. ASSURANCES MARITIMES.

CHANGEUR.

1. — Le changeur est celui qui fait sa profession habituelle de l'échange des monnaies d'une espèce contre d'autres monnaies, et par exemple, de l'or contre de l'argent, des monnaies françaises contre des monnaies étrangères.

2. — La profession de changeur, qui avait été érigée en titre d'office par les édits de 1555, 1580 et 1607, est aujourd'hui complétement libre, comme toutes les autres industries.

3. — On doit, en général, et sauf quelques distinctions exposées au mot ACTE DE COMMERCE (no 404 et suiv.), considérer les opérations de change de monnaies comme des actes de commerce.

4. — Donc celui qui fait du change sa profession habituelle, est commerçant, et dès-lors assujéti à toutes les obligations imposées aux commerçans. — V. ce mot.

5. — Comme les changeurs opèrent non seulement sur le numéraire, mais encore sur les matières d'or et d'argent non monnayées, ils sont soumis aux réglemens particuliers qui régissent ces matières. — V. MATIÈRES D'OR ET D'ARGENT.

6. — Ils sont tenus d'inscrire sur un registre double tous les articles de leurs recettes, ainsi que les noms des propriétaires des matières ou espèces qui leur sont vendues ou échangées. — Décr. 19-21-27 mai 1791, tit. 3, ch. 9, art. 1er et 5.

7. — Le changeur qui ne tient pas les registres prescrits par la loi du 27 mai 1791, et qui ne peut donner aucun renseignement sur l'individu qui lui a transmis, à l'aide d'un faux endossement, un billet d'une banque étrangère qui a été originairement volé, doit être condamné à restituer ce billet ou sa valeur au véritable propriétaire. — *Paris*, 6 déc. 1821, Joseph c. Barker.

8. — Le changeur qui, en échange de monnaies étrangères, a remis des valeurs françaises, d'après le taux auquel il a évalué des monnaies étrangères par lui reçues, ne peut, après que le marché a ainsi été exécuté, demander à l'échangiste la restitution de ce qu'il prétendrait avoir payé au-delà de la valeur réelle des monnaies étrangères. — *Paris*, 11 mars 1833, Sidi-Mohammed c. Mersanne. — « L'exécution, disent MM. Goujet et Merger (vo *Changeur*, no 6), donnée au marché conclu, le rend irrévocable. »

CHANGEURS DE MONNAIES.

Les changeurs de monnaies sont rangés par la loi du 25 avril 1844, sur les patentes, dans la première classe des patentables, et imposés à: 1o un droit fixe établi d'après le chiffre de la population de la ville où est situé l'établissement; — 2o un droit proportionnel du quinzième de la valeur locative de la maison d'habitation et des locaux servant à l'exercice de la profession.

CHANOINE.

1. — On appelle chanoine l'ecclésiastique qui possède un titre appelé canonicat, lequel donne place au chœur et voix au chapitre.

2. — « Le nom de chanoine, dit Guyot (*Rép.*, vo *Chanoine*), vient d'un nom grec (κανών) qui signifie règle, pension ou portion, et catalogue: il peut, dans ces trois significations, convenir aux chanoines, puisqu'ils sont inscrits sur le catalogue de l'église à laquelle ils sont attachés, qu'ils en reçoivent une pension ou portion annuelle en vertu de leur titre, et qu'ils y ont des règles à suivre et des devoirs à remplir. »

3. — Les chanoines étaient connus très anciennement dans l'Église; c'étaient dans l'origine des ecclésiastiques desservant avec l'évêque l'église principale, et vivant en commun avec leur supérieur, n'ayant avec lui qu'un seul et même patrimoine. Cet état de choses commença à n'être plus observé vers la fin du dixième siècle, et ce fut à cette époque que s'établit une distinction entre les chanoines *réguliers* et les chanoines *séculiers*.

4. — Les chanoines *réguliers* conservèrent l'esprit primitif de l'institution. Ils faisaient vœux solennels de religion; déclarés morts civilement, ils étaient réputés incapables d'être propriétaires, d'hériter, de tester et de recevoir des legs de quelque nature qu'ils fussent. Assujétis à la vie commune, ils ne différaient des religieux ordinaires qu'en ce qu'ils pouvaient posséder des cures. Mais ils ne pouvaient jouir de bénéfices séculiers. — *Parlem. Nancy*, 1765.

5. — Les chanoines réguliers soumis à la règle de saint Augustin comptaient au siècle dernier en France un certain nombre de maisons dont les plus connues sont celles de Saint-Victor et de Prémontré. — Il n'y a plus aujourd'hui de chanoines réguliers. — V. COMMUNAUTÉS RELIGIEUSES.

6. — Les chanoines *séculiers* étaient de plusieurs espèces; on distinguait: 1o les *prébendés*, ou ceux qui possédaient une prébende dans un chapitre; ces chanoines étaient les seuls qui eussent entrée et voix au chapitre; — 2o les chanoines *ad effectum*, revêtus d'un simple titre conféré par le pape; — 3o les chanoines *jubilés*, anciens chanoines prébendés, dispensés de la résidence sans rien perdre de leurs droits; — 4o les chanoines *honoraires* ayant quitté leurs prébendes par résignation ou autrement; — 5o les chanoines d'*honneur* qui, sans jamais avoir été prebendés, obtenaient ce titre de distinction. — Nouveau Denisart, vo *Chanoine*, no 2.

7. — Il n'était pas nécessaire d'être prêtre pour posséder un canonicat; il suffisait d'avoir reçu la tonsure; d'où la jurisprudence du grand conseil avait décidé qu'on pouvait être chanoine à sept ans dans une collégiale et à dix dans une cathédrale. Cependant les chanoines qui n'étaient pas dans les ordres majeurs, c'est-à-dire sous-diacres au moins, n'avaient pas voix au chapitre; ils ne pouvaient non plus conférer des bénéfices ou présenter des bénéficiers au chapitre. — *Parlem. Rouen*, 21 juin 1673; *Rennes*, 4 oct. 1727. — Notons aussi qu'à la différence de l'église d'Allemagne, l'église de France ne connaissait point les *chanoines surnuméraires*, désignés par avance pour obtenir les premières places vacantes dans un chapitre.

8. — Le seul devoir des chanoines consistait dans l'assistance aux offices du chœur; leurs revenus se composaient des *gros fruits* et des *rétributions manuelles*. Pour gagner les gros fruits, il fallait accomplir l'obligation de résidence fixée en général à neuf mois par année; les rétributions manuelles étaient réparties en raison de la présence au chœur. — Le chanoine malade était tenu pour présent.

9. — Supprimée par le décret du 12 juill. 1790, tit. 1er, art. 20, l'institution des chanoines reparut avec le concordat (art. 11), mais bien différente d'autrefois. — A l'exception des chanoines de Saint-Denis (V. CHAPITRE ROYAL DE SAINT-DENIS), il n'y a plus aujourd'hui de chanoines que dans les églises cathédrales.

10. — Ces chanoines, qui prennent le nom de chanoines *titulaires*, par opposition aux chanoines *honoraires* et aux chanoines d'*honneur* (V. *infrà* nos 19 et 20), sont placés près de l'évêque du diocèse dont ils forment le conseil habituel.

11. — Il est dans leurs devoirs d'assister aux offices canonicaux (décis. min. 11 sept. 1810), et de ne pas s'absenter sans l'autorisation expresse de l'évêque. — Celui-ci ne doit accorder de congé de plus d'un mois par an, que pour causes très graves; tout chanoine qui s'absenterait sans permission, ou qui étant absent n'obéirait pas dans un délai déterminé à l'ordre de se rendre, serait considéré comme démissionnaire et susceptible d'être remplacé (Décis. min. 21 mai 1832). — Toutefois, il importe de distinguer entre le traitement et le titre; du moment où l'absence n'est plus autorisée, le chanoine n'a plus droit au traitement; mais quant au titre, la déchéance ne peut en être encourue qu'après les trois sommations exigées par la loi canonique. — Avis cons. d'état, 10 juin 1831.

12. — Ce serait donc agir contre la règle que de conférer au même prêtre le titre de chanoine titulaire, et une fonction telle, par exemple, que celle de provicaire général, qui le tiendrait éloigné du lieu où siège le chapitre. — Décis. min. 22 avr. 1813.

13. — C'est à l'évêque qu'appartenait la nomination des chanoines, sauf cependant l'approbation du roi (articles organiques du 18 germin. an X, art. 35). Toutefois, suivant les art. 66 à 68 *des libertés de l'église gallicane*, le roi pouvait conférer directement le canonicat dans les cas suivans: lors de son avénement au trône, pendant la vacance du siége, ou lorsqu'un évêque prêtait serment. Une décision ministérielle du 20 mars 1827 a déclaré que ce droit de collation *proprio motu* appartenait à la couronne; et la restauration usa de ce droit (Inst. gén. du 1er avr. 1823). — Le gouvernement actuel s'en est abstenu. — Circul. min. 21 mars 1836. — V. Vuillefroy, vo *Chapitre*, § 2, 10, note *a*.

14. — Cependant, et contrairement au principe absolu du choix de l'évêque, quant à la collation du canonicat, tout ecclésiastique qui, ayant exercé pendant trois ans consécutifs les fonctions de vicaire général, vient, par changement d'évêque, âge ou infirmité, à cesser ses fonctions, a droit au premier canonicat vacant. — En attendant, il continue de siéger comme chanoine honoraire; son temps de vicaire-général doit lui être compté pour le rang à lui assigner dans le chapitre. — Décr. 26 fév. 1810.

15. — Le nombre des chanoines titulaires est déterminé par l'ordonnance constitutive. Il est généralement de neuf dans les églises métropoli-

taines, de huit dans les chapitres cathédraux, non compris l'*archiprêtre* (V. CHAPITRE). — Le décret du 20 fév. 1806, en rendant au culte l'église de Sainte-Geneviève à Paris, avait augmenté de quatre le nombre des chanoines de la métropole de Paris, qui se trouvaient chargés de desservir la nouvelle collégiale. Depuis long-temps ce décret n'a plus d'application en ce qui concerne l'église de Sainte-Geneviève, qui n'est plus même affectée au culte; mais le nombre des chanoines n'a pas diminué, il est même aujourd'hui de seize, y compris l'*archiprêtre*. — Les vicaires généraux ne sont pas du reste compris dans le nombre des chanoines.

16. — Le choix de l'évêque, quant à la nomination aux places de chanoines titulaires, est soumis à certaines conditions. Nul ne peut être investi de ces fonctions s'il n'est prêtre; la loi du 23 vent. an XII (art. 4) exigeait en outre certaines conditions de capacité résultant d'épreuves publiques sur la morale, le dogme, l'histoire ecclésiastique et les maximes de l'église gallicane, que, depuis, l'ordonnance du 25 déc. 1830, art. 2, a fixées ainsi : « A dater du 1er déc. 1835, nul ne pourra être nommé membre d'un chapitre s'il n'a obtenu le grade de licencié en théologie, ou s'il n'a rempli pendant quinze ans les fonctions de curé ou de desservant. »

17. — Le chanoine titulaire doit, pour prendre possession de son titre, prêter serment entre les mains du préfet du département auquel appartient le diocèse. Il ne peut être dépossédé que suivant les formes canoniques, et avec l'approbation du roi. — Avis cons. d'état 10 juin 1831.

18. — L'art. 11 du concordat, tout en reconnaissant pour les évêques la possibilité d'avoir des chanoines dans leur église cathédrale, ajoutait *sans que le gouvernement s'oblige à les doter*. — Cependant, par l'arrêté du 25 vent. an XI, art. 11, les chanoines reçurent du trésor public un traitement, élevé successivement à 1,100 fr. par l'ordonnance du 5 juin 1816, et à 1,500 fr. par l'ordonnance du 20 mars 1818, art. 1er. — Enfin, en 1828, le traitement des chanoines près la métropole de Paris a été fixé à 2,400 fr. — Le traitement des chanoines ne court que du jour de la prise de possession. — Ord. 13 mars 1832. — Une ordonnance du 9 janv. 1819 avait déclaré qu'ils recevraient leur traitement à partir du jour de leur nomination.

19. — Les évêques confèrent souvent à certains ecclésiastiques le titre de chanoines *honoraires*, titre purement honorifique, auquel sont attachés certains droits de préséance dans l'église, mais qui ne confèrent à celui qui en est revêtu aucun des droits spéciaux reconnus par la loi aux chanoines titulaires. — Leur nombre est illimité, et le choix de l'évêque peut porter sur tout prêtre, quel qu'il soit; il est tenu d'informer le gouvernement de la nomination. — Toutefois, il doit observer que le nombre en soit proportionné à l'étendue des diocèses, et que le service des paroisses n'en souffre pas. — Décis. min. 12 oct. 1811. — Les chanoines honoraires prennent rang au chœur, suivant la date de leur nomination, mais toujours après les titulaires. — Même décision.

20. — Il y a encore les chanoines d'*honneur*; ce titre, simplement honorifique comme celui de chanoine honoraire, et qui est réservé aux hauts dignitaires de l'église, est attribué ordinairement à l'évêque, qui, avant sa promotion à l'épiscopat, faisait partie du clergé du diocèse.

V. BÉNÉFICE ECCLÉSIASTIQUE, CHAPITRE, CHAPITRE DE SAINT-DENIS, ÉVÊQUE.

CHANOINESSE.

1. — De même qu'autrefois on distinguait les chanoines réguliers des chanoines séculiers, de même, parmi les chanoinesses, les unes étaient chanoinesses *régulières*, les autres chanoinesses *séculières*.

2. — Les chanoinesses régulières étaient de véritables religieuses, soumises aux trois vœux perpétuels de pauvreté, d'obéissance et d'humilité, mortes civilement, ne pouvant ni hériter, ni tester, ni recevoir de legs, mais seulement de modiques pensions viagères.

3. — L'origine de l'institution des chanoinesses régulières donnait lieu à de nombreuses controverses, rapportées par Guyot (vo *Chanoinesse régulière*). — Il paraît que, dans l'origine, leurs vœux n'étaient pas perpétuels, et qu'elles ne furent contraintes à la vie commune que par le pape Eugène III, en 1146, au concile de Reims.

4. — Les chanoinesses régulières suivaient la règle de saint Augustin. Elles comptaient en France un certain nombre de congrégations dont les principales furent celles du Saint-Sépulcre, de Prémontré et de Notre-Dame. — Il y a encore aujourd'hui des religieuses de la règle de saint Augustin; mais elles ne prennent plus le titre de chanoinesses.

5. — La position des chanoinesses séculières était différente. « Ces chanoinesses, dit Guyot (*loc. cit.*), sont parmi nous des demoiselles de qualité qui, au moyen de certaines preuves de noblesse, entrent dans un chapitre et en deviennent membres sans faire vœu de pauvreté, d'obéissance et de chasteté, et sans autre engagement que celui d'observer les statuts du corps où elles sont reçues. Devenues chanoinesses, ces demoiselles conservent la liberté de se retirer quand elles le jugent à propos, et même de se marier, si elles préfèrent le mariage au célibat. » L'abbesse seule faisait vœu de chasteté perpétuelle.

6. — L'institution des chanoinesses séculières, dont la seule obligation consistait dans la récitation journalière de l'office de la Vierge, et qui n'étaient pas même assujéties à la résidence absolue, paraissait peu conforme à l'esprit de l'Eglise : aussi les souverains pontifes, et notamment le pape Boniface VIII, déclarèrent plus d'une fois dans les bulles relatives à ces chapitres, qu'ils n'entendaient point *approuver l'état*, *l'ordre et la règle des chanoinesses*, tolérés seulement par eux, attendu qu'au résumé, ainsi que le remarque Denisart (vo *Chanoinesse séculière*), ces chapitres étaient plutôt *des retraites distinguées de demoiselles à marier que des maisons destinées au service de Dieu.*

7. — Quoi qu'il en soit, les chapitres de chanoinesses séculières placés sous la protection du roi, qui nommait l'abbesse sur la présentation de trois chanoinesses faite par le chapitre en cas de vacance, jouissaient de nombreux priviléges. Considérés comme corps ecclésiastiques, ils avaient droit à toutes les immunités du clergé, ils allèrent même jusqu'à soutenir que, comme les ordres religieux, ils étaient exemptés de la juridiction ordinaire, abus que le concile de Trente (*session* 22, ch. 8) déclara aboli. — Guyot, *loc. cit.*

8. — Au moment de la révolution, on comptait en France vingt-cinq chapitres nobles de chanoinesses séculières, tous possesseurs de riches domaines, plusieurs même jouissant de droits seigneuriaux fort étendus : c'est ainsi que le plus fameux de tous, le chapitre de Remiremont avait, entre autres priviléges, celui de haute, moyenne et basse justice absolue dans la ville, sénéchaussée et dépendances de Remiremont, et dans soixante-quinze paroisses; le chapitre avait ses officiers et ses juges, et on appelait du tribunal de madame la doyenne à celui de madame l'abbesse, et ensuite au parlement. Le plaid se publiait *de par Dieu, par saint Pierre et par son altesse*, et il n'y avait d'exception à la juridiction du chapitre que pour les causes de grand criminel, sans doute, dit Guyot (*loc. cit.*), parce que l'Eglise *abhorret à sanguine.*

9. — Les chapitres de chanoinesses séculières furent supprimés lors de la révolution pour ne plus reparaître, et leurs biens partagèrent le sort des biens des autres corporations religieuses. Toutefois il est une institution nouvelle qui présente quelque analogie, c'est celle de la maison royale de Saint-Denis. — V. LÉGION-D'HONNEUR.

V. CHANOINE, CHAPITRE.

CHANTEAU.

1. — Le mot *chanteau*, dans son sens propre et primitif (et il est encore usité dans certaines parties de la France), signifie une portion coupée (*segmentum angulatum*), dit Laurière, d'un grand pain de forme ronde appelé *miche*; de là, et par une dérivation toute naturelle, couper le chanteau c'était rompre la vie commune pour rester désormais séparés.

2. — Or, en droit féodal, deux personnes mainmortables ne pouvaient succéder l'une à l'autre, qu'autant qu'il existait entre elles une communauté; au cas contraire, c'est-à-dire si elles étaient séparées de biens, la succession appartenait au seigneur. — Et cette séparation était présumée toutes les fois qu'il y avait vie séparée; de là la maxime bien connue : *Le chanteau part le vilain.* — V. DROITS SEIGNEURIAUX.

CHANTEURS.

1. — Les chanteurs qui veulent exercer leur profession sur la voie publique sont assimilés aux crieurs, vendeurs, ou distributeurs sur cette voie d'écrits, dessins, emblèmes imprimés, etc. — En conséquence, aux termes de l'art. 1er, L. 16 fév. 1834, ils doivent être munis d'une autorisation préalable de l'autorité municipale. — Cette autorisation peut être retirée.

2. — A Paris, aux termes de l'ordonnance du préfet de police du 14 déc. 1831, art. 6, il n'est accordé aucune permission de chanteurs sur la voie publique que sur une demande adressée au préfet de police et appuyée d'un certificat de bonne vie et mœurs. Ce certificat est délivré par le commissaire de police du quartier où le pétitionnaire est domicilié, d'après la déclaration de deux pères de famille imposés au rôle des patentes, rendant un bon témoignage de la conduite du pétitionnaire, et sous la responsabilité de ces témoins. — L. 22 juill. 1791, art. 2.

3. — Les chanteurs doivent toujours, lorsqu'ils exercent leur industrie en public, porter ostensiblement une médaille sur laquelle est inscrit le numéro de leur permission, avec leur nom et l'indication de leur permission. — Ord. de police du 14 déc. 1831, art. 13.

4. — Tout chanteur est tenu, à la première réquisition des agens de l'autorité, de cesser de jouer ou chanter dans les lieux publics, comme aussi d'exhiber en tous temps aux officiers de police la permission qu'il a obtenue. — Ord. de police du 14 déc. 1831, art. 14.

5. — Tout écrit destiné à être chanté sur la voie publique doit être déposé à la préfecture de police. — Ord. de police du 14 déc. 1831, art. 16.

6. — Les permissions délivrées par le préfet de police ne sont valables que pour un an. — Ord. de police du 14 déc. 1831, art. 17.

7. — Toute contravention à l'art. 1er, L. 16 fév. 1834, est punie d'un emprisonnement de six jours à deux mois pour la première fois, et de deux mois à un an en cas de récidive. — L. 16 fév. 1814, art. 2.

8. — Les contrevenans sont traduits devant les tribunaux correctionnels, qui peuvent, dans tous les cas, appliquer les dispositions de l'art. 463, C. pén., et de la loi du 16 fév. 1834, art. 2. — V. BATELEURS, CRIEURS PUBLICS.

CHANTIER.

1. — Les chantiers de bois sont les dépôts plus ou moins considérables, soit de bois à brûler, soit de bois de charpente, que font ceux qui se livrent à ce genre de commerce. — On donne encore le nom de chantier de construction aux lieux consacrés, dans les ports et arsenaux maritimes, à la construction ou à la réparation des vaisseaux.

2. — Les lois des 24 août 1790 et 22 juill. 1791 ont placé ces chantiers sous la surveillance de l'autorité municipale.

3. — Les chantiers de bois sont spécialement régis à Paris par une ordonnance de police du 27 vent. an X, approuvée le 30 germin. suivant par le ministre de l'intérieur, et par les ordonnances postérieures des 18 mars 1832, 1er sept. et 15 oct. 1834.

4. — A Paris, nul ne peut former un chantier, magasin ou dépôt de bois de chauffage sans l'autorisation du préfet de police. — Ord. de police du 1er sept. 1834, art. 1er.

5. — Toute demande à fin d'autorisation de chantier doit être accompagnée d'un plan signé indiquant les dimensions du terrain, et des tenans et aboutissans. — *Ib.*, art. 2.

6. — Les piles de bois doivent être à trois mètres des clôtures. Elles doivent avoir douze mètres au plus d'élévation, et des espaces entre elles doivent toujours rester libres et dégagés pour la circulation. — *Ib.*, art. 3.

7. — Il est défendu de fumer et d'avoir du feu dans les chantiers. — *Ib.*, art. 4.

8. — Les propriétaires sont tenus de prendre toutes les précautions pour éviter les éboulemens. — *Ib.*, art. 5.

9. — Les différentes qualités de bois doivent être empilées à part et indiquées par des écriteaux. — *Ib.*, art. 7 et 8.

10. — Les marchands doivent mesurer au stère ou vendre au poids. — *Ib.*, art. 10.

11. — Le bois flotté doit séjourner vingt jours au moins dans le *chantier* avant d'être livré à la consommation. — *Ib.*, art. 12.

12. — Les chantiers de bois à brûler ne doivent être établis, à Paris, que dans le rayon qui leur est assigné. — Ord. de police 15 nov. 1834. — Art. 1er et 2.

13. — L'ord. du 9 fév. 1825 a classé les chantiers de bois à brûler dans la troisième classe des établissemens dangereux et incommodes. — V. ÉTABLISSEMENS INSALUBRES (nomenclature).

14. — L'opposition que les voisins peuvent former à l'établissement d'un chantier ne peut être fondée que sur des raisons tirées de la disposition des lieux ou du mode d'exploitation; tout autre motif ne saurait faire rejeter la demande d'autorisation formée par l'entrepreneur. — Clérault, *Tr. des établissemens insalubres*, no 79.

15. — Décidé en conséquence qu'il n'y a pas lieu de refuser l'autorisation d'établir un chantier de bois à brûler, lorsque ce chantier se trouve dans la circonscription déterminée par l'autorité, et que les craintes d'insalubrité manifestées par des tiers

ne sont pas justifiées. — *Cons. d'état.*, 25 avr. 1834, Brincard.

16. — On donne encore le nom de *chantiers* aux pièces de bois placées dans les caves pour recevoir les pièces de vin. — Ces pièces de bois doivent être considérées comme immeubles, puisqu'elles sont à perpétuelle demeure au service du fonds. — Proudhon, *Du domaine privé*, t. 1er, no 169.

CHANTIER DE BOIS A BRULER.

V. ÉTABLISSEMENS INSALUBRES (nomenclature).

CHANTILLE.

1. — Nom que l'on donnait autrefois au contre-cœur ou contre-feu d'une cheminée adossée à un mur mitoyen.

2. — « En mur mitoyen, portait l'art. 233 de la coutume d'Orléans, quand l'un a premier assis ses cheminées, l'autre ne peut les lui faire oster ne retirer en laissant la moitié du mur et une *chantille* pour contre-feu ; mais au regard des lanciers et jambages des cheminées et cimaises, il peut percer ledit mur tout outre pour les asseoir à fleur dudit mur. » — L'art. 5, ch. 10, de la coutume de Montargis, portait une disposition semblable.

3. — Cette chantille, dit Pothier (sur la *Cout. d'Orléans*, art. 233), doit avoir un demi-pied d'épaisseur et quatre pieds au moins de hauteur. Dans les chambres, quand on met une plaque, il n'est pas nécessaire d'établir un contre-mur. — V. CHEMINÉE.

CHANVRE.

1. — La loi s'occupe du chanvre comme objet soumis aux droits de douane et sous le rapport de la salubrité publique.

2. — Le chanvre est un objet de commerce très important, mais comme la quantité que l'on en récolte en France ne suffit pas à la consommation qu'on en fait, on en importe considérablement des autres pays et notamment du Nord; les lois de douane fixent les modes et les lieux d'entrée et de sortie et les droits auxquels l'importation et l'exportation sont soumises.

3. — Au point de vue de la salubrité publique, la préparation du chanvre a donné lieu à plusieurs dispositions et restrictions; ainsi, un arrêt du conseil du 26 déc. 1756, défendait de procéder au rouissage du chanvre dans les rivières, ruisseaux et fontaines. — En effet le rouissage du chanvre et du lin corrompt les eaux, fait périr le poisson, vicie l'air par les exhalaisons pernicieuses qu'il y répand et peut être ainsi la cause de maladies épidémiques.

4. — Les maires ne sauraient donc trop porter leur sollicitude sur cet objet : une circulaire ministérielle adressée aux préfets, le 7 juill. 1832, donne à cet égard les instructions suivantes : « Ces établissemens (où se fait le rouissage) doivent être l'objet d'une surveillance particulière, et si quelques uns d'eux présentaient un danger réel pour la santé publique, il faudrait provoquer pour leur suppression les mesures autorisées par le gouvernement. » — Mais dans le plus grand nombre de localités, le rouissage s'opère en petit ; le cultivateur fait lui-même rouir le chanvre qu'il a récolté, soit sur le pré, soit dans les rivières, ruisseaux ou fossés qui avoisinent sa demeure. Il n'est pas possible d'interdire complétement une préparation sans laquelle on ne pourrait tirer parti d'un produit si nécessaire à notre industrie; mais en choisissant l'emplacement, il convient de prendre certaines précautions qui peuvent, sinon détruire, au moins atténuer les inconvéniens de cette préparation. Ainsi l'on doit rouir et laver le chanvre aussi loin qu'il est possible des lieux habités, et dans les eaux courantes. Les conseils ou commissions de salubrité d'arrondissement ou de canton pourraient être consultés utilement sur les moyens de rendre le rouissage moins malsain, moyens qui peuvent varier selon la nature des lieux et les usages du pays; c'est ensuite à l'autorité municipale, éclairée par ces avis, qu'il appartient de faire des réglemens qui obligent les habitans à se soumettre aux dispositions qu'elle aura jugé convenable de prendre dans l'intérêt de la santé publique.

5. — M. Daviel pense que le rouissage du chanvre dans les cours d'eau ne pourrait être prohibé par des ordonnances royales réglementaires, par la raison que cette prohibition ne rentre pas dans les objets qui sont limitativement indiqués pour le domaine des réglemens : il y a d'ailleurs, continue cet auteur (*Traité des cours d'eau*, t. 1er, no 320), une raison particulière qui devrait faire écarter toute interdiction résultant d'un réglement. C'est que, conformément à d'anciens arrêts de réglement, à d'anciennes coutumes locales, l'art. 30 du projet de loi sur la pêche fluviale contenait une défense expresse de faire rouir le lin dans les eaux courantes; mais cet article a été rejeté par la chambre des pairs. M. Chaptal a même établi que le rouissage du chanvre dans les eaux courantes était d'une haute utilité et sans aucun danger, tandis que, dans les mares, il est funeste sous le rapport de la salubrité.

6. — Le dépôt de chanvre dans les rivières constitue-t-il un délit de pêche ou une contravention de grande voirie? — Les auteurs se sont prononcés dans ce dernier sens et en attribuent par suite la connaissance à l'autorité administrative. — V. notamment Cormenin, *Dr. adm.*, vo *Cours d'eau*, t. 1er, p. 534; Daviel, *Cours d'eau*, no 448; Garnier, *Rég. des eaux*, no 585. — Mais le conseil d'état a décidé alternativement dans l'un et l'autre sens. — V. entre autres *Cons. d'état*, 4 fév. 1824, Bruard et Noirs; 16 janv. 1832, Bonnen. — V. au surplus pour les développemens à donner à cette question, COURS D'EAU et PÊCHE FLUVIALE.

7. — Le copropriétaire d'un fossé à poisson ou à abreuvoir ne peut y faire rouir du chanvre sans le consentement de ses coïntéressés. — Perrin, *C. des construct.*, no 1014.

8. — De même le propriétaire de la partie supérieure d'un fossé dont les eaux couleraient à titre de servitude ou autrement dans la partie inférieure appartenant à un autre individu, ne pourrait non plus y faire rouir du chanvre. — *Ibid.*, no 1015.

9. — Au surplus les routoirs servant au rouissage en grand du chanvre sont rangés dans la première classe des établissemens insalubres. — V. ÉTABLISSEMENS INSALUBRES (nomenclature).

10. — Les marchands de chanvre en détail sont rangés, par la loi du 25 avr. 1844, sur les patentes, dans la sixième classe des patentables, et imposés à : 1o un droit fixe établi d'après le chiffre de la population de la ville ou commune où est situé l'établissement ; — 2o un droit proportionnel du vingtième de la valeur locative de la maison d'habitation et des locaux servant à l'exercice de la profession.

11. — Quant aux marchands en gros et en demi-gros, V. LIN. — V. aussi PATENTE.

CHAPEAUX. — CHAPELIERS. — CHAPELLERIE.

1. — Les marchands de chapeaux de paille en gros sont rangés par la loi du 25 avril 1844, sur les patentes, dans la première classe des patentables, et imposés à : 1o un droit fixe établi d'après le chiffre de la population de la ville ou commune où est situé l'établissement ; — 2o un droit proportionnel du quinzième de la valeur locative de la maison d'habitation et des locaux servant à l'exercice de la profession.

2. — Les marchands en demi-gros sont rangés dans la deuxième classe, et imposés au même droit fixe, sauf la différence de classe, et à un droit proportionnel du vingtième de la valeur locative de la maison d'habitation et des locaux servant à l'exercice de la profession.

3. — Les marchands en détail sont rangés dans la cinquième classe, et imposés, sauf la différence de classe, aux mêmes droits fixe et proportionnel que les marchands en demi-gros.

4. — Les fabricans de chapeaux de feutre et de soie sont rangés dans la quatrième classe, et imposés également à : 1o un droit fixe ; — 2o un droit proportionnel du vingtième de la valeur locative de la maison d'habitation et des locaux servant à l'exercice de la profession.

5. — Quant aux fabriques de chapeaux, elles sont classées comme établissemens insalubres. — V. ÉTABLISSEMENS INSALUBRES (nomenclature).

6. — Les chapeliers en grosse chapellerie sont rangés dans la sixième classe, et imposés au même droit fixe, sauf la différence de classe, et au même droit proportionnel que les fabricans.

7. — Les marchands de vieux chapeaux en boutique ou en magasin sont rangés dans la huitième classe, et imposés également au droit fixe et à un droit proportionnel du quarantième de la valeur locative de tous les locaux occupés par les patentables, mais seulement dans les communes d'une population de 20,000 ames et au-dessus.

8. — Les marchands de matières premières pour la chapellerie sont rangés dans la première classe et imposés aux mêmes droits fixe et proportionnel que les marchands de paille en gros (no 1er).

9. — Enfin les marchands de fournitures pour la chapellerie et les marchands de chapellerie en fin sont rangés dans la cinquième classe, et imposés aux mêmes droits fixe et proportionnel que les marchands de chapeaux de paille en détail (no 3).

V. PATENTE.

CHAPEAU DE CAPITAINE.

1. — Gratification accordée au capitaine de navire en sus du prix du fret.

2. — Cette gratification est encore désignée sous les noms de *Cape*, *Chapeau-vin*, *Chausses*, *Etrennes* ou *Pot-de-vin*. — V. CAPITAINE DE NAVIRE, FRET.

CHAPEAU DE ROSES.

1. — C'était, selon certaines coutumes, une espèce de gain de survie semblable à celui qui, sous le nom de bagues et joyaux, était en usage dans les pays de droit écrit ; il consistait dans le droit pour la femme survivante de prélever sur la succession de son mari prédécédé une somme égale à la valeur du lit nuptial.

2. — Ainsi les coutumes locales d'Auvergne, Chastellenies d'Issac et la Torrette portaient (art. 1er) la disposition suivante, qui confirme l'explication que nous venons de donner : « La femme survivant à son mary gaigne sur les biens de sondit mary la valeur du tiers denier de sadite dot constituée en deniers et une guarlande d'argent à la valeur du lict nuptial, et recouvre sesdits liet, robbes et joyaux et empirement d'iceux. »

3. — L'origine de cet avantage venait de l'usage où l'on est assez généralement d'orner la tête de la fille qui se présente à l'autel pour y recevoir la bénédiction nuptiale d'une guirlande de roses à laquelle on avait donné dans quelques localités le nom de *chapeau de roses* ou *chapel d'argent*. Cette guirlande était, selon le rang et la fortune des époux, ou de simples roses artificielles ou de fleurs en argent ou en or, ce qui dans ce dernier cas lui donnait une valeur qui ne devait pas être perdue pour la femme ; de là le droit de prendre sur les biens de son époux décédé une somme qui était fixée par le contrat ou par l'usage, et qui était censée représenter le prix de la couronne.

4. — Toutefois, comme il était arrivé des contestations sur le taux de ce gain de survie, on l'avait fixé à la valeur du lit nuptial ; rapprochement dont le motif est peut-être plus facile à deviner qu'à faire comprendre.

5. — La loi ne reconnaît aujourd'hui d'autres gains de survie que ceux qui sont autorisés par la loi et formellement stipulés dans le contrat de mariage.

6. — Le chapeau ou chappel de roses avait une signification qui semble un peu différente. En effet, la coutume d'Anjou (art. 241) et la coutume du Maine (art. 258), réglant ce que le noble pouvait donner à sa fille en la mariant noblement, supposent qu'il ne lui a donné « qu'un chappel de roses, c'est à sçavoir quelque légier don de mariage. »

7. — C'est dans ce sens que l'employaient les coutumes de Touraine (art. 284) et de Lodunois (chap. 27, art. 26) en excluant la fille noble mariée par père et mère et suffisamment apanagée des successions des donateurs : « Combien, dit cette coutume, qu'on ne lui eût donné qu'un chappel de roses. »

8. — « Ce chapeau de roses, dit le *Coutumier général* (t. 4, p. 667, note b), quand la fille noble n'a point esté dépariée, c'est la couronne du mariage dont parlent Tertullien et les autres pères de l'église, estant vray de dire que les père et mère qui ont trouvé condition sortable à leur fille ont satisfait au devoir de piété et obligation naturelle. »

CHAPELAIN.

1. — On appelait autrefois chapelain le prêtre titulaire d'une chapelle ou chapellenie, soit existant séparément, soit attachée à un chapitre ou à une église.

2. — « En particulier, disait Denisart (vis *Chape*, *Chapelle*, etc., no 17), on appelle chapelains les desservans et habitués d'un chapitre ou d'une église, institués pour suppléer les chanoines dans leurs fonctions ; ils ne peuvent prétendre ni siége, ni stalle au chœur, ni séance au chapitre dans les assemblées ordinaires. » — V. CHANOINE, CHAPITRE.

3. — Avant la révolution, le clergé de la cour comptait un certain nombre de prêtres désignés sous le nom de chapelains, et dont il ne faut pas confondre les fonctions avec celles des aumôniers, dont les devoirs consistaient à assister le roi ou le membre de la famille royale auquel ils étaient attachés, dans l'accomplissement de leurs devoirs religieux. Inférieurs aux aumôniers dans la hiérarchie, les chapelains avaient pour attribution spéciale la célébration de la messe dans la chapelle qu'ils étaient appelés à desservir.

4. — Les chapelains du roi célébraient toutes les messes basses qui se disaient devant le roi dans la chapelle ou dans l'oratoire de S. M. On distinguait autrefois ceux de la chapelle et ceux de l'o-

ratoire; ces deux titres furent réunis sous le règne de Louis XIII. Les chapelains du roi, au nombre de huit, non compris le chapelain ordinaire, servaient deux par quartier. Leurs appointemens étaient, pour le chapelain ordinaire, de 1,200 livres et de 1075 livres pour sa dépense; pour les chapelains de quartier, de 240 livres, et une somme par jour pour la table.

5. — Des chapelains étaient également attachés au service des chapelles de la reine et des membres de la famille royale, ainsi qu'aux chapelles royales du Louvre et de Meudon. La grande chapelle du roi, qu'il ne faut pas confondre avec la chapelle ordinaire (V. CHAPELLE), comptait un chapelain ordinaire et huit chapelains servant quatre par semestre.

6. — Le titre de chapelain est aujourd'hui donné par l'usage indistinctement avec celui d'aumônier au prêtre chargé de desservir une chapelle, soit privée, soit d'une communauté religieuse ou d'un établissement public, tel qu'un hospice.

V. ANNEXE, BÉNÉFICE ECCLÉSIASTIQUE, CHAPELLE, CHAPELLENIE.

CHAPELETS (Fabricans et marchands de).

Les fabricans et marchands de chapelets sont rangés par la loi du 25 avr. 1844, sur les patentes, dans la septième classe des patentables et imposés à : 1° un droit fixe établi d'après le chiffre de la population de la ville ou commune où est situé l'établissement; — 2° un droit proportionnel du quarantième de la valeur locative de tous les locaux occupés par les patentables, mais seulement dans les communes d'une population de 20,000 ames et au-dessus. —V. PATENTE.

CHAPELLE.

Table alphabétique.

Action possessoire, 50 s.
Annexe, 8.
Aumônier de régiment, 25, 39. — de la maison du roi, 35. — des écoles spéciales, 39.—des pages, 35. —des princes et princesses, 35, 41. —du roi, 31 s.
Autorisation du gouvernement, 19.
Binage, 9.
Chapelain, 9, 14, 23. — du roi, 33.
Chapelles : — des agens diplomatiques, 18. — des châteaux royaux, 37. — d'établissement public, 25. — des princes et princesses, 35, 41. — de la reine, 34. — royale, 18, 28 s.— privée, 16 s. publique, 7 s. — de second ordre, 9. — de secours, 10 s. — vicariale, 9.
—domestique, 16 s., 19 s.— (droit d'érection), 24. — (établissement non autorisé), 23. — (juridiction de l'évêque), 27. — (usage), 26.
— séparée 6 s. — (prescription), 54.
—unie à l'église, 5, 43 s. — (concession perpétuelle), 44 s. — (établissement), 56. — (fondation), 44 s.— (prescription), 50 s. — (réparation), 57.
Clercs de la chapelle et de l'oratoire du roi, 33.
Clergé de la cour, 28 s. — (historique), 29 s.
Collége, 20, 25.
Concession du droit de chapelle (révocation), 58.
Confesseur du roi, 31.
Congrégation religieuse, 17.
Demande d'érection, 20 s.
Droits honorifiques, 46 s.
Eglise (fondation), 45.
— Saint-Denis, 15.
—Sainte-Geneviève, 15.
Emigrés, 48.
Etablissement de bienfaisance, 25.
Evêque (chapelle), 4.
Fabrique, 12 s., 20, 43.
Fondateur, 53
Grand-aumônier, 30, 38 s.
Grande aumônerie, 30, 38 s. — (clergé), 40. — (service), 40. — (suppression), 42 —(vicaire général), 30, 40.
Grande chapelle du roi (service), 34.
Historique, 2 s.
Hospice, 17, 20, 25.
Jouissance exclusive, 55.
Maison du roi (charges vénales), 36.
Maison particulière, 20.
Maître de l'oratoire, 31.
Oratoire, 10 s. — particulier, 17, 19 s.
Pension, 17, 20.
Perte du droit, 49.
Place, 51 s.
Prescription, 50 s.
Prison, 20, 25.
Sacristain de la chapelle et de l'oratoire du roi, 33.
Sainte-Chapelle, 2.
Sommier de la chapelle et oratoire du roi, 33.
Vicaire, 9.

CHAPELLE. — 1. — Lieu de dévotion particulière, établi sous l'invocation de la Vierge, d'un saint ou d'une sainte, ou consacré pour rappeler et célébrer plus particulièrement quelque mystère de la religion. — Guyot, *Rép.*, v° *Chapelle.*

2. — C'est parmi les chapelles de cette dernière classe qu'il convient de ranger certaines chapelles établies par la piété des rois de France, nommées *saintes chapelles*, et devenues célèbres, telles, par exemple, que les saintes chapelles de Vincennes et de Dijon, et principalement celle de Paris, établie par saint Louis. Ces chapelles jouissaient d'immunités et de priviléges considérables.

3. — Dans notre ancien droit, l'établissement des chapelles était très fréquent (Guyot, *loc. cit.*). « La volonté d'un particulier à l'article de la mort, dit cet auteur, suffisait pour cela : son testament valait un titre de fondation. Mais, dans la suite des temps, et aujourd'hui particulièrement, depuis l'édit de 1740, qu'on appelle l'édit des gens de main-morte, il faut le concours de la puissance ecclésiastique et de la puissance séculière. » — Ces principes de l'édit de 1740 ont été maintenus par notre législation actuelle. — V. *infrà* nos 17 et 29.

4. — Il faut encore remarquer que l'usage a consacré improprement le nom de *chapelle d'un évêque*, pour désigner les ornemens particuliers d'un pontife, y compris la croix, la crosse, etc. — Dans l'ancien droit, la chapelle de l'évêque acquise par lui appartenait de droit, à sa mort, à l'église cathédrale, et dans plusieurs diocèses même, du jour de son avénement. Aujourd'hui la chapelle acquise par lui reste sa propriété personnelle, et passe à sa mort à ses héritiers.

5. — Les chapelles sont de deux classes bien distinctes; elles peuvent former une petite église séparée de toute autre église, ou au contraire n'être qu'une partie d'une plus grande église; c'est cette dernière classe de chapelles que quelques anciens auteurs appelaient aussi *chapellenie*. — V. ce mot.

CHAP. Ier. — *Chapelles séparées* (n° 6).
SECT. 1re. — *Chapelles publiques* (n° 7).
SECT. 2e. — *Chapelles privées* (n° 16).
§ 1er. — *Oratoires particuliers de chapelles domestiques autres que les chapelles royales* (n° 19).
§ 2. — *Chapelles royales* (n° 28).
CHAP. II. — *Chapelles unies à l'église* (n° 43).

CHAPITRE Ier. — *Chapelles séparées.*

6. — Les chapelles séparées sont publiques ou privées, et assujéties à des règles spéciales à chacune d'elles; toutefois, et sauf ce qui sera dit (V. *infrà* nos 28 et suiv.), sur les chapelles royales et sur les chapelles de communautés religieuses, il est un point commun, c'est qu'elles sont, quant au spirituel, soumises à la juridiction ordinaire, c'est-à-dire à l'évêque du diocèse où elles sont situées, et qui toujours y a le droit d'entrée. — L'art. 10 de la loi organique du 18 germin. an X statue en effet que tout privilége portant exemption ou attribution de la juridiction épiscopale est aboli.

Sect. 1re. — *Chapelles publiques.*

7. — Les chapelles publiques sont *ordinairement* établies dans les paroisses ou succursales trop étendues, lorsque la difficulté des communications l'exige. — Décr. 30 sept. 1807.

8. — Ces chapelles prennent le nom d'*annexe*, et c'est sous ce mot que se trouve développée la législation qui les concerne. — V. ANNEXE. — Observons seulement que les chapelles annexes sont de plusieurs sortes :

9. — Elles peuvent être desservies : 1° par un chapelain spécial et titulaire résidant dans la commune ou section de commune; — 2° par un prêtre remplissant d'autres fonctions dans le voisinage, et autorisé par l'évêque à *biner* (c'est la chapelle de seconde classe); — 3° par un vicaire de la cure ou succursale, autorisé à desservir spécialement la chapelle nommée alors chapelle *vicariale*.

10. — Indépendamment des chapelles proprement dites ou annexes, il y a un autre genre de chapelle publique, appelée *oratoire* ou *chapelle de secours*, qu'il ne faut pas confondre avec l'*annexe*. Celle-ci, en effet, est établie dans une commune distincte, réunie à une ou plusieurs autres communes dans une même circonscription paroissiale, tandis que l'oratoire ou chapelle de secours est institué dans une fraction de la commune où se trouve l'église paroissiale. — Avis cons. d'état 29 janv. 1841; 5 fév. 1841; 25 fév. 1842.

11. — De même que l'annexe, la chapelle de secours a besoin d'être autorisée, et elle ne saurait l'être sans motifs sérieux. Or, ces motifs sont les mêmes que ceux qui justifient l'établissement de l'annexe : la distance de l'église paroissiale et la difficulté des communications. — V. décr. 30 sept. 1807; 6 nov. 1813.

12. — L'autorisation intervient, comme pour l'annexe, par ordonnance royale, rendue sur l'avis de l'évêque et du préfet, ainsi que sur celui du conseil municipal de la commune; mais la fabrique seule est compétente pour en demander l'établissement.

13. — En effet, l'oratoire public n'a pas d'existence propre; il est administré par la fabrique de la paroisse sur le territoire de laquelle il est situé. C'est elle qui perçoit les dons volontaires, quêtes, oblations, et généralement toutes les recettes, de quelque nature qu'elles soient, et en applique le produit aux dépenses. Les unes et les autres font partie de son budget. — Décis. minist. 25 fév. 1819. —V. Vuillefroy, *Tr. de l'admin. du culte catholique*, v° *Oratoire*, sect. 2e, n° 7, note.

14. — Ordinairement la chapelle de secours est desservie par le curé de la paroisse ou l'un de ses vicaires; cependant des fondations particulières, ou bien encore les dons volontaires des habitans, ou les fonds donnés par la fabrique peuvent y attacher un chapelain spécial; mais en tous cas ce chapelain est toujours sous l'autorité immédiate du curé. — Décis. min. 19 et 25 fév. 1819. — V. au surplus ANNEXE (chapelle).

15. — En dehors des annexes et chapelles de secours, le décret du 30 septembre 1807 reconnaissait implicitement la possibilité de l'établissement de chapelles publiques, non destinées au service paroissial. C'est ainsi que, sans parler des églises de Saint-Denis (V. CHAPITRE ROYAL DE SAINT-DENIS) et de Sainte-Geneviève, rendues au culte par des décrets particuliers de l'empereur, on trouve en France, et notamment sur les côtes, un certain nombre de chapelles entretenues aux frais des communes, et qui ne sont point destinées au service paroissial.

Sect. 2e. — *Chapelles privées.*

16. — La chapelle privée, nommée d'ordinaire *chapelle domestique* ou *oratoire particulier*, est un lieu particulier où des personnes qui ne peuvent aller à la paroisse, sont autorisées à entendre l'office divin, recevoir les sacremens et pratiquer les exercices de piété. — L. organ. 18 germin. an X, art. 44; Décis. min. 16 avr. et 14 oct. 1807.

17. — On appelle plus particulièrement *oratoire particulier* la chapelle qui est destinée à un établissement public, tel qu'un hospice, un établissement de congrégation ou un pensionnat; et chapelle domestique celle qui est établie par un particulier pour son service personnel et celui de sa maison; mais, administrativement parlant, ces deux sortes de chapelles doivent être confondues parce qu'elles sont soumises au même régime.

18. — Cependant il est une classe de chapelles domestiques, placée de tout temps en dehors du droit commun, et régie par des réglemens particuliers : ce sont les chapelles royales (V. *infrà*, § 2) et les chapelles des agens diplomatiques. — V. AGENT DIPLOMATIQUE, nos 217 à 222.

§ 1er. — *Oratoires particuliers et chapelles domestiques autres que les chapelles royales.*

19. — Aucun oratoire particulier ne peut être établi soit dans un établissement public, soit dans une maison particulière, sans une autorisation expresse du gouvernement. — Les évêques ne peuvent consacrer la chapelle que sur la représentation de l'ordonnance. — Décr. 22 déc. 1812, art. 1er et 4; circul. min. 27 fructid. an XI; 8 fév. 1823.

20. — La demande peut être formée en faveur : 1° des établissemens publics, tels qu'hospices, prisons, maisons de détention et de travail (décr. 22 déc. 1812, art. 2); — 2° des congrégations religieuses (*ibid.*); — 3° des lycées et des colléges (*ibid.*), ou même de simples pensions, lorsqu'il s'y trouve un nombre suffisant d'élèves, et qu'il y a des motifs déterminans (art. 4); — évidemment la demande pourrait être également formée en faveur d'un établissement secondaire ecclésiastique; — 4° des grands établissemens de fabriques ou de manufactures, ou des particuliers demeurant soit à la ville, soit à la campagne. — Art. 2.

21. — Toutefois aucune chapelle ou oratoire ne peut exister dans les villes que pour des causes graves, et pour la durée de la vie de la personne qui a obtenu la permission (décr. 22 déc. 1812, art. 5) : « Dans les villes, dit le rapport à l'empereur (1812), l'autorisation d'élever des chapelles ou oratoires particuliers était autrefois accordée très rarement; quoiqu'elle dépendît seulement des évêques; à l'époque de la révolution, il n'y avait à Paris qu'un seul individu qui en jouît. Il en est autrement du particulier qui habite la campagne dans une maison isolée; ses infirmités et l'éloignement de l'église peuvent le mettre dans le cas d'obtenir l'autorisation d'un oratoire.... »

22. — La demande doit être formée par l'évêque, et on doit joindre à l'appui l'avis des admi-

nistrateurs de l'établissement public, s'il s'agit d'un établissement public, et, en tous cas, celui du maire de la commune et du préfet. L'autorisation est alors accordée, s'il y a lieu, par ordonnance royale rendue sur l'avis du comité de législation du conseil d'état. —Décr. 22 déc. 1812, art. 2; ord. 25 mars 1830, art. 1er, § 6.

23. —Toutes chapelles ou oratoires ouverts sans autorisation doivent être fermés à la diligence du ministère public, des préfets, maires, et généralement de tous les officiers de police.—Décr. 22 déc. 1812, art. 8.

24. — Un droit d'érection est imposé pour l'établissement des chapelles domestiques et des oratoires particuliers; toutefois, par décret du 17 messid. an XII, les établissemens de charité sont dispensés de payer le droit d'érection pour l'établissement d'un oratoire particulier pour le service du culte.

25. — Les chapelles des établissemens publics sont desservies par des aumôniers et chapelains, qui leur sont spécialement attachés; quelques uns même, tels que les aumôniers de colléges, de prisons, ou d'établissemens de bienfaisance, reçoivent un traitement sur le budget de l'état ou sur celui des départemens ou communes.

26. — Quant aux chapelles des particuliers, situées d'ordinaire à la campagne, l'office ne peut y être célébré que par des prêtres agréés de l'évêque, qui n'accorde cette permission qu'autant qu'il n'en résulte aucun préjudice pour le service curial.—Décr. 22 déc. 1812, art. 6.—Et si ces oratoires ont des chapelains qui leur soient particulièrement attachés, ils ne peuvent administrer les sacremens qu'autant qu'ils ont des pouvoirs spéciaux de l'évêque, et sous l'autorisation et la surveillance du curé.

27. — Nulle chapelle, en effet, ne doit échapper à la juridiction de l'ordinaire. Il n'en était point, il est vrai, ainsi autrefois; les curés n'avaient aucun droit de police sur les chapelles privées établies sur leurs paroisses; et bien plus, les chapelles des ordres religieux, ainsi que l'ordre lui-même, étaient exempts du pouvoir épiscopal.—Notre législation actuelle ne reconnaît plus ces priviléges. —L. 18 germin. an X; décr. 22 déc. 1812, art. 6 et 7.

§ 2. — *Chapelles royales.*

28.—De tout temps l'exercice du culte dans les résidences royales eut lieu dans des chapelles établies dans ces résidences, par le ministère d'un clergé spécial qui prenait le nom de clergé de la cour.

29. — Les ecclésiastiques faisant partie de ce clergé jouissaient de nombreux priviléges, tels que ceux de commensalité, et d'être réputés présens à leurs bénéfices, s'ils en possédaient, tout le temps qu'était censé durer leur service. Ils étaient logés, ou recevaient en argent l'indemnité de logement.

30. — La première dignité ecclésiastique de la cour et du royaume était celle de *grand aumônier.* Ceux qui l'ont possédée ont eu successivement les titres d'*Apocrisiaires, Chapelains, Archi-Chapelains, Premiers Aumôniers, Grands Aumôniers du roi*, et enfin *Grands Aumôniers de France.* — En 1788, les appointemens du grand-aumônier étaient au total de 14,400 liv. — Commandeur de l'ordre du Saint-Esprit, évêque de la cour, le grand-aumônier de France administrait les sacremens à la famille royale. C'est lui qui donnait les certificats de sermens de fidélité prêtés au roi par les dignitaires ecclésiastiques, et délivrait à certains jours solennels les prisonniers au nom du roi; il avait sous son intendance les aumônes du roi, les hôpitaux des Quinze-Vingts de Paris, des Six-Vingts de Chartres, et la maison de l'Assomption, rue Saint-Honoré.— Un vicaire général lui était attaché, et délivrait les certificats de services ecclésiastiques de la maison du roi.

31. — Après le grand-aumônier venaient: le *premier aumônier*, chargé de le suppléer en son absence, office créé par François Ier; — le *maître de l'oratoire*, office créé également par François Ier, devenu sans fonction depuis l'usage que prirent les rois d'entendre chaque jour la messe en public; — le *confesseur du roi*; jusqu'au règne de Charles VIII, il avait été le premier ecclésiastique de la cour après le grand aumônier.

32. — Venaient, mais dans un rang inférieur, les *aumôniers du roi*, substitués par Charles IX aux *clerici de latere*; ils portaient le titre de conseillers aumôniers du roi. — Leur service consistait à remplacer le grand et le premier aumônier; l'aumônier de jour devait se trouver au lever et coucher du roi, aux grands couverts et à tous les offices d'églises auxquels Sa Majesté assistait.

33. — Puis, dans un rang inférieur encore, et au même nombre, on trouvait les *chapelains* (V. CHAPELAIN); — après eux et toujours dans le même nombre, les *clercs de la chapelle et oratoire* servant les messes basses devant le roi, et suppléant les chapelains en leur absence; — le sacristain, garde des ornemens de la chapelle oratoire et de la grande chapelle, assisté d'un *sommier* ordinaire et de deux *sommiers* de semestre de *la chapelle oratoire.*

34. — Il y avait encore le service spécial de *la grande chapelle*, composé d'un *chapelain ordinaire et sous-maître*, avec 1° huit *chapelains*, dont quatre servaient par semestre; — 2° un *clerc* ordinaire de *la grande chapelle* et quatre *clercs*, dont deux servant par semestre; — 3° enfin, dix *clercs servant par commission* toute l'année.

35. — La reine, les princes et princesses avaient aussi leurs chapelles et un clergé chargé de servir ces chapelles; de même il y avait encore *les aumôniers de la maison du roi*, et ceux des *pages des grandes et petites écuries.*— Pendant long-temps les prédicateurs du roi avaient fait aussi partie du clergé de la cour, et leur nombre était fixé à huit; mais ils avaient fini par être laissés au choix du grand aumônier.

36.—Pendant long-temps toutes les charges ecclésiastiques de la maison du roi furent vénales; la plupart cessèrent de l'être en 1720. Au moment de la révolution, les seules qui se vendissent encore étaient celles de premier aumônier, de maître de l'oratoire, et celles d'aumôniers du commun, d'aumôniers et de précepteurs des pages.

37. — Outre les chapelles particulières du roi, de la reine et des princes, il y avait encore: 1° *les chapelles royales* au nombre de quatre: Versailles, Fontainebleau, le Louvre et Meudon; — 2° *les maisons royales*, savoir: l'Hôtel des Invalides, l'École Militaire et la maison de Saint-Louis, plus connue sous le nom de Saint-Cyr, établie pour l'éducation gratuite de deux cent cinquante demoiselles nobles, établissant quatre degrés de noblesse; — 3° *les paroisses royales* de Versailles.

38. — L'empire vint rétablir le clergé de la cour et les chapelles particulières à la famille et maison impériale; l'archevêque de Lyon, oncle de l'empereur, fut revêtu du titre de grand aumônier.

39.—Sous la restauration, les ord. du 24 sept. 1814 et 3 juin 1816 conférèrent la présentation aux titres ecclésiastiques au grand aumônier, qui, par l'ord. du 24 juill. 1816, acquit le même droit quant aux aumôniers des régimens, et par diverses autres ordonnances quant aux aumôniers des écoles polytechnique et militaire, tous placés sous sa juridiction en ce qui concernait leurs fonctions spirituelles. — De plus, le grand-aumônier était encore *primicier* du chapitre de Saint-Denis; les membres du chapitre étaient nommés sur sa présentation; il conférait toutes les autres places et, avec l'agrément du roi, le titre de chanoine honoraire.—Ord. 23 déc. 1816.—V. CHAPITRE ROYAL DE SAINT-DENIS. — Il était aussi grand officier de la couronne. — Ord. 1er nov. 1820, art. 7.

40. —Le service de la grande aumônerie, d'après l'ordonnance contenant organisation de la maison du roi, se composait ainsi qu'il suit: un premier aumônier, remplaçant le grand aumônier en son absence, grand officier de la maison, jouissant par conséquent des prérogatives attachées à ce titre, et toujours évêque; huit aumôniers, officiers de la maison; un vicaire général, officier de la maison; un confesseur, huit chapelains, un maître de cérémonies de la chapelle, huit clercs, les chapelains des maisons royales, un secrétaire général des aumônes, un trésorier des aumônes. — Ord. 1er nov. 1820, art. 8 et 9.—Le premier aumônier était chanoine honoraire de premier rang du chapitre royal de Saint-Denis; le vicaire général, les aumôniers ordinaires et les supérieurs des clercs, chanoines de second rang.—Ord. 23 déc. 1816, art. 1er.

41. — Les princes et les princesses avaient aussi et leurs chapelles particulières et leurs aumôniers particuliers.—V. *suprà* n° 35.

42. — La grande aumônerie a cessé d'exister en 1830; il n'y a plus qu'un aumônier de la reine, et des chapelains particuliers attachés au service des différentes chapelles royales qui sont au surplus rétablies sous la juridiction de l'ordinaire. — Les fonctions attribuées dans certaines circonstances solennelles au grand aumônier sont aujourd'hui remplies par l'archevêque ou l'évêque de la résidence royale où doivent s'accomplir ces solennités. — Du reste, à la différence des actes de l'état civil, et comme il en a été ainsi de tous temps en France, les actes de baptême, de mariage et de décès des membres de la famille royale, sont inscrits sur le registre de la paroisse, apporté à cet effet par le curé. — V. FAMILLE ROYALE.

CHAPITRE II. — *Chapelles unies à l'église.*

43. — De tout temps la concession des chapelles dans les églises a été, comme celle des bancs et chaises, une source de revenus pour la fabrique. « C'est aux marguilliers, disait Jousse (*Tr. du gouv. des paroisses*, art. 2, § 3), qu'appartient le droit d'accorder des chapelles... et de percevoir au profit de la fabrique les sommes qui sont données à cet effet. »

44. — Il en est encore de même aujourd'hui, et les chapelles sont assimilées en tous points, tant pour les concessions que pour la manière de les perdre, aux bancs et chaises; comme pour ces derniers, la concession perpétuelle ne peut en être consentie qu'en faveur du fondateur ou bienfaiteur; dans tous autres cas, la concession ne saurait être que temporaire, et suivant les formes employées pour la concession des bancs et chaises. — V. au surplus BANCS ET CHAISES DANS LES ÉGLISES.

45. — Le décret du 30 déc. 1809, art. 72, porte en effet: « Celui qui a entièrement bâti une église peut retenir la propriété d'un banc ou d'une chapelle pour lui et sa famille tant qu'elle existera.— Tout donateur ou bienfaiteur d'une église peut obtenir la concession d'un banc ou d'une chapelle sur l'avis du conseil de fabrique, approuvé par l'évêque et par le ministre des cultes. »

46. — Il faut appliquer ici tous les principes que nous avons développés sur la concession à perpétuité des bancs et chaises. — Ainsi: 1° le droit à la chapelle, lors même qu'il est à titre onéreux, est exclusivement personnel. — Jugé en conséquence que le droit de *séance* que le fondateur d'une chapelle s'y est anciennement réservé, *s'il n'a point un caractère de réalité*, n'ayant pas été constitué inhérent à ses biens, ne peut être réclamé aujourd'hui par l'acquéreur des biens du fondateur. — *Cass.*, 1er fév. 1825, Senon c. fabrique de Cassagnoles; 7 juill. 1840 (t. 2 1840, p. 193), de Maulmont c. fabrique de Saint-Sèvre.

47. — Jugé de même que si le droit de chapelle était invoqué, même par les enfans d'un fondateur, à *titre de patrons*, l'action serait non-recevable, les lois du 12 juill. 1790 et 20 avr. 1791 ayant aboli ce droit, et le décret de 1809 n'ayant reconnu dans le droit de chapelle qu'un droit personnel. — *Riom*, 26 avr. 1837, sous *Cass.*, 18 juill. 1838 (t. 2 1838, p. 405), Tissandier c. fabrique d'Opme; — Affre, *Tr. de l'adm. temp. des paroisses*, tit. 2, art. 3, § 3, n° 3.

48. — L'état ayant remis sans condition ni réserve, soit aux évêques, soit aux fabriques, les églises confisquées, les émigrés rentrés en France et amnistiés depuis cette remise n'ont pas recouvré, par la restitution de leurs biens vendus, les droits de servitude, d'usage ou de copropriété qu'ils pouvaient avoir sur ces églises avant la révolution. — *Cass.*, 6 déc. 1836, de Galard c. comm. de Téraube.

49. — 2° Le droit de chapelle ne s'éteint que par la mort de la famille du concessionnaire; il ne peut se perdre par le changement du domicile des fondateurs.—*Parlem. Paris*, 18 mars 1612; — Arg. *Cass.*, 1er fév. 1825, Senon c. fabrique de Garragnoles; — Jousse, *loc. cit.*, § 4; Affre, *loc. cit.*—Il en serait différemment s'il s'agissait d'un simple concessionnaire.

50. — Les chapelles, comme les églises, tant qu'elles sont consacrées au service divin, ne sauraient être l'objet d'une action possessoire, ni être acquises par prescription. — *Cass.*, 1er déc. 1823, de Laurière c. fabrique de Moncaut; — 18 juill. 1838 (t. 2 1838, p. 405), Tissandier c. fabrique d'Opme; — Circ. min. int. 12 avr. 1819; décis. min. des cultes, 28 juin 1825; — Henrion de Pansey, *Comp. des juges de paix*, ch. 4; - Cormenin, *Quest. de dr. adm.*, t. 3, n° 145; Foucart, *Elém. de dr. publ. et admin.*, t. 3, n° 24; Affre, *loc. cit.*; Bioche et Goujet, *Dict. de procéd.*, v° *Action possessoire*, n° 71; Garnier, *Des actions possessoires*, n° 340. — *Contra* Carré, *Tr. du gouv. des paroisses*, nos 299 et 302. — V. aussi ACTION POSSESSOIRE, nos 258 et 260.

51. — Jugé encore qu'une place dans la chapelle d'une église ne peut être l'objet d'une possession exclusive *animo domini*, qu'on puisse acquérir par prescription, et qui par suite donne lieu à l'action possessoire. — *Cass.*, 19 avr. 1825, Courcy c. curé d'Annet.

52. — Au surplus, les lois des 12 juill. 1790 et 20 avr. 1791 ayant aboli les droits attachés à la qualité de patron, et le décr. du 30 déc. 1809 n'ayant disposé que pour l'avenir, les descendans des anciens fondateurs d'église ne peuvent réclamer la jouissance privilégiée d'aucune chapelle de cette église, soit en vertu d'une longue possession, soit même en vertu de titres. — Et surtout la possession dénuée de titres, fût-elle immémoriale, serait absolument insuffisante. — *Cass.*, 18 juill. 1838 (t. 2 1838, p. 405), Tissandier c. fabrique d'Opme. — Troplong, *Prescript.*, nos 170 et suiv.

53. — Il n'en était pas ainsi autrefois, et l'on décidait que l'on n'était pas tenu de prouver par titres que l'on était fondateur d'une chapelle; qu'il suffisait pour cela d'une possession publique et continuelle, comme d'avoir seul droit d'entrée

dans la chapelle, surtout si à cette possession étaient joints quelques signes visibles de fondation, comme d'armoiries aux voûtes ou contre l'autel de la chapelle et autres semblables. — Jousse, *loc. cit.*; Loyseau, *Tr. des seigneuries*, ch. 11, n° 81.

54. — M. Affre (*loc. cit.*) fait observer que les arrêts cités ne parlent que des chapelles faisant partie intégrante de l'église, et que l'impossibilité de les prescrire est spécialement motivée sur ce qu'elles forment un édifice public. « Si donc, continue-t-il, la chapelle, quoique communiquant avec l'église, formait un édifice à part et une propriété privée, elle serait soumise au droit commun et pourrait, comme tout autre immeuble, être prescrite, et si le temps requis pour la prescription ne s'était pas encore écoulé, on pourrait, pour se maintenir dans la possession, invoquer à défaut de titres la possession publique et continue, et tous les autres faits qui tendraient à l'établir. »— *Contrà Riom*, 26 avr. 1837, sous *Cass.*, 18 juill. 1838 (t. 2 1838, p. 405), Tissandier c. fab. d'Opme.—V. au surplus PRESCRIPTION.

55. — Cette distinction entre la chapelle faisant partie de l'église, et celle qui y est simplement attenante, était fort importante pour la solution de la question de savoir si celui qui a une chapelle particulière, ou a obtenu la permission d'en bâtir une, peut la fermer à clé ou en interdire l'entrée à toute autre personne.— Nul doute n'a jamais pu s'élever quant à ce droit, pour la chapelle simplement attenante à l'église; mais on pensait généralement que, pour la chapelle faisant partie intégrante de l'église, le fondateur n'avait droit, ainsi que sa famille, qu'aux premières places, et qu'il ne pouvait empêcher le peuple d'y entrer pour occuper les places vacantes.— Jousse, Loyseau, *loc. cit.* — En présence du décret de 1809, M. Affre (*loc. cit.*, n° 6) croit qu'aujourd'hui même, pour la chapelle faisant partie intégrante de l'église, le droit du possesseur est absolu; à moins cependant que la chapelle n'occupe un terrain trop considérable, auquel cas, pour que les paroissiens pussent assister à l'office, on pourrait le forcer à admettre d'autres personnes. — V. Carré, *Tr. du gouv. des paroisses*, p. 282, n° 305.

56. — Mais l'établissement d'une chapelle a-t-il besoin d'être autorisé par le gouvernement, et la fabrique seule pourrait-elle y consentir? Suffirait-il pour la fabrique d'obtenir l'adhésion de l'évêque, lors même que le terrain attenant à l'église appartiendrait à celui qui ferait construire la chapelle, et que celle-ci aurait une voûte à part, ne serait point partie intégrante de l'église et ne communiquerait avec elle que par une ouverture plus ou moins grande? — « Avant de répondre à cette question, dit M. Affre (*loc. cit.*), nous devons remarquer que, dans l'ancien droit, l'évêque exerçait un pouvoir réservé aujourd'hui au roi, celui d'autoriser l'aliénation d'une propriété ecclésiastique. La servitude qui résulterait de l'adjonction d'une chapelle privée à l'église devrait-elle être considérée comme une véritable aliénation? — Il est impossible de la considérer autrement. Dans tous les cas, le recours au gouvernement nous paraîtrait le parti le plus sûr. La fabrique qui voudrait s'en dispenser ne pourrait se prévaloir de la faculté que lui donne le décret de faire des changemens, des constructions et des ouvertures pour un service public et avec ses propres deniers, de ce qu'elle peut pratiquer, par exemple, une nouvelle porte. » — V. au surplus FABRIQUE.

57. — Quant à ce qui concerne les réparations de la chapelle, si celui qui en jouit la possède à titre de fondateur, propriétaire et usufruitier, si c'est sa propriété privée, il doit être tenu de toutes les réparations, de quelque nature qu'elles soient. — Si au contraire c'est en vertu d'une concession, il n'est obligé qu'aux réparations imposées à l'usufruitier par l'art. 605, C. civ.; les grosses réparations sont à la charge de la fabrique.

58. — C'était autrefois un point constant que la concession perpétuelle d'une chapelle pouvait être toujours révoquée, en indemnisant le concessionnaire, si cela était utile à la paroisse (*Parlem. Paris*, 11 juin 1749); sauf pourtant le cas où la concession était consentie à un fondateur. — *Parlem. Paris*, 16 déc. 1741; 4 juill. 1761; 27 janv. 1762; — Jousse, *loc. cit.* — Nous pensons qu'il doit en être de même aujourd'hui.

V. ACTION POSSESSOIRE, AGENT DIPLOMATIQUE, BANCS ET CHAISES DANS LES ÉGLISES, BÉNÉFICES ECCLÉSIASTIQUES, CHAPELAIN, CHAPELLE, CHAPELLENIE, CLERGÉ, COMMUNAUTÉS RELIGIEUSES, CULTE, ÉVÊQUE, FABRIQUE.

CHAPELLENIE.

Les anciens auteurs étaient partagés sur le sens de ce mot : suivant quelques-uns, il était synonyme de chapelle. D'autres nomment chapellenie (Denisart, v° *Chape, Chapelle*, n° 1er) le titre du bénéfice, et chapelle l'autel où il est desservi. Rebuffe pense que chapelle et chapellenie signifient l'une et l'autre un autel renfermé sous le toit d'une autre église. Loyseau appelle chapellenie tout bénéfice à simple tonsure. Il y en a qui définissent la chapelle une petite église séparée de toute autre église, et la chapellenie une partie d'une grande église.

V. ANNEXE, BÉNÉFICE ECCLÉSIASTIQUE, CHAPELAIN, CHAPELLE.

CHAPITRE.

Table alphabétique.

Administration des biens, 23 s.
Archiprêtre, 20.
Assemblée, 17, 28.
Biens, 25 s.
Caisse, 31.
Capacité, 24.
Chapitre de cathédrale, 6.— de collégiale, 6, 15.
Chapitres de femmes, 3. — d'hommes, 3.—nobles, 3, 4.
Clé, 31.
Compétence, 37.
Composition ancienne, 5.
Concordat, 14.
Curé de cathédrale, 19 s.
Délibération, 28.
Directeur du séminaire, 19.
Dons, 25.
Doyen, 31.
Droits, 9 s., 21 s.
Emprunt, 35.
Etablissemens, 14.
Evêque, 10. — (pouvoir de l'), 17 s., 28.
Fermage, 33 s.
Insuffisance de revenus, 35.
Juridiction correctionnelle, 8. — spirituelle, 7 s. — temporelle, 8.
Législation transitoire, 13.
Legs, 25.
Location, 33 s.
Messe capitulaire, 19.
Ordres religieux (chapitre d'), 2.
Organisation actuelle, 16 s.
Origine, 5.
Priviléges, 9 s., 21 s.
Procès, 30.
Rang, 6. — au chœur, 18 s.
Reddition des comptes, 32.
Répartition, 36.
Subventions, 26.
Suppression, 12, 22.
Trésorier, 29 s.
Vacance du siége épiscopal, 11.
Vente, 35.
Vicaires généraux, 18.

CHAPITRE. — 1. — Le mot *chapitre* a différentes acceptions.—Dans son acception la plus générale, il signifie un corps d'ecclésiastiques attachés par leur titre à une église cathédrale ou collégiale (*il n'y a plus aujourd'hui d'église collégiale.* — V. COLLÉGIALE), ou, ce qui est la même chose, *un corps de chanoines.* — On entend aussi par chapitre le lieu où ces corps d'ecclésiastiques s'assemblent.— Enfin, on donne le nom de chapitre à l'assemblée même des ecclésiastiques, qui ont droit de se réunir capitulairement. — Denisart, *Rép.*, v° *Chapitre.*

2. — « Dans les ordres religieux comme parmi les chanoines, et peut-être à leur exemple, on a donné le nom de chapitre aux assemblées qui s'y tiennent pour délibérer et statuer sur les affaires spirituelles ou temporelles de la maison ou de l'ordre.— Ces chapitres sont de trois sortes : Il y a les chapitres particuliers de chaque maison ou monastère, les chapitres provinciaux dans les ordres divisés par province, et enfin les chapitres généraux. — Guyot, *Rép.*, v° *Chapitre.*

3.—On distinguait autrefois les chapitres d'hommes et les chapitres de femmes, les uns et les autres étaient *réguliers* ou *séculiers*; et parmi ces derniers, on connaissait les chapitres nobles et les chapitres non nobles, mais seulement quant aux hommes, car les chapitres de femmes étaient tous nobles. — V. CHANOINE, CHANOINESSE.

4. — A la fin du siècle dernier, on comptait en France dix-huit chapitres nobles d'hommes : deux des plus célèbres étaient ceux de Strasbourg et de Lyon; les membres de ce dernier chapitre, dont le roi était à perpétuité le premier chanoine, portaient le titre de comtes de Lyon.

5. — L'origine des chapitres est fort ancienne dans l'église, principalement en ce qui concerne les églises cathédrales; il paraît qu'anciennement ils n'étaient composés que de dignitaires et de chanoines; plus tard, on y ajouta des vicaires suppléant les chanoines, des semi-prébendés, des chapelains, des chantres et des enfans de chœur, compris sous le terme générique de bas-chœur.— Denisart, *loc. cit.*, § 2, n° 3.

6. — Plusieurs chapitres pouvaient être établis dans une même ville, leur rang était déterminé par les titres particuliers de chacun d'eux; mais jamais le chapitre d'une collégiale ne pouvait primer celui de la cathédrale.

7. — La plupart des chapitres étaient soumis à la juridiction de l'ordinaire; quelques uns cependant en étaient affranchis et relevaient directement du saint siége.

8. — Les chapitres avaient sur leurs membres juridiction correctionnelle, et droit à leur administrer les sacremens et à les inhumer en quelque lieu qu'ils fussent.—V. cependant *contrà*, et en faveur des droits des curés, *Parlem. Toulouse*, 11 juill. 1735; *Paris*, 9 juill. 1787; *Rennes*, 14 mai 1739. — Ils pouvaient en outre exercer certains droits de juridiction temporelle et spirituelle souvent fort étendus, mais variant suivant les constitutions particulières de chaque chapitre. Leurs délibérations étaient valables prises à trois membres présens, d'où la maxime *tres faciunt capitulum*, confirmée par arrêt contradictoire du parlement de Paris du 18 mars 1767.

9.—Les chapitres cathédraux jouissaient de certains droits et priviléges spéciaux, différant, au surplus, suivant que le siége épiscopal se trouvait rempli ou vacant.

10. — Au cas où le siége se trouvait rempli, le chapitre n'avait pas, du moins en général, d'action directe sur l'administration du diocèse; si l'on en excepte, en effet, quelques diocèses, où le concours du chapitre était indispensable, dans tous les autres l'évêque était tenu de prendre l'avis du chapitre, mais non de déférer à son avis.

11. — Au cas au contraire où le siége devenait vacant, le chapitre prenait l'administration du diocèse, nommant, à cet effet, les officiaux et vicaires généraux capitulaires. Toutefois, n'étant qu'administrateurs à temps, les chapitres devaient s'abstenir de changemens ou innovations considérables. Il importe aussi de remarquer qu'ils n'étaient investis que des droits et priviléges épiscopaux, et non de ceux attachés à la personne de l'évêque.— *Parlem. Rennes*, 13 juin 1566.

12.—Ainsi que nous l'avons dit au mot *Chanoine*, les chapitres de toute espèce furent supprimés par le décret de la constitution civile du clergé.—Postérieurement intervinrent d'autres décrets pour déterminer le sort des anciens membres des chapitres. — Décr. 24 juill., 15 août, 15 oct., 10 déc. 1790, 24 juin 1792.

13. — Toutefois, en supprimant les chapitres, la constitution civile du clergé avait d'un autre côté rétabli quelque chose qui ressemblait assez à ce que furent les chapitres dans leur origine, en décidant que les vicaires des églises cathédrales, les vicaires supérieurs et les directeurs des séminaires formeraient le conseil de l'évêque, qui ne pouvait faire aucun acte de juridiction, en ce qui concernait le gouvernement du diocèse et du séminaire, sans l'avoir consulté.

14. — Rétablis par le concordat et les articles organiques, les chapitres cathédraux sont, comme ils étaient autrefois, le conseil des évêques, qui peuvent les consulter sur toutes les matières, mais sans être tenus de s'en rapporter à leur avis. — Le décr. du 28 fév. 1810 (art. 6) leur a rendu le droit qu'ils avaient jadis d'administrer les diocèses pendant la vacance des siéges, par le moyen de vicaires généraux capitulaires soumis à l'approbation du gouvernement, qu'ils ont dû prévenir immédiatement de la vacance du siége.

15. — Les églises collégiales n'ayant pas été rétablies, les chapitres collégiaux sont également demeurés supprimés. — V. cependant CHAPITRE ROYAL DE SAINT-DENIS.

16. — La constitution de chaque chapitre a été l'objet d'ordonnances spéciales, qui, du reste, ne sont presque toutes que la reproduction textuelle de celle qui a arrêté les statuts du chapitre de Paris, et dont les principales dispositions peuvent être ainsi analysées.

17.—L'archevêque, chef du chapitre, le préside par lui-même ou par l'un des vicaires généraux qu'il désigne; nulle assemblée du chapitre ne peut avoir lieu sans son autorisation; il n'y est mis en délibération que les matières qu'il détermine (art. 8, 9 et 10). — Le chapitre peut lui donner connaissance des abus, mais jamais les réformer lui-même (art. 12).—Lui seul détermine l'ordre des offices de la cathédrale (art. 16). — Il officie chaque fois qu'il le juge convenable, et les chanoines chacun à leur tour (art. 11).

18. — L'archevêque seul nomme aux différentes fonctions qui s'exercent dans la métropole, comme il nomme aux différens titres (art. 61). — Un des vicaires généraux nommé par l'archevêque a le premier rang au chœur (art. 5). — Dans l'usage, les vicaires généraux prennent aujourd'hui les premières stalles. — Du reste, les vicaires généraux nommés par l'archevêque, qui peuvent toujours être révoqués, et dont les fonctions cessent de plein droit à la vacance du siége, ne sont plus membres du chapitre du moment où leurs fonctions prennent fin (art. 3). — Quant aux chanoines, ils prennent rang au chœur, à la formation du chapitre, suivant l'ordre de leur ordination, et, dans la suite, suivant la date de leur entrée au chapitre. — Art. 16.

19. — Les mêmes statuts portent que le curé de la métropole et le directeur du séminaire ont rang

parmi les chanoines quand ils assistent à l'office (art. 4). — Leur rang à la formation du chapitre est réglé d'après leur ordination, et, dans la suite, pour le curé, d'après son institution canonique, et pour le directeur du séminaire, d'après le date de nomination à cette fonction (art. 7). — La grand'messe capitulaire des dimanches et fêtes est messe paroissiale (art. 14). — Mais les baptêmes, mariages, sépultures et services ordinaires sont faits par le curé ou ses vicaires (art. 15).

20. — Le contact perpétuel des deux autorités du chapitre et du curé ayant occasionné dans les cathédrales des conflits quelquefois fâcheux, la loi du 2 janv. 1817 (art. 1er) autorisa en conséquence les évêques à opérer la fusion de la cure avec le chapitre, en obtenant l'approbation du gouvernement. En pareil cas, le chapitre est augmenté d'un membre, et le chanoine qui remplit les fonctions curiales pour le chapitre prend le nom d'archiprêtre. Il a d'ordinaire, à Paris du moins, rang au chœur après les vicaires généraux.

21. — Mais, et quoique dans certains diocèses il en soit encore ainsi, les chapitres ne pourraient prétendre avoir, comme cela était autrefois en général, le droit d'administrer les derniers sacremens et de donner la sépulture à ceux de leurs membres domiciliés hors de la paroisse. — Av. Cons. d'état, 13 avr. 1840.

22. — Un chapitre est une corporation, dit M. Vuillefroy (*Tr. de l'adm. du culte cath.*, vo *Chapitre*, p. 126), or, nulle corporation ne peut exister dans un pays contre la volonté du souverain (Lettre min. 20 avr. 1812). — De là il résulte que le chapitre peut être supprimé par un acte de la même nature que celui qui l'a établi, c'est-à-dire par une ordonnance du roi. — Le même auteur cite un décret du 15 nov. 1811 qui a supprimé les chapitres du département de la Lippe.

23. — Nous avons vu du reste (vo CHANOINE, nos 2, 15 et suiv.) tout ce qui concerne la nomination, le nombre, le traitement et les droits des chanoines titulaires des églises cathédrales; il ne nous reste maintenant à examiner que les dispositions du décret du 6 nov. 1813, relatives à l'administration des biens des chapitres. Les dispositions de ce décret sont, d'après son intitulé, applicables à toute espèce de chapitres *cathédraux ou collégiaux*, si ces derniers étaient rétablis.

24. — Les chapitres étant reconnus par la loi, et leur organisation constituée par des ordonnances royales spéciales, il en résulte qu'ils sont de véritables établissemens publics ayant une capacité civile : ils sont donc aptes à recevoir et posséder toute espèce de biens meubles et immeubles en se conformant aux règles tracées par les lois.

25. — La dotation des chapitres se compose : 1o des biens et rentes non aliénés des anciens chapitres qui leur ont été restitués (Décr. 15 vent. an XIII, art. 1er); — 2o des allocations faites sur le budget de l'état, et des supplémens qui peuvent être alloués par les conseils généraux; — 3o les biens par eux acquis soit à titre onéreux, soit gratuitement. — Vuillefroy, *loc. cit.*, p. 128. — L'acceptation des dons et legs autorisée par le gouvernement sur la délibération du chapitre (Décr. 6 nov. 1813; avis du Comité de législ. 27 avr. 1840) a lieu par le doyen. — Ord. 2 avr. 1817, art. 3, § 2.

26. — A l'époque où parut le décret de 1813, on était sous l'empire de l'arrêté du 18 germin. an XI, qui autorisait les départemens à voter des allocations en faveur des établissemens diocésains et des chapitres, et à cette époque, il est vrai, les dépenses diocésaines étaient à la charge des départemens; depuis, elles sont passées à la charge de l'état; cependant les conseils généraux sont encore libres de faire des allocations supplémentaires, et le gouvernement est disposé à accueillir ces votes. — Circul. min. 27 janv. 1833; — Vuillefroy, vo *Chapitre*, § 1er, no 7, note *d*.

27. — Le corps de chaque chapitre cathédral ou collégial, a, quant à l'administration de ses biens, les mêmes droits et les mêmes obligations qu'un titulaire de biens de cure, sauf les explications et modifications ci-après. — Décr. 6 nov. 1813, tit. 3, art. 49. — V. CURE.

28. — Toute délibération des chapitres, quant à la gestion des biens et à l'administration de ses revenus, n'est valable que si les membres présens forment au moins les quatre cinquièmes du nombre total des chanoines existans (art. 50). — Toutes ses délibérations relatives à l'administration temporelle doivent être approuvées par l'évêque; en cas de refus de celui-ci, le chapitre en réfère au ministre des cultes qui prononce. — Art. 61.

29. — Un trésorier, choisi dans le sein du chapitre, et nommé pour cinq ans par l'évêque sur une liste de deux candidats présentés par le chapitre et désignés au scrutin, représente le chapitre pour tous les actes d'administration. Ce trésorier, qui peut toujours être changé par le chapitre, peut être réélu constamment aux mêmes fonctions sans interruption. — Art. 51 et 52.

30. — Toutefois, le trésorier ne peut intenter ou soutenir un procès, et acquiescer à un désistement sans délibération du chapitre, laquelle délibération doit être approuvée par le conseil de préfecture (art. 53). — V. au surplus AUTORISATION DE PLAIDER, nos 92 et suiv., et 337.

31. — Tous les titres, papiers et renseignemens concernant la propriété, ainsi que les registres, sommiers et inventaires, sont déposés dans une caisse fermée à trois clés, dont l'une reste aux mains du trésorier; les deux autres sont entre les mains du premier dignitaire et du premier officier dans les chapitres cathédraux, du doyen et du premier officier dans les chapitres collégiaux. La caisse ne peut être ouverte que sur un avis motivé signé par les trois dépositaires. Le décret renvoie au surplus aux art. 55, 56 et 57 du réglement sur les fabriques. — Art. 54, 55 et 56. — V. FABRIQUES.

32. — Au mois de janvier de chaque année, le trésorier rend ses comptes devant une commission nommée par le chapitre. Il est adressé copie au ministre de ce compte, réglé conformément aux art. 82, 83 et 84 du réglement des fabriques. — Art. 57. — V. FABRIQUES.

33. — Les maisons et biens ruraux appartenant aux chapitres ne peuvent être loués ou affermés que par adjudications aux enchères, sur un cahier des charges, approuvé par délibération du chapitre, à moins que le chapitre n'ait, à la pluralité des quatre cinquièmes des chanoines existans, autorisé le trésorier à traiter de gré à gré, aux conditions exprimées dans sa délibération. — Art. 54.

34. — Une semblable autorisation est nécessaire pour les baux excédant neuf ans, qui doivent toujours être adjugés avec les formalités prescrites relativement aux biens des cures. — *Ibid.*

35. — En cas d'insuffisance des revenus de la *mense*, et lorsque les dépenses, par des circonstances extraordinaires, exigent plus de la moitié d'une année du revenu commun, les chapitres peuvent être autorisés par le gouvernement, soit à un emprunt, soit à des ventes, à la charge de former sur les revenus des années suivantes un capital suffisant pour remplacer, soit en fonds de terre, soit autrement, le revenu aliéné. — Art. 58.

36. — Enfin, le décret porte que les chapitres pourront fixer le nombre et les répartitions de la *mense*, et suppléer par leurs délibérations aux cas non prévus par le décret, pourvu qu'ils n'excèdent pas les droits dépendans de la qualité du titulaire. — Art. 60.

37. — Les chapitres des cathédrales sont, de même que les simples citoyens, justiciables de l'autorité judiciaire, lorsqu'ils agissent comme propriétaires ou comme débiteurs; en conséquence doit être annulé le conflit qui revendique pour l'autorité administrative la connaissance d'une demande en paiement d'arrérages de rente dirigée contre un chapitre. — *Cons. d'état*, 16 sept. 1807, Rochetti c. le chap. de Saluces. — V. CONFLIT.

V. BÉNÉFICE ECCLÉSIASTIQUE, CHANOINE, CURÉ, FABRIQUE.

CHAPITRE ROYAL DE SAINT-DENIS.

1. — De temps immémorial l'abbaye de Saint-Denis fut destinée à servir de sépulture aux rois de France et à leur famille; mais aucun chapitre n'était chargé de veiller sur les tombes, qui se trouvaient confiées à la garde des moines de l'abbaye.

2. — Un décret du 16 août 1792 ordonna l'apport à la Monnaie de Paris du trésor si considérable de cette église, dont bientôt, en vertu d'un autre décret du 1er août 1793, toutes les tombes furent violemment détruites et dispersées.

3. — L'ancienne abbaye était restée dans cet état complet de dévastation, lorsque intervint le décret du 20 fév. 1806, qui, la destinant à la sépulture impériale et y ordonnant l'érection de chapelles expiatoires des profanations commises, institua pour desservir cette église un chapitre de dix chanoines. — Art. 2. — Telle est l'origine du chapitre impérial, depuis royal, de Saint-Denis.

4. — L'art. 3 portait : « Les chanoines de ce chapitre seront choisis parmi les évêques âgés de plus de soixante ans qui se trouveront hors d'état de continuer l'exercice des fonctions épiscopales. Ils jouiront dans cette retraite des honneurs, prérogatives et traitemens attachés à l'épiscopat. — Notre grand aumônier sera chef de ce chapitre. »

5. — A ces dix chanoines évêques, qu'elle déclara chanoines de premier ordre, et pour le choix desquels elle ne mit d'autres conditions que d'avoir été titulaires de diocèses en France, l'ordonnance du 23 déc. 1816 ajouta vingt-quatre chanoines de second ordre, lesquels ne peuvent être pris que parmi ceux qui ont été employés pendant dix ans, soit dans l'exercice du ministère, soit dans l'administration des diocèses. — Art. 3. — Des clercs furent en outre ajoutés au chapitre.

6. — Comme sous l'empire, le grand aumônier, revêtu du titre de primicier, était chef du chapitre (art. 2); c'est à lui qu'il appartenait de présenter au roi les candidats au titre de chanoine de premier et de second ordre, comme aussi à celui de chanoine honoraire, qui peut être concédé à quelques ecclésiastiques de second ordre. Il nommait à tous les emplois autres que ceux de chanoines attachés aux offices. — V. CHAPELLE.

7. — Cette ordonnance (art. 7) établissait pour l'entretien du chapitre une subvention annuelle de 250,000 fr. sur le budget des cultes.

8. — La révolution de 1830, en supprimant la grande aumônerie, modifia beaucoup cet état de choses; aujourd'hui c'est le roi qui nomme aux emplois de chanoine de premier et de second ordre, et qui confère de même le titre de chanoine honoraire, sur la présentation du ministre des cultes, substitué au grand aumônier pour les pouvoirs temporels, et qui nomme directement tous les employés du chapitre.

9. — Un instant même le chapitre fut menacé dans son existence, la loi du 21 avr. 1832 (art. 8), sur le budget de 1833 ayant déclaré que les membres du chapitre nommés postérieurement à la publication de cette loi n'auraient plus de droit à aucun traitement sur les fonds de l'état. Mais le budget de 1838 a rétabli le traitement pour tous les membres du chapitre, et aujourd'hui les chanoines de premier ordre reçoivent du trésor public 8,000 fr. par an, les chanoines du second ordre 2,400 fr. — Toutes les autres dépenses du chapitre sont à la charge de l'état.

10. — Toutefois, le budget du chapitre est loin d'être aussi élevé qu'il l'était sous la restauration; on ne compte plus aujourd'hui que six chanoines évêques, et quatorze chanoines de second ordre, dont un doyen et trois dignitaires. Ainsi que le personnel des membres du chapitre, celui des employés et les frais de matériel ont été proportionnés au nouvel état pécuniaire. — Mais il n'a pas encore été procédé à la réorganisation officielle du chapitre, qui avait été implicitement arrêtée lors de la discussion du budget de 1838.

11. — Tout ce qui regarde le service du chapitre, soit en général, soit en particulier, est déterminé par un réglement approuvé par le roi, sur la proposition du ministre des cultes. Le chapitre, attendu la suppression de la grande aumônerie, est d'ailleurs soumis, en ce qui concerne le spirituel, à la juridiction ordinaire de l'archevêque de Paris. — L. 18 germin. an X, art. 10; Ord. 23 déc. 1816 art. 6; — Vuillefroy, § 3, no 22.

V. CHANOINE, CHAPELLE, CHAPITRE.

CHARBON ANIMAL (Fabrication ou revivification du).

V. ÉTABLISSEMENS INSALUBRES (nomenclature).

CHARBON DE BOIS.

1. — Bois carbonisé. — L'usage de ce combustible est fort ancien; et des recherches faites par Delamarre, dans son *Traité de la police*, il résulte qu'on ne s'est servi pendant long-temps que de ce seul moyen de chauffage, soit dans l'intérieur des maisons, soit pour les travaux des diverses professions, et qu'il était déjà employé en l'an 358, lors du séjour que l'empereur Julien fit à Paris.

2. — L'approvisionnement de charbon pour Paris, étant devenu aussi considérable que celui du bois de chauffage, fut soumis presqu'aux mêmes réglemens, et se trouva placé sous la juridiction de l'hôtel de ville. D'après ces réglemens il était expressément défendu d'arrêter le charbon au chemin, de le faire séjourner ou de le vendre ailleurs qu'à Paris. Rendu à sa destination il devait être mis à Paris au rabais de trois jours en trois jours de vente. Les mesureurs étaient tenus, dès l'arrivée d'un bateau, de se rendre au bureau de l'hôtel de ville pour y recevoir l'ordre de la fixation du prix et du rabais. Enfin il était prescrit aux marchands privilégiés d'opérer la vente du charbon par eux-mêmes, leurs enfans ou leurs domestiques. — *Nouveau Dictionn. de police*, par Elouin et Trébuchet, vo *Charbon de bois*.

3. — Les agens forestiers indiquent par écrit aux adjudicataires de coupe dans les bois soumis au régime forestier, les lieux où il peut être établi des fosses ou fourneaux pour charbon, des forges ou ateliers; il n'en peut être placé ailleurs sous peine,

contre l'adjudicataire, d'une amende de 50 fr. pour chaque fosse ou fourneau, forge ou atelier établis en contravention à cette prohibition. — C. forest., art. 38.

4. — A défaut par les adjudicataires de repiquement de places à charbon à leur charge, les travaux sont exécutés à leurs frais, à la diligence des agens forestiers, et sur l'autorisation du préfet, qui arrête ensuite le mémoire des frais et le rend exécutoire contre les adjudicataires pour le paiement. — C. forest., art. 41. — V. FORÊTS.

5. — Lorsque le charbon est fait à vases clos, sa fabrication est placée dans la deuxième classe des établissemens insalubres. — V. ÉTABLISSEMENS INSALUBRES. — Les dépôts et magasins de charbon dans les villes sont placés dans la troisième classe. — V. ÉTABLISSEMENS INSALUBRES (nomenclature).

6. — Pour les règles qui sont aujourd'hui relatives à la vente et au commerce du charbon de bois, V. BOIS ET CHARBONS, nos 64 et suiv.

7. — Les marchands de charbons de bois en gros sont rangés par la loi du 25 avril 1844, sur les patentes, dans la première classe des patentables, et imposés à : 1° un droit fixe établi d'après le chiffre de la population de la ville ou commune où est situé l'établissement; — 2° un droit proportionnel du quinzième de la valeur locative de la maison d'habitation, et au trentième de celle des locaux servant à l'exercice de la profession. — Les marchands en demi-gros sont rangés dans la cinquième classe et imposés à : 1° un droit fixe; — 2° un droit proportionnel du vingtième de la valeur locative de la maison d'habitation et des locaux servant à l'exercice de la profession. — Les marchands en détail sont rangés dans la huitième classe et imposés à : 1° un droit fixe; — 2° un droit proportionnel du quarantième de la valeur locative de tous les locaux occupés par les patentables, mais seulement dans les communes de 20,000 ames et au-dessus. — V. PATENTE.

8. — Les charbonniers voituriers sont rangés par la loi du 25 avril 1844, sur les patentes, dans la huitième classe des patentables, et imposés à : 1° un droit fixe établi d'après le chiffre de la population de la ville ou commune où est situé l'établissement; — 2° un droit proportionnel du quarantième de la valeur locative de tous les locaux occupés par les patentables, mais seulement dans les communes de 20,000 ames et au-dessus. — V. PATENTE.

CHARBON DE TERRE.

1. — Combustible fossile. — Les mines de charbon de terre ne peuvent être exploitées qu'en vertu d'un acte de concession délibéré en conseil d'état. — L. 21 avr. 1810, art. 5. — V. MINES.

2. — Dans l'ancien droit, le tirage de charbon de terre faisait partie du fonds et non de l'usufruit. — Henrys et Bretonnier (t. 1er, liv. 4, quest. 45); — Rousseaud de Lacombe, *Dict. de Jurisp. civ.*, v° *Charbon*. — Pour le développement des principes établis par l'art. 598, C. civ., V. MINES, USUFRUIT.

3. — L'épurage du charbon de terre à vases ouverts est placé dans la première classe des établissemens insalubres. Lorsqu'il se fait à vases clos, il est placé dans la deuxième classe. — V. ETABLISSEMENS INSALUBRES (nomenclature).

4. — Les marchands de charbon de terre épuré ou non, en gros, sont rangés par la loi du 25 avril 1844, sur les patentes, dans la deuxième classe des patentables, et imposés à : 1° un droit fixe établi d'après le chiffre de la population de la ville ou commune où est situé l'établissement; — 2° un droit proportionnel du vingtième de la valeur locative de la maison d'habitation et du trentième de celle des locaux servant à l'exercice de la profession. — Les marchands en demi-gros sont rangés dans la cinquième classe et imposés à : 1° un droit fixe; — 2° un droit proportionnel du vingtième de la valeur locative de la maison d'habitation et des locaux servant à l'exercice de la profession. — Les marchands en détail sont rangés dans la huitième classe et imposés à : 1° un droit fixe; — 2° un droit proportionnel du quarantième de la valeur locative de tous les locaux occupés par les patentables, mais seulement dans les communes d'une population de 20,000 ames et au-dessus. — V. PATENTE.

CHARCUTIER.

Table alphabétique.

CHARCUTIER. — 1. — C'est celui qui vend de la viande de porc après l'avoir préparée.

—

§ 1er. — *Charcutiers en général.*

2. — Avant le quinzième siècle, les charcutiers étaient confondus avec les rôtisseurs ou *oyers* qui apportaient et vendaient non seulement la chair de porcs, mais encore toutes sortes de viandes cuites. Des lettres patentes du 17 janvier 1475 firent des charcutiers une communauté que l'édit de 1776 désigna comme la huitième parmi les quarante-quatre communautés. — Elouin, *Dict. de police*, v° *Charcutier*, p. 382, note.

3. — La loi du 2-17 mars 1791 ayant supprimé les maîtrises et jurandes, le commerce de la charcuterie est devenu libre comme les autres. Il suit de là que les maires ne peuvent ni limiter le nombre des charcutiers, ni refuser à un citoyen la faculté d'ouvrir une boutique pour ce genre de commerce. — Bost, *Organisation municipale*, t. 2, p. 286 et 287.

4. — Mais comme la charcuterie intéresse la santé publique, l'autorité municipale a un droit de surveillance sur l'exercice de cette profession. — L. 16 août 1790, tit. 11.

5. — Ainsi, les maires ont le droit de réglementer à l'égard de cette profession tout ce qui intéresse la commodité de la voie publique, l'état sanitaire des porcs mis en vente, la fidélité du débit et l'obligation d'abattre les porcs à l'abattoir public lorsqu'il en existe un dans la commune. — Elouin, t. 1er, p. 383; Bost, t. 2, p. 286 et 287.

6. — A ce sujet, on doit dire que toutes les mesures imposées par l'autorité municipale au commerce de la boucherie dans l'intérêt de la salubrité publique s'appliquent nécessairement à la charcuterie. — V. BOUCHER.

7. — Ainsi, l'arrêté du maire qui fait défense aux bouchers d'entrer dans la villle des viandes mortes sans les avoir fait visiter par la police locale est obligatoire pour les charcutiers. — *Cass.*, 7 avr. 1837 (t. 2 1840, p. 34), Chateigner.

8. — Les charcutiers ne doivent pas exposer en vente des comestibles gâtés, corrompus ou nuisibles, sous peine d'une amende de 10 fr., de la confiscation et de la destruction des objets exposés et, en cas de récidive, d'un emprisonnement de cinq jours. — C. pén., art. 475, 477 et 478.

9. — En cas d'acquittement du prévenu, les comestibles saisis ne peuvent être confisqués. — *Cass.*, 23 nov. 1821, Dusérieux.

10. — Les comestibles gâtés ne peuvent être vendus même au profit de la commune. — *Cass.*, 20 juill. 1836 (t. 1er 1837, p. 77), Jouart.

11. — L'emprisonnement est obligatoire en cas de récidive, à moins que le juge ne déclare qu'il y a des circonstances atténuantes. — *Cass.*, 22 août 1822, Marche; 16 nov. 1825, femme Meunier; 9 sept. 1841 (t. 2 1841, p. 572), Bonamour; — Chauveau et Hélie, t. 8, p. 287.

12. — Les charcutiers furent assujétis par la loi du 24 avr. 1806, comme tous les propriétaires de sels existant dans des magasins, à faire la déclaration des sels qu'ils possédaient et à en acquitter les droits. — *Cass.*, 23 août 1808, Grumet. — V. SEL.

13. — Il est défendu aux charcutiers de peser et de vendre autrement qu'au poids métrique. — Ord. 27 déc. 1825; arrêté du ministre de l'intérieur du 28 mars 1812. — V. POIDS ET MESURES.

14. — Les charcutiers sont rangés par la loi du 25 avr. 1844, sur les patentes, dans la quatrième classe des patentables, et imposés à : 1° un droit fixe établi sur le chiffre de la population de la ville ou commune où est situé l'établissement; — 2° un droit proportionnel du vingtième de la valeur locative de la maison d'habitation et des locaux servant à l'exercice de la profession.

15. — Les charcutiers revendeurs sont rangés dans la sixième classe et imposés aux mêmes droits, sauf la différence de classe. — V. PATENTE.

16. — Les porcheries ou lieux dans lesquels on réunit des porcs appartiennent à la première classe des établissemens dangereux. — Décr. 15 oct. 1810. — V. ÉTABLISSEMENS INSALUBRES.

§ 2. — *Charcuterie de Paris.*

17. — Un établissement de charcuterie ne peut être formé dans le ressort de la préfecture de police sans une permission du préfet. — Ord. de police 4 flor. an XII, art. 8.

18. — Un charcutier ne doit donc céder son fonds qu'après en avoir obtenu la permission; s'il traite avant d'avoir fait agréer son successeur, il doit insérer dans la convention écrite cette clause, *sauf l'agrément du préfet de police*, pour qu'en cas de refus de permission, les parties se trouvent déliées. — Décision du préfet de police, 24 déc. 1811.

19. — De ce que le nombre des charcutiers est illimité dans Paris, il ne résulte point que celui qui a obtenu l'autorisation d'ouvrir une boutique puisse en ouvrir une seconde dans la même rue sans une nouvelle autorisation. — *Cass.*, 1er mai 1828, Corps.

20. — Les motifs donnés dans cette affaire par M. le procureur général et adoptés par la cour de Cassation sont que l'ord. royale du 12 janv. 1825, concernant les bouchers de Paris porte, (art. 4) « qu'il ne peut être délivré d'autorisation au même individu pour exercer deux ou plusieurs étaux, et que chaque boucher est tenu d'exploiter son étal par lui-même; » — qu'il y a analogie entre les deux états, et même plus grande nécessité pour la charcuterie, parce qu'on a lieu de craindre que les marchandises ne soient mal préparées ou altérées.

21. — Aucun établissement de charcuterie ne peut être autorisé dans la ville de Paris qu'après qu'il a été constaté que les diverses localités où l'on se propose de le former réunissent toutes les conditions de sûreté et de salubrité publique. — Ord. du préfet de police 1836, art. 1er.

22. — Les charcutiers doivent tenir leurs chaudières et ustensiles dans la plus grande propreté, sous peine d'amende. — Ord. 4 flor. an XII, art. 10.

23. — Il est défendu de faire usage, dans les établissemens de charcutiers, de saloirs, pressoirs et autres ustensiles qui seraient revêtus de feuilles de plomb ou de tout autre métal. Les saloirs et pressoirs seront construits en pierre, en bois ou en grès. — Ord. de police de 1836, art. 2.

24. — L'usage des vases et ustensiles de cuivre même étamé et en poterie vernissée est également prohibé dans ces établissemens. — *Id.*, art. 3 et 4.

25. — Il est également interdit aux charcutiers : 1° d'employer des sels de morue, de varech et de salpêtre; — 2° de laisser séjourner les eaux de lavage dans les cuvettes; — 3° de verser avec les eaux de lavage des débris de viande. — Ord. de police de 1836, art. 5, 6 et 7.

26. — Les charcutiers ne peuvent acheter des issues de bœuf, veau ou mouton, que pour les employer dans la préparation des viandes de charcuterie. — Lettres pat. 26 août 1783, art. 4; — Ord. de police 4 flor. an XII, art. 11; 9 juin 1824, art. 9.

27. — Il est défendu de vendre et d'acheter des porcs vivans dans le ressort de la préfecture de police, partout ailleurs que sur les marchés de la Maison-Blanche (Gentilly) et de la Chapelle Saint-Denis, et dans les foires de Champigny, Brie-sur-Marne, Saint-Ouen et Vincennes, et aussi hors des heures de vente, à peine de 300 fr. d'amende pour chaque contravention. — Ord. de police, 23 prair. an X; 30 avr. 1816; 25 sept. 1815; 24 nov. 1819; 1er avr. 1821.

28. — Les charcutiers qui achètent des porcs sur les marchés et aux foires prennent un certificat du préposé ou du maire constatant la quantité de porcs et le nom des acheteurs. Le certificat est remis à l'entrée dans Paris aux employés de l'octroi. — Ord. de police 23 prair. an X, art. 13; 1er avr. 1831, art. 16.

29. — Il est également défendu de faire le commerce de porcs vivans dans Paris, à peine de 200 fr. d'amende. — Ord. de police 25 sept. 1815, art. 5.

30. — Les porcs ne sont abattus à Paris que dans les échaudoirs autorisés à cet effet sous peine de confiscation. — Ord. de police 30 août 1806; 25 sept. 1825, art. 6. — V. ABATTOIR, n° 18.

31. — La vente du porc frais et salé et des issues de porcs a lieu à Paris, au marché des Prouvaires, les mercredi et samedi. — Ord. de police 4 flor. an XII, art. 1er et 2. — Elle a lieu pour les charcutiers de Paris qui ont déclaré vouloir approvisionner le marché des Prouvaires et qui y sont appelés à tour de rôle, chacun pendant un mois. — Ord. de police 27 sept. 1825, art. 2, 3 et 4.

32. — Tout charcutier qui, sans cause légitime et sans en avoir averti, manque à son tour d'approvisionner la halle, en est irrévocablement exclu et est remplacé par un charcutier pris dans la série sui-

vante, sans que le remplacement préjudicie à l'ordre du tour de rôle. — *Id.*, art. 6, 7 et 8.

33. — Les charcutiers ne peuvent, à la halle, ni faire aucune vente à la lumière, ni vendre aucune espèce de charcuterie préparée. — Ord. de police 27 sept. 1825, art. 2, 3 et 4.

34. — Il est défendu, sous peine de saisie et de 200 fr. d'amende, de colporter et vendre des viandes de charcuterie dans les rues, places et maisons. — Ord. de police 4 flor. an XII, art. 6.

35. — Les charcutiers forains, dit *gargots*, ont au marché des Prouvaires vingt places réservées pour y vendre du porc frais en gros. — D'autres places ont été réservées aux charcutiers forains dans les marchés *Saint-Germain*, des *Carmes* et des *Blancs-Manteaux*, pour la vente du porc frais en détail. Les charcutiers peuvent y vendre du lard frais et salé en s'abstenant du commerce de la charcuterie préparée. — Ces places sont tirées au sort tous les mois, comme celles des charcutiers de la ville pour le marché des Prouvaires. — Décr. du préfet de police, 24 août 1831 ; — Elouin et Trébuchet, v° *Charcuterie*, p. 390.

36. — Les charcutiers de Paris nomment chaque année des mandataires généraux et spéciaux choisis parmi eux et chargés de surveiller et représenter les intérêts de leur corps. — Les formalités de nomination et les différentes attributions de ces mandataires sont établies par une délibération générale du 27 oct. 1826.

37. — Il existe une caisse commune composée de cotisations annuelles et de droits exigés des récipiendaires. — Ces rétributions sont destinées à secourir des charcutiers malheureux et à subvenir aux frais du bureau. — Délib., art. 30 et 34.

38. — Ce bureau du commerce de la charcuterie n'a pas d'existence légalement reconnue, mais il est néanmoins protégé par la préfecture de police, qui autorise chaque année la réunion générale des charcutiers. — Elouin et Trébuchet, *Dictionnaire de police*, t. 1er, p. 394.

39. — Tout garçon charcutier doit être muni d'un livret qui lui est délivré à la préfecture de police. — Ord. du 1er avr. 1831, art. 1er.

40. — Un garçon charcutier ne peut quitter son maître sans l'avoir averti au moins huit jours d'avance. — Ord. du 4 flor. an XII, art. 14.

CHARENTON (Maison royale de).

Table alphabétique.

CHARENTON (Maison royale de). — 1. — Fondée en 1641 par Sébastien Leblanc, sieur de Saint-Jean, contrôleur principal des guerres, cette maison, qui portait le titre de *Notre Dame de la paix*, et qui dans l'origine était destinée seulement à recevoir en très petit nombre les pauvres malades du pays, fut d'abord réglée par divers actes des 10, 12, 13 sept. 1642, 2 mars 1646, 4 mai 1662, 10 janv. 1664.

2. — Le 6 mai 1644, la volonté du fondateur confia la direction de cette maison charitable aux religieux de la charité de l'ordre de Saint-Jean-de-Dieu, qui établirent à côté de la salle des malades un établissement pour les aliénés. « Le gouvernement, disent MM. Durieu et Roche (*Rép. des établ de bienfaisance*, v° *Maison royale des aliénés*, n° 1er), ne tarda pas à y envoyer les individus que leurs excès ou leurs extravagances rendaient nuisibles ou dangereux pour la société. Des jugemens et des arrêts de 1695 et 1716 condamnèrent des familles, même titrées, à payer les pensions de leurs parens aliénés, placés dans cet établissement ou retenus par ordre du roi. »

3. — Pendant la révolution, un arrêté du comité des secours publics du 12 messid. an III supprima la maison de Charenton, ordonnant que les aliénés seraient remis à leurs familles, sinon placés aux Petites-Maisons, s'ils n'étaient pas réclamés ou s'ils appartenaient à des familles indigentes. — L'art. 8 du même arrêté voulut que la maison et ses dépendances, à l'exception des bâtimens servant à l'hospice des malades de la commune, fussent rendues au domaine national.

4. — Cette décision si fâcheuse ne tarda guère à être rapportée, et par un arrêté du 5 prair. an V, dont la dernière disposition ordonne qu'il ne sera pas imprimé, le directoire ordonna que l'hospice de la charité de la commune de Charenton serait rendu à sa première destination et qu'il y serait fait toutes les dispositions nécessaires pour y établir un traitement complet de la folie (art. 1er). — La maison fut placée sous la surveillance et l'autorité immédiate du ministre de l'intérieur (art. 7). — Elle devait être soutenue par ses propres ressources et, en cas d'insuffisance, par les fonds du gouvernement (art. 6).

5. — Toutes les personnes des deux sexes attaquées de la folie, de quelque endroit qu'elles vinssent, étaient reçues dans l'établissement pour y être traitées, les indigens gratuitement, et les non-indigens moyennant une rétribution journalière; les soins devaient être les mêmes pour tous (art 3). — Quant aux malades non curables, ils devaient être placés dans les maisons déjà destinées à les recevoir; les familles des non-indigens pouvaient les laisser dans l'établissement moyennant pension, dont le maximum était fixé à 600 fr.

6. — En exécution de l'art. 2 de cet arrêté, un nouvel arrêté du 19 frim. an VII décida qu'il ne serait plus reçu d'insensés dans les hôpitaux de Paris, et soumit en outre la maison nationale de Charenton à l'inspection de l'école de médecine, relativement au traitement et au service médical.

7. — Restitués d'abord provisoirement par décret du premier jour complémentaire an XIII, les biens de la maison de Charenton lui furent définitivement rendus par la loi du 9 sept. 1807.

8. — Long-temps l'administration de la maison fut abandonnée à la libre volonté du directeur; c'est ainsi que l'on y établit, dans le but de procurer aux malades des distractions qu'on présumait devoir influer sur leur guérison, des danses et des représentations théâtrales, auxquelles les aliénés prenaient part; mais en juillet 1813 un ordre du ministre de l'intérieur supprima ces moyens qui présentaient beaucoup d'inconvéniens.

9. — Enfin, le 25 oct. 1814 parut le réglement définitif, établi par le ministre de l'intérieur, réglement rédigé en cent quatre-vingt-quatorze articles, dont un assez grand nombre de dispositions est encore en vigueur. Il peut être utile de les résumer ici.

10. — La destination de la maison royale de Charenton est de soigner et de traiter les aliénés reçus dans l'établissement, soit à titre gratuit, soit à titre de pension, soit à prix de journée (art. 1er). — Il y a en outre dans la maison, conformément à l'objet primitif de sa fondation, une salle particulière de quatorze lits consacrée aux indigens du canton qui sont affectés de maladies ordinaires. Cette salle n'a aucune communication avec les bâtimens réservés aux aliénés (art. 2).

11. — Les admissions d'aliénés à titre gratuit ne peuvent être autorisées que par le ministre de l'intérieur, et n'ont lieu que pour une année. Elles se répartissent de la manière suivante : 1° à la charge de l'état trente-une pensions entières à 720 fr.; quarante-quatre demi-pensions à 360 fr.; cinq pensions réduites à divers taux; — 2° à la charge du ministère, vingt-une pensions entières à 720 fr., vingt-quatre demi-pensions à 350 fr. (art. 3).

12. — Il y a trois classes de pensions : 1° 1,300 fr. par an et au-dessus; — 2° 1,000 fr.; — 3° 720 fr. — Il est payé en sus un supplément de cinq pour cent. — On ne peut faire admettre les pensionnaires payans qu'en payant d'avance un mois de pension, et en souscrivant un engagement de payer le surplus aux termes convenus, et de retirer le malade à la première demande du directeur (art. 6).

13. — Les militaires valides ou invalides, et les marins peuvent seuls être admis à prix de journée; ce prix varie de 1 fr. 50 c. à 3 fr.

14. — Il y a journellement dans la maison trois sortes de régimes correspondant aux trois classes de pensions (art. 8). — Les malades indigens du canton et les aliénés reçus à pension réduite sont placés dans la troisième classe (art. 9). — Il en est de même des militaires et marins reçus au minimum de la journée; ceux reçus au maximum sont rangés dans la deuxième classe (art. 10).

15. — L'ordonnance du 21 fév. 1841, et l'arrêté réglementaire du ministre du 22 juin 1841 sur les établissemens généraux de bienfaisance, dont la maison royale de Charenton fait partie, est venue modifier l'organisation donnée à cette maison par l'arrêté ministériel du 25 oct. 1814.

16. — D'après cette ordonnance, les établissemens généraux de bienfaisance et d'utilité publique, au nombre desquels est la maison royale de Charenton, sont administrés, sous l'autorité du ministre de l'intérieur et sous la surveillance d'un conseil supérieur, par des directeurs responsables assistés de commissions consultatives (art. 1er). — Le conseil supérieur est composé de vingt-quatre membres qui sont nommés par le roi, et d'un secrétaire nommé par le ministre de l'intérieur. Il se réunit sur la convocation du ministre de l'intérieur et sous sa présidence (art. 2). — Les membres se renouvellent par sixième tous les deux ans; ils peuvent être renommés (art. 3.)

17. — Ce conseil donne son avis : sur les budgets et comptes de chaque établissement, les rapports généraux des directeurs, les projets de constructions et de grosses réparations des bâtimens, les acceptations de legs et donations et les questions contentieuses, les réglemens pour l'administration intérieure, et en outre sur toutes les questions à l'égard desquelles il est consulté par le ministre (art. 4). — Le conseil supérieur est encore chargé de présenter au ministre ses vues sur les améliorations à introduire dans l'administration, la direction morale, le régime intérieur de chaque établissement et sur la fondation de nouveaux établissemens qu'il pourrait y avoir à créer; à cet effet, il adresse un rapport au ministre à la fin de chaque année (art. 5).

18. — Il existe près de la maison royale de Charenton, comme pour les autres établissemens généraux de bienfaisance, une commission consultative composée de quatre membres nommés par le ministre, qui fixe leurs attributions, et renouvelée tous les ans par quart, conformément aux règles suivies pour les commissions administratives. Les directeurs y ont voix délibérative (art. 6 et 7).

19. — D'après l'arrêté ministériel réglementaire du 22 juin 1841, les attributions de ces commissions sont à peu près les mêmes que celles attribuées à la commission supérieure (art. 1er). — Elles élisent chaque année leur président et leur secrétaire, fonctions auxquelles ne peuvent être nommés les directeurs, qui doivent se retirer lorsque la commission est appelée à vérifier leurs comptes (art. 5). — Elles ne peuvent délibérer que si la moitié au moins des membres assiste à la séance (art. 6). — Chaque année elles font un rapport au ministre (art. 4), lequel lui est transmis directement par le président de la commission, ainsi que les délibérations relatives au compte d'administration du directeur, et toutes les communications qui peuvent être jugées utiles (art. 7).

20. — Le directeur de chaque établissement est chargé de l'administration intérieure; il y assure l'exécution des lois et correspond directement avec le ministre; il gère les biens et revenus de l'établissement. — Ord. 21 fév. 1841.

21. — La comptabilité et le régime économique sont confiés à un agent comptable, assujéti à un cautionnement. — *Ibid.* — V. CAUTIONNEMENT (fonctionnaires, etc., nos 61 et suiv.). — Les dispositions des ordonnances sur la comptabilité des hospices sont applicables aux établissemens généraux de bienfaisance (art. 9). — Dans chaque établissement, un membre du conseil supérieur et un membre de la commission assistent aux adjudications. — Arrêté min. int. 22 juin 1841.

22. — Le nombre, les attributions et le traitement des divers fonctionnaires et employés dans chacun des établissemens, ainsi que tout ce qui concerne l'administration intérieure sont déterminés par un réglement spécial arrêté par le ministre sur l'avis du conseil supérieur (art. 8).

23. — De ce que les établissemens généraux de bienfaisance appartiennent à l'état, il suit : 1° qu'ils ne sont pas soumis à l'autorité municipale, ni même à celle des préfets, puisque le directeur et la commission correspondent directement avec le ministre; — 2° que c'est le ministre seul qui doit statuer, sur l'avis de la commission consultative de chaque établissement et du conseil supérieur, et non le conseil de préfecture ou le comité consultatif établi pour les établissemens de bienfaisance de l'arrondissement, sur les autorisations de plaider. — Jugé même, avant l'ordonnance de 1841, quant à la maison de Charenton spécialement, qu'il suffisait pour la validité des poursuites qu'elles fussent autorisées par ordonnance royale. — *Paris*, 9 avr.

1836, Palluy c. Charles X. — V. AUTORISATION DE PLAIDER, n° 329.

24. — Ces établissemens sont du reste soumis, en tous les points où il n'a pas été dérogé par des dispositions spéciales, à la législation qui concerne les établissemens ordinaires de bienfaisance, et en particulier les hospices.

25. — Ainsi : 1° les règles relatives aux pensions de retraite des employés leur sont applicables. — Décret 18 févr. 1809.

26. — 2° Ils peuvent réclamer les droits appartenant aux hospices. — *Cass.*, 4 fév. 1834, Institution des jeunes aveugles c. Enregist.

27. — 3° Avant la loi du 25 avril 1844, un arrêté du conseil de préfecture du département de la Seine avait décidé que le chirurgien de la maison royale de Charenton n'était pas tenu à la patente.

V. au surplus ALIÉNÉS, n° 61, ÉTABLISSEMENS DE BIENFAISANCE, ÉTABLISSEMENS GÉNÉRAUX DE BIENFAISANCE, HOSPICES, JEUNES AVEUGLES (institution royale des), QUINZE-VINGTS (hospice royal des), SOURDS-MUETS de Paris et de Bordeaux (institutions royales des).

CHARGE (Office).

1. — Ce mot est souvent employé dans la pratique comme synonyme d'office. Ainsi, l'on dit une *charge* d'avoué, une *charge* de notaire, d'huissier, etc... Le prix des *charges* est trop élevé.

2. — Les charges se composent du *titre* et de la *clientèle*. Le titre est conféré par le roi, sur la présentation du titulaire en fonctions ou de ses héritiers et ayant-cause, en vertu de l'art. 91 de la *loi* du 28 avr. 1816.

V. DROIT DE PRÉSENTATION, OFFICE.

CHARGES.

1. — Se dit également : 1° de ce qui est dû sur une chose mobilière ou immobilière, ou sur une masse de biens ; — 2° des conditions sous lesquelles la propriété ou la jouissance d'une chose est transmise ; — 3° des obligations dont une personne est tenue en raison de sa qualité ou de son état.

2. — A l'égard du mot *charges*, considéré sous ces différens points de vue, on doit dire que celui qui recueille les avantages d'une chose doit en supporter les charges, suivant la maxime : *Quem sequuntur commoda, debent sequi et incommoda.* — V. AVANTAGE, n° 3.

3. — Parmi les charges on remarque principalement les suivantes :

4. — ... *De communauté.* — Ce sont des dettes et des dépenses qui doivent être acquittées par la communauté, et non par les conjoints particulièrement. — V. COMMUNAUTÉ.

5. — ... *De donation, legs, succession, vente, etc.* — Ce sont les obligations imposées au donataire, au légataire, à l'héritier, à l'acquéreur, comme de payer les dettes, de faire la délivrance des legs, de respecter des droits acquis, etc. — V. DONATION, LEGS, SUCCESSION, VENTE.

6. — Dans ces différens contrats, les charges sont encore considérées comme synonymes de passif, ou comme ayant pour résultat de diminuer l'importance des choses dont la propriété est transmise.

7. — Les droits d'enregistrement devant être perçus sur la valeur entière des biens, il en résulte que, dans plusieurs cas, ils doivent être liquidés sur les charges. Ainsi il faut ajouter au prix des baux les charges imposées au preneur (L. 22 frim. an VII, art. 14, n° 1er, et 15, nos 1er, 2 et 3) ; au prix des ventes et autres transmissions à titre onéreux le montant des charges qui peuvent ajouter à ce prix (art. 14, n° 5 ; art. 15, n° 6).

8. — Lorsque les droits ne se liquident point par la valeur vénale, mais d'après le revenu, on ne peut distraire les charges qui pèsent sur ce revenu. Ainsi les droits sur les transmissions entre vifs ou par décès de biens meubles se perçoivent sur une estimation faite par les parties sans distraction des charges (L. 22 frim. an VII, art. 14, n° 8) ; ceux sur les échanges, sur les transmissions entre vifs à titre gratuit ou par décès de biens immeubles se perçoivent sur dix ou vingt fois le revenu ou le produit des biens, également sans distraction des charges (art. 15, nos 4 et 7). — V. ENREGISTREMENT.

9. — ... *De police.* — Ce sont celles qui concernent la salubrité, la sûreté et tranquillité publique, le bon ordre, les mœurs, les cultes, le commerce, les professions, les établissemens publics. — V. POUVOIR MUNICIPAL.

10. — ... *Du mariage.* — Ce sont les dépenses et obligations particulières qui résultent de l'union des époux, telles que celles d'entretien, les alimens qu'ils doivent à leurs enfans et parens respectifs. — V. ALIMENS, MARIAGE.

11. — ... *Foncières.* — Ce sont celles imposées sur les biens fonds.

12. — Tels étaient autrefois le cens et le surcens, les rentes seigneuriales, soit en argent, en grain ou en d'autres denrées, les rentes secondes non seigneuriales. — V. CENS, RENTE SEIGNEURIALE.

13. — Telles sont encore aujourd'hui les servitudes et les autres prestations dues sur l'héritage. — V. SERVITUDE, USAGE.

14. — ... *Personnelles, réelles.* — Les charges personnelles sont celles qui n'obligent directement que la personne de celui qui en est tenu ; les charges réelles, au contraire, ne grèvent directement que la chose à raison de laquelle elles ont été contractées. — V. OBLIGATION PERSONNELLE ET RÉELLE.

15. — Quand la charge lie en même temps la personne et la chose, elle est *mixte*.

16. — ... *Publiques.* — Ce sont celles que l'autorité publique impose aux particuliers.

17. — Telles sont les impositions directes et indirectes, les emprunts forcés qui sont exigés par l'état pour parer à des besoins urgens, les contributions extraordinaires levées par l'ennemi, etc. — V. CONTRIBUTIONS DIRECTES, CONTRIBUTIONS INDIRECTES, DOUANES, OCTROI.

18. — On range également dans cette classe les charges locales communes aux habitans d'un certain pays seulement, telles que les réparations d'un pont, d'un chemin, etc. — V. COMMUNE.

19. — On appelle aussi *charges publiques* certains engagemens que chacun est obligé de remplir dans sa famille, comme la tutelle ou curatelle de ses parens, etc. — V. CURATELLE, TUTELLE.

CHARGES (Mat. crim.).

1. — Ce sont, en matière criminelle, les indices et présomptions qui, d'après les informations et les autres pièces de la procédure, s'élèvent contre un inculpé, un prévenu ou un accusé et sont de nature à établir sa culpabilité.

2. — La chambre du conseil appelée à statuer sur les suites à donner à une information criminelle, ne doit renvoyer le prévenu devant la juridiction répressive ou devant la chambre des mises en accusation qu'autant qu'elle a reconnu l'existence de charges sérieuses et *suffisantes.* — C. inst. crim., art. 129, 130 et 133. — S'il n'existait aucune charge ou si les charges étaient si légères et si peu concluantes qu'on n'en pût raisonnablement rien conclure contre le prévenu, elle devrait déclarer qu'il n'y a lieu à suivre, et si l'inculpé avait été arrêté il devrait être mis en liberté. — C. inst. crim., art. 128. — V. CHAMBRE DU CONSEIL.

3. — L'individu ainsi renvoyé pour insuffisance de charges ne peut plus être poursuivi de nouveau pour le même fait qu'autant qu'il survient de nouvelles charges. — C. inst. crim., art. 247. — V. sur ce point et sur ce qu'on doit entendre par *charges nouvelles* le mot NON BIS IN IDEM.

CHARGÉ D'AFFAIRES.

1. — On donne le nom de chargés d'affaires aux agens diplomatiques de quatrième classe.

2. — Les ministres de quatrième classe ou chargés d'affaires ont droit à un traitement d'inactivité de 4,000 fr., lorsqu'ils cessent d'être employés : 1° par suite de la suppression de leur emploi ; — 2° par suite de la suspension temporaire de leur mission ; — 3° lorsqu'ils comptent plus de dix ans d'activité. — L. 22 mai 1833 ; 30 juin 1843.

V. AGENT DIPLOMATIQUE.

CHARGEMENT DE VOITURES.

1. — Le chargement des voitures est soumis dans son mode, dans sa hauteur et dans son poids à certains réglemens dont l'inobservation constitue des contraventions de police passibles des peines portées par les art. 475, n° 4 et 476, C. pén. — V. à cet égard VOITURES.

2. — Le chargement des voitures publiques est aussi assujéti, dans l'intérêt de la sûreté des voyageurs ou de la viabilité des routes, à certaines règles qui en restreignent le poids ou la hauteur. — De même, les propriétaires ou entrepreneurs de voitures publiques ne peuvent admettre un plus grand nombre de voyageurs que celui que porte l'indication contenue dans la voiture. — Ord. 16 juill. 1828, art. 5 ; décr. 28 août 1808 ; ord. 4 fév. 1820. — V. ROULAGE, VOITURES PUBLIQUES.

3. — Le transport des marchandises opéré par les entrepreneurs de voitures publiques est, comme le transport des voyageurs, assujéti au droit du dixième du prix du transport. — L. 5 vent. an XII, art. 75 ; L. 25 mars 1817, art. 112.

4. — Pour mettre la régie à même de percevoir ce droit, le chargement de chaque voiture doit être détaillé avec la nature, le poids et le prix du port des paquets et marchandises, sur les registres, dont la tenue est exigée des entrepreneurs. — Décr. 14 fructid. an XII, art. 5. — V. VOITURES PUBLIQUES.

5. — De même, les conducteurs, cochers, postillons ou voituriers doivent recevoir au moment de leur départ une feuille de route certifiée par l'entrepreneur ou un de ses commis et présentant littéralement, article par article, les enregistremens ainsi que le prix du port des objets portés au registre. — Même décret.

6. — C'est en effet sur le vu des registres de l'entrepreneur et des feuilles remises au conducteur que la perception du dixième du prix du port des marchandises s'établit. — L. 25 mars 1817, art. 118.

7. — Tout chargement fait dans le cours de la route doit par suite être inscrit sur la feuille et reporté au registre du bureau d'arrivée. — Décr. 14 fructid. an XII, art. 5.

8. — Lorsque le chargement consiste dans des objets dont la circulation est soumise à certaines restrictions, notamment des boissons, tabacs, etc, les conducteurs doivent en outre être porteurs, outre le laisser-passer qui doit toujours les accompagner, des autres expéditions, congés, acquits à caution, etc., exigés en pareil cas. — Décr. 14 fructid. an XII, art. 8. — V. BOISSONS.

9. — De plus, les préposés de la régie et des droits réunis (aujourd'hui des contributions indirectes) sont autorisés à assister aux chargemens et déchargemens des voitures, tant aux lieux de départ et d'arrivée que dans le cours de la route, à viser les registres et feuilles de route, à en vérifier l'exactitude, à en prendre copie et à dresser procès-verbal de toutes contraventions. — *Id.*, art. 6.

10. — Les transports faits par réquisition, ou ceux qui n'ont d'autres objets que des effets militaires, ne sont pas sujets à l'impôt. — Décis. du min. des fin. 9 frim. an XI.

11. — Les effets des voyageurs, autres que ceux auxquels il est d'usage d'accorder le transport *gratis*, les comestibles, l'argent du trésor public, de la banque de France et du commerce, les ballots de papiers et impressions des différentes administrations, les sacs de procédure qui sont transportés d'un greffe à l'autre, et autres objets semblables qui donnent lieu à une perception au profit de l'entreprise, sont soumis au droit du dixième du prix du transport. — Avis du cons. d'état 1er complémentaire an XII.

12. — Les voitures d'occasion et à volonté ne sont pas soumises au droit de dixième du prix du transport des marchandises. — Décr. 12 fructid. an XII.

CHARGEMENT DE NAVIRE.

1. — Se dit de l'action de transporter des marchandises sur un navire pour les y arrimer. — On entend encore par ce mot la charge entière d'un navire ou seulement la quantité de marchandises qui y ont été transportées et arrimées.

2. — C'est dans le premier sens qu'on dit que le capitaine est tenu d'opérer et de surveiller le chargement des marchandises. — V. CAPITAINE DE NAVIRE, nos 161, 450 et suiv.

3. — En prenant le mot *chargement* dans sa seconde acception, on dit que l'affréteur profite du fret des marchandises qui complètent le chargement du navire qu'il a entièrement affrété (C. comm., art. 287) ; que quand il y a eu chargement partiel, suivi de rupture de voyage de la part de l'affréteur, le fret entier est dû au capitaine (C. comm., art. 288, V. FRET) ; ou encore, en cas de délaissement des objets assurés, que l'assuré doit signifier à l'assureur les actes justificatifs du chargement (C. comm., art. 383).

V. ASSURANCE MARITIME.

CHARGEUR.

C'est celui qui place des marchandises sur un navire pour les faire transporter dans un lieu, moyennant un prix. — V. CAPITAINE DE NAVIRE, CONNAISSEMENT, FRET.

CHARIVARI.

1. — Bruit tumultueux d'instrumens sonores ou discordans, de cris et de huées.

2. — Autrefois les charivaris étaient en usage pour tourner en dérision les gens d'un âge inégal qui se mariaient et ceux qui contractaient un second et un troisième mariage. — « Si bien, dit Merlin (*Rép.*, v° *Charivari*), que les reines mêmes n'étaient pas épargnées. »

3. — Etienne Boucher, ajoute le même auteur,

nous apprend, dans son sixième plaidoyer, que l'abus des charivaris était tellement autorisé dans certaines juridictions, du moins dans le ressort de Beaune, que des juges avaient condamné de nouveaux mariés à *payer les frais d'un charivari*. — Il est juste de dire que, malgré la maxime professée par certains auteurs « *non fit injuria secundo nubenti si carivarium detur* », cette sentence fut réformée en appel.

4. — Les charivaris furent défendus sous peine d'excommunication par le concile de Tours de 1445. — Ils furent également proscrits par les anciens réglemens, et Denisart mentionne (v° *Charivari*) une sentence de police du Châtelet du 18 mai 1735 qui, en ordonnant l'exécution des arrêts et réglemens de police concernant la tranquillité et le repos publics, fait défenses à tous bourgeois et habitans de Paris d'exciter le soir et la nuit aucune émotion populaire, pour faire des charivaris, à peine de 100 liv. d'amende, dont les pères et mères seront tenus pour leurs enfans et les maîtres et maîtresses pour leurs ouvriers, apprentis et domestiques, même contre lesdits domestiques, sous peine d'être emprisonnés. » — Le même auteur cite aussi plusieurs arrêts de parlemens comme ayant fait application desdits réglemens. — V. Merlin, *Rép.*, v° *Charivari*, qui rapporte notamment un arrêt du parlement de Paris du 12 avr. 1780.

5. — Aujourd'hui les auteurs ou complices de charivaris sont atteints par l'art. 479 n° 8, C. pén., relatif aux bruits ou tapages injurieux ou nocturnes.

V. BRUITS ET TAPAGE NOCTURNES.

CHARLATAN.

1. — Ce mot vient de l'italien, *ciarla, ciarlatore, ciarlatano* (babil, babilleur, jaseur, menteur, hâbleur, marchand d'orviétans.)

2. — On désigne sous ce nom : 1° les faiseurs de tours sur la voie publique (ces individus sont soumis aux mêmes obligations que les bateleurs. — V. BATELEURS, FAISEURS DE TOURS); et ceux qui font en outre métier de distribuer sur des théâtres ou étalages dans les places publiques, foires et marchés des drogues, onguens, essences spécifiques et préparations prétendues médicamenteuses. Sous ce dernier point de vue, cette industrie, nécessairement nuisible, doit être, de la part de la police, l'objet de la plus active surveillance. Elle tombe d'ailleurs directement, au moins en ce qui concerne la distribution des préparations médicamenteuses, sous l'application des lois du 21 germ. an XI, art. 36 et 37, et 29 pluv. an XIII, article unique, qui défendent cette distribution sous peine d'une amende de 25 fr. à 600 fr., et, en outre, en cas de récidive, d'une détention de trois jours au moins et de dix jours au plus. — V. PHARMACIE.

3. — 2° Ceux qui exercent la médecine, la chirurgie ou la pharmacie sans avoir les connaissances exigées et sans être reconnus légalement. — V. MÉDECINE ET CHIRURGIE, PHARMACIE.

4. — Dans la langue usuelle, on désigne sous le nom de charlatans ceux qui, dans quelque profession que ce soit (mais principalement dans les professions mercantiles et dans celles qui se rattachent à l'art de guérir), cherchent par des moyens peu honorables, et, le plus souvent, à l'aide du mensonge, à attirer sur eux la publicité, et à faire des dupes, en s'attribuant des talens ou des ressources imaginaires. — Les lois, il faut le dire, sont à peu près impuissantes contre le charlatanisme, et elles ne peuvent guère le saisir que lorsqu'il se produit avec les dehors nettement caractérisés de l'escroquerie, ce qui est rare; cela est à regretter dans l'intérêt du public, qui, se laissant aisément abuser, croit facilement au merveilleux, dans l'intérêt aussi de la dignité des professions et de la distribution des avantages matériels attachés à leur exercice. — C'est dans le but d'obvier, sous quelques rapports, aux inconvéniens du charlatanisme que la loi sur les brevets d'invention a prescrit, sous une pénalité, à ceux qui s'annonçaient comme *brevetés*, d'ajouter à cette annonce les mots : *Sans garantie du gouvernement*.

V. BREVET D'INVENTION.

CHARME.

Arbre à haute tige et de première classe pour la fixation de l'amende. — C. forest., art. 192.

CHARNIÈRES (Fabricans de).

1. — Les fabricans de charnières en fer, cuivre ou fer-blanc, par les procédés ordinaires, pour leur compte, sont rangés par la loi du 25 avr. 1844, sur les patentes, dans la septième classe des patentables et imposés à : 1° un droit fixe établi d'après le chiffre de la population de la ville ou commune où est situé l'établissement; — 2° un droit proportionnel du quarantième de la valeur locative de tous les locaux occupés par les patentables, mais seulement dans les communes d'une population de 20,000 ames et au-dessus.

2. — Les fabricans à façon sont rangés dans la huitième classe et imposés aux mêmes droits, sauf la différence de classe.

CHARPENTIER.

1. — Ouvrier qui travaille le bois servant à la construction des bâtimens.

2. — A Paris, les charpentiers, assujétis autrefois aux dispositions des lettres patentes du 12 sept. 1785, registrées en parlement le 13 déc. suivant, sont soumis aujourd'hui aux dispositions presque identiques de l'ordonn. de police du 7 déc. 1808, renouvelée le 11 juill. 1812. Au nombre des principales dispositions de cette ordonnance, sont celles qui disposent que les outils de chaque maître charpentier seront marqués d'un poinçon particulier (art. 5), et qu'il est défendu aux ferrailleurs et à tous autres d'acheter des outils marqués du nom d'un maître charpentier (art. 13). — Cette dernière prohibition est sanctionnée par des peines de police, sans préjudice des poursuites à exercer devant les tribunaux, dans le cas où l'achat prendrait, à raison de la circonstance, un caractère plus grave.

3. — Les art. 475, n° 12, et 478, C. pén. punissent d'une amende de 6 à 10 fr. inclusivement, et, en outre, en cas de récidive, d'un emprisonnement de cinq jours au plus, ceux qui, le pouvant, auront refusé ou négligé de faire les travaux, le service, ou de prêter le secours dont ils auront été requis dans les circonstances d'accidens, tumulte, naufrage, inondation, incendie ou autres calamités; ainsi que dans les cas de brigandages, pillages, flagrant délit, clameur publique ou *d'exécution judiciaire*. — Cette disposition est applicable aux charpentiers.

4. — Et l'art. 23 de l'ord. de police du 24 déc. 1819, rendue pour Paris (pour le cas d'incendie), dispose que « les maçons, *charpentiers*, couvreurs, plombiers et autres ouvriers, seront tenus, à la première réquisition, de se rendre au lieu de l'incendie avec les outils nécessaires, et que, faute par eux de déférer à cette réquisition, ils seront poursuivis devant les tribunaux. »

5. — Quant à l'application de ce dernier article, et notamment aux obligations dont les charpentiers et autres ouvriers peuvent être tenus relativement à l'exécution des arrêts criminels, il en sera question au mot REFUS DE SERVICE. — V. aussi INCENDIES (mesures contre les).

6. — Suivant l'ord. d'août 1681 (liv. 2, tit. 9, art. 1er) sur la marine, les métiers de calfateur, charpentier et perceur de navire pouvaient être exercés par une même personne. — Merlin, *Rép.*, v° *Calfateur*. — V. OUVRIER MARITIME.

7. — Les charpentiers de navire qui ne sont point en même temps marins et qui exercent leur profession dans les lieux maritimes, ne sont point classés, à proprement parler. — L. 3 brum. an IV, art. 45 et suiv. — Cependant ils sont inscrits sur un registre particulier pour être requis dans les cas de guerre, de préparatifs de guerre ou de travaux extraordinaires et considérables. — Beaussant, *Cod. marit.*, t. 1er, p. 52. — V. INSCRIPTION MARITIME.

8. — Les charpentiers doivent, comme tous autres ouvriers à professions bruyantes, observer, quant à l'exercice de leur industrie, les réglemens et ordonnances de police qui les concernent. — V. BRUITS ET TAPAGE.

9. — Les charpentiers, entrepreneurs-fournisseurs, sont rangés par la loi du 25 avr. 1844, sur les patentes, dans la quatrième classe des patentables et imposés à : 1° un droit fixe basé sur le chiffre de la population de la ville ou commune où est situé l'établissement; — 2° un droit proportionnel du vingtième de la valeur locative de la maison d'habitation et des locaux servant à l'exercice de la profession. — V. PATENTE.

10. — Les maîtres charpentiers sont-ils commerçans? — V. ACTE DE COMMERCE, nos 280, 293, 316. — V. aussi COMMERÇANT.

CHARRETIER.

V. CHARGEMENT, ROULAGE, VOITURES, VOITURES PUBLIQUES.

CHARRETTES (Loueurs de).

Les loueurs de charrettes sont rangés par la loi du 25 avr. 1844, sur les patentes, dans la huitième classe des patentables et imposés à : 1° un droit fixe basé sur le chiffre de la population de la ville ou commune où est situé l'établissement; — 2° un droit proportionnel du quarantième de la valeur locative de tous les locaux occupés par les patentables, mais seulement dans les communes d'une population de 20,000 ames et au-dessus. — V. PATENTE.

V. aussi FORÊTS, ROULAGE, VOITURES.

CHARRON.

1. — Artisan qui fait des trains d'artillerie, des charrettes, des chariots et des carrosses. D'après l'édit de 1776, les charrons formaient la onzième communauté d'artisans.

2. — Un charron est artisan et non marchand; dès-lors s'il est justiciable du tribunal de commerce à raison de l'achat du bois qu'il doit mettre en œuvre, il n'est pas, à raison de cette obligation, soumis à la contrainte par corps. — *Turin*, 3 déc. 1810, Campana c. Tubo. — V. ACTE DE COMMERCE, n° 112.

3. — Mais jugé d'un autre côté qu'un marchand charron est un commerçant justiciable des tribunaux de commerce. — *Metz*, 8 mai 1824, Peroche c. Talon; *Amiens*, 4 avr. 1826, Millet c. Ruton. — V. COMMERÇANT.

4. — Les charrons sont rangés par la loi du 25 avr. 1844, sur les patentes, dans la sixième classe des patentables et imposés à : 1° un droit fixe établi d'après le chiffre de la population de la ville ou commune où est situé l'établissement; — 2° un droit proportionnel du vingtième de la valeur locative de la maison d'habitation et des locaux servant à l'exercice de la profession. — V. PATENTE.

5. — Les établissemens de charronage sont soumis aux réglemens généraux concernant la sûreté publique à Paris; les dispositions qui leur sont plus particulièrement applicables sont celles des ordonnances de police relatives aux bruits nocturnes, aux ouvriers à marteau et aux incendies. — Elouin, Trébuchet et Labat, *Nouv. Dict. de pol.*, v° *Charron*.

CHARRUE.

1. — Machine propre à labourer la terre.

2. — Aux termes d'une ordonnance de police du 22 mars 1777, renouvelée par une autre ordonnance du 18 nov. 1814, les cultivateurs sont tenus, dans le ressort de la préfecture de la Seine, de faire mettre leurs noms sur le coutre de leur charrue, de manière à ce qu'il ne puisse s'effacer. — Elouin et Trébuchet, *Dict. de police*, v° *Charrue*.

3. — L'abandon des coutres de charrue dans les rues, chemins, places, lieux publics ou dans les champs est puni de 1 à 5 fr. d'amende par l'art. 471, n° 7, C. pén. — V. INSTRUMENS ET ARMES *laissés sur la voie publique et dans les champs*.

4. — En outre, le vol ou la tentative de vol, dans les champs, des instrumens d'agriculture (au nombre desquels se trouvent nécessairement les charrues), sont punis d'un emprisonnement d'un an au moins et de cinq ans au plus et d'une amende de 16 à 500 fr. (C. pén., art. 388); et le même article ajoute que le coupable peut être privé en outre de tout ou partie des droits mentionnés en l'art. 42, C. pénal, pendant cinq ans au moins et dix ans au plus, et être mis, par le jugement, sous la surveillance de la haute police pendant le même nombre d'années. — V. à cet égard VOL.

5. — Les charrues sont, comme les autres ustensiles aratoires, immeubles par destination. — V. BIENS n° 63. — V. aussi PRIVILÉGE, SAISIE-EXÉCUTION ET SAISIE IMMOBILIÈRE.

CHARTE, CHARTRE.

1. — Le mot *charte*, et par corruption *chartre*, qui, d'après son étymologie (*carta* ou *charta*), signifie *papier* ou *parchemin*, a été employé pour indiquer ce qui était écrit sur le papier ou parchemin.

2. — Anciennement on appelait *chartes* tous les actes passés entre particuliers et qui constataient leurs conventions. Ces chartes prenaient le nom de l'objet pour lequel elles avaient été faites. Ainsi on appelait *charta donationis* l'acte par lequel on avait donné quelque chose; *charta traditionis* celui par lequel on livrait la chose donnée, etc. — Rolland de Villargues, *Rép. du notar.*, v° *Charte*.

3. — On donnait aussi le nom de *charte* ou *chartre* aux lettres ou rescrits des rois ou des seigneurs qui contenaient des concessions de droits et de priviléges à des provinces ou à des particuliers; telles sont *les chartes générales de Hainaut, la chartre normande*, etc.

4. — Les anciennes chartes et les titres qu'on a pu retrouver ont été recueillis dans un dépôt qu'on a nommé *Trésor des chartes* ou *chartres*. —

V. ARCHIVES, n° 6.—V. aussi Merlin, *Rép.*, v° *Chartre*, n° 2.

5. — Quant aux *lettres de chartre*, V. ce mot.

CHARTE CONSTITUTIONNELLE.

V. CONSTITUTIONS FRANÇAISES.

CHARTE-PARTIE.

Table alphabétique.

CHARTE-PARTIE. — **1.** — C'est l'acte constatant la convention qui a pour objet la location totale ou partielle d'un navire. — On l'appelle aussi *police d'affrètement*.

2. — Ce louage de navire est connu dans la Méditerranée sous le nom de *nolissement* ou *nolis*, et sur l'Océan, sous celui d'*affrètement* ou *fret*. — V. FRET.

3. — Le mot charte-partie (*charta partita*) rappelle l'usage où l'on était autrefois de rédiger par écrit les conventions relatives au louage d'un navire sur un papier ou parchemin (*charta*), qu'on divisait ou déchirait en deux parties; l'une d'elles était remise au fréteur et l'autre à l'affréteur, et elles étaient représentées et rassemblées par chacune des parties contractantes, lorsqu'il s'agissait de connaître la teneur de l'acte. De plus, comme les chartes-parties n'étaient pas toujours coupées en ligne droite, mais encore en ligne ondulée ou dentelée, elles portaient alors le nom de *chartæ undulatæ* et *identatæ*. — Enfin sur la partie du papier ou parchemin qui devait être partagée, on traçait un mot qu'on appelait *cyrographum*. De là le nom de cyrographes, donné aux chartes-parties. — Boërius, décis. 105, n°s 7 et 8; Pothier, *Charte-partie*, n° 1er; Merlin, *Rép.*, v° *Charte-partie*.

4. — La charte-partie est au nombre des actes ou pièces que le capitaine doit avoir à son bord. — C. comm., art. 226. — V. CAPITAINE DE NAVIRE.

§ 1er. — *Formes de la charte-partie* (n° 5).

§ 2. — *Énonciations de la charte-partie* (n° 24).

§ 1er. — *Formes de la charte-partie.*

5. — La charte-partie doit être rédigée par écrit. — C. comm., art. 273. — V. aussi ord. 1681, liv. 3, tit. 1er, art. 1er.

6. — Par édit du mois de déc. 1657, il avait été créé, dans chaque siège d'amirauté, deux offices de notaires-greffiers, pour recevoir les chartes-parties et tous autres contrats maritimes, à l'exclusion des autres notaires; mais cet édit, qui entraînait d'une manière trop sensible la liberté et la

rapidité des conventions commerciales, demeura sans exécution.

7. — Aujourd'hui, le Code n'exige pas qu'il soit passé acte devant notaire du contrat de charte-partie; il peut donc être constaté par un acte sous seing-privé, que les parties peuvent rédiger, soit directement, soit par l'entremise d'un courtier maritime, mais qui, dans tous les cas, doit être revêtu de la signature de chacune d'elles. Si elles ne savent ou ne peuvent signer, elles seront obligées d'avoir recours à un notaire. — Boulay-Paty, t. 2, p. 267; Dageville, t. 2, p. 345; Locré sur l'art. 273.

8. — La charte-partie rédigée sous seing privé, doit être faite double (C. civ., art. 1325), car l'art. 273, C. comm., tire cette charte-partie de la classe des actes de commerce ordinaires, à l'égard desquels aucun écrit n'est nécessaire, pour la ranger sous la règle commune de l'art. 1341, C. civ.— Goujet et Merger, n° 9.— *Contrà* Boulay-Paty, t. 2, p. 273; Dageville, t. 2, p. 346; Sebire et Carteret, *Encyclop. du dr.*, v° *Charte-partie*, n° 26.

9. —A défaut de charte-partie, la preuve de l'affrétement peut être établie par la déclaration sur le livre de bord, la correspondance, les livres des parties, les factures au bas desquelles serait écrit l'engagement du capitaine, etc. — Dageville, t. 2, p. 346; Pardessus, t. 3, n° 708.

10. — Ainsi jugé que l'obligation de remettre une certaine quantité de marchandises pour le chargement d'un navire résulte suffisamment de la promesse qui en a été faite par correspondance. En conséquence, quoiqu'il n'existe pas de charte-partie, et quoique le fret n'ait pas été fixé entre les contractans, celui qui a promis de charger est tenu, en cas d'inexécution de sa part, de payer le demi-fret de la quantité de marchandises qu'il avait annoncée. — *Ile Bourbon*, 24 juin 1829, Chabrier c. Classing.

11. — Sous l'ancienne législation, où les livres des courtiers faisaient foi en justice des négociations auxquelles ils avaient pris part, la preuve de l'affrétement pouvait résulter d'une seule inscription sur le livre d'un courtier maritime. (Arrêt du conseil du 24 sept. 1724, art. 1.) La législation intermédiaire avait maintenu cet état de choses. Mais aujourd'hui, sous l'empire de l'art. 109, C. comm., la charte-partie, rédigée par l'intermédiaire d'un courtier maritime, doit être de plus signée par les parties contractantes. — Boulay-Paty, t. 2, p. 273.

12. — A plus forte raison, l'affrétement pourrait-il être prouvé par le connaissement. — Pardessus, n° 708; Favard, *Rép.*, v° *Charte-partie*, n° 3. — En effet, le connaissement qui, dans les transports de marchandises par mer tient lieu de lettre de voiture, porte reconnaissance de la part du capitaine du chargement des marchandises sur son navire. Il suppose donc à la fois l'existence et l'exécution du nolissement, du louage du navire. D'où il suit que le connaissement peut remplacer la charte-partie, celle-ci ne peut tenir lieu du connaissement. — Portalis, *Rapp. au cons. des prises.*

13. — Mais l'écriture ne concernant que la preuve et n'appartenant pas à la nature du contrat (Pothier, *Charte-partie*, n° 13), il s'ensuit que si l'existence de ce contrat est reconnue, il doit être exécuté. Dès-lors on peut suppléer à l'état civil par l'aveu judiciaire et par le serment litis-décisoire. — Pothier, *ibid.*; Favard, v° *Charte-partie*, n° 3.— *Contrà* Trib. Marseille, 7 mars 1825 (*J. de Marseille.*, 6, 1, 65).

14. — Le contrat de charte-partie peut aussi se former tacitement entre les parties: par exemple, lorsque le capitaine d'un navire trouve à bord des marchandises qui ne lui ont pas été déclarées, s'il n'use pas du droit de les faire mettre à terre au lieu du chargement, il s'engage tacitement à les conduire au lieu de destination du navire; et, de son côté, le chargeur est tenu de payer le fret au plus haut prix de celui des marchandises de même nature. — C. comm., art. 292. — Pardessus, t. 3, n° 708.

15. — La charte-partie serait-elle nulle si elle était purement verbale? — La question fut agitée au conseil d'état. « S'il y en veut, disait-on, que la convention soit rédigée par écrit, sous peine de nullité, il faut le dire; si l'on ne veut pas établir cette peine, il faut le dire enfin et il faut en finir » L'article fut renvoyé à la section; mais il revint tel qu'il était, et il fut adopté. — Locré, C. comm., art. 273.

16. — Il suit de là que l'affrétement ne peut être établi par la preuve testimoniale ou à l'aide de simples présomptions. — Pardessus, n°s 241 et 708.

17. — Et cela, encore bien qu'il s'agisse d'une somme inférieure à 150 fr. (C. civ., art. 1341). — Pardessus, *ibid.*— *Contrà* Boulay-Paty, t. 2, p. 268; Merlin, *Rép.*, v° *Charte-partie*; Goujet et Merger, v°

v° *Charte-partie*, n° 7. — Ces derniers auteurs pensent que la preuve testimoniale est encore admissible, lorsqu'il existe un commencement de preuve par écrit. — C. civ., art. 4387.

18. — Valin nous apprend que, sous l'empire de l'ordonnance de 1681, on ne dressait ordinairement la charte-partie que pour les affrétemens considérables, et que pour les chargemens des petits bâtimens qui n'allaient que d'un endroit à un autre peu éloigné ou dans le ressort de la même amirauté on se contentait de donner au patron de la barque une facture des choses qu'il était convenu de transporter, ou une lettre de voiture, si le chargement était pour le compte d'un tiers.—Valin, sur l'art. 1er du tit. *Des chartes-parties.*—Cet usage est encore suivi pour le petit cabotage, et on peut s'y conformer sans inconvénient.—Pardessus, t. 3, n° 708; Boulay-Paty, t. 2, p. 269; Merlin, *Rép.*, v° *Charte-partie.*

19. — Jugé en ce sens que l'art. 273, C. comm., n'est pas applicable au louage d'un bâtiment destiné à la navigation intérieure pour les messageries par eau, et que la preuve du louage d'un tel bâtiment peut avoir lieu par témoins, lorsque, suivant le dire du locateur, le prix du louage n'excédait pas 150 fr. pour tout le voyage. — *Bruxelles*, 16 oct. 1816, Ceulémans c. Mangez; 16 nov. 1816, Souplet c. N...

20. —Ces décisions sont combattues par MM. Goujet et Merger (v° *Charte-partie*, n° 42).— L'art. 273, C. comm., disent-ils, est absolu et ne comporte aucune distinction. La charte-partie doit être toujours rédigée par écrit; seulement l'acte écrit peut être suppléé, voilà tout. C'est précisément que qu'on faisait sous l'ordonnance de 1681, en établissant le contrat de louage au moyen d'une facture ou de toute autre preuve par écrit, exclusive par là même de la preuve testimoniale. Si les deux arrêts de Bruxelles des 16 oct. et 16 nov. 1816 déclarent que l'art. 273, C. comm., est inapplicable au louage d'un bâtiment pour la navigation intérieure, ces arrêts s'empressent d'ajouter, en fait, que le prix de la location n'excédait pas 150 fr.

§ 2. — *Énonciations de la charte-partie.*

21. — La charte-partie énonce : le nom et le tonnage du navire; — le nom du capitaine; — les noms du fréteur et de l'affréteur; — le lieu et le temps convenus pour la charge et pour la décharge; — le prix du fret ou nolis; — si l'affrétement est total ou partiel, l'indemnité convenue pour les cas de retard. — C. comm., art. 273.

22. — Cependant, l'omission de quelques unes de ces énonciations n'entraîne pas nécessairement la nullité de la charte-partie, ou plutôt n'empêche pas que la charte-partie ne puisse être réputée valable; c'est quand ces énonciations peuvent être suppléées par des équivalents.

23. — *Nom et tonnage du navire.* — L'énonciation du nom du navire n'est exigée à peine de nullité. — Goujet et Merger, v° *Charte-partie* n° 45.

24. — Le capitaine qui a déclaré le navire d'un plus grand port qu'il n'est, est tenu des dommages-intérêts envers l'affréteur. C. comm., art. 289.

25. — Sa bonne foi ne saurait être une excuse suffisante, parce que la loi ne distingue pas si l'inexactitude de la déclaration provient d'une erreur ou de la mauvaise foi, et que, dans tous les cas, cette inexactitude cause un dommage égal à l'affréteur. — Locré, sur l'art. 289; Dageville, t. 2, p. 393; Boulay-Paty, t. 2, p. 346.

26. — Mais les dommages-intérêts ne sont dus qu'autant que, par l'effet de la déclaration inexacte du tonnage, il y a défaut de place pour les marchandises qui devraient être chargées, ou surcharge dangereuse pour la navigation; dans le cas contraire, l'affréteur, n'éprouvant aucun préjudice, n'a droit à aucune indemnité. — Locré, sur l'art. 289; Dageville et Boulay-Paty, *loc. cit.*; Goujet et Merger, v° *Charte-partie*, n° 17.

27. —Dans l'ancienne jurisprudence, on suivait, pour l'évaluation des dommages-intérêts, tantôt les lois rhodiennes qui les fixaient à la moitié du fret, tantôt le consulat de la mer, qui condamnait le capitaine à perdre le fret d'autant de tonneaux qu'il avait manqué d'en charger. Mais, sous l'empire de la législation nouvelle, les dommages-intérêts doivent être réglés par les tribunaux, sauf à ceux-ci à les faire estimer par des experts; et, pour les évaluer, on doit suivre les principes établis par les art. 1149, 1150 et 1151, C. civ.—Locré, art. 289; Dageville, t. 2, p. 394; Boulay-Paty, t. 2, p. 347.

28. — Le Code tolère une différence entre l'énonciation et la réalité. N'est réputé y avoir erreur en la déclaration du tonnage du navire, si l'erreur n'excède un quarantième, ou si la déclaration est conforme au certificat de jauge. (C. comm., art. 290.) De la rédaction de cet article il faut con-

clure que si l'erreur n'allait qu'au quarantième, l'affréteur n'aurait rien à répéter. — Locré, sur l'art. 290; Boulay-Paty, t. 2, p. 349.

29. — Lorsque la réclamation de l'affréteur est fondée, on ne doit pas tenir compte au capitaine, dans l'évaluation des dommages-intérêts, de la quotité sur laquelle il pouvait impunément errer; la tolérance doit cesser lorsqu'il est en faute.— Locré, sur l'art. 290; Dageville, t. 2, p. 397; Boulay-Paty, t. 2, p. 350; Valin sur l'art. 5, tit. 3, liv. 3 de l'ord. de 1681.

30. — Lorsque l'erreur dans la déclaration provient du certificat de jauge, l'affréteur conserve son recours contre le préposé au jaugeage, sans préjudice du droit qu'il a également de prouver, contre le fréteur, qu'il connaissait l'erreur, et qu'il n'en a pas moins énoncé le port du navire suivant le certificat énoncé. — Pardessus, t. 3, nº 709.

31. — Le tonnage du navire peut en réalité excéder la déclaration du capitaine; dans ce cas, il faut distinguer : si le navire a été loué en entier pour une certaine somme, aucune augmentation proportionnelle de fret ne sera due au capitaine; mais si le prix du fret a été convenu à tant du tonneau, l'affréteur devra autant de fret qu'il occupera de tonneaux pour ses marchandises. — Pothier, *De la charte-partie*, nº 44; Dageville, t. 2, p. 397; Boulay-Paty, t. 2, p. 351.

32.— Bien qu'un navire ait été déclaré dans une charte-partie pour la capacité énoncée dans l'acte de francisation, on peut néanmoins, en ce qui concerne le fret, admettre une capacité moindre, alors surtout qu'il s'agit d'un chargement de nature à diminuer le port réel du navire, par exemple, de vins; car il est reconnu par l'expérience que les jauges faites par l'administration des douanes ne sont jamais exactes, et que les navires, suivant leur construction et la nature de leur chargement, sont d'un port réel bien au-dessous de celui énoncé dans l'acte de francisation.—*Trib. comm. Marseille*, 5 janv. 1830 (*J. de Marseille*, 11e année, p. 223).

33. — Si le capitaine avait loué son navire à cueillette, et s'était engagé à charger plus de marchandises que la capacité du navire ne le permet, auxquels des affréteurs devrait on donner la préférence? — Ceux qui ont chargé les premiers doivent rester en possession (C. civ., art. 1141, arg. *à pari.*). Mais si le chargement n'est pas encore commencé, on doit suivre l'ordre des dates des chartes-parties, sauf à ceux qui ne peuvent charger leurs marchandises parce que le chargement est complet à exercer leur recours contre le capitaine. — Boulay-Paty, t. 2, p. 353; Delvincourt, t. 2, p. 283; Dageville, t. 2, p. 384.

34.— 2º *Nom du capitaine.*— L'omission du nom du capitaine n'entraîne pas la nullité du contrat. — Goujet et Merger, vº *Charte-partie*, nº 21.

35.— Dans l'usage on sous-entend, après le nom du capitaine ces mots : *Ou tout autre pour lui.* — Goujet et Merger, vº *Charte-partie*, nº 21.

36. — Lors même que le nom du capitaine a été énoncé dans la charte-partie, le propriétaire du navire n'en conserve pas moins le droit de congédier le capitaine, malgré l'opposition de l'affréteur, et le contrat est maintenu. — *Trib. comm. Marseille*, 12 mai 1826 (*J. de Marseille*, t. 1er, p. 135).

37. — 3º *Noms du fréteur et de l'affréteur.* — L'omission de ces noms entraîne la nullité du contrat. — Goujet et Merger, nº 20.

38. — 4º *Lieu et temps convenus pour la charge et la décharge.*— Le délai dans lequel l'affréteur doit amener au quai les marchandises à embarquer, et celui dans lequel le destinataire doit les recevoir du capitaine s'appellent *staries* ou *jours de planche.* — Les jours employés en sus de ces derniers au chargement ou débarquement, s'appellent *surestaries.*

39. — Si le temps de la charge et de la décharge du navire n'est point fixé par la convention des parties, il est réglé suivant l'usage des lieux. — C. comm., art. 274.

40. — Ce temps est communément de *quinze jours* pour les voyages au long cours et de grand cabotage, et de *trois jours* pour le petit cabotage et les rivières. — Valin, sur l'art. 4, tit. *Des chartes-parties*; Dageville, t. 2, p. 350; Boulay-Paty, t. 2, p. 284.

41. — Dans le nombre des jours courans de planche accordés à l'affréteur pour charger et décharger le navire, on doit compter les jours fériés et ceux pendant lesquels il a été impossible de travailler. — *Rouen*, 6 germin. an XII, Bouis c. Talmie. — V. *contrà* Valin, sur l'art. 1er, tit. 3, liv. 3, ord. de la marine.

42. — L'obligation prise dans la charte-partie de charger le *plus tôt possible* des marchandises que l'affréteur n'a pas encore en sa possession doit s'exécuter dans le temps moralement nécessaire pour laisser arriver les marchandises au lieu du débarquement. Si donc le temps qui s'est écoulé n'a rien d'extraordinaire, eu égard à la capacité du navire, l'affréteur n'est pas réputé en retard; mais dans ce cas, si le fréteur l'exige, il y a lieu de déterminer un délai de rigueur, dans lequel l'affréteur sera tenu de parfaire le chargement. — *Trib. comm. Marseille*, 24 août 1831 (*J. de Marseille*, 12, p. 265).

43. — La fixation de quarante-huit heures pour la réception des marchandises équivaut à la stipulation de deux jours de planche. — *Trib. Marseille*, 27 oct. 1834 (*J. Marseille*, 14, p. 301).

44.—Lorsque, dans la charte-partie, le capitaine d'un navire accorde un délai quelconque à ses affréteurs pour le chargement de leurs marchandises, le capitaine peut jouir lui-même de la faveur de ce délai, et refuser, avant son expiration, de recevoir les marchandises à bord de son navire. — *Trib. Marseille*, 8 déc. 1819, Sreveking (*J. Marseille*, 1, 1, 65).

45.— 5º *Prix du fret.* — En effet, nul contrat de louage sans loyer. — Pothier, *Charte-partie*, nº 7. — Si le fréteur se chargeait d'un transport de marchandises sans exiger aucun fret, ce ne serait plus un contrat d'affrétement, ce serait un mandat.

46.— Toutefois, le défaut d'énonciation du prix du fret n'entraînerait pas la nullité de la charte-partie. Cette énonciation serait suppléée par la présomption que les parties sont tacitement convenues du prix payé pour les marchandises de même nature au moment de la convention, ou du prix moyen, si, à cette époque, il y avait plusieurs prix. Dans ce dernier cas, pour qu'il n'y ait pas de doute sur la nature et la quotité des marchandises, il faut qu'elles soient chargées au vu et au su du capitaine. — Pothier, *Charte-partie*, nº 8; Boulay-Paty, t. 2, p. 311; — C. comm., art. 292.

47. — Lorsque la charte-partie présente quelque ambiguïté sur la fixation du prix du fret, la stipulation clairement énoncée dans le connaissement ultérieurement signé par le chargeur doit seule servir de règle. — *Trib. Marseille*, 18 juin 1834 (*J. Marseille*, 15, p. 132).

48. — En cas de désaccord entre la charte-partie et le connaissement, jugé que le fret d'une marchandise stipulée dans la charte-partie à tant la mesure, et fixé ensuite dans le connaissement à une somme déterminée en bloc doit être payé au capitaine d'après la convention primitive. — *Trib. Marseille*, 19 déc. 1834 (*J. Marseille*, t. 15, p. 210).

49. — Toutefois, il est à remarquer que, dans cette espèce, le connaissement était rédigé dans un idiome inconnu au capitaine, et qu'il avait été signé par lui avec la clause *que dit être*. — Dans les autres cas, au contraire, disent MM. Goujet et Merger (nº 20), on devrait voir dans le connaissement une dérogation à la charte-partie. Au reste, c'est là une question d'intention dont l'appréciation est abandonnée aux tribunaux.

50. — Quant aux questions de savoir de quel jour le fret commence à courir, s'il est dû en cas de voyage empêché, rompu ou suspendu, et en cas de perte des marchandises, quand et comment s'exerce l'action en paiement du fret, comment elle se prescrit, on en trouvera la solution au mot FRET.

51. — 6º *Mode de l'affrétement.* — Le louage d'un navire peut se faire de différentes manières : pour la totalité ou pour partie du bâtiment; pour un voyage entier ou pour un temps limité; au tonneau, au quintal, à forfait ou à cueillette, avec désignation du tonnage du navire (C. comm., art. 286), et en quelque autre manière que ce puisse être. — Boulay-Paty, t. 2, p. 335 — Dageville, t. 2, p. 382. — V. FRET.

52. — 7º *Indemnité convenue pour le cas de retard.* — C'est ce qu'on appelle, en termes de marine, *frais de surestarie*. Cette indemnité concerne l'affréteur comme fréteur en retard d'exécuter leurs obligations respectives.

53. — Il n'est pas indispensable que la charte-partie contienne la stipulation d'une indemnité en cas de retard; à défaut de fixation, l'indemnité pourrait être déterminée par les tribunaux, d'après les circonstances. — Boulay-Paty, t. 2, p. 277; Dageville, t. 2, p. 346; Pardessus, t. 3, nº 710. — V. FRET.

54. — Au surplus, les parties contractantes peuvent insérer dans la charte-partie toutes autres conventions particulières, pourvu qu'elles soient licites et ne changent rien à l'essence du contrat. — Pardessus, t. 3, nº 708; Dageville, t. 2, p. 344; Delvincourt, t. 2; Boulay-Paty, t. 2, p. 276.

55. — Ainsi, outre le prix du fret, il est dans l'usage de stipuler en faveur du capitaine une gratification que l'on appelle *chapeau* ou *étrennes* du capitaine. — V. CAPITAINE DE NAVIRE, CHAPEAU DE CAPITAINE.

56.—On verra (vº FRET) les droits et obligations qui naissent de la charte-partie, et dans quels cas le contrat est résilié.

V. AMIRAUTÉ, CAPITAINE DE NAVIRE, CONNAISSEMENT, PRISES MARITIMES, TIMBRE.

CHARTES (Ecole des).

1. — Etablissement d'instruction fondé à Paris dans le but de dépouiller, d'expliquer et de publier les documens et monumens relatifs à l'histoire de France.

2. — Les premières bases de l'école des chartes ont été posées par Louis XVIII, dans les ordonnances des 22 fév. 1821 et 16 juill. 1823. Son organisation a été complétée par l'ordonnance du 11 nov. 1829, dont les art. 4 et 8, relatifs à l'impression des recueils, ont été modifiés par celle du 1er mars 1832.

3.—L'école des chartes est divisée en deux cours: le premier, élémentaire et annal, qui se fait aux archives du royaume, a pour but d'apprendre à déchiffrer et à lire les chartes des diverses époques. Le second, celui de la Bibliothèque royale, dure deux ans; il s'occupe de diplomatique et de paléographie française; il explique aux élèves les divers dialectes du moyen âge, et les dirige dans la science critique des documens historiques de cette époque, et dans le mode d'en vérifier les dates et constater l'authenticité. — Ord. 11 nov. 1829, art. 2.

4. — Les conditions d'admission à l'école des chartes sont l'âge de dix-huit ans et le grade de bachelier ès-lettres. Le nombre des élèves pensionnaires est limité entre six et huit; chacun d'eux reçoit un traitement annuel de 800 fr. —Ord. 11 nov. 1829, art. 3 et 5.

5. — Tous les élèves de l'école des chartes sont admis à concourir pour les places d'élèves pensionnaires. A cet effet, ils doivent subir des examens devant une commission composée du secrétaire perpétuel et de deux membres de l'Académie des inscriptions et belles-lettres, de trois conservateurs de la Bibliothèque royale et du garde des Archives du royaume. D'après les résultats des examens, la commission dresse une liste double des candidats, à chaque renouvellement des élèves pensionnaires. A égalité de titres, l'élève qui a contribué à la publication prescrite ci-après (V. nº 7) doit obtenir la préférence. — Art. 7.

6. — Pendant la durée de leurs études, les élèves pensionnaires prennent part aux travaux d'ordre et de classification qui se font habituellement au département des manuscrits de la Bibliothèque royale et aux Archives du royaume, et sont, sous ce rapport, soumis aux mêmes règles que les employés de ces établissemens. — Art. 6.

7. — Les publications de l'école des chartes consistent dans la continuation de la table chronologique des diplômes, titres et chartes contenant l'histoire de France, commencée en 1765 par Bréquigny, et dont les trois premiers volumes sont imprimés. — Ces publications sont faites par l'Académie des inscriptions et belles-lettres. — Ord. 1er mars 1832, art. 2 et 3.

8.—Sur les fonds d'encouragement des sciences, lettres et arts, il est fait un prélèvement annuel d'une somme de 3,000 fr., répartie par le ministre de l'intérieur à titre de gratification entre les élèves dont les travaux auront le plus contribué aux successions desdites publications, sur la proposition de l'Académie des inscriptions et belles-lettres. — Ord. 11 nov. 1829, art. 9.

9. — A la fin de leurs études, les élèves de diplomatique et de paléographie française sont soumis à un examen devant les juges du premier concours. Le brevet d'archiviste-paléographe est accordé à ceux qui en sont reconnus dignes; ils ont droit en outre à la moitié des places vacantes dans les bibliothèques publiques, à l'exception de la Bibliothèque royale, dans les Archives du royaume et dans les divers dépôts littéraires. — Art. 10.

10. — Les réglemens intérieurs de l'école des chartes sont dans les attributions du ministre de l'intérieur, qui doit prendre l'avis de l'Académie des inscriptions et belles-lettres. — Art. 11.

CHARTRE NORMANDE.

1. — C'est la seconde des deux chartres que Louis X donna à la Normandie, pour la confirmation de ses priviléges.

2.—La première, qui était de l'an 1314, ne contenait que quatorze articles; la seconde, qui est du

15 juill. 1315, en contient vingt-quatre. On peut voir la traduction de ces vingt-quatre articles, dans Merlin, *Rép.*, v° *Chartre normande*.

3. — Cette seconde chartre, à laquelle on a attribué particulièrement le nom de *chartre aux Normands*, ou de *chartre normande*, fut confirmée par Philippe de Valois, en 1339; par Charles VI, en 1380; par Charles VII, en 1458; par Louis XI, en 1461, par Charles VIII, en 1485, et par Henri III, en 1579.

4. — Depuis, on dérogea à plusieurs des dispositions de la Chartre normande. Toutefois, son autorité était telle que, quand il s'agissait de faire quelque réglement qui intéressait la province de Normandie, et qui était contraire à cette chartre, on avait soin d'y insérer la clause, *nonobstant clameur de haro, Chartre normande*, etc. — Merlin, *Rép.*, v° *Chartre normande*.

5. — Tout ce qui, dans la chartre normande, est contraire au droit commun des Français ou en diffère, a été abrogé, savoir : en ce qui est de droit public par l'art. 10, L. 25 août 1790, et en ce qui est de droit purement civil par l'art. 7, L. 30 vent. an XII. — Merlin, *ibid.*

CHARTRE PRIVÉE.

1. — On donnait ce nom (du latin *carcer*, prison) aux lieux particuliers où des personnes étaient détenues sans autorité de justice. — Muyart de Vouglans, *Lois crim.*, p. 155.

2. — Il y avait crime de *chartre privée* lorsqu'on détenait malgré elle une personne enfermée dans une chambre ou dans tout autre endroit privé, ou lorsque sans droit ou autorité on la gardait à vue pour l'empêcher de sortir, ou enfin quand on la tenait liée ou enchaînée dans une chambre. — Jousse, *Tr. instr. crim.*, t. 3, p. 283.

3. — De tous temps le crime de chartre-privée a été rigoureusement puni. — Ceux qui, à Rome, avaient arrêté des accusés par ordre du juge, ne pouvaient, à peine de la vie, les retenir en chartre-privée, et devaient les remettre sans délai dans les prisons publiques. — L. 1, Cod., *De cohortal.* — A moins, toutefois, qu'il ne s'agît de coupables qui s'étaient évadés (L. 4, ff., *De fugitivis*), ou d'une femme adultère que son père ou son mari pouvait retenir en maison privée pendant vingt jours pour se procurer des preuves. — L. 25, ff., *Ad leg. Jul. de adulter.*

4. — L'ord. de 1670 voulait qu'à l'instant de sa capture tout accusé fût conduit dans les prisons du lieu, s'il y en avait, sinon aux plus prochaines dans les vingt-quatre heures au plus tard. — L'art. 10, tit. 2, faisait défense aux prévôts des maréchaux de faire *chartre-privée* dans leurs maisons ni ailleurs, à peine de privation de leur charge. — Guyot, *Rép.*, v° *Chartre privée*.

5. — On ne devait pas considérer comme chartres privées les prisons des monastères où les supérieurs étaient autorisés à retenir leurs religieux par voie de correction. — Nouveau Denisart, v° *Chartre privée*, n° 4.

6. — La défense de tenir en chartre privée, même les personnes arrêtées légalement, a été renouvelée de nos jours par le Code des délits et des peines du 3 brum. an IV, art. 582; par la loi du 18 pluv. an IX, art. 22; par le décr. du 20 prair. an XIII, relatif à l'administration de la justice dans les ci-devant états de Parme et de Plaisance (art. 39); enfin, par le Code d'inst. crim., art. 615. — Merlin, *Rép.*, v° *Chartre privée*.

7. — Les infractions à cette défense constituent, suivant les circonstances, soit des attentats à la liberté (V. ce mot), soit des arrestations arbitraires ou séquestrations de personnes, et après avoir été punies, sous l'empire du Code de brumaire, de six années de gêne (art. 637), sont aujourd'hui réprimées par les art. 114 et suiv., 341 et suiv., C. pén., qui prononcent tantôt un simple emprisonnement correctionnel, tantôt les travaux forcés à temps, ou même à perpétuité, tantôt enfin la peine de mort.

V. SÉQUESTRATION ILLÉGALE et SÉQUESTRATION DE PERSONNES.

CHASSE.

Abonnement, 566.
Abri de chasse, 65.
Abrogation, 25, 241, 618, 687.
Abus de blanc-seing, 186. — de confiance, 185 s. — de confiance par soustraction de titres, etc., 186. — des passions des mineurs, 186.
Achat, 299 s., 308 s., 319, 355, 566. — de gibier, 451.
Action civile, 668.
Adjoint au maire, 558.
Administration forestière, 596, 629 s., 632.
Affut, 234.
Agent de l'autorité, 182 s.
Agens forestiers, 206.
Aide et assistance, 368 s.
Aliénation du droit de chasse, 88.
Aliénés, 201.
Amende, 188, 346 s., 361, 365 s., 400, 419 s., 427, 466 s., 490, 533, 546, 578, 669. — (obligation de la prononcer), 392.
Animaux domestiques, 391. — malfaisans, 265, 267 s., 291. — nuisibles, 24, 85, 209, 265, 267 s., 291, 298, 419, 449.
Antichrésiste, 45.
Appâts, 452.
Appeaux, 239, 242, 434, 453 s., 459.
Appel, 482, 607, 638 s.
Appelans, 239, 242, 443, 453 s., 459. — V. Chanterelle.
Arbalètes, 236.
Archevêques, 583.
Armes, 460, 495 s., 506 s. — (distribution), 184. — (représentation), 515 s. — abandonnées, 519. — à feu, 236, 266. — prohibées, 240.
Arrestations, 573 s.
Arrêtés des préfets, 106, 109 s., 419, 447 s., 456. — (publication), 107, 113 s., 250. — (révocation), 108.
Association illicite, 184.
Aubergiste, 309, 312, 314, 566.
Aveu du prévenu, 556.
Avis des conseils généraux, 249.
Ayant-droit, 34, 36, 40, 262, 591.
Bâton, 682.
Battues, 31, 289, 283, 334.
Bécasse, 256.
Belgique, 125, 163.
Bergers, 245.
Bêtes fauves, 85, 266 s., 267 s.
Bien communal, 614, 634, 646, 674.
Blessures, 472.
Bois et forêts, 51 s., 598, 619.
Bois communaux, 24, 27, 32, 212, 629, 631, 647. — de la couronne, 676 s., 685. — de l'état, 24, 27, 295, 491, 629. — des princes royaux, 692. — de la liste civile, 681. — de l'état, 645, 677. — nationaux, 24, 31, 673. — voisins, 688.
Bonne foi, 352.
Bourgeois, 10.
Bourses, 230. — à prendre les lapins, 242.
Braconniers, 217, 529.
Cahier des charges, 423 s., 632.
Caille, 251, 254.
Certificats d'indigence, 217.
Cession du droit de chasse, 35, 48 s., 79.
Cessionnaire de la chasse, 623.
Champ de blé, 413. — de haricots, 417.
Chanterelle, 239, 242, 434, 459, 463 s. — V. Appelans.
Charretier (responsabilité civile), 547.
Chasse à courre, 138, 230, 237 s. — à l'oiseau, 246. — à tir, 230, 236, 238 s., 253. — aux filets, 138. — au fusil, 138. — au miroir avec fusil, 458. — au piége, 138. — des taises, 289. — du roi, 24, 390, 672. — en temps de neige, 419. — sans armes, 136. — sans permis, 365 s.
Chiens, 375, 381 s., — couchans, 385. — courans, 237 s., 398. — d'arrêt, 236. — V. Lévriers.
Chose jugée, 481.
Circonstances aggravantes, 54, 232. — atténuantes, 530 s.
Citation, 636 s. — correctionnelle, 635. — directe, 602 s.
Citoyen chargé d'un service public, 183.
Clôture, 33, 59, 69. — (accès libre), 70. — (continuité), 68, 77.
Collets, 242, 379.
Colon partiaire, 129.
Colportage de gibier, 299 s., 316 s., 319, 566, 689, 451. — (œufs et couvées), 337.
Commissaires de police, 156, 558.
Communes, 36.
Compétence, 580 s.
Complicité, 354 s., 356, 425.
Condamnations, 481. — antérieures, 221. — civiles, 217. — (refus d'exécution), 216 s.
Confiscation, 495 s., 503 s. — (cumul), 512. — (gibier). 514. — (identité des instrumens employés), 517. — pécuniaire, 518.
Connaissance, 115.
Conseil général, 118, 248 s., 264.
Consentement, 390. — V. Permission.
Conserves de gibier, 320.
Consignation des droits de permis, 139 s.
Consommateurs, 315.
Contrainte par corps, 537.
Contravention, 349 s. — V. Délits.
Coauteurs, 665.
Cohabitation, 539.
Conventions privées, 106.
Coprévenu, 589 s.
Corbeaux, 278.
Couvées écloses, 344.
Cumul des amendes, 489.
Curateurs, 198, 538.
Déclaration de procès-verbal, 501 s.
Défaut d'inscription au rôle des contributions, 178 s.
Défense personnelle, 209 s.
Déguisement, 471.
Délits, 345, 348 s., 365 s., 594 s. — (classification), 364. — (constatation), 142, 549 s. — (erreur de date), 637. — commis le même jour, 502. — communs, 492, 494. — connexes, 663 s. — spéciaux, 494. — différens, 492 s.
Demande de permis (timbre), 150.
Dépens. — V. Frais.
Dépôt au greffe, 519.
Député, 667.
Désarmement, 572, 575.
Désistement, 608.
Destruction des engins, 503 s., 519.
Détention arbitraire, 576.
Détention d'engins, 459. — du gibier, 310, 314.
Dévastation d'arbres et plants, 184.
Discernement, 363, 572 s.
Domaine de la couronne, 27, 680. — privé du roi, 691.
Domestique, 355, 536, 540, 542.
Domicile, 150, 440. — (fausse indication), 636.
Dommages-intérêts, 339, 477, 521 s., 537, 546, 603.
Douanes, 333.
Douaniers, 568.
Drogues, 452.
Droit ancien, 6 s., 302, 358, 578. — féodal, 8 s. — nouveau, 19 s., 29 s. — romain, 4 s., 231.
Ecclésiastiques, 7, 10.
Emphytéote, 41 s.
Employés des contributions indirectes, 566 s., 579. — des octrois, 566 s., 579.
Emprisonnement, 188 s., 427, 466 s., 492. — de plus de six mois, 180 s.
Enclos, 131, 396, 437, 617. — (tiers), 78, 81. — V. Clôture.
Enfans (responsabilité civile), 546.
Engins, 137, 230, 242, 266, 273 s., 323, 377, 503. — (détention), 438 s., 444 s. — (port) 439, 450. — (propriété), 505. — (représentation), 515 s. — abandonnés, 519. — autorisés, 448. — prohibés, 243 s., 430 s., 435 s., 447, 495 s., 504, 577, 615.
Entraves à la circulation des grains, 184.
Escroquerie, 185.
Etablissemens publics, 36, 614.
Etangs, 51, 255, 262, 264.
Etat, 36.
Evêques, 583.
Excuse, 352 s.
Exercice du droit de chasse, 86 s.
Expiration de la peine, 188.
Exportation, 568.
Fabricans d'engins prohibés, 443, 445 s.
Faisans, 682. — (œufs ou couvées de), 420.
Fait de chasse, 371 s.
Fauconnerie, 6, 246.
Faux noms, 471.
Femmes, 202, 538.
Fermeture de la chasse, 89 s. — (époques différentes), 98. — (publication), 107 s.
Fermier, 46, 279, 402, 468, 626 s. — (contravention), 421 s. — de la chasse, 619, 630 s., 632 s.
Filets, 400, 137, 242, 266, 377, 503.
Flagrant délit, 441 s.
Fleuves et rivières, 75, 255 s., 262, 264, 291.
Fonds enclavés, 671, 675.
Force majeure, 352.
Fossé, 71 s.
Frais, 147, 534, 537, 641.
Fruits et récoltes, 405 s., 411, 415.
Furets, 230, 242, 380.
Fusil, 210, 383. — de garde nationale, 511.
Garde, 279, 373, 465, 579. — à cheval, 206. — (brigadier), 206.
Gardes champêtres, 203 s., 213, 384, 462, 558, 560, 578, 584, 587. — forestiers, 203 s., 210, 462 s., 559 s., 584. — généraux, 206. — messiers, 205. — particuliers, 208 s., 563 s., 584, 587 s. — pêches, 203 s., 210, 462, 559, 585. — vignes, 585.
Gendarmes, 555, 558, 565, 578 s.
Gendarmerie des chasses du roi, 24.
Généraux, 583.
Gérant d'affaires, 625.
Gibier, 266, 300, 321 s., 514. — cuit, 320. — d'eau, 252, 255, 256 s., 419. — petit, 340. — saisi, 329 s. — vivant, 319.
Glu, 100, 290.
Gluaux, 244, 435.
Grands officiers de la légion-d'honneur, 583.
Grand veneur, 24.
Gratification, 378 s., 669.
Grenaille en fonte de fer, 241.
Habitation, 62 s., 346, 436, 438, 466, 468. — accidentelle, 66. — (locataire), 67.
Haies sèches, 68. — vives, 59, 68 s.
Halles, 310.
Historique, 2 s.
Hospice, 611.
Identité, 575.
Ignorance, 352 s.
Ile, 75, 262.
Importation, 568.
Imprudence, 528. — (responsabilité civile), 544.
Incapacité, 171, 221. — (cessation), 187, 212. — absolue, 170, 172, 196 s., 224 s. — facultative, 170, 172 s., 188, 220. — postérieure au permis, 222.
Inconnus, 519 s.
Indemnité, 678.
Indignité, 171.
Individualité, 572, 576.
Infractions. — V. Délits.
Inscription de faux, 559.
Insolvabilité, 477.
Inviolabilité du domicile, 459.
Intention, 350 s., 353.
Interdits, 200 s.
Jour *à quo*, 109, 649 s.
Juge d'instruction, 442, 459.
Jugement, 482 s.
Lacets, 242.
Lacs, 51, 256.
Lecture de l'affirmation du procès-verbal, 570.
Lévriers, 237, 292, 419, 432 s., 378, 542.
Lieux publics, 309, 315. — (dépendances), 311.
Littoral de la mer, 120.
Locataire du droit de chasse, 83 s.
Loi salique, 6.
Louage, 36. — du droit de chasse, 79.
Loups, 24.
Louveterie, 24, 26.
Luzerne, 408 s.
Magistrat, 183, 583.
Maires, 101, 149 s., 558, 614. — (avis), 151. — (avis renouvelé), 167. — (modification aux arrêtés), 102. — (réglement de police), 103.
Maisons particulières, 312.
Mandat spécial, 625.
Marais, 262, 264 s.
Marchand, 312. — de comestibles, 309, 312.
Marchés, 310.
Masque, 471.
Menaces, 362, 471 s. — avec ordre ou sous condition, 184. — sous condition, 474.
Mendicité, 185.
Meurtre, 473.
Militaires, 24, 592.
Mineurs, 174 s., 199, 536, 539, 543 s., 548. — de 16 ans, 196. — de 16 à 21 ans, 197. — de 21 ans, 535. — émancipés, 198, 538.
Ministre de l'intérieur, 169.
Miroir à allouettes, 457.
Mise en vente, 299 s., 308 s., 451, 566.
Modes et procédés de chasse, 228 s. — autorisés, 248. — légaux, 230.
Murs, 59, 68 s.
Nature du droit de chasse, 16.
Négligence, 528.
Neige, 112 s., 298, 325, 510.
Nids d'oiseaux, 287 s.
Non nobles, 10, 15.
Notification du retrait des peines, 227.
Nuit, 228, 430, 676, 684.
OEufs et couvées, 299 s., 335 s., 344.
Officier de gendarmerie, 558.

CHAPITRE Iᵉʳ. — Historique et législation.

2. — La chasse est, sans contredit, un des plus anciens exercices auquel se soient livrés les hommes ; on la trouve dans tous les siècles et chez tous les peuples, variant suivant les besoins de l'homme et suivant l'état de la civilisation. Au premier âge, les hommes durent y avoir recours pour se nourrir de la chair des animaux, et se revêtir de leurs dépouilles ; plus tard, le besoin de protéger leurs troupeaux , de garantir les champs des ravages des animaux sauvages, la rendit encore nécessaire.

3. — La chasse, cependant, ne fut pas toujours vue avec une égale faveur ; les lois de Moïse la proscrivaient. A Athènes, elle était aussi défendue : Solon voyant que pour s'y livrer, le peuple, né-

gligeait les arts mécaniques, pensa que l'intérêt général exigeait qu'on la prohibât.

4. — Les lois romaines, au contraire, laissaient à la chasse une entière liberté, car elles la considéraient comme de droit naturel. « *Omnia igitur animalia quæ terra, mari, cælo capiuntur, id est, feræ bestiæ, volucres, pisces, capiuntur fiunt, nec interest feras bestias ac volucres utrùm in suo fundo quis capiat, an in alieno.—*L. 1 et 3, ff., De acq. rer. dom. — V. aussi Inst., lib. 11, til. 1ᵉʳ, § 12.

5. — Toutefois, à Rome, comme partout, le droit civil et le respect dû à la propriété vinrent aussi régler l'exercice de la chasse, et apporter un frein à ses abus ; les Instituts de Justinien défendent au chasseur d'envahir la propriété privée sans la permission du maître. « *Plans qui alienum fundum ingreditur,* disent les Instituts , *venandi aut aucupandi gratiâ potest is prævidetur, si prævideri, prohiberi ne ingrediatur.* »

6. — Autrefois, en France, dans les premiers temps de la monarchie, la chasse était permise aux roturiers comme aux nobles, car elle était considérée comme un attribut essentiel de la propriété des domaines ; et si la loi salique contient des dispositions relatives à la vénerie, à la fauconnerie contre ceux qui prennent le gibier tué par d'autres ou qui dérobent les chiens et les oiseaux d'autrui, elle n'en contient pas qui prohibe la chasse. — V. aussi à cet égard le *Dict. de dr. canon* de l'abbé André, vᵒ *Chasse.*

7. — L'ordonnance de Gontran (586), qui défendait de chasser le sanglier, le cerf et le bœuf sauvage, sous peine de mort, ne concerne que la chasse dans les forêts du roi ; et les ordonnances qui se sont succédé jusqu'à la dix-quatorzième siècle, notamment celle faite en 1318 par Philippe-le-Long, ne parlent que de la manière de chasser et des instrumens de chasse dont il était alors permis de se servir, mais sans rien contenir d'opposé à la liberté de chasser (Denisart, *loc. cit.*); on salt seulement qu'en 843 le concile de Latran avait défendu la chasse aux ecclésiastiques. — V. aussi à cet égard le *Dict. de dr.,* canon de l'abbé André, vᵒ *Clerc,* t. 4ᵉʳ, p. 524.

8. — La féodalité vint établir d'autres principes, et la chasse cessant d'être considérée comme un attribut de la propriété, fut rangée parmi les droits honorifiques, regardée comme un noble amusement qui devait être refusé aux gens de travail et réservé, à titre de privilège, au roi et aux seigneurs.

9. — Les rois commencèrent par s'attribuer le droit exclusif de chasse ; ils voulurent que ce droit fût considéré comme leur droit spécialement, pour qu'il pût être de le concéder ou refuser à leur gré. Les concessions, dans le principe, furent plus ou moins restreintes ; et lorsque parut (en 1396) le règlement de Charles VI, on se trouvait sous l'empire d'une ordonnance dont les principales dispositions étaient ainsi conçues : « Art. 1ᵉʳ, Personnes non nobles peuvent chasser partout, hors garennes à lièvres et conins, à levriers et chiens courants, ou à chiens, à oiseaux et à bâtons ; mais ils n'y peuvent tendre engins quelconques ni grosse bête s'ils n'ont titre. — Art. 3. Gentilshommes peuvent chasser à conins et lièvres à tous engins hors garennes ; et à garennes ont ils, peuvent en faire à leur volonté. — Art. 4. Gentilshommes peuvent chasser aux grosses bêtes en leurs garennes, et en leurs bois ou forêts voisins avec congé, et non ailleurs.»

10. — Mais l'ordonnance de Charles VI, de 1396, apporta à cet état de choses une grave modification en interdisant expressément la chasse aux non nobles autres que les ecclésiastiques et bourgeois. Il y était dit. « Que dorénavant, aucune personne non noble de notre royaume, si il n'est privilégié, ou s'il n'a adveu ou expresse commission à ce de par le prince qui la lui peut donner, ou s'il n'est personne d'église à qui toutes voies, par raison de lignage ou autrement, deue ment se doie compeller, ou s'il n'est personne vivant de ses possessions et rentes, ne se enhardisse de chasser, ne tendre à bestes grosses ou mêmes ne à oyseaux en garenne ou dehors, ne de avoir et tenir pour ce faire chiens, furons, cordes, fillés ou autres harnois. » Cette ordonnance permettait cependant aux laboureurs de se servir de leurs chiens pour *repousser* le gibier.

11. — Les ordonnances de François Iᵉʳ renouvelant des défenses, les rendaient plus générales ; le préambule de l'ord. de 1515 est ainsi conçu. — « Informés, dit le prince, que plusieurs personnes n'ayant droit de chasse, ni privilège de chasse prennent bêtes rousses et noires, comme lièvres, faisans, perdrix... En quoi celles-là perdent leur temps qu'ils devraient employer à leur labourage, arts méchaniques ou autres, selon l'état ou vacation dont ils sont; lesquelles choses reviennent au grand détriment de la chose publique... »

12. — Vint ensuite l'ord. de 1601 (de Henri IV),

dont les dispositions, empreintes d'une sévérité inouïe, méritent d'être rapportées. « — Ceux qui auront chassé aux menues bêtes et gibier, porte l'art. 17, seront condamnés pour la première fois en 6 écus deux tiers d'amende, s'ils ont de quoi payer, sinon et en défaut, demeureront un mois en prison au pain et à l'eau; la seconde au double de ladite peine, et en défaut de payer, seront battus de verges sous la custode, et mis au carcan trois heures, à jour et heure de marché; et la tierce fois, outre lesdites amendes, battus de verges au tour des garennes, bois, buissons et autres lieux où ils auront délinqué, et bannis à quinze lieues à l'entour. »

13. — Enfin, parut le 13 août 1669 la célèbre ordonnance dont le tit. 30 contenait, sur la chasse, des dispositions qui demeurèrent en vigueur jusqu'en 1789. Sous l'empire de cette ordonnance, la chasse pouvait être considérée : 1° comme faculté personnelle accordée à certaines personnes et refusée à d'autres;— 2° comme un droit réel, attaché à tel ou tel domaine, à telle ou telle seigneurie.

14. — La faculté personnelle de chasser était accordée à tous seigneurs gentilshommes et nobles, ce qui comprenait les simples propriétaires de fiefs et seigneuries. — Ord. 1669, tit. 30, art. 14. — « Permettons, dit cet article, à tous seigneurs, gentilshommes et nobles, de chasser noblement à force de chiens et oiseaux dans *leurs* forêts, buissons, garennes et plaines, pourvu qu'ils soient éloignés d'une lieue de nos plaisirs : même aux chevreuils et bêtes noires, dans la distance de trois lieues. »

15. — Quant aux personnes non nobles et roturières, voici comment s'expliquait à leur égard l'art. 28. — « Faisons défense aux marchands, artisans, bourgeois et habitans des villes, bourgs, paroisses, villages et hameaux, paysans et roturiers, de quelque état et qualité qu'ils soient, non possédant fiefs, seigneuries et hautes justices, de chasser en quelque lieu, sorte et manière, et sur quelque gibier de poil et de plume que ce puisse être, à peine de cent livres d'amende pour la première fois, du double pour la seconde, et pour la troisième d'être attachés pendant trois heures au carcan du lieu de leur résidence, à jour du marché, et bannis pendant trois années du ressort de la maîtrise, sans que, pour quelque cause que ce soit, les juges puissent modérer la peine, *à peine d'interdiction.* »

16. — Le droit de chasse considéré comme une espèce de droit réel, était annexé à la seigneurie et à la haute justice; voici, au surplus, le résumé fort méthodique que donne à cet égard M. Duvergier dans sa *Collection des lois* (t. 1844, L. 3 mai 1844) : 1° le droit de chasse appartenait au roi dans tout son royaume; les seigneurs, et tous ceux qui avaient la faculté de chasser, ne pouvaient donc la tenir que d'une permission royale; et cette permission pouvait toujours être retirée ou restreinte. Certains lieux, qu'on appelait *capitaineries royales*, étaient exclusivement réservés aux plaisirs du roi; la chasse était interdite dans toute leur étendue et même dans tout leur voisinage jusqu'à la distance d'une lieue. — Ord. 1669, art. 20 et 14. — V. à cet égard CAPITAINERIES.

17. — 2° Les seigneurs et les possesseurs de fiefs avaient le droit de chasse dans toute l'étendue de leurs fiefs, et sur leurs propres terres, et sur les rotures qui relevaient d'eux; car, disait-on, les censitaires n'ont reçu du seigneur que les droits utiles, et non les droits honorifiques dont la chasse fait partie. — Le seigneur pouvait user du droit de chasse comme il le trouvait bon, par lui-même, par ses enfans, ou par ses domestiques; sa présence suffisait pour conférer la faculté de chasser à tous ceux qui l'accompagnaient. — Le seigneur suzerain avait la faculté de chasser sur les fiefs relevant de lui; mais il ne pouvait user de ce droit que par lui-même, et d'une manière fort restreinte. —Le seigneur haut-justicier avait le droit de chasser dans toute l'étendue de sa haute-justice, sans exception. Il pouvait user de ce droit d'une manière illimitée : 1° sur les terres à lui appartenant; 2° sur les rotures relevant du fief auquel était attaché son droit de haute-justice; 3° et sur les francs alleux roturiers. Il pouvait aussi chasser sur les fiefs appartenant à d'autres seigneurs, qui se trouvaient situés dans l'étendue de sa justice; mais, à cet égard, son droit était limité : il ne pouvait chasser qu'en personne; il n'avait pas le droit de mener quelqu'un avec lui, ni celui d'empêcher le propriétaire du fief de chasser lui-même.

18. — L'ord. de 1669 contenait, d'ailleurs, sur l'exercice du droit de chasse, et sur les peines à appliquer en cas d'infraction, diverses dispositions dont nous avons à présenter plus bas l'analyse en les comparant avec celles qui leur ont succédé.

19. — Les anciennes règles dans lesquelles se trouvait emprisonné le droit de chasse, tombèrent avec la féodalité.—L'art. 3, décr. 4 août 1789, porte : — « Le droit exclusif de chasse et des garennes ouvertes est aboli, et tout propriétaire a le droit de détruire et faire détruire, seulement sur ses possessions, toute espèce de gibier, sauf à se conformer aux lois de police qui pourraient être faites relativement à la sûreté publique. — Toutes capitaineries, même royales, et toutes réserves de chasse, sous quelque dénomination que ce soit, sont pareillement abolies, et il sera pourvu, par des moyens compatibles avec le respect dû aux propriétés et à la liberté, à la conservation des plaisirs personnels du roi. — M. le président sera chargé de demander au roi le rappel des galériens et des bannis pour simple fait de chasse, l'élargissement des prisonniers actuellement détenus, et l'abolition des procédures existant à cet égard. »

20. — Le droit de chasse se trouva ainsi restitué à la propriété, mais sans frein, sans entraves; aussi, bientôt, la liberté absolue devenant la source de désordres, l'assemblée constituante rendit, le 28-30 avr. 1790, une loi qui ne devait, suivant son préambule, être que provisoire, et qui, cependant, resta en vigueur pendant plus de cinquante années.

21. — Cette loi dont nous aurons successivement à analyser les dispositions pour faire comprendre en quoi elles se rapprochent ou elles diffèrent de celle qui lui a succédé, était évidemment incomplète et beaucoup trop indulgente.—Les peines édictées contre les braconniers étaient dérisoires et sans efficacité, et les décr. des 11 juill. 1810 et 4 mai 1812, qui créèrent le permis de port d'armes de chasse et punirent la chasse sans ce permis, n'apportèrent à ce mal qu'un remède imparfait. — Voici, au surplus comment, en présentant à la chambre des pairs la loi du 3 mai 1844 qui est aujourd'hui en vigueur, M. le garde des sceaux signalait les vices de la législation et l'esprit de celle qu'il entendait lui substituer : « Les abus de la chasse excitent depuis long-temps de vives et nombreuses réclamations. Ces abus ont été signalés dans des pétitions adressées aux chambres et renvoyées par elles au gouvernement. Les conseils généraux, en les déplorant chaque année, les attribuent à l'insuffisance de nos lois, et demandent qu'une législation plus forte et plus efficace vienne enfin y mettre un terme. — Il est impossible de méconnaître ce qu'il y a de juste dans ces réclamations. Nos anciennes lois sur la chasse étaient trop sévères. Celles qui nous régissent ne le sont point assez. Avant la révolution de 1789, le droit de chasse était un droit féodal. Il était protégé par une législation dont la rigueur était excessive. La loi du 11 août 1789 a aboli le privilége de la chasse, et proclamé le principe que tout propriétaire a la faculté de détruire le gibier sur ses terres. Le droit de chasse, accordé d'une manière illimitée, a amené des désordres que la loi du 28 avr. 1790 a voulu faire cesser. Elle se ressent de l'époque où elle a été rendue. On avait encore présent le souvenir des peines beaucoup trop rigoureuses prononcées par les édits sur la chasse, on tomba dans l'excès opposé. La loi de 1790 ne prononça contre les braconniers que des peines légères. Le décret du 11 juill. 1810, en créant le port d'arme de chasse; celui du 4 mai 1812, en punissant d'une amende de 50 à 60 fr. la chasse sans ce permis, n'ont pas remédié à l'insuffisance de cette loi. La législation nouvelle est inefficace. Le braconnage est devenu une industrie. Les désordres qu'il cause augmentent de plus en plus. Un tel état de choses a dû exciter la sollicitude du gouvernement, et c'est pour satisfaire à un besoin aujourd'hui bien reconnu et bien constaté, pour répondre à un vœu public fortement exprimé, que nous avons préparé le projet de loi que nous venons soumettre à vos délibérations. — Préserver le gibier d'une destruction complète et prochaine, protéger la propriété et l'agriculture, qui n'ont pas de plus grands fléaux que les abus dont nous voulons tarir la source, tels sont les deux motifs principaux qui ont dicté les dispositions de ce projet. Mais ces deux graves intérêts ne sont pas les seuls qui y trouveront des garanties : la répression du braconnage aura pour résultat de faire perdre à une classe nombreuse de la société, des habitudes d'oisiveté et de désordres qui conduisent à des délits de tout genre, et trop souvent même à des crimes. »

22. — La loi du 3 mai 1844, qui a remplacé celle du 28-30 avr. 1790, a été l'objet des attaques les plus vives; on l'a présentée comme d'une sévérité excessive, comme créant en quelque sorte des délits imaginaires en même temps qu'elle se livre à des détails puérils, comme apportant enfin à l'exercice de la chasse des entraves telles qu'elles la rendent en quelque sorte impossible. — Nous ne saurions nous associer à ces reproches. Sans doute cette loi n'est pas parfaite, et dans l'examen auquel nous nous livrerons, nous aurons à signaler des obscurités et des lacunes; mais enfin, telle qu'elle existe, elle apporte à la législation antérieure de notables améliorations. — Les dispositions qui permettent, et quelquefois même enjoignent aux préfets de refuser le permis de chasse aux personnes que leurs antécédens peuvent faire considérer comme suspectes; — celles qui défendent la vente, le colportage, l'achat et le transport du gibier en temps prohibé; — celles qui fixent d'une manière limitative, les modes et procédés de chasse, etc., etc.; enfin l'aggravation importante de pénalité auront, nous l'espérons du moins, frappé au cœur le braconnage, et, sous ce premier rapport, un grand service aura été rendu. — D'un autre côté, la propriété trouve dans la loi nouvelle une protection plus énergique et des garanties plus rassurantes contre des atteintes toujours répréhensibles et quelquefois même criminelles.—Enfin, les obstacles même apportés à l'exercice de la chasse auront pour résultat la conservation du gibier, singulièrement compromise depuis longtemps par les abus de la chasse et la coupable industrie du braconnage : « Or, comme le dit M. Camusat-Busserolles (*Code de la police de la chasse*, p. 22), la conservation du gibier est un objet d'utilité générale et ne touche pas seulement à des satisfactions d'intérêt privé. » — Quant à la sévérité des peines, elle était nécessaire, et les conséquences désastreuses de la loi de 1790 fournissaient à cet égard un enseignement dont il était sage de profiter; ajoutons que ces peines ont été graduées de telle sorte que la répression réellement sévère n'atteint presque jamais que les faits d'une haute gravité.

23. — Mais ce qui importe, pour l'avenir de cette loi, c'est que les tribunaux chargés de l'appliquer entrent franchement dans son esprit, au risque même de froisser des répugnances individuelles qui finiront par céder devant les exigences de l'intérêt général.

24. — A la loi de 1790 étaient venues successivement se joindre plusieurs dispositions législatives ou réglementaires portant sur des points spéciaux. — Tels furent : les lois des 22-25 juill. 1790 sur la chasse dans les lieux réservés pour les plaisirs du roi; du 31 août 1790 sur la chasse dans le grand et le petit parc de Versailles; du 14 sept. 1790 sur les chasses du roi; du 28 sept.-6 oct. 1790 sur la police rurale, art. 39; l'arrêté du 28 vendém. an V sur l'interdiction de la chasse dans les forêts nationales; celui du 19 pluv. an V sur la chasse des animaux nuisibles; la loi du 10 messid. an V sur la destruction des loups; le décret du 8 fructid. an XII sur la louveterie et les attributions du grand veneur; celui du 25 prair. an XIII sur la ferme du droit de chasse dans les bois communaux; l'avis du conseil d'état du 4 janv. 1806 sur la compétence en matière de délits de chasse commis par les militaires; le décret du 11 juill. 1810 sur les permis de port d'armes de chasse; celui du 4 mai 1812 concernant la chasse sans permis de port d'armes; l'ord. du 15 août 1814 sur les attributions du grand veneur; le réglem. du 20 août 1814 sur la chasse dans les forêts de l'état; celui du 20 août 1814 sur l'organisation de la louveterie; l'ord. du 16-28 mars 1820 sur l'organisation de la gendarmerie des chasses du roi; l'ord. du 14-23 sept. 1830, qui attribue à l'administration des forêts la police de la chasse dans les forêts de l'état et supprime les fonctions de grand veneur; la loi du 21-28 avr. 1832 sur le budget de 1832 dont l'art. 5 règle la ferme du droit de chasse dans les forêts de l'état; enfin l'ord. du 24 juill. 1832 relative au droit de chasse dans les forêts de l'état.

25. — De ces diverses dispositions, la loi du 3 mai 1844 n'a formellement et explicitement abrogé que la loi du 30 avr. 1790, et les décrets des 11 juill. 1810 et 4 mai 1812. — A l'égard des autres lois, arrêtés, décrets et ordonnances intervenus sur les matières qu'elle réglait, la même loi les a déclarés abrogés en tout ce qui était contraire dans ses dispositions.

26. — « Ainsi, a dit M. Frank-Carré, rapporteur de la loi devant la chambre des pairs, subsisteront les lois et réglemens sur la louveterie. » — V. LOUVETERIE.

27. — On remarquera d'ailleurs que la loi nouvelle règle tout ce qui concerne l'exercice de la chasse dans les bois des communes ou dans les forêts de l'état comme sur les propriétés particulières, qu'elle règle même, sous un grand nombre de points, la chasse dans les propriétés de la couronne. — V. sur le droit de chasse dans ces propriétés et sur le point de savoir si, en ce qui les concerne, l'ord. de 1669 est toujours en vigueur, *infrà* chap. 13e.

28. — Ces observations préliminaires une fois posées, entrons dans l'examen des dispositions spéciales qui régissent actuellement le droit de chasse.

CHAPITRE II. — *Droit de chasse. — Principes généraux.*

29. — Le principe qui domine la législation actuelle sur la chasse est déposé dans l'art. 1er, § 1er, L. 3 mai 1844, ainsi conçu : « Nul ne peut chasser, *sauf les exceptions ci-après*, si la chasse *n'est pas ouverte*, et s'il ne lui a été délivré un permis de chasse par l'autorité compétente. » Nous expliquerons plus bas ce qui concerne l'ouverture de la chasse et le permis de chasse, comme aussi nous indiquerons ce que l'on doit légalement entendre par le mot *chasser*.

30.—Le même article, § 2, ajoute « que nul n'aura la faculté de chasser sur la propriété d'autrui, sans le consentement du propriétaire ou de ses ayant-droit. » — Cette expression *nul* comprend évidemment même le cas où le fait de chasse aurait lieu en temps non prohibé, et de la part d'un individu pourvu d'un permis de chasse régulier. La loi de 1844 ne fait au surplus que reproduire à cet égard la pensée de la loi du 28-30 avr. 1790, dont l'art. 1er portait : « Il est défendu à toutes personnes de chasser en quelque temps et de *quelque manière que ce soit sur le terrain d'autrui, sans son consentement.* »

31. — De même, la chasse dans les forêts nationales avait été interdite à tout particulier, sans distinction, par l'arrêté du gouvernement du 28 vendém. an V, sauf les battues pour la destruction des loups qui sont autorisées par l'arrêté du 19 pluv. an V et par la loi du 10 messid. suivant. — V. BATTUE.

32. — Et l'arrêté du 19 vent. an X ayant assimilé sans aucune restriction l'administration des bois communaux à celle des bois nationaux, on en avait conclu que la chasse était légalement interdite dans les bois communaux comme dans les bois nationaux. — *Cass.*, 21 prair. an XI, N...; 28 janv. 1808, Arnichaud; *Metz*, 23 janv. 1819, N... c. Forêts.

33. — Toutefois, l'art. 2, par exception § au 1er de l'art. 1er, reconnaît au *propriétaire* ou *possesseur* le droit de *chasser* ou de *faire chasser* en tout temps dans ses possessions *attenant à une habitation*, et entourées d'une *clôture continue* faisant obstacle à toute communication avec les héritages voisins.

34. —Bien que la loi de 1844, non plus que celle de 1790, ne s'occupe pas des questions de propriété que soulève le droit de chasse, il est évident néanmoins que l'art. 1er, en posant en principe que nul ne peut chasser sur le terrain d'autrui *sans le consentement du propriétaire ou de ses ayant-droit*, rattache le droit de chasse à la propriété du fonds, propriété dans laquelle il a son principe et son origine. Toutefois, ainsi que le fait remarquer M. Camusat-Busserolles (*Code de la police de la chasse*, p. 36), ces mots *propriétaire* ou *ayant-droit* doivent être entendus en ce sens que le consentement exigé est le consentement de celui qui est *possesseur du droit de chasse*.

35. — Il pourrait arriver, en effet, que le propriétaire du fonds eût cédé son droit de chasse, ou que, par l'effet de tout autre contrat licite, il s'en fût dessaisi, dans ce cas, ce n'est pas de lui, mais du possesseur du droit de chasse, que le consentement, pour être valable, devrait émaner.

36. — On reconnaît généralement que le propriétaire peut affermer son droit de chasse séparément du fonds sur lequel il s'exerce. Dans le cas d'un pareil contrat, le fermier du droit de chasse serait donc, quant à ce, l'ayant-droit du propriétaire. — La faculté d'affermer le droit de chasse n'existait pas, il est vrai, avant 1789; cela venait de ce que la chasse était alors considérée comme un exercice noble, permis seulement aux seigneurs hauts-justiciers, seigneurs de forêts et autres gentilshommes, pour leur plaisir et non pour retirer de l'argent. — Mais ce préjugé a disparu ; et, depuis la loi du 4 août 1789, le droit de chasse appartenant à chaque propriétaire sur son fonds, il n'y a nulle raison pour qu'il ne puisse en faire la matière d'un bail. — Des lois et réglemens ont même consacré cette faculté au profit soit de l'état (ord. 24 juill. 1832 ; L. 24 avr. 1833, art. 5), soit des communes (décr. 25 prair. an XIII; L. 18 juill. 1837, art. 10, n° 6), soit des établissemens publics (décr 12 août 1807). — « Or, disent MM. Gillon et de Villepin (*Nouveau code des chasses*), pourquoi les particuliers ne pourraient-ils pas faire à l'égard de leurs propriétés ce que l'état et les communes peuvent faire relativement aux leurs? » — V. en ce sens Merlin, v° *Bail*, p. 570 ; Toullier, t. 4, n° 19; Troplong, *Du louage*, t. 1er, n° 94. — V. BAIL ADMINISTRATIF.

37. — Mais le propriétaire pourrait-il aliéner le droit de chasse à titre de droit réel et le détacher ainsi à jamais de la propriété de son héritage? — Cette question ne manque pas de difficultés.

CHASSE, ch. 2.

38. —Suivant Toullier (t. 4, n° 19) et Favard de Langlade (*Rép.*, v° *Chasse*, n° 15), « le droit de chasse peut aujourd'hui devenir l'objet d'une *servitude réelle*; c'est un droit qui peut être séparé de la propriété parfaite, et la loi ne défend pas de l'en séparer. » — D'après le même principe, la cour d'Amiens (2 déc. 1835, Bezannes c. Goulon) a réputé valable et obligatoire, pour les tiers acquéreurs ultérieurs, la clause par laquelle ils se réservent sur le fonds vendu, le droit de chasse à perpétuité pour eux, leurs héritiers ou ayant-cause ; une telle réserve ne pouvant être considérée comme présentant, soit le caractère du droit de chasse supprimé par les lois abolitives de la féodalité, soit celui d'une servitude personnelle prohibée par le Code civil.

39. — Mais MM. Merlin (*Rép.*, v° *Chasse*), Proudhon (*Domaine privé*, t. 1er, n° 387), Duranton (t. 4, n° 292) et Petit (*Tr. du droit de chasse*, t. 1er, p. 251) prétendent, au contraire, que le droit de chasse est inséparable du droit de propriété, et que l'acquéreur d'un droit de chasse n'aurait qu'un droit personnel contre son vendeur. — Et cette dernière opinion semble devoir être suivie. « En effet, dit avec raison M. Duvergier (*Collect. des lois*, t. 44, p. 101), le droit de chasse, ainsi séparé de la propriété, constituerait une véritable servitude *réelle* sur un héritage ; or, l'art. 686, C. civ., ne permet d'établir de servitude qu'autant qu'elle n'est imposée ni à la personne ni *en faveur de la personne*, mais seulement à un fonds pour un autre fonds. Le droit de chasse, évidemment et par sa nature, ne peut être accordé *pour l'utilité des fonds*, mais seulement *pour l'agrément des personnes*; il ne peut donc être attribué à titre de servitude réelle. Ainsi, lorsqu'on aura fait une stipulation semblable à celle sur laquelle la cour d'Amiens a été appelée à statuer, on aura constitué non un *droit réel* de servitude, mais une simple obligation personnelle. Celui-là seul qui l'aura consentie sera tenu. « Et le même auteur cite, à l'appui de cette opinion, un avis du conseil d'état, du 19 oct. 1811, inséré au *Bulletin des lois*, qui a formellement consacré ce principe dans un cas tout-à-fait analogue. Il s'agissait de la concession d'un droit de pêche, et le conseil d'état a décidé que « le droit de pêche appartenant à la commune, sur la rivière d'Iton, résulte pour elle de la propriété des terrains communaux, et en est une dépendance indivisible; qu'elle ne peut aliéner à perpétuité ce droit exclusif de pêche en conservant la propriété du terrain d'où ce droit découle. »

40. — Sous le nom d'*ayant-droit* on comprend incontestablement l'*usufruitier*. — Toullier, t. 4, n° 19 ; Duranton, t. 4, n° 285 ; Proudhon, *De l'usufruit*, t. 3, n° 1209 ; Favard de Langlade, v° *Chasse*, p. 490; Petit, p. 225.

41. — ... Et l'emphytéote. — Troplong, *Du louage*, t. 1er, n° 38 ; Berriat Saint-Prix, *Législ. de la chasse*, p. 129 et suiv.

42. — Et cela à l'exclusion du propriétaire ou nu-propriétaire, dont le consentement serait dès-lors insuffisant pour conférer le droit de chasse à autrui, au préjudice de l'usufruitier ou de l'emphytéote. — Mêmes autorités. — V. cependant Championnière, *Manuel du chasseur*, p. 12. — V. au surplus EMPHYTÉOSE, USUFRUIT.

43. — En est-il de même du simple usager? — L'art. 14, L. 28 avr. 1790, n'accordait qu'au possesseur, *autre qu'au simple usager*, le droit de faire chasser dans ses bois et forêts. — La loi nouvelle ne s'explique pas, il est vrai, d'une manière aussi formelle; mais M. Berriat Saint-Prix ne pense pas que les principes doivent être différens. « Le droit de l'usager est trop borné, dit-il (*Lég. de la chasse*, p. 129), pour que celui-ci puisse être considéré comme un ayant-droit du propriétaire. Tel est aussi l'avis de MM. Gillon et de Villepin, p. 53. — V. au surplus USAGE.

44. — Mais il en serait autrement s'il s'agissait d'un droit d'habitation sur une maison *entière* et sur l'enclos y *attenant*; on devrait, dans ce cas, par interprétation du titre de l'usager, déclarer qu'il a le droit de chasse. « Autrement, disent MM. Gillon et de Villepin (*loc. cit.*), ce droit n'appartiendrait à personne. »

45. — L'antichrésiste est-il un ayant-droit du propriétaire? — MM. Gillon et de Villepin (*Nouveau Code des chasses*, p. 25) répondent affirmativement, considérant le produit de la chasse comme un des fruits de l'immeuble sur lesquels porte son droit de perception.

46. — Mais la question la plus controversée est celle de savoir si le fermier d'un domaine rural a le droit de chasse sur les terres qui en dépendent, à titre d'accessoire de sa jouissance. Cette question a été soulevée à la chambre des députés lors de la discussion de la loi de 1844 ; mais elle ne fut pas résolue, attendu, disait M. le garde des sceaux, que

CHASSE, ch. 2.

la loi n'a pour objet que la police de la chasse, et non la fixation des principes relatifs à l'exercice de la chasse. Il fut donc convenu que la question concernant le fermier restait, comme toutes celles qui se rattachaient au droit en lui-même, parfaitement entière, d'après les principes du droit et de la jurisprudence. — V. à cet égard BAIL.

47. — Le consentement dont parle cet article n'a pas besoin d'être exprès ; il peut être tacite. Ainsi, on doit tenir pour constant que le consentement du propriétaire doit être présumé lorsqu'il a laissé passer un certain temps sans se plaindre. — C'est ainsi que la jurisprudence avait interprété la loi de 1790, et soit que l'on consulte les rapports des commissions, soit qu'on se reporte aux discussions des chambres, on ne remarque pas le moindre désaccord sur ce point. — « Il existe souvent, en effet, dit M. Franck-Carré, rapporteur à la chambre des pairs, entre propriétaires d'une même commune des rapports de bon voisinage qui entraînent des tolérances réciproques et tacites, mais qui n'iraient pas jusqu'à se formuler en permissions de chasse. Votre commission pense que ces permissions doivent se supposer jusqu'à preuve du contraire. — Duvergier, sur la loi du 3 mai 1844, t. 44, p. 101.

48. — Il ne faut pas, au surplus, confondre la *permission de chasser* et la *cession du droit de chasse*. La permission ne donne à celui qui l'a obtenue que la faculté de chasser sans crainte d'être inquiété par le propriétaire. — La cession, au contraire, à moins de restrictions ou réserves, confère au cessionnaire tous les droits du propriétaire et lui donne dès-lors celui d'empêcher d'autres personnes de chasser sur le terrain et de poursuivre ceux qui enfreindraient sa défense.

49. — Il a été jugé sous ce rapport qu'on doit considérer comme une véritable cession à titre onéreux, et non une simple permission, l'acte sous seing-privé par lequel un individu cède le droit de chasse sur sa propriété, à la charge par le cessionnaire de faire surveiller les terres par des gardes, et de poursuivre à ses frais tous les délits qui y préjudicieraient. Il importe peu que cet acte soit ou non révocable à la volonté de chacune des parties. — *Bruxelles*, 13 fév. 1836, Devoghel.

50. — La loi, comme on l'a vu, a établi en faveur du *propriétaire* ou *possesseur* une prérogative particulière quant à l'exercice du droit de chasse, mais cette prérogative est restreinte; sous ce rapport même, la loi de 1844 a apporté à la législation antérieure une assez grande modification.

51. — Ainsi, sous l'empire de la loi du 28 avr. 1790 (art. 13), il était libre à tout propriétaire ou possesseur de chasser ou faire chasser en tout temps dans ses lacs et étangs, et dans celles de ses possessions séparées par des murs ou des haies vives d'avec les héritages d'autrui, et l'art. 14 ajoutait : « Pourra également tout propriétaire ou possesseur, autre qu'un simple usager, dans les temps prohibés, chasser ou faire chasser sans chiens courans dans ses bois et forêts. Ainsi, se trouvait écrit dans la loi elle-même le principe du respect dû au droit de propriété.

52. — Au contraire, l'art. 2 de la loi de 1844 n'autorise le propriétaire ou possesseur à chasser ou faire chasser en tout temps et sans permis de chasse que dans ses possessions *attenant à une habitation et entourées d'une clôture continue* faisant obstacle à toute communication avec les héritages voisins. Hors ce cas, le propriétaire ou possesseur lui-même ne jouit d'aucun privilége, et il doit se conformer aux formalités imposées à tous autres sous le rapport du temps de la chasse et du permis de chasse.

53. — D'où il résulte que la faculté pour le propriétaire ou possesseur de chasser ou faire chasser en tout temps sans chiens courans dans ses bois et forêts est supprimée. — M. le garde des sceaux s'en expliquait ainsi qu'il suit (*Exposé des motifs*) : « Il est évident que cette faculté peut compromettre essentiellement les deux intérêts que nous désirons protéger. Pour aller chasser dans ses bois en tout temps, même lorsque la terre est couverte de récoltes, il est difficile de ne pas causer du dommage dans les champs que l'on traverse ; il est difficile de ne pas saisir l'occasion de tirer une pièce de gibier partie fortuitement de la propriété d'autrui. Enfin si l'on veut conserver le gibier, encore trop jeune et trop facile à détruire, on doit le protéger même dans les bois. »

54. — Mais aussi, et d'un autre côté, la loi de 1844 rendant hommage au droit de propriété qui comporte celui d'user et abuser, et s'attachant moins exclusivement que ne l'avait fait la loi de 1790 au principe de la conservation des récoltes, a supprimé la défense que faisait l'art. 1er de cette loi aux propriétaires et possesseurs de chasser sur leurs terres non closes avant qu'elles eussent été entièrement dépouillées de leurs fruits ; main-

tenant, ainsi que nous en verrons plus tard l'application, la circonstance que la terre était chargée de produits, ne constitue plus un délit, mais seulement une circonstance aggravante de ce délit ; d'où il résulte qu'elle ne peut être imputée au propriétaire qui n'est pas en délit lorsqu'il chasse sur son terrain.

55. — Au surplus, la discussion qui a eu lieu devant les chambres prouve que, bien loin de vouloir, par l'art. 2, accorder un privilége aux propriétaires, le législateur a été principalement guidé par d'autres considérations, et que c'est à regret qu'il a placé dans la loi une disposition qui le leur concède indirectement.

56. — Cette disposition, dit M. Camusat-Busserolles dans son commentaire, est fondée sur deux motifs : 1° la nécessité de respecter l'intérieur du domicile ; 2° l'impossibilité de constater un fait de chasse dans un terrain entouré d'une clôture continue faisant obstacle à toute communication avec les héritages voisins. — On lit, en effet, dans l'exposé des motifs de M. le garde des sceaux à la chambre des pairs, qu'en supposant que le propriétaire commit un délit en chassant sur ses possessions situées et closes de la manière indiquée par l'art. 2, il serait impossible de constater ce délit sans s'introduire pour ainsi dire dans son domicile. M. Franck-Carré, rapporteur à la chambre des pairs, s'exprimait ainsi, dans la séance du 16 mai 1843 : « Cette exception à la règle du temps prohibé se fonde sur plusieurs raisons décisives ; il suffit d'en indiquer une pour la justifier ; c'est que la règle ne pouvait s'appliquer aux lieux clos, par l'impossibilité absolue de constater les infractions sans une violation de domicile. » — M. le rapporteur à la chambre des députés et M. Pascalis ont tenu à peu près le même langage.

57. — Ainsi, c'est principalement par respect pour le *domicile* que la loi reconnaît au propriétaire le droit de chasser en tous temps dans ses possessions attenant à une habitation, et entourée d'une clôture continue, et c'est sous l'empire de cette considération qu'il faut rechercher ce qu'on doit entendre par les mots *attenant à une habitation*.

58. — Le projet originaire se servait des mots : possessions *dépendant* d'une habitation. Ceux-ci *attenant à une habitation*, ont été substitués par la chambre des pairs : « Je ne crois pas, a dit M. Rossi, que des possessions *dépendant* d'une habitation et des possessions *attenant* à une habitation, soient une seule et même chose. Une possession peut *dépendre* d'une habitation, quand même elle en serait séparée par une grande distance. Si l'on veut dire : *attenant* à une habitation, je comprends l'importance de la disposition. L'expression *dépendant* d'une habitation s'applique à une foule de possessions ; et, si elle était adoptée, il y a des départemens où la chasse serait en tout temps permise à tout le monde ; car on n'y trouve que des possessions closes, qui toutes dépendent d'une habitation plus ou moins rapprochée. Je demande donc qu'on nous dise si l'on entend parler de possessions *attenant* à une habitation, ou bien si l'on prend la phrase du projet dans le sens général et naturel de possession *dépendant* d'une manière quelconque de l'habitation. Evidemment on ne donnera à la disposition toute la portée qu'on a eu l'intention de lui donner, qu'en substituant aux mots *dépendant* d'une habitation ceux d'*attenant* à une habitation. » — Cette substitution a eu lieu, et il ne peut s'élever aucun doute sur le sens de cette partie de l'article que les explications données à la chambre des députés confirment, d'ailleurs, d'une manière explicite ; il en résulte, en effet, que l'enclos n'est privilégié que parce qu'il est regardé comme *une continuation du domicile*.

59. — Au surplus, quoique la loi du 28-30 avril 1790 se bornât à dire qu'il est libre à tout propriétaire de chasser dans celles de ses possessions qui sont séparées *par des murs ou haies vives* d'avec les héritages voisins, la cour de Cassation a décidé que le fait de chasse, sans permis de port d'armes, dans un enclos n'était licite qu'autant que cet enclos attenait à une habitation. — *Cass.*, 13 avr. 1833, Leydier ; en ce sens *Cass.*, 7 mars 1823, Castellan ; 21 mars 1823, Papon ; 20 juin 1823, Desmery ; 26 avr. 1839 (t. 2 1839, p. 414), Lafon Desson.

60. — Mais il a été jugé aussi avec raison que le fait de chasse, sans permis de port d'armes, dans un enclos fermé au public, lié à une maison d'habitation à laquelle il communique sans intermédiaire, est réputé commis dans l'habitation elle-même, et ne constitue point de délit. — *Cass.*, 22 fév. 1822, Guizo.

61. — Il faut donc dire avec M. Camusat-Busserolles (*Code de la police de la chasse*, p. 45), que le privilége accordé par l'art. 2 n'existe qu'autant que le terrain et l'habitation sont dans la même main ; car, à cette condition seulement, le terrain peut être regardé *comme une continuation du domicile*. « Supposez, en effet, dit cet auteur, un terrain clos, dans les termes de l'art. 2, joignant sans aucune séparation ni limite à une habitation qui y serait enclavée ; supposez d'ailleurs que l'habitation et le terrain appartiennent à deux propriétaires différens, aucun ne pourra revendiquer le bénéfice de l'exception créée par la loi ni en jouir. Le propriétaire de l'habitation n'y aura aucun droit ; cela va de soi, puisqu'il ne sera ni propriétaire ni possesseur du terrain, et le propriétaire ou possesseur du terrain n'y aura aucun droit non plus, parce que, dans ce cas, les deux propriétés ne seront réunies qu'en apparence ; mais elles n'en formeront pas moins deux choses distinctes dont aucune ne sera la continuation de l'autre. » — V. aussi en ce sens Gillon et de Villepin, p. 60.

62. — L'art. 2 ne définit pas ce qu'on doit entendre par le mot *habitation* ; mais il résulte des explications données à la chambre des députés (*Moniteur*, 13 fév. 1844, p. 291) qu'il ne peut être question que d'une habitation proprement dite ; c'est, en effet, seulement à une habitation de ce genre que peut, dans l'esprit de la loi, s'appliquer le principe de l'inviolabilité du domicile. Il appartient au surplus aux juges d'apprécier la qualification du lieu où le fait de chasse se sera passé, sans être tenus de prendre pour règle absolue la définition que l'art. 390, C. pén., dans un autre ordre d'idées, donne de la maison habitée.

63. — Ainsi, disent MM. Gillon et de Villepin (p. 61), on considérerait à tort comme *habitation* les dépendances d'un four à chaux ou à plâtre, d'une briqueterie, d'une tuilerie, une loge, maison sur perches, baraque ou hangar, maisonnette servant à resserrer les outils pour le travail de la terre, enfin toutes les constructions dont il est parlé dans les art. 151, 152, 153, 154, 155, Code forest., si elles ne servaient en même temps d'asile à la famille du propriétaire, fermier ou préposé.

64. — Jugé dès-lors qu'il ne suffit pas, pour que l'art. 2 de la loi du 3 mai 1844 devienne applicable, que, sur le terrain clos où a eu lieu le fait de chasse, se trouve une construction pouvant servir à l'habitation, il faut que cette construction soit, sinon actuellement habitée, au moins destinée à l'habitation. — *Cass.*, 3 mai 1845 (t. 2 1845, p. 125), Mercier.

65. — Et l'on devrait juger encore aujourd'hui, comme avant la loi de 1844, qu'on ne peut regarder comme maison habitée une cabane en feuillage servant d'abri et de poste au chasseur pour épier et abattre le gibier en lui tirant des coups de fusil de l'intérieur. — *Cass.*, 7 mars 1823, Castellan ; 20 juin 1823, Dennery ; 13 avr. 1833, Leydier.

66. — Mais il faudrait, au contraire, considérer comme *habitation* une résidence d'été, bien qu'elle ne fût pas *habituellement occupée* ou qu'elle ne le fût qu'à de longs intervalles. — C'est surtout la destination du bâtiment que la loi protége ; la famille peut elle s'y trouver rassemblée, il devient sacré pour elle. — Gillon et de Villepin, *loc. cit.*

67. — Il est, au surplus, incontestable que la disposition de l'art. 2 s'applique non seulement à l'*habitation du propriétaire*, mais aussi à celle du *fermier* ou du *locataire* ; ses termes sont généraux ; c'est d'*une habitation* qu'il s'agit, quelle que soit la personne qui y demeure. C'est ce qui a été formellement reconnu devant la chambre des députés.

68. — Pour que le propriétaire ou possesseur puisse exercer cette faculté de chasser que lui accorde l'art. 2 dans un enclos même attenant à l'habitation, il faut que la clôture soit *continue et faisant obstacle à toute communication avec les héritages voisins*. Mais que faut-il entendre ici par clôture continue ? Sera-ce un mur, une palissade, une haie vive, une haie sèche, etc. ? — Quelques difficultés se sont élevées à ce sujet à la chambre des pairs ; mais on a reconnu que ce serait un point laissé à l'entière appréciation des tribunaux, lesquels jugeront s'il y a clôture continue dans le sens de l'article. — Duvergier, *Coll.*, t. 44, p. 104.

69. — Il importe néanmoins de faire remarquer que la loi de 1790 semblait, sous le rapport de la clôture, moins exigeante, puisqu'elle se bornait à se servir des mots « possession séparée par des murs ou des haies vives des héritages voisins. »

70. — On devrait donc juger sous la loi nouvelle, comme sous la loi de 1790, et même *à fortiori* : 1° qu'on ne peut considérer comme un terrain clos sur lequel il soit permis au propriétaire ou possesseur de chasser en tout temps celui qui, par des brèches, des échaliers ou des barrières ouvrant à volonté, offre un libre accès au public. — *Rennes*, 11 nov. 1833, Orianne. — V. cependant *Paris*, 6 nov. 1828, Varez.

71. — ... 2° Qu'un simple fossé de deux pieds sur quatre ne peut être considéré comme une clôture isolant des héritages d'autrui un terrain lié à une habitation, et ne suffit pas pour autoriser dans son enceinte des faits de chasse sans permis de port d'armes. — *Cass.*, 14 mai 1836, Perceval.

72. — ... 3° Qu'on ne peut réputer *clos* dans le sens de la loi un terrain entouré de fossés anciens non entretenus, et dont il reste simplement des traces. — *Cass.*, 28 mai 1836, Bouchereau de Saint-Georges. — V. aussi *Cass.*, 21 mars 1823, Payen.

73. — ... 4° Qu'on ne peut considérer comme un terrain clos dans lequel la chasse soit permise en temps prohibé le terrain qui n'est séparé des héritages voisins que par un simple fossé, quelles que soient sa largeur et sa profondeur. — *Douai*, 28 nov. 1842 (t. 2 1845, p. 654), Lecuyer.

74. — Mais il y aurait *clôture*, suivant le vœu de la loi, si les fossés, larges et profonds, étaient remplis d'eau ou verticalement soutenus par des murs en maçonnerie, bien qu'ils ne s'élevassent pas au-dessus du sol ; car alors toute communication avec les héritages voisins serait impossible. — Gillon et de Villepin, p. 67.

75. — Il a été jugé, sous la loi de 1790, que le bois ouvert, dépendant d'une île qu'environne un fleuve ou une rivière navigable, ne peut être, dans le sens de la loi, considéré comme une possession séparée par des murs et des haies vives d'avec les héritages voisins. — *Cass.*, 12 fév. 1830, Herzog et Schmidt. — Mais M. Duvergier (t. 44, p. 104) fait remarquer que dans l'espèce de cet arrêt les chasseurs n'étaient pas propriétaires de l'île, et que ce fait seul empêchait qu'ils pussent invoquer le bénéfice de l'art. 13, L. 1790.

76. — « Dans tous les cas, ajoutent MM. Gillon et de Villepin (*loc. cit.*), on devrait, à raison de la généralité des termes de la nouvelle loi, considérer comme propriété close, dans le sens de la loi, si d'ailleurs elle était attenante à une habitation, une île formée par une rivière navigable ou non. » — V. aussi en ce sens Duvergier, *loc. cit.*

77. — La clôture cesse d'être continue si elle est séparée par des chemins, c'est ce qui a été reconnu à la chambre des députés, bien que la commission ait proposé un paragraphe en sens contraire. — Duvergier, *loc. cit.*

78. — L'art. 2 consacre, ainsi qu'on l'a vu, au profit du propriétaire ou possesseur un double droit, celui de chasser personnellement et de faire chasser. On s'est demandé à cet égard si les mots *faire chasser* devaient être entendus en ce sens, que les personnes autorisées par le *propriétaire ou possesseur à chasser dans son enclos attenant à l'habitation*, etc., seraient comme lui dispensées du permis de chasse et à l'abri de l'application du temps prohibé. Les explications provoquées par M. le comte Beugnot devant la chambre des pairs prouvent qu'on *n'a* pas voulu accorder un privilége *personnel*, mais au contraire établir une immunité *réelle* applicable, non au propriétaire ou possesseur, mais à l'enclos attenant à l'habitation, et par suite, à tous ceux qui y chassent avec autorisation du propriétaire ou possesseur. « Ainsi, disent MM. Gillon et de Villepin (p. 75), il faut reconnaître que l'art. 2 s'applique au propriétaire qui chasse avec ses amis ou qui invite ses amis à venir chasser, bien qu'il ne les accompagne pas dans la poursuite du gibier. »

79. — MM. Gillon et de Villepin (*loc. cit.*) demandent encore si, dans le cas où le propriétaire se serait dessaisi pour un temps plus ou moins long du droit de chasser, le possesseur du droit de chasse jouirait du privilége de l'art 2, — et ils résolvent cette question affirmativement : — « La loi ne distingue pas, disent-ils ; elle néglige les personnes et n'impose à la chasse en tout temps et sans permis qu'une condition, celle d'être exercée sur un terrain attenant à une habitation et clos, dans le sens de l'art. 2. *Faire chasser*, d'ailleurs, est précisément l'obligation contractée par le bailleur d'un droit de chasse ; c'est un synonyme de *faire jouir*. Le propriétaire de l'enclos a donc le droit de *mettre en ferme*, comme de concéder *précairement* la faculté de chasser qui dérive de l'art. 2. »

80. — Il n'est pas, au surplus, sans intérêt pour compléter ces explications sur la signification du mot *clôture*, de transcrire les instructions que contient à cet égard la circulaire de M. le garde des sceaux aux procureurs généraux, concernant l'exécution de la loi. « J'appelle, porte cette circulaire, votre attention sur les termes employés par l'art. 2 pour désigner la clôture. Les expressions les plus fortes ont été choisies à dessein, pour faire bien comprendre qu'il ne s'agit pas ici d'une de ces clôtures incomplètes comme on en rencontre beaucoup dans les campagnes, mais d'une clôture non interrompue et tellement parfaite, qu'il soit impossible de s'introduire par un moyen ordinaire dans la propriété qui en est entourée. Les modes de clôture ne sont pas les

mêmes dans toute la France; ils sont très nombreux et varient à l'infini suivant les localités. C'est pour ce motif qu'il a paru nécessaire de ne pas indiquer dans la loi un genre de clôture plutôt qu'un autre, et de se contenter d'une définition qui serve de règle aux tribunaux. »

81. — De ce que le domicile du propriétaire ou possesseur est inviolable et qu'il a le droit d'y *faire chasser*, lorsque d'ailleurs il est conforme aux prescriptions de la loi sur la clôture, M. Duvergier (p. 103) conclut que, alors même que des tiers autres que lui s'y introduiraient ou chasseraient, même en délit, il pourrait s'opposer à ce que les fonctionnaires chargés de la constatation des faits de chasse entrassent dans son domicile pour dresser un procès-verbal. « Qu'on ne l'oublie pas, dit-il, ce n'est pas un privilége qui a été accordé à la propriété, c'est une protection qui a été donnée au domicile. Or, je le demande, mon domicile ne serait-il pas troublé, si les agens de la force publique ou les officiers de police judiciaire pouvaient y pénétrer malgré moi, sous prétexte que des étrangers y ont commis un délit de chasse? D'ailleurs le propriétaire ou possesseur aurait toujours un moyen facile de soustraire les délinquans à l'application de la peine en disant que c'est lui qui les *faisait chasser*, comme il en a le droit. »

82. — Quant au sens des mots *propriétaire ou possesseur* renfermés dans l'art. 2, il ne présente aucune difficulté, lorsque le droit de chasse réside dans la même personne que la propriété ou la possession. Dans ce cas le possesseur du droit de chasse se confond alors avec le possesseur du fonds.

83.—Mais que doit-on décider lorsque ces deux droits résident dans des personnes différentes, ainsi, par exemple, s'il existe un possesseur de l'enclos et de l'habitation d'une part, et de l'autre, un locataire du droit de chasse?—Dans ce cas, MM. Gillon et de Villepin pensent que le possesseur de l'enclos ne pourra, pas plus qu'un tiers étranger, chasser sur son propre terrain. « En effet, disent-ils (p. 72), l'art. 2 n'a pas pour objet d'attribuer au propriétaire ou possesseur du fonds un droit suprême de chasse au préjudice de celui qui le posséderait déjà; en un mot, il n'autorise pas la violation du droit d'autrui; il suppose au contraire que la faculté de chasser préexiste et la dégage des entraves qui naissent du temps prohibé et de la nécessité du permis de chasse. C'est là tout son objet: en conséquence, quand l'article parle du *propriétaire ou possesseur*, il s'applique à celui qui est en possession du droit de chasse, il ne saurait s'appliquer à d'autres, même au propriétaire du fonds, qui n'auraient pas ce droit. Ainsi le propriétaire du fonds, dessaisi du droit de chasse, ne pourrait se prévaloir de l'art. 2 pour chasser dans son terrain clos: s'il chassait, il serait en délit. »

84. — Resterait néanmoins, dans ce cas, la question de savoir comment se constaterait la contravention à la loi. Le délinquant pourrait-il, sous prétexte d'inviolabilité de domicile, s'opposer à ce que les agens de l'autorité pénètrent dans l'enclos où le délit aura été commis?—MM. Gillon et de Villepin se prononcent pour l'affirmative, mais, par la considération que dans ce cas il n'y a pas délit de chasse proprement dit, mais seulement infraction à un contrat privé, le propriétaire du fonds ne pouvant, au point de vue pénal, être réputé chasser sur le terrain d'autrui par cela même qu'il aurait affermé son droit de chasse.—Au contraire, M. Camusat-Busserolles (p. 43) est d'avis qu'en pareille occurrence le principe de l'inviolabilité du domicile ne protége plus le chasseur. « Que permet, en effet, l'art. 2, dit-il? — La chasse en temps prohibé et sans permis de chasse, *sur la possession du chasseur.* Ce seul fait est licite; tout autre ne l'est pas, et constitue par conséquent un délit; or, les délits peuvent être constatés partout où ils se commettent, et ce n'est pas violer le domicile d'un citoyen que d'y pénétrer avec les formes légales pour les rechercher et les atteindre. Le propriétaire du fonds, inculpé d'un délit de chasse sur le terrain d'autrui, ne pourra donc pas plus opposer l'exception du respect dû au domicile que s'il se fût rendu coupable de tout autre délit. » — Ces considérations nous paraissent péremptoires.

85. — Sur le droit qui appartient au propriétaire relativement aux animaux nuisibles et aux bêtes fauves qui dévastent ses propriétés, V. *infrà* nos 228 et suiv.

CHAPITRE III.—*Exercice du droit de chasse. — Temps permis. — Temps prohibé. — Ouverture et fermeture de la chasse.*

86. — De tout temps, la loi, dans l'intérêt à la fois de la propriété, de la conservation des récoltes et de celle du gibier, est intervenue pour régler les époques de l'année pendant lesquelles la faculté de chasser serait autorisée ou interdite.

87. — L'ord. de 1669, art. 18, tit. 30, défendait de chasser, de quelque manière que ce fût, sur les terres ensemencées après que le blé est en tuyau, et dans les vignes depuis le 1er mai jusqu'après la dépouille, à peine de privation du droit de chasse contre ceux à qui il appartenait, en outre de 500 liv. d'amende et de tous les dépens, dommages-intérêts des propriétaires ou usufruitiers.

88. — L'art. 108 de l'ord. d'Orléans de 1560, et celles de 1600 et 1601, art. 4, fixaient au 1er mars la prohibition dans les vignes; l'ord. de 1669 ne la réglait qu'au 1er mai. Toutefois les peines prescrites n'en étaient pas moins applicables, si avant ce temps une végétation précoce avait assez avancé la vigne pour qu'on n'y pût chasser sans faire du dommage, l'esprit de l'ordonnance étant de prévenir tout sujet de plainte à cet égard; d'où il suit que les peines s'encouraient dès que l'on ne pouvait chasser dans les campagnes empouillées sans y faire quelque dommage.

89.—La loi du 28-30 avr. 1790 donnait à l'autorité administrative (aujourd'hui représentée par les préfets) le droit de déterminer les époques d'ouverture et de fermeture de la chasse.

90.—Cette disposition est reproduite par l'art. 3, L. 3 mai 1844, ainsi conçu: « Les préfets détermineront... l'époque de l'ouverture et celle de la clôture de la chasse dans chaque département. »

91.—Pour le département de la Seine, il est constant, et cela a été généralement reconnu dans la discussion, que les arrêtés relatifs à l'ouverture et à la clôture de la chasse sont pris par le préfet de police, dans la circonscription de la préfecture de police.

92.—Les préfets ont à cet égard plein pouvoir; toutefois ils ne doivent pas perdre de vue les sages instructions que contient à cet égard la circulaire du ministre de l'intérieur du 20 mai 1844. — « Vous consulterez, porte cette circulaire, surtout l'intérêt de l'agriculture et l'état des récoltes, mais vous ne perdrez pas de vue non plus qu'il peut y avoir aussi quelques inconvéniens à ouvrir la chasse plus tard qu'il n'est réellement nécessaire. Dans ce cas, en effet, de nombreuses contraventions se commettent, et les poursuites, toutes légales qu'elles soient, ne paraissent plus basées sur les intérêts réels de l'agriculture. »

93.—Bien que la loi se serve du mot *chaque département*, il a été reconnu que le préfet pouvait fixer dans le même département, des époques différentes pour différens arrondissemens, et même pour différentes communes. — Duvergier, p. 97 et 106; circul. min. de l'int.

94.—Cependant, porte la même circulaire: « C'est là une faculté dont il convient de n'user qu'avec réserve et en vue d'une nécessité réelle; car il a été remarqué que lorsque la chasse n'est pas ouverte simultanément dans toute l'étendue d'un département, les chasseurs se portent quelquefois en grand nombre dans l'arrondissement où l'ouverture de la chasse est la plus précoce, et que, par suite, le gibier y est promptement détruit. »

95.—Du droit et du devoir qui appartient aux préfets de régler l'ouverture de la chasse d'après les intérêts de l'agriculture et l'état des récoltes résulte-t-il qu'ils puissent, par leurs arrêtés, déclarer la chasse ouverte seulement *sur les terres dépouillées de leurs fruits et récoltes?*— L'affirmative a été jugée sous la loi de 1790. — *Lyon*, 15 déc. 1826, Gaspard; *Angers*, 12 janv. 1829, Robin; *Cass.*, 16 janv. 1829, Delorgue; 4 fév. 1830, Péroux; — Petit, t. 1er, p. 390.

96. — Cette réserve n'était, au surplus, que l'observation exacte de la loi de 1790, dont l'art. 1er défendait aux propriétaires ou possesseurs de chasser dans leurs terres non closes jusqu'après la dépouille entière des fruits. — Aussi a-t-il été jugé que les préfets ne pouvaient, avant la loi du 3 mai 1844, ni explicitement, ni implicitement, autoriser la chasse, en quelque temps que ce fût, dans des terres non dépouillées de leurs récoltes. A cet égard, les dispositions prohibitives de la loi du 28 avr. 1790 étaient d'ordre public. — *Cass.*, 9 juin 1838 (t. 2 1838, p. 505), Gilbay.

97. — La question pourrait être plus douteuse depuis que la loi du 3 mai 1844 a supprimé l'interdiction, ainsi prononcée par la loi de 1790, de chasser avant l'entière dépouille des fruits. — En effet, peut-on dire, s'il est vrai que les préfets, lorsqu'ils suspendent l'ouverture de la chasse dans certaines localités, agissent dans l'intérêt général et qu'ils sont dans leur droit, au contraire, lorsque, après avoir ouvert la chasse dans toute l'étendue de leur département, ils l'interdisent sur certains genres de propriété, ils n'agissent plus que dans l'intérêt particulier, dont cependant ils n'ont pas à se préoccuper, et dès lors ils sortent des limites des attributions qui leur sont conférées par la loi du 3 mai, et qui sont limitées par les art. 3, 5 et 9 de cette loi: car, en disposant ainsi, ils rétablissent une prohibition qui est formellement abrogée; ils ajoutent aux restrictions apportées par le législateur moderne à l'exercice du droit de chasse; ils transforment en un délit principal un fait qui n'est plus considéré que comme une circonstance aggravante d'un autre délit; en un mot, ils créent un nouveau genre de délit, celui d'un propriétaire chassant sur ses propres terres. Il n'est donc pas exact de dire que l'arrêté qui interdit la chasse, par exemple, dans les vignes tant qu'elles n'ont pas encore été vendangées, est pris en vertu de la loi du 3 mai, et pour en assurer l'exécution; il y est entièrement opposé, puisqu'il a pour conséquence d'abroger, sinon de droit, du moins de fait, une de ses dispositions. Donc il n'est pas obligatoire pour les tribunaux. — *Rouen*, 25 oct. 1844 (t. 2 1845, p. 715), Chanvet.

98. —Dans le système contraire on répond que puisqu'il est certain qu'en donnant aux préfets le droit d'ouvrir et de clore la chasse, la loi nouvelle leur a virtuellement concédé le pouvoir de fixer différentes époques d'ouverture pour les divers arrondissemens de leurs départemens, si les différences de sol et de température l'exigent, c'est-à-dire suivant que les récoltes y sont plus ou moins avancées, on ne peut, sans tomber dans une évidente contradiction, leur contester celui de l'interdire dans certains cantons, dans certaines communes, même sur certaines propriétés, car qui peut le plus peut toujours le moins. D'ailleurs, ajoute-t-on, que par une mesure générale les préfets défendent la chasse dans certaines localités, et interdisent ainsi aux propriétaires le droit de chasser sur leurs propres terres chargées ou non de leurs récoltes, ou qu'ils la leur interdisent par une mesure particulière, en désignant spécialement les propriétés sur lesquelles il ne leur sera pas permis de chasser, c'est évidemment la même chose, et puisqu'ils sont dans leur droit dans le premier cas, ils y sont également dans le second. Donc les arrêtés qui contiennent cette dernière prohibition ne peuvent être taxés d'illégalité; donc ils ne transforment pas en un délit principal un fait qui n'est plus considéré que comme une circonstance aggravante d'un autre délit, et ils ne créent pas un nouveau genre de délit: car, si le propriétaire est puni, ce n'est pas pour avoir chassé sur ses propres terres, c'est pour y avoir chassé à une époque où la chasse n'était pas encore ouverte pour lui, en temps prohibé.

99.—Et il a été jugé dans ce dernier sens qu'en donnant aux préfets le droit d'ouvrir la chasse, l'art. 3 de la loi du 3 mai leur a implicitement conféré celui de la retarder dans telle ou telle partie du département, même de l'interdire sur les terres non encore dépouillées de leurs fruits. Et qu'en conséquence chasser sur une terre non dépouillée de sa récolte, au mépris de l'arrêté prohibitif du préfet, c'est chasser en *temps prohibé.* — *Orléans*, 22 oct. 1844 (t. 1er 1845, p. 11), Beauvilliers-Richard; même jour (t. 1er 1845, p. 13), de la Sorinière. — Ce dernier arrêt a été rendu dans une espèce où l'arrêté du préfet défendait de chasser dans les vignes avant la fin des vendanges. — La cour de Cassation, appelée à choisir entre ces deux systèmes, s'est prononcée en faveur du premier. Elle a décidé qu'en déclarant la chasse ouverte dans l'étendue de leur département, les préfets n'ont pas le droit de l'interdire aux propriétaires sur leurs propres terres, même chargées de récoltes, et qu'en conséquence le fait de chasse sur un terrain non encore dépouillé de sa récolte n'est plus qu'une circonstance aggravante du fait de chasse sur le terrain d'autrui sans le consentement du propriétaire. — *Cass.*, 18 juill. 1845 (t. 2 1845, p. 505), Min. publ. c. Berthault. — V. aussi *Poitiers*, 20 nov. 1844 (t. 1er 1845, p. 360), Charette. — La cour d'Orléans avait jugé en sens contraire.

100.—Le préfet peut donc, en déclarant la chasse ouverte, établir certaines restrictions, et on a jugé que l'arrêté par lequel un préfet défend jusqu'à nouvel ordre toute chasse au filet, à la glu et autres engins, est pris dans les limites de ses attributions et doit, tant qu'il n'a pas été réformé, recevoir son exécution: les tribunaux ne peuvent différer de prononcer sur les infractions à cet arrêté, jusqu'à ce qu'il ait été statué sur le pourvoi formé devant l'autorité supérieure. — *Grenoble*, 22 fév. 1827, Rochas.

101.—Le droit conféré aux préfets quant à l'ouverture et à la clôture de la chasse leur est personnel. Ils ne peuvent le déléguer aux maires. Cela a été formellement reconnu lors de la discussion. — Duvergier, p. 106.

102. — Et les maires ne peuvent apporter aucune modification aux arrêtés pris par le préfet.

Ainsi jugé d'une manière générale. — *Cass.*, 23 avr. 1835, Dangler.

103. — Mais rien ne s'oppose à ce que le maire fasse dans sa commune des réglemens de police rurale ou de police municipale sur des objets expressément confiés à sa vigilance, alors même que l'exercice du droit de chasse devrait se trouver modifié par leur application.

104. — Ainsi, la cour de Cassation a considéré comme légal et obligatoire l'arrêté d'un maire qui défendait la chasse à une certaine distance des vignes jusqu'à la fin des vendanges et du grapillage. — *Cass.*, 3 mai 1834, Bérault.

105. — De même encore, la cour de Cassation a considéré comme rentrant dans les attributions de l'autorité municipale l'arrêté par lequel un maire, pour prévenir les accidens qui, par l'exercice de la chasse pendant le temps des vendanges, pourraient compromettre la sûreté des personnes qui travaillent dans les vignes environnant la ville, défend de chasser sur le finage d'une ville avant la clôture des vendanges. — *Cass.*, 27 nov. 1823, Boutillier.

106. — Mais les arrêtés des préfets étant des réglemens de police et de sûreté ne peuvent être modifiés par des conventions privées; en conséquence, l'adjudication qui concède à des individus la faculté de chasser pendant six mois, du 1er oct. au 1er avr. de chaque année, dans les prés appartenant à une commune, n'est qu'un acte privé, destiné à régler les intérêts particuliers des habitans, et ne peut dès-lors créer, au profit des ayant-cause de cette commune, une exception aux prohibitions portées par des réglemens généraux d'ordre public sur la police de la chasse; et l'approbation donnée par le préfet au cahier des charges d'une telle adjudication ne peut avoir pour effet d'attribuer aux adjudicataires plus de droits que la commune n'en a elle-même. En conséquence, les adjudicataires trouvés chassant *en temps prohibé* ne peuvent être renvoyés de la prévention, sous prétexte qu'il y a eu dérogation à leur profit à un réglement qui fixe le jour de l'ouverture de la chasse. — *Cass.*, 7 oct. 1842 (t. 1er 1843, p. 57), Ravelet.

107. — Les arrêtés du préfet relatifs à l'ouverture et à la fermeture de la chasse doivent être publiés au moins *dix jours à l'avance*. — L. 3 mai 1844, art. 3. — Et c'est alors seulement qu'ils deviennent obligatoires : il en serait ainsi alors même que l'arrêté aurait fixé un jour plus prochain, les actes de l'administration ne pouvant modifier la loi. — Gillon et de Villepin, p. 258.

108. — Si le préfet, après avoir publié l'arrêté d'ouverture, voyait quelque obstacle à y donner suite, il pourrait toujours le révoquer, et l'arrêté de révocation serait immédiatement obligatoire, à moins toutefois, dit M. Camusat-Busserolles (p. 52), que, par l'effet de l'échéance du délai de dix jours, l'ouverture en fût déjà effectuée, car, dans ce cas, l'arrêté de révocation devrait être assimilé à un véritable arrêté de clôture, et ne serait dès-lors obligatoire que dix jours après sa publication.

109. — Lorsqu'un arrêté suspend l'exercice de la chasse, *à compter d'un jour fixé*, ce jour est compris dans la prohibition. On ne peut invoquer, en pareil cas, les règles d'après lesquelles les jours termes ne sont pas comptés dans les délais. — *Cass.*, 17 sept. 1833, Bachelet. — « Au surplus, dit M. Duvergier (p. 107), et pour éviter toute équivoque, MM. les préfets feraient bien d'expliquer, en termes exprès, que la chasse cessera d'être permise à la fin de tel jour. »

110. — On s'est demandé, sous l'ancienne législation, si, lorsque l'arrêté du préfet qui déclare la chasse close ne prononce aucune peine, les tribunaux devaient appliquer aux contrevenans celles des art. 1er et 5, L. 28-30 avr. 1790. — La cour de Grenoble a décidé l'affirmative. — *Grenoble*, 22 fév. 1827, Rochas.

111. — Peu importe en effet que l'arrêté du préfet prononce ou ne prononce pas de peine. Il n'appartient point à l'autorité administrative d'ajouter à la loi ni de la modifier. L'infraction à son arrêté constitue un délit de chasse, qui ne peut changer de nature au gré de ce fonctionnaire, dont les pouvoirs se bornent à faire des réglemens pour l'exécution de la loi.

112. — Une fois la chasse ouverte, la faculté de chasser peut être exercée dans toute sa plénitude, sauf les restrictions apportées par la loi en ce qui concerne le mode de chasse. — V. *infrà* nos 228 et suiv. — Ainsi elle peut être exercée même en temps de neige. — Tel est le principe. — Toutefois l'art. 9, L. 3 mai 1844, permet aux préfets de prendre des arrêtés pour suspendre momentanément cet exercice pendant le temps où la terre est couverte de neige. A ce moment, en effet, le gibier, affaibli par le manque de nourriture et par le froid, privé de ses moyens de défense ordinaires, devient une proie trop facile pour le chasseur. De nombreuses réclamations avaient depuis long-temps été faites contre les abus de cette chasse, et le législateur, en y faisant droit, a pris contre le braconnage une mesure des plus utiles et des plus fructueuses. — V. *infrà* no 298.

113. — M. Camusat Busserolles pense que la force exécutoire de l'arrêté préfectoral interdisant la chasse en temps de neige est soumise à la condition de publicité préalable de dix jours exigée par l'art. 3, L. 3 mai 1844; car, dit-il, les raisons de décider sont les mêmes dans les deux cas de l'art. 3 et dans les deux cas de l'art. 9, et on chercherait vainement une raison de distinguer.

114. — Tel ne paraît pas toutefois être l'avis de M. le ministre de l'intérieur. Aussi, pour éviter toute difficulté, indique-t-il dans sa circulaire, un mode de procédure auquel les préfets feront sagement de se conformer. « Vous comprenez, y est-il dit, que les arrêtés que vous prendriez à cet effet ne sont pas soumis, comme ceux relatifs à la clôture et à l'ouverture annuelles de la chasse, au délai de dix jours de publication pour devenir exécutoires. Il ne serait même pas possible que vous prissiez, en temps utile, des arrêtés spéciaux pour défendre l'exercice de la chasse chaque fois qu'il sera tombé de la neige. Il suffira, pour atteindre ce but, qu'à l'entrée de l'hiver vous preniez et fassiez publier un arrêté portant défense de chasser lorsqu'il y aura de la neige sur la terre. » — V. *infrà* no 298.

115. — Jugé dans tous les cas que les arrêtés pris pour interdire la chasse en temps de neige, et il semble qu'il doive en être de même de tous les arrêtés pris dans le même ordre d'attributions et qui emportent une pénalité (V. *infrà* nos 248 et suiv.), ne sont obligatoires qu'autant qu'ils ont été portés à la connaissance de ceux qui doivent s'y conformer et que cette connaissance ne peut résulter de la seule insertion au Bulletin administratif de la préfecture. — *Cass.*, 5 juill. 1845 (t. 2 1845, p. 707), Lorain.

116. — C'est ce que la cour de Nancy avait déjà reconnu en partie, en décidant que lorsque l'arrêté qui ordonne la clôture de la chasse a prescrit le mode de sa publication par affiches et par annonces à son de caisse, cette publication ne peut résulter, par analogie tirée de la publication des lois, de l'arrivée au chef-lieu de l'arrondissement du numéro du recueil administratif qui renferme les arrêtés. — *Nancy*, 27 mars 1843 (t. 2 1844, p. 248), Chrétien Weiss. — V. aussi ARRÊTÉ ADMINISTRATIF, LOIS.

117. — Il a été jugé néanmoins que l'insertion au *Mémorial administratif* (recueil destiné à recevoir dans le département du Doubs les actes de la préfecture) constitue, notamment en ce qui concerne les arrêtés relatifs à l'ouverture et à la fermeture de la chasse, un mode de publication suffisant. — *Besançon*, 24 juin 1845 (t. 2 1845, p. 708), Gobry.

118. — Les arrêtés relatifs à la prohibition de la chasse en temps de neige peuvent, comme ceux relatifs à l'ouverture et à la clôture, être pris par les préfets directement et sans demander l'avis du conseil général. M. Camusat Busserolles (p. 102) paraît d'un avis contraire, mais le texte est, suivant nous, positif.

119. — Jugé, par application des art. 3 et 9, L. 3 mai 1844, que chasser en temps de neige, au mépris d'un arrêté prohibitif du préfet, c'est chasser en temps prohibé. — *Orléans*, 27 janv. 1845 (t. 1er 1845, p. 180), Saint-Agnan et Robert. — V. en ce sens *Cass.*, 3 juill. 1845 (t. 2 1845, p. 672), Lavrard.

120. — Jugé encore que l'arrêté du préfet qui défend la chasse, soit en plaine, soit au bois, sur les parties du territoire qui seraient couvertes de neige, est applicable à ceux qui chassent dans les prairies et autres endroits fréquentés spécialement par les oiseaux d'eau et de passage; — Et que l'exception relative aux communes situées sur le littoral ne s'applique qu'aux communes situées sur le bord même de la mer, et non à celles dont une partie du sol n'est submergée qu'accidentellement par les eaux de la mer et par suite des marées. — *Rouen*, 3 avr. 1845 (t. 2 1845, p. 697), N...

CHAPITRE IV. — *Permis de chasse.*

Sect. 1re. — *Principes généraux. — Délivrance du permis.*

121. — L'art. 1er de la loi de 1844 impose, comme condition à l'exercice de la chasse (sauf l'exception écrite dans l'art. 2 (V. *suprà* no 52), la délivrance d'un permis de chasse par l'autorité compétente.

122. — Ce permis de chasse a remplacé le permis de port d'armes de chasse imposé à tout chasseur par la législation antérieure, dont il importe de parler immédiatement.

123. — La loi de 1790 n'exigeait pour l'exercice du droit de chasse l'obtention d'aucun permis émané de l'autorité; vinrent plus tard deux décrets rendus dans un but purement fiscal et dont l'un (celui du 11 juill. 1810) créa une taxe pour la délivrance des permis de port d'armes de chasse; l'autre (celui du 4 mai 1812) édicta des peines contre quiconque serait trouvé chassant et ne justifiant pas d'un permis de port d'armes de chasse délivré conformément au décret du 11 juill. 1810.

124. — L'application de ce dernier décret a donné lieu à plusieurs difficultés assez sérieuses. On a commencé par en contester la légalité; mais indépendamment de ce que plusieurs lois de finances (celles du 28 avr. 1816) ont, en autorisant et modifiant la perception du prix du permis de port d'armes de chasse, confirmé implicitement le décret du 11 juill. 1810, et celui du 4 mai 1812 qui n'en était que la sanction, la cour de Cassation a constamment décidé, même depuis la Charte, que le décret de 1812 avait, sous le rapport de la pénalité, force absolue de loi. — *Cass.*, 18 nov. 1831, Blum; *Colmar*, 2 mars 1831, Deuty; *Cass.*, 8 avr. 1831, Connard; 22 avr. 1831, Pons; *Bordeaux*, 9 janv. 1834, Cruchon; *Cass.*, 3 mai 1834, Meunier; 16 mai 1834, Olivon; 13 juin 1834, Darguat; *Rennes*, 12 déc. 1836, N... — V. aussi Petit, *Traité de la chasse*, p. 272 et suiv.

125. — Jugé aussi que le décret de 1812, sur le permis de port d'armes, maintenu par l'arrêté du souverain des Pays-Bas, du 14 août 1814, a continué d'avoir force de loi dans le royaume de Belgique. — *Bruxelles*, 25 mars 1819, Debus; 1er mars 1832, N...

126. — Le décret de 1812 a encore été attaqué comme étant en opposition manifeste avec la loi du 28-30 avr. 1790, qui regarde le droit de chasse comme inhérent à la propriété en ce que, à raison de la généralité de ses termes, il assujétissait et subordonnait l'exercice de ce droit au paiement d'un impôt, et même au pouvoir discrétionnaire de l'administration. On a ajouté que, s'il est vrai que depuis 1789 le *port d'armes* soit licite à tous les citoyens (V. à cet égard ARMES), comme d'ailleurs le fait de chasse chez soi est permis (loi 1790), il est impossible d'admettre que la réunion de ces deux faits innocens, le *port d'armes* et *la chasse*, puisse constituer un délit. — V. en ce sens Carnot, sur l'art. 1er, C. inst. crim., no 72, t. 1er, p. 45.

127. — Toutefois, le système contraire a prévalu, et il a été jugé : 1o que la peine portée par le décret de 1812 était applicable toutes les fois qu'au défaut de permis de port d'armes se réunissait un fait de chasse quelconque, licite ou non; et, par conséquent, cette application devait être faite à l'individu trouvé chassant sans permis de *port d'armes sur sa propriété non close* et en temps non prohibé. — *Cass.*, 7 mars 1823, Castellan; 21 mars 1823, Payen; 23 fév. 1827, Gourbard; 12 fév. 1830, Hertzoger.

128. — ... Ou sur le terrain d'autrui, mais avec le consentement du propriétaire. — *Bruxelles*, 25 mars 1819, Debus.

129. — Jugé encore, et par application du même principe, que le colon partiaire ne pouvait chasser sans permis de port d'armes, même en temps non prohibé, sur le fonds par lui exploité. — *Cass.*, 23 janv. 1823, Bennery; 20 juin 1823, même partie.

130. — Il a même été décidé que le fait de chasse sans permis de port d'armes de chasse ne perdait pas son caractère de délit par ce qu'il avait lieu sur un terrain clos. — *Cass.*, 21 mars 1823, Auger.

131. — Toutefois la jurisprudence a reconnu qu'il faut excepter le cas où le fait de port et d'usage d'armes de chasse a lieu dans un enclos fermé au public, lié à une maison d'habitation, — parce que le port et l'usage d'armes dans une habitation ne peut être considéré comme un fait de chasse. — *Cass.*, 21 (et non 29) mars 1823, Papon; — Petit, t. 1er, p. 277.

132. — La jurisprudence a également consacré ce principe que le port d'armes de chasse sans permis n'était punissable qu'autant qu'il se joignait à un fait de chasse. — *Cass.*, 1er oct. 1813, Divenot; 15 oct. 1813, Lobbe; 17 août 1821, Deheppe; 10 sept. 1831, Aury Billaudelle; *Bruxelles*, 16 fév. 1816, N...; — Petit, t. 1er, p. 274; Mangin, *Tr. de l'action pub.*, t. 2, p. 141.

133. — On a jugé dès-lors que lorsque, sur l'appel interjeté par le ministère public, en ce que les premiers juges ont omis de condamner le prévenu aux peines du délit de chasse prévu par la loi du 28-30 avr. 1790, le tribunal reconnaît qu'il n'y avait eu aucun fait de chasse, il peut, sans violer l'autorité de la chose jugée, décharger le prévenu de la condamnation prononcée contre lui par le même

jugement pour délit de port d'armes. — *Cass.*, 17 août 1821, Deheppe.

134. — Ces diverses décisions sont devenues sans intérêt depuis la promulgation de la loi de 1844, qui a abrogé expressément le décret du 4 mai 1812 et la loi de 1790. — Il ne peut donc plus être question maintenant du permis de port d'armes de chasse, mais bien du permis de chasse; or entre ces deux permis il existe plusieurs différences sensibles.

135. — La première c'est que la délivrance du permis de chasse est réglée par des dispositions légales (V. *infrà* nos 169 et suiv.), tandis que celle du permis de port d'armes de chasse était complétement abandonnée à l'arbitraire de l'administration qui n'exigeait de la part de l'impétrant que le paiement de la taxe. Cela suffisait pour remplir le but fiscal du décret de 1810 et des lois qui l'ont confirmé.

136. — La seconde, c'est que l'obligation du permis de port d'armes de chasse n'était reconnue applicable qu'à la chasse au fusil: il avait donc été jugé que les peines établies par le décret du 4 mai 1812 ne pouvaient être appliquées à l'individu trouvé chassant avec des chiens lévriers, mais sans armes. — *Cass.*, 10 oct. 1828, Thirouanne.

137. — Et il aurait fallu décider de même pour le fait de chasse avec des panneaux, engins et filets.

138. — Au contraire, sous la loi de 1844, le permis de chasse est exigé pour *toute espèce de chasse* : l'exposé des motifs de la loi s'en exprime d'une manière formelle: « Les décrets de 1810 et 1812, porte cet exposé, n'exigeaient le permis que pour la chasse au fusil; le projet l'exige pour *toute espèce de chasse*. Voilà pourquoi nous avons substitué aux mots : « Permis de port d'armes de chasse », employés d'une manière restrictive par les décrets de 1810 et de 1812, les expressions plus générales : « permis de chasse ». Ces expressions seules peuvent rendre l'intention du projet, qui a été de ne pas borner au cas de la chasse au fusil l'obligation d'obtenir un permis ». Ainsi, il faut tenir pour constant que toute espèce de chasse, soit à courre, soit au fusil, soit même au piége ou aux filets dans les cas exceptionnels où ce mode de chasse est autorisé (V. *suprà* no 230), se trouve assujétie à l'obtention préalable du permis de chasse.

139. — Pour pouvoir chasser, *il faut avoir obtenu le permis*. Il ne suffirait pas d'avoir fait les diligences nécessaires pour l'obtenir, et même d'avoir à cet effet consigné les droits fiscaux. C'est ce qui était jugé sous l'ancienne législation. — *Cass.*, 24 déc. 1819, Thierion; 11 fév. 1820, Bertoin; 7 mars 1823, Castiflan; *Grenoble*, 26 nov. 1823, Buisson; 20 avr. 1837 (t. 1er 1838, p. 87), Capretz.

140. — Jugé encore, dans le même sens : 1° que celui qui a été trouvé chassant sans être porteur d'un permis de port d'armes ne peut être acquitté sous prétexte qu'il était antérieurement en réclamation du permis, qu'il avait obtenu l'avis favorable du maire et du sous-préfet, et que, postérieurement au procès-verbal, il a obtenu ce permis et payé les droits qui y sont attachés. — *Cass.*, 31 déc. 1819, Terby.

141. — ... 2° Non plus que sur le motif qu'il aurait consigné les droits la veille, et que ce serait par une circonstance indépendante de sa volonté que le permis ne lui aurait pas été délivré ledit jour. — *Cass.*, 3 mars 1836, Gosset.

142. — Jugé encore que l'individu surpris en action de chasse ne peut s'affranchir de la condamnation qu'en justifiant qu'il avait obtenu un permis de port d'armes, la preuve contraire ne peut pas être mise à la charge du ministère public. — *Cass.*, 5 mai 1836, Lavanniers des Hauviers; *Nîmes*, 26 nov. 1840 (t. 1er 1841, p. 19), Brémond.

143. — ... Et qu'il est tenu d'en justifier, quoiqu'aucune sommation ne lui ait été faite de le produire. — V. même arrêt de 1836, et *Cass.*, 26 mars 1825, Dumont.

144. — Jugé d'ailleurs que pour qu'il y ait délit de chasse sans permis de port d'armes, il n'est pas nécessaire que la contravention prévue par le décret de 1812 résulte du procès-verbal même; il suffit que devant le tribunal le prévenu ne puisse exhiber le permis dont il devait être porteur. — *Nîmes*, 26 nov. 1840 (t. 1er 1841, p. 19), Brémond.

145. — Que s'il est établi par le procès-verbal d'un garde qui n'a été détruit par aucune preuve contraire, que le prévenu a été trouvé chassant et ne justifiant point d'un permis de port d'armes, le tribunal ne peut renvoyer des poursuites le prévenu qui n'a rapporté un permis, ni en première instance ni en appel. — *Cass.*, 5 fév. 1819, Durut-Morel.

146. — Mais il a été jugé aussi que celui qui n'a pas représenté son permis de port d'armes au moment où il a été trouvé chassant, mais qui justifie à l'audience qu'il en était pourvu antérieurement au fait de chasse, n'est passible d'aucune peine. — *Metz*, 28 oct. 1820, Poncelet; *Cass.*, 19 juin 1818, N...; *Gand*, 16 mars 1836, Hitech; *Cass. belge*, 20 mai 1836, Hitech; *Bordeaux*, 17 janv. 1839 (t. 2 1845, p. 671), Ducos; *Grenoble*, 11 nov. 1841 (t. 1er 1842, p. 274), Doucet.

147. — Les cours de Metz et de Grenoble (arrêts précités) avaient néanmoins décidé que dans ce cas il est passible de tous les frais jusqu'au moment de la production de son permis; mais cette doctrine, que nous avons combattue sous l'arrêt de la cour de Metz, a été repoussée par les cours de Bordeaux, de Gand et de Cassation belge, dans les arrêts cités sous le n° qui précède. — V. en ce sens Gillon et de Villepin, p. 225.

148. — Ces diverses décisions recevraient leur application sous la législation actuelle, quant à la justification et à l'obtention préalables du permis de chasse. — V. *infrà* nos 345 et suiv.

149. — Les permis de chasse (L. 3 mai 1844, art. 5) sont délivrés, sur l'avis du maire et du sous-préfet, par le préfet du département dans lequel celui qui en fait la demande a sa résidence ou son domicile.

150. — De là il faut conclure, porte la circulaire de M. le ministre de l'intérieur, « que c'est au maire que la demande formelle sur papier timbré doit être adressée, pour qu'elle parvienne au préfet, avec l'avis de ce fonctionnaire, par l'intermédiaire du sous-préfet pour les arrondissemens autres que celui du chef-lieu. » — Il faut aussi en conclure que de même que le permis de chasse peut être pris dans un département où l'impétrant a son domicile ou sa résidence, de même aussi la demande peut être formée devant le maire de la commune où l'impétrant est domicilié, ou de celle où il réside temporairement.

151. — Les avis ne doivent pas exprimer vaguement qu'il y a lieu ou non de délivrer le permis demandé. — Ils doivent: 1° lorsqu'ils sont favorables, exprimer qu'il n'est pas à la connaissance de ces fonctionnaires que l'impétrant se trouve dans aucune des catégories pour lesquelles le permis ne pourrait être délivré; — 2° s'ils sont défavorables, exprimer que l'impétrant se trouve, à leur connaissance, dans telle ou telle position qui fait obstacle à la délivrance d'un permis de chasse. — Même circulaire.

152. — Enfin, la même circulaire rappelle aux sous-préfets et aux maires qu'ils n'ont pas à s'occuper, dans leurs avis, du point de savoir si l'impétrant est ou non propriétaire foncier, aucune des dispositions de la loi n'exigeant cette condition pour l'exercice du droit de chasse.

153. — Au surplus, il résulte de la discussion qui a eu lieu à la chambre des pairs (V. Duvergier, *Coll. des lois*, t. 44, p. 114), que les avis du maire et du sous-préfet, qu'ils soient favorables ou contraires, ne lient pas le préfet.

154. — « De même, disent MM. Gillon et de Villepin (p. 122), la décision du préfet d'un département ne peut influer sur la décision du préfet d'un autre département. Les droits de l'un et de l'autre sont égaux; l'un ne peut enchaîner l'autre par les mesures qu'il prend dans le cercle de ses attributions. Si donc un individu a été repoussé par le préfet du département dans lequel il a sa résidence, le réclamant pourra s'adresser au préfet du département dans lequel il a son domicile, et réciproquement, sans qu'on puisse lui opposer de fin de non-recevoir tirée de la décision prise précédemment. »

155. — Le mot *résidence*, employé par l'art. 5, ne doit pas être pris dans une acception trop large et trop étendue. Ainsi, dit M. Camusat-Busserolles (p. 70), on ne devrait pas donner ce nom à un séjour passager et précaire, mais seulement à un établissement assez stable pour qu'il permette à l'autorité de connaître les antécédens et les habitudes de celui qui en revendiquerait le bénéfice.

156. — A Paris, c'est au préfet de police qu'est dévolue la délivrance du permis de chasse; c'est donc à lui que les habitans du ressort de la préfecture de police devront demander le permis. Ceux de Paris n'auront pas même besoin de demander l'avis des maires, car les maires n'exercent à Paris aucune attribution de police. C'est aux commissaires de police qu'ils devront s'adresser. Mais, pour les arrondissemens de Sceaux et de Saint-Denis, compris dans le département de la Seine, la règle générale subsiste. L'avis des maires et sous-préfets est indispensable, et c'est au préfet de la Seine qu'ils doivent être transmis. — Gillon et de Villepin, p. 131.

157. — Le décret du 11 juill. 1810 fixait à 30 fr. le prix du permis de port d'armes de chasse. La loi du 28 avr. 1816 réduisit ce droit à 15 fr., perçus au profit de l'état. L'art. 5, L. 3 mai 1844, porte : que la délivrance du permis de chasse donnera lieu au paiement d'un droit de 15 fr. au profit de la commune dont le maire aura donné l'avis dont il a été question plus haut.

158. — Les permis de chasse sont personnels. — L. 3 mai 1844, art. 5. — V. sur l'application de ce principe *infrà* n° 365 et suiv.

159. — En outre, ils sont valables pour tout le royaume. — Même article.

160. — Cette disposition fait ainsi disparaître les difficultés qui s'étaient élevées à ce sujet sous l'empire de l'ancienne législation; difficultés que la jurisprudence avait au surplus résolues dans le sens de la législation actuelle.

161. — Ainsi, il avait été jugé que le permis de port d'armes de chasse était valable et devait produire son effet non seulement dans le département où résidait le préfet qui l'avait délivré, mais encore dans toute l'étendue de la France. — *Lyon*, 20 janv. 1825, Berneze.

162. — Il est vrai qu'une circulaire du ministre des finances adressée aux préfets le 20 sept. 1820, décidait que le permis serait soumis au visa du préfet du département dans lequel on voudrait exercer le droit de chasse. Mais les tribunaux n'allèrent pas jusqu'à prononcer l'amende dans le cas où ce visa n'était pas apposé. Cette formalité n'étant pas exigée par le décret du 4 mai 1812 : à plus forte raison, sous la loi actuelle, ne doit-on pas exiger un pareil visa. C'est ce qu'explique formellement le rapport présenté à la chambre des pairs. — Duvergier, p. 116.

163. — En Belgique, il a été jugé que le chasseur dont le permis de port d'armes délivré dans une autre province n'avait pas été visé par le gouverneur de la province où il avait chassé, devait être acquitté lorsqu'il justifiait qu'il avait fait toutes les diligences nécessaires pour obtenir ce visa, et que s'il ne l'avait pas obtenu, c'était par un fait indépendant de sa volonté. — *Liége*, 14 fév. 1834, Bonnay.

164. — Les permis ne sont valables que pour un an (L. 3 mai 1844, art. 5). — C'est aussi ce que portait le décret du 11 juill. 1810; seulement il s'exprimait avec plus de précision sur la durée des permis, en disant qu'ils seraient valables pour un an « à partir du jour de la délivrance ».

165. — On a jugé sous l'empire de ce décret que la règle *dies termini non computatur in termino* n'était pas applicable au délai d'un an déterminé pour la durée d'un permis de port d'armes de chasse; et qu'en conséquence le permis délivré le 4 sept. ne durait que jusqu'au 3 sept. de l'année suivante, et ne pouvait pas être déclaré valable à la date du 5. — *Cass.*, 17 mai 1828, Gérard Aubry; *Douai*, 14 déc. 1838 (arrêt cité par Petit, t. 1er, p. 310); *Grenoble*, 11 nov. 1841 (t. 1er 1842, p. 274), Gannet et Doucet.

166. — Cette jurisprudence doit, malgré la différence des deux textes, être maintenue sous la loi actuelle. En effet, comme l'expriment avec beaucoup de raison MM. Gillon et de Villepin (p. 130) : « dire que le permis de chasse est valable.... *pour un an seulement*, c'est dire qu'aussitôt l'année révolue le permis cesse d'être valable : or, le permis délivré le 1er sept. donne le droit de chasser ce jour-là ; il couvre les faits de chasse commis à la même date, puisque, délivré le même jour, il a pu l'être avant l'heure du fait de chasse. Le jour de la délivrance du permis compte donc dans l'année fixée pour sa durée ; et par cela même, la date correspondante de l'année suivante se trouve exclue; autrement le permis durerait non pas une année seulement, mais plus d'une année, c'est-à-dire *un an et un jour*. En effet, l'année, jour de la délivrance compris, et il doit l'être, *expire à la dernière minute* du jour qui précède la date de l'année qui correspond au jour de la délivrance. »

167. — Ajoutons que le permis de chasse devant être renouvelé chaque année pour être valable, l'avis du maire et du sous-préfet devra être aussi *annuellement* demandé. Cela résulte de la discussion à la chambre des députés. — Gillon et de Villepin, p. 123.

168. — Ces notions générales une fois établies, il importe de rechercher dans quels cas et à quelles personnes le permis de chasse peut ou doit être accordé ou refusé.

Sect. 2e. — *Cas dans lesquels le permis de chasse* peut *ou* doit *être refusé*.

169. — L'art. 6 du projet primitif de la loi du 3 mai 1844 conférait au préfet un pouvoir discrétionnaire pour refuser le permis de chasse, à la charge de rendre immédiatement compte des motifs au ministre de l'intérieur qui statuerait, et la chambre des pairs avait accueilli cette disposition contre l'avis de sa commission, qui, en refusant au préfet un pouvoir discrétionnaire, avait augmenté le nombre des incapacités portées dans les articles suivans.

170. — Ce système fut vivement combattu à la chambre des députés, et de ce conflit sortirent les

art. 6, 7 et 8 qui créent deux ordres d'incapacités, les unes purement facultatives, les autres absolues. Le premier de ces articles détermine les personnes auxquelles le préfet *pourra* refuser le permis de chasse ; le deuxième celles auxquelles le permis de chasse ne sera pas accordé.

171. — Il faut immédiatement faire remarquer qu'au fond il n'y a aucune différence entre ne pas *délivrer* et ne pas *accorder* le permis ; seulement, ainsi que le disait un député (M. Crémieux), les termes ont été nuancés suivant les catégories frappées de l'incapacité de chasser. En un mot, l'art. 7 s'occupe de certains cas d'incapacité, et l'art. 8 de certains cas d'indignité.

172. — Il faut également ajouter que ces diverses causes d'incapacité, soit facultative, soit absolue, signalées par les dispositions qui vont être analysées, sont essentiellement limitatives ; car le permis de chasse est de droit commun. On ne saurait donc, à cet égard, rien ajouter aux exceptions formellement écrites dans la loi.

§ 1er. — *Personnes auxquelles le permis de chasse peut être refusé.*

173. — Le permis de chasse peut, d'après l'art. 6, L. 3 mai 1844, être refusé : 1° à tout individu majeur qui ne sera point personnellement inscrit, ou dont le père ou la mère ne serait par inscrit au rôle des contributions.

174. — Il faut remarquer sur cette disposition, que *l'habitation* avec les père et mère n'est pas nécessaire (ainsi que le proposait originairement la commission de la chambre des députés) à l'individu majeur qui veut un permis de chasse ; il suffit, s'il n'est pas inscrit au rôle des contributions, qu'il justifie que ses père et mère y sont inscrits, en quelque lieu qu'ils habitent, séparément de lui ou avec lui. — Gillon et de Villepin, p. 135.

175. — Mais il résulte de la discussion qui a eu lieu à la chambre des députés que l'exception se borne *aux père et mère* et aux enfans au premier degré en ligne directe. Elle ne saurait s'appliquer aux autres ascendans et petits enfans, encore bien que les père et mère fussent décédés.

176. — Il est constant en outre que l'inscription au rôle suffit, et le paiement effectif n'est pas exigé.

177. — Peu importe d'ailleurs la nature des *contributions* ; les prestations en nature pour l'entretien des chemins vicinaux comptent elles-mêmes à ceux qui y sont soumis et à leurs enfans pour l'obtention du permis de chasse. — Duvergier, *Coll. des lois*, p. 147.

178. — Voici au surplus en quels termes M. le ministre de l'intérieur s'exprime dans sa circulaire aux préfets : « S'il vous est loisible de refuser un permis de chasse à tout citoyen majeur, par le seul motif qu'il ne serait ni imposé ni fils d'imposé, et si la qualité d'imposé ou de fils d'imposé est la première condition déterminée par la loi, pour qu'un citoyen majeur ait le droit d'obtenir un permis de chasse, vous reconnaîtrez sans doute que ce serait faire de ce principe une application trop rigoureuse et trop étendue, que d'exiger de tout impétrant qu'il vous justifie qu'il est imposé ou fils d'imposé. L'absence de cette condition est une rare exception, et puisque la presque totalité des citoyens majeurs sont nécessairement imposés ou fils d'imposés, ce ne serait plus exiger qu'une formalité inutile, que d'astreindre *tous les impétrans* à joindre à leur demande un certificat ou extrait de rôle. Il suffira, ce me semble, que vous exigiez cette production de ceux à l'égard desquels vous auriez des doutes sur la question de l'inscription au rôle, et dans le cas où vous croiriez devoir vous appuyer de la non-inscription pour refuser le permis demandé. »

179. — Le permis de chasse peut encore être refusé 2° à tout individu qui, par une condamnation judiciaire, a été privé de l'un ou de plusieurs des droits énumérés dans l'art. 42, C. pén., autres que le droit de port d'armes.

180. — ... 3° A tout condamné à un emprisonnement de plus de six mois, pour rébellion ou violence envers les agens de l'autorité publique.

181. — Pour que cette disposition soit applicable, il faut que la condamnation soit devenue *définitive*, c'est-à-dire qu'il n'y ait ni opposition, ni appel, ni pourvoi en cassation, et que les délais soient écoulés. — C'est ce que disait expressément la rédaction première du paragraphe, et ce qui a été formellement reconnu par M. le garde des sceaux. — La suppression du mot *définitivement* après le mot *condamné* n'est qu'une erreur de rédaction.

182. — *La rébellion* dont il s'agit dans ce paragraphe est celle que définissent et répriment les art. 209 et suiv., 219 et suiv., C. pén. *La violence* qui est ici assimilée à la rébellion dans ses effets, ne doit pas se concentrer dans les art. 230 à 232 du même Code. Ce mot de violence est général, et si, pour des blessures graves ou bien pour un meurtre déclaré excusable, et qui auraient eu pour victimes des agens de l'autorité, un individu avait été condamné à plus de six mois de prison, il rentrerait évidemment dans la catégorie de ce paragraphe. — Berriat Saint-Prix, *Législation de la chasse*, p. 63.

183. — « La qualité d'agent de l'autorité, ajoute encore M. Berriat Saint-Prix (p. 64), paraît également énonciative ; et, si une condamnation avait été prononcée pour des violences exercées envers un magistrat de l'ordre administratif ou judiciaire, l'individu qui en serait l'objet, serait certainement passible du refus de permis, comme si les violences avaient été adressées à un agent subalterne. » Et le même auteur pense qu'une décision semblable devrait être appliquée au cas où il s'agirait de violences exercées envers un citoyen chargé d'un ministère public. — C. pén., art. 230.

184. — ... 4° A tout condamné pour délit d'association illicite ; de fabrication, débit, distribution de poudre, armes ou autres munitions de guerre ; de menaces écrites ou de menaces verbales, avec ordre ou sous condition ; d'entraves à la circulation des grains ; de dévastations d'arbres ou de récoltes sur pied, de plants venus naturellement ou faits de main d'homme ;

185. — ... 5° A ceux qui auront été condamnés pour vagabondage, mendicité, vol, escroquerie ou abus de confiance.

186. — Nous avons dit que par ce mot, *abus de confiance*, la loi paraissait avoir compris les différens faits prévus et punis, comme rangés sous cette catégorie, par le § 2, sect. 2e, tit. 2, liv. 3, C. pén. (art. 406 et suiv.). — V. ABUS DE BLANC-SEING, n° 51, ABUS DE CONFIANCE, n° 194, ABUS DES PASSIONS DES MINEURS, n° 24. — Mais nous avons dit aussi qu'il serait trop rigoureux d'y comprendre, bien que classé sous la même rubrique, l'abus de confiance connu sous le nom de : *abus de confiance par soustraction de titres, pièces ou mémoires.* — V. ce mot, n° 15.

187. — L'art. 6, § 7, ajoute que la faculté de refuser le permis de chasse aux condamnés dont il est question dans les §§ 3, 4 et 5, cessera *cinq ans après l'expiration de la peine.*

188. — Cette disposition est applicable aussi bien au cas où la peine consiste dans une amende qu'à celui où il s'agit de l'emprisonnement (Berriat Saint-Prix, p. 65 ; Petit, t. 3, p. 64). — Mais comment, dans le cas d'amende, se calculera le délai de cinq ans ? — Les auteurs précités pensent que si l'amende est acquittée à une époque voisine du jugement, le délai courra du jour du paiement, attendu que cette peine ne peut autrement *s'exécuter, se subir* ; et qu'au contraire si le condamné différait à s'acquitter, le délai (faute de point de départ) courrait du jour où la condamnation serait devenue irrévocable. — Resterait cependant une autre interprétation (mais elle serait bien rigoureuse) : ce serait de prendre pour point de départ le *paiement* de l'amende, à quelque époque que ce paiement ait lieu.

189. — Si la condamnation prononcée infligeait à la fois l'emprisonnement et la surveillance, c'est à partir de l'emprisonnement (dont la surveillance n'est que l'accessoire) que courrait le délai de cinq ans, sauf aux condamnés à retomber, quant à la surveillance, sous l'application de l'art. 8. — V. *infrà* n° 219.

190. — La disposition du § 7, art. 8, donne lieu à une difficulté sérieuse ; en effet, il résulte de sa rédaction que la faculté accordée aux préfets de refuser le permis de chasse ne cesse après cinq ans, qu'à l'égard des condamnés dont il est question dans les §§ 3, 4 et 5, mais que relativement aux condamnés dont parle le § 2, c'est-à-dire à ceux qui sont privés de un ou plusieurs des droits énumérés dans l'art. 42, autres que le port d'armes, le préfet peut *toujours* refuser le permis de chasse, quel que soit le temps qui se soit écoulé depuis l'expiration de la peine. — Mais est-ce bien là véritablement l'esprit de la loi ? — Les auteurs sont partagés.

191. — D'une part, M. Camusat-Busserolles (p. 76) pense que c'est par oubli que le § 2 de notre article a été omis dans la rédaction du paragraphe final et soutient que l'incapacité créée par le § 2 cesse, comme toutes les autres incapacités sus-énoncées par le même article, cinq ans après l'expiration de la peine. — MM. Duvergier (1844, p. 114) et Championnière (*Manuel du Chasseur*, p. 49), vont plus loin encore : ils sont d'avis que le pouvoir discrétionnaire du préfet dans le cas prévu par le même paragraphe ne s'étend pas au-delà de la durée des condamnations qu'il prévoit. — Ce dernier auteur argumente par analogie de l'art. 8 (V. *infrà* n° 214), qui ne prive du permis de chasse les individus privés du droit de port d'armes par suite de condamnation que pendant la durée de la condamnation. — Or, il serait extraordinaire qu'après avoir considéré la privation du droit de port d'armes comme plus grave que celle des autres droits mentionnés en l'art. 42 puisqu'elle en fait un cas, non pas seulement *facultatif* mais *obligé* du refus de permis de chasse, le législateur eût cependant attaché à cette dernière condamnation des effets plus graves quant à la durée de l'incapacité qui en résulte. — D'un autre côté, et pour repousser d'autant plus l'application du § 7 de l'art. 6, quant au délai de cinq ans, le même auteur ajoute : « On comprend très bien que l'on n'accorde pas un permis de chasse à une personne le lendemain du jour où elle est sortie de prison, et qu'à la peine corporelle qu'elle a subie on fasse succéder une certaine incapacité ; qu'en d'autres termes, l'incapacité soit la conséquence de la peine corporelle ; mais, lorsque *la peine elle-même est une incapacité* supposer qu'après son expiration commence une autre espèce d'incapacité, c'est prêter au législateur une combinaison dont il n'y a pas d'exemples et qui répugne à la nature même des choses. » — V. aussi en ce sens Berriat Saint-Prix, p. 62.

192. — Au contraire, MM. Gillon et de Villepin (p. 142), s'attachant au texte de la loi s'expriment ainsi : — « Est-il donc étonnant que pour le cas prévu au § 2, le législateur se soit montré plus exigeant que pour les autres, et qu'il ait étendu à toute la vie du condamné l'arbitraire du préfet *en matière* de permis de chasse ? — La loi du 3 mai 1844 est une loi de police, de surveillance et de précaution ; or, l'exagération même des précautions est permise quand il s'agit d'individus pour lesquels, soit la peine corporelle, soit la peine pécuniaire n'ont pas paru suffisantes et que le juge a cru devoir frapper d'une manière plus accablante ou plus intime, en les atteignant jusque dans leurs droits de famille et de citoyen. — De tels individus méritaient-ils la confiance de la loi à aucune époque de leur vie ? La faculté de leur refuser le permis de chasse ne devait-elle pas être indéfiniment laissée aux préfets ?.... » ... Quant à l'argument tiré de l'art. 8, les mêmes auteurs le réfutent ainsi qu'il suit : « La privation du droit de port d'armes est, à quelque point de vue qu'on se place, quelque chose de bien moins grave que la privation des droits de famille ou de citoyen. La privation du droit de port d'armes est habituellement la conséquence de délits commis envers les personnes. Or, de même que l'emportement des passions et l'impétuosité du caractère se modifient avec l'âge et le temps, de même le temps doit influer sur le pouvoir laissé aux préfets. Mais quand il s'agit de la privation des autres droits civils et de famille, qui tiennent plus intimement à la moralité des individus, nous concevons que la loi se montre plus sévère. C'est, suivant nous, le motif qui a déterminé l'exception formelle faite par le dernier alinéa de notre article à l'égard du § 2. »

193. — Toutefois, et quelque rigoureux que le texte puisse paraître, nous inclinons fortement pour l'opinion de MM. Duvergier, Championnière et Berriat Saint-Prix, et nous pensons, avec ce dernier auteur, que c'est par une erreur de rédaction qu'il est dit dans le § 2 de l'art. 6, « *celui qui a été privé.* » Il semble qu'il faut lire « *celui qui est privé.* »

194. — Il n'est pas sans intérêt de transcrire ici un passage de la circulaire de M. le ministre de l'intérieur relatif à l'application des quatre derniers paragraphes de l'art. 6 : « De ce que que la loi, porte cette circulaire, vous permet de refuser le permis de chasse dans les différens cas spécifiés par ces quatre paragraphes de l'art. 6, vous n'entendrez sans doute pas astreindre ceux qui demandent le permis à justifier qu'ils ne se trouvent dans aucune de ces positions. Non seulement ce serait placer tous les citoyens sous une espèce de prévention blessante pour eux, mais encore ce serait exiger une justification souvent impossible, puisqu'il ne leur suffirait pas de s'adresser à l'autorité judiciaire de leur résidence pour en obtenir un certificat de non-condamnation. L'obtention du permis de chasse est, pour tous les citoyens, de droit commun ; des exceptions sont faites à ce droit, dans un intérêt public ; c'est donc à l'autorité qui veut appliquer l'exception à prouver le cas exceptionnel. »

195. — Au surplus, le pouvoir conféré aux préfets, bien qu'il s'exerce arbitrairement, c'est-à-dire, sans que ces fonctionnaires soient tenus de rendre compte des motifs de leur refus à ceux qui en sont frappés, n'est pas un droit absolu et dont l'exercice ne soit soumis à aucun recours légal. — Le projet du gouvernement contenait la réserve de l'appel au ministre de l'intérieur pour les refus faits par le préfet ; depuis, cette réserve a été sup-

primée; mais M. le garde des sceaux expliquant cette suppression a dit : « On a pensé qu'il était dangereux d'insérer cette disposition dans la loi, parce que, dans toutes les lois où elle ne se trouverait pas, on pourrait croire que la faculté n'existe pas. *Cette faculté est de droit*, elle n'a pas besoin d'être écrite dans l'article. » — *Moniteur*, 7 fév. 1844, p. 343.

§ 2. — *Personnes auxquelles le permis de chasse doit être refusé.*

196. — Suivant l'art. 7, L. 3 mai 1844, le permis de chasse ne sera pas délivré : 1° aux mineurs qui n'auront pas seize ans accomplis ; l'interdiction qui résulte de ce premier paragraphe est absolue, et le mineur ne pourrait en être relevé par le consentement de sa famille, car il est présumé par la loi ne point avoir de discernement. — Rapp. de M. Lenoble devant la chambre des députés.

197. — ... 2° Aux mineurs de seize à vingt-un ans, à moins que le permis ne soit demandé pour eux par leur père, mère, tuteur ou curateur, porté au rôle des contributions. — A l'égard de ces mineurs, la loi présume plus de prudence, et si leur père, et, à son défaut, leur mère ; leur tuteur ou leur curateur, vient en rendre témoignage, il n'existe plus de raison pour refuser d'y croire. — Camusat Busserolles, p. 80.

198. — Ce paragraphe s'applique aux mineurs émancipés comme à ceux qui ne le sont pas, c'est ce qui ressort de la discussion à la chambre des pairs et de l'insertion du mot *curateur*, qui ne se trouvait pas dans la rédaction primitive. — Duvergier, *Coll. des lois*, p. 120.

199. — Si les mineurs étaient portés *eux-mêmes* au rôle des contributions, il ne serait évidemment pas nécessaire *que leur père, mère, tuteur ou curateur* le fussent, c'est ce que fait remarquer avec raison M. Duvergier (*Coll.*, p. 144) : « Les termes de notre article, dit-il, n'ont pas pour but d'établir un principe nouveau ; ils se réfèrent à la règle établie dans l'article précédent. Ainsi, comme dans l'art. 6, l'inscription personnelle suffit, et, à défaut de cette inscription personnelle, on peut profiter de l'inscription de son père ou tuteur... » Et à l'appui de cette interprétation il cite quelques paroles échangées entre MM. Vivien et Ressigeac à la chambre des députés. — V. en ce sens MM. Gillon et de Villepin, p. 150 ; Camusat-Busserolles, p. 81 ; Berriat Saint-Prix, p. 69 ; Vergé et Loiseau, *Comm. sur la chasse*, p. 25.

200. — ... 3° Aux interdits. Les mots *aux interdits* ayant été adoptés sans autre expression, il résulte de cette rédaction que l'incapacité d'obtenir le permis ne frappe ni ceux que la commission avait distingués dans le projet de loi sous le nom de *notoirement connus pour ne pas être sains d'esprit*, ni les individus pourvus seulement d'un *conseil judiciaire*, en vertu des art. 499 et 513, C. civ.

201. — M. Duvergier (p. 120) regrette que l'amendement de la commission n'ait pas été accueilli. « On sait, dit-il, qu'il peut y avoir des gens qui ne soient pas sains d'esprit, qui soient en état de démence, et dont l'interdiction n'est pas prononcée (V. L. 30 juin 1838). Que fera le préfet au cas où un individu dans cette position lui demande un permis de chasse ? — S'il refuse, il se met en opposition avec la présente loi ; s'il accorde, il compromet la sûreté publique. Pour sortir de cet embarras, le préfet pourrait, il est vrai, user de la faculté que lui donne l'art. 19, L. 30 juin 1838, de faire détenir celui dont l'aliénation compromettrait l'ordre public ou la sûreté des personnes. Il échapperait par là à l'obligation de délivrer le permis de chasse. » — V. aussi Gillon et de Villepin, p. 151.

202. — On s'est demandé si une femme pouvait obtenir un permis de chasse. Cette question, soulevée par un député (M. Delespaul), est restée sans réponse. Elle n'est cependant pas sans intérêt, et MM. Gillon et de Villepin disent avec beaucoup de raison qu'il ne faudrait pas conclure du silence de la chambre à l'incapacité absolue de la femme. Ce qu'il faut dire, en principe, c'est que la femme, aussi bien que l'homme, peut l'obtenir, lorsqu'elle rentre dans les conditions légales. — Gillon et de Villepin, p. 152. — La seule difficulté qui puisse se présenter est relative au cas où elle serait majeure, mariée et inscrite au rôle des contributions. Dans ce cas, aurait-elle besoin de l'autorisation de son mari pour obtenir un permis ? — MM. Championnière (p. 51) et Berriat Saint-Prix (p. 70) se prononcent pour la négative, attendu que chasser n'est ni contracter une obligation, ni même faire un acte d'administration, et qu'elle ne saurait avoir besoin d'autorisation pour chasser licitement, pas plus que pour se livrer à l'exercice du cheval. — Au contraire M. Lavallée (*Vade-mecum du chasseur*) regarde l'autorisation comme nécessaire, en se fondant sur ce que la femme, pour presque tous les actes, est assimilée au mineur. Quoi qu'il en soit, disent MM. Gillon et de Villepin (p. 158), « espérons que la réserve, dont nos mœurs françaises ont fait une loi aux femmes, permettra aux préfets de négliger sur ce point l'interprétation de la volonté précise du législateur. »

203. — ... 4° Aux gardes champêtres ou forestiers des communes et établissemens publics, ainsi qu'aux gardes forestiers de l'état et aux garde-pêche.

204. — « L'esprit de cette disposition, disent MM. Gillon et de Villepin (p. 158), est le même que celui qui avait fait défendre autrefois aux gardes de porter des fusils. Les anciennes ordonnances leur permettaient seulement de porter pour leur défense une épée et des pistolets de ceinture ; parce que, chargés par état de veiller à la conservation du gibier, ils seraient exposés à en être eux-mêmes les destructeurs si on leur tolérait le port du fusil ; par la même raison, il leur était défendu de mener aucun chien à leur suite. — V. Henriquez, p. 74. — Il y a cependant quelques maîtrises, comme celles de Metz, Hainault, Boulogne et Sainte-Menehould, où il leur était permis, par arrêt du conseil, de porter des fusils.... S'il arrivait qu'ils en abusassent pour chasser, ils devaient en être punis par amende et destitution, bannissement, même de punition corporelle. — Ord. 1669, tit. 30, art. 14. — La nouvelle loi, conçue dans le même esprit que les ordonnances du roi, se montre pourtant moins rigoureuse dans ses prescriptions ; elle se borne à interdire aux préfets de délivrer des permis de chasse aux gardes *publics*, champêtres et forestiers. »

205. — Sous l'expression *gardes champêtres*, la loi comprend généralement tous les gardes préposés à la surveillance de la police rurale et à la conservation des biens et des fruits de la campagne ; ainsi, par exemple, les *gardes messiers*, qu'on institue par accident, suivant l'abondance de certains fruits de la terre, les *garde-vignes* aussi, qui ne remplissent que de courtes fonctions. — Explications de M. Gillon à la chambre des députés. — L'interdiction qui pèse sur eux prend sa source dans la nature même de leurs fonctions. — « Si l'on examine, a dit M. Lenoble dans son rapport, en quoi consistent les devoirs des gardes, on reconnaît bientôt que la surveillance de tous les instans qui leur est imposée ne peut se concilier avec l'exercice du droit de chasse. D'un autre côté, les gardes qui ont la passion de la chasse ont, par la nature de leurs fonctions, toute facilité et tous les moyens de la satisfaire ; aussi remarque-t-on que ceux d'entre eux qui s'y livrent sont comptés parmi les braconniers de leur commune. Les gardes forestiers sont constamment armés, et il serait à désirer que l'administration forestière fît choix pour eux d'une arme dont ils ne pussent se servir pour aller à la chasse. Mais la facilité d'en substituer une autre sera trop grande, la tentation de le faire sera trop forte, pour que l'abus cesse avant le jour où la chasse sera interdite aux gardes. C'est pour créer cette interdiction que votre commission vous propose d'inscrire dans la loi qu'il ne pourra être accordé de permis de chasse aux gardes. »

206. — L'interdiction, d'ailleurs, ne s'applique qu'aux simples gardes ; elle n'existe pas pour les agens gradés, quel que soit leur rang dans la hiérarchie administrative. Ainsi les brigadiers gardes, les gardes à cheval, gardes généraux et les agens de l'administration forestière d'un grade plus élevé peuvent obtenir un permis de chasse. — Explications de M. Gillon à la chambre des députés. — Duvergier, *Coll. des lois*, p. 121 ; Camusat Busserolles, p. 82.

207. — Il en faut dire autant, suivant M. Berriat Saint-Prix (p. 71), des simples gardes du domaine de la couronne, bien qu'ils soient complétement assimilés aux gardes de l'administration forestière. — C. forest., art. 87. — La loi du 3 mai 1844 exceptant (art. 30, V. *infrà* nos 670 et suiv.) les propriétés de la couronne de ses dispositions de police, il doit en résulter que les gardes de ces propriétés ne sont pas atteints par l'incompatibilité qu'elle a établie par le § 4 de l'art. 7.

208. — Quant aux gardes des particuliers, ils ne sont pas incapables d'obtenir le permis de chasse. En effet, dit M. Camusat-Busserolles (p. 83), les particuliers ont non seulement le droit de chasser, mais encore celui de *faire chasser* sur leurs propriétés et possessions, et il n'existe pas de raison pour les empêcher de déléguer ce droit aussi bien à leurs gardes qu'à des étrangers. C'est aussi en ce sens que s'explique la circulaire de M. le ministre de l'intérieur : « Vous ne refuserez donc pas, dit-il aux préfets, le permis de chasse aux gardes particuliers, mais vous ferez sagement de les inviter à justifier de l'autorisation des propriétaires dont ils sont les agens. »

209. — Mais les permis de chasse ne sont nécessaires à ces gardes particuliers qu'autant qu'ils voudraient se livrer à l'exercice de la chasse et pour des faits de chasse proprement dits. Quant au droit de porter leurs armes (ce qui est nécessaire, puisqu'ils doivent détruire les animaux nuisibles et malfaisans, et que constamment en face des malfaiteurs ils peuvent avoir besoin d'y recourir pour leur défense personnelle), il a été bien expliqué par M. le garde des sceaux que ce droit leur appartenait, indépendamment de tout permis de chasse. — *Moniteur*, 18 fév. 1844, p. 350 ; — Duvergier, *Coll. des lois*, p. 122.

210. — De même aussi l'interdiction absolue de chasser, prononcée contre les gardes forestiers et autres, n'influe en rien sur le droit de port d'armes qui leur appartient. Les gardes champêtres des communes peuvent porter, dans l'exercice de leurs fonctions, toutes sortes d'armes jugées leur être nécessaires par le préfet. — C. rur., tit. 1er, sect. 7e, art. 4. — Les gardes forestiers et garde-pêche, etc., sont autorisés à porter un fusil simple pour leur défense, lorsqu'ils font leurs tournées et visites dans les forêts. — Ord. 1er août 1837, art. 30 ; L. 15 avr. 1829, art. 37 ; — Berriat Saint-Prix, *Législ. de la chasse*, p. 72.

211. — On a proposé d'étendre l'interdiction du permis de chasse aux préposés, sous-brigadiers et brigadiers des douanes, mais cette proposition, repoussée par la commission, ne fut pas appuyée. Les agens des douanes restent donc dans la position des gardes particuliers ; s'ils ont le droit de porter leurs armes pour leur défense personnelle et s'ils ont droit au permis de chasse, ils ne peuvent du moins chasser sans permis.

212. — Une observation générale, qui comprend les incapacités prononcées par l'art. 7, c'est que l'incapacité cesse immédiatement avec la cause qui la produisait. « Ainsi, disait M. Gillon à la chambre des députés, celui qui avait un permis de chasse cesse de plein droit de le posséder le jour où il devient garde forestier ou garde-pêche, et réciproquement, le garde recouvre le droit d'avoir le permis le jour où il devient garde-chef ou brigadier, le jour aussi où il rentre dans la vie purement privée. »

213. — La prohibition prononcée contre les gardes champêtres, forestiers, etc., est *absolue*. Dès-lors le permis de chasse qui leur aurait été délivré, même par l'autorité compétente, ne pourrait empêcher les tribunaux de leur appliquer les peines prononcées par la loi, si un délit de chasse était constaté à leur charge. — *Rouen*, 20 nov. 1844 (t. 2 1844, p. 663), Lenoble.

214. — Le permis de chasse ne sera *pas accordé* (art. 8, L. 1844) : 1° à ceux qui, par suite de condamnations, sont privés du droit de port d'armes.

215. — MM. Gillon et de Villepin font remarquer avec beaucoup de raison que la rédaction de l'art. 8 fait ressortir la différence qui existe entre le droit de port d'armes et le permis de chasse. — L'un, disent-ils, est indépendant de l'autre. Tout citoyen français a le droit de porter les armes, et n'en peut être privé que par une loi pénale. Ainsi, l'art. 28, C. pén., prononce la privation du port d'armes contre ceux qui ont été condamnés aux travaux forcés à temps, au bannissement, à la réclusion. De même, l'art. 42, même Code, permet aux tribunaux jugeant correctionnellement d'interdire en tout ou en partie (dans certains cas) l'exercice des droits civiques, civils ou de famille, qu'il détermine, et au nombre desquels se trouve le droit de *port d'armes*. Ce sont là les principaux cas auxquels se réfère le § 1er de l'art. 8. — V. au surplus, sur le droit de porter les armes, ARMES et PORT D'ARMES.

216. — ... 2° A ceux qui n'auront pas exécuté les condamnations prononcées contre eux pour l'un des délits prévus par la présente loi.

217. — Les mots *exécution des condamnations* ne doivent s'entendre que des condamnations prononcées *à titre de peines* et non des condamnations purement civiles. Il ressort, en effet, de la discussion, que c'est surtout en vue des amendes non payées par les braconniers et éludées à l'aide d'un certificat d'indigence que l'article a été porté (Duvergier, *Coll. des lois*, p. 122) ; mais, ainsi que le font remarquer MM. Gillon et de Villepin (p. 160), l'intention des chambres ne paraît pas avoir été de garantir, à l'aide de la menace du refus de permis de chasse, l'exécution des condamnations prononcées à titre de réparation civile au profit des particuliers lésés par un délit de chasse.

218. — Il est évident, au surplus, que la remise de la peine équivaut à l'exécution. — Circul. min. de l'intér.

219. — ... 3° A tout condamné placé sous la surveillance de la haute police.

220. — L'indignité résultant, pour la privation du droit de port d'armes, de l'inexécution des condamnations ou de la mise en surveillance, ne s'étend pas au-delà de la durée même de la cause qui leur donnait naissance. Ici ne s'applique pas le § 7 de l'art. 6. — V. *suprà* nos 187 et suiv.

§ 3. — *Questions communes aux deux paragraphes précédens.*

221. — On s'est demandé, au sujet de certaines incapacités (facultatives ou absolues) prononcées par les art. 6 et 8, si, en présence du principe de non-rétroactivité des lois, une condamnation *antérieure à la loi actuelle* pouvait motiver un refus de permis. — M. le ministre de l'intérieur (circul. du 20 mai 1844) a décidé l'affirmative sur cette question. — « Je terminerai en vous faisant remarque, monsieur le préfet, que le refus du permis peut être opposé, *dès à présent*, à tous les individus compris dans les cas énumérés aux numéros 2, 3, 4, et 5 de l'art. 6, et 1, 2 et 3 de l'art. 8, bien que les condamnations prononcées contre eux l'aient été antérieurement à la promulgation de la loi du 3 mai dernier, et ce ne sera pas là donner à cette loi un effet rétroactif; cela résulte clairement de la rédaction même des articles précités, qui appliquent le refus du permis de chasse à tout individu *qui a été condamné*; s'il ne s'agissait pas, en effet, des condamnations déjà prononcées, le législateur aurait évidemment dit : *à tout individu qui sera condamné*. La privation du droit de chasse ne peut, d'ailleurs, être considérée comme une peine ou une aggravation de peine ; c'est seulement une mesure de précaution que la loi permet ou prescrit de prendre dans un intérêt de sûreté publique. » — C'est là, selon nous, une très-saine interprétation de la loi.

222. — Si l'une des incapacités absolues ou facultatives indiquées dans les art. 6. 7 et 8, venait à atteindre un individu qui déjà précédemment aurait obtenu un permis de chasse, produirait-elle son effet sur-le-champ ? — Selon M. Duvergier (p. 122), l'affirmative est incontestable : cet individu surpris chassant devrait être puni comme s'il n'avait pas de permis. « Il est évident, dit-il, que le permis n'est que le signe de l'aptitude ou du droit ; si l'aptitude ou le droit est enlevé, le permis n'a plus de valeur. » — Nous adoptons complétement cette opinion qui est aussi celle de M. Camusat Busserolles (p. 83), en ce qui touche les incapacités *absolues*; mais à l'égard des incapacités purement *facultatives*, la solution nous paraît rigoureuse : n'est-il pas plus juste de dire que, dans ce cas, le préfet qui aurait eu le droit de refuser le permis, si l'incapacité eût été antérieure à son obtention, aurait celui de retirer le permis déjà accordé ; mais que s'il ne le retirait pas, s'il n'exerçait pas la *simple faculté* que la loi lui confère, le permis continuerait à produire son effet?

223. — Que devrait-on également décider dans le cas où le préfet aurait, *par erreur*, accordé un permis à un individu frappé soit d'une incapacité *absolue*, soit d'une incapacité *facultative?* — Il faut distinguer.

224. — Ou bien il s'agit d'une incapacité absolue, et, dans ce cas, le permis, vicié dans son principe, n'a ni valeur ni efficacité, et dès-lors ceux trouvés en chasse avec un permis ainsi indûment délivré devront être condamnés comme ceux qui chassent sans permis. C'est ce qu'enseignent avec raison MM. Gillon et de Villepin (p. 162), et Camusat Busserolles (*loc. cit.*). — M. Berriat Saint-Prix n'est pas de cet avis (p. 74). Suivant lui, dans ce cas, le permis conserve sa valeur tant que le préfet *ne l'a pas retiré*, et il fonde son opinion sur un passage de la circulaire du ministre de l'intérieur, ainsi conçu : « Si par l'effet d'une erreur, vous aviez été entraîné à délivrer un permis de chasse à un individu à qui il *n'eût pas dû être accordé*, vous ne devriez pas hésiter à le retirer, et, *dans le cas où cet individu ne se soumettrait pas à cette mesure*, à appeler sur lui l'attention des agens préposés à la répression des délits de chasse. »

225. — Mais cette manière d'interpréter la loi n'est pas admissible, car ce serait reconnaître implicitement aux préfets le droit d'accorder des permis de chasse à des personnes *légalement frappées d'incapacité*. L'incapacité de chasser existe indépendamment du permis, qui ne crée pas le droit, mais le suppose ; or on ne saurait se rendre à l'idée que par erreur ou tolérance un préfet puisse en relever celui qui en est frappé. A plus forte raison repoussons-nous l'opinion de M. Petit (t. 3, p. 69), qui n'admet pas même pour ce cas la faculté *de retrait* de la part du préfet. — Notre sentiment, du reste, se trouve consacré par l'arrêt de Rouen du 20 nov. 1844, cité *suprà* n° 213.

226. — S'il s'agit, au contraire, d'une incapacité *facultative*, il semble naturel de penser que le droit de refus est épuisé par le préfet dès qu'il a accordé le permis, et qu'il ne lui est plus loisible de le retirer. C'était à lui à s'éclairer suffisamment sur la position de l'impétrant avant de prendre une décision. La circulaire de M. le ministre de l'intérieur ne contient rien de précisément contraire à cette interprétation, car elle ne suppose le retrait que dans le cas où le permis n'eût *pas dû être accordé*, ce qui semble s'appliquer exclusivement à celui d'incapacité *absolue*. On comprend d'ailleurs qu'il n'en est pas de l'hypothèse ici prévue comme de celle dont nous avons parlé plus haut (V. n° 222), où la cause d'incapacité facultative serait née postérieurement à la délivrance du permis. Car on ne pourrait alors considérer le préfet comme ayant épuisé la faculté que lui réserve l'art. 6. — V. en ce sens Berriat Saint-Prix, p. 75. — MM. Gillon et de Villepin (p. 163) paraissent être d'un avis contraire.

227. — Ajoutons que dans les cas où le retrait du permis peut être nécessaire pour faire cesser le droit de chasse, ce permis ne périt entre les mains du titulaire que du jour de la notification qui lui est faite du retrait, et sauf recours au ministre de l'intérieur. — Berriat Saint-Prix, p. 75.

CHAPITRE V. — *Modes et procédés de chasse.*

228. — Sous l'empire de la loi de 1790, lorsque la chasse était ouverte, les chasseurs avaient le choix absolu des moyens de chasse ; en outre, la chasse pouvait avoir lieu de nuit comme de jour. L'expérience a prouvé jusqu'où pouvaient aller les inventions de l'industrie pour organiser l'abus, puisque les moyens employés par le braconnage amènent la destruction complète du gibier. La loi nouvelle devait porter remède à cet état de choses, et c'est ce qu'elle a fait en organisant, tant dans l'intérêt de la propriété que de la sûreté publique et de la conservation du gibier, un système tout nouveau.

229. — L'art. 9, L. 3 mai 1844, contient à cet égard deux parties bien distinctes : la première indique les seuls modes de chasse autorisés directement par la loi ; la seconde contient à la fois délégation expresse au préfet, suivant les localités, du droit d'en autoriser d'autres en en fixant les conditions, et autorisation pour ce magistrat de prendre des arrêtés relatifs à certains modes et moyens spéciaux de chasse.

Sect. 1re. — *Modes et procédés directement autorisés par la loi.*

230. — « Dans le temps où la chasse est ouverte, porte l'art. 9 (§§ 1er et 2), le permis donne à celui qui l'a obtenu le droit de chasser *de jour*, *à tir* et *à courre*, sur ses propres terres, et sur les terres d'autrui avec le consentement de celui à qui le droit de chasse appartient. — Tous autres moyens de chasse, *à l'exception des furets* et *des bourses destinées à prendre le lapin*, sont formellement prohibés. »

231. — Ainsi, la chasse *de nuit* est interdite. Il en était de même sous l'ordonnance de 1669 qui, dans dans son titre 30 (art. 4), et pour prévenir le braconnage et tout ce qui pouvait porter atteinte à la sûreté publique, défendait d'entrer de nuit dans les bois avec des armes à feu, à peine de cent francs d'amende et même de punition corporelle.

232. — Mais quand y aura-t-il *chasse de nuit?* — Plusieurs orateurs, tant à la chambre des pairs qu'à la chambre des députés, insistaient pour que ces mots fussent nettement définis. Il ne fut pas fait droit à leurs observations, et on resta dans les termes du rapport présenté à la chambre des pairs qui s'exprime en ces termes : « C'est aux tribunaux qu'il appartiendra de décider, d'après les circonstances du fait, si ce fait a été commis ou non pendant la nuit : c'est là ce qui se pratique dans tous les cas où, d'après notre législation pénale, la nuit constitue une circonstance aggravante.

233. — MM. Gillon et de Villepin rappellent la jurisprudence qui, en matière de vol, décide que la loi considère comme *nuit* l'intervalle entre le coucher et le lever du soleil, et ils pensent que la question doit se décider par analogie en matière de chasse. — V. VOL.

234. — Doit-on regarder comme chasse *de nuit* la chasse à l'affût, qui se pratique le soir au moment où la nuit tombe, et le matin à l'instant où le jour commence à paraître? — La question fut expressément posée devant la chambre des pairs, mais elle n'y fut pas explicitement résolue. « La commission, répondit seulement M. le rapporteur, a entendu prohiber d'une manière absolue la chasse pendant la nuit ; mais elle a compris que très-souvent la chasse à l'affût avait lieu dans un temps très-rapproché de la nuit, soit le matin, soit le soir, mais qui n'est pas la nuit. Vouloir aller plus avant et définir ce qu'est la nuit, a paru impossible. »

235. — De ces observations, MM. Gillon et de Villepin (p. 168) concluent que la chasse à l'affût n'est pas positivement défendue par la loi, qu'elle ne tombe sous la prohibition qu'autant qu'elle a eu lieu pendant la nuit même ; mais aussi elle serai permise quelques minutes avant la fin du jour ou à son commencement : c'est une circonstance de fait à apprécier. — V. aussi Championnière, p. 55 ; Lavallée, p. 85. — « L'interdiction de chasser de nuit, dit ce dernier auteur, ne s'applique pas à l'affût, pourvu qu'il ne se prolonge pas après la nuit close. »

236. — D'un autre côté, la chasse ne peut avoir lieu qu'à *tir*, c'est-à-dire à l'aide d'armes à feu, ou même d'arbalètes, sans employer de piéges, et avec ou sans chiens d'arrêt, dits chiens couchans. On avait, dans la discussion sur l'art 11, proposé d'interdire les chiens d'arrêt, mais la proposition n'a pas été adoptée.

237. — *A courre*, c'est-à-dire à l'aide de chiens courans, mais il a été reconnu, et c'est au surplus ce qui résulte du § 9 de l'art. 9, qui défend l'emploi des lévriers, que, dans le sens ordinaire des mots chasse *à courre*, on ne comprend pas la chasse avec des lévriers.

238. — En autorisant la chasse à *tir* et à *courre*, la loi, comme le dit avec raison M. Berriat Saint-Prix, p. 87, autorise nécessairement la cumulation de ces deux modes de chasse, la chasse à courre et à tir à l'aide de chiens courans.

239. — M. Berriat Saint-Prix pense également (*loc. cit.*) que la loi semble avoir autorisé l'emploi du mode de chasse appelé *traque* ou *battue*, qui n'est qu'une variété de la chase à tir. En effet, dit-il, comme la loi (art. 12, § 7) a défendu l'emploi des appeaux, appelans et chanterelles, moyens employés ordinairement pour la chasse à tir, on doit conclure de cette prohibition spéciale que la loi a toléré les autres modes de chasse *à tir* sur lesquels elle est demeurée muette. C'est ce que suppose l'arrêt de Paris du 26 avr. 1845, cité *infrà* n° 370, qui dispense les *traqueurs* de l'obligation du permis de chasse, et c'est, au surplus, ce qui a été jugé formellement par la cour de Dijon le 24 déc. 1844, et, sur le pourvoi, par la cour de Cassation le 29 nov. 1845 (t. 2 1845, p. 713), Demartincourt.

240. — En autorisant la chasse à tir, la loi ne porte aucune atteinte aux dispositions en vigueur relatives au port et à l'emploi de certaines armes qu'elle répute prohibées. — V. ARMES.

241. — Un arrêt du conseil du 4 sept. 1731 avait défendu la vente et la fabrication de la *grenaille* en fonte de fer dont on se sert à la chasse dans certaines contrées de la France en guise de plomb, et ce, à peine de 300 livres d'amende. Malgré l'opinion de certains auteurs (Houel, *Code de la chasse*, n° 194 ; Baudrillat et de Quingery, p. 435), il faut reconnaître que cet arrêt a été implicitement abrogé par les lois de 1789 et 1790. — V. Berriat Saint-Prix, p. 89 ; Championnière, p. 561 ; Lavallée, p. 38.

242. — Enfin tous autres moyens de chasse que ceux à *tir* et à *courre*, à l'exception toutefois des furets et des bourses destinées à prendre le lapin, sont formellement prohibés. Et dans cette prohibition générale qui forme désormais la règle, se trouve évidemment compris (V. Circul. min. de l'intérieur) l'emploi des panneaux et filets de toute espèce, des appeaux, appelans et chanterelles, des lacets, collets et *engins de toute espèce*, au moyen desquels la destruction du gibier s'opérait si facilement, et dont l'ancienne législation n'avait pas défendu l'emploi.

243. — M. Berriat Saint-Prix (p. 90) donne, en ce qui concerne les engins prohibés, une nomenclature qu'il est intéressant de transcrire, ce sont, — parmi les filets : l'araigne, la bricole, le hallier ou tramail, la nappe, la pantaine ou pantière, la poche, la raflé, le retz saillant, la tirasse, la tonnelle, le traîneau, vulgairement appelé *drap mort;* — parmi les piéges destinés aux quadrupèdes, l'assommoir, le collet, la chambre ou enceinte, l'hameçon, le hausse-pied (lacs coulants pour les loups), le piége de fer, le traquenard, le trébuchet ; — et parmi ceux destinés aux oiseaux, le brai, le collet, les fossettes, les gluaux, les raquettes, les sauterelles, les tendues d'hiver, le trébuchet, etc.

244. — La cour de Cassation a expressément décidé que les gluaux étaient implicitement compris dans la catégorie des moyens et procédés de chasse auxquels se rapporte l'interdiction prononcée par les deux premiers paragraphes de l'art. 9, L. 3 mai 1844. — *Cass.*, 27 fév. 1845 (t. 2 1845, p. 423), Magagnon.

245. — M. Berriat Saint-Prix (*loc. cit.*) signale encore, comme nécessairement prohibé, le procédé employé par les bergers lorsqu'ils entourent, à l'aide d'un troupeau de moutons, le gibier qui ne s'enfuit pas à l'approche de ces animaux ; une fois cerné de la sorte, les chiens du berger font le reste.

246. — Lors de la discussion, un député (M. Delespaul) avait proposé d'excepter de la prohibition générale la chasse *à l'oiseau*. « C'était, dit-il, un art très-noble et très-honoré autrefois que celui de la fauconnerie ; on la croyait morte, oubliée et tombée en désuétude depuis longues années ; eh bien ! pas du tout, la voilà qui renaît de ses cendres. Cette résurrection s'est accomplie dans l'année 1838, dans une terre située près de Compiègne, appartenant à M. le baron d'Offrémont. » Mais la commission s'opposa à la demande de M. Delespaul, son amendement ne fut pas appuyé, en sorte que la chasse à l'oiseau est aujourd'hui prohibée.

247. — En déterminant les modes de chasse qui peuvent être employés, suivant les temps et les besoins, l'art. 9 ne porte aucune atteinte au principe, que nul n'a le droit de chasser, si ce n'est sur ses terres, ou sur les terres d'autrui *avec le consentement du* propriétaire ou de celui à qui le droit de chasse appartient. Quant à la signification du mot *terres* employé par la nouvelle loi, elle se trouve fixée par les paroles suivantes de M. le rapporteur devant la chambre des députés : « Il n'est pas inutile, disait-il, de faire remarquer que, dans la loi de 1790, la chasse dans les bois et celle dans les terres, se trouvaient réglées par des dispositions séparées, et qu'alors le mot *terres* avait une signification restreinte. Il n'en sera plus ainsi, et, dans le sens et l'esprit du projet de loi, le mot *terres* désignera les propriétés de toute nature. » — Duvergier, *Coll. des lois*, p. 123.

Sect. 2e. — *Modes et moyens exceptionnels abandonnés aux arrêtés des préfets.*

248. — En même temps qu'elle déterminait les seuls modes et procédés de chasse auxquels on pût légalement recourir, la loi a délégué aux préfets le droit ou même le devoir de prendre, soit sur l'avis des conseils généraux, soit *proprio motu*, des arrêtés relatifs à certains modes et procédés de chasse exceptionnels.

249. — Il faut d'abord remarquer que, même dans le cas où les arrêtés préfectoraux ne peuvent être pris que sur l'avis des conseils généraux, cet avis ne lie pas les préfets. — Gillon et de Villepin, p. 174.

250. — Les mêmes auteurs ajoutent que les arrêtés, soit obligatoires, soit facultatifs, que prennent les préfets en vertu de la délégation de la loi, ne sont exécutoires contre les particuliers que dix jours après leur publication, par analogie des arrêtés sur l'ouverture et la clôture de la chasse. Ces arrêtés, disent-ils, constituent des modes partiels d'ouverture ou de clôture de la chasse, il y a donc même raison de décider. Il est d'ailleurs trop juste d'exiger qu'on soit averti avant d'être puni, et le délai de dix jours paraît avoir été considéré comme le délai nécessaire pour que les arrêtés des préfets fussent légalement considérés comme connus. — V. nos 107 et suiv.

251. — *Oiseaux de passage*. — Le § 3 de l'art. 9 enjoint aux préfets, de prendre, sur l'avis des conseils généraux, des arrêtés pour déterminer : 1o l'époque de la chasse des oiseaux de passage, *autres que la caille* et les modes et procédés de cette chasse.

252. — Les chasseurs, ni même les naturalistes, ne sont pas d'accord sur les oiseaux que l'on doit considérer comme *de passage*. Voici ceux que l'on désigne plus généralement sous ce nom : « L'alouette, le bec-figues, la bécasse, la caille, la grive, l'hirondelle, l'ortolan, l'outarde, le pigeon bizet et le ramier, plus certains oiseaux qualifiés gibier d'eau. — V. *infrà* no 255 et suiv. — Berriat Saint-Prix, p. 93. — Toutefois, ajoute le même auteur, cette nomenclature n'est pas indispensable aux chasseurs ; les arrêtés du préfet devant faire loi sur ce point, lorsqu'un oiseau sera indiqué comme de passage, la chasse en sera licite, lors même qu'il serait démontré que cet oiseau est réellement sédentaire.

253. — Le droit pour les préfets de déterminer *les modes et procédés* de la chasse des oiseaux de passage, ne saurait en rien préjudicier à la faculté légale résultant du 1er § de l'art. 9. — Ainsi, disent MM. Gillon et de Villepin (p. 176), qui déterminent d'une manière fort nette l'étendue du droit des préfets : « Les arrêtés des préfets ne pourraient interdire la *chasse au fusil* des oiseaux de passage. La *chasse à tir* est un des modes légaux de chasse, et les préfets n'ont d'autre pouvoir que *d'autoriser un moyen de chasse prohibé, non d'interdire en tout ou en partie les modes de chasse admis par la loi.* »

254. — L'exception relative à la caille était nécessaire, car, autoriser les préfets à en permettre la destruction par des modes spéciaux, c'eût été la confisquer au profit des départemens du Midi. — Observations de M. Delespaul à la chambre des députés ; Duvergier, *Coll. des lois* (*loc. cit.*). — Il résulte donc de la loi que la chasse aux cailles ne peut avoir lieu autrement qu'à tir.

255. — *Gibier d'eau*. — 2o Le temps pendant lequel il sera permis de chasser le *gibier d'eau* dans les *marais, sur les étangs, fleuves et rivières*.

256. — Cette disposition modifie l'art. 13, L. de 1790, qui autorisait la chasse *en tout temps* dans les lacs et étangs. — Seulement sous cette dernière loi *les fleuves* et *rivières* ne jouissaient pas du privilége accordé aux lacs et étangs ; aujourd'hui les uns et les autres sont placés sur la même ligne.

257. — Une première observation à faire, c'est que les arrêtés préfectoraux ne peuvent autoriser la chasse dans les marais, sur les étangs, fleuves et rivières qu'en ce qui concerne le *gibier d'eau*. La loi de 1790 autorisait la chasse de toute espèce de gibier. — On comprend sous cette dénomination, disent MM. Gillon et de Villepin (p. 180), les râles, les courlis, les vannaux et pluviers, bécassines, hérons, cigognes, grues, poules d'eau, foulques, oies sauvages, canards, sarcelles, plongeons, cygnes, macareux ; — mais non la bécasse, car elle ne vit pas ordinairement dans l'eau, et elle doit être traitée comme oiseau de passage.

258. — Au surplus, les arrêtés préfectoraux n'ont pas besoin d'être généraux en ce sens qu'ils s'appliquent à tous les marais, étangs, fleuves et rivières de leur département. Il arrive souvent que le gibier de terre niche et se reproduit dans certains marais qui ne sont pas entièrement inondés ; dans ce cas, les préfets doivent refuser d'y autoriser même la chasse du gibier d'eau, tandis qu'ils peuvent la permettre ailleurs. — « Il appartient à l'administration locale de décider quelle est l'espèce de chasse qui doit se faire dans tel marais ou sur tel étang, et, par suite, d'en déterminer l'époque. » — Rapport de M. Franck-Carré à la chambre des pairs, 16 mai 1843.

259. — Les préfets peuvent-ils autoriser pour la chasse du gibier d'eau, comme pour les oiseaux de passage, des modes particuliers de chasse ? — M. Championnière décide l'affirmative. — Tel est aussi l'avis de M. Lavallée (p. 90), qui motive ainsi son opinion : « L'alinéa relatif à la chasse des oiseaux de passage dit que le préfet déterminera les *modes* et *procédés* de cette chasse. Ces expressions n'ont pas été reproduites dans le paragraphe relatif au gibier d'eau. Il n'en faut pas conclure que les modes de chasse pour le gibier d'eau doivent rester sous l'empire du droit commun, c'est-à-dire que ce gibier ne pourra être tué qu'au fusil. La chasse des gibiers d'eau est à certaines époques de l'année une source de richesse pour quelques localités ; mais, pour être productive, elle ne doit pas se faire au fusil. Ainsi, sur les bords du bassin d'Arcachon, on tend d'immenses filets où quelquefois on prend en quelques heures plus de quatre cents canards ou sarcelles. Bien évidemment la loi n'a pas voulu détruire cette industrie qui assure de grandes ressources pour l'alimentation des localités où elle est possible. Les préfets ont donc le droit de permettre dans ce cas l'emploi des filets et autres engins qui y sont appropriés. »

260. — M. Duvergier pense, au contraire, que cette chasse ne pourra avoir lieu qu'à *tir*, et on ne peut se dissimuler que le texte semble bien formel, puisque l'art. 9 ne donne au préfet le droit de régler les modes et procédés exceptionnels qu'en ce qui touche les oiseaux de passage, et cette disposition ne se retrouve pas dans le paragraphe relatif à la chasse du gibier d'eau, à moins toutefois, dit M. Duvergier, que le gibier d'eau ne soit un oiseau de passage, cas auquel il pourra être chassé par des procédés particuliers. — V. aussi en ce sens Gillon et de Villepin, p. 180.

261. — Une observation qui s'applique à la fois à la chasse des oiseaux de passage et du gibier d'eau, c'est que les arrêtés préfectoraux ne peuvent déroger aux règles générales touchant le permis de chasse et le droit de chasser. Ainsi, il faudra pour ces chasses particulières être muni du permis exigé par l'art. 1er et se conformer aux dispositions du même article relatives aux lieux où chacun a droit de chasser. — Circul. min. int. — Duvergier, *loc. cit.* ; Gillon et de Villepin, p. 176.

262. — Ainsi, disent MM. Gillon et de Villepin (p. 179), « le propriétaire, ses ayant-droit ou ceux qui ont obtenu leur consentement ont seuls le droit de chasser sur les marais et étangs. — Il en est de même des fleuves et des rivières. — Ainsi, quand on voudra chasser sur une rivière qui n'est ni navigable, ni flottable, il faudra le consentement des riverains auxquels le lit et les bords appartiennent. — Que si l'on veut chasser sur les fleuves et rivières navigables et flottables ou dans les îles et atterrissemens qui s'y forment, il faudra le consentement de l'état (ou de ses représentans) ; car c'est à lui qu'ils appartiennent. — C. civ., art. 550. — En vain dirait-on qu'aucune loi n'attribue à l'état le droit exclusif de chasse sur les fleuves et rivières navigables (Championnière, *Manuel du chasseur*, p. 61), ce n'est pas une raison pour prétendre que ce droit appartient à tout le monde. — L'état ne réclame pas autre chose que l'un des attributs généraux de la propriété ; il n'a pas besoin pour cela qu'il lui soit assuré par une loi spéciale. »

263. — La cour de Cassation s'est prononcée en ce sens. — Ainsi, la cour royale de Bourges avait jugé le 27 fév. 1845 que le permis de chasse n'était pas nécessaire pour la chasse des oiseaux de passage, parce que cette chasse est autorisée par des arrêtés spéciaux des préfets, qui la permettent quelquefois pour un temps très court, et indiquent les moyens déterminés et les instrumens autorisés pour cette chasse ; que cette chasse des oiseaux de passage constitue l'industrie des habitans de certaines localités. Mais la cour de Cassation a cassé cet arrêt, en se fondant sur ce que la loi du 3 mai 1844 prescrivait, sans admettre aucune distinction, la nécessité du permis de chasse. — *Cass.*, 18 avr. 1845 (t. 2 1845, p. 124), Bonnard et Rolland.

264. — Enfin, il faut remarquer aussi, avec M. Camusat-Busserolles (p. 94), que, si la loi impose aux préfets l'obligation de déterminer le temps pendant lequel il sera permis de chasser le gibier d'eau dans les marais, sur les étangs, fleuves et rivières, elle ne s'oppose nullement à la chasse de ce gibier particulier dans le temps où la chasse est ouverte ; ainsi les préfets, sur l'avis des conseils généraux, pourront autoriser la chasse du gibier d'eau dans les marais, sur les étangs, fleuves et rivières pendant le temps où la chasse en général est prohibée ; mais quand la chasse est ouverte il n'est nullement besoin d'une ouverture spéciale pour pouvoir chasser le gibier d'eau.

265. — *Animaux nuisibles et malfaisans.* — 3o Les espèces d'animaux *malfaisans* ou *nuisibles* que le propriétaire, possesseur ou fermier pourra en tout temps détruire sur ses terres, et les conditions de l'exercice de ce droit ; — sans préjudice, ajoute le même paragraphe, du droit appartenant au propriétaire ou au fermier de repousser ou de détruire, même avec des armes à feu, les bêtes fauves qui porteraient dommage à ses propriétés.

266. — Cette disposition demande quelques explications. — L'art. 15 de la loi de 1790 accordait aux propriétaires, possesseurs ou fermiers, le droit de repousser, même avec des armes à feu, les bêtes fauves qui se répandaient dans leurs récoltes, et celui de détruire le gibier dans leurs récoltes non closes, en se servant de filets ou autres engins qui ne pussent nuire aux fruits de la terre.

267. — La loi nouvelle n'a pas voulu porter atteinte au droit de légitime défense, commandé par l'intérêt des personnes et de l'agriculture, et qu'il ne faut pas confondre avec l'exercice de la chasse. Elle a voulu seulement en régir l'exercice, afin d'empêcher qu'on ne s'en servît comme d'un prétexte pour chasser dans toutes les saisons. C'est donc dans le but de concilier ces deux intérêts que la rédaction nouvelle a été adoptée.

268. — Cette rédaction a donné lieu à une fort longue discussion ; elle n'en est pourtant ni plus claire ni moins embarrassée. Le doute vient de ce que, d'une part, la loi se sert, dans la première partie, du mot *détruire*, et que, dans la seconde, elle emploie ceux de *repousser* ou *détruire*. — D'autre part, de ce qu'elle emploie dans un cas l'expression *animaux malfaisans et nuisibles*, dans l'autre celle de *bêtes fauves*, sans qu'on voie bien nettement quelle différence elle entend établir entre ces doubles expressions.

269. — Quoi qu'il en soit, il paraît résulter de la discussion : qu'à l'égard des animaux malfaisans et nuisibles, le droit de les détruire existera, alors même qu'ils ne porteraient aucun dommage actuel à la propriété. — Mais aussi, au point de vue de la loi, il n'y aura d'animal réputé *malfaisant et nuisible* que celui qui aura été affecté de ce caractère par arrêté du préfet : ni son naturel, ni ses habitudes ne seront à prendre en considération ; quelque dangereux ou quelque innocent qu'il soit en réalité, le droit des propriétaires à le détruire résultera de la nomenclature de l'arrêté, et les tribunaux ne devront consulter que cette nomenclature. Les conditions de l'exercice de ce droit consisteront dans le mode, l'instrument, le lieu de la destruction.

270. — A l'égard des *bêtes fauves*, au contraire, le préfet n'a rien à prescrire, rien à déterminer ; le droit de les repousser ou détruire appartient aux propriétaires dans les conditions mêmes de la loi, et les arrêtés ne peuvent y porter préjudice. Le caractère légal des bêtes fauves sera celui que donnent la nature et l'usage. L'exercice de ce droit

ne peut être soumis à des conditions de temps, de lieu, de mode. Mais aussi, comme le dit M. Duvergier (p. 129), le propriétaire ou fermier n'aura pas le droit d'attaquer ces animaux, il *se défendra* contre eux, il les *repoussera* des récoltes par tous les moyens possibles, en se fondant sur le dommage qu'ils causeront actuellement. — M. Franck-Carré semble du reste avoir adopté cette interprétation, quand il a dit dans son rapport supplémentaire : « En imposant aux préfets le devoir de prendre des arrêtés pour déterminer les espèces d'animaux malfaisans ou nuisibles que le propriétaire, possesseur ou fermier pourra, en tout temps, détruire sur ses terres, et, pour régler l'exercice de cette faculté, vous n'aviez point entendu priver le propriétaire ou fermier du droit incontestable de repousser ou détruire les bêtes fauves qui porteraient dommage à ses propriétés. La chambre des députés a voulu que ce droit fût écrit dans la loi. Nous ne pouvons qu'adopter cette disposition. Ainsi, les animaux nuisibles ou malfaisans ne pourront être détruits que suivant les conditions déterminées par les arrêtés des préfets, *sauf le cas où ils porteraient dommage aux propriétés*. Ce sera donc au propriétaire ou fermier, s'il se place en dehors des conditions de l'arrêté, à prouver le fait du dommage, puisque ce fait seul l'autorise à enfreindre ces conditions. » — V. en ce sens Camusat Busserolles, p. 96; Gillon et de Villepin, p. 185 et suiv.; Chardon, *Dr. de chasse franç.*, ch. 9, p. 94.

271. — Quant à ce qu'on doit entendre par *bêtes fauves*, nous ne croyons pas qu'il soit possible d'entrer à cet égard dans des appréciations qui ressortent bien plus du domaine des tribunaux. On trouve, il est vrai, dans Henriquez (*Nouveau Code des chasses*, p. 69) une nomenclature des bêtes que l'on doit comprendre sous le nom de *fauves* : « En terme de chasse, dit-il, on entend par là les sangliers, cerfs, chevreuils, daims et chamois. Aujourd'hui, le sens du mot *bêtes fauves* est plus étendu; il comprend les loups, renards, fouines, martres, putois, etc. » Mais M. Berriat Saint-Prix (*Législ. de la chasse et de la louveterie*, p. 97), sans s'attacher à cette nomenclature, enseigne que la dénomination de *bêtes fauves* doit, dans le langage légal, s'appliquer *à tous les animaux sauvages* qui peuvent causer du dommage aux récoltes; et qu'ainsi si un cultivateur trouve un sanglier culbutant son champ de pommes de terre et de betteraves, un ours pillant ses fruits, il aura assurément le droit de le tuer ou de le repousser à coups de fusil. » — Et le garde des sceaux s'exprimait même d'une manière plus catégorique encore lorsqu'il disait devant la chambre des députés (Duvergier, *Coll.*, *loc. cit.*) : « Il faudrait substituer les mots *animaux malfaisans* aux mots *bêtes fauves*, alors la dénomination comprendra *tous les animaux destructeurs des récoltes*. »

272. — C'est en effet dans ce dernier sens que les mots *bêtes fauves* semblent devoir être interprétés, mais toujours avec cette condition que, pour pouvoir user du droit que la loi lui confère, le propriétaire ou fermier devra être *en état de défense*.

273. — Cette explication servirait à résoudre bien des questions, et notamment celle de savoir quel sera le droit du propriétaire relativement aux lapins qui dévasteraient sa récolte. Cette question fut longuement débattue devant la chambre des députés. — Il fut reconnu par tous que les lapins étaient des animaux *nuisibles*, et c'est même sur l'observation qui en fut faite que, dans la rédaction de la première partie du paragraphe en discussion, on ajouta au mot *malfaisant* celui de *nuisible*. — Mais nous ne croyons pas que l'addition ainsi faite ait rempli complétement le vœu de ceux qui la sollicitaient; car il en résulterait seulement que la destruction des lapins aurait besoin, pour être licite en tout temps, de l'autorisation du préfet, et c'est en effet ce qu'enseignent MM. Gillon et de Villepin (p. 192). — Pour nous, nous pensons que, même indépendamment de tout arrêté préfectoral, le propriétaire pourrait détruire et *repousser* les lapins qui dévasteraient ses récoltes; car dans ce cas les lapins rentreraient dans la classe des bêtes fauves, telle que la comprenait M. le garde des sceaux. — Au contraire, et en l'absence de tout dommage causé, il ne pourrait *attaquer* et *détruire* cette sorte d'animaux que si un arrêté du préfet les avait compris nominativement dans la classe des animaux malfaisans et nuisibles.

274. — Les propriétaires de garennes ouvertes et de bois, disent MM. Gillon et de Villepin (p. 192), ont même un grand intérêt à profiter de la faculté qui leur est laissée quant à la destruction des lapins, car ils sont responsables des dégâts causés dans les propriétés voisines de leurs bois, s'ils négligent de détruire les lapins qui y vivent. — V. à cet égard LAPINS.

275. — Quant aux pigeons (dont il a été également question dans la discussion), il a été reconnu que la loi nouvelle ne dérogeait en rien à la législation spéciale qui les régit (paroles de M. le garde des sceaux). — Duvergier, *loc. cit.* — V. à cet égard PIGEONS. — Mais aussi, ajoutent MM. Gillon et de Villepin (p. 194), cette législation est aggravée en ce que les pigeons peuvent, aux termes de la nouvelle loi, être détruits par les propriétaires, possesseurs ou fermiers, en tout temps, sur leurs terres, s'ils sont compris dans les arrêtés des préfets régulièrement pris. — V. en ce sens Chardon, ch. 6, p. 95-96.

276. — Il a donc été jugé que, même depuis la loi sur la police de la chasse du 3 mai 1844, le fait, par un propriétaire ou possesseur, de détruire avec une arme à feu, sur le lieu et au moment même du dégât, les pigeons qui dévastent ses récoltes, ne constitue pas un fait de chasse répréhensible en ce qu'il aurait eu lieu sans permis. — Peu importerait qu'aucun arrêté préfectoral n'eût déterminé le mode de destruction des pigeons nuisibles. — *Rouen*, 14 fév. 1845 (t. 2 1845, p. 122), Fournier. — V. aussi *Cass.*, 1er août 1829, Jamain.

277. — M. Camusat-Busserolles (p. 97) fait remarquer que le droit de repousser les bêtes fauves, même en dehors des prescriptions de l'arrêté préfectoral, n'existe qu'à raison du dommage porté aux récoltes, d'où il conclut que le possesseur du droit de chasse, le propriétaire lui-même ou le fermier ne pourraient sans délit détruire un oiseau de proie, alors même qu'ils le trouveraient attaquant une pièce de gibier, car, dit-il, c'est le dommage aux propriétés qui seul autorise l'infraction à l'arrêté, et le gibier n'est la propriété de personne.

278. — C'est en ce sens qu'il a été jugé, sous l'empire de la loi de 1790 (mais cette interprétation nous paraît plus que rigoureuse), que les corbeaux et autres oiseaux de proie, qui viennent enlever la *volaille*, ne sont pas des *bêtes fauves*, dans le sens de la loi. — Et qu'ainsi le fait d'avoir tué des corbeaux avec un fusil, en temps prohibé et sans permis de port d'armes, sur des terres non closes est un délit de chasse, quand bien même il serait déclaré que le prévenu n'a eu en vue que *de préserver ses volailles* et celles de ses voisins, sur l'insistance desquels il s'était servi de son arme. — *Cass.*, 5 nov. 1842 (t. 1er 1843, p. 713), Drilland.

279. — Quant à la signification des mots propriétaire, possesseur ou fermier (reproduits d'ailleurs de la loi de 1790), elle a été expliquée en ce sens que sous le mot propriétaire il fallait lire aussi le mot garde, puisque le garde est le représentant essentiel et direct du propriétaire. Cela ne pouvait, au surplus, faire de difficulté sérieuse. — Duvergier, *loc. cit.*

280. — La destruction des animaux nuisibles n'est pas une chasse : il est donc dans l'esprit de la loi que le préfet, qui est maître de régler tout ce qui s'y rattache, n'autorise que des procédés de destruction et non des procédés de chasse. — Le préfet peut également déterminer les heures et mêmes les lieux de destruction. — En vain se prévaudrait-on des mots *sur ses terres* contenus dans le paragraphe, pour en conclure que les animaux nuisibles peuvent être de plein droit détruits, aux termes de l'arrêté, sur toutes les terres du propriétaire, du possesseur et du fermier : cela signifie seulement, dit avec raison M. Camusat-Busserolles (p. 101), que ce droit ne peut jamais être exercé *sur les terres d'autrui*. En outre, les préfets peuvent assurément encore fixer d'autres conditions; et, par exemple, imposer l'obligation d'une déclaration préalable, soit à la préfecture, soit à la mairie; la nature des conditions est abandonnée à leur appréciation.

281. — La destruction des animaux malfaisans ou nuisibles ou des bêtes fauves ne constituant pas *un fait de chasse*, mais un acte légitime de défense, il n'est pas nécessaire, pour l'exercice de ce droit, que les propriétaires soient munis d'un *permis de chasse*. Ils ne commettraient une contravention, et il n'y aurait lieu de verbaliser contre eux que si, à l'occasion de la défense de leurs récoltes, ils se livraient à l'exercice de la chasse. — Circul. du min. int. — Duvergier, *loc. cit.* — Il faut donc dire que les préfets, quel que soit d'ailleurs leur droit relativement au réglement des conditions concernant la destruction des animaux nuisibles, ne pourraient cependant imposer l'obligation d'un permis de chasse. — *Rouen*, 14 fév. 1845 (t. 2 1845, p. 122), Fournier.

282. — On avait jugé, sous la loi de 1790, qu'on ne pouvait chasser sans permis de port d'armes dans son propre terrain, même pour la destruction des animaux nuisibles à la récolte pendante, si ce terrain, bien que clos, n'était pas joint à l'habitation de manière à en être l'accessoire et la dépendance. — *Cass.*, 26 avr. 1839 (t. 2 1839, p. 414), Laffon-Desson.

283. — Le droit consacré par la loi nouvelle au profit du propriétaire, possesseur ou fermier en ce qui concerne les animaux nuisibles, ne préjudicie en rien au droit que peut avoir l'autorité d'ordonner des battues dans les forêts et campagnes pour opérer la destruction de ces animaux. — V. à cet égard BATTUE.

284. — *Destruction des oiseaux.* — En dehors des arrêtés qu'ils sont tenus de prendre sur l'avis des conseils généraux, les préfets peuvent en outre en prendre d'autres *proprio motu*, c'est-à-dire sans consulter les conseils généraux (*Contrà* Camusat Busserolles, p. 102; — mais, ainsi que nous l'avons déjà dit, le texte est formel) : — 1° pour prévenir la destruction des oiseaux. — L. 3 mai 1844, art. 9 *in fine*. — Cette disposition est venue faire droit aux réclamations élevées dans l'intérêt de l'agriculture, et qui signalaient la chasse pratiquée par les oiseleurs comme de nature à entretenir la multiplication des insectes nuisibles.

285. — Déjà les préfets avaient essayé de prendre des mesures pour empêcher la destruction des oiseaux; mais les tribunaux, refusant de considérer leurs arrêtés comme obligatoires, avaient décidé qu'en matière de chasse l'autorité administrative n'avait que le droit de fixer le temps pendant lequel la chasse devait avoir lieu, et qu'elle n'avait pas, par exemple, le pouvoir de prohiber d'une manière permanente la chasse aux oiseaux autrement qu'au fusil. — *Bourges*, 11 mai 1841 (t. 2 1841, p. 434), Petit et Brissot; *Cass.*, 12 mai 1842 (t. 2 1842, p. 354), Malmazet.

286. — La loi nouvelle tranche à cet égard toute difficulté; mais cette loi elle même a besoin d'une explication que nous empruntons à M. Duvergier.

287. — « En règle générale, dit cet auteur, pour les oiseaux sédentaires (c'est-à-dire pour ceux autres que les oiseaux de passage), la chasse au fusil est la seule permise. Mais les préfets *pourront encore*, si ce mode de chasse leur paraît trop destructif, le prohiber. Cela est évident, puisqu'ils sont armés d'un pouvoir discrétionnaire et absolu, que la loi leur donne le droit de prendre toutes les mesures qu'ils jugeront convenables *pour prévenir la destruction des oiseaux*. — Dira-t-on que ce droit est limité par le principe qui permet de chasser au tir? — Je ne le pense pas; car la loi ainsi entendue n'aurait pas de sens. En effet, les petits oiseaux ne peuvent être chassés désormais qu'au tir. Après avoir établi cette règle, on ajoute que les préfets pourront prendre des arrêtés pour prévenir la destruction des oiseaux. On suppose donc évidemment qu'ils pourront défendre la chasse au tir, ou apporter à cette chasse certaines restrictions. Autrement, je le répète, la disposition n'aurait pas de sens. Ils pourront aussi, il est vrai, défendre de prendre les nids d'oiseaux, mais cela ne sera-t-il pas un peu puéril? » — Cette explication est en harmonie avec celle que donnait devant la chambre des pairs M. le rapporteur Franck-Carré, et M. Camusat-Busserolles (p. 102) la résume en ces termes : « Le droit des préfets est *sans limites* : non seulement ils pourront interdire de prendre des œufs et des couvées d'oiseaux, de vendre, de mettre en vente, de colporter des oiseaux pendant le temps prohibé; mais ils pourraient également, si la nécessité leur en était démontrée, interdire la chasse des oiseaux d'une manière absolue. »

288. — M. Championnière (*Manuel de la chasse*) rappelle un réglement de la Table de Marbre de Paris, du 13 avr. 1600, portant défense à toutes personnes, même munies de la permission du propriétaire, de chasser et prendre à la glu, pipée, feuilles, avec harnais, filets et engins, ou autrement, *les menus oiseaux de champ et de plaisir*, soit linottes, chardonnerets, pinsons, serins, tarins, fauvettes, rossignols, cailles, alouettes, merles, sansonnets et autres semblables, depuis la mi-mars jusqu'à la mi-août. Mais ce réglement exceptait de la prohibition « les jeunes oiseaux de l'année en âge compétent pour nourrir, lesquels pourront être pris et dénichés dans les héritages des particuliers propriétaires, par leur congé et permission. » — Si donc, dit ici M. Duvergier, les préfets défendent de dénicher *les oiseaux en âge compétent pour nourrir*, ils seront plus sévères que la Table de Marbre.

289. — Un pair (M. le marquis de Barthélemy) a demandé s'il serait interdit de pratiquer à l'avenir un mode de chasse qui existe en Provence, et qu'on pourrait appeler *la chasse des dames*. — « C'est, dit-il, ce qu'on appelle la chasse des *taises*. Les taises ne sont autre chose que des allées de broussailles. Au milieu de ces allées on place des filets. Les dames vont faire du bruit dans les broussailles, et font jeter dans les filets les petits oiseaux qui s'y trouvent.... — Je ne puis croire, ajoute-t-il, que l'intention de la commission ait été

de prohiber le mode de chasse dont je parle, cependant j'en voudrais recevoir l'assurance. » — A cette question, qui ne reçut pas de réponse positive, M. Duvergier répond que M. de Barthélemy s'est trompé s'il a pensé que les explications qui lui ont été données signifiaient que les préfets pourraient, par des arrêtés, permettre la chasse des *laises*. Il est certain, au contraire, qu'ils ne le pourront pas, car désormais il n'y a plus que deux modes de chasse possibles : le *tir* et le *courre*. Sans doute, aux termes du no 1er, § 3, du présent article, il y a pour les préfets droit de déterminer les procédés de chasse des oiseaux, mais, comme on l'a fait remarquer à M. de Barthélemy, c'est seulement des *oiseaux de passage*. — MM. Gillon et de Villepin (p. 197) semblent supposer que les préfets auraient seulement le droit de prohiber une pareille chasse en vertu du droit qui leur appartient relativement à la destruction des oiseaux, tandis qu'elle est défendue d'une manière absolue.

290. — Il faut donc, résumant ce qui vient d'être dit, tenir pour constant que la chasse aux petits oiseaux, autrement qu'à l'aide de fusil, est prohibée, même en l'absence de tout arrêté préfectoral. — *Paris*, 21 déc. 1844 (t. 2 1845, p. 132), Biet; 26 déc. 1844 (t. 2 1845, p. 132), Kresz ; *Cass.*, 30 mai 1845 (t. 2 1845, p. 720), Peyroux. — *Contrà Angers*, 9 oct. 1844 (t. 2 1845, p. 135), Lemée; *Riom*, 16 juill. 1845 (t. 2 1845, p. 720), Peyroux. — Et il faut même ajouter, bien que le contraire paraisse résulter des motifs de l'arrêt de la cour de Cassation précité, que les préfets n'auraient pas le droit de permettre, par leurs arrêtés, une autre chasse que celle à tir, le pouvoir de déroger aux prohibitions légales en ce qui touche les modes et procédés de chasse ne leur appartenant qu'en ce qui concerne les oiseaux de passage. — V. en ce sens l'arrêt de *Paris* du 21 déc. 1844 précité.

291. — *Chiens lévriers*. — 2° Les préfets peuvent aussi prendre des arrêtés *proprio motu* pour *autoriser* l'emploi des chiens lévriers *pour la destruction des animaux malfaisans ou nuisibles*. — Même art. 9.

292. — De cette rédaction il résulte, ainsi que nous l'avons déjà dit, qu'en règle générale, la chasse faite au lévrier en quelque saison que ce soit est interdite. Toute personne qui s'aidera d'un animal de cette espèce pour chercher ou poursuivre le gibier, même sur son propre terrain, et fût-elle munie d'un permis de chasse, est coupable aux yeux de notre loi.

293. — Cette disposition a été introduite sur les plaintes exprimées à plusieurs reprises par les conseils généraux au sujet de la divagation des chiens lévriers dans la campagne, où ils pourchassent et saisissent le gibier sous les yeux de leurs maîtres, en foulant les récoltes.

294. — Cette chasse était, en effet, permise sous l'empire de la loi de 1790, et la cour de Cassation avait jugé que les lévriers ne pouvant être considérés comme appartenant par leur nature à la classe des animaux nuisibles, malfaisans ou féroces dont parle le § 7 de l'art. 475, C. pén., on devait dès-lors réputer illégaux et non obligatoires les arrêtés d'un préfet et d'un maire qui interdisaient l'usage de ces chiens d'une manière absolue et permanente, même pendant les saisons où la chasse est permise. — *Cass.*, 16 déc. 1826, Paul Bertot. — V. aussi *Cass.*, 30 juin 1842 (t. 2 1842, p. 460), Trusson.

295. — Toutefois, le réglement du 20 août 1814, relatif aux chasses dans les bois et forêts de l'état, interdisait (art. 4, tit. 2) l'emploi des chiens lévriers.

296. — Il est à remarquer que le droit des préfets, en outre, en ce qui concerne l'autorisation d'employer des chiens lévriers, est lui-même circonscrit dans les limites de la nécessité de la destruction des animaux nuisibles ; tout arrêté qui irait au-delà violerait la loi.

297. — Il résulte enfin des explications échangées à la chambre des députés entre MM. Pelletreau de Villeneuve, Gillon et M. le garde des sceaux, que l'expression *lévriers* ne s'applique pas seulement aux *lévriers de pure race*, mais aussi aux *lévriers croisés, lévriers dégénérés*, enfin à toutes les espèces qui dérivent de cette classe. — Duvergier, *Coll. des lois*, p. 134. — En ce sens, *Nancy*, 18 déc. 1844, maire c. Bruigal (*Gaz. Trib.* 30 janv. 1845).

298. — 3° Enfin les préfets peuvent *proprio motu* interdire la chasse en temps de neige (art. 9). — Nous avons déjà dit (V. *supra* n° 112) que la chasse en temps de neige était *de droit*, une fois que la chasse était ouverte, sauf interdiction par arrêté préfectoral. — On est tombé d'accord, au surplus (V. Duvergier, *loc. cit.*), que l'interdiction de chasse, en temps de neige, ne peut concerner la destruction des animaux nuisibles. En effet, disait M. Pelletreau de Villeneuve, « on interdit la chasse pendant les temps de neige, parce que c'est un moyen de détruire le gibier à la reproduction duquel tout le monde s'intéresse. Mais il ne faut pas oublier non plus que c'est un moyen infaillible de détruire les animaux nuisibles, parce qu'on les trouve, et on les détourne facilement. »

CHAPITRE VI. — *Prohibition de vendre, acheter et transporter le gibier. — OEufs et couvées de faisans, cailles, perdrix.*

299. — L'art. 4 contient une disposition fort grave; le § 1er porte que dans chaque département il est interdit de mettre en vente, de vendre, d'acheter, de transporter et de colporter du gibier pendant le temps où la chasse n'est pas permise. — En outre, le § 4 interdit de prendre ou de détruire sur le terrain d'autrui des œufs et des couvées de faisans, de perdrix et de cailles. Ces deux dispositions demandent des explications séparées.

Sect. 1re. — *Mise en vente, vente, achat, transport, colportage.*

300. — La disposition qui prohibe dans chaque département la mise en vente, la vente, l'achat et le colportage du gibier pendant le temps où la chasse n'y est pas permise, est une des mesures les plus efficaces qui puissent être prises pour réprimer le braconnage.

301. — « Cette interdiction, disait le rapporteur de la loi devant la chambre des pairs, n'est pas seulement la conséquence logique de la prohibition de la chasse, elle est la seule mesure qui puisse assurer l'exécution de la loi, et donner au temps prohibé le caractère d'un fait et d'une réalité : les pénalités, quelque sévères qu'elles puissent être, ne supprimeront pas le braconnage, le défaut d'intérêt peut seul l'atteindre. » Et le rapporteur à la chambre des députés ajoutait : « Lorsque la clôture de la chasse est prononcée, le fait de chasse est un délit, et la loi punit ce délit; mais la menace de la loi ne deviendra efficace que lorsque l'intérêt de la violer n'existera plus. Le projet de loi l'a compris ainsi. »

302. — Notre ancienne législation renfermait des dispositions analogues. Elle défendait à toutes personnes d'acheter du gibier des braconniers, sous peine d'être condamnées en la même amende que ces braconniers si on les avait trouvés chassant (V. ordon. de mars 1515, art. 14, confirmée et renouvelée par plusieurs réglemens de la Table de Marbre de Paris). — Le réglement du 17 avr. 1674, et un autre du 1er mars 1706, défendait à tous marchands, rôtisseurs et autres, d'acheter, vendre, ni exposer en vente aucuns lièvres et perdrix; et aux pâtissiers de les mettre en pâté, savoir : pour les lièvres, depuis le premier jour du carême de chaque année jusqu'au dernier juin suivant : et à l'égard des perdrix, depuis le même temps jusqu'au dernier juillet, à peine de confiscation et de 20 liv. d'amende pour chaque pièce de gibier, tant contre le vendeur que contre l'acheteur; et de vendre aucunes bêtes rousses ou noires en tout ou en partie, ni les mettre en pâté, à peine de confiscation, savoir : pour chaque cerf, biche ou faon, 250 liv., et pour chevreuil, marcassin et sanglier, 25 liv.; permis néanmoins aux pâtissiers de mettre en pâté la venaison qui leur sera apportée par gens connus. »

303. — Mais la loi de 1790 ne contenait aucune prohibition de ce genre. Seulement, et pour réprimer autant que possible le braconnage, l'autorité municipale avait pris dans certaines villes des arrêtés pour interdire la mise en vente du gibier sur les marchés publics hors le temps où la chasse est autorisée. L'expérience avait démontré l'inefficacité de cette mesure, et les braconniers en ont facilement éludé les effets en portant le gibier là où ils avaient la certitude de trouver des acheteurs, dans les auberges, dans les restaurans, ou sur les grandes routes, où les conducteurs le prenaient pour l'amener à Paris. C'est à ce grave inconvénient que la loi nouvelle a voulu remédier.

304. — Chacun des termes dont se sert l'art. 4 mérite une attention spéciale; nous les reprendrons donc l'un après l'autre.

305. — En disant qu'il serait interdit dans *chaque département* de vendre, pendant le temps où la chasse n'y est pas permise, la loi a voulu que la défense de mettre en vente, de vendre, d'acheter, de transporter et de colporter du gibier commençât et finît dans chaque département en même temps que la défense de chasser. « Sans cela, dit M. Duvergier (*Coll. des lois*, sur l'art. 4), la fraude eût été trop facile; il eût suffi que la chasse fût permise dans un seul département de la France pour que dans tous les autres on eût vendu, acheté, transporté et colporté le gibier. Au moyen de la rédaction de l'article, la prohibition de vendre, d'acheter, etc., ne peut être éludée. Vainement, pour se justifier, on dirait que le gibier vendu ou transporté provient d'un département où la chasse est permise, ou même qu'il arrive de l'étranger. Cette justification ne serait point accueillie; le délit existerait par cela seul que la chasse serait prohibée dans le département où le fait de vente, d'achat, de transport ou de colportage aurait eu lieu.

306. — Il a donc été jugé que l'interdiction de transporter du gibier en temps prohibé est générale et absolue, et qu'il n'y a lieu de faire aucune distinction entre le transit et le transport. — Dès-lors, l'interdiction comprend tous les départemens de la ligne parcourue, aussi bien ceux intermédiaires que ceux de l'expédition et de la destination. — *Paris*, 22 nov. 1844 (t. 2 1845, p. 258), Edouard.

307. — Mais cette interdiction n'existe que pendant le temps où la chasse n'est pas permise; quant au transport et à la vente du gibier depuis l'ouverture de la chasse, elle ne saurait constituer un délit, alors même que le gibier ainsi transporté et vendu aurait été pris avec des filets et engins prohibés. Peu importerait d'ailleurs qu'un arrêté préfectoral eût interdit la vente et le transport du gibier ainsi pris. — *Grenoble*, 26 déc. 1844 (t. 2 1845, p. 120), Delaurière. — Jugé dans le même sens que lorsqu'avant l'époque fixée par le préfet pour la clôture de la chasse il intervient un deuxième arrêté qui proroge la faculté de chasser à courre, le gibier qui fait l'objet de ce genre de chasse peut, pendant la durée du délai de prorogation, être licitement transporté, sans qu'il soit permis d'en rechercher l'origine, alors même que le deuxième arrêté, tout en permettant la chasse à courre, défendrait formellement aux chasseurs d'être porteurs de fusils ou autres armes à feu. — *Besançon*, 24 juin 1845 (t. 2 1845, p. 702), Gobry.

308. — La proposition de prohiber l'*achat* du gibier n'était pas dans le projet primitif, elle a été ajoutée sur l'amendement d'un député (M. Delaplesse) comme corollaire nécessaire de celle de vendre. — Mais M. le garde des sceaux l'a combattue très vivement. « Il faut, a-t-il dit, que les lois arrivent à leur but sans mesures vexatoires. Je conçois bien qu'on punisse l'individu qui vient exposer en vente tel gibier; mais du moment que, pour punir l'acheteur, vous seriez obligé de faire des perquisitions au domicile de ce dernier, d'aller examiner dans la cuisine d'un citoyen quelle est la nature des provisions destinées à sa consommation, le but que vous voulez atteindre serait évidemment dépassé. Il faudrait même aller plus loin; il faudrait aussi punir quiconque aurait sur sa table tel ou tel gibier. Cela n'est pas possible; il faut renfermer la prohibition de la loi dans de certaines limites... » Ces observations ne sont pas restées sans réponse, et il est résulté de l'ensemble des explications échangées que si le ministère public devait poursuivre l'achat dans tous les cas et par tous les moyens de preuve, il devait respecter le domicile et s'abstenir de toute inquisition persécutrice.

309. — Au surplus, et par surcroît de précautions, la chambre a admis le paragraphe additionnel qui est le troisième de l'art. 4, et qui porte : La *recherche* du gibier ne pourra être faite *à domicile que chez les aubergistes, chez les marchands de comestibles et dans les lieux ouverts au public.* »

310. — M. Berriat Saint-Prix (p. 42) fait remarquer que cette disposition additionnelle n'a eu pour but que de protéger le *domicile* des citoyens. Ainsi, dit-il, hors le domicile, les perquisitions dans les halles et marchés, dans les voitures publiques et particulières seront légales.... Mais on comprend que les visites sur les personnes et dans les voitures particulières ne devront être faites que sur de graves indices de fraude pour les motiver; sans cette réserve, en effet, l'exécution de la loi deviendrait, à cet égard, bientôt intolérable.

311. — De ce que la *recherche* du gibier peut être faite dans certains lieux désignés par la loi, il résulte que, relativement aux établissemens dont il est fait mention, la simple *détention* équivaut à la mise en vente. — Camusat-Busserolles, p. 63. — Il résulte en outre de l'esprit de l'article, que les recherches peuvent être opérées non seulement dans les lieux ouverts au public, mais encore dans la dépendance de ces lieux. — Même auteur, *loc. cit.*; Berriat Saint-Prix, p. 42.

312. — M. Duvergier va même plus loin (*Collect. des lois*, p. 109), et il pense que si l'aubergiste, le marchand de comestibles avait un dépôt *dans une maison particulière*, la perquisition dans cette maison serait licite. « Ce que l'on n'a pas voulu permettre, dit-il, c'est que le *domicile de celui qui aurait acheté du gibier pour sa consommation personnelle* fût soumis à des recherches toujours fâcheuses. Mais le marchand qui achète dans l'intention de revendre, dans un but de spéculation, n'est pas protégé par la dis-

position de la loi ; les perquisitions dans son domicile sont autorisées, et l'*on doit considérer comme faisant partie de son domicile tout local qu'on lui loue ou qu'on lui prête pour exercer l'industrie réprouvée par la loi*. Sans doute il serait possible que les agens chargés de la constatation des délits dont il est question, abusassent de l'interprétation que je propose de donner à la loi. Ils pourraient, sous prétexte qu'une personne est complice de l'aubergiste ou du marchand de comestibles, avoir la prétention de s'introduire dans sa maison et d'y faire des recherches. Cet inconvénient est moins grave qu'on ne pourrait le penser. Il y a dans l'exécution des lois beaucoup de choses qu'il faut nécessairement laisser à la prudence de ceux qui en sont chargés, et croire qu'ils sauront discerner ce qui est l'accomplissement de leur devoir de ce qui serait un excès de-zèle ou même un abus de pouvoir. En un mot, le simple citoyen qui aura acheté du gibier sera puni, si le fait est prouvé; mais pour l'établir, on ne pourra point faire des recherches dans son domicile. Quant au marchand, à l'aubergiste qui achète pour revendre, il sera également puni si le fait d'achat est prouvé contre lui; et, pour arriver à la preuve, on pourra faire des perquisitions *dans tous les lieux où il aura placé le gibier objet de sa spéculation.* » — Cette opinion est également partagée par M. Chardon, ch. 3, p. 54.

313. — Mais MM. Gillon et de Villepin (p. 104) repoussent avec raison cette interprétation. « Il s'agit, disent-ils, de l'application d'une disposition rigoureuse de droit étroit, qui est elle-même une peine; cette disposition ne saurait être étendue au-delà de son texte. Qu'on imagine d'ailleurs les abus qui pourraient résulter d'une semblable interprétation! Qui empêcherait que, sous prétexte qu'une personne est complice d'un délit de chasse, les agens de l'administration ne s'introduisissent dans sa maison et n'y fissent des recherches? — Ce serait là évidemment une source de scandales que ne compenseraient pas suffisamment les avantages de cette interprétation dans une matière qui, après tout, n'a pas des caractères de criminalité tels qu'on doive lui sacrifier le repos du citoyen, l'inviolabilité du domicile et l'honneur même de la famille compromis par une expédition judiciaire. »

314. — L'aubergiste chez lequel on aura trouvé du gibier sera-t-il admis à établir que ce gibier était déjà en sa possession au temps où la chasse était permise, et qu'il n'était pas destiné à la vente? — M. Petit, qui pose cette question (t. 3, p. 50), la résout affirmativement. Tel n'est pas l'avis de M. Berriat Saint-Prix (p. 43), et les motifs de son opinion méritent d'être reproduits : « En temps prohibé, dit-il, la possession du gibier n'est absolument permise qu'au propriétaire d'un enclos tenant à une habitation, et sous la condition expresse de ne pas déplacer ce gibier. Si ce propriétaire est aussi un aubergiste ou marchand de comestibles, le respect dû au domicile ne le protégera plus, sa demeure deviendra accessible aux agens de l'autorité chargés de la recherche du gibier, et enfin la profession d'aubergiste de ce propriétaire sera à elle seule une présomption bien puissante pour faire décider que le gibier découvert était destiné à la vente. »

315. — M. Camusat (p. 62) se demande si la loi peut atteindre le consommateur qui, dans un établissement public, se ferait servir du gibier en temps prohibé. « Sans avoir besoin, dit-il, de nous prononcer sur la question de droit, il nous paraît qu'une telle rigueur serait fâcheuse, et qu'elle irait au-delà même du but de la loi. Il ne faut pas perdre de vue que l'acheteur n'a été puni que pour atteindre plus efficacement le vendeur ; que si les établissemens publics, dans un intérêt d'ordre, doivent toujours être accessibles à la police, c'est beaucoup plutôt par rapport à ceux qui les tiennent que relativement à ceux qui les fréquentent, que la loi ainsi appliquée pourra donner lieu à des méprises fâcheuses, à des inquisitions vexatoires, et qu'il conviendra, sous ce rapport, d'apporter dans son exécution une certaine mesure et des tempéramens raisonnables. »

316. — Le mot *transporter* a été introduit par la chambre des députés. Suivant les orateurs qui en ont proposé l'addition, il était à craindre que le transport ne servît à déguiser le colportage du gibier et à en favoriser la vente secrète. L'interdiction absolue du transport était le seul moyen de rendre la loi efficace. En sens contraire, on a soutenu que l'interdiction du transport était inconciliable avec la disposition de l'art. 2. Si vous donnez, a-t-on dit, au propriétaire le droit de chasser dans ses possessions closes et attenant à une maison d'habitation, il faut qu'il puisse transporter le gibier qu'il aura tué de sa maison de campagne à sa maison de ville. Mais on a répondu : Il est évident que ce n'est pas à la qualité de propriétaire possédant un terrain clos qu'on accorde le droit de chasse. C'est uniquement à raison de l'impossibilité de pénétrer dans son habitation que vous ne vous opposez pas à ce qu'il chasse en temps prohibé. Eh bien! le privilége ne doit s'exercer que dans le cercle resserré dans lequel la nécessité l'a circonscrit ; il ne doit pas aller au-delà... En dehors de ce qui est commandé par des considérations puissantes, pourquoi la loi n'obligerait-elle pas le propriétaire à rentrer dans le droit commun? Sans cela, vous faites une loi de privilége. — Duvergier, *Coll. des lois*, sur l'art. 4. — « C'est une chose connue de tout le monde, disait M. Persil devant la chambre des pairs, que sur toutes les routes de France, les courriers, les conducteurs de diligences ou de petites voitures sont attendus par les braconniers qui leur vendent le gibier. Ce commerce se continuera malgré la loi sous le voile innocent du transport. Le paquet de gibier, la bourriche aura son adresse; un ami complaisant prêtera son nom, les braconniers, publiquement connus dans le pays, auront leurs receleurs irresponsables. »

317. — Cette dernière explication tend à fixer le sens du mot *transporter* : il en résulte (et cela ressort au surplus de toute la discussion) que la prohibition de transporter s'applique à toute espèce de gibier, quel que soit le lieu où il ait été tué, et que le propriétaire porteur du gibier tué dans son clos ne pourra s'excuser sur ce que le gibier lui vient d'une cause légitime. — Duvergier, *loc. cit.* — C'est ce que reconnaissent MM. Gillon et de Villepin (p. 101). — V. aussi circul. du garde des sceaux.

318. — On a pu se convaincre, depuis la promulgation de la loi du 3 mai 1844, que la prohibition de transporter du gibier était une de celles qui donnaient lieu aux contraventions les plus fréquentes, et l'on a vu un grand nombre de conducteurs de voitures traduits, pour ce fait, devant le tribunal de police correctionnelle.

319. — La prohibition de vente, achat, transport, etc., s'applique au gibier vivant comme au gibier tué. — Duvergier, sur l'art. 4.

320. — M. Duvergier pense également qu'il faut décider de même à l'égard du gibier cuit. — V. aussi en ce sens M. Camusat-Busserolles, p. 61 ; Gillon et de Villepin, p. 99; Lavallée, p. 68 ; Petit, t. 3, p. 39. — Toutefois, la cour de Cassation a décidé que la vente et le transport des *conserves de gibier* peuvent avoir lieu pendant que la chasse est prohibée. — *Cass.*, 21 déc. 1844 (t. 1er 1845, p. 374), Boissier. — Conf. Championnière, *Man. du chasseur*, p. 35 ; Berriat Saint-Prix, *Législat. de la chasse*, p. 39.

321. — Que doit-on comprendre sous la dénomination de gibier? — « On appelle ainsi, dit M. Merlin (*Rép.*, v° *Gibier*), les animaux que l'on prend à la chasse, et dont la chair est bonne à manger. » — Sans vouloir donner une nomenclature complète du gibier, on peut citer pour le gibier de poil : le cerf, le sanglier, le daim, le chevreuil, le chamois, le lièvre, le lapin; et pour le gibier de plume : l'alouette, la barge, la bécasse, le bécasseau ou cul-blanc, la bécassine, le bec-figues proprement dit, la caille, les canards sauvages, le chevalier, la cigogne, le coq de bruyère ou tetras, le courlis, l'échasse, le faisan, le flamant, la foulque ou morelle, le gauga, le geai, la gelinotte (variété du tetras), la grèbe, les grives, la grue, le héron, le loriot, le merle, l'oie sauvage, l'ortolan, l'outarde, la perdrix, le pigeon sauvage, le pluvier, la poule d'eau, le râle, la sarcelle, le torcol, les tourterelles et le vanneau. — Berriat Saint-Prix, p. 40. — V. *suprà*, pour l'indication du gibier qualifié de *passage* ou d'*eau*, nos 251 et suiv., 255 et suiv.

322. — « La qualification de gibier, dit aussi M. Berriat Saint-Prix (*loc. cit.*), ne s'applique pas aux oiseaux de volière dits de *chant* et de plaisir, tels que rossignols, fauvettes, etc.; on peut donc vendre et transporter ces oiseaux en tous temps, à l'exception de ceux qui sont un véritable gibier, tels que l'alouette, la caille, etc., etc. »

323. — Doit-on comprendre tous les genres de lapins sous la dénomination de *gibier*? — MM. Gillon et de Villepin (p. 102) disent qu'il faut distinguer entre les lapins de clapier et les lapins de garenne ou de bois qui vivent en liberté. Les uns ne peuvent jamais être considérés comme gibier; quant aux autres, ils sont soumis à la prohibition de l'art. 4. Ils invoquent à cet égard la discussion qui a eu lieu à la chambre des députés, et ils ajoutent que cette distinction est observée à Paris par la police. « Les marchés publics sont couverts de *lapins de clapier*, tandis que, d'un autre côté, le tribunal de police correctionnelle de la Seine a condamné récemment à l'amende un conducteur de diligence pour avoir été trouvé nanti d'un *lapin de garenne*, qui était renfermé dans un papier avec une adresse. »

324. — La vente, le transport, etc., ne sont défendus que pendant que la chasse est prohibée. Aussi est-il constant (et c'est ce que porte textuellement la circulaire de M. le garde des sceaux) que le gibier d'eau et les oiseaux de passage pourront être rendus et transportés pendant le temps où la chasse en sera permise par les arrêtés des préfets, lors même que la chasse, et conséquemment la vente et le transport du gibier ordinaire, seraient interdits. — Camusat-Busserolles, p. 94.

325. — De ce que l'art. 9 autorise le préfet à suspendre l'exercice du droit de chasse en temps de neige (V. *suprà* n° 298), et de ce que l'art. 4 fait défense de mettre en vente, de vendre, d'acheter, de transporter et de colporter du gibier dans chaque département *pendant le temps où la chasse n'est pas permise*, on avait cru pouvoir induire que cette prohibition s'étendait également au cas où la chasse était suspendue à cause de la neige. Dans plusieurs localités, on avait saisi, pendant que la neige couvrait le sol, des pièces de gibier mises en vente; on avait aussi saisi du gibier transporté par les diligences et malle-postes. M. le garde des sceaux, à qui il en fut référé, a pensé que ces saisies n'étaient pas autorisées par la loi du 3 mai 1844, et qu'elles étaient contraires à l'intention du législateur. Voici les motifs de cette décision.

326. — « ... Celui qui vend du gibier avant l'ouverture de la chasse doit être présumé de mauvaise foi ; mais celui qui en vend après l'ouverture et lorsque la prohibition de la chasse est seulement accidentelle et momentanée, peut être de bonne foi; il peut s'être procuré le gibier avant le temps de neige, et les appréciations en pareil cas seraient souvent incertaines.. — D'ailleurs la comparaison des art. 11 et 12 de la loi fait ressortir son esprit. L'art. 12 établit une peine identique et sévère contre ceux qui chassent et contre ceux qui vendent du gibier en temps prohibé ; l'art. 11 ne punit que d'une amende beaucoup plus faible ceux qui chassent, au mépris de l'arrêté préfectoral, pendant que la neige couvre le sol, et l'on ne saurait appliquer à ceux qui pendant le même temps mettent du gibier en vente que la pénalité de l'art. 12 ; en sorte que ceux qui vendent du gibier seraient punis plus sévèrement que ceux qui le tuent. Ce résultat est inadmissible : il prouve que le législateur n'a pas voulu atteindre ces derniers, car il aurait établi contre eux une pénalité corrélative. — Des instructions ont été données à MM. les procureurs du roi pour discontinuer les poursuites qui auraient été commencées et s'abstenir d'en faire de nouvelles. »

327. — Ajoutons qu'une pareille prohibition, appliquée au cas spécial qui nous occupe, eût pu devenir la source de bien des injustices, maintenant surtout que les communications sont si faciles et si rapides; la neige ne couvre pas en même temps toute la surface de la France ; quelques départemens en sont à peu près exempts. Aurait-on donc saisi à Paris le gibier tiré à Marseille en temps non prohibé? Il eût aussi fallu accorder au marchand un temps moral pour vendre son gibier ; mais la neige ne dure souvent que peu de jours sur un point, pour reparaître ensuite sur un autre.... Répétons-le donc, cette prohibition était impossible.

328. — Et il a en effet été jugé par la cour de Cassation que le fait d'avoir acheté, vendu ou colporté du gibier pendant le temps où la chasse est temporairement prohibée par suite de la neige, n'est ni prévu ni puni par la loi du 3 mai 1844. — *Cass.*, 22 mars 1845 (t. 2 1845, p. 49), Osignan ; 18 avr. 1845 [deux arrêts] (t. 2 1845, p. 49 et 281), Bernaudon et Dussuzeaux. — Et il en serait ainsi alors même que l'arrêté préfectoral relatif à la chasse en temps de neige renfermerait, non une prohibition momentanée et locale, mais bien une prohibition générale et permanente. — *Cass.*, 18 avr. 1845 (t. 2 1845, p. 49), Bernaudon.

329. — En cas d'infraction à la disposition de l'art. 4, qui prohibe la vente, le transport, etc., le gibier doit être saisi et livré immédiatement à l'établissement de bienfaisance le plus voisin, en vertu d'une ordonnance du juge de paix, si la saisie a eu lieu au chef-lieu de canton, ou d'une autorisation du maire, si le juge de paix est absent, ou si la saisie a été faite dans une autre commune que celle du chef-lieu. Cette ordonnance est délivrée sur la requête des gardes ou agens qui auront opéré la saisie, sur la présentation du procès-verbal régulièrement dressé.

330. — Le gibier saisi doit être consommé dans l'établissement même auquel il est livré ; il ne pourrait en sortir sans contravention à la loi.

331. — En général, la saisie n'est qu'une mesure provisoire ; aussi les objets saisis sont-ils d'ordinaire conservés pour être restitués en cas d'acquittement du prévenu. — Au contraire, en cas de saisie de gibier, la loi a prescrit la consommation immédiate ; mais qu'arriverait-il si, après la sai-

sie effectuée et la livraison faite à l'établissement de bienfaisance, le prévenu d'avoir vendu ou colporté du gibier était acquitté, et s'il résultait des termes du jugement ou de l'arrêt que le fait de la vente, du transport ou du colportage était licite au moment où il avait lieu? La perte du gibier donnerait-elle droit à une indemnité ou à une action en dommages-intérêts, et contre qui cette action pourrait-elle être exercée? — « Évidemment, disent MM. Duvergier (*loc. cit.*) et Gillon et de Villepin (p. 109), ce ne serait pas contre l'établissement de bienfaisance, qui a été purement passif, et qui s'est borné à recevoir ce qu'on lui donnait. La réparation ne pourrait être demandée qu'à l'auteur de la saisie ou au magistrat qui l'aurait sanctionnée; mais, à moins qu'il n'y eût forfaiture caractérisée, ce qui ne se présentera pas vraisemblablement, aucune action ne pourra être exercée contre le fonctionnaire dont le zèle excessif, l'ignorance ou la légèreté aura eu les conséquences fâcheuses dont il vient d'être parlé.

332. — C'est donc une raison de plus pour que ces saisies provisoires, qui deviendront presque toujours par la force des choses de véritables confiscations, ne soient pratiquées qu'avec beaucoup de mesure. Il suffit qu'il y ait doute pour que le magistrat n'ordonne pas une pareille mesure: elle ne devra surtout être ordonnée qu'autant que l'objet de la saisie devrait nécessairement être perdu pour tous, si l'on attendait le moment du jugement.

333. — Il est un cas où l'attribution du gibier transporté en fraude n'est pas faite au bureau de bienfaisance, c'est celui où la saisie a lieu en vertu de la loi des douanes. « Dans ce cas, porte la circulaire de M. le directeur général des douanes du 30 juin 1844, la confiscation en sera poursuivie et en devra être prononcée *à la requête de l'administration*, et, par une conséquence du même principe, la vente devra s'en effectuer à charge de réexportation, la disposition qui fait l'objet du second paragraphe de l'art. 4 sur la police de la chasse ne pouvant pas ici recevoir d'application. — S'il y a lieu à *dépérissement* de l'objet, on procédera ainsi qu'il est réglé par le décret du 18 sept. 1811. »

334. — Nous avons dit, au mot BATTUE, que l'art. 4, quelle que fût sa généralité, ne semblait pas devoir s'appliquer au transport d'animaux tués à la suite d'une battue autorisée; qu'ainsi ces animaux pourraient être transportés au domicile des chasseurs. « La loi qui récompense leur courage, disent MM. Gillon et de Villepin (p. 103), ne saurait les empêcher de tirer parti pour eux-mêmes du gibier qu'ils abattent. Il faut bien se garder, d'ailleurs, d'enlever aux pauvres habitans de la campagne le stimulant qui résulte pour eux de l'espérance qu'ils ont d'avoir part à la capture; c'est la seule récompense pour la plupart du danger auquel ils s'exposent. » Mais il ne semble pas que l'exception doive être étendue au-delà du simple transport. Mettre en vente, vendre, acheter, colporter des animaux tués dans une battue constituerait une contravention à la loi.

Sect. 2e. — *OEufs et couvées.*

335. — Ainsi qu'il a été dit plus haut, l'art. 4 (§ dernier) interdit de prendre ou de *détruire* sur le *terrain d'autrui* des œufs et des couvées de faisans, perdrix et cailles. — Cette interdiction est édictée dans l'intérêt de la reproduction du gibier.

336. — La disposition du projet primitif était plus générale: elle interdisait de *mettre en vente*, de *vendre*, de *colporter*, de *prendre* ou de *détruire* sur le terrain d'autrui des œufs ou des couvées de faisans, de perdrix et de cailles. En cela elle se rapprochait un peu plus de l'interdiction plus générale encore renfermée dans notre ancienne législation. En effet, l'ord. de 1669 (tit. 30, art. 8) défendait d'une manière absolue *à toutes personnes* de prendre... *en tout lieu* les œufs de cailles, perdrix et faisans, à peine de 100 livres pour la première fois, du double pour la seconde, et du fouet avec bannissement à six lieues de la forêt pendant cinq ans pour la troisième, et en ce qui concerne l'*achat* et la *vente*, la jurisprudence avait étendu la disposition de l'ordonnance; et un arrêt des juges de la Table de Marbre de Paris, du 17 avr. 1674, avait déclaré qu'il n'était pas permis de *vendre* ou d'*acheter* des œufs de perdrix ou de faisans, même pour les faire couver, à moins qu'il n'apparût, par un acte en bonne forme, qu'ils avaient été achetés en pays étranger.

337. — La prohibition de vendre, mettre en vente et colporter des œufs a été supprimée par le motif que la vente des œufs est un commerce très licite qui concourt même au but que la loi se propose, c'est-à-dire à l'entretien et à la reproduction du gibier. — On sait, d'ailleurs qu'il arrive de l'étranger un grand nombre d'œufs qui servent à reproduire le gibier en France. Or, empêcher la vente et le colportage, c'eût été empêcher aussi l'introduction de ces œufs qui ont pour but de propager le gibier.

338. — Il faut remarquer, sur la prohibition spéciale contenue dans le paragraphe précité, qu'elle ne s'applique qu'aux œufs et couvées des oiseaux désignés, mais qu'elle ne comprend ni les œufs et couvées en général, ni les petits de toute espèce de gibier. — V. Duvergier, *loc. cit.*

339. — Il ne résulte pas de là que le fait de prendre et détruire les œufs et couvées d'autres espèces d'oiseaux sur le terrain d'autrui soit un fait licite, ni même, comme paraît le penser M. Berriat Saint-Prix (p. 43), qu'il ne donne lieu qu'à des dommages-intérêts, car il s'agit là d'une atteinte à la propriété qui tomberait sous l'application générale des lois qui punissent ceux qui dérobent la chose d'autrui. — Camusat-Busserolles, p. 67. — Il en résulte seulement que la pénalité spéciale au fait de prendre ou détruire des œufs ou couvées (V. *infrà* nº 420) ne sera applicable qu'autant que ce fait rentrerait dans les prévisions de l'art. 4.

340. — D'ailleurs, il faut bien reconnaître que l'enlèvement ou la destruction de *petits de toute espèce de gibier* constitue un fait de chasse, et s'il a lieu en temps prohibé, tombe sous les pénalités portées par la loi contre la chasse en temps prohibé. — V. en ce sens Duvergier, *Coll. des lois*, 1844, p. 114; Gillon et de Villepin.

341. — Quant aux œufs et couvées d'autres oiseaux non désignés par l'article, le préfet restera toujours libre de les protéger en vertu du droit qui lui appartient de prendre des arrêtés pour prévenir la destruction des oiseaux. — V. *suprà* nº 284 et suiv.

342. — Il faut remarquer que le fait de prendre ou de détruire des œufs et couvées ne constitue un délit qu'autant qu'il a lieu sur le terrain d'autrui; d'où il résulte que le propriétaire peut les prendre et détruire sur son terrain.

343. — MM. Gillon et de Villepin (p. 108) pensent que la prohibition relative aux œufs et couvées ne s'applique qu'au temps où la chasse n'est pas permise. Cela est vrai; mais il faut ajouter aussi que, même en temps de chasse, le fait de prendre ou détruire ne pourrait avoir lieu sur le terrain du propriétaire sans son consentement, et que l'on rentrerait à cet égard soit dans la disposition de la loi spéciale relative au fait de chasse sur le terrain d'autrui, si l'on voulait considérer ce fait comme fait de chasse, soit sous la disposition de la loi générale relative aux atteintes portées à la propriété d'autrui.

344. — La permission, réservée par l'art. 4, de *vendre* et de *transporter* les œufs et couvées ne devrait pas s'étendre aux couvées déjà écloses; ce serait là une infraction qui rentrerait dans la prohibition générale relative au transport du gibier.

CHAPITRE VII. — *Délits et peines.*

Sect. 1re. — *Principes généraux. — Intention. — Complicité. — Solidarité. — Discernement.*

345. — Après avoir indiqué d'une manière générale les prescriptions et les prohibitions imposées par la loi relativement à l'exercice de la chasse, il importe d'examiner ce qui concerne plus spécialement les infractions qui peuvent y être commises dans leur rapport avec la pénalité qui s'y rattache.

346. — La loi de 1790 ne prévoyait que deux infractions: la chasse sur le terrain d'autrui et la chasse en temps prohibé, et elle punissait ces deux infractions d'une amende et d'une indemnité qui s'élevaient ensemble à 30, 45 ou 60 liv., suivant qu'elles avaient lieu sur des terrains *ouverts*, *clos*, ou *clos et tenant à une habitation*. Cette peine était invariable et s'appliquait aussi bien au braconnier d'habitude qu'au chasseur qui avait accidentellement commis un délit.

347. — Était venu ensuite le décret de 1812 (4 mai), qui punissait d'une amende de 30 fr. au moins et de 60 fr. au plus le fait spécial d'avoir été trouvé chassant sans permis de port d'armes de chasse.

348. — Ces différentes pénalités ont été modifiées par la loi de 1844, qui contient à cet égard un système entièrement nouveau. C'est maintenant dans les art. 11, 12 et 13 qu'il faut chercher tout ce qui concerne la pénalité en matière de délit de la chasse; les peines y sont graduées suivant l'importance et la gravité des délits.

349. — Une question qui domine toute la partie relative aux délits et peines en matière de chasse est celle de savoir si l'infraction à la loi sur la chasse est une simple *contravention* dans le sens rigoureux de la loi, ou si, au contraire, elle constitue un délit proprement dit. — La solution de cette question est importante, puisque, suivant qu'il s'agit d'un délit proprement dit ou d'une contravention, les juges pourront ou non acquitter le prévenu, en ayant égard à l'absence d'intention criminelle. On doit donc regretter de ne trouver à cet égard, dans la discussion qui a eu lieu aux chambres, rien de net et de précis, car si des opinions individuelles ont été émises en sens contraire, la question n'a pas été résolue.

350. — En général, les commentateurs répugnent à l'idée de ne voir dans le fait de chasse qu'une simple *contravention* inexcusable pour défaut d'intention, et ils en donnent pour principale raison la nature même de la juridiction (la juridiction correctionnelle) [V. *infrà* nos 380 et suiv.], qui se trouve appelée à connaître de pareils faits, ainsi que l'importance de la peine applicable. — Gillon et de Villepin, p. 211; Duvergier, *Coll. des lois* (sur l'art. 12); Camusat-Busserolles, p. 113; Championnière, *Manuel du chasseur*, p. 138 et suiv. — Nous sommes complétement de cet avis. Mais on n'est pas autant d'accord sur la limite dans laquelle l'intention pourra être prise en considération. Ainsi, quelques paroles prononcées par un des membres de la commission sembleraient faire supposer qu'en présence d'un fait de chasse qualifié délit, une seule distinction serait admissible. Est-il ou n'est-il pas acte de la libre volonté de celui à qui on l'impute? Et ces mots, *libre volonté*, étaient par lui précisés comme il suit: — « Ainsi, si je voulais citer un exemple, je dirais que, dans le cas où des chiens s'échappant d'un chenil parcourront la campagne, lanceront une pièce de gibier et la suivront, il n'y aura pas de délit de chasse imputable au propriétaire des chiens, s'il ne les suit pas ou ne les fait pas suivre pour tuer ou prendre le gibier. Pourquoi? — Parce que, dans ce cas, il n'y a pas acte résultant de sa volonté et qu'il n'y a pas fait de chasse. — Mais si, dans une circonstance semblable ou toute autre, *ce propriétaire parcourt en chassant la propriété d'autrui, croyant parcourir la sienne*, son erreur, qui pourtant implique sa bonne foi, par conséquent son défaut d'intention, ne sera pas admise comme excuse, parce que *son fait, résultat d'une volonté libre, est un acte de chasse caractérisé*. — M. Duvergier (*loc. cit.*) nous semble se ranger à cette interprétation, lorsqu'il dit: « Il est assez difficile de concevoir comment un fait de chasse pourra avoir lieu, sans que celui à qui il sera reproché ait *eu l'intention de chasser*, » ne paraissant ainsi rattacher la question d'intention qu'*au fait de chasse*. — Au contraire, MM. Gillon et de Villepin reconnaissent au juge une mission plus large. « Lors, disent-ils, que la poursuite d'un délit de chasse est déférée aux tribunaux, ils ne doivent pas se borner à constater le fait *matériel*, ils doivent aussi apprécier quelle a été la *volonté* du prévenu. A-t-il, oui ou non, voulu commettre *le fait caractérisé par la loi avec toutes ses circonstances?* Les a-t-il exactement connues? Voilà toute la question, et sa solution importe non seulement à l'atténuation, mais à l'application de la peine elle-même. — *S'il a ignoré les circonstances de fait d'où il résulte*, il n'y a ni délit à punir, ni châtiment à infliger; si, au contraire, la volonté de commettre l'infraction existe; que le but du chasseur soit ou non de délinquer; que ce soit par spéculation ou par légèreté que le fait a eu lieu, le délit existe et doit être puni; seulement le châtiment a ses degrés, le juge a la plus grande latitude pour l'appliquer. » — V. en ce sens Camusat-Busserolles, p. 113.

351. — En un mot, ajoutent MM. Gillon et de Villepin, dont nous adoptons complétement l'opinion, « il n'est sans doute pas nécessaire, pour que la peine soit appliquée, qu'il soit prouvé que le chasseur a su qu'il violait la loi; cette connaissance est toujours présumée en vertu du principe: « *Nul n'est censé en France ignorer la loi.* — Il n'est pas non plus nécessaire que le délinquant ait été animé de l'intention mauvaise et perverse de délinquer. S'il en était ainsi, la loi serait la plupart du temps inapplicable. — L'intention ici, c'est *la volonté de chasser dans les conditions déterminées par la loi pour qu'il y ait délit.* »

352. — Toutefois, la cour de Cassation s'est montrée assez rigoureuse sur l'application du principe relatif à l'intention, lorsqu'elle a décidé que le délit de chasse en temps prohibé ne peut être excusé à raison de la bonne foi du prévenu et de l'ignorance dans laquelle il prétendrait avoir été de l'arrêté préfectoral qui défendait la chasse dans un département, et que l'excuse ne serait admissible qu'autant que le prévenu pourrait *exciper de la*

force majeure.—*Cass.*, 12 avr. 1845 (t. 2 1845, p. 153), Desmirails et Collet.

353.—Les règles générales de la complicité sont-elles applicables en matière de chasse? — L'affirmative est certaine — V. en ce sens Camusat-Busserolles, p. 177; Duvergier, p. 136; Gillon et de Villepin, p. 215.

354. — Et la cour de Cassation, faisant application des art. 59, 60 et 62, C. pén., a décidé qu'un tribunal ne saurait relaxer des individus prévenus de cette complicité, en se fondant sur ce que, le délit de chasse ne pouvant jamais résulter que d'un acte personnel et direct, aucun fait de complicité ne saurait fonder une action correctionnelle. —*Cass.*, 6 déc. 1839 (t. 1er 1840, p. 545), Poulard et Creuzet.

355. — Dans l'espèce de l'arrêt qui précède, il s'agissait d'un fait de complicité par recelé du gibier tué en délit. — Les prévisions de la loi nouvelle permettraient de considérer comme complice le maître qui enverrait son domestique vendre, en temps prohibé, le gibier tué dans son enclos; celui qui donnerait à son domestique l'ordre d'acheter du gibier en temps prohibé, ou l'expéditeur qui ferait transporter par un tiers du gibier en temps prohibé. — Gillon et de Villepin, p. 216.

356.—M. Berriat Saint-Prix (p. 227), qui adopte aussi, en thèse générale, l'application du principe de complicité, et qui combat avec développement l'opinion contraire de M. Petit (t. 3, p. 261), ne pense pas néanmoins qu'il soit possible d'admettre la complicité par recélé, attendu, dit-il, que la possession du gibier, une fois licite pour le chasseur (et il en est ainsi de la possession du gibier même tué en délit), ne saurait devenir tout d'un coup illicite pour le réceptateur. Nous ne saurions nous ranger à cette explication. En effet, de ce que la loi permet au chasseur de garder le gibier tué en délit, cela ne veut pas dire qu'elle considère comme illicite le principe de sa possession, et cela est si vrai qu'elle le punit à raison même du fait qui l'a rendu possesseur. Or, n'est-ce pas participer à ce fait et s'en rendre complice que de receler les objets destinés à mettre la justice sur la trace de son existence, c'est-à-dire de la perpétration même du délit?

357. — Un principe qui se rattache à celui de la complicité et qui domine l'application des dispositions pénales de la loi à chacun des faits qu'elle considère comme délits, c'est que ceux qui ont commis conjointement les délits de chasse doivent être condamnés *solidairement* aux amendes, dommages-intérêts et frais.—L. 3 mai 1844, art. 27. —Cette disposition a été introduite dans la loi pour isoler les délinquans; car, ainsi que le porte l'exposé des motifs à la chambre des pairs, « un braconnier seul est beaucoup moins disposé à la résistance et à la rébellion, beaucoup moins dangereux qu'une réunion de délinquans dont le nombre accroît l'audace. »

358.—L'ancienne jurisprudence admettait cette solidarité.—*Parlem. Paris*, 13 mai 1735.—Denisart, v° *Chasse*. —Mais il s'était élevé à cet égard des doutes sérieux sous la loi de 1790; le doute ne saurait plus exister maintenant. Au surplus, l'application de ce principe reste soumise aux règles du droit commun.—V. AMENDE (crim.), nos 79 et suiv.

359. — Il avait déjà, au surplus, été jugé (dans une espèce où plusieurs individus avaient pris part à une battue irrégulière, exécutée par un lieutenant de louveterie) que, lorsque plusieurs prévenus sont convaincus d'avoir commis un délit de chasse en commun, la condamnation de chacun d'eux à l'amende, aux dommages intérêts et aux dépens, doit être poursuivie solidairement. — *Poitiers*, 29 mai 1843 (t. 1er 1845, p. 154), de Lastic et Treuille.

360. — La loi veut, pour que la solidarité soit prononcée, que les délits aient été commis *conjointement*. — Mais les auteurs sont d'accord qu'il ne suffira pas que deux individus chassent *simultanément* pour qu'ils encourent la solidarité du délit que chacun d'eux aurait commis *isolément*. Il y a même certains délits qui ne pourront jamais entraîner des condamnations solidaires : tel est le délit de chasse sans permis, qui est essentiellement personnel. — Camusat-Busscrolles, p. 175 et 176; Championnière, *Manuel du chasseur*, p. 167; Gillon et de Villepin, *Nouv. Code*, p. 340; Berriat Saint-Prix, *Législ. sur la chasse*, art. 27, p. 237. — V. en ce sens *Paris*, 24 oct. 1844 (t. 2 1845, p. 718), Aubron et Coffinet.

361. — Dans tous les cas, le délit de chasse étant un délit personnel et non réel, lorsque plusieurs individus ont chassé en réunion, il doit être prononcé autant d'amendes qu'il y a de délinquans.— *Cass.*, 17 juill. 1823, Girard. — Petit, t. 1, p. 55; Gillon et de Villepin, p. 341.

362. — MM. Gillon et de Villepin (p. 342) pensent que la solidarité ne devrait pas être appliquée dans le cas où l'un des codélinquans serait en récidive, s'il avait usé de violences ou fait des menaces auxquelles l'autre n'aurait pas participé, ce qui motiverait contre lui personnellement une peine plus grave (V. *infrà* nos 471 et suiv., 475 et suiv.).— En effet, disent-ils, la communauté de *fait et d'intention* n'existe pas dans ce cas; il n'y a lieu à solidarité que pour les condamnations relatives au fait de chasse *commis conjointement*.

363. — Pendant long-temps il a été jugé que l'art. 66, C. pén., relatif au *discernement* du délinquant, ne pouvait être étendu aux matières non prévues par le Code pénal, et réprimées par des lois spéciales, et notamment aux délits de chasse; mais cette jurisprudence, justement critiquée, paraît avoir été abandonnée. — V. à cet égard DISCERNEMENT.

364. — Arrivons maintenant à ce qui concerne les délits; la loi les divise en trois classes, à chacune desquelles elle applique une pénalité différente.

Sect. 2e. — *Première classe de délits et pénalité.*

365. — Sont punissables, aux termes de l'art. 11 (n° 1er), d'une amende de 16 à 100 francs : 1° ceux qui auront chassé sans permis de chasse;—2° ceux qui auront chassé sur le terrain d'autrui sans le consentement du propriétaire (sauf, bien entendu, les exceptions déjà prévues par la loi).

366. — Nous avons expliqué plus haut ce qui était relatif tant à l'absence de permis de chasse qu'au consentement du propriétaire. — V. *suprà* nos 346 et suiv.

367. — Nous avons dit également que le permis de chasse est nécessaire, même pour se livrer, par les moyens exceptionnels qu'autorisent les arrêtés des préfets, à la chasse des oiseaux de passage.— V. *suprà* n° 261.

368. — Mais si aux termes de l'art. 5, L. 3 mai 1844, le permis de chasse est personnel, l'obligation imposée par cette règle à tout individu qui procède à un fait de chasse, ne saurait s'étendre au cas où ce fait est de telle nature que le concours de plusieurs personnes salariées ou non est indispensable à son accomplissement. Dans ce cas, la nécessité du permis ne doit être envisagée que dans son rapport avec un seul fait de chasse et au chasseur unique dont les auxiliaires forcés ne font avec lui qu'une seule et même personne.— Ainsi, et spécialement, lorsqu'il s'agit d'une chasse aux petits oiseaux à l'aide de sauterelles ou raquettes, dont l'emploi est autorisé par un arrêté du préfet, le garde du bois peut, sans être muni d'un permis, ramasser les oiseaux et tendre les raquettes, lorsqu'il est employé à cette opération par le locataire de la chasse du bois. Il en serait de même à l'égard des enfans ou domestiques du locataire de la chasse. — *Nancy*, 7 nov. 1844 (t. 2 1845, p. 129), Remy Saint-Michel; et 25 nov. 1844 (t. 2 1845, p. 130), Bairy. — C'est aussi ce que la cour de Cassation a jugé le 8 mars 1845 (t. 2 1845, p. 129), Genin.

369. — Toutefois, cette délégation exceptionnelle du permis de chasse doit être restreinte au seul cas où les gardes et les enfans ou domestiques de celui qui est muni d'un permis aident ou suppléent celui-ci dans les soins de la tendue, qui doit être habituellement soignée et dirigée par le porteur du permis. — *Nancy*, 25 nov. 1844 (t. 2 1845, p. 130), Bairy.

370. — Jugé encore que les traqueurs non armés n'ont pas besoin d'être munis d'un permis de chasse, et ne peuvent être considérés comme se livrant *personnellement* à un fait de chasse.—*Paris*, 26 avr. 1845 (t. 2 1845, p. 129), Arbelot.

371. — Mais que doit-on entendre par *fait de chasse*? De même, quand y aura-t-il fait de chasse punissable sur le terrain d'autrui? — Il serait difficile et peut-être dangereux de chercher à le définir d'une manière précise. Constatons ce qui résulte, à cet égard, de la jurisprudence.

372. — Il a été jugé qu'un seul coup de fusil, bien que tiré sur un oiseau de proie, constitue un fait de chasse. — *Cass.*, 13 nov. 1818, Selves c. Seigle; 5 nov. 1842 (t. 1er 1843, p. 713), Brilland.

373. — ... Qu'il en est de même du fait d'avoir tiré des coups de fusil de l'intérieur d'une cabane couverte de feuillages où l'on s'était embusqué pour épier des grives. — *Cass.*, 7 mars 1823, Castellan; 20 juin 1823, Dennery.

374. — ... Ou de celui d'avoir tué à coups de bâton, un faisan, dans une forêt royale, et de se l'être approprié. — *Cass.*, 2 juin 1827, Catinat.

375. — Que, de même, il y a délit de chasse de la part de celui qui, étant muni d'armes, laisse entrer dans un champ de colza les chiens dont il était accompagné. — *Cass.*, 26 janv. 1826, Couturier.

376. — Qu'on doit réputer *fait de chasse* l'action de s'être introduit de nuit dans une forêt royale, d'avoir marché tout doucement, avec un fusil armé, dans un chemin de bornage, en regardant des deux côtés. — *Cass.*, 23 janv. 1829, Liste civile c. Jullamier.

377. — ... Ou bien encore le fait de tendre des engins ou filets contre le gibier sur le terrain d'autrui. — *Cass.*, 3 nov. 1831, Joly.

378. — .... L'emploi de chiens lévriers.— *Cass.*, 10 oct. 1828, Thérouanne.

379. — ... Le fait d'avoir tendu des collets de fil de laiton dans une forêt. —*Cass.*, 8 mai 1824, Gabillot; 5 nov. 1829, Jupinet.

380. — ... Celui de fureter dans un bois pour y prendre des lapins (non tenus en garenne) sans la permission du propriétaire. — *Cass.*, 13 août 1840 (t. 2 1840, p. 443), Desmares.

381. — Il y a encore fait de chasse dans l'acte d'un chasseur qui, posté en dehors d'un terrain sur lequel il n'a pas le droit de chasser, fait poursuivre sur ce terrain du gibier que ses chiens doivent lui ramener.—*Cass.*, 26 sept. 1840 (t. 1er 1841, p. 51), Lannoy.

382. — ... Dans le fait d'un chasseur accompagné d'une meute, lorsque l'un des chiens s'est égaré, en chassant sur le terrain d'autrui, à l'insu de son maître. — *Douai*, 10 fév. 1843 (t. 1er 1843, p. 323), Bonnet.

383. — Doit être également réputé en chasse, l'individu qui, armé d'un fusil de chasse qu'il tient dans l'attitude d'un chasseur, laisse son chien chasser sur une pièce de terre où il n'a pas le droit de chasser.—*Rouen*, 17 juin 1831, de Bivile c. d'Aubermesnil. Cet arrêt se trouve rapporté en note sous l'arrêt de la même cour du 12 janv. 1843 (t. 1er 1843, p. 650), Talon c. Mahieux.

384. — Mais il a été jugé aussi que de ce qu'un procès-verbal dressé par un gendarme constate qu'un garde champêtre a été aperçu tenant un fusil abattu dans la main gauche le long d'un champ, il ne résulte pas que ce garde champêtre, qui était dans l'usage de porter un fusil dans l'exercice de ses fonctions, se soit rendu coupable du délit de chasse. Cette attitude du garde champêtre pouvait être interprétée comme un temps de repos. — *Douai*, 5 nov. 1839, Michaux. — Cet arrêt est cité sous l'arrêt de *Cass.*, 5 déc. 1839 (t. 1er 1843, p. 650), Michaux.

385. — Jugé aussi que le fait de laisser quêter des chiens couchans, même dans un champ non dépouillé de ses récoltes, ne constitue pas un délit de chasse sans permis dans le sens de la loi du 3 mai 1844, si le propriétaire des chiens, quoique les accompagnant, n'était pas muni d'un fusil. — *Nancy*, 7 déc. 1844, Nimsgern; 24 déc. 1844, Maginel (*Gaz. trib.* 30 janv. 1845.)

386. — Comme on le voit, tout dépend des circonstances : aussi, M. Berriat Saint-Prix (p. 122) recommande-t-il aux officiers de police judiciaire de consigner fidèlement dans leurs procès-verbaux les observations qu'ils auront faites sur le chasseur qu'ils surprennent en délit; son attitude, ses armes, son costume, sa marche, ses paroles aux chiens et aux autres chasseurs qui l'accompagnent, le terrain sur lequel il se trouve, doivent être scrupuleusement décrits ou mentionnés. — M. Petit (p. 5 et 8) ajoute que c'est à ceux qui affirment l'existence du délit de chasse à le prouver.— Cela est hors de doute.

387.—L'oisellerie, c'est-à-dire l'espèce de chasse qui consiste à prendre les oiseaux de chant et de plaisir, constitue-t-elle un fait de chasse proprement dit? — En présence du système nouveau introduit par la loi du 3 mai 1844, § 8 de l'art. 9, qui permet aux préfets de prendre des arrêtés pour empêcher la destruction des oiseaux, en face des explications données dans la discussion, et de la circulaire de M. le garde-des sceaux, M. Berriat Saint-Prix n'hésite pas à adopter l'affirmative : « Pour être fidèle à la pensée de la loi, dit en effet cette circulaire, il faut entendre le mot *chasse* dans le sens le plus général, et l'appliquer sans distinction à la recherche, à la poursuite de tout animal sauvage ou de tout oiseau. Il en résulte que, quel que soit l'animal sauvage ou l'oiseau que l'on chasse, et, s'il s'agit d'oiseaux de passage, quels que soient le moyen et le procédé de chasse dont on soit autorisé à se servir, un permis de chasse est nécessaire. »

388. — D'un autre côté, et s'attachant plus spécialement au fait de chasse sur le *terrain d'autrui*, il a été décidé que le fait de chasse sur le terrain d'autrui, sans le consentement du propriétaire, est un délit punissable, malgré le peu d'étendue de ce terrain; la loi ne fait aucune distinction entre les propriétés considérables et celles de moindre étendue. —*Cass.*, 25 avr. 1828, Klein et Kiener.

389. — ... Que, sous la loi de 1790, l'autorisation donnée aux propriétaires ou leurs ayant-droit de chasser, même en temps prohibé, dans leurs bois et forêts, ne saurait être appliquée aux individus étrangers à la propriété du témoin et ne représentant le propriétaire à aucun titre.— *Cass.*, 18 juill. 1834, Baudoin.

390. — ... Que, sous la même loi, la disposition de la loi du 28-30 avr. 1790 qui défend de chasser sur le terrain d'autrui sans son consentement, s'appliquait à tous les moyens de chasse, ordinaires ou extraordinaires, et à tous les terrains, soit en bois, soit de toute autre nature, sous la seule exception des propriétés réservées aux plaisirs de la chasse du roi, faisant partie de la dotation de la couronne et de la liste civile, qui demeurent soumises à l'ord. 1669. — *Cass.*, 8 mai 1824, Gabilot.

391. — Pour ne constituer qu'un simple délit de chasse, le fait de chasse sur le terrain d'autrui, ne doit avoir pour objet que la recherche des animaux sauvages et n'appartenant à personne; si le chasseur y tuait des animaux domestiques, tels que faisans privés, volailles, pigeons (dans un temps autre que celui où ces oiseaux sont réputés gibier par la loi), etc., ce ne serait plus un simple fait de chasse, ce serait un vol. — *Cass.*, 20 sept. 1828, Cheminet et Hubert; — Pothier, *Du domaine de propriété*, n° 25; Berriat Saint-Prix, *Législation de la chasse*, art. 11, § 3.

392. — Il est, au surplus, hors de doute qu'un tribunal ne peut se dispenser de condamner à l'amende le prévenu convaincu d'avoir chassé sur le terrain du plaignant, sans sa permission, lors même que ce prévenu serait porteur d'un permis de port d'armes.—*Cass.*, 13 oct. 1808, Vaucouleurs et de Bougy.

393. — Et il a été jugé que le fait de passage sur des terres préparées en culture, ne cesse pas d'être une contravention punissable, par cela qu'il se rattache à un fait de chasse en temps non prohibé. — *Cass.*, 31 mars 1832, Boissard.— V. PASSAGE SUR LE TERRAIN D'AUTRUI.

394. — Jugé que celui qui a chassé sur un terrain affermé, avec la permission du fermier, et même dans sa compagnie, pour en expulser le gibier qui se répand sur ses récoltes (L. 1790, art. 15), ne peut pas être poursuivi. — *Bruxelles*, 27 mars 1830, N...

395. — Est-il nécessaire, pour qu'il y ait fait de chasse sur le terrain d'autrui, que le chasseur soit entré ou passé *de sa personne* sur ce terrain? — Assurément non. « Ainsi, disent MM. Gillon et de Villepin (p. 22), je chasse sur mon terrain, et vers l'une des extrémités une pièce de gibier part, elle est déjà sur le terrain d'autrui lorsque je la tire; c'est là que le plomb meurtrier lui porte la mort. Il est incontestable qu'il y a fait de chasse sur le terrain d'autrui; la circonstance que la pièce de gibier est partie de mon terrain est sans importance. » — V. aussi *Rouen*, 12 janv. 1843 et 17 juin 1831, *Cass.*, 26 sept. 1840 (cités *suprà* nos 381 et 383).

396. — Mais la cour d'Amiens a jugé que celui qui, chassant dans un *enclos* avant l'ouverture de la chasse, blesse mortellement une pièce de gibier qui va tomber sur un terrain non clos, et sur lequel il n'a pas le droit de chasser, ne commet pas le délit de chasse sur le terrain d'autrui, en allant y ramasser le gibier qui y est tombé mort, alors qu'avant de s'y introduire il a déposé son fusil et est entré sans armes sur ce terrain. — *Amiens*, 17 janv. 1842 (t. 2 1845, p. 709), Delamire c. Casting. — Cette décision est généralement approuvée. — Duvergier, *Coll. des lois*, p. 105; Gillon et de Villepin, p. 233.

397. — Si en défendant la chasse sur le terrain d'autrui on avait eu en vue le simple passage des chiens courans à la suite d'un gibier lancé sur les propriétés du chasseur, la chasse aux chiens courans fût devenue impossible. Aussi l'art. 11 (même numéro) ajoute-t-il: « Pourra ne pas être considéré comme délit de chasse le fait du passage des chiens courans sur l'héritage d'autrui, lorsque ces chiens seront à la suite d'un gibier lancé sur les propriétés de leurs maîtres, sauf l'action civile, s'il y a lieu, en cas de dommage.

398.—La discussion qui a eu lieu (V. Duvergier, sur l'art. 11), a fixé très nettement le sens de cette disposition: il en résulte que le passage des chiens courans sur la propriété d'autrui *n'est pas nécessairement*, mais *peut être* un délit, selon les circonstances, lesquelles sont abandonnées à l'appréciation des juges. Mais il en résulte aussi (et ce résultat est fort important) que, *dans tous les cas, le passage du chasseur sur le terrain dont il n'est pas propriétaire est un fait punissable.* Le délinquant ne pourra point donner pour excuse que *les chiens* ont passé les premiers et qu'il les a suivis.

399. — La cour de Rouen avait déjà jugé que le chasseur qui a blessé une pièce de gibier sur un terrain où il a le droit de chasse, ne peut *la poursuivre* ni la faire prendre par son chien *sur un fonds où il n'a pas le droit de chasse.*—*Rouen*, 20 oct. 1825, Legendre c. Leboucher Desfontaines; —Merlin, *Rép.*, v° *Chasse*, § 4, n° 4; Toullier, *Dr. civ.*, t. 4, p. 15, n° 20.

400. — Suivant le § 4 du même art. 11, l'amende *pourra* être portée au double, si ce délit a été commis sur des terres non dépouillées de leurs fruits, ou s'il a été commis sur un terrain entouré d'une clôture continue faisant obstacle à toute communication avec les héritages voisins, mais non attenant à une habitation.

401. — De cette disposition il résulte, ainsi que nous l'avons déjà fait remarquer, que (à la différence de ce qui avait lieu sous la loi de 1790) le propriétaire ou son ayant-cause peut, une fois la chasse ouverte, s'y livrer sur son terrain, qu'il soit dépouillé ou non de fruits; la circonstance que les terres n'étaient pas dépouillées de fruits étant simplement aggravante du délit de chasse sur le terrain d'autrui sans le consentement du propriétaire. La discussion ne laisse aucun doute sur cette interprétation. — Rapport de M. Franck-Carré à la chambre des pairs (*Moniteur* du 29 mars 1844, p. 747);—Camusat-Busserolles, p. 115; Gillon et de Villepin, p. 239; Berriat Saint-Prix, p. 135.

402. — L'application de ce principe est sans difficulté lorsque le propriétaire du terrain et du droit de chasse est en même temps propriétaire des récoltes. Mais que devra-t-on décider dans le cas où, par suite d'un contrat particulier, ces deux propriétés auront été séparées?—Nous croyons qu'il faut distinguer: — ou bien c'est le propriétaire du terrain et du droit de chasse (ou son ayant-cause) qui chasse sur son champ couvert des récoltes appartenant à son fermier, et, dans ce cas, il serait peut-être difficile de voir dans ce fait un fait de chasse proprement dit et punissable, car le délit n'existe qu'autant que la chasse a eu lieu *sur le terrain d'autrui*; resterait seulement (V. Camusat-Busserolles, p. 116) la contravention prévue par l'art. 475, § 9, C. pén. (V. PASSAGE SUR LE TERRAIN D'AUTRUI), et, pour le fermier, le droit de demander des dommages-intérêts. — Si, au contraire, c'est le fermier des récoltes (non fermier du droit de chasse) qui est trouvé chassant dans ses propres récoltes, on pourra bien le considérer comme chassant sur le terrain d'autrui, mais on ne saurait lui appliquer l'aggravation résultant de ce que la terre n'est pas dépouillée de fruits, cette circonstance n'étant aggravante qu'à raison du tort causé à l'ayant-droit aux récoltes (qui, dans cette hypothèse, se trouverait être le chasseur lui-même).

403. — D'après cette explication il ne faut accepter qu'avec réserve l'arrêt qui juge qu'un propriétaire chassant, même après l'ouverture, et avec un permis, *dans son champ loué à un fermier*, commet un délit de chasse qui le rend passible des peines portées par l'art. 11, L. 3 mai 1844.—*Nancy*, 7 nov. 1844, Barrat (*Gaz. des trib.*, 30 janv. 1845).

404. — Mais que doit-on entendre par ces mots: « *Non dépouillés de leurs fruits.* » Et suffira-t-il que des plantes dans un état quelconque couvrent encore le sol pour qu'on puisse dire que la terre n'est pas dépouillée de ses fruits?

405. — Sous l'ancienne législation, la jurisprudence donnait des mots *récoltes et fruits* une interprétation extrêmement étendue; ainsi, il a été jugé que lorsque la chasse n'a été déclarée ouverte que sur les terres non closes *dépouillées de leurs fruits*, le fait de chasse dans des champs de pommes de terre, d'orge et d'avoine, constituait un délit que le ministère public pouvait poursuivre d'office. — *Cass.*, 16 janv. 1829, Delagorgue; 4 fév. 1830, Piroux.

406. —... Qu'il en était de même du fait d'avoir chassé dans une vigne dont la récolte n'était pas encore levée. — *Lyon*, 15 déc. 1826, Gaspard; *Angers*, 12 janv. 1829, Robin.

407.—Toutefois, le principe qui paraissait avoir dominé, même sous cette loi, c'est que les mots *terres non dépouillées de leurs fruits* ne devaient s'entendre que des terres qui pouvaient produire encore des fruits propres à être récoltés et auxquelles le passage des chasseurs serait de nature à causer du dommage. — *Cass.*, 31 janv. 1840 (t. 2 1842, p. 267), Jacquesson; même jour (t. 2 1840, p. 475), Delattre.

408. — Il avait donc été jugé que le fait d'avoir chassé dans une pièce de luzerne dont la deuxième coupe a été faite, et qui n'était plus destinée à être fauchée de l'année, ne constituait aucun délit.— Mêmes arrêts.

409. — ... Qu'il en était de même du fait d'avoir chassé dans la seconde ou la troisième pousse d'une luzerne; une prairie artificielle dont la première coupe a été enlevée, ne pouvant pas être considérée comme non dépouillée de sa récolte. — *Cass.*, 4 fév. 1830, Durand.

410.—... Ou du fait d'avoir chassé sur un champ de sainfoin dont la coupe est effectuée depuis quinze jours. — *Bourges*, 25 nov. 1841 (t. 2 1842, p. 267), Guillemot.

411. — De même encore d'après la cour de Grenoble, les produits de la terre non destinés à être récoltés, mais à être enfouis sur les lieux mêmes pour servir d'engrais, ne pouvaient être considérés comme une récolte, dans le sens des dispositions de la loi qui défend de chasser dans un champ couvert de récoltes.— *Grenoble*, 11 nov. 1841 (t. 1er 1842, p. 274), Gannet et Doucet.

412.—Et la cour royale de Colmar avait jugé que le fait d'avoir chassé dans un temps non prohibé sur des champs ensemencés de pommes de terre non encore récoltées, n'étant pas de nature à causer le moindre dommage à cette sorte de production de la terre, ne constituait pas de délit.— *Colmar*, 16 nov. 1842 (t. 1er 1843, p. 384), Henzog.

413. — Mais, d'un autre côté, la cour de Cassation a jugé qu'un champ ensemencé en blé non encore en tuyau est un terrain chargé sinon de récoltes en maturité, au moins de récoltes en croissance, et qu'il n'est pas permis d'y chasser sans être sujet aux poursuites d'office du ministère public. — *Cass.*, 16 nov. 1837 (t. 2 1838, p. 498), Clémenceau et Marchand; 9 juin 1838 (t. 2 1838, p. 505), Gilbay.

414. — La cour de Cassation reconnaissait au surplus que le point de savoir si une prairie artificielle pouvait encore, au moment du fait de chasse, produire des fruits de nature à être récoltés, était un véritable point de fait dont la solution, subordonnée aux usages du pays, à la fertilité du sol et aux variations des saisons, rentrait dans le domaine souverain des tribunaux.—*Cass.*, 31 janv. 1840 (t. 2 1842, p. 267), Jacquesson; même jour (t. 2 1840, p. 475), Delattre. —V. aussi *Cass.*, 4 fév. 1830, Durand.

415. — Cette manière d'entendre les mots, *non dépouillés de leurs fruits*, ainsi fixée sous la loi de 1790 qui devait être interprétée d'autant plus sérieusement qu'elle avait eu presque uniquement en vue (ainsi que le prouvent les restrictions par elle apportées au droit des propriétaires) l'intérêt des récoltes, devrait être suivie sous la loi nouvelle.—V. la discussion et les rapports (Duvergier, sur l'art. 11.) — La cour d'Orléans a donc eu raison de dire (arrêt du 22 oct. 1844, t. 2 1844, p. 423), Coq, que le législateur de 1844, en se servant du mot *fruit*, n'avait pas voulu comprendre sous cette dénomination générique, toutes les productions du sol indistinctement; que jamais dans l'esprit de la loi, la protection accordée aux fruits de la terre n'a été séparée de la présomption d'un dommage à causer par la présence d'un chasseur et de son chien, et que la loi a voulu laisser aux tribunaux la faculté d'apprécier, d'après la nature des productions dont la terre n'est pas dépouillée, eu égard aux variations des saisons et à la fertilité du sol et aux usages locaux, si le fait de chasse sur le terrain qui n'en est pas dépouillé constitue la circonstance aggravante prévue par l'art. 26 de la loi du 3 mai.

416. — Et par suite de ce principe, la même cour a jugé que la présence d'un chasseur dans un champ de pommes de terre dont les tubercules sont enfouis à une assez grande profondeur ne pouvant causer aucun dommage à cette sorte de production de la terre, le fait d'avoir chassé sur un pareil terrain ne constituait pas le délit de chasse sur un terrain non dépouillé de ses fruits dans le sens de l'art. 11, L. du 3 mai 1844. — *Orléans*, 22 oct. 1844 (t. 2 1844, p. 423), Coq. — V. aussi un jugement du tribunal de Pithiviers (sous *Orléans*, 22 oct. 1844 [t. 1er 1845, p. 11], Beauvilliers-Richard, qui se fonde, pour acquitter le prévenu, sur ce que les pommes de terre ne peuvent souffrir aucun dommage par la présence et le parcours d'un chasseur à pied.

417. — ... Mais qu'il en est autrement du fait de chasser sur un champ de haricots. — *Orléans*, 22 oct. 1844 (t. 1er 1845, p. 11), Beauvilliers-Richard.

418. — Il résulte, au surplus, de la discussion que les terrains simplement *ensemencés* ne rentrent pas dans la catégorie de ceux indiqués par la loi (ce mot, inséré dans la rédaction primitive du projet, a disparu depuis), à moins que l'ensemencement n'ait produit des plantes qui montrent leurs fruits.

419. — Sont également punis d'une amende de 16 à 100 fr. « ceux qui auront contrevenu aux arrêtés des préfets concernant les oiseaux de passage, le gibier d'eau, la chasse en temps de neige, l'emploi des chiens lévriers, ou aux arrêtés concernant la destruction des oiseaux et celle des animaux nuisibles et malfaisans » (L. 3 mai 1844, art. 11;

nº 3); à la condition, pour ces arrêtés, d'être rendus dans la forme prescrite par la loi, c'est-à-dire sur l'avis des conseils généraux. — *Exposé des motifs.*

420. — « ...Ceux qui auront pris ou détruit sur le terrain d'autrui des œufs ou couvées de faisans, perdrix ou cailles. » — Même loi, *ibid.*, nº 4. — V. *suprà* nº 335.

421. — « ... Les fermiers de la chasse, soit dans les bois soumis au régime forestier, soit sur les propriétés dont la chasse est louée au profit des communes ou établissemens publics, qui auront contrevenu aux clauses et conditions de leurs cahiers de charges relatives à la chasse. » — Même loi, *ibid.*, nº 5.

422. — La dernière partie de cette disposition n'est pas restreinte seulement au cas où la commune ou l'établissement public est *propriétaire* du terrain dont la chasse est *louée au profit* de la commune ou de l'établissement : et si des propriétaires se sont réunis pour faire, en leur faveur, l'abandon pour un certain temps du droit de chasse qui leur appartient sur les héritages qu'ils possèdent, l'adjudicataire qui a pris à bail le droit de chasse est punissable aussi quand il enfreint les clauses et conditions du cahier des charges.

423. — Un député a soulevé, sur l'application de cette disposition, une difficulté assez grave. « Le cahier des charges, a-t-il dit, limite le nombre des personnes que le fermier de la chasse peut conduire avec lui dans les forêts. Lorsque le fermier aura contrevenu à cette clause, en introduisant avec lui dans la forêt un nombre de chasseurs excédant celui autorisé, par exemple trois ou quatre chasseurs au lieu de deux, qu'adviendra-t-il? Sera-t-il dressé contre le fermier autant de procès-verbaux qu'il y aura eu de chasseurs introduits par lui dans la forêt au-delà du nombre convenu; ou bien, ce qui me semblerait moins rationnel et ce qui pourtant est arrivé dans une forêt située dans le voisinage de l'arrondissement que j'ai l'honneur de représenter, sera-ce contre les chasseurs eux-mêmes accompagnant le fermier de la chasse que les procès-verbaux seront dressés? Mais alors voici la difficulté qui se présente. — Il ne pouvait y avoir que deux chasseurs, plus le fermier : au lieu de deux, il y en a eu trois, il y en a eu quatre; deux ont chassé avec qualité suffisante, les deux autres ont chassé indûment. — Comment fera le garde forestier pour s'y reconnaître? Comment dressera-t-il son procès-verbal? Chacun disant : ce n'est pas moi qui suis le coupable, comment le reconnaîtra-t-il? qui choisira-t-il? »

424. — Cette observation donna lieu à des explications contradictoires, après lesquelles, sans arriver à rien de précis, on sembla en remettre la solution à l'ordonnance pour l'exécution de la loi. — Pour nous, nous ne pensons pas que M. le garde des sceaux ait rien à prescrire à cet égard, la loi seule ayant le droit d'imprimer aux faits le caractère de délit et d'établir des pénalités; aussi, et en fait, ne trouvons-nous dans sa circulaire aucune disposition qui s'y rattache; c'est donc dans la loi elle-même qu'il faut chercher la raison de décider.

425. — Il est d'abord certain qu'en principe c'est le fermier seul qui peut être poursuivi comme auteur principal du délit, et que ce délit résultant d'une seule contravention au cahier des charges, il ne doit être dressé qu'un seul procès-verbal. — Gillon et de Villepin, p. 256; Petit, t. 3, p. 137; Duvergier, *Coll. des lois*, sur l'art. 11; Berriat Saint-Prix, p. 139. — Mais les personnes qui l'auront accompagné pourront-elles du moins être poursuivies comme complices, dans le cas où elles auraient eu personnellement connaissance de la contravention au cahier des charges? — MM. Gillon et de Villepin (*loc. cit.*) enseignent l'affirmative en s'appuyant sur la discussion qui a eu lieu à la chambre des députés, et dans laquelle, à la vérité, le mot de complice fut prononcé. — Au contraire, M. Berriat Saint-Prix repousse toute idée de complicité, attendu la bonne foi des chasseurs. Il est cependant possible que les chasseurs ne soient pas de bonne foi, et ici serait précisément le cas où ils auraient connu les clauses du cahier des charges. Ce n'est donc pas là que se trouverait la vraie raison d'absoudre ces chasseurs, mais bien dans l'impossibilité pour la justice de choisir, parmi plusieurs de bonne foi, le vrai coupable (Petit, *loc. cit.*). Car il serait absurde, ajoute M. Duvergier, de les poursuivre tous, puisque, suivant le cahier des charges lui-même, il n'y a de délinquans que ceux qui excèdent le nombre légal, et il serait inique de poursuivre les uns plutôt que les autres. — Disons néanmoins que si, à raison de certaines circonstances, le doute disparaissait pour la justice, et qu'elle pût, en toute confiance, atteindre ceux excédant le nombre légal qui auraient *su* chasser en délit, les règles de la complicité paraîtraient devoir recevoir leur application, ou même que le chasseur ainsi en délit pourrait être poursuivi pour fait de chasse sur le terrain d'autrui, sans le consentement de celui qui a le droit de chasser.

426. — Il est d'ailleurs hors de doute que le *fermier* ou les autres *chasseurs* peuvent en outre être poursuivis personnellement et directement, à raison de tout autre délit de chasse, par exemple, à défaut de permis de chasse ou pour chasse en temps prohibé.

Sect. 3e. — *Deuxième classe de délits et pénalité.*

427. — « Seront punis d'une amende de 50 à 200 fr., et pourront en outre l'être d'un emprisonnement de six jours à deux mois : 1º ceux qui auront chassé en temps prohibé. » — L. 3 mai 1844, art. 12.

428. — Sur ce qu'on entend par temps prohibé, V. *suprà* nºs 86 et suiv.

429. — Jugé que c'est chasser en temps prohibé que de tuer des pies dans un lieu non clos, avant l'ouverture de la chasse et avant qu'en exécution de la loi du 3 mai 1844, le préfet ait déclaré ces oiseaux animaux malfaisans ou nuisibles, et en ait autorisé la destruction en tout temps. — *Orléans*, 16 sept. 1844 (t. 2 1844, p. 421), Polinard.

430. — ... « 2º Ceux qui auront chassé pendant la nuit, ou à l'aide d'engins ou instrumens prohibés, ou par d'autres moyens que ceux qui sont autorisés par l'art. 9. » — Même loi, art. 12.

431. — On doit réputer *engins et instrumens prohibés* tous autres que ceux que la loi autorise expressément, ou qui se trouveraient exceptionnellement autorisés par le préfet pour certaines natures de chasse. — V. *suprà* nºs 229 et suiv.

432. — La chasse avec emploi de chiens lévriers tombe sous l'application du § 2, art. 12, L. 3 mai 1844. — *Nancy*, 18 nov. 1844 (*Gaz. des Trib.* 30 janv. 1845), Maire c. Bruigal; 4 déc. 1844 (t. 2 1845, p. 416), Worms.

433. — On a agité la question de savoir si le fait de chasse de la part d'un chien levrier constitue en délit le maître de ce chien. — A cet égard il a été jugé : — 1º que le maître est en délit s'il est trouvé suivant la grande route en voiture, tandis que son chien parcourt la plaine, *sans qu'il s'y oppose.* — *Nancy*, 4 déc. 1844 (t. 2 1845, p. 416), Worms; même jour, Collet; — 2º que le fait d'un chien lévrier qui, guidé par son instinct, parcourt la campagne peut bien, aux termes de l'art. 1385 C. civ., donner lieu à la responsabilité du dommage qu'il aura causé contre le propriétaire de cet animal, mais ne suffit pas pour constituer un délit de chasse imputable au propriétaire, lorsque d'ailleurs il n'est pas établi que le maître ait volontairement employé cet animal à la poursuite du gibier. — *Cass.*, 20 nov. 1845 (t. 2 1845), Limousin.

434. — La loi défendant expressément (V. *infrà* nº 453) la chasse à l'aide d'appeaux, d'appelans, de chanterelles, il en résulte que ces objets rentrent dans la catégorie des instrumens de chasse prohibés. — Ainsi jugé pour la chasse aux petits oiseaux. — *Paris*, 21 déc. 1844 (t. 2 1845, p. 132), Biet.

435. — Jugé également que si la loi du 3 mai 1844, après avoir prohibé tous autres moyens de chasse que ceux par elle spécifiés, confère aux préfets des départemens le droit de déterminer par des arrêtés spéciaux soit l'époque de la chasse des oiseaux de passage, soit les modes et procédés de cette chasse, la prohibition générale conserve toute sa force et toute son efficacité en dehors du moment précis où, en vertu de ce droit exceptionnel, la défense est temporairement levée; — Et qu'en conséquence le fait de s'être servi de gluaux (engins prohibés) doit être considéré, si ce fait a eu lieu antérieurement au jour où cet usage devient licite, non comme une infraction à l'arrêté préfectoral qui n'a permis cet usage qu'à dater d'une certaine époque, mais bien comme une violation de l'interdiction légale de l'usage d'engins prohibés; que dès lors c'est la peine prévue par l'art. 12 de la loi du 3 mai 1844, et non celle prévue par l'art. 11, qu'il y a lieu d'appliquer. — *Cass.*, 27 fév. 1845 (t. 2 1845, p. 123), Magnon.

436. — La prohibition de chasser avec des engins prohibés s'applique-t-elle à celui qui chasse sur son terrain clos et attenant à une habitation? — Cette question est grave. Le chasseur ne peut-il pas, en effet, invoquer l'inviolabilité du domicile, et prétendre qu'un pareil fait de chasse ne saurait être légalement constaté à sa charge. C'est ce qui semble résulter des déclarations faites par M. le rapporteur à la chambre des pairs au sujet du droit que pouvait avoir le propriétaire de chasser dans son habitation à l'aide d'appeaux, appelans et chanterelles, engins prohibés. — V. *infrà* nº 459.

437. — Aussi la cour de Besançon avait-elle jugé, le 18 janv. 1845 (t. 2 1845, p. 709, Baud), que le propriétaire peut chasser dans un enclos attenant à son habitation, même avec engins prohibés. — Mais cet arrêt a été cassé le 26 avr. 1845 (t. 2 1845, p. 709), même affaire. — V. conf. *Metz*, 5 mars 1845 (t. 2 1845, p. 711), N...

438. — En admettant que, dans le cas qui vient d'être prévu, la chasse avec engins prohibés fût permise, resterait la question de savoir si la *détention* de pareils engins par le propriétaire ne pourrait pas au moins être considérée comme punissable. (V. le nº suiv.) — L'arrêt de Besançon cité au nº précédent du 18 janv. 1845, juge la négative, attendu que la détention d'un filet n'est pas répréhensible de la part de celui qui peut même en faire usage sans être recherché; quant à l'arrêt de Metz, aussi cité plus haut, il ne s'explique pas d'une manière bien nette, se bornant à dire que le délit de détention ne pourrait être recherché accessoirement au délit de chasse avec engins prohibés et constaté par le même procès-verbal, attendu que ce délit est soumis à une forme particulière de constatation. — On peut voir (*infrà* nº 459), par les paroles prononcées par monsieur le rapporteur à la chambre des pairs au sujet de la chasse aux appeaux, appelans et chanterelles, que la *détention* serait reprochable même au propriétaire d'un terrain clos attenant à une habitation.

439. — ... « 3º Ceux qui seront *détenteurs* ou ceux qui seront trouvés munis ou porteurs, hors de leur domicile, de filets, engins ou autres instrumens de chasse prohibés. » — Art. 12.

440. — La détention dont il est ici question s'applique nécessairement à la détention *dans le domicile.*

441. — Cette disposition, destinée à prévenir le braconnage, a éveillé quelques susceptibilités dans la crainte qu'on en abusât pour se livrer chez les citoyens à des visites indiscrètes. — Mais les explications les plus nettes ont été échangées à cet égard dans les chambres, et il en résulte, comme aussi cela se trouve consigné dans la circulaire de M. le garde-des-sceaux, que les visites domiciliaires pour constater la détention des instrumens de chasse prohibés ne devront avoir lieu, comme pour les délits ordinaires, que sur la réquisition du ministère public et *en vertu d'une ordonnance* du juge d'instruction. Il en est résulté, en outre, que les visites ne pourront être faites, par les officiers de police judiciaire, que dans le cas de flagrant délit, et que la simple perpétration isolée d'un fait de chasse qui mette l'officier à la suite du chasseur ou des objets du délit, ne sera pas considérée comme flagrant délit. — Duvergier, *Coll. des lois*, sur l'art. 12.

442. — C'est en ce dernier sens que la jurisprudence a interprété la loi. — Il a donc été jugé que la visite domiciliaire tendant à établir la détention d'engins prohibés ne peut être faite que par le juge d'instruction, et que la simple existence de ces engins au domicile d'un inculpé, sans aucune circonstance extérieure propre à révéler la prise de possession actuelle de ces engins, ne peut constituer le flagrant délit, qui, seul, autoriserait la visite par le procureur du roi et les officiers de police judiciaire. — *Rouen*, 31 janv. 1845 (t. 2 1845, p. 134), Lemelle.

443. — A Paris, le préfet de police a le droit de faire tous les actes nécessaires pour constater les délits. (C. inst. crim. art. 10). — La loi du 3 mai 1844 ne déroge pas à ce principe; en conséquence, il peut faire ou ordonner des descentes chez les marchands ou fabricans d'engins ou filets prohibés pour en constater la détention illicite. — *Paris*, 26 déc. 1844 (t. 2 1845, p. 132), Kretz.

444. — La *détention* ne devrait autoriser une peine qu'autant que les circonstances qui l'environneraient feraient présumer l'intention de s'en servir pour la chasse. C'est ce qui semble avoir été compris de tous lorsqu'un pair ayant demandé si dans un inventaire l'héritier serait puni, M. le garde-des-sceaux a répondu négativement. — Aussi, MM. Gillon et de Villepin, disent-ils (p. 265), que l'état des filets, engins ou instrumens de chasse prohibés, la détérioration qu'ils auraient éprouvée, l'impossibilité où l'on serait d'en faire usage pour le but auquel ils paraissent destinés, seraient autant de circonstances susceptibles de protéger le *détenteur* contre l'application d'aucune peine.

445. — Il semble au contraire évident que le fabricant serait toujours punissable. — Comment, en effet, supposer sa bonne foi?

446. — Jugé, en conséquence, que la loi ne distingue pas entre la chasse du gibier proprement dit et la chasse des oiseaux, ni, conséquemment, entre les divers filets ou autres instrumens qui peuvent servir à ces chasses. Il en résulte que la détention de ces filets ou instrumens, même de la

part des fabricans, est une contravention punissable. — *Paris*, 26 déc. 1844 (t. 2 1845, p. 132), Kretz.

447. — Pourrait-on considérer comme *engins prohibés*, bien qu'ils ne puissent servir après que les passages sont fermés, les engins autorisés pour la chasse des oiseaux de passage? — MM. Gillon et de Villepin (p. 266) se prononcent pour la négative par le motif qu'on ne peut exiger des particuliers qu'ils détruisent leurs instrumens de chasse aussitôt que les passages sont finis, sauf à s'en procurer d'autres l'année suivante. — Mais il est bien entendu que les arrêtés du préfet ne couvriraient que le simple fait de détention, et que ces instrumens ne cesseraient pas d'être réputés engins prohibés s'il en était fait un usage autre que celui spécialement et expressément autorisé.

448. — Jugé, dans tous les cas, que les préfets peuvent prendre des arrêtés permettant, pour la chasse des oiseaux de passage, certains modes et procédés particuliers; les instrumens de chasse autorisés dans ce cas exceptionnel ne doivent être affranchis de la saisie que lorsqu'ils sont conformes à ceux qui avaient été désignés dans les arrêtés, et seulement dans les départemens dans lesquels ces arrêtés auront été rendus. — *Paris*, 26 déc. 1844 (t. 2 1845, p. 132), Kretz.

449. — Quant à la détention d'un instrument ou piége en fer, qui ne paraît pas, par sa structure, destiné à la capture du gibier, mais bien à celle des animaux nuisibles et malfaisans, elle ne constitue pas le délit prévu par l'art. 12, § 3, L. 3 mai 1844, en l'absence surtout de tout arrêté ayant pour objet de déterminer les conditions du droit appartenant au propriétaire de détruire sur ses terres cette espèce d'animaux. — *Cass.*, 15 oct. 1844 (t. 2 1845, p. 119), Behier.

450. — A l'égard du port de filets ou engins hors du domicile, M. Berriat Saint-Prix pense qu'il pourra être prouvé, par tous les moyens possibles, même par des perquisitions corporelles. « Autrement, dit-il, si les agens n'étaient pas autorisés à fouiller les chasseurs, hors ces immenses filets nommés panneaux, sautières, etc., la plupart des engins prohibés seraient transportés impunément par les braconniers au milieu des gardes et agens. »

451. — ... « 4° Ceux qui, en temps où la chasse est prohibée, auront mis en vente, vendu, acheté, transporté ou colporté du gibier. » — Même art. 12.

452. — ... « 5° Ceux qui auront employé des drogues ou appâts qui sont de nature à enivrer le gibier ou à le détruire. » — Même article. — Cette disposition a été empruntée à la loi sur la pêche fluviale, dont elle reproduit les termes.

453. — ... « 6° Ceux qui auront chassé avec appeaux, appelans ou chanterelles. » — Même article.

454. — On nomme *appeau*, en langage de chasse, tout ce qui sert à appeler et attirer les animaux par l'imitation du son de leur voix; — *appelant*, un oiseau que l'on tient en captivité pour appeler par ses cris ceux de son espèce lorsqu'on tend des piéges; — *chanterelle*, la poule de la perdrix ou la caille femelle, à laquelle on fait jouer le rôle d'appelant.

455. — Par cette disposition on a voulu proscrire un procédé de braconnage très usité et très destructeur, dont M. le rapporteur Franck-Carré parlait en ces termes : — « Dans la nomenclature établie par l'art. 12, nous avons pensé d'abord qu'il serait utile de comprendre plus explicitement un procédé de braconnage qui facilite souvent la chasse à tir, et qui, sous ce rapport, pouvant être considéré comme un mode d'exercice de cette chasse licite, se trouverait ainsi indirectement permis si la loi ne s'en expliquait clairement : nous voulons parler des appeaux, des appelans et des chanterelles. Par ce procédé, le braconnier ne va point, sans doute, chercher le gibier sur le terrain d'autrui; mais, placé sur une route, dans un jardin, derrière une haie ou dans un fossé, il attire le gibier à lui, et exerce ainsi sa coupable industrie avec d'autant plus de succès qu'il est plus sûr de l'impunité. Il y a, messieurs, des contrées entières où le gibier est détruit par cette sorte de braconnage. »

456. — Toutefois, et comme il fut observé que dans certaines parties de la France l'emploi des appeaux et appelans était presque le seul moyen usité pour prendre des oiseaux de passage, on tomba d'accord, dans la discussion, que les préfets pourraient, en faisant leurs arrêtés pour la chasse des oiseaux de passage, prendre telles dispositions qu'ils jugeraient convenables relativement au mode de cette chasse, et spécialement autoriser l'emploi des appeaux et appelans. — Duvergier, sur l'art. 12.

457. — Quant à l'instrument de chasse appelé *miroir à alouettes*, M. Berriat Saint-Prix ne pense pas qu'il doive rentrer dans la classe des appeaux et appelans, quoiqu'il serve à attirer ces oiseaux dans les filets qu'on leur tend, ou à portée du fusil du chasseur. — « Sauf, ajoute-t-il, à devenir saisissable comme prohibé, si son usage est annulé avec celui des filets, et si un arrêté du préfet n'autorise pas l'emploi du filet pour l'alouette, qui est un oiseau de passage. »

458. — Jugé, en ce sens, que la chasse au miroir avec fusil n'est pas interdite par la loi du 3 mai 1844. — *Grenoble*, 2 janv. 1845 (t. 2 1845, p. 67), Grand Perret et Hafollay.

459. — La disposition qui prohibe l'usage des appeaux, appelans et chanterelles, a soulevé une question grave. — Un pair (M. de Gabriac) l'a posée en ces termes : « Il semblerait, d'après l'art. 2, a-t-il dit, que le propriétaire d'un parc clos ne devrait avoir aucune crainte de visites domiciliaires, de perquisitions et de gêne d'aucune sorte. Cependant, à l'occasion de l'art. 12, je lis dans le rapport : « Par ce procédé, le braconnier ne va point sans doute chercher le gibier sur le terrain d'autrui, mais placé sur une route, dans un jardin, derrière une haie, etc., etc. » Ce mot *jardin* m'a fait naître la pensée qu'il pourrait se faire que, se fondant sur l'amendement de la commission, s'il était adopté par les deux chambres, on vînt inquiéter le propriétaire qui, dans son jardin bien clos, s'amuserait à avoir des appeaux et des appelans ou chanterelles..... Je demande à la commission si, par son addition, elle entend que l'on puisse rechercher dans le jardin clos d'un propriétaire la chasse aux appeaux. » — A cette question M. le rapporteur a répondu en distinguant le droit de chasse appartenant au propriétaire et le droit de perquisition domiciliaire dont l'autorité reste investie relativement à la détention des engins; et de ses explications il résulte que la loi, reconnaissant l'inviolabilité du domicile, laisse au propriétaire d'un clos attenant à sa maison le droit d'y chasser avec quelque espèce d'engins que ce soit, et cela même au vu et su de l'autorité, qui ne peut le gêner en aucune manière; mais, d'un autre côté, le juge d'instruction peut ordonner les perquisitions les plus minutieuses dans toutes les parties de sa maison pour y rechercher les engins prohibés, dont la seule détention est un délit. Ces deux règles, dit M. Duvergier, ne sont pas en contradiction absolue; mais elles ne sont pas non plus en harmonie parfaite. — V. *suprà* n° 436 ce que nous avons dit au sujet de la chasse avec engins prohibés de la part du propriétaire dans son habitation.

460. — « Les peines déterminées par le présent article, ajoute l'art. 12, peuvent être portées au double contre ceux qui auront chassé pendant la nuit sur le terrain d'autrui et par l'un des moyens spécifiés au § 2 (c'est-à-dire avec des engins prohibés ou non autorisés), si les chasseurs étaient munis d'une arme apparente ou cachée. »

461. — Il faut, pour l'application de l'aggravation de peine, que ces quatre circonstances prévues se trouvent réunies. — Quant à ce qu'on doit entendre par armes, V. ARMES.

462. — En outre, « les peines déterminées par l'art. 11 et par l'art. 12 doivent être toujours portées au maximum, lorsque les délits auront été commis par des gardes champêtres ou forestiers des communes, ainsi que par les gardes forestiers de l'état et des établissemens publics ». — Art. 12 *in fine*. — Et il en est de même des gardes-pêche, bien qu'ils ne soient pas nommément compris dans la disposition, la prohibition de chasser qui forme la base de la rigueur exceptionnelle de la loi leur étant également applicable. MM. Gillon et de Villepin considèrent le silence de la loi à leur égard comme le résultat d'une erreur de rédaction.

463. — La cour de Cassation a jugé (par application de l'art. 198 du C. pén.) qu'un garde forestier qui commet un délit de chasse sur un terrain qu'il n'est pas chargé de surveiller n'est pas passible du maximum de la peine. — *Cass.*, 22 fév. 1840 (t. 1er 1840, p. 545), Doyen. — V. en ce sens Gillon et de Villepin, p. 272; Berriat Saint-Prix, p. 156.

464. — Mais il a été jugé depuis la loi nouvelle que l'application de l'aggravation de peine prononcée par l'art. 12, L. 3 mai 1844, contre les gardes n'est pas assujétie à la circonstance que le fait de chasse reproché au garde aurait été commis dans la circonscription soumise à sa surveillance; elle est subordonnée seulement à l'existence de sa qualité de garde. — *Cass.*, 4 oct. 1844 (t. 2 1845, p. 118), Schepmann.

465. — Quand le délit est constant, les tribunaux correctionnels doivent nécessairement prononcer contre le garde délinquant le maximum *tout à la fois* de l'amende et de l'emprisonnement prononcé par l'art. 12. — *Montpellier*, 1er juill. 1844 (t. 2 1844, p. 205), Mècle; — Gillon et de Villepin, *loc. cit.* — V. *contrà Paris*, 9 juill. 1844 (arrêt non motivé, cité par M. Berriat Saint-Prix, p. 159, et par le *Journal des chasseurs*, 1844, p. 449); Berriat Saint-Prix, *loc. cit.*; Petit, t. 3, p. 155.

Sect. 4e. — *Troisième classe de délits et pénalité.*

466. — L'art. 13 punit d'une amende de 50 à 300 fr. et d'un emprisonnement (facultatif) de six jours à trois mois, le fait d'avoir chassé sur le terrain d'autrui sans son consentement, si ce terrain est attenant à une maison habitée ou servant à l'habitation, et s'il est entouré d'une clôture continue faisant obstacle à toute communication avec les héritages voisins.

467. — Et le même article ajoute que si le délit a été commis pendant la nuit, le délinquant sera puni d'une amende de 100 fr. à 1,000 fr., et pourra l'être d'un emprisonnement de trois mois à deux ans, sans préjudice, dans l'un et l'autre cas, s'il y a lieu, de plus fortes peines prononcées par le Code pénal.

468. — MM. Gillon et de Villepin pensent que ces dispositions cesseraient d'être applicables si le délinquant résidait lui-même dans l'intérieur de l'habitation close, par exemple, s'il s'agissait du fermier, dans le cas où le propriétaire du fonds aurait conservé le droit de chasse; ou bien encore si le chasseur s'était introduit dans l'enclos par une porte qui était restée accidentellement ouverte. — Cette interprétation semble en effet rentrer dans l'esprit de la loi, dont le but a été de punir sévèrement la violation du domicile, et d'un domicile réellement clos. — « De quoi s'agit-il, disait M. le garde des sceaux? d'individus qui non seulement *brisent ou escaladent une clôture*, mais qui la brisent ou l'escaladent pour entrer dans un enclos attenant à une maison habitée. Eh bien! il est évident qu'il y a là une circonstance aggravante considérable; car lorsque le chasseur, lorsque le braconnier, et ce sera bien souvent un braconnier qui commettra le fait dont il s'agit, se sera introduit dans la propriété d'autrui, sa rencontre avec le propriétaire pourra donner lieu à des malheurs graves. Il faut donc, autant que possible, prévenir cette rencontre, et pour cela il faut punir de peines sévères le fait qui nous occupe en ce moment. »

469. — Il semble donc naturel d'appliquer à ce cas l'arrêt déjà cité plus haut, suivant lequel on ne peut réputer *clos* le terrain qui, par des brèches, échalliers ou barrières ouvrant à volonté, offre un libre accès. — *Rennes*, 11 nov. 1833, Orianne.

470. — La disposition qui réserve, dans l'un des cas qui viennent d'être prévus, l'application, s'il y a lieu, de plus fortes peines prononcées par le Code pénal, n'est que la reproduction de la loi de 1790, dont l'art. 2 contenait la mention suivante : « Sans entendre rien innover aux dispositions et autres lois qui protégent la sûreté des citoyens et de leurs propriétés, et qui défendent de violer les clôtures, et notamment celles des lieux qui ferment leur domicile ou qui y sont attachées. »

471. — « Les peines déterminées par les art. 11, 12 et 13 peuvent être portées au double si le délinquant était déguisé ou masqué, s'il *a pris un faux nom* (circonstance qui ne se rencontrerait pas s'il s'était borné à refuser de *dire son nom*), s'il a usé de violence envers les personnes, ou s'il a fait des menaces, sans *préjudice, s'il y a lieu, de peines plus fortes prononcées par la loi.* » — Art. 14.

472. — Il n'est pas nécessaire que les blessures ou les menaces, pour donner lieu à l'aggravation de peine, aient par elles-mêmes le caractère d'un délit. C'est ce qui résulte des mots qui terminent le 1er paragraphe de l'art. 14, qui réserve pour ces derniers cas l'application de la loi pénale ordinaire.

473. — Ainsi, si la violence exercée par le chasseur allait jusqu'à la blessure volontaire, si elle était accompagnée de voies de fait adressées à un garde, elle pourrait tomber sous l'application des art. 209, 210, 211, 212 et 311, C. pén. — V. BLESSURES ET COUPS, RÉBELLION. — Et même, s'il y avait eu meurtre volontaire précédant, suivant ou accompagnant le délit de chasse, il serait punissable conformément à l'art. 304, C. pén. — V. MEURTRE.

474. — De même, si la menace avait été faite *sous condition*, elle sera atteinte par les art. 307 et 436, C. pén. C'est ce qui avait été jugé sous l'ancienne loi par un arrêt qui décidait que la menace de mort faite à un maire revêtu de ses insignes, par un individu surpris en délit de chasse *sous condition de s'abstenir*, est punissable suivant les art. 305 et 307, C. pén. — *Rouen*, 29 fév. 1844 (t. 1 1845, p. 106), Debreaux. — V. à cet égard MENACES.

Sect. 5e. — *Récidive.*

475. — « En cas de *récidive*, porte l'art. 52, les peines prononcées par les art. 11, 12 et 13 *pourront*

être portées au double et lorsqu'il y aura récidive dans les cas prévus en l'art. 11, la peine de l'emprisonnement de six jours à trois mois pourra être appliquée si le délinquant n'a pas satisfait aux condamnations précédentes. »

476. — Ainsi, même en cas de récidive, l'aggravation de peine n'est que *facultative*. Il en était autrement sous l'empire de la loi de 1790, dont l'art. 3 portait d'une manière impérative que chacune des différentes peines serait doublée en cas de récidive, triplée, s'il survenait une troisième contravention, et que la même progression serait suivie pour les contraventions ultérieures.

477. — La disposition qui aggrave la peine prononcée par l'art. 11, si le délinquant n'a pas satisfait aux condamnations précédentes, doit être entendue en ce sens qu'elle sera applicable même à celui qui n'aurait pas satisfait à raison de son insolvabilité. Mais elle ne pourrait être appliquée si, après s'être libéré envers le trésor, le délinquant avait négligé de payer les dommages-intérêts et frais dus à la partie lésée. — Gillon et de Villepin, p. 281.

478. — « Il y a récidive (porte l'art. 15) lorsque, dans les *douze mois* qui ont précédé l'infraction, le délinquant a été condamné en vertu de la présente loi. » — Cette disposition est plus nette que celle de la loi de 1790 (art. 2) qui se bornait à ces mots : « le tout dans le courant de la même année seulement », sans expliquer si le point de départ de l'année de la récidive devait être le premier fait réprimé ou la condamnation qui en avait été la suite.

479. — Toutefois, et même sous cette dernière loi, on avait jugé que pour constituer la récidive du délit de chasse sans permis de port d'armes, il fallait, comme pour la récidive du délit de chasse en temps prohibé, qu'il fût intervenu dans l'année une première condamnation. — *Cass.*, 24 juill. 1834, Richer ; — Petit, t. 2, p. 30.

480. — Jugé encore qu'en matière de délit de chasse, lorsqu'il s'agissait d'appliquer à un individu la peine de la récidive, il fallait, pour mesurer le temps qui s'était écoulé entre les délits, remonter, non à la date du premier fait, mais seulement à la date du jugement intervenu pour la répression de ce fait. — *Cass.*, 23 mai 1839 (t. 2 1839, p. 347), Reignard.

481. — Ces décisions devraient à *fortiori* être suivies aujourd'hui. — C'est de la condamnation que le délai a commencé à courir. — Mais que doit-on entendre par *condamnation ?* S'agit-il seulement du jugement, ou faut-il que ce jugement ait acquis l'autorité de la chose jugée ?

482. — Il semble hors de doute que, si le jugement est frappé d'appel ou de pourvoi en cassation le délai de douze mois ne courra que du jour où il aura été statué sur ces divers recours. — Arg. *Cass.*, 31 mai 1834, Paulin. — V. aussi RÉCIDIVE.

483. — Mais si le jugement n'a été frappé d'aucun recours, est-ce à partir de sa date que le délai courra, ou ne courra-t-il que du jour de l'expiration des divers délais accordés pour l'exercice des voies de recours ? — M. Berriat Saint-Prix penche pour cette dernière opinion, attendu, dit-il, que pendant le délai de l'opposition, de l'appel, etc., on ne pourrait exécuter le jugement contre le prévenu, et que dès-lors ce dernier aurait pu chasser sans se trouver en récidive. — *Contrà* Petit, t. 2, p. 86.

484. — A la différence de ce qui a lieu en matière ordinaire, *la récidive* en matière de chasse n'a lieu qu'autant qu'une contravention de chasse s'ajoute à une contravention de chasse, dans les conditions fixées par l'art. 15. C'est ce qui résulte des mots : *condamné en vertu de la présente loi.*

485. — En outre, il n'est pas nécessaire, comme en matière de contravention (C. pén., art. 483), que le délit actuellement poursuivi ait été commis dans le ressort du même tribunal que le premier délit. — Gillon et de Villepin, p. 284.

486. — Mais, pour qu'il y ait récidive, il n'est pas nécessaire que le premier fait condamné et celui actuellement poursuivi soient identiques. — Ainsi, le chasseur condamné une première fois pour délit de chasse en temps prohibé, serait passible des peines de la récidive, si avant l'expiration des douze mois depuis cette époque il chassait sans permis de chasse.

487. — Il n'en était pas tout-à-fait de même sous l'empire de la loi de 1790 et du décr. du 4 mai 1812. — On jugeait alors que la récidive était toute spéciale et ne pouvait s'étendre d'une contravention à une autre. En conséquence, le délit de chasse sans permis de port d'armes, prévu par le décret de 1812, étant distinct du délit de chasse sans permission du propriétaire, réprimé seulement par la loi de 1790, on ne pouvait considérer comme récidiviste celui qui, condamné pour un de ces délits, était ensuite poursuivi dans l'année à raison de l'autre nature de délit. — *Rouen*, 29 fév. 1844 (t. 1er 1845, p. 106), Debreaux.

Sect. 6e. — *Cumul des peines.*

488. — Sous l'empire de la loi de 1790 et du décret du 4 mai 1812, le principe du cumul des peines, en matière de délit de chasse, était admis par la jurisprudence, au moins dans certaines limites.

489. — Ainsi, la cour de Cassation jugeait que les amendes encourues pour délit de chasse en temps prohibé, et pour défaut de permis de port d'armes, ayant une destination différente, devaient être prononcées cumulativement. — *Cass.*, 4 déc. 1812, Vandemergèle ; 15 oct. 1813, Labbe ; 23 fév. 1827, Gombard ; 28 (et non 25) nov. 1828, Reysset ; 18 nov. 1831, Blanc (dans ses motifs) ; *Grenoble*, 25 juin 1828, Drevelon ; *Cass.*, 5 nov. 1842 (t. 1er 1843, p. 713), Drilland.

490. — La cour de Bourges avait également jugé que celui qui s'était rendu coupable du double délit de chasse *sans permis* de port d'armes et *sur le terrain d'autrui*, devait être condamné cumulativement aux amendes prononcées par la loi du 28-30 avr. 1790 et par le décret du 4 mai 1812 ; et non simplement à l'amende la plus forte, par application de l'art. 365, C. inst. crim. — *Bourges*, 4 juin 1840 (t. 1er 1841, p. 376), Dion.

491. — Toutefois, le principe du cumul n'était appliqué qu'autant que le défaut de permis de port d'armes de chasse se joignait à un fait de chasse prévu par la loi de 1790, et non pas, par exemple, au cas où il s'agissait d'un fait de chasse dans une forêt de l'état, fait prévu par l'ordonnance de 1669, et non par la loi de 1790. — *Cass.*, 4 mai 1821, Parage.

492. — On jugeait également que le prévenu, convaincu de chasse sans permis et de vol simple, de rébellion, de coups et blessures ou de port d'armes prohibées, ne pouvait, outre l'emprisonnement porté par le Code pénal ou par d'autres lois spéciales, être condamné à l'amende encourue pour délit de chasse. La peine la plus forte devait seule lui être appliquée. — *Nîmes*, 14 janv. 1836, Arnaud ; *Cass.*, 17 mai 1838 (t. 2 1838, p. 449), Martin ; même jour, Touquet ; 23 mai 1839 (t. 2 1839, p. 377), Bergot ; 2 juin 1838 (t. 1er 1839, p. 123), Chabrier ; *Poitiers*, 20 mai 1843 (t. 2 1843, p. 809), Pignel. — V. cependant *Rouen*, 29 fév. 1844 (t. 1er 1845, p. 106), Debreaux.

493. — Enfin, et sous un autre rapport, le principe du cumul n'était pas appliqué au cas où il s'agissait d'un fait qui, dans les prévisions de la loi de 1790, aurait pu constituer deux délits. — Ainsi, la cour de Cassation jugeait que l'individu qui chasse sur le terrain d'autrui sans l'autorisation du propriétaire et en temps prohibé ne commettait qu'un seul délit, passible par conséquent d'une seule amende. — *Cass.*, 18 mars 1837 (t. 2 1837, p. 344), Feraille et Delerue ; *Douai*, 3 déc. 1836 (t. 2 1837, p. 74), mêmes parties.

494. — La loi nouvelle tranche toute difficulté en disant (art. 17) qu'en cas de conviction de plusieurs délits prévus par les dispositions du Code pénal ordinaire ou par les lois spéciales, la peine la plus forte sera seule prononcée.

495. — Toutefois, la prohibition du cumul ne saurait s'étendre à la confiscation des engins, filets prohibés et armes. — La confiscation spéciale, en effet, n'est ici qu'une peine purement accessoire.

496. — C'est ce qui avait déjà été jugé sous l'ancienne loi. — *Nîmes*, 14 janv. 1836, Arnaud ; 21 avr. 1836, André ; *Cass.*, 2 juin 1838 (t. 1er 1839, p. 124), Chabrier.

497. — En cas de conviction de plusieurs délits, y aura-t-il lieu de prononcer la confiscation des armes, engins, etc., pour chaque délit reconnu constant ? — M. Berriat Saint-Prix (p. 188), qui pose la question, la résout ainsi qu'il suit : « S'il est établi, dit-il, que ces délits ont été commis avec les mêmes armes, le même filet, etc., quoiqu'à des jours différens, une seule confiscation devra être prononcée. Si, au contraire, l'instruction ne fournit sur ce point aucune lumière, si les armes, etc., n'ont pas été saisies par les gardes ou ne sont pas représentées par le délinquant, il devra y avoir autant de confiscations prononcées qu'il y a eu de délits distincts commis. » — La cour royale de Nancy a jugé la question du cumul des confiscations d'une manière plus nette et plus générale, en décidant que « chaque délit de chasse entraîne la confiscation de l'arme avec laquelle il a été commis, quand même le délit pour lequel la poursuite aurait lieu serait antérieur à un premier jugement qui aurait déjà prononcé contre lui une semblable condamnation. » — *Nancy*, 15 janv. 1840 (t. 2 1845, p. 721), Capitain. — V. aussi Petit, t. 2, p. 22, et t. 3, p. 181, qui cite un arrêt de Douai, dans le même sens, du 14 déc. 1837.

498. — La confiscation doit-elle être prononcée lorsqu'elle n'est que l'accessoire d'une peine qui ne doit pas être infligée au prévenu, parce que celui-ci a encouru, à raison d'un autre délit de chasse soumis au même jugement, une peine plus forte dont la confiscation n'était cependant pas l'accessoire ? — M. Petit (t. 3, p. 185 et 200) résout cette question négativement, attendu qu'une fois que le texte de la loi à appliquer est reconnu, celui qui ne contient que la peine la moins forte se trouve écarté *entièrement*, en ce sens qu'il n'est plus possible de le rapprocher et de le combiner avec l'autre pour en obtenir la punition la plus sévère. — *Contrà* Berriat Saint-Prix, p. 189 ; Championnière, p. 185. — Une pareille décision serait, en effet, contraire à la jurisprudence citée plus haut.

499. — Le principe du non-cumul des peines devrait recevoir son application, alors même que la conviction résulterait de plusieurs jugemens, comme dans le cas où elle ne résulterait que d'un seul. — Gillon et de Villepin, p. 292.

500. — Après avoir posé le principe du non-cumul, l'art. 17 ajoute que les peines encourues pour des faits postérieurs à la déclaration du procès-verbal de contravention pourront être cumulées, s'il y a lieu, sans préjudice des peines de la récidive.

501. — Ces mots *déclaration du procès-verbal de contravention* signifient qu'il ne suffit pas, pour que le cumul ait lieu, qu'un délit nouveau ait été commis postérieurement à un premier procès-verbal de contravention, mais qu'il faut, en outre, que ce procès-verbal ait été connu du délinquant et notifié à sa personne ; — sans toutefois qu'il soit nécessaire que la notification ait été judiciaire, une notification verbale suffisant. — Il semble évident de même que (en l'absence du procès-verbal) la citation en justice équivaudrait à la déclaration exigée par l'art. 17. — Berriat Saint-Prix, p. 190 ; Camusat-Busserolles, p. 460 ; Petit, t. 3, p. 211.

502. — Il résulte de la discussion et spécialement de l'Exposé des motifs que, dans ce dernier cas, les peines devraient être cumulées lors même que les délits auraient été commis le *même jour* ; autant de procès-verbaux successivement déclarés avant un fait nouveau, autant de peines différentes qui doivent être cumulées.

Sect. 7e. — *Confiscation, dommages-intérêts. — Privation du permis de chasse.*

503. — Tout jugement de condamnation doit prononcer la confiscation des filets, engins et autres instrumens de chasse, et ordonner, en outre, la destruction des engins prohibés. — Art. 16.

504. — La confiscation prononcée par cet article est générale et comprend non seulement les instrumens et engins prohibés, mais encore ceux dont l'usage pourra dans certains cas être licite, mais qui auraient été employés hors des prescriptions légales. Quant à la destruction, elle ne doit porter que sur les engins absolument prohibés.

505. — Peu importe d'ailleurs que les filets, engins et instrumens de chasse qui ont servi à commettre le délit, appartiennent ou non au chasseur qui en a fait usage. — Berriat Saint-Prix, p. 178 ; Petit, t. 3, p. 174.

506. — Cette disposition, reproduite de l'ord. de 1669, qui étendait la confiscation aux lacs et lacets servant à prendre du gibier, n'existait pas dans la loi de 1790. L'art. 5 de cette loi se bornait à ordonner la confiscation des armes à l'aide desquelles la contravention avait été commise. Le décret de 1812, spécial pour les cas de chasse sans permis de port d'armes de chasse, prononçait également la confiscation des armes.

507. — Et l'on jugeait alors que les engins et filets qui avaient servi à commettre un délit de chasse ne devaient pas être confisqués, en ce que ces objets n'étaient pas compris dans la dénomination *d'armes*. — *Cass.*, 26 nov. 1842 (t. 2 1845, p. 722), Chevalier.

508. — L'art. 16 de la loi nouvelle, renouvelant, à cet égard, les prescriptions de la loi de 1790 et du décret de 1812, ordonne également la confiscation *des armes*, en exceptant néanmoins le cas où le délit aura été commis par un individu muni d'un permis de chasse dans le temps où la chasse est autorisée. — Mais l'exception se borne là, et dans tous les autres cas la confiscation doit être prononcée.

509. — Il a été jugé, par application de l'exception contenue dans l'art. 16 qu'un fait de chasse, commis par un individu muni d'un permis, et après l'ouverture de la chasse, ne donne pas lieu à la confiscation du fusil, bien qu'il ait eu lieu sans le consentement du propriétaire du terrain et sur ses terres ensemencées. — *Nancy*, 17 déc. 1844 (t. 2 1845, p. 565), Braconnet.

510. — Par suite du principe que chasser en temps de neige au mépris d'un arrêté prohibitif du préfet, c'est chasser en temps prohibé, il a été jugé qu'il y a lieu, en pareille circonstance, de prononcer la confiscation des armes dont les délinquans étaient porteurs, alors même qu'ils seraient pourvus d'un permis de chasse. — *Orléans*, 27 janv. 1845 (t. 1er 1845, p. 180), de Saint-Aignant et Robert.

511. — Peu importe d'ailleurs la nature et la destination habituelle de l'arme. Ainsi, la cour de Douai a jugé que le tribunal qui condamne un individu pour délit de chasse sans permis de port d'armes ne peut se dispenser de prononcer la confiscation du fusil, sous prétexte que cette arme a été remise par l'autorité pour le service de la garde nationale. — *Douai*, 13 déc. 1834, Delplaque.

512. — Il y a lieu à autant de confiscations que de délits, à moins qu'ils n'aient tous été commis avec la même arme.

513. — Jugé que la confiscation de l'arme avec laquelle un individu a été trouvé chassant en temps prohibé doit être prononcée, encore bien que le prévenu soit muni d'un permis de port d'armes, et que son arme n'ait pas été saisie. — *Cass.*, 10 fév. 1809, Peillon.

514. — Le projet primitif prononçait la confiscation du gibier, mais cette disposition a été retranchée; on sait, au reste, que l'ancienne jurisprudence respectait également le gibier qui se trouvait dans la possession du chasseur. — Merlin, *Rép.*, vo *Gibier*, § 5. — Il n'y aura donc saisie ou confiscation du gibier que dans le cas de contravention à la prohibition de vente, transport, etc., prononcée par l'art. 4.

515. — L'art. 16 de la loi de 1844 ajoute que, si les armes, filets, engins ou autres instrumens de chasse n'ont pas été saisis, le délinquant sera condamné à les représenter ou à en payer la valeur suivant la fixation qui en sera faite par le jugement, sans qu'elle puisse être au-dessous de 50 fr. — Cette disposition est reproduite presque textuellement du décr. du 4 mai 1812, art. 3.

516. — Seulement on avait agité sous l'empire de la loi de 1790 et du décret de 1812 la question de savoir si la substitution du paiement d'une somme de 50 fr. à la confiscation pouvait être prononcée pour un délit prévu uniquement par la loi de 1790, laquelle ne parlait que de la confiscation. — A cet égard, la cour de Liége avait jugé que le tribunal qui prononce la confiscation du fusil qui a servi à commettre un délit de chasse en temps prohibé ne peut ordonner que le condamné rapportera son fusil au greffe du tribunal, sinon qu'il paiera 50 fr. pour sa valeur. — *Liége*, 12 janv. 1833, P...

517. — Il est en effet dans le vœu de la loi que la confiscation porte identiquement sur les armes dont le délinquant est porteur, et il ne faut tirer, à cet égard, aucune induction contraire de ce que le mot *identiquement* contenu dans la rédaction primitive a été supprimé. Voici comment, d'ailleurs, s'exprime sur ce point la circulaire du garde des sceaux : « La peine de la confiscation ne doit pas être une peine illusoire. Pour qu'elle soit efficace, il faut que les armes et les instrumens du délit qui seront déposés au greffe, par suite de la confiscation, ne soient pas des fusils hors de service, des instrumens qui n'ont pas pu être employés à commettre le délit. Les agens chargés de verbaliser, en matière de chasse, devront être invités à désigner, aussi exactement que possible, les armes et les autres instrumens dont les délinquans auront été trouvés porteurs, et vos substituts devront veiller à ce que les jugemens qui auront ordonné la confiscation et le dépôt au greffe des objets décrits soient strictement exécutés. »

518. — Ce n'est que lorsque les armes, fusils ou engins n'ont pas été saisis que la loi autorise le juge à substituer, dans la condamnation, la confiscation *pécuniaire* à la confiscation matérielle des armes. — Aussi a-t-il été jugé que le délinquant ne pourrait pas être admis par jugement, en cas de saisie, à reprendre ses armes, fusils ou engins en versant soit le prix, soit la somme de 50 francs, qui est le *minimum* fixé par la loi. — *Nancy*, 31 janv. 1844 (t. 2 1844, p. 38), Leclerc, Chevalier et de l'Epineau.

519. — Quant aux armes, engins ou autres instrumens de chasse abandonnés par les délinquans restés inconnus, ils doivent être saisis et déposés au greffe du tribunal compétent. La confiscation et, s'il y a lieu, la destruction en est ordonnée sur le vu du procès-verbal. — Art. 16.

520. — La cour de Cassation avait jugé, sous la loi de 1790, que la confiscation de l'instrument du délit ne pouvait être légalement prononcée lorsque l'auteur du délit était resté inconnu, et que, spécialement, lorsque l'auteur resté inconnu d'un délit de chasse avait été assigné par citation directe devant le tribunal de police correctionnelle, ce tribunal ne pouvait, en annulant la citation, prononcer, sur les réquisitions, à l'audience, du ministère public, la confiscation du fusil abandonné par le délinquant.

521. — Indépendamment des peines prononcées contre lui dans l'intérêt public, le délinquant peut aussi, suivant les circonstances, être passible de dommages-intérêts envers la partie lésée.

522. — La loi de 1790 avait cru (art. 1er, 2 et 3) devoir fixer le minimum d'une indemnité qui devait toujours, et sans même qu'il fût besoin de dommages, être allouée au propriétaire sur le terrain duquel la chasse avait eu lieu sans son consentement. Ce minimum variait suivant que le terrain était ou non clos et attenant à une habitation ; sans préjudice, ajoutait l'art. 1er, de plus grands dommages-intérêts, s'il y échéoit.

523. — On jugeait donc, sous cette loi, que l'indemnité accordée au propriétaire du terrain sur lequel le délit de chasse avait été commis, était due par le délinquant à ce propriétaire, alors même qu'il n'aurait éprouvé aucun dommage, ou que les récoltes ne lui appartiendraient pas. — *Cass.*, 23 fév. 1839 (t. 2 1839, p. 348), Hacquin.

524. — On jugeait même que la condamnation à l'indemnité devait être prononcée au profit du propriétaire, encore bien que celui-ci ne fût point en cause. — *Poitiers*, 20 mai 1843 (t. 2 1843, p. 809), Pignet. — *Contrà Bruxelles*, 31 mars 1825, G.....

525. — On avait en outre jugé que, sous la loi de 1790, les dommages-intérêts résultant d'un délit de chasse devaient être fixés, non pas arbitrairement, comme dans les cas ordinaires, mais d'après les bases posées par la loi.

526. — ...Et que l'individu qui, armé d'un fusil de chasse qu'il tient dans l'attitude du chasseur, laisse son chien chasser sur une pièce de terre où il n'a pas le droit de chasse et à une distance rapprochée de celle à laquelle il s'est lui-même placé, se rend coupable d'un fait de chasse qui donne lieu à des dommages-intérêts envers l'individu sur les terres duquel il a été surpris ainsi chassant sans permission. — *Rouen*, 12 janv. 1843 (t. 1er 1843, p. 650), Talon c. Mahieux

527. — La loi nouvelle, dérogeant en cela à la loi précédente, abandonne, dans tous les cas, la quotité des dommages-intérêts à l'appréciation des tribunaux (art. 16); d'où il résulte que les dommages-intérêts ne pourront jamais être prononcés d'office, et qu'ils ne le seront que sur la demande du propriétaire qui se prétendra lésé, et à la charge par lui de justifier d'un dommage.

528. — Il a été d'ailleurs jugé avec raison qu'il n'y a pas exception en matière de chasse, ni au profit des chasseurs les uns à l'égard des autres, au principe qui soumet une personne à réparer le dommage qu'elle a causé par sa négligence ou son imprudence. — *Amiens*, 4 fév. 1826, Delamustière c. Pollet.

529. — En cas de condamnation pour un des délits prévus par la loi de 1844, les tribunaux peuvent priver le délinquant du droit d'obtenir un permis de chasse pour un temps qui n'excédera pas cinq ans (art. 18). — Il est dans le vœu de la loi (ainsi que cela résulte de la discussion) que cette disposition rigoureuse ne soit appliquée qu'aux braconniers d'habitude.

Sect. 8e. — *Circonstances atténuantes.*

530. — Suivant l'art. 20, l'art. 463, C. pén. (sur les circonstances atténuantes) n'est pas applicable aux délits prévus par la loi de 1844.

531. — Cette disposition est absolue; toutefois M. Petit pense (t. 3, p. 204 et suiv.) que, dans le cas où un délit de chasse aura été commis concurremment avec un autre délit prévu par le Code pénal (un vol, par exemple), et emportant une peine plus forte, l'art. 463 pourra être appliqué dans toute sa latitude; et il en donne pour motif que, entre la peine du délit de chasse et celle du vol, l'art. 17, sur le non-cumul, voulant que ce soit celle du vol que l'on préfère comme étant la plus forte, ce ne serait plus l'art. 11 ou 12, mais l'art. 401, C. pén., modifié au besoin par l'art. 463, qui édicterait la peine. — Mais M. Berriat Saint-Prix (p. 198) réfute avec beaucoup de raison ce système, en faisant remarquer qu'il mènerait presque nécessairement à la suppression de l'art. 20 de la loi, toutes les fois que l'un des délits que cette loi réprime aurait été commis ou poursuivi concurremment avec un délit commun auquel l'art. 463 serait applicable, en sorte que le chasseur à qui on aurait à reprocher un délit de surcroît se trouverait, sous le rapport de la pénalité, beaucoup plus favorisé que si on n'avait à lui imputer qu'un simple délit de chasse. — Or, cette conséquence a quelque chose de révoltant. « Voici donc, ajoute-t-il, comment, dans ce cas, les juges procéderont : Si la peine qu'ils croiront devoir prononcer pour le vol (application faite de l'art. 463) est plus forte que celle qui réprime le délit de chasse, alors celle-ci se confondra avec la première, aux termes de l'art. 17. Si, au contraire, la peine du vol se trouvait inférieure, dans la pensée des juges, au minimum de la peine du délit de chasse, alors elle se confondrait avec cette dernière, que l'art. 20 défend de descendre au-dessous du minimum. » — Cette combinaison des art. 17 et 20, L. 1844, nous semble la seule acceptable.

Sect. 9e. — *Responsabilité.*

532. — La loi de 1790 disposait (art. 6) que « les *père* et *mère* répondaient des délits de leurs enfans *mineurs de vingt ans non mariés et domiciliés avec eux*, sans pouvoir néanmoins être contraints par corps.

533. — Cette disposition avait donné naissance à plusieurs difficultés. — Ainsi, d'une part, l'emploi du mot *délit* pouvait laisser supposer que la responsabilité civile couvrait même l'amende. — Petit, t. 2, p. 141. — Mais cette opinion n'était pas généralement suivie.

534. — Une question également douteuse était de savoir si la responsabilité civile pouvait s'étendre *aux frais*. La jurisprudence l'avait résolue affirmativement, attendu que les frais ne sont pas une peine. — *Cass.*, 26 mai 1836, Bellay.

535. — On s'était également demandé si, malgré les mots *mineurs de vingt ans* contenus dans la loi de 1790, la responsabilité civile avait pu être infligée, en vertu de l'art. 1384, aux père et mère, à raison des faits de chasse de leurs enfans mineurs seulement de *vingt et un ans*; la cour de Paris avait répondu affirmativement. — *Paris*, 13 janv. 1841 (t. 1er 1841, p. 70), Dumet.

536. — Ces questions sont tranchées par la loi nouvelle, qui a apporté en outre une assez notable modification à la loi de 1790. — L'art. 28 dispose que le père, la mère, *le tuteur*, *les maîtres et commettans*, seront civilement responsables des délits de chasse commis par leurs enfans *mineurs* non mariés, pupilles demeurant avec eux, *domestiques* ou *préposés*, sauf tout recours de droit.

537. — Et l'article ajoute que cette responsabilité doit être réglée conformément à l'art. 1384 C. civ., et ne s'applique qu'aux dommages et intérêts et sans pouvoir toutefois donner lieu à la contrainte par corps.

538 — Il résulte de cette rédaction, dont les termes sont limitatifs, que le mari, le curateur ou le conseil judiciaire ne seraient pas responsables des délits commis par les femmes, mineurs émancipés ou prodigues. — La discussion ne laisse pas de doute à cet égard.

539. — Il en résulte également que la responsabilité n'existe qu'autant que les enfans mineurs ou pupilles habitent avec leurs père et mère ou tuteurs. C'est seulement alors que le défaut de surveillance peut être reproché à ceux qui sont investis de ce droit, et qu'ils doivent subir la conséquence de leur négligence à remplir les devoirs que la loi leur impose.

540. — Quant à la responsabilité des maîtres à l'égard de leurs *domestiques* ou *préposés*, elle n'a lieu, aux termes de l'art. 1384, C. civ., qu'autant que le délit a été commis *dans les fonctions auxquelles ils les ont employés*. — « Ainsi, disent MM. Gillon et de Villepin (p. 347), un garçon de ferme va à la charrue, il emporte avec lui un fusil ; un lièvre passe pendant qu'il laboure, il le tue : soit qu'il n'ait pas de permis de chasse, soit que le fait de chasse ait eu lieu en temps prohibé, le maître est responsable. — Mais le domestique, un jour de dimanche, profite-t-il du loisir que lui laissent ses occupations pour prendre le fusil de son maître et se livrer à l'exercice de la chasse, le maître n'est pas responsable du délit commis par son domestique. » — V. au surplus RESPONSABILITÉ CIVILE.

541. — Il a été jugé, d'après cette distinction, que l'officier de louveterie dont les piqueurs auraient commis un délit de chasse dans l'exercice de leurs fonctions serait responsable du dommage par eux causé. — Mais cette responsabilité n'entraîne pas la contrainte par corps. — *Nancy*, 31 janv. 1844 (t. 2 1844, p. 38), Leclerc, Chevalier et de l'Epineau.

542. — On a jugé en outre, sous l'empire de la loi du 3 mai 1844, que les maîtres, étant civilement responsables des délits de chasse commis par leurs domestiques, sont spécialement responsables de celui qui consiste à avoir laissé chasser un chien lévrier dont le domestique était accompagné. — *Nancy*, 18 déc. 1844 (*Gaz. des trib.*, 30 janv. 1845), Maire et Bruigal.

543. — Suivant le dernier paragraphe de l'art. 1384,

la responsabilité n'a lieu qu'autant que les personnes responsables ne prouvent pas qu'elles n'ont pu empêcher le fait qui a donné lieu à cette responsabilité. — Déjà sous la loi ancienne cette disposition avait reçu son exécution, et on avait jugé que le père est civilement responsable du dommage causé, en chasse, par son fils mineur, demeurant avec lui, alors que, les faits par lui articulés pour établir qu'il *n'a pu empêcher ce dommage* ayant été déclarés non pertinens, la preuve n'en a pas été admise. — *Cass.*, 28 fév. 1843 (t. 2 1843, p. 122), Lacoux c. Couste et Villate.

544. — De même on avait jugé que le père est civilement responsable des accidens que son fils mineur, demeurant avec lui, a occasionnés à la chasse par son imprudence, alors surtout que loin de n'avoir pu empêcher ces accidens, il a autorisé son fils à chasser et lui en a fourni les moyens. — *Caen*, 2 juin 1840 (t. 2 1843, p. 121), Barbel c. Dupin.

545. — Ces décisions recevraient incontestablement leur application sous la loi nouvelle.

546. — Il a été jugé que, de ce que l'ordonnance de 1669 ne contient aucune disposition sur la responsabilité civile des père et mère, il résulte bien qu'ils ne sont pas passibles des amendes encourues par leurs enfans, mais qu'il n'en faut pas conclure qu'ils soient dispensés de la responsabilité civile des restitutions et dommages-intérêts qui sont la conséquence des délits de leurs enfans. — *Cass.*, 5 nov. 1829, Liste civ. c. Jupinel.

547. — Jugé également, sous l'empire de cette ordonnance, que celui dont le charretier a commis un délit de chasse, la nuit, dans une forêt royale, ne peut pas être déchargé de la responsabilité civile qui pèse sur lui, sous le prétexte que le prévenu ne couchait pas chez son maître le jour où il a commis le délit. — *Cass.*, 22 mars 1828, Constantin Petit. — M. Berriat Saint-Prix pense que l'art. 7, tit. 30, ord. 1669, sur lequel se fonde cette décision, est abrogé par la loi nouvelle. — V. *infrà* n° 688.

548. — Il est certain, au surplus, que la responsabilité n'empêche pas le mineur, ou autre, d'être tenu personnellement à la réparation du dommage. — Toullier, t. 11, n° 277; Duranton, t. 13, n° 717; Berriat Saint-Prix, *Législ. de la Chasse*, art. 28, p. 242.

CHAPITRE VIII. — *Constatation et preuve des délits. — Procès verbaux.*

549. — Les délits prévus par la loi du 3 mai 1844 sont prouvés, soit par procès-verbaux ou rapports, soit par témoins, à défaut de rapports et procès-verbaux, ou à leur appui.

550. — La loi de 1790 avait une disposition analogue, et l'on jugeait sous cette loi qu'en cas d'insuffisance du procès verbal dressé sur un délit de chasse commis dans un bois communal, le tribunal ne pouvait refuser d'admettre la preuve testimoniale offerte par le ministère public à l'appui de la prévention. — *Cass.*, 26 janv. 1816, Forêts c. Lamarche; 17 avr. 1823, Toussaint; *Metz*, 29 mai 1819, Staud et Pierron.

551. — On jugeait aussi qu'un délit de chasse pouvait être établi par témoins, soit en première instance, soit en appel, dans le cas où le procès-verbal destiné à constater ce délit était insuffisant. — *Cass.*, 3 fév. 1820, Blanc; 1er déc. 1826, Guillaumet; 3 juill. 1840 (t. 2 1841, p. 119), Oger et Reuvil.

552. — ... Et que, de même, le ministère public pouvait, tant en appel qu'en première instance, suppléer par la preuve testimoniale un procès-verbal de délit de chasse nul pour vice de forme, sans que la cour d'appel pût refuser d'entendre les témoins déjà produits en première instance ni ceux qui n'avaient pas encore été entendus. — *Cass.*, 16 janv. 1808, N...

553. — Seulement l'art. 11 de cette loi disposait qu'il pourrait être suppléé aux rapports des agens par la déposition de deux témoins, mais malgré ce que cette disposition avait d'impératif, quant au nombre des témoins, on jugeait qu'elle avait été abrogée par l'art. 154, C. inst. crim., et qu'en conséquence la déposition d'un seul témoin pouvait suffire pour constater un délit de chasse. — *Cass.*, 26 août 1830, D...; 3 fév. 1835, Bassecourt; 19 fév. 1830, Butler; *Bruxelles*, 19 janv. 1833, Lemaire; *Cass. belge*, 1er mai 1835, Manichol; *Douai*, 5 déc. 1836, Montereux; *Bourges*, 12 mai 1837 (t. 2 1837, p. 401), Logeron. — *Contrà Lyon*, 8 déc. 1825, Vieillard.

554. — La question ne pourrait pas s'élever sous la nouvelle loi, qui a employé textuellement les termes de l'art 154, C. inst. crim. Nul doute également que, sous cette loi, les arrêtés précités de 1830 et autres ne soient applicables.

555. — On jugerait également, comme sous la loi ancienne, qu'aucune loi ne défend d'entendre les gendarmes rédacteurs du procès-verbal irrégulier en témoignage, pour constater l'existence du délit. — *Cass.*, 3 fév. 1820, Blanc; *Metz*, 3 mars 1825, Vieillard. — *Contrà* 8 déc. 1820 (Patant), en ce sens du moins que, dans ce cas, le témoignage du garde rédacteur ne suffit pas pour prouver le délit; mais ce dernier arrêt ne fait pas jurisprudence.)

556. — Si l'existence du délit est reconnue par le prévenu contre lequel d'ailleurs a été dressé un procès-verbal, le tribunal ne peut le renvoyer de la poursuite sous prétexte que le délit n'est pas suffisamment prouvé. — *Cass.*, 26 janv. 1826, Couturier.

557. — Jugé encore que lorsqu'il est établi par le procès-verbal d'un garde forestier, qui n'a été détruit par aucune preuve contraire, que le prévenu a été trouvé chassant et ne justifiant point d'un permis de port d'armes, le tribunal ne peut pas le renvoyer des poursuites. — *Cass.*, 4 fév. 1819, Disson.

558. — Les délits de chasse peuvent être constatés par procès-verbaux des maires et adjoints, commissaires de police, officiers, maréchaux-des-logis ou brigadiers de gendarmerie, gendarmes, gardes forestiers, garde-pêche, gardes champêtres ou gardes assermentés des particuliers, et ces procès-verbaux font foi *jusqu'à preuve contraire*. — Art. 22.

559. — Au contraire, sous la loi de 1790, les procès-verbaux des gardes forestiers et des gardes-pêche faisaient foi en matière de délit de chasse, comme tous les autres procès-verbaux rédigés dans l'exercice de leurs fonctions, *jusqu'à inscription de faux*. — *Cass.*, 30 nov. 1811, Forêts c. Ligeret; 17 juill. 1823, Girard; 19 sept. 1840 (t. 1er 1841, p. 197), Poulain; *Nancy*, 12 fév. 1843 (t. 2 1843, p. 168), Didier; 26 avr. 1845 (t. 1er 1845, p. 742), Lugarenne.

560. — Les gardes champêtres et forestiers n'ont qualité pour constater que les délits de chasse commis sur le territoire pour lequel ils sont assermentés. — C. inst. crim., art. 16.

561. — Ainsi les gardes forestiers ne pourraient constater les délits de chasse commis en plaine; la loi ne les charge que de la constatation des délits commis dans les bois et forêts. — *Cass.*, 18 oct. 1827, Euvrard; 9 mai 1828, Maitrejean. — V. cependant *Metz*, 29 mai 1819, Staud et Pierron.

562. — ... De même, dans un pré ou un champ non enclavé dans les forêts. — *Grenoble*, 13 sept. 1834, Joubert.

563. — Les gardes particuliers ne peuvent non plus valablement constater que les délits commis sur les propriétés confiées à leur garde. — *Cass.*, 4 mars 1828, Doucerain c. Ternaux.

564. — Le garde particulier d'une personne est sans qualité pour constater les délits commis au préjudice d'une autre. — *Bruxelles*, 31 mars 1825, S... c. G...

565. — Il n'en est pas de même des gendarmes, qui peuvent constater tous les délits de chasse dans toute l'étendue de la France. — En effet, ils sont institués, dit l'ordonnance du 29 oct. 1820, pour assurer *dans toute l'étendue du royaume*, le maintien de l'ordre et l'exécution des lois. D'un autre côté, ils ne sont pas assermentés pour une seule localité, car leur serment n'est pas renouvelé à chaque changement de résidence, et enfin, s'ils sont divisés par brigades dans chaque canton, ce n'est qu'une distribution de service qui ne peut exercer aucune influence sur leurs attributions. — Duvergier, *Coll. des lois*, sur l'art. 22, L. 3 mai 1844.

566. — Les employés des contributions indirectes et des octrois ont aussi le droit de rechercher dans les limites de leurs attributions respectives les délits de mise en vente, vente, achat, transport et colportage prévus par le § 1er de l'art. 4, et leurs procès-verbaux font foi jusqu'à preuve contraire (L. 3 mai 1844, art. 23). — Mais là se trouve bornée leur compétence, et les procès-verbaux qu'ils dresseraient en dehors de cette compétence seraient frappés de nullité. « Ainsi, dit à titre d'exemple la circulaire du garde des sceaux, les employés des contributions indirectes, ne pouvant faire de visites chez les aubergistes qui se sont rachetés de l'exercice par un abonnement, n'auront pas le droit de s'y transporter pour y rechercher du gibier en temps prohibé. »

567. — Voici, d'ailleurs, comment M. le rapporteur à la chambre des pairs expliquait le rôle des agens des contributions indirectes et de l'octroi : « Il ne s'agit pas, disait-il, de perquisitions nouvelles, de nouvelles visites domiciliaires. Les employés des contributions indirectes sont chargés de certaines recherches dans les lieux ouverts au public. Eh bien! lorsque, dans l'exercice de cette fonction, ils rencontreront l'espèce de délits que nous avons en vue d'atteindre, nous voulons qu'ils aient qualité pour la constater. Quant aux employés de l'octroi, ils sont les seuls qui aient mission de surveiller le transport. Ce ne sont pas les gendarmes ni les gardes qui, sur une route, pourront faire ouvrir des paniers et des carnassières pour voir s'il n'y a point de gibier. Ce sont les employés de l'octroi, et cette mission pour eux n'est point une mission nouvelle : avec ou sans la disposition que nous sollicitons, ces employés feront la visite; seulement, sans la disposition, ils ne constateraient pas le transport du gibier; avec la disposition, ils le constateront quand il y aura lieu. — En résumé, nous n'imposons aux employés des contributions et des octrois ni devoirs nouveaux ni obligations nouvelles. Nous voulons seulement qu'ils aient qualité pour constater les contraventions matérielles à la loi, *lorsqu'ils en auront connaissance dans l'exercice de leurs fonctions*. Il n'y a donc là ni vexation pour le public, ni obligation nouvelle imposée à ces employés. »

568. — Les préposés de l'administration des douanes, sans être appelés à prendre part à l'ensemble de l'exécution de la loi du 3 mai, auront cependant à y concourir dans une circonstance importante. — L'interdiction *absolue* de vente, d'achat, de *transport* et de colportage du gibier dans toute l'étendue du royaume a, en effet, pour conséquence directe et nécessaire de modifier le tarif des douanes et de constituer une prohibition périodique et temporaire de l'*importation* du gibier étranger en France. — Le gibier devra donc suivre, à l'entrée en France et à la circulation dans le rayon frontière, le régime du *prohibé*, pendant tout le temps où la chasse ne sera pas permise. Lorsqu'il aura été déclaré au premier bureau d'entrée, la douane se bornera à en refuser l'admission et à en assurer la réexportation immédiate, conformément à l'art. 4, tit 5, L. 22 août 1791. — Mais, à l'égard de tous ceux qui enfreindraient ou tenteraient d'enfreindre la prohibition, on appliquera, suivant les cas, soit les dispositions des art. 1er, tit. 5 de la même loi du 22 août 1791, et 10, tit. 2 de celle du 4 germin. an II, soit celles des art. 38, 41 et suiv. de la loi du 28 avr. 1816, et 15 de celle du 27 mars 1817. — Le même principe de prohibition dont le gibier se trouvera frappé à l'entrée, lui sera pareillement applicable à la sortie. Ainsi, s'il était présenté du gibier à un bureau de sortie, et si ce gibier était déclaré sous sa véritable dénomination pour l'*exportation* dans le temps de la prohibition locale de la chasse, la disposition de l'art. 4 précité du tit. 5 de la loi de 1791 ne permettrait pas aux employés d'en opérer la *saisie* en vertu de la loi générale des *douanes*; mais alors ils devraient faire immédiatement conduire le déclarant devant le maire, lequel ferait procéder, s'il y avait lieu, contre celui-là, conformément aux prescriptions de la loi du 3 mai 1844. — Circul. du direct. gén. des douanes, du 30 juin 1844.

569. — Dans les vingt-quatre heures du délit, les procès-verbaux des gardes seront, *à peine de nullité*, affirmés par les rédacteurs devant le juge de paix ou l'un de ses suppléans, ou devant le maire ou l'adjoint, soit de la commune de leur résidence, soit de celle où le délit aura été commis. — Art. 24. — Cette formalité ne s'applique ni aux gendarmes, ni aux commissaires de police, maires, adjoints. — V., en ce qui concerne les formalités relatives à l'affirmation et la compétence des officiers chargés de la recevoir, PROCÈS-VERBAUX.

570. — Il a été jugé que les formalités tracées par l'art. 165, § 2, C. forest., relativement aux procès-verbaux dressés en matière forestière ne reçoivent pas leur application aux procès-verbaux dressés par les agens forestiers pour délit de chasse, et que ces derniers procès-verbaux ne sont soumis qu'aux formalités imposées par l'art. 24, L. 3 mai 1844. — En conséquence, un procès-verbal de délit de chasse est valable, bien qu'il n'ait pas été écrit de la main du garde forestier, et qu'il n'ait pas été fait mention que le maire, en recevant l'affirmation de celui-ci, lui en a donné lecture. — *Dijon*, 18 déc. 1844 (t. 2 1845, p. 120), de Rennepont c. Leclerc.

571. — Ainsi qu'il a déjà été dit plus haut, en cas de nullité du procès-verbal, le délit peut être prouvé par témoins; et il a même été jugé que le tribunal correctionnel qui, en annulant le procès-verbal constatant un délit de chasse et renvoyant les prévenus des fins du procès-verbal, délaisse au ministère public à se pourvoir ainsi qu'il avisera pour faire la preuve du délit, ne statue pas sur le fond de l'affaire; qu'en conséquence, il peut, sans violer la règle *non bis in idem*, connaître postérieurement du fond de l'affaire, alors que le ministère public a produit des témoins à l'appui de sa poursuite. — *Cass.*, 11 août 1831, Beffrey et Gelex; — Gillon et de Villepin, p. 313.

572. — Les délinquans ne peuvent être ni *saisis*

ni *désarmés ;* néanmoins, s'ils refusent de faire connaître leurs noms, ou s'ils n'ont pas de domicile connu, ils sont conduits immédiatement devant le maire ou le juge de paix qui s'assure de leur individualité. — L. 3 mai 1844, art. 25.

573. — Cette disposition est presque textuellement empruntée aux art. 5 et 7, L. 1790, qui elle-même n'avait fait que reproduire la jurisprudence antérieure. « Les gardes, dit Henriquez (p. 51), ne doivent jamais entreprendre de désarmer un chasseur ; cette voie de fait leur est absolument interdite, à cause des accidens qu'une résistance naturelle pourrait occasionner ; ils doivent se contenter de dresser leur procès-verbal, et, quand il leur arrive d'ôter le fusil à un chasseur, il n'y a pas lieu à le condamner à l'amende résultant du fait de chasse. » — Arrêt 31 juill. 1705 (*J. des audiences*). — On cite même plusieurs jugemens de la Table de Marbre qui, dans de pareilles circonstances, ont condamné les gardes à restituer les fusils saisis, et un arrêt du 4 oct. 1785, qui a condamné à 600 fr. de dommages-intérêts des gardes qui, sous prétexte qu'ils soupçonnaient quelqu'un d'être braconnier, l'avaient *fouillé* et *arrêté*.

574. — Dans le cas exceptionnel prévu par la seconde partie de l'art. 25 (loi nouvelle), le droit des agens ne va pas jusqu'à *désarmer* le chasseur ; il consiste seulement à *le conduire* devant l'autorité locale. — M. Berriat Saint-Prix (p. 223) pense néanmoins que le droit de désarmement existerait, en cas de résistance de la part du chasseur : « Laisser des armes, dit-il, à un homme qui vient de méconnaître les agens de la force publique et de commettre un délit en leur résistant, me paraîtrait une anomalie étrange ; — mais cette interprétation est contraire aux explications données devant la chambre des députés, que M. Crémieux résumait en ces termes au nom de la commission : « Le mot *conduit* veut dire qu'on peut contraindre le chasseur, *sans le désarmer*, à se rendre devant l'officier municipal ; c'est la répétition des art. 5 et 7, L. 1790, dont l'un *défend le désarmement* et l'autre autorise l'*arrestation*. » *Moniteur* 20 fév. 1844, p. 372.

575. — Dans ces cas, M. Berriat Saint-Prix dit avec beaucoup de raison (*loc. cit.*) que si le chasseur conduit devant le juge de paix ou le maire ne pouvait ou ne voulait établir son identité, et que son transfert devant M. le procureur du roi eût dû être ordonné, son désarmement serait non seulement très légal, mais obligatoire ; car il n'y aurait plus dans ce chasseur obstiné ou dangereux qu'un homme mis sous la main de la justice comme vagabond, et à l'égard de qui le port d'armes entraînerait une aggravation de peine (C. pén., art. 277). — V. VAGABONDAGE.

576. — Mais, en thèse générale, le maire ou le juge de paix n'aurait pas le droit de retenir le délinquant captif ; le droit des magistrats se borne à s'assurer de l'individualité du délinquant ; cette justification faite, le chasseur ne pourrait plus être retenu sous peine de détention arbitraire. — C. pén., art. 114 et suiv. ; — Gillon et de Villepin, p. 348.

577. — Il faut remarquer que la défense de désarmement ne s'applique *qu'aux armes* ; quant aux engins ou autres instrumens de chasse prohibés, le garde pourrait les saisir ; « car, disent MM. Gillon et de Villepin (*loc. cit.*), le même danger n'existe plus ici. »

578. — Les gardes et gendarmes rédacteurs du procès-verbal ayant pour objet de constater les délits, ont droit à une gratification qui doit être fixée par ordonnance royale (L. 3 mai 1844, art. 10), et dont le montant est prélevé sur le produit des amendes. — Art. 19.

579. — La gratification est spéciale aux gardes et gendarmes ; ainsi les préposés des contributions indirectes et de l'octroi, bien que dans certains cas ils puissent verbaliser, n'y ont pas droit, non plus que les gardes particuliers. C'est ce qui résulte formellement de la discussion. — V. aussi Gillon et de Villepin, *loc. cit.* ; et Championnière, p. 78, qui en déclare également exclus les sous-officiers de gendarmerie, brigadiers, gardes généraux. — Au surplus, le principe même de la disposition avait été vigoureusement combattu devant la chambre des pairs. « Il ne me paraît pas convenable, disait M. de Cambacérès, de maintenir ce qui s'est fait jusqu'ici et d'accorder une gratification aux gardes et gendarmes qui n'auront fait, après tout, qu'accomplir strictement un devoir. La gendarmerie a rendu et rend chaque jour assez de services pour prouver qu'il n'est pas nécessaire de stimuler son zèle par l'appât d'une récompense pécuniaire. Quant aux gardes champêtres, soyez persuadés que ceux qui comprennent leurs devoirs n'ont pas besoin d'être intéressés à les accomplir, et que ceux qui auront surtout en vue le bénéfice qu'ils peuvent tirer de leur conduite auront toujours plus à gagner à entrer en accommodement avec les délinquans qu'à mériter la gratification promise par le gouvernement. Il ne me semble pas que l'on doive, je le répète, récompenser ainsi les agens de la force publique lorsqu'ils ne font que remplir un devoir, et qu'ils encourraient une punition s'ils agissaient différemment. » — Ajoutons qu'il est mauvais, dans l'intérêt même de la foi qui doit s'attacher au contenu des procès-verbaux, de présenter ainsi un appât à leurs rédacteurs. Encore est-il assez rassurant que ces procès-verbaux ne fassent foi que jusqu'à preuve contraire.

CHAPITRE IX. — *Compétence.*

580. — La loi 28-30 avr. 1790, art. 8, avait attribué aux municipalités la connaissance des délits de chasse ; mais le Code du 3 brum. an IV, art. 596, leur ayant ensuite interdit tout exercice du pouvoir judiciaire, les tribunaux correctionnels sont devenus seuls compétens (à l'exclusion des tribunaux de police). — *Cass.*, 8 fructid. an XI, Balahu ; 3 avr. 1806, Broguet ; 10 oct. 1806, Petard ; 15 mars 1810, Petriko ; 5 fév. 1819, Drouet Morel ; 21 mars 1822, Auger ; 29 sept. 1837 (t. 2 1838, p. 9), Beaumont.

581. — Jugé de même que le tribunal de police correctionnelle ne peut se déclarer incompétent pour connaître de la poursuite exercée par le ministère public sur un procès-verbal constatant que le prévenu a été trouvé chassant dans un bois, et qu'interpellé de produire son permis de port d'armes, il a répondu en termes grossiers et injurieux. — *Cass.*, 4 fév. 1819, Disson.

582. — Sous la loi nouvelle, la connaissance des contraventions aux lois sur la police de la chasse appartient incontestablement à la juridiction correctionnelle. — C'est ce qui résulte à la fois du renvoi que fait l'art. 26 de la loi de 1844, à l'art. 182, C. inst. crim., placé sous la rubrique *Des tribunaux en matière correctionnelle*, et de la nature des peines édictées par la loi.

583. — Toutefois, et par exception, les tribunaux correctionnels peuvent ne pas être compétens à raison du caractère public du délinquant ; la loi du 3 mai n'a nullement dérogé aux règles établies par l'art. 479, C. inst. crim., ni à celles de la loi du 20 avr. 1810, dont les art. 10 et 18 ont étendu aux *grands officiers de la légion-d'honneur, généraux commandant une division ou un département, aux archevêques et évêques, présidens des consistoires, membres de la cour de Cassation, de la cour des comptes, des cours royales* et *aux préfets*, le bénéfice des art. 479 et suiv., C. inst. crim. — V. FONCTIONNAIRES PUBLICS.

584. — Quant aux gardes champêtres, forestiers et particuliers, ils ne peuvent également être traduits, attendu leur qualité d'officiers de police judiciaire, que devant la cour royale, à raison des délits de chasse qu'ils commettent *dans l'exercice de leurs fonctions*. — *Cass.*, 9 mars 1838 (t. 1er 1840, p. 254), Herbelot ; 5 août 1841 (t. 2 1843, p. 738), Gillet ; *Paris*, 24 oct. 1844 (t. 2 1845, p. 718), Aubron, Pieu et Coffinet ; *Orléans*, 16 sept. 1844 (t. 2 1844, p. 421), Basset et Maubuisson.

585. — Un arrêt de la cour de Cassation du 6 janv. 1827 (Lacaze) a refusé à un garde-pêche trouvé en délit de chasse le bénéfice de la compétence exceptionnelle créée par l'art. 483, attendu qu'il s'agissait d'un délit étranger à l'exercice de ses fonctions. — Il ne semblerait pas qu'il pût en être de même aujourd'hui que les garde-pêche ont, aux termes de l'art. 22 (L. 3 mai 1844), qualité pour constater les délits de chasse. C'est, en effet, de la circonstance que le garde pourrait et devrait dresser un procès-verbal s'il rencontrait un délinquant, que l'arrêt du 5 août 1841, précité, fait dépendre l'*exercice des fonctions*.

586. — Un pair de France, traduit devant un tribunal correctionnel pour délit de chasse, peut-il demander son renvoi devant la chambre des pairs ? — V. COUR DES PAIRS. — V. aussi *Beauvais*, 16 nov. 1843 (*Annales forestières*, p. 498).

587. — Lorsqu'il s'agit des gardes, la circonstance que le délit a été commis dans l'exercice des fonctions est indispensable pour motiver la compétence exceptionnelle. — Et il a été jugé que le garde qui est trouvé chassant sans permis de port d'armes, *pendant qu'il accompagnait, comme garde particulier*, des amis de son maître qui étaient en chasse, doit être réputé avoir commis le délit dans l'exercice de ses fonctions. — *Cass.*, 9 mars 1838 (t. 1er 1840, p. 254), Herbelot.

588. — Le principe de la compétence exceptionnelle est applicable, alors même que le prévenu poursuivi à raison d'un délit de chasse aurait été trouvé chassant de concert avec un autre individu soumis à la juridiction ordinaire. — *Cass.*, 13 oct. 1842 (t. 1er 1843, p. 734), Cahier.

589. — Et dans ce cas le prévenu attire devant la juridiction privilégiée le coprévenu qu'il peut avoir. — *Bourges*, 29 nov. 1842 (t. 2 1845, p. 716), Beurier. — V. en ce sens *Cass.*, 13 janv. 1843 (t. 2 1845, p. 717), Pean. — V. aussi, sur le principe, *Cass.*, 30 janv. 1845 (t. 1er 1845, p. 656), Jeannin ; *Orléans*, 16 sept. 1844 (t. 2 1844, p. 421), Basset et Maubuisson.

590. — Il a néanmoins été jugé que les cours royales, seules compétentes pour connaître des délits de chasse imputés à un garde champêtre, ne peuvent prononcer sur la prévention dirigée contre les simples particuliers qui auraient commis le délit de chasse concurremment avec le garde, alors d'ailleurs qu'il s'agit d'un délit essentiellement personnel, comme celui de chasse sans permis ; il y a lieu de renvoyer à leur égard devant les tribunaux ordinaires. — *Paris*, 24 oct. 1844 (t. 2 1845, p. 718), Aubron, Pieu et Coffinet.

591. — Il en serait encore ainsi, suivant MM. Gillon et de Villepin, alors même que la juridiction exceptionnelle serait celle de la chambre des pairs. « Les coprévenus du pair de France, disent-ils, simples particuliers, ont le même droit, *si le fait de chasser leur est commun avec lui*, car cette circonstance est nécessaire à l'application du principe tiré de l'indivisibilité des procédures. »

592. — Si le délinquant est militaire, les tribunaux correctionnels sont seuls compétens. — Avis cons. d'état 4 janv. 1806.

593. — Lorsqu'un individu poursuivi correctionnellement pour avoir chassé sur le terrain d'autrui en temps permis, prouve qu'il a été autorisé par le propriétaire du terrain, le tribunal de police correctionnelle n'est pas compétent pour statuer sur le dommage dont le propriétaire se plaint, puisqu'il n'y a pas délit ; les parties doivent être renvoyées à fins civiles. — *Cass.*, 13 juill. 1810, de Bagneux c. Bejarry.

CHAPITRE X. — *Action publique. — Action privée.*

594. — En principe, sous la loi de 1790, la chasse en temps prohibé (art. 8) ou sans permis de port d'armes (décr. de 1812) était considérée comme un délit d'ordre public, et pouvait être poursuivie d'office par le procureur du roi. — *Cass.*, 3 nov. 1831, Joly.

595. — ... Même dans le silence de la partie lésée. — *Rouen*, 15 juill. 1837 (t. 2 1840, p. 24), Denouette.

596. — Et à l'égard du délit de chasse *sans permis de port d'armes* dans les bois, le droit de poursuite lui appartenait exclusivement, sans pouvoir être exercé par l'administration forestière. — *Cass.*, 29 fév. 1828, Forêts c. Arnoux.

597. — Quant au fait d'avoir chassé dans les terres non dépouillées de leurs fruits, il pouvait également être poursuivi d'office. — *Lyon*, 15 déc. 1826, Gaspard ; *Angers*, 12 janv. 1829, Robec ; *Cass.*, 16 janv. 1829, Delegorgue ; 4 fév. 1830, Péroux ; 17 mai 1834, Prevost ; 16 nov. 1837 (t. 2 1838, p. 498), Clemenceau et Marchand.

598. — On jugeait aussi que l'autorisation donnée aux propriétaires ou à leurs ayant-droit de chasser, même en temps prohibé, dans leurs bois et forêts, ne pouvant être appliquée aux individus étrangers à la propriété et qui ne représentent le propriétaire à aucun titre, le ministère public était recevable à poursuivre d'office l'individu trouvé chassant en temps prohibé dans les bois et forêts d'autrui. — *Cass.*, 18 juill. 1834, Baudoin.

599. — A l'égard du fait d'avoir chassé sur le terrain d'autrui sans le consentement du propriétaire, il ne pouvait être poursuivi et donner lieu à l'application d'aucune peine lorsque le propriétaire du terrain ou la partie intéressée ne réclamait pas. — *Cass.*, 10 juill. 1807, Garnier ; 12 fév. 1808, Liot ; 22 juin 1815, Douge ; 20 sept. 1823, Depierre ; 22 avr. 1831, Pons ; 23 fév. 1839 (t. 2 1839, p. 348), Hacquin.

600. — Ces règles ont reçu peu de modifications. — Le principe qui domine toujours, sous le rapport de la poursuite, la législation actuelle, c'est que tous les délits peuvent être poursuivis d'office par le ministère public. — Art. 26.

601. — Toutefois encore, lorsqu'il s'agit d'un fait de chasse sur le terrain d'autrui sans le consentement du propriétaire, la poursuite d'office ne peut (sauf les cas exceptionnels cités plus bas) être exercée par le ministère public sans une plainte de la partie intéressée. — L. 3 mai 1844, art. 26.

602. — Le droit de poursuite d'office n'existe que sans préjudice du droit de citation directe conféré aux parties par l'art. 123, C. instr. crim. — Art. 26. — V. ACTION CIVILE.

603. — On jugerait donc encore aujourd'hui que le droit accordé au ministère public par la loi de poursuivre d'office la répression des délits de chasse commis en temps prohibé sur le terrain d'autrui, n'est pas exclusif de celui qui appartient, dans

tous les cas, au propriétaire de ce terrain; et, sur la poursuite directe intentée par ce propriétaire, le tribunal ne peut se dispenser d'infliger aux délinquans les peines qu'ils ont encourues, alors même que le ministère public aurait refusé ou se serait abstenu d'en requérir l'application. — *Cass.*, 23 fév. 1839 (t. 2 1839, p. 348), Hacquin.

604. — Dans le cas où le ministère public ne peut poursuivre que *sur la plainte de la partie lésée*, que doit-on entendre par plainte? Suffit-il d'une simple dénonciation de la partie? faut-il, au contraire, une plainte avec constitution de partie civile?

605. — La loi de 1790 ne disait à cet égard rien de précis; cependant, par interprétation des art. 63 et 66, C. instr. crim., rapprochés de l'art. 8, L. 1790, on jugeait que le ministère public pouvait agir sur la simple plainte du propriétaire, sans qu'il fût nécessaire qu'il se constituât partie civile. — *Liége*, 3 avr. 1823, N...; *Bruxelles*, 24 juill. 1823, N...

606. — On jugeait aussi que l'action publique, une fois mise en mouvement par une plainte, ne pouvait plus être arrêtée au gré des plaignans, et qu'elle restait indépendante; — qu'ainsi, lorsque le propriétaire du terrain sur lequel le délit de chasse avait eu lieu avait fait une plainte, sa renonciation à toute indemnité n'avait pas pour effet de paralyser l'action du ministère public pour la vindicte publique. — *Metz*, 6 août 1824, N...; 27 nov. 1824, Maurin; 13 déc. 1824, N....

607. — On jugeait aussi, par une conséquence du même principe, que bien que le ministère public ne pût pas poursuivre d'office un fait de chasse en temps non prohibé sur le terrain d'autrui, il suffisait que la partie lésée eût fait une plainte pour que le ministère public reprît l'entier exercice de l'action publique, et qu'il pût interjeter appel sans le consentement de la partie civile. — *Cass.*, 31 juill. 1830, Delorme.

608. — .... Et que le désistement du propriétaire ne suffisait pas pour arrêter les poursuites. — *Rennes*, 11 nov. 1840 (t. 2 1845, p. 719), Massi.

609. — Toutes ces décisions devraient d'autant mieux recevoir encore leur application aujourd'hui que l'art. 26 de la loi met en regard *la plainte* et *la constitution de la partie civile*. — En effet, dans son premier paragraphe, cet article réserve à la partie lésée le droit de se porter *partie civile*. — Dans le deuxième, il arrête exceptionnellement l'action du ministère public s'il n'y a pas *plainte*. — « Ce rapprochement, disent avec raison MM. Gillon et de Villepin (p. 380), suffit pour faire voir que le législateur n'a pas employé le mot *plainte* dans le sens de *constitution de partie civile*. »

610. — L'envoi, par le propriétaire, d'un procès-verbal constatant un délit de chasse sur sa propriété et d'une lettre contenant prière de poursuivre, constitue une plainte suffisante pour autoriser le ministère public à poursuivre d'office le délit. — *Bruxelles*, 20 janv. 1831, N...

611. — On jugeait, avant la loi de 1844, que le délit de chasse commis, même en temps non prohibé, dans un bois appartenant à un hospice, ou à tout autre établissement public, pouvait être poursuivi d'office par le ministère public, sans qu'il fût besoin de la plainte de la commission administrative de l'hospice, et qu'on ne pouvait assimiler ce cas à celui où le délit avait lieu sur le terrain d'un particulier. — *Cass.*, 6 mars 1840 (t. 2 1840, p. 570), Zumel.

612. — Et la même décision devait être appliquée au cas où il s'agissait de délit de chasse dans les *bois des communes*, ces bois étant soumis au régime forestier (motif de l'arrêt précité du 6 mars 1840). — Gillon et de Villepin, *loc. cit.*

613. — M. Camusat-Busserolles (p. 174) pense que l'arrêté du directoire du 28 vendém. an V, sur lequel se fonde la décision qui précède, a été abrogé par la loi nouvelle, et que dès-lors le ministère public ne peut plus, dans les cas prévus, agir sans plainte préalable. — MM. Gillon et de Villepin ne sont pas de cet avis.

614. — Il avait d'ailleurs été jugé que, si le fait de chasse avait eu lieu non dans un bois, mais *sur un terrain communal*, là poursuite ne pourrait être intentée directement par le ministère public, sans une plainte préalable du maire de la commune. — *Cass.*, 10 juill. 1807, Garnier; 22 juin 1815, Douge.

615. — L'action du ministère public n'est soumise au préalable de la plainte qu'autant que le consentement du propriétaire au fait de chasse incriminé aurait pour résultat d'effacer tout délit. Ainsi, on a jugé avec raison que l'emploi, sur le terrain d'autrui, et en temps prohibé, d'engins de chasse, pouvait être poursuivi indépendamment de la plainte du propriétaire. — *Cass.*, 3 nov. 1831, Joly.

616. — ... Et que, de même, le ministère public était recevable à poursuivre d'office l'individu qui avait chassé en temps prohibé dans les bois et forêts d'autrui. — *Cass.*, 18 juill. 1834, Beaudouin.

617. — La loi de 1844 (art. 26) accorde également le droit de poursuite d'office à l'égard de délits commis sur le terrain d'autrui sans le consentement du propriétaire, lorsque ces délits ont été commis dans un *terrain clos suivant les termes de l'art. 2, et attenant à une habitation*, ou *sur des terres non encore dépouillées de leurs fruits*.

618. — Mais, dans ce cas, ce n'est là pour le ministère public qu'une pure faculté dont il peut user quand il le juge convenable, et non une obligation (Duvergier, *Coll. des lois*, sur l'art. 26). Et comme le consentement du propriétaire rapporté à l'audience ferait disparaître le délit (*Rouen*, 25 oct. 1844 [t. 2 1845, p. 715], Chauvet; *Colmar*, 13 nov. 1844 [t. 2 1845, p. 259], Meyer; *Douai*, 25 nov. 1844 [t. 2 1845, p. 260], G.... et F...; *Paris*, 7 déc. 1844 [t. 2 1845, p. 260], Legoux); et que même la justification du consentement peut être faite soit oralement, soit par écrit (V. l'arrêt précité de *Douai*), M. Berriat Saint-Prix (p. 232) conseille aux officiers du ministère public de provoquer, avant de poursuivre, les explications du propriétaire sur le terrain duquel le fait de chasse aurait eu lieu.

619. — Le ministère public pourrait-il *poursuivre* d'office la contravention, de la part des fermiers de la chasse, dans les bois soumis au régime forestier, aux clauses et aux conditions de leur cahier de charges? — La difficulté vient de ce que le projet de loi de la chambre des pairs avait d'abord assimilé ce délit au délit de chasse sur le terrain d'autrui, au moyen de la rédaction suivante: « Dans les cas prévus par les §§ 2 et 5, art. 11, le ministère public ne pourra poursuivre que sur la plainte de la partie intéressée. » — Mais dans la suite de la discussion, on ne s'est plus occupé que de la chasse sur le terrain d'autrui, et la contravention au cahier des charges a été complétement oubliée. — M. Duvergier (sur l'art. 26) n'en est pas moins d'avis que la poursuite ne peut avoir lieu, ou du moins que dans ce cas elle est subordonnée à la plainte. — « L'ordre public, dit-il, ne réclame pas plus ici la poursuite d'office que dans le cas de chasse sur le terrain d'autrui; et l'esprit de la loi, tel qu'il résulte de la discussion, est que, dans le cas d'atteinte à l'intérêt privé seul, le ministère public ne puisse poursuivre que sur la plainte de la partie lésée. Au reste, le cas qui nous occupe ne rentre-t-il pas implicitement dans le fait de chasse sur le terrain d'autrui sans le consentement du propriétaire? » — *Contrà* Gillon et de Villepin, p. 335.

620. — L'art. 26, L. 3 mai 1844, dit que le ministère public ne pourra, en cas de chasse sur le terrain d'autrui, *sans le consentement du propriétaire*, poursuivre sans une plainte de la partie intéressée. — A qui les termes de cet article réservent-ils le droit de plainte?

621. — MM. Gillon et de Villepin (p. 335) nous paraissent résumer très bien l'esprit de la loi, lors qu'ils disent que sous ces mots, *parties intéressées*, la loi a voulu comprendre en même temps le propriétaire et tous ceux qui ont intérêt à la conservation du gibier ou des récoltes, et qu'ils doivent s'entendre aussi bien de la partie intéressée à la jouissance du sol qu'elle exploite, que de celle qui serait intéressée au droit purement voluptuaire de la chasse.

622. — C'est en ce sens qu'il avait été jugé, sous la loi de 1790, 1° que les délits de chasse dans les terrains non récoltés pouvaient être poursuivis, non seulement par les propriétaires du fonds, mais encore par les propriétaires des fruits. — *Cass.*, 17 mai 1834, Prévost.

623. — ... 2° Que le droit de plainte et de poursuite appartenait au cessionnaire du droit de chasse. — *Cass.*, 21 janv. 1837 (t. 1er 1837, p. 617), Dupré c. Liège; *Bruxelles*, 13 fév. 1836, de Voghel. — V. cependant *Bruxelles*, 31 mars 1825, G.....

624. — Jugé néanmoins que celui à qui le propriétaire du terrain a simplement accordé *le droit d'y chasser* n'a pas qualité pour exercer des poursuites comme partie civile contre l'individu trouvé chassant sur le même terrain. — *Bruxelles*, 26 mars 1830, N...

625. — Dans tous les cas, le délit de chasse ne peut être poursuivi sur la plainte de celui qui est chargé de gérer ces propriétés et de les surveiller, s'il n'est porteur d'aucun pouvoir spécial ou général émané du propriétaire, et relatif aux délits de chasse. — *Bruxelles*, 16 janv. 1836, Cornelis et Mandens.

626. — Quant au fermier proprement dit, il a été jugé, sous l'empire de la loi de 1790, qu'il a qualité, aussi bien que le propriétaire, pour porter plainte d'un fait de chasse commis sur la propriété qui lui est affermée, *quand bien même le droit de chasse aurait été réservé au propriétaire dans le bail*. — *Bruxelles*, 6 nov. 1822, Vanderberez; *Cass.*, 9 avr. 1836, Jauré; *Angers*, 20 janv. 1836, Jaurier c. Bonneau; — Troplong, *Louage*, t. 1, p. 162; Toullier, t. 4, p. 21. — V. cependant *Angers*, 14 août 1826, Monty; *Rennes*, 11 nov. 1835, Jauré (cet arrêt a été cassé par l'arrêt du 9 avr. 1836); *Paris*, 8 janv. 1836, Dessourbert c. Aubert, qui juge que, le droit de chasse étant inhérent à la propriété, le fermier n'a aucune action devant les tribunaux correctionnels pour délit de chasse.

627. — M. Duvergier (*loc. cit.*) pense que cette jurisprudence ne pourrait être maintenue aujourd'hui, en ce qu'elle n'avait sa base que dans les termes des art. 1er et 8, L. 1790, qui n'ont pas été reproduits dans la nouvelle loi. L'art. 1er, en prononçant une amende de 20 liv. envers la commune du lieu, et en accordant une indemnité de 10 liv. au propriétaire des *fruits*, désignait également le propriétaire ou le fermier, et semblait, par conséquent, autoriser ce dernier à saisir les tribunaux d'une plainte pour fait de chasse. Telle était du moins l'argumentation qu'on faisait valoir. L'art. 8 confirmait ce système en parlant de la plainte du propriétaire ou de *toute autre partie intéressée*. La loi actuelle ne contient rien de semblable. M. Duvergier pense donc que le fermier qui n'aura pas le droit de chasse ne pourra agir contre le délinquant que civilement et en raison du dommage causé à ses récoltes. Tel n'est pas l'avis de MM. Gillon et de Villepin (*loc. cit.*)

628. — La cour de Bruxelles a jugé au contraire que le propriétaire qui donne ses biens à ferme est sans qualité pour exercer des poursuites contre les individus qui s'y livrent à la chasse sans permission; ce droit n'appartenant qu'au fermier propriétaire des fruits. — *Bruxelles*, 31 mars 1835, G.....; 25 fév. 1826, N...

629. — Dans le cas où le délit de chasse a été commis dans les forêts de l'état ou dans les biens communaux, la cour de Cassation a décidé que le droit de poursuite appartient, dans les deux cas, à l'administration forestière; car c'est à elle qu'est confiée la surveillance des bois des communes et l'administration des forêts de l'état. — *Cass.*, 28 janv. 1808, Forêts c. Arnichaud; 29 fév. 1828, Arnoux; 20 sept. 1828, Sossac; 27 sept. 1828, Donis.

630. — Il a même été décidé que l'action de l'administration, pour poursuivre les délits de chasse commis dans les forêts de l'Etat ou des communes, existe indépendamment de toute plainte de la part du fermier de la chasse. — *Cass.*, 23 mai 1835, Delalonde; 22 févr. 1844 (t. 1er 1845, p. 436), Gauthier-Poirier; 19 août 1844 (t. 1er 1845, p. 436), Delois; — Gillon et de Villepin, *loc. cit.* — *Contrà* Petit, p. 380.

631. — Jugé en sens contraire, mais à tort, que le locataire du droit de chasse dans un bois communal a seul qualité pour porter plainte contre l'individu qui a chassé sans sa permission, et cela, même à l'exclusion de l'administration forestière. — *Metz*, 9 fév. 1824, Tremery. — En ce sens, Petit, p. 378.

632. — M. Duvergier, p. 166, pense que la solution de cette question dépend entièrement des clauses insérées au cahier de charges et de l'étendue des droits concédés au fermier. « Si, dit-il, le droit de chasse lui a été transféré d'une manière absolue, sans limites, s'il peut en user comme bon lui semble, faire chasser avec lui ou sans lui, telles personnes et autant de personnes qu'il veut, il est évident qu'alors lui seul peut poursuivre ceux qui auraient chassé sans son autorisation; car, en poursuivant, l'administration forestière s'exposerait à recevoir un démenti de sa part. Mais si, au contraire, le fermier n'a le droit de chasse que d'une manière restreinte, s'il ne peut l'exercer qu'en personne, ou si le nombre de personnes qu'il peut faire chasser est fixé par le cahier des charges (ce qui se fait le plus souvent), alors il est raisonnable de dire qu'il n'a reçu que des permissions de chasse, plus ou mois personnelles, et que l'administration forestière, lui ayant cédé non pas tous ses droits, mais seulement une partie de ses droits, en portant plainte d'un délit de chasse ne fait que veiller à la conservation des droits qu'elle s'est réservés. »

633. — Il n'est pas douteux, dans tous les cas, que les fermiers du droit de chasse dans une forêt n'aient qualité pour poursuivre la répression des délits de chasse commis à leur préjudice. — *Cass.*, 21 janv. 1837 (t. 1er 1837, p. 617), Dupré.

634. — L'administration des bois et forêts de la couronne a, comme le ministère public, le droit de requérir les condamnations d'amendes encourues pour des délits commis dans les bois et forêts de la couronne et leurs dépendances; en conséquence, le tribunal d'appel qui reconnaît l'existence du délit ne peut, sur l'appel de l'administration, refuser d'appliquer au prévenu l'amende par lui encourue sous prétexte que le ministère public n'a pas appelé. — *Cass.*, 5 nov. 1829, Jupinet.

635. — Les règles qui concernent les citations en police correctionnelle sont applicables aux délits

de chasse comme à tous autres.—V. EXPLOIT (mat. crim.).

656. — Le prévenu d'un délit de chasse peut régulièrement être cité au domicile par lui faussement indiqué dans le procès-verbal; s'il n'est pas trouvé à ce domicile, la copie est valablement remise au maire de la commune.—*Cass.*, 21 sept 1833, Goubier.

657.—La différence qui existe entre la date donnée à un délit de chasse par la citation en justice et celle que lui assigne le procès-verbal du garde champêtre ne saurait vicier de nullité la citation, attendu que la loi (C. inst. crim., art. 183) exige seulement que les citations énoncent les faits. — *Cass.*, 18 mars 1837 (t. 1er 1838, p. 97), Meltier.

658. — Les jugemens rendus en matière de délit de chasse sont, comme tous les autres, susceptibles d'opposition, d'appel et de recours en cassation.

659. — On a jugé à cet égard que le ministère public ne pouvait, incidemment à l'appel d'un jugement rendu sur un délit de chasse, requérir l'application de la loi sur le fait de chasse sans permis de port d'armes, lorsque cette contravention n'a pas été poursuivie en première instance. — *Metz*, 26 fév. 1821, Belval et Dauvillers.

640. — Mais il a été jugé que le ministère public, qui pouvait, sous la loi de 1790, poursuivre d'office le fait de chasse dans les terrains non récoltés, pouvait à plus forte raison intervenir comme partie jointe dans l'action de la partie civile, et conclure, même en appel, à l'application des peines prononcées par la loi. — *Cass.*, 17 mai 1834, Prevost.

641. — Lorsqu'il est établi que le prévenu n'a pas été trouvé chassant, le tribunal ne peut, en prononçant son acquittement, le condamner aux dépens, sous le prétexte que, son chien ayant été reconnu par le garde rapporteur, cette circonstance a donné lieu à une méprise de sa part, et a occasionné la poursuite. — *Metz*, 9 fév. 1824, Delhat.

CHAPITRE XI. — *Prescription.*

642. — Avant la loi nouvelle, il s'était élevé de graves controverses sur la durée de la prescription, selon que les délits de chasse étaient prévus par la loi de 1790, l'ordonnance de 1669 ou le décret de 1812. — En effet, suivant l'ord. de 1669 (tit. 9, art. 8), le délai de la prescription était de trois mois si les délinquans étaient connus, et d'un an s'ils étaient inconnus. — Selon la loi du 30 avr. 1790 (art. 12), le délai était d'un mois. Enfin le décret de 1812 était complétement muet sur la durée de la prescription.

643. — A cet égard, il a été jugé: 1° qu'avant le décret du 4 mai 1812, le port d'armes sans permission ne pouvait être considéré ni comme un délit de chasse ni comme un délit rural, et qu'en conséquence la prescription d'un mois établie pour ces sortes de délits ne lui était pas applicable. — *Cass.*, 1er août 1811, Robillard.

644. — Mais plus tard la prescription d'un mois avait été déclarée applicable à l'action pour délit de chasse sans permis de port d'armes. — *Cass.*, 1er oct. 1812, Vivenot; *Bruxelles*, 16 mai 1816, N...; *Metz*, 27 fév. 1819 (sous *Cass.*, 10 avr. 1819), Neufing; *Cass.*, 10 avr. 1819, Neufing; 17 déc. 1824, Vingertener; 29 avr. 1830, Burty et Muny; 4 oct. 1838 (t. 2 1838, p. 481), Corps; *Bruxelles*, 25 mai 1832, Delwart; *Bourges*, 1er déc. 1836 (t. 1er 1837, p. 496), Gressin; *Orléans*, 20 nov. 1840 (t. 1er 1841, p. 33), Vidot.— V. *contrà Metz*, 17 déc. 1821, Sainte-Croix. —Cet arrêt décide que la prescription de trois ans était seule applicable. — Mangin, *Traité de l'action publique*, t. 2, p. 142.

645. — On avait également posé en principe que la loi du 28-30 avr. 1790 s'appliquait aux délits de chasse commis dans les bois et forêts de l'état, et que dès-lors ces délits se prescrivaient par un mois et non par trois mois, conformément à l'ord. de 1669. — *Cass.*, 30 mai 1822, N...; 21 mai 1822, Hérault; 30 août 1822, Touquoi; *Bourges*, 28 févr. 1822, Grenouillet.—V. cependant *Cass.*, 4 mai 1821, Parage; *Bruxelles*, 26 nov. 1821, Forêts c. Yernaux,

646.— ... Mais qu'il en était autrement des délits de chasse commis dans les bois et forêts de la couronne, lesquels étaient soumis à la prescription de l'ordonnance de 1669. — *Cass.*, 2 juin 1814, Paris; 27 juin 1817, Colin; 30 mai 1822, N..; 31 mai 1822, Hérault; 30 août 1822, Touquoi; 11 avr. 1840 (t. 2 1840, p. 60), Poulard et Creuzet; *Paris*, 1er juill. 1840 (t. 2 1840, p. 60), mêmes parties.

647. — Quant aux délits de chasse commis dans les bois communaux, on appliquait la prescription établie par la loi de 1790. — *Cass.*, 28 août 1818, Tourrière. — V. *contrà Metz*, 23 janv. 1819, N... c. Forêts.

648. — La loi du 3 mai 1844 (art. 29) établit une règle uniforme en déclarant prescrite par le laps de trois mois à compter du jour du délit toute action relative aux délits qu'elle prévoit.

649. — Mais le jour *à quo*, c'est-à-dire celui de la perpétration du délit, est-il compris dans le délai de la prescription? — La question était controversée sous l'ancienne loi.— V. dans le sens de l'affirmative *Paris*, 8 fév. 1843 (t. 1er 1843, p. 375), Meunier c. Chapeon; *Cass.*, 7 avr. 1837 (t. 1er 1838, p. 95), Forêts c. Toulze; — Merlin, *Rép.*, vis *Délai*, § 3, et *Prescription*, section 2e, § 2, n° 5; Mangin, *Action publique*, t. 2, n° 219. —V. en sens contraire Berriat Saint-Prix, *Lég. sur la chasse*, p. 246; Petit, t. 2, p. 168, et récemment encore *Cass.*, 10 janv. 1845 (t. 2 1845, p. 121), Bénard, qui juge, en conséquence, que le délit commis et constaté le 14 oct. 1843 a pu être valablement le 14 nov. l'objet d'une citation.— V. au surplus PRESCRIPTION CRIMINELLE. — La loi nouvelle n'a, sous ce rapport, en rien innové à la loi ancienne.

650. — La loi de 1844 ne s'est occupée de la prescription que sous le rapport de la durée et du point de départ; d'où il résulte que pour les autres règles de la matière, il faut recourir au droit commun. Il en était ainsi sous l'empire de la loi du 20 avr. 1790. — *Bruxelles*, 21 nov. 1821, N...—V. PRESCRIPTION CRIMINELLE.

651.— Ainsi, la prescription peut être interrompue par des actes d'instruction faits en temps utile. — Même arrêt.

652. — Jugé en ce sens que les actes d'instruction faits dans le mois par le juge d'instruction interrompent la prescription d'un délit de chasse, lors même que la citation pour comparaître à l'audience ne serait délivrée qu'après l'expiration du mois. — *Cass*, 28 déc. 1809, Bernard; *Riom*, 3 déc. 1834, Paillard et Descombes.

653. — ... Ou lors même que la preuve du délit n'aurait été acquise qu'après l'expiration de ce délai.—*Cass.*, 26 nov. 1829, Léonce de Curel;—Mangin, *Tr. de l'action publique*, t. 2, p. 194, n° 346.

654. — Jugé encore que la prescription d'un délit de chasse est interrompue par la citation donnée au prévenu pour comparaître devant le juge d'instruction, et par l'ordonnance qui l'a renvoyé en police correctionnelle, lorsque ces divers actes se sont succédé à un intervalle de moins d'un mois, encore bien qu'il se soit écoulé un plus long délai entre le délit et la citation en police correctionnelle. — *Paris*, 9 mai 1826 (et non 1825), Lampy.

655. — La transmission par le procureur du roi au ministre de la justice, et par celui-ci au procureur général près la cour de Cassation du procès-verbal dressé contre un magistrat trouvé en délit de chasse, est un acte d'instruction interruptif de la prescription. — *Paris*, 7 nov. 1842 (t. 1er 1843, p. 275), Cahier et Saint-Laurent.

656. — De même la citation par acte d'huissier à un témoin, pour venir déposer devant le tribunal dans un procès de chasse, est un acte de poursuite interruptif de la prescription, encore bien que le prévenu n'ait pas été assigné ou ne l'ait été qu'irrégulièrement. — *Rouen*, 28 fév. 1845 (t. 2 1845, p. 719), Morel et Tirel.

657.—Au contraire, on ne peut considérer comme acte de poursuite ou d'instruction un procès-verbal du garde qui a constaté le délit, établissant la reconnaissance postérieure du délinquant qu'il n'avait pu reconnaître lors de la perpétration du délit, bien que dénoncé au délinquant.—*Cass.*, 7 avr. 1837 (t. 1er 1838, p. 95), Forêts c. Toulze.

658. —La prescription est interrompue par la citation devant un juge incompétent.—*Orléans*, 1 déc. 1835, Menevard; *Cass.*, 13 janv. 1837 (t. 2 1827, p. 19), Davoust; *Rouen*, 12 nov. 1838 (t. 2 1838, p. 588), Vaillant. — Alors surtout que la circonstance qui donne lieu à l'incompétence n'est découverte qu'à l'audience. — *Cass.*, 10 mai 1838 (t. 1er 1839, p. 89), Clémenceau; *Orléans*, 20 nov. 1840 (t. 1er 1841, p. 33), Vidot; *Cass.*, 5 juin 1841 (t. 2 1841, p. 286), Vidot.

659.— Quant à la citation donnée à la requête d'un magistrat incompétent, elle n'a pas pour effet d'interrompre la prescription d'un délit de chasse. —*Bruxelles*, 19 avr. 1827, B...

660.—Mais, si la prescription a été interrompue, par quel laps de temps peut-elle désormais s'accomplir, est-ce par le laps de trois ans, à partir du dernier acte de poursuite, conformément à l'art. 638, C. inst. crim., ou par le laps de temps requis pour la prescription spéciale? — A cet égard, la cour de Cassation a distingué.

661.—En principe, une fois interrompue par un acte régulier de poursuite, la prescription du délit de chasse ne s'acquiert plus que par trois ans à partir du dernier acte de poursuite. — L'art. 638, C. inst. crim., reçoit son application. — *Cass.*, 20 sept. 1828, Fossac; 27 sept. 1828, Douis; *Bruxelles*, 20 fév. 1835, N...; 5 juin 1841 (t. 2 1841, p. 286), Vidot.

662. — Mais l'action n'est protégée par cette prescription nouvelle qu'autant qu'elle reste pendante devant le juge; une fois qu'il s'en est dessaisi, par exemple, par une déclaration d'incompétence, l'action retombe sous l'influence de la prescription spéciale, laquelle reprend son cours à partir du jugement. —*Orléans*, 20 nov. 1840 (t. 1er 1841, p. 33), Vidot; *Cass.*, 5 juin 1841 (t. 2 1841, p. 286), même partie —Mais jugé aussi que les poursuites faites devant un juge incompétent n'interrompent pas la prescription lorsque, sur ces poursuites, il y a eu jugement déclarant l'incompétence avant que de nouvelles poursuites aient été intentées en temps utile. — *Bourges*, 29 nov. 1842 (t. 2 1845, p. 716), Beurier. —V. aussi, sur le principe, *Cass.*, 4 août 1831, Colas. — V. *contrà Rouen*, 12 nov. 1838 (t. 2 1838, p. 588), Vaillant. —V. au surplus PRESCRIPTION CRIMINELLE.

663. — La prescription d'un délit de chasse s'accomplirait alors même qu'il serait connexe à d'autres délits de chasse non prescrits. Ainsi, le ministère public qui poursuit un délit de chasse *en temps prohibé*, et qui ne prend des conclusions sur un délit de chasse *sans permis* que dans le cours de l'instance, et deux mois après le procès-verbal, doit être déclaré non-recevable. — *Cass.*, 29 avr. 1830, Barty; *Paris*, 4 oct. 1838 (t. 2 1838, p. 481), Corps; *Nancy*, 15 janv. 1840 (t. 2 1845, p. 715), Raguet.

664. — Il a été jugé néanmoins que celui qui n'est inculpé que d'un simple délit de chasse compris comme annexe dans une poursuite exercée contre d'autres individus pour des délits qui nécessitent des formes plus amples d'instruction, ne peut se prévaloir du temps écoulé pendant cette instruction pour en faire résulter la prescription à son profit. — *Bruxelles*, 21 nov. 1821, N...

665.—Jugé aussi (depuis la loi de 1844) que, lorsqu'un délit de chasse a été commis conjointement par plusieurs personnes, les poursuites dirigées dans les trois mois contre l'une d'elles ont pour effet d'interrompre la prescription du délit vis-à-vis des autres.— *Rouen*, 28 fév. 1845 (t. 2 1845, p. 719), Morel et Tirel.

666. — Lorsque les débats établissent que le délit de chasse poursuivi a été commis un jour autre que celui mentionné au procès-verbal, le tribunal ne peut, alors qu'il est certain qu'un seul délit existe, et statuant comme s'il en avait pu être commis deux, renvoyer le prévenu des poursuites par le motif que l'un des délits serait prescrit et l'autre non justifié. — *Grenoble*, 11 déc. 1834, Frise.

667. — MM. Gillon et de Villepin (p. 353) disent que la prescription ne serait ni suspendue ni interrompue par l'impossibilité où le ministère public serait de poursuivre un pair ou un député, par cela seul que, les chambres n'étant pas assemblées, la demande en autorisation de poursuites et les poursuites elles-mêmes n'ont pu avoir lieu. « La question, ajoutent-ils, s'est déjà présentée dans le ressort de la cour royale d'Amiens. En 1833, pendant la prorogation des chambres législatives, un procès-verbal de délit de chasse fut dressé contre un député. Aux termes de l'art. 44 de la Charte constitutionnelle, il ne pouvait être poursuivi, c'est-à-dire assigné devant le tribunal correctionnel qu'avec la permission préalable de la chambre; car cette prérogative, accordée pour la durée de la session, est due évidemment pour le temps de la prorogation. Il y a même intérêt public. Mais comme la prorogation avait duré plus d'un mois (L. 1790) après le jour du délit, il s'est trouvé, quand les chambres se sont réunies de nouveau, que le délit était prescrit. »

668. — L'action que la partie lésée voudrait, en dehors de l'action publique, diriger devant les tribunaux civils contre l'auteur du dommage en réparation du préjudice causé, serait-elle soumise à l'influence de la prescription spéciale? — V. à cet égard ACTION CIVILE, nos 376 et suiv.

CHAPITRE XII. — *Produit des amendes.*

669. — Le produit des amendes est affecté, pour partie, à la gratification accordée aux gardes et gendarmes rédacteurs des procès-verbaux ayant pour objet de constater les délits (V. *suprà* n° 578). Le surplus est attribué aux communes sur le territoire desquelles les infractions auront été commises.

CHAPITRE XIII.— *Dispositions spéciales au droit de chasse dans les propriétés de la couronne.*

670. — En disposant qu'il serait pourvu par une loi particulière à la conservation des plaisirs per-

sonnels du roi, la loi du 28-30 avr. 1790 exprimait qu'elle était étrangère à cet objet.

671. — Depuis cette époque intervinrent : 1° un décret du 22-23 juill. 1790, qui soumit à la compétence des juges ordinaires les délits de chasse commis dans les lieux réservés pour les plaisirs du roi; 2° celui du 31 août 1790, qui suspendit à l'égard de tous particuliers l'exercice de la chasse sur leurs propriétés enclavées dans les grand et petit parcs de Versailles.

672. — Plus tard, un projet de loi fut adopté par l'Assemblée nationale le 4 sept. 1790, qui disposa que certaines pénalités seraient appliquées à ceux qui chasseraient, en quelque temps et de quelque manière que ce fût, dans les parcs, domaines et propriétés réservés au roi; mais ce décret n'eut point la sanction royale.

673. — Enfin l'arrêté du Directoire du 28 vend. an V, qui interdit la chasse dans les forêts nationales, dit dans son préambule : « Considérant que le port d'armes et la chasse sont prohibés dans les forêts nationales et des particuliers par l'ordonnance de 1669 et par la loi du 28-30 avr. 1790.»

674. — De là la jurisprudence avait conclu que les délits de chasse dans les bois de la couronne étaient régis, non par la loi de 1790 et les réglemens postérieurs, mais par les ordonnances de 1601 et de 1669. — *Cass.*, 30 mai 1822, N..., 31 mai 1822, Hérault; 30 août 1822, Touquoi; 22 janv. 1829, Jullemier; 5 nov. 1829, Jupinet; 11 avr. 1840 (t. 2 1840, p. 60), Poulard; *Paris*, 1er juill. 1840 (t. 2 1840, p. 60), même partie; *Cass.*, 26 déc. 1840 (t. 1er 1841, p. 86), Gillant.

675. — En conséquence, et par application de ces ordonnances, la cour de Cassation avait décidé 1° « Que les particuliers n'avaient pas le droit de chasser sur leurs fonds enclavés dans une forêt appartenant à la liste civile; que le droit de chasse y est exclusivement réservé au roi. » — *Cass.*, 2 juin 1814, Paris; — Favard de Langlade, *Chasse*, n° 20; Baudrillart, *Tr. gén. des eaux et forêts, chasses et pêches*, t. 1er, p. 618. — M. Dupin aîné critique cette décision, qui, suivant lui, attribue à la liste civile un privilége qui n'est fondé sur aucune loi constitutionnelle. — *Lois forestières*, p. 784, n° 250.

676. — ... 2° Que l'introduction de nuit avec armes à feu, et le fait de chasse dans les chemins de bornage d'une forêt royale, devaient être considérés comme ayant été commis dans la forêt même, et que les délits forestiers commis de nuit s'entendaient toujours de ceux qui ont lieu depuis le coucher du soleil jusqu'à son lever; qu'ainsi, le délit commis le 24 fév. à six heures du matin est un délit de nuit. — *Cass.*, 22 janv. 1829, Jullemier. — Cet arrêt casse un jugement du tribunal de Melun, pour n'avoir pas appliqué l'art. 4, tit. 38, et l'art. 8, tit. 32 de l'ordonnance de 1669. « Vu, dit-il, l'art. 4, tit. 30 de l'ordonnance de 1669, portant défense à toutes personnes de chasser à feu et d'entrer ou demeurer de nuit dans les forêts du roi, bois et buissons en dépendant, avec armes à feu, à peine de 100 fr. d'amende.»

677. — ... 3° Que les délits de chasse commis dans les forêts royales ou de la couronne sont punissables de peines plus fortes que les délits commis dans les forêts de l'état; qu'aux premiers doivent être appliquées les dispositions pénales de l'ordonnance de 1669, lesquelles n'ont pas été abrogées par l'art. 16 de la loi du 28-30 avr. 1790; que les seconds ne sont punissables que selon cette dernière loi. — *Cass.*, 30 mai 1822 (intérêt de la loi), N...

678. — ... 4° Que le tribunal qui prononce des peines en vertu de l'ord. 1601 contre un individu coupable d'un délit de chasse commis dans une forêt dépendant de la dotation de la couronne, ne peut y ajouter l'indemnité portée par l'art. 8, tit. 32, ord. 1669. — *Cass.*, 22 mai 1830, Jumeau.

679. — ... 5° Que les réparations civiles auxquelles les délits de chasse dans les forêts de la couronne peuvent donner lieu sont réglées par les art. 108 et 202 du C. forestier, qui, sur ce point, ont abrogé les dispositions analogues des ordonnances de 1601 et 1669; ces réparations ne peuvent en conséquence être inférieures à l'amende prononcée. — *Cass.*, 26 déc. 1840 (t. 1er 1841, p. 86), Gillant.

680. — ... 6° Que le délit de chasse commis sur les terres du domaine de la couronne, dépendantes de ses forêts, a tous les caractères d'un délit forestier, et entraîne la condamnation à l'amende, ainsi qu'à la restitution, comme s'il eût été commis dans les bois eux-mêmes. — *Cass.*, 5 nov. 1829, Jupinet.

681. — ... 7° Que la restitution égale au montant de l'amende prononcée par l'art. 8, tit. 32 de l'ordonnance de 1669, pour les délits de chasse dans les forêts royales, ne s'applique qu'aux délits prévus par cette ordonnance, et non à ceux prévus par l'ordonnance de 1601, comme, par exemple, au fait de tirer du gibier dans les forêts de la liste civile, alors d'ailleurs que le gibier a été ramassé par les gardes. — *Paris*, 1er juill. 1840 (t. 2 1840, p. 61), Poulard et Creuzet.

682. — ... 8° Que le fait d'avoir tué d'un coup de bâton un faisan dans un parc royal, et de se l'être approprié, constitue un délit de chasse, et non un vol; mais ce délit de chasse n'est régi, ni par l'art. 4, tit. 30, ord. 1669, qui ne s'applique qu'à la chasse à feu, ni par l'art. 28, même titre, qui applique une peine différente suivant qu'il s'agit ou non d'individus possesseurs de fiefs, seigneurie ou haute justice, cet article ayant pour base une distinction de personnes qui n'existe plus. — *Cass.*, 2 juin 1827, Catinot.

683. — ... 9° Que le fait d'avoir tendu des collets dans une forêt de la couronne constitue le délit prévu par l'art. 12, tit. 30, ord. 1669. — *Cass.*, 5 nov. 1829, Liste civile c. Jupinet.

684. — ... 10° Que le fait de la part d'un individu de s'être introduit de nuit dans une forêt royale, d'avoir marché avec un fusil armé dans un chemin de bornage, en regardant des deux côtés, constitue le double délit de chasse et d'introduction de nuit dans une forêt royale, avec une arme à feu. — *Cass.*, 22 janv. 1829, Liste civile c. Jullemier.

685. — L'art. 30 de la loi nouvelle porte que les dispositions (de ladite loi) relatives à l'exercice du droit de chasse ne seront pas applicables aux propriétés de la couronne. Ceux qui commettraient des délits de chasse dans ces propriétés seront *poursuivis et punis* conformément aux sect. 2e et 3e.

686. — Cette disposition a donné naissance, dans les deux chambres, à une très vive discussion. — Quelques orateurs ont cherché, à l'aide d'interpellations, à bien se rendre compte de sa portée véritable et de l'influence qu'elle pouvait avoir sur l'ordonn. de 1669. — Nul doute ne pouvait s'élever, sous le rapport de la pénalité et de la poursuite, puisque le texte s'en explique formellement; il était donc évident qu'à cet égard au moins l'ordonnance de 1669 était abrogée; mais c'est principalement au sujet de l'arrêt du 2 juin 1814 (V. *suprà* n° 675), et de la gêne qui pouvait en résulter pour la propriété privée au profit des domaines de la couronne, que les observations ont été échangées, et M. le garde-des-sceaux a répondu que la doctrine de cet arrêt ne serait plus applicable sous la loi nouvelle. De cette déclaration et de l'ensemble de la discussion (V. Duvergier, *Coll. des lois*, sur l'art. 30), les auteurs concluent que l'ordonnance de 1669, ainsi que les prohibitions qu'elle établissait sous le rapport du droit de chasse ont été complétement abrogées par la loi du 3 mai 1844. — Duvergier, *loc. cit.*; Gillon et de Villepin, p. 366. — C'est en effet ce qui paraît incontestable.

687. — Il faut donc considérer comme abrogées les dispositions de l'ordonnance qui établissaient des servitudes sur des héritages voisins des forêts de la couronne, notamment de ne pas faucher avant telle époque (art. 23), de ne pas bâtir sans permission expresse du roi (art. 24), de ne pouvoir chasser, soit certaines bêtes, soit à une certaine distance des limites (art. 14 et 15), etc...

688. — Il en est de même des dispositions de l'ordonnance de 1669 qui déclarent punissables certains faits qui ne peuvent rentrer parmi les délits de chasse, tels que la défense faite par l'art. 21 aux voisins des bois de la couronne, d'ouvrir, à peine de 10 liv. d'amende, dans les murs de leurs parcs et jardins, aucun trou, coulisse ou autre passage, ainsi que la responsabilité établie par l'art. 7, tit. 30 de l'ordonn. de 1669. — V. *suprà* n° 547. — Il n'y a de délits que les faits qui sont punis par la loi; or, la loi nouvelle n'inflige pas de peine aux faits qui viennent d'être signalés. — Gillon et Duvergier, *loc. cit.*

689. — Quelques difficultés se sont également élevées sur le point de savoir comment se concilierait l'exception prononcée par l'art. 30, quant à l'exercice du droit de chasse, en faveur des propriétés de la couronne, avec la prohibition de vendre, transporter, colporter, établie par le § 1er de l'art. 4. — A cet égard, il a été formellement reconnu que la liste civile ne pourrait ni vendre ni colporter; la commission et M. le garde-des-sceaux ont formellement expliqué que c'était ainsi qu'ils entendaient l'article.

690. — Mais pourrait-elle transporter ? — L'affirmative semble également hors de doute. A quoi, disent MM. Gillon et de Villepin (p. 367), servirait le droit de chasse, si le gibier tué dans les forêts royales ne pouvait être transporté? « D'ailleurs, ajoute M. Duvergier, on conçoit que ce transport ne présentera aucun inconvénient, puisqu'il aura lieu par des personnes attachées à la liste civile. »

691. — L'exception ainsi créée en faveur des propriétés de la couronne leur est spéciale. Ainsi, elle ne s'étend *pas au domaine privé du roi.* M. le garde-des-sceaux l'a déclaré formellement à la chambre des pairs. — V. aussi Gillon et de Villepin, p. 367; Camusat-Busserolles, p. 189.

692. — L'exception ne s'applique pas non plus aux forêts des princes de la famille royale. — On jugerait donc aujourd'hui, comme, au surplus, cela avait déjà été jugé au sujet de faits de chasse commis dans une forêt de M. le prince de Condé, que le fait d'avoir chassé sans permission, en tendant des collets de fil de laiton dans une forêt appartenant à un prince de la famille royale, ne peut être assimilé à un fait de chasse dans les propriétés de la couronne, et que, dès-lors, l'ord. 1669 lui est inapplicable. — *Cass.*, 8 mai 1824, Gabillot.

V. BAIL, BATTUE, BRACONNIER, CANARDS, CAPITAINERIE.

CHASSE (Marchands d'ustensiles de).

Les marchands d'ustensiles de chasse sont rangés par la loi du 25 avril 1844, sur les patentes, dans la cinquième classe des patentables, et imposés à : 1° un droit fixe établi d'après le chiffre de la population de la ville ou commune où est situé l'établissement; — 2° un droit proportionnel du vingtième de la valeur locative de la maison d'habitation et des locaux servant à l'exercice de la profession. — V. PATENTE.

CHASSE DES MEUNIERS.

1. — On appelait ainsi la faculté accordée aux meuniers de parcourir les villes, bourgs et villages pour y recueillir les grains et les moudre, nonobstant les droits de banalité (V. ce mot, nos 8 et 47). — Comme le fruit de cette *quête* n'était pas toujours heureux, elle a été comparée à la *chasse*, et en a retenu le nom. — *Encycloped. méthod.* (jurispr.), v° *Chasse des meuniers.*

2. — Les seigneurs qui avaient un moulin banal pouvaient empêcher les meuniers étrangers de venir quêter la mouture dans l'étendue de leur banalité. — Cout. de Montdidier, art. 14. — Il en était autrement dans les lieux où le moulin n'était pas banal. — Cout. de Paris, art. 72; Orléans, art. 20.

3. — En certaines coutumes, les meuniers ne pouvaient chasser sur les terres des seigneurs hauts-justiciers qui avaient droit de voirie. — Cout. d'Amboise, art. 1er; Buzançois, art. 4; Saint-Ciran, art. 3; Mézière en Touraine, art. 5 et 6.

4. — Le seigneur percevait, pour l'exercice de cette faculté, un droit qui a été aboli par l'art. 23, L. 16-28 mars 1790.

CHASSES DE LUNETTES (Fabricans de).

1. — Les fabricans de châsses de lunettes, pour leur compte, sont rangés par la loi du 25 avril 1844, sur les patentes, dans la sixième classe des patentables, et imposés à : 1° un droit fixe établi d'après le chiffre de la population de la ville ou commune où est situé l'établissement; — 2° un droit proportionnel du vingtième de la valeur locative de la maison d'habitation et des locaux servant à l'exercice de la profession.

2. — Les fabricans à façon sont rangés dans la huitième classe et imposés à : 1° un droit fixe; — 2° un droit proportionnel du quarantième de la valeur locative de tous les locaux occupés par les patentables, mais seulement dans les communes d'une population de 20,000 ames et au-dessus.

V. PATENTE.

CHASSI-POL. — CHASSI-POLERIE.

1. — Dans la Bresse, *chassi-pol* signifiait un concierge. La chassi-polerie, dit Revel dans la remarque 55 sur les statuts de ce pays, signifiait un droit de concierge et de garde de château. — V. aussi Ducange, *Gloss.*, supplém., v° *Cacepolus.*

2. — Il y a toute apparence, dit Merlin (*Rép.*, *eod. verbo*), que les vassaux et les taillables des seigneurs se soumirent à payer quelque modique redevance aux concierges des châteaux ou des maisons fortes, pour avoir le droit de s'y retirer, eux, leurs meubles et leurs bestiaux, lorsque leur sûreté était menacée, ce qui arrivait très fréquemment dans les siècles de l'anarchie féodale. Voilà très vraisemblablement l'origine de la chassi-polerie.

3. — Ce droit n'était autre chose que ce que l'on appelait *droit de guet et de garde.* Ailleurs, il se réglait d'après les mêmes principes. — V. Guyot, *Rép. de jurisp.*, *eod. verbo.*

4. — Le mot *chassi-polerie* a aussi désigné l'office

d'un sergent qu'on appelait *chassi-pol* ou *chace-pole*.—V. Guyot, *loc. cit.*

5.—Ce droit a été nominativement aboli par l'art. 10, tit. 2, L. 15-28 mars 1790, et par les art. 5 et suiv., L. 25-28 août 1792.

CHASUBLIERS.

1.—Les marchands chasubliers sont rangés par la loi du 25 avril 1844, sur les patentes, dans la quatrième classe des patentables et imposés à : 1° un droit fixe établi d'après le chiffre de la population de la ville ou commune où est situé l'établissement ;—2° un droit proportionnel du vingtième de la valeur locative de la maison d'habitation et des locaux servant à l'exercice de la profession.

2. — Les chasubliers à façon sont rangés dans la septième classe et imposés à : 1° un droit fixe établi comme ci-dessus ; —2° un droit proportionnel du quarantième de la valeur locative de tous les locaux occupés par les patentables, mais seulement dans les communes d'une population de 20,000 ames et au-dessus.

V. PATENTE.

CHATAIGNES.

1. — Les établissemens destinés à la dessiccation des châtaignes sont considérés et classés comme insalubres.— V. ÉTABLISSEMENS INSALUBRES (Nomenclature).

2. — Quant aux marchands de châtaignes et de marrons, ils sont soumis à la patente. — V. MARRONS (Marchands de).

CHATEAU.

1.—En matière féodale, le château était le principal manoir du fief. — Ce titre ne convenait toutefois exactement qu'aux maisons des seigneurs châtelains, c'est-à-dire de ceux qui avaient justice avec titre de châtellenie, ou au moins de ceux qui avaient droit de justice ou qui avaient une maison forte entourée de fossés. — Guyot, *Rép.*, v° *Château; Enyclop. méthod.* (jurisp.), v° *Château*.

2.—Mais qu'est-ce qui constituait le château ou la maison forte? — Suivant Brodeau, c'était une basse-cour avec des fossés, un pont-levis, une grosse tour carrée et un moulin à bras au dedans. — Guyot, *loc. cit.*

3. — Le seigneur châtelain qui n'avait point de château pouvait, quand bon lui semblait, en faire construire un sans que ses sujets pussent l'en empêcher. — Guyot, *loc. cit.*

4. — Il n'y avait dans l'origine que les grands vassaux de la couronne qui eussent le droit de bâtir des châteaux ou maisons fortes ; ils communiquèrent ensuite ce droit à leurs vassaux, qui, à leur tour, le communiquèrent aux arrière-vassaux. — Guyot, *loc. cit.*; *Encyclop. méthod.*, v° *Château*.

5. — Suivant la disposition des coutumes et la jurisprudence des arrêts, personne ne pouvait bâtir un château ou maison forte dans la seigneurie d'un seigneur châtelain ou d'un autre seigneur supérieur, sans son consentement ; sur la fin même, il fallait de plus la permission du roi. — Guyot, *loc. cit.*; *Encyclop. méthod.*, *loc. cit.*

6. — Toutefois, même dans la seigneurie du seigneur châtelain, on ne pouvait empêcher les seigneurs de fiefs de faire revêtir leurs maisons seigneuriales de murailles avec des créneaux, ce qui était une marque extérieure du fief, même d'y faire construire des tourelles, pavillons et autres semblables édifices, pourvu que ce ne fût pas en forme de château dominant, mais seulement pour la sûreté et décoration de la maison. — Guyot, *loc. cit.*; *Encyclop. méthod.*, *loc. cit.*

7.—Dans l'origine, les seigneurs obligeaient leurs vassaux à faire le guet la nuit et à monter la garde le jour dans leurs châteaux ; cette prestation fut dans la suite convertie en une redevance annuelle en argent ou en grains, connue sous le nom de *guet et garde*. — V. GUET ET GARDE.

8. — Au surplus, le seigneur qui avait un château fort pouvait, en cas de nécessité publique, notamment en cas de guerre, obliger les vassaux à faire le guet et à monter la garde sans avoir besoin pour cela d'autres titres que la nécessité même. Il convenait toutefois de faire ordonner ce service par les juges et même d'obtenir une permission du roi, en raison des ordonnances qui prohibaient généralement toute assemblée avec port d'armes. — Guyot, v° *Château*.

9. — Suivant le droit commun, en pays coutumier, lorsqu'un fief était à partager entre des héritiers en ligne directe, le château appartenait par préciput à l'aîné des mâles. — Guyot, *Rép.*, v° *Château; Encyclop. méthod.*, *eod. verb.*

CHATEAU (Fortifications).

1. — D'anciens châteaux, auxquels on a successivement appliqué les modifications introduites dans l'art de la fortification, servent de citadelles aux places dont ils dépendent, en conservant toutefois leur ancien nom de *Châteaux*.

2.—C'est à ces châteaux seulement que peut s'appliquer l'art. 6 de l'ord. du 1er août 1821, qui porte que les châteaux auront à l'extérieur les mêmes limites de prohibition que celles des places fortes dont ils dépendent. — De Lalleau, *Des servitudes pour la défense des places de guerre.*

V. PLACE DE GUERRE, SERVITUDE MILITAIRE.

CHATEAUX ROYAUX.

1. — L'ord. du 24 août 1817 établit des règles particulières pour l'exécution des jugemens et l'instruction des délits dans les châteaux, maisons royales et leurs dépendances.

2. — Les significations aux personnes qui ont leur résidence habituelle dans les palais, châteaux, maisons royales et leurs dépendances, doivent être faites en parlant aux suisses ou concierges desdits palais ; ils ne peuvent refuser d'en recevoir les copies, et il leur est enjoint de les remettre incontinent à ceux qu'elles concernent. — Art. 1er.

3. — S'il est nécessaire d'apposer ou de lever les scellés, de faire des inventaires ou tous autres actes judiciaires, d'exécuter des mandats de justice ou des jugemens dans l'intérieur desdits palais, les officiers de justice qui en sont chargés se présentent au gouverneur ou à celui auquel, en son absence, appartient la surveillance, lequel pourvoit immédiatement à ce qu'aucun empêchement ne leur soit donné, et leur fait prêter, au contraire, si besoin est, tous secours et aide nécessaires, sans préjudice des précautions qu'il croit devoir prendre, s'il y a lieu, pour la garde et la police desdits palais. — Art. 2.

4. — S'il est commis un délit ou un crime dans les châteaux royaux et leurs dépendances, le gouverneur, ou celui auquel, en son absence, appartient la surveillance, doit requérir sur-le-champ le transport du juge d'instruction, du procureur du roi, ou du juge de paix, et lui remettre le prévenu ou les prévenus, s'ils sont arrêtés. — Art. 3.

5. — En cas que le transport du procureur du roi, du juge d'instruction ou du juge de paix, ait lieu d'office, ils se présentent au gouverneur qui leur donne tous accès et facilités. — Art. 4.

CHATELAIN. — CHATELLENIE.

1. — On appelait *Châtellenie* un fief de dignité inférieure auquel étaient attachées certaines prérogatives réglées par les coutumes locales. — Le mot *châtelain* désignait, soit le propriétaire, soit le juge d'une châtellenie ; c'est ainsi qu'on disait seigneur châtelain, juge châtelain. — Nouv. Denisart, v° *Châtelain*, n° 1er.

2.—Dans l'origine, les châtelains étaient des officiers que les rois, les ducs et les comtes préposaient à la garde de leurs châteaux ou places fortes. La dignité de ces officiers était plus ou moins élevée suivant l'importance du château ou de la place forte dont la garde leur était confiée.—Nouv. Denisart, v° *Châtelain*, n° 5.

3. — Comme l'administration de la justice était alors un accessoire du gouvernement militaire, les châtelains avaient mission, non seulement de garder les châteaux-forts et de maintenir les sujets dans l'obéissance, mais encore de leur rendre la justice.— *Encyclop. méthod.* (jurisprud.), v° *Châtelain.*

4. — Ils ne furent d'abord que des officiers révocables à volonté. Mais dans la suite ils prirent en fief leurs châtellenies ou s'en attribuèrent la propriété à la faveur des troubles et de l'anarchie, et c'est ainsi que, de simples officiers, ils devinrent seigneurs de dignité. — *Encyclop méthod.*, v° *Châtellenie.*

5. — Il faut toutefois excepter certaines provinces telles que l'Auvergne, le Poitou, le Dauphiné, le Forez, ainsi que les coutumes d'Orléans, de Tours, de Senlis, de Nivernais, de Bretagne et de Bourgogne, où les châtelains restèrent de simples officiers — Guyot, *Répert.*, v° *Châtelain.*

6. — Les guerres privées que les seigneurs se faisaient les uns aux autres, en multipliant les forteresses, avaient multiplié les châtelains. Des plaintes nombreuses s'étant élevées à cet égard aux états de Blois (en 1577), un arrêt du conseil du 10 mars 1578 défendit d'ériger à l'avenir de nouveaux fiefs de dignité. Mais cet arrêt ne reçut aucune exécution. L'année suivante, le 15 août 1579, une déclaration vint fixer la composition du fief, qui pourrait être à l'avenir érigé en châtellenie. Il fallait, d'après cette déclaration, que la châtellenie eût « d'ancienneté haute, moyenne et basse justice sur les sujets d'icelle, droit de foire, marchés, prévôtés, péage et prééminence sur tous, et églises étant au-dedans de ladite seigneurie. » — Nouv. Denisart, v° *Châtelain*, n° 3.

7. — Le roi avait dans ses domaines deux sortes de châtelains : les uns tenaient en fief des châteaux et les domaines qui en dépendaient ; mais d'autres n'étaient que des commandans de places fortes sur les frontières. Ces derniers n'étaient que de simples officiers.—Nouv. Denisart, v° *Châtelain.*

8. — Les seigneurs châtelains occupaient le troisième rang dans la hiérarchie féodale ; ils venaient immédiatement après les barons, mais ils étaient supérieurs aux seigneurs hauts-justiciers. —Guyot, *Rép.*, v° *Châtelain.* — V. aussi Pontenai, sur *Cout. de Blois*, part. 1, p. 124 ; Dupineau, sur *Cout. d'Anjou*; Nouv. Denisart, v° *Châtelain*, n° 2.

9. — Quant aux droits et prérogatives attachés à la châtellenie, on les trouve indiqués dans les dispositions des coutumes.

10.—Celle d'Anjou notamment portait (art. 43) : « Celui qui a droit de châtellenie est fondé d'avoir châtel et merc de châtel, grands chemins péageaux, la connaissance des délits faits en iceux chemins, acquits, branchiers, travers, prévôté, foires et marchés, sceaux à contrats, mesures à bled et à vin, dont il prend le patron à soi-même ; et au merc de gibet de sa justice patibulaire, peut mettre trois piliers. »

11. — Plusieurs coutumes accordaient au seigneur châtelain sa haute, moyenne et basse justice. Nous citerons entre autres les coutumes de Berry, du Maine, de Blois, de Tours, de Lodunois. — En Dauphiné, il n'avait que l'exercice de la basse-justice et connaissance jusqu'à la somme de soixante sols. — V. Guyot, *Rép.*, v° *Châtelain* ; Nouv. Denisart, v° *Châtelain*, n° 2; Salvaing, *Usage des fiefs*, ch. 65.

12. — Une terre, bien que qualifiée de titre de châtellenie, n'en avait point les prérogatives, si elle n'avait les attributs fixés par les différentes coutumes, ou si, en s'érigeant dans cette qualité, le souverain n'avait dérogé aux lois qui les déterminaient. — Nouv. Denisart, v° *Châtelain.*

13. — Les seigneurs châtelains avaient le droit de porter bannière à leurs armes quand ils allaient à la guerre ; et tous ceux qui tenaient d'eux des fiefs dans le ressort de leurs châtellenies étaient obligés de venir se ranger sous leur bannière. — Brussel, *Usage des fiefs*, liv. 2, chap. 7, p. 174, note.

14. — Certains vassaux joignirent au titre de châtelain la qualité de receveurs de revenus du roi. Quelques uns n'avaient que ce dernier emploi. — V. le recueil du Louvre, t. 4, p. 376 et *passim.*

15. — Il y avait une autre espèce de châtelains qui avaient dans les forêts du roi un district particulier, sous la juridiction des maîtres généraux des forêts. Ils pouvaient condamner à l'amende jusqu'à soixante sols. — V. une ordonnance de Philippe de Valois, du 29 mai 1346.

16. — Dans quelques provinces on donnait le nom de châtelain aux juges des villes, soit parce qu'ils étaient capitaines des châteaux, soit parce qu'ils rendaient la justice à la porte ou dans la basse cour du château. —Guyot, *Rép.*, v° *Châtelain.*

17.—Les juges châtelains se divisaient en royaux et en seigneuriaux. Les premiers étaient ceux des terres qui dépendaient des domaines du roi ; les seconds ceux des terres qui appartenaient à des seigneurs particuliers. — Guyot, *Rép.*, v° *Châtelain* ; *Encyclop. méthod.*, v° *Châtelain.*

18. — Les uns et les autres connaissaient, comme les prévôts, de toutes les actions tant civiles que criminelles, à l'exception des cas spécialement attribués à d'autres juges. — Guyot, *Rép.*, v° *Châtelain.*

CHATELET.

1. — Justice royale ordinaire de la ville et vicomté de Paris.

2.—Cette dénomination venait du lieu où s'exerçait la justice et où les magistrats tenaient séance (le *Grand Châtelet*) : il y avait, du reste, d'autres juridictions en France qui portaient aussi le nom de Châtelet : on cite notamment les Châtelets d'Orléans, de Melun et celui de Montpellier. Le mot *Châtellenie* s'appliquait spécialement aux justices seigneuriales.

3. — Anciennement, le Châtelet était la demeure des comtes de Paris, et c'était là qu'ils rendaient la justice, soit en personne, soit par un prévôt.

4. — Lorsque Hugues Capet parvint à la couronne, il supprima le titre de *comte de Paris* et lui substitua un prévôt, d'où le ressort de Paris prit le nom de *prévôté*. — Fournel, *Hist. de l'ordre des avocats*, t. 1er, p. 70.

5. — C'est pour cela qu'il est dit dans le *Grand coutumier* « que le prévôt de Paris, comme chef du Châtelet, représentait la personne du roi au faict de la justice. »

6. — Dans le principe, l'office de prévôt était vénal, comme toutes les prévôtés qui faisaient partie du domaine royal ; il était adjugé aux enchères conjointement avec le bail des revenus du prince, ce qui donnait lieu aux plus odieux abus.

7. — Pour y mettre un terme, saint Louis détacha l'office de prévôt de la ferme des droits fiscaux et le confia à Etienne Boislève, dont les sages réglemens et l'habile administration contribuèrent si puissamment à rétablir l'ordre à Paris.

8. — A cette époque, le prévôt de Paris administrait seul la justice dans cette ville, et ce pouvoir, il l'exerça jusqu'à ce que le parlement fût devenu sédentaire. — Le siége de sa juridiction était au Châtelet.

9. — Le prévôt ne reconnaissait de supérieur que le roi et le parlement. — Delamarre, *Tr. de la police*, t. 1er, p. 117. — Il jugeait d'abord sans appel, comme les grands baillis et les sénéchaux ; mais plus tard un recours fut ouvert contre ses décisions; ce recours était porté au parlement.

10. — Le Châtelet, qui, comme prévôté, était la plus ancienne justice royale du royaume, fut érigé en présidial en 1551.

11. — En 1674, la plupart des justices seigneuriales existant à Paris et une grande partie de la juridiction du bailliage du palais furent supprimées pour être réunies au Châtelet, qui fut divisé en deux siéges, l'ancien Châtelet et le nouveau.

12. — En 1684, le nouveau Châtelet fut réuni à l'ancien, de sorte que le Châtelet, dans son dernier état, comprenait la prévôté et la vicomté, le bailliage et le présidial.

13. — Le Châtelet se composait d'un prévôt, d'un lieutenant civil, d'un lieutenant de police, d'un lieutenant criminel, d'un lieutenant criminel de robe courte, de deux lieutenans particuliers, de soixante-quatre conseillers, d'un juge auditeur, de quatre avocats du roi, d'un procureur du roi, de huit substituts et d'un chevalier d'honneur. — Un grand nombre d'offices particuliers se rattachaient d'ailleurs à cette importante juridiction.

14. — Ainsi, il y avait un grand nombre de greffiers, de procureurs, de notaires et d'huissiers, des certificateurs de criées, des commissaires examinateurs, un commissaire aux saisies réelles, un scelleur, un receveur des consignations, un receveur des amendes, un concierge-buvetier, etc.

15. — On considérait encore comme officiers du Châtelet les banquiers-expéditionnaires en cour de Rome, les agens de change, les experts et les greffiers de l'écriture, qui, tous, prêtaient serment devant le lieutenant civil.

16. — Le Châtelet avait des prérogatives et des attributions que n'avaient pas les autres bailliages du royaume. Voici les principales :

17. — Le scel du Châtelet était attributif de juridiction. Ainsi, toutes les contestations auxquelles donnait lieu l'exécution ou l'interprétation d'un acte passé sous le scel du Châtelet devaient être portées en première instance devant les officiers de cette juridiction, quel que fût le domicile des contractans.

18. — Les officiers du Châtelet avaient un privilége particulier : ils pouvaient continuer, dans toute l'étendue du royaume, les affaires commencées devant eux ; c'est ce qu'on appelait le *droit de suite*. En vertu de ce privilége, les commissaires du Châtelet pouvaient se transporter dans les châteaux, maisons de campagne et autres habitations des personnes domiciliées à Paris pour y apposer et lever les scellés et procéder aux inventaires.

19. — Seul de toutes les juridictions du royaume, le Châtelet était en possession d'avoir un dais au-dessus de son principal siége, comme étant la place du roi. — Delamarre, *Tr. de la police*, t. 1er, p. 116.

20. — Il est le premier tribunal qui ait eu un sceau aux armes du roi et un officier particulier pour en avoir la garde.

21. — Le Châtelet était le conservateur des priviléges de l'Université ; il connaissait de toutes les contestations dans lesquelles les membres de l'Université avaient intérêt.

22. — Il avait la prévention sur les justices seigneuriales de la ville et banlieue de Paris. — V. PRÉVENTION.

23. — Il avait seul le droit de connaître des saisies faites par les bourgeois de Paris sur les biens de leurs débiteurs forains, quoiqu'il n'existât ni obligation ni promesse.

24. — Il pouvait faire exécuter ses sentences dans l'enclos du palais, sans qu'il fût besoin de *pareatis*. — Edit d'octobre 1712.

25. — Enfin, le Châtelet était le seul tribunal qui, pendant la vacance de son premier officier (le prévôt de Paris), était mis sous la garde immédiate du roi, représenté par le procureur général. C'est par cette raison, sans doute, que ce magistrat figurait sur l'état des membres du Châtelet.

26. — Pour le service des audiences, les conseillers au Châtelet se divisaient en quatre colonnes qui siégeaient alternativement au parc civil, au présidial, à la chambre du conseil et à la chambre criminelle.

27. — Les chambres dans lesquelles s'administrait la justice au Châtelet étaient le parc civil, le présidial, la chambre du conseil, la chambre civile, la chambre foraine, la chambre de police, la chambre criminelle, celle du juge-auditeur, la chambre du procureur du roi, le parquet, la chambre du lieutenant criminel de robe courte, et celle du prévôt de l'île de France.

28. — Dans le principe, c'était le prévôt qui nommait ses lieutenans, un pour le civil, un pour le criminel; mais à partir du quinzième siècle, ce fut le roi lui-même qui choisit ces officiers.

29. — Le lieutenant civil tenait le siége au parc civil : c'était à cette chambre qu'on faisait la publication des ordonnances, édits, déclarations et réglemens. On y faisait les certifications de criées; on y venait requérir et accepter les gardes nobles et les gardes bourgeoises; on y plaidait les questions d'état, les causes relatives aux matières bénéficiales et ecclésiastiques de la compétence des juges laïcs; les séparations, les demandes en cession des biens, les contestations touchant les servitudes, les appositions et levées de scellés, les criées, les testamens, les partages de successions, les comptes de tutelles, etc... Les causes s'y appelaient sur placets.

30. — Le présidial était présidé par les lieutenans particuliers, à tour de rôle : on y plaidait les appellations verbales des ordonnances et jugemens rendus dans les juridictions ressortissant au Châtelet; les causes en première instance qui n'excédaient pas 4,000 livres de principal, lorsque la connaissance n'en était pas attribuée à une autre chambre; les procès enfin dans lesquels le lieutenant civil s'abstenait.

31. — La chambre du conseil, présidée par celui des lieutenans particuliers qui n'était pas de service au présidial, connaissait des procès mis en délibéré ou appointés : c'était à cette chambre qu'on examinait et qu'on recevait les magistrats, les commissaires, les notaires et les procureurs du siége; on y délibérait aussi toutes les affaires de la compagnie.

32. — La chambre civile connaissait de toutes les affaires sommaires qui n'excédaient pas 1,000 livres; les causes y étaient appelées sur placet.

33. — Il en était de même à la chambre foraine, qui connaissait de toutes les affaires, même commerciales, entre un bourgeois de Paris et un forain.

34. — La chambre criminelle était tenue par le lieutenant criminel seul quand il s'agissait des affaires de petit criminel; mais les affaires réglées à l'extraordinaire ou de grand criminel étaient jugées par le magistrat assisté d'une colonne de conseillers.

35. — La chambre des auditeurs connaissait de toutes les affaires civiles, personnelles, n'excédant pas cinquante livres; elle était tenue par le juge-auditeur seul. — V. AUDITEUR AU CHATELET.

36. — La chambre de police était tenue par le lieutenant de police seul. Il connaissait de tout ce qui était relatif au bon ordre et à la sûreté de la ville de Paris, aux subsistances, etc. Il connaissait aussi des différends survenus entre les communautés d'arts et métiers, des brevets d'apprentissage, du fait de l'imprimerie, etc.

37. — Le lieutenant criminel de robe courte connaissait autrefois des cas prévôtaux dans la ville et faubourgs de Paris, mais sa juridiction fut supprimée par un édit de juillet 1783.

38. — La chambre du procureur du roi, tenue par ce magistrat seul, recevait les maîtres gagnant maîtrise à l'hôpital de la Trinité, et y décidait les contestations relatives à ces réceptions.

39. — L'audience du parquet était tenue par l'un des avocats du roi; on y portait les contestations relatives à la levée des sentences et à la compétence des chambres entre elles. Dans ce dernier cas, ce n'était qu'un avis qu'ils donnaient.

40. — Les avocats du roi au Châtelet portaient la robe rouge dans les cérémonies publiques.

41. — Le prévôt de l'île connaissait en sa chambre des crimes dont la connaissance était attribuée aux prévôts des maréchaux de France.

42. — Par un édit du mois d'août 1768, les membres du Châtelet avaient le privilége de la noblesse après un certain temps d'exercice. Mais ils ne la transmettaient à leurs enfans que lorsqu'ils étaient restés en charge pendant quarante ans, ou qu'ils décédaient revêtus de leurs offices après un exercice de vingt ans.

43. — Dans les cérémonies publiques, le Châtelet prenait rang après la chambre des monnaies et avant l'Hôtel-de-Ville. — Edit avr. 1557.

CHAUDIÈRES.

1. — Les chaudières à vapeur à haute et basse pression sont rangées parmi les établissemens insalubres. — V. ÉTABLISSEMENS INSALUBRES (Nomenclature, v° *Machines et chaudières à feu*).

2. — Quant aux autres dispositions législatives dont elles sont l'objet au point de vue de la sûreté publique, V. BATEAUX A VAPEUR, MACHINES A VAPEUR.

3. — Les chaudières employées par les brasseurs, bouilleurs et distillateurs, sont aussi soumises, notamment en ce qui concerne leur contenance et leur établissement, mais au point de vue des contributions indirectes seulement, à des règles spéciales. — V. BOISSONS.

4. — Sur le point de savoir si les chaudières sont meubles ou immeubles, V. BIENS.

CHAUDIÈRES EN CUIVRE (Fabricans de).

Les fabricans de chaudières en cuivre sont rangés par la loi du 25 avr. 1844, sur les patentes, dans la quatrième classe des patentables, et imposés à : 1° un droit fixe basé sur le chiffre de la population de la ville ou commune où est situé l'établissement; — 2° un droit proportionnel du vingtième de la valeur locative de la maison d'habitation et des locaux servant à l'exercice de la profession. — V. PATENTE.

CHAUDRONNIERS. — CHAUDRONNERIE.

1. — Les chaudronniers constituaient autrefois avec les balanciers et les potiers d'étain la douzième des quarante-quatre communautés de la ville de Paris. — Edit de 1776.

2. — Ils étaient également l'objet de dispositions spéciales prises dans l'intérêt non seulement de la tranquillité, mais aussi de la sûreté publique : déjà on trouve dans une ordonnance de 1408 une disposition enjoignant à ceux dudit métier de ne faire « cauderons ou pos d'airain de vieille estoffe sans reffondre. » — V. Elouin, Tréhuchet et Labat, *Dict. de police*, v° *Chaudronnier*, à la note.

3. — Une déclaration du roi du 27 mai 1740, prescrivait, sur la manière dont les objets de chaudronnerie devaient être fabriqués et sur les matières employées dans leur fabrication, des mesures destinées à prévenir, autant que possible, les accidens que l'on pensait pouvoir redouter de l'emploi, dans les usages domestiques, du cuivre, de l'étain ou du plomb.

4. — Ainsi notamment, les garnitures de coquenard et autres pièces allant au feu devaient être en cuivre forgé et non en cuivre fondu, à peine de 30 fr. d'amende pour chaque pièce (déclar. de 1740, art. 10); la soudure d'étain ne devait pas être employée dans les ouvrages destinés à aller au feu, à peine de 100 livres d'amende (*ibid.*, art. 13). Une amende de 500 fr. était même prononcée contre ceux qui employaient du plomb dans des ouvrages de chaudronnerie. — *Ibid.*, art. 14 et 15, et arr. du cons. du 27 sept. 1743.

5. — Ces dispositions ne sont plus aujourd'hui en vigueur : les chaudronniers ne sont plus, à raison du bruit qu'occasionne l'exercice de leur profession, soumis qu'aux réglemens qui régissent les professions bruyantes ou qui concernent le brocantage. — V. à ce sujet BROCANTEUR, BRUITS ET TAPAGE.

6. — Les marchands chaudronniers sont rangés par la loi du 25 avr. 1844, sur les patentes, dans la cinquième classe des patentables, et imposés à : 1° un droit fixe, basé sur le chiffre de la population de la ville ou commune où est situé l'établissement; — 2° un droit proportionnel du vingtième de la valeur locative de la maison d'habitation et des locaux servant à l'exercice de la profession.

7. — Les chaudronniers rhabilleurs sont rangés dans la septième classe et imposés au droit fixe calculé également sur le chiffre de la population et à un droit proportionnel du quarantième de la valeur locative de tous les locaux occupés par les patentables, mais seulement dans les communes d'une population de 20,000 ames et au-dessus.

8. — Quant aux fabricans de chaudronnerie pour les appareils à vapeur, à distiller, à concentrer, etc., ils sont imposés à : 1° un droit fixe de 200 fr. ; — 2° un droit proportionnel du vingtième de la valeur locative de la maison d'habitation et

des magasins de vente complétement séparés de l'établissement, et du quarantième de l'établissement industriel.

V. PATENTE.

CHAUFFAGE (Droit de).

1. — Droit de prendre dans une forêt la quantité de bois nécessaire aux habitans d'une maison, d'un domaine ou d'une commune pour se garantir du froid pendant l'hiver et pour cuire les alimens.

2. — Ce droit de chauffage, qualifié *réage* dans plusieurs titres et dans quelques lois municipales (V. notamment les art. 1508 et suiv. des anciennes ordonnances de Franche-Comté), s'appelle aussi *bouchoyage*. — V. BOUCHOYAGE.

3. — Sur l'étendue du droit de chauffage et sur le bois qui peut en faire l'objet, V. FORÊTS, USAGE DANS LES FORÊTS.

CHAUFFE-CIRE.

1. — Officier de chancellerie qui était anciennement chargé du soin de préparer la cire pour sceller; on l'appelait aussi *scelleur*, parce que c'était lui qui appliquait le sceau; dans les anciens états, il était nommé *Valet chauffe-cire*. — V. ce mot dans l'*Encyclop. méthod.* (Jurispr.). — V. aussi Merlin, *Traité des offices*, t. 4, p. 470, sect. 16.

2. — L'institution des chauffe-cire était fort ancienne; il n'y en avait d'abord qu'un seul dans la grande chancellerie; on voit par les comptes-rendus en 1394 qu'il y en avait deux à cette époque; dans la suite ils furent portés jusqu'à quatre.

3. — Les *chauffe-cire* étaient commensaux du roi et jouissaient des mêmes privilèges.

4. — Leurs offices s'étaient dans l'origine que des commissions; ils devinrent héréditaires du temps de saint Louis. Toutefois ces offices, selon Loyseau, n'étaient pas vraiment domaniaux, mais seulement héréditaires par privilège. — V. Guyot, *Rép. de jurisp.*

5. — Il y avait des *chauffe-cire* établis près de la grande chancellerie de France, et des chancelleries des sièges présidiaux, des parlemens et autres cours du royaume.

6. — Les chauffe-cire de la grande chancellerie servaient aussi à la chancellerie du Palais.

7. — Ils étaient exempts de la taille; leurs veuves jouissaient du même privilège.

8. — Ils étaient à la nomination du chancelier ou du garde des sceaux. Ils servaient en habit noir sans épée.

CHAUFFEURS.

1. — On donnait ce nom à des bandes de malfaiteurs qui, lors de la première révolution, employaient, pour l'exécution de leurs crimes, la torture du feu.

2. — Ils sont nominativement désignés dans l'art. 425, L. 28 germin. an VI, qui indique tous les malfaiteurs que la gendarmerie doit poursuivre et arrêter.

3. — Les chauffeurs sont compris dans la dénomination générale de *malfaiteurs* employée par les art. 61 et 303, C. pén. — C'est même principalement en vue des chauffeurs, garrotteurs, endormeurs et autres brigands de même espèce qui infestaient la France au moment de la promulgation du Code pénal, que paraît avoir été rédigé l'art. 303. — V. à cet égard Locré, *Législ. de la France*, t. 30, p. 583; Carnot, *C. pén.*, art. 302, n° 1er; Chauveau et Hélie, *Th. C. pén.*, t. 5, p. 344. — V. aussi TORTURES ET ACTES DE BARBARIE.

CHAUFFOURNIER.

V. CHAUX.

CHAUME. — CHAUMAGE.

1. — On appelle chaume la tige de paille qui reste attachée à la terre après la moisson. Le chaume se nomme aussi *éteule*.

2. — Autrefois, dans quelques localités, on ne pouvait faire usage de son chaume qu'en en laissant les deux-tiers aux pauvres. Cette obligation, attentatoire au droit de propriété, n'existe plus. — V. L. 28 sept. 1791 sur la police rurale, art. 1er et 2. — V. aussi *Cass.*, 29 therm. an IX (intér. de la loi), Bouchet et Berthelin.

3. — Il en est maintenant du chaumage (c'est-à-dire du fait d'enlever le chaume) comme du glanage. — Le même principe et les mêmes règles leur sont applicables. V. GLANAGE.

4. — La défense, dans les villes et bourgs, de

couvrir aucun bâtiment en paille, est au nombre des mesures que, dans le but de prévenir les incendies, l'autorité municipale a le droit de prendre. — *Cass.*, 23 avr. 1819, Hérasle. — V. à cet égard INCENDIES (mesures contre les).

CHAUSSES DU CAPITAINE.

Nom que l'on donnait à la gratification accordée au capitaine du navire en sus du fret, et plus connue sous le nom de *chapeau du capitaine*. — V. CAPITAINE DE NAVIRE, FRÊT.

CHAUSSÉE (Fortifications).

1. — L'ord. du 7 fév. 1744, art. 66, enjoignait aux ingénieurs de ne point souffrir qu'il fût fait aucune levée ou chaussée à cinq cents toises près d'une place de guerre, sans que l'alignement en eût été auparavant concerté avec l'ingénieur en chef de ladite place. — La même disposition fut reproduite, et à peu près dans les mêmes termes, par l'ord. du 10 mars 1789, art. 96, et par l'ord. du 31 déc. 1776, ill. 5, art. 27.

2. — L'art. 29, tit. 1er, L. 8-10 juill. 1791, porte qu'il ne sera fait aucune levée ou chaussée dans l'étendue de cinq cents toises autour des places, et de trois cents toises autour des postes militaires, sans que l'alignement et la position en aient été concertés avec l'autorité militaire — Delalleau, *Des servitudes pour la défense des places de guerre*, n° 232. — V. PLACE DE GUERRE, SERVITUDE MILITAIRE.

CHAUSSÉES ET ROUTES (Entrepreneurs de).

1. — Les entrepreneurs de l'entretien des chaussées et routes sont mis par la loi du 25 avr. 1844, sur les patentes, au nombre des patentables et imposés à : 1° un droit fixe de 25 fr. ; — 2° un droit proportionnel du quinzième de la valeur locative de la maison d'habitation seulement.

2. — Pour ce qui concerne la confection, les dimensions et l'entretien des chaussées, V. ROUTES.

CHAUSSONS (Marchands de).

1. — Les marchands de chaussons en lisières et autres sont rangés dans la loi du 25 avr. 1844, sur les patentes, dans la septième classe des patentables, et imposés à : 1° un droit fixe basé sur le chiffre de la population de la ville ou commune où est situé l'établissement; — 2° un droit proportionnel du quarantième de la valeur locative des locaux occupés par les patentables, mais seulement dans les communes d'une population de 20,000 ames et au-dessus.

2. — Les fabricans de chaussons en lisière sont rangés dans la huitième classe des patentables et imposés aux mêmes droits, sauf la différence de classe.

V. PATENTE.

CHAUX.

1. — Le droit de cuire, dans le fonds d'autrui, de la chaux destinée à l'engrais, à la culture ou même à l'amélioration d'un autre héritage, constitue une servitude (L. 61, § 1, et L. 3, § 2, ff., *De servit. praed. rust.*) discontinue et le plus généralement non apparente, car il sera bien rare qu'elle soit annoncée par des ouvrages extérieurs permanens; qui dès-lors ne peut, aux termes de l'art. 691, C. civ., s'établir que par titres.— V. SERVITUDES.

2. — Les fours à chaux permanens et les moulins à broyer la chaux sont rangés dans la deuxième classe des établissemens insalubres. — Les fours qui ne travaillent pas plus d'un mois par année sont dans la troisième classe seulement. — V. ÉTABLISSEMENS INSALUBRES (Nomenclature.).

3. — Aucun four à chaux, soit temporaire, soit permanent, ne peut être établi dans l'intérieur et à moins d'un kilomètre des forêts soumises au régime forestier, sans l'autorisation du gouvernement, à peine d'une amende de cent à cinq cents francs et de démolition (C. forest., art. 151); le tout sans préjudice des formalités prescrites pour la formation de tous les établissemens insalubres. — Ord. réglem. du 1er août 1827, art 177. — Chevallt, *Tr. des établissemens insalubres*, p. 160.

4. — Il est défendu d'établir à Paris des fours à chaux. — Arr. conseil du 9 nov. 1790. — Ord. de po ice 23 vent. an X, art. 2.

5. — Les marchands de chaux sont rangés par la loi du 25 avr. 1844, sur les patentes, dans la sixième classe des patentables et imposés à : 1° un droit

fixe basé sur le chiffre de la population de la ville ou commune où est situé l'établissement; — 2° un droit proportionnel du vingtième de la valeur locative de la maison d'habitation et des locaux servant à l'exercice de la profession.— V. PATENTE.

6. — Les fabricans de chaux artificielle sont également mis au nombre des patentables et imposés à : 1° un droit fixe de 20 fr. pour un four, de 50 fr. pour deux fours, de 80 fr. pour trois fours et audessus; — 2° un droit proportionnel du vingtième de la valeur locative de la maison d'habitation et des magasins de vente complétement séparés de l'établissement, et du vingt-cinquième de l'établissement industriel. — V. PATENTE.

7. — Quant aux fabricans de chaux naturelle, ils sont imposés à un droit fixe de 15 fr. pour un four, de 30 fr. pour deux fours, de 50 fr. pour trois fours et au-dessus, etc., et aux mêmes droits proportionnels que les précédens. — V. PATENTE.

CHEFS.

La qualité de chef est une circonstance aggravante de certains crimes ou délits. — V. ASSOCIATION DE MALFAITEURS, ASSOCIATIONS ILLICITES, BANDES ARMÉES, COALITION DE FONCTIONNAIRES, COALITION ENTRE MAITRES ET OUVRIERS, COMPLOT, DÉGRADATIONS ET DOMMAGES, DESTRUCTIONS, RÉBELLION.

CHEF D'ATELIER.

V. FABRIQUE, OUVRIER, PRESCRIPTION, RESPONSABILITÉ.

CHEF-CENS.

On donnait ce nom, dans l'ancien droit, à la première des redevances stipulées, au cens proprement dit, établi comme signe récognitif de la seigneurie directe. — V. DAIL A CENS, n°s 29 et suiv.

CHEF DE CONCLUSIONS.

V. CONCLUSIONS, DEMANDE, JUGEMENT.

CHEF D'EMPLOI.

On désigne sous ce nom les comédiens qui ont le droit de jouer de préférence aux autres les rôles de leur emploi. — V. à cet égard THÉATRE.

CHEF DE FAMILLE.

V. AFFOUAGE (n°s 82, 83, 85 et suiv.), USAGE DANS LES FORÊTS.

CHEF D'INSTITUTION.

V. ABONNEMENT, n°42; ACTE DE COMMERCE, n°s74 et suiv.; ENSEIGNEMENT, MAITRE DE PENSION.

CHEF DE JUGEMENT.

V. APPEL, CASSATION, JUGEMENT.

CHEFS DE PONTS.

1. — Préposés établis sur les rivières pour conduire les bateaux au passage des ponts et en prévenir la dégradation.

2. — Les fonctions et obligations des chefs de pont étaient régies autrefois par l'ordonnance du mois de décembre 1672, ch. 4.

3. — L'art. 1er cette ordonnance prescrit aux maîtres de ponts, châbleurs et maîtres de pertuis de résider sur les lieux, de travailler en personne et d'être munis de tous les ustensiles nécessaires pour passer les bateaux avec la plus grande diligence; faute de quoi, et en cas de négligence, ils sont tenus de dommages-intérêts et même responsables envers les marchands et voituriers.—L'art. 2 défend à tous marchands ou voituriers de passer eux-mêmes les bateaux sous les ponts et par les pertuis où il y a des maîtres établis, à peine de 100 livres d'amende. — Aux termes de l'art. 3, les maîtres de pont ne peuvent faire commerce sur la rivière, entreprendre voiture ni tenir taverne sur les lieux à peine d'amende pour la première fois, et d'après l'art. 4, ils doivent dénoncer les entreprises sur les rivières.

4. — L'art. 46 du tit. 12 de l'ordonnance des eaux et forêts portait que tous les différends relatifs aux salaires des chefs de ponts seraient réglés par les grands maîtres ou les officiers des maîtrises.

5. — Autrefois, les fonctions de chefs de ponts avaient été érigées en offices (éd. d'avril 1704); mais ces offices ont été supprimés avec tous les autres par la loi du 4 août 1789 et la constitution du 3 septembre 1791, et la loi du 28 avril 1816 n'en a point compris les titulaires parmi ceux auxquels son art. 91 donne le droit de présenter leur successeur.

6. — C'est donc uniquement par l'administration que ces agens sont institués, c'est elle encore qui détermine les lieux où ils sont nécessaires et fixe le tarif des droits auxquels ils peuvent prétendre, ainsi que le montant de leur cautionnement.

7. — Décidé, par suite, et avec raison, qu'il n'est dû aucune indemnité à un chef de pont dont l'emploi est supprimé, alors même que, pour obtenir la retraite de son prédécesseur, ce chef de pont lui aurait payé une certaine somme. — *Cons. d'état*, 15 avr. 1842, Hérille.

8. — A Paris et dans quelques départemens le privilége des chableurs pour un temps déterminé paraît être mis en adjudication. — *Encyclopéd. du dr.*, vº *Chef de pont*.

9. — Un arrêté du ministre de l'intérieur du 16 pluv. an XI instituait deux chefs de ponts pour Paris et portait un tarif pour leur service, c'est-à dire pour le remontage et lâchage des bateaux, des arrêtés du préfet de police des 12 vent. an XI et 6 juin 1807 avaient été rendus sur la même matière; mais le conseil d'état consulté émit, le 22 août 1810, l'avis : 1º que ce qui est relatif au service des ponts, au lâchage et remontage des bateaux avait été toujours réglé par des ordonnances enregistrées au parlement; — 2º qu'en effet lesdits chefs de pont sont institués par l'autorité publique pour le service des particuliers; qu'ils ont un droit, un privilége exclusif, et perçoivent, selon un tarif, des droits fort considérables; que leur institution et le tarif de leurs droits ne peuvent avoir lieu que par l'autorité souveraine; — 3º que le réglement du ministre de l'intérieur non seulement avait besoin de nouvelles dispositions, mais devait être en entier soumis à Sa Majesté pour y être statué dans la forme prescrite pour les réglemens d'administration publique; — 4º qu'enfin à compter du 1er janvier suivant, les fonctions des chefs de ponts institués par ledit réglement et l'exécution du tarif devaient cesser, et qu'ils devaient seulement être autorisés provisoirement jusqu'à ladite époque, et le rapport du ministre de l'intérieur être fait sans délai pour être pourvu aux besoins du service de la navigation au passage des ponts avant ledit jour 1er janvier.

10. — Conformément à cet avis, un décret fut rendu le 28 janvier 1811 et régit encore aujourd'hui la matière.

11. — D'après les art. 1er et 3 de ce décret, le service de la navigation sous les ponts de Paris se fait par deux chefs de pont qui fournissent chacun un cautionnement de 24,000 fr. en numéraire et 50,000 fr. en immeubles.

12. — Tous les bateaux doivent être pilotés par les chefs de ponts, excepté les margotats, bachots et doubles bachots. — Art. 2.

13. — Jugé que les mariniers ne peuvent passer leurs bateaux sous les ponts sans l'assistance du maître ou chef du pont. — *Cons. d'état*, 4 mars 1830, Moynat.

14. — Les chefs de ponts ont seuls le droit de conduire tous les bateaux qui ne sont pas exceptés par l'ordonnance du 16 janv. 1822 dans le passage du pont du Jardin-du-Roi, quel que soit le point d'où ils arrivent ou sur lequel on les dirige. — *Cass.*, 22 mai 1830, About; 13 août 1836, Lepaire.

15. — Spécialement les bateaux qui passent sous le pont d'Austerlitz pour se rendre dans le canal Saint-Martin sont assujétis aux mêmes salaires envers les chefs des ponts de Paris que s'ils se dirigeaient dans le port de la rive gauche de la Seine. — *Cass.*, 13 août 1836, Chefs des ponts de Paris c. Lepaire.

16. — Le fait d'avoir conduit soi-même et refusé de laisser conduire par les chefs de ponts des bateaux qui n'étaient pas compris dans les exceptions portées par l'art. 2, ord. 16 janv. 1822, constitue une contravention passible des peines de simple police. — *Cass.*, 5 avr. 1828, Paulier; 22 mai 1830, About.

17. — Le tribunal de simple police peut, sans violer aucune loi, accorder aux chefs des ponts de Paris, contre les individus qui enfreignent leur droit exclusif de conduire les bateaux sous les ponts, des dommages-intérêts supérieurs au droit de péage fixé par le tarif. — *Cass.*, 22 mai 1830, About.

18. — Le salaire des chefs de ponts est établi par un tarif. — Art. 4.

19. — Une ordonnance du 13 août 1823 fixe le tarif des prix à payer aux chefs de ponts quand les bateaux ont plus de trente-huit mètres de longueur. Des difficultés s'étaient élevées sur le mode de mesurage à suivre : on prétendait, en s'appuyant sur un ancien réglement du 14 juin 1701, que la mesure devait être prise sur les bordages en suivant la courbe.

20. — Mais le conseil d'état n'en a point pensé ainsi, et a décidé que le droit de pilotage dû pour le passage des bateaux sous les ponts de Paris était fixé d'après la longueur des bateaux prise de la proue à la poupe et non d'après leur bordage en suivant la coupe de la construction. — *Cons. d'état*, 15 mars 1826, Ducoudray et Forêt.

21. — Les chefs de ponts doivent tenir un registre jour par jour pour les déclarations qui leur sont faites à fin de lâchage. — Art. 5.

22. — Ils sont tenus de descendre les bateaux selon l'ordre de date des déclarations. Néanmoins, les bateaux chargés pour le compte du gouvernement doivent être descendus à la première réquisition. — Art. 6.

23. — Lorsque la descente de bateaux chargés de bois ne peut avoir lieu sans allége, l'allége est descendu sans frais. — Art. 8.

24. — Les propriétaires qui entendent faire remonter leurs bateaux vides en font la déclaration : 1º aux chefs de ponts; — 2º à l'inspecteur de la navigation sur le port aussitôt après la vidange. Cette déclaration est inscrite sur un registre. — Art. 9.

25. — Les chefs de ponts sont tenus de remonter les bateaux déclarés dans les trois jours au plus tard de la déclaration. — Art. 10.

26. — Lorsqu'il y a plus de trois bateaux vides dans les ports du bas, les chefs de ponts sont tenus de les remonter sans délai, quand même il n'aurait pas été fait de déclaration à fin de remontage. — Art. 22.

27. — Les chefs de ponts sont responsables envers le commerce : 1º de leurs manœuvres : — 2º des retards. — Art. 12.

28. — Le préfet de police peut rendre des ordonnances pour le service de la navigation au passage des ponts, sauf l'approbation du ministre de l'intérieur. — Art. 18.

29. — En vertu de ces derniers articles, plusieurs ordonnances de police ont été rendues à Paris sur le passage des ponts et le service des chableurs, les 19 juill. 1822, 21 et 31 mai 1838.

30. — Outre le décret de 1811, diverses autres dispositions ont été rendues pour réglementer la matière tant sur la Seine que sur quelques autres rivières. — Ainsi, pour les ponts de Paris, l'ord. du 16 janv. 1822; — pour les chefs des ponts de la haute Seine, les arr. min. int. du 5 niv. an X, réglem. du min. du comm. du 22 juill. 1831, et arr. du préf. de Seine-et-Marne du 10 août 1840; — pour la basse Seine, le réglem. du min. int. du 5 mai 1831; — pour l'Oise, une décision min. du 19 thermid. an IX; — pour l'Aisne, un arr. du min. int. du 7 mai 1808.

31. — Les chefs de ponts de Paris ne peuvent attaquer par la voie contentieuse des réglemens d'administration publique relatifs à la navigation sous les ponts de Paris, encore bien que l'un d'eux soit postérieur à leur bail. La décision ministérielle qui détermine les dimensions des bateaux margotats exempts du pilotage sous les ponts de Paris n'est pas non plus susceptible d'être attaquée par la voie contentieuse. — *Cons. d'état*, 4 mai 1826, Ducoudray; — Daviel, *Cours d'eau*, t. 1er, p. 422.

32. — L'autorité judiciaire est-elle compétente pour statuer sur les dommages-intérêts réclamés contre les chefs de ponts relativement au lâchage et au remontage des bateaux ? — Le conseil d'état avait d'abord jugé l'affirmative dans l'affaire Alamic. Passerer (12 déc. 1806); mais il paraît avoir définitivement adopté l'opinion contraire. — *Cons. d'état*, 5 août 1809, Ardant c. Chefs des ponts. — V. conf. à cette dernière doctrine Cormenin, *Dr. admin.*, t. 1er, p. 533; Daviel, *Cours d'eau*, t. 1er, nº 422.

33. — Quant à la question de savoir si les chefs de ponts ont droit à un salaire pour le pilotage des bateaux, elle est évidemment de la compétence des tribunaux, comme se réduisant à une application de réglement et tarifs. — *Cons. d'état*, 16 mai 1834, Chefs des ponts c. Comp. du canal Saint-Martin.

34. — Les chefs ou maîtres de pertuis sont soumis aux mêmes obligations et jouissent des mêmes droits que les chefs de ponts ou chableurs.

35. — Les chefs de ponts et pertuis sont rangés par la loi du 25 avr. 1844, sur les patentes, dans la sixième classe des patentables et imposés à : 1º un droit fixe basé sur le chiffre de la population de la ville ou commune où est situé l'établissement; — 2º un droit proportionnel du vingtième de la valeur locative de la maison d'habitation et des locaux servant à l'exercice de la profession. — V. PATENTE.

CHEF DE PORT.

On donne quelquefois ce nom aux capitaines, lieutenans ou maîtres chargés de diriger l'ordre et le mouvement des vaisseaux dans le port. — V. OFFICIER DE PORT.

CHEF-LIEU.

1. — C'est en général le lieu duquel d'autres lieux dépendent. Ainsi, dans certaines provinces, autrefois, la ville qui en était capitale était appelée *chef-lieu*.

2. — C'est dans cette dernière acception que ce mot fut employé par l'assemblée constituante et conservé depuis cette époque pour désigner, dans la division territoriale, les lieux où siégent les principales autorités administratives et judiciaires.

3. — Ainsi le *chef lieu* de département est déterminé par la résidence du préfet; — celui de l'arrondissement par celle du sous-préfet; — celui du canton par le siège du juge de paix. — V. ORGANISATION ADMINISTRATIVE.

4. — A Valenciennes, cependant, et dans quelques autres coutumes des Pays-Bas, le terme de chef-lieu se prenait autrefois pour la banlieue. — *Encyclopédie méthodique* (Jurisprudence), vº *Chef-lieu*.

5. — On appelait aussi chef-lieu, en matière féodale, le lieu principal d'une seigneurie, celui où les vassaux devaient aller rendre la foi et l'hommage, et porter leur aveu ou dénombrement. — Dans ce sens, on disait aussi, suivant les coutumes, *chef mez*, *chef-meix*, *chef-mois*; l'ancienne coutume de Normandie se servait du mot *ménage-chevel* ou *chevel-ménage*, et les usages locaux de la vicomté de Bayeux (art. 4) du terme *lieu-chevel*. — Guyot, *Rép.*, vº *Chef-mez*.

6. — C'était d'ordinaire le château de la seigneurie, ou, à défaut de château, une ferme ou une vieille tour, ou même simplement, s'il n'y avait ni château ni principal manoir, une pièce de terre choisie à cet effet, sur laquelle les vassaux étaient obligés de se transporter. — Guyot, *Rép.*, vº *Chef-lieu*.

7. — Le chef-lieu appartenait, du moins de droit commun, à l'aîné par préciput, comme tenant lieu du château et du principal manoir. — Guyot, *ibid.*

8. — En matière bénéficiale, le chef-lieu était l'endroit où le bénéficiaire était obligé de remplir les fonctions de son ministère.

9. — Ce nom se donnait même à la principale maison d'un ordre régulier ou hospitalier, ou autre composé de plusieurs maisons, c'est-à-dire à la maison où résidait le chef de l'ordre. — Guyot, *ibid.*; Nouv. Denisart, vº *Chef-lieu*.

CHEMINS.

1. — La dénomination de *chemin* est attribuée généralement à tout espace de terrain servant de communication d'un lieu à un autre.

2. — Les chemins, quels que soient leur direction, leur largeur, ou le mode de leur confection, se rangent en deux classes générales, les chemins privés et les chemins publics.

3. — Les chemins privés sont ceux qui existent soit à titre de propriété, la portion de terrain consacrée à leur formation appartenant à ceux qui en jouissent, soit à titre de servitude sur l'héritage d'autrui. Ces voies sont donc soumises aux règles ordinaires en matière de propriété ou de servitude. — Garnier, p. 476. — V. PROPRIÉTÉ, SERVITUDES.

4. — Les chemins publics sont les communications plus ou moins importantes, suivant la classe à laquelle elles appartiennent, qui conduisent de ville en ville ou qui servent dans le territoire des communes hors de leur enceinte à l'exploitation des propriétés rurales. — *Cass.*, 15 fév. 1828, Benjamin d'Aoust. — Dans un sens plus restreint cette dénomination s'applique aux simples *chemins ruraux*. — V. ce mot.

5. — Dans le sens de la loi pénale, il faut bien se garder de confondre les chemins publics avec la *voie publique*. — *Cass.*, 15 fév. 1828, Benjamin d'Aoust.

6. — Les anciennes coutumes distinguaient trois espèces de chemins : les chemins royaux, les chemins publics et les chemins particuliers.

7. — Les chemins royaux, suivant Loyseau, étaient ceux qui conduisaient d'une bonne ville à une bonne ville. Les chemins publics étaient ceux qui conduisaient d'un village à un autre village. Les chemins particuliers étaient ceux qui condui-

saient dans les héritages particuliers. — Denisart, v° *Chemin*, nos 2, 3 et 4.

3. — Les diverses espèces de chemins étaient autrement désignées dans un mémoire imprimé par l'ordre du conseil du roi, du 15 juillet 1738, art. 14. Ce mémoire nommait *routes* les chemins qui conduisaient de Paris aux villes capitales des provinces. Les chemins qui conduisaient des villes capitales à d'autres grandes villes où il y avait postes et messageries étaient nommés *grands chemins*; les chemins qui menaient des villes ordinaires à une autre ville étaient nommés *chemins royaux*.

9. — Les chemins pratiqués en Provence pour le passage périodique des troupeaux, connus sous le nom de *carraires*, sont encore régis par l'arrêt de règlement du parlement de Provence du 21 juill. 1783. — V. CARRAIRES.

10. — Aujourd'hui on distingue les routes royales, les routes départementales, les chemins vicinaux, les chemins ruraux (V. ces mots) et les rues, quais, places et promenades dans l'intérieur des villes, qui sont la propriété des communes. — L. 10 juin 1793, art. 5.

11. — Les chemins ne sont publics qu'autant qu'ils ont été déclarés tels par l'autorité compétente.

12. — Il y a eu difficulté sur la question de savoir à quelle autorité il appartient de faire cette déclaration.

13. — Le conseil d'état a jugé tour à tour que c'est aux tribunaux civils qu'il appartient exclusivement de décider si un terrain litigieux est un chemin public ou une propriété privée. — *Cons. d'état*, 4 août 1812, Cologne. — ... Qu'un conseil de préfecture qui déclare qu'un chemin fait partie du domaine public statue sur une question de propriété qui est du ressort exclusif des tribunaux; seulement il accordait le possessoire à la commune et il admettait que le conseil de préfecture dans l'intérêt général pouvait ordonner provisoirement que le chemin restât ouvert et que les ouvrages fussent détruits, bien que le conseil municipal déclarât que le chemin litigieux n'était pas un chemin public. — *Cons. d'état*, 11 avr. 1810, Combullot c. Charbonnier; 4 août 1812, Coonge.

14. — ... Que c'est à l'autorité administrative seule qu'il appartient de décider si un chemin litigieux est un chemin public ou s'il n'est qu'une voie privée. — *Cons. d'état*, 7 oct. 1807, Matte c. Malo; 10 nov. 1807, Roger; 17 août 1836, Taitot.

15. — ... Que quand un tribunal renvoie les parties devant l'administration pour faire statuer sur la question de savoir si le chemin en litige est public ou privé, cette question étant de la compétence du préfet, il ne doit pas déclarer qu'il n'y a lieu de prononcer. — *Cons. d'état*, 18 juin 1823, Raimbaux.

16. — La jurisprudence de la cour de Cassation n'a pas non plus été uniforme sur ce point.

17. — En 1828 elle jugeait que s'il appartient aux préfets seuls de déclarer l'existence de la vicinalité d'un chemin, il n'en est pas de même de sa publicité, qui peut être appréciée par les tribunaux. — *Cons. d'état*, 4 janv. 1828, Remond.

18. — Mais en 1825 elle avait décidé qu'un tribunal correctionnel excède ses pouvoirs en prononçant sur la question de savoir si un chemin est public ou privé; qu'il n'appartient qu'au préfet de déclarer la publicité d'un chemin et au tribunal civil de statuer sur la question de propriété qui peut survenir à cette occasion. — *Cass.*, 26 août 1825, Martin.

19. — Toutefois ces arrêts semblent pouvoir se concilier au moyen d'une distinction. Si la publicité du chemin est considérée au point de vue de l'aggravation du crime ou du délit commis sur ce chemin, elle peut être appréciée par les tribunaux de répression; si on la considère au point de vue de la viabilité et de la circulation, l'autorité administrative peut seule la déclarer.

20. — Pour le cas où le chemin public est impraticable et pour le droit de déclore, V. CHEMIN IMPRATICABLE.

21. — Il est des infractions dont la pénalité s'aggrave quand elles sont commises sur des chemins publics. — V. VOL.

22. — Le Code forestier par ses art. 56, 76, 146 et 147, punit ceux qui, étant porteurs de certains instrumens, sont trouvés hors des chemins ordinaires, ou ceux dont les bestiaux sont trouvés hors des chemins indiqués pour se rendre au canton désigné pour le passage. — V. FORÊTS. — V. au surplus les mots qui suivent et en outre ROUTES, VOIRIE.

CHEMIN (Grand).

1. — On donnait autrefois le nom de *grands chemins* aux voies qui conduisaient de ville marchande à ville marchande, qui étaient faites et entretenues aux dépens de l'état, et sur lesquelles il y avait postes, messageries ou voitures publiques. — Ord. du conseil du 13 juill. 1738; — Henrion de Pansey, *Compét. des justices de paix*, p. 59; Merlin, *Rép.*, t. 2, p. 606. — Ils répondaient à ce que nous appelons aujourd'hui routes royales et départementales. — V. ROUTES.

2. — La compétence de tout ce qui se passait dans les grands chemins appartenait aux hauts justiciers. — Règlement de 1666, art. 10. — Cependant les vols faits sur les grands chemins étaient de la compétence des prévôts des maréchaux. — Ord. 1670, tit. 1er, art. 12, et déclaration du 5 fév. 1731, art. 5. — Rousseau de Lacombe, v° *Chemin*, n° 2. — Aujourd'hui pour les vols commis sur les grands chemins, V. VOL.

CHEMIN (Fortifications).

1. — L'ordonnance du 7 fév. 1744 (art. 66) enjoignait aux ingénieurs de ne point souffrir qu'il fût fait aucun chemin à cinq cents toises près d'une place de guerre, sans que l'alignement en eût été auparavant concerté avec l'ingénieur en chef de ladite place. — La même disposition fut reproduite, et à peu près dans les mêmes termes, par l'ord. du 10 mars 1759, art. 96, et par l'ord. 31 déc. 1776, tit. 5, art. 27.

2. — L'art. 29, tit. 1er, L. 8-10 juill. 1791, porte qu'il ne sera fait aucun chemin dans l'étendue de cinq cents toises autour des places, et de trois cents toises autour des postes militaires, sans que l'alignement et la position en aient été concertés avec l'autorité militaire. — Delalleau, *Des servitudes pour la défense des places de guerre*, n° 232. — V. PLACE DE GUERRE, SERVITUDES MILITAIRES.

CHEMIN COMMUNAL.

1. — Cette expression, prise dans son sens le plus général, indique un chemin appartenant à une commune et affecté à l'usage de tous.

2. — Les lois et les instructions ministérielles se sont quelquefois servies indistinctement, pour indiquer des chemins dont l'entretien est mis à la charge des communes, des mots *chemin communal* et *chemin vicinal*. — La loi du 28 juill. 1824 offre dans son titre et dans les art. 8 et 10 un exemple de cette expression, qui a été soigneusement évitée lors de la rédaction de la loi du 21 mai 1836; l'instruction du ministre de l'intérieur (M. de Montalivet), en date du 24 juin 1836, après avoir constaté l'application aux chemins vicinaux de cette double dénomination, ajoute : « Quoique ces variations pussent paraître d'une faible importance lorsque les obligations restaient les mêmes, il est certain cependant qu'elles ont quelquefois jeté de l'incertitude sur l'étendue de ces obligations. Dans quelques localités on a cru que ces dénominations différentes avaient pour objet de désigner des communications d'une importance plus ou moins grande, et cette opinion n'a pas été sans influence sur le plus ou moins de soins donnés à leur entretien. Désormais le mot *chemins vicinaux* désignera seul les chemins que les communes doivent entretenir, quelle que soit d'ailleurs l'importance de ces chemins. »

3. — Les chemins appartenant aux communes et que l'autorité compétente n'a pas cru devoir classer comme chemins vicinaux, ont reçu de la circulaire du ministre de l'intérieur du 16 nov. 1839 la dénomination officielle de *chemins ruraux*. C'est donc à tort qu'on se sert quelquefois de l'appellation de *chemin communal* pour désigner les chemins ruraux. — V. CHEMINS RURAUX.

4. — Quant au droit de chaque habitant en particulier d'agir personnellement, quand il est troublé dans la jouissance d'un chemin appartenant à la commune, V. ACTION POSSESSOIRE et COMMUNE.

CHEMIN COUVERT (Fortifications).

1. — Le chemin couvert est un espace de dix à douze mètres de largeur pratiqué sur le bord extérieur du fossé, le long de la contrescarpe, et couvert par une élévation de terre d'environ deux mètres et demi de haut qui lui sert de parapet, et qui va se perdre du côté de la campagne par une pente douce que l'on nomme *glacis*.

2. — Les différens côtés ou parties du chemin couvert se nomment *branches*.

3. — Dans le chemin couvert, la *crête* (ou ligne d'intersection) du parapet est aussi la crête du glacis; et ces deux expressions s'emploient indifféremment l'une pour l'autre.

4. — Les ouvrages avancés ont leur chemin couvert, et sont quelquefois enveloppés par un second chemin couvert qui embrasse tous les dehors et qu'on appelle *avant-chemin couvert*.

5. — D'après la loi du 8-10 juill. 1791 et l'ord. du 1er août 1821, les zones de servitudes militaires doivent se mesurer à partir de la crête du parapet du chemin couvert le plus avancé ou de celle de l'avant-chemin couvert.

V. PLACE DE GUERRE, SERVITUDES MILITAIRES.

CHEMIN DE DÉFRUITEMENT.

1. — On nomme ainsi le chemin qui est établi pour mettre en communication avec la voie publique les propriétés rurales devenues enclavées par suite de travaux publics.

2. — On voit que ce chemin de défruitement a, dans l'usage qu'on en peut faire, beaucoup d'analogie avec le chemin d'exploitation, dont il ne diffère que par le motif qui en provoque l'établissement. Il rentre le plus souvent dans la classe des chemins privés. Il pourrait être constitué par l'effet d'une servitude de passage, ainsi que le suppose M. Curasson, *C. forest.*, t. 1er, p. 468.

3. — Lorsque l'établissement de travaux publics ou d'un chemin de fer dont les concessionnaires ont été investis de tous les droits que les lois et règlemens confèrent à l'état pour l'exécution des travaux publics, prive les propriétaires riverains de toute communication avec la voie publique, le préfet du département peut, par un arrêté soumis à l'approbation du ministre des travaux publics, prescrire aux concessionnaires du chemin de fer d'ouvrir des chemins de défruitement pour mettre les terrains enclavés en communication avec la voie publique et fixer, dans ce cas, la largeur des chemins de défruitement.

4. — Lorsque l'administration a fixé la largeur de ces chemins de défruitement, il n'appartient pas à l'autorité judiciaire de statuer sur la demande des propriétaires desdits terrains tendant à faire déterminer l'emplacement et la largeur de ces mêmes chemins. — *Cons. d'état*, 11 mars 1843, Chemin de fer de Strasbourg c. Laurentz.

CHEMIN ÉCARTÉ ou OBLIQUE.

1. — En matière de douanes, les conducteurs de marchandises destinées à l'importation doivent toujours suivre la route la plus directe; ils sont passibles, en cas de contravention, de la confiscation et d'une amende de 200 fr. — L. 22 août 1791.

2. — Dès-lors ils sont punissables, s'ils ont contourné ou dépassé le premier bureau, ou s'ils sont rencontrés dans des chemins écartés ou obliques. — Circul. min. des fin. du 28 fév. 1834. — V. aussi *Cass.*, 19 juill. 1831, Misland. — V. au surplus DOUANES.

CHEMIN D'EXPLOITATION.

1. — Voie de communication destinée à faciliter l'exploitation de propriétés rurales.

2. — Les chemins d'exploitation sont le plus généralement établis par des particuliers sur des immeubles privés, soit à titre de propriété, soit à titre de servitude. Le chemin d'exploitation doit alors être rangé dans la catégorie des chemins privés. — Foucart, *Elém. de dr. publ. et admin.*, t. 2, n° 448; Proudhon, *Domaine publ.*, nos 239 et 608. — Mais si le sol du chemin d'exploitation appartient à la commune qui a ainsi ouvert ce passage pour l'utilité de quelques uns de ses habitans, ce chemin rentre dans l'espèce des chemins ruraux et est soumis aux règles relatives à ces derniers. — V. CHEMINS RURAUX.

3. — Au contraire, si le chemin d'exploitation est un chemin privé, on comprend qu'il doit être soumis aux règles du droit commun. — V., sur la possession et les actions qui s'y appliquent, ACTION POSSESSOIRE, nos 307 et 320.

4. — Jugé que le préfet n'est pas compétent pour connaître des contestations relatives à l'établissement d'un chemin sur plusieurs propriétés contiguës, lorsque le chemin est destiné à l'exploitation de ces propriétés particulières. — En conséquence, doit être annulé l'arrêté du préfet qui ordonne la suppression d'un chemin établi par experts convenus, et le paiement d'honoraires à un architecte commis par le préfet pour procéder à la visite et au rétablissement de l'ancien état de choses. — *Cons. d'état*, 22 fév. 1813, Thebald c. Duval; — Chevalier, v° *Chemins vicinaux*, t. 1er, p. 84.

5. — C'est aux tribunaux de décider la question de savoir si, de deux acquéreurs, l'un a un droit de passage sur un chemin d'exploitation en litige. — *Cons. d'état*, 24 fév. 1825, Tourteau. — V. ACTION POSSESSOIRE, n° 319, FORÊTS, SERVITUDES.

CHEMINS DE FER.

Table alphabétique.

CHEMINS DE FER. — 1. — Chemins « dont la voie est formée par deux lignes parallèles de barres de fer ou de fonte, scellées dans les soubassemens de pierre, et sur lesquelles des chariots garnis de roues en fonte roulent avec très peu de frottement, de manière à économiser la force motrice. » — *Dict. de l'acad.*

Sect. 1re. — Historique. — Notions générales.

2. — Les chemins de fer, originaires d'Angleterre, établis presque en même temps aux Etats-Unis, ne datent chez nous que du gouvernement de la restauration. — Le premier qui ait été mis en activité est celui de Saint-Etienne à Andrezieux ; il fut autorisé par ord. du 26 fév. 1823.

3.—Cette ordonnance, comme on le verra plus bas, a été depuis lors, et surtout dans ces dernières années, suivie de beaucoup d'autres analogues, comme aussi d'un grand nombre de lois autorisant la création de différens chemins de fer.—Mais avant d'en présenter la nomenclature, il importe de résumer d'une manière sommaire les diverses phases par lesquelles est passée une industrie qui a déjà fait et qui promet de faire encore de si grands progrès. — Nous ne pouvons mieux faire que d'emprunter en partie ce résumé au rapport très remarquable soumis à la chambre des députés par M. Dulaure lors de la discussion de la loi du 11 juin 1842.

4.— « Comme en Angleterre, comme en Allemagne, comme aux Etats-Unis, disait M. Dufaure, c'est le besoin de rendre la houille aux lieux où elle est consommée, qui a fait établir en France les premiers chemins de fer : leurs concessionnaires n'ont pas eu d'autre but, quels qu'aient été depuis le sort et la destination des chemins par eux construits : ainsi ont été entrepris en 1823 le chemin de Saint-Etienne à Andrezieux ; en 1827, le chemin de Saint-Etienne à Lyon ; en 1828, celui d'Andrezieux à Roanne ; en 1830, le chemin d'Epinal au canal de Bourgogne ; en 1833, celui d'Alais à Beaucaire. »

5. — « Quelques années après, au bruit que faisait en Angleterre le succès du chemin de Liverpool à Manchester, on conçut le parti que l'on pouvait tirer de ce nouveau mode de communication pour le transport des voyageurs, et c'est dans cette vue que furent concédés successivement en 1835 le chemin de Paris à Saint-Germain ; en 1836, les deux chemins de Paris à Versailles et celui de Montpellier à Cette. »

6. — « Bientôt les chemins de fer furent envisagés d'un point de vue plus étendu ; ils cherchèrent les lieux où le besoin des échanges était le plus développé, où le mouvement des hommes et des choses était le plus multiplié. Les chemins de Mulhouse à Thann et de Strasbourg à Bâle traversèrent les vallées industrielles de l'Alsace ; les chemins d'Orléans et de Rouen créés pour donner une activité nouvelle aux relations de Paris avec ces deux villes et les deux grands ports de commerce qui sont derrière elle. — Enfin, le gouvernement lui-même, en 1840, se chargea de faire exécuter par la France aux chemins de fer belges par les deux lignes de Lille et de Valenciennes à la frontière, et de donner quelque ensemble aux chemins du Midi en reliant le chemin de Montpellier à Cette et celui d'Alais à Beaucaire par une ligne de Montpellier à Nîmes. »

7.—« Mais ce n'étaient encore là que des essais ; car ces divers chemins, comme en Angleterre, en Allemagne, aux Etats-Unis, étaient créés suivant les nécessités locales qui venaient se révéler, mais sans se rattacher tous à un plan général conçu à l'avance : un jour devait donc venir où la France, à l'exemple de la Belgique, qui, d'un seul coup, a tracé le réseau de chemins de fer qui devait sillonner son territoire, tiendrait à honneur, elle aussi, de classer les lignes de chemin de fer de nature à répondre aux intérêts les plus généraux du pays. »

8. — « C'est dans ce but qu'a été promulguée la loi du 11 juin 1842, laquelle dispose qu'il sera établi un système de chemins de fer partant de Paris : 1o de Paris sur la frontière de Belgique, par Lille et Valenciennes ; — sur l'Angleterre, par un ou plu-

sieurs points du littoral de la Manche, qui seront ultérieurement déterminés ; — sur la frontière d'Allemagne, par Nancy et Strasbourg ; — sur la Méditerranée, par Lyon, Marseille et Cette ; — sur la frontière d'Espagne, par Tours, Poitiers, Angoulême, Bordeaux et Bayonne ; — sur l'Océan, par Tours et Nantes ; — sur le centre de la France, par Bourges ; — ces trois derniers chemins ayant pour tête commune de ligne le chemin déjà exécuté de Paris à Orléans ; — 2° de la Méditerranée au Rhin, par Lyon, Dijon, Mulhouse ; — de l'Océan à la Méditerranée, par Bordeaux, Toulouse et Marseille.

9. — « Nous n'interdisons pas par là, disait le rapport de M. Dufaure, la confection des chemins de fer dans des directions d'un intérêt secondaire. Si quelque grande industrie, si quelque puissante activité le réclame, nous espérons que les capitaux privés, avec ou sans l'appui des finances de l'état, sauront les entreprendre. — Mais, du moins, au milieu de ces œuvres isolées et accidentelles, nous aurons une œuvre générale, que nous devons combiner et arrêter avec prudence, pour l'accomplir ensuite avec résignation. »

10. — On remarque que dans le classement ne se trouve pas le chemin de Paris à la mer, par Rouen et le Havre, cette ligne ayant déjà été concédée à une compagnie. — LL. 15 juill. 1840 et 11 juin 1842.

11. — En outre, une loi du 1er août 1844 disposa « qu'il serait ajouté au système de chemins de fer défini par la loi du 11 juin 1842, un chemin de fer de Paris à Rennes, par Chartres et Laval. »

12. — Le système d'exécution que consacra la loi de 1842 pour l'exécution des lignes de chemin de fer était, comme nous l'indiquerons plus tard, celui du concours simultané de l'état, des départemens traversés et des communes intéressées, ainsi que de l'industrie privée.

13. — Ce système, qui devait être lui-même modifié (V. *infrà* nos 37 et suiv.) ne se produisit qu'après de longues hésitations.

14. — C'est à l'industrie privée qu'avait été concédé le droit de construire les premières lignes de chemins de fer ; mais lorsqu'il s'est agi de lignes plus importantes et qui pouvaient nécessiter des travaux considérables, on se demanda s'il n'y aurait pas une grave imprudence à confier à cette industrie une tâche, peut-être au-dessus de ses forces, au risque d'exposer le pays à voir abandonner des travaux dont la prompte réalisation devait être un bienfait ; aussi, le gouvernement ayant, en 1837, présenté aux chambres un grand nombre de projets portant concession des chemins de fer à des compagnies, la discussion générale de ces projets fut close par un ajournement.

15. — « Une opinion presque unanime, disait M. le ministre des travaux publics lors de la discussion de la loi du 11 juin 1842 (Duvergier, *Coll.*, t. 42, p. 171), s'est manifestée dans le cours du débat ouvert en 1837, et cette opinion proclamait que l'exécution des grandes lignes de chemins de fer devait être une charge de l'état. »

16. — Toutefois, et lorsqu'en 1838 l'administration proposa de confier à l'état l'exécution d'un grand réseau de chemins de fer, sa proposition fut écartée. « On tomba alors d'accord (V. l'exposé du projet de loi du 15 juill. 1840) que ni l'état ni l'industrie privée ne pouvaient s'emparer exclusivement de la confection des chemins de fer. Mais on différait sur la part qu'il convenait d'attribuer à chacun. Selon le gouvernement, il y avait une distinction à faire entre les lignes politiques, qui devaient appartenir à l'état, et les lignes non politiques, que l'on pouvait confier à l'industrie particulière. — Selon la commission, au contraire, il fallait accorder à l'industrie particulière, avec ou sans subvention, toutes les lignes dont elle consentait à se charger et ne faire exécuter par l'état que les lignes qui, bien que reconnues d'utilité générale, ne promettaient pas à l'industrie particulière des revenus suffisans pour qu'elle osât les entreprendre. Dans ce système le trésor public était en quelque sorte une réserve destinée à venir en aide à l'industrie et à compléter le travail que celle-ci aurait commencé ; la commission regardait, d'ailleurs, comme impossible d'établir la distinction des lignes politiques, de grandes et petites lignes ; de plus elle croyait que cette distinction, si elle venait à prévaloir, imposerait à l'état de trop longs et de trop grands sacrifices. »

17. — C'est comme conséquence du système ainsi développé par la commission que dans le cours de la même session plusieurs grands chemins de fer furent confiés à des compagnies : 1° L. 6 juill. 1838, chemin de fer de Paris à Rouen, comp. Chouquet et Lebobe ; — 2° L. 7 juill. 1838, chemin de fer de Paris à Orléans, comp. Casimir Leconte ; — 3° L. 9 juill. 1838, chemin de fer de Lille à Dunkerque, comp. Dupouy aîné ; — 4° L. 6 mars 1838, chemin de fer de Strasbourg à Bâle, comp. Kœchlin.

18. — Mais cette expérience tentée en faveur des compagnies ne fut pas heureuse ; dans la session de 1839, la compagnie Lebobe et la compagnie Dupouy, arrêtées au début même de leurs entreprises, vinrent solliciter la résiliation de leurs contrats. — LL. 1er août 1839.

19. — Quant aux compagnies des chemins de fer de Paris à Orléans, et de Strasbourg à Bâle, elles furent obligées d'appeler à leur aide le secours de l'état ; c'est ainsi qu'une loi du 15 juill. 1840 autorisa l'état à garantir à la première compagnie un minimum d'intérêt de 4 % pendant quarante-six ans et trois cent vingt-quatre jours à dater du jour où le chemin serait terminé et livré à la circulation sur toute la ligne, comme aussi à prêter à la compagnie du chemin de fer de Strasbourg à Bâle une somme de douze millions 600,000 fr.

20. — Et bientôt une loi du 9 août 1839 (postérieure à quelques autres lois du 1er août qui accordaient à certaines compagnies des modifications à leurs cahiers de charges) autorisa d'une manière générale l'administration à consentir des modifications aux tarifs en faveur des compagnies.

21. — La discussion de la loi du 15 juill. 1840 prouve à quel point, toujours plein d'espoir dans l'avenir de l'industrie privée, on hésitait à formuler nettement, pour les grandes lignes, le système de l'exécution par l'état. « Nous n'admettons l'exécution directe par l'état, disait l'exposé des motifs, *qu'en cas d'urgence* ou lorsque l'impuissance, *au moins momentanée*, de l'industrie particulière nous est complétement démontrée : *avant d'en venir là*, nous essaierons même, par des secours distribués avec intelligence et mesure, de rendre aux compagnies la confiance qui leur manque et de les encourager à entreprendre ou à achever quelques unes des lignes dont le pays désire la prompte exécution. — Ainsi peuvent se concilier, selon nous, le besoin de ménager le trésor public et la nécessité de donner enfin à la France les grandes voies de communications qu'elle attend. C'est le système le plus vrai, le plus simple, le plus fécond. »

22. — Et, comme application du système qu'il venait de formuler, le ministre des travaux publics demandait et obtenait par la même loi, indépendamment de l'autorisation de venir au secours des compagnies d'Orléans, de Strasbourg à Bâle et d'Andrezieux à Roanne, celle d'établir : 1° un chemin de Montpellier à Nîmes, par suite de la retraite d'une compagnie particulière qui avait originairement proposé de s'en charger ; — 2° un autre chemin de Lille et de Valenciennes à la frontière de la Belgique, cette ligne étant considérée comme d'urgence et comme gouvernementale.

23. — Cependant, de jour en jour, l'expérience démontrait que l'industrie privée n'était pas en état d'aborder les grandes lignes de chemin de fer. D'un autre côté il était plus qu'évident que les sacrifices immenses nécessaires pour l'établissement de ces lignes auraient dû trouver leur légitime compensation à la fois dans le prolongement presque indéfini, de la durée des jouissances et dans l'élévation des tarifs. Résultat également funeste, sous l'une et l'autre de ses faces, aux intérêts généraux.

24. — C'est pour résoudre toutes ces difficultés qu'intervint la loi du 11 juin 1842 posant en principe, comme il a été dit plus haut, que l'exécution des grandes lignes définies par elle aurait lieu par le concours de l'état, des départemens traversés et des communes intéressés et de l'industrie privée. — L. 11 juin 1842, art. 2.

25. — Et pour cela la loi posa en principe que l'état devait avancer les indemnités dues pour les terrains et bâtimens dont l'occupation serait nécessaire à l'établissement des chemins de fer et de leurs dépendances ; — et ces indemnités devaient être remboursées à l'état jusqu'à concurrence des deux tiers par les départemens et les communes, sans qu'il pût y avoir lieu à indemnité pour l'occupation des terrains ou bâtimens appartenant à l'état. — Art. 3. — Quant au tiers restant des indemnités des terrains et bâtimens, ainsi que les terrassemens, les ouvrages d'art et stations, ils restaient à la charge de l'état. — Art. 5. — Enfin, la voie de fer, y compris la fourniture du sable, le matériel et les frais d'exploitation, les frais d'entretien et de réparation du chemin, de ses dépendances et de son matériel, devait rester à la charge des compagnies auxquelles l'exploitation du chemin serait donnée à bail. — Art. 6.

26. — Immédiatement, et en exécution des principes posés, la loi du 11 juin 1842, et depuis d'autres lois ouvrirent des crédits pour l'exécution des divers chemins de fer classés dans le système général des voies de fer du royaume.

27. — Toutefois, et quelque nettement que l'on voulût poser le système que nous venons d'analyser, il semblait qu'on hésitât encore, car l'art. 2, L. 11 juin 1842, réservant l'avenir, disposait que « néanmoins ces lignes pourraient être *concédées en totalité* ou *en partie* à l'industrie privée, en vertu de lois spéciales, et aux conditions qui seraient alors déterminées.

28. — Et en effet, diverses lois ont autorisé des compagnies à exécuter elles-mêmes, soit des embranchemens, soit les travaux relatifs aux grandes lignes elles-mêmes.

29. — Il est même arrivé qu'après avoir fait exécuter les travaux que la loi de 1842 mettait à sa charge, l'état a imposé aux compagnies adjudicataires l'obligation de lui en rembourser tout ou partie du prix dans un délai plus ou moins long. — Et c'est ainsi que de dérogation en dérogation l'exception introduite dans l'art. 2 de la loi du 11 juin 1842 s'est, en quelque sorte, substituée à la règle.

30. — En outre, les offres multipliées de l'industrie privée présentant à l'état un moyen certain de rentrer dans les avances qu'il avait pu faire, l'état crut qu'il devenait désormais inutile d'imposer aux communes et aux départemens des charges qui avaient été établies dans des circonstances où, au contraire, les capitaux particuliers semblaient s'éloigner de ces entreprises.

31. — Et en conséquence, une dérogation beaucoup plus grave a encore été apportée à la loi de 1842 par celle du 19 juillet 1845, qui déclara abrogé l'art. 3 de la loi du 11 juin 1842, aux termes duquel les départemens et les communes devaient rembourser à l'état les deux tiers du prix des indemnités dues pour les terrains et bâtimens dont l'occupation serait nécessaire à l'établissement des chemins de fer et de leurs dépendances.

32. — Le territoire du royaume, en ce qui concerne le service des chemins de fer, est divisé en cinq inspections dont la circonscription est arrêtée par le ministre des travaux publics. — Ordonn. 22 juin 1842, art. 1er. — Chaque inspection est confiée à un inspecteur-divisionnaire adjoint des ponts et chaussées (art. 2), lequel est chargé de la direction des études dans le territoire affecté à sa circonscription, et, en outre, dans le même territoire, de la surveillance générale des travaux de chemin de fer exécutés soit par l'état, soit par des compagnies, indépendamment de la surveillance directe exercée, soit par les ingénieurs en chef et ordinaires, soit par les agens locaux préposés à cet effet (art. 3).

33. — De plus, le même jour, deux autres ordonnances instituèrent deux commissions auprès du ministère des travaux publics, l'une sous le nom de commission supérieure chargée de donner son avis sur le choix des tracés, l'autre sous le nom de commission administrative pour le contrôle et la révision des documens statistiques, dans laquelle devaient être appelés spécialement, pour réunir et coordonner les documens statistiques, cinq maîtres des requêtes en service extraordinaire, ou auditeurs. — Enfin une ordonnance récente a créé un commissaire central des chemins de fer près le ministère des travaux publics.

34. — L'exécution toujours croissante des voies de fer a, dans ces derniers temps, donné naissance à deux lois portant toutes deux la date du 15 juill. 1845, l'une sur la police des chemins de fer, l'autre spéciale aux chemins de fer du nord, mais contenant dans un titre particulier certaines dispositions générales sur la formation des compagnies et la négociation des actions qu'elles émettent.

35. — Tel est au résumé l'ensemble de la législation sur les chemins de fer, législation évidemment susceptible encore de beaucoup de réformes que l'expérience pourra introduire.

36. — Nous donnerons au surplus, à la fin de ce mot, la nomenclature des divers chemins tant exécutés que votés jusqu'à ce jour, ou à l'état de projet sérieux, ou en voie d'exécution.

Sect. 2e. — *Concession.*

§ 1er. — *Des diverses espèces de concessions. — Règles générales.*

37. — Ainsi que nous l'avons déjà vu, les chemins de fer peuvent être exécutés soit par l'état, soit par des compagnies ou par des particuliers. Mais, dans l'un comme dans l'autre cas, leur établissement ne peut avoir lieu qu'en vertu, soit d'une loi, soit d'une ordonnance royale : d'une ordonnance, s'il s'agit d'un chemin de fer d'embranchement de moins de 20,000 mètres de longueur (L. 3 mai 1841, art. 3) ; en vertu d'une loi dans tout autre cas.

38. — Mais si le chemin de fer de moins de 20,000 mètres formait le commencement d'une nouvelle communication, une loi serait nécessaire. — Delalleau, *Expr. pour utilité publique*, p. 81.

39. — Quel que soit du reste le mode adopté pour l'exécution d'un chemin de fer, que les travaux soient exécutés par l'état ou par une compagnie,

c'est maintenant un fait certain que le sol sur lequel ce chemin est établi reste la propriété de l'état, qui ne consent plus d'aliénations perpétuelles, et ne concède qu'un droit de jouissance, plus ou moins prolongé sans doute, mais toujours avec stipulation de retour à une époque déterminée. Les chemins de fer font donc partie de la voie publique, et c'est d'ailleurs ce qu'exprime formellement l'art. 1er, L. 15 juill. 1845, ainsi conçu : « Les chemins de fer construits ou concédés par l'état font partie de la grande voirie. »

40. — L'ordonnance ou la loi sont précédées d'une enquête administrative. — L. 3 mai 1841.

41. — L'autorisation d'établir un chemin de fer lorsqu'elle est donnée soit par la loi, soit par une ordonnance, à une compagnie ou à un particulier, se nomme *concession*.

42. — La concession est *directe* ou *indirecte*. — Elle est *directe* lorsqu'une loi ou une ordonnance disposent, de gré à gré, en faveur d'un particulier ou d'une compagnie déterminés, présentant des garanties suffisantes; ou bien encore lorsque la loi autorise le ministre à traiter aux conditions qu'elle détermine à l'avance, en laissant à l'administration le choix du concessionnaire.

43. — La concession est *indirecte* quand elle a lieu par la voie de l'adjudication.

44. — La concession par voie directe, la seule connue dans l'origine, a été long-temps la seule employée : c'est ainsi qu'ont été notamment concédées les lignes de Paris à Saint-Germain, à Versailles, à Orléans, à Rouen, de Strasbourg à Bâle, et de Rouen au Havre.

45. — Depuis la loi de 1842, les concessions ont eu lieu d'ordinaire par voie d'adjudication : nous n'avons pas à examiner ici lequel de ces deux modes est préférable : tout ce que nous pouvons dire c'est que tous deux sont en vigueur, et qu'à cet égard il n'y a pas de règle fixe. La loi ou l'ordonnance disposent ainsi qu'elles le jugent convenable.

46. — Ainsi, tandis que les chemins d'Orléans à Bordeaux, de Paris à la frontière de Belgique, de Tours à Nantes, de Paris à Strasbourg, de Paris à Lyon, et de Creil à Saint-Quentin, ont été ou doivent être concédés par voie d'adjudication, c'est par voie de concessions directes et de gré à gré qu'ont été soumissionnés ou que doivent l'être les chemins d'Orléans à Vierzon, de Dieppe et de Fécamp.

47. — Aux termes des lois qui ont consacré le mode d'adjudication, soit que les concessionnaires doivent rester chargés de la totalité des travaux, soit qu'il n'y ait de mis à leur charge que les travaux réservés à l'industrie privée par l'art. 1er, L. 11 juin 1842, l'adjudication a lieu publiquement, au rabais, et le rabais porte sur la durée de la jouissance. — L'enchère est faite par voie de soumissions cachetées.

48. — Lorsque la loi ou une ordonnance autorisent l'adjudication d'un chemin, elles déterminent le maximum de la durée de la jouissance, et c'est sur ce maximum que doit porter le rabais. — V. notamment L. 26 juill. 1844, art. 2 (chemin de fer de Paris à Lyon); même date (chemin d'Orléans à Bordeaux); L. 19 juill. 1845 (chemins de fer de Tours à Nantes et de Paris à Strasbourg).

49. — Le maximum fixé par la loi peut être restreint par l'administration lors de l'adjudication; et c'est sur le maximum ainsi déterminé par elle dans des billets cachetés, qui ne sont ouverts que lors de la séance d'adjudication, que cette adjudication a lieu.

50. — Si aucun des soumissionnaires ne proposait un prix inférieur ou au moins égal au maximum fixé par l'administration, l'administration pourrait, sans recourir à une adjudication nouvelle, accepter de gré à gré, en vertu de l'ordonnance royale du 4 déc. 1836 sur les marchés passés au nom de l'état, une seconde soumission, pourvu qu'elle ne dépassât pas les limites de ce maximum. — C'est ce qui a été pratiqué récemment pour la concession du chemin de fer de Paris à Lyon ; une seule compagnie avait soumissionné, mais au dessus du maximum fixé dans le billet cacheté du ministre : l'adjudication ne put dès lors avoir lieu. Mais presque immédiatement une ordonnance du 21 déc. 1845 (V. *Moniteur* du 22), précédée d'un rapport au roi, déclare la compagnie concessionnaire aux conditions de durée déterminées par le billet.

51. — Le maximum varie nécessairement suivant l'étendue des chemins et l'importance des travaux dont le concessionnaire doit être chargé. — A la différence des premières ordonnances d'autorisation, qui ont accordé des concessions perpétuelles (V. 26 fév. 1823, 27 août 1828, 21 mars et 7 avril 1830), celles qui ont suivi n'ont accordé que des jouissances temporaires, et la loi de 1842 a précisément eu pour but de rendre de plus en plus

facile la diminution de la durée des jouissances.

52. — La concession, qu'elle ait lieu soit par voie d'adjudication, soit par voie de convention de gré à gré, autorisée d'avance par la loi, ne devient définitive qu'autant qu'elle a été homologuée par ordonnance royale. — Ce principe, que les lois spéciales avaient déjà établi, a été consacré d'une manière générale par la loi du 15 juill. 1845, art. 9.

§ 2. — *Formation et administration des compagnies.*

53. — La concession d'un chemin de fer, quel qu'en soit le mode, est un fait qui, par lui-même, a des conséquences trop graves pour que l'autorité ne demande pas aux soumissionnaires des garanties réelles de l'exécution de leurs obligations.

54. — A cet effet, et comme condition préliminaire indispensable, il a toujours été exigé de toute personne ou compagnie se présentant à l'adjudication le dépôt préalable d'un cautionnement, dont le taux est nécessairement variable suivant l'importance de la concession. Ce cautionnement est affecté à l'accomplissement des obligations prises par les concessionnaires relativement à l'exécution des travaux. Le cautionnement est restitué partiellement au fur et à mesure de cette exécution ; mais en cas de déchéance prononcée par la compagnie, il devient, soit totalement, soit en partie (si le remboursement partiel en a déjà été effectué) la propriété de l'état. — V. *infrà* no 318. — Cette obligation de justifier du versement préalable du cautionnement est au surplus consacrée aujourd'hui comme règle générale par l'art. 7, L. 15 juill. 1845 (sur les chemins de fer du Nord).

55. — Bien que l'exécution des chemins de fer puisse être concédée ou adjugée, même à de simples particuliers, cependant il est certain qu'en fait, et à raison de l'importance des capitaux qu'exige une pareille entreprise, la concession n'est le plus souvent et ne peut guère être recherchée que par des compagnies formées de la réunion de capitaux nombreux et sollicités par des souscriptions ouvertes. Or, pendant long-temps on crut qu'il n'était pas nécessaire pour l'autorité d'intervenir afin de régler la création et d'examiner la valeur de ces compagnies, laissées entièrement dans le droit commun.

56. — Mais l'expérience démontra bientôt qu'il pourrait se faire que parmi les compagnies qui se présentent à une adjudication, il s'en trouvât qui, ayant formé leur cautionnement, mais au fond sans consistance réelle ni sérieuse, n'auraient d'autre but que de procurer à leurs membres, à l'aide d'une concession obtenue, le bénéfice de primes facilement réalisées; il est donc d'un intérêt public, et pour que l'adjudication ne soit pas un fait illusoire, que le gouvernement soit mis à même de vérifier auparavant si les compagnies qui se proposent réunissent les conditions nécessaires, soit d'aptitude, soit de solvabilité, et garantissent ainsi des résultats de la concession qu'elles peuvent obtenir.

57. — C'est pour arriver à ce résultat que la loi du 15 juill. 1845 (chemin de fer de Paris à la frontière de Belgique) a réglé que désormais nul ne serait admis à concourir à l'adjudication d'un chemin de fer, s'il n'a préalablement été agréé par le ministre des travaux publics et s'il n'a déposé : 1o au secrétariat général du ministère du commerce, en double exemplaire, le projet des statuts de la compagnie ; 2o au secrétariat général du ministère des travaux publics, le registre à souche d'où auront été détachés les titres délivrés aux souscripteurs, ou, pour les compagnies dont les souscriptions auraient été ouvertes antérieurement à la présente loi, l'état appuyé des pièces justificatives constatant les engagemens réciproques des fondateurs et des souscripteurs, les versemens reçus et la répartition définitive du montant du capital social. — L. 15 juill. 1845, tit. 7, art. 7.

58. — En outre, cette même loi (*eod. tit.*) contient encore certaines dispositions générales sur la formation des compagnies pour l'adjudication des chemins de fer, la négociation et la transmission des actions, dispositions provoquées par les circonstances extérieures.

59. — On sait, en effet, qu'après s'être éloignés pendant quelque temps des entreprises ayant pour objet l'exploitation des voies de fer, par un revirement subit, et qui avait sa cause dans les résultats obtenus sur les lignes d'Orléans et de Rouen, les capitaux parurent se porter avec empressement vers cette industrie.

60. — De là surgissaient chaque jour de nouvelles compagnies, créées dans le but de soumissionner les lignes arrêtées par la loi du 11 juin 1842, et demandant même d'exécuter à leurs risques et périls des chemins secondaires, qu'aucune loi n'avait classés; les appels de fonds sans cesse renouvelés et toujours accueillis retiraient de la

circulation publique des capitaux considérables.

61. — Frappé des abus que pouvait avoir pour le crédit public un agiotage toujours croissant, un pair, M. le comte Daru, crut devoir, dans le but d'en combattre les désordres, saisir la chambre d'une proposition législative.

62. — Déposée le 13 fév. 1845, sur le bureau de la chambre, la proposition portait dans son art. 1er : « Il est interdit, sous les peines portées par l'art. 419, C. pén., d'ouvrir et de recevoir des souscriptions pour l'exécution partielle ou intégrale d'un chemin de fer, avant la promulgation de la loi ordonnant la mise en adjudication ou la concession directe des travaux dudit chemin. »

63. — En outre, M. le comte Daru proposait : 1o que pour les souscriptions légalement ouvertes un dépôt, soit en espèces, soit en bons du trésor, fût fait à la caisse des dépôts et consignations des sommes versées, au fur et à mesure des versemens, dans un délai de huit jours à partir de l'époque de la délivrance des récépissés. Toute infraction à ces dispositions devait être punie par les dispositions de l'art. 408, C. pén.

64. — ...2o Que le premier versement ne pût jamais être inférieur au cinquième de la valeur nominale de l'action ; et qu'au cas où la compagnie ne demeurerait pas adjudicataire, dans le délai d'un mois, les fonds déposés et les intérêts produits par ces fonds fussent rendus aux souscripteurs, déduction faite des frais justifiés dans les formes prévues par les actes de société.

65. — Enfin, suivant cette proposition, si la compagnie demeurait adjudicataire, elle devait pouvoir, aussitôt l'adjudication autorisée par l'ordonnance royale, retirer les fonds par elle déposés avec les intérêts produits par ces mêmes fonds.

66. — Développée par son auteur dans la séance du 16 février, et prise en considération à l'unanimité, cette proposition subit, de la part de la commission chargée de son examen, diverses modifications et des développemens nouveaux que présenta en son nom et dans la séance du 21 mars M. Teste, rapporteur. — *Moniteur*, 21 mars 1845.

67. — Pendant six séances consécutives, le projet de la commission fut l'objet d'une discussion sérieuse et approfondie; les orateurs qui prirent la parole s'accordèrent tous à reconnaître le désordre existant, et le besoin d'y apporter remède : mais on craignait, en adoptant les mesures demandées, de produire un mal plus grand que celui que l'on désirait réprimer, et la crainte de porter un coup funeste à l'esprit d'association fit rejeter la proposition. — *Moniteur*, 20, 27, 28, 30, 31 mars et 2 avril 1845.

68. — De son côté, et partageant les appréhensions qui s'étaient manifestées dans le sein de la chambre des pairs, le gouvernement avait cru, à l'occasion de la loi destinée à autoriser le chemin de Paris à la frontière belge, introduire dans le projet, et comme règle générale applicable à tous les chemins, certaines prescriptions analogues à celles que devait présenter le rapport de la commission de la chambre des pairs. — *Moniteur*, 22 fév. 1845.

69. — La commission de la chambre des députés ne partagea pas cet avis ; elle pensa qu'aucune disposition pénale ne pouvait atteindre des opérations qu'elle considéra comme complètement licites en elles-mêmes (*Moniteur*, t. 1er 1845, p. 1277). — Cet avis, en définitive, a prévalu, et en conséquence ont été rédigés les articles suivans de la loi du 15 juill. 1845, loi spéciale en principe pour les chemins de fer du Nord, mais qui, dans cette partie qui compose son tit. 7, est applicable à tous les chemins de fer. — *Moniteur*, t. 1er 1844, p. 1880 et 1809.

70. — Or, après avoir posé dans son art. 7 (V. *suprà* no 57) la nécessité du dépôt des titres et pièces de toute compagnie qui se présente pour l'adjudication, la loi ajoute : « A dater de la remise des registres ou états ci-dessus entre les mains du ministre des travaux publics, toute stipulation par laquelle les fondateurs se seraient réservé la faculté de réduire le nombre des actions souscrites sera nulle et sans effet. »

71. — D'où il suit que « chaque souscripteur a le droit d'exiger de la compagnie, si elle est adjudicataire, la remise de toutes les actions pour lesquelles il a été porté sur l'état définitif de répartition déposé au secrétariat général du ministère des travaux publics. — Même loi, art. 8.

72. — Mais la liberté de réduction existe tant que ce dépôt n'a pas été opéré; car, ainsi que le disait le ministre des travaux publics, le gouvernement n'a pas souhaité, et la loi n'a pas pour objet, d'interdire la fusion des compagnies. Le gouvernement pense qu'une compagnie formée par la fusion de deux compagnies médiocres vaut beaucoup mieux que la compagnie médiocre qu'elle remplace.

73. — « Mais, continuait le même ministre, les fusions de compagnies, qui sont permises, qui sont même désirables avant que le concours soit ouvert, ne le sont plus après que le concours est formé, et le gouvernement n'a plus le droit d'appeler de nouveaux concurrens... Il est évident que si, à cette phase de l'opération, et lorsqu'il n'y a plus de concurrens possibles, les compagnies avaient la faculté de s'entendre entre elles, le concours serait nul. L'objet de cet article, c'est donc de laisser la fusion possible avant l'ouverture du concours, et de la rendre impossible quand le concours est ouvert; c'est de retirer aux compagnies le droit de supprimer la concurrence, lorsque le gouvernement s'est désarmé de son droit d'admettre de nouveaux concurrens. »

74. — Quant aux souscripteurs et aux droits qu'ils peuvent avoir pour la transmission de leurs actions, il faut distinguer entre l'époque qui précède l'homologation de l'adjudication par ordonnance royale et l'époque qui suit cette adjudication.

75. — Jusqu'à l'adjudication, il n'y a point d'actions, mais de simples récépissés de souscriptions, lesquels ne sont point négociables. — Même loi, art. 8.

76. — Et « les souscripteurs sont responsables jusqu'à concurrence des cinq dixièmes du versement des actions qu'ils ont souscrites. » — *Ibid.*

77. — Les diverses conditions mentionnées par cet art. 8 doivent au surplus être mentionnées sur les registres ouverts et sur les récépissés émis postérieurement à la publicité de cette loi. — *Ibid.*

78. — Bien plus, l'adjudication, même homologuée, ne suffit pas pour rendre immédiatement le titre négociable : la même loi, généralisant ce que les lois spéciales des 11 juin 1842 (chemin de Rouen au Havre) et 26 juill. 1844 (chemins du Nord), avaient prescrit pour des cas spéciaux, veut, par son art. 10, que la compagnie *adjudicataire* ne puisse émettre d'actions ou promesses d'actions négociables avant de s'être constituée en société anonyme dûment autorisée, conformément à l'art. 37, C. comm.

79. — Mais en déclarant que les récépissés des souscriptions ne sont point négociables, le rapporteur de la commission à la chambre des députés exprimait ce qu'on devait entendre par cette disposition de la loi. — Combattant la pensée primitive du projet qui voulait frapper d'une pénalité la négociation des récépissés, que la commission regardait au contraire comme parfaitement licite et même fort utile dans l'intérêt public, M. Muret de Bort disait : « Quant aux souscripteurs, qu'on ne leur ouvre pas de nouveaux droits, qu'on ne crée pas pour leurs récépissés l'immunité de la négociation ; mais au moins qu'on les laisse dans le droit commun ; qu'on leur laisse une pleine et entière liberté, dont ils useront à leurs périls et risques ; qu'ils puissent faire de leur chose ce que bon leur semblera, la céder par engagement verbal, par correspondance, par acte sous seing-privé, par transfert devant notaires, comme ils l'entendront. C'est affaire à vider entre eux et leurs concessionnaires, suivant le degré de confiance qu'ils s'inspireront mutuellement.... »

80. — Mais il a été jugé que les ventes à terme d'actions de chemins de fer ne peuvent donner lieu à aucune action en justice lorsque, consenties avant la constitution définitive de la société adjudicataire et l'émission des actions, elles ne reposent sur aucun titre sérieux ; de pareilles opérations constituent seulement un jeu de bourse prohibé par la loi. — *Trib. comm. de la Seine*, 1er déc. 1845, Quentin Vaxel et Combe (*Gaz. des Trib.* du 4 déc. 1845); 17 déc. 1845, Bouglé c. Mianney (*Gaz. des Trib.* du 18 déc.).

81. — Toutefois, comme en laissant aux souscripteurs la libre disposition de leurs titres, le législateur cependant était loin de vouloir favoriser l'agiotage et réprimer les abus de ces opérations, le législateur ajoutait dans l'article 13 : « Toute publication quelconque de la valeur des actions, *avant l'homologation de l'adjudication*, sera punie d'une amende de 500 à 3,000 francs. — Sera puni de la même peine tout agent de change qui, avant la constitution de la société anonyme, se serait prêté à la négociation de récépissés ou promesses d'actions. »

82. — La première partie du paragraphe de cet article portait dans le projet *avant la constitution de la société anonyme*, expressions auxquelles la commission substitua celles de avant l'*homologation de l'adjudication*. Et comme M. le sous-secrétaire d'état des travaux publics croyait voir dans cette rédaction une contradiction avec l'article 10, qui défend d'émettre des actions négociables avant la constitution de la société, un membre de la commission, M. Berryer, répondait : « Nous avons distingué la disposition de l'art. 7 de celle de l'art. 10, et nous ne sommes point tombés dans une contradiction. — Il y a deux choses à considérer. Nous avons entendu, dans le sein de la commission, par actions négociables, celles qui se négocient par la voie de l'endossement ; mais une cession, un transport par acte notarié, un abandon de titres, évidemment personne ne conteste cela. Ainsi ce sont les actions négociables par la voie de l'endossement qui ne peuvent être émises qu'après l'approbation des statuts de la société anonyme, et c'est là l'objet de l'art. 7. Mais indépendamment des titres émis, il y a l'engagement des souscriptions pour un certain nombre d'actions : c'est un titre irrévocable, puisqu'il y a eu, de la part des souscripteurs, versement d'une portion dans les caisses de la compagnie. — Dans cet état de choses, il est impossible que vous regardiez comme un délit la transmission d'un pareil titre. » — Sur cette explication, M. le sous-secrétaire d'état retira son observation. — V. *Monit.* 22 mai 1845.

83. — Une autre observation fut présentée à la chambre des pairs, à l'occasion des premiers mots de l'article : *Toute publication quelconque....* Un pair, M. le comte d'Argout, demanda si « l'introduction de journaux étrangers, et l'exposition de ces journaux dans les cabinets de lecture, constitueraient des faits de publicité punissables par la loi. » Ce à quoi M. le ministre des travaux publics répondit : « Les questions de publication sont des questions d'appréciation, et voilà pourquoi il est impossible de trouver une rédaction qui satisfasse à toutes les exigences et à toutes les questions. M. le comte d'Argout citait un exemple de cette appréciation. Ainsi, celui qui donne à lire les journaux anglais dans lesquels sont cotés des cours d'actions, commet-il le délit prévu par la loi ? Non. Les débats des chambres d'Angleterre peuvent faire allusion au prix des cours ; celui qui traduit ces débats commet-il un délit ? Non. Mais celui qui, habituellement, intentionnellement, traduirait les journaux anglais dans ce but, serait dans le cas de la loi. En un mot, les délits de publication sont des délits d'appréciation. » — Duvergier, *Coll.*, t. 45, p. 311.

84. — En outre, et pour prévenir le retour d'abus signalés dans certaines circonstances, la loi du 15 juill. 1845 s'est encore occupée de régler, par son art. 11, la position des fondateurs et des administrateurs des compagnies.

85. — Et d'abord, quant aux fondateurs, la loi veut qu'ils n'aient « droit qu'au remboursement de leurs avances, dont le compte, appuyé des pièces justificatives, aura été accepté par l'assemblée générale des actionnaires. » — En effet, comme le disait l'exposé des motifs à la chambre des pairs, « il est juste de couvrir les fondateurs des compagnies de leurs avances ; il est juste de rémunérer le temps et les soins qu'ils ont pu donner au succès de l'opération ; mais une attribution de bénéfices au delà de ces légitimes remboursemens ne peut être admise. »

86. — Il n'est pas convenable non plus, ajoutait le même exposé, que les administrateurs des compagnies fixent eux-mêmes le prix de leur intervention sans le concours des actionnaires, représentés par l'assemblée générale ; c'est à cette assemblée qu'il appartient de régler les charges de l'entreprise. » — D'où il suit que « l'indemnité qui peut être attribuée aux administrateurs, à raison de leurs fonctions, doit être réglée par l'assemblée générale des actionnaires. » — Même loi, *ibid.*

87. — Enfin, un autre abus s'était encore manifesté, celui du vote par procuration dans le conseil de la compagnie. Pour y remédier, la loi du 15 juill. 1845 porte à cet égard, dans son art. 12, que « nul ne pourra voter par procuration dans le conseil d'administration de la compagnie », posant ainsi comme règle générale une disposition dont l'expérience avait déjà exigé l'insertion dans les statuts les plus récemment approuvés par les ordonnances royales.

88. — « Il serait fâcheux, sans doute, disait l'exposé des motifs devant la chambre des pairs, de se priver des lumières des administrateurs absens ; mais en leur donnant le moyen de faire connaître leur opinion, il n'est pas possible d'aller jusqu'à leur concéder le droit de voter par procuration. Un administrateur n'est que le mandataire de l'assemblée générale, et un mandataire ne peut pas de lui-même, et sans le consentement de son mandant, déléguer le pouvoir qui lui est conféré. D'ailleurs, dans un conseil, les débats éclairent les questions : telle personne qui a une opinion au commencement de la discussion peut en avoir une autre à la fin. Quel poids aurait, dans ce cas, le vote par procuration d'un administrateur absent ? »

89. — Néanmoins, et pour correctif nécessaire à ce que cette prohibition a de trop absolu, et pour prévenir peut-être aussi le cas où, en l'absence de plusieurs membres du conseil, la minorité, formant par le fait la majorité des membres présens, pourrait suspendre une décision contraire aux intérêts de la compagnie, l'article 12 ajoute : « Dans le cas où deux membres dissidens sur une question demanderaient qu'elle fût ajournée jusqu'à ce que l'opinion d'un ou plusieurs administrateurs absens fût connue, il pourra être envoyé à tous les absens une copie ou extrait du procès-verbal, avec invitation de venir voter dans une prochaine réunion à jour fixe, ou d'adresser par écrit leur opinion au président. Celui-ci en donnera lecture au conseil, après quoi la décision sera prise à la majorité des membres présens. »

90. — Les inconvéniens du vote par procuration s'étaient surtout manifestés dans les compagnies qui, ayant fait, pour une portion de leur capital, appel à des fonds étrangers, notamment en Angleterre, avaient dû par conséquent composer leur conseil d'administration de Français et d'étrangers. Ces derniers, éloignés du siége de la compagnie, envoyaient leur procuration souvent au même fondé de pouvoirs, qui pouvait ainsi entraver la marche régulière de la compagnie. C'est ainsi qu'en ce qui concerne la compagnie d'Orléans à Bordeaux le conseil d'état a dû intervenir, à la demande de plusieurs des membres du conseil, pour modifier l'organisation de ce conseil, par l'adjonction de nouveaux administrateurs français.

91. — Aussi est-ce désormais chose exigée pour l'approbation des statuts que, dans toute compagnie, les administrateurs étrangers soient en minorité, et que la présidence ne soit déférée qu'à un Français.

92. — Les décisions du conseil d'administration sont exécutées par les soins du *directeur*, lequel, placé à la tête de tous les agens de la compagnie, a l'administration générale et journalière, qu'il exerce, soit par lui-même, soit sous son contrôle, par un ou plusieurs directeurs adjoints.

93. — Ainsi, c'est le directeur qui signe les exemplaires des tarifs, des réglemens de l'exploitation, les avis que la compagnie croit devoir adresser au public : c'est contre lui que sont dirigées les actions et poursuites à raison d'accidens arrivés par le fait des agens de la compagnie.

94. — Et il a été jugé avec raison que les arrêtés pris par un préfet pour prescrire certaines mesures de sûreté dans l'exploitation d'un chemin de fer (par exemple, de conduire les locomotives *au pas* dans un endroit où un éboulement s'est manifesté), sont obligatoires pour tous les agens de cette entreprise, lorsqu'ils ont été notifiés au directeur représentant la société concessionnaire. — *Cass.*, 9 mai 1844 (t. 2 1844, p. 95), Deyme.

95. — Du reste, à part les prescriptions spéciales dictées par des considérations d'ordre public, l'administration intérieure des compagnies est soumise aux règles ordinaires des sociétés. — V. SOCIÉTÉ. — C'est aussi sous ce mot qu'il conviendra d'examiner si la société formée pour l'exploitation d'une voie de fer est civile ou commerciale, ainsi que tout ce qui se rattache aux engagemens réciproques des souscripteurs et des compagnies. — Notons seulement ici que récemment, à l'occasion des fusions opérées entre diverses compagnies pour l'exploitation des chemins du Nord, on a agité la question de savoir quels étaient les droits et obligations réciproques des souscripteurs et des administrateurs-fondateurs qui avaient accepté leur souscription, et si les souscripteurs pouvaient exiger la délivrance des actions souscrites, alors qu'ils n'avaient pas opéré les versemens exigés par les statuts. Or, en présence de la loi du 15 juill. 1845, qui oblige les compagnies soumissionnaires à justifier, entre autres choses, des versemens opérés et de la répartition du capital social ; en présence aussi de l'art. 7 des statuts de la compagnie du chemin de fer du Nord, qui dispose que deux dixièmes seront versés en souscrivant, la cour de Paris a décidé que : « jusqu'au versement préalable exigé par les statuts, les publications et circulaires de toutes sortes, les demandes d'action et les admissions à souscrire n'étaient que des préliminaires de négociations, des échanges d'intention, et ne formaient pas un lien sérieux entre les parties, et que celles-ci étaient toujours libres de modifier ou d'abandonner jusqu'au moment de la réalisation de l'engagement en la forme voulue. » *Paris*, 1er oct. 1845 (t. 2 1845, p. 765), Barreau c. Pepin-Lehalleur. — Toutefois, depuis, le tribunal de commerce a résolu la question en sens contraire, le 26 nov. 1845 (V. ce jugement sous l'arrêt précité) ; mais il est à remarquer que, dans cette dernière espèce, le jugement se fonde en partie sur ce que les administrateurs n'avaient pas eux-mêmes accompli pour leur compte l'obligation du versement, dont ils opposaient l'inobservation aux souscripteurs.

§ 3. — *Cahier des charges.*

96.—En devenant concessionnaire d'un chemin, la compagnie soumissionnaire se soumet par cela même à des obligations, dont le cahier des charges annexé à la loi ou ordonnance autorisant la concession a pour objet de fixer l'étendue.

97.— Or, ces conditions imposées aux concessionnaires doivent nécessairement varier suivant les circonstances particulières à chaque chemin. Toutefois, sous beaucoup de rapports, les cahiers de charges sont rédigés d'une manière uniforme; il ne sera pas sans intérêt d'en prétexter d'une manière sommaire l'économie générale, soit qu'ils se rapportent à des chemins déjà exécutés par des concessionnaires que nous désignerons plus spécialement sous le nom de compagnies, soit qu'il s'agisse de chemins exécutés par l'état et donnés à bail, suivant le système de la loi du 11 juin 1842.

98. — Et, comme l'expérience a nécessairement fait introduire dans les nouveaux cahiers de charges des modifications fort importantes, il faut consulter pour plus de détails les cahiers de charges les plus récens; c'est ce que nous ferons en prenant comme exemple, pour pouvoir renvoyer aux articles spéciaux, notamment le cahier de charges relatif à l'établissement du chemin de fer de Paris à Lyon (chemin exécuté aux frais des concessionnaires.—L. 16 juill. 1845), — et ceux pour l'établissement des chemins de fer de Tours à Nantes et de Paris à Strasbourg (exécutés par l'état et donnés à bail. — L. 19 juill. 1845).

99.—Lorsqu'il s'agit d'un chemin à exécuter par la compagnie concessionnaire, le cahier des charges impose à la compagnie : 1° l'obligation d'exécuter à ses risques et périls, dans le délai fixé, le chemin désigné. — Cahier des charges 16 juill. 1845, art. 2.

100.—... 2° Celle de se soumettre aux prescriptions établies à l'avance par l'administration pour la direction du chemin (même cahier des charges, art. 3), le tracé de ce chemin (art. 4), le nombre des voies (art. 5), la distance entre les rails et l'écartement intérieur, le minimum des courbes et les raccordemens, ainsi que le maximum des pentes (art. 5 et 6), le nombre des gares et leur situation (art. 7), les travaux à faire en cas de rencontre de route ou de cours d'eau, ou de déplacement de routes existantes, la largeur des ponts, leur hauteur sous-clefs, les matériaux à employer pour leur construction, les barrières placées aux points d'intersection, l'écoulement des eaux et les mesures à prendre pour que le service de la navigation ne soit pas interrompu, les souterrains et les constructions, les puits d'aérage de ces souterrains, les matériaux à employer pour la construction du chemin, les clôtures, le mode d'ouverture et de fermeture des barrières fermant les communications particulières (art. 7, 8, 9, 10, 11, 12, 13, 14, 15, 16, 17, 18, 19, 20, 21, etc.).

101.—Ces diverses stipulations sont remplacées par d'autres lorsque c'est l'état qui fait construire le chemin, d'après le système de la loi du 11 juin 1832. Dans ce cas, le cahier des charges détermine : 1° les délais dans lesquels l'état s'engage à livrer à la compagnie les terrains, terrassemens, les ouvrages d'art, les stations, ateliers et maisons de gardes des chemins, et les époques auxquelles la compagnie sera tenue de prendre livraison ainsi que le délai de la garantie due par l'état pour les constructions et ouvrages d'art.—Cahier des charges 19 juill. 1845, art. 1, 2, 3.

102.—...2° Les conditions auxquelles se soumet l'état en cas de non-livraison à l'époque déterminée.—A cet égard, l'art. 39 du cahier de charges de Paris à Strasbourg porte qu'il sera tenu compte à la compagnie, jusqu'à complète livraison, de l'intérêt à 4 % de son capital réalisé et engagé pour les parties de chemin de fer non livrées, mais déduction faite des bénéfices provenant des parties déjà mises en exploitation et excédant l'intérêt à 5 % des sommes dépensées sur ces parties.

103.—... 3° Les travaux auxquels la compagnie doit être tenue relativement à l'établissement de la voie de fer et de tout ce qui s'y rattache, y compris le sable, ainsi que la fourniture du matériel et des moyens d'exploitation.— Au nombre de ces travaux se trouve l'établissement des clôtures pour la séparation du chemin de fer des propriétés riveraines, autres cependant que les clôtures en maçonnerie à faire aux gares et aux stations, ainsi que les barrières des passages à niveau, lesquelles sont exécutées par l'état et à ses frais. — *Ibid.*, art. 7.

104.—...4° Le nombre des voies (art. 8), le poids et la qualité des rails et autres élémens constitutifs de la voie de fer (art. 9), la qualité du sable ou ballast destiné à former la fondation des voies de fer (art. 11), le système des clôtures et barrières (art. 12), la largeur de chaque voie et la distance entre les différentes voies (art. 13).

105. — ... 5° Le délai dans lequel la compagnie doit être tenue de terminer la pose de la voie de fer, et de fournir et mettre sur les rails, soit en machines locomotives, soit en voitures de toutes classes, soit en wagons de marchandises et de bestiaux, soit en plates-formes pour le transport des voitures ou matériel suffisant pour l'exploitation de la ligne.—A la condition que le nombre des machines, voitures, wagons et plates-formes sera successivement augmenté, en raison de l'accroissement de la circulation, sur les réquisitions qui lui seront adressées par le ministre des travaux publics.—Art. 15.

106.—...6° La redevance à payer à l'état. — Sur ce point, l'art. 36 du cahier des charges du 19 juill. 1845 porte : « Pendant les cinq premières années, la compagnie est dispensée de toute redevance envers l'état pour location du sol du chemin de fer et des travaux exécutés sur les fonds du trésor public ; mais à l'expiration de ces cinq années, si le produit net de l'exploitation excède 8 % du capital dépensé par la compagnie, la moitié du surplus sera attribuée à l'état à prix de ferme.—Néanmoins, cette attribution ne s'exercera qu'au moment où les produits annulés des années antérieures auront suffi à couvrir la compagnie de l'intérêt à 6 % du capital par elle employé, et de l'amortissement calculé sur le pied de 1 % de ce capital entier. — Une ordonnance royale, rendue dans la forme des réglemens d'administration publique, réglera les formes et le mode d'exécution du présent article. »

107. — Les cahiers des charges des compagnies concessionnaires de l'exploitation déterminent encore que les rails, coussinets, traverses et, en général, la voie de fer et ses dépendances, que la compagnie a acquis et posés sur le chemin de fer, sont, par ce fait même, incorporés au domaine public, et ne sont plus la propriété de la compagnie.—Cahier des charges 19 juill. 1845, art. 31.

108.—...Et que les machines, voitures, wagons et, en général, tout le matériel d'exploitation acquis et mis sur la voie de fer par la compagnie, deviennent également immeubles par destination et ne peuvent être aliénés par la compagnie qu'à charge de remplacement.—*Ibid.*

109.—Quels que soient les travaux ou fournitures mis à la charge de la compagnie, le cahier des charges lui impose la peine de la déchéance et règle les conditions et les effets de cette déchéance dans les cas où ces travaux ne seraient pas terminés ou arrivés à un certain point dans un délai déterminé, ou pour le cas où il y aurait, dans leur exécution, infraction aux clauses du cahier des charges, sauf les circonstances de force majeure. — Cahier des charges 16 juill. 1845 (Paris à Lyon), art. 377; 19 juill. 1845 (Paris à Strasbourg), art. 16. —V. au surplus *infrà* nos 317 et suiv.

110. — Au nombre des obligations imposées par les cahiers des charges, figurent celles : 1° de transporter, à moitié prix, eux et leurs bagages, les militaires ou marins voyageant isolément pour cause de service, envoyés en congé pour appartenir à la réserve, envoyés en congé limité, ou rentrant dans leurs foyers après libération.

111. — ... 2° De transporter, moyennant le quart de la taxe du tarif, les militaires voyageant en corps, eux et leurs bagages.

112. — ... 3° De mettre immédiatement à la disposition du gouvernement, et à moitié de la taxe du tarif, tous les moyens de transport établis pour l'exploitation du chemin de fer, dans le cas où il aurait besoin de diriger des troupes et un matériel militaire ou naval sur l'un des points desservis par la ligne.

113.—... 4° De transporter gratuitement les ingénieurs, commissaires royaux, commissaires de police et agens spéciaux attachés à la surveillance du chemin de fer, ainsi que les agens des contributions indirectes et ceux de l'administration des douanes chargés de la surveillance du chemin de fer dans l'intérêt de la perception de l'impôt.

114. — ... 5° De transporter gratuitement par les convois ordinaires sur toute l'étendue de la ligne les lettres et dépêches accompagnées d'un agent du gouvernement, et de tenir aussi à la disposition de l'administration, mais moyennant un tarif déterminé par le cahier des charges lui-même, des convois spéciaux.

115. — ... 6° De faire partir à toute réquisition, par convois ordinaires, les wagons ou voitures cellulaires (construits aux frais de l'état ou des départemens) employés au transport des prévenus accusés ou condamnés.— Les employés de l'administration, gardiens, gendarmes ou prisonniers placés dans ces wagons ou voitures ne doivent être assujétis qu'à la moitié de la taxe du tarif de dernière classe; quant au transport des voitures et wagons, il est gratuit.

116. — ... 7° De souffrir toutes les constructions que le gouvernement ferait le long des voies, ainsi que tous les appareils qu'il croirait devoir poser pour l'établissement des lignes télégraphiques électriques ; de prendre toutes les mesures de précaution et de fournir à l'administration des lignes télégraphiques toutes les facilités nécessitées par l'établissement de ces lignes, et qui sont énumérées au cahier des charges; enfin de transporter gratuitement les agens de la télégraphie voyageant pour le service de la ligne électrique.

117. — Par une clause qui est devenue usuelle dans le cahier des charges le gouvernement se réserve, après un délai déterminé (lequel est ordinairement de quinze ans à dater de l'époque fixée pour l'achèvement des travaux), la faculté de racheter la concession du chemin exécuté par la compagnie, ou de résilier le bail du chemin exécuté à ses frais. — Cahier du 16 juill. 1845, art. 53, et du 19 juill. 1845, art. 21.

118. — Dans les cahiers de charges relatifs aux chemins donnés à bail dans le système de la loi de 1842, on fixe généralement une époque après laquelle l'état a droit, comme prix de ferme, à une certaine partie des produits, lorsque l'intérêt du capital dépensé par la compagnie s'est élevé à un certain taux.—Cahier des charges du 19 juill. 1845, art. 24. — Dans ce cas le rachat a lieu d'après des bases qui sont précisées par le cahier des charges. — *Ibid.*

119. — L'état se réserve le droit de faire, sans que la compagnie puisse y porter obstacle, tous travaux relatifs à des routes royales, départementales ou vicinales, à des canaux ou des chemins de fer traversant le chemin concédé, à la charge par lui de ne pas gêner le service de ce chemin et de ne causer aucuns frais à la compagnie. — Mêmes cahiers, art. 55 et 83.

120. — Aujourd'hui, il se réserve de même d'ordonner de faire exécuter ou d'autoriser des routes, canaux, chemins de fer, travaux de navigation dans la contrée où est situé le chemin concédé ou dans toute autre contrée voisine, ou éloignée, sans que la compagnie puisse demander d'indemnité. — *Ibid.*, art. 56 et 84.

121. — Les cahiers de charges prévoient et règlent le cas où le gouvernement accorderait de nouvelles concessions de chemins de fer s'embranchant sur le chemin concédé ou qui seraient établis en prolongement du même chemin, et ils posent en principe que la compagnie ne pourra ni mettre obstacle à leur établissement, ni réclamer d'indemnité, pourvu qu'il n'en résulte aucun obstacle à la circulation, ni aucuns frais particuliers à sa charge. — Cahier du 16 juill., art. 57.

122. — Ils établissent en outre les rapports respectifs des compagnies de chemins de fer s'embranchant les uns sur les autres. — *Ibid.*, art. 57 et 85.

123. — Dans le cas où il s'agit d'une simple concession d'exploitation, l'état se réserve toujours le droit de faire circuler gratuitement sur les parties déjà mises en exploitation les voitures et wagons nécessaires pour les travaux d'achèvement, mais pourvu qu'il n'en résulte aucun obstacle au service du chemin de fer, ni aucuns frais pour la compagnie. — Cahier du 19 juill. 1845, de Tours à Nantes, art. 44.

124.— Les cahiers de charges, prévoyant le cas où des contestations s'élèveraient entre l'état et la compagnie au sujet de leur exécution ou de leur interprétation, stipulent que ces contestations seront jugées administrativement par le conseil de préfecture, sauf recours au conseil d'état. — Cahiers de Paris à Lyon et de Paris à Strasbourg, art. 63 et 88.

125. — Ils stipulent également que la compagnie sera tenue de désigner un de ses membres pour recevoir les notifications ou significations qu'il y aurait lieu de lui adresser; que ce membre fera élection de domicile dans un lieu déterminé; et qu'à défaut de cette désignation ou élection de domicile, toute signification adressée à la compagnie prise collectivement, et faite au secrétariat général de la préfecture, sera valable.

126. — Ils portent encore que, pour surveiller les opérations de la compagnie et assurer l'exécution des obligations qui lui sont imposées par le cahier des charges pour tout ce qui ne rentre pas dans les attributions des ingénieurs de l'état, il sera nommé, suivant l'importance du chemin, un ou plusieurs *commissaires du roi*.

127. — Le traitement de ces commissaires reste à la charge de la compagnie, qui, pour y pourvoir, est tenue de verser chaque année dans la caisse du receveur général du département où elle a fait élection de domicile, une somme déterminée,

faute de quoi le préfet rend un rôle exécutoire, dont le montant est recouvré comme en matière de contributions publiques.

128. — Il est encore d'autres clauses qui se rencontrent généralement dans les cahiers des charges, et qui concernent l'exploitation; ces clauses sont relatives, soit à la construction des locomotives, voitures et wagons, soit à l'entretien du chemin et de ses dépendances ainsi que du matériel, soit encore aux tarifs à percevoir. — V. *infrà* nos 188 et suiv.

129. — Quelle que soit, du reste, la rigueur des cahiers de charges, les concessionnaires peuvent en provoquer des modifications quand la nécessité en est reconnue. Cet avantage, consacré par la loi du 11 juin 1839 à l'égard des chemins de fer alors concédés, pourrait incontestablement être étendu par une autre loi, soit aux chemins de fer concédés depuis, soit à un chemin en particulier.

§ 4. — *Caractère de la concession. — Compétence.*

130. — L'entreprise d'un chemin de fer ayant pour objet le transport des marchandises et des voyageurs constitue évidemment une entreprise commerciale. — *Lyon*, 1er juill. 1836, Durand et Berthon c. chemin de fer de Saint-Étienne; *Nîmes*, 10 juin 1840 (t. 2 1840, p. 556), Marme c. comp. du chemin de fer de la Grand'Combe; *Cass.*, 28 juin 1843 (t. 2 1843, p. 153), mêmes parties. — V. ACTE DE COMMERCE, nos 298, 300 et suiv., 351 et suiv.

131. — Et aux termes de la loi du 25 avr. 1844, sur les patentes, les concessionnaires sont imposés : 1º au droit fixe de 200 fr., plus 20 fr. par myriamètre en sus du premier, jusqu'au maximum de 1000 fr.; — 2º à un droit proportionnel du vingtième de la valeur locative de la maison d'habitation et du quarantième de l'établissement industriel. — V. PATENTE.

132. — Dès lors les contestations qui s'élèvent au sujet des fournitures relatives à la concession de ce chemin, et qui ont eu un rapport direct, immédiat et nécessaire à l'objet de l'entreprise (ainsi par exemple, s'il s'agit de fournitures faites pour la construction d'un entrepôt), sont de la compétence de la juridiction commerciale. — *Nîmes*, arrêt précité (nº 130); *Cass.*, 28 juin 1843 (t. 2 1843, p. 153), comp. de la Grand'Combe c. Marme.

133. — C'est également à la juridiction ordinaire qu'il faut déférer la connaissance des contestations qui peuvent s'élever entre la compagnie et ses employés, quelle que soit leur position.

134. — Jugé, en effet, qu'un conducteur de locomotives doit être rangé dans la classe des ouvriers dont parle l'art. 5, L. 24 mai 1838, quelle que soit d'ailleurs la quotité de ses gages. — *Paris*, 6 janv. 1841 (t. 1er 1841, p. 152), comp. du chemin de fer de Saint-Germain c. Bolu.

135. — De même, c'est encore aux tribunaux ordinaires que doivent être portées les demandes en réparation des dommages éprouvés par suite d'accidens.

136. — Mais il n'en serait pas de même si le préjudice causé résultait de l'exécution des travaux faits conformément au cahier des charges; le motif en est que l'établissement d'un chemin de fer constitue des travaux d'utilité publique, pour lesquels la compagnie qui les entreprend est subrogée aux droits de l'état lui-même.

137. — De là il faut conclure que le particulier qui se prétend lésé par l'effet de pareils travaux doit porter sa demande en indemnité, non pas devant les tribunaux ordinaires, mais devant le conseil de préfecture, aux termes de l'art. 4, L. 28 pluv. an VIII. — *Nîmes*, 10 juin 1840 (t. 2 1840, p. 577), D... c. chemin de fer du Gard.

138. — ... Que lorsque l'administration a fixé la largeur des chemins de défruitement que les concessionnaires d'un chemin de fer seraient tenus d'établir pour mettre les terrains enclavés en communication avec la voie publique, il n'appartient pas à l'autorité judiciaire de statuer sur la demande des propriétaires desdits terrains tendant à faire déterminer l'emplacement et la largeur de ces mêmes chemins. — *Cons. d'état*, 11 mars 1843, Concessionnaires du chemin de fer de Strasbourg c. Laurentz.

139. — Si la clause de la concession d'un chemin de fer présente de l'obscurité, les tribunaux doivent surseoir à statuer jusqu'à ce que l'interprétation ait été donnée par l'autorité administrative. — *Lyon*, 1er juill. 1836, Durand et Berthon c. chemin de fer de Saint-Étienne.

140. — Si au contraire les travaux exécutés ont eu lieu en dehors des clauses du cahier des charges, la juridiction ordinaire est valablement saisie de la contestation.

141. — Jugé en conséquence que le fait par un voiturier employé par la compagnie concessionnaire d'un chemin de fer d'avoir traversé une forêt soumise au régime de l'administration forestière, sans que le chemin ait été préalablement indiqué et tracé, constitue un délit qui est du ressort exclusif des tribunaux correctionnels. — *Nîmes*, 28 nov. 1839 (t. 1er 1840, p. 332), comp. du chemin de fer d'Alais à Beaucaire.

142. — ... Que les tribunaux saisis de la poursuite de ce délit doivent le réprimer, sans qu'il y ait lieu de prononcer un sursis, et de renvoyer devant l'autorité administrative pour l'interprétation du cahier des charges la compagnie concessionnaire qui prétend avoir le droit de passer par la forêt sans avoir préalablement obtenu des agens forestiers le tracé du chemin. — Même arrêt.

143. — Et, le préfet du Gard ayant élevé le conflit contre cette décision, l'arrêté par lui pris a été annulé, attendu que dans la cause il ne se présentait aucune question préjudicielle qui fût du domaine de l'autorité administrative, la compagnie n'ayant point fait procéder à la désignation à suivre pour le transport de ses matériaux. — *Cons. d'état*, 5 mars 1840, Préfet du Gard.

144. — Quelques mois avant, un autre arrêté de conflit du même préfet, pris contre un jugement du tribunal correctionnel de Nîmes, qui s'était déclaré compétent pour connaître de l'extraction de matériaux faite dans une forêt communale par la même compagnie de chemin de fer d'Alais à Beaucaire, avait été annulé par le conseil d'état, attendu qu'aucune extraction n'ayant été autorisée, il n'y avait aucune question préjudicielle de la compétence de l'autorité administrative. — *Cons. d'état*, 19 déc. 1839, Préfet du Gard.

145. — Jugé qu'une ordonnance royale qui autorise l'établissement d'un chemin de fer dans le voisinage d'un canal de navigation constitue un acte d'administration dont les propriétaires du canal ne peuvent demander la réforme ou la modification par la voie contentieuse. — *Cons. d'état*, 22 nov. 1826, Comp. du canal de Givors.

146. — Du reste il faut bien remarquer que la juridiction administrative, pas plus que la juridiction ordinaire, ne pourrait être compétente pour statuer sur les demandes formées par des particuliers et dans leur intérêt privé, si ces demandes venaient à mettre en question le fait même de la concession.

147. — ... Et encore, que c'est à l'administration seulement, et non au conseil de préfecture, qu'il appartient de prescrire l'exécution, la dimension et l'emplacement d'ouvrages à exécuter pour empêcher le préjudice causé par un chemin de fer à une commune, si ces ouvrages doivent être exécutés dans le lit et sur le bord d'un fleuve navigable; ce droit n'est point compris dans la compétence qu'il a pour statuer sur les réclamations des communes concernant les dommages occasionnés par le chemin. — *Cons. d'état*, 28 juin 1837, compagnie du chemin de fer de Saint-Étienne c. commune de Grigny.

148. — L'agrément de l'administration supérieure serait encore nécessaire si la compagnie concessionnaire ou propriétaire du chemin voulait céder à l'amiable son droit à une compagnie nouvelle. Cela ne peut faire l'objet d'aucun doute.

149. — En est-il de même en ce qui concerne l'exercice des droits des créanciers de la compagnie, et peuvent-ils agir sans que l'état soit appelé à intervenir au nom de l'intérêt public?

150. — Évidemment, s'il ne s'agit que de la saisie des produits et recettes de l'exploitation, sans que cette exploitation soit en aucune façon entravée ou suspendue; nulle restriction ne doit être apportée, parce que nul préjudice n'en résulte pour l'intérêt public.

151. — Mais au lieu de se borner à saisir les produits et recettes, les créanciers, poussant plus loin leur action, peuvent pratiquer la saisie sur le chemin lui-même et en provoquer l'expropriation.

152. — Or, dans cette hypothèse, nous pensons que l'état a le droit d'intervenir dans un double intérêt: 1º pour veiller à ce que la poursuite n'ait pas pour résultat de suspendre l'exploitation, qui est d'ordre public.

153. — ... 2º Afin de surveiller l'adjudication qui doit être le résultat de l'action dirigée par les créanciers, de s'assurer par conséquent que celui qui va se porter adjudicataire du chemin remplit les conditions nécessaires pour en garantir l'exploitation sérieuse.

154. — Aussi a-t-il été décidé que la vente d'un chemin de fer ne peut avoir lieu par portions séparées; elle ne serait régulière, même possible, qu'autant qu'elle l'embrasserait dans toute son étendue, et offrirait ainsi au gouvernement et au public la garantie d'une exploitation intégrale. — *Lyon*, 20 fév. 1840 (t. 2 1840, p. 633), chem. de fer de Roanne c. Dugas.

155. — D'où il suit qu'en matière de saisie réelle d'un chemin de fer, la poursuite doit appartenir au premier créancier qui a mis sous la main de justice la véritable chose aliénée, c'est-à-dire la totalité du chemin. — Même arrêt.

156. — Que jusque là une saisie partielle n'est qu'un acte incomplet d'exécution qui ne doit emporter préférence que lorsqu'il a été régularisé. — Même arrêt.

157. — Les agens et gardes que la compagnie établit soit pour opérer la perception des droits, soit pour la surveillance et la police du chemin de fer et des ouvrages qui en dépendent peuvent être assermentés, et être, dans ce cas, assimilés aux gardes champêtres.

158. — Les règlemens de police prescrivent même que tout agent employé sur le chemin de fer doit être revêtu d'un uniforme, et que les cantonniers, garde-barrières et surveillans peuvent, en outre, être munis d'un sabre pour pourvoir, au besoin, à leur sûreté.

159. — On a agité récemment la question de savoir si la plainte en diffamation dirigée par les administrateurs d'un chemin de fer contre le gérant d'un journal, à raison de certaines imputations relatives à l'exercice de leurs fonctions, doit être soumise aux tribunaux correctionnels, ou si elle ne rentre pas dans la compétence exclusive du jury, ou bien encore (ce qui revenait au même) si la partie prévenue était ou non-recevable à faire la preuve des faits signalés comme diffamatoires. — La difficulté vient de ce que la loi du 26 mai 1819 (art. 20) autorise la preuve des faits signalés comme diffamatoires « lorsqu'il s'agit d'imputations dirigées contre des dépositaires ou agens de l'autorité, ou *contre toutes personnes ayant agi dans un caractère public, et à raison de faits relatifs à leurs fonctions.* » — Or, tout en convenant que les administrateurs des chemins de fer ne sont ni des dépositaires, ni des agens de l'autorité, n'est-il pas juste au moins de les faire rentrer dans la catégorie des personnes qui *agissent dans un caractère public?*

160. — On peut, dans le sens de l'affirmative, exciper de la position que la législation a faite aux compagnies des chemins de fer, à leur mode d'exploitation, aux pouvoirs, à la responsabilité de leurs agens. — Ainsi, en premier lieu, les chemins de fer sont déclarés entreprises d'utilité publique, et ceux qui en dirigent l'exploitation ont avec le public des rapports obligatoires et forcés; ces rapports eux-mêmes sont déterminés d'avance par la loi, dans leur mode, dans leur tarif. D'un autre côté, la chose même qui est exploitée n'appartient pas à l'industrie privée; c'est un chemin public qui est régi par les lois générales de la grande voirie, et qui, momentanément détenu par un concessionnaire à temps, ne cesse pas d'être la propriété de l'état. — Enfin, les agens de l'entreprise sont investis par la loi d'un droit spécial qui les rend en quelque sorte délégataires d'une portion de la puissance publique, puisque 1º les compagnies ont, comme l'état, le droit d'expropriation; — 2º que l'art. 23, L. 15 juill. 1845, investit les administrateurs du droit de nommer de véritables agens de police judiciaire; — 3º et que l'art. 21 leur attribue un caractère essentiellement public en plaçant la résistance ou l'agression contre eux sous la pénalité appliquée par le code pénal au délit de rébellion. — Or, en pareil état, est il possible de nier que les administrateurs de pareilles entreprises agissent *dans un caractère public?* On peut ajouter que le système qui tendrait à empêcher la preuve des faits imputés à ces administrateurs dans l'exercice de leurs fonctions présenterait quelque chose d'anormal. Ainsi il serait permis d'accuser un préfet de négliger l'entretien des routes, compromettre, par négligence ou par fraude, la facilité de communication; il serait permis aussi de fournir la preuve de cette accusation; et parce qu'une industrie nouvelle aurait déplacé les grandes voies de communication et les aurait mises en régie en conférant à des fermiers le droit de la puissance administrative, toutes les garanties d'un contrôle nécessaire disparaîtrait. — Ce contrôle, qui pourrait s'exercer le lendemain du jour où, la concession étant terminée, l'état administrerait à son tour, serait interdit la veille sous peine de diffamation. — Un pareil résultat est inacceptable. En quelques mains que soit un service de ce genre, ce n'en est pas moins un service public exploité sur une propriété de l'état, régi entre les mains du fermier par les mêmes lois que s'il était entre les mains de l'administration publique, investi des mêmes pouvoirs, des mêmes garanties d'autorité et d'inviolabilité. — Or, peut-on dire que les chefs d'une telle entreprise n'agissent pas dans un caractère public, et n'en est-il pas d'eux, à plus forte raison, comme du concessionnaire d'un droit de passe ou de péage à qui l'on reconnaît ce

caractère? — V. au surplus en ce sens une fort bonne dissertation insérée dans la *Gazette des Tribunaux* du 12 nov. 1845.

161. — Toutefois le tribunal de la Seine (6e chambre), saisi de la question, a décidé en principe que si les entreprises de chemins de fer peuvent avoir plus ou moins d'influence sur les fortunes particulières, on ne saurait considérer les administrateurs de ces entreprises comme des dépositaires ou agens de l'autorité ou comme des personnes ayant agi dans un caractère public; — que si le personnel de l'administration des chemins de fer reste sous la main de l'Etat, c'est à titre de surveillance et non à titre de délégation de la puissance publique; d'où il résulte qu'on ne peut exciper contre les administrateurs de l'art. 20, L. 26 mai 1819. — Jugement du 18 nov. 1845, Admin. du chem. de fer de Strasbourg à Bâle contre le *Courrier du Haut-Rhin* (*Gaz. des trib.*, 19 nov.).

162. — Quoiqu'il en soit, et en admettant le système (plus rationnel à notre avis) qui classe les administrateurs du chemin de fer parmi les personnes agissant dans un caractère public, il semble juste d'admettre, avec le rédacteur de l'article cité plus haut, qu'il y a une distinction à établir, au regard des administrateurs, entre les faits dérivant de la spéculation privée et qui sont des faits privés, et ceux qui sont comme une participation aux droits et aux devoirs de l'action publique. A l'égard des faits privés, la preuve doit en être repoussée; quant à ceux qui se rattachent à l'exécution du mandat que l'état a confié aux compagnies par la concession temporaire de son droit d'administration, tels que l'exécution des tarifs, l'accomplissement des charges imposées dans l'intérêt de la sûreté publique, etc., la preuve paraît devoir en être admise, car ils rentrent dans la catégorie des faits spéciaux qui portent eux-mêmes ce caractère public dont sont investis les chefs de l'entreprise. — C'est aux tribunaux qu'il appartiendra d'apprécier la nature des articulations et de dire si elles se rattachent à ce qu'il y a de public dans le caractère, dans les attributions de ces chefs.

Sect. 3e. — *Construction. — Expropriation. — Réception de travaux.*

163. — Soit que l'exécution ait lieu par l'état ou par une compagnie, les terrains destinés à l'emplacement du chemin de fer et des gares ou constructions nécessaires pour son exploitation sont soumis à l'expropriation pour cause d'utilité publique.

164. — Si c'est l'état qui est chargé de l'exécution, l'expropriation a lieu en son nom et les indemnités sont payées par le trésor public. On suit pour cette expropriation les formes spéciales prescrites par la loi en pareille matière. — V. EXPROPRIATION POUR UTILITÉ PUBLIQUE.

165. — Nous avons vu d'ailleurs (*suprà* nos 20 et suiv.) que la loi du 19 juill. 1845 a abrogé l'obligation imposée par la loi du 11 juin 1842, aux départemens et aux communes, de contribuer à l'établissement des voies de fer entreprises par l'état.

166. — Si ce sont des concessionnaires, ils se trouvent substitués aux droits comme ils sont soumis à toutes les obligations qui dérivent pour l'état de la loi du 3 mai 1841. Les indemnités sont donc payées par eux dans cette hypothèse. — V. EXPROPRIATION POUR UTILITÉ PUBLIQUE.

167. — Dans ce cas, les cahiers de charges stipulent l'obligation, pour la compagnie, d'acheter et de payer tous les terrains destinés à servir d'emplacement au chemin et à toutes ses dépendances, telles que gares de croisement et de stationnement, ainsi qu'au rétablissement des communications déplacées ou interrompues et de nouveaux lits des cours d'eau. — Cahier de charges 16 juill. 1845, art. 22.

168. — Au reste, et en thèse générale, c'est à la compagnie à payer toutes indemnités pour occupation temporaire ou détériorations de terrains, pour chômage, modification ou destruction d'usine, ou tout dommage quelconque résultant des travaux à la charge de la compagnie. — Même cahier, art. 24; cahier des charges du 19 juill. 1845, art. 19.

169. — Si c'est l'état qui exécute, on suit, pour cette exécution, les règles établies pour les travaux publics en général. — V. TRAVAUX PUBLICS.

170. — Si c'est un concessionnaire, il est libre d'employer des moyens et des agens de son choix. Cependant, l'entreprise étant d'utilité publique, il est investi de tous les droits que les lois et réglemens confèrent à l'administration elle-même pour les travaux de l'état; il peut, en conséquence, se procurer par les mêmes voies les matériaux de remblai et d'empierrement nécessaires à la construction et à l'entretien du chemin de fer, et il jouit, tant pour l'extraction que pour le transport et le dépôt des terres et matériaux, des priviléges accordés par les mêmes lois et réglemens aux entrepreneurs de travaux publics, à la charge par lui d'indemniser à l'amiable les propriétaires des terrains endommagés, ou, en cas de non-accord, d'après les réglemens arrêtés par le conseil de préfecture, sauf recours au conseil d'état, sans que dans aucun cas il puisse exercer de recours à cet égard contre l'administration. — Art. 23, cahier des charges du 16 juill. 1845. — V. CARRIÈRES, TRAVAUX PUBLICS.

171. — Mais il a été jugé que les voitures employées par la compagnie d'un chemin de fer au transport des matériaux nécessaires à la confection ne peuvent traverser un bois soumis au régime de l'administration forestière qu'en suivant les chemins qui ont été préalablement tracés à cet effet par les agens forestiers, de concert avec les ingénieurs ou les conducteurs de travaux. — *Nîmes*, 28 nov. 1839 (t. 1er 1840, p. 332), compagnie du chemin de fer d'Alais à Beaucaire.

172. — La subrogation de la compagnie dans les droits de l'état existe du reste, soit qu'elle exécute tous les travaux, soit qu'elle ne les exécute que partiellement dans le système de la loi du 11 juin 1842. — V. cahier des charges 19 juill. 1845, art. 19.

173. — C'est comme subrogés aux droits de l'état que les concessionnaires sont dispensés des droits de timbre, d'enregistrement et de transcription pour les actes d'acquisition passés amiablement entre eux et les propriétaires de terrains nécessaires à l'emplacement ou aux dépendances du chemin de fer. — L. 3 mai 1841, art. 58.

174. — On a agité à ce sujet la question de savoir si les contrats d'acquisition passés amiablement par une compagnie de chemin de fer relativement à des immeubles qui sont, quant à présent, en dehors du tracé et des dépendances indiquées dans l'arrêté du préfet comme soumises à l'expropriation, mais qui serviront ultérieurement à l'établissement de travaux se rattachant au chemin de fer, doivent profiter des droits de timbre et d'enregistrement accordés par la loi précitée. — Le tribunal de la Seine, saisi de la question, a décidé qu'il suffisait pour l'exemption du droit qu'il fût régulièrement établi que les objets acquis étaient nécessaires à la confection des ouvrages autorisés, constatation qui ne pouvait résulter que du bornage à faire contradictoirement entre la compagnie et l'état, après la confection totale des travaux; d'où il résultait qu'il devait être, jusqu'à cette époque, sursis à la perception.

175. — Lors du pourvoi en cassation dirigé contre ce jugement, M. le premier avocat général Laplagne-Barris soutenait que les seuls actes favorisés par l'art. 58 précité, étaient nécessairement ceux qui étaient faits dans les limites fixées par l'autorité, et non ceux qu'il pouvait convenir à une compagnie de faire en dehors du tracé, sans avoir préalablement recouru à l'autorité administrative, et que, dès-lors, à l'égard de ces derniers, la compagnie devrait être considérée comme un acquéreur ordinaire, et subir la loi commune.

176. — La cour de Cassation, sans trancher la question du fond, s'est bornée à décider que lorsque les droits de timbre et d'enregistrement sont réclamés à propos des contrats d'acquisition, les tribunaux ne peuvent, sans excès de pouvoirs, surseoir à en prononcer la condamnation jusqu'au moment où le bornage définitif, opéré contradictoirement entre l'état et la compagnie, établira si les immeubles acquis doivent être compris dans le périmètre du chemin de fer. — *Cass.*, 16 août 1843 (t. 1er 1843, p. 179), Enregistrement c. comp. chemin de fer de Versailles (rive droite).

177. — ... Sauf toutefois l'action de la compagnie en restitution des droits, s'il y a lieu. — Même arrêt. — V. au surplus ENREGISTREMENT, TIMBRE.

178. — A mesure que les travaux mis à la charge de la compagnie sont terminés sur des parties du chemin de fer, de manière que ces parties puissent être livrées à la circulation, il est procédé à leur réception par un ou plusieurs commissaires désignés par l'administration; le procès-verbal du ou des commissaires délégués n'est valable qu'après homologation par l'administration supérieure.

179. — Les ouvrages situés dans le rayon des places et dans la zone des servitudes, et qui, aux termes des réglemens, devraient être exécutés par les officiers du génie militaire, ne peuvent l'être par les agens de la compagnie que sous le contrôle et la surveillance de ces officiers et conformément aux projets particuliers qui auront été approuvés par les ministres de la guerre et des travaux publics. — Cahier des charges 16 juill. 1845, art. 28.

180. — Après l'achèvement total des travaux exécutés par le concessionnaire, celui-ci doit faire à ses frais un bornage contradictoire et un plan cadastral de toutes les parties du chemin de fer et de ses dépendances; il doit également faire dresser à ses frais, et contradictoirement avec l'administration, un état descriptif des ponts, aqueducs et autres ouvrages d'art qui ont été établis conformément aux conditions du cahier des charges. — Cahier des charges 16 juill. 1845, art. 27.

181. — Si les travaux sont faits par l'état, il est dressé, immédiatement après la prise de possession définitive de tout ou partie de ces travaux, un état comprenant la description de tous les terrains servant d'emplacement au chemin de fer et à ses dépendances, ainsi que l'état des travaux d'art et de terrassement, etc., construits en vertu des projets approuvés par l'administration supérieure.

182. — Le chemin de fer et toutes ses dépendances doivent être constamment entretenus en bon état, et de manière à ce que la circulation soit toujours facile et sûre. — Cahier des charges 16 juill. 1845, art. 4.

183. — A cet effet, l'état du chemin et de ses dépendances est reconnu annuellement, et plus souvent en cas d'urgence et d'accidens, par un ou plusieurs commissaires désignés par l'administration. — *Ibid.* — Les frais de visite et de surveillance sont supportés par la compagnie. — Même cahier, art. 33.

184. — C'est la compagnie qui est chargée de payer tous les frais d'entretien, de réparation et d'exploitation, soit ordinaires, soit extraordinaires; elle demeure soumise, quant à l'exécution de ces travaux, au contrôle et à la surveillance de l'administration. — Cahier des charges 16 juill. 1845, art. 40; 19 juill. 1845, art. 17.

185. — Si le chemin de fer et toutes ses dépendances ne sont pas constamment entretenus en bon état, et si la compagnie ne satisfait pas aux injonctions qui lui seraient faites, il y est pourvu d'office, à la diligence de l'administration et aux frais de la compagnie; le montant des avances faites est recouvré sur les états rendus exécutoires par le préfet et dans les formes prescrites pour les contributions directes. — Cahier des charges 15 juill. 1845, art. 40; 19 juill. 1845, art. 18.

Sect. 4e. — *Exploitation.*

186. — Il n'est pas nécessaire que l'exécution de la ligne soit complétement achevée pour que l'exploitation en soit permise; elle peut commencer pour chaque portion distincte du moment où cette portion a été reçue par les commissaires délégués, et que le procès-verbal dressé par eux a été homologué par l'autorité supérieure.

187. — Ainsi, à partir de l'homologation, la compagnie peut mettre en service lesdites parties dont la réception a eu lieu, et y percevoir les droits de péage et les prix de transport déterminés par le cahier des charges. — Mais les réceptions partielles ne deviennent définitives que par la réception générale et définitive du chemin.

188. — Outre les conditions dont nous avons parlé plus haut (nos 96 et suiv.), la compagnie est soumise, quant à l'exploitation du chemin, à certaines prescriptions, qui lui sont encore imposées par les cahiers des charges ou par les réglemens de l'autorité.

§ 1er. — *Tarifs.*

189. — La fixation d'un tarif est une formalité indispensable et préalable à toute exploitation de chemin de fer.

190. — Aussi a-t-il été jugé que, lorsque ni la loi de concession, ni le cahier des charges n'ont fixé de tarifs pour le transport des voyageurs, les concessionnaires du chemin ne peuvent exploiter ce dernier transport qu'après l'avoir fait tarifer préalablement par le pouvoir de qui émane la concession ou par l'autorité déléguée à cet effet. — *Cons. d'état*, 10 janv. 1845, compagnie du chemin de fer d'Alais à Beaucaire.

191. — Quant au tarif contenu dans le cahier des charges, il doit être exécuté tel qu'il se comporte. Les concessionnaires ne peuvent percevoir d'autres prix que ceux qui y sont portés.

192. — Pour mieux assurer l'observation de ces prescriptions, les réglemens de police veulent que les tarifs soient constamment affichés dans les lieux les plus apparens des bureaux de la compagnie. — Les conducteurs doivent être également munis de ces pièces pour les exhiber à toute réquisition. — V. *infrà* no 290.

193. — Les prix portés aux tarifs pour le transport des voyageurs et des marchandises étant habituellement très élevés à raison des chances inconnues que courent les compagnies, on conçoit que les tarifs peuvent, pendant la durée de l'exploitation, être modifiés.

194. — Quelquefois ce changement est prévu par

la loi elle-même, qui détermine que dans un délai fixé les tarifs pourront être revisés; c'est ainsi, par exemple, que dans la loi de concession du chemin de fer de Bordeaux à la Teste on lit que : « A l'expiration des trente premières années de la concession, et après chaque période de quinze années à dater de cette expiration, le tarif pourra être révisé; et si à chacune de ces époques il est reconnu que le dividende moyen des quinze dernières années a excédé 10 % du capital primitif de l'action, le tarif sera réduit dans la proportion de l'excédant. »

195. — Mais il est de principe général qu'une fois arrêté par la loi, le tarif ne peut être changé que par une autre loi; et que l'administration n'est autorisée qu'à y apporter des modifications provisoires. — L. 9 août 1839.

196. — ... Sauf toutefois le cas où la loi spéciale de concession d'un chemin aurait statué autrement; ainsi l'art. 11 de la loi du 9 juill. 1836, relative aux chemins de fer de Paris à Versailles, porte que : « le taux des places dont le prix sera inférieur au maximum fixé par la présente loi sera réglé au 1er janvier de chaque année et pour l'année entière, par un arrêté du préfet sur la proposition de la compagnie, et conformément à cette proposition l'arrêté du préfet sera placardé et affiché dans les bureaux du chemin de fer. »

197. — Les cahiers de charges renferment, quant à l'exécution des tarifs, des dispositions qu'il importe de mentionner.

198. — Ainsi ils portent : 1° que dans le cas où la compagnie jugerait convenable, soit pour le parcours total, soit pour le parcours partiel de la voie de fer, d'abaisser les taxes au-dessous des limites déterminées par le tarif, les taxes abaissées ne pourraient être relevées qu'après un délai de trois mois au moins pour les voyageurs, et d'un an pour les marchandises.

199. — ... 2° Que tous changemens apportés au tarif doivent être annoncés au moins un mois à l'avance par des affiches, et qu'ils devront d'ailleurs être homologués par des décisions de l'administration supérieure, prises sur la proposition de la compagnie et rendues exécutoires dans chaque département par des arrêtés du préfet.

200. — ... 3° Que la perception des taxes devra se faire par la compagnie indistinctement *et sans aucune faveur*, et que dans le cas où la compagnie aurait accordé à un ou plusieurs expéditeurs une réduction sur lieu des prix portés au tarif, elle doit, avant de la mettre à exécution, en donner connaissance à l'administration, et que celle-ci a le droit de déclarer la réduction, une fois consentie, obligatoire vis-à-vis de tous les expéditeurs, sans que la taxe ainsi réduite puisse, non plus que les autres réductions, être relevées avant le délai d'un an.

201. — ... 4° Que les remises ou réductions accordées à des indigens ne peuvent, en aucun cas, donner lieu à l'application des précédentes dispositions.

202. — ... 5° Qu'en cas d'abaissement des tarifs la réduction doit porter proportionnellement sur le péage et sur le transport.

203. — ... 6° Que tout voyageur dont le bagage n'excédera pas un poids de 30 kilog. n'aura à payer, pour le prix des bagages, aucun supplément du prix de sa place.

204. — ... 7° Que les denrées, marchandises, effets, animaux et autres objets non désignés dans le tarif, seront rangés, pour les droits à percevoir, dans les classes avec lesquelles ils auraient le plus d'analogie. — C'est l'administration qui règle définitivement ces assimilations.

205. — En général, les cahiers de charges exceptent des dispositions ordinaires du tarif les objets et marchandises d'un volume et d'un poids déterminé, et contiennent des dispositions spéciales relativement à leur transport. — Cahier du 16 juill. 1845, art. 44 et suiv., et du 19 juill., art. 73 et suiv.

206. — De même, d'autres dispositions déterminent ce qui concerne le transport de l'or, de l'argent, des bijoux, pierres précieuses et autres valeurs; dans ce dernier cas les tarifs ordinaires ne sont pas applicables, et l'administration règle annuellement le prix du transport sur la proposition de la compagnie. — Même disposition.

207. — Les tarifs distinguent les droits que le concessionnaire est autorisé à percevoir en prix de péage et prix de transport. — Le prix du transport n'est dû à la compagnie qu'autant qu'elle effectue elle-même ce transport à ses frais et par ses propres moyens.

208. — Les frais accessoires non mentionnés au tarif, tels que ceux de chargement, de déchargement et d'entrepôt dans les gares et magasins du chemin de fer, sont fixés annuellement par un réglement soumis à l'approbation de l'administration supérieure. — *Ibid.*

209. — Au moyen de la perception des droits fixés par les tarifs, le concessionnaire est obligé d'exécuter constamment *avec soin, exactitude et célérité*, et *sans tour de faveur*, le transport des voyageurs, bestiaux, denrées, marchandises et matières quelconques qui lui seront confiés. — Les bestiaux, denrées, marchandises et matières quelconques doivent être transportés dans l'ordre de leur numéro d'enregistrement. — Cahier 16 juill., art. 46; et 19 juill., art. 75.

210. — Toute marchandise dont le poids, sous un même emballage, excède vingt kilogrammes, est constatée, si l'expéditeur le demande, par une lettre de voiture dont un exemplaire reste aux mains de la compagnie, et l'autre aux mains de l'expéditeur. — La même constatation est faite, sur la demande de l'expéditeur, pour tout paquet ou ballot pesant moins de vingt kilogrammes, dont la valeur a été préalablement déclarée. — *Ibid.*

211. — La compagnie est tenue d'expédier les marchandises dans les deux jours qui suivront la remise. Toutefois, si l'expéditeur consent à un plus long délai, il jouit d'une réduction, d'après un tarif approuvé par le ministre des travaux publics. — *Ibid.*

212. — Les expéditeurs ou destinataires restent libres de faire eux-mêmes et à leurs frais le factage et le camionnage de leurs marchandises, et, dans ce cas, la compagnie n'en est pas moins tenue de remplir les obligations qui viennent d'être énoncées. — *Ibid.*

213. — Si la compagnie consentait, pour le factage et le camionnage des marchandises, des arrangemens particuliers à un ou plusieurs expéditeurs, elle serait tenue, avant de les mettre à exécution, d'en informer l'administration, et ces arrangemens profiteraient également à tous ceux qui en feraient la demande. — *Ibid.*

214. — Ces diverses dispositions que l'on ne rencontrait pas toutes dans les premiers cahiers de charges imposés aux anciennes compagnies, témoignent de la volonté bien arrêtée du législateur d'empêcher que cette parfaite égalité de position, qui est de droit commun lorsqu'il s'agit de recourir à un service public, ne soit livré à la merci des compagnies.

215. — C'est dans le même esprit de justice que la loi du 15 juill. 1845 (chemin de fer du Nord), généralisant un principe consacré par toutes les dernières lois spéciales, veut, par son art. 14, qu'à moins d'une autorisation spéciale de l'administration supérieure, il soit interdit aux concessionnaires, sous les peines portées par l'art. 419, C. pén., de faire directement ou indirectement, avec des entreprises de transport de voyageurs ou de marchandises par terre et par eau, sous quelque dénomination ou forme que ce puisse être, des arrangemens qui ne seraient pas également consentis en faveur de toutes les autres entreprises desservant les mêmes routes.

216. — Et le même article ajoute : « Les ordonnances royales portant réglement d'administration publique prescriront toutes les mesures nécessaires pour assurer la plus complète égalité entre les diverses entreprises de transport dans leurs rapports avec le service du chemin de fer.

217. — Déjà, au surplus, et même en l'absence de disposition précise, il avait été jugé que les concessionnaires d'un chemin de fer ne peuvent concéder de leur côté, à une entreprise particulière, le droit de pénétrer dans la gare pour y amener et y recevoir les voyageurs et leurs bagages à l'exclusion de toute autre entreprise du même genre. — *Nîmes*, 11 mai 1843 (t. 2 1843, p. 185), Concessionnaires des chemins de fer du Gard c. Rose et Bompard.

§ 2. — *Impôts.*

218. — L'exécution des chemins de fer est sans doute d'intérêt public; mais la compagnie qui soumissionne l'exploitation n'a évidemment d'autre but que son avantage particulier et le produit qu'elle en retire; à ce titre donc, et quoique représentant l'état, elle ne saurait être affranchie de certaines redevances envers le trésor public.

219. — Or, sans parler ici de la redevance spéciale imposée comme prix de ferme aux compagnies qui prennent à bail les chemins de fer exécutés par l'état (V. *suprà* n° 106), les compagnies, quelle que soit la nature de la concession, sont soumises à la contribution foncière et à l'impôt spécial établi sur les entreprises de transport.

220. — Et d'abord il est évident qu'elle doit être soumise à la contribution foncière à raison des terrains qu'elle occupe : mais comment asseoir cette contribution? quelles bases fallait-il prendre pour en déterminer le montant? devaient-elles être les mêmes et pour les terrains consacrés à la voie de fer même, et pour ceux sur lesquels sont élevés les bâtimens et dépendances destinés au service de l'exploitation?

221. — On a distingué avec raison, et par une disposition qui se trouve insérée dans tous les cahiers des charges. — En ce qui concerne les terrains occupés par le chemin de fer et ses dépendances, la cote des contributions est calculée, comme pour les canaux, conformément à la loi du 25 avr. 1803. — Cahiers des charges 16 juill. 1845, art. 38; 19 juill. 1845, art. 4.

222. — Quant aux bâtimens et magasins dépendant de l'exploitation du chemin de fer, ils sont assimilés aux propriétés bâties dans la localité, et la compagnie doit également payer toutes les contributions auxquelles ils peuvent être soumis.

223. — Ainsi que nous l'avons vu (*suprà* n° 131), les entreprises de chemins de fer sont soumises à la patente.

224. — Et il a même été jugé qu'un chemin de fer établi par un particulier dans un chantier de construction est une dépendance de l'immeuble sujet au droit proportionnel, et qu'il doit entrer dans les élémens d'évaluation de sa valeur locative. — *Cons. d'état*, 14 janv. 1839, Min. des finances c. Bichon. — V. PATENTE.

225. — Comme entreprise de transports, les compagnies de chemins de fer devaient certainement tomber sous l'application de la loi qui a établi l'impôt du dixième sur les places des voitures publiques : toutefois, si en principe l'établissement de cet impôt était rationnel, il eût été injuste de l'appliquer de la même manière aux transports opérés par chemins de fer qu'aux transports opérés sur les routes ordinaires.

226. — En effet, sur les routes ordinaires, l'état seul étant chargé de la voie, les entreprises ne sauraient rien réclamer à titre de *péage*; sur les chemins de fer, au contraire, dont l'entretien, et souvent même l'exécution est à la charge de la compagnie, le prix des places représente non seulement les dépenses de traction, c'est-à-dire le *transport*, mais encore l'intérêt du capital employé à la construction et les frais d'entretien, c'est-à-dire le *péage*. — Nogent-Saint-Laurent, *Législ. des ch. de fer*, tit. 4, ch. 2.

227. — Aussi, aux termes de la loi du 2 juillet 1838, déclarée applicable à tous les chemins de fer concédés jusqu'alors, et dont la disposition se trouve maintenant reproduite dans les divers cahiers des charges, l'impôt du dixième n'est perçu pour ces chemins que sur la partie du tarif correspondante au prix du transport. — L. 2 juill. 1838, art. 1er et 2.

228. — Cet impôt n'est perçu sur la totalité des places qu'à l'égard de ceux des chemins de fer dont les cahiers des charges ne fixent pas le tarif, ou dont le tarif n'est pas divisé en deux parties correspondantes, l'une au transport, l'autre au péage. — Même loi, art. 3.

229. — D'un autre côté, l'art. 8, L. 28 juin 1833, exceptant de l'obligation de payer l'impôt du dixième (remplacé par un droit fixe) « les voitures qui, dans leur service habituel d'un point fixe à un autre, ne sortent pas d'une même ville ou d'un rayon de quinze kilomètres de ses limites, » on s'est demandé si cette disposition pouvait être invoquée par les entreprises de chemins de fer, à l'égard desquelles la loi d'autorisation et le cahier des charges portent que l'adjudication aura lieu sur un maximum déterminé par tête, *non compris l'impôt sur le prix des places*. — La question s'est présentée à l'occasion du trajet de Paris à Versailles (rive droite) et de Saint-Germain.

230. — Et à cet égard il a été jugé, quant au chemin de Versailles, que l'art. 3, L. 9 juill. 1836, autorisant l'établissement du chemin de fer de Paris à Versailles, à la condition que l'adjudication portera sur un maximum de 1 fr. 80 c. par tête, *non compris l'impôt sur le prix des places*, pour le transport des voyageurs sur la distance entière de Paris à Versailles, constitue une disposition spéciale pour une entreprise nouvelle, tout à fait indépendante de la distance parcourue et de celle à parcourir dans l'hypothèse d'un prolongement du chemin. — *Cass.*, 29 nov. 1843 (t. 1 1844, p. 343), compagnie du chemin de fer de Paris à Versailles c. contrib. indir.; même jour (*loc. cit.*), chem. de fer de Paris à Saint-Germain c. contrib. indir.

231. — ... Et que dès-lors la compagnie concessionnaire est soumise à l'impôt du dixième du prix des places, bien que le trajet parcouru soit au-dessous de quinze kilomètres, alors d'ailleurs qu'elle a accepté la condition qu'en a faite le cahier des charges reproduit textuellement par la loi du 9 juillet 1836. — Même arrêt.

232. — Dans l'espèce concernant le chemin de Paris à Versailles, on avait soumis aux premiers

juges une question qui ne manquait pas d'intérêt. La distance directe de Paris à Versailles n'excède pas 15 kilom.; mais par les détours que fait la voie de fer, l'espace parcouru se trouve être de vingt-deux. Or, comment devait être calculée la distance?

233. — Le tribunal de la Seine a jugé à cet égard que le rayon des distances doit s'interpréter dans son sens usuel et générique, c'est-à-dire comme expression de la distance calculée en ligne droite du point de départ au point d'arrivée, signification au surplus qui lui est formellement attribuée dans divers cas, notamment à l'égard du tarif de la poste aux lettres. — *Trib. de la Seine*, 24 mars 1841; sous *Cass.*, 29 nov. 1843 (t. 1er 1844, p. 343), compagnie du chemin de fer de Versailles c. contrib. indir. — La cour de Cassation n'a pas eu à prononcer sur ce point.

234. — Une autre question non moins délicate s'est encore présentée. On sait que la loi du 15 vent. an XIII, le décret du 6 juillet 1806 ont imposé, en faveur des maîtres de poste, un droit de 25 centimes par poste et par tête de cheval, aux entrepreneurs de transport lorsqu'ils n'emploient pas les chevaux de la poste. Les maîtres de poste n'ont jamais exigé le paiement de ces droits des chemins de fer eux-mêmes; mais, des entreprises de transport ordinaire ayant traité avec diverses voies de fer pour le transport de leurs voitures, les tribunaux ont été appelés à décider si dans ces cas les lois ci-dessus citées étaient applicables.

235. — A cet égard il a été jugé que les maîtres de poste ne peuvent réclamer des entrepreneurs des voitures publiques qui se servent d'un chemin de fer pour le transport de celles-ci le droit de 25 centimes par poste et par cheval, prévu par la loi du 15 vent. an XIII. — *Lyon*, 30 mars 1842 (t. 1er 1844, p. 395), Tailleteau c. Descours.

236. —... Qu'on ne peut en effet considérer un chemin de fer comme une déviation de la route postale, donnant dès lors aux maîtres de poste le droit d'exiger des entrepreneurs de transport qui empruntent ce chemin pour le service de leurs voitures l'indemnité fixée par le décret du 6 juillet 1806. — Même arrêt.

237. —... Et encore que le droit de poste ne peut non plus être exigé pour l'espace parcouru dans l'intérieur d'une ville, sur la ligne postale, par des voitures dites *Omnibus*, transportant les voyageurs des bureaux des entrepreneurs à l'embarcadère du chemin de fer. — Même arrêt.

§ 3. — *Réglemens sur l'exploitation.*

238. — La première de toutes les obligations imposées par la compagnie du chemin de fer est le bon entretien de la voie et de ses dépendances.

239. — De même aussi, le matériel d'exploitation, machines, locomotives, voitures, wagons, doivent toujours être maintenus dans le meilleur état d'entretien possible; sur ce point les cahiers des charges disposent:

240. —... 1° Que les machines locomotives doivent être construites sur les meilleurs modèles, et qu'elles doivent consumer leur fumée et satisfaire d'ailleurs à toutes les conditions prescrites par le gouvernement, pour la mise en circulation de ces sortes de machines. — Cahiers des charges 16 juill. 1845, art. 40; 19 juill. 1845, art. 14.

241. —... 2° Que les voitures de voyageurs doivent être également du meilleur modèle, qu'elles doivent toutes être suspendues sur ressorts et garnies de banquettes; — qu'il doit y avoir trois classes au moins de voitures: les voitures de première classe, couvertes, garnies et fermées à glace; celles de la deuxième classe, couvertes, fermées à glace et avec banquettes rembourrées; celles de la troisième classe, couvertes et fermées avec des rideaux; les voitures de toutes classes doivent remplir les conditions réglées ou à régler par le gouvernement dans l'intérêt et la sûreté des voyageurs. — V. *ibid.*

242. —... 3° Que les wagons de marchandises et de bestiaux, et les plates-formes doivent être de bonne et solide construction. — V. *ibid.*

243. —... 4° Qu'à moins d'autorisation spéciale et révocable de l'administration, tout convoi régulier de voyageurs doit contenir, en quantité suffisante, des voitures de toutes classes destinées aux personnes qui se présenteront dans les bureaux du chemin de fer. — Cahier du 19 juill., art. 70, et du 16 juill., art. 41.

244. —... 5° Que dans chaque convoi la compagnie aura la faculté de placer des voitures spéciales pour lesquelles les prix seront réglés par l'administration sur la proposition de la compagnie; mais que le nombre de places à donner dans ces voitures ne doit pas excéder le cinquième du nombre total des places du convoi. — V. *ibid.*

245. —... 6° Qu'enfin, et comme disposition générale, les compagnies, tenues de maintenir en bon état les locomotives, voitures et wagons employés aux transports, doivent aussi les renouveler au fur et à mesure des besoins. — Cahier des charges 19 juill. 1845, art. 17.

246. — Quant à la détermination du minimum et du maximum de vitesse des convois, on comprend qu'elle ne pouvait faire l'objet, soit d'une disposition légale, soit d'une clause des cahiers de charges; à cet égard, les cahiers se bornent à renvoyer à des réglemens spéciaux à prendre pour l'administration.

247. —... Comme aussi ils portent que des réglemens d'administration publique, rendus après que la compagnie aura été entendue, détermineront les mesures et les dispositions nécessaires pour assurer la police, la sûreté, l'exploitation et la conservation du chemin de fer et des ouvrages en dépendant. — Cahier des charges 15 juill. 1845, art. 39.

248. — Ces réglemens, pris par les préfets des départemens, et à Paris par le préfet de police, règlent en détail toutes les mesures à observer pour la bonne direction de l'exploitation. Il importe de mentionner ici leurs dispositions principales. — Ils ne sont tous, en général, que la reproduction de ceux rendus dans l'origine par le préfet de police de Paris, au sujet des premiers chemins livrés à la circulation.

249. — *Mesures générales de sûreté.* — Il est défendu à toute personne étrangère au service d'un chemin de fer: 1° de s'introduire sur la voie, d'y circuler ou stationner; — 2° d'y jeter et déposer, même momentanément, aucuns matériaux ni objets quelconques; — 3° d'y introduire, faire circuler ou stationner aucune voiture, wagon ou machine étrangers au service.

250. — Sont exceptés de la probibition de s'introduire sur la voie les maires et adjoints, les commissaires de police, les officiers de gendarmerie, les gardes champêtres et forestiers, les gendarmes et tous autres agens de la force publique, dans l'exercice de leurs fonctions et revêtus de leurs uniformes et de leurs insignes. — Toutefois, sauf le cas de flagrant délit, les gardes champêtres et forestiers, et les gendarmes, ne peuvent être admis dans l'enceinte du chemin de fer que sur la représentation d'un ordre émanant de l'autorité compétente et énonçant le motif de la visite à faire. — Dans tous les cas, tous les fonctionnaires et agens ci-dessus désignés sont tenus de se soumettre aux mesures spéciales de précaution qui ont été déterminées par l'administration, la compagnie préalablement entendue.

251. — Dans tous autres cas, les cantonniers, garde-barrières et autres agens de la compagnie doivent faire sortir immédiatement toute personne qui se serait introduite en dedans des voies, soit entre les rails, soit en dehors des rails, soit dans les locaux non affectés au public, ou enfin dans telle partie que ce soit des établissemens dans lesquels elle n'aurait pas le droit d'entrer. — En cas de résistance de la part des contrevenans, les cantonniers, garde-barrières et autres agens de la compagnie assermentés doivent dresser procès-verbal et peuvent requérir l'assistance des agens de l'administration publique.

252. — Et pour prévenir les événemens aux points où des chemins à voitures traversent de niveau le chemin de fer, il doit être établi deux barrières, une de chaque côté, avec un gardien chargé de les ouvrir et de les fermer. — Ces barrières doivent être habituellement fermées, de manière à intercepter la voie publique. Les gardes chargés du service de ces barrières les ouvrent quand cela est nécessaire, et il les referment sur-le-champ.

253. — Les réglemens portent que sur les passages de niveau destinés au service des piétons seulement, il doit être également établi deux barrières, une de chaque côté du chemin de fer, mais que ces passages n'auront pas chacun un gardien spécial, et qu'ils sont seulement placés sous la surveillance du cantonnier dans la section duquel ils se trouvent situés. Un écriteau placé des deux côtés du passage fait savoir au public qu'il ne doit pas traverser le chemin de fer, sans s'assurer qu'on n'entend ou qu'on n'aperçoit aucun train sur le point d'arriver, et qu'il doit refermer la barrière.

254. — Pour parer aux événemens, il doit y avoir aux points de départ et d'arrivée, et à certaines stations désignées, un wagon chargé de tous les agrès et outils convenables en cas d'accidens, ainsi que des machines dites de secours et de réserve toujours au feu; et si l'une d'elles est appelée pour donner secours à un train, il doit en être immédiatement allumé une autre qui ne peut être éteinte que lorsque la première est rentrée.

255. — Nul ne peut entrer dans une voiture de chemin de fer sans avoir un billet de départ, qu'il doit rendre à son arrivée, et ne peut prendre place dans une voiture d'une autre classe que celle qui est indiquée sur ce billet.

256. — Quoique le droit de prendre place dans un chemin de fer existe pour tous, néanmoins l'entrée des voitures est interdite: 1° à toute personne qui serait en état d'ivresse ou vêtue de manière à salir ses voisins; 2° à tous individus porteurs de fusils chargés ou de paquets qui, par leur nature, leur volume ou leur odeur, pourraient gêner ou incommoder les voyageurs. Tout individu porteur d'un fusil doit, avant son admission sur les quais d'embarquement, justifier que son fusil n'est point chargé.

257. — D'autres mesures sont encore prescrites par ces réglemens relativement aux transport des chiens, à l'interdiction de fumer, de changer de voiture, de se tenir debout ou de se pencher dehors, d'entrer et de sortir dans les voitures autrement que par la portière qui fait face au côté extérieur du chemin de fer.

258. — Défense est faite aux voyageurs de sortir des voitures dans un autre endroit qu'aux stations, et avant que le train soit complétement arrêté.

259. — Aux points extrêmes, les lieux d'embarquement et ceux de débarquement doivent être séparés de telle sorte que l'entrée et la sortie des voyageurs se fassent habituellement par des issues différentes. — Les mêmes dispositions doivent être appliquées, autant que possible, aux stations intermédiaires.

260. — *Composition des trains.* — Outre les prescriptions générales de l'ordonnance du 16 juill. 1828 sur les voitures publiques, et celles plus spéciales contenues dans les cahiers des charges et mentionnées plus haut (V. *suprà* nos 110 et suiv.), les réglemens de police contiennent encore diverses prescriptions quant aux voitures destinées au transport des voyageurs.

261. — Les voitures doivent être liées entre elles par une double chaîne, et porter, chacune à l'avant et à l'arrière, des tampons garnis à ressort et placés au même niveau, pour amortir autant que possible l'effet des chocs imprévus.

262. — Les différentes caisses de chaque voiture doivent être ouvertes à chaque extrémité par une portière garnie d'un marche-pied et ouvrant à la main.

263. — En outre, les voitures fermées, éclairées nécessairement pendant la nuit, peuvent l'être même dans le jour, en vertu des réglemens spéciaux sur certaines lignes, à raison des passages souterrains qu'il faut traverser.

264. — Pendant la nuit, les trains doivent porter à l'avant deux fanaux, et à l'arrière trois fanaux au moins, de sorte que l'on puisse toujours reconnaître dans quel sens marche le train.

265. — Un train de voyageurs ne peut jamais, dans aucun cas, se composer de plus de trente voitures.

266. — Il doit être accompagné: 1° d'un mécanicien; — 2° d'un chauffeur capable, au besoin, d'arrêter la machine; — 3° de deux conducteurs garde-freins au moins pour un train de six voitures jusqu'à douze, de trois pour douze voitures jusqu'à dix-huit, de quatre pour dix-neuf voitures jusqu'à vingt-quatre, de cinq pour vingt-cinq voitures et au-delà. — Quelle que soit la nature du train, il doit être, pour parer aux cas d'accidens, muni d'une prolonge et de deux crics.

267. — Les locomotives doivent toujours être en tête du train, et jamais à l'arrière. — Il ne peut être dérogé à cette disposition que pour les manœuvres dans le voisinage des stations, ou pour le cas de secours. Dans ces cas spéciaux, la vitesse ne doit pas dépasser vingt kilomètres par heure.

268. — Les convois de voyageurs ne doivent jamais, sauf dans des cas tout-à-fait exceptionnels, comme une affluence imprévue de voyageurs, être remorqués par plus d'une locomotive. — S'il devient indispensable de recourir à l'emploi simultané de deux ou d'un plus grand nombre de locomotives, il doit toujours y avoir, en tête de chaque train, autant de voitures ne portant pas de voyageurs qu'il y a de locomotives attelées.

269. — Dans ce cas, la vitesse du convoi ne doit pas dépasser, en aucun point du trajet, vingt-quatre kilomètres à l'heure.

270. — Aucune personne autre que le mécanicien et le chauffeur ne peut monter sur la locomotive ou le tender, à moins d'une permission spéciale du directeur du chemin ou de l'ingénieur du matériel.

271. — *Départ des trains.* — Avant le départ du train, le mécanicien s'assure si toutes les parties de la locomotive et du tender sont en bon état, si

le frein fonctionne. — Les conducteurs garde-freins s'assurent, de leur côté, si toutes les voitures sont en bon état, si les freins fonctionnent librement.

272. — Les trains ne se mettent en marche qu'après que le signal du départ a été donné au moyen d'un coup de cloche à la main. — Les départs ne peuvent avoir lieu qu'en se conformant aux heures indiquées par les affiches et imprimés. — V. *infrà* n° 289.

273. — Dans les chemins qui comportent deux voies, et c'est le plus grand nombre, chacune est affectée séparément, l'une aux trains montans, l'autre aux trains descendans. Dans aucune circonstance, et sous aucun prétexte, on ne peut changer la destination de chacune des deux voies, sauf cependant le cas de réparations

274. — Dans chaque sens, les trains ne peuvent partir qu'après un intervalle qui varie suivant la nature des trains, suivant aussi qu'il s'agit du point de départ et des stations principales ou de stations secondaires.

275. — Des mesures particulières sont encore prises dans les cas spéciaux où un chemin est commun, dans quelques unes de ses parties, à deux lignes qui se divisent ensuite.

276. — *Marche des trains.* — Le mécanicien surveille constamment tout le mécanisme de sa machine, la tension de la vapeur et le niveau d'eau de la chaudière : il veille à ce que rien n'embarrasse la manœuvre du frein ; il ne peut, dans aucun cas, quitter la machine confiée à ses soins.

277. — A l'approche des stations, le mécanicien doit ralentir la marche de la machine locomotive. Il doit en même temps faire jouer le sifflet à vapeur pour avertir de l'approche du train et toutes les fois que la voie ne lui paraît pas complétement libre.

278. — Les conducteurs garde-freins sont mis en communication avec le mécanicien, au moyen d'un cordon qui correspond à un timbre placé sur le tender. Lorsque le mécanicien entend ce signal, il est tenu d'arrêter le train.

279. — Sauf le cas de force majeure, aucun stationnement de voitures ou wagons, soit vides, soit chargés, ne peut avoir lieu sur les voies du chemin de fer affectées à la circulation des trains. — Les trains ne peuvent s'arrêter qu'aux gares ou lieux de stationnement spécialement indiqués pour le service des voyageurs ou des marchandises.

280. — Ils ne peuvent également s'arrêter dans les points où le chemin de fer traverse à niveau les chemins publics.

281. — La voie est placée sous la surveillance des cantonniers et garde-barrières, qui doivent être assez rapprochés pour se voir. Ils doivent parcourir chacun sa section avant le passage des trains, et veiller à ce que rien sur les voies, ni en dehors des voies, ne puisse entraver leur marche. — Spécialement, lorsqu'un train est en vue ou attendu, il leur est défendu d'ouvrir les barrières des chemins à niveau destinés aux voitures.

282. — Ils doivent d'ailleurs se porter vers l'extrémité de leur section, par laquelle le train arrive, pour donner tous les avertissemens nécessaires. — A cet effet ils doivent être munis, le jour, de deux drapeaux, l'un blanc, l'autre rouge ; la nuit, de deux lanternes, l'une verte, l'autre rouge, pour transmettre les signaux nécessaires soit aux cantonniers voisins, soit au train en marche, dont dans certains cas il doit annoncer l'approche au moyen d'un cornet.

283. — Dans le cas où un train s'arrêterait sur la voie, soit pour le service d'une station intermédiaire, soit pour cause d'accident, le cantonnier le plus voisin doit se porter en arrière, pour transmettre aux trains qui pourraient circuler à la suite sur la même voie le signal indiqué pour le cas où la voie est hors d'état de donner passage.

284. — Les réparations faites sur la voie peuvent, sans arrêter la circulation, nécessiter certaines précautions dans la marche ; à cet effet, certaines mesures sont à prendre par le chef d'atelier pour prévenir de ralentir la marche du convoi.

285. — Mais lorsque par suite de réparation, d'accident ou de toute autre cause, la circulation doit être momentanément interrompue sur une certaine longueur de l'une des voies, on doit placer un gardien auprès de chacune des deux aiguilles destinées à des changemens de voie. Ces gardiens communiquent entre eux au moyen d'un signal convenu à l'avance, et dont il est donné connaissance au commissaire spécial de police. Dans aucun cas, ils ne laissent les trains s'engager dans la voie unique laissée à la circulation, qu'après s'être assurés qu'ils ne seront pas rencontrés par un train venant d'une direction opposée.

286. — En cas d'accident durant le trajet, nécessitant l'arrêt d'un train, les conducteurs veillent à ce que le cantonnier le plus voisin soit à son poste à l'arrière, pour transmettre les signaux d'arrêt ; ils veillent aussi à ce qu'aucun voyageur ne descende sur la voie.

287. — La machine de secours (V. *suprà* n° 254) doit, lorsqu'elle est prévenue par les signaux, et même de plein droit lorsque vingt minutes se sont écoulées depuis l'heure fixée pour l'arrivée du convoi sans qu'il soit en vue, partir pour aller à la rencontre sur la voie qui n'est pas celle par laquelle le train doit venir. Elle fait route jusqu'à ce qu'elle ait rencontré le train en détresse, elle communique alors avec lui et continue jusqu'au point où elle trouve une aiguille qui lui permette de changer de voie. Elle opère alors ce changement et revient sur la voie où est le train. Elle le prend, soit en avant, soit en arrière, suivant la circonstance, le conduit ainsi jusqu'à la station d'où elle est partie et où des mesures sont prises pour faire arriver le train à sa destination.

288. — En cas d'accident grave, si par exemple il y a déraillement du train ou bris d'un essieu, il doit être demandé du secours à la fois au dépôt de machines le plus voisin et à la station la plus voisine, soit en avant, soit en arrière du train en détresse. Le chef du train doit, autant que possible, faire la demande de secours par écrit.

289. — *Dispositions diverses.* — La compagnie doit faire connaître au public par des affiches ou des avis imprimés dont elle donne communication immédiate au préfet de police pour le département de la Seine, et aux préfets des autres départemens traversés par le chemin de fer : les lieux de stationnement et les heures de départ et d'arrivée.

290. — Des exemplaires des réglemens de police et du tarif, certifiés par le préfet doivent être constamment affichés dans les lieux les plus apparens des bureaux de la compagnie. — Les conducteurs et garde-freins doivent également être munis de ces pièces, pour les exhiber à toute réquisition. — Des extraits doivent être délivrés, chacun pour ce qui le concerne, aux mécaniciens, chauffeurs, garde-freins, cantonniers, garde-barrières et autres agens employés sur le chemin. — Des extraits, en ce qui concerne les dispositions à observer par les voyageurs pendant le trajet, doivent être également placés dans chaque voiture.

291. — En outre, il doit être tenu dans chacune des stations du chemin de fer un registre coté et paraphé, à Paris, par le préfet de police, et ailleurs par le maire du lieu, lequel est destiné à recevoir les réclamations des voyageurs qui auraient des plaintes à former contre les cantonniers, les garde-barrières, les mécaniciens ou autres agens et ouvriers employés sur la ligne. Ce registre doit être présenté à toute réquisition des voyageurs.

292. — Il est pourvu à la surveillance journalière que l'administration doit exercer par les soins des commissaires spéciaux de police et des agens sous leurs ordres.

293. — A cet effet, les commissaires de police et les agens de surveillance sont tenus de dresser procès-verbal des détériorations qui pourraient survenir sur le chemin de fer ; en outre ils donnent immédiatement avis de ces détériorations aux ingénieurs des ponts-et-chaussées chargés de la surveillance, qui doivent provoquer telle mesure que de droit, et au directeur de la compagnie.

294. — Ils doivent également dresser des procès-verbaux de toutes les contraventions qui pourraient être commises, soit par les employés de la compagnie, soit par toute autre personne, ainsi que de tous les accidens qui pourraient survenir. — Ils adressent ces procès-verbaux aux préfets, qui en transmettent copie au ministre des travaux publics, après avoir fait constater, s'il y a lieu, les circonstances de l'affaire, par les ingénieurs des ponts-et-chaussées ou par les ingénieurs des mines.

295. — Le concours de la compagnie doit leur être acquis, et à cet effet dans chaque localité les chefs de service doivent obtempérer aux réquisitions des commissaires de police et des agens de surveillance sous leurs ordres dans tout ce qui est relatif à l'exécution des réglemens.

296. — Et même toutes les fois qu'il arrive un accident sur le chemin de fer, il en doit être fait immédiatement déclaration à l'autorité locale, à la diligence de tous les employés témoins de l'accident. Le directeur de la compagnie est tenu d'en informer immédiatement le préfet.

297. — Toutes les dépenses entraînées par l'exécution des mesures et dispositions que nous venons d'indiquer restent à la charge de la compagnie ; ainsi elle est tenue de fournir à ses frais des locaux de surveillance pour les commissaires de police et les agens de surveillance ; — et si, dans certaines circonstances, il devenait nécessaire d'établir, auprès des stations, des postes militaires, tous les frais qui en résulteraient seraient également à la charge de la compagnie.

298. — Toutefois, en ce qui concerne le traitement des commissaires de police et agens, ils restent à la charge du trésor public. — Cahier des charges, 16 juill. 1845, art. 39 ; 19 juill. 1845, art. 82.

299. — Il faut encore observer qu'outre les réglemens généraux pris par l'autorité, les compagnies peuvent aussi faire des réglemens intérieurs pour l'exploitation du chemin ; mais elles sont tenues de les soumettre à l'approbation préalable de l'autorité. — *Ibid.*

300. — ... Et que tous les réglemens légalement rendus, quelle que soit du reste leur nature, sont obligatoires tant pour la compagnie que pour toutes les personnes qui empruntent l'usage des chemins de fer. — *Ibid.*

Sect. 5e. — *Fin de la concession.*

301. — Quelle que soit la nature de la concession, qu'elle ait eu lieu directement ou par voie d'adjudication, que la compagnie ait été chargée de l'exécution du chemin ou seulement de l'exploitation, la concession peut prendre fin : 1° par expiration du temps fixé pour sa durée ; 2° par le rachat opéré par l'état ; 3° par déchéance.

302. — Il est arrivé aussi qu'à raison de circonstances particulières, certaines compagnies ont obtenu la faveur éventuelle de pouvoir se départir de leurs engagemens, dans un délai déterminé. — V. spécialement, en ce qui concerne la compagnie du chemin de Paris à Orléans, la loi du 1er août 1839. — Aujourd'hui que l'industrie des chemins de fer a pris un si rapide essor, les compagnies ne songent plus à réclamer un pareil privilége ; toutefois, dans un cas assez récent, cette faculté de se départir de l'engagement a été accordée à la compagnie de Paris à Saint-Germain, en ce qui concerne le chemin de fer atmosphérique, essai d'un système nouveau que cette compagnie se chargeait d'exécuter.

303. — 1° *Expiration du temps de la concession.* — Si l'on en excepte les chemins concédés *perpétuellement* (système qui, après avoir été pratiqué quelquefois à l'égard des chemins concédés, est aujourd'hui et depuis long-temps abandonné), le mode le plus naturel par lequel la concession prend fin est l'expiration du temps pour lequel cette concession avait été consentie.

304. — S'il s'agit d'une compagnie concessionnaire de l'exécution, le gouvernement est, à l'époque fixée pour l'expiration de la concession, et par le fait seul de cette expiration, subrogé à tous les droits de la compagnie dans la propriété des terrains et des ouvrages désignés au plan cadastral (V. *suprà* n° 180) ; il entre immédiatement en jouissance du chemin de fer, de toutes ses dépendances et de tous ses produits. — Cahier des charges, 16 juill. 1845, art. 54.

305. — Et la compagnie est tenue de remettre en bon état d'entretien le chemin de fer, les ouvrages qui le composent et ses dépendances, tels que gares, lieux de chargement et de déchargement, établissemens aux points de départ et d'arrivée, maisons de gardes et de surveillans, bureaux de perception, machines fixes, et, en général, tous autres objets immobiliers qui n'auront pas pour destination spéciale et distincte le service des transports. — *Ibid.*

306. — A cet effet, et pendant les cinq dernières années qui précèdent le terme de la concession, le gouvernement a le droit de mettre saisie-arrêt sur les revenus du chemin de fer, et de les employer à rétablir en bon état le chemin et toutes ses dépendances, si la compagnie ne se mettait pas en mesure de satisfaire pleinement et entièrement à cette obligation. — *Ibid.*

307. — Quant aux objets mobiliers, tels que machines locomotives, wagons, chariots, voitures, matériaux, combustibles et approvisionnemens de tout genre, et objets immobiliers non compris dans l'énumération précédente, la compagnie en conserve la propriété, si mieux elle n'aime les céder à l'état, qui est tenu, dans ce cas, de les reprendre à dire d'experts. Toutefois, l'état n'est tenu de reprendre que les approvisionnemens nécessaires à l'exploitation du chemin pendant six mois. — *Ibid.*

308. — Dans le cas, au contraire, où la compagnie n'était concessionnaire que de l'exploitation, à l'expiration du bail, non seulement la compagnie doit remettre au gouvernement, en bon état d'entretien, le chemin de fer et ses dépendances de toute nature, et la voie de fer devenue par sa pose propriété de l'état, mais même tout le *matériel d'exploitation*.

309. — Moyennant cette remise, le ministre des

travaux publics, au nom de l'état, s'engage à rembourser à la compagnie, à dire d'experts, la valeur du matériel d'exploitation et aussi des combustibles et approvisionnemens de tout genre destinés au service du chemin de fer, ou à la lui faire rembourser par la compagnie qui lui succède, dans le délai de trois mois, à partir de l'expiration du bail. Toutefois ici, comme au cas précédent, l'état n'est tenu de reprendre que les approvisionnemens nécessaires à l'exploitation du chemin de fer pendant six mois. — Cahier des charges 19 juill. 1845, art. 34.

310. — Si, pendant la durée du bail, la compagnie, autorisée par l'administration, a augmenté le nombre ou l'étendue de ses gares, stations ou ateliers, les dépenses qu'elle a faites lui sont remboursées dans le même délai. — *Ibid.*

311. — Et dans le cas où le chemin de fer et toutes ses dépendances ne sont pas remis par la compagnie en bon état d'entretien, et si celle-ci a refusé d'effectuer à ses frais les réparations nécessaires, ces réparations sont exécutées d'office, aux risques et périls de la compagnie, et le montant de la dépense en est prélevé sur la somme à rembourser. — *Ibid.*, art. 35.

312. — 2° *Rachat.* — La faculté pour l'état de pouvoir, au bout d'un certain temps, reprendre, s'il le juge à propos, l'exploitation du chemin concédé est consacrée maintenant par tous les cahiers de charges.

313. — Le délai fixé est d'ordinaire quinze années, à dater du délai fixé soit pour la concession des travaux, soit pour la pose de la voie de fer, suivant la nature de la compagnie. A dater de cette époque, le gouvernement est libre d'opérer le rachat de la concession. — Cahier des charges 16 juill. 1845, art. 53 ; 19 juill. 1845, art. 32.

314. — Pour régler le prix de cette résiliation, on relève les produits nets annuels obtenus par la compagnie, déduction faite des sommes attribuées à l'état à titre de prix de ferme, pendant les sept années qui ont précédé celle où la résiliation doit s'opérer ; on en déduit les produits nets des deux plus faibles années, et l'on établit le produit net moyen des cinquante années. — *Ibid.*

315. — Ce produit net moyen forme le montant d'une annuité qui est due et payée à la compagnie pendant chacune des années restant à courir sur la durée du bail. — Dans aucun cas le montant de l'annuité ne doit être inférieur au produit net de la dernière des sept années prises pour terme de comparaison. — *Ibid.*

316. — La compagnie reçoit, en outre, dans les trois mois qui suivent la résiliation, les remboursemens auxquels elle a droit à l'expiration du bail. — *Ibid.*

317. — 3° *Déchéance.* — S'il s'agit d'une compagnie soumissionnaire de l'exécution du chemin, le seul fait de la part de cette compagnie de ne s'être pas mise en mesure de commencer les travaux et de ne pas les avoir effectivement commencés dans le délai fixé par le cahier des charges, à dater de l'homologation de la concession, entraîne contre elle déchéance de plein droit de la concession, sans qu'il y ait lieu à aucune mise en demeure ni notification quelconque. — Cahier des charges 16 juill. 1845, art. 36.

318. — Dans le cas de déchéance, la totalité de la somme déposée, à titre de cautionnement, par la compagnie, devient la propriété du gouvernement et reste acquise au trésor public. — Il en est de même jusqu'à concurrence du dixième des sommes qui auraient été versées au trésor public sur les remboursemens à faire par la compagnie pour couvrir le gouvernement des dépenses par lui faites avant l'adjudication. — *Ibid.*

319. — Faute par la compagnie d'avoir entièrement exécuté et terminé les travaux des chemins de fer dans les délais fixés, faute aussi par elle d'avoir imprimé à ces travaux une activité telle qu'ils soient parvenus à moitié de leur achèvement dans les mêmes délais, et faute aussi par elle d'avoir rempli les diverses obligations qui lui sont imposées par le cahier des charges, elle encourt la déchéance. — Cahier des charges 16 juill. 1845, art. 37.

320. — Et il est pourvu à la continuation et à l'achèvement des travaux par le moyen d'une adjudication qu'on ouvre sur les clauses du cahier des charges et sur une mise à prix des ouvrages déjà construits, des matériaux approvisionnés, des terrains achetés et des portions de chemin déjà mises en exploitation. — *Ibid.*

321. — Cette adjudication est dévolue à celui des nouveaux soumissionnaires qui offre la plus forte somme pour les objets compris dans la mise à prix. — Les soumissions peuvent être inférieures à la mise à prix. — La compagnie évincée reçoit de la nouvelle compagnie la valeur que la nouvelle adjudication a déterminée pour lesdits objets. — *Ib.*

322. — La partie non encore restituée du cautionnement de la première compagnie devient la propriété de l'état, et l'adjudication n'a lieu que sur le dépôt d'un nouveau cautionnement. — *Ibid.*

323. — Si l'adjudication n'amène aucun résultat, une seconde adjudication est tentée sur les mêmes bases, après un délai de six mois ; et si cette seconde tentative reste également sans résultat, la compagnie est définitivement déchue de tous droits à la concession, et les parties de chemin de fer déjà exécutées ou qui sont mises en exploitation deviennent immédiatement la propriété de l'état. — *Ibid.*

324. — D'autres dispositions relatives aux causes de déchéance sont communes aux compagnies concessionnaires soit de l'exécution, soit simplement de l'exploitation.

325. — L'exploitation doit être continuée par la compagnie sans interruption. — Dans le cas d'interruption partielle ou totale de cette exploitation, l'administration est autorisée à prendre immédiatement aux risques et périls de la compagnie, les mesures nécessaires pour assurer provisoirement le service. — Cahier des charges 16 juill. 1845, art. 37 ; 19 juill. 1845, art. 26.

326. — Si dans un délai déterminé après l'organisation du service provisoire, lequel délai est d'ordinaire fixé par les cahiers des charges à trois mois, la compagnie n'a pas valablement justifié des moyens de reprendre et de continuer l'exploitation, et si elle ne l'a pas effectivement reprise, la déchéance peut être prononcée par le ministre des travaux publics. — *Ibid.*

327. — Toutefois, le même article ajoute que, dans aucun cas, soit qu'il s'agisse de retard ou de cessation de travaux, de retard dans l'exécution des engagemens financiers de la compagnie ou de l'interruption de l'exploitation, la déchéance n'est prononcée si ces événemens proviennent de force majeure régulièrement constatée. — *Ibid.*

328. — Lors de la discussion du cahier de charges relatif au chemin de fer du Nord (L. 15 juill. 1845), on avait proposé de supprimer le bénéfice de cette dernière disposition pour le cas où le retard de la part de la compagnie consisterait à ne pas s'être mise en mesure de commencer les travaux et à ne pas les avoir commencés dans le délai fixé ; on disait que ce serait laisser aux compagnies une faculté indéfinie pour l'ouverture des travaux ; mais M. Dufaure a fait remarquer que le gouvernement serait seul appréciateur des circonstances, et qu'il ne devait pas considérer comme des cas de force majeure le manque de capitaux puisque la compagnie est censée les avoir entre les mains lorsqu'elle se rend adjudicataire ; « mais que la chambre, a-t-il ajouté, me permette de lui indiquer une force majeure qui empêchera de commencer les travaux. Je crois que c'est au mois de septembre dernier que la compagnie s'est rendue adjudicataire de la ligne d'Orléans à Bordeaux ; l'adjudication a été homologuée immédiatement, mais aujourd'hui les statuts de la compagnie n'ont pas été homologués : je me garde d'imputer ce retard à qui que ce soit ; mais s'il arrivait que l'homologation de ses statuts ne fût retardée que par des circonstances indépendantes de la volonté de la compagnie adjudicataire, ne serait-il pas injuste de prononcer de plein droit contre elle ou plutôt contre une compagnie qui se trouverait dans la même situation une déchéance de l'adjudication ? — Je ne cite que ce cas de force majeure, mais il pourrait y en avoir d'autres analogues. » — *Moniteur* du 15 mai 1845. — Sur ces explications le projet fut adopté.

Sect. 6e. — *Police.*

329. — « En même temps que l'invention des chemins de fer était destinée à rapprocher les hommes, à changer les rapports des peuples, à multiplier leurs relations, elle créait des difficultés que n'offraient point les autres voies de communication. Par la nature de la force motrice qui fait si rapidement franchir les plus longues distances, par sa résistance à se laisser maîtriser d'une manière spontanée et subite, elle exige dans le sol sur lequel elle s'exerce une solidité et une conservation qui ne doivent jamais s'altérer ; elle demande aux hommes qui disposent de cette immense puissance d'unir toujours la perspicacité à la plus vigilante attention, la prudence à une intelligente dextérité ; elle attend du gouvernement, protecteur de tous, et des réglemens qui préviennent ou neutralisent les dangers, et des sanctions pénales qui empêchent les mauvais desseins ou les répriment quand elles n'auraient pu en triompher. » — Premier rapport de M. Persil à la chambre des pairs, sur la loi du 15 juillet 1845 (*Moniteur* 28 mars 1845).

330. — En ce qui concerne les mesures préventives, l'administration avait toujours montré, il faut le reconnaître, la plus grande vigilance ; les cahiers de charges et les réglemens divers de police contiennent les dispositions les plus précises sur ce point. Mais l'insuffisance des lois générales et l'absence complète de textes spéciaux étaient de nature à venir en aide au mauvais vouloir des compagnies.

331. — C'est dans le but de parer à cet inconvénient que la loi du 15 juillet 1845, sur la police des chemins de fer, est intervenue.

332. — Peu de lois ont été l'objet d'une discussion plus approfondie. Présentée d'abord à la chambre des pairs en janvier 1844, elle lui fut successivement renvoyée deux fois par la chambre des députés, en sorte que ce fut seulement après une troisième délibération qu'elle fut définitivement adoptée par la première des deux chambres, profondément modifiée depuis le projet primitif.

333. — Cette hésitation du pouvoir législatif s'explique par l'incertitude qui devait nécessairement résulter de ce qu'il s'agissait de statuer sur des matières entièrement nouvelles, ce qui faisait dire avec raison à M. Persil, dans son second rapport : « Le projet de loi n'embrasse certainement pas tous les cas, il n'est pas complet. Nous ne devions ni inventer des faits, ni imaginer des délits ; l'expérience aurait démenti nos conjectures et démontré l'insuffisance et peut-être même la fausseté de nos prévisions. Dans de semblables matières, il faut attendre ; les faits précèdent les réglemens ; les peines ne viennent qu'après les actions ; la sagesse consiste à attendre, à observer, à recueillir, à étudier les faits... » — *Moniteur*, 18 mars 1845.

334. — Telle qu'elle est aujourd'hui, cette loi comprend trois titres distincts : 1° mesures relatives à la conservation des chemins de fer ; — 2° contraventions de voirie commises par les concessionnaires ou fermiers de chemins de fer ; — 3° mesures relatives à la sûreté de la circulation sur les chemins de fer. — Chacune de ces divisions doit faire l'objet d'un examen séparé.

§ 1er. — *Mesures relatives à la conservation des chemins.*

335. — Sous cette rubrique, la loi du 15 juillet 1845 entend parler, non pas des conditions de construction et d'entretien des chemins de fer, mais des règles qu'impose aux propriétaires riverains l'établissement d'un chemin de fer.

336. — Et d'abord, fallait-il assimiler les chemins de fer aux routes et en conséquence les déclarer applicables à la législation sur la grande voirie ? — Sur ce point le gouvernement avait présenté un article 1er ainsi conçu : « Les lois et réglemens sur la grande voirie des routes de terre sont déclarés applicables aux chemins de fer, sauf les modifications et additions suivantes, etc., etc. »

337. — Cependant la commission de la chambre des pairs ne crut pas devoir maintenir cette rédaction primitive : il lui sembla que d'un côté elle avait le tort d'être trop vague en ce qu'elle renvoyait à des réglemens nombreux, obscurs, appartenant à différentes époques ; et d'un autre côté que les chemins de fer, par leur nature spéciale, n'exigeaient pas qu'il leur fût fait application de tous les réglemens de grande voirie. — Duvergier, *Coll. des lois*, 1845, p. 282.

338. — Aussi le projet du gouvernement fut-il remplacé par une autre rédaction, tandis que l'article premier déclare en termes formels que « les chemins de fer construits ou concédés par l'état font partie de la grande voirie. » — D'autres dispositions sont venues expliquer et limiter le sens et la portée de ce principe.

339. — Remarquons tout d'abord qu'en parlant, dans cet article 1er, des chemins de fer *construits par l'état ou concédés par lui*, la loi déclara implicitement par cela même qu'au cas où un chemin de fer serait établi par un particulier sur sa propriété, les réglemens sur la grande voirie ne seraient plus applicables. — Toutefois, il faut reconnaître avec M. Duvergier (*loc. cit.*, p. 288, note 1re) que si le public était admis à se servir de ce chemin, l'autorité municipale aurait le droit d'intervenir dans un intérêt général et pour prescrire les mesures de sûreté qu'elle jugerait convenables sans qu'il y eût pour cela atteinte aux droits de la propriété.

340. — Comme explication de l'article premier, l'art. 2 ajoute : « Art. 2. Sont applicables aux chemins de fer les lois et réglemens sur la grande voirie qui ont pour objet d'assurer la conservation des fossés, talus, levées et ouvrages d'art dépendant des routes, et d'interdire, sur toute leur étendue, le pacage des bestiaux et les dépôts de terre et autres objets quelconques. — V. VOIRIE (GRANDE).

341. — Et l'art 3 : « Sont applicables aux pro-

priétés riveraines des chemins de fer les servitudes imposées par les lois et réglemens sur la grande voirie, et qui concernent : l'alignement, l'écoulement des eaux, l'occupation temporaire des terrains en cas de réparation, la distance à observer pour les plantations et l'élagage des arbres plantés, le mode d'exploitation des mines, minières, tourbières, carrières et sablières, dans la zone déterminée à cet effet.— Sont également applicables à la confection et à l'entretien des chemins de fer, les lois et réglemens sur l'extraction des matériaux nécessaires aux travaux publics. » — V. ALIGNEMENT, ARBRES, CARRIÈRES, EAU, MINES, TRAVAUX PUBLICS.

342.— Il résulte de la longue discussion qui a eu lieu sur ces articles : 1° que les chemins de fer ne peuvent être considérés comme des propriétés privées, et qu'ils ont été placés dans la grande voirie afin que les règles qui régissent les grandes routes de terre leur fussent applicables sous le rapport de la propriété, de l'imprescriptibilité et de la juridiction qui doit connaître des contraventions qui peuvent être commises (V. VOIRIE); — 2° mais aussi (comme l'indiquent clairement les art. 2 et 3) que tous les réglemens de la grande voirie ne sont pas applicables aux chemins de fer, et que les propriétés riveraines ne sont pas assujéties à toutes les servitudes qui sont d'ordinaire imposées aux propriétés qui bordent les grandes routes.

343.— Du reste, les dispositions contenues dans les art. 2 et 3 ne sauraient être étendues et doivent être regardées comme limitatives; c'est au surplus ce que M. Persil déclarait formellement dans son deuxième rapport.—*Moniteur* 2 avr. 1844, p. 808. — Au surplus, ajoute M. Duvergier (*Coll. des lois*, t. 45, p. 288), les art. 647, 671, 678, 679 et 680, C. civ., à l'empire desquels on avait proposé de soumettre les propriétés voisines des chemins de fer, ne peuvent leur être appliqués.

344. — Ainsi, spécialement, les propriétaires riverains ne pourraient être astreints à supporter d'autres servitudes de voirie, l'essartement, par exemple, qu'après expropriation et indemnité préalable. — *Moniteur* 2 avr. 1844; 25 juin 1844.

345. — De même les propriétaires riverains ne peuvent être tenus, ainsi que cela a eu lieu pour les routes royales, de planter des arbres de haute tige le long du chemin de fer, quelque avantage qu'il pût en résulter; ainsi notamment, dans certaines localités, pour paralyser l'action des vents sur la marche des convois. — *Moniteur*, 25 juin 1844. — C'était, du reste, ce que l'exposé des motifs avait déclaré dès le principe.

346. — Mais renfermés dans leur juste application, les art. 2 et 3 concernent non seulement les chemins à concéder depuis la promulgation de la loi, mais ceux existant précédemment. La loi du 15 juill. 1845 est en effet une loi de police : or le caractère essentiel de la loi de police, c'est de s'appliquer sur le passé comme sur l'avenir, sans être pour cela rétroactive.

347. — C'est d'ailleurs ce que, sur la demande d'un de ses membres, M. le marquis de Boissy, la chambre des pairs décida, non pas sur les art. 2 et 3, où la question ne fut pas soulevée, mais à l'occasion de l'art. 4, lequel, généralisant ce que la plupart des cahiers des charges avaient déjà imposé spécialement aux concessionnaires, établit comme règle générale cette disposition fort sage que : « Tout chemin de fer doit être clos des deux côtés et sur toute l'étendue de la voie. »

348. — Cette clôture doit avoir lieu aux frais de la compagnie, et sur le sol dépendant du chemin; nulle difficulté quant aux concessions à venir; — au contraire, s'il s'agit des concessions antérieures à la loi, « sur qui, continuait M. de Boissy, sera faite la clôture? sera-t-elle posée sur le terrain dépendant du chemin de fer, ou sur les propriétés riveraines? Ici deux choses : — augmentation des dépenses pour une compagnie qui a traité à certaines conditions, et à laquelle on ne peut pas en imposer de nouvelles sans concourir en partie aux frais que cela nécessitera; ensuite, servitudes nouvelles sur des propriétés qui ont reçu des indemnités pour des servitudes connues, mais non calculées en raison de servitudes inconnues. » — *Moniteur* 3 avr. 1844.

349.—A ces observations, M. le ministre des travaux publics répondit qu'en principe il ne pouvait y avoir de difficulté quant à l'obligation imposée à la compagnie, sauf toutefois à l'autorité à tempérer la rigueur des principes quant à l'exécution; et c'est en effet ce que la chambre des députés consacra par un amendement inséré dans l'art. 4, et qui laisse à l'administration le pouvoir de déterminer pour les chemins non assujétis jusqu'ici à l'obligation de clôture, l'époque à laquelle elle devra être effectuée.

350.—Le même article délègue également à l'administration le soin de déterminer le mode de clôture de chaque chemin, modifiant ainsi avec raison le projet primitif, qui, énumérant les modes de clôture, ajoutait au paragraphe 1er les mots suivans : « par des murs, haies ou poteaux avec lisses, barrières ou par des fossés. »

351. — Et il fut du reste bien entendu dans la même discussion que pour l'exercice du pouvoir qui lui était conféré, l'administration n'était pas tenue de recourir à la formalité d'une ordonnance royale; et que l'autorité locale serait compétente pour statuer, sauf bien entendu le recours au ministre.

352. — Enfin l'art. 4 ajoute que : « Partout où les chemins de fer croiseront de niveau les routes de terre, des barrières seront établies et tenues fermées conformément aux réglemens. — V. au surplus *suprà* nos 252 et suiv.

353. — Il est d'ailleurs évident que les clôtures du chemin de fer seront protégées par les peines que le droit commun attache au bris de clôture.— C. pén., art. 456. — V. DESTRUCTION DE CLOTURE.

354.—L'obligation de se clore imposée aux concessionnaires aurait été une mesure insuffisante pour assurer la circulation, si la voie de fer avait pu être encombrée par des matières jetées des fenêtres voisines ou par l'écroulement soit d'une cheminée, soit d'une maison elle-même occasionné par le vent ou par un accident quelconque. De là l'interdiction de bâtir sur le sol adhérent au chemin établie par l'art. 5, en ces termes : « *A l'avenir* aucune construction autre qu'un mur de clôture ne pourra être établie dans une *distance* de deux mètres d'un chemin de fer. »—La distance de huit mètres avait été originairement proposée.

355. — Cette distance, ajoute le même article, doit être mesurée, soit de l'arête supérieure du déblai, soit de l'arête inférieure du talus du remblai, soit du bord extérieur des fossés du chemin.

356.—Toutefois, et comme ces signes extérieurs peuvent manquer, la loi statue encore que la distance sera mesurée, à défaut d'une ligne tracée, à un mètre cinquante centimètres à partir des rails extérieurs de la voie de fer. La commission de la chambre des députés exprima, du reste, le vœu le plus formel pour que, partout où cela sera possible sans de trop grands frais, des bornes ou des poteaux soient établis pour fixer d'une manière apparente et certaine la limite légale.

357.—Si un chemin de fer destiné à avoir deux voies n'en a qu'une provisoirement, la distance sera mesurée d'une ligne tracée à un mètre cinquante centimètres de distance à partir du point où devraient être placés les rails extérieurs de la seconde voie.— Paroles de M. le prés. Boullet à la chambre des pairs ; — Duvergier, p. 294.

358. — Comme correctif à ce qu'avait de si rigoureux cette servitude *non ædificandi*, inconnue jusqu'ici en matière de grande voirie, et pour concilier tout à la fois le droit de propriété et la sûreté du chemin de fer, la chambre des pairs avait pensé devoir par disposition spéciale accorder au gouvernement la faculté de permettre, suivant les cas, d'élever des constructions en-deçà de la distance de deux mètres. La chambre des députés rejeta cette proposition, qui n'a pas été maintenue.

359. — Un mur de clôture seul peut donc être élevé à une distance de moins de deux mètres; mais pour son établissement aucune restriction n'est imposée : il peut être construit sur la ligne même qui sépare la propriété riveraine et le chemin. — Il est vrai que, dans le sein de la chambre des pairs, quelques membres, et notamment M. le comte Cholet, demandèrent expressément que les murs de clôture fussent, comme toutes autres constructions, placés à deux mètres de distance, observant que si en effet aucun danger ne pouvait résulter de l'existence d'un mur, dans les cas ordinaires, dans les lieux au contraire où le chemin serait à niveau ou en tranchée, le mur étant placé sur un terrain sans consistance, des éboulemens pourraient se manifester. Mais ces observations furent réfutées par M. Legrand, sous-secrétaire d'état des travaux publics, et M. de Barthélemy.

360. — Absolue en principe, la servitude *non ædificandi* s'étend sous cette distinction à tous les lieux coupés par les chemins de fer, même dans la traversée des villes et villages; c'est ce qui résulte formellement de la discussion de l'art. 5 de la loi à la chambre des députés, dans sa séance du 31 janv. 1845, et du rejet de l'amendement présenté par M. Pascalis sur ce point. — *Moniteur* 1er fév. 1845.

361. — Enfin, c'est un point qui fut reconnu comme constant dans la discussion, que l'obligation imposée par l'art. 5 de la loi ne peut donner lieu à aucune indemnité en faveur du propriétaire, et cela sans distinction, qu'il s'agisse des chemins déjà concédés ou de chemins à concéder à l'avenir. La distinction proposée sur ce point à la chambre des députés par M. Bethmont a été rejetée. —*Moniteur* 1er fév. 1845.

362. — Toutefois la servitude *non ædificandi* ne concerne que l'avenir, ainsi que l'indiquent les termes de l'art. 5, qui, prévoyant d'ailleurs le cas où des constructions auraient déjà, lors de la promulgation de la loi, été élevées dans une distance de moins de deux mètres, ajoute : « Les constructions existantes au moment de la promulgation de la présente loi, ou lors de l'établissement d'un nouveau chemin de fer, pourront être entretenues dans l'état où elles se trouveront à cette époque. Un réglement d'administration publique déterminera les formalités à remplir par le propriétaire pour faire constater l'état desdites constructions, et fixera le délai dans lequel ces formalités devront être remplies. »

363. — Mais que doit-on entendre par le mot *entretenir*? A cet égard un dissentiment grave et prolongé s'est élevé entre les deux chambres, et il est important d'en faire connaître les différentes phases.

364. — La chambre des pairs, saisie la première du projet, avait cru pouvoir, en présence de l'art. 3, qui décide que les propriétés riveraines demeurent soumises à la loi des alignemens, se dispenser de rien ajouter; au contraire, la chambre des députés pensa qu'il était juste de reconnaître aux riverains le droit d'*entretenir* les constructions établies antérieurement à la loi ou à la construction d'un chemin de fer, et, allant même plus loin, elle consacra également en termes formels la faculté de *réparer* et de *reconstruire* dans l'état actuel desdites constructions.

365. — La considération principale qui motiva sa détermination était le respect dû à la propriété; elle pensait qu'il s'agissait ici d'une sorte d'expropriation sans indemnité en perspective. Il y avait, disait-on, un nouvel élément dans la perte du propriétaire, dont n'avait pu tenir compte le jury d'expropriation, ce jury n'ayant pas prévu à l'avance qu'une loi viendrait ajouter à la dépossession deux mètres de chaque côté du chemin.

366. — Cette réduction fut énergiquement repoussée par la chambre des pairs, qui proposa la suivante : « Les constructions existantes au moment de la présente loi, ou lors de l'établissement d'un nouveau chemin de fer, seront soumises aux dispositions des lois et réglemens relatifs à l'alignement. »

367.— De deux choses l'une, disait-on : ou bien la servitude qui consiste à ne pas construire dans une certaine distance des chemins de fer est nécessaire, ou elle est inutile; si elle est inutile, elle ne doit pas plus être imposée aux terrains non bâtis qu'aux terrains bâtis; si elle est nécessaire, elle doit peser sur les uns comme sur les autres. Si tout le monde considère comme dangereuse l'existence des constructions dans la distance de deux mètres, il faut se garder de permettre, non seulement de reconstruire, mais de réparer, car en réparant successivement toutes les parties d'un édifice, on le renouvelle et on arrive à le reconstruire en totalité.

368. — Saisie du nouveau projet, la chambre des députés se montra moins opiniâtre que la chambre des pairs ; reconnaissant que permettre, non seulement l'entretien, mais la réparation et la reconstruction, c'était aller trop loin, elle transigea, en conservant seulement le mot *entretenir*, mais en indiquant que ce mot était emprunté à la loi du 17 juill. 1819, sur les servitudes militaires, et en disant expressément (ainsi que cela résulte des explications échangées avec M. Taillandier) qu'il emportait pour le propriétaire le droit de faire des *travaux confortatifs*.

369.— Saisie une troisième fois du projet de loi, la chambre des pairs adopta, il est vrai, la rédaction présentée par la chambre des députés, et conserva le mot *entretenir*; mais au fond sa pensée resta toujours la même, et M. Persil, rapporteur, déclarait : « Si ce sont des réparations d'*entretien*, on les autorisera : si ce sont des réparations *réconfortatives*, on ne les autorisera pas. » Ce qui était aller directement contre les intentions positivement exprimées de la chambre des députés.

370. — Il résulte de là, ainsi que le fait observer M. Duvergier (*loc. cit.*, p. 300), que les deux chambres ont adopté une rédaction uniforme, mais en lui attribuant une portée différente. Quant au gouvernement, il a changé d'opinion en portant le projet d'une chambre à l'autre; à la chambre des députés, il a été *pour*, à la chambre des pairs, il a été *contre* les travaux *réconfortatifs*. — Que devront en cet état décider les tribunaux?

371. — M. Duvergier, après avoir rappelé que le paragraphe de l'art. 5, tel qu'il est rédigé, émane

de la chambre des députés, et que là il a été formellement reconnu que le propriétaire avait le droit de faire des travaux réconfortatifs, ajoute : « Ceci bien entendu, tout ce qui s'est passé ensuite n'a pu changer la signification donnée à l'article par ceux qui en ont été les rédacteurs. La chambre des pairs et son honorable rapporteur ont bien pu dire et penser qu'il ne fallait pas laisser aux propriétaires le droit de faire des travaux réconfortatifs, mais ils n'ont pu ôter à l'expression employée précisément pour leur donner ce droit son sens et sa valeur. »

372. — Du reste, quel que soit le sens que l'on attache au mot *entretenir*, ce qu'il y a de certain c'est qu'en dehors de la distance légale des deux mètres, nulle restriction n'est apportée au droit de propriété en ce qui concerne la possibilité d'élever des constructions.

373. — Pour prévenir des dangers d'un autre genre, la loi du 15 juillet 1845 porte ensuite dans son article 6 : « Dans les localités où le chemin de fer se trouvera en remblai de plus de trois mètres au-dessus du terrain naturel, il est interdit aux riverains de pratiquer des excavations dans une zône de largeur égale à la hauteur verticale du remblai mesurée à partir du pied du talus, sans une autorisation, laquelle autorisation ne pourra être accordée sans que les concessionnaires ou fermiers de l'exploitation du chemin de fer aient été entendus ou dûment appelés. »

374. — De cette manière de mesurer la hauteur verticale du remblai à partir du pied du talus, il résulte que dans les terrains en pente transversale cette hauteur verticale du talus et, dès-lors, la zône des prohibitions devront augmenter d'autant plus que le talus s'étendra plus loin en aval. En effet, c'est seulement ainsi qu'on arrivera à éviter, dans les terrains mouvans, que les excavations voisines du remblai n'amènent l'éboulement.

375. — L'art. 6 n'ayant prévu que le cas où le chemin de fer se trouvera de plus de trois mètres, que décider dans les nombreux cas où le chemin se trouvera sans remblai, ou sur remblai de moins de trois mètres ? quelles restrictions seront apportées au droit des propriétaires riverains de pratiquer des excavations? Dans le silence de la loi spéciale, nous pensons qu'il faudrait se reporter aux lois et réglemens généraux sur la grande voirie, les chemins de fer faisant, ainsi que nous l'avons vu (*suprà* no 336 et suiv.), partie de la grande voirie.

376. — Le tout, bien entendu, sans préjudice de l'application des lois et réglemens sur les mines, minières et carrières.— Mention formelle en était faite dans le projet de loi ; et elle n'en fut retirée que sur l'observation faite par M. le ministre des travaux publics que l'art. 2 de la loi suffisait pour consacrer cette réserve.

377.— Aux termes de l'art. 7 il est encore défendu d'établir, à une distance de moins de vingt mètres d'un chemin de fer desservi par des machines à feu, des couvertures en chaume, des meules de paille, de foin et aucun autre dépôt de matières inflammables. — Cette prohibition a pour but d'éloigner des locomotives qui projettent quelquefois des matières enflammées, tout ce qui est susceptible d'une combustion prompte et facile. Les incendies étaient à craindre surtout dans les campagnes traversées par les chemins de fer, et où les moyens de les éteindre sont toujours insuffisans et souvent même sans effet.

378. — Toutefois l'art. 7 ajoute que : « cette prohibition ne s'étend pas aux dépôts de récoltes faits seulement pour le temps de la moisson » : exception bien équitable introduite après vive discussion par la chambre des députés, et établie en faveur de l'agriculture, mais qu'il faut restreindre dans une juste application en comprenant par *temps de la moisson*, non pas tout le temps que dure la moisson dans une localité, ce qui peut comprendre plusieurs semaines, mais le temps nécessaire pour couper et recueillir à point la récolte de la moisson qui joint le chemin de fer.

379. — En dehors de cette exception la règle est absolue : ici, comme sur l'art. 5, les motifs de la prohibition sont trop impérieux, pour qu'il soit loisible à l'administration de se montrer tolérante.

380. — Quant à la question de savoir à partir de quel point doit être calculée la distance de vingt mètres, le projet du gouvernement portait *sur une distance de vingt mètres à partir de l'arête extérieure*, ce à quoi la chambre des pairs avait substitué, sur la proposition de sa commission : *à une distance de vingt mètres du bord extérieur de la clôture.* — La rédaction définitivement adoptée ne peut plus soulever de difficulté sérieuse, car le § 2 de l'art. 5, qui contient une règle générale, détermine ce qu'il faut considérer comme limite du chemin de fer.

381. — L'art. 7 n'établit de prohibition *absolue* qu'à l'égard des matières *inflammables*. — Mais, aux termes de l'art. 8, une autorisation est nécessaire pour établir, dans une distance de moins de cinq mètres d'un chemin de fer, des dépôts de pierres ou autres objets non inflammables »; le poids d'objets de cette nature placés sur l'arête extérieure ou à une petite distance de cette arête pourrait, en effet, avoir pour résultat l'affaissement du sol ou des éboulemens, deux causes d'accidens très fréquens sur les chemins de fer.

382. — L'autorisation est donnée par le préfet, et elle doit être *préalable* : elle est toujours révocable — Même art. 8.

383. — Au contraire, l'autorisation n'est pas nécessaire : 1o pour former, dans les localités où le chemin de fer est en remblai, des dépôts de matières non inflammables, dont la hauteur n'excède pas celle du remblai du chemin ; — 2o pour former des dépôts temporaires d'engrais et autres objets nécessaires à la culture des terres.

384. — Quelque précises que puissent être les règles tracées par les articles ci-dessus cités, quant aux zônes de servitudes, l'art. 9 dispose que : « Lorsque la sûreté publique, la conservation du chemin et la disposition des lieux le permettront, les distances déterminées par ces articles pourront être DIMINUÉES en vertu d'ordonnances royales rendues après enquête. »

385. — La chambre des pairs avait d'abord adopté sur cet art. 9 un principe beaucoup plus grave; il lui avait semblé que les mêmes motifs qui justifiaient le droit accordé au gouvernement de *restreindre* les zônes de servitudes, voulaient qu'en sens inverse il fût, suivant les mêmes formes, appelé à les *étendre*, si l'utilité publique l'exigeait. — Seulement elle exigeait que les ordonnances fussent rendues dans la forme de réglemens d'administration publique, les parties intéressées entendues.

386. — Sur la proposition de sa commission, la chambre des députés rejeta le projet de loi, en ce qu'il conférait au gouvernement le droit d'*étendre* les servitudes; dès-lors, et du moment où la faculté de *restreindre* était seule laissée au gouvernement, dès qu'il n'était plus permis d'*aggraver la position des propriétaires*, il devenait inutile, ainsi que le disait avec raison M. Chasseloup-Laubat, d'exiger que les ordonnances fussent rendues dans la forme des réglemens d'administration publique (*Monit.* 2 fév. 1845). — On se borna à mentionner que les ordonnances royales prises en vertu de l'art. 9, le seraient *après enquête*.

387. — Et par *enquête* il faut entendre évidemment une enquête administrative. — A la chambre des pairs, un membre, M. Laplagne-Barris, proposa même qu'on mentionnât formellement que l'enquête dont il était question était celle dont les formes sont tracées par l'ordonnance de 1834, lorsqu'il s'agit d'expropriation pour utilité publique. La chambre rejeta cette proposition comme inutile. — *Monit.* 4 avr. 1844.

388. — Du changement de rédaction subi par l'article il ne faut pas conclure que l'ordonnance puisse être rendue sans que les parties intéressées aient été admises à élever leurs réclamations. — Sur ce point, la nécessité de l'enquête garantit les droits réciproques et des compagnies et des propriétaires riverains, véritables *parties intéressées*, ainsi que le disait M. le sous-secrétaire d'état Legrand à la chambre des pairs. — *Monit.* 4 avr. 1834.

389. — Toutefois si le gouvernement ne peut aggraver les servitudes établies par la loi, du moins lorsque les circonstances ont pu le déterminer à diminuer l'étendue de ces servitudes, et que ces circonstances ont cessé d'exister, peut-il, dans la même forme, retirer ce bénéfice et rétablir l'ancien état de choses ? Ce droit nous paraît incontestable et être dans les limites de ses attributions.

390. — Mais, dans l'intervalle et sur l'espace affranchi ainsi temporairement des servitudes légales, des travaux ont pu être faits, par exemple, des constructions être élevées; les propriétaires seront-ils tenus de les détruire, et ce sans indemnité ? — Si l'ordonnance a prévu le cas, et, en fait, il en sera probablement toujours ainsi, pas de difficulté; la démolition aura lieu sans indemnité.

391. — Au cas contraire, la solution nous paraît devoir être la même : ici en effet les propriétaires ne sont pas dans la position de ceux qui se trouvent, pour la première fois, voisins d'un chemin de fer nouveau ; ils savaient parfaitement que leur terrain, soustrait temporairement aux servitudes, pouvait s'y trouver replacé ; en élevant des constructions, ils ont dû calculer l'éventualité du retrait d'autorisation. — On doit, au surplus, décider ici par analogie comme au cas où il s'agit des tolérances dans la zône des servitudes de guerre. — V. SERVITUDES MILITAIRES.

392. — Quel que soit le respect dû aux droits acquis, et bien que l'art. 5 (comme nous l'avons vu *suprà* no 362) ne dispose que pour l'avenir, cependant l'art. 10 porte « que si, hors des cas d'urgence prévus par la loi des 16 24 août 1790, la sûreté publique ou la conservation du chemin de fer l'exige, l'administration pourra faire supprimer, moyennant une juste indemnité, les constructions, plantations, excavations, couvertures en chaume, amas de matériaux, combustibles ou autres, existant dans les zônes ci-dessus spécifiées au moment de la promulgation de la loi, et, pour l'avenir, lors de l'établissement du chemin de fer. »

393. — Ainsi qu'on le voit, le principe consacré par cet art. 10 est celui de la suppression avec indemnité; mais, comme le disait M. le ministre des travaux publics : « S'il s'agissait d'un danger immédiat pour la sûreté publique, il est évident que la nécessité d'une indemnité préalable ne serait pas admissible; il est certain que, quand la sûreté publique le commande, il faut qu'elle passe avant tout; car elle ne supporte pas les lenteurs d'une expropriation devant quelque jury que ce puisse être. » — Et c'est pour mieux rendre cette pensée et éviter tous doutes sur ce point, qu'on plaça en tête de l'article les mots : *Hors les cas d'urgence prévus par la loi du 16 avr. 1790.*

394. — L'article précité porte que la suppression aura lieu moyennant une juste indemnité; mais cette indemnité doit-elle être préalable? — Cette question, ou plutôt celle de savoir (mais elles se résolvent toutes deux par les mêmes principes), dans quelle forme il serait procédé au réglement de l'indemnité, a vivement préoccupé la chambre des pairs, qui l'a résolue par une distinction.

395. — On a pensé qu'il y avait une différence à établir entre les divers objets dont la suppression pouvait être ordonnée ; qu'à l'égard des constructions seulement, la suppression constituait une expropriation réelle, et devait dès-lors entraîner l'application de la loi du 3 mai 1841, ce qui entraîne de soi que l'indemnité sera préalable; qu'au contraire à l'égard des autres objets mentionnés dans l'art. 10, tels que plantations, couvertures en chaume, amas de matériaux, combustibles ou autres, la suppression n'entraînait qu'un simple dommage temporaire ou permanent, et qu'à ce titre l'indemnité devait être réglée conformément à la loi du 16 sept. 1807, ce qui emporte par voie de conséquence que l'indemnité sera réglée par l'administration et ne sera pas préalable.

396. — Telle est au surplus la distinction que consacre la disposition finale de l'art. 10, qui porte : « L'indemnité sera réglée pour la suppression des constructions, conformément aux titres 4 et suiv., L. 3 mai 1841 ; *et, pour tous les autres cas*, conformément à la loi du 16 sept. 1807. »

397. — Par qui sera payée l'indemnité réglée dans l'un et l'autre de ces cas? — Un pair, M. de Boissy, avait proposé sur ce point la disposition suivante : « L'indemnité sera payée par l'état, si l'état a exécuté les travaux, et par les compagnies si les travaux ont été exécutés à leurs frais et moyennant une concession perpétuelle ; si la durée de la concession est limitée, l'état acquittera l'indemnité, et les compagnies lui tiendront compte des intérêts pendant la durée de leur jouissance. » La commission avait partagé cet avis ; mais, après discussion, l'article proposé fut rejeté comme pouvant donner lieu à trop de discussions, de telle sorte, comme le faisait observer M. le sous-secrétaire d'état, qu'on reste, à cet égard, sous l'empire de conventions faites ou à faire, et, à défaut de conventions, sous l'empire du droit commun.

398. — « Certainement, dit à ce sujet M. Duvergier (t. 45, p. 303), des questions graves pourront naître à l'occasion des suppressions sollicitées quelquefois par des compagnies, pour se soustraire à une responsabilité menaçante, quelquefois ordonnées spontanément par l'administration; et l'on ne peut essayer de résoudre à l'avance toutes les difficultés qui s'élèveront dans la pratique; mais il y a un principe qu'il ne faudra jamais perdre de vue : des suppressions, des expropriations ne doivent pas être ordonnées, parce qu'une compagnie le désire, afin de se dégager de la responsabilité à laquelle elle serait exposée, mais seulement, comme le dit la loi, lorsque la sûreté publique ou la conservation du chemin de fer, considéré lui-même comme propriété publique, l'exigera. Or, c'est à l'état à payer les indemnités dues au cas d'expropriation, ou au cas de dommage pour cause d'utilité publique. Ainsi, à moins de circonstances bien exceptionnelles ou de conventions spéciales, les compagnies ne devront point, à mon avis, payer l'indemnité. »

399. — Les contraventions susceptibles de porter atteinte à la conservation du chemin de fer, une fois définies, l'art. 11 s'est occupé du mode de les constater, de la juridiction qui en doit connaître

et des peines à leur appliquer : sous le premier rapport, cet article, dont l'explication est sans difficultés, est ainsi conçu : « Les contraventions aux dispositions du présent titre seront *constatées, poursuivies* et *réprimées* comme contraventions de grande voirie. »

400. — D'où il résulte que ces contraventions sont attribuées sans exception aux conseils de préfecture, sauf recours au conseil d'état. — V. CONSEIL DE PRÉFECTURE, VOIRIE (GRANDE).

401. — Quant à la pénalité, celle portée par les lois et réglemens généraux de la grande voirie, n'est pas applicable, et l'art. 11 dispose que les « contraventions seront punies d'une amende de seize francs à trois cents francs sans préjudice, s'il y a lieu, des peines portées au Code pénal et au titre 3 de la présente loi. »

402. — Dans ces derniers cas, évidemment, il ne s'agit plus de contraventions aux réglemens de voirie, le conseil de préfecture devra donc appliquer l'amende pour la contravention, et renvoyer pour le surplus devant la juridiction ordinaire.

403. — « Les contrevenans, dit l'art. 11, seront en outre condamnés à supprimer dans le délai déterminé par l'arrêté du conseil de préfecture, les excavations, couvertures, meules ou dépôts faits contrairement aux dispositions précédentes. » On remarque qu'il n'est pas expressément question ici des *constructions* et *plantations*; mais il ne faut pas en conclure que le conseil de préfecture ne puisse en ordonner la suppression ; en effet, ainsi que M. le ministre des travaux publics l'a fait observer à la chambre des pairs, cette énonciation était inutile, les règles du droit commun en matière d'alignement et de plantations suffisant pour mettre hors de doute à cet égard le pouvoir du conseil de préfecture.

404. — Enfin, l'art. 11 porte : « A défaut par eux de satisfaire à cette condamnation dans le délai fixé, la suppression aura lieu d'office, et le montant de la dépense sera recouvré contre eux par voie de contrainte, comme en matière de contributions publiques.

§ 2. — *Contraventions de voirie commises par les concessionnaires ou fermiers.*

405. — Dans le projet primitif du gouvernement, la rubrique du titre n'était pas ainsi conçue ; elle portait : « *Des mesures relatives à l'exécution des contrats passés entre l'état et les compagnies.* » — Les dispositions qui y étaient contenues avaient pour objet de réprimer les contraventions, quelles qu'elles fussent, commises par les compagnies en violation des clauses de leurs cahiers des charges. La connaissance de ces contraventions était déférée au conseil de préfecture, qui pouvait punir les contrevenans d'une amende de 300 fr. à 5,000 fr.; en outre, le gouvernement était investi du droit de faire exécuter d'office les ouvrages que les compagnies auraient dû faire.

406. — La commission de la chambre des pairs proposa le rejet complet du titre présenté par le gouvernement, comme complétement étranger au but de la loi. Mais en même temps, et en quelque sorte par voie de transaction, un pair, M. le baron Dupont-Delporte proposa de lui substituer certaines dispositions qui, depuis, sont devenues le titre 2 de la loi, et qui avait pour objet de réprimer d'une manière particulière certaines contraventions spéciales aux cahiers des charges.

407. — A la suite d'une très longue discussion, qui porta principalement sur l'opportunité de la disposition proposée, l'art. 12 est resté ainsi rédigé : « Lorsque le concessionnaire ou le fermier de l'exploitation d'un chemin de fer contreviendra aux clauses du cahier des charges ou aux décisions rendues en exécution de ces clauses, en ce qui concerne le service de la navigation, la viabilité des routes royales, départementales et vicinales, ou le libre écoulement des eaux, procès-verbal sera dressé de la contravention, soit par les ingénieurs des ponts-et-chaussées ou des mines, soit par les conducteurs, garde-mines et piqueurs dûment assermentés. » — V., pour cette discussion, *Moniteur* 4 avr. 1844.

408. — Les mots *dûment assermentés*, faisant suite à la liste des personnes qui ont qualité pour dresser des procès-verbaux, furent ajoutés par la chambre des pairs sur la proposition de sa commission, et en vue de consacrer nettement cette pensée, que les étrangers, souvent employés dans les chemins de fer, ne pourraient être reçus à dresser des procès-verbaux. — *Moniteur* 17 avr. 1845. — V. au surplus *infrà* n° 456.

409. — L'énumération des personnes indiquées par l'art. 12 comme ayant qualité pour dresser procès-verbaux doit être tenue pour limitative ; — et c'est ce qui ne semble pas douteux en présence

de l'énumération beaucoup plus générale contenue dans l'art. 33 de la loi, lorsqu'il s'agit de crimes, délits et contraventions. — V. *infrà* n° 456. — V. conf. Gand, *Police et voirie des chemins de fer*, n° 125.

410. — « Les procès-verbaux, dans les quinze jours de leur date, seront notifiés administrativement au domicile élu par le concessionnaire ou le fermier, à la diligence du préfet, et transmis dans le même délai au conseil de préfecture du lieu de la contravention. » — Art. 31.

411. — « Les contraventions prévues par l'art. 12 seront punies d'une amende de 300 fr. à 3,000 fr. » — Art. 14.

412. — « L'administration pourra d'ailleurs prendre immédiatement toutes mesures provisoires pour faire cesser le dommage, ainsi qu'il est procédé en matière de grande voirie. » — Art. 15.

413. — Les frais qu'entraînera l'exécution de ces mesures seront recouvrés contre le concessionnaire ou fermier par voie de contrainte, comme en matière de contributions publiques. » — Même article.

§ 3. — *Mesures relatives à la circulation sur les chemins.*

414. — Le principal but d'une loi sur la police des chemins de fer devait être incontestablement d'édicter des dispositions spéciales et nouvelles pour assurer la sûreté de la circulation, et venir ainsi en aide à des intérêts de premier ordre que ne protégeaient pas suffisamment les lois pénales ordinaires.

415. — Aussi, le rapport de M. Chasseloup-Laubat à la chambre des députés résume-t-il en ces termes l'esprit du titre 3 de la loi : « Frapper des peines les plus sévères la volonté criminelle, quel que soit le moyen qu'elle emploie pour arriver à ses fins; punir de peines considérables encore les imprudences qui compromettent la vie des voyageurs; enfin contraindre à l'observation des réglemens ceux-là surtout qui sont chargés de l'exploitation des chemins de fer : tel est le triple objet que réclame la sûreté publique; tel est aussi le but que se propose le titre 3, qu'il nous reste à examiner. » — *Moniteur* du 25 juin 1844.

416. — Suivant l'art. 16, « quiconque aura *volontairement* détruit ou dérangé la voie de fer, placé sur la voie un objet faisant obstacle à la circulation ou employé un moyen quelconque pour entraver la marche des convois ou les faire sortir des rails, sera puni de la réclusion. »

417. — Pour que la peine prévue par cette disposition soit applicable, il n'est pas nécessaire que les faits signalés aient entraîné un accident : la loi a pensé qu'ils avaient en eux-mêmes assez de gravité pour qu'en dehors de tout résultat fâcheux on pût en déduire les intentions criminelles de l'auteur, et les incriminer à l'avance.

418. — Le même article, prévoyant le cas d'accident, ajoute que, « s'il y a eu homicide ou blessures, le coupable sera, dans le premier cas, puni de mort, et dans le second de la peine des travaux forcés à temps. »

419. — Dans le projet primitif, l'article ne disposait pas d'une manière aussi générale; procédant par voie d'énumération, il était ainsi conçu : « Quiconque aura volontairement détruit ou dérangé les rails ou les supports, enlevé les coins, chevilles ou clavettes d'un chemin de fer, placé sur la voie publique un objet faisant obstacle à la circulation, ou employé tout moyen propre à entraver la marche des convois ou à les faire sortir des rails... » — La commission reprocha à cette énumération d'être trop limitative, de ne pas prévoir notamment les délits les plus graves; ceux qui, dirigés contre les personnes, offraient le plus de dangers, ce qui l'avait conduite à ajouter à l'article ces mots : « frappé ou menacé les mécaniciens ou conducteurs pendant la marche du convoi ; » et c'est alors qu'un membre, M. Vivien, fit observer avec raison qu'une énumération, quelque étendue qu'elle fût, ne pouvant comprendre tous les cas, mieux vaudrait adopter pour l'article la rédaction la plus générale; cette observation fut accueillie, et l'art. 16 adopté tel qu'il a été rapporté plus haut.

420. — De la généralité des termes de l'art. 16, il résulte (et c'est ce qui a été reconnu dans le cours de la discussion. V. Duvergier, *Coll.*, t. 45, p. 306) que la peine doit être appliquée à tout fait volontaire qui aurait pour but d'entraver la marche des convois ou de les faire sortir des rails, soit que le fait portât sur le chemin lui-même ou sur les voitures, soit qu'il fût dirigé sur la personne des conducteurs, soit enfin qu'il consistât en faux signaux.

421. — Mais ce qu'il importe de remarquer, c'est que, pour que le fait reproché soit passible de

peines portées par l'art. 16, *il faut que le fait ait été commis intentionnellement et dans le but de faire arriver l'accident.* C'est ainsi qu'il a été bien entendu, lors de la discussion de cet article, qu'une rixe survenue pendant la marche entre le chauffeur, le mécanicien ou tout autre placé sur la locomotive, si les coups n'étaient donnés que dans le but de venger une injure, ne les rendrait point passibles des peines édictées par l'art. 16. — V. au surplus sur ces points *Moniteur* du 2 fév. 1845.

422. — Si le crime prévu par l'art. 15 a été commis en des réunions séditieuses, avec rébellion ou pillage, il sera imputable aux chefs, auteurs, instigateurs et provocateurs de ces réunions, qui seront punis comme coupables du crime, et condamnés aux mêmes peines que ceux qui l'auront personnellement commis. — Art. 17.

423. — Et l'art. 17 ajoute qu'il en doit être ainsi, « lors même que la réunion séditieuse n'aurait pas eu pour but direct et principal la destruction de la voie de fer. »

424. — « Toutefois, dans ce dernier cas, (c'est-à-dire, quand la sédition n'aura pas eu pour but direct et principal la destruction de la voie de fer); lorsque la peine de mort sera applicable aux auteurs du crime, elle sera remplacée, à l'égard des chefs, auteurs, instigateurs et provocateurs de ces réunions, par la peine des travaux forcés à perpétuité. » — Cette disposition, qui n'existait point dans le projet primitif, a été introduite par la chambre des députés.

425. — A l'occasion de cet article, on demanda de rendre applicable à la matière des chemins de fer la disposition de la loi du 10 vendém. an IV qui rend les communes responsables des délits commis à force ouverte sur leur territoire par des attroupemens ou rassemblemens. Mais la commission de la chambre des députés a pensé que cette déclaration serait superflue, les communes n'ayant été relevées par aucune disposition législative de leur responsabilité. — Rapport de M. Chasseloup-Laubat. — V. COMMUNE.

426. — La simple menace même de détruire le chemin de fer ne devait pas rester impunie, parce qu'elle a pour résultat de répandre l'effroi dans les populations et de leur faire considérer comme trop dangereuse cette nouvelle voie de communication. C'est dans ce but qu'a été rendu l'art. 18, qui porte : « Quiconque aura menacé par écrit anonyme ou signé de commettre un des crimes prévus en l'art. 16, sera puni d'un emprisonnement de trois à cinq ans dans le cas où la menace aurait été faite avec ordre de déposer une somme d'argent dans un lieu indiqué, ou de remplir toute autre condition. »

427. — « Si la menace avec ordre ou condition a été *verbale*, le coupable sera puni d'un emprisonnement de quinze jours à six mois et d'une amende de 25 à 300 fr. » — Art. 18.

428. — « Si la menace n'a été accompagnée d'aucun ordre ou condition, la peine sera d'un emprisonnement de trois mois à deux ans et d'une amende de 100 à 500 fr. » — Même article.

429. — De plus « dans tous les cas, le coupable pourra être mis par le jugement sous la surveillance de la haute police pour un temps qui ne pourra être moindre de deux ans ni excéder cinq ans. » — Le projet de loi ne déterminait pas d'abord le *minimum* de la surveillance de la haute police; mais sur l'observation de M. Desclozeaux, commissaire du roi, la chambre le fixa à deux ans.

430. — La loi du 15 juill. 1845 n'a pas prévu le cas de provocation par des discours, écrits ou menaces proférés dans des lieux ou réunions publics; mais il faudrait appliquer dans cette hypothèse les art. 1er et 2, L. 17 mai 1819, suivant que la provocation aura été ou n'aura pas été suivie d'effets. — V. DÉLITS DE PRESSE, etc.

431. — Art. 19. « Quiconque par maladresse, imprudence, inattention, négligence ou inobservation des lois ou réglemens, aura involontairement causé sur un chemin de fer, ou dans les gares ou stations, un accident qui aura occasionné des blessures, sera puni de huit jours à six mois d'emprisonnement, et d'une amende de 50 à 1,000 fr. Si l'accident a occasionné la mort d'une ou plusieurs personnes, l'emprisonnement sera de six mois à cinq ans, et l'amende de 300 à 3,000 fr. — Cette disposition rappelle les art. 319 et 320, C. pén., qu'elle ne fait que reproduire en en élevant les pénalités pour les mettre en rapport avec l'étendue des maux que peuvent causer les délits qu'elle prévoit, et donner ainsi à la sécurité publique une plus grande garantie.

432. — Le projet contenait encore une autre disposition, formant la première de l'article et qui portait qu'*au cas d'accident non dommageable, l'auteur de l'infraction serait puni d'une amende de 25 à 600 fr.* La chambre des députés supprima cet arti-

ble, sur la proposition de sa commission, qui pensa que la loi pénale devait laisser à l'intérêt particulier le soin de demander compte à la responsabilité civile des dommages d'un acte inconsidéré. — Et, malgré les efforts de la commission de la chambre des pairs, la suppression fut maintenue; d'où il suit qu'il faut tenir comme constant que pour qu'il y ait lieu à l'application de l'art. 19, il faut que l'accident ait été dommageable aux personnes; mais que le dommage apporté aux propriétés ne donnerait ouverture qu'à une action civile.

433. — M. Duvergier, sur l'application de l'art. 19 (*loc. cit.*, p. 367), mentionne que, dans la discussion, on a prévu le cas où un voiturier, voulant traverser une ligne de fer pour aller retrouver l'autre côté de la route que suit sa voiture, traverserait en effet la ligne, malgré la défense et la résistance des gardiens, et causerait un accident, et qu'on a dit que ce fait ne rentrerait pas dans l'art. 19, parce qu'il y aurait non pas *inobservation* des réglemens, *mais violation*. — Mais M. Duvergier ajoute avec beaucoup de raison que cette distinction ne saurait être un seul instant soutenue : en effet, dit-il, ne pas observer une loi, c'est la violer, et réciproquement la violer c'est ne pas l'observer. D'ailleurs, il y aurait imprudence de la part du charretier ; ajoutons que s'il avait *eu l'intention* d'entraver la marche d'un convoi, il serait punissable d'après l'art. 16. — V. *suprà* n° 420.

434. — Tel qu'il est aujourd'hui, l'art. 16 ne fait point de distinction entre le cas où le délit a été causé par un employé du chemin de fer et celui où il est imputable à un étranger. Cette distinction était cependant rationnelle, et le projet primitif l'établissait ; mais la commission de la chambre des pairs, tout en reconnaissant la différence de la culpabilité, pensa (et son avis fut adopté) que le *maximum* de la peine, élevé avec intention, suffisait pour assurer la répression à l'égard des employés. — C'est au surplus ce que déclara, à la chambre des députés, M. le ministre des travaux publics, en réponse à ceux qui demandaient le rétablissement de la distinction supprimée : le *maximum* a été ajouté précisément pour aggraver la peine dans certains cas. »

435. — Ainsi qu'on l'a vu, l'art. 19 ne considère la négligence ou l'inobservation des réglemens comme pouvant donner lieu à l'opposition d'une peine qu'autant qu'elles ont été suivies d'*accidens*. — Cependant, et quelque absolu que soit ce principe, il est des circonstances où l'imprudence, où l'inobservation des réglemens pourraient avoir des conséquences si graves qu'il est d'une bonne législation de les incriminer à l'avance et indépendamment de tout événement fâcheux. — Aussi l'art. 20 porte-t-il : « Sera puni d'un emprisonnement de six mois à deux ans tout mécanicien ou conducteur garde-frein qui aura abandonné son poste pendant la marche du convoi. » — Art. 20.

436. — C'est la commission de la chambre des députés qui introduisit dans la loi cet art. 20, et à ce sujet, le rapporteur disait : « En examinant de nouveau son travail, la commission s'est aperçue qu'il y avait un genre de délit, je pourrais presque dire de crime (tant l'action nous semble condamnable), qui n'avait point été prévu par le projet, et qu'il importait de punir. Je veux parler de l'acte des hommes chargés de diriger les locomotives, qui abandonnent leur poste pendant la marche du convoi. — Un procès récent, vous le savez, nous a révélé une action semblable, et nous croyons qu'il importe que la loi n'y reste pas indifférente. » — *Moniteur* 2 fév. 1845.

437. — Malgré les efforts de M. de Tracy, qui soutenait que la disposition proposée était complétement inutile, en ce que jamais un chauffeur ou mécanicien n'abandonnerait son poste de gaîté de cœur, mais seulement sous l'impression d'une terreur violente, cas auquel aucune loi ne saurait le retenir, l'art. 20 fut adopté. — Mais quelle est sa portée ? Constitue-t-il la seule pénalité imposée à ces agens particuliers dans tous les cas; ou n'est-il relatif qu'à la seule hypothèse d'abandon du poste, sans qu'il soit survenu d'accidens ?

438. — Et d'abord il suppose que l'abandon du poste a eu lieu par l'effet de la frayeur et de l'oubli du devoir, *mais sans intention criminelle*, parce qu'en effet s'il avait été le résultat d'une intention criminelle, l'art. 16 serait applicable.

439. — C'est peut-être une question plus délicate que celle de savoir quelle est, au cas d'abandon du poste, suivi d'accident, la disposition applicable au chauffeur ou mécanicien ? — Est-ce l'art. 19, est-ce l'art. 20 ? — Lors de la discussion de l'art. 20, un député, M. de la Plesse, combattant cet article, faisait remarquer qu'il aurait pour inconvénient de frapper le mécanicien de deux ans de prison, au cas où l'abandon n'aurait pas été suivi d'accident, tandis que si un accident était survenu, la condamnation pourrait n'être au plus que de six mois, aux termes de l'art. 19. » — A cette objection M. Duvergier (*loc. cit.*, p. 308) répond que la contradiction reprochée n'existe pas : « L'art. 20, dit-il, est la loi spéciale des mécaniciens et des conducteurs garde-frein. Dans tous les cas, qu'il y ait blessure, ou qu'il n'y en ait pas, la peine de six mois à deux ans de prison sera applicable. » Et le même auteur ajoute : « Par la même raison, je ne crois pas qu'on puisse emprunter à l'art. 19 une partie de ses dispositions et joindre une amende quelconque à l'emprisonnement. »

440. — L'opinion de M. Duvergier ne nous paraît pas devoir être adoptée d'une manière absolue : Faire de l'art. 20 dans tous les cas, et quels que soient les résultats de l'imprudence commise, le seul texte applicable aux mécaniciens et conducteurs garde-frein, c'est à notre avis s'écarter du but que s'est proposé le législateur, et tenir peu de compte des motifs qui ont dicté l'aggravation de peine prononcée par l'art. 20. C'est en outre s'exposer à arriver à d'étranges conséquences, puisque dans certains cas (et ce seraient les plus graves) il se trouverait que le mécanicien ou conducteur serait puni moins sévèrement que d'autres.

441. — Voici donc comment, suivant nous, doivent être conciliés les art. 19 et 20. — Si le mécanicien ou le conducteur garde-frein quitte son poste pendant la marche du convoi, l'art. 20 est applicable, que cette infraction entraîne ou non un accident. S'il en résulte un accident qui cause des blessures, les art. 19, § 1er et 20, seront tous deux applicables, et dès-lors c'est l'art. 20, comme entraînant la peine la plus forte, qui devra être seul appliqué ; mais si l'accident occasionne la mort d'une ou de plusieurs personnes, l'art. 19, § 2, comme plus sévère que l'art. 20, reprend toute son application. — Il est vrai que, dans ce système, le conducteur garde-frein ou mécanicien n'encourt pas une peine plus sévère lorsque son imprudence cause des blessures que lorsqu'elle n'occasionne aucun accident ; mais les juges trouveront dans l'application plus ou moins sévère qu'ils feront de l'art. 20, le moyen de suppléer à cette lacune de la loi.

442. — Du reste, l'art. 20 ne parle que des *mécaniciens ou conducteurs garde-frein*, parce qu'étant les seuls qui aient action sur la direction du convoi, c'est à eux seuls que la disposition spéciale de cet article serait applicable.

443. — La cour de Cassation avait été appelée plusieurs fois à décider quelle pouvait être la conséquence pénale des infractions commises aux clauses des cahiers de charges et aux réglemens relatifs à la sûreté et à l'application des chemins de fer.

444. — A cet égard, elle avait jugé, dans une espèce qui concernait le chemin de Paris à Rouen, que la violation des obligations conventionnelles imposées par un cahier des charges, dont la loi portant concession d'un chemin de fer s'était bornée à ordonner l'exécution, n'était pas de nature à être réprimée par des condamnations pénales, en vertu de l'art. 471 15°, C. pén. — *Cass.*, 10 mai 1844 (t. 2 1844, p. 98), compagnie du chemin de fer de Paris à Rouen (2 arrêts).

445. — ... Et encore qu'on ne pouvait appuyer de la sanction de l'art. 471 15°, C. pén., soit un arrêté du ministre des travaux publics, soit un arrêté du préfet de police contenant non pas une mesure *particulière et locale prise d'urgence dans l'intérêt de la sûreté publique*, mais un réglement général et permanent pour l'exploitation d'un chemin de fer dans toute son étendue, de pareils actes ne pouvant suppléer les réglemens d'administration publique, c'est-à-dire les ordonnances royales exigées par la loi de concession du 15 juillet 1840, et qui seules peuvent, aux termes de cette loi, déterminer les mesures nécessaires pour assurer la police du chemin de fer. — Mêmes arrêts.

446. — ... Qu'ainsi, ne pouvait donner lieu à l'application des peines portées par l'art. 471. 15°, C. pén., l'inobservation soit d'une clause du cahier des charges, qui désigne trois classes de voitures comme devant être attelées à un convoi, soit d'un arrêté du ministre des travaux publics ordonnant la suppression d'une station sur la ligne du chemin de fer. — Mêmes arrêts.

447. — Mais aussi, et d'un autre côté, la cour de Cassation avait reconnu que les arrêtés pris par un préfet pour prescrire certaines mesures de sûreté pour l'exploitation du chemin de fer, par exemple de conduire les locomotives lentement dans un endroit où un éboulement s'est manifesté, sont obligatoires pour tous les agens de l'entreprise, lorsqu'ils ont été notifiés au directeur, qui représente la société concessionnaire. — *Cass.*, 9 mai 1844 (t. 2 1844, p. 95), Deyme.

448. — La loi nouvelle dispose, à cet égard, que « toute contravention aux ordonnances royales portant réglement d'administration publique sur la police de sûreté et l'exploitation du chemin de fer, et aux arrêtés pris par les préfets, sous l'approbation du ministre des travaux publics pour l'exécution desdites ordonnances, sera punie d'une amende de 16 fr. à 3,000 fr. En cas de récidive dans l'année, l'amende sera portée au double, et le tribunal pourra, selon les circonstances, prononcer en outre un emprisonnement de trois jours à un mois. »

449. — Evidemment les peines prévues sont applicables par le seul fait de l'infraction, alors même qu'il ne serait survenu aucun accident.

450. — Et ce qu'il importe de remarquer, c'est que, tandis qu'en général la violation des prohibitions contenues dans une ordonnance royale ne donne lieu qu'à des peines de simple police, ici elle peut entraîner une peine d'un mois d'emprisonnement. Il y a plus, le droit d'attacher cette sanction aux prescriptions que renferment leurs arrêtés est conféré même aux agens secondaires du pouvoir exécutif, aux préfets.

451. — Il est vrai que, dans le sein des chambres, plusieurs membres réclamèrent contre cette force donnée à des arrêtés pris par un préfet ; mais on a répondu avec raison que les arrêtés des préfets dont il est question dans l'art. 21 sont ceux que nécessite le réglement même d'administration fait par ordonnance royale, et qui, ayant été rendus sous l'approbation du ministre pour fixer les conditions de son exécution, en font pour ainsi dire partie intégrante. — V, au surplus Duvergier, *loc. cit.*, p. 308.

452. — La commission de la chambre des pairs avait pensé devoir ajouter à l'art. 21 une disposition par laquelle les agens et employés, coupables des infractions mentionnées, devaient être affranchis de toutes peines s'ils prouvaient n'avoir agi que par les ordres d'un supérieur ; mais que, dans ce cas, le supérieur serait condamné au double de la peine. La proposition, combattue par le gouvernement, fut rejetée.

453. — Toutefois, et pendant la discussion, un pair, M. Teste, combattant l'avis de la commission, émit cette opinion que si l'agent avait été poussé à la contravention par un supérieur, ce ne serait pas sans doute un cas de complicité, puisqu'il n'y a pas de complicité en matière de contraventions, mais qu'il y aurait de la part du supérieur coopération, et par conséquent, pour l'autorité, devoir de le poursuivre ainsi que l'agent. — M. Duvergier (*ibid.*) fait observer que cette opinion est trop absolue ; qu'un ordre donné par un supérieur ne constitue pas toujours une coopération, et que tout ici doit dépendre des circonstances.

454. — Les articles derniers offrent peu de difficultés : « Les concessionnaires ou fermiers d'un chemin de fer seront responsables, soit envers l'état, soit envers les particuliers, du dommage causé par les administrateurs, directeurs ou employés à un titre quelconque au service de l'exploitation du chemin de fer. L'état sera soumis à la même responsabilité envers les particuliers, si le chemin de fer est exploité à ses frais et pour son compte. » — Art. 22.

455. — Les officiers de police judiciaire appelés à constater les infractions aux lois pénales en général sont aptes, par cela même, à constater les infractions aux titres 1er et 3 de la loi sur la police des chemins de fer. Leur intervention, jointe à celle des agens spéciaux de l'administration, habiles à dresser procès-verbal de tous délits de voirie, semblait suffisante pour assurer la répression de ces délits. Cependant le législateur, craignant sans doute que les preuves vinssent à périr, par suite du moindre retard à les recueillir, a conféré le droit de dresser des procès-verbaux en cette matière à un certain nombre d'agens qui doivent être rétribués par les compagnies, mais institués par le ministre des travaux publics.

456. — L'art. 23 porte, à cet effet : « Les crimes, délits ou contraventions prévus dans les titres 1er et 3 de la présente loi, *pourront* être constatés par des procès-verbaux dressés concurremment par les officiers de la police judiciaire, les ingénieurs des ponts et chaussées et des mines, les conducteurs, garde-mines, agens de surveillance et gardes nommés ou agréés par l'administration et dûment assermentés. Les procès-verbaux des délits et contraventions feront foi jusqu'à preuve contraire. Au moyen du serment prêté devant le tribunal de première instance de leur domicile, les agens de surveillance de l'administration et des concessionnaires ou fermiers pourront verbaliser sur toute la ligne du chemin de fer auquel ils seront attachés. »

457. — Cet article, dont l'unique objet est d'ajouter une nouvelle catégorie d'agens préposés à

la constatation des crimes, délits ou contraventions aux catégories antérieurement existantes, ne contient pas, du reste, une dérogation au droit commun en ce qui touche les preuves. Il n'a nullement pour effet de limiter les moyens de preuve aux procès-verbaux et d'empêcher d'user du témoignage ou des autres moyens ordinaires. C'est, au surplus, ce qui résulte formellement de la discussion qui eut lieu à la chambre des députés, où, par suite des observations faites par M. Pascalis, et pour ne laisser aucun doute sur ce point, le rapporteur de la commission proposa la substitution du mot *pourront* à celui de *seront*, qui se trouvait d'abord dans l'article. — *Monit.* 2 fév. 1845.

458. — Un autre membre de la chambre, M. Muret de Bord, avait demandé que les commissaires du roi fussent aussi investis du droit de dresser les procès-verbaux. Sa proposition fut rejetée.

459. — « Les procès-verbaux dressés en vertu de l'article précédent seront visés pour timbre et enregistrés en débet. Ceux qui auront été dressés par des agens de surveillance et gardes assermentés devront être affirmés dans les trois jours, à peine de nullité, devant le juge de paix ou le maire, soit du lieu du délit ou de la contravention, soit de la résidence de l'agent. » — Art. 24.

460. — « Toute attaque, toute résistance avec violence et voies de fait envers les agens des chemins de fer dans l'exercice de leurs fonctions, seront punies des peines appliquées à la rébellion, suivant les distinctions faites par le Code pénal. » — Art. 23.

461. — A la chambre des pairs, M. Desclozeaux, commissaire du roi, combattit cet article, qu'il regardait comme inutile, l'art. 209 lui paraissant suffisant; « car, disait-il, il est évident que les agens des chemins de fer, nommés ou agréés par l'administration, sont des agens de la police administrative. » Contrairement à ces observations, l'article fut maintenu pour éviter tous doutes sur la qualité des agens *nommés* par les compagnies et seulement *agréés* par l'administration.

462. — Si le chemin est exploité par l'état, faudra-t-il une autorisation du conseil d'état pour poursuivre les directeurs, conducteurs, cantonniers ou tous autres agens qui, dans l'exercice de leurs fonctions, auraient commis un délit? — La commission de la chambre des pairs avait proposé un article ainsi conçu : « Si les chemins de fer sont exploités par l'état, les agens autres que les administrateurs et directeurs chargés de l'exploitation, pourront être poursuivis sans autorisation. » — Combattue par le gouvernement, comme contraire à l'art. 75 de la constitution de l'an VIII, la proposition fut rejetée. — Renouvelée à la chambre des députés, la question fut ajournée pour être discutée à l'époque où le gouvernement soumettrait un projet aux chambres sur l'exploitation par l'état de quelque voie de fer. — *Monit.* 4 fév. 1845.

463. — « L'art. 463 du Code pénal est applicable aux condamnations qui seront prononcées en vertu de la présente loi. » — Art. 26.

464. — « En cas de conviction de plusieurs crimes ou délits prévus par la présente loi ou le Code pénal, la peine la plus forte sera seule prononcée. Les peines encourues pour des faits postérieurs à la poursuite pourront être cumulées, sans préjudice des peines de la récidive. » — Art. 27.

465. — D'après le projet, les dispositions de l'art. 27 étaient également applicables aux contraventions, ce qui fut supprimé par la chambre des députés, et voici ce que disait à ce sujet M. Isambert : « Je me suis concerté avec la commission, et j'ai retranché de l'article le mot *contravention*, que j'y avais inséré, parce qu'on a souvent abusé en accumulant les procès-verbaux, de manière à produire des amendes de 150,000 et de 200,000 fr. »

Sect. 7e. — *Nomenclature des chemins de fer.*

ABSCON A DENAIN (Chemin de fer d'). — Demandé par les concessionnaires des mines de houille d'Anzin, ce chemin leur a été concédé directement pour être exécuté à leurs risques et périls, par l'ordonnance du 24 oct. 1835, à laquelle est annexée le cahier des charges, avec jouissance de 99 ans. — Des modifications aux tarifs primitifs ont été introduites par l'ordonnance du 17 août 1836.

AIX SUR LE CHEMIN DE MARSEILLE A AVIGNON (Chemin de fer d') [24 kilom.]. — La loi du 19 juill. 1845, à laquelle fut annexé le cahier des charges, a autorisé l'exécution de ce chemin, embranchement de celui de Marseille à Avignon, et dont on projette la continuation d'Aix à Toulon, par voie de concession directe, moyennant jouissance de 45 années, et avec obligation pour les concessionnaires de le terminer en trois ans à leurs risques et périls.

ALAIS A BEAUCAIRE PAR NIMES (Chemin de fer d'). — La loi du 29 juin 1833 ratifia l'adjudication faite de ce chemin aux concessionnaires qui se chargeaient, suivant cahier des charges par eux accepté, et moyennant jouissance perpétuelle, de l'exécution à leurs risques et périls de ce chemin, dont le tracé a été arrêté par ordonnance du 19 oct. 1835. — V. d'ailleurs GARD (chemins de fer du). — Partie de ce chemin (la section de Nîmes à Beaucaire) est comprise dans la grande ligne de l'Océan à la Méditerranée, arrêtée par la loi du 11 juin 1842.

ALAIS A LA GRAND'COMBE (Chemin de fer d'). — Destiné principalement à l'écoulement des produits des mines de la Grand'Combe, ce chemin a été concédé directement, pour être exécuté par les concessionnaires à leurs risques et périls et moyennant jouissance de 99 années, par l'ordonnance du 12 mai 1836, à laquelle est annexé le cahier des charges. — V. au surplus GARD (chemin de fer du).

AMIENS A BOULOGNE (Chemin de fer d') [125 kilom.]. — La loi du 11 juin 1842 avait arrêté qu'il serait dirigé de Paris sur l'Angleterre (V. ce chemin), par un ou plusieurs points du littoral de la Manche qui seraient ultérieurement déterminés, un ou plusieurs chemins de fer. La loi du 26 juill. 1844 arrêta à cet effet l'exécution du chemin d'Amiens à Boulogne, et en ordonna l'adjudication, dont les conditions furent réglées par l'ordonnance du 9 sept. 1844, et qui eut lieu le 15 octobre pour 98 ans 11 mois, adjudication approuvée par ordonnance le 24 du même mois. — La compagnie exécute à ses risques et périls le chemin qu'elle doit livrer au plus tard dans cinq ans. Ses statuts ont été approuvés par ordonnance du 29 mai 1845.

ANDREZIEUX A ROANNE (Chemin de fer d'), *appelé aussi chemin de fer de la Loire* (68 kilom.). — Autorisé par l'ordonnance du 29 mars 1828, à laquelle fut annexé le cahier des charges, et moyennant concession perpétuelle, ce chemin a été, suivant adjudication passée le 21 juill. 1828 et approuvée par ordonnance du 27 août 1838, exécuté par les concessionnaires, qui ont formé à cet effet une société anonyme, autorisée le 26 avr. 1829. — Ce chemin, dont le tracé primitif a été modifié par les ordonnances des 21 mars 1830 et 21 juill. 1833, est à une voie sur la plus grande partie de son parcours, mais avec terrassement pour deux voies. — Pour subvenir aux besoins de la compagnie, grevée de charges trop fortes par l'exécution de ce chemin, l'état, par la loi du 15 juill. 1840, lui a consenti un prêt de quatre millions, qui a donné lieu à des conventions approuvées par l'ordonnance du 28 sept. 1841, entre l'état et la compagnie reconstituée, et dont les nouveaux statuts venaient d'être approuvés par l'ordonnance du 19 mai 1841.

ASNIÈRES A ARGENTEUIL (Chemin de fer d'), *embranchement du chemin de Paris à Saint-Germain.* — L'ordonnance du 10 janv. 1846, à laquelle est annexé le cahier des charges, en a concédé directement l'exécution.

BORDEAUX A BAYONNE (Chemin de fer de). — Ce chemin, non encore entrepris, et à l'état d'étude, est arrêté en vertu de la loi du 11 juin 1842, comme complément de la ligne de Paris à la frontière d'Espagne.

BORDEAUX A CETTE (Chemin de fer de), *avec embranchement sur Castres.* — Ce chemin, qui doit faire partie de la grande ligne arrêtée par la loi du 11 juin 1842 de l'Océan à la Méditerranée, n'est pas encore en voie d'exécution; le projet de loi, déposé à la chambre des députés pendant le cours de la session dernière, y est restée à l'état de rapport.

BORDEAUX A LA TESTE (Chemin de fer de) [52 kilom.]. — La loi du 17 juill. 1837, à laquelle fut annexé le cahier des charges, autorisa l'adjudication de l'exécution de ce chemin, avec jouissance de 99 années, par l'effet de l'adjudication qui eut lieu le 26 octobre suivant; et approuvée le 15 décembre, cette jouissance se trouva d'abord réduite à 34 ans 8 mois et 17 jours, suivant les offres du concessionnaire, qui forma pour l'exécution du chemin une société anonyme dont les statuts furent approuvés par ordonnance du 25 fév. 1838. Mais bientôt la compagnie se vit obligée de réclamer contre des engagemens dont l'exécution se trouvait trop onéreuse; et à cet effet intervinrent deux lois ; l'une du 1er août 1839, accordant quelques modifications dans les conditions de l'exécution ; et autorisant le gouvernement à consentir des changemens au tarif primitif ; l'autre du 13 juin 1841, qui a élevé la jouissance à 70 ans, mais en consacrant le droit de rachat pour le gouvernement. — Le chemin fut achevé en 1842 ; il est à simple voie, mais avec terrain pour deux.

CAEN A LA LOIRE AU POINT DE TOURS, PAR ALENÇON ET LE MANS (Chemin de fer de) [720 kilom.]. — Ce chemin est proposé par la commission de la chambre saisie du projet relatif au chemin de Paris à Cherbourg (V. ce chemin); mais le rapport de la commission n'a pas encore été soumis à la discussion.

CENTRE (Chemin de fer du) [282 kilom., *pour les sections d'Orléans jusqu'au Bec-d'Allier d'un côté, jusqu'à Châteauroux de l'autre*]. — Arrêté en principe par la loi du 11 juin 1842, déterminé par la loi du 26 juill. 1844, ce chemin doit se composer de cinq parties bien distinctes : — Orléans à Vierzon, — Vierzon au Bec-d'Allier, — le Bec-d'Allier à Clermont, — Vierzon à Châteauroux, — Châteauroux à Limoges. — La première partie de ce chemin, entreprise en vertu de la loi du 11 juin 1842, étant fort avancée, la loi du 11 juill. 1844, à laquelle est annexé le cahier des charges, en a autorisé l'adjudication, avec faculté pour le ministre de comprendre dans cette même adjudication les sections de Vierzon au Bec-d'Allier et à Châteauroux; et c'est ce qui en effet a eu lieu en vertu de l'adjudication passée le 9 oct. 1844, homologuée le 24 du même mois, et par laquelle la compagnie concessionnaire, dont les statuts ont été approuvés par ordonnance du 13 avr. 1845, se trouve chargée de l'exploitation des trois lignes, moyennant une jouissance de 39 années 11 mois. — Les deux autres sections du Bec-d'Allier à Clermont, de Châteauroux à Limoges, ne sont pas encore entreprises, et le tracé n'est même pas définitivement arrêté. — En outre, des études sont faites pour le prolongement de la dernière section sur Toulouse.

CORBEIL A MELUN (Chemin de fer de). — La loi du 11 juill. 1845 sur le chemin de Paris à Lyon a, par son art. 2, autorisé la concession directe de l'exécution de ce chemin, qui doit relier la grande ligne de Paris à Orléans par son embranchement de Corbeil (V. ce chemin) à celle de Paris à Lyon. La faculté de libre parcours ne pourra être exercée par les concessionnaires des lignes de Paris à Lyon et de Corbeil à Melun, que d'un commun accord; seulement la compagnie de Paris à Lyon sera tenue de donner l'usage commun de la gare, moyennant redevance, au point de jonction. — V. PARIS A LYON (chemin de fer de).

CREIL A SAINT-QUENTIN (Chemin de fer de) [98 kilom.]. — S'embranchant à Creil sur le chemin de Paris à la frontière belge, ce chemin, aux termes de la loi du 15 juill. 1845, à laquelle est annexé le cahier des charges, doit être exécuté en trois ans par les concessionnaires, et à leurs risques et périls. — L'adjudication ordonnée a eu lieu le 20 déc. 1845, pour 245 ans 32 jours ; les statuts de la compagnie anonyme ont été homologués le 29. — En ce moment, des études sont faites pour demander le prolongement de cette ligne jusqu'à Maubeuge et la relier ainsi aux chemins de fer belges.

CREUZOT AU CANAL DU CENTRE (Chemin de fer du). — Une première ordonnance du 26 déc. 1837, ratifiant le cahier des charges arrêté le 9 du mois précédent par le ministre des travaux publics, a concédé directement l'exécution de ce chemin, demandée à leurs risques et périls par les propriétaires de l'usine du Creuzot, avec jouissance de 99 années, et en réservant à l'autorité le droit d'autoriser sur ce chemin, uniquement destiné dans l'origine au transport des marchandises, l'emploi de locomotives comme moyen de traction. Par une autre ordonnance du 12 sept. 1842, les concessionnaires du chemin ont obtenu le droit de transporter des voyageurs, suivant tarif annexé à cette ordonnance, qui défend au surplus l'emploi des machines locomotives pour opérer les transports.

DIEPPE SUR LE CHEMIN DE ROUEN AU HAVRE (Chemin de fer de) [49 kilom.]. — La loi du 19 juill. 1845, à laquelle fut annexé le cahier des charges, autorisa l'exécution de ce chemin, ainsi que de celui de Fécamp (V. ce chemin), tous deux embranchemens sur le chemin de Rouen au Havre, par voie de concession directe aux mêmes concessionnaires, qui devaient l'achever en trois ans, à leurs risques et périls et avec jouissance de 99 années. — Cette concession a eu lieu depuis le 13 septembre pour 97 années, et a été homologuée par ordonnance du 18 suivant. — En dernier lieu, une autre ordonnance, du 13 oct. 1845, a autorisé les statuts de la compagnie anonyme formée par les concessionnaires.

DIJON A MULHOUSE (Chemin de fer de) *avec embranchement de Gray sur Besançon* [228 kilom.]. — Ce chemin, qui doit faire partie de la grande ligne arrêtée par la loi du 11 juin 1842, de la Méditerranée au Rhin, et qui se reliera d'un côté au chemin de Paris à Lyon au point de Dijon, de l'autre à celui de Strasbourg à Bâle au point de Mulhouse, avec embranchement de Gray sur Besançon, n'a point encore été l'objet de dispositions législatives quant à son exécution.

ÉPINAC AU CANAL DE BOURGOGNE (Chemin de fer d'). — Demandé par les concessionnaires des mines de houille d'Epinac, ce chemin, destiné au transport des marchandises, a été exécuté aux risques et périls des concessionnaires, dont la jouissance est perpétuelle, aux termes de l'ordonnance d'autorisation du 7 avr. 1830, qui détermine les charges de la concession qu'elle accorde.

ÉPINAC AU CANAL DU CENTRE (Chemin de fer d'). — Se reliant au chemin précédent, comme lui uniquement destiné au transport des marchandises, exécuté aux risques et périls des mêmes concessionnaires, ce chemin a été concédé directement avec jouissance de 99 ans, par la loi du 17 juill. 1837, ratifiant, sauf en un point, le cahier des charges arrêté le 19 mai 1837 par le ministre des travaux publics, accepté par les concessionnaires le 24 du même mois. — V. encore sur ce chemin, ord. 31 mai 1840.

FAMPOUX A HAZEBROUCK (Chemin de fer de) [55 kilom.]. — Ligne secondaire du chemin de Paris à la frontière belge, se détachant de la ligne principale à Fampoux, pour aboutir à Hazebrouck, point de division de la ligne elle-même secondaire de Lille à Calais d'un côté, et Dunkerque de l'autre (V. ce chemin); le chemin de Fampoux à Hazebrouck, aux termes de la loi du 15 juill. 1845, à laquelle est annexé le cahier des charges, doit être exécuté en trois ans par les concessionnaires, et à leurs risques et périls. L'adjudication ordonnée a eu lieu le 9 septembre pour 37 ans 216 jours ; deux ordonnances successives, l'une du lendemain 10, l'autre du 22 septembre, ont approuvé, la première la concession, la seconde les statuts de la compagnie anonyme formée par les concessionnaires. — V. PARIS A LA FRONTIÈRE DE BELGIQUE (chemin de fer de).

FÉCAMP AU CHEMIN DE FER DE ROUEN AU HAVRE (Chemin de fer de) [21 kilom.]. — Cette ligne secondaire, qui doit toucher au chemin de Rouen au Havre par deux

points, a été arrêtée et concédée dans les mêmes conditions, et aux mêmes concessionnaires, que le chemin de Dieppe sur le chemin de Rouen au Havre. — V. ce chemin.

GARD (chemins de fer du) [92 kilom.]. — Dénomination commune employée pour désigner les deux chemins d'Alais à Beaucaire et d'Alais à Grand'Combe (V. ces divers chemins, pour les dispositions qui leur sont spéciales). — Ces chemins ont été ouverts le 1er sept. 1840 ; mais la compagnie concessionnaire avait eu besoin, pour arriver à ce résultat, de recourir à un prêt de l'état, qui lui fut fait par la loi du 17 juill. 1837.

GRAY A BESANÇON (Chemin de fer de). — Embranchement du chemin projeté de Dijon à Mulhouse. — V. ce chemin.

GRENOBLE (Chemin de fer de). — Embranchement de la ligne de Lyon à Avignon, à exécuter par la même compagnie. — V. ce chemin.

LILLE A CALAIS ET DUNKERQUE (Chemin de fer de) [147 kilom.]. — Ainsi que le chemin d'Amiens à Boulogne (V. ce chemin), embranchement de la ligne de Paris à la frontière belge, et déterminé par la loi du 26 juill. 1844, ce chemin a dû, aux termes de la loi du 15 juill. 1845, à laquelle est annexé le cahier des charges, être concédé avec la ligne principale pour le même temps de jouissance, et doit être exécuté en trois ans. — V. **PARIS A LA FRONTIÈRE BELGE** (chemin de fer de). — Le tracé est commun de Lille à Hazebrouck, où il se divise pour atteindre ses deux points extrêmes.

LILLE A DUNKERQUE (Chemin de fer de). — La loi du 9 juill. 1838, ratifiant les conventions passées les 17 et 18 mai précédens, avait accepté l'offre d'un concessionnaire demandant d'exécuter ce chemin à ses risques et périls, moyennant une jouissance de 70 années. Le concessionnaire avait trop résumé de ses forces ; il demanda et obtint la résiliation de son engagement par la loi du 26 juill. 1839.

LILLE A LA FRONTIÈRE BELGE (Chemin de fer de) [14 kilom.]. — Exécuté aux frais de l'état en vertu de la loi du 15 juill. 1840, livré complétement à la circulation au mois de juin 1843, il est exploité par l'état. Une ordonnance royale du 15 sept. 1842 a disposé : 1° que sur ce chemin, qui s'unit à celui établi en Belgique de la frontière à Courtray, les convois des deux pays franchiraient la frontière sous la garantie d'un acquit à caution renouvelable tous les six mois; — 2° que les convois des voyageurs seraient passibles de l'impôt du dixième, et que cet impôt serait prélevé exclusivement sur la part attribuée au gouvernement français dans les produits de l'exploitation. — Les tarifs établis par cette ordonnance ont été depuis modifiés par ordonnances des 5 nov. 1842, 25 juin 1843, 9 déc. 1843, 22 mai 1844.

LYON A AVIGNON (Chemin de fer de) [137 kilom.]. — Il doit faire partie de la grande ligne arrêtée par la loi du 11 juin 1842, de Paris à la Méditerranée, et sur lui doit s'embrancher une ligne secondaire sur Grenoble. — La compagnie concessionnaire sera chargée de l'exécution du chemin suivant cahier des charges annexé à la loi du 16 juill. 1845, et la concession qui sera faite par voie d'adjudication, ne pourra excéder 45 années. — V. **PARIS A LYON** (chemin de fer de).

MARSEILLE A AVIGNON (Chemin de fer de) [120 kilom.]. — Ce chemin, qui forme la partie extrême de la ligne de Paris à la Méditerranée, devait être exécuté par l'état aux termes de la loi du 11 juin 1842, qui ouvrit un premier crédit à cet effet; mais, depuis, la loi du 24 juill 1843 en a concédé directement l'exécution à des concessionnaires qui, moyennant subvention de 32 millions, et une jouissance de 33 ans à partir du complet achèvement du chemin, se sont engagés à le livrer complétement à la circulation dans un délai de cinq ans au plus. Le cahier des charges est annexé à la loi. — Depuis, l'ordonnance du 29 août 1843 a autorisé la société anonyme formée pour l'exécution du chemin.

MÉDITERRANÉE SUR LE RHIN (Chemin de fer de la), *par Lyon, Dijon et Mulhouse*. — Grande ligne arrêtée par la loi du 11 juin 1842, et qui comprend les chemins de fer suivans : — Avignon à Marseille, — Lyon à Avignon, — Paris à Lyon (section de Dijon à Lyon), — Dijon à Mulhouse, où aura lieu la jonction avec le chemin de Strasbourg à Bâle. — V. ces divers chemins.

MINES DE COMMENTRY AU CANAL DU BERRY (Chemin de fer des). — Demandé par les concessionnaires des mines de houille de Commentry, ce chemin, qui doit être exécuté à leurs risques et périls, moyennant une jouissance de 99 années, a été concédé directement par l'ordonnance du 16 fév. 1844, à laquelle est annexé le cahier des charges. — Sur ce chemin, uniquement destiné au transport des marchandises, la traction par l'emploi des locomotives ne pourra avoir lieu sans autorisation nouvelle.

MINES DE DECIZE AU CANAL DU NIVERNAIS (Chemin de fer des). — Concédé par l'ordonnance du 12 sept. 1841.

MINES DE FINS ET DE NOYANT A LA RIVIÈRE D'ALLIER (chemin de fer des). — Demandé par les concessionnaires des mines de houille de Fins et de Noyant, ce chemin, destiné uniquement au transport des marchandises tant qu'une ordonnance ultérieure n'aura pas autorisé le transport des voyageurs, a été concédé directement pour être exécuté aux risques et périls des concessionnaires en vertu de la loi du 25 fév. 1838, à laquelle est annexé le cahier des charges. La durée de la jouissance doit être la même que celle des mines, sans toutefois qu'elle puisse excéder 99 ans.

MINES DE MONTET-AUX-MOINES A LA RIVIÈRE D'ALLIER (Chemin de fer des). — Concédé aux concessionnaires des mines de houille de Montet-aux-Moines, dans les mêmes circonstances et aux mêmes charges que le chemin des mines de Fins et de Noyant à la rivière d'Allier (V. ce chemin), aux termes de la loi de concession du 25 juill. 1838, à laquelle est annexé le cahier des charges.

MINES DE MONT-RAMBERT ET DU QUARTIER GAILLARD AU CHEMIN DE FER DE SAINT-ÉTIENNE (Chemin de fer de). — Demandé par les concessionnaires des mines de houille dont s'agit, ce chemin, destiné uniquement au transport des marchandises, a été concédé directement, par ordonnance du 2 avr. 1843, aux concessionnaires, qui ont pris l'engagement de l'exécuter à leurs risques et périls, dans le délai de trois années. Le cahier des charges annexé à l'ordonnance fixe entre autres dispositions la jouissance à 99 ans, et déclare en outre que les modes de traction sur les plans inclinés devront être soumis à l'approbation de l'administration. — Depuis, une ordonnance ultérieure du 4 juill. 1844 a autorisé la communication de ce chemin avec celui de Saint-Etienne à la Loire.

MONTBRISON A MONTROND (Chemin de fer de) [19 kilom.]. — Embranchement du chemin d'Andrezieux à Roanne (V. ce chemin); autorisé par la loi du 26 avr. 1833, mis en adjudication en vertu de l'ordonnance du 16 nov. 1834, à laquelle était annexé le cahier des charges, moyennant concession de 99 années, il fut en effet adjugé le 6 juin 1835, et l'adjudication fut homologuée par ordonnance du 14 septembre suivant à un concessionnaire, qui forma à cet effet une société anonyme autorisée par l'ordonnance du 31 janv. 1837. La compagnie exécuta le chemin, suivant les conditions qui lui étaient imposées, à une seule voie, et sur l'accotement de la route départementale de Lyon à Montbrison ; mais depuis plusieurs années elle est tombée en faillite, et le chemin est régi par un syndicat. Pour en maintenir l'entretien, la compagnie du chemin d'Andrezieux à Roanne lui alloue 50 cent. par voyageur passant d'une ligne à l'autre. Le gouvernement vient de le remettre en adjudication.

MONTEREAU A TROYES (Chemin de fer de) [97 kilom.]. — Autorisé par la loi du 26 juill. 1844 sur le chemin de Paris à Lyon, dont il est un embranchement (V. ce chemin), ce chemin dut être mis en adjudication. A cet effet, l'ordonnance du 14 déc. 1844 dressa le cahier des charges, en vertu duquel le concessionnaire devait à ses risques et périls exécuter le chemin en quatre années; et, le 25 janv. 1845, l'adjudication, homologuée par ordonnance du même jour, a été prononcée pour 75 ans à une compagnie dont les statuts ont été approuvés par ordonnance du 29 mai 1845.

MONTPELLIER A CETTE (Chemin de fer de) [27 kilom.]. — Ce chemin, destiné depuis à faire partie de la grande ligne de l'Océan à la Méditerranée par Bordeaux, Toulouse et Marseille, a été concédé directement pour 99 ans par la loi du 9 juill. 1836, ratifiant le cahier des charges arrêté par le ministre des travaux publics le 25 avril, et accepté le lendemain par le concessionnaire, qui s'engageait à exécuter le chemin à ses risques et périls. L'ordonnance du 4 juill. 1838 a autorisé la société anonyme formée pour l'exécution de ce chemin, qui n'est qu'à une seule voie, et qui a été livré à la circulation en mars 1839.

MONTPELLIER A NIMES (Chemin de fer de) [52 kilom.]. — Ainsi que le précédent, ce chemin doit aujourd'hui faire partie de la grande ligne de l'Océan à la Méditerranée. Dans le cours de la session de 1838, une compagnie s'était proposée pour l'exécution de ce chemin, et le gouvernement avait en conséquence soumis aux chambres un projet de loi ; mais quelques modifications ayant été introduites dans le cahier des charges, la compagnie se retira, et le projet n'eut pas de suite. Depuis, aucune compagnie nouvelle ne s'étant présentée, le gouvernement demanda aux chambres d'en autoriser l'exécution directe par l'état, et c'est en effet ce qui fut décidé par la loi du 15 juill. 1840, art. 23, qui alloua les crédits nécessaires pour entreprendre le chemin, livré à la circulation depuis janvier 1845. L'exploitation a lieu par une compagnie fermière, concessionnaire pour douze années, le 18 sept. 1844, suivant adjudication homologuée par ordonnance du 1er novembre, et passée en vertu de la loi du 7 juill. 1844, qui en ordonnant cette adjudication, en avait fixé les conditions par le cahier des charges qui lui était annexé. Ce chemin sert de communication entre celui de Montpellier à Cette d'une part, et celui d'Alais à Nimes et Beaucaire d'autre part.

MULHOUSE A THANN (Chemin de fer de) [20 kilom.]. — La loi du 17 juill. 1837, ratifiant le cahier des charges arrêté par le ministre le 30 avril, et accepté le 3 mai par le concessionnaire, qui s'engageait à exécuter le chemin à ses risques et périls, en accorda la concession directe pour 99 années. — Ce chemin, qui d'abord ne devait être qu'à une seule voie, a été exécuté depuis à deux voies, et fut ouvert le 12 sept. 1839; par suite de l'établissement du chemin de fer de Strasbourg à Bâle, avec lequel il se confond dans une partie de son parcours, un traité du 9 juill. 1841 a abandonné son exploitation à la compagnie de Strasbourg à Bâle, moyennant une redevance de 40 % sur les recettes brutes, déduction faite néanmoins du dixième dû au trésor.

NANTERRE ET LE PLATEAU DE SAINT-GERMAIN (Chemin de fer atmosphérique entre) [12 kilom.]. — Autorisé par la loi du 5 août 1844, il a été concédé directement par ordonnance du 2 nov. 1844, ratifiant les conventions arrêtées les 10 et 20 septembre précédent, entre le ministre des travaux publics et la compagnie du chemin de fer de Paris à Saint-Germain, qui a obtenu pour son exécution une double subvention de 180,000 fr. de l'état et de 200,000 fr. de la ville de Saint-Germain. — Après l'achèvement des travaux déjà fort avancés, des expériences d'un mois seront faites sous la direction d'un commissaire du gouvernement; et si dans les six mois de l'ouverture du chemin atmosphérique, la compagnie vient à reconnaître que ce service lui est onéreux, elle pourra reprendre le service ordinaire. Toutes les dispositions relatives à la jouissance et au tarif sur le chemin de fer de Paris à Saint-Germain ont du reste été déclarées applicables au chemin atmosphérique. — V. **PARIS A SAINT-GERMAIN** (chemin de fer de).

NORD (Chemin de fer du). — Cette dénomination est souvent appliquée pour désigner le chemin de Paris à la frontière de Belgique. — V. ce chemin.

OCÉAN A LA MÉDITERRANÉE, PAR BORDEAUX, TOULOUSE ET MARSEILLE (Chemins de fer de l'). — Grande ligne arrêtée par la loi du 11 juin 1842, et qui comprend les chemins de fer suivans déjà exécutés ou en cours d'exécution ou même encore à l'état de projet : — Bordeaux à Cette, — Montpellier à Cette, Montpellier à Nimes, — Alais à Beaucaire, dans la partie de Nimes à Beaucaire où a lieu la jonction avec le chemin de fer d'Avignon à Marseille. — V. ces divers chemins.

ORLÉANS A BORDEAUX (Chemin de fer de) [475 kilom.]. — Partie principale de la ligne de Paris à la frontière d'Espagne, arrêtée par la loi du 11 juin 1842, qui ouvrit immédiatement un crédit pour l'exécution de la section d'Orléans à Tours, aujourd'hui sur le point d'être mise en exploitation. — La loi du 26 juill. 1844 alloua depuis les crédits nécessaires pour l'exécution de la partie comprise entre Tours et Bordeaux, et en même temps ordonna l'adjudication de l'exploitation, suivant cahier des charges annexé à la loi. L'adjudication a en effet été prononcée le 9 octobre suivant, pour 28 ans 275 jours, à partir de l'ouverture de la ligne entière, et a été homologuée par l'ordonnance royale du 24 oct. 1844. — Enfin les statuts de la compagnie ont été approuvés par l'ordonnance du 16 mai 1845. — La section d'Orléans à Tours fait en outre partie de la grande ligne de Paris sur l'Océan.

ORLÉANS A VIERZON (Chemin de fer d') [80 kilom.]. — V. **CENTRE** (chemin de fer du).

OUEST (Chemin de fer de l'). — V. **PARIS A RENNES** (chemin de fer de).

PARIS (Chemin de fer de ceinture autour de). — Ce chemin, destiné à relier entre elles les différentes lignes qui aboutissent à Paris, est en ce moment l'objet d'enquêtes administratives et d'études fort avancées.

PARIS SUR L'ANGLETERRE (Chemins de fer de). — La loi du 11 juin 1842, en arrêtant l'exécution de ces chemins, ajoutait : par un ou plusieurs points du littoral de la Manche qui seront *ultérieurement déterminés ;* cette détermination a été faite par la loi du 26 juill. 1844, qui a indiqué Boulogne, Calais, Dunkerque. Ils se relient aux chemins de Paris à la frontière belge. — V. **AMIENS A BOULOGNE, LILLE A DUNKERQUE ET CALAIS, PARIS A LA FRONTIÈRE BELGE** (chemins de fer de)

PARIS A CAEN (Chemin de fer de). — V. **PARIS A CHERBOURG** (chemin de fer de).

PARIS SUR LE CENTRE DE LA FRANCE, PAR BOURGES (Chemins de fer de). — Grande ligne arrêtée par la loi du 11 juin 1842, et qui se compose des chemins suivans exécutés ou en cours d'exécution : — Paris à Orléans, — chemin du Centre. — V. ces divers chemins.

PARIS A CHERBOURG (Chemin de fer de). — Sollicité par plusieurs compagnies, et soumis pendant le cours de la dernière session à la chambre des députés; rien n'est encore déterminé quant à son tracé, si l'on en excepte le passage par Caen ; le projet est à l'état de rapport.

PARIS A CORBEIL (Chemin de fer de). — Embranchement qui se détache du chemin de Paris à Orléans ; exploitation commune. — V. ce chemin.

PARIS SUR LA FRONTIÈRE D'ALLEMAGNE (Chemins de fer de) — Grande ligne arrêtée par la loi du 11 juin 1842, et qui n'est autre que celle concédée sous le nom de Paris à Strasbourg. — V. ce chemin.

PARIS A LA FRONTIÈRE BELGE (Chemin de fer de), *avec embranchement de Lille sur Calais et Dunkerque* (336 kilom. la ligne principale, 483 kilom. avec l'embranchement). — Il a été entrepris en vertu de la loi du 11 juin 1842, qui ouvrit à cet effet un premier crédit, augmenté par celle du 16 juill. 1844, qui détermina l'embranchement de Lille sur Calais et Dunkerque, ainsi que le chemin d'Amiens à Boulogne (V. ces chemins). — La ligne principale elle-même se divise à Douai en deux sections, l'une sur Valenciennes, l'autre sur Lille. Depuis, la loi du 15 juill. 1845 a ordonné l'adjudication de l'exploitation, et le cahier des charges annexé à la loi porte que les concessionnaires qui exécuteront à leurs frais l'embranchement de Lille sur Calais et Dunkerque, devront rembourser à l'état, qui s'engage dans un délai fixé à achever la ligne, le montant de ses dépenses. L'adjudication a été prononcée le 9 sept. 1845 pour 38 ans de jouissance, homologuée par ordonnance du lendemain 10 ; les statuts de la compagnie anonyme formée par les concessionnaires ont été approuvés par une autre ordonnance du 20 sept. 1845.

PARIS A LA FRONTIÈRE D'ESPAGNE, PAR TOURS, POITIERS, ANGOULÊME, BORDEAUX ET BAYONNE (chemins de fer de) [597 kilom. jusqu'à Bordeaux].—Grande ligne arrêtée par la loi du 11 juin 1842, et comprenant les chemins suivans exécutés, en voie d'exécution, ou même encore à l'état de projet : Paris à Orléans, — Orléans à Bordeaux, — Bordeaux à Bayonne. — V. ces chemins.

PARIS A LYON (Chemin de fer de) [509 kilom.].—Partie principale de la grande ligne de l'Océan à la Méditerranée, arrêtée par la loi du 11 juin 1842, qui ouvrit pour l'exécution des travaux un premier crédit complété depuis par la loi du 26 juill. 1844. Aux termes de la loi du 16 juill. 1845, qui ordonne l'adjudication du chemin, et à laquelle est annexé le cahier des charges, le chemin sera achevé en ce qui concerne les sections de Paris à Dijon, et Châlon-sur-Saône à Lyon, par les concessionnaires, avec engagement de livrer le chemin à la circulation dans le délai de cinq années, et de rembourser à l'état toutes les dépenses par lui faites tant sur les sections sus-désignées que celles de Dijon à Châlon, dont il doit achever l'exécution. L'adjudication n'a pu être prononcée le 20 déc. 1845, la seule compagnie qui se présentât ayant soumissionné pour un temps de jouissance supérieur à celui fixé par le ministre ; mais cette même compagnie ayant déclaré immédiatement qu'elle accepterait les conditions fixées par le gouvernement, le lendemain, 21 décembre, une ordonnance royale lui a fait concession directe du chemin pour 41 ans 90 jours, *maximum* de jouissance fixé par le ministre lors de l'adjudication.

PARIS SUR LA MÉDITERRANÉE, PAR LYON, MARSEILLE ET CETTE (Chemin de fer de) [766 kilom.].— Grande ligne arrêtée par la loi du 11 juin 1842, et comprenant les chemins suivans exécutés, en cours d'exécution ou même encore à l'état de projet : — Paris à Lyon, — Lyon à Avignon, — Avignon à Marseille, — Alais à Nîmes et à Beaucaire, —Montpellier à Nîmes, —Montpellier à Cette.— V. ces chemins.

PARIS A LA MER (Chemin de fer de).—La loi du 6 juill. 1838, ratifiant les conventions passées les 26 mai et 14 juin précédens par le ministre, avait accepté l'offre de concessionnaires demandant d'exécuter à leurs risques et périls, et moyennant jouissance de 80 années, un chemin de Paris à Rouen, au Havre et à Dieppe par les plateaux, avec embranchement sur Louviers et Elbeuf. Le 13 août, le gouvernement autorisait les statuts de la compagnie formée à cet effet ; mais bientôt cette compagnie, ne pouvant exécuter ses obligations, demanda et obtint, par la loi du 1er août 1839, la résiliation de ses engagemens.

PARIS SUR L'OCÉAN, PAR TOURS ET NANTES (Chemins de fer de) [414 kilom.]. — Grande ligne arrêtée par la loi du 11 juin 1842, et qui comprend les chemins suivans exécutés ou en cours d'exécution : —Paris à Orléans, — Orléans à Bordeaux (section d'Orléans à Tours), —Tours à Nantes.— V. ces divers chemins.

PARIS A ORLÉANS (Chemin de fer de) *avec embranchement sur Corbeil* [122 kilom., et 153 avec l'embranchement]. — Tête de ligne commune aux grands chemins de l'Océan, de la frontière d'Espagne et du Centre, arrêtés par la loi du 11 juin 1842. Ce chemin, le premier de grande étendue exécuté en France par l'industrie privée, livré complètement à la circulation le 2 mai 1843, a été l'objet de nombreuses décisions législatives. — D'abord une première loi en date du 7 juill. 1838 en autorisa directement l'exécution demandée ; leurs risques et périls et dans le délai de cinq années, par les concessionnaires, à qui le cahier des charges annexé à la loi accordait une jouissance de 79 années, et imposait l'obligation de trois embranchemens sur Corbeil, Arpajon, Pithiviers; et l'ordonnance du 13 août même année autorisa la formation de la compagnie anonyme formée à cet effet. Mais bientôt, par suites de circonstances extérieures, la compagnie, craignant de ne pouvoir remplir ses obligations, obtint, par la loi du 1er août 1839, le droit de pouvoir, jusqu'au 1er janv. 1841, renoncer à la concession, à l'exception de la partie de chemin nécessaire pour la ligne de Paris à Corbeil, avec la faculté, au cas où elle voudrait s'en tenir à la concession première, de demander au gouvernement, autorisé à les consentir, les modifications nécessaires pour l'exécution des travaux. —Par une nouvelle loi du 15 juill. 1840, le gouvernement s'engagea à garantir, pour le montant du capital social (40 millions), un maximum d'intérêt à 4 % pendant 46 ans 26 jours, à dater de l'ouverture du chemin ; à l'ancien cahier des charges, fut substitué un nouveau portant entre autres clauses jouissance de 99 ans, élévation des tarifs, abandon des embranchemens d'Arpajon et de Pithiviers, suppression de la clause limitant à 10 % les bénéfices de la compagnie, et enfin des modifications dans les obligations quant à l'exécution des travaux. Ainsi encouragée, et ayant obtenu par l'ordonnance du 31 janv. 1841 la modification de ses statuts, et par celle du 22 octobre l'autorisation de faire un emprunt, la compagnie acheva complètement la ligne. — Depuis cette époque, est intervenue l'ordonnance du 20 oct. 1843 pour régler le mode de justification à faire par la compagnie vis-à-vis de l'état, son créancier, de ses frais de premier établissement, d'entretien annuel, et de ses recettes.—Quelques modifications aux statuts ont été autorisées récemment par ord. du 18 nov. 1845.

PARIS A RENNES, PAR VERSAILLES, CHARTRES ET LAVAL (Chemin de fer de).—Arrêté par la loi du 26 juill. 1844, comme complément du système général des grandes voies de fer défini par la loi du 11 juin 1842, ce chemin, qui pourra un jour être prolongé jusqu'à Brest, se compose de deux parties distinctes : — Paris à Versailles (V. ce chemin), — Versailles à Chartres et à Rennes (V. ce chemin). — Un projet de loi pour la concession du chemin, soumis pendant la session dernière à la chambre des députés, y est resté à l'état de rapport ; la compagnie ne serait chargée que de l'exploitation. —On étudie en outre le prolongement sur Brest. — V. encore **TOURS A NANTES** (chemin de fer de).

PARIS A ROUEN (Chemin de fer de) [131 kilom.].— La compagnie du chemin de fer de Paris à la mer s'étant dissoute (V. ce chemin), une nouvelle compagnie, dont les statuts furent autorisés par ordonnance du 28 juin 1840, sollicita l'exécution, à ses risques et périls, par la vallée de la Seine, d'un chemin de fer de Paris à Rouen, et en obtint la concession directe par la loi du 15 juill. 1840, à laquelle fut annexé le cahier des charges, moyennant jouissance de 99 années, et prêt par l'état de 14 millions à 3 % d'intérêts, remboursables par trentième à partir de trois ans à compter de l'ouverture du chemin.—Une ordonnance du 17 mars 1841 autorisa dans les statuts une modification par laquelle un intérêt de 4 % fut garanti aux actionnaires pendant la durée des travaux.— Dans le cours de l'année 1843, diverses lois ou ordonnances parurent, en outre, relatives au prêt fait par l'état à la compagnie, ce qui a encore été l'objet de l'ordonnance du 28 juill. 1844. — Depuis le 3 mai 1843, le chemin est complètement livré à la circulation.

PARIS A SAINT-GERMAIN (Chemin de fer de) [19 kilom.]. — La loi du 9 juill. 1835, à laquelle fut annexé le cahier des charges, concéda directement ce chemin pour 99 années au concessionnaire qui le sollicitait, et s'engageait à l'exécuter à ses risques et périls dans le délai de quatre années : le chemin a été ouvert le 6 août 1837. — Une ordonnance du 4 nov. 1835 homologua les statuts de la compagnie formée pour l'exploitation de ce chemin, statuts modifiés depuis en certains points suivant ordonnances du 16 septembre 1839, et en dernier lieu du 20 sept. 1845.—D'autres ordonnances, des 16 oct. 1837 et 3 juill. 1838, avaient autorisé l'établissement de la gare du chemin dans un rayon plus rapproché de l'intérieur de Paris, et que l'ordonnance du 27 mars 1839 a restreint et définitivement arrêté. — Une partie du chemin de fer de Paris à Saint-Germain sert de tête de ligne aux chemins de fer de Paris à Versailles (rive droite) et de Paris à Rouen (V. ces chemins). — V. encore **ASNIÈRES A ARGENTEUIL** (chemin de fer de), **NANTERRE ET LE PLATEAU DE SAINT-GERMAIN** (chemin de fer atmosphérique entre).

PARIS A SCEAUX (Chemin de fer de) [10 kilom.].—Autorisé par la loi du 5 août 1844, il a été concédé directement pour cinquante années par l'ordonnance du 16 sept. suivant, ratifiant les conventions passées la veille entre le ministre et la compagnie, qui sollicite en ce moment le prolongement de son chemin déjà fort avancé sur Orsay et Longjumeau. — L'exécution a lieu par la compagnie à ses risques et périls; ses statuts ont été approuvés par ordonnance du 23 fév. 1845 ; le cahier des charges est annexé à la loi.

PARIS A STRASBOURG (Chemin de fer de) [584 kilom.], *avec embranchemens sur Reims et Metz, et prolongement de Metz à Sarrebruck.* —Ce chemin n'est autre que la grande ligne de Paris à la frontière d'Allemagne, arrêtée par la loi du 11 juin 1842 ; pour son exécution par l'état, des crédits furent ouverts par les lois des 11 juin 1842 et 2 août 1844 ; enfin il a dû, en vertu de la loi du 19 juill. 1845, à laquelle fut annexé le cahier des charges, être concédé par voie d'adjudication pour l'exploitation. Cette adjudication a eu lieu en effet le 25 novembre pour 43 ans et 286 jours de jouissance, et homologuée par ordonnance du 27 même mois. — Enfin, une autre ordonnance du 17 décembre a autorisé les statuts de la compagnie concessionnaire. — Observons encore que la compagnie doit exécuter à ses frais les embranchemens de Metz et de Sarrebruck, qui sont de 78 kilom.

PARIS A VERSAILLES (Chemin de fer de). — La loi du 9 juill. 1836, à laquelle furent annexés les cahiers des charges, ordonna l'adjudication de l'exécution de deux chemins de Paris à Versailles, qui eut lieu le même jour 26 avr. 1837 pour les deux chemins, et fut approuvée par ordonnance du 24 mai suivant, à laquelle furent annexés les cahiers des charges définitifs. — C'est sur l'un ou l'autre de ces chemins, plus probablement même sur les deux, que doit prendre son point de départ le chemin de Paris à Rennes : telle est en effet la conclusion du rapport de la commission de la chambre des députés sur le chemin de Paris à Rennes.— V. ce chemin.

PARIS A VERSAILLES, *rive droite* (Chemin de fer de) [19 kilom.]. — Les statuts de la compagnie concessionnaire pour 99 années ont été approuvés par l'ordonnance du 21 nov. 1837 ; et le chemin qui, jusqu'à Asnières, est en communauté avec celui de Paris à Saint-Germain a été ouvert le 2 août 1839. — La même année, et comme équivalent du prêt fait par l'état à la rive gauche, les tarifs ont été augmentés par ordonnance royale.

PARIS A VERSAILLES, *rive gauche* (Chemin de fer de) [16 kilom.]. — Les statuts de la compagnie concessionnaire pour 99 années ont été approuvés par l'ordonnance du 25 août 1837 ; le chemin, par suite des embarras financiers de la compagnie, n'a pu du reste être exécuté qu'à l'aide d'un prêt de 5 millions fait par l'état en vertu de la loi du 1er août 1839. Il a été complètement livré à la circulation le 1er oct. 1840.

ROUEN AU HAVRE (Chemin de fer de) [92 kilom.]. — Ce chemin, prolongement de celui de Paris à Rouen, a été, par la loi du 11 juin 1842, à laquelle est annexé le cahier des charges, concédé directement aux mêmes concessionnaires, qui, moyennant une subvention de 8 millions par l'état, 1 million par la ville du Havre, un prêt de 10 millions par l'état, et une jouissance de 97 années, se sont engagés à l'exécuter à leurs risques et périls, dans un délai de cinq années. Depuis, deux ordonnances des 29 janv. 1843 et 28 juill. 1844 ont été rendues, la première, pour homologuer les statuts de la société formée pour l'exécution du chemin ; la seconde, pour approuver les conventions passées entre l'état et la compagnie relativement au prêt.

SAINT-ÉTIENNE A ANDREZIEUX, *ou de la Loire au pont de l'Ane* (Chemin de fer de) [18 kilom.].— Ce chemin, le premier établi en France, concédé par ordonnance du 26 fév. 1823, a été exécuté par une compagnie qui a été encore l'objet de deux ordonnances, en date des 21 juill. 1824 et 19 avr. 1826. Achevé en 1827, il est à simple voie, et le transport s'y opère par des chevaux. En juin 1833, il a été relié au chemin de Saint-Étienne à Lyon, et en décembre même année, à celui d'Andrezieux à Roanne.

SAINT-ÉTIENNE A LYON (Chemin de fer de) [58 kilom.]. — L'ordonnance du 16 sept. 1826 homologua l'adjudication faite, moyennant concession perpétuelle, le 27 mars précédent, de l'exécution de ce chemin à des concessionnaires, qui formèrent à cet effet une société anonyme autorisée par ordonnance du 7 mars 1827. L'entrée de ce chemin dans Lyon, et son point d'arrêt dans cette ville, furent l'objet de diverses ordonnances des 13 déc. 1829, 5 déc. 1830, 27 avr. 1831. Il n'a du reste été complètement livré à la circulation que le 1er oct. 1832, et ce n'est qu'au 1er oct. 1844 que sur la totalité de la ligne la traction qui s'opérait partie par les chevaux, partie par la vapeur, a commencé à n'avoir lieu que par ce dernier mode. — Le tarif primitif des transports a été modifié par ordonnance du 16 sept. 1831.

SAINT-WAAST-LE-HAUT A DENAIN (Chemin de fer de). — Concédé le même jour que le chemin d'Abscon à Denain, et aux mêmes conditions ; comme lui ayant reçu le 24 oct. 1835, des modifications quant aux tarifs. — V. ce chemin. — L'ordonnance du 31 janv. 1841 a autorisé le prolongement de ce chemin jusqu'à Anzin.

STRASBOURG A BALE (Chemin de fer de) [141 kilom.]. — La loi du 6 mars 1838 concéda directement l'exécution de ce chemin demandée à leurs risques et périls et pour être achevée dans le délai de six années par concessionnaire, à qui le cahier des charges annexé à la loi accordait une jouissance de 70 années ; l'ordonnance du 14 mai autorisa la formation de la compagnie anonyme formée à cet effet. Une première modification au cahier des charges fut apportée, en ce qui concerne la perception de l'impôt, par la loi du 2 juill. 1838 ; mais bientôt, à la suite d'embarras financiers, la compagnie recourut à l'intervention législative ; et la loi du 15 juill. 1840 autorisa le prêt par l'état d'une somme égale aux trois dixièmes du fonds social, prêt qui donna lieu à une convention provisoire entre le ministre et la compagnie approuvée par ordonnance du 16 oct. 1840 ; de plus, la même loi autorisa le gouvernement à consentir au cahier des charges les modifications qu'il croirait utiles ; et en conséquence fut homologué, le 29 oct. 1840, un nouveau cahier des charges portant entre autres choses jouissance de 99 années. — A l'aide de ces encouragemens, la compagnie a achevé le chemin, ouvert sur une voie, le 15 sept. 1841 ; sur les deux, en mai 1843. — Depuis, une ordonnance du 20 oct. 1843 est intervenue pour régler le mode de justification à faire par la compagnie, vis-à-vis de l'état son créancier, de ses frais de premier établissement, d'entretien annuel et de ses recettes.

TOURS A NANTES (Chemin de fer de) [192 kilom.]. — Ce chemin est le complément de la grande ligne arrêtée par la loi du 11 juin 1842 de Paris sur l'Océan ; la loi du 16 juill. 1844 a ouvert, pour l'exécution de ce chemin par l'état, les crédits nécessaires; et, depuis, une autre loi du 19 juill. 1845, à laquelle fut annexé le cahier des charges, en a autorisé l'adjudication pour l'exploitation, adjudication qui a effectivement eu lieu le 25 novembre pour 34 ans 15 jours de jouissance, et que l'ordonnance du 27 même mois a homologuée. Enfin, une autre ordonnance du 17 déc. 1845 a autorisé les statuts de la compagnie adjudicataire, qui devra rembourser le prix des terrains à l'état, qui en définitive ne doit rester chargé que des terrassemens et travaux d'arts. — Il est question de prolonger la ligne de 53 kilom., jusqu'à l'embouchure de la Loire au point de Saint-Nazaire. Des études sont encore faites pour prolonger le chemin jusqu'à Brest avec embranchement sur Rennes.

VALENCIENNES A LA FRONTIÈRE BELGE (Chemin de fer de) [13 kilom.]. — Livré complètement à la circulation le 5 sept. 1843, ce chemin, qui s'unit à celui établi en Belgique de la frontière à Mons, a été entrepris en vertu de la même loi que celui de Lille à la frontière belge ; toutes les dispositions législatives réglementaires de ce chemin lui sont applicables.

VERSAILLES A CHARTRES ET A RENNES (Chemin de fer de). — Partie principale du chemin de Paris à Rennes (V. ce chemin) ; la seule section de Versailles à Chartres est en voie d'exécution ; entre Chartres et Laval,

le tracé n'est pas encore arrêté, et il est incertain si le chemin passera par le Mans ou Alençon. D'après le projet, resté à l'état de rapport, la compagnie concessionnaire devrait exécuter à ses risques et périls un embranchement de Chartres sur celle de ces deux villes qui ne desservirait pas la ligne principale.

VIERZON AU BEC D'ALLIER PAR BOURGES (139 kilom.) ET A CLERMONT (chemin de fer de). —V. CENTRE (Chemin de fer de).

VIERZON A CHATEAUROUX [63 kilom.] ET A LIMOGES (Chemin de fer de).—V. CENTRE (chemins de fer de).

VILLERS-COTERETS AU PORT-AUX-PERCHES SUR LA RIVIÈRE D'OURCQ (Chemin de fer de) [8 kilom.). — Concédé directement par ordonnance du 16 juin 1836, exécuté par le concessionnaire, suivant les charges indiquées par l'ordonnance, moyennant une jouissance de 99 années, ce chemin, à une seule voie, n'est destiné qu'au transport des marchandises.

VINEUX A LA FRONTIÈRE BELGE (Chemin de fer de) —Ce chemin, destiné à se joindre au chemin belge de Charleroi, a été concédé directement par ordonnance du 6 mars 1845, avec jouissance de 94 années, à des concessionnaires qui se sont engagés à l'exécuter à leurs risques et périls dans un délai de quatre années.

CHEMIN DE HALAGE.

Table alphabétique.

CHEMIN DE HALAGE. — 1. — On appelle ainsi, et quelquefois marchepied (C. civ., art, 650), l'espace de terrain réservé sur le bord des cours d'eau pour le service et les besoins de la navigation, et notamment pour tirer les bateaux, soit à bras d'hommes, soit à l'aide de chevaux.

2. — Dans l'usage, on applique plus spécialement le nom de marchepied soit au contre chemin placé sur la rive opposée au chemin de halage, soit à celui qui sert aux personnes préposées à la conduite des bois flottés. — Garnier, Rég. des eaux, t. 1er, n° 71.

§ 1er. — Historique (n° 3).
§ 2.—Etablissement des chemins de halage (n° 40).
§ 3. — Cours d'eau pour lesquels le chemin est dû (n° 33).
§ 4. — Indemnité (n° 46).
§ 5. — Propriété (n° 60).
§ 6.—Contraventions.—Compétence (n° 89).

§ 1er. — Historique.

3.—Dans le droit romain, l'usage des rives des fleuves était public, quoique les rives fussent la propriété des riverains. — Instit., De rerum divisione, § 2.

4.—Dans notre ancien droit, la police et la surveillance des cours d'eau navigables et flottables appartenaient au souverain : on cite en conséquence plusieurs ordonnances royales destinées à réglementer les chemins de halage.

5. — Le document le plus ancien que l'on connaisse sur le sujet est une charte de 558, par laquelle Childebert 1er concédait aux moines de l'abbaye de Saint-Germain-des-Prés le droit de pêche dans la Seine, depuis le pont de la Cité jusqu'à Sèvres. — Elle prescrit en conséquence, aux riverains, pour faciliter l'exercice de ce droit, de laisser sur les bords du chemin un espace libre de la largeur d'une perche, ajoutant que cette servitude avait été instituée par la coutume pour faire monter et descendre les bateaux, jeter et retirer les filets. — Husson, Légist. des trav. publ., t. 2, p. 161, n. a.

6.—Une ordonnance de Charles VI, de fév. 1415, ordonna également, en rappelant que cette servitude existait de toute ancienneté, de laisser libre en toute saison, sur les bords de la Seine et des rivières qui y affluent, un chemin de vingt-quatre pieds de largeur pour le halage des bateaux. — Un règlement de Louis XII, rappelé dans le préambule d'une déclaration de Louis XIV, du 24 avr. 1703, sur la navigation de la Loire et de ses affluens, fixe à dix-huit pieds au moins la largeur des chemins de halage sur le bord de ces rivières.

7.— François ler reproduisit textuellement, par lettres patentes du mai 1520, les dispositions de Charles VI, prescrivit également sur et au long des bords et rivages des rivières vingt-quatre pieds de lez pour le trait des chevaux, tant en amont qu'en aval. Ces lettres patentes font défense de mettre sur les rivages, les marchandises y étant, aucun empêchement, et ordonne que chacun, sur son héritage, souffre, fasse ou maintienne convenablement ledit chemin de vingt-quatre pieds.

8.— Ces dispositions furent renouvelées par l'édit de juill. 1607, par l'ord. d'août 1669, tit. 28, celle de déc. 1672, chap. 1er, par l'arrêt du conseil du 24 juin 1777.

9.—L'ancienne législation, implicitement confirmée par les art. 556 et 650, C. civ., est encore celle à laquelle il faut recourir aujourd'hui; un décret du 22 janv. 1808 déclare même formellement l'art. 7, tit. 28, ord. 1669, applicable à toutes les rivières navigables de l'empire.

§ 2. — Etablissement des chemins de halage.

10. — D'après l'art. 556, C. civ., les propriétaires riverains d'un fleuve ou d'une rivière navigable ou flottable sont tenus de laisser le marchepied ou chemin de halage, conformément aux réglemens. Et, d'après l'art. 650, même Code, on considère comme servitudes légales établies pour l'utilité publique ou communale celles qui ont pour objet le marchepied le long des rivières navigables ou flottables.

11. — Le décret du 22 janv. 1808 est venu compléter ces dispositions. —Art. 1er. Les dispositions de l'art. 7, tit. 27, ord. 1669, sont applicables à toutes les rivières navigables de l'empire, soit que la navigation y fût établie à cette époque, soit que le gouvernement se soit déterminé depuis, ou se détermine aujourd'hui et à l'avenir à les rendre navigables. — Art. 2. En conséquence, les propriétaires riverains, dans quelque lieu que la navigation ait été et soit établie, seront tenus de laisser le passage pour les chemins de halage. —

Art. 3. Il sera payé aux riverains des fleuves et rivières, où la navigation n'existait pas, et où elle s'établira, une indemnité proportionnée au dommage qu'ils éprouveront, et cette indemnité sera évaluée conformément aux dispositions de la loi du 16 sept. 1807. — Art. 4. L'administration pourra, lorsque le service n'en souffrira pas, restreindre la largeur des chemins de halage, notamment quand il y aura antérieurement des clôtures en haies vives, murailles ou travaux d'art , ou des maisons à détruire. »

12.—L'art. 7, tit. 27, ord. 1667, qui rappelle celle de 1520, déclare que les propriétaires des héritages aboutissant aux rivières navigables doivent laisser vingt-quatre pieds (sept mètres soixante-dix-neuf centimètres) au moins de largeur, pour chemin et trait de chevaux, sans qu'ils puissent planter d'arbres ni tenir clôture ou haie plus près que trente pieds (neuf mètres soixante-quatorze centimètres) du côté où les bateaux se retirent, et dix pieds (trois mètres vingt-quatre centimètres) de l'autre bord, à peine de 500 fr. d'amende, confiscation des arbres, et plus les contrevenans contraints à réparer et remettre les chemins en état à leurs frais.

13. — Les propriétaires des héritages aboutissant aux rivières navigables, tenus, aux termes de l'art. 7, tit. 8, de laisser le long des bords soit une largeur de vingt-quatre pieds (sept mètres soixante-dix-neuf centimètres) pour chemin de halage, soit un espace de dix pieds (trois mètres vingt-cinq centimètres) pour chemin de contre-halage, doivent toujours ces chemins, quelle que soit la nature du terrain qu'ils possèdent. — Cons. d'état, 22 janv. 1813, Huart c. Ponts et chaussées.

14. — Il en est de même, soit qu'ils aient profité d'une alluvion, soit que l'action des eaux ait enlevé une portion des rives. — Cons. d'état, 9 janv. 1843, de Barrois.

15. — ... et cela alors même qu'on destinerait à l'établissement d'un quai et d'une place publique l'alluvion qui se serait formée le long de leur propriété: dès-lors les clôtures et palissades qu'ils auraient, sans autorisation préalable, établies sur ce chemin, doivent être démolies. — Cons. d'état, 8 juill. 1829, Min. de l'int. c. Duperrier.

16. — Les riverains des cours d'eau navigables sont soumis à la même obligation, soit que la navigation se fasse à trait de chevaux ou d'hommes, ou à l'aide du flux et reflux, ou par l'impulsion du vent; toutefois, le chemin ne doit être de vingt-quatre pieds que du côté où le tirage a lieu. — Cons. d'état, 16 messid. an XIII, Lapeyrolerie c. le préfet de la Dordogne.

17. — Cette obligation grève les terrains aboutissant aux rivières navigables, alors même qu'aucun travail n'aurait été effectué par l'état ou ses représentans pour faciliter l'usage public de l'espace destiné par la loi à servir de chemin de halage ou de marchepied. — Cons. d'état, 22 juin 1843, c. des canaux d'Orléans c. Besançon.

18. — Le décret du 29 mai 1808 , relatif à la rivière de Sèvre, fixe la largeur du chemin de halage à dix-huit pieds seulement (art. 8); mais l'art. 16 défend de planter des arbres ou arbustes et de faire des constructions plus près de dix mètres des rivages et bords extérieurs des chemins de halage sans avoir demandé préalablement l'alignement et l'autorisation du préfet. — Cette dernière disposition a pour but ou plutôt, non point le prohiber de cette manière absolue les plantations et constructions dans la largeur de quarante-huit pieds, ce qui étendrait alors à cette largeur celle du chemin de halage, mais uniquement de contraindre à demander une autorisation et l'alignement quand on veut planter ou bâtir à une certaine distance du chemin de halage; c'est une mesure d'ordre, une précaution dans l'intérêt public et non une prohibition absolue.—Daviel, Cours d'eau, t. 1er, n° 86.

19. — Si les besoins de la navigation l'exigent , l'administration a le droit de transporter d'une rive sur l'autre le grand chemin de halage et le marchepied , en intervertissant l'ordre établi primitivement pour l'assiète de ces deux voies. Encyclop. du dr., v° Chemin de halage, n° 19, 8°.

20. — Si le halage a lieu sur les deux rives de la rivière navigable, il nous semble que la largeur de vingt-quatre à trente pieds, peut être exigée par l'administration des deux côtés. L'art. 2, arr. du cons. de juin 1777, décide la question en ce sens. — Garnier, Rég. des eaux, t. 1er, n° 103; Tr. des chemins, n° 26; Isambert, Voirie, t. 1er, n° 431. — V. aussi Husson, Tr. des trav. publ., t. 2, p. 162; Pardessus, Cours des constructions, n° 1137.

21. — Nous avons vu (n° 11) que l'art. 4, décr. 22 janv. 1818, donnait à l'administration le droit, pourvu que la navigation n'en souffrit pas, de restreindre la largeur des chemins de halage.— Cette restriction peut avoir pour objet le chemin de contre-halage aussi bien que celui de halage, et s'appliquer aux rivières déjà navigables lors du

décret de 1808, comme à celles qui le sont devenues depuis. — *Encyclop. du dr.*, n° 13.

22. — Si l'art. 4, décr. 22 janv. 1808, autorise en certain cas l'administration à réduire la largeur prescrite pour les chemins de halage par l'ord. de 1669, l'art. 7, tit. 28 de cette ordonnance n'en demeure pas moins applicable quand l'administration n'a pas usé de la faculté qui lui est accordée. — *Cons. d'état*, 26 août 1818, Lucron c. Dufour; 6 fév. 1818, Min. de l'int.

23. — Si le halage était démontré inutile, il nous paraît même que le préfet pourrait autoriser les riverains à reprendre le libre exercice de leur terrain. — *Encyclop. du dr., eod. verb.*, n° 14.

24. — Du reste, dans ce cas, l'administration pourrait, si les circonstances l'exigeaient, revenir sur son arrêté. Aucune indemnité ne serait due pour le rétablissement de la servitude, puisqu'il ne résulte de la renonciation au halage qu'une suspension de l'exercice du droit. — *Ibid.*, n° 16.

25. — Lorsqu'il est défendu aux bateliers, par un arrêté du préfet, de se servir de l'un des bords d'une rivière pour le halage, les tribunaux ne peuvent pas, sans s'immiscer dans les attributions de l'autorité administrative, renvoyer les contrevenans des poursuites exercées contre eux par les riverains sur le terrain desquels ils ont commis des dégâts, sur leur allégation d'une prétendue force majeure. — *Cass.*, 22 juill. 1824, Saint-Gérand.

26. — La servitude de halage n'existe pas sur les bords de la mer : elle serait un effet sans objet; d'ailleurs, les bords de la mer dépendent du domaine public. — Daviel, t. 1er, n° 77; Valin, *Commentaire de l'ord. de* 1681, tit. 27, art. 2; Dufour, t. 2, n° 1114. — V. toutefois Isambert, *Tr. de la voirie*, nos 213 et suiv.

27. — La détermination de la largeur du chemin de halage ou du marchepied a lieu selon l'état du lit du fleuve ou les accidens du sol riverain. Si la berge est à pic, la distance se mesure à partir de son arête.

28. — Mais dans le cas contraire, et c'est ce qui arrive le plus ordinairement, on doit prendre la hauteur moyenne des eaux comme point de départ pour calculer la largeur du chemin de halage. — *Cons. d'état*, 24 déc. 1818, Asselin; L. 3, § 1er, ff., *De flum*; — Vinnius, *Inst.*, *De rer. div.*, § 4, n° 1er; — Décis. du direct. gen. des ponts et chaussées, 4 fév. 1821. — V. aussi Foucart, *Elém. de dr. publ. et admin.*, t. 2, p. 573, n° 1291; Garnier, *Rég. des eaux*, t. 1er, nos 82 et 477; Proudhon, *Dom. publ.*, t. 3, n° 744; Chevalier, *Jurisp. admin.*, v° *Cours d'eau*, t. 1er, p. 246; Isambert, *Voirie*, n° 127.

29. — Le chemin de halage établi pour les besoins de la navigation doit suivre les variations de la rivière, de telle sorte que si les flots viennent à l'emporter, les riverains sont tenus d'en fournir un nouveau sur les terres qui leur restent, et de souffrir le reculement nécessaire; mais si la rivière se porte sur la rive opposée, ou s'il se forme un atterrissement, le chemin avance et la propriété s'accroît en proportion. — C. civ., art. 556 et 557; Garnier, *Rég. des eaux*, t. 1er, n° 93; Foucart, t. 2, n° 1297; *Encyclop. du dr.*, n° 19, 4°.

30. — Dans les rivières où les marées se font sentir, les chemins et contre-chemins de halage doivent être praticables à toutes les époques de marée où la navigation est possible. — *Cons. d'état*, 24 déc. 1818, Asselin; 19 mai 1843, Laburthe.

31. — C'est au préfet qu'il appartient, sauf recours au ministre et ensuite au conseil d'état, de fixer la largeur des chemins de halage et marchepied; de statuer sur les réclamations des riverains en réduction de la largeur légale. — *Cons. d'état*, 26 août 1818, Lucron c. Dufour; — Garnier, *Cours d'eau*, t. 1er, nos 107 et 108; Proudhon, t. 3, n° 772; Cormenin, *Dr. admin.*, *append.*, v° *Cours d'eau*, p. 76, col. 2e; *Encyclop. du droit*, n° 10.

32. — L'arrêté du préfet qui enjoint aux riverains de laisser libre l'espace nécessaire pour le halage, est un acte administratif qui ne peut être attaqué par la voie contentieuse. — *Cons. d'état*, 20 juin 1816, Huard; 2 janv. 1838, Lerebours et Chartier; — Cormenin, *Dr. admin.*, t. 1er, p. 517.

33. — De même, lorsqu'à son embouchure dans un fleuve, un ruisseau forme un chenal qui, de tout temps, a servi de refuge aux navires, et peut encore être fréquenté à marée haute par certaines embarcations, c'est à l'autorité administrative qu'il appartient de statuer sur les plantations faites sans autorisation à cet endroit de ses rives. — *Cons. d'état*, 28 fév. 1828, de Brivazac.

34. — Les sous-préfets sont incompétens pour statuer sur la largeur d'un chemin de halage. — Toutefois, les conseils de préfecture excéderaient leur compétence en annulant les arrêtés de sous-préfets pris à ce sujet. — *Cons. d'état*, 16 messid. an XIII, Lapeyrolerie c. le préfet de la Dordogne.

§ 3. — *Cours d'eau pour lesquels le chemin est dû.*

35. — L'obligation de fournir le chemin de halage et le marchepied pèse sur les riverains, tant des rivières navigables et flottables que de celles qui sont flottables seulement.

36. — Les propriétaires d'héritages aboutissant à des bras navigables, ou même à des rivières rendues navigables par des travaux de canalisation, sont soumis aux mêmes obligations que les riverains des rivières navigables naturellement. — C. civ., art. 556 et 650 combinés. — V. COURS D'EAU.

37. — Il n'en saurait être de même pour les canaux entièrement creusés de main d'homme dans des lieux où il n'était pas possible de prévoir cette navigation artificielle. Aussi pensons-nous que le marchepied ou chemin de halage ne peut être acquis que par expropriation pour cause d'utilité publique. — V. CANAL, nos 18, 44 et suiv.

38. — Le chemin de halage est-il dû sur les îles qui se trouvent dans les rivières navigables? — Aucune disposition formelle ne les assujettit à cette servitude, mais la jurisprudence a décidé qu'on devait les comprendre dans les termes généraux de la loi; en outre, deux lettres du directeur des ponts et chaussées, en date des 27 juill. 1823 et 8 janv. 1824, ont déclaré que les îles étaient des héritages aboutissant aux rivières, divisant le courant en deux parties; conséquemment qu'elles formaient l'un des *bords* de l'un ou l'autre bras. — *Parlem. Paris*, 28 fév. 1581, relatif à l'île Louviers; Arrêts du conseil du 8 nov. 1689 et 24 juin 1777. — Foucart, t. 2, n° 1294; Garnier, *Régime des eaux*, t. 1er n° 80; Maguitot et Delamarre, *Dict. de dr. publ. et admin.*, v° *Eau*, t. 1er, n° 462; Daviel, n° 202; Proudhon, t. 3, n° 791; *Encyclop. du dr.*, n° 19, 10°.

39. — Toutefois, le contraire a été jugé par arrêts du parlement de Rouen des 30 août 1675 et 28 juin 1717; par sentences de la vicomté de l'eau des 5 juill. 1692, 2 mars 1768, 17 août 1787 et 30 janv. 1788. — Daviel, n° 202, et Proudhon, n° 791, citent un rapport qui fait mention d'un arrêt de Rouen du 2 déc. 1823, ayant jugé dans le même sens.

40. — Mais nous préférons la première solution, 1° parce que l'ordonnance de 1669 exige des riverains qu'ils laissent le chemin de halage sur leurs *héritages aboutissant aux rivières navigables*, et que les îles sont des héritages aboutissant à ces rivières; — 2° parce que la loi exigeant un chemin sur chaque rive, il en faut supposer un sur l'île pour satisfaire à la prescription de la loi. — Ajoutons qu'un arrêt du conseil du 24 juin 1777 porte que le chemin de halage est dû *sur les îles où il en serait besoin.* — *Encycl. du dr., loc. cit.*; Husson, *loc. cit.*

41. — D'ailleurs, en se reportant à la discussion qui a eu lieu au conseil d'état, le 27 vendém. an XII, on voit que le législateur a entendu subordonner la propriété des îles aux besoins de la navigation et du flottage.

42. — L'obligation du chemin de halage n'existe pas sur les propriétés riveraines des parties des fleuves ou rivières navigables où la navigation ne peut avoir lieu. Mais elle pourrait être établie, moyennant indemnité, si la navigabilité était déclarée. — Décr. 22 janv. 1808; — *Cons. d'état*, 31 mars 1825, Harvier.

43. — L'ord. 1672, tit. 17, art. 6, prescrivait aux riverains des cours d'eau simplement flottables à bûche perdue de laisser un chemin de quatre pieds le long de l'eau, pour le passage des employés préposés à la conduite du flot; cette obligation existe toujours, et elle a été formellement rappelée par l'art. 3 de l'arrêté du 13 niv. an V.

44. — Mais comme cet arrêté, non plus que le décret du 22 janv. 1808, ne contiennent aucune prohibition, les riverains peuvent établir des murs à la distance de quatre pieds des bords sur les cours d'eau flottables à bûche perdue. — Garnier, *Traité des chemins*, p. 71.

45. — M. Garnier pense même que si le riverain d'un cours d'eau flottable à bûches perdues veut planter des arbres de haute tige ou des haies, il n'est tenu de se conformer à l'art. 671, C. civ., qu'autant qu'il y a un règlement qui l'y oblige.

§ 4. — *Indemnités.*

46. — D'après l'ancienne législation, l'établissement des chemins de halage et marchepied ne donnait lieu à aucune indemnité en faveur des riverains; mais aujourd'hui, et en vertu du décret du 22 juill. 1808, art. 3, il n'en est plus de même. Les riverains peuvent donc en réclamer une tant que la prescription n'est pas acquise contre eux par l'exercice du halage pendant trente ans.

47. — Le décret du 22 janv. 1808, en déclarant les dispositions de l'ord. de 1669, relative aux chemins de halage, applicables à toutes les rivières navigables de France, n'a accordé le droit d'indemnité qu'aux riverains des villes où la navigation n'existait pas et s'établirait par la suite, et non aux rivières qui étaient navigables lors de la publication dudit décret. — *Cons. d'état*, 25 août 1841, de Brigode c. Honorez.

48. — L'indemnité n'est donc pas due lorsque la rivière était anciennement navigable; et, en supposant même une interruption momentanée de la navigation, le droit de l'état n'a jamais pu être prescrit. — *Cons. d'état*, 5 août 1829, de Mirandol c. entrepreneur de la canalisation de la Corrèze; 6 mai 1836, Pain; 13 août 1840, Pierre; 2 janv. 1838, Lerebours; — Magnitot et Delamarre, v° *Eau*, t. 1er, p. 462; Cormenin, v° *Cours d'eau*, p. 75 et 76; Daviel, t. 1er, n° 90; Chevalier, t. 1er, n° 296; Cotelle, *Cours de droit admin.*, t. 2, p. 510; *Encyclop. du dr.*, n° 10; Perrin, n° 1140; Husson, t. 2, p. 166.

49. — M. Garnier (*Régime des eaux*, t. 1er, n° 83), pense au contraire que l'indemnité est toujours due par l'état, que la rivière ait été anciennement navigable ou ne l'ait pas été, et ce, tant que l'action en réclamation n'est pas prescrite.

50. — Le conseil d'état décide que c'est au conseil de préfecture qu'il appartient de statuer sur l'indemnité qui peut être due aux riverains à raison de l'établissement d'un chemin de halage, et de fixer le montant de cette indemnité d'après le décret du 22 janv. 1808. — *Cons. d'état*, 6 mai 1826, Pain; 25 août 1841, de Brigode c. Honorez; 25 août 1835, Pierre; 2 janv. 1838, Lerebours et Chartier.

51. — ... Et que l'établissement d'un chemin de halage n'entraînant pas concession du fonds, il n'y a pas lieu, dès-lors, à appliquer les lois des 8 mars 1810 et 7 juill. 1833, qui n'ont pour objet que l'expropriation et n'abrogent pas le décret du 22 janv. 1808. — *Cons. d'état*, 25 août 1835, Pierre; 6 mai 1836, Pain.

52. — Cette doctrine est combattue par M. Husson (t. 2, p. 167), qui fait remarquer que la servitude de halage établie sur le sol n'est pas un dommage de la nature de ceux qui rentrent dans les pouvoirs administratifs, puisqu'elle entraîne une occupation indéfinie, quoique non continue de la propriété, et qu'elle l'affecte perpétuellement. — Il invoque, en outre, une disposition analogue de la loi sur la pêche fluviale qui stipule expressément que l'indemnité résultant de la privation du droit de pêche doit être réglée conformément à la loi du 8 mars 1810, qui est remplacée aujourd'hui par la loi du 7 juill. 1833.

53. — Quant à la question de savoir si le terrain pris pour le chemin de halage dépend du domaine public, ou est une propriété particulière, c'est aux tribunaux et non au conseil de préfecture qu'il appartient de la résoudre. — *Cons. d'état*, 14 oct. 1827, Roux c. Testu.

54. — Nous avons vu (n° 29) que l'obligation du chemin de halage suivait les variations des cours d'eau et pouvait être aggravée ou soulagée selon que les rives étaient rongées par le courant ou que des alluvions s'y formaient; en pareil cas, il ne leur est pas plus dû d'indemnité pour l'aggravation qu'ils n'en doivent eux-mêmes pour les avantages qui leur adviennent. — *Encyclop. du droit*, n° 19.

55. — M. Garnier (n° 94) pense toutefois qu'une indemnité serait due au riverain dont, pour le service du halage arrivant ainsi jusqu'à lui, on abattrait des plantations ou bâtimens. — V. aussi Cotelle, *Travaux publics*, t. 3, p. 511, n° 34.

56. — A plus forte raison l'indemnité serait-elle due, suivant ces auteurs, si le riverain avait abandonné l'espace nécessaire au chemin, et si l'administration ayant négligé de l'entretenir, les eaux en avaient détruit une partie.

57. — Mais le conseil d'état a repoussé cette doctrine et décidé que l'indemnité ne saurait être due même dans ce cas. — *Cons. d'état*, 4 juill. 1827, Bonneval; — Daviel, *Cours d'eau*, t. 1er, n° 95.

58. — C'est à cette dernière solution que nous nous rangeons de préférence comme plus conforme à l'esprit de la loi du 16 sept. 1807, art. 33, qui décide que c'est aux riverains à entretenir les rives, sauf le concours éventuel du gouvernement.

59. — Dans le cas où l'administration a transporté d'une rive à l'autre le chemin de halage et le marchepied, il est dû une indemnité au riverain qui serait tenu de subir une aggravation de servitude. — Il faut distinguer entre le cas où la navigabilité aurait été déclarée antérieurement au décret du 22 juill. 1808 et le cas contraire. Dans le premier, il n'y aurait pas lieu à indemnité, puisqu'il n'aurait pas été dû, si on avait primitivement placé le chemin de halage sur la rive qu'on engrève actuellement. Dans le second, elle pourrait être réclamée comme si on avait de prime abord placé le chemin de halage sur cette rive.

§ 5. — *Propriété.*

60. — Le chemin de halage n'est qu'une servi-

tude légale imposée aux fonds riverains dans l'intérêt exclusif de la navigation. — *Cons. d'état*, 26 août 1818, Deperier; 4 juill. 1827, de Bonneval; 6 mai 1836, Pain.

61. — L'établissement d'un chemin de halage n'entraîne donc pas concession du fonds. — *Cons. d'état*, 25 août 1825, Pierre.

62. — L'état ne peut même forcer les propriétaires riverains à lui céder leur propriété pour la partie nécessaire au chemin de halage, pas plus que ceux-ci ne peuvent le contraindre à l'acheter : car leur position doit être égale, et leurs obligations réciproques. — Garnier, *Rég. des eaux*, t. 1er, nos 38 et 393.

63. — Ce principe est tellement immuable que, dans le doute, par exemple, de savoir si un chemin existant le long d'une rivière navigable est un chemin vicinal appartenant à la commune, ou un chemin de halage appartenant aux riverains, on doit attribuer au chemin ce dernier caractère, la présomption étant que le chemin a été pris sur la propriété des riverains. — *Montpellier*, 5 juill. 1833, Guittard et Gaillard c. comm. de Rogues.

64. — De ce que, par la servitude de halage, les riverains sont astreints à laisser un libre passage aux chevaux qui tirent les bateaux, il résulte que le propriétaire ne peut faire aucune construction, planter aucun arbre, creuser aucun fossé dans les limites données au chemin, sous les peines prononcées dans les cas semblables contre les riverains des grandes routes. — *Cons. d'état*, 25 janv. 1838, la compag. des canaux c. le sous-préfet de Montargis; — Proudhon, *Dom. public*, t. 3, no 781; Magnitot et Delamarre, *Dict. de dr. public et adm.*, t. 1er, p. 462, vo *Eau*; *Encyclopédie du droit*, no 19.

65. — Suivant M. Foucart (*Elém. de dr. admin.*, t. 2, no 502), les riverains ne pourraient faire de constructions ou plantations même au bord du chemin, sur leur propre terrain, sans avoir demandé l'alignement. — V. aussi Dufour, *Dr. admin. appliqué*, t. 2, no 1117.

66. — Mais M. Husson (*Tr. des travaux publics*, t. 2, p. 169) combat cette doctrine : suivant lui, le riverain qui a laissé libre l'espace exigé a satisfait pleinement à la loi, et il peut d'ailleurs user de sa propriété ainsi qu'il lui convient. — Dès-lors, celui qui, sans autorisation, construirait à ses risques et périls à la distance voulue ne pourrait être poursuivi pour fait de contravention, à moins que le chemin de halage ne fût en même temps une voie royale, départementale ou communale.

67. — Nous partageons plus volontiers le sentiment de M. Husson : sans doute l'autorité administrative peut fixer un alignement, et dans ce cas les riverains ne pourraient se pourvoir contre l'arrêté de fixation par la voie contentieuse, s'il ne portait aucune atteinte à leurs droits, et les constructions et plantations faites en deçà, et sur le terrain dû pour le halage constitueraient une contravention ; mais des travaux faits au delà de la ligne tracée ne sauraient constituer aucune infraction, alors même qu'aucun alignement n'aurait été accordé. — Ainsi, en résumé, il est prudent de demander l'alignement, c'est-à-dire la fixation du point où commence la largeur exigée, mais il n'y a point obligation. — V. aussi *Encycl. du droit*, vo *Chemin de halage*, no 11.

68. — Quant aux contraventions de toute espèce qui sont commises sur les chemins de halage, elles sont soumises à la loi du 29 flor. an X et aux règles générales sur la grande voirie. — V. *infrà* nos 89 et suiv.

69. — Mais il faut appliquer toutes ces règles avec cette modification que l'état ici n'est point propriétaire du chemin, qu'il n'a qu'un droit de servitude ; de sorte que le riverain peut faire tout ce qui ne nuit point à l'exercice de cette servitude.

70. — Il peut, par exemple, récolter les herbes qui croissent naturellement, faire même des semis qui ne gêneraient point le passage, sans toutefois pouvoir en mettre en tas ou de toute autre manière qui gênerait la circulation, ni réclamer de dommages-intérêts quand ses récoltes ont été foulées aux pieds par des hommes ou des chevaux usant du chemin conformément à sa destination. — Foucart, *Elémens de droit pub. et adm.*, t. 2, no 1296 ; Proudhon, *Dom. public*, t. 3, nos 776 et 781.

71. — Cette servitude, toute spéciale à la navigation, ne saurait être aggravée et employée à des services qui y seraient étrangers, à moins de titres contraires. — Proudhon, t. 3, no 779 ; Garnier, *Rég. des eaux*, t. 1er, no 89 ; Perrin, *Code de la contiguïté*, no 1139.

72. — Les bateliers seuls ont le droit de passer et de conduire avec eux des bêtes de somme. — Foucart, *eod. loco* ; Favard de Langlade, *Rép.*, vo *Chemin de halage* ; Proudhon, no 782.

73. — Ainsi un particulier dont le fonds serait situé dans le voisinage ne pourrait se servir du chemin de halage pour l'exploitation de ses terres ou pour y faire un dépôt de matériaux, en soutenant que la destination d'un chemin consacré à un usage public ne doit point être limitée. — Foucart, *eod. loc.*

74. — Il en serait toutefois différemment si des titres particuliers lui attribuaient le droit de s'en servir. — Garnier, *Rég. des eaux*, t. 1er, no 89 ; Favard, *Rép.*, vo *Chemin de halage.*

75. — ... Ou si son terrain était enclavé.

76. — Et il a été jugé qu'on doit considérer comme enclavé le fonds qui n'a d'issue que sur un chemin de halage. — Par conséquent, le propriétaire de ce fonds a droit de réclamer pour son exploitation un passage sur les fonds de ses voisins. — *Toulouse*, 19 janv. 1825, Grossous c. Bonnafous ; — Garnier, *Rég. des eaux*, t. 2, no 25 ; Proudhon, *Dom. public*, nos 773 et 783 ; Hennequin, *Traité de législation*, p. 293 ; *Encyclop. du droit*, vo *Chemin de halage*, no 19, 6o.

77. — La servitude de marchepied pour le besoin de la navigation n'est pas de même nature que la servitude d'un passage constant et habituel pour les gens de pied, et la première n'emporte pas nécessairement la seconde. — *Cons. d'état*, 22 janv. 1823, Giblaine c. comm. de Corseul et de Crehen.

78. — M. Garnier (*Rég. des eaux*, t. 1er, no 89) cite encore comme ayant jugé dans ce sens une ordonnance du 3 juin (ou plutôt du 13 juin). Mais cet auteur s'est mépris sur la portée de cet arrêt, qui statue uniquement sur une question de compétence. — *Cons. d'état*, 13 juin 1823, Courtillier c. Guiet.

79. — Puisqu'un particulier ne pourrait pas réclamer l'usage de la servitude de halage, à plus forte raison le public ne pourrait-il en jouir pour y passer soit à pied, soit en voiture. — Favard de Langlade, *Rép.*, vo *Chemin de halage* (article de M. Turbé). — V. cependant Isambert, *Traité de la voirie*, t. 1er, no 141.

80. — Enfin les bateliers eux-mêmes ne peuvent l'employer à un autre usage qu'au tirage des bateaux : ainsi ils ne pourraient y établir un lieu fixe de déchargement, des pieux, des quais, etc. — *Cons. d'état*, 26 août 1818, de Perier c. Leclerc ; — Foucart, *Elém. de droit publ. et administr.*, t. 2, p. 579, no 1296 ; Favard, *Rép.*, vo *Chemin de halage* ; Dufour, t. 2, no 113.

81. — Les pêcheurs peuvent se servir du marchepied, comme les autres navigateurs, pour le tirage de leurs bateaux et de leurs filets. — Avis cons. d'état 3 messid. an XIII.

82. — Tant que les travaux et appareils qu'exige la pêche à l'escave ne s'étendent point au-delà du terrain réservé au marchepied des rivières, les propriétaires riverains n'ont pas droit d'en empêcher l'exercice. — *Cons. d'état*, 20 nov. 1815, Dolezac c. Boissac.

83. — Mais il résulte de la discussion de la loi du 15 avril 1829, sur la pêche fluviale, que les pêcheurs n'ont pas le droit de retirer leurs filets ni de les y étendre pour les faire sécher, parce que ce serait là une aggravation de la servitude. L'art. 35 de ladite loi les oblige à traiter de gré à gré avec les propriétaires pour l'usage des terrains dont ils ont besoin pour *retirer et assener* leurs filets. — Foucart, t. 2, no 1279, *in fine* ; Perrin, no 1143 ; Husson, t. 2, p. 163.

84. — Mais on doit tolérer des dépôts momentanés motivés par des circonstances imprévues, telles, par exemple, que l'imminence d'un naufrage. — Foucart, *ibid*, note ; Daviel, t. 1er, no 75 ; Dufour, t. 2, no 1113.

85. — Du principe que le chemin de halage est une servitude légale établie dans l'intérêt de la navigation, il suit que si la navigation vient à cesser par une circonstance quelconque, les héritages primitivement grevés de la servitude de halage en seront affranchis. — *Encycl. du Droit*, vo *Chemin de halage*, no 19, 6o.

86. — Comme conséquence du droit de propriété conservé aux riverains d'un cours d'eau sur le chemin de halage, il faudrait attribuer à ce riverain le trésor trouvé sur le fonds, sauf la part due à l'inventeur. — Proudhon, *Dom. public*, no 777.

87. — La nature d'une servitude est d'obliger le propriétaire du fonds servant *à laisser faire* ; il n'est pas tenu en général de faire lui-même les dépenses nécessaires à son exercice, ces dépenses sont naturellement à la charge des personnes qui jouissent du droit ; aussi, aux termes de la loi du 30 flor. an X était-il pourvu à l'entretien du chemin de halage par l'état, au moyen d'un droit perçu sur tous les particuliers qui se livrent à la navigation. — Foucart, t. 2, no 1298 ; Garnier, *Rég. des eaux*, t. 1er, no 115.

88. — Mais depuis 1814, il est pourvu à cet entretien sur les fonds généraux du budget des ponts et chaussées. — *Encyclopédie du Droit*, vo *Chemin de halage*, no 19, 3o.

§ 6. — *Contraventions. — Compétence.*

89. — Par suite de l'assimilation des cours d'eau navigables ou flottables aux grandes routes (V. COURS D'EAU), on les considère comme dépendant de la grande voirie, et l'on renvoie en conséquence devant le conseil de préfecture toutes les contraventions commises sur les chemins de halage. — *Cons. d'état*, 8 mai 1822, Comte ; 22 janv. 1823, Giblaine c. comm. de Corseul ; 2 janv. 1838, Lerebours et Charlier ; — Cormenin, *Droit adm.*, t. 2, Appendice, p. 76 ; *Encycl. du droit*, vo *Chemin de halage*, no 21.

90. — Un conseil de préfecture est compétent pour réprimer une contravention commise sur un chemin de halage, pour ordonner que les fouilles faites sur ce chemin soient comblées et pour prononcer l'amende. — *Cons. d'état*, 26 déc. 1830, de Chastenet.

91. — Lorsqu'il s'élève une contestation à l'occasion du passage d'une charrette sur un terrain dont une partie forme le chemin de halage, cette contestation doit être soumise 1o au conseil de préfecture, en tant qu'il s'agit du délit de grande voirie pour ce qui concerne le chemin de halage ; — 2o et au juge de paix, en tant qu'il s'agit du trouble apporté à la possession du surplus du terrain. — *Cons. d'état*, 30 sept. 1814, Aliesart c. Bonnet.

92. — Lorsque l'administration a ordonné la destruction d'une clôture établie sur un chemin de halage, les tribunaux sont incompétens pour ordonner le rétablissement de cette même clôture sur la demande des propriétaires riverains. — *Cons. d'état*, 21 juin 1833, préfet de la Seine-Inférieure c. Bremontier.

93. — Quant à la constatation des contraventions, elle rentre dans les attributions des autorités municipales, des ingénieurs, des conducteurs des ponts et chaussées, des agens de la navigation, des commissaires de police, de la gendarmerie, des employés des contributions indirectes, des octrois et des gardes champêtres. — L. 20 flor. an X ; Décr. des 28 août et 26 sept. 1811.

94. — Les procès-verbaux de contravention rédigés par les maires, adjoints, ingénieurs, commissaires de police doivent être affirmés devant le juge de paix du canton. — Décr. 18 août 1810, art. 2.

95. — Ces procès-verbaux sont adressés au sous-préfet, qui prend, s'il y a lieu, des mesures provisoires pour faire cesser le dommage. — L. 20 flor. an X.

96. — Les arrêtés des conseils de préfecture, en matière de grande voirie, sont exécutoires à la diligence des préfets ou sous-préfets sans visa ni mandement des tribunaux. — *Cons. d'état*, 20 juin 1821, Devillon.

97. — Jugé que le propriétaire qui a établi sans autorisation des épis nuisibles au halage et dangereux pour la navigation, doit être condamné à l'amende et à la démolition des travaux. — *Cons. d'état*, 21 juin 1826, Lebreton de Vounes ; 8 août 1827, Couvreux c. Saint-Hilaire Saint-Mesmin.

98. — Doivent être détruites comme constituant une contravention aux lois et ordonnances sur le service de la navigation, les plantations faites dans la largeur légale d'un chemin de halage, et spécialement dans la largeur qu'il a eue de temps immémorial. — *Cons. d'état*, 25 janv. 1833, Langlois.

99. — Quelle que soit l'ancienneté des haies vives, plantations, murs de clôture et édifices qui interceptent la circulation sur un chemin de halage, le conseil de préfecture doit en ordonner la destruction. — *Cons. d'état*, 6 fév. 1828, Min. de l'intérieur.

100. — Les constructions effectuées sur les chemins de halage constituent, tant qu'elles existent, des contraventions permanentes dont la répression, quel que soit le temps écoulé, peut être poursuivie dans l'intérêt toujours subsistant de la navigation ; aucune prescription de l'amende ne peut être acquise. — *Cons. d'état*, 1er nov. 1838, Clisson ; 13 mai 1836, Pierre ; 27 fév. 1836, Pozzo di Borgo.

101. — .... Et cela alors même qu'il y aurait un changement de propriétaire. — *Cons. d'état*, 15 juill. 1842, Pommerol.

102. — Les propriétaires d'héritages aboutissant aux rivières navigables qui anticipent par leurs labours sur la largeur du chemin de halage encourent l'amende de 500 livres prononcée par l'ordonnance de 1669 contre l'auteur d'une semblable contravention. — C'est en vain que le conseil de préfecture, pour repousser l'application de l'amende, se fonderait sur ce que la ligne séparative du chemin de halage et des terres cultivables n'a point été tracée contradictoirement et n'est point visible sur le terrain — *Cons. d'état*, 15 avr. 1843, Cœur de Roy et Du dans.

103. — Un propriétaire ne peut intercepter le chemin de halage le long d'un bras de rivière navigable, sous prétexte que ce bras serait un canal artificiel creusé de main d'homme, et que dès lors le propriétaire ne peut être tenu de livrer le chemin qu'autant qu'il aurait été préalablement indemnisé. Le propriétaire qui intercepte ainsi un chemin de halage est passible d'une amende de 500 fr. — *Cons. d'état*, 18 mai 1837, de Cavaignac.

104. — Lorsque les riverains d'un canal sont tenus de laisser librairun certain espace le long de ses bords pour un chemin de halage et marchepied, sans pouvoir y effectuer aucune plantation ni construction, le fait d'avoir, sans l'aveu de la compagnie concessionnaire, récrépi et réparé un mur construit sur l'espace du marchepied, constitue une contravention qui doit être réprimée par la démolition du mur et une amende prononcée contre le propriétaire. — *Cons. d'état*, 23 juill. 1841, comp. des canaux d'Orléans c. département du Loiret.

105. — Doit être condamné à l'amende de 500 fr., aux termes de l'arrêt du conseil du 24 juin 1777, celui qui enlève des terres à une distance de moins de six toises des terres du bord de l'eau, des rivières et canaux navigables. — *Cons. d'état*, 26 août 1842, Cormier.

106. — Le dépôt de bois sur le chemin de halage d'une rivière navigable constitue une contravention punie par l'art. 42, tit. 27, ordonn. 1669, de 500 fr. d'amende. — *Cons. d'état*, 4 mai 1843, Minist. des travaux publics c. Grenet.

107. — Le propriétaire riverain qui, contrairement à l'art. 3 du décr. du 29 mai 1808 relatif à la police générale de la rivière de la Sèvre-Niortaise et rivière s'y affluant, a labouré le chemin de halage, doit être condamné à l'amende de 500 fr. prononcée par l'ord. d'août 1669. — *Cons. d'état*, 1er juin 1848, Min. des trav. publics c. Gaignet.

108. — Le conseil d'état, en amendant un arrêté du conseil de préfecture qui n'a point réprimé une anticipation sur un chemin de halage, renvoie devant le même conseil de préfecture, pour suivre sur le procès-verbal qui l'a constatée, sauf au contrevenant à se retirer devant l'administration pour demander et obtenir, s'il y a lieu, une réduction de largeur. — *Cons. d'état*, 9 fév. 1828, minist. de l'intérieur.

109. — Autrefois les conseils de préfecture ne pouvaient, sans excès de pouvoir, modérer les peines encourues en matière de grande voirie, quelle que fût leur élévation et le peu de gravité de la contravention : le conseil d'état a même fait de très nombreuses applications de ce principe en annulant une grande quantité d'arrêtés de conseils de préfecture prononçant de semblables modérations. — V. notamment *Cons. d'état*, 11 avr. 1837, Chaudau; 14 juin 1834, Baudot; 24 fév. 1843, Tuburet.

110. — Mais la disproportion qui existait parfois entre l'infraction et la répression est telle, le plus souvent, que la législation a cru devoir élargir les pouvoirs des conseils de préfecture. Aussi aujourd'hui la loi du 23 mars 1842 leur permet-elle de modérer les amendes établies par les réglemens antérieurs à la loi du 19 -22 juill. 1791 sans pouvoir les réduire au-dessous de 16 fr. — V. au surplus COURS D'EAU, VOIRIE.

CHEMIN IMPRATICABLE.

1. — L'art. 471, § 13, C. pén., prévoit et punit le fait de passage sur le terrain d'autrui, préparé ou ensemencé. — V. CHAMPS ENSEMENCÉS ET PASSAGE SUR LE TERRAIN D'AUTRUI.

2. — Mais la loi du 28 sept.-6 oct. 1791, à laquelle cette disposition a été empruntée, portait dans son art. 44 que « Tout voyageur qui déclôt un champ pour se faire un passage dans sa route, payerait le dommage fait au propriétaire, et de plus une amende de trois journées de travail, à moins que le juge de paix du canton ne décidât que le *chemin public était impraticable*, et qu'alors les dommages et les frais de clôture seraient à la charge de la communauté. » Ainsi, d'après cette loi, l'état *d'impraticabilité* du chemin pouvait être opposé comme exception pour justifier, non seulement le passage sur le terrain d'autrui, mais encore la déclôture de ce terrain pour arriver à se frayer un passage.

3. — Cette disposition, ainsi que le fait remarquer M. le procureur général Dupin, dans un de ses réquisitoires (arrêt du 27 juin 1845, cité *infrà* n° 4), avait son principe dans un droit naturel, le droit de passer, et, par suite, dans la nécessité sociale de maintenir la libre circulation du public; c'était une espèce de servitude légale imposée aux fonds riverains d'un chemin reconnu impratica-ble. On la trouve écrite en termes très explicites dans la loi 14, ff., *Quemadmodum servitutes amittuntur*, dont le dernier paragraphe s'exprime en ces termes : *Cum via publica vel fluminis, impetu vel ruinâ amissa est, vicinus proximus viam præstare debet.*

4. — Dans le silence du Code pénal, on s'est demandé si le principe ainsi posé par l'art. 44 de la loi de 1791 était encore en vigueur; mais les raisons d'utilité publique sur lesquelles il s'appuie n'ont pas permis de croire à son abrogation; aussi la jurisprudence a-t-elle reconnu que le fait par un particulier d'avoir passé avec sa calèche dans un champ ensemencé longeant le chemin ne constitue pas un délit lorsqu'il est constaté que ce chemin, ouvert d'ailleurs à toute espèce de voitures, *était impraticable*, et qu'il n'a pas été dérogé par l'art. 475 (n° 40), C. pén., à l'art, 44, L. 6 oct. 1791, qui établit cette exception. — *Cass.*, 24 juin 1844. (L. 2 1844, p. 254), Prestat; 27 juin 1845 (L. 2 1845) Lebruny.

5. — Et il a été jugé que, lorsqu'un chemin public est détruit par une inondation ou tout autre événement de force majeure, un nouveau chemin peut être pris sur les héritages voisins, et que, dans ce cas, ce n'est que contre la commune propriétaire de l'ancien chemin qu'une action en indemnité peut être dirigée par le propriétaire du terrain envahi. — *Cass.*, 11 août 1835, Delpy c. Clausade et Puységur. — V. (dans ses motifs) *Cass.*, 14 thermid. an XIII, comm. de Saint-Hippolyte.

6. — Le voyageur à même le droit de déclore le champ pour s'ouvrir un passage; ce qui s'applique à toutes clôtures. — Garnier, *Des chemins*, p. 496.

7. — La dénomination de voyageur comprend même les habitans qui voudraient aller d'un point à un autre.

8. — Ainsi qu'on le voit, l'art. 44 L. de 1791, n'est applicable qu'autant qu'il s'agit d'un chemin public, dénomination qui s'applique nécessairement à un chemin vicinal. — Garnier, *Des chemins*, p. 495.

9. — Il a été jugé que les communes n'étant tenues d'entretenir et de rendre praticables que ceux de leurs chemins dont la vicinalité a été légalement reconnue, le droit de s'ouvrir un passage sur les propriétés riveraines d'un chemin impraticable ne peut être exercé qu'autant que ce chemin a été régulièrement déclaré vicinal. — *Cass.*, 17 fév. 1844 (t. 1er 1844, p. 258), Lecarnus c. veuve Charron.

10. — La raison donnée par l'arrêt est que le droit de déclore a, comme corollaire, celui, pour le riverain, de recourir contre la commune, et que ce recours n'existerait pas à raison d'un chemin qui la commune ne serait pas tenue d'entretenir.

11. — Toutefois, et encore que le droit de déclore, accordé au voyageur par la loi du 28 sept. 1791, semble au premier abord ne devoir s'appliquer qu'aux chemins à la charge des communes; l'application paraît devoir en être faite aux grandes routes royales ou départementales, le transit public étant bien plus important à ce qu'elles ne soient pas interceptées, le dommage alors serait réparé aux frais de l'état ou du département.

12. — Les mêmes motifs ont amené M. Isambert à décider que la loi de 1791 s'applique également aux rues des bourgs et villages, comme aux chemins proprement dits. — Isambert, t. 1er, p. 364.

13. — La responsabilité imposée par l'art. 44 L. de 1791, ne pesant sur les communes qu'autant qu'il s'agit de chemins réellement publics, dont l'entretien est à leur charge, si quelque particulier était, envers la commune, obligé à cet entretien, le propriétaire lésé aurait bien action contre la commune, à cause de la publicité du chemin; mais la commune aurait son recours contre celui qui est chargé de l'entretien. — Isambert, t. 1er, p. 365.

14. — Il appartient au tribunal de police d'apprécier si le chemin public n'était pas praticable, de telle sorte qu'il n'y ait pas eu contravention de la part de celui qui a traversé avec sa voiture un champ ensemencé. — *Cass.*, 6 sept. 1845, Carpentier (*Gaz. des Trib.*, 7 sept. 1845).

15. — Un maire ne peut, dans le cas d'impraticabilité d'un chemin public, autoriser le passage des voitures sur des prés situés dans une commune autre que celle dans laquelle il exerce ses fonctions. —*Cons. d'état*, 12 nov. 1806, Landwerlin. —V. MAIRE.

16. — On s'est demandé, d'un autre côté, si le principe de l'art. 147, C. forest., qui édicte des peines contre ceux dont les voitures, bestiaux, animaux de charge ou de monture seront trouvés dans les forêts *hors des routes et chemins ordinaires*;— Mais la cour de Cassation, après quelques hésitations, a proclamé, par un arrêt rendu en audience solennelle, que ce principe est un principe de *droit commun*, qui recevrait son application même en matière forestière, et qu'en conséquence, l'individu prévenu d'avoir, contrevenu audit art. 147, C. forest., était admissible à prouver que le chemin était impraticable. — *Cass.*, 16 août 1833, Charpentier; 6 déc. 1833, Forêts c. Prévaux; 24 nov. 1835, Canol; Grenoble, 9 mai 1834, Canol. — *Contrà* Metz, 26 juin 1824, Forêts c. Martin Champagne.

V. au surplus CHEMINS, FORÊTS, PASSAGE SUR LE TERRAIN D'AUTRUI.

CHEMINS RURAUX.

Table alphabétique.

CHEMINS RURAUX. — 1. — La qualité de chemins vicinaux n'a été assignée dans chaque commune qu'à un certain nombre de chemins publics qui présentaient assez d'importance pour leur entretien dût être mis à la charge de la commune; en sorte que, dans toutes les communes, il se trouve un assez grand nombre de voies de communication, chemins, sentiers, ruelles ou passages qui, bien que d'une moindre importance, ne pouvaient cependant pas être supprimées sans inconvénient, soit parce qu'elles donnent accès à une fontaine publique, à un abreuvoir, à un pâturage communal, soit parce qu'elles sont nécessaires à l'exploitation des différens cantons de terres arables.

2. — Ces voies de communication ont reçu de la circulaire du ministre de l'intérieur du 19 nov. 1839 le nom de *chemins ruraux*. Cette dénomination se justifie, puisque dans cette catégorie ne rentre aucune des voies publiques qui régnent dans l'intérieur des villes, bourgs ou villages.

3. — Ces chemins ruraux sont des chemins publics, car ils servent ou peuvent servir à l'usage de tous et ne sont réclamés par personne à titre de propriété privée. L'autorité administrative doit donc protection à cette partie de la propriété communale. — Magnitot et Delamarre, *Diot, du dr. admin.*, v° *Voirie*, p. 640; Foucart, *Elémens de dr. publ.*, t. 2, p. 454; Circul. du min. de l'intér. 16 nov. 1839.

4. — Ces chemins publics ne se distinguent pas des chemins de servitude par leur plus ou moins de largeur, mais par leur destination. Le chemin public est établi pour la communication de deux ou plusieurs communes et dans l'intérêt général, tandis que la servitude de passage n'est qu'une charge imposée sur un héritage pour l'usage et l'utilité d'un autre héritage. — L. 2, § 23, ff., *N quid in loco publico*; — Proudhon, *Dom. publ.*, n°s 308, 471 et 606.

5. — La circulaire précitée du 16 nov. 1839, conforme à un avis du conseil d'état du 12 avr. 1839, a prescrit de dresser dans chaque commune un

tableau des chemins ruraux qui comprît même les simples sentiers, afin qu'il pût servir à établir pour toujours les droits de la commune. Ce tableau a dû être déposé pendant un mois à la mairie, et avis de ce dépôt a dû être donné par deux publications successives, afin de mettre tous les propriétaires de la commune, qu'ils y soient domiciliés ou non, à portée de venir en prendre connaissance et de réclamer, soit contre les omissions qu'ils remarqueraient, soit contre l'inscription au tableau des chemins dont ils prétendraient avoir la propriété à titre privé; ces réclamations ont dû être soumises avec le tableau même à l'examen du conseil municipal, qui devait discuter les réclamations s'il en avait été présenté, et proposer de les admettre ou de les rejeter. Le conseil municipal a donné son avis sur la nécessité ou l'utilité de chacun des chemins ruraux portés au tableau, et sur la possibilité d'en supprimer une partie pour en vendre le sol au profit de la commune.

6. — La loi du 21 mai 1836 ne s'applique pas à ces chemins. — *Cass.*, 8 mars 1844 (t. 1er, p. 783), maréchal Sébastiani c. Min. publ.

7. — Le préfet s'assure si tous les chemins portés au tableau sont assez utiles pour être conservés, ou si une partie ne pourrait pas être supprimée. Il importe, en effet, de rendre à l'agriculture un sol qui lui est pour ainsi dire enlevé sans utilité. — Arr. direct. 23 messid. an V.

8. — La suppression d'un chemin rural peut être prononcée sur la seule proposition du conseil municipal; mais il est prudent de publier le projet de suppression pour appeler les réclamations des tiers intéressés.

9. — Les réclamations présentées, soit pendant, soit après le délai des publications, et qui n'ont pas été admises par le conseil municipal, doivent être renvoyées à la connaissance des tribunaux civils, et ce n'est qu'après le jugement du litige et si la commune triomphe que le chemin peut être maintenu définitivement dans la catégorie des chemins ruraux. — Foucart, t. 2, p. 469.

10. — Ainsi, à la différence des chemins vicinaux, les contestations sur la propriété des chemins ruraux devront être vidées avant que l'autorité administrative puisse imprimer à ces chemins le caractère de chemins publics, tandis que, pour le classement des chemins vicinaux, il n'y a point à s'arrêter devant les exceptions de propriété. La raison de cette différence gît en ce que l'arrêté du préfet n'est point attributif à la voie rurale du sol compris dans ses limites, comme cela a lieu en matière de chemins vicinaux. — L. 1836, art. 15.

11. — Par ce même motif, l'arrêté du préfet ne serait pas un obstacle à une action en revendication, puisque, ne statuant que sur la publicité du chemin, cet arrêté ne peut produire d'effet qu'autant que le chemin est la propriété de la commune. — Foucart, t. 2, p. 469.

12. — L'autorité judiciaire est seule compétente pour statuer sur la revendication exercée par une commune contre un particulier, non d'un chemin vicinal, mais d'un simple chemin d'exploitation d'un chemin communal. L'arrêt qui statue sur cette demande doit fixer l'étendue du chemin à restituer, et cette fixation ne constitue pas une usurpation du pouvoir administratif, alors surtout qu'il y est dit que toute question de voirie demeure réservée. — *Cass.*, 23 juill. 1839 (t. 2 1839, p. 411), de Chazournes c. ville de Lyon.

13. — Les tribunaux sont compétens pour décider qu'un chemin est public quand le caractère de chemin public a déjà été reconnu à l'immeuble litigieux par un arrêté même provisoire du conseil de préfecture. — *Cass.*, 22 juin 1831, Delabarre c. comm. de Bouaye.

14. — Si un particulier réclame sur une propriété voisine un passage qui n'a été ni inscrit sur le tableau des chemins vicinaux, ni déclaré vicinal par un arrêté spécial du préfet, les tribunaux sont compétens pour connaître de cette contestation, et, dans ce cas, le conflit est mal élevé. — Lorsque, dans une contestation relative à un passage réclamé libre à titre de servitude sur un domaine national, les parties n'excipent point des actes d'adjudication, la question est purement judiciaire. — *Cons. d'état*, 17 août 1825, Picard c. Doré; — Cormenin, t. 1er, p. 312.

15. — C'est à l'autorité judiciaire seule de connaître des difficultés concernant un terrain d'aisance qui ne peut être considéré comme vicinal et qui est destiné au passage des bestiaux et à l'écoulement des eaux pluviales. — *Cons. d'état*, 15 mai 1813, comm. d'Esclaron c. Richalet; — Cormenin, t. 1er, p. 311, et t. 2, p. 485; Chevalier, t. 1er, p. 90; Cotelle, t. 3, p. 437.

16. — C'est aux tribunaux seuls à statuer sur les différends relatifs à une sente située entre des propriétés litigieuses, et qui ne fait pas partie des chemins vicinaux. — *Cons. d'état*, 3 juin 1820, Jamet. c. Dubois.

17. — Lorsque le préfet a terminé l'examen du tableau des chemins ruraux d'une commune, il appose au pied de ce tableau un arrêté portant que les chemins *nos tels* sont déclarés chemins publics ruraux de la commune de....., avec la réserve qu'il sera statué ultérieurement à l'égard de ceux des chemins dont la propriété a été l'objet de réclamations.

18. — Les chemins ruraux doivent être maintenus dans leur largeur actuelle, et il n'appartiendrait pas au préfet d'ordonner l'élargissement de ces chemins, comme la loi du 21 mai 1836 lui en donne le droit lorsqu'il s'agit de chemins vicinaux. — Ainsi, les chemins ruraux, en cas de besoin, ne peuvent être élargis que par accord amiable avec les propriétaires riverains. — Herman, *Encycl. du dr.*, vo *Chemins vicinaux*, nos 472 et suiv.

19. — L'autorité judiciaire est compétente pour déterminer la largeur d'un chemin public qui fait l'objet d'une contestation entre particuliers, alors qu'il ne s'agit pas d'un chemin *vicinal* dans le sens de la législation actuelle. — *Cass.*, 10 août 1840 (t. 1er 1840, p. 489), Baume c. Parel.

20. — Bien qu'un chemin pratiqué de temps immémorial par le public ait de plus été classé par l'administration au nombre des chemins ruraux, il ne s'ensuit pas nécessairement que le sol soit la propriété de la commune, ou qu'elle l'ait prescrit; cette propriété ne peut s'établir que par titre ou par la prescription. — *Agen*, 23 juill. 1845 (t. 2 1845, p. 739), Pezet c. comm. de Flaujac.

21. — Jugé qu'un terrain situé sur le bord d'un chemin peut, à raison de son peu d'étendue, et ensuite de la disposition de l'art. 6, L. 28 fév. 1805, être considéré comme formant une des dépendances de la voie publique. — *Rennes*, 20 juin 1828, Despréaux c. Gaslin.

22. — Jugé aussi qu'un chemin public servant de communication entre deux communes, quoique non classé parmi les chemins vicinaux, ne doit pas être assimilé à un simple passage constituant une servitude, et que l'usage en peut dès-lors être acquis par la prescription trentenaire. — *Cass.*, 14 fév. 1842 (t. 1er 1842, p. 561), comm. de Saint-Jean-des-Vignes.

23. — La possession publique, paisible, et à titre non précaire, par les habitans d'une commune, d'un chemin ou d'une rue, n'a pas le caractère d'une simple servitude discontinue ou d'un passage sur un fonds en faveur d'un autre fonds. Dès-lors, si un tiers, se prétendant propriétaire du chemin, en intercepte la circulation, la commune dont les habitans ont joui dudit chemin pendant plus d'une année peut se pourvoir par voie de complainte possessoire pour faire rétablir provisoirement cette circulation. — *Cass.*, 2 déc. 1844 (t. 1er 1845, p. 41), comm. de la Chapelle-Gauthier c. Dulau d'Allemand. — Mais jugé que le chemin communiquant par ses deux extrémités à un autre chemin qui est public doit, s'il est assis sur une propriété privée, être réputé faire partie de cette propriété. Le fait que des habitans d'une commune auraient passé sur ce terrain, même en grand nombre et à plusieurs reprises, doit être présumé de simple tolérance, mais sans qu'il ait pu en résulter pour la commune un droit de servitude. — *Riom*, 7 mars 1844 (t. 2 1844, p. 374), comm. de la Pèze c. Combes. — V. COMMUNES.

24. — Toutes les voies publiques de communication qui ne sont pas rangées dans la classe des chemins vicinaux continuent d'être, comme ceux-ci, la propriété des communes où elles existent, et doivent conserver leur ancienne largeur tant que le préfet ne l'a pas réduite. — *Cass.*, 17 mars 1837 (t. 1er 1838, p. 72), Menasson.

25. — Les chemins non régulièrement classés ni entretenus par la commune sont considérés comme une propriété ordinaire, susceptible de prescription selon M. Garnier (*Supplém. au Tr. des ch.*, p. 81 et suiv.).

26. — Mais les chemins ruraux dont l'usage est public sont des dépendances du domaine public municipal et non du domaine communal, et comme tels ils sont inaliénables et imprescriptibles, de même que les routes et chemins vicinaux. — Proudhon, *Dom. public*, t. 2, nos 611 et suiv.; — Pothier, *Prescription*, no 7; Denisart, vo *Chemin*; Garnier, p. 29 et 329; Vazeille, *Tr. des prescript.*, p. 69; Troplong, *Prescript.*; nos 157 et 158.

27. — M. Foucart attaque avec raison un arrêt de la cour de Cassation du 10 avr. 1841 (t. 2 1842, p. 433, Demonti), qui a décidé au contraire que le sol des chemins ruraux pouvait être prescrit, en se fondant sur ce que les chemins vicinaux seuls ont été exceptés du droit commun par la loi du 21 mai 1836. Avant cette loi, qui déclare imprescriptibles les chemins vicinaux, la question d'imprescriptibilité des chemins avait été soulevée et on l'avait résolue par l'affirmative en vertu de l'art. 2226 du Code civil. Cette loi du 21 mai 1836 n'est donc point attributive d'un droit nouveau; elle n'a fait que déclarer un droit préexistant; et si elle ne l'a reconnu qu'à l'égard des chemins vicinaux, c'est qu'elle est spéciale à cette espèce de voie publique. Mais de son silence on ne peut rien conclure contre les chemins ruraux, dont elle n'avait point à s'occuper. C'est la publicité et non la vicinalité qui produit l'imprescriptibilité, puisque, seule, elle place les chemins hors du commerce. Les chemins ruraux, considérés comme *voies publiques*, sont donc imprescriptibles. — V. Foucart, *Elém. de dr. pub.*, t. 2, p. 470. — V. PRESCRIPTION.

28. — Jugé que la preuve offerte d'une possession exercée durant vingt ans sur un terrain considéré comme une dépendance de la voie publique n'est ni pertinente ni admissible. — *Rennes*, 20 juin 1828, Despréaux c. Gaslin.

29. — Les chemins ruraux doivent être protégés par l'alignement. Jugé en effet qu'un arrêté municipal qui défend de construire des clôtures le long des chemins vicinaux, des rues, places et autres voies publiques, sans avoir demandé et obtenu l'alignement à suivre, est applicable aux murs construits le long des chemins ruraux ou communaux. — *Cass.*, 21 déc. 1844, (t. 1er 1845, p. 566), Carrière.

30. — Le maire est le représentant légal de la commune, soit pour réclamer la maintenue en possession publique d'un chemin rural, soit pour former toutes demandes au pétitoire, ou pour y défendre contre les particuliers qui s'en prétendraient propriétaires. — Proudhon, *Dom. pub.*, nos 622 et suiv.

31. — La loi des 16-24 août 1790, tit. 2, art. 8, comprend parmi les objets de police confiés à la vigilance et à l'autorité des corps municipaux « tout ce qui intéresse la sûreté et la commodité du passage dans les rues, quais, places et voies publiques. » Si cette loi a été modifiée en ce qui concerne les chemins vicinaux par les diverses lois des 13 messid. an V, 9 vent. an XIII, 28 juill. 1824 et 21 mai 1836, elle est demeurée obligatoire pour toutes les autres voies publiques.

32. — Les maires doivent donc, aux termes de la loi des 16-24 août 1790, prescrire les mesures nécessaires pour assurer la sûreté et la commodité du passage sur les chemins *ruraux*. — Foucart, t. 2, p. 468.

33. — Les arrêtés que les maires prendront à ce sujet portant réglement permanent devront être soumis au préfet qui, aux termes de la loi du 18 juill. 1837, art 11, a le pouvoir de les annuler ou d'en suspendre l'exécution; en cas de silence du préfet, ces arrêtés ne deviennent exécutoires qu'un mois après la remise de l'ampliation, constatée par le certificat du sous-préfet.

34. — A l'égard des moyens à employer pour la réparation des chemins ruraux, il faut d'abord remarquer qu'on ne peut, en aucune manière et sous aucun prétexte, détourner au profit des chemins ruraux les ressources que la loi a exclusivement créées en faveur des chemins vicinaux, tels que centimes spéciaux et même extraordinaires autorisés par les lois des 21 mai 1836 et 28 juill. 1824.

35. — L'administration ne peut enjoindre aucune réparation soit aux sections de communes, soit aux particuliers qui profitent plus spécialement des chemins ruraux et auxquels dès-lors la détérioration de ces chemins par l'usage préjudicie plus spécialement. — Cormenin, t. 1er, p. 299.

36. — Suivant M. Proudhon, lorsqu'il s'agit de procéder aux améliorations ou réparations des chemins ruraux, soit par prestation en argent, soit par corvées, les travaux doivent être réglés et répartis par une délibération du conseil municipal, approuvée et rendue exécutoire par le préfet, de même qu'en matière de chemins vicinaux. — Proudhon, *Du dom. publ.*, no 617.

37. — Mais cette opinion ne saurait être suivie. En effet la loi du 26 sept.-6 oct. 1791 ne met à la charge des communautés que les chemins *reconnus par le directoire* de district pour être nécessaires à la communication des paroisses (art. 11); la loi du 16 frim. an VII, celles du 28 pluv. an VIII et du 4 thermid. an X, ne sont, quant à l'obligation de l'entretien des chemins ruraux, que la répétition ou l'application du principe posé dans la loi de 1791. — La loi du 28 juill. 1824 reproduisit aussi la nécessité du classement comme corollaire de l'obligation de l'entretien. Son art. 1er s'exprimait ainsi : « Les chemins reconnus par un arrêté du préfet, sur une délibération du conseil municipal, pour être nécessaires à la communication des communes, sont à la charge de celles sur le territoire desquelles ils sont établis. Enfin la cour de Cassation a jugé que, sous l'empire de la loi de 1836, les

chemins vicinaux légalement reconnus sont seuls à la charge des communes, de sorte qu'elles ne sont point tenues de rendre les autres praticables. — *Cass.*, 17 fév. 1841 (t. 1er, 1841, p. 258), Lecamus. — L'instruction du ministre de l'intérieur du 24 juin 1836 va même jusqu'à dire qu'appliquer les ressources des communes à la réparation des chemins qui n'auraient pas été classés dans la forme voulue serait s'exposer au reproche de faire une application irrégulière des revenus communaux et peut-être même à une accusation de détournement des fonds des communes. Requérir les citoyens de porter leurs prestations sur des chemins non classés serait s'exposer à un refus de service qui trouverait sa justification dans le texte même de la loi. — V. aussi en ce sens Foucart, t. 2, p. 469.

38. — Les propriétaires riverains de ces chemins ne sont pas davantage tenus de les réparer. Aucune disposition de loi ne les a mis à leur charge, et l'art. 44 de la loi du 28 sept. 1791, en accordant au propriétaire, dont le champ a été déclos par suite du mauvais état d'un chemin public, un recours contre la commune, a, par cela même, décidé que l'entretien d'un chemin public ne pouvait être exigé des riverains. Il se peut donc faire, dans l'état actuel de la législation, qu'un chemin ouvert au public, et que les riverains ne sont pas chargés d'entretenir, délaissé momentanément par la commune qui n'a que des ressources très limitées, soit abandonné à l'entretien de ceux qui y ont intérêt.

39. — Les tiers intéressés à la bonne viabilité des chemins ruraux ne sauraient non plus être forcés d'y subvenir; et c'est avec raison que le conseil d'état a décidé que, pour leur entretien et leur réparation, il ne peut être imposé aucune charge, même aux propriétaires qui ont un intérêt particulier à leur bon état de viabilité. — On ne saurait non plus affecter à cet objet aucune partie du produit des prestations ni des centimes spéciaux; non plus qu'autoriser légalement la formation des syndicats ni rendre exécutoires les rôles qu'il serait nécessaire de dresser pour la répartition de la dépense. — *Avis cons. d'état* 24 avr. 1839; — Cormenin, *Droit adm.*, Append., p. 36.

40. — Mais il pourrait arriver qu'une fois toutes les dépenses obligatoires de la commune assurées, le conseil municipal affectât quelques fonds à l'entretien des chemins ruraux, sous l'approbation, bien entendu, de l'autorité qui règle le budget.

41. — Le tableau des chemins ruraux arrêté comme il a été dit fait titre pour la commune, et le maire doit s'opposer à toute anticipation sur le sol de ces chemins.

42. — L'empiétement, de la part des riverains, sur le sol des chemins ruraux donne naissance à deux actions : l'une civile, pour le rétablissement de la voie publique dans l'état de viabilité qu'elle avait avant l'usurpation; l'autre criminelle, pour la répression de la contravention, car l'usurpation d'un chemin public en un fait punissable lors même que ce chemin ne figure pas sur le tableau des chemins vicinaux arrêté par le maire (C. pén., art. 479, n° 41). — V. *Cass.*, 2 avr. 1841 (t. 1er 1842, p. 374), Gauthier; 47 mars 1837 (t. 2 1837, p. 330), Boulay.

43. — L'action publique pour la répression des usurpations est confiée à l'administration, chargée de surveiller et de protéger toutes les voies publiques. Spécialement c'est le maire qui a qualité pour s'opposer à l'usurpation et pour poursuivre la répression des contraventions qui auraient été commises sur le sol des chemins ruraux. — *Avis cons. d'état* 21 avr. 1839; — Cormenin, *Dr. adm.*, Append., p. 36; Proudhon, *Dom. publ.*, n°s 622 et suiv.

44. — Le tribunal de police qui décide que le mur construit par le prévenu sur un terrain communal servant de passage ne nuit point à la voie publique, s'immisce dans l'administration de la voirie, qui n'appartient qu'aux corps administratifs. — *Cass.*, 22 pluv. an VII, Didier.

45. — Lorsqu'un chemin est déclaré vicinal, c'est aux conseils de préfecture qu'il appartient de prononcer la destruction de l'œuvre nouvelle qui y a été établie. — Si, au contraire, le chemin n'est pas déclaré vicinal, cette destruction ne peut être prononcée que par l'autorité judiciaire.—Dans l'un et l'autre cas, les préfets sont incompétents. — *Cons. d'état,* 20 fév. 1832, Dervaux-Paulée; 30 août 1843, Vergent et Moulin.

46. — Tout fait particulier qui tend à rétrécir ou à usurper, *de quelque manière que ce soit*, la dimension actuelle de ces voies de communication, constitue une contravention à l'art. 479, n° 11, C. pén., — *Cass.*, 2 mars 1837 (t. 1er 1838, p. 363), Boulay; 17 mars 1837 (t. 1er 1838, p. 72), Menesson.

47. — L'usurpation d'un chemin public constitue la contravention punie par l'art. 479, n° 11, C. pén.; bien que le chemin usurpé ne figure pas sur le tableau des chemins vicinaux de la com-

mune. — *Cass.*, 21 avr. 1841 (t. 2 1843, p. 606), Gauthier.

48. — Les anticipations commises doivent être constatées par les fonctionnaires ou agents ayant qualité pour verbaliser sur les délits ruraux, c'est-à-dire les maires, adjoints, les commissaires de police et les gardes champêtres. — Cormenin, *Dr. adm.*, Append., p. 36. — V. PROCÈS-VERBAL.

49. — Les agens-voyers n'ont pas qualité pour constater les anticipations ou autres contraventions commises sur le sol des chemins ruraux. — Herman, n° 474.

50. — Les procès-verbaux constatant des anticipations sur les chemins ruraux doivent être déférés par les maires, non pas aux conseils de préfecture, qui ne sont compétens que pour les chemins vicinaux, mais bien aux tribunaux de simple police, pour qu'il soit fait application de l'art. 479, n° 11, C. pén., qui condamne à 5 fr. d'amende ceux qui auraient usurpé sur la largeur des chemins publics. — Cormenin, *Dr. adm.*, Append., p. 36.

51. — C'est en effet aux tribunaux de police seuls qu'il appartient de réprimer ces contraventions, de même que les dégradations, enlèvemens de pierres, de terre, de gazon, etc. — Herman, n°s 472 et suiv.

52. — Jugé conformément à cette doctrine que, de la combinaison des art. 479, C. pén., et 138, C. inst. crim., il résulte que les tribunaux de simple police sont aujourd'hui seuls compétens pour faire cesser et disparaître, en les réprimant, toutes les dégradations, les détériorations et les usurpations qui peuvent avoir lieu sur toutes les voies publiques de communication communale. — *Cass.*, 2 mars 1837 (t. 1er 1837, p. 363), Boulay; 17 mars 1837 (t. 1er 1838, p. 72), Menesson.

53. — Le conseil d'état est d'accord avec la cour suprême pour reconnaître la compétence judiciaire en cette matière, ainsi qu'il l'a prouvé en décidant que les conseils de préfecture sont incompétens pour statuer à l'égard d'anticipations commises sur des chemins vicinaux non classés. — *Cons. d'état*, 6 févr. 1837, D'Assonvillez; — Cormenin, v° *Chemins vicinaux*, t. 1er, p. 304 et 304; — Circul. min. intér. 24 juin 1836, sect. 1re.

54. —...De même que pour prononcer sur le comblement de fossés ouverts par des particuliers sur les chemins de cette nature. — *Cons. d'état*, 2 janv. 1838, Gruter.

55. — Jugé que si le prévenu d'anticipation sur un chemin rural excipe de sa propriété, le tribunal de simple police doit surseoir jusqu'à ce qu'il ait été statué sur la question de propriété.—*Cass.*, 8 mars 1844 (t. 1er 1844, p. 783), Sébastiani.—Foucart, t. 2, p. 471.

56. — Les dégradations commises sur les chemins ruraux, enlèvemens de pierres, de terre ou de gazon, tout ce qui tend enfin à nuire à la sûreté et à la commodité du passage, doivent être également constatés par procès-verbaux des mêmes fonctionnaires et poursuivis ainsi devant le tribunal de simple police pour l'application des mêmes peines.

57. — Le délit d'usurpation commis sur un chemin qui n'est pas classé parmi les chemins vicinaux se prescript par un an (C. inst. crim., art. 640); — *Cass.*, 16 avr. 1841 (t. 2 1842, p. 433), Demonti.

58. — Pour les arbres et les haies plantés le long des chemins ruraux, il existe des usages qui doivent être observés; les maires, à qui la loi du 16-24 août 1790 a donné l'autorisation de prescrire les mesures propres à assurer la sûreté et la commodité du passage sur les voies publiques, peuvent, par des réglemens de police permanens, et qui, dès-lors, pour être exécutoires, devront être revêtus des formalités prescrites par l'article 11, L. 18 juillet 1837, ordonner l'élagage des branches ou le recepage des racines des plantations qui, faites le long des chemins ruraux, anticiperaient sur le sol de ces chemins de manière à gêner la circulation ou même à restreindre graduellement la largeur. Le refus d'obtempérer à un pareil arrêté serait une contravention justiciable du tribunal de simple police.

V. CHEMINS, CHEMINS VICINAUX, VOIRIE.

CHEMINS DE TRAVERSE.

1. — On comprend sous cette dénomination l'ensemble des chemins vicinaux, des chemins ruraux ou autres chemins publics qui rattachent les uns aux autres par des embranchemens les routes royales et départementales, les chemins de fer, les canaux, les rivières navigables ou flottables, et concourent ainsi à compléter le système général des voies de communication en France.

2. — Pour les conditions auxquelles les voitures peuvent circuler sur les chemins de traverse, V. ROULAGE, VOITURES PUBLIQUES.

CHEMINS VICINAUX.

Table alphabétique.

CHEMINS VICINAUX. — 1. — Les chemins vicinaux sont les chemins que le préfet a déclarés nécessaires à la généralité des habitans d'une ou de plusieurs communes et dont l'entretien est obligatoire pour ces communes.

2. — M. Isambert (Tr. de la Voirie, t. 1er, p. 158), d'après l'art. 384 du second projet de Code rural, considérait comme chemins vicinaux «tous ceux qui, autres que les routes royales et départementales, servent à communiquer d'un lieu public à un autre, soit chef-lieu de commune, village ou hameau, composé de trois habitations au moins, soit grande route, marché, église, édifice ou bien communal, soit fontaine publique, port, bac, rivière ou ruisseau d'un usage commun, ou qui servent à communiquer d'un chemin vicinal à un autre. » —Cette explication ne peut être acceptée aujourd'hui, car elle comprendrait beaucoup de chemins auxquels n'appartient pas le caractère de la vicinalité tel qu'il résulte de la loi du 21 mai 1836.

3. —La loi du 28 juill. 1824, qui parle des chemins reconnus comme nécessaires à la communication des communes, semblait, pour reconnaître le chemin vicinal, s'arrêter seulement à la déclaration de vicinalité résultant d'un arrêté du préfet, et elle était alors conséquent celle-même, puisqu'elle se bornait à déclarer que cette espèce de chemin était à la charge des communes sur le territoire desquelles elle était établie, sans rendre obligatoire le mode d'entretien.

4. — M. Herman (Encyclop. du dr., ve Chemins vicinaux, no 48) déclare qu'une définition nette et précise du mot chemin vicinal lui paraît impossible. « Ce sont, dit-il, les circonstances locales appréciables dans la pratique, mais insaisissables pour la doctrine, qui font quel tel chemin public devra être considéré comme chemin vicinal, et que tel autre ne sera pas rangé dans cette catégorie. » — M. Herman nous paraît avoir confondu, avec la définition et les caractères constitutifs du chemin vicinal, les circonstances qui doivent déterminer un préfet à élever ou chemin public appartenant à une commune, ou, pour employer l'expression consacrée par la pratique administrative, un chemin rural, au rang des chemins vicinaux et à la déclarer tel. Les circonstances locales dont parle M. Herman sont celles que l'autorité administrative doit peser pour déclarer la vicinalité, mais elles ne sont ni constitutives, ni élémentaires de cette vicinalité même. Nous verrons plus bas quelles sont ces circonstances.

5. — M. Vaudore (Dr. rural franç., t. 1er, no 562) se fondant sur le préambule de l'arrêté directorial du 25 messid. an V, y appelle chemins vicinaux les chemins dont la destination est de faciliter l'exploitation des terres ou les communications de commune à commune et qui sont reconnus pour tels par l'autorité administrative.

6. — M. Foucart (Élémens de droit publ. et administ., t. 2, no 416) constate qu'aucune loi n'a donné de définition précise, et il appelle chemins vicinaux les chemins publics établis dans l'intérêt de la généralité des habitans d'une commune.

7.—M. Dalloz (Dict. gén., v° Voirie, n° 192), dans des termes à peu près analogues , définit les chemins vicinaux ceux que l'autorité administrative a déclarés nécessaires à la généralité des habitans d'une ou de plusieurs communes.

8.—Ces diverses définitions sont incomplètes relativement aux chemins vicinaux tels que les a organisés la loi du 21 mai 1836: elles tendent à les faire confondre avec les autres chemins communaux, c'est-à-dire avec les chemins ruraux. — V. ce mot.

9. — Avant la loi du 21 mai 1836, l'expression de chemin communal était souvent employée dans le sens aujourd'hui attribué au mot chemin vicinal. —V. L. 28 juill. 1824, dont le titre parle des chemins vicinaux, mais dont les art. 8 et 10 emploient l'expression de chemins communaux. — Aujourd'hui, et d'après la circulaire du ministre de l'intérieur du 16 nov. 1839, la pratique administrative a purgé son langage de cette confusion de termes. Le mot chemins vicinaux n'est employé que pour désigner les voies de communication dont la vicinalité a été déclarée par le préfet; et les autres chemins publics appartenant aux communes, mais qui n'ont pas été classés, sont appelés, chemins ruraux. — V. CHEMINS RURAUX.

10.— Selon M. Isambert (Tr. de la Voirie, t. 1er, p. 153), les rues et places des bourgs et villages rentrent dans la classe des chemins de communications vicinales, soit quant à la propriété, soit quant à l'entretien, soit quant à la police.

11.—Merlin (Rép., v° Maire) donne aussi la qualification de vicinaux aux chemins ou rues de l'intérieur des communes rurales.

12. — Mais M. Garnier (Supplément au traité des chemins, p. 7) émet l'avis, (que nous partageons, que l'art. 1er, L. 21 mai 1836, ne comprend pas les rues et places des villes ni même celles de l'intérieur des villages et bourgs, lesquelles, pavées ou non, sont régies par d'autres règles. La loi du 24 mai 1836, ajoute M. Garnier, ne s'occupe que des chemins vicinaux, et, à cause cette dénomination, on ne peut comprendre que les voies de communication extérieures aux villes, bourgs et villages.

13. — Les chemins vicinaux sont divisés en chemins vicinaux proprement dits, et chemins vicinaux de grande communication. Il est aussi des chemins d'intérêt commun à plusieurs communes. — Art. 1er, 6 et 7, L. 21 mai 1836.

CHAPITRE 1er. — Historique et législation.

14. — L'expression de chemin vicinal ou voie vicinale était employée par les lois romaines (V. L. ult., § 1, De loc. et itin. publ.). — Par voies vicinales (viæ vicinales), on entendait les chemins qui in vicos ducunt aut in vicis sunt , c'est-à-dire ceux qui allaient de village à village ou aux marais et autres propriétés communales, ou traversaient ces mêmes villages.

15. — L'ancienne législation française compte parmi ses monumens des édits, des ordonnances et des arrêts du conseil du roi remontant à près de trois siècles, et attestant que, dès cette époque, l'autorité avait reconnu toute l'importance des voies de communication. — Mais pendant longtemps l'attention s'est exclusivement portée sur les voies publiques principales, et les préoccupations de l'autorité ne s'étalent pas arrêtées sur les voies de communication secondaires qui, pendant les trois quarts de l'année, étaient impraticables.

16. — Il ne paraît pas qu'il y ait eu dans l'ancien droit des règles bien précises relativement à l'entretien des chemins vicinaux, dont la dénomination se retrouve cependant dans un arrêt du conseil du 18 avril 1671.

17.—La révolution de 1789 eut été infidèle à son but, si elle n'eût protégé les intérêts généraux des citoyens, en leur assurant par la facilité de leurs communications des relations multipliées qui devaient tendre à généraliser les améliorations. Aussi une des premières lois du nouvel ordre de choses, eut-elle pour objet de régler la police et l'entretien des chemins.

18. — La loi des 14-18 déc. 1789 classa dans les fonctions propres au pouvoir municipal, sous la surveillance et l'inspection des autorités supérieures administratives, celles d'entretenir les chemins vicinaux et communaux, comme établissemens particulièrement destinés à l'usage des habitans de la commune.

19. — La loi des 7-14 sept. 1789, par son art. 6, attribua aux juges de district la police de conservation, tant pour les grandes routes que pour les chemins vicinaux.

20.— Le Code rural contenait des dispositions qui, malgré leur laconisme, posaient les bases d'une organisation dont quelques traces se retrouvent encore dans la législation actuelle. Ainsi, cette loi du 28 sept.-6 oct. 1791, tit. 1er, sect. 6e, art. 2, attribuait au directoire du district (aujourd'hui le sous-préfet) la mission de reconnaître, de concert avec les conseils municipaux, quels chemins étaient nécessaires à la communication des paroisses, et ces chemins devaient être rendus praticables et entretenus aux dépens des communautés sur le territoire desquelles ils étaient établis; il pouvait y avoir à cet effet une imposition au marc la livre de la contribution foncière.

21.—La même loi contenait dans son titre 2, art. 40, une pénalité dont le but était de protéger les chemins ainsi reconnus nécessaires contre les détériorations ou dégradations causées à leur surface ou contre les usurpations commises sur leur largeur.

22. — Les communes qui n'exécutaient pas les obligations à elles imposées relativement à l'entretien des chemins, et qui les laissaient arriver à

l'état d'impraticabilité, ont été déclarées responsables du dommage causé aux propriétés riveraines par le voyageur obligé de déclore ou de champoyer se frayer un passage.—V. CHEMIN IMPRATICABLE.

23. —La loi du 22 nov. 1er déc. 1790, § 1er, art. 2, dont les dispositions ont été répétées par l'art. 548, C. civ., avait considéré les chemins publics, et par là même implicitement les chemins vicinaux consacrés à un usage public, comme des dépendances du domaine public. — Aussi la loi du 10 juin 1793 les a-t-elle exceptés du partage des biens communaux.

24. — La loi du 16 frim. an II, art. 1er, qui doit être prise en ce sens qu'elle réunit sous la dénomination de chemins vicinaux les chemins publics et des chemins privés, ordonna que les chemins vicinaux continueraient d'être entretenus aux frais des administrations, sauf les cas où ils deviendraient nécessaires au service public.

25. — Mais cette législation, quelque sage que fussent les bases qu'elle avait posées, ne fut pas exécutée, car elle n'était appuyée d'aucun moyen coercitif propre à assurer, en dépit de la négligence des administrations locales ou de l'apathie des populations, la bonne viabilité des chemins communaux.

26. — Un arrêté du directoire du 23 messid. an V, fondé sur ce double motif que la destination des chemins vicinaux ne peut être que de faciliter les rapports de commune à commune, et sur ce qu'il importait à la prospérité générale du pays de restituer à l'agriculture les terrains devenus inutiles à la circulation , chargea , dans chaque département de la république, l'administration centrale du département de faire dresser un état général des chemins vicinaux de son arrondissement de quelque espèce qu'ils pussent être. — L'administration centrale devait, d'après cet état, constater l'utilité de chacun des chemins dont ledit état serait composé, et désigner ceux qui, à raison de leur utilité, devaient être conservés; et enfin prononcer la suppression de ceux reconnus inutiles pour restituer leur emplacement à l'agriculture.—Art. 2, 3 et 4.

27. — Mais cet arrêté du directoire ne contenait aucune disposition qui rendit obligatoire l'entretien des chemins vicinaux.

28. — Des mesures plus efficaces furent prises au bout de quelques années. L'arrêté des consuls du 4 thermid. an X déclara, par son art. 6, que les chemins vicinaux seraient à la charge des communes et appela les conseils municipaux à émettre leurs vœux sur le mode qu'ils jugeraient le plus convenable pour parvenir à leur réparation. Quant à l'organisation qui leur paraîtrait devoir être préférée pour la prestation en nature.

29.—Les art. 22 et 23 laissaient au sous-préfet le soin de déterminer, sur l'avis des conseils municipaux, la proportion dans laquelle chaque commune supporterait la dépense, et le chargeaient de veiller à ce que les dépenses communes à plusieurs municipalités fussent acquittées par chacune d'elles pour la part à laquelle elles seraient tenues, de manière que le service dont ces dépenses étaient le prix, ne pût jamais être interrompu.

30.— On voit que cet arrêté des consuls ne rendait pas obligatoire l'emploi de cette prestation: mais la puissance de l'impulsion administrative suppléant au silence de la loi, cette ressource fut appliquée à l'entretien des chemins, et l'usage s'en maintint, même après la chute du gouvernement impérial.

31. — La loi du 9 vent. an XIII vint compléter, en ce qui concernait la reconnaissance des limites des chemins et la fixation de leur largeur, les mesures indiquées par l'arrêté du 22 messid. an V, et, transportant aux conseils de préfecture le jugement des anticipations sur le sol des chemins vicinaux, assura la répression promptement et à peu de frais de ces usurpations.

52.—Les résultats obtenus par ces moyens étaient satisfaisans, lorsque, sous le prétexte que la prestation en nature devait être rangée parmi les impositions extraordinaires des communes, une circulaire ministérielle du 22 mai 1818 enjoignit aux préfets de s'abstenir d'approuver aucun rôle de prestation en nature, une ordonnance royale étant, aux termes de la loi de finances de cette année, nécessaire pour rendre légal l'emploi de cette ressource.

53.—La dégradation des voies publiques devint bientôt telle, que, dans beaucoup de départemens, elle rendit la culture même des terres impossible, faute de pouvoir y transporter des engrais.

54.— Ce fut en présence de cette nécessité que fut portée la loi du 28 juill. 1824, qui autorisa de nouveau l'emploi de la prestation en nature que pouvaient voter les conseils municipaux sans l'ad-

jonction des plus imposés et sous la seule autorisation des préfets.

35. — L'application de cette loi se fit d'abord avec zèle et amena d'utiles résultats. Mais bientôt les contribuables, méconnaissant les avantages que leur procurait le bon état des voies de communication, n'aperçurent plus que les charges qu'elle leur imposait. Les conseils municipaux s'abstinrent peu à peu de voter la prestation en nature, et la loi du 28 juill. 1824, comme celle du 28 sept.-6 oct. 1791 et l'arrêté du 4 thermid. an X, fut frappée d'inefficacité. — Herman, *Encyclopéd. du dr.*, vº *Chemins vicinaux*, nº 10.

36. — On sentit enfin la nécessité de transformer une *faculté* en *obligation*, et de contraindre les communes à faire des travaux dont elles recueillaient seules les fruits, sans en apprécier les avantages; alors fut votée la loi du 21 mai 1836, qui a eu pour principal objet de conférer à l'administration supérieure le droit de coercition relativement aux ressources concernant l'entretien des chemins vicinaux. Cette loi, qui contient en outre des dispositions et un système nouveaux relativement à l'ouverture, au redressement des chemins vicinaux et à l'expropriation pour utilité publique que ces opérations peuvent entraîner, complète aujourd'hui l'ensemble de la législation sur les chemins vicinaux.

37. — C'est toute cette législation que, dans son ensemble et dans ses détails, nous allons analyser dans les divisions qui vont suivre; nous y joindrons l'indication des principales circulaires ou instructions ministérielles qu'ont nécessitées les difficultés de l'application multipliée sur tous les points du territoire de ces dispositions législatives.

CHAPITRE II. — *Classement ou déclaration de vicinalité.*

Sect. 1re. — *Classement, direction, tracé et largeur des chemins vicinaux proprement dits.*

38. — Les chemins vicinaux *légalement classés* sont à la charge des communes, porte l'art. 1er, L. 21 mai 1836. — C'est à l'autorité souveraine que notre législation a confié la mission d'annexer au domaine public les voies de communication nécessaires à l'utilité générale. Ainsi, c'est par une ordonnance du roi, c'est par une loi que doivent être autorisés les grands travaux publics d'utilité générale. Donc la reconnaissance et le classement des chemins vicinaux devaient être aussi attribués à des délégués de cette puissance souveraine.

39. — Cette mission a été confiée, par les législations qui se sont succédé, à des classes diverses d'administrateurs.

40. — Ainsi, par la loi du 6 oct. 1791, tit. 1er, sect. 6e, art. 2, c'était au directoire de district (aujourd'hui le sous-préfet), qu'était attribué le droit de classer les chemins vicinaux.

41. — L'arrêté du directoire du 23 messid. an V transporta cette mission à l'administration centrale de département (aujourd'hui le préfet).

42. — Mais lorsqu'en l'an VIII les attributions exercées par les administrations centrales de département furent partagées entre les préfets et les conseils de préfecture, on se demanda si le classement des chemins était un acte contentieux ou un acte administratif; et le ministre de l'intérieur, par sa circulaire du 7 prair. an XIII, plaça cette opération dans les attributions des conseils de préfecture.

43. — La jurisprudence du conseil d'état a aussi varié sur ce point; jusqu'en 1813, le conseil d'état n'a attribué à l'autorité administrative le droit de déclarer la vicinalité qu'à l'égard des chemins relativement auxquels il n'existait aucune contestation; mais dès qu'un particulier se prétendait propriétaire d'un chemin, le conseil d'état décidait que le préfet devait s'abstenir de prononcer sur la vicinalité, et renvoyait aux tribunaux à statuer sur la question de propriété, de sorte que la décision judiciaire, lorsqu'elle constatait la propriété de la commune, statuait implicitement sur la question de vicinalité. — V. notamment *Cons. d'ét.*, 25 mars 1807, Bottu de la Barmondière c. commune d'Anse; 7 fév. 1809, Delpech c. Merignac; 10 mars 1809, commune de Ploumoguer; 18 oct. 1809, Doat c. Duerne; 16 mai 1810, veuve Duquesne c. Legros-Bordecote; 17 avr. 1812, veuve Deschamps c. commune de Chirat-l'Eglise, et 18 mars 1813, de Collignet c. commune d'Érise-la-Grande et de Seigneulles.

44. — C'est à cette époque que, pour la première fois, le conseil d'état posa le principe qui depuis a triomphé, que s'il appartient aux tribunaux de statuer sur la propriété du terrain des chemins vicinaux, ainsi que sur la suppression des simples sentiers, c'est au préfet et aux conseils de préfecture qu'il appartient de prononcer sur l'existence, l'utilité et la suppression des chemins vicinaux.

45. — Jugé que, dans le cas où un particulier se prétend propriétaire d'un chemin, le préfet ne doit ni déclarer ce chemin vicinal, ni en ordonner la réparation et l'élargissement; il s'agit là d'une question de propriété, dont la décision appartient exclusivement aux tribunaux civils. — *Cons. d'état*, 20 juill. 1813, Chamborre.

46. — Décidé, par suite du même principe, qu'un conseil de préfecture n'a pu, sans excès de pouvoir, déclarer chemins publics et vicinaux plusieurs avenues litigieuses entre des particuliers et des communes. — *Cons. d'état*, 24 mars 1820, Hocquart de Montfermeil.

47. — Le conseil d'état restituait cette décision à l'autorité administrative, ce qui rentrait dans sa sphère, mais il hésitait sur le point de savoir si c'était aux conseils de préfecture ou aux préfets qu'il devait l'attribuer. Deux décrets, l'un du 15 juin 1812 (Prestrel), l'autre du 2 janv. 1813 (commune de Nuisem-sur-Coole), reconnurent aux conseils de préfecture la faculté de classer les chemins vicinaux; mais un autre décret du 16 oct. 1813 (de Jaucourt), ramenant la compétence administrative aux termes de l'art. 6 de la loi du 9 vent. an XIII, déclara que le droit de désigner les chemins vicinaux n'appartient qu'à l'administration publique, c'est-à-dire aux préfets.

48. — En conséquence, il a décidé : 1º qu'il n'appartient qu'au préfet de classer un chemin au nombre des chemins vicinaux et d'en déterminer la largeur. — *Cons. d'état*, 6 fév. 1815 (commune de Magné), et que c'est aux préfets, sauf recours au ministre de l'intérieur, qu'il appartient, à l'exclusion des maires et des conseils de préfecture, de statuer sur l'établissement et les dimensions des chemins vicinaux, fureies et levées, dans leurs rapports avec l'utilité publique. — *Cons. d'état*, 24 mars 1820, Rousse-la-Villeneuve c. commune d'Averton; — Chevalier, vº *Chemins vicinaux*, t. 1er, p. 86; Garnier, *Tr. des chemins*, p. 960; Cormenin, vº *Chemins vicinaux*, t. 1er, p. 292 et 299.

49. — ...2º Que les conseils de préfecture sont incompétens pour prononcer, soit sur la reconnaissance et le classement des chemins vicinaux, soit sur les questions de propriété qui peuvent s'élever à ce sujet. — Cette reconnaissance et ce classement appartiennent exclusivement aux préfets, sauf recours au ministre de l'intérieur, et les questions de propriété doivent être portées devant les tribunaux. — *Cons. d'état*, 15 août 1821, Belgrand de Truchy c. commune de Riel, et Dubreuil de Soavolles c. commune de Saint-Sulpice-le-Dunois.

50. — ...3º Que dans le cas où, s'agissant de savoir si deux contre-allées font partie d'un chemin dont la vicinalité n'est pas contestée, l'autorité judiciaire a renvoyé à l'autorité administrative pour prononcer sur la reconnaissance des anciennes limites et sur la largeur du chemin, la question doit être portée devant le préfet et non devant le conseil de préfecture. — *Cons. d'ét.*, 19 fév. 1823, Requedat c. commune de Précy-sur-Oise. — Cormenin, t. 1er, p. 292.

51. — ... 4º. Qu'un préfet n'est point sorti de sa compétence en déclarant qu'un chemin litigieux n'était point vicinal. — *Cons. d'état*, 12 mars 1814, Genot c. commune d'Augny.

52. — Au reste, quand la loi du 28 juillet 1824 a donné aux préfets le droit de reconnaître les chemins nécessaires aux communications des communes, elle n'a fait que déclarer un principe qui ne pouvait guère plus être contesté. — *Cons. d'état*, 18 juill. 1821, comm. de Blagnes; 20 nov. 1822, Pezral; 17 mars 1825, comm. de Précigné.

53. — Depuis cette dernière loi, les conseils de préfecture se déclarèrent eux-mêmes incompétens pour statuer sur une question de vicinalité d'un chemin. — *Cons. d'état*, 27 août 1828, Demoutillet. — Cormenin, t. 1er, p. 304.

54. — Ils rejetèrent l'opposition à des arrêtés du préfet déclaratifs de vicinalité par le motif que ces arrêtés ne pouvaient être déférés qu'au ministre de l'intérieur. — V. *Cons. d'état*, 15 oct. 1826, Savy.

55. — Jugé que ce n'est qu'aux préfets qu'il appartient d'approuver ou de réformer les états dressés pour la reconnaissance et la fixation des limites des chemins vicinaux; les conseils de préfecture sont incompétens à cet égard. — *Cons. d'état*, 27 août 1828, commune d'Aiffrest. — Cormenin, vº *Chemins vicinaux*, t. 1er, p. 292.

56. — Jugé également que le préfet est compétent pour rectifier un état de chemins vicinaux approuvé par lui, sauf à la partie intéressée à soumettre aux tribunaux les questions de propriété et d'indemnité relatives au sentier en litige. — *Cons. d'état*, 23 déc. 1835, Dellier; 24 mars 1819, Rémont.

57. — La loi du 21 mai 1836 a conservé aux préfets le droit de déclarer la vicinalité des chemins indispensables aux communications des communes.

58. — Les préfets sont donc aujourd'hui seuls compétens pour reconnaître et déclarer la vicinalité des chemins vicinaux. — *Cons. d'état*, 19 avr. 1838, Rivière de Riffardeau. — Eux seuls également peuvent déclarer la vicinalité d'un sentier et en déterminer la direction et les limites. — *Cons. d'état*, 23 déc. 1835, Dellier.

59. — Le préfet, dit M. de Cormenin (*Dr. admin.*, vº *Chemins vicinaux*, t. 1er, p. 297), déclare l'existence d'un fait, mais il ne lui appartiendrait pas d'élever un chemin vicinal au rang des routes royales ou départementales et d'en mettre ainsi l'entretien à la charge de l'état; cette transmutation ne peut s'opérer que par ordonnance royale. — V. aussi Garnier, *Tr. des chemins*, p. 264.

60. — La compétence du préfet cesse par exception, lorsqu'une route ou portion de route royale venant à être délaissée et à perdre cette qualité, tombe au rang de chemin vicinal. Une ordonnance royale est nécessaire dans cette circonstance, parce qu'il s'agit d'une portion du domaine public dont l'aliénation est réservée à l'autorité souveraine. L. 24 mai 1842.

61. — La loi du 6 oct. 1791, l'arrêté du 23 messid. an V et la loi du 9 vent. an XIII, n'avaient pas déterminé les formes à remplir pour le classement; ce fut le ministre de l'intérieur (M. de Champagny) qui, par une instruction du 7 prair. an XIII, enjoignit aux préfets de faire dresser dans chaque commune un tableau de tous les chemins utiles à classer parmi les chemins vicinaux. Ce tableau devait être pendant *quinze jours* déposé à la mairie, où chaque habitant pouvait venir en prendre connaissance et consigner soit ses réclamations, soit son opposition. Le conseil municipal était appelé à donner ensuite son avis. Sur le vu de ces pièces et sur l'avis du sous-préfet, les préfets devaient prendre leurs arrêtés de classement.

62. — Ces formalités, qui offraient des garanties aux intérêts privés et aux intérêts communaux, n'eurent pendant long-temps d'autre sanction que la force d'impulsion que le ministre de l'intérieur pouvait exercer sur ses subordonnés; et ce ne fut que la loi du 28 juillet 1824 qui, par son article 1er, prescrivit une délibération du conseil municipal, comme préalable indispensable à l'arrêté de classement qui devait émaner du préfet.

63. — La loi du 21 mai 1836, en gardant le silence sur le classement, a laissé subsister la disposition de la loi du 28 juillet 1824; aussi l'instruction du ministre de l'intérieur (M. de Montalivet) du 24 juin 1836 n'a-t-elle apporté que quelques modifications de détail aux règles établies par la pratique administrative.

64. — Dans cette circulaire adressée aux préfets, le ministre indique en ces termes la marche à suivre pour la reconnaissance légale des chemins vicinaux : « Vous chargerez les maires de donner sans délai l'état des chemins qu'ils regarderont comme nécessaires aux communications et comme devant à ce titre être déclarés vicinaux. Cet état devra indiquer : 1º la direction de chaque chemin, c'est-à-dire le lieu où il commence, celui où il aboutit, et les hameaux ou autres localités principales qu'il traverse; — 2º la longueur des chemins sur le territoire de la commune; — 3º leur largeur actuelle. Le maire fera connaître également les portions de chemins qu'il pourrait être nécessaires d'élargir... L'état des chemins ainsi préparé devra être déposé à la mairie pendant *un mois*; les habitans de la commune seront prévenus de ce dépôt par une publication faite dans la forme ordinaire; ils seront invités à prendre connaissance de l'état des chemins dont le classement est projeté, et avertis que, pendant le délai du dépôt, ils pourront adresser au maire toutes les observations et réclamations dont le projet de classement leur paraîtrait pouvoir être l'objet, soit dans leur intérêt privé, soit dans l'intérêt de la commune. Après l'expiration du délai d'un mois ci-dessus prescrit, l'état dressé par le maire sera, ainsi que les oppositions ou réclamations auxquelles il aurait donné lieu, soumis au conseil municipal, qui devra donner son avis tant sur les propositions du maire que sur les réclamations ou oppositions qui auraient été déposées à la mairie. La délibération du conseil municipal vous sera transmise par le sous-préfet avec son avis motivé, et, après l'examen de ces divers documens, vous déclarerez, par un arrêté pris dans la forme ordinaire, que *tels chemins de telle largeur font partie des chemins vicinaux de la commune de...* »

65. — Dans la plupart des départemens, outre ces formalités légales, on a constitué des commissions cantonnales dans le but de coordonner le travail du classement préparé dans chacune des communes du canton, et de faire notamment que tout

chemin d'une importance réelle, classé dans une commune, trouvât sa continuation dans la commune voisine. — Herman, *Encycl. du dr.*, vº *Chemins vicinaux*, nº 32.

66. — Le préfet, s'il en est besoin, peut, comme l'aurait pu le conseil municipal, faire procéder à des enquêtes et visites de lieux, et à l'examen des plans, papiers, registres, délibérations de la commune, titres de propriété, soit de la commune, soit des particuliers riverains pour statuer en pleine connaissance de cause. — Dufour, *Dr. adm. appliqué*, t. 1er, nº 596; Garnier, *Tr. des chemins*, p. 263.

67. — On avait proposé, lors de la discussion de la loi du 28 juill. 1824, d'autoriser le préfet à déclarer les chemins vicinaux sur une réclamation quelconque, si le conseil municipal ne prenait pas l'initiative. Cette proposition a été rejetée. « Néanmoins, ajoute M. Duvergier (*Collection des lois*, t. 24, p. 543, note 3e), le préfet peut toujours, soit de son propre mouvement, soit sur une réclamation particulière, provoquer la délibération du conseil municipal.

68. — En effet, en ne disant pas à qui il appartient de provoquer la déclaration de la vicinalité, la loi a laissé à tout particulier intéressé le droit de provoquer cette déclaration parce qu'il s'agit, non d'une action à intenter, mais de la constatation d'un fait par l'autorité administrative. Ainsi, un particulier poursuivi pour avoir passé sur le terrain d'autrui articule que le chemin vicinal limitrophe était impraticable, ou que le terrain sur lequel il a passé est lui-même un chemin vicinal, il peut directement se pourvoir devant l'autorité administrative, à laquelle l'autorité judiciaire saisie de la prétendue contravention devrait préjudiciellement le renvoyer. — Garnier, *Tr. des chemins*, p. 275.

69. — Lorsqu'un chemin a été, sous la loi du 28 juill. 1824, porté sur l'état des chemins vicinaux d'une commune après délibération du conseil municipal, publiée, affichée et approuvée par le préfet, on ne peut exciper de l'irrégularité du classement. — *Cons. d'état*, 14 août 1837, Guttin c. comm. de Bernin.

70. — De même, il n'y a pas eu violation de l'art. 1er de la loi du 28 juill. 1824, lorsque le préfet a pris un arrêté de classement sur un avis du sous-préfet dans lequel se trouvent visées les délibérations du conseil municipal. — *Cons. d'état*, 23 août 1836, comm. de Grand-Combe-des-Bois.

71. — ...Ou lorsqu'il existe un procès-verbal d'abornement des chemins vicinaux qui en déclare la vicinalité et qui en fixe la largeur, et que ce procès-verbal, dressé contradictoirement avec les habitans de la commune, a été adopté par le conseil municipal et approuvé par le préfet. — *Cons. d'état*, 10 août 1825, Paillette c. comm. de Gourzon.

72. — En exigeant l'avis préalable du conseil municipal pour la reconnaissance et le classement des chemins vicinaux, les lois et réglemens ne prescrivent point d'appeler aux délibérations les propriétaires opposans. — *Cons. d'état*, 11 janv. 1837, Jousselin c. comm. de Vienne-en-Val.

73. — Le préfet ne peut légalement prononcer le classement d'un chemin au nombre des chemins vicinaux d'une commune qu'après une délibération du conseil municipal, mais il n'est pas tenu néanmoins de se conformer au vœu de ce même conseil municipal. En effet, la loi du 28 juill. 1824, art. 1er, porte que les chemins vicinaux seront reconnus par le préfet *sur* une délibération du conseil municipal et non pas *conformément* à une délibération du conseil municipal, le préfet n'est pas astreint, par l'esprit de la législation, à homologuer purement et simplement l'avis du conseil municipal : son intervention a pour objet de faire prévaloir l'intérêt public sur les vues quelquefois trop étroites de l'intérêt communal ou même de l'intérêt privé. En effet, en matière de chemins vicinaux, le préfet a pour attribution de reconnaître les chemins nécessaires à la communication des paroisses (L. 28 sept.- 6 oct. 1791), de constater l'utilité de chaque chemin et de désigner ceux qui, à raison de leur utilité, doivent être conservés. — Arr. 23 messid. an V. — Herman, *Encycl. du Dr.*, vº *Chemins vicinaux*, nº 31.

74. — Les préfets ne sont pas tenus, pour la reconnaissance et le classement des chemins vicinaux, de faire préalablement publier et afficher les tableaux de ces chemins. — *Cons. d'état*, 17 août 1836, Couderc c. comm. de Saint-Michel.

75. — Quand un préfet déclare la vicinalité d'un chemin d'après l'ancienne possession du public, et qu'il n'excipe de l'utilité publique que pour rejeter l'opposition d'un particulier qui tend à déclasser le chemin, il n'y a pas lieu de suivre les formes prescrites par la loi du 7 juill. 1833, pour la déclaration d'utilité publique. Ces formes ne sont applicables que dans le cas où il s'agit de créer un nouveau chemin, ou de changer le tracé d'un ancien chemin. — *Cons. d'état*, 17 août 1836, Couderc c. comm. de Saint-Michel ; — Cormenin, t. 2, p. 298 ; Cotelle, t. 3, p. 371 et 372.

76. — L'instruction ministérielle du 24 juin 1836 a reconnu qu'il est assez difficile de déterminer par une règle générale quelles sont les circonstances qui doivent faire admettre tel chemin dans la classe des chemins vicinaux et faire rejeter tel autre dans la catégorie des chemins d'une utilité privée. Elle a recommandé aux préfets de rechercher avec soin si l'autorité municipale n'a pas omis quelque communication essentielle à une des sections de commune, ou si le nombre des chemins dont le classement est proposé n'excède pas les besoins de la circulation et n'est pas hors de proportion avec les ressources que la commune peut appliquer à leur entretien.

77. — La conséquence de ce qui vient d'être rappelé, c'est que l'administration doit juger d'après les localités quels sont les chemins qui doivent être portés sur le tableau des chemins vicinaux de la commune, et qu'elle doit prendre en considération leur destination et leur nécessité pour les communications de la généralité des habitans. — Garnier, p. 252.

78. — Plusieurs députés avaient demandé qu'on pût déclarer vicinaux les chemins conduisant à des hameaux, villages ou sections de la même commune. Cet amendement a été rejeté comme inutile, il est généralement reconnu que les chemins vicinaux ne sont pas seulement ceux qui conduisent d'une commune à une autre ; ce que l'amendement proposait est de droit, et une énumération qui se serait trouvée incomplète eût pu gêner l'appréciation que l'administration doit faire des circonstances.

79. — En effet, en présentant aux chambres le projet de la loi du 28 juillet 1824, le ministre de l'intérieur a dit, dans l'exposé des motifs, et il a répété dans sa circulaire du mois d'octobre 1824, que l'intention avait été que les fonds communaux fussent consacrés aux chemins *nécessaires* aux communications de la généralité des habitans d'une ou plusieurs communes et d'éviter qu'ils ne fussent employés principalement à procurer des facilités à des habitations particulières, comme cela est souvent arrivé.

80. — La seule considération qui doit dominer, c'est celle que les ordonnances du 1er mai 1822 (comm. de Balazé c. Chatelais), et 12 juin 1822 (Boulet c. Limages) appellent *le fait d'utilité communale*, c'est l'*utilité du chemin*, soit pour la commune sur le territoire de laquelle il est situé, soit pour une fraction de cette commune, soit enfin pour les communes limitrophes. — L. 28 sept.-6 oct. 1791 ; arr. 28 messid. an V ; L. 28 juill. 1824 ; — Herman, vº *Chemins vicinaux*, nº 34.

81. — Toutefois, selon M. Herman, nº 35, la déclaration de vicinalité ne peut s'appliquer qu'à une voie de communication dont le public est actuellement en jouissance, car s'il s'agissait, par exemple, de déclarer vicinale une avenue fermée à ses extrémités par des grilles ou des barrières, ou un simple sentier traversant par suite de la tolérance du propriétaire, soit une cour de ferme, soit un champ fermé de haies ou de fossés, il faudrait recourir aux formes plus lentes de l'expropriation pour utilité publique.

82. — Le pouvoir qu'a le préfet de reconnaître et rétablir les anciennes voies publiques ne s'exerce pas sur les rues et places comme sur les chemins vicinaux. La cour de Cassation fait une distinction entre les rues, places et carrefours des villes et villages et les chemins vicinaux pour ce qui est des dégradations et des embarras ; ces délits, commis sur les premiers, donnent lieu à des peines de simple police ; commis sur les chemins vicinaux, ils motivent des peines correctionnelles. — *Cass.*, 2 mai 1811, Cluzel.

83. — Cette distinction que nous avons déjà signalée entre les rues et places et les chemins vicinaux (V. *suprà* nº 10), a été sanctionnée par le conseil d'état, qui a décidé que les contestations relatives, soit à la question de propriété d'une rue, soit aux infractions aux lois et réglemens de petite voirie commises sur les rues et places des villes et villages, sont du ressort des tribunaux et non des conseils de préfecture. — *Cons. d'état*, 11 fév. 1820, Caron c. comm. de Moyaux ; 4 sept. 1822, comm. de Becé c. Nollet ; 4 juin 1823, Decaen c. comm. de Saint-Piat ; 13 juill. 1825, comm. d'Echenoy-la-Meline c. Humbert ; 8 avr. 1829, Guillaumont ; — Cormenin, vis *Chemins vicinaux*, t. 1er, p. 301, et *Voirie*, t. 2, p. 484 ; Chevalier, *Jur. adm.*, vº *Voirie*, t. 2, p. 490 ; Dufour, *Dr. admin. appliqué*, t. 1er, nº 591. — V. dans le même sens l'instr. min. du 24 juin 1836.

84. — Mais, par exception à ce principe, les rues et places par lesquelles passerait un chemin de grande communication seraient comme ce chemin lui-même soumises à l'autorité du préfet. C'est ce qu'a décidé un avis du conseil d'état du 18-25 janv. 1837, qui porte que les rues qui font la prolongation des chemins vicinaux de grande communication dans la traverse des communes doivent être considérées comme partie intégrante desdits chemins et être soumises aux règles qui leur sont applicables. Autrement il pourrait se trouver sur ces grandes lignes vicinales autant de lacunes qu'il s'y trouverait de communes intermédiaires, puisque les intérêts particuliers de chacune d'elles ne tendent pas toujours au but commun ; que souvent ces intérêts sont opposés entre eux au contraire à l'intérêt départemental ; pour ce motif l'esprit et le texte de la loi du 21 mai 1836 ont eu pour but de placer l'action dans les mains du préfet, pour neutraliser les résistances d'un intérêt municipal mal entendu.

85. — Le préfet peut, par un arrêté pris dans les limites de ses attributions, classer comme chemin vicinal une voie de communication ouverte par des particuliers sur leur propre sol, et livrée depuis long-temps à la circulation du public. — *Cass.*, 24 fév. 1844 (t. 2 1844, p. 503), Delpont.

86. — Lorsqu'il résulte de l'instruction que des chemins d'une commune sont, depuis un temps immémorial, à l'usage du public, et qu'ils n'ont point cessé d'avoir cette destination, le préfet a pu les porter et le ministre de l'intérieur les maintenir sur l'état des chemins vicinaux. Ces décisions ne font point obstacle à ce que les questions concernant la propriété du terrain soient soumises aux tribunaux. — *Cons. d'état*, 11 janv. 1837, Jousselin ; — Chevalier, *Jur. admin.*, vº *Chemin vicinal*, t. 1er, p. 92.

87. — Le préfet et le ministre de l'intérieur agissent dans les limites de leurs pouvoirs en classant parmi les chemins vicinaux d'une commune une communication régulièrement reconnue vicinale, et en la maintenant dans une largeur de sept mètres qu'elle avait toujours eue. — *Cons. d'état*, 6 fév 1837, Duval de l'Escaude c. comm. de Bourneville ; 12 janv. 1825, Capmas ; — Chevalier, *Jur. admin.*, vº *Chemins vicinaux*, t. 1er, p. 82.

88. — S'il est constant que, depuis un temps immémorial, un chemin n'a pas cessé de servir de communication entre plusieurs communes, c'est avec raison que le préfet l'a reconnu comme vicinal et l'a maintenu comme tel sur l'état des chemins vicinaux. — *Cons. d'état*, 17 août 1836, Couderc c. comm. de Saint-Michel.

89. — Lorsqu'il est établi qu'une communication est dans la réalité un chemin vicinal, c'est avec raison qu'elle a été comprise dans le classement des chemins vicinaux. — *Cons. d'état*, 6 déc. 1836, Lesage c. comm. de Lahaye-du-Theil.

90. — En cas de contestation sur la question de savoir si le chemin en litige était autrefois vicinal, le conseil d'état, avant de statuer sur la nature et la nécessité de ce chemin, renvoie les parties devant le préfet, pour faire vérifier les faits contredits et diversement présentés par la commune et son adversaire. — *Cons. d'état*, 23 juin 1819, Chausson-Lasalle c. comm. de Gisnay ; — Chevalier, t. 1er, p. 89.

91. — On trouve l'exemple d'un semblable sursis, dans des circonstances analogues, dans l'ord. *Cons. d'état.*, 7 juin 1836, Lesage.

92. — Il n'y a point violation de la chose jugée de la part du préfet qui déclare la vicinalité d'un chemin dont le sol a été décidé par l'autorité judiciaire appartenir à un particulier. — *Cons. d'état*, 17 août 1836, Couderc c. comm. de Saint-Michel.

93. — Les considérations qui déterminent le classement d'un chemin parmi les chemins vicinaux exercent aussi leur influence sur la direction et sur la fixation de la largeur de ce chemin.

94. — La fixation de la direction d'un chemin, soit qu'il s'agisse de chemins existant, soit du redressement d'un de ces chemins, ou de l'ouverture de chemins nouveaux, a été de tout temps dans les attributions des préfets. — Les art. 15 et 16, L. du 21 mai 1836, ne laissent aucun doute sur la compétence de ce fonctionnaire.

95. — Jugé, avant la loi du 28 juill. 1824, qu'il appartient au préfet de déterminer la largeur, la direction et l'abornement des chemins vicinaux. — *Cons. d'état*, 11 fév. 1820, hospice de Joinville.

96. — Le préfet statue dans ses attributions en fixant la direction que doit suivre un chemin de communication entre deux communes, tout droit d'indemnité réservé aux propriétaires du terrain ; l'arrêté du préfet doit, en pareil cas, être déféré au ministre avant d'être attaqué devant le conseil d'état. — *Cons. d'état*, 6 janv. 1814, t. 2, p. 1re, Arbilleur.

97. — Le préfet doit constater la direction du chemin sur le point litigieux, avant que la ques-

tion de propriété soit soumise aux tribunaux. — *Cons. d'état*, 22 juin 1825, Rouet.

98. — Lorsque les actes administratifs qui servent de base à la décision du ministre de l'intérieur se sont bornés à constater l'état ancien du chemin vicinal, et que le public en a joui constamment, le propriétaire dont le fonds est traversé par ce chemin ne peut prétendre qu'on lui a donné une fausse direction. — *Cons. d'état*, 24 déc. 1828, Martin c. comm. de Vidauban et de Forges.

99. — Des procès-verbaux d'abornement, contradictoirement dressés avec les habitans et propriétaires, adoptés par le conseil municipal et approuvés par le préfet, constatent suffisamment la largeur et la direction des chemins vicinaux; dès lors ils peuvent servir de base aux arrêtés de répression des conseils de préfecture. —*Cons. d'état*, 10 août 1825, Paillette c. comm. de Gourzon.—Cormenin, t. 1er. p. 293.

100. — Aux termes de la loi du 21 mai 1836 (art. 15), un préfet n'a attribution que pour reconnaître et fixer la largeur des chemins vicinaux existant, en observant d'ailleurs les mesures préparatoires qui tendent à mettre les propriétaires riverains en demeure de faire fixer leur indemnité; par conséquent, c'est aux tribunaux ordinaires qu'il appartient de statuer, conformément à la loi du 7 juill. 1833, relative aux expropriations pour cause d'utilité publique, sur le changement de direction d'un chemin vicinal, parce que cet acte administratif constitue une véritable dépossession. —*Toulouse*, 8 fév. 1840 (t. 1er 1846, p. 508), Cheverry c. Calmer.

101. — Le préfet, au moment même où il déclare la vicinalité d'un chemin litigieux, doit en rechercher et reconnaître les anciennes limites, et, d'après cette reconnaissance, en fixer la largeur suivant les localités; il peut même modifier la largeur et la direction; le tout sauf le droit des propriétaires riverains à l'indemnité.—*Cons. d'état*, 11 janv. 1829, Dargent c. comm. d'Autheuil.

102. — Lorsqu'un particulier ne conteste pas l'existence d'un chemin vicinal sur son terrain, mais qu'il s'agit seulement de déterminer sur quel point le chemin doit passer, c'est au préfet qu'il appartient de fixer sa direction et sa largeur. — *Cons. d'état*, 7 avr. 1824, Martin; 23 déc. 1835, Bellier c. Garnier.

103. — Lorsqu'un procès-verbal d'adjudication vend le pâtis avec ses servitudes, sans garantie ni réserve au sujet de la mesure, et sans en rien excepter ni réserver, il y a lieu de décider qu'elle comprend tout le pâtis, excepté toutefois le chemin vicinal qui lui est donné pour confin.—En statuant ainsi, le conseil de préfecture a prononcé dans les limites de sa compétence. — Mais il excède ses attributions en fixant la largeur et les limites du chemin. — *Cons. d'état*, 4 août 1819, comm. de Gézincourt.

104. — Les tribunaux ont toujours reconnu qu'ils ne pouvaient intervenir en ce point : ainsi jugé que c'est l'administration, à l'exclusion des tribunaux civils, qui est compétente pour déterminer la largeur des chemins vicinaux.—*Bourges*, 23 avr. 1832, Masseron c. Cordaillat.

105. — Mais la jurisprudence administrative a été long-temps indécise sur le point de savoir si c'était aux préfets ou aux conseils de préfecture à rechercher et reconnaître les anciennes limites des chemins vicinaux et à déterminer leur largeur.

106. — Jugé que c'est aux conseils de préfecture et non aux préfets à connaître des contestations qui peuvent s'élever relativement à l'élargissement des chemins vicinaux. — *Cons. d'état*, 9 déc. 1810, Delaporte c. Barbet.

107. — Jugé de même que les conseils de préfecture sont compétens pour décider les contestations qui s'élèvent sur le plus ou moins de largeur que les riverains doivent laisser aux chemins vicinaux. — *Cons. d'état*, 23 sept. 1810, Dauriac c. comm. d'Auxonne.

108. — Mais, plus tard, il a été jugé au contraire que le droit de fixer la largeur des chemins vicinaux n'appartient qu'à l'administration publique, c'est-à-dire aux préfets, sauf recours au ministre de l'intérieur et ensuite au conseil d'état; les conseils de préfecture étant incompétens à cet égard. — *Cons. d'état*, 16 oct. 1813, Bonnet-Dumolard; — Cormenin, vo *Chemins vicinaux*, t. 1er, p. 292; Chevalier, *eod. verbo*, t. 1er, p. 86; Garnier, *Chemins*, no 147; Jourdan, *Code des chem.*, Introd., p. 12.

109. — C'est à l'administration seule à déterminer la largeur des chemins vicinaux, et un conseil de préfecture excède ses pouvoirs en donnant à un chemin vicinal une largeur autre que celle qui a été fixée par le préfet.— *Cons. d'état*, 21 avr. 1832, Ledard et Videner c. comm. Saint-Maurice et Decors;—Chevalier, vo *Chemins vicinaux*, t. 1er, p. 87.

110. — Il y a excès de pouvoirs de la part d'un juge de paix lorsque, saisi d'une question non pas simplement de bornage, mais tendant à déterminer l'étendue et les limites d'un chemin vicinal, au lieu de juger sa compétence, il renvoie devant l'administration pour qu'elle déclare si elle entend revendiquer la connaissance de l'affaire, en se réservant d'en connaître si l'administration se déclarait incompétente. — *Cons. d'état*, 31 août 1828, Decrusy; — Cormenin, t. 1er, p. 311; Chevalier, t. 1er, p. 91; Cotelle, t. 3, p. 439.

111. — Aujourd'hui l'art. 15, L. 21 mai 1836, a attribué définitivement aux préfets la fixation de la largeur des chemins.

112. — L'art. 6, L. 9 vent. an XIII donnait à l'administration le droit de fixer la largeur des chemins, suivant les localités, sans pouvoir cependant, lorsqu'il serait nécessaire de l'augmenter, la porter au-delà de six mètres.

113. — Conformément à cette disposition, jugé que si, au moment où est intervenu l'arrêté de classement, un chemin vicinal n'avait que seize pieds devant la propriété d'un particulier, le préfet, s'il juge nécessaire d'augmenter cette largeur, ne peut la porter au-delà de six mètres. —*Cons. d'état*, 6 déc. 1836, Lesage c. comm. de Lahaye-du-Theil.

114. — Puisqu'aux termes de la loi du 9 vent. an XII, il ne peut être apporté aucun changement de largeur aux chemins vicinaux, qui ont plus de six mètres, il s'ensuit que leur largeur légale n'est pas fixée invariablement à six mètres. — *Cons. d'état*, 13 juill. 1825, Requedat.

115. — L'art. 6, L. 9 vent. an XIII, en fixant le *maximum* de la largeur des chemins vicinaux à six mètres, n'attribue pas, par cela seul, aux riverains la propriété de l'excédant de cette largeur qu'ils auraient usurpé. — Cet article impose seulement à l'administration une règle qui doit être suivie dans les actes administratifs par lesquels la largeur des chemins vicinaux est déterminée en tant qu'objet d'administration. — *Cass.*, 25 nov. 1831, Larché c. comm. de Beyre.

116. — Cette opinion est également celle de M. de Cormenin, t. 1er, p. 293. Après avoir fait remarquer qu'encore que la largeur des chemins vicinaux soit fixée à six mètres, les propriétaires riverains commettraient néanmoins un délit d'anticipation, s'ils empiétaient sur les chemins qui ont plus de six mètres de largeur, il ajoute : « Par la même raison s'il était constant que le chemin eût de longue ancienneté, dans certaines portions, moins de six mètres de largeur, le préfet et le conseil de préfecture excèderaient leurs pouvoirs, si le premier attribuait aux chemins une largeur plus grande, et l'autre, s'il condamnait le riverain pour délit d'anticipation. »— En effet, le préfet doit se borner à rechercher les anciennes limites des chemins, et le conseil de préfecture à réprimer les œuvres nouvelles. Cette théorie, que nous croyons saine, s'appuie sur le texte de la loi du 9 vent. an XIII. — *Cons. d'état*, 13 juill. 1825, Requedat c. comm. de Précy-sur-Oise.

117. — Cependant, la largeur légale des chemins vicinaux n'est pas fixée invariablement à six mètres, puisque, aux termes de la loi du 9 vent. an XIII, il ne peut être apporté aucun changement de largeur aux chemins qui ont plus de six mètres. — *Cons. d'état*, 16 déc. 1830, Dionil c. comm. d'Origny-Sainte-Benoîte.

118. — Seulement, dans le cas où une largeur plus considérable que celle de six mètres était nécessaire, l'administration devait s'entendre à l'amiable avec les riverains ou recourir aux formes de l'expropriation pour utilité publique. Aujourd'hui on tient pour certain au ministère de l'intérieur que le préfet n'est plus obligé de se renfermer dans la limite de six mètres au plus.—Cormenin, t. 1er, p. 293.

119. — La loi du 21 mai 1836 a abrogé implicitement la loi du 9 vent. an XIII. En effet, après avoir reconnu formellement au préfet le droit de fixer la largeur des chemins vicinaux, puisqu'elle porte que « Les arrêtés du préfet portant reconnaissance et fixation de la largeur d'un chemin vicinal attribuent définitivement au chemin le sol compris dans les limites qu'ils déterminent, » elle ajoute : « Ce réglement fixera, dans chaque département, le *maximum* de la largeur des chemins (art. 21). »— Instr. minist. 24 juin 1836; —*Encycl. du dr.*, vo *Chemin vicinal*, no 79.

120. — Ce n'est pas la largeur de tous les chemins de son département que le préfet doit déterminer par le réglement général, il doit seulement fixer un *maximum* qui, à moins de révision de ce réglement dans les formes prescrites par l'art. 21, L. 21 mai 1836, ne peut pas être dépassé et le lie lui-même dans l'exercice du droit qui lui est conféré.

121. — Après cette fixation, le préfet a à déterminer pour chaque chemin en particulier, lors de l'approbation qu'il donnera soit au tableau général dressé par le conseil municipal, soit aux délibérations spéciales de ce conseil, relatives à l'établissement ou au rélargissement d'une nouvelle voie vicinale, la largeur qu'il devra avoir en prenant en considération les circonstances exprimées ci-dessus, no 100.

122. — La loi n'ayant parlé que du *maximum*, il s'ensuit qu'aucun *minimum* ne doit être fixé à l'avance; dans certains cas spéciaux, rares à la vérité, mais qui cependant pourront se présenter, le préfet aura la faculté de déclarer vicinal un simple sentier de pied n'ayant qu'un mètre ou même moins de largeur. — Dumay, *Commentaire sur la loi sur les chemins vicinaux*, t. 1er, p. 432.

123. — Le réglement doit déterminer non seulement la largeur de la chaussée, mais encore celle des talus quand le chemin est en remblai ou en tranchée, ainsi que celle des fossés et emplacemens destinés au dépôt des matériaux; en cas d'omission à cet égard, les riverains seraient fondés à prétendre que le tout doit être pris dans les limites du seul *maximum* fixé.—Dumay, *Comment. sur la loi sur les chemins vicinaux*, t. 1er, p. 432.

124. — La circulaire du 24 juin 1836 du ministre de l'intérieur, invite les préfets à fixer par leur réglement général à six mètres la largeur des simples chemins vicinaux, à huit mètres la largeur des chemins vicinaux de grande communication.

125. — Lorsqu'un arrêté préfectoral, portant fixation de la largeur d'un chemin vicinal a attribué audit chemin partie d'une propriété riveraine, il n'y a pas lieu à consulter le conseil municipal pour la fixation de l'indemnité due au propriétaire. — *Cons. d'état*, 30 déc. 1841, Breton.

126. — Si la largeur des chemins peut être portée au-delà de six mètres, ce n'est du moins que sauf les droits acquis antérieurement aux tiers. C'est ce qui résulte d'un arrêt de la cour de Cassation, en date du 28 juin 1839 (t. 2 1843, p. 762, Dupont), aux termes duquel, lorsqu'une construction a été élevée en dehors de la largeur légale de six mètres, assignée jusqu'alors à un chemin vicinal, elle n'est point sujette à démolition pour défaut d'alignement préalable, bien que, par l'effet d'un réglement postérieur, elle se trouve en dedans des limites plus étendues attribuées à ce chemin.

Sect. 2e. — *Classement, direction, tracé et largeur des chemins vicinaux de grande communication.*

127. — Il arrive souvent qu'un chemin vicinal, par son importance, par les dépenses qu'il nécessite, dépasse les limites de l'intérêt communal; ce ne sont plus même deux ou trois communes qu'il intéresse, c'est une partie notable de la circonscription départementale. Il était alors indispensable que les communes intéressées pussent être aidées par les fonds destinés aux dépenses départementales. Les chemins auxquels cette faveur a été accordée ont reçu, de la loi du 21 mai 1836, art. 7, la dénomination de chemins vicinaux de grande communication.

128. — Cette dénomination de chemins vicinaux de grande communication a été créée pour les voies publiques qui relient plusieurs communes avec le chef-lieu du canton, avec un lieu de marché, avec une route royale ou départementale, avec un port ou une rivière, etc., mais qui répondent à ce qu'on nommait antérieurement dans la pratique *chemins cantonnaux, chemins d'arrondissement, routes non classées*.

129. — Les chemins vicinaux de grande communication forment un ordre particulier de voies publiques. Placés à ce titre sous l'autorité du préfet, dotés d'une portion considérable des ressources des communes intéressées à leur entretien et de subventions fournies par les départemens, ces chemins sont devenus le complément des routes départementales avec lesquelles ils rivalisent presque partout, soit pour l'étendue de leur parcours, soit pour leur bonne exécution.—Herman, *Encycl. du dr.*, vo *Chemins vicinaux*, no 12.

130. — Au reste, la dénomination de chemin vicinal de grande communication ne fait pas perdre aux voies publiques qui la reçoivent le caractère légal de chemin vicinal qu'elles avaient préalablement reçu; il n'en résulte aucun changement quant à la propriété, à l'imprescriptibilité et à la compétence. — Inst. min., 24 juin 1836.

131. — C'est au conseil général du département que la loi du 21 mai 1836, art. 7, donne le droit de déclarer les chemins les plus importans *chemins vicinaux* de grande communication, et il était juste de leur réserver cette mission; il ne s'agit pas en effet d'un acte d'administration, mais seulement de désigner ceux qui, pour leur importance, peu-

vent intéresser le département, ou du moins des portions de département. Il s'agit de reconnaître une cause de dépenses nouvelles pour le département.

132. — Pour arriver au classement de ces chemins vicinaux de grande communication, le préfet recherche les chemins d'une utilité assez étendue pour être élevés au rang de chemins de grande communication. Il fait délibérer les conseils municipaux des communes intéressées, tant sur la question de classement que sur leur concours dans la dépense, puis il prend l'avis du conseil d'arrondissement. — Cette instruction terminée, il présente ses propositions au conseil général dans la prochaine session. Le conseil général désigne chaque chemin à classer; il en détermine la direction et désigne les communes qui doivent contribuer à sa construction et à son entretien. — V. sur les limites des attributions des préfets et des conseils généraux, l'instruction du ministre de l'intérieur du 18 fév. 1839.

133. — Quoique nécessaire, l'avis des conseils municipaux et des conseils d'arrondissement ne lie pas les conseils généraux, qui peuvent seulement y puiser des lumières et des motifs de décision. — Dumay, *Comment. sur la loi sur les chem. vicin.*, t. 1er, p. 90.

134. — Le classement de ces voies de grande communication doit être prononcé non par masse et pour donner satisfaction aux exigences locales, mais successivement et à mesure des besoins et des ressources. — Inst. min. 24 juin-10 août 1836; —Husson, *Législ. des trav. pub. et de la voirie*, t. 2, p. 509.

135. — Le préfet, dit M. Gillon, rapporteur de la commission de la chambre des députés, a exclusivement le droit d'initiative; à lui seul appartient de proposer la conversion d'un chemin communal en chemin vicinal; il a même le droit de *veto* contre toute délibération qui aurait cet objet; si le conseil général pense qu'il y a lieu de proposer des modifications au plan projeté, il doit les demander. — Mais le préfet a le droit de ne pas accepter ces modifications. — *Moniteur* 2 mars 1836.

136. — De même, bien que les conseils de commune, d'arrondissement et de département, interprètes des intérêts municipaux, à trois degrés différens, demandent d'un commun accord la conversion d'un chemin municipal en chemin vicinal, le préfet peut, en ne proposant pas au conseil général la conversion demandée, rendre sans effet ces délibérations. Il a le droit de *veto* d'une manière absolue

137. — La décision prise par les conseils généraux est exécutoire de plein droit et ne pourrait même être attaquée devant le ministre de l'intérieur, qui n'exerce à leur égard aucun droit de réformation, si ce n'est dans les cas prévus par la loi du 22 juin 1833. — Dumay, *Comment. sur la loi sur les chem. vicin.*, t. 1er, p. 92.

138. — Les particuliers ou les communes intéressés ne pourraient pas non plus attaquer devant lui la décision qui élève des chemins vicinaux au rang des voies de grande communication. — Garnier, *Suppl. au tr. des chemins*, p. 23.

139. — Une délibération du conseil général du département qui classe un chemin dans ceux de grande communication, est prise dans les limites de ses pouvoirs, lorsque les formalités voulues par la loi ont été observées; et, au fond, elle ne peut être attaquée devant le conseil d'état par la voie contentieuse. — *Cons. d'état*, 8 mai 1839, Montgaroult.

140. — Doit être annulée la délibération d'un conseil général qui change la direction d'un chemin vicinal de grande communication, sans que le conseil municipal ait été appelé à donner son avis, alors d'ailleurs qu'il n'est pas établi que le conseil d'arrondissement ait émis son vote conformément aux prescriptions de la loi. — *Cons. d'état*, 12 avr. 1843, comm. de Combie.

141. — De même, lorsque le conseil municipal n'a pas été appelé à donner son avis soit sur le projet d'établissement, soit sur la direction d'un chemin vicinal de grande communication, soit enfin sur le concours des communes qui doivent contribuer à sa construction ou à son entretien, la délibération du conseil général sur ces divers points doit être annulée (V. l'art. 7 de la loi du 21 mai 1836). — *Cons. d'état*, 19 fév. 1840, ville de Saint-Etienne; — Herman, *Encycl. du dr.*, vº *Chemins vicinaux*, nº 414; Dumay, t. 1er, p. 92.

142. — M. Dufour (*Dr. administr. appliqué*, t. 1er, nº 620) fait remarquer que les communes ne seront pas toujours dans la nécessité de supporter les frais d'une instance. L'exécution de la mesure prise par le conseil général appartient, ajoute l'auteur, au ministre de l'intérieur, et n'est d'ordinaire soumise à aucun délai; il dépendrait de lui le plus souvent de suspendre cette exécution et d'enjoindre au préfet d'attendre la prochaine session pour provoquer le rapport de la première délibération ou une délibération nouvelle plus régulière.

143. — Les chemins vicinaux de grande communication ne peuvent être choisis par les conseils généraux que parmi les chemins vicinaux ordinaires, et seulement après que les intéressés ont été mis à même d'attaquer les arrêtés de vicinalité rendus par les préfets. — Garnier, *Supplém.*, p. 23; Dumay, t. 1er, p. 93.

144. — Lorsqu'un chemin vicinal de grande communication ne s'arrête pas aux limites du département, il doit, pour avoir toute son utilité, se réunir à une autre ligne située sur le département limitrophe; les préfets doivent se concerter entre eux, et, s'ils ne peuvent s'accorder, s'en référer au ministre de l'intérieur. — Instruct. du 24 juin 1836.

145. — Nous avons déjà dit (nº 84) que l'acte de classement d'une ligne vicinale de grande communication peut embrasser une ou plusieurs rues ou places qui en sont la prolongation et qui, à ce titre, sont distraites de la voirie urbaine, pour devenir partie intégrante des chemins vicinaux de grande communication.

146. — La fixation de la direction que doit suivre une voie publique n'étant que le complément du classement, devait être placée, comme le classement lui-même, dans les attributions du conseil général.

147. — La direction de chaque chemin vicinal de grande communication n'est déterminée par le conseil général que sur l'avis des conseils municipaux, des conseils d'arrondissement, et sur la proposition du préfet. — L. 1836, art. 7.

148. — Le conseil général ne peut le plus souvent déterminer la direction d'une grande ligne vicinale que par la fixation de ses points extrêmes et tout au plus des principaux points de son parcours. Quant aux détails du parcours de la ligne, ils rentrent dans les devoirs de l'administration. — Instruct. du 24 juin 1836.

149. — Le conseil général peut, en maintenant la ligne vicinale entre les deux points extrêmes proposés par le préfet, modifier la direction du chemin en ce qu'il la fera passer par telle commune plutôt que par telle autre, pourvu toutefois que les communes intéressées à ces modifications aient été entendues. — Herman, nº 426.

150. — La proposition étant présentée au conseil général par le préfet, si le conseil pense qu'il y a lieu de proposer des modifications au plan présenté, et que, de son côté, le préfet ne juge pas convenable de les consentir, il peut retirer sa proposition, qui, dès lors, est comme non avenue. — *Monit.*, 1836, p. 381, 1re col.

151. — Le préfet ne peut pas seul ordonner la rectification ou le redressement d'un de ces chemins de grande communication même pour éviter une pente trop rapide, car le redressement modifie la direction. — Dumay, t. 1er, p. 95.

152. — Lorsque, conformément à la loi du 21 mai 1836, le conseil général a déterminé la direction d'un chemin vicinal de grande communication, le préfet ne peut pas proposer et le tribunal ordonner l'expropriation d'un terrain qui n'est pas dans cette direction. — *Cass.*, 4 août 1841 (t. 2 1841, p. 377), Coniac.

153. — Jugé en ce sens que c'est au préfet qu'il appartient de faire le tracé des chemins vicinaux entre les points principaux de direction indiqués par le conseil général; c'est également à lui qu'il appartient de prononcer sur le maintien de ce tracé, en cas de désapprobation par l'autorité supérieure. — *Cass.*, 21 juin 1842 (t. 2 1842, p. 139), préfet du Jura c. comm. des Essarts; même jour, un autre arrêt identique.

154. — Jugé de même que c'est au préfet en conseil de préfecture qu'il appartient de désigner les localités qu'un chemin vicinal de grande communication devra parcourir, suivant la direction et dans les conditions déterminées par le conseil général. — *Cass.*, 7 janv. 1845 (t. 1er 1845, p. 78), N... c. préfet du Finistère; 22 mai 1843 (t. 2 1843, p. 221), Mauduit c. préfet du Finistère.

155. — Aux préfets est aussi laissé le soin de fixer la largeur des chemins de grande communication. — L. de 1836, art. 15; — Herman, nº 428.

156. — Le préfet doit consulter les conseils municipaux avant de déterminer la largeur du chemin ou de fixer la proportion de la contribution de la dépense. — Dumay, t. 1er, p. 93.

157. — La largeur des chemins de grande communication est communément fixée à 8 mètres, non compris les fossés; mais elle peut être augmentée au besoin. — Husson, *Législ. des trav. publ. et de la voirie*, t. 2, p. 550; Foucart, t. 2, nº 423. — Mais, comme l'observe avec raison M. Dumay (t. 1er, p. 94), ce n'est pas là une règle invariable et absolue, les circonstances des localités et les besoins de la population devront seuls guider les préfets.

158. — Le préfet détermine annuellement la proportion dans laquelle chaque commune doit concourir à l'entretien de la ligne vicinale dont elle dépend. — Foucart, *Elém. du dr. public. et adm.*, t. 2., nº 423.

159. — Le préfet statue sur les offres faites par les particuliers, associations de particuliers ou de communes pour subvenir aux frais d'établissement ou d'entretien de ces chemins. — Inst. ministér. du 24 déc. 1836.

160. — Ces offres doivent consister dans un don et non dans un prêt ou avance de fonds; autrement le préfet ne pourrait les accepter. Il faudrait en effet, aux termes de l'art. 41, L. 18 juill. 1837, une loi pour autoriser de la part d'une commune l'emprunt d'une somme d'argent. Pour le recouvrement de cette somme, s'il s'agissait de fonds offerts à une commune pour un chemin vicinal ordinaire, il pourrait être fait par voie de contrainte au moyen de l'état dressé par le maire et rendu exécutoire par le préfet (L. 18 juill. 1837, art. 63); pour les souscriptions relatives à l'établissement de chemins vicinaux de grande communication elles constituent des contrats administratifs, et la contestation élevée sur l'exécution d'un contrat intervenu entre l'administration et plusieurs propriétaires et ayant pour objet de régler la part pour laquelle ces propriétaires contribueraient à des dépenses effectuées par l'état et dont leurs propriétés sont dans le cas de profiter, est de la compétence exclusive de l'autorité administrative. — *Cons. d'état*, 20 avr. 1839, préfet du Cher c. Montsaulnier; — Dumay, t. 1er, p. 97.

Sect. 3e. — *Opposition au classement. — Recours contre le classement ou le refus de classement.*

161. — Les enquêtes, qui, ainsi que nous l'avons vu *suprà* (nºs 64, et suiv.) doivent précéder le classement des chemins comme vicinaux, ont pour objet de mettre à portée d'élever leurs réclamations contre le classement ceux qui se prétendent propriétaires du sol de la voie de communication qu'il s'agit de déclarer chemin vicinal.

162. — Le conseil d'état avait d'abord jugé que, lorsqu'un particulier se prétendait propriétaire d'un chemin, le préfet ne devait ni déclarer ce chemin vicinal, ni ordonner la réparation et l'élargissement; qu'il s'agissait là d'une question de propriété dont la décision appartenait exclusivement aux tribunaux civils. — *Cons. d'état*, 20 juill. 1813, Chamborre c. comm. de Clairmain.

163. — Mais depuis lors, il a fait, d'une manière qui paraît plus conforme à la loi, la part des attributions de chacun des pouvoirs administratif et judiciaire.

164. — Il a jugé que l'arrêté par lequel le préfet déclare un chemin vicinal ne fait pas obstacle à ce que la question de propriété soit soumise à l'autorité judiciaire; qu'il résulte seulement de cet arrêté que le chemin est reconnu nécessaire et doit être maintenu, sauf à indemniser le tiers judiciairement reconnu propriétaire du terrain. — *Cons. d'état*, 16 oct. 1813, Bonnet Dumolard; 6 fév. 1815, comm. de Magné; 3 juin 1818, Delteil; 24 mars 1819, Rémont c. Bertrand et Gadelle; 1er juin 1828, Chalembert.

165. — Celui qui se prétend propriétaire du terrain sur lequel le chemin est tracé, peut se pourvoir devant les tribunaux pour faire reconnaître son droit de proprité et faire déterminer l'indemnité qui lui est due. — *Cons. d'état*, 12 janv. 1825, Capmas.

166. — La reconnaissance des anciennes limites par le préfet ne fait point obstacle à ce qu'on porte devant les tribunaux la question de propriété, et celle d'indemnité qui en serait la conséquence. — *Cons. d'état*, 13 juill. 1825, Requedat.

167. — Est de la compétence des tribunaux la contestation élevée sur la propriété d'un terrain destiné à faire partie d'un chemin communal; mais ces tribunaux ne peuvent intervenir dans l'exécution de l'arrêté portant fixation de la largeur du chemin en défendant l'exécution des travaux ordonnés par l'administration. — *Cons. d'état*, 10 mai 1839, comm. de Saint-Louis-de-Montferrand.

168. — Malgré le pouvoir déféré à l'autorité administrative de faire rechercher et reconnaître les anciennes limites des chemins vicinaux, les parties intéressées ont toujours le droit de porter devant les tribunaux les questions de propriété qui peuvent en résulter, et, par suite, celles d'indemnité

qui en seraient la conséquence. — Ainsi, une cour royale, saisie de la question de savoir à qui, d'un particulier ou d'une commune, appartient une fontaine, déclarée faire partie d'un chemin vicinal par un arrêté du préfet, frappé d'opposition, doit se borner à surseoir jusqu'à ce qu'il ait été statué administrativement sur cette opposition, et non passe dessaisir absolument de la question de propriété qui lui est soumise. — *Cass.*, 30 mars 1829, Lespagnol c. comm. de Vaux.

169. — L'autorité judiciaire, bien qu'elle ne puisse réformer l'arrêté d'un préfet qui déclare la vicinalité d'un chemin, est néanmoins compétente pour statuer sur la demande d'un particulier en revendication de la propriété du sol d'un chemin déclaré vicinal par un arrêté du préfet non réformé, quoique cette demande tende, en outre, à obtenir la possession et jouissance de ce chemin. — *Paris*, 23 janv. 1830, Martin Roussin et Vassé c. comm. de Lachy.

170. — La décision par laquelle l'autorité administrative a déclaré public un chemin et en a fixé la largeur, est irrévocable quant à la qualité du chemin et à sa largeur. — L'autorité judiciaire est incompétente pour statuer sur les contestations qui peuvent s'élever à cet égard. — Cette décision administrative ne peut influer sur la question de savoir si le terrain déterminé pour l'établissement du chemin est en tout ou en partie la propriété de la commune ou du propriétaire riverain qui le conteste. — Ce débat sur la propriété est de la compétence exclusive des tribunaux. — *Agen*, 16 fév. 1832, Maire de Lusignan c. Sempey Laval.

171. — Les tribunaux, seuls compétens pour statuer sur les questions de propriété des chemins, peuvent décider qu'un chemin classé comme vicinal par l'administration est un chemin de halage, et que, par conséquent, l'atterrissement qui, antérieurement à la déclaration de vicinalité, a adhéré à ce chemin, appartient, comme le chemin lui-même, au propriétaire riverain. — *Cass.*, 1er déc. 1835, comm. de Roques c. Guittard.

172. — Est de la compétence des tribunaux la contestation qui a pour objet la largeur d'un chemin qui n'est pas même indiqué dans l'acte de vente de biens nationaux qui porte seulement que ces biens sont vendus tels qu'en ont joui les précédens fermiers. — *Cass.*, 22 juill. 1828, Bucquet.

173. — Bien que la déclaration de vicinalité faite par le préfet ne préjuge rien sur les questions de propriété et d'indemnité élevées par des tiers, cependant son exécution n'est pas subordonnée au jugement de ces questions par les tribunaux. — Dès-lors le ministre ne peut ordonner qu'il sera sursis à l'exécution de l'arrêté déclarant la vicinalité jusqu'à ce qu'il ait été statué sur la question de propriété. — *Cons. d'état*, 4 mars 1829, Cayry c. comm. de Balagnes.

174. — Ainsi, lorsque le sol d'un chemin nécessaire aux communications est la propriété incontestée d'un particulier, comme lorsque la propriété du sol est contestée entre une commune et un particulier, le préfet peut prononcer le classement ou déclarer la vicinalité sans attendre que par suite de l'opposition des intéressés la question ait été jugée par les tribunaux. L'arrêté du préfet met le public immédiatement en jouissance du chemin. Le propriétaire n'a plus droit qu'à une indemnité, et tout obstacle qu'il apporterait à la libre circulation devrait être réprimé comme entreprise sur un chemin vicinal. Ces solutions s'appliquent d'ailleurs aux arrêtés prononçant un simple élargissement. — Hermann, no 50.

175. — C'est au surplus ce même résultat qui, en d'autres termes, est consigné dans l'art. 15 de la loi du 21 mai 1836, ainsi conçu : « Les arrêtés du préfet, portant reconnaissance et fixation de la largeur d'un chemin vicinal attribuent définitivement au chemin le sol compris dans les limites qu'ils déterminent. — Le droit des propriétaires riverains se résout en une indemnité qui sera réglée à l'amiable ou par le juge de paix du canton, sur le rapport d'experts nommés conformément à l'art. 17. »

176. — On a prétendu qu'aux termes de la Charte, cette dévolution ne pouvait être consommée qu'au préalable l'indemnité ne fût payée; mais l'art. 15 précité, L. 21 mai 1836, ne se prête point à une semblable interprétation. En déclarant que le droit de propriété n'existe plus, puisqu'il se *résout* en une indemnité, le législateur autorise la prise de possession des terrains avant le paiement effectif de l'indemnité sans que la mesure administrative ordonnée puisse être arrêtée ou paralysée. — *Cons. d'état*, 10 mai 1839, comm. de Saint-Louis-de-Montferrand ; — *Cass.*, 7 juin 1838 (t. 2 1838, p. 250), Barghon.

177. — Selon M. Herman (no 51), le préfet devrait s'arrêter devant la question de propriété, si la commune à la charge de laquelle devra se trouver le paiement de l'indemnité est évidemment hors d'état de faire face à la dette qui pèserait sur elle.

178. — Pour qu'un chemin puisse être déclaré vicinal, il faut que déjà il existe à l'état de chemin; si le propriétaire s'opposant au classement, nie la publicité de ce chemin, il a été décidé que c'est à l'autorité administrative seule qu'il appartient de décider si un chemin litigieux est un chemin vicinal et public ou s'il n'est qu'une voie privée. — *Cons. d'état*, 7 oct. 1807, Matte c. Malo; 10 nov. 1807, Roger c. Dantan.

179. — Lorsqu'il s'agit de savoir si un chemin est public ou privé, c'est là une question de propriété qui est du ressort des tribunaux civils. — *Cons. d'état*, 4 août 1812, Colonge c. comm. de Quincieux.

180. — L'autorité administrative (dans l'espèce le conseil de préfecture) est incompétente pour reconnaître dans quelle classe doit rentrer un chemin dont la nature est contestée et dont un particulier réclame la propriété privée. — *Cons. d'état*, 18 oct. 1809 (dans ses motifs), Doat c. Duerne.

181. — Cette jurisprudence était conforme à celle de la cour de Cassation, suivant laquelle il appartient aux préfets seuls de déclarer l'existence de la vicinalité d'un chemin; il n'en est pas de même de sa publicité, qui peut être appréciée par les tribunaux. — En conséquence, le tribunal saisi d'une prévention d'anticipation sur un chemin public ne peut surseoir à prononcer jusqu'à ce que l'administration ait déclaré si le chemin est public. — *Cass.*, 4 janv. 1828, Charles Rémond.

182. — Jugé d'autre part que la question de savoir si le chemin litigieux est vicinal et doit être maintenu sur l'état des chemins vicinaux concerne le préfet, sauf recours au ministre de l'intérieur. — *Cons. d'état*, 11 août 1819, Martin c. comm. de Montlérie.

183. — En cas de contestation sur la question de savoir si un chemin en litige était autrefois vicinal, le conseil d'état, avant de statuer sur la nature et la nécessité de ce chemin, renvoie les parties devant le préfet pour faire vérifier les faits contredits et diversement présentés par la commune et son adversaire. — *Cons. d'état*, 23 juin 1819, Chausson et Lassalle c. comm. de Gisnay.

184. — Au surplus, il est incontestable que l'arrêté de classement ne fait point obstacle à ce que celui qui se prétend propriétaire du sol se retire devant l'autorité judiciaire pour établir ses droits de propriété et réclamer une indemnité, s'il s'y croit fondé. — *Cons. d'état*, 6 fév. 1837, Duval de l'Escaude c. comm. de Bourneville; 11 janv. 1837, Joussselin c. comm. de Vienne-en-Val.

185. — L'arrêté du préfet par lequel il déclare vicinal un chemin est susceptible de recours.

186. — Les décisions du préfet relatives à la déclaration de vicinalité d'un chemin ne peuvent être attaquées que devant le ministre de l'intérieur et le conseil d'état, comité de l'intérieur, mais jamais par voie contentieuse. La raison en est que le pouvoir de déclarer la vicinalité d'un chemin et d'en fixer la largeur est confié discrétionnairement par la loi au préfet constitué juge de la nécessité et des besoins du service; le propriétaire traversé ne peut exciper d'aucun *droit acquis* qui aurait été violé par l'arrêté; il ne peut donc jusque-là y avoir rien de contentieux, susceptible d'être soumis au conseil d'état constitué comme tribunal; il n'y a que *simple intérêt*, le droit ne commence à exister qu'au moment de la dépossession, mais alors s'élève une question de propriété qui est toute judiciaire et doit être déférée aux tribunaux civils. — *Cons. d'état*, 19 août 1838, Rivière de Riffardeau ; — Dumay, *Comment. sur la loi sur les chemins vicinaux*, t. 1er, p. 40.

187. — Les arrêtés préfectoraux portant reconnaissance des chemins vicinaux sont inattaquables par la voie contentieuse, même de la part de ceux qui se prétendent propriétaires. — *Cons. d'état*, 6 juill. 1843, Merlin c. comm. de Saint-Barthélemy.

188. — Les arrêtés des préfets concernant le classement ou la déclaration de vicinalité sont susceptibles d'être attaqués devant le ministre de l'intérieur. — *Cons. d'état*, 1er mars 1826, Paulée c. comm. de Flines; 14 août 1837, Guttin ; — *Cass.*, 23 (et non 25) avr. 1838 (t. 1er 1838, p. 624), le procureur du roi de Neufchâteau ; — Cormenin, t. 1er, p. 292.

189. — C'est devant le ministre de l'intérieur et non devant le conseil de préfecture que ce recours est exercé. — Garnier, p. 382. — Aussi jugé que c'est avec raison qu'un conseil de préfecture a rejeté l'opposition à des arrêtés du préfet déclaratifs de vicinalité par le motif qu'ils ne pouvaient être déférés qu'au ministre de l'intérieur. — *Cons. d'état*, 15 oct. 1826, Savy; 16 déc. 1830, Dionis c. comm. d'Origny-Sainte-Benoîte.

190. — Le propriétaire du sol est également recevable à contester devant le conseil d'état, la déclaration de vicinalité et la reconnaissance faite par le préfet dont l'arrêté a été approuvé par le ministre de l'intérieur. — *Cons. d'état*, 12 janv. 1825, Capmas.

191. — Mais l'arrêté par lequel un préfet déclare un chemin vicinal, étant pris dans les limites de sa compétence, ne peut être attaqué devant le conseil d'état avant d'avoir été soumis au ministre de l'intérieur. — *Cons. d'état*, 16 oct. 1813, Bonnet-Dumolard ; — Chevalier, vo *Chemin vicinal*, t. 1er, p. 86.

192. — De même, le préfet qui comprend sur l'état des chemins vicinaux d'une commune une portion de chemin qui se trouve sur une commune voisine ne commet pas un excès de pouvoir, mais seulement une erreur qui doit être déférée au ministre de l'intérieur. — *Cons. d'état*, 7 avr. 1841, de Sesmaisons et Brechot.

193. — Jugé de même que, l'arrêté par lequel un préfet classe un chemin comme vicinal ne constituant qu'un acte d'administration pris dans les limites de sa compétence, l'individu qui allègue que le chemin passe sur sa propriété doit soumettre l'arrêté au ministre de l'intérieur avant de le déférer au conseil d'état. — *Cons. d'état*, 16 mai 1827, Rongier ; — Cormenin, t. 1er, p. 299.

194. — Cependant le conseil d'état n'a pas toujours exigé que les arrêtés de classification et de reconnaissance fussent déférés au ministre de l'intérieur avant de lui être soumis ; quelquefois il lui est arrivé de statuer sur recours direct. — Cormenin, t. 1er, p. 295.

195. — Le recours du propriétaire dont le fonds est traversé par un chemin n'est point fondé, si les actes administratifs qui servent de base à la décision du ministre de l'intérieur se sont bornés à constater l'état ancien du chemin vicinal, et que le public en ait joui constamment. — *Cons. d'état*, 24 déc. 1828, Martin c. comm. de Vidauban.

196. — S'il résulte des enquêtes et informations régulièrement faites et prescrites que le chemin en litige a de tout temps été à l'usage du public, c'est avec raison qu'il a été maintenu par le ministre sur le tableau des chemins vicinaux. — *Cons. d'état*, 3 déc. 1828, Dossaris; — Chevalier, vo *Chemin vicinal*, t. 1er, p. 92.

197. — Au surplus, le propriétaire du chemin en tout ou en partie n'est pas fondé à réclamer, si la décision ministérielle lui réserve le droit de justifier devant les tribunaux qu'il n'a pas cessé d'être propriétaire et de réclamer après le jugement, s'il y a lieu, une indemnité pour les portions dudit chemin dont il aurait été privé. — *Cons. d'état*, 3 déc. 1828, Dossaris.

198. — Le pourvoi devant le ministre de l'intérieur contre l'arrêté du préfet qui déclare la vicinalité d'un chemin n'est pas suspensif. — *Cons. d'état*, 25 oct. 1826, Pauzier; 1er mars 1826, Paulée c. comm. de Flines.

199. — De ce que le recours devant le ministre n'est pas suspensif de sa nature, il s'ensuit que si, dans ce cas, l'arrêté du préfet reçoit exécution par une décision du conseil de préfecture, cette exécution ne fait pas obstacle à ce que le ministre statue sur le recours contre la déclaration de vicinalité, sauf l'appel devant le conseil d'état. — *Cons. d'état*, 1er mars 1826, Paulée c. comm. de Flines.

200. — Bien que la déclaration de vicinalité faite par le préfet ne préjuge rien sur les questions de propriété et d'indemnité élevées par les tiers, cependant son exécution n'est pas subordonnée au jugement de ces questions par les tribunaux; dès-lors, le ministre ne peut ordonner qu'il sera sursis à l'exécution de l'arrêté déclarant la vicinalité, jusqu'à ce qu'il ait été statué sur la question de propriété. — *Cons. d'etat*, 4 mars 1829, Cayry c. comm. de Balagnes.

201. — Le ministre de l'intérieur méconnaît sa compétence en subordonnant sa décision sur la vicinalité du chemin à ce qui sera statué par les tribunaux sur la propriété du terrain. — *Cons. d'etat*, 4 mars 1830, Pavy ; — Cormenin, . 1er, p. 300 Chevalier, t. 1er, p. 88.

202. — La déclaration de vicinalité ne préjuge rien sur les questions de propriété du sol de ces chemins, et, par suite, n'est pas subordonnée au jugement de ces questions. — En conséquence, en cas de pourvoi contre l'arrêté d'un préfet contenant déclaration de vicinalité, le ministre de l'intérieur doit statuer sur le mérite de cet arrêté, et non pas prescrire au préfet de le rapporter et de surseoir à prononcer jusqu'à la décision des tribunaux. — *Cons. d'état*, 6 janv. 1830, comm. de Champigneulles c. Toustain Viray ; — Cormenin, t. 1er, p. 308 ; Chevalier, t. 1er, p. 97 ; Cotelle, t. 3, p. 369.

203. — Les décisions ministérielles rendues sur des contestations relatives aux déclarations de vicinalité émanées des préfets peuvent être déférées au conseil d'état par la voie contentieuse. — *Cons. d'état*, 7 fév. 1834; de Barral c. comm. de Saint-Etienne-de-Croissey; — Cormenin, t. 1er, p. 300.

204. — Mais le recours devant le conseil d'état, pas plus que le recours contre l'arrêté du préfet devant le ministre, ne saurait être suspensif, puisque les actes de l'autorité administrative contre lesquels le recours est autorisé par la loi sont exécutoires par provision, à moins qu'il n'ait été sursis à leur exécution par l'autorité compétente, et qu'il n'a point été dérogé à ce principe par la législation spéciale des chemins vicinaux. — *Cass.*, 27 mars 1839 (t. 2 1843, p. 759), Procur. du roi de Draguignan c. Perreymond.

205. — Jugé, conformément, que, s'il est vrai que la connaissance des questions relatives à la propriété des terrains déclarés chemins vicinaux appartienne à l'autorité judiciaire, ainsi que l'appréciation des faits de possession antérieurs aux actes administratifs qui ont déclaré la vicinalité, il n'est pas moins vrai que nulle action en maintenue ou en renvoi en possession relative à un tel terrain n'est recevable lorsqu'elle est fondée sur des faits de possession postérieurs à son classement administratif comme chemin vicinal, et cela encore bien qu'un recours contre les actes tendant à faire distraire le terrain litigieux du sol du chemin vicinal serait pendant devant le conseil d'état. — *Cass.*, 6 juill. 1841 (t. 2 1841, p. 410), Renault c. comm. de Velizy.

206. — Jugé également que si l'opposition à un arrêté du préfet qui déclare la vicinalité d'un chemin ne peut en suspendre l'exécution, ni, par conséquent, empêcher le conseil de préfecture de réprimer les contraventions commises sur ce chemin, du moins l'arrêté du conseil de préfecture qui réprime la contravention commise sur un chemin vicinal ne fait point obstacle à ce que l'opposant à l'arrêté déclaratif de vicinalité donne suite à son opposition ou fasse valoir devant les tribunaux son droit à la propriété du chemin en litige et à l'indemnité qui pourrait lui être due dans le cas où ce droit de propriété serait judiciairement reconnu. — *Cons. d'état*, 15 nov. 1826, Dossaris.

207. — La décision du conseil de préfecture qui condamne un particulier pour anticipation commise sur un chemin vicinal ne fait pas obstacle à ce que le contrevenant donne suite à son pourvoi devant le ministre de l'intérieur, sur la déclaration de vicinalité, ou fasse valoir devant les tribunaux son droit à la propriété du chemin litigieux et à l'indemnité qui peut lui être due, dans le cas où son droit de propriété serait reconnu. — *Cons. d'état*, 25 oct. 1826, Pauzier.

208. — Un particulier n'est pas recevable à contester la vicinalité des chemins qui se trouvent dans un tableau précédemment dressé des communications vicinales, lorsqu'il a concouru à cette époque à leur reconnaissance en qualité de membre du conseil municipal et de commissaire cantonnal. — *Cons. d'état*, 26 mai 1837, Baudenet; — Chevalier, vo *Chem. vic.*, t. 1er, p. 93.

209. — Aucun délai n'est fixé pour l'exercice du recours devant le ministre; d'où il suit qu'on ne pourrait rejeter comme non-recevable le recours formé contre un arrêté administratif d'un préfet, sous prétexte qu'il y a déchéance à raison du temps qui s'est écoulé depuis qu'il a été rendu. — Herman, no 56.

210. — L'annulation par le ministre de l'intérieur de l'arrêté préfectoral qui prononce le classement entraîne l'annihilation de tout ce qui a été fait en vertu de cet arrêté. — Ainsi quand, par une décision du ministre de l'intérieur, non attaquée, il a été déclaré que le chemin en litige n'était point vicinal, les arrêtés du conseil de préfecture qui l'avaient maintenu comme tel doivent être considérés comme non avenus. — *Cons. d'état*, 14 sept. 1830, Dreux c. comm. de Pomponne; — Cormenin, t. 1er, p. 300; Chevalier, t. 1er, p. 93.

211. — De même, lorsque l'arrêté du préfet qui déclare la vicinalité est annulé par une décision ministérielle, il y a lieu d'annuler aussi l'arrêté du conseil de préfecture qui, par suite du premier, a réprimé une usurpation commise sur ce chemin. — *Cons. d'état*, 25 avr. 1828, Lemonnier; — Chevalier, vo *Chemins vicinaux*, t. 1er, p. 93.

212. — Si, postérieurement à l'arrêté d'un conseil de préfecture qui ordonne l'enlèvement de bornes plantées sur un chemin classé comme vicinal et dans le cours de l'instance suivie devant le conseil d'état, le chemin vient à être déclassé, il n'y a plus lieu de suivre sur le pourvoi contre l'arrêté du conseil de préfecture, attendu que cet arrêté ne peut plus recevoir son exécution. — *Cons. d'état*, 9 fév. 1837, de Lamberville c. comm. de la Celle-Saint-Cloud.

213. — Jugé encore que, si l'arrêté du préfet déclarant la vicinalité d'un chemin a été annulé par une décision non attaquée du ministre de l'intérieur, le droit que le propriétaire de ce chemin prétend avoir de rétablir les barrières supprimées et le droit de passage que la commune peut y opposer ne présentent plus que des questions de droit commun dont la connaissance appartient aux tribunaux. — *Cons. d'état*, 19 juin 1828, Dervaux c. Paulée; — Chevalier, t. 1er, p. 89; Cotelle, t. 3, p. 437.

214. — Nous avons dit (*suprà* nos 67 et suiv.) que le classement d'un chemin vicinal pouvait être provoqué par les intéressés, qui peuvent être soit une seule commune, soit plusieurs communes, soit un simple particulier. Lorsque des diligences ont été faites pour éclairer le préfet sur l'utilité de classer dans la vicinalité une voie de communication, et que ce fonctionnaire refuse de classer ce chemin, les parties peuvent se pourvoir devant le ministre de l'intérieur contre la décision du préfet; ce recours est une conséquence du principe que le préfet n'agit que sous le contrôle, la surveillance et la responsabilité du ministre.

215. — Mais la décision ministérielle qui résout la question de savoir si les besoins d'une commune exigent ou non qu'un chemin soit déclaré communal, est un acte purement administratif, inattaquable par la voie contentieuse. — *Cons. d'état*, 16 juin 1841, ville de Châteaudun.

216. — Jugé de même que la décision ministérielle qui, en annulant un arrêté du préfet, a refusé de classer comme vicinaux des chemins dont on demandait le classement à ce titre, est un acte de pure administration qui ne peut être déféré au conseil d'état par la voie contentieuse. — *Cons. d'état*, 18 juill. 1838, comm. de Vertheuil.

Sect. 4e. — *Réglement des indemnités de terrain en cas de classement ou d'élargissement.*

217. — Les arrêtés du préfet portant reconnaissance et fixation de la largeur d'un chemin vicinal attribuent définitivement au chemin le sol compris dans les limites qu'ils déterminent. Le droit des propriétaires riverains se résout en une indemnité. — L. 21 mai 1836, art. 15.

218. — Ainsi, par l'effet même de l'arrêté du préfet, la propriété du sol qu'il a déterminée est acquise à la commune propriétaire du chemin vicinal, d'où il suit que si un riverain consent à abandonner gratuitement le terrain nécessaire à l'élargissement, il n'est pas nécessaire de faire constater cet abandon par écrit. L'incorporation des parcelles de terrain au sol vicinal étant consommée par l'arrêté du préfet, il suffit que les propriétaires ne s'y opposent pas, et qu'ils s'abstiennent de réclamer l'indemnité; il sera cependant plus prudent, pour éviter les contestations que pourrait susciter plus tard une versatilité de détermination, de faire consigner par écrit la renonciation du riverain à toutes indemnités.

219. — Quoique la cession soit faite par le riverain à titre onéreux, le réglement de l'indemnité à laquelle cet abandon donnera lieu peut s'effectuer amiablement. Il se fera en ce cas par une délibération du conseil municipal approuvée par le préfet. — L. 28 juill. 1824, art. 10.

220. — Mais le législateur a prescrit un mode particulier pour le cas où les intéressés ne sont pas d'accord sur la fixation de l'indemnité.

221. — Sous la loi du 8 mars 1810, les tribunaux étaient seuls compétens pour régler l'indemnité et les dommages-intérêts qui pouvaient être dus au propriétaire. — *Cons. d'état*, 3 juin 1817, Bruley-Deshallières c. comm. de Donnemarie.

222. — Aujourd'hui c'est au juge de paix du canton où est situé le terrain réuni au chemin, que l'art. 15 de la loi du 21 mai 1836 confie le soin de fixer le montant de l'indemnité réclamée, à quelque somme qu'elle puisse monter. La juridiction de ce magistrat se trouve prorogée pour ce cas spécial.

223. — La partie qui se croit lésée par des travaux faits pour l'élargissement d'un chemin vicinal doit porter sa demande contre qui de droit devant le juge de paix, conformément à l'art. 15 de la loi du 21 mai 1836. — *Cons. d'état*, 18 juill. 1838, Lecanu c. Lalande.

224. — Dans le cas d'élargissement, il n'est donc pas nécessaire, comme dans le cas de redressement et d'ouverture d'un chemin vicinal, de remplir les formalités prescrites par l'art. 16. Il y a cependant ici expropriation du sol d'un particulier, comme dans le cas de redressement; et dès lors, quelque personnes ont cru qu'il eût été plus convenable d'attribuer aussi au jury la fixation de l'indemnité. Mais dans la pensée des auteurs de la loi il n'en a pas été ainsi : on a pensé avec raison qu'il était impossible d'appliquer à cette dépossession, d'un intérêt minime, les longues formalités de l'expropriation.

225. — Lorsqu'un arrêté préfectoral, portant fixation de la largeur d'un chemin vicinal, a attribué audit chemin partie d'une propriété riveraine, il n'y a pas lieu à consulter le conseil municipal pour la fixation de l'indemnité due au propriétaire et sur la fixation de laquelle le juge de paix est appelé à se prononcer. — *Cons. d'état*, 30 déc. 1841, Breton.

226. — Deux experts sont nommés, l'un par le propriétaire, l'autre par le sous-préfet, dans l'intérêt de la commune.

227. — En cas de refus de la part du propriétaire de nommer son expert, le juge de paix le nomme d'office.

228. — Jugé que dans les cas où à défaut de fixation amiable de l'indemnité due au propriétaire, il y a lieu de recourir à une expertise aux termes de l'art. 15, L. 21 mai 1836, le préfet ne peut sans excès de pouvoir désigner d'office l'expert du propriétaire qui doit être nommé par le juge de paix. — *Cons. d'état*, 30 déc. 1841, Breton.

229. — En cas de discord entre les experts, c'est au conseil de préfecture à nommer un tiers expert. — M. Curasson (*Tr. de la compét. des juges de paix*, t. 1er, p. 31) soutient que c'est au juge de paix chargé de statuer sur le fond de l'affaire qu'appartient la nomination des trois experts. Mais cette opinion est combattue par M. Dumay (t. 1er, p. 164). — V. aussi Serrigny, *Organisation, compét. et procéd. adm.*, t. 2, no 721. — V. aussi *Cass.*, 21 août 1838 (t. 2 1838, p. 203), sous-préfet de Toulon c. Saurin.

230. — D'après le texte de l'art. 15 de la loi du 21 mai 1836, l'indemnité doit être réglée par le juge de paix sur le rapport des experts. Il résulte de là que l'expertise est un préalable indispensable à la décision du juge de paix. Mais l'avis des experts n'est pas une règle que le juge doive nécessairement suivre. Outre le droit d'ordonner une seconde expertise, nous pensons, avec M. Dumay (t. 1er, p. 166), que le juge de paix n'est pas astreint à suivre l'avis des experts, si sa conviction s'y oppose. — C. procéd. civ., art. 323.

231. — L'autorisation du conseil de préfecture est nécessaire aux communes pour soutenir les actions engagées devant les juges de paix, aux termes de l'art. 15, L. 21 mai 1836 (L. 18 juill. 1837, art. 49 et 51). — Avis cons. d'ét. 19 mars 1840; — Dumay, t. 1er, p. 166.

232. — Quant aux dépens, la condamnation ne saurait en être répartie entre les parties conformément au mode qu'indique l'art. 40, § 3, L. 7 juill. 1833 et 3 mai 1841. C'est là une règle spéciale qui ne peut être étendue hors du cas exceptionnel pour lequel elle a été faite; le juge de paix devra suivre les règles du droit commun. La commune, étant débitrice, devra supporter la totalité des dépens. — Dumay, t. 1er, p. 168.

233. — Il ne pourrait en être autrement qu'autant que sur le renvoi du mémoire du demandeur fait au maire en vertu de l'art. 51, L. 18 juill. 1837, le conseil municipal aurait, par une délibération régulièrement approuvée, fait des offres égales ou supérieures au montant de l'indemnité définitivement accordée par le juge de paix.

234. — Le juge de paix qui n'est saisi que de l'indemnité devrait donc renvoyer devant les juges compétens l'incident préjudiciel qui sortirait de sa compétence, et, par exemple, devant le préfet le point de savoir quelle est l'étendue du terrain qui doit être compris dans le chemin, et devant le tribunal civil le point de savoir si une portion de terrain est ou n'est pas déjà la propriété de la commune. — Garnier, p. 58.

235. — Mais le tribunal civil saisi par un pareil renvoi devrait borner sa décision à la question de propriété, et renvoyer devant le juge de paix l'appréciation de l'indemnité.

236. — Lorsque le juge de paix règle, sur rapports d'experts, en vertu de l'art. 15, L. 21 mai 1836, l'indemnité due aux propriétaires expropriés pour élargissement de chemins vicinaux, il statue comme juge, dès-lors sa décision est susceptible d'appel. — *Cass.*, 19 juin 1843 (t. 2 1843, p. 214), Breton c. préfet de Seine-et-Oise; 18 août 1845 (t. 2 1845), d'Asie c. comm. de Criquetot; — Garnier, *Suppl. au traité des chemins*, p. 57. — V. aussi avis cons. d'ét. 19 mars 1840.

237. — On devrait décider de même que les jugemens du juge de paix, en cette matière, seraient attaquables par la voie du pourvoi en cassation. —

Garnier, *Supplém.*, p. 57; Bost, *Tr. de l'org. et des attrib. municip.*, t. 1er, p. 487.

238. — Mais le préfet serait non-recevable à se pourvoir en cassation contre la décision qui a statué sur un intérêt purement communal, et, par exemple, lorsqu'il s'agit de la fixation de l'indemnité relative à l'élargissement d'un chemin vicinal. — *Cass.*, 4 avr. 1843 (t. 2 1843, p. 121), préfet de la Drôme.

239. — Les juges de paix sont seuls compétens pour régler l'indemnité due aux propriétaires riverains des chemins vicinaux, lorsque des arrêtés préfectoraux attribuent au sol de ces chemins des parties de propriétés riveraines; mais l'appréciation des dommages qui résultent des travaux entrepris pour l'élargissement des chemins appartient à la compétence des conseils de préfecture. —*Cons. d'état*, 23 juill. 1841, Falin.

240.—La demande ayant pour objet le paiement d'indemnités dues pour occupation de terrains destinés aux chemins vicinaux est du ressort de l'administration; mais si, étant portée devant les tribunaux, ceux-ci se bornent, après le déclinatoire proposé, à retenir la cause pour procéder à la composition du jury, cette décision ne peut donner lieu à un arrêté de conflit de la part de l'administration. Il n'y a rien dans cette demande qui ait un caractère administratif et qui puisse motiver le retrait de la cause des mains de l'autorité judiciaire. — *Cons. d'état*, 23 fév. 1839, Mespoulier.

241.— Jugé encore que l'art. 15, L. 21 mai 1836, a virtuellement, pour tous les cas où il ne s'agit que de l'élargissement des chemins vicinaux, dérogé aux formes déterminées par les lois des 7 juill. 1833 et 3 mai 1841, sur l'expropriation pour utilité publique. — En conséquence, le propriétaire qui s'est opposé à la prise de possession d'une partie de son terrain jugée nécessaire à l'élargissement d'un chemin vicinal ne peut être renvoyé de la poursuite correctionnelle dirigée contre lui sur le motif que l'indemnité, à laquelle peut lui donner droit la privation du terrain incorporé au chemin, n'a pas été préalablement payée.—*Cass.*, 2 fév. 1844 (t. 1er 1844, p. 582), Louvrier.

242.— L'indemnité, une fois réglée, devient une dette communale exigible, pour le paiement de laquelle on peut poursuivre la commune, conformément aux règles prescrites par l'art. 39, L. 18 juill. 1837, sur l'administration municipale. — V. COMMUNES.

CHAPITRE III. — *Ouverture de nouveaux chemins.*

Sect. 1re. —*Compétence.*

243. — Quand il s'agit d'ouvrir un nouveau chemin et de le faire passer sur des terrains que la voie publique n'occupait pas, ou de le redresser, ce qui n'est au fond qu'une ouverture de chemin dans des limites moins étendues, il faut recourir à l'expropriation pour cause d'utilité publique, dont les formes, réglées en principe par la loi du 3 mai 1841, subissent quelques modifications rendues nécessaires par le peu d'importance en général du fonds exproprié. — Dumay, t. 1er, p. 154; Herman, no 93; Foucart, t. 2, no 422.

244. — L'opération du redressement d'un chemin peut paraître devoir se confondre quelquefois avec celle du rélargissement, l'augmentation ayant lieu souvent pour arriver au redressement. Voici cependant, selon M. Dumay (t. 1er, p. 193), la différence qui existe: il y aura redressement dans le sens de la loi, non lorsqu'on se rapprochera de la ligne droite en faisant disparaître par une simple augmentation de largeur une légère courbe ou anfractuosité; mais, lorsque joignant par la ligne la plus courte deux points d'un chemin déjà établi, on abandonnera dans une partie l'ancien tracé, et que l'on ouvrira une communication à une certaine distance dans un fonds où il n'existait pas précédemment, le redressement alors est, dans la partie qui en fait l'objet, une véritable ouverture de chemins.

245. — C'est aux préfets qu'est attribué le droit d'ordonner l'ouverture de nouveaux chemins. — Herman, no 94; Dumay, t. 1er, p. 155.

246. — Jugé qu'il n'appartient qu'au préfet d'ordonner l'ouverture d'un chemin vicinal et d'en fixer le classement, la largeur et la direction. — *Cons. d'état*, 1er nov. 1820, Coulanges c. comm. d'Orsy.

247. — La déclaration qu'un ancien chemin doit être conservé, et l'établissement d'une nouvelle route pour cause d'utilité publique sont des actes de pure administration qui appartiennent, non pas aux conseils de préfecture, mais exclusivement aux préfets, sauf recours au ministre de l'intérieur et ensuite au conseil d'état.— *Cons. d'état*, 29 janv. 1814, Reynegon c. comm. de Locken.

248. — La question de savoir si l'arrêté du préfet a besoin, en ce cas, d'être pris en conseil de préfecture, a été soulevée par un pourvoi soumis à la cour de Cassation le 25 mars 1839 (t. 2 1843, p. 760), de Saint-Phalle c. Préfet de Seine-et-Marne. — La cour suprême, sans se prononcer explicitement sur ce moyen, semble, par son arrêt, avoir préjugé une solution négative.

249. —Cependant, M. de Cormenin (t. 1er, p. 299) pense que le préfet n'est compétent qu'en conseil de préfecture pour autoriser les aliénations, acquisitions, etc., et en vertu du principe que, lorsque l'affaire, tout administrative qu'elle est, embrasse des intérêts particuliers ou communaux importans, il convient que le préfet, avant d'agir, se fasse assister du conseil de préfecture. — L. 28 juill. 1824.

250.—C'est, du reste, avec raison qu'il a été jugé que les conseils de préfecture ne peuvent ordonner l'établissement d'un nouveau chemin, ni statuer sur les dimensions et l'usage d'un ancien chemin d'exploitation.—*Cons. d'état*, 18 juill. 1821, comm. de Blagnes.

251. — La loi du 28 juill. 1824, art. 10, 2e alin., est la première qui ait rendu légale, à cet égard, l'action des préfets, consacrée de nouveau en ces termes par l'art. 16, L. 21 mai 1836: « Les travaux d'ouverture et de redressement des chemins vicinaux seront autorisés par arrêté du préfet.»—L. 21 mai 1836, art. 16.

252. — La loi du 10 juill. 1824 avait, par son art. 10, circonscrit l'action du préfet au cas où l'indemnité due aux propriétaires n'excédait pas la somme de 3,000 fr. La loi du 21 mai 1836 n'a pas reproduit cette limitation, en sorte que, d'après la loi actuelle, il n'y a plus lieu, dans aucun cas, de recourir à l'autorité royale pour faire autoriser l'ouverture ou le redressement d'un chemin. — *Cass.* (dans ses motifs), 27 mars 1839 (t. 2 1843, p. 759), procureur du roi de Draguignan c. Perreymond; — Herman, no 97.

253. — Les parties, particuliers ou communes, qui se croiraient lésées par l'arrêté du préfet ordonnant l'ouverture d'un nouveau chemin, peuvent en poursuivre l'annulation devant le ministre de l'intérieur. En effet, la loi, en conférant au préfet une mission ordinairement réservée au pouvoir royal, n'a pas exprimé l'intention de dégager le préfet du contrôle de l'autorité supérieure. — Dufour, t. 1er, no 607; Herman, no 99. — Cette solution affirmative résulte implicitement de l'arrêt de cassation du 23 avr. 1838 (t. 1er 1838, p. 624).

254. — Le recours contre l'arrêté du préfet qui ordonne l'ouverture ou le redressement d'un chemin vicinal ne serait pas suspensif (V. *suprà* no 204); en conséquence, les tribunaux doivent, nonobstant ce recours, prononcer l'expropriation requise par l'arrêté. — *Cass.*, 27 mars 1839 (t. 2 1843, p. 759), Perreymond.

Sect. 2e. — *Acquisition et expropriation des terrains.*

255. —Les terrains indiqués par l'arrêté préfectoral comme devant faire partie de la nouvelle voie doivent être acquis avant toute occupation, à moins que les propriétaires ne les abandonnent gratuitement ou ne les laissent volontairement occuper avant le paiement de l'indemnité.

256. — En cas d'acquisition à l'amiable, l'approbation de cette acquisition peut être donnée par le préfet, quelle que soit la valeur des terrains. — Herman, no 101.

257. — L'autorité administrative est seule compétente pour connaître des actes d'un maire relatifs à l'entretien d'un chemin vicinal. — Mais l'autorité judiciaire doit seule prononcer sur l'indemnité réclamée par le propriétaire riverain qui se prétend lésé dans un droit de servitude par les mesures prises par le maire dans l'intérêt de la voirie. — *Cons. d'état*, 6 mars 1835, Cante; — Cormenin, vis *Chemins vicinaux*, t. 1er, p. 295, et *Cours d'eau*, t. 1er, p. 561; Chevalier, vo *Cours d'eau*, t. 1er, p. 325.

258. — L'autorité administrative est incompétente pour statuer sur l'indemnité réclamée relativement à la prise de possession d'une portion de la propriété d'un particulier destinée au redressement d'un chemin de grande communication. — *Cons. d'état*, 6 sept. 1843, Boulin.

259. — Lorsque pour acquérir la propriété des terrains nécessaires aux chemins vicinaux ordinaires, il est nécessaire de passer un acte administratif, le maire doit consulter préalablement le conseil municipal de la commune intéressée sur l'estimation. — L. 28 juill. 1824, art. 10.

260. — S'il s'agit de chemins de grande vicinalité, le conseil municipal est consulté, mais c'est par le préfet, qui emploie l'intermédiaire du maire, et le maire reçoit l'acte d'acquisition, sauf l'approbation du préfet.

261. — La transcription des actes d'acquisition n'est recommandée que dans le cas où le prix excède cent francs. — Ord., 31 août 1830; Inst. min. 17 déc. 1837.

262. — Lorsque, pour l'ouverture ou le redressement d'un chemin vicinal, il y a lieu de recourir à l'expropriation pour utilité publique, des formes spéciales et plus rapides que la procédure ordinaire prescrite par les lois des 7 juill. 1833 et 3 mai 1841, ont été tracées par la loi du 21 mai 1836, art. 16.

263. — En présence de cette disposition de la loi de 1836, s'est élevée la question de savoir si les formes générales d'expropriation, déterminées par la loi du 7 juillet 1833, étaient applicables à l'expropriation pour l'ouverture ou le redressement d'un chemin vicinal. La cour de Cassation a soutenu tour à tour l'affirmative et la négative, comme le prouvent les décisions suivantes.

264. — Jugé que dans le cas d'expropriation par suite d'ouverture ou de redressement d'un chemin vicinal, il n'est pas nécessaire d'observer les formalités prescrites par la loi du 7 juill. 1833 sur les expropriations pour cause d'utilité publique. — En conséquence, le tribunal doit prononcer l'expropriation sur la simple représentation de l'arrêté du préfet qui autorise les travaux, sans qu'il soit nécessaire de produire les pièces prescrites par l'art. 2 du tit. 1er et par le tit. 2 de la loi du 7 juill. 1833.—*Cass.*, 23 avr. 1838 (t. 1er 1838, p. 624), proc. du roi de Neufchâteau; 7 juin 1838 (t. 2 1838, p. 250), Barghon; — Delalleau, *Tr. de l'expropr. pour cause d'util. publ.*, no 872. — V. aussi Isambert, *Tr. de la voirie*, no 447; Garnier, *Tr. des chem.*, no 337; Robion, *Tr. des chem. comm.*, no 90; Cotelle, *Cours de dr. administ.*, t. 1er, p. 269; Cormenin, vo *Chemins vicinaux*, t. 1er, p. 465.

265. — Jugé, au contraire, que l'expropriation pour utilité publique, nécessitée par des travaux d'ouverture ou de redressement des chemins vicinaux, est soumise aux formes générales d'expropriation tracées par la loi du 7 juill. 1833.- Spécialement, l'expropriation dont il s'agit ne peut être prononcée qu'après qu'une commission spéciale a été nommée pour entendre les parties intéressées et dresser procès-verbal de leurs observations, et que ce procès-verbal a été déposé au secrétariat de la préfecture, en conformité des art. 8, 9 et 10 de la loi du 7 juill. 1833. — L'expropriation qui a lieu pour un chemin vicinal ouvert ou redressé dans l'intérêt de plusieurs communes ou cantons, et qui est requise, non par une commune, mais par le préfet du département, ne peut être réputée avoir lieu dans un intérêt purement communal; dès-lors, cette expropriation n'est pas dispensée de l'accomplissement des formalités prescrites par les art. 8, 9 et 10 de la loi du 7 juill. 1833. — *Cass.*, 21 août 1838 (t. 2 1845), préfet de l'Orne c. Charencey.

266. — Toute difficulté sur ce point est désormais nettement tranchée par l'art. 12 de la loi du 3 mai 1841. Il a été entendu, dans la discussion de cette loi, que la loi du 21 mai 1836 s'améliorait virtuellement de toutes les dispositions de la première qui n'étaient pas inconciliables avec le caractère exceptionnel de la seconde.

267. — Or, il résulte de la combinaison de la loi de 1836 avec les dispositions de la loi du 3 mai 1841, sur l'expropriation, que les formalités à remplir par l'administration, avant de se présenter au tribunal de l'arrondissement, sont les suivantes: — 1o Enquête dans la commune ou les communes sur le territoire desquelles est situé ou devra être situé le chemin vicinal à redresser ou le chemin à ouvrir. Cette enquête n'est pas nécessaire quand il s'agit d'un chemin vicinal de grande communication; — 2o Arrêté du préfet ordonnant l'ouverture ou le redressement du chemin vicinal; — 3o Levée, par les agens-voyers, du plan parcellaire des terrains ou édifices dont la cession paraît nécessaire pour l'exécution des travaux (L. 3 mai 1841, art. 4); — 4o Dépôt du plan parcellaire, pendant huit jours, à la mairie de la commune où sont situées les propriétés (art. 5, même loi); — 5o Avertissement collectif donné aux parties intéressées, publié, à son de trompe ou de caisse, dans la commune, affiché à la porte de l'église et de la maison commune, et inséré dans l'un des journaux de l'arrondissement, ou, à défaut, du département (même loi, art. 6); — 6o Certificat, délivré par le maire, des publications et affiches ci-dessus mentionnées; ouverture d'un procès-verbal sur lequel sont consignées les déclarations des

parties, etc. (art. 7, même loi); — 7o Transmission par le maire au sous-préfet de ce procès-verbal, ainsi que de l'avis du conseil municipal; envoi des pièces au préfet par le sous-préfet, qui y joint ses observations (art. 12); — 8o Arrêté motivé du préfet, pris en conseil de préfecture, sur le vu du procès-verbal dessus mentionné, déterminant les propriétés qui doivent être cédées et l'époque à laquelle il sera nécessaire d'en prendre possession (*Cass.*, 22 mai 1843 [t. 2 1843, p. 221], Mauduit c. préfet du Finistère); —9o Transmission au procureur du roi dans le ressort duquel sont situées les propriétés à exproprier, de l'arrêté ordonnant l'exécution des travaux, ainsi que de toutes les autres pièces constatant l'accomplissement des formalités ci-dessus énumérées (art. 13, même loi).

268. — Le mode d'expropriation nous paraît le même dans l'hypothèse d'*un changement de direction* que dans le cas d'*ouverture* ou de *redressement* de chemins. Mais pour le simple élargissement, les formalités à remplir doivent être moins solennelles. — Art. 15 et 16 combinés. — Nous les avons indiqués *suprà* nos 220 et suiv.

269. — Nous avons dit *suprà* (no 224), et c'est aussi l'avis de M. de Cormenin (*Dr. admin.*, t. 1er, p. 293), que le jury n'est appelé à statuer sur les indemnités que pour l'ouverture d'un nouveau chemin, et non pour ce qui concerne l'élargissement d'un chemin ouvert. — L. 21 mai 1836, art. 15. — La jurisprudence de la cour de Cassation est conforme en ce point à celle du conseil d'état rappelée plus haut.

270. — Jugé que quand un arrêté a ordonné le redressement ou l'élargissement d'un chemin vicinal, les portions de terrains que les propriétaires riverains doivent abandonner pour ce chemin ne peuvent donner lieu aux formalités relatives à l'expropriation pour cause d'utilité publique et au paiement préalable de l'indemnité; il y a lieu seulement, dans ce cas, à la réclamation par ces propriétaires d'une indemnité, sans qu'ils puissent arrêter ou paralyser l'élargissement ordonné. — *Cass.*, 7 juin 1838 (t. 2 1838, p. 250), Barghon.

271. — De là il résulte en outre que l'indemnité qui, en cas d'expropriation pour ouverture ou redressement d'un chemin, ne peut être fixée que par le jury, devra l'être par le juge de paix lorsqu'il s'agira d'élargissement. Mais jamais elle ne pourra être déterminée par l'administration ou par les tribunaux. — Cormenin, t. 1er, p. 316.

272. — En matière d'expropriation nécessitée par des travaux d'ouverture ou de redressement d'un chemin vicinal de grande communication, le jugement du tribunal qui prononce l'expropriation est nul s'il n'a pas été précédé des formalités prescrites par les art. 4, 5, 6 et 7 de la loi du 3 mai 1841, c'est-à-dire du dépôt à la mairie du plan parcellaire, de l'avertissement collectivement donné aux intéressés, ainsi que du procès-verbal contenant les délibérations et réclamations des parties. — *Cass.*, 24 juin 1844 (t. 2 1844, p. 255), Laroche c. préfet de la Nièvre.

273. — Lorsqu'il s'agit de l'expropriation de terrains pour l'établissement d'un chemin traversant deux communes, le plan parcellaire doit être déposé à la mairie de la commune qui a provoqué le chemin, et à la mairie de celle où se trouvent les terrains décrits au plan parcellaire. — *Cass.*, 2 fév. 1836, Houzet c. préfet du Nord. — Bioche et Goujet, *Supplém. au Dict. de procéd.*, vo *Vente sur expropriation*, no 39.

274. — Si les tribunaux chargés de prononcer l'expropriation des terrains nécessaires pour la confection des chemins vicinaux de grande communication peuvent et doivent vérifier si la délibération du conseil général chargé de la déclaration de vicinalité de grande communication par la loi du 21 mai 1836 (art. 7) a été prise compétemment, ils n'ont pas mission de juger cette délibération, soit quant au fond, soit quant à l'accomplissement des formalités en vertu desquelles le conseil général a dû procéder. — En fait, on prétendait que la délibération du conseil général n'avait pas été précédée, ainsi que le prescrit la loi, de l'avis des conseils municipaux. — Il en est de ce cas comme de ceux où une expropriation ne peut être prononcée que pour des travaux autorisés par une loi ou par une ordonnance royale, cas dans lesquels les tribunaux sont, il est vrai, en vertu de l'art. 2 de la loi du 3 mai 1841, juges du point de savoir si en droit une loi ou une ordonnance devait intervenir, et si en fait elle est intervenue, mais ne sont pas appelés à juger la régularité ou la justice de la loi ou de l'ordonnance. — *Cass.*, 7 janv. 1845 (t. 1er 1845, p. 78), N... c. préfet du Finistère.

275. — Une tribunal ne peut donc refuser de prononcer l'expropriation, sous le prétexte, soit que la délibération du conseil général qui classe un chemin parmi les chemins de grande communication n'aurait pas été précédée des formalités requises, soit que l'arrêté du préfet aurait excédé la largeur fixée, en règle générale, par un précédent arrêté préfectoral. — *Cass.*, 22 janv. 1845 (t. 1er 1845, p. 109), préfet de l'Ain c. Passerat de La Chapelle.

276. — Le jury spécial chargé de régler les indemnités n'est composé que de quatre jurés.

277. — Le tribunal choisira, sur la liste générale prescrite par l'art. 29 des lois des 7 juill. 1833 et 3 mai 1841, quatre personnes pour former le jury spécial, et trois jurés supplémentaires. L'administration et la partie intéressée auront respectivement le droit d'exercer une récusation péremptoire.

278. — La désignation des jurés ne se fait pas par la voie du sort, mais par une véritable délibération, qui dès lors doit avoir lieu en la chambre du conseil. — Dumay, t. 1er, p. 225.

279. — Le jury spécial désigné par le tribunal ne conserve son caractère public et ses pouvoirs au-delà de l'année pour laquelle avait été formée la liste générale, qu'autant que ses opérations sont commencées avant la clôture de la session du conseil général chargé de renouveler cette liste. Dès lors, est nulle la décision rendue après le renouvellement de la liste, par un jury désigné sur l'ancienne liste, mais qui n'avait pas, antérieurement à ce renouvellement, commencé ses opérations. — *Cass.*, 23 fév. 1842 (t. 1er 1842, p. 304), Rouamet c. préfet de l'Aude.

280. — Le tribunal d'arrondissement, en prononçant l'expropriation, désignera, pour présider et diriger le jury, l'un de ses membres ou le juge de paix du canton. Ces désignations pourront être faites par le jugement qui choisira les membres du jury.

281. — Le magistrat délégué pour diriger les opérations des jurés est le président du jury, et a voix délibérative en cas de partage; il a conséquemment le droit d'accompagner les jurés lorsqu'ils se retirent dans la chambre du conseil, et d'assister à leur délibération. — *Cass.*, 23 juin 1840 (t. 2 1840, p. 253), N... c. P...

282. — Lorsqu'il est articulé que le greffier est entré dans la chambre du conseil et y est resté pendant la délibération des jurés, le silence du procès-verbal sur ce fait ne peut être suppléé que par une inscription de faux. — *Cass.*, 23 juin 1840 (t. 2 1840, p. 253), N... c. P... — Dumay, t. 1er, p. 222.

283. — Si les terrains dont l'expropriation est nécessaire s'étendent sur plusieurs cantons, le tribunal agira convenablement en désignant non pas un juge de paix, mais un des membres du tribunal; mais si un juge de paix avait été délégué, il aurait évidemment qualité pour présider le jury en dehors de son canton, car, dans ce cas, le juge de paix ne tient pas son pouvoir de sa propre attribution, mais de la délégation que lui fait le tribunal. — Dumay, t. 1er, p. 224.

284. — Le juge recevra les acquiescemens des parties. — L. 21 mai 1836, art. 16.

285. — Le juge ne dressera qu'un seul procès-verbal, qui constatera les opérations du jury et les siennes propres.

286. — Ce procès-verbal, dit l'art. 16, emporte *translation définitive de propriété*; ces derniers mots sont impropres, car la mission du juge ne commence qu'après le jugement du tribunal qui, en prononçant l'expropriation, a opéré la translation de propriété. — L. 7 juill. 1833, art. 14. — Le procès-verbal du juge, soit qu'il constate l'acceptation faite par la partie de la somme qui lui est offerte, soit qu'il contienne la déclaration du jury qui fixe l'indemnité, n'a donc plus à opérer que l'envoi en possession. — Foucart, t. 2, no 422.

287. — Le procès-verbal du juge de paix doit, selon Dumay (t. 1er, p. 225), être déposé parmi les minutes du tribunal d'arrondissement qui a prononcé l'expropriation et qui a délégué ce magistrat.

288. — Aucun tarif spécial de dépens n'ayant été annexé à l'art. 16, L. 21 mai 1836, il faut, pour la taxe des frais, s'en référer au tarif établi par l'ordonnance royale du 18 sept. 1833, pour l'exécution de la loi du 7 juill. 1833. — Dumay, t. 1er, p. 220.

289. — Le recours en cassation, soit contre le jugement qui prononcera l'expropriation, soit contre la déclaration du jury qui réglera l'indemnité, n'aura lieu que dans les cas prévus et selon les formes déterminées par la loi sur l'expropriation.

290. — Lorsque pour l'ouverture ou le redressement de chemins vicinaux, les formes suivies pour l'expropriation pour utilité publique ont été employées, il convient d'appliquer l'art. 58, L. 3 mai 1841, relatif à l'exemption complète des droits d'enregistrement, de timbre, de transcription et de certificat d'inscription, dont ne parle pas la loi du 21 mai 1836, dont l'art. 20 ne doit s'appliquer qu'aux cas d'acquisition faite amiablement.

291. — La cession amiable peut, comme l'expropriation forcée, porter sur les biens de toute espèce, quel que soit d'ailleurs l'état ordinaire d'inaliénabilité dont ils soient frappés par des dispositions ou des conventions, ou d'incapacité légale dont sont atteints ceux qui les possèdent. Il suffira, s'il s'agit d'une cession amiable, d'observer les formalités protectrices indiquées par l'art. 13, L. 3 mai 1841. — V. au reste sur ce point EXPROPRIATION POUR UTILITÉ PUBLIQUE.

292. — L'indemnité réglée, le paiement doit s'en effectuer dans les formes et sous les réserves prescrites par la loi du 3 mai 1841. Ce paiement est naturellement à la charge des communes sur le territoire desquelles s'étend le chemin à ouvrir ou à redresser, puisque le sol devient leur propriété. — Herman, no 108.

293. — Quoique l'indemnité résultant, par exemple, de l'arrachis d'une haie n'ait pas été payée préalablement, elle n'est pas moins due au propriétaire dépossédé. — *Bourges*, 20 août 1828, Roland d'Arbousse c. Masson.

294. — Le maire qui, sans y être légalement autorisé, fait arracher une haie pour ouvrir un chemin, est responsable envers le propriétaire de la haie: cette responsabilité ne peut atteindre l'inspecteur-voyer qui a concouru à ces travaux, sur les ordres qui lui ont été donnés par l'autorité supérieure. — *Bourges*, 20 août 1828, Roland d'Arbousse c. Masson.

295. — En cas de cession amiable, comme en cas d'expropriation suivie dans les formes que nous venons d'indiquer, les droits hypothécaires ainsi que les actions réelles qui frappaient l'immeuble sont transférés sur le montant de l'indemnité convenue ou allouée par le jury. Les formalités ordinaires pour la purge des hypothèques peuvent n'être pas accomplies lorsque le prix de l'acquisition ne dépasse pas 500 fr; mais ce sera toujours, bien entendu, aux risques et périls de l'administration; et, sauf les droits des tiers, il faudra de plus que le maire soit spécialement autorisé à cet effet par une délibération du conseil municipal, approuvée par le préfet. — Ord. 18 avr. 1842, art. 2.

296. — C'est au mot EXPROPRIATION POUR UTILITÉ PUBLIQUE qu'ont trouvé place les suites de la transmission de propriété relatives aux droits électoraux du cédant, ou à la faculté de racheter les portions d'immeubles qui, achetées dans un but d'utilité publique, ne recevraient pas cette destination.

297. — Pour la prescription biennale de l'action en indemnité des propriétaires pour les terrains qui auront servi à la confection des chemins vicinaux, V. *infrà* no 328.

Sect. 3e. — *Occupation temporaire des terrains. — Dommage causé par suite de l'exécution des chemins.*

298. — Outre les terrains qu'elle est obligée d'acquérir pour l'ouverture, l'élargissement ou le redressement des chemins vicinaux, l'administration a besoin d'occuper *temporairement* certains terrains à l'effet d'y faire un lieu de dépôt de matériaux, d'outils, d'abris pour les hommes et les choses employés à l'exécution des travaux des chemins et à l'effet d'extraire de certaines propriétés les matériaux ou les terres qui s'y trouvent.

299. — Si l'occupation d'un terrain devait être permanente, si les enlèvemens de terre ou extractions de matériaux devaient absorber la propriété du fonds, l'administration devrait suivre les formes de l'expropriation tracées pour l'ouverture des chemins dans l'art. 16, L. 21 mai 1836, sans avoir besoin de recourir aux formalités moins expéditives de la loi du 3 mai 1841. — Garnier, p. 72; Dumay, t. 1er, p. 271.

300. — Mais l'occupation ou l'extraction qui ne doivent affecter la propriété que temporairement sont autorisées par un arrêté du préfet, qui désigne les terrains qui doivent, soit être fouillés pour extraction de matériaux, soit être occupés temporairement. — L. 21 mai 1836, art. 17.

301. — Cet arrêté est notifié aux parties intéressées à la diligence du préfet, par l'intermédiaire du maire, qui le fait signifier par le garde champêtre, qui dresse acte de cette notification.

302. — Cette notification doit être faite aux parties intéressées dix jours au moins avant que l'exécution de l'arrêté puisse être commencée. — L. 21 mai 1836, art. 17.

303. — L'arrêté du préfet qui autorise une occu-

pation de terrain ou une extraction de matériaux est susceptible de recours. — Herman, n° 112.

304. — Le préfet, par son arrêté, ne peut désigner pour l'extraction des matériaux des propriétés bâties ou closes de murs ou d'autres clôtures équivalentes, suivant les usages du pays. — *Cons. d'état*, 4 juin 1823, Peillon; 27 juin 1834, Latour-Maubourg; et 24 oct. 1834, Tarbé des Sablons c. Plessier; — Garnier, *Supplém. au tr. des chemins*, p. 70

305. — Si la propriété sur laquelle la sablière existe n'est pas entièrement close de murs ou d'autres clôtures en usage dans le pays, et qu'il résulte d'une enquête faite à ce sujet qu'il est possible d'arriver à la sablière de plusieurs points sans passer par la barrière qui ferme la propriété, le propriétaire n'est pas fondé à réclamer l'exception relative aux propriétés totalement entourées de murs ou autres clôtures, suivant les usages du pays. — *Cons. d'état*, 4 juin 1823, Peillon.

306. — On ne saurait voir une clôture suffisante pour empêcher l'extraction des matériaux dans un fossé même creusé dans les dimensions exigées par le Code rural, bien que la clôture d'ailleurs soit antérieure à la désignation des terrains pour l'extraction ou l'occupation.

307. — Pour prendre des matériaux dans un bois soumis au régime forestier, il faut remplir les formalités prescrites par les art. 170, 171, 172, 173 et 175, ordonn. 1er août 1827.

308. — Le préfet devra d'abord tenter de faire régler à l'amiable l'indemnité qui pourra être due. Si ce réglement ne peut être obtenu, il devra provoquer le réglement de l'indemnité, qui sera fait par le conseil de préfecture.

309. — La question de savoir si c'était aux conseils de préfecture qu'il appartenait de fixer l'indemnité due aux propriétaires dans les cas dont nous nous occupons, a été long-temps indécise.

310. — Décidé que les juges de paix étaient, sous la loi du 11 sept. 1790, incompétens pour statuer sur les demandes en indemnité dirigées contre un entrepreneur de chemins publics à raison des terrains qu'il avait pris ou fouillés pour la confection de ses travaux. — *Cass.*, 21 vent. an IV, Chapelle.

311. — Jugé que, l'autorité administrative étant seule compétente pour statuer sur les contestations qui peuvent naître à raison de la recherche et de la réparation des chemins vicinaux, l'entrepreneur actionné en dommages-intérêts par un particulier ne peut changer la compétence établie à cet égard par les lois, en consentant à faire juger la contestation par des arbitres. — *Cons. d'état*, 30 janv. 1809, Laforcade c. Lateulère.

312. — La demande intentée par un particulier contre une commune à fin de réparation du dommage commis sur un terrain dont il se prétend propriétaire est, par sa nature, de la compétence des tribunaux. — *Cons. d'état*, 29 déc. 1819, Pernety.

313. — Il avait même été jugé que la loi du 28 pluv. an VIII, qui attribue aux conseils de préfecture les contestations relatives aux indemnités dues aux particuliers à raison des terrains pris ou fouillés pour la confection des chemins, canaux ou autres ouvrages publics, n'était point applicable aux chemins vicinaux. — *Cons. d'état*, 28 juill. 1820, Bastier c. Vitrey.

314. — ...Que, les travaux de réparation des chemins vicinaux ne pouvant être considérés comme travaux publics dépendant de la grande voirie, les conseils de préfecture étaient incompétens pour connaître des contestations qui pouvaient s'élever entre des particuliers et les entrepreneurs chargés de ces réparations, et que ces contestations étaient de la compétence exclusive des tribunaux. — *Cons. d'état*, 31 juill. 1822, Pugol c. Timbor et Lafont.

315. — ...Que si, en cas d'extraction de matériaux, un arrêté du préfet a mis le propriétaire en demeure de faire régler l'indemnité qui lui est due, soit de gré à gré soit à dire d'experts, sauf à la faire fixer par le conseil de préfecture, en cas de contestation sur la quotité de ladite indemnité, ce propriétaire n'est pas recevable à demander la réformation ou l'annulation de cet arrêté devant le Conseil d'état, mais que cet arrêté ne peut être appliqué aux dommages occasionés par une extraction faite pour l'entretien des chemins d'une commune. — *Cons. d'état*, 4 juin 1823, Peillon.

316. — Jugé aussi que les tribunaux civils étaient compétens pour statuer, soit sur l'indemnité due aux propriétaires évincés, soit sur les dommages-intérêts dus aux propriétaires pour exécution d'un arrêté du conseil de préfecture réformé pour incompétence, soit sur le paiement des matériaux extraits de terrains particuliers pour travaux des chemins vicinaux. — *Cons. d'état*, 4 juin 1823, Peillon; 17 juin 1818, Delmas c. commune de Saint-Jean-de-Vedas; 1er sept. 1819, Deschampneufs c. ville de Nantes; 16 janv. 1822, Hongre c. Delayen; 18 avr. 1816, Révolle. — V. aussi Cormenin, *Droit admin.*, v° *Chemins vicinaux*, t. 1, p. 314; Chevalier, *Jur. adm.*, v° *Chemins vicinaux*, t. 1, p. 91; Garnier, *Chemins*, n°s 82 et 234.

317. — La loi du 28 juillet 1824, dans le but de subordonner l'intérêt privé à l'intérêt public, donna aux préfets la faculté d'autoriser l'extraction des matériaux nécessaires à l'établissement des chemins, mais n'attribua point au conseil de préfecture une compétence qui ne résulte pour cette juridiction que de la loi du 21 mai 1836.

318. — Les conseils de préfecture sont seuls compétens pour connaître des réparations de dommages causés aux murs de clôture d'une propriété particulière par l'exhaussement ou l'abaissement du sol d'un chemin vicinal. — *Cons. d'état*, 30 déc. 1843, Nicod de Ronchaud c. comm. de Saint-Didier.

319. — Les réclamations d'un particulier tendant à obtenir la réparation d'un dommage causé à sa propriété par suite de travaux sur la voie publique, sont de la compétence administrative. — Lorsque la construction d'un nouveau pont ou d'une route n'empêche pas les propriétés riveraines d'être en communication avec la voie publique, le propriétaire n'est pas fondé à réclamer une indemnité, sous prétexte que sa propriété est enclavée. — *Cons. d'état*, 16 nov. 1836, Dubos.

320. — Les travaux de construction ordonnés par l'administration sur un chemin de grande vicinalité sont des travaux publics. En conséquence l'autorité administrative est seule compétente pour connaître de l'action en réparation de dommage formée par un propriétaire riverain contre l'entrepreneur de ces travaux, que des anticipations de propriété soient imputées à ce dernier, ou que le dommage causé ait eu lieu dans les limites ou en dehors des limites du devis. — *Nancy*, 26 déc. 1842 (t. 1 1844, p. 12), Milard-Levrechon c. Varlet et préfet de la Meuse.

321. — Pour que le conseil de préfecture soit compétent, il faut, comme il a été dit (*suprà* n° 300) que le préfet ait préalablement désigné les terrains et que son arrêté ait été notifié, autrement les travaux faits par la commune ou son entrepreneur ne seraient que des voies de fait justiciables des tribunaux ordinaires. — Dumay, t. 1er, p. 280.

322. — Le conseil de préfecture prononce sur le rapport d'experts qui sont nommés, l'un par le sous-préfet, et l'autre par le propriétaire. — En cas de discord, le tiers expert est nommé par le conseil de préfecture. — Ces experts sont soumis aux causes de récusation énumérées dans l'art. 310, C. procéd. civ. — Dumay, t. 1er, p. 283.

323. — L'obligation de prêter serment est imposée aux experts; aussi les opérations de l'expertise sont nulles quand un des experts n'a pas prêté serment. — *Cons. d'état*, 30 juill. 1840, Détouillon; 14 février 1839, de Feuchères c. comm. de Montignon. — Cette formalité doit être remplie devant le sous-préfet, que le conseil d'état a reconnu avoir caractère pour recevoir le serment des experts en matière administrative. — *Cons. d'état*, 19 mai 1835, Tramoy c. comm. de Membrey. — V. *contrà* Dumay, t. 1er, p. 283.

324. — L'instruction du ministre de l'intérieur du 24 juin 1836 recommande aux préfets de faire procéder à une première reconnaissance du terrain par les experts avant l'ouverture des travaux d'extraction, et observe avec raison que c'est la seule manière d'arriver à une équitable fixation de l'indemnité lorsque ces travaux sont terminés.

325. — La valeur de l'indemnité est-elle fixée définitivement par le tiers expert, en cas de discord? Pour l'affirmative on fait remarquer que le tiers expert est nommé par le conseil de préfecture et que les experts ont reçu de la loi mission spéciale; d'où il suit que la commune doit accepter leur réglement si mieux elle n'aime laisser les choses en l'état. Telle est l'opinion adoptée au ministère de l'intérieur; mais la négative nous paraît préférable. L'art. 17 n'enchaîne pas les conseils de préfecture à l'avis des experts; ils ne doivent y voir que des renseignemens propres à éclairer leur décision : telle est pour les tribunaux administratifs comme pour les juges ordinaires la mission des experts. — C. procéd., art. 333, et *Cons. d'état*, 16 janv. 1828, Brizon. — Cormenin, *Dr. admin.*, v° *Chemins vicinaux*, t. 1er, p. 294. — V. aussi *suprà* n° 230.

326. — En ce qui touche les indemnités, la loi de 1836, qui a étendu les attributions des conseils de préfecture, ne leur a point enlevé la compétence qu'ils tenaient de la loi du 28 pluv. an VIII pour les travaux de construction vicieuse. — V. Cormenin, t. 1er, p. 314.

327. — Le paiement de l'indemnité doit être, à moins d'impossibilité absolue ou de force majeure, effectué préalablement aux travaux. — L. 28 sept. et 6 oct. 1791, sect. 6, art. 1er. — Garnier, *Supplément*, p. 69; Dumay, t. 1er, p. 272.

Sect. 4e. — *Prescription de l'action en indemnité.*

328. — L'action en indemnité des propriétaires pour les terrains qui auront servi à la confection des chemins vicinaux et pour extraction de matériaux sera prescrite par le laps de deux ans. — L. 21 mai 1836, art. 18.

329. — C'est seulement du jour de la dépossession ou de l'extraction des matériaux que commence à courir cette prescription. — Garnier, p. 74; Dumay, t. 2, p. 287.

330. — Pour qu'il y ait lieu, dans l'intérêt d'une commune, à opposer la prescription biennale établie par l'art. 18, L. 21 mai 1836, il faut qu'il soit justifié de l'accomplissement des formalités légales, soit du jugement d'expropriation, soit de l'arrêté du préfet autorisant la commune à prendre possession. — Dumay, t. 1er, p. 284.

331. — Dans le cas d'une dépossession ou extraction de matériaux opérée sans autorisation préalable, la prescription biennale aurait également lieu du jour de la dépossession effective. — Garnier, p. 74.

332. — Une fois l'indemnité réglée, soit amiablement par acte volontaire, soit par le jury, soit par un jugement du juge de paix ou un arrêt du conseil de préfecture, il n'y a plus action en indemnité, il y a un titre régulier qui ne peut se prescrire que par trente ans. — Dumay, t. 1er, p. 286.

333. — La prescription de deux ans dont l'art. 18, L. 21 mai 1836, frappe l'action en indemnité des propriétaires pour les terrains qui ont servi à la confection des chemins vicinaux n'est point applicable à l'action en indemnité du riverain par suite de l'exécution de l'arrêté du préfet qui classe un chemin parmi les chemins vicinaux. Il en est surtout ainsi alors que l'arrêté de classement a été rendu sous l'empire de la loi du 28 juill. 1824. — *Douai*, 5 août 1843 (t. 1er 1844, p. 164), comm. de Steenwerck c. Decroix.

334. — Les fermiers ou locataires sont, de même que les propriétaires qu'ils représentent, soumis à la prescription biennale, à raison de l'occupation temporaire de leur terrain. — Garnier, *eod. loc.*; Dumay, t. 1er, p. 303.

335. — Cette prescription biennale peut être interrompue par une interpellation judiciaire, c'est-à-dire par une citation à comparaître devant le juge de paix, ou par une requête, mémoire ou pétition adressée au jury ou au conseil de préfecture et constituant l'introduction d'une demande dans la forme de procéder spéciale à ces deux ordres de juridiction. — Dumay, t. 1er, p. 282.

336. — Cette prescription court-elle contre les incapables? — Lors de la discussion à la chambre des députés, un député posa cette question, que MM. Gillon et Odilon-Barrot résolurent négativement. — C'est aussi l'opinion de M. Duvergier (*Collect. des lois*, t. 36, p. 129, note 2e).

337. — Il est superflu de dire que cette prescription est de droit étroit et qu'elle ne saurait être étendue hors des cas spéciaux pour lesquels elle a été faite. — Dumay, t. 1er, p. 308.

CHAPITRE IV. — *Déclassement. — Suppression des chemins vicinaux. — Echange et aliénation du sol.*

338. — *Déclassement.* — Les communes à la charge desquelles est placé l'entretien des chemins vicinaux ont intérêt à ne conserver le caractère de vicinalité qu'aux chemins d'une utilité réelle. L'acte par lequel un chemin perd sa qualité de vicinal et, par suite, les priviléges qui y sont attachés, se nomme déclassement; il rentre dans les attributions de l'autorité à laquelle appartient le droit de prononcer le classement. Il ne s'agit, en effet, que de rapporter un acte administratif, ce qui ne peut avoir lieu que par celui qui l'a fait ou par ses successeurs. — Dumay, t. 1er, p. 309.

339. — Pour déclasser un chemin vicinal ordinaire, l'instruction ministérielle du 24 juin 1836 prescrit aux préfets de remplir les mêmes règles que pour le classement, en observant toutefois d'appeler à délibérer sur le déclassement les conseils municipaux des communes qui peuvent avoir intérêt à la conservation de ce chemin, et s'il n'y a pas unanimité dans les délibérations, les préfets doivent procéder à une enquête dans ces mêmes communes.

340. — Si le chemin a été classé par un arrêté du

ministre réformant un arrêté préfectoral, le déclassement devra, selon M. Dufour (t. 1er, n° 609), être prononcé par une décision ministérielle.

541. — La question de savoir s'il y a lieu de déclasser un chemin vicinal comme inutile aux communications de la commune est une question purement administrative, et qui ne peut être soumise au conseil-d'état par la voie contentieuse. — *Cons. d'état*, 19 avril 1838, Cholois c. comm. de Foussais; 19 avril 1838, Rivière de Riffardeau c. comm. du Paudy ; 22 août 1836, comm. de Grand-Combe-des-Bois ; — Foucart, t. 2; n° 427.

542. — Dans le cas où le déclassement n'a été résolu que pour exonérer la commune de l'obligation d'entretenir le chemin ; ce chemin n'est pas nécessairement rendu à l'agriculture, il peut subsister et être placé dans la catégorie des chemins ruraux, qui restent la propriété de la commune, sans qu'elle soit tenue de les entretenir.

543. — Le déclassement d'un chemin vicinal opéré par le préfet depuis qu'une contravention a été commise sur ce chemin ne saurait faire disparaître ladite contravention. — En conséquence un tribunal de simple police, chargé de connaître de la contravention résultant d'une plantation illégale d'arbres sur un chemin vicinal, ne peut surseoir à statuer jusques après la décision sur la réclamation du prévenu formée devant le préfet afin d'obtenir le déclassement du chemin. — *Cass.*, 2 août 1839 (t. 2 1843, p. 760), Decanbe.

544. — Jugé, au contraire, que si, postérieurement à l'arrêté d'un conseil de préfecture qui ordonne l'enlèvement de bornes plantées sur un chemin classé comme vicinal, et dans le cours de l'instance suivie devant le conseil d'état, le chemin vient à être déclassé, il n'y a plus lieu de suivre sur le pourvoi contre l'arrêté du conseil de préfecture, attendu que cet arrêté ne peut plus recevoir son exécution. — *Cons. d'état*, 9 fév. 1837, de Lamberville c. comm. de la Celle-Saint-Cloud ; — Cormenin, v° *Rejet des requêtes*.

545. — Pour concilier ces deux décisions, il faut distinguer entre l'action administrative et l'action correctionnelle auxquelles peuvent donner naissance les contraventions en matière de chemins vicinaux. Le déclassement n'empêche point l'exercice de l'action correctionnelle qui a pour objet la répression d'un fait punissable, quelle que soit la nature de la voie publique; il arrête l'exercice de l'action administrative qui a pour objet d'assurer la viabilité d'un chemin vicinal devenu désormais inutile.

546. — Le déclassement qui rendra le chemin de grande communication à la simple vicinalité aura lieu en la même forme et de la même manière que le classement ; c'est-à-dire que sur la proposition du préfet, d'après l'avis des conseils municipaux et des conseils d'arrondissement , le conseil général aura le droit d'annuler l'effet de son premier vote. — Instruct. min. 24 juin 1836 ; — Dumay, t. 1er, p. 340.

547. — Le déclassement des chemins de grande vicinalité peut être motivé par le refus des communes et des particuliers de réaliser les offres pécuniaires qu'ils avaient faites, ou par une circonstance indépendante , telle que l'établissement d'une route royale ou départementale qui leur aura fait perdre l'importance qu'ils avaient dans le principe.

548. — *Suppression.* — L'arrêté du Directoire du 22 messid. an V, se fondant sur l'intérêt de l'agriculture, avait déjà invité les administrations centrales de département à provoquer la suppression des chemins vicinaux reconnus inutiles à rendre ainsi à la culture un terrain qui pouvait être avantageusement employé. L'intérêt des communes, auxquelles se trouvera restitué un terrain qui est leur propriété, vient militer aussi pour la suppression des chemins désormais inutiles pour les communications.

549. — Cette suppression doit être précédée du déclassement quand le chemin est compris parmi les chemins vicinaux de la commune. — Herman, n° 214.

550. — Mais une commune ne peut supprimer un chemin vicinal, lorsque ce chemin est nécessaire à l'exploitation des fonds aboutissans. — Le passage que le chemin supprimé peut être exigé pour chacun des fonds qui s'exploitaient par ce chemin, même dans le cas où ces fonds se trouvent tous réunis sur le même chemin. — En vain dirait-on qu'on peut atteindre le nouveau chemin public en passant d'un fonds sur l'autre, le droit de passage étant attaché à chaque fonds qui bordait le chemin supprimé. — Grenoble, 6 juin 1838 (t. 1er 1839, p. 584), Rey c. Billaz.

551. — C'est au préfet, et non au conseil de préfecture, à prononcer sur la conservation ou la suppression des chemins vicinaux. — *Cons. d'état*,

23 avr. 1818, comm. de Ban-Saint-Martin c. Jacquin.

552. — Jugé de même que ce n'est pas au conseil de préfecture, mais au préfet, qu'il appartient de statuer sur une demande formée par des particuliers en suppression de chemins publics existant sur leur propriété. — *Cons. d'état* , 2 janv. 1838 , Gruler.

553. — Suivant M. de Cormenin, le préfet ne peut que proposer la suppression d'un chemin , c'est au gouvernement qu'il appartient de prononcer cette suppression, pour quelque cause que ce soit. — C'est ce qui résulte, selon cet auteur, d'un décret du 17 prair. an XIII , portant « que le préfet n'est pas compétent pour ordonner la suppression d'un ancien chemin et son remplacement par un autre ; et que le droit d'autoriser un pareil changement appartient à S. M. seule en son conseil d'état. — V. Cormenin , *Dr. admin.* , t. 1er, p. 294.

554. — L'arrêté préfectoral en vertu duquel un chemin vicinal cesse d'être vicinal ne peut être déféré qu'au ministre de l'intérieur.

555. — Jugé que la question de savoir si un chemin vicinal doit être supprimé comme inutile est purement administrative et ne peut être soumise au conseil d'état par la voie contentieuse. — *Cons. d'état*, 19 avr. 1838, Rivière de Riffardeau c. comm. de Paudy. — Cormenin , v° *Rejet des requêtes*, t. 1er, p. 108.

556. — Qu'on ne peut demander au conseil d'état, par la voie contentieuse, la suppression des chemins vicinaux à raison de leur inutilité. — *Cons. d'état*, 26 mai 1837, Baudenet.

557. — Le conseil d'état ne peut déclarer qu'un chemin vicinal est inutile et sera remplacé par un ancien chemin communal, car c'est aux tribunaux qu'il appartient de statuer sur la propriété et l'usage des chemins non classés ; et la suppression d'un chemin classé comme vicinal, étant une question d'utilité publique, et par conséquent administrative, ne peut être soumise au roi par la voie contentieuse. — *Cons. d'état*, 27 août 1828, Montillet.

558. — Lorsque le chemin en litige n'est pas porté sur le tableau des chemins vicinaux, et que les nouveaux documens résultant de l'instruction ne suffisent point pour l'y faire comprendre, il y a lieu de maintenir la décision du ministre de l'intérieur confirmative de l'arrêté du préfet qui retranche ce chemin du tableau. — La décision ministérielle ne fait point obstacle à ce que la commune fasse valoir devant les tribunaux les droits de propriété ou de servitude qu'elle peut avoir à exercer sur le sol du chemin. — *Cons. d'état*, 28 oct. 1829, comm. de Saint-Jean-d'Assé c. Paillard-Ducléré. — Cormenin , t. 1er, p. 308.

559. — S'il appartient au préfet et aux conseils de préfecture de prononcer sur l'existence, l'utilité et la suppression des chemins vicinaux , c'est aux tribunaux civils seuls à prononcer sur la propriété du terrain de ces chemins, ainsi que sur la suppression des simples sentiers.—*Cons. d'état*, 3 janv. 1813 , comm. de Nuysement-sur-Coolé c. Damas.

560. — Comme on ne peut toutefois remettre en question devant le tribunal civil ce qui avait été décidé par l'autorité administrative, lorsque l'administration aura autorisé un particulier à supprimer un sentier qui traverse sa propriété, on ne pourra saisir l'autorité judiciaire d'une action possessoire relative à ce même sentier, et susceptible de réagir sur la décision administrative. — *Cons. d'état*, 19 août 1808, Monneron. — Cormenin, *Dr. admin.*, t. 1er, p. 222.

561. — Lorsqu'un chemin a été concédé à la charge de l'entretenir en bon état, le concessionnaire qui l'a supprimé est tenu d'en ouvrir un autre, ou, s'il lui convient de supprimer ce nouveau chemin, de rétablir celui qui lui a été concédé. — *Cons. d'état*, 10 août 1825, Sabatier c. comm. de la Réole.

562. — La question de savoir si le particulier qui a fourni un nouveau chemin est tenu de laisser passer sur l'ancien chemin supprimé qui lui a été abandonné par l'autorité administrative, est une question de servitude dont la connaissance appartient aux tribunaux. — *Cons. d'état*, 10 déc. 1817, Guérin c. Delabrosse. — Cormenin , t. 1er, p. 314 ; Chevalier, t. 1er, p. 70.

563. — Le chemin délaissé se trouve retomber au rang des propriétés communales ordinaires ; c'est au conseil municipal à examiner s'il convient de conserver le sol pour servir de chemin rural ou d'exploitation, ou d'en jouir comme de tout autre bien communal, ou enfin de l'échanger ou de le vendre; le préfet appelle son attention et provoque sa délibération sur ce point.

564. — *Échange.* — Avant que la constitution

de l'an VIII substituât aux administrations centrales les préfets et les conseils de préfecture, la translation d'un chemin vicinal dans un autre lieu , par échange ou autrement, était un acte administratif touchant la petite voirie , du ressort des administrations centrales. — L'administration centrale d'un département a pu concéder à un particulier le terrain d'un ancien chemin vicinal, en dédommagement du terrain pris sur lui pour la confection d'une route. — *Cons. d'état*, 24 vend. an XI , comm. de Sainte-Foy c. Clavel.

565. — Aujourd'hui , lorsqu'une commune et un particulier ont tous deux intérêt à ce que l'assiette d'un chemin soit changée, la commune peut abandonner au propriétaire le chemin actuel, à la charge par lui de fournir le terrain nécessaire pour le chemin nouveau. Le préfet, ayant préalablement déclassé l'ancien chemin, peut autoriser cet échange, après délibération du conseil municipal et enquête. — L. 28 juill. 1824, art. 40.

566. — Le préfet est compétent pour autoriser la réunion à un chemin vicinal d'un terrain dont la valeur réelle n'excède pas 3,000 fr., par voie d'échange, contre d'autres terrains, ou par voie d'expropriation. — En conséquence, l'arrêté du préfet doit en cela être déféré d'abord au ministre de l'intérieur, sauf recours , s'il y a lieu , devant le conseil d'état.—*Cons. d'état*, 2 sept. 1829, Mayne. — Chevalier, t. 1er, p. 84.

567. — L'art. 40, L. 28 juill. 1824 , s'applique même au cas où l'échange autorisé entre une commune et un particulier, porte sur une ruelle ne constituant pas un chemin vicinal proprement dit, pourvu que la valeur des terrains échangés n'élève pas à 3,000 fr. — Le ministre ne peut pas rapporter un arrêté du préfet qui a autorisé un échange de cette nature, lorsqu'en exécution de l'autorisation donnée par le préfet, un contrat est intervenu entre les échangistes. — *Cons. d'état*, 28 mai 1838, Colin c. comm. d'Hattigny; — Cormenin, t. 1er, p. 185, notes ; Macarel , *Élém. de jurispr. admin.*, t. 1er, n° 97.

568. — Lorsque le préfet, statuant en conseil de préfecture, autorise l'échange d'un chemin vicinal contre une propriété privée, son arrêté est un acte d'administration et non pas un acte de juridiction; s'il y a quelque obstacle à ce que le chemin vicinal soit abandonné, c'est devant le conseil d'état par la voie contentieuse. — Si un particulier croit avoir à se plaindre des conditions auxquelles cette autorisation a été subordonnée, c'est devant le ministre de l'intérieur qu'il doit se pourvoir. — *Cons. d'état*, 10 août 1829, Rolle c. comm. de Savigneux; — Cormenin, t. 1er, p. 297; Chevalier, t. 1er, p. 95.

569. — L'arrêté par lequel un préfet autorise l'échange d'un chemin vicinal est un acte de tutelle administrative qui ne peut préjudicier aux droits des tiers, ni faire obstacle à ce que le réclamant, étranger audit échange, fasse valoir devant les tribunaux les droits de sortie et de vue qu'il prétend avoir sur l'ancien chemin, comme limitrophe de son habitation. — *Cons. d'état*, 11 nov. 1830, Brunier-Maréchal ; —Cormenin, v° *Chemins vicinaux*, t. 1er, p. 295 et 308.

570. — Lorsque l'arrêté d'un préfet, approuvé par une décision ministérielle, a supprimé des chemins dans une commune, et cédé à des habitans la propriété des terrains occupés par ces chemins, un particulier qui ne prétend aucun droit personnel à la propriété de ces mêmes chemins n'est pas recevable à attaquer devant le conseil d'état, par la voie contentieuse, un pareil arrêté, qui ne constitue qu'un simple acte administratif. — *Cons. d'état*, 22 fév. 1837, Fraysse c. Battut.

571. — L'administration n'est point compétente pour juger la question de savoir si le terrain d'une voie publique, abandonné à un particulier en échange d'un terrain par lui cédé pour la formation d'une route départementale , reste grevé des servitudes de vue et de sortie au profit des propriétaires limitrophes. — Cette question est du ressort des tribunaux. — *Cons. d'état*, 21 juin 1836, André.

572. — Le tribunal de simple police est incompétent pour décider si un particulier a exécuté ou non un arrêté du préfet qui l'autorisait à supprimer un chemin vicinal en le remplaçant par un autre pris sur ses propriétés. C'est là une question administrative. — *Cass.*, 15 oct. 1807, Gagliardone.

573. — La rectification d'une grande route, prescrite par ordonnance royale, n'est qu'une mesure purement administrative à laquelle les habitans d'une commune ne peuvent s'opposer par la voie contentieuse. Il en est autrement de l'ordonnance qui prescrit des mesures relatives, soit à l'échange d'un chemin communal, soit à la réunion à une seule de deux sources litigieuses sur lesquelles les habitans de la commune prétendent avoir des droits de propriété ou de jouissance. — Si les ha-

bitans de la commune refusent de consentir à l'échange du chemin et à la réunion des deux sources, il y a lieu de rapporter ou de modifier les dispositions de l'ordonnance relatives à cet objet. — *Cons. d'état*, 14 juill. 1831, comm. des Meuuls c. Singler de Welle.

374. — L'ordonnance royale qui a autorisé l'échange d'un chemin vicinal et de deux sources publiques, sans être précédée d'enquête *de commodo et incommodo*, ainsi que l'exige la loi du 24 juill., peut être attaquée par des habitans de la commune qui n'ont été entendus dans aucune enquête, et qui prétendent avoir des droits de propriété sur les sources litigieuses. — Même arrêt.

375. — *Aliénation*. — La suppression d'un chemin doit le plus fréquemment avoir pour conséquence l'aliénation du sol de ce chemin.

376. — Cette aliénation se fait au profit de la commune, puisque les chemins dont l'entretien est à la charge des communes sont leur propriété. — *Cons. d'état*, 24 vendém. an XI, comm. de Sainte-Foix c. Clavel; — *Metz*, 28 thermid. an XIII, Lefebvre c. comm. de Vouziers.

377. — L'art. 10, L. 28 juill. 1824, que n'a point abrogé la loi de 1836, donne aux préfets le droit d'autoriser les aliénations jusqu'à concurrence d'une valeur de 3,000 fr. L'arrêté du préfet doit être pris en conseil de préfecture, après délibération des conseils municipaux intéressés et après enquête *de commodo et incommodo*.

378. — L'arrêté par lequel un préfet autorise l'aliénation d'une partie d'un chemin communal est un acte d'administration qui doit être préalablement déféré au ministre de l'intérieur. — *Cons. d'état*, 28 déc. 1825, Goulen c. Housson; — Cormenin, v° *Chemins vicinaux*, t. 1er, p. 299.

379. — Le conseil de préfecture commet un excès de pouvoir en prononçant en faveur d'un particulier l'abandon de la partie d'un ancien chemin devenue inutile. — *Cons. d'état*, 17 janv. 1838, Rodet c. min. des trav. publ.

380. — Afin d'empêcher que des étrangers viennent s'implanter au milieu de propriétés qu'il pourrait être utile de réunir par l'incorporation du sol de l'ancien chemin, l'art. 19, L. 21 mai 1836, accorde aux riverains un droit de préférence en ces termes : « En cas de changement de direction ou d'abandon d'un chemin vicinal, en tout ou en partie, les propriétaires riverains de la partie de ce chemin qui cessera de servir de voie de communication pourront faire leur soumission de s'en rendre acquéreurs et d'en payer la valeur, qui sera fixée par des experts nommés dans la forme déterminée par l'art. 17. »

381. — Le droit ouvert par l'art. 19 peut s'appliquer non seulement quand il y a eu déclassement, mais aussi quand, par une cause quelconque, il s'est opéré un changement de direction ou un abandon, par suite d'un redressement ou d'un événement de force majeure qui aurait rendu désormais le chemin impraticable ou inutile, ou bien seulement lorsqu'une réduction a été effectuée dans la largeur du chemin. Il y a identité de raison.

382. — Par l'effet du déclassement, le sol du chemin est devenu un terrain vague, une propriété communale ordinaire : la vente doit donc en être faite dans la forme prescrite pour cette nature de biens. Ainsi, lorsque la valeur du terrain excède 3,000 fr. pour les communes dont le revenu est inférieur à 100,000 fr., ou 20,000 fr. si le revenu est supérieur à 100,000 fr., l'aliénation ne pourra avoir lieu que dans les formes déterminées par l'art. 46, L. 18 juill. 1837, c'est-à-dire en vertu d'une ordonnance royale. — Circul. min. intér., 26 mars 1838.

383. — Pour déterminer le taux de 3,000 fr. ou de 20,000 fr., jusqu'auquel un arrêté du préfet pris en conseil de préfecture suffit pour autoriser l'aliénation, il ne faut prendre en considération que les ventes partielles et ne point réunir les valeurs de tous les fonds que la commune est dans le cas d'aliéner, lors même que ces fonds auraient la même origine, seraient dans la même position et devraient être vendus dans le même but. — Dumay, t. 1er, p. 326.

384. — Pour faire connaître son intention de vendre le sol du chemin supprimé, la commune fera publier un avis collectif de la manière prescrite par l'art. 6, L. 3 mai 1841, c'est-à-dire à son de trompe ou de caisse dans la commune, avec affiche, tant à la porte principale de l'église du lieu qu'à celle de la mairie. L'insertion dans un des journaux de l'arrondissement ne sera nécessaire que pour les terrains d'une étendue considérable. — Cet avis indiquera le délai dans lequel les soumissions devront être faites, à peine de déchéance du droit de préférence. Selon M. Dumay (t. 1er, p. 338), ce délai n'a pas besoin d'être de trois mois, comme dans le cas de l'art. 61, L. 3 mai 1841; mais il pourra être abrégé quand les riverains seront peu nombreux et qu'ils habiteront la commune.

385. — Aucun délai n'est fixé pour user du bénéfice de la loi, et les riverains pourront le réclamer tant que la commune n'aura pas, après leur refus d'acquérir, aliéné le terrain à d'autres personnes, ou ne l'aura pas affecté à un usage public.

386. — Mais si la commune avait un intérêt quelconque à conserver le sol du chemin supprimé, elle ne pourrait être contrainte de l'aliéner, pas plus qu'elle ne pourrait contraindre à acheter le riverain, qui, seulement s'il se décide à acheter, obtient la préférence. — Circul. min. 26 mars 1838; — Dumay, t. 1er, p. 319; Dufour, t. 1er, p. 502.

387. — La loi ne donnant au riverain qu'un droit de préférence en cas de vente, dit M. Garnier, il n'aurait pas à se plaindre si la commune, au lieu de vendre, employait à un usage public, *putà*, à la construction d'un hôpital, etc., le terrain qui cesse de servir de voie de communication. — Seulement, si le changement de destination lui portait préjudice, il aurait droit à une indemnité. — Garnier, *Supplém.*, p. 72.

388. — Mais la commune n'aurait pas le droit de louer, soit amiablement, soit aux enchères, le sol du chemin déclassé; autoriser le bail à ferme de ce terrain, ce serait un moyen indirect d'éluder la loi, puisqu'un bail de dix-huit ans, par exemple, successivement renouvelé, aurait pour le riverain le même effet qu'une aliénation perpétuelle. — *Cons. d'état*, 25 avr. 1833, Hersel c. comm. de Meudon; — Dumay, t. 1er, p. 338.

389. — En supposant que les propriétés situées sur les deux rives du chemin supprimé n'appartiennent pas au même particulier, les deux propriétaires s'entendront pour qu'un seul prenne la totalité du terrain, et, à défaut d'accord, chacun d'eux sera admis à soumissionner pour la moitié de la largeur du chemin.

390. — La clôture, même en murs, qui séparerait la propriété riveraine du sol du chemin supprimé, ne ferait pas un obstacle à ce que le propriétaire soumissionnât, selon les circonstances, tout ou partie du chemin.

391. — La soumission fournie par l'individu qui se présente comme acquéreur, doit être faite, soit par exploit signifié au maire, soit par une demande déposée entre les mains de ce fonctionnaire, représentant de la commune, et c'est entre le maire et le soumissionnaire que le prix doit d'abord être débattu à l'amiable. — Cormenin, v° *Chemins vicinaux*, t. 1er, p. 294.

392. — Les soumissions peuvent être faites par toutes personnes ayant capacité de contracter et d'acquérir.

393. — Une fois que la commune a annoncé sa résolution de vendre et que le riverain a fait sa soumission d'acquérir, on peut dire que la vente est parfaite puisqu'il y a un prix qui peut être considéré comme certain, puisqu'à défaut par les parties de s'entendre, la loi a trouvé pour elles un mode de fixer ce prix.

394. — Si tous les riverains ne se rendent pas acquéreurs des parcelles correspondantes à leurs héritages, et que l'on soit obligé de vendre à des tiers, il peut arriver que les parcelles ainsi vendues, n'ayant pas d'issue aboutissant à la voie publique, se trouvent réduites à l'état d'enclave; la commune, en vendant, devrait réserver aux acquéreurs de ces portions sur les autres parcelles à titre de propriété ou de servitude, un moyen d'arriver aux portions qui leur seraient cédées.

395. — L'art. 19, prévoyant le cas où les soumissionnaires et la commune ne tomberont pas d'accord sur la valeur, dispose qu'elle sera fixée par experts nommés dans la forme de l'art. 17. Doit-on conclure de là que la valeur, en cas de discord des deux premiers experts, sera fixée par le tiers expert? — L'affirmative est adoptée au ministère de l'intérieur, où l'on tient que les experts ont reçu de la loi mission spéciale, et que la commune doit accepter leur règlement, sinon laisser les choses en l'état. Mais où trouve-t-on dans la loi la pensée formellement exprimée d'établir cette juridiction arbitrale semblable à cet arbitrage dont parle l'art. 1592, C. civ.; le contraire ne résulte-t-il pas de la mission ordinaire des experts? N'est-il pas plus naturel et plus conforme à notre organisation judiciaire de décider que le litige sera soumis à une juridiction?

396. — Mais quelle sera cette juridiction? D'abord doit-il être statué par le conseil de préfecture, et ce conseil doit-il être lié par l'avis des experts? L'art. 17 n'enchaîne pas le conseil de préfecture à l'avis des experts, comme nous avons eu occasion de le faire remarquer déjà; et puisque, comme le dit M. Cormenin (*Dr. adm.*, t. 1er, p. 294, v° *Chemins vicinaux*), la loi n'a pas voulu que le juge se bornât à homologuer le rapport des experts et à lui donner la force exécutoire, il faut décider que le conseil de préfecture, s'il est compétent, doit être appelé à décider librement. Mais puisqu'il ne s'agit pas ici d'une indemnité pour occupation temporaire ou extraction de matériaux, à défaut d'un texte formel qui lui attribue expressément juridiction, le conseil de préfecture nous paraît incompétent.

397. — M. de Cormenin (*Dr. adm.*, t. 1er, p. 294, v° *Chemins vicinaux*) pense que, puisqu'il s'agit d'un prix de vente à fixer en cas de discord, il faut recourir à la juridiction ordinaire des tribunaux. Il nous paraît difficile d'admettre, dans un point qui se rattache intimement à la législation sur les chemins vicinaux, l'intervention du tribunal civil que le législateur a écarté de toutes les appréciations relatives aux chemins vicinaux. Nous serions plutôt portés à admettre la fixation de l'indemnité par le jury spécial institué par l'art. 16 (arg. L. 24 mai 1842). — *Cass.*, 11 août 1845 (t. 2 1845), préfet de Seine-et-Marne c. Chabbal.

398. — Si l'une des parties refuse de nommer son expert, la nomination devrait en être faite, non par le sous-préfet, comme le dit la circulaire du ministre de l'intérieur du 24 juin 1836, mais par le conseil de préfecture, auquel est dévolu le choix du tiers expert. — Dumay, t. 1er, p. 331.

399. — De ce que, selon nous, et contrairement à l'opinion enseignée par M. Dumay (t. 1er, p. 330), et adoptée au ministère de l'intérieur, les experts dont parle l'art. 19, sont des experts et non pas des arbitres, il suit qu'on pourra exercer contre eux le droit de récusation dans les cas autorisés par le Code de procédure.

400. — Les causes de la récusation devraient être appréciées, non par le tribunal civil, mais par le conseil de préfecture, auquel appartient la nomination des experts dont la récusation est un incident.

401. — Le prix fixé par les experts ne sera prescriptible que par 30 ans, l'art. 18, L. 21 mai 1836, ne pouvant s'étendre à un cas pour lequel il n'a pas été fait.

402. — Les chemins vicinaux de grande communication, quoique placés sous l'autorité des préfets, n'en restent pas moins la propriété des communes quant au sol; donc, en cas de déclassement et de suppression totale de ces chemins, le prix de vente des terrains qui les composaient doit appartenir à chaque commune pour la portion comprise dans son territoire, sans égard pour la part plus ou moins forte pour laquelle elle contribuait à leur entretien. — Dumay, t. 1er, p. 336.

403. — La suppression des chemins existant ne doit pas jouir des mêmes bénéfices que l'établissement des chemins nouveaux, et dès-lors les cessions consenties aux riverains ne participeront pas à la réduction des droits d'enregistrement consentie par l'art. 20, L. 21 mai 1836.

404. — La soumission et la cession qui en est la suite ne peuvent avoir pour effet d'enlever aux propriétaires riverains leur droit de vue, d'issue et de desserte sur le chemin déclassé et vendu (art. 19, L. 1836). — Cormenin, t. 1er, p. 294; — *Agen*, 30 mars 1824. — V. VOIE PUBLIQUE.

405. — Si la commune vendait à un tiers sans tenir compte du droit de préférence qui appartient aux riverains, ceux-ci auraient le droit de faire prononcer l'annulation de la vente consentie au préjudice du droit de préférence dont il s'agit, et l'acquéreur évincé n'aurait pas de dommages-intérêts à réclamer de la commune, puisque son éviction procéderait d'une cause qui est présumée connue de lui, d'une disposition de la loi.

CHAPITRE V. — *Rétablissement d'anciens chemins.*

406. — C'est au préfet et non au conseil de préfecture qu'il appartient de faire la reconnaissance et d'ordonner le rétablissement d'un ancien chemin vicinal abandonné. S'il s'agit de remplacer un chemin vicinal, le préfet est encore seul compétent pour apprécier à l'égard de ce changement l'utilité communale, sauf l'indemnité préalable s'il y a lieu. — *Cons. d'état*, 1er mai 1822, comm. de Ralazé c. Chatelais.

407. — Si le préfet n'a déterminé d'une manière précise ni les anciennes limites du chemin au point litigieux, ni l'emplacement qu'il devait occuper à l'avenir, il y a lieu de surseoir à statuer jusqu'à ce qu'il ait été procédé par lui à cette détermination. — *Cons. d'état*, 23 déc. 1835, Maugel c. comm. de Chastignac.

408. — Dans le cas où un particulier a changé la

RÉP. GÉN. — III. 32

direction d'un chemin que la commune soutient être vicinal, et que le tableau des chemins communaux n'a point encore été arrêté par le préfet, ce dernier n'est compétent que pour ordonner une enquête et prendre un arrêté sur la vicinalité du chemin. — En attendant, il doit maintenir provisoirement et par voie de police le public en jouissance du chemin. — *Cons. d'état*, 6 janv. 1830, Dupeyron: — Cormenin, vº *Chemins vicinaux*, t. 1er, p. 296, 307 et 308.

409. — C'est à l'autorité administrative qu'il appartient exclusivement de maintenir le public en jouissance de ces chemins, et c'est devant elle que les tribunaux saisis d'une question de possession doivent renvoyer à se pourvoir en présence d'un acte administratif qui rétablit la commune dans la possession d'un chemin vicinal. — *Cons. d'état*, 5 sept. 1836, Lavaud c. comm. de Bergerac.

410. — Un préfet n'a fait qu'agir dans les bornes de sa compétence, lorsqu'en déclarant la direction et les limites d'un chemin vicinal dont la reconnaissance lui appartient, il s'est borné à constater l'existence ancienne du chemin et à maintenir le public en jouissance de la communication en réservant les droits du réclamant à une indemnité dans le cas où il justifierait qu'il est propriétaire du terrain en litige. Dès-lors, son arrêté ne peut être déféré qu'au ministre que la matière concerne. — *Cons. d'état*, 16 juin 1831, Turodin; — Cormenin, t. 1er, p. 296 et 299; Chevalier, *Jurisprudence admin.*, vº *Chemins vicinaux*, t. 1er, p. 88; Cotelle, *Trav. publ.*, t. 3, p. 424.

411. — Mais un préfet excède sa compétence en ordonnant le rétablissement d'un ancien chemin dont la vicinalité n'a point encore été déclarée et reconnue. — *Cons. d'état*, 6 janv. 1830, Dupeyron; — Chevalier, t. 1er, p. 84.

412. — Si, d'après le mauvais état d'un chemin, il paraît indispensable au préfet de le remplacer soit en déclarant vicinal le chemin appartenant à un particulier, et qui sert à son exploitation, soit en établissant le nouveau chemin sur tout autre propriété privée, le changement ne peut s'opérer que dans les formes établies par les lois sur l'expropriation pour utilité publique. — *Cons. d'état*, 12 mai 1819, Tardy c. comm. de Griège; — Garnier, *Tr. des chemins*, p. 212; Isambert, *Voirie*, nº 281; Chevalier, t. 1er, p. 83.

413. — Si un particulier a supprimé un chemin vicinal et l'a remplacé par une digue, c'est au conseil de préfecture, sauf le recours au conseil d'état, à statuer sur la contravention. Mais le préfet est compétent pour déclarer que la digue ne peut tenir lieu du chemin supprimé. — Chevalier, t. 1er, p. 82. — Toutefois, si cette digue porte préjudice à un chemin et à des propriétaires, c'est au conseil de préfecture, dans le premier cas, et aux tribunaux, dans le second, à prononcer sur les plaintes auxquelles elle donne lieu. — *Cons. d'état*, 28 nov. 1821, Gramont c. Aigobert.

414. — Lorsqu'une sente a été dans les formes légales classée parmi les chemins vicinaux, la question de savoir s'il y a lieu de la supprimer comme inutile ne peut pas être déférée au conseil d'état par la voie contentieuse. — *Cons. d'état*, 14 nov. 1833, Turodin.

415. — La décision ministérielle qui rétablit, pour cause d'utilité communale, un chemin vicinal supprimé depuis plusieurs années, ne peut être attaquée sous prétexte que le chemin est inutile et que l'acte administratif qui en avait ordonné la suppression est passé en force de chose jugée. — En d'autres termes, la convenance administrative de l'utilité des chemins ne peut donner lieu à un recours par la voie contentieuse. — *Cons. d'état*, 24 déc. 1828, Mordant; — Cormenin, vis *Rejet des requêtes*, t. 1er, p. 115, et *Chemins vicinaux*, p. 300; Chevalier, t. 1er, p. 92.

416. — Le conseil d'état ne peut déclarer qu'un chemin vicinal est inutile et sera remplacé par un ancien chemin communal, car c'est aux tribunaux qu'il appartient de statuer sur la propriété et l'usage des chemins non classés. — *Cons. d'état*, 27 août 1828, Demontillet; — Cormenin, vº *Rejet des requêtes*, p. 115.

417. — Quand, après avoir laissé rétablir un chemin sans former opposition en temps utile à l'arrêté du préfet, un particulier se permet de l'intercepter, le tribunal saisi de la plainte doit statuer immédiatement et sans avoir égard à l'exception préjudicielle de propriété. — *Cass.*, 5 déc. 1833, Vincendon.

418. — Un conseil de préfecture ne peut, sans excéder sa compétence et empiéter sur la juridiction des tribunaux, ordonner le rétablissement d'un sentier fermé depuis plusieurs années en vertu d'une autorisation du directeur des fortifications, et dont un particulier réclame la propriété par possession et par titres. — *Cons. d'état*, 20 nov. 1816, Morel c. comm. de Sainte-Catherine-Sèzanas.

419. — Lorsqu'un particulier affirme qu'un chemin est établi sur sa propriété et qu'il ne doit pas la servitude de passage, il résulte de là une question de propriété qui est du ressort des tribunaux, et le préfet ne peut ordonner la suppression d'un fossé ouvert par ce particulier à l'entrée du chemin. — *Cons. d'état*, 27 mai 1816, Lentin c. comm. de Bey.

420. — Lorsqu'un chemin vicinal a été déplacé par l'usage, la demande formée par un propriétaire voisin, à l'effet d'être autorisé à passer sur l'ancien emplacement du chemin, constitue une véritable action en rétablissement de chemin vicinal, qui n'est pas de la compétence des tribunaux ordinaires. — *Bordeaux*, 5 mai 1828, Delaître c. Laffitte.

421. — Lorsqu'un chemin vicinal, malgré les réclamations d'une commune, a été jugé faire partie d'un domaine privé, la commune peut néanmoins, si elle y a intérêt, en provoquer l'ouverture, sauf indemnité envers qui de droit. — *Cons. d'état*, 8 sept. 1819, Fauquez c. comm. d'Echouboulain.

422. — Lorsqu'il existe sur un terrain des intersignes certains d'un ancien chemin, il y a lieu de rétablir cet ancien chemin. — *Rennes*, 9 mars 1814, comm. de Soudan c. Poirier.

423. — Lorsqu'il résulte de l'instruction que, jusqu'à une époque déterminée, un chemin se dirigeait au travers de la cour d'un domaine, et qu'alors le fermier ferma le passage et transporta le chemin au dehors des murs, qu'il n'est d'ailleurs justifié d'aucun acte de l'autorité compétente qui ait permis la translation du chemin, c'est avec raison que le conseil de préfecture a ordonné le rétablissement du chemin dans son ancien emplacement. — *Cons. d'état*, 14 juin 1837, Ducaurroy c. comm. de Migny.

424. — Quand un arrêté du conseil de préfecture a condamné un particulier à rétablir dans son premier état le chemin vicinal par lui usurpé, ce même particulier ne peut se pourvoir par action possessoire devant le juge de paix, en se fondant sur ce qu'il a la possession annale du chemin. — *Cons. d'état*, 28 fév. 1828, Parent c. Feuillerat; — Cormenin, t. 1er, p. 301 et 308. — V. aussi L. 21 mai 1836, art. 10.

425. — Quand un propriétaire, après avoir, dans son intérêt particulier, remplacé un gué par un pont, juge ensuite à propos de démolir ce pont, il ne peut être condamné à le reconstruire; on doit seulement l'obliger à rétablir le gué. — *Cons. d'état*, 2 juin 1832, Briare c. comm. de Colonges; — Cormenin, vº *Chemins vicinaux*, t. 1er, p. 308; Chevalier, vº *Chemins vicinaux*, t. 1er, p. 95.

426. — Lorsqu'un jugement interlocutoire qui ordonne une enquête relative à la revendication d'un ancien chemin communal décide que dans tous les cas la commune revendiquante ne pourra avoir droit qu'à un chemin de *largeur ordinaire*, le jugement définitif ne peut attribuer à cette commune une largeur plus considérable, encore que le terrain envahi par le défendeur soit reconnu avoir été plus large que les chemins ordinaires avant l'envahissement. — *Rouen*, 19 janv. 1842 (t. 2 1842, p. 146), Vincent c. comm. de Saint-Léger-aux-Bois.

427. — Lorsque l'administration fait placer des bornes et apposer des affiches indiquant les limites présumées d'un ancien chemin vicinal qu'elle se propose de rétablir, ces actes ne constituent pas un trouble de nature à autoriser l'action en complainte de la part du possesseur du terrain sur lequel ces bornes ont été placées. — Le possesseur de ce terrain doit se borner à présenter ses réclamations à l'autorité administrative, sauf à s'adresser aux tribunaux si la fixation définitive du chemin porte atteinte à sa propriété. — *Cass.*, 26 déc. 1826, Paillette c. comm. de Fontaines.

CHAPITRE VI. — *Moyens pour la confection et l'entretien des chemins.*

Sect. 1re. — *Ressources des communes.*

428. — Avant 1789, l'entretien des chemins vicinaux qui, dans certaines provinces, était à la charge des propriétaires riverains, concernait assez généralement les seigneurs haut-justiciers qui faisaient faire les réparations au moyen de corvées, c'est-à-dire de prestation en nature, que chaque habitant était obligé de fournir à raison de sa personne, de celles des membres de sa famille et des animaux de trait ou de charge qui lui appartenaient, ou à raison de certains héritages qu'il possédait. Les corvées, déjà défendues par les

édits de fév. 17776 et de juin 178, furent définitivement supprimées par les lois abolitives de la féodalité, comme contraires à la liberté individuelle. — Dumay, t. 1er, p. 26.

429. — La loi du 14 déc. 1789 mit à la charge des communes les frais d'entretien des chemins vicinaux.

430. — La loi du 28 sept.-6 oct. 1791, tit. 1er, sect. 6e, art. 2, en rappelant que les chemins reconnus pour être nécessaires à la communication des paroisses étaient à la charge des communautés sur le territoire desquelles ils sont établis, laissa à ces dernières la faculté, dont elles n'usèrent point, de s'imposer au marc la livre de la contribution foncière.

431. — La loi du 4 thermid. an X, tit. 2, art. 6, remit aux conseils municipaux le soin de proposer l'organisation qui leur paraîtrait devoir être préférée pour la prestation en nature. Ce mode, organisé par l'inst. min. 7 prair. an XIII, fut employé jusqu'à la loi du 15 mai 1818, qui a interdit, à peine de concussion, toutes contributions directes ou indirectes autres que celles autorisées par cette loi, à quelque titre et sous quelque dénomination qu'elles se perçussent.

432. — Aux termes de cette loi du 15 mai 1818, la prestation en nature ne pouvait être établie qu'en vertu d'une délibération du conseil municipal auquel seraient adjoints les plus imposés en nombre égal aux membres du conseil; la délibération devait de plus être homologuée par une ordonnance du roi. Il en résulta que l'emploi de ce mode de travail cessa dans tous les départemens, et que la dégradation des chemins alla chaque jour s'accroissant jusqu'à ce que la loi du 28 juill. 1824 le fît revivre. — Herman, nº 249.

433. — Néanmoins, il est bon de remarquer que la prestation, si elle rappelle par sa nature la corvée, ne présente point les mêmes inconvéniens que celle-ci. Elle ne porte plus sur les indigens et elle n'est plus exigée pour les routes royales. Ce n'est plus qu'un impôt assis sur la propriété, puisqu'elle est toujours rachetable. — Isambert, *Tr. de la voirie*, t. 1er, p. 74.

434. — La loi du 28 juill. 1824, par ses art. 2, 4, 5 et 6, disposa que, lorsque les revenus des communes ne suffiraient pas aux dépenses ordinaires de ces chemins, il y serait pourvu par des prestations en argent ou en nature au choix des contribuables; qu'en cas d'insuffisance de ces prestations, cinq centimes additionnels pourraient être ajoutés au principal des contributions directes; que pour voter les prestations et centimes additionnels, les conseils municipaux s'adjoindraient les contribuables les plus imposés; et qu'enfin, si ces ressources étaient impuissantes pour des travaux indispensables, il serait pourvu à la dépense par des contributions extraordinaires établies par ordonnance royale. Mais abandonnés dans leur application à l'autorité locale, ces moyens furent promptement reconnus insuffisans, et la loi du 21 mai 1836 a eu pour but de remédier à cet état de choses en rendant obligatoire ce qui n'était que facultatif.

435. — C'est d'abord avec leurs revenus que les communes doivent entretenir les chemins vicinaux; en cas d'insuffisance des revenus ordinaires des communes, l'art. 2, L. 21 mai 1836, porte qu'il sera pourvu à l'entretien des chemins vicinaux à l'aide, soit de prestations en nature dont le *maximum* est fixé à trois journées de travail, soit de centimes spéciaux en addition au principal des quatre contributions directes, et dont le *maximum* est fixé à cinq. L'art. 5 ajoute: « Si le conseil municipal, mis en demeure, n'a pas voté dans la session désignée à cet effet les prestations et centimes nécessaires, ou si la commune n'en a pas fait emploi dans les délais prescrits, le préfet pourra d'office, soit imposer la commune dans les limites du *maximum*, soit faire exécuter les travaux.

436. — La loi de 1836 ne parle pas de la contribution extraordinaire autorisée par ordonnance royale dont le *maximum* n'était pas déterminé, et que l'art. 6, L. 28 juill. 1824, permettait d'ajouter au produit des prestations; ce moyen peut encore être employé, seulement il devra être le résultat d'un vote spontané de la part du conseil municipal, et le préfet ne pourrait pas l'imposer d'office. — Dumay, t. 1er, p. 32.

437. — Les communes pourront donc, en remplissant les formalités indiquées par les art. 40 et suiv., L. 18 juill. 1837, s'imposer extraordinairement pour l'entretien de leurs chemins vicinaux, comme pour toute autre dépense de grande utilité. En effet, la chambre des pairs, dans la discussion de la loi du 21 mai 1836, a rejeté une proposition qui tendait à abroger l'art. 6, L. 28 juill. 1824, et elle a adopté l'art. 22, qui laisse subsister les lois précédentes non modifiées. — Dumay, t. 1er, p. 32

438. — A la différence de la loi du 28 juill. 1824, le conseil municipal peut, après l'emploi des ressources ordinaires, voter à son choix, soit les cinq centimes, soit les prestations en nature, soit ces deux moyens concurremment. — Dumay, t. 1er, p. 33.

439. — En effet, lors de la discussion à la chambre des députés, on demanda que le conseil municipal ne pût avoir recours à la prestation en nature que lors qu'il aurait voté les cinq centimes spéciaux. La commission de la chambre des pairs, au contraire, pensa que la prestation en nature devait être le moyen principal, obligé de l'entretien des chemins vicinaux. Ce n'était qu'après avoir épuisé ce moyen que les conseils municipaux devaient recourir aux centimes additionnels. La loi a pris un moyen terme entre ces opinions contraires. On demandera de l'argent là où l'argent abonde, des bras, là ou ils sont nombreux. A l'administration locale appartient le choix de l'un ou de l'autre de ces moyens. — L. 21 mai 1836, art. 2.

440. — Le concours des plus imposés ne sera pas nécessaire dans les délibérations prises pour l'exécution de l'art. 2. — L. 21 mai 1836, art. 2, 3e alinéa. — Selon M. Dumay (t. 1er, p. 35), cette disposition doit s'entendre en ce sens que les conseils municipaux ne peuvent s'adjoindre les plus imposés; autrement la délibération serait l'expression du vœu, non de la majorité du conseil, mais d'une réunion irrégulièrement composée.

441. — L'art. 2 de la loi de 1836 ne parle que de l'entretien des chemins vicinaux; mais dans la pratique, l'administration a assimilé avec raison la dépense de la construction des chemins à celle de l'entretien. — Herman, nº 238.

442. — Cette disposition, qui peut être regardée comme inconstitutionnelle en ce qu'elle donne au préfet le droit d'imposer d'office, a été considérée comme indispensable pour que l'exécution de la loi ne fût pas sans cesse entravée par l'inertie ou la mauvaise volonté de quelques conseils municipaux.

443. — Le préfet doit mettre la commune en demeure de voter la prestation ou de mettre à exécution les travaux. La forme de la mise en demeure et les délais après lesquels il peut agir, sont déterminés à l'avance par le réglement qu'il est tenu de porter, aux termes de l'art. 21 de la même loi. — Garnier, *Supplém.*, p. 20.

444. — L'art. 5 comporte à la fois la prestation en nature et l'imposition des centimes; mais c'est seulement pour l'impôt en deniers qu'il y aura une disposition générale. — *Monit.* de 1836, p. 270, 2e col.

445. — L'art. 1er de la loi de 1836, qui met à la charge des communes les chemins vicinaux *légalement reconnus*, s'applique, par la généralité de ses termes, tant aux chemins reconnus vicinaux avant la loi de 1836, qu'à ceux qui le seraient depuis; c'est au surplus ce qui a été reconnu dans la discussion du projet de loi à la chambre des députés.

446. — Cet article ne concerne ni les rues et places des villes, ni celles de l'intérieur des villages et bourgs, qu'elles soient pavées ou non, mais seulement les communications extérieures aux villes et villages. — Garnier, *Supplém. au Tr. des chemins*, p. 7.

447. — Il résulte de l'art. 2 de la loi de 1836 que les communes sont tenues d'entretenir les chemins vicinaux sur leurs ressources ordinaires, lorsque ces ressources peuvent suffire; le mot *ressources*, employé par la loi de 1836, est plus général que le mot *revenus*, dont se servait la loi du 28 juill. 1824: mais plus des quatre cinquièmes des communes du royaume sont obligées de recourir annuellement et d'une manière à peu près habituelle, à des impôts *extraordinaires* pour faire face à leurs dépenses ordinaires les plus urgentes. — Herman, nº 240.

448. — Ces impositions ne sont point restreintes dans les mêmes limites que l'imposition d'office des prestations et centimes, c'est-à-dire qu'elles peuvent dépasser l'équivalent de la valeur de trois journées de prestation et de cinq centimes spéciaux. — *Ibid.*

449. — Aux termes des art. 33 et 39, L. 18 juill. 1837, le préfet qui a qualité pour régler définitivement les budgets des communes, et pour y inscrire d'office les allocations nécessaires pour payer les dépenses obligatoires, est compétent pour, après avoir reconnu l'insuffisance des ressources votées par le conseil municipal d'une commune pour l'entretien des chemins vicinaux, mettre ce conseil municipal en demeure de satisfaire à cette obligation par le vote d'une imposition en centimes additionnels, dans les limites du *maximum* fixé par l'art. 2 de la loi du 21 mai 1836; et, faute par le conseil municipal d'avoir voté cette imposition, pour ordonner ou maintenir l'imposition d'office. — *Cons. d'état*, 9 juin 1843, ville de Langres.

450. — Le préfet et le ministre de l'intérieur, après avoir reconnu l'insuffisance des ressources ordinaires d'une commune, n'excèdent pas leurs pouvoirs, le préfet en ordonnant et le ministre en maintenant l'imposition d'office: leurs arrêtés en cette matière sont des actes administratifs qui ne sauraient être déférés au conseil d'état par la voie contentieuse. — *Cons. d'état*, 9 juin 1843, ville de Langres; 9 juin 1833, ville de Vire.

451. — Le droit de coërcition qu'ont les préfets à l'égard de communes qui n'ont pas de ressources ordinaires suffisantes, et qui doivent y suppléer par des ressources spéciales, peut être également exercé vis-à-vis des communes ayant des ressources ordinaires suffisantes. — Circul. min. 29 avr. 1839; — Herman, nos 241 et suiv.

Sect. 2e. — *Prestation en nature.*

452. — L'art. 3, L. 21 mai 1836, trace les règles qui doivent servir de base à la prestation en nature; il est ainsi conçu: « Tout habitant chef de famille ou d'établissement, à titre de propriétaire, de régisseur ou de fermier, ou de colon partiaire, porté au rôle des contributions directes, pourra être appelé à fournir chaque année une prestation de trois jours: 1º pour sa personne et pour chaque individu mâle valide âgé de dix-huit ans au moins et de soixante ans au plus, membre ou serviteur de la famille et résidant dans la commune; — 2º pour chacune des charrettes ou voitures attelées, et, en outre, pour chacune des bêtes de somme, de trait, de selle, au service de la famille ou de l'établissement dans la commune.

453. — On peut donc dire de la prestation en nature ce qu'on disait de la corvée, qu'il y en a de deux espèces: la prestation *personnelle et directe*, imposée à l'habitant en vue de sa personne seulement, et la prestation *réelle ou indirecte*, imposée à un citoyen pour les moyens d'exploitation de son établissement, lesquels se composent des membres de sa famille ou de ses serviteurs et encore de ses instrumens de travail, tels que bêtes de somme, de trait ou de selle.

454. — Ainsi, considéré comme individu, comme membre de la communauté intéressé à sa prospérité, chaque habitant doit la prestation en nature. — Mais s'il a une famille, s'il est propriétaire, s'il gère une exploitation agricole comme régisseur, fermier ou colon partiaire, s'il administre un établissement industriel, cet habitant a nécessairement un intérêt plus étendu à la prospérité de la communauté et au bon état des communications; d'ailleurs, l'exploitation de son établissement, quel qu'il soit, ne se peut faire sans dégrader les chemins de sa commune, et il est juste qu'il contribue à la réparation ordinaire de ces chemins, dans la proportion des moyens d'exploitation qui les dégradent. — Circul. minist. du 24 juin 1836.

455. — Chaque habitant, abstraction faite de son domicile, paie la prestation en nature, pour sa personne là où il réside de sa personne, réunissant les conditions exigées par la loi; et la prestation en nature pour ses chevaux, ses voitures, là où il a ses propriétés. — *Monit.*, 1836, p. 348, 2e col.

456. — Le forain qui ne possède que des propriétés dans une commune sans y demeurer, lors même qu'il y aurait une maison et y paierait une contribution mobilière, n'est pas assujéti à la prestation. — Dumay, t. 1er p. 42.

457. — Pour être considéré comme habitant et être comme tel soumis à la prestation en nature pour sa personne, ses domestiques et ses voitures, il suffit de venir passer quelques mois sur ses propriétés rurales, quoique ayant d'ailleurs son habitation ordinaire à la ville. Il suffit, en effet, d'habiter la campagne, d'avoir intérêt au bon état des chemins, pour être soumis à contribuer à leur entretien. — *Cons. d'état*, 8 juin 1842, comte de la Châtaigneraie.

458. — Mais rien n'empêcherait le conseil municipal de proportionner la quotité au temps de l'habitation dans la commune. — Dumay, t. 1er, p. 42.

459. — Pour les ouvriers et manœuvres, le lieu de leur résidence ou de leur habitation est celui où ils couchent et passent des jours de repos, lors même qu'ils travailleraient le reste du temps dans une autre commune. — Dumay, t. 1er, p. 43.

460. — Il suffit pour être soumis à la prestation d'habiter la commune au moment de la confection et de la publication du rôle. — Dumay, t. 1er, p. 43.

461. — Pour que l'exploitation agricole ou industrielle puisse être imposée dans tous ses moyens d'action, dans tous ses instrumens de travail, il n'est pas nécessaire que le chef de cette exploitation ou de cet établissement soit mâle, valide, âgé de dix-huit à soixante ans, ni même résidant dans la même commune. — Circul. min. intér. 24 juin 1836; — Dumay, t. 1er, p. 41. — En effet, c'est l'exploitation agricole, l'établissement industriel existant dans la commune qui doit la prestation.

462. — Par *chef de famille*, il faut entendre toute personne qui n'est point placée sous la dépendance d'une autre, lors même qu'elle serait célibataire et ne serait pas à la tête de ce qu'on entend communément par établissement industriel ou agricole.

463. — Le chef de famille n'est assujéti à fournir des prestations que pour les membres de sa famille résidant dans la commune; il ne l'est pas spécialement pour un fils étudiant le droit à Paris. — *Cons. d'état*, 26 nov. 1839, Dufour.

464. — Tout individu même non porté nominativement au rôle des contributions directes de la commune, même âgé de moins de dix-huit ans et de plus de soixante, même invalide, même du sexe féminin, même enfin n'habitant pas la commune, n'en doit pas moins la prestation en nature, s'il est chef d'une famille qui habite la commune, ou si, à titre de propriétaire, de régisseur, de fermier ou de colon partiaire, il est chef d'une exploitation agricole ou d'un établissement sis dans la commune. — *Cons. d'état*, 21 juill. 1839, Adam.

465. — L'art. 3 de la loi du 21 mai 1836 dit que, pour être soumis à la prestation en nature, il faut être porté au rôle des contributions directes, et la circulaire ministérielle du 24 juin 1836 dit la même chose; mais cela ne doit s'entendre que de la charge directe de la prestation en nature. C'est ainsi que le conseil d'état a jugé qu'il n'est pas nécessaire que les membres ou serviteurs de la famille soient compris au rôle des contributions directes, pour être soumis à la prestation en nature. — *Cons. d'état*, 13 fév. 1840, de Saint-Oyant.

466. — Les femmes sont sujettes à la prestation comme propriétaires des domaines dont l'exploitation est faite en leur nom et à leur profit. — *Cons. d'état*, 17 avr. 1836, Lafontan; — Cormenin, t. 1er, p. 303.

467. — La veuve ne paiera point la prestation en nature de sa personne, mais elle paiera pour ce qu'elle possède, pour l'établissement à la tête duquel elle peut se trouver. .... La veuve, a dit le rapporteur à la chambre des députés, est chef de famille, et elle peut et doit payer pour ses enfans.

468. — La prestation en nature constituant un impôt auquel tous les citoyens sont indistinctement soumis, aucune fonction, aucun emploi n'en peut dispenser.

469. — Quelques préfets en 1801 en avaient dispensé des ministres des cultes et des juges; le ministre de l'intérieur releva cette erreur en disant que la prestation n'était pas un service public, mais une charge commune réelle et non essentiellement personnelle, puisqu'on pouvait s'en rédimer en argent.

470. — L'ecclésiastique qui ne se trouve compris dans aucun des cas d'exception prévus par la loi du 21 mai 1836 peut, nonobstant sa qualité, être soumis à la prestation en nature. — *Cons. d'état*, 30 déc. 1841, Degoy; 2 juin 1843, Guernier.

471. — Jugé de même que les curés ne sont pas exempts de la prestation en nature. — *Cons. d'état*, 1er juill. 1840, Vial.

472. — Tout habitant porté au rôle des contributions directes d'une commune est appelé à fournir la prestation en nature pour sa personne, alors même qu'il serait officier en disponibilité, porté sur le cadre d'activité. — *Cons. d'état*, 18 fév. 1839, De Vênevelles.

473. — Les officiers sans troupe et d'état-major, logés dans les bâtimens de l'état, devant être imposés au rôle de la contribution personnelle et mobilière, doivent aussi contribuer aux taxes qui sont établies par voie de centimes additionnels au principal des contributions directes, et notamment aux prestations en nature pour réparation des chemins vicinaux. — *Cons. d'état*, 18 juill. 1838, Courtois-Lebon.

474. — Un ancien militaire ne peut, à raison de ses blessures, se dispenser de satisfaire aux prestations, en nature ou en argent, qui sont imposées à tout habitant, chef de famille ou d'établissement à titre de propriétaire, de régisseur, de fermier ou de colon partiaire, par l'art. 3, L. 28 juillet 1824, sur les chemins vicinaux, s'il ne prouve pas d'ailleurs qu'il ne soit pas valide. — *Cons. d'état*, 1er août 1834, Thomas; — Cormenin, vº *Chemins vicinaux*, t. 1er, p. 308; Chevalier, vº *Chemins vicinaux*, t. 1er, p. 96.

475. — Le réfugié politique qui n'a pas été, lors de la formation de la matrice des rôles, désigné par le conseil municipal pour être exempt de toute

cotisation, doit être soumis à la contribution personnelle et par suite à la prestation en nature. — *Cons. d'état*, 30 août 1843, Wyssomyrski.

476. — Les gardes forestiers doivent être soumis à la prestation en nature. — *Cons. d'état*, 7 déc. 1843, Schreyer.

447. — Les facteurs des bureaux de poste doivent être soumis à la prestation en nature pour leur personne. — *Cons. d'état*, 16 mars 1842, Lucas.

478. — Bien que l'art. 3 ne parle que de propriétaire, régisseur, fermier ou colon partiaire, il faut l'étendre à l'usufruitier, à l'usager, à l'emphytéote et à celui qui jouit d'un droit d'habitation.

479. — Le fermier ou le colon qui a payé cet impôt, n'est pas fondé à s'en faire rembourser par le propriétaire. Il en est de cet impôt comme de celui des portes et fenêtres que le locataire paie sans recours.

480. — C'est le chef d'établissement ou de famille qui doit la prestation pour lui et pour chaque individu, etc. Il doit prendre les mesures nécessaires pour faire payer la prestation, il peut la faire faire par qui bon lui semble, pourvu qu'il n'envoie pas des individus évidemment impropres au travail qu'il s'agit d'accomplir, car le maire ou l'agent voyer pourrait refuser de les admettre.

481. — La prestation n'est due en qualité de chef d'établissement que par les individus mâles et valides ; une infirmité temporaire serait un motif pour obtenir un délai pour se libérer, mais une infirmité continuelle devrait emporter la radiation du rôle. Ainsi, la prestation ne saurait être exigée de l'interdit qui est dans un état habituel d'imbécillité, de démence ou de fureur, mais elle sera due par le prodigue auquel a été nommé un conseil judiciaire.

482. — Par *serviteurs de la famille* il faut entendre non seulement les individus à gage ou à traitement annuel ou mensuel, attachés au service de la personne des maîtres de sa maison, de sa ferme ou de son exploitation, mais encore les secrétaires, précepteurs, régisseurs, intendans, et chez les artisans les compagnons et apprentis qui ne travaillent pas seulement à la journée ou à la pièce. — Dumay, t. 1er, p. 56.

483. — Un simple ouvrier à la journée et les domestiques femelles ne doivent pas être compris dans le rôle, ni servir à déterminer le nombre de journées qui doivent être mises à la charge du maître pour lequel ils travaillent. — Dumay, t. 1er, p. 56.

484. — Les individus attachés à un établissement industriel ne peuvent être considérés comme membres ou serviteurs de la famille ; en conséquence, le chef d'un pareil établissement ne peut être soumis à la prestation en nature pour ces mêmes individus. — *Cons. d'état*, 27 août 1840, Barsalon.

485. — Les ouvriers employés par un chef d'établissement industriel ne peuvent être considérés comme membres ou serviteurs de la famille. — *Cons. d'état*, 11 mars 1843, Barsalon.

486. — Les étalons jumens et poulains non attelés, ainsi que les bêtes de trait ou de somme, objets d'un commerce, ou destinés à la consommation ou à la reproduction, lorsqu'ils ne sont pas encore livrés à un service, ou ont cessé d'y être employés, ne peuvent être atteints par la prestation ; mais si le possesseur en retire en même temps un service de la nature de ceux que la loi a en vue, la prestation sera due. — Inst. min. d'oct. 1824 et du 24 juin 1836 ; — Garnier, *Tr. des chemins*, p. 531 ; Dumay, t. 1er, p. 60.

487. — Par *bêtes de somme, de trait*, on doit entendre non seulement les chevaux, mais encore les mulets, bœufs, ânes, et même les vaches, dans les pays où on les attelle aux voitures ou à la charrette.

488. — Le propriétaire d'un domaine, dont l'exploitation est faite en son nom et à son profit, est tenu, bien qu'il n'habite pas la commune, de supporter sa part des prestations en nature pour la réparation des chemins vicinaux, en raison du nombre des domestiques, animaux et charrettes employés à l'exploitation de ce domaine. — *Cons. d'état*, 17 août 1836, Lafontan ; 22 janv. 1840, de Terrasson ; — Foucart, *Elém. de dr. publ.*, no 431 ; Cotelle, *Tran. publ.*, t. 3, p. 386.

489. — Il est bon de remarquer que le fermier ou administrateur des biens de l'état, productifs ou non de revenus, est soumis à la prestation pour sa personne, ses parens, etc., et la décision du préfet, par laquelle il fixe le montant des prestations et centimes à la charge de l'état, peut être déférée au conseil de préfecture et ensuite au conseil d'état. — Garnier, *Supplém. au tr. des chem.*, p. 43.

490. — L'individu qui possède, dans une commune, deux chevaux et un tombereau, a été avec raison soumis aux prestations en nature pour l'entretien des chemins vicinaux. — *Cons. d'état*, 22 nov. 1836, Arnault ; 29 oct. 1839, Quilichini ; — Foucart, *Elém. de dr. publ.*, no 431.

491. — Mais lorsqu'il est établi qu'un particulier ne possède pas de cheval dans une commune, c'est à tort que le conseil de préfecture l'impose aux rôles des prestations en nature pour deux journées de cheval. — *Cons. d'état*, 14 déc. 1837, Davoust.

492. — Un cultivateur ayant deux établissemens agricoles en deux communes différentes, peut passer de l'un à l'autre de sa personne ; il peut aussi envoyer d'un établissement dans un autre des chevaux, des voitures, des charrues. Dans la première hypothèse, celle où il se transporte d'un établissement à un autre, le cultivateur ne paie toujours qu'une seule fois son impôt personnel, sauf, en outre, la prestation en nature pour les chevaux, charrues et voitures attachés à chaque établissement. — Dans la seconde hypothèse, comme on sait habituellement ce qu'il faut de chevaux et de charrues pour labourer une certaine quantité d'hectares de terre, il sera facile de calculer, eu égard à la quantité d'hectares de chacun des deux établissemens, ce qu'il faut raisonnablement de chevaux et voitures pour la culture de chacun. En conséquence, on frappera dans chaque commune le cultivateur eu égard à l'importance de l'exploitation qu'il y possède. — *Moniteur* de 1836, p. 348, 2e col.

493. — Quand partie d'une exploitation rurale se trouve située sur une commune autre que celle du chef-lieu d'exploitation, le propriétaire ne peut être soumis à la prestation en nature dans la commune où il n'a pas de centre d'exploitation pour les bœufs et charrettes employés à la culture des terres qui y sont situées. — *Cons. d'état*, 21 juill. 1839, Adam.

494. — La loi de 1836 ne prend pas seulement en considération la possession des voitures, il faut qu'elles soient *attelées* ; mais celui qui a une voiture sans chevaux ne devra aucune prestation, et celui qui aura plusieurs voitures et un seul cheval ne devra qu'une seule prestation. Par la même raison, celui qui, n'ayant qu'une charrette ou voiture, aurait plusieurs chevaux propres à la conduire, serait censé avoir autant de charrettes attelées qu'il aurait de bêtes de trait, et il devrait retourner autant de fois avec sa charrette sur le chemin qu'il aurait de chevaux, sans pouvoir envoyer une fois seulement sa voiture, et en même temps ses autres chevaux sans harnais. — Proudhon, *Domaine publ.*, no 511 ; Dumay, t. 1er, p. 59.

495. — Mais ne saurait-être soumis à la prestation le carrossier ou charron qui aurait en magasin des charrettes ou voitures pour les vendre. — Art. 3. — Garnier, *Supplém.*, p. 15.

496. — Sous les dénominations de charrettes et voitures, on comprend tout ce qu'on peut concevoir en ce genre, même les diligences, berlines, calèches, etc., et sans s'inquiéter si ces voitures peuvent être ou non d'aucun usage pour le transport des matériaux propres à la réparation des chemins (art. 3). — V. la discussion à la chambre des députés.

497. — A Paris, d'après la loi du 21 mai 1836, plus complète que la loi du 28 juillet 1824, les voitures, même de luxe, seront sinon soumises à l'impôt, au moins prises en considération pour la fixation de la quotité du maître qui devra en fournir une plus appropriée au service exigé.

498. — Lorsqu'un cultivateur a plus d'attelages que de serviteurs, un autre fournit les conducteurs des attelages. — *Moniteur* 1836, no 58, supplém., p. 350, 2e col.

499. — Lorsqu'un particulier n'a plus au commencement de l'année le domestique, le cheval et la charrette qu'il avait l'année précédente, il ne peut pas être imposé aux prestations en nature à raison de ce domestique, de ce cheval et de cette voiture. — *Cons. d'état*, 26 janv. 1839, Youf-Larible.

500. — Les propriétaires qui veulent acquitter leurs prestations ne sont obligés de fournir avec leurs bêtes de somme que les harnais qui sont à leur disposition. — *Cons. d'état*, 17 août 1841, comm. de Jegun c. Thoré.

501. — Les chevaux de manége, la jument servant à la reproduction, qu'on emploie toutefois comme bête de somme, doivent être comptés pour la fixation des prestations en nature. — *Cons. d'état*, 9 juin 1842, Bourrec.

502. — Les bêtes de somme, de trait ou de selle, si elles ne sont pas employées à l'usage personnel du possesseur, de la famille ou de son établissement, si elles sont un objet de commerce, ou si elles sont destinées seulement à la conservation ou à la reproduction, ou si même, destinées à l'exploitation elles sont cependant trop jeunes pour y être employées, ne peuvent donner ouverture à l'imposition de la prestation en nature. — Herman, no 258.

503. — Ne doivent pas être comptés dans la prestation en nature les chevaux qui se trouvent accidentellement chez le propriétaire et qui y sont amenés par une personne qui vient annuellement passer quelques mois chez ce même propriétaire. — *Cons. d'état*, 22 janv. 1840, de Terrasson.

504. — Les employés du gouvernement, tenus d'entretenir un cheval pour leur service, ne doivent pas être assujétis à la prestation en nature à raison de ce cheval. — *Cons. d'état*, 29 janv. 1841, Blondeau.

505. — Jugé, par application de ce principe, qu'un contrôleur des contributions indirectes ne peut être assujéti, pour son cheval, à la prestation en nature. — *Cons. d'état*, 6 nov. 1839, Wuillaume.

506. — Les employés du gouvernement tenus d'entretenir un cheval pour leur service ne sont pas assujétis à la prestation en nature à raison de ce cheval, et d'une voiture dont ce cheval est le seul attelage — *Cons. d'état*, 8 avr. 1842, Gromand.

507. — Le conseil d'état a jugé que le propriétaire d'un établissement de messageries dirigé par un préposé résidant dans la commune, et auquel sont attachés deux postillons, dix chevaux et deux voitures, doit être imposé au rôle des prestations en nature de la commune pour lesdites personnes, chevaux et voitures. — *Cons. d'état*, 11 juin 1838, Dotezac ; — Foucart, t. 2, p. 431. — Cette décision ne nous paraît point fondée. La loi dit que le chef d'établissement doit la prestation pour les serviteurs de la famille seulement, et l'instruction ministérielle du 24 juin 1836 porte : « Les ouvriers, laboureurs ou artisans, qui travaillent à la journée, ou à la tâche, ne sont évidemment pas compris dans la catégorie des *serviteurs*. Il n'y a donc pas lieu de les imposer, au moins comme attachés à l'établissement de celui pour le compte duquel ils travaillent.

508. — Les maîtres de poste ne sont pas assujétis à la prestation en nature pour les chevaux qu'ils sont obligés de tenir disponibles pour le service des relais, mais ils le sont pour les chevaux faisant le service des diligences. — *Cons. d'état*, 16 juillet 1840, Trépagne.

509. — ...Ou pour les chevaux qui excèdent le nombre fixé par l'administration comme *minimum* pour le service des relais. — *Cons. d'état*, 18 juillet 1838, Esmein.

510. — Les maîtres de poste ne peuvent être assujétis à la prestation en nature que pour les chevaux qui excèdent le nombre fixé par l'administration pour être exclusivement affectés au service des relais ; ils ne le peuvent pas non plus pour les postillons titulaires qu'ils emploient, lesquels ne doivent pas être assimilés aux serviteurs du maître de poste. — *Cons. d'état*, 25 janv. 1839, Guyot ; 27 juin 1838, Payart.

511. — Les maîtres de poste sont exempts de la prestation en nature : 1° pour les chevaux affectés au service du relais, même alors qu'ils les emploient à des travaux d'agriculture ; 2° pour les charrettes auxquelles ils n'attellent que les chevaux de relais ; 3° pour les postillons titulaires attachés à leur relais. — *Cons. d'état*, 29 janv. 1841, Buiet.

512. — La prestation en nature, d'après l'art. 7, doit être fournie *chaque année*, mais il est évident qu'elle ne devrait pas être exigée si le bon état des chemins d'une commune la rendait inutile ; si une commune négligeait pendant 2 ou 3 ans d'entretenir ses chemins, on ne pourrait cumuler les années antérieures avec l'année courante et exiger six ou neuf jours. — V. *contrà* Proudhon, *Tr. du dom. publ.*, no 508.

513. — La loi du 21 mai 1836 fixe un délai de trois jours, mais les trois jours ne devront pas être invariablement exigés. Le conseil municipal appréciera quelle quotité il devra fixer. Il pourra même faire parmi les contribuables diverses classes dont les unes donneraient trois jours tandis que les autres n'en donneraient qu'un. — Proudhon, *ibid.*, no 509 ; Dumay, t. 1er, p. 51.

514. — Par journée de travail il faut entendre le temps compris entre le soleil levant et le soleil couchant, déduction faite du temps ordinairement consacré dans le pays au repos et à la nourriture des ouvriers. — Dumay, t. 1er, p. 52.

515. — Les prestataires doivent se munir à leurs frais des pelles, pioches et brouettes, nécessaires à l'exécution du travail ; c'est ainsi que le décide implicitement la circulaire ministérielle du 21 juin 1836, modèle F. — Dumay, t. 1er, p. 53.

516. — Chaque chef de famille ou d'établissement doit la prestation en nature pour tout ce que la loi déclare imposable, et sans que le conseil municipal ait le droit d'affranchir de la contribution une partie de ce qui en compose les bases. — Circul. min. 11 avr. 1839.

517. — Mais la loi a déterminé certains modes d'exemption dont les conditions doivent être rigoureusement accomplies.

518. — Ainsi les conditions d'âge ou d'invalidité de la personne qui peuvent affranchir des prestations en nature seront facilement appréciées par le conseil municipal.

519. — L'indigence se trouve implicitement comprise au nombre des motifs d'exemption, puisqu'aux termes de la loi du 21 avr. 1832, les indigens ne doivent point figurer sur les rôles des contributions directes et que les individus portés à ces rôles sont seuls imposables. — Dufour, t. 1er, p. 519.

520. — La loi en employant ces mots *pourra être appelé à fournir*..... laisse aux conseils municipaux répartiteurs de ces charges un pouvoir discrétionnaire en vertu duquel ils peuvent proportionner la répartition aux divers degrés d'aisance des habitans.

521. — Si le propriétaire se trouve trop fortement imposé, le conseil de préfecture saisi par lui décidera, sauf recours au conseil d'état. — *Moniteur, eod. loc.*

522. — L'obligation de fournir les prestations se prescrit par le laps de temps que le préfet a fixé pour leur emploi en exécution de l'art. 21 de la loi du 21 mai 1836. La prescription établie pour les contributions directes est sans application en cette matière. — *Conseil d'état*, 20 janv. 1843, Mallat.

523. — Il doit, pour l'exécution des prestations en nature, être rédigé dans chaque commune un état-matrice qui présente pour chaque article : 1o le nom de l'individu sur lequel la cote est assise; — 2o le nom des membres de la famille et des serviteurs qui doivent également donner lieu à imposition ; — 3o le nombre des charrettes ou voitures attelées et des bêtes de somme, de trait et de selle qui sont au service de la famille ou de l'établissement dans la commune. — Inst. min. du 24 juin 1836.

524. — Cet état-matrice doit être dressé par une commission formée du maire, des répartiteurs et du receveur municipal, avec le concours des contrôleurs des contributions directes.

525. — L'état-matrice devient la base légale du rôle de prestation en nature qui, en vertu de la délibération du conseil municipal, votant l'emploi de cette ressource, doit être rédigé par le directeur des contributions directes, et rendu exécutoire par le préfet. — Herman, no 281.

526. — L'administration municipale peut dresser un rôle de prestation unique pour des travaux qui ont à la fois pour but le rétablissement ou la conservation des communications vicinales et la défense des propriétés riveraines d'un cours d'eau lorsque ces travaux ne forment dans leur ensemble qu'une seule opération. — L. 28 juill. 1824. — Le conseil de préfecture est compétent pour statuer sur les oppositions formées au recouvrement de ce rôle de prestation. Il fait une juste application des règles de la matière en déboutant les réclamans de leur opposition, par le motif qu'en qualité de propriétaires ils étaient suffisamment intéressés aux travaux. — *Cons. d'état*, 19 nov. 1837, Mognat.

527. — Aux termes d'une circulaire du 2 août 1845, de M. le ministre des finances, les préfets sont autorisés à faire substituer dans les rôles de prestations l'ordre topographique des habitations à l'ordre alphabétique des contribuables, qui était alors suivi. — Cette modification dans les instructions n'a d'autre but que de faciliter la direction des travaux des chemins vicinaux dans les communes composées de hameaux épars : elle permet à l'administration de convoquer plus facilement les prestataires sur les parties des chemins à réparer qui sont le plus à proximité de leurs habitations, et on peut ainsi éviter fréquemment les pertes de temps souvent considérables qu'exigent l'aller et le retour des contribuables. Toutefois les habitans des diverses sections sont tenus de contribuer indistinctement à l'amélioration de tous les chemins vicinaux sur toute l'étendue du territoire de la commune, et ils peuvent même être quelquefois appelés à réparer ou à construire des chemins situés en dehors de ce territoire, lorsque ces dernières voies publiques sont des chemins de grande communication ou des chemins de petite communication d'intérêt commun. — L'adoption de l'ordre topographique dans la confection des états-matrices ne peut donc apporter aucune modification à ce principe fondamental. Les prestataires n'en demeurent pas moins dans l'obligation de porter, s'ils en sont requis, leurs journées de prestations sur tel chemin ou telle partie de chemin appartenant à la commune ou auquel la commune a été déclarée intéressée et qui leur a été désignée par l'autorité compétente.

528. — Le recouvrement des prestations en nature doit être poursuivi comme pour les contributions directes, et les dégrèvemens sont prononcés sans frais.

529. — Le maire a seul qualité pour se pourvoir, dans l'intérêt des habitans de la commune, contre les décisions qui dégrèvent un contribuable, et les habitans sont non-recevables à agir *ut singuli*. — *Cons. d'état*, 15 oct. 1826, Doumergue. — Il n'a pas besoin d'être autorisé par le conseil municipal pour prendre cette mesure. — *Cons. d'état*, 16 fév. 1826, comm. d'Ervy.

530. — Le ministre des finances n'a point mission de poursuivre devant le conseil d'état la réformation d'un arrêté d'un conseil de préfecture qui a admis une demande en dégrèvement. — *Cons. d'état*, 5 fév. 1841, min. des fin. c. Aviat; 5 mars 1841, comm. de la Bretech.

531. — Le délai pour le rappel à l'égalité proportionnelle fixé par la loi du 2 messid. an VII (art. 126 et 127) ne commence à courir que du jour de la publication du dépôt d'une nouvelle matrice dans la commune où les biens sont situés. — *Cons. d'état*, 16 fév. 1826, comm. d'Ervy.

532. — Tant qu'il n'a pas été statué sur les demandes en dégrèvement, le contribuable peut être requis de fournir les journées pour lesquelles il est inscrit au rôle, sauf son recours contre la commune en cas de dégrèvement. — Herman, no 287.

533. — Pour ce qui est de l'option du contribuable de se libérer en nature ou en argent, elle doit être déclarée, dans le mois de la publication des rôles, devant le maire ou son adjoint délégué à cet effet. Les cotes pour lesquelles il n'a été fait aucune déclaration dans les délais fixés, sont, aux termes de l'art. 4 de la loi, exigibles en argent.

534. — Le préfet fixe, par le réglement général exigé par l'art. 21, L. 21 mai 1836, les époques auxquelles les prestations en nature devront être faites; mais c'est à l'autorité municipale qu'il appartient d'indiquer les jours qui seront consacrés aux travaux de prestation, en se renfermant dans les époques déterminées par les préfets.

535. — « Quinze jours avant l'époque fixée pour l'ouverture des travaux de prestation, le maire doit faire publier, le dimanche, à l'issue des offices, et afficher à la porte de la maison commune l'avis que les travaux de prestation vont commencer dans la commune. Cette publication doit être répétée le dimanche suivant, et, en même temps, le maire fait remettre à chaque prestataire un avis portant réquisition de se trouver tel jour, à telle heure, sur tel chemin, pour y faire, en acquittement de sa cote, les travaux qui lui seront indiqués. Ces avis, rédigés sur des formules imprimées, sont signés par le maire, et remis sans frais aux prestataires par l'entremise du garde champêtre. » — Herman, no 292.

536. — L'exécution des travaux de prestation a lieu sous la surveillance du maire, de son adjoint, ou d'un membre du conseil municipal que le maire aurait spécialement délégué à cet effet. Dans les communes où la chose est possible, le maire peut choisir un piqueur chargé de la direction matérielle des travaux.

537. — Quand un prestataire, après avoir déclaré vouloir s'acquitter en nature, n'obtempère pas à la réquisition de se rendre sur les ateliers, ou ne s'acquitte pas convenablement du travail qui lui est imposé, sa cote ou le restant de sa cote devient exigible en argent. — Inst. min. 24 juin 1836.

538. — Dans les communes où les conseils municipaux ont arrêté des conversions en tâches, et lorsque le maire, pour les chemins vicinaux de petite communication, et le préfet, pour les chemins vicinaux de grande communication, ont décidé que ce mode d'emploi serait admis, le prestataire en est prévenu par un bulletin ou réquisition de travail sur lequel est portée l'indication de l'espèce et de la quotité de travaux qu'il doit faire en acquittement de ses journées. Un délai lui est assigné pour l'accomplissement de ces travaux, qu'il peut faire au moment qui lui est le plus opportun, dans les limites du délai fixé. Quand les travaux sont effectués, l'autorité fait reconnaître si les tâches imposées ont été bien et dûment faites, et il est alors donné au prestataire un certificat de libération comme pour les travaux faits à la journée. — Herman, no 295.

539. — Le maire représentant de la commune est à ce titre chargé de surveiller l'emploi de la prestation en nature. Il peut pour les soins de cette nature se faire assister et même suppléer par des agens-voyers chargés de la direction et de la surveillance de ces travaux.

540. — Ces agens sont nommés par le préfet. La quotité de leur traitement est fixée par le conseil général, mais comme ils sont institués dans l'intérêt des travaux purement communaux, leur traitement est presque entièrement pris sur les ressources applicables aux travaux des chemins vicinaux de petite communication.

541. — Des garanties spéciales d'aptitude, déterminées par une circulaire ministérielle du 11 octobre 1836, sont exigées des agens-voyers que l'on ne nomme qu'après examen.

542. — L'agent-voyer prête serment devant le tribunal de l'arrondissement dans lequel il va exercer ses fonctions.

543. — Il a mission, d'accord avec le maire, pour désigner les chemins à réparer, faire la convocation des prestataires, surveiller, diriger les travaux, et prendre les mesures nécessaires contre les prestataires qui ne se libèrent pas.

544. — Les agens-voyers ont le droit de constater les contraventions et délits et d'en dresser des procès-verbaux. — L. 21 mai 1836, art. 11.

545. — Mais chargés de surveiller l'entretien et la réparation des chemins vicinaux, ils n'ont pas qualité pour constater les contraventions aux réglemens relatifs à l'alignement. — *Cass.*, 23 janv. 1841 (t. 1er 1842, p. 273), Jeannin.

546. — Etant les délégués des préfets sous l'autorité desquels ils sont placés, les agens-voyers ont donc de droit la direction des travaux de prestation sur les chemins de grande communication. D'après les instructions qu'ils reçoivent du préfet, ils préparent l'organisation des ateliers, indiquent aux maires les jours où les travaux se feront, ainsi que le nombre de journées de différentes espèces qui devront être fournies chaque jour, dans la limite des obligations de la commune; ils dirigent les travaux des prestataires, et délivrent ou refusent les certificats de libération. — Herman, no 363.

547. — L'organisation la plus généralement adoptée est celle-ci : un agent-voyer en chef centralise et dirige tout le service vicinal du département sous les ordres du préfet ; un agent-voyer dans chaque arrondissement fait exécuter les ordres qu'il reçoit de l'agent-voyer en chef. Enfin des agens-voyers d'arrondissement dirigent spécialement les travaux des chemins vicinaux de petite communication. — Herman, no 390.

548. — La prestation en nature peut se convertir en argent. Cette faculté qui existait sous l'empire de la loi du 28 juillet 1824 qui chargeait les conseils municipaux de fixer le taux de la conversion des prestations en nature (art. 5) a été maintenue par la loi de 1836 (art. 4), qui confie la mission de fixer le taux du rachat aux conseils généraux du département, sur la proposition des conseils d'arrondissement.

549. — Les conseils généraux sont chaque année appelés à délibérer sur les modifications à introduire dans les tarifs.

550. — Le conseil général appelé à fixer annuellement, sur la proposition des conseils d'arrondissement, la valeur de chaque journée de travail n'est pas plus obligé à une fixation uniforme pour tout le département, que par arrondissement ou par commune. Il n'est point non plus tenu d'imposer à chaque commune une taxe spéciale. Il se détermine d'après les circonstances locales. — *Moniteur*, 1836, p. 351, col. 3.

551. — L'art. 4 de la loi du 21 mai 1836 impose aux contribuables l'obligation de faire, dans certains délais leur option pour l'acquittement de leurs cotes en nature ou en argent, et la déclaration qu'à défaut d'option exprimée dans les délais, la prestation serait de droit exigible en argent. Ces délais doivent être indiqués par les préfets dans le réglement général qu'il leur appartient de rédiger, aux termes de l'art. 21.

552. — La prestation en nature peut aussi se convertir en tâches d'après les bases et évaluations de travaux préalablement fixées par le conseil municipal. De telle sorte que les prestataires, au lieu de se voir contraints à se rendre à jour fixe sur les chemins, pourront obtenir un délai de quinze jours ou d'un mois pour exécuter la tâche représentant ces journées.

553. — C'est en considération de l'opportunité et du meilleur emploi du temps que le conseil municipal se déterminera à admettre le contribuable à acquitter en tâches la prestation qu'il aurait pu acquitter en nature. — Art. 4. — *Moniteur*, 1836, p. 943, 1re col.

554. — Si le conseil municipal s'abstient de voter cette conversion, l'autorité supérieure ne peut l'y contraindre. — Herman, no 365.

555. — Mais si les conseils municipaux votent des tarifs de conversion trop bas, les préfets peuvent empêcher l'exécution de ces tarifs, en vertu du principe général que toute délibération d'un conseil municipal a besoin d'approbation pour être exécutoire. La prestation demeure alors exigible en journées dans ces communes, car il n'appartient point aux préfets de contraindre les conseils municipaux à rédiger un autre tarif. — Herman, n° 366.

556. — En l'absence de toute disposition législative, la conversion en tâches, votée par le conseil municipal, ne peut être obligatoire pour le prestataire auquel il est facultatif de s'acquitter en journées.

Sect. 3e. — *Impositions extraordinaires.*

557. — Le maximum des centimes spéciaux qui peuvent être votés, soit isolément, soit concurremment avec les prestations en nature, par les conseils généraux, en vertu de la loi du 21 mai 1836, est déterminé annuellement par la loi des finances. — L. 21 mai 1836, art. 12.

558. — La loi, en ne fixant que le maximum des prestations et des centimes additionnels, a laissé le minimum à l'arbitrage des conseils municipaux.

559. — Ce n'est qu'en cas d'insuffisance des ressources ordinaires des communes, et seulement pour l'entretien des chemins que l'impôt de la prestation ou des centimes additionnels peut être voté. Le conseil municipal ne doit d'ailleurs voter que ce qu'il est nécessaire d'ajouter aux fonds disponibles. — Garnier, *Supplément au traité des chemins*, p. 9.

560. — Ces centimes sont recouvrés dans la même forme que les contributions directes, et compris dans les rôles généraux de ces mêmes impôts. — L. 28 juill. 1824, art. 5.

561. — Si le conseil municipal, mis en demeure, n'a pas voté, dans la session désignée à cet effet, les prestations et centimes nécessaires, ou, si la commune n'en a pas fait emploi dans les délais prescrits, le préfet pourra, d'office, soit imposer la commune dans les limites du maximum, soit faire exécuter les travaux chaque année, le préfet communiquera au conseil général l'état des impositions établies d'office, en vertu du présent article. — L. 21 mai 1836, art. 5.

562. — Cette disposition avait d'abord été critiquée comme inconstitutionnelle; c'est pour échapper à ce reproche que l'art. 12 a ajouté que le maximum des centimes spéciaux qui pourront être votés par le conseil général sera déterminé annuellement par les lois de finances.

563. — La nécessité de toute imposition d'office se constate, quand il s'agit de simples chemins vicinaux, sur la provocation soit des habitans de la commune, soit même des habitans des communes voisines qui fréquentent les chemins dégradés. Pour les chemins de grande communication, les travaux, soit de construction, soit de réparation qu'ils exigent, ont été long-temps auparavant l'objet de projets, de devis; et la nécessité pour la commune de concourir à ces travaux résulte de la décision du conseil général, qui l'a appelée à y prendre part. — Herman, n° 309.

564. — La mise en demeure pour les chemins de grande communication résulte de la notification que le préfet fait au maire, avant la session de mai, du contingent assigné à la commune pour les travaux des chemins de grande communication auxquels elle a été reconnue intéressée. Pour les autres, la mise en demeure ne peut avoir lieu que par une invitation directe et spéciale. — Dumay, t. 1er, p. 78.

565. — Si le conseil municipal avait déjà voté une portion des trois journées de prestation et des cinq centimes spéciaux, le préfet ne pourrait, pour cette imposition, d'office, excéder la quotité de journées et de centimes qui formeraient le complément des trois journées et des cinq centimes, et il devrait encore prendre pour base les besoins des chemins à réparer. — Dumay, t. 1er, p. 79; Herman, n° 312.

566. — L'arrêté du préfet qui frappe l'imposition d'office est notifié au maire, et une expédition est adressée au directeur des contributions directes, qui est chargé de son exécution en ce qui concerne la rédaction des rôles; le préfet rend ces rôles exécutoires, et la perception en est opérée par la convocation des prestataires. — Hermann, n° 314; Dumay, t. 1er, p. 79.

567. — Lorsque le maire n'obtempère pas à l'invitation spéciale du préfet d'exécuter les travaux, le préfet ordonne que les travaux de prestation s'accompliront dans un délai qu'il fixe. — Si les prestataires refusent de se rendre sur les ateliers, leur cote est déclarée exigible en argent et recouvrée par les voies ordinaires. — Dumay, t. 1er, p. 80.

568. — Pour ce qui est de l'emploi du produit des centimes spéciaux, le préfet pourrait aussi ordonner d'office l'exécution des travaux, si cette exécution se faisait trop attendre. — Herman, n° 319.

569. — La part contributive des communes dans les frais d'établissement des chemins vicinaux de grande communication, est une dépense obligatoire que le préfet peut porter d'office au budget de la commune, sans que son arrêté soit attaquable par la voie contentieuse. — *Cons. d'état*, 9 juin 1843, ville de Vire.

570. — La loi du 21 mai 1836 autorise de plus les conseils généraux, par son art. 8 dont la disposition n'avait rien d'analogue dans la législation antérieure, non seulement d'accorder au service vicinal des subventions prises sur le produit des centimes facultatifs, mais encore d'imposer, pour accroître ces subventions, des centimes spéciaux, dont le maximum est fixé chaque année par la loi des finances.

571. — Il faut compter parmi les impositions extraordinaires : 1° les souscriptions volontaires qui sont chaque année réalisées par un certain nombre de propriétaires intéressés à la construction ou à l'amélioration de certains chemins; — 2° les contributions auxquelles sont assujéties les propriétés de la couronne, susceptibles de revenus (L. 21 mai 1836, art. 33); — 3° enfin, les subventions spéciales qui peuvent être demandées à certaines exploitations ou entreprises industrielles pour raison des dégradations extraordinaires qu'elles occasionnent aux chemins vicinaux (L. 21 mai 1836, art. 14).

572. — Les propriétés de la couronne et du domaine privé du prince contribuent aux dépenses des chemins, que ces biens soient ou non productifs de revenus. — Garnier, p. 44. — Les charges communales sont acquittées par l'état, sur le rôle dressé par le préfet en conseil de préfecture. Celles qui pèsent sur les propriétés de la couronne, seront acquittées sur le rôle ordinaire dressé pour toutes les propriétés (art. 13). — *Moniteur*, 1836, p. 407, 1re col., *in fine*.

573. — Les communes peuvent aussi consacrer à l'établissement et à l'entretien des chemins vicinaux les différentes sommes versées dans leurs caisses à titre de recette accidentelle, par exemple, la valeur des chemins, conformément à l'art. 18, L. 21 mai 1836. — Cormenin, v° *Chemins vicinaux*, t. 1er, p. 289.

574. — Les communes peuvent, en outre, profiter de la faculté que leur a ouverte l'art. 6, L. 28 juill. 1824, dont voici les termes : « Si des travaux indispensables exigent qu'il soit ajouté par des contributions extraordinaires au produit des prestations, il y sera pourvu, conformément aux lois, par des ordonnances royales. » — Pour le vote des contributions extraordinaires, il est besoin du concours des plus imposés. — Garnier, *Supplém.*, p. 27.

575. — Enfin elles peuvent recevoir, à titre d'encouragement, des allocations sur les fonds départementaux.

Sect. 4e. — *Des subventions pour dégradation.*

576. — Toutes les fois qu'un chemin vicinal, entretenu à l'état de viabilité par une commune, est habituellement ou temporairement dégradé par des exploitations de mines, de carrières, de forêts ou de toutes entreprises industrielles appartenant à des particuliers, à des établissemens publics, à la couronne ou à l'état, il peut y avoir lieu à imposer aux entrepreneurs ou propriétaires, suivant que l'exploitation ou les transports ont lieu pour les uns ou pour les autres, des subventions spéciales dont la quotité est proportionnée à la dégradation extraordinaire qui doit être attribuée aux exploitations. — L. 21 mai 1836, art. 14.

577. — La subvention était encore repoussée avant la loi du 28 juill. 1824, et le conseil d'état jugeait alors que les voituriers qui parcourent les chemins publics ne peuvent être tenus à réparer les dommages faits à des chemins par la simple fréquentation, et qu'une telle obligation constituerait un véritable impôt qui ne pourrait être établi que par la loi. — *Cons. d'état*, 14 janv. 1824, ville de Marseille.

578. — Mais cette loi du 28 juill. 1824, dans son art. 7, reconnut qu'une contribution particulière pouvait être imposée pour dégradation habituelle ou temporaire des chemins vicinaux par le simple fait d'une fréquentation plus active. — La loi du 21 mai 1836 a étendu et organisé cette base d'indemnité par la disposition que nous venons de rapporter.

579. — Les conditions que cette loi impose pour rendre la subvention exigible doivent être strictement accomplies; ainsi, une dégradation ordinaire, telle qu'elle est occasionnée par le temps ou qu'elle est l'effet de l'usage commun d'un chemin, ne motiverait point cette subvention : il faut que la dégradation soit extraordinaire. — Rapport de M. Roy à la chambre des pairs.

580. — Il suffit que la dégradation soit temporaire et même accidentelle, comme celle d'une coupe de bois qui ne se renouvelle qu'à un intervalle de plusieurs années, celle d'une carrière où l'on ne tirerait de la pierre que pendant quelques semaines, et autres semblables, pour qu'il y ait lieu à l'application de l'art. 14. — Herman, n° 331; Dumay, t. 1er, p. 137; Garnier, *Supplém.*, p. 53.

581. — Les maîtres de forges, qui, par l'exploitation de leur usine, ont dégradé un chemin vicinal doivent contribuer aux frais de réparation par une subvention dont il y a lieu de maintenir la fixation, si elle a été réglée conformément à la loi, après une expertise contradictoire. — *Cons. d'ét.*, 25 nov. 1831, Feriot; — Chevalier, v° *Chemins vicinaux*, t. 1er, p. 97.

582. — Quand il est constaté que le transport des fontes a dégradé un chemin vicinal en état de viabilité, il est dû par le propriétaire de l'usine une subvention spéciale à titre d'indemnité. — *Cons. d'état*, 30 juill. 1840, Détouillon.

583. — Lorsqu'il résulte de l'instruction de l'affaire que l'exploitation de moulins est une des causes de la dégradation d'un chemin vicinal, le conseil de préfecture a fait une juste application de la loi du 28 juill. 1824, en imposant au propriétaire l'obligation de contribuer à la réparation de ce chemin. — *Cons. d'état*, 19 mai 1835, Tramoy.

584. — La loi, comme nous le disions naguère, ne peut être entendue ainsi : puisqu'elle a parlé d'entreprises industrielles, il faut dire qu'une exploitation d'agriculture ne donnerait pas lieu à l'application de l'art. 14. — Garnier, *Supplém.*, p. 53.

585. — Les communes peuvent exiger des subventions particulières des propriétaires et entrepreneurs d'établissemens industriels qui dégradent les chemins vicinaux pour l'exploitation de leurs usines, soit que les établissemens aient leur siége sur le territoire de ces communes, soit qu'ils l'aient sur un autre. — *Cons. d'état*, 28 oct. 1831, Ladrey.

586. — Jugé encore que la subvention peut s'appliquer indistinctement aux coupes situées sur le territoire de la commune qui demande la subvention, et aux coupes qui, situées sur un autre territoire, contribuent à dégrader les chemins de la commune. — *Cons. d'état*, 19 janv. 1836, comm. de Villers-les-Nancy; 4 juill. 1837, Breton; — Cormenin, v° *Chemins vicinaux*, t. 1er, p. 300.

587. — En accordant aux communes dont les chemins sont dégradés par l'exploitation d'entreprises industrielles le droit de faire taxer les propriétaires ou entrepreneurs de ces établissemens, à des subventions particulières pour la réparation de ces chemins, la loi du 28 juill. 1824 n'a pas restreint ce droit au cas où les ressources des communes seraient épuisées. — *Cons. d'état*, 25 août 1835, Wauthier.

588. — Si la commune est elle-même propriétaire, elle devra, comme les autres propriétaires, payer la subvention extraordinaire. — *Moniteur*, 1836, p. 421, 2e col.

589. — L'état et la couronne sont, aussi bien que les communes et les particuliers, obligés à des subventions particulières, à raison des dégradations faites aux chemins vicinaux pour l'exploitation de leurs forêts. — *Cons. d'état*, 19 nov. 1837, comm. de Fontenay-le-Comte; 5 déc. 1837, comm. de Saint-Julien. — V. COMMUNE, DOMAINE DE LA COURONNE, DOMAINE DE L'ÉTAT. — Le droit d'imposer à l'état et à la couronne une subvention avait été, sous l'empire de la loi de 1824, l'objet d'une contestation aujourd'hui tranchée par la loi de 1836; cependant, sous la loi du 28 juill. 1824, il avait été jugé que, en supposant établi que les dégradations de chemins vicinaux résultent de l'exploitation des coupes de bois dans les forêts de l'état, l'adjudicataire a été justement condamné à payer une subvention. — *Cons. d'état*, 8 janv. 1836, Duval; 6 mai 1836, Bigot; — Cotelle, *Trav. publ.*, t. 3, p. 402. — Et que l'état devait subvenir aux dépenses de réparation, quand même il prétendrait qu'au moment des dégradations le chemin n'était pas en bon état de viabilité. — *Cons. d'état*, 5 déc. 1837, comm. de Saint-Julien; 19 nov. 1837, comm. de Fontenay-le-Comte.

590. — Le préfet excède ses pouvoirs lorsqu'il fixe d'office, et sans le consentement des exploi-

tans, le montant annuel des subventions dues aux communes par les propriétaires de mines, carrières ou forêts, pour les dégradations des chemins vicinaux. — *Cons. d'état*, 24 fév. 1843, Min. des finances.

591. — S'il a été décidé que des entrepreneurs de travaux publics, agissant aux lieu et place de l'état, ne peuvent être soumis à la subvention mise par l'art. 7, L. 28 juill. 1824, à la charge des propriétaires ou entrepreneurs qui dégradent les chemins vicinaux par leurs exploitations particulières (*Cons. d'état*, 19 déc. 1838, Guémy), il a été aussi décidé que les entrepreneurs de travaux publics qui exploitent des carrières en cette qualité ne sauraient non plus échapper à la nécessité de fournir des subventions. — *Cons. d'état*, 19 déc. 1838, Guémy; 9 janv. 1843, Aubelle.

592. — Doit être rejeté le pourvoi du ministre des travaux publics contre un arrêté de conseil de préfecture intervenu entre un entrepreneur de travaux publics et une commune, au sujet de subventions spéciales pour dégradations de chemins vicinaux, mais qui n'a pas été rendu contradictoirement avec l'état. — *Cons. d'état*, 25 fév. 1843, Min. des trav. publ. c. comm. de Véretz.

593. — Sous la loi du 28 juill. 1824, le propriétaire d'un bois pouvait, comme celui qui l'exploitait, et sauf leur recours entre eux, être obligé de fournir une subvention particulière pour la dégradation des chemins vicinaux, causée par l'exploitation de la forêt. — *Cons. d'état*, 28 août 1827, Béthune-Charost.

594. — On jugeait même que le droit ouvert aux communes par l'art. 7, L. 28 juill. 1824, devait être exercé par elles contre les propriétaires des forêts et non contre ceux qui les exploitaient. — *Cons. d'état*, 14 fév. 1839, de Feuchères. — Cette décision, qui n'était rien moins que fondée sous l'empire de la loi de 1824, ne saurait s'appliquer depuis l'art. 14, L. 21 mai 1836.

595. — Selon M. Garnier (*Supplém.*, p. 54), en cas de vente par le propriétaire du produit de ses mines, forêts ou carrières, la subvention tombe à la charge des acquéreurs, et les communes ne seraient pas fondées à poursuivre le propriétaire, sauf le recours de celui-ci contre l'acquéreur.

596. — Les subventions peuvent, au choix des subventionnaires, être acquittées en argent ou en prestations en nature. — L. 21 mai 1836, art. 14.

597. — Il appartient au préfet, et non au conseil de préfecture, de décider si un propriétaire d'établissement industriel peut faire imputer sur la subvention spéciale qu'il doit pour les chemins vicinaux qu'il dégrade, des dépôts de matériaux qu'il a faits sur ces chemins pour les améliorer. — *Cons. d'état*, 6 juill. 1843, Chantreaux.

598. — Les subventions sont réglées annuellement, sur la demande des communes, par les conseils de préfecture, après des expertises contradictoires, et recouvrées comme en matière de contributions directes. — L. 21 mai 1836, art. 14.

599. — Lorsque, par consentement mutuel, une subvention a été stipulée entre un propriétaire et une commune, pour tenir lieu d'indemnité à cette dernière, à raison des dommages causés aux chemins vicinaux par l'exploitation d'une forêt; cette subvention, ainsi réglée, ne peut s'appliquer qu'aux années pour lesquelles elle était établie, et n'a rien d'obligatoire pour l'avenir. — *Cons. d'état*, 14 fév. 1839, de Feuchères.

600. — Les experts seront nommés selon le mode déterminé par l'art. 17, L. 21 mai 1836. — *Ibid.*, art. 14.

601. — Les experts chargés de fixer le montant de la subvention à imposer au propriétaire d'un établissement industriel pour la dégradation d'un chemin vicinal, sont tenus de prêter serment à peine de nullité de l'expertise et de l'arrêté du conseil de préfecture auquel elle a servi de base. — S'il a été procédé à l'expertise sans que le serment ait été prêté, il y a lieu de renvoyer devant le conseil de préfecture pour être statué après une nouvelle expertise contradictoire. — *Cons. d'état*, 23 août 1836, Duval; 9 mai 1835, Tramoy.

602. — Le sous-préfet a caractère pour recevoir le serment des experts en matière administrative. — *Cons. d'état*, 19 mai 1835, Tramoy.

603. — Les propriétaires d'usines contre lesquels une subvention est réclamée pour dégradation aux chemins vicinaux, doivent être mis en demeure de s'entendre sur le choix de l'expert qui doit, conjointement avec la commune, faire la répartition, entre tous les intéressés, du montant des dépens. — *Cons. d'état*, 22 fév. 1833, de Vandeul; — Chevalier, t. 1er, p. 96.

604. — Dans le cas où un arrêté du conseil de préfecture, notifié administrativement, a prescrit à une commune et aux propriétaires d'un établissement industriel de nommer chacun un expert pour procéder contradictoirement à l'évaluation de la subvention extraordinaire réclamée par la commune pour l'entretien de ses chemins, le conseil de préfecture a pu, sur le refus des propriétaires de se conformer à cet arrêté, désigner l'expert nommé par la commune, pour fixer seul le montant de la subvention. — *Cons. d'état*, 6 mai 1836, Bigot; 22 fév. 1833, Vandeul.

605. — Lorsque deux experts nommés par une commune et des usiniers pour évaluer la part contributoire de ces derniers dans la réparation d'un chemin vicinal ne diffèrent pas sur les bases, mais seulement sur les conclusions, le conseil de préfecture n'est pas obligé de nommer un tiers expert, et peut adopter l'avis de l'un des deux experts. Son arrêté doit être maintenu, si les réclamans n'opposent ni calculs, ni preuves contraires. — *Cons. d'état*, 16 janv. 1828, Breton; 6 mai 1836, Bigot; — Cormenin, t. 1er, p. 294; Chevalier, t. 1er, p. 85 et 87; Cotelle, t. 3, p. 401.

606. — Lorsque, pour le réglement de ces subventions, un conseil de préfecture a rendu un arrêté qui depuis a été annulé pour incompétence, il peut néanmoins, s'il est saisi de nouveau de ce réglement, puiser les élémens nécessaires pour fixer le montant des subventions dans une expertise contradictoire sur laquelle s'est appuyé le premier arrêté. — *Cons. d'état*, 19 nov. 1837, comm. de Fontenay-le-Comte.

607. — Lorsqu'une commune demande qu'il soit procédé à une expertise contradictoire pour les subventions particulières dues par des propriétaires d'usines, pour réparation des chemins qu'ils ont dégradés, le conseil de préfecture ne peut statuer sur la contestation avant qu'il ait été prononcé sur cette expertise, qui est de rigueur. — *Cons. d'état*, 20 juill. 1832, ville de Troyes; — Chevalier, t. 1er, p. 96.

608. — La régularité de l'expertise ne peut être contestée par le propriétaire de l'établissement lorsque son associé a assisté à l'opération et n'a fait aucune observation. — *Cons. d'état*, 6 mai 1836, Bigot.

609. — Le réclamant qui s'est trouvé à l'expertise assisté d'un avocat, est non-recevable à prétendre qu'il n'a point été prévenu du jour et de l'heure indiquée pour cette expertise. — *Cons. d'état*, 19 mai 1835, Tramoy.

610. — Si, par suite d'une expertise contradictoire, un propriétaire de forges a été reconnu devoir contribuer aux réparations d'un chemin vicinal pour une portion déterminée, il n'est pas recevable à critiquer le devis des travaux fait postérieurement et à demander une nouvelle expertise. — *Cons. d'état*, 12 déc. 1834, Goujon; — Cormenin, t. 1er, p. 308; Chevalier, t. 1er, p. 85 et 97.

611. — L'expertise contradictoire dont parle la loi, ne peut être remplacée par une enquête administrative faite par ordre du préfet, avant que le conseil de préfecture ait été saisi de la contestation. — L. 21 mai 1836, art. 14; — *Cons. d'état*, 21 avr. 1830, Michel; — Chevalier, t. 1er, p. 96.

612. — Les opérations auxquelles se livrent des experts désignés par le préfet pour évaluer les dégradations causées à des chemins vicinaux par les exploitations d'entreprises industrielles ne constituent qu'une enquête administrative tant que le conseil de préfecture n'a pas été saisi, et ne sauraient remplacer l'expertise contradictoire prescrite par la loi. — *Cons. d'état*, 22 fév. 1833, de Vandeul; — Cormenin, vo *Chemin vicinal*, t. 1er, p. 308.

613. — Le réglement des subventions auxquelles les propriétaires d'usines peuvent être assujétis pour la réparation des chemins qu'ils dégradent doit être fait par le conseil de préfecture nonobstant tout arrêté contraire émané du préfet; mais le conseil de préfecture ne peut se livrer à l'examen de titres anciens produits par les parties. — *Cons. d'état*, 20 juill. 1832, ville de Troyes; — Chevalier, t. 1er, p. 85; Cormenin, t. 1er, p. 308.

614. — Les subventions spéciales à imposer aux entrepreneurs ou propriétaires à raison des dégradations des chemins vicinaux doivent être réglées annuellement; le conseil de préfecture en statuant sur ce réglement ne doit pas procéder sur les dégradations antérieures; il doit estimer celles de l'année à raison desquelles la demande est formée. — *Cons. d'état*, 18 déc. 1840, Maudet.

615. — Les conseils de préfecture doivent faire annuellement le réglement de ces subventions, ils ne peuvent donc pas déterminer ces subventions particulières à l'avance et par voie de réglement. — *Cons. d'état*, 19 août 1837, comm. de Fontenay-le-Comte.

616. — Jugé d'après le même principe qu'un conseil de préfecture ne peut, dans la prévision de dégradations éventuelles dont l'importance et les causes sont variables de leur nature, déterminer pour l'avenir la proportion dans laquelle des entreprises industrielles devront concourir avec les communes au paiement des dépenses d'entretien annuel des chemins vicinaux. — *Cons. d'état*, 19 janv. 1836, comm. de Villers-les Nancy; 21 oct. 1835, Wuisse.

617. — De ce qu'un arrêté du conseil de préfecture a exempté un propriétaire de bains de toute subvention pour l'entretien d'un chemin vicinal, il ne s'ensuit pas qu'un arrêté ultérieur ne puisse, sans violer la chose jugée, exiger cette même subvention si l'établissement a pris, depuis la première décision, une extension considérable. Quand un établissement de bains n'est pas de nature, par son exploitation, à dégrader habituellement ou temporairement un chemin vicinal, il n'y a pas lieu de faire contribuer aux réparations d'entretien le propriétaire de l'établissement. — *Cons. d'état*, 30 mai 1834, Saint-Derreol; — Chevalier, vo *Chemin vicinal*, t. 1er, p. 85.

618. — Cependant, ces subventions pourront aussi être déterminées par abonnement; elles seront réglées dans ce cas par le conseil de préfecture. — L. 21 mai 1836, art. 14.

619. — La décision du conseil de préfecture portant fixation d'une subvention imposée à un particulier peut être déférée au conseil d'état.

620. — Mais, quand il résulte de l'instruction qu'un propriétaire cause habituellement des dégradations à un chemin vicinal pour l'exploitation de ses bois et que sa quote-part dans les frais de réparation a été établie d'une manière juste et équitable, il y a lieu de rejeter son pourvoi. — *Cons. d'état*, 14 nov. 1834, Olivier de Verac; — Cormenin, *Dr. admin.*, vo *Chemin vicinal*, t. 1er, p. 308; Chevalier, *Jur. admin.*, vo *Chemins vicinaux*, t. 1er, p. 85 et 96.

621. — La subvention une fois fixée définitivement est recouvrable, comme en matière de contributions directes. Les subventionnaires ont le droit de s'acquitter, à leur choix, en argent ou en prestations en nature, mais à la charge par eux, d'user de leur droit d'option dans un délai de quinze jours à partir de la notification de la décision définitive. S'ils s'abstiennent, ils seront censés vouloir s'acquitter en argent. — Herman, no 346.

622. — Dans leur application les subventions doivent être exclusivement affectées à ceux des chemins qui y auront donné lieu.

Sect. 5e. — *Moyens et ressources applicables aux chemins vicinaux de grande communication et d'intérêt commun.*

623. — Les dépenses et les travaux relatifs à l'entretien de certains chemins vicinaux ne sont pas toujours à la charge d'une seule commune. Il est des chemins qui, à raison de leur utilité départementale, sont, comme nous l'avons vu, déclarés chemins vicinaux de grande communication; d'autres, dont l'usage est plus restreint, sont déclarés d'intérêt commun à plusieurs communes. La nature générale des ressources employées est la même dans tous les cas, il vient seulement s'y adjoindre des subventions ou des contributions spéciales, et la répartition de la charge entre les divers intéressés est l'objet de quelques règles spéciales que nous allons exposer.

§ 1er. — *Chemins de grande communication.*

624. — La désignation des communes qui doivent contribuer à la dépense des chemins de grande communication, est proposée par les préfets et est arrêtée par les conseils généraux, qui, dans leurs répartitions, doivent prendre pour base l'intérêt que chaque commune peut avoir ou n'avoir pas à l'amélioration de tel ou de tel chemin de grande communication.

625. — Si, parmi les communes qui devront être traversées par les chemins, il y en avait quelqu'une qui fût omise, dans la proposition du préfet, le conseil général déciderait si elle doit être suppléée. — *Moniteur*, 1836, p. 381, 2e col.

626. — Les erreurs commises dans le choix des communes intéressées peuvent aussi être signalées par le préfet au conseil général qui a mission pour les réparer. Ainsi, le conseil général pourrait désigner, comme devant contribuer à la dépense, des communes qui ne se trouveraient pas comprises dans la proposition émanée du préfet. — Herman, no 434.

627. — Si les communes pensent que l'arrêté du préfet leur porte préjudice, elles auront le recours qui appartient à tous les citoyens contres les arrêtés des préfets, et pourront se pourvoir devant le

ministre par la voie administrative. — *Monit.*, 1836, p. 382, 1re col.,

628. — Mais les délibérations des conseils généraux qui désignent les communes devant concourir à la construction des chemins vicinaux de grande communication constituent des actes d'administration qui ne peuvent être attaqués par la voie contentieuse que pour excès de pouvoir. — Il en est de même des arrêtés des préfets et des décisions ministérielles qui déterminent annuellement la proportion dans laquelle chaque commune doit concourir à l'entretien de ces chemins vicinaux.— *Cons. d'état*, 30 mai 1844, comm. de Dingsheim.

629.—Les variations auxquelles sont exposés les intérêts des communes ont motivé la disposition de la loi du 21 mai 1836 (art. 8, no 3) portant qu'il y a lieu de déterminer annuellement les proportions dans lesquelles chaque commune doit concourir à l'entretien de la ligne vicinale dont elle dépend. C'est le préfet que la loi charge de fixer annuellement le contingent des communes.— Herman, t. 4, no 436.

630. — « Les communes acquitteront la portion des dépenses mises à leur charge, au moyen de deux journées de prestation sur les trois autorisées par l'art. 2, et des deux tiers des centimes votés par le conseil municipal en vertu du même article. —L. 21 mai 1836, art. 8.

631.—Le préfet n'est tenu de restreindre le contingent dans la limite de la valeur de deux journées de prestation et des deux tiers de cinq centimes qu'autant qu'il s'agit de communes dont les revenus ordinaires ne suffisent pas à la dépense.—Herman, no 438.

632. — Le contingent de la commune une fois fixé, le préfet le fait savoir au maire avant la session du conseil municipal, afin que le conseil puisse voter les ressources nécessaires pour fournir ce contingent. Si le conseil municipal refusait de les allouer, le préfet pourrait y suppléer par une imposition d'office, sans qu'il fût besoin d'une mise en demeure, la notification du contingent faite au conseil municipal en tenant lieu. — Herman, no 440.

633. — Les arrêtés des préfets portant fixation des contingents des communes sont susceptibles d'être déférés au ministre de l'intérieur.

634. — La part contributive des communes dans les frais d'établissement des chemins vicinaux de grande communication, est une dépense obligatoire que les préfets ont le droit de porter d'office sur les budgets communaux.— *Cons. d'état*, 9 juin 1843, ville de Vire.

635. — Les trois journées, votées conformément à la loi de 1836, pourront être employées tout entières, soit dans une commune seule, soit dans plusieurs communes, en vertu de l'art. 6. Les réparations à faire sur le territoire d'une autre commune constituent des travaux extraordinaires, c'est ce qui résulte de la discussion à la chambre des pairs.

636. — Le préfet est d'autant moins astreint à faire employer la prestation en nature sur le territoire même de la commune à laquelle appartiennent les prestataires, que le conseil général peut déclarer intéressées à une ligne vicinale des communes dont cette ligne ne traverse pas le territoire. — Herman, no 460.

637. — La décision du préfet, qui prescrirait l'emploi de la prestation hors de la commune qu'habitent ceux dont cette prestation est exigée, pourrait être attaquée par la commune ou les habitans intéressés devant le conseil de préfecture et ensuite devant le conseil d'état. — Garnier, *Supplém.*, p. 19.

638. — Des particuliers aux propriétés desquels la création d'un chemin doit donner une nouvelle valeur ; des communes qui doivent en tirer profit, offrent parfois de concourir à la dépense par forme de souscription volontaire.

639. — Le préfet peut seul, aux termes de l'art. 7, L. 1836, accepter ou refuser « les offres faites par les particuliers, associations de particuliers ou de communes. »

640. — Toutes les fois que des offres seront pures et simples, qu'elles n'auront pas pour conséquence de grever les finances départementales, le préfet usera du droit conféré par l'art. 7 ; mais si elles renfermaient des conditions ayant pour objet de grever le budget du département, le préfet devrait en référer au conseil général. —*Monit.* 1836, p. 382, 1re col.

641. — Les offres d'avances de fonds faites par des particuliers pour les travaux des chemins vicinaux de grande commanication, doivent, suivant M. Herman (no 448), être considérées comme faites aux communes attachées à la ligne vicinale, et elles doivent être acceptées par ces communes ou par l'une d'elles, qui en garantirait le remboursement comme pour tout autre emprunt communal.

642. — Les subventions sur les fonds départementaux, qu'aux termes de l'art. 8, L. 21 mai 1836, les chemins vicinaux de grande communication peuvent recevoir, sont affectées soit sur le produit des centimes facultatifs ordinaires, soit sur le produit de centimes spéciaux, votés dans les limites annuellement fixées par la loi de finances.

643.—Le préfet doit répartir les subventions départementales entre les lignes vicinales, eu égard aux ressources, aux sacrifices et aux besoins des communes.

644. — Dans le cas où la répartition serait mal faite, le conseil général n'aurait aucun recours contre la décision du préfet ; il ne pourrait que refuser, l'année suivante, une nouvelle subvention. — Art. 8. — *Moniteur*, 1836, p. 398, 2e col.

645.— Les chemins vicinaux de grande communication ont été placés par la loi sous l'autorité des préfets, qui seuls ont le droit de diriger et d'ordonner l'emploi des ressources de toute nature applicables à chaque ligne. — L. 21 mai 1836, art. 9.

646.—Pour que ces ressources soient sans cesse sous leur main, il a été entendu entre les ministres de l'intérieur et des finances, qu'elles seraient rattachées pour ordre à la comptabilité départementale. Le préfet ne peut mandater les dépenses que lorsqu'il a reçu du ministre des ordonnances de délégation. — Herman, no 457.

§ 2. — *Chemins vicinaux d'intérêt commun.*

647. — La loi du 28 juill. 1824 avait ordonné que toutes les communes qui auraient intérêt à l'entretien d'un chemin traversant leur territoire, y contribueraient de leurs deniers.— Le préfet, en conseil de préfecture, était constitué juge du dissentiment qui s'élevait entre deux communes, soit sur la nécessité de réparer le chemin, soit sur la quotité de la part contributive de chacune d'elles dans les frais de réparation.

648. — Sous cette loi, c'était au préfet, statuant en conseil de préfecture, qu'il appartenait de fixer les parts contributoires de l'état et des communes dans les dépenses d'entretien des chemins vicinaux. — *Cons. d'ét.*, 16 août 1833, Ministre des finances c. comm. de Fontenay.

649. — Il y avait excès de pouvoir de la part du conseil de préfecture lorsque, par forme de disposition réglementaire, il avait réparti pour l'avenir, entre les communes, les frais d'entretien et de réparations du chemin qui leur était commun. — *Cons. d'état*, 8 fév. 1838, comm. de Buxerolles c. Allain et Duchastenier.

650. — Le conseil de préfecture devait se déclarer incompétent pour statuer sur la réclamation élevée contre l'arrêté du préfet.— Les arrêtés pris par les préfets en conseil de préfecture, en vertu de l'art. 9 de ladite loi du 28 juill. 1824, ne peuvent être attaqués directement par la voie contentieuse. — *Cons. d'état*, 22 oct. 1830, comm. de Montlebon.

651.— Lorsqu'il s'agissait de répartir les frais de reconstruction d'un pont situé sur une communication vicinale et mitoyenne entre deux communes, c'était au préfet, en conseil de préfecture, qu'il appartenait de statuer sur le recours d'une commune contre l'autre.—*Cons. d'ét.*, 22 fév. 1833, comm. de Pierrepont ; — Cormenin, t. 1er, p. 297 ; Chevalier, t. 1er, p. 84.

652.—Lorsqu'une demande formée par une commune contre l'état et d'autres communes, a pour objet, non de les obliger à des subventions particulières pour la réparation des chemins dégradés par l'exploitation des forêts qui leur appartiennent, mais de faire régler leurs parts contributoires dans les dépenses d'amélioration et d'entretien d'un chemin, cette demande est de la compétence du préfet et non du conseil de préfecture. — *Cons. d'état*, 17 août 1836, Ministre des finances c. comm. de Saint-Germain-des-Bois ; — Foucart, t. 2, no 428.

653. — Jugé aussi que, comme il appartient au préfet seul, en conseil de préfecture, de statuer sur la répartition des dépenses à faire par plusieurs communes pour la réparation d'un chemin vicinal, c'est à tort que le conseil de préfecture a ordonné un interlocutoire sur cette répartition. — *Cons. d'état*, 27 août 1828, de Montillet ; — Cormenin, t. 1er, p. 297.

654. — Mais comme le préfet, d'après la loi du 28 juill. 1824, n'avait pas la voie d'impulsion et d'action, l'espèce de juridiction qui lui était conférée demeurait impuissante devant l'inertie combinée des conseils municipaux ; il ne pouvait d'ailleurs y avoir unité dans les travaux faits partiellement par des intéressés dont les ressources étaient différentes.

655. — Aujourd'hui, d'après la loi du 21 mai 1836, le préfet agit de son propre mouvement, et sans avoir mis les communes en demeure ; après avoir pris seulement l'avis du conseil municipal, le préfet désigne les communes qui doivent concourir à la construction, à l'entretien du chemin, et fixe la proportion de la contribution pour chacune.

656.—Les moyens que le préfet emploiera pour parvenir à l'exécution de son arrêté devront être pris dans les limites du maximum et en déduction de la prestation des trois journées et des cinq centimes, conformément à l'art. 5, L. 21 mai 1836, dont les prescriptions devront être suivies, si, après l'arrêté de répartition, les communes ou l'une d'elles refusaient de voter les prestations et centimes nécessaires à l'acquittement de leur part ou refusaient d'en faire l'emploi.

657. — Si les communes ou l'une d'elles refusaient de pourvoir à l'acquittement de leur quote-part, le préfet pourrait les contraindre, soit en inscrivant la dépense au budget ou en en provoquant l'inscription par ordonnance du roi, lorsque la commune aura des revenus suffisans, soit, dans le cas contraire, en imposant la commune d'office, en vertu de l'art. 5, L. 21 mai 1836. — Herman, no 405.

658.— L'arrêté préfectoral et la décision ministérielle qui désignent les communes qui doivent concourir à la conservation et à l'entretien d'un chemin vicinal sont des actes administratifs inattaquables par la voie contentieuse. — *Cons. d'état*, 4 mai 1843, comm. de Malous.

659. — Pour l'application de l'art. 6, il ne suffit pas qu'une commune se serve accidentellement d'un chemin situé sur le territoire d'une autre commune, il faut que ce chemin soit pour elle une voie habituelle et indispensable de communication. — Herman, no 407. — V. COMMUNES.

660. — L'art. 6, L. 21 mai 1836, ne parlant plus des conseils de préfecture comme le faisait la loi du 28 juill. 1824, il en résulte que le préfet agira seul et qu'il n'y aura lieu de recourir à ces conseils et ensuite au conseil d'état que dans le cas de réclamation contre sa décision. L'avis que le préfet devra prendre avant de statuer émanera seulement des conseils municipaux, sans l'assistance d'aucuns membres adjoints.

661. — La loi du 10 mai 1838 n'a point dérogé à la loi du 21 mai 1836, et le préfet n'a pas besoin, pour désigner les communes qui doivent concourir à la dépense d'un chemin vicinal d'intérêt commun, de prendre au préalable l'avis des conseils d'arrondissement et de département. — Herman, no 409.

662. — Si les communes intéressées à la confection et à la réparation d'un chemin appartiennent à deux départemens limitrophes, les préfets de ces départemens devront s'entendre pour terminer par voie de conciliation des difficultés qu'un seul n'aurait pas qualité pour résoudre. S'ils ne peuvent s'entendre, le ministre prononcera, sauf recours au conseil d'état. — Dumay, t. 1er, p. 85.

663. — Les contributions de chaque commune, soit en nature, soit en argent, formeront un fonds commun qui sera réparti sur toute la ligne, eu égard seulement aux besoins de la réparation.

664. — L'espèce d'association qui intervient entre les communes, dans le cas de l'art. 6, ne concerne que la jouissance et la réparation du chemin, mais la propriété de ces voies de communication appartient divisément à chacune des communes pour la portion assise sur son territoire. Si donc il y a déclassement et suppression, le sol délaissé est vendu au profit de la commune de la situation, et s'il y a lieu à élargissement, les terrains nécessaires doivent être achetés aux frais de la commune pour la partie qui traverse son territoire, sans contribution de la part des autres. — Instr. min. 24 juin 1836 ; — Dumay, t. 1er, p. 85.

665. — La commune qui a intérêt à la reconstruction d'un pont doit contribuer à une partie de la dépense. — *Cons. d'état*, 10 mai 1833, comm. de Kirscheim ; — Chevalier, t. 2, p. 95.

CHAPITRE VII.— *Propriété et imprescriptibilité des chemins vicinaux.*

666. — D'anciens auteurs dont l'opinion a été consacrée par la jurisprudence des parlemens considéraient les seigneurs comme propriétaires des chemins vicinaux. — Garnier, *Traité des chemins*, p. 276.

667. — Mais tout en les déclarant propriétaires, ils leur refusaient néanmoins le droit de disposer des chemins, de leur en substituer d'autres, de les

échanger.—Delamarre, *Traité de la police*, t. 4, liv. 13, §§ 9 et 10; Lapoix de Freminville, *Pratiq. des terriers*, t. 4, p. 403.

668. — Suivant Denisart (v° *Chemin*), les seigneurs dans la seigneurie desquels passait un chemin public, n'avaient que le droit de veiller à sa conservation, c'est-à-dire le *jus prohibendi*; au roi seul appartenait le *jus innovandi*, c'est-à-dire d'altérer, de diminuer, de supprimer le chemin. Les avantages de la prétendue propriété des seigneurs se bornaient donc au droit de planter des arbres et de s'approprier ceux crûs sur les chemins. — Garnier, *Traité des chemins*, p. 281.

669. — Les lois du 15 août 1790, du 28 sept.-6 oct. 1791, et du 10 juin 1793 (art. 5, sect. 1re) supposent que les chemins publics sont la propriété des communes. — V. Garnier, p. 285.

670. — L'arrêté du gouvernement du 24 vendém. an XI (16 oct. 1802) a déclaré d'une manière formelle que les chemins vicinaux forment une propriété communale.

671. — Le Code civil a confirmé ce principe, ainsi qu'il résulte du rapprochement des art. 538 et 542, C. civ. D'après le premier, le domaine public n'est propriétaire que des chemins, routes et rues *à la charge de l'état*; le second définit les biens communaux ceux à la propriété desquels les habitans d'une ou plusieurs communes ont un *droit acquis*: or, les chemins vicinaux, les rues et places des villes qui en forment la continuation, sont entretenus aux frais des communes; ils sont donc des *biens communaux*. — Garnier, p. 288.

672. — Jugé que les chemins vicinaux appartiennent aux communes sur le territoire desquelles ils passent, à l'exclusion du domaine public. — *Metz*, 28 thermid. an XIII, Lefèvre c. comm. de Vouziers.

673. — La loi du 1er déc. 1790, qui déclare que les chemins publics, rues, places de villes, et généralement toutes les portions du territoire français non susceptibles d'une propriété privée, sont une dépendance du domaine public, n'a pas entendu comprendre dans la catégorie des propriétés qu'elle fait entrer dans le domaine public les chemins vicinaux à l'usage des communes, mais uniquement ceux qui sont entretenus par la nation. En conséquence un ancien chemin public qui, sous la loi de 1790, n'était point à la charge de l'état, ne peut être déclaré former une dépendance du domaine national en vertu de cette loi, qui n'a jamais entendu s'emparer des chemins vicinaux entretenus par les communes. — *Toulouse*, 20 déc. 1844 (t. 1er 1845, p. 313), comm. de Marsac. — *Contrà* Isambert, nos 360 et 373.

674. — Les communes sont investies, à l'égard de leurs chemins vicinaux, du genre de propriété qui est spécial à l'état de vicinalité, et elles peuvent, à l'aide de ce droit, exercer devant les tribunaux la revendication de la propriété entière de ces chemins. — *Cass.*, 25 nov. 1831, Larché c. comm. de Beyre.

675. — Dans le cas où le préfet, par un arrêté, classe parmi les chemins vicinaux une voie de communication ouverte par des particuliers sur leur propre sol, et livrée depuis long-temps à la circulation du public, le sol du chemin et les arbres qui en dépendent deviennent, immédiatement après l'arrêté de classement, la propriété de la commune, sauf le réglement des indemnités auxquelles les anciens possesseurs peuvent avoir droit. — *Cass.*, 24 fév. 1844 (t. 2 1844, p. 503), Delpont; — Garnier, p. 103.

676. — Lorsque, par des délibérations qu'a sanctionnées l'autorité supérieure, un conseil municipal a fixé la largeur d'un chemin vicinal, il est censé reconnaître que la commune n'a pas droit à la propriété du terrain qui se trouve excéder cette largeur. — *Bourges*, 20 fév. 1841 (t. 1er 1842, p. 274), Yel c. de Villeneuve.

677. — Avant comme depuis la loi du 21 mai 1836, un chemin n'était plus susceptible de propriété et conséquemment de possession privée dès qu'il avait été classé comme vicinal. — *Cass.*, 6 juill. 1841 (t. 2 1841, p. 410), Renaut c. comm. de Velizy.

678. — Une commune qui, pendant plus de trente ans, a joui, à titre de propriétaire, d'un chemin déclaré communal, et dont l'entretien a été mis à sa charge, en a acquis définitivement la propriété. — *Cass.*, 2 juin 1830, Montillet c. comm. de Bressey.

679. — La demande d'une commune qui revendique la propriété d'un chemin (non vicinal) sans présenter aucun titre, mais en invoquant une possession suffisante pour prescrire, peut être valablement repoussée par le seul motif « *que le passage par elle exercé sur le chemin a pu être le résultat de la tolérance, comme cela arrive souvent autour des héritages ruraux*, » et qu'ainsi l'usage qu'elle a fait du chemin ne peut fonder à son profit ni possession ni prescription. — *Cass.*, 23 nov. 1840 (t. 1er 1840, p. 837), comm. de Sinceny c. Caron.

680. — Un chemin a pu être considéré comme étant une propriété communale lorsqu'il est prouvé, par délibération du conseil municipal, que ce chemin ne servait de passage que pendant un certain temps de l'année, et que la commune néanmoins ne devait point intervenir dans les difficultés qui pourraient s'élever entre les habitans et celui qui en avait la possession exclusive à l'expiration du temps prescrit. — *Cass.*, 18 nov. 1834, Rémond c. Guillaume.

681. — Après que la largeur d'un chemin vicinal a été régulièrement déterminée, déduction faite des anticipations, conformément à l'art. 6, L. 9 vent. an XIII, si un propriétaire voisin a planté des arbres et creusé des fossés en dehors des limites fixées, c'est à la commune à prouver qu'elle a des propriétés au-delà : autrement la limitation faite prévaut. — *Paris*, 27 nov. 1837 (t. 1er 1838, p. 72), De Paris c. comm. de Villeneuve-la-Guyard.

682. — Lorsqu'un chemin a été déclaré vicinal par l'administration, le particulier qui s'en prétend propriétaire ne peut en poursuivre la revendication que contre l'administration, et non contre les habitans qui usent de ce chemin *ut singuli*. — *Rennes*, 14 juin 1825, Thomas c. Gédouin.

683. — Quand un chemin servant de communication entre deux chemins publics entre deux communes existe depuis un temps immémorial, et que certaines portions de terrains ont été, du consentement de leur propriétaire, substituées à diverses parties de l'ancien chemin abandonnées à ce propriétaire, ce dernier est sans droit pour s'opposer au passage, sur son terrain, des habitans de la commune. — *Cass.*, 7 juin 1832, Lebouteiller c. comm. de Meulles-Familles.

684. — Le talus d'un chemin vicinal, encore bien qu'il serve à le soutenir et à le conserver, n'en est pas un accessoire tellement indispensable qu'il doive être réputé appartenir à la commune. Cette présomption peut être détruite par une présomption contraire, surtout en l'absence de titres de part et d'autre. — *Bourges*, 1er avr. 1840 (t. 1er 1841, p. 190), Lebel c. comm. de Villabon.

685. — Depuis la loi du 21 mai 1836, le sol sur lequel est assis un chemin vicinal régulièrement classé par un arrêté du préfet se trouve réuni au domaine de la commune soit par l'effet de l'expropriation dans le cas d'ouverture d'un chemin nouveau, soit par l'effet de l'arrêté même du préfet s'il s'agit d'un élargissement ou d'une reconnaissance d'un chemin ancien. Le droit du particulier se résout en une indemnité. La question de propriété du sol ainsi enlevé au domaine privé n'aura donc plus d'influence relativement à la destination même du sol, mais elle pourra influer notablement sur le droit à l'indemnité; c'est donc surtout sous ce dernier rapport que les solutions que nous allons rapporter conservent encore aujourd'hui leur intérêt.

686. — C'est aux tribunaux seuls qu'il appartient de statuer sur les questions de propriété relatives aux chemins communaux, soit que leur vicinalité ait été déclarée par l'autorité administrative, soit qu'elle ne l'ait pas été. — *Cass.*, 25 nov. 1831, Larché c. comm. de Beyre; 7 brum. an IX, Jean; 26 brum. an IX, Duprat; 26 vent. an IX, Leclerc; 27 germin. an IX, Savard; 19 prair. an IX, Gounou; 7 messid. an IX, Ester; 26 mess. an X, Lecomte; 9 fruct. an X, Giron; 4 août 1809, Leverrier; 9 mai 1828, Albert-Robert; 19 juin 1829, Baillard; 31 janv. 1833, Balloy; 28 juill. 1830, Rassés; 19 juill. 1833, Reculot; 12 juill. 1834, Ducorail; 25 sept. 1835, Moreau; 2 déc. 1826, Ancillon; 7 pluv. an X, Loquin; 10 prair. an XIII, Jean Châtcau; 16 vent. an XIII, Labrousse; 19 déc. 1806, Billion; 30 janv. 1808, Gobin; 7 mars 1822, Haudard; *Besançon*, 2 août 1809, Cabut c. comm. de Vuillafons.

687. — Mais il a été jugé en sens contraire par de nombreuses décisions. — V. *Cass.*, 26 sept. 1834, Cassault; 15 juill. 1836, Dubarry; 26 août 1835, Martin; 23 juill. 1836, Defoulers; 4 août 1836, Loriferne; 12 août 1837 (t. 2 1837, p. 478), Rival c. Beauquesne; 14 avr. 1839 (t. 1er 1839, p. 564), Malescot c. de Monti; 17 sept. 1841 (t. 2 1841, p. 567), Maubuisson; 16 vend. an XI, comm. de Mantes; 8 janv. 1813, Evrard-Copens; 9 mars 1821, Laporte c. Vergès; 28 août 1822, Pavy; 30 juill. 1825, Bourin; 11 nov. 1836, Colard c. Fournier; 11 août 1837 (t. 2 1837, p. 477), Gouazet c. Michaud; 23 fév. 1809, comm. du Pecq; *Bruxelles*, 25 fév. 1818, Ladersous; — *Cons. d'état*, 23 prair. an XII, Jannin; 7 févr. 1809, Delpech c. Mérignac; 1er juin 1807, Dorn; 22 janv. 1809, Delamotte; 15 mai 1813, Clément; 23 juin 1819, Champagny c. Chevillard; 28 sept. 1816, Pigeau, c. Marquis; 18 oct. 1809, Doal; 12 avr. 1812, Royre.

688. — La déclaration de vicinalité d'un chemin qui, comme on le sait, émane incontestablement aujourd'hui du préfet, ne fait pas obstacle à ce que les tribunaux ordinaires connaissent des questions de possession et de propriété relatives à ce chemin. — *Cass.*, 26 fév. 1833, Rothschild c. comm. de Jossigny.

689. — La question de savoir si un terrain sur lequel une commune réclame un droit de passage est un chemin vicinal ou de simple souffrance, est une question de propriété dont la connaissance n'appartient qu'aux tribunaux. — *Cass.*, 23 fév. 1809, comm. du Pecq c. Bezuchet.

690. — Les questions de propriété qui s'élèvent à propos des chemins vicinaux appartiennent aux tribunaux; mais un tribunal excède ses pouvoirs en statuant sur une question d'anticipation ou en fixant et réduisant la longueur du chemin. — *Cons. d'état*, 7 mai 1823, Maugé.

691. — Un juge de paix a pu statuer au possessoire sur la jouissance d'un chemin entre deux particuliers, sauf à la commune qui prétend avoir droit à ce chemin à se pourvoir, soit devant les tribunaux civils pour discuter la propriété de ce même chemin, soit devant l'autorité administrative, à l'effet de faire statuer sur la vicinalité. — *Cons. d'état*, 28 sept. 1816, Fevreau.

692. — La compétence est la même, que ces questions s'élèvent soit entre l'état et des particuliers ou des communes, soit entre des communes et des particuliers, soit enfin entre des particuliers. — Cormenin, t. 2, p. 485.

693. — Toutefois, s'il appartient aux tribunaux de statuer sur les questions de propriété qui s'élèvent à l'occasion des chemins vicinaux, ce n'est qu'autant qu'ils se bornent à constater la propriété du sol à l'effet d'établir le droit du propriétaire à une indemnité; mais ils ne peuvent ordonner la réintégration dans la possession exclusive du chemin sans porter atteinte à l'acte administratif qui, en déclarant la vicinalité de ce chemin, en a attribué la jouissance au public. — *Cass.*, 21 fév. 1842 (t. 1er 1842, p. 517), Mesnier c. Dubois.

694. — La question de savoir à qui, d'une commune ou d'un particulier, appartient le sol d'un chemin, est du ressort de l'autorité judiciaire. Par suite, les tribunaux peuvent, sans excès de pouvoir et sans empiéter sur les attributions de l'autorité administrative, décider, d'après les circonstances de la cause, que la propriété d'un chemin litigieux est une propriété publique. — *Cass.*, 7 mars 1837 (t. 2 1837, p. 588), Besnard.

695. — Lorsqu'un maire réclame comme appartenant à la commune un terrain sur lequel un particulier veut faire construire un pavé, et qu'il soutient être à lui, il s'agit là d'une question de propriété dont les tribunaux civils seuls peuvent connaître. Le préfet ne peut, sans excès de pouvoir, approuver l'arrêté du maire qui fait défense à ce particulier de construire le pavé. — *Cons. d'état*, 18 sept. 1813, comm. de Beaufays c. Beaufays.

696. — C'est aux tribunaux seuls qu'il appartient de prononcer sur les questions de propriété ou de servitude, relativement à un chemin litigieux. — *Cons. d'état*, 11 août 1819, de La Rupelle; 20 oct. 1819, préfet de la Meurthe c. David.

697. — Quand il s'agit de décider, par l'examen des titres et l'application des principes du droit, si le passage par un chemin dont une commune jouit depuis un temps immémorial constitue une servitude en sa faveur, les tribunaux sont seuls compétens pour prononcer à cet égard. — *Cons. d'état*, 29 janv. 1814, Reynegom c. comm. de Lachen.

698. — Les chemins vicinaux constituent donc des propriétés communales, mais d'une nature particulière. Ils ont une nature et une destination publiques qui les placent hors du commerce et qui ne permettent pas qu'ils soient ni affermés, ni aliénés, ni prescrits, lorsqu'ils sont reconnus et classés, et tant qu'ils continuent de servir de passage public; ils ne peuvent non plus être ni enceints de clôtures, ni ensemencés, ni bâtis, ni plantés, ni imposés à la contribution foncière. — Cormenin, t. 1er, p. 289, v° *Chemins vicinaux*.

699. — Lorsque les habitans d'une commune se servent d'un chemin vicinal pratiqué sur les flancs d'une montagne, en se conformant, à cet égard, aux prescriptions de l'autorité municipale, ils ne peuvent être *personnellement* passibles de dommages-intérêts envers les *propriétaires du dessous*, à raison des éboulemens de terre ou des dégradations causées à leurs propriétés par l'ébranlement du sol, résultant du passage: dans ce cas, c'est à l'autorité administrative qu'ils doivent avoir recours pour faire prévenir ou réparer les dommages. — *Angers*, 23 fév. 1843 (t. 1er 1844, p. 156), Gallée c. Robin.

700. — Jugé que les riverains des chemins vicinaux ont droit de vue, d'issue et de desserte, quelle

qu'en soit la largeur, de telle sorte que les communes ne peuvent distraire une partie de ces chemins et l'affermer. — *Cons. d'état*, 25 avr. 1833, Herset c. commune de Meudon ;—Cormenin, t. 1er, p. 295 ; Chevalier, t. 1er, p. 94.

701. — L'imprescriptibilité des chemins vicinaux était, avant la loi du 21 mai 1836, un grave sujet de controverse; selon les uns, la prescription trentenaire suffisait pour faire acquérir les chemins vicinaux, même classés ; selon les autres, les chemins, même non classés, parce qu'ils étaient consacrés à l'usage du public, ne pouvaient se prescrire par quelque laps de temps que ce fût ; d'autres, admettant que le chemin lui-même pouvait être prescrit, soutenaient que sa largeur était imprescriptible.

702. — Aujourd'hui, d'après l'art. 10, L. 21 mai 1836, les chemins vicinaux reconnus et maintenus comme tels sont imprescriptibles.

703. — Selon les uns, leur prescriptibilité ne commence que lorsque, étant légalement supprimés, ils rentrent dans la catégorie des autres biens communaux, et par conséquent dans le commerce. — V. ordonn. de Blois, art. 346 ; — Dunod, *Tr. des prescript.* ; Pothier, *Prescript.* ; Henrion de Pansey, *Des Biens comm.* ; Cormenin, t. 1er, p. 288. — V. DOMAINE PUBLIC.

704. — Jugé cependant qu'un chemin public abandonné est prescriptible, encore qu'on ne représente pas l'acte administratif qui en a prononcé la suppression. Cet acte peut, d'après la nature de la possession, être remplacé par d'autres actes de l'administration publique constatant que le chemin est inutile ou contraire aux intérêts de l'agriculture et de la propriété. — *Rouen*, 11 fév. 1825, Duvrac c. commune de Saint-Romain-de-Colboc; —Proudhon, *Tr. du Domaine publ.*, nos 217 et suiv.; Garnier, *Suppl.*, p. 52; Troplong, *Prescript.*, no 168; Dumay, t. 1er, p. 113.

705. — La prescription d'un chemin communal ne commence à courir que du moment où le chemin a été abandonné par le public comme impraticable ou inutile, et a été envahi par les particuliers qui prétendent en avoir prescrit la propriété. — *Rouen*, 19 janv. 1842 (t. 2 1842, p. 146), Vincent c. commune de Saint-Léger-aux-Bois.

706. — Les rues et les chemins qui de leur nature sont imprescriptibles, tant qu'ils servent à l'usage du public, peuvent devenir l'objet d'une prescription en faveur du voisin, lorsqu'ils ont changé de destination. — *Montpellier*, 21 déc. 1827, Ribes.

707. — L'imprescriptibilité s'étend non seulement au chemin en lui-même, mais encore à sa largeur, à ses fossés et à ses accessoires, qui dépendent aussi du domaine communal. Mais s'il s'agit d'une portion qui ne soit pas affectée à un usage public, la commune devra prouver que, comme berge ou autrement, cette dépendance faisait partie du chemin, et on conçoit que dans ce cas un terrain vague serait soumis à la prescription. — Dumay, t. 1er, p. 112; Troplong, *Prescript.*, t. 1er, nos 158 à 161.

708. — L'imprescriptibilité des chemins vicinaux est un obstacle à ce qu'ils puissent par la possession être grevés de servitudes autres que celles auxquelles ils sont naturellement sujets, tels que droits de vue, de passage, égoût ou écoulement des eaux.

709. — Lorsqu'un chemin vicinal est élevé au rang des routes royales ou départementales, ou que ces dernières descendent au rang des chemins vicinaux, ce changement dans les dénominations n'en amène aucun dans la propriété. — Garnier, p. 290.

CHAPITRE VIII. — *Conservation du sol des chemins vicinaux.*

710. — L'intérêt général exigeait impérieusement le libre et facile usage des voies de communication vicinales et la conservation du sol dans toutes les conditions qui ont présidé à son établissement; aussi des mesures de précaution ont été arrêtées par le législateur pour prévenir tout trouble ou empêchement qui pourrait être apporté à l'exercice des droits du public. Une sanction pénale a été aussi prononcée contre les infractions qui pourraient être commises aux lois qui régissent la voirie vicinale. Cette double série fera la matière des deux sections qui vont suivre.

Sect. 1re. — *Mesures de précaution.*

§ 1er. — *Maintien provisoire du passage.*

711. — A toutes les époques, la jurisprudence a reconnu à l'administration le droit de maintenir provisoirement la liberté du passage sur le chemin contesté. — *Cons. d'état*, 24 mars 1809, Prousteau ; 4 juin 1809, Chabrié ; 10 mai 1810, Dupuis ; 19 mai 1811, Milhut ; 4 avr. 1812, Colonge ; 18 nov. 1818, Andréossy ; 18 juill. 1821, Pétérinck ; — *Cass.*, 4 avr. 1835, Morel ; 8 oct. 1836, Hilairet ; Garnier, *Chemins*, nos 214 et suiv. ; — Jourdan, *Code des chemins* (Introd.), p. 18 ; Chevalier, vo *Voirie*, t. 2, p. 476.

712. — Aujourd'hui les droits de l'administration ne se bornent plus à une décision provisoire, puisque, en supposant le droit de propriété du riverain établi, ce droit se résoudrait en une simple indemnité. — Il peut cependant n'être pas inutile de rapporter ici les décisions qui ont posé et développé le principe du maintien provisoire du passage.

713. — L'individu qui réclame un chemin comme lui appartenant ne peut se permettre aucun changement sur ce chemin avant d'avoir fait décider la contestation. — En ce cas, le maire peut, comme chargé de la police de la voirie, prendre des mesures nécessaires pour la conservation d'un passage jusqu'alors considéré comme public et ordonner que le réclamant sera tenu de rétablir les lieux dans leur ancien état. — *Cons. d'état*, 4 juin 1809, Chabrié ; — Cormenin, t. 1er, p. 290 ; Jourdan, *Code des chemins* (Introd.), p. 48 ; Chevalier, t. 1er, p. 81.

714. — Dans le cas où un particulier a changé la direction d'un chemin que la commune soutient être vicinal, et que le tableau des chemins communaux n'a point encore été arrêté par le préfet, ce dernier n'est compétent que pour ordonner une enquête et prendre un arrêté sur a vicinalité du chemin. — En attendant, il doit maintenir provisoirement et par voie de police le public en jouissance du chemin. — *Cons. d'état*, 6 janv. 1830, Dupeyron.

715. — Quel que soit le jugement à intervenir sur la question de propriété, le maire de la commune est fondé à se pourvoir, si bon lui semble, devant le préfet, pour demander que le chemin soit mis au rang des chemins vicinaux et qu'il soit statué sur sa classification, largeur et direction, sauf une juste et préalable indemnité envers qui de droit, s'il y a lieu. — *Cons. d'état*, 17 juin 1818, Delmas ; — Cormenin, t. 1er, p. 292 ; Isambert, *Voirie*, no 398.

716. — Les préfets sont compétens pour conserver provisoirement à une commune le droit de se servir d'un chemin litigieux, sauf aux parties à se pourvoir devant le tribunal civil pour y faire décider la question de propriété. — *Cons. d'état*, 13 janv. 1813, de Beaufleury.

717. — Le préfet est compétent pour ordonner le rétablissement provisoire d'un chemin vicinal supprimé ou intercepté, bien que la vicinalité n'en soit pas reconnue, si d'ailleurs il a renvoyé à se pourvoir devant les tribunaux sur la question de propriété. — *Cons. d'état*, 16 fév. 1825, Presson.

718. — Quand le préfet ordonne le rétablissement provisoire d'un chemin vicinal dans son ancien état, il agit par voie de police administrative, et son arrêté doit être déféré au ministre de l'intérieur avant d'être attaqué devant le conseil d'état. — Même arrêt.

719. — C'est aux tribunaux civils seuls à décider si les propriétés d'un particulier sont ou non grevées d'un droit de passage pour le service des forges voisines et du public. — Chevalier, t. 1er, p. 89. — Toutefois, l'autorité administrative peut maintenir provisoirement le passage. — *Cons. d'état*, 18 août 1811, Robin ; 10 déc. 1817, Guérin c. Delabrosse.

720. — Dans le cas où les faits n'indiquent pas suffisamment à qui doit rester la possession provsoire, s'il paraît que le particulier est de bonne foi et que le chemin est inutile comme vicinal, on ne peut pas ordonner la destruction des constructions et plantations par lui faites sur l'emplacement, et on peut l'autoriser à les conserver, à la charge par lui de déposer la valeur du terrain litigieux. — *Cons. d'état*, 10 mars 1809, comm. de Ploumagner ; — Chevalier, t. 1er, p. 89.

721. — Lorsque, par arrêté du préfet, le public a été maintenu en jouissance d'un passage contesté entre une commune et un particulier, jusqu'à décision des tribunaux sur la question de propriété, le juge de paix doit s'abstenir de prononcer sur le possessoire, et renvoyer les parties à se pourvoir contre la décision du préfet devant l'autorité administrative supérieure. — Cormenin, vo *Chemins vicinaux*, t. 1er, p. 311 ; Garnier, *Chemins*, nos 214 et 226 ; Cotelle, *Cours de dr. admin.*, t. 3, p. 438. — Dans le cas où le juge de paix prononcerait contrairement à l'arrêté du préfet, cet administrateur doit élever le conflit. — *Cons. d'état*, 18 juill. 1821, Pétérinck.

722. — Si le juge de paix saisi au possessoire n peut ordonner la réintégration dans la possession de celui qui y prétend, quand un acte administratif met la commune en possession provisoire du chemin ; il lui appartient de constater la possession pour que la preuve de la propriété incombe à l'adversaire. — *Cass.*, 26 fév. 1833, Rothschild c. comm. de Jossigny ; — *Cons. d'état*, 18 juill. 1821, Pétérinck ; 7 juin 1826, de Sourjac c. comm. de Lariche. — V. conf. Garnier, p. 416 et suiv.

723. — Lorsqu'un arrêté de préfecture a déclaré vicinal un chemin dont la propriété est réclamée par un particulier qui y a apposé des barrières, le juge civil commet un excès de pouvoir en défendant au maire de la commune où se trouve ce chemin de rien faire qui puisse empêcher le libre exercice du droit de propriété qu'il reconnaît à ce particulier sur ce chemin. — Une semblable défense aurait pour conséquence l'annulation de l'arrêté de préfecture, annulation qui ne peut être prononcée que par l'autorité administrative. — *Douai*, 24 juill. 1838 (t. 1er 1840, p. 612), Hubert c. le maire de Guemps.

724. — De ce qui précède il résulte que les maires et préfets peuvent, comme les conseils de préfecture et le conseil d'état, ordonner la destruction de l'œuvre nouvelle ; mais les premiers statuent par voie de police administrative et provisoirement, tandis que les conseils de préfecture et le conseil d'état statuent comme tribunaux de répression, et définitivement. — Cormenin, vo *Chemins vicinaux*, t. 1er, p. 304.

725. — Quand il s'agit de savoir si un particulier est tenu de laisser un passage au public au travers de sa maison, c'est là une question de propriété du ressort des tribunaux civils, et le maire ne peut ordonner la démolition de la maison construite sur ce passage. — *Cons. d'état*, 28 juin 1806, comm. de Royan c. d'Avrillaud. — Cormenin, t. 1er, p. 312.

726. — Un conseil de préfecture ne peut, sur la demande d'une commune, ordonner la démolition de constructions faites par un particulier sur sa propriété, par le motif qu'elles fermeraient un sentier établi sur ce terrain ; cette contestation, présentant à juger des questions de propriété ou de servitude, est du ressort des tribunaux. — *Cons. d'état*, 6 mars 1816, Coppin c. comm. de Houchin. — Chevalier, t. 2, p. 475.

727. — Une ordonnance de police, homologuée même par un décret du gouvernement, qui interdit tout passage avec chevaux et voitures dans la contre-allée d'un chemin, ne fait point obstacle à ce qu'un particulier réclame une servitude de passage qu'il prétend lui être due sur cette contre-allée. En ce cas, il n'a qu'à se pourvoir devant les tribunaux civils. — *Cons. d'état*, 6 mars 1816, Montlouis c. comm. de Villeroy.

§ 2. — *Réglement du préfet pour l'exécution de la loi.*

728. — Pour assurer l'exécution de la loi, chaque préfet a dû faire un réglement qui a dû être communiqué au conseil général, et transmis, avec ses observations, au ministre de l'intérieur, pour être approuvé s'il y a lieu. « Ce réglement, porte l'art. 21, L. 21 mai 1836, fixera dans chaque département le maximum de la largeur des chemins vicinaux ; il fixera, en outre, les délais nécessaires à l'exécution de chaque mesure, les époques auxquelles les prestations en nature devront être faites, le mode de leur emploi ou de leur conversion en tâches ; et statuera en même temps sur tout ce qui est relatif à la confection des rôles, à la comptabilité, aux adjudications et à leur forme ; aux alignemens, aux autorisations de construire le long des chemins, à l'écoulement des eaux, aux plantations, à l'élagage ; aux fossés, à leur curage, et à tous autres détails de surveillance et de conservation. » — Les réglemens que font les préfets, en vertu de cette disposition, ont la même force qu'en matière de voirie urbaine les réglemens municipaux.

729. — L'art. 21 borne le pouvoir réglementaire des préfets aux matières qui viennent d'être énumérées. Le pouvoir des maires est réservé dans tous les cas non prévus par cet article. — Foucart, t. 2, p. 490, 3e édit.

730. — Jugé qu'il résulte de l'art. 21, L. 21 mai 1836, que l'autorité municipale a perdu le droit qui lui avait été antérieurement concédé, de prendre des arrêtés généraux relativement à l'écoulement des eaux des chemins vicinaux, aux fossés de ces chemins et à leur curage, ce droit ayant été transporté aux préfets sous l'approbation du ministre de l'intérieur. — *Cass.*, 5 août 1837 (t. 2 1837, p. 418), Michel. — V. Cormenin, t. 1er, p. 298.

731. — Le réglement dressé par le préfet a dû être rédigé dans le court délai déterminé par l'art. 21 ; aussi les législateurs eux-mêmes, en voyant l'art. 21, prévoyaient-ils que le réglement préfectoral pourrait être soumis à des modifications qui suivraient de près sa publication. En effet, à la séance du 8 mars 1836, un député ayant demandé si, dans le cas où, passé l'année, on viendrait à juger convenable de modifier le réglement, la modification pourrait être faite suivant les mêmes formes, le rapporteur répondit : « La modification est de droit »; ce qui fut appuyé par un autre membre, qui ajouta : « Non seulement la modification, mais même le réglement. » — Mais pour que le changement soit obligatoire, il faudra qu'il soit opéré en suivant la même marche que pour la confection du réglement primitif.

732. — Observez cependant que le réglement rédigé par les préfets, aux termes de l'art. 21, L. 1836, est permanent, et n'est pas sujet à révision annuelle. — Cormenin, t. 1er, p. 290.

733. — Le réglement d'un préfet portant sur une des matières énumérées dans l'art. 21, L. 21 mai 1836, et qui déroge à un premier réglement, fait dans le délai et dans les formes prescrits par cet article, n'est obligatoire, tant qu'il n'a pas été communiqué au conseil général et approuvé par le ministre de l'intérieur, que s'il s'agit de cas d'urgence ou de faits nouveaux. — *Cass.*, 15 déc. 1838 (t. 2 1839, p. 363), Cornu.

734. — Le préfet ne peut rendre sans effet, par un arrêté qu'il n'aurait pas préalablement soumis à la délibération du conseil général et à l'approbation du ministre de l'intérieur, une ou plusieurs des dispositions du réglement général fait en vertu de la loi du 21 mai 1836, sur les chemins vicinaux. — Il ne peut non plus, sans remplir ces formalités, faire revivre, au mépris de ce réglement, d'autres réglemens locaux antérieurs, lesquels se sont trouvés abrogés par le seul fait de la publication du réglement général. — *Cass.*, 27 déc. 1838 (t. 2 1839, p. 364), Boca.

735. — Jugé de même que le préfet ne peut, par un arrêté postérieur au réglement sur les chemins vicinaux dressé en exécution de la loi du 21 mai 1836, déroger à ce réglement, si cet arrêté n'est préalablement soumis au conseil général et approuvé par le ministre de l'intérieur. — Toutefois cet arrêté doit être exécuté si ses dispositions ne sont pas inconciliables avec celles du réglement. — *Cass.*, 8 août 1840 (t. 2 1843, p. 762), Min. publ. c. Moulin ; — Dumay, t. 1er, p. 423.

736. — Les réglemens faits par les préfets en vertu de l'art. 21, L. 21 mai 1836, n'ayant force exécutoire qu'autant qu'ils ont été approuvés par le ministre de l'intérieur, ne peuvent être déférés qu'au conseil d'état. — Herman, no 144.

737. — En cas d'infraction aux réglemens faits en vue d'assurer la viabilité des chemins, la répression a lieu, non par voie d'action civile, comme entre particuliers, mais par voie d'action publique. — Isambert, *Tr. de la voirie*, 3e part., p. 14.

738. — C'est aux tribunaux de simple police qu'il appartient de réprimer les contraventions aux arrêtés des préfets, pris en vertu de l'art. 21, L. 21 mai 1836, sur les chemins vicinaux. — *Cass.*, 20 juill. 1838 (t. 1er 1840, p. 303), Bigot et de Foucault.

739. — Le préfet ne fixe que le maximum de la largeur des chemins de son département. Ce fonctionnaire pose par cet arrêté une règle qui le lie lui-même, lorsqu'il s'agit de prendre des arrêtés particuliers, pour fixer la largeur particulière à chaque chemin. — Quant aux dimensions de la largeur, V. *suprà* nos 112 et suiv.

740. — Il est d'autres mesures de conservation et de surveillance que le préfet pourrait prescrire. Il pourrait même, par un réglement qui prendrait son point d'appui légal dans l'art. 479, no 4, C. pén., interdire de pratiquer des excavations ou même d'exploiter des carrières à une distance trop rapprochée de la limite des chemins vicinaux, et le riverain ne pourrait, à raison de la servitude résultant de cette interdiction, prétendre à une indemnité, si la distance imposée par l'arrêté du préfet n'était pas plus grande que celle qui doit séparer les fouilles faites par un propriétaire sur la limite de tout autre héritage voisin.

741. — Selon M. Dumay (t. 2, p. 776), le préfet pourrait prescrire sur les chemins vicinaux une mesure analogue à l'essartement des forêts le long des routes ; mais cette servitude onéreuse donnerait, selon le même auteur, lieu à une indemnité.

742. — Il pourrait aussi interdire l'établissement, dans une portion trop voisine du chemin, des moulins à vent qui peuvent, par leur bruit et le mouvement de leurs ailes, causer des accidens en effrayant les chevaux. — Régl. du conseil d'Artois, 13 juill. 1774. — Merlin, *Rép.*, vo *Moulin* ; Dumay, p. 777.

743. — Une précaution dont l'avantage, pour la conservation intacte du sol des chemins vicinaux, est incontestable, c'est de planter des bornes sur les limites indiquées par l'arrêté de classement pris par le préfet. La plantation de ces bornes, ordonnée par le préfet, serait constatée par procès-verbal dressé par le maire en présence des riverains. Les réclamations de ces derniers, quant à l'application du plan joint à l'arrêté de classement, rentreraient dans la compétence de l'autorité administrative. Leurs droits à la propriété ou à une indemnité seraient appréciés dans les formes indiquées par la loi du 21 mai 1836, et que nous avons signalées plus haut, nos 165 et s., 219 et s. Mais nous ne croyons pas qu'il puisse jamais y avoir lieu à une action en bornage, comme l'indique M. Dumay (p. 783). — En effet, l'action en bornage rentre dans une compétence judiciaire qu'exclut la législation sur les chemins vicinaux, d'après laquelle la reconnaissance et la fixation des limites d'un chemin vicinal appartient exclusivement à l'autorité administrative qui, pour l'exécution de ses décisions, n'a pas besoin de recourir à l'assistance de l'autorité judiciaire.

§ 3. — *Actions judiciaires relatives aux chemins vicinaux.*

744. — Les formalités à accomplir pour parvenir à la construction, l'entretien et la réparation des chemins vicinaux nécessitent souvent la dresse d'actes dont le coût eût été une charge très onéreuse pour un grand nombre des communes sur lesquelles elle aurait pesé ; c'est dans la vue de les exonérer de ce fardeau que la loi du 21 mai 1836 a porté la disposition suivante : « les plans, procès-verbaux, certificats, significations, jugemens, contrats, marchés, adjudication de travaux, quittances et autres actes ayant pour objet exclusif la construction, l'entretien et la réparation des chemins vicinaux, seront enregistrés moyennant le droit fixe de 1 fr. » (art. 20).

745. — La subvention du dixième, dont la loi n'a pas prononcé la dispense, devra être ajoutée au droit fixe de 1 fr.

746. — Selon MM. Garnier (*Suppl. au tr. des chemins*, p. 108), et Dumay (t. 1er, p. 406), la loi du 3 mai 1841, art. 58, a substitué une exemption complète des droits de timbre et d'enregistrement à la modération établie par la loi du 24 mai 1836, art. 20. — V. *contrà* inst. du direct. gén. de l'enreg. 27 janv. 1841.

747. — Les actes administratifs relatifs aux chemins vicinaux, et qui ne contiennent ni transmission de propriété, d'usufruit ou jouissance, ni adjudication, marché et cautionnement, sont exempts du timbre par minute et de l'enregistrement, tant sur la minute que sur l'expédition. — L. 15 mai 1818, art. 78 et 80.

748. — Si ce droit proportionnel, auquel un acte concernant les chemins vicinaux donnait ouverture d'après le tarif commun, ne s'élevait pas à 1 fr., ce droit devrait être perçu à la place du droit fixe de 1 fr., sauf l'application du minimum de 25 centimes déterminé par l'art. 3, L. 27 vent. an IX.

749. — La modération des droits d'enregistrement doit, selon M. Dumay (t. 1er, p. 409), s'étendre aux instances, traités et actes relatifs aux questions de propriété ou d'indemnité résultant de privation d'issue ou de toute autre diminution de valeur. — *Contrà* Garnier, *Suppl.*, p. 107.

750. — Les actions civiles intentées par les communes ou dirigées contre elles relativement à leurs chemins, quel qu'en soit l'objet, qu'il s'agisse de propriété, de revendication, interprétation d'actes d'acquisition, sont jugées comme affaires sommaires et urgentes. — L. 21 mai 1836, art. 20.

751. — De là il résulte que les dépens de ces sortes d'actions, quelle que soit d'ailleurs la nature des difficultés qu'elles aient présenté à résoudre, doivent être taxés comme en matière sommaire ; et il en serait ainsi, quand bien même le chemin, cause du litige, n'aurait pas été classé comme chemin vicinal. — *Bourges*, 19 juin 1840 (t. 2 1841, p. 125), Boudron de la Mothe c. comm. de Pougny, 30 août 1843 (t. 2 1844, p. 436), Lallemand c. comm. de Lamarche ; — Dumay, t. 1er, p. 411.

752. — Les actions civiles relatives aux chemins vicinaux ordinaires qui sont des propriétés communales doivent dès-lors être exercées par le maire de la commune que le chemin intéresse ; pour ce qui concerne les chemins vicinaux de grande communication, l'exercice des actions appartient au préfet.

753. — Les chemins vicinaux de grande communication, n'étant point des propriétés départementales, le conseil général n'a pas à intervenir dans les actions auxquelles donneront lieu les litiges ayant ces chemins pour objet. Un conseil général de département avait cru cependant pouvoir autoriser le préfet à agir contre un particulier pour obtenir de lui la réalisation d'une offre de concours qu'il avait faite ; pour ne pas laisser établir un précédent duquel on aurait pu déduire de fausses conséquences, le ministre a provoqué l'annulation de cette délibération, qui a été prononcée par une ordonnance royale du 9 sept. 1838, insérée au Bulletin.

754. — C'est par le conseil de préfecture que le préfet doit se faire autoriser toutes les fois qu'il a à exercer devant l'autorité judiciaire une action née de difficultés soulevées à l'occasion des intérêts communaux collectifs, qui ont pour objet un chemin vicinal de grande communication. — Circ. min. intér. 18 fév. 1839.

755. — En cette matière, pour se pourvoir au conseil d'état contre un arrêté par défaut d'un conseil de préfecture, il faut préalablement en avoir demandé la rectification au conseil de préfecture lui-même par la voie de l'opposition. — *Cons. d'état*, 11 août 1841, Préfet du Loiret c. Gaëtan.

756. — Lorsque la rectification est demandée, devant le conseil d'état, d'une erreur matérielle qui aurait été commise dans un décompte sur lequel a statué l'arrêté du conseil de préfecture dont on poursuit l'annulation, c'est le cas pour le conseil d'état de renvoyer devant l'administration, et, en cas de contestation, devant le conseil de préfecture, pour opérer, s'il y a lieu, cette rectification. — *Cons. d'état*, 11 août 1841, Préfet du Loiret c. Gaëtan.

§ 4. — *Plantation et élagage d'arbres.*

757. — Dans l'ancien droit, la plantation d'arbres sur des chemins vicinaux était facultative, et cette faculté n'appartenait qu'aux seigneurs, par suite des droits de voirie ; de sorte que les particuliers et les communes ne pouvaient régulièrement planter que de leur consentement exprès ou tacite ; aucune distance fixe n'était prescrite. — Garnier, p. 302 ; Merlin, *Rép.*, vo *Chemin public* ; Dumay, p. 449.

758. — D'ailleurs le droit de planter ne pouvait être exercé que lorsque les chemins, les rues et les places le permettaient sans que la circulation en fût entravée. — Garnier, p. 302.

759. — L'abolition de la féodalité entraîna la suppression de ce droit seigneurial. La loi du 26 juill.-16 août 1790, en la proclamant pour l'avenir, statua, par rapport aux arbres plantés par les seigneurs, que ceux existant sur le sol des chemins resteraient leur propriété, sauf aux communes à les racheter ou à prouver que c'étaient elles qui avaient fait la plantation, tandis que ceux plantés sur les fonds des riverains appartiendraient à ces derniers, à la charge du seul remboursement des frais de plantation.

760. — Mais la loi du 28 août 1790 priva les seigneurs des droits qu'ils avaient sur ces plantations. Les arbres plantés sur les fonds riverains sont déclarés par elle appartenir aux propriétaires de ces fonds : ceux plantés dans les rues furent également attribués aux riverains, mais avec réserve pour les communes de prouver qu'elles en étaient propriétaires.

761. — Quant à ceux des places publiques et des autres propriétés communales, ils sont adjugés aux communes. — Garnier, p. 308.

762. — La loi de 1792 laissait les ci-devant seigneurs conserver et renouveler les plantations qu'ils avaient faites, soit dans les avenues, chemins privés et autres terrains leur appartenant, soit dans les parties de chemins publics qu'ils pouvaient avoir achetées des riverains, à l'effet d'agrandir lesdits chemins et d'y planter, à la charge par eux de se conformer aux règles établies sur les intervalles qui doivent séparer les arbres plantés d'avec les héritages voisins. — Isambert, *Tr. de la voirie*, p. 643.

763. — Le Code civil pose, dans son art. 553, un principe duquel il résulte que, sauf preuve contraire, les arbres plantés sur leur sol appartiennent aux communes propriétaires des chemins, tandis que ceux plantés sur les fonds adjacens en forment une dépendance et sont la propriété du maître de ces fonds.

764. — Par suite, le propriétaire du terrain ayant seul aujourd'hui la faculté de planter, il semble qu'aux communes appartienne ce droit, puisqu'elles sont propriétaires des chemins vicinaux. Aussi doit-on ranger parmi les biens communaux les arbres plantés aux frais de la commune sur les places publiques ou le long des rues et chemins dont le sol lui appartient. — V. BIENS COMMUNAUX, no 31.

765. — Cependant, si la commune n'a pas les ressources nécessaires pour procéder à une planta-

tion jugée utile, les riverains pourront l'effectuer. — Garnier, p. 311.

766. — Jugé cependant que le droit de planter sur les chemins, et même sur les grandes routes, est un accessoire de la propriété riveraine et non de la propriété de ces chemins et routes. — Ainsi, lorsqu'une commune, propriétaire de terres riveraines de chemins vicinaux, fait des plantations le long de ces chemins, elle agit, non comme propriétaire des chemins, mais comme propriétaire des terres riveraines, et par suite, si la commune vend ces terres, les plantations sont comprises dans la vente, à défaut de réserves expresses. — *Douai*, 20 juill. 1831, D'Haubersaërt.

767. — D'après la loi du 9 vent. an XIII (art. 7), les riverains des chemins classés comme vicinaux ont le droit de faire des plantations sur leurs bords. — *Cons. d'état*, 19 mars 1820, comm. de Maing c. Macartan. — Mais la plantation effectuée par le riverain même sur sa propriété, doit conserver au chemin vicinal sa largeur telle qu'elle a été fixée par le préfet (six mètres).

768.—Cette servitude diffère de celle établie par le Code civil (art. 671), en ce que, d'après le droit commun, les arbres à haute tige ne peuvent être plantés qu'à deux mètres de la ligne séparative des deux héritages, et les autres arbres ou haies vives, qu'à un demi mètre, tandis que, par cette loi de 1805, si le chemin public est très étroit, le propriétaire riverain sera obligé de reculer ses plantations bien au-delà de la distance qui régit les héritages. — Isambert, *Tr. de la voirie*, p. 5.

769. — Dans le cas où le chemin communal a plus dix-huit pieds de large, le riverain peut non seulement se dispenser d'observer pour ses plantations la distance prescrite par le Code, mais encore les faire sur le sol même du chemin public. La propriété de ces plantations lui est reconnue par la loi, bien qu'elles aient été faites sur un terrain qui n'est pas le sien.—Isambert, p. 5, 3e partie.—Cette distinction paraît devoir être faite sous l'empire de la loi du 28 juill. 1824, encore qu'elle renvoie purement et simplement aux art. 670, 671, 672 et 673, C. civ. — Garnier, p. 313.

770. — Un conseil de préfecture a pu décider, soit par interprétation d'une adjudication nationale, soit par application de la loi du 9 ventôse an XIII, que l'acquéreur avait le droit de planter des arbres sur les bords d'un chemin vicinal dont la propriété n'était pas contestée à la commune, et que ceux existans lui appartenaient. — *Cons. d'état*, 19 mars 1820, comm. de Maing c. Macartan; — Cormenin, t. 1er, p. 302; Chevalier, t. 1er, p. 85; Garnier, *Chemins*, no 171; Isambert, *Voirie*, no 584.

771. — Jugé que la loi du 9 vent. an XIII, autorisant à planter le long des chemins vicinaux, sans rien prescrire pour les distances, il s'ensuit qu'on ne peut appliquer au propriétaire qui, plante sur son terrain, le long d'un chemin vicinal, ni les règles du droit commun, ni celles relatives aux plantations des routes.—Cormenin, t. 1er, p. 308.—Dès-lors le conseil de préfecture ne peut ordonner l'arrachement des arbres, alors d'ailleurs qu'il ne se fonde sur aucun usage ni réglement local de police ou de voirie. — *Cons. d'état*, 16 fév. 1836, Quesnay; — Chevalier, t. 1er, p. 95.

772. — Jugé que le propriétaire riverain d'un chemin vicinal peut faire des plantations sur le terrain du chemin, pourvu qu'il lui réserve la largeur fixée par la délimitation, et, s'il n'y a pas eu de délimitation, une largeur de six mètres au moins.— *Paris*, 12 juill. 1833, comm. d'Aulnay-lès-Bondy c. de Gourgues; — Foucart, *Elém. de dr. public et admin.*, t. 2, no 440.

773. — Les arbres plantés sur les chemins publics étant, aux termes de la loi du 28 août 1792, censés appartenir aux riverains, à moins que les communes ne justifient en avoir acquis la propriété par titre ou possession, la connaissance de cette question de propriété appartient aux tribunaux civils et non aux conseils de préfecture. — *Cons. d'état*, 21 déc. 1808, Vanden, Nieuwen et Huysen; — Garnier, *Chemins*, nos 171 à 230; Isambert, no 586.

774.— Les contestations relatives à la propriété d'arbres plantés sur un chemin vicinal sont du ressort des tribunaux, bien que celui qui les a plantés y ait été autorisé par un arrêté du préfet. — *Cons. d'état*, 15 sept. 1831, Dys c. de Marolle; — Chevalier, t. 1er, p. 89.

775.—L'art. 21, L. 21 mai 1836, veut que le réglement général rédigé par le préfet statue en même temps sur tout ce qui est relatif aux plantations, à l'élagage, etc.

776. — Une circulaire ministérielle enjoint aux préfets : 1o de défendre à tout propriétaire riverain des chemins vicinaux de faire aucune plantation sur le sol des chemins; ce droit est réservé aux communes propriétaires du sol, lesquelles ne

pourront en user que lorsque l'autorité supérieure aura reconnu et déclaré que la plantation peut se faire sans nuire aux chemins; — 2o de défendre à tout propriétaire riverain des chemins vicinaux de faire aucune plantation d'arbres ou de haies sur sa propriété, sans avoir demandé et obtenu l'alignement; — 3o de déterminer à quelle distance du bord des fossés ou des limites des chemins les plantations soit d'arbres, soit de haies, pourront être faites, et quel espacement devra être observé entre les arbres d'après leur nature; — 4o enfin, de fixer les époques auxquelles l'élagage des arbres et des haies devra se faire.

777. — On ne peut réputer obligatoire et de nature à motiver contre les contrevenans l'application de l'art. 471, no 15, C. pén., l'arrêté d'un préfet qui, contrairement à un premier réglement fait conformément à l'art. 21, L. 21 mai 1836, ordonne l'abattage et l'enlèvement des plantations le long des chemins vicinaux jusqu'à une certaine distance, s'il n'a été préalablement communiqué au conseil général et approuvé par le ministre de l'intérieur. — *Cass.*, 15 déc. 1838 (t. 2 1839, p. 363), Cornu.

778. — La circulaire du ministre de l'intérieur du 25 juin 1836 recommande aux préfets, en réglant les distances des plantations d'arbres, de se renfermer dans les limites posées par le Code civil, mais ce n'est qu'un conseil dont, en cas d'utilité évidente, ils pourront s'écarter, ainsi que l'ont décidé un avis du conseil d'état du 9 mai 1838 et la circulaire du ministre de l'intérieur du 10 oct. 1839.

779. — Quant aux plantations faites sur le sol des chemins vicinaux, lors même qu'elles sont antérieures à la publication des arrêtés qui la défendent, la commune sur le sol de laquelle elles s'élèvent, peut, à quelque époque que ce soit, requérir le particulier qui a fait ces plantations de les faire disparaître : ce n'est là que l'application de l'art. 555, C. civ. Si donc l'administration permet de conserver, jusqu'à leur dépérissement, des plantations faites sur le sol des chemins vicinaux, elle fera un acte de pure tolérance pour lequel elle devra consulter surtout l'intérêt de la viabilité. — Avis du cons. d'état, 9 mai 1838; — Cormenin, t. 2, Appendice, p. 37.

780. — La plantation ou la réparation d'une haie *en bois mort* ne constitue pas une contravention à l'arrêté d'un préfet qui défend de planter des arbres *ou haies vives* le long des sentes ou chemins publics, sans avoir obtenu au préalable un alignement du maire. — *Cass.*, 6 mai 1837 (t. 1er 1838, p. 136), Evrard.

781.— Le préfet ne pourrait ordonner aux riverains de faire des plantations le long de ces chemins, ni même les empêcher de les faire sur leurs propriétés à une distance du bord du chemin plus grande que celle fixée par le réglement.—Garnier, *Supplément*, p. 118; Herman, no 142.—Ce serait, dit M. Dumay (p. 453), qui professe la même opinion, créer une servitude personnelle qui, loin d'améliorer la viabilité, ne pourrait qu'y nuire et gêner l'agriculture.

782.—Les contraventions au réglement préfectoral sur les plantations le long du chemin, sont de deux sortes : si le propriétaire a planté sur le sol même de la voie publique, il y a une anticipation du domaine du conseil de préfecture. S'il a planté seulement trop près des bords du chemin, ou sans tenir compte de l'espacement prescrit, il y a contravention à un arrêté administratif, contravention que le tribunal de simple police est compétent à réprimer, en vertu de l'art. 471, no 15, C. pén.

783.— La plantation faite sur le sol des chemins vicinaux, dit M. de Cormenin (Appendice, p. 34), constitue une usurpation du sol de ces chemins, et cette contravention doit être poursuivie à la fois devant le conseil de préfecture, pour obtenir la répression de l'usurpation, et devant le tribunal de simple police, pour obtenir la condamnation à l'amende.

784. — L'inobservation des distances prescrites pour les plantations à faire sur les propriétés riveraines des chemins vicinaux, ne constitue qu'une infraction à un réglement de police administrative, et n'appartient pas à la compétence des conseils de préfecture. — *Cons. d'état*, 6 sept. 1842, Maricot.

785. — La compétence des conseils de préfecture se réduisant à réprimer les contraventions aux réglemens de l'administration qui déterminent la nature et les limites des chemins vicinaux, un conseil de préfecture excède ses pouvoirs en décidant qu'un particulier fera arracher les arbres qu'il a plantés sur un chemin vicinal, hors des limites de sa propriété, et que des bornes seront plantées à l'effet de déterminer le milieu du chemin.— *Cons. d'état*, 31 mars 1819, de Sourdeval.

786. — La cour de Cassation semble au contraire s'être prononcée pour la compétence exclusive du tribunal de simple police. — Jugé en effet que la loi du 21 mai 1836 a abrogé les art. 6 et 7, L. 26 fév. 1805-9 vent. an XIII, notamment par son art. 21, qui confère aux préfets le pouvoir de fixer la largeur de ces chemins et les plantations des riverains sur le bord de ces mêmes chemins. Par voie de conséquence, l'art. 8 de cette dernière loi se trouve également abrogé, quant à la compétence dont il avait investi à cet égard les conseils de préfecture, de sorte que les dégradations, détériorations ou usurpations commises sur les communications vicinales, qu'elles résultent de plantations ou de tout autre fait quelconque, ne peuvent constituer désormais que des contraventions au réglement général publié par le préfet de chaque département, en exécution du susdit art. 21, et ne peuvent être dévolues qu'à la juridiction des tribunaux de simple police. — *Cass.*, 8 fév. 1840 (t. 1er 1840, p. 560), Mahieu Decante.

787. — Jugé également que l'infraction à ce réglement, en ce qu'il statue sur la distance qui doit séparer les arbres soit les uns des autres, soit du bord de la route, doit être soumise aux tribunaux de simple police. — *Cass.*, 20 juill. 1838 (t. 1er 1840, p. 303), Bigot c. de Foucault.

788. — Les préfets ont le droit d'ordonner l'élagage des arbres et la tonte des haies, d'en fixer les époques et même de faire faire cette opération d'office, en cas de refus de la part des propriétaires. — Herman, no 146.

789. — L'arrêté du préfet qui enjoint d'abattre ou d'élaguer des arbres se trouvant sur une propriété particulière, mais qui obstruent la voie publique, est pris dans les limites des attributions de ce magistrat et doit être exécuté. — *Cass.*, 22 juill. 1837 (t. 2 1837, p. 330), Min. pub. c. Faribault. — V. conf. *Cass.*, 6 fév. 1824, Gallaire; 7 fév. 1824, Contrie.

790. — La contravention à un arrêté du préfet, relatif à la conservation des chemins vicinaux, et par exemple à l'élagage des arbres et des haies, se prescrit, non pas par un mois, aux termes de la loi du 28 sept. 1791, mais par un an, conformément à l'art. 940, C. inst. crim. — *Cass.*, 15 mars 1844, (t. 1er 1846), Couvreur, Gauthier et Cartier (trois arrêts).

791. — Il n'appartient qu'au préfet d'ordonner l'enlèvement des arbres qui croissent sur les chemins vicinaux. — En conséquence est nul l'arrêté par lequel un maire ordonne aux propriétaires riverains d'un chemin vicinal, sans qu'aucune décision ait été prise à cet égard par le préfet, d'enlever les arbres qui leur appartiennent et qui existent sur ce chemin. — *Cass.*, 8 fév. 1844 (t. 2 1844, p. 503), Min. publ. c. Robichez.

792. — Suivant M. Garnier (*Traité des chemins*, p. 445), la destruction ou la mutilation des arbres plantés sur les chemins vicinaux ne donne lieu à aucune peine, si ces arbres appartiennent à l'auteur de la contravention. La plantation sur les chemins vicinaux diffère en cela de celle des grandes routes.

793.—La cour royale de Paris, se fondant sur ce que l'arrêté du préfet qui porte reconnaissance et fixation d'un chemin vicinal attribue définitivement au chemin la partie du sol qu'il détermine, et dépouille de tous droits sur le terrain qui constitue ce chemin le propriétaire riverain, parce que, dès l'instant où cet arrêté est légalement connu, la propriété est transférée à la commune, a déclaré que le propriétaire qui abat des arbres sur ce chemin devenu vicinal est passible des peines portées par l'art. 445, C. pén., lorsqu'il a eu connaissance légale de l'arrêté du préfet. — *Paris*, 17 mai 1813, comm. de Ville-d'Avray c. Dupont; — Dufour, *Tr. gén. de dr. admin. appliqué*, t. 1er, no 598.

§ 5.— *Fossés et écoulement des eaux.*

794. — *Fossés.* — Quand l'administration croit nécessaire de creuser le long des chemins des fossés, le sol de ces fossés, faisant partie intégrante du sol vicinal, est protégé par les mêmes règles contre les anticipations.

795. — Antérieurement à la loi du 21 mai 1836, l'autorité municipale était chargée de la surveillance des chemins vicinaux et rendait tous les arrêtés nécessaires à cet égard. Dès-lors, elle était compétente pour réglementer les fossés et leur curage.

796. — Jugé, en effet, que l'arrêté d'un maire n'ayant pas pour objet de forcer les propriétaires riverains des chemins communaux à creuser sur leur terrain des fossés destinés à assainir ces mêmes chemins, mais seulement à relever et curer des fossés déjà existans, rentrait dans les attribu-

tions du pouvoir municipal. — *Cass.*, 24 juill. 1835, Min. publ. c. Chenou.

797.—Il en était de même de l'arrêté d'un maire qui enjoignait à un individu de combler les fossés qu'il avait pratiqués sur un chemin vicinal.—L'infraction à cet arrêté devait être punie par l'autorité judiciaire.—*Cass.*, 8 oct. 1836 (t. 2 1837, p. 50), Hillairet.

798. —Aujourd'hui, les préfets sont exclusivement chargés, sous l'approbation du ministre de l'intérieur, de régler tout ce qui concerne l'écoulement des eaux des chemins vicinaux, les fossés de ces chemins et leur curage. Les réglemens faits à cet égard par les autorités municipales sont en conséquence nuls et non obligatoires.— *Cass.*, 5 août 1837 (t. 2 1837, p. 418), Michel.

799.— Comme partie intégrante du chemin, les fossés devront être portés avec leurs dimensions en largeur et longueur sur le tableau prescrit par la circulaire ministérielle du 7 prair. an XIII; ils sont, de même que la chaussée, imprescriptibles et doivent être entretenus aux frais de la commune et avec les ressources créées par la loi du 21 mai 1836.

800.—Le paiement des frais nécessités par l'ouverture des fossés, doit se faire sur les revenus affectés aux chemins. — Il en est de même des frais du curage, et ce travail ne pourrait être mis à la charge des propriétaires riverains.

801. — Les riverains peuvent-ils être contraints de recevoir sans indemnité sur leurs propriétés le produit de curage des fossés ?—Une circulaire du directeur-général des ponts et chaussées, en date du 30 juill. 1835, a soutenu l'affirmative en se fondant sur les dispositions d'anciens arrêts qui obligeaient les riverains à recevoir le dépôt des terres provenant du curage des fossés. Mais ces dispositions étaient relatives aux routes royales, et ne peuvent être étendues aux riverains des chemins vicinaux. —Dumay, p. 436.

802. — Aucune loi n'assujétit les riverains ou les communes à faire creuser des fossés. — Garnier, p. 316.

803. — Et les propriétaires qui veulent sur leur terrain en ouvrir comme moyen de défense et de clôture doivent demander un alignement.

804.— Il n'appartient à l'administration de régler ni la largeur ni la profondeur des fossés à creuser par les particuliers, la viabilité n'y étant point intéressée. — Herman, n° 152.

805. — Lorsque, sur la demande d'un particulier, le conseil de préfecture ordonne à un autre de combler des fossés par lui pratiqués sur la voie publique, et de rentrer dans les limites précédentes de manière à donner au chemin son ancienne largeur de quatre mètres reconnue par les autorités locales, il ne juge pas une question de propriété et il ne fait que réprimer une contravention en matière de voirie.—*Cons. d'etat*, 8 janv. 1817, Legris c. Boutry; — Cormenin, t. 1er, p. 301 et 302; Chevalier, t. 2, p. 468.

806. —Le conseil de préfecture ne peut enjoindre à un particulier de réduire son fossé et de laisser entre ce fossé et une maison voisine un passage suffisant à la voie publique pour la circulation des voitures d'après l'alignement qui sera donné par l'autorité locale, alors que ce particulier prétend que le passage existant est de pure tolérance, que le terrain lui appartient et n'est grevé d'aucune servitude.—En pareil cas, il s'agit d'une question de propriété dont la connaissance est réservée aux tribunaux — *Cons. d'état*, 23 déc. 1815, Pasquier c. comm. de Lameau; — Chevalier, t. 2, p. 475.

807. — La mesure par laquelle un maire, sans contester à un particulier la propriété d'un fossé, en ordonne cependant le comblement pour cause de sûreté publique, est un acte de police municipale, qui ne peut être réformé que par l'autorité administrative supérieure. — Un juge de paix serait incompétent pour condamner le maire, sur la réclamation du particulier, à faire enlever la terre du fossé et à le rétablir dans son ancien état. — *Cons. d'état*, 21 mai 1823, maire d'Haveskerque c. Charpentier ; — Cormenin, t. 2, p. 455.

808. —Quand un particulier affirme qu'un chemin est établi sur sa propriété et qu'il ne doit pas la servitude de passage, il résulte de là une question de propriété qui est du ressort des tribunaux, et le préfet ne peut ordonner la suppression d'un fossé ouvert par ce particulier à l'entrée du chemin. — *Cons. d'état*, 27 mai 1816, Lantin c. comm. de Bey ; — Cormenin, t. 2, p. 458.

809. — Pour ce qui est des moyens d'établir la preuve de la propriété des fossés et de leurs berges, V. FOSSÉS.

810. —*Écoulement des eaux.* — Les riverains ne peuvent nuire à l'écoulement des eaux provenant d'un chemin vicinal, et, par exemple, ils ne pourraient combler le fossé établi par les soins de l'administration pour se procurer une issue sur la voie publique.

811. — Si, pour faciliter l'écoulement d'un des bords du chemin à l'autre, il s'agit de pratiquer un aqueduc, ce travail devra être exécuté aux frais de la commune ; si cet ouvrage n'est pratiqué que dans l'intérêt d'un riverain, c'est lui qui en supportera les frais et il ne pourra les faire exécuter qu'en vertu de l'autorisation du conseil municipal et du préfet, sous la surveillance de l'agent voyer, qui prescrira tout ce qui est propre à garantir la sécurité du passage.— Dumay, p. 437.

812. —Le préfet étant compétent pour ordonner des travaux à faire sur un chemin vicinal, peut prescrire à un riverain d'entretenir à ses frais une ancienne rigole de dégorgement. L'arrêté pris à ce sujet par le préfet doit être attaqué devant le ministre avant d'être déféré au conseil d'état.— *Cons. d'état*, 26 juin 1822, Goujon de Cerisay c. maire d'Alençon ; —Dumay, t. 1er, p. 434.

813.— En ordonnant par des motifs d'utilité publique le rétablissement d'un puchot ou puisard creusé par un riverain sur le bord d'un chemin, et supprimé par un autre riverain, un préfet n'a pas excédé les bornes de sa compétence, bien que le chemin ait été déclaré commun aux deux riverains par une décision de l'autorité judiciaire. En pareil cas, l'arrêté du préfet ne peut être attaqué devant le conseil d'état avant d'avoir été soumis au ministre que la matière concerne. — *Cons. d'état*. 3 déc. 1817, Lebreton c. Cuit.

814. — Les riverains ont le droit de laisser écouler sur la voie publique leurs eaux ménagères ou industrielles sous la restriction toutefois des mesures que peut imposer, dans l'intérêt de la salubrité ou de la sécurité du chemin, l'autorité chargée de la police. — Daviel, *Législation des cours d'eau*, n° 948. — V. *contrà* Dumay, p. 139, selon lequel le riverain ne jouirait que d'une faculté et non d'un droit proprement dit, et qui émet l'avis qu'il n'a de servitude que relativement à l'égoût des toits et à l'écoulement des eaux pluviales. — V. dans le même sens Proudhon, *Domaine public*, n° 365 ; Troplong, *Prescription*, n° 140 ; *Cass.*, 13 fév. 1828, Hecth.

815. — Ainsi, selon M. Dumay (p. 440), l'arrêté du préfet pourrait prohiber l'écoulement, sur les chemins vicinaux ou dans les fossés qui les bordent, des eaux ménagères, de fumier, d'atelier et de manufacture. Les maires auraient le même droit, en vertu des lois des 16-24 août 1790, 19-22 juill. 1791 et 18 juill. 1837, qui les investissent du soin de veiller à la sécurité du passage et à la salubrité.

816. — Le maire ne peut prescrire aux riverains des chemins vicinaux d'une commune de curer une des rigoles qui longent ces chemins, sous prétexte que le défaut de curage force les eaux à s'écouler sur la voie publique, alors même que le réglement général pris par le préfet relativement aux chemins vicinaux serait muet à ce sujet. Dès-lors, il n'y a point de contravention de la part du riverain qui refuse d'opérer le curage ordonné par le maire, ou qui comble la rigole après un curage effectué par ordre de ce maire, alors surtout que le comblement n'a eu lieu que depuis un nouvel arrêté du préfet, qui annule celui du maire pour excès de pouvoir.—*Cass.*, 27 juin 1839 (t. 2 1848, p. 761), Bouvyer.

817. —Pour l'écoulement des eaux naturelles, les préfets doivent se conformer aux règles posées par l'art. 640, C. civ., qui impose aux fonds inférieurs la charge de recevoir les eaux des fonds supérieurs.

818. — Si, après l'exécution des travaux pour la confection des chemins, l'écoulement naturel des eaux était changé, si elles se trouvaient déversées sur une propriété qui ne les aurait pas reçues ou qui les aurait reçues d'une manière moins nuisible, il y aurait lieu à indemnité, selon M. Dumay (p. 444); mais M. Proudhon (*Tr. du domaine public*, n° 1307) ne voit là que l'établissement d'une servitude créée pour l'utilité publique, et qui, dès lors, ne donne pas lieu à indemnité (L. 1, § 18, ff., *De aquâ et aquæ pluv. arcend.*)—Ord. des trésoriers de France, des 13 fév. 1741 et 22 juin 1751.

819.—Les riverains recueillent souvent avec soin les eaux et le limon qui découlent des chemins vicinaux et ils les emploient comme engrais. On conçoit que ce n'est jamais là qu'une simple faculté; quel que soit le temps pendant lequel elle ait été exercée par le riverain, il ne saurait en résulter pour lui un droit susceptible d'empêcher de modifier l'état et les pentes de ces chemins.

§ 6. — *Alignement.*

820. — Nous avons déjà dit, au mot ALIGNEMENT (nos 82 et suiv.) que c'était au préfet qu'appartenait le droit de tracer les alignemens pour les constructions à élever sur les chemins vicinaux. — Nous nous bornerons à renvoyer à ce mot, où sont exposés les principes de cette matière.

821. — Les préfets ont, dans l'état actuel de la législation, le pouvoir d'empêcher les propriétaires de faire des réparations confortatives aux bâtimens sujets à reculement, qui longent les chemins vicinaux lorsque la reconnaissance des limites et la fixation de la largeur desdits chemins ont été préalablement opérées. — Avis du Cons. d'état du 16 juill. 1845, ainsi motivé : Vu la loi du 9 vent. an XIII, art. 6 ; vu la loi du 16 sept. 1807, l'arrêt du conseil du 27 fév. 1765, et les autres lois et réglements relatifs à la voirie; considérant que la délégation faite aux préfets dans l'art. 21, L. du 21 mai 1836, révèle par la généralité de ses termes l'intention du législateur d'assurer, en ce qui touche les chemins vicinaux, l'application et la mise en vigueur des règles légales, antérieurement consacrées dans les matières de grande voirie et de voirie urbaine ; que les réglemens des préfets peuvent en conséquence, même dans les cas de réparations, défendre aux propriétaires dont les constructions empiètent sur les limites d'un chemin vicinal ou joignent immédiatement ledit chemin, d'entreprendre aucuns travaux sans avoir sollicité et obtenu l'autorisation de l'administration ; mais que, pour que la propriété privée puisse être soumise à une telle prescription, il est indispensable : 1° que l'administration ait préalablement pourvu, en exécution de la loi du 9 vent. an XIII, art. 6, et de la loi du 21 mai 1836, art. 15, à la reconnaissance des limites et à la fixation de la largeur du chemin vicinal ; 2° qu'en ce qui concerne les points où il existe des constructions empiétant sur les limites du chemin ou joignant immédiatement le chemin, cette reconnaissance de limites et cette fixation de largeur avaient été établies au moyen d'un travail d'abornement du chemin, et même, lorsque l'état des localités a pu l'exiger, à l'aide de plans qui avaient été régulièrement levés, publiés et arrêtés.

822. — Les seules réparations qui puissent être réputées confortatives, et à ce titre être prohibées, sont celles qui auraient pour effet de consolider le mur de face dans la hauteur du rez-de-chaussée. — Circul. ministér. 16 juill. 1845.

823. — Tous travaux, de quelque nature qu'ils soient, que les propriétaires voudraient faire au-dessus du rez-de-chaussée, doivent être autorisés attendu qu'ils ne peuvent consolider l'édifice, que souvent même ils en accélèrent la destruction. — Circul. ministér. 16 juill. 1845.

824. — Lorsqu'un arrêté de préfet a refusé d'autoriser des réparations considérées comme confortatives, s'il est contrevenu à cet arrêté ce sera devant le tribunal de simple police que cette contravention devra être poursuivie. Le conseil de préfecture ne serait pas compétent dans ce cas, puisqu'il n'y aurait pas là usurpation du sol du chemin vicinal, mais seulement contravention à un arrêté administratif. — Circul. ministér. 16 juill. 1845.

Sect. 2e. — *Mesures de répression contre les contraventions.*

§ 1er. — *Anticipations.*

825.—La loi du 7 sept. 1790, art. 6, en attribuant aux tribunaux d'arrondissement la police de conservation des chemins publics, leur avait déféré la répression des anticipations sur ces chemins; celle du 6 oct. 1791, tit. 2, art. 40, maintint cette attribution aux tribunaux de police correctionnelle, pour la quotité de l'amende dont elle frappait les contrevenans.

826. — Sous la loi du 9 vent. an XIII, au contraire, on tint pour certain que les anticipations sur les chemins vicinaux étaient du ressort des conseils de préfecture. — La jurisprudence du conseil d'état n'a jamais varié à cet égard, comme le prouvent les décisions suivantes : 24 juill. 1806, Durrieu c. com. de Geauvre ; 6 juin 1811, Goulâtre c. com. de Reuilly; 22 juin 1836, Courreges.

827. — Peu importait qu'avant la loi du 9 vent. an XIII il eût été statué sur la contestation par jugement du juge de paix qui n'avait pas été exécuté. —*Cons. d'état*, 21 déc. 1808, L'Hermite.

828. — Les préfets ne sont compétens que pour déclarer la vicinalité d'un chemin et en déterminer la direction et les limites; ils ne peuvent juger les questions d'anticipation.—*Cons. d'état*, 25 avr. 1828, Bernard. — Chevalier, t. 1er, p. 83.

829. — En matière de chemins vicinaux, les

conseils de préfecture sont compétens pour réprimer les contraventions constatées postérieurement aux arrêtés du préfet qui déclarent la vicinalité de ces chemins. —Cormenin, t. 1er, p. 301 ; Chevalier, t. 1er, p. 84. — Toutefois il y a lieu de surseoir à l'exécution de l'arrêté qui ordonne le rétablissement des lieux jusqu'à ce qu'il ait été statué par le ministre de l'intérieur sur la question de vicinalité dont il est saisi. — *Cons. d'état*, 4 mars 1830, Pavy; —Cormenin, t. 1er, p. 307.

830. — Quand il existe un procès-verbal d'abornement des chemins vicinaux qui en déclare la vicinalité et en fixe la largeur, et que ce procès-verbal, dressé contradictoirement avec les habitans de la commune, a été adopté par le conseil municipal, et approuvé par le préfet, le conseil de préfecture est compétent pour ordonner la répression des envahissemens commis par un particulier sur ces chemins. — *Cons. d'état*, 10 août 1845, Paillette.

831. — Le conseil de préfecture ne peut s'abstenir de prononcer sur une anticipation commise sur un chemin régulièrement classé au nombre des chemins vicinaux. —*Cons. d'état*, 19 août 1829, com. de Sérignan.—Cormenin, t. 1er, p. 301 ; Chevalier, t. 1er, p. 84.

832. — Si la vicinalité d'un chemin a été reconnue et déclarée après l'accomplissement des diverses formalités légales, et que les titres et actes produits ne détruisent pas le résultat de l'enquête administrative, il y a lieu de maintenir la décision ministérielle confirmative de l'arrêté du préfet. Le conseil de préfecture devait ordonner la répression de toutes les entreprises qui avaient pour résultat d'altérer la largeur, mais il ne pouvait condamer le contrevenant à l'amende, quidoit être infligée par le tribunal de simple police. — *Cons. d'état*, 24 janv. 1831, Houel; 23 juill. 1838, Hébrard ; — Cormenin, t. 1er, p. 301 et 305.

833. — C'est à l'autorité administrative à connaître de l'usurpation commise par l'acquéreur de domaines nationaux sur un chemin vicinal, non à cause de la garantie due par l'état comme vendeur, mais parce que de pareilles usurpations doivent être jugées sur des rapports et enquêtes, conformément aux lois relatives au maintien et rétablissement de ces chemins.—*Cons. d'état*, 26 mars 1812, comm. de Missegre c. Gibert.

834.— Mais la cour de Cassation n'a jamais reconnu la compétence des conseils de préfecture pour la répression des usurpations commises sur le sol des chemins vicinaux. Dès le 30 janv. 1807, elle décidait que les anticipations commises sur un chemin vicinal sont de la compétence du pouvoir judiciaire et non du conseil de préfecture. —*Cass.*, 30 janv. 1807, Duplessis. — Sous le Code pénal de 1810, elle continua à juger que les conseils de préfecture ne connaissent que des discussions nées de l'exécution des réglemens des préfets sur la largeur des chemins vicinaux, leur direction et la plantation des arbres qui les bordent ; et que toute contravention commise sur les chemins publics qui ne font point partie de la grande voirie, soit par dégradation, détérioration, usurpation ou encombrement, est de la compétence des tribunaux ordinaires. —*Cass.*, 7 avr. 1827, Choisnard; 20 fév. 1829, Halliez.

835. — L'art. 479 no 11, C. pén., révisé en 1832, est venu prêter à la compétence judiciaire un nouvel argument, en déclarant que « seront punis d'une amende de 11 à 15 fr. ceux qui auront dégradé ou détérioré de quelque manière que ce soit les chemins publics, ou qui auront usurpé sur leur largeur. » Cependant les conseils de préfecture ont continué, depuis 1832, de connaître des anticipations sur les chemins vicinaux, et le conseil d'état a maintenu leur compétence à cet égard. — Herman, no 165.

836. — Jugé que, depuis le nouveau Code pénal, les conseils de préfecture sont toujours compétens, aux termes de la loi du 9 vent. an XIII, pour connaître des empiétemens sur les chemins vicinaux régulièrement classés. — *Cons. d'état*, 6 fév. 1837, Robert; 19 août 1832, Rousseau c. comm. de Lorey.

837. — Quand il est reconnu qu'un chemin a été classé parmi les chemins vicinaux d'une commune, le conseil de préfecture peut ordonner l'enlèvement des plantations qui y auraient été faites par un particulier. — *Cons. d'état*, 6 fév. 1837, Dassonvillez.

838.—Quand il est établi qu'un particulier a, par des travaux qu'il a entrepris, rétréci la largeur d'un chemin vicinal régulièrement classé, c'est avec raison que le conseil de préfecture a ordonné la destruction des ouvrages et le rétablissement du chemin dans son ancien état. — *Cons. d'état*, 14 août 1837, Guttin.

839.—La loi de 1836 resta muette sur la compétence pour la répression des anticipations, mais l'opinion émise, lors de la discussion dans les deux chambres, fut conforme à la jurisprudence constante du conseil d'état.—V. *Monit.* du 29 août 1836. — Cependant il fallait bien reconnaître que le Code pénal de 1832 avait introduit un changement dans la législation, avec laquelle la jurisprudence administrative n'était plus en harmonie.

840. — C'est pourquoi l'on jugea que l'art. 479 no 11, C. pén., doit se combiner avec la loi du 9 vent. an XIII, en ce sens que les conseils de préfecture sont chargés de faire cesser les usurpations commises sur les chemins vicinaux, et les juges de police de prononcer sur les amendes.—*Cons. d'état*, 23 juill. 1838, Hébrard ; 30 juin 1839, Renault c. comm. de Vélizy ; 2 sept. 1840, Mahieu-Decante. —De telle sorte que le tribunal de police n'a pas le droit de refuser de condamner un riverain pour un fait que le conseil de préfecture a reconnu être une usurpation, toutes les fois qu'il s'agit de chemins vicinaux. —Cormenin, t. 1er, p. 301 ; Foucart, t. 2, p. 496.

841. — De son côté, la cour de Cassation ayant eu de nouveau l'occasion de se prononcer sur la question, n'a pas hésité à déclarer, comme par le passé, que l'autorité judiciaire est seule compétente pour connaître des usurpations commises sur les chemins vicinaux, de quelque nature qu'elles soient ; que la loi du 21 mars 1836 a abrogé les art. 6, 7 et 8 de celle du 9 vent. an XIII, quant à la compétence qu'ils attribuaient à l'autorité administrative relativement aux plantations faites sur ces chemins. — *Cass.*, 20 juill. 1838 (t. 1er 1840, p. 303), Bigot ; 8 fév. 1840 (t. 1er 1840, p. 560), Mahieu-Decante ; 10 sept. 1840 (t. 2 1840, p. 510), Tupas.

842. — Elle a jugé également que lorsque la largeur d'un chemin vicinal a été fixée par un arrêté du préfet, c'est aux tribunaux de simple police qu'il appartient de réprimer les usurpations qui pourraient y être commises, et, par conséquent, de vérifier et de constater s'il y a eu empiétement; qu'ils ne peuvent dès-lors surseoir à statuer jusqu'à ce que cette constatation ait été faite par l'autorité administrative. — *Cass.*, 13 nov. 1841 (t. 1er 1842, p. 663), Bellonet.

843.—Entre ces deux jurisprudences, également fermes et persévérantes, les jurisconsultes ont aussi pris parti : MM. Garnier (*Tr. des chemins*, p. 394), Proudhon (*Domaine public*, t. 2, nos 570 et suiv.), Foucart (*Dr. admin.*, t. 2, p. 427) se sont rangés à l'opinion de la cour de Cassation ; MM. Cotelle (*Dr. admin.*, t. 3, p. 433) et de Cormenin (5e édit., Appendice, p. 34) ont au contraire adopté celle du Conseil d'état. Quelle est maintenant celle qui doit prévaloir ?

844.—La séparation de l'action administrative et de l'action publique ne nous semble pas commandée par une nécessité impérieuse et absolue. Lorsqu'il est incontestable, lorsqu'il est inconiesté qu'un arrêté du préfet a assigné à un chemin vicinal une largeur que cet arrêté détermine, il serait parfaitement inutile de recourir à une juridiction administrative pour faire constater ce que chacune des parties en cause concourt à reconnaître. Avec la compétence du tribunal de simple police suivra la répression qu'il a qualité pour prononcer, et la réparation qu'à titre de dommages-intérêts il a droit d'infliger. Tous les intérêts engagés seront donc satisfaits ; la loi pénale sera appliquée et les intérêts de l'administration seront aussi sauvegardés par le rétablissement du chemin dans son état primitif. Mais si le prévenu de contravention conteste la teneur de l'arrêté de classement du préfet, si certains actes administratifs ont besoin d'être expliqués, interprétés, l'autorité administrative, le conseil de préfecture sera seul compétent. On comprend dans ce cas la nécessité de la double compétence administrative et judiciaire. Le conseil de préfecture déclare quelle est la portée des actes administratifs relativement à la largeur ou aux limites des chemins, et par suite de l'exécution de sa décision, les agens de l'administration pourront faire procéder au rétablissement du chemin ; le tribunal de simple police prononcera de son côté la répression pénale, et, s'il y a lieu, ordonnera encore le rétablissement du chemin dans son ancien état.

845. —Il n'est pas inutile d'observer que l'administration, ainsi que le constate M. Herman (no 172), se conforme à la jurisprudence du conseil d'état.

846. — La loi du 9 vent. an XIII, qui charge le conseil de préfecture de faire cesser les usurpations commises sur les chemins vicinaux, a laissé à la juridiction ordinaire l'application des amendes encourues par les délinquans. — *Cons. d'état*, 7 janv. 1842, Patenotte.

847. — C'est devant les conseils de préfecture que doivent être poursuivies les usurpations commises sur les chemins vicinaux. — *Cons. d'état*, 18 fév. 1843, Lachevre et Duclos.

848. — C'est un point de jurisprudence au conseil d'état que les contraventions par anticipation ou empiétement de la part des riverains, ne peuvent être réprimées administrativement par le conseil de préfecture que quand le chemin a été classé.—*Cons. d'état*, 17 juin 1818, Delmas ; 21 mai 1823, Greliche ; — Cormenin, vo *Chemins vicinaux*, p. 501.

849. — Lorsqu'un propriétaire a anticipé sur un chemin dont la vicinalité préexistante n'a été déclarée par le préfet que postérieurement à l'anticipation, le conseil de préfecture est néanmoins compétent pour statuer sur cette anticipation, sans préjudice de la question de la propriété du sol, qui est du ressort des tribunaux. — *Cons. d'état*, 17 août 1825, Bernard ; — Cormenin, vo *Cours d'eau*, t. 1er, p. 292, 296 et 307.

850. — Le conseil de préfecture n'est pas compétent pour réprimer une anticipation commise sur un chemin, lorsque la vicinalité de ce chemin n'était point déclarée dans les formes légales à l'époque de l'anticipation. — *Cons. d'état*, 1er nov. 1826, Thomet ; 28 fév. 1828, Pitoux et Cuvelier.

851. — Seulement, il a été jugé que, si au moment où la contravention a été commise, le chemin n'avait pas encore été régulièrement déclaré vicinal par le préfet, le conseil de préfecture devrait surseoir jusqu'à ce que la vicinalité eût été prononcée. — *Cons. d'état*, 6 janv. 1837, Robert.

852.—Ainsi, toute anticipation sur le sol d'un chemin public, vicinal ou non vicinal, est une contravention, et toute contravention doit être réprimée dans l'intérêt de la viabilité. Suivant M. Herman (no 175), si elle est constatée avant la déclaration de vicinalité, c'est l'autorité judiciaire qui en connaîtra : ce sera le conseil de préfecture, si elle n'est constatée que postérieurement. — Les tribunaux n'ont point à se demander si le chemin est ou non vicinal : du moment qu'il est public, toute anticipation sur le sol de ce chemin est une contravention qu'ils doivent réprimer ; il leur appartient d'apprécier cette publicité. — *Cass.*, 4 janv. 1828, Remond.

853. — Bien que le chemin principal soit inscrit au tableau des chemins vicinaux, si l'embranchement contesté n'y figure pas, le conseil de préfecture est incompétent pour connaître des anticipations commises sur cet embranchement. — *Cons. d'état*, 24 oct. 1827, Vochelet ; — Cormenin, t. 1er, p. 305.

854. — Lorsque, en classant un chemin comme vicinal et en en fixant la largeur, un arrêté a maintenu les excédans qu'en quelques endroits il peut présenter sur cette largeur, le conseil de préfecture a justement réprimé les anticipations commises sur ce rétrécissement. — *Cons. d'état*, 16 mai 1827, Amyot.

855. — Lorsque des constructions ont été élevées en dehors de la largeur donnée à un chemin vicinal par un arrêté du préfet, le conseil de préfecture ne peut ordonner la démolition de ces constructions comme formant anticipation sur le chemin.—*Cons. d'état*, 26 juill. 1837, Paris c. comm. de Varennes-Saint-Marc.

856. — Jugé conformément qu'un conseil de préfecture, compétent pour statuer dans le cas d'usurpation commise sur un chemin vicinal, ne peut ordonner la démolition d'un mur construit et la restitution à la commune du terrain situé en dehors du chemin, parce que ce serait alors prononcer sur une question de propriété. — *Cons. d'état*, 16 fév. 1825, Ostaler ; 22 juin 1836, Courreges ; 10 janv. 1827, Coulon.

857. — Quand il résulte de l'instruction que l'anticipation sur un chemin vicinal est suffisamment constatée, il y a lieu de maintenir l'arrêté du conseil de préfecture qui ordonne le rétablissement du chemin dans son premier état. Toutefois, si le contrevenant a pu être induit en erreur par l'alignement qui lui a été donné, et que, pour conserver son mur, qui constitue l'anticipation, il offre de céder à la commune, du côté opposé, le terrain nécessaire au chemin, il y a lieu d'accueillir cette offre, à la condition qu'il fera les travaux nécessaires pour mettre le chemin en bon état de viabilité. — *Cons. d'état*, 21 avr. 1832, Montmarie ; — Cormenin, t. 2, p. 308 ; Chevalier, t. 2, p. 93.

858. — Le tribunal de simple police saisi de la répression d'une anticipation sur le sol d'un chemin vicinal, devrait suivre des règles analogues à celles que suivent les conseils de préfecture, c'est-à-dire prendre pour base la largeur légale du chemin, si cette largeur avait été déterminée par un arrêté du préfet ; et dans le cas contraire, renvoyer à l'autorité administrative pour cette fixa-

tion. — *Cass.*, 13 nov. 1841 [dans ses motifs] (t. 1er 1842, p. 663), Bellonet.

859. — Jugé conformément que, en cas d'usurpation d'un chemin vicinal, il appartient à l'autorité administrative seule de déterminer la largeur dudit chemin. — *Toulouse*, 20 déc. 1844 (t. 1er 1845, p. 313), comm. de Marsac c. de Marsac.

860. — Dans le cas où la direction et la largeur d'un chemin compris parmi les chemins vicinaux n'ont pas été déterminées, il y a lieu par le conseil de préfecture de surseoir à prononcer sur les anticipations commises, jusqu'après la recherche et la reconnaissance des limites de ce chemin par le préfet. — *Cons. d'état*, 28 mai 1835, Dutoya c. comm. de Langoiran.

861. — Tant que le préfet n'a pas encore déterminé la largeur du chemin, l'arrêté du conseil de préfecture qui condamne un particulier à restituer le terrain usurpé sur la voie publique est prématuré. — *Cons. d'état*, 23 juin 1819, Chapuis ; — Cormenin, v° *Chemins vicinaux*, t. 1er, p. 292 et 297.

862. — Un recueil cite sous la date du 28 août 1823, un arrêt de la cour de Cassation qui aurait décidé qu'il doit être sursis aux poursuites pour comblement de fossés sur un terrain qu'on prétend dépendre d'un chemin vicinal, jusqu'à ce que la vicinalité ait été constatée par le préfet.

863. — Lorsque le chemin sur lequel une usurpation a été commise est compris dans l'état des chemins vicinaux de la commune, mais n'a pas encore été régulièrement déclaré vicinal par le préfet, le conseil de préfecture doit surseoir à statuer sur la contravention, jusqu'à ce que le préfet ait prononcé sur la vicinalité. — *Cons. d'état*, 8 mai 1832, Delorme ; — Cormenin, t. 1er, p. 307 ; Chevalier, t. 1er, p. 86 ; Cotelle, t. 2, p. 361.

864. — De même, quand l'identité d'un chemin déclaré vicinal est contestée par le propriétaire riverain, il y a lieu de surseoir sur la question d'usurpation, jusqu'à ce que le préfet ait déterminé l'emplacement de ce chemin. — *Cons. d'état*, 19 août 1832, Rousseau ; 6 fév. 1837, Robert ; — Cormenin, t. 1er, p. 306 et 307 ; Chevalier, t. 1er, p. 86 et 89 ; Cotelle, t. 3, p. 361.

865. — Quand il a été sursis à l'exécution d'un arrêté de conseil de préfecture saisi d'une question d'anticipation sur un chemin vicinal, jusqu'à ce que la direction et la largeur de ce chemin aient été déterminées, le préfet ne fait que rester dans ses pouvoirs en complétant la déclaration de vicinalité par la reconnaissance des anciennes limites du chemin. — *Cons. d'état*, 18 juill. 1834, d'Argent ; — Cormenin, v^is *Chemins vicinaux*, t. 1er, p. 292, et *Voirie*, t. 2, p. 460 ; Chevalier, v° *Chemins vicinaux*, t. 2, p. 82.

866. — Quand un propriétaire riverain, prévenu d'avoir anticipé sur un chemin précédemment inscrit au tableau, oppose que le terrain prétendu usurpé lui appartient, il faut, avant de soumettre cette question de propriété aux tribunaux, que le préfet constate la direction et les dimensions du chemin vicinal sur le point litigieux. — *Cons. d'état.*, 22 juin 1825, Rouet ; — Cormenin, t. 1er, p. 292 ; Cotelle, *Cours de dr. administ.*, t. 3, p. 370.

867. — L'opposition à un arrêté du préfet, qui déclare la vicinalité d'un chemin, ne peut ni en suspendre l'exécution, ni par conséquent empêcher le conseil de préfecture de réprimer les contraventions commises sur ce chemin. — L'arrêté du conseil de préfecture qui réprime la contravention commise sur un chemin vicinal ne fait point obstacle à ce que l'opposant à l'arrêté déclaratif de vicinalité donne suite à son opposition, ou fasse valoir devant les tribunaux son droit à la propriété du chemin en litige, et à l'indemnité qui pourrait lui être due dans le cas où ce droit de propriété serait judiciairement reconnu. — *Cons. d'état*, 15 nov. 1826, Dossaris ; 24 mars 1819, Rémont c. Bertrand et Gadelle.

868. — Quand l'arrêté du préfet qui déclare la vicinalité est annulé par une décision ministérielle, il y a lieu d'annuler aussi l'arrêté du conseil de préfecture qui, par suite de cet arrêté, a réprimé une usurpation commise sur ce chemin. — *Cons. d'état*, 25 avr. 1828, Lemonnier ; — Chevalier, v° *Chemins vicinaux*, t. 1er, p. 93.

869. — Lorsque après une anticipation commise sur un chemin classé comme vicinal, ce chemin est déclassé, le conseil de préfecture cesse d'être compétent pour connaître de l'anticipation. — *Cons. d'état*, 30 août 1842, Morel c. comm. de Voncq.

870. — De même si, postérieurement à l'arrêté d'un conseil de préfecture qui ordonne l'enlèvement de bornes plantées sur un chemin classé comme vicinal, et dans le cours de l'instance suivie devant le conseil d'état, le chemin vient à être déclassé, il n'y a plus lieu de suivre sur le pourvoi contre l'arrêté du conseil de préfecture, attendu que cet arrêté ne peut plus recevoir son exécution.

871. — Mais le déclassement d'un chemin vicinal, opéré par le préfet depuis qu'une contravention a été commise sur ce chemin, n'étant point susceptible de faire disparaître ladite contravention, le tribunal de simple police, chargé de connaître de la contravention résultant d'une plantation illégale d'arbres sur un chemin vicinal, ne peut surseoir à statuer jusqu'après la décision sur la réclamation du prévenu formée devant le préfet afin d'obtenir le déclassement du chemin. — *Cass.*, 2 août 1839 (t. 2 1843, p. 760), Decante.

872. — Lorsqu'en conséquence d'un arrêté du préfet qui classe un chemin parmi les chemins vicinaux d'une commune, un conseil de préfecture a réprimé les usurpations commises sur ce même chemin, le conseil d'état, saisi de la demande en annulation de ce dernier arrêté, ainsi que de l'appel incident de la décision du ministre qui a rejeté la réclamation contre l'arrêté du préfet, peut surseoir à statuer jusqu'à la production devant lui des différens rapports qui ont précédé cet arrêté du préfet. — *Cons. d'état*, 7 juin 1836, Lesage.

873. — Aux termes de la loi du 9 vent. an XIII, les conseils de préfecture ne sont compétens pour statuer en matière de contravention sur la largeur des chemins vicinaux qu'autant que les préfets ont préalablement recherché, reconnu et fixé la largeur de ces chemins. — *Cons. d'état*, 23 juin 1819, Chapuis c. comm. de Mantry.

874. — Lorsque l'état des chemins vicinaux se réfère à un ancien plan, en les indiquant comme conformes à ce plan dans leur largeur primitive et actuelle, et qu'il y a lieu de comparer le plan avec l'état où se trouvent les chemins pour reconnaître s'il y a anticipation de la part de riverains, le conseil d'état surseoit à statuer sur le fond, et ordonne une vérification par l'ingénieur du département. — *Cons. d'état*, 28 fév. 1828, Bavoer.

875. — Lorsqu'il a été déclaré par un arrêté du préfet que la largeur d'un chemin n'est pas fixée par les états de reconnaissance des chemins d'une commune, et qu'il n'est produit aucun document administratif qui constate l'état ancien de ce chemin, il est impossible de reconnaître si un particulier y a commis une anticipation par l'établissement d'une palissade, et dès-lors un conseil de préfecture n'a pas pu en ordonner la suppression. — *Cons. d'état*, 16 fév. 1826, Quesney : 18 mai 1837, Dutoya ; — Chevalier, *Jur. admin.*, v° *Chemins vicinaux*, t. 1er, p. 95.

876. — Les conseils de préfecture, quoique compétens pour statuer sur les anticipations des chemins vicinaux, doivent renvoyer aux tribunaux toutes les questions de propriété et d'indemnité, et même celles résultant des dommages causés aux riverains par les réparations. — *Cons. d'état*, 2 avr. 1828, Saint-Didier ; — Chevalier, t. 1er, p. 91.

877. — La question de savoir si les tribunaux de répression et les conseils de préfecture doivent s'arrêter devant l'exception préjudicielle de propriété et renvoyer à cet égard devant les tribunaux ordinaires, a été résolue diversement à différentes époques.

878. — Jugé que, quand un particulier se prétend propriétaire de l'emplacement d'un chemin, avant de prononcer sur le fait de la contravention en matière de petite voirie, le tribunal de simple police doit surseoir à statuer jusqu'à ce que la question de propriété ait été jugée. — *Cons. détat*, 28 août 1810, Bonnet.

879. — Le conseil de préfecture saisi d'un délit d'usurpation ne peut statuer qu'au préalable la question de propriété, soulevée par le contrevenant, n'ait été résolue par les tribunaux civils. — *Cons. d'état*, 15 juin 1812, Vannier.

880. — L'arrêté du conseil de préfecture ne préjuge rien sur l'indemnité qui peut être due au contrevenant si, par l'effet de l'alignement, il vient à être privé d'une portion de propriété. — *Cons. d'état*, 11 juin 1817, Lhoyez.

881. — Depuis 1817 le conseil d'état a constamment décidé qu'un conseil de préfecture n'excède point les bornes de sa compétence en réprimant l'anticipation commise sur un chemin vicinal, sans avoir égard à la question de propriété et sans la préjuger. — *Cons. d'état*, 27 août 1817, Chesneau-Blancler.

882. — Le conseil de préfecture n'a pu, sans excès de pouvoir, surseoir à statuer jusqu'à ce que l'autorité judiciaire eût prononcé sur la question de propriété du sol du chemin que le riverain prétend lui appartenir. — En pareil cas, le conseil d'état statue immédiatement sur la contravention et ordonne la répression, sauf aux parties à faire prononcer par les tribunaux sur la question de propriété. — *Cons. d'état*, 23 avr. 1836, Delahoussaye.

883. — Lorsqu'un chemin a été classé comme chemin vicinal, le conseil de préfecture peut ordonner le comblement d'un fossé qu'y a fait creuser un particulier qui s'en prétend propriétaire, sauf à celui-ci à faire juger la question de propriété devant les tribunaux. — *Cons. d'état*, 25 avr. 1839, Bataille de Bellegarde c. comm. de Mesnil-Jourdan. — Le conseil de préfecture, dans les mêmes circonstances, est compétent pour ordonner la suppression des barrières placées sur un chemin déclaré vicinal. — *Cons. d'état*, 19 avr. 1839, Rivière de Riffardeau c. comm. de Paudy.

884. — Le particulier condamné par un conseil de préfecture pour anticipation sur un chemin vicinal, peut encore se pourvoir devant les tribunaux pour réclamer le prix du sol sur lequel une partie du chemin vicinal a été établie. C'est là une question de propriété sur laquelle le conseil de préfecture ne peut statuer, et, dans ce cas, l'arrêté de conflit pris par le préfet pour revendiquer le jugement de la contestation doit être annulé. — *Cons. d'état*, 20 fév. 1840, Guillemin.

885. — Lorsqu'il résulte du tableau de classement des chemins vicinaux d'une commune, qu'un chemin comprenait l'endroit où un particulier a planté des arbres et le fossé dans lequel il a construit un mur, c'est avec raison que le conseil de préfecture a ordonné la répression de l'anticipation commise le 9 vent. an XIII. — Toutefois, l'arrêté de ce conseil ne fait point obstacle à ce que le contrevenant fasse valoir devant qui de droit ses titres de propriété s'il s'y croit fondé. — *Cons. d'état*, 4 déc. 1837, Saurel ; 16 mars 1837, Escoffier c. la comm. de Miribel.

886. — Un conseil de préfecture a pu, sans excès de pouvoirs, déclarer dans les motifs de son arrêté qu'il n'y avait pas eu d'empiétement sur un chemin dont la vicinalité n'était pas contestée et, dans le dispositif, qu'il était incompétent et renvoyer les parties devant les tribunaux. — *Cons. d'état*, 2 avr. 1828, Saint-Didier.

887. — Lorsque la prétention à la propriété est fondée non sur un acte administratif, mais sur un acte du droit civil, les conseils de préfecture doivent renvoyer devant les tribunaux pour y être statué sur la validité de ce dernier acte. — *Cons. d'état*, 28 mai 1835, Cordelier ; — Cormenin, v° *Chemins vicinaux*, t. 1er, p. 310.

888. — Les variations de la cour de Cassation ont été les mêmes que celles du conseil d'état. Elle a jugé d'abord que dans le cas où un prévenu d'anticipation sur la voie publique élève la question de propriété, le tribunal de police excède ses pouvoirs, en prononçant sur l'action publique, sans égard à cette exception. — *Cass.*, 7 brum. an IX, Jean ; 9 fructid. an X, L. Giron ; 19 prair. an IX, Gounou ; 20 prair. an XIII, Avrillaud.

889. — ... Que le tribunal de répression devant lequel une question préjudicielle de propriété est élevée, à l'occasion d'une anticipation sur un chemin public, ne peut se déclarer, quant à présent, incompétent, ni prononcer l'acquittement du prévenu, sous le prétexte que la commune n'est pas en cause. Il doit se borner à prononcer le sursis et à renvoyer les parties à fins civiles, en fixant le délai dans lequel elles seront tenues de rapporter la décision. — *Cass.*, 20 juin 1828, Pierre Thorin ; 26 avr. 1828, Jean Vedel ; 27 juill. 1827, Germa ; 15 sept. 1826, Gauthey.

890. — ... Que seulement il ne peut relaxer le prévenu des poursuites, sous le prétexte qu'on ne peut, à l'aide d'une action publique, évidemment mal fondée, obliger un possesseur à devenir demandeur en revendication du terrain dont il est en jouissance. — *Cass.*, 11 nov. 1831, Coppin ; — Mangin, *Traité de l'act. publ.*, t. 1er, p. 495, n° 201.

891. — Depuis la loi du 21 mai 1836, la cour de Cassation, modifiant sa jurisprudence, a reconnu, à l'instar du conseil d'état, que l'exception de propriété ne constituait plus, dans ce cas, une question préjudicielle devant laquelle les tribunaux répressifs dussent s'arrêter. — Ainsi, un tribunal ne peut surseoir à statuer sur une contravention commise sur un chemin vicinal classé comme tel par l'administration, en se fondant sur ce qu'une instance est engagée sur la propriété du sol où la contravention a été commise. — Le classement ayant eu pour effet d'attribuer définitivement au chemin le sol compris dans ses limites, le délinquant, fût-il propriétaire de ce sol, ne pourrait avoir droit qu'à une indemnité, mais ne saurait, dans aucun cas, échapper aux conséquences des contraventions qu'il a commises. — *Cass.*, 4 août 1836 (t. 1er 1837, p. 504), Loriferne.

892. — Cette jurisprudence nous paraît la seule fondée dans l'état actuel de la législation, puisque la question de propriété étant même résolue en faveur du prévenu, le délit n'existerait pas moins.

Cependant, on a voulu la combattre en s'appuyant sur un arrêt de la cour de Cassation, en date du 17 sept. 1841 (t. 2 1841, p. 567), Maubuisson, Legendre et Vannier. — Mais cet arrêt n'a point décidé, comme on le prétend, qu'il y a lieu d'ordonner un sursis jusqu'à ce que la question de propriété ait été résolue par l'autorité compétente. — Il porte seulement « que cette exception, dont le tribunal de répression n'était pas juge, pouvait tout au plus, et suivant les circonstances, l'autoriser à surseoir jusqu'à ce qu'il y eût été statué par l'autorité compétente. »

893. — Le tribunal de simple police à qui est déférée la double contravention constatée, par un seul procès-verbal, d'empiétement communal par la plantation d'un arbre, et de construction d'un mur sur la voie publique sans obtention préalable d'un alignement, ne peut, en renvoyant à fins civiles sur le premier chef, à raison de la question préjudicielle de propriété soulevée par le prévenu, surseoir aussi à prononcer sur le second chef. — *Cass.*, 19 juill. 1838 (t. 1er 1840, p. 298), Delmas.

894. — Le tribunal de simple police ne peut se déclarer incompétent, quant à présent, pour connaître d'une anticipation sur la voie publique et d'une construction sans alignement, sous le prétexte que le prévenu a élevé la question préjudicielle de propriété. — *Cass.*, 26 avr. 1828, Jean Vedel; 20 juin 1828, Thorin.

895. — Le tribunal de simple police, qui est incompétent pour statuer sur le principal, l'est aussi pour statuer sur une question provisoire. Ainsi, lorsque l'individu inculpé d'avoir usurpé sur un chemin public élève la question préjudicielle de propriété, le tribunal qui, en se déclarant incompétent pour connaître de cette exception, se permet d'ordonner *provisoirement* le rétablissement du chemin, commet une usurpation de pouvoirs. — *Cass.*, 19 fév. 1808, Lefèvre. — Carnot, sur l'art. 3, C. inst. crim., t. 1er, p. 76, no 22.

896. — Lorsqu'un prévenu d'usurpation sur la voie publique excipe de la propriété du terrain prétendu usurpé, le tribunal de simple police ne peut, sans excéder ses pouvoirs, autoriser la mise en cause du maire de la commune intéressée et prononcer sur la question de propriété. — *Cass.*, 22 messid. an XIII, Dumesnil.

897. — Les tribunaux ordinaires sont seuls compétens pour statuer sur la question de savoir si un individu, accusé d'anticipation sur un chemin vicinal, est ou non propriétaire du terrain en litige. — L. 29 vent. an XIII; — *Bourges*, 3 janv. 1831, Leuthereau c. comm. de Brassy.

898. — Il ne peut résulter aucune fin de non-recevoir contre un prévenu d'usurpation sur la voie publique de ce que, pendant l'instance dans laquelle il se prétend propriétaire du terrain, il aurait offert à la commune de transporter sur un autre lieu le passage des habitans, ce qui n'aurait pas été accepté par elle. — *Cass.*, 14 août 1823, Dubarret.

899. — C'est à celui qui, prévenu d'usurpation d'un chemin vicinal, oppose l'exception préjudicielle de propriété, qu'il appartient de prouver qu'il est en effet propriétaire; cette preuve ne peut être mise à la charge de la commune ou du ministère public. — *Cass.*, 25 sept. 1835, Moreau; 12 juill. 1834, Ducozal.

900. — Les riverains convaincus d'usurpation sur les chemins déclarés vicinaux ne peuvent opposer valablement à la commune l'exception de la possession immémoriale. — Cormenin, t. 1er, p. 289, vo *Chemins vicinaux*.

901. — Avant comme depuis la loi du 21 mai 1836, un chemin n'était plus susceptible de propriété, et par conséquent de possession privée dès qu'il avait été classé comme vicinal. — *Cass.*, 6 juill. 1841 (t. 2 1844, p. 410), Renault c. comm. de Vélizy. — Dès-lors les tribunaux de répression n'ont point à s'arrêter devant une action en maintenue ou en renvoi en possession.

902. — Quand un arrêté du conseil de préfecture a condamné un particulier à rétablir dans son premier état le chemin vicinal par lui usurpé, ce même particulier ne peut se pourvoir par action possessoire devant le juge de paix, en se fondant sur ce qu'il a la possession annale du chemin. — *Cons. d'état*, 28 fév. 1828, Parent; — Cormenin, *Dr. admin.*, vo *Chemins vicinaux*, t. 1er, p. 301 et 308. — Les chemins, étant imprescriptibles, ne peuvent être l'objet d'une action possessoire. — *Cons. d'état*, 5 sept. 1836, Lavaud.

903. — Une commune peut toujours, malgré la prescription du délit d'anticipation sur un chemin vicinal, réclamer par action civile la restitution du terrain usurpé. — *Cass.*, 25 août 1809, N... — L'action civile se prescrit par le même laps de temps que l'action publique; mais la restitution du terrain est-elle indépendante de l'action civile? Peut-elle être régie par une autre prescription? Non, selon la cour de Bordeaux. — *Bordeaux*, 15 avr. 1829, Lacoste.

904. — Jugé que lorsque, d'après le désistement du maire et du commissaire du pouvoir exécutif, un particulier a été, par un jugement de l'an VI, maintenu en possession d'un terrain qui était dès lors entouré de haies vives, et dont il a joui sans interruption jusqu'en 1818, le conseil de préfecture ne peut le condamner à arracher ses haies et à restituer au chemin son ancienne largeur. — *Cons. d'état*, 23 janv. 1820, Vauchel. — V. cependant 28 fév. 1828, Parent; 5 sept. 1836, Lavaud; — Chevalier, t. 1er, p. 95; Jourdan, *Code des chemins*, Introd., p. 25.

905. — De cette jurisprudence il résulte que l'on peut, à quelque époque que ce soit, forcer le possesseur contrevenant à restituer la portion de la voie publique qu'il a usurpée; mais le temps ne lui permettra-t-il pas d'échapper à l'amende que le tribunal de répression a mission de prononcer contre lui? L'affirmation n'est pas douteuse; après un certain laps de temps qui courra du jour de la contravention, l'amende ne pourra plus lui être appliquée; toute la difficulté gît à déterminer la durée de ce laps de temps. Ici encore le conseil d'état et la cour de Cassation se trouvent en opposition.

906. — Ainsi, aux termes de la jurisprudence administrative, les prescriptions établies par l'art. 8, sect. 7e, tit. 1er L. 6 oct. 1791, et par les art. 638 640, C. inst. crim., s'appliquent uniquement aux actions publiques et civiles qui naissent des délits et des contraventions de police, et non à l'action exercée en vertu de la loi du 9 vent. an XIII, pour le maintien de l'acte administratif qui a déterminé la largeur des chemins vicinaux. Cette dernière loi n'a pas établi une prescription spéciale pour cette action. — *Cons. d'état*, 28 fév. 1828, Bavoux.

907. — Plus spécialement la prescription annale établie par l'art. 640, C. inst. crim., n'est pas applicable aux poursuites exercées devant les conseils de préfecture, en vertu de la loi du 9 vent. an XIII, en répression des usurpations commises sur les chemins vicinaux. — *Cons. d'état*, 4 sept. 1841, Min. de l'intér. c. Maguillat, Ciet et Bonnier.

908. — Suivant la cour de Cassation, au contraire, l'action relative aux contraventions de cette nature se prescrit par un an. — *Cass.*, 10 sept. 1840 (t. 2 1840, p. 510), Tresse.

909. — Toutefois, si la contravention consiste en un empiétement ou usurpation sur le sol de la route par construction ou plantation, cette contravention est permanente, pour ainsi dire, de chaque jour; c'est pourquoi tant que la construction ou plantation subsistera, aucun laps de temps ne pourra mettre le contrevenant à couvert des poursuites, puisque la voie publique est imprescriptible. — Garnier, p. 238.

910. — Sous l'empire de l'art. 40, tit. 2, L. 28 sept.-6 oct. 1791, les poursuites à raison de l'anticipation sur un chemin vicinal devaient être faites dans le délai d'un mois, à peine de prescription ou de déchéance de l'action correctionnelle. — *Cass.*, 25 août 1809, Ministère public c. N...

911. — Lorsqu'un délit d'anticipation sur la voie publique se trouve prescrit, il ne reste plus à juger que la question de propriété, et le tribunal de simple police est incompétent pour en connaître. — *Cass.*, 12 août 1808, Martin-Lacoste.

912. — Celui qui a empiété sur un chemin public n'est pas fondé à se défendre en soutenant que ce chemin est la propriété de l'état. — *Cons. d'état*, 10 sept. 1817, Espinadel; — Cormenin, vo *Rejet des requêtes*, t. 1er, p. 125.

913. — L'action en restitution du sol anticipé sur les chemins vicinaux étant purement civile, les conseils de préfecture ne peuvent appliquer aucune peine aux contrevenans. C'est au tribunal de simple police qu'il appartient de prononcer l'amende à laquelle donne lieu le fait d'usurpation. — *Cons. d'état*, 15 juin 1812, Vannier; 23 juill. 1838, Hébrard.

914. — Lorsqu'il existe un état de classement régulier des chemins vicinaux, le conseil de préfecture doit se borner à condamner le contrevenant à rendre aux chemins la largeur qui leur est assignée par cet état de classement. — *Cons. d'état*, 1er mars 1833, de Rogemont.

915. — Quand il est établi qu'un particulier a, par des travaux qu'il a entrepris, rétréci la largeur d'un chemin vicinal régulièrement classé, c'est avec raison que le conseil de préfecture a ordonné la destruction des ouvrages et le rétablissement du chemin dans son ancien état. — *Cons. d'état*, 14 août 1837, Guttin.

916. — Quand, à défaut de preuves suffisantes dans les titres, il est constaté par une enquête et par les traces d'anciennes haies qu'un particulier a déplacé un chemin vicinal, le conseil de préfecture l'a condamné avec raison à le rétablir. — *Cons. d'état*, 11 janv. 1808, Bridard; 22 juin 1836, Courréges; — Isambert, *Voirie*, no 394.

917. — Il n'y a pas lieu de statuer sur le pourvoi formé par un individu contre l'arrêté du conseil de préfecture qui le condamne à restituer le terrain usurpé sur le chemin vicinal, lorsqu'il y a eu, de la part de cet individu et de la commune intéressée, adhésion à la délimitation du chemin, faite par l'ingénieur en exécution d'une ordonnance du garde des sceaux. Les dépens doivent, en pareil cas, être compensés entre les parties. — *Cons. d'état*, 15 avr. 1828, Saudemont; — Cormenin, vo *Rejet des requêtes*, t. 1er, p. 144.

918. — Bien qu'un chemin vicinal ait une largeur plus considérable que celle qui lui est donnée sur le tableau statistique, le riverain qui a anticipé sur ce chemin au moyen de fossés, doit être condamné à lui restituer sa largeur primitive. — Chevalier, t. 1er, p. 85. — Le conseil de préfecture était compétent pour le condamner à l'amende, si la levée du fossé s'étendait sur le sol d'une route départementale, quand même elle se trouvait dans l'alignement du chemin. — *Cons. d'état*, 16 fév. 1826, Quesnay.

919. — Lorsqu'un particulier a, sans autorisation, planté sur un chemin vicinal des bornes qui en ont restreint la largeur, il doit être condamné à les enlever. La question de savoir s'il est possible de placer des bornes qui, par leurs dimensions, ne puissent nuire à la circulation, ne peut être présentée devant le conseil d'état par la voie contentieuse. — *Cons. d'état*, 11 oct. 1833, Bernard; — Cormenin, vo *Rejet des requêtes*, t. 1er, p. 115.

920. — Il y a lieu par le conseil d'état de surseoir à l'exécution d'un arrêté de conseil de préfecture, qui ordonne l'arrachement d'arbres plantés sur un chemin vicinal, s'il n'y a pas péril en la demeure, et lorsque cette exécution causerait au réclamant un préjudice considérable, dans le cas où l'arrêté attaqué ne serait pas confirmé. — *Cons. d'état*, 17 juin 1820, Langlois; 24 juin 1829, Forêts. — De même à l'égard des fossés et des plantations, quand d'ailleurs il y avait pourvoi contre l'arrêté du préfet qui a déclaré la vicinalité du chemin. — *Cons. d'état*, 24 juin 1829, Forêts; 15 juin 1825, Bavoux.

921. — C'est avec raison que le conseil de préfecture a condamné un particulier pour avoir, en contravention à un arrêté du préfet, planté des arbres sur un terrain compris par cet arrêté dans la largeur du chemin vicinal. Mais ces condamnations doivent être déclarées sans effet par le conseil d'état, sur la réclamation de l'individu condamné, si l'arrêté du préfet est annulé pour avoir excédé la largeur légale des chemins vicinaux. — *Cons. d'état*, 6 déc. 1836, Lesage.

922. — N'est point susceptible d'annulation l'arrêté du conseil de préfecture qui renvoie à se pourvoir devant qui de droit pour obtenir le rétablissement d'ouvrages exécutés sans autorisation à travers un chemin vicinal, alors qu'il reconnaît qu'il a excédé sa compétence dans un premier arrêté en ordonnant la démolition de ces ouvrages. — *Cons. d'état*, 4 juin 1823, Langlade. — Cormenin, vo *Mise en jugement*, t. 2, p. 351, § 9.

923. — Lorsqu'il résulte de l'instruction qu'un chemin vicinal a partout la largeur indiquée par l'état des chemins vicinaux de la commune, et que dès-lors rien ne constate qu'une anticipation ait été commise, il y a lieu d'annuler l'arrêté du conseil de préfecture qui ordonne de rétablir le chemin dans sa largeur. — *Cons. d'état*, 1er juin 1836, Bavoux.

924. — Lorsqu'il résulte d'un procès-verbal et de l'instruction qu'un riverain a, par des fossés pratiqués sans avoir demandé l'alignement, rétréci en plusieurs endroits un chemin classé parmi des chemins vicinaux d'une commune, et dont le classement n'est point attaqué, il y a là une usurpation sur laquelle le conseil de préfecture doit prononcer. — *Cons. d'état*, 23 avr. 1836, De la Houssaye; 23 juill. 1838, Hebrard; — Cormenin, t. 1er, p. 301, et appendice, p. 35.

925. — Il y a preuve d'anticipation sur un chemin vicinal par le propriétaire riverain, si ce chemin, porté sur le tableau des chemins vicinaux comme ayant une largeur de dix mètres, n'a plus, sur un point, qu'une largeur moindre. Il y a également anticipation sur un chemin vicinal par le riverain qui y a planté des arbres, plusieurs mètres en avant du fossé qui délimite les terres. — *Cons. d'état*, 1er juin 1836, Bavoux.

926. — Quand, dans l'instance relative à l'usurpation, le propriétaire a pris fait et cause pour son fermier, l'arrêté du conseil de préfecture n'est pas

nul pour prononcer contre ce propriétaire, tandis que les procès-verbaux de contravention n'ont été notifiés qu'à son fermier. Le propriétaire et le fermier sont non-recevables à contester la qualité de la commune contre qui ils plaident, s'ils lui ont signifié leurs défenses, et si les siennes ont été présentées en son nom par le maire, autorisé par le conseil municipal. — *Cons. d'état*, 28 fév. 1828, Bavoux.

927. — L'usurpation sur un chemin public ne donne pas lieu à une simple action civile ; elle constitue un fait punissable qui, avant la loi du 28 avr. 1832, était prévu par l'art. 40, tit. 2, L. 28 sept.-6 oct. 1791. — *Cass.*, 18 juill. 1822, François Génot.

928. — Un tribunal de répression ne peut pas se borner à prononcer une seule amende contre plusieurs individus convaincus d'anticipation sur la voie publique; il doit les condamner chacun à une amende qui ne peut pas être inférieure au minimum. —*Cass.*, 18 janv. 1828, Pélissier; 7 déc. 1823, Cardillac.

929. — Lorsqu'il est établi qu'un individu a commis une anticipation ou une dégradation sur un chemin public, le tribunal saisi de la prévention ne peut s'abstenir de prononcer une peine, sous le prétexte que le prévenu a agi par les ordres d'un autre. — *Cass.*, 20 juin 1828, François Fauvelle.

930. — L'acquéreur de celui qui a usurpé sur un chemin public ne peut pas être appelé, à raison de cette usurpation, devant les tribunaux de police, dont la compétence n'a que les délits pour objet. — *Cass.*, 25 janv. 1810, Roux.

931. — Les particuliers n'ont pas qualité pour se plaindre des anticipations commises sur un chemin vicinal. C'est au maire de la commune sur le territoire de laquelle ce chemin est ouvert que l'action est ouverte. — *Bourges*, 28 avr. 1832, Masseron c. Cordaillat.

932. — Jugé de même que les entreprises commises sur un chemin communal par un propriétaire au préjudice de ses voisins ne donnent pas ouverture à une action directe *jure singulari*, de la part de ceux-ci, pour en obtenir la répression. Cette action appartient exclusivement aux officiers municipaux chargés par la loi de veiller à la conservation des droits appartenant à la collection des habitans de la commune. — *Cass.*, 28 fév. 1825, Reculard et Debouis c. Laurent.

933. — Un propriétaire riverain n'a pas d'autre faculté que de se plaindre devant l'administration. — *Cons. d'état*, 5 sept. 1836, de Lapeyrade c. Chaulice de Labertherie; — Cormenin, v° *Chemins vicinaux*, t. 1er, p. 289, et appendice, p. 35.

934. — Mais les habitans d'une commune ont qualité pour demander la destruction des obstacles qui nuisent au libre accès de leurs propriétés. Dès-lors, ils sont recevables à intervenir dans une instance pendante devant le conseil d'état relativement au chemin. — *Cons. d'état*, 18 nov. 1818, Andréossy c. Langlet.

§ 2. — *Dégradations.*

935. — La même question de compétence, si vivement controversée entre le conseil d'état et la cour de Cassation, à l'occasion des anticipations ou usurpations sur la voie publique, s'est agitée de nouveau au sujet des dégradations ou détériorations.

936. — La répression de la dégradation des chemins vicinaux, considérée comme contravention, a été attribuée aux tribunaux ordinaires par l'art. 40, tit. 2, L. 28 sept. 1791.

937. — Ainsi sous l'empire de l'art. 40, tit. 2, L. 28 sept.-6 oct. 1791, le délit de dégradation d'un chemin public était de la compétence du tribunal correctionnel et non du tribunal de simple police. — *Cass.*, 11 brum. an VIII, Lecat; 30 mars 1810, Guibon ; — Merlin, *Rép.*, vis *Délit rural*, *Chemin public*, *Voirie*, et MM. Cormenin et Garnier. — Conf. *Cass.*, 8 fructid. an IX, Lhoste; 25 janv. 1810, Roux; 8 thermid. an XIII, Calard ; 22 thermid. an XII, Paris-Labrosse; 14 brum. an XI, Tirel; 26 frim. an XI, Loché; 3 frim. an XIII, Brûlé; 9 frim. an XIII, Richebois; 22 messid. an XIII, Dumesnil; 12 nov. 1807, Waubert; 7 mars 1822, Haudard; 29 juin 1820, Bréau; 4 août 1809, Leverbier; 7 août 1829, Vailly-Vallet; 2 août 1828, Enguerrand; 30 janv. 1807, Duplessis; 28 déc. 1809, L'Estarquy; 20 juill. 1807, Mercier; 8 prair. an IX, Protat; 8 vendém. an X, N...; 25 juill. 1823, Barre; 2 mai 1811, Cluzel; 16 frim. an XII, Chauvin; 12 vendém. an XIII, N...; 4 brum. an XIV, N...; 7 fév. 1824, Contrie; 10 oct. 1823, Gouron ; 24 oct. 1823, Piquot; 5 nov. 1825, Roger; 15 fév. 1828, d'Aoûst; 3 janv. 1828, Dollé; 29 août 1829, Hérouard; 5 nov. 1829, Isard; 20 fév. 1829, Hailliez; 18 fév. 1830, Simon; 29 mars 1821, Vaquerie; 4 fév. 1825, Lafon.

938. — Les individus qui s'opposent avec violences et voies de fait à la continuation de travaux pour l'élargissement d'un chemin vicinal et détruisent les ouvrages commencés se rendent coupables, non seulement de dégradation d'un chemin public, contravention punie par l'art. 479, n° 11, C. pén., mais encore d'opposition par voie de fait à la confection de travaux autorisés par le gouvernement, délit réprimé par l'art. 438, C. pén. — Dès-lors ils sont justiciables du tribunal de police correctionnelle exclusivement. — *Cass.*, 2 fév. 1844 (t. 1er 1844, p. 582), Louvrier et Brunet.

939. — La loi du 9 vent. an XIII, par son art. 6, chargea l'administration publique de faire rechercher et reconnaître les anciennes limites des chemins vicinaux et de fixer d'après cette reconnaissance leur largeur suivant les localités, ajoutant que « les contraventions aux dispositions de la présente loi seront portées devant les conseils de préfecture, sauf le recours au conseil d'état, » et l'on jugea alors que la loi du 9 vent. an XIII, n'attribuant aux conseils de préfecture, en matière de petite voirie, que la connaissance des anciennes limites des chemins vicinaux et la surveillance des plantations d'arbres qui ont lieu sur leurs bords, la répression des délits commis au préjudice de ces chemins continuait d'appartenir à l'autorité judiciaire. — *Cons. d'état*, 18 août 1807, Duplessis.

940. — Jugé, par application du même principe, qu'un conseil de préfecture a excédé sa compétence en condamnant un particulier à réparer un chemin communal endommagé. — *Cons. d'état*, 16 avr. 1823, Laya.

941. — Jugé encore que les tribunaux sont compétens, à l'exclusion des conseils de préfecture, pour connaître des dégradations et des embarras momentanés pratiqués sur les chemins vicinaux. — *Cons. d'état*, 6 sept. 1826, d'Amonneville.

942. — Ainsi la compétence exclusive des tribunaux correctionnels pour la répression des délits résultant de dégradations était généralement reconnue. — *Cons. d'état*, 11 janv. 1809, Pelletier c. maire de Vimpelles; — Henrion de Pansey, *Compét. des juges de paix*, chap. 22, § 3; Proudhon, *Dom. pub.*, n° 500; Isambert, *Voirie*, n° 394; Chevalier, v° *Chemins vicinaux*, t. 1er, p. 88.

943. — Cependant plusieurs fois aussi le conseil d'état décida que les conseils de préfecture sont compétens pour prononcer sur les dégradations et empiétemens faits sur des chemins vicinaux. — *Cons. d'état*, 17 août 1812, comm. de Caudival; 23 avr. 1818, comm. de Ban-Saint-Martin.

944. — A partir de 1821 même, il déclara sans hésiter que la compétence des conseils de préfecture s'étendait à toute espèce de contraventions commises sur les chemins vicinaux. — V. *Cons. d'état.*, 28 nov. 1821, Gramont c. Aligobert; 2 fév. 1825, Armfield; 31 mars 1825, ertrand; 17 août 1825, Bernard; 4 mars 1826, Paulée; 6 sept. 1826, Sancjouaud; 28 fév. 1828, Bavoux c. comm. de Nesle; 25 avr. 1828, de Montillet; 1er juin 1828, Chalembert; 19 août 1829, comm. de Savignan c. Vincenti; 6 juin 1830, comm. d'Urgy; 21 janv. 1831, Houel; 23 nov. 1832, de Contenson; 22 juin 1836, Courrége; 12 juill. 1838, Hébrard; 3 mai 1832, de Lorme; 1er mars 1833, de Rogemont; 17 mai 1833, Coste c. Champeron et Parent; 28 mai 1835, Duterire; 23 déc. 1835, Mauget; 23 avr. 1836, Lahoussaye; 13 mai 1836, Demiannay. — V. aussi de Cormenin, v° *Chemins vicinaux*, t. 1er, p. 488.

945. — Il se trouva alors en désaccord avec la cour de Cassation, qui, depuis la loi de l'an XIII, a constamment décidé que la compétence des conseils de préfecture est restreinte aux discussions que peut faire naître l'exécution des réglemens des préfets *sur la largeur des chemins vicinaux, leur direction et la plantation des arbres qui les bordent*; que, hors ces cas, les tribunaux ordinaires sont seuls compétens, en vertu de la loi du 28 sept. 1791, tit. 2, art. 40, et de l'art. 479, § 11, C. pén.

946. — Les lois du 24 juill. 1824 et du 21 mai 1836, muettes sur la compétence, n'influèrent en rien sur la question. Mais dans l'intervalle de ces deux lois, le Code pénal revisé (du 28 avr. 1832) rangea parmi les simples contraventions, en ne les punissant que d'une amende de 11 à 15 fr., les dégradations, détériorations et usurpations que le Code rural de 1791 avait considérées comme délits.

947. — Ce fut un nouvel argument en faveur de la compétence ; aussi la cour de Cassation a-t-elle décidé par arrêts des 20 juill. 1838 (t. 1er 1840, p. 303, Bigot c. de Foucault), 8 fév. 1840 (t. 1er 1840, p. 560, Mabieu Decante), et 10 sept. 1840 (t. 2 1840, p. 510, Tresse), que la loi du 9 vent. an XIII avait été abrogée, y compris la disposition qui attribue la compétence au conseil de préfecture. Mais le conseil d'état repoussa cette jurisprudence par arrêt du 4 sept. 1840 (Mahieu Decante), intervenu dans l'affaire sur laquelle avait été rendu l'arrêt de la cour de Cassation du 8 fév. 1840, et confirmatif d'un conflit élevé devant le tribunal auquel cette cour avait renvoyé.

948. — Seulement, pour concilier sa jurisprudence avec la disposition du Code pénal de 1832, il a consacré un système mixte qui tend à attribuer aux tribunaux ordinaires la condamnation à l'amende, sans que ces tribunaux puissent s'écarter de la décision du conseil de préfecture sur l'existence de la contravention. — V. notamment *Cons. d'état*, 23 juill. 1833, Hébrard; 2 sept. 1840, Decante; 7 janv. 1842, Patenotte. — V. encore *Cons. d'état*, 1er mars 1826, Paulée; 15 nov. 1826, Dossaris; 31 janv. 1827, Conty; 28 fév. 1828, Bavoux; — Cormenin, t. 1er, p. 301; Foucart, t. 2, p. 406.

949. — Jugé encore par le conseil d'état que les usurpations sur les chemins vicinaux sont toujours régies par la loi du 9 vent. an XIII, qui en attribue la connaissance aux conseils de préfecture; cette loi n'a pas été abrogée par l'art. 479, C. pén. — *Cons. d'état*, 5 sept. 1842, Druy; 18 fév. 1843, Lachevre et Duclos.

950. — Pour l'application de ces principes, il n'y a point à distinguer entre les chemins vicinaux ordinaires et les chemins de grande communication. La loi du 21 mai 1836 n'a pas plus tracé des règles de compétence pour les uns que pour les autres, et de ce seul fait qu'elle a placé *l'administration* des chemins de grande communication sous l'autorité du préfet, on ne saurait faire résulter une différence quant aux juridictions. — *Cass.*, 2 mars 1837 (t. 1er 1837, p. 365), Boullay.

951. — La dégradation d'un terrain communal ne peut pas être punie comme dégradation de la voie publique. On ne peut comprendre, sous cette dénomination, que les routes, chemins et rues servant de communication et abandonnés à l'usage public. — *Cass.*, 9 thermid. an IX, Moreau-Chassy.

952. — On ne peut considérer comme voie publique une cour cernée par cinq maisons, quoiqu'elle ait son entrée par la rue et que les maisons aient des fenêtres donnant sur cette cour. — *Cass.*, 18 germin. an X, Gilles Bonté.

953. — Les tribunaux de police saisis d'une contravention pour dégradation d'un chemin vicinal s'arrêtent toujours devant l'exception de propriété et renvoient pour le jugement préalable de cette question devant les tribunaux civils ou devant l'autorité administrative lorsqu'il s'agit de propriété par interprétation d'une vente de biens nationaux; du reste la question préjudicielle de propriété soulevée par le contrevenant n'empêche point de réprimer la dégradation. — *Cons. d'état*, 13 janv. 1813, Gaudriaulé.

954. — Si un particulier, poursuivi pour avoir dégradé un chemin vicinal, oppose, pour sa défense, qu'il est propriétaire de ce chemin, en vertu d'un acte administratif, le tribunal saisi doit surseoir à statuer sur cette question préjudicielle, jusqu'à ce que l'acte administratif ait été interprété par l'autorité administrative. — *Cons. d'état*, 8 fév. 1831, Colley; — Cormenin, v° *Chemins vicinaux*, t. 1er, p. 304; Chevalier, v° *Chemins vicinaux*, t. 1er, p. 87.

955. — L'arrêt d'une cour royale qui a prononcé sur l'action correctionnelle relative à la dégradation d'un chemin vicinal, en réservant la question de propriété au profit de la commune, n'a pas jugé l'action administrative, laquelle ne pouvait être portée que devant le conseil de préfecture, et dont cet arrêt ne pouvait d'ailleurs dépouiller la commune, puisqu'elle n'y était pas partie. — *Cons. d'état*, 28 fév. 1828, Bavoux.

956. — Le tribunal saisi d'un délit de dégradation de chemin public ou d'usurpation sur sa largeur ne peut prononcer l'acquittement du prévenu sur le motif qu'il existe une instance civile sur la propriété du chemin contentieux. — *Cass.*, 28 déc. 1809, l'Estarquy. — Encore faut-il, pour qu'il y ait lieu à répression, que la dégradation ait été commise sur un chemin public.

957. — Le fait d'avoir dégradé un chemin vicinal en y amenant les eaux d'un ruisseau ne peut être excusé sur le motif que les auteurs de cette dégradation avaient la possession immémoriale du droit de dériver, à une certaine époque de l'année, les eaux de ce ruisseau pour l'arrosement de leurs prés. — *Cass.*, 4 juill. 1844 (t. 2 1844, p. 572), Tardif, Mathival et Belin.

958. — L'adjoint au maire d'une commune ne peut jamais être déclaré non-recevable, lorsque sa poursuite a pour objet un embarras ou des dégradations des chemins vicinaux. — *Cass.*, 21 janv. 1808, Jehue.

959. — Le prévenu poursuivi pour avoir, contrairement à un arrêté du maire, creusé une fosse sur la voie publique, ne peut être excusé sur le motif que le conseil municipal l'a affranchi de la prohibition portée par cet arrêté : le conseil municipal n'est pas investi d'un pareil droit. — Il ne peut être excusé comme ayant agi de bonne foi. — *Cass.*, 29 mai 1835, Morand-Rolla.

960. — Celui qui entreprend sur le pavé d'une rue, au moyen de l'ouverture d'une porte de cave, n'est pas passible des peines de police prononcées par la loi, pour embarras ou dégradations de la voie publique ; mais un tribunal de police ne peut pas maintenir le prévenu dans son usurpation, en déclarant le ministère public non-recevable à le poursuivre. — *Cass.*, 17 vent. an V, Tronnet.

961. — Avant 1832, on était généralement d'accord que le silence du Code pénal sur les dégradations des voies publiques avait laissé subsister l'art. 605 du Code du 3 brum. an IV, qui prononçait pour ce cas une amende de simple police. — Merlin, *Rép.*, v° *Voie publique* ; Garnier, p. 454.

962. — Aussi jugeait-on que le fait d'avoir opéré des excavations dans les rues ou places d'un village ne constituait pas le délit prévu par l'art. 40, tit. 2, L. 28 sept.-6 oct. 1791, qui ne parle que de dégradation, de détérioration des chemins publics et de l'usurpation sur leur largeur ; — que ce fait ne se rattachait point non plus à l'art. 471, C. pén., uniquement relatif au défaut d'éclairage des excavations faites par nécessité dans les rues et les places ; — mais qu'il rentrait dans la disposition de l'art. 605, C. 3 brum. an IV, qui punit de peines de simple police ceux qui dégradent les voies publiques. — *Cass.*, 4. fév. 1825, Charles Bouche.

963. — Le fait, par un propriétaire riverain, d'interrompre la circulation sur un chemin vicinal par l'établissement de barrières, de fossés ou d'autres obstacles permanens constitue évidemment une usurpation sur le sol vicinal.

964. — C'est au conseil de préfecture qu'il appartient de réprimer cette contravention et d'ordonner provisoirement la destruction d'ouvrages pratiqués sur un chemin vicinal antérieurement à la décision du préfet qui lui attribue cette qualité. — *Cons. d'état*, 8 sept. 1824, Maturel. — A plus forte raison est-il compétent, quand il s'agit d'ouvrages élevés sur un chemin qu'on ne conteste pas avoir été porté sur l'état des chemins vicinaux antérieurement arrêté par le préfet. — *Cons. d'état*, 21 déc. 1825, Roussel.

965. — ...Sauf à renvoyer le contrevenant devant les tribunaux pour y faire valoir les droits qu'il prétend à la propriété de la partie du chemin en litige. — *Cons. d'état*, 8 sept. 1824, Maturel ; 21 déc. 1825, Roussel.

966. — Le préfet qui déclare un chemin vicinal peut ordonner, par mesure de police, l'enlèvement des barrières qui en interdisent le passage. — Cormenin, v° *Chemins vicinaux*, t. 1er, p. 308. — Le conseil de préfecture est compétent dans ce cas pour prescrire l'enlèvement des barrières ; mais il excéderait sa compétence en condamnant le contrevenant à l'amende ; les conseils de préfecture ne peuvent prononcer des amendes qu'en matière de grande voirie, les amendes pour contravention de petite voirie ne pouvant être prononcées que par les tribunaux. — *Cons. d'état*, 1er mars 1826, Dervaux ; 19 avr. 1838, Rivière de Riffardeau c. comm. de Paudy.

967. — Le conseil de préfecture est compétent pour ordonner la destruction des obstacles qui interdisent l'usage d'un chemin reconnu et déclaré vicinal, alors même que ces obstacles auraient été placés par un particulier qui se prétendrait propriétaire du chemin. — *Cons. d'état*, 30 juin 1839, Renault c. comm. de Vélizy ; 25 avr. 1839, Bataille de Bellegarde c. comm. de Mesnil Jourdain.

968. — Les maires, étant chargés de procurer la viabilité des chemins, exercent dans leurs communes la police administrative, et l'exécution des arrêtés pris dans ce sens par l'administration supérieure leur appartient. Ainsi ils sont compétens pour faire démolir, en exécution des mesures d'urgence prises par les préfets ou sous-préfets, ou des arrêtés de conseils de préfecture, aux frais des contrevenans, les barrières qui interceptent, ou les clôtures qui rétrécissent les chemins vicinaux. Aucune réclamation ne peut être dirigée contre eux à raison de cette exécution. C'est contre l'arrêté du préfet ou du conseil de préfecture qu'on doit se pourvoir devant l'autorité supérieure. — Cormenin, t. 1er, p. 288 et 289.

969. — Jugé, conformément à cette doctrine, que le maire qui, sur les ordres du préfet et en exécution d'un arrêté du conseil de préfecture, a fait démolir des ouvrages exécutés par un particulier sur un chemin vicinal, ne saurait être mis en cause et recherché pour ce fait. — *Cons. d'état*, 4 juin 1823, Langlade ; — Cormenin, *Droit adm.*, v° *Mise en jugement*, t. 1er, p. 352, n° 6, § 9.

970. — N'est point susceptible d'annulation l'arrêté du conseil de préfecture qui renvoie à se pourvoir devant qui de droit pour obtenir le rétablissement d'ouvrages exécutés sans autorisation à travers un chemin vicinal, alors qu'il reconnaît qu'il a excédé sa compétence dans un premier arrêté en ordonnant la démolition de ces ouvrages. — *Cons. d'état*, 4 juin 1823, Langlade ; — Cormenin, v° *Mise en jugement*, t. 1er, p. 351, § 9.

971. — Le préfet peut ordonner par mesure de police l'enlèvement des arbres et le comblement des fossés qui interceptent ou obstruent un chemin dont la vicinalité a été déclarée. En conséquence, son arrêté ne peut être déféré qu'au ministre de l'intérieur. — *Cons. d'état*, 22 fév. 1826, Mesnard ; 19 fév. 1825, Oresson ; — Cormenin, v° *Rejet des requêtes*, t. 1er, p. 135.

972. — Les arrêtés du préfet, en cette matière ne peuvent être déférés directement au conseil d'état, ils doivent d'abord être attaqués devant le ministre de l'intérieur.

973. — Les droits de l'administration en cette matière ont été reconnus par l'autorité judiciaire. La cour de Cassation a décidé que le tribunal de simple police ne peut refuser de réprimer la contravention à un arrêté du préfet qui ordonne d'abattre les arbres empiétant sur les chemins vicinaux, et gênant la commodité du passage. — *Cass.*, 7 fév. 1824, Contrie.

974. — Jugé, d'après le même principe, que le refus d'obéir à l'injonction de l'autorité municipale, de combler une rigole ouverte sans autorisation, à travers un chemin vicinal, constitue une contravention prévue et réprimée par l'art. 471, C. pén. — *Cass.*, 4 avr. 1835, Morel.

975. — Jugé enfin que l'infraction à l'arrêté d'un maire qui enjoint à un individu de combler les fossés qu'il a pratiqués sur un chemin vicinal doit être punie par l'autorité judiciaire. — *Cass.*, 8 oct. 1836 (t. 2 1837, p. 50), Hillairet.

976. — Est légal et obligatoire l'arrêté par lequel un maire prescrit à un individu d'enlever les terres qui se sont éboulées de sa propriété sur un chemin public et en a occasionné l'encombrement. — *Cass.*, 7 juill. 1836, Flaubert.

§ 4. — *Constatation des contraventions.*

977. — Les contraventions et délits de toute nature commis sur les chemins vicinaux peuvent être constatés par tous les fonctionnaires et agens auxquels la loi a conféré la qualité d'officier de police judiciaire.

978. — Jugé que les adjoints aux maires étant institués par les lois officiers de police judiciaire ont qualité pour constater les contraventions sur une communication reconnue vicinale par l'administration. — *Cons. d'état*, 6 déc. 1820, Boudeville ; — Cormenin, v° *Chemins vicinaux*, t. 1er, p. 309 ; Chevalier, *Jurispr. adm.*, v° *Chemins vicinaux* ; t. 1er, p. 81 ; Jourdan, *Code des chemins vicin.* (Introduct.), p. 40.

979. — L'art. 10, L. 21 mai 1836, est venu augmenter encore le nombre de ces officiers, en permettant aux préfets de nommer des agens-voyers, lesquels « prêteront serment et auront le droit de constater les contraventions et délits, et d'en dresser procès-verbaux. »

980. — La création d'agens-voyers n'a nullement enlevé aux gardes champêtres et autres officiers de police judiciaire le droit de constater aussi les contraventions. — Garnier, *Traité des chemins*, *Supplém.*, p. 41.

981. — Les procès-verbaux dressés pour le service vicinal sont sujets aux formalités prescrites pour les autres actes de même nature. Ils doivent être présentés au visa pour timbre et à l'enregistrement en débet.

982. — Les procès-verbaux dressés par des agens-voyers n'ont pas besoin d'être préalablement affirmés par ces agens pour faire foi en justice, jusqu'à preuve contraire, des contraventions commises aux réglemens concernant les chemins vicinaux. — *Cass.*, 5 janv. 1838 (t. 1er 1838, p. 609), Mayeur. — V. conf. *Cass.*, 23 fév. 1838 (t. 1er 1840, p. 364), Varnier.

983. — Ainsi, aucune formalité n'est prescrite pour la rédaction de ces procès-verbaux, qui peuvent être combattus par des preuves contraires. — *Cass.*, 5 janv. 1838 (t. 1er 1838, p. 609), Mayeur ; — Garnier, *loc. cit.*, p. 39.

984. — Ils doivent être transmis, suivant les circonstances, soit au préfet, si la poursuite se fait devant le conseil de préfecture, soit au ministère public, si elle a lieu devant les tribunaux de simple police ou correctionnels. — Toutefois, quand il est envoyé au préfet, le procès-verbal doit être au préalable notifié au contrevenant, avec injonction de restituer le sol usurpé. — Herman, *Encycl. du dr.*, v° *Chemins*, n° 207.

985. — L'instance, par suite d'empiétemens sur les chemins vicinaux, est régulièrement introduite devant le conseil de préfecture par des procès-verbaux dressés par le garde champêtre sur la réquisition du maire. — *Cons. d'état*, 28 fév. 1828, Bavoux ; — Cormenin, t. 1er, p. 289. — Un conseil de préfecture ainsi saisi peut, sans nullité ni excès de pouvoir, réserver contre les contrevenans les poursuites judiciaires pour peines et amendes, encore que ces poursuites aient été jugées par un précédent arrêt rendu en dernier ressort. — *Cons. d'état*, 28 fév. 1828, Bavoux ; — Cormenin, t. 1er, p. 289. — Le conseil de préfecture, après avoir fait constater la vicinalité du chemin, appréciera si la contravention est dûment attestée. Il est maître de recourir à toutes les mesures d'instruction qu'il juge propres à éclairer sa religion ; mais les élémens les plus sûrs seront ordinairement puisés dans les procès-verbaux qui formeront la base des poursuites. — Dufour, *Dr. admin. appliqué*, n° 665.

§ 5. — *De la prescription des contraventions et condamnations.*

986. — « Aucun des réglemens si multipliés, aucune des lois intervenues sur cette importante matière ne limitent la durée de l'action en répression qui appartient à l'autorité administrative, ni celle des condamnations à l'amende, à la réparation des dommages ou démolitions. » — Garnier, *Des chemins*, p. 237.

987. — Cependant le droit commun consacré par l'art. 2262, qui fait durer trente ans l'exercice de l'action tendant au paiement d'une amende et à la démolition, ne saurait s'appliquer en cette matière. Le législateur n'a point voulu sans doute exposer pendant si long-temps à des amendes ou à des démolitions qu'ils n'auraient pu prévoir des héritiers et des acquéreurs de bonne foi. — Garnier, p. 239.

988. — Si les lois spéciales n'ont point de dispositions expresses sur la prescription, c'est dans le Code d'instruction criminelle qu'il faut chercher les règles à suivre à cet égard. Or, l'art. 640 déclare l'action publique et l'action civile prescrites après une année révolue, à compter du jour où la contravention a été commise, même lorsqu'il y a eu procès-verbal, saisie, instruction ou poursuite, si, dans cet intervalle, il n'est point intervenu de condamnation ; et même, lorsqu'il est intervenu un jugement définitif de première instance de nature à être attaqué par la voie de l'appel, l'action publique et l'action civile se prescrivent après une année révolue, à compter de la notification de l'appel qui en a été interjeté. — Garnier, p. 240.

989. — Jugé, par application de ce principe, que les anticipations ou les usurpations commises sur les chemins vicinaux ne peuvent être assimilées à des délits successifs ; qu'en conséquence, la prescription de la contravention commence à courir du jour où l'usurpation a été commise. — *Cass.*, 16 déc. 1842 (t. 2 1843, p. 266), Bourre ; 10 sept. 1840 (t. 2 1840, p. 510), Tresse.

990. — D'après l'art. 639, les peines portées par les jugemens rendus pour contraventions de police sont prescrites après deux années révolues, à dater de l'arrêt ou du jour où le jugement est devenu inattaquable par la voie de l'appel, suivant qu'il s'agit d'une décision en premier ou en dernier ressort. — Garnier, p. 241.

991. — En admettant que les art. 639 et 640, C. inst. crim., ne soient plus applicables dans l'hypothèse où les contraventions en matière de voirie, donnant lieu à une amende supérieure à 15 fr., ne peuvent être déférées aux tribunaux de simple police, du moins les contrevenans pourront se prévaloir des dispositions des art. 637 et 638, C. inst. crim., qui portent que la prescription sera acquise après trois ans, lorsqu'il n'y a eu que des poursuites, et après cinq ans quand il y a eu condamnation. — Garnier, p. 244. — Selon ce jurisconsulte, les art. 637 et 638 contiennent une règle générale, et il serait étrange que la prescription établie par cette loi générale pût être invoquée quand il s'agit d'une grave contravention, tandis que l'immunité qui en résulte serait refusée au particulier auquel serait reprochée une contravention bien moins dommageable pour l'intérêt public.

992. — Cette doctrine, vraie en ce qui concerne l'action correctionnelle ou civile, ne reçoit point d'application quant à l'action administrative, qui consiste à rétablir le chemin dans ses limites et à

assurer la viabilité. Aussi le conseil d'état juge-t-il constamment que les prescriptions établies par l'art. 8, sect. 7e, tit. 1er, L. 6 oct. 1791, et par les art. 638 et 680, C. inst. crim., s'appliquent uniquement aux actions publiques et civiles qui naissent des délits et des contraventions de police, et non à l'action exercée en vertu de la loi du 9 vent. an XIII pour le maintien de l'acte administratif qui a déterminé la largeur des chemins vicinaux. — Cette dernière loi n'a pas établi une prescription spéciale pour cette action. Cette action ne peut être déclarée non-recevable, sous prétexte qu'avant l'instance introduite devant le conseil de préfecture il a été dressé et signifié des procès-verbaux par suite desquels aucune action n'a été intentée. — *Cons. d'état*, 28 fév. 1828, Bavoux et Pochet c. comm. de Nesles.

993. — Jugé aussi que la prescription annale établie par l'art. 640, C. inst. crim., n'est pas applicable aux poursuites exercées devant les conseils de préfecture, en vertu de la loi du 9 vent. an XIII, en répression des usurpations commises sur les chemins vicinaux. — *Cons. d'état*, 4 sept. 1841, Min. de l'intér. c. Maguillat, Clet et Bonnier. — Le conseil d'état a fondé cette décision sur ce principe, que la compétence établie par la loi du 9 vent. an XIII est une conséquence des pouvoirs généraux qui appartiennent à l'autorité administrative chargée d'assurer la liberté de la circulation et la viabilité publique.

994. — Voici en quels termes le commissaire du roi, M. Boulatignier, établissait dans cette affaire la distinction qui doit être faite entre l'action qui a pour objet l'application de la peine et celle qui a pour objet le rétablissement du terrain usurpé : « Pour obtenir, disait-il, la répression des anticipations commises sur les chemins vicinaux, les communes ont deux actions distinctes : une action administrative et une action judiciaire. L'action administrative, qui a pour objet l'intérêt de la viabilité et le maintien du principe de l'imprescriptibilité du sol de ces chemins, peut toujours s'exercer tant que dure l'anticipation, parce que le service public ne cesse d'être compromis que quand l'anticipation a cessé. L'action judiciaire, qui a pour but de faire appliquer une peine aux usurpateurs de la propriété communale, est, comme toutes les actions pénales, susceptibles de prescription ; cette prescription est celle qui est établie par l'art. 640, C. inst. crim. »

995. — C'est dans le même sens que M. Dufour (*Tr. gén. du dr. admin. appliqué*, t. 1er, no 662) signale la nécessité de distinguer, quant à la prescription, entre l'action appartenant au conseil de préfecture et celle laissée aux tribunaux de police. « La dernière, dit-il, qui a pour objet l'application de la peine, tombe virtuellement sous le coup du principe de la prescription annuale, qui est consacré par l'art. 640, C. inst. crim., pour toutes les contraventions de police. L'action administrative, au contraire, qui a pour objet l'intérêt de la viabilité, trouve toujours un appui dans le principe de l'imprescriptibilité du sol, et peut conséquemment s'exercer tant que dure l'anticipation. »

V. CHEMINS, CHEMINS RURAUX, CONSEIL D'ÉTAT, CONSEIL DE PRÉFECTURE, EXPROPRIATION POUR UTILITÉ PUBLIQUE, PRÉFET, ROUTES, VOIRIE.

CHEMIN VOISINAL.

1. — On donnait autrefois le nom de *chemins voisinaux* aux traverses conduisant aux lieux voisins et établies pour la commodité des habitans des bourgs et des villages.

2. — Les chemins voisinaux variaient de largeur. Ainsi, d'après les coutumes de Tours (art. 59) et de Loudun (chap. 5, art. 1er), ces chemins devaient avoir huit pieds de large.

3. — D'après le réglement des consuls d'Aix du 6 sept. 1729, devenu exécutoire pour toute la Provence, la largeur des chemins voisinaux ou de quartier était de huit pans au moins ou de deux mètres.

4. — C'était aux juges ordinaires du lieu qu'il appartenait d'en surveiller l'entretien. — Cout. de Tours, art. 84 ; — Le Proust, *Cout. de Loudun*.

5. — Aujourd'hui l'autorité judiciaire est compétente pour déterminer la largeur d'un chemin public qui fait l'objet d'une contestation entre particuliers, alors qu'il s'agit d'un chemin voisinal ou de quartier et non d'un chemin vicinal dans le sens de la législation actuelle. — *Cass.*, 10 août 1840 (t. 2 1840, p. 489), Baume c. Paret.

6. — La question de savoir si un réglement ancien, relatif à la largeur des chemins connus anciennement sous la dénomination de *voisinaux*, s'appliquait à telle ou telle partie de la même province, est une question de fait dont la décision rentre dans le pouvoir souverain des cours royales. — Même arrêt.

CHEMINÉE.

Table alphabétique.

Acquisition de mitoyenneté, 3 s., 37.
Amende, 28, 50.
Atre, 14 s., 25. — relevé, 18.
Boiseries, 7.
Chambranles, 32.
Chantille, 22.
Chevêtres, 17, 21.
Circonstances particulières, 49.
Cloisons, 6 s.
Compagnie de ramonage, 53 s.
Compétence, 48.
Construction vicieuse, 57.
Contraventions, 52, 59. — (excuse), 57.
Contre-cœur, 8, 14, 22 s., 25.
Contre-feu, 22.
Contre-mur, 6 s., 14, 22.
Conventions particulières, 6, 49.
Corniches, 32
Corps, 14, 33 s.
Cour commune, 44.
Coutume ancienne, 10, 12.
Démolitions, 58.
Destination du père de famille, 11.
Emprisonnement, 50.
Encastrement, 9 s.
Enchevêtrure, 16.
Engagement de ne point faire de feu, 13.
Entretien, 50.
Fantons de fer, 36.
Forge, 42, 44.
Four, 42, 57.
Fournil, 44.
Incorporation, 24.
Jambages, 14, 19, 26 s.
Languettes, 36.
Lattes de bois, 28.
Locataire, 50, 57.
Maire, 51.
Maison appartenant à plusieurs, 39.
Manteau, 14, 19, 29 s.
Mur mitoyen, 1, 24, 45. — (exhaussement), 38. — non mitoyen, 3 s., 37.
Nettoyage, 50.
Pan de bois, 6 s.
Paniers, 46.
Plaque de fonte, 20 s.
Poutres, 5, 34 s.
Pouvoir administratif, 58. — municipal, 51.
Propriétaire, 50.
Propriété exclusive, 9 s., 24.
Ramonage, 50, 56. — d'office, 52.
Rappointés, 16 s.
Récidive, 50.
Reculement, 9 s.
Réglement, 1. — ancien, 12, 16. — de police, 50, 59.
Réparations locatives, 25, 32, 56.
Responsabilité, 49.
Souches, 14, 41 s.
Tablettes, 32.
Taxe des cheminées, 60.
Tête, 14, 41 s. — (élévation), 42 s.
Treillis, 16, 19 s., 27.
Trémies, 16. — (bandes de), 17. — (barres), 36.
Tuyau, 14, 33 s. — de cuivre, 61. — (élévation), 37, 40.
Usage, 1. — ancien, 10. — du lieu voisin, 2.
Visite annuelle, 51.
Voisins, 43, 47.

CHEMINÉE. — 1. — Celui qui veut construire une cheminée ou âtre près d'un mur, mitoyen ou non, est obligé à laisser la distance prescrite par les réglemens et usages particuliers sur ces objets, ou à faire les ouvrages prescrits par les mêmes réglemens et usages pour éviter de nuire au voisin. — C. civ., art. 674.

2. — Dans les pays où il n'y a ni statuts ni usages locaux, on doit se conformer aux usages du lieu le plus voisin.

3. — Une cheminée ne peut être appuyée contre un mur dont on n'a ni la propriété ni la mitoyenneté (C. civ., art. 662) ; il est donc nécessaire, lorsqu'on veut établir une cheminée contre le mur du voisin, de rendre ce mur mitoyen soit en totalité, soit seulement pour la portion nécessaire à l'établissement de la cheminée, conformément aux règles prescrites par l'art. 661, C. civ.

4. — Quand on n'achète la mitoyenneté que de la partie du mur nécessaire à la cheminée, on prend ordinairement, de chaque côté des cheminées, un pied au-delà de ce qu'elles occupent. — Vaudoré, *Dr. civ. des juges de paix*, vo *Cheminée*, no 26.

5. — S'il existe des poutres enfoncées dans la partie rendue mitoyenne, il est permis de les réduire à l'ébauchoir jusqu'à moitié de l'épaisseur du mur. — C. civ., art. 657 ; — Pardessus, *Servitudes*, no 156 ; Lepage, *Lois des bâtimens*, t. 1er, p. 145.

6. — En aucun cas il n'est permis d'adosser une cheminée contre un pan ou une cloison de bois, mitoyens ou non, même en y établissant un contre-mur. — Le consentement que donnerait le voisin serait nul. — Réglem. de police, 21 janv. 1672, et 10 nov. 1781 ; — Merlin, *Rép.*, vo *Cheminées* ; Desgodets et Goupy, *Cout. Paris*, art. 189, no 7, et 195, no 18.

7. — Cependant, en cas de nécessité absolue, on pourrait adosser une cheminée à une boiserie en laissant six pouces de vide entre cette boiserie et le contre-mur, qui doit avoir lui-même six pouces au moins d'épaisseur pour les cheminées ordinaires, et neuf pour les autres, telles que celles de cuisine. — Le vide, qu'on désigne en pratique sous le nom de *tour du chat*, doit se prolonger jusqu'à la souche de la cheminée. — Desgodets et Goupy, *Cout. Paris*, art. 189, no 8 ; Perrin, no 148 ; Vaudoré, vo *Cheminée*, no 28.

8. — On pourrait encore couper la cloison ou le pan de bois dans toute sa hauteur, et sur une largeur qui excède de six pouces à droite et à gauche celle que l'on veut donner à la cheminée ; dans ce vide on construirait un mur en maçonnerie, contre lequel seraient ensuite établis le contre-cœur et les autres parties de la cheminée. — Mêmes auteurs, *loc. cit.*

9. — Celui qui a la propriété entière d'un mur peut y encastrer une cheminée sans que le voisin qui achète ensuite la mitoyenneté puisse s'en plaindre et exiger le reculement de cette cheminée. — Pardessus, no 172 ; Vaudoré, no 26 ; Perrin, no 150.

10. — Le voisin n'aurait pas plus de droits si la cheminée avait été ainsi établie sous l'empire d'une coutume ou d'un usage antérieur au Code civil. — Argum. C. civ., art. 2 ; — Pardessus, *ibid.*

11. — ... Ou si l'établissement de la cheminée remontait au père de famille. — Perrin, *Code des constr.*, no 152.

12. — Hors ces cas, le propriétaire d'un mur, même mitoyen, dans l'épaisseur duquel une cheminée aurait été construite peut exiger qu'elle soit reculée. — Perrin, *ibid.* — En effet, on n'a plus comme autrefois le droit d'encastrer les cheminées dans le mur mitoyen sans le consentement du copropriétaire : les coutumes et réglemens anciens qui permettaient de le faire ne sont plus en vigueur depuis le Code civil. — Pardessus, no 172.

13. — Tout propriétaire de cheminées peut prendre valablement l'engagement de n'y faire de feu qu'à des époques déterminées de l'année ou même de n'y en jamais faire ; c'est une véritable servitude par suite de laquelle la maison voisine se trouve affranchie d'autant des désagrémens de la fumée et des risques de l'incendie. — Pardessus, *Servitudes*, no 11 ; Toullier, t. 3, no 596 ; Perrin, no 158.

14. — On distingue, dans une cheminée, diverses parties dont chacune est soumise à quelques règles ou prescriptions particulières : ce sont l'âtre, le contre-cœur, les jambages, le manteau, le tuyau ou corps et la tête ou souche.

15. — *Atre.* — L'âtre est la partie de la cheminée sur laquelle posent les cendres et le feu.

16. — Pour obvier aux dangers que présenterait l'âtre d'une cheminée posé sur le plancher ou sur des pièces de bois, même recouvertes d'une couche épaisse de maçonnerie et, par suite des défenses faites à cet égard par les anciens réglemens, on fait à l'emplacement de l'âtre une enchevêtrure à la charpente du plancher, puis, à l'aide de trémies et de rappointis, on remplit de maçonnerie ce vide que l'on appelle *treillis*. — Perrin, no 125.

17. — Le réglement de police du 16 janv. 1672 prescrivait en effet de garnir les âtres des cheminées de barres (ou bandes) de trémies, de chevêtres et de rappointis.

18. — Les âtres relevés, non construits sur trémies, sont prohibés. — Ord. de police, 16 janv. 1672.

19. — Le treillis doit avoir en dedans œuvre plus de largeur que le manteau de la cheminée, de façon à ce que les jambages qui supportent ce manteau posent sur la maçonnerie qui remplit le vide du treillis. — Desgodets et Goupy, *Cout. de Paris*, art. 189, no 1er ; Lepage, t. 1er, p. 145 et suiv. ; Merlin, *Rep.*, vo *Cheminée* ; Toullier, t. 3, no 331.

20. — Le treillis est d'ordinaire recouvert de pavés de briques, de carreaux de terre cuite ou d'une plaque de fonte. — Vaudoré, no 4.

21. — Selon Toussaint (*Code de la propr.*, no 1826), le enchevêtrures au droit des âtres doivent être espacées de un mètre trente-trois centimètres (quatre pieds) au moins, et le chevêtre doit laisser un mètre (trois pieds) de vide ; et pour tous les passages de tuyaux en saillie sur les murs, aussi un mètre trente-trois centimètres de longueur, mais quarante-trois centimètres (seize pouces) seulement de largeur. — V. aussi ord. 16 janv. 1672.

22. — *Contre-cœur.* — Contre-mur adossé, à l'endroit de l'âtre, au mur contre lequel est appuyée la cheminée. — On l'appelle également *contre-feu* ou *chantille*.

23. — Le contre-cœur, construit en maçonnerie de briques ou de tuilots doit avoir au moins six pouces d'épaisseur, et garnir le fond de la cheminée dans toute sa largeur jusqu'à la hauteur du manteau, en arrivant à cette hauteur par une dégradation insensible d'épaisseur de façon à ne pas présenter de retraite marquée. — On peut toutefois remplacer cette maçonnerie par une plaque de fonte appuyée au mur, mais de manière à ce que le plâtre que l'on doit couler dans l'intervalle empêche toute espèce de vide entre eux. — Lepage, t. 1er, p. 145 et suiv.

24. — On ne peut incorporer le contre-cœur au mur, même mitoyen, contre lequel est établie la cheminée. —Vaudoré, n° 2 ; Perrin, n° 121. — Le dernier de ces deux auteurs étend cette prohibition même au cas où celui qui fait construire la cheminée est propriétaire exclusif du mur (n° 122). Nous ne partageons point cet avis, et puisque nous avons admis que le propriétaire exclusif d'un mur peut y encastrer une cheminée (*suprà* n° 9), à plus forte raison nous paraît-il qu'il peut y incorporer un simple contre-cœur. Il y a quelque contradiction, ce nous semble, à accueillir, comme le fait M. Perrin (n° 130), la première solution et à repousser la seconde.

25. — Les réparations des âtres et contre-cœurs des cheminées sont d'ordinaire locatives, car les dégradations ne proviennent presque exclusivement que de l'activité du feu ou du choc des bûches qu'on jette dans l'âtre. — C. civ., art. 1754 ; — Merlin, *Rép.*, v° *Cheminée.* — V. BAIL, n° 1098.

26. — *Jambages.* — Les jambages d'une cheminée sont les parties latérales qui, construites en pierre ou en maçonnerie, servent à supporter le manteau formant saillie en dehors du corps inférieur du tuyau.

27. — Les jambages doivent, ainsi que nous l'avons vu plus haut, porter sur le massif de maçonnerie dont est rempli le treillis.

28. — Ils doivent également être faits et enduits de plâtre pur sur une épaisseur d'au moins trois pouces : une amende doit être prononcée, suivant le réglement de police du 21 janv. 1672, contre ceux qui les font avec des lattes de bois. — Merlin, *Rép.*, v° *Cheminée.*

29. — *Manteau.* — Pierre ou maçonnerie qui termine l'ouverture de la cheminée dans sa partie supérieure, et qui est appuyée par ses deux extrémités sur les jambages.

30. — Quand le manteau est appuyé sur les branches d'un châssis scellées dans le mur, ces branches doivent être en fer et non en bois. — Réglem. de police de janv. 1808, conforme à un autre de 1719, renouvelé le 10 nov. 1731, puis le 10 nov. 1781 ; — Perrin, n° 128.

31. — Il est défendu de faire le manteau d'une cheminée en bois. — Ord. 1er sept. 1779 ; — Desgodets, *Cout. de Paris*, art. 189, n° 12 ; Lepage, t. 1er, p. 145 ; Merlin, *Rép.*, v° *Cheminée* ; Vaudoré, v° *Cheminée*, n° 6.

32. — Les tablettes, chambranles et corniches des cheminées qui sont écornés ou cassés sont à la charge des locataires par la faute ou le peu de soins desquels arrivent ces accidens ; ce sont, aux termes de l'art. 1754, C. civ., des réparations locatives. — Merlin, *Rép.*, v° *Cheminée.* — V. BAIL, n° 1098.

33. — *Tuyau* ou *corps.* — Le tuyau d'une cheminée est le conduit destiné à faire échapper la fumée. — On appelle plus spécialement *corps* de la cheminée la partie du tuyau mesurée depuis le manteau jusqu'à la couverture de la maison. — Perrin, n° 137.

34. — Les pièces de bois des combles qui portent dans les murs et à côté desquelles passent les tuyaux, doivent être à quatre pouces des cheminées. — Merlin, *Rép.*, v° *Cheminée.*

35. — Le réglement de police du 21 janv. 1672 défendait de traverser le tuyau des cheminées par des poutres, solives ou autres pièces de bois, et lorsque ce tuyau passe près de pièces de bois, il doit en être séparé par une épaisseur de six pouces de plâtre qu'on soutient par des rappointis (fiches de fer piquées dans le bois). — Merlin, *Rép.*, v° *Cheminée.* — Le consentement des voisins ne saurait dispenser de ces précautions. — Perrin, n° 134 ; Lepage, t. 1er, p. 145 ; Vaudoré, v° *Cheminée*, n° 12.

36. — Les languettes de cheminées (cloisons séparatives des divers corps d'une même cheminée) doivent être en plâtre pur et avoir au moins trois pouces d'épaisseur. — Ces languettes sont liées entre elles et avec le corps de cheminée par des trémies et fantons de fer qui doivent se trouver à une distance d'environ quinze pouces. — Merlin, *Rép.*, v° *Cheminée* ; Lepage, t. 1er, p. 145 ; Toussaint, t. 2, n° 1826.

37. — Tout propriétaire doit élever le tuyau de sa cheminée aussi haut que celle de son voisin si elle appuie contre un mur mitoyen, et alors même que sa maison serait beaucoup plus basse et que la mitoyenneté n'existerait que jusqu'à la hauteur de sa maison, sauf à payer la mitoyenneté de la partie du surplus du mur occupée par le tuyau et même, ainsi que nous l'avons vu (*suprà* n° 14), d'un pied en sus de chaque côté. — Merlin, *Rép.*, v° *Cheminée.*

38. — Quant au propriétaire d'un mur mitoyen contre lequel est établie une cheminée, il doit, s'il veut exhausser ce mur, exhausser également le tuyau à ses frais, si le refoulement de la fumée occasionnée par la nouvelle élévation du mur rendait la cheminée hors d'état de servir. — Pardessus, n° 174 ; Perrin, n° 136.

39. — Dans une maison dont chaque étage appartient à un propriétaire différent, les propriétaires dont des tuyaux de cheminée traversent l'étage doivent, selon l'usage invoqué par Merlin (*Rép.*, v° *Cheminée*), les construire et entretenir à leurs frais et contribuer pour moitié à la dépense occasionnée par la construction de la partie du mur mitoyen contre lequel ces tuyaux sont adossés.

40. — Le tuyau d'une cheminée qu'on adosse au mur du voisin doit, selon M. Perrin (n° 135), qui cite Lepage (t. 1er, p. 88), s'élever verticalement, et non être dévoyé. — M. Vaudoré trouve cette règle trop absolue (v° *Cheminée*, n° 13) ; il pense que les experts feront sur ce point la loi des parties. La nécessité d'obtenir le consentement de celui contre le mur duquel on veut appuyer des ouvrages ou d'en faire régler les conditions (C. civ., art. 662) doit prévenir d'ailleurs toute difficulté à cet égard.

41. — *Tête* ou *souche.* — C'est la prolongation du tuyau à partir du toit de la maison.

42. — Le propriétaire d'une maison peu élevée ne peut être contraint d'élever ses cheminées à plus d'un mètre au-dessus des combles, s'agit-il même de la cheminée d'une forge ou d'un four. — Perrin, n° 139 ; Vaudoré, n° 17.

43. — Mais si la cheminée est adossée à un mur de clôture, il y a lieu d'en monter la tête à deux mètres au-dessus de la maison et de la tenir à une distance d'également deux mètres (deux pieds suivant Vaudoré, n° 18) des fenêtres du voisin. — Perrin, n° 140.

44. — La même solution s'appliquerait au cas où l'on établirait un fournil ou une forge dans une cour commune ou séparée des habitations voisines par un simple mur de clôture. — Vaudoré, n° 18.

45. — Si la souche de la cheminée était élevée sur un mur mitoyen, il serait dû une indemnité pour la charge. — C. civ., art. 658 ; — Perrin, n° 141.

46. — Il est défendu de surmonter les têtes de cheminées de paniers de bois ou d'osier, à peine de responsabilité des accidens qui en peuvent être la suite ; le réglement de police du 21 janv. 1672, renouvelé le 10 nov. 1781, voulait même qu'une amende fût prononcée contre les contrevenans. — V. aussi ord. de police de janv. 1808 ; — Merlin, *Rép.*, v° *Cheminée* ; Lepage, t. 1er, p. 143.

47. — Toute personne a le droit de contraindre son voisin à se conformer aux lois, réglemens et usages relatifs à la construction des cheminées. — Bourjon, *Dr. comm. de la France*, t. 2, p. 17.

48. — Et les actions intentées à cet égard doivent, aux termes de l'art. 6 (n° 3, L. 25 mai 1838), être portées devant le juge de paix, lorsque la propriété ou la mitoyenneté du mur ne sont pas contestées ; dans ce dernier cas, c'est devant le tribunal de première instance.

49. — Chacun, propriétaire ou constructeur, répond des dommages causés par le vice de construction ou le défaut de réparation de ses cheminées ; aucune prescription ou convention particulière ne sauraient affranchir de l'observation scrupuleuse de toutes les précautions propres à prévenir les accidens. — Pardessus, n° 201 ; Vaudoré, *loc. cit.*, n° 21.

50. — Les propriétaires ou locataires doivent observer les réglemens de police relatifs aux réparation, entretien et nettoyage des cheminées ou usines où l'on fait du feu, et notamment au ramonage, à peine de 1 à 5 fr. d'amende et, en cas de récidive, de trois jours d'emprisonnement. — C. pén., art. 471, n°s 2 et 474.

51. — La loi du 28 sept.-6 oct. 1791 impose aux maires (art. 9, tit. 2) le devoir de faire au moins une fois par an la visite des fours et cheminées des bâtimens écartés de moins de cent mètres de toutes autres habitations ; ces visites, qu'ils doivent annoncer huit jours d'avance, les mettent à même de prescrire toutes les mesures dont l'intérêt public leur démontre la nécessité.

52. — Ils pourraient, notamment en cas de refus ou de négligence de la part des habitans de se conformer aux réglemens relatifs au ramonage, faire procéder d'office au ramonage et traduire les récalcitrans devant les tribunaux de police. — Bost, *Organ. municip.*, t. 1er, p. 266.

53. — Mais là s'arrête leur pouvoir, et ils ne pourraient contraindre les citoyens à s'adresser pour le ramonage de leurs cheminées à une compagnie privilégiée dont ils surveilleraient les opérations et fixeraient les tarifs. — Bost, *loc. cit.*

54. — La cour de Cassation a cependant jugé que l'arrêté par lequel le maire d'une commune, pour prévenir les incendies, forme un établissement public de ramonage et défend à toute personne non commissionnée de s'immiscer dans le service du ramonage, est pris dans le cercle des attributions municipales, malgré les entraves qu'il met à l'exercice de l'industrie des citoyens, et qu'en conséquence les tribunaux ne peuvent se dispenser de réprimer les infractions faites à ce réglement. — *Cass.*, 24 août 1815, Basset.

55. — Mais cette doctrine ne paraît pas avoir jamais été adoptée par le ministre de l'intérieur, et M. Bost nous apprend (*Organis. et attrib. municip.*, t. 1er, p. 266) que les préfets ont toujours été invités à annuler les arrêtés municipaux pris à l'effet d'établir un bureau de ramonage public et d'obliger les citoyens à employer les ramoneurs attachés à ce bureau.

56. — Du reste, le ramonage est une charge locative. — Merlin, *Rép.*, v° *Cheminée.* — V. BAIL, n° 1104.

57. — L'individu qui exploite, comme locataire, un four dont la construction vicieuse peut compromettre la sûreté publique, encourt les peines de simple police prononcées par l'art. 471 (n° 1er), C. pén., sans pouvoir être relaxé sous prétexte que les réparations à faire sont à la charge du propriétaire. — *Cass.*, 6 sept. 1838 (t. 1er 1839, p. 257), Jésé-gapel.

58. — L'autorité administrative peut même ordonner la démolition des cheminées en mauvais état. — Vaudoré, n° 32.

59. — Jugé qu'il n'y a pas contravention à un réglement de police qui ordonne que toutes les cheminées à construire auront une dimension donnée, et que toutes celles qui ne seront pas conformes à ce réglement seront démolies, si elles présentent des dangers d'incendie, lorsque l'architecte-voyer a constaté qu'une cheminée, bien que non conforme aux prescriptions de ce réglement, ne présente point de *danger d'incendie*, et que sa démolition ne lui paraît ni urgente ni indispensable. — *Cass.*, 16 nov. 1837 (t. 1er 1840, p. 163), Jardin. — V. au surplus INCENDIES (mesures contre les), POUVOIR MUNICIPAL.

60. — Les cheminées, autres que celles de la cuisine et celles du four, avaient été assujéties à une taxe variée par les art. 5 et 6, L. 7 thermid. an III. — Mais cette taxe a été supprimée par la loi du 3 niv. an VII.

61. — Quelques fabricans dont les cheminées sont mues par la vapeur avaient surmonté les cheminées de tuyaux en cuivre destinés à leur donner la hauteur prescrite par les réglemens administratifs. — L'emploi du cuivre pour ces tuyaux offre quelque danger ; on a reconnu qu'il s'en échappait des parcelles de suie imprégnées de sulfate de cuivre (vert de gris), qui, se répandant aux environs, s'attachaient aux végétaux et se mélangeaient aux eaux destinées à l'alimentation. — Le comité de l'intérieur du conseil d'état fut, en conséquence, consulté sur la question de savoir s'il ne conviendrait point de défendre, par un réglement d'administration publique, l'emploi du cuivre dans les cheminées ; mais le comité, bien que pénétré de la nécessité de la mesure, a pensé qu'un semblable réglement n'était point nécessaire, l'autorité municipale ayant tous les pouvoirs suffisans pour agir et prendre des arrêtés sur cet objet, en vertu des décrets du 14 déc. 1789 (art. 50), du 16-24 août 1790 (tit. 11, art. 3) et du Code pénal (art. 471, n° 15). — V. BAIL, INCENDIES (mesures contre les), POUVOIR MUNICIPAL, SERVITUDES.

62. — Les fabricans et marchands de cheminées, dites économiques, sont rangés par la loi du 25 avril 1844, sur les patentes, dans la cinquième classe des patentables, et imposés à : 1° un droit fixe basé sur le chiffre de la population de la ville ou commune où est situé l'établissement ; — 2° un droit proportionnel du vingtième de la valeur locative de la maison d'habitation et des locaux servant à l'exercice de la profession. — V. PATENTE.

CHEMISE ROUGE.

1. — Aux termes de l'art. 4, tit. 1er, part. 1re du C. pén. du 25 sept.-6 oct. 1791, les condamnés à mort pour crime d'assassinat, d'incendie et de poison devaient être conduits au lieu de l'exécution revêtus d'une chemise rouge.

2. — Jugé en conséquence qu'un tribunal criminel excédait ses pouvoirs quand il ordonnait qu'un condamné à mort fût conduit au lieu de l'exécution revêtu d'une chemise rouge, si la peine n'était prononcée pour assassinat, incendie ou poison. — *Cass.*, 28 flor. an IX, Petit-Brueil ; même jour, Lavergne.

3. — Cette peine ne pouvait donc être appliquée aux individus condamnés pour vol. — *Cass.* messid. an VII, Perrin.

4. — Cette disposition a cessé d'être exécutée depuis le Code pénal de 1810, qui ne l'a pas renouvelée. — V. ASSASSINAT, EMPOISONNEMENT, INCENDIE.

CHÊNE.

1. — Arbre à haute tige et de première classe pour la fixation de l'amende. — C. forest., art. 192.

2. — C'est, autant que possible, parmi les chênes qu'on choisit les baliveaux. — V. BALIVEAUX. — Les arbres en essence de chêne, destinés à être coupés, et dont la circonférence à un mètre du sol était de quinze décimètres au moins, pouvaient, aux termes de l'art. 124, C. forest., et pendant dix années, à compter de la promulgation de ce Code, être choisis et martelés pour le service du département de la marine. — V. AFFECTATION, nos 11 et suiv., FORÊTS et MARINE.

CHENILLES.

La recherche et la destruction des chenilles ont fait l'objet de quelques dispositions législatives qui sont expliquées au mot *chenillage*.

CHENILLE EN SOIE (Fabricans de).

1. — Les fabricans de chenille en soie pour leur compte sont rangés par la loi du 25 avr. 1844, sur les patentes, dans la septième classe des patentables et imposés à : 1° un droit fixe basé sur le chiffre de la population de la ville ou commune où est situé l'établissement ; — 2° un droit proportionnel du quarantième de la valeur locative de tous les locaux occupés par les patentables, mais seulement dans les communes d'une population de 20,000 ames et au-dessus.

2. — Les fabricans à façon sont rangés dans la huitième classe des patentables, et imposés aux mêmes droits, sauf la différence de classe.

V. PATENTE.

CHEPTEL.

V. BAIL A CHEPTEL.

CHER CENS.

1. — Le cher cens, ou gros cens, était une prestation extraordinaire due au seigneur, et consistant dans une rente en argent ou dans une partie notable des fruits de l'héritage. *Est gravior census et major ordinario, non capitalis census.* — *Gloss. du dr. fr.*, vo *Cher cens.*

2. — Le *cher cens* était pris par opposition au *menu cens* que l'on regardait comme de droit commun dans les coutumes censuelles.

3. — Le cher cens différait du menu cens en ce qu'il devait être établi par titres, ou du moins par une longue possession. — Henrion de Pansey, *Dissert. féodales*, vo *Cens*, § 8.

CHERPILLE.

1. — Usage pratiqué autrefois dans la banlieue de Villefranche, ancienne capitale du Beaujolais, et en vertu duquel, lorsque les gens du peuple croyaient que les grains étaient mûrs, ils allaient les couper et les lier sans la permission du propriétaire, et se payaient de leur peine en emportant la dixième gerbe.

2. — Cet usage a été aboli par l'art. 1er, § 2, sect. 5e, tit. 1er, L. 6 oct. 1791, qui déclare que chaque propriétaire sera libre de faire sa récolte, de quelque nature qu'elle soit, avec tout instrument et *au moment qui lui conviendra*, pourvu qu'il ne cause aucun dommage aux propriétaires voisins.

3. — On peut supposer pourtant que la cherpille a fourni la première idée du paragraphe 1er de ce même article, qui charge la municipalité de faire serrer la récolte d'un cultivateur absent, infirme, ou accidentellement hors d'état de la faire lui-même et qui réclamera ce secours, en ayant soin que cette opération, qui doit être payée sur la récolte, soit faite aux moindres frais. — L'usage ancien, quel que fût son prétexte, était une atteinte au droit de propriété ; la disposition nouvelle consacre un acte de fraternité et de protection de la loi.

4. — Aujourd'hui la cherpille serait une voie de fait qui, d'après le no 8, art. 605, C. brum. an IV, et L. 23 thermid. an IV (lesquels peuvent être réputés encore en vigueur, suivant le Code pén., art. 484), serait punie, selon sa gravité, d'une amende de la valeur de trois journées de travail, et même d'un emprisonnement de trois jours. — Merlin, *Rép.*, vo *Cherpille* ; Morin, *Dict. dr. crim.*, *cod. verb.* — V. AMENDE, no 121.

CHEVAGE.

1. — Le *chevage* ou *chefage* était un droit annuel imposé à tout chef de famille aubain ou bâtard, qu'il fût d'ailleurs marié ou veuf. — C'est de là que dérivait *chef, chevage*. — Guyot, *Rép.*, vo *Chevage* ; Demangeat, *Hist. de la condit. civ. des étrangers en France*, p. 100 ; Sapey, *Les étrangers en France*, p. 59.

2. — Le taux de cette redevance variait suivant les lieux ; cependant elle s'élevait assez généralement à 12 deniers parisis par an. — Elle devait être payée chaque année à la Saint-Remy, sous peine d'une amende de 7 sous 6 deniers. — Guyot, *Rép.*, vo *Chevage* ; Demangeat, *Hist. de la condit. des étrangers*, p. 101 ; Sapey, *Les étrangers en France*, p. 61.

3. — Pour la perception de ce droit, il était tenu un registre où le collecteur des main-mortes inscrivait les noms des étrangers qui y étaient soumis. Cette charge passa du collecteur des main-mortes au receveur des deniers du roi, qui, tous deux, étaient comptables en la chambre des comptes. — Sapey, *Les étrangers en France*, p. 60.

4. — Il paraît que la perception était déjà abolie du temps de Bacquet ; car on lit dans son *Traité de l'aubaine* (chap. 4) que les bâtards et épaves (c'est ainsi qu'on appelait certains aubains) *ne doivent aucun chevage*. — Guyot, *Rép.*, vo *Chevage*.

5. — Nous voyons cependant le droit de chevage invoqué en 1697, à la fin du dix-septième siècle, dans un édit par lequel Louis XIV imposait certaines taxes aux étrangers. — La raison de cette contradiction apparente, c'est que le droit de chevage, comme le droit de formariage, bien qu'ayant cessé d'être exigé en fait, n'avait pas été expressément aboli, et que les rois qui consentaient bien à en faire la remise à titre de grace voulaient néanmoins conserver leur droit intact et le rappelaient de temps en temps dans leurs ordonnances, pour ne point le laisser périr dans la mémoire des peuples. — Sapey, *Les étrangers en France*, p. 69. — V. au surplus AUBAINE (droit d'), BATARD no 11), ÉTRANGER.

CHEVAL.

1. — L'élève du cheval si importante pour la richesse et la force d'un pays, est en France l'objet de dispositions spéciales ayant pour but, soit d'amener l'amélioration de la race, soit d'encourager, soit enfin de protéger les éleveurs et leur industrie.

2. — L'amélioration de la race est provoquée par l'établissement de haras, de dépôts d'étalons et l'institution de primes au profit des cultivateurs de tous les arrondissemens de haras qui ont fait et présenté les plus beaux élèves. — V. HARAS.

3. — Outre ces primes qui sont fondées à titre d'encouragement en faveur des propriétaires des plus beaux élèves, le décret du 4 juillet 1806, autorise encore, dans le même but, l'établissement de prix pour des courses de chevaux (art. 16). — V. COURSES DE CHEVAUX.

4. — Enfin, les mesures de protection dont l'exécution est confiée tout naturellement à l'administration des douanes consistent dans certains droits ou même dans la prohibition absolue dont sont frappés les chevaux à l'importation.

5. — Sont toutefois exceptés les chevaux qui, comme moyens de transport pour les voyageurs, traversent momentanément la ligne frontière, et ceux envoyés au pacage. — Fasquel, *Lois et règlem. des douanes*, p. 169.

6. — Les particuliers dont les habitations sont situées entre les bureaux des douanes et l'étranger, qui veulent faire arriver chez eux, soit de l'intérieur du royaume, soit de l'étendue du territoire soumis à la police des douanes, des bestiaux, chevaux, etc., ne peuvent obtenir de passavant pour ce transport, qu'autant qu'ils seront porteurs de certificats de la municipalité du lieu de la destination, constatant que ces bestiaux sont pour leur usage et consommation. — Arrêté du 25 messid. an VI, art. 1er.

7. — Ceux qui veulent faire paître des chevaux au-delà des bureaux de douane placés du côté de l'étranger, sont tenus de prendre dans ce bureau des acquits à caution portant soumission d'y représenter lesdits chevaux au retour des pacages. — *Id.*, art. 2.

8. — Une déclaration est préalablement fournie au receveur. Elle énonce le nombre des chevaux, leur signalement, la route à suivre et la durée du pacage. — A moins d'une dispense de l'inspecteur, les chevaux doivent être présentés au bureau. — Circul. du 15 juill. 1825.

9. — En cas d'enlèvement ou de mise en circulation des chevaux, quel que soit d'ailleurs le lieu où ils se rendent, la déclaration en est faite au bureau de première ligne le plus voisin, qui délivre l'expédition nécessaire. — *Id.*

10. — En cas de mort des chevaux envoyés au pacage hors la ligne frontière, il n'y a pas lieu à déclaration. La perte est au risque du commissionnaire. — Ord. 8 juill. 1834 ; — Circul. 12 sept. suiv.

11. — Les étrangers avoisinant la frontière ont la faculté de faire paître leurs chevaux sur le territoire français. — Même ord.

12. — Mais cette faculté est soumise à l'obligation d'en faire la déclaration au bureau le plus voisin du lieu d'entrée ou du pacage. — Circul. du 25 juill. 1835, art. 24.

13. — Les chevaux servant d'attelage ou de monture qui empruntent momentanément le territoire étranger ou français sont affranchis des droits lorsque leur retour en France ou leur renvoi à l'étranger ont été légalement garantis. Cette exemption n'existe pas pour les chevaux en laisse. — L. 9 flor. an VII, tit. 2, art. 6.

14. — La rentrée ou la sortie des chevaux n'a lieu que par les points où il existe un bureau. — Circul. 7 mars 1826 ; 23 mars 1827 ; 8 avr. 1829.

15. — Les contraventions à ces dispositions sont punies par la confiscation et une amende de 200 à 500 fr. — L. 22 août 1791, tit. 3, art. 1 et 2. — Circ. 15 juill. 1835, art. 51.

16. — Néanmoins les chevaux de poste qui servent au transport d'un objet de fraude, ne peuvent en cas de saisie faite par la douane, être retenus, lorsqu'il est bien reconnu qu'ils appartiennent à un maître de poste. — Lettre administ. 30 oct. 1838.

17. — Les chevaux appartenant à des passagers peuvent être embarqués à bord des paquebots sur lesquels ces passagers se trouvent eux ou leurs domestiques ; le droit de tonnage à percevoir est à raison de deux tonneaux pour chaque cheval. — Déc. minist. 24 fév. 1837. — V. au surplus DOUANES.

18. — La loi a prévu les cas dans lesquels la vente de chevaux pourrait donner lieu à l'action en résolution pour cause de vice rédhibitoire. — V. BOITERIE, VICE RÉDHIBITOIRE.

19. — Le fait d'avoir laissé courir les chevaux dans un lieu habité, constitue la contravention prévue et punie par l'art. 475, no 4, du C. pén. — V. COURSE D'ANIMAUX DANS LES LIEUX HABITÉS.

20. — Au moyen-âge les avocats avaient droit à des honoraires proportionnés à leur état et au nombre de chevaux avec lesquels ils suivaient le parlement, qui alors était ambulatoire. — « Il n'est pas reson, dit Beaumanoir, que ung advocat qui va à un cheval, doit avoir aussi grant journée comme cil qui va à deux chevaux, ou à trois, ou à plus. » — V. HONORAIRES.

21. — Les courtiers de chevaux sont rangés par la loi du 25 avr. 1844, sur les patentes, dans la septième classe des patentables, et imposés à : 1° un droit fixe, basé sur le chiffre de la population de la ville ou commune où est situé l'établissement ; — 2° un droit proportionnel du quarantième de la valeur locative de tous les locaux occupés par les patentables, mais seulement dans les communes d'une population de 20,000 ames et au-dessus.

22. — Les loueurs de chevaux sont rangés dans la cinquième classe des patentables et imposés à : 1° un droit fixe ; — 2° un droit proportionnel du vingtième de la valeur locative de la maison d'habitation, et des locaux servant à l'exercice de la profession.

23. — Les marchands de chevaux sont rangés dans la quatrième classe et imposés aux mêmes droits, sauf la différence de classe.

24. — Les personnes tenant pension de chevaux sont rangées dans la cinquième classe et imposées aux mêmes droits, sauf la différence de classe.

V. PATENTE.

CHEVAL DE SERVICE.

1. — Cheval dû par le vassal au seigneur féodal ; on disait quelquefois *roussin de service*.

2. — L'origine de ce devoir était fort ancienne. Il en est parlé dans les coutumes de Montargis, d'Orléans, de Poitou, du Grand-Perche, de Meaux, d'Anjou, du Maine, de Châteauneuf, de Chartres, de Dreux, de Dunois et du Hainaut. Il en est question aussi dans une charte de Philippe-Auguste de 1222 : « *Liberum feodum per servitium unius runcini.* »

3. — Le cheval de service était dû en nature ; cependant on pouvait se libérer de ce devoir par une

prestation en argent évaluée à 60 sols, dans les coutumes d'Orléans et de Montargis.

4. — Anciennement le cheval de service devait être essayé avec le haubert en croupe; il fallait qu'il fût ferré des quatre pieds. Le seigneur ne pouvait le refuser, s'il était en état de faire douze lieues en un jour et autant le lendemain.— V. Laurière, *Gloss.*, vº *Cheval de service*; Bouchel, *Biblioth. du dr. fr.*, *eod. verbo*; *Etablissem. de France*, ch. 129.

5. — Il ne faut pas confondre le cheval de service avec le service de cheval, dont parle le chap. 34 de l'ancienne coutume de Normandie. Le service de cheval n'était autre chose que le service militaire à cheval dû par le vassal à son seigneur; le cheval de service était la prestation d'un cheval au seigneur. — V. Beaumanoir, *Cout. de Beauvoisis*, ch. 28.

CHEVALERIE. — CHEVALIER.

1. — Le titre de chevalier désignait autrefois une personne élevée, par dignité ou par attribution, au-dessus du rang de simple gentilhomme. — *Encycl. méthodique*, vº *Chevalier*.

2. — Le titre de chevalier vient des Romains; en effet, les membres de l'un des trois ordres de citoyens reconnus à Rome portaient le nom de *chevaliers*, à cause du cheval que la république fournissait à chacun d'eux et qu'elle entretenait tout équipé pour le service militaire. — *Ibid.*

3. — On appelait *chevalerie* l'ordre des chevaliers. — *Ibid.*

4. — Notre ancienne législation reconnaissait quatre sortes de *chevalerie*, savoir: 1º militaire; 2º honoraire; 3º régulière; 4º sociale.

5. — La chevalerie ne s'acquérait que par de hauts faits d'armes. Le gentilhomme qui aspirait à cet honneur entrait dès l'âge de sept ans chez un illustre chevalier, où il occupait d'abord la place de page ou *varlet*. A l'âge de quatorze ans, il obtenait le titre d'écuyer. Ce n'était qu'à l'âge de vingt-un ans qu'il pouvait être reçu et armé chevalier. La cérémonie qui conférait ce titre se faisait avec beaucoup de pompe.— *Encycl. méthod.*, et Guyot, *Rép.*, vº *Chevalier*.

6. — Un des priviléges de cette chevalerie était d'acquérir des titres de *dom*, *sire*, *messire*, *monseigneur*. Parmi les autres prérogatives des chevaliers étaient: le droit de manger à la table du roi; de porter la lance, le haubert, la double cotte de mailles, la cotte d'armes, l'or, le vair, l'hermine; d'arborer des girouettes sur les maisons qui leur appartenaient. — Guyot, *loc. cit.*

7. — L'ordre de chevalerie militaire tomba en désuétude avec le temps, et les chevaliers du Saint-Esprit, qu'on appelait chevaliers de l'ordre du roi, représentèrent seuls les anciens chevaliers du royaume. — *Ibid.*

8. — C'était une question de savoir si le titre de chevalier militaire était héréditaire. La négative était généralement résolue et se tirait: 1º de ce qu'une ordonnance de Louis XIII du 15 janv. 1629 défendait de le prendre si on ne l'avait obtenu du roi ou de ses prédécesseurs; 2º de ce qu'en fait on voyait tous les plus grands seigneurs du royaume, les rois eux-mêmes, se faire recevoir *chevaliers*.— Guyot, *Répert.*, vº *Chevalier*; *Encycl. méthodique*, *eod. verb.*

9. — On appelait *chevaliers honoraires* ceux qui, nobles ou roturiers, avaient obtenu du souverain la marque distinctive de quelque ordre royal. On distinguait parmi les principaux de ces ordres, en France: ceux du *Saint-Esprit*, de *Saint-Michel*, de *Saint-Louis*, du *mérite militaire*; en Espagne, celui de la *Toison-d'Or*; en Angleterre, celui de la *Jarretière*. — V. ORDRES ROYAUX.

10. — Les différens ordres de chevalerie honoraire française ont été abolis par le décret du 19 juin 1790, art. 1er. On ne reconnaît aujourd'hui qu'un seul ordre royal qui confère le titre de chevalier, pourvu qu'on se soit conformé à certaines conditions: c'est celui de la Légion-d'honneur, créé par la loi du 29 flor. an X, tit. 1er, art. 1er. — V. décret du 1er mars 1808, art. 11 et 12; ord. 8 oct. 1814, art. 1er. — V. LÉGION D'HONNEUR, ORDRES ROYAUX.

11. — La *chevalerie régulière* comprenait les ordres militaires et religieux, où l'on faisait profession d'être vêtu d'un certain costume, de servir contre les infidèles, etc. Les plus remarquables de ces ordres étaient: celui du Temple (aboli par Philippe-le-Bel); ceux de Malte, de Saint-Lazare, du Saint-Sépulcre (supprimés en France par le décret du 30 juill. 1791, art. 1er).

12. — La *chevalerie sociale* était celle qui n'avait rien de fixe, qui n'était pas confirmée par une constitution formelle. On en avait créé à différentes reprises pour des *tournois*, des *mascarades*, etc. — *Encycl. méthodique*, vº *Chevalerie*.

13. — Aujourd'hui le décret du 1er mars 1808 et l'ord. du 8 oct. 1814 reconnaissent le titre de chevalier honoraire comme appartenant, sous certaines conditions, aux membres de la Légion-d'honneur. — V. LÉGION-D'HONNEUR. — On sait que le titre de chevalier de la Légion-d'honneur ne passe point de droit aux héritiers du titulaire. — Décr. 3 mars 1810, art. 22. — V. LÉGION D'HONNEUR, ORDRES ROYAUX.

14. — D'après un second décret du 1er mars 1808, concernant les majorats, le titre nobiliaire de *chevalier* peut être conféré par le chef de l'état. Il peut résulter également de la création d'un majorat. — Art. 37. — V. MAJORAT.

15. — Un autre décret du 3 mars 1810, art. 21, réserve au souverain le droit d'accorder le titre de *chevalier* de l'empire à ceux qui auront bien mérité de l'état et du prince.

16. — D'après l'art. 1er de l'ord. du 8 oct. 1814, les formalités à remplir pour obtenir le titre de chevalier consistent à se retirer devant le chancelier de France (aujourd'hui le ministre de la justice) et à y justifier d'un revenu net de trois mille francs au moins en biens immeubles situés en France.

17. — Ceux auxquels des titres de chevalier sont conférés de plein droit, ou ceux qui ont obtenu en leur faveur la création d'un majorat, doivent prêter dans le mois le serment suivant: « Je jure d'être fidèle au roi et à sa dynastie, d'obéir à la Charte constitutionnelle et aux lois du royaume, de servir Sa Majesté en bon, loyal et fidèle sujet, et d'élever mes enfans dans les mêmes sentimens de fidélité et d'obéissance, et de marcher à la défense de la patrie toutes les fois que le territoire sera menacé ou que Sa Majesté ira à l'armée. » — Décr. 1er mars 1808, art. 37. — Le même serment doit être prêté dans trois mois par ceux qui sont appelés à recueillir un majorat. — *Ibid.*, art. 38. — Le serment est prêté par les chevaliers entre les mains de celui ou de ceux que le chef du gouvernement a désignés à cet effet.

18. — Le titre de chevalier attaché à un majorat, propriété exclusive de celui en faveur duquel la création a eu lieu, passait, d'après le décr. 1er mars 1808, art. 35, à sa descendance légitime, naturelle ou adoptive de mâle en mâle, par ordre de primogéniture. — V. MAJORAT. — D'après l'art. 10 du décret du 3 mars 1810, les fils puînés des titulaires de majorat portaient le titre de *chevalier*.

19. — Aux termes de l'art. 31 de la Charte de 1814, la noblesse ancienne a repris ses titres, la nouvelle a conservé les siens.

20. — On lit dans l'art. 1er de l'ordonnance du 10 fév. 1824: « A l'avenir les titres accordés par le roi sont personnels et ne passent à leurs enfans et descendans en ligne directe qu'autant que les titulaires ont été autorisés et ont constitué en effet le majorat affecté au titre dont ils sont revêtus. » — V. MAJORAT.

21. — Mais la Charte constitutionnelle du 7 août 1830 ayant disposé en ces termes: « la noblesse ancienne reprend ses titres, la nouvelle conserve les siens », on en a conclu que les enfans succèdent au titre nobiliaire, suivant l'ordre de primogéniture. — V. NOBLESSE.

22. — Les lettres-patentes portant collation du titre de chevalier sont soumises aux droits du sceau de 60 fr. et des référendaires de 50 fr. — Décr. (2e) du 8 oct. 1814, art. 3. — Le renouvellement des lettres-patentes du titre de chevalier est soumis aux droits du sceau de 15 fr., et des référendaires de 15 fr. — Même décret, art. 2.

CHEVALIER ÈS LOIS.

1. — Titre donné aux avocats dans les treizième et quatorzième siècles, et qui leur conférait les distinctions et les droits de la chevalerie d'armes. — « On ne peut révoquer en doute, dit Sainte-Palaye (t. 2, p. 96), que les avocats n'aient été jugés dignes de la chevalerie. »

2. — Pour obtenir ces distinctions, les légistes s'étaient fondés sur les dispositions du droit romain. — « *Nec enim solos nostro imperio militare credimus illos qui gladio, clypeis et thoracibus nituntur, sed etiam advocatos; militant namque patroni causarum qui gloriosæ vocis confisi munimine, laborantium spem et vitam ac posteros defendunt.* — L. 14, Cod., *De advoc. div. jud.* — *Advocatos meritum aut vetustas nobilissimos facit.* — L. 7, Cod., *De postulando.*

3. — Cette prétention des légistes, n'ayant éprouvé aucune résistance de la part du gouvernement, la noblesse personnelle des avocats fut bientôt consacrée par l'opinion publique, et même par les ordonnances. — Fournel, *Hist. de l'ordre des avocats*, t. 1er, p. 181.

4. — Bouteiller, en sa *Somme rurale*, réclamait hautement la chevalerie pour les avocats. « Si sachez que le faict de advocacerie, si est tenu et compté pour chevalerie; car tout ainsi comme les chevaliers sont tenus de combattre pour le droict à l'épée, ainsi sont tenus les advocats de soutenir le droict de leur pratique et science, et pour ce sont-ils appelés ès droict escrit, *chevaliers*. — Ils doivent, ajoute-t-il, *porter d'or* comme les chevaliers. »

5. — Du reste, pour acquérir le titre de chevalier ès lois, il fallait que l'avocat eût exercé un certain nombre d'années sans aucun reproche. Barthole exigeait dix ans; mais il soutenait que le *docteur ès lois* était chevalier par le seul fait de sa réception.

6. — L'avocat devenu chevalier était qualifié *messire*. — V. AVOCAT.

CHEVEUX (Marchands de).

Les marchands de cheveux sont rangés par la loi du 25 avr. 1844, sur les patentes, dans la cinquième classe des patentables, et imposés à: 1º un droit fixe, basé sur le chiffre de la population de la ville ou commune où est situé l'établissement; — 2º un droit proportionnel du vingtième de la valeur locative de la maison d'habitation et des locaux servant à l'exercice de la profession. — V. PATENTE.

CHEVILLE (Vente à la).

On appelle ainsi les reventes qu'un boucher fait par parties, le plus souvent à un autre boucher, des bestiaux qu'il a achetés sur pied. — V. BOUCHER.

CHEVILLEUR.

Les chevilleurs sont rangés par la loi du 25 avr. 1844, sur les patentes, dans la huitième classe des patentables, et imposés à: 1º un droit fixe, basé sur le chiffre de la population de la ville ou commune où est situé l'établissement; — 2º un droit proportionnel du quarantième de la valeur locative de tous les locaux occupés par les patentables, mais seulement dans les communes d'une population de 20,000 ames et au-dessus. — V. PATENTE.

CHÈVRES.

1. — Quadrupède rentrant dans la classe du menu bétail. — V. BÉTAIL.

2. — Le dommage considérable que les chèvres causent aux arbres qu'elles broutent avait amené plusieurs coutumes à défendre d'en nourrir. — Ainsi notamment l'art. 84 de la coutume de Normandie portait: « Les chèvres et porcs et autres » bêtes malfaisantes sont en tout temps en défends. » Ce qui voulait dire qu'en aucun temps on ne pouvait les mener paître dans l'héritage d'autrui sans le consentement du propriétaire.

3. — Un arrêt du conseil du 27 mai 1729 portait défense, sous peine de 100 livres d'amende, à tous les habitans du Languedoc, de nourrir des chèvres dans l'étendue de cette province, à moins d'avoir obtenu pour cet effet une permission de l'intendant. — Pareilles défenses avaient été faites par arrêt du parlement de Grenoble du 11 avr. 1735. — Un arrêt du conseil du 3 juin 1755 avait ordonné aux habitans de la vallée du Figuier (Guyenne) qui nourrissaient des chèvres de s'en défaire dans le mois, à peine d'amende et de confiscation, à l'exception néanmoins des particuliers qui en entretenaient pour le soulagement des malades, et auxquels il était permis d'en nourrir une seule.

4. — La loi du 28 sept.-6 oct. 1791, sur la police rurale (tit. 1er, sect. 4e, art. 1er), abrogea les réglemens locaux qui défendaient aux particuliers de nourrir des chèvres.

5. — Le même motif qui, dans certaines provinces, avait fait défendre de garder des chèvres avait dicté la disposition de l'ordonnance des eaux et forêts de 1669, portant prohibition pour les usagers de conduire des chèvres dans les bois et forêts, ainsi que dans les terrains qui en dependent. — V. BÊTES A LAINE. — Cette défense est reproduite par le Code forestier, art. 78 et 110. Une amende de 4 fr. pour chaque chèvre, amende qui peut être doublée dans certains cas, est prononcée contre les propriétaires de ces animaux trouvés en délit. — C. forest., art. 199 et suiv.

6. — Jugé que l'introduction des chèvres, brebis et moutons ne peut avoir lieu en aucun temps de la part des usagers dans les bois et forêts soumis au droit de parcours, quand même le titre

constitutif leur en attribuerait la faculté, et quand même encore ils y auraient été autorisés par une délibération du conseil municipal approuvée par le préfet. — *Cass.*, 20 juill. 1810, Forêts c. Aubert. — Cette décision est parfaitement applicable sous le Code forestier.

7. — Le fait seul d'une introduction de chèvres, de brebis et de moutons dans une forêt constitue par lui-même un délit, sans qu'il soit nécessaire de considérer si des dommages plus ou moins graves ont été causés au propriétaire. — *Cass.*, 20 juill. 1810, Aubert; 30 mai 1810, Laurençot. — V. FORÊTS, PATURAGE.

8. — La défense de conduire des chèvres dans les bois et forêts s'étend évidemment à tous les individus, soit mâles, soit femelles, de cette classe d'animaux, et conséquemment aux boucs — La seule introduction d'un bouc dans une forêt suffit pour constituer un délit, quand même il n'y aurait commis aucun dégât. — *Cass.*, 1er août 1811, Forêts c. Pierre Reigue.

9. — Les curés n'ayant qu'un simple droit d'usufruit sur les bois dépendant de leurs cures, et n'étant point assimilés aux propriétaires, qui ont le droit d'user et d'abuser, ne peuvent, sans se rendre passibles d'amende, y introduire des chèvres. — *Cass.*, 4 avr. 1811, Forêts c. Pagni et Biagini.

10. — Celui qui a fait paître des chèvres dans une forêt ne peut être renvoyé de la poursuite de l'administration sous le prétexte que des chèvres sont nécessaires pour la conduite d'un troupeau. — *Cass.*, 16 mars 1833, Forêts c. Daumas. — Pareillement, les tribunaux ne peuvent introduire une exception à la prohibition générale et absolue qui est faite aux usagers d'introduire des chèvres dans les forêts, sous le prétexte qu'elles sont l'accessoire obligé des bêtes de laine et qu'elles sont admises comme *menons* dans les troupeaux. — *Cass.*, 7 mai 1830, Forêts c. Peconli.

11. — « Dans les lieux qui ne sont sujets ni au parcours ni à la vaine pâture, pour toute chèvre qui sera trouvée sur l'héritage d'autrui, il sera payé, porte la loi du 28 sept.-6 oct. 1791 (tit. 2, art. 18), une amende de la valeur d'une journée de travail par le propriétaire de la chèvre. Dans les pays de parcours et de vaine pâture, où les chèvres ne sont pas rassemblées et conduites en troupeau commun, celui qui aura des animaux de cette espèce ne pourra les mener aux champs qu'attachés, sous peine d'une amende de la valeur d'une journée de travail par tête d'animal. — En quelque circonstance que ce soit, lorsqu'elles auront fait du dommage aux arbres fruitiers ou autres, haies, vignes, jardins, l'amende sera double, sans préjudice du dédommagement dû au propriétaire. » — La loi du 23 thermid. an IV a disposé depuis que l'amende ne peut être portée, dans chacun de ces cas, au-dessous de la valeur de trois journées de travail. — V. BESTIAUX, BÊTES A LAINE, FORÊTS, PARCOURS, PATURAGE.

12. — Jugé que, sous la loi du 28 sept.-6 oct. 1791, les dégâts commis par des troupeaux de bêtes à laine ou de chèvres dans un bois planté depuis sept ans sur le sol d'une forêt étaient punis des peines portées en l'art. 38 (tit. 2), loi précitée, si rien n'annonçait que cette plantation fût destinée à croître en futaie. — *Cass.*, 13 juin 1823, Forêts c. Héron.

13. — Les marchands de chèvres et chevreaux sont rangés par la loi du 25 avr. 1844, sur les patentes, dans la septième classe des patentables, et imposés à : 1° un droit fixe basé sur le chiffre de la population de la ville ou commune où est situé l'établissement; — 2° un droit proportionnel du quarantième de la valeur locative de tous les locaux occupés par les patentables, mais seulement dans les communes d'une population de 20,000 ames et au-dessus. — V. PATENTE.

CHICANE.

Se prend au palais pour l'abus que l'on fait des procédures judiciaires. Ainsi, l'on traite de chicanes les mauvaises contestations de forme, les incidens purement dilatoires, les exceptions et fins de non-recevoir qui n'ont d'autre objet que de faire traîner l'affaire en longueur, de fatiguer l'adversaire, et quelquefois même de surprendre le juge. — V. CAUTELLE.

CHICORÉE-CAFÉ.

1. — Les fabriques de chicorée-café sont rangées dans la troisième classe des établissemens insalubres. — V. ÉTABLISSEMENS INSALUBRES (nomenclature).

2. — *Quant* à la patente à laquelle sont soumis les fabricans, V. CAFÉ, PATENTE.

CHICOT.

1. — On nomme ainsi ce qui reste à la souche d'un arbre qui a été abattu.

2. — L'art. 2, tit. 17 de l'ord. de 1669, punissait l'enlèvement de bois-sec et de chicots pourris, lorsque cet enlèvement avait lieu avec des charrettes. Mais cet enlèvement était toléré lorsqu'il était fait à bras ou à hotte. — V. FORÊTS.

3. — Jugé en ce sens que si l'humanité tolère l'enlèvement des branches ou des chicots de bois abattus par les vents, lorsque cet enlèvement est fait à bras ou à hotte, il n'en peut jamais résulter le droit d'enlever ces branches ou chicots avec des charettes. — *Cass.*, 2 oct. 1807, Forêts c. Louvre Cornier; — Merlin, *Rép.*, v° *Chablis*, n° 3.

4. — Cette décision doit encore être suivie aujourd'hui, même dans une plus grande étendue, l'art. 197, C. forest., ne prohibant nominativement que l'enlèvement des châblis et bois de délit, et paraissant abandonner par suite aux malheureux le bois sec, mort ou pourri. — De Vaulx et Fœlix, *Code for. annoté*, p. 661. — V. FORÊTS.

CHIEN.

1. — Les chiens sont au nombre des animaux qui méritent de fixer l'attention de l'autorité municipale; aussi dans toutes les villes où leur présence au milieu de populations nombreuses peut être la cause d'accidens souvent fort graves, sont-ils l'objet de réglemens particuliers de la part de l'autorité municipale, qui peut même en interdire la circulation pendant un temps déterminé. — *Cass.*, 19 août 1819, Dufour; 11 nov. 1824, Janckel; 7 mai 1825, habit. de Gaillac. — V. BATTUE, n° 14.

2. — Et celui qui aurait contrevenu à un arrêté de police ordonnant de renfermer les chiens ou de les tenir en laisse pendant un certain temps de l'année, ne pourrait être renvoyé des poursuites sous prétexte que son chien était enfermé et qu'il s'est échappé. — *Cass.*, 15 déc. 1827, Pillot. — ... Ou qu'il était près de son domicile. — *Cass.*, 28 avr. 1827, Lacroix. — ... Ou bien encore que, s'étant mis à sa poursuite, il ne l'a atteint qu'après que cet animal a eu parcouru une partie de la ville, et qu'il le ramenait chez lui au moment où le procès-verbal a été dressé. — *Cass.*, 20 janv. 1837 (t. 1er 1837, p. 72), Goudron. — ... Ou qu'il s'était conformé la veille à l'arrêté, et que le jour même il s'était donné des soins pour s'y conformer. — *Cass.*, 22 oct. 1829, Collinet.

3. — Jugé également que l'arrêté municipal qui défend d'une manière générale et absolue de laisser circuler les chiens dans les rues sans être muselés, doit s'appliquer non seulement aux chiens errans ou abandonnés, mais aussi aux chiens dressés pour la garde des troupeaux, et que par conséquent le propriétaire de ces chiens ne saurait être renvoyé de la poursuite sur le motif que, s'ils étaient muselés, ils ne pourraient plus rendre les mêmes services. — *Cass.*, 15 déc. 1827, Pillot; 1er juill. 1842 (t. 2 1842, p. 468), Gay.

4. — Au surplus, l'art. 475 (n° 7) punit d'une amende de 6 à 10 fr. ceux qui ont excité ou n'ont pas retenu leurs chiens lorsqu'ils attaquent ou poursuivent les passans, quand même il n'en serait résulté aucun mal ni dommage. — Jugé en conséquence que le chien qui mord ou attaque les passans doit être compris parmi les animaux malfaisans ou féroces, et rend son maître, même absent, qui l'a laissé divaguer, passible des peines de simple police. — *Cass.*, 2 sept. 1825, Houix. — V. conf. *Cass.*, 23 niv. an XI, Ledenys; 6 nov. 1807, bouchers de Grasse; 17 janv. 1823, Nicole; 27 fév. 1823, Menord; 28 avr. 1827, Lacroix; — Carnot, *C. pén.*, art. 475. — Remarquons toutefois qu'il faut, pour constituer une contravention, que l'animal soit en état de divagation. — Aussi a-t-il été jugé que le particulier qui s'introduit dans une cour close est non recevable à se plaindre d'y avoir été mordu par un chien (*Cass.*, 12 fév. 1808, Locquet); — et qu'il en serait autrement si la cour n'était point close (*Caen*, 17 janv. 1823, Nicole). — V. encore Bourguignon, *Jurispr. des codes crim.*, sur l'art. 475.

5. — De tout temps, à Paris, les magistrats chargés de la police de la cité ont veillé à ce que la sûreté des habitans ne se trouvât pas compromise par les chiens; il existe notamment sur ce point une ordonnance de police du 21 mai 1784, laquelle défend d'élever des chiens dans l'intérieur et les faubourgs de Paris. — Aujourd'hui cette matière est réglée par l'ordonnance du préfet de police du 23 juin 1832, ordonnance publiée de nouveau chaque année et que des événemens graves arrivés plus récemment et occasionnés par les chiens dits *bouledogues* ont fait modifier. — Nous croyons devoir ici transcrire le texte de cette ordonnance :

6. — Art. 1er. Il est défendu d'élever et d'entretenir dans les habitations un nombre de chiens tel que la sûreté et la salubrité des habitations voisines se trouvent compromises.

7. — Art. 2. Il est défendu, dans tous les temps, de laisser vaguer des chiens sur la voie publique, s'ils ne sont pas muselés. Ils devront, en outre, avoir un collier, soit en métal, soit en cuir garni d'une plaque de métal, où sont gravés les noms et demeures des personnes auxquelles ils appartiennent.

8. — Art. 3. Les chiens devront être tenus muselés dans l'intérieur des magasins, boutiques, ateliers et autres établissemens ou lieux quelconques ouverts au public, même lorsqu'ils y sont à l'attache.

9. — Art. 4. Il est défendu aux entrepreneurs et conducteurs de messageries, diligences et autres voitures publiques, de souffrir dans ces voitures des chiens non muselés.

10. — Art. 5. Il est enjoint aux marchands forains, aux blanchisseurs et aux voituriers et charretiers qui sont dans l'usage de mener des chiens avec eux, de les museler et de les tenir attachés de très court avec une chaîne de fer, sous l'essieu de leurs voitures. — Il est également défendu d'atteler ou d'attacher des chiens aux voitures à bras.

11. — Art. 6. Il est défendu de mener dans l'intérieur des abattoirs des chiens autres que ceux des conducteurs de bestiaux; ces chiens devront être muselés lorsqu'ils seront dans ces établissemens.

12. — Art. 9. Les mesures prescrites pour la saisie et la destruction des chiens errans seront rigoureusement exécutées. — Elles seront applicables aux chiens pour lesquels on ne se conformera pas aux dispositions prescrites par la présente ordonnance.

13. — Art. 8. Dans l'intérieur des habitations ou dans les cours, jardins et autres lieux non ouverts au public, les boule dogues et boule dogues métis ou croisés devront toujours être tenus à l'attache et muselés.

14. — Art. 7. Il est défendu de laisser circuler ou de conduire sur la voie publique, même en laisse et muselé, aucun chien de la race des bouledogues, ni de celle des bouledogues métis ou croisés. — Il est également défendu de tenir ces animaux, quand bien même ils seraient à l'attache et muselés, dans les boutiques, magasins, ateliers, établissemens ou lieux quelconques ouverts au public.

15. — Art. 10. Les contraventions seront poursuivies conformément aux art. 475 et 478 du Code pénal, et, en cas d'accident, déférées au tribunal de police correctionnelle.

16. — A la suite de cette ordonnance est toujours annexé d'ordinaire l'avis du *conseil de salubrité* sur les mesures à prendre contre les morsures faites par les chiens enragés ou présumés tels.

17. — Si dans les villes la présence des chiens est presque toujours sans utilité, souvent même dangereuse, il n'en est pas de même dans les campagnes où les chiens peuvent être d'un grand secours, surtout pour la défense des habitations isolées. C'est cette considération qui avait motivé l'art. 30 (tit. 2) de la loi du 28 sept. 1791 sur la police rurale : « Toute personne convaincue d'avoir, de dessein prémédité, méchamment, sur le territoire d'autrui, blessé ou tué des chiens de garde, sera condamnée à une amende double de la somme du dédommagement. Le délinquant pourra être détenu un mois si l'animal est mort de sa blessure, ou est resté estropié : la détention pourra être du double si le délit a été commis la nuit ou dans une étable, ou dans un enclos rural. »

18. — Le Code pénal actuel (art. 454) punit celui qui, sans nécessité, a tué volontairement un animal domestique, d'une peine de six jours à six mois d'emprisonnement; le maximum est prononcé, si le délit a été accompagné de violation de clôture. — V. au surplus ANIMAUX, § 4, nos 99 et 127.

19. — Mais l'acte de tuer ou blesser un chien étranger introduit dans son parc ou enclos ne constitue pas *nécessairement et dans tous les cas* une faute de la part du propriétaire de ce parc, ou de son préposé, ce fait pouvant être légitimé dans une certaine mesure tant par la défense de soi-même ou d'autrui que par la gravité du dégât causé à la propriété. — *Cass*, 21 avr. 1840 (t. 1er 1840, p. 596), de Bréant c. Thours.

20. — Jugé en conséquence qu'un jugement ne peut, sans encourir la cassation, considérer le seul fait de la blessure d'un chien comme cause nécessaire d'une réparation civile, s'il ne constate pas

en même temps que ce fait n'était nullement légitimé. — Même arrêt.

21. — Le passage dans les champs de *chiens lévriers* pouvant apporter des dommages aux récoltes, l'autorité administrative, chargée de veiller dans certaines saisons de l'année à ce que les récoltes ne puissent être endommagées par la libre divagation des animaux, peut prendre certaines mesures à cet effet ; mais son droit n'irait pas jusqu'à pouvoir établir pour le cas qui nous occupe une prohibition générale et absolue.

22. — Il a donc été jugé que les chiens lévriers ne pouvant être considérés comme appartenant par leur nature à la classe des animaux malfaisans ou féroces dont parle le § 7 de l'art. 475, C. pén., sont illégaux et non obligatoires les arrêtés d'un préfet et d'un maire qui interdisent l'usage de ces chiens d'une manière absolue et permanente, même pendant les saisons où la chasse est permise. — *Cass.*. 16 déc. 1826, Berlot ; 30 juin 1842 (t. 2 1842, p. 460), Trusson.

23. — On peut voir, au surplus, au mot CHASSE, que l'emploi des chiens lévriers à la chasse n'est plus, d'après la loi du 3 mai 1844, autorisé qu'exceptionnellement.

24. — Lors de la discussion du budget des recettes de cette année (1845), un député, M. de Rémilly, avait proposé un amendement tendant à établir un impôt sur les chiens en général, sauf quelques exceptions. Il n'a pas été donné suite à cet amendement par suite de la promesse donnée par le gouvernement qu'il ferait étudier la question pour présenter en conséquence un projet aux chambres, s'il y avait lieu. — *Moniteur* 4 juill. 1845,

V. au surplus ANIMAUX, CHASSE, DIVAGATION, POLICE MUNICIPALE.

CHIFFON.

V. DOUANES, DRILLES.

CHIFFONNIER.

1. — L'état de chiffonnier ambulant ou en détail, d'ordinaire abandonné aux individus de la classe la plus infime, était, avant le mois de septembre 1828, exercé, à Paris, de préférence pendant la nuit, contrairement aux prohibitions établies par les ordonnances de police des 10 juin 1701, 6 févr. 1756 et 26 juill. 1777.

2. — Frappé des dangers que cette pratique et une surveillance insuffisante présentaient pour la sûreté publique, la tranquillité des familles et la propreté de la voie publique, le préfet de police rendit, le 1er septembre 1828, une ordonnance destinée à y apporter remède.

3. — Aux termes de cette ordonnance, les chiffonniers des deux sexes doivent, avant d'exercer cette profession, en faire la déclaration devant les commissaires de police des quartiers, ou maires des communes du ressort de la préfecture de police de Paris. — Cette déclaration (qui a pour but de faire connaître leur identité et leurs antécédens) a lieu en présence de deux témoins domiciliés, et, si les déclarans sont mineurs, avec l'autorisation des personnes sous la puissance desquelles elles sont placées. — Ord. 1er sept. 1828, art. 1er et 2.

4. — Tous chiffonniers doivent, s'ils changent de quartier, en informer, dans les vingt-quatre heures, le commissaire de police de leur nouveau quartier. — *Ibid.* art. 3.

5. — Ils sont, de plus, obligés de porter d'une manière apparente, une médaille, et sur leur hotte une plaque en tôle, avec des signes destinés à les faire connaître. — Art. 4 et 5.

6. — Il leur est défendu de céder et même de déposer leur médaille, leur hotte et lanterne pendant l'exercice de leur profession. — Art. 6.

7. — Leur médaille, qu'ils sont obligés de représenter à toute réquisition des agens de police ou des chefs de patrouille (art. 12), doit être remise à l'autorité, à leur décès, ou au moment où ils renoncent à leur profession. — Art. 7 et 8.

8. — Il leur est enjoint d'entasser les ordures qu'ils auraient éparpillées. — Art. 9.

9. — Il est expressément défendu aux chiffonniers d'exercer leur métier, et de circuler sur la voie publique avec leur attirail après minuit, en toute saison, avant le jour en été, et avant cinq heures du matin depuis le 1er octobre jusqu'au 1er avril. — Art. 10.

10. — Défense leur est également faite de se faire accompagner de chiens (art. 11 et ord. de 1698), comme aussi de pratiquer en aucune manière le métier de *ravageurs* ou *gratteurs de ruisseaux*. — Art. 14.

11. — S'ils trouvent des objets perdus ou suspects de vol, ils doivent en faire le dépôt, et ont droit à une indemnité ou à ces objets, suivant qu'ils sont ou ne sont pas revendiqués. — Art. 13.

12. — Les contrevenans aux dispositions de ladite ordonnance doivent être traduits devant le tribunal compétent (le tribunal de police), arrêtés même, s'il y a lieu, et privés de leur médaille temporairement, ou pour toujours, selon la nature des contraventions et les circonstances qui les auront accompagnées ; le tout indépendamment de telles autres mesures de police administrative qu'il appartiendra. — Art. 15.

13. — Quant aux chiffonniers en gros ou en détail dont l'industrie s'exerce sur les mêmes objets, mais non de la même manière, et qui se bornent à recueillir les produits que d'autres se chargent de leur fournir, ils ne sont point soumis à ces dispositions réglementaires.

14. — Les chiffonniers en gros sont rangés par la loi du 25 avril 1844, sur les patentes, dans la première classe des patentables, et imposés à : 1° un droit fixe basé sur le chiffre de la population de la ville ou commune où est situé l'établissement ; — 2° un droit proportionnel du quinzième de la valeur locative de la maison d'habitation et des locaux servant à l'exercice de la profession.

15. — Les chiffonniers en détail sont rangés dans la septième classe, et imposés à : 1° un droit fixe ; — 2° un droit proportionnel du quarantième de la valeur locative de tous les locaux occupés par les patentables, mais seulement dans les communes d'une population de 20,000 ames et au-dessus. — V. PATENTE.

16. — Les chiffonniers ambulans au crochet sont exempts de la patente. — L. 25 avril 1844, art. 13.

17. — Du reste les dépôts des chiffonniers en gros ou en détail sont, eu égard à l'odeur infecte qu'ils répandent, classés parmi les établissemens insalubres. — V. ÉTABLISSEMENS INSALUBRES (nomenclature).

18. — En ce qui concerne les chiffonniers ambulans ou au crochet, les officiers de police doivent veiller, dans l'intérêt de la salubrité, à ce qu'ils ne conservent pas chez eux les produits de leurs recherches.

CHIFFRES.

1. — Caractères dont on se sert pour marquer les nombres.

2. — Les chiffres, soit arabes, soit romains, sont, comme les lettres, des caractères de convention auxquels est attachée une signification qui leur est propre. Il est donc permis d'en faire usage toutes les fois qu'une loi ne le défend pas. — Toullier, t. 5, n° 366.

3. — En général, la loi défend de faire usage des chiffres, lorsqu'en raison de l'importance d'un acte, elle veut qu'une somme ou une date offre le caractère d'une plus grande certitude, ou donne moins de prise à l'altération.

4. — Ainsi, dans les actes de l'état civil, aucune date ne peut être mise en chiffres. — C. civ, art. 42. — V. ACTES DE L'ÉTAT CIVIL, n° 112.

5. — Ainsi encore, dans les actes notariés, les sommes et les dates doivent être énoncées en toutes lettres et non en chiffres. — L. 25 vent. an XI, art. 13. — Cependant, il y a quelques exceptions. — V. ACTE NOTARIÉ, nos 281 et suiv.

6. — L'art. 1326, C. civ., exigeant dans certains cas l'approbation en toutes lettres du billet ou de la promesse non écrite par le signataire, le bon ou approuvé en chiffres ne suffirait pas. — *Cass.*, 26 mai 1823, Griffon da la Baune c. Magnier. — V. APPROBATION DE SOMME, nos 144 et suiv.

7. — Dans tous les autres cas où la loi ne prohibe point l'usage des chiffres, on peut les employer, quelque inconvénient qu'il puisse en résulter.

8. — Ainsi, dans les actes sous seing-privé, les sommes n'ont pas besoin d'être mises en toutes lettres, quoique cela soit infiniment utile. — Duranton, t. 13, n° 159. — V. ACTE SOUS SEING-PRIVÉ, n° 41.

9. — De même, dans un testament olographe, la date du jour et de l'année peut être énoncée en chiffres. — *Nîmes*, 20 (et non 30) janv. 1810, Picat. — Pothier, *Testam.*, chap. 1er, art. 2, § 2 ; Toullier, t. 5, n° 366 ; Favard, *Rép.*, v° *Testament*, section 1re, § 2, nos 7 et 8 ; Merlin, *Rép.*, v° *Testament*, sect. 2e, § 1er.

10. — Par la même raison, il n'y a plus lieu d'observer aujourd'hui la disposition de la Novelle 107, chap. 1er, qui défendait expressément l'usage des chiffres pour indiquer dans un testament les parts qui devaient revenir aux institués.

11. — Dans les lettres de change, la somme à payer peut n'être écrite qu'en chiffres. — Pothier, *Contr. de ch.*, n° 35 ; Merlin, *Rép.*, v° *Lettre et billet de change*, § 4, n° 6. — V. LETTRE DE CHANGE.

12. — Toutefois, quand une somme ou une date sont, dans un même acte, énoncées tout à la fois en toutes lettres et en chiffres, on doit ajouter foi de préférence à celle qui est écrite en toutes-lettres, comme offrant plus de garantie.

13. — Ainsi, la date de la signification d'un jugement, écrite en toutes lettres sur la copie produite, doit faire foi de préférence à celle qui n'est énoncée qu'en chiffres, alors surtout que ces chiffres sont surchargés. — *Cass.*, 14 juill. 1832, Tréfouel.

14. — On appelle aussi *chiffres* la manière secrète d'écrire par le moyen de certains mots ou caractères dont on est convenu avec ceux à qui l'on écrit. — *Dict. de l'acad. franç.*

15. — C'est ainsi que les agens diplomatiques correspondent d'ordinaire avec leur gouvernement. — V. AGENT DIPLOMATIQUE, n° 82.

16. — Lorsque ce qui est écrit en chiffres a une signification certaine ou dont les parties conviennent, il faut le regarder comme écriture privée, et qui peut faire preuve par écrit, suivant les circonstances. — Rolland de Villargues, *Rép. du not.*, v° *Chiffres*, n° 14.

V. aussi ABRÉVIATION, CERTIFICAT DE VIE, ENREGISTREMENT, GREFFE (droits de).

CHINEUR.

Les chineurs sont rangés par loi du 25 avr. 1844, sur les patentes, dans la septième classe des patentables, et imposés à : 1° un droit fixe basé sur le chiffre de la population de la ville ou commune où est situé l'établissement ; — 2° un droit proportionnel du quarantième de la valeur locative de tous les locaux occupés par les patentables, mais seulement dans les communes d'une population de 20,000 ames et au-dessus. — V. PATENTE.

CHIOURMES.

1. — Ce sont des gardiens établis dans les bagnes pour la surveillance des forçats.

2. — La loi emploie aussi l'expression *chiourmes* pour désigner l'ensemble de la population des bagnes, composée tant des condamnés que de ceux qui les surveillent. — C'est ainsi qu'elle dit *police des chiourmes, justice des chiourmes.*

3. — Un réglement du 16 juin 1820 a donné une nouvelle organisation aux gardes chiourmes.

4. — Les compagnies des gardes chiourmes sont comprises dans le département du ministre de la marine et se divisent en deux sections, dites les *entretenues* et les *non entretenues*. — V. Budget de la marine de 1840 (chap. 13).

5. — La police des chiourmes est toujours soumise à l'ordonnance de 1686, au réglement de 1749, aux lois des 7 sept. 1790, 12 oct. 1791, 2 brum. an IV, et au décret du 12 nov. 1806. — *Cass.*, 9 déc. 1842 (t. 2 1843, p. 345), Puteaux. — V. BAGNE, TRIBUNAUX MARITIMES.

6. — D'après l'art. 66, décr. 12 nov. 1806, les infractions aux ordonnances et réglemens concernant la police des chiourmes et bagnes, et tous les délits y relatifs, sont portés devant les tribunaux maritimes spéciaux. — V. TRIBUNAUX MARITIMES.

7. — Les jugemens rendus par ces tribunaux ne peuvent, en aucun cas, être soumis au recours en cassation. — Art. 68, § 2.

8. — La compétence des tribunaux spéciaux dont il vient d'être question s'étend, suivant l'art. 70, aux délits commis par les gardes chiourmes comme à ceux commis par les forçats. — V. BAGNE, COUR MARTIALE MARITIME, FORÇAT, TRIBUNAUX MARITIMES.

CHIROGRAPHAIRE (Créance ou créancier).

1. — Créance qui n'est pas hypothécaire.

2. — La signification de ce mot était, avant la loi du 11 brum. an VII, en harmonie avec son étymologie (χειρ main, γραφειν écrire.) En effet, une hypothèque tacite était sous l'ancien droit français attachée à tous les actes notariés. Ainsi, les créances constatées par des actes, autres que ceux écrits de la propre main du débiteur, étaient hypothécaires et par suite les créances constatées par des cédules écrites de la main du débiteur, étaient les seules qui ne fussent pas hypothécaires.

3. — Mais depuis le Code civil, d'après lequel l'hypothèque conventionnelle doit être consentie par acte notarié, on doit considérer comme chirographaires des créances dont les titres ne sont pas exclusivement écrits de la main du débiteur et par exemple les créances constatées par actes

notariés dans lesquels il n'y a pas eu stipulation d'hypothèque.

4. — Les créanciers chirographaires qui n'ont à se prévaloir d'aucune cause de préférence sont, en cas d'insuffisance des biens des débiteurs payés au marc le franc de leurs créances. — V. FAILLITE.

CHIRURGIE. — CHIRURGIEN.

1. — On appelle *chirurgie* la partie de la thérapeutique qui consiste dans l'opération de la main, comme l'indique son nom composé de deux mots grecs, χειρ (main), εργον (ouvrage, opération). Le *chirurgien* est celui qui pratique la chirurgie.

2. — « La chirurgie, dit M. Richerand (*Dict. des sciences médicales*, v° *Chirurgie*), ne forme pas une science distincte de la médecine, qui ait un domaine à part et puisse en être séparée. La chirurgie n'est qu'un moyen de la médecine auquel on a recours dans l'insuffisance bien reconnue des moyens diététiques et pharmaceutiques. Hippocrate a indiqué le véritable objet de la chirurgie et reconnu sa puissance dans cet aphorisme : *Quæ medicamenta non sanant, ferrum sanat, et quæ ignis non sanat, insanabilia*. — Aphor. 6, sect. 8. »

3. — Chez les Grecs, les Romains et les Arabes, la chirurgie, la médecine et la pharmacie ne se divisaient pas et étaient exercées par les mêmes individus. — Et. Pasquier, *Recherches de la France*, t. 2, p. 587. — C'est ce qu'attestent, dit M. Richerand (*loc. cit.*), les ouvrages d'Hippocrate, de Galien, de Paul d'Egine, de Celse, d'Albucasis, etc. « On n'imaginait pas alors que le corps humain fût susceptible de deux espèces de maladies, et que les unes seraient le domaine de la médecine, tandis que les autres seraient l'objet d'une science séparée qu'on appellerait chirurgie. »

4. — De même anciennement en France on faisait marcher d'un même pas et l'on comprenait dans les mêmes prescriptions les médecins, chirurgiens et apothicaires.

5. — Cette confusion continua d'exister jusqu'au douzième siècle, époque à laquelle l'Université admit dans son sein la Faculté de médecine. « L'Université estima, dit Etienne Pasquier, *qu'il fallait reconnaître la médecine en sa pure naïveté et lui ôter la manufacture du rasoir, pilon et mortier, et dès-lors furent formés trois états distincts de médecin, chirurgien et apothicaire*. Et c'est alors que les médecins prirent le titre de *physiciens*, pour ne pas être confondus avec les empiriques connus sous le nom de médecins et chirurgiens.

6. — Quant à la chirurgie, elle fut rejetée du sein des universités, par le motif que l'Eglise abhorre l'effusion du sang. En effet, le concile de Tours (1163) venait de défendre toute opération sanglante aux ecclésiastiques, qui partageaient alors avec les juifs l'exercice de la médecine dans l'Europe chrétienne.

7. — Dès-lors la chirurgie, abandonnée aux laïcs, presque tous illettrés, fut regardée comme inférieure, et marcha humblement confondue avec les professions mécaniques. Ce fut probablement à la même époque que les chirurgiens se constituèrent en confrérie sous le patronage de saint Côme et saint Damien.

8. — Cette confrérie était liée par des vœux de charité, et tous les premiers lundis de chaque mois, après la célébration du service divin, les chirurgiens pansaient gratuitement tous les pauvres blessés qui se présentaient à eux. Mais les chirurgiens ne suivaient alors aucune règle ni pour leurs études, ni pour leur admission à l'exercice de profession.

9. — C'est à saint Louis que les chirurgiens reportent l'honneur d'avoir été en France le restaurateur ou plutôt le fondateur de l'art chirurgical. En effet, c'est sous le règne de ce prince que Jean Pitard, qui l'avait accompagné à la croisade en qualité de premier chirurgien, donna à ceux qui exerçaient la chirurgie un réglement qui les astreignait à des études sous des professeurs institués au collége qui prit le nom de Saint-Côme. Et le *Dictionnaire des sciences médicales* (article de M. Fournier, v° *Chirurgien*) ajoute que saint Louis exigea de la reconnaissance des chirurgiens, auxquels il venait de donner une existence dans l'état, qu'ils traitassent dans les *charniers* qu'il venait d'établir à Paris les malades désespérés ou incurables qui s'y réfugieraient.

10. — Quoi qu'il en soit de cette origine historique, que quelques uns ont contestée, il est certain que l'institution du collége de chirurgie est bien antérieure à Philippe-le-Bel, puisqu'un édit de ce roi, rendu au mois de novembre 1311, expose les abus qui régnaient dans le collége de chirurgie, et établit des règles pour les détruire : « *Edicto præsenti statuimus ut, in villà et vicecomitatù parisiensi, nullus chirurgicus, nullave chirurgica artem chirurgiæ seu opus, quomodolibet exercere præsumat, seu se immiscere eidem publicè vel occultè in quâcumque juridictione seu terrâ .... nisi per magistros chirurgicos juratos..... examinati fuerint diligenter et approbati in ipsâ arte.* » — Ord. du Louvre, t. 1er, p. 492.

11. — Le collége de la chirurgie se composait des deux chirurgiens jurés du roi au Châtelet de Paris, qui étaient les deux chefs de la compagnie, d'un prevôt qu'on nommait biennial, et d'un certain nombre de maîtres jurés.

12. — Pour être reçu à la maîtrise et licence de la chirurgie, il fallait subir l'examen et interrogatoire des maîtres jurés, et après avoir été trouvé et déclaré capable on prêtait serment dans les mains du prevôt de Paris ou de ses lieutenans civils et criminels. — Edits 1311, avr. 1352, et 19 oct. 1364.

13. — C'est dans l'obscurité de ces premiers temps, et sans doute dès l'époque de la séparation des deux professions que naquirent entre la médecine et la chirurgie ces querelles vives et sans cesse renaissantes, qui devaient traverser des siècles et ne finir qu'à leur réunion définitive.

14. — Les médecins soutenaient que les chirurgiens ne pouvaient rien opérer sans leur ordonnance; les chirurgiens prétendaient au contraire que non seulement ils avaient le droit d'opérer par eux-mêmes, mais qu'ils pouvaient, selon la nécessité, ordonner à leurs patiens apozèmes, potions, saignées, comme remèdes accessoires à leur profession. L'amour-propre envenimait encore ces querelles : du haut de leur position universitaire, les médecins affichaient envers le corps de la chirurgie des prétentions dédaigneuses; les chirurgiens déclaraient au contraire que leur art seul était utile et vrai, et que la science *tâtonnante et occulte* des médecins était presque toujours imaginaire.

15. — Quoi qu'il en soit, il est certain que les chirurgiens demeuraient vis-à-vis des médecins dans un état de subordination que constate l'ordonnance de Blois (de 1579), lorsque, dans son art. 87, elle défend de recevoir des chirurgiens dans les villes où il y a université *qu'ils n'aient été approuvés par les docteurs régens en médecine*.

16. — Enfin une cause plus irritante vint encore augmenter ces élémens de division; les barbiers (ou fraters) qui depuis long-temps pratiquaient la saignée, s'immiscèrent insensiblement dans toutes les opérations de la chirurgie.

17. — Cette prétention, appuyée par les médecins, qui confondaient à dessein tous les chirurgiens avec les *fraters*, donna lieu à des discussions qui durèrent plus de trois siècles, et fut enfin couronnée de succès par lettres-patentes du roi au mois d'août 1613, portant que les deux compagnies de chirurgiens et barbiers sont incorporées ensemble pour jouir concurremment des droits, libertés et franchises appartenant aux uns et aux autres, sans qu'à l'avenir ils puissent se séparer.

18. — Du reste, dès avant cette décision, les barbiers prenaient partout en France le titre de chirurgiens, et plusieurs édits royaux avaient même confondu ces deux titres. Des lettres-patentes de 1611 allaient même jusqu'à conférer au premier barbier du roi une autorité générale sur tout le corps des chirurgiens : « Voulant que notre premier barbier et valet de chambre et ses successeurs soient maîtres et gardes de l'état de maître barbier chirurgien par toutes les villes, bourgs, bourgades, villages et autres endroits de notre royaume, nous lui donnons plein pouvoir de mettre et ordonner en chacune des villes et autres endroits un lieutenant ou commis auquel les barbiers-chirurgiens seront tenus d'obéir comme à notre premier barbier. »

19. — Cette assimilation entre les chirurgiens et les barbiers ne passa pas sans contestation; loin de là, les chirurgiens de Saint-Côme la repoussèrent énergiquement et obtinrent, mais long-temps après (V. *infrà* n° 23) l'annulation des lettres-patentes qui l'avaient consacrée.

20. — On lit dans Denisart (v° *Chirurgien*, n° 16) que dans ces temps d'incertitude pour l'art de la chirurgie, cet art était pratiqué quelquefois par des femmes, et que, par arrêt du parlement de Bretagne rendu le 3 mai 1732 (V. *Journal de ce parlement*, t. 1er, ch. 95), une femme qui avait le talent de remettre les membres disloqués, etc., fut maintenue dans l'exercice de ce talent, dont elle faisait un usage gratuit. — V. aussi arr. 1er août 1714 (*Journ. des aud.*, t. 6, liv. 4, ch. 35; *parlem. de Flandres*, 13 nov. 1698, rapporté par Desjaunaux, t. 2, n° 235.) — Mais par arrêt du 19 avr. 1755, le parlement ordonna qu'à l'avenir les femmes et filles ne pourraient être agrégées dans l'état d'herniaire et dentiste ni dans aucune autre partie de la chirurgie, sous quelque prétexte que ce soit, excepté en ce qui concerne les accouchemens.

21. — Cependant, dans le cours du dix-huitième siècle, la chirurgie fut tirée de la position inférieure dans laquelle elle était tombée. En 1731, le roi Louis XV approuva l'établissement d'une académie de chirurgie, dans laquelle furent admis les membres du collége de Saint-Côme, et dont l'ordre et la discipline furent fixés par des réglemens donnés en 1732 et 1739.

22. — Plus tard, sur la demande des chirurgiens, d'autres lettres-patentes du 2 juill. 1748 vinrent confirmer cet établissement. « Nous avons jugé à propos, portent ces lettres-patentes, de donner à l'académie royale de chirurgie des marques publiques de notre approbation, en assurant son état par des lettres-patentes revêtues du sceau de notre autorité, afin que rien ne manque du côté de la forme à une académie qui peut être si avantageuse au public. »

23. — Déjà, au surplus, par une déclaration du 23 avril 1743, rappelée dans les lettres-patentes de 1748, l'exercice de la *barberie* avait été séparé entièrement du corps des chirurgiens, « qui se trouvait, y est-il dit, avili par le mélange d'une profession si inférieure. » Et la même déclaration avait « maintenu lesdits chirurgiens de Paris dans tous les droits, honneurs et priviléges dont les chirurgiens de Saint-Côme étaient en possession avant l'union du corps des barbiers à celui desdits chirurgiens.

24. — Ensuite des lettres-patentes du 29 juill. 1748, de nombreuses communautés se formèrent dans les principales villes du royaume, à l'imitation de celle de Paris.

25. — Enfin en mai 1768 parut un édit contenant, pour l'étude de la chirurgie, les règles et conditions que celui de 1707 avait depuis long-temps mises en pratique dans les écoles de médecine, et cet édit fut suivi d'une déclaration du 12 avr. 1772 (sur les études et les exercices des élèves en chirurgie), ainsi que d'autres édits de déc. 1774 et juin 1784, également relatifs à la chirurgie.

26. — Mais cette réhabilitation de l'art chirurgical ne faisait elle-même que consacrer d'une manière plus précise encore la séparation de la médecine et de la chirurgie.

27. — Le décret du 18 août 1792 supprima les communautés de chirurgiens, comme toutes les corporations savantes, et le désordre le plus déplorable exista bientôt dans l'exercice de la chirurgie.

28. — Enfin la loi du 19 vent. an XI vint faire cesser cette anarchie, et réunit pour jamais deux professions qui ne peuvent marcher divisées et qui puisent leurs principes aux mêmes sources.

29. — En réalité, il n'existe aucune différence aujourd'hui entre les médecins et les chirurgiens, et le titre de docteur en médecine est celui généralement pris même par ceux qui se livrent plus spécialement aux opérations chirurgicales.

30. — Les règles relatives à l'étude et à l'exercice actuels de la chirurgie sont traitées sous le mot MÉDECINE ET CHIRURGIE. — V. ce mot. — V. aussi DENTISTE, OFFICIERS DE SANTÉ, SAGE-FEMME.

31. — Toutes les règles de droit civil ou criminel qui peuvent être applicables aux médecins s'appliquent également aux chirurgiens.

V. à cet égard ACTES DE L'ÉTAT CIVIL, AVORTEMENT, CABINET D'ANATOMIE, DISPOSITION ENTRE-VIFS, DIVULGATION DE SECRETS, MÉDECINE ET CHIRURGIE, PRESCRIPTION, PRIVILÉGE, RESPONSABILITÉ.

32. — Les chirurgiens, comme les médecins, ont été exemptés de la patente par la loi du 25 avr. 1844, art. 13, n° 3.

CHIRURGIEN MILITAIRE.

V. OFFICIER DE SANTÉ MILITAIRE.

CHIRURGIEN DE NAVIRE DU COMMERCE.

1. — Les armateurs et capitaines de tout navire expédié, soit pour des voyages de long cours, soit pour la pêche de la baleine et autres poissons à lard, sont tenus d'embarquer un chirurgien lorsque l'équipage du navire est de vingt hommes et au-dessus, non compris les mousses. — Ord. 4 août 1819, art. 1er. — Pour les pêches de la morue, il faut que l'équipage soit de quarante hommes et au-dessus, non compris les mousses. — Art. 2.

2. — Les armateurs de bâtimens expédiés au long cours ne sont assujétis à embarquer deux chirurgiens que si l'équipage est de quatre-vingt-dix hommes, non compris les mousses. — Cette obligation n'a pas lieu relativement aux navires destinés pour la pêche de la morue. — Art. 3.

3. — Nul ne peut être embarqué en qualité de chirurgien sur un navire de commerce, s'il n'a été

reçu officier de santé, conformément à la loi du 19 vent. an XI, relative à l'exercice de la médecine, ou s'il n'a été employé comme officier de santé de seconde classe, soit sur les vaisseaux ou dans les hôpitaux de la marine royale, soit à la suite des troupes de terre ou dans les hôpitaux militaires; ou enfin si, antérieurement à la présente ordonnance, il n'a fait deux voyages de long cours en qualité de chirurgien sur un navire de commerce, et s'il n'est muni de certificats satisfaisans, délivrés soit par les armateurs, soit par les capitaines des âtimens sur lesquels il aura servi. — Art. 4.

4. — Dans chaque port, une commission composée d'un médecin, un chirurgien et un pharmacien est chargée d'examiner et de vérifier les titres des chirurgiens qui se présentent pour être employés sur des navires de commerce. — Ces membres de la commission reçoivent des lettres de nomination du ministre, sur la désignation collective de l'administrateur en chef de la marine et du président du tribunal de commerce. — Dans les ports de commerce où un officier de santé de la marine déjà commissionné est employé pour ledit service, il est un des trois membres de la commission d'examen, sans qu'il soit besoin de nomination. — Art. 5.

5. — Les officiers de santé qui se présentent à la commission d'examen doivent produire les titres constatant leur réception ainsi que leurs services antérieurs et un certificat de bonne conduite délivré soit par les professeurs, docteurs, officiers de santé en chef sous les ordres de qui ils auront servi, soit par l'administration municipale de leur domicile, soit enfin par les capitaines des navires à bord desquels ils auront été employés. — Art. 6.

6. — Lorsque la commission d'examen a reconnu la validité des titres et certificats qui lui ont été produits, elle en délivre une attestation à l'officier de santé; et sur le vu de cette attestation, qui doit rester déposée au bureau du commissaire de marine chargé de l'inscription maritime, ce commissaire remet à l'officier de santé un permis d'embarquement en qualité de chirurgien des navires du commerce. — Art. 7.

7. — L'examen des titres des officiers de santé qui se présentent pour être embarqués en qualité de chirurgien de navires du commerce, est gratuit. — Art. 8.

8. — Les armateurs des navires sur lesquels un chirurgien doit être embarqué sont tenus de lui fournir un coffre de médicamens. — De plus, chaque chirurgien doit, indépendamment de sa trousse, être pourvu, avant son embarquement, d'une caisse d'instrumens de chirurgie. — Art. 9. — V. COFFRE DE MÉDICAMENS.

9. — Quand deux chirurgiens doivent être embarqués sur un navire de commerce, celui qui doit être employé en chef, est tenu de prouver qu'il a fait au moins un voyage de mer en qualité d'officier de santé. — Art. 14.

10. — Tout chirurgien embarqué à bord d'un navire de commerce doit : 1° tenir exactement un journal sur lequel il décrit les maladies qu'il a traitées pendant le cours du voyage, les remèdes qu'il a administrés, et ce, à peine de ne pouvoir servir en ladite qualité; ce journal est visé par le capitaine; — 2° tirer du capitaine un certificat de la conduite qu'il a tenue pendant le voyage. — Le journal et le certificat sont remis par lui au commissaire chargé de l'inscription maritime dans le port où le navire fait son retour. Après le visa, et sur la réquisition de ce commissaire, la commission établie par l'art. 5 examine le journal et certifie son examen en exprimant son opinion. Ce certificat est délivré en double expédition, dont l'une reste déposée au bureau de l'inscription maritime, et l'autre est remise au chirurgien, après visa du commissaire. — Art. 15.

11. — Il est expressément défendu à tout chirurgien des navires du commerce de rien exiger ni recevoir d'aucun des individus malades ou blessés qui sont employés tant à la manœuvre qu'au service du bâtiment. — Art. 16. — Mais il peut demander aux passagers et recevoir d'eux. — Goujet et Merger, *Dict. du dr. comm.*, v° *Gens d'équipage*, n° 22.

12. — Tous billets ou promesses que le chirurgien produirait contre des hommes de l'équipage qui auraient été malades, bien que causés pour prêt ou pour vente de marchandises doivent, suivant Valin, être réputés nuls, d'autant plus qu'il n'est pas permis de prêter ou vendre aux matelots sans permission du capitaine ou du commissaire. — Goujet et Merger, *ibid.*, n° 23.

13. — Cette raison, dit Beaussant (n° 251), ne vaut pas pour les officiers. — En outre, la fraude ne se présume pas, et ceux qui l'articulent doivent la prouver. Le chirurgien convaincu de contravention à la disposition précédente est puni de la perte ou privation de ses appointemens. — Ord. 1681, tit. *Du chirurgien*, art. 8; Goujet et Merger, *ibid.*, n° 24.

14. — Aucun capitaine ne peut, pendant la durée du voyage, congédier ni débarquer le chirurgien du navire, si ce n'est pour une cause valable et par suite d'une autorisation expresse des commissaires de l'inscription maritime dans les ports du royaume et des colonies, ou du consul en pays étranger; ces cause et autorisation sont certifiées et mentionnées ensuite sur le rôle d'équipage. — Ord. 4 août 1819, art. 17.

15. — Les chirurgiens des navires de commerce ne peuvent, sauf le cas prévu par l'art. 17, quitter les bâtimens sur lesquels ils ont été embarqués en cette qualité, à moins que le voyage entrepris n'ait été terminé; et ce, sous telles peines que de droit. — Art. 18.

16. — Tout chirurgien qui a navigué sur un navire du commerce et qui se présente de nouveau pour être employé en cette qualité, doit exhiber l'attestation de la commission qui a examiné son journal et le certificat du capitaine du bâtiment sur lequel il a été embarqué. — Art. 19.

17. — Les armateurs ou capitaines des navires du commerce employés aux grandes pêches, ne peuvent exiger que les chirurgiens embarqués remplissent, pendant la durée du voyage, d'autres fonctions que celle de leur profession. — Art. 20. — Ainsi ils ne sauraient être contraints à trancher de la morue sur le banc de Terre-Neuve, ou à découper les éléphans de mer. — Beaussant, *C. marit.*, n° 250.

18. — Les commissaires de la marine chargés de l'inscription maritime tiennent une matricule spéciale des chirurgiens embarqués sur les navires du commerce; ils y mentionnent les certificats que ces chirurgiens ont produits aux commissions d'examen, les attestations qu'ils ont reçues desdites commissions, les permissions d'embarquer qui leur ont été délivrées, les avis donnés par les commissions d'examen sur les journaux remis par les chirurgiens lors du désarmement des navires, et les certificats de conduite expédiés par les capitaines des navires à bord desquels ils ont été employés. — Ord. 4 août 1819, art. 21.

CHLORE, CHLORURE.

1. — Les établissemens destinés à la fabrication du chlore sont rangés dans la deuxième classe des établissemens insalubres.

2. — Ceux destinés à la fabrication en grand du chlorure alcalin ou eau de javelle et du chlorure de chaux sont rangés dans la première classe.

3. — Quant à ceux où on ne fabrique le chlorure de chaux qu'en petite quantité et où on emploie dans les établissemens mêmes le chlorure alcalin qui y est préparé, ils ne sont rangés que dans la deuxième classe.

V. ÉTABLISSEMENS INSALUBRES (Nomenclature).

CHOCOLAT.

1. — Les marchands de chocolat en gros sont rangés par la loi du 25 avr. 1844, sur les patentes, dans la troisième classe de patentables, et imposés à : 1° un droit fixe établi d'après le chiffre de la population de la ville ou commune où est situé l'établissement; — 2° un droit proportionnel du vingtième de la valeur locative de la maison d'habitation et des locaux servant à l'exercice de la profession.

2. — Les marchands en détail sont rangés dans la cinquième classe de patentables et imposés aux mêmes droits, sauf la différence de classe.

V. PATENTE.

CHOIX.

1. — Préférence soit d'une personne, soit d'une chose à une ou plusieurs autres personnes ou choses.

2. — C'est ainsi que le testateur fait choix de celui qui doit recueillir sa succession; c'est ce qu'on appelle *choix d'un héritier*. — Quelquefois ce choix est fait par contrat de mariage, ou bien le père qui marie un de ses enfans se réserve la liberté de choisir pour héritier celui de ses enfans qu'il jugera à propos.

3. — Autrefois, et principalement dans les pays de droit écrit, le testateur déférait par son testament le choix de son héritier à une autre personne, soit en lui indiquant plusieurs personnes entre lesquelles elle pouvait choisir, soit en lui laissant la liberté entière de choisir qui bon lui semblerait, et le plus souvent encore cet héritier était chargé de se choisir un substitué pour recueillir la disposition après sa mort. La faculté de faire ce choix s'appelait *pouvoir ou droit d'élire*. — Merlin, *Rép.*, v° *Choix*, § 1er. — Ce droit d'élire a été aboli par la loi du 17 niv. an II.

4. — Le dernier mourant des père et mère a le droit individuel de choisir un tuteur pour ses enfans mineurs; mais la mère remariée ne conserve ce droit qu'autant qu'elle a été maintenue dans la tutelle. — C. civ., art. 397 et 399.

5. — Le choix du capitaine d'un navire appartient aux propriétaires de ce navire. — V. CAPITAINE DE NAVIRE, n° 25. — D'un autre côté, il appartient au capitaine de navire de choisir et louer les matelots et autres gens de l'équipage. — C. comm., art. 223.

6. — Le plus souvent le mot *choix* indique la préférence entre deux ou plusieurs choses déterminées; alors il est synonyme d'*option*.

7. — Dans les obligations alternatives, le choix appartient au débiteur, lorsqu'il n'a pas été expressément accordé au créancier. — C. civ., art. 1190. — V. OBLIGATION ALTERNATIVE.

8. — Il en est de même en matière de délivrance de legs, l'héritier devant être alors considéré comme débiteur. Ainsi, quand un testateur propriétaire de deux objets en a légué un sans le distinguer de l'autre, et sans que rien n'indique lequel des deux il a eu l'intention de léguer, l'héritier peut délivrer au légataire celui des deux objets qu'il juge à propos. — Merlin, *Rép.*, v° *Choix*, § 2, n° 2. — V. LEGS.

9. — Toutefois, la liberté du choix ne serait pas absolue pour l'héritier. Il ne pourrait ni donner la plus mauvaise chose ni être obligé de délivrer la meilleure. — Arg. C. civ., art. 1202; — Merlin, *ibid.*

10. — Si le testateur a donné au légataire le droit de choisir entre plusieurs choses, il peut choisir la meilleure de ces choses. — Merlin, *ibid.*

11. — La disposition par laquelle un testateur permet au légataire *de faire choix de ce qui peut lui faire plaisir dans son mobilier*, ne donne pas le droit à ce légataire d'exercer son choix sur toutes les choses que la loi répute *meubles*, et d'en prélever tel nombre qu'il lui plaît. Cette disposition doit être restreinte à la faculté de choisir un seul objet. — *Bruxelles*, 15 juin 1815, Pifry c. bureau de bienfaisance de Tournai.

12. — La condition résolutoire étant sous-entendue dans les contrats synallagmatiques, la partie envers laquelle l'engagement n'a point été exécuté a le choix ou de forcer l'autre à l'exécution de la convention, ou d'en demander la résolution avec dommages-intérêts. — C. civ., art. 1184. — V. CONDITION RÉSOLUTOIRE.

13. — Dans les obligations solidaires entre plusieurs créanciers, il est au choix du débiteur de payer à l'un ou l'autre des créanciers, tant qu'il n'a pas été prévenu par les poursuites de l'un d'eux. — C. civ., art. 1198. — V. OBLIGATION SOLIDAIRE.

14. — Dans les obligations solidaires entre plusieurs débiteurs, le créancier peut s'adresser à celui des débiteurs qu'il veut choisir, sans que celui-ci puisse lui opposer le bénéfice de division. — C. civ., art. 1203. — V. OBLIGATION SOLIDAIRE.

15. — Dans le cas où le mari devient seul et en son nom personnel acquéreur de portion ou de totalité d'un immeuble appartenant par indivis à la femme, celle-ci, lors de la dissolution de la communauté, a le choix ou d'abandonner l'effet à la communauté, moyennant récompense, ou de retirer l'immeuble en remboursant le prix. — C. civ., art. 1408. — V. COMMUNAUTÉ.

16. — Lorsque, dans un contrat de mariage, on stipule un préciput au profit du survivant des époux, on lui donne ordinairement le choix entre une certaine somme ou une certaine quantité d'effets mobiliers en nature. — C. civ., art. 1515. — V. PRÉCIPUT CONVENTIONNEL.

17. — Lorsque la faculté de choisir n'est pas bornée à un certain temps, et que celui à qui elle appartient n'a pas été mis en demeure d'en faire usage, elle dure trente ans. — Rolland de Villargues, *Rép. du notar.*, v° *Choix*, n° 4.

18. — Le droit de choisir passe aux héritiers de celui à qui il a été accordé. — Toullier, t. 6, n° 691.

19. — Celui qui a droit de choisir peut être assigné pour voir dire qu'il sera tenu de faire choix dans tel temps, sinon qu'il sera déchu de l'option; et il doit lui être donné un délai fatal par le jugement rendu sur l'assignation. — Rolland de Villargues, n° 6.

20. — L'effet du choix est de déterminer l'obligation à la chose choisie et préférée. D'alternative qu'elle était, l'obligation devient déterminée. — Toullier, t. 6, n° 692. — V. OBLIGATION ALTERNATIVE.

21. — Le choix emporte l'aliénation d'un droit ou d'une faculté; ainsi celui qui exerce son choix

et le porte sur une chose, renonce aux droits qu'il avait sur les autres choses. De même l'habile à succéder, qui a trois partis à prendre, renoncer, accepter purement ou sous bénéfice d'inventaire, se prive, en acceptant purement, des deux autres facultés. Celui qui choisit une chose se dépouille d'un droit par son choix. De là vient que, pour faire un choix valable, il faut avoir la capacité d'aliéner. — Nouveau Denisart, v° *Choix*; Rolland de Villargues, *ibid.*, n° 7.

22. — Ainsi, un mineur, un légataire, qui, ayant le choix entre deux immeubles, aura choisi celui qui était de moindre valeur, pourra se faire restituer contre un pareil choix. — Denisart et Rolland de Villargues, *ibid.*

23. — Mais celui qui a usé de son choix avec la capacité de le faire, ne peut plus varier. On décide même que le créancier qui avait la faculté de demander l'exécution ou la résolution aux termes de l'art. 1184, C. civ., ne peut plus revenir sur la résolution, lorsqu'il l'a préférée et demandée en justice. — Hertius, *De electione ex conditione alternativâ*; Vinnius, *Instit.*, *De leg.*, § 24, n° 4; — Nouveau Denisart, *ibid.*

CHOMAGE.

1. — On donne ce nom soit à la suspension du travail des moulins, ateliers ou usines, soit à l'interruption de la navigation sur les canaux ou du flottage sur certains cours d'eau, quand cette cessation ou interruption ont lieu contre le gré des usiniers ou autres intéressés.

2. — Quelquefois encore on appelle ainsi l'indemnité à laquelle a droit l'usinier pour le temps pendant lequel l'activité de son usine a cessé. — Magnitot, *Dict. de dr. admin.*, v° *Usine*, § 12.

3. — Le chômage est périodique ou accidentel.

4. — Le chômage périodique a lieu lorsque des cours d'eau flottables servent en même temps à alimenter des usines; on a réglé le temps pendant lequel, pour ne pas empêcher entièrement soit le roulement des usines, soit le flottage des bois, l'un ou l'autre seront alternativement suspendus, c'est ce qui arrive notamment sur les rivières qui se jettent dans la haute Seine; où le flottage ne doit avoir lieu durant la saison qu'une ou deux fois la semaine, ou même ne dure que quelques heures. — Les ord. de 1574, 1669, tit. 27, art. 45, et 1672, ch. 17, art. 13, avaient fixé à 40 sous par jour le taux de l'indemnité due à chaque usinier ou propriétaire; mais ce taux, élevé à 2 fr. 25 c. par le décret du 25 janv. 1807 (art. 40), a été définitivement porté à 4 fr. par la loi du 21 juill. 1824. — V. COURS D'EAU, FLOTTAGE.

5. — Il y a chômage accidentel lorsque des travaux publics ou même privés amènent l'interruption pendant un certain temps du travail des usines, ou quand des circonstances imprévues arrêtent momentanément le service d'un canal.

6. — Le chômage occasionné par des travaux publics est décrété par arrêté du préfet, et alors le préjudice qui en résulte pour les usiniers est fixé par le conseil de préfecture, à moins que ce préjudice, étant perpétuel, n'affecte la propriété elle-même et ne constitue une véritable expropriation; dans ce cas, c'est aux tribunaux ordinaires qu'il faut recourir.

7. — Si le chômage est produit par les travaux qu'un particulier fait pour l'entretien ou la réparation de sa propre chose, l'indemnité qui peut être due ne peut soulever que des questions d'intérêt purement privé de la compétence exclusive des tribunaux ordinaires.

8. — En aucun cas, un préfet ne pourrait ordonner le chômage d'un moulin comme peine administrative. — Magnitot et Delamarre, *loc. cit.* — V. au surplus TRAVAUX PUBLICS, USINES.

9. — Les canaux sont mis en chômage par arrêté du préfet lorsqu'ils ont besoin de réparations; elles ont lieu, autant que possible, périodiquement, et principalement dans la saison des eaux basses, parce qu'à cette époque, la navigation étant naturellement interrompue sur la plupart des fleuves et rivières avec lesquels les canaux sont en communication, le chômage des canaux est moins préjudiciable. — Magnitot et Delamarre, v° *Canaux*, sect. 1re, § 11.

10. — L'arrêté du préfet doit faire connaître l'époque du travail et sa durée présumée, afin que la commune puisse prendre des mesures. — Magnitot et Delamarre, *loc. cit.*

11. — Aux termes du décret du 15 oct. 1810, art. 13, l'autorisation accordée aux établissemens insalubres cesse d'être efficace, et les propriétaires doivent en obtenir une nouvelle, quand ces établissemens ont chômé pendant six mois. — V. ÉTABLISSEMENS INSALUBRES.

12. — Lorsque le chômage d'un moteur hydraulique ou des réparations urgentes faites aux machines ont empêché une partie du travail de la journée dans une manufacture, les enfans au-dessus de treize ans peuvent être employés au travail de nuit. — L. 22 mars 1841, art. 2 et 3. — V. TRAVAIL DES ENFANS DANS LES MANUFACTURES.

CHOSES.

1. — Le mot *chose*, dans le langage du droit, comprend tout ce qui est dans la nature et de quelque utilité pour les hommes, qu'ils en aient ou non la possession et la propriété. — Duranton, t. 4, n° 3. — V. aussi Ortolan, *Explic. hist. des instit.*, *Généralisation du Dr. rom.*, p. 6.

2. — Les choses forment un des objets des droits. On oppose, en droit, le mot *choses* au mot *personnes*, le premier indiquant l'objet des droits, de même que le second exprime le sujet actif ou passif des droits.

3. — On peut diviser les choses : 1° *Par rapport à leur génération* : — Elles sont, ou de création naturelle, ce sont les choses *corporelles*; ou de création juridique, ce sont les choses *incorporelles*. Les Romains définissent les premières : celles *quæ tangi possunt*, c'est-à-dire celles qui affectent nos sens extérieurs; et les secondes celles *quæ in jure consistunt*. (*Inst.*, lib. 2, tit. 2.) — V. ASSURANCES TERRESTRES, n° 25; BIENS CORPORELS ET INCORPORELS.

4. — 2° *Par rapport à leur nature* : — Elles sont ou *meubles*, — soit qu'il s'agisse d'êtres animés ou d'objets inanimés; — ou *immeubles*, *res soli*. — V. le mot BIENS.

5. — Les choses sont *divisibles*, c'est-à-dire susceptibles d'être partagées en fractions matérielles ou purement intellectuelles; ou *indivisibles*, n'admettant en droit aucun fractionnement.

6. — Sous un autre rapport elles sont ou *principales* ou *accessoires*.

7. — Elles sont enfin *fongibles* ou *non fongibles*. — V. CHOSES FONGIBLES.

8. — 3° *Par rapport à leur composition* : — Les choses sont *individuelles*, c'est-à-dire consistant en un être unique; ou *universalités*, c'est-à-dire embrassant, dans leur ensemble, une agrégation d'objets matériels, tels que les animaux composant un troupeau, ou une agrégation de choses incorporelles, telles que les droits actifs ou passifs qui entrent dans une hérédité.

9. — 4° *Par rapport au propriétaire* : — Elles sont ou ne sont pas dans la propriété de l'homme : dans le premier cas, elles prennent plus particulièrement le nom de *biens*. C'est sous le mot BIENS que l'on trouvera les biens traités dans leur rapport avec ceux qui les possèdent, et la distinction des choses considérées comme biens.

10. — Les Romains admettaient, en outre, par rapport à la religion et à la cité, diverses distinctions qui n'ont plus d'application. — V. les mots CHOSES DE DROIT DIVIN, CHOSES MANCIPI. — Ils distinguaient aussi les choses en choses qui n'appartiennent à personne (*res nullius*), en choses communes, dont l'usage appartient à tous les hommes indistinctement, en choses *universitatis* dont l'usage appartient seulement aux habitans d'une cité.

11. — Les choses rentrent dans le domaine public ou dans le domaine privé. Les choses du domaine public sont les choses consacrées à un service public perpétuel, telles que les routes, les rues, les canaux, les promenades, les églises, les places de guerre, etc. — Les choses du domaine privé sont celles qui sont susceptibles d'être la propriété des particuliers. — V. BIENS.

CHOSES ABANDONNÉES.

V. ABANDON DE PROPRIÉTÉ, POSSESSION, PROPRIÉTÉ.

CHOSE D'AUTRUI.

V. BAIL, LEGS, VENTE, VOL.

CHOSE CERTAINE.

1. — C'est celle dont l'énoncé précise la nature et la quantité.

2. — Ainsi dix pièces d'or, cent hectolitres de blé de première qualité, sont des choses certaines, parce qu'ils sont spécifiés sous le rapport du nombre et de la qualité. Un cheval, un mulet, ne sont pas des choses certaines. Le cheval *Muréna*, désigné par le trait distinctif de son individualité, est une chose certaine. Ce nom convient donc aux objets qui sont séparés et distingués d'objets pareils par la désignation soit de l'individualité, soit de la quantité et de la qualité. — Ducaurroy, *Instit. de Just. expliquées*, t. 2, n°s 957 et 958. — V. CHOSE INCERTAINE.

3. — Le mot *chose certaine* est encore pris dans le sens d'événement; il indique alors un fait qui doit arriver, si le cours des lois de la nature n'est pas interrompu. — Ainsi le soleil se lèvera demain, voilà une *chose certaine*.

4. — Ce mot est souvent pris dans ce sens en matière de conventions. — Ainsi l'hypothèque conventionnelle n'est valable qu'autant que la somme pour laquelle elle est consentie est certaine, c'est-à-dire non conditionnelle pour son existence. — C. civ., art. 2132.

CHOSE DEMANDÉE.

V. CASSATION (mat. civ.); DEGRÉS DE JURIDICTION; DEMANDE; JUGEMENT; REQUÊTE CIVILE.

CHOSE DÉTERMINÉE.

1. — C'est celle dont la seule énonciation montre quelle en est l'espèce, la qualité et la quantité. *Certum est quod ex ipsâ pronunciatione apparet quid, quale, quantumque sit.* — L. 74, § 1er, ff., *De verb. oblig.*

2. — Ainsi la chose est déterminée quand il est dit : La maison que je possède dans tel endroit, tant de mesures de blé froment de la Beauce; vingt pièces de vin de Bordeaux, etc.

3. — Dans les obligations conventionnelles, il faut que l'obligation ait pour objet une chose au moins déterminée quant à son espèce (C. civ., art. 1129); celle du genre ne suffirait pas. Par exemple, si quelqu'un avait promis un animal, une plante, un corps sans aucune désignation, une telle promesse serait nulle et considérée comme dérisoire ou comme un jeu d'enfant. — Thomasius, *Dissertat. de obligat. ex promissione rei incertæ*, t. 4, § 31; Pothier, *Oblig.*, n°s 283 et suiv.; Toullier, t. 6, n° 140. — V. CHOSE INDÉTERMINÉE, OBLIGATION.

4. — Le débiteur d'un corps certain et déterminé est libéré par la remise de la chose en l'état où elle se trouve lors de la livraison. — C. civ., art. 1245. — V. PAIEMENT.

5. — La perte d'un corps certain et déterminé qui était l'objet d'une obligation éteint cette même obligation, quand la perte a eu lieu sans la faute du débiteur et avant qu'il ait été mis en demeure. — C. civ., art. 1302. — V. PERTE DE LA CHOSE DUE.

CHOSES DE DROIT DIVIN.

1. — Les Romains divisaient les choses en choses de droit divin et choses de droit humain.

2. — Les choses de droit divin comprenaient : 1° les *choses sacrées* (*res sacræ*), c'est-à-dire celles qui, sous l'autorité légale et avec le rite religieux, avaient été consacrées aux dieux supérieurs, aux dieux du ciel.

3. — ... 2° Les *choses religieuses* (*res religiosæ*) étaient celles qui étaient consacrées aux dieux inférieurs, telles que les tombeaux, la terre où était inhumé un mort.

4. — ... 3° Les *choses saintes*, c'est-à-dire celles qui étaient protégées contre l'injure des hommes par une sanction pénale, comme les remparts, les portes de Rome.

5. — Aujourd'hui, la distinction des choses de droit divin et de droit humain présente, en droit, peu d'intérêt. — V. CLERGÉ, ÉTAT CIVIL, MARIAGE, RELIGION DE L'ÉTAT, SACRILÉGE, SÉPULTURE.

CHOSES FONGIBLES.

1. — On définit généralement les choses fongibles celles qui se consomment par le premier usage qu'on en fait. — Cette définition a donné lieu à quelques critiques : — « Ce n'est pas, a dit M. Duranton (t. 4, n° 13), parce qu'une chose se consomme par le premier usage qu'elle est fongible : elle n'est telle que parce que les lois ou les parties l'ont considérée comme pouvant être représentée par une autre semblable; d'où il suit qu'une chose qui ordinairement se consomme, au moins civilement, par l'usage, peut n'être point fongible dans le contrat dont il s'agit. » — Il nous semble qu'on peut concilier ces deux notions, diverses en apparence, en disant que, pour savoir si une chose se consomme ou non par le premier usage, il faut examiner non seulement quelle est sa nature, sa destination habituelle, mais encore sous quel point de vue elle a été envisagée par les parties qui en ont fait l'objet de leurs conventions.

2. — Les choses fongibles sont de deux espèces : 1° celles dont la consomption est une consomption naturelle et une destruction de ces choses, telles sont les choses qui servent à la nourriture de l'homme, comme le blé, le vin...; — 2° et celles

dont la consomption n'est pas une consomption naturelle, mais civile... Le premier usage qu'on en fait consiste à les dépenser, tel est l'argent, etc.— Pothier, *Du prêt de consomption*, nos 22 et suiv.

3. — Toutes les choses qui se consomment par le premier usage qu'on en fait sont aussi connues sous le nom de choses *quæ pondere, numero mensurâve constant*, c'est-à-dire de choses à l'égard desquelles on considère plutôt une certaine quantité de poids, de nombre et de mesure, que les individus dont cette quantité est composée. — Aussi les appelle-t-on pour cela *fongibles*, du latin *fungibilis*, parce que *earum natura est ut aliæ aliarum ejusdem generis rerum vice fungantur*. — L. 2, § 1, ff., *De reb. cred.*; — Pothier, *ibid.*

4. — Ainsi, pour les choses fongibles *tantumdem est idem*, et par conséquent leur existence, *en nature*, ne réside pas dans l'identité des pièces matérielles, mais dans l'équipollent d'autres espèces pareilles du même genre. En d'autres termes, pour ces choses, le genre tient lieu de l'espèce, et par conséquent elles existent en nature, tant que leur genre tout entier existe; car c'est leur genre tout entier qui les représente et qui les représente en nature. — Chabot, *Des successions*, art. 747, no 22.

5.— Les choses fongibles peuvent être l'objet d'un usufruit, mais à la charge par l'usufruitier d'en rendre pareille quantité, qualité et valeur, ou leur estimation, à la fin de l'usufruit. — C. civ., art. 587. —C'est là un usufruit *improprement* dit, ou un *quasi-usufruit*. — Proudhon, *De l'usufr.*, no 119. — En effet, l'usufruitier devient réellement propriétaire de ces choses fongibles.—Toullier, t. 3, no 396.— V. USUFRUIT.

6. — Le paiement d'une chose fongible ne peut être répété contre le créancier qui l'a consommée de bonne foi, quoique le paiement en ait été fait par celui qui n'en était pas propriétaire ou qui n'était pas capable de l'aliéner. — C. civ., art. 1238. — V. PAIEMENT, RÉPÉTITION.

7. — La compensation n'a lieu qu'entre deux dettes qui ont également pour objet une somme d'argent ou une certaine quantité de choses fongibles de la même espèce et qui sont également exigibles. — C. civ., art. 1291. — V. COMPENSATION.

8. — Les choses fongibles peuvent-elles être l'objet d'un louage?—V. BAIL, nos 59 et suiv.

9. — Les choses fongibles ne peuvent régulièrement être l'objet d'un prêt à usage ou commodat; car comme dans ce contrat, c'est la chose même qui doit être restituée *in individuo*, cette restitution est impossible là où l'emprunteur ne peut se servir de la chose sans la consommer naturellement ou civilement. — Pothier, *Prêt à usage*, no 17; Duranton, t. 17, no 502; Delvincourt, t. 3, p. 405, note 3e.— V. PRÊT A USAGE.

10. — Mais il en est autrement quand la chose fongible a seulement été prêtée *ad ostentationem*; tel est le cas où un marchand de boissons aurait prêté des pièces d'alcool à un autre marchand dont le magasin doit être prochainement visité par les employés des contributions indirectes et qui voudrait paraître en règle. —Pothier, *ibid.*; Duranton, t. 4, no 13, t. 17, no 508; Ducaurroy, *Instit. expliq.*, no 949.

11. — Il est permis de stipuler des intérêts pour le prêt de choses fongibles. — C. civ., art. 1905. — V. INTÉRÊTS.

V. aussi CONSIGNATION, OFFRES RÉELLES.

CHOSES FUTURES.

1. — Ce sont celles qui n'existent pas encore, mais dont on attend l'existence.

2. — Les choses futures peuvent être l'objet d'une obligation. — C. civ., art. 1130.

3. — Toutefois, dans les stipulations relatives aux choses futures, l'existence ou la réalisation de ces choses rendent seules l'obligation parfaite; jusque là cette obligation n'est que conditionnelle. — Par exemple, si je vous vends le vin que je récolterai cette année, la convention est valable bien que la chose vendue n'existe pas encore; mais si mes vignes gèlent et qu'il n'y ait point de vin à recueillir, la vente sera nulle faute d'objet. — L. 1, § ult., ff., *De cond. et dem.*;— Toullier, t. 6, no 114.

4. — Il en est autrement si je vous ai vendu seulement l'*espérance* du vin que je récolterai cette année; la vente continue de subsister encore bien que je n'aie point de vin à recueillir. Il s'agit alors d'un *contrat aléatoire*.. — Toullier, t. 6, no 114. — V. CONTRAT ALÉATOIRE.

5. — Des choses futures comme la récolte qui sera faite dans telle métairie après la mort du testateur peuvent être l'objet d'un legs particulier. — Toullier, t. 5, no 514.

6. — De ce que les choses futures peuvent être l'objet d'une obligation, il s'ensuit qu'elles peuvent également être l'objet d'une donation. — Cette conséquence n'est point en contradiction avec la disposition du Code civil qui prohibe les donations *de biens à venir*, si ce n'est dans les contrats de mariage.—C. civ.; art. 943 et 1084.—En effet, les choses futures ne peuvent être confondues avec les biens à venir. Les premiers sont des objets qui n'existent encore pour personne, mais dont l'existence est possible et probable d'après le cours des lois de la nature. Au contraire, les biens à venir existent actuellement, et ils se trouvent dans le patrimoine de quelqu'un.

7. — La règle que les choses futures peuvent être l'objet ou la matière d'un contrat, souffre exception à l'égard de la succession d'un homme vivant. On ne peut faire aucune stipulation sur une pareille succession, ni y renoncer, ni la vendre, même avec le consentement de celui de l'hérédité de qui il s'agit. — C. civ., art. 791, 1130 et 1600.

8. — Cependant, cette défense de stipuler sur les successions futures souffre quelques exceptions. Ainsi, on peut faire entrer les successions futures dans la communauté entre époux.—C. civ., art. 1526. — On peut de plus disposer de la succession par donation faite par contrat de mariage en faveur des futurs époux ou de l'un d'eux, ou des enfans à naître en cas de mariage (C. civ., art. 1082), en ce sens que le donateur ne peut plus disposer à titre gratuit des biens donnés. — C. civ., art. 1083. — V. OBLIGATION, SUCCESSION FUTURE.

9. — Quant aux blés en herbe et autres fruits non encore recueillis, considérés comme choses futures, V. BLÉS EN VERT.

10. — En raison de l'incertitude de sa réalisation, une chose future ne peut servir de caution réelle. —C... TION JUDICATUM SOLVI, no 151.

CHOSES HORS DU COMMERCE.

1. — Ce sont celles qui, par leur nature ou leur destination légale, ne sont pas susceptibles de propriété privée. *Quas natura vel gentium jus, vel mores civitatis, commercio exuerunt.* —L. 34, § 1er, ff., *De contrah. empt.*

2. — Il n'y a que les choses qui sont dans le commerce qui puissent être l'objet des conventions. — C. civ., art. 1128.

3. — Mais quelles choses sont hors du commerce? —Ce sont 1o les choses *communes*, c'est-à-dire dont l'usage est commun à tous, et dont la propriété ne peut appartenir à personne. — Inst., *De rer. divis.*—C. civ., art. 714;—Toullier, t. 6, no 160.

4. — ... 2o Les droits inhérens à la souveraineté, ou droits régaliens, c'est à dire le droit de lever des contributions directes ou indirectes, le droit de battre monnaie, de nommer aux offices, les offices eux-mêmes, les amendes, confiscations, droits de greffe et autres semblables.—L. 1er déc. 1790, art. 9; — Toullier, t. 6, no 161. — V. cependant OFFICE.

5. — ... 3o Les droits contraires à la liberté et à l'indépendance des personnes, tels que les servitudes purement personnelles et qui n'auraient pas pour objet l'utilité d'un héritage voisin (C. civ. art. 686); tels sont encore les corvées personnelles, les droits de main-morte, etc. — Toullier, t. 6, no 162.

6. — ... 4o Les choses qui sont consacrées à des usages publics, les chemins, routes et rues, les édifices publics, les temples, les portes, murs, fossés, remparts et fortifications des places de guerre, etc.

7. — Toutefois les choses de cette dernière espèce n'étant exclues du commerce que par les lois civiles et non d'une manière absolue et irrévocable, peuvent être l'objet d'une convention quand leur destination vient à changer en vertu d'une loi ou ordonnance, ou même par suite de désuétude (C. civ., art. 641). — Alors encore, la propriété peut en être prescrite.—C. civ., art. 2227; — Toullier. t. 6, no 163.

8. — On ne saurait considérer comme étant hors du commerce des choses dont la loi n'a prohibé l'aliénation que relativement à certaines personnes, tandis qu'elle est valable à l'égard de toutes les autres; tels sont les biens ecclésiastiques, les biens des mineurs, des interdits, etc., qui ne peuvent être aliénés qu'après l'accomplissement de certaines formalités. Ces biens ne sont pas hors du commerce puisque leur aliénation illégale ne constitue qu'une nullité relative, et qu'elle peut être ou suivie de ratification, ou couverte par la prescription. — Toullier, t. 6, no 165.

9. — De ce que les choses qui ne sont pas dans le commerce ne peuvent être l'objet d'une obligation, il s'ensuit qu'elles ne peuvent non plus être l'objet d'une vente. — C. civ., art. 1598.

10. — ... Ni d'un legs. — Merlin, *Rép.*, vo *Legs*, sect. 3e, § 1er. — V. LEGS.

11. — ... Ni d'un louage. — V. BAIL, nos 74 et suiv.

12. — On ne peut en acquérir le domaine par la prescription. — C. civ., art. 2226.

13. — La mise hors du commerce d'une chose produit les mêmes effets que la perte de cette chose. — C. civ., art. 1302 et 1303. — V. PERTE DE LA CHOSE DUE.

14. — On entend encore, dans la pratique, par *choses hors du commerce*, les choses qui, tout en étant en la possession d'un marchand, ne sont pas destinées à être vendues.

15. — Un bijoutier chez qui on saisit divers ouvrages d'or et d'argent dépourvus de toutes marques de garantie, ne peut être excusé sous prétexte que ces ouvrages renfermés dans une boîte à mitraille, étaient hors du commerce, s'ils n'étaient ni rompus ni brisés. — *Cass.*, 21 avr. 1827, Contrib. indir. c. Prost. — V. MATIÈRES D'OR ET D'ARGENT.

CHOSES ILLICITES.

1. — Ce sont celles qui sont défendues ou réprouvées par la loi.

2. — Il faut distinguer entre les choses illicites de leur nature ou qui sont défendues tout à la fois par la loi naturelle et par la loi civile, et celles qui ne sont défendues que par la loi civile.

3. — Les choses naturellement illicites, par exemple, comme de tuer un homme, ne peuvent être l'objet ou la matière d'un contrat; ce contrat est absolument nul, et loin d'être obligé de tenir sa parole, le promettant est tenu de se dégager. — — Toullier, t. 6, no 126.

4. — Quant aux choses qui ne sont défendues que par le droit civil, par des réglemens arbitraires et variables, elle ne peuvent non plus être la matière d'un contrat valide, et tant qu'il n'y a encore rien eu d'exécuté de part et d'autre, il est loisible à chacun de retirer sa parole. Tel est le cas où un marchand s'oblige de fournir à un individu des marchandises de contrebande pour un prix convenu. — Mais si le contrat a été exécuté de la part d'une des parties, si la marchandise a été livrée, l'acheteur ne peut se dispenser de la payer, quand même elle aurait été confisquée dans ses magasins. — Toullier, t. 6, no 127. — V. OBLIGATION.

CHOSES IMPOSSIBLES.

1. — Ce sont celles qui ne peuvent être ni données ni faites.

2. — Les obstacles qui s'opposent à ce qu'une chose puisse être faite ou donnée, viennent de la nature, de la loi ou des personnes.

3. — Les choses sont naturellement impossibles quand elles n'existent pas ou ne peuvent pas exister, comme de donner un centaure, un cheval mort ou une maison incendiée avant le contrat, comme de toucher le soleil du bout du doigt, etc. — Toullier, t. 6, no 122.

4. — Les choses sont légalement ou moralement impossibles quand elles sont défendues par le droit naturel et par les lois civiles. On les appelle alors *illicites*. — L. 15, ff. *De condit. instit.*; — C. civ., art. 1133, et 1172; — Toullier, t. 6, no 122.

5. — L'impossibilité vient des personnes quand les conventions ont pour objet les choses et les actions d'autrui, lesquelles ne sont pas en notre pouvoir. — Toullier, t. 6, no 130.

6. — C'est un axiôme d'éternelle vérité que personne ne peut s'engager à l'impossible : *Impossibilium nulla obligatio est.*—L. 185, ff. *De reg. jur.*— L'obligation qui a pour objet de donner ou de faire une chose impossible est donc nulle. — Toullier, t. 6, no 121. — V. OBLIGATION.

7. — L'omission d'une chose impossible ou la promesse de ne pas la faire, ne peut également être l'objet d'une obligation; mais la condition de ne pas la faire ne rend pas nulle l'obligation. — C. civ., art. 1173; Toullier, *ibid.*

8. — L'impossibilité est absolue ou relative : absolue, si elle existe pour tout le monde; relative, si elle n'existe que pour quelques individus.— Elle peut être connue des deux parties ou seulement de l'une d'elles. — Toullier, t. 6, no 122.

9. — La chose peut être impossible au moment de la convention, et devenir possible par la suite; ou bien elle peut être possible au moment de la convention et cesser de l'être avant celui de l'exécution. — Toullier, *ibid.* — V. OBLIGATION.

CHOSE INCERTAINE.

1. — C'est celle qui est désignée d'une manière vague, sans détermination de l'individualité, de la quantité ou de la qualité.

2. — Ainsi un cheval, du blé, du vin, sont de

choses incertaines, parce que la qualité, le nombre ou l'individualité n'en sont pas exposés dans la proposition et ne se présentent pas à l'esprit. Je promets de vous construire une maison, de creuser un fossé; ces choses-là sont également incertaines, parce que l'attention ne peut se fixer que sur un mur ou fossé en *abstracto*, et non sur tel mur ou fossé spécial.—Ducauroy, *Institut. expliquées*, t. 2, nos 957 et 958. — V. CHOSE CERTAINE, CHOSE INDÉTERMINÉE.

3. — Dans les choses conventionnelles, la quotité de la chose peut être incertaine, pourvu qu'elle puisse être déterminée. — C. civ., art. 1129.

4. — L'expression *chose incertaine* se prend aussi, mais plus rarement, dans le sens d'événement incertain, et s'applique dans cette acception en matière d'obligation conditionnelle. Je vous vends ma maison si tel vaisseau arrive d'Alger à Toulon : voilà une chose incertaine, parce que l'existence même de cette chose est douteuse dans notre esprit.

5. — Il est important de distinguer les choses certaines des incertaines sous le rapport de la translation de la propriété, de la libération d'une obligation par la perte de la chose. La propriété n'est transférée par l'effet des obligations que s'il s'agit d'un corps certain, d'une chose certaine.—Duranton, *Cours de dr. franç.*, t. 10, nº 423, et t. 13, nº 92.

6. — La partie incertaine d'une chose ne peut être l'objet d'une possession : *Incerta autem pars nec tradi, nec usucapi potest, veluti si tibi tradam quidquid mei juris in fundo est; nam qui ignorat, nec tradere, nec occupare id quod incertum est, potest.* L. 26, ff., De acq. possess.

7. — La libération du débiteur ne résulte de la livraison ou de la perte que s'il s'agit d'un corps certain. — C. civ., art. 1245, 1302, 1585 et 1586. — Ce mode de libération ne pourra donc jamais être invoqué pour une chose incertaine, pour un genre, parce que les genres ne périssent pas. Ainsi je suis débiteur d'un cheval; c'est un genre; je ne puis être libéré de mon obligation tant qu'il subsistera un individu de ce genre; mais si je dois le cheval *Muréna*, nec quidquid ce corps certain me libérera, parce qu'à l'impossible nul n'est tenu. — V. PAIEMENT, PERTE DE LA CHOSE DUE.

8. — La chose due ne peut être assurée par une hypothèque que si elle est certaine. — C. civ., art. 2132. — V. HYPOTHÈQUE.

CHOSE INDÉTERMINÉE.

1. — C'est celle dont l'indication est tellement générale, qu'on n'en peut connaître l'objet précis.

2. — Tel est le cas où l'on promet de donner *quelque chose sans dire quoi*.

3. — Une pareille chose ne peut être l'objet d'une obligation (C. civ., art. 1129); car on ne traite pas sur des chimères; il faut savoir à quoi l'on s'engage ou connaître la chose promise : *Quæ sit res in obligationem deducta.* — Pothier, *Oblig.*, nº 283; Toullier, *Dr. civ.*, t. 6, nº 189. — V. OBLIGATION.

4. — Ce que l'on dit pour l'obligation a également lieu pour le mandat. Si je charge quelqu'un de faire pour moi quelque chose ou de m'acheter une chose, sans dire en quoi elle doit consister, ce n'est pas là un mandat : ou j'ai voulu plaisanter ou il y a eu défaut de ma part, ce qui rend le contrat nul pour vice d'erreur, comme il l'est pour le défaut d'objet. — Pothier, *Mandat*, nº 228; Duranton, *Dr. franç.*, t. 16, nº 193. — V. MANDAT.

5. — Au nombre des choses absolument indéterminées, il faut ranger ces protestations vagues par lesquelles une personne déclare que tous ses biens, tout ce qu'elle possède appartient à un autre; qu'il peut en disposer comme de ses propres biens. De pareilles promesses ne peuvent caractériser l'intention de s'obliger, parce que l'objet précis n'en est pas déterminé. — Thomasius, *Dissert. de oblig. ex promissione rei incertæ*, t. 4, § 21 et suiv.

6. — Cependant si ces formules serviles étaient ajoutées à la promesse d'une chose déterminée, elles ne rendraient pas cette promesse nulle, car *utile per inutile non vitiatur.* — L. 4, § 5, ff., De verb. oblig. — Thomasius, *ibid.*, § 80; Toullier, nº 189.

7. — Une chose peut être déterminée quant au genre, et seulement indéterminée quant à l'espèce et à l'individu, par exemple, quand quelqu'un promet de donner un animal, une plante, etc. — Cette chose ne peut faire l'objet d'une obligation ; il faut pour cela qu'elle soit au moins déterminée quant à son espèce. — C. civ., art. 1129. — V. CHOSE DÉTERMINÉE.

8. — Lorsque la chose, déterminée quant à son genre et à son espèce, reste indéterminée quant à l'individu et à la qualité, elle peut faire l'objet d'une obligation. Tel est le cas où l'on a stipulé d'un marchand qu'il fournira un cheval moyennant tel prix. Si le stipulant n'a désigné ni l'individu qui fait l'objet de la stipulation ni sa qualité, c'est parce qu'ils lui ont paru insuffisans jusqu'à un certain point, ou qu'il s'en est reposé sur la foi du promettant. Alors, pour être libéré, le débiteur n'est pas tenu de donner la chose de la meilleure espèce; mais il ne peut l'offrir de la plus mauvaise. — C. civ., art. 1246 ; — Toullier, nos 440 et suiv. V. PAIEMENT.

9. — De même, lorsqu'un legs a été fait d'une chose indéterminée (quant à l'individu ou à la qualité), l'héritier n'est pas obligé de la donner de la meilleure qualité, et il ne peut l'offrir de la plus mauvaise. — C. civ., art. 1022. — V. LEGS.

10. — De même encore, une chose indéterminée quant à l'individu et à la qualité peut être l'objet d'un louage. — V. BAIL, nº 84.

11. — Lorsqu'une inscription hypothécaire doit être prise pour le montant de droits indéterminés, on est tenu d'évaluer ce montant. — C. civ., art. 2148, nº 4. — V. INSCRIPTION HYPOTHÉCAIRE.

CHOSES INUTILES.

1. — Ce sont celles dont la promesse ne peut procurer ni utilité ni agrément à celui à qui elle est faite.

2. — Elles ne peuvent être l'objet d'une obligation, car les obligations et stipulations ont été imaginées seulement pour que chacun acquière ce qui l'intéresse. *Inventæ sunt hujusmodi stipulationes, vel obligationes, ad hoc ut unusquisque adquirat quod suâ interest.* — L. 38, § 17, ff., De verb. oblig.; Instit., De inutil. stipul., § 19. — Wolff, *Jus nat.*, 3e part., § 354; Toullier, t. 6, nº 146. — V. OBLIGATION.

CHOSE JUGÉE.

Table alphabétique.

CHAPITRE 1er. — Chose jugée en matière civile.

Sect. 1re. — Jugemens ou arrêts qui ont l'autorité de la chose jugée.

5. — A Rome, on distinguait les jugemens injustes des jugemens iniques. Les premiers étaient nuls de plein droit, et ne pouvaient jamais acquérir l'autorité de la chose jugée, tandis que les seconds devaient être attaqués et pouvaient obtenir cette autorité. — Merlin (Rép., v° Appel, sect. 1re, § 5, et v° Nullités, §7), s'appuyant sur la maxime Voies de nullité n'ont lieu ; enseigne qu'il n'y a pas en France de jugemens de la première espèce. Tous les jugemens, en effet, nuls et iniques, peuvent y obtenir force de chose jugée.— Conf. Pothier, Obligations, section 8e, n° 47 ; Toullier, t. 10, n°s 111 et suiv. et 133.
6. — Ainsi jugé qu'un jugement nul, même pour incompétence, acquiert l'autorité de la chose jugée s'il n'en est point interjeté appel dans le délai légal. — Cass., 26 thermidor, an IV, Gueslin c. Pichelot; Bruxelles, 1er janv. 1808; Van wummel c. Behrens ; Cass., 25 fév. 1812, Capdeville.
7. — Pareillement ; lorsqu'une cause a été jugée par une décision émanée d'un tribunal incompétent, mais passée en force de chose jugée, il n'est plus permis de la soumettre de nouveau au tribunal compétent qui en aurait pu connaître. — Cass., 47 brum. an XI, Brouchoven c. Wisscher-Celles; — Merlin ; Quest. de Droit, v° Chose jugée, § 8.
8. — Le jugement entaché de nullité, par le motif que l'un des juges qui y a concouru était intéressé à la contestation, peut acquérir l'autorité de la chose jugée, s'il n'a pas été attaqué dans les délais.—Caen, 24 mai 1825, Lefrançois c. Laurence.
9. — Cependant, il est des cas où la décision émanée des premiers juges peut être considérée, chez nous, comme non avenue, et incapable conséquemment de produire l'autorité de la chose jugée. Tel serait le jugement rendu, en matière d'adoption, qui n'aurait pas été soumis au tribunal supérieur.
10. — La loi romaine réputait nuls de plein droit les jugemens rendus contre les incapables, les femmes non autorisées, les morts civilement, etc. M. Poncet (Des jugemens, t. 1er, p. 206) prétend que cette décision devrait encore aujourd'hui être reçue sans effet, par la raison que la chose jugée ne saurait exister que lorsqu'il peut y avoir un contrat ou quasi-contrat judiciaire. Mais cette opinion se trouve, avec justice, repoussée par l'arrêt de cassation du 7 oct. 1812 (Pagès c. Galy), qui décide que la femme ne peut attaquer les jugemens que par les voies ordinaires, et que ceux-ci peuvent passer en force de chose jugée.
11. — L'ordonnance de 1667, tit. 27, art. 5, contenait une disposition particulière pour déterminer les jugemens qui devaient avoir l'autorité de la chose jugée. Le Code de procédure en contient point de semblable, ce qui indique que les principes n'ont point changé à cet égard. — Ainsi, aujourd'hui, comme sous l'empire de l'ordonnance,

« les sentences et jugemens qui doivent passer en force de chose jugée, sont *ceux rendus en dernier ressort*, *ceux dont il n'y a appel*, ou *dont l'appel n'est pas recevable*, soit que les parties y eussent formellement acquiescé, ou qu'elles n'en eussent interjeté appel dans le temps, ou que l'appel ait été déclaré péri », c'est-à-dire périmé. — Toullier, t. 10, n° 97.

12. — Le délai de l'art. 1304, relativement à l'action en nullité qui peut appartenir à la femme ne se rapporte qu'aux contrats et non aux jugemens, qui ne sont attaquables par elle que par les voies ordinaires et peuvent passer en force de chose jugée. — *Cass.*, 7 oct. 1812, Pagès c. Guly.

13. — L'autorité de la chose jugée n'étant pas produite par le droit des gens, mais bien par le droit civil, il en résulte que les jugemens rendus à l'étranger ne peuvent avoir en France la force de la chose jugée. L'autorité des magistrats institués par chaque souverain étant renfermée dans les limites de ses états, les actes de ses officiers perdent sur la frontière toute leur force civile, et ne peuvent recevoir, en France, leur exécution, celle-ci ne pouvant y être faite qu'au nom du roi (Toullier, t. 10, nos 76 et suiv.). Et cela quand bien même les jugemens auraient été rendus à l'étranger sur la demande formée par des Français. — Merlin, *Quest. de dr.*, v° *Jugement*, § 14; Pardessus, *Dr. comm.*, n° 1488, § 1er; Zachariæ, t. 1er, p. 58 et 59. — V. au surplus ÉTRANGER.

14. — C'est là un point de jurisprudence très-ancien. L'art 121, ord. 1629, refusait absolument et sans exception toute exécution en France aux jugemens rendus en pays étranger. Ce n'est que par le Code civil et le Code de procédure, que les tribunaux français ont été autorisés à déclarer ces jugemens exécutoires. — *Cass.*, 19 avr. 1819, Holker c. Parker; — Toullier, t. 10, nos 77 et suiv.

15. — Toutefois, pour être exécutoires en France, les jugemens rendus par les tribunaux suisses, et qui ont acquis l'autorité de la chose jugée, ne sont pas soumis à révision par les tribunaux français, comme le sont en général les jugemens rendus en pays étranger, et c'est d'après les lois suisses, et non d'après les lois françaises, que doit être résolue la question de savoir si ces jugemens ont acquis la force de chose jugée. — *Cass.* (sol. impl.), 23 juill. 1832, Wahla c. Knopf. — Traité 4 vendém. an XII, art. 15; C. civ., art. 2123; C. procéd., art. 546.

16. — De même, d'après l'art. 1er du traité diplomatique entre la France et la Confédération helvétique, du 18 juill. 1828, les jugemens définitifs et qui ont force de chose jugée étant exécutoires par réciprocité entre les deux pays, il en résulte que les jugemens rendus par les tribunaux suisses constituent la chose jugée, même à l'égard des Français, comme s'ils avaient été rendus par les tribunaux français. — *Paris*, 15 fév. 1845 (t. 1er 1845, p. 450), de Suarto et Del Carretto c. de Montailleur.

17. — Sont sans autorité et doivent être considérées comme non avenues sur le territoire français les décisions rendues en France par les commissions ennemies entre une commune de France et un de ses habitans sur le rétablissement d'un chemin vicinal. — *Cons. d'etat.*, 20 nov. 1815, Cuas c. comm. de Farges.

18. — Pour que l'autorité de la chose jugée ait lieu, il est nécessaire que le jugement ne puisse être réformé par une des voies légales ordinaires et qu'il ne l'ait pas été par une des voies extraordinaires. — Conséquemment, un jugement provisoire ne peut jamais être susceptible d'acquérir l'autorité de la chose jugée, car il peut toujours être réformé. — ff., *De re judicatâ*; — Pothier, *Pand. Justin.*, liv. 42, tit. 1er, sect. 1re, art. 6, n° 8, et *Des obligat.*, n° 1er, sect. *De la chose jugée*; Duranton, t. 13, nos 450 et 451; Toullier, t. 1er, nos 95 et 99.

19. — Ainsi, la chose jugée ne peut résulter que d'un jugement définitif et non d'un jugement provisoire. — *Cass.*, 26 juin 1816, Merlan c. Brust.

20. — Jugé en conséquence que si un arrêt, attendu le péril d'éviction où était l'acquéreur, a soumis le créancier, délégataire des intérêts du prix, à lui fournir une caution préalable, un arrêt postérieur peut (la crainte d'éviction ayant cessé) ordonner l'exécution pure et simple de la délégation, avec dispense de caution, sans violer l'autorité de la chose jugée par le premier arrêt. — Même arrêt.

21. — .... Que le jugement qui envoie en possession provisoire d'un domaine, jusqu'à liquidation définitive entre parties, n'est que provisionnel et peut être rétracté, quoique passé en force de chose jugée. — *Cass.*, 27 fév. 1812 (et non 1811), Peyssac c. Bellussières.

22. — L'exécution provisoire de pareils jugemens ne saurait leur donner l'autorité de la chose jugée, parce qu'il est possible, qu'en définitive, celui qui avait obtenu une provision soit condamné à la restituer. — Toullier, t. 10, n° 99.

23. — Ce que nous venons de dire du jugement provisoire s'applique à plus forte raison au jugement préparatoire ou d'instruction. Il ne peut acquérir la force de chose jugée qu'avec le jugement définitif. — C. procéd., art. 451 et 452. — Toullier, t. 10, n° 96; Duranton, t. 13, n° 452; Merlin, *Rép.*, v° *Chose jugée*, § 13.

24. — Ainsi, lorsqu'un arrêt préparatoire ordonnant une expertise à l'effet de fixer la valeur de constructions n'a point été exécuté, si les juges ont trouvé dans les autres documens du procès les élémens suffisans pour former leur conviction, l'arrêt qu'ils rendent postérieurement sur le fond ne peut être attaqué pour violation de la chose jugée. — *Cass.*, 3 déc. 1838 (t. 1er 1839, p. 282), Sergent et Duponceau.

25. — Le jugement qui, sur la demande à fin d'expertise formée par toutes les parties, mais dans un but différent, ordonne que cette expertise aura lieu suivant le mode proposé par chacune d'elles, étant simplement préparatoire, ne préjuge rien sur le bien ou mal fondé des demandes respectives; et en conséquence, après l'expertise, les juges ne peuvent, pour accueillir l'une ou l'autre des demandes, se fonder uniquement sur l'acquiescement qui aurait été donné au jugement ordonnant l'expertise, et sur l'autorité de la chose jugée qu'aurait ainsi acquise ce jugement. — *Cass.*, 27 fév. 1838 (t. 1er 1838, p. 504), De Chauvelin c. Boullongne.

26. — Le jugement par lequel, en matière de douanes, le juge de paix admet une inscription de faux formée contre un procès-verbal et retient la connaissance du faux, est un jugement définitif qui ne peut être attaqué par la voie de l'appel lorsqu'il a été exécuté sans protestations ni réserves. On ne pourrait donc, sans violer la chose jugée, le réformer sous prétexte qu'il était simplement préparatoire, en ce qu'il se bornait à ordonner une mesure d'instruction, et qu'il importait conséquemment peu que l'exécution en eût lieu sans protestation ni réserve, puisqu'aux termes de l'art. 451, C. procéd., l'appel des jugemens préparatoires est toujours recevable en même temps que celui du jugement définitif. — *Cass.*, 5 nov. 1835, Douanes c. Campi.

27. — Il est loisible aux juges de substituer un mode nouveau de vérification à celui qu'ils avaient précédemment ordonné sans qu'il y ait violation de la chose jugée. — Ainsi, une expertise ordonnée pour parvenir à la constatation de la houille indûment extraite d'une mine peut, d'après les circonstances de la cause, ne constituer qu'une simple mesure d'instruction, et être remplacée par un autre mode de vérification, sans qu'il y ait violation de l'autorité que la loi accorde à la chose jugée. — *Cass.*, 20 août 1839 (t. 1er 1840, p. 380), Michaud c. Verchères.

28. — Les jugemens interlocutoires, qui sont aussi des *avant dire droit*, mais qui préjugent le fond (C. procéd., art. 452), peuvent être annulés ou réformés par les juges qui les ont rendus. C'est même un principe constant que les jugemens interlocutoires ne lient pas le juge, qui, en définitive, peut n'en tenir aucun compte. — Toullier, t. 10, n° 115; Merlin, *Quest. de dr.*, v° *Chose jugée*, § 1er; Carré, *Lois de la procéd.*, t. 2, p. 178; Favard, t. 3, p. 690; Poncet, t. 1er, p. 705; Hautefeuille, p. 236. — V. JUGEMENT INTERLOCUTOIRE.

29. — Jugé en ce sens que l'autorité de la chose jugée ne peut résulter d'un jugement interlocutoire. — *Cass.*, 6 juin 1811, comm. de Bellefontaine c. d'Anthès; *Caen*, 13 août 1823, Lecouturier c. Renoult.

30. — De même, un jugement interlocutoire ordonnant une preuve sans contestation préalable, et confirmé sur l'appel, n'a point l'autorité de la chose jugée, en ce sens que le tribunal qui l'a rendu ne puisse plus le réformer. — *Bruxelles*, 24 nov. 1819, Hospices de Bruxelles c. Debusscher.

31. — Lorsque, après un jugement qui ordonne une enquête, les parties abandonnent la mesure interlocutoire, le tribunal peut, sans violer l'autorité de la chose jugée, statuer d'après les autres élémens du procès. — Dans le même cas, le tribunal peut baser son jugement sur des présomptions graves, précises et concordantes. — *Cass.*, 2 juin 1829, Jarre c. Delhomme.

32. — Lorsqu'une cour, après avoir ordonné, dans une instance relative à l'extinction d'une servitude depuis moins de trente ans, un certain genre de preuve, laisse cette preuve à l'écart, et décide, par un autre motif, que la servitude n'est pas éteinte, on ne peut lui reprocher d'avoir méconnu et violé la chose jugée par son interlocutoire. — *Cass.*, 5 mars 1829, Villa c. André.

33. — De même, bien qu'un jugement interlocutoire eût déclaré que le demandeur en complainte serait tenu de prouver que le trouble occasionné par les travaux pratiqués sur le bord d'un canal avait eu lieu dans l'année, l'action possessoire a pu être accueillie par ce seul motif que le demandeur, ayant la possession annale du canal, était présumé, à défaut de preuve contraire, avoir la possession des francs-bords. — *Cass.*, 23 nov. 1840 (t. 1er 1841, p. 306), Gon c. Bernard.

34. — Lorsqu'au sujet d'une question de propriété un jugement interlocutoire a admis le défendeur, conformément à ses conclusions, à faire preuve seulement d'une possession suffisante pour prescrire, si, de la direction de l'enquête, il résulte pour le défendeur un nouveau moyen, même étranger aux faits de possession, de justifier ses prétentions, il peut invoquer ce moyen lors du jugement définitif, sans qu'on puisse lui opposer l'autorité de la chose jugée par le jugement interlocutoire. — *Cass.*, 29 nov. 1836, Blanc c. comm. de Farges.

35. — La question de responsabilité pour dommages causés par des lapins dans une forêt n'est point préjugée par le jugement qui ordonne une expertise, à l'effet de constater si le dommage a été causé par tel fait de négligence que le jugement reconnaît seulement avoir pu être commis, sans dire qu'il l'ait été réellement. — *Cass.*, 9 mars 1836, Gosville c. Létang.

36. — Après avoir tracé un certain mode pour la production qu'il ordonnait de pièces étrangères, un tribunal ne viole pas l'autorité de la chose jugée en indiquant postérieurement, pour l'exécution de ce premier jugement, une autre marche à suivre pour la production dont s'agit. — *Cass.*, 6 juil. 1842 (t. 2 1842, p. 640), Augu c. Loretto Demar.

37. — Bien qu'il ait été reconnu par un arrêt interlocutoire qu'une partie a été justement mise en cause devant la cour, l'arrêt définitif peut, sans violer l'autorité de la chose jugée, mettre les frais de cette mise en cause à la charge tant de l'appelant que de l'intimé. — *Cass.*, 21 avr. 1835, Daufin c. Piron.

38. — Du principe qu'on peut, sans violer l'autorité de la chose jugée, décider lors du jugement définitif, contrairement au jugement interlocutoire, il résulte que, bien que celui-ci soit passé en force de chose jugée, il ne met pas obstacle à ce qu'on admette comme base de décision des faits contraires à ceux qu'il paraissait avoir préjugés. — *Cass.*, 17 fév. 1825, comm. de Boult c. Gaudart.

39. — Ainsi, bien que, sur la revendication d'un terrain qu'une commune prétend faire partie de la voie publique, il soit intervenu un interlocutoire qui ait admis le détenteur à la preuve de sa possession immémoriale; que ce jugement soit devenu irrévocable faute d'appel, et que, par un jugement définitif, le terrain public ait été déclaré non prescrit, faute de preuve de la possession immémoriale, une cour royale peut, sans violer la chose jugée, déclarer que le terrain litigieux ne fait pas partie de la voie publique, et réformer le jugement définitif. — Même arrêt.

40. — Pareillement, bien qu'un arrêt ordonnant une preuve qui, dans l'esprit des juges, semblait, si elle était rapportée, enlever au fait imputé le caractère de délit, ait acquis l'autorité de la chose jugée à défaut de pourvoi en temps utile, les juges du fond ne sont pas liés et n'en demeurent pas moins parfaitement libres, quel que soit le résultat de la preuve sur la décision du fond. — *Cass.*, 28 mai 1836, Bouchereau de Saint-Georges.

41. — Quoiqu'un jugement interlocutoire ordonnant une expertise et en déterminant les bases ait été exécuté par les parties, la cour royale, saisie de l'appel d'un second jugement qui prescrit les mesures à prendre pour arriver à une opération complète, peut, sans violer l'autorité de la chose jugée, ordonner une nouvelle expertise, dans le but d'arriver à de plus amples éclaircissemens, et tous droits et moyens des parties réservés, quant au résultat des premières opérations. — *Cass.*, 22 juin 1836 (t. 1er 1837, p. 43), Roy et Duval.

42. — Encore qu'un jugement interlocutoire passé en force de chose jugée ait déclaré une convention résiliée *par le fait du défendeur*, et ait ordonné une expertise à l'effet de vérifier si cette résiliation avait causé un préjudice au demandeur, l'arrêt définitif peut, sans violer l'autorité de la chose jugée, déclarer que *le défendeur s'est conduit de manière à s'interdire toute demande en dommages-intérêts*, et rejeter celle par lui formée. — *Cass.*, 24 juill. 1840 (t. 2 1840, p. 330), Deshayes c. Vanherck.

43. — L'ordonnance d'un juge de paix portant indication de jour pour l'ouverture d'une enquête a le caractère d'un simple interlocutoire, et peut être rétractée par une seconde ordonnance indiquant un autre jour, sans porter atteinte à l'autorité de la chose jugée. — *Cass.*, 19 juin 1832, Gomlecourt c. Bouquet.

44. — Cependant, si les jugemens interlocutoires ne produisent pas l'autorité de la chose jugée en

ce qui concerne le fond de la contestation ; comme ils peuvent renfermer un droit, un avantage pour la partie qui les a obtenus, celui, par exemple, d'avoir fait admettre tel ou tel genre de preuve, le tribunal ne peut révoquer sa décision à cet égard, sauf toutefois le cas où la preuve ordonnée l'aurait été d'office. — Duranton, t. 13, nº 453.

45. — Jugé en ce sens que si, en principe, le jugement interlocutoire ne lie pas les juges qui l'ont rendu, il n'en est pas de même lorsqu'il a décidé un point de droit ou constaté un fait sur lequel portait la contestation. — *Nîmes*, 10 déc. 1839 (t. 1er 1840, p. 503), comm. de Perignargues c. comm. de Gajan.

46. — Décidé en conséquence que le jugement qui ordonne une expertise, en la subordonnant à un point de droit que le juge apprécie et détermine, est irréfragable. — *Cass.*, 12 germin. an IX, Dyochet c. Henry.

47. — ...Que, lorsqu'une enquête a été ordonnée par une décision passée en force de chose jugée, aucune des parties ne peut contester l'admissibilité de la preuve par témoins sur les faits que cette enquête a pour objet d'établir. — *Bourges*, 21 avr. 1830, Perroncel et Simons c. Mingasson.

48. — ...Que, si un jugement qui, sans égard à l'exception de l'une des parties, a déclaré admissible la preuve d'un fait que cette partie soutenait non pertinent, n'a point été frappé d'appel, ce jugement a acquis l'autorité de la chose jugée, en sorte que cette même partie n'est plus recevable à reproduire ultérieurement son exception contre l'admissibilité de la preuve testimoniale. — *Cass.*, 15 juin 1831, Melh c. Wernert.

49. — ...Que, lorsque, sans avoir égard à l'exception de chose jugée tirée d'une précédente décision, un jugement a admis une partie à prouver qu'une lettre de change qui a servi de base à la condamnation était le résultat d'opérations usuraires, les juges ne peuvent plus revenir ultérieurement sur cette décision et admettre l'exception de chose jugée comme s'opposant à la preuve offerte. — Bien que le jugement qui ordonne la preuve soit purement interlocutoire sur ce point, il n'en rejette pas moins définitivement l'exception de chose jugée. — *Cass.*, 13 mars 1833, Seintein c. Lacube.

50. — ...Qu'un interlocutoire qui décide qu'une servitude est continue et apparente, susceptible conséquemment d'être acquise par la prescription, a, sur la qualification du droit, l'irrévocabilité de la chose jugée. — *Colmar*, 29 nov. 1839 (t. 1er 1840, p. 448), Martin Roess c. Roess et Zehler.

51. — ...Que, s'il a été déclaré que le titre produit au nom de l'une des parties était un titre légitime d'acquisition, et qu'on ait admis l'autre partie à la preuve d'une possession tendant à le paralyser, à l'anéantir au moyen de la prescription, on ne peut plus, sans méconnaître l'autorité de la chose jugée, revenir sur le premier jugement, d'ailleurs non attaqué, et décider par le jugement définitif que le titre dont il s'agit est insuffisant. — *Nîmes*, 10 déc. 1839 (t. 1er 1840, p. 503), comm. de Pérignargues c. comm. de Gajan.

52. — Néanmoins, quoiqu'un jugement définitif, à l'égard d'une des parties en cause, ordonne, relativement à une autre partie, que le procès sera jugé par appointé, il ne produit pas l'autorité de la chose jugée vis-à-vis de celle-ci. A l'égard de cette partie, il est vrai de dire qu'il n'y a rien de jugé ; et pour établir ses droits à une succession, elle est recevable et fondée à demander à son adversaire, qui les lui conteste, et qui a déjà fait évincer un prétendant, la communication de toutes les pièces propres à lui faciliter sa justification. — *Cass.*, 23 fév. 1830, Auvray et Garcelles c. Angot et Legendre.

53. — La maxime que l'interlocutoire ne lie point le juge ne saurait non plus s'appliquer au cas où le fond de l'affaire est tellement décidé, qu'il n'y a plus rien à examiner en définitive. Ainsi, le jugement par lequel le serment est déféré d'office à une partie ne peut plus être changé par le juge qui l'a rendu, parce que, le serment une fois prêté, il en résulte, comme conséquence forcée, la condamnation de la partie adverse. — Toullier, t. 10, nº 117.

54. — Lorsqu'un arrêt interlocutoire a soumis à des experts l'appréciation d'un dommage éventuel, une seconde appréciation de ce dommage, après qu'il a été réalisé, ne pourrait être ordonnée sans qu'il y eût violation de la chose jugée. — Dans ce cas, si la partie qui a obtenu l'expertise a conclu à ce que son adversaire fût déclaré non-recevable dans son opposition au jugement par défaut qui l'ordonnait, et par laquelle elle demandait une nouvelle expertise ; si, en outre, le point de droit de l'arrêt intervenu sur l'appel du jugement qui rejette l'opposition énonce la question de savoir si le jugement dont est appel contenait des dispositions contraires à la chose jugée, il n'y a pas lieu à cassation en ce qu'il aurait été prononcé sur une exception de chose jugée non présentée par les parties. — *Cass.*, 21 janv. 1839 (t. 2 1839, p. 401), Lefebvre c. Dambricourt.

55. — Quoiqu'un premier jugement ait déclaré qu'une commune avait la propriété entière d'un terrain, en admettant, toutefois, la commune adversaire à prouver par enquête qu'elle a prescrit la copropriété de ce même terrain, le tribunal a pu, sans violer l'autorité de la chose jugée, déclarer, après l'enquête, cette dernière commune copropriétaire du terrain. — *Cass.*, 26 déc. 1832, comm. de Sortosville et de Saint-Pierre d'Arthéglise c. comm. de Valdécie.

56. — Lorsque des entraves ont été apportées à l'exercice d'un droit d'usage, et qu'un jugement interlocutoire, tout en rejetant la demande de dommages-intérêts formée par l'usager, lui a cependant accordé les dépens à titre d'indemnité, le jugement ou l'arrêt définitif qui lui accorde également les dépens au même titre, loin de violer la chose jugée, ne fait que continuer l'application du même principe. — *Cass.*, 7 nov. 1838 (t. 1er 1839, p. 7), Roussel c. Courtois.

57. — Quand, après avoir déclaré une commune propriétaire du sol d'une halle et l'ancien seigneur propriétaire des constructions, un premier jugement a ordonné une expertise pour fixer la valeur principale et locative de ces constructions, ce jugement est définitif relativement à sa première disposition et interlocutoire seulement quant à l'expertise. — En conséquence, si un second jugement, changeant les bases du premier, vient à accorder, à la place de la valeur locative des constructions de la halle, la totalité du prix des perceptions faites durant le bail, et en l'absence du bail, l'évalue à une somme déterminée, ce second jugement viole l'autorité de la chose jugée. — *Cass.*, 4 déc. 1833, Blosseville c. comm. de Buchy.

58. — Lorsque, par un arrêt infirmatif d'un jugement interlocutoire, il est ordonné une instruction plus ample devant la cour, les parties ne peuvent, si cet arrêt a acquis l'autorité de la chose jugée, invoquer le bénéfice des deux degrés de juridiction, et demander le renvoi devant les premiers juges. — *Cass.*, 16 juin 1819, Mazure c. Manessier.

59. — Sous l'ord. de 1667, un tribunal pouvait, sans se réformer lui-même, rétracter un jugement de pure forme, tel que celui qui avait ordonné une instruction par écrit. — *Cass.*, 25 vent. an XI, Dasson c. Patte ; — Merlin, *Quest. de dr.*, vº *Chose jugée*, § 1er.

60. — Ainsi, sous cette ordonnance, le jugement qui homologuait un acte de cautionnement était purement de forme et subordonné à la validité de l'acte. En conséquence, on pouvait ultérieurement attaquer le cautionnement sans violer la chose jugée. — *Cass.*, 2 niv. an IX, Renard et Lenormand c. Paysant.

61. — Il est certains jugemens à l'égard desquels on a élevé la question de savoir si, bien que définitifs, ils pouvaient acquérir l'autorité de la chose jugée : ce sont ceux qui contiennent des dispositions comminatoires.

62. — Sous l'ancienne législation, le parlement de Bretagne permettait aux premiers juges de réformer leurs jugemens quoique définitifs, si le demandeur n'avait vu rejeter sa demande que parce qu'il n'en fournissait pas la preuve, ou ne produisait pas les pièces à l'appui. Ces jugemens, appelés *comminatoires* ou *en forme comminatoire*, n'acquéraient pas l'autorité de la chose jugée. Ils pouvaient être réformés tant qu'il n'y avait pas prescription acquise, si la partie dont la demande avait été rejetée parvenait plus tard à se procurer la preuve ou la pièce dont l'absence l'avait fait repousser. On considérait alors les premiers jugemens comme non avenus. C'était là une jurisprudence abusive contre laquelle protesta d'Aguesseau (t. 10, p. 373), et qu'ont toujours combattue les auteurs modernes. Car, sous le Code, comme sous l'ord. de 1667, les seules voies admises pour faire réformer un jugement sont l'appel, la cassation et la requête civile. — Merlin, *Rép.*, vº *Succession*, p. 436 ; Carré, *Lois de la procéd.*, t. 4, nº 1765 ; Toullier, t. 10, nºs 121 et suiv.

63. — Ainsi jugé que l'ancienne action admise en Bretagne, sous la dénomination de *lief de comminatoire*, ne peut pas l'être sous l'empire des lois actuelles. — *Rennes*, 2 mars 1818, N... ; — Carré, *loc. cit.*

64. — ... Que la loi ne reconnaît pas de jugemens comminatoires. — *Rennes*, 22 janv. 1821, de Kerouatz c. Clequin.

65. — ... Que si une demande a été rejetée faute de justification de titres à l'appui, et que le jugement est passé en force de chose jugée, il n'est plus permis au demandeur de suivre sur cette demande, même en offrant les communications originairement requises. Il ne peut venir que par nouvelle action, s'il y a lieu. — *Cass.*, 11 thermid. an VIII, Peponnet c. Camus.

66. — Jugé cependant que lorsqu'une partie est déboutée de sa demande faute de preuve, et que depuis elle fait cette preuve, son déboutement n'a pas la force de chose jugée. — *Rennes*, 26 fév. 1816, N.

67. — ... Que les dispositions comminatoires des jugemens ou arrêts ne produisent pas nécessairement l'autorité de la chose jugée. — *Cass.*, 11 mars 1834, comm. de Mareuil c. comm. d'Epagnète.

68. — ...Que lors même qu'en fixant le délai dans lequel une partie sera tenue de produire des titres par elle invoqués comme lui attribuant la propriété exclusive d'un terrain litigieux, un jugement ait ajouté que, *sinon et faute de ce faire dans ledit délai, et sans qu'il soit besoin d'autre jugement*, le terrain restera commun entre les parties, le délai prescrit peut être réputé simplement comminatoire, de sorte que, même après son expiration, la production des titres soit encore admissible. — Même arrêt.

69. — Quant aux jugemens par défaut, ils n'ont point l'autorité de la chose jugée, tant qu'on y peut former opposition, qu'ils soient ou ne soient pas sujets à l'appel.

70. — Mais du moment où l'opposition n'est plus recevable, ces jugemens ont force de chose jugée, comme l'auraient ceux rendus en dernier ressort. — C'est ainsi qu'il a été jugé qu'un tribunal d'appel viole la chose jugée en recevant l'appel de jugemens par défaut, auxquels ont été formées des oppositions que des jugemens en dernier ressort ont déclarées non-recevables. — Il n'y a d'autre moyen d'empêcher l'exécution de ces jugemens que de se pourvoir par requête civile ou en cassation. — *Cass.*, 16 germin. an XI, Raous c. Delatte.

71. — L'autorité de la chose jugée ne peut être attribuée à un jugement par défaut, frappé d'opposition, même après le délai légal, tant qu'il n'a pas été statué sur cette opposition. — *Cass.*, 22 fév. 1830, Marie.

72. — Il ne peut y avoir contradiction, dans le sens de la loi, entre un arrêt par défaut, anéanti par une opposition régulière, et l'arrêt définitif qui le rapporte ; dès-lors le second de ces arrêts ne peut être attaqué, comme violant l'autorité de la chose jugée par le premier, sous le prétexte que les motifs de l'un seraient en opposition manifeste avec ceux de l'autre. — *Cass.*, 29 août 1832, Bertin-Heu c. Merlier.

73. — Sous l'ord. de 1667, lorsqu'un tribunal avait déclaré une opposition recevable et renvoyé la cause à une prochaine audience pour être fait droit au fond, il ne pouvait à cette audience déclarer l'opposition non-recevable sans violer la chose jugée. — *Cass.*, 15 germin. an IX, Bazin c. Jeannin ; 15 frim. an XII, mêmes parties.

74. — La partie qui a interjeté appel d'un jugement qualifié *par défaut*, et exécuté comme tel, n'est pas recevable à soutenir que ce jugement ne peut être déclaré contradictoire, parce qu'il a acquis, quant à la qualification, l'autorité de la chose jugée et exécutée. — *Cass.*, 22 mars 1825, Babeau c. Gougenot.

75. — Les jugemens contradictoires rendus dans les affaires où l'on a d'avance consenti à être jugé sans appel ont force de chose jugée, aussitôt leur prononciation. — L. 1, § 35, ff., *A quib. appell. non licet.*

76. — La loi du 24 août 1790 faisait même un devoir aux particuliers de déclarer, au début de la procédure, si leur intention était d'être jugés sans appel. Cette obligation n'est plus exigée aujourd'hui. — Toullier, t. 10, nº 98.

77. — Suivant l'ord. de 1667, tit. 27, art. 5, les sentences et arrêts qui devaient passer en force de chose jugée étaient ceux rendus en dernier ressort et dont il n'y a appel. — Ord. 1667, tit. 27, art. 5.

78. — Sous le Code de procédure, les jugemens en dernier ressort ont aussi force de chose jugée aussitôt qu'ils ont été rendus, encore bien qu'ils aient été qualifiés mal à propos en premier ressort. — C. procéd., art. 453.

79. — Le jugement auquel on acquiesce obtient aussitôt force de chose jugée. — *Cass.*, 19 mai 1836, Sarrazin c. Sourisseau ; 20 déc. 1836, comm. de Granes c. Bourrel. — V. ACQUIESCEMENT, nºs 599 s.

80. — Toutefois, si l'on a de justes motifs de restitution contre l'acquiescement qu'on a donné, l'autorité de la chose jugée que le jugement avait acquise disparaîtra si la restitution est prononcée. — Toullier, t. 10, nº 109.

81. — Ainsi l'acquiescement ne peut faire acquérir à un jugement l'autorité de la chose jugée que s'il est valable ; de telle sorte que le jugement par défaut rendu contre une partie et acquiescé ex-

pressément par elle peut être rétracté par l'opposition de cette partie, si l'acquiescement en vertu duquel il avait acquis l'autorité de la chose jugée est déclaré nul, comme fondé sur une cause illicite, telle que l'usure. — *Cass.*, 7 avr. 1824, Drouet-Pothier c. Coutlier.

82. — Les jugemens qui fixent le jour d'une adjudication définitive acquièrent, s'ils ne sont point attaqués dans le délai, l'autorité de la chose jugée. — *Cass.*, 29 août 1832, Dubouchage c. Périer.

83. — L'ordonnance définitive de clôture de l'ordre rendue sans opposition a pour tous les créanciers en cause l'autorité de la chose jugée. — *Bourges*, 21 juin 1839 (t. 2 1843, p. 225), Bourdiaux c. Grégoire.

84. — Il y a chose jugée sur la fixation du montant d'une créance, par cela qu'elle a été colloquée définitivement dans un ordre, sans contradiction de la part du débiteur, et qu'ensuite il y a eu exécution par le paiement. — *Cass.*, 25 mai 1836 (t. 1er 1837, p. 61), Esmonig c. Duligondès.

85. — Ce que nous avons dit des jugemens doit en général s'appliquer aux sentences arbitrales. Une fois devenues exécutoires par l'ordonnance du président, qui leur est indispensable pour qu'elles puissent produire leur effet (C. procéd., art. 1021), si elles ne sont point réformées par appel, requête civile ou nullité (C. procéd., art. 1023, 1026 et 1028), elles acquièrent l'autorité de la chose jugée et possèdent tous les effets qui résultent de celle-ci. — Duranton, t. 13, nos 460 et 461.

86. — L'arrêt qui prononce une adoption n'est qu'un acte de juridiction volontaire ou gracieuse qui ne peut produire l'exception de la chose jugée à l'égard des tiers intéressés à faire annuler l'adoption. — *Cass.*, 22 nov. 1825, Sander-Lotzbeck c. Dugied; *Paris*, 26 avr. 1830, Schneider c. Robert-Dumesnil.

87. — Les arrêts du conseil, sous l'ancien régime, étaient des actes de haute administration émanés de l'autorité publique et souveraine, auxquels les principes de la chose jugée sont inapplicables, et qui par conséquent pouvaient atteindre ceux mêmes qui n'y avaient point été parties. — *Cass.*, 29 juill. 1829, Bouclier c. d'Orléans.

88. — Les décisions définitives de la commission de la dette de Saint-Domingue, approuvées par le gouvernement, étant définitives, ont force de chose jugée, et par conséquent elles ne peuvent être révisées ni infirmées par le conseil d'état. — *Cons. d'état*, 11 juin 1817, Lambert.

89. — Les jugemens définitifs qui ont été ou ont dû être rendus contradictoirement en dernier ressort n'ont force de chose jugée que quand l'appel n'est plus recevable. Mais de ce qu'un jugement est encore susceptible d'opposition ou d'appel et n'est point conséquemment passé en force de chose jugée, il ne s'ensuit pas que celui qui l'a obtenu ne puisse le mettre à exécution tant que ne sont pas expirés les délais pendant lesquels on peut encore appeler ou former opposition (C. procéd., art. 155, 161, 162, 450 et 457). Il est des cas même où le jugement peut recevoir son exécution nonobstant opposition ou appel (C. procéd., art. 135, 155 et 457); mais cela ne lui donne pas l'autorité de la chose jugée.

90. — La chose jugée n'existe, avons-nous dit, que quand le jugement ne peut plus être réformé par les voies ordinaires. Quant aux voies extraordinaires, telles que le pourvoi en cassation, la requête civile, prises contre le jugement dont on ne peut plus appeler, elles ne suspendent point l'autorité de la chose jugée : aussi, malgré l'admission du pourvoi par la chambre des requêtes, le jugement ou l'arrêt attaqué conserve la force de chose jugée. Il ne la perd que par la décision qui le casse. De même la requête civile, quand la loi l'autorise (C. procéd., art. 480), n'enlève pas l'autorité de la chose jugée à la décision contre laquelle on la dirige, tant que celle-ci n'est pas rétractée. — Duranton, t. 13, no 456; Toullier, t. 10, no 99.

91. — Lorsque, pour repousser la demande, un jugement invoque l'autorité de la chose jugée, ce motif ne peut donner lieu à cassation s'il était surabondant, c'est-à-dire si les juges se sont déterminés d'ailleurs par les moyens du fond pour déclarer le demandeur mal fondé. — *Cass.*, 18 août 1829, de Chazelles c. Enregist.

92. — Lorsqu'il n'y a pas de pourvoi sur un chef du jugement attaqué, la cour de Cassation doit le considérer comme ayant acquis l'autorité de la chose jugée. — *Cass.*, 11 fév. 1837 (t. 1er 1838, p. 98), Douanes c. Rasso.

93. — Ainsi la cassation d'un jugement de condamnation, comme ayant été rendu par une juridiction incompétente, n'a pas pour effet de lui enlever l'autorité de la chose jugée dans les chefs prononçant un acquittement, et contre lesquels le pourvoi n'avait pas été dirigé. — *Cass.*, 20 juill. 1832, Geoffroy.

94. — Il suffit, pour qu'il y ait violation de la chose jugée, que le second arrêt ait été rendu avant que la censure de la cour de Cassation n'ait été encourue par le premier; et décider autrement, ce serait faire dépendre la régularité d'un arrêt souverain d'un fait futur, et rendre pour ainsi dire suspensif le pourvoi en cassation. — *Cass.*, 17 nov. 1835, Desprez c. Steinmann et Fort.

95. — Lorsqu'il y a contrariété entre deux arrêts rendus par la même cour entre les mêmes parties, et que, lors du second arrêt, on a opposé la chose jugée par le premier, il y a ouverture à cassation et non à requête civile. — *Cass.*, 8 avr. 1812, Leroy c. Billoir.

96. — Lorsqu'il a été rendu par deux cours deux arrêts contraires dont le premier n'a point été attaqué, le second viole l'autorité de la chose jugée, même relativement aux parties qui, n'ayant paru qu'au second arrêt, sont jugées ensuite, par un troisième arrêt, non attaqué, avoir été représentées au premier. En conséquence, le second arrêt doit être cassé pour contrariété avec le premier. — *Cass.*, 14 août 1811, Vandevelde c. Baron et Adhibert. — Le motif qui avait fait décider que le jugement devait avoir force de chose jugée contre les parties qui n'y avaient pas paru, était tiré de ce que celles-ci étaient associées et conséquemment codébitrices solidaires de l'individu contre lequel le jugement avait été rendu.

97. — L'arrêt qui valide des offres et une consignation de prix de vente à la charge des inscriptions, grevant la transcription, sous-entend nécessairement les mots *si aucunes il y a*; dès-lors on ne peut le considérer comme contrariant un premier arrêt qui aurait dans la même cause ordonné la radiation d'une des inscriptions grevant la transcription. — *Cass.*, 8 nov. 1830, Collin c. Sœhné.

98. — Il n'existe pas de contrariété véritable entre la décision par laquelle la cour des comptes statue sur la quotité du droit réclamé par le fondateur d'une tontine pour le temps de sa gestion, et la décision par laquelle une cour royale prononce différemment sur le même droit, mais pour une époque postérieure. — *Cass.*, 22 mai 1822, Caisse Lafarge c. Mitouflet.

99. — Quand c'est par la voie de la tierce-opposition que le jugement est attaqué, il est supposé généralement avoir acquis l'autorité de la chose jugée. Mais comme celle-ci n'existe qu'entre les parties qui ont figuré au jugement, on comprend qu'il y aura rarement intérêt à former tierce-opposition à un jugement auquel on est resté étranger.

100. — Les décisions rendues par les tribunaux administratifs sont également susceptibles d'obtenir l'autorité de la chose jugée, mais seulement dans les matières qui n'excèdent pas la compétence de ces tribunaux.

101. — Lorsqu'une ordonnance royale rendue en conseil d'état a saisi un préfet de la décision d'un litige, il y a à cet égard chose jugée entre les parties. — *Cons. d'état*, 3 mai 1837, ville de Saint-Étienne c. comm. d'Outre-Fureus.

102. — L'arrêté d'un conseil de préfecture qui refuse de comprendre au rôle d'affouage un habitant d'une commune, en se fondant sur une ancienne transaction, ne peut être considéré comme emportant force de chose jugée, et dès-lors il n'empêche pas les tribunaux d'apprécier les effets de la transaction. — *Cass.*, 1er déc. 1834, de Magnoncourt c. comm. de Frasne-le-Château.

103. — Lorsqu'un arrêté de conseil de préfecture a décidé qu'un terrain n'avait pas été compris dans une vente nationale, sans statuer cependant sur la question de propriété de ce même terrain, il n'y a pas là chose jugée sur le fond, qu'on puisse invoquer devant les tribunaux ordinaires saisis ultérieurement de la question de propriété. — *Cass.*, 23 fév. 1831, Préfet de la Vienne c. Vadier.

104. — Les tribunaux ne peuvent statuer par voie réglementaire. En conséquence, on ne peut exciper, dans une nouvelle instance, de la défense générale faite par un arrêt précédent aux huissiers de procéder aux ventes de recoltes. — *Amiens*, 7 mars 1839 (t. 2 1840, p. 681), Raige et Breton c. les notaires de Provins.

105. — Le dispositif seul constituant l'essence des jugemens, c'est ce dispositif seul et non les motifs qui établissent l'autorité de la chose jugée. — *Cass.*, 5 juin 1821, Girault c. Lauvendeau et Delorme; *Besançon*, 7 mars 1827, Barbaud; *Bordeaux*, 31 mars 1828, Martineau c. Puthod; *Cass.*, 21 déc. 1830, Drouet-Chalus c. Vantelon; *Bourges*, 27 août 1831, comm. de Marval c. Chaumette; *Cass.*, 26 juill. 1832, Formon c. Vailland; 30 août 1832, Dumas c. Debezieux; 9 janv. 1838 (t. 2 1838, p. 138), comm. de de Thenay c. Chamblant; *Aix*, 1er mars 1839 (t. 1er 1839, p. 630), Fouque c. Lagier.

106. — Jugé en conséquence que lorsqu'une partie a été, dans un premier procès, déclarée non-recevable dans la revendication d'un immeuble, parce que l'existence d'une transaction la rendait sans intérêt ou sans qualité pour cela, on ne saurait induire des motifs de la décision rendue que cette partie ne puisse, à un autre titre, former cette demande en revendication. — *Cass.*, 27 août 1817, Chegaray c. Sallenave.

107. — ... Que si, par un jugement interlocutoire, lequel ne lie pas les juges, ceux-ci ont annoncé leur intention de rejeter une fin de non-recevoir, cette fin de non-recevoir peut être de nouveau examinée si elle n'a pas été rejetée par le dispositif, sans qu'il y ait violation de la chose jugée. — *Bordeaux*, 31 mars 1828, Martineau c. Puthod.

108. — ... Qu'on ne peut critiquer comme cumulant le possessoire et le pétitoire, un jugement qui ne prononce dans son dispositif que la maintenue en possession, bien que l'un des motifs semble préjuger la question du pétitoire. — *Cass.*, 26 juill. 1832, Formon c. Vailland.

109. — ... Que l'arrêt qui, sur la demande en revendication formée par une commune d'un terrain comme vain et vague, se borne dans son dispositif à ordonner une expertise, les droits des parties réservés, n'emporte pas chose jugée sur la nature du terrain, alors même que, dans les motifs de leur décision, les juges auraient dit qu'il était vain et vague. — *Cass.*, 9 janv. 1838 (t. 2 1838, p. 138), comm. de Thenay c. Chamblant.

110. — Dès-lors il n'y a violation de l'autorité de la chose jugée qu'autant que les jugemens en dernier ressort contiennent dans leur dispositif des dispositions qui sont contradictoires entre elles et ne peuvent s'exécuter simultanément. — *Cass.*, 29 fév. 1832, canal de Gisors c. Berlier.

111. — Et il n'y a pas violation de la chose jugée quand il n'y a contrariété ou contradiction qu'entre les motifs. — *Cass.*, 21 fév. 1821, Pittié c. Dubois; 21 mars 1842 (t. 2 1842, p. 289), Mont-de-Piété de Paris c. Desclans.

112. — Par la même raison, quelle que soit la contrariété des motifs exprimés dans deux décisions, il ne peut y avoir autorité de chose jugée, lorsqu'il n'y a pas identité d'objet dans ces deux décisions. — *Cass.*, 9 janv. 1839 (t. 1er 1839, p. 141), Préfet du Pas-de-Calais c. de Montblanc.

113. — Il n'y a pas non plus chose jugée en ce que les motifs d'un arrêt auraient discuté une question et énoncé des principes, si le dispositif n'a pas fait application expresse de ces principes à la cause. — *Cass.*, 23 juill. 1839 (t. 2 1839, p. 65), Galopin c. Midan.

114. — En d'autres termes, les motifs d'un jugement ou d'un arrêt, et les raisonnemens qui peuvent y être développés, ne constituent l'autorité de la chose jugée qu'autant qu'ils passent et sont formulés dans le dispositif. — Spécialement, lorsque les motifs d'un arrêt repoussent comme insuffisans, pour prouver sa libération et pour le dispenser de rendre compte, des documens produits par un mandataire, et que le dispositif se contente de renvoyer les parties à compter, un second arrêt peut admettre ces mêmes documens comme justificatifs du compte présenté, sans violer l'autorité de la chose jugée. — *Cass.*, 8 juin 1842 (t. 2 1842, p. 661), Fourré c. Mauboussin.

115. — A plus forte raison, de simples énonciations insérées dans les motifs d'un jugement ne sauraient constituer la chose jugée. — *Besançon*, 7 mars 1827, Barbaud.

116. — Jugé en ce sens qu'un jugement par défaut qui accueille une demande tendant uniquement à faire produire des intérêts aux intérêts échus d'un capital n'a pas l'effet de la chose jugée quant à la quotité de ce capital, alors même qu'elle serait exprimée dans le jugement. — *Cass.*, 25 août 1829, Boucher c. Hennet et Blondel.

117. — Il n'y a pas véritablement chose jugée sur l'existence d'une hypothèque, parce qu'un jugement devenu inattaquable porte l'énonciation que l'une des parties qui sont en cause a acquis une hypothèque sur les biens de l'autre, lorsque le débat sur lequel est intervenu ce jugement avait un autre objet que la reconnaissance de l'hypothèque, ou même que celui de l'exercice des droits qui pouvaient s'y rattacher. — *Cass.*, 4 fév. 1833, Clérambourg c. Wirtz.

118. — ... Que la qualification de *billet à ordre* donnée à un billet dans les motifs d'un jugement ne constitue pas la *chose jugée*, et ne change pas la nature de l'obligation. — *Aix*, 1er mars 1839 (t. 1er 1839, p. 630), Fouque c. Lagier.

119. — ... Que l'énonciation d'un droit de propriété, en faveur d'un particulier, contenue dans les considérans d'un décret qui a statué sur un conflit étranger à ce même droit, ne peut produire vis-à-vis de l'état l'autorité de la chose jugée

sur la question de propriété. — *Cass.*, 10 nov. 1840 (t. 1er 1841, p. 295), Pariers-du-Moulins-Narbonnais c. préfet de la Haute-Garonne.

120. — Cependant, bien que les motifs ne constituent pas le jugement, la loi n'ayant point prescrit de formule sacramentelle pour celui-ci, il suffit que le rejet d'un moyen qui a été proposé soit la suite nécessaire et indispensable du dispositif, pour que l'on doive décider que ce dispositif a jugé la difficulté que les motifs avaient d'ailleurs appréciée. — *Cass.*, 27 mars 1838 (t. 1er 1838, p. 406), Holhia, Passemart et Paris c. Blandin.

121. — Lorsqu'un jugement de première instance ne s'explique ni dans ses motifs, ni dans son dispositif, sur la validité d'une opération, l'arrêt qui décide que cette opération est illicite, ne contrevient pas à l'autorité de la chose jugée. — *Cass.*, 27 nov. 1827, Pinotte c. Lagarde.

122. — Il suffit, pour qu'il y ait chose jugée sur la légitimité d'un enfant né pendant le mariage, que la cour ait, par le dispositif de son arrêt, adopté les motifs du jugement qui déclarait non-recevable une action incidente en contestation de légitimité fondée sur l'adultère de la mère, encore bien que, sur l'exception d'incompétence prise de ce que depuis l'appel l'appelant aurait formé devant un autre tribunal une action principale en désaveu de paternité, la cour ait déclaré dans ses motifs que l'examen de cette action principale ne pouvait appartenir qu'au tribunal qui en était saisi. — *Cass.*, 31 déc. 1834, Jacob c. Galamin.

123. — Il résulte implicitement d'un arrêt de la cour de Cassation, en date du 13 nov. 1838 (t. 2 1838, p. 526, comm. de Montceau c. Doublier), que c'est dans le dispositif d'un arrêt qu'on doit chercher les élémens de la chose jugée, et cela malgré les différences de ce dispositif avec les conclusions que le demandeur avait primitivement prises, et quand bien même on prétendrait qu'il a été accordé par l'arrêt au-delà de ce qui était demandé. — Cet arrêt semble, par sa décision, reconnaître que le dispositif d'un arrêt peut acquérir force de chose jugée, à l'égard même des choses qu'il comprend, sans qu'elles aient été spécifiées dans la demande. Du reste, ceci nous paraît ressortir de la combinaison des art. 1351, C. civ., et 480, § 3, C. procéd. En effet, ce dernier article permet d'attaquer par la voie de la requête civile, la décision qui a prononcé *ultrà petita*. Mais si on ne l'a pas fait dans les délais fixés à cet égard, il faut en revenir à l'art. 1351, C. civ. Celui-ci reprend alors son empire, par suite du principe : *Voies de nullité n'ont lieu.* D'autant mieux qu'on peut très bien supposer que des conclusions verbales avaient été prises.

124. — Cependant, les dispositions générales d'une décision passée en force de chose jugée ne doivent pas être étendues au-delà des conclusions prises par les parties, alors surtout qu'il résulterait de cette extension un excès de pouvoir de la part du tribunal qui aurait rendu la décision. — *Cass.*, 7 mars 1842 (t. 1er 1842, p. 728), comm. de Mesmay c. préfet du Jura.

125. — Mais, lorsque, sur l'appel d'un jugement qui déclarait nulle une société, les conclusions des parties étaient les mêmes qu'en première instance, et que la cour royale a également reconnu la nullité de la société, on ne peut prétendre qu'il y a violation de la chose jugée, en ce que l'arrêt envisageant cette société sous un point de vue différent, lui aurait attribué quelques effets, et l'aurait ainsi validée. — *Cass.*, 24 août 1841 (t. 1er 1842, p. 209), De Boullenois et de Noue c. Bureaux.

126. — Dans l'hypothèse de deux moyens divers dont l'un aurait été nouvellement proposé et accueilli par une cour d'appel au préjudice de celui adopté par les premiers juges, il n'y a pas de violation de la chose jugée, si, par suite de l'annulation de son arrêt, la cour ultérieurement saisie rend un arrêt identique au fond, mais basé sur le moyen rejeté par la première cour. — *Cass.*, 3 mars 1834, Juif c. Brolemann.

Sect. 2e. — *Elémens constitutifs de la chose jugée.*

127. — « L'autorité de la chose jugée n'a lieu qu'à l'égard de ce qui a fait l'objet du jugement. — Il faut que la chose demandée soit la même, que la demande soit fondée sur la même cause; que la demande soit entre les mêmes parties, et formée par elles et contre elles en la même qualité. » — C. civ., art. 1351. — Ainsi, quatre conditions sont exigées pour que l'autorité de la chose jugée puisse avoir lieu : 1o identité de la chose demandée; — 2o identité de la cause de la demande; — 3o identité des parties; — 4o identité de qualité dans les parties. — Ces dispositions, reçues en France depuis long-temps, sont empruntées à la loi romaine. — *Cum quæritur hæc exceptio, noceat anne, inspiciendum est an idem corpus sit* (L. 12, ff., *De except. rei jud.*); *quantitas eadem, idem jus* (L. 13, *ibid.*); *et an eadem causa petendi, et eadem conditio personarum. Quæ nisi omnia concurrunt, alia res est* (L. 14, *ibid.*). — V. aussi L. 27, *ibid.*

128. — L'autorité de la chose jugée ne peut avoir lieu que par le concours simultané de ces quatre conditions. L'absence d'une seule suffirait pour la faire évanouir. — Pothier, sect. *De la chose jugée*, no 40; Toullier, t. 10, no 143.

129. — Jugé, en conséquence, qu'il n'y a chose jugée qu'autant que l'instance existe entre les mêmes parties, agissant dans les mêmes qualités, et que l'objet du litige est identiquement le même dans les deux procès. — *Aix*, 23 janv. 1836, Teissier c. Briquet.

130. — ... Qu'il ne peut y avoir violation de l'autorité de la chose jugée dans l'arrêt qui décide que, sur les trois identités dont la réunion est nécessaire pour constituer cette autorité, deux, l'identité de cause et l'identité de qualité, manquent absolument dans la décision dont on veut la faire résulter. — *Cass.*, 22 juin 1841 (t. 2 1841, p. 339), Deleutre et Martel c. Deleutre. — L'arrêt ne parle que de trois identités, comme étant nécessaires pour constituer la chose jugée, mais c'est parce qu'il réunit en une seule, ou plutôt sous un même titre, ainsi que cela se rencontre dans plusieurs auteurs, l'identité de parties et l'identité de qualité, dans laquelle celles-ci doivent agir.

131. — ... Que l'exception de la chose jugée ne peut être opposée lorsque dans une seconde instance entre les mêmes parties, la chose demandée étant la même, et l'action ayant le même objet, la cause de l'action est différente, et que l'une des parties agit dans la seconde instance en une qualité différente que dans la première. — *Cass.*, 30 août 1819, Delarue, Fromont c. Hervé.

132. — C'est par suite du même principe qu'il a été jugé encore que la même question de droit, entre les mêmes parties, au sujet du même contrat, mais relativement à une clause différente, ne constitue pas la chose jugée, attendu que, suivant les principes et suivant les lois romaines, pour qu'il y ait lieu à l'exception de la chose jugée, il faut que l'instance présente les mêmes demandes, les mêmes parties et le même titre. — *Cass.*, 30 germin. an XI, Sanegon c. Meulan.

133. — Pareillement, quoiqu'un procès soit soulevé à l'occasion d'un même objet, sur lequel il y aurait déjà eu instance et jugement définitif entre les principales parties qui figurent dans la même instance; quoique la demande offre pour unique résultat d'attribuer la propriété de cet objet à l'une de ces parties, à l'exclusion de l'autre, dans le second procès comme dans le premier, on ne peut dire qu'il y ait chose jugée à cet égard si la cause de la demande n'est pas la même, si les rôles de ces parties sont changés, si elles ne sont pas dans l'instance aux mêmes qualités que dans la précédente, et si une nouvelle partie y a été introduite, qui y aurait pourtant le même intérêt que une d'elles. — *Cass.*, 12 janv. 1832, de Magnoncour c. de Buyer et de Lorge.

134. — Celui qui possède contre un même individu deux droits distincts par leur cause et leur objet, n'est pas tenu de les présenter ensemble. Il peut les faire valoir successivement sans violer la chose jugée. — *Cass.*, 5 avr. 1831, Belloncle c. Samson.

§ 1er. — *Identité de la chose demandee.*

135. — La chose demandée doit être la même (C. civ., art. 1351); autrement on ne pourrait dire qu'il y a eu chose jugée; puisque c'eût été sur un tout autre objet que le juge aurait été appelé à prononcer et qu'il aurait réellement décidé. — L. 21, ff., *De except. rei jud.*; — Toullier, t. 10, no 144.

136. — Ainsi l'autorité de la chose jugée n'ayant lieu qu'à l'égard de ce qui a fait l'objet du jugement, il ne peut pas y avoir autorité de la chose jugée lorsqu'il n'y a pas identité d'objets dans les deux décisions, quelle que soit d'ailleurs la contrariété des motifs exprimés dans ces deux décisions. — *Cass.*, 9 janv. 1839 (t. 1er 1839, p. 141), Préfet du Pas-de-Calais c. de Montblanc.

137. — Et réciproquement une demande peut être repoussée par l'exception de la chose jugée, lorsquelle tend au même but qu'une autre demande antérieurement rejetée, encore bien que les moyens ne soient pas les mêmes. — *Toulouse*, 24 déc. 1842 (t. 2 1843, p. 246), Saint-Léonard et Campels c. Bal.

138. — Ces principes ont reçu leur application dans les espèces suivantes :

139. — L'arrêt qui ordonne simplement une nouvelle organisation de la tutelle n'est pas un obstacle à ce que le tuteur nommé par la délibération déclarée nulle soit réélu. — *Paris*, 14 août 1813, de Bourbon-Busset Chalus c. Seignelay et Clermont-Tonnerre.

140. — Celui qui, après avoir succombé sur une première demande tendant à se faire adjuger la propriété exclusive d'une portion de marais, en forme une nouvelle contre les mêmes parties, aux fins de faire juger qu'il a un droit de propriété commune et indivise avec elles sur la totalité du marais litigieux, ne peut être écarté par l'autorité de la chose jugée sur sa première demande. — La chose demandée n'est pas la même dans l'un et l'autre cas. — *Cass.*, 14 fév. 1831, Vincent c. Delnage.

141. — L'arrêt qui, pour déterminer quelle était la quantité d'eau nécessaire à un moulin, a fixé la hauteur des vannes et du déversoir, n'emporte pas chose jugée contre le droit qui appartient au propriétaire de changer le mécanisme intérieur de son usine. — Et l'arrêt qui lui reconnaît ce droit ne viole pas la chose jugée, alors qu'il prend toujours pour base des nécessités du moulin la hauteur déterminée par la première décision, des vannes et du déversoir. — *Cass.*, 17 déc. 1839 (t. 1er 1840, p. 667), Merville c. Queste.

142. — Lorsqu'un premier arrêt a déterminé ceux des riverains qui concourraient à la nomination d'un garde pour la surveillance et la distribution d'un cours d'eau, et a déchargé un de ces riverains de toute participation à cette contribution, le jugement, rendu postérieurement, qui décide que le garde nommé en vertu du précédent arrêt a eu capacité pour constater des contraventions sur le domaine de ce dernier riverain, ne peut être attaqué pour violation de la chose jugée. — *Cass.*, 10 juill. 1838 (t. 2 1838, p. 46), Ravanos c. Laurent.

143. — L'arrêt qui décide que des riverains n'avaient pas le droit d'opérer une prise d'eau sur un canal artificiel pour l'irrigation de leurs propriétés n'emporte point l'autorité de la chose jugée sur la question de savoir si le propriétaire de ce canal a droit à la totalité des eaux du ruisseau qui l'alimente. — *Cass.*, 22 avr. 1840 (t. 2 1840, p. 100), de Germigney c. Muel.

144. — Le jugement de simple police qui a déclaré non-recevable comme prescrite (attendu la prescription de l'action publique) l'action poursuivie par un riverain contre un autre en destruction d'ouvrages pratiqués sur un cours d'eau, en contravention à des réglemens de police, n'a pas l'autorité de la chose jugée, quant à l'exercice ultérieur d'une autre action portée devant les tribunaux civils en réparation du dommage résultant du fait qui avait donné lieu à la première poursuite, cette dernière action différant de la première quant à son objet et à la nature de la prescription qui lui serait applicable. — *Cass.*, 9 mai 1843 (t. 2 1843, p. 566), Ansiaume c. Teston.

145. — Lorsqu'un jugement passé en force de chose jugée a reconnu l'existence d'une servitude de jour par destination du père de famille, mais n'a fait aucune mention d'un avant-toit, dont la suppression est plus tard demandée, on ne peut soutenir que ce jugement établit que, dès-lors, cet avant-toit existait par destination du père de famille. — *Cass.*, 18 mai 1835, Caillet c. Fromentin.

146. — Il ne peut être apporté aucune limitation par la chose jugée au jugement rendu dans une nouvelle instance ayant lieu entre les mêmes parties, encore que l'une d'elles invoque les mêmes moyens, si les deux actions ont un objet différent. — Ainsi, l'arrêt qui, en reconnaissant un particulier propriétaire d'un immeuble, écarte comme inadmissible, en ce qu'elle est contraire à une preuve écrite, l'offre que fait une commune de prouver par témoins que ses habitans avaient, depuis un temps suffisant pour prescrire, exercé des actes de jouissance exclusive, ne met pas obstacle à ce que cette commune, alors qu'il lui a réservé le droit de faire reconnaître, s'il y avait lieu, ses droits d'usage, pacage et autres servitudes qu'elle pourrait avoir sur le même immeuble, soit admise, sous le rapport de la reconnaissance de ces droits, à la preuve testimoniale rejetée par ce premier arrêt. — *Cass.*, 1er juill. 1839 (t. 2 1839, p. 192), Lamey c. comm. de Saint-Magne.

147. — Lorsqu'un arrêt a décidé que des usagers étaient tenus à payer une redevance au propriétaire de la forêt dans laquelle s'exercent leurs droits, on ne peut attaquer comme violant la chose jugée l'arrêt postérieur qui décide que l'obligation de payer ces redevances a été anéantie par l'accomplissement du cantonnement effectué en vertu d'autres arrêts qui n'ont pas réservé au profit du propriétaire le paiement de la redevance. — *Cass.*, 14 mai 1835, de Lorge c. habitans de Champlemy.

148. — De même, il n'y a pas violation de l'autorité de la chose jugée dans un arrêt qui attribue à plusieurs communes, en vertu de titres anciens, la propriété de bois, montagnes et biens vacans si-

tués dans le territoire de chacune d'elles, nonobstant deux ordonnances rendues à une date postérieure à celle de ces titres, l'une par un grand-maître des eaux et forêts, l'autre confirmative de la précédente par un commissaire de la réformation, lesquelles accordaient aux habitans de ces communes la jouissance de certaines facultés usagères sur les mêmes bois, montagnes et vacans, sans cependant attribuer à qui que ce fût la propriété de ces biens. — *Cass.*, 1er juin 1831, préfet de la Haute-Garonne c. comm. de la vallée d'Oueil. — L'arrêt ne pouvait, en effet, violer la chose jugée par les ordonnances à l'égard de la propriété, puisqu'elles n'avaient pas statué sur celle-ci.

149. — L'arrêt qui, sur la demande du propriétaire d'une forêt ayant pour but le rachat des droits d'usage exercés dans cette forêt par une commune, s'est borné à renvoyer les parties à se pourvoir devant qui de droit sur l'exception d'absolue nécessité de l'usage soulevée par la commune, pour être statué ensuite ce qu'il appartiendra, n'a pas l'autorité de la chose jugée, sur la question de savoir si les droits d'usage sont réellement rachetables. — *Cass.*, 11 mai 1840 (t. 2 1840, p. 611), préfet de l'Isère c. comm. de Voreppe.

150. — Lorsqu'un arrêt a décidé qu'un tribunal de première instance était indûment saisi d'une action en partage, parce que cette action se trouvait, avant la nouvelle organisation judiciaire, portée devant un parlement, il n'y a pas violation de la chose jugée lorsque, sur la demande en péremption de cette instance d'appel, la cour royale déclare ensuite, en fait, que la litispendance au parlement s'appliquait non à l'action en partage, mais à une autre action, et rejette, par suite, la demande en péremption comme concernant une instance qui n'existait pas. — *Cass.*, 17 juin 1839 (t. 2 1839, p. 379), Curie c. Curie-Seimbrez.

151. — Lorsqu'en ordonnant que des biens détenus par l'un des cohéritiers seront compris dans le partage, un arrêt ne dit rien sur les fruits produits par ces biens, cette question de restitution des fruits peut être l'objet d'une nouvelle demande, alors surtout qu'aucunes conclusions à ce sujet n'ont été prises lors de cet arrêt. — *Cass.*, 13 déc. 1830, Quevremont c. Ballier.

152. — Quand des jugemens passés en force de chose jugée ont seulement réglé entre les cohéritiers la composition du patrimoine de la succession sans fixer la part de chacun, il n'y a point violation de cette chose jugée par l'arrêt qui, sur une action en recel formée par quelques uns des cohéritiers contre d'autres, applique à ces derniers la disposition pénale de l'art. 792, C. civ. — *Cass.*, 22 fév. 1831, Villebrun.

153. — L'arrêt qui, sur la demande dirigée par des héritiers contre la veuve légataire universelle en usufruit, « à fin de rapport des valeurs par elle détournées et de déchéance du droit de prendre part dans lesdites valeurs, et de son droit d'usufruit sur celles propres de son mari, lequel usufruit serait réuni à la nu-propriété entre les mains des héritiers », déclare ceux-ci non-recevables dans leur demande en déchéance d'usufruit, n'emporte pas chose jugée sur la demande que forment plus tard ces héritiers en déchéance de l'usufruit des valeurs formant la part de la veuve dans les biens de la communauté. — *Cass.*, 1er déc. 1841 (t. 1er 1842, p. 18), Grattereau.

154. — Le jugement qui admet une demande en supplément de partage relativement à un immeuble, et nomme des experts pour procéder à la vérification, estimation et partage de cet immeuble, et qui d'ailleurs n'a eu à prononcer que sur deux exceptions tirées de la non-recevabilité et de la prescription de la demande, ne fait pas obstacle à ce qu'un second jugement décide qu'il n'y a pas lieu de procéder au supplément de partage par le motif que l'immeuble qui serait à partager a été compris dans un partage antérieur. — On ne peut considérer ce second jugement comme violant l'autorité de la chose jugée par le premier. — *Cass.*, 28 nov. 1843 (t. 1er 1844, p. 237), Cassé c. Clavié.

155. — L'exception de chose jugée résultant du partage des biens du père ne peut être opposée dans une instance relative à la donation-partage faite par la mère commune. — *Nîmes*, 29 déc. 1841, (t. 2 1842, p. 105), Manen et Mourgues c. Geminard.

156. — Il n'y a pas violation de la chose jugée par l'arrêt qui a décidé que les objets immobiliers compris dans une donation ne dépassent point la quotité disponible, lorsque par un jugement antérieur, qui a déclaré cette donation nulle quant aux meubles, faute d'état estimatif, et devenu inattaquable, ce jugement n'a point réduit la donation au quart de la succession immobilière, mais au quart de la valeur de l'actif de toute cette succession. — *Cass.*, 26 juin 1832, Guiry c. d'Aptot.

157. — Dans le cas d'une donation faite en fraude des droits des créanciers du donateur, puis de la vente des biens par le donataire à des tiers de bonne foi, si en annulant la vente entre les créanciers et les donateurs et donataires, un jugement ou arrêt passé en force de chose jugée a seulement, à l'égard des tiers acquéreurs mis en cause, réservé sur les fonds non encore payés par le donataire, et restés entre ses mains, l'exercice des droits des créanciers, ces derniers ne peuvent prétendre droit à une collocation sur l'intégralité du prix, sous prétexte que leur inscription hypothécaire serait indivisible. — *Cass.*, 8 avr. 1834, Lemaistre c. Autrique.

158. — Lorsque, dans une instance en séparation de corps, un premier arrêt, infirmant le jugement de première instance, qui déclarait qu'il y avait eu réconciliation entre les époux, a ordonné la preuve des faits articulés, il n'y a pas violation de la chose jugée, par cela qu'un second arrêt aurait, sur le vu des enquêtes, ordonné que le jugement attaqué sortirait son plein et entier effet. — *Cass.*, 17 janv. 1838 (t. 1er 1838, p. 136), d'Etruchat.

159. — Une cour qui rejette la preuve des faits de concubinage, mais qui admet celle de captation et de suggestion, et prononce ensuite qu'il y a suggestion, ne viole pas l'autorité de la chose jugée, en ce que ces faits sont les mêmes dans les deux cas. — *Cass.*, 30 mai 1826, Dunand c. Truchet.

160. — L'arrêt qui a statué sur une demande à fin de dation d'un conseil judiciaire, ne peut être invoqué comme emportant l'autorité de la chose jugée, sur la demande en annulation d'un testament pour cause de démence. — *Cass.*, 19 déc. 1814, Taillefer c. Magnier. — V. Les conclusions de Merlin rapportées au *Rép.*, vo *Testament*, sect. 1re, § 1er, art. 1er, no 3.

161. — Quand de deux faits dont la preuve est offerte, savoir : 1o la démence du vendeur ; — 2o la suggestion et le dol de la part de l'acquéreur, la preuve du premier seulement a été admise par un jugement qui a été prononcé sur ce chef, en se réservant de statuer sur toutes les qualités des parties, on a pu, sur l'appel, reproduire le second de ces faits, et l'arrêt qui l'a accueilli, sans même en ordonner la preuve, n'a violé, ni la chose jugée, le jugement contenant des réserves (C. civ., art 1351), ni la règle des deux degrés de juridiction, le moyen ayant déjà été présenté en première instance (C. procéd., art. 464), ni les art. 252 et 256, C. procéd., ces articles laissant à l'appréciation des cours royales les questions de nécessité ou de surabondance de preuves testimoniales offertes. — *Cass.*, 3 juill. 1828, Mejean c. de Calvière.

162. — On ne peut voir la violation de la chose jugée dans un arrêt qui se fonde, dans ses motifs, sur une lettre écrite par l'une des parties à une date déterminée, alors même que par un arrêt antérieur il a été donné acte à l'autre partie de ce qu'elle renonçait au droit de se servir d'une lettre datée du même jour, s'il n'est pas justifié suffisamment que les missives invoquées ne sont qu'une seule et même lettre. — *Cass.*, 5 août 1823, Thèze c. Besse et Hocquet.

163. — Lorsqu'il a été décidé que des billets souscrits par une femme, avant son mariage, n'avaient de date certaine que du jour de l'enregistrement, et que, cet enregistrement n'ayant eu lieu que depuis le mariage, les créanciers de la femme ne pouvaient exiger le montant de ces billets sur une somme que celle-ci s'était réservée, dans son contrat de mariage, pour son entretien, il n'y a point violation de la chose jugée, quand, sur une demande, par ces mêmes créanciers, à l'effet d'annuler comme frauduleuse la donation contractuelle faite par la femme à son mari, un arrêt postérieur décide que ces mêmes billets avaient une date certaine antérieure au contrat de mariage. — *Cass.*, 30 janv. 1828 (et non 1827), Dumas de Polart c. Lemaitre.

164. — Lorsque, postérieurement au jugement qui a prononcé la séparation de biens et ordonné la liquidation des reprises de la femme contre son mari, il a été passé des actes ayant pour objet de valider des ventes d'immeubles antérieurement faites par le mari, il n'y a entre ces actes et ces dispositions aucune corrélation, et il ne peut résulter de leur combinaison une exception de chose jugée contre la demande en annulation desdites ventes formée par la femme pour défaut de remploi du prix d'aliénation dotale. — *Cass.*, 12 mai 1840 (t. 2 1840, p. 153), Arragon et Cure c. de Montlogis.

165. — Quand, par suite de la saisie générale des biens d'une succession, une ancienne sentence a déclaré que les tiers acquéreurs des immeubles aliénés par les héritiers seront tenus de les délaisser et en a ordonné la vente avec les autres biens de la succession, si l'adjudication ordonnée n'a point eu lieu, les tiers acquéreurs ont pu, vis-à-vis des héritiers, être maintenus dans la propriété des immeubles à eux vendus, sans qu'il y ait eu violation de la chose jugée. — *Cass.*, 2 mai 1836, Daubuisson c. Dalmas et Duperrier.

166. — L'arrêt qui, sur la demande en nullité d'un acte de vente portant sur des meubles et immeubles, déclare l'acte valable et ordonne en conséquence la remise des meubles, et immeubles y compris, ne juge rien quant à l'importance et la quotité de ces meubles ; et le nouvel arrêt qui, postérieurement, et par appréciation du contrat, les limite à ceux dont la nature est déterminée et spécifiée, ne viole pas l'autorité de la chose jugée. — *Cass.*, 3 mai 1837 (t. 2 1837, p. 114), Sancan Mourlan.

167. — Quand le vendeur avec pacte de réméré a, dans le but de rentrer dans sa propriété, fait à son acquéreur des offres réelles déclarées insuffisantes par un jugement passé en force de chose jugée, il est néanmoins recevable à exercer ultérieurement l'action en réméré, s'il est encore dans les délais (C. civ., art. 1662. — Troplong, vo *Vente*, nos 719 et suiv.). Cette dernière demande ne peut pas être réputée avoir le même objet que celle formée antérieurement en validité d'offres, quoique toutes deux conduisent nécessairement au même résultat. — *Cass.*, 16 août 1837 (t. 2 1837, p. 361), Bouchet c. Dubay.

168. — Le jugement qui a repoussé la demande en indemnité formée par le locataire, pour trouble apporté à sa jouissance par la démolition d'une maison contiguë, exécutée par le bailleur lui-même, n'a pas l'autorité de la chose jugée, à l'égard de la demande en dommages-intérêts formée par ce locataire, à raison de la privation absolue de la maison louée, dont la démolition est ordonnée par un arrêté administratif qui est le résultat de la démolition de la première maison. — *Bordeaux*, 24 déc. 1833, Labarbe c. Société de la galerie.

169. — Il n'y a pas identité de décision entre des arrêts du conseil jugeant qu'un mandat a été donné par le gouvernement à des individus à l'effet de liquider une opération financière, et un jugement qui décide ultérieurement qu'il n'a pas été donné mandat à l'effet d'obliger le gouvernement. Ces deux décisions, distinctes l'une de l'autre, peuvent exister simultanément, sans que la seconde porte atteinte à la chose jugée par la première. — *Cass.*, 28 juin 1830, Despagnac c. Trésor public.

170. — Si on poursuit l'héritier de celui à qui on a confié un dépôt, à raison du dol de son auteur, et qu'on succombe, cela n'empêchera pas de le poursuivre à raison de son dol personnel ; car c'est un autre fait, *de aliâ re agitur*. — L. 22, ff., *De except. rei judic.* — Duranton, t. 13, no 470.

171. — Lorsqu'un premier arrêt, passé en force de chose jugée, a condamné par corps un débiteur sur les poursuites de l'un de ses créanciers, un second arrêt ne viole pas l'autorité de la chose jugée si, sur la demande d'un agent de la faillite du même débiteur, il décide que ce débiteur ne peut être constitué en état de faillite et ordonne sa mise en liberté. — *Cass.*, 27 mai 1829, Combat et Lefort c. Langlois.

172. — Par cela qu'un débiteur a été admis par jugement au bénéfice de cession de biens sur le motif qu'il était malheureux et de bonne foi, il ne s'ensuit pas que les juges ne puissent plus tard, sans contrevenir à l'autorité de la chose jugée, déclarer, surtout à l'égard d'un tiers, qu'une convention faite entre ce tiers et le débiteur avant la cession est entachée de fraude. — *Cass.*, 14 déc. 1829, Lapierre c. Goupy.

173. — Lorsqu'un jugement passé en force de chose jugée a prononcé la contrainte par corps contre un débiteur en se fondant sur sa qualité de commerçant, un second jugement entre les mêmes parties peut, sans violer l'autorité du premier, refuser de déclarer le débiteur en faillite par le motif qu'il ne ferait pas du négoce sa profession habituelle. — Il n'y a pas là identité de demandes. — *Cass.*, 4 mai 1842 (t. 2 1842, p. 364), Barré c. Vieyra-Molina.

174. — Lorsque, sur une question de compétence un arrêt a renvoyé devant le tribunal civil, par ce motif qu'il n'y avait pas eu compte courant entre les parties, il peut néanmoins être décidé sur le fond qu'il y a eu compte courant, sans que l'on puisse invoquer l'autorité de la chose jugée. — *Paris*, 22 fév. 1809, Soret c. Rousseau-Baguéneau. — L'arrêt n'avait jugé et n'avait voulu juger que la compétence et non le fond.

175. — Sous la loi du 18 pluv. an IX, l'arrêt par lequel une cour spéciale s'était déclarée incompétente, n'avait, quoique confirmé par la cour de Cassation, l'autorité de la chose jugée que relativement à l'état où se trouvait la procédure lorsque l'arrêt avait été rendu. — *Cass.*, 3 janv. 1811, Poncelet

176. — L'autorité de la chose jugée, par rapport à une question de compétence, s'étend à une pareille question qu'un second jugement déciderait en même temps que le fond. — *Cass.*, 23 juill. 1836, préfet de l'Orne c. Frette.

177. — Dans le cas où le tribunal d'appel a infirmé la décision d'un juge de paix qui s'était déclaré incompétent, et a renvoyé l'affaire devant un autre juge de paix, la compétence ne peut plus être contestée sans violation de la chose jugée, si le jugement de renvoi n'a point été attaqué et a reçu son exécution. — *Cass.*, 15 avr. 1835, Douanes c. Gaspard.

178. — Lorsque dans une matière de référé on a élevé une question de propriété, et que le juge s'est déclaré incompétent, que devant le tribunal on a abandonné la question de propriété pour discuter celle de référé, et que le tribunal s'est à son tour déclaré incompétent, le juge est valablement ressaisi de la question de référé, sans qu'on puisse prétendre qu'il y a conflit négatif et violation de la chose jugée. — *Cass.*, 27 avr. 1825, Albarel c. Guillard.

179. — Quand, sur une demande en réglement de juges, la cour de Cassation a renvoyé les parties à procéder devant l'un des tribunaux saisis, en exécution d'un jugement rendu par ce tribunal, cet arrêt n'a pas l'autorité de la chose jugée, non seulement sur la compétence, mais encore sur le fond du procès; en telle sorte que, si le dernier acte de la procédure est un jugement, le droit de le faire réformer est désormais interdit à celui contre qui il a été rendu, alors même qu'il n'y aurait nullement renoncé. — *Cass.*, 23 janv. 1833 (et non 1832), Beslan c. Tellier.

180. — Le jugement par lequel le tribunal se reconnaît compétent sur la déclaration du demandeur qu'il ne s'agit que de l'exécution d'une convention privée n'a pas l'autorité de la chose jugée sur la question résultant de conclusions postérieures du demandeur, et relatives au point de savoir si l'autorité judiciaire est compétente pour ordonner la destruction d'ouvrages autorisés par l'autorité administrative. Il n'y a plus là identité de demandes. — *Cass.*, 26 janv. 1841 (t. 1er 1841, p. 640), Lahérard c. Decroix.

181. — L'autorité de la chose jugée, tirée des décisions relatives à des articles de forcement ou de rejet spécialement indiqués, et à des faits généraux de dol ou de fraude, n'est pas applicable à la demande nouvelle motivée sur un faux emploi, surtout si ce grief particulier, qui n'a été désigné ni dans les conclusions précédentes des parties, ni dans les jugemens ou arrêts antérieurs invoqués par le rendant compte, puise sa justification dans un livre de celui-ci, communiqué seulement à l'oyant depuis ces décisions. — *Cass.*, 21 août 1839 (t. 2 1839, p. 521), Garnier et Simon Paulze c. Ricqbour.

182. — Lorsqu'un jugement a rejeté pour cause de fraude la revendication de certains biens frappés de saisie-brandon, la revendication d'une autre partie des mêmes biens, compris dans la même saisie, a pu être admise sans qu'il y ait violation de la chose jugée. — *Bourges*, 5 mai 1830, Oppin c. Bisset.

183. — Le jugement confirmé en appel qui, sur la demande du saisi réclamant la nullité du titre et aussi celle de tous les actes de poursuites faits en vertu de ce titre, déclare valable et le titre et les poursuites auxquelles il a donné lieu, a force de chose jugée quant à la validité de ces actes, alors que la validité formait l'objet d'une question distincte posée au tribunal, et qu'il y était conclu d'une manière formelle par le défendeur. — *Cass.*, 14 août 1838 (t. 2 1838, p. 384), Biron c. Plinguet.

184. — Lorsqu'après plusieurs collocations un jugement d'ordre ordonne que sur le restant du prix un créancier sera colloqué par préférence à un autre, ce jugement acquiert entre ces deux créanciers la force de chose jugée, et doit régler la distribution à faire entre eux de sommes devenues ultérieurement disponibles par suite des changemens qu'ont éprouvés les collocations des premiers créanciers. — *Cass.*, 29 avr. 1813, Bachelier-d'Agès c. d'Inglemare.

185. — Le créancier qui, dans un ordre, a demandé sa collocation à une certaine date, et qui a contesté à un autre créancier le droit d'être colloqué, peut, quoique ayant succombé sur cette contestation, demander plus tard à être colloqué à une date antérieure à celle qu'il a réclamée dans sa première demande, sans qu'on ait le droit de lui opposer l'autorité de la chose jugée. — *Cass.*, 23 août 1837 (t. 1er 1838, p. 65), d'Aubigny c. Dufraigne.

186. — Le jugement qui rejette les contestations élevées par un acquéreur contre la collocation d'un créancier inscrit ne fait pas autorité de chose jugée contre la demande ultérieure de cet acquéreur afin d'être autorisé à suspendre le paiement de son prix. — *Orléans*, 15 avr. 1845 (t. 1er 1845, p. 716), Bigot c. Ruten.

187. — L'ordannance du juge-commissaire qui a prononcé la forclusion d'un créancier hypothécaire appelé à l'ordre et a ordonné la radiation de son hypothèque, élève, par l'autorité de la chose jugée qui s'y attache (lorsqu'elle n'a été attaquée par aucuns moyens légaux), une fin de non-recevoir insurmontable, non seulement contre l'action en maintien ou validité d'hypothèque formée depuis par ce créancier, mais encore contre les divers chefs de conclusions qui pourraient se rattacher soit à la qualification de sa demande, soit à sa qualité de mineur émancipé, dépourvu de curateur à l'époque de l'ordonnance, soit à l'inefficacité de la procédure suivie pour purger son hypothèque. — *Cass.*, 25 août 1842 (t. 1er 1843, p. 142), Loisel c. Hauterre.

188. — Il n'y a pas violation de la chose jugée entre un arrêt qui détermine le rang des créanciers hypothécaires dans un ordre, et un arrêt subséquent qui ordonne la distribution au marc le franc, entre tous les créanciers du vendeur, du capital des rentes dues par un tiers, et à la garantie desquelles était affecté l'immeuble sur le prix duquel l'ordre est ouvert. — *Cass.*, 1er août 1839 (t. 2 1839, p. 418), Osmont c. Thiboult et Delivet.

189. — Un jugement qui a réglé l'ordre du prix d'un immeuble, n'a pas l'autorité de la chose jugée relativement à l'ordre du prix d'un autre immeuble fait entre les mêmes créanciers, surtout si le premier ordre a été fait antérieurement aux lois nouvelles sur le régime hypothécaire. — *Cass.*, 4 juill. 1815, de Tallenay c. Hérissey et Bailly-Cresset.

190. — Lorsqu'une contestation jugée souverainement entre plusieurs créanciers dans l'ordre du prix d'un immeuble se représente entre eux dans un autre ordre, on ne peut admettre la première décision comme autorité de la chose jugée, surtout s'il y a dans le second ordre des créanciers qui n'ont pas figuré dans le premier. — *Bourges*, 4 juin 1825, Rollin et Oudot c. Blaque-Belair.

191. — Lorsque, par suite de contestations élevées dans un premier ordre, la créance de l'un des créanciers colloqués a été fixée par un jugement devenu définitif, il y a chose jugée entre les parties contestantes et contestées sur le chiffre de cette créance, et ces contestations ne peuvent plus être reproduites dans un second ordre. — *Orléans*, 28 fév. 1844 (t. 1er 1844, p. 456), Chauveau c. Malherbe

192. — L'exception de la chose jugée ne peut pas être opposée à la demande en restitution de sommes indûment reçues dans un ordre, quand le débat, objet de la nouvelle action, ne s'est élevé ni lors du jugement, ni lors du réglement définitif. — *Paris*, 29 août 1843 (t. 1er 1844, p. 109), Jamin c. Dubréna et Caumartin.

193. — Quand, par un premier arrêt, il a été irrévocablement prononcé sur l'existence d'une société en participation, sans rien préjuger sur sa durée, un nouvel arrêt a pu juger que cette même société a pris fin avant l'époque assignée à sa durée sans violer l'autorité de la chose jugée. — *Cass.*, 10 janv. 1831, Balathier c. de Chalabre.

194. — Ainsi, lorsque les syndics d'une faillite ont pris des conclusions tendant à faire annuler une inscription hypothécaire : 1° en ce qu'elle serait postérieure à l'ouverture de la faillite ; — 2° en ce que l'acte en vertu duquel cette inscription a été prise aurait été fait en fraude des droits des créanciers, et qu'un jugement a fixé l'ouverture de la faillite à une date postérieure de plus de dix jours à la faillite, l'autorité de la chose jugée qui a pu s'attacher à ce jugement n'empêche pas le tribunal de statuer sur le second chef des conclusons tendant à critiquer comme fait en fraude des droits des créanciers l'acte sur lequel l'inscription est fondée. — *Rennes* (et non *Grenoble*), 28 oct. 1816, Rozy c. Thelohan.

195. — Celui qui a échoué au possessoire peut agir au pétitoire, la propriété étant une chose tout autre que la possession : l'une est de droit, l'autre est de fait. — L. 14, § 3, ff., *De except. rei judic.* — C'est là, du reste, une vieille maxime du droit français. — Carré, t. 1er, p. 269, note 4e ; Toullier, t. 10, n° 156 ; Duranton, t. 13, n° 468.

196. — Jugé en ce sens qu'un arrêt rendu au pétitoire ne peut pas violer l'autorité de la chose jugée par des sentences qui n'ont prononcé que sur le possessoire. — *Cass.*, 17 fév. 1809, Besnier c. Gauthier.

197. — ... Que la décision prononcée au possessoire ne peut être d'aucune influence dans l'action intentée au pétitoire, et que, dès-lors, le juge du pétitoire peut déclarer faux des faits que le juge de paix, en statuant au possessoire, a reconnus vrais. — *Nîmes*, 17 janv. 1809, Valladier c. Causse.

198. — ... Que le jugement au possessoire, déclaratif d'un fait ou d'une possession immémoriale, ne lie pas les juges du pétitoire par l'autorité de la chose jugée. — *Bourges*, 26 mai 1825, Charlot c. Lerasle ; *Cass.*, 31 juill. 1832, comm. de Pressigny c. Pierrot.

199. — Toutefois, sous le droit romain, lorsqu'il s'agissait d'un interdit possessoire, pour la décision duquel il fallait nécessairement examiner les titres du demandeur, le jugement sur le possessoire avait l'autorité de la chose jugée en ce qui concernait le pétitoire, si cette dernière action était fondée sur les mêmes titres et présentait à juger les mêmes questions que l'action possessoire. — L. 7, § 4 ; L. 14, § 3, ff., *De except. rei judic.* ; — *Cass.*, 27 oct. 1812, Doria c. Pastorelli.

200. — Celui qui a obtenu gain de cause au possessoire, et auquel des dommages-intérêts ont été adjugés à ce titre, peut, s'il succombe au pétitoire, être à son tour condamné à des dommages-intérêts, si ce n'est pas pour restituer ceux qu'il a obtenus au possessoire et si cette dernière condamnation ne l'assimile pas à un possesseur de mauvaise foi, mais se borne à régler des dommages résultant du procès sur le pétitoire. — *Cass.*, 15 avr. 1833, Lacroix c. comm. de Rouffach.

201. — Lorsque, sur une demande au pétitoire formée contre le possesseur de certains terrains, un tiers intervenant réclame la main-levée dans des droits d'usage, pour le cas où il serait fait droit aux conclusions du demandeur principal, si le tribunal, reconnaissant comme propriétaire le possesseur actuel, déclare qu'il devient par cela même inutile de prononcer sur la demande en maintenue des droits d'usage, il ne s'ensuit pas une reconnaissance forcée de ces droits à l'égard du possesseur maintenu; en conséquence ces droits pourront être refusés ultérieurement par un tribunal, sans qu'il y ait violation de l'autorité de la chose jugée. — *Cass.*, 20 mars 1832, comm. d'Hybarette c. Monet.

202. — Mais on ne pourrait revenir au possessoire après avoir agi au pétitoire. — C. procéd., art. 26. — On serait présumé avoir reconnu qu'on n'avait aucun droit sur la possession, ou bien y avoir renoncé. — V. ACTION POSSESSOIRE.

203. — La chose devrait être considérée comme étant la même, encore qu'elle ne fût plus dans le même état qu'à l'époque de la première demande, soit qu'elle eût reçu quelques augmentations ou qu'au contraire elle eût diminué, soit qu'elle eût été modifiée dans sa qualité, sa forme ou son étendue. Ainsi un troupeau, qu'il fût devenu plus nombreux ou qu'il eût été réduit même à une seule tête, n'en serait pas moins le même corps dans la seconde que dans la première action. — L. 14 et 21, ff., *De except. rei jud.* ; — Toullier, t. 10, n° 145 ; Duranton, t. 13, nos 461 et 462 ; Pothier, *Oblig.*, sect. *De la chose jugée*, n° 41.

204. — Pour qu'il y ait chose jugée, il n'est pas nécessaire que le droit reconnu par le jugement ait été l'objet direct et principal de ce jugement. Il peut n'en avoir été que l'accessoire, pourvu toutefois qu'il en soit une conséquence nécessaire.

205. — Ainsi décidé qu'il y a chose jugée sur l'état d'un enfant par la décision qui, sans le déclarer bâtard d'une manière explicite, le déboute d'une demande en délaissement de biens, qu'il ne pouvait former qu'en qualité d'enfant légitime, alors surtout que, dans les conclusions des parties, cette qualité a été respectivement contestée et soutenue. — Ord. 1667, tit. 27, art. 5. — En conséquence l'enfant n'est plus recevable à réclamer, même par action principale, l'état de légitimité. — *Cass.*, 25 pluv. an II, Masson c. Nugent.

206. — ... Que le jugement qui rejette par des moyens au fond l'imputation de manœuvres frauduleuses dirigées contre une vente, a l'autorité de la chose jugée sur la question de fraude, alors même qu'aucun fait précis n'aurait été articulé ni aucune preuve offerte. — Dès-lors cette question ne peut plus être reproduite entre les mêmes parties, même au moyen d'articulation de faits nouveaux, et d'imputations positives dont on offrirait la preuve. — *Cass.*, 14 janv. 1839 (t. 1er 1839, p. 42), Vignon.

207. — ... Qu'un débiteur qui a été condamné au paiement des arrérages d'une rente ne peut ultérieurement prétendre que cette rente est féodale. Du jugement de condamnation résulte implicitement qu'on a statué sur la question de féodalité. — *Cass.*, 13 thermid. an VII, Droulin c. Gourdele.

208. — ... Que lorsqu'un arrêt, statuant par forme de révision d'un jugement émané d'un tribunal étranger, a définitivement réglé des dommages-intérêts adjugés à une somme fixe et déterminée,

il ne peut plus être ensuite accordé des intérêts pour les mêmes causes, courus depuis le jour du jugement rendu à l'étranger jusqu'à celui de l'arrêt qui lui a donné la force exécutoire. Le second arrêt qui accorde ces intérêts doit être cassé pour violation de l'autorité de la chose jugée. — *Cass.*, 7 mars 1837 (t. 1er 1838, p. 403), Sautter c. Perret

209. — ... Que lorsqu'un arrêt a jugé qu'une sentence judiciaire était valable à l'effet d'autoriser des poursuites, il a, par cela même, jugé entre les parties que cette sentence était pareillement valable à l'effet de conférer hypothèque; en conséquence, le contraire ne peut plus être décidé sans qu'il y ait violation de la chose jugée. — *Cass.*, 4 déc. 1837 (t. 1er 1838, p. 319), de Magnoncour c. Pescheur.

210. — ... Que le jugement intervenu dans une contestation relative à une année seulement des arrérages d'une rente s'applique de plein droit aux arrérages des années subséquentes, lorsque la discussion et la décision ont porté sur le fond du droit. — Dès-lors, si la même réclamation s'élève relativement à une année postérieure, elle peut être repoussée par l'exception de la chose jugée. — *Toulouse*, 24 déc. 1842 (t. 2 1843, p. 246), Saint-Léonard et Campels c. Bal.

211. — Mais le jugement qui valide une saisie-arrêt sur les revenus d'une femme normande ne frappe que les revenus ameublis au jour de sa prononciation; de sorte qu'il ne peut avoir autorité de chose jugée pour les revenus à échoir. — *Cass.*, 8 mars 1832, Chanu c. Montchenu.

212. — Lorsqu'une cour a annulé pour incompétence le jugement sur une demande principale, à laquelle une demande en séquestre était accessoire, et qu'elle a renvoyé l'accessoire avec le principal devant les juges compétens, la question de séquestre n'a pas le caractère de la chose jugée, et peut être reproduite devant ces juges. — *Rennes*, 6 juill. 1819, Rousseau de la Brosse c. Fresnais.

213. — Lorsqu'une sentence arbitrale rendue sur la liquidation d'une société commerciale entre deux associés, a déclaré l'un d'eux créancier d'une somme déterminée, mais sans en prononcer la condamnation, de nouveaux arbitres, nommés par suite de cette omission, ne peuvent certifier la liquidation qui a été consommée par la première sentence. Il y aurait violation de l'autorité de la chose jugée. — *Cass.*, 27 juill. 1829, Maggi c. Cazati.

214. — Quand une commune a revendiqué la propriété d'un bois en soutenant que les droits d'usage qu'elle a sur ce bois équivalent, d'après leur nature et la législation locale au droit de propriété même, l'arrêt qui rejette cette prétention de la revendication de propriété du bois, sauf aux habitans à exercer leurs droits d'usage, conformément aux lois et leurs titres, a, quant à la reconnaissance des droits d'usage des habitans, la force de la chose jugée et de l'aveu judiciaire, si en défendant sur la question de propriété, le propriétaire du bois a lui-même déclaré que la commune avait des droits d'usage. — *Cass.*, 15 juill. 1835, comm. de Saint-Thiébault c. de Rutand.

215. — Après avoir succombé dans la demande d'un tout, on ne peut plus former une demande pour une partie. — Tel serait le cas où, après avoir demandé un fonds, on en viendrait ensuite demander le quart ou une partie déterminée, le rejet de la première demande devrait nécessairement s'appliquer à la seconde, car *in toto et pars continetur.* — L. 113, ff., *De reg. juris.* — En effet, si la réclamation de la chose pour la totalité n'eût été fondée que pour une partie, le juge aurait, sur la première demande, alloué cette même partie.

216. — La règle *in toto et pars continetur* s'applique, soit qu'il s'agisse d'un corps certain, d'une quantité, ou d'un droit (L. 7, ff., *De except. rei jud.*).

217. — Ainsi, après avoir réclamé un troupeau, je ne pourrais en réclamer une ou plusieurs têtes (L. 21, § 1, ff., *De except. rei jud.*). — Après avoir demandé 20,000 fr. je ne pourrais plus, par une action fondée sur les mêmes causes, en demander 10,000. — Après avoir réclamé le droit de passer avec bêtes de somme (*actum*), je ne pourrais plus demander le simple passage à pied (*iter*). — L. 1, ff., *De serv. præd. rust.*; — Toullier, t. 10, nos 147 et suiv.; Duranton, t. 13, no 463; Pothier, sect. *De la chose jugée*, no 45.

218. — Ainsi jugé que celui qui a succombé dans une première demande d'une universalité de meubles, ne peut ensuite demander spécialement deux de ces meubles sans violer l'autorité de la chose jugée. — *Rennes*, 15 mars 1821, Martin De la Bigotière c. Visdelou de la Villethéard.

219. — ... Qu'en cas de rejet d'une action en responsabilité avec demande de dommages-intérêts pour faute dans l'exécution d'un mandat, on ne peut, sans violer la chose jugée, former ensuite une demande principale en dommages-intérêts fondée sur le même fait, encore bien que le premier jugement n'ait fait que rejeter l'action en responsabilité, sans rien dire à l'égard des dommages-intérêts, lesquels se trouvent compris implicitement dans le rejet. — *Cass.*, 21 nov. 1843 (t. 1er 1844, p. 393), Troché c. Barbeau.

220. — Mais il n'y a pas violation de la chose jugée de la part d'un tribunal qui, après s'être déclaré incompétent pour prononcer sur une séparation de corps, se déclare compétent pour prononcer sur une séparation de biens entre les mêmes parties; en effet, il n'y a pas là identité de demande, bien que la seconde se trouvât contenue dans la première. — *Paris*, 30 mai 1826, Ditrich.

221. — De plus, la demande générale d'un droit absolu et sans bornes est tout à fait différente de la demande spéciale par laquelle on réclame un droit déterminé, distinct du premier, et dont il n'a pas été question lors de la décision qui a statué sur la demande générale. En conséquence, la disposition *générale* de cette décision qui rejette la demande *générale*, ne peut être invoquée comme constituant la chose jugée à l'égard de la demande *spéciale*. — *Cass.*, 30 mars 1837 (t. 2 1837, p. 16), Thayer c. Sœhnée.

222. — Ainsi, l'arrêt qui, statuant par appréciation d'un contrat portant défense de construire sur un terrain, décide que cette défense continuera de produire son effet nonobstant la modification survenue dans l'état des lieux, n'a pas l'autorité de la chose jugée à l'égard de la demande que forme le propriétaire du fonds soumis à la servitude à fin d'être autorisé à exploiter utilement son mur de clôture, en lui donnant de la profondeur pour y construire des boutiques sur la voie publique. — Même arrêt.

223. — De même, après avoir demandé, contre mon cohéritier qui possède toute la succession, la totalité de cette même succession, me prétendant seul héritier, et avoir vu ma demande rejetée en ce qui touche la part de mon cohéritier, je pourrai très bien de nouveau demander ma part, si ma qualité d'héritier n'avait pas été contestée, et s'il n'avait pas été jugé que l'hérédité appartenait pour le tout à mon cohéritier. Ma part n'avait été comprise dans la demande que *nomine tenùs*. Elle ne faisait point partie de l'objet du litige, quoiqu'elle fît partie de l'hérédité. — Duranton, t. 13, no 471.

224. — Après avoir inutilement demandé deux choses, deux champs, par exemple, on ne pourrait plus en réclamer un seul. — L. 7 et 21, § 2, ff., *De except. rei jud.*; — Toullier, t. 10, no 150.

225. — Si le juge a omis de parler des intérêts, ils ne peuvent pas être demandés par une nouvelle action. — Brillon, *Dict.*, vo *Intérêts*. — Les intérêts sont dus depuis l'ajournement, et si le juge a omis de les prononcer, ils ne peuvent être demandés par une nouvelle action. Le remède serait d'interjeter appel de la sentence. — Branchin, sur la 55e question de Guy-Pape. — En effet, *non sunt duæ actiones, alia sortis, alia usurarum, at una, ex quâ, condemnatione factâ, iterata actio rei judicatæ exceptione repellitur.* — L. 4, C. *De posit.*

226. — De ce qu'un jugement confirmé sur l'appel a validé, pour le dixième d'une créance en principal, les oppositions formées sur l'indemnité accordée à un colon de Saint-Domingue, il ne s'ensuit pas qu'il ait été reconnu que les intérêts de cette même créance fussent dus, ni qu'il y ait chose jugée à cet égard. — Il doit en être de même, à plus forte raison, si l'on ne représente ni expédition ni copie authentique de la sentence originaire de condamnation, sur les énonciations de laquelle les jugement et arrêt ont cru pouvoir se fonder comme sur de simples présomptions suffisantes pour justifier les oppositions dans les circonstances particulières des désastres de la colonie. — *Cass.*, 16 mai 1836 (t. 1er 1837, p. 147), Chabert c. Astier et Laborie.

227. — Tout ce qui faisait partie de la chose réclamée, lors de la première demande, quand même il en serait séparé lors de la seconde, tout ce qui en est provenu pendant l'intervalle des deux demandes, tels que fruits, arbres coupés, croît d'animaux, tout ce qui s'y rattache par accession, alluvion ou autrement, est réputé avoir été compris dans la demande primitive. — L. 7, § 3, ff., *De except. rei jud.*; — Toullier, t. 10, no 151.

228. — Toutefois, cela ne pourrait s'appliquer aux pierres et autres matériaux provenant d'un édifice détruit depuis la première demande, parce que le demandeur pouvait être propriétaire de ces matériaux autrement que comme maître de l'édifice. — L. 7, § 2, ff., *De except. rei jud.*; Toullier, t. 10, no 152.

229. — Après avoir échoué dans la demande de la propriété d'un fonds, on n'en peut réclamer l'usufruit, celui-ci faisant partie du fonds. — L. 4, ff., *De usufr.*; L. 21, § 3, ff., *De except. rei jud.*; — Toullier, t. 10, no 147.

230. — Mais cette disposition ne doit s'entendre que du cas où il s'agit de l'usufruit inhérent à la propriété, de celui que les docteurs nomment *causal*. Elle ne s'appliquerait pas si la nouvelle demande avait pour objet le véritable usufruit, l'usufruit *formel*, qui est une servitude, une charge de la propriété, loin d'en être une partie, ou si l'usufruit était réclamé en vertu d'une autre cause. — Duranton, t. 13, no 465; Toullier, t. 10, no 158.

231. — Ainsi jugé, sous l'ordonnance de 1667, que, quand on avait été débouté de la demande en propriété d'un fonds, on pouvait, en vertu d'un autre titre, réclamer l'usufruit de ce même fonds. — *Cass.*, 21 vendém. an XI, Debrye; — Merlin, *Quest.*, vo *Chose jugée*, § 9.

232. — La liquidation des dépens insérée dans un jugement ne peut être considérée comme une disposition ayant l'autorité de la chose jugée relativement à l'allocation des articles compris dans cette liquidation. — *Paris*, 28 mars 1825, Chantemesle c. de Badereau.

233. — Mais réciproquement, après avoir succombé dans la demande de la partie, y aurait-il chose jugée relativement à la demande du tout? — Le droit romain contient à cet égard plusieurs solutions.

234. — Ainsi, après avoir échoué dans un droit de servitude foncière, je puis, par une seconde action, demander la propriété du fonds. Et cela parce que le droit de servitude ne contient nullement le droit de propriété, et qu'il n'a pu être prononcé sur ce dernier droit par un jugement rendu seulement sur la question de servitude. — L. 17, ff., *De except. et præscript.*

235. — De même, le simple droit de passage à pied (*iter*) est bien compris dans le droit de passer avec bêtes et voitures, *actus*, mais il ne le comprend pas. — Après avoir inutilement demandé le passage à pied, on peut donc fort bien demander celui avec voitures. — L. 11, § 6, ff., *De except. rei judic.*

236. — Enfin, après avoir revendiqué tel champ faisant partie d'un domaine, je peux réclamer le domaine entier; après avoir échoué dans une demande d'usufruit, je peux revendiquer la propriété. — L. 21, § 3, ff., *De except. rei judic.*

237. — Il faudrait donc conclure de ce qui précède, que l'exception de la chose jugée ne saurait être opposée à la demande d'un tout, parce que antérieurement on aurait échoué dans la revendication d'une partie de ce tout. D'ailleurs, l'exception de la chose jugée doit être rejetée, s'il y a doute sur son application, et, s'il existe quelque raison plausible de dire que les personnes ou les choses ne sont pas les mêmes. — Toullier, t. 10, nos 153 à 157.

238. — Toutefois, comme Toullier lui-même l'avoue, la règle dont il s'agit est comme toutes les règles, elle a ses exceptions. Les textes des lois romaines, sur lesquelles elle s'appuie, sont en opposition avec d'autres textes des mêmes lois, où l'opinion contraire est formellement établie. — Ainsi, entre autres dispositions, on trouve qu'après avoir demandé certaine partie d'une hérédité, on serait repoussé par l'exception *rei judicatæ*, si l'on venait réclamer ensuite l'hérédité entière. — L. 3, ff., *De except. rei judicatæ*,

239. — De même, après avoir succombé dans une action tendant à élever un mur de dix pieds contre un voisin possédant la servitude *non altiùs tollendi*, on ne pourrait former contre lui une action tendant à élever un mur de vingt pieds. — L. 26, ff., *De except. rei judicatæ.* — Le plus ne peut être permis à celui qui ne peut le moins. — Aussi, M. Duranton (t. 13, no 464) se prononce-t-il contre la règle qu'on fait découler de la maxime *in toto pars continetur.* « Du moment, dit-il, où il a été jugé que le demandeur n'avait pas même droit à une part de la chose, il l'a été par cela même qu'il n'avait pas droit au tout, puisque si le tout lui eût appartenu, il n'est pas douteux que la partie ne lui eût été adjugée. » — Conf. Favard, *Rép.*, vo *Chose jugée*, § 1er, no 1er.

240. — Il nous semble que ni l'une ni l'autre de ces deux opinions ne peut être adoptée d'une manière absolue, que la décision à prendre varie selon les circonstances, et qu'il faut examiner si dans une demande restreinte quant à son objet, le jugement rendu a ou non porté sur le droit dans son entier. — Merlin, *Rép.*, vo *Chose jugée*, § 17.

241. — Le rejet de la demande d'intérêts n'empêche pas de former la demande du capital, pourvu, bien entendu, que le rejet ait eu lieu, parce qu'il n'était pas dû d'intérêts, ou bien qu'ils eussent été

payés ou prescrits ; mais non pas parce qu'il n'était point dû de capital. — L. 23. ff., *De except. rei judic.*; — Duranton, t. 13, nº 469.

242. — Autrement et dans ce dernier cas, il a été décidé avec raison que le jugement qui a statué sur le paiement des arrérages d'une rente viagère, a l'effet de la chose jugée relativement au capital même de cette rente. — *Cass.*, 27 avr. 1807, Rohan Guéméné c. Bouret de Vezelay.

243. — Après avoir revendiqué l'usufruit proprement dit d'un fonds, peut-on, par une nouvelle demande, demander la propriété de ce fonds ? Ne peut-on pas dire ici encore qu'en bornant sa demande à l'usufruit, on reconnaissait qu'on n'avait aucun droit au fonds ? — Nullement ; car l'objet de la nouvelle action diffère essentiellement de celui de la première. Si l'on s'était contenté d'abord de demander l'usufruit, qu'en conclure ? sinon, qu'on ignorait alors le droit qu'on avait à la propriété, ou bien au moins qu'on avait des doutes à cet égard. La demande de l'usufruit ne préjuge donc pas celle qu'on pourra faire plus tard de la propriété. — L. 21, § 3, ff., *De except. rei judic.*; — Toullier, t. 10, nº 153 ; Duranton, t. 13, nº 466.

244. — De même, on pourrait revendiquer l'immeuble, après avoir succombé dans la demande d'une servitude qu'on prétendait sur celui-ci. Car le droit de servitude ne peut être considéré comme contenant le droit de propriété. — Pothier, *Obligation*, sect. *De la chose jugée* ; Duranton, t. 13, nº 466 ; Toullier, t. 10, nº 153.

245. — Ce qu'on vient de dire de la servitude s'applique à l'usage. On pourrait donc, après avoir vainement réclamé celui-ci, revendiquer la propriété de l'immeuble.

246. — L'individu, qui s'est vu repousser dans sa demande d'usufruit sur un immeuble, peut encore réclamer un droit d'usage sur ce même immeuble. Il n'y a pas identité de la chose demandée. Le droit d'usage se distingue du droit d'usufruit, on peut le posséder sans avoir droit à celui-ci. Mais on ne pourrait demander l'usufruit, après avoir succombé dans l'action dirigée pour obtenir le droit d'usage. Celui qui possède l'usufruit, possède l'usage ; or, si l'on a décidé que je n'avais pas même celui-ci, à plus forte raison a-t-on voulu dire que je ne pouvais prétendre à celui-là. — Duranton, t. 13, nº 467.

247. — Lorsque le débiteur d'une obligation exigible par quart a été condamné à payer le premier quart par un arrêt qui a rejeté ses moyens de nullité contre l'obligation, la chose jugée par cet arrêt peut être opposée aux moyens de nullité proposés contre la demande en paiement des autres quarts. — *Cass.*, 20 déc. 1830, Thévenin et Julien c. Dufour et Malivert.

§ 2. — *Identité de la cause de la demande.*

248. — Pour qu'il y ait lieu à l'autorité de la chose jugée, il faut que la cause de la demande soit la même que celle sur laquelle une précédente décision a prononcé. — C. civ., art. 1351. — — Voet, *Ad pandect.*, tit. *De except. rei judicat.*; Pothier, *Pandect.*, *eod. tit.*, § 18.

249. — Dès-lors, l'autorité de la chose jugée ne peut être invoquée, bien que la demande soit la même, entre les mêmes parties, si elle n'est pas fondée sur la même cause. — *Cass.*, 3 août 1819, Delarue et Fromont c. Hervé et Delaunay ; 30 août 1832, Dumas c. Debezieux ; 30 mars 1841 (t. 1er 1841, p. 525), Saulnier de la Pinelais c. Domaine.

250. — Dans le droit romain, on faisait, quant à l'application de la condition d'identité de cause, une distinction entre les actions en revendication et les actions personnelles ; Pothier et les autres auteurs l'ont généralement reproduite (LL. 9 ; 11, §§ 1er et 2 ; 14, §§ 2, 17 et 18, ff., *De except. rei judicat.*); mais la disposition de l'art. 61, § 3, C. procéd., qui exige que l'exploit d'ajournement contienne l'objet de la demande et l'*exposé sommaire des moyens*, la rend généralement sans objet dans notre droit. — Duranton, t. 13, nº 472.

251. — Une demande en sursis à l'exécution d'un jugement, fondée uniquement sur le même motif qu'une semblable demande précédemment rejetée, ne peut être admise sans violation de la chose jugée. — *Cass.*, 23 (et non 25) fév. 1824, Davin c. Catoire.

252. — Le vendeur d'objets mobiliers qui, au cas de faillite de l'acheteur, a exercé sans succès l'action en revendication, ne peut plus exercer l'action en résolution de la vente pour défaut de paiement du prix. En effet, ces deux actions sont fondées sur la même cause, savoir le défaut de paiement du prix. — *Cass.*, 19 avr. 1836 (t. 1er 1837, p. 202), de Graville c. Arnault.

253. — L'individu acquitté sur une plainte en violation de dépôt par arrêt qui déclare légitime la conversion par lui faite des objets déposés en objets d'une autre espèce, ne peut être poursuivi de nouveau pour rétention en nature de partie du dépôt. — La demande est fondée sur la même cause, la violation du dépôt. — *Cass.*, 10 messid. an XII, Pertrand c. de Rohan ; — Carnot, sur l'art. 360, *C. inst. crim.*, p. 712, nº 2.

254. — Lorsque la nullité d'une dette résultant de lettres de change a été reconnue par le débiteur ; qu'après cette reconnaissance un jugement est intervenu, qui, en se fondant sur la validité des titres, en a ordonné le paiement, et qu'enfin ce jugement a été formellement acquiescé par le débiteur, celui-ci ne peut plus être admis à prétendre que la dette est usuraire. Il y a chose jugée sur la validité et la sincérité des titres. — *Cass.*, 27 mai 1840 (t. 2 1840, p. 583), Bernault c. Heumann.

255. — Mais l'exception de la chose jugée n'a pas lieu quand la cause est différente. — « La même chose, dit Pothier (*Obligat.*), peut m'être due en vertu de plusieurs différentes causes d'obligation, et j'ai autant de créances différentes de cette nature et autant d'actions différentes contre mon débiteur qu'il y a de différentes causes d'obligations d'où elles naissent ; lesquelles différentes actions renferment autant de questions différentes ; le jugement qui a donné congé de ma demande sur l'une de ces actions n'a rien statué sur les autres. »

256. — Ainsi, après avoir demandé dix mille francs, je suppose, à titre de dépôt, rien ne m'empêcherait de renouveler une demande de même somme pour prix d'une vente que j'aurais faite, ou même pour un autre dépôt. — Duranton, t. 13, nº 475.

257. — Le même principe a reçu son application dans les espèces suivantes :

258. — Sous l'ordonnance de 1667, lorsque l'on avait été débouté de la demande en propriété d'un fonds, on pouvait, en vertu d'un autre titre, réclamer l'usufruit de ce même fonds. — *Cass.*, 21 vendém. an XI, Debrye.

259. — Lorsque, sur une instance au possessoire introduite par les riverains d'un cours d'eau navigable contre l'état, à fin de cessation du trouble apporté à leur possession par l'établissement d'une ferme de *droit de pêche*, il est intervenu un jugement qui a maintenu ladite possession, ce jugement ne peut être opposé sur une seconde instance au possessoire formée, à la suite de l'établissement, par l'état, sur le même cours d'eau, d'une perception de *droits de navigation*. — *Cass.*, 30 mars 1841 (t. 1er 1841, p. 525), Saulnier de la Pinelais c. Domaine.

260. — De ce qu'un premier arrêt aurait déclaré non-recevable, *quant à présent*, comme insuffisante, la preuve qu'un héritier, déjà reconnu avoir seul droit à tous les biens paternels, offre de faire qu'il existe des biens de cette nature autres que ceux qui lui ont d'abord été attribués, on ne saurait conclure qu'il y a violation de la chose jugée par un second arrêt qui rejetterait également comme insuffisantes de nouvelles preuves offertes, par cela seul qu'il ne répéterait pas les expressions insignifiantes *quant à présent*. — *Cass.*, 14 nov. 1837 (t. 2 1843, p. 223), Thomas c. Dessaulx.

261. — L'arrêt qui rejette les conclusions d'un cohéritier défendeur à un partage, tendantes à faire distraire un immeuble de ce partage, en ce qu'il a été attribué exclusivement à son auteur par un testament qu'il représente, n'emporte pas chose jugée sur la demande que forme plus tard ce cohéritier dans le but de faire distraire le même immeuble du partage en vertu d'une substitution créée par un autre testament. Il n'y a pas là identité de cause. — *Cass.*, 3 mai 1841 (t. 2 1841, p. 364), Dugarric d'Uzech c. d'Abzac.

262. — Lorsqu'un premier jugement a maintenu un acte de partage sur une demande en rescision pour cause de lésion, un arrêt postérieur peut en prononcer l'annulation comme contenant une aliénation par le mari de l'immeuble dotal, sans porter atteinte à l'autorité de la chose jugée. — *Cass.*, 15 juin 1837 (t. 1er 1838, p. 610), Justamond c. Cauvin.

263. — Lorsqu'une partie, ayant succombé dans sa demande en révocation d'une donation pour survenance d'enfant, se pourvoit en réduction de cette même donation, pour fournir la réserve, on ne peut lui opposer l'exception de chose jugée, résultant de l'arrêt qui a rejeté sa première demande. — On ne peut la lui opposer, surtout si, lors de cet arrêt, elle était défenderesse à la demande en exécution de la donation, sous prétexte qu'à ce titre elle devait faire valoir en défense à cette demande toutes ses exceptions et, par conséquent, sa prétention de faire réduire la donation. — *Cass.*, 5 juin 1821, Girault c. Laurendau et Delorme.

264. — La remise des biens compris dans une donation faite en vertu d'un arrêt définitif et d'une transaction intervenue sur son exécution n'est pas une remise volontaire, qui rend celui qui l'a faite non-recevable à réclamer, à *un autre titre*, une partie des biens délaissés. — *Bourges*, 11 déc. 1821, Laurendau c. Girault.

265. — Lorsqu'un créancier du donateur a obtenu un arrêt de condamnation contre le donataire, comme tenu des dettes jusqu'à concurrence de la valeur des immeubles donnés, cet arrêt n'emporte point l'autorité de la chose jugée sur la question de savoir si le donataire sera tenu des mêmes dettes jusqu'à concurrence du mobilier qui lui a été également donné. — *Cass.*, 26 mai 1840 (t. 2 1840, p. 412), Bonneau de Bruères c. Fitz-Gérald.

266. — L'enfant légataire de la quotité disponible ne peut se prévaloir de l'autorité de la chose jugée, résultant d'un jugement qui a déclaré que le douaire dû à la veuve, le droit d'habitation et le trousseau, légués par le testateur, sont une charge commune de la succession, à l'effet de prétendre que ces libéralités ne sont pas imputables sur le legs préciputaire. — *Rennes*, 21 fév. 1834, des Nettumières.

267. — De même, lorsqu'un testament argué de faux a été reconnu vrai par un jugement, s'il est ensuite attaqué, par voie de nullité, pour vice de forme, le jugement ou l'arrêt qui l'annule ne viole pas la chose jugée. — *Cass.*, 6 juin 1826, Huguenin.

268. — Lorsqu'un premier jugement, passé en force de chose jugée, a déclaré une obligation nulle, attendu que le créancier qui était juif n'avait pas prouvé en avoir fourni la valeur, un second jugement qui déclare cette même obligation éteinte par une cession, ne viole pas la chose jugée, ce second jugement décidant, comme le premier, qu'il n'est rien dû au créancier. — *Cass.*, 23 mars 1831, Lœrvel c. Behr.

269. — Quand un individu chargé d'une gestion d'affaire a été condamné à des dommages-intérêts pour avoir mis les choses dans un état tel que le compte n'en saurait être rendu tel qu'il devait l'être, il ne peut invoquer l'exception de la chose jugée, ni la règle *non bis in idem*, pour repousser une nouvelle condamnation à dommages-intérêts qui rejaillit contre lui par suite de l'exercice qu'ont fait de leurs droits ceux qui lui avaient confié la gestion de leur affaire. — *Cass.*, 25 juill. 1838 (t. 2 1838, p. 483), Sirey c. Roy.

270. — Lorsqu'un premier arrêt a rejeté une demande en nullité ou en résolution de la vente d'un brevet de maître de poste fondée sur ce que le cédant aurait refusé de donner sa démission, un second arrêt peut, sans violer la chose jugée, admettre une nouvelle demande en nullité ou en résolution fondée sur le refus fait par le gouvernement d'agréer la démission donnée par le cédant depuis le premier arrêt, et de sanctionner la cession. — *Cass.*, 19 juill. 1843 (t. 1er 1844, p. 442), Maissiat c. Machard.

271. — De même par cela qu'un jugement a rejeté une demande en nullité d'une vente faite à un avocat, comme ayant pour objet une chose litigieuse, il ne s'ensuit pas qu'on ne puisse former ultérieurement une demande en nullité du même contrat, sur le motif qu'il y aurait eu, non pas vente, mais antichrèse. — *Cass.*, 27 août 1817, Chegaray c. Sallenave.

272. — Après avoir vainement invoqué la prescription contre une demande en partage d'un immeuble, on peut opposer un acte de vente qui aurait transmis la propriété exclusive du domaine litigieux. — *Cass.*, 6 déc. 1837 (t. 2 1837, p. 556), Lamberterie c. de Mainzac.

273. — Lorsqu'un jugement a annulé une saisie-arrêt par le motif que le saisi a argué de nullité le titre en vertu duquel elle était pratiquée, mais sans prononcer expressément la nullité de ce titre, une nouvelle saisie-arrêt peut être pratiquée en vertu du même acte, et les tribunaux ne peuvent la déclarer nulle comme contraire à la chose jugée. — *Cass.*, 15 germin. an VII, Delespierre c. Isbrand-Lindoney.

274. — Le saisi qui a succombé dans sa demande en nullité, pour vices de formes de la procédure antérieure à l'adjudication préparatoire, est recevable à attaquer ultérieurement cette procédure, en se fondant sur des exceptions dirigées contre l'action et le fond même du droit du poursuivant, sans qu'on puisse lui opposer la chose jugée. En effet, si la demande est la même, elle n'est pas fondée sur la même cause. — *Bordeaux*, 29 nov. 1833, Marchand c. Destal.

275. — Lorsqu'une cour royale, chambre correctionnelle, déclare que les parties doivent être jugées par leurs titres, et surseoit à statuer jusqu'à ce que ces parties, qu'elle renvoie à fins civiles,

aient fait décider si les titres dispensent l'une d'elles d'une obligation, la même cour, chambre civile, appelée à prononcer par suite de ce renvoi, peut, sans violer la chose jugée par l'arrêt correctionnel et sans commettre un excès de pouvoir, déclarer que la dispense, lors même qu'elle résulterait des titres, aurait été abolie par une loi postérieure. — *Cass.*, 21 août 1828, comm. de Sorède c. Bernadac.

276. — Un jugement rendu sur la validité d'une adjudication sur expropriation ne peut pas servir de base à l'exception de la chose jugée contre une action personnelle en reddition de compte de cette adjudication. — *Cass.*, 23 mars 1824, Rion-Kerhallet c. Delarue.

277. — Lorsque, sur une contestation intervenue entre des particuliers, il a été ordonné par des jugemens passés en force de chose jugée que certains travaux seraient faits dans le lit d'une rivière, si l'autorité administrative s'est opposée à l'exécution de ces travaux dans l'intérêt public, les tribunaux peuvent, sans méconnaître l'autorité de la chose jugée, refuser d'ordonner l'exécution des jugemens précédens et délaisser les parties à se pourvoir devant l'autorité administrative supérieure. — *Cass.*, 9 fév. 1825, Desplanques c. Val.

278. — L'arrêté d'une administration centrale de département qui, sur la demande d'une personne qui se présentait comme héritière apparente, a ordonné la levée des scellés apposés sur les biens dépendans de la succession d'un détenu révolutionnairement, ne met pas obstacle à ce que d'autres personnes fassent valoir devant qui de droit, soit en concurrence avec cette personne, soit à son exclusion, les titres qu'ils peuvent avoir à ladite succession. — *Cons. d'état*, 3 sept. 1836, Delaviolaye c. Enault.

279. — L'arrêté d'un préfet qui a rejeté la demande d'un individu tendant à être porté sur la liste électorale d'une année, n'a pas l'autorité de la chose jugée relativement à la réclamation que le même individu reproduit l'année suivante, en se fondant sur les mêmes actes, lors de la publication d'une nouvelle liste. — *Agen*, 14 nov. 1828, Brugalières c. Préfet du Lot.

280. — Si, depuis le premier jugement, il est survenu une nouvelle cause, on ne peut opposer l'exception de chose jugée à la demande fondée sur cette cause nouvelle, quelle que soit d'ailleurs la généralité des termes du premier jugement. — L. 11, § 4, ff., *De except. rei judic.*

281. — Ainsi encore, après avoir revendiqué la succession d'un de mes parens et m'être vu repoussé, parce que la succession appartenait à un parent d'un degré plus rapproché que moi, je pourrais plus tard renouveler ma demande, comme étant devenu héritier de ce dernier. — L. 3, Cod., *De petit. hæred.* — Bien plus, ma nouvelle action ne saurait être rejetée, encore qu'elle ne fût fondée que sur les mêmes moyens que ceux présentés à l'appui de ma première demande, sur celui, par exemple, tiré de la nullité du testament en vertu duquel possède le tiers détenteur. La question de nullité jugée entre lui et moi *ex personâ meâ*, n'est pas pour cela jugée à l'égard du parent dont je suis devenu héritier. J'ai donc le droit de la reproduire, d'en demander un nouvel examen, encore que je n'apporterais ni une autre preuve ni un moyen nouveau pour constater la nullité. — Duranton, t. 13, n° 476.

282. — Décidé en conséquence qu'après avoir réclamé les biens d'une succcession en vertu d'un testament qui a été déclaré nul, un individu peut encore réclamer les mêmes biens en vertu d'un autre testament qui porte que ses dispositions n'auront d'effet qu'autant que le premier serait annulé. — *Liége*, 11 juill. 1814, Lefèvre c. Collin.

283. — ... Et que le jugement qui, pour accueillir la demande en délaissement formée par des héritiers légitimes, déclare nul le testament dont les détenteurs excipent comme unique moyen de défense, n'a pas l'autorité de la chose jugée sur la demande à fin d'attribution d'une partie de la succession que forment ces derniers en vertu d'un autre testament dont il n'a pas été question dans la première instance. — Il y a là une *nouvelle cause* de demande, et non pas seulement un *moyen nouveau*. — *Montpellier*, 15 fév. 1841 (t. 2 1841, p. 450), Vizera c. Peille.

284. — Le même principe est applicable : 1° à l'égard de celui qui, réclamant une succession échue à un individu dont l'existence n'est pas reconnue et aux droits duquel il se trouverait, si celui-ci était décédé, a été repoussé faute de prouver que cet individu existait à l'époque où le droit réclamé a été ouvert, et que plus tard il vient à fournir cette même preuve. — C. civ., art. 135 et 136 ; — Duranton, t. 13, n° 477.

285. — ... 2° A l'égard de la personne qui, nommée légataire sous condition, s'est vue déclarer non-recevable comme ne justifiant pas de l'accomplissement de celle-ci, si plus tard elle prouve que la condition est véritablement accomplie. — Duranton, t. 13, n° 477.

286. — De même, au cas contraire, la personne qui n'aurait obtenu congé d'une demande que parce qu'elle n'avait pas telle qualité nécessaire pour arriver à sa condamnation, pourra être poursuivie de nouveau lorsque la qualité se sera réalisée. Par exemple, celui qui aurait été renvoyé de la demande en pétition d'hérédité dirigée contre lui, comme ne possédant rien de la succession, pourra être attaqué de nouveau, si, depuis la première demande, il a hérité de tout ou de partie de cette succession. — L. 9, *princip.*, 17 et 18, ff., *De except. rei judic.*; — Duranton, t. 13, n° 478.

287. — Pareillement, l'individu qui aurait été renvoyé de la demande en paiement que le créancier du défunt aurait dirigée contre lui, le croyant, mais à tort, héritier de celui-ci, deviendrait plus tard passible de la même action, si, postérieurement, la succession lui était dévolue. — L. 2, ff., *De except. rei judic.*; L. 15, ff., *De oblig. et act.*; — Duranton, t. 13, n° 479.

288. — Après avoir condamné le demandeur principal au paiement de tous les frais, les juges peuvent, sans violer l'autorité de la chose jugée, obliger le garant à payer ces frais au garanti, si, depuis le premier jugement, le demandeur principal est devenu insolvable. — *Cass.*, 3 janv. 1833, Sautel c. Brocard.

289. — Lorsqu'une première demande a eu pour objet la résolution d'une vente ou cession, à raison de retard dans la livraison de cette chose, il n'y a pas lieu à l'exception de la chose jugée pour même cause de demande, si, dans l'intervalle d'une demande à l'autre, il est survenu une circonstance qui ait rendu cette livraison impossible. — *Cass.*, 20 nov. 1834, Delagrange c. Nicolay.

290. — Lorsqu'un arrêt a condamné un individu à payer une somme déterminée, en y ajoutant, à titre de dommages-intérêts, la condamnation accessoire au paiement d'une certaine somme pour chaque jour de retard dans l'exécution, un arrêt subséquent peut, sans violer la chose jugée, réduire cette somme aux seuls intérêts de la condamnation principale, si, depuis cette condamnation, les parties ne se trouvent plus respectivement dans les mêmes circonstances ; par exemple, si la partie condamnée a manifesté par des offres, même partielles, l'intention de payer, et si elle a été arrêtée à cet égard par des saisies-arrêts pratiquées dans ses mains au préjudice de son créancier. — *Cass.*, 4 juin 1834, Lecour c. Mather et Mazarin.

291. — Le jugement qui rejette une plainte comme n'étant pas suffisamment justifiée ne met point obstacle, quoique passé en force de chose jugée, à ce qu'une poursuite soit exercée, à raison d'un nouveau fait, à l'appui duquel on produit des actes et des titres qui n'avaient pas été invoqués dans le premier procès. — *Cass.*, 23 juill. 1836, Lecouteulx c. Bouelle.

292. — Lorsqu'un premier arrêt passé en force de chose jugée a admis une partie à produire, au compte qu'il ordonne, certains articles, avec ses titres à l'appui, et que, lors du réglement de ce compte, cette partie a refusé de faire la production ordonnée, le nouvel arrêt qui déclare l'autre partie créancière sur l'inspection de ses seuls titres, ne viole pas l'autorité de la chose jugée, alors surtout qu'il réserve à la partie qui a refusé de produire ses titres le droit de le faire ultérieurement. — *Cass.*, 2 juill. 1838 (t. 2 1838, p. 302), de Ménissier c. Mazure.

293. — Lorsque, dans une contestation relative à une fourniture de fourrages, un premier arrêt a refusé à un sous-traitant une indemnité, en se basant sur le motif unique qu'il ne faisait pas telle justification déterminée par le même arrêt, il n'y a point violation de la chose jugée dans la décision ultérieure qui admet, après cette justification faite dans un autre procès, le même sous-traitant à profiter indirectement de l'indemnité qui lui avait été refusée par le premier arrêt. — *Cass.*, 24 janv. 1843 (t. 2 1843), p. 123), Ratisbonne c. Boubée.

294. — Bien qu'un premier jugement passé en force de chose jugée ait *réservé* à un créancier son recours contre la caution, il n'y a point violation de la chose jugée dans l'arrêt qui a postérieurement admis la caution à invoquer contre le créancier, au moment de l'exécution qu'il dirige contre elle, l'exception tirée de ce qu'il a laissé périmer son inscription contre le débiteur principal, et l'a ainsi déchargée de ses obligations. — *Cass.*, 20 mars 1843 (t. 2 1843, p. 255), Dartigues c. Charropin.

295. — Il est cependant un cas où, après avoir succombé dans une demande, on ne peut en intenter une seconde, tout en la basant sur une nouvelle cause ; c'est celui où, par l'adition d'hérédité, il y a confusion des qualités, des actions séparées dans leur origine. Ainsi, une personne de qui j'ai acquis un domaine en a néanmoins consenti vente en faveur d'un tiers : ce dernier et moi nous avons chacun une action pour obliger le vendeur à nous délivrer le domaine vendu ; mais avant d'intenter ces actions, l'autre acquéreur décède, en me laissant pour héritier unique. En acceptant cette succession, tous les droits du défunt seront mêlés avec les miens ; les actions que nous pouvions avoir chacun se sont également confondues. Conséquemment, après avoir intenté, en mon nom personnel, l'action en délivrance, je ne pourrais plus, si elle avait été rejetée, l'intenter comme héritier de l'autre acquéreur. — Il faudrait décider autrement si la succession n'avait été acceptée que sous bénéfice d'inventaire, ce bénéfice ayant pour effet d'empêcher la confusion des droits et des actions. — L. 10, ff., *De action. empt.*; — Toullier, t. 10, n° 169.

296. — La cause de la demande doit être distinguée des moyens de la prouver. La cause de la demande *causa petendi*, c'est la cause prochaine de la demande *causa proxima actionis*, et non le genre d'action choisi par le demandeur ; car la même cause peut produire plusieurs actions. Conséquemment, si je réclame la même chose, mais par une action différente, ma demande n'en devra pas moins être rejetée. — LL. 5 et 7, § 4. ff., *De except. rei judic.*

297. — Ainsi, ayant acheté une chose entachée d'un vice rédhibitoire, je pourrai, d'après l'art. 1644, C. civ., ou rendre la chose et me faire restituer le prix, ou garder la chose et me faire rendre une partie du prix, telle qu'elle aura été arbitrée par experts. Cette seconde action est celle que les jurisconsultes romains nommaient l'action *quanti minoris*. Or, je ne pourrai, après avoir agi d'une manière générale, ou après avoir choisi la dernière action, venir intenter l'autre. La cause de la seconde action, *causa proxima actionis*, est la même que celle de la première. Ce sont les vices rédhibitoires dont le vendeur est garant. C'est donc toujours la même question à juger : la chose vendue est-elle entachée de vices dont garantie est due par le vendeur ? — L. 25, § 1er, ff., *De except. rei judic.*; — Pothier, *Oblig.*, sect. de la *Chose jugée*, n° 50.

298. — Bien qu'on ne trouve dans le Code aucune disposition reproduisant la loi romaine, cependant la raison de décider étant la même, la décision doit être également la même chez nous. — Toullier, t. 10, nos 161, 162 et 163 ; Duranton, t. 13, nos 480 et suiv.

299. — On a donc décidé en principe que l'identité de cause ne cessait pas par cela que la seconde demande était fondée sur des moyens nouveaux. — *Colmar*, 17 juill. 1816, Erhard c. Levi ; *Cass.*, 16 juill. 1817, Swan c. Lubbert ; 3 fév. 1818, Erhard c. Levi ; 29 janv. 1821, Bouquin c. Prat et Gerard.

300. — Ainsi, après avoir demandé la nullité de tel contrat pour défaut de consentement, celui-ci m'ayant été surpris par erreur, je ne pourrai demander de nouveau cette même nullité sous le prétexte que le consentement m'avait été arraché par violence. Il n'y a pas ici cause nouvelle : ce que je demande c'est toujours la nullité de l'acte par suite de non-valabilité du consentement. Il n'y a qu'un moyen nouveau ; or, ce n'est qu'en vertu d'une cause nouvelle que je puis intenter une seconde action. — Toullier, t. 10, n° 165 ; Duranton, t. 13, nos 480 et suiv.

301. — Jugé par application des mêmes principes que, lorsque, par arrêt passé en force de chose jugée, une obligation authentique, arguée de nullité pour cause de *minorité* de l'un des témoins instrumentaires, a été déclarée valable, elle ne peut de nouveau être attaquée sur le fondement que l'autre témoin serait *étranger non naturalisé*. — *Colmar*, 17 juill. 1816, Erhard c. Levi ; *Cass.*, 3 fév. 1818, mêmes parties.

302. — ... Que lorsqu'une première opposition à l'ordonnance d'*exequatur* d'un jugement arbitral était motivée sur ce que les arbitres n'avaient pas prononcé dans le délai prescrit, s'il est intervenu un arrêt qui ait rejeté cette opposition, il ne peut en être formé une nouvelle, fondée sur ce que l'ordonnance dont il s'agit aurait dû être rendue par le président du tribunal de commerce, au lieu de l'avoir été par la cour royale. — *Cass.*, 29 janv. 1821, Bouquin c. Prat.

303. — ... Que le jugement qui déclare une police d'assurance arguée de nullité comme souscrite par un agent *sans pouvoirs* peut être opposé, comme ayant l'autorité de la chose jugée, sur la demande en nullité de la même police formée ultérieurement et fondée sur ce que l'agent aurait excédé ses pou-

voirs. — *Cass.*, 24 fév. 1835, compagnie du Phénix c. Voiron.

504. —...Que le jugement qui rejette la demande d'un débiteur, en radiation de l'hypothèque d'un de ses créanciers, peut être opposé à un autre créancier qui forme la même demande; encore que ce créancier invoque la nullité du titre constitutif de l'hypothèque, tandis que le débiteur s'était fondé sur le défaut de stipulation d'hypothèque. — *Cass.*, 15 janv. 1828, Delavaire c. Bardot.

505. —...Qu'il y a lieu à l'exception de chose jugée au cas où une demande, déjà formée par le propriétaire d'un étang supérieur, en abaissement de l'étang inférieur pour le libre écoulement des eaux, a pour motif, non la pêche, comme la première fois, mais le dessèchement de son étang. — *Cass.*, 6 avr. 1831, Tachard c. Bonnichon.

506. — Lorsqu'une demande d'affranchissement d'un esclave, fondée sur la manumission faite à son profit par le légataire de cet esclave, a été rejetée par le motif que ce légataire aurait antérieurement renoncé au bénéfice de son legs, une seconde demande d'affranchissement du même esclave, fondée sur un prétendu fidéicommis conféré audit légataire, a pu être rejetée en vertu de l'autorité de la chose jugée sans qu'il y ait fausse application de l'art. 1351, C. civ. — L'autorité de la chose jugée a pu être invoquée dans de telles circonstances sans qu'il y ait violation des principes en matière de liberté fidéicommissaire, lorsque l'existence du fidéicommis n'a pas été prouvée, et que l'on n'a pas demandé à en faire la preuve. — *Cass.*, 21 avr. 1841 (t. 1er 1841, p. 630), Dancy c. Ernoule.

507. — Le moyen nouveau fondé sur la découverte d'une pièce décisive ne suffirait pas quand même cette pièce n'aurait été découverte que depuis le jugement, si elle n'avait pas été retenue par le dol de l'autre partie. *Sub specie novorum instrumentorum, posteà repertorum, res judicatas restaurari exemplo grave est.* — L. 4, Cod., *De re judicatâ*; — Toullier, t. 10, nº 166; Duranton, t. 13, nº 473; Merlin, *Rép.*, vº *Chose jugée.*

508. — Mais il n'y aurait pas seulement moyen nouveau, mais cause nouvelle dans le cas de deux demandes successives, fondées l'une et l'autre sur des nullités d'un genre différent. Par exemple, après avoir échoué dans l'action en nullité d'un contrat pour vice de forme, je puis former l'action en rescision pour défaut de consentement. En effet, l'action en nullité pour vice de forme n'attaque que l'acte destiné à servir de preuve à la convention, acte qui peut être nul, quoique la convention soit valide. L'action en rescision n'attaque que la convention; elle l'attaque dans son essence même, sans critiquer, sans attaquer l'acte destiné à lui servir de preuve, et qui peut être valide, quoique la convention soit nulle. Les deux actions ne sont donc pas fondées sur la même cause. — Toullier, t. 10, nº 167; Merlin, *Rép.*, vº *Chose jugée.*

509. — L'exception de chose jugée peut être opposée à l'étranger incarcéré pour dettes qui, ayant succombé sur une première demande en élargissement, motivée sur le laps de cinq ans écoulés depuis sa détention, forme une seconde demande fondée sur la même cause, mais en même temps sur des moyens différens, et sur une loi qui n'avait pas été invoquée lors de la première, quoiqu'elle existât et qu'elle fût légalement connue. — *Cass.*, 16 juill. 1817, Swan c. Lubbert.

510. — Mais la sentence rendue antérieurement aux lois des 25 août 1792 et 17 juin 1793, abolitives de la féodalité, et qui a maintenu une redevance dont la suppression était demandée en vertu de l'art. 25 du décret du 15 mars 1790, lequel déclarait abolie sans indemnité toute redevance payée à titre d'abonnement de banalités et autres droits seigneuriaux, n'a pas l'autorité de la chose jugée à l'égard de l'action tendante de nouveau, entre les mêmes parties, à l'abolition de cette même redevance, si cette abolition est demandée en vertu des lois de 1792 et 1793 : on ne peut pas dire qu'il y ait là *même cause* de demande. — *Cass.*, 6 avr. 1842 (t. 2 1842, p. 189), de Galiffet c. comm. d'Istres.

511. — En matière domaniale, l'arrêt du conseil qui a débouté le fermier et l'inspecteur général du domaine de leur demande en révocation d'aliénation de biens appartenant à la couronne, et a maintenu le concessionnaire ou son ayant-cause dans la propriété et jouissance du domaine réclamé, n'est pas, sous prétexte de la chose jugée, un obstacle à l'application de la loi du 14 vent. an VII. — *Cass.*, 13 déc. 1831, de Rohan c. Domaine.

512. — Le jugement qui a déclaré un individu non recevable à se prétendre fils naturel d'un autre, en ce que la reconnaissance n'était contenue que dans un testament fait à une époque où le prétendu père était, comme émigré, frappé de mort civile, n'a pas mis obstacle, alors même qu'il aurait été exécuté, à ce que ce même fils réclamât la même qualité d'enfant naturel, depuis la loi du 27 avr. 1825, pour demander à ce titre sa part dans l'indemnité accordée par cette loi à la succession de son auteur. On ne saurait considérer le premier jugement comme ayant force de chose jugée sur la question d'état, même au regard de l'indemnité; et, au contraire, la loi du 27 avril 1825 a dû être réputée *cause nouvelle* de demande en ce qui concerne l'indemnité, puisqu'elle levait l'obstacle résultant de la législation précédente. — *Cass.*, 27 fév. 1839 (t. 1er 1839, p. 218), Delille c. Dusillet.

§ 3. — *Identité des parties.*

513. — La troisième condition pour qu'il y ait lieu à l'autorité de la chose jugée, est que la demande soit formée entre les mêmes parties (C. civ., art. 1351). En effet, il n'y a présomption de vérité, en faveur de la chose jugée, qu'à l'égard de ceux qui ont été parties au jugement. — *Res inter alios acta, aliis nec nocet, nec prodest.* — Et cela est fondé sur le principe, invariable en jurisprudence, qu'on ne doit jamais condamner quelqu'un sans l'avoir entendu : *Ne inauditus condemnetur.*

514. — Jugé en conséquence qu'un jugement ne peut pas avoir l'autorité de la chose jugée à l'égard d'une partie qui n'y a été ni présente ni appelée. — *Cass.*, 19 mars 1844 (t. 1er 1844, p. 688), Thionville c. Enregist.

515. — ...Qu'un arrêt d'*expédient* consacrant une décision sollicitée des juges par un débiteur et ses créanciers, ne peut être opposé aux tiers qui n'y ont pas été présens. — *Cass.*, 11 déc. 1834, Rousselle c. Boyer.

516. — ... Que l'arrêt qui décide, entre le cessionnaire et le débiteur cédé, que la cession comprend certains droits, n'a pas l'effet de la chose jugée contre le cédant qui n'y a pas été partie, et qui conteste l'étendue de la cession aux droits litigieux. *Cass.*, 16 nov. 1836, de Pontet c. Dublan.

517. — L'arrêt qui se borne à statuer sur une fin de non-recevoir opposée personnellement par le cessionnaire d'une créance à la demande incidente en nullité du titre qui fait la base de la cession, mais sans prononcer sur cette demande, n'emporte pas chose jugée à l'égard du cédant sur la question même de validité du titre. — *Cass.*, 16 août 1841 (t. 2 1841, p. 399), Lafargue c. Stevenson.

518. — ... Que l'arrêt qui ordonne le rapport d'un immeuble à une succession n'a pas l'autorité de la chose jugée contre un tiers qui s'est rendu acquéreur de cet immeuble, durant l'instance d'appel, et qui n'a pas été mis en cause. — *Cass.*, 25 mars 1828, Despujos c. Petit-Janon.

519. — ... Qu'on ne peut opposer à une personne un jugement rendu sur sa requête qu'autant qu'on y a été partie. — *Bordeaux*, 22 nov 1832, Benquarel c. Cosse.

520. — ... Que si un esclave affranchi par testament est resté, après le décès de son maître, sur l'habitation de celui-ci, on ne peut opposer à sa demande en déclaration de liberté l'exception de chose jugée, tirée de ce que l'habitation sur laquelle il se trouvait a été, ainsi que les esclaves attachés à sa culture, transférée à un tiers par un jugement d'adjudication auquel cet esclave n'avait point été partie. — *Cass.*, 5 avr. 1837 (t. 1er 1837, p. 494), Cécileza.

521. — ...Que quand un jugement a compensé les dépens entre les parties et que celles-ci n'ont pas appelé du jugement à cet égard, la cour royale n'a pu, sur l'appel de la tierce-opposition formée par un tiers, et sans violer la chose jugée, mettre les dépens de l'une des parties qui n'aurait pas appelé à la charge d'une autre qui elle non plus n'aurait pas été appelante. — *Cass.*, 20 janv. 1830, Bardin c. Santerre.

522. — Bien que l'autorité de la chose jugée ne puisse être opposée à une personne qui n'a point été partie dans un jugement, et qu'à son égard ce jugement soit réputé non avenu, cependant il est des cas où son intérêt exige que ce jugement ne reçoive pas son exécution. Alors elle peut y former tierce-opposition. — C. procéd., art. 474. — V. TIERCE-OPPOSITION.

523. — L'autorité de la chose jugée acquise contre les parties principales ne l'est pas pour cela à l'égard des parties intervenantes ayant un intérêt distinct; dès-lors celles-ci sont toujours recevables à interjeter appel du jugement qui n'a point acquis cette autorité à leur égard. — *Cass.*, 13 nov. 1833, Bardot c. Moreau.

524. — De ce que l'intervention d'un second acquéreur dans l'instance engagée sur l'opposition formée par un premier acquéreur au jugement par défaut qui prononçait la résolution de la première vente a été reçue, il ne résulte pas que le jugement qui rejette l'opposition puisse être réputé susceptible d'acquérir l'autorité de la chose jugée quant à la validité du contrat de l'intervenant, si l'intervention n'a été reçue qu'en la forme, et si, bien loin que des conclusions contradictoires aient été prises pour la validité de la seconde vente, l'intervenant s'est borné à adhérer aux conclusions de son vendeur à fin de débouté d'opposition, si enfin le jugement ne contient aucune disposition relative à cette seconde vente. Dès lors, si ce jugement est réformé sur l'appel contre le vendeur, il ne conserve aucune force au profit de l'intervenant, encore bien qu'il n'y aurait pas eu d'appel à son égard. — *Cass.*, 7 juill. 1841 (t. 2 1841, p. 398), Cappé c. Ben-Chelebbi.

525. — Cependant, quand l'intervention d'un tiers a été admise par jugement, la contestation est essentiellement liée avec la partie intervenante, et le jugement définitif lui profite, encore bien que cette partie n'ait pas pris de conclusions particulières, et se soit bornée à adhérer à celles de la partie principale. Dès-lors, si ce jugement définitif est cassé, mais sur un pourvoi dirigé contre la partie principale seule, ce jugement conserve l'autorité de la chose jugée à l'égard de la partie intervenante. — *Cass.*, 31 janv. 1827, Hamard c. Barbotte.

526. — La chose jugée par un jugement qui rejette la demande d'un débiteur en radiation de l'hypothèque d'un de ses créanciers, peut être opposée à un autre créancier de ce débiteur, surtout si ce créancier est intervenu dans une cause où il s'agissait de procéder à l'exécution du jugement. — *Cass.*, 15 janv. 1828, Delavaivre c. Bardot.

527. — La chose jugée avec l'auteur produit son effet contre les successeurs et ayant-cause de l'auteur : *Julianus scribit exceptionem rei judicatæ à personâ auctoris ad emptorem transire solere.* — L. 9, § 2, ff., *De except. rei judic.*; — Toullier, t. 10, nº 200; Duranton, t. 13, nº 513.

528. — Ainsi la chose jugée avec le testateur est réputée l'avoir été avec le légataire universel ou à titre universel; de même le donataire par contrat de mariage de tout ou partie des biens que laissera le donateur est l'ayant-cause de celui-ci; car les uns et les autres sont *loco hæredum*, et ne font en conséquence qu'une seule et même personne avec le défunt. — Pothier, sect. *De la chose jugée*, nº 54; Duranton, t. 13, nº 501; Toullier, t. 10, nº 199.

529. — Le principe est également applicable à l'héritier bénéficiaire, bien que son patrimoine ne se confonde pas avec celui de l'héritier (C. civ., art. 802). Du moment où il agit en cette dernière qualité, ce qui a été décidé pour ou contre son auteur est censé l'avoir été pour ou contre lui. Toutefois il ne sera tenu d'exécuter les condamnations personnelles qui auraient pu être prononcées contre le défunt que dans les limites qui se trouvent tracées par les règles sur le bénéfice d'inventaire. — Duranton, t. 13, nº 502.

530. — Les légataires ne sont point les ayant-cause de l'héritier institué et ne le représentent pas. Conséquemment, le jugement rendu contre un légataire, encore qu'il fût motivé sur la nullité du testament, n'empêcherait pas un second légataire de venir revendiquer son legs en vertu du même testament (L. 1re, ff., *De except. rei judic.*). Et si on lui opposait le jugement qui a déclaré le testament entaché de nullité, il aurait le droit d'y former tierce-opposition. — Pothier, *Oblig.*, sect. *De la chose jugée*, nº 62; Duranton, t. 13, nº 516; Toullier, t. 10, nº 212.

531. — Lorsque de simples légitimaires n'ont pas profité de l'effet rétroactif de la loi du 17 niv. an II pour provoquer un partage égal avec l'héritier institué, les jugemens obtenus contre eux et passés en force de chose jugée ne sont aucunement opposables à l'héritier testamentaire qui est rentré dans tous ses droits par le rapport de l'effet rétroactif. — *Cass.*, 9 flor. an XIII, Velay c. Douvreleur.

532. — L'espèce suivante était examinée par la loi romaine (L. 11, § 3, ff., *De except. rei judic.*). Une personne a laissé deux héritiers; l'un d'eux revendique contre un tiers sa part dans un fonds appartenant, suivant lui, en totalité à la succession, et succombe; l'autre achète ensuite du tiers cette part inutilement réclamée par son cohéritier, et obtient de plus le relâchement de sa propre part. Alors la partie dont la demande avait été rejetée intente contre l'autre l'action en partage; mais dans ce cas, cette dernière partie lui opposera l'exception de la chose jugée lors de sa demande contre le tiers. Celui-ci étant son vendeur, elle possède tous les droits qu'il pouvait avoir. D'ailleurs, c'est toujours en vertu de la même cause, sa qualité d'héritier, qu'agit le demandeur en partage. Il n'agit pas par la même action, il est vrai; mais nous avons vu qu'il ne suffit pas, pour empêcher l'effet de la chose jugée, qu'on agisse par une action nouvelle, si la cause de la demande est la même. — Duranton, t. 13, nº 514.

333. — D'après la loi romaine, ce qui avait été jugé à l'égard du *defensor* ou du *procurator* n'était censé l'être à l'égard du maître qu'autant qu'il avait donné mandat; autrement il pouvait repousser le jugement qui lui était préjudiciable (L. 25, § 2, ff., *De neg. gest.*; Pothier, *Ad pandect.*, *De except. rei judic.*, § 3, nº 20). Chez nous, où nul ne plaide par procureur, ces décisions seraient applicables dans le cas où l'adversaire ne se serait pas prévalu du défaut de qualité du mandataire ou du gérant d'affaires. Il est bien entendu du reste qu'on ne pourrait se prévaloir du jugement rendu contre le mandataire en cette qualité, s'il venait ensuite revendiquer en son nom la chose dont la propriété lui avait été déniée lorsqu'il agissait pour un autre. C'est pour lui *res inter alios acta*. S'il représente, en effet, le mandant, il n'est nullement représenté par lui. Cette décision est spécialement appliquée à l'avocat par la loi 54, ff., *De rei vind.*—Duranton, t. 13, nº 504.

334. — Ce qui a été jugé avec un mari est censé l'avoir été avec sa femme, bien que celle-ci n'ait pas été mise en cause, si le jugement a eu lieu dans un cas où la loi donne au mari l'exercice des actions de la femme. Par exemple, dans le cas de communauté, indépendamment des actions ayant trait aux biens dont elle se compose, et que le mari seul doit exercer (C. civ., art. 1421), comme il peut intenter seul les actions mobilières et possessoires appartenant à l'épouse (C. civ., art. 1428), le jugement rendu avec lui dans ces actions sera réputé l'avoir été avec sa femme. Ceci serait encore vrai au cas où les époux auraient adopté par leur contrat de mariage le régime exclusif de la communauté sans séparation de biens (C. civ., art. 1530 et 1531); mais le mari serait tenu envers la femme des pertes qu'il lui aurait occasionnées par sa faute. Enfin, sous le régime dotal, l'administration des biens dotaux appartenant au mari pendant le mariage (C. civ., art. 1549), il en résulte que ce qui a été jugé avec lui, quant à ces biens, est réputé l'avoir été avec la femme elle-même, bien qu'elle n'eût pas été mise en cause. Elle aura cependant son recours contre son mari, si par sa faute il avait laissé perdre ses droits et même la requête civile, en cas de collusion entre lui et l'autre partie (C. procéd., art. 480 1º). — Duranton, t. 13, nº 503.

335. — Mais le mari n'est pas fondé à se prévaloir du jugement rendu entre sa femme et un tiers pour soutenir que la femme n'a pas légalement possédé certains biens. — *Cass.*, 4 mai 1825, Rousseau c. Fresnais; 23 nov. 1826, Fresnais.

336. — Dans les actions réelles, le jugement rendu pour ou contre l'auteur a également en général l'autorité de la chose jugée pour ou contre ses ayant-cause, c'est-à-dire contre ceux qui lui succèdent dans la propriété de l'immeuble qui a fait l'objet du procès, que ce soit du reste à titre gratuit ou à titre onéreux, peu importe. Ainsi le jugement rendu au profit du vendeur d'un fonds profite à l'acquéreur (LL. 9 et 11, §§ 3 et 9, ff., *eod.*). Réciproquement, celui rendu contre le vendeur pourra être opposé au successeur (L. 28, ff., *eod.*; L. 3, § 1, ff., *De pignorib. et hypoth.*). — Mêmes décisions quant au donataire.—Pothier, sect. *De la chose jugée*, nos 55 et 56; Toullier, t. 10, nº 199; Duranton, t. 13, nº 506; Merlin, *Quest. de droit*, vº *Chose jugée*, § 2, nº 2.

337. — L'acquéreur d'un immeuble sur expropriation forcée étant l'ayant-cause du saisissant, peut opposer au saisi le jugement qui a rejeté la demande intentée par celui-ci en nullité de la vente par expropriation.—*Bruxelles*, 17 nov. 1815, Clappaert c. Vandevelde.

338. — Des créanciers sont réputés, hors le cas de fraude, représentés par leur débiteur. En conséquence, des créanciers, même hypothécaires, ne peuvent être reçus à former tierce-opposition à un arrêt rendu avec leur débiteur qui déclare nul le titre en vertu duquel ce débiteur possédait les biens par lui hypothéqués. — *Cass.*, 3 juill. 1832, Darriule c. Huard.

339. — Bien qu'un arrêt de condamnation n'ait pas été attaqué par celui contre qui il a été rendu, et qu'il ait acquis ainsi à son égard l'autorité de la chose jugée, on ne saurait cependant s'en prévaloir contre les créanciers du condamné, si ceux-ci, profitant des dispositions de l'art. 1166, C. civ., qui autorise les créanciers à exercer tous les droits et actions de leur débiteur, avaient fait réformer cet arrêt. — *Cass.*, 24 nov. 1840 (t. 2 1840, p. 729), Compagnie du Phénix c. Lainné.

340. — La règle que le jugement rendu avec l'auteur profite ou nuit à l'ayant-cause cesserait d'être applicable, si les droits de celui-ci existaient déjà au moment de la demande contre l'auteur. Le jugement rendu contre celui-ci ne pourrait être invoqué alors contre son successeur; du moins ce dernier, si on le lui opposait, pourrait y former tierce-opposition (C. procéd., art. 474). Ainsi le jugement qui évince d'un fonds celui qui en était possesseur n'a aucun effet à l'égard du créancier qui antérieurement se l'était vu hypothéquer par ce possesseur, s'il n'a pas été appelé en cause (L. 29, § 1, ff. *De except. rei judic.*; L. 3, *princip.*, ff., *De pignor. et hypoth.*). En effet, il ne résulte pas de ce que le débiteur n'est plus propriétaire au moment de la demande, qu'il ne l'était pas au moment où il a hypothéqué le fonds. On ne peut refuser au créancier d'en fournir la preuve. — Pothier, *De la chose jugée*, nº 56; Toullier, t. 10, nº 199; Duranton, t. 13, nº 507.

341. — Cette décision aurait encore son effet, alors même que le principe du droit qui a fait prononcer l'éviction existait déjà à l'époque de la constitution de l'hypothèque. — Par exemple, celui qui ne possédait sur l'immeuble qu'un droit conditionnel ou sujet à rescision, n'a pu conférer qu'une hypothèque également conditionnelle ou résoluble. Et cependant le jugement qui a annulé ou résolu le droit du possesseur ne pourrait être opposé au créancier dont l'hypothèque remonterait à une époque antérieure à la demande, du moins il pourrait y former tierce-opposition; sans cela il serait trop facile au débiteur de s'entendre avec celui qui lui aurait vendu ou donné l'immeuble, et qui viendrait, sur je ne sais quel prétexte, attaquer comme nul ou révocable l'acte qu'il aurait consenti. — Duranton, t. 13, nos 508 et suiv.

342. — De ce que la chose jugée avec l'auteur a effet contre ses successeurs et ayant-cause, il ne faut pas en conclure que la chose jugée avec l'ayant-cause lie l'auteur; car si l'acquéreur représente le vendeur, on ne peut plus dire que le vendeur représente l'acquéreur : *Julianus scribit exceptionem rei judicatæ à personâ auctoris ad emptorem transire solere; retrò verò ab emptore ad auctorem reverti non debere.* —L. 9, § 2, ff., *De except. rei judic.* — Ainsi, un fonds a été vendu par Pierre à Paul; j'attaque celui-ci comme me trouvant propriétaire du fonds qu'il a acheté et je l'en évince : Pierre n'en pourra pas moins venir revendiquer à son tour ce même fonds contre moi; car si Paul tenait son droit de Pierre, il n'en était pas de même réciproquement.— Pothier, section *De la chose jugée*, nº 57; Toullier, t. 10, nº 200; Duranton, t. 13, nº 513.

343. — Décidé en conséquence que le jugement rendu entre le propriétaire et le sous-locataire n'a pas force de chose jugée contre le principal locataire qui n'y a pas été partie. — *Paris*, 30 janv. 1810, Nebon et Dupont c. Miller.

344. — ... Que le jugement qui a enjoint à un locataire de clore une porte par lui ouverte sur le fonds voisin n'a pas l'autorité de la chose jugée contre le locateur, alors même que ce locateur aurait figuré dans l'instance dirigée par le propriétaire dudit fonds contre le locataire, si d'ailleurs il n'y a été partie que comme appelé en garantie par le locataire à raison de l'autorisation qu'il lui aurait donnée, et s'il a été mis hors de cause sur la déclaration par lui faite qu'il n'a pas donné cette autorisation.— *Cass.*, 3 fév. 1845 (t. 1er 1845, p. 659), Gilbert c. Banlier,

345. — On ne saurait considérer comme des tiers auxquels le jugement ne peut ni profiter ni nuire ceux qui ont été représentés dans l'instance, par exemple, par un mandataire ou un tuteur. Ceci s'appliquerait à la commune représentée par son maire, à un établissement public représenté par son administrateur.—Pothier, Sect. *De la ch. jug.*, nº 52; Toullier, t. 10, nº 198; Duranton, t. 13, nº 504.

346. — Ainsi, tout mandant ne peut attaquer une décision attaquée qui a obtenu l'autorité de chose jugée contre son mandataire. — *Cons. d'ét.*, 30 mai 1834, Willm c. Min. de la guerre.

347. — De même, ce qui a été décidé avec le tuteur est censé l'avoir été avec le mineur ou l'interdit. — L. 11, § 7, *De except. rei judic., factum tutoris, factum pupilli.* — Il est bien entendu cependant que si le mineur ou l'interdit avaient été mal défendus, ils pourraient attaquer le jugement par la voie de la requête civile. — C. procéd., art. 481.

348. — Les jugemens intervenus avec la nation, comme représentant un émigré, ont contre celui-ci après sa radiation l'autorité de la chose jugée. — *Cass.*, 28 juin 1808, préfet de l'Eure c. Bois-Roussel.

349. — Le jugement obtenu contre le propriétaire du tréfonds d'une mine abandonnée, et qui reconnaît à des tiers des droits sur les dépendances de cette mine, est opposable à un individu qui, en vertu du seul droit à lui accordé par le propriétaire, avant toute concession nouvelle, se livre à l'exploitation de la mine, cet individu n'agissant que comme représentant du propriétaire et non de l'état. — *Cass.*, 15 mai 1843 (t. 2 1843, p. 390), Collard c. Verrier.

350. — La cour royale de Bourges a jugé, le 17 janv. 1829, que l'arrêt rendu avec l'exécuteur testamentaire profite aux héritiers et légataires, quoique non parties au procès. — La cour de Cassation a rejeté le pourvoi formé contre cet arrêt, mais sans se prononcer sur la disposition ci-dessus. — *Cass.*, 5 déc. 1831, Brechard et Deschamps c. comm. d'Achun.

351. — Lorsque des jugemens sont rendus par l'effet d'une collusion avec un curateur nommé à une succession non vacante, ils ne peuvent être opposés aux héritiers naturels, comme ayant à leur égard l'autorité de la chose jugée. — *Cass.*, 17 nov. 1840 (t. 1er 1841, p. 145), Daunis c. Laporte.

352. — En matière de banalité, l'exception de la chose jugée contre le maire et les officiers municipaux est opposable à chacun des habitans présens ou futurs. — *Cass.*, 1er juin (et non 31 mai) 1830, habitans du Beausset c. de Séran.

353. — Lorsqu'un jugement rendu entre l'administration des forêts et une partie des habitans d'une commune a acquis l'autorité de la chose jugée, d'autres habitans, qui n'étaient pas dans l'instance, ne peuvent s'en faire un titre sous prétexte que le droit est le même. — *Cass.*, 25 mars 1837 (t. 1er 1838, p. 90), Forêts c. habitans de Colonne.

354. — La décision obtenue contre une commune représentée par son maire, relativement à un droit de servitude par elle originairement concédé, n'a pas force de chose jugée contre les tiers qui, antérieurement, auraient acquis de cette commune la propriété des terrains grevés de la servitude. Ces tiers sont, en conséquence, recevables à y former tierce opposition. — *Cass.*, 31 mai 1837 (t. 2 1837, p. 357), comm. de Vernois c. Noirot.

355. — Les syndics d'une faillite ne sont pas les représentans légaux des créanciers privilégiés. — Conséquemment, le créancier qui a obtenu un jugement contre ces syndics ne peut l'opposer comme ayant force de chose jugée, à un créancier privilégié, et, par exemple, au trésor public, quant à son privilége sur les biens du failli, alors que ce privilége n'a pas fait l'objet d'un débat et que le trésor n'a pas été appelé dans l'instance sur laquelle est intervenu ce jugement. — *Cass.*, 11 mars 1835, Mongeot c. Caisse des dépôts et consignations.

356. — De même, le jugement rendu contre un capitaine de navire comme représentant le propriétaire, mais postérieurement à la faillite de celui ci, ne peut être opposé aux syndics de cette faillite, comme ayant acquis l'autorité de la chose jugée, alors qu'ils n'y ont été ni appelés ni représentés. — *Cass.*, 4 mars 1835, Luc c. Risnich.

357. — Le jugement ou arrêt qui condamne des syndics, en leur qualité, à satisfaire à une obligation par eux prise au nom de la masse, n'a pas l'autorité de la chose jugée contre les créanciers personnellement. Ce jugement ou arrêt ne peut être exécuté contre ces créanciers que jusqu'à concurrence des forces de la faillite. — *Cass.*, 17 mars 1840 (t. 1er 1840, p. 546), Barbereux c. Jamin.

358. — Lorsque le syndic d'une faillite a consenti la résiliation d'un bail contracté par le failli, et qu'il a payé une indemnité au bailleur, que, lors du compte rendu au failli après son concordat, cette indemnité a été, par arrêt, rejetée du passif de ce compte, un second arrêt rendu dans une instance particulière introduite par le bailleur contre le failli concordataire, peut maintenir la résiliation sans qu'on puisse l'attaquer comme ayant violé la chose jugée. — *Cass.*, 8 fév. 1825, Feumery c. Digard.

359. — Lorsque, après la séparation de biens, la fixation en justice des reprises de la femme vient à être critiquée comme excessive par les syndics du mari tombé en faillite, et que celui-ci, appelé dans l'instance pour soutenir la contestation, a conclu à une réduction du montant des reprises pour cause d'erreurs matérielles avouées en partie par sa femme, l'arrêt qui, dans cette circonstance, ordonne une réduction et déclare la décision commune avec le mari, doit être réputé avoir l'autorité de la chose jugée, tant à l'égard du mari que de ses créanciers, représentés par les syndics. — *Cass.*, 21 juill. 1840 (t. 2 1840, p. 495), Boyer-Fonfrède.

360. — Les jugemens rendus sans collusion contre le propriétaire apparent, jouissant de tous les droits attachés à la propriété, ont l'autorité de la chose jugée contre le véritable propriétaire, qui ne s'est fait connaître qu'après la décision du procès, et ce dernier n'est point recevable à les attaquer par la voie de la tierce-opposition.—*Pau*, 4 juill. 1823, Fontan c. de Gestas; *Cass.*, 7 juill. 1824, mêmes parties.

361. — Ainsi, lorsque, par leur contrat de mariage, deux époux ont stipulé que les acquêts de la

communauté appartiendront aux enfans après sa dissolution, si, le mariage encore subsistant, une instance est commencée contre le mari au sujet d'un acquêt, et qu'elle soit continuée contre lui seul après la dissolution du mariage, sans que cette dissolution ni la clause insérée au contrat aient été notifiées à l'adversaire, qui était de bonne foi, et sans que le mari ait cessé de posséder les immeubles, les jugemens qui, dans cet état de chose, sont rendus contre ce dernier, acquièrent l'autorité de la chose jugée contre ses enfans, et ceux-ci sont non recevables à les attaquer par tierce-opposition. — Même arrêt.

362. — De même, on peut, en général, opposer à l'héritier réel le jugement obtenu, à une époque où il ne s'était pas encore fait connaître, contre l'héritier apparent. — V. SUCCESSION.

363. — L'obligation de la caution ne pouvant exister sans celle du débiteur principal, le jugement obtenu par celui-ci contre le créancier peut être invoqué par la caution (L. 21, § ult., ff., *De except. rei judic.*) — On peut dire que celle-ci ne forme qu'une seule et même personne avec le débiteur principal. — Réciproquement, le créancier peut opposer à la caution le jugement rendu contre le débiteur; toutefois la caution peut en appeler (L. 5, ff., *De appell.*), et les délais pour le faire ne courent que du jour où la notification lui en a été signifiée. — Toullier, t. 10, nos 209 et 210; Duranton, t. 13, no 517.

364. — Jugé en ce sens que la caution qui n'a été ni partie ni appelée lors des jugemens rendus contre le débiteur principal, ne peut y former tierce opposition, si elle n'a point des exceptions personnelles à proposer, mais seulement des moyens déjà proscrits par ces jugemens. — *Cass.*, 27 nov. 1811, Borel c. Duchesne.

365. — ...Mais que la caution solidaire est recevable à former tierce opposition à un arrêt d'expédient intervenu entre le débiteur principal et l'adversaire commun, lorsqu'elle établit que la convention qui a servi de base à l'arrêt prend un caractère frauduleux quand on s'en prévaut contre elle. — *Lyon*, 8 août 1833, Rousselle c. Boyer.

366. — Si le jugement avait été rendu non contre le débiteur principal, mais contre la caution, on ne pourrait l'invoquer contre le premier, qui n'aurait pas même besoin d'y former tierce-opposition, la caution ne représentant pas le débiteur même quant à la dette.

367. — Mais si, au lieu d'être rendu contre la caution, le jugement lui avait été favorable, il y aurait lieu à une distinction quant aux effets que celui-ci pourrait avoir à l'égard du débiteur principal. — Ainsi ce dernier ne pourrait se prévaloir du jugement qui n'aurait prononcé que sur le fait du cautionnement; qui aurait, par exemple, établi que le cautionnement ne lui semblait pas prouvé; ou bien qui aurait reçu la caution à faire valoir une exception personnelle, comme serait celle de minorité. — Mais il faudrait décider le contraire au cas, entre autres, où il aurait été reconnu que la caution a payé la dette. En effet, en vertu de ce jugement, la caution pourrait se faire rembourser; on comprend donc alors que le créancier ne saurait venir exiger son paiement du débiteur principal. — Cependant, si le jugement avait déclaré mal fondée l'action dirigée contre la caution, par le motif qu'il n'y a pas eu de dette, par un motif enfin étranger à la caution, le débiteur ne pourrait s'en prévaloir. Car on ne peut dire ici que la caution a représenté le débiteur; elle ne le fait que quand elle paie pour lui. — Duranton, t. 10, no 510.

368. — La défense au fond présentée par le défendeur principal couvre les nullités d'exploit, non seulement à son égard, mais même à l'égard de son garant dont il est réputé en ce cas l'ayant-cause. — *Cass.*, 1er (et non 28) mars 1824, comm. de Branges c. Germain et Malessie.

369. — Lorsque le débiteur d'une rente constituée a acquiescé à un jugement qui le condamne à rembourser le capital, le tiers qui est condamné par le même jugement à garantir le débiteur peut, quoique non obligé vis-à-vis du créancier, interjeter appel du jugement. — *Cass.*, 31 août 1818, Crouzet c. Boissac.

370. — Lorsque dans une instance qui a donné lieu à une action en garantie, il a été rendu jugement dont le garant a interjeté appel contre le garanti seulement, et que le demandeur originaire, mis en cause sur l'appel par ce dernier, a déclaré *s'en rapporter à justice*, attendu qu'il n'existait pas d'appel contre lui, la cour royale n'a pas pu infirmer le jugement *à l'égard de toutes les parties*, sans contrevenir à l'autorité de la chose jugée au profit du demandeur originaire. — *Cass.*, 30 nov. 1825, Massieu c. Olivier.

371. — On ne peut faire résulter la mauvaise foi de ce qu'on a su que des jugemens défavorables à la prétention que l'on soutient avaient été obtenus par des tiers, jugemens qui, par exemple, étaient contraires à une possession qu'un autre jugement a reconnue ensuite sans *restriction*; ces jugemens étant, à l'égard du maintenu en possession, *res inter alios acta.* — *Cass.*, 5 juill. 1826, Bartholdy c. ville de Colmar.

372. — Le droit romain renfermait une exception à la règle que la seconde demande doit être entre les mêmes parties. Cette exception, reçue dans le droit français, se référait aux causes d'état, questions de liberté, de famille, de cité. Une fois ces questions jugées, elles ne peuvent plus être remises en discussion. Le jugement rendu, il fait loi. Il a contre tous les parens, qu'ils aient figuré ou non au jugement lorsqu'il est intervenu sur une question de filiation, l'autorité de la chose jugée. — L. 25, ff., *De statu hom.*; L. 3, *De agnosc. lib.*; L. 2 et 4, *ibid. Quibus res judic. non noc.*; L. 39, § 1er, ff., *De liberali causâ*; L. ult., Cod., *De lib. caus.*; Vinnius, § 13, *Instit. de action.*, no 1er; Huberus, *ibid.*, no 15; Beral., *De re judic.* — Mais pour que les jugemens aient, en pareil cas, force de chose jugée contre tous, ils doivent être rendus avec un contradicteur légitime. — L. 3, ff., *De collus. detegendâ*; d'Argentré, *Avis sur les partages des nobles*, quest. 29, no 7; — Toullier, t. 10, nos 216 et suiv.; Duranton, t. 13, nos 526 et 527.

373. — Cependant, le principe sur l'indivisibilité de l'état des personnes n'est pas absolu, en ce sens que le jugement qui, sur la demande des parens paternels, a déclaré illégitime un enfant, ait l'autorité de la chose jugée en faveur des parens maternels qui n'y étaient point parties; à leur égard, l'enfant peut être déclaré légitime. — *Cass.*, 28 juin 1824, Vandolon c. Bourreau. — V. ÉTAT DES PERSONNES.

374. — Lorsqu'un individu a un enfant issu d'un mariage légitime, et qu'un autre enfant obtient, contre le père seul, un jugement qui le déclare aussi légitime, comme né du mariage de son père avec une autre femme, ce jugement a bien contre l'enfant du premier lit l'autorité de la chose jugée quant aux droits héréditaires, mais non relativement aux droits de famille, tels que le nom et la parenté. En conséquence, cet enfant est recevable, en ce point, à former tierce-opposition au jugement et à contester la légitimité de son frère. — *Cass.*, 9 mai 1821, Pagèze de Saint-Lieu.

375. — La chose jugée à l'égard de l'une des personnes intéressées dans une même cause ne s'étend pas aux autres coïntéressés.

376. — Ainsi, le jugement qui a statué sur une action formée par plusieurs pupilles contre leur tuteur, n'a pas force de chose jugée contre ceux qui n'y ont pas été parties, alors même qu'il s'agit d'une tutelle commune et d'un intérêt commun. — *Cass.*, 2 germin. an X, Lenoir c. Riollay.

377. — Lorsqu'un jugement du tribunal de commerce qui condamne plusieurs endosseurs d'un billet envers le porteur, a été annulé pour incompétence sur l'appel interjeté par quelques uns des endosseurs, cette annulation ne profite pas aux endosseurs qui n'ont point interjeté appel; le jugement conserve à leur égard la force de chose jugée, encore bien qu'ils aient été assignés par les appelans en déclaration d'arrêt commun. — *Lyon*, 21 juin 1826, Poncet et Gauthier c. Chazelle.

378. — La nullité prononcée par l'autorité administrative supérieure, sur la poursuite de l'administration seule, ne peut ni profiter ni préjudicier à l'individu intéressé dans la contestation, mais qui a laissé écouler les délais sans se pourvoir contre la décision annulée. — *Bourges*, 18 mai 1839 (t. 2 1843, p. 224), Barraut c. Grasset.

379. — On ne peut considérer le jugement qui établit les droits d'un créancier hypothécaire à l'égard de la masse, et condamne le syndic à payer, comme ayant force de chose jugée quant à la question qui, plus tard, pourrait se présenter entre ce créancier et un autre, ayant ainsi que lui une hypothèque, sur le rang que chacun d'eux prétendrait devoir lui être accordé dans la collocation. Cela devrait être ainsi, surtout si, dans la dernière instance, on a examiné la validité d'inscriptions non encore existantes à l'époque où est intervenu le premier jugement. — *Cass.*, 5 avr. 1808, Laugier c. Badaraque.

380. — Que faudrait-il décider dans le cas où un immeuble ayant été successivement hypothéqué à trois créanciers, une contestation de priorité aurait été, par un jugement passé en force de chose jugée, résolue en faveur du troisième contre le premier? Ce troisième pourrait-il prétendre contre le second créancier qu'ayant la priorité sur le premier, en vertu du jugement intervenu, il doit l'avoir à plus forte raison contre ce deuxième, qui se trouvait primé par le premier. — Cette question avait partagé d'abord les jurisconsultes romains, mais Paul établit (L. 16, ff., *Qui potiores in pign. vel hypoth. habeantur.*) qu'elle devait se résoudre par le grand principe d'équité qui préside à la matière que nous traitons: *Res inter alios judicata, aliis nec nocet nec prodest.* — Ainsi le jugement ne pourra nuire au second créancier, mais il conservera sa force contre le premier à l'égard du troisième. Celui-ci viendra donc à la place du premier, mais il ne le pourra que jusqu'à concurrence seulement de ce qui était dû à celui-ci; autrement il nuirait au second créancier, dont le droit doit rester entier. Cette solution, la seule équitable, a toujours été adoptée tant par les auteurs qui ont écrit sur la loi romaine que par les auteurs modernes. — V. Cujas, sur la loi précitée; Huberus, *Prælectiones juris civilis*, lib. 20, tit. 4, nos 30 et 31; Toullier, t. 10, no 197; Duranton, t. 13, no 522.

381. — Lorsqu'un jugement passé en force de chose jugée a reconnu à un créancier, contradictoirement avec le débiteur, un droit de gage sur des valeurs remises en nantissement, les autres créanciers, lors de la distribution des deniers provenant de la vente du gage, ne peuvent remettre ce privilége en question; et l'autorité de la chose jugée leur est opposable, à moins qu'ils ne forment tierce-opposition au jugement qui a consacré ce privilége. — *Cass.*, 13 avr. 1841 (t. 2 1841, p. 19), Boisaubin c. Patron.

382. — Lorsqu'une demande formée contre plusieurs défendeurs a été jugée fondée, ceux-ci ne peuvent s'opposer entre eux le jugement comme établissant à leur égard l'autorité de la chose jugée. — *Liége*, 11 juill. 1814, Lefèvre c. Collin.

383. — Dans le cas où un jugement aurait été rendu contre les possesseurs en commun d'un fonds, jugement par lequel ils se verraient évincés, si l'un d'eux en avait seul formé appel et obtenu ainsi qu'il fût réformé, la personne en faveur de qui le jugement aurait été rendu n'en resterait pas moins aux lieu et place de celui qui n'aurait pas appelé, à l'égard duquel l'autorité de la chose jugée conserverait toute sa force, l'appel n'ayant pu profiter qu'à celui qui l'aurait interjeté. — Duranton, t. 13, no 523.

384. — L'arrêt qui défend à un huissier de procéder, au préjudice des notaires, aux ventes publiques de récoltes pendant par branches et par racines n'a point force de chose jugée à l'égard du successeur de cet huissier. — *Paris*, 6 (et non 16) août 1835, Bretton et Raige c. notaires de Provins.

385. — L'arrêt qui, sur l'instance engagée entre les notaires et les huissiers d'un arrondissement relativement au droit de faire les ventes volontaires publiques, et au comptant, de récoltes pendantes par racines, enjoint aux huissiers de ne plus avoir à procéder à de pareilles ventes, n'a pas l'autorité de la chose jugée contre ceux qui, devenus depuis membres de la compagnie, n'ont pas été personnellement parties dans l'instance. — *Cass.*, 28 avr. (et non août) 1838 (t. 2 1838, p. 208), Gervais et notaires de l'arrondiss. de Provins c. Raige et Breton.

386. — Si un individu à qui j'avais confié un dépôt meurt en laissant deux héritiers, et que je succombe en attaquant l'un d'eux pour qu'il ait à me remettre le dépôt confié à son auteur, je n'en pourrai pas moins renouveler la même demande contre l'autre héritier. — L. 22, ff., *De re judic.*

387. — De même, mon créancier décède en laissant deux enfans pour héritiers. Le premier me réclame la dette due à leur père, mais échoue. Le second n'en aura pas moins le droit de reproduire la demande à l'égard de laquelle son frère a été repoussé.

388. — Il peut bien résulter de ces décisions que la justice rende sur la même affaire des jugemens entièrement contraires, ce qui pourra affaiblir le respect dû aux tribunaux. Mais cet inconvénient ne peut être une cause de condamner un individu sans l'entendre, d'autant plus que celui-ci doit avoir probablement des moyens nouveaux à présenter, des preuves omises dans la première instance à faire valoir, pour oser venir entamer un second procès devant les mêmes juges et sur la même question, malgré le préjugé qu'élève contre lui la première décision. — Pothier, *Oblig.*, sect. *De la chose jugée*, no 58; Toullier, t. 10, nos 195 et suivans.

389. — Il suit de là que le jugement rendu contre l'un des héritiers ne peut obtenir force de chose jugée à l'égard des autres. — L. 22, ff., *De except. rei judic.* — Ce principe a constamment reçu son application chez nous.

390. — Brillon (vo *Arrêt*, p. 279, no 9) cite un arrêt du parlement d'Aix du 25 nov. 1639, qui décide qu'on ne peut opposer au cohéritier qui n'a pas été appelé le jugement rendu contre un autre cohéritier. — Mais ce même auteur en cite ensuite un autre du parlement de Tournay, en date du 22 mars 1695, portant *que l'arrêt rendu pour ou contre un*

cohéritier est commun aux autres, mais en ajoutant cette restriction : *s'ils n'ont de nouveaux moyens.*

391. — Depuis l'abolition des anciens tribunaux, mais à une époque antérieure à la rédaction de nos Codes, il a été décidé que, sous l'ordonnance de 1667, les cohéritiers qui n'avaient pas été parties au jugement rendu contre un de leurs cohéritiers ne pouvaient prétendre qu'il eût en leur faveur l'autorité de la chose jugée. — Ord. 1667, tit. 27, art. 5 ; *Cass.*, 23 germ. an VI, Debrye ; 15 pluv. an IX, Blancpoil c. Debrye ; 21 vend. an XI, Debrye.

392. — ... Que lorsque, entre deux prétendans à une succession, un jugement a reconnu les deux parties parentes du défunt, mais cependant l'une d'elles à un degré plus proche, et lui a adjugé, en conséquence, les biens de l'hérédité, ce jugement n'a pas force de chose jugée contre le frère de celui qui a été déclaré parent moins proche, lequel vient réclamer la succession, en prétendant que celui qui l'a d'abord obtenue n'était point parent du tout. — *Cass.*, 6 (et non 7) thermid. an XI, Andriel c. Chauvet.

393. — Depuis la rédaction de nos Codes, ces questions ont été résolues dans le même sens. — Toullier, t. 10, no 195 ; Duranton, t. 13, no 515 ; Rolland de Villargues, *Répert. du not.*, vo *Chose jugée*, no 80. — On pourrait même dire, dans les cas où il s'agit de plusieurs cohéritiers, qu'il n'y a pas identité d'objet, chaque héritier ne plaidant que pour sa part. — L. 22, ff., *De except. rei judic.* — C'est, au reste, ce qui a été consacré par les décisions suivantes.

394. — La décision rendue contre l'état représentant l'émigré, décision qui a annulé une donation faite à celui-ci, n'a profité qu'à ceux des héritiers du donateur qui y avaient été parties. — Mais la validité de la donation recueillie par suite de cette décision a pu être invoquée contre ceux avec lesquels celle-ci n'avait pas été rendue. — *Cass.*, 28 juin 1808, Préfet de l'Eure et Crotat c. Bois-Roussel.

395. — Le successible condamné comme héritier pur et simple à payer une dette de la succession par un jugement passé en force de chose jugée, n'est pas, lorsque la qualité d'héritier n'a été examinée qu'incidemment, privé de la faculté de renoncer à l'égard des créanciers qui n'ont pas été parties au jugement. — *Montpellier*, 1er juill. 1828, Gondal c. Durand.

396. — Lorsque, sur la demande formée par un créancier de la succession, un jugement a rejeté l'exception d'un successible qui prétend n'être point héritier et l'a condamné en qualité d'héritier pur et simple, ce jugement n'a de force qu'entre le créancier et le successible. Dès-lors, il ne peut être invoqué par les cosuccessibles de ce dernier, qui n'y ont point été parties. — *Toulouse*, 25 juill. 1828, De Lordat c. d'Hautpoul.

397. — Jugé cependant qu'un jugement qui condamne un individu en qualité d'héritier a son effet non seulement entre les parties, mais encore vis-à-vis des tiers qui ne sont pas en cause. — *Bruxelles*, 9 déc. 1815, Desemblancx c. Dewitte.

398. — Un cohéritier qui, actionné hypothécairement pour toute la dette de la succession (dette par lui reconnue), a été déclaré non-recevable dans l'exception de la prescription par lui opposée au créancier, peut encore être admis, sans qu'il y ait violation de la chose jugée, à invoquer le même moyen de présomption du chef d'un autre cohéritier, aux droits duquel il se trouve, pour la portion contributoire de ce dernier dans la dette. — *Cass.*, 12 fév. 1829, Beaumann c. Bragelongue.

399. — Lorsqu'en matière divisible, un jugement a condamné des héritiers à payer chacun leur part dans une dette de la succession, et que, sur l'appel interjeté par un seul de ces héritiers, un arrêt a renvoyé devant un juge commissaire pour la liquidation de la créance, cet arrêt n'a le caractère de la chose jugée que dans l'intérêt de l'appelant seul. — *Cass.*, 27 déc. 1831, Bourdichon c. Lasjouias.

400. — Lorsqu'un jugement rendu en matière divisible entre plusieurs héritiers a obtenu l'autorité de la chose jugée contre quelques uns d'entre eux, le bénéfice de la réformation de ce jugement sur l'appel ne peut profiter qu'à ceux qui en avaient appelé. — *Cass.*, 15 mai 1839 (t. 2 1839, p. 130), Langlet c. Catheux et Langlet.

401. — ... Que lorsqu'une assignation a été donnée à un héritier, *avec injonction d'en prévenir ses cohéritiers* et que, par suite, un jugement a été rendu entre le demandeur, d'une part, et l'héritier assigné *et ses consorts*, d'autre part, ce jugement a l'autorité de la chose jugée, même contre les cohéritiers qui n'y sont pas nominativement désignés. — *Metz*, 31 déc. 1823, Muller c. Mellinger.

402. — En conséquence, on peut le leur opposer, tant qu'ils ne désavouent pas l'avoué qui a occupé pour l'assigné *et consorts* ou qu'ils ne forment pas tierce opposition. — Même arrêt.

403. — Lorsque la créance ou la dette est indivisible, le jugement rendu pour ou contre l'un des créanciers ou des codébiteurs a, quant aux autres, l'autorité de la chose jugée. En effet, le jugement rendu sur la demande que l'un des créanciers ou propriétaires a faite de la chose n'est pas *res inter alios acta* à l'égard des autres. L'indivisibilité de leur droit avec le sien les fait regarder comme étant avec lui *une même partie.* — Toutefois, si le jugement avait été rendu par collusion, ceux à qui on voudrait l'opposer pourraient renouveler le procès. — L. 19, ff., *Si servitus vind.* ; — Pothier, *Oblig.*, section *De la chose jugée*, no 59 ; Toullier, t. 10, nos 206, 207 et 208 ; Duranton, t. 13, no 528.

404. — Dans le cas d'une dette solidaire entre plusieurs débiteurs, l'un de ceux-ci pourrait opposer au créancier le jugement qui aurait repoussé une première demande faite par lui contre un des codébiteurs. — L. ult., Cod., *De duobus reis* ; — Voët, *Ad pand.*, *De except. rei judic.* ; Henrys, t. 2, liv. 4, quest. 40) ; Pothier, *Oblig.*, nos 272 et 273 ; Toullier, (t. 10, nos 202 et suiv.) ; Carré, *Lois de la procéd.*, t. 4, *Quest.* 1718. — Brillon (vo *Solidarité*), et l'ancien *Répertoire* (vo *Consorts*) rapportent un arrêt du parlement de Paris, rendu dans le même sens, le 16 avr. 1630.

405. — Cependant, si le jugement était fondé sur une exception personnelle au seul défendeur, comme serait celle de minorité, par exemple, si son obligation était indépendante de celle des autres débiteurs, le jugement qu'il aurait obtenu ne pourrait profiter à ces derniers. — Duranton, t. 13, no 519.

406. — Mais le jugement obtenu contre un des débiteurs solidaires pourrait-il être invoqué contre les autres ? Non, à moins que celui contre qui le jugement aurait été rendu n'eût reçu de ses codébiteurs mandat pour défendre la cause. En effet, s'il ne l'a pas reçu, on peut dire que ces derniers n'ont nullement été représentés par lui dans l'instance. De ce que les débiteurs solidaires se donnent tacitement entre eux le mandat de payer la dette, ils ne se donnent pas celui de plaider pour tous. Il se peut, du reste, qu'un des codébiteurs ait à faire valoir une exception qui lui soit purement personnelle. Et si, dans les obligations solidaires, il n'y a qu'une seule obligation *quoad rem*, il y en a, sous le rapport des personnes, *quoad personas*, autant qu'il y a d'obligés. On ne peut donc prétendre que la décision rendue avec l'un est censée l'avoir été avec les autres, puisque *mutatio personarum, cum quibus singulis nomine agitur, aliam atque aliam rem facit.* — Voët, *Ad pandectas* ; Duranton, t. 13, no 520 ; Delvincourt, t. 2, p. 500. — V. OBLIGATION SOLIDAIRE.

407. — Jugé, en conséquence, qu'on ne peut opposer aux codébiteurs qui n'auraient pas été mis en cause, le jugement rendu contre d'autres, lors même qu'il s'agirait de créances solidaires et indivisibles. — C. procéd., art. 464 ; — *Cass.*, 15 janv. 1839 (t. 1er 1839, p. 169), Constant c. Rudel-Dumirail.

408. — ... Qu'il ne résulte ni du texte ni de l'esprit d'aucune loi que la condamnation prononcée contre l'un des débiteurs solidaires seul, soit exécutoire contre l'autre, ni *spécialement* que le déguerpissement d'un fond par l'effet de la clause résolutoire prononcée contre un détenteur d'une partie de ce fonds donne droit d'évincer de leurs portions par voie d'exécution les autres, qui n'ont été ni appelés ni parties dans les jugemens. — *Cass.*, 11 fév. 1824, Chaubet c. Anduze.

409. — ... Que, lorsqu'un même jugement condamne à la fois plusieurs personnes en paiement d'une certaine somme, sans fixer les parts respectives, chacune d'elles doit payer sa part virile de la condamnation, quelle que soit l'origine de la dette, et quand même les personnes condamnées auraient été tenues de la dette solidairement ou par portions inégales. — *Bastia*, 16 mars 1831, Monteva c. Genly.

410. — De même, chacun des héritiers d'un codébiteur solidaire n'est tenu solidairement, avec l'autre débiteur ou ses héritiers, que jusqu'à concurrence de sa part virile ; et c'est en ce sens que doit être entendue la condamnation prononcée solidairement contre les héritiers des deux débiteurs. En conséquence, l'arrêt nouveau, qui déciderait que ces héritiers devaient, solidairement et chacun pour le tout, la totalité des dettes réclamées, violerait l'autorité de la chose jugée. — *Cass.*, 5 juill. 1831, Lieutaud c. Guillot.

411. — Lorsque, de deux défendeurs assignés devant un tribunal de commerce en condamnation solidaire, l'un, sur sa demande, a été renvoyé devant les tribunaux ordinaires, le demandeur ne peut pas former contre lui une demande incidente pour reproduire ses conclusions premières, quand la partie qui est restée passible de la juridiction commerciale a appelé en garantie celui qui avait obtenu son renvoi. — *Metz*, 22 mai 1824, Pelte c. Simon.

412. — Il y a violation de la chose jugée quand, sur l'opposition de celle des deux parties solidaires qui avait fait défaut lors du jugement prononcé contre elles, un tribunal réforme le jugement en ce qui concerne la partie comparante. — *Cass.*, 25 janv. 1831, Mercier c. Coblence et Lemaire.

413. — Lorsque les habitans d'une commune sont condamnés en la personne du maire, *ensemble* et *solidairement*, l'exécution de la sentence peut être poursuivie contre un habitant en particulier. — *Bordeaux*, 26 août 1833, Lignac c. Verlhiac.

414. — Quant aux créanciers solidaires, le jugement intervenu avec l'un d'eux peut-il être invoqué par ou contre les autres ? Si le jugement a été rendu *contre* l'un de ces créanciers, le débiteur ne peut s'en prévaloir que pour la part qu'avait ce créancier dans la dette, les créanciers solidaires, ainsi qu'il résulte de la combinaison des art. 1198 et 1365, C. civ., n'ayant pas qualité pour plaider les uns pour les autres, d'après la nature de la créance. — Mais si le jugement avait été favorable aux créanciers, les autres n'en retireraient d'autre profit que celui résultant de l'interruption de la prescription à leur égard. — Toullier, t. 10, nos 204 et 205 ; Duranton, t. 13, no 521. — V. OBLIGATION SOLIDAIRE.

§ 4. — *Identité de qualité dans les parties.*

415. — La quatrième condition exigée pour qu'il y ait lieu à l'autorité de la chose jugée est que les parties aient agi *en la même qualité.* — *Inspiciendum est an eadem sit conditio personarum.* — C. civ., art. 1351.

416. — En conséquence, l'exception de la chose jugée ne peut pas être opposée lorsque, dans une seconde instance entre les mêmes parties, la chose demandée étant la même et l'action ayant le même objet, l'une des parties agit dans la seconde instance en une qualité différente que dans la première. — *Cass.*, 3 août 1819, Delarue et Fromont c. Hervé et Delaunay.

417. — Ainsi, après avoir agi comme tuteur ou mandataire, rien ne m'empêcherait, si ma demande avait été repoussée, de la renouveler en mon propre nom et réciproquement. — Le mari, après avoir inutilement intenté une action au nom de sa femme, peut agir en son nom personnel. Il en serait de même en sens contraire. — Pothier, *Obligations*, sect. *De la chose jugée*, no 49 ; Toullier, t. 10, no 213 ; Duranton, t. 13, no 499.

418. — Jugé, par suite, qu'une partie qui a figuré comme mandataire dans un jugement ne peut opposer l'autorité de la chose jugée par ce jugement dans une instance ultérieure où elle est appelée en son nom personnel. — *Cass.*, 21 déc. 1841 (t. 1er 1842, p. 81), Audubert et Louradour c. Rigoux.

419. — Lorsque le maire d'une commune fait, en vertu de l'autorisation du conseil municipal, élaguer des arbres dont un particulier prétend avoir la propriété ; que, sur une action possessoire intentée par ce dernier, le juge de paix se déclare incompétent, par le motif que le maire a agi comme administrateur et non comme défenseur des droits de la commune ; si ultérieurement le maire, non pas en son nom personnel, mais comme mandataire spécial de la commune, autorisé à agir par arrêté du conseil de préfecture, fait sommation au même particulier d'enlever des matériaux qu'il a déposés sur l'emplacement où sont plantés les arbres et que la commune prétend être une place publique, la nouvelle complainte que le particulier intente ne peut être repoussée par l'exception de la chose jugée, puisque les parties n'ont point agi en la même qualité dans ces deux instances, qui ont une cause et un objet différens. — *Cass.*, 17 nov. 1823, Bourrinet c. Allafort, maire de Varaigne.

420. — Lorsque, par un jugement passé en force de chose jugée, une ancienne association religieuse a été condamnée à payer une dette contractée par le supérieur, non en son nom personnel, mais au nom de sa société, un jugement ne peut, sans porter atteinte à la chose jugée, décider que l'emprunt n'était point obligatoire pour la corporation, parce qu'il n'avait pas été contracté avec les formes requises, et par suite condamner le supérieur à payer la dette en son nom personnel. — *Cass.*, 19 nov. 1823, Trepsac c. Michel.

421. — Lorsqu'un arrêt, condamnant un bureau d'administration, en la personne de son président, est exécuté contre lui personnellement et sur ses biens, et que, sur son opposition aux poursuites exercées contre lui en vertu de cet arrêt, il en intervient un second qui l'en déboute sur le fondement qu'il y avait chose jugée contre lui, ce second arrêt contient violation de l'art. 1351,

C. civ. — *Cass.*, 14 déc. 1824, Roques c. Vernet.

422. — La partie qui a d'abord été citée en justice comme civilement responsable d'un fait imputé à son domestique, et qui a été renvoyée de cette demande, peut être poursuivie de nouveau comme personnellement responsable, sans pouvoir exciper de la chose jugée. — *Cass.*, 17 déc. 1839 (t. 1er 1840, p. 404), Marlier c. Charlet et Thibault.

423. — Pareillement, celui qui aura été repoussé comme n'ayant pas telle qualité pourra, lorsqu'il l'aura acquise, renouveler sa demande. — Par exemple, l'héritier au deuxième degré qui, avant que l'héritier présomptif n'ait pris qualité, poursuit le tiers-détenteur de la succession et se voit opposer la fin de non-recevoir tirée de son défaut de qualité, pourra, si l'héritier présomptif vient à renoncer, intenter de nouveau son action. — On ne pourrait objecter que, par sa renonciation, l'héritier du premier degré est censé ne l'avoir jamais été (C. civ., art. 785), et que, pour sa part, l'héritier du second doit être considéré, en vertu de l'effet rétroactif, comme l'étant devenu à partir de l'ouverture de la succession (C. civ., art. 777); d'où la conséquence qu'il avait déjà la qualité d'héritier quand le jugement a été rendu. En effet, il n'a été prononcé que par forme de fin de non-recevoir *quant à présent*.

424—On a vu (V. *suprà* nos 327 et suiv.) que l'héritier et son auteur sont considérés comme ne faisant qu'une seule et même personne, de telle sorte que ce qui a été jugé contre l'un est censé l'avoir été contre l'autre.—Mais il n'y aurait plus lieu d'appliquer le principe si l'héritier demandait en son nom personnel, en vertu d'un droit qui lui serait propre, une chose qu'aurait vainement réclamée son auteur. Il en serait de même, en sens inverse, si, après avoir inutilement agi en son nom, il intentait sa nouvelle action en qualité d'héritier de telle personne.—L. 10, ff., *De præscript. et except.* — De ce que la chose demandée n'appartenait pas au défunt dans le premier cas, on ne saurait en conclure que son héritier n'y avait aucun droit. Et au second cas, parce que l'héritier n'y avait pas droit, on ne peut dire qu'il en fût de même pour son auteur. — Pothier, *Oblig.*, sect. *De la chose jugée*, no 50; Duranton, t. 13, no 500.

425. — Ainsi, lors même qu'un individu a été déclaré non-recevable à attaquer, pour cause de simulation, un acte de vente par lui consenti, ses enfans peuvent néanmoins, sans qu'on puisse leur opposer l'autorité de la chose jugée sur l'action intentée par leur auteur, attaquer ce même acte de vente comme contenant une donation déguisée dont ils demandent la réduction.—Il n'y avait pas, dans l'espèce, même demande, et les parties ne procédaient pas du chef de leur auteur, mais de leur propre chef.— *Toulouse*, 16 juin 1836, Dubois c. Delga.

426. — Le demandeur, dans la personne duquel s'étaient confondues les deux qualités en vertu desquelles il entendrait successivement agir, et cela avant la première demande intentée par suite d'une de ces qualités, ne serait pas admis à les séparer pour intenter une nouvelle action suivant l'autre qualité. — Ainsi l'enfant, héritier pur et simple de ses parens, après avoir échoué dans une action intentée comme héritier de son père, ne pourrait la renouveler comme héritier de sa mère. En devenant héritier, il avait vu ces deux qualités se confondre en lui d'une manière irrévocable. — Toullier, t. 10, nos 214 et 215.

427.—Lorsqu'un enfant, ayant renoncé à la succession de son père, a obtenu un jugement comme héritier de sa mère, il ne peut, si ultérieurement il reprend la qualité d'héritier de son père et qu'il soit actionné en cette qualité, opposer l'autorité de la chose jugée.— LL. 7, 12, 13 et 14, ff., *De except. rei judicatæ*; ord. avr. 1560; ord. 1667, tit. 27, art. 5, et tit. 35, art. 1er; — *Cass.*, 7 messid. an VII, Bessière c. Lostanges.

428. — Lorsque des héritiers, après avoir fait prononcer en justice, du chef de l'un de leurs auteurs, la nullité d'un acte et obtenu la restitution d'une portion des biens aliénés par cet acte, intentent ensuite une nouvelle action du chef d'un autre de leurs auteurs pour faire prononcer la nullité du même acte et obtenir la réintégration de la seconde portion des biens, le tribunal peut, sans violer l'autorité de la chose jugée, maintenir l'acte attaqué et refuser la restitution demandée.—*Cass.*, 3 mai 1841 (t. 1er 1842, p. 647), Albert c. comm. de Mondragon.

429. — Sous l'ordonnance de 1667, lorsqu'un jugement avait condamné un individu en qualité d'héritier du débiteur, si le créancier n'avait pas interjeté appel incident relativement à l'attribution de la qualité d'héritier, il ne pouvait, sur l'appel de son adversaire, lui contester cette même qualité, et il y avait chose jugée à cet égard. — *Cass.*, 2 mai 1808, Giovani c. Pellegrini.

430. — Lorsqu'un héritier bénéficiaire a succombé dans la demande qu'il avait formée pour obtenir l'administration de la succession, et que cette administration a été accordée aux syndics des créanciers unis, on ne peut lui opposer l'autorité de la chose jugée si, devenu héritier pur et simple, il élève la même prétention. — *Cass.*, 11 nov. 1818, Chaulnes c. Lévêque-Lapointe.

431. — On ne pourrait opposer l'exception de chose jugée à celui qui, ayant succombé dans sa demande en nullité d'une vente, demande faite de son chef comme héritier de celui de qui vient l'objet vendu, agirait ensuite comme cessionnaire des droits d'un de ses cohéritiers. — *Cass.*, 27 août 1817, Chegaray c. Sallenave.

432. — Un jugement ne peut être considéré comme ayant force de chose jugée relativement aux qualités attribuées aux parties que lorsque ces qualités ont été spécialement l'objet de la contestation. — *Toulouse*, 5 mai 1821, Magnac c. Janin.

433. — Le jugement passé en force de chose jugée qui aurait condamné comme héritier le successible du défunt ne pourrait être invoqué que par rapport à la chose sur laquelle le jugement aurait statué. Pour un objet différent ou relativement à un autre créancier, il serait sans valeur quant à la qualité d'héritier. — Pothier, *Successions*, ch. 3, sect. 5e; Duranton, t. 13, no 525; Toullier, t. 10, nos 234 et suiv.

434. — Dans une instance dont l'objet rentrait dans les limites du dernier ressort, et alors que le défendeur a opposé au demandeur une exception tirée du défaut de qualité, le jugement rendu n'a pas l'autorité de la chose jugée sur la qualité incidemment attribuée à l'une des parties, soit à l'égard des tiers pour le même objet, soit au profit même de celui qui a obtenu ce jugement ou contre qui il a été rendu pour d'autres objets.—*Limoges*, 9 avr. 1840 (t. 2 1840, p. 161), Ventadour c. Espinouze.

435. — Le jugement qui prononce une condamnation contre un individu emporte par cela même nécessairement l'idée que la partie condamnée avait la capacité requise pour contracter l'obligation en vertu de laquelle le jugement a été prononcé, et il a sur ce point l'autorité de la chose jugée, tellement que, tant qu'il subsiste, le débiteur ne peut exciper de sa qualité de mineur. — *Caen*, 11 août 1828, D'Harembure c. Monsaint.

436. — La qualité d'ouvrier, déclarée et reconnue par jugement à un individu, n'emporte pas nécessairement et toujours l'assimilation au domestique ou au salarié à la journée. Ainsi, il n'y a pas de violation de la chose jugée dans le jugement qui a refusé de considérer comme un domestique ou un salarié à la journée un individu qualifié d'ouvrier dans un précédent jugement.— *Cass.*, 12 mars 1834, Villa c. Mazars.

437. — Lorsqu'il a été décidé par un jugement passé en force de chose jugée que ce n'est point en qualité d'habitans et comme exerçant un droit communal que des particuliers ont formé l'action possessoire, mais à titre singulier et comme ayant chacun individuellement la jouissance du terrain litigieux, on ne peut soutenir devant la cour de Cassation, sur le pourvoi dirigé contre un second jugement qui prononce au fond, qu'ils auraient dû, pour plaider, être assistés du maire de leur commune. — L. 26 vent. an V, art. 1er et 2.—*Cass.*, 26 juill. 1832, Formon c. Vuilland.

438. — Celui qui, actionné en délaissement d'un bien, prétend, devant les premiers juges, en être propriétaire, peut encore, en appel, plaider comme créancier du propriétaire véritable, et comme exerçant ses droits. On ne doit voir dans ce changement de qualité qu'une exception nouvelle à la demande originaire. — *Cass.*, 8 avr. 1812, Ducasse c. Casse.

439. — Le créancier qui a deux hypothèques, l'une résultant de son titre, l'autre comme subrogé à l'hypothèque d'un tiers, peut, après avoir demandé sa collocation en vertu de sa propre hypothèque, et s'il a succombé dans cette demande, exercer le droit qui dérive de la subrogation, le jugement qui rejette la première demande n'ayant pas l'effet de la chose jugée à l'égard de la seconde. — *Cass.*, 5 avr. 1831, Belloncle c. Samson.

440. — Le jugement rendu au profit d'un créancier dont il fixe et reconnaît les droits peut, encore qu'il ait acquis l'autorité de la chose jugée vis-à-vis de toutes les parties, être annulé sur la demande du même débiteur contre le même créancier, si, celui-ci ayant, dans l'intervalle de l'échéance de la dette à ce jugement, cédé ses droits à un tiers qui a fait des actes conservatoires et qui n'a pas été partie au premier procès, se présente dans le deuxième procès comme rétrocessionnaire de ce dernier. — *Douai*, 22 août 1835, Becq c. Legrand, sous *Cass.*, 20 juin 1838 (t. 2 1838, p. 346).

441. — Celui qui, agissant en son nom, aurait été déclaré avoir possédé à titre précaire et de mauvaise foi, n'en pourrait pas moins être déclaré avoir possédé *animo domini*, et avoir pu conséquemment acquérir par prescription, s'il venait, par une action nouvelle, réclamer les mêmes objets comme se trouvant aux droits d'un autre individu. — Il n'y aurait pas ici identité de qualité des parties. — *Cass.*, 12 janv. 1832, de Magnoncour c. de Buyer et de Lorge.

442. — L'acquéreur qui délaisse l'immeuble aux créanciers inscrits perd sa qualité, et se trouve affranchi dès-lors de toutes les obligations qui en dérivaient. On ne peut donc lui opposer l'autorité de la chose jugée résultant des jugemens qui l'avaient condamné en qualité d'acquéreur, et cela par le motif qu'il n'a plus la qualité sous laquelle il avait figuré à ces jugemens. — *Cass.*, 15 janv. 1839 (t. 1er 1839, p. 523), Blanchet c. Bosc.

443. — Il n'y a point violation de la chose jugée dans un arrêt qui, attendu le délaissement fait par un acquéreur, le dispense de payer une rente à un tiers, lorsque cette rente faisait partie du prix, bien que précédemment le même acquéreur, encore en possession de l'immeuble par lui acheté, étant attaqué par un créancier inscrit en paiement de sa créance ou en délaissement de l'immeuble, et ayant appelé en garantie le tiers créancier de la rente, qu'il qualifiait vendeur, eût été condamné à la fois à payer le créancier inscrit ou à délaisser l'immeuble, et à servir la rente, par le motif que celui-ci, au profit duquel elle avait été stipulée, n'était pas vendeur. — *Cass.*, 25 juin 1838 (t. 2 1838, p. 27), Pereyra de Lamenaude c. Mitchell.

444. — Quand, sur une demande générale en homologation de partage, formée par un héritier contre ses cohéritiers, ceux-ci n'ont opposé que des moyens de nullité, c'est-à-dire une défense générale comme la demande, la sentence qui en ordonne purement et simplement l'exécution ne donne pas, dès qu'elle est passée en force de chose jugée, pareille force à chacune des dispositions particulières et spéciales de ce partage.—En conséquence, un des héritiers peut encore, après que le jugement d'homologation pure et simple est passé en force de chose jugée, revendiquer à titre d'acquéreur un immeuble porté dans le lot d'un de ses copartageans, et soutenir que cet immeuble n'a été compris que fictivement dans le partage. —*Cass.*, 21 avr. 1836, Thieffries de Beauvoir c. Thieffries de Layens.

Sect. 3e. — *Effets de la chose jugée.*

445. — L'autorité que la loi accorde à la chose jugée consiste en ce qu'elle regarde cette chose jugée comme une vérité présumée : *Res judicata pro veritate accipitur.*— L. 207, ff., *De reg. jur.*;—Toullier, t. 10, no 66.

446. — L'autorité que la loi attribue à la chose jugée est une des présomptions légales qui dispensent de toute preuve celui au profit duquel elles existent. —C. civ., art. 1350 et 1352.

447. — A Rome, le jugement n'avait pas pour effet de libérer de plein droit le débiteur. Il pouvait encore être actionné de nouveau, car l'action qui existait contre lui n'avait pas été effacée par le jugement. Seulement, il pouvait, au moyen de l'exception *rei judicatæ* que lui donnait le jugement, repousser la nouvelle action si elle avait lieu pour le même objet, par suite de la même cause, et si elle était dirigée par la même personne ou son représentant. Ce sont là, au surplus, des principes sans application chez nous, et qui, à Rome même, se réduisaient à des questions de procédure, du moins généralement. —Duranton, t. 13, no 449; Toullier, t. 10, no 73.

448.— La chose jugée produit, en faveur de celui qui a vu sa demande accueillie par le juge, le droit d'obtenir, par toutes les voies que présente la procédure, l'objet qui a fait la matière du procès. C'est ce qu'on appelle l'action *judicati*. Mais si sa demande a été repoussée, il s'ensuit, dans l'intérêt du défenseur, une exception ou fin de non-recevoir appelée *exceptio rei judicatæ*, contre toute nouvelle demande que son adversaire dirigerait contre lui, en la même qualité, pour la même cause et pour le même objet. — Duranton, t. 13, nos 447 et 448.

449. — Chez nous, quand un arrêt est passé en force de chose jugée, il ne s'agit plus que de l'exécuter entre les parties avec lesquelles il a été rendu. — Et comme il est indivisible, l'une des parties ne peut se prévaloir d'une de ses dispositions favorables, et rejeter celles qui lui sont contraires. — *Bruxelles*, 15 août 1813, H...

450.— Le tiers qui tire avantage d'un arrêt dans lequel il n'a pas été nominativement partie, est censé

y avoir été représenté, et peut dès-lors être repoussé par l'exception de la chose jugée résultant de cet arrêt. — *Bruxelles*, janv. 1813 (t. 11, p. 1re), Billoir c. Leroy.

451. — Par la même raison, lorsque des personnes qui n'ont pas été parties dans un jugement passé en force de chose jugée, profitent d'une disposition principale, elles sont non-recevables à attaquer une autre disposition du même jugement qui leur fait grief; il a force de chose jugée sur ce point comme sur l'autre. — *Cass.*, 8 avr. 1812, Leroy c. Billoir.

452. — La partie qui a interjeté appel d'un jugement qualifié *par défaut* et exécuté comme tel, n'est pas recevable à soutenir que ce même jugement a acquis, quant à la qualification, l'autorité de la chose jugée en ce qui concerne son adversaire. — *Cass.*, 22 mars 1825, Babeau c. Gougenot.

453. — Lorsque, par un arrêt passé en force de chose jugée, un individu a été déclaré créancier privilégié sur un immeuble, il doit jouir de son privilége vis-à-vis de celui contre qui l'arrêt a été rendu, encore bien qu'il n'ait été inscrit qu'après lui. Dans ce cas, le rang est déterminé, non par les inscriptions, mais par la chose jugée. — *Bruxelles*, janv. 1813 (t. 11, p. 1re), Billoir c. Leroy.

454. — Quand le divorce prononcé entre deux époux, et la renonciation à la communauté faite par la femme à la suite de ce divorce, ont été, postérieurement au décès du mari, annulés par décision passée en force de chose jugée, pour cause de simulation et de concert frauduleux entre les époux, la femme, qui n'a point fait inventaire ni renoncé de nouveau à la communauté durant l'intervalle qui s'est écoulé du jour de la mort de son mari à celui de l'annulation tant du divorce concerté entre eux que de la renonciation par elle originairement faite à la communauté résultant de leur contrat de mariage, est déchue de la faculté de renoncer, et demeure définitivement investie de la qualité de commune. Elle ne peut, pour s'excuser de n'avoir pas fait inventaire et renoncé dans les délais de la loi, et pour justifier son immixtion, postérieure au décès de son mari, dans les biens et affaires de la communauté, invoquer son divorce et la renonciation qui l'avait suivi, sans exciper de son propre fait, fait déclaré frauduleux par décision passée en force de chose jugée, et l'arrêt qui, postérieurement à l'annulation de ce divorce et de la renonciation, a admis une telle excuse, doit être cassé pour violation de la chose jugée. — *Cass.*, 2 juill. 1838 (t. 2 1838, p. 20), Séguin c. Vanlerberghe.

455. — Il n'y a point violation de la chose jugée, lorsque, sur l'appel d'un jugement qui a condamné le tireur d'une traite à en payer le montant, la cour royale condamne solidairement l'endosseur renvoyé de l'action en première instance, par le motif que si l'endosseur n'avait pas transporté la propriété de l'effet au porteur, et ne lui avait donné qu'un simple mandat, il aurait réclamé contre la disposition du jugement qui condamnait le tireur à payer à ce dernier. — *Cass.*, 11 juill. 1820, Clavel c. Petit.

456. — Si, dans une instance, une question préjudicielle s'est élevée et a été jugée contre une partie, et qu'elle ait contre celle-ci préjugé la question principale, l'exception de la chose jugée sera aussi acquise quant à la question principale. — Duranton, t. 13, no 483.

457. — Il y a chose jugée sur une question du moment où elle a été soulevée, débattue et résolue par le jugement, malgré les motifs qu'auraient pu avoir les juges d'en considérer la solution comme inutile. Spécialement, encore bien qu'une cour royale appelée à statuer sur deux questions donne à l'une d'elles une solution qui pourrait la dispenser de prononcer sur l'autre, si néanmoins elle examine celle-ci dans les motifs et dans le dispositif, son arrêt acquiert, même sur cette seconde question, l'autorité de la chose jugée. — *Cass.*, 22 mars 1841 (t. 1er 1841, p. 606), Delille c. de Grusse.

458. — L'autorité de la chose jugée s'attache aux réserves dont il a été donné acte aux parties. Aussi, on violerait la chose jugée si l'on déniait à celui à qui il a été donné acte d'une réserve, le droit d'y suivre. — *Cass.*, 21 avr. 1840 (t. 2 1840, p. 5), Debent c. Roques et Faurier.

459. — Pour qu'une décision ait force de chose jugée à l'égard d'un objet ou d'une question, il faut, bien entendu, que le juge ait pu ou voulu prononcer sur cette question ou sur cet objet, de même qu'il ne peut y avoir violation de la chose jugée si une première décision est contrariée par une seconde dans tout ou partie de ses dispositions. On ne peut violer ce qui n'existe pas.

460. — Ainsi, le jugement qui n'a point statué sur cette demande reconventionnelle ne l'a pas par cela même rejetée, et, par suite, ne saurait produire à cet égard la chose jugée. — *Cass.*, 19 mars 1835, Frémont c. Périer.

461. — Un point constant, et sur lequel la jurisprudence est aussi formelle que la doctrine, c'est qu'une fois le jugement rendu, il ne peut plus être changé ni rectifié par le tribunal qui l'a prononcé; *Judex posteà quàm semel sententiam dixit, posteà judex esse desinit* (LL. 55 et 62, ff., *De re judic.*). — Toullier, t. 10, nos 128 et suiv.; Carré, *Lois de la procéd*, t. 1er, no 604, et *Lois de la compétence*, t. 1er, p. 85; Berriat-Saint-Prix, p. 250; Merlin, *Rép.*, vo *Jugement*, § 3, no 4; Poncel, *Des jugemens*, t. 1er, p. 221; *Praticien français*, t. 1er, p. 386. — V. JUGEMENT.

462. — Ainsi, le tribunal qui a mis définitivement des parties hors d'instance ne peut ultérieurement déclarer que cette décision n'était point définitive. — Ord. 1667, tit. 27, art. 5; L. 55, ff., *De re judicatâ*. — *Cass.*, 28 brum. an VIII, Marinpoey.

463. — Lorsqu'un jugement passé en force de chose jugée a 1o déclaré qu'un acte est de nature à devoir être exécuté si le gérant n'a pas mal administré; et 2o ordonné une expertise pour vérifier son administration, les juges violent la chose jugée si, lorsque les parties viennent plaider sur le résultat de l'expertise, ils décident que l'acte ne doit pas être exécuté quoique le gérant ait bien administré. — *Cass.*, 12 germin. an IX, Dyochet c. Henri.

464. — Lorsqu'un jugement, statuant sur des comptes et rapports respectifs, décide qu'un bien acquis par des mineurs émancipés ne sera pas compris dans l'actif de la succession paternelle, sauf aux intéressés à prouver que partie du prix a été payée par le père commun, la décision ultérieure qui, sans que la preuve réservée ait été faite, ordonne le rapport de ce bien à la masse, viole l'autorité de la chose jugée. — *Cass.*, 9 vent. an VI, Causanca.

465. — Un tribunal d'appel n'a pu, sans violer la chose jugée, annuler une consignation qui avait été déclarée valable par un jugement en dernier ressort. — *Cass.*, 20 flor. an X, Sacquépée c. Leroi.

466. — Jugé encore qu'un tribunal d'appel viole la chose jugée lorsqu'après avoir infirmé la décision des premiers juges par un premier jugement, il l'a confirmée par un jugement définitif. — *Cass.*, 21 flor. an X, Vanloock c. Douanes.

467. — Lorsqu'une partie a été condamnée à payer éventuellement des dommages-intérêts, un tribunal n'a pu, sans violer l'autorité de la chose jugée, décider que ces dommages-intérêts n'étaient dus en aucun cas. — *Cass.*, 17 prair. an XI, Jobert c. Staal.

468. — Si les titres d'un usage dans une forêt et les arrêts de réglement lui donnent certains droits spécifiés, l'arrêt qui lui accorde d'autres droits plus étendus viole et les anciennes lois et ordonnances, et la chose jugée. — *Cass.*, 21 mars 1832, Roy et Duval c. comm. de Ste-Marthe.

469. — Le tribunal qui a taxé des frais ne peut, par un deuxième jugement, les mettre à la charge de l'avoué poursuivant. — *Bourges*, 15 fév. 1815, Gobillot c. Bouquerot.

470. — Quand, par jugement passé en force de chose jugée, il a été ordonné qu'en cas d'insuffisance des produits soumis à l'usage il serait pourvu aux besoins des usagers avec d'autres produits de la forêt, une décision postérieure ne peut, sans violer l'autorité de la chose jugée, ordonner que, dans le même cas, la différence pourra être suppléée au moyen d'une indemnité. — *Cass.*, 7 mars 1842 (t. 1er 1842, p. 723), comm. de Mesmay c. préfet du Jura.

471. — Un conseil de préfecture qui, par arrêté préparatoire, a ordonné une expertise et déclaré que, en cas de désaccord, il serait nommé un tiers expert, est lié par son arrêté, et par suite il ne peut prononcer en l'absence du rapport de ce tiers expert. — *Cons. d'état*, 26 mars 1823, ville de Pontarlier c. Chambard.

472. — Lorsqu'un tribunal a déclaré une tierce-opposition recevable et renvoyé la cause à une prochaine audience pour être fait droit au fond, il ne peut, à cette audience, déclarer le tiers opposant non-recevable, sans violer la chose jugée, et son nouveau jugement peut être attaqué par voie de cassation. — *Cass.*, 15 germin. an IX, Jeannin c. Bazin.

473. — Quand, sans avoir égard à l'exception de chose jugée tirée d'une précédente décision, un jugement a admis une partie à prouver qu'une lettre de change qui a servi de base à la condamnation était le résultat d'opérations usuraires, les juges ne peuvent plus revenir ultérieurement sur cette décision et admettre l'exception de chose jugée comme s'opposant à la preuve offerte. — *Cass.*, 13 mars 1833, Seintein c. Lacube.

474. — Lorsqu'un arrêt a jugé avec toutes les parties que les créanciers porteurs de lettres de change tirées pour compte d'un tiers viendraient, à l'exclusion des tireurs et accepteurs, à contribution sur les biens de la faillite de ce tiers, un autre arrêt ne peut point, sans violer la chose jugée, décider que les tireurs seront admis à la contribution pour la totalité des lettres de change par eux tirées. — Il en est ainsi, lors même que le premier arrêt, duquel résultait la violation de la chose jugée, aurait été, postérieurement au second arrêt qui a commis cette violation, annulé par la cour de Cassation. — *Cass.*, 17 nov. 1835, Desprez c. Steinmann et Fort.

475. — Si un jugement passé en force de chose jugée et exécuté a ordonné qu'une partie serait tenue de recevoir le compte de tutelle présenté par son tuteur ou par l'ayant-cause de ce dernier, il ne peut plus être décidé, sous peine de violation de la chose jugée, qu'il n'y a lieu ni à reddition ni à apurement du compte débattu entre les parties, sous prétexte d'un prétendu réglement antérieur qui aurait servi de base à la collocation du pupille dans un ordre ouvert sur un bien du tuteur. — *Cass.*, 26 avr. 1837 (t. 2 1837, p. 101), Le Barrois de Lemmery c. Sainte-Marie.

476. — Pour que l'exception de chose jugée existe, il suffit que la nouvelle demande soit *nécessairement* condamnée par le premier jugement. — Ainsi, lorsque des marchandises sont livrées par un débiteur à son créancier à titre de paiemens partiels imputables sur le montant de la dette, l'estimation postérieurement faite de ces marchandises, suivant leur valeur au jour de la livraison, ne peut avoir d'autre objet que d'établir, à chaque époque de la livraison, l'étendue des paiemens partiels reçus en nature, en les évaluant en argent: en sorte que les paiemens soient censés avoir eu lieu non le jour de l'estimation, mais bien le jour de la livraison effective; et l'arrêt postérieur qui viendrait ordonner, contrairement au premier passé en force de chose jugée, que le prix des marchandises ne doit être compensé avec la créance litigieuse que du jour de l'estimation, viole et l'autorité de la chose jugée et les principes sur l'imputation des paiemens. — *Cass.*, 17 fév. 1836, Dumoret c. Lafitte.

477. — L'enfant qui, par jugement passé en force de chose jugée, rendu sur sa propre demande, a été mis en possession d'un état dont il a joui depuis, est non-recevable à recevoir plus tard un état contraire. — Ord. 1667, tit. 27, art. 5; tit. 35, art. 34; — C. civ., art. 332; — *Cass.*, 8 prair. an VII, Lépinaist c. Carles.

478. — Lorsque le jugement qui charge l'une des parties de faire statuer, dans un délai déterminé, sur une question préjudicielle de propriété, n'a pas été attaqué dans le délai de la loi, le tribunal ne peut, sans violer l'autorité de la chose jugée, mettre cette obligation à la charge de l'autre partie, par un second jugement. — *Cass.*, 25 nov. 1826, Feydeau de Brou c. Forêts.

479. — Ce n'est pas prendre pour base d'une décision l'autorité d'une chose jugée, que de puiser une présomption de fraude dans un fait énoncé en un jugement rendu entre d'autres parties. — *Cass.*, 2 août 1836, Weckersen c. Magnier-Granprez.

480. — Lorsqu'un arrêt passé en force de chose jugée a reconnu le droit d'un usager à des prises d'arbres dans une forêt domaniale pour le service d'une scierie, l'état ne peut plus, pour se délier de la chose ainsi jugée, exciper de ce que l'usine pour laquelle l'affectation avait été primitivement concédée aurait été détruite par un incendie, alors que ce fait existait déjà à l'époque où l'arrêt a été rendu. — *Cass.*, 16 mars 1842 (t. 1er 1842, p. 688), préfet de la Meurthe c. Roos.

481. — Lorsque la demande en nullité d'un acte, pour cause de dol et de simulation, a été rejetée par un arrêt, un second arrêt ne peut, sans violer l'autorité de la chose jugée, admettre comme ouverture de requête civile le dol personnel prétendu commis dans ce même acte. — *Cass.*, 13 fév. 1827, Vailhé c. Pousson.

482. — En déclarant non-recevable, comme prescrite, ou contraire à l'autorité de la chose jugée, une demande en nullité d'actes et de jugement qu'on prétendait avoir été préparés et produits par le dol et la fraude, une cour ne peut apprécier des allégations de dol et de fraude contre ces mêmes actes, et par suite condamner l'inventeur des manœuvres frauduleuses à des dommages-intérêts. — *Cass.*, 21 déc. 1825, Desjars c. Vauchel.

483. — Si une fin de non-recevoir élevée contre un pourvoi en cassation, et tirée d'un prétendu acquiescement résultant de lettres non enregistrées, a été rejetée par un arrêt, cette fin de non-recevoir ne peut être produite de nouveau après l'enregistrement de ces lettres. Elle est alors inconciliable avec l'autorité de la chose jugée. — *Cass.*, 20 janv. 1806, Valhaire c. Mesenge.

484. — Un tribunal qui a acordé un dernier dé-

lai en mentionnant expressément dans son jugement que c'était *pour toute préfixion et sans espoir d'autre*, ne peut, lorsqu'il est expiré, en accorder un nouveau sans violer l'autorité de la chose jugée. — *Nîmes*, 14 thermid. an XII, Peyrouse c. Buisson ; — Merlin, *Quest. de dr.*, v° *Délai*.

485. — Quand un arrêt a rejeté l'appel qui a été émis d'un jugement accordant un délai pour faire certaine chose, sous peine de forclusion, il y a chose jugée quant au délai. En conséquence, le tribunal qui a rendu le jugement ne peut pas accorder une prorogation du délai, si la demande en a été formée après l'expiration du délai, et sans qu'il soit survenu de circonstance qui ait motivé cette prorogation. — *Grenoble*, 24 juin 1825, Mallet c. Astier.

486. — Lorsqu'une cour, après avoir décidé que des intérêts sont dus à partir d'une époque déterminée, déclare, par un second arrêt, qu'ils ne doivent courir qu'à compter d'une date postérieure, elle viole l'autorité de la chose jugée et ne peut être considérée comme réglant un simple point d'exécution, comme interprétant sa première décision. — *Cass.*, 18 déc. 1815, Hémery c. Fouillaude.

487. — Lorsqu'en même temps qu'elle a prononcé la résolution d'une vente de biens meubles et immeubles pour défaut de paiement du prix, une cour royale a accordé un délai aux tiers détenteurs d'une partie des objets vendus pour payer l'intégralité de ce prix, elle n'a pu ensuite, sans blesser les principes en matière de résolution et l'autorité de la chose jugée, soustraire ces tiers à l'effet de la résolution et les maintenir en possession, en les admettant à payer la partie seulement de ce même prix représentative de ce qu'ils détiennent. — *Cass.*, 6 fév. 1838 (t. 1er 1838, p. 306), Baudard de Saint-James c. compagnie des mines de Decize.

488. — Quand un jugement accorde à un débiteur un délai pour se libérer, ce jugement n'ayant l'autorité de la chose jugée que relativement au délai et jusqu'à ce qu'il soit expiré, la chose jugée n'est point violée par l'arrêt qui n'a été rendu qu'après cette expiration de délai. — *Cass.*, 11 août 1830, Boissier c. Boissy d'Anglas.

489. — Lorsqu'une partie a été condamnée par un jugement à payer une somme pour dommages-intérêts, si mieux elle n'aimait faire fixer ces dommages-intérêts par experts, mais sans qu'un délai ait été fixé pour cette option, elle n'est point déchue de la faculté d'opter, bien qu'elle n'ait pas appelé du jugement. — *Cass.*, 15 nov. 1830, Réder c. Schutz.

490. — Quand un premier arrêt a laissé à une partie l'option de griller ou de boucher des fenêtres dans un certain délai, un second arrêt a pu, sur l'instance relative à l'exécution du premier, et sans contrevenir à la chose jugée, ordonner, après l'expiration du délai, l'exécution par l'un des moyens indiqués, en supprimant la faculté d'option ; il peut également ordonner qu'il sera fait une construction plus forte que celle prescrite par le premier arrêt. — *Cass.*, 2 déc. 1828, Scarl c. Minouflet.

491. — Bien qu'un tribunal ait ordonné une réassignation pour un jour qu'il a déterminé, il peut néanmoins, sans violer la chose jugée, statuer sur la cause avant le jour, si les parties y consentent en concluant devant lui au fond, et cela, qand bien même l'une des parties aurait depuis demandé le renvoi de la cause au jour indiqué. — *Cass.*, 5 déc. 1832, Savoye c. Delours.

492. — Le jugement une fois passé en force de chose jugée, on ne peut plus revenir contre lui indirectement que par voie directe. — C'est ce qui a été consacré par les décisions suivantes.

493. — Celui qui, par suite d'une demande possessoire, a été condamné par un jugement passé en force de chose jugée, ne peut plus tard former contre son adversaire une demande en dommages-intérêts fondée sur ce que celui-ci n'avait pas le droit de former l'action possessoire. — *Metz*, 29 avr. 1823, Pelletier c. Martinet.

494. — Lorsqu'une partie a été condamnée par un jugement passé en force de chose jugée à payer la moitié des frais de constuction d'un mur, elle est non-recevable à prétendre ultérieurement que le mur dont il s'agit a été construit en entier sur sa propriété, et à en demander en conséquence la démolition. — *Bordeaux*, 23 déc. 1831, Teyssier c. Desbordes.

495. — Le débiteur qui a été condamné à payer des intérêts par un jugement ne peut, lorsque ce jugement est passé en force de chose jugée, solliciter une décision ultérieure qui le décharge de ces intérêts, par le motif qu'il était en faillite à l'époque du premier jugement, et comme tel affranchi du paiement des intérêts. — *Cass.*, 11 mars 1835, Guillabert c. Partarrieu.

496. — On ne peut déférer le serment décisoire sur la sincérité d'une créance, à celui qui l'établit par un jugement de condamnation passé en force de chose jugée, car il n'y a plus contestation. — *Turin*, 15 juill. 1806, Moscone c. Belletrutti.

497. — De même, lorsque le partage de certains biens a été ordonné par un arrêt passé en force de chose jugée, une des parties n'est pas recevable à déférer à l'autre le serment décisoire, à l'effet d'établir que celle-ci avait abandonné sa part avant la demande en partage. — *Cass.*, 7 juill. 1829, Brail.

498. — Quand, par un premier jugement, la décision d'une contestation a été subordonnée à la prestation du serment par l'une des parties, et qu'un second jugement a donné acte de ce serment, l'autre partie qui interjette appel du premier jugement, et qui laisse écouler les délais de l'appel contre le second, doit être déclarée non recevable dans son appel; autrement, ce serait indirectement porter atteinte à l'autorité de la chose jugée, acquise au second jugement. — *Bordeaux*, 19 juill. 1830, Lascoux c. Laporte.

499. — Le principe qui répute conforme à la vérité le jugement passé en force de chose jugée est tellement absolu que si les juges déclaraient faux un fait vrai, il passerait pour faux aux yeux de la loi, et réciproquement. Que le jugement donc soit contraire à la vérité et à la justice, l'intérêt public exige qu'il n'en soit pas moins écouté. — Toullier, t. 10, n° 68.

500. — L'autorité de la chose jugée ne permet donc pas de remonter à l'origine de l'obligation pour en vérifier la cause.

501. — Jugé en conséquence que lorsqu'un individu a été, par un jugement passé en force de chose jugée, condamné à payer une somme, il ne peut obtenir une réduction sur le montant de cette condamnation, ni être admis à prouver que l'obligation originaire manquait de cause. — *Besançon*, 18 juill. 1811, Pierre c. Girard.

502. — ... Que si un jugement qui condamne un débiteur au paiement d'une lettre de change a acquis l'autorité de la chose jugée, on ne peut annuler l'inscription prise en vertu de ce jugement, sous prétexte que la lettre de change qui lui sert de base est fausse. On ne le peut, alors surtout que l'accusation de faux dirigée contre le créancier a déjà été rejetée par un tribunal criminel. — *Cass.*, 21 avr. 1819, Glassier c. Bonniol.

503. — ... Que le souscripteur de lettres de change usuraires qui a été condamné à les payer par un jugement, même par défaut, passé en force de chose jugée, est non-recevable à exercer ultérieurement l'action en restitution, encore bien que l'usure ait été reconnue constante par le juge. — *Nîmes*, 14 déc. 1838 (t. 1er 1839, p. 521), Devèze c. Naquet.

504. — Lorsque sur l'appel général et indéfini d'un jugement qui condamne l'appelant à une quotité fixe des dépens, il n'existe aucun appel distinct sur ce dernier chef, et que seulement l'appelant, comme l'intimé, a respectivement conclu à la condamnation en la totalité des dépens, un tel appel saisit de nouveau la cour de la question générale relative à ce même chef, de telle sorte que, sans violer l'autorité de la chose jugée, elle puisse condamner l'appelant en la totalité des dépens. — *Cass.*, 1er juill. 1828, Porcher.

505. — Le jugement une fois rendu doit rester tel qu'il est. — Dès-lors un tribunal ne peut, même du consentement des avoués des parties, rectifier, sous prétexte d'erreur, un jugement prononcé à son audience. — *Cass.*, 15 sept. 1792, Formentin et Bardet.

506. — Cependant cela ne devrait pas s'entendre à la rigueur; et il faudrait décider autrement à l'égard d'une erreur matérielle qui se rectifierait d'elle même.

507. — Ainsi, l'erreur matérielle commise dans un jugement, résultant, dans la fixation de l'étendue d'un terrain, de l'adoption d'une mesure locale au lieu d'une autre, peut être réparée par un gement postérieur, sans qu'il ait violation de la chose jugée, s'il n'y a pas eu débat, lors du premier jugement, sur la mesure qui devait être adoptée. — *Amiens*, 21 mai 1840 (t. 1er 1842, p. 244), comm. de Monteeaux c. comm. des Ajeux.

508. — Mais la partie contre laquelle un jugement a été rendu ne serait pas admise à offrir de prouver que le juge est tombé dans quelque erreur de simple calcul (V. L. 2, Cod. *De re judic.*, et le C. de procéd., art. 541); à moins, toutefois, que l'erreur de calcul ne se rectifiât d'elle-même par le jugement. — V. L. 1, § 1, ff., *Quæ sentent. sine appell.*; Pothier, *Oblig.*, section *De la chose jugée*, n° 38; Brillon, t. 3, v° *Erreur*; Rolland de Villargues, *Répert. du not.*, v° *Chose jugée*, nos 137 et 138; Merlin, *Quest.*, v° *Compte*, § 1er. — C'est d'après cette distinction qu'on peut concilier entre eux les deux arrêts suivans.

509. — Jugé que l'arrêt qui rétracte un précédent arrêt pour prétendue erreur de calcul est sujet à cassation, comme renfermant un excès de pouvoir et une contravention à l'art. 480, C. procéd., qui détermine les seules causes pour lesquelles on peut faire rétracter un arrêt contradictoire. — *Cass.*, 8 juin 1814, Lecarpentier c. Enfantin.

510. — Jugé, au contraire, qu'on ne peut considérer comme une atteinte portée à la chose jugée la décision par laquelle une cour rectifie diverses erreurs de calcul contenues dans un précédent arrêt. — *Cass.*, 23 nov. 1824, Delcours c. d'Huc.

511. — En tout cas la demande formée devant les mêmes juges, à l'effet d'obtenir le *redressement* d'articles d'un compte *réglés par un jugement antérieur*, est non-recevable, quand même elle serait appuyée de pièces nouvelles. — *Bourges*, 10 (et non 18) août 1831, Defeillens c. Hennet.

512. — Mais si les tribunaux ne peuvent modifier ni réformer leurs jugemens, ils peuvent les *interpréter*, en ce qu'ils renfermeraient quelque disposition obscure ou ambiguë. Ce recours, dit Carré (*Lois de la procéd.*, t. 1er, p. 85), offre deux avantages, l'un d'éviter que les parties, se méprenant sur le véritable sens d'un jugement, se fourvoient dans l'exécution; l'autre de prévenir des appels qui ne prendraient leur source que dans l'obscurité de la décision.

513. — Les tribunaux peuvent donc interpréter leurs jugemens, pourvu qu'ils n'en modifient pas les dispositions. — *Besançon*, 7 janv. 1818, N...

514. — De même, on peut demander en justice l'interprétation d'un arrêt obscur et ambigu, pourvu toutefois qu'il ne doive y avoir aucun changement ni modification de la chose jugée. — *Amiens*, 24 août 1825, Choquet c. Lefebvre.

515. — Ainsi encore, lorsqu'un arrêt, présentant de l'ambiguité, a été interprété par un arrêt postérieur, cette interprétation ne peut être attaquée comme contenant une violation de la chose jugée. — *Cass.*, 5 avr. (et non mai) 1832, Gémond et Deschamps c. Garat.

516. — Enfin, un arrêt ne viole point la chose jugée lorsque, sans examiner le mérite de la demande sur laquelle a statué un premier arrêt de la même cour, il ne fait qu'interpréter le sens dans lequel le premier arrêt doit être entendu relativement à la qualité de la partie condamnée. — *Cass.*, 8 avr. 1828, Larmand-Raynaud c. Bonjean.

517. — Jugé, par application de ces principes, que lorsqu'une cour, décide par interprétation d'un arrêt portant condamnation *aux dépens de l'instance*, que cette condamnation ne doit pas s'entendre de tous les frais qui ont été faits dans l'instance, il n'y a point violation de la chose jugée. — *Cass.*, 10 juill. 1817, Lefebvre-Sainte-Marie c. Wendel.

518. — ... Que lorsqu'un concordat porte que des commissaires administreront, avec l'assistance du failli à qui 20 % sont alloués sur l'actif, après prélèvement de 50 % au profit des créanciers, si, en raison de cet intérêt éventuel de 20 %, il a été décidé que le failli a qualité et intérêt pour exiger un compte, qui lui sera rendu par les commissaires, sans préjudicier aux droits des parties réglés par le concordat, un jugement subséquent a pu néanmoins, sans violer la chose jugée, déclarer que le failli était sans droit ni qualité pour quereller le compte des commissaires, et que ce droit n'appartenait qu'aux créanciers. Le premier jugement réserve les droits des parties, le second ne renferme qu'une simple appréciation du concordat. — *Cass.*, 9 nov. 1831, Charbonnier c. Perret.

519. — ... Que si, lorsque sur une demande dirigée contre le gérant de la liquidation d'une société, un arrêt a condamné par corps, tant cette liquidation que son liquidataire, à payer une somme déterminée, un second arrêt peut, sans violer la chose jugée, déclarer que c'est la liquidation et non le gérant qui est obligé de payer, et que ce dernier ne peut être contraint, par corps, de le faire que jusqu'à concurrence des sommes provenant de la liquidation. — *Cass.*, 8 avr. 1828, Larmand-Raynaud c. Bonjean.

520. — ... Qu'il n'y a pas violation d'autorité de la chose jugée dans un arrêt qui attribue à plusieurs communes, en vertu de titres anciens, la propriété de bois, montagnes et biens vacans situés dans le territoire de chacune d'elles, nonobstant deux ordonnances rendues à une date postérieure à celle de ces titres, l'une par un grand maître des eaux et forêts, l'autre confirmative de la précédente par un commissaire de la réformation, lesquelles accordaient aux habitans de ces communes la jouissance de certaines facultés usagères sur les mêmes bois, montagnes et biens vacans, sans cependant attribuer à qui que ce fût la propriété de ces biens. — *Cass.*, 1er juin 1831, Préfet de la Haute-Garonne c. comm. d'Oueil.

521. — ... Que lorsqu'un arrêt a condamné l'administration forestière à délivrer à des communes

usagères tout le bois nécessaire à leur chauffage, il n'y a ni contradiction ni violation de la chose jugée par le deuxième arrêt qui, rendu en exécution du premier, décide que la cour a entendu, par droit de chauffage, tout le bois nécessaire aux communes, tant pour leur chauffage que pour la cuisson des alimens et la fabrication de leurs fromages.—*Cass.*, 18 nov. 1835, Préfet du Jura c. comm. d'Equevillon.

522. — Lorsqu'en ordonnant que le propriétaire d'objets saisis-revendiqués serait tenu de les recevoir et d'en donner décharge, un tribunal a omis d'indiquer le lieu où la remise devrait s'effectuer, le même tribunal peut, par voie d'interprétation et sans violer la chose jugée, déclarer valable le dépôt de ces objets fait entre les mains d'un tiers, après refus par le propriétaire d'obtempérer à la sommation qui lui a été faite d'en prendre livraison au lieu où ils ont été déposés.— *Cass.*, 16 fév. 1836, Monroy c. Bourgeois.

523. — Mais, quelque généraux que soient les motifs d'un arrêt, ils doivent être interprétés dans le sens du seul objet en litige, sans qu'ils puissent être étendus de manière à en faire résulter la chose jugée pour une action étrangère au premier procès. — *Cass.*, 27 août 1817, Chegaray c. Sallenave. —C'est le cas d'appliquer la maxime : *Id tantùm judicatum, quantùm litigatum.* — Toullier, t. 10, nº 164.

524. —Et les juges ne peuvent, sans violer l'autorité de la chose jugée, réformer leur décision, sous prétexte de l'interpréter.—*Cass.*, 10 avr. 1837 (t. 1er 1837, p. 359), Préfet de la Haute-Marne c. Gaide-Roger.

525.—Ainsi les chargeurs d'un bâtiment capturé qui ont réclamé leur cargaison comme n'étant pas contrebande de guerre, ne sont pas recevables, parce que leurs conclusions sont visées dans l'ordonnance qui a validé la prise, sans aucune réserve ni restitution, à prétendre qu'il y a omission, et à demander par voie d'interprétation ce qui leur a été implicitement et virtuellement refusé par une première décision contradictoire. — *Cons. d'état*, 25 mars 1830. Coen-Solal et Antinovi.

526. — Lorsqu'une cour a déclaré que les droits d'usage appartenant à une commune, dans une forêt de l'état, consistaient dans un *affouage ordinaire*, elle a suffisamment exprimé que ces droits ne peuvent s'étendre aux futaies, mais doivent se restreindre aux taillis. — En conséquence, le nouvel arrêt par lequel cette cour refuse d'interpréter le premier qu'elle a rendu, par la raison que les dispositions en étaient claires et précises, et rejette la prétention de la commune tendant à faire étendre aux futaies les droits d'affouage reconnus par le premier arrêt, ne viole pas l'autorité de la chose jugée, mais, au contraire, la respecte et la confirme.—*Cass.*, 25 mai 1840 (t. 2 1843, p. 227), comm. de Willerwald c. Préfet de la Moselle.

527.—Il ne peut y avoir violation de la chose jugée quand la seconde décision ne fait que consacrer la première et tracer son mode d'exécution.— C'est ce qui résulte des décisions suivantes.

528.—Lorsqu'un premier jugement a condamné un étranger demandeur à fournir caution, sans spécifier comment et jusqu'à quelle somme cette caution sera fournie, le second jugement qui déclare valable la caution consistant dans une consignation d'une somme déterminée ne viole point la chose jugée. — *Cass.*, 12 niv. an XII, Boutiny c. Benjamin.

529. — Il n'y a pas lieu à invoquer l'exception de la chose jugée lorsqu'un jugement ayant condamné un individu à remettre des titres entre les mains d'un autre, celui-ci, à défaut d'exécution, demande de nouveau la remise des titres et des dommages-intérêts pour le retard.— *Cass.*, 18 fév. 1822, Baron c. Botheinigk et Williams.

530. — Bien qu'il ait été ordonné par un jugement passé en force de chose jugée que les associés régleraient le compte des affaires de commerce qui avaient eu lieu entre eux, on peut cependant, sans violer la chose jugée, décider que, conformément aux conventions sociales, les parties devront, dans le réglement de compte, tenir pour exacts les inventaires faits par les associés, et ne s'occuper que des résultats de ces inventaires.—*Cass.*, 3 janv. 1828, Coutouly c. Demondesir.

531. — Quand un premier jugement a condamné les syndics d'une faillite à payer des dommages-intérêts, un second jugement peut, sans violer la chose jugée, ordonner que cette condamnation sera exécutée par privilége sur la masse. — *Cass.*, 22 nov. 1832, Frémont-Adeline c. Parmit.

532. — Dans le cas où le vendeur a la faculté de prendre un immeuble en paiement à compte sur le prix de la vente stipulée payable, partie dans un certain délai, et partie dans un délai postérieur, et qu'ensuite un jugement a ordonné que la valeur de l'immeuble serait imputée sur le prix, un autre jugement peut, sans violer l'autorité de la chose jugée, décider que l'imputation aura lieu sur la portion du prix qui doit être payée ultérieurement. — *Cass.*, 21 janv. 1834, Beaucé c. Bertrand.

533. — Une cour royale ne fait que statuer sur l'exécution d'un arrêt par elle rendu, lorsqu'elle déclare explicitement que, par ce précédent arrêt, elle a reconnu une partie propriétaire d'une portion de terrain qu'on prétend ne lui avoir pas été attribuée par ce premier arrêt. — *Cass.*, 13 nov. 1838 (t. 2 1838, p. 526), comm. de Monteeaux c. Doublier.

534. — Il n'y a pas violation de la chose jugée lorsqu'un premier arrêt ayant suspendu les poursuites sur les biens personnels d'une partie jusqu'à présentation d'un compte, un nouvel arrêt, en même temps qu'il rejette le compte comme n'étant pas celui dont la présentation a été ordonnée, décide aussi que les poursuites discontinuées seront reprises. — *Cass.*, 17 avr. 1839 (t. 2 1839, p. 264), Billon c. Soubeyran.

535. — Il ne peut y avoir violation de l'autorité de la chose jugée dans un jugement qui ordonne de plus fort l'exécution d'un jugement interlocutoire précédent. — *Cass.*, 20 juill. 1842 (t. 2 1842, p. 456), comm. de Breteuil c. Roy.

536.—Lorsque, par un premier jugement, un tribunal a condamné une partie à payer une somme fixe, si mieux elle n'aimait provoquer une expertise, lorsque en outre la partie a opté pour l'expertise, et que les experts chargés n'ont pas voulu statuer en exécution du jugement, le tribunal peut repousser comme incompatible avec la chose jugée toute offre nouvelle faite par la partie condamnée. — Dans les mêmes circonstances, le tribunal peut, sans encourir le reproche d'avoir violé la chose jugée, et faute par la partie de demander une nouvelle expertise, prononcer la condamnation à la somme fixée par le premier jugement. — *Cass.*, 29 nov. 1842 (t. 1er 1843, p. 51), Bouché c. Gilbrin.

537. — L'arrêt qui a ordonné qu'un mandataire justifierait avoir payé à son mandant les sommes qu'il avait touchées pour ce dernier peut, sans qu'il y ait violation de la chose jugée, être considéré par un arrêt postérieur comme exécuté par la production de pièces constatant que ces sommes sont entrées dans des comptes courans existant entre le mandant et le mandataire. — *Cass.*, 12 mars 1844 (t. 2 1844, p. 29), Assur. marit. c. Pinatelle-Raoul et Podesta.

538.—On ne peut exciper d'un arrêt de cour impériale pour faire valider des procédures postérieures au jugement sur lequel cet arrêt a prononcé.— *Rennes*, 13 juill. 1813, Launai c. N.

539. — Et ce n'est pas seulement le tribunal qui a rendu le jugement qui ne peut plus le réformer, aucun autre tribunal du royaume ne pourrait le faire s'il n'était attaqué par les voies légales.

540.—Lorsque, par un jugement non attaqué par les voies légales, un tribunal a ordonné l'exécution d'une sentence arbitrale, un autre tribunal ne peut, sans violer l'autorité de la chose jugée et sans excès de pouvoir, faire défense d'exécuter cette sentence dans son territoire, sans qu'on se soit préalablement pourvu devant lui pour en obtenir l'exécution. — *Cass.*, 3 brum. an VIII, Glouteau c. Gillis.

541. — De même, un tribunal est incompétent pour discuter la validité d'une décision sur appel, passée en force de chose jugée, et qu'aucun jugement supérieur n'a déclarée nulle ; s'il le fait et décide, par exemple, qu'une amende prononcée par cet arrêt ne l'a pas été conformément aux lois, il commet un excès de pouvoir.— *Cass.*, 25 mai 1813, Enreg. c. Carrozo.

542. — Un tribunal de première instance est incompétent pour accueillir une opposition qui aurait pour résultat de faire déclarer non avenu un arrêt en dernier ressort, en jugeant que celui auquel on l'oppose ne peut être réputé y avoir été partie, n'ayant été ni dûment appelé ni dûment représenté.—*Rennes*, 23 janv. 1829, Vauvercy c. Manès.

543. — Les juges d'appel ne pourraient non plus porter indirectement atteinte à l'autorité des décisions des juges inférieurs passées en force de chose jugée.

544. — En conséquence, jugé qu'on ne peut appeler d'un jugement de condamnation après avoir laissé acquérir force de chose jugée au jugement validant une saisie-arrêt pratiquée en vertu de cette condamnation.— *Bordeaux*, 13 mars 1833, Mazières c. Huble.

545.—...Que la décision d'une cour, par laquelle il est déclaré qu'un jugement a obtenu l'autorité de la chose jugée, ne peut être ensuite réformée par l'effet d'un appel qui serait émis de ce jugement. — *Cass.*, 25 mars 1828, Delaporte c. Taniel et Desurmont.

546. — ...Que si, sur la prétention qu'une partie était déchue du droit de faire estimer des dommages-intérêts par experts, un premier jugement, rejetant cette prétention, a ordonné une expertise et une enquête, auxquelles il a été procédé par toutes les parties, et qu'ensuite un jugement a fixé les dommages-intérêts, les juges d'appel ne peuvent, sur l'appel de ce dernier jugement seulement, réformer celui qui avait ordonné l'expertise, sans violer la chose jugée et les principes en matière d'acquiescement. — *Cass.*, 15 nov. 1830, Reder c. Schulz.

547. — ...Que lorsqu'un tribunal civil, saisi de l'appel d'une sentence rendue au possessoire par un juge de paix, a, par un jugement préalable en dernier ressort, ordonné que les parties se pourvoiraient devant qui de droit pour y fournir la preuve d'un fait tenant au pétitoire, la cour royale appelée à statuer sur le jugement par lequel il a été, en exécution du premier, prononcé sur l'existence du fait en question, ne peut, sans violer l'autorité de la chose jugée, décider que la preuve ordonnée ne devait pas l'être, et renvoyer à son tour la cause devant les juges originaires. — *Cass.*, 4 juill. 1838 (t. 2 1838, p. 386), Dubois c. Savariaud.

548. — ...Que lorsque, dans une action civile en réparation du dommage causé par un délit de contrefaçon, il a été, par deux jugemens séparés, statué, d'une part sur l'exception d'incompétence, d'autre part sur l'action en indemnité, et que le premier jugement a acquis l'autorité de la chose jugée, la même exception est inadmissible sur l'appel du second jugement.—*Angers*, 4 juin 1842 (t. 1er 1843, p. 101), Brion c. Hossard.

549. — Mais on ne peut reprocher à une cour royale d'avoir violé l'autorité de la chose jugée par un jugement qui lui était déféré par appel.—*Cass.*, 29 avr. 1826, Camel c. Delisle.

550. — On ne pourrait non plus porter devant une nouvelle juridiction la demande qui aurait été repoussée par une première.

551. — Et cela quand même le premier tribunal eût été incompétent, et qu'on voudrait soumettre de nouveau l'affaire au tribunal qui aurait dû en connaître. — *Cass.*, 17 brum. an XI, Brouchoven c. Wisscher-Celles.

552.—La personne qui aurait fait prononcer sur sa demande par les tribunaux civils ne pourrait donc venir ensuite la porter devant les tribunaux criminels. — *Cass.*, 11 frim. an XI, Canard c. Mollard. — V. *infrà*, nos 640 et suiv.

553.—De même, le porteur d'une lettre de change ne peut en demander le paiement devant le tribunal civil, lorsqu'il a déjà été repoussé devant le tribunal de commerce par un jugement auquel il a acquiescé.—*Cass.*, 7 niv. an VII, Bonamy c. Devinck.

554. — Lorsqu'une décision est passée en force de chose jugée, soit par désistement, soit par absence de pourvoi dans les délais du réglement, le ministre de la guerre est fondé à refuser de statuer sur une demande nouvelle se rattachant à l'objet des précédentes décisions. — *Cons. d'état*, 31 déc. 1831, Sarraille et Lestamy.

555.—D'après la L. 2, Cod. *De re judic.*, on ne pouvait admettre la preuve du contraire de ce qui avait été jugé. — Il n'en est pas de même chez nous; et la présomption légale résultant de la chose jugée peut être détruite par la preuve contraire. — Avis du conseil d'état approuvé le 31 janv. 1806. — Toullier, t. 10, nos 71 et 125.

556.— Toutefois, cette preuve ne saurait être admise que pendant un certain temps, car autrement on éterniserait les procès.—Toullier, t. 10, nº 72.

557. — De ce que la présomption de vérité attachée à la chose jugée peut céder à la preuve contraire, il suit que la partie condamnée, par un jugement passé en force de chose jugée, à payer une certaine somme, et qui en retrouve quittance peut, en la représentant, faire tomber la condamnation prononcée contre elle.—En effet, produire lorsque le jugement est rendu, une quittance qui lui est antérieure, c'est prouver qu'on a d'avance exécuté le jugement, ce n'est pas l'attaquer. — Rodier, sur l'art. 34, tit. 35, ord. de 1667 ; Duparc-Poullain, *Principes de jurisp.*, t. 10, p. 161 ; Merlin, *Rép.*, vis *Chose jugée*, nº 28, et *Succession*, sect. 1re, § 2, art. 3; Toullier, t. 10, nº 126 ; Duranton, t. 13, nº 474 ; Rolland de Villargues, *Répert. du not.*, vº *Chose jugée*, nº 146.

558.— Telle est la doctrine enseignée par le président Faber (*In Cod., De exception. seu præscript.*, définit. 2), en ces termes : « *Exceptiones quæ non impugnant judicatum opponi quandocumque possunt, etiam in executione judicati, quum rerum judicatarum auctoritas, quæ potissimum tuenda est, ex eo non labefactetur. Indè fit ut solutionis exceptio admittenda sit, quoniam qui solutionem allegat, non negat, quin fateiur potiùs se debuisse : ergo et similiter compensatio post judicatum objici poterit, quia*

vice solutionis est. » — Voët (*Ad Pandect.*, *De except.*), décide de même.

559.—Jugé en conséquence qu'on peut toujours, même après un jugement de condamnation, et sans porter atteinte à l'autorité de la chose jugée, opposer un jugement antérieur comme ayant opéré l'extinction de la dette.—*Nîmes*, 18 déc. 1819, Rampon c. Servières.

560.— ... Qu'ainsi la partie condamnée à fournir une légitime en corps héréditaires peut opposer le paiement en deniers qu'elle a fait auparavant, et dont elle n'a point excipé, alors surtout qu'il semble résulter du jugement qu'elle n'a été condamnée à fournir la légitime qu'autant qu'elle ne l'aurait pas encore payée. — Même arrêt.

561. — ...Qu'un jugement qui ordonne le paiement intégral d'une créance, et auquel il a été acquiescé par le paiement des frais, ne peut point, comme établissant l'autorité de la chose jugée, priver le débiteur du droit d'opposer la remise qui lui a été faite d'une partie de cette créance dans un acte ou concordat antérieur, dont il n'a pas été question lors de ce jugement.—*Cass.*, 22 juill. 1818, Barbier c. Duchemin.

562. — ...Qu'un arrêt, quoique passé en force de chose jugée, doit être annulé, lorsqu'il a admis une fin de non-recevoir fondée sur une transaction qui, depuis, et par arrêt rendu sur requête civile, a été reconnue n'avoir jamais existé. — *Cass.*, 7 mars 1826, Sombret c. de Beauvoir.

563. — ...Que l'exception de paiement peut être opposée, même après que le jugement qui condamne à payer la somme acquittée est passé en force de chose jugée. — *Lyon*, 9 juill. 1830, Séon c. Mérieux.

564. — ...Que la décharge produite après l'arrêt de condamnation en détruit les effets. — *Paris*, 8 août 1838 (sous *Cass.*, 28 août 1841 ci-après), Cheylan c. Perin-Serigny. — Cet arrêt ayant été porté devant la cour de Cassation, celle-ci ne s'est pas prononcée sur la question, qu'elle n'avait pas, du reste, à juger, puisqu'elle cassait sur le deuxième moyen. — Mais M. l'avocat général Laplagne-Barris a émis sur ce point un avis conforme à la décision de la cour royale de Paris.—*Cass.*, 23 août 1841 (t. 2 1841, p. 289), Cheylan c. Perin-Serigny.

565. — Jugé au contraire qu'un jugement passé en force de chose jugée doit sortir son plein et entier effet, quoiqu'il ait ordonné le paiement d'une dette reconnue, depuis, éteinte par une novation, dont le débiteur n'avait pas excipé.—*Pau*, 30 mars 1833, comm. de Luby c. Bagnères.

566. —La partie aurait même satisfait à la condamnation, qu'elle pourrait répéter ce qu'elle a payé *condictione indebiti*, parce que cette exception ni cette répétition n'attaquent point la chose jugée; elles supposent même que la condamnation a été justement prononcée. La quittance représentée prouvant seulement que la condamnation a été exécutée d'avance, la bonne foi ne permet pas au créancier d'exiger deux fois la même chose, de recevoir ou de retenir ce qui lui aurait été payé une première fois.—Toullier, t. 10, n° 126.

567. — Décidé ainsi que, nonobstant la chose jugée, on peut demander la restitution d'une somme payée en exécution d'un jugement qui prononce la condamnation, quand on peut fournir la preuve qu'elle n'était pas due, attendu que cette action ne peut avoir pour but la réformation d'un jugement mais bien le remboursement d'une somme payée par double emploi. — *Cass.*, 24 frim. an X, Grizard c. Duchizel.

568. — Mais on ne pourrait plus se soustraire à la condamnation prononcée par un jugement passé en force de chose jugée, si l'exception de paiement, de compensation, etc., dont on argue, avait été présentée avant le jugement et rejetée. La représentation de la quittance retrouvée depuis la condamnation serait alors inutile. Car il est de règle que la chose jugée ne saurait être infirmée par la découverte de pièces décisives faite après le procès, à moins cependant que ces pièces n'eussent été retenues par l'autre partie. — L. 27, ff., *De except. rei judic.*; L. 4, Cod., *De re judic.*; et L. 16, Cod., *De transact.*; —Ord. de 1667, tit. 35, art. 34, Faber et Voët, *loc. cit. suprà* n° 558; Pothier, *Oblig.*, sect. *De la chose jugée*, n° 39; Merlin, *Rép.*, v° *Succession*, sect. 1re, § 2, art. 3; Toullier, t. 10, n° 127; Duranton, t. 13, n° 473.

569. — Il n'y a pas lieu d'admettre le pourvoi formé contre une ordonnance contradictoire rendue en conseil d'état, lorsque le réclamant ne prouve pas que la décision a été rendue sur pièces fausses, ou faute de représentation d'une pièce détenue par l'adversaire.—*Cons. d'état*, 19 juill. 1816, Latruffe; 3 juill 1822, Marx.

570. —Sous l'empire des anciennes lois, la voie de la proposition d'erreur n'était plus ouverte contre les jugemens passés en force de chose jugée.— Ord. 1667, tit. 35, art. 40; — *Nîmes*, 30 déc. 1812, Curiol c. Magne.

571. — Mais l'autorité de la chose jugée ne peut résulter d'une disposition erronée qui se trouve dans un jugement. — *Caen*, 13 août 1823, Lecouturier c. Renoult.

572. — L'autorité de la chose jugée ne peut être attribuée à la disposition d'un jugement d'expédient qui ordonne un lotissement de biens *sans avoir égard à un acte conférant des droits exclusifs à l'une des parties*, lorsqu'il est constant que la question n'a pas été soumise au tribunal, que la transcription de cette disposition est l'effet de l'erreur et de l'inattention, et qu'enfin toutes les parties ont ultérieurement exécuté le jugement en sens contraire. — *Douai*, 30 déc. 1843 (t. 1er 1844, p. 260), Portelance.

573. —L'autorité de la chose jugée ne cesse point lorsque, postérieurement au jugement à qui elle est acquise, il survient une loi interprétative de laquelle il résulte que ce jugement a été mal rendu. *Cass.*, 13 brum. an IX, Morel c. Garandel.

574. — Lorsqu'un jugement passé en force de chose jugée a ordonné que le vendeur d'un immeuble apporterait à l'acquéreur une quittance des créanciers inscrits, à peine de garantie de l'action hypothécaire que pourraient intenter ceux-ci, et dont l'effet serait de forcer cet acquéreur à payer en numéraire, un second jugement ne peut dispenser ce même acquéreur de rapporter la quittance ni l'autoriser à se libérer en assignats envers le vendeur, lors même qu'une loi rendue depuis le premier jugement permettrait ce mode de libération. — *Cass.*, 4 messid. an VIII, Hartmann c. Wurmser.

575. — Encore bien qu'un arrêt de conseil souverain, rendu avant l'enregistrement à ce conseil de l'ord. de 1669, ait dispensé des usagers de l'obligation de demander la délivrance de leur bois, et que, depuis, des jugemens qui se réfèrent à cet arrêt du conseil aient également reconnu cette dispense, une cour royale peut, sans violer la chose jugée par ces arrêt et jugement, déclarer que la dispense a été abolie par l'ord. de 1669, qui exigeait que la délivrance fût demandée. — *Cass.*, 21 août 1828, comm. de Sorède c. Bernadac.

576.—Lorsque des arrêts passés en force de chose jugée ont été depuis annulés par la cour de Cassation, quelles sont les conséquences de cette annulation relativement à l'autorité de la chose jugée?

577.— Décidé qu'un arrêt cassé *indéfiniment*, ne peut être considéré comme ayant force de chose jugée, quant aux questions de fait sur lesquelles la cour de Cassation n'a point prononcé. — *Cass.*, 23 janv. 1816, Rigonneau et Cretin c. Malans.

578.—On ne voit d'abord aucune difficulté à décider qu'un arrêt cassé indéfiniment ne peut subsister dans aucune de ses parties. Mais en considérant que les faits constatés par les cours royales ne peuvent pas être dénoncés à la cour de Cassation, qui ne s'occupe que des points de droit, il était permis de demander si, après qu'un arrêt a été annulé pour violation d'une loi, les faits qu'il déclare être certains ne doivent pas rester comme autant de points fixes dans la nouvelle instance où les parties vont entrer. Ce doute a été levé par la cour régulatrice, dans l'espèce qui précède.—Bioche et Goujet, *Dict. de proc.*, v° *Cassation*, n° 8.

579. — Des jugemens annulés par la cour de Cassation ont pu, à la suite de nouvelles discussions des parties, soumises au même tribunal, être déclarés exécutoires par ce dernier entre les parties, sans qu'il y ait violation de la chose jugée.—*Cass.*, 4 juin 1832, Vérac c. Cézan.

580. — Lorsqu'un jugement passé en force de chose jugée a été annulé par un autre jugement rendu sur la révision ordonnée par un arrêté illégal, s'il arrive que cet arrêté soit annulé, le second jugement doit suivre le même sort, et le premier reprend toute son autorité. — *Cass.*, 9 fév. 1825, Cordillot c. Laferté.

581. — Lorsqu'il a été décidé, par arrêt contradictoire passé en force de chose jugée, qu'un individu est commerçant, et que le tribunal de commerce est compétent pour connaître des obligations qu'il a contractées, cet individu ne peut, sous prétexte qu'il n'est pas commerçant, demander la cassation d'un second arrêt qui le condamne par corps au paiement des mêmes obligations.—*Cass.*, 7 août 1827, Lafontaine c. Harel.

582. — Lorsque dans la même cause un tribunal a rendu un jugement déclarant l'autorité judiciaire compétente dans une cause, et un autre jugement prononçant le contraire, la première de ces décisions doit avoir l'autorité de la chose jugée par préférence à la seconde.—*Cass.*, 3 janv. 1837 (t. 1er 1837, p. 75), liquidateur de l'ancienne liste civile c. Vigneron.

583. — En matière administrative les juges sont également liés par les jugemens qu'ils ont rendus.

584. — Ainsi, les conseils de préfecture ne peuvent, sans excès de pouvoir, rapporter ou modifier les arrêtés contradictoires par eux précédemment rendus. — *Cons. d'état*, 21 juin 1813, Urbau c. Vick; 23 nov. 1813, Domaines c. Kruppel; 17 janv. 1814, Frigot; 24 mars 1819, Girard.

585. — ...Non plus que ceux des administrations centrales qui les ont précédés. — *Cons. d'état*, 18 août 1807, Dubourg c. comm. des Bordes.

586. — Par conséquent, lorsqu'un conseil de préfecture a statué sur une demande, on n'est pas recevable à remettre en question ce qu'il a décidé, et surtout lorsque sa décision a été maintenue par un décret. — *Cons. d'état*, 30 juin 1813, Desborides c. Oudry et Lebouc.

587. — Et on doit rejeter le pourvoi formé contre l'arrêt d'un conseil de préfecture qui, rappelant les dispositions d'un premier arrêté passé en force de chose jugée, refuse de le rapporter. — *Cons. d'état*, 24 mars 1819, comm. de Molay c. Brunet et Canet.

588. — De même, le conseil d'état doit rejeter toutes fins de non-recevoir ou tous chefs de demande ayant pour objet de porter atteinte à la chose précédemment jugée par des ordonnances contradictoires. — Réglem. 22 juill. 1806; L. 4 mai 1834, art. 11; —*Cons. d'état*, 6 sept. 1820, Swan c. Lubert et Dumas; 17 déc. 1823, Vanlerberghe c. Ouvrard; 31 mars 1825, hospices d'Arras; 8 mars 1827, Maubreil; 4 juill. 1827, Dalté; 17 oct. 1834, Tavrault; 21 nov. 1834, François; 2 janv. 1835, Duvigneau; 4 mai 1835, Michelet; 22 juill. 1835, Legraverend.

589. — Ainsi, lorsque les décisions qui ont révoqué la concession d'un marais et statué sur les indemnités auxquelles cette révocation pouvait donner lieu, ont acquis l'autorité de la chose jugée, le concessionnaire est non-recevable à réclamer contre ces décisions. — *Cons. d'état*, 22 déc. 1824, Quinette de La Hogue.

590. — Ainsi encore, lorsqu'une décision est passée en force de chose jugée, soit par désistement, soit par absence de pourvoi dans les délais du réglement, le ministre de la guerre est fondé à refuser de statuer sur une demande nouvelle se rattachant à l'objet des précédentes décisions. — *Cons. d'état*, 31 déc. 1831, Sarraille et Lestamy.

591. — Par la même raison, quand une décision d'un tribunal inférieur est passée en force de chose jugée, elle ne peut être réformée par une autorité supérieure.

592. — Ainsi, le conseil d'état ne peut point réformer un arrêté du conseil de préfecture passé en force de chose jugée. — *Cons. d'état*, 10 août 1828, Kolb c. Hervé.

593. — Quand des arrêtés rendus par l'autorité administrative ont servi de base à des jugemens et arrêts rendus par l'autorité judiciaire et passés en force de chose jugée, ces arrêtés ne peuvent être annulés par des arrêtés ultérieurs. — *Cons. d'état*, 25 déc. 1812, Ramary-Deblaye; 11 janv. 1813, Deselve c. Leduc et Astruc; 28 avr. 1813, Patru c. fabrique de Lauvillac; 14 juill. 1831, comm. d'Aups c. Michel.

594. — Ainsi, la chose jugée provenant de jugements et arrêts sur une question d'imputation de paiemens faits au trésor forme une fin de non-recevoir contre le débiteur qui voudrait faire confirmer par le conseil d'état une décision ministérielle qui aurait jugé contrairement à la décision des tribunaux.— *Cons. d'état*, 18 mars 1818, Seguin c. Vanlerberghe.

595. — Ainsi, l'arrêté du directoire départemental qui a servi de base à un jugement signifié, exécuté et passé en force de chose jugée est inattaquable et le conseil de préfecture excède ses pouvoirs en le rapportant. — *Cons. d'état*, 9 janv. 1828, Roques c. Galtier.

596. — Ainsi encore, lorsqu'un arrêté de maire, en matière de voirie, a servi de base à des jugemens de simple police et de police correctionnelle passés en force de chose jugée, le préfet et le ministre doivent repousser comme non-recevables les réclamations portées contre l'arrêté municipal. — *Cons. d'état*, 23 sept. 1834, Gouyquet de Bienassis.

597. — Une ordonnance du roi rendue en conseil d'état, prononçant que la dette d'une commune a été mise à la charge de l'état par une loi antérieure, ne peut porter atteinte à des jugemens passés en force de chose jugée par lesquels cette commune a été condamnée au paiement. — *Pau*, 30 mars 1833, commune de Luby c. Bagnères.

598. — Réciproquement, les tribunaux ne peuvent, sans porter atteinte à l'autorité de la chose jugée et sans méconnaître la séparation des pouvoirs administratif et judiciaire, statuer sur une contestation déjà décidée par les conseils administratifs. — *Cass.*, 18 avr. 1833, hospice de Louviers c. de Triquerville.

599. — Si, sans avoir égard à l'arrêt d'une cour royale portant qu'une indemnité sera délivrée sans déduction de dettes, l'autorité liquidatrice a décidé que les dettes seront imputées sur l'indemnité, la cour royale qui, postérieurement à cette décision, se saisit de nouveau de l'affaire, et ordonne de plus fort l'exécution de son précédent arrêt et la délivrance de l'indemnité sans déduction commet un excès de pouvoir, usurpe les attributions de l'autorité administrative, et viole la chose souverainement jugée par cette autorité. — *Cass.*, 29 janv. 1839 (t. 1er 1839, p. 112), Ministre des finances c. de Rohan-Rochefort.

600. — Mais il n'y a pas violation de la chose jugée dans une décision qui prononce, contrairement à des actes administratifs, qu'une vente de divers terrains a été faite avec contenance de mesure lorsqu'il est intervenu des actes administratifs postérieurs, destinés à fixer l'étendue de terrain que cette vente devait comprendre. — *Cass.*, 15 fév. 1836, Comm. de Rohr c. Hoering.

601. — Jugé également que lorsqu'une décision ministérielle a refusé l'agrément du roi à la nomination du successeur d'un notaire, en se fondant sur deux contrats qui réglaient les intérêts privés des parties, un tribunal peut, sans se mettre en opposition avec cette décision, ordonner que l'un des contrats seulement sera exécuté suivant sa forme et teneur. — *Cass.*, 28 fév. 1828, Chenot c. Maltesle.

602. — Lorsque l'autorité administrative a refusé, par décision passée en force de chose jugée, de connaître d'une question préjudicielle qui lui avait été renvoyée par un tribunal correctionnel, ce tribunal peut valablement se ressaisir de la cause pour y faire droit au fond sans violer l'autorité de la chose jugée par son premier jugement. — *Cass.*, 27 mai 1843 (t. 2 1843, p. 662), Decante.

603. — Cependant la présomption légale de vérité attachée à la chose jugée, quel que soit le fondement sur lequel elle est étendue, ne peut changer la nature des choses. Ce qui est juste et vrai en soi-même demeure juste et vrai. — Toullier, t. 10, no 69.

604. — Cette présomption de vérité ne peut donc s'appliquer qu'aux effets civils du jugement. Ainsi la personne qui a été déclarée mal à propos libérée, n'en resterait pas moins obligée naturellement. Par suite, si le débiteur qui aurait été à tort déchargé de la dette la payait depuis, il ne pourrait la répéter. — Pothier, *Obligations*, no 174; — Toullier, t. 10, no 70.

605. — L'exception de chose jugée en matière civile est d'intérêt purement privé; d'où il suit que les juges ne sauraient la suppléer d'office. — Voët, *ad Pandect.*, *De except. rei judic.*, no 6; Merlin, *Rép.*, vo *Chose jugée*, § 20; et *Quest.*, *eod. verb.*, § 11 *bis*; Toullier, t. 10, nos 73, 74 et 75; Duranton, t. 13, no 446. — Il en est autrement en matière criminelle. — V. *infrà* no 634.

606. — Jugé en conséquence que l'exception de chose jugée n'étant pas une exception d'ordre public, ne peut être suppléée d'office par le juge; elle doit être proposée par la partie intéressée. — *Orléans*, 23 juill. 1841 (t. 2 1841, p. 224), Cazin c. Saisy.

607. — ...Que la partie qui, dans une instance, n'a pas produit une décision qu'elle avait obtenue, ne peut se plaindre de ce que les juges ont violé la chose jugée par cette décision. — *Cass.*, 15 pluv. an XIII, Dartigaux c. Fromigue.

608. — Elle est censée avoir acquiescé à leur jugement, et par suite irrecevable à en demander la cassation pour violation de la chose jugée, si elle ne leur en a pas demandé la rétractation par voie de requête civile. — Même arrêt.

609. — On ne peut casser, pour violation de la chose jugée, l'arrêt qui a reçu l'intervention d'un individu en qualité de syndic d'une faillite, quoique, par arrêt d'une autre cour, cette qualité lui eût été précédemment enlevée, si lors du second arrêt on n'a point excipé de la chose jugée par le premier, et si d'ailleurs il n'est pas établi qu'il y ait identité d'objets entre les deux instances. — *Cass.*, 10 juill. 1827, Delamarre c. Dupont.

610. — Lorsque, dans une instance d'ordre, le débiteur a laissé colloquer, par un jugement passé en force de chose jugée, l'un de ses créanciers pour le montant d'une obligation sans exciper d'une contre-lettre faisant double emploi avec cette obligation, il est non-recevable ultérieurement à demander par action nouvelle et principale l'exécution de la contre-lettre, à l'effet de faire annuler la collocation obtenue par le créancier. Ce serait autrement violer la chose précédemment jugée. — *Cass.*, 8 août 1832, Germain c. Charmetton.

611. — Quand, dans une instance, l'une des parties invoque par exception l'autorité de la chose jugée, il n'en résulte pas pour le ministère public la nécessité d'intervenir et de donner ses conclusions. — *Cass.*, 14 mess. an IX, N... — Merlin, *Quest.*, vo *Ministère public*, § 4; Carré, *Compét.*, t. 1er, p. 285.

612. — Toutefois l'exception de chose jugée peut être admise d'office lorsque la partie qui pouvait l'invoquer a déclaré s'en rapporter à justice et ne pas prendre de conclusions. — *Cass.*, 7 juill. 1829, Brail.

613. — Bien que le juge ne puisse suppléer d'office l'exception de chose jugée, il a été jugé cependant qu'il peut examiner si les questions qui lui sont soumises n'auraient pas déjà reçu une décision judiciaire, et leur appliquer les effets de la chose jugée. — *Rennes*, 21 janv. 1813, Olivo c. Lévesque.

614. — Le rejet pour cause d'incompétence (en ce qu'elle a été formée devant le tribunal de première instance) d'une tierce-opposition incidente formée contre un jugement confirmé par arrêt, dont on excipait en réponse à la demande principale, et qui n'a pas contre celui à qui on l'oppose l'autorité de la chose jugée, n'a pas pour effet de rendre cette demande non-recevable. Elle doit être jugée abstraction faite de la tierce-opposition, qui n'était qu'un moyen surabondant. — *Cass.*, 11 mai 1840 (t. 2 1840, p. 429), Pingot c. Mareille.

615. — On ne peut admettre l'exception de chose jugée que si elle s'appuie, non sur de simples présomptions, mais bien sur des preuves. — *Cass.*, 5 août 1823, Thèze c. Besse et Hocquet.

616. — Cette exception ne saurait résulter d'un jugement dont il ne serait fourni, par aucune des parties, ni expédition ni copie authentique. — *Cass.*, 16 mai 1836 (t. 1er 1837, p. 147), Chabert c. Astier et Laborée.

617. — Le moyen invoqué devant la cour de Cassation comme résultant de la violation de la chose jugée, ne peut être admis que si la sentence d'où on veut l'induire est produite en forme probante. — *Cass.*, 14 fév. 1837 (t. 2 1843, p. 222), Poulhariès c. l'État.

618. — L'exception de la chose jugée doit être restreinte aux cas pour lesquels elle a été établie, et où l'on ne peut élever de doute sur son application.

619. — Cependant, Poncet (*Des jugemens*, t. 2, p. 13), établit, en s'appuyant sur la loi 14, ff. *De except. rei jud.*, que pour peu que la réclamation paraisse identique, les tribunaux doivent plutôt admettre que rejeter l'exception de chose jugée. Dans le doute, dit-il, l'utilité publique doit l'emporter. Mais cette doctrine est repoussée par tous les auteurs graves qui se sont occupés de cette matière. — Voët, *Ad pandectas*, *De except. rei jud.*; Toullier, t. 10, no 157.

620. — L'exception de la chose jugée peut être invoquée en tout état de cause. — *Besançon*, 15 juin 1807, N...

621. — Toutefois, elle ne pourrait l'être s'il résultait des circonstances la présomption qu'on y a renoncé. — Chauveau sur Carré, t. 2, *Quest.* 739 *bis*, 3o; Favard, *Rép.*, t. 2, p. 469, vo *Exception*.

622. — On est présumé renoncer à l'exception de la chose jugée lorsqu'on néglige de la proposer, et le nouveau jugement qui contrarie le premier est en ce cas à l'abri de toute attaque. — *Cass.*, 12 avr. 1817, Noël c. Lagnier.

623. — Si le moyen tiré de cette exception n'avait été invoqué qu'après les conclusions du ministère public et la clôture des débats, la partie qui l'aurait ainsi tardivement produit ne serait pas recevable à se plaindre de ce que les juges auraient refusé d'y avoir égard. Il en serait ici pour ce moyen comme pour tout autre ainsi tardivement présenté. — *Cass.*, 28 août 1834, Gauthier c. Clausel.

624. — Si l'exception de chose jugée peut être opposée en tout état de cause, il est de jurisprudence constante qu'elle ne saurait l'être pour la première fois devant la cour de Cassation. — *Cass.*, 26 déc. 1808, Belz c. Porta; 23 mars 1824, Rion-Kerhallet c. Delarue; 25 janv. 1825, Bizet c. Cornaton; 9 août 1827, comm. de Roche et de Bettaincourt c. de Rennepont; 24 déc. 1827, Chantereau c. La Baume; 26 fév. 1828, Sauvaire c. Bourguignon; 17 déc. 1828, Renaud c. Bruneau; 7 juin 1830, Marteau c. Cartier; 19 août 1835, Vost c. Luc Tripier; 3 mai 1837 (t. 2 1837, p. 114), Sancan c. Mourlan; 22 juin 1837 (t. 2 1837, p. 272), Vastel c. Pézéril; 25 mai 1840 (t. 1er 1841, p. 182), Demimuid c. fabrique de Saint-Pantaléon; 17 nov. 1840 (t. 1er 1841, p. 145), Darmis c. Laporte; 16 mars 1843 (t. 1er 1843, p. 540), Thoreau; — Toullier, t. 10, no 75.

625. — La contravention à l'autorité de la chose jugée n'est un moyen de cassation que lorsqu'elle a fait la matière d'une exception non accueillie. — *Cass.*, 12 avr. 1817, Noël c. Lagnier.

626. — Celui qui, plaidant contre plusieurs héritiers, repousse, d'une manière générale à l'égard de tous, l'exception de chose jugée qui lui est opposée, sans faire observer que, vis-à-vis de quelques uns d'entre eux, l'absence de chose jugée résulte de ce qu'ils n'ont pas été parties au jugement, n'en est pas moins recevable à faire valoir ce moyen en cour de Cassation contre l'arrêt qui décide qu'il y a chose jugée au profit de tous. — *Cass.*, 28 juin 1808, Préfet de l'Eure et Crotat c. Bois-Roussel.

627. — L'exception de la chose jugée existe et peut être prononcée en toute matière.

628. — Ainsi elle peut être opposée en matière d'élargissement. — *Cass.*, 16 juill. 1817, Swan c. Lubbert.

629. — Elle peut être proposée en matière de contrainte par corps, et lorsque le jugement qui a prononcé cette contrainte a acquis l'autorité de la chose jugée, il ne peut être ultérieurement réformé sur le chef de la contrainte, alors même que le débiteur alléguerait l'irrégularité de la lettre de change en vertu de laquelle cette mesure a été prononcée. — *Rouen*, 26 fév. 1839 (t. 2 1839, p. 558), de S... c. Jeannolle et Duval.

630. — Dans l'ancien droit français, il était de principe que la chose jugée n'avait jamais lieu contre le roi; mais la loi du 22 nov. 1790 (art. 18) a décidé le contraire. — Merlin, *Rép.*, vis *Nation*, § 5, et *Chose jugée*, § 9.

631. — Ainsi, la chose jugée peut être opposée au domaine. — *Cass.*, 28 juin 1808, Préfet de l'Eure c. Bois-Roussel.

CHAPITRE II. — *Chose jugée en matière criminelle.*

632. — Toute personne acquittée légalement ne peut plus être reprise ni accusée à raison du même fait. — C. inst. crim., art. 360.

633. — Ce qui concerne la chose jugée en matière criminelle est plus spécialement traité vo NON BIS IN IDEM. — V. ce mot.

634. — En matière criminelle, la maxime *Nemo auditur perire volens* s'oppose à ce qu'un accusé absous par un premier jugement renonce à son absolution. — L'exception tirée de la chose jugée est d'ordre public; d'où la conséquence qu'elle peut être proposée en tout état de cause par la partie, par le ministère public, et même suppléée d'office par le juge. — Merlin, *Rép.*, vo *Chose jugée*, §§ 20 et 22; Mangin, *De l'act. publ.*, t. 2, no 372.

635. — Dès lors, doit être cassé comme violant l'autorité de la chose jugée et la maxime *Non bis in idem*, l'arrêt qui prononce des peines contre un individu déjà condamné pour le même fait par un autre tribunal, encore bien que le prévenu n'ait pas excipé de la première condamnation. — *Cass.*, 12 juill. 1806, Riva.

636. — L'exception de chose jugée proposée par un prévenu forme essentiellement une question préjudicielle à toute poursuite. Aussi, lorsque les crimes de faux étaient soumis à des cours spéciales, ces cours devaient-elles faire droit sur cette exception en statuant sur leur compétence et ne pouvaient-elles, sans violer les règles établies par la loi, joindre l'exception au fond. — *Cass.*, 10 août 1809, Plissart. — Merlin, *Quest.*, vo *Non bis idem*, § 4.

637. — La règle du droit civil qui veut que l'exception de chose jugée n'ait lieu que dans le cas où la demande a été formée et le jugement rendu entre les mêmes parties reçoit aussi son application au droit criminel. — *Cass.*, 1er oct. 1842 (t. 1er 1843, p. 63), Contrib. indir. c. Andreau.

638. — Parce qu'un jugement passé en force de chose jugée aurait déclaré d'une manière formelle que le délit n'a pas été commis par un individu, sa décision ne ferait pas que le ministère public ne pût poursuivre un autre individu soit comme auteur, soit comme complice de ce même délit. — Merlin, *Quest.*, vo *Faux*, § 6; Mangin, t. 2, no 400.

639. — Si le délit poursuivi a pour élément nécessaire un délit antérieur, le jugement qui déclare que celui-ci n'a pas eu lieu, une fois qu'il a acquis l'autorité de la chose jugée, met obstacle aux nouvelles poursuites qu'on voudrait diriger contre ce second délit, qui serait uniquement la conséquence du premier. — Mangin, t. 2, no 401.

CHAPITRE III. — *Influence de la chose jugée au civil sur le criminel et* vice versa.

640. — Cette question est une des plus difficiles que présente la matière de la chose jugée, elle a divisé et divise encore les meilleurs esprits. — D'après Merlin, il y a influence du criminel sur le civil, et réciproquement, toutes les fois que la décision civile ou criminelle tranche une question

préjudicielle à l'action qui reste à juger. — Il y a identité de demandes, puisque les deux actions dépendent l'une de l'autre, et identité de parties, car le ministère public agit, dans les actions publiques, au nom de la société, et aux risques, périls et avantages de tous les intéressés qu'il représente, en sorte que le jugement rendu sur cette action avec lui est censé rendu avec la société elle-même. — Merlin, *Quest.*, vo *Faux*, § 6 ; Boncenne, t. 4, p. 39.

641.—Toullier, au contraire, n'admet l'influence de la chose jugée au criminel sur le civil, qu'autant que les intéressés ont été parties dans la poursuite; et il ne reconnaît celle de la chose jugée au civil sur le criminel que lorsqu'il s'est agi de questions d'état.—Il s'appuie sur ce qu'il n'y a pas identité de demandes, puisque les deux actions civile et publique ont deux principes et deux objets différens : la première, l'intérêt privé et l'obtention de dommages-intérêts ; la seconde, la vindicte publique et l'application d'une peine. — Il n'y a pas non plus identité de parties.— Enfin, d'après l'art. 1351, C. civ., qui reçoit ici son application et sert de point de départ commun à ces opinions si diverses, l'autorité de la chose jugée n'a lieu qu'à l'égard de ce qui a fait l'objet du jugement. — Toullier, t. 8, p. 37, et t. 10, p. 364.

642. — Une première observation nous frappe : sans doute les deux demandes n'ont pas le même résultat ; mais, au fond, elles ont évidemment le même but; à quoi tend, en effet, l'action publique? A faire déclarer un fait constant.— A quoi l'action civile? A faire déclarer constant le *même fait* : il y a donc identité d'objet, but commun, c'est la constatation d'un fait. — Peu importe ensuite la conséquence que les parties en tireront, l'une dans son intérêt propre, l'autre dans l'intérêt général ; peu importe le mobile, la cause déterminante de leur action, si, produisant des résultats différens, elle aboutit cependant au même point.

643. — Il y a donc identité de demande ou plutôt d'objet; car ici le mot *demande* doit être entendu dans un sens large et sans arguties, pour le but que se propose celui qui l'intente, et non être restreint à son mobile plus ou moins élevé, ni à la conséquence qu'on attend de sa réussite.

644. — D'ailleurs, en supposant même que les deux actions aient des objets différens, la conséquence qu'elles n'ont aucune influence l'une sur l'autre n'en serait pas moins soumise à des exceptions, notamment,—et de l'aveu même des adversaires de cette opinion,— au cas de question d'état. — Ces exceptions se reproduisent chaque fois que la question résolue serait préjudicielle à celle qu'il s'agit de juger.

645.— Ainsi, nul doute ne peut s'élever relativement aux questions d'état et de propriété immobilière: leur solution, devant précéder la décision criminelle, a sur elle une influence irrécusable. Or, l'art. 3, C. inst. crim., en exigeant que l'action civile soit suspendue jusqu'à la décision sur l'action publique, a attribué à cette dernière sur l'autre un caractère préjudiciel ; rien n'est donc plus rationnel que d'appliquer ici la solution que nous avons donnée pour les questions d'état, et de reconnaître, dans les deux cas, que le même effet doit résulter de deux dispositions identiques. — Bourguignon, *C. instr. crim.*, art. 360, no 6; Mangin, *Act. publ.*, nos 413 à 415; Boncenne, t. 4, p. 44.

646. — Quant à l'identité de parties, il n'est pas exact de dire que, la partie lésée qui ne s'est pas constituée partie civile dans le cours de la poursuite criminelle ne figurant pas au jugement qui en est le résultat, il y a pour elle, dans ce jugement, *res inter alios judicata* : car si le ministère public ne la représente pas pour lui faire attribuer des dommages-intérêts, il la représente, avec toute la société, pour faire constater l'existence du fait dommageable, et, puisque c'est ce fait seul qui justifie l'action civile, la partie lésée ne peut prétendre que le jugement qui a statué sur son existence lui est étranger.

647. — Ce principe était déjà admis dans le droit romain, quoique l'action publique y appartînt à chaque citoyen : néanmoins celui qui l'intentait était censé le faire non seulement pour lui-même, comme membre de la société, mais encore pour la société entière, et le jugement qui intervenait était censé rendu avec elle. A plus forte raison en doit-il être de même chez nous, où la loi a chargé un magistrat spécial et exclusif des actions qui intéressent la communauté tout entière. D'ailleurs, dans ce cas même, il n'y a aucune différence avec ce qui existe en matière de questions d'état, où l'identité de parties est aussi contestable et où cependant l'influence de la chose jugée est incontestée. —Merlin, *Quest.*, vo *Faux*, § 6; Toullier, t. 10, p. 377; Mangin, *Act. publ.*, no 416.

648. — En troisième lieu, la chose jugée doit être limitée à ce qui a été formellement décidé par le jugement : dès-lors, si ce jugement n'offre rien de positif, d'explicite, s'il laisse subsister des doutes, si, par exemple, le jugement criminel se bornait à déclarer le fait *non constant*, ou l'accusé *non coupable*, le juge saisi de la seconde instance conserverait toute liberté d'action et d'appréciation, il suffirait que sa décision ne contredît point celle rendue antérieurement.—Mangin, *Act. publ.*; no 417.

Sect. 1re. — *Influence du civil sur le criminel.*

649. — La chose jugée au civil n'a d'influence sur l'action publique qu'autant qu'elle lui est préjudicielle, ce qui a lieu dans les questions d'état, dans celles où la propriété immobilière est intéressée, dans tous les cas enfin où la loi a attribué à une juridiction exclusive, civile ou administrative, la connaissance de la question de laquelle dépend la criminalité du fait qui donne lieu à la poursuite.— Duranton, t. 13, nos 483 et suiv.—V. QUESTIONS PRÉJUDICIELLES.

650. — Toutefois l'influence de la chose jugée au civil n'a lieu que dans les limites rigoureuses de ce qui a été jugé. — Ainsi, lorsqu'une suppression d'état a été commise à l'aide d'un faux, le jugement qui, statuant sur la suppression d'état, a ordonné, conformément aux art. 241, C. procéd., et 463, C. inst. crim., la suppression des actes faux ne met pas obstacle à ce que le juge criminel, saisi de la question de faux, n'examine en toute liberté s'il lui paraît constant que les deux actions avaient un objet distinct, et ne pouvaient dès lors s'influencer réciproquement. — Locré, *Espr. C. nap.*, t. 5, p. 179; Duranton, t. 13, no 487 ; Mangin, *Act. publ.*, no 419.—V. aussi Boncenne, t. 4, p. 39 et suiv., qui adopte entièrement la doctrine de Mangin.

651. — Lorsque, dans une première audience, le tribunal s'est occupé, non des conclusions du ministère public, mais de celles du prévenu relatives à une exception préjudicielle par lui élevée, les conclusions nouvelles que prend ensuite le ministère public, bien que conformes à ses premières, n'ont point trait à ce qui a été jugé dans la première audience. — *Cass.*, 24 juill. 1835, Havard.

652. — Celui qui, se prétendant propriétaire de denrées coloniales saisies sur un inconnu, a formé une demande en revendication jugée tardive et non justifiée, ne peut pas se prévaloir ensuite de ce qu'il n'a été ni cité ni entendu, lors du jugement rendu par défaut contre l'inconnu et passé en force de chose jugée, pour demander, par voie d'opposition, la nullité de ce jugement: L. 11 prair. an VII, art. 4. — *Cass.*, 8 mars 1809, Geyssens.

653. — La simple contrariété existant entre le jugement rendu par un tribunal militaire, et une décision de l'autorité administrative ne peut fournir, en aucun cas, une ouverture à cassation tirée d'une violation de la chose jugée. — *Cass.*, 15 juill. 1819, Fabry.

654. — Remarquons, au reste, que le caractère préjudiciel de l'action criminelle ne reçoit aucune atteinte de la circonstance qu'elle a été intentée avant l'instance civile, car ce caractère ne résulte point de ce qu'elle a tenu en suspens cette instance; ce n'est pas le jugement de sursis qui la rend préjudicielle, mais bien la volonté de la loi. — Comme telle, et par sa nature, elle préjuge les actions civiles passées ou futures qui ont ou auront pour base le fait qu'elle est destinée à constater.

655.— Mais si la décision civile n'était pas préjudicielle à l'action publique, elle n'aurait sur elle aucune influence.— Cela est conforme à la doctrine admise dans notre ancien droit criminel et a lieu toutes les fois que l'action civile a précédé la poursuite, cas auquel, ainsi que nous venons de le voir, les deux actions ont un objet différent.— Mascardus, *De prob.*, tit. 1er, concl. 34; Jousse, t. 3, p. 21; Carnot, *C. inst. crim.*, art. 1er, no 34 ; Jul. Clarus, liv. 5, quest. 54 ; Merlin, *Rép.*, vo *Chose jugée*, § 15; Mangin, *Act. publ.*, no 420; Legraverend, t. 1er, p. 66.

656. — Un accusé ne peut tirer d'un jugement rendu au civil l'exception de la chose jugée contre une poursuite criminelle exercée par le ministère public, qui n'a pas été partie dans ce jugement. — *Cass.*, 30 janv. 1812, T...

657. — On trouve dans la première édition de l'ouvrage de M. Toullier (t. 8, no 30), une note ainsi conçue: « Si, sur l'action civile, le ministère public avait été entendu, par exemple si l'affaire intéressait un mineur, il ne pourrait, après le jugement, poursuivre le défendeur au criminel, sans se rendre appelant du jugement, et son appel alors resterait suspendu par la poursuite criminelle. Et si le ministère public avait, dans la procédure civile, conclu en faveur du demandeur, il ne pourrait ni relever appel, ni poursuivre au criminel. » — Merlin (*Rép.*, vo *Non bis in idem*) fait remarquer avec beaucoup de raison que Toullier a confondu ici deux attributions réunies en la personne du ministère public, qui, *agent de la société*, poursuit les délits, et *organe de la loi*, donne seulement ses conclusions. Or, dans ce cas, comme il n'est pas partie, il n'a nullement qualité pour appeler. — Au surplus, Toullier paraît avoir compris la justesse de cette observation, car la note a été supprimée dans les dernières éditions de son ouvrage.

658.— Le jugement civil qui a rejeté l'inscription de faux formée contre un testament n'influe point sur la poursuite en faux principal intentée par le ministère public.— *Cass.*, 7 (et non 6) flor. an XII, Pascaud; 8 juill. 1813, Giraud c. P....

659.— Par suite, l'exercice de l'action publique ne peut pas être suspendu jusqu'à ce qu'il ait été statué sur l'appel d'un jugement qui a rejeté l'inscription de faux incident. C'est, au contraire, l'exercice de l'action civile qui est suspendu de plein droit tant qu'il n'a pas été prononcé sur l'action publique.— *Cass.*, 28 avr. 1809, Clerc;— Merlin, *Rép.*, vo *Action publique.*

660. — Il n'y a point violation de la chose jugée dans la disposition du jugement qui, sur la poursuite du ministère public, prononce des peines correctionnelles contre un individu pour des faits implicitement déclarés licites par des jugemens en dernier ressort, rendus au civil entre le prévenu et les parties intéressées. — *Cass.*, 2 janv. 1817, Lécardé.

661. — Le jugement d'un tribunal civil qui décide qu'une vente à réméré ne déguise point un prêt usuraire ne peut pas être opposé à l'action du ministère public pour délit d'habitude d'usure, comme établissant sur cette action l'autorité de la chose jugée. — *Cass.*, 25 juill. 1823, Zaeffel.

662. — Le jugement du tribunal de commerce qui déclare un individu en état de faillite n'a point l'autorité de la chose jugée devant les tribunaux de répression, et ne met point obstacle à ce que sa qualité de commerçant failli soit examinée de nouveau devant eux. — *Cass.*, 23 nov. 1827, Ruault; — Mangin, *De l'act. publ.*, t. 1er, no 169.

663.— De même un négociant peut être condamné comme banqueroutier simple, bien qu'un jugement du tribunal de commerce ait décidé qu'il n'y avait lieu de le déclarer en faillite. — *Aix*, 9 août 1837 (t. 2 1837, p. 531), Brunet.

664.— L'homologation du concordat, et la déclaration que le failli est excusable, ne sont point des obstacles à l'exercice de l'action publique, contre le failli, sur la prévention de banqueroute simple ou de banqueroute frauduleuse. — *Cass.*, 19 fév. 1813, N.... ; 9 mars 1812, Ragouileau c. Mondot; 7 (et non 8) sept. 1810, Ducorroy. — Boulay-Paty, *Faill et banq.*, t. 2, nos 482 et 483; Bioche et Goujet, *Dict de procéd.* vo *Faillite*, no 303.

665. —Ainsi que nous l'avons vu *suprà*, celui qui a obtenu par la voie civile tout ce qu'il pouvait exiger est non-recevable à porter la même action devant le tribunal de police correctionnelle. — *Cass.*, 11 frim. an XI, Canard c. Mollard.

666. — ...Ou bien à abandonner sa demande formée au civil, pour intervenir sur l'action publique intentée ultérieurement par le ministère public. — *Cass.*, 18 messid. an XII, Destin c. Brassy.

667. — La cour d'assises peut, pour avoir des renseignemens sur la moralité d'un accusé, faire entendre des témoins sur des faits à raison desquels il a été précédemment acquitté d'une poursuite exercée contre lui, sans qu'il en résulte une violation de la chose jugée.— *Cass.*, 20 janv. 1832, Jouen.

Sect. 2e.—*Influence du criminel sur le civil.*

668. — Quant à l'influence que peut exercer la chose jugée au criminel sur l'action civile, il n'est pas douteux, et cela n'est pas nié, qu'elle existe lorsque la partie lésée a figuré comme partie civile dans la poursuite. — Alors cette partie n'a aucune raison pour se porter devant la juridiction civile et pour reproduire sa demande.—Merlin, *Rép.*, vo *Chose jugée*, § 15; Toullier, t. 10, no 243; Mangin, *Act. publ.*, no 421.

669.—La partie qui a succombé devant les tribunaux criminels, dans une plainte en escroquerie dirigée contre un acte, ne peut plus reproduire, dans une demande à fins civiles tendant à faire déclarer l'acte nul, les moyens de dol et de fraude allégués à l'appui de sa plainte. — *Cass.*, 1er brum. an XIII, Granjard c. N...

670.—Lorsqu'une pièce arguée de faux a déjà été vérifiée avec une partie sur sa plainte en faux principal, cette pièce ne peut plus faire l'objet d'une demande en faux incident de la part de la même partie. — *Cass.*, 4 mars 1817, Anglade c. Deshou-

lières; — Merlin, *Rép.*, vis *Chose jugée*, § 15; *Inscript. de faux*, § 1er, no 8, et *Non bis in idem*; Toullier, *Dr. civ.*, t. 8, nos 31 et suiv., et t. 10, nos 240 et suiv.; Berriat Saint-Prix, *Procéd.*, p. 766.

671. — Cette influence existe encore, alors même que la partie lésée n'a pas figuré dans l'instance criminelle. — Nous avons vu plus haut (nos 640 et s.) les motifs de cette solution, combattue par M. Toullier, et à l'appui de laquelle nous invoquerons encore l'autorité de M. Mourre (V. son réquisitoire dans l'affaire Regnier, *Cass.*, 19 mars 1817). — *Bruxelles*, 14 juill. 1825, N...; *Cass.*, 5 mai 1818, Desbuissons c. Lecholsmier.

672. — Toutefois cette influence ne doit point être prise dans un sens absolu et sans aucune distinction. — Il faut que la demande au civil soit nécessairement, quoique implicitement, préjugée par la décision intervenue au criminel. — Il y a donc lieu d'examiner ces décisions, et, selon leur portée différente, d'en étendre plus ou moins l'influence.

673. — Un individu accusé de banqueroute frauduleuse et qui n'a pas été partie au jugement d'acquittement rendu au profit du principal accusé, ne peut pas s'en prévaloir pour établir en sa faveur l'autorité de la chose jugée. — *Cass.*, 13 prair. an XII, Bourdon et Levesque c. Calenge.

674. — Réciproquement, les jugemens criminels ne peuvent être opposés aux tiers qui n'y ont pas été parties. — *Cass.*, 8 avr. 1812, Ducasse c. Casse.

§ 1er. — *Déclarations du jury, jugemens correctionnels et de police. — Réparations civiles.*

675. — Si le jugement criminel déclare le crime constant et l'accusé coupable, celui-ci ne peut plus remettre en doute, sur l'action civile, l'existence du fait non plus que sa culpabilité; le jugement criminel, devenu inattaquable, doit servir de base aux demandes civiles qui en sont les accessoires, et pour lesquelles la question de criminalité était préjudicielle. — Mangin, *Act. publ.*, no 423.

676. — Lorsqu'une pièce a été déclarée fausse par un tribunal criminel, il y a à ce sujet chose jugée contre quiconque prétendrait ultérieurement, devant les tribunaux civils, exciper de cette même pièce comme vraie. — *Paris*, 13 fructid. an X, Chevrier c. N...

677. — De même, l'arrêt criminel qui condamne un individu comme coupable de fabrication d'un faux testament, a une influence légale sur la décision des tribunaux civils, quant à la validité de cette pièce; et il n'appartient plus à personne, et moins encore à celui qui a été déclaré coupable et puni comme faussaire, d'en contester la fausseté. — Dès-lors, le testament ainsi reconnu faux doit doit être rejeté, sans qu'il soit nécessaire de donner suite à l'inscription de faux incident civil qui aurait pu être formée avant le procès criminel. — *Aix*, 14 août 1837 (t. 2 1837, p. 541), Mandin c. Demol.

678. — De même, quand après avoir été déclaré coupable par un tribunal criminel, un individu est actionné devant les juges civils à fin de condamnation à des dommages-intérêts, il ne peut remettre en question le fait déclaré constant par le tribunal criminel, sous prétexte que son adversaire ne se serait pas alors porté partie civile. — *Bruxelles*, 27 fév. 1818, Derode c. Duponchel; — Merlin, *Quest.*, vo *Réparation civile*, § 1er.

679. — Lorsqu'un jugement criminel a jugé affirmativement un fait de culpabilité contre un prévenu, ce jugement, devenu inattaquable, sert également de base aux demandes en dommages-intérêts qui peuvent être formées par la partie lésée devant les tribunaux civils. — *Cass.*, 5 mai 1818, Desbuissons c. Lechoismier.

680. — Les jugemens rendus à la requête du ministère public par des tribunaux de police, ont force de chose jugée en faveur de la partie lésée, pour la demande à intenter civilement. — *Bruxelles*, 14 juillet 1825, N...

681. — Lorsqu'un individu a été condamné par la cour d'assises comme coupable de vol, les juges civils saisis depuis de la demande formée contre lui en restitution des objets volés, par le propriétaire de ces objets qui ne s'est point porté partie civile dans le procès-verbal, peuvent ordonner la restitution demandée, sur la seule représentation de l'arrêt, et sans qu'il soit besoin de recourir à aucune autre espèce de preuve. — *Angers*, 30 juill. 1828, Duchâtel c. Beillard.

682. — La condamnation prononcée en cour d'assises pour fait de complicité acquiert à l'égard de tous l'autorité de la chose jugée, en telle sorte que les parties lésées exerçant plus tard devant les tribunaux civils leur action en réparation contre le complice, sont dispensées de faire la preuve des faits qui ont amené la déclaration de complicité. — *Paris*, 2 fév. 1843 (t. 1er 1843, p. 249), Roux c. Chavignier.

683. — La partie lésée qui, après la condamnation de l'accusé, se pourvoit en dommages-intérêts devant le tribunal civil, peut être admise, pour fixer la quotité de ces dommages, à prouver les circonstances accessoires qui ont accompagné le fait principal, lesquelles ne résultent point de l'arrêt rendu au criminel. — *Bruxelles*, 13 mai 1820, Vandenpoel c. M...

684. — De même, si le jugement criminel déclare que le fait n'existe pas ou que l'accusé ne l'a pas commis; il y a chose irrévocablement jugée en faveur de l'accusé, et sa culpabilité ou l'existence du fait ne peuvent plus être agitées par la partie civile sous aucun prétexte. — Merlin, *Rép.*, vo *Non bis in idem*, § 15; Mangin, *Act. publ.*, no 424.

685. — On peut, pour demander la nullité d'une obligation contractée pour réparation d'un délit, exciper du jugement rendu au criminel qui déclare le corps du délit non constant. — *Cass.*, 17 (et non 18) mars 1813, Tourangin c. Charret.

686. — Lorsque, sur une accusation de faux, il a été jugé que l'acte incriminé n'est pas faux, on ne peut remettre en doute sa vérité par la voie du faux incident civil, ni d'aucune autre manière, alors même que ceux qui prendraient cette voie n'auraient point été parties dans l'instance criminelle. — V. Merlin, qui, dans sa quatrième édition, est revenu sur l'opinion contraire par lui émise dans sa troisième édition (vo *Faux*, § 6); Mangin; *Act. pub.*, no 426.

687. — Ainsi, en matière de douanes, lorsque la plainte en faux principal contre les signataires d'un procès-verbal de saisie a été écartée par le jury d'accusation, le tribunal correctionnel ne peut plus se constituer juge de ce même faux. — *Cass.*, 19 messid. an VII, Douanes c. Vandelinck et Beck.

688. — Mais si le juge criminel ne rend pas une décision explicite et se borne à déclarer le fait *non constant* et l'accusé *non coupable*, comme cette déclaration ne prouve nullement que le fait *n'est pas vrai* et que l'accusé *ne l'a pas commis*, elle n'a aucune influence sur l'action. En effet, une semblable décision n'est rien moins que catégorique, elle peut n'être le résultat que de l'insuffisance des preuves ou de l'absence d'intention de la part de l'accusé. — Or si, en matière criminelle, cette incertitude doit aboutir à une absolution, elle n'a aucune portée pour le juge civil qui ne peut asseoir son opinion que sur une base certaine, et doit, dès-lors, chercher à s'éclairer sur ce qui, après même le jugement criminel, reste encore dans le doute. — Mangin, *Act. publ.*, no 427.

689. — La décision sur l'action civile n'est pas subordonnée à celle qui a été rendue sur l'action criminelle par la cour d'assises. — *Cass.*, 8 mai 1832, Faure-Lalande c. Faure.

690. — Ainsi jugé que l'ordonnance d'acquittement rendue à la suite d'une déclaration du jury portant que l'accusé n'est pas coupable ne fait pas autorité de chose jugée sur la question de savoir si l'individu acquitté est ou non l'auteur de ce fait. — *Orléans*, 23 juin 1843 (t. 2 1843, p. 365), Bouesme c. Gantot.

691. — Que bien qu'un prévenu de détention arbitraire ait été déclaré *non coupable*, lors de la poursuite criminelle, il peut depuis être condamné à des dommages-intérêts pour le même fait par le tribunal civil. — *Cass.*, 5 nov. 1818, Rolland c. Gosse.

692. — Par cela qu'un jugement du tribunal correctionnel a, sur une plainte en soustraction d'effets dépendant d'une succession, renvoyé le prévenu, faute de preuves suffisantes, il n'en résulte pas que l'héritier soit non-recevable à porter devant le tribunal civil la demande en revendication de ces objets. — *Cass.*, 25 juin 1822, Chantereau c. De la Baume.

693. — Le jugement qui renvoie de la poursuite correctionnelle dirigée par l'administration forestière, l'adjudicataire de bois appartenant à une commune, prévenu d'abattage d'arbres réservés, attendu l'irrégularité du procès-verbal du martelage contenant les réserves, ne met pas obstacle à ce que la commune se pourvoie par action civile contre cet adjudicataire en restitution des arbres abattus ou de leur valeur. Le jugement correctionnel ne crée pas contre l'action civile l'exception de la chose jugée. — *Cass.*, 6 fév. 1837 (t. 2 1837, p. 262), Gendarme c. comm. de Monthermé.

694. — La déclaration de non-culpabilité prononcée par le jury en faveur d'un individu accusé d'incendie n'est point un obstacle à ce que les juges civils, sur la demande en dommages-intérêts formée contre lui, admettent le demandeur à prouver qu'il est l'auteur ou la cause du sinistre. — *Orléans*, 4 déc. 1841 (t. 1er 1842, p. 252), Berton c. Hubert.

695. — Lorsqu'un failli, accusé de banqueroute frauduleuse, pour avoir supposé la perte d'un navire et de son chargement, est acquitté par suite de la déclaration du jury portant que l'accusé n'est pas coupable, cette déclaration ne s'oppose pas à ce que les assureurs du navire et du chargement, parties civiles au procès criminel, viennent ensuite soutenir au civil, pour se dispenser de payer le prix de l'assurance, que le naufrage n'est pas réel, et que le chargement a été supposé. — *Rennes*, 12 juin 1822, Boirelle c. Assur. de Saint-Malo; *Cass.*, 15 mai 1823, mêmes parties.

696. — De même, lorsque sur une accusation de complicité dans une banqueroute frauduleuse, le juge a déclaré l'accusé non coupable d'avoir recélé ou soustrait des marchandises appartenant au failli, les juges civils peuvent, sans violer la chose jugée, condamner cet individu à rapporter les mêmes marchandises à la masse de la faillite, en se fondant sur ce qu'elles ne lui avaient été livrées que par suite d'un concert frauduleux entre lui et le failli, et en outre sur ce que cette livraison constituait un paiement fait dans les dix jours de la faillite. — *Cass.*, 26 mai 1829, Roullot-Colson c. Morel.

697. — Le tribunal de commerce qui a remarqué dans les actes d'un failli des indices d'inconduite et de fraude, peut refuser l'homologation du concordat, sans qu'on puisse lui reprocher d'avoir violé la chose jugée par la décision qui a renvoyé le failli d'une plainte en banqueroute frauduleuse. — *Paris*, 21 mai 1831, G. c. N...

698. — Lorsque, sur des poursuites criminelles exercées contre un commerçant pour faits de commerce, l'accusé a été acquitté, et est plus tard déclaré en faillite, la juridiction civile n'est point liée par ces acquittemens, et peut, en raison des mêmes faits qu'elle est appelée à apprécier souverainement, déclarer le failli indigne d'obtenir un concordat. — *Paris*, 19 juill. 1844 (t. 1er 1845, p. 170), Delamarre et Martin Didier c. Bricogne.

699. — Les mêmes principes sont applicables en matière de faux. — Ainsi, l'ordonnance d'acquittement d'une accusation de faux, prononcée sur la déclaration de non-culpabilité faite par le jury, n'est point une preuve, pour les juges civils, de la légalité de l'acte. — *Riom*, 4 août 1814, Rigoulet c. Duclaud; *Paris*, 28 fév. 1815, Régnier c. Michel; *Grenoble*, 13 mars 1819, Constantin c. Cassan; *Bastia*, 15 mai 1833, Nobili c. Renucci; *Cass.*, 27 mars 1839 (t. 2 1839, p. 381), Rivière c. Guyet; 10 fév. 1840 (t. 1er 1842, p. 47), Lefebvre c. de Milleville.

700. — Alors même que la partie civile aurait demandé que l'on soumît aux jurés la question sur la matérialité du faux, et que la cour d'assises aurait refusé de le faire, par le motif que cette question était incluse dans celle de la culpabilité de l'accusé, si, plus tard, on attaquait le testament devant les tribunaux civils, on ne pourrait pas opposer qu'il y a chose jugée sur la véracité du testament. — *Bastia*, 15 mai 1833, Nobili c. Renucci.

701. — Il suit de là que l'inscription de faux incident ou la vérification d'écritures peuvent toujours être admises par les juges civils, après une déclaration de non-culpabilité sur l'accusation de faux principal. — *Toulouse*, 12 avr. 1812, Capereau c. Roux; *Riom*, 4 août 1814, Rigoulet c. Duclaud; *Amiens*, 3 août 1821, Bacquet c. N.; *Caen*, 15 janv. 1823, Lévêque c. Noyer, Denis; *Paris*, 4 juill. 1824, Gorlay c. Fourmentin; *Cass.*, 24 nov. 1824 (mêmes parties); 12 juill. 1825, Vigneron et Noyer c. Desprez; 27 mars 1839 (t. 2 1839, p. 381), Rivière c. Guyet; 10 fév. 1840 (t. 1er 1842, p. 47), Lefebvre c. de Milleville; 27 mai 1840 (t. 2 1840, p. 202), Lafarge c. Treillard-Dubasti.

702. — De même, lorsque, sur une accusation de faux intentée contre le porteur d'une obligation sous seing-privé, le jury a déclaré qu'il n'était pas constant que cette obligation fût fausse, le prétendu débiteur peut, ultérieurement et devant les tribunaux civils, contester l'obligation et demander une vérification d'écriture. — *Cass.*, 21 messid. an IX, Godier c. Terray.

703. — A plus forte raison, après une déclaration du jury sur une accusation de faux principal que l'accusé *n'était point convaincu*, les juges civils devant lesquels l'exécution de l'acte argué est demandée, peuvent-ils toujours déclarer cet acte nul comme étant l'œuvre du dol et de la fraude. — *Cass.*, 19 (et non 17) mars 1817, Régnier c. Michel; *Paris*, 28 fév. 1815, mêmes parties; — Merlin, *Quest.*, vo *Faux*, § 6, no 4; Legraverend, *Lég. crim.*, t. 1er, p. 563, note 3e et t. 2, p. 268; Berrial, *Procéd.*, p. 766; Toullier, t. 8, no 31; Chardon, *Dol et Fraude*, t. 1er, no 64; Favard, *Rép.*, t. 2, p. 565; Pigeau, *Comm.*, t. 1er, p. 551.

704. — Cependant, lorsque le faux porte sur un acte authentique, M. Merlin voudrait que le jugement qui déclare le faux non prouvé entraînât nécessairement la condamnation civile du signataire de la pièce, parce que la pièce fait foi par elle-même et que, d'après l'art. 214, C. procéd. civ., elle ne peut plus être attaquée ni par plainte en faux principal, ni par plainte en faux incident. — Merlin, *Rép.*, vis *Non bis in idem*, no 16, et *Chose jugée*, § 15.

— Mais cette distinction entre les actes authentiques et les actes sous seing-privé doit être rejetée : l'art. 214 ne parle que d'une pièce vérifiée ; or, une pièce arguée de faux n'est pas vérifiée par cela seul que l'accusé a été déclaré non coupable. D'ailleurs, cet article s'applique aussi bien à l'acte sous seing-privé qu'à l'acte public.—Mangin, *Act. publ.*, n° 428.

705. — Lors même qu'un témoin poursuivi pour faux témoignage aurait été acquitté par la cour d'assises, on peut demander devant les juges civils à faire preuve de la fausseté de sa déposition sans qu'on puisse être repoussé par l'exception de la chose jugée. — *Rennes*, 9 mai 1834, Gapais.

706. — L'acte déclaré vrai de la manière la plus explicite par le jury peut néanmoins être annulé par les tribunaux civils, si c'est pour d'autres causes. — *Cass.*, 8 sept. 1813, Capereau c. Roux; 19 mars 1817, Regnier c. Michel ; 26 mai 1829, Colson c. Moul ; — Mangin, *Act. publ.*, n° 437.

707. — C'est d'après ces principes que le Code d'inst.crim. donne aux cours d'assises le pouvoir de condamner l'accusé *acquitté* à des dommages-intérêts envers la partie civile ou envers son dénonciateur, — ou à les refuser à celle-ci quand l'accusé a été déclaré coupable. — Art. 358, 359 et 366.

708. — Car la déclaration du jury par suite de laquelle l'accusé est acquitté ou absous peut n'avoir ôté au fait de l'accusation que son caractère de délit, et n'exclut pas toujours nécessairement l'existence du fait et la participation de l'accusé.— Mangin, *Act. publ.*, n° 431 ; Bourguignon, *Jur. C. crim.*, art. 358, n° 3 ; Legraverend, t. 2, chap. 2, p. 268, note 2e ; Merlin, *Quest.*, v° *Réparation civile*, § 2, n° 4 ; Carnot, *Inst. crim.*, art. 358, n° 4.

709. — Ainsi jugé que l'accusé déclaré non coupable par le jury peut cependant être condamné par la cour d'assises à des dommages-intérêts, à raison du fait qui a donné lieu à l'accusation. — *Cass.*, 22 juill. 1813, Sauvegrain ; 11 oct. 1817, Rolland c. Gosse; 26 mars 1818, Gilz c. Boesch; 25 nov. 1834, Brumaud ; *Assises de la Seine*, 14 juill. 1841 (t. 2 1841, p. 147), Lenoble c. Sehan ; *Cass.*, 24 juill. 1841 (t. 1er 1843, p. 30), Souesme ; 18 oct. 1842 (t. 1er 1843, p. 526), Douanes c. Maguero.

710.—...Que le fait d'avoir tué son adversaire en duel peut donner lieu à une action en dommages-intérêts au profit de la partie civile, bien que l'accusé ait été déclaré par le jury non coupable d'homicide. — *Cass.*, 29 juin 1827, Lelorrain c. Garel ; *Assises des Basses-Pyrénées*, 5 août 1837 (t. 2 1837, p. 583), Daguerre c. Dandurain.

711.—...Que l'accusé déclaré non coupable, même d'homicide commis involontairement et par maladresse, peut cependant être condamné à des dommages-intérêts envers la partie civile à raison des faits qui ont donné lieu à l'accusation. — *Cass.*, 19 nov. 1841 (t. 1er 1842, p. 30), Hollaender c. Nagel.

712. — Il en est de même en matière de presse comme en toute autre. — *Cass.*, 27 (et non 28) fév. 1835, Pélissier c. Pontevès; 23 fév. 1837 (t. 2 1837, p. 145), Brière; 5 avr. 1839 (t. 2 1839, p. 119), Sallebois, de Blessebois et Richomme c. Parquin et Ducros ; — Parant, *L. de la presse*, *Supplém.*, p. 464 ; Chassan, *Tr. des dél. de la parole*, t. 2, n° 122; de Grattier, *Comm. sur les lois de la presse*, t. 1er, p. 507.

713. — De même l'acquittement ou l'absolution n'exclut pas la bonne foi du dénonciateur et ne transforme pas nécessairement la dénonciation en calomnie. — *Cass.*, 30 déc. 1813, Regnier et Boissière c. Michel ; — Mangin, *Act. publ.*, n° 430.

714. — Enfin, la culpabilité de l'accusé n'implique pas fatalement un dommage pour la partie civile. — *Cass.*, 13 oct. 1815, Porcheron c. Visard; 20 juin 1816, Piétri ; — Mangin, *Act. publ.*, n° 432.

715. — Toutefois la cour d'assises, en accordant ou refusant des réparations civiles, ne doit point se mettre en opposition avec la décision explicite du jury, et condamner, par exemple, à des dommages-intérêts l'accusé dont le fait serait, d'après la déclaration du jury et la loi, parfaitement légitime. — *Cass.*, 19 déc. 1817, Chamanier ; 24 juill. 1841 (t. 1er 1843, p. 30), Souesme ; — Mangin, *Act. publ.*, n° 433.

716. — C'est ce qui a fait dire à M. le président Barris (note 178) : « Que si la cour d'assises, s'écartant de la forme dans laquelle la loi veut que la question soit posée au jury, avait fait délibérer les jurés, d'abord sur le fait matériel, ensuite sur le fait moral, elle serait liée dans son jugement sur la demande en dommages-intérêts, par la déclaration des jurés, et elle ne pourrait plus délibérer sur l'existence matérielle de ce fait, après que ceux-ci l'auraient déclaré constant ou non constant. »

717. — Si la partie lésée, au lieu de joindre son action à la poursuite, la portait séparément devant les tribunaux civils, ceux-ci auraient pour apprécier la déclaration du jury la même latitude et les mêmes pouvoirs que la cour d'assises.—M. Merlin, qui d'abord avait enseigné la négative (*Rép.*, v° *Réparations civiles*, § 7, n° 2), a abandonné sa première opinion et avoué depuis qu'il s'était trompé. — V. *Quest.*, v° *Réparation civile*, § 2, n° 3.

718. — Ainsi jugé que celui qui au criminel a été acquitté sur les poursuites de la partie publique, peut néanmoins être actionné ensuite au civil pour les dommages-intérêts de la partie civile. — *Cass.*, 14 août 1811, Bernoux c. Brock ; *Orléans*, 12 août 1828, Rivière c. Denis.

719.— ..Que le jugement correctionnel qui a repoussé une action civile exercée pour escroquerie, en se fondant sur ce que le dol reproché au prévenu n'avait pas les caractères de l'escroquerie, ne fait point obstacle à ce que le plaignant poursuive ensuite devant les tribunaux civils la réparation du préjudice qui lui a été causé par le dol du prévenu. — *Cass.*, 3 juill. 1844 (t. 2 1844, p. 550), Léon c. Belot.

720. — L'action civile en dommages-intérêts est recevable de la part même de celui qui se serait porté partie civile au procès criminel. — *Cass.*, 4 nov. 1818, Parens et Amyot c. Douanes; *Rennes*, 12 juin 1822, Boirelle c. assurances de Saint-Malo ; *Bastia*, 15 mai 1833, Nobili c. Renucci.

721. — Et cela encore bien qu'il eût acquiescé à l'arrêt de la cour d'assises, en se désistant du pourvoi en cassation. — *Cass.*, 4 nov. 1818, Parens et Amyot c. Douanes.

722. — De même, la partie civile dont l'action en dommages-intérêts a été rejetée au criminel, mais seulement par le motif que l'action publique n'était pas recevable, peut, sans que l'on soit fondé à lui opposer l'autorité de la chose jugée, la reproduire devant les tribunaux civils — *Cass.*, 23 nov. 1835, du Magnoucour c. Dejoux.

723. — Cette même action civile en dommages-intérêts est à plus forte raison recevable quand la personne lésée n'a pas été partie civile au procès criminel. — *Toulouse*, 20 nov. 1824, Trouche c. Lacroux ; 13 déc. 1824, Bosc c. Deler.

724.—...Ou que cette action civile lui a été réservée par le jugement criminel. — *Cass.*, 17 niv. an XIII, Gros c. Chataignier ; 6 (et non 27) oct. 1806, Pertrand c. de Rohan.

725. — ... Ou bien encore, quand, lors de l'arrêt rendu par la cour criminelle, on a été déclaré non-recevable dans cette demande en dommages-intérêts, faute de s'être rendu partie civile. — *Riom*, 26 janv. 1816, Lafont c. Gidou.

726.—Cependant il a été jugé que quand un tribunal criminel a déclaré non constant le fait dont un individu était accusé, la personne lésée qui ne s'est pas portée partie civile n'en est pas moins repoussée au civil par la force de la chose jugée. Dès-lors elle n'est pas recevable à réclamer des dommages-intérêts. — *Bruxelles*, 26 oct. 1816, Vosch c. Vandevelde. — Mais c'est là une décision qu'on doit considérer comme erronée, et contre laquelle la jurisprudence a toujours protesté.

727. — Les tribunaux correctionnels qui acquittent les prévenus n'ont point, comme les cours d'assises, le droit de prononcer sur les réclamations civiles ; aucune disposition de la loi n'établissant pour eux une exception, ils restent dans la règle d'après laquelle ils ne peuvent jamais statuer sur ces demandes qu'accessoirement à l'action, à la condamnation, et leur compétence cesse avec le jugement définitif.

728.—De ce que la chose jugée au criminel n'influe sur l'action civile qu'en ce qui a été formellement jugé, il suit que, quand même un tribunal de police aurait fixé un délai pour la démolition d'une construction indûment élevée sur la voie publique, l'autorité municipale pourrait, en se fondant sur la sûreté publique, contraindre le condamné à démolir dans un plus court délai. — *Cass.*, 15 sept. 1825, Sauer.

729. — Si l'accusé était absous, attendu son état de démence, le tribunal civil ne serait pas tenu de prononcer son interdiction ; car cette démence peut n'avoir existé qu'au moment de l'action incriminée, tandis que, pour motiver l'interdiction, il faut que la démence soit *habituelle*. — Mangin, *Act. publ.*, n° 436.

730. — Ainsi jugé que la décision, même passée en force de chose jugée, d'une cour criminelle qui acquitte le prévenu d'un délit en se fondant sur ce qu'il était, lors du crime, dans un état de démence et de fureur, et qui l'a mis à la disposition du ministère public pour faire prononcer son interdiction, ne lie pas le juge civil, qui est plus tard saisi de la demande en interdiction, et que ce juge peut refuser de la prononcer, s'il pense que le défendeur n'est pas dans un état habituel de démence. — *Corse*, 2 mai 1827, Lanfranchi.

§ 2. — *Ordonnances et arrêts de non-lieu.*

731. — Si les effets des jugemens et arrêts définitifs doivent être bornés à ce qui a été jugé explicitement, à plus forte raison en doit-il être de même des ordonnances et arrêts de non-lieu.

732. — En effet, les ordonnances et arrêts de non-lieu ont un caractère essentiellement provisoire, puisque la survenance de nouvelles charges peut toujours motiver de nouvelles poursuites, quelle que soit la manière dont ils soient conçus et les motifs qui les aient déterminés. Jamais ils ne prononcent rien définitivement.

733. — Il suit de là qu'après une ordonnance ou un arrêt de non-lieu, les parties civiles peuvent s'adresser aux tribunaux civils pour en obtenir les condamnations auxquelles ils prétendent droit, et que leur action n'en reçoit aucune atteinte, alors que cette ordonnance ou cet arrêt seraient motivés sur la non-existence du fait incriminé ou sur la non-culpabilité du prévenu. — Mangin, *Act. publ.*, n° 439 ; Merlin, *Rép.*, v[is] *Non bis in idem*, n° 4, et *Réparation civile*, § 4.

734. — Celui qui a porté plainte à raison d'un crime ou d'un délit commis contre lui, sans se rendre partie civile, est recevable à intenter une action en dommages-intérêts devant les tribunaux civils contre l'individu inculpé, lors même que, sur la poursuite exercée par le ministère public contre ce dernier, il a été déclaré, aux termes de l'art. 128, C. inst. crim., n'y avoir lieu à poursuivre. — *Cass.*, 10 avr. 1822, C... c. Bourdette ; *Colmar*, 15 fév. 1806, Fischer c. Schwartz ; *Cass.*, 21 thermid. an VII, Cordey c. Foucault ; *Bruxelles*, 3 mars 1814, Nélis c. Hallet ; 13 nov. 1822, P... et B...

735. — Bien que la chambre des mises en accusation ait déclaré n'y avoir lieu à suivre contre un individu, on peut néanmoins recourir aux tribunaux civils pour obtenir des dommages-intérêts contre lui. — *Bordeaux*, 22 août 1837 (t. 1er 1838, p. 328), Bonnaud c. Garraud.

736. — Après avoir sursis à statuer sur l'inscription de faux incident dirigée contre un titre de créance jusqu'après le jugement de l'action criminelle intentée contre le porteur, une cour royale a pu, malgré une ordonnance de non-lieu rendue au profit de ce dernier, juger que la pièce était fausse et même fabriquée par lui. — *Cass.*, 20 avr. 1837 (t. 1er 1837, p. 375), Charlot c. Babin.

737. — Lorsqu'un concordat a été attaqué pour cause de fraude ou de dol, et qu'une plainte en banqueroute frauduleuse portée postérieurement a suspendu le cours de l'action civile, l'arrêt de non-lieu intervenu sur cette plainte ne fait point obstacle à ce que les articulations de fraude et de dol produites dans l'instance civile soient accueillies, encore bien que ces articulations soient les mêmes que celles produites à l'appui de la plainte qui a été repoussée. — *Cass.*, 2 juin 1840 (t. 2 1840, p. 254), Rossigneux c. Caussade.

738. — Les parties civiles pourraient encore exercer leur action, même quand elles auraient été parties dans la poursuite qui s'est terminée par une ordonnance ou par un arrêt de non-lieu. M. Merlin (qui avait d'abord professé l'opinion contraire) en donne pour raison que la décision de la chambre du conseil ou de la chambre d'accusation, en laissant incertain le fait qui sert de base à l'action civile, n'a certainement pas pu éteindre cette action, et que la décision portant que le fait n'existe pas ou que l'accusé n'en est pas l'auteur, lève nécessairement le sursis dont l'art. 3, C. inst. crim., frappe l'action civile. — Merlin, *Quest. de dr.*, v° *Répar. civ.*, § 3 ; Mangin, *Act. publ.*, n° 440.

739.—Lorsqu'un officier public poursuivi criminellement comme coupable de faux dans un acte de son ministère a été mis hors de prévention par la chambre des mises en accusation, les parties intéressées à ce que cet acte soit jugé faux sont encore recevables à le soutenir tel devant les tribunaux civils, encore bien qu'elles aient figuré comme parties plaignantes au procès criminel. — *Cass.*, 24 nov. 1824, Gorlay c. Fourmentin ; 12 août 1834, Lecomte c. Beausson et Maupas ; 20 avr. 1837 (t. 1er 1837, p. 375), Charlot c. Babin ; — Bioche et Goujet, *Dict. de procéd.*, v° *Faux incident*, n° 38.

740. — Nous ne pouvons qu'adhérer à cette jurisprudence : il nous paraît certain, en effet, que les arrêts et ordonnances de la chambre d'accusation ou de la chambre du conseil portant que le fait incriminé n'est pas constant ou n'est pas criminel, ou que le prévenu n'est pas coupable, ne jugent que l'homme et non le fait.

741. — Jugé cependant qu'on est non-recevable devant le tribunal civil à attaquer, pour spoliation de succession, celui qui a obtenu une ordonnance du directeur du jury, portant qu'il n'y avait pas lieu à suivre sur la procédure criminelle pour raison du même fait. — *Paris*, 3 niv. an XIII, Plouin

c. Verdin. — Mais cette décision est évidemment erronée : il y avait chose jugée en ce qui concernait la criminalité de l'intention ; mais il pouvait y avoir lieu à restitution par suite d'une appréhension de la succession faite de bonne foi. Aussi, dans l'espèce, l'ordonnance du directeur du jury avait-elle renvoyé les parties à se pourvoir à fins civiles. C'était donc sur l'absence de preuves des faits articulés, et non sur la chose jugée au criminel, que la cour d'appel de Paris devait motiver sa décision.

742. — Il est bien entendu toutefois que les parties lésées ne pourraient porter leur action devant le tribunal criminel, puisque ces tribunaux ne peuvent connaître desdites actions qu'accessoirement à l'action publique, et que l'action publique est impossible en présence d'un arrêt ou ordonnance de non-lieu. — Mangin, *Act. publ.*, n° 439.

743. — Néanmoins les ordonnances et les arrêts de non-lieu peuvent avoir influence sur l'action civile : c'est lorsqu'ils perdent leur caractère provisoire pour en revêtir un définitif, c'est-à-dire lorsque, motivés *en droit* sur la prescription, une amnistie ou la non-criminalité du fait poursuivi, ils ne laissent aucune voie ouverte à de nouvelles poursuites.

744. — Mais alors cette influence ne s'exerce que dans la même mesure que les jugemens et arrêts définitifs et doit être restreinte à ce qui a été formellement décidé. Dès-lors la prescription de l'action publique n'entraînant pas toujours celle de l'action civile, l'amnistie laissant intacts les droits civils, et la non-criminalité du fait n'étant pas nécessairement exclusive de l'imputabilité du dommage, il peut très bien arriver que l'action civile puisse encore être exercée après les arrêts ou ordonnances de non-lieu fondés sur la prescription, l'amnistie ou la non-criminalité du fait, comme elle pourrait l'être, même après des arrêts, des jugemens ou arrêts définitifs au fond. — Mangin, *Act. publ.*, n° 441.

§ 3. — *Preuves résultant de l'instruction criminelle.*

745. — Dans les cas où les décisions rendues au criminel ne sauraient constituer la chose jugée relativement à l'action intentée ultérieurement au civil, pourrait-on au moins, dans cette seconde instance, invoquer comme élémens de décision les preuves acquises dans le procès criminel ?

746. — Un tribunal civil ne peut pas prendre pour base de ses décisions des dépositions reçues dans une instruction criminelle. — *Rennes*, 12 juill. 1811, N...

747. — De même, les tribunaux civils ne peuvent admettre comme preuve d'un fait contesté des enquêtes qui auraient eu lieu sur ce même fait dans une instance correctionnelle. — *Colmar*, 23 juill. 1811, Clavey et Girard c. Moroge et Clavey.

748. — Lorsqu'un notaire acquitté par la cour d'assises est poursuivi disciplinairement à raison des mêmes faits, on ne peut se prévaloir contre lui des informations qui ont eu lieu sur ces faits dans la procédure criminelle devant le juge d'instruction. — *Limoges*, 21 juin 1838 (t. 1er 1839, p. 100), Lenoble.

749. — Lorsqu'après avoir été, sur une plainte correctionnelle, reconnus ne constituer aucun délit, des faits de dol et de fraude sont ensuite reproduits devant un tribunal civil, comme fondant une action en dommages-intérêts, les juges civils peuvent, en prenant uniquement pour base l'instruction correctionnelle, rejeter la preuve offerte de ces faits et déclarer l'action mal fondée, en ce qu'ils auraient déjà été prouvés faux lors de cette instruction. — *Cass.*, 27 janv. 1830, Pingot c. Roy.

750. — L'art. 326, C. civ., n'a pas mis obstacle à ce qu'un tribunal décidât une question d'état par des motifs puisés dans un jugement criminel rendu entre les mêmes parties avant la publication du Code, surtout si à ces motifs venaient s'en joindre d'autres tirés du fond. — *Cass.*, 30 avr. 1807, De Douhault c. Champignelles.

751. — Des présomptions graves, précises et concordantes, que l'art. 1353, C. civ., autorise les tribunaux à admettre contre les actes attaqués pour cause de fraude et de dol, peuvent résulter des documens d'une procédure criminelle. — *Cass.*, 2 juin 1840 (t. 2 1840, p. 254), Rossigneux c. Caussade.

752. — Quoique les jugemens rendus au criminel n'aient pas au civil l'autorité de la chose jugée, il en résulte du moins une présomption grave qui, réunie à celles fournies par les autres circonstances de la cause, concourt à former les élémens d'une preuve que les juges peuvent compléter par les voies de droit. — *Orléans*, 26 août 1840 (t. 2 1840, p. 576), Godard c. Bajon.

753. — Il est loisible aux juges civils saisis d'une demande en révocation de testament pour cause d'ingratitude, de consulter comme documens les élémens d'une procédure criminelle dirigée précédemment contre le défendeur et suivie d'acquittement, sans qu'on puisse prétendre qu'il y a là violation de la règle *Non bis in idem* et des principes relatifs à la preuve testimoniale. — *Cass.*, 26 nov. 1839 (t. 2 1843, p. 226), Colomb c. Barloz.

754. — Lorsqu'un jugement correctionnel a condamné un individu pour délit d'habitude d'usure, les juges civils appelés à statuer sur une demande en restitution d'intérêts usuraires formée contre le même individu peuvent prendre pour base de leur condamnation la fixation que le tribunal correctionnel a faite des sommes réellement prêtées, s'il leur apparaît par les circonstances de la cause que cette fixation a été bien établie. — *Bourges*, 2 juin (et non 22 avril) 1831, Morache c. Boussard.

755. — Pareillement, lorsque, sur la poursuite du ministère public, un individu a été condamné pour délit d'usure par un jugement correctionnel, ce jugement peut, au civil, servir de preuve sur la demande en restitution des intérêts usuraires formée par l'emprunteur. Du moins, le tribunal qui le décide ainsi, en se fondant tant sur ce jugement que sur les actes du procès, ne peut être cassé pour fausse application de la chose jugée. Vainement on dirait qu'il ne s'est appuyé sur aucun acte autre que le jugement correctionnel. — *Cass.*, 19 (et non 29) nov. 1828, Guillard c. Lebide.

756. — Le jugement correctionnel qui déclare un individu coupable du délit d'habitude d'usure forme contre lui, lorsqu'il ne l'a pas attaqué, un commencement de preuve qui peut être complété par le serment supplétoire. — *Orléans*, 26 août 1840 (t. 2 1840, p. 576), Godard c. Bajon.

757. — De même, il n'y a pas contravention à l'autorité de la chose jugée, lorsqu'un tribunal civil ordonne que les pièces d'une information criminelle seront apportées à son greffe et communiquées aux parties, bien que, dans l'instance criminelle, un arrêt de la chambre d'accusation en eût précédemment refusé la communication à la partie civile. — *Cass.*, 6 (et non 5) janv. 1830, Bourgeois c. Pigny.

758. — Les dépositions écrites recueillies dans l'instruction d'un procès criminel ne sont pas un élément nécessaire d'un procès civil introduit sur les mêmes faits après le jugement de la poursuite criminelle. Par conséquent, les juges civils peuvent, sans violer la loi, interdire la lecture de ces dépositions. — *Cass.*, 2 juin 1832, Procureur gén. de Limoges c. Thévenot.

Sect. 3e. — *Actions disciplinaires.*

759. — L'action criminelle et l'action disciplinaire étant indépendantes l'une de l'autre (*Cass.*, 27 nov. 1838 (t. 2 1838, p. 523), Fayer et Trinchant), la première n'a aucune influence sur la seconde et *vice versâ*. — En effet, l'action criminelle a pour objet un fait réprimé par la loi pénale et pour but l'application d'une peine ; la seconde, au contraire, ne se préoccupe que des infractions aux devoirs plus stricts qu'imposent à la profession l'honneur et la délicatesse ; son but est donc de faire prononcer, non une peine, mais une répression tout intérieure (*castigatio domestica*), et il n'importe laquelle a été intentée la première ; jamais l'exercice de l'une ne peut faire obstacle à la poursuite de l'autre. — Chassan, *Tr. des dél. de la parole*, t. 1er, n° 8 ; Mangin, *Act. publ.*, t. 2, n° 398 ; Merlin, *Quest. de dr.*, v° *Non bis in idem*, § 2 ; Carnot, *C. inst. crim.*, art. 210, n° 2, et *Discipl. judic.*, p. 79, n° 7 ; de Grattier, *Comm. L. de la presse*, t. 2, p. 61, note 1re ; Favard, *Rép.*, v° *Notaire*, § 6 ; Gagneraux, *Comm. L. 25 vent. an XI*, art. 2, § 2, n° 14 ; Legraverend, t. 1er, p. 423, note 1re, et t. 2, p. 15, note 2 ; Rolland de Villargues, *Rép. du not.*, v° *Destitution*, nos 9, 11 ; Bioche et Goujet, *Dict. de proc.*, v° *Discipline*, n° 200. — Circ. du min. de la justice des 23 fév. 1810 et 18 janv. 1811 (*C. du not.*, t. 1er, p. 409 et 414).

760. — Ainsi, la condamnation d'un magistrat à une peine d'emprisonnement pour avoir donné un faux certificat à un conscrit, est une cause grave qui autorise la cour de Cassation à le suspendre de ses fonctions. — La règle *Non bis in idem* ne met point obstacle à cette suspension. — *Cass.*, 8 déc. 1809, Jean-Baptiste C...

761. — Le juge qui publie dans un journal son adhésion à des doctrines subversives de l'ordre existant, et que son serment l'oblige à maintenir, compromet la dignité de son caractère, et peut être censuré avec réprimande, par la cour de Cassation, quoique, déjà traduit devant le jury à raison du même fait, il ait été acquitté. — *Cass.*, 30 mai 1832, Fouquet.

762. — La cour de Cassation peut suspendre de ses fonctions un juge de paix qui a été condamné à l'emprisonnement et à l'amende comme coupable d'escroquerie en matière de prescription. — *Cass.*, 27 juill. 1810, P... ; — Merlin, *Quest. de dr.*, v° *Suspension*.

763. — L'avocat acquitté par le jury à raison d'un écrit qu'il a signé en qualité d'avocat peut néanmoins, à raison de cet écrit, être traduit devant la juridiction disciplinaire sans qu'il y ait violation de la maxime *Non bis in idem*, ni des lois qui établissent une juridiction spéciale en matière de presse. — *Cass.*, 27 nov. 1838 (t. 2 1838, p. 523), Fages et Trinchant.

764. — L'avocat qui a été condamné par un tribunal exerçant son droit de police à l'audience, en vertu de l'art. 91, C. procéd. civ., peut être, à raison du même fait, traduit devant le même tribunal remplissant les fonctions de conseil de discipline, conformément à l'ordonnance de 1822, et condamné à une des peines portées par cette ordonnance. — *Grenoble*, 26 déc. 1828, Pélissier.

765. — L'avertissement donné par le président à un avocat pendant sa plaidoirie n'exclut pas l'application ultérieure, s'il y a lieu, des peines de discipline. — *Grenoble*, 7 juill. 1827, F...

766. — Un notaire peut être destitué par les juges civils, même après avoir été acquitté de l'accusation de faux dont il a été l'objet. — *Cass.*, 13 déc. 1810, Ryex ; 6 avr. 1808, R... ; *Toulouse*, 22 mai 1826, P... ; *Cass.*, 29 déc. 1836 (t. 1er 1837, p. 120), C... ; 12 avr. 1837 (t. 1er 1837, p. 277), A... ; *Limoges*, 21 juin 1838 (t. 1er 1839, p. 100), Lenoble ; *Douai*, 8 janv. 1840 (t. 1er 1843, p. 442), D...

767. — ... Surtout si l'acquittement était fondé sur la prescription de l'action. — *Cass.*, 30 déc. 1824, T.....

768. — De même, lorsqu'un notaire acquitté d'une accusation de faux dirigée contre lui à raison de plusieurs altérations que présentaient les minutes de ses actes, a néanmoins avoué qu'il avait commis ces altérations pour éviter des droits d'enregistrement aux parties, il peut, à raison de ce fait, qui n'a pas fourni la matière de l'action criminelle, être poursuivi en destitution. — *Cass.*, 13 janv. 1825, G...

769. — Un notaire peut être destitué disciplinairement après avoir été condamné pour faux et avoir subi sa peine. — *Cass.*, 13 mai 1807, Champeaux.

770. — Il peut encore être destitué après avoir été simplement renvoyé d'une poursuite de faux par une déclaration de non lieu à suivre rendue par la chambre d'accusation. — *Cass.*, 8 mars 1824, Sylvestre ; *Colmar*, 5 mars 1825, O... ; 8 mars 1825, A... ; *Bourges*, 4 déc. 1826, N...

771. — Un notaire peut être destitué par cela qu'il a été condamné à une peine correctionnelle pour escroquerie ou autre délit sans qu'il y ait violation de la maxime *Non bis in idem*. — *Bruxelles*, 19 juill. 1809, N... ; *Turin*, 16 mars 1811, Tarrichi ; *Cass.*, 31 oct. 1811, Tarrichi ; 20 nov. 1811, Gaudi.

772. — ... Ou s'il a été condamné pour usure et s'est attiré des reproches de la part des magistrats, à l'occasion de deux procédures en faux dirigées contre des actes qu'il a reçus. — *Bordeaux*, 3 déc. 1827, Dejarnac ; *Cass.*, 24 juin 1828, Dejarnac. — Bioche et Goujet, *Dict. de procéd.*, v° *Discipline*, n° 200.

773. — Cependant quelques arrêts, même de la cour de Cassation, semblent protester contre cette unanimité de la jurisprudence, et ont décidé :

774. — ... Qu'un notaire qui a été acquitté par le jury d'une accusation de faux ne peut être suspendu ou destitué de ses fonctions à raison des faits qui faisaient l'objet de cette accusation. — *Pau*, 28 janv. 1824, Vidal ; *Cass.*, 24 juill. 1822, Vincent.

775. — ... Qu'un notaire ne peut être suspendu de ses fonctions pour un faux dont il a été déclaré non coupable, sous prétexte que le fait matériel du délit pour lequel il a été poursuivi demeure constant, par exemple, si le notaire avait attesté dans un acte la présence d'individus qui étaient morts au moment où cet acte a été passé. — *Cass.*, 29 juin 1824, Vidal.

776. — ... Qu'un notaire ne peut être destitué de ses fonctions par voie de discipline à raison d'un fait criminel déclaré prescrit par la chambre d'accusation. — *Bourges*, 20 avr. 1825, L... — Il est à remarquer que, dans cette espèce, il s'était écoulé un temps considérable depuis le fait imputé au notaire, et ce fait avait été commis par celui-ci, non pendant qu'il était notaire, mais à une époque antérieure.

777. — ... Que le ministère public n'est point fondé à poursuivre la destitution, ou subsidiairement la suspension d'un notaire acquitté par une cour d'assises, en s'appuyant sur les faits qui avaient déjà donné lieu à la mise en accusation. — *Rennes*, 24 mai 1826, Leparc.

778. — Mais ces décisions, presque isolées au milieu de la jurisprudence et fondées, pour la plupart, sur des appréciations de faits particuliers, ne

nous paraissent point devoir être suivies et n'ont, en effet, exercé aucune influence sur les arrêts intervenus depuis dans des circonstances analogues.

779. — Un notaire acquitté a pu être renvoyé de la poursuite disciplinaire dirigée contre lui, sur le motif que le fait sur lequel cette poursuite s'appuyait était le même que celui qui avait servi de base à l'accusation de faux, surtout si, au lieu de se borner à déclarer le notaire *non coupable*, le jury avait prononcé que le faux *n'existait pas*. — *Cass.*, 24 janv. 1837 (t. 1er 1837, p. 146), T...

780. — L'huissier à l'égard duquel la chambre du conseil a déclaré qu'il n'y avait lieu à suivre sur une prévention de faux, pour avoir frauduleusement omis de remettre la copie d'un exploit dans lequel il a constaté cette remise peut, sans qu'il y ait violation de la règle *Non bis in idem*, être poursuivi de nouveau, à raison du même fait considéré comme constituant une infraction disciplinaire. — *Cass.*, 1er mai 1829, Daussin.

781. — Réciproquement, l'action disciplinaire étant indépendante de l'action publique, criminelle, correctionnelle ou de simple police, et les punitions qui en sont la suite n'étant pas de véritables peines, ni les décisions qui les prononcent de véritables jugemens, elles ne sauraient faire obstable à des poursuites ultérieures ni constituer une violation de la règle *Non bis in idem*.

782.—Jugé en conséquence que la punition disciplinaire infligée à l'auteur d'une dénonciation calomnieuse, par le corps auquel il appartient, n'a pas l'autorité de la chose jugée, relativement à l'action judiciaire soit de la partie lésée, soit du ministère public, et n'élève conséquemment aucune fin de non-recevoir contre cette double action. — *Cass.*, 12 mars 1819, Mourrié c. Maire de Bouillargues.

783. —... Qu'un magistrat poursuivi et jugé disciplinairement peut, sans qu'il en résulte une violation de la maxime *Non bis in idem*, être poursuivi de nouveau correctionnellement, à raison des mêmes faits, comme constituant une dénonciation calomnieuse. — *Cass.*, 12 mai 1827, Beuret et Cadot c. Marcadier; 22 déc. 1827, Mêmes parties.

784.—... Qu'un notaire contre qui une peine disciplinaire a été prononcée peut, pour le même fait, être poursuivi devant le tribunal civil, en vertu de l'art. 53; L. 25 vent. an XI.—*Pau*, 10 janv. 1835, Rolland.

785. — ... Qu'un notaire contre qui la chambre de discipline a prononcé la censure ou une autre peine de discipline intérieure peut, pour le même fait, être poursuivi devant le tribunal civil pour l'application de la peine de la suspension. — *Nancy*, 30 mai 1834, T...

786. — ... Que les décisions prises par les chambres des notaires ne font point obstacle au cours régulier de la justice, et ne forment point non plus la chose jugée, en ce sens qu'elles puissent servir à l'application de la maxime *Non bis in idem*. — *Toulouse*, 31 déc. 1844 (t. 1er 1845, p. 290), Tourreil.

787. — Mais le notaire qui a été renvoyé par la chambre de discipline de la plainte formée contre lui par le syndic ne peut, sur les poursuites du ministère public afin de suspension, d'amende ou de destitution, être condamné à l'une des peines portées par l'arrêté du 2 niv. an XII, lorsque le tribunal juge qu'il n'y a pas lieu de prononcer la suspension, l'amende ou la destitution. — *Nancy*, 2 juin 1834, C...

V. ACQUIESCEMENT, ACTION POSSESSOIRE, ÉTAT DES PERSONNES, JUGEMENT, JUGEMENT INTERLOCUTOIRE, NON BIS IN IDEM, OBLIGATION SOLIDAIRE, QUESTION PRÉJUDICIELLE, SUCCESSION, TIERCE-OPPOSITION.

CHOSES MANCIPI ET NEC MANCIPI.

1. — Cette nature de choses n'étant plus que dans le domaine de l'histoire, il suffira de dire que, chez les Romains, les choses *mancipi* étaient, suivant l'énumération d'Ulpien (Ulp., *reg.*, p. 19, § 1er; —V. aussi Gajus, *comm.* 2, § 25 et suiv.) : 1° les héritages sur le sol de l'Italie; — 2° les servitudes rurales, toujours sur le sol de l'Italie; — 3° les esclaves et les animaux de charge ou de trait.

2. — Les choses *nec mancipi* étaient toutes les choses autres que celles qui viennent d'être énumérées.

3. — Le principal caractère distinctif des choses *mancipi* consistait en ce qu'il ne suffisait pas de l'accord des parties et de la simple tradition pour transférer, d'un citoyen à un autre, le domaine (*dominium*) des choses *mancipi*, qu'il fallait recourir, pour arriver à ce résultat, aux formes juridiques et sacramentelles de la mancipation, (V. MANCIPATION) ou de la *cessio in jure* (*Gaii inst. comm.*, p. 2, § 41); tandis que la simple tradition suffisait pour transférer le domaine des choses *nec mancipi*, qui, du reste, n'étaient pas susceptibles de recevoir les formes de la mancipation.—V. Ortolan, *Généralisation du dr. romain*, p. 42 et suiv.; Giraud, *Du droit de propriété*, t. 1er, p. 222; Blondeau, *Instit.*, notes, p. 70 et suiv.

CHOSES PERDUES.

V. ÉPAVES, POSSESSION, PROPRIÉTÉ.

CHOSES PÉRISSABLES.

1.—On appelle ainsi les choses qui, sans être consommées par le premier usage qu'on en fait, comme le vin, le blé, l'huile, etc., se détériorent peu à peu et périssent après un intervalle assez court, comme le linge, les hardes, etc.

2. — L'usufruitier a le droit de se servir de ces choses pour l'usage auquel elles sont destinées et n'est obligé de les rendre, à la fin de l'usufruit, que dans l'état où elles se trouvent, non détériorées par son dol ou sa faute. — C. civ., art. 589.

3. — Toutefois, lorsque l'usufruitier ne peut pas fournir de caution, le propriétaire peut exiger que les choses soient vendues, pour le prix en être placé, et alors l'usufruitier jouit de l'intérêt pendant son usufruit. — C. civ., art. 603.

4.—Cependant l'usufrutier peut demander et les juges peuvent ordonner, suivant les circonstances, qu'une partie des meubles nécessaires pour son usage lui soit délaissée sous la simple caution juratoire et à la charge de les représenter à l'extinction de l'usufruit. — Même article. — V. au surplus USUFRUIT.

CHOSES TROUVÉES.

V. ÉPAVES, POSSESSION, PROPRIÉTÉ, VOL.

CHOSE VOLÉE.

1. —On comprend sous le nom de *chose volée* les objets qui sont arrivés entre les mains d'un autre que le propriétaire et le possesseur légitime par suite, soit d'une soustraction frauduleuse, soit d'une escroquerie, soit par un des moyens compris par la loi, sous la dénomination d'abus de confiance.

2. — C'est une question parfois assez délicate que celle de savoir à qui appartiennent les choses volées dont le propriétaire ne se représente pas, ou bien encore quels sont les droits du propriétaire qui se représente, lorsque les choses volées ont, depuis le vol, été dénaturées.—V. à cet égard RESTITUTIONS CIVILES, PROPRIÉTÉ.

3. — La loi (art. 2279), après avoir posé en principe qu'en fait de meubles *possession vaut titre*, ajoute que « néanmoins celui auquel il a été volé une chose peut la revendiquer pendant trois ans à compter du vol contre celui dans les mains duquel il la trouve, sauf à celui-ci son recours contre celui duquel il la tient.—Et l'art. 2280 ajoute aussi que si le possesseur actuel de la chose volée l'a achetée dans une foire, ou dans un marché, ou dans une vente publique, ou d'un marchand vendant choses pareilles, le propriétaire ne peut se la faire rendre qu'en remboursant au possesseur le prix qu'elle lui a coûté.

4. — On a agité la question de savoir si les art. 2279 et 2280, C. civ., sont applicables aux choses qui n'ont pas été volées à proprement parler, mais escroquées ou détournées par abus de confiance. —Cette question, ainsi que toutes celles relatives à l'application des articles précités, seront traitées au mot POSSESSION.

5. — Quant aux choses volées, soit dans les dépôts publics, soit dans les bibliothèques, musées, etc, V. DÉPOTS PUBLICS.

V. ABUS DE CONFIANCE, ESCROQUERIE, PRESCRIPTION, VOL.

CHOUAN, CHOUANNERIE.

1. — On a désigné sous le nom de Chouans les individus qui, à certaines époques de la république, s'étaient, principalement dans l'ouest de la France, organisés en bandes pour lutter à main armée contre le gouvernement établi.

2. — Un grand nombre de mesures législatives ont été prises à ces époques, tant pour la pacification que pour la répression des Chouans. —Nous citerons : 1° le décret du 12 frim. an III, portant que « les rebelles de la Vendée et les Chouans qui déposeraient leurs armes dans le délai d'un mois ne seraient ni inquiétés ni recherchés; — 2° un autre décret du 8 flor. an III, qui ordonne l'exécution de cinq arrêtés pris par le commissaire de la convention nationale pour la pacification des Chouans; — 3° un décret du 23 flor. an IV, qui restreint l'application du décret précédent aux Chouans et à leurs complices, qui, depuis l'amnistie accordée par cette loi, ont constamment été soumis aux lois de la république; — 4° un décret du 30 prair. an III, qui défère aux tribunaux militaires et punit de mort les chefs, commandans, capitaines et instigateurs de rassemblemens armés, sans l'autorisation des autorités constituées, soit sous le nom de *Chouans*, soit sous telle autre dénomination; — 5° un décret du 1er vendém. an IV, portant que les rebelles connus sous le nom de *Chouans* ou autres, dont le jugement était attribué aux tribunaux militaires, seraient jugés par les conseils militaires établis par la loi du 2e jour complémentaire an III. »

3. — Une loi du 14 frim. an V avait prononcé contre les chefs des rebelles de la Vendée et des Chouans la suspension de l'exercice des fonctions publiques. — Cette loi fut abrogée par la loi du 9 messid. an V, puis remise en vigueur par celle du 19 fruct. suivant.

4. — Toute cette législation de circonstance a cessé d'être en vigueur; maintenant tous ceux qui s'arment contre le gouvernement et se révoltent contre la paix publique sont, quelle que soit d'ailleurs la dénomination qu'on leur donne, soumis aux lois générales. — V. ASSOCIATION DE MALFAITEURS, BANDES ARMÉES, COMPLOT, CRIMES CONTRE LA SURETÉ DE L'ÉTAT, RÉBELLION.

5. — C'est en vertu de la législation ordinaire qu'ont été poursuivis ceux qui, lors des troubles de l'Ouest, dans les premières années du gouvernement actuel, se donnaient le nom de *Chouans*. Cette prétendue chouannerie n'offrait, à vrai dire, aucun rapport avec la *chouannerie* d'autrefois; le plus souvent, les Chouans nouveaux, ou du moins ceux qui prenaient ce titre, avaient plutôt pour but la dévastation des propriétés particulières à l'aide du désordre, que l'attaque régulière contre l'autorité. On n'a dû presque toujours les poursuivre que comme constituant des bandes de brigands organisées, rentrant dans la qualification de malfaiteurs employée dans quelques dispositions du Code pénal, et notamment dans les art. 61 et 303. — V. ASSOCIATION DE MALFAITEURS, COMPLICITÉ, TORTURES ET ACTES DE BARBARIE.

CHROMATES (Fabriques de).

1. — Les fabriques de chromate de potasse sont rangées dans la deuxième classe des établissemens insalubres.

2.—Quant aux fabriques de chromate de plomb, qui présentent beaucoup moins d'inconvéniens, elles sont rangées dans la troisième classe seulement.

V. ÉTABLISSEMENS INSALUBRES (Nomenclature).

CHRYSALIDES (Dépots de).

Les dépôts de chrysalides sont rangés dans la deuxième classe des établissemens insalubres. — V. ÉTABLISSEMENS INSALUBRES (nomenclature).

CHUTE D'EAU.

1.— Les chutes ou pentes d'eau ont de l'importance aux yeux du législateur par l'emploi qui peut en être fait comme force motrice dans les usines.

2. — La rapidité des chutes ou pentes d'eau dépend soit de l'inclinaison du terrain, soit de retenues ou travaux destinés à en précipiter le cours; or, ces travaux, qui affectent le cours général, pouvant nuire aux propriétaires inférieurs, il est naturel qu'aucun emploi ne puisse être fait des chutes ou pentes d'eau sans l'intervention de l'administration, fût-on d'ailleurs propriétaire des deux rives, même sur une grande étendue.

3.— C'est donc, en résultat, l'administration qui dispose réellement des chutes ou pentes d'eau; du reste elle ne le fait qu'après avoir consulté, à l'aide d'enquêtes publiques, les intérêts qui pourraient se trouver compromis. — L'administration n'agit, en pareil cas, qu'en vertu du droit de haute police qui lui appartient sur les eaux courantes, et par suite du devoir d'en surveiller la direction et d'en fixer la hauteur.

4.— Quant à la question de savoir si la chute ou pente de l'eau est dans les choses communes à tous, ou appartient aux propriétaires riverains, elle est controversée : la cour de Cassation s'est décidée dans le dernier sens, notamment par arrêt du 14 fév. 1833 (Martin c. Adeline).—Mais cette solution est repoussée par quelques auteurs estimés, et entre autres par MM. Daviel (*Tr. de la lég. et de*

la pratique *des cours d'eau*, t. 2, nᵒ 538); Dufour (*Tr. gén. du dr. adm. appliqué*, t. 2, nᵒ 1211). — V. au surplus COURS D'EAU, USINES.

5. — Le gouvernement peut concéder et concède en effet des chutes et prises d'eau sur les canaux et rivières canalisées : le conseil d'état, consulté en 1830 sur la légalité de plusieurs ordonnances royales préparées pour accorder des concessions de ce genre, *moyennant redevances*, a émis l'avis, le 8 mai, que les concessions étaient évidemment légales, mais qu'il ne pouvait y être attaché des redevances, au profit du trésor, fixées par adjudication publique qu'en vertu d'une loi, et qu'en conséquence il n'y avait pas lieu d'adopter les projets d'ordonnances proposés. — Cet avis du conseil d'état est rapporté textuellement par M. de Cormenin (*Droit admin.*, t. 2, append., vᵒ *Cours d'eau*, § 1ᵉʳ).

6. — Par suite de cet avis, une disposition spéciale, ajoutée à l'art. 8 de la loi des recettes du 15 juill. 1840, a permis au gouvernement d'ajouter des redevances aux concessions de chutes et prises d'eau qu'il pouvait sans doute faire, en vertu de l'arrêté du 19 vent. an VII, mais gratuitement. — V. COURS D'EAU, USINES.

CIDRE.

1. — Boisson soumise à des droits de contribution indirecte et d'octroi. — V. BOISSONS, CONTRIBUTIONS INDIRECTES, OCTROI.

2. — Le droit de faire le cidre au pressoir d'autrui est une servitude. — Pardessus, t. 4ᵉʳ, nᵒ 11, p. 27. — V. SERVITUDE.

3. — Les marchands de cidre en gros sont rangés par la loi du 25 avr. 1844, sur les patentes, dans la troisième classe des patentables, et imposés à : 1ᵒ un droit fixe établi d'après le chiffre de la population de la ville ou commune où est situé l'établissement; — 2ᵒ un droit proportionnel du vingtième de la valeur locative de la maison d'habitation et des locaux servant à l'exercice de la profession.

4. — Les marchands et débitants de cidre en détail sont rangés dans la sixième classe des patentables, et imposés aux mêmes droits, sauf la différence de classe. — V. PATENTE.

CIERGES.

V. BOUGIES.

CIGARES.

1. — La vente et la fabrication des cigares sont, comme celles des tabacs en général, réservées à l'état, représenté par une administration importante et toute spéciale.

2. — Les patentes auxquelles sont assujetties non seulement la vente et la fabrication, mais aussi l'introduction en France, la circulation ou la sortie des cigares, sont développées au mot TABACS.

3. — Le prix des cigares a été successivement fixé par diverses ordonnances, et notamment par celles des 28 février 1816, 5 mai 1830 et 18 mars 1832. Il est aujourd'hui déterminé par l'ordonnance du 22 oct. 1843, qui autorise en même temps l'administration à faire confectionner et à vendre des espèces particulières de cigares appelées *cigarettes*. — V. TABACS.

CIMENTIER.

Les cimentiers employant moins de cinq ouvriers sont rangés par la loi du 25 avr. 1844, sur les patentes, dans la sixième classe des patentables, et imposés à : 1ᵒ un droit fixe établi d'après le chiffre de la population de la ville ou commune où est situé l'établissement; — 2ᵒ un droit proportionnel du vingtième de la valeur locative de la maison d'habitation et des locaux servant à l'exercice de la profession. — V. PATENTE. — Pour les fabriques de mastics et ciments, V. MASTICS.

CIMETIÈRE.

Table alphabétique.

CIMETIÈRE. — **1.** — Lieu affecté à la sépulture des morts, dérivé du mot latin *cœmeterium*, venant lui-même du mot grec κοιμησηριον, lieu où l'on dort.

CHAPITRE Iᵉʳ. — *Historique.*

2. — L'usage des cimetières est fort ancien ; chez tous les peuples on trouve et le même respect pour les tombeaux, et la même sollicitude de l'autorité pour la police des inhumations et des lieux consacrés aux sépultures.

5. — « Chez les Grecs et les Romains, les morts ordinairement reposaient à l'entrée des villes, le long des chemins publics, apparemment, dit M. de Châteaubriand (*Génie du christianisme*) parce que les tombeaux sont les vrais monumens du voyageur. On ensevelissait souvent les morts fameux au bord de la mer. » — Mais ces sépultures étaient isolées ; et à Rome, si l'on en excepte ces espèces de fosses communes, appelées *puticuli* ou *culinæ*, où se jetaient les cadavres des pauvres et des esclaves, on ne connaissait point l'usage des cimetières communs. — Quatremère de Quincy, *Dict. d'architecture.*

4. — Il n'y avait donc pas véritablement de *cimetières* à Rome, mais bien plutôt des tombeaux personnels ou bien héréditaires. — L. 5, ff., *De religiosis et sumptibus funerum*. — Tout lieu consacré à la sépulture devenait par cela même religieux. — L. 9, Inst., *De rerum div.*; Gaïus, Inst., lib. 2, nᵒ 6. — Mais l'occupation de ce terrain par l'ennemi lui faisait perdre ce caractère, qu'il ne retrouvait que lorsqu'il avait été repris. — L. 36, ff., *De religiosis et sumptibus funerum.*

5. — A part l'enceinte des villes, où toute inhumation était interdite (*Hominem mortuum in urbe ne sepelito neve urito*; — L. des douze Tables, *tab. decima*), aucune restriction n'existait quant au choix du lieu des sépultures. — V. aussi Paul, Sent., tit. 21, § 2. — Mais en permettant l'inhumation dans les villes, on aurait craint d'affliger les temples des dieux de l'image de la mort. *Ne sanctum municipium jus polluatur*, disaient les empereurs Dioclétien et Maximien. — Cette prohibition d'ensevelir dans les villes n'avait pas existé à Lacédémone, où la législation de Lycurgue avait établi les tombeaux.

6. — Pour les premiers Chrétiens, les catacombes furent les premiers tombeaux ; là étaient rassemblés les ossemens des martyrs, et devant ces ossemens les fidèles se réunissaient pour prier. Les catacombes, dont les catacombes sont l'origine, furent ainsi, pendant les premiers siècles, le lieu où les chrétiens tenaient leurs assemblées ; et lorsque, délivrée de la persécution, la religion édifia ses églises, ce fut l'ordinaire au milieu du cimetière qu'elle les éleva.

7. — « Mais il ne suffisait pas, dit Guyot (*Rép.*, vᵒ *Cimetière*), que quelqu'un fût enterré dans un endroit pour que ce lieu fût religieux et devînt hors du commerce, parce que aucun particulier ne peut, de son autorité privée, imprimer ce caractère à un héritage profane ; il faut que l'autorité du supérieur ecclésiastique intervienne, et que le lieu ait été béni et consacré avec les solennités prescrites pour servir à la sépulture des fidèles. » — Cette bénédiction, quoique constituant une fonction épiscopale, pouvait être déléguée par l'évêque au curé. — Denisart, vᵒ *Cimetière*, nᵒ 4. — La bénédiction n'était pas nécessaire au cas où le cimetière était inhérent à l'église, la consécration de l'église emportant celle du cimetière. — On ne pouvait inhumer avant la consécration.

8. — L'effusion du sang dans un cimetière constituait sa pollution ; il en était de même si un hérétique ou un infidèle y était inhumé ; dans ce dernier cas même l'exhumation devait nécessairement précéder les cérémonies de la purification du cimetière.

9. — Les cimetières, en effet, étant consacrés par la religion, et devenus *terre sainte*, ne pouvaient recevoir que le corps des catholiques, et long-temps en France les sectateurs des cultes dissidens n'eurent aucun lieu de sépulture déterminé. Les premières concessions faites à ce sujet résultèrent de traités avec des nations étrangères : ainsi le 28 sept. 1746, avec les villes Anséatiques, et le 11 avr. 1748 (traité d'Utrecht), avec l'Angleterre. — Généralement ces concessions, l'arrêt du conseil du 20 juill. 1720 permit l'inhumation des non-catholiques dans des lieux déterminés, mais l'arrêt énonçait formellement qu'il fallait que l'inhumation eût lieu sans aucune pompe extérieure, attendu que l'exercice des cultes dissidens n'était nullement reconnu ; et défenses étaient faites sous peine de désobéissance aux sujets du roi d'y assister. — Duchesne, *Encyclop. du dr.*, vᵒ *Cimetière*, nᵒ 52.

10. — Les scandales commis dans les cimetières, sans constituer une pollution, ne laissaient pas cependant d'être l'objet de nombreuses décisions de la part de l'autorité ecclésiastique comme de l'autorité civile, qui multipliaient sur ce point les prescriptions. C'est ainsi que le troisième concile de Constantinople défend de tenir ni établir de boutique dans les cimetières, de n'y étaler ou autres choses qui se mangent, ni même d'y vendre rien ; prohibitions renouvelées formellement par trois autres conciles, Bourges, 1528 et 1534, Bor-

deaux, 1624, qui les ont étendues à toutes assemblées profanes, telles que les foires et marchés. — Défenses de même nature, sous peine de cent livres d'amende et de confiscation des marchandises exposées par arrêt du parlement de Besançon du 20 déc. 1684.

11. — Il était défendu de faire des cimetières un lieu de danse (*Parlem. Dijon*, 3 mars 1560 ; arrêt du conseil, 12 juin 1614) ; d'y entrer avec armes et bâtons, et d'y commettre des indécences, sous peines corporelles (*Parlem. Rennes*, 14 mai 1622) ; d'y faire paître aucuns bestiaux, sous quelque prétexte que ce puisse être, même sous celui d'en avoir acheté l'herbe au profit de l'église (*Parlem. Paris*, 4 août 1745) ; cette dernière prohibition avait été du reste depuis long-temps formellement déclarée par le concile de Cambrai, tenu à Mons en oct. 1586.

12. — Pour mieux assurer cette inviolabilité des cimetières, le quatrième concile de Milan, en 1573, et celui de Cambrai, tenu à Mons en oct. 1586, avaient prescrit que les cimetières fussent entourés de murs, et qu'au milieu fût dressée, d'une manière stable, une croix rappelant la sainteté du lieu. — L'édit d'avr. 1695, art. 22, ordonna que l'entretien de la clôture du cimetière aurait lieu aux frais des habitans des paroisses.

13.—Un cimetière ne pouvait servir de passage ; cependant un arrêt du parlement de Dijon du 12 déc. 1609, avait reconnu que ce droit avait pu être acquis par prescription par un propriétaire voisin.

14. — Néanmoins, et en principe, le voisinage du cimetière était une cause de restriction aux droits du propriétaire, c'est ainsi que deux arrêts du parlement de Paris, des 17 janv. 1609 et 30 juin 1627, avaient réglé que les fenêtres des maisons donnant sur les cimetières devaient être grillées à fer maillé et à verre dormant.

15. — L'herbe et tous les fruits croissant spontanément dans le cimetière appartenaient à la fabrique, à l'exclusion du curé. — Arrêt du conseil 1643. — Les fabriques pouvaient faire des plantations dans les cimetières, mais l'arrêt de réglement du parlement de Paris du 21 mai 1765 (V. *infrà* nos 60 et suiv.) porta prohibition de pareilles plantations à l'avenir.

16. — Les arbres croissant dans les cimetières avaient donné lieu à des difficultés. — Un arrêt du parlement de Douai du 26 juin 1681 avait déclaré qu'ils seraient employés à la réparation de l'église avant qu'on pût contraindre les *décimateurs* à contribuer à la réparation ; pourvu que ces arbres fussent parvenus à maturité (même parlement, 30 juill. 1711). — En tous cas, sans aucun motif, on ne pouvait les abattre sans la permission de l'évêque. — Même parlem., 25 avr. 1691.

17. — Pour mieux assurer l'exécution de tous ces réglemens, les cimetières devaient être visités par les archidiacres dans leurs tournées. La police habituelle en était confiée, suivant les lieux, aux substituts du procureur général ou aux procureurs fiscaux. — V. à ce sujet, *Parlem. Paris*, 17 juill. 1782.

18. — Aux paroisses seules appartenait le droit d'avoir un cimetière, et ce n'était que par priviléges spéciaux qu'il était permis aux autres églises d'en avoir de particuliers. — Suivant une jurisprudence constante, les paroisses pouvaient, avec le consentement du curé, de l'évêque et du juge royal, changer leur cimetière de place, auquel cas si l'ancien cimetière devait être destiné à un usage profane, il était nécessaire d'opérer la translation des ossemens qui pouvaient y être déposés dans le nouveau cimetière. — Denisart, *loc. cit.*, § 1er, no 14.

19. — « Dans l'origine, dit Denisart (vo *Cimetière*, no 2), il n'était pas permis d'enterrer ailleurs que dans les cimetières : ce n'est que dans la suite des temps que l'abus d'enterrer dans les églises s'est presque généralement introduit. » — En effet, réservé d'abord aux martyrs et aux confesseurs par un glorieux privilége, réservé ensuite à ceux dont la sainteté de la vie avait honoré l'église, ou qui lui avaient rendu d'importans services, le privilége d'être inhumé dans les églises fut étendu outre mesure, à ce point que le pape Urbain IV fut obligé de défendre l'église de Saint-Pierre de Rome elle-même contre l'envahissement de ces sépultures « qui confondaient, dit-il, les impies avec les personnes pieuses, les criminels avec les saints. » — Duchesne, *Encyclop. du dr.*, vo *Cimetière*, no 4.

20. — Mais c'est en vain que les papes et les conciles s'étaient élevés contre ces abus, leurs prescriptions restaient sans effet, lorsqu'à la suite d'un mandement célèbre, le 23 mars 1775, l'archevêque de Toulouse interdit, sauf quelques exceptions légitimes, l'inhumation dans les églises de son diocèse ; le parlement de Toulouse s'empressa d'homologuer son ordonnance, le 31 mars 1775, et elle fut bientôt suivie de la déclaration du 10 mars 1776, générale pour tout le royaume.

21. — Cette déclaration, moins rigoureuse toutefois que l'ordonnance de l'archevêque de Toulouse, n'autorisait plus l'inhumation dans les églises, chapelles publiques ou particulières, oratoires, que des archevêques, évêques, curés, patrons des églises et hauts justiciers et patrons, droit entièrement personnel, ne pouvant être cédé ni concédé désormais, même à titre de fondation. En outre, les caveaux devaient réunir certaines conditions, ainsi, être pavés de grandes pierres tant au fond qu'à la superficie, et les corps ne pouvaient être déposés qu'à six pieds au moins en terre au-dessous du sol intérieur. — Quant aux autres personnes ayant eu jusque-là le droit d'être inhumées dans les églises, et aux religieux et religieuses, l'inhumation n'était plus permise que dans les cloîtres et chapelles ouvertes y attenant, à la charge d'y faire construire des caveaux, ainsi qu'il est dit ci-dessus ; et s'il n'existait ni cloître ni chapelle, l'inhumation ne pouvait plus avoir lieu qu'au cimetière commun, avec autorisation de choisir la place et de s'y construire un caveau ou monument, en laissant toutefois le terrain nécessaire pour la sépulture des fidèles.

22. — Un des grands motifs, le principal, peut-être, de la déclaration du 10 mars 1776, était le danger que présentait pour la santé publique cette multiplicité de tombeaux dans les églises ; or, le danger se révélait plus grand encore pour les cimetières placés au centre des populations nombreuses ; c'est ainsi que Paris renfermait dans son enceinte dix-huit cimetières, dont le plus ancien, le plus considérable, et le plus central tout à la fois, le cimetière des Innocens, n'avait pas reçu depuis 1186 jusqu'à la fin du dernier siècle moins de 12,000,000 corps, provenant de vingt-deux paroisses de Paris ; à ce point que, dans une supplique adressée en 1720 au lieutenant de police pour la suppression des cimetières, on exposait que, par suite du grand nombre de corps qui y avaient été déposés, le sol s'était élevé de huit pieds au-dessus du sol des habitations voisines. — Elouin, Trébuchet et Labat, *Dict. de police*, vo *Cimetière*, p. 440, note.

23. — En conséquence, par un premier arrêt du parlement de Paris, en date du 12 mars 1763, injonction avait été faite aux marguilliers des différentes paroisses de fournir des mémoires sur l'état des cimetières ; et, sur le vu de ces mémoires, intervint un arrêt de réglement de la cour, en date du 21 mai 1765, arrêt en dix-neuf articles, portant suppression, à partir du 1er janv. 1766, d'aucune inhumation dans les cimetières alors existans, ainsi que prohibition d'ensevelir, sauf dans quelques cas exceptionnels, dans les églises, et prescrivant la formation de sept à huit cimetières extérieurs, clos de murs de dix pieds d'élévation de pourtour, et pouvant avoir seulement une chapelle de dévotion et le logement d'un concierge. — Les fabriques des différentes paroisses devaient contribuer, proportionnellement à leur importance, à l'établissement et à l'entretien de ces cimetières ; et pour leur faciliter les moyens d'y subvenir, l'acquisition des terrains pour création de cimetières était exemptée de tous droits d'indemnité ou d'amortissement ; les villes et communautés pouvaient en faire l'avance aux fabriques ; de plus, certains droits nouveaux étaient créés pour les enterremens, et huit pieds au pourtour intérieur du mur de chaque cimetière étaient réservés pour concessions particulières, dans lequel espace ne pouvait être établie de fosse commune. — L'arrêt déclarait ne rien statuer sur les sépultures des personnes vivant dans les hôpitaux et maisons religieuses, ce qui fut bientôt réglé par la déclaration du 10 mars 1776.

24. — L'exécution de ces dispositions nouvelles rencontra beaucoup de difficultés ; renouvelées en 1781, elles eurent sans doute pour effet la suppression du cimetière des Innocens en 1785 ; mais il s'en fallait beaucoup que tous les cimetières intérieurs de la ville fussent fermés, lorsque survint la révolution.

25. — Les profanations dont ces cimetières furent alors l'objet suscitèrent les plus énergiques réclamations ; aux efforts de Mulot, Cambry, Duval, Pastoret, l'Institut joignit son concours, en proposant des prix à ceux qui présenteraient les meilleures idées sur les sépultures. Mais toutes ces tentatives demeurèrent inutiles, jusqu'à ce qu'enfin, l'ordre s'étant rétabli dans le pays, parut le décret du 23 prairial an XII, qui, complété par le décret du 7 mars 1808 et l'ordonnance royale du 6 déc. 1843, forme l'ensemble de la législation sur cette matière.

CHAPITRE II. — *Des cimetières en général.*

Sect. 1re. — *Etablissement des cimetières.*

§ 1er. — *Lieux consacrés aux sépultures.*

26. — Le décret du 23 prair. an XII, renouvelant les prohibitions du parlement, dispose (art. 1er) : « Aucune inhumation n'aura lieu dans les églises, temples, synagogues, hôpitaux, chapelles publiques, et généralement dans aucun des édifices clos et fermés, où les citoyens se réunissent pour la célébration de leur culte, ni dans l'enceinte des villes et bourgs. »

27. — Les personnes décédées doivent être enterrées dans le cimetière commun affecté au lieu qu'elles ont habité ; ainsi, s'il existait plusieurs communes dans la même paroisse, ce serait au cimetière de la commune habitée par le défunt, et non à celui du chef-lieu de la paroisse qu'il devrait être inhumé, et *vice versâ*, si dans une même commune il y avait plusieurs paroisses, et que chacune eût son cimetière particulier ; enfin, si une fraction de commune ou paroisse possède un cimetière particulier, c'est à ce cimetière qu'il faut porter le corps de tout décédé ayant habité cette fraction de commune ou de paroisse. — Décis. min. int., 26 thermid. an XII ; — Affre, *Tr. de l'administr. temp. des paroisses*, chap. 4, art. 2, no 3 ; Paillet, *Manuel du dr. franç.*, note sur l'art. 77, C. civ.

28. — Cependant toute personne peut être inhumée sur une propriété particulière, pourvu que cette propriété soit à la distance prescrite de l'enceinte des villes et bourgs pour l'établissement des cimetières (V. *infrà* no 35). — Décr. 23 prair. an XII, art. 14 ; avis cons. d'état, 15 mars 1833. — Si le terrain est situé sur la commune où est mort le défunt, il suffit de l'autorisation du maire pour être dispensé de porter le corps au cimetière commun ; mais s'il doit y avoir transport hors de la commune, il faut que le maire du lieu du décès dresse un procès-verbal de l'état du corps, qu'il envoie, avec copie de l'acte de décès, au maire de la commune où doit avoir lieu l'inhumation, le tout aux frais de la famille, et sans préjudice des autorisations nécessaires au point de vue religieux. — Décis. min. int., 26 thermid. an XII ; — Affre, *loc. cit.*, no 4 ; Paillet, *loc. cit.*

29. — Mais à moins qu'une concession particulière (V. *infrà* no 58) n'eût assuré ce droit, nul corps ne saurait être reçu dans un cimetière commun, autre que celui du lieu du décès, sans l'autorisation du maire. — Affre, *loc. cit.*, art. 1er, no 15.

30. — Au résumé, et dans tous les cas, les maires ne sauraient autoriser l'inhumation que dans les cimetières ou terrains situés à la distance voulue ; ils seraient répréhensibles s'ils les toléraient dans l'église. S'ils n'étaient pas écoutés, ils devraient, et à leur défaut, les préfets, ordonner immédiatement la translation au cimetière et provoquer contre qui de droit l'application de l'art. 358, C. pén. — V. SÉPULTURE.

31. — Néanmoins, il est à cette règle générale des exceptions dictées par des motifs particuliers : c'est ainsi que la cathédrale de Saint-Denis, et aujourd'hui la chapelle de Dreux, se trouvent affectées à la sépulture des membres de la famille royale ; c'est ainsi encore que l'église de l'hôtel des Invalides, outre les corps des gouverneurs de l'hôtel, a reçu dans ces derniers temps encore les dépouilles mortelles de diverses personnes.

32. — Mais une exception plus générale a été consacrée par l'usage, et malgré les termes de l'art. 72, décr. 30 mars 1809, portant que « nul cénotaphe, nulles inscriptions, nuls monumens funèbres ou autres, de quelque genre que ce soit, ne pourront être placés dans les églises que sur la proposition de l'évêque diocésain et la permission du ministre, » on a conclu que, sous les mêmes conditions, l'inhumation elle-même était autorisée. Ce privilége, accordé généralement aux archevêques et évêques dans leur cathédrale, concédé aussi, mais bien plus rarement, à d'autres personnes, ainsi aux curés dans leurs paroisses, doit être en tous cas l'objet d'une ordonnance royale rendue sur le rapport du ministre des cultes. — Circul. min., 12 avr. 1819. — Il ne suffirait pas en effet de l'autorisation du maire pour procéder à une inhumation de ce genre ; le défaut de recours à l'autorité supérieure exposerait les délinquans à l'application de l'art. 358, C. pén. — Affre, *Tr. de l'admin. temp. des paroisses*, vo *Sépulture*, art. 1er, § 1er, note.

33. — Faut-il, comme l'ont voulu quelques auteurs, voir encore une exception à la règle générale dans l'art. 13, décr. 23 prair. an XII, ainsi

conçu : « Les maires pourront, sur l'avis des administrations des hôpitaux, permettre qu'on construise dans leur enceinte des monumens pour les fondateurs et bienfaiteurs de ces établissemens, lorsqu'ils en auront exprimé le désir par leurs actes de donation, de fondation ou de dernière volonté. » L'intention du gouvernement était en effet de permettre l'inhumation des bienfaiteurs, non seulement des hospices, mais même des églises quand ils auraient manifesté le désir d'obtenir l'inhumation dans les édifices enrichis de leurs dons; mais le conseil d'état ne partagea pas cet avis, et, en conséquence, ajouta au décret l'art. 13; d'où il résulte que ce qui peut être autorisé, c'est l'établissement de signes commémoratifs, mais non de véritables tombeaux — Duchesne, *Encyclop. du dr.*, vº *Cimetière*, nº 12.

34. — Toutefois, le décret du 23 prair. an XII ne statuant que pour l'avenir, le ministre des cultes crut devoir, en 1811, consulter le conseil d'état sur la question de savoir si les ossemens des personnes mortes depuis long-temps et inhumées dans les églises devaient, ou non, être déplacés ; et par avis du 31 mars 1811, le conseil déclara que ces ossemens, ne présentant aucun danger pour la santé publique, devaient être laissés dans les églises, sauf toutefois, pour l'autorité ou les familles, le droit de réclamer la translation soit au cimetière commun, soit dans un autre édifice. — Cet avis du conseil d'état ne fut pas approuvé officiellement ; mais, en fait, il y a eu plus d'un exemple de translation de ce genre.

35. — Après avoir interdit l'inhumation dans les édifices consacrés au culte et dans l'enceinte des villes et bourgs, le décret du 23 prair. an XII (art. 2) veut que, hors de l'enceinte des villes et bourgs, et à la distance de trente-cinq à quarante mètres au moins, il y ait des terrains spécialement consacrés à l'inhumation des morts. — Puis le décret ajoute que ces terrains seront choisis de préférence élevés et situés au nord ; qu'ils seront clos de murs de deux mètres au moins d'élévation (V. *infrà* nos 63 et suiv.), et qu'on y fera des plantations, en prenant les précautions convenables pour ne pas gêner la circulation de l'air. — Art. 3. — En outre, l'art. 6 porte que la réouverture des fosses pour nouvelles sépultures ne devant pas avoir lieu avant cinq ans, à partir de l'époque où un corps y a été inhumé (V. *infrà* nº 82), il est nécessaire que le cimetière soit cinq fois plus étendu que l'espace nécessaire pour y déposer le nombre présumé des morts de chaque année.

36. — La distance de trente-cinq mètres au moins, à laquelle doivent être établis les cimetières, se compte à partir de l'enceinte des masses d'habitations qui constituent la ville et le bourg, et non à partir des maisons isolées, situées en dehors. — *Cons. d'état*, 13 nov. 1835, ville de Marseille c. Roux et Debourges.

37. — L'acquisition du terrain destiné à la sépulture commune peut avoir lieu à l'amiable ou par voie d'expropriation publique. — Au premier cas, le décret du 23 prair. an XII portait que les communes pourraient, sans autre autorisation que celle accordée par la déclaration du 10 mars 1776, acquérir les terrains nécessaires à l'établissement des cimetières, en remplissant les formalités voulues par l'arrêté du 7 germin. an IX, c'est-à-dire après délibération du conseil municipal, enquête *de commodo et incommodo*, et avis du sous-préfet et du préfet, ainsi que du conseil de fabrique. — Il faut aujourd'hui modifier l'application du décret en ce point par la nouvelle loi du 18 juill. 1837 sur l'organisation municipale, et distinguer, en conséquence, le cas où l'acquisition serait, ou non, supérieure à 3,000 fr., pour décider si cette acquisition, pour être valable, devra être autorisée par ordonnance royale, ou s'il suffira de l'arrêté du préfet, rendu en conseil de préfecture. — V ord. 6 déc. 1843.

38. — Si l'acquisition ne peut avoir lieu à l'amiable, il faut alors recourir à l'expropriation pour cause d'utilité publique. — Avis cons. d'état, 27 oct. 1830. — « Toutefois, on ne doit recourir à cette mesure extrême qu'avec une grande réserve et qu'autant que la preuve serait acquise qu'il est impossible de trouver à acheter amiablement dans la commune aucun autre terrain convenable aux inhumations, car la convenance ou l'avantage que trouverait la commune à prendre tel ou tel terrain ne serait pas un motif suffisant pour en exproprier le propriétaire. — Avis cons. d'état, 4 sept. 1833 et 8 juill. 1838.

39. — C'est en effet une difficulté d'une solution très délicate que de savoir quel peut être le droit des communes en pareil cas, et l'on s'est demandé si l'expropriation était possible dans l'hypothèse où il s'agirait non plus de l'établissement d'un cimetière, mais de son agrandissement, alors surtout que la commune pourrait par une translation établir le cimetière sur un autre terrain et dans les proportions nécessaires. Le conseil d'état, saisi de la question, a décidé avec raison, et c'est aujourd'hui un point hors de doute, que le respect dû à la propriété n'était pas cependant tellement absolu, qu'il fallût imposer à une commune, dans l'espèce proposée, des dépenses aussi considérables que celles résultant d'une translation de cimetière, et que par conséquent le principe de l'expropriation pour utilité publique était aussi incontestable au cas d'agrandissement qu'à celui de la création d'un cimetière. — Avis cons. d'état, 13 juill. 1825.

40. — Toutefois, l'agrandissement du cimetière pourrait avoir pour cause, non pas la nécessité de satisfaire aux prescriptions du décret du 23 prair. an XII (art. 6) sur la contenance, eu égard au nombre moyen des morts, mais la possibilité de pouvoir concéder des terrains particuliers ; et, dans ce cas, l'administration ne s'est pas toujours montrée aussi disposée à autoriser l'expropriation des propriétés voisines. — Av. cons. d'état, 21 juill. 1835 ; 22 janv. 1836. — Cependant, ainsi que le remarque M. Duchesne (*Encyclop. du dr.*, vº *Cimetière*, nº 22), comme ces concessions de terrain ne sauraient être regardées uniquement comme une source de revenus pour la commune, mais qu'on ne peut oublier qu'elles sont pour les familles un devoir pieux, et que doit encourager la morale publique, l'autorisation d'expropriation a été plusieurs fois accordée. — Avis cons. d'état, 13 avr. 1836.

41. — A côté de l'opposition venant du propriétaire dont le terrain est réputé nécessaire à l'établissement du cimetière, peut se placer celle de la commune elle-même que cet établissement intéresserait. Ainsi, il pourrait se faire que l'administration communale se refusât à consentir aux dépenses nécessaires pour l'établissement du cimetière, suivant le prescrit du décret du 23 prair. an XII ; — en pareille circonstance, et attendu que ces dépenses sont obligatoires pour les communes (L. 18 juill. 1837, art. 30), l'autorité supérieure intervient, ordonne l'établissement d'un cimetière, dont les dépenses de création et d'entretien sont portées d'office au budget de la commune, ou, si les ressources de la commune sont insuffisantes, assurées par une imposition extraordinaire, également d'office, répartie et recouvrée suivant les règles tracées par la loi. — Avis cons. d'état, 17 juin 1836.

42. — Au surplus, l'obligation pour les communes d'établir un ou plusieurs lieux d'inhumation, suivant les règles déterminées, a été imposée non seulement à celles qui n'avaient pas encore de cimetières, mais à celles dont les cimetières étaient établis contrairement aux prescriptions du décret. Aussi l'art. 30, § 17, L. 18 juill. 1837, sur l'organisation municipale, met-il dans ce cas la translation au nombre des dépenses communales obligatoires. — Donc, si le conseil municipal ne veut pas autoriser cette translation, l'autorité supérieure a, comme dans le cas qui précède, le droit de l'ordonner : ce point est incontestable.

43. — Mais que décider s'il s'agit non plus de la création, mais de l'agrandissement du cimetière ? — Si l'agrandissement est demandé pour l'établissement de concessions particulières (V. *infrà* nº 102), sans aucun doute le conseil municipal est libre de s'y refuser ; mais si cet agrandissement est exigé par l'exiguïté du cimetière, insuffisant pour la population, quoiqu'aucune loi n'ait expressément statué sur ce cas, comme au résumé il faut opter entre la translation, pour laquelle la loi s'est expliquée formellement, et l'agrandissement, et que ce dernier mode est bien moins onéreux que le premier, il faut admettre qu'il peut y avoir dans l'agrandissement une mesure tout aussi obligatoire que celle de la création ou de la translation. — Le conseil d'état, consulté sur cette question, n'a pas hésité à répondre en ce sens.

44. — En fait, et malgré les prescriptions du décret, beaucoup de communes rurales de France, n'ont pas encore procédé à la translation du cimetière hors du rayon déterminé des habitations ; et, comme autrefois, on enterre encore au milieu du village. — Est-ce une tolérance de l'administration ? est-ce, au contraire, un droit dont ces communes puissent se prévaloir ? — A l'appui de ce dernier système, on objecte que le décret du 23 prair. an XII n'a pas reproduit l'expression générale qui se trouvait dans la loi du 10 mars 1776, et qu'il n'a parlé que de *villes et bourgs*. — Mais on peut se demander si les rédacteurs du décret, lorsqu'ils parlaient de l'enceinte des villes et bourgs, expressions qui, du reste, n'ont aucun sens légal, avaient la pensée de distinguer ainsi entre les communes de France. L'intention contraire paraît résulter du rapport présenté au conseil d'état par M. de Ségur, où celui-ci déclarait en termes formels que le décret n'avait d'autre but que de réunir dans un seul réglement les dispositions éparses des édits anciens.

45. — Quoi qu'il en soit, en présence de la résistance constante d'un grand nombre de conseils municipaux des communes rurales, le gouvernement crut devoir, en 1841, appeler sur ce point l'attention des conseils généraux des départemens. Près de la moitié de ces conseils décidèrent que le décret du 23 prair. an XII s'appliquait sans distinction à toutes les communes, d'autres voulaient que l'autorité supérieure fût appelée à décider, suivant les circonstances ; quelques conseils généraux seulement pensèrent qu'il fallait fixer une limite à cette obligation suivant l'importance de la population, limite variant d'après les divers conseils, de 800 à 4,000 habitans. — Duchesne, *Encyclopédie du dr.*, vº *Cimetière*, nº 25.

46. — C'est dans ces circonstances, et pour lever désormais tous les doutes que fut rendue l'ordonnance royale du 6 déc. 1843, laquelle (art. 1er) déclare que : « Les dispositions des titres 1er et 2 du décret du 23 prair. an XII pourront être appliquées à toutes les communes du royaume. » — Ainsi aujourd'hui plus de difficultés ; l'existence du cimetière dans l'enceinte des habitations ne peut plus être qu'une simple tolérance, justifiée par des circonstances locales, mais retirée par l'administration, lorsqu'elle le juge convenable.

47. — Si donc il y a lieu d'opérer la translation, cette translation est ordonnée par un arrêté du préfet. Au contraire, le conseil municipal entendu, le conseil, qui aurait pu provoquer l'arrêté du préfet, résiste-il, le préfet fait préalablement établir par un rapport la nécessité de déplacer le cimetière (il en serait de même s'il s'agissait de l'agrandir), et, sur ce rapport, il prend en conséquence son arrêté. — Une enquête *de commodo et incommodo* est ouverte sur le choix à faire du terrain ; cette enquête terminée, et le conseil municipal consulté, le préfet rend alors l'arrêté définitif fixant l'emplacement et l'étendue du nouveau cimetière. — Ord. 6 déc. 1843, art. 2 ; Inst. min., 30 déc. 1843.

48. — L'ordonnance du 6 déc. 1843, pas plus que l'instruction ministérielle, ne mentionne comme nécessaire l'avis du sous-préfet et celui du conseil de fabrique, ainsi que le voulait le décret du 23 prair. an XII ; dans l'usage, ces avis sont toujours demandés, quoique n'étant plus rigoureusement exigés.

49. — La décision de l'autorité supérieure ordonnant la translation du cimetière à la distance fixée par le décret de prair. an XII n'est au résumé qu'un acte de police administrative, et par conséquent non susceptible d'être attaquée par la voie contentieuse. — *Cons. d'état*, 14 sept. 1830, comm. de Pomeré ; 8 nov. 1833, Gipier. — ... Et ce, quand même cette translation aurait été ordonnée contre l'avis du conseil municipal. — *Cons. d'état*, 10 janv. 1827, comm. de Limalonge c. Brothier.

50. — Mais, il en serait différemment s'il y avait excès de pouvoir dans une décision ministérielle, réformant une ordonnance royale, qui aurait déterminé le lieu où devait être établi un cimetière. — *Cons. d'état*, 13 nov. 1835, ville de Marseille c. Roux et Debourges. — ... Ou bien encore, si la décision prise renfermait une violation des règles générales posées par la loi. — *Cons. d'état* (Solut. impl.), 28 juill. 1824, Perroncel.

51. — En tous cas, si, sauf lorsqu'il s'agit d'excès de pouvoir, le recours par la voie contentieuse n'est pas ouvert contre les décisions prises par l'autorité administrative en ces matières, à plus forte raison, la juridiction ordinaire ne peut-elle être appelée à connaître de ces difficultés. Ainsi si un tribunal saisi de la question de propriété des restes d'un homme célèbre, ne se bornait pas à attribuer la propriété à une des parties litigantes, et prescrivait en outre certaines mesures, telles que l'exhumation, il y aurait de sa part excès de pouvoirs. — *Cons. d'état*, 2 août 1823, Flamant-Grétry.

§ 2. — *Propriété des cimetières, droit des fabriques.*

52. — Le lieu d'inhumation est essentiellement une propriété publique. — Décis. min. 15 brum. an XI. — « La propriété des cimetières publics doit toujours appartenir aux communes, car ils sont destinés à l'inhumation de tous les habitans, sans distinction de culte. » — Avis cons. d'état, 15 mars 1833. — Cette propriété des communes ou paroisses a de tout temps été reconnue. — Lettre min. 20 août 1838.

53. — Ils ne doivent pas appartenir à une fabrique, à un hospice ou à tout autre établissement public, attendu que l'autorisation qui serait accordée à cet égard, même exceptionnellement, pour-

rait donner lieu à des résultats fâcheux, qu'il est du devoir de l'autorité de prévenir. — Avis cons. d'état, 22 oct. 1822; 12 janv., 23 mars, 26 oct. 1825; 20 mars 1829; 15 mars, 27 sept. 1833.

54. — A plus forte raison ne sauraient-ils être l'objet d'entreprises particulières; les mœurs publiques repoussent l'idée d'une pareille spéculation. — Avis cons. d'état, 7 sept. 1832.

55. — Cependant, et quelque absolu que soit le principe, consacré d'ailleurs par les nombreux avis précités du conseil d'état, dans certaines circonstances particulières, et lorsque l'établissement d'un cimetière eût été pour la commune une charge bien lourde en présence de l'exiguïté de ses recettes, le conseil d'état lui-même a cru devoir se relâcher de sa rigueur, et autoriser une fabrique ou un hospice, par exemple, à accepter la donation ou le legs d'un immeuble destiné à devenir lieu de sépulture; ce lieu de sépulture devant être commun à tous (avis cons. d'état 15 déc. 1837), sauf à la commune à exercer ensuite le droit d'expropriation, qui nous paraît incontestable.

56. — Il peut se faire qu'une contestation s'élève sur la question de propriété d'un cimetière entre une commune et une fabrique, et, dans ce cas, comme la propriété doit toujours être présumée appartenir à la commune, ce sera à la fabrique à établir son droit, ce qu'elle ne pourra faire que par titres, puisqu'ayant la jouissance elle n'en pourrait rien conclure sur la propriété. — Observations du min. intér. sous *Cons. d'état*, 19 juill. 1826, fabrique Saint-Christophe de Turcoing c. comm. de Turcoing.

57. — Le principe de la propriété absolue des communes ne s'applique pas encore au cas où il s'agit d'inhumation dans un terrain particulier; car ce lieu d'inhumation, qu'il soit destiné à une seule personne ou à toute une famille, et pourvu, bien entendu, qu'il soit établi suivant les règles déterminées, constitue une propriété privée reconnue par la loi. — Mais il faut bien prendre garde d'autoriser par là l'établissement de véritables cimetières, et de croire que l'acquisition de quelques parties d'un terrain consacré à la sépulture d'une famille confère à tout possesseur le droit de s'y faire inhumer. — Avis cons. d'état, 4 juill. 1832.

58. — Jugé, en effet, que l'emplacement qu'un particulier acquiert, pour s'y faire inhumer, dans un lieu consacré à la sépulture d'une famille, n'est pas, dans le sens de l'art. 14, décr. 22 prair. an XII, une propriété privée où ce particulier puisse se faire inhumer; et que dès-lors l'inhumation de cet individu dans une portion de terre dépendant du cimetière d'une famille est une contravention à l'arrêté municipal qui défend d'ensevelir les morts ailleurs que dans le cimetière communal ou dans les autres lieux autorisés par les lois. — *Cass.*, 24 janv. 1840 (t. 2 1840, p. 404), le Rolland.

59. — Un établissement public, tel qu'une congrégation religieuse autorisée, un hospice, peut obtenir d'avoir un cimetière particulier; mais, dans ce cas, comme ce cimetière présente beaucoup de rapports avec un cimetière communal, il faut obtenir préalablement l'autorisation du gouvernement pour l'établissement de ce cimetière, autorisation qui ne pourrait jamais aller jusqu'à permettre l'expropriation; il faut pour une pareille concession le consentement des propriétaires voisins du terrain où s'établira le cimetière, qui doit être pour eux une cause de servitude (V. *infrà* nos 68 et suiv.). Il doit être également constaté que le terrain remplit les conditions exigées pour les cimetières publics. — Avis cons. d'état, 4 juill. 1832.

60. — Si la propriété des cimetières appartient aux communes, d'un autre côté le décret du 30 déc. 1809, art. 36, veut que les fabriques aient la jouissance du *produit spontané du cimetière*, ce qui nécessairement comprend les herbes qui poussent sur le sol; mais que décider quant aux arbres? — Faut-il dire, avec Carré (*Tr. du gouv. des paroisses*, no 415), que nul n'y a droit que la commune, ou bien admettre avec d'autres auteurs une distinction entre les arbres qui sont ou non le produit spontané du sol, pour en accorder dans un cas la jouissance ou propriété aux fabriques, et dans l'autre la leur refuser? — Duchesne, *Encyl.*, vo *Cimetière*, no 50.

61. — Consulté sur ces questions, le conseil d'état a distingué quatre espèces d'arbres: 1o ceux qui ont crû spontanément dans le cimetière; — 2o ceux qui ont été plantés par la commune, conformément aux prescriptions du décret du 23 prair. an XII; — 3o ceux qui ont crû au milieu des haies servant de clôture; — 4o ceux qui existaient sur le sol avant l'établissement du cimetière. Il a déclaré les premiers propriété de la fabrique, attendu qu'ils sont les produits spontanés du sol: quant aux autres, il a considéré qu'étant plantés par la commune, ou présumés plantés par elle, s'il s'agit d'arbres dans les haies, ou compris en vertu des règles du droit commun, dans l'acquisition du sol, s'ils y existaient auparavant, la commune seule est propriétaire. — Avis cons. d'état, 22 janv. 1841.

62. — Les communes doivent aussi jouir seules du profit de ces arbres, c'est-à-dire de leurs fruits et émondages; car c'est là une conséquence de la propriété. — Même avis. — *Contrà* Le Besnier, *Législat. des fabriques*. — Et il faudrait décider de même dans le cas où, par un usage blâmable, mais qui malheureusement se retrouve encore dans certaines localités, le cimetière produirait des légumes, ou aurait reçu des arbres fruitiers; ce ne sont pas là des produits spontanés. — Duchesne, *loc. cit.*, no 49.

§ 3. — *Clôture et entretien des cimetières.*

63. — Ainsi que nous l'avons dit (*suprà* no 35) le décret du 23 prair. an XII veut que les terrains destinés à l'inhumation soient clos de murs ayant au moins deux mètres d'élévation. — Toutefois, comme l'établissement d'une clôture de cette espèce peut être dans certains pays où les matériaux manquent, et où les communes n'ont que de très faibles ressources, une cause de dépenses trop lourdes, l'administration tolère souvent l'établissement d'une haie au lieu d'un mur, pourvu que cette haie sépare suffisamment le cimetière des héritages voisins, et qu'elle soit entretenue en bon état.

64. — Mais à qui incombe en principe l'entretien du cimetière? est-ce à la fabrique? est-ce à la commune? — Cette question n'est pas sans difficulté, car si, d'un côté, il résulte du décret du 23 prair. an XII, art. 23, et formellement du décret du 30 mars 1809, art 37, que les fabriques sont tenues de l'entretien des cimetières, la loi du 18 juillet 1837, art. 30, 17o, met l'entretien des cimetières au nombre des dépenses obligatoires des communes.

65. — A l'appui de l'opinion favorable aux fabriques, on soutient que la loi de 1837 a abrogé les décrets antérieurs, et l'on invoque la rédaction même de l'art. 30, qui, dans le no 17, n'exige pas qu'il soit constaté de l'insuffisance des ressources de la fabrique, comme cela est exigé au même article, no 14, pour les secours à allouer aux fabriques. D'ailleurs, ajoute-t-on, les dépenses du cimetières ne sont point des dépenses du culte, ce sont des dépenses purement municipales, c'est donc avec raison que la loi du 18 juillet 1837 a mis à la charge des communes l'entretien des cimetières, régularisant ainsi ce qui, en fait, avait lieu dans le plus grand nombre des communes, eu égard à l'insuffisance des revenus des fabriques.

66. — Dans le sens contraire, et pour soutenir la non-abrogation des décrets de l'an XII et de 1809, on répond, et avec raison, suivant nous, que la loi de 1837 n'a eu pour but, en rangeant l'entretien du cimetière parmi les dépenses obligatoires de la commune, que de forcer celle-ci à venir en aide à l'insuffisance des ressources de la fabrique; la loi de 1837 ne porte pas en effet dans son article 30, 17o, que cette dépense est obligatoire pour la commune d'une manière absolue, mais bien *dans les cas déterminés par les lois et réglemens d'administration publique*, ce qui implique le maintien de l'ancienne législation. — Duchesne, *loc. cit.*, nos 45 et suiv. — Ce dernier auteur cite à l'appui de son opinion un avis du conseil-d'état du 21 août 1839, rendu à l'occasion du logement du curé, sur l'application de la loi de 1837.

67. — On se demande en effet à quel titre, sans cela, les fabriques pourraient prétendre encore à la jouissance des produits spontanés du cimetière; la charge d'entretien n'est-elle pas la conséquence du droit de jouissance? et, quoi qu'il en soit, ne convient-il pas d'admettre que lorsqu'une fabrique profite des produits naturels, elle doit au moins être appelée à appliquer ces produits à l'entretien du cimetière lorsque besoin est? — Vuillefroy, *Traité de l'administ. du culte cath.*, vo *Fabrique*, sect. 1re, § 2, no 28, note.

§ 4. — *Servitudes imposées par le voisinage des cimetières.*

68. — Le décret du 7 mars 1808 dispose en ces termes: « Nul ne pourra, sans autorisation, élever aucune habitation ou creuser aucun puits, à moins de cent mètres des nouveaux cimetières *transférés hors des communes* en vertu des lois et réglemens (art. 1er). » — « Les bâtimens existans ne pourront également être restaurés ni augmentés sans autorisation. Les puits pourront, après visite contradictoire d'experts, être comblés en vertu d'ordonnance du préfet du département, sur la demande de la police locale (art. 2). »

69. — Des termes précités du décret, il résulte que les servitudes dont il est question, ne s'appliquent qu'au cas où il s'agit d'un cimetière placé hors de l'enceinte des habitations, suivant les prescriptions du décr. du 23 prair. an XII, et non d'un cimetière maintenu encore dans le lieu qu'il occupait autrefois. Le propriétaire, voisin d'un pareil cimetière, peut élever sur son terrain des constructions, ou creuser un puits, sans autres restrictions que celles que l'autorité municipale peut apporter en règle générale dans l'intérêt de la sûreté et de la santé publique pour prévenir les accidens et épidémies.

70. — Mais une difficulté plus grave se présente à l'occasion de l'application du décret de 1808, comparé à celui du 23 prair. an XII; ce dernier, en effet, n'exige, pour l'établissement du cimetière, qu'une distance de *trente-cinq à quarante mètres* des habitations, tandis que le décret de 1808 parle de *cent* mètres; d'où cette conséquence que, le cimetière pouvant d'un côté être établi à trente-cinq mètres, et de l'autre toute construction nouvelle et réparation de bâtimens, ainsi qu'ouverture de puits, ne pouvant avoir lieu désormais à moins de cent mètres du cimetière établi, sans autorisation, les servitudes légales du décret de 1808 devraient s'étendre sur une zone de soixante-quinze mètres dans l'enceinte même des habitations.

71. — Le conseil d'état n'a pas reculé devant cette conséquence, et, consulté sur la question, il a décidé « que le décret du 7 mars 1808 s'applique à toutes les propriétés situées dans un rayon de cent mètres, *dans tous les sens*, autour des cimetières transférés, et que l'autorisation exigée par le décret est surtout nécessaire lorsqu'il s'agit de fouilles à faire, soit pour les constructions nouvelles, soit pour les constructions anciennes. » — Avis cons. d'état, 28 déc. 1840.

72. — Cette décision nous paraît trop rigoureuse, et nous n'hésitons pas à soutenir, avec MM. Davenne (*Régime admin. et financ. des communes*) et Duchesne (*loc. cit.*, no 32), que telle n'est point la portée du décret de 1808, et que, ainsi que le dit le premier de ces auteurs, lorsqu'il a été satisfait à la disposition qui prescrit la translation des cimetières hors de l'enceinte des habitations, et dès que la distance légale a été observée, aucune servitude ne peut plus atteindre les propriétés *placées en deçà*, et que le décret ne peut plus être invoqué qu'à l'égard des propriétés situées hors de l'enceinte habitée *du côté de la campagne*. Et c'est ainsi, du reste, que le décret est suivi dans l'usage.

73. — Quoi qu'il en soit, en 1841, le gouvernement, frappé de cette contradiction des deux décrets, crut devoir, en même temps qu'il consultait les conseils-généraux sur la question de l'application du décret du 23 prair. an XII aux communes rurales, quant à l'obligation de la translation des cimetières, appeler aussi leur attention sur le point de savoir s'il ne serait pas convenable de fixer une distance uniforme au lieu de celles diverses établies par les décrets. La majorité des conseils pensa que le décret de 1808 avait abrogé celui de l'an XII, quant aux distances; quarante furent d'avis qu'il y avait lieu de fixer une distance unique, que dix conseils estimèrent ne pouvoir être déterminée que par la voie législative; un seul conseil ajouta qu'il serait bon d'indemniser les propriétaires auxquels la translation des cimetières imposait des servitudes. Sur le vu de ces opinions, le ministre de l'intérieur, après avoir pris l'avis de la science sur la question de salubrité, avait inséré, dans le projet de l'ordonnance du 6 déc. 1843, un article réduisant la distance fixée par les constructions à quarante mètres: mais le même motif qui avait frappé plusieurs conseils généraux arrêta le conseil d'état, qui pensa qu'il était hors des attributions de l'administration de modifier, soit en plus, soit en moins, des servitudes légales; et en conséquence l'article fut supprimé, de sorte que la question reste toujours la même sur la conciliation des décrets. — Duchesne, *loc. cit.*, nos 33 et 34.

74. — Le décret de 1808 s'étant borné à établir les servitudes légales, mais n'ayant indiqué ni quelles mesures doivent être prises à l'égard des travaux faits sans autorisation, ni quelles peines doivent être infligées aux contrevenans, il y a lieu de recourir aux règles ordinaires de compétence et de pénalité sur les infractions aux règles de police municipale. — V. POUVOIR MUNICIPAL.

75. — C'est un point incontestable que les servitudes légales ou dépréciations de valeurs occasionnées aux propriétés voisines par l'établissement de nouveaux cimetières, ne peuvent être considérées comme constituant un fait dommageable dans le sens de l'art. 1382, C. civ., en donnant lieu à une action en dommages intérêts envers le propriétaire. Les tribunaux doivent en

conséquence repousser l'action du propriétaire qui se prétend lésé. — *Nancy*, 30 mai 1843 (t. 1er 1844, p. 157), Lamoureux c. Nancy.

76. — En effet, ainsi que le dit cet arrêt, pour que les art. 8 et 9 de la Charte soient applicables, il faut qu'il s'agisse de dépossession véritable et non pas de la gêne ou dépréciation de valeur résultant de la survenance de servitudes légales. L'établissement du cimetière notamment n'a lieu qu'après enquête, où toutes les parties intéressées ont été admises à présenter leurs observations; c'était alors au propriétaire à faire les démarches nécessaires pour empêcher l'établissement de ce cimetière.

77. — Si le propriétaire a protesté lors de l'enquête, et que cette opposition n'ait pas été admise, la décision de l'autorité, prise dans un intérêt général, ne saurait être l'objet d'aucun recours ultérieur; et la juridiction administrative ne pourrait être saisie d'une demande en réparation du préjudice causé par l'établissement du cimetière. — *Cons. d'état*, 28 juill. 1824, Perroncel.

78. — Mais les particuliers peuvent se pourvoir devant le conseil d'état par voie d'opposition contre la décision administrative qui aurait fixé l'établissement d'un cimetière dans le voisinage de leurs propriétés, lorsque ce cimetière ne serait pas établi à la distance déterminée par le décret du 23 messid. an XII, art. 2. — *Cons. d'état* (solut. impl.) 28 juill. 1824, Perroncel.

Sect. 2e. — *Police des cimetières.*

79. — « Les lieux de sépulture, soit qu'ils appartiennent aux communes, soit qu'ils appartiennent aux particuliers, sont soumis à la police et à la surveillance de l'autorité municipale. » — Décr. 23 prair. an XII, art. 16.

80. — « Les autorités locales, ajoute le même décret, sont spécialement chargées de maintenir l'exécution des lois et réglemens qui prohibent les exhumations non autorisées (V. EXHUMATION), et d'empêcher qu'il se commette dans les lieux de sépulture aucun désordre, ou qu'on s'y permette aucun acte contraire au respect dû à la mémoire des morts. » — (Art. 17).

81. — Le devoir de l'autorité municipale, quant à la police des cimetières, est de deux sortes: 1° elle doit veiller à l'exécution des réglemens généraux établis par le législateur ou l'administration supérieure; — 2° elle doit prendre en outre tous les arrêtés qui peuvent être nécessaires dans tous les autres cas.

82. — Parmi les réglemens généraux sur la police des cimetières, nous avons déjà vu (*suprà* n° 35), celui posé par le décret du 23 prair. an XII (art. 6), statuant que la réouverture des fosses ne peut avoir lieu avant cinq années. — Le même décret (art. 4 et 5) veut que chaque inhumation ait lieu dans une fosse séparée, distante des autres fosses voisines de trois à quatre décimètres sur les côtés et de trois à cinq décimètres à la tête et aux pieds; de plus, chaque fosse doit avoir un mètre cinq décimètres de profondeur, sur huit décimètres de largeur, et être ensuite remplie de terre bien foulée.

83. — Ainsi que nous l'avons vu (*suprà* n° 9), les cimetières étant réputés autrefois *terre sainte*, les corps des catholiques seuls y étaient reçus. Un décret du 12 prair. an II abrogea formellement cet usage: « Aucune loi n'autorise à refuser la sépulture, dans les cimetières publics, aux personnes décédées, quels que soient leurs opinions religieuses et l'exercice du culte. » Le seul fait d'être décédé sur le territoire de la commune donne place au cimetière commun, quel que soit le culte de l'individu décédé, et à quelque nation qu'il appartienne.

84. — C'était en effet un principe qui devait à jamais disparaître de nos lois, que celui du refus de sépulture à une certaine partie de citoyens à raison de leur culte; toutefois, il y avait au fond de cette idée de séparation des corps d'individus appartenant à des cultes différens, surtout lorsque le lieu de la sépulture est pour chaque culte particulier l'objet d'une consécration particulière, un sentiment que le décret du 23 prair. an XII a protégé par son art. 15, ainsi conçu: « Dans les communes où l'on professe plusieurs cultes, chaque culte doit avoir un lieu d'inhumation particulier, et dans le cas où il n'y aurait qu'un seul cimetière, on le partagera par des murs, haies ou fossés, en autant de parties qu'il y a de cultes différens, avec une entrée particulière pour chacune, et en proportionnant ces espaces au nombre des habitans de chaque culte. » — V. cependant *infrà* n° 133.

85. — Ainsi, dans ce cimetière ou partie de cimetière réservée à chaque culte (pourvu, bien entendu, qu'il s'agisse d'un culte reconnu), chacun de ces cultes pourra librement s'y exercer, sous la surveillance de l'autorité municipale; et dès-lors, s'il s'agit d'un cimetière catholique, il pourra être béni par le curé et une chapelle y être érigée.

86. — Mais aucune autre subdivision n'est admise par la loi. — Vuillefroy, v° *Sépulture*, n° 11 3°. — Ainsi l'autorité municipale ne pourrait autoriser le refus de sépulture sous prétexte de mort par suite de suicide, duel, etc. — Déc. min. 8 mars et 2 août 1838. — Toutefois l'autorité municipale ne doit pas s'opposer à ce que, dans l'enceinte même réservée à chaque culte, on observe les règles qui peuvent exiger quelques distinctions à faire entre les sépultures, notamment celles des enfans morts sans baptême. — Avis cons. d'état, 29 avr. 1831. — Il y a en effet ici une grande différence des cas de suicide ou de duel; rien n'est injurieux dans la distinction établie, et l'on peut, sur ce point, fort justement concéder à des sentimens religieux, qui ne peuvent irriter personne, et dont la satisfaction n'est point contraire à la loi. — Déc. min. 20 mars 1838.

87. — Du reste, en ce qui concerne la distinction et la division des cimetières suivant les différens cultes, comme elle résulte d'une prescription expresse de la loi, il n'appartient pas à l'autorité municipale de se refuser à établir cette séparation, sous prétexte du petit nombre des sectateurs du culte dissident. L'inhumation ainsi irrégulièrement pratiquée ne saurait être maintenue; il y aurait lieu à recours devant l'autorité supérieure.

88. — C'est au ministre de l'intérieur seul qu'il appartient de décider sur ces questions de division ou subdivision des cimetières, et de prescrire les exhumations, en cas d'inhumation irrégulière. Le ministre des cultes est incompétent pour les prescrire. — Circ. min. 17 juin 1806. — La raison en est que la propriété des cimetières appartenant aux communes et la police au maire, toutes les décisions qui s'y rapportent doivent régulièrement émaner, non du ministre des cultes, mais de celui de l'intérieur. — Avis cons. d'état, 10 août 1841.

89. — Le décret du 23 prair. an XII, par son art. 19, veut que, lorsque le ministre d'un culte, sous quelque prétexte que ce soit, aura refusé son ministère pour l'inhumation d'un corps, l'autorité civile, soit d'office, soit à la réquisition de la famille, commette un autre ministre du même culte pour remplir ces fonctions. Dans tous les cas, l'autorité civile est chargée de faire porter, déposer et inhumer les corps. — V., sur cette question, APPEL COMME D'ABUS, n°s 122 et suiv., SÉPULTURE.

90. — Les cimetières étant placés sous la surveillance de l'autorité municipale, qu'ils soient la propriété de la commune ou des particuliers, c'est à elle, et non à la fabrique, qu'appartient évidemment la nomination des concierges, fossoyeurs et généralement de tous les employés du cimetière. — C'est à l'autorité municipale que doit s'adresser l'autorité ecclésiastique, lorsqu'elle a quelque demande ou quelque réclamation à faire; elle ne saurait ordonner d'elle-même.

91. — C'est aussi au maire, et non au curé, que doit être remise la clé du cimetière; toutefois, ainsi que le remarque avec raison M. Duchesne (*Encycl.*, v° *Cimetière*, n° 60), il est une circonstance où une clé devrait aussi être donnée au curé, ce serait au cas, encore bien fréquent dans beaucoup de communes rurales, où le cimetière n'a pas encore été transféré et où il entoure l'église.

92. — En résumé, l'autorité municipale peut prendre tous les arrêtés qu'elle juge nécessaires pour la police du cimetière, et il a été décidé, notamment, que l'arrêté d'un préfet qui maintient la décision d'un maire portant suppression d'une inscription funéraire, n'a point agi hors des limites de sa compétence. — *Cons. d'état*, 7 janv. 1842, Alban des Héberts. — Il n'y a là, en effet, aucune dérogation au droit reconnu par l'art. 12 du décret du 23 prair. an XII, à tout particulier de faire placer, sans avoir besoin d'autorisation, sur la fosse de son parent ou ami, une pierre sépulcrale ou autre signe indicatif de sépulture. — V. conf. Affre, *loc. cit.*, art. 1er, n° 1er.

93. — Aujourd'hui, les droits de l'autorité municipale sont plus étendus à cet égard, et l'art. 6 de l'ordonnance du 6 déc. 1843 porte en effet qu'aucune inscription ne pourra être placée sur les pierres tumulaires ou monumens funèbres, sans avoir été *préalablement soumise* à l'autorité municipale.

94. — Quant à ce qui concerne les règles pour les permis d'inhumer, les pompes funèbres ou le transport des corps au cimetière, ainsi que leur exhumation, V. EXHUMATION, SÉPULTURE. — V. aussi, pour les violations de tombeau et sépulture, SÉPULTURE (violation de).

Sect. 3e. — *Concessions de terrains dans les cimetières.*

95. — Le principe des concessions de terrains destinés à des sépultures particulières, reconnu par les anciennes ordonnances, a été consacré par le décret du 23 prair. an XII (art. 10): « Lorsque l'étendue des cimetières le permet, il peut y être fait des concessions de terrain pour des sépultures particulières ou de famille, et pour construire des caveaux, monumens et tombeaux. »

96. — Toutefois, suivant l'art. 11: « Les concessions ne sont accordées qu'à ceux qui offrent de faire des fondations ou donations en faveur des pauvres et des hôpitaux, indépendamment d'une somme donnée à la commune, et lorsque les fondations ou donations ont été autorisées par le gouvernement, dans les formes accoutumées, sur l'avis des conseils municipaux et la proposition des préfets. »

97. — Telles ont été, jusqu'à l'ordonnance du 6 déc. 1843, les seules dispositions législatives sur la matière spéciale des concessions particulières dans les cimetières. — Ce laconisme du décret avait donné naissance à de nombreuses questions que l'ordonnance postérieure n'a pas toujours complétement résolues.

98. — C'est à la commune que les concessions doivent être demandées; c'est elle qui en est propriétaire, c'est donc à elle que doit revenir le prix des concessions que la loi du 18 juill. 1837 (art. 31 9°) a classé parmi les recettes communales. — Cependant si, par exception, la commune n'était pas propriétaire du cimetière (V. *suprà* n° 55), sans doute l'autorisation serait toujours nécessaire au point de vue de la police municipale, pour obtenir un lieu de sépulture particulier; mais ce n'est point évidemment à la commune non propriétaire que devrait revenir le prix de la concession. — Duchesne, *loc. cit.*, n° 69.

99. — Il résultait du texte du décret de l'an XII que chaque concession devait faire l'objet d'une autorisation spéciale; mais dans l'usage on avait senti l'utilité de réglemens généraux, approuvés par ordonnance royale, sur le rapport du ministre de l'intérieur. — Aujourd'hui plus d'incertitude sur ce point, les tarifs, présentant des prix gradués pour les différentes classes de concessions, sont proposés par les conseils municipaux et soumis à l'approbation des préfets; mais l'approbation royale est nécessaire quand les revenus des communes dépassent 100,000 fr. — Ord. 6 déc. 1843, art. 7.

100. — La valeur réelle du terrain doit rester étrangère au prix des concessions, toujours d'ordinaire bien supérieur à la valeur vénale. « C'est que, dit M. Davenne (*Régime des communes*, p. 317), le droit conféré aux communes de délivrer des concessions, c'est-à-dire d'accorder à prix d'argent le privilége de posséder une sépulture particulière, constitue non une faculté de revente avec bénéfice des terrains du cimetière, mais la création d'une taxe municipale, dont la quotité est tout-à-fait indépendante de la valeur effective des emplacemens qui font l'objet de la concession. »

101. — La fixation du prix doit nécessairement varier suivant les localités, plus élevé dans les villes que dans les campagnes, où en général il varie de 25 à 50 fr. le mètre carré pour les concessions perpétuelles, de 10 à 25 fr. pour les concessions temporaires. Mais il doit être, dans la commune, le même pour tous sans distinction. « Spécialement, on ne pourrait soumettre les individus non domiciliés dans la commune à payer un prix plus élevé que les habitans; une semblable inégalité dans les tarifs serait aussi injuste qu'inusitée. » — Avis cons. d'état, 10 fév. 1835.

102. — Toutefois, rien ne force l'autorité municipale à établir dans le cimetière des concessions particulières. Sur ce point elle est complétement libre, et l'autorité supérieure ne saurait l'y contraindre; mais en fait, il est certain qu'il n'y a pas de commune qui se refuse à consentir de pareilles concessions, qui peuvent être pour elle une source de revenus qu'il lui importe de ne pas négliger.

103. — Mais si l'autorité municipale a sollicité et obtenu le droit de consentir des sépultures particulières, est-elle libre quant à la concession elle-même, et tant que, dans le cimetière, il y a possibilité d'établir des sépultures particulières, peut-elle refuser de consentir une concession? — Le projet d'ordonnance du 6 déc. 1843 résolvait cette question en ce sens que tout individu pouvait réclamer une concession particulière dans les lieux où elle était établie par les réglemens, en se soumettant à ces réglemens. Cette disposition n'a pas été maintenue dans la rédaction définitive, de sorte que rien n'empêche l'autorité municipale de refuser une concession particulière, sauf, bien entendu, le recours près de l'autorité supérieure.

104. — Sous l'empire du décret du 23 prair. an XII, et pour satisfaire aux prescriptions de l'art. 11, il était d'usage que la donation ou fondation faite en faveur des pauvres fût du tiers, ou au moins du quart du prix de concession dû à la commune; l'ord. du 6 déc. 1843, art. 3, veut que la concession ait lieu désormais au moyen du versement d'un capital, dont deux tiers au profit de la commune, un tiers au profit des pauvres et établissemens de bienfaisance. — Il est inutile d'ajouter que le concessionnaire est toujours libre de faire un don plus étendu; seulement, s'il dépassait 300 fr., aux termes de l'ord. du 2 avr. 1817, l'acceptation par le bureau de bienfaisance ou l'hospice aurait besoin d'être autorisée. — V. BUREAU DE BIENFAISANCE, HOSPICE.

105. — Le terrain concédé doit avoir deux centiares ou mètres carrés, à savoir deux mètres de longueur sur un mètre de large; mais le concessionnaire pourrait obtenir plus de terrain, si son intention était d'établir un monument destiné à devenir tombe de famille. — Résolvant une question jusqu'alors indécise, l'ord. du 6 déc. 1843, art. 4, déclare que le terrain nécessaire aux séparations et passages autour des concessions devra être fourni par la commune.

106. — Il ne faudrait pas que, dans le but d'augmenter les recettes municipales, le nombre des concessions consenties par la commune pût diminuer trop sensiblement celui réservé à la sépulture commune; il ne suffirait pas, en conséquence, de laisser le terrain strictement nécessaire pour la mortalité ordinaire pendant cinq années; il faut aussi prévoir les cas extraordinaires, tels qu'épidémies et contagions, où le cimetière deviendrait insuffisant (Avis cons. d'état, 29 nov. 1833); et nous avons vu (*suprà* n° 40) que le conseil d'état ne s'est pas toujours montré disposé à autoriser l'expropriation pour agrandissement du cimetière lorsqu'il avait pour cause l'augmentation des concessions particulières.

107. — Si le terrain était donné à la commune, sans aucun doute elle pourrait l'accepter; mais le plus souvent cette donation n'est faite qu'à condition de réserve d'une partie du terrain pour la sépulture du donateur et de sa famille. Ce n'est donc au fond, si l'on compare la valeur vénale avec le prix de concession, qu'un moyen détourné pour se procurer une large concession qu'on eût été obligé de payer fort cher, d'autant plus que cette donation échappe aux prescriptions de l'art. 11 du décret du 23 prair. an XII sur la nécessité d'une donation aux pauvres; aussi pareille offre ne doit-elle être acceptée qu'autant que, le cimetière étant insuffisant, il y aurait utilité à l'agrandir. — Avis cons. d'état, 4 janv. 1842.

108. — Sans aucun doute le lieu consacré à la sépulture des morts, tant qu'il n'a pas changé de destination, est imprescriptible; mais en est-il de même d'un emplacement déterminé, et, en l'absence de concession, une famille pourrait-elle se prévaloir du séjour plus ou moins prolongé du corps d'un de ses membres dans un endroit réservé pour repousser toute action en reprise? — Nous pensons que sa résistance ne serait pas fondée: il ne s'agit pas, dans la concession, d'un simple contrat ordinaire, comme aussi ce contrat ne peut jamais avoir pour effet la translation d'une propriété inaliénable. De droit commun, l'inhumation dans un terrain réservé n'est pas admise; elle n'est qu'une simple tolérance: mais il faut que l'autorité intervienne, et cela dans un intérêt public, afin que l'espace consacré aux sépultures ordinaires ne soit pas envahi, que la salubrité publique n'éprouve aucun danger par suite de l'établissement des sépultures réservées. Il y a donc dans la concession un acte de police; or, contre les réglemens de police aucune prescription n'est possible.

109. — Mais si le terrain ne peut être prescrit, il en est différemment du prix de la concession accordée: ici il ne s'agit que d'un contrat ordinaire, d'un intérêt privé; les règles du droit commun sont applicables.

110. — En l'absence de texte formel, le décret du 23 prair. an XII ayant autorisé les concessions particulières, c'était encore un point agité de savoir si les concessions pouvaient ou non être perpétuelles, et le conseil d'état, consulté plusieurs fois sur la question, s'était montré d'ordinaire peu disposé en faveur du système des concessions perpétuelles. — Avis cons. d'état, 1er juill. 1834; 26 août 1834; 10 fév. 1835.

111. — Lorsque, en 1841, le gouvernement consulta les conseils généraux, il leur soumit la question de savoir s'il était utile d'autoriser désormais les concessions perpétuelles. Quarante-six furent d'avis de cette suppression, et adoptèrent la proposition du gouvernement tendant à y substituer une sorte de concession emphytéotique susceptible de renouvellement indéfini, au moyen de versemens fixes; mais vingt-six conseils protestèrent, et leur avis, partagé par la commission spéciale instituée au ministère de l'intérieur, prévalut dans la rédaction définitive de l'ord. du 6 déc. 1843, art. 3, qui autorise les concessions perpétuelles.

112. — Quant aux concessions temporaires, l'ordonnance (même article) les distingue en deux classes: elles sont ou *trentenaires* ou temporaires proprement dites. — Les concessions temporaires ne peuvent dépasser quinze ans ni être renouvelées. — Les concessions trentenaires sont seules susceptibles d'être renouvelées à l'expiration de chaque période de trente années, moyennant une redevance qui ne pourra dépasser le taux de la première. A défaut de paiement de cette nouvelle redevance, le terrain concédé fait retour à la commune; mais cependant elle ne peut le reprendre que deux années révolues après l'expiration de la période de la concession; et dans l'intervalle de ces deux années les concessionnaires ou leurs ayant-cause peuvent user de leur droit de renouvellement.

113. — Cette distinction entre les concessions trentenaires et les concessions simplement temporaires est entièrement nouvelle. Avant l'ord. du 6 déc. 1843, on ne la connaissait pas. Seulement l'administration, dans le silence du décret du 23 prair. an XII, avait consacré des concessions de dix, quinze et vingt ans, susceptibles d'être renouvelées; le terme de trente ans ne pouvait être dépassé, car alors c'eût été presque véritablement des concessions perpétuelles. — Avis cons. d'état, 25 août 1835. — Mais toute concession temporaire était susceptible d'être renouvelée; un réglement ne pouvait valablement enlever ce droit aux concessionnaires. — Avis cons. d'état, 15 mars 1833.

114. — Du reste, la concession même perpétuelle ne doit pas faire considérer le concessionnaire comme véritablement propriétaire, en ce sens qu'il puisse disposer du terrain concédé comme bon lui semblerait; de pareils trafics doivent être réprimés par l'autorité.

115. — Lorsqu'un arrêté municipal sur les concessions de terrain dans les cimetières autorise seulement les concessionnaires temporaires de terrain à les faire entourer de balustrades, ces concessionnaires ne peuvent y établir des clôtures en maçonnerie. — *Cass.*, 14 oct. 1843 (t. 1er 1844, p. 76), Vandermonde.

116. — Si, la concession une fois consentie, le cimetière était transféré, l'ord. du 6 déc. 1843 dispose (art. 6) qu'en ce cas les concessionnaires ont droit d'obtenir, dans le nouveau cimetière, un emplacement égal en superficie au terrain qui leur avait été concédé, et que les restes qui y avaient été inhumés seront transportés aux frais de la commune.

117. — Mais est-ce à dire que cette règle s'applique aux concessions antérieures à l'ordonnance, et qu'en conséquence l'autorité puisse forcer les concessionnaires anciens à consentir à la translation? — Sur ce point, l'instruction ministérielle envoyée au préfet pour l'exécution de l'ordonnance ne met pas en doute le droit de l'administration, ainsi que celui qu'elle peut exercer pour empêcher le scandale des ventes clandestines des terrains concédés. Mieux vaudrait cependant que le texte de l'ordonnance eût été plus explicite sur ces difficultés.

Sect. 4e. — *Aliénation des anciens cimetières.*

118. — Tout cimetière supprimé doit pendant cinq années rester fermé et dans l'état où il se trouve, sans qu'on puisse en faire usage. — Décr. 23 prair. an XII, art. 8. — A partir de cette époque, les terrains ayant servi de cimetières peuvent être affermés par les communes, mais à condition qu'ils ne seront qu'ensemencés ou plantés, et sans qu'il y puisse être fait aucune fouille ou fondation pour des constructions et bâtimens, jusqu'à ce qu'il en ait été autrement ordonné. — *Ibid.*, art. 9. — Et la construction faite contrairement à ces prescriptions, eût-elle même été autorisée, devrait être démolie. — *Cass.*, 25 nov. 1837 (t. 1er 1838, p. 452), Gaucher.

119. — Mais le droit de la commune ne peut-il aller que jusqu'à des locations, et les charges que lui imposent la translation et l'établissement du nouveau cimetière ne doivent-elles pas faire permettre l'aliénation ou l'échange, en soumettant, bien entendu, le nouveau propriétaire aux prescriptions établies par le décret? — Cette question, soumise au conseil d'état presque immédiatement après la promulgation du décret par ordre de l'empereur, et sur un rapport du ministre de l'intérieur en date du 21 frim. an XIII, y reçut une solution favorable aux communes. — Avis cons. d'état, 13 niv. an XIII; circ. min. 4 pluv. an XIII.

120. — Toutefois, il ne faut pas oublier que les anciens cimetières étant d'ordinaire situés autour de l'église, l'aliénation, l'échange ne pourraient avoir lieu qu'en réservant à l'église l'air, le jour nécessaire, une libre circulation et de faciles communications; ce que garantit suffisamment l'intervention du ministre de l'intérieur, à l'approbation duquel le projet de vente ou d'échange doit être soumis. — Rapport du min. des cultes, 1er oct. 1806; Avis cons. d'état, 20 déc. 1806.

121. — Quant à la question de savoir à quelle époque les constructions pourront être édifiées sur l'emplacement des anciens cimetières, l'Assemblée nationale, en ordonnant la vente des cimetières des paroisses supprimées, avait fixé dix ans pour que ces terrains tombassent dans le commerce. — L. 6 mai 1791, art. 6. — Le décret du 23 prair. an XII n'a pas reproduit cette disposition; aucun acte législatif postérieur n'est intervenu sur ce point, qui est laissé à la libre décision de l'administration.

122. — C'est un point incontestable que si un cimetière, tant qu'il est consacré aux sépultures, est imprescriptible, du jour où il est fermé, rien ne s'oppose à ce que des droits réels puissent être acquis par prescription sur ce terrain, dans les mêmes limites où l'aliénation en est autorisée par les lois.

123. — La fermeture du cimetière entraînant dans un temps donné, sinon son aliénation, du moins sa location, et par conséquent son application à un autre usage, les pierres sépulcrales, croix ou autres objets, doivent en être enlevés. — S'ils appartenaient aux familles, et si celles-ci, averties par tous les moyens de publicité, ne les ont pas réclamés, en vertu des principes généraux de notre droit, ils devraient revenir à l'état; mais par une décision assez récente du ministre des finances rendue à la demande du ministre de l'intérieur, ces objets sont attribués aux communes pour l'entretien des cimetières.

124. — Des difficultés plus sérieuses s'élèvent, s'il s'agit d'objets qui n'avaient pas cette destination particulière: ainsi, par exemple, si une croix était placée au milieu du cimetière, le maire pourrait-il la faire enlever, surtout si cette croix sert aux processions du dimanche? — Oui, selon M. Affre (*loc. cit.*, art. 1er, n° 5, note), à moins qu'elle ne soit placée dans le terrain qui sert à circuler autour de l'église, puisque ce terrain ne peut perdre sa destination religieuse.

CHAPITRE III. — *Cimetières de Paris.*

125. — Les cimetières de Paris ont toujours été soumis à des règles exceptionnelles; en dernier lieu, l'ordonnance du 6 décembre 1843 a consacré formellement ce principe.

126. — Paris comptait autrefois *dix-huit cimetières*, tous intérieurs (V. *suprà* n° 22). Supprimés lors de la révolution, ils furent remplacés d'abord par quatre cimetières extérieurs: les cimetières de: 1° Mont-Louis (plus connu sous le nom du Père-Lachaise) et le plus important de tous; 2° Montmartre; 3° Vaugirard; 4° Sainte-Catherine. Ces deux derniers, supprimés depuis, ont été remplacés par le cimetière du Mont-Parnasse. C'est aussi à ce dernier cimetière que sont portés les décédés à l'Hôtel royal des Invalides depuis la suppression du cimetière particulier de cet Hôtel, qui était contigu à celui de Vaugirard.

127. — Chacun de ces cimetières est affecté pour recevoir les corps des personnes décédées, d'après certaines circonscriptions particulières qui ont plusieurs fois changé. — Aujourd'hui, du cimetière de Montmartre ou *du Nord* dépendent les cinq premiers arrondissemens municipaux de Paris et une partie du sixième; le surplus du sixième, le septième et le huitième et la moitié du neuvième, dépendent du cimetière du Père-Lachaise ou *de l'Est*; enfin le cimetière de Mont-Parnasse ou *du Sud* est affecté au surplus du neuvième, et aux dixième, onzième et douzième arrondissemens.

128. — Il existe cependant encore quelques cimetières particuliers, ainsi: deux cimetières particuliers pour le culte israélite, annexés, l'un au cimetière de l'Est depuis 1809, l'autre au cimetière du Nord depuis le 10 mars 1823, mais qui ne peut recevoir de concessions particulières que depuis 1825.

129. — Lors de la fermeture du cimetière de Clamart, en 1814, un terrain particulier fut d'abord consacré, dans chaque cimetière général, à la sépulture des décédés dans les hospices; mais bientôt, sur la demande des familles, il fut décidé que les cimetières du Nord et du Sud recevraient seuls cette classe de décédés, suivant la rive de la Seine

à laquelle ils appartiendraient ; depuis le 28 oct. 1831, le cimetière du Sud est exclusivement consacré à ces sépultures.

150. — C'est également au même cimetière que sont encore portés les corps des suppliciés.

151. — Auprès de l'Oratoire de Picpus, *intrà muros*, il existe un cimetière, acquis après le 9 therm. pour servir de sépulture à un grand nombre de personnes décapitées à la barrière du Trône ; les familles qui ont acheté ce cimetière continuent d'être inhumées sur l'exhibition de leurs titres de propriété et sur l'autorisation donnée par le préfet de police. — Elouin, Tréhuchet et Labat, *Dict. de police*, v° *Cimetière*, ch. 6, note.

152. — Mentionnons encore, mais pour mémoire seulement, le cimetière du Mont-Valérien, fermé d'abord par ordonnance du 25 déc 1830, laquelle fut rapportée ensuite par ordonnance du 13 janv. 1831, en ce qui concerne les concessions acquises auparavant à titre onéreux. Ce cimetière a été supprimé complétement depuis, par suite de l'établissement des fortifications de Paris.

153. — Deux caractères bien tranchés distinguent les cimetières de Paris : 1° sauf ce qui concerne le culte israélite, aucune division n'est établie quant au culte, qui du reste s'exerce librement dans l'enceinte du cimetière suivant la communion du décédé.

154. — 2° Chaque corps ne reçoit pas une fosse particulière ; le grand nombre des décès a fait de tout temps pratiquer, pour tous les cas où il n'est pas demandé de concessions particulières, l'inhumation par tranchées, plus connues sous le nom de *fosses communes*. Les cercueils sont placés l'un contre l'autre, mais jamais superposés, chaque tranchée étant séparée par cinquante centimètres de terre. La réouverture de ces tranchées ne peut avoir lieu avant cinq ans, pendant lequel espace de temps il est libre aux familles d'y superposer tels signes funéraires qu'elles jugent à propos.

155. — Le préfet de police est chargé de la surveillance des cimetières, et il délègue particulièrement ce soin, quant à chacun d'eux, au commissaire de police du quartier le plus voisin. — Les cimetières comptent en outre un plus ou moins grand nombre d'agens, à la tête desquels est placé l'inspecteur général des cimetières. — V. Réglem. de la préfect. de la Seine 17 avr. 1837, art. 1er à 3, 17 à 20. — Un architecte est également attaché par la ville au service des cimetières.

156. — Les concessions dans les cimetières de Paris ont été l'objet de nombreux réglemens ; dans l'origine, le cimetière de l'Est seul reçut des concessions. Par délibération du conseil municipal du 7 sept. 1821, ce droit fut étendu aux autres cimetières ; mais le droit restait toujours aux familles de choisir le cimetière le plus à leur convenance, jusqu'à ce qu'enfin une décision nouvelle, pour arrêter le trop grand accroissement du cimetière de l'Est, limita cette faculté au cas de concessions perpétuelles. Néanmoins, et par une condescendance bien légitime, l'administration apporta quelque tempérament dans l'application de cette règle, dans le but de faciliter la réunion dans une même sépulture des membres d'une famille.

157. — Le réglement du 10 avr. 1827 vint déterminer l'ouverture des fosses qui doivent être creusées à quatre pieds et demi de profondeur (art. 15), et les obligations des entrepreneurs de monumens funèbres, à qui, dans le double but d'empêcher les fouilles mal dirigées ou les empiétemens non concédés, il est interdit d'exécuter les travaux nécessaires pour asseoir les monumens et creuser les caveaux. Ce genre de travaux ne peut être exécuté que par le *jardinier-terrassier entrepreneur*, suivant un tarif fixé par le même réglement. — *Ibid.*, art. 8 à 13.

158. — Les concessionnaires doivent, autant que possible, faire désigner le terrain par une clôture ou par tout signe funéraire qu'il leur conviendra. — *Ibid.*, art. 5. — Ils ne peuvent faire mettre ou graver aucune inscription ou épitaphe sur les monumens, pierres tumulaires ou croix qu'ils font élever, sans l'approbation de l'autorité. — *Ibid.*, art. 14.

159. — L'arrêté préfectoral du 15 vent. an XIII avait divisé les concessions en deux classes, perpétuelles et à longues années ; mais la délibération du conseil municipal du 7 sept. 1821 réduisit la durée des concessions temporaires à six années, toutefois avec faculté de renouvellement. L'augmentation toujours croissante des concessions motiva un arrêté du préfet de la Seine en date du 8 déc. 1829, adopté par le conseil municipal le 22 janv. 1830, approuvé par ordonnance royale du 5 mai même année : la durée des concessions temporaires fut réduite à cinq ans, avec interdiction de renouvellement, et le prix des concessions à perpétuité élevé.

140. — D'après cet arrêté, le prix de la concession temporaire est de 50 fr. ; elle ne peut excéder deux mètres carrés en superficie. — Art. 2, 3 et 4. — Pour la concession à perpétuité, le prix est de 250 fr. par mètre, dont 200 fr. pour la ville et 50 fr. pour les hospices ; — au-delà de deux mètres, l'excédant se paie 500 fr. par mètre, dont un cinquième pour les hospices ; de quatre à six mètres, 750 fr. dont un quart pour les hospices ; au-delà de six mètres, 1,000 fr., dont un cinquième aussi pour les hospices. — Art. 5, 6 et 8.

141. — Toutefois, pour faciliter aux familles le paiement du prix de la concession, l'arrêté distinguait entre la concession *perpétuelle* proprement dite et la concession *conditionnelle*, payable en dix ans, dont un quart au moment de la concession ; si, au temps limité, les trois quarts n'étaient pas acquittés, dans les trois mois le terrain était repris sans restitution du quart versé, considéré comme le prix de la jouissance temporaire. — Art. 7.

142. — En cas de concessions temporaires et les cinq ans une fois révolus, « la ville fait procéder à la reprise des terrains, en donnant avis aux familles par la voie des journaux, et à deux reprises différentes, en les invitant à faire enlever dans un délai de trois mois les pierres, colonnes, monumens, signes funéraires et objets quelconques existant sur le terrain. — Art. 11 et 12. — Si ces objets ne sont pas retirés, ils sont enlevés d'office et déposés dans une dépendance du cimetière, aux risques et périls des propriétaires. — Régl. 10 avr. 1817, art. 7.

143. — A l'égard des concessions temporaires antérieures à sa date, l'arrêté statuait que celles dont la durée n'était pas encore expirée à cette époque pourraient être renouvelées pour cinq ans ou converties en concessions perpétuelles. — Arr. 8 déc. 1829, art. 9.

144. — Cependant le but que s'était proposé l'administration municipale par l'abolition du droit de renouvellement de la concession temporaire et l'élévation du prix de la concession perpétuelle était loin d'être atteint ; tout au contraire, grâce aux facilités de paiement des concessions conditionnelles, le nombre de ces concessions alla toujours croissant. On sentit le besoin d'apporter de nouvelles réformes sur ce point : il n'y en avait que deux, déplacer les cimetières, qui ne pouvaient plus s'accroître, ou apporter de nouvelles restrictions aux concessions : c'est à ce dernier parti que l'on s'est arrêté, comme le seul praticable.

145. — Par une délibération récente, mais qui n'a pas encore été revêtue de la sanction royale, le conseil municipal a arrêté la suppression des concessions conditionnelles et perpétuelles, substituant à cet état de choses un système de concessions temporaires de 10, 20 et 40 ans, dont le prix doit être immédiatement et intégralement versé, et qui peuvent du reste être renouvelées à leur expiration.

V. COMMUNE, EXHUMATION, INHUMATION, SÉPULTURE, SÉPULTURE (violation de).

CIRAGE ou ENCAUSTIQUE (Marchands de).

Les marchands fabricans de cirage ou encaustique sont rangés par la loi du 25 avr. 1844, sur les patentes, dans la septième classe des patentables, et imposés à : 1° un droit fixe établi d'après le chiffre de la population de la ville ou commune où est situé l'établissement ; — 2° un droit proportionnel du quarantième de la valeur locative de tous les locaux occupés par les patentables, mais seulement dans communes d'une population de 20,000 ames et au-dessus. — V. PATENTE.

CIRCONSCRIPTION.

On appelle ainsi l'étendue des divisions territoriales, administratives, judiciaires, militaires ou religieuses. — V. CANTON, COMMUNE, CULTES, DÉPARTEMENT, DIVISION MILITAIRE, DIVISION TERRITORIALE, ÉVÊCHÉS, PAROISSES, ORGANISATION ADMINISTRATIVE.

CIRCONSTANCES AGGRAVANTES.

1. — On nomme ainsi, *lato sensu*, en matière criminelle, les particularités ou circonstances d'un fait qui tendent à en aggraver la criminalité.

2. — Toutefois, on ne doit considérer comme aggravantes, dans le langage de la loi, que les circonstances qu'elle-même a définies et auxquelles elle a donné pour effet de rendre la peine plus élevée : à leur égard, le juge ne peut que constater en quelque sorte matériellement le fait qui les constitue, et sans qu'il doive en apprécier la moralité, pour y appliquer les prescriptions de la loi pénale.

3. — La circonstance aggravante, telle que l'entend la loi, est toujours un fait accessoire à un autre fait criminel par lui-même et qui, pour elle seule, s'appelle le fait principal : elle n'est donc pas, comme la circonstance atténuante, ou même comme la circonstance aggravante prise dans son acception la plus large, puisée dans le fait lui-même, et peut, par suite, en être détachée sans que ce fait cesse d'être punissable. — Rauter, *Tr. de dr. crim.*, t. 1er, n° 130, p. 234.

4. — Il ne faut point confondre les circonstances aggravantes avec les circonstances constitutives d'un crime ou délit. — La circonstance est constitutive lorsqu'elle entre comme élément essentiel du crime et n'en peut être écartée sans que le fait cesse d'être criminel ou change de qualification : tels sont notamment l'âge dans les attentats à la pudeur commis sans violence sur la personne d'enfans de moins de onze ans, la qualité de père dans le parricide (toutefois ce dernier point est controversé), etc., etc. — V. ASSASSINAT, ATTENTAT A LA PUDEUR, PARRICIDE. — Elle est aggravante quand son adjonction ou son retranchement n'enlève point, ainsi que nous venons de le dire, la criminalité d'un fait déjà punissable par lui-même, et se borne à donner ou retirer à cette criminalité un degré de plus : tels sont, entre autres, l'âge dans l'attentat à la pudeur avec violence, l'escalade, l'effraction dans le vol, la qualité de chef dans les attroupemens. — V. ATTENTAT A LA PUDEUR, ATTROUPEMENS, VOL, etc., etc.

5. — Les circonstances aggravantes sont relatives aux personnes, à l'intention, au temps, au lieu, au mode, à la quantité, au nombre des personnes, à l'événement, au cumul des crimes et même à la récidive.

6. — Ainsi, par exemple, sont circonstances aggravantes quant aux personnes prises comme sujets ou objets du crime : — comme objets, l'*âge* dans l'attentat à la pudeur, le viol, le détournement de mineurs (C. pén., art. 331, 332 et 356. — V. ATTENTAT A LA PUDEUR, DÉTOURNEMENT DE MINEURS, VIOL) ; la *qualité*, dans l'outrage et la diffamation (*ibid.*, art. 222 et suiv. et 263. — V. DIFFAMATION, OUTRAGE) ; — comme sujets, la *condition* dans le vol, l'abus de confiance (*ibid.*, art. 386 et 408. — V. ABUS DE CONFIANCE, VOL) ; la *qualité* dans l'avortement, les crimes contre la sûreté de l'état (C. pén., art. 317. — V. AVORTEMENT) ; la *mendicité* ou le *vagabondage* dans les violences et les faux certificats, passeports ou feuilles de route. — (*Ibid.*, art. 279 et 281. — V. FAUX CERTIFICATS, FEUILLES DE ROUTE, MENDICITÉ, PASSEPORTS, VAGABONDAGE.)

7. — L'*intention* peut produire des circonstances aggravantes dans certains crimes par la préméditation ou le guet à pens. — C. pén., art. 296 et 302. — V. ASSASSINAT.

8. — Le *temps*. — La nuit est une circonstance aggravante pour le vol. — C. pén., art. 381 et 388. — V. VOL.

9. — Le *lieu* est une circonstance aggravante du vol, de l'outrage envers les fonctionnaires. — C. pén., art. 222 et suiv. et 400. — V. OUTRAGES, VOL.

10. — Le *mode* comprend la violence, l'usage des armes, l'escalade, l'effraction, l'emploi de fausses clés et de faux titres. Toutes ces circonstances sont aggravantes. — C. pén., art. 202, 231, 232, 241, 303, 305, 307, 344 et 388. — V. ATTROUPEMENS, BANDES ARMÉES, FAUX, VOL.

11. — La *quantité* est une circonstance aggravante dans les soustractions commises par les dépositaires publics. — C. pén., art. 169 et suiv. — V. DÉPOSITAIRES PUBLICS.

12. — *Le nombre des personnes* dans la rébellion. — C. pén., art. 210 et suiv. — V. RÉBELLION

13. — *L'événement* détermine et classe les circonstances aggravantes, suivant la gravité des résultats : l'effusion du sang, l'incapacité de travail, la mort. — C. pén., art. 231, 233, 309 et 316. — V. BLESSURES ET COUPS, CASTRATION.

14. — Le *cumul des crimes* peut être considéré comme une circonstance aggravante dans le cas où un meurtre a été précédé, accompagné ou suivi d'un autre crime. — C. pen., art. 304. — V. MEURTRE.

15. — Enfin la *récidive* devient elle-même une véritable circonstance aggravante, puisqu'elle a pour effet, une fois constatée à la charge du prévenu, de lui faire appliquer soit une peine d'un degré supérieur, soit le *maximum* de la peine dont est passible le fait incriminé, soit même le double de ce *maximum*. — C. pén., art. 56 et suiv. — V. RÉCIDIVE.

16. — Toutes les circonstances aggravantes doivent être relevées dans l'arrêt de renvoi et reproduites dans l'acte d'accusation avec autant soins que les circonstances essentielles. — *Cass.*, 28 juill. 1828, Loisclet ; 29 déc. 1838 (t. 1er

1840, p. 442), Fabre. — V. ACTE D'ACCUSATION.

17. — Puis le président de la cour d'assises les doit comprendre dans les questions qu'aux termes de l'art. 337, C. instr. crim., il pose au jury comme résultant de l'acte d'accusation.

18. — Le Code d'instruction criminelle prévoit le cas où quelques circonstances aggravantes ayant échappé à la chambre d'accusation et à l'acte d'accusation, la connaissance n'en a été acquise qu'aux débats; l'art. 338 contient à cet égard la disposition suivante : « S'il résulte des débats une ou plusieurs circonstances aggravantes, non mentionnées dans l'acte d'accusation, le président doit ajouter la question suivante : L'accusé a-t-il commis le crime avec telle ou telle circonstance?»

19. — Il est d'autant plus important de relever les circonstances révélées par les débats, que leur non-constatation par la cour d'assises n'autorisant pas le procureur général à se pourvoir en cassation, ni même à provoquer une nouvelle poursuite à raison de ces circonstances, l'accusé échapperait ainsi au châtiment qu'il aurait justement encouru. — Carnot, Inst. crim., art. 338, n° 4.

20. — Si le fait nouveau révélé aux débats est un crime distinct de celui qui motive les poursuites, le prévenu, ne pouvant être jugé immédiatement, doit être renvoyé devant le juge d'instruction; mais si, par sa réunion avec celui qui est poursuivi, ce crime amène sur le coupable une peine plus sévère, il devient nécessairement une circonstance aggravante sur laquelle il doit être posé une question au jury. — Cass., 44 nov. 1822, Lacoste.

21. — Toute circonstance de fait qui est de nature à aggraver ou atténuer la peine doit être soumise à la décision du jury et ne peut être appréciée par la cour d'assises elle-même à peine de nullité. — Cass., 4 janv. 1822, Guy.

22. — Le refus fait par la cour d'assises de poser au jury une question sur une circonstance aggravante qu'elle devait être résultée des débats, rend la déclaration du jury insuffisante pour servir de base légale à une condamnation, et opère nullité. — Cass., 26 déc. 1822, Laurencin.

23. — Sous l'empire du Code du 3 brum. an IV, chaque fait, chaque idée, et par suite chaque circonstance, devait faire l'objet d'autant de questions distinctes; la complexité des questions, à cet égard, emportait nullité. — Art. 357.

24. — Le Code d'instruction criminelle, consacrant un système tout opposé, permet de réunir dans une seule question le fait principal et toutes les circonstances comprises dans l'acte d'accusation. — Art. 337.

25. — Ce système a encore été modifié par la loi du 13 mai 1836, qui prescrit au jury de voter par bulletins écrits et par scrutins distincts et successifs, sur le fait principal d'abord, et, s'il y a lieu, sur chacune des circonstances aggravantes (art. 1er). — Le nombre des suffrages ne peut jamais être exprimé, si ce n'est sur le fait principal, lorsque la déclaration affirmative a été prise à la simple majorité (art. 3).—V. de Lacuisine, Traité du pouv. judic. dans les débats crimin., p. 424.

26. — D'un autre côté, la déclaration du jury à la simple majorité sur le fait principal appelant la cour d'assises à délibérer sur la culpabilité, conformément à l'art. 352, C. instr. crim., révisé par la loi du 9 sept. 1835, il faut bien que ce fait soit distinct des circonstances aggravantes. Ce mode de procéder est en effet le seul, ainsi que le dit un arrêt de la cour de Cassation du 23 sept. 1837 (t. 1er 1840, p. 96, Marc), qui puisse assurer l'accomplissement du devoir imposé au jury par la loi du 13 mars 1836; dès lors il est d'ordre public et substantiel de la validité de cette partie de la procédure. — V. Dufour, Aide-mémoire du président d'assises, p. 73, n° 67.

27. — Aujourd'hui donc, chaque circonstance aggravante doit faire l'objet d'une question spéciale dans l'acte d'accusation et dans la question soumise aux jurés.—Cass., 29 déc. 1838 (t. 1er 1840, p. 142), Fabre; .9 janv. 1840 (t. 2 1840, p. 233), Beaudrouet; 23 sept. 1837 (t. 1er 1840, p. 96), Marc.

28. — Et il y a nullité lorsqu'une circonstance aggravante et le fait principal se trouvent réunis dans une seule question.—Cass., 8 juill. 1837 (t. 1er 1838, p. 592), Lirolo.

29. — Il y a nullité spécialement si, dans une accusation d'attentat à la pudeur avec violence, le fait principal et la circonstance de l'âge de moins de quinze ans de la victime sont compris dans une question unique. — Cass., 23 sept. 1837 (t. 1er 1840, p. 96), Marc.

30. — Jugé cependant que la disposition de l'art. 1er, L. 13 mai 1836, qui veut que le jury vote par bulletins écrits et par scrutins distincts et successifs sur chacune des circonstances aggravantes,

n'est pas d'une observation nécessaire et indispensable à peine de nullité relativement à des circonstances, lorsque par leur nature elles se confondent pour ainsi dire l'une avec l'autre, et qu'elles entraînent les mêmes conséquences pénales, comme, par exemple, lorsqu'il s'agit de la circonstance de la préméditation et de celle du guet-apens. — Ainsi, il n'y a pas nullité en ce que la circonstance de préméditation et de guet apens n'aura fait l'objet que d'une seule question au jury.—Cass., 29 nov. 1838 (t. 2 1839, p. 633), Pietri.

31. — Mais, depuis, la cour de Cassation est revenue, et avec raison, à un système contraire et a décidé que la question soumise au jury était nulle comme entachée du vice de complexité lorsqu'elle comprenait les deux circonstances de préméditation et de guet-apens. — Cass., 3 juill. 1845 (t. 2 1845, p. 615), Courtot.

32. — Le jury ne pouvant, par exception au principe qui lui défend d'exprimer à quel nombre de voix la déclaration a été rendue, déclarer qu'elle a été prise à la simple majorité que lorsqu'il s'agit du fait principal, la mention de l'existence de cette simple majorité, relativement aux circonstances aggravantes, emporte nullité. — Cass., 4 janv. 1839 (t. 2 1839, p. 632), Blondeau; 4 juin 1840 (t. 2 1840, p. 484), Monnois; 40 avr. 1845 (t. 2 1845, p. 589), Leduc. — V. au surplus COUR D'ASSISES.

V. ABUS DE BLANC-SEING, ABUS DE CONFIANCE, ACTE D'ACCUSATION, ASSASSINAT, ATTENTAT A LA PUDEUR, ATTROUPEMENS, AVORTEMENT, BANDES ARMÉES, BLESSCRES ET COUPS, CASTRATION, COMPLICITÉ, COUR D'ASSISES, CRIMES CONTRE LA SÛRETÉ DE L'ÉTAT, DÉPOSITAIRES PUBLICS, DÉTOURNEMENT DE MINEURS, DIFFAMATION, DISCERNEMENT, FAUX, FAUX CERTIFICATS, FEUILLES DE ROUTES, MARAUDAGE, MENDICITÉ, MEURTRE, OUTRAGE, PARRICIDE, PASSEPORTS, RÉBELLION, RÉCIDIVE, VAGABONDAGE, VIOL, VOL.

CIRCONSTANCES ATTÉNUANTES.

Table alphabétique.

CIRCONSTANCES ATTÉNUANTES. —

1. —On donne ce nom, en matière criminelle, à des faits, considérations ou circonstances susceptibles de modifier la culpabilité du prévenu ou de l'accusé, et qui, relevées et constatées en sa faveur, ont pour effet d'entraîner une atténuation de la peine qu'il a encourue.— V. Lesellyer, Tr. de Droit crim., t. 1er, n° 292.

2. — Les circonstances atténuantes peuvent être indifféremment puisées dans les circonstances extrinsèques ou intrinsèques du fait, dans la position personnelle de l'agent ou même dans la rigueur excessive de la loi : « Ce ne sont pas, portait l'exposé des motifs (C. pén. progressif, p. 349), des accessoires du fait principal, mais une partie essentielle de ce fait lui-même ; ce sont les faits qui déterminent son plus ou moins d'immoralité : le vol est moins criminel parce que le coupable n'a pas eu pleine conscience de son crime, parce qu'il a été séduit, passionné, parce qu'il a fait des aveux, témoigné du repentir, essayé une réparation ; comment détacher du fait principal ces circonstances ? comment les préciser dans leur variabilité? comment s'exposer à leur donner la consistance trompeuse d'une jurisprudence et des généralités et des règles? n'est-il pas mille circonstances qui, atténuantes dans beaucoup de cas, sont aggravantes pour d'autres? Les différences d'âge, de sexe, de fortune; les passions, les intérêts, les habitudes ne font-ils pas présumer tantôt une perversité plus profonde, tantôt de justes motifs de pitié? »

3. — Les circonstances atténuantes ont plusieurs points d'analogie avec les excuses et avec certains faits qui, sans être des excuses proprement dites, jouent le même rôle dans la loi pénale. Elles s'en distinguent néanmoins par des caractères essentiels.

4. — Les excuses sont des faits légaux déterminés et spécifiés par la loi et qu'elle reconnaît comme diminuant la culpabilité (C. pén. art. 65, 66,324, 325). Ces faits amènent une atténuation considérable de la peine. — Dans d'autres cas, le législateur, obéissant à des motifs d'intérêt public, a exempté les coupables de tout ou partie des peines qui leur étaient applicables. On emploie aussi, dans ce cas, quoique improprement, la dénomination d'excuses. — C. pén., art. 100, 408, 444, 438 et 490.— Boitard, C. pén., n° 482.

5. — Les circonstances atténuantes diffèrent des excuses ou des faits qui leur sont assimilés : 1° en ce que les circonstances atténuantes sont multiples, variant avec les mille nuances des divers faits, et nécessairement indéterminées, tandis que les excuses sont ici caractérisées par la loi pénale d'une manière limitative.

6. — 2° En ce que, sur les faits d'excuses ou d'exemption de peines, la cour doit poser une question directe au jury, qui doit consister en faits par sa réponse, tandis que le jury n'est jamais interrogé sur l'existence des circonstances atténuantes. — V. infrà n°s 406 et suiv.

7. — 3° Les circonstances atténuantes amènent une atténuation de la peine bien moins considérable que les excuses. C'est ce qui résulte de la comparaison de l'art. 463, C. pén., avec les art. 66, 321, 324 et 325. — V. Discussion de la loi du 28 avril 1832 à la chambre des députés; Rapport de la commission; Chauveau, *Cod. pén. progressif*, p. 16 et 17. — V. aussi Rauter, *Dr. crim.*, t. 1er, n° 83; Le Sellyer, *Tr. dr. crim.*, t. 1er, nos 289 et 290.

8. — Les circonstances atténuantes se distinguent des cas de *non-imputabilité* définis par l'art. 64, C. pén., en ce que dans ces derniers cas la culpabilité est nulle, tandis que les circonstances atténuantes diminuent la culpabilité, mais sans la faire disparaître.

9. — Elles peuvent même s'allier dans le même fait avec des circonstances aggravantes. L'inconséquence n'est ici que dans les mots. Les circonstances aggravantes sont des faits matériels accessoires qui s'incorporent au fait incriminé, et qui, lorsque leur existence est constatée, ne s'opposent pas nécessairement à ce que l'accusé, jugé digne d'intérêt, obtienne une déclaration de circonstances atténuantes. — Lesellyer, t. 1er, n° 304.

CHAP. 1er. — *Historique. — Législation.* — Ancien art. 463; L. du 25 juin 1824 (n° 10).

CHAP. II. — *Cour d'assises* (n° 90).

SECT. 1re. — *Déclaration des circonstances atténuantes par le jury* (n° 90).

§ 1er. — *Conditions de validité. — Formes de la déclaration* (n° 90).

§ 2. — *Effets de la déclaration* (n° 131).

SECT. 2e. — *Déclaration des circonstances atténuantes par la cour d'assises* (n° 146).

CHAP. III. — *Tribunaux de police correctionnelle* (n° 165).

SECT. 1re. — *Étendue du droit des tribunaux correctionnels* (n° 165).

SECT. 2e. — *Effets de la déclaration* (n° 190).

CHAP. IV. — *Tribunaux de simple police* (n° 214).

CHAP. V. — *Tribunaux exceptionnels* (n° 221).

—

CHAPITRE 1er. — *Historique. — Législation.*

10. — La loi romaine laissait au juge une certaine latitude pour constater les diverses nuances que pouvait présenter la culpabilité de chaque accusé; elle avait pris cependant à tâche de prévoir elle-même et d'énumérer les circonstances qui pouvaient modifier le caractère des crimes, et par suite, atténuer l'intensité des peines.

11. — Elle voulait qu'en punissant le coupable on prît en considération son âge, sa position, les motifs qui l'avaient fait agir, le lieu, le temps de la perpétration, les faits extérieurs qui avaient accompagné l'action, la gravité du dommage et les suites du crime. *Consideranda septem modis : causâ, personâ, loco, tempore, qualitate, quantitate, eventu* (L. 16, ff., *De pœnis*). Suivant que ces circonstances se présentaient, on réputait le crime plus ou moins atroce : *atrocius aut levius factum est*; le châtiment plus ou moins sévère : *capite luendum aut minore supplicio*.

12. — Ce système avait passé dans le droit canonique (*Corpus juris canonici*, 2 *pars*, *caus.* 2, *quæst.* 3), et les docteurs, suivant les enseignemens de ce droit et ceux de la loi romaine, avaient dressé des catégories dans lesquelles ils avaient essayé de prévoir toutes les circonstances qui pouvaient modifier la criminalité et atténuer les peines. — Tiraqueau, *De pœnis temperandis*; Farinacius, *De delictis et pœnis*. — V. aussi Faustin Hélie, *Revue de législ.*, janvier et juin 1843, t. 17, p. 112.

13. — Dans l'ancienne législation française, un très petit nombre de crimes et de délits étaient définis et réprimés par la loi. L'ordonnance de 1670, qui régularisa la procédure criminelle, ne fixait pas l'application des peines. L'insuffisance des édits peu nombreux qui étaient intervenus dans les matières criminelles avait forcé les parlemens de recourir, pour tous les cas non prévus, à la loi romaine et à la jurisprudence; aussi avait-on généralisé cette règle prescrite au juge par Ulpien : *Licet ei qui extrà ordinem de crimine cognoscit quam vult sententiam ferre, vel graviorem vel leviorem, ità tamen ut in utroque modo rationem non excedat.*

14. — Les peines étaient donc presque toujours arbitraires, et le pouvoir de les fixer et de les modérer abandonné aux juges. Ce système avait cet avantage que le juge, placé dans chaque affaire en face du fait individuel, pouvait en apprécier le caractère d'une manière plus précise que le législateur qui procède nécessairement par catégories générales; mais il avait l'inconvénient bien plus grand de n'offrir aux justiciables aucune garantie d'impartialité; de plus, sous un pareil régime, les peines ne pouvaient être exemplaires. — V. Boitard, *C. pén.*, n. 182; Faustin Hélie, *Rev. de législ.*, t. 17, p. 115.

15. — Aussi le Code pénal de 1791 ne fut-il qu'une réaction énergique contre ce système; mais le législateur tomba d'un excès dans un autre. Aux peines arbitraires on substitua des peines fixes, invariables, n'admettant ni *maximum* ni *minimum*, et par conséquent injustes dans un grand nombre de cas. Le législateur voulant, avant tout, que les peines fussent exemplaires, c'est-à-dire préventives, avait confié la mission de représenter la justice criminelle à des jurés qui ne devaient s'expliquer que sur le fait et à des juges qui devaient appliquer une peine déterminée; mais il avait manqué son but, car souvent les jurés, effrayés des conséquences d'une déclaration de culpabilité, échappaient par un véritable parjure à l'accomplissement de devoirs devenus trop pénibles. — V. Boitard, *Cod. pén.*, n° 182; Chauveau et Hélie, *Th. du Cod., pén.*, n° 6, p. 278 (2e éd.).

16. — On sentit le besoin d'une réforme et l'on voulut allier l'inflexibilité du Code de 1791 avec le système des peines arbitraires de la législation antérieure, en donnant au juge une latitude limitée pour atténuer la peine, lorsque les circonstances du fait paraissaient l'exiger. — Collard, *Du système des circonst. attén.*, p. 18.

17. — L'initiative de l'application en principe de l'atténuation des peines paraît avoir appartenu à la législation militaire. L'art. 20 de la loi du deuxième jour complémentaire an III était ainsi conçu : « Le conseil de guerre prononcera sur tous les délits au Code pénal militaire; il pourra cependant les commuer et même les diminuer, suivant les cas où les circonstances en atténueront la gravité; il ne pourra jamais les augmenter. »

18. — Le Code des délits et des peines du 3 brumaire an IV porte l'empreinte de cet esprit nouveau (art. 646). Il en est de même de la loi du 27 germinal an IV, portant des peines contre toute espèce de provocation à la dissolution du gouvernement républicain et tout crime attentatoire à la sûreté publique et individuelle; de celle du 25 frim. an VIII, qui attribuait aux tribunaux de police correctionnelle la connaissance de divers délits et de celle du 7 pluv. an IX relative à la poursuite des délits en matière criminelle et correctionnelle. Ces lois autorisaient les jurés ou les juges à déclarer des circonstances atténuantes dans certains cas.

19. — Lorsque les jurés adjoints se réunissaient aux premiers jurés, la nouvelle déclaration devait porter sur toutes les questions posées par le tribunal criminel à peine de nullité. — *Cass.*, 24 brum. an VIII, Paté.

20. — Jugé que, sous les lois du 3 brum. et 27 germin. an IV, lorsqu'il résultait de l'acte d'accusation et des débats qu'un accusé de provocation à la dissolution du gouvernement républicain était dans un état d'ivresse au moment du délit, l'ivresse devenait une circonstance atténuante sur laquelle le jury devait être interrogé à peine de nullité. — *Cass.*, 8 frim. an VII, Mélay.

21. — ... Et que, sous les mêmes lois, lorsque l'acte d'accusation s'était exprimé sur le fait des circonstances atténuantes, la question devait en être posée au jury à peine de nullité. — *Cass.*, 24 brum. an VIII, Paté.

22. — Lorsqu'en 1804 on commença la discussion du Code d'instruction criminelle, on posa le principe que les peines recevraient un *maximum* et un *minimum*; puis, lorsqu'en 1809 on élabora le code pénal, on alla plus loin et on décida que les tribunaux correctionnels auraient la faculté de reconnaître des circonstances atténuantes dans les délits qui leur seraient soumis et d'appliquer, s'il y avait lieu, soit le *minimum* des peines correctionnelles, soit les peines de simple police.

23. — On pensa même, à cette époque, à étendre l'application du principe des circonstances atténuantes aux matières criminelles, mais on fut arrêté par cette idée que la substitution d'une peine criminelle à une autre était une commutation de la première peine, et que le droit de commutation appartenant exclusivement au souverain ne pouvait être abandonné aux juges; idée fausse, car les tribunaux, en substituant une peine à une autre, ne font qu'apprécier le véritable caractère du fait et appliquer une peine qui est en rapport avec ce caractère. — V. Exposé des motifs du code pénal, par M. Faure (Locré, t. 31, p. 164 et 165); — Boitard, C. pén., n° 182; Chauveau et Hélie, *Th. du C. pén.* t. 6, p. 279 (2e édition).

24. — L'art. 463 du C. pén. de 1810 fut en conséquence ainsi conçu : « dans tous les cas où la peine d'emprisonnement est portée par le présent Code, si le préjudice causé n'excède pas 25 francs et si les circonstances paraissent atténuantes, les tribunaux sont autorisés à réduire l'emprisonnement, même au-dessous de six jours, et l'amende même au-dessous de 16 francs. Ils pourront aussi prononcer séparément l'une ou l'autre de ces peines, sans qu'en aucun cas elle puisse être au-dessous des peines de simple police. »

25. — La jurisprudence a dû faire de nombreuses applications de cette disposition. Elle s'est attachée à définir notamment le sens de la limitation que cet article apportait au pouvoir du tribunal correctionnel d'atténuer la peine et les conditions dans lesquelles il pouvait être appliqué.

26. — Pour que les tribunaux correctionnels pussent user de la faculté qui leur était accordée par l'art. 463, C. pén., de modérer les peines encourues, lorsque le préjudice causé n'excédait pas 25 fr., et que les circonstances paraissaient atténuantes, il fallait que l'existence de ces circonstances fût constatée par le jugement même : elle pouvait l'être soit littéralement, soit par une exposition de faits qui y suppléât; mais elle devait l'être nécessairement. — *Cass.*, 24 fév. 1827, Claude Fallet; 13 mars 1812, Lenoir; — Merlin, *Rép.*, v° *Peines*, n° 15. — Une circulaire du ministre de la justice du 27 mai 1812 prescrivait même de désigner et caractériser spécialement dans les jugemens les circonstances qui avaient paru atténuantes. — Cette prescription aujourd'hui n'est point obligatoire (V. *infrà* n° 171).

27. — Jugé de même que les juges ne pouvaient, en se fondant sur des circonstances atténuantes, faire application de l'art. 463, C. pén., à un individu convaincu de banqueroute simple et modérer la peine par lui encourue, qu'autant qu'ils constataient dans leur jugement ou que le dommage éprouvé par les créanciers n'excédait pas 25 f. ou, s'il excédait cette somme, qu'il provenait de la faillite proprement dite, et non des circonstances qui en avaient fait une banqueroute simple et lui avaient imprimé le caractère de délit. — *Cass.*, 8 avr. 1826, Meyer.

28. — Le mot *préjudice*, employé dans l'art. 463. C. pén. de 1810, devait s'entendre d'une cause de dommage se référant au moment où le délit avait été commis, sans égard aux événemens ultérieurs qui pouvaient en changer les élémens. En conséquence, il suffisait qu'un titre portant obligation de 30 fr. eût été escroqué pour que la réduction de peine autorisée par l'art. 463 ne pût pas avoir lieu, encore bien que le propriétaire du titre pût se rédimer de sa perte, au moyen d'une action civile. — *Cass.*, 14 mai 1829, Antoine Klinger.

29. — Le tribunal correctionnel qui adjugeait au plaignant 200 fr. de dommages-intérêts, ne pouvait pas se dispenser de prononcer contre lui la peine de l'emprisonnement, en considération des circonstances atténuantes et en vertu de l'art. 463, C. pén., qui n'était applicable qu'au cas où le préjudice causé n'excédait pas 25 fr. — *Cass.*, 9 déc. 1819, Pierre Aubry.

30. — Il en était à plus forte raison de même lorsque le tribunal accordait 600 fr. de dommages-intérêts à la partie civile contre un prévenu de coups volontairement portés. — *Cass.*, 12 janv. 1821, Jacquet.

31. — La peine encourue par celui qui avait tenu une loterie clandestine pouvait être modérée en cas de circonstances atténuantes, en vertu de l'art. 463, C. pén., lorsque le montant de la recette ne s'était élevé qu'à 10 fr. — *Cass.*, 12 oct. 1814, M...

32. — Encore bien qu'il eût été irrévocablement jugé dans l'intérêt de la partie civile par le tribunal de police correctionnelle que le dommage résultant du délit excédait 25 fr., le tribunal d'appel pouvait, dans l'intérêt de la vindicte publique, et sous le rapport de l'application de la peine, apprécier la qualité du dommage souffert et déclarer qu'il n'excédait pas 25 fr., circonstance qui lui permettait de modérer la peine lorsque les circonstances paraissaient atténuantes. — *Cass.*, 4 août 1827, Bezard.

33. — Il avait été décidé que des circonstances atténuantes avaient pu être admises dans le cas même où il n'aurait été reconnu ni apprécié aucun préjudice. — *Cass.*, 25 mars 1813, N... — V. en ce sens Legraverend, *Législation crim.*, t. 2, p. 37. — *Contrà* Duvergier sur Legraverend, *loc. cit.*, note 5e.

34. — ... Et que l'art. 463 s'appliquait, même au cas où le dommage était moral plutôt que matériel. — *Cass.*, 4 fév. 1812, Bousquet.

 CIRCONSTANCES ATTÉNUANTES, ch. 1er.

35. —...Notamment aux délits commis contre la paix publique, et particulièrement à celui d'outrages envers un maire dans l'exercice de ses fonctions, s'il existait des circonstances atténuantes, encore bien que le préjudice causé ne fût pas appréciable pécuniairement. — *Cass.*, 6 nov. 1812, Huppin.

36. — Mais cette jurisprudence paraît avoir été abandonnée, et on décida en sens contraire, par plusieurs arrêts, que le juge ne pouvait reconnaître des circonstances atténuantes et abaisser la peine lorsque le dommage n'était pas appréciable en argent. — *Cass.*, 21 oct. 1825 (int. de la loi), Felgeirolle.

37. — Ainsi, un tribunal correctionnel ne pouvait, en se fondant sur les circonstances atténuantes de la cause et sur *la modicité du dommage*, modérer, en vertu de l'art. 463, C. pén., la peine encourue par le concierge d'une prison qui avait, par négligence, laissé évader un condamné à quinze années de travaux forcés, qui s'était déjà évadé une fois, et qui avait tenté de le faire une seconde. Le préjudice causé par l'évasion d'un condamné est inappréciable en argent, et d'ailleurs on ne pourrait, dans la circonstance, le qualifier de modique. — *Cass.*, 9 sept. 1826 (int. de la loi), Belgirard.

38. — De même, l'art. 463, C. pén., était inapplicable à l'individu déclaré coupable de s'être immiscé sans titre dans des fonctions publiques, en rédigeant et signant des actes de l'état civil. — *Cass.*, 21 oct. 1825, Felgeirolle.

39. — L'auteur d'un homicide involontaire, par imprudence ou inobservation des réglemens, ne pouvait pas invoquer le bénéfice de l'art. 463, C. pén., qui n'était applicable que dans le cas où le dommage n'excédait pas 25 fr. — *Angers*, 19 janv. 1828, Moreau.

40. — Jugé toutefois que le préjudice matériel causé à un père, par l'homicide involontaire de son enfant, est, par sa nature, appréciable en argent. L'arrêt qui, avant la loi du 28 avr. 1832, l'évaluait à 25 fr., et qui se fondait sur l'existance des circonstances atténuantes pour prononcer, d'après cette appréciation, la réduction des peines, autorisée par l'art. 463, C. pén., faisait une juste application de cet article. — *Cass.*, 29 fév. 1828, Voelcklin.

41. — Le préjudice qui se rattache à l'adultère étant inappréciable, on n'avait pu reconnaître des circonstances atténuantes pour un délit qui outrage tout à la fois la loi, la morale publique et la religion. — *Lyon*, 29 mai 1828, C...

42. — En tous cas, l'art. 463 était applicable, même au cas où la peine consistait en une simple amende. — *Metz*, 7 janv. 1822, Pierret.

43. — Mais les tribunaux qui admettaient des circonstances atténuantes ne pouvaient pas substituer la peine de l'amende à celle de l'emprisonnement. — *Cass.*, 17 mai 1822, Baudry; 28 (et non 13) août 1823, Dermoncourt.

44. — Spécialement, lorsqu'un délit de police correctionnelle prévu par le Code pénal n'emportait qu'un emprisonnement et point d'amende, le tribunal qui voulait user de la faculté de modérer la peine, dans le cas déterminé par l'art. 463, même Code, pouvait réduire, il est vrai, l'emprisonnement, mais il ne pouvait se dispenser de prononcer cette peine ni lui substituer une amende, parce que ce n'était pas une amende, mais un emprisonnement que la loi prononçait. — *Cass.*, 2 oct. 1823, Lefebvre-Desgardes.

45. — Le tribunal qui, en vertu de l'art. 463, C. pén., et à raison des circonstances atténuantes, se déterminait à ne prononcer que la peine de l'amende pour un délit que la loi punissait tout à la fois de l'amende et de l'emprisonnement, ne pouvait pas excéder le *maximum* de l'amende portée par la loi. Cette décision est d'ailleurs également applicable sous l'empire de la loi du 28 avr. 1832. — *Cass.*, 8 nov. 1827, Paillette.

46. — La cour de Cassation avait jugé que, sous l'empire de l'ancien art. 463, les juges ne pouvaient, en considération des circonstances atténuantes, modérer la peine encourue pour un délit correctionnel par un individu en récidive, comme ayant été précédemment condamné pour crime. — *Cass.*, 3 fév. 1814, Onozy.

47. — Mais elle est revenue sur cette jurisprudence et elle a jugé que l'art. 463, C. pén., s'appliquait même au cas de récidive. — *Cass.*, 2 fév. 1827, Savary.

48. — L'ancien art. 463 s'appliquait à tous les délits prévus par le Code pénal. — *Cass.*, 13 mars 1812, Lenoir.

49. — Il faut ajouter que ces délits étaient les seuls auxquels on pût l'appliquer. — *Cass.*, 3 sept. 1813, Léonard Manoux.

50. — En conséquence, il n'était pas possible de modifier la peine par suite de l'admission de circonstances atténuantes, lorsqu'il s'agissait de délits prévus par des lois spéciales. — *Cass.*, 19 fév. 1813, Brulain; 3 sept. 1813, Léonard Manonx; 18 mai 1821, Juliani; 13 janv. 1827, Lotin; 19 janv. 1827, Benichet; — Chauveau, *Code pénal progressif*, p. 347; Chassan, *Traité des délits de la parole*, t. 1er, p. 169; de Grattier, *Comment. sur les lois de la presse*, t. 1er, p. 296; Massabiau, *Manuel du procureur du roi*, t. 1er, nº 187. — *Contrà* Carnot, sur l'art. 463, C. pén., t. 2, p. 529, nº 8.

51. — Ainsi il a été jugé : 1º qu'il n'y avait pas lieu à admettre des circonstances atténuantes en faveur de celui qui était prévenu d'avoir acheté d'un soldat des effets d'habillement ou d'équipement militaire appartenant au gouvernement, fait prévu par les art. 15, L. 28 mars 1793, et 33, L. 19-22 juill. 1791. — *Cass.*, 10 sept. 1812, Pierre-Louis; 22 janv. 1821, Carantel. — V. EFFETS MILITAIRES.

52. — ...2º Que l'art. 463 était inapplicable au recèlement d'un conscrit réfractaire. — *Cass.*, 12 mars 1813, Barrière.

53. — ... 3º Ainsi qu'aux peines prononcées par la loi du 17 mai 1819, sur la diffamation. — *Cass.*, 13 avr. 1820 (intérêt de la loi), Rivière; 5 juin 1829, Coste; 6 fév. 1823, Beche; — Chassan, *Traité des délits de la parole*, t. 1er, p. 169; Merlin, *Quest.*, vº *Peine*, § 3.

54. — .... 4º Au délit d'outrage à la morale publique et aux bonnes mœurs, prévu par les art. 1er et 8 de ladite loi du 17 mai 1819. — *Cass.*, 13 janv. 1827 (intérêt de la loi), Lotin; 19 janv. 1827, Bénichet.

55. — ... 5º Aux délits d'offenses envers la personne du roi ou d'attaque à la dignité royale prévus par la même loi. — *Cass.*, 6 fév. 1823, Beche; 11 août 1832, Pilrat.

56. — ... 6º Aux délits d'outrage public prévus par les art. 8 et 9, § 1er, art. 2 et 4, § 6, L. 25 mars 1822. — *Cass.*, 5 juin 1829, Coste.

57. — ... 7º Aux délits forestiers. — *Cass.*, 11 juill. 1817, Ducerveau et Barra.

58. — ... 8º Au fait d'avoir jeté dans un port de mer le lest d'un bâtiment, prévu et réprimé par l'ord. 1681, tit. 4, art. 6. — *Cass.*, 18 mai 1821, Juliani.

59. — ... 9º Aux peines prononcées par l'art. 45 du décret du 14 juin 1813 contre l'huissier qui ne remet pas lui-même à personne ou à domicile la copie d'un exploit qu'il est chargé de signifier — *Cass.*, 7 mars 1817, Jean Eusse.

60. — ...10º Non plus qu'à la peine de 10 liv. d'amende par chaque jour de rétention, prononcée par le § 2, art. 39, C. noir (ord. mars 1685), contre tout blanc convaincu d'avoir donné retraite à un noir fugitif. — *Cass.*, 16 janv. 1831, Charron c. de Briancourt. — V. COLONIES.

61. — En 1824, le législateur fit un nouveau pas dans la voie dans laquelle il était engagé. Frappé de ce que, quand certains crimes punis de peines redoutables étaient soumis au jury, il lui arrivait trop souvent de reculer devant les conséquences d'un verdict sincère et d'acquitter les coupables par horreur de la peine, il donna, par la loi du 25 juin (art. 4), à la cour d'assises le droit de reconnaître des circonstances atténuantes dans ces incriminations mêmes, et de baisser par ce moyen, à leur égard, la peine d'un degré. — V. Boitard, *C. pénal*, nº 182; Collard, *Du système des circonstances atténuantes*, p. 23; Le Sellyer, t. 1er, nº 287.

62. — La loi du 25 juin 1824 appliquait ce système d'atténuation notamment aux faits suivans : 1º aux vols dans les champs, qu'elle attribuait aux tribunaux correctionnels, et punissait des peines portées par l'art. 401, C. pén. (art. 2); — 2º à ceux commis dans l'auberge où le coupable était reçu, lesquels devaient être jugés par la même juridiction et passibles de la même peine (art. 3); — 3º à l'infanticide commis par la mère, laquelle put dès-lors n'être punie que des travaux forcés à perpétuité (art. 5); — 4º aux coups et blessures volontaires ayant produit une incapacité de travail de plus de vingt jours, qui ne furent plus passibles que des peines de l'art. 401, sans que l'emprisonnement pût être de moins de trois ans, et sauf les cas prévus par les art. 310 et 313 même Code (art. 6); — 5º aux vols commis sur les chemins publics, sans armes, violences ni aucune des circonstances prévues par l'art. 381, C. pén., qui purent n'être plus punis que des travaux forcés à temps ou même de la réclusion (art. 7); — 6º aux vols commis à l'aide d'effraction ou d'escalade, dont la peine put être réduite soit à celle de la réclusion, soit au *maximum* des peines correctionnelles déterminées par l'art. 401 (art. 8); 7º aux vols commis de nuit dans une maison habitée ou un édifice consacré au culte, dont la peine aussi put être réduite au *maximum* des peines correctionnelles fixées par l'art. 401 (art. 9).

63. — L'art. 11 de la même loi déclarait l'art. 463 inappliquable aux peines correctionnelles prononcées par les autres articles. — L'art. 12 défendait d'appliquer les dispositions de la loi, sauf celles de l'art. 5, aux mendiaus, aux vagabonds et à ceux qui avaient été précédemment condamnés à des peines afflictives et infamantes, ou même à un simple emprisonnement correctionnel de plus de six mois. — Enfin l'art. 13 punissait des peines de l'art 401, C. pén., les auteurs de vols de récoltes non encore détachées du sol, lorsque le vol avait été commis soit avec des paniers ou des sacs, soit à l'aide de voitures ou d'animaux de charge, soit enfin de nuit par plusieurs personnes.

64. — La jurisprudence a accueilli un certain nombre des décisions rendues sous l'empire de cette loi.

65. — Ainsi, il a été jugé que quand, à raison des circonstances atténuantes, les cours d'assises appliquaient, en vertu de l'art. 2, L. 25 juin 1824, les peines déterminées en l'art. 401, C. pén., elles étaient tenues de prononcer toutes celles déterminées audit article, c'est-à-dire l'emprisonnement, l'amende, l'interdiction des droits civils et la surveillance de la haute police, à peine de nullité. — *Cass.*, 5 fév. 1825, Antoine Armérat; 20 sept. 1828, Lavacquerie; — Duvergier, sur Legraverend, t. 2, p. 39, note. — V. toutefois Bourguignon, *Jur. C. crim.*, art. 386, C. pén., t. 3, p. 398.

66. — Même décision dans le cas d'application de l'art. 401, en vertu des art. 2, 3 et 6 de la même loi. — *Cass.*, 16 déc. 1824 (intérêt de la loi), Hélary; même jour (intérêt de la loi), Toquet; 5 mars 1825, Botton; 21 oct. 1825, Elnard; 20 janv. 1826 (intérêt de la loi), Hénault; 11 fév. 1826, Jean Adam; 14 avr. 1826, Delesgalerie; 19 nov. 1829, Brouard.

67. — Spécialement, la disposition de la loi du 25 juin 1824, portant que l'individu déclaré coupable d'un vol commis dans l'auberge où il était reçu, serait condamné aux peines déterminées par l'art. 401, C. pén., ne pouvait pas s'entendre de quelqu'une de ces peines, mais nécessairement de toutes les peines dénoncées audit article; en conséquence, un tribunal ne pouvait se dispenser de lui appliquer l'interdiction des droits mentionnés en l'art. 401, C. pén. — V. art. 3 de la loi. — *Cass.*, 23 juin 1826, Villemant; 11 oct. 1827, Julliart; 22 mars 1832, Epp.

68. — Les art. 8 et 9, L. 25 juin 1824, qui autorisaient les cours d'assises à réduire les peines des travaux forcés et de la réclusion, prononcées par les art. 384 et 386, C. pén., au *maximum* des peines correctionnelles déterminées par l'art. 401, doivent s'entendre en ce sens que la cour d'assises devait prononcer le *maximum* de toutes les peines déterminées par l'art. 401; elle ne pouvait se borner à prononcer le *maximum* de l'emprisonnement. — *Cass.*, 16 fév. 1824, N..; 24 sept. 1824 (intérêt de la loi), Boisbarry; 29 oct. 1824 (intérêt de la loi), Louis Lassolgne; 4 nov. 1824, Lesaout; 16 déc. 1824, Hutin; même jour, Thomas; 30 déc. 1824 (intérêt de la loi), Labitte; même jour (intérêt de la loi), Charnier; 5 fév. 1825, Lobec; 6 mai 1825, Lecorre; 17 avr. 1828, Ribot. — V. cependant Duvergier sur Legraverend, t. 2, ch. 1er, p. 39, note 5e.

69. — L'art. 9, L. 25 juin 1825, s'entendait en ce sens que les tribunaux devaient appliquer toutes les peines spécifiées en l'art. 401, C. pén. Cette loi ne s'exprimait pas en termes facultatifs comme l'art. 401 lui-même; elle ne se référait à ses dispositions que pour l'application du *maximum* de ces peines. — *Cass.*, 18 mars 1831, Pierre Ferrand.

70. — L'accusé ne pouvait se faire un moyen de nullité de ce que la cour d'assises ne lui avait pas fait application de l'art. 8, même loi, qui était facultatif. Lorsque, sans déclarer qu'il existât des circonstances atténuantes, elle appliquait les peines portées par le Code pénal, elle rejetait implicitement la demande de l'accusé tendant à l'application de l'article précité. — *Cass.*, 21 oct. 1830, Méan.

71. — L'individu déclaré coupable d'avoir volé des bestiaux dans les champs devait être condamné à toutes les peines prononcées par l'art. 401, C. pén.; en conséquence, une cour d'assises ne pouvait se dispenser de lui appliquer celles de l'interdiction des droits civils et de l'amende. — *Cass.*, 23 juin 1826, Villemant. — V. aussi *Cass.*, 21 avr. 1826, Chassigny.

72. — L'art. 13, qui réduisait à des peines correctionnelles celles encourues par les auteurs de vols commis la nuit ou dans les champs, ne pouvait pas être invoqué par l'individu qui avait subi une précédente condamnation à une peine afflictive ou infamante, ou même à un emprisonnement correctionel de plus de six mois. — *Cass.*, 24 déc. 1829, Coquille.

73. — Lorsque le ministère public, se fondant sur

une condamnation antérieure à une peine correctionnelle de plus de six mois, subie par l'accusé, concluait à ce qu'il fût dit n'y avoir lieu d'user de la faculté accordée par l'art. 7, L. 25 juin 1824, conformément à l'art. 12, si la cour d'assises omettait de statuer sur cette partie de ses réquisitions, l'arrêt devait être cassé, aux termes de l'art. 408, C. inst. crim.—*Cass.*, 2 déc. 1825, Laurent Loercher.

74. — Les peines encourues pour vols dans les étangs, viviers ou réservoirs n'étaient point susceptibles d'être modérées, en vertu de la loi du 25 juin 1824, lorsque les vols avaient été commis par deux personnes. — *Cass.*, 22 oct. 1829, Morisseau.

75. — Et quand une cour d'assises usait de la faculté qui lui était accordée de réduire la peine, elle devait, à peine de nullité, déclarer expressément dans son arrêt qu'elle avait reconnu l'existence de circonstances atténuantes.—*Cass.*, 10 avr. 1828 (intérêt de la loi), Grosseille ; 22 juill. 1825, Fournard.

76.—Il n'y avait aucune violation de la loi dans l'arrêt par lequel une cour d'assises modérait la peine encourue par l'auteur d'un vol, à raison des circonstances atténuantes personnelles à cet accusé, et qui refusait de modérer celle encourue par le complice. — *Cass.*, 7 mai 1829, Cléopard Lallier.

77. — Le régime créé par le Code pénal et la loi de 1824 était peu satisfaisant. D'une part, cette loi, trop restreinte dans son objet, était insuffisante ; de l'autre, la latitude du *maximum* au *minimum*, qui continuait de s'appliquer à la plupart des crimes, ne correspondait pas aux différences qui pouvaient séparer les faits ; la nature des peines réservées à ces crimes continuait à être invariable, et le *minimum* manquait même dans les trois peines afflictives perpétuelles. — Boitard, *C. pén.*, no 182.

78. — La loi de 1824 avait un autre vice. Elle conférait à la cour d'assises le droit d'apprécier et de déclarer les circonstances atténuantes, et par là elle faussait le principe de la division des pouvoirs. Les jurés n'étaient plus seuls juges du fait. Il résultait de ce système un grave danger ; car souvent le jury, ne pouvant savoir d'avance si la cour était ou non disposée à déclarer des circonstances atténuantes, était, au moment où il rendait son verdict, dans les mêmes appréhensions que sous la législation précédente, et les acquittemens scandaleux étaient toujours à redouter. Le but de la loi était donc manqué.—Le Sellyer, t. 1er, no 287.

79.—En 1832, il s'est accompli une réforme large et complète de la loi criminelle, quant à l'atténuation des peines. Le principe des circonstances atténuantes introduit par le Code pénal de 1810 dans les matières correctionnelles, étendu à quelques crimes par la loi du 25 juin 1824, fut appliqué à tous les crimes prévus par la loi, et c'est au jury que le droit de les déclarer fut définitivement conféré, contrairement au système de la loi de 1824. C'est par une addition considérable à l'ancien art. 463 que ce changement important s'est opéré.

80. — Cet art. 463, remanié par la loi du 28 avr. 1832, contenant diverses modifications aux Codes pénal et d'instruction criminelle, est actuellement ainsi conçu : « Les peines prononcées par la loi contre celui ou ceux des accusés reconnus coupables, en faveur de qui le jury aura déclaré des circonstances atténuantes, seront modifiées ainsi qu'il suit : Si la peine prononcée par la loi est la mort, la cour appliquera la peine des travaux forcés à perpétuité ou celle des travaux forcés à temps. Néanmoins, s'il s'agit de crimes contre la sûreté extérieure ou intérieure de l'état, la cour appliquera la peine de la déportation ou celle de la détention ; mais dans les cas prévus par les art. 86, 96 et 97, elle appliquera la peine des travaux forcés à perpétuité ou celle des travaux forcés à temps. Si la peine est celle des travaux forcés à perpétuité, la cour appliquera la peine des travaux forcés à temps ou celle de la réclusion. — Si la peine est celle de la déportation, la cour appliquera la peine de la détention ou celle du bannissement.— Si la peine est celle des travaux forcés à temps, la cour appliquera celle de la réclusion ou les dispositions de l'art. 401, sans toutefois pouvoir réduire la durée de l'emprisonnement au-dessous de deux années. — Si la peine est celle de la réclusion, de la détention, du bannissement ou de la dégradation civique, la cour appliquera les dispositions de l'art. 401, sans toutefois pouvoir réduire la durée de l'emprisonnement au-dessous d'un an. — Dans les cas où le Code prononce le *maximum* d'une peine afflictive, s'il existe des circonstances atténuantes, la cour appliquera le *minimum* de la peine ou même la peine inférieure. — Dans tous les cas où la peine de l'emprisonnement et celle de l'amende sont prononcées par le Code pénal, si les circonstances paraissent atténuantes, les tribunaux correctionnels sont autorisés, même en cas de récidive, à réduire l'emprisonnement même au-dessous de six jours, et l'amende même au-dessous de seize francs : ils pourront aussi prononcer séparément l'une ou l'autre de ces peines, et même substituer l'amende à l'emprisonnement, sans qu'en aucun cas elle puisse être au-dessous des peines de simple police. »

81. — Pour mettre le Code d'instruction criminelle en harmonie avec le nouveau système, la même loi du 28 avr. 1832 avait ajouté les deux paragraphes suivans à l'art. 341 de ce Code : « En toute matière criminelle, même en cas de récidive, le président, même après avoir posé les questions résultant de l'acte d'accusation et des débats, avertira le jury à peine de nullité, que, s'il pense, à la majorité de plus de sept voix, qu'il existe, en faveur d'un ou de plusieurs accusés reconnus coupables, des circonstances atténuantes, il en fera la déclaration en ces termes : A la majorité de plus de sept voix, il existe des circonstances atténuantes en faveur de tel accusé. »

82. — Mais la loi du 9 sept. 1835, rectificative de plusieurs dispositions du Code d'instruction criminelle et de l'art. 17, C. pén., a modifié le chiffre de la majorité nécessaire pour que le jury puisse valablement déclarer des circonstances atténuantes. La loi du 28 avr. 1832 voulait que l'accusé ne pût être condamné qu'autant que le verdict du jury aurait été rendu à la majorité de *plus de sept voix* (V. aussi art. 347, C. inst. crim.), et c'est par voie de conséquence qu'elle exigeait la même majorité pour la déclaration des circonstances atténuantes. Mais la loi de 1835, dans le but d'augmenter l'énergie de la répression pénale (V. discussion de cette loi; Duvergier, *Coll. des lois*, 1835, p. 277), disposa que les verdicts de culpabilité pourraient être rendus à la simple majorité, c'est-à-dire par sept voix contre cinq. Les circonstances atténuantes se liant nécessairement au fait principal, la loi de 1835 leur a appliqué le même principe. Aussi a-t-elle substitué aux mots *majorité de plus de sept voix*, introduits dans l'art. 341 par la loi de 1832, celui de *majorité* sans autre addition.

83. — On doit à la loi de 1835 une autre innovation. Aux termes de l'art. 345, C. inst. crim., lorsque les jurés étaient réunis pour délibérer, le chef du jury devait les interroger successivement et individuellement d'après les questions posées par la cour, et notamment sur l'existence des circonstances atténuantes, si la majorité avait déclaré la culpabilité. Chaque juré devait répondre en employant une formule déterminée par la loi, et le vote se formait par la réunion des réponses. La loi du 9 sept. 1835 a disposé qu'à l'avenir le jury voterait au scrutin secret. Cette règle est devenue un paragraphe nouveau de l'art. 341, et l'art. 345 a été modifié en ce sens.

84. — Jugé que pendant la période qui a séparé les lois de 1832 et de 1835, l'avertissement donné aux jurés par le président de la cour d'assises que leur décision devait se former contre l'accusé à la majorité de plus de sept voix, et qu'elle devait se former à la même majorité sur les circonstances atténuantes, remplissait suffisamment les prescriptions de l'art. 341, C. inst. crim., alors surtout que les jurés avaient déclaré qu'il existait des circonstances atténuantes. — *Cass.*, 28 mars 1833, Pineau.

85. — ...Et qu'alors était nulle la déclaration du jury qui reconnaissait l'existence de circonstances atténuantes en faveur de l'accusé, sans exprimer qu'elle avait été formée à la majorité de plus de sept voix.— *Cass.*, 13 juin 1833, Nouvian.

86. — Enfin, un deuxième alinéa ajouté à l'art. 483 C. pén., a rendu l'art. 463 applicable à toutes les contraventions précédemment indiquées.

87. — La réforme de 1832 a eu le grand avantage d'établir entre les crimes et les châtimens une proportion plus juste que la législation antérieure. Elle a rendu aux verdicts du jury leur sincérité et fortifié la répression pénale en diminuant le nombre des acquittemens. On lui a reproché d'avoir confondu les circonstances atténuantes, indéfinissables de leur nature, avec d'autres faits que le législateur aurait pu caractériser, tels que l'ivresse, la faiblesse d'esprit, etc. On a surtout critiqué le système en ce qu'il donne pour effet à la déclaration de circonstances atténuantes de classer le fait reconnu coupable dans l'une des catégories de la loi pénale, pouvoir qui semble ne devoir appartenir qu'au législateur. Mais pour mettre cette réforme d'accord avec la théorie du droit criminel, il aurait fallu réviser toutes les incriminations du Code pénal, travail prématuré quant à présent, et qui appartient à l'avenir. En 1832, on n'a voulu que pourvoir *au plus pressé* (expression de l'exposé des motifs), et l'on ne peut méconnaître que les bienfaits de cette grande innovation ne dépassent de beaucoup ses inconvéniens. — Faustin Hélie, *Rev. de législ.*, t. 17, p. 112 et suiv.; Boitard, *C. pén.*, no 182; Chauveau et Hélie, *Th. C. pén.*, t. 6, p. 281 et suiv.—V. aussi de Lacuisine (*De l'admin. de la justice crim. en France*), qui critique le système consacré par la loi de 1832 ; Michel Solimène, *De la réforme du C. pén. français*, p. 15.

88.—Les autres nations ne paraissent pas vouloir suivre la France dans la carrière qu'elle a ouverte. La plupart des législations contemporaines ont consacré le système des peines arbitraires, et trop souvent ces peines sont désavouées par l'humanité. — Rossi, *Tr. de dr. pénal*, préf. — Cependant le Code pénal d'Autriche et le Code criminel Brésilien définissent et énumèrent tous les faits qu'ils considèrent comme circonstances atténuantes des crimes.—Faustin Hélie, *Rev. de législ.*, t. 17, p. 112 et suiv.

89. — Plusieurs juridictions différentes pouvant s'approprier le système des circonstances atténuantes, il y a lieu d'en étudier le mécanisme en les voyant fonctionner successivement devant chacune de ces juridictions. Elles peuvent en effet être déclarées ou admises par les cours d'assises, par les tribunaux correctionnels, par ceux de simple police et enfin dans certains cas par des juridictions spéciales et exceptionnelles.

CHAPITRE II. — *Cours d'assises.*

Sect. 1re. — *Déclaration des circonstances atténuantes par le jury.*

§ 1er. — *Conditions de validité et formes de la déclaration.*

90. — L'art. 341, C. inst. crim., tel que l'a modifié la loi du 9 sept. 1835, est ainsi conçu : En toute matière criminelle, même en cas de récidive, le président, après avoir posé les questions résultant de l'acte d'accusation et des débats, avertira le jury, à peine de nullité, que, s'il pense à la majorité qu'il existe en faveur d'un ou plusieurs accusés reconnus coupables des circonstances atténuantes, il devra en faire la déclaration en ces termes : « A la majorité, il y a des circonstances atténuantes en faveur de tel accusé. » — Ensuite le président remettra les questions écrites aux jurés dans la personne du chef du jury, et il leur remettra en même temps l'acte d'accusation, les procès-verbaux qui constatent les délits, et les pièces du procès autres que les déclarations écrites des témoins. — Le président avertira le jury que son vote doit avoir lieu au scrutin secret.— Il avertira également les jurés que, si l'accusé est déclaré coupable du fait principal à la simple majorité, ils doivent en faire mention en tête de leur déclaration. — Il fera retirer l'accusé de l'auditoire.

91. — De plus, l'art. 347 du même Code porte : « La décision du jury, tant contre l'accusé que sur les circonstances atténuantes, se formera à la majorité, à peine de nullité.— La déclaration du jury constatera la majorité à peine de nullité, sans que le nombre de voix puisse y être exprimé si ce n'est dans le cas prévu par le quatrième paragraphe de l'art. 341. »

92. — Il résulte des termes de l'art 341 que le jury n'est pas interrogé sur la question de savoir s'il existe des circonstances atténuantes ; c'est, en effet, qu'en admettant pour le jury la faculté de les déclarer dans toute espèce de crimes, on a craint que, par faiblesse ou par entraînement, il ne se laissât aller à les déclarer sans motifs solides. Le danger aurait été plus grave si une question lui avait été posée à cet égard ; on eût augmenté ses embarras.—Boitard, *C. pén.*, no 182; de Lacuisine, *Tr. du pouvoir judic.*, p. 435 ; Dufour, *Aide-mémoire du président d'assises*, p. 96.

93. —Mais, craignant que le jury ne connût pas en fait le pouvoir qui lui appartient de déclarer ces circonstances, la loi a voulu qu'il fût averti par le président de la cour, à peine de nullité.—*Cass.*, 8 mars 1833, Mercier.

94. — Jugé du reste que l'avertissement donné au jury par le président des assises relativement aux circonstances atténuantes est suffisamment constaté par la mention portée au procès-verbal des débats que le président a rappelé aux jurés les dispositions des art. 345 et 347, C. inst. crim.— *Cass.*, 27 juin 1833, Lecoq.

95. — Mais le silence du procès-verbal sur l'avertissement que le président doit donner aux jurés relativement aux circonstances atténuantes, en conformité de l'art. 341, C. inst. crim., entraîne la nullité des questions et de ce qui a suivi.—*Cass.*, 20 sept. 1832, Eymann ; 21 sept. 1832, Lang.

96. — L'avertissement que le président de la cour d'assises doit donner au jury sur la manière

de former sa déclaration est tellement de rigueur, qu'il y aurait nullité si le procès-verbal des débats constatait seulement que le président a donné aux jurés l'avertissement prescrit par un article du Code d'instruction criminelle, dont le numéro est resté en blanc dans ce procès-verbal. — *Cass.*, 22 janv. (et non février) 1835, Besnard.

97. — L'avertissement prescrit par l'art. 341, C. inst. crim., ne peut être suppléé par celui donné en vertu de l'art. 347; en conséquence, est nulle la déclaration du jury et tout ce qui s'en est suivi, lorsque le président de la cour d'assises s'est borné à donner aux jurés l'avertissement des formalités exigées par l'art. 347.—*Cass.*, 24 janv. 1833, Duboc.

98. — On ne peut arguer de nullité l'avertissement donné aux jurés de se conformer aux dispositions de l'art. 341, C. inst. crim., comme ne comprenant pas l'avertissement d'examiner s'il existe des circonstances atténuantes, alors surtout que le jury a déclaré qu'il existait en faveur de l'accusé des circonstances atténuantes.—*Cass.*, 12 déc. 1840 (t. 2 1842, p. 622), Lafarge.

99. — L'accusé ne peut se faire un moyen de nullité de ce que le président de la cour d'assises aurait averti les jurés que, s'il existait des circonstances atténuantes en faveur de l'accusé, *ils pourraient*, au lieu de *ils devraient* le déclarer, alors que le procès-verbal constate que l'avertissement prescrit par l'art. 341 a été donné, et qu'il résulte de ses termes que les jurés ont suffisamment connu les pouvoirs qui leur étaient conférés par la loi et les devoirs qui en résultaient pour eux. — *Cass.*, 24 janv. 1833, Bodinier.

100. — Le président de la cour d'assises ne limite pas le droit qui appartient au jury de déclarer d'une manière générale qu'il existe des circonstances atténuantes, en lui donnant l'avertissement d'énoncer à quels chefs d'accusation se rapporterait leur déclaration dans le cas où ils en reconnaîtraient l'existence.—*Cass.*, 23 janv. 1834, Patou.

101. — Le président qui, dans son résumé, après avoir rappelé aux jurés l'obligation où ils sont de délibérer sur les circonstances atténuantes, exprime que, dans son appréciation personnelle, si la culpabilité leur paraît constante, aucuns faits de la cause ne semblent en devoir motiver l'admission, ne commet ni violation de la loi ni excès de pouvoir donnant ouverture à cassation. — *Cass.*, 27 mars 1845 (t. 2 1845, p. 613), Lejeune.

102. — L'atténuation des peines établie par l'art. 463, C. pén., lorsqu'il y a des circonstances atténuantes déclarées par le jury, n'étant applicable qu'aux peines criminelles, le président de la cour d'assises peut, lorsqu'il s'agit d'un simple délit correctionnel, avertir le jury qu'il n'a pas à s'occuper des circonstances atténuantes. — *Cass.*, 22 sept. 1832, Balary; 17 oct. 1832, la *Tribune*.

103. — L'avertissement donné aux jurés par le président de la cour d'assises sur la majorité à laquelle doit se former leur décision sur l'existence des circonstances atténuantes, ne rappelle pas suffisamment la faculté qu'ils ont, et même le devoir qui leur est imposé d'examiner s'il y a des circonstances atténuantes, et d'en déclarer l'existence si telle est leur conviction. — *Cass.*, 3 juill. 1834, Marsiline; 17 sept. 1835, Desforges.

104. — Il y a nullité de la déclaration du jury et de tout ce qui a suivi, lorsque le président a averti les jurés que leur décision sur les circonstances atténuantes devait se former à la majorité de plus de sept voix, tandis que, aux termes des art. 341 et 347, C. inst. crim., rectifiés par la loi du 9 sept. 1835, il suffit de la majorité ordinaire. — *Cass.*, 22 déc. 1836 (t. 1er 1838, p. 51), Tesson.

105. — Le président de la cour d'assises n'est pas tenu d'avertir le chef du jury qu'il doit poser, en cas de déclaration de la culpabilité de l'accusé, la question des circonstances atténuantes; il suffit que ce magistrat ait donné aux jurés les avertissemens prescrits par les art. 341 et 347, C. inst. crim. — *Cass.*, 1er juill. 1837 (t. 2 1842, p. 637), Tranchant.

106. — A plus forte raison n'y a-t-il pas lieu de poser une question au jury sur les circonstances atténuantes. — *Cass.*, 6 juill. 1832, Rivot; même jour, Laforge.

107. — Ainsi, le président de la cour d'assises excède ses pouvoirs en posant au jury une question sur l'existence des circonstances atténuantes. Néanmoins, l'accusé, n'ayant pu en éprouver aucun préjudice, est non-recevable à s'en faire un moyen de nullité. — *Cass.*, 17 août 1832, Godard. — Cet arrêt a cassé dans l'intérêt de la loi seulement l'arrêt de la cour d'assises de la Seine-Inférieure soumis à la cour de Cassation; mais le pourvoi de l'accusé a été rejeté. — V. conf. *Cass.*, 9 août 1832 (intérêt de la loi), Debouvre; même jour, Vésier.

108. — Et dès-lors la cour d'assises ne viole aucune loi en rejetant la demande de l'accusé tendant à la position d'une question au jury sur une circonstance atténuante. — *Cass.*, 17 mai 1821, Sabardin.

109. — Lorsque le jury, après avoir reçu l'avertissement de l'obligation que la loi lui impose sur ce point, n'a pas déclaré qu'il y a des circonstances atténuantes en faveur de l'accusé, son silence à cet égard constitue la présomption légale qu'il n'en a point reconnu l'existence, et la lecture de la réponse des jurés à l'accusé la rendant irrévocable, ceux-ci ne peuvent ensuite atténuer son irréfragabilité en alléguant qu'ils auraient omis d'examiner s'il existait de ces circonstances. — *Cass.*, 26 déc. 1833, Bugnets.

110. — Toutefois la déclaration relative aux circonstances atténuantes devrait suivre le sort de la déclaration sur le fait principal, et si cette dernière se trouvait annulée et devait être soumise à un nouveau jury, la première ne pourrait continuer à subsister et tomberait avec l'autre. Nous avons vu, en effet (*suprà* n° 2), que les circonstances atténuantes ne sont pas des accessoires du fait principal pouvant à la rigueur exister sans lui, mais une partie essentielle de ce fait lui-même, et qui ne peut dès-lors en être détachée. Ne serait-ce point, d'ailleurs, gêner, violenter même la conscience du jury que de lui imposer d'avance le degré de moralité du fait ou de la personne qu'il est appelé à juger, et son pouvoir d'appréciation, qui doit être souverain et libre, ne deviendrait-il pas au contraire complétement illusoire s'il se trouvait arrêté, entravé dans son exercice le plus intime et le plus précieux.

111. — L'annulation prononcée par la cour de Cassation d'un arrêt de cour d'assises pour omission de l'avertissement prescrit par l'art. 341, C. inst. crim., laisse subsister les réponses favorables à l'accusé sur des chefs distincts; et le débat ne peut s'engager devant une nouvelle cour d'assises que sur le chef qui a motivé la condamnation, malgré le silence de l'arrêt de Cassation. — *Cass.*, 5 août 1833, Vion.

112. — Cet arrêt nous paraît avoir sainement appliqué les principes. Les réponses favorables du jury sur deux chefs distincts étaient acquises à l'accusé, qui était protégé par l'art. 350, C. inst. crim., sur la chose jugée. D'ailleurs, on ne pouvait aggraver la position de l'accusé après que l'arrêt avait été cassé pour inobservation d'une formalité introduite dans la loi en sa faveur, sans méconnaître le but que s'était proposé le législateur.

113. — La cour d'assises saisie par le renvoi de la cour de Cassation, d'une affaire dans laquelle la déclaration du jury rendue avant la loi du 28 avr. 1832, a été maintenue, n'a qu'à appliquer la peine prononcée par la loi, et commet un excès de pouvoirs en renvoyant devant un nouveau jury, depuis la mise à exécution de ladite loi, pour le faire prononcer sur les circonstances atténuantes. — *Cass.*, 31 août 1832, Chevalier.—Dans cette espèce la cour de Cassation s'est bornée à faire application du § 1er, art. 434, C. inst. crim.

114. — Jugé que la déclaration du jury qu'il y a eu six voix seulement pour l'accusé relativement aux circonstances atténuantes ne peut produire aucun effet en faveur de celui-ci. — L'irrégularité de cette déclaration ne doit pas donner lieu, de la part de la cour, à une nouvelle délibération du jury. La déclaration en cette partie doit être considérée comme nulle et non avenue. — *Cass.*, 21 janv. 1838 (t. 2 1838, p. 496), Sauzel.

115. — Bien que le chef du jury soit tenu de poser la question des circonstances atténuantes toutes les fois que la culpabilité de l'accusé a été reconnue, cependant aucune disposition de la loi n'exige qu'il soit constaté par la déclaration du jury que cette question a été posée. — *Cass.*, 22 nov. 1838 (t. 1er 1839, p. 329), Perrin.

116. — Le jury ne doit se prononcer sur les circonstances atténuantes que lorsqu'il en reconnaît l'existence. — *Cass.*, 14 avr. 1837 (t. 2 1840, p. 332), Gambier.

117. — En conséquence, la déclaration du jury ne doit point mentionner que le rejet des circonstances atténuantes a eu lieu à la majorité.—*Cass.*, 5 janv. 1838 (t. 1er 1840, p. 163), Delaitre.

118. — Mais il ne peut résulter une nullité de ce que, sans qu'aucune question leur eût été posée à cet égard, les jurés auraient ajouté à leur déclaration qu'il n'y avait pas de circonstances atténuantes; cette addition doit être simplement réputée non écrite.—*Cass.*, 17 août 1832, Geoffroy; 5 janv. 1838 (t. 1er 1840, p. 163), Delaitre.

119. — Après la lecture à l'accusé de la déclaration du jury, la cour d'assises ne peut pas renvoyer les jurés dans la salle de leurs délibérations pour s'expliquer sur les circonstances atténuantes, sous le prétexte qu'ils déclarent individuellement avoir omis d'examiner s'il en existait. — Même arrêt.

120. — Toutefois, le ministère public près la cour d'assises n'a pas le droit de se pourvoir en Cassation dans l'intérêt de la loi contre un arrêt qui ordonne que les jurés rentreront dans la chambre de leurs délibérations pour s'expliquer sur les circonstances atténuantes qu'ils ont omises. —*Cass.*, 2 janv. 1834, Poulain. — Le ministère public près les cours d'assises ne peut, en effet, se pourvoir dans l'intérêt de la loi que contre les ordonnances d'acquittement et les arrêts d'absolution. — Art. 409 et 410, C. inst. crim.

121. — Le jury peut restreindre l'application des circonstances atténuantes à certains accusés ou à certains chefs d'accusation; dans ce cas, la la cour, qui est chargée d'appliquer la peine, ne peut étendre cette déclaration et l'appliquer à d'autres accusés ou à d'autres faits que ceux pour lesquels elle a été rendue.—*Cass.*, 17 sept. 1835, Breton; — De Lacuisine, *Tr. du pouvoir judiciaire en mat. crim.*, p. 442.

122. — Ainsi, les jurés peuvent, lorsque plusieurs questions leur sont soumises, admettre des circonstances atténuantes pour les unes et les rejeter pour les autres. — *Cass.*, 3 déc. 1836 (t. 1er 1838, p. 87), Demiannay et Thuret.

123. — Lorsque plusieurs chefs d'accusation distincts sont portés contre le même accusé, et que le jury n'admet de circonstances atténuantes qu'au regard de l'un des chefs, sa déclaration est complète, régulière et légale, et il n'y a pas lieu de la lui faire modifier, alors même que, limitée à ce seul chef, elle ne serait pas de nature à sortir effet. — *Cass.*, 30 déc. 1840 (t. 1er 1842, p. 425), Reynier.

124. — Lors donc que le jury, interrogé sur deux crimes distincts, n'a déclaré l'existence de circonstances atténuantes que relativement au premier, la cour d'assises excède ses pouvoirs en appliquant au second crime cette partie de la déclaration. — *Cass.*, 30 août 1833, Picard.

125. — Ainsi, la déclaration des circonstances atténuantes sur l'usage d'une pièce fausse ne peut pas être étendue par la cour d'assises au fait de sa fabrication. — *Cass.*, 10 mars 1836, Lévy.

126. — Et lorsque l'accusé ayant été reconnu coupable de deux vols, le jury n'a déclaré l'existence des circonstances atténuantes qu'à l'égard de l'un de ces vols, les juges ne peuvent pas s'autoriser de cette déclaration pour modifier la peine à l'égard de l'autre vol.—*Cour d'assises de la Seine*, 16 sept. 1836, Arnaud.

127. — Mais si le jury a déclaré d'une manière générale qu'il existe des circonstances atténuantes en faveur d'un accusé, le bénéfice de cette déclaration s'étend à toutes les questions résolues contre lui. — *Cour d'assises de la Seine*, 16 sept. 1836, Arnaud.

128. — Lorsque des circonstances atténuantes sont admises en faveur de plusieurs accusés, il doit y avoir une déclaration particulière et distincte pour chacun d'eux. — De Lacuisine, *Tr. du pouvoir jud.*, *loc. cit.*

129. — Ainsi, il y a nullité quand le jury a, par une *déclaration collective*, admis des circonstances atténuantes en faveur de plusieurs accusés. — *Cass.*, 1er avr. 1842 (t. 1er 1842, p. 492), Godefroy et Langlois.

130. — Lorsque le jury n'a déclaré l'existence de circonstances atténuantes qu'en faveur de l'auteur principal d'un vol qualifié, la cour d'assises excède ses pouvoirs en ne prononçant contre le complice qu'une peine correctionnelle. — *Cass.*, 20 déc. 1832, Lecomte.

§ 2. — *Effets de la déclaration.*

131. — La déclaration des circonstances atténuantes peut être faite par le jury, quelle que soit l'incrimination qui amène l'accusé devant la cour d'assises. Ce principe résulte de ces termes de l'art. 463 : *les peines prononcées par la loi*, et surtout des mots *en toute matière criminelle* placés en tête de l'art. 341, C. inst. crim. Dans toutes les accusations dont les cours d'assises sont saisies, la déclaration par le jury qu'il existe des circonstances atténuantes a donc pour effet d'entraîner une atténuation de la peine. — De Grattier, *Comment. sur les lois de la presse*, t. 1er, p. 300, n° 3; Chauveau et Hélie, *Th. du Code pén.*, t. 6, p. 289 (2e édit).

132. — Ainsi, que le crime soit prévu par le Code pénal ou par toute autre loi postérieure ou antérieure, générale ou spéciale, il suffit qu'il soit frappé d'une peine afflictive ou infamante et soumis au jury pour que l'art. 463 devienne applicable. — Chauveau et Hélie, *loc. cit.*

133. — Cette doctrine a été consacrée par la cour de Cassation, dans une espèce où l'accusé était tra-

dans les cas où la loi punit certains délits de cette peine. — Bourguignon, *Jurisp. C. crim.*, art. 463, C. pén., n° 1er; Legraverend, t. 2, ch. 4, p. 366. — V. cependant Merlin, *Rép.*, v° *Peine*, n° 15.

206.—Ainsi jugé, notamment quant à l'interdiction des droits civils.— *Cass.*, 25 mars 1813, N...

207.—Quant à la peine de l'interdiction du droit de vote et d'éligibilité, V. *Bastia*, 27 avr. 1837 (t. 1er 1837, p. 552), Candeli.

208. — Et quant à celle d'interdiction de toute fonction publique, V. *Colmar*, 2 août 1837 (t. 1er 1838, p. 94), X.....

209. — La confiscation spéciale est moins une peine qu'une mesure d'ordre destinée à retirer de la circulation les instrumens du crime, du délit ou de la contravention (C. pén., art. 11, 464 et 470). Aussi l'admission des circonstances atténuantes ne peut avoir sur elle aucune influence.— *Cass.*, 14 déc. 1832, Stramasse ; — Chauveau et Hélie, *Th. C. pén.*, t. 6, p. 316 (2e éd.).

210. — Jugé, en conséquence, que le tribunal de simple police ne peut, en se fondant sur ce qu'il existe des circonstances atténuantes, se dispenser de prononcer la confiscation des poids réputés faux saisis dans la boutique d'un marchand.— *Cass.*, 27 sept. 1833, Cailleux.

211. — L'amende peut, aux termes du dernier alinéa de l'art. 463, être substituée à l'emprisonnement ; mais, dans ce cas, quelle est l'amende que les tribunaux peuvent prononcer ?

212. — La question en avait été faite à la chambre des députés, dans la discussion qui eut lieu lors de la révision du Code pénal, et il fut répondu que ce serait *l'amende fixée par la loi.* — Chauveau (Adolphe), *C. pén. progressif*, p. 348. — Il est difficile de comprendre une réponse aussi vague, car la disposition s'appliquant au cas précisément où l'emprisonnement est seul prononcé, il n'y a pas d'amende fixée par la loi.

213. — Toutefois, cette amende ne peut être arbitraire ; l'économie de nos lois pénales ne le permet point, et nous croyons qu'à défaut de détermination par le législateur, il y a lieu de la restreindre dans celles établies pour les peines de simple police, et de la fixer par conséquent de 1 fr. à 15 fr. — « Le texte de l'art. 463, disent à ce sujet MM. Chauveau et Hélie (t. 6, p. 320, 2e éd.), se prête d'ailleurs à cette interprétation, car ce n'est qu'après avoir autorisé l'emprisonnement, même au-dessous de six jours, et l'amende, même au dessous de 16 fr., qu'il permet la suppression de l'une de ces deux peines et la substitution de l'une à l'autre. Il s'agit donc de peines réduites au taux des peines de simple police, et, par conséquent, l'amende substituée ne peut excéder la limite de ces peines. »

CHAPITRE IV. — *Tribunaux de simple police.*

214. — L'art. 483, C. pén., spécial aux matières de simple police, est ainsi conçu : « L'art. 463 du présent Code sera applicable à toutes les contraventions ci-dessus indiquées. »

215.—Cette disposition n'est ni limitative ni restrictive; elle est générale et absolue, et par conséquent applicable à toutes les contraventions que le Code prévoit ou punit.—*Cass.*, 1er fév. 1833, Lapie.

216. — .... Et cela, soit qu'il y ait, soit qu'il n'y ait point récidive. — *Cass.*, 1er fév. 1833, Lapie ; 29 août 1833, Buttner; 10 oct. 1833, Montillet ; — Le Sellyer, *Tr. dr. crim.*, t. 1er, n° 313.

217. — L'effet de la récidive étant d'aggraver la peine dont la contravention est punie, et d'ajouter l'emprisonnement à l'amende, lorsque l'amende était seule prononcée (C. pén., art. 471, 474, 475, 478, 479 et 482), l'admission des circonstances atténuantes a dans ce cas pour résultat d'atténuer la peine, et d'amener, s'il y a lieu, la substitution de l'amende à l'emprisonnement, mais sans qu'on puisse descendre au-dessous du *minimum* des peines de simple police. — Le Sellyer, *loc. cit.*; Chauveau et Hélie, *Th. C. pén.*, t. 6, p. 321 (2e éd.)

218. — En tous cas, les tribunaux de police ne peuvent jamais, alors même qu'il existe dans la cause des circonstances atténuantes, se dispenser de prononcer une peine. — *Cass.*, 23 juill. 1836, (t. 1er 1837, p. 77), Jouard; 23 août 1839, (t. 2 1839, p. 347), Boujac ; 6 nov. 1840, (t 1er 1841, p. 72), Perron et Renaud.

219. — Le tribunal de simple police ne peut, même en condamnant des prévenus, leur laisser l'option entre l'amende et l'emprisonnement. — *Cass.*, 2 sept. 1825, Chezeau.

220.—Le pouvoir dont les art. 483 et 461, C. pén., ont investi les tribunaux de simple police et de police correctionnelle pour les cas où les circonstances de la contravention ou du délit leur paraissent atténuantes, s'étend aux jugemens par défaut. — *Cass.*, 1er déc. 1842 (t. 2 1843, p. 70), Lich.

CHAPITRE V. — *Tribunaux exceptionnels.*

221. — Les termes de l'art. 463, qui restreignent son application « aux accusés reconnus coupables en faveur de qui le jury aurait déclaré des circonstances atténuantes » ont fait naître la question de savoir si l'art. 463 pouvait être appliqué par les juridictions spéciales, où il n'y a point de jury, et notamment par les tribunaux militaires.

222. — Des conseils de révision ayant décidé l'affirmative et appliqué l'art. 463 à des peines prononcées par les lois militaires spéciales, leurs décisions furent soumises à la cour de Cassation, par ordre du ministre de la justice, et M. le procureur-général Dupin conclut au rejet du pourvoi.

223. — Mais la cour de Cassation s'est refusée à consacrer ce système et a formellement décidé, en cassant les arrêts qui lui étaient soumis, que l'art. 463 n'était point applicable aux crimes et délits militaires. — *Cass.*, 2 mars 1833, Héraut.

224. — La cour de cassation s'est fondée sur ce que la loi du 28 avril 1832 n'ayant eu pour but que de modifier le Code pénal et le Code d'instruction criminelle, avait laissé la législation militaire intacte; que, notamment, les art. 5 et 484, qui rendent le Code pénal étranger aux lois militaires, n'ont pas été modifiés par la nouvelle loi; et enfin, sur ce que le système des circonstances atténuantes organisé par l'art. 463 exige une échelle proportionnelle de réduction de peines, échelle qui n'existe pas dans la loi militaire.

225. — Le premier de ces motifs n'est peut-être pas sans réplique, et, en effet, les art. 5 et 484 n'ont jamais été un obstacle à l'application, par exemple, des principes généraux établis dans le Code pénal sur la tentative et la complicité, mais le dernier motif est, selon nous, décisif, et jusqu'à ce que le législateur ait cru devoir suppléer à cet égard à la lacune qu'on signale dans les lois militaires, on ne peut que se ranger à l'avis formulé avec tant d'autorité par la cour de Cassation. — Chauveau et Hélie, *Th. C. pén.*, t. 6, p. 291 et suiv. (2e édit.).

226.—Mais les tribunaux militaires n'ont pas toujours à appliquer des lois spéciales, l'on s'est demandé si la même solution devait être suivie dans le cas où ils étaient appelés à connaître de délits communs, commis notamment par des militaires sous les drapeaux ou à leurs corps, et passibles par conséquent des peines édictées par le Code pénal ordinaire.

227. — La cour de Cassation n'a pas encore eu occasion de se prononcer sur cette difficulté, que MM. Chauveau et Hélie (t. 6, p. 296) résolvent en faveur du pouvoir des tribunaux militaires. « les juges militaires, disent ces auteurs, sont juges et jurés à la fois; ils peuvent donc, après avoir constaté des circonstances atténuantes, et en empruntant au Code une de ses dispositions répressives, graduer la peine d'après l'échelle de l'art. 463; autrement, il faudrait soutenir que la juridiction militaire doit punir les délits communs d'une peine plus forte que celle que prononcent les juges ordinaires par cela seul qu'elle en fait l'application. »

228. — Peut-être objectera-t-on la difficulté de concilier cette opinion avec le texte de la loi? L'art. 463 ne donne, en effet, le droit de déclarer des circonstances atténuantes en matière criminelle qu'au jury qui fonctionne près des cours d'assises, et rien dans la discussion de la loi du 28 avr. 1832 n'autorise à croire qu'il est entré dans la pensée de ses auteurs de confier ce pouvoir à une autre juridiction. Néanmoins, les raisons invoquées par MM. Chauveau et Hélie nous paraissent tellement graves et l'application *littérale* de la loi conduit à des conséquences et à des anomalies si contraires à l'équité, alors surtout qu'il s'agit de jugemens *définitifs*, que nous n'hésitons point à penser que la jurisprudence n'incline en ce sens et ne fasse fléchir un simple argument de texte devant des intérêts qui, du reste, sont logiquement étayés de justice et d'humanité.

229. — Les observations qui précèdent s'appliquent aux tribunaux maritimes comme aux juridictions militaires.

230. — Ainsi jugé qu'aucune disposition législative n'autorise les juridictions maritimes à déclarer l'existence de circonstances atténuantes et à appliquer l'art. 463, C. pén., à l'égard des crimes contre la discipline prévus par les lois spéciales au service de l'armée navale.— *Cass.*, 16 mars 1844 (t. 2 1844, p. 317), Mondon.

231. — La Cour de Pairs, juridiction exceptionnelle et souveraine, a reçu de la Charte la mission de juger certains crimes et délits (Charte 1830, art. 27, 28 et 47); mais les lois promises par la Charte pour définir l'objet et l'étendue de la compétence de la Cour des pairs n'ayant pas été faites, cette juridiction est omnipotente pour qualifier les faits qui lui sont déférés et modérer, s'il y a lieu, les peines qui doivent leur être appliquées. Elle a usé à plusieurs reprises de cette dernière faculté. — V. notamment *Cour des Paris*, 24 nov. 1821, Magiau; — Cauchy, *Précédens de la cour des pairs*, p. 530 et suiv. — V. COUR DES PAIRS.

232. — Les juridictions administratives ne peuvent, lorsqu'elles condamnent les contrevenans aux amendes prévues par les lois spéciales, leur faire application directe de l'art. 463, C. pén., qui est étranger à ces matières. Néanmoins en matière de voirie, ces juridictions peuvent dans certains cas modérer ces peines, en usant d'un pouvoir analogue à celui résultant de l'art. 463 en faveur des tribunaux, et que leur confère aujourd'hui formellement la loi du 23 mars 1842.

233. — L'art. 1er, L. 23 mars 1842 sur la police de la grande voirie est, en effet, ainsi conçu : « A dater de la promulgation de la présente loi, les amendes fixes, établies par les réglemens de grande voirie antérieurs à la loi du 19-22 juill. 1791 pourront être modérées, eu égard au dégré d'importance ou aux *circonstances atténuantes* des délits, jusqu'au vingtième desdites amendes, sans toutefois que ce *minimum* puisse descendre au-dessous de 16 francs. A dater de la même époque, les amendes dont le taux, d'après ces réglemens, était laissé à l'arbitraire du juge, pourront varier entre un *minimum* de 16 fr. et un *maximum* de 300 fr.» Les atténuations arbitraires de la législation antérieure ont ainsi été remplacées par la fixation d'un *minimum*. — V. ALIGNEMENT, AMENDE, CONSEIL DE PRÉFECTURE, CONSEIL D'ÉTAT, ROULAGE, VOIRIE.

CIRCONSTANCES ET DÉPENDANCES.

Se dit des accessoires de la chose qui fait la matière de la convention. — Le plus souvent on se sert de ces mots pour indiquer tout ce qui est adjacent ou accessoire à un domaine, à une maison. — V. au surplus APPARTENANCES, DÉPENDANCES.

CIRCULAIRES MINISTÉRIELLES.

1. — Instructions rédigées par les ministres pour diriger les affaires administratives et servir de règles à leurs subordonnés. — Macarel, *Elém. de dr. publ.*, p. 344.

2. — Ces actes n'obligent les fonctionnaires que dans la sphère de leurs fonctions ; ils n'auraient l'autorité de l'ordonnance que dans le cas où le roi les aurait revêtus de son approbation. — Foucart, *Elém. de dr. admin.*, t. 1er, n° 404.

3. — A plus forte raison, quand ils contiennent une explication de la loi, n'ont-ils que l'autorité d'une opinion privée.

4. — Les circulaires et décisions ministérielles ne sont pas obligatoires pour les tribunaux.— *Cass.*, 11 janv. 1816, Procureur du roi de Corte c. Vincensini ; *Amiens*, 31 déc. 1824, Avoués de Beauvais.

5. — Les décisions ministérielles ne peuvent anéantir ni suspendre l'effet des lois pénales. — *Cass.*, 28 juill. 1814, Claude Gérard.

6. — Ce serait une erreur que de voir une dérogation à cette règle dans les remises que le ministre des finances accorde en matière de doubles droits d'enregistrement ou d'amende; car ce ministre n'agit pas dans ce cas en vertu d'un pouvoir qui lui soit propre, mais par suite d'une délégation du droit de grace qu'il tient du pouvoir royal, auquel seul la constitution accorde le droit de faire remise d'une peine.

7. — Est non-recevable le pourvoi contre une décision ministérielle qui n'est qu'une instruction donnée par le ministre à ses subordonnés ; elle ne fait pas obstacle à ce que les parties intéressées se présentent pour faire devant qui de droit prononcer sur leur contestation.—*Cons. d'état*, 26 juin 1835, héritiers du duc de Bourbon ; 17 janv. 1814, Siéber et Pleyel.

8. — Ainsi, les circulaires ministérielles ne doivent jamais être considérées comme des décisions, et lorsqu'elles se réfèrent à une décision antérieure, c'est la décision qu'il faut attaquer et non la lettre ministérielle. On serait non-recevable à agir autrement.—*Cons. d'état*, 24 juin 1834, Frantz; 25 mars 1835, Bary.

9. — C'est du reste moins à la forme qu'à leur but que ces actes empruntent leur caractère; fussent-ils pris dans la forme de décisions générales ou même individuelles, s'ils ne s'adressent qu'aux fonctionnaires, s'ils ne leur indiquent qu'une mesure à prendre ou une ligne de conduite à suivre ;

si, en un mot, ils n'expriment qu'une détermination prise par l'administration supérieure, les droits des tiers ne sauraient en éprouver aucune atteinte ; on chercherait vainement à en faire résulter une décision. — *Cons. d'état*, 29 juin 1822, de Chapeau-Rouge; 26 juin 1835, héritiers du duc de Bourbon; — Dufour, *Tr. de dr. admin.*, t. 1er, p. 32.

10. — Il ressort donc de toutes les décisions qui viennent d'être rapportées que les opinions émises dans ces documens ministériels ne font jamais loi pour les citoyens et ne peuvent les enlever à leurs juges naturels. — Foucart, *Elém. de dr. publ. et admin.*, t. 1er, p. 113, no 104.

11. — ... Et que les tribunaux, sur les points réglés par les circulaires, doivent statuer selon leur conviction, et sans prendre ces circulaires et solutions pour guides. — *Cons. d'état*, 17 janv. 1814, Siéber et Pleyel.

12. — ... Que, par conséquent, les réclamations auxquelles elles donneraient lieu devraient être portées devant les tribunaux ordinaires. — Foucart, *loc. cit.*

13. — Ces avis ministériels ne sont pas destinés à une publicité générale ; il faut que la publication en soit autorisée par le ministre. — Circ. grand-juge, 17 frim. an XII ; décis. 17 janv. 1814 ; Circ. min. 18 fév. 1816.

14. — Il est défendu de rendre publiques, dans les réquisitoires, ordonnances ou jugemens, les lettres ou instructions ministérielles spéciales à des affaires déterminées. — Circul. min. justice 7 frim. an XII.

15. — Les procureurs du roi doivent tenir un registre où sont inventoriées et inscrites à la date de leur réception toutes les circulaires, lettres et dépêches officielles qui leur sont adressées à raison de leurs fonctions. — Arrêté 5 vendém. an V, art. 1er.

16. — La collection des circulaires et instructions du ministère de l'intérieur a été réimprimée à partir de 1821 ; elle se compose de six volumes in-8o, qui contiennent les circulaires et instructions de l'an IV à 1830 ; depuis 1830, les circulaires du ministre de l'intérieur sont publiées mensuellement dans un recueil intitulé *Bulletin officiel du ministère de l'intérieur*.

17. — Les circulaires, instructions et autres actes relatifs aux affaires ecclésiastiques, depuis le mois de septembre 1824, et aux affaires des cultes non catholiques, depuis le mois d'août 1830 jusqu'au 1er juillet 1840, ont été, en 1841, publiés par l'imprimerie royale. En tête de ce recueil on a placé une table chronologique et analytique des pièces insérées dans la collection du ministère de l'intérieur, dont une division était, jusqu'à 1824, chargée de l'administration des cultes catholiques, et jusqu'à 1830, de l'administration des cultes non catholiques.

18. — Les circulaires et instructions du ministère de la guerre sont imprimées dans le journal militaire officiel ; celles du ministère de la marine sont insérées dans les *Annales maritimes*. Les circulaires du ministre de l'instruction publique ont été recueillies dans une publication ayant pour titre *Bulletin universitaire* ; elle sont aussi, depuis peu de temps, publiées dans le *Journal de l'instruction publique*.

19. — Le garde des sceaux ministre de la justice a chargé de recueillir et de mettre en ordre toutes les circulaires et instructions émanées du ministère de la justice, une commission dont le travail n'est pas encore achevé. M. Gillet a publié en un volume in-8o l'*Analyse des circulaires, instructions et décisions du ministère de la justice*.

CIRCULATION.

1. — La circulation peut être considérée au double point de vue des personnes et des choses.

2. — A l'égard des personnes, la circulation n'est que l'exercice de la *liberté d'aller, venir, rester et partir*, consacré par la constitution du 3 sept. 1791 (tit. 1er), et comprise comme s'y liant intimement, dans les garanties accordées à la liberté individuelle par les constitutions subséquentes et les chartes de 1814 et de 1830.

3. — Cependant la libre circulation des personnes a été soumise à certaines restrictions que l'intérêt général justifiait suffisamment : telles sont notamment la nécessité pour quiconque veut voyager de se munir d'un passeport, l'obligation pour les condamnés libérés placés sous la surveillance de la haute police de déclarer le lieu qu'ils choisissent pour leur résidence, ou la défense qui leur est faite de se rendre dans certains lieux, la défense dans certains cas de marcher en réunion, l'autorisation donnée au gouvernement de fixer la résidence des étrangers réfugiés sur le territoire français, etc. — V. ATTROUPEMENS, BANDES ARMÉES, PASSEPORT, RÉFUGIÉS, SURVEILLANCE.

4. — Les corps municipaux, aujourd'hui les maires, tiennent de la loi du 16-24 août 1790 (tit. 9, art. 3) le droit et le devoir d'assurer la sûreté et la commodité de la circulation sur la voie publique, et les Codes rural du 6 oct. 1791 et pénal de 1810, répriment les diverses atteintes qui pourraient y avoir été portées soit par des dépôts de matériaux, des excavations, ou des embarras faits sur les rues et places. — V. notamment C. pén., art. 471 4o et 5o, et 479 4o.

5. — En ce qui concerne les choses, marchandises et denrées, la liberté de la circulation est, comme pour les personnes, le droit commun.

6. — Et la constitution du 3 sept. 1791 imposait aux commissaires du roi près les tribunaux de dénoncer au directeur du jury les attentats contre la libre circulation des subsistances.

7. — Quelques restrictions ont été également apportées à la libre circulation des choses.

8. — Ainsi les subsistances, et notamment les grains, sont soumises, eu égard à leur importance et à l'influence que leur rareté ou leur abondance peut exercer sur la tranquillité publique, à un régime tout spécial qui permet soit d'en défendre, soit d'en autoriser la libre circulation à l'intérieur, l'introduction ou la sortie du royaume. — V. notamment L. 21 prair. an V, décr. 4 mai 1812. — V. GRAINS.

9. — Les denrées, productions ou marchandises des cru, produits ou manufactures de France, colonies ou possessions de France, ne peuvent être transportées d'un port français à un autre port français par des bâtimens étrangers. — Acte de navigation du 21 sept. 1793, art. 4. — V. CABOTAGE.

10. — Certaines marchandises ou matières, fabriquées ou non, ne peuvent, dans des vues protectrices de l'industrie ou de la sûreté nationale, être importées ou exportées, ou sont assujéties, à leur entrée ou à leur sortie, à des droits fixés par des lois ou ordonnances spéciales ; leur circulation ne peut donc, surtout dans le rayon frontière, avoir lieu qu'à l'aide de passavants, acquits à caution, certificats, etc., destinés à assurer la représentation des marchandises ou à constater soit leur identité, soit l'acquittement des droits qui les frappent. — V. DOUANES.

11. — La circulation de divers objets est également interdite *de nuit* dans la distance d'un kilomètre des côtes ou des rives des fleuves, rivières et canaux qui conduisent de la mer dans les ports intérieurs. — L. 8 flor. an XI, art. 85. — V. DOUANES.

12. — Les boissons, cartes à jouer, poudres, tabacs ne peuvent non plus circuler dans l'intérieur qu'autant que les conducteurs ou voituriers sont munis d'expéditions délivrées par l'administration des contributions indirectes ; le droit auquel le transport en est assujéti prend le nom de *droit de circulation*. — V. BOISSONS, CARTES A JOUER, CONTRIBUTIONS INDIRECTES, POUDRES, TABACS.

CIRE, CIRIERS.

1. — Les blanchisseries de cire sont imposées par la loi du 25 avr. 1844, sur les patentes, à : 1o un droit fixe de 25 fr. pour un nombre de cinq ouvriers ou au-dessous, plus 3 fr. par chaque ouvrier en sus, jusqu'au *maximum* de 200 fr. ; — 2o un droit proportionnel du vingtième de la valeur locative de la maison d'habitation et des magasins de vente complétement séparés de l'établissement, du vingt-cinquième de la valeur locative de l'établissement industriel.

2. — Les blanchisseurs de cire qui emploient moins de six ouvriers, et les marchands ciriers sont rangés dans la quatrième classe des patentables, et imposés à : 1o un droit fixe établi d'après le chiffre de la population de la ville ou commune où est situé l'établissement ; — 2o un droit proportionnel du vingtième de la valeur locative de la maison d'habitation et des locaux servant à l'exercice de la profession.

3. — Pour ce qui concerne les marchands de cire brute, V. MIEL.

4. — Les fabricans de cire à cacheter sont rangés dans la même classe que les marchands ciriers (no 2), et soumis aux mêmes droits fixe et proportionnel. — V. PATENTE.

5. — Quant aux fabriques de cire à cacheter, elles sont rangées dans la deuxième classe des établissemens insalubres.

6. — Les établissemens de ciriers sont seulement placés dans la troisième classe. — V. ÉTABLISSEMENS INSALUBRES (Nomenclature).

CIRIERS.

1. — Officiers dont les fonctions consistaient à fournir la cire nécessaire pour sceller les expéditions de la grande chancellerie et à la faire préparer dans une pièce voisine de la salle où était le sceau.

2. — Ces officiers servaient par semestre ; ils étaient à la nomination des audienciers de France, et remplissaient leurs fonctions en habit noir, sans épée. — On ne connaît pas l'origine de ces offices. — Merlin, *Traité des offices*, t. 4, p. 472.

CISELEURS.

Les ciseleurs sont rangés par la loi du 25 avr. 1844, sur les patentes, dans la sixième classe des patentables, et imposés à : 1o un droit fixe établi d'après le chiffre de la population de la ville ou commune où est situé l'établissement ; — 2o un droit proportionnel du vingtième de la valeur locative de la maison d'habitation et des locaux servant à l'exercice de la profession. — V. PATENTE.

CITADELLES (Fortifications).

1. — Les citadelles ont pour objet, non seulement de servir à la défense de la place contre les troupes qui l'attaquent de l'extérieur, mais encore de protéger la garnison contre les habitans, et, au besoin, d'offrir à cette même garnison un refuge contre l'ennemi qui serait parvenu à s'emparer de la ville.

2. — Les citadelles ont à l'extérieur les mêmes limites de prohibition que celles des places fortes dont elles font partie. — Ord. 1er août 1821, art. 6.

3. — Quant aux servitudes en faveur des citadelles du côté de la ville, avant qu'aucun texte de loi n'eût statué positivement à cet égard, on a toujours supposé que la citadelle avait les mêmes zones de servitudes du côté de la place que du côté de la campagne. — Depuis, en autorisant une exception pour les bâtimens et clôtures, *par l'esplanade des citadelles*, la loi du 17 juill. 1819, art. 3, § 1er, a implicitement consacré l'existence des servitudes en question. — Delalleau, *Servitudes pour la défense des places de guerre*, nos 411 et suiv. — V. PLACE DE GUERRE, SERVITUDES MILITAIRES.

CITATION.

1. — Ce mot est synonyme d'*ajournement*. Il n'était guère d'usage autrefois qu'en matière ecclésiastique. Aujourd'hui, on l'emploie particulièrement lorsqu'il s'agit d'une assignation à comparaître soit en matière civile devant la justice de paix ou en conciliation, soit en matière criminelle devant le tribunal de police correctionnelle ou le tribunal de simple police.

2. — Les citations sont notifiées par un huissier et il en est laissé copie aux personnes assignées. — V. EXPLOIT, HUISSIER.

3. — Devant la justice de paix les parties peuvent comparaître directement ; une citation n'est pas indispensable. Il est même d'usage d'inviter par lettres les parties à comparaître devant le tribunal de paix, avant de les citer. — V. AVERTISSEMENT, JUSTICE DE PAIX.

4. — Cependant, le défaut d'avertissement préalable n'entraîne pas la nullité de la citation. — V. Chauveau sur Carré, *L. de la procéd.*, *Quest.* 5 *quater* ; Victor Foucher, *Justices de paix*, nos 476 et 486.

5. — En matière de simple police, les citations aux parties et aux témoins peuvent être faites par avertissement. — C. inst. crim., art. 169, 147 et 170.

V. AJOURNEMENT, ASSIGNATION, EXPLOIT.

CITÉ (Droits de).

1. — On donne le nom de *cité* non seulement à l'agglomération de maisons, à l'enceinte qui contient un certain nombre d'habitans soumis à une même administration, mais plutôt encore à la réunion des habitans eux-mêmes, en tant que pouvant participer aux pouvoirs publics, ainsi qu'aux priviléges communs, et désignés alors sous le nom de *citoyens*.

2. — Les droits de cité consistent dans le droit d'élire ses gouvernans, représentans ou administrateurs, de concourir à la confection des lois, de participer en un mot aux pouvoirs politiques, aux priviléges et immunités de la cité.

3. — Les droits de cité n'appartiennent pas à tous les habitans de la cité ; ils sont spécialement réservés aux citoyens proprement dits, aux membres de la corporation.

4. — Un droit aussi important que celui de cité n'était conféré dans les républiques anciennes qu'en vertu d'une loi. A Athènes, la concession en était assujétie à plusieurs conditions et à diverses formalités décrites par Plutarque (*Vie de Solon*).

5. — Le droit de cité ne s'acquérait à Rome que par la naissance (Gaïus, *Comm.*, 1, §§ 56 et suiv.), par l'affranchissement opéré conformément à cer-

duit devant les assises pour crime de provocation à la désertion, et il a été jugé que, quoique ce crime fût puni par une *loi spéciale*, les circonstances atténuantes admises par le jury devaient faire abaisser la peine d'un degré. — *Cass.*, 27 sept. 1832, Théodore Latour.

134. — Du reste, l'admission de circonstances atténuantes de la part du jury n'a d'autre effet que de diminuer la culpabilité et d'adoucir la peine; mais elle ne change point le caractère du fait déclaré constant, et, par suite, ne lui enlève pas son caractère criminel, pas plus qu'elle ne fait descendre les crimes dans la catégorie des délits correctionnels. — *Cass.*, 20 juill. 1838 (t. 1er 1839, p. 153), Vernadet.

135. — Dès-lors, dans le cas d'un faux déclaré constant avec circonstances atténuantes, la cour d'assises, autorisée à n'appliquer qu'une peine correctionnelle, ne peut déclarer elle-même de nouveau l'existence de circonstances atténuantes et réduire l'emprisonnement au-dessous d'une année, comme lorsqu'il s'agit d'un simple délit correctionnel. — Même arrêt.

136. — Par suite encore, le condamné ne peut invoquer, en pareil cas, les règles relatives à la prescription des délits. — *Cass.*, 30 mai 1839 (t. 2 1843, p. 298), Nougué et Garos.

137. — On ne peut non plus considérer comme en état de récidive légale celui qui, après avoir subi une condamnation à plus d'une année d'emprisonnement pour un premier délit, se rend coupable d'un fait qualifié crime par la loi. — *Cass.*, 6 avr. 1838 (t. 2 1839, p. 422), Guillaume; 11 avr. 1839 (mêmes volume et page), Lindel.

138. — Le paragraphe 7, art. 463, C. pén., qui permet aux juges de descendre au *minimum* de la peine, ou même à la peine inférieure, quand le jury a déclaré des circonstances atténuantes, n'est applicable qu'au cas où le *maximum* est prononcé par le Code pénal, non comme peine réduite, mais comme peine principale; en conséquence, une cour d'assises ne peut abaisser au-dessous des travaux forcés à temps la peine encourue par un accusé déclaré coupable d'incendie avec circonstances atténuantes. — *Cass.*, 16 août 1832, Antoine Hutinel.

139. — Ainsi, l'individu qui, en état de récidive, a été déclaré coupable d'un crime entraînant la peine des travaux forcés à temps, mais en faveur duquel le jury a reconnu l'existence de circonstances atténuantes, rentre dans les cas d'application du paragraphe 7, art. 463, C. pén., et ne peut, dès lors, être condamné à une peine excédant le *minimum* de celle des travaux forcés. — *Cass.*, 31 (et non 21) mars 1840 (t. 2 1843, p. 220), Legrand; 1er mars 1838 (t. 1er 1838, p. 477), Radamel; 22 juill. 1836 (t. 1er 1837, p. 62), Harion. — V. aussi *Cass.*, 31 juill. 1834 (et non 1838), Gonthier.

140. — Dès-lors, si l'accusé a été déclaré coupable avec des circonstances atténuantes d'un crime qui ne devait entraîner que la peine des travaux forcés, la cour n'a pu, en raison de l'état de récidive, élever cette peine et la porter jusqu'au double. — *Cass.*, 22 juill. 1836 (t. 1er 1837, p. 62), Harion.

141. — L'accusé condamné à la réclusion pour crime de fausse monnaie ne peut, lorsqu'il est en état de récidive, être exempté de l'exposition publique, encore bien que le jury ait déclaré qu'il existe en sa faveur des circonstances atténuantes. — *Cass.*, 9 janv. 1834, Servais.

142. — Il en est de même de l'individu condamné à la réclusion pour crime de faux en écriture privée, en faveur duquel le jury a déclaré l'existence de circonstances atténuantes. — *Cass.*, 16 janv. 1834, Bousquet.

143. — L'existence de circonstances atténuantes admises par le jury en faveur de l'accusé déclaré coupable de vol avec fausses clés dans un édifice dépendant d'une maison habitée, ne permet qu'une réduction de la peine jusqu'à un emprisonnement de deux à cinq ans; en conséquence, est nul l'arrêt qui, en pareil cas, a réduit l'emprisonnement à un an. — *Cass.*, 27 juin 1833, Lacombe.

144. — Lorsqu'il s'agit d'un crime emportant la peine de la réclusion, l'admission de circonstances atténuantes a pour effet de faire substituer à cette peine de simples peines correctionnelles, et non d'appliquer la peine de la réclusion pour un temps moindre que son *minimum*, et notamment pour trois années seulement. — *Cass.*, 26 déc. 1835 (intérêt de la loi), Belasco.

145. — La surveillance de la haute police est une peine commune aux matières criminelles et correctionnelles (C. pén., art. 11). En matière criminelle cette peine s'applique de plein droit (C. pén., art. 47), c'est à-dire obligatoirement et par la seule puissance de la loi; et comme elle résulte du seul fait de la condamnation, l'arrêt de la cour d'assises n'a même pas à s'expliquer en ce qui la concerne. Une déclaration de circonstances atténuantes du jury ne saurait donc donner à la cour le pouvoir de soustraire le condamné à cette surveillance pour l'époque où il aura subi sa peine.

Sect. 2e. — *Déclaration des circonstances atténuantes par la cour d'assises.*

146. — Il résulte des termes de l'art. 463 que la loi, en créant le droit de déclarer des circonstances atténuantes en matière criminelle, n'a pas exprimé que ce droit pourrait appartenir à un autre pouvoir que le jury. On s'est demandé si toute atténuation de peine serait dès-lors impossible dans les affaires où la cour d'assises procède sans assistance de jurés, et notamment si, en matière de contumace, où les choses se passent ainsi, la cour d'assises n'aurait pas le droit de déclarer l'existence de ces circonstances et de baisser la peine? — La cour de Cassation s'est prononcée pour la négative.

147. — Elle a jugé en effet que la cour d'assises ne peut déclarer qu'il existe des circonstances atténuantes en faveur d'un accusé qu'elle juge par contumace. — *Cass.*, 4 mars 1842 (t. 1er 1842, p. 585), Fauchereau. — La cour se fonde 1° sur les termes de l'art. 463, qu'elle considère comme limitatifs; — 2° sur cette considération que la révélation des circonstances atténuantes ne peut résulter que d'un débat oral et contradictoire.

148. — Plusieurs criminalistes s'élèvent cependant avec force contre cette doctrine: rien dans la loi, disent-ils, n'indique que l'existence des circonstances atténuantes ne puisse être constatée qu'à l'aide d'un débat oral et contradictoire, et lorsqu'une information a eu lieu, l'instruction écrite peut donner au juge les moyens de préciser le véritable caractère des faits. Aussi la cour peut-elle écarter les circonstances aggravantes, et même acquitter l'accusé. De ce que les élémens des circonstances atténuantes seront moins souvent reconnus en l'absence de débats il ne faut pas conclure qu'ils ne le seront jamais. D'ailleurs, la cour peut réduire le fait aux proportions d'un délit et appliquer alors des peines correctionnelles (V. le nº suivant); elle peut statuer sur les cas d'excuses que présenterait la procédure. Or, les circonstances atténuantes ne sont-elles pas, quant à leur nature, des excuses non définies par la loi et dévolues à l'appréciation du juge? La cour d'assises fait donc fonctions de jurés en matière de contumace, et dès lors elle doit réunir les pouvoirs que dans les cas ordinaires la loi défère au jury. Il y a contradiction lorsqu'on reconnaît à la cour le droit d'atténuer la peine quand le fait qui lui est soumis a le caractère d'un délit en lui refusant cependant la même faculté lorsqu'elle doit se prononcer sur un crime. — V. Berriat Saint-Prix, *Revue étrangère de législ.*, 1842, t. 9, p. 521; Chauveau et Hélie, *Th. du C. pén.*, t. 6, p. 298 (2e édit.); Le Sellyer, t. 1er, nº 294.

149. — Lorsque le fait coupable auquel la cour d'assises doit appliquer les peines prévues par la loi n'est puni que d'une peine correctionnelle, c'est à la cour et non au jury qu'il appartient de reconnaître et de déclarer l'existence de circonstances atténuantes. La cour dans ce cas remplit les fonctions et exerce les pouvoirs d'un tribunal correctionnel. — *Cass.*, 11 août 1832, Pitrat; *C. assis., Pas-de-Calais*, 8 juin 1832, Milent; — Chauveau et Hélie, *Th. du C. pén.*, t. 6, p. 307 (2e édit.).

150. — Jugé en conséquence qu'en matière correctionnelle il n'appartient pas au jury de prononcer sur l'existence des circonstances atténuantes. Néanmoins, la déclaration claire, précise et légale du jury sur le fait de la prévention, ne peut être viciée par la déclaration qu'il a faite de l'existence de circonstances atténuantes. — *Cass.*, 18 mai 1833, Pételin.

151. — Dès-lors lorsque, d'après les réponses du jury, le fait de l'accusation n'a que les caractères d'un délit correctionnel, la cour d'assises n'est pas tenue de modérer la peine, quoique le jury ait déclaré qu'il y avait dans la cause des circonstances atténuantes. — *Cass.*, 7 déc. 1832, Lhospitalier; 19 janv. 1833, Chauveau; 8 mars 1833, Mercier.

152. — Dans ce cas, la déclaration du jury doit être considérée comme non écrite. — *Cass.*, 15 fév. 1834, Fitz-James.

153. — Il en est de même en matière des délits de presse et des délits politiques soumis au jury par la loi du 8 octobre 1830; la déclaration du jury relative aux circonstances atténuantes doit être réputée non écrite, alors même qu'elle aurait été provoquée par l'avertissement y relatif donné à tort par le président. — *Cass.*, 15 fév. 1834, Fitz-James; 2 fév. 1837 (t. 2 1837, p. 154), Goubert; — Duvergier, *Coll. des Lois*, p. 124, note 1re sur l'art. 5, L. 28 avr. 1832 (341 C. inst. crim.); Le Sellyer, t. 1er, nº 299. — V. toutefois Rauter, *Dr. crim.*, t. 1er, nº 83.

154. — En effet, bien que, dans ces incriminations, la constatation de la culpabilité ne puisse être faite que par le jury, la cour a seule compétence pour admettre des circonstances atténuantes lorsque la loi permet de les déclarer. — Duvergier, *Coll. des Lois*, 1830, p. 272; Le Sellyer, nº 301.

155. — Toutefois, l'atténuation de peines est légalement prononcée lorsqu'il résulte de l'arrêt que la cour d'assises s'est approprié la déclaration du jury sur l'existence des circonstances atténuantes. — *Cass.*, 19 janv. 1833, Chauveau; — Chauveau et Hélie, t. 6, p. 311.

156. — Mais la cour doit se renfermer soigneusement dans ces limites, et aucune considération ne pourrait l'autoriser à faire une pareille déclaration lorsque le fait coupable est qualifié crime par la loi.

157. — Dans ce cas, la cour d'assises excéderait ses pouvoirs si elle n'appliquait que des peines correctionnelles sur des motifs pris des circonstances modificatives qui seraient résultées des débats. — *Cass.*, 20 janv. 1826, Blanc.

158. — Du reste, l'art. 463 ne s'appliquant qu'aux dispositions contenues dans le Code pénal, les circonstances atténuantes ne peuvent pas être étendues à la plupart des délits de la presse à cause du silence des lois spéciales sur cette applicabilité (V. *suprà* nº 153). — Merlin, *Rép.*, vº *Peines*, § 14; Bourguignon, *Jurisp. cod. crim.*, sous l'art. 463, C. pén., nº 2; Parant, *Lois de la presse*, p. 189; Chassan, *Traité des délits de la parole*, t. 1er, p. 171, nº 2; de Grattier, *Comment. sur les lois de la presse*, t. 1er, p. 300, nº 4, et t. 2, p. 244, nº 1er; Le Sellyer, nº 302. — V. cependant Carnot, sous l'art. 463, C. pén., nº 7.

159. — Ainsi jugé que l'art. 463, C. pén., ne saurait être appliqué aux délits prévus par la loi du 17 mai 1819. — *Cass.*, 27 mai 1837 (t. 1er 1837, p. 557), Bailly.

160. — Qu'en conséquence les peines encourues pour fait de provocation publique à un délit non suivi d'effet, ne peuvent pas être modérées en vertu de cet article. — *Cass.*, 13 sept. 1832, Clausel.

161. — Il est cependant certains délits de la presse auxquels la cour d'assises a le droit d'appliquer l'art. 463: ces délits, indiqués par l'art. 14, L. 25 mars 1822, sont: 1° l'outrage public fait à raison de leurs fonctions ou de leur qualité à un membre de l'une des deux chambres, à un fonctionnaire public ou à un ministre d'une des religions reconnues par l'état; — 2° le même outrage fait à un juré à raison de ses fonctions, ou à un témoin à raison de sa déposition; — 3° les cris séditieux publiquement proférés; — 4° et l'enlèvement ou la dégradation des signes publics de l'autorité royale, opérés en haine ou mépris de cette autorité.

162. — C'est dans ce cas notamment que la question des circonstances atténuantes ne rentre point dans les attributions du jury et doit être réservée à la cour d'assises. — *Cass.*, 15 mars 1838 (t. 2 1839, p. 480), Danicourt. — V. DÉLITS DE PRESSE.

163. — Quant aux délits politiques définis par l'art. 7, L. 8 oct. 1830, la cour d'assises peut leur faire application de l'art. 463, soit comme ayant été qualifiés par le Code pénal (V. *suprà* nº 158), soit en vertu de la loi du 25 mars 1822, art. 9 et 14 de cette loi. — V. DÉLITS POLITIQUES.

164. — Quant à l'étendue des pouvoirs de la cour d'assises, quand c'est elle qui est appelée à reconnaître les circonstances atténuantes, et aux effets de ces circonstances déclarées par elle, ils sont les mêmes que pour les tribunaux correctionnels.

CHAPITRE III. — *Tribunaux de police correctionnelle.*

Sect. 1re. — *Etendue du droit des tribunaux correctionnels.*

165. — En ce qui concerne les tribunaux correctionnels, nous avons vu que le droit qui leur appartient de déclarer des circonstances atténuantes dans les affaires qui leur sont soumises remonte au Code pénal de 1810 ou plutôt au Code du 3 brum. an IV; toutefois, la loi de 1832 a apporté quelque changement à leurs pouvoirs à cet égard et leur a donné plus de latitude.

166. — Les différences qui distinguent le nouvel art. 463 de l'ancien, en ce qui concerne les délits seulement, consistent: 1° dans la suppression de la condition d'un préjudice inférieur à 25 fr.; — 2° dans l'extension des circonstances atténuantes au cas de récidive; — 3° enfin dans l'autorisation

donnée aux juges de substituer l'amende à l'emprisonnement.

167. — Les circonstances atténuantes doivent, pour les délits comme pour les crimes, par les tribunaux correctionnels comme par les cours d'assises, être puisées dans le fait poursuivi lui-même ou dans des faits qui s'y rapportent; les tribunaux ne peuvent donc atténuer les peines prononcées par la loi en se fondant sur des circonstances qui, indépendantes et distinctes de ce fait, se rattachent uniquement à un fait autre que celui de la prévention.

168. — En conséquence, lorsqu'un limonadier en état de récidive a gardé plusieurs individus dans son café après l'heure indiquée pour sa clôture par un réglement de police, le tribunal ne peut atténuer la peine par lui encourue, sous le prétexte qu'en refusant en termes inconvenans au commissaire de police de lui ouvrir la porte de son café, il n'avait pas eu l'intention de l'offenser. — *Cass.*, 24 janv. 1834, Ganella.

169. — Un tribunal excède ses pouvoirs en écartant l'application de la peine de la récidive, sur le motif que le ministère public n'aurait pas usé de toute la modération ni de toutes les convenances de langage que ne doit jamais abandonner un fonctionnaire public. — *Cass.*, 20 oct. 1835, Blavot.

170. — L'art. 463, C. pén., qui permet aux juges de modérer la peine, lorsque les circonstances paraissent atténuantes, s'applique même au cas où la loi a établi un *minimum* de peine. — *Cass.*, 24 déc. 1824, Hours.

171. — Du reste, depuis la loi de 1832, les tribunaux, pas plus que les cours d'assises ou le jury, ne sont tenus de spécifier en quoi consistent les circonstances atténuantes qu'ils admettent; il leur suffit de déclarer qu'il en existe, sans autre motif (V. *suprà*, n° 26). — Bourguignon, art. 463, C. pén., n° 1er, *in fine*; Massabiau, *Man. du proc. du roi*, t. 2, n° 1287.

172. — Toutefois, quelle que soit l'omnipotence des magistrats pour l'appréciation des circonstances atténuantes, il faut néanmoins, selon une lettre de M. le procureur général près la cour de Rennes du 6 août 1811, que la déclaration de leur existence ne soit pas en contradiction avec les faits déclarés constans : ainsi, par exemple, si, en matière de coups, on peut être excusé pour avoir porté un coup à l'occasion d'une rixe, et dans un moment de colère, il n'en est pas de même lorsqu'on a poursuivi quelqu'un pour le frapper : le temps qui se passe avant qu'on puisse atteindre la personne à qui l'on en veut permet de réfléchir, et des coups portés avec réflexion ne doivent pas être facilement excusés. — Massabiau, *Man. du proc. du roi*, t. 2, n° 1291.

173. — Il est constant que l'art. 463 est applicable à tous les délits prévus par le Code pénal, *sans exception aucune*.

174. — Ainsi l'art. 463 est applicable à l'art. 198 aussi bien qu'à toutes les autres dispositions du Code : le mot *toujours*, employé dans ce dernier article, veut dire que les tribunaux doivent prononcer contre les fonctionnaires publics, pour les cas qui y sont spécifiés, et en matière correctionnelle, le *maximum* de la peine, à moins qu'il n'y ait des circonstances atténuantes. — *Cass.*, 27 juin 1834, Ludwig; — Chauveau et Hélie, *Th. du C. pén.*, t. 4, p. 272.

175. — La tentative de corruption d'un agent de l'administration est susceptible de l'application de l'art. 463, C. pén., comme tout autre délit. — *Cass.*, 21 mars 1828, Notté. — V. C. pén., art. 179.

176. — Il en est de même des outrages faits à un fonctionnaire public à l'occasion de l'exercice de ses fonctions, outrages punis par les dispositions combinées de l'art. 6, L. 25 mars 1822, et des art. 328 et 329, C. pén. — *Cass.*, 11 mars 1839 (t. 2 1839, p. 389), Lagarde.

177. — Jugé même que l'art. 463, C. pén., relatif aux circonstances atténuantes, s'applique même aux pénalités déterminées par des lois antérieures, lorsqu'elles ont été en partie modifiées ou rappelées par le Code pénal. — En conséquence les peines prononcées par le Code civil contre les officiers de l'état civil pour les délits relatifs à la tenue des actes concernant le mariage, ayant été rappelées par le Code pénal, peuvent être modérées par l'admission de circonstances atténuantes. — *Bastia*, 1er oct. 1844 (t. 1er 1845, p. 248), Giudicelli.

178. — Spécialement, l'officier de l'état civil qui a procédé au mariage d'un fils majeur de trente ans, sans exiger la représentation d'un acte respectueux à défaut du consentement exprès de la mère du conjoint peut, en raison des circonstances atténuantes, n'être condamné qu'à une modique amende. — Même arrêt.

179. — Mais le législateur de 1832 a cru devoir, en ce qui concerne les délits, admettre le principe de la législation antérieure et décider que les circonstances atténuantes ne seraient applicables qu'aux délits prévus par le Code pénal.

180. — Il résulte de ce principe que l'application des circonstances atténuantes aux lois spéciales ne peut être faite que dans ces limites et pour les cas que ces lois ont formellement précisés. On a pensé que le silence de ces lois sur cette applicabilité démontrait suffisamment qu'il n'avait pas été dans la pensée de leurs auteurs de la consacrer. — Bourguignon, *Code pénal*, art. 463, n° 2.

181. — Jugé en effet que la dernière disposition de l'art. 463 ne s'applique pas aux peines portées par des lois spéciales. — *Cass.*, 13 sept. 1832, Clausel; 27 sept. 1832, Théodore Latour; *Bruxelles*, 22 mars 1834, Devis; — de Grattier, *Comment. sur les lois de la presse*, t. 1er, p. 300, n° 3.

182. — Et cela, lors même que le prévenu est en état de récidive. — *Cass.*, 7 sept. 1837 (t. 2 1837, p. 404), Lenoble.

183. — Spécialement, l'art. 463, C. pén., sur les circonstances atténuantes, n'est applicable ni à l'art. 6, L. 9 juin 1819, ni à aucune des dispositions de la loi du 18 juill. 1828. — *Paris*, 23 nov. 1831, Mugnet; *Montpellier*, 11 juin 1838 (t. 2 1838, p. 431), Marcou.

184. — ... Non plus qu'au réglement-loi, sur les messageries, du 24 nov. 1829. — *Bruxelles*, 22 mars 1834, Devis.

185. — ... Ni à l'immixtion illicite dans le transport des lettres, réprimée par l'art. 5, décr. 27 prair. an IX. — *Cass.*, 12 juill. 1834, Gautier; *Limoges*, 14 janv. 1836, Multon.

186. — ... Ni aux délits et contraventions commis en matière forestière. — *Cass.*, 15 mars 1840 (t. 1er 1841, p. 105), Pellet.

187. — L'art. 463, applicable aux pénalités écrites dans la loi de 1834, relative à la détention de poudre de guerre, ne peut être étendu aux peines pécuniaires prononcées par la loi de l'an V et le décret du 23 pluv. an XIII, dont les dispositions distinctes et séparées sont maintenues en leur force et vigueur. — *Cass.*, 18 avr. 1835, Contrib. ind. c. Lalu; même jour, Richer.

188. — L'application des circonstances atténuantes est repoussée par les lois relatives aux délits commis en matière de douanes, de contributions indirectes, de postes, de poudres et salpêtres, de chasse. — V. CHASSE, CONTRIBUTIONS INDIRECTES, DOUANES, POSTES, POUDRES ET SALPÊTRES.

189. — Les lois du 21 mars 1832 sur le recrutement (art. 46), du 16 fév. 1834 sur les crieurs publics (art. 2), du 10 avr. 1834 sur les associations (art. 2), du 24 mai 1834 sur les détenteurs d'armes et de munitions de guerre (art. 11), du 2 mai 1837 sur les télégraphes (art. unique), du 30 juin 1838 sur les aliénés (art. 41) ont, au contraire, consacré l'application des circonstances atténuantes aux délits sur lesquels elles ont disposé. — V. ALIÉNÉS, ARMES, ASSOCIATIONS ILLICITES, CRIEURS PUBLICS, RECRUTEMENT, TÉLÉGRAPHES.

Sect. 2e. — *Effets de la déclaration des circonstances atténuantes par les tribunaux de police correctionnelle.*

190. — L'admission de circonstances atténuantes par le tribunal correctionnel lui donne le droit de modérer les peines prévues par l'art. 403, § 3, de la manière déterminée par cette disposition. Il ne pourrait, en retranchant l'une de ces peines, dépasser le *maximum* de l'autre.

191. — Ainsi, l'amende dont la loi punit l'abus de confiance, et qui ne peut excéder le quart des restitutions et des dommages-intérêts dus aux parties lésées, ni être moindre de 25 francs, ne doit jamais dépasser le *maximum* fixé par la loi, encore bien que la cour royale, usant du pouvoir que la loi lui confère lorsqu'il y a déclaration de circonstances atténuantes, ait déchargé le prévenu de la peine d'emprisonnement pour n'appliquer que l'amende. — *Cass.*, 7 mars 1844 (t. 1er 1844, p. 780), Dehoux.

192. — Mais cet article peut-il être appliqué à d'autres peines que l'emprisonnement ou l'amende? La jurisprudence a paru proscrire pendant plusieurs années l'extension de l'article à d'autres peines que celles qu'il prévoit textuellement; mais depuis, entraînée par un intérêt d'humanité, elle paraît s'être fixée dans le sens opposé.

193. — Spécialement, lorsqu'un délit que la loi punit de la peine de la surveillance de la haute police est soumis à la juridiction correctionnelle, on s'est demandé si le juge, reconnaissant l'existence de circonstances atténuantes, pouvait en exempter le prévenu, malgré le silence que garde à cet égard l'art. 463.

194. — La négative a été jugée pendant plusieurs années pour le cas de récidive, prévu par l'art. 58, C. pén.

195. — Ainsi, jugé que l'art. 463, C. pén., qui permet aux tribunaux de réduire la peine d'emprisonnement et celle de l'amende, même en cas de récidive, lorsqu'il existe des circonstances atténuantes, n'est pas applicable à la surveillance de la haute police. — *Cass.*, 8 mars 1833, Jean Mailly; *Colmar*, 8 sept. 1833, Weber; *Douai*, 5 juin 1835, Prévost; 22 oct. 1835, Raspail.

196. — La cour de Cassation n'a pas tardé à revenir sur cette jurisprudence, et a décidé que les tribunaux investis par l'art. 463, C. pén., non seulement du droit de modifier la peine d'emprisonnement, mais même de la retrancher, en cas de récidive, lorsqu'il existe des circonstances atténuantes, peuvent, à plus forte raison, se dispenser de prononcer le renvoi sous la surveillance de la haute police. — *Cass.*, 2 janv. 1836, Raspail. — V. RÉCIDIVE.

197. — Le même revirement s'est manifesté dans l'application que la cour de Cassation a dû faire du principe au délit de vagabondage puni par l'art. 271, C. pén., et à celui de mendicité, puni par l'art. 282 du même Code.

198. — Ainsi, jugé que l'art. 463, C. pén., qui permet aux tribunaux de modérer la peine de l'emprisonnement et celle de l'amende, quand les circonstances paraissent atténuantes, ne s'applique pas à la surveillance de la haute police encourue pour délit de mendicité. — *Cass.*, 12 mars 1835, Tourbatte; même jour, Streichenberger; 23 sept. 1837 (t. 1er 1838, p. 113), Sachevales.

199. — Mais jugé depuis que les mendians peuvent être dispensés de la surveillance en vertu de l'art. 463, C. pén. — *Cass.*, 26 juin 1838 (et non 1836), [ch. réun.] (t. 2 1838, p. 24), Sachevola ou Sachevales; même jour (indiqué à la fin de l'arrêt précédent), Patissier; *Nîmes*, 15 nov. 1837 (t. 1er 1838, p. 113), Sachevales; *Cass.*, 24 nov. 1838 (t. 1er 1839, p. 39), Mondini. — V. MENDICITÉ.

200. — Il en est de même en matière de vagabondage. — *Cass.*, 18 juill. 1833, Petit; 25 juin 1835, Roth; 6 janv. 1838 (t. 1er 1838, p. 197), Modeste; *Paris*, 26 janv. 1837 (t. 1er, 1837, p. 53), Arloly; *Douai*, 11 avr. 1836 (t. 1er 1837, p. 52), C...; *Paris*, 23 nov. 1837 (t. 2 1837, p. 473), Modeste; *Cass.*, 26 avr. 1839 (t. 2 1839, p. 421), Dedien.

201. — On ne peut qu'approuver la doctrine adoptée par la jurisprudence actuelle sur ces divers points. La surveillance de la haute police est une mesure de précaution, une garantie qui n'est nécessaire que lorsque la peine principale a une certaine gravité; d'ailleurs les circonstances atténuantes ont pour effet d'autoriser le juge à faire application des peines de simple police, et la surveillance est incompatible avec ces dernières peines. — V. Chauveau et Hélie, *Th. du C. pén.*, t. 6, p. 317 (2e édit.).

202. — Contrairement aux trois cas qui précèdent, les juges auxquels sont soumis les délits prévus par l'art. 401, C. pén., ont, aux termes de cet article, la faculté et non l'obligation de soumettre le prévenu à la surveillance de la haute police pour cinq ans au moins et dix ans au plus. Mais lorsque les tribunaux jugent à propos d'appliquer cette peine, ils ne peuvent en changer les conditions, et même, en admettant des circonstances atténuantes, ils ne peuvent dépasser le *minimum* fixé par la loi.

203. — Jugé que, dans ce cas, les tribunaux ne peuvent, même en reconnaissant l'existence de circonstances atténuantes, réduire la durée de la surveillance à moins de cinq années. — *Cass.*, 2 sept. 1837 (t. 2 1837, p. 597), Papoulet; même jour (t. 1er 1838, p. 115), Reynaud; 2 sept. 1826 (int. de la loi), Caubet; 5 mars 1825 (int. de la loi), Lefournier; 7 août 1834, Jusselin. — V. cependant *Paris*, 23 nov. 1837 (t. 2 1837, p. 473), Modeste; *Nîmes*, 28 déc. 1837 (t. 1er 1838, p. 115), Reynaud.

204. — MM. Chauveau et Hélie (*Th. du Code pén.*, t. 1er, p. 227), reconnaissent qu'on ne trouve dans la loi aucun texte qui autorise cette atténuation. Cependant, invoquant les lois des 10 avr. et 24 mai 1834, qui permettent de prononcer la surveillance depuis un mois jusqu'à deux ans, ils demandent pourquoi cette peine resterait seule inflexible dans sa durée. — Le législateur a sans doute pensé que la surveillance de la haute police prononcée pour un ou plusieurs mois serait une peine insignifiante et d'une exécution difficile. Le *minimum* est sans doute trop élevé; mais la loi est positive, et quelles que soient les améliorations que l'on puisse y introduire un jour, il faut, tant qu'elle existe, s'y conformer scrupuleusement.

205. — Les juges correctionnels peuvent également, en vertu de l'art. 463, exempter le prévenu de la peine de l'interdiction des droits civiques, civils et de famille, prononcée par l'art. 42, C. pén.,

taines prescriptions (*Institutes*, liv. 1er, tit. 5, 6 et 7), et enfin par une décision spéciale prise d'abord par le peuple et le sénat, puis par l'empereur.— Blondeau, *Crestomathie*, p. 45 et suiv. — Il se perdait par la *maxima* et la *media capitis deminutio* (Gaïus, *Comm.* 1, § 160 et suiv.), par la renonciation expresse ou tacite, ce qui comprenait la natura-lisation dans une autre cité, et vers les derniers temps, par certaines condamnations.

6.— Autrefois, en France, le droit de *cité*, appelé aussi droit de bourgeoisie, était un droit royal. Il appartenait au roi seul (Chapuis, *Traité du dom.*; Bacquet, *Droits de just.*, chap. 7). Lui seul avait le pouvoir de gratifier les étrangers des mêmes pri-vilèges que les autres bourgeois et citoyens. — V. BOURGEOISIE.

7.— Le droit de bourgeoisie, qui avait été évi-demment recherché et réglé dans le cours des douzième et treizième siècles, a été supprimé en 1789.

8.— Cependant, certaines villes concèdent en-core aujourd'hui le droit de cité ou de bourgeoi-sie. Mais ce droit, simplement honorifique, ne confère aucun droit utile; c'est un honneur qu'une ville importante veut faire à un personnage dis-tingué qui n'est pas né dans son sein.

V. CITOYEN, DROITS CIVILS , DROITS CIVIQUES , ÉTRANGER, FRANÇAIS.

CITERNE.

1.— Réservoir souterrain destiné à recevoir et conserver les eaux pluviales.

2.— Les citernes peuvent être appuyées contre un mur mitoyen, pourvu qu'elles en soient sépa-rées par un contre-mur dont la coutume de Paris fixait l'épaisseur (art. 191) à un demi-pied, et qu'elles soient elles-mêmes revêtues de murs suffisam-ment solides pour contenir la pesanteur de l'eau et empêcher les infiltrations.—Merlin, *Rép.*, v° *Ci-terne*; Duvici, *Cours d'eau*, t. 2, n° 875.

3.— Cette solution était toutefois contestée par quelques auteurs; ils s'appuyaient sur les coutu-mes de Paris, Orléans et Calais qui défendaient d'établir des *fosses* à eau à moins de six pieds de dis-tance en tous sens des murs voisins ou mitoyens. —Mais Merlin (*loc. cit.*), d'accord avec Desgodets (art. 217, *Cout. Paris*, n° 40), fait remarquer avec raison que les *fosses* à eau destinées à absorber et à perdre les eaux de toute nature, ne doivent point être confondues avec les citernes établies dans le but de conserver les eaux de pluie, et que dès-lors les dispositions des coutumes invoquées ne peuvent, en aucune façon, être appliquées à ces dernières.

4.— Quoiqu'il en soit, si le voisin en éprouvait quelque préjudice, soit par l'infiltration des eaux, soit par tout autre motif, il lui serait dû une in-demnité par le propriétaire de la citerne.—Perrin, *Code de la contiguïté*, n° 1150; Toussaint, *Code de la propriété*, n° 966.

5.— Tout ayant-droit à une citerne commune peut contraindre ses cointéressés à supporter les réparations et frais nécessités par l'entretien de la citerne.—Merlin, *Rép.*, v° *Citerne*; Perrin, *Code des constructions*, v° *Citerne*, n° 1151.

6.— L'usage des eaux pluviales appartient au premier occupant.—Chacun peut donc établir sur son mur une citerne, sauf à se conformer aux règles établies par la loi ou par l'usage.—V. Prou-dhon, *Domaine public*, t. 4, n° 1340.

7.— Mais on ne pouvait anticiper dans ce but sur la voie publique, n'y eût-il même à cet égard aucune prohibition administrative.

8.—Jugé que le prévenu, poursuivi pour avoir, contrairement à un arrêté du maire, creusé une fosse ou citerne sur la voie publique, ne peut être excusé sur le motif que le conseil municipal l'a affranchi de la prohibition portée par cet arrêté; le conseil municipal n'étant pas investi d'un pareil droit.—Il ne peut non plus être excusé comme ayant agi de bonne foi. — Cass., 29 mai 1835, Mo-rand-Rolla.

9.— Toutefois, l'eau de pluie, une fois réunie dans une citerne, cesse d'appartenir au premier occupant pour devenir la propriété de celui auquel appartient la citerne. — Personne n'y peut donc puiser sans son consentement, sauf pourtant le cas d'incendie où la sécurité publique exige en quelque sorte les sacrifices privés. — Proudhon, *Dom. publ.*, t. 4, n° 1340.

10.— Le droit de puisage dans la citerne d'au-trui est une servitude discontinue et non appa-rente qui ne peut dès-lors s'établir que par titres. —C. civ., art. 688, 689 et 691.

11.— La cession, moyennant un prix annuel, de la jouissance de l'eau fournie à une citerne par une source éloignée constitue un bail; dès-lors le congé ne peut, si ce bail a été fait sans écrit, être

donné, aux termes de l'art. 1736, C. civ., qu'en ob-servant les délais fixés par l'usage des lieux; et la preuve de ce congé ne pourrait résulter de pré-somptions, alors surtout que le bail aurait été exé-cuté.—V. Perrin (n° 1153), qui cite un arrêt de la cour de Douai, du 7 mars 1835, qui l'aurait ainsi jugé.

12.— Du reste, l'art. 674, C. civ., règle tout ce qui concerne les citernes; à la vérité, elles n'y sont pas nominativement rappelées; mais on doit les assimiler aux puits, dont elles ne diffèrent qu'en ce que ceux-ci contiennent des eaux vives.—Il y a donc lieu de leur appliquer toutes les dispositions ou usages à suivre relativement à la construction, à l'entretien, à l'usage de ces derniers et aux tra-vaux de sûreté qui doivent en défendre l'abord. — V. Rolland de Villargues, *Rép. du notar.*, v° *Citerne*; Garnier, *Rég. des eaux*, t. 2, p. 125.—V. PUITS, SER-VITUDES.

CITOYEN FRANÇAIS.

Table alphabétique.

CITOYEN FRANÇAIS.— 1.— La qualité de citoyen exprime, dans son sens le plus large, l'aptitude aux fonctions publiques et aux magistratures de la cité. « J'appelle citoyen, dit Aristote (*Polit.*, liv. 3, chap. 1er), celui qui a le droit d'être juge et magistrat dans la cité. »

2.— C'est encore aujourd'hui dans le même sens ou à peu près qu'en France on donne le nom de citoyen exclusivement à ceux des Français qui jouissent des droits politiques. — V. DROITS POLITIQUES.

§ 1er. — *Acquisition de la qualité de ci-toyen français (n° 3).*

§ 2. — *Perte de la qualité de citoyen fran-çais (n° 46).*

§ 3. — *Causes qui suspendent l'exercice des droits de citoyen (n° 56).*

—

§ 1er. — *Acquisition de la qualité de citoyen.*

3.— Toute législation procède de deux élémens : le droit privé ou civil, qui règle les intérêts des particuliers, et le droit public, par lequel sont ré-glés la constitution politique de l'état et les rap-ports des gouvernans et des gouvernés.— C'est au droit public que se rattachent les droits civiques et politiques qui permettent d'être éligible ou électeur dans les assemblées publiques, juré, fonc-tionnaire, témoin instrumentaire dans les actes notariés, etc.— Demolombe, *Cours de C. civ.*, t. 1er, n° 140.

4.— La qualité de citoyen résulte de l'aptitude aux droits politiques. C'est donc la loi politique qui doit déterminer les conditions auxquelles elle est subordonnée. Nous verrons plus loin quelle est la loi qui règle aujourd'hui cette qualité.

5.—Cette définition paraît n'avoir pas toujours été admise en France, car si quelquefois le mot *citoyen* était employé comme synonyme de *bour-geois* (Ferrière, *Dict. de dr. et de prat.*), il servait plus habituellement à désigner l'habitant du ter-ritoire, le Français. — « Les citoyens, dit Pothier (*Des personnes*, tit. 1er, sect. 1re), les vrais et natu-rels Français, suivant la définition de Bacquet, sont ceux qui sont nés dans l'étendue de la domi-nation française. » — La définition qui ressort au-jourd'hui de la législation en vigueur aurait, selon quelques auteurs, été donnée par J.-J. Rousseau, (*Contrat social*, liv. 1er, chap. 6).

6.— A la différence de la qualité de Français, celle de *citoyen* ne dépend donc aujourd'hui pas en France jamais uniquement du fait de la naissance: elle ne s'acquiert et ne se conserve que conformé-ment à la loi constitutionnelle. — C. civ., art. 7.

7.— Ainsi chez nous tout citoyen est Français, mais tout Français n'est pas encore citoyen; il ne peut le devenir que s'il réunit les conditions exi-gées par la loi.—Serrigny, *Tr. de dr. publ. des Franç.*, t. 1er, p. 179.

8.— Ainsi la qualité de citoyen n'appartient pas indistinctement, comme celle de Français, aux hommes et aux femmes. Les hommes seuls peuvent devenir citoyens; les femmes restent Françaises. En conséquence, elles ne sont pas ca-pables de l'exercice des droits politiques.—V. Mer-lin, *Rép.*, v° *Français*, § 2, n° 44; Proudhon, *État des personnes*, édit. de 1842, p. 169; Gui-chard, *Des dr. civ.*, édit. de 1821, n° 5; Coin-Delisle, *De la jouissance et privation des dr. civ.*, comment. n° 405, note 10e.

9.— Il en est de même des mineurs, des inter-dits, de ceux dont l'exercice des droits politiques est suspendu, etc — Serrigny, *loc. cit.*

10.— Parmi les hommes qui peuvent aspirer au titre de citoyens français, il faut établir une distinction : les uns peuvent être naturels Fran-çais, les autres étrangers devenus Français.

11.— La manière dont l'étranger devenu Fran-çais peut obtenir le titre de citoyen est traitée au mot NATURALISATION, ainsi que celle de l'habitant d'un pays autrefois réuni à la France à pu, depuis la séparation, conserver ou acquérir ce même titre, au mot FRANÇAIS. — Ces deux mots. — Nous n'aurons donc ici à nous occuper que des conditions nécessaires pour que le naturel Français de-vienne citoyen.

12.— Avant la révolution de 1789, la *liberté po-litique* étant absolument inconnue, on n'avait pas senti la nécessité de définir légalement le citoyen. Quiconque avait droit à la qualification de Fran-çais pouvait sans conséquence y réunir celle de citoyen (*supra* n° 5). Mais, après la révolution, on voulut revenir à des idées plus précises. Ce-pendant les lois qui suivirent 1789 se ressentirent de l'influence et du vague du langage antérieur. Le nom de citoyen y fut encore confondu avec ce-lui de Français.

13.— La constitution du 3-14 sept. 1791, qui, la première, a défini le titre de citoyen, porte en ef-fet (art. 2, tit. 2) : « Sont citoyens français : ceux qui, nés en France d'un père étranger, ont fixé leur résidence dans le royaume; ceux qui, nés en pays étranger d'un père français, sont venus s'é-tablir en France et ont prêté le serment civique; enfin ceux qui, nés en pays étranger et descen-dant, à quelque degré que ce soit, d'un Français ou d'une Française expatriés pour cause de reli-gion, viennent demeurer en France et prêtent le serment civique. »

14.— La constitution du 24 juin 1793, beaucoup plus libérale, proclamait citoyen français tout in-dividu né et domicilié en France, âgé de vingt-un ans accomplis. — Art. 4.

15.—Le nom de *citoyen* semblait donc être alors générique et comprenait même les femmes (V. le

décret du 29 thermid. an II [16 août 1794], relatif aux *citoyennes* Azéma) et les enfans. — Coin-Delisle, *eod. loc.*, n° 5.

16. — Jugé que la disposition de la constitution de 1791, qui déclare citoyens français tous ceux qui sont nés en France d'un père étranger, était applicable même à l'enfant dont le père, étranger d'abord, avait acquis la qualité de Français en vertu de la loi du 30 avr. 1790, pendant la minorité de son fils ; et le droit acquis à l'enfant n'avait pu être modifié par les constitutions postérieures. — *Colmar*, 26 déc. 1829, Perrenod c. Préfet du Haut-Rhin.

17. — Cependant les droits d'élection n'étaient point exercés indistinctement par tous ceux auxquels la constitution de 1791 avait conféré la qualité de citoyen. — La même constitution les avait divisés en citoyens actifs et citoyens non actifs. — Les citoyens actifs seuls étaient électeurs (tit. 3, ch. 1er, sect. 2e, art. 1er) et éligibles (*ibid.*, sect. 3e, art. 3).

18. — « Pour être citoyen actif, il fallait être né ou devenu Français; être âgé de vingt-cinq ans accomplis; être domicilié dans la ville ou dans le canton depuis le temps déterminé par la loi ; payer dans un lieu quelconque du royaume une contribution directe au moins égale à la valeur de trois journées de travail, et en représenter la quittance; n'être pas dans un état de domesticité, c'est-à-dire de serviteur à gages ; être inscrit dans la municipalité de son domicile au rôle des gardes nationales, et avoir prêté le serment civique. » — Tit. 3, chap. 1er, sect. 2e, art. 2.

19. — La division des citoyens en citoyens actifs et non actifs établie par la constitution de 1791 a été abolie par celle du 5 fructid. an III (22 août 1795). L'art. 8 de cette dernière constitution est ainsi conçu : « Tout homme né et résidant en France qui, âgé de vingt-un ans accomplis, s'est fait inscrire sur le registre civique de son canton, qui a demeuré depuis pendant une année sur le territoire de la république, et qui paie une contribution directe, foncière ou personnelle, est citoyen français. »

20. — Etaient exceptés de cette condition de contribution : les Français qui auraient fait une ou plusieurs campagnes pour l'établissement de la république. — Même constit., art. 9.

21. — La constitution du 22 frim. an VIII (13 déc. 1799), qui vint ensuite était celle en vigueur lorsque fut promulgué le Code civil, c'est donc à elle que se référait l'art. 7 de ce Code, en disant que la qualité de citoyen s'acquérait et se conservait conformément *à la loi constitutionnelle*.

22. — Cette constitution avait supprimé (art. 2) la condition de payer une contribution exigée par celle de l'art. 8 ; les autres conditions restant, du reste, les mêmes.

23. — Ainsi, trois conditions seulement étaient alors requises pour avoir la qualité de citoyen : 1° être né et résidant en France; 2° être inscrit depuis l'âge de vingt-un ans accomplis sur le registre civique de son arrondissement communal ; 3° avoir demeuré depuis son inscription pendant un an sur le territoire français.

24. — Il fallait donc être âgé de vingt-deux ans au moins. — C'est même ce qui explique pourquoi on avait exigé cet âge pour exercer certaines fonctions, notamment celles de substitut (L. 16 vent. an XI, art. 2; 20 avr. 1810, art. 64); ou de conseiller auditeur (décr. 16 mars 1808, art. 4).

25. — Enfin, à la constitution de l'an VIII ont succédé la Charte de 1814 et celle de 1830. Or, ni dans l'une ni dans l'autre, il n'est dit comment s'acquiert la qualité de citoyen. Elles se sont bornées à fixer des conditions d'âge et de cens pour la capacité électorale.

26. — De là faut-il conclure que notre pays est sans règle législative sur ce point, ou bien que la constitution de l'an VIII conserve encore force et effet à cet égard ?

27. — L'absence, dans la Charte de 1814 et dans celle de 1830, de toute disposition relative à la qualification de citoyen, jointe à cette circonstance qu'il n'y a plus aujourd'hui de registres civiques, a fait penser à quelques auteurs que l'art. 2 de la constitution de l'an VIII avait été abrogé, que, dans l'état actuel de la législation, il n'existait pas, à proprement parler, de qualité générale de citoyen, et qu'il fallait attendre qu'une nouvelle loi vînt déterminer les élémens de cette qualité. — Toullier, t. 1er, n° 258; Rolland de Villargues, *Répert. du not.*, v° *Témoin instrumentaire*, nos 14 et suiv.; Guichard, n° 3.

28. — Nous ne saurions partager cette opinion, qui, d'ailleurs, a été combattue par la majorité des auteurs. La Charte de 1814 ni celle de 1830 ne contiennent, il est vrai, de disposition spéciale sur les conditions constitutives de la qualité de citoyen. Mais la Charte de 1814 d'abord, portait (art. 68) que « le Code civil et les lois actuellement existantes qui n'étaient pas contraires à la présente Charte, restaient en vigueur jusqu'à ce qu'il y fût légalement dérogé. » La Charte de 1830, dans son art. 70, n'a également abrogé les lois et ordonnances antérieures qu'en ce qu'elles avaient de contraire aux dispositions adoptées par cette Charte. N'est-ce pas là conserver et maintenir formellement la constitution de l'an VIII, sinon comme loi fondamentale, au moins comme loi ordinaire, et notamment les art. 2 et suiv. relatifs à la qualité de citoyen ? Il est, en effet, de règle que les lois de droit public, comme celles d'un autre ordre, ne peuvent s'abroger que par des dispositions expresses ou inconciliables des lois postérieures. Or, la constitution de l'an VIII ne renferme rien d'incompatible avec les Chartes de 1814 et de 1830. Loin de là, si elles avaient dû l'abroger, il se serait trouvé dans notre législation politique des lacunes immenses, qui eussent été assurément prévues. Qu'importe, au surplus, qu'il n'y ait plus de registres civiques ? Déjà, avant 1814, ces registres n'étaient-ils pas irrégulièrement tenus, et même dans beaucoup d'endroits tombés en désuétude ! Créés à une époque où tous les citoyens exerçaient les fonctions électorales, ils l'avaient été pour parvenir à la formation des listes. Mais les Chartes de 1814 et de 1830, en déterminant les conditions de la capacité électorale, les ont rendus inutiles. C'est donc encore aujourd'hui à la constitution de l'an VIII qu'il faut se référer pour déterminer les élémens constitutifs de la qualité de citoyen. — V. en ce sens Merlin, *Répert.*, vis *Français*, § 2, n° 1er; *Témoin instrumentaire*, § 1er, n° 2, et *Quest. de droit*, vis *Témoins instrumentaires*, § 6, n° 4, et *Biens nationaux*, § 1er, n° 8; Gaschon, *Code diplomatique des Aubains*, édit. de 1818, Disc. prélimin., p. 22; Duvergier, *Collection des lois*, (2e édit.), t. 19, p. 70, note 5e; Valette, sur Proudhon, *Etat des personnes*, édit. de 1842, p. 112; — Pardessus, *Cours de droit commercial*, n° 1313; Coin-Delisle, sur l'art. 7, n° 8; Richelot, *Principes de droit civil*, t. 1er, n° 58, p. 105.

29. — C'est aussi cette dernière opinion qui paraît être suivie dans le sein des assemblées législatives. — V. Duvergier, *Collection des lois*, t. 31 (année 1831), p. 89, note 1re.

30. — Une autre question est celle de savoir si la condition d'une année de résidence qui avait son point de départ dans l'inscription sur les registres ne doit pas être considérée comme abrogée.

31. — Pour la négative, on dit que la circonstance que les registres civiques sont tombés en désuétude, n'empêche pas de regarder comme inscrits tous les Français qui auraient eu le droit de se faire inscrire; en telle sorte que l'année de résidence court du jour de l'inscription fictive résultant de la majorité. Dans ce système, nul ne pourrait donc être citoyen avant vingt-deux ans. C'est, ajoute-t-on, l'âge effectivement exigé pour diverses fonctions (*suprà*, n° 24), et l'on en conclut que pour être témoin instrumentaire, il faudrait aussi avoir vingt-deux ans. C'est l'opinion de M. Coin-Delisle, sur l'art. 7, n° 10.

32. — Nous croyons, au contraire que, aujourd'hui tout Français mâle et majeur, c'est-à-dire âgé de vingt-un ans accomplis, sans être astreint à une année de résidence après sa majorité, doit être réputé *citoyen*, sauf l'application des lois qui exigent un âge plus avancé pour l'exercice de certains droits politiques ou de certaines fonctions. Cela résulte notamment d'une ordonnance du roi du 4 juill. 1815, portant dissolution de la chambre des cent-jours : cette ordonnance décide, en effet, dans son art. 8, que les électeurs des colléges d'arrondissement et de département pourront siéger, *pourvu qu'ils aient atteint l'âge de vingt-un ans accomplis*. Ajoutons à cela qu'une loi faite depuis 1830, la loi sur l'*organisation municipale* du 21 mars 1831, appelle à l'assemblée des électeurs communaux les plus imposés aux rôles des contributions directes de la commune, *âgés de vint-un ans accomplis*, en les qualifiant de *citoyens*. En conséquence, relativement aux témoins instrumentaires, l'âge de vingt-un ans serait suffisant. Ce dernier système est soutenu par M. Valette. (*ubi suprà*, p. 112 et suiv.) — V. encore en ce sens Marcadé, *Elém. dr. civil français*, t. 1er, p. 136; Demolombe, *Code civil*, t. 1er, n° 143; Foucart, *Elect. dr. admin.*, t. 1er, p. 182; Serrigny, *Tr. du dr. publ. des Français*, t. 1er, p. 178, n° 154; Laferrière, *Revue de droit bretonne*, t. 2, p. 216.

33. — Toutefois, l'abrogation d'une année de résidence n'est point absolue et générale. L'accomplissement de cette condition doit encore, en effet, être exigée dans deux cas. Ainsi, le Français qui serait né en pays étranger et y aurait passé sa minorité, ne pourrait avoir la qualité de citoyen qu'après une année de résidence en France, à quelque âge qu'il y rentrât. De même, l'enfant qui, né en France d'un étranger, a rempli pour devenir Français, les formalités prescrites par l'art. 9, C. civ., ne peut être citoyen qu'un an après sa déclaration. — Coin-Delisle, nos 10 et 11 ; Valette, *loc. cit.*, p. 111.

34. — Par cela qu'un étranger devenait Français, il jouissait, sous l'empire de la constitution de l'an VIII et du sénatus-consulte du 19 fév. 1808, des droits de citoyen, si du reste il remplissait les conditions nécessaires, à partir du jour de l'obtention de lettres de naturalisation ou de déclaration de naturalité. — Toutefois, l'ord. du 4 juin 1814 n'a reconnu les étrangers, en pareil cas, capables de siéger dans les chambres qu'après qu'ils ont obtenu des lettres de grande naturalisation. — « Conformément aux anciennes constitutions françaises, lit-on dans cette ordonnance, aucun étranger ne pourra siéger à compter de ce jour, ni dans la chambre des pairs, ni dans celle des députés, à moins que par d'importans services rendus à l'état, il n'ait obtenu de nous des lettres de naturalisation vérifiées par les deux chambres. »

35. — Cette ordonnance ne pourrait être appliquée, sans qu'on lui fît produire un effet rétroactif, aux étrangers devenus Français avant sa promulgation : elle se restreint donc, à notre avis, aux étrangers qui, devenus citoyens par la réunion de leur territoire à la France, ont dû, pour conserver ce titre après la séparation, faire la déclaration prescrite par la loi des 14-17 oct. 1814, et aux étrangers devenus Français depuis le 4 juin 1814.

36. — D'après le même principe, nous déciderions également que les conditions nouvelles exigées par chaque constitution ou loi pour l'exercice des droits de citoyen ne peuvent influer sur la position de ceux qui en avaient acquis la qualité en vertu des lois précédentes; c'est ce qui a été décidé relativement à la qualité de Français et qui nous paraît applicable par analogie à celle de citoyen. — *Riom*, 7 avr. 1885, Onslow; *Lyon*, 10 nov. 1827, Casaty et Jay (deux arrêts).

37. — Du reste, ce n'est pas à celui que l'on prétend avoir perdu la qualité de Français, qu'incombe l'obligation de prouver qu'il ne l'a pas perdue. — La preuve contraire est à la charge de celui qui conteste sa qualité. — *Poitiers*, 26 juin 1829, de Tennessu c. Dorguène.

38. — Aujourd'hui, la qualité de citoyen ne donne pas par elle-même la capacité suffisante pour être éligible ou électeur dans les élections parlementaires, départementales ou communales ; il faut y joindre certaines conditions d'âge, de cens ou de position sociale, exigées par les lois spéciales.

39. — Elle rend toujours apte, et elle est même nécessaire pour l'exercice des fonctions publiques.

40. — De même, la loi du 25 vent. an XI, sur le notariat, exigeait la qualité de citoyen de la part des notaires et *de leurs témoins*. — Art. 9 et 35.

41. — Quelques auteurs ont prétendu que cette disposition de la loi de l'an XI n'était plus applicable, et qu'il suffisait aujourd'hui, pour être témoin dans les actes notariés comme dans les testamens, d'être majeur et de jouir de ses droits civils. — V. Serrigny, *Trait. du dr. publ.*, t. 1er, p. 176; Laferrière, *Revue de droit bret.*, t. 2, p. 198 et suiv.

42. — Mais cette opinion est vivement controversée. On se refuse à admettre cette demi-abrogation de l'art. 9, L. 25 vent. an X, en vertu de laquelle le titre de citoyen ne serait plus nécessaire aux témoins, sans qu'ils pussent toutefois être pris parmi les personnes qui jouissent simplement des droits civils, et cela parce que les faillis, les domestiques, etc., continuent à être exclus comme précédemment. — V. Richelot, *Princ. de dr. civ. franç.*, t. 1er, n° 57, note 9e.

43. — Jugé cependant que celui qui est en état de faillite peut néanmoins être témoin instrumentaire dans un acte notarié, et cela par le motif que la nomenclature des droits dont le failli peut être privé se trouve explicitement déterminée dans les lois sur le commerce, et qu'elle ne porte pas l'interdiction au failli d'être témoin instrumentaire dans les actes notariés. — *Cass.*, 10 juin 1824, Dodé c. Martin et Obry.

44. — Cet arrêt est critiqué notamment par MM. Laferrière (*Revue de dr. bret.*, p. 215) et Richelot (*loc. cit.*), qui font observer que le motif allégué par la cour de Cassation n'a rien de déterminant, puisqu'en l'admettant on serait également conduit à reconnaître, ce qui n'a jamais été prétendu par personne, que le failli peut également remplir des fonctions publiques : être juré, électeur, éligible, les lois sur le commerce ne contenant pas plus d'exclusion sous ce rapport ; le failli, tant qu'il n'est pas réhabilité, ne conserve

que la jouissance des droits civils. Or, nous venons de voir qu'il fallait celle des droits civiques pour être témoin dans les actes notariés : l'abrogation même tacite de cette disposition de la loi ne pourrait résulter que de lois contraires. C'est ainsi que, contrairement à la doctrine de la cour de Cassation, l'a jugé la cour de Rouen par arrêt du 12 mai 1839 (t. 2 1839, p. 58), Cheval. — V. encore Mongalvy, n° 128; Bioche et Goujet, *Dict. de proc.*, v° *Faillite*, n° 57 ; Pardessus, *Dr. comm.*, t. 4, n° 1313; Duranton, t. 1er, n° 137.

45. — L'art. 16 de l'arrêté du 2 prairial an XI dispose que nul ne peut obtenir des lettres de marque pour faire des armemens en course s'il n'est citoyen français. — M. Serrigny (*loc. cit.*, p. 177) applique à ce cas la même solution que pour les témoins dans des actes notariés, c'est-à-dire qu'il pense que cette disposition ne devrait plus être rigoureusement suivie, et qu'il suffirait que les postulans eussent, comme les témoins instrumentaires, vingt-un ans et la jouissance des droits civils. — V. ARMEMENT EN COURSE.

§ 2. — *Perte de la qualité de citoyen.*

46. — La qualité de citoyen supposant celle de français, la perte de celle-ci entraîne nécessairement celle de la première.

47. — Mais on peut rester Français tout en cessant d'être citoyen; c'est ce qui résulte notamment de l'art. 4, const. de l'an VIII, qui énumère les cas dans lesquels on perd la qualité de citoyen.

48.—Ces cas, au nombre de quatre, sont : 1° la naturalisation en pays étranger; —2° l'acceptation de fonctions ou de pensions offertes par un gouvernement étranger;—3° l'affiliation à toute corporation étrangère qui supposerait des distinctions de naissance ; — 4° enfin la condamnation à des peines afflictives ou infamantes.

49. — La première de ces causes est la même que celle indiquée par l'art. 17, n° 1er, C. civ., qui y attache la perte de la qualité de Français.

50. — La qualité de Français, et, par suite, celle de citoyen, se perd aussi par le démembrement d'une partie du territoire. — V. L. 14 oct. 1814. — ...Par tout établissement fait en pays étranger sans esprit de retour. — C. civ., art. 17, n° 3. — V. au surplus FRANÇAIS.

51. — La seconde cause, rappelée également par le même art. 17, n° 2, en diffère cependant en ce que cet article ne parle que de l'acceptation de *fonctions* et non de celle de *pensions*, et qu'il ne fait produire la perte de la qualité de Français à cette acceptation qu'autant qu'elle n'est pas autorisée par le roi. — D'où M. Serrigny conclut (*Tr. du dr. publ. des franç.*, t. 1er, p. 192) : 1° que l'acceptation *autorisée* de fonctions ou de pensions ne ferait pas plus perdre la qualité de citoyen que celle de Français; — 2° que l'acceptation *non autorisée* d'une simple pension offerte par un gouvernement étranger ferait perdre la qualité de citoyen, bien que n'entraînant pas la perte de la qualité de Français.

52. — L'art. 21, C. civ., dont la disposition est analogue à celle du 3° de l'art. 4, const. de l'an VIII, se montre pourtant moins sévère, puisqu'il exige pour faire perdre la qualité de Français l'affiliation non autorisée à une corporation militaire étrangère. Aussi M. Serrigny (*loc. cit.*) pense-t-il qu'aucune loi n'ayant abrogé ledit article 4, la seule affiliation à une corporation étrangère qui supposerait des distinctions de naissance ferait encore aujourd'hui perdre la qualité de citoyen. — Toutefois cette opinion est contestée ; on allègue, non sans quelque fondement peut-être, que la noblesse ayant été de nouveau reconnue par l'art. 62 de la Charte, on doit pouvoir s'en prévaloir, soit en France, soit à l'étranger, sans encourir aucune peine.—On fait en outre remarquer à l'appui de ce sentiment une circonstance qui n'est pas sans force, c'est que la disposition de la constitution de l'an VIII, qui s'harmonisait sans doute avec une législation qui avait supprimé les titres de noblesse, ayant été reproduite par le projet de l'art. 17 C. civ., fut supprimée lors de la seconde édition prescrite par le décret du 3 sept. 1807. — V. en ce sens Foucart, *Dr. admin.*, t. 1er, n° 168 ; Coin-Delisle, *Jouiss. et priv. des dr. civ.*, art. 7, n° 15.

53. — Cependant, et dans le cas où on admettrait l'opinion de M. Serrigny, le roi pouvant autoriser l'affiliation d'un Français à une corporation militaire sans qu'elle entraîne la perte de la qualité de Français, pourrait sans doute autoriser l'affiliation à une corporation étrangère supposant des distinctions de naissance, sans que la perte de la qualité de citoyen s'ensuivît. — Le Code civil (art. 22) modifierait en cela seulement l'art. 4, n° 3, de la constitution de l'an VIIII. — Serrigny, *loc cit.*

54. — La condamnation à des peines afflictives et infamantes produit bien la déchéance de l'état de citoyen, mais non celle de la qualité de Français, même la plus grave de toutes, celle qui entraîne la mort civile. Dans ce dernier cas, en effet, l'exercice seulement des droits de Français se trouve suspendu.

55. — Les peines afflictives et infamantes sont : 1° la mort; — 2° les travaux forcés à perpétuité ; — 3° la déportation; — 4° les travaux forcés à temps; —5° la détention; —6° la réclusion. — C. pén., art. 7. — Les peines seulement infamantes sont le bannissement et la dégradation civique. — *Ibid.*, art. 8. — V. DROITS CIVILS, DROITS POLITIQUES, FRANÇAIS.

§ 3. — *Causes qui suspendent l'exercice des droits de citoyen.*

56. — Au lieu de la perte absolue de la qualité de citoyen, on peut n'éprouver qu'une suspension dans l'exercice des droits attachés à cette qualité. Cette suspension doit être considérée, non comme une privation temporaire de ces droits, mais seulement comme un empêchement apporté à leur jouissance. Dès-lors, la cause qui la produit venant à cesser, la qualité de citoyen reprend immédiatement tout son empire.

57. — Les causes de suspension se trouvaient énumérées dans l'art. 5, tit. 1er, const. 22 frim. an VIII. — L'alinéa 1er de cet art. est ainsi conçu : « L'exercice des droits de citoyen français est suspendu par l'état de débiteur failli, ou d'héritier immédiat, détenteur à titre gratuit de la succession totale ou partielle d'un failli. »

58. — Dans tous les temps, la faillite a altéré les droits de citoyen. L'ordonnance de 1673 (t. 9, art. 5), la déclaration du 23 déc. 1699 (art. 9), l'édit de décembre 1704 (art. 10), excluaient des fonctions publiques ceux qui avaient fait faillite. La constitution de 1791 (tit. 3, chap. 1er, sect. 2e, art. 5) interdisait les droits de citoyen actif à ceux qui, après avoir été constitués en état de faillite ou d'insolvabilité, prouvé par pièces authentiques, ne rapportaient pas un acquit général de leurs créanciers. Ces principes avaient aussi été consacrés par le décret du 22 vendém. an III, et par la constitution de la même année (art. 13, alin. 2); enfin est venue la constitution de l'an VIII.

59. — Les auteurs s'accordent généralement à enseigner que l'alinéa 1er précité de l'art. 5 de cette dernière constitution n'a point été abrogé, et qu'il est encore aujourd'hui en vigueur. — Merlin, *Rép.*, v^is^ *Français*, § 2, n° 3, et *Juré*, § 1er, n° 6 ; Grenier, *Des donations*, n° 247, à la note ; Favard de Langlade, *Rép.*, v° *Faillite*, § 15; Crémieux et Balson, *C. const.*, p. 24 ; Pardessus, n° 1313 ; Duranton, t. 1er, n° 137 ; Coin-Delisle, sur l'art. 7, n° 17 ; Serrigny, *Tr. du dr. publ. franç*, t. 1er, p. 183. — V. cependant Rolland de Villargues, v° *Témoin instrumentaire*, n° 16.

60. — C'est aussi en faveur de l'existence actuelle de la disposition ci-dessus que la jurisprudence s'est décidée. — *Cass.*, 9 juill. 1832, Gautier c. Chaillou ; 6 août 1838 (t. 1er 1839, p. 59), de Villeneuve c. préfet de l'Ain.

61. — La suspension prononcée par cette disposition atteint non seulement le failli unioniste, mais encore le failli concordataire non réhabilité. Les termes de cet article en effet sont généraux. Or, nous ne devons pas distinguer là où la loi ne distingue pas. D'ailleurs, toute distinction à cet égard est formellement repoussée par l'art. 608, C. comm. — Mêmes arrêts. — V. encore Pardessus et Coin-Delisle, *ubi suprà.*

62. — Que doit-on décider du débiteur non commerçant qui a fait cession judiciaire de ses biens ? — Y a-t-il lieu de l'assimiler au failli ?

63. — Cette question n'est pas sans difficulté. — Dans les lois anciennes, le non-commerçant insolvable était assimilé au failli. Les lettres patentes du 22 déc. 1789-12 janv. 1790 (sect. 1re, art. 55), et la constitution du 3 sept. 1791 (tit. 3, chap. 1er, sect. 2, art. 5), indiquaient également comme cause de suspension des droits de citoyen la faillite et l'*insolvabilité* ; mais la constitution de l'an III ne parle plus que du failli (art. 13) et son art. 14 décide formellement que les droits de citoyen ne peuvent être suspendus que dans les cas exprimés dans les articles précédens. — Enfin, la constitution de l'an VIII reproduit bien par son art. 5 l'art. 13 de la constitution de l'an III, mais elle n'a plus de disposition semblable à celle de l'art. 14.

64. — Des auteurs ont conclu de ces diverses dispositions que l'art. 5 de la constitution de l'an VIII, a cessé d'être limitatif comme l'était l'art. 13 de la constitution de l'an III, et que dès-lors il s'applique aussi bien au non commerçant qui a fait cession de biens qu'au failli. — Dans cette opinion, on applique, si le cédant vient à acquitter toutes les dettes, l'art. 604, C. comm., par analogie de ce qui a eu lieu à l'égard du failli qui a obtenu un jugement de réhabilitation. — V. en ce sens Merlin, *Rép.*, v° *Cession de biens*, n°s 10 et 12 ; Toullier, t. 5, n° 266; Duranton, t. 12, n° 269.

65. — D'autres auteurs ont pensé au contraire que la disposition des lettres patentes de 1789-1790 et de la constitution de 1791, n'ayant été reproduite ni par la constitution de l'an III, ni par celle de l'an VIII, avait cessé d'être en vigueur et que l'assimilation est aujourd'hui impossible entre les faillis et les débiteurs insolvables. — Il faut observer en effet que la faillite étant constatée par un jugement (C. com., art. 440) est un fait simple et facile à vérifier, tandis que l'insolvabilité est un état complexe qui n'a pas de signe légalement défini et dont la constitution dès-lors est toujours contestable. — V. Serrigny, *loc. cit.*, p. 185. — V. aussi Coin-Delisle, n°s 18 et 19 *in fine.*

66. — Jugé en ce sens que le débiteur qui a été admis au bénéfice de cession n'est pas, comme le failli, privé du droit d'élection. — *Montpellier*, 25 oct. 1837 (t. 2 1837, p. 605), N...

67. — L'alinéa 1er de l'art. 5 de la constitution du 22 frim. an VIII, en ce qui concerne la suspension prononcée contre l'héritier immédiat du failli, s'applique aussi, sans qu'en cela il y ait effet rétroactif, à cet héritier, bien que la faillite soit antérieure à la constitution du 22 frim., si l'acceptation de la succession a eu lieu depuis cette époque. — *Cass.*, 9 juill. 1832, Gautier c. Chaillou.

68. — La constitution exigeant, pour qu'il y ait lieu à la suspension, que l'héritier du failli soit *héritier immédiat et détenteur à titre gratuit*, il en résulte que cette suspension ne saurait frapper ni les fils de l'héritier qui a appréhendé la succession du failli, dont la femme aurait été héritière, parce que, s'ils détiennent les biens de la succession, ce n'est pas à titre d'héritiers immédiats ; ni le fils donataire de son père tombé ensuite en faillite et qui a renoncé à la succession, car, s'il détient gratuitement, ce n'est pas comme héritier; ni l'héritier bénéficiaire, sa quotité repoussant toute idée de détention à titre gratuit ; ni le père héritant de son fils héritier du failli, en vertu du retour légal que la loi lui attribue. — V. sur ces différens points, Pardessus, n° 1313.

69. — Si le failli avait plusieurs héritiers, celui d'entre eux qui justifierait avoir payé sa part virile des dettes, devrait être relevé de la suspension prononcée contre lui. — Pardessus, *eod. loc.*

70. — L'art. 5, alin. 2, de la constitution de l'an VIII, indique comme autre cause de suspension « l'état de domestique à gages attaché au service de la personne et du ménage. »

71. — Cette disposition n'a été non plus ni abrogée ni modifiée par aucune loi postérieure. — *Rennes*, 23 juin 1827, M.... c. A.... ; *Toulouse*, 9 juin 1843 (t. 1er 1844, p. 530), Prévost c. Augé ; — Coin-Delisle, sur l'art. 7, n° 20 ; Duranton, t. 1er, n° 137; Foucart, n° 172 ; Proudhon, *Etat des personnes*, t. 1er, p. 117.

72. — Elle ne comprend que ce que les lois anciennes appelaient *serviteurs-domestiques*, et non les domestiques d'un ordre relevé, tels que les bibliothécaires, les précepteurs, les secrétaires et intendans, qui, s'ils logent ou sont nourris avec le maître de la maison, et reçoivent des gages, sont plutôt ses employés que ses serviteurs ; ni les domestiques principalement employés aux travaux de la campagne, qui sont plutôt des ouvriers à l'année, des coopérateurs aux travaux du maître, habitant chez lui pour l'utilité des travaux qui leur sont confiés. — Henrion de Pansey, *Compétence des juges de paix*, chap. 30 ; Coin-Delisle, *ubi suprà*; Serrigny, *loc. cit.*

73. — Ainsi jugé que cette incapacité ne s'applique point aux domestiques employés au labour ou à la culture des terres. — *Toulouse*, 9 juin 1843 (t. 1er 1844, p. 530), Prévost c. Augé.

74. — L'alinéa 3 du même art. 5, qui est aussi resté en vigueur (V. Merlin, *Répert.*, v^is^ *Français*, § 2, n° 3, *in fine*, et *Juré*, § 1er, n° 6 ; Coin-Delisle, n°s 21 et suiv.), indique encore trois causes de suspension.

75. — La *première* est l'état d'interdiction judiciaire. Cette interdiction doit être prononcée, comme l'exigeait la constitution de l'an III, art. 13, alin. 1er, pour cause de fureur, de démence ou d'imbécillité. L'interdiction pour cause de prodigalité et la dation d'un conseil judiciaire sont sans influence sur la qualité de citoyen. — Merlin, *Rép.*, v° *Prodigue*, § 7, n° 1er ; Coin-Delisle, n° 21.

76. — Cependant il a été jugé que l'individu pourvu d'un conseil judiciaire ne pouvait remplir les fonctions de juré. — *Cass.*, 28 juill. 1825, Isidore Froment.

77. — Mais, comme le fait observer M. Coin-Delisle (*ubi suprà*), cette décision est fondée unique

ment sur ce que, pour être juré, il faut jouir *de la plénitude de ses droits civils.*

78. — La *seconde* cause est l'état d'accusation. Or, on est en état d'accusation, quand, prévenu d'avoir commis un crime, on a été renvoyé devant les assises par arrêt de la cour royale. Par conséquent, la suspension ne saurait atteindre celui qui serait seulement sous le coup d'un mandat d'arrêt. C'est ce qu'enseignent MM. Merlin, qui cite même à l'appui de son opinion un arrêt de Cassation du 12 messid. an VI (*Rép.*, v^is *Accusé*, n° 1er, *Français*, § 2, n° 3, et *Juré*, § 1er, n° 6), et Coin-Delisle (n° 22).— V. ACCUSATION.

79. — Enfin, la *troisième* est l'état de contumace, qui a lieu lorsque l'accusé se dérobe à la justice.— V. CONTUMACE.

80. — En se représentant même dans le délai de cinq ans, à partir du jugement de condamnation, le contumax fait-il cesser la suspension de ses droits de citoyen?— La cour de Rennes (V. arrêt du 17 juin 1834, Delabaye c. préfet de la Loire-Inférieure) s'est prononcée pour l'affirmative. — Cette solution nous paraît douteuse. L'art. 29, C. civ. porte bien, en effet, que la représentation du condamné dans le délai de cinq ans anéantit de plein droit le jugement de condamnation et ses suites; mais il ne parle pas de l'état d'accusation. Le contumax, quoique relevé de la condamnation prononcée contre lui, n'en reste pas moins prévenu du crime à raison duquel il avait été poursuivi. Cet état d'accusation, le jugement à intervenir peut seul le faire cesser. Jusqu'à ce moment ses droits de citoyen doivent donc demeurer suspendus. — V. en ce sens Coin-Delisle, n° 23.

81. — L'exercice des droits de citoyen peut encore être suspendu, en partie du moins, en vertu de l'art. 42, C. pén., lorsque les tribunaux correctionnels prononcent l'interdiction des droits de vote ou d'élection, d'éligibilité, des fonctions de juré ou autres fonctions publiques, de port d'armes. — Serrigny, p. 185.

82. — La mise sous la surveillance ne suffit pas par elle-même pour suspendre l'exercice des droits de citoyen : aucune disposition légale ne lui attribue cet effet, et en matière pénale, il ne peut être permis de fonder des interdictions sur des analogies.—V. Serrigny (*loc. cit.*), qui cite dans le même sens un jugement du tribunal de Reims du 22 avr. 1841, rendu en faveur d'un sieur Albert.

V. ACCUSATION, ARMEMENT EN COURSE, CONTUMACE, DROITS CIVILS, DROITS POLITIQUES FRANÇAIS, FRANÇAIS, NATURALISATION.

CITRONS (Marchands de).

V. ORANGES.

CIVIL (État).

V. ACTES DE L'ÉTAT CIVIL, ÉTAT CIVIL.

CIVILE (Mort).

V. MORT CIVILE.

CIVILE (Requête).

V. REQUÊTE CIVILE.

CIVILS (Droits).

V. DROITS CIVILS.

CIVILISER UNE PROCÉDURE.

1. — Termes de palais qui, dans l'ancien droit, signifiaient qu'on convertissait en instance civile un procès qu's'instruisait auparavant par la voie criminelle.

2. — D'après l'ordonnance de 1539, c'était dans les affaires de peu d'importance que les procédures devaient être civilisées.

3. —On ne pouvait jamais civiliser la procédure lorsque la partie publique était seule accusatrice.

4. — On ne le pouvait pas non plus lorsque la confrontation des témoins avait eu lieu.

5. — L'ordonnance de 1670 voulait qu'en recevant les parties à l'ordinaire, les juges ordonnassent en même temps que les informations fussent converties en enquêtes, et qu'il fût permis à l'accusé de faire des contre enquêtes dans la forme usitée en matière civile.

6. — Lorsqu'un procès était civilisé, on ne pouvait prononcer de peine afflictive contre celui qui était originairement accusé, sans reprendre contre lui la voie extraordinaire.

7. — On ne pouvait civiliser deux fois une affaire criminelle.

CIVISME.

1. — Dévoûment à la cité, et, par extension, à la patrie.

2. — A l'époque de la république, cette expression fut détournée, pendant quelque temps, de son acception primitive et signifiait plus spécialement l'attachement à la forme du gouvernement d'alors.—C'est en ce sens surtout qu'on avait attribué des récompenses aux délateurs pour leur civisme (V. notamment décr. 25 brum. an III, tit. 4, art. 14), qu'on exigeait de tous les citoyens des certificats de civisme, à peine d'être arrêtés comme suspects (décr. 9 août 1792, art. 1er et 2), etc. — V. CERTIFICAT DE CIVISME.

CLAIRE-VOIE.

1. — Ouverture pratiquée dans un mur ou toute autre espèce de clôture, et dont la fermeture n'est assurée que par une grille, un grillage ou un saut-de-loup.

2. — Les claires-voies ayant pour but de procurer non des rues, mais des moyens de clôture, ne sont point assujéties aux prescriptions de l'art. 678, C. civ., et peuvent dès lors être établies à une distance moindre de dix-neuf décimètres de l'héritage voisin. — Perrin, *Code de la contiguïté*, n° 2993 ; Vaudoré, *Dr. civ. des juges de paix*, v° *Claire-voie*, n° 1er; Pardessus, *Servitudes*, n° 207.

3. — Jugé en conséquence que les jours qui existent entre les barreaux d'une claire-voie construite sur un mur de clôture élevé à la hauteur d'appui, et surmonté de piliers placés de distance en distance, ne constituent pas des vues droites ou fenêtres d'aspect, dans le sens de l'art. 678, C. civ.—*Bordeaux*, 28 août 1835, Laudard c. Barril; *Cass.*, 3 août 1836, mêmes parties.

4. — Dès-lors, le propriétaire voisin est mal fondé à demander la destruction de cette claire-voie, comme tendant à établir une servitude de jour, alors surtout que le propriétaire de la claire-voie déclare renoncer à s'en prévaloir pour réclamer une pareille servitude. — *Bordeaux*, 28 août 1835, Laudard c. Barril.

5. — Il en serait différemment toutefois si la claire-voie existait à un édifice couvert; en pareil cas elle pourrait, selon les circonstances, être considérée comme constituant une vue plutôt qu'un moyen de clôture. — Vaudoré, *loc. cit.* — V. SERVITUDES.

CLAM.

Terme de la coutume de Béarn, qui signifiait *ban* ou *publication, défense*, — V. tit. 7, art. 2.

CLAMABLE.

Ce terme, dans la coutume de Normandie, désignait un bien sur lequel on pouvait exercer le retrait, soit féodal, soit lignager, soit conventionnel. — Merlin, *Rép.*, v° *Clamable*.

CLAMANT.

Dans quelques coutumes, ce terme désignait le *demandeur;* et dans quelques autres le *soisissant*. —En Normandie, on l'employait quelquefois pour signifier le retrayant. — V. les coutumes de Solle, de Béarn, de Valenciennes, de Lille, de Normandie. — Merlin, *Rép.*, v° *Clamant*.

CLAME.

Terme de coutume qui signifiait anciennement *amende*. Dans quelques pays on levait une amende appelée *clame* sur les débiteurs qui étaient en retard de payer.

CLAMEUR. — CLAMEUR DE HARO.

1. — Cette expression, très usitée dans nos anciennes coutumes, signifiait citation devant le juge, poursuite en justice de ses droits.—Merlin, *Répert.*, v° *Clameur* ; Chron. de Flandre, ch. 85 ; *Ancienne cout. de Normandie*, ch. 7, art. 95; Laurière, *Glossaire*, v° *Forte clameur*.

2. — En Normandie, la clameur de haro, que Dumoulin appelait *quiritatio normanorum*, était une plainte verbale et publique de la part de celui à qui on faisait violence ou injustice, et qui implorait la protection du prince. La clameur de haro emportait avec elle assignation verbale à comparaître devant le juge. — *Ancien coutumier de Normandie*, ch. *De haro* ; Terrier, liv. 12, ch. 18, et liv. 8, ch. 2.

3. — Voici quelle est, suivant l'opinion commune, l'origine de la *clameur de haro*. On prétend que ce n'est qu'un appel à la justice du premier duc de Normandie, Raoul ou Rollo. « Comme on implorait sa protection de son vivant, disent les auteurs *de l'Encyclopédie méthodique*, par une clameur publique, en l'appelant et en proférant son nom, et qu'après sa mort, sa mémoire fut en vénération à son peuple, on continua d'user de la même clameur et du terme de *haro* par corruption de *ha Raoul !* »

4. — Ainsi par la clameur *de haro* on pouvait sans aucun mandement ni permission de justice, faire comparaître sur-le-champ, devant le juge, la partie dont on avait à se plaindre, soit en matière de délits, soit en matière civile, lorsque, dans ce dernier cas, l'on voulait conserver la possession d'une chose et qu'il y avait péril en la demeure. — Merlin, *loc. cit.*

5. — Le premier exemple mémorable de cet usage se présente en 1087, au moment où l'on allait inhumer Guillaume-le-Conquérant dans l'église de Saint-Etienne de Caen, construite en partie sur le terrain d'un homme du peuple nommé Asselin, qui n'était pas encore payé. — Asselin cria *haro* : et Henri, fils du défunt, fit payer la valeur du fonds. En 1417, un prêtre de Rouen cria le *grand haro* contre Henri V, qui assiégeait la ville, mais le roi ne déféra pas à la clameur.

6. — Cette clameur fut souvent élevée contre les usurpations du prince, et depuis la réunion de la Normandie à la couronne, nos rois, lorsqu'ils disposaient pour cette province, avaient cru devoir ajouter dans toutes leurs ordonnances, édits, cette clause: *nonobstant clameur de haro ;* comme si on craignait que cette clameur eût assez d'autorité pour faire obstacle à l'exécution des lois nouvelles, s'il n'y était pas dérogé par une disposition expresse. — *Encyclop. méthod.* (jurispr.), v° *clameur*.

7. — Suivant l'ancien coutumier, le *haro* ne pouvait être proféré que pour cause criminelle, comme pour feu, larcin, homicide, etc... ; mais l'usage changea et dans la suite la pratique du haro s'étendit aux cas où il s'agissait de conserver la possession des immeubles et même des meubles.

8. — La clameur *de haro* appartenait à toute personne qui se trouvait en Normandie; les femmes, les impubères même sans tuteurs ou curateurs en avaient l'exercice. — Merlin, *loc. cit.*

9.—La clameur pouvait être dirigée contre toutes personnes. Mais elle fut interdite contre les commis, huissiers, sergens et autres employés pour les droits du roi. — Ord. des aides de Normandie, de juin 1680, art. 24, tit. 10.

10. — La clameur pouvait être intentée quelque temps après l'accomplissement de l'action dont on avait à se plaindre (*etiam ex intervallo*), surtout s'il s'agissait de délit. — Merlin, *ibid.*, n° 5.

11. — On n'avait besoin du ministère d'aucun officier de justice pour intenter le haro, il suffisait que celui qui criait haro le fît en présence de témoins, et sommât sa partie de venir devant le juge.

12.— D'après l'ancien coutumier de Normandie, si l'on criait *haro*, chacun devait sortir, et aider à arrêter le coupable, ou crier haro, sous peine d'amende. Ceux qui avaient pris le malfaiteur ne pouvaient le garder qu'une nuit, après quoi ils devaient le rendre à la justice, à moins qu'il n'y eût un danger évident. — *Encyclop. méthod.*, *loc. cit.*

13. — La connaissance du *haro* appartenait au juge royal. L'action se périmait au bout d'un an sans poursuite.

14. — La clameur de *haro* a été implicitement abrogée, en matière criminelle, par l'art. 594, C. 3 brum. an IV; et en matière civile, par l'art. 1041, C. procéd.

CLAMEUR PUBLIQUE.

1. — C'est la manifestation générale qui se produit publiquement dans la population au moment de la perpétration d'un crime ou d'un délit.

2. — La clameur publique varie en elle-même suivant les localités et la nature de l'affaire à laquelle elle s'applique; mais son caractère principal est de se répandre hautement, sans qu'il soit pourtant nécessaire que des cris soient proférés au milieu des rues.

3.—La clameur publique, constitutive d'une véritable notoriété qui tient lieu d'information, autorise les officiers de police judiciaire à prendre des mesures rigoureuses contre les citoyens qu'elle poursuit.

4.—L'art. 16 du même Code enjoint même aux gardes champêtres et forestiers, considérés comme officiers de police judiciaire d'arrêter et de conduire devant le juge de paix ou devant le maire tout individu dénoncé par la clameur publique, lorsque le délit doit emporter la peine de l'emprisonnement ou une peine plus grave.

5. — Les officiers de police judiciaire ne doivent jamais d'ailleurs écouter aveuglément cette sorte d'acclamation spontanée des citoyens qui leur dé-

signe un coupable; chargés du double soin de la vindicte publique et de la protection individuelle, ils ne relèvent jamais dans l'exercice de ce ministère difficile que de leur propre conscience; et quand la voix du peuple se fait entendre, ils ont à examiner avec indépendance et courage si ses exigences sont justes. — Duverger, *Manuel des juges d'instruction*, t. 1er, p. 357.

6. — En effet, la raison et la justice repoussent l'explication autrefois donnée par plusieurs auteurs (Airault, *Instruction judiciaire*, liv. 3, art. 1er, nº 16; Papon, *Recueil d'arrêts*, liv. 24, tit. 3, art. 5, etc.) qu'il faut quelquefois céder aux cris de la populace pour arrêter sa fureur. — Carnot, *Code inst. crim.*, art. 41, nº 1er.

7. — Mais il est le plus ordinairement naturel de regarder comme un indice très grave de culpabilité l'accusation indélibérée des habitans du lieu où le corps d'un délit atteste déjà l'existence d'un coupable. — Aussi, l'art. 41, C. inst. crim., répute-t-il flagrant délit le cas où le prévenu est poursuivi par la clameur publique.

8. — Et alors, tout dépositaire de la force publique, et même toute personne est tenue de saisir le prévenu poursuivi par la clameur publique, et de le conduire devant le procureur du roi, sans qu'il soit besoin de mandat d'amener si le crime emporte peine afflictive ou infamante. — C. inst. crim., art. 106.

9. — Il faut se garder de confondre la clameur publique avec ce qu'on appelle la rumeur publique, c'est-à-dire un bruit vague et sourd dont il n'est personne qui veuille accepter la responsabilité. — La rumeur publique, en effet, ne saurait être admise au flagrant délit comme la clameur publique. — Duverger, *loc. cit.* — V. FLAGRANT DÉLIT.

CLANDESTINITÉ.

On appelle clandestin ce qui se fait en secret et contre la défense d'une loi. La clandestinité est le vice de la chose faite clandestinement. — La possession clandestine est toujours vicieuse (art. 2229). — V. PRESCRIPTION. — Dès-lors une pareille possession ne peut servir à l'acquisition de la propriété. — C. civ., art. 2229. — Elle ne peut non plus être protégée par l'exercice des actions possessoires. — V. ACTION POSSESSOIRE.

V. POSSESSION, PRESCRIPTION.

CLANDESTINITÉ (Mariage).

1. — Tout mariage doit être contracté *publiquement*. Ce principe, reconnu par les lois anciennes, a été maintenu par la loi nouvelle. La *clandestinité* est donc une cause de nullité de mariage.

2. — Autrefois il était nécessaire, non seulement que le mariage eût été contracté *publiquement*, mais encore que son existence eût été rendue publique du vivant des époux. — Sinon, encore bien que la célébration fût régulière, un mariage demeuré secret était privé des effets civils.

3. — « Déclarons (disait la déclaration de Louis XIII, de 1639, art. 5) les enfans qui naîtront de ces mariages, que les parties ont tenus jusqu'ici ou tiendront à l'avenir cachés pendant leur vie, qui ressentent plutôt la honte d'un concubinage que la dignité d'un mariage, incapables de toutes successions, aussi bien que leur postérité. »

4. — Et Pothier (*Tr. du mariage*, nos 426, 427, 428) ajoute que, bien que la déclaration de 1639 ne s'applique qu'à l'égard des enfans, cependant à plus forte raison devait-elle priver le mariage des effets civils à l'égard de la veuve qui aurait participé à la clandestinité. — Il cite un arrêt du 26 mai 1705 qui, en pareil cas, a déclaré la veuve déchue de son douaire et autres conventions matrimoniales, en bornant son droit à la restitution de la dot.

5. — Jugé que, en Belgique, où des mariages pouvaient être valablement célébrés hors de l'église, avec dispense de bans, en vertu de la dispense de l'ordinaire, un mariage remontant au 15 juin 1781, bien que contracté avec toutes les formalités légales, ne produisait aucun effet civil, s'il n'avait été rendu public avant sa dissolution. — *Bruxelles*, 31 déc. 1806, Heeckstyl c. Van-Owerwalle.

6. — Mais les dispositions de la déclaration de 1639 n'ont plus aujourd'hui force d'autorité.

7. — Ainsi, il a été jugé que l'art. 5, décl. 1639, qui privait des effets civils les mariages qui, bien que régulièrement contractés, avaient été tenus secrets pendant la vie des époux, a été abrogé par les lois des 20 sept. 1792, 12 brum. et 17 niv. an II. — *Cass.*, 15 pluv. an XIII, Sainson-Taxis c. de Listenal.

8. — ... Et qu'un mariage valablement contracté doit, bien qu'il ait été constamment tenu secret par les époux et qu'il soit resté ignoré des tiers, produire ses effets entre les époux. C. civ., art. 165. — *Agen*, 18 nov. 1822, Vieillescazes c. Decros.

9. — Mais le même arrêt décide qu'un tel mariage ne peut être opposé aux tiers qui l'ont ignoré, et que, par suite, la donation contractuelle faite par la femme à un tiers, ne peut être annulée pour défaut d'autorisation maritale : ici s'applique la maxime *Error communis facit jus.*

10. — Par application du même principe, la cour de Cassation a jugé qu'un mari n'est pas recevable à attaquer les actes faits par sa femme sans son autorisation, lorsque c'est de son consentement qu'elle s'est dite libre et que le mariage a été tenu secret, et que dès-lors c'est à lui seul à se reprocher d'avoir induit le public dans une erreur invincible. — *Cass.*, 30 août 1808, Sainson-Taxis. — V. MARIAGE.

CLAQUEUR.

1. — On désigne vulgairement sous ce nom les agens en sous-œuvre enrôlés par des chefs qui se donnent le nom d'entrepreneurs de succès dramatiques, et qui reçoivent un salaire pour contribuer par leurs applaudissemens et autres démonstrations aux succès des pièces représentées sur les théâtres.

2. — Les tribunaux se sont montrés justement sévères pour les *entrepreneurs de succès dramatiques*; ils ont déclaré que les traités faits entre les directeurs des théâtres et ces entrepreneurs étaient nuls, comme illicites et contraires aux bonnes mœurs et à l'ordre public. — *Paris*, 3 juin 1839, Mennecier c. Cormon et Cournal; 3 avr. 1840 (t. 1er 1840, p. 700), Dulacq c. Cochet.

3. — L'arrêt du 3 juin 1839 est conçu dans des termes fort énergiques; il considère « qu'un pareil contrat est *essentiellement basé sur le mensonge et la corruption*... que les manifestations mensongères et achetées à l'avance troublent chaque soir l'intérieur des théâtres et détruisent violemment la liberté d'examen du public qui paie. »

4. — Le tribunal de commerce de la Seine, tout en reconnaissant que la convention par laquelle une administration théâtrale s'engage à livrer une certaine quantité de billets à un tiers qui lui paie une somme déterminée, et s'oblige, en même temps, à faire réussir toute pièce nouvelle, à l'aide de gens salariés pour *claquer*, est contraire à l'ordre public et aux bonnes mœurs dans l'un de ses effets, c'est-à-dire en ce qui concerne l'entreprise de succès, avait néanmoins décidé que la vente de billets dont l'administration était payée à l'avance était en elle-même licite et devait être exécutée. — *Trib. de comm. de Paris*, 10 juill. 1839, Cochet c. Vaudeville, sous *Paris*, 4 avr. 1840 (t. 1er 1840, p. 700).

5. — Mais ce jugement a été infirmé par la cour de Paris, qui a considéré la nullité comme absolue et comme s'appliquant à toutes les conventions contenues dans le traité, lesquelles ne peuvent produire aucun effet. — *Paris*, 4 avr. 1840, précité.

CLASSE.

1. — C'est l'ordre établi sur les côtes et dans les provinces maritimes pour régler le service des matelots et autres gens de mer enrôlés pour le service de l'état et distribués par parties, dont chacune s'appelle *classe*. — Merlin, *Rép.*, vº *Classe*.

2. — Avant Louis XIV, quand il y avait un armement considérable à faire, on fermait les ports, et tous les marins qui s'y trouvaient étaient saisis pour le service. — Beaussant, *Cod. maritime*, t. 1er, p. 27.

3. — Pour mettre de l'ordre dans l'enrôlement des matelots, dans leur dénombrement et dans la levée des officiers mariniers, on inventa les *classes*, dont la première application fut essayée par l'ordonnance du 17 sept. 1665. — Beaussant, *ibid.*

4. — Les hommes compris au rôle étaient au service du roi alternativement de trois, quatre ou cinq années l'une. Pendant leur année de service, ils recevaient à bord solde entière et demi-solde à terre. Cette division, cette classification donnèrent à cet enrôlement le nom de *classes*. — Beaussant, t. 1er, p. 28.

5. — Cette organisation a été continuée et perfectionnée dans les lois et réglemens qui régissent aujourd'hui l'*inscription maritime*. — Beaussant, p. 30. — V. INSCRIPTION MARITIME.

CLASSE DE PERSONNES.

Par ce mot, disait M. de Serres en présentant à la chambre des députés, le 3 déc. 1821, l'exposé des motifs de la loi du 25 mars 1822, le projet de loi entend toutes personnes prises collectivement, soit qu'on les désigne par le lieu de leur origine par la religion qu'elles professent, par les opinions qu'on leur attribue, par le rang qu'elles occupent dans la société, par les fonctions qu'elles remplissent, par la profession qu'elles exercent, ou enfin de toute autre manière; la loi qui punit les attaques individuelles ne doit pas moins punir les attaques collectives qui ont la tendance et peuvent avoir le résultat de troubler la paix publique. Le rapporteur de la loi, M. Chifflet, a dit que les nobles, les prêtres, formaient des classes, et M. de Peyronnet a ajouté que le mot *classes* comprenait les journalistes. — V. pour les détails DÉLITS DE PRESSE.

CLASSIFICATEUR.

On donne ce nom à chacun des membres de la commission chargée, dans chaque commune, de l'expertise des terrains pour l'établissement du cadastre. — V. CADASTRE, nos 44 et suiv.

CLAUSE.

1. — C'est une disposition particulière insérée dans un traité, un édit, un contrat et tout autre acte public ou privé. — Merlin, *Rép.*, vº *Clause*.

2. — Cette dénomination comprend toute espèce de pacte particulier et accessoire qui contient des réserves ou renonciations de droit et des fixations de points de fait ou de droit. C'est de là que, dans la pratique, on use indifféremment des mots *clauses* et *conditions* (au pluriel) pour signifier les différentes stipulations accessoires d'un traité. — Ferrière, *Parf. not.*, liv. 2, ch. 20.

3. — On peut insérer dans une convention plus ou moins de clauses, selon que la matière y est plus ou moins disposée. La volonté des parties n'a d'autres limites à cet égard que le respect aux bonnes mœurs, à l'ordre public et aux lois prohibitives. — C. civ., art. 6 et 1133. — Merlin, *Rép.*, *ibid.*

4. — A cet égard, il a été décidé que les tribunaux n'ont pas le pouvoir de déclarer illicite et nulle une clause, par le seul motif qu'ils ne peuvent lui assigner une cause plausible. Telle est la clause qui, dans un cas prévu, recule le terme d'exigibilité d'une dette. — *Cass.*, 27 juill. 1837 (t. 2 1837, p. 113), Salomon c. Scriber. — V. aussi L. 25, ff., *de probat. et præsumpt.*; — Toullier, t. 6, nº 175; Duranton, t. 10, nº 352; Merlin, *Quest. de droit*, vº *Causes des obligations*, § 3.

5. — Quoiqu'un acte ne contienne régulièrement que ce qu'on y insère, il y a néanmoins certaines clauses qui sont tellement de l'essence des actes, qu'on les sous-entend toujours, et qu'on les regarde comme *de style*. — C. civ., art. 1160; — Merlin, *Rép.*, vº *Clause*. — V. CLAUSE DE STYLE.

6. — Il est d'autres clauses qui sont de la nature du contrat et que la loi supplée elle-même, au cas de silence des parties; par exemple, la clause de garantie dans le contrat de vente. — C. civ., art. 1603; L. 3, ff., *De reb. cred.*

7. — Enfin il est des clauses *accidentelles*, qui sont insérées par les parties et que la loi ne suppléerait pas. Telle est la clause qui stipule les intérêts dans un prêt. — C. civ., art. 1153 et 1905.

8. — En général, les clauses d'un contrat ou d'un acte sont considérées comme *indivisibles*. — V. ACTE. — Les clauses générales renferment de droit les spéciales, *Semper specialia generalibus insunt* (L. 147, ff., *De reg. jur.*, et L. 113, *ibid.*); à la différence des clauses spéciales, qui dérogent aux générales. — L. 80, *ibid.* — Rolland de Villargues, *Rép. du notar.*, vº *Clause*.

9. — La clause finale est censée se rapporter à tout ce qui précède. — L. 29, ff., *De reb. dub.* — Toutefois elle ne se rapporte pas aux stipulations qui contiennent une clause spéciale. — L. 41, § 5, ff., *De vulg. et pupill. subst.*

10. — Chaque clause d'un contrat forme un contrat spécial : *tot clausulæ, tot contractus*. Néanmoins, cette maxime ne peut s'entendre que du cas où les diverses clauses sont totalement indépendantes l'une de l'autre, et où elles n'ont ni analogie ni influence l'une sur l'autre. — Rolland de Villargues, vº *Clause*.

11. — Si une clause est obscure, on doit l'expliquer par celles qui précèdent ou par celles qui suivent, selon le rapport qu'elles ont entre elles; et, dans le doute, on doit l'interpréter contre celui qui s'est énoncé d'une manière obscure ou équivoque, parce que c'était à lui de parler avec plus de clarté et de précision. — C. civ., art. 1162 et 1602. — Merlin, *Rép.*, vº *Clause*.

12. — Les clauses inintelligibles, illisibles, inutiles ou surabondantes sont nulles; mais le reste de l'acte n'en est pas moins valable. — L. 2, ff., *De*

his quæ pro non scriptis habentur; L. 1, ff., *De his quæ testam. del.*; L. 65, ff., *De verb. oblig.*; L. 1, § 5, ff., *De verb. oblig.*; L. 94, ff., *De reg. jur.* — Il en est de même des clauses impossibles, c'est-à-dire, de celles qu'il est impossible d'exécuter, *impossibilium nulla est obligatio*. — L. 195, *ibid.*, et 126, § 3, ff., *De verb. oblig.* — C. civ., art. 900; — Rolland de Villargues, vº *Clause*, nºs 10 et suiv.

13. — Les clauses insolites font présumer la fraude; mais ce n'est pas une présomption de droit. — Merlin, *Rép.*, vº *Clause*.

CLAUSE AMBIGUE.

C'est celle qui présente deux sens distincts et contraires, à la différence de la clause obscure qui n'en présente aucun bien déterminément. — Duranton, t. 10, nº 516. — V. INTERPRÉTATION DES CONVENTIONS.

CLAUSE CODICILLAIRE.

1. — Les commentateurs ont appelé *clause codicillaire* la disposition par laquelle, dans un testament, on ajoutait que, dans le cas où il se trouverait nul comme testament, on voulait qu'il conservât du moins sa validité comme codicille.

2. — La clause codicillaire, dont l'origine doit être rapportée aux formalités embarrassantes que le droit romain avait introduites pour la validité des testamens, n'était d'usage que dans les pays de droit écrit; elle était sans effet dans les pays coutumiers, où l'on disait communément que les testamens n'étaient que des codicilles, parce qu'ils ne demandaient pas plus de formalités qu'un simple codicille. — Merlin. *Rép.*, vº *Clause codicillaire*.

3. — La clause codicillaire n'ayant pour objet que de suppléer des formalités omises, ne rendrait pas valable un testament qui serait nul pour quelque autre cause, telle que celle de suggestion. — Merlin, *ibid.*

4. — Le Code civil ne parle pas de la clause codicillaire; et elle ne peut être d'aucun effet, d'après le parti qu'il a pris, art. 1002, d'assimiler à tous égards l'institution d'héritier et le legs universel. — Merlin, *ibid.* — Aussi a-t-elle cessé, depuis ce code, d'être insérée dans les testamens. — Rolland de Villargues, *Rép. du not.*, vº *Clause codicillaire*, nº 3.

CLAUSE COMMINATOIRE.

1. — *Clause comminatoire*, du mot latin *comminari*, menacer; c'est-à-dire clause qui n'est qu'une simple menace. On appelle ainsi une peine qu'on stipule dans différens actes ou contrats, ou qui se trouve apposée soit dans un testament, soit dans une loi, soit dans un jugement contre ceux qui contreviendront à quelque disposition; laquelle peine n'est toutefois pas encourue de plein droit et ne s'exécute pas toujours à la rigueur. — Merlin, *Rép.*, vº *Clause comminatoire*.

2. — Suivant Guyot (*Rép.*, vº *Clause comminatoire*), dans les ordonnances, édits, déclarations et lettres patentes, les peines étaient rarement comminatoires; par exemple, quand le roi prononçait la peine de nullité, cette peine était ordinairement de rigueur, si ce n'était dans certains édits bursaux, où la nullité pouvait se réparer en payant l'amende qui était due.

3. — « Mais cela était bon, ajoute Merlin (*Ibid.*) sous l'ancien régime, où les cours souveraines se regardant comme associées au pouvoir législatif, tiraient de là un prétexte pour modifier, dans certains cas, les lois qu'elles trouvaient trop sévères. Mais aujourd'hui que les tribunaux ne sont que ce qu'ils auraient toujours dû être, juges des faits et applicateurs de la loi, il n'y a plus, même en matière purement fiscale, de peine de nullité que l'on puisse réputer comminatoire. »

4. — Aucune des nullités, amendes et déchéances prononcées par le Code de procédure civile, n'est comminatoire. — C. procéd., art. 1029.

5. — De ce qu'une peine n'est pas encourue de plein droit, il ne s'ensuit pas qu'elle ne soit que comminatoire. Il n'y a point de peine qui s'encoure de plein droit; les peines, quelles qu'elles soient, ne peuvent être infligées que par des jugemens qui les déclarent encourues. Pour qu'elles ne fussent réellement que comminatoires il faudrait que les juges pussent les remettre ou les modérer. — Merlin, *Rép.*, vº *Clause comminatoire*.

6. — Dans les jugemens rendus, soit en matière civile ou criminelle, lorsqu'il y a quelque disposition qui ordonne à une partie de faire quelque chose dans un certain temps, cette disposition peut n'être que comminatoire, suivant les circonstances; mais il en est autrement quand le jugement porte la clause qu'*en vertu du présent jugement, et sans qu'il en soit besoin d'autre, la partie demeurera déchue*.

7. — Ainsi on peut considérer comme simplement comminatoire la disposition d'un jugement qui condamne un mandataire à payer telle somme par chaque jour de retard, faute par lui de remettre au mandant les pièces que ce dernier lui a confiées. — *Cass.*, 28 déc. 1824, Habert c. Dardenne,

8. — Il en est de même de la disposition par laquelle un jugement ordonne à l'acheteur de prendre dans la huitaine livraison de la chose vendue, sans attacher une sanction au défaut d'exécution; une pareille disposition est purement comminatoire quant au délai. — *Bordeaux*, 8 janv. 1839 (t. 1er 1839, p. 389), Gariley c. Bareyre.

9. — Dès-lors les dispositions comminatoires des jugemens et arrêts peuvent être ultérieurement changées, sans qu'il y ait violation de la chose jugée. — *Cass.*, 28 déc. 1824, Habert c. Dardenne. — V. au surplus CHOSE JUGÉE, nºs 67 et suiv.

10. — Quant aux clauses pénales insérées dans les conventions, il était de principe constant, avant le Code civil, qu'elles ne devaient être considérées que comme comminatoires, et que leurs effets n'étaient définitivement acquis que lorsque des jugemens en avaient ordonné l'exécution. — *Cass.*, 5 mars 1817, de Bonal c. de Damas; — Domat, *Lois civiles*, liv. 1er, tit. 1er, sect. 1re; Pothier, *Oblig.*, nºs 348 et suiv.; Chabot, *Quest. transit.*, vº *Clause pénale*, t. 1er, p. 67.

11. — Mais une pareille doctrine était évidemment erronée et destructive des conditions sans lesquelles les contrats n'auraient pas eu lieu. — Argou, *Instit. du droit franç.*, liv. 3, chap. 27; Merlin, *Quest.*, vº *Emphytéose*, § 3.

12. — Le Code a réformé cette jurisprudence injuste; cependant il n'a pas entièrement adopté la maxime simple et raisonnable du droit romain que l'expiration du terme suffisait pour constituer le débiteur en demeure (*Dies interpellabat pro homine*, L. 12, Cod., *Contrah. et commit. stip.*); mais il permet d'en faire une stipulation spéciale. L'art. 1139 porte que le débiteur est constitué en demeure par l'effet de la convention, lorsqu'elle porte que, sans qu'il soit besoin d'acte, et par la seule échéance du terme, le débiteur sera en demeure. — Toullier, t. 6, nº 246.

13. — Ainsi, la clause expresse de résiliation immédiate d'un bail à défaut de paiement d'un seul terme, et sans avertissement préalable n'est pas simplement comminatoire : elle est obligatoire, même pour le juge, qui ne peut accorder aucun délai au débiteur pour se libérer. — *Rennes*, 7 août 1845 (t. 2 1845, p. 444), Renault c. Poullet.

CLAUSE COMPROMISSOIRE.

V. ASSURANCES MARITIMES, ASSURANCES TERRESTRES, COMPROMIS.

CLAUSE DE CONSTITUT ET DE PRÉCAIRE.

1. — On donne ce nom à la clause par laquelle le possesseur d'un immeuble reconnaissait qu'il n'y avait aucun droit de propriété, et qu'il n'en conservait la jouissance qu'à titre précaire.

2. — Cette clause s'insérait principalement dans les donations et dans les ventes qui contenaient réserve d'usufruit de la chose donnée ou vendue au profit du donateur ou du vendeur. — Pothier, *Tr. du dr. de propriété*, nº 208.

3. — Elle était usitée dans le plus grand nombre des coutumes, et notamment dans celles de Meaux (ch. 3, art. 13) et de Sens (art. 230). — Elle peut, au premier abord, paraître contraire aux art. 273 et 274, cout. de Paris, qui, après avoir posé en principe que *donner et retenir ne vaut*, disait que « c'est donner et retenir quand le donateur demeure en possession de la chose donnée jusqu'au jour de son décès. » — Mais l'art. 275 ajoute que ce n'est pas donner et retenir quand il y a clause de constitut ou précaire. — Merlin, *Rép.*, vº *Clause de constitut*.

4. — Au surplus, la clause de *constitut et de précaire* ne produisait ces effets qu'autant que le contrat était valable et que le donateur ou le vendeur réellement en possession était présent à la stipulation, et elle n'était valable à l'égard des meubles qu'autant que le contrat spécifiait les meubles mêmes, ou qu'un état de ces meubles y était annexé. — *Rép.*, vº *Clause de constitut*.

5. — Cette clause produisait le double effet : 1º de faire jouir le donateur ou le vendeur de l'usufruit réservé ; — 2º de transférer au donataire ou à l'acheteur une *possession feinte*, qui lui transférait la propriété, dans les pays où la transmission de propriété ne s'opérait que par la tradition. — Denisart, vº *Clause de constitut*.

6. — Il a été jugé que la clause de précaire insérée dans un contrat de vente d'immeubles n'empêchait pas le sous-acquéreur d'opposer au vendeur primitif la prescription trentenaire, à partir de la revente, la bonne foi n'étant pas nécessaire pour qu'on puisse opposer cette prescription. — *Cass.*, 8 fév. 1836, Barthélemy c. Pélicot.

7. — On ne voit pas l'utilité d'une pareille clause, aujourd'hui que la propriété se transfère par le seul consentement des parties, et abstraction faite de la tradition; aussi est-elle tombée en désuétude. — C. civ., art. 939 et 1583. — V. VENTE.

8. — Duvergier (*Vente*, t. 1er, nº 253) fait remarquer que si, après une première vente d'effets mobiliers, la possession était restée au vendeur par suite d'une clause de constitut ou de précaire, le deuxième acquéreur de bonne foi, mis en possession, serait préféré au premier. — V. VENTE.

9. — On insérait aussi quelquefois la clause de constitut et de précaire dans le contrat de constitution de rente à prix d'argent; celui qui constituait sur lui la rente y obligeait tous ses biens, particulièrement un certain fonds dont il déclarait se dessaisir jusqu'à concurrence du capital de la rente, et qu'il ne jouirait plus de ces fonds hypothéqués spécialement qu'à titre de constitut et de précaire. — Guyot, *Rép.*, vº *Clause de constitut*. — Mais Merlin (*eod. verb.*) fait remarquer que cette clause, imaginée à une époque où les décisions du droit canonique semblaient prohiber la constitution de rentes à prix d'argent sur les personnes, et ne permettre que celles constituées sur les héritages, n'a plus aujourd'hui aucun effet.

10. — V. sur la clause de constitut Merlin, *Rép.*, vº *Clause de constitut*; Duvergier, *Vente*, t. 1er, nº 253; Troplong, *Vente*, t. 1er, nº 277; Grenier, *Des donations*; Pothier, *Propriété*, nº 208.

CLAUSE DÉROGATOIRE.

1. — C'est celle qui déroge à quelque acte antérieur.

2. — Ce mot est le plus souvent employé pour indiquer spécialement la dérogation à une disposition testamentaire. Toullier (t. 5, nº 608) lui donne en ce cas le nom de *clause révocatoire*.

3. — Autrefois les clauses dérogatoires étaient insérées dans les testamens, comme des précautions que prenaient contre l'effet de la séduction ceux qui craignaient de ne pouvoir résister à des impressions étrangères, et de faire dans la suite quelque chose contre leur volonté. — Sallé, sur l'art. 76 de l'ord. de 1735; Furgole, ch. 11, nº 30; Toullier, t. 5, nº 608.

4. — En ce cas, le testateur insérait dans son testament une clause par laquelle il déclarait que sa volonté était qu'aucun autre testament qu'il pourrait faire par la suite ne fût exécuté, à moins qu'il ne contînt telle sentence ou telle phrase qu'il indiquait. L'insertion de la phrase ou de la sentence dans le second testament devenait la preuve de la véritable volonté du testateur. — Toullier, *ibid.*; Merlin, *Rép.*, vº *Clause dérogatoire*.

5. — Mais l'ordonnance de 1735 (art. 76) abrogea l'usage des clauses dérogatoires dans tous testamens, codicilles ou dispositions à cause de mort, voulant qu'à l'avenir elles fussent regardées comme nulles et de nul effet, en quelques termes qu'elles fussent conçues.

6. — Cette loi, dit Merlin (*Rép.*, vº *Clause dérogatoire*), est d'autant plus juste que rien n'était plus contraire à la liberté naturelle que l'homme a de changer de volonté jusqu'au dernier moment de sa vie, que l'admission des clauses dérogatoires. Elles occasionnaient beaucoup plus d'inconvéniens que le mal auquel on avait voulu remédier. Ainsi le législateur, en les abrogeant, a ramené la jurisprudence aux vrais principes et a rempli le vœu des plus habiles jurisconsultes qui avaient traité cette matière.

CLAUSE IRRITANTE.

1. — On donne ce nom à une clause qui annule tout ce qui serait fait au préjudice d'une loi ou d'une convention connue, lorsqu'il est dit dans une loi ou convention, *à peine de nullité*.

2. — Lorsque la loi est conçue en termes prohibitifs négatifs, la clause irritante est inutile pour annuler ce qui est fait contre les dispositions d'une telle loi; c'est sur ce principe que l'on fonde la nullité du changement apporté aux conventions matrimoniales après la célébration du mariage. — C. civ., art. 1395. — Merlin, *Rép.*, vº *Clause irritante*.

3. — Mais la clause irritante est en général néces-

saire quand la loi ne fait simplement qu'enjoindre quelque chose.—Merlin, *ibid*; Touillier, t. 7, nº 503. — V. NULLITÉ.

CLAUSE PÉNALE.

C'est la clause par laquelle une personne pour assurer l'exécution d'une convention s'engage à quelque chose en cas d'inexécution. — C. civ., art. 1226. — V. OBLIGATIONS AVEC CLAUSE PÉNALE.

CLAUSE PRIVATIVE.

1. — On appelle ainsi la clause par laquelle un testateur, après avoir fait des legs au profit de ses enfans ou descendans, déclare qu'il les en prive, dans le cas où ils feraient réduire à la quotité déterminée par la loi les dispositions qu'il a faites au delà de cette quotité.—Rolland de Villargues, *Rép. du not.*, vº *Clause privative*.

2. — Autrefois la clause privative portait sur la réserve coutumière dont le testateur disposait au préjudice de ses héritiers, en déclarant que s'ils la réclamaient contre sa volonté, il les privait de ses biens libres au profit de son légataire. — Merlin, *Rép.*, vº *Clause privative*; et vº *Réserve coutumière*, sect. 6ᵉ, § 3.

3. — La coutume d'Artois, dans le temps où elle était dans toute sa vigueur, admettait ce mode de disposer. — V. Merlin, *Quest. de droit*, vº *Aînesse*, § 1ᵉʳ.

4. —Jugé que, sous la coutume d'Artois, le père pouvait priver son fils aîné de toute part dans ses biens libres, pour le cas où il voudrait exercer son droit d'aînesse. — *Cass.*, 12 germ. an IX, Topart c. Topart.

5.—Quelque vaine que fût la quotité disponible dans les différentes coutumes, toutes décidèrent que si l'héritier légal acceptait ce qui lui était laissé par le testament du défunt, il ne pouvait plus en attaquer les dispositions; et même dans la châtellenie de Lille, où il était défendu de tester de la moindre partie de ses immeubles, un héritier légal, en acceptant un legs, se rendait inhabile à succéder *ab intestat*. — *Parlement de Flandre*, 23 mars 1724.

6.—Toutefois la jurisprudence du Hainaut, régi par des lois particulières, n'admettait pas cette manière de disposer au détriment des héritiers.—V. Guyot, *Rép. de jurisp.*, vº *Clause*.

7. — Cette matière a perdu sa plus grande importance par l'effet des dispositions de la loi du 17 niv. an II et du Code civil, qui, pour la disponibilité, abrogent toute différence, tant entre les meubles et les immeubles qu'entre les immeubles de telle ou telle espèce.

8. —Tous les effets de la clause privative se réduisent aujourd'hui à deux points, selon Merlin (*Rép.*, vº *Clause privative*).

9. — 1º Le testateur qui fait des legs à ses enfans ou ascendans peut déclarer qu'il les en prive, dans le cas où ils feraient réduire à la quotité fixée par la loi, les dispositions qui excèdent cette quotité.

10. — Si la *clause privative* n'est pas apposée à ces legs, les enfans ou ascendans légataires les recueilleront sans difficulté, même en faisant réduire les dispositions excessives; mais ils seront tenus d'imputer ces legs sur la portion de réserve à laquelle ils auront droit. — V. QUOTITÉ DISPONIBLE.

CLAUSE QUE DIT ÊTRE.

1. — Ces mots, mis par abréviation de : *ainsi que le chargeur me le dit être*, sont ajoutés par le capitaine de navire à sa signature sur le connaissement pour énoncer qu'il n'a pas vérifié si les marchandises dont il se charge étaient de la qualité ou quantité annoncée par le chargeur. — Quelquefois les mots *que dit être* sont remplacés par ceux de *sans approuver*, ou bien *contenu inconnu*.

2. — Au moyen de la clause *que dit être*, le capitaine n'est point garant du poids ou de la mesure ni de la qualité des marchandises. — *Consulat de la mer*, chap. 26 ;—Valin, sur l'art. 2, tit. *Du connaissement*, ord. 1681 ; Emérigon, t. 1ᵉʳ, p. 327; Boulay-Paty, t. 1ᵉʳ, p. 409. — V. au surplus CONNAISSEMENT. — V. aussi ASSURANCE MARITIME, CAPITAINE DE NAVIRE.

CLAUSE RÉSOLUTOIRE.

C'est celle par laquelle on convient qu'un acte demeurera nul et résolu, soit dans le cas où l'une des parties n'aura pas rempli ses obligations, soit dans celui où arriverait un événement indépendant de leur volonté.—V. CONDITION, RÉSOLUTION.

CLAUSE RÉVOCATOIRE.

C'est celle par laquelle on anéantit ou révoque une disposition précédente qui était de nature révocable. — V. RÉVOCATION DE TESTAMENT.

CLAUSE DE STYLE.

1. — C'est le nom qu'on donne, soit à des clauses sous-entendues dans un acte où elles ne sont pas exprimées, soit à des clauses insérées plutôt d'après un usage habituel que d'après les conventions des parties.

2. — En considérant les clauses de style dans leur première acception, on dit que, quoiqu'il n'y ait régulièrement dans un acte que ce qu'on y met, il y a néanmoins certaines clauses qui sont tellement de l'essence des actes qu'on les regarde comme de style, et qu'elles sont toujours sous-entendues. — C. civ., art. 1160 ; — Merlin, *Rép.*, vº *Clause*.

3.— Considérées sous le second point de vue, les clauses de style doivent jouir de peu de faveur, puisqu'elles sont moins l'œuvre des parties que celle du rédacteur de l'acte.

4.— Dans la pratique notariale, on a long-temps conservé plusieurs clauses de style, qu'on doit s'efforcer de plus en plus de bannir, parce qu'en définitive elles amènent toujours des contestations plus ou moins préjudiciables aux parties.

5.— Une énonciation de pur style, inutile et surabondante, ne saurait vicier un acte d'ailleurs régulier. — Tel est le cas, par exemple, où une obligation notariée aurait été acceptée par un des témoins de l'acte, agissant sans mandat au nom du créancier qui aurait lui-même donné son acceptation antérieurement. — *Cass.*, 27 août 1833, Joseph c. Garelon et Rouly.

6. — On ne peut considérer comme purement de style et du fait du notaire la clause révocatoire contenue dans une donation.—*Cass.*, 25 avr. 1825, Parleani c. comm. de Pioggiola.

7. — La clause par laquelle un débiteur déclarerait se soumettre à tel tribunal qu'il plairait au créancier de choisir serait sans effet ; une telle clause, si elle était permise, deviendrait de style dans tous les contrats, au grand préjudice des débiteurs. — Carré, *Compét. civile*, t. 1ᵉʳ, nº 269.

CLAUSE VAILLE OU NON VAILLE.

1. — Clause qui s'insère dans une police d'assurances pour indiquer que l'estimation donnée aux choses assurées a été convenue entre l'assureur et l'assuré pour tenir lieu de capital en tous lieux et en tous temps.

2. — Une pareille clause a pour effet, non de repousser par elle seule la preuve de l'exagération dans l'estimation, mais seulement de mettre cette preuve à la charge de l'assureur, et de dispenser l'assuré de toutes justifications. — *Aix*, 6 janv. 1841 (t. 2 1841, p. 54), Assureurs c. Luce. — V. ASSURANCE MARITIME, nºˢ 715 et suiv.

CLAVECINS (Facteurs de).

V. PIANOS.

CLÉS.

1.— On appelle ainsi les instrumens en fer destinés à ouvrir et fermer les serrures.

2. — L'usage des fausses clés est une circonstance aggravante du crime de vol (C. pén., art. 384) et la loi elle-même, dans l'art. 398, a défini ce qu'on devait entendre par fausses clés. — V. à cet égard, VOL.

3.— Les fausses clés sont d'un usage si fréquent et si dangereux que le législateur a cru devoir punir le fait seul de la contrefaction et l'altération des clés, indépendamment même de l'usage qui aurait lieu des clés ainsi contrefaites et altérées.— En outre, dans un intérêt de police prévoyante, des réglemens ont dû intervenir relativement à l'usage, à la fabrication et à la vente des clés et serrures.

4. — Ainsi, suivant l'art. 399, C. pén, quiconque a contrefait ou altéré des clés, est condamné à un emprisonnement de trois mois à deux ans et à une amende de 25 à 150 fr. — Si le coupable est serrurier de profession il est puni de la réclusion. le tout sans préjudice de peines plus fortes s'il y échet, en cas de complicité de crime.

5.— Le délit et le crime prévus et punis par l'art 399, ayant des rapports très directs avec le crime de vol avec fausses clés, c'est au mot VOL que nous placerons les explications qu'il comporte. — V. VOL.

6.— Sous le rapport de la police relative à l'usage, à la fabrication et à la vente des clés et serrures, on trouvera dans le *Nouveau dict. de police*, de MM. Elouin et Trébuchet, diverses dispositions intéressantes à connaître.

7. — Ainsi à Paris, il est défendu aux maîtres serruriers, compagnons, apprentis de faire ouverture d'aucunes serrures de cabinets et coffres-forts, fermant à clés et à loquet, que par l'ordre et en présence du maître, comme aussi d'aucunes serrures de portes cochères, chambres et autres qu'en présence dudit maître ou de la maîtresse de la maison en laquelle ils ont été requis de se transporter, à peine de cent livres d'amende et d'emprisonnement en cas de récidive.— Lettres patentes du 12 oct. 1650, enregistrées le 27 janv. 1652, art. 51.

8. — L'art. 52 des mêmes lettres patentes disposent que : « Lesdits maîtres, compagnons et apprentis ne peuvent forger ni faire aucune clé que l'on n'ait mis en leur possession la serrure ou une clé qu'ils vont, en ce cas, essayer sur ladite serrure, et la délivrer au maître ou à la maîtresse de ladite maison, ni même n'en peuvent faire sur modèle de cire, de terre ou autre patron, sous les peines portées audit art. 51. »

9. — En outre, une ordonnance de police du 8 novembre 1780 (art. 8) fait défense à toutes personnes d'exposer en vente et débiter aucune clé neuve ou vieille, séparément de la serrure, à peine de cent livres d'amende et de prison en cas de récidive.

10.— Suivant l'art. 9 de la même ordonnance, défense est faite à tous ouvriers, apprentis serruriers et autres ouvriers en clés de travailler, forger et limer des clés et des serrures dans les boutiques de leurs maîtres, en quelque lieu que ce puisse être, et d'y avoir des outils, ainsi qu'à tous particuliers de les recevoir à cet effet dans leurs maisons et logemens, sous peine de prison contre lesdits ouvriers, apprentis serruriers et ouvriers en fer, et d'amende contre les particuliers qui les reçoivent chez eux à cet effet, et sont tenus les propriétaires et principaux locataires, qui ont lesdits ouvriers logés dans leur maisons, dès qu'ils sont instruits qu'ils travaillent chez eux auxdits ouvrages, d'en faire la déclaration à la police, le tout, sous peine d'amende contre lesdits propriétaires et principaux locataires.

11. — Les ferrailleurs, revendeurs, crieurs de vieux fers ne peuvent limer et repasser aucunes clés dans leur boutiques, sous peine d'amende; et, en cas de récidive, de prison.— Même ord. art. 10.

12. — La loi civile s'occupe également des clés dans leur rapport avec l'exécution de certains contrats. C'est ainsi que, suivant les art. 1605 et 1606 C. civ., la remise des clés d'un bâtiment vendu, ou d'un bâtiment contenant l'objet vendu, opère délivrance. — V. au surplus VENTE. — V. aussi BAIL.

13. — Dans l'ancien droit, quelques coutumes (Meaux, art. 33 et 52, Lorraine, tit. 2, art. 3, Vitry, art. 91) exigeaient que la veuve *jetât les clés sur la fosse* du trépassé pour pouvoir renoncer à la communauté. — Mais cette formalité n'était généralement pas pratiquée. — Merlin, *Répert.*, vº *Clé*.

CLÉMENTINES (Recueil de).

On appelle ainsi la collection des décrétales du pape Clément V, faite par les ordres du pape Jean XXII, son successeur. — V. le *Dict. de dr canon* de l'abbé André, vº *Clémentine*. — V. aussi DÉCRÉTALES.

CLERC.

1. — On se sert le plus ordinairement de ce mot pour désigner celui qui travaille dans l'étude d'un officier ministériel, avoué, notaire ou huissier.—Dans l'ancienne jurisprudence, on l'employait dans une acception plus générale, c'est-à-dire qu'on l'appliquait à tous les gradués indistinctement, et même aux simples lettrés.

2.— Autrefois, les avocats avaient des clercs qui copiaient leurs consultations et les différentes écritures de leur ministère. Ces clercs assistaient ordinairement aux audiences derrière le barreau, pour donner aux avocats les sacs des causes qu'on appelait à l'audience pour être plaidées ; ils portaient et reprenaient les pièces dont la communication était nécessaire, faisaient quelquefois des extraits, et recevaient, dans les arbitrages, les honoraires et vacations dus à leurs patrons.

3. — Le réglement de 1344 défendait aux clercs d'avocats de faire leurs écritures dans la grand'-chambre du parlement. Ils n'avaient pas le droit de porter l'épée, ni de s'armer de cannes ou de bâtons ; mais les réglemens à cet égard furent toujours assez mal observés.

4. — A Paris, et dans plusieurs autres villes du royaume, les clercs des procureurs formaient une corporation appelée *basoche*, qui avait une organisation moitié militaire, moitié judiciaire, et dont les officiers exerçaient, dans de certaines limites, une véritable juridiction. — V. BASOCHE.

5. — D'après la déclaration du 10 juill. 1685, les clercs de procureurs ne devaient pas appartenir à la religion prétendue réformée.

6. — Un arrêt du 28 juill. 1689 défendait aux procureurs de donner des gages ou des appointemens à leurs clercs.

7. — Les anciens tarifs allouaient certains droits aux clercs, et il leur était défendu de recevoir aucun autre émolument, même lorsque les parties le leur offraient volontairement. — V. Jousse, *Administ. de la justice*, t. 2, n° 478.

8. — Aujourd'hui, la cléricature ne confère aucun privilége; les seuls avantages qui y soient attachés consistent à étudier la pratique, à rendre ceux qui ont exercé les fonctions de *clerc* pendant un certain temps aptes à remplir les fonctions publiques pour lesquelles ce stage est requis; enfin à toucher du patron des appointemens, lorsqu'on occupe dans l'étude un rang qui y donne droit.

9. — Le rang dans les études ne se détermine pas par l'ancienneté; c'est le choix du patron qui le fixe.

10. — Anciennement, le principal clerc d'un procureur ou d'un notaire prenait abusivement le titre de *maître clerc;* cet usage s'est perpétué; cependant on se sert beaucoup plus souvent de la dénomination de *principal* ou de *premier clerc*.

11. — Le premier clerc est en général considéré comme le représentant du patron et doit donc être l'objet des déférences de tous. « Ordinairement, dit M. Rolland de Villargues (*Répert. du not.*, v° *Clerc*, n°s 35 et 36), il ne parvient à ce poste qu'après de longues années, et son mérite est tel qu'aux déférences de ses jeunes collaborateurs il joint l'estime des cliens et la considération publique; noble récompense de ses travaux et de sa bonne conduite et qui devient un titre décisif pour son admission au notariat. »

12. — On appelle *petit clerc* l'employé chargé dans les études de faire les courses et les commissions; c'est ordinairement un tout jeune homme qui occupe cet emploi subalterne, pour lequel il reçoit une rétribution mensuelle.

13. — La chambre des avoués ayant pour mission d'attester la moralité et la capacité des candidats qui aspirent à la profession d'avoué, il est de son devoir de recueillir des renseignemens sur le travail des clercs et sur la conduite qu'ils ont tenue durant leur cléricature.

14. — De là la sage délibération prise par la chambre des avoués du tribunal de la Seine, le 21 mars 1844, et dont voici les principales dispositions.

15. — A Paris, nul ne peut travailler dans une étude d'avoué de première instance, s'il n'est inscrit sur un registre ouvert à cet effet à la chambre. — Art. 1er.

16. — Une table alphabétique où figurent les noms de tous les clercs inscrits est jointe à ce registre. — Art. 1er.

17. — L'inscription doit avoir lieu dans la quinzaine de l'admission du clerc dans une étude. — Elle est faite sur la présentation d'un certificat de l'avoué chez lequel le clerc est employé. — Art. 1er.

18. — Cette inscription est toute gratuite. — Art. 1er.

19. — Elle doit être renouvelée tous les trois ans, dans les mois de juin ou de juillet. — Art. 2.

20. — Ce renouvellement ne peut être fait que sur la présentation d'un certificat de l'avoué. — Et le grade doit y être énoncé s'il s'agit d'un principal clerc. — Art. 2.

21. — Le certificat du patron doit énoncer les nom, prénoms, domicile, âge et lieu de naissance du clerc, ainsi que l'époque de son admission dans l'étude et le grade qu'il y tient. — Art. 1er.

22. — Le grade de principal clerc ne peut être donné à deux clercs à la fois dans la même étude. — Art. 3.

23. — Le clerc qui change d'étude doit faire opérer son changement sur le registre, dans la quinzaine de ce changement, en produisant un certificat de son nouveau patron. — Art. 2.

24. — Pour que ces dispositions fussent rigoureusement observées, la chambre des avoués a décidé : 1° que le stage ne pourrait être constaté que par des inscriptions prises à la chambre (art. 4); — 2° que l'avoué qui les aurait enfreintes serait passible d'une peine disciplinaire. — Art. 6.

25. — Les règles pour constater le stage des aspirans au notariat sont à peu près semblables à celles qui viennent d'être énumérées, mais elles ne sont pas particulières aux notaires de Paris, elles s'appliquent à toute la France.

26. — Suivant la loi du 25 vent. an XI, art. 35, on ne peut être reçu notaire qu'après avoir été *clerc* pendant un temps déterminé, suivant l'importance de la classe dans laquelle on veut exercer. C'est ce que la loi appelle *stage*.

27. — Ainsi l'art. 36, L. 25 vent. an XI, établit, comme règle générale, que pour être reçu notaire il faut avoir été clerc pendant six années dont une au moins comme premier clerc chez un notaire d'une classe égale à celle dans laquelle on veut entrer.

28. — Il ne faut que quatre années de stage dont une comme premier clerc, lorsqu'on a travaillé pendant ce temps chez un notaire d'une classe supérieure. — L. 25 vent. an XI, art. 37.

29. — Trois années de stage dans la première ou seconde classe suffisent pour être reçu notaire dans la troisième. — Art. 41.

30. — Il résulte des termes des ordonnances des 10 avr. 1834 et 31 oct. 1835, que le stage fait dans les colonies doit servir en France.

31. — Pour constater le stage, il est tenu à la chambre des notaires un registre d'inscription. — Statuts des notaires de Paris, 29 août 1779; 29 vent. an XII, et 26 vendém. an XIII. — Mais on ne peut y faire porter son nom qu'en produisant 1° son acte de naissance.

32. — ... 2° Un certificat du notaire chez lequel on travaille. Ce certificat doit constater le grade que le candidat occupe dans l'étude du notaire. — Ord. 4 janv. 1843, art. 31 et 32.

33. — Aucun aspirant au notariat ne peut être admis à l'inscription sur le registre de la chambre, s'il n'est déjà âgé de dix-sept ans accomplis. — Même ordonn., art. 34.

34. — Les inscriptions sont signées tant par le secrétaire de la chambre que par l'aspirant. — Elles doivent être faites dans les trois mois de la date du certificat délivré par le notaire. — Même ordonn., art. 33.

35. — Le certificat et l'acte de naissance doivent être déposés aux archives. — *Ibid.*

36. — Les inscriptions pour les grades inférieurs à celui de second clerc ne sont admises que sur l'autorisation de la chambre, qui peut la refuser lorsque le nombre des clercs demandé est évidemment hors de proportion avec l'importance de l'étude. — Art. 35.

37. — Le même grade ne peut être conféré concurremment à deux ou à plusieurs clercs dans la même étude. — Même article.

38. — Toutes les fois qu'un aspirant passe d'un grade à un autre ou change d'étude, il est tenu d'en faire, dans les trois mois, la déclaration au secrétariat de la chambre.

39. — Les chambres de notaires exercent une surveillance générale sur la conduite de tous les aspirans de leur ressort; elles peuvent, suivant les circonstances, prononcer contre eux, soit le rappel à l'ordre, soit la censure, soit enfin la suppression du stage pendant un temps déterminé qui ne peut excéder une année. — Art. 37.

40. — Il est procédé contre les clercs dans les mêmes formes que celles prescrites à l'égard des notaires. Le notaire dans l'étude duquel travaille le clerc inculpé est préalablement entendu ou appelé. — Même article.

41. — C'est la chambre de discipline des notaires qui délivre ou refuse, s'il y a lieu, les certificats de capacité et bonnes mœurs demandés par les aspirans qui se présentent pour être admis aux fonctions de notaires. — Arrêté 2 niv. an XII.

42. — La chambre de discipline a le droit d'examiner les clercs aspirans quoiqu'ils se présentent munis des certificats constatant le temps d'étude exigé par la loi. — Circ. du minist. de la justice, 6 vendém. an XIII.

43. — La chambre doit toujours être dirigée dans son examen par un esprit d'équité, sans chercher à embarrasser le candidat par des questions trop difficiles et surtout par des questions étrangères au notariat. — Même circulaire.

44. — Les clercs de notaires ne peuvent faire des affaires en dehors de celles de l'étude dans laquelle ils travaillent, ni faire insérer dans les journaux des annonces sous leurs noms. — Circ. des not. de Paris, 18 fév. 1813.

45. — La qualité de *clerc* est incompatible avec celle d'avocat. — V. AVOCAT.

46. — Il s'est élevé quelques difficultés sur le point de savoir dans quel cas on peut considérer comme clerc, dans le sens de l'art. 10, L. 25 vent. an XI, la personne qui travaille pour un notaire.

47. — On est généralement d'accord qu'il n'est pas nécessaire d'être aspirant au notariat pour être considéré comme clerc.

48. — « Nous pensons, dit Rolland de Villargues (*Rép. du not.*, v° *Clerc*, n° 11), que pour avoir la qualité de clerc, il n'est pas nécessaire d'examiner si l'individu auquel il s'agit de l'attribuer aspire ou non à devenir notaire. Celui qui travaille habituellement dans une étude, sous la direction d'un officier public, a par cela même la qualité de clerc. Tel est le sens dans lequel s'expriment tous nos auteurs : Ferrière, Nouveau Denisart, Favard, etc.

49. — On convient aussi que le salaire n'est pas nécessaire pour constituer la qualité de clerc. Seulement on donne le nom de clercs *externes* à ceux qui travaillent sans appointemens. — *Id.*, n° 12.

50. — Un point plus douteux est celui de savoir si l'individu qui travaille habituellement pour un notaire, mais hors de l'étude, peut être considéré comme clerc. On tient généralement pour la négative.

51. — Jugé en ce sens que, pour être considéré comme clerc de notaire dans le sens de la loi, il ne suffit pas de faire quelques expéditions d'actes pour le compte d'un notaire, il faut avoir dans l'étude son travail habituel et principal. — *Grenoble*, 7 avr. 1827, Perrin; *Cass.*, 5 fév. 1829, Faure c. Bornier.

52. — On décide aussi que celui qui travaille dans l'étude d'un notaire, mais qui exerce en même temps des fonctions différentes, par exemple celles de greffier de justice de paix, d'huissier, ne peut être considéré comme un véritable clerc.

53. — Ainsi, il a été jugé que celui qui fait des écritures dans l'étude d'un notaire, s'il s'occupe en même temps d'autres fonctions, ne peut pas être considéré comme clerc, quand même on rapporterait un certificat de stage qui lui aurait été délivré par le notaire. — *Agen*, 18 mai 1824, Gaveret.

54. — Jugé cependant que, dans le cas où un individu se livrerait à d'autres travaux, il suffit que son occupation principale soit dans l'étude d'un notaire pour qu'il soit considéré comme clerc de notaire. — *Bruxelles*, 12 avr. 1810, Berkerman c. Debacker.

55. — Comme on le voit, ce sont presque toujours les faits qui déterminent pour les tribunaux la véritable qualité de clerc. — V. au surplus ACTE NOTARIÉ, DONATION, NOTAIRE, STAGE, TESTAMENT, TÉMOINS INSTRUMENTAIRES.

56. — Les clercs sont les mandataires tacites des notaires pour les affaires de l'étude. — Rolland de Villargues, *Répert.*, v° *Clerc*.

57. — Lorsqu'un clerc continue à se charger du mandat apparent d'un client dont son patron est le mandataire réel, celui-ci doit l'indemniser des suites du mandat. — *Trib. de Nantes*, 21 janv. 1834, rapporté par M. Rolland de Villargues, *loc. cit.*, n° 76.

58. — Conformément à un ancien usage du Châtelet de Paris, les clercs d'avoués sont admis à présenter des observations aux audiences de référé, et y remplacent leurs patrons sans difficulté.

59. — La copie d'un exploit ou d'un acte d'avoué à avoué peut être remise à son clerc. — V. EXPLOIT, SIGNIFICATION.

60. — Un clerc n'est ni le serviteur ni le domestique de son patron, et l'on ne peut lui appliquer l'art. 5 de la loi du 25 mai 1838. — Duvergier, *du Louage*, t. 2, n° 278; Bioche, v° *Juge de paix*, n° 98; Rolland de Villargues, *loc. cit.*, n°s 26, 27 et 28.

61. — Jugé aussi que, bien que les clercs de notaire donnent leurs services moyennant salaire pour des fonctions déterminées et pour des heures limitées, ils ne cessent pas d'exercer chez autrui une profession libérale. En conséquence, ils ne jouissent pas, pour le paiement de leur salaire, du privilége accordé aux gens de service par l'art. 2101 C. civ. — *Aix*, 21 mars 1844 (t. 2 1844, p. 273), Bonhomme c. Chaillet. — *Contrà* Troplong, *Hypoth.*, n° 142. — Et on a décidé dans ce dernier sens en faveur des commis salariés à l'année. — *Paris*, 15 fév. 1836 (1re et 2e éd.; t. 2 1836, 1836, p. 171; 3e éd. à sa date.) — V. PRIVILÉGE.

62. — Jugé qu'un clerc de notaire qui est nommé expert doit, à raison de la nature de sa profession, être rétribué comme les architectes et autres artistes, et non pas comme un simple artisan. — *Trib. de Saint-Dié*, 30 juin 1832, rapporté par M. Rolland de Villargues, *loc. cit.*, n° 22.

63. — Les frais faits par un clerc pendant son stage ne sont pas soumis au rapport à la succession du père ou de la mère. — Duranton, *Cours de droit civil*, t. 7, n° 360.

64. — Les pensions des clercs chez les notaires sont prescriptibles par un an. — C. civ., art. 2272. — Troplong, *Prescript.*, n° 967.

V. ACTE NOTARIÉ, AVOCAT, BASOCHE, DONATION, EMPIRE DE GALILÉE, EXPLOIT, NOTAIRE, PRIVILÉGE, SIGNIFICATION, STAGE, TÉMOIN INSTRUMENTAIRE, TESTAMENT.

CLERGÉ.

1. — Le mot *clergé* embrasse plusieurs significations. Pris dans son sens le plus étendu, il désigne tous les clercs, c'est-à-dire tous les *ecclésiastiques* dont se compose l'église universelle. — Pris dans un sens plus restreint, il désigne un corps d'ecclésiastiques attachés en qualité de ministres du culte à une église ou religion distincte, ou attachés à une même religion, mais exerçant les fonctions du culte dans des états différens, ou dans des circonscriptions différentes d'un même état, soumises à la même juridiction épiscopale. Ainsi, on dira : le clergé catholique, le clergé protestant, le clergé anglican. On dira aussi : le clergé français, le clergé italien; le clergé de Paris, le clergé de Toulouse, de Lyon, etc.

2. — Tout ce qui se rattache à l'histoire du clergé, à sa constitution dans l'état, aux droits et aux devoirs des membres qui le composent, ainsi qu'à l'exercice de leurs fonctions, enfin à la hiérarchie et à la discipline de l'église, trouvera naturellement sa place à chacun des mots spéciaux que comprend la matière si vaste du droit ecclésiastique, et notamment au mot CULTE, que le lecteur devra, avant tout, consulter; on se bornera donc à placer sous le présent article quelques notions générales et très sommaires destinées à indiquer quelle est, dans l'état actuel de la législation, la situation légale du clergé.

3. — Sous l'ancienne monarchie, alors que subsistaient les trois ordres, le clergé catholique occupait le premier rang. C'était la loi elle-même qui le voulait ainsi. — L'édit de 1695 (art. 45) portait : « Voulons que les archevêques, évêques et tous autres ecclésiastiques, soient honorés comme le premier des ordres de notre royaume, etc. »

4. — « En ce royaume très chrétien, disait Loyseau (*Des ordres*, ch. 3), nous avons conservé aux ministres de Dieu le premier rang d'honneur, faisant à bon droit du clergé, c'est-à-dire de l'ordre ecclésiastique, le premier des trois états de France; au lieu que les Romains, plus curieux de l'état que de la religion, ne fesaient point d'ordre à part de leurs prêtres, ains les laissèrent mêlés parmi les trois états, ainsi qu'est parmi nous la justice...... En quoi nous avons suivi aucunement les anciens Gaulois nos prédécesseurs, lesquels donnaient le premier ordre aux druides, qui étaient leurs prêtres, même les fesaient leurs juges et magistrats. Et ainsi, la compagnie des druides était en Gaule tout ensemble et ce que le sénat était à Rome, et ce que le clergé est en France. Car, en France, comme presque en tout le christianisme, on a séparé tout-à-fait la religion d'avec l'état. »

5. — Aujourd'hui que les trois ordres sont supprimés, que l'une des bases fondamentales de notre droit public est *l'égalité devant la loi*, sous l'empire de la liberté des cultes, auxquels une égale protection est due (Charte constit., art. 5) ; alors que la religion catholique a cessé d'être la religion de l'état, pour ne plus être mentionnée dans la constitution que comme la religion de la majorité des Français (ce qui n'est que la simple expression d'un fait); alors enfin que le culte ne saurait se dire complètement indépendant du pouvoir temporel, sous la protection et la surveillance duquel il s'exerce, il serait difficile de faire prévaloir la maxime, qu'une préséance quelconque soit également due au clergé catholique.

6. — Au surplus, tout ce qui se rattache *à la préséance* des membres du clergé dans leurs rapports avec les autorités civiles et militaires, est tranché par le décret du 24 messid. an XII, *relatif aux cérémonies, préséances, honneurs civils et militaires*; ce décret porte, art. 1er : « Que, dans les cérémonies publiques ordonnées par l'empereur, les cardinaux prennent rang après les princes français et les grands dignitaires, mais avant les ministres; les archevêques avant les premiers présidens des cours impériales et avant les présidens des colléges électoraux; les évêques après les préfets, les présidens des cours de justice criminelle, les généraux de brigade commandant un département, mais avant les commissaires-généraux de police, etc. »

7. — Il est certain d'ailleurs que, dans tous les cas où les ecclésiastiques exercent des fonctions spirituelles de leur ministère, comme pour le service divin dans les églises, pour l'administration des sacremens, ils ont rang au-dessus de tous les laïques. — *Dict. de dr. canon* de M. l'abbé André, vo *Préséance*.

8. — Avant la révolution, le clergé était possesseur de biens considérables. On sait que cette possession attira l'attention de l'assemblée nationale, et qu'après une mémorable séance, dans laquelle M. l'abbé Maury, depuis cardinal, soutint énergiquement les droits du clergé contre l'ancien évêque d'Autun (M. de Talleyrand) et M. Thouret, l'assemblée décréta, le 2 novembre, « *que tous les biens ecclésiastiques étaient à la disposition de la nation*, à la charge de pourvoir, d'une manière convenable, aux frais du culte, à l'entretien de ses ministres et au soulagement des pauvres. »

9. — Les biens ainsi confisqués sur le clergé formèrent une partie importante de ceux connus sous le nom de biens nationaux. — V. BIENS NATIONAUX.

10. — Dès ce moment, le clergé, qui avait déjà cessé d'exister comme ordre dans l'état, cessa d'être propriétaire comme corps clérical; et il ne fut plus qu'un corps de ministres du culte salariés ou pensionnés par l'état.

11. — C'est sous le pontificat de Pie VI que fut prise la mesure de l'assemblée nationale; et ce pontife ne cessa d'élever depuis des réclamations contre elle. Mais enfin le pape Pie VII crut pouvoir les abandonner; et par l'art. 13 du concordat du 26 messid. an IX : « Sa Sainteté, *pour le bien de la paix et l'heureux rétablissement de la religion catholique*, déclare que ni elle ni ses successeurs ne troubleront en aucune manière les acquéreurs des biens ecclésiastiques aliénés; et qu'en conséquence, la propriété de ces mêmes biens, les droits et revenus y attachés demeureront incommutablement entre leurs mains ou celles de leurs ayant-cause. »

12. — La loi du 18 germin. an X détermine, par ses art. 71, 72, 73 et 74, quelles sortes de biens le clergé actuel de France peut posséder et acquérir. Elle dispose ainsi qu'il suit : — « Art. 71. Les conseils généraux de département sont autorisés à procurer aux archevêques et évêques un local convenable. — Art. 72. Les presbytères et les jardins attenans, non aliénés, seront rendus aux curés et aux desservans des succursales. A défaut de ces presbytères, les conseils généraux des communes sont autorisés à leur procurer un logement et un jardin. — Art. 73. Les fondations qui ont pour objet l'entretien des ministres et l'exercice du culte, ne pourront consister qu'en rentes sur l'état. Elles seront acceptées par l'évêque diocésain, et ne pourront être exécutées qu'avec l'autorisation du gouvernement. — Art. 74. Les immeubles autres que les édifices destinés au logement, et les jardins attenans, ne pourront être affectés à des titres ecclésiastiques, ni possédés par les ministres du culte à raison de leurs fonctions. » — V. CURE, ÉVÊCHÉ, PRESBYTÈRES, FONDATIONS.

13. — Quant au droit des membres du clergé à un salaire de la part de l'état, après avoir été rappelé dans l'art. 14, L. 18 germin. an X, il est aujourd'hui consacré expressément par la constitution elle-même. « Les ministres de la religion catholique, apostolique et romaine, professée par la majorité des Français, dit l'art. 6 de la Charte, et ceux des autres cultes chrétiens, reçoivent des traitemens du trésor public. » — Une loi du 8 fév. 1831 accorde également le traitement aux ministres du culte israélite.

14. — En résumé, la dotation du clergé, qui est plus proprement dite la dotation du culte, se compose de plusieurs natures de biens. Elle se divise en deux catégories : 1o En dotation immobilière; — 2o En dotation mobilière et subventions. — La dotation immobilière se compose des édifices servant aux cultes ou aux établissemens religieux, tels que les églises, les évêchés, les presbytères, les séminaires et tous les biens immeubles productifs ou non de revenus, affectés au culte par le gouvernement, ou provenant soit des fondations ou donations faites par des particuliers, soit des acquisitions faites directement par les établissemens religieux. — La dotation mobilière comprend les revenus provenant de la location des bancs et chaises, des quêtes, troncs, droits et oblations attribués aux fabriques, le casuel des ecclésiastiques et les biens meubles affectés au culte et possédés par les établissemens religieux. — En outre, des subventions sont annuellement données au culte par l'état, par les départemens et par les communes. — Vuillefroy, *Admin. du culte catholique*, p. 142. — V. FABRIQUES.

15. — Autrefois aussi le clergé jouissait de priviléges particuliers, se rapportant les uns aux personnes mêmes des membres dont il se composait, les autres à ses biens. — Au nombre des priviléges *personnels* se trouvait celui, pour les clercs, de n'être justiciables que des tribunaux ecclésiastiques (V. OFFICIALITÉS) ; celui de ne pouvoir être emprisonnés pour dettes, l'exemption de certaines charges, telles que les tutelles, la collation des impôts, le logement des gens de guerre, les charges connues sous le nom de corvées, etc. — Les priviléges afférens aux biens consistaient dans l'affranchissement de certaines charges et impôts. — V. *Dict. de dr. canon* de l'abbé André, vo *Immunités*, §§ 2 et 3.

16. — Le privilége de juridiction a disparu devant la loi du 7-11 sept. 1790, dont l'art. 13 prononce l'abolition de tous les tribunaux de privilége ou d'attribution tels que les *officialités*. — Ainsi, aujourd'hui, les clercs sont, comme tous les autres citoyens, soumis au droit commun et justiciables des tribunaux laïques.

17. — Ce qui ne porte, du reste, aucune atteinte aux règles et aux pouvoirs relatifs à la discipline ecclésiastique (V. à cet égard CULTE), non plus qu'à certaines mesures toutes de protection, auxquelles la loi civile a cru devoir assujétir, dans divers cas, les actions dirigées contre les ministres du culte. — V. APPEL COMME D'ABUS, MINISTRE DU CULTE.

18. — D'un autre côté, les biens du clergé ayant été confisqués, comme on l'a vu plus haut, les priviléges dont ils étaient l'objet ont nécessairement cessé d'exister. — Mais d'après les lois actuellement en vigueur, tous les biens ecclésiastiques qui sont regardés *comme établissemens d'utilité publique* sont exempts des charges et impositions réelles. — V. CONTRIBUTIONS DIRECTES.

19. — Quant à l'exemption des charges personnelles, elle existe encore dans certaines limites, sous la législation actuelle, au profit des membres du clergé. — Ainsi, notamment, l'avis du cons. d'état du 20 nov. 1806 déclare que la dispense accordée par l'art. 427, C. civ., à tout citoyen exerçant une fonction publique dans un département autre que celui où la tutelle s'établit, est applicable non seulement aux ecclésiastiques desservant des cures et succursales, mais à toutes personnes exerçant pour les cultes des fonctions exigeant résidence, et pour lesquelles ils sont agréés par S. M., et prêtent serment. — V. TUTELLE.

20. — De même l'art. 14, 5o, L. 21 mars 1832, sur le recrutement de l'armée, contient, à certaines conditions, une dispense en faveur des élèves des grands séminaires régulièrement autorisés à continuer leurs études ecclésiastiques, et des jeunes gens autorisés à continuer leurs études pour se vouer au ministère dans les autres cultes salariés par l'état. — V. RECRUTEMENT.

21. — De même encore, la loi du 22 mars 1831 (art. 12) exempte du service de la garde nationale les ecclésiastiques engagés dans les ordres, les ministres des différens cultes et les élèves des grands séminaires et des facultés de théologie. — V. GARDE NATIONALE.

22. — Enfin, suivant l'art. 383, C. inst. crim., les fonctions de jurés sont déclarées incompatibles avec celles de ministre d'un culte quelconque. — V. JURY.

23. — L'ordonnance du 14 déc. 1825, concernant les *franchises et contre-seings*, accorde au clergé, dans certaines limites et sous certaines conditions, le droit de correspondre sans frais pour tout ce qui regarde l'exercice du culte catholique; ces conditions sont plus spécialement rappelées et expliquées par les circulaires du ministre des cultes des 1er oct. 1841, 21 juill. 1843, 20 mai 1844. — V. *Dict. de dr. canon* de l'abbé André, vo *Franchises*. — V. FRANCHISES, CONTRE-SEINGS.

24. — Si le caractère même des membres du clergé a paru de nature à les libérer de certaines charges publiques, il a paru également incompatible avec l'exercice de certaines fonctions administratives. — C'est ainsi que la loi du 21 mars 1831 sur l'organisation municipale, porte (art. 6) que les ministres du culte ne peuvent être ni maires ni adjoints; et (art. 18) que les ministres des divers cultes en exercice dans la commune ne peuvent être membres des conseils municipaux. — Mais on comprend qu'à l'égard des membres du clergé, comme à l'égard de tous, les incompatibilités sont limitatives, de droit étroit, et ne sauraient se suppléer. — Ainsi, aucune disposition de loi ne s'oppose à ce que les membres du clergé exercent leurs droits politiques et fassent partie soit des conseils généraux, soit des chambres législatives, ou remplissent telle ou telle autre fonction politique que la loi n'aurait pas déclarée incompatible avec leur position ecclésiastique. — V. CHAMBRE DES DÉPUTÉS, CHAMBRE DES PAIRS, CONSEIL GÉNÉRAL, etc.

25. — L'exercice des fonctions ecclésiastiques confère même, dans certaines limites, le droit de prendre part à divers actes de surveillance administrative. — L. 28 juin 1833, art. 17 et 19. — V. à cet égard INSTRUCTION PRIMAIRE.

26. — Avant d'entrer en fonctions, les membres du clergé prêtent serment; la formule de ce serment, écrite dans les art. 6 et 7 du concordat, est encore usitée aujourd'hui, sauf le changement des dénominations gouvernementales. Lors de la discussion du vote de la loi du 31 août 1830, relative au serment des fonctionnaires publics, un député (M. Mercier) avait proposé d'étendre l'obligation du serment nouveau (exigé sous peine de démission) *à tous les individus recevant un salaire de l'état*, ce qui comprenait même les membres du clergé; mais cette proposition, accueillie défavo-

rablement par la chambre, n'eut aucune suite. — V. Duvergier, *Collect. des lois*, t. 30, p. 188.

V. au surplus, pour de plus amples développemens, le mot CULTE et les mots spéciaux auxquels il renvoie, et notamment APPEL COMME D'ABUS, CARDINAL, CHAPELLE, CONCILE, CONCORDAT, CURE, ÉGLISE, ÉVÊQUE, MINISTRE DU CULTE, COMMUNAUTÉS RELIGIEUSES, FABRIQUE, ETC.

V. aussi AUTORISATION DE PLAIDER, nos 342 et suiv.

CLIENT. — CLIENTÈLE.

1.—Le mot *client* désignait chez les Romains ceux qui se mettaient sous la protection des plus puissans citoyens, qui prenaient le titre de *Patrons*.

2.—Aujourd'hui il se dit des parties qui chargent un avocat de leur défense et qui se placent sous son patronage.—V. AVOCAT. — On l'applique même par extension à celles qui se trouvent en relations d'affaires avec un avoué ou un notaire, soit pour l'instruction de leurs procès, soit pour la rédaction des conventions qu'elles veulent rendre authentiques.

3.—La clientèle est un nom collectif qui désigne l'ensemble des cliens d'un même avocat, d'un même avoué, ou notaire. — La clientèle est ordinairement l'accessoire de l'office. — V. ACCESSOIRE, no 40 et OFFICE.

4.—Depuis une vingtaine d'années l'usage s'est introduit, même au palais, de donner également le nom de clientèle à l'ensemble des personnes qui achètent habituellement dans un fonds de commerce.—V. Goujet et Merger, *Dict. de dr. comm.*, vo *Fonds de commerce*, nos 2 et suiv.

CLINQUANT.

1.—Les fabricans de clinquant, pour leur compte, sont rangés par la loi du 25 avr. 1844, sur les patentes, dans la sixième classe des patentables et imposés à : 1o un droit fixe établi d'après le chiffre de la population de la ville ou commune où est situé l'établissement; — 2o un droit proportionnel du vingtième de la valeur locative de la maison d'habitation et des locaux servant à l'exercice de la profession.

2. — Les fabricans de clinquant à façon sont rangés dans la huitième classe des patentables et imposés à : 1o un droit fixe; — 2o un droit proportionnel du quarantième de la valeur locative de tous les locaux occupés par les patentables, mais seulement dans les communes d'une population de 20,000 ames et au-dessus.

CLOAQUES.

1.—Trous naturels ou artificiels existant en terre, le plus souvent entourés de murs et voûtés, et destinés à recevoir les eaux ménagères, les eaux à fumier, ou toutes autres qui s'écoulent des toits, cours ou maisons, ou qui proviennent d'établissemens industriels, lorsqu'elles ne peuvent point avoir d'écoulement sur la superficie du terrain. — L. 1, § 4, ff., *De cloacis*; — Daviel, *Tr. des cours d'eau*, t. 2, no 867; Garnier, *Régime des eaux*, t. 3, no 841.

2. — On comprend aussi parmi les cloaques les fosses à eau, bien que découvertes et presque toujours non murées, les puisards et autres réceptacles d'eaux de toute espèce. — Merlin, *Rép.*, vo *Cloaque*.

3. — Les cloaques ne doivent point être confondus avec les citernes, dont la destination est de recevoir et *conserver* des eaux limpides. C'est donc à tort que l'art. 613 de la cout. de normandie appelait des cloaques citernes.—Les fosses de cuisine pour tenir *l'eau de maison*, dont parle la cout. d'Orléans (art. 243), sont aussi des fosses où l'on conserve des eaux pures et claires pour en puiser lorsque les puits en sont éloignés, et par conséquent elles sont très différentes des cloaques; et il suffit, à l'égard de ces fosses, d'observer ce qui est prescrit pour empêcher la filtration des eaux. — Vasserot, *Nouveau manuel des experts*, part. 4e, no 120. — V. au surplus CITERNE.

4.— Le possesseur d'un cloaque doit l'entretenir avec soin et le nettoyer souvent, pour prévenir les incommodités et le préjudice causés par les exhalaisons qui peuvent s'en échapper. — Toussaint, *Code de la propriété*, no 963; Garnier, *Rég. des eaux*, t. 3, no 842.

5. — Quiconque veut établir un cloaque sur sa propriété doit se soumettre à toutes les précautions de distance et de construction nécessaires pour éviter tout inconvénient au voisinage. Ces précautions sont indiquées par l'usage des lieux et les circonstances. L'art. 217 de la cout. de Paris fixait à six pieds la distance à observer, et cette disposition de la coutume de Paris formait le droit commun de la France pour tous les pays qui n'avaient point à cet égard de réglemens spéciaux.— Daviel, no 868.

6. — D'autres coutumes portaient des dispositions analogues : ainsi la coutume de Calais voulait (art. 203) six pieds de distance; — celles de Melun (art. 208), Montargis (ch. 10, art. 6) et Orléans (art. 243), prescrivaient un contremur d'un pied et demi d'épaisseur en pierre, chaux et sable; — celle de Clermont (art. 221) un contremur d'un pied; — celle de Normandie (art. 613) un de trois pieds, comme pour les fosses d'aisances; — les coutumes d'Etampes (art. 88) et de Grandperche (art. 220) voulaient un pied en chaux et sable et une distance de dix pieds du puits voisin; — celle de Reims (art. 367) pareil éloignement et un contremur de deux pieds; — celle de Lorraine (tit. 14, art. 10 et 12) une distance de huit pieds et un contremur à chaux et sable avec corroi; — la coutume de Dunois (art. 61) exigeait neuf pieds de distance si le puits voisin était le plus ancien; — celle de Berry (tit. 11, art. 11) voulait qu'on empêchât que le cloaque nuisît aux voisins par *puantise* ou détérioration de mur; — celle de Mantes exigeait (art. 98) neuf pieds de distance du puits voisin et un contremur d'un pied à chaux et sable;—enfin celle de Bar un contre-mur seulement de deux pieds d'épaisseur. — Vaudoré, *Dr. civ. des juges de paix*, vo *Cloaque*, no 12.

7. — C'est aujourd'hui l'art. 674, C. civ., qui doit servir de règle en cette matière. — Vaudoré, *Dr. civ. des juges de paix*, vo *Cloaque*, no 11. — V. aussi Garnier, *Rég. des eaux*, t. 3, no 842.

8.—Cependant si, malgré toutes les précautions, des odeurs ou infiltrations se manifestaient d'une manière nuisible chez les voisins, ceux-ci pourraient exiger, soit la confection de travaux capables de prévenir les inconvéniens, soit le changement ou même la suppression du cloaque. — Merlin, *Rép.*, vo *Cloaque*; Desgodets, sur l'art. 217, cout. de Paris, no 2; Daviel, no 870; Garnier, *loc. cit.*

9. — Les puisards ou cloaques peuvent être creusés jusqu'à l'eau vive, pourvu qu'il n'en puisse résulter aucun inconvénient pour les puits faits ou *à faire* des voisins. — Merlin, *loc. cit.*; Fournel, vo *Puisard*; Toussaint, *loc. cit.*, no 964; Desgodets, sur l'art. 217, cout. de Paris; Garnier, t. 3, no 844.

10. — On ne peut convertir un puits en cloaque, s'il n'est point à la distance prescrite pour ce dernier, et s'il n'est pas dans toutes les conditions prescrites pour éviter les inconvéniens. — Merlin, *loc. cit.*; Vaudoré, *loc. cit.*, no 16.

11. — Les fossés et autres trous destinés aux mares ou fumiers sont soumis aux mêmes précautions que les cloaques. Merlin (*loc. cit.*) cite à ce sujet une sentence de la deuxième chambre des enquêtes du palais qui l'avait ainsi décidé le 26 août 1650. — Toussaint, no 965.

12.—Les règles relatives à l'entretien, à la réparation et à la vidange des cloaques ou puisards, communs ou non, sont les mêmes que pour les fosses d'aisance.— Perrin, *Code des constructions*, no 1163; Vaudoré, *Dr. civ. des juges de paix*, vo *Cloaque*, no 7; Vasserot, *Nouveau manuel des experts*, part. 4e, no 87.

13. — Tout ayant-droit à un cloaque commun peut renoncer à son droit de propriété; mais cette renonciation ne peut intervenir au moment où le cloaque a besoin de réparations. Il serait inique, en effet, que tous ceux qui ont contribué à la dégradation ou à l'encombrement fussent déchargés de la part qu'ils doivent supporter dans les frais nécessités par le curage ou l'entretien. La retraite du communiste ne peut donc avoir lieu qu'après l'achèvement de ces travaux. — Daviel, no 874.

14. — On peut avoir un cloaque sur la propriété voisine à titre de servitude. Dans ce cas, l'entretien et le curage en sont à la charge de celui qui jouit de la servitude; le propriétaire asservi n'est obligé que de souffrir les travaux et livrer le passage nécessaire à l'exercice complet de la servitude. — Vaudoré, *Dr. civ. des juges de paix*, vo *Cloaque*, no 9; — L. 1, § 5, ff. *De cloacis*.

15. — La servitude de cloaque s'acquiert par titres ou par prescription, selon qu'elle est ou n'est pas apparente; c'est dès lors au titre ou à l'usage trentenaire qu'il faut se reporter pour savoir quelles eaux peuvent y être conduites. — Perrin, *Code des constructions*, no 1164.

16. — Il n'appartient qu'à l'administration de prescrire les curages et mesures propres à prévenir tout inconvénient qui pourrait résulter de l'existence d'un cloaque ou trou à fumier creusé près de la voie publique, et un tribunal de police excéderait ses pouvoirs en ordonnant qu'un semblable curage aurait lieu tous les quinze jours. — *Cass.*, 15 oct. 1825, Vincent; — Garnier, t. 3, no 848.

V. BALAYAGE ET NETTOIEMENT, ÉGOUTS, IMMONDICES, MITOYENNETÉ, SERVITUDES.

CLOCHES. — CLOCHER.

Table alphabétique.

CLOCHES.— 1.—On appelle cloche un instrument fait de métal, et où il y a un battant pour tirer du son (Guyot, vo *Cloche*), et *clocher* la partie élevée de l'édifice qui renferme la cloche. Quelquefois le clocher forme un bâtiment distinct de l'église.

2.—L'usage que l'église fait des cloches, pour appeler les fidèles aux offices divins, remonterait, suivant plusieurs, au huitième siècle, où, dans un passage d'Alcuin, il est question de la bénédiction des cloches. Quoi qu'il en soit, ce fut sous le pontificat de Jean XIII et vers la fin du dixième siècle que cet usage devint général. Quelques auteurs même prétendent qu'avant cette époque on ne se servait pas de cloches dans les églises, et que saint Paulin, évêque de Nôle, fut le premier évêque qui les mit en usage.

3. — Les cloches, une fois introduites dans l'église, furent réputées indispensables à la célébration du service divin (édit de 1695, art. 16), à ce point qu'au refus de l'évêque de procéder à la bénédiction des cloches, le chapitre pouvait déléguer un de ses membres à cet effet. — Arrêt du conseil, 10 fév. 1690.

4. — Consacrées par une cérémonie appelée vulgairement *baptême des cloches*, et qui se pratique encore aujourd'hui, les cloches, devenues choses sacrées, ne pouvaient être destinées à un usage profane; aussi le curé seul avait-il le droit de les faire sonner. L'article 3 de l'ordonnance de Melun défendait en conséquence à toutes personnes, même aux seigneurs, de se servir des cloches, et de contraindre les curés à les sonner à d'autres heures que celles fixées par l'usage des lieux. — Denisart, vo *Cloches*, no 3.

5. — Cependant, et quelque absolu que fût le principe, les cloches étaient souvent consacrées à d'autres usages que celui d'annoncer les offices de l'église; on s'en servait pour des cas extraordinaires, ainsi pour convoquer la réunion des habitans dans une occasion de péril commun, tels qu'un incendie ou une inondation, ou bien encore pour les assemblées qui intéressaient la communauté, pour annoncer qu'on allait tenir l'audience, pour notifier les ordres du roi; en un mot, dit Guyot, *loc. cit.*, pour annoncer un événement qui répand l'affliction ou la joie. Mais, en tous cas, cet usage avait toujours lieu sur l'ordre et du consentement du curé.

6. — L'usage des cloches, utile dans certains cas, était considéré, dans d'autres circonstances, comme de nature à être fort nuisible, par exemple, dans les temps de trouble : aussi la peine de mort était-elle prononcée contre ceux qui sonnaient le tocsin en ces circonstances, et cette peine fut en effet appliquée en 1552, à un particulier de Bordeaux, qui fut condamné à être pendu au battant de la cloche qu'il avait sonnée. De plus, la ville fut privée, pendant un certain temps, de ses cloches; il en fut de même, en 1574, à Montpellier, pour semblable fait. — Denisart, *loc. cit.*, no 6.

7. — Les parlemens avaient également entrepris de réprimer l'usage où l'on était de sonner les cloches en temps d'orage. C'est ainsi qu'un arrêt de réglement du parlement de Paris, du 29 juill. 1784, porte *défense aux marguilliers et bedeaux des paroisses et à tous autres de faire sonner les cloches en temps d'orage, à peine de dix livres d'amende contre chacun des contrevenans, et de cinquante livres en cas de récidive, même de plus grande peine s'il y échet*.—V. conf. *Parlem. Toulouse*, du 14 juill. 1786.

8. — L'entretien des cloches était toujours à la charge de la fabrique des paroissiens, ainsi que celui de la charpente qui les soutenait et des cordes qui servaient à les mettre en branle. — Desgodets et Goupy, *Répar. des bénéf.*, éd. de 1657, p. 68, 2e part. — Quant au clocher, on distinguait s'il était ou non sur le chœur; dans le premier cas, il était, quant aux murs, à la couverture et à la croix, à la charge du curé *décimateur*; dans le

cas contraire, à la charge des habitans de la fabrique. — Jousse, *Tr. du gouvernement des paroisses*, ch. 2, art. 1er.

9. — Les cloches des églises cathédrales ou matrices donnaient le samedi saint le signal aux autres cloches de la ville. Quant aux communautés religieuses, sauf le cas de dispense, il ne leur était permis d'avoir qu'une seule cloche. — *Parlem. d'Aix*, 2 mai 1682.

10. — Lors de la révolution, pour subvenir à la crise financière, un premier décret de l'assemblée constituante, en date du 14 avr. 1791, ordonna qu'il serait fait des expériences sur l'appropriation du métal des cloches à la fabrication de la monnaie de billon, et successivement les cloches des églises supprimées dans le département de Paris (Décret du 25 juin 1791), puis de toutes les églises supprimées en France (Décret des 3 août 1791 et 14 avril 1792), furent converties en monnaies. Bientôt même les cloches qui avaient été épargnées durent, par ordre de la convention, être employées à la fonte des canons pour la défense du pays (Décret du 27 fév. 1793). On n'excepta qu'une cloche par commune pour le timbre de l'horloge (Décret du 21 frim. an II). Quelques cloches avaient échappé à Paris, le décret du 2 prair. an III, art. 1er, en ordonna le transport immédiat aux fonderies pour être converties en canons.

11. — La loi du 3 vent. an III, art. 7, ayant posé en principe qu'aucune proclamation ni convocation publique ne pouvait avoir lieu pour l'exercice d'un culte quelconque, la loi du 22 germin. an IV fut rendue en conséquence, portant que: tout individu qui, au mépris de l'art. 7, L. 3 vent. an III, fera une proclamation ou provocation, soit au son des cloches, soit de toute autre manière, pour inviter les citoyens à l'exercice d'un culte quelconque, sera puni, par voie correctionnelle, d'un emprisonnement qui ne pourra être moindre de trois décades, ni excéder six mois pour la première fois, et une année, en cas de récidive (art. 1er). — Les ministres d'un culte qui feraient ou provoqueraient de pareilles convocations, ou qui, instruits de la publicité de la convocation d'une assemblée, y exerceraient quelque acte relatif à leur culte, seront punis, pour la première fois, d'une année de prison; en cas de récidive, ils seront condamnés à la déportation (art. 2).

12. — Avec le rétablissement du culte catholique revint l'usage des cloches; la loi organique du 18 germin. an X porte en effet : que l'évêque se concertera avec le préfet pour régler la manière d'appeler les fidèles au service divin par le son des cloches. Et le même article ajoute qu'on ne pourra les sonner pour toute autre cause sans la permission de la police locale. — Art. 48. — « Disposition, dit M. Affre (*Tr. de l'adm. temp. des paroisses*, ch. 2, art. 1er, n° 1er), évidemment rédigée avec peu de réflexion, car il est généralement reçu que le curé peut faire sonner les cloches pour les baptêmes, enterremens et autres cérémonies qui ne font point partie de l'office divin. »

13. — Le nombre des cloches doit être fixé par le réglement. — Déc. min. 27 mai 1807.

14. — Il résulte donc du texte de la loi organique que, comme autrefois, les cloches ont un double usage : 1° elles servent au service divin, et en raison de ce service, elles sont généralement placées dans l'église et en font partie.

15. — 2° Elles peuvent aussi être employées par l'autorité locale dans un but d'utilité publique. — V. BIENS COMMUNAUX, n° 21.

16. — Du contact des deux autorités sont nées plus d'une fois des difficultés, que, dans divers diocèses, les hautes autorités ecclésiastiques et judiciaires, l'évêque et le préfet, ont cherché cependant à prévenir par des réglemens généraux. — M. Affre, *loc. cit.* — Il serait à désirer qu'il en fût partout ainsi. — Avis du cons. d'état (com. int.) 21 juill. 1835; — Vuillefroy, v° *Cloches*, p. 144.

17. — La *sonnerie par ordre de l'autorité ecclésiastique* a lieu pour le service divin, les baptêmes, mariages, enterremens, en un mot pour les cérémonies religieuses. C'est à cette sonnerie qu'est relative la première partie de l'art. 45 de la loi organique, qui porte qu'elle aura lieu suivant le réglement arrêté entre l'évêque et le préfet. « Cet article, disait M. Portalis (*Rapport sur les articles organiques*), fait avec raison régler par l'évêque et la police locale l'usage des cloches, qui doit être sagement rendu utile au service de l'église, sans devenir incommode au repos des citoyens. »

18. — La sonnerie peut être interdite toutes les fois qu'elle peut être nuisible, par exemple en cas d'épidémie, où l'on peut craindre son effet sur les esprits des populations, et particulièrement des malades. — Décis. min. 4 mars 1806.

19. — En outre, les réglemens de 1784 et 1786, qui prohibaient la sonnerie pendant l'orage (V. *supra* n° 7), sont, d'après M. Favard de Langlade (*Rép.*, v° *Cloche*), du nombre de ceux que maintient le Code pénal. — V. conf. Fournel, *Tr. du voisin.*, v° *Cloches*; *Encycl. du dr.*, v° *Cloche*, n° 9. — En tous cas il rentrerait évidemment dans les attributions de l'autorité municipale de prendre de pareils arrêtés.

20. — Le son des cloches est également interdit pour annoncer les fêtes supprimées par le concordat. — Décis. min. 14 mars 1806.

21. — L'usage des cloches pour les cérémonies qui intéressent directement les particuliers, telles que les baptêmes, mariages, enterremens, anniversaires, est soumis aux droits et oblations qui peuvent être établis par le tarif des oblations, revêtu de l'approbation du gouvernement. — Décis. min. 29 mai 1806. — Les difficultés relatives à la perception de ces oblations sont soumises au juge de paix. — Décis. min. 29 mai 1806, 18 avr. et 14 mai 1807; — Vuillefroy, v^is^ *Cloches* et *Oblations*.

22. — *La sonnerie par ordre de l'autorité civile* peut avoir lieu soit à des heures habituelles et régulières : — ainsi, pour annoncer l'ouverture, la suspension ou la cessation des travaux des champs, le terme de l'école; dans ces cas un accord préalable doit avoir lieu entre le curé et le maire pour que ces sonneries ne soient pas confondues avec celles relatives au service divin; — soit dans des circonstances extraordinaires, auquel cas il est à désirer qu'autant que possible le curé soit averti. — Avis du cons. d'état, 21 juill. 1835.

23. — Le décret du 24 messid. an XII, statuant sur un cas spécial, porte (art. 28) : « A l'entrée de l'empereur dans une ville toutes les cloches sonneront. »

24. — Il est au surplus incontestable que, lorsque le maire croit devoir exercer son droit de faire sonner, il peut en intimer directement l'ordre au sonneur, qui est tenu de lui obéir. — Vuillefroy, *Tr. de l'adm. du culte cath.*, v° *Cloches*, n° 2.

25. — Toutefois, comme généralement le clocher fait partie de l'église, et que d'ailleurs le principal usage que l'on fait des cloches est pour le service divin, c'est au curé chargé de la surveillance de l'église et généralement de tous les objets consacrés au culte que doit être confiée la garde du clocher, et qui doit en avoir les clés. — Décis. min. 1813.

26. — De ce que le curé a la garde du clocher, M. Affre (*loc. cit.*, n° 4) conclut que c'est à lui qu'appartient la désignation de celui qui doit monter l'horloge placée dans le clocher, quand même cette horloge serait la propriété de la commune, ou que, tout au moins celui qui serait chargé de ce soin doit être agréé par le curé.

27. — Quant au sonneur, dans les villes sa nomination et sa révocation ont lieu sur la proposition du curé ou desservant, par le bureau des marguilliers (décret du 30 déc. 1809, art. 33); — dans les campagnes, par le curé, desservant ou vicaire directement (ord. 12 janv. 1825, art. 7). — Dans tous les cas, c'est le conseil de fabrique qui règle son traitement, et le paie sur les fonds dont il dispose. — Décis. 30 déc. 1809, art. 37; ord. 12 janv. 1825, art. 7.

28. — Les communautés religieuses, autorisées à avoir des chapelles particulières, peuvent y placer des cloches pour les faire sonner aux heures de leurs exercices; cette sonnerie, du reste, est assujétie aux règles ordinaires imposées à la sonnerie des églises publiques, c'est-à-dire que le réglement doit être soumis à l'approbation du préfet. — Avis du cons. d'état, 28 août 1822; — M. Affre, p. 380; Vuillefroy, p. 145.

29. — Sous la loi du 20 avr. 1825, dite *loi du sacrilége*, on ne pouvait considérer comme consacrée aux cérémonies du culte une cloche qui n'était point entièrement consacrée à un usage religieux, et qui ne servait tout au plus qu'à appeler les fidèles à ces cérémonies. — *Cass.*, 1er avr. 1826, Simonin.

V. BIENS COMMUNAUX, CULTE, SACRILÉGE.

CLOCHETTE.

D'après l'ordonnance d'août 1669, tit. 19, art. 7, les usagers étaient tenus de mettre au cou de leurs bestiaux des clochettes ou clairons dont le son pût faire connaître aux pâtres et aux gardes les animaux qui s'échappaient des cantons désignés pour l'exercice du pâturage. L'art. 75 du Code forestier contient une disposition analogue. — V. FORÊTS.

CLOTURE.

Table alphabétique.

CLOTURE. — 1. — On appelle *clôture* tout obstacle établi pour défendre l'entrée d'un lieu quelconque : « Un héritage peut être considéré comme clos lorsqu'il est entouré d'un mur de quatre pieds de hauteur avec barrière ou porte, ou lorsqu'il est exactement fermé et entouré de palissades ou de treillages, ou d'une haie vive, ou d'une haie sèche, faite avec des pieux, ou cordelée avec des branches, ou de toute autre manière de faire les haies en usage dans chaque localité, ou enfin d'un fossé de quatre pieds de large au moins à l'ouverture, et de deux pieds de profondeur. » — L. 28 sept.-6 oct. 1791, sect. 4e, art. 6.

2. — Cette définition a été depuis complétée et étendue par les art. 391 et 392, C. pén., relatifs au vol. « Est réputé *parc* ou *enclos*, porte l'art. 391, tout terrain environné de fossés, de pieux, claies, de planches, de haies vives ou sèches ou de murs, de quelque espèce de matériaux que ce soit, quelles que soient la hauteur, la profondeur, la vétusté, la dégradation de ces diverses clôtures, quand il n'y aurait pas de portes fermant à clé ou autrement, ou quand la porte serait à claire-voie et ouverte habituellement. » — Et l'art. 392 ajoute : « Les parcs mobiles destinés à contenir du bétail dans la campagne, de quelque matière qu'ils soient faits, sont aussi réputés *enclos*... »

3. — Les clôtures peuvent avoir pour objet de protéger l'entrée des villes, de mettre obstacle à la violation des propriétés.

4. — Chez les anciens, les murs des villes étaient réputés choses saintes (*Inst.*, *De rerum divisione*, § 10), et la peine capitale était prononcée contre ceux qui les franchissaient : *Si quis violaverit muros, capite punitur.* — L. 11, ff., *De rerum divisione.*

5. — Du principe de la loi romaine, cette conséquence avait été tirée dans notre ancien droit que le roi avait la propriété des murs des villes, même dans les lieux où il n'était pas seigneur haut-justicier. — V. Merlin, *Rép.*, v° *Clôture*, § 1er, n° 2, qui cite à ce sujet un arrêt du parlement de Lorraine, en date du 12 juill. 1788.

6. — Aujourd'hui, et depuis la loi du 8 juill. 1791, les portes, murs, fossés, remparts des places de guerre et des forteresses font partie du domaine public. — C. civ., art. 540. — Il en est de même des terrains, fortifications et remparts des places qui ne sont plus places de guerre; ils appartiennent à l'état s'ils n'ont été valablement aliénés, ou si la propriété n'en a pas été prescrite contre lui. — Art. 541. — V. PLACES DE GUERRE.

7. — Quant aux clôtures des villes, qui ne sont pas places de guerre, elles doivent être réputée *propriétés communales*; leur construction et leur entretien sont à la charge de tous les habitans; nul n'étant aujourd'hui dispensé de contribuer aux charges municipales. — V. COMMUNES.

8. — Le décret du 23 prair. an XII, art. 3, ordonne que les terrains destinés aux inhumations soient enfermés de murs, ayant au moins l'élévation de deux mètres. — V. CIMETIÈRE.

9. — Le droit de se clore est évidemment une conséquence nécessaire du droit de propriété, et tel était le principe généralement reçu autrefois en France. — Denisart, *Collect. nouvelle*, v° *Clos*, n° 2.

10. — Cependant, des restrictions avaient été apportées au droit de se clore; quelques unes générales, d'autres spéciales pour certaines provinces. Parmi les premières, on peut citer celle qui défendait l'établissement de clôtures sur les héritages situés dans le rayon d'une lieue des capitaineries royales. — Ordonnance des eaux et forêts, tit. 30, *De la chasse*, art. 20 et suiv.

11. — Mais de toutes ces restrictions, la plus importante était celle établie en faveur du parcours et de la vaine pâture. Il était peu de provinces qui n'eussent admis cette servitude, plus ou

moins étendue, du reste, suivant les lois qui régissaient les diverses localités. — V. PARCOURS, VAINE PATURE.

12. — La loi des 28 sept.-6 oct. 1791, tit. 1er, sect. 4e, art. 4, abolit toutes ces restrictions : « Le droit de clore et de déclore ses héritages résulte évidemment du droit de propriété, et ne peut être contesté à aucun propriétaire. L'assemblée nationale abroge toutes les lois et coutumes qui peuvent contrarier ce droit. » — L'art. 647, C. civ., déclare également « que tout propriétaire peut clore son héritage... »

13. — « Sauf, ajoute cependant cet article, l'exception portée en l'art. 682 », laquelle consacre en faveur du propriétaire dont le fonds est enclavé, et qui n'a aucune issue sur la voie publique, la faculté d'exiger, moyennant indemnité, le passage sur les fonds voisins pour l'exploitation de son héritage. — V. PASSAGE, SERVITUDES.

14. — Du reste, et en général, un propriétaire ne saurait, en établissant une clôture sur son terrain, se soustraire aux servitudes naturelles ou légales imposées à sa propriété ; ainsi, celui que la disposition naturelle des lieux oblige à recevoir l'écoulement des eaux supérieures, ne peut se clore par des murs qui en arrêteraient le cours. Il doit choisir un autre mode de clôture, ou construire de façon à ne point nuire à l'exercice de la servitude ; et s'il ne le peut, il ne lui est pas permis d'user de cette faculté. — Pardessus, *Tr. des servitudes*, no 134. — V. SERVITUDES.

15. — Spécialement, et dans l'intérêt de la défense du pays, des lois et ordonnances ont apporté des restrictions au droit de se clore, ou de réparer et entretenir les clôtures déjà existantes dans un certain rayon des places de guerre. — LL. 8 juill. 1791, 17 juill. 1819. — V. PLACES DE GUERRE.

16. — Le droit de se clore est imprescriptible. — Troplong, *Prescription*, t. 1er, no 118. — V. PRESCRIPTION.

17. — L'interdiction de clôture pourrait aussi résulter de conventions particulières ; mais cette interdiction, n'étant qu'une restriction à la liberté naturelle, ne doit pas être étendue : ainsi, celui de qui le fonds doit être ouvert au profit d'un fonds voisin a droit de rester clos à l'égard des autres. — Pardessus, no 134. — V. SERVITUDES.

18. — Par application du même principe, il faut décider que si un propriétaire n'était privé du droit de clôture que pour l'exercice d'une servitude légale, par exemple du côté d'un fleuve, pour le service du halage, il pourrait être réputé *clos des autres parts*, et jouirait de tous les avantages de la clôture, quoique ouvert du côté de ce fleuve. — Pardessus, *ibid.* — V. SERVITUDES.

19. — Bien qu'il semble contraire à la liberté naturelle, comme le remarque Fournel (*Du voisinage*, vo *Clôture*), qu'un propriétaire puisse être forcé à se clore contre son gré, « néanmoins, dit Duranton (t. 5, no 319), la sûreté des personnes et des propriétés, plus facilement exposées dans les villes que dans les campagnes, à raison de la proximité des habitations, de l'étendue de la population et de l'importance des choses sujettes aux soustractions frauduleuses, et peut-être aussi le désir de donner aux villes un aspect plus régulier, et en même temps plus agréable... ont fait décréter par le législateur l'obligation de se clore dans les villes et faubourgs. » — Chacun peut contraindre son voisin, dans les villes et faubourgs, à contribuer aux constructions et réparations de la clôture faisant la séparation de leurs maisons, cours et jardins assis ès-dites villes et faubourgs. — C. civ., art. 663.

20. — Inconnue dans la loi romaine, cette servitude avait été consacrée par un grand nombre de coutumes ; ainsi notamment par celles de Paris (art. 209), Orléans (art. 236), Amiens (art. 25), Calais (art. 19), Cambrai (tit. 18, art. 6), Châlons (art. 134), Chartres (chap. 18, art. 39), Dreux (chap. 14, art. 67), Etampes (art. 79), Laon (art. 270), Melun (art. 196), Reims (art. 361). — Quelques coutumes avaient restreint l'étendue de cette servitude légale ; dans plusieurs même aucun texte formel n'en faisait mention. — Merlin, *Rép.*, vo *Clôture*, § 2, no 1er.

21. — En outre, parmi les coutumes qui avaient consacré, pour les propriétés des villes et faubourgs, l'obligation de se clore, il y avait divergence sur l'évolution, l'épaisseur des clôtures, comme aussi sur les matériaux à employer pour leur établissement. — Merlin, *ibid.*, § 2, no 2. — Aujourd'hui, la hauteur de la clôture doit être fixée d'après les réglemens particuliers, ou les usages constans et reconnus ; et à défaut de ces réglemens et usages, tout mur de séparation entre voisins doit avoir au moins trente-deux décimètres (dix pieds) de hauteur, compris le chaperon, dans les villes de cinquante mille ames et au-dessus, et vingt-six décimètres (huit pieds) dans les autres. — C. civ., art. 663.

22. — Quant aux difficultés qui peuvent s'élever sur l'étendue de cette servitude légale, sur ce qu'il faut entendre par villes et faubourgs, sur la nature des clôtures, le réglement de la part de contribution imposée à chacun, tant pour la construction que pour l'entretien et la réparation de la clôture, et les moyens pour un propriétaire de se libérer de cette obligation, V. MITOYENNETÉ, SERVITUDES.

23. — Observons seulement que si les termes de l'art. 663, C. civ., ne sont pas restrictifs à ce point qu'il faille nécessairement que les terrains que le mur doit séparer soient nécessairement cours et jardins, et que, par conséquent, un propriétaire ne pourrait se refuser à se clore, sous prétexte que sa propriété, quoique située dans l'enceinte d'une ville ou d'un faubourg, ne serait pas précisément dans l'espèce de celle que nomme l'art. 663, néanmoins il faut que le terrain puisse être considéré comme dépendance nécessaire de l'habitation. — *Cass.*, 27 nov. 1827, Gaudin c. Moudenare de Roquelaure ; 14 mai 1828, mêmes parties ; *Limoges*, 26 mai 1838 (t. 2 1838, p. 650), Chabrol c. Luthière ; — Desgodets, 209, *Cout. de Paris*, sur l'art. p. 273 et 278, nos 4 et 12 ; Pardessus, no 148 ; Toullier, t. 3, no 165.

24. — Il faut aussi que les deux propriétés soient situées dans l'enceinte des villes et faubourgs ; car dès qu'il s'agit de propriétés situées dans la campagne, nul ne saurait être contraint à se clore. — Pardessus, *loc. cit.* ; Toullier, *loc. cit.*

25. — La clôture des héritages ruraux n'est donc pour le propriétaire qu'un droit et non un devoir ; mais l'exercice de ce droit pourrait souvent nuire aux propriétaires voisins, eu égard surtout au genre de clôture employé, qui, le plus souvent, sera non pas un mur, comme pour les clôtures urbaines, mais par exemple une haie, un fossé. Les règles particulières doivent donc déterminer l'étendue du droit du propriétaire d'un héritage rural quant à l'établissement des clôtures. — V. SERVITUDES.

26. — L'établissement d'une clôture a pour le propriétaire de nombreux avantages, dont l'étendue, pour plusieurs du moins, peut varier suivant qu'il s'agit d'un terrain tenant ou non à l'habitation.

27. — Par la clôture un propriétaire se libère des servitudes de parcours et de vaine pâture : Toutefois, il perd son droit à l'usage des mêmes servitudes sur le terrain d'autrui, en proportion du terrain qu'il y soustrait. — C. civ., art. 648. — V. PARCOURS, SERVITUDES, VAINE PATURE.

28. — Mais il faut se garder de confondre le droit de vaine pâture et de parcours résultant de la simple tolérance, ou des usages locaux, avec celui qui serait fondé sur toute autre cause, par exemple, dans l'ancien droit, sur la prescription immémoriale ; il y a alors servitude véritable, que ne saurait détruire, ou même simplement suspendre, quant à son exercice, l'établissement d'une clôture. — *Limoges*, 7 mars 1826, Chabé c. comm. de Lumbres ; — Pardessus, no 134.

29. — La clôture est-elle une cause d'affranchissement des servitudes légales de fouilles, d'extractions, ou de dépôts de matériaux et instrumens nécessaires pour l'exécution des travaux publics ? — Pour la solution de cette question, V. CARRIÈRE, EXPROPRIATION POUR UTILITÉ PUBLIQUE, MINES, TRAVAUX PUBLICS.

30. — Aux termes de la loi du 3 mai 1844, sur la police de la chasse, le propriétaire ou possesseur peut chasser ou faire chasser en tout temps, sans permis de chasse, dans ses possessions attenant à une habitation et entourées d'une *clôture continue* faisant obstacle à toute communication avec les héritages voisins (art. 2). — V. CHASSE.

31. — En outre, et aux termes de la même loi (art. 11 et 13), la circonstance que le délit de chasse a été commis sur un terrain entouré d'une clôture continue faisant obstacle à toute communication avec les héritages voisins, est une circonstance aggravante qui donne lieu à une augmentation de peine. — V. CHASSE.

32. — Quant à la libération de la prohibition des défrichemens, et à celle du martelage de la marine, V. FORÊTS.

33. — Quant aux recherches et visites des autorités, V. INSTRUCTION.

34. — Le fait de destruction de clôture est prévu et puni par l'art. 456, C. pén. — V. DESTRUCTION DE CLOTURE.

35. — La circonstance qu'une clôture a été brisée ou escaladée, peut aussi devenir aggravante du fait de vol. — V. à cet égard VOL.

36. — L'art. 475, no 8, C. pén., punit des peines de simple police ceux qui ont jeté des pierres ou autres corps durs et immondices contre les clôtures d'autrui. — V. JET D'IMMONDICES.

CLOTURE (Fortifications).

1. — Autour des places de guerre et des postes militaires, aucune clôture de construction quelconque ne peut être bâtie ou reconstruite qu'à des distances déterminées. — LL. 8-10 juill. 1791 ; 17 juill. 1819 ; ord. 1er août 1821.

2. — Toutefois les prohibitions sont moins rigoureuses en ce qui concerne les clôtures en haies sèches ou en planches à claire-voie, sans pans de bois ni maçonnerie. — Mêmes lois. — L'inconvénient à craindre, que, derrière les clôtures en bois, il ne s'établisse des murs en pierres ou en briques, n'est pas à redouter avec les clôtures à claire-voie, à travers lesquelles on peut voir tout ce qui se fait sur le terrain. Ces clôtures cependant sont, dans beaucoup de cas, suffisantes pour l'établissement de magasins ou entrepôts. — De Lalleau, *Servitudes pour la défense des places*, no 271.

V. PLACES DE GUERRE, SERVITUDES MILITAIRES.

CLOTURE D'ACTE.

1. — Formule qui suit le texte et qui exprime la date de l'acte, le lieu où il a été passé, la présence et les noms et qualités des témoins, s'il y en a, la lecture et l'interpellation faite aux parties de le signer.

2. — Les actes sont réputés *clos* dès qu'ils sont signés des parties et des officiers qui les rédigent. — Un procès-verbal est réputé *clos* dès que celui qui le rapporte l'a signé. — L'acte qui doit être fait en plusieurs vacations n'est censé clos qu'après la dernière vacation ; mais chaque vacation peut être close séparément. — *Dict. des dr. d'enreg.*, vo *Clôture*, no 1er. — V. au surplus ACTE NOTARIÉ, nos 492 et suiv.

CLOTURE DE COMPTE.

V. REDDITION DE COMPTE.

CLOTURE DE FAILLITE.

V. FAILLITE.

CLOTURE D'INVENTAIRE.

1. — C'était autrefois un acte que plusieurs coutumes imposaient au survivant des deux époux, pour empêcher la continuation de communauté avec ses enfans mineurs ; il consistait, de la part du survivant, à se transporter devant le juge, et à y affirmer, en présence du subrogé-tuteur, que l'inventaire était fidèle.

2. — Aujourd'hui on n'entend plus par ce mot que la terminaison du procès-verbal même d'inventaire.

3. — Ainsi, le successible a, pour délibérer sur son acceptation ou sur sa renonciation, un délai de cent jours, à partir des trois mois donnés pour l'inventaire, ou du jour de *la clôture de l'inventaire*, s'il a été terminé avant les trois mois. — C. civ., art. 795.

4. — Ainsi encore, ceux qui ont été en possession des objets avant l'inventaire, ou qui ont habité la maison où sont lesdits objets, doivent prêter serment, *lors de la clôture de l'inventaire*, qu'ils n'en ont ni détourné, ni vu détourner, ni su qu'il en ait été détourné aucun. — C. procéd., art. 943 8o.

CLOTURE DE TESTAMENT.

1. — Opération par laquelle le testament mystique est clos et scellé, c'est-à-dire cacheté.

2. — Le testament doit être ainsi présenté par le testateur au notaire et aux témoins ou il doit être clos et cacheté en présence du notaire et des témoins, de manière qu'on ne puisse, sans briser l'enveloppe ou rompre le cachet, retirer le testament pour lui en substituer un autre. — C. civ., art. 976 ; — Toullier, t. 5, no 462. — V. TESTAMENT.

CLOUS. — CLOUTIER.

1. — Les fabricans de clous et pointes par procédés mécaniques sont mis, par la loi du 25 avr. 1844, au nombre des patentables et imposés à : 1o un droit fixe de 50 fr. pour dix métiers et au-dessous, plus 5 fr. pour chaque métier en sus de dix, jusqu'au maximum de 400 ; — 2o un droit proportionnel du vingtième de la valeur locative de la maison d'habitation et des magasins de vente complétement séparés de l'établissement, et du quarantième de la valeur locative de l'établissement industriel.

2. — Les marchands cloutiers en gros sont rangés par la même loi dans la première classe des patentables et imposés à : 1o un droit fixe basé sur le

chiffre de la population de la ville ou commune où est situé l'établissement; — 2° un droit proportionnel du quinzième de la valeur locative de la maison d'habitation et des locaux servant à l'exercice de la profession.

3. — Les marchands en demi-gros sont rangés dans la huitième classe et imposés également à : 1° un droit fixe; — 2° un droit proportionnel du vingtième de la valeur locative de la maison d'habitation et des locaux servant à l'exercice de la profession.

4. — Les marchands cloutiers en détail sont rangés dans la cinquième classe et imposés aux mêmes droits que les marchands en demi-gros, sauf la différence de classe.

5. — Les cloutiers au marteau, pour leur compte, sont rangés dans la septième classe, et ceux à façon dans la huitième; les uns et les autres sont imposés à : 1° un droit fixe basé sur les mêmes élémens; — 2° un droit proportionnel du quarantième de la valeur locative de tous les locaux occupés par les patentables, mais seulement dans les communes d'une population de 20,000 âmes et au-dessus.

CLUB.

V. ASSOCIATION ILLICITE.

COACCUSÉ.

1. — Désignation de l'accusé par rapport à ceux qui sont compris dans la même accusation.

2. — Si l'accusé a été instantanément éloigné de l'audience pendant l'audition d'un témoin ou pendant l'interrogatoire d'un *coaccusé* le président doit lui rendre compte de ce qui a été fait et dit en son absence. — C. Inst. crim., art. 327. — V. ACCUSATION, ACCUSÉ, ACTE D'ACCUSATION, CHAMBRE DES MISES EN ACCUSATION, COUR D'ASSISES.

COADJUTEUR.

1. — On appelle coadjuteur celui qui est adjoint à un prélat pour l'aider à exercer les fonctions attachées à sa prélature.

2. — Le concile de Trente exige que le coadjuteur d'un évêque ait toutes les qualités requises pour être évêque.

3. — En général, les coadjuteurs nommés en France *cum futurâ successione*, sont revêtus du titre d'évêques *in partibus* et des droits qui y sont attachés.

4. — Il est du reste certain que, par cela même que le titre de coadjuteur emporte en France l'espérance de la future succession, de manière que celui qui l'a obtenu succède de plein droit à l'évêché après la mort de celui dont il est nommé coadjuteur, il ne peut être donné de coadjuteur à un évêque sans l'agrément du roi. — L'abbé André, *Dict. de droit canon*, v° *Coadjuteur*. — V. au surplu v[is] CULTE, ÉVÊQUE.

COALITION.

1. — On appelle coalition le concours pratiqué entre plusieurs personnes pour arriver à un même but.

2. — La loi générale prévoit et punit plusieurs genres de coalitions; les unes comme contraires à la liberté du commerce et de l'industrie et comme pouvant, par leurs effets, réagir gravement sur l'ordre public. Telles sont : 1° les coalitions formées soit entre les maîtres contre les ouvriers, soit entre les ouvriers contre les maîtres (V. COALITIONS ENTRE MAITRES ET ENTRE OUVRIERS); 2° les coalitions formées entre les principaux détenteurs d'une même marchandise, dans le but d'opérer la hausse ou la baisse des denrées ou marchandises au-dessus ou au-dessous des prix qu'aurait déterminés la concurrence naturelle et libre du commerce. — C. pén., art. 419. — V. à cet égard AGIOTAGE, AGIOTEUR, HAUSSE ET BAISSE. — ...Les autres comme ayant un caractère éminemment dangereux pour la sûreté de l'état. Telles sont les coalitions connues sous le nom de coalitions de fonctionnaires. — V. COALITION DE FONCTIONNAIRES.

COALITION DE FONCTIONNAIRES.

Table alphabétique.

1. — La loi a dû prévoir le cas où des fonctionnaires publics se coaliseraient contre l'exécution des lois, l'administration ou le gouvernement de l'état, ou même le cas où ils se coaliseraient pour prendre des mesures contraires aux lois. Elle a considéré cette coalition soit comme un simple délit, soit comme un crime, et comme un crime plus ou moins grave suivant le but qu'elle se proposerait et la qualité des fonctionnaires qui y prendraient part.

2. — *Délit de coalition.* — La coalition est un simple délit lorsqu'elle consiste dans un concert de mesures contraires aux lois, pratiqué soit par la réunion d'individus ou de corps dépositaires de quelque partie de l'autorité publique, soit par députation ou correspondance entre eux; ce délit est puni d'un emprisonnement de deux mois au moins et de six mois au plus; chaque coupable peut de plus être condamné à l'interdiction des droits civiques et de tout emploi public pendant dix ans au plus. — C. pén., art. 123.

3. — Ce que l'art. 123 punit, c'est le fait même du concert, indépendamment de toute exécution. Il n'y a *concert*, dans l'esprit de la loi pénale, qu'autant qu'il existe *un plan* concerté et arrêté entre plusieurs personnes pour parvenir à un but commun. — Chauveau et Hélie, t. 3, p. 140.

4. — Il faut en outre, pour l'application de l'art. 123, que la coalition ait été formée par des réunions, des députations, ou par des correspondances; les mêmes mesures prises spontanément *à l'exemple les uns des autres*, par plusieurs fonctionnaires de divers points de la France, ne constitueraient aucun délit. — V. Chauveau et Hélie, t. 3, p. 140.

5. — S'il n'y avait eu qu'un simple projet, si rien n'avait été arrêté sur le mode d'exécution, l'art. 123 ne pourrait recevoir son application. — Carnot, *C. pén.*, sur l'art. 123.

6. — Le délit consiste dans un concert de mesures *contraires aux lois* : il ne suffirait pas, comme le portait le projet primitif, que ces mesures *ne fussent pas autorisées par la loi.* « Il y a, disait le rapporteur de la commission du corps législatif, beaucoup de mesures qui, sans être expressément autorisées par les lois, ne leur sont pas contraires; or, il ne peut se rencontrer de culpabilité punissable qu'en ce qui est contraire aux lois; ainsi des démarches purement relatives à des usages, à un cérémonial, à des objets non prohibés par les lois, pourraient, d'après le sens de l'article, être rangées dans la classe des correspondances criminelles, tandis que les mots *contraires aux lois* lèvent tous les doutes, et que les corps qui se permettraient d'établir un concert que les lois réprouvent, seraient justement punissables. »

7. — Le mot *individus*, employé dans cet article, ne pouvait s'entendre, selon Carnot, sur l'art. 123, que de ceux *qui ne tiennent pas à un corps.* La loi ne fait point cette distinction; il suffit, d'après les contrats, que ceux qui se sont coalisés soient dépositaires de quelque partie de l'autorité publique.

8. — L'art. 123 ne s'applique pas aux seuls fonctionnaires *de l'ordre civil*; il embrasse dans sa généralité l'ordre militaire comme l'ordre civil. — Carnot, sur l'art. 123.

9. — La peine de l'interdiction des droits civiques prononcée par l'art. 123 est purement facultative.

10. — *Crime de coalition.* — La coalition devient un crime, si, par l'un des moyens indiqués dans l'art. 123, il a été concerté des mesures *contre l'exécution des lois ou contre les ordres du gouvernement.* Dans ce cas, la peine est celle du bannissement. — Art. 124, § 1er. — V. BANNISSEMENT, n° 20.

11. — Par *ordres du gouvernement* il faut entendre ceux émanés du pouvoir exécutif, c'est-à-dire des ordres signés par le roi et contresignés par un ministre. Quant aux instructions émanées des ministres seuls ou aux ordres des préfets et autres agens subalternes du gouvernement, ils ne pourront être réputés, dans le langage de la loi pénale, des ordres du gouvernement. — Chauveau et Hélie, t. 3, p. 140; Morin, *Dict. dr. crim.*, v° *Forfaiture*, p. 340; Carnot, sur l'art. 124.

12. — Le crime de coalition est plus grave, si le concert a eu lieu entre les autorités civiles et les corps militaires ou leurs chefs; dans ce cas, ceux qui en sont les auteurs ou provocateurs deviennent passibles de la déportation, les autres coupables sont bannis. — Art. 124, § 2.

13. — Lors de la révision du Code pénal, en 1832, la commission avait cru pouvoir proposer de substituer à la peine de la déportation celle des travaux forcés à temps, comme moins rigoureuse. Mais l'ancien art. 124 fut maintenu, sur l'observation faite par un député, qu'à l'égard des fonctionnaires de l'état, la peine des travaux forcés à temps est plus grave par sa rigueur et par les conséquences morales qu'on y attache que la peine de la déportation. — Chauveau, *C. pén. progressif*, p. 227.

14. — De la réduction grammaticale de l'art. 124, § 2, Carnot a conclu que si les corps militaires doivent être réputés représentés suffisamment par *leurs chefs*, il n'en est pas de même des autorités civiles, l'art 124 n'ayant parlé que *des chefs militaires*. Cette conséquence ne paraît pas exacte. Il résulte, en effet, des rapprochemens des art. 123 et 124, que les chefs des autorités civiles s'y trouvent nécessairement compris, dès qu'ils sont investis d'une partie de l'autorité publique.

15. — L'application de l'art. 124 ne doit pas être restreinte non plus au concert formé entre l'autorité civile et le commandant en chef de l'autorité militaire; il suffirait, par exemple, que les capitaines ou autres officiers d'un régiment se fussent entendus avec l'autorité civile, pour faire agir la troupe à l'insu du colonel, et dans le but de lui ravir le commandement.

16. — Mais il ne suffirait pas que le concert eût été formé entre des autorités civiles ou militaires, et *quelques individus* appartenant à des corps militaires ou autorités civiles; il devrait l'avoir été avec les corps pris collectivement ou du moins avec la majorité des individus qui les composent s'il ne l'avaient pas été avec les chefs. — Carnot, sur l'art. 124.

17. — « L'art. 124, dit Carnot (sur l'art. 126), deviendrait applicable à la simple tentative, si elle réunissait les caractères exigés par l'art. 2, cet art. 124 réputant *crime* le concert qu'il punit. »

18. — Le crime de coalition s'aggrave encore et atteint le plus haut degré, si le concert a eu pour objet ou pour résultat un complot attentatoire à la sûreté intérieure de l'état; dans ce cas, les coupables doivent être punis de mort. — C. pén., art. 125.

19. — Plusieurs criminalistes ont critiqué cette disposition comme *absurde*, en ce que le complot n'étant autre chose *qu'une résolution concertée d'agir*, le code pénal, en punissant le concert qui a pour objet un complot, punit en réalité *un concert de mesures prises pour arriver à une résolution concertée d'agir* : ils l'ont critiquée également, en ce que le concert, c'est-à-dire la pensée d'un simple projet, est puni de mort, tandis que le complot contre la sûreté intérieure de l'état n'est puni que de la détention. — V. COMPLOT. — Chauveau et Hélie, t. 3, p. 148; Destriveaux, *Essais*, p. 71.

20. — C'est, sans doute, effrayés par la gravité de la peine écrite dans l'art. 125, que, lors de la révision du Code pénal, en 1832, quelques députés ont voulu en restreindre l'application au deuxième alinéa de l'art. 124, c'est-à-dire au cas où le concert aurait eu lieu entre les autorités civiles et les corps militaires ou leurs chefs. — V. aussi M. Destriveaux, *Essais*, p. 72; Bavoux, *Leçons prélim., C. pén.*, p. 99. — Mais MM. Chauveau et Hélie combattent cette interprétation restrictive : « La lettre du Code, disent-ils, résiste manifestement à cette opinion; le premier alinéa de l'art. 124 définit le concert criminel, et le deuxième alinéa de cet article, de même que l'art. 125, ne fait qu'énoncer les circonstances aggravantes de ce crime; l'art. 125 se réfère donc nécessairement au premier alinéa de l'art. 124. » — V. en ce sens Morin, *Dict. dr. crim.*, v° *Forfaiture*, p. 348.

21. — « En réalité, dit M. Morin (*Dict. dr. crim.*, v° *Forfaiture*, p. 348), le concert en question ayant pour objet un complot contre la sûreté de l'état, ne se confond-il pas avec le complot lui-même, de telle sorte que s'il n'y a pas complot il ne peut pas y avoir concert? L'état de nos mœurs et les principes qui dominent le Code pénal depuis 1832, s'opposent à ce que la peine capitale puisse atteindre un simple projet de complot, abstraction faite de la résolution d'agir, qui est l'élément constitutif de toute incrimination de cette nature. »

22. — L'art. 126 présente une dernière espèce du même crime; il porte : « Seront coupables de forfaiture et punis de la dégradation civique les fonctionnaires publics qui auront, par délibération, arrêté de donner des démissions, dont l'objet ou l'effet serait d'empêcher ou de suspendre soit l'ad-

ministration de la justice, soit l'accomplissement d'un service quelconque.» — «Il ne suffisait pas, a dit M. Berlier, d'atteindre les coalitions dirigées vers des mesures actives; il est une espèce de coalition qui se présente au premier aspect comme passive dans ses moyens d'exécution, et dont les résultats troubleraient la société à un haut degré; ce sont les démissions combinées, et dont l'objet ou l'effet serait d'empêcher ou de suspendre la justice ou tout autre service public. »

23. — Le crime est consommé dès que *la délibération* a été prise, et lors même que les démissions ne seraient pas données. — V. Chauveau et Hélie, t. 3, p. 145.

24. — Par *délibération*, il faut entendre un concert entre les fonctionnaires désignés en l'art. 123, et selon les moyens indiqués audit article. — Morin, *Dict. dr. crim.*, v° *Forfaiture*, p. 348.

25. — Il suffit que le concert doive avoir pour *effet* d'empêcher ou de suspendre l'administration de la justice ou un service quelconque, quand même il aurait eu un autre objet, c'est-à-dire un autre but. Ainsi la loi confond l'*objet*, c'est-à-dire le but où l'on tend, avec l'*effet*, c'est-à-dire le résultat de l'acte, résultat souvent indépendant de la volonté de son auteur. — V. Chauveau et Hélie, t. 3, p. 146; Carnot, sur l'art. 126.

26. — Ainsi, par exemple, il y aurait lieu à l'application de l'art. 126, si tous les membres d'un corps constitué avaient concerté de donner leur démission comme une protestation contre quelques actes du gouvernement.

27. — Mais si les démissions ne devaient être données que successivement, ou en laissant au gouvernement les moyens de pourvoir à tous les besoins du service, le concert, n'ayant point pour objet ni pour effet d'entraver le service public, ne rentrerait pas dans l'application de l'art. 126.

28. — Par service quelconque, il faut entendre un service public, une une branche quelconque de l'administration générale ; c'est ce qui résulte des paroles de M. Berlier citées plus haut. — V. Chauveau et Hélie, t. 3, p. 146.

29. — Peu importe, au surplus, qu'il s'agisse de l'ordre administratif, civil ou judiciaire. — V. Carnot, sur l'art. 126.

V. BANNISSEMENT, COMPLOT.

COALITIONS ENTRE MAITRES ET ENTRE OUVRIERS.

Table alphabétique.

COALITIONS ENTRE MAITRES ET ENTRE OUVRIERS. — 1. — On désigne sous ce nom : 1° les coalitions formées entre ceux qui font travailler des ouvriers dans le but de forcer injustement et abusivement l'abaissement du salaire; 2° celles formées entre les ouvriers pour suspendre, empêcher ou enchérir les travaux. — C. pén., art. 414 et 415.

—

§ 1er. — *Historique.*

2. — Le délit de coalition entre les maîtres contre les ouvriers et entre les ouvriers contre les maîtres n'existait pas dans l'ancien droit. Les citoyens d'une même profession étaient réunis en corporation, et chaque corporation avait ses assemblées, ses délibérations, ses arrêtés; d'où il résultait au sein de chaque état, comme le font remarquer les auteurs de la *Théorie du C. pén.*, une sorte de *coalition perpétuelle*, qui imposait *régulièrement* des lois à tous les membres de cet état. — Chauveau et Hélie, t. 7, p. 461. — V. JURANDES ET MAITRISES.

3. — Après l'abolition des corporations par la loi du 2-17 mai 1791, celle du 14 juin suivant s'empressa de proscrire les coalitions et d'interdire toute délibération entre les membres de chaque profession (art. 4). L'art. 7 de cette loi déclara punissables comme *perturbateurs du repos public* ceux qui useraient de menaces ou violences contre les ouvriers usant de la liberté accordée par les lois constitutionnelles; et l'art. 8 réprima, comme *attroupemens séditieux*, les attroupemens composés d'ouvriers ou excités par eux contre le libre exercice de l'industrie et du travail.

4. — C'est dans la loi du 22 germin. an XI, relative aux *manufactures, fabriques et ateliers*, que l'on trouve en termes formels la proscription des coalitions entre maîtres et des coalitions entre ouvriers (art. 6). — Les termes de cette loi ont été en partie reproduits textuellement par le Code pénal.

5. — En réprimant de pareilles coalitions, la loi pénale a-t-elle eu pour but de résoudre le problème agité depuis si long-temps de l'organisation du travail? — Il est permis d'en douter : « Le législateur, disent les auteurs de la *Théorie du C. pén.*, n'a été frappé que par le trouble extérieur que produisent les coalitions et qui réagit sur l'ordre social... Il ne se préoccupait pas des débats entre les maîtres et les ouvriers... Il s'est borné à prévoir les faits qui peuvent sortir de ces débats, faits de violence, lorsqu'ils ont pour but d'exiger du travail des résultats exagérés. » — Chauveau et Hélie, t. 7, p. 460.

§ 2. — *Coalitions entre les maîtres contre les ouvriers.*

6. — « Ceux qui emploient des ouvriers, disait le rapporteur du corps législatif, pourront s'entendre pour opérer l'abaissement injuste et arbitraire des salaires, et vous voyez de suite les fâcheuses conséquences d'un tel système. Ces utiles collaborateurs de chefs d'entreprise, privés d'une partie du prix raisonnable de leur travail, ne pourront plus pourvoir à leur subsistance et à celle de leur famille, la proportion entre leurs gains et le taux des denrées étant détruite; de là mécontentement, dégoût, moins de soins donnés à des choses qui en exigent tant, détérioration dans la fabrication, enfin peut-être cessation partielle ou même totale du travail ; résultats funestes pour les ouvriers, pour les maîtres mêmes et, par contre-coup, pour l'état, dont la principale richesse consiste dans le travail, l'industrie, l'ardeur du perfectionnement, l'activité soutenue de tous les membres, chacun dans sa profession. »

7. — L'art. 414, C. pén., dispose donc en ces termes : « Toute coalition entre ceux qui font travailler des ouvriers, tendant à forcer injustement et abusivement l'abaissement du salaire, suivie d'une tentative ou d'un commencement d'exécution, sera punie d'un emprisonnement de six jours à un mois et d'une amende de deux cents francs à trois mille francs. »

8. — Le délit de coalition existe par cela seul qu'il y a eu concours entre plusieurs personnes faisant travailler des ouvriers, avec le but de forcer l'abaissement des salaires. Il importe peu, du reste, que les personnes aient des professions différentes ou résident dans différentes villes. — Chauveau et Hélie, t. 7, p. 462.

9. — On ne pourrait néanmoins considérer comme coalition le concert des divers membres d'une société commerciale, une pareille société ne formant légalement, quel que soit le nombre des membres qui la composent, qu'une seule personne morale; c'est ce qui résulte d'un arrêt de *Cass.*, 26 janv. 1838 (t. 1er 1838, p. 258), Duroux c. Binard et Glaize.

10. — On doit, dans le sens de l'art. 414, restreindre les mots : *« ceux qui font travailler des ouvriers »* aux manufacturiers, fabricans, artisans (Arg. de la rubrique *Violation des réglemens relatifs aux manufactures, au commerce et aux arts*). Quant aux coalitions des propriétaires et fermiers pour faire baisser le salaire des ouvriers qu'ils occupent aux travaux de la campagne, elles sont prévues par l'art. 19, tit. 2, Code rural des 28 sept.-6 oct. 1791, ainsi conçu : « Les propriétaires ou fermiers d'un même canton ne pourront se coaliser pour faire baisser ou fixer à vil prix les journées des ouvriers ou les gages des domestiques, sous peine d'une amende du quart de la contribution mobilière des délinquans, et même de la détention municipale, s'il y a lieu. »

11. — La coalition qui a pour objet l'abaissement des salaires des ouvriers n'est criminelle qu'autant qu'il s'agit d'un abaissement *injuste et abusif*. Le caractère de l'abaissement est soumis à l'appréciation des tribunaux, qui doivent nécessairement en déclarer l'injustice et l'abus dans les jugemens de condamnation. A cet égard, l'art. 414 diffère de l'art. 415, qui punit le fait de la coalition d'ouvriers sans qu'il soit nécessaire que leurs demandes soient reconnues injustes et abusives. — V. *infrà* n° 13.

12. — L'art. 414, comme il a été dit, ne punit la coalition qu'il prévoit qu'autant qu'elle a été suivie d'une tentative ou d'un commencement d'exécution. La tentative d'exécution dont parle l'art. 414 doit s'entendre des *actes extérieurs*. — Ainsi, la coalition n'est punissable que lorsqu'elle s'est révélée, soit par un commencement d'exécution, soit au moins par des actes extérieurs tendant à cette exécution. Jusque là, elle n'est considérée que comme un *projet* que la loi n'incrimine pas. — V. Chauveau et Hélie, t. 7, p. 465; Carnot, t. 2, p. 412, n° 8.

§ 3. — *Coalitions entre ouvriers.*

13. — L'art. 415, qui s'occupe des coalitions des ouvriers, est ainsi conçu : « Toute coalition de la part des ouvriers pour faire cesser en même temps de travailler, interdire le travail dans un atelier, empêcher de s'y rendre et d'y rester avant ou après de certaines heures, et en général, pour *suspendre, empêcher, enchérir* les travaux, s'il y a eu tentative ou commencement d'exécution, sera punie d'un emprisonnement d'un mois au moins et de trois mois au plus. Les chefs ou moteurs seront punis d'un emprisonnement de deux à cinq ans. »

14. — En outre, les chefs ou moteurs du délit peuvent, après l'expiration de leur peine, être mis sous la surveillance de la haute police pendant deux ans au moins et cinq ans au plus. — Art. 416. — V. *infrà* n° 23.

15. — Le mot *ouvrier*, dont se sert l'art. 415, est corrélatif à ceux *faisant travailler les ouvriers*, que renferme l'art. 414. — V. le paragraphe qui précède. — On doit donc restreindre l'application de l'art. 415 aux individus qui travaillent dans les fabriques, les ateliers, les manufactures, et en général pour les besoins du commerce. Quant à ceux qui sont occupés *aux travaux de la campagne*, ils restent sous l'empire de l'art. 20, C. rural de 1791, qui dispose que : Le moissonneur, le domestique, l'ouvrier de la campagne, ne pourront se liguer entre eux pour faire hausser et déterminer le prix des travaux ou des gages, sous peine d'une amende qui ne pourra excéder la valeur de douze journées de travail, et en outre la détention de police municipale.

16. — Une interprétation contraire pourrait, il est vrai, résulter des paroles de M. Louvet au corps législatif : « Vous pouvez, disait-il, avoir vu des exemples de pareils concerts, soit pour les ateliers de fabrique, soit pour des entreprises exécutées par le gouvernement, *soit pour des travaux nécessaires aux récoltes et aux autres parties de l'agriculture...* » Mais les auteurs de la *Th. du C. pén.* font remarquer (comme ils l'avaient déjà dit pour l'art. 414) que l'art. 415 ne parle que du travail « dans un atelier », que l'art. 416 dispose spécialement à l'égard des proscriptions « contre les *directeurs d'ateliers* et *entrepreneurs d'ouvrages* », qu'enfin l'art. 219, qui saisit la coalition au moment où elle se change en émeute, ne prévoit les violences et menaces que lorsqu'elles émanent « *des ouvriers ou journaliers, dans les ateliers publics ou manufacturiers* »; d'où ils concluent que ce sont les ouvriers agglomérés dans les ateliers, dans les villes, dans les grands travaux, qui ont excité la sollicitude du législateur; mais qu'il ne s'est pas, dans l'art. 415, occupé des campagnes. — Chauveau et Hélie, t. 7, p. 468. — Cette interprétation nous paraît préférable, malgré la généralité du mot *ouvriers*.

17. — Au surplus, les mêmes auteurs ajoutent que le sens qu'ils donnent à l'art. 415 a reçu une sanction remarquable, dans l'art. 40 du décret du 15 mars 1813, sur les travaux des chaussées du Rhône; lequel porte : « qu'un ouvrier ou travailleur qui refusera d'obéir à la réquisition du maire encourra une amende de six francs et de quatre jours de prison, et sera en outre puni conformément aux art. 415 et suiv. du Code des délits et des peines, dans les cas prévus par ledit Code. » Ainsi, disent-ils, il a fallu une disposition formelle pour étendre l'art. 415 à des ouvriers qui étaient employés à d'autres travaux que ceux que la loi avait prévus. — Chauveau et Hélie, *loc. cit.*

18. — Les faits énumérés dans l'art. 415 comme élémens du délit de coalition d'ouvriers ne sont que les diverses circonstances d'une même action; ils tendent tous au même but, l'élévation des salaires, mais leur concours n'est pas nécessaire pour que le délit existe : un seul suffirait. C'est ce qui résulte, bien que puisse dire Carnot (*C. pén.*, t. 2, p. 414, n° 7), du texte même et de la rédaction grammaticale de l'art. 415. — Chauveau et Hélie, t. 7, p. 469.

19.— L'existence seule du fait de coalition entre ouvriers dans le but déterminé par l'art. 415, donne ouverture à l'application de cet article ; il n'est pas nécessaire, comme dans le cas de l'art. 414, que la prétention qui sert de prétexte à la coalition *soit injuste et abusive*. — V. en ce sens *Paris*, 9 oct. 1845 (t. 1er 1846), Vincent. — Cette différence entre les coalitions des maîtres et les coalitions d'ouvriers démontre, ainsi que nous l'avons dit plus haut, que le législateur, dans la rédaction des art. 414 et 415, ne s'est nullement préoccupé de la question d'organisation du travail, ni des discussions entre maîtres et ouvriers : ce qu'il a envisagé avant tout, c'est la possibilité d'un désordre matériel. La coalition des maîtres, disent les auteurs de la *Th. du C. pén.*, « ne produisant habituellement aucun trouble, le législateur n'intervient que lorsque la réduction des salaires est abusive *et qu'elle pourrait exaspérer les ouvriers*; mais la coalition des ouvriers, que l'objet en soit juste ou injuste, est de nature à troubler la paix publique et les intérêts du commerce par les rassemblemens qu'elle provoque et la fermeture des ateliers; la loi punit donc, dans tous les cas, sans s'informer de sa cause, sans lui demander sa justification. » Il est possible, ajouterons-nous, que ce soit là de la justice de nécessité, mais assurément, au fond, ce n'est pas de la bonne et vraie justice. Si, dans l'intérêt de la tranquillité publique, le législateur a cru devoir condamner chez les uns ce qu'il excusait chez les autres, au moins devrait-il aviser au moyen de venir d'une autre manière au secours d'intérêts respectables et quelquefois traités avec trop de légèreté.

20.—Les motifs qui ont déterminé l'art. 415 ont reçu dans l'arrêt précité une semblable interprétation, « attendu, porte cet arrêt, que l'incrimination de la loi est motivée, en dehors des discussions entre maîtres et ouvriers, sur des considérations bien plus graves : le maintien de la paix publique, que trouble ou peut troubler le défaut de travail des ouvriers et les intérêts de l'industrie, éminemment compromis par la fermeture subite, inopinée, et par conséquent contrainte des ateliers; que c'est pour cela, et encore pour maintenir et la liberté de discussion du salaire et la liberté du travail, que la loi a dû punir les coalitions d'ouvriers, aussi contraires à l'une qu'à l'autre de ces libertés, puisqu'elles tendent, d'une part, à forcer le maître à céder à des exigences qui peuvent être injustes, et, de l'autre, à empêcher de travailler ceux-là même des ouvriers qui trouvent suffisant le prix qu'on leur paie ou qu'on leur offre. »

21.— La différence qui vient d'être signalée entre la position des maîtres et celle des ouvriers se reproduit encore en ce qui concerne la pénalité. Et cependant ne peut-on pas dire qu'en bonne justice les coalitions de maîtres devraient être réprimées plus sévèrement que les coalitions d'ouvriers, 1o parce que les coalitions d'ouvriers procèdent le plus souvent d'un entraînement irréfléchi, tandis qu'au contraire les coalitions des maîtres sont le résultat de la réflexion et de la préméditation ; — 2o parce que la raison déterminante de l'ouvrier sera souvent l'excès du besoin et la misère, tandis que le maître sera poussé à entrer en coalition par un sentiment de cupidité d'autant plus coupable, qu'il aura pour but de diminuer les ressources déjà si modestes de l'ouvrier ; — 3o parce que, dans le système de la loi, l'ouvrier est punissable, bien qu'au fond sa prétention soit légitime, tandis que le maître n'est jamais puni qu'autant qu'elle est injuste *et même abusive*. Mais ici encore le législateur n'a envisagé que le résultat, à savoir l'ordre matériel troublé, sans se rendre assez compte de la base morale de la répression : c'est là un point de vue purement matérialiste, dont on retrouve assez souvent la trace dans la loi pénale.

22. — Le délit de coalition n'existe pour les ouvriers comme pour les maîtres qu'autant qu'il y a eu *tentative ou commencement d'exécution*. « La loi, disent MM. Chauveau et Hélie (*Th. C. pén.*, t. 7, p. 471), a voulu que la coalition ne pût être poursuivie que lorsqu'elle se trahit par des actes extérieurs, par la désertion des ateliers, par l'abandon du travail, par les désordres qui peuvent accompagner ou suivre cet abandon. »

23. — L'art. 416 punit un autre fait qui se rattache aux coalitions d'ouvriers : « Seront aussi punis de la peine portée en l'art. 415, et, d'après les mêmes distinctions, les ouvriers qui auront prononcé des amendes, des défenses, des interdictions, ou toutes proscriptions sous le nom *de damnations*, et sous quelque qualification que ce puisse être, soit contre les directeurs d'ateliers et entrepreneurs d'ouvrages, soit les uns contre les autres. Dans le cas du présent article, les chefs ou moteurs du délit pourront, après l'expiration de leur peine, être mis sous la surveillance de la haute police pendant deux ans au moins et cinq ans au plus. — V. *suprà* nos 13 et 14.

24.—« Ces défenses, disent MM. Chauveau et Hélie (t. 7, p. 476), proscriptions, interdictions, supposent une coalition préalable, sans qu'il soit nécessaire de prouver l'existence d'une coalition. La loi punit les *damnations* comme un fait distinct indépendant de tout autre fait; le délit réside tout entier dans la prononciation de ces interdictions; tout acte antérieur, tout commencement d'exécution est inutile pour l'application de la peine, et ne doit être considéré que comme preuve du délit. »

25. — L'art. 8 de la loi du 22 germ. an XI portait que, si les actes de coalition avaient été accompagnés de violences, voies de fait et attroupemens, les auteurs et complices seraient punis des peines portées au Code pénal, suivant la nature des délits. Cette disposition consacre et applique un principe de droit commun. Toutefois, MM. Chauveau et Hélie (t. 7, p. 476) font remarquer que pour que ces actes puissent être considérés comme des délits distincts et soient incriminés séparément, il faut qu'ils aient un caractère distinct et qu'ils réunissent, indépendamment de la coalition, les élémens d'un délit.

26. — Ainsi, dans une espèce où l'existence de la coalition et de son but ne pouvait résulter que d'écrits imprimés, la cour de Cassation a décidé que les inductions qu'on tirerait de ces écrits ne sauraient changer le caractère primitif de la prévention, et faire de la coalition un délit politique. — *Cass.*, 4 sept. 1834, Lebon ; — Chauveau et Hélie, *loc. cit.* — V. aussi Chassan, *Tr. des délits de la parole*, t. 2, p. 167 ; de Grattier, *Comm. sur la liberté de la presse*, t. 2, p. 402, no 6.

27. — Indépendamment des conséquences pénales, le fait de coalition peut en entraîner d'autres d'une nature différente contre l'ouvrier qui s'en rend coupable. Ainsi, la cour de Cassation a jugé que le fait qu'il y aurait de la part des ouvriers coalition tendant à forcer une augmentation de salaire pouvait être considéré par le conseil de prud'hommes, comme motivant le refus fait par un maître de leur délivrer leurs congés de sortie. — *Cass.*, 1er juillet 1834, Martin c. Gallon. — V. OUVRIERS.

COAUTEUR.

1.—On désigne ainsi tout individu qui a coopéré, participé activement et directement, de concert avec un ou plusieurs autres, à la perpétration d'un crime ou d'un délit.

2. — La peine applicable au coauteur est la même que celle encourue par l'auteur principal. — Ce que la loi décide à cet égard pour les complices reçoit *à fortiori* son application quand il s'agit de coauteurs.

3.—Ainsi jugé que le terme *complices* dont se sert l'art. 59, C. pén., est une expression générale, embrassant tous ceux qui concourent à une action défendue par la loi pénale, soit qu'ils l'aient provoquée avec les circonstances énumérées dans l'art. 60, soit qu'ils l'aient sciemment préparée ou facilitée, soit qu'ils aient coopéré à la perpétration de l'action même, et que par là ils s'en soient rendus coauteurs. — *Cass.*, 24 août 1827, Ambroise Laurent.

4.—Il est important de distinguer les coauteurs des complices : en effet, lorsque le nombre des auteurs d'un crime ou délit constitue une circonstance aggravante, les simples complices ne doivent point être comptés pour la qualification du fait.

5. — Ainsi jugé que le vol commis dans une maison par un individu, tandis qu'un autre fait le guet en dehors, constitue un vol commis par deux personnes et rentre dans l'application de l'art. 386, C. pén.—*Cass.*, 9 avr. 1813, Mathias. Mars; — Legraverend, t. 1er, ch. 3, sect. 1re, § 1er, p. 135.

6.—Il y a encore intérêt à distinguer les coauteurs des complices, relativement aux mises en accusation et à la déclaration du jury : ainsi, la complicité s'inférant de circonstances très diverses, chacune des circonstances qui la constituent doit être énumérée soit dans l'arrêt de mise en accusation ou l'acte d'accusation, soit dans les questions adressées au jury ou ses réponses; cette énumération, au contraire, n'est point nécessaire à l'égard des coauteurs. — V. notamment *Cass.*, 31 juill. 1818, de Caux. — V. aussi Duverger, *Manuel des juges d'instruction*, t. 1er, no 27, p. 159), à la note; Bourguignon, *Jur. cod. crim.*, t. 3, p. 62.

7.—Jugé en ce sens que deux individus qui ont commis un crime conjointement en sont nécessairement co-auteurs, et qu'ainsi la déclaration du jury portant qu'un accusé s'est rendu coupable du crime de vol *conjointement* avec un autre individu comprend implicitement la circonstance aggravante de l'aide et assistance. — *Cass.*, 29 janv. 1829, Veyret.—V. aussi Chauveau et Hélie, *Théorie C. pén.*, t. 2, p. 74.—V. au surplus COMPLICITÉ.

COCARDE.

1. — La cocarde est un des signes de nationalité adoptés par l'état.

2. — Les dictionnaires usuels, jusqu'à la fin du dix-septième siècle, ne font aucune mention de la cocarde qu'en 1758. *L'Encyclopédie méthod.* l'a définie : « bouffette de rubans assortissant à l'ordonnance que les gens de guerre attachent au bouton du chapeau. »

3. — Ce fut seulement en 1696 que la cocarde apparut pour la première fois dans la langue officielle, avec la création d'un régiment de cavalerie. L'ord. de Louis XIV qui institua ce nouveau régiment disait : « *Les officiers des carabiniers porteront au chapeau un plumet blanc et une cocarde noire.* »

4. — De 1702 à 1714, les troupes combinées de France et d'Espagne portèrent la cocarde blanche et rouge. — Sous Louis XV, les arquebusiers de Grassin, dont l'habit était bleu et la veste écarlate, avaient la cocarde bleue et rouge. Les dragons, les hulands, les grenadiers, les hussards, toutes armes à coiffures spéciales, ne portaient pas la cocarde. — Un réglement du 21 fév. 1779 commença de régulariser dans les armes des fantassins l'usage de la cocarde. Chaque soldat, disait l'art. 2, se pourvoira d'une cocarde de bazin blanc et il ne sera permis ou toléré aucune houppe ou bourdalou.

5.—Le premier symbole révolutionnaire adopté, le 22 juill. 1789, après une harangue publique de Camille Desmoulins, avait été emprunté aux feuilles des arbres du Palais-Royal, auxquelles, le lendemain, fut substitué un nœud de ruban vert qui, dès le lendemain, fut changé pour la cocarde bleu et rouge aux couleurs de la ville de Paris. Le 17 du même mois, on y ajouta le blanc, couleur officielle de la cocarde de l'armée, le même jour cette cocarde fut présentée au roi, qui l'attacha lui-même à sa coiffure aux acclamations de la foule. Depuis cette époque la cocarde tricolore est devenue le signe distinctif du Français.

6. — Le 9 avr. 1814, un arrêté du gouvernement provisoire ordonna la suppression des emblèmes, chiffres et armoiries du gouvernement de Bonaparte. Et un autre arrêté du 13 avr. 1814, lendemain de l'entrée du comte d'Artois à Paris, déclara que la cocarde blanche était la cocarde française et qu'elle serait prise par toute l'armée.

7. — Au retour de Napoléon de l'île d'Elbe, un décret daté de Grenoble, le 9 mars 1815, et promulgué le 20, supprima la cocarde blanche et ordonna que la cocarde nationale aux trois couleurs serait sur le champ arborée par les troupes de terre et de mer, les gardes nationales et les citoyens de toutes les classes. Après la seconde restauration, le port de la cocarde tricolore fut déclaré acte séditieux. — L. 9 nov. 1815, art. 7.

8. — Une ordonnance du lieutenant général du royaume, du 5 août 1830, avait déclaré que la nation française avait repris ses couleurs et qu'il ne serait plus porté d'autre cocarde que la cocarde tricolore.

9. — Cette disposition est reproduite par l'art. 67, Charte de 1830, qui, proposé par M. Dupin aîné, a été voté par acclamation.

10. — Toute cocarde autre que celle aux trois couleurs est un signe de rébellion. — L. 5 et 8 juill. 1792, art. 17.

11. — Le port public de tous signes extérieurs de ralliement non autorisés par le roi ou par des réglemens de police est réputé provocation au délit, et puni, conformément à l'art. 8, L. 17 mai 1819, d'un emprisonnement de trois jours à deux ans et d'une amende de 30 fr. à 4,000, ou de l'une de ces deux peines seulement, selon les circonstances.

12. — Lorsqu'un Français autorisé à servir à l'étranger se trouve en France avec son corps, il peut conserver sa cocarde; hors ce seul cas, nul Français ne peut porter en France une cocarde étrangère. — Avis du cons. d'état 21 janv. 1812.

COCHES.

1. – Voitures destinées au transport par eau des personnes et des marchandises. Autrefois on donnait aussi le nom de coches à des espèces de chariots couverts dont le corps n'était pas suspendu et qui étaient affectés au transport des voyageurs de Paris à diverses villes du royaume. — Brillon, *Dict. des arrêts*, vo *Carrosse*.

2.—Bien que leur origine se reporte incontestablement à une date beaucoup plus reculée, le premier réglement applicable aux coches est de 1582.

— V. Brillon, v° *Carrosses*. — Henri III, qui avait fait don de tous les coches du royaume au duc d'Anjou, son frère, chargea, en 1582, le grand conseil de faire le règlement qui les concernait, avec attribution de juridiction et de connaissance de tous les procès relatifs à eux. — En 1713, le grand conseil rendit un arrêt important qui réglait les contestations entre les intéressés dans les coches. Plus tard, avant 1777, les contestations relatives à l'exploitation des coches et autres voitures furent portées en première instance, à Paris, devant le lieutenant-général de police, et, dans les provinces, devant les intendans ou commissaires, sauf l'appel au grand conseil. — V. Guyot, *Rép. de jurisprud.*, v° *Messagerie*. — Pour veiller à l'exécution des réglemens, un édit de 1594 créa des offices de surintendans, commissaires et contrôleurs-généraux des coches et carosses.

3. — Les coches d'eau avaient été supprimés sur la Seine, mais ils y furent rétablis par Louis XIV pour la commodité des bourgeois de Paris. — 10e vol. des ordonnances de Louis XIV.

4. — Les coches étaient tenus de partir à des jours et à des heures fixes. Il leur était fait défense de troubler les chasse-marées de Dieppe et des autres villes.

5. — Les personnes qui voulaient faire porter quelques effets par les coches étaient tenues de les faire inscrire sur le registre du conducteur (*Parlement de Paris*, 5 janv. 1587). Les coches et maîtres de coches étaient responsables de la perte ou détérioration des hardes, paquets, mis dans leur bateau (*Parlem. de Paris*, 9 fév. 1599), et de l'argent confié, s'ils s'en étaient chargés par leur registre. Ils étaient donc tenus d'avoir de bons et de fidèles registres. — *Parlem. de Paris*, 15 mai 1656. — V. Brillon, *Dict.*, v° *Carrosse*. — V. MESSAGERIES, VOITURES PUBLIQUES.

6. — Tel était l'état de la police des coches lorsque survint le décret du 26 août 1790, qui établit (art. 4) une forme générale des messageries, coches et voitures d'eau. Les droits de coches et autres voitures d'eau furent, par le décret du 7 janvier 1791, abolis à partir du 1er avril suivant et réunis à la ferme générale des messageries.

7. — D'après la déclaration du 10 avril 1791, les voitures d'eau avaient le droit de départ à jour et heures fixes et de l'annonce desdits départs, ainsi que celui des relais à des lieux désignés; et les effets nécessaires à l'usage du service étaient affranchis de toute saisie (art. 4. — V. aussi l'art. 531, C. civ). L'art. 11 faisait défense d'exiger un prix plus élevé que celui porté dans le tarif. Les voitures d'eau étaient soumises à la visite des experts chargés de vérifier leur solidité et d'entrer dans l'examen du service pour prévenir les accidens. — Tous les registres des voitures d'eau étaient cotés et paraphés. Ils étaient soumis au contrôle des directeurs des postes à chaque réquisition, art. 21.

8. — Le décret du 25 août 1792 supprima sans indemnité les droits exclusifs des voitures d'eau provisoirement conservés par le décret du 15 mars 1790, tit. 2, art. 15, et accorda à tous les citoyens la faculté de tenir des coches ou voitures d'eau en indiquant *le jour et l'heure* des départs, art. 9.

9. — La régie des messageries nationales fut à son tour supprimée par le décret du 9 vend. an VI, qui en même temps accorda à tous les citoyens la liberté des entreprises de voitures publiques moyennant un impôt appelé *droit du dixième*, droit susceptible d'un abonnement. Pour les voitures d'eau, leur abonnement est réglé d'après le nombre moyen des voyageurs qu'elles transportent annuellement. — V. CONTRIBUTIONS INDIRECTES, VOITURES PUBLIQUES.

10. — Une ordonnance du 10 mars 1824 a autorisé, sous le nom de *Compagnie des coches de la Haute-Seine, Yonne et canaux*, une société anonyme formée pour l'entreprise des coches et diligences de la Haute-Seine, de l'Yonne et canaux dépendans. Il existe sur d'autres points des moyens analogues de transport. — V. MESSAGERIES, VOITURES PUBLIQUES.

11. — Sur la responsabilité des entrepreneurs de coches d'eau, V. MESSAGERIES, VOITURES PUBLIQUES.

12. — Pour la pénalité applicable aux vols qui peuvent être commis dans les coches d'eau, soit par les cochers, mariniers ou autres employés, soit par tous autres, V. VOITURES PUBLIQUES, VOL.

13. — Les entrepreneurs de coches d'eau sont mis par la loi du 25 avr. 1844, sur les patentes, au nombre des patentables et imposés à : 1° un droit fixe de 400 fr.; — 2° un droit proportionnel du quinzième de la valeur locative de la maison d'habitation et des locaux servant à l'exercice de la profession. — V. PATENTE.

V. CONTRIBUTIONS INDIRECTES, MESSAGERIES, VOITURES PUBLIQUES, VOL.

COCHONS (Marchands de).

Les marchands de cochons sont rangés par la loi du 25 avr. 1844, sur les patentes, dans la quatrième classe des patentables, et imposés à : 1° un droit fixe basé sur le chiffre de la population de la ville ou commune où est situé l'établissement; — 2° un droit proportionnel du vingtième de la valeur locative de la maison d'habitation et des locaux servant à l'exercice de la profession. — V. PATENTE.

COCONS (Fileries et Filatures).

1. — Les fileurs de cocons sont mis par la loi du 25 avr. 1844 au nombre des patentables, et imposés à : 1° un droit fixe de 1 fr. 50 c. par bassine ou tour, jusqu'au *maximum* de 400 fr; — 2° un droit proportionnel du vingtième de la valeur locative de la maison d'habitation et des magasins de vente complétement séparés de l'établissement, et du quarantième de la valeur locative de l'établissement industriel. — V. PATENTE.

2. — Les filatures de cocons ayant au moins six tours, sont rangées à raison de la mauvaise odeur qui s'en échappe, dans la troisième classe des établissemens insalubres. — V. ETABLISSEMENS INSALUBRES (nomenclature).

CODE CIVIL.

1. — Des cinq codes dont le consulat et l'empire ont doté la France, le Code civil est le premier par son importance aussi bien que par sa date.

2. — Avant la révolution, la France, divisée en pays de droit écrit et en pays de coutumes, n'était pas soumise à l'empire d'une législation civile uniforme. Les ordonnances du roi étaient seules obligatoires dans tout le royaume. — On avait, il est vrai, à diverses époques, formé le projet de donner à la France un code général de droit civil, mais ces essais étaient restés sans résultat; c'est ainsi que, sous le règne de Henri III, et par ordre de ce prince, Barnabé Brisson rédigea un code composé en partie des ordonnances alors en vigueur et en partie de dispositions nouvelles. Ce code fut, dans la suite, augmenté et commenté par d'autres jurisconsultes, notamment par Charondas, mais il n'obtint jamais force de loi. — Merlin, *Rép.*, v° *Code*, § 3.

3. — Lorsque la révolution éclata, l'œuvre de la codification générale avait été rendue plus facile par les nombreux et importans travaux qui avaient paru, tant sur la philosophie du droit et la science de la législation (Montesquieu, *De l'esprit des lois*) que sur le droit positif (Dumoulin, Domat, Pothier). Mais l'influence même de la révolution, les modifications profondes que les principes nouveaux étaient destinés à introduire dans l'esprit général de la législation paraissaient de nature à apporter de nouveaux obstacles; cependant l'ancienne division du territoire avait disparu, le maintien de la distinction entre les pays de droit coutumier et les pays de droit écrit était devenu impossible; la législation, remaniée dans certaines de ses parties, ne présentait plus que confusion; un nouveau code général pouvait seul apporter dans ce chaos l'ordre et la lumière. — Aussi l'Assemblée constituante inséra-t-elle dans la constitution des 3-14 sept. 1791 un article qui ordonnait la confection d'un code de lois civiles commun à tout le royaume. — Mais l'Assemblée législative ne fit rien pour lui donner exécution.

4. — La convention parut vouloir reprendre l'œuvre de l'Assemblée constituante; sa commission de législation reçut la mission de jeter les fondemens de ce travail, et le 9 août 1793 Cambacérès présenta un projet de Code civil; mais l'assemblée le repoussa comme n'étant pas rédigé dans un esprit assez conforme à l'esprit de l'époque. — Enfin, deux nouvelles tentatives furent faites, 1° en l'an II (autre projet présenté par Cambacérès, et dont plusieurs articles furent adoptés et devinrent la loi du 12 brum an II); — 2° en l'an IV (projet soumis le 24 prair. au conseil des Cinq-Cents), mais sans plus de succès.

5. — Il était réservé au gouvernement de la constitution de l'an VIII d'accomplir l'œuvre vainement tentée par les gouvernemens précédens.

6. — La loi du 19 brum. an VIII, qui établissait le gouvernement consulaire, annonçait, dans son art. 14, la prochaine publication d'un code de lois civiles. — Un arrêté des consuls du 24 thermid. an VIII nomma une commission composée de quatre membres, pris dans le sein du conseil d'état, savoir : Tronchet, président du tribunal de cassation, Portalis, commissaire du gouvernement au conseil des prises, Bigot de Préameneu, commissaire près le tribunal de cassation, et Malleville, membre de ce tribunal : « Pour comparer l'ordre suivi dans la rédaction des projets de Code civil publiés jusqu'à ce jour, déterminer le plan qui paraîtrait le plus convenable et discuter ensuite les principales bases de la législation en matière civile. »

7. — Le but que se proposèrent les commissaires, tel qu'il apparaît dans le discours préliminaire de Portalis, était d'opérer, pour ainsi dire, une transaction entre le droit romain et le droit coutumier, et en même temps de consacrer les conquêtes légitimes de la révolution. Il s'agissait, comme l'a dit M. Portalis, aujourd'hui premier président à la cour de Cassation, fils du rédacteur du Code civil, dans un mémoire communiqué à l'Académie des sciences morales et politiques, il s'agissait de lier par une transition sans secousse le présent et le passé. — *Mém. de l'Acad. des sciences morales et politiques*, 2e série, t. 2.

8. — Aussi puisèrent-ils abondamment dans le droit romain, dans les coutumes, surtout celles de Paris et d'Orléans, dans les ordonnances des rois et enfin dans la législation intermédiaire.

9. — Cinq mois après l'arrêté des consuls, en janvier 1801, un projet de Code civil fut publié et envoyé au tribunal de cassation et à tous les tribunaux d'appel de la république.

10. — Les observations des tribunaux ont été imprimées, et elles forment un recueil précieux pour l'histoire du Code civil. Elles contiennent, avec des critiques sur les détails, une approbation presque unanime de la pensée qui a inspiré les quatre jurisconsultes. Le tribunal d'appel de Montpellier est le seul qui ait blâmé l'esprit général du projet.

11. — Après que le projet de loi eut été amendé par ses auteurs d'après les observations des cours, on songea à lui donner une force législative. — Aux termes de la constitution de l'an VIII, qui était alors en vigueur, le projet dut commencer par être soumis au conseil d'état. La section de législation examinait d'abord chaque titre et en arrêtait provisoirement la rédaction en présence des quatre commissaires-rédacteurs du projet. (Les membres qui composaient cette section étaient : Régnier, Réal, Berlier, Emmery, Thibaudeau, Muraire, Galli, Treilhard.)

12. — Puis la rédaction de la section était soumise à l'assemblée générale du conseil d'état, discutée sous la présidence du premier ou du deuxième consul, et chaque titre plus ou moins amendé était adopté ou renvoyé à la section de législation pour subir une nouvelle rédaction.

13. — Les titres définitivement adoptés étaient ensuite portés au corps législatif par des orateurs du gouvernement, qui en développaient les motifs et en proposaient l'admission. — Le corps législatif renvoyait au tribunat, et le tribunat, après discussion, déléguait un orateur chargé d'exprimer son opinion devant le corps législatif. Le tribunat ne pouvait conclure qu'à l'adoption pure et simple ou au rejet, mais sans amendement. — Const. 22 frim. an VIII, art. 28 et 34. — Enfin le corps législatif votait, par scrutin secret, sans discussion et sans pouvoir d'amender.

14. — La discussion du tribunat engagée l'an X sur les premiers titres du projet fut orageuse; ces premiers titres rencontrèrent une opposition ardente chez des hommes peu familiarisés avec la science du droit : tels que Chazal, Thiessé, Garat, Boissy-d'Anglas, Ganilh, M.-J. Chénier, Benjamin-Constant. Les efforts des tribuns jurisconsultes Grenier, Siméon, Duveyrier furent impuissans pour résister à cette opposition, et Favard lui-même fut un des orateurs chargés de soutenir un vœu de rejet devant le corps législatif.

15. — Le corps législatif avait rejeté un de ces titres, et il était à craindre qu'un autre ne subît le même sort, à raison de ses dispositions sur la mort civile et sur le droit d'aubaine, quand le premier consul retira tous les projets de lois déjà présentés par un message adressé au corps législatif, le 12 niv. an X, et ainsi conçu : « Législateurs, le gouvernement a arrêté de retirer les projets de lois du Code civil; c'est avec peine qu'il se voit forcé de remettre à une autre époque les lois attendues avec intérêt par la nation; mais il s'est convaincu que le temps n'est pas venu où l'on portera dans ces grandes discussions le calme et l'unité d'intention qu'elles demandent. »

16. — La discussion du Code civil fut ainsi suspendue; mais le premier consul la fit bientôt reprendre dans des conditions plus favorables. — Il élimina du tribunal les membres de l'opposition; divisa l'assemblée des tribuns en trois sections, de législation, de l'intérieur et du commerce, et organisa des communications officieuses entre le conseil d'état et le tribunat avant la rédaction définitive de chaque projet de loi.

17. — Par suite de cette innovation, la section de législation du tribunat discutait dans son sein les différens titres qui lui étaient successivement com

muniqués, et proposait des amendemens; quand le conseil d'état ne les adoptait pas, une conférence s'établissait entre les commissaires respectivement nommés par les deux corps, sous la présidence d'un consul, ordinairement Cambacérès; puis le conseil d'état arrêtait une rédaction définitive, et le projet de loi subissait ensuite, de la manière énoncée plus haut, l'épreuve, dès-lors peu redoutable, de la discussion officielle au tribunat et du vote silencieux et secret du corps législatif.

18. — Le vote du corps législatif était décisif; il s'appelait décret. Le décret devenait obligatoire par sa promulgation, qui avait lieu le dixième jour après l'émission du vote, à moins qu'il n'y eût eu dans l'intervalle recours au sénat conservateur pour cause d'inconstitutionnalité; ce recours n'était pas admis contre les lois promulguées.

19. — Chaque matière était l'objet d'une loi distincte, qui était votée et promulguée séparément. — Ces lois, au nombre de trente-six, et dont la première a été décrétée le 14 vent. an XI (5 mars 1803), ont été réunies par la loi du 30 vent. an XII (20 mars 1804) en un seul corps de lois, sous le nom de Code civil des Français, et avec une seule série de numéros (L. 30 vent. an XII, art. 1er et 6). — Le nombre de ces numéros ou articles est de 2,281.

20. — Chacune de ces lois forme un titre du nouveau Code; chaque titre a été promulgué en une seule fois d'une manière complète, sauf : 1° le titre du mariage, décrété le 26 vent. an XI, et dans lequel la loi du 30 vent. an XII a ordonné d'introduire les six articles de la loi du 21 vent. an XII sur les actes respectueux; — 2° le titre de la distinction des biens, décrété le 4 pluv. an XII, auquel la loi du 30 vent. an XII a ajouté l'art. 530 sur les rentes perpétuelles.

21. — Un livre préliminaire en six titres, intitulé *Du droit et des lois en général*, qui se trouvait dans le projet primitif et lui servait de frontispice, s'est trouvé, après la discussion, réduit à un seul titre de six articles; c'est le titre préliminaire, intitulé : *De la publication, des effets et de l'application des lois en général.*

22. — Les trente-cinq autres titres sont répartis en trois livres, savoir : onze dans le livre premier, *Des personnes*; quatre dans le livre deuxième, *Des biens et des différentes modifications de la propriété;* et vingt dans le livre troisième, *Des différentes manières dont on acquiert la propriété.* — L. 30 vent. an XII, art. 4.

23. — Cette réunion n'empêche pas que chaque loi n'ait son exécution du jour où elle a dû l'avoir en vertu de sa promulgation particulière. — Même loi, art. 6.

24. — Des collections comprenant l'ensemble des travaux préparatoires du Code civil ont été publiées sous les titres suivans : *Recueil complet des travaux préparatoires du Code civil, contenant sans morcellement :* 1° le texte du projet; 2° celui des observations du tribunal de cassation et des tribunaux d'appel; 3° toutes les discussions littéralement puisées, tant dans les procès-verbaux du conseil d'état que dans ceux du tribunat; 4° les exposés des motifs, rapports et discours, tels qu'ils ont été prononcés au corps législatif et au tribunat, par Fenet (15 vol. in-8°); — *Législation civile, criminelle et commerciale de la France*, par Locré; les seize premiers volumes se rapportent au Code civil (cet ouvrage ne contient pas les observations du tribunal de cassation et des tribunaux d'appel); — *Conférence du Code civil avec la discussion particulière du conseil d'état et du tribunat avant la rédaction définitive de chaque projet de loi;* — *Motifs des cinq codes, suivis des rapports, opinions et discours*, etc., par Favard de Langlade. — Ces deux ouvrages sont, au moins pour le Code civil, compris dans celui revu par M. le professeur Poncelet, et qui a pour titre : *Motifs et discours prononcés lors de la publication du Code civil par les divers orateurs du conseil d'état et du tribunat; discussion au conseil d'état et au tribunat sur le Code civil avant la rédaction de chacune des lois qui le composent* (1838, 2 vol. in-8°). — D'autres auteurs ont également recueilli les travaux préparatoires du Code civil : M. Crussaire, *Analyse des observations des tribunaux d'appel et du tribunal de cassation, rapprochés du texte* (1804, 1 vol. in 4°); MM. Jouanneau et Solon, *Discussion du Code civil dans le conseil d'état, précédée des articles correspondans du texte et du projet* (1804 et 1808, 3 vol. in-4°).

25. — Depuis la première publication du Code, il en a été fait deux nouvelles éditions. — La première, décrétée par la loi du 3 sept. 1807, substitua le titre de *Code Napoléon* à celui de *Code civil des Français*, attendu, suivant l'exposé des motifs du conseiller Bigot de Préameneu, que ce dernier titre ne pouvait plus convenir à un code déjà regardé comme le droit commun de l'Europe. Cette loi contient, en outre, diverses modifications dont il sera parlé plus bas. — La seconde édition, qui est encore en vigueur aujourd'hui, fut ordonnée en 1816, pour substituer aux dénominations impériales des dénominations royales.

26. — Enfin l'article septième et dernier de la loi du 30 vent. an XII contient une disposition très-importante : « A compter du jour où ces lois sont exécutoires, y est-il dit, les lois romaines, les ordonnances, les coutumes générales ou locales, les statuts, les réglemens cessent d'avoir force de loi générale ou particulière dans les matières qui sont l'objet desdites lois composant le présent Code. »

27. — Depuis sa promulgation, le code civil a subi un certain nombre de modifications, dont l'exposé peut servir de réponse au reproche qu'on a souvent fait à la codification d'introduire l'immobilité dans les lois. Nous signalerons les plus importantes de ces modifications.

28. — Ainsi, dès le 24 mars 1806, une loi sur le transfert des inscriptions de rentes appartenant à des mineurs et des interdits vint déroger aux art. 457, 458, 459 et 484, C. civ., 1° en permettant aux tuteurs et curateurs des mineurs ou interdits qui n'auraient en inscriptions ou promesses d'inscriptions de 5 p. % consolidés qu'une rente de 50 fr. et au-dessous d'en faire le transfert sans autorisation ni formalités, d'après le cours constaté du jour (art. 1er), et en accordant le même droit aux mineurs émancipés avec la seule assistance de leurs curateurs; 2° en dispensant des formalités d'affiches et de publications les ventes d'inscriptions au-dessus de 50 fr. qui auraient lieu avec autorisation du conseil de famille. — V. ÉMANCIPATION, TUTELLE.

29. — Et plus tard les dispositions de cette loi furent rendues applicables aux mineurs ou interdits propriétaires d'actions ou portions d'action de la banque de France, toutes les fois qu'ils n'auraient qu'une action ou un droit dans plusieurs actions n'excédant pas en totalité une action entière. — Décr. 25 sept. 1813, art. 1er.

30. — Le Code de procédure civile, devenu exécutoire le 1er janv. 1807, vint à son tour, par son art. 834, compléter ou modifier le Code civil en permettant au créancier hypothécaire de prendre utilement son inscription dans la quinzaine de la transcription de l'acte de vente de l'immeuble hypothéqué. — C. civ., art. 2166 et 2181; C. procéd., art. 834. — V. HYPOTHÈQUE, PURGE.

31. — D'autres modifications résultent également de la loi du 3 sept. 1807. Ainsi par cette loi, 1° le 3e § de l'art. 17 ainsi conçu : « La qualité de Français se perdra, par l'affiliation à toute corporation étrangère qui exigera des distinctions de naissance » fut complètement supprimé, en sorte que le 4e § de cet article devint le 3e; — 2° l'art. 896, qui prohibe les substitutions, fut suivi d'un second paragraphe qui autorise à transmettre héréditairement la dotation d'un titre conformément au sén. cons. du 14 août 1806. — V. SUBSTITUTIONS.

32. — D'un autre côté, cette loi substitue aux dénominations républicaines contenues dans le code des dénominations plus en harmonie avec les usages monarchiques alors en vigueur. Ainsi, dans l'art. 980 le mot *républicole* fut remplacé par le mot *sujet de l'empereur* (lequel se trouve lui même aujourd'hui remplacé par le mot *sujet du roi*).

33. — Enfin, depuis cette loi jusqu'à la restauration, on peut citer comme ayant modifié partiellement ou complété le Code civil 1° une autre loi du 3 sept. 1807, qui institue un taux légal pour l'intérêt de l'argent, et décide que l'intérêt conventionnel ne pourra excéder l'intérêt légal. — C. civ., art. 1907. — V. PRÊT A INTÉRÊT.

34. — ... 2° Une loi, également du même jour, relative aux inscriptions hypothécaires en vertu de jugemens rendus sur les demandes en reconnaissance d'obligations sous seing-privé. — C. civ., art. 2123. — V. INSCRIPTION HYPOTHÉCAIRE.

35. — ... 3° La loi du 4 sept. 1807, qui a déterminé le sens et les effets de l'art. 2148, C. civ., sur l'inscription des créances hypothécaires et décidé que ces inscriptions devaient indiquer l'époque de l'exigibilité des créances. — V. INSCRIPTION HYPOTHÉCAIRE.

36. — ... 4° La loi du 14 nov. 1808 (modificative de l'art. 2210), qui a permis la saisie immobilière simultanée des biens d'un débiteur situés dans plusieurs arrondissemens, toutes les fois que la valeur totale des biens serait inférieure au montant réuni des sommes dues tant au saisissant qu'aux autres créanciers inscrits. — L'art. 2210 n'autorisait la vente forcée desdits biens situés dans des arrondissemens différens que *successivement*, à moins qu'ils ne fissent partie d'une seule et même exploitation. — V. SAISIE IMMOBILIÈRE.

37. — Le gouvernement de la restauration conserva le Code civil, mais en lui faisant subir à son tour, divers changemens de rédaction, conséquences naturelle, de la substitution d'un gouvernement à un autre. — L. précitée du 17 juill. 1816.

38. — Ainsi : 1° la loi du 8 mai 1816 prononce l'abolition du divorce. — V. C. civ., tit. 6, art. 229 et suiv. — V. DIVORCE.

39. — 2° Celle du 14 juill. 1819 abolit le droit d'aubaine et les art. 726 et 912, C. civ. — V. AUBAINE, (droit d').

40. — Enfin la loi du 17 mai 1826, abrogeant implicitement les art. 1048, 1049 et 1050, C. civ, qui n'autorisaient les substitutions (par exception au principe général posé dans l'art. 896) qu'à l'égard des dispositions des ascendans et des frères et sœurs en faveur de leurs descendans ou neveux, étendit à *toute personne* le droit de faire des substitutions en faveur de toute personne, à la charge seulement par le grevé de les rendre à quelqu'un de ses descendans, nés ou à naître jusqu'au deuxième degré inclusivement. — V. SUBSTITUTION.

41. — Antérieurement, une loi du 3 mars 1822 avait confié aux membres des autorités sanitaires les fonctions d'officiers de l'état civil dans l'enceinte des lazarets et autres lieux réservés. — V. LAZARET.

42. — A la restauration succéda le gouvernement de juillet de 1830, et ce gouvernement apporta lui-même au Code civil d'autres modifications plus nombreuses encore et non moins importantes.

43. — Ainsi, 1° l'art. 32 de la loi du 21 mars 1832 sur le recrutement disposa que l'on ne pouvait, avant l'âge de vingt ans, s'engager sans le consentement de ses père et mère ou tuteur. — Cette disposition abroge nécessairement l'art. 374, C. civ. qui fixait à 18 ans l'âge de l'enrôlement volontaire sans autorisation ni consentement obligatoire. — V. RECRUTEMENT.

44. — 2° La loi du 16 avr. 1832 contient une rédaction nouvelle de l'art. 164, et permet au roi de lever les prohibitions aux mariages entre beaux-frères et belles-sœurs. — V. MARIAGE.

45. — 3° La loi du 17 avr. 1832 contient d'assez graves modifications au tit. 16, C. civ., sur la contrainte par corps en matière civile. — V. CONTRAINTE PAR CORPS.

46. — 4° La loi du 12 mai 1835 abolit les majorats que le sénatus-consulte du 14 août 1806, introduit dans la seconde édition du Code, avait permis d'établir. — V. *suprà* n° 31. — Ainsi s'est trouvé modifié de nouveau l'art. 896, mais seulement dans la partie qui y a été ajoutée par la loi de 1807. — V. MAJORATS, SUBSTITUTION.

47. — 5° La loi du 18 juillet 1837, sur l'administration municipale, modifia, dans certaines limites, les art. 910, 937, 2045, C. civ., en ce qui concerne les formalités relatives à l'acceptation des donations ou legs faits en faveur des pauvres d'une commune et des établissemens d'utilité publique, ainsi que celles exigées pour les transactions qui intéressent les établissemens et communes. — V. COMMUNE.

48. — D'autres modifications résultent encore 1° de la loi du 20 mai 1838 concernant les vices rédhibitoires dans les ventes et échanges d'animaux domestiques. — C. civ., art. 1641 et suiv. — V. VICES RÉDHIBITOIRES.

49. — 2° De la loi du 30 juin 1838, sur les aliénés, qui, sur beaucoup de points, n'est qu'un complément utile au titre de l'interdiction, mais qui apporte une extension importante à l'art. 504, C. civ. — V. ALIÉNÉS.

50. — Tels sont les principaux changemens que le Code civil a subis depuis sa promulgation. A ces réformes, qui ont leur importance, l'avenir en ajoutera indubitablement de nouvelles. Pour ne citer qu'un exemple, on sait qu'un projet de réforme du système hypothécaire est depuis quelque temps à l'étude et que déjà la cour de Cassation, les cours royales et les facultés de droit, consultées par M. le ministre de la justice sur un grand nombre de questions se rattachant à cette réforme, lui ont transmis en réponse des observations détaillées dont les élémens divers, coordonnés avec soin, ont été publiés naguère par ordre de la chancellerie. — V. l'ouvrage intitulé *Documens relatifs au régime hypothécaire* publiés par ordre de M. Martin (du Nord), garde des sceaux. — C'est ainsi que l'œuvre à jamais mémorable du législateur de l'an XII ira s'améliorant et se perfectionnant peu à peu avec les leçons de l'expérience et les progrès de la civilisation.

51. — Le Code civil reçut force de loi dans les pays qui furent successivement réunis à la France, en Italie (Décr. 30 mars 1806), dans le royaume de Hollande (Décr. 18 oct. 1810), dans les départemens anséatiques (Sén.-Cons. 13 déc. 1810), dans le grand duché de Berg (Décr. imp. 17 déc. 1811).

52. — Il fut introduit dans le grand duché de Varsovie, où il forme encore en grande partie la

base de la législation; il fut également admis par la ville libre et anséatique de Dantzig et par plusieurs états de l'Allemagne, entre autres par les grands duchés de Baden, de Francfort, de Nassau et par le royaume de Westphalie.

53.— En Allemagne, le Code civil n'a conservé la force obligatoire que dans les départemens de la rive gauche du Rhin, restitués par la France, et dans les grands duchés de Baden et de Berg.

54. — Ainsi qu'il a été dit plus haut, les principales sources auxquelles ont puisé les rédacteurs du Code civil sont : 1° les coutumes et surtout celles de Paris, le droit romain, les ordonnances royales et les lois intermédiaires. « Les coutumes, dit M. Zachariæ (p. 21), ont été spécialement mises à profit dans les dispositions concernant l'autorisation maritale, les servitudes légales des bâtimens, les successions, la communauté entre conjoints et le bail à cheptel; et en général on remarque que les rédacteurs du Code ont donné au droit coutumier la préférence sur le droit romain dans presque toutes les matières sur lesquelles les coutumes avaient admis des principes qui leur étaient propres. — Le droit romain a principalement servi de guide dans les matières relatives à la propriété, aux servitudes autres que celles ci-dessus indiquées, aux obligations et aux conventions. —Les ordonnances royales ont fourni de nombreux matériaux, surtout en ce qui concerne les actes de l'état civil, les donations, les testamens et les substitutions. — Enfin le droit intermédiaire a été consulté nommément en fait de mariage, de puissance paternelle, de privilége et d'hypothèque. » —Il est juste d'ajouter que, dans tous leurs travaux, les rédacteurs du Code se sont largement aidés des magnifiques traités de Pothier.

55.— Il ne saurait entrer dans notre plan d'analyser, pour les adopter ou les combattre, les diverses critiques dont a pu être l'objet l'ensemble du Code civil. Sans nous préoccuper d'imperfections qui sont inséparables de toute œuvre humaine, et dont le temps et les progrès de la civilisation feront un jour justice, nous nous bornerons à reproduire le jugement porté par un homme éminent, que sa qualité d'étranger doit rendre peu suspect de partialité. « Il faudrait avoir l'esprit bien prévenu, dit M. Zachariæ (t. 1er, p. 22), soit pour contester au Code civil l'excellence de sa rédaction, soit pour lui dénier le mérite d'avoir soigneusement observé la ligne de démarcation qui sépare une œuvre législative d'un ouvrage scientifique sur la législation, et malgré quelques taches çà et là répandues, qui déparent l'ensemble d'ailleurs si remarquable de ce Code, il restera toujours un sujet d'étonnement pour qui réfléchira au court espace de temps pendant lequel il a été fait. »

56.— Au reste, ce qui fait le plus bel éloge du Code civil, c'est l'enthousiasme avec lequel les nations étrangères l'ont accueilli et ont voulu le conserver et l'adopter comme base principale de leur législation. Ajoutons qu'il a été traduit dans presque toutes les langues de l'Europe : 1° en allemand, par Daniel, Cologne, 1810; par Lassaule, Coblentz, 1807; par Spialmann, Strasbourg, 1808; — 2° en anglais, sous le titre : *The C. N. verbally translated, from the french by Briau Barret*, London, 1811, 2 vol. in-8°; — 3° en latin, *Codex Gallorum civilis è patrio in latinum sermonem translatus, studio B. Gibault*, Paris, 1806, in-8°; — 4° en espagnol, *Codigo Napoleon, traducido al castellano*, Madrid, 1809; — 5° en polonais, 1° par Szaniawcki; 2° par Staviorsky. — V. Zachariæ, t. 1er, p. 17 et suiv.

57. — M. Anthoine de Saint-Joseph, juge au tribunal de première instance de la Seine, a publié naguère (1840, 1 vol. in-4°) un ouvrage intitulé : «*Concordance entre les Codes civils étrangers et le Code-Napoléon.* » Ce travail est la preuve la plus éloquente des conquêtes que l'excellence de nos lois a faites dans toutes les parties de l'Europe et même de l'Amérique.

V. ALIÉNÉS, AUBAINE (droit d'), CONTRAINTE PAR CORPS, DIVORCE, ÉMANCIPATION, HYPOTHÈQUE, LAZARET, MAJORAT, PRÊT A INTÉRÊT, RECRUTEMENT, SAISIE IMMOBILIÈRE, SUBSTITUTIONS, VICES REDHIBITOIRES.

CODE DECAEN.

V. CODES DE L'ILE BOURBON.

CODE DE COMMERCE.

1. — Recueil des règles relatives à la capacité des personnes qui se livrent au commerce, aux contrats et aux contestations qui interviennent entre elles.

2. — Les sources du droit commercial n'ont pas une origine très reculée; les lois rhodiennes ont laissé très peu de traces dans le Digeste, ce n'est qu'après le douzième siècle qu'on recueillit et qu'on rédigea par écrit les usages que les divers peuples avaient, par un consentement tacite, consacrés comme lois. Les plus anciens monumens qui les aient retracés sont le Consulat de la mer, les Jugemens ou Rôles d'Oléron; ensuite sont venus les Réglemens d'Amalfi et de Wisbuy, les Recueils de décisions et d'usages des Villes Anséatiques, le Guidon de la mer et les édits des rois de France. — Séruzier, *Précis hist. sur les codes franç.*, n° 70.

3. — Les principales ordonnances sous l'ancien droit français étaient : celle de 1673, qui n'était autre chose que le projet du Code du commerce de terre, rédigé par Savary, et qui fut converti en ordonnance par Colbert, et l'ordonnance de 1681 sur la marine, qui fut adoptée par l'Europe presque entière.

4.—Une commission avait été créée, en 1787, à l'effet de rédiger les lois commerciales en général, mais la révolution vint interrompre ce travail.

5.—L'assemblée constituante ne s'occupa point de la révision des lois commerciales, et ce ne fut que le 13 germin. an IX (3 avr. 1801), trois mois après l'achèvement du projet du Code civil, qu'un arrêté des consuls établit, auprès du ministre de l'intérieur, une commission de sept membres chargée de rédiger un projet de Code de commerce. Les membres de cette commission étaient : Vignon, président du tribunal de commerce; Gorneau, juge au tribunal d'appel; Boursier, ancien juge de commerce; Legras, jurisconsulte; Vital-Roux, négociant; Coulomb, ancien magistrat; et Mourgue, administrateur des hospices.

6.— Le projet fut présenté aux consuls le 13 frim. an X; un arrêté du lendemain en ordonna l'impression et l'envoi aux tribunaux et aux conseils de commerce, à la cour de Cassation et aux tribunaux d'appel, pour qu'ils eussent à fournir leurs observations. — Locré, *Législ. de la France*, t. 1er, p. 123.

7.— Le projet du Code, révisé par Gorneau, Legras et Vidal-Roux, d'après les observations des tribunaux consultés, fut renvoyé à la section de l'intérieur du conseil d'état présidée par Regnault (de Saint-Jean-d'Angely). — Locré, *Législ. de la France*, t. 1er, p. 124.

8. — Locré critique avec raison le choix que le gouvernement fit de la section de l'intérieur pour rédiger un projet définitif, au lieu de s'adresser à la section de législation, composée d'hommes plus versés dans l'étude du droit civil qui sert de base à la législation commerciale. Il est au moins certain qu'on eût mieux fait de confier le travail aux deux sections réunies au lieu de choisir exclusivement la section de l'intérieur. — Locré, *Législ. de la France*, t. 1er, p. 124 et 125.

9.—Ce ne fut qu'après plusieurs années d'oubli, et à la suite de faillites scandaleuses, qui, éclatant dans la capitale, avaient indigné Napoléon, qu'on songea sérieusement à la discussion du projet présenté par la commission nommée le 13 germ. an IX. — Procès-verbal cons. d'état, 24 fév. 1807.

10. —La discussion commença au conseil d'état le 4 nov. 1806, occupa soixante-huit séances, et finit le 29 août 1807. — Locré, *Législ. de la France*, t. 1er, p. 128.

11. — Le tribunat (sections de l'intérieur et de législation) reçut communication officieuse du projet, et y fit ses observations. La présentation et l'exposé des motifs par les orateurs du conseil d'état eut lieu au corps législatif; enfin, la communication officielle, l'émission et la présentation motivée des vœux du tribunat au corps législatif se firent dans la forme ordinaire. Il n'y eut cependant pas de rapports faits à l'assemblée générale du tribunat, le sénatus-consulte du 16 thermid. an X ayant décidé qu'à l'avenir l'adoption ou le rejet serait voté par la seule section que la matière concernait. — Locré, *Législ.*, t. 17, p. 8.

12. — On commença par la discussion du liv. 1er, relatif *au commerce en général*. M. Regnault (de Saint-Jean-d'Angely), président et rapporteur de la section de l'intérieur, en présenta le tit. 1er. Les sept autres furent présentés et discutés, titre par titre, dans les séances des 8, 11, 15, 18, 22, 25 et 29 nov. 1806; des 3, 6, 12, 15, 17 et 20 janvier; 14, 19 et 26 fév. 1807. — Locré, *Législ.*, t. 17, p. 78.

13. — L'art. 2 du tit. 1er, contenant la définition des actes de commerce, fut discuté dans les séances des 11, 15, 18, 20 et 22 nov. 1806. Par suite de ces discussions, la section de l'intérieur divisa en deux fractions l'art. 2 du projet primitif, et en fit la matière du tit. 1er de son projet nouveau. Le liv. 1er fut, en conséquence, composé de neuf titres. La seconde rédaction, ayant elle-même été amendée, donna lieu à une troisième qui fut présentée le 26 fév. 1807, adoptée sans discussion et communiquée officieusement aux deux sections du tribunat. — Sur les observations du tribunal, une quatrième rédaction fut présentée par Regnault (de Saint-Jean-d'Angely) et votée par le conseil sans observations. — Locré, *Législ.*, t. 17, p. 77.

14. — Napoléon, qui faisait la guerre en Prusse et en Pologne, ne put prendre part à la discussion. A son retour, il se fit rendre compte du travail. Son attention s'arrêta sur les dispositions relatives aux faillites, sur celles qui attachent la contrainte par corps aux billets à ordre. Il s'occupa aussi de la revendication. Quatre séances furent consacrées à une discussion nouvelle de ces points importans, celles des 28 et 29 juillet, des 1er et 8 août 1807. — Procès-verbaux cons. d'état; — Locré, *Législ. de la France*, t. 1er, p. 129.

15. — La discussion relative aux billets à ordre amena le retranchement de la disposition qui soumettait indistinctement à la contrainte par corps tous signataires de billets à ordre. Elle amena également la suppression du tit. 1er du projet, et fit renvoyer les deux articles qui le composaient au liv. 4, où ils sont placés aujourd'hui sous les nos 632 et 633. — Locré, *loc. cit.*

16. — C'est la cinquième rédaction, ramenée à huit titres, comme la première, qui fut adoptée le 8 août 1837 par le conseil et présentée au corps législatif, divisée en deux lois. La première, composée de sept titres : *Des commerçans, Des livres de commerce, Des sociétés, Des séparations de biens, Des bourses de commerce, agens de change et courtiers, Des commissionnaires*, et *Des achats et ventes*, fut présentée au corps législatif le 1er sept. 1807, par Regnault (de Saint-Jean-d'Angely), qui en exposa les motifs, Jaubert et Réal, orateurs du gouvernement. — Le 10 septembre, on communiqua au corps législatif le vœu d'adoption émis par les deux sections. Le projet fut décrété à la majorité de 228 voix contre 12. La promulgation eut lieu le 20 du même mois.—Locré, *Législ.*, t. 17, p. 79 et s.

17. — Le second projet, composé [du] seul titre *De la lettre de change, du billet à ordre et de la prescription*, fut présenté au corps législatif le 2 septembre, par MM. Begouen, Fourcroy et Berenger, conseillers d'état et orateurs du gouvernement. M. Begouen en exposa les motifs. — La communication officielle fut faite au tribunat le 3 sept. 1807. — Le vœu d'adoption émis par le tribunat fut porté au corps législatif le 11 septembre. Le projet fut décrété le même jour, à la majorité de 333 contre 8. La promulgation eut lieu le 21 sept. 1807. — Locré, *Législ.*, t. 17, p. 80.

18. — Le troisième livre du Code de commerce fut présenté, discuté et adopté au conseil d'état comme ne formant qu'une loi unique. Mais il fut fut présenté au corps législatif divisé en trois projets, qui sont devenus autant de lois séparées. — Locré, *Législ.*, t. 18, p. 255.

19.— La première loi (composée des tit. 1er, *Des navires ou bâtimens de mer*; 2, *De la saisie et vente des navires*; 3, *Des propriétaires de navires*; 4, *Du capitaine*; 5, *De l'engagement et des loyers des matelots et gens de l'équipage*; 6, *Des chartes-parties, affrétement ou nolissement*; 7, *Du connaissement*; et 8, *Du frêt ou nolis*) fut présentée au conseil d'état le 7 juill. 1807, par Regnault (de Saint-Jean-d'Angely), remplaçant M. Bégouen, rapporteur de la section de l'intérieur.— La discussion eut lieu les 7, 14, 16, 21 et 23 juillet, et l'adoption le 29 du même mois.—La communication officieuse au tribunat eut lieu le 1er septembre. Le 3, des observations furent présentées. Le 5, M. Bégouen présenta une dernière rédaction, que le conseil d'état adopta le même jour sans observation. — Le 8, M. Bégouen fit la présentation au corps législatif, accompagné de Maret et Corvetto. La communication officielle au tribunat eut lieu le même jour.— Le 15, le vote d'adoption fut présenté au corps législatif par Julée et Bertrand de Greuille, pour la section de législation du tribunat; Perrée et Challac pour la section de l'intérieur. Le projet fut décrété le même jour, à la majorité de 220 voix contre 4. — La loi fut promulguée le 25 sept. 1809.

20.—La loi du 14 juin 1841 a restreint la responsabilité des propriétaires de navires et modifié les art. 216, 234 et 298 du Code de 1808.

21.—La seconde loi du liv. 2, contenant les tit. 9, *Des contrats à la grosse*, et 10, *Des assurances*, fut présentée au conseil d'état, le 25 juill. 1807, par Corvetto, rapporteur de la section de l'intérieur. Elle fut discutée dans la séance du 11 août et adoptée le 29 août. — La communication officieuse eut lieu au tribunat le 1er septembre. Des observations furent arrêtées le 3. — Le 5, Corvetto présenta au conseil une nouvelle rédaction, qui fut adoptée sans observation le même jour.—Le 8 septembre, la présentation fut faite au corps législatif par Corvetto, qui exposa les motifs, accompagné de Bégouen et Maret. — Le même jour eut lieu la communication officielle au tribunat. — Le vote

d'adoption fut présenté au corps législatif le 15 septembre, et le projet fut décrété le même jour à la majorité de deux cent vingt-huit voix contre trois. — La promulgation eut lieu le 25 sept. 1807. — Locré, *Législ.*, t. 18, p. 400.

22. — La troisième loi du liv. 2 (comprenant les tit. 11, *Des avaries*; 12, *Du jet et de la contribution*; 13, *Des prescriptions*; et 14, *Des fins de non-recevoir*), fut présentée au conseil d'état, le 27 août 1807, par Maret, remplaçant Beugnot, rapporteur de la section de l'intérieur. L'adoption eut lieu le 29. — Le 1er septembre, la communication officieuse fut faite au tribunat. — Des observations furent arrêtées le 3. — Le 5, une nouvelle rédaction fut présentée par Maret au conseil d'état, qui l'adopta sans discussion. — Le 8, Maret, accompagné de Bégouen et Corvetto, présenta le projet au corps législatif et en exposa les motifs. Le même jour eut lieu la communication officielle au tribunat. — Le 15, le vote d'adoption fut présenté au corps législatif par Jubé et Bertrand de Greuille, pour la section de législation du tribunat; Perrée et Challan pour la section de l'intérieur. Jubé fit l'exposé des motifs. — Le projet fut décrété le même jour par deux cent vingt-sept voix contre quatre. La promulgation se fit le 25 sept. 1807. — Locré, *Législ.*, t. 18, p. 472.

23. — La matière maritime est en outre réglementée par des lois additionnelles relatives, par exemple, aux armemens en course, aux prises, à la pêche maritime, aux navires, etc.

24. — Le liv. 3 du Code de commerce, comprenant *les faillites et banqueroutes*, fut présenté au conseil d'état, le 24 fév. 1807, par MM. Cretet et de Ségur. — La discussion eut lieu les 24, 26 et 28 février; les 5, 14, 21 et 24 mars; les 9, 14, 16, 18, 23, 25 et 30 avril; les 2, 5, 12, 23 et 26 mai 1807. — La communication officieuse du projet fut donnée aux sections réunies de l'intérieur et de législation du tribunat, qui firent des observations. — Le 9 juillet, M. de Ségur fit au conseil d'état le rapport des observations du tribunat, et le projet fut adopté à la même séance.

25. — Le résultat des observations de l'empereur sur les faillites fut d'introduire dans le Code l'art. 455, en vertu duquel le jugement déclaratif de faillite ordonne le dépôt de la personne du failli dans la maison d'arrêt pour dettes, ou la garde de sa personne par un officier de police ou de justice, ou par un gendarme. L'empereur insista beaucoup pour l'adoption de cette mesure sévère, que la loi de 1838 a permis au juge de modifier dans certains cas.

26. — Quant aux droits des femmes, Napoléon voulait une grande sévérité à cet égard, par suite de l'idée qu'il répugne de voir un mari jouir tranquillement, au milieu de ses créanciers qu'il a ruinés, du produit de biens provenant de sa femme. Aucun changement de rédaction ne résulta cependant de ce débat. — Renouard, *Tr. des faillites*, t. 1er, p. 148.

27. — Le droit de revendication fut maintenu au profit du vendeur tel que le conseil d'état l'avait admis après les observations du tribunat, et tel qu'il a passé dans le Code de 1808, sans que les observations de Napoléon amenassent un nouveau résultat sur ce point. — Renouard, *Tr. des faillites*, t. 1er, p. 149.

28. — Dans la séance du 8 août, le projet fut définitivement arrêté. — Le 3 sept., la présentation fut faite au corps législatif, par Ségur, Redon et Treilhard, conseillers d'état. Les chapitres 9, 10 et 11 furent exposés par Treilhard, les autres par Ségur. La communication officielle eut lieu le même jour. Le vœu d'adoption fut présenté au corps législatif, dans la séance du 12 sept., par Fréville et Van Hulten, pour la section de l'intérieur; et par Tarrible et Goupil pour la section de législation. Le projet fut décrété le même jour par deux cent vingt voix contre treize. La promulgation eut lieu le 28 sept. — Locré, t. 19, p. 3. — Le livre 4 du Code de commerce fut présenté par Beugnot au conseil d'état, le 9 mai 1807. — La discussion eut lieu les 19, 14, 16 et 26 mai. — La communication officieuse fut faite au tribunat le 26 mai. — Des observations furent faites, et portées au conseil d'état le 18 juill. 1807. — Le 23, le conseil d'état arrêta la rédaction définitive du livre 4. — Le 8 août, après une discussion nouvelle demandée par Napoléon et qui amena, comme nous l'avons vu, la fusion des art. 2 et 3, liv. 1er, dans le livre 4, le conseil adopta une rédaction définitive. — Le 4 sept., le projet fut présenté au corps législatif, par Maret, conseiller d'état, qui en exposa les motifs, accompagné de Pelet (de la Lozère) et Corvetto, conseillers d'état. — La communication officielle au tribunat eut lieu. — Le vœu d'adoption fut présenté au corps législatif le 14 sept., par Gillet et Mouricault, pour la section de législation, Delpierre et Beauvais, pour la section de l'intérieur. — Le projet fut décrété le même jour à la majorité de deux cent vingt-huit contre huit. — La promulgation eut lieu le 24 sept. 1807. — Locré, *Législ.*, t. 20, p. 3 et 4.

29. — Les discussions du conseil d'état ont été, comme celles du Code civil, consignées dans des procès-verbaux; mais, à la différence de ce qui s'était pratiqué pour le Code civil, les commissaires rédacteurs du projet de Code de commerce n'ont pas été appelés aux délibérations de la section, si ce n'est pour fournir quelques renseignemens. — Locré, *Législ. de la France*, t. 17, p. 8.

30. — Le régime des faillites, tel qu'il était établi par le Code de 1808, manquait de sanction dans un grand nombre de ses dispositions. Il nécessitait de longues procédures et beaucoup de frais. Ces inconvéniens avaient amené ce résultat fâcheux que beaucoup de créanciers préféraient régler par une transaction amiable leurs intérêts compromis, plutôt que de recourir à la loi. De là une source de fraudes et de pertes. — Renouard, *Tr. des faillites*, t. 1er, p. 203.

31. — Cet état de choses amena des réclamations multipliées qui firent sentir l'indispensable besoin de modifier l'œuvre du législateur de 1808. Dès l'année 1827, le gouvernement s'occupa d'une réforme du régime des faillites. Le ministre de la justice (M. de Peyronnet) consulta les cours royales, les chambres de commerce et les tribunaux, ainsi que le conseil général du commerce.

32. — Le 13 nov. 1833, le ministre de la justice (M. Barthe) nomma une commission chargée de présenter un projet de loi. MM. Bérenger, ancien membre du tribunat, Fréville, ancien conseiller d'état, Aubé, Dubois-Davelny, Ganneron, Horson, Martin (du Nord), Odier, Quenault, Renouard, Teste, Vincens et Zangiacomi, étaient les membres de cette commission.

33. — Le projet rédigé par la commission, et modifié par le garde des sceaux (M. Persil) qui avait remplacé M. Barthe, fut présenté à la chambre des deputés, le 1er déc. 1834, par M. Persil. — La chambre nomma pour l'examen du projet une commission composée de MM. Bignon, Caumartin, Dozon, Ducos, Dufaure, Hébert, Jobard, Renouard et Saglio. M. Renouard présenta le rapport le 26 janv. 1835.

34. — La discussion eut lieu dès le 9 fév., et fut close le 25 du même mois. Le projet fut voté par cent quatre-vingt-treize voix contre soixante-dix-huit. Il avait subi plusieurs amendemens.

35. — Le projet fut présenté à la chambre des pairs, le 28 mai 1835, par M. Persil, garde des sceaux. N'ayant pu être discuté dans cette session, il fut de nouveau présenté par M. Persil, le 26 janv. 1836. La chambre des pairs nomma pour l'examiner une commission composée de MM. Abrial, Boyer, Cambon, Davillier, Gautier, Gilbert de Voisins, Girod (de l'Ain), Siméon et Tripier. Ce dernier présenta le rapport le 10 mai 1836. La discussion fut renvoyée à une autre session.

36. — Dans l'intervalle des deux sessions, le nouveau ministre de la justice (M. Sauzet) nomma une commission nouvelle, chargée de préparer un nouveau projet de loi sur les faillites. Elle se composait de MM. Siméon, Aubé, Bérenger, Delangle, Fréville, Ganneron, Horson, Lefebvre, Miller, Nicod, Odier, Quénault, Renouard, Tripier, Vernes et Vincens. — Le nouveau projet fut présenté à la chambre des pairs, le 17 janv. 1837, par M. Persil, alors garde des sceaux.

37. — La commission qui avait examiné le premier projet fut maintenue. M. Tripier présenta le rapport le 13 avr. 1837. La discussion, ouverte le 8 mai, fut close le 11, par l'adoption du projet à la majorité de quatre-vingt-six voix contre une.

38. — Le 15 janv. 1838, le projet adopté par la chambre des pairs fut porté à la chambre des députés, qui nomma pour l'examiner une commission composée de MM. Cunin-Gridaine, Dalloz, Démonts, de Golbéry, His, Leyraud, Quénault, Salveton, Stourm. Le rapport fut fait par M. Quénault, le 17 mars 1838.

39. — C'est le 27 du même mois que s'ouvrit la discussion, qui fut close, le 5 avril, par l'adoption du projet à la majorité de cent quatre-vingt-treize voix contre soixante-sept.

40. — Le projet fut de nouveau porté à la chambre des pairs le 16 avr. 1838, qui l'adopta sans discussion le 14 mai 1838, à la majorité de cent sept voix contre cinq. M. Tripier avait fait le rapport au nom de la commission, composée de MM. de Belbœuf, Boyer, Davillier, Faure, Gautier, Siméon et Tripier. — La loi fut promulguée le 8 juin 1838. Elle a été collationnée, en vertu d'une ordonnance royale du 31 janv. 1841, avec l'ancien texte du Code de commerce dont elle remplace le liv. 3.

41. — Le quatrième livre du Code de commerce se réfère, pour la forme de procéder, au Code de procédure civile; ce livre est muet sur la juridiction des prud'hommes.

42. — L'ord. du 31 janv. 1841 ayant ordonné une nouvelle édition officielle du Code de commerce, on y inséra, outre la loi du 28 mai 1838, celles du 19 mars 1817, qui a modifié les art. 115 et 160, liv. 1er; du 31 mars 1833, qui a modifié les art. 42 et 46, liv. 1er; du 3 mars 1840, qui a modifié les art. 617, 622, 623, 627, 639 et 646, liv. 4. — Renouard, *Tr. des faillites*, t. 1er, p. 203 et suiv.

43. — Le Code de commerce de 1808 était divisé en quatre livres. Le premier livre traitait du commerce en général; le second du commerce maritime; le troisième des faillites et banqueroutes, et le quatrième de la juridiction commerciale. La loi de 1838, sur les faillites, n'a rien changé à la division du Code, et a seulement substitué des dispositions nouvelles à celles qui régissaient auparavant cette matière.

44. — Le livre premier du Code de commerce comprend huit titres, le second quatorze, le troisième trois, et le quatrième quatre.

45. — Le Code de commerce est muet sur des matières qui intéressent essentiellement le commerce et l'industrie; tels sont les brevets d'invention, la contrainte par corps, les patentes, la police des ateliers, les manufactures, les assurances terrestres.

46. — Bien que promulguées successivement, les diverses lois qui composent le Code de commerce n'ont commencé à être mises à exécution qu'à dater du 1er janv. 1808; à compter du même jour, toutes les anciennes lois touchant les matières commerciales sur lesquelles il est statué par ce Code se sont trouvées abrogées. — L. 15 sept. 1807, art. 1er et 2. — Cette abrogation est, au surplus, moins générale qu'elle ne le paraît, car on n'a jamais cessé d'appliquer les lois antérieures statuant sur des matières dont le Code a seulement réglé quelques points, comme celles traitant des bourses de commerce, des agens de change et des courtiers de commerce.

47. — Le Code de commerce ne contient pas toutes les règles qui régissent les rapports entre commerçans et les actes de commerce; c'est ce qui résulte de l'examen de ce Code; c'est ce qui est manifestement avoué par l'avis du conseil d'état du 13 déc. 1811, qui prescrit aux tribunaux de commerce de juger les questions qui se présentent d'après les termes et l'esprit du Code de commerce et, en cas de silence de sa part, d'après le droit commun et les usages du commerce; ainsi les principes généraux du Code civil sont applicables aux matières commerciales, tant qu'il n'y est pas dérogé par la loi particulière, mais cette loi particulière ou exceptionnelle avait été rédigée en projet avant le Code civil, et il est résulté de là que les deux Codes civil et de commerce, sont assez mal coordonnés l'un par rapport à l'autre. — Vincens, *Législ. commerc.*, préf., p. 11.

48. — Le Code de commerce français a servi de modèle à plusieurs nations européennes : notamment au royaume des deux Siciles qui, régi par notre Code même jusqu'au 1er sept. 1819, a adopté dans son Code général la plupart des dispositions de notre Code de commerce; à l'Espagne, à la Hollande, qui l'a imité et amélioré (le législateur de 1838 a profité de ces améliorations); à la Grèce, à la Valachie et à la Moldavie; au royaume Lombard-Vénitien, pour tout ce qui est étranger aux faillites. — Renouard, *Tr. des faillites*, t. 1er, p. 150 et suiv.

CODE DELALLEU.

V. CODES DE L'ILE BOURBON.

CODE DES DÉLITS ET DES PEINES.

1. — C'était le titre donné à la loi du 3 brumaire an IV, qui réglait à la fois la pénalité et la procédure en matière criminelle.

2. — Il se composait de 646 articles et était divisé en trois livres précédés de dispositions préliminaires sur la rétroactivité des lois criminelles, l'exercice, en général, de l'action publique et de l'action civile, et la prescription de ces actions. — Le livre 1er, subdivisé en sept titres, est consacré à *la police*, c'est-à-dire à la recherche et à la constatation des crimes et délits; — le second livre, intitulé *de la Justice*, est subdivisé en dix-neuf titres et s'occupe de la procédure devant les tribunaux de police, correctionnels et criminels, du jugement et de l'exécution, de la cassation des jugemens, des contumaces, de quelques procédures spéciales et des prisons et maisons d'arrêt; — enfin le livre 3e et dernier traite, sous trois titres différens, des peines de simple police, correctionnelles, afflictives et infamantes

3. — Le code de brum. an IV apporta quelques modifications à la loi du 16 sept. 1791 : aux officiers de police judiciaire déjà existans, il joignit les commissaires de police, les gardes champêtres et les gardes forestiers : la compétence des juges de paix fut réduite, mais mieux définie : ces magistrats furent placés plus spécialement sous les ordres et la surveillance des directeurs du jury. — Le mandat de comparution fut établi. — Les directeurs du jury, dont les fonctions furent mieux précisées, devinrent exclusivement compétens quant aux délits de nature à compromettre la sûreté publique ; ils durent statuer seuls sur la prévention en cas de délits et sur le renvoi des prévenus, soit devant le tribunal de simple police, soit devant le tribunal correctionnel. — Duverger, *Manuel des juges d'instruct.*, t. 1er, introduct., n° 68.

4. — Quelques modifications furent plus tard apportées au code des délits et des peines par la loi du 7 pluv. an IX, qui institua les magistrats de sûreté, créa le mandat de dépôt que les magistrats de sûreté pouvaient décerner, réduisit les attributions des juges de paix et autres officiers de police judiciaire, conféra au directeur du jury le pouvoir de recommencer tout acte de procédure ou d'instruction fait par les juges de paix, officiers de gendarmerie, maires, commissaires de police, etc., généralisa le système des commissions rogatoires et remit aux magistrats de sûreté la rédaction de l'acte d'accusation. — Duverger, *ibid.*

5. — Le Code de brumaire n'est, à vrai dire, qu'une refonte des lois de l'assemblée constituante sur l'instruction criminelle, pour les mettre en harmonie avec la constitution de l'an III, qui allait être mise en vigueur. — Du reste, il conservait presqu'entièrement le code pénal de 1791. — Seruzier, *Précis historique des codes français*, n° 101 ; Rauter, *Traité de dr. crim.*, t. 1er, n° 41.

6. — Le principal défaut de ce code est d'avoir voulu tout prévoir et tout régler et d'avoir prodigué les nullités : il en résulte de tels détails et une si grande multiplicité de formes, le plus souvent prescrites à peine de nullité, que l'application en devint extrêmement difficile et souleva de nombreuses réclamations. — F. Hélie, *Théorie de l'inst. crim.*, t. 1er, § 94, p. 686.

7. — Un autre reproche sérieux qui lui fut adressé, ainsi qu'au Code de 1791, était de réunir dans la même personne (ce que n'avait point fait, du reste, l'ord. de 1670) le double caractère de partie publique et de juge, puisque les mêmes magistrats, les juges de paix et les directeurs du jury étaient chargés tout à la fois de rechercher les délits et de les constater. — Bourguignon, *Jurisp. cod. crim.*, t. 1er, p. 118; Bexon, *Théor. l. crim.*, t. 1er, p. 207 et 277. — C'est pour faire cesser cette confusion que la loi du pluv. an IX institua les magistrats de sûreté. — La loi du 20 avr. 1810, en supprimant les directeurs du jury et les magistrats de sûreté, décida (art. 42) que leurs fonctions seraient remplies, conformément au Code d'instruction criminelle, par des juges d'instruction et par des procureurs impériaux et leurs substituts. — Puis enfin le code d'instruction criminelle, combinant les principes de l'ord. de 1670 et de la loi de pluv. an IX, définit et sépara les attributions de ces nouveaux magistrats. — C'est donc ce Code d'instruction criminelle qui a réalisé et définitivement réformé les abus si malencontreusement consacrés par les lois de 1791 et de l'an IV.

8. — Le Code du 3 brum. an IV a cessé d'être en vigueur le 1er janv. 1811, jour où ont été mis en activité les nouveaux codes d'instruction criminelle et pénal qui nous régissent encore aujourd'hui.

9. — Cependant, malgré son abrogation, le code de brumaire mérite encore d'être consulté, non-seulement à cause des élémens qu'il a fournis au code d'instruction criminelle, et dont il peut être utile de suivre les transformations et les vicissitudes, mais surtout parce que, dans le silence des nouveaux codes, sur certains points, quelques unes de ses dispositions peuvent, doivent même, être prises pour règles et servir à expliquer les dispositions corrélatives des lois qui nous régissent aujourd'hui. — Duverger, *loc. cit.*, p. 69.

10. — C'est ainsi qu'il a été jugé par la cour de cassation, avant la loi du 28 avr. 1832, que la mise en vente de comestibles gâtés n'étant pas prévue par le code pénal, il fallait recourir pour la répression de ce fait à l'art. 605, C. 3 brum. an IV. — *Cass.*, 20 fév. 1829, Jardel. — Aujourd'hui cette contravention est réprimée formellement par le n° 14 ajouté à l'art. 475 C. pénal par la loi du 28 avr. 1832.

11. — ...Et qu'aujourd'hui encore il est décidé que les voies de fait et violences légères doivent être réprimées par application des art. 600 et 605, C., 3 brum. an IV. — *Rennes*, 9 fév. 1835, M... ; *Cass.*, 30 mars 1832, Kervevan ; *Douai*, 15 fév. 1844 (t. 2 1844, p. 469), D... c. N... — V. toutefois, au mot BLESSURES ET COUPS (n° 33), les objections que soulève cette doctrine.

CODE FORESTIER.

1. — Ce Code contient l'ensemble des règles relatives aux bois et forêts, à leur conservation, à leur exploitation, aux divers droits dont ils peuvent être frappés, et à la répression des délits et contraventions forestières.

2. — Ce code a été destiné à remplacer une législation dont la majeure partie était formée de l'ensemble de l'ordonnance d'août 1669, L. 25 déc. 1790, qui supprima la juridiction des eaux et forêts et renvoya devant les tribunaux ordinaires toutes les actions introduites en cette matière ; enfin de la loi du 15-29 sept. 1791, qui, après avoir établi quelques règles générales sur le régime des bois de l'état, quelques dispositions incomplètes sur les bois des communes et des établissemens publics, avait créé une administration nouvelle et déterminé le mode des poursuites à exercer pour les délits forestiers.

3. — Le Code forestier est venu réaliser la promesse faite par l'art. 4, tit. 15, de cette loi du 15-29 sept. 1791, qui portait : « Il sera fait incessamment une loi sur les aménagemens, ainsi que pour fixer les règles de l'administration forestière. »

4. — Ce fut en 1823 que le gouvernement commença à s'occuper sérieusement de la révision de la législation forestière. Les essais préparés dans le sein de l'administration forestière furent soumis à une commission composée de magistrats et de jurisconsultes, qui arrêta un projet de Code forestier. Ce projet, imprimé en 1825, fut communiqué à la cour de Cassation, à toutes les cours du royaume, aux conseils généraux des départemens et aux conservateurs des forêts ; cette commission, profitant de tous ces avis, arrêta une nouvelle rédaction, qui forma le projet du Code forestier présenté aux chambres.

5. — L'exposé des motifs en fut fait à la chambre des députés par M. le vicomte de Martignac, ministre d'état, commissaire du roi, dans la séance du 29 déc. 1826 ; une commission fut nommée, et M. Favard de Langlade, rapporteur de cette commission, fit son rapport dans la séance du 12 mars 1827. La discussion des articles commença le 21 du même mois, et fut continuée jusqu'au 9 avril. A la chambre des Pairs, M. le comte Roy, au nom de la commission, fit son rapport le 8 mai suivant, et, dans la séance du 17 du même mois, il présenta le résumé de la discussion générale qui avait suivi son rapport. La discussion des articles commença immédiatement et fut terminée le 19 mai, et la loi, connue aujourd'hui sous le nom de *Code forestier*, fut sanctionnée le 21 mai 1827, et promulguée le 31 juillet suivant.

6. — Le Code forestier est divisé, non en livres comme les autres Codes, mais seulement en quinze titres. Il comprend 225 articles.

7. — Le 1er titre traite du régime forestier et indique tous les biens qui y sont soumis. Le titre 2e parle de l'administration forestière et de ses agens ; les titres 3e à 8e régissent les bois du domaine de la couronne, les bois apanagés ou majoratisés et réversibles à l'état, les bois des communes, des établissemens publics et des particuliers. Le titre 9e concerne les affectations spéciales des bois à des services publics ; la police et la conservation des bois et forêts, la poursuite en réparation des délits et contraventions, la pénalité, l'exécution des jugemens forment la matière des titres 10e à 13e. Des dispositions abrogatives de la législation antérieure et des dispositions transitoires relatives surtout au défrichement sont contenues dans les titres 14e et 15e.

8. — Le Code forestier ne traite exclusivement que des bois. Il n'a pas reproduit les parties de l'ord. de 1669 relatives aux eaux, qui sont l'objet de la loi du 15 avr. 1829, sur la pêche fluviale (V. CODE DE LA PÊCHE), et au droit de chasse régi par la loi du 3 mai 1844.

9. — Il restait à assurer l'exécution de ce Code par des dispositions réglementaires ; tel a été l'objet de l'ordonn. du 1er août 1827, qui ne contient que des dispositions de forme, qui, soit qu'elles reproduisent des dispositions anciennes, soit qu'elles n'aient avec celles-ci que des analogies lointaines, n'ont guère besoin de commentaire pour être bien comprises. Les dispositions de cette ordonnance touchent au mode de régie des bois de l'état, à la police intérieure de leur administration, à leur exploitation et à leur aménagement, et complètent, avec le code, notre système forestier.

10. — Le Code forestier n'a subi que deux modifications législatives ; d'abord une loi du 6 juin-31 juill., promulguée le même jour que le Code forestier, a prorogé jusqu'au 1er janvier 1829 l'exécution des dispositions contenues aux art. 106 et 107, et relatives aux perceptions autorisées pour indemniser le gouvernement des frais d'administration des bois des communes ou établissemens publics sous la dénomination de droit de *vacation*, *décime d'arpentage* et de *réarpentage*, ainsi qu'au remboursement des frais d'entretien avancés par l'administration des forêts. Ces perceptions sont remplacées dans le Code par un supplément à la contribution foncière établie sur ces bois.

11. — La seconde modification résulte de la loi du 3 mai 1837, qui, au mode d'adjudication des coupes aux enchères et à l'extinction des feux, a donné à l'administration le pouvoir de substituer le mode d'adjudication au rabais et sur soumissions cachetées qui rendent souvent impossibles les coalitions tendant à porter atteinte à la liberté des enchères et qui ne sont pas exposées à la menace des surenchères factices.

V. FORÊTS.

CODE GILLET.

C'est un recueil d'édits et de déclarations, d'arrêts et de réglemens concernant les procureurs du parlement de Paris. Cet ouvrage, dont le véritable titre est : *Arrêts et réglemens concernant les fonctions des procureurs*, etc..., a été surnommé *Code Gillet*, du nom de Pierre Gillet, l'un de ses auteurs.

CODES GRÉGORIEN ET HERMOGÉNIEN.

1. — Compilation des constitutions impériales à partir d'Adrien jusqu'à Constantin.

2. — Suivant J. Godefroi (*Cod. Theod.*, *Prolegom.*, cap. 1, *De hist et composit. Cod. Theod.*), les Codes grégorien et hermogénien étaient une seule et même compilation, commencée par Grégoire, sous Dioclétien, après l'année 296, et continuée sous Constantin par Hermogène. — V. aussi Pardessus, *Diplomata*, 1, p. 7, et *Prolegom.*, p. 337; Giraud, *Introd. à l'hist. du dr. rom.*, p. 377; Haubold, *Inst. hist. dogm.*, t. 2, *in chronologiâ*.

3. — Les Codes grégorien et hermogénien n'avaient aucun caractère officiel ; cependant ils étaient au nombre des principales sources du droit au cinquième siècle. — V. Savigny, *Hist. du dr. rom. au moyen âge* (2e édit.), t. 1er, p. 34 et 35.

4. — En compilant les rescrits des empereurs païens, Grégoire et Hermogène eurent pour objet de présenter en corps l'ancienne jurisprudence, qui subissait des modifications journalières par les nouvelles lois des empereurs chrétiens. — Laferrière, *Hist. du dr. civ. de Rome et du droit français*, t. 2, p. 386, n° 1er. — V. aussi J. Godefroi, *loc. cit.*

5. — On ne sait rien de précis touchant la personne des deux compilateurs. On attribue cependant le Code grégorien à un Grégorius qui fut préfet du prétoire sous Constantin, et le Code hermogénien à Hermogène, auteur d'un abrégé de droit qui est cité dans les Pandectes. — Giraud, *loc. cit.*, p. 377.

6. — Il ne nous est parvenu que soixante-trois constitutions ou rescrits du Code grégorien et trente du Code hermogénien. Schulting est le seul jurisconsulte jusqu'à présent qui ait écrit un commentaire étendu sur ces fragmens. — V. *Jurisprud. ante-justinianea* ; Haubold, *Inst. littér.*, t. 1er, p. 239 et suiv.

CODES DE L'ILE BOURBON.

1. — Depuis l'époque de la prise de possession de l'île Bourbon jusqu'à l'année 1767, où elle fut, ainsi que l'île de France, rétrocédée par la compagnie des Indes, on n'a conservé que quelques rares vestiges de la législation qui a régi ces deux colonies.

2. — Les actes intervenus depuis 1767 jusqu'à 1787 furent recueillis et imprimés à l'île de France par M. Delalleu, conseiller au conseil supérieur de cette colonie.

3. — Cette première collection, anciennement connue sous le nom de *Code jaune*, devint tellement rare qu'on sentit la nécessité de la réimprimer. Elle a été réimprimée, en 1826, à Maurice (île de France) sous le titre de *Code des îles de France et de Bourbon*. Néanmoins le recueil porte le nom de *Code Delalleu*.

4. — Le *Code Delalleu* se divise en deux parties : l'une, intitulée *Code de l'île de France*, renferme les lois communes aux deux colonies et les réglemens particuliers à l'île de France ; et l'autre, intitulée *Code de l'île Bourbon*, contient les actes concernant spécialement cette colonie.

5. — Le *Code Delalleu* n'offre qu'un seul des actes qui régissaient les deux îles avant la rétroces-

sion de 1767. Ce sont les lettres patentes, en forme d'édit, de 1723, qui reproduisent avec quelques modifications l'édit de 1685, désigné sous le nom de *Code noir*.

6. — Depuis juill. 1787, il ne reste rien des actes publiés par l'autorité locale jusqu'au mois d'oct. 1790, époque où fut constituée l'assemblée nationale. Quant aux décrets ou arrêtés émanés de cette assemblée, peu furent imprimés; et, d'ailleurs, eussent-ils été conservés, ils seraient sans autorité, puisque le gouvernement métropolitain ne les a pas sanctionnés.

7. — En l'an XI, quand le capitaine-général Decaen prit les rênes du gouvernement des deux îles, il ordonna l'impression des actes de l'autorité publique. Il fit plus : par son arrêté supplémentaire au Code civil, du 1er brum. an XIV, il prescrivit que la publication en serait faite tout à la fois par l'impression et par l'affiche. Il est à regretter qu'il n'ait pas à cet égard établi un *Bulletin officiel*. — Les actes se trouvaient donc consignés seulement sur des feuilles volantes.

8. — En 1824, ces feuilles furent réunies dans un recueil imprimé à l'île Maurice. Ce recueil comprend les arrêtés et réglemens intervenus depuis vendém. an XII jusqu'en 1810, époque de l'occupation des Anglais; et il est désigné sous le nom de *Code Decaen*.

9. — Vers cette époque, on publia les actes du gouvernement anglais pendant le temps de l'occupation.

10. — Après la reprise de possession, le gouvernement français fit paraître un bulletin des actes de l'autorité, mais cependant sans caractère officiel. Plus tard, pour introduire de l'ordre dans la publication des lois locales, une ordonnance des administrateurs, du 1er juill. 1817, prescrivit leur insertion dans un recueil intitulé *Bulletin officiel de l'Ile Bourbon*. Cette publication n'a depuis cessé de paraître, quoiqu'avec des modifications dans le titre. — V. Delabarre de Nanteuil, *Législ. de l'île Bourbon*, vº *Avertissement*, p. 8 et suiv.

CODE D'INSTRUCTION CRIMINELLE.

1. — On donne ce nom à celui de nos codes où sont réunies et classées les règles de la procédure judiciaire criminelle.

2. — Dans l'ancien droit, la procédure en matière criminelle n'offrait pas autant d'arbitraire que la pénalité elle-même; du moins à partir de l'ordonnance de 1539, la première loi qu'on connaisse sur ce sujet. — Boitard, *Leçons sur les C. pén. et d'instr. crim.* (Introd.), p. 6.

3. — Le plus grave reproche qu'on ait pu adresser à cette ordonnance, c'était de priver l'accusé du secours d'un défenseur et de le condamner au secret le plus absolu, avant comme après l'interrogatoire. — Locré, t. 1er, p. 150; Boitard, *ibid.*

4. — Elle avait encore le tort de mettre l'accusé dans l'impossibilité de reprocher les témoins qui devaient déposer contre lui, en l'obligeant à présenter ses moyens de récusation aussitôt qu'il recevait la notification de leurs noms. — Boitard, *loc. cit.*

5. — Cette ordonnance émanait du chancelier Poyet, qui fut lui-même victime de ses rigueurs. Accusé de différens crimes d'état, il demandait un sursis pour présenter sa justification et examiner la moralité des témoins; mais on lui refusa cette faveur : *Patere legem quam ipse tulisti*, lui répondit-on; ce qui faisait dire à Dumoulin : *Vide tyrannicam impii Poyeti opinionem, vide duritiam iniquissimam per quam etiam aufertur defensio; sed nunc judicio Dei justo redundat in auctorem.* — Boitard, p. 7; Seruzier, *Précis historique sur les Codes français*; C. instr. crim. et pén., § 1er, p. 75, nº 90.

6. — Elle ne fut donc pas un progrès, et ne fit qu'ajouter aux rigueurs de l'instruction depuis longtemps en usage. Aussi fut-elle reçue avec une grande défaveur; le premier président de Lamoignon, disait, dans la discussion de l'art. 8 (ordonn. de 1670) : « Si l'on voulait comparer notre procédure criminelle avec celle des autres nations, on trouverait qu'il n'y en a pas de plus rigoureuse, surtout depuis l'ordonnance de 1539. » — Locré, t. 1er, p. 150.

7. — Louis XIV, voulant mettre dans la législation pénale l'uniformité qu'il avait introduite dans la législation civile et commerciale, prescrivit un code de procédure criminelle, connu sous le nom d'ordonnance de 1670. — Locré, t. 1er, p. 153.

8. — La rédaction en fut confiée aux jurisconsultes les plus éminens de l'époque; parmi lesquels on remarque Auzanet, Fourcroy, Savary, Colbert, Dustarlet, et surtout le président Lamoignon par qui les droits de l'humanité furent éloquemment défendus; enfin le conseiller Pussort, qui se signala par un esprit d'intolérance et de sévérité digne du chancelier Poyet. — Boitard, p. 7; Merlin, *Rép.*, vº *Codes*, § 3.

9. — L'ordonnance de 1670 fut appelée *Code Louis* ou *Code de Louis XIV*, ainsi que les autres principales ordonnances qui avaient été rendues sous ce prince en matière de législation. — Merlin, *eod. loc.*

10. — Les bonnes intentions du président Lamoignon ne paralysèrent pas toujours le zèle excessif du conseiller Pussort, de sorte que l'ordonnance de 1670, qui devait couper court aux principes désastreux de l'ordonn. de 1539, ne fit guère que les reproduire sous une forme différente, et n'eut d'autre mérite que de contenir un corps de lois plus complet et plus uniforme. — Carnot, *Comm. sur le C. pén.* (Introd.), p. 2.

11. — En effet, outre un certain nombre de pratiques abusives prescrites par cette ordonnance, et notamment l'usage odieux d'exiger le serment de l'accusé, avant son interrogatoire, sur la vérité de ses réponses relativement au crime qui lui était imputé, elle refusa, comme celle de 1539, à l'accusé l'appui d'un avocat. Seulement on crut faire beaucoup en lui permettant de communiquer avec son conseil après son interrogatoire; mais, par une bizarre distinction, on ne lui accorda cette faveur que pour les accusations non capitales; quant aux crimes entraînant la mort, l'accusé n'était jugé digne d'aucune protection, attendu, disait le conseiller Pussort, qu'il n'avait pas besoin de conseil pour avouer ou pour dénier son crime. — Boitard, nº 9; Faustin-Hélie, *C. d'inst. crim.*, t. 1er, p. 627 et 672.

12. — La question était conservée comme complément d'instruction, avec cette insignifiante restriction qu'elle ne serait prononcée que dans le cas où les preuves ne paraîtraient pas complètes. C'était évidemment l'abandonner à l'arbitraire du juge; et encore l'accusé auquel les douleurs de la question n'avaient pu arracher d'aveu, n'était-il pas pour cela réputé innocent, il ne conservait que la vie, et le juge pouvait le retenir et le condamner aux galères, même perpétuelles, ou à toute autre peine. — Faustin-Hélie, *Inst. crim.*, t. 1er, p. 640 et suiv.; Seruzier, *ibid.*, nº 93, p. 76.

13. — S'il y avait des nullités dans la procédure, l'accusé ne pouvait les faire relever par un conseil, c'étaient les juges eux-mêmes qui restaient chargés de ce soin. « Laissons au devoir et à la religion du juge, disait l'art. 8, tit. 14 de l'ordonn., d'examiner avant le jugement s'il n'y a point de nullité dans la procédure. » — Boitard, p. 12. — V. aussi Pothier, *Tr. de la procéd. crim.*, sect. 4e, art. 6, § 1er, *in fine*.

14. — Cette ordonnance reproduisait de plus les principes contenus dans les ordonnances de Moulins et de 1539 sur la mort civile, qui a passé dans notre législation actuelle.

15. — Ces reproches et bien d'autres, mérités par l'ordonn. de 1670, n'empêchent point Locré (t. 1er, p. 54 et suiv.), de la regarder, sinon comme parfaite, du moins comme bonne en ce qu'elle avait produit d'heureux effets.

16. — Telle était la législation en vigueur lorsque Louis XVI songea à la purger des odieuses prescriptions qui y avaient trouvé une trop large place et institua, par lettres patentes du 6 janvier 1789, une commission chargée de simplifier la procédure criminelle. — Déjà, par sa déclaration du 24 août 1780, le même prince avait aboli la question dans ses domaines; une autre déclaration, du 23 septembre 1788, relative à la réunion des états-généraux, lui avait également fourni l'occasion de faire connaître son désir de réforme à cet égard. — Seruzier, nº 96, p. 79.

17. — Une première loi, du 8-9 oct. 1789 fut rendue pour établir les modifications les plus indispensables en attendant la réforme radicale qu'on voulait introduire : cette loi instituait les notables, parmi lesquels devaient être pris les adjoints qui assisteraient à l'instruction des procès criminels (art. 1er à 7); elle voulait de plus que l'instruction fût contradictoire et publique à partir de la comparution ou arrestation des accusés (art. 11), donnait à ceux-ci le droit de se choisir des conseils (art. 10), leur permettait de demander copie des pièces après l'interrogation (art. 14), de proposer en tout état de cause leurs défenses et faits justificatifs (art. 19), supprimait la sellette au premier interrogatoire, abolissait la question (art. 24), exigeait enfin que le jugement exprimât les faits pour lesquels il punissait, et défendait de condamner d'après l'ancienne formule : *pour les cas résultant du procès* (art. 22).

18. — Puis la loi du 16-24 août 1790 proclama la procédure par jurés en matière criminelle (tit. 2, art. 15).

19. — Cette loi fut elle-même suivie : 1º de celle du 19-22 juill. 1791, sur la procédure en matière de police correctionnelle et municipale; — 2º de celle du 16-29 sept. même année, sur la police de sûreté, la justice criminelle et l'établissement des jurés; — 3º du décret en forme d'instruction du 29 sept. 1791, sur la procédure criminelle.

20. — Le Code du 3 brum. an IV, connu sous le nom de *Code des délits et des peines*, abrogea les lois de 1791, qui avaient trait à la procédure criminelle, pour les refondre et les mettre en harmonie avec la constitution de l'an III. — Boitard, p. 13; Faustin-Hélie, t. 1er, p. 691.

21. — Le consulat, voulant régénérer tout le système de législation et le rendre uniforme, nomma, par arrêté du 7 germ. an IX (28 mars 1801), une commission chargée de présenter un projet de Code criminel. — Cette commission, composée de Viellard, président de la section criminelle au tribunal de cassation, Target, Oudard, Treilhard et Blondel, rédigea, sous le nom de *Code criminel, correctionnel et de police*, un projet unique en cent dix-neuf articles, et divisé en deux parties; l'une comprenant les dispositions pénales, l'autre les règles de la procédure criminelle. Cette seconde partie était elle-même subdivisée en deux livres, consacrés, l'un à la police, et l'autre à la justice. — Locré, t. 1er, p. 204; Seruzier, nº 102, p. 82.

22. — Le projet supprimait les cours criminelles sédentaires et les remplaçait par un préteur, qui irait dans chaque département tenir les assises. — Locré, t. 1er, p. 205.

23. — La cour de Cassation et les cours d'appel et criminelles furent consultées sur le travail de la commission, et leurs observations envoyées à la section de législation du conseil d'état, composée de MM. Bigot Préameneu, président, Berlier, Galli, Réal, Siméon et Treilhard. — Locré, t. 1er, p. 205.

24. — Le conseil d'état commença la discussion du projet le 2 prair. an XII (22 mai 1804). D'abord on posa les questions fondamentales de la législation criminelle. Ces questions, au nombre de quatorze, avaient trait, les huit premières, à l'instruction criminelle, les six autres à la pénalité. — Celles relatives à l'instruction criminelle étaient ainsi posées : 1º l'institution du jury sera-t-elle conservée? — 2º Y aura-t-il un jury d'accusation et un jury de jugement? — 3º Comment seront nommés les jurés? dans quelle classe seront-ils nommés? qui les nommera? — 4º Comment s'exercera la récusation? — 5º L'instruction sera-t-elle orale, ou partie orale et partie écrite? — 6º Présentera-t-on plusieurs questions au jury du jugement? n'en présentera-t-on qu'une : *N... est-il coupable?* — 7º La déclaration du jury sera-t-elle rendue à l'unanimité, ou à un certain nombre de voix? — 8º Y aura-t-il des magistrats qui pourront tenir des assises dans un ou plusieurs tribunaux criminels du département?

25. — On connaît les solutions que reçurent ces questions discutées au conseil d'état en présence de l'empereur; peu d'entre elles ont été modifiées depuis, et elles forment encore aujourd'hui la base presque complète de notre législation criminelle. — Locré, t. 1er, p. 216, et t. 24, p. 3.

26. — Mais une question nouvelle fut posée par l'empereur lui-même; il s'agissait de savoir si, dans l'intérêt de la justice, pour lui donner plus d'autorité et de force, il ne conviendrait point de supprimer les tribunaux criminels pour en confier les attributions aux tribunaux civils et aux cours impériales, dans la mesure de leur juridiction. Napoléon insistait vivement pour cette nouvelle combinaison, qui trouva des opposans obstinés; on craignait qu'elle ne fût inconciliable avec l'institution du jury, pour la conservation duquel les tribunaux s'étaient en grande partie prononcés et à laquelle on tenait beaucoup. Cependant on parvint à se convaincre que les craintes sur cette inconciliabilité étaient chimériques, et les idées de l'empereur finirent par être adoptées, du moins en principe, car il paraît qu'on ne put parvenir à s'entendre sur la rédaction définitive. — Locré, t. 1er, p. 219 et suiv.; Boitard, p. 15.

27. — La discussion, qui avait duré vingt-cinq séances, depuis le 16 prair. an XII (5 juin 1804) jusqu'au 29 frim. an XIII (20 déc. 1804), fut tout à coup interrompue et resta inachevée.

28. — Ce ne fut que quatre ans après, le 8 janv. 1808, qu'elle fut reprise. — La section de législation était alors composée de MM. Treilhard, président, Albisson, Berlier, Faure et Réal; on lui adjoignit MM. Muraire, premier président, et Merlin, procureur général à la cour de Cassation. — Locré, t. 1er, p. 225; Seruzier, *Précis hist. sur les Codes français*, nº 105, p. 85.

29. — Mais le projet primitif avait été modifié, du moins en la forme; au lieu d'un seul Code, on en fit deux : l'un relatif aux formes, à l'instruc-

tion, l'autre consacré aux pénalités.—Chacun d'eux fut discuté séparément. — Boitard, p. 17.

30. — Le tribunat n'existait plus alors; il avait été supprimé par un sénatus-consulte du 19 août 1807, qui avait transféré ses attributions à des commissions prises dans le sein du corps législatif, que le gouvernement nommait à son gré. La forme de la discussion qui avait été observée pour le Code civil ne fut donc pas suivie pour les Codes pénal et d'instruction criminelle.—Ce fut la commission de législation du corps législatif qui reçut la communication qui, précédemment, était faite au tribunat.— Seruzier, nº 107.

31. — Le premier qui fut mis en délibération fut le Code d'instruction criminelle; mais comme on n'avait qu'un souvenir vague des précédentes discussions, on recommença l'examen complet des divers points qui avaient déjà été arrêtés. — Rapport présenté par M. Treilhard et lecture faite de la série des questions agitées dans la séance du 16 prair. an XII, l'empereur revint sur la réunion de la justice civile à la justice criminelle, qui fut arrêtée dans la séance du 6 fév. 1808, ainsi que l'institution du jury. — Locré, t. 1er, p. 226 et suiv.

32. — La discussion du Code d'instruction criminelle, commencée le 30 janv. 1808, se prolongea jusqu'au 30 oct. suivant; elle avait occupé trente-sept séances.—Ce code reçut ensuite la sanction législative; le dernier titre en fut décrété le 16 déc.

33. — Le Code d'instruction criminelle ne pouvait être mis en activité sans le Code pénal; on fut donc obligé d'attendre l'adoption de celui-ci; puis, tous deux étant décrétés, la réunion qu'ils consacraient de la justice criminelle à la justice civile exigea une organisation judiciaire nouvelle, qui n'eut lieu qu'en 1810, par la loi du 20 avr.— Aussi un décret du 17 déc. 1809 ne fixa-t-il la mise en vigueur de ces deux Codes qu'au 1er janv. 1811. — Seruzier, nº 108.

34. — Le Code d'instruction criminelle se compose de deux livres, précédés de dispositions préliminaires relatives à l'exercice des actions publique et civile en général et contient 643 articles.— Le premier livre traite de la police judiciaire, c'est-à-dire de la recherche et de la constatation des crimes, délits et contraventions et des officiers de police qui l'exercent. Le second, intitulé *De la Justice*, s'occupe du mode de procéder devant les tribunaux correctionnels et de police et devant la cour d'assises, de l'exécution des jugemens criminels, des demandes en cassation, en révision, en renvoi ou en réglement de juges; de la procédure en matière de faux et de contumace, des infractions commises par certains fonctionnaires ou contre leur autorité, des dépositions des princes et fonctionnaires, des prisons, maisons d'arrêt et de justice, des détentions illégales, de la réhabilitation et de la prescription.

35. — Le Code d'instruction criminelle, œuvre de transaction entre les dispositions contraires de l'ord. de 1670 et de la loi de 1791, conserva l'information écrite et secrète admise dans l'ancienne procédure et introduisit le système du jugement par jury puisé aux idées nouvelles.—Faustin Hélie, *Théor. Inst. crim.*, t. 1er, p. 693. — On lui a fait quelques reproches, notamment de ne tenir généralement pas assez compte de la liberté individuelle, pour s'occuper avant tout du salut de l'Etat, et de n'avoir aucune sollicitude pour les personnes. C'est ainsi qu'il consacrait la juridiction des cours spéciales jugeant sans jurés et avec l'adjonction de militaires et renvoyait généralement (art. 615), en ce qui concernait la liberté individuelle, à la constitution de l'an VIII, qui, entre autres droits exorbitans, permettait d'un côté au gouvernement de faire arrêter les personnes soupçonnées de conspiration contre l'Etat (art. 46), et d'autre part protégeait les agens de l'administration contre les réclamations en justice de ces personnes, qui ne pouvaient les poursuivre sans une autorisation préalable (art. 75).—Seruzier, nos 109 et 110.

36. — La Charte de 1814 fit beaucoup pour la liberté individuelle en décrétant (art. 62) que nul désormais ne pourrait être distrait de ses juges naturels, mais elle n'étendit pas cette garantie aux matières politiques, et réserva même (art. 63) l'établissement de commissions extraordinaires, sous le nom de *Cours prévôtales*, qui furent organisées par la loi du 20 déc. 1815. — Boitard, nº 35, p. 22.

37. — Mais la Charte de 1830 a complété le principe fondamental que nul ne peut être distrait de ses juges naturels, en supprimant (art. 54) la faculté qui était réservée par celle de 1814 de créer des cours prévôtales; cette suppression entraîna l'abrogation des art 553 à 599, C. inst. crim.

38. — L'institution du jury avait été également consacrée par la Charte de 1814, qui proclama même (art. 65) qu'elle pourrait être modifiée par une loi postérieure; ce ne fut cependant que le 2 mai 1827 que fut promulguée cette loi, qui abrogea quelques articles du Code d'instruction criminelle, notamment en ce qui concernait la capacité des jurés, et les listes générales annuelles et de session.

39. — L'art 351 de ce Code, qui autorisait la délibération des juges et leur réunion au jury, au cas de déclaration de culpabilité sur le fait principal par la majorité simple, fut modifié d'abord par la loi du 24 mai 1821; puis survint la loi du 4 mars 1831, qui abolit tout à la fois (art. 4) et l'art. 351, C. inst. crim., et la loi du 24 mai 1821. — Boitard, nº 23.

40.—D'autres modifications ont encore été apportées à plusieurs dispositions du Code d'instruction criminelle par la loi du 8 oct. 1830, qui a appliqué le jury aux délits de la presse et aux délits politiques; par celle du 10 déc. 1830 sur les juges auditeurs, par celle du 4 mars 1831 sur les cours d'assises, enfin par celle du 8 avr. 1831 qui, après la loi du 26 mai 1819, a réglementé la procédure en matière de presse.— Seruzier, nos 120 et 121.

41. — C'est en 1832 qu'ont été introduits dans le Code les changemens les plus importans. — La loi du 28 avril, dont les dispositions incorporées dans celles du Code ont été substituées au texte primitif, en a modifié les art. 206, 339, 340, 341, 345, 347, 368, 372, 399 et 619.

42. — Le Code, ainsi révisé, a été mis en vigueur à partir du 1er juin 1832.

43. — Mais il n'est pas resté lui-même à l'abri de modifications; et depuis lors de nouveaux changemens ont encore été apportés à quelques uns de ses articles.—Ces changemens résultent notamment de la loi du 10 avr. 1834 sur les associations; des trois lois du 9 sept. 1835, relatives: 1º aux crimes et délits de la presse; 2º aux cours d'assises; 3º au vote du jury; enfin de la loi du 13 mai 1836 concernant aussi le vote du jury au scrutin secret.

44. — D'autres modifications ont été tentées de la part, soit du gouvernement, soit des membres des deux chambres, et notamment de M. le premier président Boullet à la chambre des pairs, et de M. Roger à la chambre des députés; mais les propositions faites à ce sujet ont échoué jusqu'à ce jour. Cependant elles étaient, dans quelques unes de leurs dispositions, tellement sages, tellement utiles, et même nécessaires, que de nouvelles tentatives ne peuvent manquer d'être faites; espérons que, dans ce cas, aucun obstacle sérieux ne sera apporté à leur admission.

CODE JAUNE.

V. CODES DE L'ILE BOURBON.

CODE JUSTINIEN.

1. — Recueil composé des constitutions de Justinien et d'une partie de celles de ses prédécesseurs. — Berriat Saint-Prix, *Hist. du dr. rom.*, sect. 2e, art. 2, p. 50 et 51.

2. — Justinien confia la rédaction de son code à une commission composée de dix jurisconsultes, parmi lesquels figurait Tribonien, qui eut tant d'influence sur la législation de cette époque.— V. Cod., 2e préf., § 2; Giraud, *Introd. à l'hst. du dr. rom.*, p. 402.

3. — Il les chargea de réunir en un seul ouvrage les constitutions insérées dans les codes grégorien, hermogénien et théodosien, ainsi que celles qui étaient postérieures à Théodose II.—*Ibid.*, § 1er.

4. — Il les autorisa à supprimer les dispositions semblables, contradictoires et en désaccord avec les mœurs; à retrancher des constitutions, à les modifier et même à faire des additions. — 1re préface, § 2.

5. — Commencé en 528, la 1re année du règne de Justinien, le code fut publié en 529. — V. Ducaurroy, *Inst. expl.*, t. 1er, nº 33; Giraud, *loc. cit.*, p. 402.

6. — La rapidité de l'exécution nuisit à la perfection du travail. On trouve dans le code des lois inutiles, des lois semblables, des lois formant double emploi ou produisant des antinomies. On reproche aussi aux rédacteurs d'avoir abusé du droit de corriger les constitutions, de les avoir mutilées dans beaucoup de cas où il eût été nécessaire de les rapporter intégralement pour qu'on pût les appliquer avec exactitude.—V. Ant. Faber, *De erroribus*, 1622, ij, 354; Godefroy, *Proleg.*, c. 2, p. 187.

7. — En promulgant le code, Justinien voulut que les anciennes constitutions n'eussent pour l'avenir aucune autre autorité que celle qui résulterait de leur insertion dans le nouveau code, avec le sens que leur attribue la rédaction de ce même code, et déclara que les décisions contenues dans son code tireraient de sa volonté législative une égale autorité.

8. — Toutes celles qui n'y sont pas comprises furent par là même abrogées, soit qu'elles fissent partie des codes antérieurs, soit qu'elles eussent été mises au jour séparément, et il fut défendu de les citer. — Berriat Saint-Prix, *ibid.*, p. 135 et 141. — Il fut même défendu de les citer sous peine de faux. — V. Cod., 2e préf., § 3.

9. — « Parmi les constitutions que nous a transmises le code Justinien, dit M. Ducaurroy, une seule (L. 1, Cod., *De testam.*), remonte au règne d'Adrien. On n'en compte que vingt-une antérieures au règne de Maxime-Sévère, tandis que Dioclétien et Maximien en ont fourni plus de douze cents, c'est-à-dire à peu près autant que tous leurs prédécesseurs. Les décisions du code sont donc, en majeure partie, postérieures au bel âge de la jurisprudence romaine. »

10. — Les nombreux défauts qu'on avait remarqués dans le code, les changemens apportés, depuis sa promulgation, dans la législation par le Digeste, les Institutes et les cinquante décisions, firent sentir la nécessité d'en donner une nouvelle édition. — Berriat Saint-Prix, p. 135.

11. — Justinien confia à une commission de cinq jurisconsultes le soin de réviser le code, d'en faire disparaître les imperfections et d'y insérer, sous les titres auxquels elles se rapportent, les cinquante constitutions qu'il avait promulguées en 530. Cette édition du code révisé, *codex repetitæ prælectionis*, parut le 17 novembre 534. Le premier code, *vetus codex*, est abrogé; Justinien défend même de le citer; il n'est point parvenu jusqu'à nous.— V. 3e préf. *De emend. codic.*, §§ 3 et 5; Giraud, *loc. cit.*, p. 403.

12. — Justinien, dans les Institutes, parle souvent de son code, mais tout ce qu'il en dit se réfère nécessairement à la première édition, et cette circonstance explique pourquoi plusieurs constitutions, citées aux Institutes comme devant se trouver dans le code, ne s'y rencontrent cependant pas. Telles sont celles qui concernent les legs faits aux posthumes ou payés par erreur, et l'institution de personnes incertaines.— Instit. *De legat.*, § 27, et *De oblig. quæ ex quasi contract.*, § 7.—Elles s'y trouvaient, en 533, lors de la rédaction des Institutes; mais ensuite on les a retranchées du *codex repetitæ prælectionis*, le seul que nous possédions aujourd'hui.

13. — Le nouveau code comprend douze livres, et les matières y sont assez méthodiquement classées; chaque livre se divise en titres (le code en a sept cent quarante-quatre); la majeure partie des titres est subdivisée en constitutions ou fragmens de constitutions (en tout plus de quatre mille six cents) à la tête desquels sont indiquées les constitutions dont ils ont extraits; et la rubrique de chaque titre annonce l'objet dont on y traite.— Berriat Saint-Prix, *ibid.*, p. 142 145 et 360.

14. — Pour la facilité des citations et des recherches, chaque loi a été assez inexactement divisée, par les interprètes d'abord, ensuite par les éditeurs, en *principium* et *paragraphes*, division également introduite dans le Digeste et les Institutes.— *Ibid.*, p. 145.

15. — Dans cette compilation, comme dans celle du Digeste, Justinien, malgré les changemens qu'il avait autorisés, conserva, par égard pour l'antiquité, le nom de ceux dont il s'appropriait les décisions. Dans le code, on trouve, en tête de chaque constitution, le nom du prince qui l'avait portée. Mais, voulant être considéré comme seul législateur, il morcelait les textes, attribuait souvent à ses prédécesseurs des décisions qui leur étaient tout-à-fait étrangères. Ainsi, on peut voir une innovation de ce prince, ajoutée, sous le nom de Théodose, à une constitution de ce dernier (C. 8, § 3, *De codicil.*).—Ducaurroy, *Institut. expliq.*, nº 46.

16. — Le code embrasse, comme le Digeste, tout ce qui concerne le droit public ou privé, sacré ou profane, civil et criminel, la police de l'empire romain. Il est cependant de moitié moins considérable que le Digeste. — Berriat Saint-Prix, *ibid.*, p. 148.

17. — Ces deux collections, différentes dans leurs divisions, semblent, quant à la série générale des matières, disposées d'après le même modèle, c'est-à-dire l'édit perpétuel. Ainsi le liv. 1er du Code, à partir du tit. 14, correspond au liv. 1er du Digeste; son livre deuxième, aux liv. 2, 3 et 4; son livre troisième, aux liv. 4 à 11; son livre quatrième, aux liv. 12 à 22; son livre cinquième, aux liv. 22 à 27; son livre sixième, aux liv. 28 à 38; son liv. septième, aux liv. 40 à 42; son livre huitième, aux liv. 39 et 43 à 46; son livre neuvième, aux liv. 47 et 48; son livre dixième, depuis le tit. 14, au liv. 49,

et à une partie du cinquantième. Néanmoins le Code, surtout dans les trois derniers livres, ne présente aucune corrélation avec les titres du Digeste. — *Ibid.*, p. 146.

18. — Justinien, après la promulgation de son Code, voulut que les élèves, initiés à la science du droit dans les ouvrages élémentaires, consacrassent une cinquième année à s'occuper de cette nouvelle législation. — Ducaurroy, nº 44.

19.— Le code Justinien est fait sur un plan plus large que les précédens : on y a réuni les rescrits et les édits. — Savigny, *Hist. du dr. rom. au moyen âge*, t. 1er, p. 38 (2e édit.).

20. — Les commentaires les plus estimés du Code sont ceux de Doneau, de Gyfanius, de Brunneman, de Wissembach, de Pérez et de Mornac.

CODE MICHAUD.

Nom donné à l'ordonnance de 1629, parce qu'elle était l'ouvrage de *Michel* de Marillac, garde des sceaux de France. Le Code Michaud était tiré des anciennes ordonnances et principalement de celle de Blois; malgré la sagesse de ses dispositions, plusieurs parlemens refusèrent de l'enregistrer, ou ne le firent qu'avec certaines restrictions.

CODE NOIR.

1. — C'est le nom qu'on donne à l'édit de mars 1685, concernant l'état et la qualité des nègres esclaves aux îles de l'Amérique et de l'Afrique.

2. — Cet édit fut enregistré à Saint-Domingue et à la Martinique en 1687.

3. — A l'édit de 1685, spécialement appelé *Code noir*, il faut rattacher : 1º la déclaration de 1705, contre les nègres libres qui retiennent les nègres marrons ou fugitifs, recèlent leurs vols, ou les partagent avec eux; — 2º l'arrêt du conseil d'état du 24 oct. 1716, concernant la liberté des esclaves; — 3º l'édit du 5 fév. 1726, qui déclare nulles les donations faites à des personnes de sang mêlé; — 4º l'ordonnance du 15 juin 1736, sur l'affranchissement des esclaves; — 5º celle du 15 déc. 1738, sur le témoignage des nègres contre les blancs; — 6º divers édits et ordonnances, aujourd'hui sans intérêt, sur le passage des nègres esclaves des colonies en France. — Favard de Langlade (*Rép.*, vº *Législation coloniale*, sect. 1re, § 2) rattache encore au *Code noir* l'ord. du 15 oct. 1786, concernant les procureurs et économes gérans, parce qu'en veillant à la conservation et à l'entretien des esclaves, elle forme le complément indispensable de ce Code. — V. ESCLAVAGE.

4. — Le décret du 16 pluv. an II ayant aboli l'esclavage des nègres dans les colonies, la loi du 12 niv. an VI (art. 31) déclara abrogés et anéantis pour toujours l'édit du mois de mars 1685, appelé *Code noir*, ainsi que tous autres édits, ordonnances, déclarations, arrêts, réglemens, décrets et instructions contenant des principes contraires à la constitution et au décret du 16 pluv.

5. — Mais depuis, la loi du 30 flor. an X a maintenu l'esclavage conformément aux lois et réglemens antérieurs à 1789 dans les colonies restituées à la France en exécution du traité de paix d'Amiens. — Il suit donc de là que le Code noir y a été remis en vigueur.

6. — L'art. 39 de ce Code est ainsi conçu : — « Les affranchis qui auront donné retraite dans leurs maisons aux esclaves fugitifs, seront condamnés par corps envers les maîtres en l'amende de trois mille livres de sucre par chaque jour de rétention, et les autres personnes libres qui leur auront donné une pareille retraite, en dix livres tournois d'amende pour chaque jour de rétention. »

7. — Jugé que cet art. 39 du Code noir, loin d'avoir été abrogé à la Martinique par l'ordonnance de police locale du 1er nov. 1809 (rendue pendant l'occupation de l'île par les Anglais), a au contraire été maintenu implicitement, en ce qui concerne les blancs par son art. 6 et formellement par son art. 49. — *Cass.*, 6 janv. 1831, Charron c. de Briancourt.

8. — ..... Que la peine de dix livres d'amende par chaque jour de rétention, prononcée contre tout blanc convaincu d'avoir donné retraite à un noir fugitif, ne peut être modifiée par les tribunaux, ni tempérée sous prétexte de circonstances atténuantes. — Même arrêt.

9. — Les dispositions du Code noir ont successivement subi différentes modifications par les ordonnances royales des 1er mars 1831, 12 juill. 1832, 29 avr. 1836, 11 janv. 1839, 16 sept. 1841 et autres, ainsi qu'on le verra vº ESCLAVAGE.

CODE DE LA PÊCHE.

On donne généralement le nom de *Code de la pêche fluviale* à la loi du 15 avril 1829 relative à cette pêche. — V. au surplus, quant à la législation des diverses dispositions de cette loi, comme aussi quant à l'indication et à l'explication des textes qui régissent la pêche maritime, vº PÊCHE.

CODE PÉNAL.

1. — On donne ce nom à celui de nos codes dans lequel ont été recueillies et ordonnées les dispositions répressives des crimes, délits et contraventions communs.

2. — Notre ancienne législation pénale était aussi obscure qu'arbitraire; on n'y voyait rien de fixe et de déterminé; chaque province avait ses coutumes et ses lois différentes; ce qui était un crime ici, n'était dans un canton voisin qu'une infraction légère qui échappait à toute poursuite. — Boitard, *Leç. de dr. crim.*, *Introd.*, p. 2.

3. — Les peines usitées étaient le feu, la roue, la potence, la décapitation ou décollation, la claie, la galère à temps ou à perpétuité, le bannissement perpétuel ou à temps, le poing coupé, la lèvre coupée ou percée d'un fer chaud, le fouet, la flétrissure, l'amende honorable, la réclusion à temps ou perpétuelle dans une maison de force, le blâme et l'admonestation. — Jousse, ordonn. de 1669, *Idée de la just. crim.*, nº 36; Seruzier, *Codes franç.*, nº 95.

4. — Ce qui rendait surtout effrayante la barbarie de quelques unes de ces peines, c'était la manière dont elles étaient appliquées. En l'absence de loi précise, le juge n'écoutait le plus souvent qu'un aveugle préjugé, ou il consultait les livres sacrés ou les lois romaines qu'il n'entendait pas toujours bien. — Locré, *Législat. civ., comm. et crim.*, t. 1er, *Prolég.*, p. 148. — Il ne pouvait cependant condamner qu'à quelqu'une des peines en usage dans le royaume, mais cette sage défense était presqu'illusoire, vu le grand nombre de celles usitées. — Arrêt du 19 mars 1712. — Boitard, p. 3. — V. Pothier, *Tr. de la Procéd. crim.*, sect. 5, § 6.

5. — D'un autre côté, les peines n'étaient pas les mêmes pour tout le monde. Le gentilhomme était puni autrement que le roturier. Ainsi les nobles n'étaient pas condamnés à la potence, mais à la décollation. — Pothier, *Tr. de la procéd. crim.*, sect. 5, § 6; Boitard, *ibid.*

6. — Les peines étaient, comme aujourd'hui, afflictives, infamantes, capitales, perpétuelles ou temporaires, ou non afflictives ni infamantes. — La potence était la peine la plus généralement appliquée. Les crimes les plus atroces étaient punis de la roue, cependant les femmes en étaient dispensées. — Les régicides étaient écartelés. Les sacriléges énormes et les crimes contre nature étaient punis du feu. — Pothier, *ibid.*; Boitard, *loc. cit.*

7. — « Quelquefois, ajoute Pothier, on gémine les peines. Il y a quelques années, la cour condamna un parricide de ce pays-ci à être roué, et ensuite jeté au feu tout vivant. — On joint quelquefois à la peine de mort, celle de faire amende honorable, d'avoir le poing coupé, ou la langue percée. — On ordonne aussi assez souvent que celui qui est condamné à mort sera préalablement appliqué à la question, pour avoir par lui la révélation de ses complices. »

8. — Les ordonnances de 1539 et de 1670 ne réglaient que des formes de procédure, sans s'occuper de la pénalité en elle-même. — Locré, t. 1er, p. 153. — Aussi la barbarie de la législation pénale se conserva-t-elle jusqu'à la révolution de 1789. — Louis XVI cependant avait, ainsi que nous l'avons dit (vº CODE D'INSTRUCTION CRIMINELLE, nº 16), fait de généreux efforts pour amener une réforme réclamée par l'humanité; après avoir aboli la question préparatoire dans ses domaines, il institua par lettres patentes une commission chargée de réviser les anciennes ordonnances concernant les peines. — Les états-généraux s'occupèrent également de cet objet important, mais ils ne purent présenter un projet complet de révision. — Seruzier, *Précis historique des Codes fr.*, nº 96.

9. — L'assemblée constituante, frappée des abus que présentait la législation pénale, ordonna la rédaction de codes plus en harmonie avec les mœurs actuelles et posa quelques principes généraux, notamment l'égalité des peines pour tous, qui ont depuis servi de bases aux lois qui nous régissent aujourd'hui. — V. notamment LL. 8-9 oct. 1789, 16-24 août 1790 et 19-22 juill. 1791.

10. — Ces lois furent suivies du Code pénal des 25 septembre et 6 octobre 1791. On a reproché avec raison à ce Code de forcer le juge à ne tenir aucun compte de la moralité de l'action et à prononcer la peine même édictée par la loi, sans pouvoir l'abaisser ou l'élever suivant les circonstances.

11. — Vint ensuite le Code du 3 brumaire an IV, qui, malgré son titre de *Code des délits et des peines*, s'occupe beaucoup plus de l'instruction criminelle que de la répression des crimes ou délits.

12. — Puis, en l'an IX (le 7 germinal), le consulat, jaloux de régénérer radicalement tout le système de législation, nomma, comme il a été dit (vº CODE D'INSTRUCTION CRIMINELLE, nº 21), une commission qui rédigea un projet de Code criminel divisé en deux parties, l'une consacrée à l'instruction criminelle, l'autre au droit pénal, et comprenant ensemble 1169 articles.

13. — Mais ce projet n'eut pas de suite : Après avoir posé et discuté les questions fondamentales de la nouvelle législation criminelle en quatorze propositions dont les six dernières seulement avaient trait au droit pénal, la discussion fut interrompue le 29 frimaire an XIII, pour ne plus être reprise qu'en 1808.

14. — Les six propositions relatives au droit pénal étaient ainsi conçues : — ... *Neuvième question* (les huit premières avaient trait à l'instruction criminelle). — La peine de mort sera-t-elle conservée?... — *Dixième question.* — Y aura-t-il des peines perpétuelles (on sait que le Code pénal de 1791 n'admettait pas les peines perpétuelles)?... — *Onzième question.* — La confiscation aura-t-elle lieu en certains cas?... — *Douzième question.* — Les juges auront-ils une certaine latitude dans l'application des peines? Y aura-t-il un *maximum* et un *minimum* qui leur laisseront la faculté de prononcer la peine pour un temps plus ou moins long suivant les circonstances?... — *Treizième question.* — Pourra-t-on placer sous la surveillance certains condamnés qui auront subi leur peine, et pourra-t-on exiger, dans certains cas, des cautions de leur conduite future?.... — *Quatorzième question.* — Y aura-t-il un mode de réhabilitation pour des condamnés dont la conduite aura mérité cette faveur?

15. — Le 8 janvier 1808, fut présenté au conseil d'état un nouveau projet qui divisait le droit criminel en deux codes distincts, le Code d'instruction criminelle et le Code pénal. — V. au mot CODE D'INSTRUCTION CRIMINELLE l'historique plus détaillé du premier projet, qui réunissait en un seul code les lois pénales et celles d'instruction.

16. — Le Code d'instruction criminelle fut d'abord discuté : on passa ensuite au Code pénal, dont on commença à s'occuper le 4 octobre 1808. — Locré, t. 1er, p. 228.

17. — Les solutions données aux questions fondamentales, lors de la discussion du premier projet, dans la séance du 30 prairial an XII, avançaient considérablement le travail sur le nouveau Code; il ne restait plus qu'à consulter le Code de 1791, pour compléter les améliorations que l'état des choses avait rendues nécessaires. — La discussion, commencée le 4 octobre 1808, fut terminée le 18 janvier 1810; elle occupa le conseil pendant quarante-une séances. — Le dernier titre en fut décrété le 20 février 1810. — Locré, t. 1er, p. 229. — Mais il ne fut mis en vigueur, de même que le Code d'instruction criminelle par le décret du 17 décembre 1809, qu'à partir du 1er janvier 1811. — Seruzier, nº 106.

18. — Le Code pénal se compose de quatre livres et de quatre cent quatre-vingt-quatre articles. — Le premier livre est précédé de dispositions préliminaires. Il traite des peines en matière criminelle et correctionnelle, et de leurs effets; le deuxième s'occupe des personnes punissables, excusables ou responsables pour crimes ou pour délits; le troisième traite des crimes, des délits et de leur punition; le quatrième s'occupe exclusivement des contraventions de police et de leur répression.

19. — Le Code pénal a emprunté très peu à l'ancien droit criminel : presque tout est neuf dans cette matière qui a profondément ressenti l'influence du temps et des mœurs. — Boitard, *Introd.*, p. 1 et 2. — Il est empreint des principes *utilitaires* qui mesurent la peine plutôt sur le danger que sur la moralité des actes incriminés. Ses rédacteurs ont puisé à la théorie de Bentham dont les traités parurent en 1802. — Chauveau et Hélie, *Théorie C. pén.*, t. 1er, p. 23.

20. — Ainsi, M. Target, dans ses observations sur le Code pénal, disait : « Il est certain que la peine n'est pas une vengeance : cette triste jouissance des ames basses et cruelles n'entre pour rien dans la raison des lois. C'est la nécessité de la peine qui la rend légitime. Qu'un coupable souffre, ce n'est pas le dernier but de la loi, mais que les crimes soient prévenus, voilà ce qui est d'une haute importance. Après le plus détestable forfait, s'il pouvait être sûr qu'aucun crime ne fût désormais à craindre, la punition du dernier des coupables serait une barbarie sans fruit, et l'on

ose dire qu'elle passerait le pouvoir de la loi. — La gravité des crimes se mesure donc non pas tant sur la perversité qu'ils annoncent, que sur les dangers qu'ils entraînent. » — Locré, t. 29, p. 8.

21. — Il n'en faut pas cependant conclure que la pensée des rédacteurs a été exclusivement tournée vers l'intérêt de la société, et qu'elle n'a jamais porté sur la moralité des actes en eux-mêmes. « L'on n'a pas oublié, disait M. Berlier, que des lois qui statuent sur tout ce que les hommes ont de plus cher, la vie et l'honneur, ne doivent effrayer que les pervers, but qui serait manqué si elles imprimaient trop légèrement le caractère de crime à des actes qui ne sont pas essentiellement criminels. — L'on a soigneusement cherché à établir de justes proportions entre les peines et les délits. » — Locré, t. 29, p. 422 ; Chauveau et Hélie, t. 1er, p. 24.

22. — On a reproché au Code pénal, conçu d'ailleurs dans un esprit beaucoup plus sévère que le projet primitif, d'exagérer la nécessité de prévenir le crime par la crainte des châtimens. Cette idée, disait-on, bonne en elle-même, poussée trop loin conduisait à des conséquences injustes et barbares ; il n'y avait plus de proportion entre la faute et le châtiment. L'application de la loi pénale paraît, en effet, avoir donné lieu à de nombreuses réclamations, et le Code être tombé dans une certaine défaveur, malgré la supériorité de son ensemble. — Chauveau et Hélie, t. 1er, p. 25.

23. — Aussi, ses imperfections ont-elles amené pour ce Code, plus que pour aucun des autres, des modifications assez importantes.

24. — La charte de 1814 d'abord, tout en maintenant le Code pénal, y apporta cependant un grave et heureux changement, en abolissant la peine de la confiscation. — Art. 57.

25. — Vinrent ensuite les lois du 17 mai 1819 et celle du 25 mars 1822, sur la répression des délits commis par la voie de la presse, ou par tout autre mode de publication, qui entraînèrent l'abrogation totale ou partielle d'un certain nombre de dispositions du Code pénal.

26. — La loi du 25 juin 1824, aujourd'hui abrogée, est celle qui, pendant la restauration, modifia le plus profondément le système pénal ; elle avait pour but d'apporter quelque adoucissement à des pénalités reconnues trop rigoureuses ; son principal mérite est d'avoir autorisé les juges à admettre des circonstances atténuantes et à abaisser la peine ; toutefois, la déclaration de ces circonstances atténuantes n'était encore accordée qu'aux tribunaux.

27. — Les dernières lois modificatives rendues sous la restauration sont celle du 28 juill. 1824, sur les altérations ou suppositions de marques des produits fabriqués, laquelle dérogeait aux art. 142 et 143, et la loi du 20 avr. 1825, sur le sacrilége, qui a été abrogée par celle du 11 oct. 1830.

28. — Quant à la charte de 1830, elle n'a rien changé aux dispositions du Code pénal, elle s'est bornée à reproduire la disposition de la charte de 1814, abolitive de la confiscation.

29. — Depuis, quelques modifications ont encore été introduites par les lois du 10 déc. 1830, sur les crieurs publics, et du 17 avr. 1832, sur la contrainte par corps.

30. — C'est au législateur de 1832 qu'il était réservé de revenir, par la loi du 28 avr. 1832, sur le système général du Code et de le mettre plus en harmonie avec les nouveaux et les vrais besoins de la société : peut-être pourrait-on lui reprocher de n'être pas assez remonté à la source du mal et d'avoir changé les applications plutôt que modifié les principes : mais on ne peut cependant méconnaître qu'il y a apporté d'incontestables améliorations, soit en en faisant disparaître ce qui s'y trouvait de plus odieux, soit en substituant à l'ancienne pénalité un système plus doux et plus humain.

31. — La loi du 28 avr. 1832, dont les dispositions ont été incorporées dans le Code pénal et substituées au texte primitif, a modifié ou abrogé un grand nombre d'articles du Code. Ainsi, aux termes de l'art. 12, les art. 2, 7, 8, 13, 18, 20, 22, 23, 24, 28, 29, 30, 33, 34, 35, 36, 44, 45, 47, 51, 56, 63, 67, 68, 69, 71, 78, 81, 86, 87, 88, 89, 90, 91, 108, 111, 132, 133, 139, 143, 144, 165, 177, 178, 184, 187, 189, 198, 200, 205, 228, 231, 233, 259, 263, 271, 282, 304, 309, 310, 311, 317, 331, 332, 333, 344, 362, 363, 364, 365, 381, 382, 383, 386, 388, 389, 400, 408, 434, 435, 463, 471, 475, 476, 477, 478, 479, 480, 483, C. pén., ont été abrogés et remplacés par cent deux nouveaux articles.

32. — L'art. 103 de la même loi abroge complétement les art. 37, 38, 39, 46, 103, 104, 105, 106, 107, 136, 137 et 280, C. pén.

33. — Les principales modifications portent sur la suppression ou l'adoucissement de peines trop sévères ou peu en harmonie avec nos mœurs. C'est ainsi que les art. 7 et 8 suppriment le carcan, la marque et la confiscation générale (celle-ci était déjà supprimée, du reste, par la charte de 1814, ainsi que nous l'avons vu *suprà*, n° 24) ; que la peine de mort est remplacée par celle des travaux forcés à perpétuité ou à temps, par la détention ou la réclusion dans les cas prévus par les art. 63, 89, 91, 132, 139, 231, 304, 344, 365, 381 et 434.

34. — On proposa même l'abolition de la peine de mort, qui fut admise, à la vérité, après une vive discussion, mais uniquement comme principe et dans les cas seulement où l'énormité du crime n'en justifiait pas l'application. — Duvergier, *Collect. des lois*, sur l'art. 12, L. 28 avr. 1832.

35. — Ces cas, ajoute M. Duvergier (*loc. cit.*), en rapportant les paroles de M. le garde des sceaux, sont au nombre de neuf : 1° les complots non suivis d'attentats ; 2° la fabrication ou émission de fausse monnaie d'or ou d'argent, ayant cours légal en France ; 3° la contrefaçon ou l'usage des sceaux de l'état, effets du trésor public ou billets de banque ; 4° plusieurs cas d'incendie ; 5° le meurtre joint à un délit quand la relation de cause à effet n'existe point entre ces deux faits ; 6° le vol avec les cinq circonstances aggravantes ; 7° le recélé d'objets volés, quand le vol est puni de mort ; 8° l'arrestation exécutée avec faux costume, sous un faux nom ou sous un faux ordre de l'autorité publique ; 9° l'arrestation illégale avec menaces de mort.

36. — Au nombre des peines énumérées dans l'art. 14 ne figurent ni la détention perpétuelle, ni la réclusion perpétuelle, la raison en est que la détention perpétuelle n'était que provisoirement substituée à la déportation dont le lieu n'était pas déterminé ; et que la réclusion perpétuelle tient lieu des travaux forcés à perpétuité aux femmes qui sont condamnées à cette peine. — Duvergier, sur l'art. 14.

37. — Le projet supprimait la déportation comme ne pouvant être prononcée faute d'un lieu où elle pût s'exercer ; elle a cependant été maintenue en principe, mais elle était par le fait remplacée par la détention perpétuelle. — Duvergier, sur l'art. 17. — Depuis, l'art. 17 a encore été modifié par la loi du 9 sept. 1835, d'après laquelle (disposition transitoire) la déportation consiste aujourd'hui à être transporté et à demeurer à perpétuité dans un lieu déterminé par la loi hors du territoire continental du royaume.

38. — La mort civile a été conservée comme se rattachant tant au droit civil qu'au droit criminel. — Duvergier, sur l'art. 18.

39. — Au reste, la loi de 1832 n'a pas eu la prétention de réviser l'ensemble de la législation pénale, elle n'a eu pour but que de pourvoir aux besoins les plus pressans, laissant à l'expérience le soin d'une refonte plus complète (exposé des motifs). — Chauveau et Hélie, *Théorie du Code pén.*, t. 1er, p. 27. — Le rapporteur de la commission à la chambre des députés, s'exprimait en ces termes : « Votre commission a jugé utile de déterminer d'abord le véritable caractère de la révision qui vous est proposée ; elle doit être incomplète. Ce sera notre réponse à ceux qui auraient souhaité une refonte dans nos lois pénales ; ce travail ne serait pas seulement immense, il serait provisoire. Qu'importe que le législateur refasse avec plus ou moins d'art le système de l'incrimination quand la pénalité dont il dispose est vicieuse, et appelle des changemens prochains, mais peu connus encore et peu éprouvés ? Ce sera aussi notre réponse à ceux qui auraient souhaité une réforme plus large et plus profonde. Donnons aux châtimens inférieurs plus d'efficacité et d'énergie avant de renoncer aux peines supérieures ; élevons autour de l'ordre social un rempart nouveau et durable, avant de renverser la vieille barrière qui l'a protégé si long-temps. »

40. — Les Codes pénal et d'instruction criminelle révisés ont été mis en vigueur à partir du 1er juin 1832. Depuis, différentes lois ont encore modifié quelques unes des dispositions du Code pénal : — Telles sont notamment la loi du 16 fév. 1834, sur les afficheurs et crieurs publics ; celle du 10 avr. 1834, sur les associations ; celle du 24 mai 1834, sur les détenteurs d'armes et des munitions de guerre, enfin celle du 9 sept. 1835, que nous avons citée n° 37, sur le mode d'exécution de la déportation.

CODE PÉNAL MARITIME.

1. — Nous ne possédons pas, à proprement parler, de Code pénal maritime. Aucune loi générale n'est encore intervenue sur la matière ; mais de nombreuses dispositions existent, dont l'ensemble constitue la législation pénale maritime.

2. — L'importance de la marine française, qui de tout temps fut appelée à assurer d'une manière efficace la puissance et la richesse de notre pays, avait fait sentir la nécessité de règles spéciales sur la police des gens de mer.

3. — Ces réglemens étaient nombreux, et restèrent en vigueur jusqu'au moment de la révolution, où l'assemblée nationale « s'étant fait rendre compte des lois pénales suivies jusqu'à ce jour dans les escadres et sur les vaisseaux de l'état, et les ayant jugées incompatibles avec les principes d'une constitution libre, » les abrogea. — Préambule de la loi des 21-22 août 1790.

4. — Ainsi, à la différence de ce qu'elle déclarait pour les lois pénales relatives à l'armée de terre (V. CODE PÉNAL MILITAIRE, n° 2), l'assemblée nationale entendait édicter une législation complétement nouvelle, et à cet effet elle rendait le décret du 21-22 août 1790, sur les peines à infliger pour les fautes et délits commis dans l'armée navale et dans les ports et arsenaux, décret réglant en deux titres distincts la procédure à suivre et la pénalité à appliquer, et qui reçut les noms de *Code des vaisseaux* ou de *Code pénal de la marine*.

5. — Mais, bien que qualifié de *Code pénal de la marine*, le décret était loin de comprendre tout ce qui pouvait être relatif à la discipline des gens de mer ; d'un autre côté, l'expérience ne tarda pas à faire reconnaître que des modifications devaient être faites aux principes posés.

6. — Aussi, pour compléter son œuvre, l'assemblée nationale promulgua les lois des 21-23 oct. 1790, sur la discipline maritime ; 27 oct.-2 nov. 1790, modifiant certaines dispositions de la loi des 21-22 août 1790 ; 20 sept. 1791, portant création et organisation des cours martiales maritimes, établissant leur compétence, réglant la police des arsenaux, et de plus déclarant applicable aux troupes de marine non embarquées le décret du 15 sept. 1790, relatif à la discipline intérieure des corps militaires. — V. PORTS, TRIBUNAUX MARITIMES.

7. — L'assemblée législative n'édicta aucune prescription nouvelle, mais il n'en fut pas de même des gouvernemens divers survenus depuis, et l'on a vu successivement paraître :

8. — ... Sous la convention nationale, les lois des 16-24 niv. an II, approuvant et déclarant applicables à tous les ports de la république l'arrêté pris le 20 brum. an II par les représentans du peuple près les côtes de Brest et de Lorient, pour le rétablissement de la discipline à bord des vaisseaux de l'état.

9. — ... Sous le régime directorial, l'arrêté du 12 thermid. an VII portait désignation des bagnes où devaient être envoyés les soldats et marins condamnés aux fers.

10. — ... Sous le gouvernement consulaire, les arrêtés des 19 frim. an VIII, concernant la police et la discipline militaire à bord des vaisseaux de l'état, et autorisant les commandans des escadres et divisions à faire, sur ce point, les réglemens qu'ils jugeraient convenables, jusqu'à la révision des lois pénales maritimes ; — 5 germin. an XII, créant et organisant les conseils maritimes spéciaux ; 1 flor. an XII, additionnel au précédent.

11. — ... Sous l'empire, les décrets des 22 juill. 1806, sur l'organisation des conseils de marine et l'exercice de la police et de la justice à bord des vaisseaux ; — 12 nov. 1806, contenant création et organisation des tribunaux maritimes ; — 4 mai 1812, relatif à la recherche et à la punition des déserteurs de la marine ; — 2 déc. 1813, additionnel à celui du 12 nov. 1806.

12. — ... Sous la restauration, les ordonnances des 22 mai 1806, qui détermine la composition et les attributions, en ce qui concerne la désertion, des conseils de guerre permanens et des conseils de révision établis dans les ports militaires ; — 2 janv. 1817, réduisant à trois ans la peine de l'évasion des forçats, et restreignant la compétence des tribunaux maritimes spéciaux ; — 14 oct. 1818, interprétative sur la compétence des tribunaux maritimes ; — 16 janv. 1822, sur l'application de l'art. 10, décr. 12 nov. 1806.

13. — Aucune modification nouvelle n'a été introduite sous le gouvernement actuel en ce qui concerne la législation pénale maritime.

V. ARSENAUX, PORTS, TRIBUNAUX MARITIMES.

CODE PÉNAL MILITAIRE.

1. — La police des gens de guerre a été de tout temps l'objet d'une attention spéciale de la part du gouvernement, et de nombreuses et fréquentes dispositions avaient été rendues par nos anciens rois à l'effet de maintenir la discipline dans les rangs de l'armée.

2.— Les peines édictées par ces lois étaient souvent fort sévères; c'est ainsi que la déclaration concernant le port d'armes, donnée à Versailles le 25 août 1737, punissait de trois ans de galères le fait par un soldat *de vaguer hors du quartier ou corps de garde, avec épée et toute arme*, passé une certaine heure déterminée d'après les saisons, s'il n'était porteur d'un ordre par écrit de son capitaine.

3.—Par la loi du 8 août 1790, art. 1er, l'assemblée nationale décréta que les ordonnances militaires alors existantes seraient exactement observées et suivies jusqu'à la promulgation très prochaine de celles qui devaient être le résultat des travaux de l'assemblée.

4. — C'était là une disposition transitoire. Or l'état de guerre générale dans lequel se trouvait la France au moment de la révolution, et qui devait se prolonger pendant tant d'années, donna naissance à de nombreuses lois pénales militaires, qui, si, elles ne furent pas en général aussi rigoureuses que les anciens réglemens abolis, durent cependant contenir des prescriptions assez sévères dans l'intérêt du maintien de la bonne organisation de l'armée.

5. — Mais ces lois éparses n'ont jamais été réunies et coordonnées ensemble; sur la fin de la restauration, il est vrai, et dans la session de 1829, un projet de *Code pénal militaire* fut présenté à la chambre des pairs. Les événemens politiques qui survinrent bientôt ne permirent pas de donner suite à ce projet, dont l'exécution est toujours vivement sollicitée.

6. — Il n'y a donc point véritablement encore de code pénal militaire, quoique cette dénomination ait été attribuée à certaines lois : mais bien plutôt un ensemble de dispositions diverses, dont voici l'énumération successive:

7. — Sous l'assemblée nationale, les lois des 15 sept.-29 oct. 1790, sur la justice militaire ; 22 sept.-29 oct. 1790, sur la discipline militaire ; 25-29 juill. 1791, sur le rétablissement de la discipline militaire, 28 août 1791, sur le même objet; 30 sept.-19 oct. 1791, sur la juridiction, les délits et peines militaires ; à cette dernière loi fut appliquée spécialement la qualification de *Code pénal militaire*.

8 — Sous l'assemblée législative, les lois des 4-9 mai 1792, abrogeant certaines peines correctionnelles appliquées aux soldats; 12-16 mai 1792, sur la tenue des cours martiales et la forme des jugemens des militaires en campagne; 17-29 mai 1793, sur la discipline de l'armée et la désertion des officiers.

9.— Sous la convention nationale, les lois des 28 mars et 2 avr. 1793, sur la désertion et la vente des armes par les soldats et volontaires; 12-16 mai 1673, au nombre de deux, l'une sur l'organisation des tribunaux criminels militaires, l'autre dite Code pénal militaire; 16-19 juin 1793, sur l'espionnage; 27 juill. 1793, sur certains délits spécialement désignés; 7 sept. 1793, sur l'abandon des armes ou des canons; 1er niv. an II, sur les militaires excitant le trouble ou empêchant l'exécution de la loi du 2 frim. an II; 3-18 pluv. an II, sur l'organisation de la justice militaire; 13-17 pluv. an II, sur certains délits; 14 germin. an II, sur la manière de procéder à l'égard des faux témoins devant les tribunaux criminels; 3 flor. an II, sur la vente et dissipation des effets d'habillement et d'équipement par les militaires; 29 messid. an II, sur la provocation en duel par le militaire inférieur à son supérieur hors du service; 13 brum. an III, sur les officiers ou fonctionnaires publics, qui, sans permission, retireraient un militaire d'un bataillon pour l'employer dans leurs bureaux; 2e jour complémentaire an III, loi qui établit un nouveau mode pour le jugement des délits militaires; 4 brum. an IV, sur le même objet; même jour sur les officiers de santé ou autres employés des hôpitaux militaires quittant leur poste sans congé ou permission.

10. — Sous le régime directorial, les lois des 5 frim. an IV, sur les mesures à prendre pour empêcher la désertion; 4 niv. an IV, sur les peines à infliger aux embaucheurs et aux provocateurs à la désertion; même jour, sur le jugement des déserteurs; les arrêtés des 8 pluv. an IV sur les fuyards de la première réquisition; 4 vent. an IV, sur ceux qui cherchaient à échapper à la réquisition; 20 vent. an IV, sur les armes et effets vendus ou abandonnés par les militaires rejoignant leurs corps; les lois des 17 germin. an IV, sur les formes à observer avant l'exécution des jugemens militaires; 22 mess. an IV, fixant la compétence des conseils militaires; 18 fructid. an IV, qui détermine les cas dans lesquels il y a lieu à la révision des jugemens militaires; 21 fructid. an IV, portant que le recours en cassation contre les jugemens des commissions militaires était admissible pour cause d'incompétence; 27 fructid. an IV, sur le droit des accusés pour le choix d'un défenseur; 13 brum. an V, sur la manière de procéder au jugement des délits militaires; 21 brum. an V, appelé *Code des délits et peines pour les troupes de la République*; 4 fruct. an V, complétant la loi du 13 brum. précédent; 18 vend. an VI, établissant les conseils de guerre permanens; 15 brum. an VI, sur la révision des jugemens militaires; 24 brum. an VI, sur l'exécution des lois relatives aux fuyards et réquisitionnaires; l'arrêté du 8 frim. an VI, sur les formules des jugemens des tribunaux militaires; les lois des 11 frim. an VI, sur la formation des conseils de guerre et de révision dans les villes assiégées; 21 prair. an VI, sur ceux qui, à l'apparition de l'ennemi, favoriseraient ses entreprises; 29 prair. an VI, sur la procédure à suivre par suite de l'annulation des jugemens des conseils de guerre; 27 fructid. an VI, sur les attributions des conseils de guerre et de révision; l'arrêté du 12 thermid. an VII, contenant désignation des bagnes pour les soldats condamnés aux fers; la loi du 14 fructid. an VII, sur l'établissement de conseils de guerre particuliers dans les départemens déclarés en état de trouble.

11. — Sous le gouvernement consulaire, les arrêtés des 26 flor. an X, sur la détention des militaires dans les chambres de police et les prisons de discipline; 23 messid. an X, prorogeant indéfiniment l'institution des conseils de guerre permanens et des conseils de révision; les avis du cons. d'état des 27 flor. an XI, sur la compétence des tribunaux spéciaux relativement aux militaires; 11 thermid. an XI, sur la compétence des conseils de guerre relativement aux canonniers garde-côtes; les arrêtés des 29 thermid. an XI, contenant réglement des prisons militaires; 14 vendém. an XII, sur l'exécution de la loi du 24 brum. an VI; 19 vendém. an XII, concernant les dépôts de conscrits réfractaires, la composition et la compétence des conseils de guerre spéciaux, la procédure et les peines contre la désertion; l'avis du cons. d'état du 17 vent. an XII, sur le déserteur qui a emporté tout ou partie de ses armes ou de celles de ses camarades.

12.—Sous l'empire, le décret du 17 messid. an XII, établissant des commissions militaires spéciales pour juger les espions et embaucheurs; les avis du cons. d'état des 30 thermid. an XII, sur les délits militaires et les délits communs; 7 fructid. an XII, sur la compétence à raison des délits commis par les militaires en congé ou hors de leurs corps; 7 vent. an XIII, sur les jugemens des commissions militaires; le décret du 23 vent. an XIII, sur les militaires ou employés à la suite de l'armée ayant excité à la désertion; l'avis du cons. d'état du 15 prair. an XIII, sur l'impression et l'affiche des jugemens rendus contre les recéleurs des conscrits réfractaires; les décrets des 8 vendém. an XIV, sur les mêmes matières que celui du 23 vent. an XIII; 17 frim. an XIV, sur le jugement des délits commis par les prisonniers de guerre; 17 frim. an XIV, sur la formation des tribunaux militaires, dans les villes où il n'existe pas un assez grand nombre d'officiers généraux ou supérieurs; l'avis du cons. d'état du 25 janv. 1807, sur des questions de compétence; les décrets des 16 fév. 1806, sur la même matière que celui du 17 frim. an XIV; 7 nov. 1807, sur la composition des conseils de guerre pour le jugement des majors; 21 fév. 1808, sur le jugement des militaires prévenus de délits sous les drapeaux; 29 oct. 1808, sur la peine encourue par les condamnés aux fers en cas d'évasion ou de récidive; 21 déc. 1808, 15 janv. 1809, sur certains cas de désertion; 28 fév. 1809, sur le jugement des conscrits réfractaires; 8 janv. 1809, sur les préposés responsables de l'évasion des détenus dans les hôpitaux; 12 janv. 1811, accordant une gratification pour l'arrestation des déserteurs et réfractaires; avis du cons. d'état même jour, sur la compétence à l'égard des officiers en disponibilité; les décrets des 9 fév. 1811, sur les déserteurs jugés par contumace; 5 avr. 1811, sur l'emploi des garnisaires pour la recherche des déserteurs et réfractaires; 14 oct. 1811, sur la recherche des déserteurs qui ne peuvent plus être condamnés par contumace; 29 nov. 1811, sur la désertion par récidive après pardon; 30 nov. 1811, sur le lieu où doivent être jugés les soldats ou sous-officiers déserteurs; 12 janv. 1812, sur l'affiche des jugemens portant condamnation pour faits d'escroqueries en matière de conscription; 24 janv. 1812, sur la composition des conseils de guerre; 2 fév. 1812, sur les complots de désertion; 1er mai 1812, sur le jugement et la peine à prononcer en cas de capitulation, lors des cas autorisés; les avis du cons. d'état des 4 mai 1812, sur le jugement des officiers faits prisonniers de guerre, qui, après avoir faussé leur parole, étaient repris les armes à la main; 14 août 1812, sur l'interprétation de l'art. 10 du décret du 1er mai 1812; les décrets des 22 déc. 1812, sur la désertion et l'emploi des garnisaires; 7 fév. 1813, sur les fonctions de rapporteur près les conseils permanens de guerre et de révision; 4 janv. 1814, sur le jugement des déserteurs.

13.—Sous la première restauration, l'ordonnance du 11 mars 1815, rendue à l'occasion de la rentrée de l'empereur sur le sol français, sur les peines à infliger aux embaucheurs et aux provocateurs à la désertion.

14. — Sous la seconde restauration, les ordonnances des 21 fév. 1816, sur les conflits de juridiction en matière de désertion; 24 juill. 1816, sur les armes de guerre *passim*; 16 oct. 1816, 22 janv 1817, sur la discipline et la justice militaire; 10 mai 1818, sur le recrutement *passim*; 1er avr. 1818, sur la formation des compagnies de discipline; 11 oct. 1820, sur ceux qui se sont mutilés, à l'effet d'échapper au service militaire; 23 janv. 1822, portant que les lieutenans généraux commandant les divisions militaires statuent définitivement s'il y a lieu à traduire les déserteurs devant les conseils de guerre ou de les renvoyer à la discipline de leurs corps; 27 déc. 1826, sur certains cas de désertion; 23 janv. 1828, sur la peine à appliquer au militaire coupable de vol d'argent de l'ordinaire ou de tout autre effet appartenant à ses camarades; loi du 15 juill. 1829, sur l'interprétation de plusieurs dispositions des lois pénales militaires.

15.— Depuis 1830, aucun changement n'a été introduit dans le système des lois pénales militaires; on peut consulter cependant la loi du 21 mars 1832, sur le recrutement; la loi du 19 mai 1834, sur l'état des officiers, et l'ordonnance du même jour sur les conseils d'enquête institués par cette loi; l'ordonnance du 30 août 1837, déterminant la forme dans laquelle doivent être intentées et suivies les instances ayant pour objet de faire prononcer par un jugement contre un officier la perte de la qualité de Français.

V. surplus ALGÉRIE, ARMÉE, ARMES, CAPITULATION, DÉLIT MILITAIRE, DÉSERTION, DISCIPLINE MILITAIRE, EFFETS MILITAIRES, EMBAUCHAGE, ESPION, ÉTAT DE SIÉGE, LOI MARTIALE, RECRUTEMENT, REMPLACEMENT; TRIBUNAUX MILITAIRES.

CODE DE PROCÉDURE.

1. — Code dans lequel on a réglé les formes à suivre pour l'instruction et le jugement des affaires en matière civile.

2.—Avant ce Code, c'était l'ordonnance de 1667 qui était en vigueur, et elle avait le mérite d'être beaucoup plus complète que les ordonnances précédentes.

3.—Cette ordonnance, dit Carré (*L. de la procéd.* introd., tit. 2. ch. 1er, n° 14), était l'ouvrage des magistrats les plus éclairés du dix-septième siècle; elle offrait ce qu'il y avait de plus sage et de plus complet sur la pratique judiciaire.

4. — Cependant on lui reprochait plusieurs lacunes, une rédaction souvent embarrassée et une mauvaise classification des matières. On pouvait lui reprocher aussi de n'avoir pas assez simplifié les formes.

5. — Quoi qu'il en soit, le système de procédure civile tracé par l'ordonnance continua à être suivi, sauf quelques modifications particulières introduites par des réglemens postérieurs, jusqu'à la révolution.

6. — En 1790, l'assemblée constituante décréta que le Code de procédure civile serait incessamment réformé, de manière qu'elle fût rendue plus simple, plus expéditive et moins coûteuse. — L. 24 août 1790, tit. 2, art. 20.

7. — Toutefois, elle ordonna que *provisoirement* les tribunaux qu'elle avait créés suivraient les formes de procédure qui étaient alors existantes. — L. 19 oct. 1790, art. 3.

8.—Enfin, la loi du 27 mars 1791, art. 34, décida que jusqu'à la simplification de la procédure, les avoués (qui avaient été substitués aux procureurs) suivraient exactement celle qui était établie par l'ordonnance de 1667 et les réglemens postérieurs.

9.— La convention s'accommoda mal de ce régime. Elle avait déclaré, dans la constitution de 1793, que les procès seraient jugés sans procédure, et quoique cette constitution ne fût point encore en vigueur, elle décida que « l'intérêt public lui prescrivait de faire jouir sans retard les citoyens du bienfait de cette disposition; » — en conséquence, elle rendit un décret (3 brum. an II) qui non seulement supprima les avoués, mais qui réduisit la procédure à des formes tellement insuffisantes que les abus et les scandales qui frappèrent alors l'administration de la justice firent regretter l'ordonnance de 1667.

10.—Aussi, lorsque la loi du 27 vent. an VIII eut modifié notre organisation judiciaire et rétabli les avoués, les consuls prirent un arrêté par lequel, se référant à la loi du 27 mars 1791 et à l'art. 92 de la loi du 27 vent. an VIII, ils ordonnèrent que l'ord.

de 1667 et les réglemens postérieurs seraient provisoirement exécutés jusqu'à ce qu'il eût été statué par une loi sur la simplification de la procédure. — Arrêté 18 fructid. an VIII.

11.—Pour faire cesser ce provisoire, un nouvel arrêté du 3 germin. an X nomma une commission qui fut chargée de préparer un projet de Code de procédure civile. Cette commission fut composée de MM. Treilhard, Try, Berthereau, Séguier et Pigeau; elle avait pour secrétaire M. Fondeur.

12.—Le projet, auquel Pigeau eut la plus grande part, fut précédé d'observations préliminaires rédigées par Treilhard et adressé aux tribunaux pour avoir leur avis. — Du reste, on suivit pour ce Code la marche qui avait déjà été suivie pour le Code civil.

13. — Le Code de procédure est de tous celui qu'on a le moins discuté au conseil d'état. « La matière était aride, dit Locré, et la plupart des membres du conseil ne l'entendaient pas. »

14.—La discussion s'ouvrit le 30 germin. an XIII et fut terminée, le 29 mars 1806, après vingt-trois séances; elle eut lieu en l'absence de Napoléon, qui ne présida qu'une seule fois (22 fév. 1806), et ce fut pour recevoir une députation des notaires de Paris chargée de lui présenter des réclamations sur plusieurs dispositions du nouveau Code, et notamment sur les ventes judiciaires.

15. — Le nouveau Code a beaucoup emprunté à l'ordonnance de 1667, mais en la simplifiant et en l'améliorant. Les matières y sont infiniment mieux classées et la rédaction laisse moins à désirer.

16. — C'est avec intention que les rédacteurs du Code de procédure ne se sont occupés ni de la compétence, ni des règles de procédure à suivre devant la cour de Cassation; on peut regretter que, pour ce complément nécessaire, le législateur n'ait pas jugé à propos de codifier les lois, décrets et réglemens si nombreux qui régissent cette importante matière.

17.—La cour de Cassation insistait dans ses observations pour que le Code de procédure fût précédé d'un titre préliminaire sur les actions, les exceptions, les juridictions, etc... Elle voulait que ce titre, relatif à la partie théorique de la procédure, fût comme un passage du Code civil au Code judiciaire.

18.—On ne s'arrêta point à ces observations, et quoique le travail demandé par la cour de Cassation eût été préparé par elle et imprimé, on ne s'en servit pas, et le projet, sous ce rapport, resta tel qu'il était.

19. — Le Code de procédure n'a subi, depuis sa promulgation, que fort peu de modifications; les plus importantes sont celles qui résultent des lois des 25 mai 1838, 11 avril 1838, 3 mars 1840 et 2 juin 1841.

20.—Le texte officiel du Code de procédure, publié d'abord en 1807, puis, en 1816, avec quelques modifications rendues nécessaires par le changement de gouvernement a été révisé de nouveau en 1842 et inséré au bulletin des lois. Cette édition est la seule officielle.—V. Ordonn. 8 oct. 1842.

CODE RURAL.

On désigne sous le nom de *code rural* la loi des 28 sept.-6 oct. 1791, sur la *police rurale*. Un grand nombre des dispositions de ce Code ont été introduites dans le Code pénal par la loi du 28 avr. 1832, et d'autres restent encore en vigueur; elles seront énumérées aux mots DÉLIT RURAL, POLICE RURALE.

CODE THÉODOSIEN.

1. — Recueil de rescrits et de constitutions impériales à partir de Constantin jusqu'à Théodose-le-Jeune et Valentinien III.

2. — Huit jurisconsultes, à la tête desquels était placé Antiochus, ex-consul et ancien préfet du prétoire, furent chargés, en 428, par l'empereur Théodose-le-Jeune, de rédiger un code pour l'Orient, et Valentinien III, gendre de Théodose, lui donna également force de loi en Occident, l'an 438: —Mackeldey, *Hist. des sources du dr. romain*, § 61; Giraud, *Intr. à l'hist. du dr. romain*, p. 379; de Crassier, *De confect. codicis Theod.*, Liége, 1825, in-4°; Laferrière, *Hist. du dr. civ. de Rome et du dr. fr.*, t. 2, p. 386 et 387.

3.—Ce code renferme les constitutions des princes chrétiens, à partir de Constantin, c'est-à-dire depuis l'époque où finissaient les codes Grégorien et Hermogénien jusqu'à Théodose II, et à Valentinien III, son gendre et son associé à l'empire (312 à 438). — Berriat Saint-Prix, p. 107; Giraud, p. 379.

4. — Elles y sont rangées par ordre de matières et sous différens titres; mais cet arrangement même est cause que souvent une même constitution se trouve tronquée et morcelée en plusieurs parties. — Mackeldey, *ibid.*

5.— Ce nouveau code imitant, quant à la disposition et à la série des matières, le code Grégorien, se compose de seize livres subdivisés en un nombre inégal de titres. — Berriat Saint-Prix, *ibid.*, p. 107 et 110.

6.— Nous possédons en tiers les livres de 7 à 16, ainsi que le dernier titre du sixième livre; tout ce qui composait les cinq premiers livres et le commencement du sixième, ne nous est parvenu que par les extraits insérés dans le *Breviarium alaricianum*. — V. ce mot, n°s 8 et 11.

7. — Huit constitutions non altérées et qui faisaient partie des cinq premiers livres, ont été découvertes par M. Clossius dans la bibliothèque Ambrosienne de Milan, et ont été publiées, avec divers fragmens découverts par M. l'abbé Peyron, accompagnés de notes excellentes par M. Wenck.

8. — J. Godefroi place le code Théodosien au-dessus du code Justinien; mais, dit M. Giraud (*loc. cit.*, p. 380), quoique cette opinion puisse paraître suspecte d'enthousiasme et de partialité, il est certain que les constitutions conservées par le code Théodosien sont dans un état plus pur que ne le sont celles qui nous sont transmises par le code Justinien.

9. — Le code Théodosien marque la transition de la civilisation romaine à la civilisation chrétienne. Il contient des traces de l'antiquité moins altérées que celles que nous fournit le droit de Justinien; il nous fait connaître les traces de l'influence du droit romain sur les idées du moyen âge, et nous découvre l'origine d'une foule d'institutions de cette époque.— V. BREVIAIRE D'ALARIC, CODE JUSTINIEN.

CODEX.

1.—C'est le recueil officiel des formules qui doivent servir de règle aux pharmaciens pour la préparation des médicamens.

2.—La loi du 21 germin. an XI, qui règle l'exercice de la pharmacie en France, porte (art. 38) que « le gouvernement devra charger les professeurs des écoles de médecine, réunis aux professeurs des écoles de pharmacie, de rédiger un *Codex* ou formulaire de préparations médicinales et pharmaceutiques.

3.—Elle ajoute que ce formulaire devra contenir des préparations assez variées pour être appropriées à la différence du climat et des productions des diverses parties du territoire français.

4. — C'est en vertu de cette disposition que le gouvernement fit publier en, 1816, le *Codex medicamentarius* ou *pharmacopœa gallica*. Il y avait longtemps, à cette époque, que la dernière édition du codex, dont l'usage avait été ordonné par l'arrêt du parlement du 23 juill. 1748, était épuisée.

5.—Aux termes de l'ordonnance du 8 août 1816, le codex, ouvrage d'une commission de professeurs de l'école de médecine et de l'école de pharmacie, fut imprimé et publié par les soins du ministre de l'intérieur. — V. Trébuchet, *Jurisprud. de la méd. et de la pharm.*, p. 614; Laterrade, *Code des pharmaciens*, p. 390.

6. —Par arrêté ministériel du 29 sept. 1835, une nouvelle commission fut nommée pour réviser le codex.—C'est en 1837 que le travail a été terminé et officiellement publié.

7. — Tout pharmacien tenant officine ouverte dans l'étendue du royaume, ou attaché à un établissement public quelconque, est tenu d'avoir chez lui le *Codex* et de s'y conformer dans la préparation et confection des médicamens.—Ordonn. du 8 août 1814, art. 2.—V. PHARMACIE.

8.—Tous les exemplaires du codex doivent être estampillés: 1° du timbre de la faculté de médecine de Paris; — 2° de la signature à la main du doyen de la faculté de médecine; — 3° du chiffre de l'éditeur propriétaire. — Même ordonn., art. 3.

9.—Tout exemplaire qui ne porte pas ces caractères distinctifs est réputé contrefait. — *Ibid.*

10. —Il ne faut pas cependant conclure de cette disposition qu'on ne pourrait publier une pharmacopée particulière dans laquelle on réunirait des formules étrangères *au codex* avec des formules écrites dans ce recueil. — *Cass.*, 25 fév. 1820. — Il existe en effet un très grand nombre de formulaires et de pharmacopées, mais qui n'ont aucun caractère officiel.

11.— Le codex, même dans la nouvelle édition, est écrit en latin: il a été traduit en français par MM. Rattier et Henry. — On a souvent réclamé depuis 1816 contre l'emploi de la langue latine dans la rédaction des formules du Codex, et il y a tout lieu de croire que, lorsqu'on en fera une nouvelle révision, on aura égard à cette réclamation. Probablement aussi on saisira cette occasion pour faire disparaître de cet ouvrage officiel quelques formules empruntées à d'anciennes pharmacopées et qui la déparent.

12.—Enfin, il est à désirer que, pour maintenir toujours le codex au niveau des progrès de la science, il soit révisé à de moins longs intervalles. C'est le vœu qu'a exprimé l'assemblée des médecins et pharmaciens réunis à Paris en 1845.

13.—D'après la jurisprudence, les médicamens officinaux dont la préparation n'est pas conforme aux formules du codex, doivent être considérés comme remèdes secrets.—V. REMÈDES SECRETS.

CODICILLE.

1. — Les codicilles étaient, en droit romain et dans les pays de droit écrit, des actes de dernière volonté qui n'étaient point des testamens.

2. — Leur origine, comme celle des fidéicommis, remonte au règne d'Auguste. Leur utilité était grande dans la législation romaine, qui avait introduit un si grand nombre de causes d'invalidité des testamens.

3. — Les dispositions contenues dans des codicilles *ab intestat* ne pouvaient être que des fidéicommis. Quand elles se référaient à un testament, soit antérieur, soit postérieur, elles en suivaient le sort; dans ce cas, il fallait distinguer: ou ces dispositions n'étaient pas confirmées (*in futurum* ou *in præteritum*), et alors elles ne pouvaient, comme les codicilles *ab intestat*, renfermer que des fidéicommis; ou bien elles étaient confirmées, et alors elles pouvaient renfermer non seulement des fidéicommis, mais encore des nominations de tuteur, des legs et des révocations de legs.

4. — Il n'était, du reste, permis ni d'instituer un héritier, ni d'exhéréder par codicille.— Coin-Delisle, *Des donat.* (Introd.), n° 12.

5. — Dans le principe, les codicilles n'étaient assujétis à aucune forme. Plus tard, cinq témoins furent exigés. Dans le cas où cette formalité aurait été omise, le serment pouvait être déféré. — *Inst.*, liv. 2, tit. 25; ff. tit. *De jure codicill.*

6. — Avant l'ordonnance de 1735, un testament était nul pour vice de prétérition, lors même qu'il contenait la clause codicillaire (V. ce mot), et que le mari, en disposant en faveur de sa femme, lui avait imposé la charge de rendre à l'enfant prétérit. — *Agen*, 13 mai 1809, Boric c. Maratuech. — V. sur cette question d'Aguesseau, *Quest. aux parl. sur les don.*, t. 12, p. 284, édit. de Pardessus.

7. — L'ordonnance de 1735, art. 14, porte: « La forme qui a eu lieu jusqu'à présent à l'égard des codicilles, continuera d'être observée, et il suffira de cinq témoins, y compris le notaire ou tabellion; n'entendons pareillement déroger aux statuts ou coutumes qui exigent un moindre nombre de témoins pour les codicilles. »

8. — Sous l'empire de cette ordonnance, l'addition d'un seul témoin suffisait pour la validité du codicille d'un aveugle; il n'était pas nécessaire d'ajouter, aux cinq témoins exigés pour les codicilles ordinaires, trois nouveaux témoins, afin de compléter le nombre de huit qui n'était exigé que pour les testamens. — *Besançon*, 10 mars 1808, N...

9. — Dans la plupart des pays coutumiers, comme on ne pouvait pas instituer d'héritiers, et que la loi seule les faisait, il s'ensuivait que ce que l'on appelait testament n'était proprement qu'un codicille.— Merlin, *Rép.*, v° *Codicille*, § 2; Coin-Delisle, *Donations*, Introd., n° 24. —V. aussi Domat, *Lois civiles*, liv. 4, tit. 12.

10. —Jugé même que, dans les pays régis par le droit romain, une disposition universelle pouvait être faite par un codicille, comme par un testament. — *Colmar*, 31 juill. 1823, Meinrad Munch c. Ettwillez.

11. — En pays de droit écrit, le legs fait à un notaire par un codicille qu'il avait écrit comme homme privé, et dont il avait reçu l'acte de suscription comme officier public, était valable lorsque le testateur l'avait confirmé par une disposition spéciale écrite de sa main, et par une déclaration itérative dans l'acte de suscription. — *Cass.*, 26 fév. 1806, Wuillemeaux c. Cuinet; — Merlin, *Rép.*, v° *Légataire*, § 2.

12. — Les codicilles ont été abolis par la loi du 30 vent. an XII. Tous les actes de dernière volonté sont des testamens sous l'empire du Code civil.—Merlin, *Rép.*, v° *Codicille*, § 3.

13. — Cependant, sous cette législation, de même que sous l'empire des coutumes, on donne plus particulièrement ce nom aux dispositions qui se font postérieurement au testament pour y changer, y ajouter, ou en retrancher quelque chose.

14. — Un codicille non revêtu des formes testamentaires ne produirait aucun effet. — Duranton, *Dr. fr.*, t. 9, n° 7.

15. — Un testament fait sous le Code civil et entaché de nullité ne peut valoir, soit comme donation entre vifs, soit comme donation à cause de mort, ou comme codicille, même dans les pays où la jurisprudence ancienne distinguait les codicilles des testamens. — *Turin*, 22 fév. 1806, Gantlo.

16. — Jugé qu'un codicille contenant un legs de 3,000 fr. au profit d'un domestique, en raison de ses services, n'entraîne pas la révocation d'un précédent testament contenant un legs de 1,800 fr. et du mobilier au profit de la même personne pour la même cause. — *Riom*, 8 nov. 1830, De Bertraud c. Alabonne; — Merlin, *Rép.*, v° *Legs*, sect. 4e, § 3.

17. — Il ne faudrait pas toutefois considérer ces décisions comme arrêts de principe : en effet, les questions de contrariété ou d'incompatibilité entre divers legs ne peuvent que difficilement faire l'objet d'une règle générale ; elles dépendent le plus souvent de l'appréciation des termes comparés des dispositions testamentaires ; aussi a-t-il été constamment reconnu qu'elles rentrent dans les attributions souveraines des juges du fait, et qu'elles ne peuvent, en conséquence, donner ouverture à cassation. — V. LEGS, TESTAMENT.

18. — Lorsque sur un codicille ou testament olographe régulièrement daté et signé, il se trouve une date postérieure au décès du testateur, cette date peut être considérée comme étrangère à l'acte, et elle ne le vicie aucunement. — *Cass.*, 6 mai 1812, Gonzeville c. Bayeul. — V. au surplus DISPOSITION A TITRE GRATUIT, LEGS, TESTAMENT.

19. — La déclaration faite par une femme dans un acte qu'elle appelle codicille, d'une dette envers son mari, constitue au profit de ce dernier un commencement de preuve par écrit qui peut établir l'existence de la dette, s'il s'y joint des présomptions graves, précises et concordantes. — *Toulouse*, 7 mars 1835, Fabre-Fondure c. de Bélot.

V. DISPOSITION A TITRE GRATUIT, ENREGISTREMENT, LEGS, TESTAMENT, TIMBRE.

COFFRE DE MÉDICAMENS ET CAISSE D'INSTRUMENS DE CHIRURGIE.

1.—Les armateurs des navires sur lesquels un chirurgien doit être embarqué, sont tenus de lui fournir un coffre de médicamens, ustensiles et autres objets, composé conformément à l'état n° 1er annexé à l'ord. royale du 4 août 1819.— Toutefois, la commission d'examen dont il va être ci-après parlé peut apporter à cet état les modifications que la force de l'équipage et la nature du voyage entrepris peuvent comporter.—Ord. 4 août 1819, art. 9.

2.—Chaque chirurgien de navire doit, indépendamment de sa trousse, être pourvu avant son embarquement d'une caisse d'instrumens de chirurgie composée conformément à l'état n° 2, annexé à la même ordonnance. — *Ibid.*— V. CHIRURGIEN DE NAVIRE DE COMMERCE.

3.—La commission qui, dans chaque port, est chargée d'examiner les titres des chirurgiens qui se présentent pour être employés sur les navires du commerce, est également chargée de procéder à la visite des coffres de médicamens et des caisses d'instrumens de chirurgie, dont lesdits navires et les chirurgiens doivent être pourvus (art. 5).

4.—Les coffres de médicamens et ustensiles et la caisse d'instrumens de chirurgie doivent être déposés, trois jours au moins avant le départ du navire, au bureau du commissaire de l'inscription maritime; ils sont visités par les examinateurs, en présence du capitaine et du chirurgien du navire. —Le pharmacien qui participe à la visite du coffre de médicamens, ne peut être le même que celui qui a fourni ces médicamens. S'il n'y avait pas d'autre pharmacien dans la ville, la visite serait faite par le médecin et le chirurgien examinateurs seulement (art. 10).—Il est payé 15 fr. de vacation à la commission d'examen (art. 11).

5.—Le procès-verbal de la visite du coffre et de la caisse est remis au commissaire de l'inscription maritime, et il demeure annexé à la minute du rôle d'équipage.—Le coffre et la caisse sont scellés par ledit commissaire et par le capitaine du navire, et ils restent déposés au bureau du commissaire jusqu'à ce qu'ils soient portés à bord. — Les clés du coffre et de la caisse restent entre les mains du capitaine jusqu'au départ du navire, et lorsque le capitaine a levé les scellés et remis le coffre au chirurgien, celui-ci devient responsable des objets contenus dans ce coffre (art. 12).

6. — Tout armateur qui expédie un navire, soit pour le long cours, soit pour la pêche de la baleine et pour celle de la morue, et qui n'est pas tenu d'embarquer un chirurgien, doit néanmoins fournir au capitaine un coffre de médicamens, lorsque l'équipage est de huit hommes, y compris les mousses. —Dans ce cas, la commission d'examen détermine la composition du coffre en raison de la force de l'équipage, de la destination du bâtiment et de la durée présumée du voyage. — Ce coffre, scellé par la commission est, comme ci-dessus, remis avec le procès-verbal de visite au bureau du commissaire de l'inscription maritime, pour être délivré au capitaine lors de son départ.— La commission d'examen remet au capitaine une instruction sur l'usage à faire des médicamens entrés dans la composition du coffre (art. 13).

COFFRE DE MER.

1. — Meuble dont se servent les gens de l'équipage d'un navire pour serrer leurs hardes et les objets qui leur sont nécessaires. — On l'appelle aussi *portée des mariniers*.

2. — Les passagers ont également leur coffre, dont la destination est la même.

3. — Dans l'usage, on tolère que les matelots placent dans le coffre destiné à renfermer leurs effets des marchandises et des objets autres que les hardes à leur usage. C'est ce qu'on appelle le *port permis*. — Pardessus, *Dr. comm.*, n° 671.

4. — A moins d'une convention contraire, ce port permis ne peut être cédé; et l'homme de mer qui n'en use pas ne peut réclamer de l'armateur une indemnité pécuniaire. — Pardessus, *ibid.*

5. — Le coffre des gens de l'équipage fait partie des objets qui ne doivent pas contribuer au jet nécessité par la tempête. — Il en est autrement de leur port permis. — V. AVARIES, nos 204 et 205.

6. — Le coffre des passagers est sujet à contribution. — V. AVARIES, n° 71.

COFFRETIERS-MALLETIERS.

1. — Les coffretiers-malletiers en cuir sont rangés par la loi du 25 avr. 1844, sur les patentes, dans la cinquième classe des patentables, et imposés à: 1° un droit fixe basé sur le chiffre de la population de la ville ou commune où est situé l'établissement;—2° un droit proportionnel du vingtième de la valeur locative de la maison d'habitation et des locaux servant à l'exercice de la profession.

2. — Les coffretiers-malletiers en bois sont rangés dans la sixième classe seulement et imposés aux mêmes droits, sauf la différence de classe. — V. PATENTE.

COGNAT, COGNATION.

1. — Expressions usitées en droit romain. —La cognation était la parenté naturelle; les cognats étaient ceux que le lien du sang avait unis, à la différence des agnats, dont les relations ne se trouvaient pas établies par le fait de la communauté du sang.

2. — Sans doute il convient de dire avec Justinien (Inst., *De legitimâ agnatorum tutelâ*, § 1er): *Agnati sunt cognati per virilis sexûs cognationem conjuncti*; mais cela n'était exact que pour ceux des cognats de souche masculine que l'émancipation n'avait pas fait sortir de la famille civile. Quant à ceux qui ne se tenaient que par la souche féminine, la cognation était leur seul lien.

3.—Or, pendant long-temps, il y eut une grande différence entre les agnats, c'est-à-dire ceux que la naissance ou l'adoption rattachait à la famille civile, et les simples cognats; aux premiers, tous les avantages, les prérogatives de l'état de famille; à eux seuls, d'après la loi des douze tables, le droit de succession, dont les cognats étaient exclus.

4. — La législation prétorienne avait, il est vrai, cherché à tempérer cette rigueur du droit civil à l'aide de moyens détournés tels que la *bonorum possessio*; mais ce ne fut que sous Justinien que, légalement, l'incapacité des cognats cessa d'exister, et la novelle 118 établit le droit égal et des agnats et des cognats, appelés tous désormais et sans distinction à la succession *ab intestat*.

COHABITATION.

1. — Cohabitation, dans son acception la plus étendue, signifie l'état de deux ou plusieurs personnes demeurant ensemble; c'est dans ce sens, dit Guyot (*Rép.*, v° *Cohabitation*), que les Décrétales ont défendu aux clercs d'habiter avec les personnes du sexe.

2.—La cohabitation, ou demeure commune, emportait autrefois, dans certaines communes, une communauté tacite. Anciennement même, cette communauté existait dans tous les pays coutumiers; depuis l'ordonnance de Moulins, elle ne fut plus admise que dans les coutumes qui renfermaient sur ce point des dispositions expresses. Ces coutumes étaient au nombre de treize: Auxerre, Bourbonnais, Chartres, Châteauneuf, Chaumont, Dreux, Montargis, Nivernais, Poitou, Saint-Jean-d'Angély, Saintonge, Sens, Troyes. — Le Code civil n'a pas maintenu ces communautés tacites. — C. civ., art. 1834. — V. Boutteville, *Rapport au tribunal*, le 14 vent. an XII, sur le projet du Code civil, titre *De la société*.

3. — Dans un sens plus restreint et aussi plus usuel, cohabitation désigne l'état de deux personnes de sexe différent, ayant ensemble vie commune et rapports intimes. Sous ce point de vue, on peut distinguer la cohabitation licite et la cohabitation illicite.

4.— La cohabitation licite est celle qui existe entre époux ; la loi leur fait un devoir de la vie commune, dont ils ne peuvent être dispensés que par la séparation de corps.— C. civ., art. 214.—V. MARIAGE.

5. — La déclaration de 1639 exigeait la cohabitation publique des époux pour l'honneur et les effets civils du mariage ; quelques coutumes mêmes voulaient que le mariage ne fût réputé consommé que par la cohabitation ; c'est ainsi que la coutume de Normandie portait que la femme ne gagnait son douaire qu'au coucher. — Le mariage aujourd'hui est consommé par la prononciation de l'union faite par l'officier de l'état civil.—V. ACTES DE L'ÉTAT CIVIL, n° 402.

6. — La cohabitation produit certains effets d'après notre loi actuelle : 1° continuée pendant six mois, depuis la découverte de l'erreur ou le recouvrement de la liberté, elle rend inadmissible l'action en nullité de mariage pour cause de consentement non libre et d'erreur (C. civ., art. 180. — V. MARIAGE) ; — 2° en matière de filiation, le mari peut exercer l'action en désaveu en établissant l'impossibilité de cohabitation pendant le temps déterminé par l'art. 312 (V. DÉSAVEU DE PATERNITÉ, FILIATION) ; — 3° constatée après une demande en séparation de corps, elle aurait pour résultat le rejet de cette demande; rétablie après la séparation prononcée, elle en ferait cesser les effets, la cohabitation supposant nécessairement la réconciliation des époux. — V. SÉPARATION DE CORPS.

7. — La cohabitation illicite ou concubinage est celle qui peut exister entre deux personnes qui ne sont pas unies par mariage. Or, cette cohabitation peut avoir lieu : 1° entre personnes libres (V. CONCUBINAGE); — 2° entre personnes unies entre elles par certains liens de parenté qui interdisent le mariage (V. INCESTE); — 3° entre personnes engagées, soit toutes les deux, soit l'une d'elles seulement, dans les liens du mariage.—V. ADULTÈRE, MARIAGE.

V. ACTES DE L'ÉTAT CIVIL, ADULTÈRE, CONCUBINAGE, DÉSAVEU DE PATERNITÉ, DOMICILE, INCESTE, MARIAGE, SÉPARATION DE CORPS.

COHÉRITIER.

1.—C'est celui qui a recueilli une portion héréditaire de succession, et qui se trouve dans l'indivision avec les autres successeurs.

2. — On doit dire à l'égard de ce mot qu'il comprend dans son acception la plus générale non seulement les héritiers du sang ou les héritiers légitimes, qui tiennent leur droit de la loi, mais encore les héritiers ou légataires universels ou à titre universel institués par testament, et les donataires universels de la totalité ou d'une quote part des biens présens et à venir, institués par contrat de mariage ; les enfans naturels qui sont héritiers irréguliers; en un mot tous ceux qui ont à partager ensemble une succession indivise.—L. 128, ff., *De reg. jur.*;— Toullier, t. 4, n° 439.—V. HÉRITIER, PARTAGE, PRIVILÉGE, RAPPORT A SUCCESSION, RETRAIT SUCCESSORAL, SUCCESSION.

COINTÉRESSÉ.

C'est celui qui a un intérêt commun avec d'autres, soit en demandant soit en défendant.—V. ACQUIESCEMENT, APPEL, CHOSE JUGÉE, ENREGISTREMENT.

COIFFES (Faiseuses et marchandes de).

Les faiseuses et marchandes de coiffes de femmes sont rangées par la loi du 25 avr. 1844, sur les patentes, dans la septième classe des patentables, et imposées à : 1° un droit fixe basé sur le chiffre de la population de la ville ou commune où est situé l'établissement; — 2° un droit proportionnel du quarantième de la valeur locative des locaux occupés par les patentables, mais seulement dans les communes d'une population de 20,000 ames et au-dessus. — V. PATENTE.

COIFFEURS.

Les coiffeurs sont rangés par la loi du 25 avr. 1844, sur les patentes, dans la sixième classe des patentables, imposés à : 1º un droit fixe basé sur le chiffre de la population de la ville ou commune où est situé l'établissement ; — 2º un droit proportionnel du vingtième de la valeur locative de la maison d'habitation et des locaux servant à l'exercice de la profession. — PATENTE.

COLIS.

Mot générique pour désigner un ballot, une caisse, un baril, un sac, etc. — V. BALLOTS DE MARCHANDISES, nos 5 et suiv.

COLLATÉRAL.

1. — Ce terme désigne le rapport de parenté qui existe entre des personnes qui, sans descendre les unes des autres, se rattachent à la même souche. Ainsi les deux frères ou sœurs, les oncles et tantes, relativement à leurs neveux et nièces, et, *vice versâ*, les cousins, sont parens collatéraux.

2. — A la différence des descendans et des ascendans qu'une même ligne lie successivement de l'un à l'autre, les frères et autres parens plus éloignés sont (comme l'étymologie du mot *collatéral* l'indique) placés entre eux les uns *à côté des autres*, chacun dans sa ligne, sous les ascendans qui leur sont communs. — Toullier, t. 4, nº 70. — V. PARENTÉ.

3. — On appelle *succession collatérale* celle qu'on recueille d'un parent collatéral, et *héritier collatéral* celui qui recueille cette succession. — V. SUCCESSION.

COLLATION.

1. — En matière ecclésiastique le mot *collation* (droit de) désigne le droit de conférer un bénéfice et d'en donner des provisions. — On appelle aussi *collation* l'acte par lequel un collateur, usant de son droit, confère à quelqu'un un bénéfice qui est à sa nomination, lui donne titre et provisions pour posséder le bénéfice.

2. — Le droit de collation n'a plus d'objet en France depuis l'abolition des bénéfices. — Merlin, *Rép.*, vº *Collation (droit de)*.

COLLATION DE PIÈCES.

1. — C'est la comparaison que l'on fait des copies de pièces avec leurs originaux, pour constater la conformité exacte et littérale des uns avec les autres. — Merlin, *Rép.*, vº *Collation de pièces*.

2. — On appelle *copie collationnée* la copie d'une pièce représentée et rendue, au bas de laquelle l'officier public qui la délivre a placé un certificat qui atteste sa conformité avec la pièce sur laquelle elle a été faite.

3. — Les parties qui ont le droit de se faire délivrer des expéditions, peuvent les collationner sur la minute, dont lecture est faite par le dépositaire. Si elles prétendent qu'elles ne sont pas conformes, il doit en être référé, à jour indiqué par le procès-verbal, au président du tribunal, lequel fait la collation sur la minute apportée par le dépositaire. — Les frais du procès-verbal, ainsi que ceux du transport du dépositaire, sont avancés par le requérant. — C. procéd., art. 852.

4. — La collation peut aussi être faite d'autorité de justice ; ainsi dans le cours d'un procès, en vertu d'une ordonnance du juge. Elle se fait, dans ce cas, par les notaires ; mais elle peut aussi être faite par le juge lui-même. — C. procéd., art. 849. — V. COMPULSOIRE.

5. — La collation peut être faite non seulement sur des actes authentiques, sur les minutes ou expéditions de ces actes, mais encore sur des actes sous seing-privé. — Lett. min. fin., 5 sept. 1809 ; Rolland de Villargues, *Rép. du notar.*, vº *Copie collationnée*, nº 3.

6. — Elle ne peut être faite que par une personne publique ayant pouvoir à cet effet (Ferrière, *Parfait notaire*, liv. 1er, chap. 27) ; c'est-à-dire par un notaire. — Rolland de Villargues, *ibid.*

7. — Jugé, en ce sens, qu'il n'y a en droit d'autre collation en forme que celle qui est faite par un officier public, parties présentes ou dûment appelées. — *Cass.*, 13 août 1833, Enreg. c. Proal.

8. — Ainsi, pour que la collation d'actes à laquelle la régie de l'enregistrement peut faire procéder, dans le cas de l'art. 56, L. 22 frim. an VII, soit régulière, il faut non seulement qu'elle soit faite devant notaire, mais encore que les parties intéressées y aient été présentes ou dûment appelées. — Même arrêt.

9. — La collation doit être faite par le notaire dépositaire de la minute. Le nº 3, art. 1335, porte : « Lorsque les copies tirées sur la minute d'un acte ne l'auront pas été par le notaire qui l'a reçu, ou par l'un de ses successeurs, ou par officiers publics qui, en cette qualité, sont dépositaires des minutes, elles ne pourront servir, quelle que soit leur ancienneté, que de commencement de preuve par écrit. »

10. — La copie collationnée, délivrée par des notaires sur la minute d'un acte que ni eux ni leurs prédécesseurs n'avaient reçu, minute qui leur a été seulement représentée par l'une des parties en l'absence des autres, et qu'ils ont rendue à l'instant même à cette partie, ne peut être considérée comme formant un titre suffisant qui puisse, par exemple, faire accueillir une demande en délaissement. — *Cass.*, 27 janv. 1825, comm. de Vassincourt c. de Bouvet.

11. — Toutefois, elle forme un commencement de preuve par écrit, bien qu'elle remonte à moins de trente ans. — *Montpellier*, 22 fév. 1831, Dausse c. Genestal.

12. — Lorsqu'un tribunal a confié temporairement les minutes d'un notaire décédé à un autre notaire, en l'autorisant à délivrer des expéditions, ces expéditions ne sont pas des copies collationnées. Le notaire est, dans ce cas, *officier public dépositaire, en cette qualité, des minutes.* — C. civ., art. 1335 ; décis. min. fin., 22 juin 1823 ; — *Dict. enreg.*, vº *Collation*, nº 15 ; *Dict. not.*, vº *Copie collationnée*, nº 3 ; Rolland de Villargues, *ibid.*, nº 8.

13. — *Quid* des copies délivrées par les notaires des actes qui se trouvent dans les dépôts publics, connus sous les noms de *chambres de contrats, bureaux de tabellionage* et autres ? — Il paraît résulter des termes de l'art. 60, L. 25 vent. an XI, que ces copies sont de véritables grosses ou expéditions, et ne sont point de simples copies collationnées. — Décis. min. fin., 18 avr. 1809 ; — *Dict. enreg.*, vº *Collation*, nº 11 ; *Dict. not.*, vº *Copie collationnée*, nº 4 ; Rolland de Villargues, *ibid.*, nº 7.

14. — Ce qu'on vient de dire s'applique aux copies qui sont faites sur des actes déposés aux notaires par les parties, ou dont celles-ci ont requis l'annexe à un acte notarié. Ces copies, auxquelles on a donné quelquefois, mais improprement, le nom de *copies collationnées*, sont de véritables *expéditions.* — L. 25 vent. an XI, art. 21 ; — *Dict. not.*, *ibid.*, nº 5 ; Rolland de Villargues, *ibid.*, nº 6.

15. — Les copies collationnées nécessitent-elles l'assistance d'un notaire en second ou de témoins ? — Le doute est né de ce que, régulièrement, de pareilles copies ne font aucune foi par elles-mêmes (C. civ., art. 1335, § 2 et 4) ; mais l'on s'est accordé à penser que le certificat que l'on place ainsi au bas de la copie collationnée est un véritable *acte* ; comme tel, il doit donc être reçu par deux notaires, ainsi que cela se pratique à Paris, ou par un notaire et deux témoins, alors surtout que le notaire certifie la conformité d'une pièce qui lui est représentée et qu'il rend à l'instant. — *Dict. notar.*, *ibid.*, nº 7 ; Rolland de Villargues, *ibid.*, nº 10.

16. — Lorsque la copie collationnée est faite d'autorité de justice ou du consentement des parties, cette copie collationnée doit avoir la même force que la première expédition en forme. — Toullier, t. 8, nº 440 ; Rolland de Villargues, *ibid.*, nº 11. — V. au surplus COPIE.

17. — Toutefois, l'expédition d'un jugement de condamnation, même revêtue de la formule exécutoire, que le greffier remet au créancier contre le débiteur, ne saurait être considérée que comme une copie de la minute de ce jugement. Aussi la partie poursuivie peut demander, conformément à l'art. 1334, C. civ., que l'expédition qu'on lui oppose soit collationnée avec ladite minute pour savoir si toutes les formes constitutives d'un jugement ont été observées. — *Bordeaux*, 20 juin 1840 (t. 2 1840, p. 275), Duranty c. Barbe.

18. — Lorsque plusieurs pièces sont comprises dans la même copie collationnée, elles doivent être copiées à la suite les unes des autres. Une seule signature du notaire doit certifier toutes ces copies. C'est un usage constant. — Rolland de Villargues, *ibid.*, nº 12.

19. — Les copies collationnées doivent être datées. — Rolland de Villargues, *ibid.*, nº 13.

20. — Elles doivent être, comme les autres actes, portées au répertoire, et soumises à l'enregistrement dans le délai commun aux actes notariés. — Décis. min. fin., 9 prair. an XII ; instr. de la régie, 1er messid. et suiv.

21. — La collation ne peut avoir lieu sur un acte sujet à l'enregistrement, s'il n'a été préalablement enregistré. — L. 22 frim. an VII, art. 41 et 42. — Toutefois, cette disposition ne s'applique pas aux actes ayant date certaine antérieurement à l'établissement du contrôle ; il n'est nécessaire ni de les faire timbrer, ni de les faire enregistrer avant d'en faire des copies. — Décis. min. fin., 4 sept. 1824 ; instr. gén., 18 déc. 1824, nº 1150, § 1er ; — Rolland de Villargues, *ibid.*, nº 23 ; *Dict. notar.*, *ibid.*, nº 13. — V. au surplus ENREGISTREMENT.

COLLE. — COLLEUR.

1. — Les fabricans de colle-forte sont mis par la loi du 25 avr. 1844, sur les patentes, au nombre des patentables, et imposés à : 1º un droit fixe de 25 fr. pour cinq ouvriers et au-dessous, plus 3 fr. par chaque ouvrier en sus, jusqu'au maximum de 100 fr. ; — 2º un droit proportionnel du vingtième de la valeur locative de la maison d'habitation et des magasins de vente complétement séparés de l'établissement, et du vingt-cinquième de la valeur locative de l'établissement industriel.

2. — Les fabriques de colle-forte sont classées, eu égard à la mauvaise odeur qu'elles répandent, dans la première classe des établissemens insalubres. — V. ÉTABLISSEMENS INSALUBRES (nomenclature).

3. — Les fabricans de colle, pour la clarification des liqueurs, sont rangés dans la cinquième classe des patentables, et imposés à : 1º un droit fixe ; — 2º un droit proportionnel du vingtième de la valeur locative de la maison d'habitation et des locaux servant à l'exercice de la profession.

4. — Les fabricans de colle de pâte et de peau sont rangés dans la septième classe des patentables, et imposés à : 1º un droit fixe, basé sur le chiffre de la population de la ville ou commune où est situé l'établissement ; — 2º un droit proportionnel du quarantième de la valeur locative de tous les locaux occupés par les patentables, mais seulement dans les communes d'une population de 20,000 ames et au-dessus

5. — Les colleurs d'étoffes sont rangés dans la cinquième classe des patentables, et imposées à : 1º un droit fixe, basé sur le chiffre de la population de la ville ou commune où est situé l'établissement ; — 2º un droit proportionnel du vingtième de la valeur locative de la maison d'habitation et des locaux servant à l'exercice de la profession.

6. — Les fabriques de parchemin et d'amidon présentant très peu d'inconvéniens, sont classées dans la troisième classe seulement des établissemens insalubres.

7. — Quant aux fabriques de colle de peau de lapin, qui laissent échapper un peu de mauvaise odeur, elles sont rangées dans la deuxième classe. — V. ÉTABLISSEMENS INSALUBRES (nomenclature).

8. — Les colleurs de chaînes pour fabrications des tissus sont rangés dans la septième classe des patentables et imposés au même droit fixe que les précédens, sauf la différence de classe, et à un droit proportionnel du quarantième de la valeur locative de tous les locaux occupés par les patentables, mais seulement dans les communes d'une population de 20,000 ames et au-dessus.

9. — Les colleurs de papiers peints sont rangés dans la huitième classe des patentables, et imposés aux mêmes droits que les précédens, sauf la différence de classe.

COLLECTE. — COLLECTEUR.

1. — On donnait autrefois le nom de *collecte* au recouvrement qui se faisait des deniers provenant d'un droit ou d'une imposition quelconque. — Guyot, *Rép.*, vº *Collecte*.

2. — Dans les anciens titres et auteurs, la collecte signifiait, il est vrai, non seulement la perception ou le recouvrement de l'impôt ou contribution, mais encore l'impôt lui-même : c'est en ce dernier sens notamment qu'il est employé par Mathieu Paris, lorsqu'il dit en parlant de saint Louis : *Jussit quasdam collectas et taillas, tàm in clero quàm in populo, fieri graviores.* — *Encycl. méthod.*, vº *Collecte*.

3. — On nommait *collecteurs* ceux par les soins de qui avait lieu la perception des impôts, quelle que fût leur nature, et notamment ceux de la taille et du sel dans les pays de gabelle.

4. — Les collecteurs furent nommés par les *élus* jusqu'à François Ier, dont l'ordonnance du 30 juin 1517 (art. 2) fit défense aux élus de s'ingérer désormais dans ces nominations, qui durent être faites désormais par la communauté des habitans de la paroisse.

5. — La fonction ou plutôt la charge de *collecteur* pouvait être imposée en principe à tous les habitans ; pour éviter les discussions auxquelles donnait lieu presque toujours cette nomination, l'usage et plus tard les réglemens et ordonnances prescrivirent la distribution des habitans par colonnes, dans chacune desquelles on prenait un ou deux collecteurs, suivant la force de la paroisse. —

Aux termes de l'édit de mars 1600, la nomination dut avoir lieu à tour de rôle et suivant l'ordre du tableau.

6.—Étaient exempts de la collecte : 1° tous ceux qui étaient exempts de la taille personnelle , par cela même qu'ils n'étaient pas sujets à l'impôt ; — 2° ceux taxés d'office à la taille suivant leurs cotes pussent être modifiées par les collecteurs ; — 3° les commis des fermes ; — 4° les avocats, médecins, chirurgiens ne faisant aucune profession mécanique ; — 5° les septuagénaires et infirmes tels qu'ils insensés, épileptiques, etc. ; — 6° les marguillie s en charge ; — 7° les habitans ayant huit enfans ; — 8° les officiers privilégiés, avec certaines distinctions ; — 9° les officiers des maîtrises des eaux et des forêts ; — 10° les receveurs des consignations et leurs commis ; — 11° les gardes des haras ; — 12° les maîtres de postes ; — 13° les membres de la maréchaussée ; — 14° les chefs des juridictions consulaires ; — 15° les greffiers des domaines ; — 16° les gens de mainmorte et des injonctions ecclésiastiques ; — 17° ces suppôts de l'université de Paris. — C'était, du reste, à celui qui excipait du privilège de l'exemption des fonctions de collecteur à l'établir.

7.—De même encore, ceux qui étaient élus procureurs syndics de leur communauté ne devaient pas en même temps être collecteurs dans l'année de leur syndicat; il n'eût pas été juste de leur imposer ces deux charges à la fois.—Guyot, loc. cit.

8.— Le nombre des collecteurs variait suivant l'importance des paroisses ; une fois nommés, la charge devait être remplie nonobstant (déclaration du 12 févr. 1663) translation ultérieure du domicile dans une autre paroisse.

9.— Les collecteurs nommés recevaient douze deniers pour livre de salaire , réduits plus tard à six ; toutefois la déclaration de 1517, ajoutait : « Si mieux n'aime quelqu'autre habitant se charger de cette collecte à moindre frais. » Les collecteurs prennent dans ce cas le nom de collecteurs volontaires.

10.— Les autres collecteurs étaient dits nécessaires; or si, en l'absence de collecteurs volontaires, la communauté des habitans n'avait point procédé à la nomination des collecteurs nécessaires, il en était nommé d'office, soit par les commissaires départis, soit par les élus.

11.— Les collecteurs des tailles étaient chargés de la double obligation de répartir l'impôt entre les habitans et de le percevoir eux-mêmes, et sans pouvoir déléguer ce soin à aucun sergent; — Ils avaient contre les contribuables en retard la voie de la saisie-exécution sur les meubles et fruits avec privilége, mais non la contrainte par corps, qui au contraire les atteignait au cas où ils n'opéraient pas les versemens aux époques prescrites. Toutefois, la rigueur de ces poursuites contre les collecteurs, rigueur qui allait même jusqu'à rendre responsables solidairement tous les habitans de la paroisse, fut adoucie par la déclaration du 3 janvier 1775, qui supprima la contrainte solidaire à l'égard des principaux habitans.

12.— Mais il fut jugé, par arrêt de la cour des Aides du 27 mars 1775, que le bénéfice de cette déclaration ne s'appliquait qu'à la collecte des tailles, et non à celle du sel. — Les règles sur cette dernière collecte étaient du reste en général les mêmes que celles de la collecte des tailles. — V. IMPÔT, PERCEPTEUR.

13.— Outre les collecteurs proprement dits, on connaissait encore les collecteurs des amendes, qui n'étaient autres que les officiers proposés pour faire payer les amendes prononcées au sujet des contraventions relatives aux ordonnances et règlemens qui concernent les eaux et forêts, et qui supprima un édit du mois d'août 1777. — V. FORÊTS.

14.—On donnait encore le nom de collecteurs du pape en France, aux personnes qui, dans diverses circonstances et du consentement du roi de France, furent chargées de percevoir sur le saint-siège, soit certaines impositions sur les bénéfices, soit les droits sur les bénéfices. — Encyclop. method., loc. cit.

15.— Les collecteurs ont disparu avec l'ancien système d'impôts; ils ont été formellement abolis par la loi du 22-28 août 1792, art. 5.—Les fonctions attribuées aux collecteurs sont aujourd'hui remplies par les répartiteurs et les percepteurs des contributions.—V. CONTRIBUTIONS DIRECTES, CONTRIBUTIONS INDIRECTES, FORÊTS, IMPÔT, PERCEPTEUR.

COLLÉGE.

Table alphabétique.

COLLÉGE.— 1. — On appelle collèges, en général, une réunion de personnes légalement réunie et constituée dans un intérêt de corporation, ou pour l'accomplissement de certains actes déterminés par la loi. C'est ainsi qu'on dit le collège des cardinaux, un collège d'avocats, un collège électoral. Ce mot vient du latin colligere, rassembler.

2. — Dans la langue universitaire, un collège est un établissement fondé par le gouvernement, placé sous son autorité, et destiné à donner à la jeunesse une instruction nationale, ou par opposition à l'instruction primaire, on nomme enseignement secondaire.

3. — Il ne sera question ici que des collèges consacrés à l'enseignement. Pour les collèges d'avocat, V. AVOCAT.

4.—On distingue les collèges en collèges royaux, collèges communaux et collèges de plein exercice. Après ces établissemens, nous parlerons d'un établissement d'une matière plus élevée, du collège de France.

SECT. 1re. — Collèges royaux (no 5).

§ 1er. — Enseignement dans les collèges royaux (no 5).

§ 2.—Personnel et administration des collèges royaux (no 12).

SECT. 2e. — Collèges communaux (no 39).

SECT. 3e. — Collèges particuliers ou de plein exercice (no 51).

SECT. 4e. — Collège de France (no 58).

Sect. 1re. — Collèges royaux.

§ 1er.—Enseignement dans les collèges royaux.

5. — Dans la hiérarchie des établissemens de l'université, les collèges royaux viennent immédiatement après les facultés. Les collèges royaux ont été créés sous le nom de lycées par la loi du 11 flor. an X, dont les art. 9 et suiv. règlent l'organisation de ces établissemens et le mode de pourvoir aux chaires vacantes.

6.—L'art. 5, décr. 17 mars 1808, conservé aux collèges royaux le même rang dans la hiérarchie universitaire.

7.—On y enseigne les langues anciennes, l'histoire, la rhétorique, la logique et les élémens des sciences physiques et mathématiques.—Même article. — Il faut y joindre l'étude de la philosophie et celle d'une langue vivante.

8. — Les bases de l'éducation des collèges sont la religion, la monarchie, la légitimité et la charte. L'enseignement est uniforme dans tous les collèges.— Ord. 27 fév. 1821, art. 13 et 16. — Il y a un

aumônier dans chaque collège.—Arrêté du 24 frim. an XI, art. 28.

9. — Le conseil royal de l'instruction publique, chargé de publier le catalogue des livres d'enseignement, peut cependant varier les objets de l'enseignement suivant les besoins et les localités. L'uniformité doit être entendue en ce sens, que les mêmes objets sont enseignés de la même manière. — Rendu, Code universit., p. 165 ; — Ord. 26 mars 1829, art. 17.— L'organisation et la distribution des classes sont déterminées par l'arrêté du 24 frim. an XI.

10.— Chaque collège doit contenir une bibliothèque de quinze cents volumes. Toutes les bibliothèques doivent être composées des mêmes ouvrages. Aucun autre livre ne peut y être placé sans l'autorisation du ministre de l'instruction publique. — Un élève a le titre de bibliothécaire, et est assisté de deux adjoints. — Arrêté du 24 frim. an XI, art. 27.

11.—L'enseignement des sciences doit être séparé de celui des lettres.—Ord. 27 fév. 1821.— Cette ordonnance ajoutait deux dispositions qui ne sont plus en vigueur, savoir : le cours de philosophie durera deux ans ; — les leçons ne pourront être données qu'en latin. Cette dernière disposition, qui n'avait jamais été exactement appliquée, se trouve abrogée par l'art. 17, ord. 26 mars 1829.

§ 2. — Personnel et administration des collèges royaux.

12. — Les collèges royaux sont administrés par un proviseur, qui a sous lui un censeur des études et un économe.

13.—Dans la hiérarchie universitaire, les proviseurs prennent rang après les professeurs des facultés. — Ils doivent être docteurs ès-lettres et bacheliers ès-sciences. Les censeurs doivent être licencés ès-lettres et licenciés ès-sciences. — Décr. 17 mars 1808, art. 31. — Il fut, de plus, qu'ils soient agrégés (Ord. 29 sep 1820), s'ils n'ont été nommés, antérieurement à cette dernière ordonnance, professeurs titulaires d'une chaire, soit dans une faculté des lettres ou des sciences, soit dans un collège royal.

14.—Depuis l'ord. du 26 mars 1829, art. 18, confirmée par celle du 29 sept. 1882, il suffit qu'ils soient licenciés dans l'une des facultés des lettres et des sciences.

15. — Ils sont de droit officiers d'académie. Le titre d'officier de l'université leur est aussi accordé par le grand-maître à raison de leurs talens et de leurs services. — Id., art. 35 et 36.

16. — Les économes étaient appelés dans l'origine procureurs gérans des lycées. — L. 11 flor. an XI, art. 18 ; arrêté du 27 prair. an XI, art. 21 et suiv.

17.—Ce dernier arrêté impose aux économes l'obligation de fournir un cautionnement de 9,000 fr., affecté sur un immeuble libre de toute hypothèque. — Leurs obligations sont tracées par le § 2 de cet arrêté.

18.—Lorsqu'un économe avoue qu'il ne s'est pas conformé aux règlemens pour la sûreté des fonds déposés dans sa caisse, s'il ne justifie pas, d'ailleurs, que la somme qu'il prétend lui avoir été volée existât dans sa caisse, le conseil royal de l'instruction publique peut le forcer en recette de cette somme, alors même qu'un domestique aurait été condamné à vingt ans de travaux forcés pour un vol dans l'établissement et à une époque contemporaine. — Cons. d'état, 31 mars 1825, Clérisseau.

19. — Il en est de même du prix de la pension payée par les élèves, et non portée sur les livres, s'il est constant que le montant en a été inscrit sur l'établissement et que leur pension a été payée. — Cons. d'état, 30 nov. 1832, Noblot et Université.

20. — Il est encore responsable des sommes non recouvrées sur les fournisseurs du collège. — Même arrêt.

21.—L'économe est chargé de recevoir le prix des pensions des élèves, des consignations pour les examens et le montant des diplômes. Il est chargé de payer les traitemens du proviseur, du censeur, des professeurs, des maîtres d'études, et, en général, de toutes les personnes qui tiennent au collège.

22. — Il ne peut payer valablement au proviseur, à titre de supplément de traitement, une somme qui n'a pas été allouée à ce proviseur par le conseil académique; l'économe reste débiteur de cette somme, s'il l'a payée au proviseur.—Cons. d'état, 30 nov. 1832, Noblot et Université.—Chevalier, Jurisp. admin., v° Instruction publique, p. 181.

23. — S'il a été fourni un logement à l'économe dans les bâtimens du collège, et qu'il ait été empêché d'en jouir par des circonstances à lui personnel

nelles, il ne peut s'allouer une indemnité à raison du logement qu'il aurait pris en ville. — *Cons. d'état*, 30 nov. 1832, Noblot.

24. — L'enseignement y est confié à des professeurs, qui sont divisés en deux classes : ceux des classes de grammaire, depuis les plus faibles jusques et y compris la troisième ; et les classes des lettres, qui comprennent la deuxième, la rhétorique et la philosophie. Il y a aussi deux classes de professeurs de mathématiques : une pour les mathématiques élémentaires, l'autre pour les mathématiques spéciales.

25. — Les élèves sont placés sous la surveillance des maîtres d'études, dont le nombre doit être calculé de manière qu'il y en ait un pour vingt-cinq élèves. — Ord. 24 mars 1829, art. 13.

26. — Les professeurs des colléges royaux ne peuvent être pris que parmi les classes d'agrégés, c'est-à-dire parmi ceux qui auront subi les épreuves d'un concours dont les formes sont déterminées par des réglemens du conseil royal de l'instruction publique.

27. — Les maîtres d'études des colléges, les régens des colléges communaux et les élèves de l'école normale, concourent entre eux pour l'agrégation au professorat des colléges royaux. — Déc. 17 mars 1808, art. 119.

28. — Il y a des concours d'agrégation dans chaque chef-lieu d'académie ; les agrégés sont nommés par les recteurs ; ils remplacent les professeurs des colléges royaux, et sont employés dans les colléges communaux et autres établissemens du ressort. Ils sont institués par le grand-maître, qui déterme le nombre des agrégés qui doivent être attachés à chaque académie, et fixe l'époque des concours. — Ord. 8 avr. 1824.

29. — Le nombre des agrégés reçus dans les concours ne peut excéder le tiers de celui des professeurs. — Ils ont un traitement annuel de 400 fr., jusqu'à ce qu'ils soient placés dans un collége. — Ord. 17 mars 1808 art. 121 et 122.

30. — Les traitemens des fonctionnaires des colléges royaux sont gradués suivant un tableau divisé en trois classes. — Arr. 19 frim. an II, art. 20. — Les fonctionnaires des colléges reçoivent un supplément de traitement, quant il y a excédant dans les recettes. Les maîtres d'études reçoivent également une augmentation de 200 fr. par an, au bout de six années d'exercice dans le même collége, de 300 fr. au bout de huit années, et de 400 fr. après dix années. — Ord. 26 mars 1829, art. 16.

31. — Il est un autre cas où ce traitement des maîtres d'études peut être augmenté de 200 fr., sans préjudice de l'augmentation dont il vient d'être parlé. C'est lorsqu'ils ont été reconnus capables d'obtenir le grade d'agrégés dans l'une des facultés des lettres ou des sciences. — Même article.

32. — Le prix de la pension est de 600 fr. à 750 fr., suivant les localités. Il est de 900 fr. à Paris. Les élèves qui devraient plus d'un semestre de leur pension seront remis à leurs parens par les proviseurs. — Ord. 12 mars 1817.

33. — Indépendamment des élèves payant pension, il y a dans les colléges des élèves que l'état admet gratuitement et d'autres auxquels il fait remise d'une partie de la pension, ordinairement de la moitié. Ces élèves sont dits *boursiers* ou *demi-boursiers*. — La loi du 11 flor. an X appelait ces élèves les *élèves nationaux*, dénomination plus digne de l'institution que celle qu'on emploie aujourd'hui, et qui a le tort de rappeler le bienfait à raison duquel on la donne. — V. BOURSES DE COLLÉGE.

34. — Le recouvrement des sommes dues par les parens des élèves particuliers ou simples demi-boursiers est poursuivi par le procureur du roi, à la requête des proviseurs. Le ministre de l'instruction publique peut arrêter les poursuites, en cas d'indigence constatée, et accorder aux débiteurs des dégrèvemens partiels ou une décharge entière. — Ord. 12 mars 1817, art. 16 et 17.

35. — Les colléges ayant des recettes et des dépenses annuelles ont un budget qui comprend l'aperçu de ces recettes et de ces dépenses.

36. — Le budget fait partie du budget de l'académie dans le ressort de laquelle se trouve le collége. Il est discuté et voté par le conseil académique, et définitivement arrêté par le grand-maître de l'Université, en conseil royal de l'instruction publique. — Ord. 31 mai 1838, art. 662.

37. — Les colléges royaux sont des établissemens publics qui, par suite de leur destination, ont la capacité nécessaire pour posséder des biens à titre de propriétaire. Les biens que possède un collége se forment d'abord de l'excédant des recettes sur les dépenses, des choses acquises pour le service du collége ou avec l'excédant des recettes. Ils peuvent aussi se trouver constitués au moyen de donations ou fondations faites par des particuliers. Les actions judiciaires qu'un collége peut avoir lieu d'intenter doivent être exercées au nom et à la requête du proviseur chef de l'administration de l'établissement, mais sous la haute tutelle de l'administration supérieure.

38. — La discipline intérieure des colléges royaux, leur administration, le mode et l'étendue de leur enseignement, leurs revenus et leurs dépenses sont l'objet d'un assez grand nombre de dispositions dont les bases se trouvent dans les notions qui précèdent. — V. d'ailleurs Rendu, *Code universit.*, p. 142, 143, 449 et suiv.

Sect. 2e. — *Colléges communaux*.

39. — A la suite des établissemens appelés *lycées*, et qu'on nomme aujourd'hui *colléges royaux*, la loi du 1er flor. an X appelait *écoles secondaires* les écoles établies par les communes, et qu'on appelle *colléges communaux*.

40. — Un arrêté du 4 messid. an X prescrivit aux préfets et aux sous-préfets de visiter, dans leurs subdivisions territoriales, les établissemens privés et de faire connaître ceux qui, par leur position, leur personnel et le degré de leur enseignement, étaient susceptibles de devenir *écoles secondaires*. — V. *infrà* no 54.

41. — L'art. 7 de la loi du 11 flor. an X promettait, au nom du gouvernement, la concession de locaux propres à l'établissement de ces écoles. Le 30 frim. an XI, un arrêté a été rendu pour l'exécution de cette promesse.

42. — Un autre arrêté du 19 vend. an XII règle l'organisation de ces écoles, leur personnel, le mode et l'étendue de l'enseignement, en un mot, tout ce qui se rattache à l'administration et à la direction des écoles secondaires. Sous beaucoup de rapports cet arrêté pourrait, aujourd'hui encore, être consulté avec fruit.

43. — Le décret du 17 mars 1808, parle, dans son article 5, *des colléges et écoles secondaires communales*. Aujourd'hui ces deux qualifications n'en forment plus qu'une seule : les *colléges communaux*. Ces colléges sont divisés en deux classes, selon le degré d'enseignement qui y est autorisé. — Déc. 15 nov. 1811, art. 10.

44. — Ils doivent être autorisés par le gouvernement, et ils sont placés sous la surveillance des maires et sous l'autorité des sous-préfets et des préfets. — L. 11 flor. an X ; arrêté 30 frim. an XI.

45. — Ces colléges sont administrés par un *principal* ; dans quelques colléges communaux importans il y a un *sous-principal*. L'enseignement y est donné par des professeurs qui portent la qualification spéciale de *régens*, et dont le nombre varie selon l'importance du collége et les besoins de l'enseignement qu'on y donne.

46. — C'était un principe de notre ancien droit français qu'au roi appartenait l'érection des colléges ; les particuliers pouvaient bien les bâtir, les doter, mais il fallait la permission du roi pour les ériger. — Denisart, vo *Collége*, no 3. — Aujourd'hui les colléges communaux peuvent être érigés en colléges royaux par le grand-maître de l'université, après délibération du conseil royal de l'instruction publique. — Déc. 15 nov. 1811.

47. — Ces colléges reçoivent des externes et des pensionnaires payans. On prélève les frais de l'établissement sur le produit du prix payé par les élèves ; et si ces fonds sont insuffisans, la commune y supplée sur ses revenus libres. — Déc. 30 frim. an XI.

48. — Les dépenses des colléges à la charge des communes sont réglées chaque année, avant la rédaction du budget de ces communes, sur l'avis des recteurs et sur la proposition du grand-maître, par le conseil royal de l'instruction publique.

49. — Les comptes des dépenses qui seront à la charge des communes sont rendus chaque année par le principal à un bureau composé du maire président, d'un membre du conseil de l'académie, ou autre délégué (dans l'usage on délègue un régent du collége qui doit faire parvenir au recteur une copie certifiée du compte qui a été rendu), de deux membres du conseil d'arrondissement et de deux membres du conseil municipal. Ces quatre derniers sont délégués chaque année par le préfet. — Ord. 15 nov. 1811, art. 18.

50. — Pour les règles relatives aux bourses des colléges communaux, V. BOURSES DE COLLÉGE.

Sect. 3e. — *Colléges particuliers ou de plein exercice*.

51. — La loi du 11 flor. an X, développant l'idée dont le germe est déposé dans la constitution du 5 fruct. an III, place entre les écoles spéciales et les écoles primaires les écoles secondaires établies par les communes ou *tenues par des maîtres particuliers*. — Art. 1er.

52. — La loi du 11 flor. an X, en considérant comme école secondaire toute école tenue par des particuliers, ne permet d'en établir qu'avec l'autorisation du gouvernement, et les place sous l'autorité et l'inspection des préfets et sous-préfets. — art. 6 et 8.

53. — Ces écoles secondaires sont devenues les colléges communaux. — V. *suprà* no 39. — Le décret du 17 mars 1808 parle des lycées (colléges royaux), des colléges (colléges communaux), des écoles secondaires, ce sont les colléges assimilés aujourd'hui aux colléges communaux et dont nous allons parler.

54. — Les maisons particulières d'éducation qui ont mérité la confiance des familles tant par leur direction religieuse et morale que par la force de leurs études, peuvent, sans cesser d'appartenir à des particuliers, être converties par le conseil royal en colléges de plein exercice, et jouir, à ce titre, des priviléges accordés aux colléges royaux et communaux. — Ord. 27 fév. 1821, art. 21. — V. *suprà* no 40.

55. — Ces colléges sont soumis à la rétribution universitaire, et demeurent sous la surveillance de l'université, pour ce qui concerne l'instruction. Les professeurs ne peuvent exercer leurs fonctions que lorsqu'ils ont obtenu au concours le titre d'agrégés. — Même ord., art. 22.

56. — Il peut être établi dans les colléges, sur la proposition du recteur et en vertu d'une décision du conseil royal, des classes primaires non soumises à la rétribution universitaire, mais pour leurs externes seulement. Ces classes doivent être séparées des autres. — Arrêtés 17 oct. 1815, 21 août 1818 et 26 avr. 1835. — V. INSTRUCTION PRIMAIRE.

57. — Les colléges particuliers ne peuvent pas recevoir d'externes dans les villes où il existe des colléges royaux ou communaux, ni même dans les autres, sans une autorisation spéciale. — Ord. 27 fév. 1815, art. 23.

Sect. 4e. — *Collége de France*.

58. — Le collége de France a été fondé à Paris en 1530, par François Ier, et ce n'est pas l'un des moindres titres de ce prince au surnom de *Père des Lettres* qui lui a été décerné. — Les professeurs de ce collége portent aujourd'hui encore le titre de *Lecteurs du Roi*

59. — Ils étaient d'abord au nombre de douze seulement. Les chaires furent successivement augmentées. On y enseigne aujourd'hui : l'astronomie, — les mathématiques, — la physique mathématique, — la physique expérimentale, — la médecine, — l'anatomie comparée, — la chimie, — l'histoire naturelle, — l'embryogénie comparée, — le droit naturel et le droit des gens, — l'histoire et la morale, — les langues hébraïque, chaldaïque, syriaque, — l'arabe, — le persan, — le turc, — les langues et littératures chinoises, tartares, mandchoux, — les langues et littératures sanscrites et grecques, — la philosophie grecque et la philosophie latine, — l'éloquence latine, — la poésie latine, — la littérature française, — l'archéologie, — l'économie politique, — l'histoire générale et philosophique des législations comparées, — les langues et littératures d'origine germanique, — les langues et littératures de l'Europe méridionale, — les langue et littérature slaves.

60. — Le collége de France ne renferme pas d'élèves internes. Les professeurs sont nommés par ordonnance royale sur la proposition du ministre de l'instruction publique et sur la double présentation de l'établissement et de la classe correspondante de l'institut. — Les cours y sont publics et essentiellement gratuits.

61. — Les élèves de l'école normale sont obligés de suivre certains cours du collége de France, suivant la partie de l'enseignement à laquelle ils désirent se vouer. — Déc. 17 mars 1808, art. 113. — V. ÉCOLE NORMALE.

62. — Pour son administration et pour la création des chaires, cet établissement ressortissait au département de l'intérieur ; il dépend aujourd'hui du ministre de l'instruction publique.

V. BUDGET, ACTES DE L'ÉTAT CIVIL, AVOCAT, BOURSES DE COLLÉGE, CAISSE DES DÉPOTS ET CONSIGNATIONS, DÉPOSITAIRES PUBLICS, INSTRUCTION PRIMAIRE.

COLLÉGE DES ASSESSEURS.

1. — Collége dont les membres sont appelés à faire partie des cours d'assises aux colonies.

2. — A l'île Bourbon, à la Martinique et à la Guadeloupe, chaque collége d'assesseurs est composé de soixante membres et est divisé en deux sections égales. — Ord. 30 sept. 1827, art 162 ; 24 sept. 1828, art. 173. — A la Guyane, le collége des assesseurs n'est composé que de trente membres. — Ord. 21 déc. 1828, art. 162.

3. — Dans les colonies où il y a plus d'une cour d'assises, nul ne peut être appelé à faire le service des assises dans un arrondissement autre que celui dans lequel il est domicilié. Il y a exception pour les fonctionnaires publics. — Ord. 30 sept. 1827, art. 163; 24 sept. 1828, art. 174.

4. — Les assesseurs sont tirés au sort pour le service de chaque assise. — Les accusés et le procureur général peuvent exercer des récusations péremptoires. — Ord. 30 sept. 1827, art. 164; 24 sept. 1828, art. 175. — Quant au mode de tirage, au nombre et aux cas de récusations, V. COLONIES.

5. — Sous l'empire de l'ordonnance du 24 sept. 1828 (art. 175), la récusation motivée exercée contre un assesseur est un incident sur lequel le juge royal ne peut prononcer, il doit en conséquence le renvoyer à la cour d'assises et maintenir provisoirement l'assesseur récusé sur le tableau. — *Cass.*, 27 nov. 1834, Révoltés de la Gran d'Anse.

6. — Si, au jour indiqué pour l'ouverture des assises, cet assesseur présente lui-même une excuse rentrant dans la récusation motivée, la cour, obligée d'y statuer, peut l'admettre, sans excéder ses pouvoirs. — Même arrêt.

7. — Les assesseurs doivent être âgés au moins de 30 ans révolus. — Ord. 30 sept. 1827, art. 165; 24 sept. 1828, art. 176; 21 déc. 1828, art 163.

8. — De même on a autrefois déclaré nul un jugement de condamnation rendu à l'Ile de France auquel avait pris part un juré qui n'avait pas trente ans accomplis. — *Cass.*, 28 fructid. an IX, Bernard.

9. — Sont aptes à faire partie du collége des assesseurs : 1° Les habitans et les négocians éligibles au conseil-général (aujourd'hui *colonial*); — 2° les membres des ordres royaux; — 3° les fonctionnaires publics et employés du gouvernement, jouissant d'un traitement de 4,000 fr. au moins; — 4° les mêmes fonctionnaires et employés admis à la retraite; — 5° les juges de paix en retraite, les licenciés en droit non pourvus d'une commission d'avoué, les professeurs de sciences et belles-lettres, les médecins, les notaires et avoués retirés. — Ord. 30 sept. 1827, art. 166; 24 sept. 1828, art. 177; 21 déc. 1828, art. 164.

10. — Les conditions de capacité, quant au cens, requises pour être porté sur la liste des assesseurs, sont régies non par la loi du 24 avril 1833, mais par les ordonnances royales des 9 fév. 1827, 24 sept. et 12 oct. 1828. — Ainsi, l'on peut être porté sur ces listes lorsqu'on paie une contribution directe de 300 fr., bien qu'on ne soit négociant ni de première ni de seconde classe. — *Cass.*, 14 mars 1835, Leborgne; 26 mars 1835, Nicaise et Léon.

11. — Les fonctions d'assesseur sont incompatibles avec celles de membre du conseil privé, de membre de l'ordre judiciaire, de ministre du culte et de militaire ou marin en activité de service. — Ord. 30 sept. 1827, art. 167; 24 sept. 1828, art. 178; 21 déc. 1828, art. 165.

12. — Les empêchemens résultant pour les juges de leur parenté ou de leur alliance entre eux, sont applicables aux assesseurs, soit entre eux, soit entre eux et les juges, soit entre eux et les accusés ou la partie civile. — Ord. 30 sept. 1827, art. 168; 24 sept. 1828, art. 179; 21 déc. 1828, art. 166. — Il y a encore d'autres incompatibilités relatives, ainsi qu'on peut le voir v° *Colonies*.

13. — Les assesseurs qui manquent à leur service sont passibles : 1° de l'amende; 2° de l'affiche de l'arrêt de condamnation; 3° de l'exclusion du collége des assesseurs. — Ces peines sont prononcées par les trois magistrats appelés à siéger à la cour d'assises. — Ord. 12 oct. 1828, art. 384.

14. — Le collége des assesseurs est renouvelé tous les trois ans. Les membres qui le composent peuvent être nommés de nouveau. — Six mois avant l'époque de renouvellement du collége, la liste de ceux qui présentent les conditions de capacité est arrêtée par le gouverneur en conseil; et, sur la présentation du ministre de la marine, la nomination des assesseurs et leur répartition entre les sections est faite par le roi. — Les anciens membres continuent d'exercer leurs fonctions jusqu'à la composition définitive du collége. — Ord. 30 sept. 1827, art. 169, 170 et 171; 24 sept. 1828, art. 180, 181 et 182; 21 déc. 1828, art. 167, 168 et 169.

15. — Le gouverneur statue en conseil sur les demandes à fin d'exemption définitive du service d'assesseur, soit pour cause d'infirmité grave, soit pour toute autre cause. — Les sexagénaires sont exemptés de droit, lorsqu'ils le requièrent. — Le gouverneur pourvoit également en conseil au remplacement provisoire des assesseurs, quelle que soit la cause de la vacance. — Ord. 30 sept. 1827, art. 172; 24 sept. 1828, art. 183; 21 déc. 1828, art. 170.

16. — L'art. 183 de l'ord. du 24 sept. 1828 n'autorise le gouverneur qu'à pourvoir provisoirement au remplacement définitif, mais non à remplacer les assesseurs absens pour cause accidentelle ou temporaire. — *Cass.*, 14 mars 1835, Leborgne dit Petit-Papa.

17. — Les fonctions d'assesseur sont gratuites. — Il est remis à chacun d'eux, par chaque session où il siége, une médaille d'argent à l'effigie du roi avec cette légende : *Cour d'assises de l'Ile Bourbon*, ou *Colonies françaises, Cour d'assises*. — Ord. 30 sept. 1827, art. 174; 24 sept. 1828, art. 185; 21 déc. 1828, art. 172.

COLLÉGE ÉLECTORAL.

1. — Assemblée appelée à procéder à l'élection des députés. — Quand il s'agit de procéder à l'élection des conseillers municipaux ou des conseillers d'arrondissement et de département, la loi ne se sert pas du mot *collége*, mais du mot *assemblée*. — V. ÉLECTIONS MUNICIPALES ET DÉPARTEMENTALES.

2. — Les colléges électoraux sont convoqués par le Roi. Ils se réunissent dans la ville de l'arrondissement électoral ou administratif que le Roi désigne. — L. 19 avr. 1831, art. 40.

3. — Les électeurs se réunissent en une seule assemblée dans les arrondissemens où leur nombre n'excède pas six cents. Lorsque les électeurs excèdent ce nombre, le collége se divise en plusieurs sections. — L. 19 avr. 1831, art. 41.

4. — La division des colléges électoraux en sections est faite par le préfet en conseil de préfecture, en suivant l'ordre des numéros de la liste définitive. — Ord. 4 sept. 1820, art. 6; Duvergier, *Collect. des lois*, 1831, p. 237.

5. — La présidence provisoire du collége électoral appartient au président du tribunal ou à l'un des juges dans l'ordre du tableau, si l'élection a lieu dans un chef-lieu d'arrondissement; elle est déférée au maire ou à ses adjoints ou même à l'un des conseillers municipaux dans l'ordre d'inscription, lorsque l'élection a lieu dans une autre ville ou lorsque le nombre des juges est insuffisant. — V. ÉLECTIONS LÉGISLATIVES.

6. — Les deux électeurs les plus âgés et les deux plus jeunes inscrits sur la liste du collége ou de la section sont scrutateurs provisoires. — L. 19 avr. 1831, art. 42.

7. — Le secrétaire est désigné par le bureau. — L. 19 avr. 1831, art. 42; *Instruct. minist.* 29 sept. 1830.

8. — Les présidens provisoires du collége électoral peuvent n'être pas électeurs.

9. — Le collége ou la section élit à la simple majorité le président et les scrutateurs définitifs. Le bureau ainsi formé nomme un secrétaire, qui n'a que voix consultative. — Même loi, art. 44.

10. — Le président du collége ou de la section a la police de l'assemblée; les autorités civiles et militaires sont tenues d'obéir à ses réquisitions. — L. 19 avr. 1831, art. 45.

11. — Nulle force armée ne peut être placée, sans la réquisition du président, dans la salle des séances, ni aux abords du lieu où se tient l'assemblée. — V. ÉLECTIONS LÉGISLATIVES.

12. — Nul électeur ne peut se présenter armé dans un collége électoral. — L. 19 avril 1831, art. 58.

13. — La liste des électeurs doit être affichée dans la salle où se réunit le collége électoral, pendant le cours des opérations. — L. 19 avr. 1831, art. 43.

14. — Trois membres au moins du bureau doivent être toujours présens pendant les opérations. Le bureau prononce provisoirement sur les difficultés qui s'élèvent touchant les opérations du collége ou de la section. Toutes les réclamations doivent être insérées au procès-verbal, ainsi que les décisions motivées du bureau. — L. 19 avr. 1831, art. 45.

15. — Chaque scrutin reste ouvert pendant six heures au moins; il est clos à trois heures du soir, et dépouillé séance tenante.

16. — Dans les colléges électoraux, divisés en plusieurs sections, le dépouillement du scrutin se fait dans chaque section; le résultat en est arrêté et signé par le bureau; il est immédiatement porté par le président de chaque section au bureau de la première section, qui fait, en présence de tous les présidens des sections, le recensement général des votes.

17. — La session de chaque collége électoral est de dix jours au plus. Il ne peut y avoir qu'une séance et un seul scrutin par jour. — V. au surplus ÉLECTIONS LÉGISLATIVES, ÉLECTIONS MUNICIPALES ET DÉPARTEMENTALES, SCRUTIN.

COLLÉGIALE.

1. — Ce nom était donné autrefois à l'église non cathédrale où était établi un chapitre; l'église collégiale pouvait, du reste, être en même temps église paroissiale.

2. — « Une église collégiale, disait Guyot (*Rép.*, v° *Collégiale*), a le droit, dans les processions publiques, de faire porter sa croix en présence même du chapitre de l'église cathédrale, celle-ci étant suffisamment désignée par la présence et la place la plus digne; c'est ce qui a été décidé par la congrégation des rits, le 24 août 1609; mais l'église collégiale ne le cédant qu'à la cathédrale, a le pas sur toutes les autres églises qui ne forment point chapitre, même sur les églises paroissiales : c'est ce que la congrégation des rits a aussi décidé. »

3. — La France comptait autrefois un grand nombre d'églises collégiales; en 1789, elles étaient au nombre de quatre cent quatre-vingt-une. L'institution de ces églises, l'étendue de leurs immunités et priviléges donnèrent lieu à des questions longuement agitées, mais aujourd'hui sans aucun intérêt. En effet, à part le chapitre royal de Saint-Denis, constitué et régi par des réglemens spéciaux et formels (V. ce mot), il n'y a plus de chapitres autres que ceux des églises cathédrales.

V. CATHÉDRALE, CHANOINE, CHAPITRE, CHAPITRE ROYAL DE SAINT-DENIS.

COLLOCATION.

V. DISTRIBUTION PAR CONTRIBUTION, ORDRE.

COLLUSION.

1. — On désigne ainsi l'intelligence secrète existant entre deux ou plusieurs personnes qui passent entre elles un acte, ou qui plaident l'une contre l'autre pour tromper un tiers.

2. — Dans le droit romain, on entendait par collusion la prévarication commise par celui qui attaquait l'état d'un esclave ou d'un affranchi pour obtenir un jugement qui le reconnût ingénu. Ce jugement pouvait être, dans les cinq ans, du jour qu'il avait été prononcé, attaqué par tous les citoyens, et lorsque l'accusateur prouvait la collusion, il devenait propriétaire de l'esclave. — ff. *De collusione detegendâ*, où il est parlé de la collusion. — V. *Encyclop. méthod.* (Jur.), v° *Collusion*.

3. — La collusion et la fraude se ressemblent en ce point, que toutes deux supposent le préjudice et l'intention de le causer, *animus et eventus*. — C. civ., art. 1167.

4. — Mais il y a entre la fraude et la collusion la même différence qu'entre l'espèce et le genre : celle-ci suppose le concert dolosif de plusieurs personnes, au lieu que la fraude peut être pratiquée par une seule partie aussi bien que par plusieurs.

5. — La collusion est distincte du dol. — Il y a dol, dans le sens de l'art. 480, C. procéd., lorsque, par des manœuvres frauduleusement ourdies au préjudice de son adversaire, l'une des parties parvient à surprendre la religion du juge; et il faut dans ce cas que la partie condamnée, si elle veut revenir contre le jugement, prenne la voie de la requête civile. En effet, le jugement ayant été précédé d'une contradiction sérieuse, a par cela seul, et quoique surpris par dol, tout le caractère d'un jugement proprement dit. — Mais lorsqu'il y a collusion, c'est-à-dire lorsque deux parties se concertent pour en faire condamner une au préjudice d'un tiers, ou lorsque l'une d'elles et le défenseur de l'autre s'entendent pour faire condamner le commettant de celui-ci, il n'y a point de contradiction réelle, il n'y en a qu'une vaine ombre, et, par conséquent, il n'y a point de jugement véritable. L'art. 480, C. procéd., ne s'applique donc point à ce cas. — Merlin, *Rép.*, v° *Collusion*, n° 2.

6. — Il y a collusion quand il est défendu à un père d'avantager l'un de ses enfans au préjudice des autres, et qu'il prend la voie de faire un legs à son ami par testament, avec convention secrète de faire passer, par des voies détournées, le profit de ce legs à l'enfant désigné du testateur, au préjudice des autres enfans. — C. civ., art. 911 et 1100; — Merlin, *Rép.*, v° *Collusion*, n° 1er. — V. DONATION DÉGUISÉE.

7. — Il en est de même des autres actes à la faveur desquels on cherche à faire tort à autrui par des personnes interposées; de sorte qu'il y a autant d'espèces de collusions qu'on peut imaginer de moyens différens de concerter la fraude avec quelqu'un, au préjudice d'un tiers. — Merlin, *ibid.*

8. — Il y a encore collusion lorsqu'un failli s'entend avec un tiers à qui il ne doit rien, et dont il se constitue débiteur par actes publics ou privés. — C. comm., art. 591. — V. BANQUEROUTE, n°s 206 et suiv.

9. — En matière de saisie immobilière, la subrogation dans la poursuite peut être demandée, s'il y a collusion, sous la réserve des dommages intérêts envers qui il appartiendra. — C. procéd., art. 722. — V. SAISIE IMMOBILIÈRE.

10. — En général, la collusion, ainsi que la mauvaise foi, ne se présume pas. Cependant il est des cas (C. civ., art. 911 et 918 et suiv., et Comm.

comm. art. 446 et suiv.) où la loi présume qu'il y a eu collusion entre le donateur et le donataire, entre le vendeur et l'acquéreur, à dessein de frustrer les héritiers réservataires ou les créanciers. — Hors ces cas, c'est à celui qui se plaint de la collusion à la prouver.

11. — Dans tous les cas, la collusion, même prouvée, n'opère rien par elle-même de plein droit, il faut avoir recours au ministère du juge pour faire prononcer la rescision ou la nullité des actes auxquels elle a donné lieu. — Merlin, *Rép.*, v° *Collusion*, n° 1er.

12. — Mais la nullité ou la rescision des actes et jugemens n'est prononcée qu'en ce qui concerne les tiers; ces mêmes actes et jugemens sont maintenus entre les parties, complices de la fraude, à moins que le procès n'ait porté sur une matière de droit public, où les parties ne peuvent déroger à la loi par leurs conventions ou contrats judiciaires. — C. civ., art. 1133; — Merlin, *ibid.*, n° 2.

13. — Les tiers qui ont colludé avec un débiteur pour soustraire ses biens aux poursuites de ses créanciers légitimes, sont solidairement passibles avec lui des dommages-intérêts auxquels les manœuvres frauduleuses du débiteur peuvent donner ouverture en faveur des créanciers. — *Bordeaux*, 16 mars 1832, Brieu c. Jouvante.

V. BANQUEROUTE, nos 206 et suiv., CAPITAINE DE NAVIRE, CHOSE JUGÉE, DONATION DÉGUISÉE, SAISIE IMMOBILIÈRE.

COLOMBIER.

1. — Le mot *colombier* est employé en général pour désigner un lieu où l'on garde des pigeons; néanmoins, on distingue les colombiers proprement dits des *volets* ou *fuies*. — Dans l'ancien droit cette distinction était importante.

2. — Le colombier proprement dit consiste dans un bâtiment en forme de tour ronde ou carrée, qui a des boulins ou des trous dans toute sa hauteur, Ces boulins ne sont autre chose que de petites loges servant de nids aux pigeons, et qui entourent intérieurement les murs du colombier : les uns sont ronds, et les autres carrés. Ce colombier reçoit aussi le nom de colombier *à pied*.

3. — Lorsqu'au contraire les boulins ne règnent pas depuis le sommet jusqu'au rez-de-chaussée, les lieux où sont enfermés les pigeons prennent le nom de *volets* ou *fuies*. A la différence des colombiers à pied, destinés uniquement aux pigeons, les *volets* ou *fuies* sont pratiqués dans des bâtimens, dont l'apparence indique une autre destination.

4. — Les colombiers ainsi désignés sont destinés à loger les pigeons *bizets* ou *fuyards*; et on appelle de ce nom les pigeons qui sortent du colombier pour aller prendre leur nourriture dans les champs, à la différence des pigeons privés qui ne sortent point du colombier pour aller dans les champs. — Denisart, *Rép.*, v° *Colombier*, § 1er, n° 1er.

5. — « Les lois romaines, disait Guyot (*Rép.*, v° *Colombier*), ont peu de dispositions relatives aux colombiers; mais il n'en est pas de même parmi nous. Nos législateurs ont déterminé les personnes auxquelles il est permis d'avoir des colombiers, ont fixé le nombre de pigeons que chacun a le droit de nourrir, et ont fait plusieurs autres dispositions.... »

6. — Des réglemens de police interdisaient autrefois de posséder des pigeons, soit bizets, soit même privés, dans l'intérieur des villes; ces réglemens peuvent encore aujourd'hui être appliqués. — V. PIGEON, POUVOIR MUNICIPAL.

7. — Quant aux pigeons élevés dans les campagnes, il faut distinguer entre les différentes sortes de pigeons. Les réglemens anciens n'ont jamais interdit la possession des pigeons privés, qui, renfermés et n'allant pas aux champs, ne peuvent porter préjudice à personne, ne vivant, en effet, qu'aux dépens de leur propriétaire.

8. — Mais il n'en était pas de même des pigeons *bizets*; leur séjour sur un champ peut occasionner au propriétaire un dommage considérable, surtout au temps des semailles : de là les restrictions apportées à l'établissement des colombiers, restrictions plus étendues dans les pays de droit coutumier que dans ceux de droit écrit, et variant encore suivant les diverses coutumes et les différens ressorts de parlement. — V. *infrà*.

9. — En général, tout propriétaire d'une certaine quantité d'arpens de terre (V. *infrà*) pouvait, sur son fonds, à moins d'usage ou convention contraire, établir des volets ou fuies, sans avoir besoin du consentement du haut justicier (Salvaing, *Traité de l'usage des fiefs*), mais non des colombiers à pied.

10. — Le droit d'avoir un colombier à pied était tenu très anciennement comme un privilége attaché à la possession du fief, et constituant un droit tout à la fois honorifique et utile. — V. DROITS SEIGNEURIAUX. — En conséquence, ce droit n'appartenait qu'au seigneur haut-justicier, ayant censive, et aucun noble ou roturier ne pouvait élever colombier à pied sans sa permission.

11. — Toutefois, dans le ressort du parlement de Grenoble, l'autorisation n'était nécessaire que pour le roturier; et dans celui de Toulouse le seigneur, qui n'était fondé ni en titre, ni par la coutume du lieu, n'aurait pu empêcher l'établissement d'un colombier à pied par son censitaire; il pouvait seulement empêcher que le colombier fût orné de marques seigneuriales, ou même qu'il s'élevât au-dessus du niveau du toit de la maison. — *Parlem. Toulouse*, 4 juill. 1725. — Dans le ressort du parlement de Bordeaux, et dans les pays de droit écrit relevant du parlement de Paris, il était permis d'établir, sans l'autorisation du seigneur, des colombiers élevés sur quatre piliers.

12. — Dans les pays coutumiers, on distinguait sur ce point les coutumes qui contenaient des dispositions précises et les coutumes muettes; on appliquait en général dans les pays régis par ces dernières coutumes les prescriptions contenues dans les autres coutumes voisines.

13. — Il ne peut entrer dans notre plan de donner ici l'énumération des dispositions diverses des différentes coutumes au sujet des colombiers, et des questions agitées sur l'interprétation de ces dispositions. — V. Denisart, *loc. cit.*; Guyot, *loc. cit.* — Rappelons seulement les prescriptions des coutumes de Paris et d'Orléans les plus explicites en cette matière.

14. — La coutume de Paris, après avoir posé en principe (art. 70) que le seigneur haut-justicier ayant censive a seul droit à avoir colombier à pied, ajoute cependant : « Le seigneur non haut-justicier, ayant fief, censive et terre en domaines jusqu'à cinquante arpens peut aussi avoir colombier à pied » (art 72); mais tout particulier, noble ou non, qui n'a ni fief ni censive, ne peut avoir qu'un volet ou fuie, encore faut-il qu'il soit possesseur de cinquante arpens de terres en domaine. — La coutume d'Orléans (art. 168) contenait les mêmes dispositions, sauf toutefois qu'elle exigeait dans les deux cas une possession de cent arpens. — Il faut encore observer que, dans les deux coutumes, on n'entendait parler que d'arpens en terres labourables, et non en prés, étangs ou bois, attendu que les terres labourables peuvent seules servir à nourrir les pigeons.

15. — Suivant les dispositions formelles de l'art. 20 des *placités* de 1666, le droit de colombier bâti sur une roture ne pouvait, en Normandie, s'acquérir par prescription, et c'était du reste de droit commun en France. Ainsi, par deux arrêts des 12 juill. et 3 sept. 1725, le parlement de Metz enjoignit la destruction dans les trois jours des colombiers désignés dans ces arrêts. — Guyot, *loc. cit.*

16. — Un arrêt de réglement, rendu sur le réquisitoire du procureur général, le 24 juill., et renouvelé depuis par deux arrêts des 26 juill. 1758 et 7 juin 1762, enjoignait « à tous les officiers du ressort, même à ceux des hauts-justiciers, de veiller, chacun dans l'étendue de son ressort, à ce que les ordonnances, déclarations, arrêts et réglemens de la cour; au sujet des colombiers et volières, soient exactement observés, et que chacun soit tenu de les réduire, aux termes des ordonnances, déclarations et arrêts et coutumes des lieux; *même permet aux officiers, dans les lieux où il y aura quelques blés ou autres grains couchés, qui pourront être en proie aux pigeons, et où il y aurait quelque dégât à craindre, d'y pourvoir par tel réglement qu'ils jugeront convenable*, chacun dans l'étendue de son ressort, dont ils informeront la cour incessamment. »

17. — Ainsi que le disait le parlement dans les motifs de cet arrêt, c'était dans un intérêt public et pour la conservation des récoltes; mais ces restrictions, qui ne pouvaient diminuer en rien le droit si absolu du haut-justicier, étaient loin d'être suffisantes.

18. — Il y avait, en effet, en cette matière double dérogation aux principes généraux de la justice, d'une part, en ce que le droit de colombier était un droit seigneurial, et que par conséquent le propriétaire, qui n'était pas ainsi seigneur ou possesseur de cinquante arpens, ne pouvait avoir aucuns pigeons; de l'autre, en ce que ce même propriétaire était exposé à voir son champ dévasté impunément par les pigeons appartenant à son voisin privilégié. — Merlin, *Rép.*, v° *Colombier*, n° 11.

19. — Le décret du 4 août 1789, art. 2, a mis fin à ce double abus en déclarant que : « le droit exclusif de fuies et colombiers était aboli, et que les pigeons seraient enfermés aux époques fixées par les communes; pendant ce temps, ajoute le décret, ils sont considérés comme gibier, et chacun a le droit de les tuer sur son terrain. »

20. — Aujourd'hui donc tout propriétaire peut avoir un colombier sur son terrain, à la charge par lui de se soumettre aux réglemens de police et aux arrêtés relatifs à la séquestration des pigeons pendant certains temps de l'année. — V. BAN DE VENDANGE, n° 88. — Sur tous les questions qui peuvent s'élever sur ou à l'occasion de la propriété des pigeons, V. aussi ABIGEAT, ANIMAUX, CHASSE, PIGEONS, POUVOIR MUNICIPAL.

COLONS DE SAINT-DOMINGUE.

V. SAINT-DOMINGUE.

COLON PARTIAIRE.

Le colon partiaire est celui qui cultive un héritage, sous la condition d'en partager les fruits avec le propriétaire. — V. BAIL A COLONAGE PARTIAIRE.

COLONAGE.

V. BAIL A COLONAGE PARTIAIRE.

COLONAT.

1. — Le colonat était autrefois la condition de certains individus attachés, soit par leur naissance, soit par la convention, à des fonds de terre appartenant à autrui, pour les cultiver, moyennant certaines conditions. « *Appellantur coloni*, dit Saint-Augustin (*De civit. Dei*, liv. 10, chap. 1er, n° 2) *qui conditionem debent genitali solo propter agriculturam, sub dominio possessorum.*

2. — M. Troplong (dans sa préface *de l'Echange et du Louage*, p. 45), dit qu'il ne faut pas confondre les colons avec les esclaves attachés aux fonds de terre et inséparables du sol : « Les esclaves, dit-il, sont les agens passifs des plus rudes labeurs de l'agriculture; pour salaire, le maître ne leur donne que la nourriture, le logement, à peu près comme aux bêtes de somme destinées à l'exploitation des terres; mais les colons, quoique tenant d'assez près à l'état servile, exercent une espèce d'industrie; ils sont en quelque sorte *les fermiers perpétuels* des domaines auxquels leur naissance ou la convention les attache : *Sunt coloni*, dit Isidore (liv. 9, chap. 4), *cultores advenæ dicti à cultura agri; sunt enim aliundè venientes, atque alienum agrum locaturâ tenentes ac debentes conditionem genitali solo, propter agriculturam*, sub dominio possessoris, *pro eo quod iis locatus est* fundus. — Enfin ils paient au propriétaire une redevance annuelle. »

3. — M. Troplong énumère en outre certaines garanties qui, étaient assurées aux colons, telles que celle de ne pouvoir être séparés du domaine, lors même qu'il passait dans d'autres mains, ou divisés, comme membres d'une même famille, si le domaine était soumis à des partages : « Ainsi, dit-il, soit sous le rapport des liens du sang, soit sous le rapport de la sécurité des possessions, le sort des colons était environné de certaines précautions tutélaires. »

4. — Mais le même auteur signale aussi certains points de vue sous lesquels la condition des colons était fort dure et se rapprochait de l'état servile; telles étaient, l'obligation de rester attachés à la glèbe, la soumission aux châtimens corporels, l'incapacité presque absolue d'agir en justice, l'impuissance d'acquérir sans le consentement de leurs maîtres, etc., etc. — D'où il conclut qu'ils étaient dans une condition intermédiaire et mixte; pleinement libres à l'égard des tiers, et quant à leurs personnes, plus près de la liberté que de l'esclavage; mais esclaves dans leur rapport avec le sol; liés à lui par une chaîne indissoluble, et quand ils le quittaient frauduleusement, ramenés à la glèbe par une inévitable nécessité.

5. — Une constitution de Valentinien (L. 5, Cod., *De agricolis*) exigeait que la redevance due par les colons fût payée en nature, à moins d'usages contraires; et quelques uns ont vu dans cette constitution une des causes principales qui ont maintenu et développé les cultures à mi-fruit, dans le provinces où elles sont encore fréquentes. — Cette redevance était fixe et il était défendu au maître de l'élever. — Troplong, *loc. cit.*

6. — Il serait sans utilité de nous étendre plus longuement sur une institution qui, après s'être successivement modifiée, a été complètement effacée par la révolution française; mais on lira avec beaucoup d'intérêt les pages que, dans sa remarquable préface de *l'Echange et du Louage* (*loc. cit.*), M. Troplong a consacrées à l'histoire et aux règles du colonat.

COLONGÈRE (Rente).

V. RENTE COLONGÈRE.

COLONIES.

Table alphabétique.

COLONIES. — 1. — On appelle colonie une réunion d'hommes sortis d'un pays pour en peupler un autre. — Ce mot se dit aussi des lieux habités par ces mêmes hommes.

CHAP. VI. — *Traitemens et pensions de retraite des fonctionnaires* (n° 645).

CHAPITRE Iᵉʳ. — *Historique.*

2. — Tyr et Carthage ont fondé différentes colonies, où les vaisseaux fatigués d'une longue navigation faisaient réciproquement leurs échanges. Rome en établit beaucoup; les peuples qu'elle conquérait et pour récompenser ses soldats; les barbares envahirent plusieurs contrées où ils s'établirent. Mais toutes ces colonies différaient de celles qui ont été la suite de la découverte des Indes.—Merlin, *Rép.*, vᵒ *Colonie*, § 4ᵉʳ.

3. — Les premiers colons des îles de l'Amérique furent des aventuriers exilés de leur patrie par l'ambition ou par la misère. En menant le pied sur la terre qu'ils avaient découverte, ils en prenaient possession au nom de leur roi. Les gouvernemens venaient ensuite en aide à ces hardis aventuriers, se substituant à peu à peu à l'autorité qu'ils avaient créée, et finissant par les effacer complétement, en établissant un gouverneur, dépositaire d'une autorité plus respectable et plus forte.

4. — Il arriva cependant que, par la conduite de ces gouverneurs, les colonies devinrent dans leurs mains un énorme embarras pour la métropole, au lieu d'être une source de richesses. On crut trouver un remède à ce mal, en concédant les colonies à des compagnies, qui les administrèrent pour leur propre compte, en payant une sorte de redevance ou de fermage à l'état.

5. — Les colonies se plaignirent amèrement de l'oppression de ces compagnies, qui furent successivement révoquées : là dernière le fut en 1674. Quelquefois ce furent les compagnies qui retrocédèrent d'elles-mêmes leurs priviléges. — V. BOUREX. — A ce moment, les colonies étaient placées sous l'autorité de deux *gouverneurs lieutenans-généraux*, l'un pour les *îles du vent*, l'autre pour les *îles sous le vent*. De là, il y avait sept gouvernemens généraux des colonies.

6. — On fut obligé de restreindre leur trop grande autorité. On la limita d'abord aux troupes réglées qu'on envoyait de la métropole dans les colonies, aux escadres qui se trouvaient dans les mers de l'Amérique et aux vaisseaux marchands, quand ils avaient pris terre. Par un arrêté du conseil du 21 mai 1762 et un ordonn. du 1ᵉʳ févr. 1766, on établit l'indépendance du pouvoir judiciaire, et il fut interdit aux gouverneurs de se mêler de l'administration de la justice; on leur enjoignit de prêter main-forte pour l'exécution des jugemens civils. — Merlin, *Rép.*, vᵒ *Colonie*, § 1ᵉʳ.

7. — Le régime des colonies a éprouvé, depuis 1789, beaucoup de changemens et de variations.

8. — En considérant les colonies comme une partie du royaume, et en désirant les faire jouir des avantages de la révolution, l'assemblée nationale n'entendit pas les comprendre dans la constitution décrétée, et les assujétir à des lois qui pouvaient être incompatibles avec leurs convenances locales et particulières.

9. — En conséquence, le décret du 8-10 mars 1790 autorisa les colonies à faire connaître leur vœu sur la constitution, la législation et l'administration qui leur conviennent (art. 1ᵉʳ).

10. — Dans les colonies où il existait une assemblée coloniale reconnue, ce vœu devait être exprimé par ces assemblées; dans les colonies où il n'existait pas d'assemblées, il devait en être formé incessamment (art. 2). — Les plans de constitution devaient être soumis à l'assemblée nationale pour être décrétés par elle et ensuite présentés à la sanction du roi (art. 4).

11. — Des instructions furent rédigées en conséquence par le comité des colonies, et elles durent être immédiatement envoyées aux gouverneurs de chacune des colonies. — Décr. 28 mars-9 avr. 1790.

12. — Mais la tranquillité ayant été troublée dans les colonies et principalement à la Martinique, différentes mesures furent prescrites, pour rétablir l'ordre, par les décr. des 1ᵉʳ nov.-8 déc. 1790, 1ᵉʳ-11 févr. 1791 et 5 avr. 1791.

13. — Un décr. du 25 juin-10 juill. 1791 approuva un mémoire en forme d'instruction, qui réglait dans le plus grand détail l'organisation des colonies, leur administration, leur gouvernement, leurs tribunaux, leur force publique, leur clergé et leurs biens ecclésiastiques.

14. — Par suite, la constitution du 3 sept. 1791, tout en reconnaissant qu'on pourrait accorder aux colonies d'avoir des représentans au corps législatif (tit. 3, chap. 1ᵉʳ, sect. 1ʳᵒ, art. 1ᵉʳ), et qu'elles faisaient partie de l'empire français, déclara néanmoins que ses dispositions ne leur étaient pas applicables (tit. 7, art. 8).

15. — Aussi, quelques jours après, décr. des 24-28 sept. 1791, qui régla la constitution des colonies,

et donne, sur certaines matières, à leurs assemblées coloniales l'initiative nécessaire des lois à proposer au corps législatif de France.

16. — Le 28 mars-4 avr. 1792, décret qui déclare que les hommes de couleur et nègres libres devaient jouir, ainsi que les colons blancs, de l'égalité des droits politiques.—Ce même décret réglait le mode par lequel les assemblées coloniales devaient procéder par la nomination de leurs représentans, et de plus nommait des commissaires civils pour rétablir la tranquillité dans les colonies.

17. — La nomination de ces commissaires civils fut confirmée ou maintenue par d'autres décrets des 22-29 juin, 2-6 juill., 17 août 1792, etc., qui leur donnaient des pouvoirs plus ou moins étendus.

18. — La constitution du 5 fructid. an III déclara que les colonies étaient parties intégrantes de la république, et qu'elles étaient soumises à la même loi constitutionnelle.—Art. 6.—Elles furent divisées en départemens. — Art. 7.

19. — Le 12 niv. an VI, loi qui règle l'organisation politique, administrative et judiciaire des colonies.

20.—Les dispositions de cette loi se trouvèrent, en grande partie au moins, maintenues par l'art. 91, constitut. 22 frim. an VIII, qui portait : « Le régime des colonies françaises est déterminé par des lois particulières. »

21.—Mais la loi du 30 flor. an X, qui rétablissait la traite des noirs et leur importation dans les colonies, déclara que, nonobstant toutes lois antérieures, le régime des colonies serait soumis, pendant dix ans aux règlemens qui seraient faits par le gouvernement.—Art. 4.

22.—En conséquence, divers arrêtés du gouvernement des 22 germin. an IX, 6 prair. et 11 messid. an X, 12 vendém. an XI, modifièrent le régime des colonies, principalement en ce qui concernait le gouvernement et l'administration. — A cet effet, on créa dans chaque colonie un capitaine général, un préfet colonial, et un commissaire de justice ou grand-juge.

23. — Le capitaine général y exerçait presque tous les pouvoirs qui étaient ci-devant attribués aux gouverneurs généraux.

24. — Le préfet colonial était chargé de l'administration et de la haute police.

25. — Le commissaire de justice ou grand-juge avait l'inspection et la grande police des tribunaux.

26. — Les lois et réglemens qui étaient obligatoires en France n'étaient également dans les colonies ; mais le capitaine général pouvait, en cas d'urgence nécessité, et sous sa responsabilité personnelle, surseoir, en tout ou en partie, à leur exécution, après en avoir délibéré avec le préfet colonial et le commissaire de justice ou grand-juge. — Merlin, *Rép.*, vᵒ *Colonie*, § 2, n° 2.

27.—On peut voir, en effet, sous chaque colonie, quelles modifications furent apportées aux dispositions des lois de la métropole par les capitaines généraux ou gouverneurs qui promulguèrent ces lois.

28. — Vers la fin de l'empire, toutes les colonies tombèrent successivement au pouvoir de l'ennemi, et principalement au pouvoir des Anglais.

29. — Suivant le traité de paix du 30 mai 1814 (art. 8), restitution fut faite à la France des colonies, pêcheries, comptoirs et établissemens de tous genres qu'elle possédait au 1ᵉʳ janv. 1792 dans les mers et sur les continens de l'Amérique, de l'Afrique et de l'Asie, à l'exception toutefois des îles de Tabago et de Sainte-Lucie, et de l'île de France et de ses dépendances, nommément Rodrigues et les Séchelles.

30. — L'art. 73, Charte de 1814, porta que « les colonies seraient régies par des lois et par des réglemens particuliers. » Mais pendant long-temps encore l'ancien état de choses continua de régir, relativement au moins, en un régime uniforme pour les colonies. — Les dispositions furent prises elles le furent pour chacune d'elles en particulier, et émanèrent des pouvoirs qui leur étaient délégués.

31. — Ordonnance du roi du 22 nov. 1819, concernant l'administration de la justice dans les colonies. D'après cette ordonnance, les cours et tribunaux qui, depuis 1814, avaient été rétablis sous les titres de conseils supérieurs, de sénéchaussées, amirautés et juridictions royales, devaient prendre la dénomination, savoir : les conseils supérieurs, de cours royales, et les sénéchaussées, amirautés et juridictions royales, de tribunaux de première instance. — Art. 1ᵉʳ.

32. — Cette même ordonnance prescrivit de reprendre et de compléter les travaux nécessaires pour mettre en vigueur dans les colonies les dispositions des nouveaux codes, sauf les modifications commandées par les circonstances et les lieux.

COLONIES, ch. 2.
COLONIES, ch. 2.

33. — Enfin cette même ordonnance établit des comités consultatifs à la Martinique, à la Guadeloupe, à Bourbon et à Cayenne. Cette institution fut confirmée avec de nouvelles dispositions par une ordonnance du 13 août 1823. — V. COMITÉS CONSULTATIFS DES COLONIES.

34. — Ordonnance du roi du 13 août 1823, contenant de nouvelles dispositions relatives aux députés des colonies près le département de la Marine. — Art. 6.

35. — Ordonnance du roi du 6 janv. 1824, portant institution d'un conseil supérieur du commerce et des colonies.

36. — Tel était l'état des choses lorsqu'on songea à coordonner entre elles les dispositions des anciennes lois et ordonnances relatives aux colonies, et à donner à ces colonies, ou au moins aux principales d'entre elles, une législation uniforme, autant que le permettaient toutefois leur situation, leur importance et la nature de leur population.

37. — Le gouvernement des principales colonies a été réglé, savoir : pour l'île Bourbon et ses dépendances par une ordonnance du 21 août 1825; — pour la Martinique et pour la Guadeloupe et leurs dépendances par une ordonnance du 9 fév. 1827; — enfin pour la Guyane par une ordonnance du 27 août 1828.

38. — L'organisation judiciaire et l'administration de la justice ont été réglées, savoir : Pour l'île Bourbon et ses dépendances par ordonnance du 30 sept. 1827; — pour la Martinique et pour la Guadeloupe et leurs dépendances par ordonnance du 24 sept. 1828; — et enfin pour la Guyane par ordonnance du 21 déc. 1828.

39. — Une autre ordonnance du 31 août 1828 règle aussi le mode de procéder devant les conseils privés des colonies.

40. — Depuis, a été promulguée la Charte de 1830, dont l'art. 64 porte que « les colonies sont régies par des lois particulières. »

41. — Ordonnance du roi du 23 août 1830, qui fait cesser les fonctions de députés des colonies, et porte qu'à l'avenir ils seront nommés directement par les conseils généraux.

42. — Depuis la Charte de 1830, des modifications étaient nécessaires en ce qui concernait le gouvernement des colonies; elles ont eu lieu, savoir : pour la Martinique et la Guadeloupe, par ordonnance du 31 août 1830; — pour la Guyane, par ordonnance du 13 oct. 1831; — et enfin pour l'île Bourbon, par ordonnance du 8 mai 1832.

43. — Enfin, a été rendue la loi du 24 avr. 1833, sur le régime législatif des colonies.

44. — L'art. 24 de cette loi ayant abrogé toutes dispositions de lois, édits, déclarations du roi, ordonnances royales, et autres actes alors en vigueur en ce qu'elles avaient de contraire à cette loi, il était indispensable de faire subir aux ordonnances précitées diverses modifications pour les mettre en harmonie avec la nouvelle loi. C'est ce qui a été fait par trois ordonnances royales du 22 août 1833.

45. — Toutefois, comme cette loi et la plupart des ordonnances précédentes que nous avons indiquées ne s'occupent que de nos principales colonies, c'est-à-dire de l'île Bourbon, de la Martinique, de la Guadeloupe et de la Guyane, nous ne considérerons ici sous le mot COLONIES que ce qui concerne principalement ces quatre colonies. Il faut se reporter à chacun des mots spéciaux pour connaître la législation spéciale aux colonies moindres, savoir : le Sénégal ou les établissemens d'Afrique, les établissemens des Indes, Saint-Pierre et Miquelon, et enfin les établissemens de l'Océanie.

46. — Il faut de plus se reporter à chacun des mots BOURBON, MARTINIQUE, GUADELOUPE et GUYANE, soit pour ce qui concerne les dépendances de ces colonies, soit pour les dispositions purement locales rendues à l'égard de chacune d'elles en particulier.

CHAPITRE II. — *Pouvoir législatif. — Conseil colonial.*

47. — Sous l'ancienne monarchie, comme le pouvoir législatif résidait dans la seule personne du roi, il s'en suivait que tous les réglemens émanés du souverain étaient obligatoires pour les colonies.

48. — Par les tentatives qui furent faites lors de la première révolution, il fut reconnu que le pouvoir législatif ne pouvait s'exercer à l'égard des colonies comme à l'égard du territoire continental. Aussi après avoir : 1° assimilé la position des colonies à celle des autres parties de la France (Constit. 5 fructid. an III); — 2° et ensuite déclaré que leur régime serait déterminé par des lois spéciales (Constit. de l'an VIII, art. 91), on fut forcé de laisser au gouvernement le soin de faire pendant dix ans les réglemens nécessaires pour les colonies, nonobstant toutes lois antérieures. — L. 30 flor. an X, art. 4.

49. — La Charte de 1814 porta que les colonies seraient régies par des lois et réglemens particuliers (art. 73); et si dans la Charte de 1830 il fut dit seulement que les colonies seraient régies par des lois particulières (art. 64), c'est qu'il était dans la pensée de tous, ce qui du reste s'est réalisé en 1833, que le pouvoir législatif du royaume subirait nécessairement, à l'égard des colonies, les modifications que comportait la nature des choses.

50. — De ce que le pouvoir législatif, en ce qui concernait les colonies, avait toujours appartenu précédemment au chef du gouvernement, il s'ensuit que toutes les dispositions législatives et réglementaires émanées de lui avant la loi du 24 avr. 1833, sont obligatoires pour les colonies.

51. — ...1° Soit que ces dispositions soient émanées du chef du gouvernement lui-même.

52. — ...Et à plus forte raison si, dans la métropole, ces matières étaient attribuées au pouvoir exécutif, telles que l'exercice de la profession d'avocat. — Ainsi, jusqu'à la publication de la loi du 24 avr. 1833, relative à leur régime législatif, les colonies sont restées à cet égard sous l'empire des ordonnances royales. — *Cass.*, 22 fév. 1843 (t. 1er 1843, p. 459), Papy et Thomas.

53. — Dès-lors, on doit considérer comme constitutionnelle l'ordonnance du 15 fév. 1831, qui a disposé qu'à l'avenir, dans les colonies, la profession d'avocat serait exercée selon ce qui est réglé par les lois et réglemens en vigueur dans la métropole. — Même arrêt.

54. — ...2° Soit que ces dispositions législatives et réglementaires aient été prises, au nom du chef du gouvernement, et en vertu d'une délégation de ses pouvoirs, par ses gouverneurs, capitaines généraux ou autres.

55. — Jugé en conséquence qu'avant l'ordonnance du 21 août 1825, les gouverneurs pour le roi, dans les colonies, avaient le pouvoir de faire en toutes matières, même législatives, les réglemens qui leur paraissaient nécessaires pour le bien du service, ainsi que celui de suspendre l'exécution des lois promulguées dans les colonies, et particulièrement de prescrire le huis clos dans les affaires concernant la traite des noirs. — *Cass.*, 13 janv. 1827, Dubourg.

56. — ...Que l'arrêté du 27 messid. an X, par lequel le général Leclerc substitua, pour la colonie de Saint-Domingue, à la loi du 17 niv. an II en matière de succession, la coutume de Paris, a eu force de loi obligatoire, comme étant pris dans les limites des pouvoirs conférés au général par l'arrêté des consuls du 13 brum. an X, de pourvoir par des réglemens à la législation coloniale. — *Cass.*, 16 déc. 1834, Loyseau de Montaugé c. Le Sénéchal et Barnier.

57. — ...Que les arrêtés coloniaux rendus dans la forme voulue antérieurement à la Charte de 1830, continuent, s'ils n'ont pas été formellement abrogés par une loi spéciale, à subsister et à être obligatoires, quoique contraires aux dispositions soit de la Charte, soit des lois générales faites pour la métropole. — *Cass.*, 3 fév. 1841 (t. 1er 1841, p. 207), Goubault c. Caigniet.

58. — L'arrêté législatif du gouverneur d'une colonie, lors même qu'il modifie le droit successoral, est présumé rendu en vertu d'une délégation du gouvernement, auquel seul appartient le droit de le réformer, et demeure exécutoire tant qu'il n'a pas été réformé. — *Cass.*, 2 juill. 1839 (t. 2 1839, p. 138), Villefeynier c. D'Aigny.

59. — Mais *quid*, s'il s'agissait de dispositions législatives et réglementaires établies par un souverain étranger, pendant son occupation, dans les colonies? — Jugé que ces dispositions, alors surtout qu'elles ont eu pour objet l'administration de la justice, doivent être réputées avoir force de loi jusqu'au moment où l'occupation étrangère a cessé. — *Cass.*, 18 fév. 1819, Thelusson c. Copens; 15 avr. 1819, Regis-Leblanc.

60. — Ainsi, l'ordonnance anglaise du 22 sept. 1810, pour la Guadeloupe, a dû être exécutée pendant la durée de l'occupation des Anglais; les actes faits dans cet intervalle n'ont été annulés par aucune ordonnance royale depuis que la colonie est rentrée sous la domination française. — Dès-lors, des colons français de la Guadeloupe, absens de cette colonie durant l'occupation des Anglais, ont été valablement représentés par les régisseurs nommés pour administrer leurs biens, conformément à cette ordonnance, et ils sont, par suite, non-recevables à former opposition aux jugemens rendus contre ces régisseurs. — *Cass.*, 13 juin 1826, Calmez c. Girard.

61. — Toutefois, les lois promulguées dans les colonies pendant leur occupation temporaire par une puissance étrangère, n'ont pu avoir plus d'effet que si elles eussent procédé de la souveraineté française, et par conséquent porter atteinte à des droits acquis antérieurement. — *Cass.*, 25 fév. 1840 (t. 1er 1841, p. 72), Deslandes c. Berthellot de Baye.

62. — Toutes dispositions législatives et réglementaires, de quelque autorité qu'elles émanent, ne peuvent être obligatoires pour les colonies qu'autant qu'elles y ont été promulguées et enregistrées.

63. — Ainsi, l'ord. royale du 15 fév. 1831 qui permet l'exercice, pour l'avenir, de la profession d'avocat dans les colonies, n'a pas eu par elle-même la puissance de rendre exécutoire à la Martinique l'ord. royale du 27 fév. 1822, relative à la plaidoirie et à la profession d'avocat, ainsi qu'à l'exclusion des avoués du droit de plaider, cette dernière ordonnance n'ayant pas été promulguée. — Dès-lors, et à défaut de cette promulgation, les avoués ont conservé le droit que leur conférait l'ord. du 24 sept. 1828, de plaider devant le tribunal auquel ils sont attachés. — *Cass.*, 22 fév. 1843 (t. 1er 1843, p. 459), Papy c. Thomas.

64. — Mais il suffit que les lois aient été enregistrées et publiées dans les cours et tribunaux pour qu'elles soient réputées légalement promulguées. — *Cass.*, 23 mars 1820, Douanes c. Lesage.

65. — Jugé cependant que si, depuis l'établissement des conseils supérieurs aux colonies, les lois du royaume n'y ont pu être obligatoires qu'autant qu'elles y ont été enregistrées, il n'en était pas de même sous le droit antérieur; les lois et ordonnances légalement publiées en France étaient exécutoires dans les colonies sans enregistrement. — *Cass.*, 29 déc. 1827, Bissette.

66. — Jugé également que les lois concernant les personnes produisaient leurs effets, lorsqu'elles étaient de notoriété publique, alors même qu'elles n'avaient pas été promulguées. — Spécialement, le mariage contracté entre un blanc et une esclave de naissance, à une époque où celle-ci, affranchie par son maître, avait été confirmée dans sa liberté par le décret du 16 pluv. an II, qui a aboli l'esclavage dans les colonies, est valable, alors même que ce décret n'aurait pas été publié. — *Cass.*, 27 juin 1838 (t. 2 1838, p. 122), Rodrigues c. Béguin.

67. — Enfin est venue la loi du 24 avril 1833, qualifiée à la Chambre des Pairs de *Charte coloniale*, qui a établi le régime législatif des colonies. Dans la discussion il a été reconnu que l'admission de députés des colonies était *irrationnelle en principe et inexécutable en fait.*

68. — « La pensée-mère du projet de loi, disait M. Gautier, rapporteur, c'est de retenir dans le domaine de la législation le jugement des questions générales, ou qui affectent d'une manière directe les intérêts moraux et matériels de l'état; de remettre à la décision d'une législation locale *instituée à cet effet*, les matières qui se rattachent à l'intérêt particulier des colonies en général et de chaque colonie en particulier; enfin, de confier, pour un délai déterminé, à l'autorité royale, en outre du pouvoir exécutif qui lui appartient, et sans l'obligation de consulter préalablement les colonies, le soin de statuer sur quelques matières qui, par leur nature, ne sont pas du ressort de la législation générale, et qui ne pourraient pourtant encore être remises à la législation locale, sans qu'on eût à redouter de sa part, ou les erreurs dans lesquelles pourrait entraîner l'inexpérience ou l'influence de quelques préjugés. »

69. — Cette loi du 24 avril 1833 contient, entre autres dispositions, les suivantes :

70. — Dans les colonies de la Martinique, de la Guadeloupe, de Bourbon et de la Guyane, le conseil général est remplacé par un conseil colonial dont les membres sont élus et les attributions réglées ainsi qu'il suit (L. 24 avril 1833, art. 1er) :

71. — Sont faites par le pouvor législatif du royaume, 1° les lois relatives à l'exercice des droits politiques; — 2° les lois civiles et criminelles concernant les personnes libres, et les lois pénales déterminant pour les personnes non libres les crimes auxquels la peine de mort est applicable; — 3° les lois qui règlent les pouvoirs spéciaux des gouverneurs en ce qui est relatif aux mesures de haute police et de sûreté générale; — 4° les lois sur l'organisation judiciaire; — 5° les lois sur le commerce, le régime des douanes, la répression de la traite des noirs, et celles qui ont pour but de régler les relations entre la métropole et les colonies. — Art. 2.

72. — Il est statué par ordonnances royales, les conseils coloniaux ou leurs délégués préalablement entendus; 1° sur l'organisation administrative, le régime municipal excepté; — 2° sur la police de la presse; — 3° sur l'instruction publique; — 4° sur l'organisation et le service des milices; — 5° sur les conditions et les formes des affranchissemens ainsi que sur les recensemens; — 6° sur les améliorations à introduire dans la condition des personnes non libres, qui seraient compatibles avec les droits acquis; — 7° sur les dispositions pénales applicables aux personnes non libres pour tous les cas qui

n'emportent pas la peine capitale; — 8° sur l'acceptation des dons et legs aux établissemens publics. — Art. 3. — V. *infrà* nos 111 et 390.

73. — Les matières qui, par les dispositions des art. 2 et 3, ne sont pas réservées aux lois de l'état ou aux ordonnances royales, sont réglées par des *décrets* rendus par le conseil colonial, sur la proposition du gouverneur (art. 4). — On avait demandé que les actes du conseil colonial fussent appelées *lois locales*. Cette proposition a été rejetée; on a pensé que le mot *loi* devait être exclusivement réservé aux actes de la législation métropolitaine.

74. — Le conseil colonial discute et vote, sur la présentation du gouverneur, le budget intérieur de la colonie. — Toutefois, le traitement du gouverneur et les dépenses du personnel de la justice et des douanes sont fixés par le gouvernement, et ne peuvent donner lieu de la part du conseil qu'à des observations. — Art. 5.

75. — Le conseil colonial détermine dans les mêmes formes l'assiette et la répartition des contributions directes. — Art. 6.

76. — Le conseil colonial donne son avis sur toutes les dépenses des services militaires qui sont à la charge de l'état. — Art. 7.

77. — Les décrets adoptés par le conseil colonial, et consentis par le gouverneur, sont soumis à la sanction du roi. — Néanmoins, le gouverneur a la faculté de les déclarer provisoirement exécutoires. — Art 8.

78. — Les projets de décrets que le conseil colonial n'a pas adoptés et ceux dans lesquels il a introduit des amendemens qui ne sont pas consentis par le gouverneur, ne peuvent être représentés dans la même session. — Art. 9.

79. — Le conseil colonial peut faire connaître ses vœux sur les objets intéressant la colonie, soit par une adresse au roi, s'il s'agit de matières réservées aux lois de l'état ou aux ordonnances royales, soit par un mémoire au gouverneur, s'il s'agit d'autres matières. — Art. 10.

80. — Le gouverneur rend des arrêtés et des décisions pour régler les matières d'administration et de police, et pour l'exécution des lois, ordonnances et décrets publiés dans la colonie. — Art. 11.

81. — Les colonies ont des délégués près le gouvernement du roi, savoir : la Martinique, deux; la Guadeloupe, deux; l'île Bourbon, deux; et la Guyane, un. — Ces délégués sont nommés et leur traitement fixé par le conseil colonial dans sa première session. — Art. 19. — V. CONSEIL COLONIAL, DÉLÉGUÉS DES COLONIES.

82. — Ces délégués, réunis en conseil, sont chargés de donner au gouvernement du roi les renseignemens relatifs aux intérêts généraux des colonies, et de suivre auprès de lui l'effet des délibérations et des vœux des conseils coloniaux. — Art. 19.

83. — Sont abrogées toutes dispositions de lois, édits, déclarations du roi, ordonnances royales et autres actes actuellement en vigueur dans les colonies, en ce qu'elles ont de contraire à la présente loi. — L. 24 avr. 1833, art. 24.

84. — Quant aux établissemens français dans les Indes Orientales et en Afrique, et à l'établissement de Saint-Pierre et Miquelon, ils continuent d'être régis par ordonnances du roi. — L. 24 avr. 1833, art. 25. — A quoi il faut ajouter les établissemens soumis depuis à la domination de la France, tels que ceux de l'Océanie ou les îles Marquises.

CHAPITRE III. — *Législation.*

85. — Les dispositions législatives obligatoires pour les colonies ont été, pour la plus grande partie, celles imposées aux habitans de la France; mais ces dispositions durent être modifiées pour les colonies. Ces modifications ne furent pas les mêmes pour toutes; et il serait tout à la fois impossible et inutile de dire ici à quels objets ces modifications s'appliquèrent. On en trouvera l'indication sous chacune des colonies en particulier. — Nous nous bornerons à rapporter ici les dispositions et les décisions qui nous ont paru d'un intérêt général.

Sect. 1re. — *Code civil.*

86. — Le Code civil a été publié : 1° à la Guyane, le 1er vendém. an XIV (13 sept. 1805); — 2° à l'Ile Bourbon, les 25 vendem. et 1er brum. an XIV (17 et 23 oct. 1805); — à la Martinique, le 16 brum. an XIV (7 nov. 1805) et à la Guadeloupe le 18 du même mois de brum. (9 nov. 1805), sauf le titre 19 du liv. 3 et les art. 2168 et 2169, tit. 18, relatifs à l'expropriation forcée. — Toutefois ces publications ne furent faites qu'avec des modifications commandées par l'état des choses et des lieux.

87. — Différentes ordonnances royales ont déclaré que les colonies seraient régies par le Code civil modifié et mis en rapport avec leurs besoins, savoir : pour l'Ile Bourbon, ord. 30 sept. 1827, art. 7; pour la Martinique et la Guadeloupe, ord. 24 sept. 1828, art. 7; pour la Guyane, ord. 21 déc. 1828, art. 7.

88. — La coutume de Paris formait, avant le Code civil, le droit commun des colonies françaises, notamment du Sénégal. — *Cass.*, 23 août 1825, Isambourg c. Fourgassié.

89. — *Droits civils.* — En promulguant le Code civil à la Martinique, à la Guadeloupe, à la Guyane, les arrêtés coloniaux avaient restreint à l'égard des personnes de couleur libres, la jouissance des droits civils. — En cela, ils n'avaient fait que consacrer les restrictions à l'égard des esclaves affranchis, portées aux art. 51 et 53 de l'édit du mois de déc. 1723, relatif à l'île Bourbon, et la déclaration du 5 fév. 1726 concernant la Martinique et la Guadeloupe.

90. — Mais ces arrêtés ont été abrogés en cela, et les personnes de couleur libres, rétablies dans la jouissance entière des droits civils en attendant la confection des lois par lesquelles les colonies devaient être régies en vertu de l'art. 64 de la Charte. — Ord. 24 fév. 1831, art. 1er.

91. — Enfin, la loi du 24 avr. 1833 porte, art. 1er : « Toute personne née ou ayant acquis légalement la liberté, jouit dans les colonies : 1° des droits civils; — 2° des droits politiques, sous les conditions prescrites par les lois. »

92. — *Actes de l'état civil.* — Ord. du Roi du 7 sept. 1830 portant que les actes de l'état civil de la population blanche et de la population libre de couleur dans les colonies doivent être inscrits sur les mêmes registres. — V. au surplus à ce sujet ACTES DE L'ÉTAT CIVIL, n° 28.

93. — *Domicile.* — Le Français qui passe aux colonies n'est point, par cela seul, réputé avoir abandonné son domicile. — *Paris*, 3 août 1812, Dumont c. Arthault.

94. — Le Français établi dans les colonies, qui n'a fait aucune signification de translation de domicile est censé avoir conservé son domicile en France, s'il est prouvé par la correspondance qu'il avait l'intention d'y revenir. En conséquence, bien qu'il soit décédé dans les colonies, sa succession doit être réputée ouverte en France. — *Cass.*, 24 fév. 1832, Poudensan c. Freissinet.

95. — Les Français qui habitent momentanément les colonies où ils sont attachés à quelque partie du service public, doivent être assignés en France dans le lieu de leur dernier domicile, et non au domicile des commissaires du gouvernement près les tribunaux d'appel. — *Cass.*, 20 fructid. an XI, N...

96. — C'est au lieu du domicile d'origine du mari que doit se faire la renonciation à la communauté de la part d'une femme, dont le mari, originaire d'un des départemens de la France, s'était marié à l'île de France où il exerçait le commerce et était décédé au Bengale où il remplissait des fonctions publiques. — *Nîmes*, 19 avr. 1839 (t. 1er 1839, p. 529), Merle c. Halat.

97. — La constitution d'un mandataire à l'île Bourbon par un Français domicilié en France n'emporte pas de droit élection de domicile chez ce mandataire et attribution de juridiction au tribunal dans le ressort duquel celui-ci est domicilié. — *Cass.*, 3 juill. 1837 (t. 2 1837, p. 28), Patu de Rosemont c. Toutain; 31 janv. 1838 (t. 1er 1838, p. 240), Patu de Rosemont c. Camin et Mellinet; 18 mars 1839 (t. 2 1839, p. 261), Patu de Rosemont c. Jogues et Dufou; 29 nov. 1843 (t. 1er 1844, p. 351), Patu de Rosemont c. Lemasne et Trothier.

98. — Quelque généraux que soient les pouvoirs donnés, ils ne sauraient faire présumer l'élection de domicile. — *Cass.*, 31 janv. 1838 (t. 1er 1838, p. 240), Patu de Rosemont c. Camin et Mellinet; 18 mars 1839 (t. 2 1839, p. 261), Patu de Rosemont c. Jogues et Dufou; 29 nov. 1843 (t. 1er 1844, p. 351), Patu de Rosemont c. Lemasne et Trothier.

99. — L'usage qui se serait introduit de stipuler cette élection de domicile dans les procurations destinées aux colonies, ne suffirait pas, à le supposer constant, pour faire suppléer cette stipulation dans les procurations qui ne la contiennent pas. — *Cass.*, 3 juill. 1837 (t. 2 1837, p. 28), Patu de Rosemont c. Toutain; 28 mars 1839 (t. 2 1839, p. 261), Patu de Rosemont c. Jogues et Dufou; 29 nov. 1843 (t. 1er 1844, p. 351), Patu de Rosemont c. Lemasne et Trothier.

100. — Jugé cependant qu'à la Martinique, et d'après l'usage observé de temps immémorial dans cette colonie, les colons absens peuvent être assignés en la personne et au domicile de leurs fondés de pouvoirs, lorsque ceux-ci sont autorisés par le mandat à défendre à l'espèce de demande dont il s'agit. — *Cass.*, 28 juin 1826, de Sainte-Croix c. de Hautmont.

101. — A l'égard de ces décisions qui paraissent contradictoires, on peut remarquer que rien ne prouve que l'usage suivi à la Martinique existât à l'île Bourbon; que de plus en 1826 la Martinique était encore sous une législation spéciale; tandis que lors des espèces jugées à l'île Bourbon, cette île se trouvait régie par le Code civil et le Code de procédure civile. — Ord. 30 sept. 1827, art. 7.

102. — Le pouvoir donné à un mandataire d'élire domicile chez lui pour son mandant ne profite aux tiers qu'autant que cette élection de domicile a eu réellement lieu à l'occasion des actes intervenus entre eux et le représentant de la personne qui a délégué ses pouvoirs. — *Cass.*, 3 juill. 1837 (t. 2 1837, p. 28), Patu de Rosemont c. Toutain; 31 janv. 1838 (t. 1er 1838, p. 240), Patu de Rosemont c. Camin et Mellinet; 18 mars 1839 (t. 2 1839, p. 261), Patu de Rosemont c. Jogues et Dufou; 29 nov. 1843 (t. 1er 1844, p. 351), Patu de Rosemont c. Lemasne et Trothier.

103. — *Mariage.* — Sous l'empire des anciennes lois et ordonnances toutes les fois qu'il ne s'agissait pas d'un mariage entre un blanc et une négresse, ou réciproquement, la différence de couleur ne pouvait motiver utilement l'opposition des père et mère au mariage de leur enfant. — *Bordeaux*, 22 mai 1806, Grouzeilles.

104. — L'ord. royale du 7 juin 1832 a déclaré exécutoire aux colonies la loi du 16 avr. 1832 relative aux mariages entre beaux-frères et belles-sœurs, en donnant aux gouverneurs, en conseil, la faculté de lever les prohibitions pour des causes graves.

105. — *Paternité.* — Encore bien que la reconnaissance d'un enfant naturel, né d'un blanc et d'une femme de couleur, soit prohibée à la Guyane, cependant on doit considérer comme valable la reconnaissance faite en France par un blanc qui y est domicilié, quels que soient la couleur de la mère de l'enfant, et le lieu actuel de la résidence de cet enfant. — *Cass.*, 15 mars 1831, Verneau c. Flavin.

106. — Et si cette reconnaissance a eu lieu sous le Code civil, elle donne à l'enfant, sur le patrimoine de son père, les droits déterminés par le Code, au titre *Des successions irrégulières*, non seulement quant aux biens situés en France, mais encore quant aux biens situés aux colonies. — Même arrêt.

107. — *Successions.* — Le décret du 6 août 1790, concernant l'abolition du droit d'aubaine et de détraction est déclaré exécutoire dans toutes les possessions françaises, même dans les deux Indes. — Déc. 13-17 avr. 1791.

108. — L'administration des successions vacantes est confiée aux receveurs de l'enregistrement, qui ont à fournir, comme curateurs, un cautionnement spécial. — Ord. 16 mai 1832, art. 1er.

109. — Les sommes provenant de successions vacantes et déposées dans les caisses coloniales ne produisent pas des intérêts au profit des ayant-droit. — *Cons. d'état*, 18 avr. 1835, Caillon.

110. — Jugé que la déclaration du 24 août 1726, qui, relativement aux ventes de biens fonds situés dans les colonies, accorde aux vendeurs, à défaut de paiement du prix, une action en déguerpissement ou résolution, s'applique aussi bien *en cas de partage par voie de licitation ou de cession de droits par acte de partage qu'en cas de vente proprement dite.* — Cette action est indépendante *du privilége du copartageant* et de son inscription. — Elle ne peut recevoir aucune atteinte des lois postérieures à l'acte qui lui donne ouverture. — *Cass.*, 25 fév. 1840 (t. 1er 1841, p. 72), Deslandes.

111. — *Dispositions à titre gratuit.* — Ordonnance du roi du 25 juin 1833 concernant les règles à suivre dans les colonies pour l'acceptation des dons et legs en faveur des églises, des pauvres et des établissemens publics.

112. — En décidant que des biens immeubles échus à un habitant des colonies, dans une succession ouverte en France depuis le Code civil, ont pu être valablement légués par lui avant la promulgation de ce Code dans la colonie, et pendant que la coutume de Paris y était encore en vigueur, un arrêt, loin de violer les dispositions de cette coutume relatives à l'indisponibilité des propres, fait une juste application des principes du Code civil, qui, relativement à la faculté de disposer, abolissent toute distinction dans la nature des biens. — *Cass.*, 5 juin 1828, Tumerel c. Saminadaik.

113. — *Prêt à intérêt.* — La loi du 3 sept. 1807, qui fixe l'intérêt de l'argent, n'ayant pas été promulguée à la Martinique, la stipulation d'un intérêt conventionnel supérieur au taux établi par cette loi a pu y être déclarée licite et exempte d'usure. — *Cass.*, 7 août 1843 (t. 2 1843, p. 595), Robert c. Hergault.

114. — En vain, pour soutenir le contraire, invoquerait-on l'ordonnance du gouvernement an-

glais de cette colonie, rendue le 6 oct. 1809; cette ordonnance, en supposant qu'elle eût pu modifier l'art. 1907, C. civ., ayant cessé d'avoir effet lorsque la Martinique est rentrée sous les lois qui régissent la métropole. — Même arrêt.

115. — *Mandat.* — La signification d'un jugement faite au mandataire de la partie, et non à personne ou domicile, faisait, dans les colonies, courir les délais de l'appel. — *Cass.*, 21 mars 1821, Faujas c. Ambert.

116. — Le mandat donné par des commettans de France à un habitant de Saint-Domingue de gérer des biens situés dans la colonie n'a pas dû être réputé gratuit. Le mandataire avait droit, d'après les usages, à l'allocation d'une indemnité ou d'un traitement annuel. — *Rennes*, 4 juin 1885, Lincé c. Ducollet.

117. — D'après les usages généralement reçus, les avances et le traitement dus au mandataire qui a géré des propriétés situées à Saint-Domingue n'ont pu être prélevés que sur les produits des propriétés grevées. — Même arrêt.

118. — L'ord. du 5 déc. 1784, relative aux honoraires des gérans des habitations aux colonies, ne contient point, sur la taxe de ces honoraires, de dispositions impératives et prohibitives de stipulations contraires; elle donne seulement aux propriétaires éloignés des colonies le conseil d'allouer aux gérans de leurs habitations une quotité de revenu net; mais elle ne prohibe pas les conventions qui auraient pour objet l'allocation d'une quotité de revenu brut. — *Cass.*, 25 juill. 1838 (t. 2 1838, p. 483), Sirey c. Roy. — V. COMMISSAIRES ARBITRES.

119. — *Contrainte par corps.* — L'arrêté colonial du 13 mars 1815, rendu par le gouverneur de la Guadeloupe, et aux termes duquel le porteur légitime d'un titre de créance peut s'opposer au départ de son débiteur, est encore en vigueur et n'a été abrogé ni par la Charte de 1830, ni par la loi du 17 avr. 1832 sur la contrainte par corps. — *Guadeloupe*, 11 fév. 1839 (t. 1er 1839, p. 646), Goubault c. Caigniet; *Cass.*, 3 fév. 1841 (t. 1er 1841, p. 207), Goubault c. Caigniet.

120. — La loi du 17 avril 1832 sur la contrainte par corps a été déclarée exécutoire aux colonies, sous la modification suivante : — La somme destinée aux alimens du détenu doit être, pour le délai de trente jours, à la Martinique, à la Guadeloupe et à Bourbon, de 60 fr.; à Cayenne, de 45 fr.; au Sénégal, aux établissemens français de l'Inde, et à Saint-Pierre et Miquelon, de 30 fr. — Ord. 12 juill. 1832, art 1er et 2.

121. — *Hypothèque.* — Sont valables, quoique ne désignant ni la nature ni la situation des immeubles hypothéqués, les inscriptions prises à la Guadeloupe dans le délai fixé par le décret du 16 janv. 1811, en vertu de contrats antérieurs à la promulgation du Code civil, lesquels, à la Guadeloupe, emportaient hypothèque générale sur les biens du débiteur. — *Cass.*, 1er fév, 1825, Commissaire de la marine c. Courtois.

Sect. 2e. — *Code de procédure.*

122. — Le Code de procédure a été promulgué : — 1o à l'île Bourbon, par arrêté local du 20 juill. 1808, pour avoir son exécution à dater du 1er oct. suivant. — Ord. locales des 12 et 18 juin 1815 et ord. royale du 26 déc. 1827. — Le tarif du 16 fév. 1807 y a été adopté par ord. locale du 17 sept. 1816, et ses prix doublés par une autre ord. locale du 20 juill. 1829. — L'ord. royale du 5 nov. 1828, sur la vérification des minutes, a été publiée à Bourbon le 3 fév. 1825.

123. — ... 2o A la Guadeloupe, le 10 août 1808 (une notice statistique indique le 15 sept.), pour être mis en activité le 1er novembre 1808, dans les tribunaux de première instance, et le 1er janv. 1809 à la cour d'appel.

124. — ... 3o A la Guyane, le 25 janv. 1816, et modifié ensuite par un acte local du 25 août 1821.

125. — Le Code de procédure n'avait pas été promulgué à la Martinique. — L'ord. du 22 nov. 1819, sur la nécessité de motiver les jugemens, y a été enregistrée le 10 fév. 1820.

126. — Différentes ordonnances royales ont déclaré que les colonies seraient régies par le Code de procédure civile, modifié et mis en rapport avec leurs besoins, savoir : — Pour l'île Bourbon, ord. 30 sept. 1827, art. 7 ; — pour la Martinique et la Guadeloupe, ord. 24 sept. 1828, art. 7; — pour la Guyane, ord. 21 déc. 1828, art. 7.

127. — Ces modifications et mises en rapport ont été faites, pour la Martinique et la Guadeloupe, par une ord. royale du 19 oct. 1828.

128. — L'art. 7, ord. 24 sept. 1828, portant organisation de l'ordre judiciaire et de l'administration de la justice aux colonies, a rendu le Code de procédure exécutoire dans les deux colonies de la Martinique et de la Guadeloupe. — *Cass.*, 9 mai 1834, Chastel c. Veyrier-Dupotiche.

129. — *Assignation.* — Ceux qui habitent les colonies, et qu'on veut appeler devant une juridiction du continent, doivent être assignés au domicile du procureur du roi près le tribunal où est portée la demande, lequel vise l'original et envoie la copie au ministre de la marine. — C. procéd., art. 69, no 9.

130. — L'exploit d'un appel interjeté contre un individu établi dans les colonies françaises doit être signifié non au domicile du procureur du roi près le tribunal qui a rendu le jugement, mais à celui du procureur général près la cour royale qui doit connaître de l'appel. — *Bordeaux*, 20 fév. 1845 (t. 2 1845, p. 194), Bernard et Chety c. Darricarrère.

131. — L'art. 1er, L. 28 germin. an XI, fixait les délais des assignations données aux personnes domiciliées dans les colonies pour comparaître devant les tribunaux de France, savoir, à six mois pour les individus demeurant aux colonies occidentales et sur les côtes d'Afrique jusqu'au cap de Bonne-Espérance, et à un an pour les individus demeurant au-delà de ce cap. — Cette disposition a été confirmée par l'art. 73, C. procéd. civ.

132. — Lorsqu'une assignation à une partie domiciliée dans les colonies est donnée à sa personne en France, elle n'emporte que les délais ordinaires, sauf au tribunal à les prolonger, s'il y a lieu. — L. 28 germin. an XI, art. 2.

133. — *Jugement.* — Depuis le 20 thermid. an XII, date de la publication à la Guadeloupe de l'art. 15, tit. 5, L. 16-24 août 1790, on a dû considérer comme nuls les arrêts rendus dans cette colonie, dans lesquels les questions de fait et de droit n'étaient posées ni explicitement ni implicitement. — *Cass.*, 4 avr. 1808, Jappy c. Smith.

134. — Le Code de procédure civile n'ayant pas été publié à la Martinique, et comme il n'est pas prouvé que l'ordonnance de Moulins y ait été enregistrée et observée, un arrêt de la cour royale n'est pas nul parce qu'il ne contient pas l'exposé des points de fait et de droit. — *Cass.*, 13 nov 1827, N..

135. — En ce qui concerne l'obligation de motiver les jugemens et de les prononcer publiquement, V. *infrà* nos 560 et suiv.

136. — Un jugement rendu à Sainte-Lucie, en 1812, et au moment où cette colonie (qui n'a été cédée par la France aux Anglais que par le traité du 30 mai 1814) était sous la domination anglaise, ne peut être réputé jugement rendu à l'étranger; en conséquence un tel jugement est exécutoire en France. — *Bordeaux*, 25 janv. 1820 (sous *Cass.*, 18 avr. 1825), Beaudenom-Delamaze c. Tharel.

137. — *Réglement de juges.* — La cour de Cassation a pu déterminer par voie de réglement de juges, devant quelle cour royale de l'intérieur de du royaume devait être poursuivie une instance d'appel restée pendante au conseil supérieur de l'île de Saint-Domingue, pendant que l'état de cette colonie, dans ses rapports avec la métropole, y avait rendu cette poursuite impossible. — *Cass.*, 1er avr. 1823, Regnier; 18 janv. 1825, Regnier c. Cuperlier.

138. — *Renvoi.* — Il y a lieu à renvoi pour cause de suspicion dans le cas où un tribunal déclare devoir s'abstenir comme doutant de son impartialité, alors que le débat s'agite devant un tribunal des colonies, entre un nègre libre et un blanc, et que, par suite des influences résultant de la différence de couleur, chaque habitant a pris ostensiblement fait et cause pour l'une ou pour l'autre des parties, et s'est rendu impossible le devoir de juger impartialement. — *Cass.*, 11 août 1840 (t. 1er 1843, p. 530), Bagnick-Morau c. Pesnel.

139. — *Appel.* — On peut, dans la jurisprudence suivie par les tribunaux de la Martinique, former en cause d'appel une demande incidente. — *Cass.*, 11 mars 1819, Kiquandon et Lacoudré c. Astorg.

140. — *Saisie-arrêt.* — Ord. du roi du 20 fév. relative aux formalités à remplir pour la validité des oppositions formées au paiement de toutes les dépenses des colonies exigibles en France.

141. — Les créanciers particuliers des entrepreneurs et adjudicataires de travaux publics dans les colonies ne peuvent faire aucune saisie-arrêt ni opposition entre les mains des trésoriers, sur les fonds destinés à solder lesdits travaux. — Ord. 13 mai 1829.

142. — *Saisie-exécution.* — Le défaut de signature du procès-verbal de carence, ou même simplement du *renvoi* placé en marge, et constatant le *parlant à*, par les témoins qui ont accompagné l'huissier, et à la Guadeloupe par le recors qui les remplace, emporte nullité de ce procès verbal. — *Cass.*, 20 juin 1837 (t. 2 1837, p. 271), Remondencq c. Gaigneron.

143. — *Cassation.* — Peuvent être attaqués par voie de cassation : 1o les jugemens des tribunaux de première instance rendus en dernier ressort en matière civile et commerciale; — 2o les arrêts rendus sur les mêmes matières, sur les appels des jugemens des tribunaux de première instance. — Ord. 30 sept. 1827, art. 27 ; 24 sept. 1828, art. 32 et 47; 21 déc. 1828, art. 25 et 40.

144. — Le réglement de 1768, dont l'art. 12 fixe à un an le délai pendant lequel les habitans des colonies de Saint-Domingue, de la Martinique, de la Guadeloupe, du Canada et de l'Ile-Royale pourront se pourvoir en cassation contre les jugemens signifiés au domicile des parties, est applicable aux habitans de Cayenne ou de la Guyane française. — *Cass.*, 19 vend. an XII, Beauregard c. Dervieux.

145. — Les lois des 24 août 1793, de l'an II et de l'an III, déclarant que les délais fixés pour le pourvoi en cassation ne courraient contre les habitans des villes bloquées par l'ennemi ou en état de rébellion que quinze jours après le rétablissement de l'ordre n'ont pu être invoquées par les habitans de la Guyane française durant la guerre avec l'Angleterre. — Même arrêt.

146. — Les arrêts rendus pendant les guerres dans les colonies au nom du souverain qui les occupait étant valables, et les réglemens faits par ce souverain pour l'administration de la justice étant réputés avoir force de loi, il s'ensuit qu'on est non-recevable à se pourvoir en cassation contre les arrêts rendus particulièrement à la Guadeloupe au nom du roi de la Grande-Bretagne pendant l'occupation militaire des Anglais, si, à l'époque de la rentrée de la colonie sous la domination française, le délai de quatorze jours accordé par un statut spécial pour se pourvoir devant le conseil de Sa Majesté britannique était expiré. — *Cass.*, 18 fév. 1819, Thélusson c. Copens; 15 avr. 1819, Regis-Leblanc; 27 fév. 1822, Pastu in c. Barbes.

147. — Jugé de même à l'égard du recours en cassation contre les jugemens rendus à la Martinique pendant l'occupation de cette île par les Anglais. — *Cass.*, 10 août 1825, Dumoulier de la Brosse c. Lejeune de la Motte.

148. — Le gouvernement français est recevable à opposer la déchéance du pourvoi, même dans les instances où il s'agit de successions vacantes ouvertes dans la colonie. — *Cass.*, 15 avr. 1819, Regis-Leblanc.

149. — Les arrêts rendus par les tribunaux d'une colonie pendant qu'elle était momentanément sous la domination d'un souverain étranger ont pu être déférés à la cour de Cassation, lorsqu'ils étaient connexes à d'autres arrêts rendus dans la même affaire, mais sous l'autorité du gouvernement français. — *Cass.*, 11 mars 1819, Kiquandon et Lacoudré c. Astorg.

150. — Les arrêts d'admission qui permettent d'assigner des individus domiciliés dans les colonies sont valablement signifiés au procureur général près la cour de Cassation. — *Cass.*, 18 juin 1823, Duquerny c. de Saint-Riquier; 16 mars 1831, Chazelles c. Lacroix.

151. — ... Et cela, bien que la signification soit postérieure au décès du défendeur en cassation, si ce décès, arrivé aux colonies, n'était pas connu en France. — *Cass.*, 18 juin 1823, Duquerny c. de Saint-Riquier.

Sect. 3e. — *Code de commerce.*

152. — Le Code de commerce a été promulgué : 1o à l'île Bourbon, le 14 juill. 1809, rappelé dans une ordonnance locale du 18 juin 1815. — La loi du 19 mars 1817, modificative des dispositions relatives à la provision en matière de lettres de change y a été promulguée le 28 janv. 1818 ; — 2o à la Guadeloupe les 10 août et 15 sept. 1808 ; — 3o à la Guyane, les 1er oct. et 15 nov. 1820 ; — 4o quant à la Martinique, on y suit encore l'ord. de 1673.

153. — Jugé que, sous l'empire de l'ord. 1673, encore en vigueur à la Martinique, il suffisait, en cas de contestation sociale, que l'un des associés eût nommé un arbitre pour qu'en cas de refus de l'autre associé, les tribunaux fussent obligés de lui nommer un autre arbitre. — Ils ne pouvaient, en ce cas, évoquer et statuer au fond, alors surtout que les parties s'étaient réservé la juridiction arbitrale par une clause formelle de l'acte de société. — *Cass.*, 22 juill. 1839 (t. 2 1839, p. 140), Sully-Lavaud c. Germa.

154. — Différentes ordonnances royales ont déclaré que les colonies seraient régies par le Code de commerce modifié et mis en rapport avec leurs besoins, savoir : — pour l'île Bourbon, ord. 30 sept. 1827, art. 7 ; — pour la Martinique et la Guadeloupe, ord. 24 sept. 1828, art. 7; — pour la Guyane, ord. 21 déc. 1828, art. 7.

155. — L'art. 160, C. comm., fixe les délais dans

lesquels doivent être requis l'acceptation ou le paiement des lettres de change à vue tirées de la France sur les colonies et réciproquement. — V. LETTRE DE CHANGE.

156. — L'art. 166, C. comm., détermine dans quels délais le porteur d'effets de commerce souscrits en France, et payables dans les colonies, ou souscrits dans les colonies et payables en France, doit agir pour conserver son recours contre les tireurs et endosseurs. — V. PROTÊT.

Sect. 4e. — *Code d'instruction criminelle.*

157. — Arrêté du gouvernement du 12 vendém. an XI, et ord. du roi du 22 nov. 1819, qui déterminent les formes à observer aux colonies pour l'instruction et le jugement des contraventions aux lois sur le commerce étranger.

158. — Le Code d'inst. crim. a été adopté à l'île Bourbon par ordonnances locales des 12 juin 1815 et 20 avr. 1822. — Le décret du 18 juin 1811, contenant tarif des frais en matière criminelle, y a été introduit le 21 déc. 1824, sauf quelques légères modifications.

159. — Une ordonnance du roi, du 4 juill. 1827, a déterminé le mode de procéder en matière criminelle, pour la Martinique et la Guadeloupe.

160. — Depuis, différentes ordonnances ont déclaré que les colonies seraient régies par le Code d'inst. crim. modifié et mis en rapport avec leurs besoins, savoir : — pour l'île Bourbon, ord. 30 sept. 1827, art. 7, et 19 déc. 1827 ; — pour la Martinique et la Guadeloupe, ord. 24 sept. 1828, art. 7 et 12 oct. 1828 ; — pour la Guyane, ord. 20 juill. 1828, 21 déc. 1828, art. 7, et 10 mai 1829.

161. — La loi du 28 avr. 1832, contenant des modifications au Code d'inst. crim., a été déclarée applicable aux colonies de la Martinique, de la Guadeloupe et dépendances, de la Guyane française et de Bourbon, sauf les dispositions et les suppressions résultant des articles suivans. — L. 22 juin 1835, art. 1er.

162. — Les art. 5 (341), sur la position des questions devant la cour d'assises, 8 (368), sur la condamnation aux frais devant la cour d'assises, 10 (399, Code métropolitain ; 398, Bourbon ; 390, Antilles et Guyane), sur les récusations des assesseurs, de la loi du 28 avr. 1832 ont été remplacés par d'autres dispositions. — L. 22 juin 1835, art. 2.

163. — L'inobservation des formalités prescrites par les art. 3, 4 et par l'art. 5 modifié, L. 28 avr. 1832, relativement à la position des questions devant la cour d'assises, donne lieu à l'annulation de l'arrêt de condamnation dans les limites déterminées pour chaque colonie par la législation actuellement en vigueur. — L. 22 juin 1835, art. 3.

164. — Les art. 6 et 7, L. 28 avr. 1832, sur la manière dont se forme la déclaration du jury, ne sont point exécutoires dans les colonies. — L. 22 juin 1835, art. 4.

165. — L'application de ces différentes dispositions législatives a donné lieu aux décisions suivantes.

166. — *Instruction.* — S'il s'agit d'une mort violente ou d'une mort dont la cause soit inconnue ou suspecte, le procureur du roi doit se faire assister d'un ou de deux officiers de santé, qui font leur rapport sur les causes de la mort et sur l'état du cadavre. — Les personnes appelées en pareil cas prêtent, devant le procureur du roi, le serment de faire leur rapport et de donner leur avis en leur honneur et conscience. — Ord. 12 oct. 1828, art. 44.

167. — Cet art. 44, C. inst. crim., n'est pas au nombre de ceux dont l'inobservation soit admise comme ouverture à cassation par l'art. 417, C. colonial ; dès-lors, il ne résulte aucune nullité de ce que des experts, chargés de visiter l'accusé, n'auraient pas préalablement prêté serment. — *Cass.*, 23 avr. 1835, Fanelly.

168. — Les témoins prêtent serment de dire toute la vérité, rien que la vérité. Le juge d'instruction leur demande leurs nom, prénoms, âge, état, profession, demeure ; s'ils appartiennent à la population blanche, à celle des gens de couleur libres, ou s'ils sont esclaves, parens ou alliés des parties, et à quel degré. Il est fait mention de la demande et des réponses des témoins. — Ord. 12 oct. 1828, art. 75.

169. — A la Guyane, les magistrats qui procèdent à l'instruction d'une poursuite criminelle, peuvent recevoir les déclarations des esclaves du prévenu, et la chambre d'accusation ayant à rechercher dans les informations ainsi faites les preuves ou indices nécessaires pour asseoir sa décision, ne peut, sans violer la loi, décider qu'il n'y a lieu à suivre, par le motif en droit que le témoignage des esclaves contre leurs maîtres ne peut faire naître aucune présomption, ni conjecture, ni adminicule de preuve, et conséquemment servir de base à un arrêt de mise en accusation. — *Cass.*, 27 janv. 1831, Prus.

170. — Les dépositions sont signées du juge, du greffier et du témoin, après que lecture lui en a été faite et qu'il a déclaré y persister ; si le témoin ne veut ou ne peut signer, il en est fait mention. Chaque page du cahier d'information est signée par le juge et par le greffier. — Ord. 12 oct. 1828, art. 76.

171. — Sous l'empire de l'ord. de 1670, la déposition d'un témoin, quoique nulle, ne peut pas annuler le reste de l'information. — *Cass.*, 30 sept. 1826, Bissette, Fabien et Volny.

172. — Lorsque l'inculpé est domicilié et que le fait est de nature à ne donner lieu qu'à une peine correctionnelle, le juge d'instruction peut, s'il le juge convenable, ne décerner contre l'inculpé qu'un mandat de comparution, sauf, après l'avoir interrogé, à convertir le mandat en tel autre mandat qu'il appartiendra. — Ord. 12 oct. 1828, art. 91.

173. — Avant l'ord. 12 oct. 1828, et sous l'empire de celle de 1670, restée en vigueur à la Martinique, l'interrogatoire du prévenu devait être précédé des conclusions du ministère public. — *Cass.*, 30 sept. 1826, Bissette, Fabien et Volny.

174. — Sous la même ord. de 1670, restée en vigueur à la Martinique, il n'était pas nécessaire que l'interrogatoire de l'accusé fût signé au bas des pages par le greffier. La signature du juge et celle de l'accusé suffisaient. — *Cass.*, 30 sept. 1826, Fabien, Bissette et Volny.

175. — L'art. 1er, tit. 14, ord. 1670, portant que le récolement et la confrontation, si l'accusation méritait d'être instruite, devraient être ordonnés par le juge, s'entendait du juge instructeur et non du tribunal entier. — Même arrêt.

176. — *Jugement et appel correctionnel.* — Avant la publication du Code d'instruction criminelle à la Guyane, la seule forme à suivre dans l'instruction et le jugement des affaires correctionnelles était celle des affaires civiles. — *Cass.*, 23 mars 1820, Douanes c. Lesage.

177. — La faculté d'appel des jugemens du tribunal correctionnel appartient : 1° aux parties prévenues ou responsables ; — 2° à la partie civile, quant à ses intérêts seulement ; — 3° à l'administration des douanes, tant pour ses intérêts civils que pour l'application de la peine ; — 4° au procureur du roi près le tribunal de première instance ; — 5° au contrôleur (aujourd'hui *inspecteur*) colonial. — Ord. 12 oct. 1828, art. 202.

178. — Même avant la promulgation du Code d'instruction criminelle à la Martinique, l'admission de l'appel interjeté par le procureur du roi d'un jugement conforme à ses conclusions ne pouvait donner ouverture à cassation, quoiqu'elle fût contraire à un ancien usage et à la jurisprudence qui prohibaient cet appel. — *Cass.*, 11 juin 1825, Rollande.

179. — Lorsqu'un individu condamné par défaut en première instance, pour injures graves, par le tribunal d'une colonie où le Code d'instruction criminelle n'a pas encore été publié, dénie les faits qui lui sont imputés, et demande que le plaignant soit tenu d'en rapporter la preuve, il ne peut pas être déclaré non-recevable dans cette défense, sous le prétexte qu'il aurait dû se pourvoir par opposition envers le jugement par défaut, s'il n'a interjeté son appel qu'après l'expiration du délai de l'opposition. — *Cass.*, 10 janv. 1828, Lafontaine c. Romager.

180. — *Chambre d'accusation.* — Lorsque la chambre d'accusation estime que l'inculpé doit être renvoyé à un tribunal de simple police ou au tribunal de première instance jugeant correctionnellement, ou à la chambre correctionnelle de la cour, elle prononce le renvoi et indique le tribunal qui doit en connaître. Dans le cas de renvoi à un tribunal de simple police, l'inculpé est mis en liberté ; dans le cas de renvoi en police correctionnelle, la cour peut maintenir les mandats de dépôt ou d'arrêt qui ont été délivrés par le juge d'instruction, ou en décerner d'office, s'il y a lieu. — Ord. 12 oct. 1828, art. 230.

181. — Ainsi, à la Guadeloupe, la cour royale, chambre d'accusation, a pu, en prononçant le renvoi de l'inculpé à la chambre correctionnelle, décerner d'office un mandat d'arrêt. — *Cass.*, 5 fév. 1830, Leray.

182. — *Cour d'assises.* — Les membres de la cour royale qui ont voté la mise en accusation, ne peuvent, dans la même affaire, ni présider les assises, ni assister le président, à peine de nullité. — Ord. 12 oct. 1828, art. 257.

183. — Il ne peut résulter aucun moyen de cassation de ce que le tirage partiel d'un assesseur remplaçant aurait été opéré sous la présidence d'un magistrat ayant participé à la mise en accusation, alors que, cette opération étant étrangère à l'accusé, il a pu, dans une séance postérieure, où n'assistait point ce magistrat, exercer tous ses droits, comme si aucun tirage n'avait eu lieu précédemment. — *Cass.*, 28 fév. 1835, Herbelin.

184. — Lorsque des accusés ne sont arrivés dans la maison de justice qu'après le tirage des assesseurs ou qu'après l'ouverture des assises, il leur est donné connaissance des noms, profession et demeure des assesseurs qui doivent siéger aux assises ; et ils ne peuvent y être jugés que lorsqu'ils y ont consenti, que le ministère public ne s'y est point opposé, et que le président l'a ordonné. Dans ce cas, le ministère public et les accusés sont considérés comme ayant renoncé à la faculté d'exercer aucune récusation contre les assesseurs antérieurement désignés par le sort. — Il est dressé un procès-verbal constatant l'accomplissement des formalités prescrites par le présent article. — Ord. 12 oct. 1828, art. 261.

185. — A la Martinique, lorsque l'accusé, assisté de son défenseur, a consenti à être jugé par un assesseur appelé par la voie du sort en remplacement d'un autre assesseur empêché, dans l'une des séances précédentes, il y a dans la procédure, ainsi suivie, une juste application de l'art. 261, C. inst. crim., qui ne peut donner ouverture à cassation. — *Cass.*, 17 déc. 1836 (t. 1er 1838, p. 49), Jean-Louis.

186. — Le président peut, dans le cours des débats, appeler, même par mandat d'amener, et entendre toutes personnes, sans distinction de classes, s'il doit en résulter un jour utile sur le fait contesté. — Les témoins ainsi appelés ne prêtent point serment, et leurs déclarations ne sont considérées que comme renseignemens. — Le pouvoir accordé à cet égard au président ne peut s'exercer à l'égard des esclaves qu'il juge convenable d'appeler que sous les conditions prescrites par l'art. 322. — Ord. 12 oct. 1828, art. 269.

187. — L'accusé doit être interpellé de déclarer le choix qu'il a fait d'un conseil pour l'aider dans sa défense ; sinon le juge lui en désigne un sur-le-champ, à peine de nullité de tout ce qui suivra. — Ord. 12 oct. 1828, art. 294. — Une pareille disposition se trouvait déjà dans l'ord. du 4 juill. 1827 (art. 1er) et dans celle du 20 juill. 1828 (art. 1er).

188. — Les lettres patentes de 1789 accordaient également un défenseur aux accusés ; mais ces lettres n'ayant point été promulguées à la Martinique, il en résulte qu'un arrêt criminel rendu à la Martinique, avant l'ord. du 4 juill. 1827, ne pouvait pas être annulé, sur le motif que l'accusé n'avait pas été assisté d'un défenseur. — *Cass.*, 11 juin 1825, Rollande.

189. — L'accusé et le procureur général pourront s'opposer à l'audition d'un témoin qui n'aurait pas été clairement désigné dans l'acte de notification. — La cour, délibérant suivant le mode prescrit par l'art. 78, ord. 24 sept. 1828, statuera de suite sur cette opposition. — Ord. 12 oct. 1828, art. 315.

190. — L'opposition de l'accusé à l'audition de témoins qu'il prétend insuffisamment désignés ne présente que des questions de fait qu'il appartient exclusivement à la cour d'assises de résoudre, et qui ne peuvent, dès-lors, donner ouverture à cassation. — *Cass.*, 23 avr. 1835, Fanelly.

191. — Le président ordonnera aux témoins de se retirer dans la chambre qui leur sera destinée. Ils n'en sortiront que pour déposer. — Ord. 12 oct. 1828, art. 316.

192. — La présence de témoins dans l'auditoire pendant les débats ne les rend pas incapables de déposer ; il ne peut résulter ouverture à cassation de ce que la cour d'assises aurait ordonné, en pareil cas, et malgré l'opposition des accusés, l'audition de ces témoins. — *Cass.*, 23 avr. 1825, Fanelly.

193. — Les témoins déposent séparément l'un de l'autre, dans l'ordre établi par le procureur général. Avant de déposer, ils prêtent, à peine de nullité, le serment de parler sans haine et sans crainte, de dire toute la vérité et rien que la vérité. — Ord. 12 oct. 1828, art. 317.

194. — Les personnes chargées dans l'instruction écrite de la pièce arguée de faux doivent, lorsqu'elles sont portées comme témoins sur la liste notifiée à l'accusé, prêter serment comme témoins et non comme experts. — *Cass.*, 12 juin 1835, Desabey.

195. — Le procès-verbal des débats doit, à peine de nullité, constater que les témoins ont prêté le serment de parler sans haine et sans crainte, de dire toute la vérité et rien que la vérité : il ne suffirait pas qu'il énonçât que les témoins ont déposé après avoir prêté serment. — *Cass.*, 11 mars 1841 (intérêt de la loi) [t. 1er 1842, p. 312], Noël, Delphine et Bellony.

196. — Un témoin qui, après avoir prêté serment,

a été reconnu ne pouvoir déposer en cette qualité par la cour d'assises, peut néanmoins être entendu à titre de simple renseignement, en vertu du pouvoir discrétionnaire du président. — *Cass.*, 23 avr. 1835, Fanelly.

197. — A la Guyane, les témoins portés sur la liste notifiée à l'accusé doivent, à peine de nullité, prêter serment avant de déposer, bien qu'ils ne soient entendus qu'à titre de renseignemens, alors d'ailleurs que le procès-verbal ne constate aucun fait qui leur ait ôté leur caractère de témoins. — *Cass.*, 26 janv. 1843 (t. 2 1843, p. 25), Victorine.

198.—Il en serait également ainsi, quand même les témoins seraient esclaves, s'il ne s'agissait point de déposition contre leur maître, ou s'il n'y avait point d'opposition. — Même arrêt.

199. — Le président fait tenir note par le greffier des additions, changemens et variations qui peuvent exister entre la déposition d'un témoin et ses précédentes déclarations. Le procureur général et l'accusé peuvent requérir ces constatations. — Ord. 12 oct. 1828, art. 318.

200. — Les dispositions de l'art. 318, relatives à l'obligation où est le greffier de tenir note des variations des témoins ne sont pas substantielles et prescrites à peine de nullité. — *Cass.*, 23 avr. 1835, Fanelly.

201. — Chaque témoin, après sa déposition, doit rester dans l'auditoire, si le président n'en a ordonné autrement, jusqu'à ce que la cour se soit retirée pour délibérer. — Ord. 12 oct. 1828, art. 320.

202. — Ces dispositions ne peuvent, à raison de leur violation, donner ouverture à cassation, et rentrent dans le pouvoir de police conféré au président. — *Cass.*, 23 avr. 1835, Fanelly.

203. — Après avoir désigné les personnes dont les dépositions ne peuvent être reçues, l'art. 322, ord. 12 oct. 1828, ajoute : « Néanmoins, l'audition des personnes ci-dessus désignées peut avoir lieu lorsque, soit le procureur général, soit la partie civile, soit les accusés, ne s'opposent pas à ce qu'elles soient entendues. »

204.— Le prévenu est non-recevable à se plaindre de la nullité d'une déposition, lorsqu'il n'a pas été condamné sur cette seule déposition, mais sur les autres preuves résultant de l'information, et qu'il ne l'a pas été pour le seul fait sur lequel est intervenue la déposition nulle. — *Cass.*, 30 sept. 1826, Bissette, Fabien et Volny.

205.— Les esclaves cités à charge ou à décharge ne peuvent être entendus pour ou contre leur maître, qu'autant que l'accusé, le procureur général et la partie civile y consentent. En cas d'opposition, la cour, sans les assesseurs, peut ordonner qu'ils seront entendus. Dans ces deux cas, leurs déclarations ne sont reçues qu'à titre de renseignemens et sans prestation de serment.—Lorsque, dans une affaire criminelle, la cour a jugé convenable de recevoir la déclaration de l'esclave pour ou contre son maître, elle peut, par une délibération prise en chambre du conseil, exposer au gouverneur la nécessité qu'il y aurait que l'esclave sortît de la possession de son maître. Le gouverneur statue en conseil privé sur la délibération de la cour; il ordonne la vente de l'esclave, qui ne peut être acheté par les ascendans ou les descendans du maître de cet esclave. — En cas de vente de l'esclave, le produit en appartient à son maître.—Ord. 12 oct. 1828, art. 322.

206. — Avant la promulgation des Codes à la Guadeloupe, la cour royale de cette colonie pouvait enjoindre à un tribunal de son ressort de se conformer à l'édit du 15 juill. 1738 sur la prohibition d'entendre en témoignage les esclaves contre leurs maîtres. — *Cass.*, 31 janv. 1828, Sommabert.

207. —Jugé néanmoins que des noirs esclaves peuvent être entendus comme témoins dans un procès relatif à leur traite, dirigé contre l'armateur et le capitaine, lorsque leurs dépositions ne réfléchissent point sur ceux qui en sont devenus propriétaires depuis leur introduction dans la colonie. — *Cass.*, 26 mai 1827, Chauvet et Imbert.

208. — La prohibition d'entendre, dans les procès criminels instruits aux colonies, les esclaves contre leurs maîtres, ne s'applique qu'aux dépositions officielles, et ne fait point obstacle à ce qu'ils soient appelés pour donner de simples renseignemens. — *Cass.*, 4 juill. 1828, Sommabert.

209. — L'exercice du pouvoir discrétionnaire laissé aux cours d'assises de faire entendre l'esclave de l'accusé, n'est pas soumis aux formalités des jugemens et ne doit pas dès-lors être motivé. — *Cass.*, 28 fév. 1835, Herbelin.

210.—A la Guyane, la prohibition d'entendre les esclaves contre leurs maîtres devant les tribunaux de police et de police correctionnelle n'existe pas pour les matières de grand criminel. — *Cass.*, 27 janv. 1831 (intérêt de la loi), Prus.

211. — Dans le cas où l'accusé, les témoins ou l'un d'eux ne parlent pas la même langue ou le même idiôme, le président nomme d'office un interprète âgé de vingt-un ans au moins, et lui fait prêter, à peine de nullité, serment de traduire fidèlement les discours à transmettre entre ceux qui parlent des langues différentes.—Ord. 12 oct. 1828, art. 332.

212. — L'interprète doit, à peine de nullité des débats, prêter serment pour chaque affaire où il est appelé à remplir son ministère. — *Cass.*, 10 déc. 1836, James.

213. — L'absence de l'interprète donné à l'accusé lors de l'opération du tirage des assesseurs, pour l'exercice du droit de récusation, et la non-mention au procès-verbal qu'il a traduit les réponses de l'accusé et les dépositions des témoins, n'emportent pas nullité, si le procès-verbal des débats ne constate point que l'accusé n'entendait pas la langue française et se borne à dire qu'il parle une langue étrangère. — *Cass.*, 23 avr. 1835, Fanelly.

214. — Les membres de la cour royale et les assesseurs prononcent en commun sur la position des questions, sur toutes les questions posées et sur l'application de la peine.— Ord. 30 sept. 1827, art. 68; 24 sept. 1828, art. 77, et 21 déc. 1828, art. 67.

215. — Toutes les questions, même celles résultant des débats, doivent être posées en commun par les magistrats et par les assesseurs. — *Cass.*, 11 mars 1841 (t. 1er 1842, p. 312) (int. de la loi), Noël, Delphine et Bellony.

216. — La cour d'assises, composée de magistrats et d'assesseurs, connaît à la fois du droit et du fait dans la position des questions et l'application de la peine. — *Cass.*, 27 nov. 1834, Révoltés de la Grand'Anse.

217. — C'est à la cour d'assises, c'est-à-dire aux magistrats et aux assesseurs réunis qu'il appartient de prononcer sur la non-comparution et les empêchemens des témoins cités, soit par le président, soit par le ministère public. — Même arrêt.

218. — Les membres de la cour royale connaissent exclusivement des incidens de droit ou de procédure qui s'élèvent avant l'ouverture et pendant le cours des débats. — Ord. 30 sept. 1827, art. 69; 24 sept. 1828, art. 78, et 21 déc. 1828, art. 68.

219. — Ainsi, à la Martinique, lorsque le défenseur de l'accusé a conclu à ce qu'une opération fût faite par un expert, et le ministère public à ce qu'elle fût confiée à un autre, c'est à la cour d'assises et non au président qu'il appartient de prononcer sur l'incident. — *Cass.*, 27 avr. 1832, Laguiotte.

220. — Le procès-verbal des débats qui déclare que la cour, en autorisant l'audition de l'esclave, a statué conformément à l'art. 322, C. colonial, constate suffisamment que les assesseurs n'ont point participé à cette décision. — Même arrêt.

221. — Devant une cour d'assises de la Guyane française, la revendication de liberté d'un accusé dont la condition est en état d'incertitude, constitue un incident préjudiciel sur lequel la cour d'assises doit statuer avant de procéder aux débats; l'art. 326, C. civ., n'est pas alors applicable.—*Cass.*, 26 janv. 1843 (t. 2 1843, p. 25), Victorine.

222. — On ne peut, à la Martinique, remettre à la cour d'assises, après la clôture des débats, un rapport nouveau de médecine, à peine de nullité, encore bien qu'il ait été préalablement communiqué par le ministère public au défenseur de l'accusé. — *Cass.*, 27 avr. 1832, Félicité Laguiotte.

223. — La question résultant de l'acte d'accusation sera posée en ces termes : L'accusé est-il coupable d'avoir commis tel meurtre, tel vol ou tel autre crime?— Ord. 12 oct. 1828, art. 337.

224. — En pareil cas, dans les questions posées et dans les réponses, le mot *coupable* est sacramentel. — *Cass.*, 4 janv. 1839 (t. 2 1839, p. 643) [int. de la loi], Louisy-Lefrère.

225. — L'examen et les débats une fois entamés doivent être continués sans interruption et sans aucune espèce de communication au dehors. Le président ne pourra les suspendre que pendant les intervalles nécessaires pour le repos des membres de la cour d'assises, des témoins et des accusés. — Ord. 10 oct. 1828, art. 353.

226.—Aucune disposition de l'ord. 1670 ne prescrivait, à peine de nullité, que l'arrêt fût rendu immédiatement après l'interrogatoire de l'accusé sur la sellette. — *Cass.*, 30 sept. 1826, Bissette.

227. — L'accusé ne peut faire résulter un moyen de nullité, de ce qu'après une suspension d'audience, la cour aurait procédé à la continuation des débats avant que le président eût déclaré l'audience reprise et en l'absence d'un assesseur, lorsqu'il est constaté que les débats n'ont été réellement repris qu'après que la cour a été constituée et que toutes les personnes intéressées ont été à leur poste. — *Cass.*, 23 avr. 1835, Fanelly.

228. — Lorsque l'accusé aura été déclaré non coupable, le président prononcera qu'il est acquitté de l'accusation et ordonnera qu'il soit mis en liberté, s'il n'est retenu pour autre cause. — Ord. 12 oct. 1828, art. 358.

229. — Jugé, avant cette ordonnance, que les cours supérieures des colonies pouvaient ordonner la mise en liberté d'un accusé, le mettre hors de cour, et néanmoins déclarer qu'il n'était pas déchargé de l'accusation. — *Cass.*, 29 déc. 1827, Bissette.

230. — La minute de l'arrêt sera signée dans les vingt-quatre heures, par les magistrats et les assesseurs qui l'auront rendu, à peine de 100 francs d'amende contre le greffier et, s'il y a lieu, de prise à partie tant contre le greffier que contre les membres de la cour d'assises. — Ord. 12 oct. 1828, art. 370.

231. — Jugé que sous l'empire de l'ord. 1670, l'omission, dans un jugement, de l'un des noms propres d'un juge, n'entraînait point la nullité du jugement, lors, d'ailleurs, que l'identité de ce juge était suffisamment établie par l'énonciation de ses prénoms et de sa qualité. — *Cass.*, 30 sept. 1826, Bissette, Fabien et Volny.

232. —... Et que la signature de la minute d'un arrêt, par le rapporteur, n'était pas prescrite, à peine de nullité. — Même arrêt.

233.—*Assesseurs.*— Outre les incompatibilités et les empêchemens qu'on a vus au mot COLLÉGE DES ASSESSEURS, nul ne peut être assesseur dans la même affaire où il a été officier de police judiciaire, témoin, interprète, expert ou partie.—Ord. 12 oct. 1828, art. 383.

234. — Ainsi, la personne qui a rempli pendant le cours de l'instruction les fonctions d'expert-médecin ne peut être assesseur dans la même affaire; sa présence aux débats en cette qualité doit en entraîner la nullité. Il importe peu que, lors du tirage des assesseurs, cette incapacité n'ait pas été opposée. — *Cass.*, 17 août 1837 (t. 2 1839, p. 537), Memoel.

235. — La liste des trente assesseurs de l'arrondissement sera notifiée à chacun des accusés au plus tard la veille du tirage des assesseurs qui doivent siéger aux assises. — Ord. 12 oct. 1828, art. 385.

236.—Dès-lors, la notification d'une liste contenant seulement les noms de vingt-neuf assesseurs au lieu de trente, est nulle et entraîne la nullité de tout ce qui s'en est suivi. —*Cass.*, 29 août 1829, Delacroix; 29 mars 1833, Gilles; 17 oct. 1833, Vial.

237. — Il y a lieu d'annuler l'arrêt de condamnation, lorsqu'il n'est point légalement établi que la liste des trente assesseurs ait été notifiée à l'accusé. —*Cass.*, 2 avr. 1831, Clarisse.

238. — L'acte notifié à l'accusé, et portant qu'on lui signifie « la liste des assesseurs que le procureur général fera entendre contre lui » ne prouve aucunement qu'on ait fait la notification des trente assesseurs. — Même arrêt. — En effet cette formule s'applique à la notification d'une liste de témoins bien plus qu'à la notification d'une liste des assesseurs.

239. — Il en est de même à plus forte raison, quand c'est dans sa partie imprimée qu'un procès-verbal porte que la liste des assesseurs a été notifiée aux accusés.— *Cass.*, 20 avr. 1837 (t. 1er 1838, p. 416), Germain.

240. — Il est, au contraire, juridiquement établi que la notification n'a pas eu lieu lorsque l'acte n'est pas joint à la procédure, et que le procureur près la cour dont l'arrêt a été attaqué convient que cet acte n'existe pas. L'arrêt doit en conséquence être cassé. — Même arrêt.

241. — L'accusé qui, n'étant arrivé dans la maison de justice qu'après le tirage au sort des assesseurs qui doivent faire le service de la session, a formellement consenti à être jugé dans cette session et renoncé à exercer aucune récusation contre les assesseurs désignés par le sort et à tous moyens de nullité antérieurs aux débats est censé avoir renoncé à la notification de la liste des assesseurs. — *Cass.*, 27 nov. 1834, Révoltés de la Grand'Anse; 26 avr. 1835, Fanelly.

242.—Le tirage des assesseurs a lieu en la chambre du conseil, en présence du ministère public, des accusés et de leurs défenseurs. — Ord. 12 oct. 1828, art. 388.

243. —Lorsque l'un des assesseurs tirés au sort au commencement de chaque session est empêché, il faut, à peine de nullité, que l'accusé soit averti que cet assesseur sera remplacé, et qu'il assiste au tirage de celui qui doit lui être substitué.— *Cass.*, 9 fév. 1839 (t. 2 1839, p. 643), Sylvain.

244. — Il n'est pas nécessaire que les trente assesseurs soient présens au tirage des quatre qui doivent assister la cour d'assises pendant chaque session; il suffit que la liste permanente ait été intégralement notifiée aux accusés, et alors le tirage

se fait valablement sur le nombre des assesseurs présens, pourvu que le droit de récusation puisse s'exercer dans toute sa latitude. — *Cass.*, 14 mars 1835, Leborgne.

245. — Les accusés, quel que soit leur nombre, ont la faculté d'exercer cinq récusations péremptoires; le ministère public peut en exercer deux. Lorsque les accusés ne se sont point concertés pour exercer leurs récusations, l'ordre des récusations s'établira entre eux d'après la gravité de l'accusation. — Ord. 12 oct. 1828, art. 390.

246. — Lorsque, par l'effet du tirage et des récusations exercées, il n'est resté dans l'urne que le nom d'un seul assesseur, les accusés n'en ont pas moins la faculté de le récuser; en ne le faisant pas, ils l'acceptent pour juge. — *Cass.*, 27 nov. 1834, Révolte de la Grand'Anse (Martinique).

247. — Le président de la cour d'assises qui procède au tirage des assesseurs n'est pas tenu d'avertir les accusés de la faculté qu'ils ont de se concerter pour exercer leurs récusations, et de l'ordre dans lequel, à défaut de concert, doivent s'exercer ces récusations : le droit des accusés est suffisamment garanti par l'assistance d'un conseil qui leur est assurée. — *Cass.*, 12 juin 1835, Desabey.

248. — C'est à la cour d'assises de statuer sur la récusation motivée d'un assesseur proposée par les accusés. — *Cass.*, 27 nov. 1834, Révoltés de la Grand'Anse.

249. — Si, au jour indiqué, un ou plusieurs assesseurs n'ont pas satisfait à la notification de l'extrait du procès-verbal constatant qu'ils font partie de la cour d'assises, le nombre des assesseurs est complété par le président de la cour d'assises. Ils sont pris, par la voie du sort, parmi les assesseurs qui résident dans la ville où se tiennent les assises. Le ministère public et l'accusé ont chacun le droit de récuser un des assesseurs du chef-lieu que le sort a désignés pour le remplacement de chaque assesseur absent ou empêché. — Ord. 12 oct. 1828, art. 393.

250. — Lorsque l'un ou plusieurs des assesseurs tirés au sort et acceptés sont empêchés ou absens, il faut recourir à la voie du sort pour les remplacer, et chacune des parties rentrant dans son droit de récusation, le ministère public peut accepter l'assesseur qu'il avait récusé, alors surtout que l'accusé, bien loin de s'opposer à son admission, y a formellement consenti. — *Cass.*, 28 fév. 1835, Herbelin.

251. — Le tirage au sort des assesseurs n'est prescrit en présence des accusés que pour l'opération préliminaire à l'ouverture de la session, mais non à l'égard du tirage partiel opéré dans le cas de l'art. 393, C. colon. Il suffit que l'accusé soit averti de ce qui s'est passé et du droit qu'il a, en faisant sa récusation, de provoquer un nouveau tirage en sa présence. — Même arrêt.

252. — Le ministère public a pu, en vertu de l'art 393, C inst. crim. colon., exercer deux récusations de suite, dans un tirage où il s'agissait de remplacer deux assesseurs empêchés et de tirer un juré supplémentaire. — *Cass.*, 27 nov. 1834, Révoltés de la Grand'Anse.

253. — *Cassation.* — D'après l'ord. du 22 oct. 1823, les arrêts définitifs du conseil spécial de l'île Bourbon en matière de traite des noirs ont pu être déférés à la cour de Cassation, sur le pourvoi soit du ministère public, soit de la partie condamnée ou de toute autre partie y ayant intérêt. — Art. 2.

254. Avant la promulgation de l'ord. du 22 oct. 1823, le recours en cassation contre un arrêt de police correctionnelle rendu à l'île Bourbon, en matière de traite des noirs, n'était pas recevable. — *Cass.*, 2 déc. 1824, Bedier.

255. — La voie de recours en cassation, en matière criminelle, était ouverte pour les jugemens ou arrêts rendus à la Martinique, même avant la promulgation du Code d'instruction criminelle dans cette île. — *Cass.* 30 sept. 1826, Bissette, Fabien et Volny.

256. — Peuvent être attaqués par voie de cassation : 1° les arrêts rendus en matière correctionnelle; — 2° les arrêts de la chambre d'accusation, mais dans l'intérêt de la loi seulement; — 3° les arrêts des cours d'assises. — Ord. 30 sept. 1827, art. 61; 24 sept. 1828, art. 47, 48 et 70; 21 déc. 1828, art. 40, 41 et 61.

257. — Lorsqu'il a été rendu, par une cour royale ou par une cour d'assises, un arrêt sujet à cassation, et contre lequel aucune des parties n'a réclamé dans le délai déterminé, le procureur général près la cour de Cassation peut, en vertu d'un ordre du ministre de la justice donné sur la demande du ministre de la marine, ou même d'office, et nonobstant l'expiration du délai, en donner connaissance à la cour de Cassation; l'arrêt est cassé, mais dans l'intérêt de la loi seulement, et sans que les parties puissent s'en prévaloir pour s'opposer à son exécution. — Ord. 12 oct. 1828, art. 442.

258. — Mais les procureurs généraux près les cours royales des colonies ont-ils le droit de se pourvoir dans l'intérêt de la loi? — Jugé qu'aucune disposition de l'ord. du 12 oct. 1828 ne leur donne ce pouvoir, et qu'en conséquence un pourvoi ainsi formé est non-recevable. — *Cass.*, 4 janv. 1839 (t. 2 1839, p. 643), Louisy-Lefrère.

259. — Mais depuis, jugé, au contraire, que les procureurs généraux près les cours royales des colonies peuvent se pourvoir, dans l'intérêt de la loi, contre les arrêts rendus en matière criminelle. — *Cass.*, 6 juin 1839 (t. 1er 1840, p. 195) [intérêt de la loi], Lafage.

260. — ...Et qu'ainsi le procureur général près la cour royale de la Guadeloupe avait pu, dans l'intérêt de la loi, se pourvoir contre les arrêts de la chambre des mises en accusation, sans distinction entre les arrêts de non-lieu et les arrêts de renvoi. — *Cass.*, 2 août 1839 (t. 1er 1840, p. 193), Denys.

261. — Les arrêts de la cour prévôtale sont rendus en dernier ressort et sans recours en cassation. — Ord. 12 oct. 1828, art. 597.

262. — Il en était de même auparavant. — Ainsi, jugé que la voie de la cassation n'était point ouverte sur le fond contre les arrêts rendus par une cour prévôtale établie par le gouverneur dans l'île de la Martinique. Ainsi, une négresse libre, condamnée à la réclusion perpétuelle par la cour prévôtale de la Martinique, était non-recevable à se pourvoir pour fausse application de la loi. — *Cass.*, 25 août 1826, Lambert.

263. — Quant au pourvoi en cassation contre les décisions du conseil privé constitué en commission d'appel (Ord. 31 août 1828, art. 178 et suiv.), V. CONSEIL PRIVÉ DES COLONIES.

264. — Avant la promulgation du Code d'instruction criminelle à l'île Bourbon, le pourvoi en cassation en matière criminelle devait être fait dans le délai prescrit par le réglement de 1738. — *Cass.*, 26 mai 1827, Chauvel et Imbert.

265. — De même, avant la promulgation du Code d'instruction criminelle à la Guadeloupe (et de l'ord. du 4 juill. 1827), les pourvois en cassation devaient être formés conformément au réglement de 1738. — *Cass.*, 22 juill. 1835, Rougon.

266. — Ainsi, le délai pour se pourvoir en cassation était d'un an. — *Cass.*, 22 juill. 1825, Rougon.

267. — Lorsqu'une partie n'avait pu former son pourvoi, à cause de l'erreur où étaient les magistrats de cette colonie, qui ne pensaient point que la voie de la cassation fût ouverte, le recours devait être reçu, quoique formé après l'expiration du délai. — *Cass.*, 30 sept. 1826, Bissette, Fabien et Volny.

268. — L'art. 8 de l'ord. du 4 juill. 1827 porte que : Le pourvoi en cassation, tel qu'il est établi par la législation actuelle, à la Martinique et à la Guadeloupe, ne pourra s'exercer que par acte au greffe, et dans le délai de trois jours francs à partir de celui où l'arrêt aura été prononcé.

269. — Cette disposition a été confirmée et complétée par l'ord. du 12 oct. 1828, qui porte que le condamné, le procureur général et la partie civile ont trois jours francs pour se pourvoir en cassation contre les arrêts de cour d'assises ou des cours royales jugeant correctionnellement. — Jusqu'à la réception de l'arrêt de cassation, il doit être sursis à l'exécution des arrêts prononcés. — Art. 373 et 425.

270. — De même à la Guyane, le pourvoi en cassation, d'après la législation actuelle de la colonie, ne peut s'exercer que par acte au greffe et dans le délai de trois jours francs à partir de celui où l'arrêt a été prononcé. — Ord. 20 juill. 1828, art. 8.

271. — C'est à la section criminelle de la cour de Cassation qu'il appartient de connaître des pourvois formés contre les décisions des commissions spéciales d'appel instituées dans les colonies, lorsqu'elles ont procédé conformément à l'ord. de 1670. — *Cass.*, 22 juill. 1825, Rougon.

272. — Sous l'empire de l'ord. de 1670 et du réglement de 1738, le pourvoi en cassation n'était pas suspensif en matière criminelle. — *Cass.*, 30 sept. 1826, Bissette, Fabien et Volny.

273. — Il n'y a lieu pour les esclaves qu'au recours à la clémence du roi; à moins qu'ayant été condamnés pour complicité, avec des individus de condition libre, le pourvoi n'ait été formé par ces derniers. — Ord. 4 juill. 1827, art. 9; 20 juill. 1828, art. 9; 24 sept. 1828, art. 49 et 70; 21 déc. 1828, art. 42 et 61.

274. — Ainsi, le pourvoi contre un arrêt de la cour d'assises de la Guyane, formé par un accusé de condition libre, profite à ses coaccusés esclaves. — *Cass.*, 26 janv. 1843 (t. 2. 1843, p. 25), Victorine.

275. — La cour de cassation n'a pas, comme l'ancien conseil, le droit de réviser les jugemens

rendus dans les colonies. — *Cass.*, 29 déc. 1827, Bissette.

276. — Jugé également que la cour de Cassation n'a pas le droit de connaître des demandes en révision qui étaient de la compétence de l'ancien conseil d'état; elle n'a été autorisée à prononcer que sur celles qui étaient pendantes à ce conseil lors de sa suppression. — *Cass.*, 30 sept. 1825, Bissette, Fabien et Volny.

277. — *Faux.* — Dans les colonies où les ord. de 1670 et 1737 sont en vigueur, les tribunaux ne peuvent, lorsqu'un individu a présenté ses moyens de faux, déclarer que les faits qui lui sont contraires résultent de l'instruction, sans avoir prononcé sur la pertinence des moyens de faux. — *Cass.*, 22 juill. 1825, Rougon.

278. — *Contumace.* — Aucun conseil, aucun avoué ne peut se présenter pour défendre l'accusé contumax. — Si l'accusé est absent du territoire de la colonie, ou s'il est dans l'impossibilité absolue de se rendre, ses parens ou ses amis peuvent présenter son excuse et en plaider la légitimité. — Ord. 12 oct. 1828, art. 468.

279. — Doit être annulé comme renfermant un excès de pouvoir l'arrêt qui, hors le cas où les parens ou les amis d'un contumax présentent pour lui une excuse fondée sur son absence, prononce un sursis, pendant lequel il ordonne qu'il sera informé des causes de la non-comparution de l'accusé à l'audience. — *Cass.*, 31 janvier 1839, (t. 2 1839 p. 509), Ramassa-Michelli.

280. — Ces principes, posés dans les actes législatifs qui régissent l'île Bourbon sont communs aux établissemens français dans l'Inde. — Même arrêt.

281. — *Poursuites contre des magistrats.* — Avant la promulgation du Code d'inst. crim. à la Martinique, les poursuites à exercer contre un magistrat de cour royale, prévenu de crime ou de délit, hors de l'exercice de ses fonctions, étaient régies par les dispositions générales des art. 481 et 482, C. inst. crim., qui ne font aucune distinction. — *Cass.*, 29 janv. 1825, Erisché c. de Mauny et de Cacqueray.

Sect. 5e. — *Code pénal.*

282. — Les cours souveraines des colonies qui sont encore placées sous l'empire des lois anciennes, continuent de jouir du pouvoir d'arbitrer les peines. — *Cass.*, 29 déc. 1827, Bissette.

283. — Mais jugé, depuis, que le système des peines arbitraires établi dans les colonies par l'édit de déc. 1723, y est aboli comme contraire au droit du royaume. — *Cass.*, 12 juill. 1844 (t. 1er 1845, p. 18) [intérêt de la loi], Joseph.

284. — Le Code pénal militaire du 30 sept.-19 oct. 1791 a été déclaré avoir force de loi dans les colonies comme en Europe, et tous réglemens nécessaires devront être donnés par le roi pour son exécution (tit. 2, art. 28).

285. — La peine temporaire des fers, établie pour Bourbon par le Code pénal de 1791, a été remplacée par celle des travaux forcés à temps. Cette peine, aux termes de l'art. 19, C. pén., ne pouvant être supérieure à vingt années, il y a lieu de casser l'arrêt qui condamne un esclave à vingt-cinq ans de fers. — *Cass.*, 12 juill. 1844 (t. 1er 1845, p. 18) [intérêt de la loi], Joseph.

286. — Ord. du 22 nov. 1819, qui porte qu'à compter du jour de son enregistrement dans les colonies, la peine de la confiscation des biens des condamnés était abolie dans ceux des établissemens où elle subsistait encore. — Art. 4.

287. — La loi du 10 avr. 1825 ayant pour objet la sûreté de la navigation et du commerce maritime est déclarée exécutoire dans les établissemens français d'outre-mer. — Ord. 26 avr. 1829.

288. — Ord. du roi du 29 juill. 1829, portant que la loi du 15 juill. 1819, relative à l'interprétation de plusieurs dispositions des lois pénales militaires, sera exécutée dans les établissemens français d'outre-mer.

289. — Avant la promulgation du Code pénal à la Martinique, la peine du blâme, admise par l'ancienne jurisprudence, pouvait y être prononcée. A cet égard, on ne saurait invoquer les lettres patentes de nov. 1789 qui n'ont pas été promulgées à la Martinique. — *Cass.*, 11 juin 1825, Rollande.

290. — Différentes ordonnances ont déclaré que les colonies seraient régies par le Code pénal modifié et mis en rapport avec leurs besoins, savoir : Pour l'île Bourbon, ord. 30 sept. 1827, art. 7; — pour la Martinique et la Guadeloupe, ord. 24 sept. 1828, art. 7; — pour la Guyane, ord. 21 déc. 1828, art. 7.

291. — Ces modifications et mises en rapport ont été faites savoir : pour l'île Bourbon, ord. 30 déc. 1827; — pour la Martinique et la Guadeloupe, ord.

29 oct. 1828; — pour la Guyane, ord. 15 fév. 1829, promulgée en octobre suivant.

292. — Les crimes, délits et contraventions commis par les esclaves et ceux commis par des personnes libres envers les esclaves, sont déterminés et punis par des ordonnances spéciales. — Jusqu'à la promulgation de ces ordonnances, les crimes, délits et contraventions commis par des esclaves doivent être punis conformément à la législation actuellement en vigueur; et ceux commis par des personnes de condition libre envers les esclaves doivent être punis conformément aux lettres patentes, édits et déclarations du roi promulgués dans la colonie. — Dans les cas non prévus, ils doivent être punis conformément aux dispositions du présent Code. — Ord. 29 oct. 1828, art. 5.

293. — La circonstance qu'un vol a été commis dans la vue de favoriser l'évasion d'esclaves appartenant à des habitans de la colonie, n'est prévue par les lois pénales de la colonie qu'en ce qui concerne les personnes non libres, et ne peut aggraver la pénalité des personnes libres, auteurs de ce vol. — *Cass.*, 26 mars 1835, Nicaise.

294. — Ord. du roi du 30 avr. 1833 qui abolit, dans les colonies, les peines de la mutilation et de la marque établies, soit comme peines principales, soit comme peines accessoires, par la législation concernant les esclaves. — Art. 1er.

295. — Lorsqu'un crime a été commis à la Guyane française par des hommes libres et des esclaves, bien que l'art. 11, ord. 20 juill. 1828, mette à la charge de la caisse coloniale les frais faits contre les esclaves en matière criminelle, les hommes libres n'en doivent pas moins être condamnés solidairement aux frais, par application de l'art. 55, C. pén. — *Cass.*, 12 juin 1834 (intérêt de la loi), Gratien.

296. — Il résulte de la comparaison et du rapprochement des art. 86, 87, 88, 91 et 97, C. pén., que le mot *tenté* dont se sert l'art. 97, ne se réfère pas à la tentative caractérisée par l'art 2 dudit Code; qu'ainsi il n'est pas nécessaire de poser la question de tentative dans les termes dudit art. 2. — *Cass.*, 27 nov. 1830, Révoltés de la Grand'Anse.

297. — L'art. 390, C. pén. colon., qui, en ce qui concerne les circonstances d'effraction, assimile les navires et bâtimens de mer aux maisons habitées, ne peut être étendu aux bateaux, canots ou pirogues qui ne servent pas d'habitation. — Spécialement, le vol d'une pirogue n'est pas aggravé par l'effraction du cadenas qui l'attachait au rivage. — *Cass.*, 26 mars 1835, Nicaise.

298. — Ord. du roi du 6 juill. 1834, qui étend aux colonies le bienfait des dispositions de l'ord. du 6 fév. 1818, relative aux condamnés qui se font remarquer par leur bonne conduite.

299. — La loi du 28 avr. 1832, contenant des modifications au Code pénal, a été déclarée applicable aux colonies de la Martinique, de la Guadeloupe et dépendances de la Guyane française et de Bourbon; sauf les dispositions et les suppressions résultant des articles suivans. — L. 22 juin 1835, art. 1er.

300. — Les art. 17 (17) sur la peine de la déportation, 19 (20) sur la peine de la détention, 22 (24) sur la détention préalable, excepté toutefois à l'île Bourbon, 24 (29) sur l'interdiction légale du condamné aux peines afflictives et infamantes, 26 (33) sur la condamnation du banni rentré avant l'expiration de sa peine, 27 (34) sur la dégradation civique, 50 (132) sur la fausse monnaie d'or ou d'argent, 51 (133) sur la fausse monnaie de billon ou de cuivre, 52 (139) sur la contrefaçon des sceaux de l'état ou des colonies, et des effets émis par le trésor public ou colonial, avec leur timbre, 94 (463) sur les circonstances atténuantes, ont été remplacés par d'autres dispositions. — L. 22 juin 1835, art. 2.

301. — Ne sont pas exécutoires dans les colonies les art. 95, 96, 97, 98, 99 et 100, L. 28 avr. 1832, relatifs aux contraventions de police, non plus que l'art. 101, sur les récidives, dans la même matière. — L. 22 juin 1835, art. 4.

302. — L'homicide et les blessures qui sont la suite d'un duel doivent, dans les colonies comme en France, être poursuivis, comme rentrant dans le cas de l'homicide et des blessures volontaires prévus par le Code pénal. — *Cass.*, 4 janv. 1839 (t. 2 1839, p. 648), Louisy-Lefrère.

Sect. 6e. — *Matières diverses.*

303. — *Armée.* — Ord. du roi du 17 août 1828, qui affecte spécialement trois régimens d'infanterie au service ordinaire des colonies, et porte organisation de ces trois régimens.

304. — Ord. du roi du 21 déc. 1828, portant qu'à dater du 1er janvier 1830, la direction, l'administration et la comptabilité de tous les services militaires dans les colonies ressortiront exclusivement au département de la marine et des colonies.

305. — Réglement du 19 janv. 1832, sur la formation des détachemens d'artillerie de la marine destinés pour les colonies.

306. — Ord. du roi du 6 sept. 1840, qui organise la gendarmerie dans les colonies.

307. — Ord. royale du 24 avr. 1835, concernant les lettres qui sont adressées de France aux militaires et marins employés aux colonies et les lettres qu'ils adressent en France

308. — *Budget et comptabilité.* — Les lois des 12 niv. an VI et 11 frim. an VII avaient mis les dépenses des colonies au nombre des dépenses générales à la charge de l'état.

309. — Une ord. du roi du 26 janv. 1825, supprima du budget du département de la marine le chapitre intitulé *service colonial*, rattacha aux dépenses de la guerre et de la marine les dépenses qui en sont susceptibles, et chargea la Martinique, la Guadeloupe et l'île Bourbon de pourvoir à leurs dépenses intérieures par leurs revenus locaux. — Le 17 août 1825, ord. qui abandonne également à la Guyane ses revenus locaux pour ses dépenses intérieures.

310. — On a vu plus haut que depuis la loi du 24 avril 1833, le budget intérieur de chaque colonie était discuté et voté par le conseil colonial, sur la présentation du gouverneur, à l'exception toutefois du traitement du gouverneur et des dépenses du personnel de la justice et des douanes. — Art. 5.

311. — Un réglement du 22 août 1837 a réglé le service financier des colonies.

312. — L'ord. royale du 31 mai 1838 portant réglement général sur la comptabilité publique, a été suivi d'un réglement particulier approuvé par le roi le 31 octobre 1840, pour servir à l'exécution de cette ordonnance en ce qui concernait le département de la marine et des colonies.

313. — Les recettes et dépenses à la Martinique, à la Guadeloupe, à la Guyane et à l'île Bourbon, font partie des recettes et dépenses de l'état, et sont soumises aux règles de la comptabilité générale du royaume. — L. 25 juin 1841 art. 1er.

314. — Les recettes et dépenses affectées au service général sont arrêtées définitivement par la loi du budget. — Les recettes et dépenses affectées au service intérieur continueront à être votées par les conseils coloniaux. — Art. 2.

315. — Cette loi a été suivie d'une ordonnance royale du 22 novembre 1841 qui a mis en harmonie les dispositions qui régissaient la comptabilité dans les mêmes colonies avec les règles de la comptabilité générale du royaume.

316. — Le budget de la métropole porte ordinairement dans une de ses dispositions, que « dans les colonies de la Martinique, de la Guadeloupe, de la Guyane française et de Bourbon les recettes de toute nature continueront à être faites, conformément aux lois et ordonnances en vigueur. » — L. 24 juill. 1843, art. 8; 4 août 1844, art. 17; 19 juill. 1845, art. 9.

317. — Toutes les dépenses votées aux budgets coloniaux et acquittées dans la métropole sont, comme les autres dépenses des colonies, soumises avec les pièces justificatives, au contrôle de la cour des comptes. — L. 3 août 1839, art. 10.

318. — Le ministre qui a été condamné à ordonnancer le paiement d'une somme déposée dans la caisse coloniale n'en peut subordonner le paiement à des formalités à remplir vis-à-vis du gouverneur de la colonie. — *Cons. d'état*, 18 avr. 1835, Caillon.

319. — Lorsque le ministère public a poursuivi d'office, en matière d'affranchissement d'esclave et qu'il a succombé dans sa poursuite, la caisse coloniale ne peut pas être condamnée à payer les frais contre laquelle il a agi. — *Cass.*, 3 juill. 1838 (t. 2 1838, p. 159), Montlouis-Gouyer.

320. — Les lois de déchéance contre les dettes anciennes de l'état, sont applicables aux créanciers des colonies comme à ceux de la métropole, et la loi organique du 24 avril 1833, ne fait aucun obstacle à l'application de ces lois. — *Cons. d'état*, 27 fév. 1835, Dain.

321. — Le délai accordé aux créanciers de l'état résidant dans les colonies, pour la réclamation de leurs créances est un droit personnel, qui ne peut être invoqué par leurs créanciers résidant en France. — *Cons. d'état*, 16 fév. 1825, Dumoustier.

322. — En cas d'invasion d'un pays par les puissances étrangères, et spécialement de la Guadeloupe par les Anglais, les quittances de contributions délivrées par les agens de ces puissances ne libèrent point le contribuable envers l'état. — *Cons. d'état*, 4 mai 1825, Danthouard.

323. — Ord. du roi du 24 janv. 1816 concernant la délivrance des certificats de vie aux rentiers viagers et pensionnaires de l'état, domiciliés dans les colonies.

324. — *Culte.* — Un décret du 10 sept. 1792 avait supprimé les préfets apostoliques dans les colonies. — Mais ils ont été rétablis à la Martinique et à la Guadeloupe par ord. du 31 oct. 1821.

325. — Le préfet apostolique a la direction et la surveillance du culte catholique dans la colonie, et il peut remplir simultanément les fonctions de curé. — Ord. 31 oct. 1821, art. 1er.

326. — Il lui est alloué : 1° un traitement annuel; — 2° un supplément annuel pour frais de bureau et de tournées; — 3° un logement en nature; — 4° et une indemnité pour frais d'établissement. — Art. 2. — Le chiffre du supplément annuel a été réduit par ord. du 1er déc. 1830, art. 1er.

327. — Il y a de plus, dans les mêmes colonies, un vice-préfet apostolique qui est en même temps curé d'une des paroisses, et ne reçoit d'autres émolumens que ceux de sa cure. — Ord. 31 oct. 1821, art. 3.

328. — *Douanes et commerce étranger.* — D'anciens réglemens avaient déterminé les conditions sous lesquelles pouvait être fait le commerce étranger. Quelques uns de ces réglemens ont encore des dispositions qui sont encore en vigueur aujourd'hui. Ce sont des lettres patentes d'oct. 1727, une lettre du roi du 16 déc. 1765, une déclaration du roi de 1768 et un édit de 1784.

329. — Depuis le commencement de la révolution jusqu'à l'an VI, différentes dispositions transitoires furent prises au sujet des importations et des exportations dans les colonies. La loi du 12 niv. an VI règle le régime des douanes à l'égard des colonies. Mais de nombreuses modifications furent introduites, à raison des circonstances, et eu égard à chaque colonie en particulier. Puis vinrent successivement les lois des 17 déc. 1814; 7 déc. 1815; 28 avr. 1816; 22 avr. 1818; 27 juill. 1822.

330. — Depuis ont été rendues différentes ordonnances spéciales pour chacune des colonies. Comme ces ordonnances sont toutes d'intérêt local, on les indiquera sous chaque colonie qu'elles concernent. Toutefois, nous ferons observer que la loi du 3 juill. 1840, et une circulaire de l'administration des douanes du 5 du même mois ont statué sur les sucres de toutes les colonies en général.

331. — L'application des dispositions législatives, tant anciennes que nouvelles, sur les douanes, a donné lieu aux décisions suivantes :

332. — La suspension prononcée par le roi en 1765, de la 2e part., art. 3, tit. 1er des lettres patentes d'oct. 1727, qui défendait aux navires étrangers de naviguer à une lieue autour des colonies françaises, n'a jamais été révoquée et continue de subsister. — Toutefois, cette suspension ne porte aucune atteinte à la première disposition dudit art. 3, qui a conservé la même force et valeur. — *Cass.*, 3 juin 1829, Douanes c. Saint-Luce Simon.

333. — Les navires français et étrangers, chargés de marchandises prohibées, sont en contravention s'ils se trouvent à une distance moindre d'une lieue des côtes des îles du vent. — Il n'y a eu de dérogation qu'à l'égard des navires anglais. — *Cass.*, 22 juill. 1825, Rougon.

334. — Dans l'état actuel de la législation coloniale, le seul fait de naviguer à moins d'une lieue des côtes françaises n'est pas en lui-même un délit qui puisse donner lieu à la confiscation d'un bâtiment anglais et à la condamnation du capitaine à une amende. — *Cass.*, 26 avr. 1826, Libry.

335. — La lettre royale du 16 déc. 1765, en permettant aux navires étrangers de naviguer au-delà du rayon fixé par les lettres patentes du mois d'oct. 1727 (une lieue des côtes) n'a point déterminé la distance à laquelle ils devaient se tenir éloignés des côtes des colonies françaises. — *Bordeaux*, 19 janv. 1831, Douanes c. Saint-Luce Simon.

336. — En conséquence, les tribunaux peuvent, sans violer la foi due, jusqu'à inscription de faux, aux procès-verbaux des employés des douanes, se dispenser d'ordonner la confiscation d'un navire étranger rencontré à un quart de lieue des côtes, étant sous voile et faisant route, lorsque rien ne prouve qu'il voulait aborder. — Même arrêt.

337. — La première disposition de l'art. 3, tit. 1er, des lettres patentes d'oct. 1727 qui défend aux navires étrangers chargés de marchandises prohibées, d'aborder dans les ports, anses et rades des colonies françaises, sous peine de confiscation, s'applique au cas où un navire est rencontré en rade à un quart de lieue du rivage et se dirigeant sur la terre au plus près du vent. — *Cass.*, 3 juin 1829, Douanes c. Saint-Luce Simon.

338. — L'édit de 1784, qui punit de la confiscation les navires français faisant le commerce étranger et trouvés à trois lieues de la côte, ne s'applique qu'aux navires qui arrivent dans une colonie et qui ne se signalent pas à trois lieues de la côte

de cette colonie; il n'est pas applicable aux navires qui sont trouvés à moins de trois lieues d'une colonie près de laquelle ils ne font que passer. — *Cass.*, 22 juill. 1825, Rougon.

339. — Les ordonnances locales prononcent, contre le navire qui aborde dans un port de la Martinique, venant de l'étranger et chargé de marchandises autres que celles qui sont expressément permises, la confiscation du navire et une amende de 1,000 fr. — *Cass.*, 9 mars 1831. Havar c. Douanes.

340. — Le fait seul du débarquement d'un passager par un navire étranger, sur la côte de Marie-Galante, et hors des lieux désignés par les lois et réglemens concernant le commerce étranger, suffit pour entraîner la confiscation du navire; les tribunaux ne peuvent se borner à prononcer une amende contre les armateurs et le capitaine du navire. — *Cass.*, 1er juin 1827, Armateurs de la *Maria*.

341. — La disposition de l'art. 6, arrêté local 8 janv. 1828, établissant une pénalité contre tout caboteur de la Martinique convaincu de s'être rendu dans un port étranger sans s'être muni de congé et acte de francisation, et sans avoir été conséquemment expédié en douane, est absolue, sans exception, et s'applique aussi bien au bâtiment *sur lest* qui se trouve en contravention, qu'au bâtiment *chargé*. — *Cass.*, 30 avr. 1830, Roignan c. Douanes.

342. — *Douanes* — Le Code spécial, publié à Cayenne en janvier 1820, ni aucun réglement en vigueur dans cette colonie, n'obligent les préposés des douanes à porter dans l'exercice de leurs fonctions un costume distinctif de leur caractère public. Ainsi, l'individu qui, sans interpeller les préposés de la douane de faire connaître leur qualité, a fait enlever des marchandises de vive force sans permis et malgré leur opposition, ne peut pas être acquitté sous le prétexte que ces préposés n'étaient revêtus d'aucun costume indiquant leur qualité. — *Cass.*, 29 janv. 1829, Cony.

343. — Dans les colonies, l'affréteur et chargeur d'un navire a qualité pour défendre directement aux actions de la douane, relatives à la saisie et confiscation du navire et de son chargement. L'action de la douane ne doit pas être restreinte au seul patron du navire. — *Cass.*, 26 mars 1834, Lalanne c. Douanes de la Martinique.

344. — Un capitaine, originaire d'une colonie autre que la Guadeloupe, et prévenu d'un délit autre que l'introduction de marchandises prohibées, ne peut être interdit de ses fonctions par un tribunal; l'ordonnance du gouverneur du 27 mars 1819 n'est applicable qu'aux marins originaires de la Guadeloupe, et prévenus d'introduction de marchandises prohibées. — *Cass.*, 22 juill. 1825, Rougon.

345. — L'adjudicataire d'une habitation aux colonies, sur laquelle des objets de contrebande ont été saisis, est passible de l'amende de 3,000 fr. prononcée par l'art. 4 de la déclaration du roi de 1768, encore bien qu'il n'ait pas pris possession de cette habitation au moment de la saisie, sauf son recours contre qui de droit. — *Cass.*, 1er déc. 1829, Gérard c. Douanes.

346. — En matière de douanes, le principe de la responsabilité civile ne constituant pas, quant à l'amende, une disposition pénale, la lecture à l'audience des articles de loi sur lesquels un arrêt en fonde l'application, n'est pas exigée à peine de nullité. — *Cass.*, 30 avr. 1830, Roignan c. Douanes.

347. — Dans les colonies, la régie des douanes doit, comme toute partie qui sucombe, être condamnée aux dépens, spécialement quand les saisies sont jugées malfondées. — *Cass.*, 26 mars 1834, Lalanne c. Douanes de la Martinique.

348. — *Enregistrement et hypothèques.* — L'enregistrement a été établi à la Martinique, à la Guadeloupe et ses dépendances, et à la Guyane par une ord. royale 31 déc. 1828. — Dans cette ordonnance se trouvent reproduites et combinées les dispositions de toutes les lois rendues sur la matière de l'enregistrement, notamment des lois des 22 frim. an VII, 27 vent. an IX, 28 avr. 1816, 16 juin 1824 et de plusieurs autres, dont on peut voir l'énumération au mot ENREGISTREMENT. — L'enregistrement a été établi à l'île Bourbon par ord. du roi du 19 juill. 1829.

349. — La conservation des hypothèques a été organisée, savoir : à la Martinique, à la Guadeloupe et à la Guyane par ord. 14 juin 1829, et à l'île Bourbon, par ord. 22 nov. suivant.

350. — Comme les ordonnances relatives à l'île Bourbon étaient plus complètes dans leurs dispositions, deux autres ord. des 1er juill. 1831 et 22 sept. 1832, ont déterminé les obligations des notaires, greffiers et secrétaires des administrations, relativement à l'enregistrement de leurs actes, aux formalités hypothécaires, et à l'usage des actes sous seings-privés, à la Martinique, à la Guadeloupe et à la Guyane.

351. — *Esclavage.* — Le décret du 16 pluv. an II avait aboli l'esclavage des nègres dans les colonies. — Mais postérieurement, et à l'égard des colonies restituées à la France en exécution du traité d'Amiens, l'esclavage fut déclaré maintenu conformément aux lois et réglemens antérieurs à 1789 (L. 30 flor. an X, art. 1er); et il fut ajouté que la traite des noirs et leur importation dans les colonies aurait lieu conformément aux mêmes lois et réglemens. — Art. 3. — V. ESCLAVAGE, TRAITE DES NOIRS.

352. — La répression de la traite des noirs (L. 15 mai 1831) fut suivie de l'affranchissement des esclaves dans les principales colonies. — Ord. 29 avr. 1836 et 11 juin 1839.

353. — Déjà des dispositions avaient été prises relativement aux esclaves des colonies amenés ou envoyés en France par leurs maîtres. — Ord. 29 avr. 1836. — Et plus tard on prescrivit un mode pour constater leurs naissances, mariages et décès. — Ord. 11 juin 1839, chap. 3. — V. ESCLAVAGE, ESCLAVE.

354. — *Monnaies.* — Les deux colonies de la Martinique et de la Guadeloupe firent dès les premiers temps de leur établissement usage d'une monnaie de compte qui, sous la dénomination de *livre coloniale*, servait à régler le change entre les diverses monnaies qui y circulaient. Cette livre coloniale éprouva continuellement des variations qui blessèrent de nombreux intérêts. — Rapp. au roi, 30 août 1826.

355. — Par suite, ord. royale du même jour, 30 août 1826, qui rend obligatoire pour la Martinique et pour la Guadeloupe et ses dépendances la computation monétaire en francs, telle qu'elle était établie en France, et qui abolit toutes computations en livres coloniales ou en toutes autres monnaies de compte. — Art. 1er et 3.

356. — Les monnaies ayant cours devront être, outre les monnaies de France, savoir : 1° monnaies en argent, la piastre, gourde et ses subdivisions (Ord. 30 août 1826, art. 12; 17 oct. 1832, art 1er); — 2° monnaies en or : les pièces anglaises, dites *guinée* et *souverain*; la pièce portugaise, dite *lisbonine, moïde* ou *portugaise*; et la pièce espagnole, dite *quadruple* (art. 14); — 3° monnaie de billon, les pièces connues sous les dénominations de *noires* et d'*étampées*. — Art. 15.

357. — La loi du 14 juin 1829, qui a démonétisé les écus de 6 et de 3 livres; les pièces de 24, 12 et 6 sous, et les pièces d'or de 48, 24 et 12 livres, a été déclarée exécutoire pour les colonies. — Ord. royale 16 août 1832.

358. — *Naufrages et prises.* — Arrêté du gouvernement du 17 flor. an IX, qui fixe les attributions des officiers d'administration de la marine quant aux naufrages et aux prises.

359. — Autre arrêté du 14 vent. an XI, qui ordonne l'exécution dans les colonies des arrêtés des 17 flor. an IX, 29 prair. an X, et 12 vendém. an XI, sur les naufrages, les prises, etc.

360. — Les dispositions de l'art. 1er, arr. 14 vendém. an XI, relatif aux attributions des officiers d'administration de la marine en ce qui concerne les naufrages et les prises, devront être exécutées dans tous ceux des établissemens coloniaux où elles ne seraient pas encore en vigueur. — Ord. 22 nov. 1819, art. 2. — V. COMMISSION DES PRISES.

CHAPITRE IV. — *Gouvernement et administration générale.*

361. — Le commandement général et la haute administration de chacune des colonies sont confiés à un gouverneur. — Ord. 21 août 1825; 9 fév. 1827; 27 août 1828, art. 1er.

362. — A la Martinique et à la Guadeloupe (ord. 9 fév. 1827, art. 2), ainsi qu'à Bourbon (ord. 15 oct. 1836), un commandant militaire est chargé, sous les ordres du gouverneur, du commandement des troupes et des autres parties du service militaire que le gouverneur lui délègue. — Ord. 9 fév. 1827, art. 57.

363. — Les différentes parties du service sont dirigées, sous les ordres du gouverneur, par trois chefs d'administration, savoir : un ordonnateur ou commissaire ordonnateur, un directeur de l'intérieur et un procureur général du roi (ord. 21 août 1825 et 27 août 1828, art. 2; 9 fév. 1827, art. 3). — A la Guyane, la place de directeur de l'intérieur a été supprimée. — Ord. 22 août 1833.

364. — Un inspecteur colonial (auparavant contrôleur colonial) veille à la régularité du service administratif, et requiert à cet effet l'exécution des lois, ordonnances, décrets coloniaux et réglemens (ord. 21 août 1825 et 27 août 1828, art. 3; 9 fév. 1827, art. 4; 22 août 1833.

365. — Un conseil privé placé près du gouverneur, éclaire ses décisions ou participe à ses actes dans les cas déterminés. — Ord. 21 août 1825 et 2 août 1828, art. 4; 9 fév. 1827, art. 5.

Sect. 1re. — *Gouverneur.*

366. — Le gouverneur est le dépositaire de l'autorité du roi dans les colonies; ses pouvoirs sont réglés par les lois et par les ordonnances royales. — Les ordres du roi lui sont transmis par le ministre de la marine. — Ord. 21 août 1825 et 27 août 1828, art 6, §§ 1er et 2; 9 fév. 1827, art. 7, §§ 1er et 2; 22 août 1833.

367. — Le gouverneur exerce l'autorité militaire seul et sans partage. — Il exerce l'autorité civile, avec ou sans la participation du conseil privé, suivant les cas déterminés. — Ord. 21 août 1825 et 27 août 1828, art. 6, § 3; 9 fév. 1827, art. 7, § 3.

368. — Le gouverneur est chargé de la défense intérieure et extérieure de la colonie et de ses dépendances. A ce titre, il a les pouvoirs militaires les plus étendus. — Ord. 21 août 1825 et 27 août 1828, art. 7; 9 fév. 1827, art. 8.

369. — Il a le commandement supérieur des troupes de toutes armes dans l'étendue de son gouvernement; il a l'inspection générale des armes, fortifications et tous ouvrages de défense. — Ord. 21 août 1825 et 27 août 1828, art. 8; 9 fév. 1827, art. 9.

370. — Les milices de la colonie sont sous ses ordres directs, et il en a le commandement général. — Mêmes ord., art. 9 et 10; 19-22 août 1833.

371. — Il a sous ses ordres les vaisseaux attachés au service de la colonie, et il peut ordonner aux commandans de ces vaisseaux soit de convoyer des navires marchands à leur retour en Europe, soit de concourir à toutes les mesures intéressant la sûreté de la colonie, à moins d'instructions contraires. — Ord. 21 août 1825 et 27 août 1828, art. 11; 9 fév. 1827, art. 12.

372. — Il peut, en cas de danger, déclarer la colonie en état de siége, ou lever ce même état de siége, après avoir pris l'avis d'un conseil de défense, mais sans être tenu de s'y arrêter. — Ce conseil de défense est composé du gouverneur, du commandant militaire, de l'ordonnateur, du commandant des forces navales, de l'officier chargé de la direction de l'artillerie et de l'officier chargé de la direction du génie. — Mêmes ord., art. 12 et 13.

373. — Il peut, en conformité des ordonnances, former et convoquer les tribunaux militaires et y faire traduire les militaires prévenus de crimes ou délits. — Il ne peut rendre les individus non militaires justiciables de ces tribunaux, si ce n'est pour des faits relatifs à leur service dans la milice et seulement quand la colonie est en état de siege. — Mêmes ord., art. 13 et 14.

374. — Le gouverneur a la direction supérieure de l'administration de la marine de la guerre et des finances et des différentes branches de l'administration intérieure. — Ord. 21 août 1825 et 27 août 1828, art. 14; 9 fév. 1827, art. 15.

375. — Comme exerçant une haute surveillance sur la police de la navigation, il permet ou défend aux bâtimens venant du dehors les communications avec la terre; il donne les ordres d'embargo; il délivre les permis de départ, les commissions au grand cabotage, les actes de francisation et congés, les lettres de marque, etc. — Ord. 21 août 1825, art. 16; 9 fév. 1827, art. 17; 27 août 1828, art. 16. — V. aussi, sur la délivrance des lettres de marque et l'autorisation pour armer en course, arrêté du direct. exécutif, 13 thermid. an VI.

376. — Le gouverneur arrête chaque année : 1° pour être soumis au conseil colonial, le projet de budget des recettes et des dépenses du service intérieur de la colonie, et les projets de travaux de toute nature dont la dépense doit être supportée par les fonds coloniaux; — 2° après avoir pris l'avis du conseil colonial et pour être soumis à l'approbation du ministre de la marine, l'état des dépenses à faire dans la colonie pour le service à la charge de la métropole. — Ord. 21 août 1825, art. 19; 9 fév. 1827, art. 20; 27 août 1828; 19-22 août 1833.

377. — Les mémoires, plans et devis relatifs aux travaux projetés sont soumis à l'approbation du ministre de la marine, quand la dépense proposée excède 5,000 fr., et qu'elle doit être supportée par la métropole, ou quand cette dépense, étant à la charge de la colonie, excède 10,000 fr. En cas d'urgence, pour réparations ou de travaux à faire à des routes, l'exécution provisoire peut avoir lieu sans attendre l'approbation ministérielle. — Le gouverneur arrête, en conseil, les plans et devis des travaux dont la dépense est inférieure aux sommes ci-dessus fixées. — Ord. 21 août 1825, art. 20; 9 fév. 1827, art. 21; 27 août 1828, art. 20; 22 août 1833.

378. — Les entrepreneurs de travaux coloniaux ne peuvent réclamer l'indemnité pour ce qu'ils ont fait en augmentation du devis, qu'autant qu'ils

représentent l'ordre écrit de l'ingénieur chargé de la direction, en vertu duquel ces travaux ont été exécutés. — *Cons. d'état*, 21 déc. 1837, Dupeyrat c. Min. de la marine.

379. — L'acte par lequel le gouverneur de la Martinique a prononcé la résiliation d'un marché passé pour l'entretien du pavé de la ville de Saint-Pierre, est un acte purement administratif qui n'est pas susceptible d'être attaqué par la voie contentieuse.—*Cons. d'état*, 4 juill. 1838, Perriolat.

380. — Le gouverneur pourvoit à l'exécution du budget du service intérieur voté par le conseil colonial et sanctionné par le roi. Il y pourvoit même provisoirement, s'il y a lieu. — Ord. 21 août 1825, art. 21; 9 fév. 1827, art. 22; 27 août 1828, art. 21; 22 août 1833, mêmes articles.

381. — Le gouverneur rend exécutoires les rôles des contributions directes et statue sur les demandes en dégrèvement, mais en matière de contributions indirectes il ne peut accorder ni remise ni modération de droits. Il arrête les mercuriales pour la perception des droits de douanes. Il se fait rendre compte : 1° du recouvrement des contributions; — 2° des contraventions aux lois, ordonnances et décrets coloniaux sur les douanes, le commerce étranger et les contributions. Il tient la main à ce que les rentrées et les poursuites se fassent.—Ord. 21 août 1825, art. 22; 9 fév. 1827, art. 23; 27 août 1828, art. 22; et 22 août 1833, mêmes articles.

382. — Il convoque les conseils municipaux, fixe la durée de leurs sessions et détermine l'objet de leurs délibérations. Il pourvoit à l'exécution des budgets des recettes et des dépenses municipales. Il soumet chaque année au conseil colonial, les comptes des recettes et des dépenses municipales. — Ord. 21 août 1825, art. 25; 9 fév. 1827, art. 26; 27 août 1828, art. 25; 22 août 1833, mêmes articles.

383. — Il statue, par des dispositions générales, sur la répartition dans les différens ateliers des noirs appartenant à la colonie, et veille à l'exécution des réglemens sur l'administration, l'emploi et la destination de ces noirs. Quand des besoins extraordinaires le réclament, il ordonne toutes réquisitions de noirs et moyens de transport. — Ord. 21 août 1825, art. 26; 9 fév. 1827, art. 27, et 27 août 1828, art. 26.

384. — Il veille à l'exécution des ordonnances et réglemens sur le régime des esclaves. —Il délivre, en se conformant aux règles établies, les titres de liberté. — Ord. 21 août 1825, art. 28 et 29; 9 fév. 1827, art. 29 et 30; et 27 août 1828, art. 28 et 29.

385.— Il prend les mesures qui sont en son pouvoir pour encourager le commerce; il tient la main à la stricte exécution des ordonnances sur les priviléges des bâtimens nationaux; il règle les tarifs du prix des charrois et des transports par chaloupes et pirogues; il soumet au ministre de la marine les demandes ayant pour objet l'établissement des sociétés anonymes. — Ord. 21 août 1825, art. 30; 9 fév. 1828, art. 31; et 27 août 1828, art. 30.

386. —Il adresse annuellement au ministre de la marine les tableaux statistiques de la population, ceux relatifs à l'agriculture et les états d'importations et d'exportations. —Ord. 21 août 1825, art. 32; 9 fév. 1827, art. 33 et 27 août 1828, art. 32. — Une ord. royale du 11 juin 1839 a ordonné, tant pour le présent que pour l'avenir, des recensemens des populations libre et esclave.

387. — Il propose au ministre de la marine les acquisitions, échanges et aliénations d'immeubles au compte de la métropole; il statue définitivement quand la valeur n'excède pas 3,000 fr. — Il soumet au conseil colonial : 1° les projets d'acquisitions, échanges et aliénations d'immeubles au compte du domaine national; — 2° après audition préalable des conseils municipaux, les opérations de même nature intéressant les communes; — 3° les projets de concession de terrains qui ne sont pas nécessaires au service. — Les ventes d'immeubles doivent se faire avec concurrence et publicité. — Aucune portion des 50 pas géométriques réservés sur le littoral ne peut être échangée ni aliénée. — Ord. 21 août 1825, art. 33; 9 fév. 1827, art. 34; 27 août 1838, art. 33; 22 août 1833, mêmes art.

388. — Le gouverneur surveille tout ce qui a rapport à l'instruction publique. Aucuns colléges, écoles ou autres institutions ne peuvent être formés sans son autorisation. Il nomme aux bourses du collége royal de la colonie et propose des candidats pour les bourses de la métropole. — Ord. 21 août 1825, art. 34; 9 fév. 1827, art. 35 : et 27 août 1838, art. 34.

389. — Il veille au libre exercice et à la police du culte. — Aucun bref de la cour de Rome, à l'exception de ceux de pénitencerie, ne peut être reçu ni publié qu'avec l'autorisation du gouverneur, donnée d'après les ordres du roi. —Il en est de même de l'établissement de toute congrégation ou communauté religieuse. — Ord. 21 août 1825, art. 35 et 36; 9 fév. 1827, art. 37 et 38; 27 août 1838, art. 36 et 37; et 22 août 1833, mêmes art.

390. — Il accorde, en se conformant aux règles établies, les dispenses de mariage, dans les divers cas prévus par l'art. 145, C. civ., et par la loi du 16 avril 1832. — Il se fait rendre compte de l'état des églises et des lieux de sépulture. — Il propose au gouvernement (ord. 25 juin 1833) l'acceptation des dons et legs pieux ou de bienfaisance, dont la valeur excède 3,000 fr. Il statue sur l'acceptation de ceux au-dessous. — Ord. 21 août 1825, art. 37; 9 fév. 1827, art. 39; 27 août 1828, art. 38; 22 août 1833, mêmes articles.

391. — Le gouverneur pourvoit à la sûreté et à la tranquillité de la colonie; il maintient les habitans dans la fidélité et l'obéissance au roi. — Il lui est donné immédiatement connaissance de tout ce qui peut troubler l'ordre et la tranquillité. — Ord. 21 août 1825, art. 38; 9 fév. 1827, art. 40; 27 août 1828, art. 39.

392.—Il accorde les passe-ports, congés, permis de débarquement et de séjour, en se conformant aux règles établies. — Ord. 21 août 1825, art. 39; 9 fév. 1827, art. 41; 27 août 1828, art. 40.

393. — Il ordonne des mesures générales pour la police sanitaire à l'intérieur et à l'extérieur. — En conseil, il prescrit l'établissement, la levée et la durée des quarantaines et cordons sanitaires; il fixe les lieux de lazaret. — Les officiers de santé et pharmaciens non attachés au service ne peuvent exercer qu'en vertu d'une autorisation délivrée par lui, et en se conformant en outre aux ordonnances et réglemens. — Ord. 21 août 1825, art. 40; 9 fév. 1827, art. 42; 27 août 1828, art. 41.

394. — L'ord. du 7 août 1822, sur les mesures relatives au régime et à la police sanitaire, charge le ministre de la marine de pourvoir, en se conformant aux règles prescrites par cette ordonnance, au service sanitaire dans les colonies. — — Art. 80.

395. — Le service de santé aux colonies a été réglé par une ordonnance royale du 2 décembre 1839.

396. —Le gouverneur veille à la répression de la traite des noirs, et ordonne l'arrestation des bâtimens prévenus de contravention. — Ord. 21 août 1825, art. 41; 9 fév. 1827, art. 43; et 27 août 1828, art. 42.

397. — Il surveille l'usage de la presse, il commissionne en conseil les imprimeurs, donne les autorisations de publier les journaux, et les révoque en cas d'abus. Aucun écrit, autre que les jugemens, arrêts et actes publiés par autorité de justice, ne peut être imprimé dans la colonie, sans sa permission. — Ord. 21 août 1825, art. 42; 9 fév. 1827, art. 44; et 27 août 1828, art. 43.

398. — Il a dans ses attributions les mesures de haute police. — Il a le droit de mander devant lui, quand le bien du service ou le bon ordre l'exige, tout habitant, négociant ou autre individu, dans l'étendue de son gouvernement. — Il reçoit les plaintes individuelles des habitans de la colonie, et en rend compte au ministre ainsi que des mesures qu'il a prises pour y porter remède. — Quand un individu a été arrêté par mesure de haute police, il doit lui en être rendu compte immédiatement. Il peut l'interroger ou le faire interroger; et il doit, dans les vingt-quatre heures, ou le faire élargir ou le faire remettre entre les mains de la justice réglée. — Il interdit ou dissout les réunions et assemblées qui peuvent troubler l'ordre public, s'oppose aux adresses collectives et autres du même genre, quel qu'en soit l'objet, etc. — Ord. 21 août 1825, art. 43; 9 fév. 1827, art. 45; et 27 août 1828, art. 44. — A l'île Bourbon et à la Guyane, aucun individu libre ne peut être arrêté par mesure de haute police que sur un ordre signé du gouverneur. — V. ARRESTATION ARBITRAIRE, BOURBON, GUYANE, HAUTE POLICE, MANDAT DE COMPARUTION, PLAINTES, RÉUNIONS.

399.—Le gouverneur veille à la libre et prompte distribution de la justice, et se fait rendre à cet égard, par le procureur-général, des comptes périodiques qu'il transmet au ministre de la marine. — Ord. 21 août 1825, art. 44; 9 fév. 1827, art. 46; et 27 août 1828, art. 45.

400. — Le gouverneur est suffisamment autorisé par la charte à pourvoir au besoin du service de la justice, lorsque les circonstances le rendent indispensable, par exemple, en nommant le président d'un tribunal de commerce pour remplir les fonctions de conseiller suppléant. — *Cass.*, 4 janv. 1825, Faulk c. Fower; 4 juill. 1826, Mille c. Charlemont.

401.— Le gouverneur général, agissant en vertu du pouvoir que lui a conféré l'ord. du 27 août 1828, a le droit de désigner des magistrats provisoires pour remplacer les membres absens de la cour royale, et assurer ainsi le service pendant la durée de cette absence. — *Cass.*, 25 mai 1841 (t. 2 1841, p. 22), Barrat c. Lemaitre.

402.— De même, il peut appeler un juge de première instance pour remplir provisoirement les fonctions de conseiller. — Même arrêt.

403. — Ce dernier cas diffère de celui où il ne s'agit que de pourvoir momentanément aux besoins de l'audience; c'est alors le président qui est chargé de compléter la cour par l'appel de magistrats honoraires ou d'avocats-avoués. — Même arrêt.

404. — Est valable l'arrêté par lequel le gouverneur de la Guadeloupe nomme, en cas d'urgence, sur le rapport du procureur-général et de l'avis du conseil privé, deux conseillers provisoires à la cour royale, alors que tout fait présumer qu'une liste de candidats lui a été présentée par le procureur-général, et que le contraire n'est pas même allégué. La présentation de cette liste, prescrite d'ailleurs par les nominations définitives seulement, n'est pas nécessairement applicable aux remplacemens provisoires. — *Cass.*, 5 fév. 1830, Leray.

405. — Le gouverneur de la Martinique a bien la faculté de pourvoir provisoirement aux vacances survenues dans les emplois judiciaires de la colonie, mais sans pouvoir conférer aux intérimaires le grade ou le titre des fonctions qui leur sont confiées. — Dès-lors il ne peut non plus leur conférer aucun traitement pour ces fonctions provisoires. — Il est réservé au roi, sur le rapport du ministre de la marine, de pourvoir au remplacement définitif. — *Cons. d'état*, 16 nov. 1832, Hermé-Duquesne.

406. — Le gouverneur a entrée à la cour royale et y occupe le fauteuil du roi pour faire enregistrer les lois et ordonnances royales. Il a également entrée et séance à la cour lors de la rentrée des tribunaux. L'exercice de ce droit est facultatif. — Ord. 21 août 1825, art. 45; 9 fév. 1827, art. 47; 27 août 1828, art. 46; et 22 août 1833, mêmes articles.

407.—Il lui est interdit : 1° de s'immiscer dans les affaires de la compétence des tribunaux, ni de citer devant lui aucun des habitans de la colonie à l'occasion de leurs contestations, soit en matière civile, soit en matière criminelle; 2° de s'opposer à aucune procédure civile ou criminelle; 3° d'empêcher ni retarder en matière civile l'exécution des jugemens et arrêts à laquelle il est tenu de prêter main-forte lorsqu'il en est requis. — En matière criminelle, il ordonne en conseil privé l'exécution de l'arrêt, ou prononce le sursis lorsqu'il y a lieu de recourir à la clémence du roi. — Ord. 21 août 1825, art. 46 et 47; 9 fév. 1827, art. 48, 49 et 50; 27 août 1828, art. 47, 48 et 49; et 22 août 1833, mêmes articles.

408.—Il peut faire surseoir aux poursuites ayant pour objet le paiement des amendes, lorsque l'insolvabilité des contrevenans est reconnue, à la charge d'en rendre compte au ministre. — Ord. 9 fév. 1827, art. 51; 27 août 1828, art. 50, et 22 août 1833, mêmes articles.

409. — Il rend exécutoires les jugemens administratifs prononcés par le conseil privé. — Ord. 21 août 1825, art. 48; 9 fév. 1827, art. 52; 27 août 1828, art. 51; et 22 août 1833, mêmes articles.

410. — Il légalise les actes à transmettre hors de la colonie ou venant de l'étranger. — Il se fait remettre et adresse au ministre de la marine les doubles minutes des actes destinés au dépôt des chartes et archives coloniales. — Ord. 21 août 1825, art. 50; 9 fév. 1827, art. 58; et 27 août 1828, art. 52.

411. — Les actes provenant de France ou des pays étrangers ne peuvent être employés dans les transactions passées à la Guadeloupe, ni produits devant les tribunaux de cette colonie, ni signifiés par les huissiers, à moins qu'ils ne soient légalisés par l'autorité compétente de la colonie. — Particulièrement, l'appel d'un jugement de cette colonie est nul, s'il a été interjeté par un fondé de procuration dont le mandat sous seing-privé n'avait été ni pu être légalisé. — *Cass.*, 10 mai 1825, Lalanne c. Després.

412. — Tous les fonctionnaires et les agens du gouvernement dans la colonie sont soumis à l'autorité du gouverneur. — Ord. 21 août 1825, art. 51; 9 fév. 1827, art. 54; et 27 août 1828, art. 53.

413. — Son autorité sur les ministres de la religion s'exerce conformément aux ordonnances, édits et déclarations; mais la surveillance spirituelle et la discipline ecclésiastique appartiennent au préfet apostolique ou autre supérieur ecclésiastique. — Ord. 21 août 1825, art. 52; 9 fév. 1827, art. 55; et 27 août 1828, art. 54.

414. — Il exerce une haute surveillance sur les membres de l'ordre judiciaire; il a le droit de les reprendre, et il prononce sur les faits de discipline conformément aux ordonnances. — Ord. 21 août

1825, art. 53; 9 fév. 1827, art. 56; et 27 août 1828, art. 55.

415. — Le gouverneur donne aux chefs d'administration les ordres généraux relatifs aux différentes parties du service. Ils peuvent individuellement lui faire les représentations respectueuses ou les propositions qu'ils jugent utiles au bien du service. Le gouverneur les reçoit, y fait droit, s'il y a lieu, ou leur fait connaître par écrit les motifs de son refus. — Ord. 21 août 1825, art. 54; 9 fév. 1827, art. 57; et 27 août 1828, art. 56.

416. — Aucun fonctionnaire public ou agent salarié ne peut contracter mariage dans la colonie sans l'autorisation du gouverneur, à peine de nullité. — Ord. 21 août 1825, art. 57; 9 fév. 1827, art. 60; 27 août 1828, art. 59.

417. — Le gouverneur statue, en conseil, sur l'autorisation à donner pour la poursuite, dans la colonie, des agens du gouvernement prévenus de crimes ou délits dans l'exercice de leurs fonctions. Cette autorisation n'est pas nécessaire pour commencer l'instruction dans le cas de flagrant délit; mais la mise en jugement ne peut avoir lieu que sur l'autorisation du gouverneur donnée en conseil. — Le gouverneur rend compte immédiatement au ministre des décisions prises. — Ord. 21 août 1825, art. 58; 9 fév. 1827, art. 61; 27 août 1828, art. 60.

418. — Aucun emploi nouveau ne peut être créé dans la colonie que par l'ordre du roi ou du ministre de la marine. — Le gouverneur, après avoir pris l'avis du conseil, pourvoit provisoirement, en cas d'urgence, et en se conformant aux règles du service, aux vacances survenues, sans pouvoir conférer aux intérimaires le titre ou le grade des fonctions qui leur sont confiées. — Il pourvoit définitivement à tous les emplois qui ne sont pas à la nomination du roi ou du ministre de la marine, à la réserve de ceux des agens inférieurs qui sont nommés par les chefs d'administration. — Il révoque ou destitue les agens nommés par lui. — Ord. 21 août 1825, art. 59; 9 fév. 1827, art. 62; 27 août 1828, art. 61.

419. — Le gouverneur communique avec les gouverneurs des pays qui avoisinent la colonie. — De plus, et après avoir pris l'avis du conseil, 1° il négocie, lorsqu'il y est autorisé, et dans les limites de ses instructions, toutes conventions commerciales ou autres; mais il ne peut, dans aucun cas, les conclure que sauf ratification du roi; — 2° il traite des cartels d'échange. — Ord. 21 août 1825, art. 62; 9 fév. 1827, art. 65; 27 août 1828, art. 64.

420. — Le gouverneur promulgue les lois, ordonnances, décrets coloniaux, arrêtés et réglemens et en ordonne l'enregistrement. — Les lois, ordonnances et réglemens de la métropole ne peuvent être exécutoires dans la colonie que par l'ordre du roi. — Ord. 21 août 1825, art. 63; 9 fév. 1827, art. 66; 27 août 1828, art. 65; 22 août 1833.

421. — Lorsqu'un bail administratif passé dans les colonies entre une commune et un particulier, pour l'exercice exclusif d'une industrie autorisée par décret colonial, telle que le monopole des cantines communales pour la fabrication du rhum, vient à être résilié à raison de la révocation de ce cdécret, cette résiliation ne peut donner au particulier aucun droit à réclamer des dommages-intérêts contre le gouvernement local de qui émanait l'arrêté. — *Cass.*, 18 avr. 1842 (t. 2 1842, p. 137), Marion c. l'administration coloniale de l'île Bourbon.

422. — Lorsqu'une ville coloniale a affermé à un particulier le monopole des cantines pour la fabrication du rhum, et qu'il intervient ensuite un décret du gouverneur qui abolit ce monopole, il y a perte de la chose louée par cas fortuit, entraînant la résiliation du bail sans dommages-intérêts, alors même que l'administration municipale avait retranché de ce bail une clause qui y était précédemment insérée et par laquelle, prévoyant un changement possible dans la législation, elle stipulait la non-garantie. — *Cass.*, 4 mai 1842 (t. 2 1842, p. 468), Marion c. comm. de Saint-Denis (Bourbon).

423. — D'après l'ancienne législation, le gouverneur arrêtait en conseil les réglemens d'administration et de police, les décisions et instructions réglementaires et les rendait exécutoires. Il pouvait même préparer en conseil et transmettre au ministre des projets d'ordonnances royales ayant pour but d'apporter des modifications ou des dispositions nouvelles dans la législation coloniale. — Ord. 21 août 1825, art. 64 et 65; 9 fév. 1827, art. 67 et 68; 27 août 1828, art. 66 et 67. — Mais ces articles ont été abrogés par l'ord. du 22 août 1833.

424. — L'arrêté par lequel le gouverneur d'une colonie, en exécution de l'art. 67, ord. 9 fév. 1827, et en vertu des ordres formels du gouvernement, prononce, pour la répression de la contrebande, une amende plus forte que celle établie par les ordonnances précédentes, ne peut présenter le caractère d'un excès de pouvoir et doit recevoir son exécution. — *Cass.*, 30 avr. 1830, Roignan c. Douanes.

425. — L'arrêté par lequel le gouverneur, à l'île Bourbon, prononce, de l'avis du conseil privé, la peine de quinze jours d'emprisonnement contre ceux qui feraient la fraude du rhum, est légal et obligatoire provisoirement pendant une année. — *Cass.*, 18 sept. 1834, Kervégouen.

426. — D'après les pouvoirs généraux qui lui ont été reconnus par l'art. 67, ord. royale 9 fév. 1827, et les dispositions particulières de l'art. 100, ord. 10 déc. 1826, le gouverneur de la Guadeloupe a eu le droit d'ordonner, dans l'intérêt général, la liquidation de la banque de cette colonie.

427. — Il a dû avoir recours à cette mesure si, après la suspension de l'échange des bons de la banque, la liquidation a été réclamée par l'assemblée générale des actionnaires, et si c'était là le moyen de prévenir des désordres plus graves. — Même arrêt.

428. — La demande formée par un créancier de la banque en interprétation de l'arrêté du gouverneur, dans le but de faire déterminer les effets de cet arrêté, relativement aux pouvoirs de l'autorité judiciaire, soulève une question de contentieux administratif et doit, dès-lors, être jugée par le comité du contentieux. — Même arrêt.

429. — Lorsque les tribunaux, en refusant, sur la demande d'un créancier, de prononcer la mise en faillite de la banque après l'arrêté du gouverneur qui avait ordonné sa liquidation, n'ont éprouvé aucun doute sur le sens dudit arrêté et n'ont pas demandé qu'il fût procédé à son interprétation, il n'y a pas lieu d'interpréter sur la demande du créancier. — Même arrêt.

430. — Le gouverneur peut, après avoir pris l'avis du conseil, faire des proclamations conformes aux lois, ordonnances royales et décrets coloniaux et pour leur exécution. — Ord. 21 août 1825, art. 66; 9 fév. 1827, art. 69; 27 août 1828, art. 68; 22 août 1833.

431. — Le gouverneur exerce encore, en conseil privé, les pouvoirs extraordinaires qui suivent :

432. — Dans les circonstances graves, et quand le bon ordre et la sûreté de la colonie le commande, le gouverneur peut prendre à l'égard des individus de condition libre qui compromettent ou troublent la tranquillité publique, les mesures ci-après, savoir : 1° l'exclusion pure et simple d'un des cantons de la colonie; — 2° la mise en surveillance dans un canton déterminé. Ces mesures ne peuvent être prononcées que pour deux ans au plus. Pendant ce temps les individus qui en sont l'objet ont la faculté de s'absenter de la colonie; — 3° l'exclusion de la colonie, à temps ou illimitée. Cette mesure ne peut être prononcée que pour des actes tendant à attaquer le régime constitutif de la colonie. Les individus nés, mariés ou propriétaires dans la colonie, ne peuvent en être exclus pour plus de sept ans; à l'égard des autres, l'exclusion peut être illimitée. — Ord. 21 août 1825, art. 71; 9 fév. 1827, art. 75, et 27 août 1828, art. 74.

433. — Les esclaves reconnus dangereux pour la tranquillité de la colonie sont envoyés par le gouverneur, savoir : pour l'île Bourbon, à Sainte-Marie-de-Madagascar, et, pour les Antilles, au Sénégal, et placés dans les ateliers du roi, sauf à indemniser le propriétaire, sans que l'indemnité puisse excéder celle fixée par les règlemens pour les noirs justiciés. — Toutefois, le gouverneur peut ordonner que préalablement les esclaves soient conservés pendant un temps dans la colonie, et détenus dans un lieu de dépôt spécial. — Ord. 21 août 1825, art. 73; 9 fév. 1827, art. 76; 27 août 1828, art. 75, et 22 août 1833.

434. — Le gouverneur peut refuser : 1° le droit de tenir des boutiques, échoppes ou cantines, aux individus signalés par leur mauvaise conduite; 2° l'admission dans la colonie des individus dont la présence y est jugée dangereuse. — Ord. 21 août 1825, art. 74 et 75; 9 fév. 1827, art. 77 et 78, et 27 août 1828, art. 76 et 77.

435. — Si la conduite d'un fonctionnaire nommé par le roi ou par le ministre est tellement répréhensible qu'il ne puisse être maintenu dans l'exercice de ses fonctions, ou s'il y avait inconvénient à le traduire devant les tribunaux, le gouverneur peut le suspendre provisoirement. — A l'égard des fonctionnaires supérieurs, il doit, avant tout, leur faire connaître les griefs existant contre eux, et leur offrir les moyens de passer en France pour rendre compte de leur conduite au ministre. Le passage leur appartient également gratis, même après leur suspension prononcée. — La suspension provisoire ne peut entraîner la privation provisoire de plus de moitié du traitement. — Ord. 21 août 1825, art. 76; 9 fév. 1827, art. 79, et 27 août 1828, art. 78.

436. — Le gouverneur rend compte immédiatement au ministre de la marine des mesures qu'il a prises en vertu de ses pouvoirs extraordinaires. Les individus de condition libre peuvent se pourvoir auprès du ministre pour en obtenir le rapport ou des modifications. — Ord. 21 août 1825, art. 77; 9 fév. 1827, art. 80, et 27 août 1828, art. 79.

437. — Le gouverneur a seul l'initiative des mesures à prendre en vertu des pouvoirs extraordinaires qui lui sont conférés; il en est personnellement responsable. — Ord. 21 août 1825, art. 78; 9 fév. 1827, art. 81; 27 août 1828, art. 80; 22 août 1833.

438. — Le gouverneur peut être poursuivi pour trahison, concussion, abus d'autorité ou désobéissance aux ordres du roi. — Toutefois, en ce qui concerne l'administration de la colonie, il ne peut être recherché lorsqu'il a agi conformément aux dispositions ou aux représentations des chefs d'administration. — Ord. 21 août 1825, art. 79, §§ 1er et 2; 9 fév. 1827, art. 82; 27 août 1828, art. 81, et 22 août 1833.

439. — Il est procédé aux poursuites, soit à la requête du gouvernement, soit sur la plainte d'une partie intéressée, conformément aux règles prescrites en France pour les agens du gouvernement. Si le gouverneur était recherché pour dépenses indûment ordonnées, il y serait procédé administrativement. — Ord. 21 août 1825, art. 79; §§ 3 et 4; 9 fév. 1827, art. 83, et 27 août 1828, art. 82.

440. — Toute action dirigée contre le gouverneur doit être portée devant les tribunaux de France, suivant les formes prescrites par les lois de la métropole. — Il ne peut, pour quelque cause que ce soit, être actionné ni poursuivi dans la colonie, pendant l'exercice de ses fonctions. — Ord. 21 août 1825, art. 83, § 5; 9 fév. 1827, art. 84, et 27 août 1828, art. 83.

441. — Le gouverneur ne peut, pendant la durée de ses fonctions, acquérir des propriétés foncières ni contracter mariage dans la colonie, sans l'autorisation du roi. — Ord. 21 août 1825, art. 82; 9 fév. 1827, art. 87, et 27 août 1828, art. 86.

442. — Le gouverneur adresse, chaque année, au ministre de la marine, un mémoire sur la situation intérieure de la colonie, et sur ses relations à l'extérieur. — Ord. 21 août 1825, art. 81; 9 fév. 1827, art. 86, et 27 août 1828, art. 85.

443. — En cas de mort, d'absence ou autre empêchemens du gouverneur, il est remplacé par le commandant militaire, et, à défaut de celui-ci, par l'ordonnateur. — Ord. 21 août 1825, art. 84; 9 fév. 1827, art. 89, et 27 août 1828, art. 88.

Sect. 2e. — *Commandant militaire, chefs d'administration et inspecteur colonial.*

444. — *Commandant militaire.* — Les attributions du commandant militaire comprennent : le commandement des troupes de toutes armes, le commandement des milices lorsqu'elles sont réunies, l'inspection des troupes et des milices en ce qui concerne la discipline, le service et l'instruction, la visite des places, fortifications, etc., des hôpitaux et de tous les autres établissemens militaires, la police militaire. — Ord. 9 fév. 1827, art. 92; et 15 oct. 1836, art. 3.

445. — *Ordonnateur.* — L'ordonnateur est chargé, sous les ordres du gouverneur, de l'administration de la marine, de la guerre et du trésor, de la direction générale des travaux de toute nature (à l'exception des ponts, des routes et des travaux à la charge des communes) et de la comptabilité générale pour tous les services. — Ord. 21 août 1825, art. 85; ord. 9 fév. 1827, art. 101. — A la Guyane, ces attributions ont subi quelques modifications. — Ord. 27 août 1828, art. 89 : ord. 22 août 1833.

446. — *Directeur de l'intérieur.* — Le directeur de l'intérieur est chargé, sous les ordres du gouverneur, de l'administration intérieure de la colonie, de la police générale et de l'administration des contributions directes et indirectes. — Ord. 21 août 1825, art. 103; 9 fév. 1827, art. 119; et 22 août 1833, art. 2. — A la Guyane, ces matières sont attribuées à l'ordonnateur. — Ord. 27 août 1828, art. 107; 24 sept. 1831, art. 1er; et 22 août 1833, art. 90.

447. — La place de directeur de l'intérieur dans les colonies n'est pas comprise dans l'organisation de la marine. — *Cons. d'état*, 7 juin 1836, Guichard de Montguers.

448. — *Procureur général.* — Le procureur général prépare et soumet au conseil privé, d'après les ordres du gouverneur, 1° les projets de décrets coloniaux et de réglemens sur les matières judiciaires; 2° les rapports concernant les conflits, les

affranchissemens, les recours en grace, les mesures à prendre à l'égard des fonctionnaires attachés à l'ordre judiciaire, etc., enfin toutes les affaires concernant son service qui doivent être portées au conseil privé. — Ord. 21 août 1825, art. 116; 9 fév. 1827, art. 130; 27 août 1828, art. 119; 22 août 1833.

449. — Le procureur général a dans ses attributions la surveillance et la bonne tenue des lieux où se rend la justice, la surveillance de la curatelle des successions vacantes, la censure des écrits en matière judiciaire destinés à l'impression, l'application des réglemens à l'égard des noirs marrons, la vérification des dépenses relatives à la justice, le contre-seing des décrets coloniaux et des arrêtés du gouverneur et autres actes de l'autorité locale en ce qui concerne l'administration de la justice, l'expédition et le contre-seing des provisions, commissions et congés délivrés aux membres de l'ordre judiciaire, ainsi que les commissions des officiers ministériels, la nomination et la révocation des agens inférieurs attachés aux tribunaux. — Ord. 21 août 1825, art. 116; 9 fév. 1827, art. 131; 27 août 1828, art 120; 22 août 1833.

450. — Le procureur du roi chargé par l'édit des successions vacantes de 1781, de représenter dans les colonies les absens relativement aux successions à eux échues, était leur représentant d'une manière absolue, en sorte qu'on pouvait opposer aux absens l'acquiescement donné en leur nom à un jugement par le procureur du roi. — *Cass.*, 21 mars 1821, Faujas c. Ambert et Nau.

451. — Le procureur général exerce directement la discipline sur les officiers ministériels; il prononce contre eux, après les avoir entendus, le rappel à l'ordre, la censure simple, la censure avec réprimande, et leur donne tout avertissement qu'il juge convenable. Quant aux peines plus graves, il fait les propositions qu'il juge nécessaires; et sur l'avis des tribunaux, qui entendent l'inculpé en la chambre du conseil, le gouverneur statue, sauf recours au ministre de la marine. — Ord. 21 août 1825, art. 117; 9 fév. 1827, art. 132; 27 août 1828, art. 121.

452. — L'art. 132 de l'ord. 9 fév. 1827, qui charge les gouverneurs de prononcer certaines peines disciplinaires contre les officiers ministériels, après avoir pris l'avis des tribunaux, ne parle pas uniquement des tribunaux de première instance et d'une attribution qui leur soit exclusivement réservée, mais doit être entendu en ce sens que cette attribution, moins contentieuse qu'administrative, peut être, au gré du gouverneur et selon les convenances du service, conféré soit aux tribunaux de première instance, soit aux cours royales. — *Cass.*, 13 sept. 1832 (int. de la loi), Dumoulin-Dufresne.

453. — Le procureur général correspond avec le directeur de l'administration des colonies pour l'envoi des significations faites à son parquet et pour la réception de celles qui ont été faites au parquet des cours et tribunaux de France, à l'effet d'être transmis aux colonies. — Ord. 21 août 1825, art. 124; 9 fév. 1827, art. 139; et 27 août 1828, art. 128.

454. — En cas de mort, d'absence ou de tout autre empêchement qui oblige le procureur général à cesser son service, il est remplacé provisoirement par un magistrat désigné par le roi, ou à défaut par le gouverneur. S'il n'est empêché que momentanément, il est remplacé dans ses fonctions administratives par un officier du ministère public, au choix du gouverneur (à l'île Bourbon et à la Guyane par le procureur du roi, et, en cas d'empêchement de celui-ci, par un conseiller à la cour royale, au choix du gouverneur). — Ord. 21 août 1825, art. 125; 9 fév. 1827, art. 140; 27 août 1828, art. 129.

455. — *Inspecteur colonial.* — L'inspecteur colonial est chargé de l'inspection et du contrôle spécial de l'administration de la marine, de la guerre et des finances, et de la surveillance générale de toutes les parties du service administratif de la colonie. — Ord. 21 août 1825, art. 126; 9 fév. 1827, art. 141; 27 août 1828, art. 130; 22 août 1833, art. 2. — Entre autres attributions de l'inspecteur colonial on remarque les suivantes :

456. — Il reçoit les cautionnemens pour l'exécution des marchés, adjudications, fermages et régies. Il concourt et veille à la réception de ceux qui doivent être fournis par les divers fonctionnaires ou agens de la colonie. — Ord. 21 août 1825, art. 130; 9 fév. 1827, art. 145; 27 août 1828, art. 134.

457. — Il poursuit administrativement ou judiciairement les débiteurs de deniers publics, les fournisseurs, etc., fait établir tout séquestre, prend toutes hypothèques sur leurs biens, en donne mainlevée quand les débiteurs se sont libérés, et défend à toutes demandes formées par les comptables. — Il procède, soit en demandant soit en défendant, dans toutes les affaires portées devant le conseil privé où le gouvernement est partie principale. — Ord 21 août 1825, art. 131; 9 fév. 1827, art. 146; 27 août 1838, art. 135.

458. — Il a le dépôt et la garde des archives de la colonie; il est chargé de l'enregistrement, du dépôt et de la classification des lois, ordonnances, décrets coloniaux, réglemens du gouverneur, etc.; il en délivre au besoin des copies collationnées, et ne peut se dessaisir des originaux que sur l'ordre du gouverneur. — Ord. 21 août 1825, art. 132; 9 fév. 1827, art. 147; 27 août 1828, art. 136; 22 août 1833.

459. — Il exerce ses fonctions dans une entière indépendance de toute autorité locale; mais il ne peut diriger ni suspendre aucune opération. Il requiert dans toutes les parties du service administratif l'exécution des lois, ordonnances, décrets coloniaux, réglemens du gouverneur. Il ne s'adresse directement au gouverneur que lorsqu'il a à signaler des abus ou à faire des propositions sur lesquelles le gouverneur peut seul statuer. Il tient enregistrement des représentations qu'il fait au gouverneur ou aux chefs de service; il en adresse copie au ministre de la marine, s'il n'y a pas été fait droit. — Ord. 21 août 1825, art. 133; 9 fév. 1827, art. 148; 27 août 1828, art. 137, et 22 août 1833.

460. — Il adresse directement au ministre de la marine, à la fin de chaque année, un compte raisonné des différentes parties de son service. — Ord. 21 août 1825, art. 136; 9 fév. 1827, art. 151; et 27 août 1828, art. 140.

461. — En cas de mort, absence ou tout autre empêchement qui oblige l'inspecteur à cesser son service, il est remplacé par l'officier d'administration de la marine le plus élevé en grade; à grade égal, le choix appartient au gouverneur. — En cas d'empêchement momentané, il est suppléé par l'officier de l'administration de la marine chargé du contrôle sous ses ordres. — Ord. 21 août 1825, art. 138; 9 fév. 1827, art. 153; et 27 août 1828, art. 142.

Sect. 3e. — *Conseil privé.*

462. — L'établissement du conseil privé près du gouverneur a pour but de l'éclairer par ses avis, de le fortifier par ses décisions, de tempérer au besoin sa puissance en participant à l'exercice des pouvoirs dont il a le droit d'user dans des circonstances graves, et de donner ainsi à la population des colonies des garanties contre l'arbitraire et contre l'erreur. — Rapport de M. Hyde de Neuville, min. de la marine, 31 août 1828.

§ 1er. — *Composition du conseil privé et forme de ses délibérations.*

463. — Le conseil privé est composé du gouverneur, du commandant militaire, de l'ordonnateur, du directeur de l'intérieur, du procureur général, et de trois conseillers privés (autrefois coloniaux). — Ord. 9 fév. 1827, art. 154, § 1er, et 22 août 1833, art. 2. — A l'île Bourbon et à la Guyane, il n'y a que deux conseillers privés. — Ord. 21 août 1825, art. 139, § 1er, et 27 août 1828, art. 143, § 1er. — De plus, comme on le verra *infrà* no 578, le conseil, dans certains cas, s'adjoint deux membres de l'ordre judiciaire.

464. — Relativement aux qualités requises pour être conseiller privé, V. CONSEIL PRIVÉ DES COLONIES.

465. — L'inspecteur (contrôleur) colonial assiste au conseil; il y a voix représentative dans toutes les discussions. — Un secrétaire archiviste tient la plume. — Même ord., §§ 2 et 3.

466. — Les officiers chargés de la direction de l'artillerie et du génie, l'ingénieur des ponts et chaussées, le capitaine de port du chef-lieu, l'officier d'administration chargé des approvisionnemens, les directeurs des administrations financières, le trésorier et les syndics de commerce sont appelés de droit au conseil, lorsqu'il y est traité des matières de leurs attributions. Ils y ont voix consultative. — De plus, le conseil peut demander, si le président y consent, à entendre toutes autres personnes propres à l'éclairer. — Ord. 21 août 1825, art. 142; 9 fév. 1827, art. 157; 27 août 1828, art. 146.

467. — Le gouverneur est président du conseil; en son absence, il est remplacé par le commandant militaire, et à défaut de celui-ci par l'ordonnateur. — Ord. 21 août 1825, art. 143; 9 fév. 1827, art. 158. — A la Guyane, le gouverneur est suppléé par l'ordonnateur, et, à défaut de celui-ci, par le procureur général. — Ord. 27 août 1828, art. 158; 22 août 1833, même art.

468. — Les membres du conseil qui siégent ou assistent au conseil pour la première fois prêtent, entre les mains du gouverneur, le serment dont la formule suit : « Je jure devant Dieu de bien et fidèlement servir le roi et l'état, de garder et observer les lois, ordonnances et réglemens en vigueur dans la colonie; de tenir secrètes les délibérations du conseil privé, et de n'être guidé dans l'exercice des fonctions que je suis appelé à y remplir, que par ma conscience et le bien du service du roi. » — Ord. 21 août 1825, art. 144; 9 fév. 1827, art. 159; 27 août 1828, art. 148.

469. — Les conseillers titulaires prennent rang et séance dans l'ordre établi ci-dessus. Les suppléans et les membres appelés momentanément à faire partie du conseil siégent après les membres titulaires. — Ord. 21 août 1825, art. 145; 9 fév. 1827, art. 160; 27 août 1828, art. 149.

470. — Le conseil ne peut délibérer qu'autant que tous ses membres sont présens ou légalement remplacés. Toutefois, quand il n'est que consulté, la présence du gouverneur n'est point obligatoire. — Ord. 21 août 1825, art 147; 9 fév. 1827, art. 162; 27 août 1828, art. 151.

471. — Le conseil a le droit de demander la communication : 1° de toutes pièces et documens relatifs à la comptabilité; 2° de tous autres documens propres à former son opinion. Dans ce dernier cas, le gouverneur décide si la communication aura lieu. En cas de refus, mention en est faite au procès-verbal. — Ord. 21 août 1825, art. 149; 9 fév. 1827, art. 164; 27 août 1828, art. 153.

472. — Le conseil délibère à la pluralité des voix; en cas de partage, celle du gouverneur est prépondérante. — Les voix sont recueillies par le président dans l'ordre inverse des rangs qu'occupent les membres du conseil; le président vote le dernier. — Ord. 21 août 1825, art. 150; 9 fév. 1827, art. 165; 27 août 1828, art. 154.

473. — Le secrétaire archiviste rédige le procès-verbal des séances; il y consigne les avis motivés et les votes nominatifs; il y insère même, lorsqu'il en est requis, les opinions rédigées, séance tenante, par les membres du conseil. — Le procès-verbal ne fait mention que de l'opinion de la majorité, quand le conseil juge administrativement, ou quand il participe aux pouvoirs extraordinaires conférés aux gouverneurs dans les cas déterminés. — De ce procès-verbal, transcrit sur un registre coté et paraphé par le gouverneur, et signé par tous les membres du conseil, deux expéditions sont adressées au ministre par des occasions différentes. — Ord. 21 août 1825, art. 151; 9 fév. 1827, art. 166; 27 août 1828, art. 155.

474. — Le secrétaire-archiviste a, dans ses attributions, la garde du sceau du conseil, le dépôt de ses archives, la garde de sa bibliothèque et l'entretien du local destiné à ses séances. — Il prête serment, en conseil, de tenir secrètes les délibérations du conseil privé. — Il ne peut, à moins d'un ordre écrit du gouverneur, donner à d'autres qu'aux membres du conseil, communication des pièces et documens dont il est chargé. — En cas d'absence ou d'empêchement, il est remplacé par un officier ou un employé d'administration, au choix du gouverneur. — Ord. 21 août 1825, art. 152; 9 fév. 1827, art. 168; 27 août 1828, art. 157.

475. — Le conseil ne peut délibérer que sur les affaires qui lui sont présentées par le gouverneur ou par son ordre, sauf le cas où il juge administrativement. — Le gouverneur peut toujours retirer les projets d'ordonnances, d'arrêtés, de réglemens et toutes autres affaires qu'il lui est facultatif de proposer au conseil. — Ord. 21 août 1825, art. 153; 9 fév. 1827, art. 169; 27 août 1828, art. 158.

476. — Aucune affaire de la compétence du conseil ne doit être soustraite à sa connaissance. Les membres titulaires peuvent faire à ce sujet des réclamations; le gouverneur les admet ou les rejette. — Tout membre titulaire peut également soumettre au gouverneur, en conseil, les propositions ou observations qu'il juge utiles au bien du service. Le gouverneur décide s'il en sera délibéré. — Mention du tout est faite au procès-verbal. — Ord. 21 août 1825, art. 154; 9 fév. 1827, art. 170; 27 août 1828, art. 159.

477. — Le conseil ne peut correspondre avec aucune autorité. — Ord. 21 août 1825, art. 155; 9 fév. 1827, art. 171; 27 août 1828, art. 160.

§ 2. — *Attributions du conseil privé.*

478. — Les attributions du conseil sur les matières qui lui sont soumises sont de plusieurs sortes.

479. — Dans certains cas, il ne fait que donner son avis au gouverneur, qui doit le consulter, mais sans être tenu de se conformer à cet avis. — Ces différens cas sont énumérés dans les art. 156, ord. 21 août 1825, 172, ord. 9 fév. 1827, et 161, ord. 27 août 1828, modifiés par les ord. du 22 août 1833.

480. — Dans d'autres cas, les pouvoirs et attributions conférés au gouverneur ne sont exercés par lui que collectivement avec le conseil privé, et conformément aux décisions de ce conseil. Ces différens cas sont énumérés dans les art. 157, ord. 21 août 1825 ; 173, ord. 9 fév. 1827, et 162, ord. 27 août 1838, modifiés par les ord. du 22 août 1833.

481. — De plus, le conseil privé vérifie et arrête: 1o les comptes des receveurs, des garde-magasins et de tous les comptables de la colonie, excepté ceux du trésorier ; — 2o les comptes rendus par les commis aux recrues ou autres comptables embarqués sur les bâtimens de l'état attachés au service de la colonie. — Ord. 21 août 1825, art. 158 ; 9 fév. 1827, art. 174 ; 27 août 1828, art. 163.

482. — Il statue sur : 1o les marchés et adjudications de tous les ouvrages et approvisionnemens et les traités pour fournitures quelconques au-dessus de 400 fr. ; — 2o la vente des approvisionnemens et des objets inutiles ou impropres au service ; — 3o les augmentations de grade et de paie des marins, officiers mariniers et ouvriers classés ; — 4o les augmentations de classe ou de paie des ouvriers civils, libres ou esclaves ; — 5o le contentieux en matière de contributions directes et de recensement, et les contestations relatives aux noirs épaves ; — 6o le contentieux du domaine, de l'enregistrement, des douanes et autres impôts indirects, sans préjudice du recours des parties devant les tribunaux ordinaires ; — 7o les poursuites intentées contre les bâtimens arrêtés en contravention ; — 8o l'ouverture, le redressement et l'élargissement des routes et chemins ; — 9o les expropriations pour cause d'utilité publique, sauf l'indemnité préalable en faveur du propriétaire dépossédé ; — 10o les autorisations de plaider demandées par l'autorité municipale ; — 11o les questions douteuses que présente l'application des ordonnances et réglemens. — Ord. 21 août 1825, art. 159 ; 9 fév. 1827, art. 175 ; 27 août 1828, art. 164 ; 22 août 1833.

483. — Enfin le conseil privé prononce encore, comme juge, sur certaines matières, lorsqu'il se constitue en conseil du contentieux administratif, ou en commission d'appel. — V. *infrà* nos 587 et suiv., 622 et suiv.

CHAPITRE V. — *Administration de la justice et organisation judiciaire.*

Sect. 1re. — *Dispositions générales.*

484. — La justice est administrée à l'île Bourbon, à la Martinique, à la Guadeloupe et à la Guyane, par des tribunaux de paix, des tribunaux de première instance, des cours royales et des cours d'assises. — Ord. 30 sept. 1827, art. 1er ; 24 sept. 1828 ; 21 déc. 1828, art. 1er.

485. — Les jugemens en dernier ressort et les arrêts peuvent être attaqués par la voie d'annulation ou de cassation, dans les cas spécifiés. — Ord. 30 sept. 1827, art. 1er ; 24 sept. 1828, art. 1er ; 21 déc. 1828, art. 1er.

486. — Il y a en outre des tribunaux spéciaux : savoir le conseil privé, la commission des prises et les conseils de guerre. — Mêmes ord., art. 2.

487. — Nul ne peut être distrait de ses juges naturels. Il ne peut en conséquence être créé aucune commission extraordinaire, sauf toutefois une cour prévotale dans certains cas. — V. *infrà* no 625 ; — Mêmes ord., art. 3.

488. — Les audiences doivent être publiques au civil et au criminel, excepté dans des affaires où la publicité serait dangereuse pour l'ordre et les mœurs. Dans tous les cas, les jugemens et arrêts doivent être prononcés publiquement. — Ord. 4 juill. 1827, art. 5 et 7 ; 30 sept. 1827, art. 4 ; 24 sept. 1828, art. 4 ; 21 déc. 1828, art. 4.

489. — Des lettres patentes de 1789 avaient autrefois ordonné la publicité des jugemens criminels. — Mais ces lettres n'ayant point été promulguées à la Martinique, il s'ensuit qu'avant l'ord. du 4 juill. 1827, un arrêt criminel n'était pas nul pour n'avoir pas été rendu publiquement. — *Cass.*, 11 juin 1825, Rollande ; 30 sept. 1826, Bissette.

490. — Avant l'ordonnance du 4 juill. 1827, les tribunaux de la Guadeloupe jugeant en matière correctionnelle pouvaient procéder à huis clos, sans qu'il en résultât une nullité. — *Cass.*, 22 juill. 1825, Rougon.

491. — Le réglement colonial sur la publicité des audiences ne prescrivant cette publicité que pour l'audition du défenseur des accusés et des réquisitions du ministère public, le rapport d'une affaire peut être fait à huis clos, sans qu'il en résulte une nullité de l'arrêt. — *Cass.*, 29 déc. 1827, Bissette.

492. — Est nul l'arrêt qui, rendu depuis 1809, à la Guadeloupe, ne constate, en aucune de ses parties, que le rapport ait été fait, ni le ministère public entendu, ni l'arrêt prononcé en séance publique. — *Cass.*, 20 déc. 1825, White.

493. — Avant l'ord. du 21 août 1825, qui a retiré au gouverneur de l'île Bourbon le pouvoir de déroger aux lois et d'en suspendre l'exécution, les jugemens rendus à huis clos, dans cette île, en matière de traite des noirs, conformément à l'arrêté de ce gouverneur du 21 avr. 1822, ne pouvaient pas être annulés pour défaut de publicité. — *Cass.*, 26 mai 1827, Chauvet.

494. — La faculté d'ordonner le huis clos, aux colonies, dans l'intérêt des bonnes mœurs, n'est pas restreinte aux débats comme dans la métropole ; elle s'étend aux audiences elles-mêmes, sous la seule condition que les jugemens et arrêts soient prononcés publiquement. — *Cass.*, 14 mars 1835, Leborgne.

495. — En matière civile, la disposition relative à la publicité des jugemens recevait déjà son application à l'égard des colonies où le Code de procédure avait été publié.

496. — Ainsi jugé que le Code de procédure ayant été obligatoire dans la Guadeloupe, sauf quelques modifications, savoir : à partir du 1er nov. 1808, dans les tribunaux de première instance, et à partir du 1er janv. 1809 dans la cour royale, les arrêts rendus postérieurement par cette cour ont dû, à peine de nullité, énoncer que le rapport de la cause et les conclusions du ministère public avaient eu lieu en audience publique et que ces arrêts eux-mêmes avaient été prononcés publiquement. — *Cass.*, 27 fév. 1822, Pasturin c. Barbes.

497. — .... Que les arrêts rendus dans l'île de Cayenne ou la Guyane française, depuis le 25 janv. 1818, époque à laquelle le Code de procédure est en vigueur dans cette colonie, ont dû, à peine de nullité, contenir la mention de la publicité. — *Cass.*, 21 mai 1821, Vernier c. Gualbert-Dupeyron.

498. — ... Qu'un arrêt rendu à la Guadeloupe, où le Code de procédure a été publié, est nul s'il n'a pas été rendu en audience publique. — *Cass.*, 12 août 1834, Dain c. Directeur de l'intérieur de la Guadeloupe.

499. — Mais il n'en est pas de même des jugemens et arrêts rendus avant la promulgation du Code de procédure. — Ainsi, un arrêt du conseil supérieur rendu à la Martinique, le 5 mars 1817, est valable encore qu'on n'y trouve pas la mention qu'il a été rendu publiquement. — *Cass.*, 12 août 1819, Basden c. de Flavigny.

500. — Les jugemens et arrêts doivent être toujours motivés. — Ord. 30 sept. 1827, art. 4 ; 24 sept. 1828, art. 4 ; 21 déc. 1828, art. 4. — Cette disposition avait déjà été prescrite par l'ord. du 22 nov. 1819, art. 4.

501. — Avant l'enregistrement à la Martinique de l'ord. 22 nov. 1819, un arrêt n'était pas nul pour défaut de motifs. — *Cass.*, 11 mars 1819, Kiquandon et Lacoudré c. Astorg.

502. — Mais il en a été autrement des jugemens rendus depuis l'enregistrement de cette ordonnance. — *Cass.*, 22 fév. 1825, Querier du Colombier c. Fourn.

503. — Avant la promulgation du Code de procédure à la Martinique, les jugemens et arrêts n'avaient pas besoin d'y être motivés. — *Cass.*, 19 nov. 1823, Trepsac c. Michel.

504. — Un arrêt du conseil supérieur, rendu à la Martinique, le 5 mars 1817, est valable encore bien qu'il n'énonce pas les motifs sur lesquels il est fondé. — *Cass.*, 12 août 1819, Basden c. de Flavigny.

505. — Aux termes de l'ordonnance du roi enregistrée dans les colonies des Antilles, tous les arrêts et jugemens doivent être motivés à peine de nullité, et cette disposition d'ordre public est depuis long-temps en vigueur à la Martinique. — *Cass.*, 11 déc. 1829, Gayot.

506. — Jugé également que l'arrêt du conseil de révision de l'île Bourbon, qui rejette un appel incident, doit être motivé à peine de nullité. — *Cass.*, 26 mai 1827, Chauvet et Imbert.

507. — A la Guyane, le jugement ou l'arrêt de police correctionnelle qui ne renferme aucune énonciation des motifs est radicalement nul. — *Cass.*, 23 mars 1820, Douanes c. Lesage.

508. — Les arrêts rendus à Cayenne depuis le 25 janv. 1818, époque de la publication du Code de procédure, ont dû être motivés à peine de nullité. — *Cass.*, 21 mai 1821, Vernet c. Gualbert-Dupeyron ; 3 juill. 1821, Fourgassié c. d'Ysembourg.

509. — Jugé de même au sujet de l'énonciation des points de fait et de droit. — Mêmes arrêts.

510. — ... Et même du nom des juges. — *Cass.*, 21 mai 1821, Vernier c. Gualbert-Dupeyron ; 13 août 1822, Vidal.

511. — Mais jugé qu'un arrêt du conseil supérieur, rendu à la Martinique le 5 mars 1817, est valable, encore qu'il ne contienne pas les noms des juges qui l'ont rendu. — *Cass.*, 12 août 1819, Basden c. de Flavigny.

512. — ... Qu'avant la publication du Code de procédure à la Martinique, un arrêt de la cour royale n'était pas nul en ce qu'il n'énonçait pas le nom et le nombre des juges. — *Cass.*, 13 nov. 1827, N...

513. — Les arrêts rendus, pendant les guerres, dans les colonies (Martinique et Guadeloupe), au nom du souverain qui les occupait, sont valables. — *Cass.*, 18 fév. 1819, Thélusson c. Copens ; 15 avr. 1819, Regis-Leblanc.

514. — Les cours et tribunaux ne peuvent, sous les peines portées par les lois : 1o prendre directement ou indirectement aucune part à l'exercice du pouvoir législatif, ni s'immiscer dans les affaires administratives ; — 2o refuser ni retarder, sous aucun prétexte, l'enregistrement des lois, ordonnances, arrêtés et réglemens, lorsqu'ils en sont requis par le ministère public. — Ord. 30 sept. 1827, art. 5 ; 24 sept. 1828, art. 5 ; 21 déc. 1828, art. 5.

515. — Il leur est également interdit de poursuivre, hors le cas de flagrant délit, les agens du gouvernement pour délits commis dans l'exercice de leurs fonctions, à moins d'une autorisation spéciale donnée en conseil privé. — Ord. 30 sept. 1827, art. 6 ; 24 sept. 1828, art. 6 ; 21 déc. 1828, art. 6.

Sect. 2e. — *Tribunaux de paix et de première instance, cours royales et d'assises.*

516. — *Justice de paix.* — Chaque tribunal de paix est composé d'un juge de paix, d'un suppléant et d'un greffier. — Lorsque le tribunal a à statuer sur des contraventions de police, les fonctions du ministère public sont remplies par le commissaire de police du canton ou par son adjoint. — Ord. 30 sept. 1827, art. 10 ; 24 sept. 1828, art. 13 ; 21 déc. 1828, art. 9.

517. — Les attributions des juges de paix sont, à quelques légères différences près, les mêmes que celles des juges de la France. — Il sont de plus juges en matière commerciale. — Ord. 30 sept. 1827, art. 11 à 19 ; 24 sept. 1828, art. 14 à 22 ; 21 déc. 1828, art. 10 à 20.

518. — *Tribunal de première instance.* — Chaque tribunal de première instance est composé d'un juge royal, d'un lieutenant de juge et de deux juges auditeurs. — Il y a près de chaque tribunal un procureur du roi, un substitut (excepté à la Guyane), un greffier et un commis assermenté. — Ord. 30 sept. 1827, art. 23 ; 24 sept. 1828, art. 28, et 21 déc. 1828, art. 21.

519. — Les tribunaux de première instance connaissent, sauf les exceptions déterminées par la loi, savoir : 1o en dernier ressort, des appels de justice de paix en matière civile et commerciale ; en premier et dernier ressort : 1o des actions civiles, soit personnelles, soit mobilières, et des actions commerciales, quand la valeur de la demande est au-dessus de 300 fr. (à Bourbon 500 fr.) et n'excède pas 1,000 fr. ; — 2o des actions civiles, soit réelles ou mixtes, dont la valeur n'excède pas 1,000 fr. ; et en premier ressort seulement, des affaires civiles ou commerciales, non réservées aux juges de paix quand la valeur de la demande n'excède pas 1,000 fr. — Ord. 30 sept. 1827, art. 24 ; 24 sept. 1828, art. 29 ; 21 déc. 1828, art. 22.

520. — ... 2o De l'appel des jugemens des tribunaux de police. — Ord. 30 sept. 1827 art. 25 ; 24 sept. 1828, art. 30 ; 21 déc. 1828, art. 23.

521. — ... 3o Des contraventions aux lois, ordonnances, arrêtés et réglemens sur le commerce étranger et sur les douanes, sauf l'appel au conseil privé. — Ord. 24 sept. 1828, art. 31 ; 21 déc. 1828, art. 24. — Et de plus, à l'île Bourbon, des contraventions en ce qui concerne la ferme des Guildives. — Ord. 30 sept. 1827, art. 26.

522. — Il peut être, en vertu d'un arrêté pris par le gouverneur en conseil, formé dans le tribunal de première instance une section temporaire pour le jugement des affaires civiles arriérées. — Cette section est tenue par le lieutenant de juge ou par un conseiller-auditeur. — Ord. 30 sept. 1827, art. 30 ; 24 sept. 1828, art. 35 ; 21 déc. 1828, art. 28.

523. — Ce conseiller-auditeur, délégué, conformément à l'ordonnance du 30 sept. 1827, pour présider une chambre temporaire de première instance, conserve, durant ces fonctions, le pouvoir de siéger à la cour royale dans les affaires dont il n'a pas connu en première instance. — *Cass.*, 8 juill. 1834, Hamelin c. Robles.

524. — Le juge royal rend seul la justice dans les matières qui sont de la compétence du tribunal de première instance. — Il remplit les fonctions

attribuées aux présidens des tribunaux de première instance par les Codes civil, de procédure, de commerce et d'instruction criminelle. — Il est chargé, au lieu de sa résidence, de la visite des navires. — Il vise, cote et paraphe les répertoires des notaires et des huissiers, et les registres du curateur des successions vacantes. — Ord. 30 sept. 1827, art. 31 ; 24 sept. 1828, art. 36 ; 21 déc. 1828, art. 29.

525. — Le lieutenant de juge remplit les fonctions attribuées au juge d'instruction par le Code d'instruction criminelle. — Il remplace le juge royal, en cas d'empêchement. — Ord. 30 sept. 1827, art. 32 ; 24 sept. 1828, art. 37 ; 21 déc. 1828, art. 30.

526. — Les juges auditeurs assistent aux audiences. Ils peuvent être chargés, par le juge royal, des enquêtes, interrogatoires, etc. — Dans tous les cas, ils n'ont que voix consultative. — Ils peuvent, en outre, être chargés par le roi des fonctions de ministère public. — Ord. 30 sept. 1828, art. 33 ; 24 sept. 1828, art. 38 ; 21 déc. 1828, art. 31.

527. — En cas d'empêchement du lieutenant de juge, le juge royal peut remplir lui-même les fonctions de juge d'instruction, ou les déléguer à l'un des juges auditeurs. — Ord. 30 sept. 1827, art. 34 ; 24 sept. 1828, art. 39 ; 21 déc. 1828, art. 32.

528. — D'après l'ordonnance de 1670, les tribunaux de première instance de la Guadeloupe ont pu être composés en totalité d'avocats ou de gradués, dans les affaires criminelles, où des conclusions tendant à peines afflictives ont été prises. — *Cass.*, 4 juill. 1828, Sommabert.

529. — *Cour royale.* — Chaque cour royale est composée de neuf conseillers (cinq à l'île Bourbon et à la Guyane) et de trois conseillers auditeurs (deux à la Guyane). — Il y a près de chaque cour un procureur général ou un avocat général, un substitut (excepté à la Guyane), un greffier et un commis assermenté. — La cour est présidée par celui que le roi nomme pour trois ans. — Ord. 30 sept. 1827, art. 36 et 37 ; 24 sept. 1828, art. 41 et 42 ; 21 déc. 1828, art. 34 et 35.

530. — La justice est rendue souverainement par les cours royales. — Ord. 30 sept. 1827, art. 38 ; 24 sept. 1828, art. 43 ; 21 déc. 1828, art. 36.

531. — Elles statuent directement sur les instructions en matière criminelle, correctionnelle et de police, et prononcent le renvoi devant les juges compétens, ou déclarent qu'il n'y a lieu à suivre. — Dans l'un ou l'autre cas, elles ordonnent, s'il y a lieu, la mise en liberté des inculpés. — Ord. 30 sept. 1827, art. 40 ; 24 sept. 1828, art. 45 ; 21 déc. 1828, art. 38.

532. — Les cours royales connaissent : 1° en dernier ressort, des matières civiles et commerciales sur l'appel des jugemens des tribunaux de première instance. — Ord. 30 sept. 1827, art. 39 ; 24 sept. 1828, art. 44 ; 21 déc. 1828, art. 37.

533. — ...2° En premier et en dernier ressort, des matières correctionnelles, autres que celles concernant le commerce étranger, les douanes et la ferme des Guildives. — Ord. 30 sept. 1827, art. 41 ; 24 sept. 1828, art. 46 ; 21 déc. 1828, art. 39.

534. — ...3° Des demandes en annulation formées, savoir : 1° en matière civile et commerciale, par les parties, contre les jugemens en dernier ressort des justices de paix pour incompétence ou excès de pouvoir ; — 2° en matière de police, par le ministère public ou par les parties, contre les jugemens en dernier ressort des tribunaux de police pour incompétence, excès de pouvoir ou contravention à la loi. — Ord. 30 sept. 1827, art. 43 ; 24 sept. 1828, art. 50 ; 21 déc. 1828, art. 43.

535. — En cas d'annulation, elles prononcent le renvoi devant l'un des juges de paix des cantons limitrophes, lequel statue définitivement. — Lorsque l'annulation est prononcée pour cause d'incompétence, l'affaire est renvoyée, s'il y a lieu, devant les juges qui doivent en connaître. — Mêmes ord., *ibid.*

536. — ...4° Des demandes formées dans l'intérêt de la loi par le procureur général, en annulation pour incompétence, excès de pouvoir ou contravention à la loi, des jugemens en dernier ressort des juges de paix, lorsqu'ils ont acquis force de chose jugée ; — 2° en matière de police, soit des jugemens en dernier ressort des tribunaux de police, passés en force de chose jugée, soit des jugemens rendus par les tribunaux correctionnels sur l'appel de ceux des tribunaux de police. — L'annulation ne donne lieu à aucun renvoi. — Ord. 30 sept. 1827, art. 44 ; 24 sept. 1828, art. 51 ; 21 déc. 1828, art. 44.

537. — ...5° Des faits de discipline en ce qui concerne les magistrats, les avoués et les huissiers. — Ord. 30 sept. 1827, art. 45 ; 14 sept. 1828, art. 52 ; 21 déc. 1828, art. 45.

538. — Chaque cour se constitue en chambre civile, chambre d'accusation et chambre correctionnelle, entre lesquelles se répartit la connaissance et le jugement des différentes affaires. — De plus, la chambre d'accusation connaît, comme chambre civile, pendant l'intervalle des sessions de la cour royale, des matières qui lui sont attribuées par le Code de procédure civile. — Ord. 30 sept. 1827, art. 47 ; 24 sept. 1828, art. 54 ; 21 déc. 1828, art. 47.

539. — L'enregistrement des lettres de grâce pour les colonies est un acte urgent qui rentre dans les attributions conférées à la chambre permanente des cours royales de la Guadeloupe et de la Martinique. — *Cass.*, 19 juin 1837 (t. 2 1837, p. 257), int. de la loi.

540. — Le décret du 21 frim. an IV (relatif aux lettres de grâce pour les colonies) ni aucune autre loi ne prescrivent une audience solennelle de la cour royale pour l'enregistrement de ces lettres de grâce. — Même arrêt.

541. — La chambre civile et la chambre correctionnelle de chaque cour royale ne peuvent rendre arrêt qu'au nombre de cinq juges au moins. — Ord. 30 sept. 1827, art. 48 ; 28 sept. 1828, art. 55 ; 21 déc. 1828, art. 48.

542. — Les lois qui concernent l'organisation judiciaire de la Guadeloupe n'exigent que cinq juges pour concourir aux arrêts des tribunaux d'appel. — *Cass.*, 11 fév. 1823, Meyère c. Gelin.

543. — La chambre d'accusation est composée de trois membres de la cour, dont deux peuvent être pris parmi les conseillers auditeurs. Elle ne peut rendre arrêt qu'au nombre de trois juges. — Ord. 30 sept. 1827, art. 49 ; 24 sept. 1828, art. 56 ; 21 déc. 1828, art. 49.

544. — Indépendamment du droit pour les conseillers auditeurs de faire partie de la chambre d'accusation, ils peuvent : 1° remplacer, en cas d'empêchement, les conseillers de la cour, suivant l'ordre d'ancienneté ; — 2° sur la désignation du président, être chargés des enquêtes et interrogatoires ; — 3° sur la désignation du procureur général, remplir les fonctions du ministère public ; — 4° sur un arrêté du gouverneur, remplacer, en cas d'empêchement, soit le juge royal, soit le lieutenant de juge, soit le procureur du roi, ou former la section temporaire du tribunal de première instance. — Ord. 30 sept. 1827, art. 53 et 54 ; 24 sept. 1828, art. 60 et 61 ; 21 déc. 1828, art. 53.

545. — Lorsque des conseillers auditeurs ont concouru à un arrêt rendu par la chambre civile de la cour royale de la Martinique, il y a présomption légale qu'ils ont été appelés par ordre d'ancienneté, et par suite de l'absence légitime des conseillers titulaires. — *Cass.*, 12 août 1835, Maillel c. Cage.

546. — Un conseiller auditeur à la Guyane qui a prêté serment en cette qualité n'est pas tenu, dans le cas où il est appelé à remplir momentanément les fonctions du ministère public, de prêter un nouveau serment à raison de ces fonctions. — *Cass.*, 22 avr. 1825, Procureur général près la cour de Cassation.

547. — A l'île Bourbon, les conseillers auditeurs ont voix délibérative lorsqu'ils siégent à la chambre d'accusation ou lorsqu'ils sont appelés à remplacer soit les conseillers, soit le juge royal. Dans tous les autres cas, ils n'ont que voix consultative. — Ord. 30 sept. 1827, art. 55. — Dans les autres colonies, ils ont voix délibérative à vingt-sept ans. avant cet âge, ils ont voix consultative seulement. — Ord. 24 sept. 1828, art. 62 ; 21 déc. 1828, art. 55.

548. — Si le nombre des magistrats nécessaire pour rendre arrêt est incomplet, le président y pourvoit en appelant des magistrats honoraires suivant l'ordre de leur ancienneté ou des avocats-avoués suivant l'ordre du tableau. — Ord. 30 sept. 1827, art. 56 ; 24 sept. 1828, art. 63 ; 21 déc. 1828, art. 56.

549. — Ces dispositions sont générales, absolues, et s'étendent nécessairement aux matières criminelles comme aux matières civiles. Dès-lors, la cour d'assises dont a fait partie un avocat-avoué appelé en remplacement d'un conseiller auditeur empêché a été légalement composée. — *Cass.*, 19 mars 1830, Maria-Ratadi Jésus.

550. — ... Et cela, malgré l'existence au même siége d'un lieutenant de juge qui avait concouru à l'instruction préliminaire et de deux auditeurs. — *Cass.*, 28 fév. 1835, Herbelin.

551. — L'arrêt rendu par la cour royale de la Guadeloupe, et auquel a participé un avocat avoué, est nul, s'il ne constate pas l'empêchement de tous les magistrats de la cour qui n'ont pas siégé, et s'il ne mentionne pas, en outre, que cet avocat avoué est le plus ancien, suivant l'ordre du tableau, des avocats ou avocats-avoués présens à l'audience et non empêchés. — *Cass.*, 29 août 1842 (t. 2 1842, p. 286), de Longchamp c. Papin.

552. — Lorsqu'à la Guyane un avocat-avoué est appelé à siéger à la cour d'assises, il n'est pas nécessaire, à peine de nullité, de faire mention, non seulement de l'empêchement du magistrat remplacé, mais, en outre, des obstacles qui s'opposaient à ce qu'il fût remplacé par quelque autre membre de la cour royale. Ces obstacles doivent se présumer. — *Cass.*, 19 mars 1830, Maria-Ratadi Jésus.

553. — Si l'art. 303, ord. 24 sept. 1827, appelle les juges auditeurs à remplir, à vingt-cinq ans, les fonctions de juges près des cours prévôtales, concurremment avec des auxiliaires, ce n'est là qu'une disposition exceptionnelle non applicable aux juridictions ordinaires, et notamment aux cours d'assises. — *Cass.*, 28 fév. 1835, Herbelin.

554. — Doivent être âgés, savoir : 1° les juges auditeurs et le substitut du procureur du roi, de vingt-deux ans ; 2° le substitut du procureur-général et les suppléans des juges de paix, de vingt-cinq ans ; — 3° les conseillers auditeurs, de vingt-cinq ans (à l'île Bourbon, de vingt-sept ans) ; — 4° le lieutenant de juge, le procureur du roi et les juges de paix, de vingt-sept ans ; 5° les conseillers, le procureur général ou l'avocat général chargé d'en remplir les fonctions, et le juge royal, de trente ans. — Ord. 30 sept. 1827, art. 92 ; 24 sept. 1828, art. 101 ; 21 déc. 1828, art. 91.

555. — *Cour d'assises.* — Chaque cour d'assises se compose de trois conseillers de la cour royale, et de quatre membres du collége des assesseurs. — V. COLLÉGE DES ASSESSEURS. — Le procureur général ou son substitut y porte la parole. Le greffier ou son commis y tient la plume. — Ord. 30 sept. 1827, art. 58 ; 24 sept. 1828, art. 67, et 21 déc. 1828, art. 58.

556. — Les fonctions du ministère public sont incompatibles avec celles de juge. Ainsi, à la Martinique, et sous l'ord. de 1670, un substitut ne pouvait, à peine de nullité, siéger comme juge rapporteur en matière criminelle. — *Cass.*, 30 sept. 1826, Bisette, Fabien et Volny.

557. — Il ne peut résulter une nullité de ce que le même magistrat aurait rempli les fonctions du ministère public dans une procédure instruite contre un individu, et les fonctions de président dans une autre procédure instruite contre le même individu, si, dès le moment où la jonction des deux procédures a été ordonnée, ce magistrat s'est abstenu dans l'une et dans l'autre. — *Cass.*, 4 juill. 1828, Sommabert.

558. — Le procureur du roi du lieu où siége la cour d'assises, appelé à y remplir les fonctions du ministère public, peut déléguer ces fonctions à son substitut. — *Cass.*, 28 fév. 1835, Herbelin.

559. — Peuvent être remplacés en cas d'empêchement, savoir : l'un des conseillers ou des conseillers auditeurs par le juge royal ou le lieutenant de juge, lorsqu'il n'a pas connu de l'affaire ; — le procureur général ou son substitut par le procureur du roi ; — le greffier ou son commis par le greffier du tribunal de première instance. — Ord. 30 sept. 1827, art. 66, et 24 sept. 1828, art. 75.

560. — En cas d'empêchement des conseillers délégués par le président pour composer la cour d'assises, ils doivent être remplacés, non par les autres conseillers de la cour royale, mais par les conseillers auditeurs appelés par ordre d'ancienneté, pourvu que ces derniers aient atteint l'âge de vingt-sept ans accomplis. — *Cass.*, 14 mars 1835, Leborgne.

561. — Une cour d'assises ne peut être complétée que par les officiers du siége du lieu où elle tient, et non par ceux existant à la cour royale établie dans une autre ville. — *Cass.*, 28 fév. 1835, Herbelin.

562. — Dans les affaires qui paraissent devoir se prolonger pendant plusieurs audiences, un conseiller auditeur et un assesseur sont en outre appelés par le président pour assister aux débats et remplacer le conseiller ou l'assesseur qui ne pourrait continuer de siéger. — Ord. 30 sept. 1827, art. 59 ; 24 sept. 1828, art. 68 ; 21 déc. 1828, art. 59.

563. — L'assesseur qui se trouve dans la nécessité de se retirer pendant le débat, peut être remplacé, sans qu'il intervienne un arrêt motivé sur les causes de son absence, par un assesseur supplémentaire adjoint à la cour, et qui a suivi les débats depuis leur ouverture. — *Cass.*, 11 mars 1841 (t. 1er 1842, p. 312), Noël, Delphine et Bellony.

564. — A la Martinique, le président du tribunal de première instance peut être en même temps membre du conseil supérieur, et sa présence au conseil supérieur ne frappe de nullité que les arrêts rendus dans les affaires dont il avait connu en première instance. — *Cass.*, 29 déc. 1827, Bissette.

565. — En principe, il y a incompatibilité entre les fonctions du ministère public et celles de juge Ainsi, le substitut du procureur du roi n'a pu sié-

ger comme juge dans une affaire où le procureur du roi remplissait les fonctions du ministère public.— *Cass.*, 28 févr. 1828, Chaillon; 22 mai 1828, Aimé dit Fifi.

566. — Les parens et alliés jusqu'au degré de cousin-germain inclusivement ne peuvent être simultanément membres de la cour, soit comme conseillers ou conseillers auditeurs, soit comme officiers du ministère public. Les mêmes causes d'incompatibilités'appliquent aux membres d'un même tribunal. Il y a incompatibilité au même degré de parenté ou d'alliance entre les membres de la cour royale, le juge royal et le lieutenant de juge. — Ord 30 sept. 1827, art. 101; 24 sept. 1828, art. 110; 21 déc. 1828, art. 100.

567. — Jugé dès auparavant que lorsque deux magistrats, qui ont concouru à un jugement, sont parens au degré d'oncle et de neveu, il y a présomption légale qu'ils n'ont siégé qu'en vertu d'une dispense, et que leurs voix n'ont été comptées que pour une seule, dans le cas où elles auraient été conformes, surtout lorsque le nombre des juges excède le minimum prescrit par la loi pour la composition du tribunal. — *Cass.*, 29 déc. 1827, Bisselte.

568. — L'incompatibilité résultant de la parenté ou de l'alliance existant entre deux juges qui ont prononcé dans la même affaire et spécialement entre le juge de première instance et le président de la cour royale de la Guadeloupe, n'est point une cause de nullité lorsque le gouvernement lui-même a nommé les magistrats dans la même juridiction, et alors surtout que cette nullité n'a point été proposée devant la cour royale elle-même. — *Cass.*, 20 juin 1831, Despine c. Ferrayre.

569. — La cour royale et la cour d'assises sont tenues d'informer le gouvernement toutes les fois que les officiers du ministère public exerçant leurs fonctions près d'elles, s'écartent du devoir de leur état, ou qu'ils en compromettent l'honneur et la dignité. — Ord. 30 sept. 1827, art. 136; 24 sept. 1828, art. 147, et 21 déc. 1828, art. 136.

570. — Le droit de dénoncer les officiers du ministère public quand ils s'écartent de leur devoir ne peut être, dans les colonies, et spécialement dans les établissemens de l'Inde, étendu au procureur-général, qui participe comme chef de l'administration de la justice et comme membre du conseil privé, au gouvernement de la colonie. — *Cass.*, 31 janv. 1839 (t. 2 1839, p. 509), Ramassa-Michetty.

571. — Le pouvoir réservé aux tribunaux par l'art. 61, L. 20 avr. 1810, dont l'art. 136 de l'ord. 30 sept. 1827 répète la disposition pour les colonies, de dénoncer au gouverneur les officiers du ministère public qui se seraient écartés de leur devoir, ne peut être exercé que dans un avertissement confidentiel, et non dans les motifs d'un arrêt rendu publiquement. — Même arrêt.

572. — Les formes prescrites par l'art. 157 de l'ordonn. 30 sept. 1827, ne doivent pas être observées, lorsqu'il s'agit de statuer sur le remplacement d'un conseiller à la cour royale de Bourbon, en le déclarant démissionnaire. — *Cons. d'état*, 16 déc. 1835, Barrière de la Benne.

573. — Les ordonnances de nomination ou révocation des membres des cours royales et des tribunaux de première instance dans les colonies, sont rendues sur le rapport du ministre de la justice et du ministre de la marine. Elles sont contresignées par le premier.—Ord. 28 juill. 1841, art. 1er.

574. — Les magistrats des colonies, réunissant les conditions exigées par la loi, peuvent être placés dans la magistrature continentale après cinq années d'exercice dans les colonies. — Ord 28 juill. 1841, art. 2.

575. — L'administration de la justice aux colonies demeure dans les attributions du ministre de la marine. Toutefois, en matière disciplinaire à l'égard des magistrats, il ne peut statuer qu'avec le concours du ministre de la justice. Les gouverneurs, ainsi que les cours et tribunaux des colonies, conservent, à l'égard des membres de l'ordre judiciaire, les pouvoirs et les attributions qui leur ont été respectivement conférés par les ordonnances organiques concernant l'administration de la justice aux colonies. —Ord. 28 juill. 1841, art. 3.

Sect. 3e. — *Conseil privé.*

576. — Indépendamment des fonctions que le conseil privé remplit auprès du gouverneur (V. *suprà* nos 479 et suiv.), il a été appelé à réunir les fonctions qui sont attribuées, en France, aux conseils de préfecture, et celles qui l'étaient dans quelques colonies, au tribunal terrier (V. ce mot); de telle sorte qu'il a été investi de la connaissance de toutes les affaires contentieuses administratives.— De plus, il a été chargé de remplir la commission mipartie administrative et judiciaire qui

jugeait autrefois par appel les contraventions aux lois sur les douanes, le commerce étranger et la traite des noirs; toutefois ses attributions ont été restreintes en matière de traite.—Rapp. de M. Hyde de Neuville, minist. de la mar., 31 août 1828.

577. — La compétence du conseil privé s'étend donc sur des matières appartenant à deux juridictions tout à fait différentes. Les unes se rapportent à la juridiction administrative, et le conseil privé en connaît comme conseil *du contentieux administratif*.—Les autres, de nature purement judiciaire, appartiennent à la juridiction correctionnelle et le conseil en connaît comme *commission d'appel*. — Même rapport.

578. — Lorsque le conseil privé se constitue en conseil du contentieux administratif ou en commission d'appel, outre les membres dont il est composé (V. *suprà* no 463), il nomme et s'adjoint deux membres de l'ordre judiciaire.—Ord. 21 août 1825, art. 163, § 1er; 9 févr. 1827, art. 179, § 1er, 27 août 1828, art. 168, § 1er. — Ces membres sont appelés au commencement de chaque semestre et font le service pendant la durée de ce semestre.— Ord. 31 août 1828, art. 207.

579. — Avant l'ord. du 31 août 1828, la composition du conseil de révision faisant fonction de cour d'appel, en matière de contravention à la loi qui prohibe la traite des noirs, a été réglée pour l'île Bourbon, par l'art. 3, ord, 13 nov. 1816, et non par l'art. 2, ord. 22 mai 1819, qui ne concerne que la Martinique, la Guadeloupe et dépendances, les établissemens français dans l'Inde et Cayenne. — *Cass.*, 13 janv. 1827, Dubourg.

580. — Les fonctions du ministère public y sont exercées par l'inspecteur (contrôleur) colonial. — Mêmes articles, § 2, et ord. 22 août 1833, art. 2.

581.—Avant l'ord. du 4 juill. 1827, le contrôleur colonial a pu remplir les fonctions du ministère public devant la commission spéciale chargée de prononcer en matière de traite de noirs. — *Cass.*, 21 juill. 1827, Rancé.

582.— L'inspecteur colonial, qui, devant le conseil privé, constitué en comité du contentieux administratif, défend les intérêts de l'administration, conserve la qualité de ministère public. — *Cons. d'état*, 28 janv. 1836, Min. de la marine.

583. — Lorsque, dans les colonies, des conseillers faisant partie du conseil privé ont été remplacés par leurs suppléans, il y a présomption de droit qu'ils étaient légalement empêchés, sans qu'il soit nécessaire que l'arrêt constate cet empêchement. — *Cass.*, 30 avr. 1830, Roignan c. Douanes.

584.—Avant comme après l'ord. du 9 fév. 1827, on n'a pas dû réputer nul un arrêt rendu par le conseil privé de la Martinique, constitué en commission d'appel, en ce qu'une personne étrangère au conseil y aurait figuré, lorsque cette personne avait été nommée par le gouverneur de la colonie, par suite de l'empêchement des autres conseillers, pour éviter la suspension du cours de la justice, pourvu toutefois que cette personne eût prêté serment à l'ouverture de la première séance.— *Cass.*, 9 mars 1831, Havar c. Douanes.

585. — L'arrêt du conseil privé qui n'a pas été rendu le jour déterminé par l'ordonnance du président portant fixation d'audience, mais le lendemain, n'est pas nul si ce changement de jour, connu de la partie, ne pouvait lui causer aucun préjudice, et a été formellement consenti par l'avocat-avoué chargé de la représenter dans l'instance. — *Cass.*, 30 avr. 1830, Roignan c. Douanes.

586. — Les membres du conseil doivent siéger dans le costume qui est attribué aux fonctions qu'ils exercent dans la colonie.—Ord. 31 août 1828, art. 212.

§ 1er. — *Tribunal administratif.*

587. — Le conseil privé connaît comme conseil du contentieux administratif :

588. — 1o Des conflits positifs ou négatifs élevés par les chefs d'administration, chacun en ce qui le concerne, et du renvoi devant l'autorité compétente, lorsque l'instance n'est pas de nature à être portée devant le conseil privé.— Ord. 21 août 1825, art. 160; 9 fév. 1827, art. 176; 27 août 1828, art. 165, § 1er.

589. — Dans l'état actuel de la législation coloniale, le conflit a pu être élevé par le contrôleur colonial; l'affaire étant pendante devant la cour de Cassation. — *Cons. d'état*, 5 nov. 1828, Debeyne.

590. —...2o De toutes les contestations qui peuvent s'élever entre l'administration et les entrepreneurs de fournitures ou de travaux publics, ou de tous autres, ayant passé des marchés avec le gouvernement, concernant le sens ou l'exécution des clauses de ces marchés. — Ord. 21 août 1825, art. 160; 9 fév. 1827, art. 176; et 27 août 1828, art. 165, § 2.

591.—Le conseil privé de la Martinique est compétent pour connaître de la demande en indemnité formée par un entrepreneur à raison de la résiliation du marché par lui passé pour l'entretien du pavé de la ville de Saint-Pierre. — *Cons. d'état*, 4 juill. 1838, Perriolat.

592.— Il appartient à l'administration française d'apprécier la valeur et les effets de baux perpétuels d'un domaine public passés pendant l'occupation de la Martinique par l'armée anglaise et de les annuler au besoin. — Mais l'administration française a dû entretenir un bail du même immeuble consenti à temps et antérieurement à l'occupation étrangère. — *Cons. d'état*, 18 déc. 1822, de Perpigna c. Min. de la marine.

593. —...3o Des réclamations des particuliers qui se plaignent de torts et de dommages provenant du fait personnel des entrepreneurs à l'occasion de marchés passés avec le gouvernement. — Ord. 21 août 1825, art. 160; 9 fév. 1827, art. 176, et 27 août 1828, art. 165, § 3.

594. — ... 4o Des demandes et contestations concernant les indemnités dues aux particuliers à raison du dommage causé à leurs terrains pour l'extraction ou l'enlèvement des matériaux nécessaires à la confection des chemins, canaux et autres ouvrages publics. — Mêmes articles, § 4.

595.—... 5o Des demandes en réunion de terrains au domaine, lorsque les concessionnaires ou leurs ayans droit n'ont pas rempli les clauses des concessions. — Mêmes articles, § 5

596. — Le conseil privé de l'île Bourbon, constitué en conseil du contentieux, est compétent pour déterminer le sens et interpréter les termes d'un acte de concession de terrain. — *Cons. d'état*, 21 août 1840, Min. de la marine c. Desroches et Dejean.

597. — ... 6o Des demandes concernant les concessions de prises d'eau pour l'établissement des usines, l'irrigation des terres, etc., la manière de jouir de ces eaux, les servitudes et placemens de travaux pour la conduite et le passage des eaux, la réparation et l'entretien de ces travaux; — l'interprétation des titres de concession, s'il y a lieu, laissant aux tribunaux à statuer sur toute autre contestation qui peut s'élever relativement à l'exercice des droits concédés et à la jouissance des eaux appartenant à des particuliers. — Ord. 21 août 1825, art. 160, 9 fév. 1827, art. 176, et 27 août 1828, art. 165, § 6.

598. — Le conseil privé de l'île Bourbon n'est pas investi du droit de statuer sur la validité des titres de concession des prises d'eau, mais seulement d'en régler l'usage et de procéder à l'interprétation de ces titres. — *Cons. d'état*, 20 juill. 1832, contrôleur colonial de l'île Bourbon.

599. — Il n'appartient qu'au ministre de la marine de proposer et de consentir l'aliénation des propriétés appartenant à l'Etat dans l'île Bourbon. En conséquence le conseil privé de cette colonie est sans pouvoir pour concéder à un particulier une prise d'eau quelconque dans un canal qui fait partie du domaine de l'Etat. — *Cons. d'état*, 20 juill. 1822, contrôleur colonial de l'île Bourbon.

600. — ... 7o Des contestations relatives à l'ouverture, la largeur, le redressement et l'entretien des routes royales, des chemins vicinaux, de ceux qui conduisent à l'eau, des chemins particuliers ou de communication aux villes, routes, chemins, rivières et autres lieux publics, comme aussi des contestations relatives aux servitudes pour l'usage de ces routes et chemins.— Ord. 21 août 1825, art. 160; 9 fév. 1827, art. 176, et 27 août 1828, art. 165, § 7.

601. — Ainsi, à la Guadeloupe, le conseil privé a pu connaître d'une contestation relative au maintien d'un chemin vicinal. — Le public a dû être maintenu en jouissance du chemin litigieux, si ce chemin servait depuis longtemps à la communication entre deux quartiers, et s'il était la seule communication directe. — Toutefois l'arrêt rendu par le conseil ne fait point obstacle à ce que le réclamant porte devant les tribunaux la question de propriété du chemin, qui, dans le cas où son droit serait reconnu, se résoudrait en une indemnité. — *Cons. d'état*, 10 fév. 1830, Revel.

602.—...8o Des contestations relatives 1o à l'établissement des embarcadères, ponts, bacs et passages sur les rivières et sur les bras de mer; 2o à la pêche sur les rivières et étangs appartenant au domaine. — Ord. 21 août 1825, art. 160; 9 fév. 1827, art. 176, et 27 août 1828, art. 165, § 8.

603. — ... 9o Des empiétemens sur la réserve des cinquante pas géométriques et sur toute autre propriété publique. — Mêmes articles, § 9.

604. — ... 10o Des demandes formées par les comptables en mainlevée de séquestre ou d'hypothèque établies à la diligence de l'inspecteur (contrôleur). — Mêmes articles, § 10.

605. — ... 11o De l'état des individus dont la li-

berté est contestée, laissant aux tribunaux à connaître des cas où la possession de la liberté est appuyée sur un acte de l'état civil. — Mêmes articles, § 11.

606.—...12° Des contestations élevées sur les demandes formées par l'inspecteur (contrôleur) colonial dans les cas : 1° de réintégration ou dépôt de pièces aux archives; 2° d'apposition et levée de scellés mis sur les papiers des fonctionnaires décédés ou dont les comptes n'ont pas été apurés; 3° des inventaires dressés lors du remplacement du gouverneur et des chefs de service. — Même article, § 12.

607.—...13° Et, en général, du contentieux administratif. — Même article, § 13.

608. — Le contrôleur colonial peut revendiquer la connaissance pour l'autorité administrative de questions portant sur l'appréciation d'actes et de réglemens administratifs. — *Cons. d'ét.*, 5 nov. 1828, Deheyne.

609.—Une demande en substitution de sommes consignées pour obtenir un rôle d'équipage, ne peut être portée devant le conseil privé, prononçant en matière contentieuse qu'en produisant une décision de l'autorité administrative, portant refus de remettre les sommes consignées. — *Cons. d'état*, 15 août 1834, Mayne.

610.—Les parties peuvent se pourvoir devant le conseil d'état, par la voie du contentieux, contre les décisions rendues par le conseil privé sur ces différentes matières.—Ce recours n'a d'effet suspensif que dans le cas de conflit.— Ord. 21 août 1825, art. 161; 9 fév. 1827, art. 177, et 27 août 1828, art. 166.

611.—Quant au mode de procéder devant le conseil privé comme conseil du contentieux administratif, V. CONSEIL PRIVÉ DES COLONIES.

§ 2. — *Commission d'appel.*

612.—Le conseil privé, constitué en commission d'appel, prononce, sauf recours en cassation, sur l'appel des jugemens rendus par le tribunal de première instance, relativement aux contraventions, aux lois, ordonances et réglemens sur le commerce étranger et sur le régime des douanes. —Ord. 9 fév. 1827, art. 178, et 22 août 1833, même article; 27 août 1828, art. 167. — De plus, à l'île Bourbon, sa compétence s'étend aux contraventions en ce qui concerne la ferme des Guildives, mais seulement en cas de fraude. — Ord. 21 août 1825, art 162, et 22 août 1833, même article.

613. — Auparavant, au lieu de conseil privé constitué en commission d'appel, il existait une *commission spéciale d'appel* composée du capitaine général, du préfet colonial, du commissaire de justice ou grand juge, et de trois membres du tribunal d'appel.—Décr. 12 vend. an XI.

614. — Cette commission spéciale d'appel connaissait exclusivement des contraventions aux lois et réglemens concernant le commerce étranger.— *Cass.*, 7 août 1821, Domaine c. Price.

615. — Le défaut momentané d'organisation de cette commission dans la Martinique n'a pas eu pour effet d'attribuer cette juridiction au conseil supérieur de la colonie. — Même arrêt.

616.—L'incompétence des cours de justice ordinaire pour connaître de ces affaires est une incompétence *ratione materiæ*, qui n'est point couverte par l'acquiescement des parties, et qui peut être opposée, pour la première fois, devant la cour de Cassation. — Même arrêt.

617.— La commission spéciale établie à la Martinique pour la répression de la traite des nègres, a pu, sans violer les règles de sa compétence, connaître d'une contravention connexe à ce délit, et résultant de ce que le navire destiné à la traite aurait été confié par l'armateur à un marin non reçu capitaine.—*Cass.*, 11 avr. 1828, Delluc.

618.—Mais la commission spéciale faisant l'office de tribunal d'appel, n'a pas pu s'autoriser de la connexité pour prononcer sur une contravention qui n'avait pas subi le premier degré de juridiction. — Même arrêt.

619. — La demande en dommages-intérêts formée contre une administration coloniale par les armateurs d'un navire dont la saisie a été déclarée nulle par arrêt passé en force de chose jugée, est une action purement civile, dont les juges ordinaires doivent connaître à l'exclusion de la commission spéciale d'appel instituée (V. ord. 9 fév. 1827, art. 178; 31 août 1828, art. 164) pour le jugement des contraventions aux réglemens sur le commerce étranger et les douanes dans les colonies.— *Cass.*, 13 nov. 1843 (t. 2 1843, p. 796), Becker c. administration coloniale de la Guadeloupe.

620.—Quant au mode de procéder devant le conseil privé comme commission d'appel, V. CONSEIL PRIVÉ DES COLONIES.

Sect. 4e. — *Tribunaux exceptionnels.*

621. — Outre les tribunaux ordinaires et le conseil privé, statuant comme tribunal du contentieux administratif, il existe encore dans chacune des colonies de Bourbon, de la Martinique, de la Guadeloupe et de la Guyane, plusieurs tribunaux exceptionnels avec des attributions spéciales. — Ce sont:

622. — 1° La *commission d'appel* ou le conseil privé statuant sur l'appel des jugemens en matière de douanes et de commerce étranger. — V. *suprà* n° 612.

623. — 2° La *commission des prises*, ou tribunal chargé de juger les prises conduites dans les ports ou sur les rades de la colonie. — Ord. 30 sept. 1827, art. 2; 24 sept. 1828, art. 2; 21 déc. 1828, art. 2. — V. COMMISSION DES PRISES.

624. — 3° Les *conseils de guerre*, ou tribunaux chargés de juger les crimes et délits commis contre la discipline militaire. — Ord. 30 sept. 1827, art. 2; 21 sept. 1828, art. 2, et 21 déc. 1828, art. 2.—V. CONSEIL DE GUERRE.

625.— 4° La *cour prévôtale*.—Cette cour peut être établie quand la colonie a été déclarée en état de siége ou lorsque sa sûreté intérieure est menacée. —Ord. 30 sept. 1827, art. 3 et 266 ; 24 sep. 1828, art. 3 et 297, et 21 déc. 1828, art. 3 et 281.

626.—La cour prévôtale ne peut être créée qu'en vertu d'un arrêté pris par le gouverneur en conseil privé. — La durée ne peut en excéder six mois. — Ord. 30 sept. 1827, art. 287, 24 sept. 1828, art. 298, et 21 déc. 1828, art. 282.

627.—Tous les individus, prévenus d'avoir commis l'un des crimes dont l'indication est donnée, peuvent être déclarés justiciables de la cour prévôtale sans distinction de classe ni de profession civile ou militaire. — Ord. 30 sept. 1827, art, 295; 24 sept. 1828, art. 306, et 21 déc. 1828, art. 290.

628. — Les arrêts de compétence ou d'incompétence rendus par la cour prévôtale ne peuvent être attaqués par voie de cassation. — Ils sont transmis dans le plus bref délai au conseil privé, qui statue définitivement sur la confirmation ou l'annulation de ces arrêts. — Ord. 30 sept. 1827, art. 297; 24 sept. 1828, art. 308, et 21 déc. 1828, art. 292.

629.—Au surplus, pour la composition et les attributions de la cour prévôtale et le mode de procéder devant elle, on n'a qu'à se reporter aux ordonnances 30 sept. 1827, art. 288 et suiv.; 24 sept. 1828, art. 299 et suiv., et 21 déc. 1828, art. 283 et suiv.

Sect. 5e. — *Avocats et officiers ministériels.*

630.—*Avocats.*—La profession d'avocat peut être librement exercée aux colonies selon ce qui est réglé par les lois et les réglemens en vigueur dans la métropole. — Ord. 15 fév. 1831, art. 1er.

631. — Toutefois, à partir de la promulgation de l'ord. du 15 fév. 1831, les titulaires actuels des offices d'avoués conserveront, tant qu'ils demeureront en fonction, la faculté d'exercer également la profession d'avocat, conformément aux dispositions des ord. 30 sept. 1827, 24 sept. et 21 déc. 1828 (art. 2).

632.—*Avocats au conseil privé.*—Ce sont ceux qui ont le droit exclusif de faire tous actes d'instruction et de procédure devant le conseil. — Ils sont nommés par le gouverneur sur la présentation du procureur-général.—Ord. 31 août 1828, art. 195. — V. CONSEIL PRIVÉ DES COLONIES.

633. — *Avoués.* — Les avoués sont exclusivement chargés de représenter les parties devant la cour royale et le tribunal de première instance. Ils plaident pour leurs parties tant en demandant qu'en défendant. — Ils postulent et plaident exclusivement près le tribunal auquel ils sont attachés. Ils plaident concurremment près de la cour dans le ressort de laquelle ils exercent. — Ord. 30 sept. 1827, art. 175 et 177; 24 sept. 1828, art. 186 et 188, et 21 déc. 1828, art. 173 et 175. — Ces dispositions ont été nécessairement modifiées par l'ord. 15 fév. 1831 qui permet l'exercice de la profession d'avocat. — V. *suprà* n° 630.

634.—Les avoués attachés aux tribunaux des îles de la Martinique et de la Guadeloupe ont tous le droit, non seulement de plaider, mais encore de postuler devant la cour royale dans le ressort de laquelle ils sont établis, sans distinction entre ceux qui résident au siége de la cour et ceux qui n'y résident pas. — *Cass.*, 15 juillet 1840 (t. 2 1840, p. 179), Boisaubin, c. Patron.

635. — Les avoués sont assujétis à un cautionnement qui est affecté par privilége à la garantie des créances résultant d'abus et de prévarications commis par eux dans l'exercice de leurs fonctions. Ce cautionnement est reçu et discuté par le procureur du roi concurremment avec l'inspecteur (contrôleur) colonial, et l'inscription est prise à la diligence de ce dernier. — Ord. 30 sept. 1827, art. 190; 24 sept. 1828, art. 201, et 21 déc. 1828, art. 186.

636. — L'inspecteur colonial qui, aux termes de l'ord. du 30 sept. 1827, a qualité pour prendre inscription à raison du cautionnement des avoués, est également compétent pour consentir mainlevée de cette inscription, lorsqu'à l'expiration des fonctions de l'avoué, les formalités prescrites pour la libération du cautionnement ont été remplies. — *Cass.*, 24 fév. 1836, Bourgoin c. Orsat.

637. — La main levée d'inscription ainsi donnée par l'inspecteur colonial, dans les limites de sa compétence, est un acte authentique dans le sens de la loi, bien qu'il n'ait pas été passé devant notaire et qu'il ait été délivré dans la forme des écrits sous seing privé. — Même arrêt.

638. — Si les avoués s'écartent, à l'audience ou dans les mémoires produits au procès, des devoirs qui leur sont prescrits, les tribunaux peuvent, suivant l'exigence des cas, d'office ou à la réquisition du ministère public, leur appliquer sur-le-champ l'une des peines de discipline suivantes : l'avertissement, la réprimande, l'interdiction. Les tribunaux peuvent en outre proposer au gouverneur la destitution des avoués contre lesquels ils auront prononcé l'interdiction.—Ord. 30 sept. 1827, art. 200; 24 sept. 1728, art. 211; 21 déc. 1828, art. 196.

639. — Si, à la Martinique, le procureur général exerce directement la discipline sur les officiers ministériels, les tribunaux n'en ont pas moins le droit d'appliquer à ces officiers, soit d'office, soit à la requête du ministère public, des peines disciplinaires, lorsqu'ils s'écartent, à l'audience, des devoirs qui leur sont prescrits. — *Cass.*, 2 août 1843 (t. 2 1843, p. 712), Marchet et Gandelat.

640. — C'est, de la part des avoués, s'écarter des devoirs qui leur sont prescrits *à l'audience*, que de rendre cette audience impossible pendant quelques jours, à la suite de retraites concertées et prises entre eux dans un but offensant pour les magistrats, par exemple, sous prétexte de la longueur des délibérations de la cour. — Même arrêt.

641. — Dans ce cas, lorsqu'au lieu d'appliquer *immédiatement* à ces officiers ministériels une peine disciplinaire malgré leur absence, la cour leur a accordé un délai pour se défendre, ils ne peuvent exciper, comme fin de non-recevoir contre la poursuite, de ce que la répression aurait dû avoir lieu sur-le-champ et audience tenante. — Même arrêt.

642. — *Notaires.* — On a pu, dans le cas d'empêchement rigoureux et constaté du seul notaire existant dans un établissement colonial, y suppléer par d'autres formalités et donner à l'acte contenant des stipulations matrimoniales des parties une autre espèce d'authenticité.—C. civ., art. 1394. — *Cass.*, 14 nov. 1833, Kanakiah c. Bouchez.

643.—*Huissiers.* — Tout ce qui concerne les fonctions, la nomination et la discipline des huissiers a été réglé par les ord. 30 sept. 1827, art. 204 et suiv.; 24 sept. 1828, art. 215 et suiv.; 21 dec. 1828, art. 200 et suiv.

644. — L'huissier au conseil privé a le droit de faire exclusivement les significations d'avocat à avocat et celles aux parties ayant leur domicile dans le chef-lieu de la colonie. — Ord. 31 août 1828, art. 199. — V. CONSEIL PRIVÉ DES COLONIES.

CHAPITRE VI. — *Traitemens et pensions de retraite des fonctionnaires.*

645. — La loi du 12 niv. an VI fixa, entre autres dispositions, les traitemens des divers fonctionnaires publics aux colonies au double de ceux que ces fonctionnaires recevaient en Europe. — Art. 6.

646. — Les dispositions de cette loi furent complétées, modifiées et même abrogées par les arrêtés des 27 thermid. an VII, 15 niv. an IX, 24 vendém. an XI et 29 frim. an XII, les décrets des 22 niv. an XIII et 17 avr. 1806, et les ord. des 13 nov. 1816 et 12 fév. 1826.

647. — Puis les traitemens et pensions de retraite des membres de l'ordre judiciaire furent fixés, savoir : — pour l'île Bourbon, par l'ord. 30 sept. 1827, art. 145 et suiv.; — pour la Martinique et la Guadeloupe, par l'ord. 24 sept. 1828, art. 156 et suiv.; — et pour la Guyane, par l'ord. 21 déc. 1828, art. 145 et suiv.

648. — Ord. 1er déc. 1830, qui réduit le traitement des gouverneurs des établissemens coloniaux, sauf la Guadeloupe, et des établissemens nouveaux d'Afrique.

649.—Ord. du roi, 7 sept. 1830, qui fixe les traitemens des membres de l'ordre judiciaire à la Martinique, à la Guadeloupe, à Bourbon et dans l'Inde.

650.—Ord. 16 et 27 mars 1832 et 9 fév. 1841, qui règlent les frais de premier établissement ou de déplacement à allouer aux fonctionnaires du service des colonies.

651. — Ord. 31 août et 18 sept. 1832, qui réduisent les traitemens de divers fonctionnaires de l'île Bourbon, de la Martinique et de la Guadeloupe.

652. — Ord. 10 août 1841 concernant le traitement des officiers suspendus de leurs fonctions aux colonies.

653.— Il n'est dû aucuns frais de déplacement et de premier établissement au préfet colonial, si, à l'époque où ces déplacement et établissement ont eu lieu, il n'existait aucune disposition législative ou réglementaire à ce sujet. — *Cons. d'état*, 27 oct. 1819, Lescaller c. Min. de la marine.

654. — L'enfant mineur de seize ans, qui suit son père, fonctionnaire public envoyé dans les colonies, doit jouir de moitié de l'indemnité de transport alloué à celui-ci. — *Cons. d'état*, 27 oct. 1819, Gilbert Boucher.

655. — Tout fonctionnaire des colonies, nommé provisoirement par le gouverneur, n'a droit au paiement de ses appointemens qu'autant que sa nomination a été confirmée par le gouvernement de la métropole. — *Cons. d'état*, 29 mai 1822, Minuty; 18 déc. 1822, Desmonts; 26 août 1824, Froidevaux.

656. — Pour exercer les droits de ce fonctionnaire, ses créanciers doivent prouver cette confirmation, qui n'est pas suffisamment justifiée par un certificat délivré par le greffier de la cour des comptes, constatant qu'il a été fait à ce fonctionnaire divers paiemens sur les appointemens des fonctions provisoires à lui conférées.—*Cons. d'état*, 29 mai 1822, Minuty.

657. — Doit être déclarée non-recevable la réclamation formée par un fonctionnaire public envoyé aux colonies, à l'effet d'être payé de son traitement du jour de sa prestation de serment, s'il avait été prévenu par une lettre du ministre de la marine que ses appointemens ne commenceraient à courir que du jour de son installation, et qu'il n'ait pas réclamé en temps utile contre cette décision. — *Cons. d'état*, 27 oct. 1819, Gilbert-Boucher.

658.—L'absence sans congé d'un magistrat hors de la colonie emporte démission, à moins que l'absence n'ait eu lieu pour cause de service; dans ce cas, c'est au roi, en conseil d'état, à statuer définitivement. — *Cons. d'état*, 16 déc. 1835, Barrière de la Benne.

659. — Le ministre de la marine est seul juge des motifs qui peuvent donner lieu à accorder une prolongation de congé à un magistrat des colonies. — Même arrêt.

660. — Le magistrat de la cour royale de Bourbon qui demande pendant les vacances la permission de s'absenter de la colonie, et auquel on accorde un congé de deux mois, perd son traitement pendant ce temps, sans qu'il puisse alléguer qu'il n'avait pas demandé de congé et quoique le fait ne soit pas contredit.—*Cons. d'état*, 29 juin 1832, Michel.

661. — L'indemnité accordée aux fonctionnaires supérieurs de l'île Bourbon ayant pour objet spécial de les indemniser des frais de représentation n'est pas due pour le temps écoulé pendant un congé. — *Cons. d'état*, 20 mars 1822, Gilbert-Boucher c. Min. de la marine.

662. — Le fonctionnaire qui quitte, sans l'approbation du ministre de la marine, le poste qu'il occupait aux colonies, n'a droit de recouvrer son traitement, d'après les réglemens du département de la marine, que lorsqu'il a été rappelé au service. — *Cons. d'état*, 24 mars 1824, Peyre c. Min. de la marine.

663. — Lorsqu'un juge est renvoyé en France par le gouverneur de la colonie pour rendre compte de sa conduite, le traitement colonial cesse de lui être dû à partir du jour de son embarquement, et il n'a plus droit qu'au traitement d'Europe, qui est du tiers du traitement colonial. — *Cons. d'état*. 16 nov. 1832. — Hermé-Duquesne.

664. — L'arrêté du gouvernement du 23 frim. an XII, qui autorise les militaires appelés à des fonctions civiles à cumuler, avec le traitement de ces fonctions, leur solde de non-activité, n'est pas applicable aux colonies, qui sont régies par des lois et réglemens particuliers. — *Cons. d'état*, 10 janv. 1821, de Bouvet c. Min. de la marine.

665. — Lorsque le traitement d'un fonctionnaire colonial est inférieur à celui des fonctionnaires du même ordre employés en France, il n'y a pas lieu, pour fixer le taux de la pension du fonctionnaire colonial, de faire subir une réduction à son traitement. — *Cons. d'état*, 22 juin 1836, Houpiart.

666. — Le fonctionnaire civil envoyé d'Europe, spécialement un employé des douanes à Cayenne, peut demander que le temps de son service dans les colonies lui soit compté pour moitié en sus de sa durée effective. — *Cons. d'état*, 31 août 1837, Goussard.

667.—La pension des magistrats et autres fonctionnaires de l'ordre judiciaire attachés au service des colonies est, à parité d'office, réglée sur les mêmes bases et fixée au même taux que celle des magistrats employés en France; en conséquence, la liquidation des pensions de retraite des magistrats coloniaux doit être opérée sur le tiers de leur traitement réel, aux termes de l'art. 24, L. du 18 avr. 1831.—*Cons. d'état*, 27 juill. 1842, Gauchard.

668. — De même les pensions des fonctionnaires civils coloniaux qui ne sont pas compris dans l'organisation de la marine en France doivent, à parité d'office, être réglées sur la même base que celles des fonctionnaires civils de la métropole. Toutefois, lorsque ces fonctionnaires ont, ou six ans de navigation sur les vaisseaux de l'état, ou neuf ans tant de navigation sur lesdits vaisseaux que de service dans les colonies, ils peuvent être admis à la pension de retraite après vingt-cinq ans au lieu de trente. — *Cons. d'état*, 7 juin 1836, Guichard de Montguers.

669. — Le magistrat employé dans les colonies qui ne justifie pas, dans les formes voulues par les art. 12, L. 18 avr. 1830, et 7, ord. 26 janv. 1832, de l'époque et des circonstances de l'origine de ses infirmités, n'est pas recevable à réclamer la pension de retraite fixée par ces loi et ordonnance. — *Cons. d'état*, 1er mars 1842, Filliard.

670. — Les magistrats de l'ordre judiciaire dans les colonies dépendant du ministre de la marine, il en résulte que leurs pensions de retraite doivent être fixées conformément au décret du 11 fructid. an XI sur les pensions de la marine.—*Cons. d'état*, 19 mars 1820, Collin de Bar.

671. — Il n'est dû ni traitement ni pension de retraite aux magistrats déclarés démissionnaires, et aucune demande d'indemnité pour cessation de fonctions, autre qu'une pension à titre légal, ne peut être déférée au conseil d'état par la voie contentieuse. — *Cons. d'état*, 16 déc. 1835, Barrière de la Benne.

V. ACTES DE L'ÉTAT CIVIL, ALGÉRIE, ASSURANCES MARITIMES, AUBAINE (droit d'), BOURBON, CABOTAGE, CAISSE DES INVALIDES DE LA MARINE, CAPITAINE DE NAVIRE, CERTIFICAT DE VIE, ENREGISTREMENT, GUADELOUPE, GUYANE, INDES, MARTINIQUE, OCÉANIE, PRISES MARITIMES, SAINT-PIERRE, SÉNÉGAL, TIMBRE.

COLPORTAGE. — COLPORTEURS.

Table alphabétique.

Acquits à caution, 9.
Amadou, 33.
Amende, 14, 23.
Arrestation, 14, 15, 16. — (droit), 17. — préventive, 21.
Autorité administrative, 51.
Balais, 33. — (vente de), 36.
Beurre, 33.
Boisselerie (vente de), 36.
Boissons, 5, 9. — (fermier des), 11. — (propriétaires des), 11.
Bordereaux, 27. — d'orfèvres, 25.
Boucher, 34.
Cartes à jouer, 5. — (colportage), 23, 24.
Caution, 16, 20.
Colportage de livres, 53. — de livres et imprimés, 52.
Colporteur avec balles, 35. — avec bêtes de sommes, 35. — avec voitures, 35. — de boissons, 8, 10. — de journaux, 2. — d'or et argent, 30. — d'ouvrages d'or et d'argent, 25. — (marchands forains), 2 s.
Commis, 39.
Conducteur, 22.
Conduite devant l'officier de police, 16, 18 s.
Confiscation, 14, 23.
Congés, 9.
Contributions indirectes (employés), 15.
Courtier, 11.
Débitant, 11.
Déclaration à la mairie, 29. — (délai), 30. — (justification), 31.
Douanes (employés), 15.
Droit d'arrestation, 51. — de circulation (exemption), 11. — de détail, 10.
Ecrou, 20.
Employés assermentés, 15.
Emprisonnement, 23.
Epicier, 34.
Etablissement fixe, 12.
Exercice de la profession, 52.
Expédition, 11.
Figures en plâtre, 33.
Flagrant délit, 18.
Fleurs, 33.
Foires et marchés, 45.
Fraudeurs, 15 s.
Fromages, 33.
Fruits, 33.
Gendarmes, 15.
Gens domiciliés, 21. — sans aveu, 21. — sans domicile fixe, 21.
Guide salarié, 22.
Halles et marchés (places dans les), 34.
Indication de destination, 6, 9.
Juge compétent, 16.
Légumes, 33.
Liberté provisoire, 16, 20 s.
Licence, 8.
Livret, 50.
Maire, 25 s.
Maladies contagieuses, 48.
Malfaiteur, 49.
Mandat de dépôt, 18. — légal, 17.
Marchands en boutique, 34. — en gros, 11. — forains, 35. — sous échoppe et en étalage, 34.
Marques et poinçons, 26, 28, 29.
Matières d'or et d'argent, 5.
Menus comestibles, 33.
Menues merceries, 32.
Mise en jugement, 51.
Montagnes (pays de), 6.
Objets de transport (saisie), 15.
Octrois (employés), 15.
Œufs, 33.
Officier de police, 16.
Ordonnance de police, 50.
Or et argent (vieux ouvrages), 28.
Orfèvres, 26.
Ouvrages dorés (exposition en vente), 29.
Passavant, 12 s.
Passeport, 50.
Patente, 33 s. — (colportage avec chevaux), 41. — (colportage de maison en maison), 46. — (droit proportionnel), 37 s. — (exemption), 39. — (marchands forains), 43, 44. — (transport avec charrette), 45. — (transport de marchandises de commune à commune), 40. — (transport d'un département dans un autre), 42. — (vente dans les champs de foires), 43.
Personnes à gages, 39.
Poids et mesures, 47.
Poinçons, 27.
Poissons, 33.
Poterie (vente de), 36.
Préposés de la régie, 17. — forestiers, 15.
Procès-verbal, 17, 18. — (représentation du), 18.
Procureur du roi, 18 s.
Prohibition, 32.
Receveur de la régie, 20.
Récolte, 11. — spéciale, 6, 11.
Roulage, 46.
Saisie, 15, 27.
Statues en plâtre, 33.
Surveillance de l'autorité, 48 s.
Tabac, 5. — (colportage), 14, 15, 22. — (saisie), 15.
Transport, 5.
Tribunal correctionnel, 27.
Vannerie (vente de), 36.
Vente à cri public, 32. — dans les villages, 43. — de marchandises neuves), 32. — en ambulance, 34.
Vieilles hardes, 48.

1. — Le colportage consiste dans le transport dans les villes et campagnes, et par quantités généralement assez faibles, de denrées et marchandises destinées à être présentées et vendues aux consommateurs. — On donne le nom de *colporteurs* à ceux qui font métier du colportage.

2. — On distingue les colporteurs marchands forains qui portent et vendent dans les rues des livres, gravures et dessins ou bien encore des denrées et marchandises de menue mercerie et autres, ou qui vont dans les maisons y acheter ou revendre de vieilles hardes; et les colporteurs de journaux et de papiers, nouvelles et autres.

3. — Les colporteurs marchands forains sont ceux qui vendent hors de leur domicile.

4. — Cette profession, que la législation antérieure à 1789 soumettait à des conditions particulières, est devenue complétement libre depuis la loi du 2 mars 1791. Le colportage des marchandises peut être exercé librement.

5.— Quant aux denrées dont la circulation n'est pas entièrement libre, telles que les boissons, les cartes à jouer, le tabac, les matières d'or et d'argent, elles sont, quant au colportage, l'objet d'une prohibition implicite, puisqu'elles ne peuvent être transportées sans que préalablement la destination en ait été indiquée à l'administration. — D'Agar, *Man. des contrib. indir.*, v° *Colportage*.

6. — Cependant, le colportage étant le seul moyen d'approvisionner les pays de montagnes, l'administration a établi une exception en leur faveur, en dispensant les marchands ambulans, muletiers ou autres, d'indiquer à l'enlèvement le lieu où ils effectuent la vente de chaque partie de leur chargement; elle a à cet effet créé un registre spécial (coté n° 2, autrefois n° 52), dont ils doivent prendre une expédition quand ils veulent user de l'exception ci-dessus, lequel registre est accompagné d'une instruction pratique sur sa tenue et les divers cas où il doit en être fait usage.

7. — Mais cette faveur ne peut être étendue à d'autres cas sans qu'il en ait été référé à l'administration, dont on doit attendre la décision.—*Recueil des lois et instr. de la régie*, t. 5, p. 368.

8. — Les colporteurs de boissons doivent se munir d'une licence de *marchands en gros*; mais si, au commerce de colportage ils réunissent un établissement fixe, ils doivent prendre une seconde licence.—D'Agar, *loc. cit.*, v° *Colporteur de boissons*.

9. — La nécessité où sont les colporteurs de boissons de se munir d'une expédition du registre n° 22, lorsqu'ils n'indiquent pas la destination fixe des boissons qu'ils transportent, cesse tout naturellement quand ils font connaître cette destination : dans ce cas, ils rentrent sous les règles ordinaires, et peuvent se munir simplement de congés ou acquits à caution, selon les circonstances.

10. — En leur qualité de marchands en gros, les colporteurs de boissons doivent, suivant l'art. 10, L. 28 avr. 1816, payer le droit de détail sur les ventes de quantités inférieures à l'hectolitre, et notamment sur celles faites en *outres*, espèce de vaisseaux dont ils font usage, lorsque ces outres ne contiennent pas un hectolitre. — Décis. de l'admin., n° 37.

11.— De même, l'exemption du droit de circulation dont jouissent les boissons enlevées à destination de marchands en gros, courtiers, débitans, etc., profite au colporteur qui achète d'un propriétaire ou fermier des boissons pour son commerce; dès-lors il peut les transporter en franchise de ce droit du lieu de la récolte dans ses caves (V. BOISSONS, n° 72); ce n'est que quand il veut les colporter qu'il

doit se munir de l'expédition, dont nous avons déjà parlé, du registre n° 22.

12. — Si le colporteur n'avait pas d'établissement fixe où il pût transporter les boissons enlevées de chez le propriétaire, on devrait, outre l'expédition du registre n° 22, délivrer de même un passavant, comme si le transport devait être effectué chez le colporteur. — Décis. de la régie, n° 116.

13. — Les passavans délivrés aux colporteurs doivent faire mention d'une *destination unique*, et du délai rigoureusement nécessaire pour se rendre à cette destination. — Circ. 16 oct. 1816. — V. BOISSONS, CONTRIB. INDIR, PASSAVANT.

14. — Le colportage du tabac est rigoureusement proscrit; les contrevenans, qu'ils soient ou non surpris à le vendre, doivent être arrêtés et constitués prisonniers, et condamnés à une amende de 300 fr. à 1,000 fr., indépendamment de la confiscation des tabacs saisis et des moyens de transport. — Loi 28 avr. 1816, art. 222.

15. — Selon l'art. 223 de la même loi, les employés des contributions indirectes, des douanes ou des octrois, les gendarmes, les préposés forestiers, les gardes champêtres, et généralement tout employé assermenté, peuvent constater le colportage des tabacs, procéder à la saisie des tabacs, à celle des chevaux, voitures, bateaux et autres objets servant au transport, et constituer prisonniers les fraudeurs et colporteurs.

16. — Lorsque, conformément aux art. 222 et 223, les employés ont arrêté un colporteur ou fraudeur de tabac, ils sont tenus de le conduire sur-le-champ devant un officier de police judiciaire ou de le remettre à la force armée, qui le conduit devant le juge compétent, lequel doit statuer de suite, par une décision motivée, sur son emprisonnement ou sa mise en liberté. Néanmoins, si le prévenu offre bonne et suffisante caution de se présenter en justice et d'acquitter l'amende, il doit être mis en liberté s'il n'existe aucune autre charge contre lui. — L. 1816, art. 224.

17. — Le droit d'arrestation conféré aux préposés de la régie par les articles précités n'emporte pas le pouvoir de constituer prisonniers les colporteurs : il faut représenter pour les écrouer un mandat légal (C. d'inst. crim., art. 609); or, un simple procès-verbal ne peut tenir lieu d'un semblable mandat, qui ne peut être décerné que par les magistrats chargés de la poursuite et de l'instruction des délits, mais non par les préposés de la régie. — Circ. min. justice, 9 mai 1811.

18. — Tout colporteur arrêté en flagrant délit doit donc être conduit sans délai devant le procureur du roi ou son substitut, conformément à l'art. 106, C. inst. crim. Ce magistrat ne peut se dispenser de décerner un mandat de dépôt, puisque l'ordre d'arrestation est donné par la loi elle-même. Il est convenable de représenter le procès-verbal au procureur du roi, pour lui faire connaître les motifs de l'arrestation. Toutefois le défaut de représentation dudit procès-verbal ou les vices de forme dont il pourrait être entaché n'autoriseraient point ce magistrat à relâcher le contrevenant, si l'existence de la contravention résultait d'autres indices, tels que l'aveu du prévenu, la représentation des objets du délit trouvés en sa possession, la déclaration des personnes présentes à son arrestation, etc.; dans ce cas même, les préposés n'en doivent pas moins dresser un procès-verbal suivant les formes ordinaires, et l'adresser au magistrat chargé des poursuites.

19. — Lorsque le procureur du roi ne réside pas sur les lieux, et que les préposés ne peuvent se déplacer sans inconvénient, le colporteur arrêté doit être conduit devant l'officier de police judiciaire le plus voisin, ou remis aux mains de la force armée pour être conduit devant l'autorité compétente.

20. — Si le contrevenant offre de donner caution avant d'être constitué prisonnier, elle peut être reçue par le receveur de la régie sans le concours de l'autorité judiciaire; mais une fois écroué en vertu d'un mandat, l'individu arrêté ne peut plus obtenir sa liberté provisoire que conformément aux art. 114 et suiv., C. inst. crim. — Même circulaire.

21. — Au reste, ces dispositions ne doivent être appliquées rigoureusement qu'aux gens sans aveu ou sans domicile fixe, connus pour servir habituellement d'instrument à la contrebande; quant à ceux qui sont domiciliés et qui peuvent n'être coupables que d'une simple contravention, la régie n'est pas dans l'intention qu'on emploie *de plano* à leur égard l'arrestation préventive. Les employés doivent donc soigneusement distinguer l'erreur de la fraude intentionnelle. Mais cette appréciation n'appartient qu'à eux, et les magistrats excéderaient leurs pouvoirs en en faisant la base de leurs décisions. — D'Agar, *Man. des contrib. indir.*, v° *Colporteurs de tabacs.*

22. — Jugé, du reste, que la loi qui réprime le colportage du tabac en fraude est applicable à l'individu qui n'a été que le guide à prix d'argent des conducteurs d'un cheval chargé de tabac, comme à ces conducteurs eux-mêmes. — *Cass.*, 30 nov. 1811, Arnault. — V. au surplus TABAC.

23. — Le colportage des cartes à jouer est défendu par l'art. 166, L. 28 avr. 1816, sous peine de confiscation, d'une amende de 1,000 fr. à 3,000 fr. et d'un mois d'emprisonnement. En cas de récidive, l'amende est toujours de 3,000 fr.

24. — Tout ce qui a été dit ci-dessus à propos du colportage du tabac, relativement à la constatation des contraventions, à la saisie des objets de fraude et de transport et à l'arrestation des contrevenans, est applicable au colportage des cartes à jouer. — L. 28 avr. 1816, art. 169. — V. CARTES A JOUER.

25. — Les colporteurs ou marchands ambulans d'ouvrages d'or et d'argent, sont tenus, à leur arrivée dans une commune, de se présenter à la mairie, et de montrer les bordereaux des orfèvres qui leur ont vendu les ouvrages d'or et d'argent dont ils sont porteurs. — L. 19 brum. an VI, art. 92.

26. — Le maire fera examiner les marques de ces ouvrages par des orfèvres, ou, à défaut, par des personnes connaissant les marques et poinçons, afin d'en constater la légitimité. — Art. 93.

27. — Il fera saisir et soumettre au tribunal de police correctionnelle les ouvrages d'or et d'argent qui ne seraient pas accompagnés de bordereaux ou ne seraient pas accompagnés du poinçon de vieux ou de recense, ainsi qu'il est prescrit à l'art. 92, ou enfin ceux qui n'auraient pas été déclarés conformément audit art. 92. Le tribunal doit appliquer aux délits des marchands ambulans les mêmes peines portées contre les orfèvres pour contraventions semblables. — Même loi, art. 94.

28. — Jugé que les individus qui parcourent les rues d'une ville, porteurs de vieux ouvrages d'or et d'argent, qu'ils disent leur avoir été remis par divers particuliers à l'effet de les vendre et de les mettre en gage, sont en contravention à la loi du 19 brum. an VI, s'ils ne se sont préalablement présentés à l'autorité, et s'ils n'ont point fait marquer et poinçonner les ouvrages qu'ils mettent en vente. — *Cass.*, 21 oct. 1811, Vitaliani.

29. — De même, celui qui expose en vente sur la place publique d'une ville des ouvrages dorés doit en être réputé marchand, et encourt les peines portées par la loi s'il n'a pas préalablement fait à la mairie sa déclaration de vouloir exercer ce commerce, et si les objets par lui exposés ne sont revêtus d'aucune marque de garantie. — *Cass.*, 7 nov. 1811, Gallegari.

30. — Jugé même qu'il suffit qu'un marchand ambulant d'or et d'argent n'ait pas satisfait, dans un temps moral depuis son arrivée dans une commune, aux obligations qui lui sont imposées par l'art. 92, L. 19 brum. an VI, pour qu'il soit en contravention; la loi n'exige pas qu'il y ait déjà vendu ou exposé en vente des marchandises. — *Bruxelles*, 6 nov. 1822, N...

31. — Du reste, c'est au marchand de justifier qu'il a satisfait à cette obligation, alors même que le ministère public ne rapporterait pas la preuve de son omission. — Même arrêt. — V. aussi J. Fontaine, *Code des orfèvres*, etc., art. 92, n° 3, p. 208. — V. MATIÈRES D'OR ET D'ARGENT.

32. — Les colporteurs sont soumis dans l'exercice de leur négoce aux prohibitions portées par la loi du 25 juin 1841, sur les ventes de marchandises neuves, mais ils peuvent vendre à cri public les objets de peu de valeur connus dans le commerce sous le nom de *menues merceries*. — V. VENTE A L'ENCAN DE MARCHANDISES NEUVES.

33. — Les marchands ambulans, avons-nous dit sous ce mot, sont exempts de la patente; on lit en effet dans l'article 13, n° 6, 5e alinéa, L. 25 avril 1844 : « Ne sont pas assujéties à la patente les personnes qui vendent en ambulance, dans les rues, dans les lieux de passage et dans les marchés, soit des fleurs, de l'amadou, des balais, des statues et figures en plâtre, soit des fruits, des légumes, des poissons, du beurre, des œufs, du fromage et autres menus comestibles. »

34. — Cependant tous ceux qui vendent en ambulance des objets non compris dans les exemptions déterminées par l'article précédent, et tous marchands sous échoppe et en étalage, sont passibles de la moitié des droits que paient les marchands qui vendent les mêmes objets en boutique; toutefois cette disposition n'est pas applicable aux bouchers, épiciers et autres marchands ayant un état permanent ou occupant des places fixes dans les halles et marchés. — L. 25 avr. 1844, art. 14.

35. — Les colporteurs ou marchands forains sont imposés à un droit fixe dont le montant varie selon la nature des moyens de transport dont dispose le contribuable. Ce droit fixe est de 15 fr. pour le colporteur avec balle, de 40 fr. pour le colporteur avec bêtes de somme, de 60 fr. pour le colporteur avec voiture à un seul collier, de 120 fr. pour le colporteur avec voiture à 2 colliers, de 200 fr. pour le marchand ayant une voiture à 3 colliers et au-dessus ou ayant plus d'une voiture.

36. — Ces droits sont réduits de moitié lorsque le marchand forain ne vend que de la boissellerie, poterie, vannerie et des balais.

37. — Les colporteurs sont soumis en outre au droit proportionnel du quinzième de la valeur locative de la maison d'habitation.

38. — Toutefois ils ne sont pas assujétis au droit proportionnel dans toutes les communes où ils exposent et vendent leurs marchandises. Ils n'y sont soumis que lorsqu'ils ont un domicile. — M. Vitet, *Rapport à la chambre des députés.*

39. — L'art. 13 exempte de la patente les commis et personnes à gages; mais, dans l'intérêt du commerce sédentaire, on n'a pas voulu faire profiter les colporteurs de cette exemption. — Ils sont donc assujétis à la patente lors même qu'ils ne seraient que les commis d'un marchand ou fabricant. — *Ibid.*

40. — Ainsi, tout individu transportant des marchandises de commune en commune, lors même qu'il vend pour le compte de marchands ou fabricans, est tenu d'avoir une patente personnelle, qui est, selon les cas, celle de colporteur avec balle, avec bêtes de somme ou avec voiture. — L. 25 avril 1844, art. 18.

41. — Celui qui, au lieu de se borner à voyager avec des échantillons pour une maison de commerce, colporte avec chevaux et vend des marchandises, ne peut être considéré comme simple commis ou mandataire de cette maison, il est personnellement soumis à la patente de colporteur avec chevaux. — *Cons. d'état*, 17 août 1836, Fletcher.

42. — Est passible de la patente de colporteur avec balle celui qui transporte ses marchandises tantôt dans un département, tantôt dans un autre. — *Cons. d'état*, 30 juin 1835, Chereau.

43. — Celui qui vend dans les villages et champs de foire, avec voitures ou balles et pour son propre compte, des marchandises qui sont sa propriété, doit être réputé soit marchand forain avec voiture, soit colporteur avec balles et imposé comme tel. Il ne peut se faire considérer comme simple voiturier, commissionnaire ou revendeur. — *Cons. d'état*, 10 juin 1835, Godet et Dufour.

44. — Celui qui transporte sur voiture ses marchandises dans d'autres communes que celle de sa résidence est passible d'une patente de marchand forain avec voiture. — *Cons. d'état*, 4 décembre 1835, Ligeon; 25 nov. 1843, Montgraville.

45. — Le marchand qui se rend plusieurs jours de la semaine dans les foires et marchés des lieux environnans, où il transporte ses marchandises à l'aide d'une charrette, doit être soumis à la patente de colporteur avec cheval. — *Cons. d'état*, 28 août 1843, Faget.

46. — Bien plus, le marchand qui envoie ses marchandises par le roulage dans les communes où il a l'habitude de faire le commerce et où il les colporte ensuite de maison en maison, doit être imposé à la patente de marchand forain avec voiture et cheval et non pas à celle de colporteur avec balles. — *Cons. d'état*, 17 juill. 1843, Villard.

47. — Les colporteurs sont, comme tous autres marchands, soumis aux lois concernant les poids et mesures. — V. POIDS ET MESURES.

48. — Le colportage de vieilles hardes se fait sous la surveillance de la police ou de l'autorité municipale, qui donne ou refuse la permission de s'y livrer. Lorsqu'il y a des maladies contagieuses dans une ville, la police défend de colporter les hardes qui ont servi aux malades, et même, pour prévenir tout inconvénient, elle défend dans ce cas d'en colporter et d'en vendre aucune, soit qu'elle ait servi ou non aux malades. — Merlin, v° *Colporteur*. — Les contraventions à ces défenses sont du ressort des tribunaux de simple police.

49. — Les colporteurs doivent être l'objet d'une surveillance attentive de la part de l'autorité, attendu que leur existence nomade porte souvent des malfaiteurs à s'emparer de cette qualification et à profiter des voyages qu'elle justifie pour commettre des crimes. Il est aussi nécessaire de ne pas perdre de vue leur personne que d'examiner attentivement leurs papiers de sûreté. — Trébuchet, Elouin et Labat, *Dict. de police*, v^is *Marchands ambulans*, *Colporteurs*, etc.

50. — A Paris, une ordonnance de police oblige les colporteurs à avoir un livret, qui est délivré sur

RÉP. GÉN. — III.

47

un certificat du commissaire de police du lieu de leur domicile. Il ne leur est délivré de passeport que sur le vu de ce livret qu'ils doivent faire viser dans tous les lieux où ils passent.—Circ. 11 avr. 1816, 7 avr. 1819.

51. — Les autorités administratives ont le droit de faire arrêter et mettre en jugement les colporteurs en contravention avec les réglemens de police sur la manière d'annoncer ce qu'ils vendent. — Arrêté direct. 3 niv. an V; — Magnitot et Delamarre, v° Colporteur.

52. — Pour colporter des livres imprimés ou des journaux, il fallait autrefois rapporter une permission de lieu de domicile, justifier d'un domicile acquis depuis un an dans le lieu où l'on voulait exercer, justifier de bonnes vie et mœurs, enfin savoir lire et écrire. La révolution de 1830 rendit un instant le colportage libre, mais les lois des 10 décembre 1830 et 16 février 1834 établirent cette règle, que nul ne peut exercer même temporairement la profession de colporteur ou de distributeur sur la voie publique d'écrits, desseins, etc., sans autorisation préalable de l'autorité municipale qui, suivant les circonstances, peut la retirer. — V. au surplus CHIEN PUBLIC.

53. — Le colporteur de livres est-il astreint à se munir d'un brevet? —V. LIBRAIRIE.
V. POISSONS, CARTES A JOUER, CONTRIBUTIONS INDIRECTES, CRIEUR PUBLIC, LIBRAIRIE, MATIÈRES D'OR ET D'ARGENT, PASSAVANT, VENTE A L'ENCAN DE MARCHANDISES NEUVES.

COLS (Fabricans et marchands de).

4. — Les fabricans de cols pour leur compte et les marchands de cols sont rangés dans la sixième classe des patentables, et imposés à: 1° un droit fixe basé sur le chiffre de la population; — 2° un droit proportionnel du vingtième de la valeur locative de la maison d'habitation et des locaux servant à l'exercice de la profession. — V. PATENTE.
2. — Les fabricans à façon sont rangés dans la huitième classe et imposés au même droit fixe, sauf la différence de classe, et à un droit proportionnel du quarantième de la valeur locative de tous les locaux occupés par les patentables, mais seulement dans les communes de 20,000 âmes et au-dessus.

COMBAT.

1. — C'est en général l'action, soit d'attaquer un ennemi, soit de le soutenir ou repousser l'attaque.
2. — L'on appelle combat naval l'action des armées navales et des escadres qui se livrent un combat.
3. — Le titre 47 de l'ordonn. de la marine a réglé ce qui doit être observé par les commandans des vaisseaux et de l'armée royale, dans le cas d'un combat naval. — Et le décret du 14-21 pluv. an II proscrit la conduite que doivent tenir les commandans des vaisseaux français devant les vaisseaux ennemis.
4. — La loi des 21-22 août 1790, tit. 2, établit des peines à infliger aux marins qui manquent à leur devoir dans un combat naval.
5. — Les pansemens et nourriture des matelots blessés en combattant pour la défense du navire constituent des avaries communes. — C. comm. art. 400, § 6. — V. AVARIES n°s 70 et suiv., 85.
6. — Lorsqu'un bâtiment (quelle que soit sa nation) n'amène pavillon qu'après résistance et combat, il doit être déclaré de bonne prise. — Cons. d'état, 20 oct. 1810, Rougemont.
7. — A plus forte raison, tout bâtiment qui, après avoir amené pavillon, renouvelle le combat doit être déclaré de bonne prise. — Cons. des prises; 13 vendém. an X, le Rodolphe-Frédéric c. la Laure. — V. PRISES MARITIMES.

COMBAT DE FIEF.

V. FIEF.

COMBAT JUDICIAIRE.

1. — Epreuve usitée au moyen-âge dans certains cas, pour mettre fin à un procès. On croyait voir dans le résultat du duel le jugement de Dieu. — V. ce mot.
2. — L'usage du combat judiciaire, dans les procédures civiles et criminelles, est d'une haute antiquité. On croit communément que Gombaud ou Gondebaud, auteur de la loi des Bourguignons, est le premier qui ait introduit le duel comme preuve, et cette opinion a été accréditée par Moratori. — Ant. ital., diss. 39.
3. — Meyer (Esprit, Régime et progrès des instit. judiciaires, t. 1er, p. 382) ne partage pas cette opinion. Suivant lui, le combat judiciaire est d'une origine bien plus ancienne. «D'abord, dit-il, le texte de la loi ne permet pas de supposer qu'elle introduise un droit absolument nouveau, et absolument étranger à tous les usages reçus; ensuite, la loi des Bourguignons n'ayant été obligatoire que pour ce peuple, il faut recourir à une origine commune à tous les Germains, pour expliquer comment une coutume aussi bizarre a pu s'introduire dans toutes leurs lois. » — V. aussi Montesquieu, Esprit des lois, liv. 28, chap. 18.
4. — « Nous croyons, ajoute Meyer (ibid., t. 1er, p. 386), avoir découvert l'origine du combat judiciaire dans les mœurs des anciens Germains, décrites par Tacite. — Lorsqu'un peuple était en guerre, on avait la coutume d'interroger les auspices sur son issue. On tâchait, d'une manière ou d'autre, de se rendre maître d'un homme de la nation ennemie; et après l'avoir arbné à la manière de son pays, on le mettait aux prises avec un guerrier choisi de la nation qui voulait consulter le sort. L'issue du combat singulier était considérée comme pronostic de celle de la guerre... De l'auspice ou des moyens de parvenir à la connaissance des choses futures, il n'est qu'un pas à la divination des choses cachées; du moment qu'on croyait que l'issue du combat ne dépendait pas uniquement de la force et de l'adresse des combattans, que celui qui était vainqueur jouissait de la faveur spéciale du ciel, il était tout simple de voir dans la personne du vainqueur le triomphe de la vertu sur le crime. »
5. — Suivant Montesquieu, le combat judiciaire ne fut introduit dans la procédure que pour prévenir l'abus des sermens. — Esprit des lois, liv. 28, chap. 18.
6. — Robertson (History of the reign of Charles V, introd., note 22) donne une autre origine au combat judiciaire, il le rapporte au point d'honneur et au droit de venger les injures personnelles.
7. — Quoiqu'il en soit, cette institution se retrouve chez tous les peuples d'origine germaine; et s'introduisit par l'usage chez les peuples mêmes qui suivaient des lois qui ne l'admettaient pas. Ainsi, Othon-le-Grand, dans ses lois lombardes, art. 10, veut que ceux qui vivent sous les lois romaines soient également soumis au combat.
8. — Le combat judiciaire n'était qu'une espèce de jugement de Dieu; on y avait recours comme à toute autre épreuve. Le quatrième capitulaire de l'an 803, art. 3, ordonne alternativement l'épreuve de la croix, ou le combat avec le bâton et le bouclier: aut cruce, aut scuto et fuste.
9. — Il paraît, par divers passages des anciennes lois, qu'on n'avait recours au combat que dans les questions douteuses, et dans celles où l'on ne pouvait se procurer des preuves d'une autre espèce. Car, lorsqu'il y avait des témoins oculaires d'un fait, le combat n'avait pas lieu. — Bernardi, Essai sur les révolut. du dr. franç., p. 52; Origines de l'ancien gouvernem., liv. 42, ch. 22.
10. — Les conditions du combat variaient suivant la qualité des personnes soumises à cette épreuve. — Les chevaliers armés de toutes pièces, avec la lance, l'épée, la dague et le bouclier, étaient montés sur leurs chevaux de bataille; — les écuyers n'avaient que l'épée et le bouclier, et vidaient leurs différends à pied; — les vilains combattaient avec des bâtons ou des couteaux. — Beaumanoir, Cout. de Beauvoisis, ch. 61 et 64.
11. — Il fallait, avant de combattre, prêter le serment: le juge les sermens accoutumés.
12. — C'était au juge à voir si les parties étaient en condition et d'âge à accepter le combat. — Les exagérés, les estropiés, les malades ne pouvaient être contraints de combattre eux-mêmes. Ils pouvaient se substituer un avoué ou champion.
13. — Les clercs, les moines donnaient aussi des champions.
14. — Les mineurs de vingt-un ans ne combattaient point; ils le pouvaient néanmoins. — Brussel, Usages des fiefs, p. 872. — C'est à raison de cette maxime si long-temps suivie en France, qu'on ne pouvait intenter un procès à un mineur pendant sa minorité. — Bernardi, loc. cit.; p. 53.
15. — Une femme ne pouvait combattre, mais elle pouvait nommer un avoué si elle était maîtresse de ses droits.
16. — Celui qui appelait au combat, de même que celui qui était appelé, était obligé de donner des gages de bataille au seigneur, qui les recevait et qui assignait le jour du combat. — V. GAGE DE BATAILLE.
17. — Dans quelques coutumes les parties étaient encore obligées de donner des ôtages, qui répondaient tant des dommages et intérêts de celui qui serait vaincu, que de l'amende que le vaincu devait au seigneur.
18. — On s'aperçut à la longue de l'absurdité de la pratique du combat judiciaire, et plusieurs rois tentèrent de l'abolir ou du moins de la restreindre. — Louis-le-Jeune défendit de l'admettre dans les causes où il s'agissait de moins de cinq sous; mais cette ordonnance ne fut que pour Orléans.—Montesquieu, Esprit des lois, liv. 28, chap. 19.
19. —Saint Louis abrogea le duel dans les terres de son domaine par une ordonnance donnée au parlement des octaves de la Chandeleur de l'an 1260 — V. Brussel, Usage des fiefs, p. 976; Beugnot, Notice sur Beaumanoir, t. 1er, p. 143; Michelet, Origine du dr. fr., p. 351.
20. — Malgré cet exemple, les seigneurs s'opposèrent long-temps à l'abolition du combat judiciaire, soit par attachement aux anciens usages soit plutôt à cause des amendes auxquelles les avaient droit pour chaque combat.
21. — En supprimant le combat judiciaire, saint Louis laissa subsister les formalités qui l'accompagnaient. Il empêchait par ce moyen que cette novation n'alarmât les esprits.—Bernardi, loc. cit.
22.—Le dernier combat judiciaire en France fut celui de Jarnac et de la Chataigneraie en présence de Henri II.
23.—En Angleterre, on a vu, en 1819, un certain Thornton, accusé par le frère d'une jeune fille par lui tuée, offrir le duel au frère, conformément à la vieille loi barbare qui n'était pas abrogée. Elle le fut à cette occasion par le parlement. — V. Taillandier, Lois pénales d'Angleterre et de France; Michelet, Origine du dr. fr., p. 351.

COMBLE.

1. — Partie d'un édifice placée immédiatement sous le toit.
2. — Sur la question de savoir par qui doivent être entretenues les charpentes des combles d'une maison grevée d'usufruit. V. USUFRUIT.
3. — Sur les règles de police qui déterminent la hauteur, les dimensions et la construction des combles. V. VOIRIE.

COMBUSTIBLES (Marchands de).

Les marchands de combustibles en boutique sont rangés dans la sixième classe des patentables et imposés à 1° un droit fixe basé sur le chiffre de la population; — 2° un droit proportionnel du vingtième de la valeur locative de la maison d'habitation et des locaux servant à l'exercice de la profession. — PATENTE.
V. au surplus BOIS (marchands de), BOIS ET CHARBONS, DALLES ET MARCHÉS, OCTROI.

COMÉDIENS.

V. ACTE DE COMMERCE, COMPÉTENCE COMMERCIALE, CONTRAINTE PAR CORPS, THÉATRES.

COMESTIBLES ET DENRÉES CORROMPUS OU NUISIBLES.

Table alphabétique

1.—L'art. 3, nº 4, tit. 11, L. 24 août 1790, charge l'autorité municipale de l'inspection sur la salubrité des comestibles exposés en vente publique.

2.—En outre, l'art. 9, tit. 1er, L. 19-22 juill. 1791, accorde aux officiers publics le droit d'entrer dans les lieux publics pour y vérifier la salubrité des comestibles.

3. — De là il résulte que l'autorité municipale a le droit et le devoir de prendre tous arrêtés favorables à cette salubrité.—Bost, t. 1er, p. 280 et suiv.

4. — Ainsi les maires peuvent, dans l'intérêt de la santé publique, défendre d'exposer en vente des comestibles gâtés, corrompus ou nuisibles.—*Cass.*, 20 fév. 1829 (intérêt de la loi), Jardel.

5. — Jugé également que l'arrêté par lequel un maire défend à tous capitaines, maîtres de barque ou autres fréquentant le port de la ville pour y vendre du poisson et des coquillages d'exposer ces objets en vente, et à toutes personnes de les acheter pour les livrer à la consommation avant qu'ils aient été soumis à l'inspection de la police, est pris dans le cercle des attributions municipales.—*Cass.*, 20 juin 1828, Louineau; 20 avr. 1828, Calloch; 25 oct. 1827, Babin.

6. — ... Et le revendeur qui, contrairement à un arrêté municipal, a acheté d'un pêcheur étranger au port du poisson qui n'avait pas été soumis à l'inspection de la police, ne peut pas être acquitté sous le prétexte qu'il est à la connaissance du public et qu'il est établi par des attestations favorables que le poisson qui fait l'objet du procès était de bonne qualité. — Mêmes arrêts.

7. — L'autorité municipale peut ordonner pour la viande de porc l'inspection connue sous le nom de langueyage; elle doit, par une inspection particulière, s'assurer de l'état de santé des porcs conduits aux abattoirs et faire examiner la qualité des viandes au moment où elles sont exposées en vente publique. — Bost, t. 1er, p. 287.—V. BOUCHERIE, POUVOIR MUNICIPAL.

8.—L'administration municipale peut aussi, pour prévenir autant que possible les inconvéniens souvent fort graves qui résultent de la mauvaise fabrication ou de la corruption des comestibles, rendre des ordonnances de police relatives à l'emploi de certaines substances et même de certains ustensiles pour cette fabrication.

9. — C'est ainsi : 1º qu'une ordonnance de police du 11 août 1832 défend aux confiseurs et liquoristes d'employer aucune substance minérale pour colorier les liqueurs, bonbons, dragées, etc., et toute espèce de sucreries et pâtisseries. — La même ordonnance ajoute qu'on ne doit employer pour cette coloration que des substances végétales, à l'exception de la gomme-gutte et de l'orseille (art. 1er), et qu'il doit être fait des visites chez les fabricans et détaillans à l'effet de constater si les dispositions prescrites par cette ordonnance sont observées. — Art. 5.

10.—2º Qu'une autre ordonnance du 28 juill. 1832 défend : 1º aux marchands de vins, traiteurs, aubergistes, fruitiers, bouchers, etc., de laisser séjourner dans des vases de cuivre mal étamés ou non étamés aucun aliment et aucune préparation, quand même ils seraient enveloppés de linge (art. 4); — 2º aux marchands de vins d'avoir des comptoirs revêtus de lames de plomb; aux débitans de sel et de tabac d'avoir des balances de cuivre, et aux nourrisseurs de vaches, crêmiers et laitiers de déposer le lait dans des vases de cuivre (art. 5); — 3º aux raffineurs de sel de se servir de chaudières de cuivre pour le raffinage; — 4º aux vinaigriers, épiciers, fabricans et marchands de liqueurs de déposer et transporter dans des vases de cuivre ou de plomb leurs liqueurs, vinaigres et autres acides (art. 7). — L'art. 8 de la même ordonnance dispose que les robinets fixés aux barils de liquoristes devront être étamés à l'étain fin dans lequel sera foré le conduit d'écoulement; et que ces robinets devront être en bois lorsqu'ils seront fixés aux barils dans lesquels les vinaigriers, épiciers ou autres marchands renferment leur vinaigre. — Enfin, diverses dispositions prescrivent de fréquentes visites chez tous ces marchands pour vérifier l'état de leurs ustensiles. — Un arrêt du conseil, du 17 sept. 1748, défend aussi aux chaudronniers d'employer directement ou indirectement du plomb dans l'étamage des batteries de cuisine et vaisselle de cuivre, à peine, contre les contrevenans, de confiscation de ces pièces de chaudronnerie et de 500 liv. d'amende.

11.— 3º C'est ainsi encore que certaines mesures de police ont été spécialement prises pour la vente des champignons.—V. CHAMPIGNONS.— V. au surplus, BOISSONS, BOISSONS FALSIFIÉES ET NUISIBLES, POUVOIR MUNICIPAL.

12. — De tout temps la vente des comestibles corrompus, gâtés et nuisibles a été l'objet de dispositions répressives. Ainsi, l'art. 20, L. 22 juill. 1791, tit. 1er, ordonnait la confiscation et la destruction des comestibles gâtés, corrompus ou nuisibles qui seraient exposés en vente; elle prononçait en outre contre le délinquant, une amende du tiers de sa contribution mobilière, sans que cette amende pût être inférieure à 3 livres.

13. — L'art. 605, nº 5, C. du 3 brum. an IV, changea cette peine en peine de simple police, que le juge, aux termes de l'art. 606, graduait suivant les circonstances, et qui consistait en une amende de la valeur d'une à trois journées de travail et en un emprisonnement d'un à trois jours.

14.— Le Code du 3 brum. an IV gardait le silence sur la confiscation et la destruction des comestibles gâtés, corrompus ou nuisibles; mais cette mesure d'ordre et d'intérêt public, n'étant point une peine proprement dite, ne pouvait pas être considérée comme abrogée par une loi qui ne modifiait que les peines véritables et personnelles. — *Cass.*, 15 fév. 1811, Pierre Cotton.

15. — Le Code pénal de 1810, lors de sa promulgation, ne contenait aucune disposition contre le genre de contravention qui nous occupe; mais, comme, par son art. 484, il maintenait toutes les lois sur le sujet desquelles il ne contenait pas lui-même un système complet de législation, et comme il ne prononçait de peines que contre l'exposition en vente des boissons falsifiées (Art. 318 et 475, nº 6.—V. ce mot), il était clair que la vente des comestibles gâtés, corrompus ou nuisibles restait soumise à la législation précédente. — V. avis du cons. d'état 8 fév. 1812.— C'est au surplus ce qui a été reconnu par la jurisprudence.

16. — On a donc jugé que la disposition de la loi des 19-22 juill. 1791, sur l'exposition en vente des comestibles gâtés, corrompus ou nuisibles, n'a pas été abrogée par le Code pén. de 1810.— *Cass.*, 23 nov. 1821, Dusérieux; 21 mai 1829, Relaux.

17. — ... Et que cette contravention qui, avant le code du 3 brum. an IV, était de la compétence des tribunaux de police correctionnelle, est rentrée, depuis ce code, dans les attributions de la simple police. — *Cass*, 23 nov. 1821, Dusérieux.

18. — Jugé encore, sous l'empire du code pén. de 1810, que le tribunal de simple police ne pouvait se dispenser de prononcer une amende contre l'individu qui a exposé en vente des comestibles corrompus, gâtés ou nuisibles, sous le prétexte que l'arrêté municipal auquel il avait été contrevenu se bornant à ordonner la saisie des objets de la contravention; il n'appartenait pas à l'autorité municipale d'établir des peines.— *Cass.*, 29 fév. 1829 (intérêt de la loi), Jardel.

19. — La loi du 28 avr. 1832, par deux dispositions, dont l'une forme le nº 14 de l'art. 475, et l'autre le nº 4 de l'art. 479 C. pén., a supprimé toute incertitude à cet égard; elle prononce une amende de 6 à 10 fr. contre l'exposition en vente des comestibles gâtés, corrompus ou nuisibles, et ordonne que ces comestibles seront détruits.

20.— Bien que l'art. 475, § 14, ne parle que de *l'exposition en vente*, à plus forte raison, la contravention serait-elle constituée par la vente elle-même.—Chauveau et Hélie, *Th. C. pén.*, t. 8, p. 397.

21. — Le fait par un marchand de bestiaux d'avoir, contrairement à un arrêté du maire, introduit dans une ville et vendu à un boucher un veau dépecé dont la viande était gâtée et malsaine, constitue une contravention réprimée par l'art. 475, § 14, C. pén., laquelle ne peut être excusée, sur ce que cette viande n'était destinée qu'à traverser la ville. — *Cass.*, 15 juill. 1836, Lehmann.

22.— Le mot *comestibles* est générique, il comprend toutes les denrées qui servent à la nourriture de l'homme, et par conséquent *les farines*, qui forment la base de l'alimentation publique.—*Cass.*, 26 janv. 1838 (t. 1er 1838, p. 609), Denis.

23.— La contravention existe dès que les comestibles exposés en vente sont ou gâtés, ou corrompus, ou nuisibles; la réunion de ces trois caractères n'est pas nécessaire pour la constituer. — *Cass.*, 2 juin 1810, Carnieri; 29 avr. 1830, Raphanel.

24.—Ainsi le jugement qui reconnaît que du pain a été confectionné par un boulanger avec de la farine gâtée, ne peut relaxer ce boulanger de la poursuite, sous prétexte que ce pain n'a pas été reconnu nuisible à la santé de l'homme. — *Cass.*, 29 avr. 1830, Raphanel.

25. — Toutefois il a été jugé, depuis, qu'il n'y a pas violation des dispositions de l'art 475, C. pén., dans la décision d'un tribunal relaxant un prévenu qui allègue pour sa défense que la mauvaise qualité du pain qu'il a vendu ne provient que d'une manipulation défectueuse; que s'il y a mêlé des substances étrangères, il y a été forcé par des circonstances majeures, la disette et la cherté des grains; et que d'ailleurs il résulte d'expériences faites que ce mélange a produit du pain assez bon et nullement nuisible à la santé. — *Cass.*, 11 juill. 1840 (t. 1er 1846), Labarrière.

26. — La loi ne distingue pas entre le cas où les comestibles sont simplement gâtés ou corrompus (ce qui n'exclurait pas absolument la bonne foi du contrevenant), et celui où ils sont nuisibles par une opération volontaire du vendeur (ce qui supposerait une spéculation coupable aux dépens de la santé publique).

27.— L'absence de cette distinction nous fait regretter que le législateur de 1832 n'ait pas prononcé les peines facultatives de l'emprisonnement contre les vendeurs de comestibles gâtés, corrompus ou nuisibles, tandis que l'art. 476, C. pén., y soumet les débitans de boissons falsifiées, et que l'art. 318 prononce même contre eux des peines correctionnelles, si la falsification des boissons a été opérée par le mélange de substances nuisibles. — Au point de vue de la santé publique, la falsification a le même degré de gravité, soit qu'elle s'applique aux denrées, soit qu'elle s'applique aux boissons; on peut même dire que celle qui altère la qualité du pain est la plus répréhensible.

28. — Dans l'état actuel de la législation, l'emploi du vitriol dans la fabrication du pain ne constitue qu'une contravention, et le juge de police saisi ne pourrait se déclarer incompétent sous prétexte de l'analogie qui existerait entre ce fait et la vente de boissons contenant des mixtions nuisibles à la santé. — *Cass.*, 21 mai 1829, Relaux.

29. — Si pourtant le mélange avait occasionné la mort d'un citoyen, il y aurait évidemment lieu à l'application de l'art. 319, C. pén. (V. HOMICIDE); et s'il n'en était résulté qu'une maladie, l'art. 320, bien qu'il ne parle que de *blessures et coups* résultant du défaut d'adresse ou de précaution, devrait être appliqué et entraîner la peine de l'emprisonnement de six jours à deux mois et de l'amende de 16 fr. à 100 fr.

30. — Il est, en effet, constant que le mot *blessures* embrasse dans sa généralité toutes les lésions corporelles, et même les lésions internes ou maladies qu'auraient causées des substances imprudemment préparées dans des vases de plomb, de cuivre, etc. — *Paris*, 20 août 1841 (t. 1er 1843, p. 190), Steinacher. — V. BLESSURES ET COUPS.

31 — L'emploi du minium et du cinabre dans la fabrication du chocolat pour le colorer, quelque minime qu'en soit la quantité et quand bien même il n'en serait résulté aucun accident, constitue la contravention prévue par l'art. 475, nº 14, C. pén. — *Cass.*, 4 avr. 1835, Duprat.

32. — Le seul fait de l'exposition en vente de comestibles gâtés, corrompus ou nuisibles, constitue la contravention; la bonne foi du contrevenant ne saurait l'excuser.—*Cass.*, 2 juin 1810, Carnieri.—V. aussi CRIMES, DÉLITS ET CONTRAVENTIONS.

33.— Il a été jugé que le tribunal qui déclare qu'un prévenu n'est pas coupable d'avoir exposé en vente des comestibles gâtés, corrompus ou nuisibles, commettrait un excès de pouvoir en le condamnant aux dépens et en ordonnant la confiscation des objets saisis.— Un tel jugement impliquerait contradiction.—*Cass.*, 23 nov. 1821, Duserieux.

34. — Mais *la saisie et la destruction* des comestibles gâtés est moins une peine qu'une mesure d'administration prise dans l'intérêt de la salubrité publique; il suffit donc que leur état de corruption soit régulièrement constaté pour que le commissaire de police puisse l'ordonner d'urgence et sans attendre l'ordre du maire ou la décision du juge. — *Cass.*, 18 oct. 1827, Berthouis.

35.—Jugé encore que l'enfouissement de comestibles saisis peut être ordonné par mesure de police, avant le jugement, sans prendre les ordres du maire, lorsqu'il est constaté qu'ils étaient dans un état de corruption nuisible à la santé, surtout si le marchand n'élève aucune réclamation.— *Cass.*, 14 déc. 1832, Auvray.

36. — Et les tribunaux de police ne pourraient, au lieu d'ordonner la destruction des comestibles gâtés, en ordonner la vente, même au profit de la mairie. — *Cass.*, 23 juill. 1836 (t. 1er 1837, p. 77, intérêt de la loi), Jouard.

37. — Jugé encore que cette destruction, par son objet même, est une mesure de rigueur et qu'il n'appartient pas au juge de la remplacer par aucune autre, par exemple, par la confiscation des comestibles gâtés au profit d'un hospice. — *Cass.*, 25 fructid. an XIII, Bailleul.

38. — En effet, si les comestibles sont assez bons pour être livrés sans danger à la consommation, la contravention n'existe pas; dans le cas contraire, aucun prétexte ne peut justifier l'autorité de faire elle-même au préjudice de la santé publique ce qu'elle défend aux citoyens.

39.— Mais s'il est du devoir de l'administration de saisir les comestibles gâtés, corrompus ou nuisibles exposés en vente, aucune loi ne l'y auto-

rise lorsqu'il s'agit seulement de la violation d'un réglement de police portant défense d'introduire de la viande dans la ville sans l'avoir préalablement fait vérifier par les experts de police.—Dans le premier cas, il y a danger certain pour la santé publique; dans le second, il n'y en aurait que si, au fait de la contravention à l'arrêté municipal se joignait la violation de l'art. 475, nº 14, C. pén. — *Cass.*, 21 déc. 1832, Demuth.

10.— Le décret du 24 juill. 1793, relatif à l'organisation des postes et messageries, après avoir disposé, dans son art. 56, que les ballots, paquets, etc., non réclamés dans un certain délai seront vendus publiquement et à l'enchère, en excepte (art. 57) les comestibles et généralement les objets sujets à corruption; la régie est autorisée à jeter ces objets dès qu'ils cesseront de pouvoir être gardés, et sans être obligée à aucun dédommagement.

V. au surplus BLESSURES ET COUPS, BOISSONS, BOISSONS FALSIFIÉES ET NUISIBLES, BOUCHERIE, CHAMPIGNONS, CRIMES, DÉLITS ET CONTRAVENTIONS, HOMICIDE, POUVOIR MUNICIPAL.

COMESTIBLES (Marchands de).

Les marchands de comestibles sont rangés dans la troisième classe des patentes et imposés à : 1º un droit fixe basé sur le chiffre de la population; — 2º un droit proportionnel du vingtième de la valeur locative de la maison d'habitation et des locaux servant à l'exercice de la profession.—V. PATENTE.

COMITÉ (Conseil d'état).

C'est le nom que l'on donne à chacune des sections dans lesquelles sont répartis les différens membres du Conseil d'état pour l'examen des affaires qui rentrent dans les attributions du conseil. — V. CONSEIL D'ÉTAT.

COMITÉS CIVILS ET DE POLICE.

V. COMMUNES.

COMITÉS CONSULTATIFS.

1. — Comités formés dans chaque arrondissement communal et composés de trois jurisconsultes désignés par le sous-préfet, sauf l'approbation du préfet, auxquels doit être soumis l'examen préalable de tous procès, quelle qu'en soit la nature, que les commissions administratives des hospices se proposent d'intenter. — Arr. 13 messid. an IX, art. 11 et s.; Arr. 10 thermid. an XI; Circul. min. intér. 30 germin. an XII; Inst. gén. 8 fév. 1823.

2.—Aux termes de l'arrêté du 11 thermid. an XII, le comité consultatif doit donner son avis sur les main levées d'opposition, radiation, changement ou limitation d'inscriptions hypothécaires demandées aux administrations des droits des pauvres et des hospices, et le conseil de préfecture ne peut prononcer que sur son avis. — Durieu et Roche, *Rép. des établ. de bienf.*, vº *Comité consultatif*, nº 3.

3. — Du titre même du comité *consultatif*, il suit que ni le conseil de préfecture ni le conseil d'état ne sont tenus de suivre l'avis émis par la consultation écrite et motivée de ce comité; mais cet avis est d'une grande influence sur la décision à intervenir. — V. pour exemple *Cons. d'état*, 11 fév. 1820, Hospices de Douai.

4. — L'avis du comité consultatif est transmis au conseil de préfecture qui, conformément à l'art. 4, L. 28 pluv. an VIII, accorde ou refuse l'autorisation de plaider.

5. — D'après l'art. 15, arrêté 7 messid. an IX, de comité pouvait transiger sur tous les droits litigieux qui intéressaient les hospices, et ces transactions s'exécutaient provisoirement, sauf l'approbation du gouvernement; mais cette disposition ne s'appliquait qu'à la matière spéciale des rentes et domaines nationaux affectés aux hospices. Aujourd'hui les comités consultatifs ne donnent qu'un avis pour les transactions.—Durieu et Roche, nº 4.

6. — Les fonctions des membres du comité consultatif sont gratuites. — Inst. 8 fév. 1823.

7. — La cour de Cassation a jugé qu'aucun conseil consultatif n'ayant été établi près des bureaux de bienfaisance, un bureau de bienfaisance procède régulièrement en justice au moyen de l'autorisation à lui donnée par un simple arrêté du conseil de préfecture. — *Cass.*, 10 juill. 1828 (dans ses motifs), Davy c. Bureau de charité de Villedieu.

8. — MM. Durieu et Roche (nº 5) critiquent cette solution. La cour, disent-ils, a perdu de vue, 1º que l'arrêté du 7 messidor an IX a été étendu aux bureaux de bienfaisance par l'arrêté du 9 fructidor même année; et 2º que les arrêtés du 10 thermidor an XI et 11 thermidor an XII s'appliquent à l'administration *des pauvres et des hospices*, et par conséquent aux bureaux de bienfaisance.

9. — Les deux auteurs qui viennent d'être cités adoptent la même solution, 1º en ce qui concerne les asiles publics d'aliénés, parce que l'art. 16, ordonn. 18 déc. 1839, déclare que les lois et réglemens relatifs à l'administration générale des hospices et établissemens de bienfaisance leur sont applicables;— 2º en ce qui concerne les monts-de-piété, parce que l'art. 41 du projet de réglement dressé par le ministre de l'intérieur, le 18 fructid. an XII, veut que toutes les difficultés et contestations relatives à l'administration soient portées devant le conseil de préfecture dans les formes adoptées par l'arrêté du 7 messid. an IX.

10. — Mais le recours préalable au comité consultatif n'est, en aucun cas, prescrit pour les caisses d'épargne, les congrégations hospitalières et les dépôts de mendicité. — Durieu et Roche, nº 5.

11. — Les communes avaient aussi momentanément une sorte de comité consultatif, lorsqu'elles se pourvoyaient au conseil d'état contre l'arrêté du conseil de préfecture qui leur avait refusé l'autorisation de plaider. Le garde des sceaux nommait trois avocats chargés d'examiner les droits de l'hospice, et si leur avis était favorable, le conseil d'état accordait l'autorisation. — *Cons. d'état*, 10 janv. 1821, comm. de Saint-Georges c. Delavigne. —Mais, depuis la loi du 14 juillet 1837, le conseil d'état a cessé de demander ces consultations. — V. AUTORISATION DE PLAIDER, nº 183.

COMITÉ CONSULTATIF (Colonies).

1. — C'était, dans chacune des colonies de l'Ile Bourbon, de la Martinique, de la Guadeloupe et de la Guyane, un comité chargé d'émettre son avis : 1º sur l'assiette et la répartition des contributions publiques;— 2º sur le budget des recettes et dépenses du service intérieur ou municipal. — Ord. 22 nov. 1819, art. 2.

2. — De plus il devait recevoir la communication des comptes annuels, des recettes et dépenses du service intérieur et municipal, et faire à ce sujet ses observations; — 2º émettre son opinion sur les projets et documens relatifs à des objets d'utilité publique qui lui étaient renvoyés par le gouverneur. Enfin il pouvait correspondre avec le député que chaque colonie avait à Paris près du ministre de la marine. — Ord. 22 nov. 1819, art. 3; ord. 13 août 1823, art. 5.

3. — Aujourd'hui les attributions du comité consultatif appartiennent avec bien plus d'étendue encore au conseil colonial, en vertu de la loi du 24 avr. 1833.—V. COLONIE, nºs 72 et suiv. et CONSEIL COLONIAL.—Les députés ont été remplacés par les *délégués des colonies*. — V. ce mot.

COMITÉ CONSULTATIF (Garde nationale).

Une ordonnance du 24 nov. 1832 a créé un comité consultatif des gardes nationales du royaume, dont la mission est d'être consulté par le ministre sur l'interprétation des dispositions législatives, sur les projets de lois, ordonnances, réglemens et instructions concernant la garde nationale. — V. GARDE NATIONALE.

COMITÉ DE LÉGISLATION.

V. CONSEIL D'ÉTAT, CONVENTION NATIONALE.

COMITÉ LOCAL ET D'ARRONDISSEMENT.

V. INSTRUCTION PRIMAIRE.

COMITÉ DE SALUT PUBLIC.

1.— Ce nom désignait l'un des comités de la convention nationale qui fut, au milieu des crises révolutionnaires, investi d'un pouvoir si étendu et qui en fit un tel usage, que la constitution du 5 fructid. an III interdit à l'avenir la création de comités dans les assemblées législatives.

2. — La formation du comité de salut public fut ordonnée, comme devant être incessamment réalisée, par un décret du 18 mars 1793, art. 4. Ce comité devait être organisé de manière à prévenir toutes les défiances, à éteindre les discordes et à établir des communications plus actives de la convention nationale avec le conseil exécutif.

3. — Ce fut le décret du 6-11 avr. 1793 qui arrêta la formation par appel nominal du comité de salut public, composé de neuf membres de la convention.

4.—Ce comité devait délibérer en secret. Il était chargé de surveiller et d'accélérer l'action de l'administration confiée au conseil exécutif provisoire, dont il pouvait même suspendre les arrêtés quand il les croyait contraires à l'intérêt national, mais à la charge d'en informer sans délai la convention. — Décret du 6 avr. 1793, art. 2.

5. — Il était autorisé, par l'art. 3 du décret précité, à prendre, dans les circonstances urgentes, des mesures de défense générale extérieure et intérieure; et les arrêtés signés de la majorité de ses membres délibérant, qui ne pouvaient être au-dessous des deux tiers, devaient être exécutés sans délai par le conseil exécutif provisoire.

6. — Il ne pouvait en aucun cas décerner des mandats d'arrêt ou d'amener, si ce n'est contre des agens d'exécution, et à la charge d'en rendre compte sans délai à la convention. — Art. 3.

7. — La trésorerie nationale devait tenir à la disposition du comité de salut public des fonds pour dépenses secrètes délivrées par ce comité et payées sur des ordonnances signées comme les arrêtés. — Art. 4.

8. — C'était à ce comité que devaient rendre compte de leurs opérations les représentans du peuple envoyés en mission pour l'exécution de la loi du 23 août 1793, relative à la réquisition des citoyens français contre les ennemis de la France.— Décr. 15 sept. 1793.

9. — Un décret du 15 sept. 1793 ordonna que le comité de salut public porterait seul cette dénomination.

10. — Les arrêtés du comité de salut public étaient des règles auxquelles les représentans du peuple envoyés en mission et les généraux étaient tenus de se conformer. — Décret du 5 frim. an II.

11. — La loi du 19 vendém. an II, votée sur le rapport de Saint-Just, qui déclara que le gouvernement provisoire de la France était révolutionnaire jusqu'à la paix, et qui fut confirmée par la loi du 14 frim. an II, plaça le conseil provisoire exécutif, les ministres, les généraux, les corps constitués, et les fonctionnaires publics, pour les mesures de gouvernement et de salut public, sous la surveillance du comité de salut public, qui devait en rendre compte tous les huit jours à la convention. C'était à ce comité qu'était attribuée la présentation des généraux en chef que devait nommer la convention. C'était aussi à lui à présenter le plan de la direction et de l'emploi de l'armée révolutionnaire, qui devait être combinée de manière à comprimer les contre-révolutionnaires.— Il lui était, tous les dix jours, rendu compte par les ministres, le conseil exécutif et les districts, de l'exécution des lois.

12. — Le comité de salut public était particulièrement chargé des opérations intérieures en diplomatie, et il traitait directement ce qui dépendait de ces mêmes opérations. — L. 14 frim. an II, sect. 3e, art. 1er.

13.— Il était autorisé par le décret du 14 fructid. an II à requérir la force armée pour se mettre en situation de prendre les mesures qu'exigeaient les circonstances; et, aux termes du décret du 3 thermid. an III, les représentans du peuple et les fonctionnaires durent lui remettre l'état des marchés passés depuis le 1er vendém. précédent.

14. — Pour l'exécution des mesures révolutionnaires et de sûreté générale, le comité de salut public avait droit d'envoyer des agens dont la mission devait être exprimée en termes précis dans leur mandat. — L. 14 frim. an II, sect. 2e, art. 12. —Le comité était même autorisé à prendre toutes les mesures nécessaires pour procéder au changement d'organisation des autorités constituées.

15. — Jusqu'au 13 thermid. an II, il eut, de concert avec le comité de sûreté générale, le pouvoir de mettre en état d'arrestation les membres de la convention nationale. Mais un décret du 13 therm. an II lui interdit l'arrestation des représentans du peuple.

16.—Par la loi du 7 fructid. an II (7 sept. 1794), la convention nationale réorganisa ses comités au nombre de seize. Voici dans quels termes l'art. 1er, tit. 2, exprimait les attributions du comité de salut public, qui était composé de douze membres : « Le comité de salut public a la direction des relations extérieures, quant à la partie politique, et en surveille la partie administrative;—il a aussi, sous sa surveillance, la levée et l'organisation des forces de terre et de mer, l'exercice et la discipline des gens de guerre; il arrête les plans de campagne tant de terre que de mer; il en surveille l'exécution; — il a pareillement sous sa surveillance la défense des colonies, les travaux des ports et la défense des côtes; — les fortifications et les travaux défensifs de la frontière; — les bâtimens mi-

litaires, les manufactures d'armes, les fonderies, les bouches à feu et les machines de guerre, les poudres et salpêtres, les munitions de guerre, les magasins et arsenaux pour la guerre et la marine; — le dépôt général des cartes et plans et des archives de la guerre de terre et de mer; — les remontes de charrois, convois et relais militaires, les hôpitaux militaires; — l'importation, la circulation intérieure, l'exportation des denrées de toute espèce; — les mines; — les magasins nationaux; — les subsistances des armées, leurs fournitures en effets d'habillement, équipement, casernement et campement; — il prend, en se conformant aux lois, toutes les mesures d'exécution relatives aux objets dont l'attribution lui est faite ci-dessus; — il exerce le droit de réquisition sur les personnes et les choses; — il peut faire arrêter seul les agens qu'il surveille, ou les remettre en liberté, pourvu que la délibération soit prise au nombre de sept membres au moins; mais il ne peut les traduire au tribunal révolutionnaire que par délibération prise en commun avec le comité de sûreté générale. — A l'égard des fonctionnaires ou agens purement civils, qui sont dans le ressort de sa surveillance, il ne peut les faire arrêter ni les traduire au tribunal révolutionnaire que par délibération commune avec le comité de sûreté générale. — Dans ces délibérations communes, chaque comité doit fournir moitié plus un des membres qui les composent. — En toutes délibérations communes ou séparées qui sont relatives à une arrestation ou à une mise en jugement, l'expédition en est signée par tous les membres qui ont concouru, et la signature de chacun est précédée de cette formule individuelle : *Je déclare avoir participé à cette délibération.*

17. — La trésorerie nationale a ouvert au comité de salut public, pour dépenses secrètes et extraordinaires, un crédit de dix millions; tous les crédits précédemment ouverts et non employés demeurant supprimés. — Art. 2.

18. — Il reçut de la loi du 14 vendém. an IV le pouvoir d'envoyer des représentans du peuple en mission.

19. — Ce comité, formé de neuf membres, n'avait été d'abord établi que pour un mois (décr. 6 avr. 1793, art. 7); mais ses fonctions furent successivement prorogées chaque mois jusqu'au 9 thermid. an II. Enfin ce fut avec la convention nationale et devant la constitution du 5 fructid. an III que disparurent les comités qui accomplirent de si grandes et de si terribles choses.

COMITÉ SECRET.

V. CHAMBRE DES DÉPUTÉS, CHAMBRE DES PAIRS.

COMMAND.

On appelle ainsi celui pour lequel une acquisition est faite, sans que son nom soit déclaré dans l'acte, où il est dit seulement que l'on acquiert *pour soi ou pour son command.* — V. DÉCLARATION DE COMMAND.

COMMANDANT DE LA FORCE PUBLIQUE.

1. — On désigne sous ce nom tout agent de la force publique investi du commandement, quel que soit du reste son grade.

2. — Ainsi, on doit considérer comme tel le commandant d'un poste, quel que soit son grade. —

3. — De même, un brigadier de gendarmerie, dans le ressort de sa brigade, doit être réputé commandant de la force publique. — *Cass.*, 14 janv. 1826, Bernard Armentier. — Toutefois, cette décision est critiquée par MM. Chauveau et Faustin Hélie, *Théorie du Code pénal*, t. 4, p. 374. — V. sur ce point GENDARMERIE.

4. — Les officiers de gendarmerie sont le plus ordinairement les fonctionnaires auxquels s'applique le plus communément la qualification de commandant de la force publique; mais évidemment cette qualification est applicable aux chefs de la garde nationale ou de la troupe de ligne. — Chauveau et Hélie, *loc. cit.*, t. 4, p. 418; Carnot, *Code pénal*, t. 1er, p. 667, no 3.

5. — En tous cas, celui-là seul peut être considéré comme commandant de la force publique, qui exerce le commandement principal : ainsi, quelque élevé que puisse être d'ailleurs un officier dans la hiérarchie militaire, s'il n'exerce pas le commandement, et qu'il ne fasse au contraire qu'agir sous les ordres d'un officier qui lui est supérieur, il n'est plus qu'un simple *agent* et non un COMMANDANT de la force publique.

6. — Il ne serait donc pas responsable soit du refus d'obtempérer aux ordres de l'autorité, soit des abus commis par suite de l'emploi de la force publique s'il n'avait agi que d'après les ordres émanés du chef supérieur ou approuvés par lui. — *Cons. d'état*, 25 juin 1817, de Cousso; 17 nov. 1819, Donnadieu et Montlivault. — V. ATTENTAT A LA LIBERTÉ.

7. — Tout commandant de la force publique doit obéir aux réquisitions qui lui sont *légalement* faites par l'autorité civile; son refus à cet égard le rend passible des peines réglées par l'art. 234, C. pén. — V. ABUS D'AUTORITÉ.

8. — Quant à l'étendue de cette obligation, et notamment ce qu'il faut entendre par les mots *légalement* et *refus* de cet article, V. AGENT DE LA FORCE PUBLIQUE, nos 52 et suiv.

9. — « ... Sans préjudice, porte le même art. 234, des réparations civiles qui pourraient être dues aux parties... » — En effet, l'action en dommages-intérêts est ouverte à ceux qui ont souffert de l'absence de la force armée, alors que celle-ci devait venir à leur secours. — V. procès-verbaux du conseil d'état 12 août 1809.

10. — A plus forte raison cette responsabilité existe-t-elle, si le commandant de la force publique, agissant sans ordre ou outrepassant les ordres qu'il a reçus, exerçait, soit contre la personne, soit contre la propriété des citoyens, des actes arbitraires. — V. ABUS D'AUTORITÉ, ARRESTATION ILLÉGALE, ATTENTAT A LA LIBERTÉ, BLESSURES ET COUPS, LIBERTÉ INDIVIDUELLE, VIOLATION DE DOMICILE.

11. — Mais, d'un autre côté, si un commandant de la force publique peut, à raison de sa conduite, être l'objet de poursuites de la part des individus qui se prétendent lésés, il importe à l'ordre public que ces poursuites ne soient pas l'effet d'une volonté irréfléchie, ou même d'intentions malveillantes; l'action ne pourra donc être intentée qu'après obtention d'autorisation. — V. à cet égard FONCTIONNAIRE PUBLIC.

12. — Comme aussi il faut que, dans l'exercice de son autorité, le commandant de la force publique, comme tout autre agent, soit respecté; à cet effet, les injures, outrages et violences dont il est l'objet prennent un caractère de gravité plus grande et sont plus sévèrement punis. — V. AGENT DE LA FORCE PUBLIQUE, nos 42 et suiv., BLESSURES ET COUPS, FONCTIONNAIRE PUBLIC.

13. — Cette protection est même plus efficace dans certains cas, s'il s'agit du commandant lui-même : c'est ainsi que l'outrage par gestes ou menaces dirigé contre un commandant de la force publique dans l'exercice ou à l'occasion de l'exercice de ses fonctions est puni d'un emprisonnement de six jours à un mois (C. pén., art. 225), tandis que la peine n'est que d'une amende de 16 à 200 fr. s'il s'agit d'un simple agent. — C. pén., art. 224.

14. — Si le commandant de la force publique est revêtu de certaines fonctions, telles que celles d'officier, il n'est justiciable que de la cour royale à raison des délits par lui commis dans ou hors l'exercice de ses fonctions. — C. inst. crim., art. 479. — V. FONCTIONNAIRES PUBLICS.

COMMANDANT MILITAIRE.

1. — Le mot de commandant militaire est susceptible de plusieurs acceptions. En général cette qualification est donnée à tout officier exerçant un commandement dans l'armée. C'est en ce sens qu'il est employé, par exemple, dans l'art. 1er du décret du 24 messid. an XII, portant que les généraux de division, commandant une division territoriale, ont rang, dans l'arrondissement de leur commandement, immédiatement après les grands officiers de la Légion-d'Honneur, et immédiatement avant les premiers présidens des cours d'appel.

2. — C'est encore dans cette acception générale qu'il est appliqué par l'art. 93, C. pén., portant que : « Tout commandant qui aura tenu son armée ou troupe rassemblée après que le licenciement ou la séparation en a été ordonnée, sera puni de mort. — V. CRIMES CONTRE LA SURETÉ DE L'ÉTAT.

3. — Plus spécialement, et dans l'armée de terre, on appelle commandant le chef de bataillon ou d'escadron. — V. ARMÉE, no 93.

4. — Dans les colonies on désigne aussi, sous la qualification de *commandant militaire* l'officier supérieur placé sous les ordres du gouverneur pour y administrer et y diriger les forces militaires. — V. COLONIES.

5. — Enfin, et c'est sous cette acception qu'elle a le plus d'importance, la qualification de commandant militaire est donnée à l'officier investi du commandement d'une place de guerre ou d'une ville de garnison, et que l'on désigne aussi plus particulièrement sous le nom de commandant de place, ou commandant d'armes.

6. — Le commandement des places de guerre est conféré par le roi à des officiers supérieurs, réunissant certaines conditions déterminées, et placés en dehors des cadres de l'armée. — Ordonn. 31 mai 1829. — V. PLACES DE GUERRE.

7. — Dans les villes de garnison, le commandement est déféré temporairement par le général commandant la division militaire, à un officier supérieur faisant partie des corps en garnison; d'ordinaire, ces fonctions sont remplies par un lieutenant-colonel.

8. — Il existe en outre dans certaines résidences royales, des commandans militaires nommés par le roi, et pris parmi les officiers de toutes armes hors cadre ou en retraite.

9. — La loi du 18 juill. 1791 et le décret du 24 déc. 1811 ont réglé les rapports des commandans militaires avec le gouvernement, l'autorité militaire supérieure et l'autorité civile.

10. — Dans les villes de garnison, l'autorité du commandant militaire ne s'étend guère en principe qu'à la police des troupes. — Elle est plus étendue dans les places de guerre. — V. le mot PLACES DE GUERRE, où seront indiqués les droits et fonctions des officiers militaires, revêtus du commandement de ces places.

11. — Il a été jugé qu'aucune loi, même avant la Charte, n'autorisait les généraux en chef à créer des commissions militaires pour les troupes placées sous leurs ordres; et qu'ils ne pouvaient (art. 23, tit. 8, décr. 21 brum. an V), faire que de simples réglemens pour le maintien de la discipline et de la subordination. — *Cass.*, 12 oct. 1815, Mire.

12. — Enfin l'autorité du commandant militaire est susceptible d'une grande extension en cas d'état de siége. — V. ÉTAT DE SIÉGE.

13. — Considérés comme agens de la force publique, les commandans militaires sont soumis à des obligations et ont droit à une protection qui sont indiquées vo AGENT DE LA FORCE PUBLIQUE, nos 32, 48, 52 et suiv.

14. — L'art. 124, C. pén., relatif au crime de *coalition des fonctionnaires*, prononce une aggravation de peine pour le cas où la coalition a eu lieu entre les autorités civiles et les corps militaires ou *leurs chefs*. — V. à cet égard COALITION DE FONCTIONNAIRES, nos 12 et suiv. — V. aussi ABUS DE COMMANDEMENT MILITAIRE.

15. — Il a été jugé que le chef militaire qui, en vertu de la mise en état de siége du pays où il commande, se trouve réunir à ses pouvoirs ordinaires tous les pouvoirs administratifs, ne peut être, sans autorisation du conseil d'état, poursuivi devant les tribunaux, même civils, comme ayant établi un impôt illégal. — *Cass.*, 17 fév. 1836, Préaut c. comte d'Erlon. — V. FONCTIONNAIRE PUBLIC.

V. au surplus ABUS DE COMMANDEMENT MILITAIRE, AGENT DE LA FORCE PUBLIQUE, nos 52 et suiv., ARMÉE, COALITION DE FONCTIONNAIRES, CRIMES CONTRE LA SURETÉ DE L'ÉTAT, ÉTAT DE SIÉGE, FONCTIONNAIRE PUBLIC, GARDE NATIONALE, HONNEURS CIVILS ET MILITAIRES, PLACES DE GUERRE, PRÉSÉANCE.

COMMANDE, COMMANDITE, COMMANDITAIRE.

1. — *Commande* était le nom d'un contrat usité par les commerçans depuis le douzième jusqu'au seizième siècle et tombé en désuétude vers le dix-septième siècle.

2. — Ce contrat primitif consistait à confier à un marin ou à un marchand faisant des voyages maritimes un fonds en argent ou marchandises pour le convertir par vente ou troc en d'autres marchandises ou en argent, et à opérer de même sur le produit par plusieurs négociations successives dans chacune des échelles que le navire devait parcourir, moyennant ou une commission ou une part d'intérêt. — Frémery, *Etud. de dr. commerc.*, p. 36.

3. — Ce contrat se retrouve dans les assises de Jérusalem (*Assise de la court des Bourgois*, chap. 41 et 45; Pardessus, *Coll. des lois marit.*, t. 1er, p. 276 et 280); dans le statut de Marseille (liv. 3, chap. 19 à 24); dans le statut de Gênes, et dans le statut réformé au seizième siècle (liv. 4, chap. 13).

4. — Dans ces temps reculés, le contrat de commande était le principal élément du commerce. Le *commendans* avait un privilége sur les produits du retour par préférence à tous les créanciers du *commendatarius* ou preneur à pacotille; tout achat fait par le preneur après la remise de fonds à lui faite était présumé de droit avoir été payé avec ces fonds et affecté en gage au donneur. Il fut toujours reconnu que le donneur ne pouvait jamais être engagé ni perdre au-delà du fonds dont il avait commis l'administration au *commendatarius*, lors même qu'il y avait partage de profits et communauté d'intérêt.

5. — Ce dernier caractère du contrat de commande ne tarda pas à s'introduire du commerce maritime dans la constitution même des maisons de commerce et de là naquit une espèce de société modifiée par la commande, et qui vers le dix-septième siècle fut particulièrement désignée sous le nom de société en commandite ou en commandite. — Frémery, *Étud. de dr. comm.*, p. 38.

6. — L'associé *commanditaire* est aujourd'hui celui qui, n'étant pas personnellement obligé, ne peut être poursuivi sur ses biens et dont la part est limitée au capital qu'il a mis dans la société.

7. — Le *commanditaire* se distingue du bailleur de fonds, en ce que ce dernier, qui peut n'être qu'un simple prêteur, n'est pas engagé en ce cas à laisser entre les mains de la société, pour toute sa durée, les fonds qu'il a prêtés, et la restitution de son prêt peut avoir un autre terme que celui de la société, et en ce que généralement le profit qu'il obtient se borne à l'intérêt légal de son argent, tandis que le commanditaire obtient une part dans les bénéfices dont l'importance peut excéder le taux de l'intérêt. — V. au surplus SOCIÉTÉ EN COMMANDITE.

COMMANDEMENT.

1. — Acte extrajudiciaire par lequel un huissier, avant de poursuivre l'exécution d'un jugement ou d'un titre authentique, enjoint au débiteur de satisfaire à ses engagements ou aux condamnations prononcées contre lui.

2. — Tout acte d'exécution doit en général être précédé d'un commandement. — V. EXÉCUTION, CONTRAINTE PAR CORPS, SAISIE-BRANDON, SAISIE-EXÉCUTION, SAISIE IMMOBILIÈRE.

3. — Cependant le commandement n'est pas nécessaire en matière de saisie-arrêt, de saisie conservatoire, de saisie foraine, de saisie-gagerie et de saisie-revendication. — V. ces mots.

4. — Aucune contrainte par corps ne peut avoir mise à exécution qu'après la signification avec commandement du jugement qui la prononce. — C. procéd. civ., art. 780.

5. — Toute saisie immobilière doit être précédée d'un commandement fait à personne au domicile. — C. procéd. civ., art. 673. — Sur les formalités qui doivent accompagner ou constituer ce commandement, ainsi que sur le délai qui doit s'écouler entre ce commandement et la saisie immobilière, V. SAISIE IMMOBILIÈRE.

6. — Le commandement doit être signifié à personne au domicile.

7. — Si le débiteur n'a pas de domicile connu, la signification est faite au parquet.

8. — Pour la signification d'un commandement l'huissier n'a pas besoin d'être assisté de témoins. — V. art. 673, C. procéd. c. L. 11 brum. an VII, art. 2.

9. — Le commandement contient les formes ordinaires des exploits et est passible du même droit d'enregistrement. — V. EXPLOIT.

10. — Le commandement peut être fait à la suite de la signification du jugement s'il s'agit d'exécuter. — V. EXÉCUTION.

11. — Cependant le commandement à l'héritier du débiteur doit être précédé, huit jours au moins à l'avance, de la signification du titre constitutif de la créance. — C. civ., art. 877.

12. — On ne peut faire de commandement que pour une créance certaine et liquide. — C. proc. civ., art. 551.

13. — Le commandement est interruptif de la prescription. — C. civ., art. 2244. — V. PRESCRIPTION.

14. — Les énonciations d'un commandement peuvent servir de commencement de preuve par écrit. — V. COMMENCEMENT DE PREUVE PAR ÉCRIT.

COMMANDEMENT MILITAIRE.

1. — Celui qui prend, sans droit ou motif légitime, le commandement d'un corps d'armée, d'une troupe, d'une escadre, etc., ou qui retient contre l'ordre du gouvernement un commandement militaire quelconque, est puni de mort, aux termes de l'art. 92, C. pén.

2. — Cette disposition qui, ainsi que l'observa le consul Cambacérès, lors de la discussion, eût été mieux placée parmi les lois militaires, ne punit par son premier alinéa que les chefs et non ceux qui ont usurpé un commandement en sous-ordre. — Discuss. au corps. d'état, séance du 9 janv. 1810 ; — Carnot, C. pén., t. 1er, p. 327, n° 1er ; Chauveau et Hélie, Théorie du C. pén., t. 2, p. 47 et 48.

3. — Mais le second alinéa, plus général que le premier, s'applique aux individus qui ont retenu illégalement un commandement quelconque et par conséquent en sous-ordre. — Carnot, C. pén., t. 1er, p. 327, n° 3.

4. — Il faut, au surplus, pour que cette usurpation soit punissable, qu'elle ait eu lieu dans un but criminel. — Chauveau et Hélie, Théorie du C. pén., t. 2, p. 47. — V. CRIMES CONTRE LA SÛRETÉ DE L'ÉTAT.

COMMENCEMENT D'EXÉCUTION.

V. TENTATIVE.

COMMENCEMENT DE PREUVE PAR ÉCRIT.

Table alphabétique.

COMMENCEMENT DE PREUVE PAR ÉCRIT. — 1. — On appelle ainsi tout acte par écrit qui est émané de celui contre lequel la demande est formée, ou de celui qu'il représente, et qui rend vraisemblable le fait allégué. — C. civ., art. 1347.

§ 1er. — Conditions pour qu'il y ait commencement de preuve par écrit (n° 2).

§ 2. — Effets du commencement de preuve par écrit (n° 163).

§ 1er. — Conditions pour qu'il y ait commencement de preuve par écrit.

2. — L'ordonnance de 1667 (tit. 20, art. 3), n'avait point déterminé les caractères du commencement de preuve par écrit. Ils étaient donc abandonnés à la prudence des juges.

3. — Aussi a-t-il été constamment jugé que, sous l'empire de cette ordonnance, c'est aux juges qu'il appartient d'apprécier la nature ou la qualité du commencement de preuve par écrit. — Cass., 8 mai 1811, Fabre c. Nebrot et Martin ; Rennes, 20 avr. 1820, Mobercoue de Saint-Florent c. Chevalier ; Poitiers, 24 déc. 1828, Bois-Savary c. fabrique de Chambroutel ; Cass., 17 nov. 1829, Léguerdière c. fabrique de Saint-Florent ; 16 août 1831, Lorphelin c. Jaumotte.

4. — En conséquence, jugé qu'il n'y a pas ouverture à cassation contre un arrêt qui, dans une instance régie par l'ordonnance de 1667, a admis, comme commencement de preuve par écrit, des actes étrangers à celui contre qui la preuve devait être faite. — Cass., 8 mai 1811, Fabre c. Nebrot et Martin.

5. — ...Que, dans une cause régie par l'ancienne législation, les juges ont pu considérer comme commencement de preuve par écrit un acte non émané de la partie à qui on l'oppose ou de ses auteurs. — Poitiers, 24 déc. 1828, Bois-Savary c. fabrique de Chambroutel.

6. — ...Que, dans une cause régie par l'ordonnance de 1667, les juges ont pu voir un commencement de preuve par écrit dans une lettre écrite, non par la partie elle-même, mais par son gendre, sans qu'une telle décision tombe sous la censure de la cour de Cassation. — Cass., 16 août 1831, Héritiers Lorphelin c. Jaumotte.

7. — L'art. 1347, C. civ., indique quelles sont les conditions nécessaires pour qu'un écrit puisse être considéré comme un commencement de preuve par écrit. — Il faut : 1° que l'écrit soit émané de celui contre lequel la demande est formée, ou de celui qu'il représente ; — 2° que l'écrit rende vraisemblable le fait allégué.

8. — Il est à remarquer que ces mots de l'art. 1347 « acte émané de celui contre lequel la demande est formée » doivent être entendus, non pas de la demande principale, mais de la demande à fin de preuve ; car si c'est le défendeur qui veuille, par exemple, prouver un paiement par le moins, à l'aide d'un commencement de preuve par écrit, l'acte qui lui fournira devra, au contraire, émaner du demandeur ou de celui qu'il représente. — Duranton, Dr. franç., t. 13, n° 342.

9. — Première condition. — Il faut que l'écrit soit émané de celui contre lequel la demande est formée, ou de celui qu'il représente. — C. civ., art. 1347.

10. — De la généralité de ces termes de l'art. 1347, tout acte émané de celui contre lequel la demande est formée, il suit que des écrits de la main de celui à qui on les oppose ou de ses auteurs, peuvent, bien que non signés, former un commencement de preuve par écrit. — Toullier, t. 9, n° 428 ; Dict. not., ibid., n° 83.

11. — Ainsi, Caïus demande à Titius 300 fr. qu'il prétend lui avoir prêtés ; il rapporte, pour le prouver, un billet écrit et daté de la main de Titius, mais non signé. Sans doute, ce billet serait insuffisant pour justifier le prêt ; mais il peut, suivant les circonstances, former un commencement de preuve par écrit qui doit faire admettre Caïus à la preuve par témoins. — Pothier, Obligat., n° 806 ; Toullier, t. 9, n° 429.

12. — Ainsi jugé qu'il n'est point nécessaire que l'écrit dont on veut déduire un commencement de preuve par écrit soit signé et daté par celui à qui on l'oppose ; il suffit que cet écrit soit émané de lui et qu'il rende vraisemblable le fait allégué. — Cass., 3 déc. 1818, Lefèbre c. Salançon.

13. — Le billet non écrit par celui qui l'a signé et qui ne porte pas le bon ou approuvé du signataire, vaut cependant comme commencement de preuve par écrit, autorisant le tribunal à rechercher par les voies légales si la signature a été donnée, et si l'engagement a été contracté en connaissance de cause. — *Nîmes*, 16 janv. 1843 (t. 1er 1844, p. 305), Larroque de Rignerie c. d'Albignac.

14. — Il nous paraît aussi qu'un contrat sous seing-privé, quoique non signé d'une des parties, peut, selon les circonstances, former un commencement de preuve contre celui qui l'a écrit de sa main, quoiqu'il ne l'ait pas signé. — Toullier, t. 9, nº 132; Rolland de Villargues, *ibid.*, nº 63; *Dict. not.*, *ibid.*, nº 41.

15. — A plus forte raison, la quittance écrite de la main du créancier, quoique non signée, dont le débiteur est en possession, est un commencement de preuve par écrit de paiement, qui doit faire admettre le débiteur à la preuve testimoniale, la libération étant encore plus favorable. — Pothier, *ibid.*; Toullier, *ibid.*; *Dict. not.*, *ibid.*, nº 37; Rolland de Villargues, *ibid.*, nº 59; Duranton, t. 13, nº 350.

16. — Si la dette n'était pas exprimée en la quittance, il n'y aurait qu'un reçu vague qui ne pourrait former un commencement de preuve par écrit. — Pothier, *ibid.*; Duranton, *ibid.*

17. — Cette décision peut paraître rigoureuse, et il semble bien plus juste qu'une pareille quittance puisse servir, selon les circonstances, de commencement de preuve par écrit. Je reconnais avoir reçu de Titius la somme de 500 fr. qu'*il me devait*. S'il ne me devait pas d'autre somme, comment se tromper? Si même il me devait plusieurs sommes, pourquoi ne devrait-on pas voir là un paiement à compte? — Toullier, t. 9, nº 150; *Dict. not.*, *ibid.*, nº 38; Rolland de Villargues, *ibid.*, nº 60.

18. — Il est encore bien moins nécessaire que la quittance non signée énonce le titre de la créance : si je dis que j'ai reçu de vous telle somme que je vous avais prêtée, sans relater le titre, la quittance ne forme pas moins un commencement de preuve par écrit. — Toullier, *ibid.*

19. — On peut ajouter à ces exemples les lettres missives que bien des personnes sont dans l'usage de ne pas signer, comme quand elles écrivent : « *Un tel fait savoir à un tel*, etc.... » — Ces lettres, quoique non signées, peuvent former un commencement de preuve par écrit. Il en serait surtout ainsi, si la suscription portait le timbre de la poste. — Toullier, t. 9, nº 131.

20. — Il y a plus. Pour servir de commencement de preuve par écrit, l'acte privé n'a pas besoin d'être de la main même de celui auquel on l'oppose, il suffit qu'il *émane* de lui. — En effet, il y a des actes qui, pour n'être pas écrits de la main de celui à qui on les oppose, n'en sont pas moins réputés être son fait ou émanés de lui. Tels sont les registres de commerce. — Toullier, t. 8, nºs 368 et suiv.; t. 9, nºs 67 et suiv.

21. — Ainsi jugé que le commencement de preuve par écrit n'est pas exclusivement restreint aux actes écrits et signés de la partie à qui on l'oppose. — *Cass.*, 6 nov. 1818, Girardon c. Myèvre.

22. — ...Que pour qu'un acte puisse servir de commencement de preuve par écrit, il n'est pas absolument nécessaire qu'il soit *écrit ou signé* de celui à qui on l'oppose ou de son auteur; il suffit qu'il y ait certitude qu'il provient réellement de celui contre qui on l'invoque ou de celui qu'il représente. — *Bruxelles*, 4 juin 1830, Leblanc.

23. — Jugé même qu'on peut considérer comme commencement de preuve littérale des écrits non émanés de celui à qui on les oppose, mais qu'il s'est en quelque sorte rendus propres en en faisant lui-même précédemment usage dans son propre intérêt. — *Bruxelles*, 15 fév. 1825, W....

24. — Les interrogatoires sur faits et articles forment très fréquemment des commencemens de preuve écrite, quoique ce ne soient point là des actes écrits ni même souvent signés par celui auquel on les oppose, ou par son auteur. — Toullier, t. 9, nºs 116, 117 et 125; *Dictionn. not.*, vº *Commencement de preuve par écrit*, nº 31; Rolland de Villargues, *Rép. du not.*, nouv. édit., *eod. verb.*, nºs 52 et 53; Solon, nº 142; Pigeau, *Procéd.*, t. 1er, p. 249; Favard, t. 3, p. 118; Carré, *L. de la Procéd.*, Q. 1262.

25. — Jugé en ce sens que les réponses ou aveux faits dans un interrogatoire sur faits et articles peuvent servir de commencement de preuve par écrit. — *Liége*, 19 fév. 1812, Vecquerai c. Horst; *Amiens*, 23 nov. 1822, Robigny c. Gueudet; *Rouen*, 8 avr. 1824, Juves c. Duchaussoy; 22 juill. 1824 (sous *Cass.*, 8 juill. 1837), Lacaze c. Delamarre; *Cass.*, 15 juin 1824, Dupont c. Quitton; 11 janv. 1827, Juves c. Duchaussoy; 7 déc. 1831, Hoguais c. Madelaine; 22 août 1832, Roblin c. Lecouturier; 19 mars 1835, Monte-Abano c. Guernon de Ranville; 6 avr. 1836, Rivet c. Barbaud; 19 juin 1839 (t. 2 1839, p. 36), Demontay c. Nitol; *Bordeaux*, 29 nov. 1828, Queyrol c. Mazurier; 6 avr. 1832, Defonfillonne c. Gibouin-Ducheylard; 24 déc. 1844 (t. 1er 1845, p. 570), Ribaud c. Mauxion; *Bourges*, 27 avr. 1833, Evrat c. Pouillot; *Orléans*, 13 mars 1835, Pihaudier c. d'Amboise.

26. — Toutefois, il ne faut pas croire que les juges soient tenus d'admettre les faits ou aveux contenus dans un interrogatoire comme commencement de preuve écrite; ils peuvent se décider d'après les circonstances.

27. — Ainsi, lorsqu'au sujet d'une quittance notariée, attaquée comme frauduleuse par les créanciers du souscripteur, la partie qui se prévaut de cette quittance a été interrogée sur faits et articles, ses réponses ont pu valablement être considérées comme ne constituant pas un commencement de preuve par écrit, qui rende admissible la preuve par témoins des faits qui font l'objet de l'interrogatoire. — *Cass.*, 2 fév. 1837 (t. 1er 1840, p. 500), Créanciers Lebey-Taillis c. Dupuy.

28. — Et ce que nous venons de dire doit s'appliquer également aux aveux que ferait une partie à l'audience.

29. — Les tribunaux peuvent puiser un commencement de preuve par écrit autorisant la preuve testimoniale dans les explications et aveux fournis par les parties lors de leur comparution en personne à l'audience. — *Cass.*, 2 janv. 1843 (t. 1er 1843, p. 644), Lapoujade c. Amouroux.

30. — Ainsi, l'aveu judiciaire fait par le prétendu débiteur, qu'il y a eu compte réglé par experts entre lui et le créancier, a pu être regardé comme un commencement de preuve par écrit autorisant la preuve testimoniale, à l'effet d'établir l'existence de la dette, bien qu'elle excède 150 fr. — *Cass.*, 17 août 1830, Bapp c. Clouzet.

31. — Lorsqu'un individu inculpé d'avoir détourné à son profit une somme d'argent qu'on prétend lui avoir été confiée à titre de dépôt, avoue que cette somme n'a pas été laissée entre ses mains à titre de prêt, cet aveu judiciaire équivaut à un commencement de preuve par écrit. — *Cass.*, 6 oct. 1826, Rey.

32. — Les aveux d'une partie résultant de déclarations reconnues mensongères, faites par elle lors d'une comparution à l'audience, peuvent former un commencement de preuve par écrit qui rend admissibles la preuve par témoins et les présomptions graves, précises et concordantes. — *Toulouse*, 16 janv. 1841 (t. 1er 1841, p. 441), Matel c. Caze.

33. — Les déclarations émanées de l'une des parties devant le tribunal de première instance, consignées dans les qualités du jugement sans opposition et non contredites devant la cour royale, peuvent servir de commencement de preuve par écrit autorisant la preuve testimoniale. — *Cass.*, 29 nov. 1842 (t. 1er, 1843, p. 527), Coutrèges Dagnos c. Rigoulet et Danten.

34. — Les réponses consignées dans un *procès-verbal de non-conciliation* peuvent aussi former un commencement de preuve par écrit, qui autorise la preuve testimoniale. — Arg. L. 24 août 1790, tit. 10, art. 3; — Toullier, t. 9, nºs 119 et suiv.; Rolland de Villargues, nº 54.

35. — Mais, pour que les aveux résultant des interrogatoires d'une partie puissent valoir comme commencement de preuve par écrit contre elle, il faut que ces aveux soient complets et régulièrement prouvés.

36. — Ainsi, un tribunal ne peut considérer comme un commencement de preuve par écrit, propre à fonder la preuve testimoniale, les réponses faites par une partie, lors de sa comparution en personne à l'audience, lorsque ces réponses ne sont ni consignées dans un procès-verbal ni dans aucun écrit émané de cette partie. — *Bordeaux*, 6 avr. 1832, Defonfillonne c. Gibouin-Ducheylard.

37. — Dans les matières sujettes à appel, pour que les réponses émanées d'une partie dans un interrogatoire subi devant le tribunal puissent servir de commencement de preuve par écrit, il faut qu'il y ait eu procès-verbal dressé par le juge et que ce procès-verbal ait été lu à la partie et signé par elle. Il ne suffirait pas que les demandes et les réponses fussent consignées dans les qualités du jugement. — *Montpellier*, 5 juin 1839 (t. 2 1839, p. 611), Terral c. Rouanet.

38. — L'aveu fait à l'audience par une partie ne forme pas contre elle un commencement de preuve par écrit, autorisant l'admission de la preuve testimoniale, si cet aveu n'est constaté par aucun acte antérieur au jugement. — *Colmar*, 15 mars 1843 (t. 1er 1844, p. 397), Wilhammer c. Hud.

39. — On peut faire résulter le commencement de preuve par écrit d'aveux, de dénégations ou contradictions judiciaires émanés de la partie contre laquelle on plaide et consignés dans des procès-verbaux d'audience ou d'interrogatoires sur faits et articles, quoique cette partie ait refusé de les signer. — *Cass.*, 6 nov. 1818, Girardon c. Myèvre.

40. — Mais les notes tenues par le greffier à l'audience de la police correctionnelle sur les explications données par le prévenu pour sa défense et qui ne sont ni lues ni signées par le magistrat, ni relues au prévenu, ni signées par lui, ne peuvent servir de commencement de preuve par écrit. — *Cass.*, 17 juill. 1841 (t. 2, 1841, p. 343), R....

41. — Il en est de même de l'acte émané d'un juge quelconque hors de son territoire, et notamment d'un juge de paix, quand cet acte n'a point été revêtu de la signature des parties auxquelles on l'oppose. — *Toulouse*, 13 mai 1843 (t. 1er 1845, p. 382), Dupias c. Boubila.

42. — Peut-on considérer comme commencement de preuve par écrit les réponses faites par la partie à l'audience, en exécution d'un jugement qui a ordonné sa comparution, réponses dont le greffier a dressé procès-verbal sans l'ordre du tribunal et à l'insu de la partie comparante? — V. la discussion de cette question sous *Rouen*, 22 juin 1842 (t. 2 1842, p. 30), Lefebvre c. Lancien. — Mais la cour n'a point résolu cette question.

43. — Jugé même que les dires et explications donnés par l'une des parties devant le juge et insérés sans opposition de sa part dans les qualités du jugement n'ont point, sur l'appel, le caractère du commencement de preuve par écrit défini par la loi. — *Bordeaux*, 14 fév. 1832, Tenant c. Passerieux.

44. — Jugé toutefois que la simple mention, dans les qualités d'un jugement, que certains faits ont été notifiés par une partie à ses adversaires, peut être considérée comme formant un commencement de preuve par écrit de ces faits, encore que l'original ou la copie de la notification ne soit pas représenté. Il en est de même, quoique le jugement soit dans le cas de la péremption, si d'ailleurs la péremption n'a pas été demandée. Peu importe aussi que le jugement dans les qualités duquel est mentionnée la notification dont on excipe n'ait été rendu qu'entre l'auteur de cette notification et l'un de ses adversaires actuels, dès qu'il est certain que l'exploit a été signifié à tous. — *Cass.*, 7 juill. 1840 (t. 2 1840, p. 590), de Civrac c. comm. de Damtielin.

45. — L'art. 1347 définit le commencement de preuve par écrit : « L'acte émané de celui contre lequel la demande est formée, ou de *celui qu'il représente*. » Ces dernières expressions s'appliquent évidemment au *mandataire*. Le mandataire et le mandant sont réputés une seule et même personne relativement à l'affaire qui fait l'objet du mandat. Les actes que souscrit le mandataire, les quittances qu'il délivre dans les limites de son mandat, peuvent être opposés au débiteur. Les autres écrits, tels que lettres, notes, etc., émanés du mandataire, et qui rendront le fait allégué vraisemblable, pourront donc servir de commencement de preuve par écrit. — Toullier, t. 9, nº 67.

46. — Ainsi, on doit considérer comme un commencement de preuve par écrit, à l'effet d'établir la libération du débiteur, un acte émané du mandataire que le créancier a chargé du recouvrement de la créance. — *Riom*, 10 juin 1817, Montorier c. Mandonnet.

47. — Des émargemens faits sur un acte authentique de vente, ainsi que sur les expéditions, constatant qu'un mandataire a reçu les fonds provenant de la vente, peuvent être considérés comme des commencemens de preuve par écrit contre le contenu en l'acte de vente lui-même, qui énonce que c'est le mandant qui a reçu les fonds. — *Cass.*, 6 nov. 1828, Salles.

48. — Les livres d'un banquier et les registres d'un notaire qui ont agi *comme mandataires* d'une partie, peuvent servir contre cette partie de commencement de preuve par écrit. — *Cass.* (implic.), 10 août 1840 (t. 2 1840, p. 745), de Nicolay et de Gouy c. de Milleville.

49. — Il n'est même pas rigoureusement nécessaire que l'écrit duquel on induit un commencement de preuve de la libération du débiteur *émane du créancier lui-même*; ainsi, on peut admettre comme formant ce commencement de preuve un écrit *émané d'un homme public en qui ce créancier avait placé sa confiance.* Spécialement, lorsque deux parties ayant traité d'une vente d'immeubles sont convenues de laisser entre les mains du notaire une somme d'argent à titre de supplément du prix stipulé dans l'acte de vente, pour y rester en dépôt jusqu'après l'accomplissement de la formalité de la transcription, on peut tirer des notes tenues à cet égard par ce notaire dans ses registres, et des placemens d'argent ultérieurement faits par le vendeur, à qui il n'était pas connu

d'autres ressources pécuniaires, un commencement de preuve par écrit, et tout à la fois une présomption que le vendeur a retiré le dépôt. — *Toulouse*, 25 nov. 1831, Lescure c. Lacaze-Dori.

50. — On peut aussi considérer comme commencement de preuve par écrit tout acte émané du demandeur ou de celui qu'il *représente comme cessionnaire*, d'après lequel les exceptions proposées par le défendeur paraissent vraisemblables. En conséquence, la preuve testimoniale peut être admise en pareil cas. — *Turin*, 4 mars 1806, Camosso c. Pecchio et Bertalazone.

51. — Les avoués étant réputés les mandataires des parties, il s'ensuit que les aveux ou dénégations que font les parties ou leurs avoués, dans les écrits qu'ils produisent devant les tribunaux, peuvent aussi former un commencement de preuve écrite, sauf l'action en désaveu contre l'avoué, s'il y a lieu. — Toullier, t. 9 n° 126; *Dict. du not.*, v° *Commencement de preuve par écrit*, n° 34.

52. — Ainsi les aveux contenus dans une requête signifiée d'avoué à avoué, bien que signés de l'avoué seul, constituent au profit de la partie adverse un commencement de preuve par écrit. — *Paris*, 14 juin 1843 (t. 2, 1843, p. 141), Huet c. Joly.

53. — La vente consentie *à non domino* peut former un commencement de preuve par écrit contre l'ancien propriétaire, et l'acquéreur de bonne foi peut la lui opposer pour la prescription de dix ou vingt ans. — Toullier, t. 9 n° 73.

54. — Mais quand l'écrit n'est émané ni du mandataire ni du représentant de celui à qui on l'oppose, il ne peut former un commencement de preuve contre lui.

55. — Ainsi, des actes de cession d'une rente dans lesquels le débiteur n'a point figuré, ne peuvent, à raison de leur ancienneté, établir contre lui l'existence de l'obligation, ou constituer un commencement de preuve par écrit, autorisant la preuve testimoniale au-dessus de 150 fr. — *Cass.*, 14 mars 1827, Inchauspé c. de Madron.

56. — Un billet souscrit par une femme mariée sous le régime dotal, sans autorisation de son mari, ne peut servir de commencement de preuve par écrit contre le mari, à l'effet de faire admettre le créancier à prouver par témoins que le mari a profité de la valeur du billet. — *Grenoble*, 20 juill. 1824, Albert c. Thomé.

57. — De même, la reconnaissance d'une dette de communauté faite par la veuve dans le procès-verbal d'inventaire, ne peut être opposée au mari comme un commencement de preuve par écrit pour la part qui lui est demandée; celle qui est faite par un des héritiers ne peut être opposée à ses cohéritiers pour leur part dans la dette, etc. —Pothier, *Oblig.*, n° 808; Toullier, t. 9, n°s 66 et 67; Duranton, t. 13, n° 351.

58. — Jugé qu'une lettre écrite par le mari ne peut être considérée comme un commencement de preuve par écrit contre sa femme séparée de biens, alors même qu'il aurait fait pour elle, dans l'affaire objet du litige quelques actes de gestion. — *Cass.*, 8 déc. 1834, Courby c. Garron.

59. — On ne peut opposer à une partie, comme formant un commencement de preuve par écrit de la cession qu'elle aurait consentie, une lettre émanée de son copropriétaire. — *Cass.*, 30 déc. 1839 (t. 1er 1840, p. 99), Leclerc-Lacoste c. Vidal et Chavagne.

60. — L'écrit devant émaner de celui contre lequel la demande est formée, ou de celui qu'il représente (C. civ., art. 1347), il s'ensuit que l'écrit émané de celui-là même qui demande à faire preuve, ne pourrait constituer un commencement de preuve par écrit; autrement ce serait permettre de se faire un titre à soi-même.

61. — Ainsi, un commerçant ne peut opposer à la régie des droits réunis, comme commencement de preuve par écrit, des extraits de ses propres registres, ni des lettres missives émanées de ses correspondans. — *Cass.*, 7 août 1810, Rogaer c. Droits réunis.

62. — On ne peut point opposer au défendeur, comme commencement de preuve par écrit, les livres de commerce du demandeur, l'interrogatoire sur faits et articles d'une personne qui figurerait même dans l'instance, non plus que la correspondance d'un tiers. — *Paris*, 26 nov. 1836 (t. 1er 1837, p. 274), André et Cottier c. Dreux.

63. — On ne peut considérer comme constituant un commencement de preuve par écrit, vis-à-vis la personne dont ils ne sont pas émanés, les livres d'un commerçant, ni la correspondance, ni un interrogatoire sur faits et articles d'un tiers. — *Cass.*, 30 avr. 1838 (t. 2 1838, p. 112), André et Cottier c. Dreux.

64. — Les registres des fabriques, communautés religieuses, etc., ne peuvent pas former en faveur de celles-ci un commencement de preuve par écrit de la prestation des arrérages de rente, à l'effet d'interrompre la prescription? — V. PAPIERS DOMESTIQUES.

65. — Un acte ne peut être opposé comme commencement de preuve par écrit lorsqu'il est émané d'un tiers; car ce tiers n'est lui-même que comme un témoin, et son témoignage n'est pas même rendu avec les garanties exigées par la loi. L'opinion contraire, qui avait été soutenue sous l'ordonnance de 1667 (Pothier, *Oblig.*, n° 807), se trouve aujourd'hui formellement repoussée par notre art. 1347, qui a fait cesser sur ce point toute incertitude. — Toullier, t. 9, n°s 66 et 67; Duranton, t. 13, n° 342; Rolland de Villargues, *ibid.*, n°s 5 et 7; *Dict. not.*, v° n° 4; Chardon, *Dol et fraude*, t. 1er, n° 145.

66. — Ainsi, des actes de notoriété ne peuvent être considérés comme formant le commencement de preuve par écrit qu'exige la loi pour faire admettre un enfant qui ne justifie ni de son acte de naissance ni de sa possession d'état à la preuve testimoniale de son état. — *Paris*, 28 mai 1813, Albertine c. Charlier.

67. — Jugé cependant que les aveux faits au bureau de conciliation sur la parenté des demandeurs, par l'une des parties assignées, forment un commencement de preuve par écrit de cette parenté, même à l'égard des autres défendeurs. — *Trèves*, 19 janv. 1807, Gritten c. Weberinigs.

68. — Néanmoins, les copies et transcriptions d'actes offrent des exemples d'écritures qui ne sont point émanées de celui contre lequel la demande est formée, ni de ses auteurs, et qui cependant peuvent former un commencement de preuve par écrit. — C. civ., art. 1335 et 1336.

69. — Nous expliquerons ailleurs dans quels cas les copies d'actes peuvent former un commencement de preuve et de degré de foi qu'elles méritent. — V. COPIE.

70. — Quant à la transcription, l'art. 1336 porte que « La transcription d'un acte sur les *registres publics* ne pourra servir que de commencement de preuve par écrit, et il faudra même pour cela : 1° qu'il soit constant que toutes les minutes du notaire de l'année dans laquelle l'acte paraît avoir été fait soient perdues, ou que l'on prouve que la perte de la minute de cet acte a été causée par un accident particulier; — 2° qu'il existe un répertoire en règle du notaire, qui constate que l'acte a été fait à la même date; lorsqu'au moyen du concours de ces circonstances, la preuve par témoins sera admise, il sera nécessaire que ceux qui ont été témoins de l'acte, s'ils existent encore, soient entendus. »

71. — L'art. 1336, qui accorde, sous les conditions qu'il détermine, la force d'un commencement de preuve par écrit à la transcription d'un acte sur les *registres publics*, ne dit point quels sont les registres dont il entend parler; selon Toullier (t. 8, n°s 467, 468 et 469, et t. 9, n° 72), il s'agit ici de la transcription établie par les art. 2181 et suiv., C. civ., comme moyen de purger les priviléges et hypothèques; transcription qui doit être faite en entier par le conservateur des hypothèques dans l'arrondissement duquel les biens sont situés.

72. — Si la transcription était faite sur les registres d'un arrondissement autre que celui où les biens sont situés, elle n'aurait l'effet ni de purger les hypothèques, ni de pouvoir servir de commencement de preuve écrite. — Toullier, t. 9, n° 72.

73. — L'art. 1336 nous paraît aussi applicable à la transcription des actes d'échange d'immeubles. En effet, cet article ne distingue pas, et il y a mêmes raisons dans les deux cas. — Duranton, t. 13, n° 254.

74. — *Quid* de la transcription faite sur les registres de l'*enregistrement*? — La question est controversée. L'on a dit, pour soutenir que l'on ne pouvait induire un commencement de preuve par écrit d'une semblable transcription, que l'enregistrement n'émanant point de celui auquel il serait opposé, ni de son auteur, l'on ne se trouverait dans aucun des cas où la loi autorise l'admission d'un acte comme commencement de preuve écrite; que le Code, qui a établi une exception à l'égard de la transcription, n'en a point établi à l'égard de l'enregistrement; que le mode de la transcription et celui de l'enregistrement étant fort différens, puisque l'un est la copie littérale de l'acte, tandis que l'autre n'en est qu'une énonciation très succincte, la raison qui a pu faire admettre le premier, comme pouvant servir de commencement de preuve par écrit, n'est pas la même pour l'autre. — Toullier, t. 9, n° 72.

75. — Ainsi jugé que des extraits d'enregistrement d'actes sous seing privé ne peuvent servir de commencement de preuve par écrit. — *Metz*, 9 mars 1833, Houziaux c. Dufresnois.

76. — ... Que l'extrait de l'enregistrement d'un exploit ne peut servir de commencement de preuve par écrit de son existence, et comme tel, en rendre admissible la preuve testimoniale. — *Bordeaux*, 30 nov. 1825 (sous *Cass.*, 3 nov. 1830), Pilté-Grenet c. Renaud.

77. — On ne peut considérer comme un commencement de preuve par écrit pouvant faire admettre la preuve testimoniale qu'un testament olographe a existé, la transcription qui en aurait été faite sur les registres du greffe et du receveur de l'enregistrement. — *Lyon*, 22 fév. 1831, Chenal.

78. — ... Que les registres du receveur de l'enregistrement constatant qu'une déclaration de command a été enregistrée moyennant le droit fixe, ne peuvent être considérés comme un commencement de preuve par écrit que l'acte, non enregistré dans le délai légal, a été réellement présenté à l'enregistrement dans le délai de vingt-quatre heures, du jour de l'adjudication. — *Cass.*, 23 déc. 1835, héritiers Bidault c. Texier et Ernoult.

79. — Jugé cependant que si l'extrait du bureau de l'enregistrement contenant la relation d'un acte de société ne fait pas preuve complète de l'existence de cette société, il forme cependant un commencement de preuve par écrit, d'après lequel on peut être admis à la preuve testimoniale. — *Besançon*, 7 janv. 1808, Grandjacques c. Jaquenet; 29 juill. 1808, N...

80. — ... Qu'encore bien que les registres de l'enregistrement ne fournissent pas une preuve suffisante de l'existence ou de la teneur des actes enregistrés, on peut cependant les invoquer utilement, lorsque des faits postérieurs attestent l'exécution de la convention stipulée. — *Toulouse*, 18 nov. 1812, Galissies c. Mans.

81. — Que, lorsqu'il est constant que le titre d'une rente foncière a été perdu par suite de troubles et d'incendie, un extrait des registres de l'enregistrement qui constate qu'un contrat d'acquêt a chargé le détenteur de l'immeuble de l'acquit de la rente, est un commencement de preuve par écrit qui doit faire admettre le créancier à la preuve testimoniale du service de cette rente. — *Rennes*, 27 juill. 1813, Riou c. bureau de bienfaisance de Touvois.

82. — Qu'on peut réputer commencement de preuve par écrit un extrait de l'enregistrement d'un bail ancien du 20 mai 1793, dans lequel se trouvait clairement énoncée l'obligation au paiement de la rente réclamée, encore bien qu'il ne fût pas justifié que toutes les minutes du notaire, de la même année, eussent été perdues, et que son répertoire ne fût pas représenté. — *Rennes*, 20 avr. 1820, Méhorenc de Saint-Pierre c. Chevalier.

83. — Cette dernière opinion est embrassée par Delvincourt (*Cours de Code civil*, t. 2, p. 621, note 3e), et par M. Duranton (t. 13, p. 255). — Il ne peut y avoir d'inconvénient sérieux, selon ce dernier auteur, à admettre l'enregistrement comme commencement de preuve par écrit, si d'ailleurs les circonstances de la cause n'en détournent pas les juges. Ce que désire la loi, c'est que l'acte rende *vraisemblable le fait allégué*, et c'est pour cela qu'elle exige dans les cas ordinaires que cet acte soit émané de celui auquel on l'oppose ou de son auteur; or, l'enregistrement, avec la réunion des conditions voulues par l'art. 1336, rend assurément plus *vraisemblable* le fait allégué qu'une simple copie tirée par tout autre que l'officier compétent, ou que les copies de copies qui peuvent être considérées, suivant les circonstances, comme simples renseignemens. Pourquoi donc l'enregistrement, avec les conditions ci-dessus exprimées, ne serait-il pris en aucune considération? Il y aurait évidemment désaccord dans la loi.

84. — Les livres de section d'une commune peuvent servir de commencement de preuve par écrit, autorisant l'admission de la preuve testimoniale de la propriété d'un immeuble. — *Colmar*, 24 janv. 1832, Dreyfuss c. Stosskopf.

85. — Il n'est pas douteux que les actes qui sont de nature à faire preuve contre une partie, quoique non émanés d'elle, peuvent à plus forte raison servir de commencement de preuve par écrit. Le moins est contenu dans le plus, *in eo quod plùs sit, semper inest et minùs.* — L. 110, ff., *De reg. juris*; — Toullier, t. 9, n° 69.

86. — Ainsi, il est constant que la présence d'un créancier hypothécaire à un acte par lequel son débiteur hypothèque ses biens à un tiers, emporte, de la part de ce créancier, un consentement de priorité. Il ne s'agit pas même ici d'un simple commencement de preuve par écrit. — Rolland de Villargues, *Rép. du not.*, v° *Commencement de preuve par écrit*, n° 13.

87. — Un arrêt peut considérer comme commencement de preuve par écrit d'une libération allé-

guée, des lettres, des factures et des arrêtés de compte émanés du demandeur en paiement et passés avec un tiers.— *Cass.*, 16 mars 1831, Chazelles c. Lacroix.

88. — Un compte dressé et signé par une partie doit former contre elle un commencement de preuve par écrit, lors même que ne s'agissant, dans la cause, que d'un intérêt purement personnel à cette partie, elle a signé ce compte sous une raison sociale. — *Bordeaux*, 28 août 1832, Fayet c. Bazanac,

89. — Les mémoires signés et produits par une partie dans une autre instance peuvent servir contre elle de commencement de preuve par écrit, et rendre admissible la preuve testimoniale. — *Cass.*, 27 avr. 1840 (t. 2 1840, p. 200), Bazergue c. Otard et Malignon.

90.—Mais peut-on admettre comme commencement de preuve par écrit, dans une instance civile, les interrogatoires subis par un individu, soit comme prévenu, soit comme témoin, dans une instance criminelle? — Cette question se rattache à celle plus générale de savoir si l'on peut se prévaloir dans une instance civile des preuves recueillies dans une procédure criminelle. — V. PREUVE, PREUVE TESTIMONIALE. — La loi étant muette, il ne nous paraît pas que l'on pût critiquer une décision qui rejetterait ou admettrait les interrogatoires dont nous parlons, comme commencement de preuve écrite, dans une instance civile. L'aveu formel d'une dette résultant d'un interrogatoire subi dans une instance criminelle, est sans doute un *acte écrit émané de celui auquel on l'oppose*; c'est ce que constate le magistrat chargé de recueillir cet interrogatoire, ou même le prévenu ou le témoin, lorsqu'il sait signer. — Toullier, t. 9, nº 125. — Si cet acte est de plus entouré de circonstances telles qu'elles *rendent vraisemblable le fait allégué*, pourquoi refuserait-on de l'admettre comme commencement de preuve par écrit, puisqu'il réunirait ainsi les conditions exigées par l'art. 1347, et qu'il n'y a d'ailleurs dans la loi aucune disposition formelle qui s'y oppose? — Les juges nous paraissent pouvoir se décider d'après les circonstances. — V. au surplus, à cet égard, CHOSE JUGÉE.

91. — Ainsi jugé que les aveux consignés dans les interrogatoires d'un *prévenu* sur l'existence d'une convention civile peuvent être considérés comme des commencemens de preuve par écrit, autorisant la preuve testimoniale.—*Cass.*, 20 fructid. an XII, Merlin-Hall c. Potter.

92. — ...Que l'aveu d'une dette, fait dans un interrogatoire subi par un prévenu devant le tribunal correctionnel, constitue un commencement de preuve par écrit de l'existence de la dette, d'après lequel les juges peuvent admettre de simples présomptions comme complément de preuve.—*Bastia*, 6 mars 1833, Pietri.

93.—Toutefois, lorsqu'on propose devant les tribunaux civils, comme commencement de preuve par écrit, un interrogatoire subi par une partie dans une procédure criminelle où elle ne comparaissait que comme témoin, ces tribunaux *peuvent* refuser de voir dans cet interrogatoire un commencement de preuve par écrit du fait allégué. — *Cass.*, 18 mai 1840 (t. 2 1840, p. 594), Vincent.

94.—*Deuxième condition.*—Il faut que l'écrit rende vraisemblable le fait allégué. — C. civ., art. 1347.

95. — Il n'est point possible de tracer des règles précises d'après lesquelles on puisse reconnaître les cas où un écrit doit rendre vraisemblable le fait allégué. La vraisemblance est en effet un aperçu de l'esprit qui nous porte à penser qu'une chose a tout au moins l'apparence du vrai: elle est fondée sur la liaison ou la connexité plus ou moins grande qui existe entre l'écrit et le fait allégué, et comme cette liaison peut être plus ou moins éloignée, il est évident que la vraisemblance varie à l'infini, suivant les faits et suivant les esprits qui ont à les apprécier. — Toullier, t. 8, nº 293, et t. 9, nº 56.

96. — Les auteurs et les arrêts nous fournissent beaucoup d'exemples d'écrits d'où l'on peut induire la vraisemblance des faits en question.

97. — Les lettres-missives peuvent rendre vraisemblable le fait allégué.

98.—Pierre demande à Paul 1000 fr. qu'il prétend lui avoir donnés en dépôt; Pierre n'a point d'acte du dépôt, mais il a un écrit de Paul ainsi conçu: *Je vous satisferai sur ce que vous savez.* Cette lettre ne contient pas la preuve du dépôt des 1000 fr., mais elle prouve que Paul est débiteur de Pierre, et constitue tout au moins un commencement de preuve suffisant pour faire admettre la preuve par témoins à l'appui de la demande en restitution. — Pothier, *Oblig.*, nº 805; Toullier, t. 8, nº 322, et t. 9, nº 108; Duranton, t. 13, nº 349; Rolland de Villargues, nouv. édit., vº *Commencement de preuve par écrit*, nº 43.

99.— M. Duranton (*ibid.*) fait toutefois observer avec raison que si la somme demandée était très considérable, ce qui s'estimerait aussi en raison de l'état des parties et de la fortune du demandeur, le juge ne devrait pas trop facilement avoir égard à un écrit conçu dans des termes aussi vagues, pour admettre la preuve testimoniale, surtout si le défendeur en expliquait avec vraisemblance la cause, et s'il pouvait démontrer par certaines présomptions que cet écrit s'appliquait à une dette soldée, ou à une dette moindre que celle qui lui serait réclamée.

100. — Peu importerait au surplus que la lettre dont nous venons de parler n'eût pas été adressée au demandeur, mais à quelque autre personne, parce que ce qui faisait dans cette espèce le commencement de preuve, c'était la reconnaissance tacite du défendeur qu'il devait quelque chose au demandeur. — Toullier, t. 9, nº 322, *in fine;* Rolland, *ibid.*

101. — Pierre a écrit à Paul une lettre pour le prier de compter à son fils, porteur de la lettre, une somme de 300 fr., dont il a besoin pour ses études. Paul a compté la somme, mais il a omis de tirer un reçu du fils de Pierre. La lettre que ce dernier a remise, et dont Paul est porteur, forme un commencement de preuve par écrit, qui doit le faire admettre à la preuve par témoins. — Pothier, *Oblig.*, nº 803; Toullier, t. 8, nº 322, et t. 9, nº 110; Duranton, t. 13, nº 347; Rolland de Villargues, *ibid.*, nº 44; *Dict. notar.*, vº *Commencement de preuve par écrit*, nº 27.

102. — Si celui à qui la lettre était écrite n'a pas voulu compter la somme et que le porteur se soit adressé à une autre personne à laquelle il a remis la lettre et qui lui a compté la somme sans prendre un reçu, cette lettre sera sans doute dans les mains du tiers à qui elle n'était pas adressée une moindre preuve; néanmoins, on décide qu'elle est suffisante pour faire admettre la preuve testimoniale.— Pothier, *ibid.*; Toullier, t. 9, nº 112; Rolland de Villargues, *ibid.*, nº 45; Duranton, *ibid.*; *Dict. notar.*, *ibid.*, nº 28.

103. — Il y a plus: une simple lettre de recommandation d'une personne avec prière de donner à son fils de l'argent pour ses besoins, pourrait former un commencement de preuve, si d'ailleurs les prêts étaient vraisemblables, à raison des dépenses que le fils de cette personne aurait faites. Et la réclamation du tiers, dans ce cas, ne serait pas même subordonnée à la condition de prouver que le fils recommandé a fait un emploi utile des sommes qui lui ont été avancées. — Toullier, t. 9, nº 111; Rolland de Villargues, *ibid.*, nº 46.

104. — On a pu considérer comme un commencement de preuve par écrit, propre à faire admettre la preuve testimoniale, une lettre par laquelle un individu écrit à un autre pour lui demander les 1200 fr. qu'il lui a promis.— *Colmar*, 18 nov. 1809, Eptingen c. Ockely.

105. — Peut être considérée comme un commencement de preuve par écrit, sur la quotité d'un prêt, une lettre dans laquelle un individu écrit à un autre qu'il *est au désespoir de ne pouvoir pas rembourser l'argent qu'il lui a obligeamment prêté.* — *Trèves*, 10 fructid. un XII, Descornais c. Saint-Aubin; *Cass.*, 29 prair. an XIII, Saint-Aubin c. Descornais.

106.—Des lettres par lesquelles le prétendu créancier demande aux héritiers de son ancien débiteur, s'il ne se trouvait dans les papiers de la succession rien de relatif à sa créance, ont pu être considérées comme un commencement de preuve par écrit du paiement. Les juges ont pu voir là un moyen détourné de s'assurer, avant d'agir, si le temps n'avait pas fait disparaître les traces de la libération. — *Cass.*, 31 mai 1831, Espert.

107. — Mais lorsqu'un créancier écrit une première fois à son débiteur pour demander le paiement de sa créance, et qu'une seconde fois il lui demande ce qu'il reste devoir, il n'y a point là, en faveur du débiteur, un commencement de preuve par écrit suffisant pour admettre la preuve testimoniale des paiemens qu'il prétend avoir faits dans l'intervalle des deux lettres — *Riom*, 17 janv. 1816, Vernet c. Couchard.

108.—Une lettre, bien qu'émanée de celui à qui on l'oppose, a pu être considérée comme ne formant pas contre lui un commencement de preuve par écrit. — *Cass.*, 11 avr. 1831, Hardyau-Quantin c. Lambron.

109. — Lorsqu'il résulte des circonstances de la cause qu'une lettre missive est l'effet de l'erreur de la personne qui l'a écrite, les juges peuvent refuser de l'admettre comme commencement de preuve par écrit, surtout en matière de filiation. — *Cass.*, 11 avr. 1826, Beauveau c. Delaunet.

110. — Les interrogatoires sur faits et articles, les réponses faites sur comparution à l'audience, ou consignées dans un procès-verbal de non-conciliation, peuvent rendre vraisemblable le fait allégué.

111. — On doit considérer comme un commencement de preuve par écrit un procès-verbal de non conciliation dans lequel une partie des intéressés déclare ne vouloir contester, et l'autre, au lieu de méconnaître la parenté, excipe seulement de la nature des biens pour soutenir que les réclamans en sont exclus par le statut local. — *Trèves*, 19 janv. 1807, Gritten c. Weberlings.

112. — La déclaration faite au bureau de conciliation, et signée par la partie ou son fondé de pouvoir, peut être invoquée comme formant un commencement de preuve par écrit autorisant les juges à admettre des présomptions pour décider qu'un billet de plus de 150 fr. a été payé. — *Cass.*, 7 mars 1831, Debesse c. Brice Hilaire.

113. — On peut considérer comme constituant un commencement de preuve par écrit la réponse faite au bureau de paix par le défendeur qui, sans contester la demande, se borne à dire qu'elle est exagérée, alors surtout que plus tard il a déclaré simplement s'en remettre à justice sur l'admissibilité de la preuve testimoniale requise par le demandeur pour justifier son action. — *Bordeaux*, 24 avr. 1841 (t. 2 1841, p. 190), Mathivet c. Dufaure.

114. — Mais on ne peut voir un commencement de preuve par écrit tendant à établir l'existence d'une vente dans une citation en conciliation dans laquelle le demandeur en désistat reconnaît que son adversaire est en possession.—*Limoges*, 4 juin 1840 (t. 1er 1841, p. 70), Arfouilloux et Breton c. Mathurin.

115. — Le refus d'une partie de s'expliquer au bureau de conciliation sur des faits articulés, a pu être considéré comme un commencement de preuve par écrit. — *Cass.*, 9 fév. 1808, Monnier c. Baron; — Toullier, t. 9, nºs 117, 119 et suiv.

116.— Il en est de même du refus du défendeur de prêter au bureau de paix le serment déféré par le demandeur. — *Nîmes*, 12 mars 1823, Breisse c. Jallade.

117. — De même on peut considérer comme commencement de preuve écrite le refus d'une partie souscrit par elle, en bureau de paix, de faire aucune réponse sur les faits de simulation et de fausse cause de l'obligation dont elle réclamait le paiement. — *Rennes*, 24 fév. 1819, Robert c. Petel.

118.—La déclaration d'une partie énoncée dans un procès-verbal de non-conciliation, qu'*on ne lui fera dire ni reconnaître ce qu'elle ne voudra pas, et même qu'elle ne veut point recevoir une somme, attendu qu'elle ne fait pas son compte*, ne peut former un commencement de preuve par écrit, qui rende admissible la preuve par témoins, que des à-compte ont été payés. — Une telle déclaration peut cependant, si d'autres circonstances concourent, autoriser le juge à déférer le serment pour fixer la quotité de la somme due. — *Riom*, 22 nov. 1820, Batut c. Pélissier; — Toullier, t. 9, nº 124.

119.—Les écrits auxquels il manque quelque chose dans la forme, les actes nuls, imparfaits, prescrits, les actes simplement énonciatifs, les signatures en blanc, peuvent aussi rendre *vraisemblables* les faits allégués.

120.—Et d'abord le billet souscrit mais non écrit par le débiteur, ou dont il n'a pas approuvé la somme, conformément à l'art. 1326, C. civ., forme-t-il un commencement de preuve par écrit? — Nous avons établi ailleurs l'affirmative. — V. APPROBATION DE SOMME.

121. — L'acte synallagmatique non fait double, conformément à l'art. 1325, vaut comme commencement de preuve par écrit. — V. DOUBLE ÉCRIT.

122. — Un acte notarié, nul à défaut de l'accomplissement de quelque formalité, peut-il valoir comme commencement de preuve par écrit? —Oui, contre la partie qui y a apposé sa signature. —Arg. L. 25 vent. an XI, art. 68;— Merlin, vº *Commencement de preuve par écrit;* Toullier, t. 8, nºs 102, 103, 134 et 135; t. 9, nºs 86 et 87; Duranton, t. 13, nº 352.

123. — Ainsi, un acte de vente notarié, nul à défaut de signature de l'une des parties, ne peut valoir comme commencement de preuve par écrit contre cette partie. — *Liége*, 9 juill. 1812, Brener.

124. —De même l'acte de vente, revêtu de la signature de deux acquéreurs sur cinq qui s'étaient proposé d'acquérir, ne peut être considéré comme un commencement de preuve par écrit suffisant pour autoriser la preuve par témoins que ces deux signataires ont consenti à demeurer acquéreurs pour un cinquième ou pour un tiers. — *Cass.*, 26 juill. 1832, Lassaux et Caron c. Templier.

125. — Jugé cependant que, bien qu'un acte d'échange notarié, nul en la forme, à défaut de la signature des parties contractantes et des témoins, ne puisse valoir comme acte sous seing-privé, il peut néanmoins servir de commencement de preuve

par écrit, selon les circonstances, par exemple, s'il y a eu exécution de la part des parties. — *Pau*, 17 déc. 1821, Faure c. Daure.

126. — Les actes nuls à raison de l'*incapacité des parties* ne peuvent servir de commencement de preuve par écrit contre elles. Par exemple, on ne pourrait exciper contre un individu d'un billet qu'il aurait souscrit en minorité, en demandant à compléter la preuve du prêt ou de l'obligation par des témoins ou des présomptions; car si le billet peut jusqu'à un certain point prouver le prêt, il ne prouve nullement le bon emploi de la somme prêtée; ce qui est cependant nécessaire (C. civ., art. 1312). Le système contraire aurait pour effet d'encourager les usuriers et d'exposer les mineurs à une ruine infaillible au moyen de témoins subornés. — Pothier, *Oblig.*, n° 804; Toullier, t. 9, n° 405; Duranton, t. 13, n° 348.

127. — Les reconnaissances de *devoir* insérées dans un testament nul ou révoqué peuvent-elles servir de commencement de preuve par écrit? — Toullier, t. 5, n°s 636 et 637. — V. OBLIGATION, TESTAMENT.

128. — Lorsqu'un acte n'exprime pas la cause de la dette, qu'il ne porte pas non plus la reconnaissance de *devoir*, et que ce n'est point un billet souscrit par un commerçant, il peut servir de commencement de preuve par écrit en faveur du demandeur chargé de prouver que l'obligation a une cause. — Duranton, t. 13, n° 354.

129. — L'acte sous seing privé qui n'a point acquis date certaine dans l'une des circonstances énoncées en l'art. 1328, C. civ., ne forme-t-il pas même un commencement de preuve par écrit de cette date, qui autorise l'admission des témoignages ou des présomptions graves, comme s'il y a eu exécution. — V. ACTE SOUS SEING-PRIVÉ.

130. — Le titre prescrit ne peut former un commencement de preuve par écrit en faveur du créancier, par exemple, de la prestation de la rente qui y est portée, s'il s'agit d'une rente. C'est qu'en effet, lorsque le titre est prescrit, la loi présume que le rachat de la rente a été fait. Cette présomption ne peut être détruite que par une preuve contraire, telle qu'un acte récognitif, ou tout au moins un commencement de preuve écrite, tel qu'une lettre du débiteur ou autre écrit semblable, etc. Le titre prescrit resté aux mains du créancier serait une présomption insuffisante. — Toullier, t. 9, n° 97; *Dict. not., ibid.*, n° 23; Rolland de Villargues, *ibid.*, n° 37.

131. — La preuve que les arrérages d'une rente ont été payés depuis moins de trente ans, et qu'ainsi il n'y a pas lieu à prescription, peut être faite par témoins, quoiqu'il s'agisse d'une somme excédant 150 fr. En pareil cas, le titre constitutif de cette rente ou celui par lequel un tiers se charge de la servir forme un commencement de preuve par écrit. — *Caen*, 20 mai 1840 (t. 2 1843, p. 286), Sanson c. Desgenetez.

132. — Les énonciations étrangères à la disposition d'un acte ne forment qu'un commencement de preuve par écrit. — C. civ., art. 1320. — V. ACTE AUTHENTIQUE.

133. — Lorsque, dans un acte de vente notarié, l'acquéreur s'est obligé de laisser jouir un locataire, *pendant le temps qu'il a droit de le prétendre*, le locataire peut opposer à l'acquéreur cette énonciation comme un commencement de preuve par écrit qu'il a eu connaissance du bail sous seing-privé passé avec le vendeur, et par suite la preuve testimoniale peut être admise, pour établir cette connaissance du bail de la part de l'acquéreur, ainsi que l'obligation de l'exécuter. — *Cass.*, 15 déc. 1836 (t. 1er 1837, p. 522), Dupont et Benard c. Henry.

134. — Le billet ainsi conçu : « Je promets payer » à *tel* la somme de... pour le prix de telles marchandises *qu'il me livrera...* » offre un commencement de preuve par écrit, qui doit faire admettre la preuve par témoins de la livraison. — Pothier, *Oblig.*, n° 802; Toullier, t. 9, n° 107; Duranton, t. 13, n° 346.

135. — Une procuration en blanc peut être considérée comme un commencement de preuve par écrit pour établir l'existence du mandat pour le détenteur de la procuration, alors d'ailleurs qu'il résulte des circonstances que cette procuration avait été confiée par le mandant avec le pouvoir de remplir le blanc de tel nom qu'on voudrait y insérer, lorsque le besoin s'en ferait sentir. — *Cass.*, 4 août 1835, Cosnard c. Brout et Farment.

136. — Une quittance produite dans une instance et qu'on soutient être le résultat d'un abus de blanc-seing, peut servir de commencement de preuve par écrit pour établir qu'il y a eu remise de blanc-seing et abus de ce blanc-seing. — *Riom*, 30 mars 1843 (t. 2 1844, p. 457), Lavillatelle c. Comberal.

137. — Le commencement de preuve par écrit est réputé résulter de l'altération faite, de la main du prévenu d'abus de blanc-seing, de *l'approbation* mise au bas du blanc seing par le souscripteur. — *Toulouse*, 5 déc. 1838 (t. 2 1839, p. 331), Dulfaut.

138. — Le paraphe et la première lettre de la signature apposés par un individu sur la minute d'un bail notarié et interrompu par la mort instantanée du signataire, constituent un commencement de preuve par écrit, rendant vraisemblable le fait allégué de location, et autorisant la preuve testimoniale. — *Paris*, 27 mars 1841 (t. 1er 1841, p. 582), Roy c. Geoffroy.

139. — Les actes sous seing-privé auxquels il ne manque que la reconnaissance ou la vérification de l'écriture ou des signatures peuvent aussi former un commencement de preuve par écrit, suivant Toullier (t. 8, n°s 215 et suiv., et t. 9, n°s 54, 64, 76 et 80). — V. aussi Rolland de Villargues (*ibid.*, n°s 23 et 24).

140. — Cette opinion est toutefois fort contestable. Lorsque l'acte n'est ni vérifié ni reconnu, qu'est-ce qui prouve qu'il soit émané de celui auquel on l'attribue? Cet acte n'est-il pas à son égard comme l'acte d'un étranger? Or, comment fonder un commencement de preuve par écrit sur un acte dont l'auteur est encore incertain? — C. civ., art. 1347; — Merlin, *Rép.*, v° *Commencement de preuve*; Chardon, *Du dol et de la fraude*, t. 1er, n° 120; Pigeau, *Comment.*, t. 1er, p. 321; Carré, t. 1er, p. 508.

141. — Ainsi jugé, avant le Code civil, qu'un acte privé non reconnu par la partie à laquelle on l'opposait comme émané de son auteur, et qui n'avait point été vérifié, ne pouvait former un commencement de preuve par écrit et faire admettre la preuve testimoniale. — *Cass.*, 19 frim. an XIV, Coppens.

142. — Jugé de même, sous le Code, qu'un acte sous seing-privé dont l'écriture est méconnue et non encore vérifiée ne peut constituer un commencement de preuve par écrit susceptible de faire admettre la preuve testimoniale. — *Bastia*, 20 juill. 1842 (t. 2 1842, p. 656), Forcioli c. Follacci.

143. — ... Qu'un billet nul pour défaut d'approbation d'écriture ne peut servir de commencement de preuve par écrit de l'existence de la dette, encore bien que la signature en ait été vérifiée et déclarée valable. — *Bruxelles*, 13 août 1811, Defusciaux c. Depatoul.

144. — Si le billet souscrit par un cultivateur et sa femme n'est pas valable à l'égard de cette dernière pour ne porter une approbation qu'en ces termes : *Approuvé le billet ci-dessus*, néanmoins il peut servir de commencement de preuve par écrit. — *Caen*, 28 nov. 1843 (t. 2 1844, p. 267), Monnoyer c. Roze.

145. — Les auteurs et la jurisprudence signalent encore d'autres exemples d'écrits comme rendant *vraisemblable* le fait allégué.

146. — Pierre a de Paul un billet ainsi conçu : « Je promets payer à Pierre la somme de cent... qu'il m'a prêtée. » — Pierre prétend avoir prêté cent écus; Paul prétend n'avoir emprunté que cent sous. Le billet dont Pierre est porteur est un commencement de preuve par écrit, qui doit le faire admettre à la preuve testimoniale du prêt des cent écus. — Si au lieu de cent écus il réclamait cent mille francs, les juges ne devraient admettre la demande qu'avec réserve, et en tant qu'elle serait fondée sur la vraisemblance. — Si au lieu de cent écus ou de cent mille francs Pierre ne réclamait que cent francs, la preuve se trouverait toute faite, car il n'est pas vraisemblable que l'on fasse un billet pour cent centimes ni même pour cent sous. — Pothier, *Oblig.*, n° 805; Toullier, t. 9, n° 114; *Dict. not., ibid.*, n° 29; Rolland de Villargues, *ibid.*, n° 49.

147. — *Quid* si le créancier prétendait que le mot *cent* eût dû être suivi d'un autre nom de nombre, comme *soixante*, et que le prêt a été de *cent soixante* francs? La vraisemblance pourrait encore exister, comme on peut le voir par l'exemple cité par Toullier; et les juges pourraient aussi, dans ce cas, et selon les circonstances, admettre qu'il y a commencement de preuve par écrit. — Toullier, t. 9, n° 115; *Dict. not., ibid.*, n° 30; Rolland de Villargues, *ibid.*, n° 50.

148. — Un arrêté de compte peut servir de commencement de preuve par écrit qui permet de prouver par témoins que les parties ont entendu comprendre dans cet arrêté des billets souscrits antérieurement. — *Colmar*, 1er juill. 1818, Clavey c. Meillière.

149. — Lorsqu'après avoir réglé leurs droits respectifs dans un acte de partage, des parties ont, par un second acte, fixé leurs droits d'une autre manière et annulé le premier réglement, les juges peuvent voir dans ce premier réglement un commencement de preuve par écrit autorisant l'admission de la preuve testimoniale ou des présomptions contre la sincérité du second acte. — *Cass.*, 24 janv. 1833, Solirène.

150. — De ce que le cautionnement doit être exprès, il ne s'ensuit point qu'il doive être écrit; il peut être prouvé par témoins lorsqu'il existe un commencement de preuve par écrit. — *Cass.*, 1er fév. 1836, Durand c. Brun.

151. — Ainsi, un acte de cautionnement, souscrit par un associé au profit de son associé, peut être considéré comme un commencement de preuve par écrit de l'existence de la société. — *Cass.*, 19 fructid. an XI, N...

152. — Jugé au contraire qu'on ne peut prouver par témoins un cautionnement, lorsqu'il n'y a pas de commencement de preuve par écrit. — *Nîmes*, 6 juin 1823, de Blandas c. Cayre et Valette.

153. — Lorsqu'un testateur a reconnu par son testament que des domestiques à ses gages ont des objets mobiliers dans sa demeure, et a disposé qu'ils seraient crus sur leur serment, sur la quotité de ces objets, une telle reconnaissance, si elle ne forme pas un titre obligatoire, forme du moins, en faveur de ces domestiques à gages, un commencement de preuve par écrit. — *Rennes*, 24 juill. 1823, Girol c. des Nétumières.

154. — On peut considérer comme commencement de preuve par écrit pour établir qu'une acquisition a été faite non pour le compte de l'acheteur apparent, mais pour celui d'un tiers, le testament par lequel cet acheteur lègue à ce tiers la chose acquise. — *Caen*, 7 juin 1837, sous *Cass.*, 5 juill. 1841 (t. 2 1841, p. 425), de Tourville c. Bénédictines de Valognes.

155. — La déclaration faite par une femme, dans un acte qu'elle appelle codicille, d'une dette envers son mari, constitue au profit de ce dernier un commencement de preuve par écrit qui peut établir l'existence de la dette, s'il s'y joint des présomptions graves, précises et concordantes. — *Toulouse*, 7 mars 1835, Fabre-Fondure c. de Belot.

156. — Un inventaire peut être considéré comme un commencement de preuve par écrit de l'extinction d'une créance, lorsqu'elle n'y est pas comprise, et qu'il résulte des autres circonstances que la libération est vraisemblable. — *Metz*, 19 août 1825, Doisy c. Etienne; — Toullier, t. 9, n°s 55, 109 et 122.

157. — Lorsque, par un acte écrit, un éditeur a acheté un ouvrage, à la condition, entre autres, d'en remettre un nombre déterminé d'exemplaires au vendeur, on ne saurait considérer comme un commencement de preuve par écrit de nature à faire admettre la preuve par témoins de la libération de l'acheteur, la mention portée en l'*inventaire, après le décès du vendeur*, d'un certain nombre d'exemplaires trouvés parmi ses effets. — *Paris*, 13 frim. an XIV, Gidde c. Arnoux.

158. — Sous l'ordonnance de 1667, la clause obscure d'un acte ne formait pas un commencement de preuve par écrit qui pût autoriser la preuve testimoniale des faits interprétatifs de cette clause. — *Cass.*, 10 prair. an XI, Le Marois c. Vernet.

159. — La reconnaissance par les parties de l'existence d'un acte sur les conditions duquel elles sont en désaccord ne peut être considérée comme un commencement de preuve par écrit à l'effet d'autoriser la preuve testimoniale des clauses du traité. — *Cass.*, 3 mai 1830, Boucher c. Cuvet.

160. — On ne peut pas considérer comme un commencement de preuve par écrit la circonstance qu'une maison servant d'auberge appartient à l'une des parties, lorsqu'on allègue, pour motiver la récusation, que les juges ont bu et mangé chez l'aubergiste, locataire de cette partie, des alimens préparés chez cette dernière et introduits dans l'auberge par une porte dérobée. — *Cass.*, 16 nov. 1825, Tivolier c. Martin.

161. — La déclaration ou l'aveu fait par un acheteur, qu'il ne doit plus qu'une certaine somme sur son prix, ne peut être regardée comme un commencement de preuve par écrit suffisant pour faire admettre la preuve par témoins que l'acheteur a renoncé à demander une diminution sur le prix pour vice de la chose vendue. — *Caen*, 29 juill. 1837 (t. 2 1838, p. 325), Dalleroy c. Delavande.

162. — Le débiteur dont les fruits ont été saisis peut être admis à prouver par témoins que les gardiens ont remis les fruits saisis au créancier, quelle que soit la valeur de ces fruits. En ce cas, l'acte de saisie peut être considéré comme un commencement de preuve par écrit. — *Nîmes*, 31 janv. 1811, Lefèvre c. Jourdan.

163. — La main-levée pure et simple d'un acte d'écrou signée par le créancier est un commencement de preuve par écrit de la libération du débiteur. — *Agen*, 29 mai 1837 (t. 1er 1843, p. 739), Dayres c. Milasseau.

164. — La main-levée d'inscription donnée par le créancier à l'acquéreur de l'immeuble hypothéqué constitue en faveur du débiteur vendeur un commencement de preuve par écrit du paiement de la créance, alors même que le débiteur aurait, dans l'acte de vente, donné quittance du prix. — *Cass.*, 17 juill. 1820, Renault-Ménard c. Morin.

165. — De même, la main-levée par le créancier de l'inscription hypothécaire formant la garantie spéciale de sa créance donnée sans réserve, et avant la vente de l'immeuble hypothéqué, constitue un commencement de preuve par écrit qui rend vraisemblable la libération du débiteur. — *Paris*, 16 août 1838 (t. 2 1838, p. 220), Mulot c. Santo-Domingo.

166. — Un bordereau de collocation sur le vu duquel un acquéreur a payé son prix à la décharge de l'ancien propriétaire constitue un commencement de preuve par écrit contre ce dernier. — *Cass.*, 18 janv. 1830, Petit c. Juillet.

167. — L'on ne peut pas considérer comme commencement de preuve par écrit, à l'effet d'établir l'existence d'un acte contesté entre parties, la décharge donnée par une partie, conjointement avec l'autre, pour retirer d'un dépôt public des pièces relatives à l'affaire. — *Cass.*, 9 vent. an VIII, Bolvair c. Brunschvig.

168. — On ne peut invoquer contre un notaire, créancier d'une des parties contractantes, comme commencement de preuve par écrit à l'effet d'établir la libération de cette partie envers lui, le fait qu'il aurait reçu, sans faire aucune réclamation, l'acte contenant quittance du prix payé à celle-ci par l'acquéreur de l'immeuble sur lequel ce notaire avait pris inscription. — *Bordeaux*, 14 fév. 1832, Tenant c. Passerieux.

169. — Mais, lorsqu'un notaire a reçu en sa qualité un acte emportant de la part du débiteur concession d'une inscription sur un immeuble dont celui-ci se dit propriétaire, et qu'il a rédigé de sa main comme mandataire du créancier les bordereaux d'inscription, l'obligation et les bordereaux peuvent, dans le cas où ce notaire vient ensuite à se prétendre propriétaire de l'immeuble hypothéqué en vertu d'un acte antérieur à la dation d'hypothèque, être considérés comme un commencement de preuve par écrit de nature à entraîner contre la sincérité de cet acte l'admission de la preuve testimoniale ou de présomptions, graves, précises et concordantes. — *Cass.*, 4 avr. 1838 (t. 2 1838, p. 234), Bolder c. Barberet et Richard.

170. — Ces deux arrêts qui, au premier abord, paraissent contraires, ne le sont réellement pas. Dans l'espèce du premier, le notaire s'était borné au rôle de simple rédacteur de l'acte; tandis que, dans l'espèce du second, il s'était constitué, à proprement parler, le mandataire de l'une de parties.

171. — Pour parvenir à la preuve qu'un notaire a agi comme mandataire d'un prêteur de fonds, on ne peut considérer comme commencement de preuve par écrit la non-comparution du prêteur à l'acte qui n'a été signé que par l'emprunteur, l'élection de domicile dans l'étude de ce notaire et la rédaction par lui des bordereaux d'inscriptions hypothécaires, le paiement qu'il a fait des intérêts de la somme prêtée, enfin différentes notes de sa main qu'il a fournies dans des procès soutenus par le prêteur pour la conservation de ses droits. — *Douai*, 18 juill. 1843 (t. 1er 1844, p. 148), Hebon c. Brouella; 25 juill. 1843 (t. 1er 1844, p. 148), Lingrand c. Foulon.

172. — On peut considérer comme commencement de preuve par écrit contre un individu la signature qu'il a apposée comme témoin sur un acte notarié. — Ainsi, la présence d'un ancien possesseur à un acte de vente, où il figure comme témoin, peut lui être opposée; et l'on doit regarder sa signature comme un fait émané de lui et qui peut servir de commencement de preuve par écrit. — *Agen*, 7 déc. 1822, Michaudel c. Delpech et Mayat.

173. — Toutefois il est à remarquer que, dans l'espèce de cet arrêt, il y avait cette circonstance singulière que le témoin, à qui sa propre signature était opposée, *avait donné lui-même la désignation des objets vendus*, et qu'il venait revendiquer ensuite contre l'acquéreur ces mêmes objets comme étant encore sa propriété. Hors ce cas, ou autres semblables, Rolland de Villargues (*ibid.*, n° 14) et les auteurs du *Dict. not.* (*ibid.*, n° 8) ne pensent pas que la question puisse être résolue dans ce sens : ils estiment que la signature d'un témoin instrumentaire ne peut, en règle générale, être considérée comme un commencement de preuve par écrit qui puisse lui être opposé. Quant à nous, nous pensons que la solution de cette question dépend des circonstances.

174. — Les juges ont toute latitude pour apprécier si les écrits émanés de ceux à qui on les oppose, ou de leurs auteurs, rendent vraisemblables les faits allégués, et s'ils sont par conséquent susceptibles de former un commencement de preuve écrite. — En ce qui concerne l'ancienne législation, V. *suprà*, nos 2 et suiv., et Pothier, *Oblig.*, n° 802. — D'où il suit que leurs décisions sur ce point échappent à la censure de la cour de Cassation. — Toullier, t. 8, nos 218, 287, et t. 9, nos 121 et 133; *Dict. not.*, *ibid.*, n° 43; Duranton, t. 13, n° 344; Rolland de Villargues, *ibid.*, n° 66.

175. — Jugé en ce sens que les juges ont un pouvoir discrétionnaire pour décider, d'après les circonstances de la cause, qu'un acte constitue ou non un commencement de preuve par écrit. — *Cass.*, 6 août 1839 (t. 2 1839, p. 203), Lachèvre-Lemonnier c. Lachèvre.

176. — ... Qu'un tribunal a pu, en l'absence d'un acte de partage, déclarer que le partage a eu lieu, s'il existe à cet égard un commencement de preuve par écrit, et surtout si la demande en partage paraît entachée de dol et de fraude. — *Cass.*, 27 avr. 1836, Falèze c. Falèze et Chatard.

177. — ... Que la décision qui déclare qu'un acte manque des caractères nécessaires pour constituer un commencement de preuve par écrit échappe, comme reposant sur une simple appréciation, à la censure de la cour de Cassation. — *Cass.*, 11 avr. 1826, de Beauveau c. Delaunet.

178. — ... Tel est le cas où il a été décidé qu'une lettre, bien qu'émanée de celui à qui on l'opposait ne formait pas contre lui un commencement de preuve par écrit. — *Cass.*, 14 avr. 1831, Hardyau-Quantin c. Lambron.

179. — Ainsi encore une cour royale a pu refuser le caractère de commencement de preuve par écrit à un interrogatoire dans lequel se trouvaient des déclarations favorables à une filiation contestée, si ces déclarations étaient émanées d'un simple légataire devenu étranger à la famille de celui dont on le disait l'enfant légitime, et si d'ailleurs elles sont reconnues être le résultat de manœuvres frauduleuses. — *Cass.*, 6 août 1839 (t. 2 1839, p. 203), Lachèvre-Lemonnier c. Lachèvre.

180. — Un arrêt a pu décider, sans tomber sous la censure de la cour suprême, que des notes écrites par un individu poursuivi en restitution de sommes prétendues déposées entre ses mains, notes se rapportant à un décompte des arrérages provenant de ces sommes, ne formaient pas, alors même qu'elles seraient accompagnées de présomptions graves, précises et concordantes, le commencement de preuve par écrit rendant vraisemblable le dépôt allégué et autorisant l'admission de la preuve testimoniale. — *Cass.*, 26 juill. 1843 (t. 1er 1844, p. 315), Letourneur c. Laroze.

181. — Jugé cependant que la question de savoir si le caractère d'une pièce est de nature à former un commencement de preuve par écrit est une question de droit dont l'examen rentre dans les attributions de la cour de Cassation. — *Cass.*, 30 déc. 1839 (t. 1er 1840, p. 99), Leclerc-Lacote c. Vidal et Chavagne.

182. — Quand le juge reconnaît qu'il y a commencement de preuve par écrit, il n'est pas nécessaire qu'il déclare expressément que ce commencement de preuve rend vraisemblable le fait allégué. — *Cass.*, 19 juin 1839 (t. 2 1839, p. 30), Demontey c. Nitot.

§ 2. — *Effets du commencement de preuve par écrit.*

183. — L'effet du commencement de preuve par écrit est, en rendant vraisemblable le fait allégué, d'autoriser l'admission de la preuve testimoniale, dans tous les cas, à quelque somme que s'élève la demande, même lorsque la preuve littérale était exigée. — C. civ., art. 1347. — On en a vu de nombreux exemples dans les numéros qui précèdent.

184. — Sous l'empire de l'édit perpétuel de 1611, art. 19, la preuve testimoniale était reçue lorsqu'il y avait commencement de preuve par écrit. — *Bruxelles*, 11 fév. 1819, Vanderlinden c. Plovits.

185. — Les réponses ou aveux faits dans un interrogatoire sur faits et articles, pouvant servir de commencement de preuve par écrit (V. *suprà* n° 110), rendent par conséquent la preuve testimoniale admissible. — *Cass.*, 6 avr. 1836, Rivet c. Burbaud.

186. — ... Soit qu'il s'agisse de choses excédant 150 fr. — *Rouen*, 8 avr. 1824, Juves c. Duchaussoy; *Cass.*, 11 janv. 1827, mêmes parties.

187. — ... Soit qu'il s'agisse de prouver contre et outre le contenu en un acte authentique. — *Bourges*, 27 avr. 1833, Evrat c. Pouillot.

188. — On peut, lorsqu'il y a un commencement de preuve par écrit, prouver par témoins que la cause énoncée en un contrat est fausse, et que par suite ce contrat est sans cause. — *Bordeaux*, 24 déc. 1844 (t. 1er 1845, p. 570), Bibard c. Mauxion.

189. — La preuve par témoins peut être admise contre la foi due à un acte authentique, attaqué par simulation, lorsqu'il existe un commencement de preuve par écrit. — *Cass.*, 7 mars 1820, Desmares c. Delamotte.

190. — Jugé de même à l'égard de la partie qui argue de simulation une créance insérée dans un acte authentique. — *Rennes*, 24 fév. 1819, Robert c. Petel.

191. — Mais les parties contractantes ne sont point recevables à prouver par témoins et à l'aide de présomptions la simulation des actes qu'elles ont consentis, alors surtout qu'elles ne produisent aucun commencement de preuve par écrit. — *Cass.*, 30 avr. 1838 (t. 2 1838, p. 112), André et Collier c. Dreux; *Turin*, 9 juill. 1812, Saint Vital c. Bellone. — V. PREUVE TESTIMONIALE.

192. — ... Et cela lors même qu'on alléguerait que l'acte, et spécialement une vente, masquerait un acte pignoratif et des intérêts usuraires. — *Turin*, 9 juill. 1812, Saint Vital c. Bellone.

193. — Les tribunaux peuvent décider qu'une acquisition a été faite en vertu du mandat donné par un tiers qui ne figure pas dans l'acte de vente, bien que le mandat ne soit pas représenté, si son existence résulte de faits et de circonstances graves appuyés sur un commencement de preuve par écrit. — *Cass.*, 22 mai 1827, Niefergold c. Lehmann.

194. — On peut prouver par témoins qu'un individu était nanti de titres de créances dépendant d'une succession, soit à l'époque du décès, soit depuis, s'il existe contre lui un commencement de preuve par écrit; et, quand la preuve est rapportée, il est tenu de rendre compte de ces créances, bien qu'il allègue que les titres lui ont été remis par le défunt, sous la foi du secret, pour les confier à un tiers. — *Montpellier*, 6 mars 1828, Baile c. Blanc.

195. — La preuve que les arrérages d'une rente ont été payés depuis moins de trente ans, et qu'ainsi il n'y a pas lieu à prescription, peut être faite par témoins, quoiqu'il s'agisse d'une somme excédant 150 fr., alors surtout qu'il existe un commencement de preuve par écrit. — *Toulouse*, 18 mai 1831, Martres c. Barthès.

196. — Lorsqu'une partie ayant produit un commencement de preuve par écrit, a été admise à faire la preuve, par témoins, du service d'une rente, si les juges reconnaissent que les arrérages de la rente ont été payés, ils peuvent décider que la prescription a été interrompue; leur décision à cet égard peut être motivée à la fois sur le résultat des enquêtes et sur l'inspection des registres particuliers du créancier de la rente. — *Cass.*, 20 nov. 1839 (t. 1er 1840, p. 399), Choussy c. Lemagne.

197. — La preuve testimoniale, lorsqu'il existe un commencement de preuve par écrit, est admissible pour établir l'existence d'une convention écrite, et résultant d'un acte sous-seing privé, aussi bien qu'elle l'est pour constater l'existence d'une convention verbale, alors que la partie allègue avoir perdu son titre. — *Cass.*, 31 mai 1831, Peyrard c. Jeune-Homme.

198. — Avant le Code, une transaction non constatée par écrit ne pouvait être prouvée par témoins qu'autant qu'il existait un commencement de preuve par écrit. — *Cass.*, 9 vent. an VIII, Bolvair c. Brunschvig.

199. — De même sous le Code, les conventions d'une transaction peuvent être prouvées par témoins, lorsqu'il y a un commencement de preuve par écrit. — *Bordeaux*, 28 mai 1834, sous *Cass.*, 25 fév. 1835, Calvimont c. Baritault.

200. — On peut prouver par témoins, lorsqu'il y a un commencement de preuve par écrit, la continuation d'une société, nonobstant un acte formel qui en constate la dissolution. — *Bruxelles*, 11 fév. 1819, Vanderlinden c. Plovits.

201. — La preuve testimoniale d'un dépôt volontaire excédant la valeur de 150 fr. est admissible lorsqu'il en existe un commencement de preuve par écrit. — *Cass.*, 3 déc. 1818, Lefèvre c. Salançon.

202. — Lorsqu'un délit présuppose l'existence d'une convention antérieure dont la preuve par témoins n'est pas admise par la loi, les tribunaux correctionnels ne peuvent autoriser la preuve testimoniale du délit. Il faut qu'il y ait un commencement de preuve par écrit de la convention, ou que cette convention soit établie par une autre voie légale. Tel est le cas où il s'agit pour les tribunaux correctionnels d'admettre la preuve par témoins, pour établir la violation d'un dépôt. — *Cass.*, 31 juill. 1812, Bourgeay; 2 déc. 1813, Courbé; 5 avr. 1817, Desblancs. — V. à ce sujet une délibération de la cour de Cassation du 13 nov. 1813 rapportée dans notre 3e édit., t. 11, p. 804, col. 2e, n° 3. — V. aussi PREUVE TESTIMONIALE.

203. — Ainsi, en matière criminelle, de même

qu'en matière civile, un dépôt excédant la somme ou valeur de 150 fr., ne peut être prouvé par témoins, s'il n'y a un commencement de preuve par écrit. — *Cass.*, 1er sept. 1832, Becq c. Hayard; 6 nov. 1838 (t. 2 1838, p. 608), Demontmort c. Troque.

204. — Il en est de même en matière de soustraction de titres et d'abus de blanc-seing. — V. PREUVE TESTIMONIALE.

205. — Ainsi, celui qui attaque, sans alléguer ni violence ni fraude un acte sous seing privé qu'il prétend être le résultat d'un abus de blanc-seing, ne peut employer la preuve testimoniale ni invoquer des présomptions que dans le cas où il existe déjà un commencement de preuve par écrit, ou qu'il s'agit d'une valeur inférieure à 150 fr. — *Toulouse,* 5 juin 1841 (t. 2 1841, p. 716), Mercadier c. Gaubert.

206. — A moins toutefois qu'il ne fût allégué que la remise du blanc-seing a été le résultat de la fraude ou de la violence. — *Cass.*, 5 mai 1831, Forest.

207. — Les juges peuvent aussi, lorsqu'il existe un commencement de preuve par écrit, compléter ce commencement de preuve par des présomptions.—C. civ., art. 1353; Merlin, *Rép.*, vo *Présomption*, § 4, no 2; Toullier, t. 9, no 123.—V. PRÉSOMPTIONS.

208. — Enfin, lorsqu'il y a commencement de preuve par écrit, les juges, pour compléter leur conviction, peuvent encore déférer le serment supplétoire. — Toullier, no 124. — V. SERMENT JUDICIAIRE.

209. — Jugé même qu'une déclaration reconnue insuffisante pour constituer un commencement de preuve par écrit peut cependant, si d'autres circonstances concourent, autoriser le juge à déférer le serment pour fixer la quantité de la somme due. — *Riom,* 22 nov. 1820, Baltut c. Pelissier.

210. — Alors surtout que la demande paraît raisonnable et fondée. — *Rennes,* 24 juill. 1823, Girot c. des Nétumières.

V. ABUS DE BLANC-SEING, ABUS DE CONFIANCE, ACQUIESCEMENT, ACTE AUTHENTIQUE, ACTES DE L'ÉTAT CIVIL, ACTE DE NOTORIÉTÉ, ACTE SOUS SEING-PRIVÉ, ANTICHRÈSE, APPROBATION DE SOMME, ASSURANCES TERRESTRES, AUTORISATION DE FEMME MARIÉE, AVEU, AYANT CAUSE, BAIL, BLANC-SEING, CHARTE-PARTIE, CONTRE-LETTRE, BOURSE ÉCRIT, ENDOSSEMENT, NOVATION, PAPIERS DOMESTIQUES, PRÉSOMPTIONS, PREUVE, PREUVE TESTIMONIALE, SERMENT JUDICIAIRE ET EXTRA-JUDICIAIRE.

COMMENDE.

1. — On appelait *commende* la provision d'un bénéfice régulier accordé à un ecclésiastique séculier avec dispense de régularité. — V., sur la distinction des bénéfices, BÉNÉFICE ECCLÉSIASTIQUE, no 5.

2. — On distinguait les commendes libres et les commendes décrétées. — Les commendes décrétées étaient celles que le pape accordait à condition qu'après la mort du commendataire le bénéfice serait conféré à un titre régulier. — Denisart, vo *Commende*, 3, 16 et suiv. — Les commendes libres, au contraire, ne contenaient pas ce décret, mais une collation pure et simple.

3. — Les canonistes distinguent également la commende temporelle et la commende perpétuelle.

4. — La commende temporelle, constituée en faveur de l'église, était celle par laquelle un bénéfice vacant était confié à une personne pour avoir soin de tout ce qui en dépendait : c'était une espèce de dépôt. — Cette sorte de commende, qui ne conférait au commendataire aucun droit sur les revenus du bénéfice, pouvait être donnée par l'évêque ou par tout autre ayant juridiction épiscopale. — L'abbé André, *Dict. dr. canon*, vo *Commende.*

5. — Mais insensiblement on arriva à accorder des commendes pour la vie des commendataires, « soit, dit Denisart (vo *Commende*, no 7), pour pallier la pluralité des bénéfices incompatibles, soit afin de pouvoir donner le bénéfice à celui qui n'avait pas l'âge ou les autres qualités requises par le droit pour le posséder.— C'était là ce qu'on appela la commende perpétuelle, laquelle donnait au commendataire le droit de jouir du bénéfice à l'instar d'un vrai bénéficier. » — Denisart, vo *Commende*, no 3; *Dict. dr. canon*, vo *Commende*, p. 551.

6. — Il y avait néanmoins, entre autres, cette différence essentielle entre la provision en règle et la commende, qu'à moins de dispense absolue du pape, la commende ne faisait qu'un titre d'administration perpétuelle qui donnait seulement droit en la chose, tandis que la provision en titre donnait de plus un droit sur les personnes lorsqu'il y en avait qu'il dépendant du bénéfice.

7. — En général, il n'y avait que le pape qui pût

conférer les abbayes et prieurés en commende; parce qu'il n'y avait que lui qui pût dispenser de l'exécution des canons pour ce qui regardait l'inhabilité des personnes auxquelles on donnait les commendes. — Toutefois, dit Denisart (*eod. verb.*, no 14), il y avait quelques cardinaux et des abbés qui conféraient aussi en commende des bénéfices séculiers dont ils étaient collateurs; mais ils ne le pouvaient qu'autant qu'ils y étaient spécialement autorisés par des indults particuliers du pape révêtus de lettres-patentes enregistrées. — V. aussi *suprà* no 3.

8. — Les bénéfices qui vaquaient par le décès des commendataires étaient à la disposition des collateurs ordinaires, de même que ceux qui vaquaient par le décès du titulaire.—V. BÉNÉFICE ECCLÉSIASTIQUE.

9. — La commende perpétuelle était irrévocable; on ne pouvait donc, tant qu'elle durait, conférer le bénéfice à un autre.

10. — On pouvait, à quatorze ans, tenir un bénéfice simple en commende; mais pour posséder en commende un prieuré conventuel, il fallait, suivant le concile de Vienne, être âgé de vingt-cinq ans et prendre les ordres sacrés dans l'année. — *Ditt. dr. canon, loc. cit.*

11. — Les bâtards ne pouvaient obtenir une commende perpétuelle, non plus qu'un bénéfice en titre, sans dispenses.—V. BÉNÉFICE ECCLÉSIASTIQUE, no 23.

12. — Le commendataire perpétuel avait, pour le spirituel et le temporel, le même pouvoir que le vrai titulaire. — *Dict. dr. canon, loc. cit.*

13. — Lorsqu'un séculier, possédant des bénéfices en commende, se faisait religieux, ses bénéfices vaquaient au moment de la profession.

14. — Un bénéfice à charge d'âmes, c'est-à-dire une cure, un évêché, ne pouvait être donné en commende. — Denisart, vo *Commende*, no 33.

15. — Un arrêt du grand conseil rendu le 27 fév. 1745, avait jugé de même en matière d'offices claustraux (c'est-à-dire des commissions qui se donnaient à des religieux de prendre soin de l'infirmerie, de la pannelerie, du cellier, des aumônes; de l'hospitalité, etc., ou encore d'office de grand veneur de l'abbé de Saint-Denis). — Denisart, vo *Offices claustraux.* — Toutefois, le même conseil avait rendu, le 21 mars 1705, une décision en sens opposé.

16. — V. au surplus, pour plus de détails sur la *commende*, l'article de Denisart, et Fevret, *Tr. de l'abus*, part. 4re, liv. 2, ch. 6, et M. l'abbé André, *Dict. dr. canon*, vo *Commende.*

17.—Les commendes ont été, comme les bénéfices ecclésiastiques, supprimées par la loi du 12 juill. 24 août 1790, relative à la constitution civile du clergé.

COMMENSAL.

V. EXPLOIT.

COMMENSAUX.

1. — C'est sous ce nom qu'on désignait autrefois les officiers et domestiques de la maison du roi et de celles de la reine et des fils de France.

2. — Cette expression s'appliquait aussi aux chanoines qui concouraient avec l'évêque à l'administration du diocèse.

3. — Parmi les commensaux de la maison du roi, dont le nombre était fort considérable, on comptait les grands officiers de la couronne, les membres des conseils du roi, les maîtres d'hôtel, gentilshommes servans, officiers de la vénerie, valets de chambre, huissiers, hérauts d'armes, etc., enfin tous les officiers dont les charges étaient possédées par des roturiers.

4. — On rangeait encore parmi les commensaux les gardes du corps, chevau-légers et gendarmes de la garde; les commissaires des guerres; le grand prévôt de l'hôtel et ses lieutenans, ainsi que les greffiers, gardes et archers de cette prévôté; les officiers du grand conseil; les avocats aux conseils du roi; les officiers des cours souveraines et des chancelleries, les trésoriers de France, les secrétaires du roi, les receveurs-généraux, les officiers de Saint-Louis, les maîtres de postes, les chanoines de la Sainte-Chapelle de Paris, etc.

5.—Les commensaux jouissaient de plusieurs privilèges utiles et honorifiques fort importans. Ainsi, ils étaient exempts de tutelles et curatelles, de charges de villes et de corvées personnelles.

6.—Ils étaient exempts aussi de toutes contributions pour vivres, munitions et conduites de gens de guerre, tailles, aides, guet et gardes, péages, ban et arrière-ban, et généralement de tous subsides et contributions quelconques, sauf toutefois de légères restrictions.

7. — Leurs charges étaient exemptes de tous pri-

vilèges et hypothèques et de tous partages et rapports dans les successions.

8. — Ils jouissaient du privilége de *committimus* au grand et au petit sceau, et avaient ainsi leurs causes commises soit aux requêtes de l'hôtel, soit à celles du palais, à leur choix, pour toutes leurs causes civiles, personnelles et mixtes.

9. — Ils avaient aussi le droit de prendre le titre d'écuyer, de recevoir les premiers à l'église l'eau bénite, le pain bénit, etc.

10. — Mais pour jouir de tous ces priviléges, ils ne devaient faire aucun acte de dérogeance et payer exactement leur capitation.

11. — Les commensaux que l'âge ou les infirmités obligeaient à renoncer à leurs fonctions continuaient à jouir de leurs priviléges et prérogatives lorsqu'ils avaient obtenu des lettres de vétérance qui devaient être enregistrées à la cour des aides.

12. — Les veuves des commensaux avaient droit aux mêmes priviléges que leurs maris, pendant leur viduité.—V. Édit d'août 1610; ordonn. de juill. 1681; déclarations déc. 1635 et janv. 1652.

13. — Les commensaux ecclésiastiques étaient dispensés de la résidence dans leurs bénéfices pendant le temps de leur service. Il en était de même des commensaux évêques.—V. Conciles de Rouen, 1581 et d'Aix 1585, ch. 15, X, *De cler. non resid.*

14. — Les commensaux devaient être inscrits sur des états envoyés tous les ans à la cour des aides, et une expédition de chacun de ces états était fournie par le greffier au contrôleur général des finances.

COMMENTAIRE.

V. PROPRIÉTÉ LITTÉRAIRE.

COMMERÇANT.

Table alphabétique.

COMMERÇANT. — 1. — Le mot *commerçant*, dans sa signification légale, désigne tous ceux qui exercent des actes de commerce et en font leur profession habituelle. — C. comm., art. 1er. — Il comprend donc, quelles que soient d'ailleurs les nuances qui les distinguent entre eux, les *manufacturiers*, les *fabricans*, les *négocians*, les *marchands en gros et en détail*, etc. — V. ces mots. — En d'autres termes, le mot *commerçant* est la dénomination générique ; les autres ne sont que des dénominations spéciales s'appliquant à des branches particulières du commerce. — C. civ., art. 220, 1326, 1329, 1330 et 2272.

2. — Cependant, il arrive quelquefois que le législateur lui-même, en créant une disposition générale s'appliquant à tous ceux qui exercent le commerce, croit devoir ajouter au mot *commerçant* quelques désignations spéciales, telles que celles de *marchands, banquiers*, etc.—C. civ., art. 1308 et 1445 ; C. procéd., art. 872 ; C. comm., art. 631. — Ce sont là de simples incorrections de langage dont il faut se défier, parce que des esprits subtils pourraient chercher à en abuser pour restreindre la portée d'une disposition.—Carré, *Lois de l'organ. judic., et de la compét. des jurid., civ.,* édit. Foucher, t. 7, n° 483 ; Pardessus, *Cours de dr. comm.,* n° 80. — V. arg. *Cass.,* 24 janv. 1815, Weil c. Vonderscheer.

3. — L'ancienne législation commerciale ne s'était pas uniment occupée de caractères qui peuvent constituer la qualité de commerçant. Cette omission se conçoit facilement ; dans toutes les villes où le commerce pouvait avoir quelque importance, il existait des maîtrises, et nul ne pouvait être marchand ou faire le trafic ou le négoce, s'il n'avait été reçu membre d'une maîtrise. — Ord. 1673, tit. 1er, art. 1er et suiv. — Dès lors, la question de savoir si un individu était ou n'était pas commerçant ne pouvait guère faire l'objet d'un doute. Mais après la loi du 2-17 mars 1791, qui vint abolir les jurandes et maîtrises, et rendre la liberté au commerce, il n'y eut plus rien de certain sur ce point, et les véritables caractères auxquels on peut reconnaître un commerçant furent long-temps méconnus, parce qu'ils étaient livrés à l'appréciation arbitraire et diverse des magistrats. Les rédacteurs du Code de commerce ont compris la nécessité d'une définition, et s'ils n'ont pas réussi à faire cesser toutes les difficultés, du moins les doutes ne peuvent plus provenir que de l'appréciation des faits.

4. — En Espagne, en Portugal, en Hongrie, dans le royaume de Wurtemberg, les commerçans sont obligés de se faire inscrire sur un registre ouvert à cet effet. — En Prusse, pour se livrer au commerce, il faut obtenir la permission du magistrat. — Anthoine de Saint-Joseph, *Concordance des codes étrangers avec le Code de commerce français,* sur l'art. 1er, p. 4re et suiv.

5. — Dans l'ancienne monarchie française, les membres du premier ordre de l'état, c'est-à-dire du clergé, ne pouvaient être commerçans : *Nemo militans Deo,* portaient les canons de l'Église, *implicat senegotiis secularibus.* Il arrivait parfois néanmoins que des ecclésiastiques, des couvens mêmes se livraient à des spéculations commerciales ; mais des édits royaux, des arrêts des parlemens venaient bientôt les rappeler à l'observation des règles de l'Église, qu'avait à cet égard sanctionnées le pouvoir temporel. — Edit. 1707 ; arrêt du conseil, 12 juill. 1721 et 1755, qui renouvellent les dispositions de l'édit. de 1707 ; Parlem. Paris, 4 août 1743 ; Parlem. Normandie, cité par Bouchel dans sa *Bibliothèque catholique,* t. 1er, p. 44.

6. — Le commerce était aussi défendu au second corps de l'état. — Les nobles ne purent d'abord se livrer au négoce sans déroger, sans perdre leurs titres de noblesse. Mais, plus tard, et à mesure que l'utilité générale et peut-être bien aussi les avantages particuliers et pécuniaires du commerce le faisaient triompher des préjugés qui l'avaient rendu l'objet du mépris de certaines classes, on se départit de la rigueur de cette interdiction, et les nobles purent « faire librement toute sorte de commerce *en gros,* tant au dedans qu'au dehors du royaume, pour leur compte ou par commissions, sans déroger à la noblesse.» — Edit de 1701. — Cet édit ne faisait qu'étendre la disposition de celui d'août 1669, qui avait déjà accordé aux nobles la faculté de négocier en gros, mais seulement pour le commerce de mer.

7. — Antérieurement à cet édit de 1669, Charles IX avait permis à la noblesse de Marseille, de Normandie et de Bretagne de faire le commerce, et, en 1604, Henri IV avait invité la noblesse française entière à prendre part au commerce des Indes Orientales.

8. — Mais toutes ces dispositions défendaient à la noblesse, si elle ne voulait déroger, de se livrer au commerce de détail, qui fut toujours considéré comme une profession avilissante.

9. — Aucune considération de rang ne s'opposait à ce que les membres du tiers-état se livrassent au commerce ; mais des priviléges s'étaient établis, qui mettaient obstacle à ce que chacun pût à son gré faire des opérations commerciales. — V. CORPS D'ARTS ET MÉTIERS, JURANDES, MAITRISES.

10. — Aujourd'hui, toute personne capable de contracter peut se livrer au négoce. Ni la qualité d'étranger ni la mort civile n'y mettent obstacle , sous les modifications toutefois qui résulteraient de l'état de ces dernières personnes. — C. civ., art. 13 et 25. — Pardessus, Cours de droit comm., t. 1er, n° 85.

11. — Cependant, nous verrons qu'il est encore à ce principe quelques restrictions provenant non plus des distinctions de castes, mais de l'incapacité résultant de l'état des personnes, ou de l'incompatibilité qui existe entre le commerce et certaines fonctions.

CHAPITRE Ier. — Caractères constitutifs de la profession de commerçant.

12. — Il importe de savoir tout d'abord à quels signes se reconnaissent les commerçans, car ce titre les soumet à certaines obligations, leur attribue certains droits, et sert à déterminer le caractère commercial ou civil de leurs engagemens. — C'est aussi ce qu'a fait le législateur, qui, comme premier principe, commence par déclarer quelles personnes doivent être réputées commerçantes.

13. — « Sont commerçans, dit l'art. 1er, C. comm., ceux qui exercent des actes de commerce et en font leur profession habituelle. »

14. — L'habitude des actes de commerce est, on le voit, une condition nécessaire pour imprimer à un individu la qualité de commerçant. — Cepen-

dant, on a fait quelquefois résulter cette qualité de certaines circonstances autres que l'habitude, par exemple, de la qualification de commerçant prise ou donnée dans des actes, etc. — Ces deux faits, qui ont été considérés comme constitutifs de la qualité de commerçant, vont faire chacun l'objet d'un paragraphe séparé.

Sect. 1re. — De la profession habituelle des actes de commerce.

15. — La qualité de commerçant n'est, en règle générale, produite que par la profession habituelle. Un seul acte de commerce peut bien soumettre son auteur non commerçant à la juridiction commerciale, mais il ne saurait lui attribuer la qualité de commerçant. Il ne faut pas, en effet, confondre la qualité commerciale dans un acte, ou la qualité de commerçant dans une personne, avec l'attribution que la volonté du législateur peut faire à la juridiction commerciale des contestations qui résultent de certaines espèces d'engagemens. Un ouvrier qui loue son industrie fait un acte qui le soumet à la juridiction consulaire, et cependant on ne saurait le ranger parmi les commerçans. Un seul acte de commerce ne suffirait donc pas pour rendre commerçant, quoiqu'il puisse momentanément soumettre à la juridiction consulaire. — Pardessus, n° 78 ; Sebire et Carteret, Encyclop. du dr., v° Commerçant, n° 228 ; Nouguier, Des tribunaux de comm., t. 1er, p. 231, n° 8 , p. 232, n° 5 ; Goujet et Merger, Dict. de dr. comm., v° Commerçant, n° 5 2 et 10.

16. — Il en serait de même de quelques actes commerciaux faits à des époques plus ou moins rapprochées. — Mêmes autorités. — Paris, 21 mars 1810, Delagardes ; Cass., 9 mai 1838, Noirlin c. Simons ; Orléans, 16 mars 1839 (1. 1er 1839, p. 648), Bruère Dallaire c. Reverdy ; Bordeaux, 30 avr. 1840 (t. 1er 1841, p. 339), Blaye c. Godillet.

17. — En conséquence, les billets souscrits par un individu qui n'a fait que quelques actes isolés de commerce doivent , s'ils ne sont pas écrits en entier de la main du signataire, contenir un bon ou un approuvé portant en toutes lettres la somine pour laquelle le souscripteur s'oblige. — Cass., 9 mai 1833, Noirlin c. Simons.

18. — Mais que faut-il entendre alors par profession habituelle ? C'est, dit M. Pardessus (n° 78), un exercice assez fréquent et assez suivi pour constituer, en quelque sorte, une existence sociale.

19. — Il faut donc reconnaître au temps une influence sur la fixation de la qualité de commerçant ; et on devra attribuer ou refuser celle-ci au même individu, suivant qu'il aura fait le même nombre d'actes dans un intervalle assez court ou dans un espace de temps fort long. La fréquente répétition des actes au premier cas aura constitué l'habitude, dans le second cas leur discontinuité aura fait évanouir. — Encyclop., v° Commerçant, Commerce (actes de), ch. 2, sect. 1re, n° 230.

20. — En se servant des mots profession habituelle, le législateur a voulu, au surplus, atteindre l'individu exerçant une profession apparente étrangère au commerce, qui chercherait, en arguant de celle-ci, à se soustraire aux obligations qui frappent les commerçans. C'est pourquoi les mots profession habituelle ont été substitués à ceux de profession principale , qui se trouvaient dans le projet primitif, le tribunal ayant remarqué que « cette dernière expression pouvait engager des individus qui concilieraient l'habitude de faits de commerce avec une profession quelconque, à représenter celle-ci comme leur profession principale, afin de se soustraire aux diverses lois particulières qui régissent les négocians. » — Locré, Esprit du Code comm., sur l'art. 1er, n° 2.

21. — Ce sont ces motifs qui ont fait déclarer commerçans par la jurisprudence et réputer faillis des notaires, des huissiers, des receveurs d'enregistrement, des conservateurs d'hypothèques, des receveurs particuliers des finances qui s'étaient livrés à des actes de commerce, à des opérations de banque ou de change. — V. FAILLITE.

22. — Car l'habitude des actes de commerce attribue la qualité de commerçant, quand même on aurait une fonction ou une profession qui semblerait l'exclure. — Pardessus, n° 88 ; Goujet et Merger, Dict. de dr. comm., v° Commerçant, n° 2.

23. — Ainsi, celui qui, étant propriétaire, se livre habituellement à des opérations de commerce est réputé commerçant. — Nîmes, 29 avr. 1831, Irague c. Montvaillant.

24. — C'est aux juges de fait à apprécier si l'exercice des actes de commerce a été assez fréquent et assez suivi pour constituer la qualité de commerçant.

25. — Il appartient aussi aux juges souverains du fait d'apprécier quels sont les actes habituels de

commerce d'où peut s'induire la qualité de commerçant. — Cass., 27 avr. 1841 (t. 2 1841, p. 443), Eynard c. Saint-Paul.

26. — L'individu qui fait habituellement des actes de commerce ne saurait dénier la qualité de commerçant par le motif qu'il n'est point muni de patente. — Caen, 24 juin 1828, Lanne c. Blanchard ; Bruxelles, 6 avr. 1829, Anciaux c. Banquet.

27. — Ce n'est pas la patente, en effet, qui constitue le commerçant. Un citoyen qui fait son état habituel du négoce, qui chaque jour se livre à des opérations commerciales, est assujetti à toutes les lois du commerce, quoiqu'il n'ait pas de patente. Il est passible de l'amende et des autres peines encourues par ceux qui ne se munissent pas de cette pièce ; mais il ne saurait soutenir qu'il n'est pas commerçant par la raison seule qu'il a négligé de la prendre. Les actes qu'il a pu faire sans avoir payé cette contribution ne sont pas pour cela annulés, leur nature n'est point changée. — Pardessus, n° 84 ; Pailliet, sur l'art. 1er, C. comm., p. 729, n° 7, 8e al.

28. — La patente peut bien être considérée comme un signe de commercialité, lorsqu'elle dénature aux juges qu'il y a eu intention de se livrer au commerce. Mais elle est si peu un signe constitutif de la qualité de commerçant qu'il a été jugé que le propriétaire d'une ardoisière ne peut être réputé commerçant, bien qu'il façonne lui-même des ardoises et ait pris une patente. — Metz, 24 nov. 1840 (t. 2 1841, p. 512), Purizelle c. Autier. — V. infrà sect. 4°, § 1er.

29. — Celui qui a pris patente de banquier et a vendu principalement des denrées ou marchandises, que, pour éviter d'être payé en papier-monnaie, il recevait en paiement du loyer de ses usines, n'est pas réputé commerçant, encore qu'il ait déposé son bilan au greffe du tribunal de commerce et qu'il y ait pris la qualité de négociant. — Paris, 21 mars 1810, Delagarde.

30. — L'habitude des actes de commerce ne constitue, toutefois, pas toujours le commerçant. Pour qu'il en soit ainsi, il faut que les actes aient lieu dans un but de spéculation, pour rapporter à celui qui s'y livre les bénéfices et non pour vaquer à ses affaires personnelles. On ne pourrait donc pas celui qui s'y livre dans ce dernier cas en fait sa profession, ainsi que l'exige l'art. 1er, C. comm. On ne devrait donc pas réputer commerçant celui qui souscrirait habituellement des lettres de change pour ses affaires personnelles, pour faire valoir ses revenus des départemens, par exemple, ou pour acquitter le prix d'objets relatifs à son usage particulier. Ces actes, qui le soumettraient à la juridiction des tribunaux de commerce, ne prouveraient contre lui que s'il s'en était servi pour payer des objets achetés pour être revendus. — Pardessus, n°s 12 et 79 ; Favard, Rép., v° Commerçant, n° 9 ; Goujet et Merger, n° 9 ; Orillard, Compét. des trib. comm., n° 144.

31. — Ainsi, on ne peut réputer commerçant le souscripteur d'un billet à ordre causé valeur en marchandises, lorsqu'il n'est pas prouvé qu'il les ait achetées pour les revendre. — Angers, 41 juin 1824, Simon c. Mayaud ; Lyon , 26 nov. 1839, Marchand c. Miguel ; Paris, 10 déc. 1829, D. c. Billeireau ; 19 mars 1834, Leroux c. Rioudelet ; — Nouguier, Lettres de change, t. 1er, p. 513. — V. ACTE DE COMMERCE, n°s 424 et suiv., BILLET A ORDRE, n° 74, COMPÉTENCE COMMERCIALE.

32. — L'achat n'est, en effet, commercial que s'il a lieu pour revendre. Quelle que soit la quantité des choses achetées, on ne fait pas acte de commerce, si cet achat n'était pas fait dans la vue de les revendre. — Carré, Lois de l'organisat. et de la compétence, t. 7, p. 126, édit. Foucher ; Pardessus, n° 12.

33. — Il est aussi certains fonctionnaires pour lesquels l'exercice habituel des actes de commerce est un devoir de leurs fonctions, devoir qui, tout en les rendant justiciables des tribunaux de commerce, ne saurait cependant les constituer en état de commerçans. Tels sont les payeurs, receveurs, percepteurs et autres comptables des deniers publics que leurs fonctions astreignent à faire journellement des opérations de banque, des remises de place en place, afin d'opérer leurs paiemens ou mouvemens de fonds. — Pardessus, n°s 54 et 79 ; Goujet et Merger, n° 9 ; Sebire et Carteret, n°s 236, 237 et 238. — V. le mot ACTE DE COMMERCE, n°s 538 et suiv.

34. — Jugé de même qu'un percepteur des contributions qui ne fait point habituellement des actes de commerce, ne peut être réputé commerçant. — Paris, 25 juill. 1811, Navesleau-Chaumou c. Goix. — V. contrà (s'il a acte habitude) Cass., 5 juill. 1837 (t. 2 1837, p. 26), Juillard.

35. — Pour les sociétés comme pour les commerçans, la commercialité résulte de l'exercice habituel des actes de commerce. — Persil, Des assur.

terrestres, p. 21; Sebire et Carteret, nos 239 et 240. — V. aussi *Liége*, 7 mars 1823, N...

36. — Mais quels sont, dans les différentes sociétés dont parle le Code de commerce (art. 19 et suiv.), les membres devant être réputés commerçans? — V. sur cette question vo SOCIÉTÉ.

37. — La société formée entre un tailleur de pierres et un charpentier pour l'entreprise de la construction d'une église mise en adjudication ne rend pas ces individus commerçans. — *Pau*, 31 janv. 1834, Claverie c. Forgues.

Sect. 2e. — *De la qualité de commerçant résultant d'autres circonstances que de l'habitude.*

38. — Nous avons dit que l'art. 1er, C. comm., exige comme signe constitutif de la qualité commerciale, l'habitude des actes de commerce. Il est cependant certains faits indépendans de celle-ci qui produisent la commercialité.

39. — Ainsi celui qui prendrait enseigne et boutique, ouvrirait un magasin, annoncerait par affiches, circulaires ou tout autre mode de publicité, qu'il entend exercer telle profession commerciale, débiter telles marchandises, qui obtiendrait de l'administration les autorisations exigées pour certains genres de commerce ou paierait les contributions qui s'y rattachent, devrait être nécessairement considéré comme commerçant, bien qu'il n'eût fait qu'un très petit nombre d'actes de commerce. Un établissement n'est jamais une affaire d'occasion. Il constitue, du moment où il existe, une profession habituelle, parce qu'il suppose dans son auteur une disposition habituelle à faire les actes qu'il comporte. Le manufacturier, bien qu'il ne fabrique pas par défaut de commande ou de débit, n'en est pas moins disposé à fabriquer. Celui qui ouvre magasin ou boutique est prêt à vendre, bien qu'il ne trouve pas d'acheteurs. L'occasion peut manquer à l'un ou à l'autre; mais ils l'attendent, toujours prêts à en disposer. — Pardessus, nos 12 et 78; Nouguier, *Des trib. de comm.*, t. 1er, p. 231, no 4; Orillard, *Compétence des trib. de comm.*, no 143; Sebire et Carteret, *Encycl. du dr.*, vo *Commerçant*, no 233; Goujet et Merger, *Dict. de dr. comm.*, vo *Commerçant*, no 4.

40. — L'établissement emporte en quelque sorte pacte avec le public, déclaration expresse qu'on est commerçant et qu'on s'annonce comme tel; il dispense de recourir aux présomptions. L'engagement n'est qu'un pacte avec chaque personne envers qui l'on s'oblige; il ne produit d'effet avec le public qu'autant qu'il est assez réitéré pour devenir habitude. — Pardessus, no 78.

41. — Il faudrait aussi réputer commerçant celui qui accepterait la gérance d'une société en commandite par actions qu'il aurait créées. — Nouguier, p. 232, no 4.

42. — Bien que la patente ne soit pas un signe caractéristique de la commercialité, car elle annonce seulement l'intention de devenir commerçant sans constituer une exécution de cette intention, nous avons déjà vu cependant qu'elle en pourrait être un indice capable de déterminer les juges. — Nouguier, p. 232, no 4; Sebire et Carteret, no 234. — V. *suprà* no 28.

43. — On pourrait aussi faire valoir avec succès comme indice de la commercialité l'entrée dans des assemblées de commerçans par celui qui repousse cette qualification. — Pardessus, no 79.

44. — Mais un particulier ne peut être considéré comme commerçant et déclaré en état de faillite, par cela seul qu'il a été, en qualité d'ancien capitaine de vaisseau, appelé à faire partie d'un tribunal de commerce, et qu'il a accepté ou tiré quelques effets de commerce. — *Rennes*, 10 avr. 1811, Danel; — Boulay-Paty, *Faillites et banq.*, t. 1er, no 20.

45. — La qualification de commerçant, habituellement prise dans des actes ou des procédures par celui qui s'en défend, serait également un signe de commercialité. — Pardessus, no 79.

46. — C'était un point fort controversé dans l'ancienne jurisprudence que celui de savoir si l'individu qui en contractant s'était déclaré commerçant pouvait ensuite décliner cette qualité pour se soustraire à la juridiction commerciale et aux mesures rigoureuses d'exécution qu'elle entraînait. On décidait en général que les juges-consuls pouvaient connaître des causes du moment où l'on y avait pris la qualité de marchand, bien qu'on ne le fût pas. On ne voulait pas que le dol permît d'éviter la juridiction consulaire. — Bouvot, en ses arrêts, en cite un du 8 août 1616 qui le décidait ainsi. Cette décision était approuvée par Jousse (*Comment. sur l'art.* 1er, tit. 12, ord. 1673, p. 296), par Toubeau (*Instit. du dr. consul.*, ch. 274), par Rogues (t. 1er, p. 13, no 15), qui invoquaient à l'appui de leur doctrine la déclaration du 28 fév. 1558 et l'arrêt du conseil du 23 déc. suivant, d'après lesquels ceux qui, dans leurs cédules, obligations ou contrats, prenaient la qualité de marchands et promettaient de payer aux foires de Lyon, ne pouvaient s'aider de leur *committimus* pour se soustraire à la juridiction du conservateur de ces foires, à laquelle ils étaient soumis. » Cette doctrine était néanmoins combattue par Guyot (*Rép.*, vo *Consul des marchands*). « Comme les citoyens, disait-il, ne peuvent directement ni indirectement intervertir l'ordre des juridictions, nous ne pensons pas qu'ils soient les maîtres de le faire directement par les qualités qu'ils prennent. On ne peut se prévaloir de ce qui vient d'être dit pour la conservation des foires de Lyon, parce que les priviléges et la juridiction des conservateurs sont bien plus étendus que ceux des consuls; d'ailleurs, ce n'est pas seulement la qualité prise de marchand, c'est la stipulation de paiement en temps de foire qui soumet à la conservation. »

47. — Actuellement encore, la question est loin d'être résolue par tous d'une manière uniforme. Quelques auteurs se prononcent d'une façon absolue pour la solution adoptée par Guyot, déterminés par cette double considération qu'il ne peut jamais être permis d'intervertir l'ordre des juridictions ni de prononcer la contrainte par corps hors des cas prévus par loi (C. civ., art. 2063); or on arriverait à abroger la disposition tutélaire de cet article, s'il était accordé aux prêteurs d'argent d'attribuer aux emprunteurs des qualités qu'ils n'ont pas, afin de les exposer à la contrainte par corps. Celui qui s'engage ne peut non plus s'attribuer une qualité qu'il n'a pas; autrement on devrait dire que le mineur ne saurait faire rescinder ses engagemens, parce qu'il se serait dans l'acte déclaré majeur. Cette solution peut bien quelquefois favoriser les débiteurs de mauvaise foi, mais elle frappe en même temps un créancier qui le plus souvent a été complice de la fraude de son débiteur ou s'est au moins rendu coupable d'une faute lourde, en ne prenant pas les précautions que la prudence indique lorsqu'on traite avec un inconnu. Et dans tous les cas, le dol d'un débiteur ne peut fonder une juridiction. — Orillard, no 154; Merlin, *Rép.*, vo *Consul des marchands*; Despréaux, no 524 *bis*; Carré, *De l'organisation judiciaire et de la compétence des juridictions civiles*, édit. Foucher, t. 7, no 484, p. 94. — V. aussi Merlin, *Rép.*, vo *Tribunal de commerce*.

48. — Malgré la gravité de ces raisons, certains auteurs n'adoptent cette doctrine qu'en distinguant l'influence que le fait d'avoir pris ou reçu la qualité de commerçant doit avoir quant à la contrainte par corps et celle qu'elle doit exercer sur la compétence.

49. — Quant à l'influence de la qualité de commerçant faussement prise sur l'application de la contrainte par corps, les termes dans lesquels est conçu l'art. 2063, C. civ., ne permettent pas aux auteurs de la distinction d'adopter une opinion différente de celle des autorités précitées. On ne peut, en effet, livrer la liberté des citoyens à la merci des spéculations d'usuriers. — Nouguier, p. 308 et 314; Sebire et Carteret, nos 247 et 254. — V. conf. *Liége*, 28 août 1811, Ledent c. Pinet.

50. — Jugé, dans le même sens, qu'un billet à ordre endossé par un *avocat* qualifié tel dans le protêt ne le soumet pas à la contrainte par corps, lorsque d'ailleurs l'engagement n'a pas eu pour objet une opération commerciale; et cela, quand bien même on lui eût donné la qualité de *marchand* dans quelques actes de la procédure. — *Cass.*, 26 janv. 1814, Cuvelier c. Turgis.

51. — Mais en ce qui concerne la compétence, les auteurs de la distinction décident que celui qui a pris la qualité de commerçant, en contractant, devra être soumis à la juridiction consulaire. Les tiers ont pu ne traiter avec lui que sous la foi, qu'en considération de la qualité qu'il s'attribuait. Pourquoi ne pas leur permettre alors de traduire ce dernier devant le tribunal de commerce, ce qui est l'une de ces garanties? — C'est qu'on ne peut, dit-on, intervertir l'ordre des juridictions. Mais il ne le sera pas ici, où l'acte est commercial, et où la qualité seule est fausse: où il ne s'agit plus, par suite, que d'une incompétence *ratione personæ*, établie pour les particuliers, et à laquelle ils peuvent très bien renoncer, incompétence que les juges ne peuvent prononcer et qui, n'ayant rien d'absolu, ne touche pas, dès lors, à l'ordre des juridictions. — Du reste, le tribunal de commerce ne devra pas toujours connaître de la contestation. Il y a bien présomption de commercialité pour celui qui s'est déclaré commerçant, présomption qui l'assimile au commerçant véritable, et qui fera que, comme ce dernier, il sera réputé avoir pris un engagement commercial. Momentanément appelé commerçant, s'il veut repousser cette qualité devant le tribunal de commerce dont il dénie la compétence, il devra, comme le commerçant véritable, prouver qu'il n'y a rien eu de commercial dans son engagement. Ainsi, la preuve, au lieu d'être à la charge de son adversaire, incombera à lui-même qui a créé à son détriment une présomption légitime. Celle-ci s'effacera dès qu'il aura prouvé qu'il n'a rien fait de commercial, et le tribunal accueillera l'exception; au cas contraire, la preuve n'étant pas faite, il statuera légalement; car ayant devant lui un commerçant et un individu assimilé aux commerçans, la contestation sera présumée commerciale. — Nouguier, *Des tribunaux de commerce*, t. 1er, p. 308 et suiv.; Sebire et Carteret, no 248.

52. — Si la question n'est pas uniformément résolue par les auteurs, elle n'est pas non plus toujours décidée de la même manière par la jurisprudence.

53. — Ainsi, il a été jugé que le souscripteur d'un billet à ordre qui a pris la qualité de commerçant n'est pas, par cela seul, soumis à la juridiction commerciale et à la contrainte par corps; il peut être admis à prouver qu'il n'est pas commerçant. — *Turin*, 20 mai 1807, Masera c. Rosio; *Angers*, 11 juin 1824, Simon c. Mayaud.

54. — La qualification prise par le souscripteur élève sans doute contre lui la présomption qu'il est commerçant, mais cette présomption n'est pas *juris et de jure*, car le bénéficiaire peut avoir abusé de la situation difficile où se trouvait le souscripteur, pour exiger lui-même que celui-ci se déclarât commerçant.

55. — Mais lorsque le souscripteur d'un billet à ordre ne conteste pas la qualité de négociant qui lui est attribuée, le tribunal de commerce n'est pas obligé de rechercher s'il est en effet négociant, avant de prononcer la contrainte par corps. — *Cass.*, 7 avr. 1813, André c. Teyssier.

56. — Il ne suffit pas de prendre ou de recevoir la qualité de commerçant dans des jugemens, pour devenir justiciable des tribunaux de commerce, alors surtout qu'il n'est pas justifié que les condamnations prononcées par ces jugemens avaient eu pour cause des opérations commerciales. — *Cass.*, 15 mai 1815, Bracquemont c. synd. Bracquemont.

57. — La mention faite dans le billet que le signataire est commerçant ne suffit pas non plus pour le placer dans l'exception portée par l'alinéa 2e, art. 1326, C. civ., lorsque ce billet n'est pas de son écriture. — *Cass.*, 9 mai 1833, Noirlin c. Simon.

58. — Celui qui a pris patente de banquier et a vendu principalement les produits de son usine, n'est pas réputé commerçant, encore qu'il ait déposé son bilan au greffe du tribunal de commerce et qu'il ait pris la qualité de négociant. — *Paris*, 21 mars 1810, Delagarde.

59. — Jugé, au contraire, que la qualité de commerçant, prise dans un billet à ordre, rend celui qui l'a souscrit justiciable des tribunaux consulaires, et même contraignable par corps. — *Paris*, 28 juin 1813, Rousseaux c. Salmon.

60. — ... Que lorsque, dans son contrat de mariage, le futur époux prend la qualité d'*ébéniste* et déclare apporter son fonds de boutique, il doit être rangé dans la classe des commerçans. — En conséquence, le notaire qui reçoit ce contrat de mariage est tenu d'en déposer un extrait aux lieux indiqués par la loi. — *Bordeaux*, 19 janv. 1835, D...

61. — On doit considérer comme négociant celui dont l'état de situation présente un passif considérable, dans lequel sont compris des effets de commerce, et qui a pris d'ailleurs la qualité de marchand roulant. — *Besançon*, 25 août 1809, Bassand c. Paillard.

62. — Si, au lieu de prendre personnellement la qualité de commerçant, on l'avait reçue dans des actes extrajudiciaires, si, par exemple, on avait été qualifié de commerçant dans un exploit signifié, sans désaveu, par un huissier qu'on aurait chargé de ce soin, la déclaration de cet officier ministériel ayant qualité pour la faire et devant, à peine de nullité, déclarer la profession de son client, ferait foi jusqu'à ce qu'il fût prouvé que l'huissier a commis une erreur manifeste. A moins de vouloir éterniser le procès, on devrait décider que l'attribution ainsi faite de la qualité de commerçant a les mêmes effets que la prise de cette qualité, et soumet à la juridiction du tribunal de commerce. — Nouguier, t. 1er, p. 312, no 3; Orillard, no 155; Sebire et Carteret, no 249.

63. — Jugé ainsi qu'un auteur qui, dans un exploit fait à sa requête, a pris la qualité de négociant, a reconnu par cela seul qu'il était justiciable des tribunaux de commerce, et qu'il ne peut plus tard opposer leur incompétence. — *Paris*, 11 germ. an XI, Corbeau c. Crattel.

64. — Pareillement, lorsqu'un individu non négociant est qualifié commerçant dans tous les actes de la procédure, sans réclamation de sa part, et surtout dans les qualités d'un arrêt, sans qu'il y ait formé opposition, il ne peut pas proposer comme moyen de cassation l'incompétence de la juridiction commerciale, fondée sur sa qualité de non-négociant. — *Cass.*, 7 mars 1821, Perret c. Moreau.

65. — Mais la qualité de commerçant donnée, dans un acte extrajudiciaire, par tout autre qu'un représentant légal, ne pourrait avoir pour effet d'attribuer cette qualité. — *Cass.*, 26 janv. 1814, Cuvelier c. Turgis; — Orillard, nº 156; Sebire et Carteret, *Encyc. du droit*, vº *Commerçant*, nº 250; Pardessus, nº 79; Goujet et Merger, nº 7.

66. — Ainsi, bien que la femme elle-même eût dans une instance en séparation de biens qualifié son mari de commerçant, on ne saurait lui opposer par suite l'art. 551, C. comm., lequel restreint son hypothèque aux immeubles que possédait le mari commerçant au jour de son mariage. — *Orléans* (dans ses motifs), 17 mars 1839 (t. 1er 1839, p. 648), Bruère Dallaire c. Rerverdy.

67. — Toutefois l'individu qui, ayant pris la qualité de commerçant dans divers actes, est assigné comme tel devant le tribunal de commerce, sans protestation de sa part, qui de là se voit condamner et laisse acquérir au jugement la force de chose jugée, ou, s'il en appelle, ne soumet pas la question aux juges d'appel, qui confirment le jugement de première instance, ne peut plus soutenir qu'il n'est pas commerçant. Il ne le pourrait non plus pour décliner la compétence si, dans son acte d'appel, il s'était lui même qualifié de commerçant. — Orillard, nº 156; Nouguier, t. 1er, p. 312, nº 4; Sebire et Carteret, nº 251.

68. — Ainsi, décidé que le défendeur assigné devant le tribunal de commerce, sous la qualification de commerçant, et qui l'a prise dans son acte d'appel, n'est pas recevable à quereller le jugement pour cause d'incompétence, sur le motif que cette qualification est erronée. — *Bourges*, 23 déc. 1831, Lafont c. Dessony.

69. — .... Que celui qui a souscrit ou endossé de nombreux effets négociables, qui a pris la qualité de commerçant dans divers actes, et auquel cette qualité a été donnée dans des jugemens contradictoires qu'il n'a point attaqués, doit être réputé négociant, et, par suite, est contraignable par corps. — *Bourges*, 19 mars 1831, Galas c. Barbot.

70. — De même, lorsqu'il a été décidé, par arrêt contradictoire passé en force de chose jugée, qu'un individu est commerçant et que le tribunal de commerce est compétent pour connaître des obligations qu'il a contractées, cet individu ne peut, sous prétexte qu'il n'est pas commerçant, demander la cassation d'un arrêt qui le condamne par corps au paiement des mêmes obligations. — *Cass.*, 7 août 1827, Lafontaine c. Harel; — Nouguier, p. 316.

71. — Pareillement, est justiciable du tribunal de commerce et contraignable par corps l'individu qui, dans divers actes, a pris la qualité de négociant, et qui l'a reçue d'un jugement auquel il a laissé acquérir force de chose jugée. — *Grenoble*, 31 août 1832, Genard c. Magnand.

72. — Nous pensons, quant à cette décision, que la partie qui veut établir la qualité de commerçant de son adversaire, ne peut pas plus se prévaloir d'actes passés par lui avec des tiers, que celui-ci ne pourrait les faire valoir contre elle. En effet, où est la preuve que depuis les actes invoqués cette qualité n'a pas cessé? Qui sait même si elle n'a pas été prise à tort, et si l'on n'a pas eu des raisons particulières d'en agir ainsi?

73. — Si l'une des parties peut refuser le titre que lui donne l'autre, elle peut aussi contester la qualification prise par cette dernière dans les actes de procédure. On ne peut permettre à celui qui prend une qualité de s'en faire un titre profitable contre autrui. — Orillard, nº 156; Nouguier, t. 1er, p. 313, nº 5; Sebire et Carteret, nº 253.

74. — Ainsi, il est permis au demandeur de contester la profession du défendeur, du moins quant à la compétence, encore bien que, dans l'exploit d'action, cette profession ait été indiquée par le demandeur lui-même. — C'est une erreur de fait contre laquelle on peut revenir. — *Rouen*, 22 mai 1829, Baudelocque c. Devergez.

75. — Un agent d'affaires est aussi, comme commerçant, justiciable du tribunal de commerce, à raison des traités passés avec lui par des tiers, encore bien qu'il ait pris la qualité de propriétaire dans l'acte: cette qualification ne lie point la partie avec laquelle il a traité. — *Montpellier*, 26 janv. 1832, Lesage c. Marlignolle. — V. aussi *Paris*, 31 janv. 1842 (t. 1er 1842, p. 227), Layet c. Delaloi.

76. — Si grande que soit l'habitude de prendre le titre de commerçant, elle ne peut conférer cette qualité. Et de même, quel que soit le nombre des jugemens qui ont attribué cette qualité à un individu, elle peut toujours être contestée par les tiers en dehors des procès antérieurement jugés. — Orillard, nº 157; Nouguier, p. 313; Sebire et Carteret, nº 252.

77. — Ainsi, il ne suffit pas de prendre la qualité de commerçant pour devenir justiciable du tribunal de commerce; il faut encore avoir fait des actes de commerce. Dans l'espèce soumise à la cour suprême, le nombre des jugemens dans lesquels la qualité de commerçant avait été prise ou donnée, s'élevait à 38.

78. — Jugé de même qu'il ne suffit pas, pour faire imprimer à un individu la qualité de négociant, de prouver qu'il s'est plusieurs fois qualifié tel; il faut encore établir qu'il s'est livré à des actes de commerce et qu'il en a fait sa profession habituelle. — *Orléans*, 16 mars 1839 (t. 1er 1839, p. 648), Bruère-Dallaire c. Reverdy; — Locré, t. 3, p. 2; Vincens, t. 1er, p. 533; Boulay-Paty, *Faillites et banqueroutes*, t. 1er, nº 10; Pardessus, nº 1091; Bioche et Goujet, *Dict. procéd.*, vº *Faillite*, nº 1er; Lainé, *Comment. sur la loi du 8 juin 1838*, p. 8.

79. — Indépendamment des circonstances que nous venons de mentionner, la preuve de la qualité de commerçant pourrait résulter de la notoriété publique, de l'opinion générale, en un mot, de tous les élémens de conviction qu'il est permis de faire valoir auprès des juges, pour établir l'existence d'un fait quelconque. — Pardessus, nº 79; Goujet et Merger, vº *Commerçant*, nº 6.

80. — Lorsqu'on veut, du reste, faire prouver par témoins qu'un individu est commerçant, il faut que le fait de commerce dont l'exercice sert à fonder la preuve testimoniale ait eu lieu dans le temps où celui qui les allègue a intérêt d'attribuer la qualité de commerçant à son adversaire, et assez fréquemment pour constituer une habitude. Si un homme a été antérieurement commerçant, et a cessé de l'être, ou s'il ne l'est devenu que depuis l'acte qu'il s'agit de qualifier, ces circonstances ne peuvent servir contre lui. — Pardessus, nº 79.

81. — Les magistrats doivent, au surplus, apporter un soin extrême à l'appréciation des circonstances dont ils sont les seuls juges.

82. — Les juges ne sont pas tenus, non plus, de spécifier les faits qui, à leurs yeux, impriment à une partie le caractère de commerçant. — Aussi l'arrêt qui décide que, d'après les élémens de la cause, un individu s'est livré habituellement à des actes de commerce, est suffisamment motivé, et comme, tel, à l'abri de la cassation. — *Cass.*, 28 mai 1828, Me G..... c. ses syndics; — Goujet et Merger, nº 8.

83. — De même, l'arrêt qui, en présence des documens de la cause, déclare qu'un individu n'est pas négociant, échappe à la censure de la cour de Cassation. — *Cass.*, 2 fév. 1837 (t. 1er 1840, p. 500), Lebey-Taillis c. Dupuy.

CHAPITRE II. — *Des différentes sortes de commerçans.*

84. — La qualification de commerçant est générique et comprend tous ceux qui se livrent à un commerce quelconque. — Cependant, on appelle plus spécialement *commerçant* celui qui achète des denrées et les revend en gros. — Nouguier, *Des tribunaux de commerce*, t. 1er, p. 234.

85. — Le *négociant* est celui qui, pour son compte, ou par commission, achète et vend aussi en gros non seulement des denrées, mais toutes sortes de marchandises.

86. — Le *marchand* vend en détail ces mêmes objets. On le nommait autrefois *marchand grossier* ou *magasinier*. On le distingue aujourd'hui en marchand en gros et marchand en détail. — Le *marchand forain* est celui qui fréquente les foires et les marchés. — Le *marchand colporteur* parcourt les villes et campagnes. — Le *boutiquier* achète ordinairement, de première main, les marchandises qu'il débite ensuite dans sa boutique ou son magasin. — Le *détaillant* est un marchand qui achète de seconde et troisième, souvent de quatrième main, diverses marchandises qu'il vend ensuite au peuple dans le plus grand détail.

87. — Le *fabricant* est l'individu qui revend, sous une autre forme, la matière qu'il a achetée et fait travailler, ou change la substance de celles qui lui ont été confiées à cette fin. — Il en est de même du manufacturier. — V. ACTE DE COMMERCE, nos 245 et suiv.

88. — Jugé que les fabricans sont dans la catégorie des individus qui exercent des actes de commerce et en font leur profession habituelle, et que l'art. 1er, C. comm., déclare commerçans. — *Cass.*, 7 mars 1828, Cauchy.

89. — On peut considérer comme faisant la *profession habituelle* de commerçant, et réputer failli, par suite de la cessation de ses paiemens, celui qui, indépendamment de l'exploitation d'une fabrique, se livre, depuis plusieurs années, à différentes opérations et spéculations de commerce. — *Paris*, 9 janv. 1813, Deflers c. Barthélemy et Dabadie.

90. — Un foulonnier doit être réputé commerçant lorsque ses établissemens sont tels qu'ils constituent par leur importance un établissement de manufacture. — *Rouen*, 2 déc. 1825, Duval c. Chardon.

91. — Celui qui exploite un établissement de blanchisserie est aussi commerçant. — V. ACTE DE COMMERCE, nos 250 et 251.

92. — Le *banquier* ou celui qui fait le commerce du papier, des lettres de change, des effets de commerce en général, des matières d'or et d'argent, des opérations de crédit, est soumis à toutes les obligations qui frappent le commerçant. — V. BANQUIER, nº 7.

93. — Les changeurs sont aussi commerçans. — *Paris*, 6 déc. 1821, Joseph c. Barker.

94. — L'*armateur*, c'est-à-dire celui qui entreprend des expéditions maritimes, doit aussi être considéré comme commerçant, et est, par conséquent, justiciable des tribunaux de commerce. — *Paris*, 1er août 1810, Morris c. Legrand; — Carré, *Lois de l'organis. et de la comp.*, édit. Foucher, t. 7, nº 520, p. 253.

95. — Dans l'espèce de cette décision, tout porte à croire que l'armateur faisait sa profession d'armer des navires; autrement l'arrêt aurait mal jugé. L'armement est bien un acte de commerce; mais un acte isolé ne fait pas le commerçant. — Carré, *Lois de l'organis. judic. et de la comp. des jurid. civ.*, édit. Foucher, t. 7, p. 253, nº 520.

96. — Un capitaine de navire est assimilé à un commerçant, quant aux règles de la compétence. — *Bordeaux*, 1er août 1831, Gellineau c. David.

97. — L'*agent d'affaires* ou mandataire gérant, moyennant un salaire, les affaires d'autrui, fait en cela des actes de commerce, alors même que, relativement à ses commettans, ces affaires ne soient pas commerciales. — Nouguier, p. 236.

98. — L'*assureur* qui garantit, moyennant une prime, les risques que courent les biens meubles ou immeubles, est aussi considéré comme commerçant. — V. ASSURANCE MARITIME, ASSURANCE TERRESTRE.

99. — Ainsi jugé que celui qui fait partie, comme directeur et comme actionnaire, d'une société dont l'objet est d'assurer à prime les propriétés contre l'incendie et les risques de mer, doit être considéré comme commerçant. — *Cass.*, 1er avr. 1830, Bourbon-Leblanc. — V. au reste BANQUEROUTE.

100. — Sont de même réputées commerçans les compagnies d'assurance contre l'incendie, autorisées par le gouvernement. — *Liége*, 7 mars 1825, N...; — Vincens, *Législ. comm.*, t. 1er, p. 348.

101. — .... Les compagnies d'assurances contre le tirage au sort, et, en général, toutes les compagnies qui assurent, moyennant une prime, contre des risques quelconques. — Vincens, *ibid.*; Malpeyre et Jourdain, p. 8.

102. — Mais il n'en est pas de même des compagnies d'assurances mutuelles, des tontines, et autres établissemens de ce genre, elles ne constituent pas des sociétés commerciales. — Vincens, *loc. cit.*; Carré, *Lois de la comp.*, t. 7, p. 164, éd. Foucher. — V. ACTE DE COMMERCE, nº 381.

103. — Cependant les agens des sociétés d'assurance contre l'incendie doivent être réputés agens d'affaires et par conséquent commerçans. — *Colmar*, 2 mai 1842 (t. 2 1842, p. 80), Reinhard.

104. — La même décision devrait être appliquée aux agens de toutes autres sociétés de ce genre, alors même qu'elles ne seraient pas commerciales. — Vincens, p. 347.

105. — L'*agent de change*, bien qu'il ne fasse d'opérations que pour le compte d'autrui, doit aussi être considéré comme commerçant. — V. AGENT DE CHANGE, nº 74 et suiv.

106. — Il en est de même du *courtier*. — V. COURTIER DE COMMERCE.

107. — ... Et des *commissionnaires*. — *Rennes*, 29 janv. 1839 (t. 1er 1841, p. 401), Souet c. Giraudet. — V. ACTE DE COMMERCE, nos 329 et 507.

108. — L'individu qui se charge de fournir des remplacemens militaires exerce des actes de courtage et de commission et est conséquemment rangé parmi les commerçans. — Carré, *loc. cit.*, t. 7, p. 211. — V. ACTE DE COMMERCE, nos 385 et 434.

109. — Le notaire qui se livre habituellement à des opérations de banque et de courtage doit être considéré comme commerçant. — *Cass.*, 28 mai 1828, Me Garcet c. ses syndics. — V. au surplus NOTAIRE.

110. — Il en est de même des autres officiers mi-

nistériels, des avocats et magistrats — V. *infrà*, n°..

111. — Ainsi, l'huissier qui se livre habituellement à des opérations de banque et de commerce doit être réputé commerçant. — *Bordeaux*, 9 déc. 1828, Goulmain-Cornille c. Mercié; *Paris*, 14 fév. 1844 (t. 1er 1844, p. 682), Blancheton c. Leter; — Bioche et Goujet, *Dict. de procéd.*, v° *Huissier*, n° 107. — V. HUISSIER.

112. — La souscription de billets à ordre, quoique pour des sommes considérables, non plus qu'une action prise dans une compagnie d'assurances, ne peuvent conférer la qualité de commerçant à l'individu qui exerce publiquement la profession de médecin. — *Rennes*, 24 mars 1812, Fabré c. ses créanciers.

113. — Mais un pharmacien est commerçant. — *Montpellier*, 19 fév. 1836, Léotard; *Nîmes*, 27 mai 1829, Malbec c. Dufès; *Rouen*, 30 mai 1840 (t. 2 1840, p. 264), Halley c. Hiatel; — Laterrade, *Code des pharmaciens*, n° 79. — V. ACTE DE COMMERCE, n°s 63, 70, 204 et suiv.

114. — On ne saurait, toutefois, réputer commerçant l'officier de santé qui, établi dans un lieu où il n'y a point de pharmaciens, achète des médicamens pour ne les fournir qu'aux malades près desquels il est appelé. — *Toulouse*, 6 mai 1843 (t. 1er 1845, p. 334), Soubrie c. Daste.

115. — Il en est de même du médecin habitant la campagne. — V. ACTE DE COMMERCE, n° 204.

116. — On ne pourrait non plus réputer commerçant le chirurgien qui aurait acheté d'un pharmacien des médicamens pour les débiter aux malades. — Carré, *Comp.*, t. 7, p. 151, édit. Foucher.

117. — Une sage-femme qui reçoit chez elle des pensionnaires, pour leur donner les soins de son état, ne doit pas être pour ce seul fait réputée commerçante. — *Paris*, 15 avr. 1837 (t. 1er 1837, p. 303), Lethuillier c. Despral. — Les tribunaux ont la faculté d'apprécier si le nombre des pensionnaires est tel qu'il peut constituer un établissement commercial. — Même arrêt. — V. ACTE DE COMMERCE, n° 202.

118. — Cette décision offre l'inconvénient de laisser beaucoup de vague dans l'application. En effet, à quel moment pourra-t-on reconnaître qu'une sage-femme devient commerçante? Combien de pensionnaires devra-t-elle recevoir pour tomber sous la juridiction commerciale? N'eût-il pas été préférable de poser d'une manière absolue le principe, s'il est vrai?

119. — Le maître d'un pensionnat établi avec l'autorisation de l'Université n'est pas un commerçant. — *Cass.*, 23 nov. 1827, Renault; *Paris*, 16 déc. 1836, Gibert; — Carré, *Lois de l'organis. et de la comp.*, t. 7, p. 127. — V. ACTE DE COMMERCE, n°s 74, 195 et suiv.

120. — Une maîtresse de pension, ayant pour but principal l'éducation des enfans, et non la fourniture des alimens, ne peut être rangée non plus dans la classe des commerçans. — *Paris*, 11 juill. 1829, Julien c. Hémard.

121. — Mais un chef d'institution qui constitue et publie un acte de société pour l'exploitation de son institution se rend commerçant. — *Paris*, 11 déc. 1840 et 24 fév. 1841 (t. 1er 1841, p. 407), Cournaud c. Grenier et Gachotte.

122. — L'auteur qui publie lui-même un ouvrage et achète les objets nécessaires à l'impression de cet ouvrage, destiné à être immédiatement vendu, doit être réputé commerçant. — *Limoges*, 29 fév. 1844 (t. 1er 1845, p. 134), Levasseur c. Tripon. — V. ACTE DE COMMERCE, n°s 126, 182 et suiv.

123. — Mais il en serait autrement du journaliste qui achète du papier pour l'impression de son journal. — Carré, t. 7, p. 141. — V. ACTE DE COMMERCE, n°s 191 et suiv.

124. — ... Du statuaire et du peintre qui achètent le marbre, la toile et les couleurs dont ils ont besoin. — Carré, *Lois de l'organis. et de la comp.*, t. 7, p. 140. — V. ACTE DE COMMERCE, n°s 194 et 239.

125. — ... Du physicien qui se serait engagé à donner ses soins à une papeterie, dans l'intention de la perfectionner à l'aide de procédés chimiques, moyennant une indemnité déterminée. — Carré, *Comp.*, t. 7, p. 181. — V. cependant *Liége*, 27 déc. 1811, Renoz c. Vanderheyden.

126. — On ne saurait ranger non plus parmi les commerçans les acteurs, comédiens, musiciens et autres personnes salariées par un entrepreneur de spectacle, bien que les directeurs et les acteurs soient dans l'usage de plaider devant les tribunaux de commerce. — Carré, *Lois de l'organis. judic. et de la comp. des jurid. civ.*, édit. Foucher, t. 7, p. 214; Pardessus, n° 46; Vincens, *Législ. comm.*, t. 1er, p. 135; Orillard, n° 350. — V. ACTE DE COMMERCE, n°s 108, 401 et suiv., et CONTRAINTE PAR CORPS.

127. — Une actrice qui a souscrit des billets en minorité ne peut être réputée commerçante à l'égard des tiers avec qui elle a contracté. — En conséquence, s'il n'est pas établi que les billets aient tourné à son profit, ils doivent être annulés. — *Paris*, 28 nov. 1834, Paul c. Leclerc.

128. — L'aéronaute qui, moyennant salaire, donne au public le spectacle d'une ascension en ballon, est commerçant, s'il en fait sa profession habituelle. — Orillard, n° 346. — V. ACTE DE COMMERCE, n° 399. — V. au surplus, sur la commercialité des actes des entrepreneurs de spectacles ou d'amusemens publics, ACTE DE COMMERCE.

129. — Les imprimeurs sont des ouvriers et des commerçans dans le sens des art. 2271 et 2272, C. civ. — *Agen*, 5 juill. 1833, Richard c. Lejeune; — Carré, *Comp.*, t. 7, p. 145, édit. Foucher. — V. ACTE DE COMMERCE, n°s 112 et 184.

130. — Doivent aussi être rangés dans la classe des commerçans les libraires et éditeurs. — Carré, *Lois de l'organis. et de la comp.*, t. 7, p. 141. — V. ACTE DE COMMERCE, n°s 33, 189 et suiv. et 221.

131. — Un débitant de tabac est un simple employé de la régie et non un commerçant, alors même qu'il vend, outre du tabac, des pipes et des briquets. — *Bruxelles*, 6 mars 1813, Prévot c. Keyser; 5 mai 1813, Prévot c. Peters; *Colmar*, 30 juill. 1814, N.... — V. *contrà Metz*, 28 janv. 1817, Petit c. Peiffer. — V. ACTE DE COMMERCE, n° 168.

132. — Un débitant de poudre n'est pas non plus commerçant. — V. ACTE DE COMMERCE, n° 169.

133. — Il en est de même des fermiers du péage de bacs, des preneurs à bail des droits d'octroi des villes ou de la rétribution des chaises dans les églises et promenades publiques. — Carré, *Compét.*, t. 7, p. 149, note, et p. 164. — V. ACTE DE COMMERCE, n° 175.

134. — Le titulaire d'un bureau de loterie était réputé commerçant. Ainsi, la femme qui tenait ce bureau était marchande publique, et elle pouvait, comme telle, aliéner le bureau de loterie. — *Paris*, 26 avr. 1811, Baitleux c. Billeheu; 17 juin 1824, Delafosse c. Duchesne. — V. ACTE DE COMMERCE, n° 170.

135. — Carré combat cette décision et ajoute que le titulaire d'un bureau de loterie ne peut être soumis à la juridiction commerciale que dans le cas où il aurait consenti des billets sans exprimer une cause étrangère à sa profession. — Carré, *Lois de l'organ. et de la comp.*, t. 7, p. 167.

136. — Les salpêtriers qui, sans faire concurrence aux délégués de l'administration, se livrent à la fabrication du salpêtre indigène, par des procédés qui n'exigent pas l'emploi des matériaux de démolition, sont commerçans. — Carré, *Lois de la comp.*, t. 7, p. 146. — V. ACTE DE COMMERCE, n° 173.

137. — Doivent encore être réputés commerçans les facteurs à la halle aux charbons. — *Paris*, 9 avr. 1825, Doré c. Laniesse. — V. ACTE DE COMMERCE, n° 493.

138. — La décision de la cour de Paris eût sans doute été la même si la question se fût présentée à l'occasion d'un facteur à la halle aux farines ou à la marée. *Ubi est eadem ratio, ibi idem jus.* — Orillard, n° 324.

139. — Doivent aussi être réputés commerçans les fabricans de cartes à jouer. — V. ACTE DE COMMERCE, n° 174.

140. — ... Les prêteurs sur gages. — *Paris*, 2 niv. an XI, Thevenin. — *Contrà Bruxelles*, 4 juin 1807, Wouters c. Schalle; 28 mai 1808, Questroi c. Bawens. — V. *contrà* ACTE DE COMMERCE, n° 426.

141. — ... Les entrepreneurs de travaux publics ou privés. — Merlin, *Quest. de dr.*, v° *Acte de commerce*, § 6. — V. ACTE DE COMMERCE, n°s 263 et suiv. — V. toutefois Carré, *Lois de l'organ. et de la comp.*, t. 7, p. 160 et suiv., édit. Foucher; Merlin, *Quest. de dr.*, v° *Commerce (acte de)*, § 6.

142. — Cependant, celui qui achète des terrains pour y élever des constructions et les revendre, ne peut être considéré comme commerçant, même vis-à-vis des ouvriers et fournisseurs qui ont concouru à l'établissement des constructions. — *Lyon*, 26 fév. 1829, Marchand c. Miquel. — V. ACTE DE COMMERCE, n°s 43 et suiv., 47, 124 et suiv.

143. — Sont encore réputés commerçans les entrepreneurs de transports par terre ou par eau. — V. ACTE DE COMMERCE, n°s 338 et suiv.

144. — ... Les voituriers. — V. ACTE DE COMMERCE, n°s 104 et 347.

145. — ... L'entrepreneur du service des convois et pompes funèbres dans une ville. — *Cass.*, 9 janv. 1810, Bouverel c. Leclerc; — Carré, *Lois de la comp.*, t. 7, p. 149, note. — V. ACTE DE COMMERCE, n°s 179 et 350.

146. — ... Les maîtres de forges. — V. ACTE DE COMMERCE, n°s 255 et 256.

147. — ... Les maîtres de poste. — *Orléans*, 21 fév. 1837 (t. 2 1837, p. 529), Gaudriot c. Cotty; — Pardessus, n° 46; Orillard, n° 295, Carré, *Lois de la comp.*, édit. Foucher, t. 7, p. 147, à la note. — Cette opinion, que nous adoptons complétement (V. ACTE DE COMMERCE, n° 224), a toutefois été repoussée par arrêts de *Bruxelles*, 11 janv. 1808, Lefebvre c. Graduer; *Orléans*, 23 avr. 1812, N....; *Bruxelles*, 30 avr. 1812, Lefebvre c. Bonnard; *Limoges*, 1er juin 1821, Champagne c. Lambert.

148. — Jugé encore qu'un maître de poste doit être considéré comme négociant, et que, par suite, dans le cas où il aurait payé des intérêts à 5 %, il n'y a pas lieu de rembourser cet excédant. — *Bordeaux*, 28 août 1835, Dotezac c. Guercy.

149. — Jugé aussi qu'on doit ranger dans la classe des opérations commerciales une association ayant pour objet l'exploitation d'un brevet de maître de poste. — *Orléans*, 21 fév. 1837 (t. 2 1837, p. 529), Gaudriot c. Cotty.

150. — Le maître de poste relayeur de diligences est à plus forte raison commerçant et justiciable des tribunaux de commerce. — *Paris*, 22 fév. 1841 (t. 1er 1841, p. 313), Lecoq c. Blanchot; *Lyon*, 7 mai 1841 (t. 2 1841, p. 601), Descombes c. Bost.

151. — La sentence qui déclare commerçant un maître de poste simple membre d'une société de commerce échappe, comme ne contenant qu'une appréciation de fait, à la censure de la cour de Cassation. — *Cass.*, 6 juill. 1836, Dotezac c. Guercy.

152. — L'entrepreneur d'un cercle de lecture, qui reçoit des abonnés une rétribution annuelle, et fournit aux abonnés seulement, dans le local du cercle, du café et des rafraîchissemens aux prix communs de la ville, ne peut, à raison de ces faits, être réputé commerçant. — Il en est de même dans le cas où cet individu, qui vend encore des objets de consommation aux abonnés, ayant quitté l'entreprise du cercle, qui est désormais régie par une commission nommée dans l'assemblée générale des membres, ne reçoit plus qu'un prix de location pour ses appartemens, et un salaire pour lui-même. — *Grenoble*, 12 déc. 1829, Tournu c. Ribaud.

153. — N'est pas non plus commerçant le propriétaire qui vend les denrées de son crû. — Merlin, *Quest. de droit*, v° *Acte de commerce*, § 1er; Carré, *Compét.*, t. 7, p. 206. — V. ACTE DE COMMERCE, n°s 127 et suiv., 140 et suiv.

154. — Ainsi, le propriétaire d'une ardoisière ne peut être réputé commerçant, bien qu'il façonne lui-même des ardoises et ait pris une patente. — *Metz*, 24 nov. 1840 (t. 2 1841, p. 512), Parizelle, dit Ministre, c. Autier. — V. ACTE DE COMMERCE, n°s 255 et suiv.

155. — Mais est commerçant le propriétaire qui exploite une distillerie, non comme accessoire de sa propriété, mais comme objet principal de son industrie. — En conséquence, les actes qui se rattachent immédiatement à cette exploitation, tels qu'un traité pour la confection des appareils, sont de la compétence des tribunaux de commerce. — *Douai*, 8 avr. 1841 (t. 1er 1842, p. 135), Deslions de Noircarmes c. Vambelle. — V. aussi ACTE DE COMMERCE, n°s 100 et suiv.

156. — Celui qui se livre à l'extraction des matières minérales sur un terrain dont il n'est pas propriétaire, pour les convertir en objets qu'il revend, doit être réputé commerçant. — *Cass.*, 15 déc. 1835, Adam c. Cros.

157. — Les pépiniéristes, n'étant pas commerçans, ne sont pas justiciables des tribunaux de commerce. — *Colmar*, 17 juin 1809, Maller c. Honoré; *Metz*, 4 août 1819, Simon; — Carré, *Lois de la procéd.*, t. 2, p. 78, *quest.* 1518; Berriat, p. 59.

158. — Il en est de même des fermiers et vignerons. — V. ACTE DE COMMERCE, n°s 28, 128, 133 et suiv., 142.

159. — Mais les distillateurs et brasseurs sont commerçans. — V. ACTE DE COMMERCE, n°s 98, 103 et 111. — V. aussi Carré, *Compét.*, t. 7, p. 136, édit. Foucher.

160. — Doit-on aussi comprendre aujourd'hui sous la dénomination de *commerçans* les artisans, que l'ancienne législation rejetait du corps des marchands? — Jousse, sur l'ord. de 1673, p. 218.

161. — Le commerçant est, comme nous l'avons dit, celui qui exerce des actes de commerce et en fait sa profession habituelle. — On appelle *acte de commerce* (art. 632, C. comm.) tout achat de denrées et marchandises pour les revendre, soit en nature, ce qui est le fait du marchand ou négociant, *soit après les avoir travaillées et mises en œuvre*, ce qui constitue l'industrie de l'artisan et du manufacturier. Or, ce qui prouve que le législateur a entendu parler, sous l'art. 632, des artisans, c'est qu'à l'alinéa suivant du même article, il s'occupe des entreprises de manufactures, conséquemment des manufacturiers. — Carré, *Lois de la compétence*, t. 7, p. 131. — V., du reste, sur la distinction à faire entre le manufacturier et l'artisan, ACTE DE COMMERCE, n°s 241, 248, 252 et 257.

162. — On doit donc aujourd'hui ranger parmi les commerçans tous les artisans qui achètent ha-

bituellement des matières premières pour les revendre après les avoir façonnées. — V. ACTE DE COMMERCE, nos 109 et suiv.

163. — Mais cette règle doit-elle recevoir une exception en faveur des artisans qui n'achètent et fabriquent les matières premières dont ils ont besoin qu'au fur et à mesure des commandes qui leur sont adressées; qui ne travaillent que pour pouvoir subvenir à leurs besoins les plus pressans et à ceux de leur famille? Ne doit-on par suite donner la qualité de commerçans qu'aux artisans qui, avec les matières achetées et le secours d'ouvriers qu'ils emploient, fabriquent des objets qu'ils livrent à des débitans ou qu'ils tiennent exposés en vente dans des boutiques ou magasins, en un mot, qui font travailler à l'avance pour vendre et débiter à tout venant, ou ne l'appliquer qu'à ceux qui, sans acheter des matières pour les revendre travaillées, tiennent des ateliers où ils emploient à confectionner celles qu'on leur remet à cette fin des ouvriers qu'ils dirigent et salarient, et sur le travail desquels ils spéculent?

164. — Cette distinction, conforme à une circulaire du ministre de la justice de 1811, est adoptée par Pardessus (no 81); mais elle est combattue par Orillard (no 148) et Carré (*Lois de la compét.*, t. 7, p. 129, édit. Foucher); Vincens (t. 1er, p. 126); Coin-Delisle (p. 79). — V. aussi Renouard, *Tr. des faillites*, t. 1er, p. 230.

165. — « Le plus ou moins, dit Orillard, ne doit rien changer à l'état de la question. Le marchand qui attend en vain les acheteurs et qui ne vend pas ses marchandises, n'en est pas moins un commerçant. L'artisan qui ne fabrique pas, ou qui fabrique peu faute de commandes, ne doit pas moins être commerçant. Si l'un et l'autre demeurent oisifs, c'est par une circonstance indépendante de leur volonté. Tous les deux ont ouvert leur magasin et leur atelier pour se livrer à des spéculations qui peuvent être plus ou moins heureuses, plus ou moins nombreuses, mais qui ont toutes également un caractère commercial, qui doit imprimer à leur auteur la qualité de commerçant. — Nous pensons donc avec Carré (p. 130, note 2e) que l'artisan dont la profession est de vendre, après l'avoir travaillée et mise en œuvre, la matière qu'il a achetée dans cette intention, est commerçant dans toute la force du terme, soit qu'il n'achète qu'au fur et à mesure de ses besoins, soit qu'il fasse des approvisionnemens. La loi ne distingue pas. Y a-t-il habitude? Voilà toute la question. »

166. — Or, l'appréciation de cette question, on l'a dit déjà, appartient aux tribunaux de commerce. C'est là un point sur lequel tous les auteurs sont d'accord.

167. — On ne saurait cependant considérer comme commerçant l'artisan qui se borne à confectionner par lui-même ou avec le secours d'un compagnon ou apprenti les matières premières qui lui sont fournies par des tiers. Le simple louage d'ouvrage n'est un acte de commerce que lorsqu'il s'exerce sur une échelle assez vaste pour constituer une entreprise de manufacture. — Orillard, no 149; Vincens, *Législ. comm.*, t. 1er, p. 144; Carré, *Comp.*, t. 7, p. 179, édit. Foucher.

168. — Il a été jugé ainsi que l'ouvrier qui n'achète pas pour revendre, mais dont l'industrie consiste à rendre confectionnée, moyennant salaire, la matière qu'on lui confie, devrait être considéré comme simple artisan et ne pourrait être soumis aux obligations imposées aux commerçans. — *Cass.*, 12 déc. 1836 (t. 1er 1837, p. 620), Garrigon c. Rives. — V. ACTE DE COMMERCE, no 119.

169. — ... Que le tuilier qui reçoit les matières premières pour les façonner en tuiles et briques fait un acte de main d'œuvre et non une opération de manufacture, qui ne saurait le rendre justiciable du tribunal de commerce. — *Rome* (dans ses motifs), 5 sept. 1811, Lucenti et Casanova c. Delgrande.

170. — Il a été pareillement décidé qu'on ne peut considérer un garçon coiffeur comme négociant. — *Paris*, 20 juill. 1831, Taupin.

171. — L'artisan qui n'aurait pour habitude que de faire quelques fournitures accessoires de peu d'importance pour la mise en œuvre des matières à lui confiées ne peut non plus être rangé parmi les commerçans. Il en serait ainsi du tailleur d'habits qui fournirait seulement le fil pour la confection des habillemens dont on l'aurait chargé; du menuisier qui fournirait les clous pour l'assemblage des meubles qu'on lui donnerait à faire, etc. — Orillard, no 149.

172. — Mais il en serait autrement, si ces individus travaillaient sur des matières qu'ils auraient achetées (du drap, des planches) pour les revendre sous une autre forme. — Carré, *Comp.*, t. 7, p. 132.

173. — L'opinion établie plus haut ne doit donc recevoir son application que dans le cas où l'artisan fournit habituellement la totalité ou la plus grande partie des matières premières qu'il fait confectionner chez lui. — *Ibid.* — V. ACTE DE COMMERCE, nos 149 et suiv.

174. — Ainsi, un tailleur de pierres est commerçant et, comme tel, susceptible d'être déclaré en faillite, si, au lieu de se borner à tailler les pierres qui lui sont confiées à cet effet, il achète habituellement des pierres brutes pour les revendre après les avoir taillées. — *Cass.*, 15 déc. 1830, Durand c. Olivier. — V. ACTE DE COMMERCE, no 118.

175. — Mais il faudrait décider autrement si le tailleur de pierres n'avait fait que fournir la main d'œuvre pour la construction d'un bâtiment. — C'est ainsi que la cour de Paris a décidé qu'on ne pouvait considérer comme marchands ou commerçans les entrepreneurs de la construction d'une église, dont l'un était tailleur de pierres et l'autre charpentier. — *Paris* (dans ses motifs), 31 janv. 1834, Claverie c. Forgues; — Orillard, no 150.

176. — Jugé dans le même sens qu'un charpentier, actionné par une partie en cette qualité, ne peut être réputé commerçant. — *Rouen*, 14 mai 1825, Amaury c. Dechancé. — V. ACTE DE COMMERCE, nos 280 et 316.

177. — Un artisan, tel qu'un cordonnier, n'est pas un commerçant proprement dit. — *Colmar*, 22 nov. 1811, Kautz c. Neulinger. — *Contrà* Carré, *Comp.*, t. 7, p. 132, édit. Foucher.

178. — Cependant le cordonnier qui fournirait lui-même la marchandise qu'il confectionne en chaussures devrait, d'après les principes que nous avons établis, être rangé dans la classe des marchands. — D'après l'opinion même de M. Pardessus, moins facile que la nôtre lorsqu'il s'agit de considérer certains artisans comme marchands, le cordonnier serait dans presque tous les cas justiciable de la juridiction consulaire; car cet auteur répute commerçant « celui qui, avec des matières achetées et le secours d'ouvriers salariés par lui, fabrique des objets qu'il livre à des débitans, ou qu'il tient exposés en vente dans une boutique ou un magasin. » — Or, on ne peut nier que telle est la position de la plupart des cordonniers.

179. — Toutefois nous admettrions la doctrine de la cour de Colmar, lorsqu'il s'agit d'ouvriers travaillant en chambre, le plus souvent pour des marchands établis qui leur fournissent les matières premières.

180. — Ces derniers artisans ne sont, en effet, que de simples ouvriers (V. ARTISAN, no 2), et jamais ceux-ci n'ont été considérés comme commerçans et soumis en cette qualité à la juridiction des tribunaux de commerce. — Carré, *Comp.*, t. 7, p. 135.

181. — On peut donc dans la même profession être réputé tantôt commerçant, tantôt simple artisan, suivant les circonstances, qu'il appartient aux juges commerciaux d'apprécier.

182. — Toutefois, il ne faut pas perdre de vue que les ouvriers et simples artisans, qui n'ont point la qualité de commerçans, n'en sont pas moins soumis à la juridiction consulaire pour l'achat qu'ils font accidentellement de denrées et marchandises, pour les revendre lorsqu'ils les auront mises en œuvre

183. — Les entrepreneurs de serrurerie sont compris, pour les fournitures de leur état, au nombre des marchands contre lesquels l'art. 2272, C. civ., admet la prescription annale. — *Paris*, 22 nov. 1833, Legendre. — V. ACTE DE COMMERCE, nos 115, 128, 215 et 317.

184. — Sont également réputés commerçans le peintre en bâtimens et le teinturier qui achètent leurs couleurs; le marbrier qui fait lui-même l'acquisition des marbres qu'il emploie; le maréchal ferrant qui achète les matériaux nécessaires à l'exercice de son état. — V. ACTE DE COMMERCE, nos 111, 113 et 114.

185. — Jugé qu'un charron n'est pas commerçant. — *Turin*, 3 déc. 1810, Campana c. Tubo. — V. ACTE DE COMMERCE, no 112.

186. — Mais on devrait réputer tel le charron qui ne confectionnerait pas seulement des voitures avec les matériaux qui lui sont fournis, mais qui les ferait avec des matériaux à lui et fournirait les voitures qui sortent de ses ateliers. — *Metz*, 8 mai 1824, Peroche c. Taton-Lenon; *Amiens*, 4 avr. 1826, Millet c. Ruton; — Carré, *Lois de la comp.*, t. 7, p. 132, à la note, édit. Foucher; Orillard, n. 150.

187. — Autrefois, les bouchers, les boulangers, les maîtres d'hôtel, les aubergistes, les cabaretiers, n'étaient pas compris dans les six corps de marchands. Ceux qui exerçaient ces professions étaient de simples artisans. Mais aujourd'hui, d'après les art. 1er et 632, C. comm. combinés, on doit moins les considérer comme des artisans que comme des commerçans en détail. — Orillard, no 150.

188. — Ainsi jugé qu'on doit réputer commerçans les bouchers qui ont une boutique où ils détaillent les viandes. — *Aix*, 15 janv. 1825, Petit c. Figuières. — V. BOUCHER, nos 70 et 71.

189. — ... Les boulangers qui achètent des farines pour les convertir en pain et les revendre au public — *Bordeaux*, 8 mars 1844 (t. 1er 1845, p. 163), Frachet c. Loubet; — Carré, *Lois de la comp.*, t. 7, p. 132, édit. Foucher. — V. ACTE DE COMMERCE, nos 161, 162 et 325; BOULANGER, no 130.

190. — Toutefois, les boulangers ne sont plus réputés commerçans dans le sens du décret du 17 mars 1808. En conséquence, ils n'étaient pas atteints par l'exception prononcée par l'art. 4 du décret. — *Cass.*, 28 fév. 1811, Demidiau c. Beckard et Haymann. — V. *contrà Rennes*, 20 juill. 1814, N.; *Cass.*, 26 juin 1821 et 6 déc. 1815. — V. *infrà* nos 195 et 198.

191. — ... Les cabaretiers. — *Cass.*, 23 avr. 1813 (intérêt de la loi), Vercelli; — Carré, *Lois de la comp.*, t. 7, p. 126, no 489; p. 150, no 497, édit. Foucher. — V. ACTE DE COMMERCE, no 160; CABARETIER, no 8.

192. — ... Les cafetiers. — *Rouen*, 4 déc. 1818, Plouin c. Lambert. — V. ACTE DE COMMERCE, nos 93 et 94; CAFETIER, no 2.

193. — On ne saurait considérer comme commerçant le propriétaire de biens ruraux situés à portée d'une grande ville, qui ferait vendre au marché de cette ville le pain qu'il aurait fait fabriquer chez lui avec le produit de ses récoltes. — Merlin, *Quest. de dr.*, vo *Commerce* (*acte de*), § 1er.

194. — ... Les aubergistes. — *Trèves*, 19 avr. 1809, Schuster c. Meyer; *Liége*, 17 avr. 1812, Frey c. Ghirard; *Colmar*, 25 nov 1814, Sengel et Baur c. Ostermann; *Bourges*, 19 déc. 1823, Gilles c. syndics de sa faillite; 27 août 1824, Guenot c. Perigne-Desmarais; — Carré, *Lois de la comp.*, t. 7, p. 126, no 489; p. 151, no 498, édit. Foucher. — V. ACTE DE COMMERCE, nos 160, 324, 472, 514 et suiv.

195. — La cour de Cassation a encore décidé, en vertu de ce principe, que l'art. 4, décr. 17 mars 1808, qui soumet le juif, demandeur en paiement d'une obligation souscrite à son profit par un individu *non commerçant*, à prouver qu'il en a réellement fourni la valeur, ne s'applique pas aux débiteurs commerçans en détail, et particulièrement aux aubergistes. — Dans l'esprit de cette disposition, le souscripteur n'est plus recevable à exiger la preuve supplétive de la numération des espèces, quand il a reconnu la réalité de la dette dans un compromis et dans le cours de l'instance arbitrale qui l'a suivi. — *Cass.*, 26 juin 1821, Silbermann c. Salomon Katy.

196. — Mais jugé au contraire qu'un aubergiste ne peut être placé dans la catégorie d'un commerçant, vis-à-vis duquel un juif est dispensé de prouver qu'il a fourni la valeur entière et sans fraude de la somme portée en l'obligation. — *Cass.*, 6 déc. 1815, Lévy c. Fautsch. — V. *contrà* Carré, t. 2, p. 543.

197. — Quoi qu'il en soit de la contradiction de ces deux arrêts, par rapport à la qualité qui doit être attribuée à l'aubergiste dans le sens de l'art. 4, décr. 17 mars 1808, rédigé dans l'esprit de défaveur qui s'attachait alors aux demandes formées par les juifs, cette contradiction ne saurait aujourd'hui tirer à conséquence pour le cas qui nous occupe. Ce décret est, en effet, actuellement abrogé, car il ne devait produire effet que pendant dix ans. — Art. 18; — Orillard, no 151. — V. aussi Carré, *Lois de la comp.*, t. 7, p. 130 et suiv.

198. — Ce que nous avons dit de l'aubergiste s'applique au restaurateur et au traiteur. — Carré, *Lois de la comp.*, t. 7, p. 159, édit. Foucher. — V. ACTE DE COMMERCE, nos 160 et 458.

199. — Celui qui tient une pension bourgeoise est justiciable des tribunaux de commerce relativement aux billets souscrits par lui pour paiement des fournitures destinées à sa maison. — V. ACTE DE COMMERCE, nos 200 et suiv.

200. — Cette décision est applicable aux maîtres d'hôtel garni et aux logeurs. — V. ACTE DE COMMERCE, nos 60, 65, 215 et 457. — Mais celui qui loue des meubles en garni ne fait pas acte de commerce. — Carré, *Lois de la comp.*, t. 7, p. 149, édit. Foucher.

201. — Les tanneurs n'étaient pas non plus compris autrefois dans les six corps de marchands; ils étaient rangés parmi les artisans. — Mais aujourd'hui est réputé commerçant dans le sens de l'art. 4, L. 17 mars 1808, celui qui fait le commerce de tannerie en détail. — *Cass.*, 24 janv. 1815, Weyl c. Vonderscheer.

202. — Est aussi réputé commerçant, dans le sens de l'art. 4, L. 17 mars 1808, le receveur des contributions. — *Colmar*, 20 mars 1818, Lévy c. Galmiche.

203. — En général, les receveurs, payeurs, percepteurs et autres comptables de deniers publics sont assimilés aux commerçans, relativement aux billets qu'ils souscrivent. — V. ACTE DE COMMERCE, nos 533 et suiv.

204. — Un meunier qui achète habituellement

des grains pour les revendre doit être réputé commerçant. — *Cass.*, 26 janv. 1818, Lhomme c. Cauché et Vauvineq; *Angers*, 11 déc. 1823, Fouchard c. Moreau; *Caen*, 21 janv. 1845 (t. 1er 1845, p. 683), Guilbert c. Lecointe. — V. ACTE DE COMMERCE, nos 28 et 244.

205. — Les meuniers sont même habituellement commerçans, non seulement lorsqu'ils achètent du blé qu'ils revendent, mais encore en vendant la portion de farine qu'ils ont prélevée sur celles qu'ils rendent aux personnes qui leur ont donné du blé à moudre. — *Poitiers*, 12 mars 1844 (t. 2 1844, p. 229), Violeau c. Péraud.

206. — Mais le meunier qui se borne à convertir en farine le blé qui lui est confié n'est pas commerçant. — *Colmar*, 23 mars 1844, Peeffinger c. Paravicini; — Pardessus, no 14; Carré, t. 2, p. 546; *Lois de la comp.*, t. 7, p. 135, no 490. — V. ACTE DE COMMERCE, no 253.

CHAPITRE III. — *Qui peut être commerçant.*

207. — Toute personne capable de contracter est habile à faire tels actes de commerce qu'elle juge convenables, conséquemment, est apte à acquérir par l'exercice habituel de ces actes la qualité de commerçant.

208. — Toutefois, l'intérêt particulier de certains individus et l'intérêt du commerce lui-même a fait admettre deux dérogations importantes à la faculté de commercer.

209. — La restriction basée sur l'intérêt particulier de certains individus concerne les mineurs et les femmes mariées. — C. comm., art. 1er et 2.

210. — La dérogation apportée dans l'intérêt du commerce lui-même s'appuie sur l'incompatibilité de certaines professions avec le commerce pour raison de convenance, et sur l'avantage que donneraient à quelques individus les renseignemens que leur fournirait leur position. — Art. 3.

Sect. 1re. — *Du mineur commerçant.*

211. — Dans l'ancien droit, où la majorité était fixée à vingt-cinq ans, on avait jugé utile, dans l'intérêt des mineurs, de leur permettre de faire le commerce avant cet âge. — Ord. de Henri III, de 1581, art. 17; ord. 1673, tit. 1er, art. 6.

212. — Dans les villes de maîtrise, les mineurs pouvaient être reçus maîtres et faire le commerce à l'âge de vingt ans accomplis. — Ord. 1 73, tit 1er, art. 3. — Dans les localités où il n'existait pas de corporations, le mineur pouvait se livrer aux spéculations mercantiles du moment où il le désirait. — Jousse et Bornier, sur l'art. 6, tit. 1er, ord. 1673. — Dans les villes même de maîtrise, aucune condition d'âge n'était exigée du mineur qui voulait exercer les professions de banquier, manufacturier, armateur, etc., en un mot celles qui n'étaient point constituées en corps de marchands. — Procès-verbal du cons. d'état, 4 nov. 1806, no 31. — D'après Denisart, (vo *Age*, no 4) les dispositions des ordonnances n'étaient pas, en général, exactement suivies.

213. — Cette législation avait pour effet : 1o de rendre légalement émancipé le mineur commerçant du moment où il pouvait le devenir (Ferrière, *Dict. de dr.*, vo *Mineur marchand*; Locré, *Esprit du C. comm.*, sur l'art. 2); — 2o de le faire réputer majeur pour tout ce qui concernait son commerce (ord. 1673, tit. 1er, art. 6; — Bornier, sur cet art. 6); — 3o de le rendre apte à contracter valablement pour affaires de négoce sans autorisation des personnes sous la puissance desquelles il était placé (Bornier, *loc. cit.*; Ferrière, vo *Mineur marchand*; Tronçon, sur l'art. 224 de la cout. de Paris, où il rapporte un arrêt du 2 juill. 1683); — 4o d'empêcher qu'il pût se faire restituer contre les engagemens pris par lui pour ses affaires commerciales. — Ferrière et Denisart, *loc. cit.*; — *Parlem. Paris*, 21 oct. 1645, 2 juill. 1683; *Parlem. Toulouse*, rapporté par Cambolas en ses *Décisions*, liv. 5, chap. 26; 28 nov. 1602, rapporté par Belordeau, p. 2, liv. 2, controverse 274e; — Brodeau sur Louet, lettre F, sommaire 11; Jousse, art. 6, tit. 1er, Ord. 1673.

214. — Mais, quant aux engagemens qu'il aurait pris pour faits étrangers à son négoce, il était assimilé aux autres mineurs, et, comme ces derniers, il n'avait qu'à prouver que ces engagemens lui avaient été préjudiciables pour se faire restituer contre eux. — Bornier et Ferrière, *loc. cit.*; Bouvot, vo *Fidéjusseur*, tit. 1er, quest. 3e, où il rapporte un arrêt conforme.

215. — La législation actuelle ayant ramené la majorité à vingt et un ans (C. civ., art. 488), on se demanda, lors de la discussion du projet de l'art. 2, C. comm., au conseil d'état, si l'on devait toujours permettre aux mineurs de faire le commerce, et s'il n'y aurait pas avantage pour leur avenir à leur défendre de se livrer aux spéculations les plus hanceuses avant qu'ils eussent atteint leur majorité. Mais on reconnut qu'il y avait intérêt pour eux à leur maintenir le droit que l'ancienne législation leur avait accordé; qu'ils éprouveraient, par exemple, un énorme préjudice, s'il ne leur était pas permis de continuer les affaires commerciales de leur auteur lorsqu'ils viendraient à lui succéder en minorité, lorsqu'ils épouseraient une femme qui leur apporterait en mariage un établissement de commerce; lorsqu'enfin il leur serait offert par leur père ou tout autre une association avantageuse. — Procès-verbal du cons. d'état, 4 nov. 1806, nos 28, 33 et 34; — Locré, *Esprit du C. de comm.*, sur l'art. 2, § 1er, no 1er.

216. — Toutefois le législateur, en maintenant au mineur un droit que l'art. 487, C. civ., lui avait déjà reconnu, y apposa certaines conditions fondées sur son intérêt.

217. — Ainsi, l'art. 2, C., comm. porte : « Tout mineur émancipé de l'un ou de l'autre sexe, âgé de dix-huit ans accomplis, qui voudra profiter de la faculté que lui accorde l'art. 487, C. civ., de faire le commerce, ne pourra en commencer les opérations, ni être réputé majeur, quant aux engagemens par lui contractés pour faits de commerce : 1o s'il n'a été préalablement autorisé par son père ou par sa mère, en cas de décès, interdiction ou absence du père, ou, à défaut du père et de la mère, par une délibération du conseil de famille, homologuée par le tribunal civil; — 2o si, en outre, l'acte d'autorisation n'a été enregistré et affiché au tribunal de commerce du lieu où le mineur veut établir son domicile. »

218 — Ainsi, quatre conditions sont exigées du mineur, quel que soit son sexe, qui veut se faire commerçant. Il faut : 1o qu'il soit émancipé; — 2o qu'il ait accompli sa dix-huitième année; — 3o qu'il soit autorisé par les personnes ayant pouvoir à cet effet; — 4o que l'acte d'autorisation soit enregistré et affiché au tribunal de commerce du lieu où le mineur veut s'établir.

219. — *Emancipation.* — Le législateur aurait pu accorder au mineur la faculté de commercer, sans lui conférer pour cela l'émancipation. Mais il lui parut nécessaire d'émanciper celui à qui il accordait une semblable faculté, celle-ci lui attribuant des pouvoirs beaucoup plus étendus que ceux résultant de l'émancipation. Aussi, un membre disait au conseil d'état : « Qu'il eût été extraordinaire d'admettre une émancipation partielle, qui eût relevé le mineur de son incapacité sous un rapport, et l'y eût laissé sous tous les autres. » — Procès-verbal du cons. d'état 4 nov. 1806, nos 39 et 43.

220. — Le mineur commerçant possédera conséquemment, en ce qui concernera l'administration de ses biens et l'exercice de tous les actes étrangers à son négoce, des pouvoirs semblables à ceux de l'émancipé. Comme ce dernier, il pourra faire tous les actes de pure administration. — C. civ., art. 481 et suiv.

221. — L'émancipation doit être donnée selon les formes tracées par le Code civil (art. 477 et 478). Mais la loi n'exige pas que le mineur ait été spécialement émancipé en vue du commerce qu'il projette. Il importe donc peu que le mineur ait été émancipé par mariage (C. civ., art. 476), ou qu'il l'ait été, soit à quinze ans par la volonté de ses père et mère (C. civ., art. 477), soit à dix-huit ans par délibération du conseil de famille. — C. civ., art. 478. — Ainsi, il n'y a pas lieu de s'occuper de la manière dont l'émancipation a été obtenue et de l'âge auquel elle l'a été. Il suffit qu'elle existe à l'époque où le mineur entreprend le commerce.

222. — Le mineur pubère qui, en pays de droit écrit, avait la libre administration de ses biens, n'a pu, depuis la survenance du Code civil, faire un acte de commerce sans être émancipé. — Ainsi, l'obligation par lui souscrite pour valeur reçue en marchandises, est susceptible de rescision, s'il n'est pas prouvé qu'elle a tourné à son profit. — *Grenoble*, 23 nov. 1816, Juveneton c. Champon.

223. — *Age.* — Le mineur peut bien être émancipé à quinze ans; mais le commerce peut entraîner des suites d'une telle importance que le législateur a exigé que, bien qu'émancipé, le mineur eût encore atteint ses dix-huit ans accomplis.

224. — Il n'a pas voulu que, comme sous l'ancienne loi, il pût régner d'incertitude sur l'âge auquel le mineur pourrait commercer, ni que, comme autrefois, des condamnations pussent être prononcées contre des mineurs de seize ans, en leur qualité de commerçans. — Procès-verbal du cons. d'état 4 nov. 1806, no 29.

225. — On avait proposé d'abord, au lieu de fixer à dix-huit ans l'âge où le mineur des deux sexes pourrait se livrer au commerce, d'exiger l'âge de vingt ans, ou du moins, si on permettait au mineur de commercer dès l'âge de dix-huit ans, de lui demander qu'il fît un apprentissage. — Procès-verbal du cons. d'état, 4 nov. 1806, no 30.

226. — Mais ces propositions furent rejetées; la première, parce que, comme nous l'avons dit, l'intérêt du mineur pouvait commander qu'on lui accordât la faculté de commercer plus tôt, et que c'était, du reste, une bien faible concession de ne lui reconnaître ce droit qu'à l'âge de vingt ans, lorsque la majorité se trouve maintenant fixée à vingt-un ans (*ibid.*, nos 33 et 35); la seconde proposition, parce que la garantie que pouvait offrir l'apprentissage était suppléée par l'obligation imposée au mineur de se faire autoriser, obligation qu'on n'exigeait point autrefois. — *Ibid.*, no 33.

227. — *Autorisation.* — L'émancipation accordée au mineur étant un témoignage, une garantie de sa capacité, une autorisation spéciale pouvait paraître superflue et comme faisant double emploi avec l'émancipation générale. Mais il y a une tout autre difficulté à suivre des opérations commerciales, parfois si hasardeuses, qu'à administrer son patrimoine. Il y avait donc sagesse de la part du législateur à exiger des garanties plus grandes lorsqu'il s'agissait de conférer une capacité plus étendue que celle attribuée par l'émancipation. Le législateur a voulu une autorisation spéciale pour une garantie spéciale. Il a voulu que la famille n'accordât pas légèrement cette autorisation, qu'elle se déterminât seulement par un examen sérieux, approfondi de l'intérêt du mineur; qu'elle fût retenue par la crainte des suites désastreuses que pourrait avoir pour le mineur une autorisation trop facilement donnée. — Procès-verbal du cons. d'état, 4 mars 1806, nos 29, 35 et 36.

228. — L'importance que le législateur a attachée à l'autorisation doit faire décider que celle-ci ne saurait résulter d'un consentement tacite ni d'un acte sous seing-privé. Ainsi, elle ne pourrait résulter du silence que le père, la mère ou le conseil de famille garderaient sur des actes de commerce faits par le mineur sous leurs yeux ou avec leur participation. — Pardessus, nos 57 et 58; Nouguier, *Des tribunaux de commerce*, t. 1er, p. 244; Sebire et Carteret, *Encycl. du dr.*, vo *Commerçant*, no 267.

229. — Aussi a-t-il été jugé que l'autorisation dont parle l'art. 2, C. comm., pour rendre le mineur émancipé apte à faire le commerce et à contracter des engagemens valables, doit être préalable aux faits de commerce, et donnée par un acte exprès : elle ne peut résulter d'une délibération ayant pour objet d'autoriser le mineur à vendre des immeubles pour faire honneur à ses engagemens et se livrer, avec plus d'avantage, au commerce. — *Bourges*, 26 janv. 1828, Clément c. Chapelin.

230. — Mais l'autorisation accordée au mineur de faire le commerce est valable, bien qu'elle ne détermine pas le genre d'affaires dont le mineur devra s'occuper. — *Caen*, 11 août 1828, d'Harembure c. Monsaint.

231. — L'autorisation peut être donnée par acte passé devant le juge de paix ou devant un notaire; elle pourrait l'être aussi par déclaration au greffe du tribunal de commerce. Il n'en serait pas ici comme d'un acte sous seing-privé dans lequel rien ne garantirait la vérité de la signature ou de l'écriture, tant au public qu'aux fonctionnaires chargés d'en recevoir le dépôt et d'en faire l'affiche. — Pardessus, no 57.

232. — Quant à l'autorisation du conseil de famille, elle doit être nécessairement donnée dans la forme ordinaire des délibérations de cette assemblée, qui est présidée par le juge de paix. — C. civ., art. 406 et suiv.

233. — La mère a pouvoir pour autoriser le mineur à commercer, notamment en cas d'absence du père. Il n'est pas besoin alors que l'absence soit déclarée, la nécessité où est la mère elle-même de recourir à l'autorisation du tribunal (C. procéd., art. 863) prévenant tous les abus. — Pardessus, no 57.

234. — Un mineur régulièrement autorisé à faire le commerce peut former une société commerciale. — *Caen*, 11 août 1828, d'Harembure c. Monsaint.

235. — L'autorisation de faire le commerce, donnée au mineur émancipé, en vertu de l'art. 2, C. comm., ne peut légalement émaner d'une personne intéressée et de la partie même qui traite avec lui. Ainsi, celle donnée par un père à son fils ne suffit pas pour rendre valable à l'égard du père, ni même des tiers, une société entre le père et le fils. — *Douai*, 21 juin 1827, Masquelet c. Sauvaigne et Boiran.

236. — *Publication de l'autorisation.* — Après avoir mis le mineur à l'abri du danger que pouvait lui faire courir sa position commerciale, il fallait mettre les tiers en état de traiter valablement avec lui et de s'assurer de sa capacité. — La loi a donc exigé que l'acte d'autorisation fût enregistré et affiché au tribunal de commerce du lieu où le mineur veut établir son domicile. — C. comm., art. 2,

237. — Si, dans ce lieu, il n'existait pas de tribunal de commerce, l'enregistrement et l'affiche devraient avoir lieu au greffe du tribunal civil.— C. comm., art. 640.

238. — L'affiche est exposée dans l'auditoire du tribunal pendant un temps dont la durée doit, par analogie tirée des art. 67, C. comm., et 872, C. civ., être fixée à un an. — Pardessus, nº 57; Sebire et Carteret, *Encycl. du dr.*, nº 270.

239. — *Effets des obligations contractées par le mineur commerçant.* — La réunion des conditions qui viennent d'être énumérées est indispensable au mineur qui veut faire le commerce. L'inaccomplissement de l'une d'elles aurait pour effet nécessaire de faire considérer comme non-commerçant le mineur qui se serait livré aux actes de commerce même les plus évidens.

240. — Aussi a-t-il été jugé qu'un mineur non émancipé, ni légalement autorisé, ne peut faire le commerce ni s'engager valablement.—*Aix*, 10 nov. 1817, Paran c. Nodel.

241. — Nous croyons donc devoir rejeter l'opinion émise par M. Pardessus (nº 58) : « Comme c'est, dit cet auteur, l'autorisation seule qui doit être affichée, si elle contenait la fausse mention d'une émancipation qui réellement n'aurait pas eu lieu, le mineur serait engagé valablement, puisqu'il y aurait un véritable dol, ou du moins un quasi-délit de sa part. »

242. — Mais il ne faut pas perdre de vue que la règle générale, celle qui domine l'état du mineur, c'est qu'il ne peut valablement contracter à sa charge. Si la loi fait exception à ce principe, c'est sous la foi de certaines conditions hors desquelles la règle générale reprend son empire. Ainsi l'art. 487, C. civ., porte que : « Le mineur *émancipé* qui fait un commerce est réputé majeur pour les faits de ce commerce. » D'où la conséquence que celui *qui n'est pas émancipé*, demeurant frappé de son incapacité générale, ne peut être réputé majeur. De plus, l'art. 2, C. comm., ajoute : « Tout mineur *émancipé* qui voudra profiter, etc. » D'où il résulte nécessairement que celui-là seul pourra être réputé majeur pour fait de commerce qui profitera de la disposition de l'art. 487, c'est-à-dire qui sera émancipé. M. Nouguier (*Tribun. de comm.*, t. 1er, p. 245) ajoute : « Qu'importe maintenant que la mention faite par le mineur qui est émancipé soit fausse, qu'elle ait été conçue dans une pensée de dol ou de tromperie ? — Cette énonciation mensongère ne lui donne pas la capacité que la loi lui refusait. Et, qu'on le remarque, sur quoi donc est fondé ce refus de la loi ? — Sur un motif qui touche à l'intérêt, à la tranquillité des familles, sur la jeunesse du mineur, sur son défaut de discernement. Ne pourrait-on répondre au tiers qui se plaindrait de la fraude dont il fut victime : ce jeune homme avec lequel vous avez traité est sans doute coupable, mais il n'a pu apprécier les conséquences de la déclaration qu'il faisait ; c'était à vous de vous enquérir et de savoir si toutes les formalités avaient été remplies. — Sans doute il est fâcheux que l'acte d'émancipation ne soit pas public, que la loi n'exige pas cette formalité, que les tiers ne soient pas avertis ; mais cette imperfection de la loi ne saurait, encore une fois, investir le mineur d'une condition rigoureusement exigée par le législateur. » — V. aussi conf. Sebire et Carteret, nº 271 ; Orillard, *Compét. des trib. de comm.*, nº 162.

243. — Il a été jugé dans le même sens qu'un mineur qui exerce le commerce sans y avoir été autorisé conformément à l'art. 2, C. comm., et sans avoir rempli les formalités prescrites par le même article, ne peut pas être condamné aux peines de la banqueroute simple ou frauduleuse. — *Cass.*, 2 déc. 1826, Fremeaux. — La cour a basé sa décision sur ce que, pour être déclaré banqueroutier, il faut être nécessairement commerçant, et qu'on ne saurait considérer comme tel celui qui n'a pas rempli toutes les formalités prescrites par l'art. 2, C. comm.

244. — Une actrice qui a souscrit des billets en minorité ne peut être réputée commerçante à l'égard des tiers avec qui elle a contracté. — En conséquence, s'il n'est pas établi que les billets aient tourné à son profit, ils doivent être annulés.— *Paris*, 28 nov. 1834, Paul c. Leclerc.

245. — Les conditions exigées du mineur pour commercer une fois accomplies, les effets qui en résultent sont : 1º de donner au mineur tous les droits que lui confère le liv. 1er, tit. 10, chap. 3, C. civ. ; — 2º de le réputer majeur quant à ses engagemens commerciaux ; — 3º de le soumettre à la juridiction des tribunaux de commerce et de le rendre contraignable par corps pour l'exécution de ces engagemens.—Duranton, *Cours de dr. franç.*, t. 3, nº 701 ; Sebire et Carteret, vº *Commerçant*, nº 273.

246. — Il peut donc, sans autorisation nouvelle ou spéciale, faire les actes de pure administration, transiger, ester en jugement, acquérir des objets même étrangers à son commerce, sauf réductibilité en cas d'excès, s'obliger seul pour faits de son négoce, sans pouvoir se faire restituer contre ses engagemens en pareil cas, acheter et vendre des marchandises, emprunter, souscrire des billets de commerce et des lettres de change. — C. comm., art. 2, 113, 114 et 639. — Pardessus, nº 59 ; Sebire et Carteret, nº 274.

247. — C'était autrefois une question très controversée que celle de savoir si le mineur commerçant qui avait vendu ou hypothéqué ses biens pour se procurer des fonds pour son commerce pouvait se faire restituer contre de pareilles aliénations. L'art. 6, C. comm., a tranché cette difficulté. « Les mineurs marchands, autorisés comme il est dit ci-dessus, porte cet article, peuvent engager et hypothéquer leurs immeubles. Ils peuvent même les aliéner, mais en suivant les formalités prescrites par les art. 457 et suiv., C. civ. » — C. procéd., art. 954 et suiv. — C'est l'opinion de Jousse, sur l'art. 6, tit. 1er, ord. 1673, que le Code de commerce a ainsi érigée en loi.

248. — Les créanciers commerciaux du mineur auront conséquemment le droit de faire vendre ses immeubles comme ceux d'un majeur sans discussion préalable du mobilier. — C. civ., art. 2206. — Pardessus, nº 60 ; Delvincourt, t. 2, p. 4.

249. — Mais ces créanciers devront aussi prouver que les immeubles hypothéqués l'ont été pour faits de commerce.—Procès-verbal du cons. d'ét., 25 nov. 1806, nº 45 ;— Locré, *Esprit du C. de comm.*, p. 4 et 48 ; Sebire et Carteret, nº 275. — Car, pour que les actes des mineurs dûment autorisés aient la même validité que ceux des personnes capables, il faut qu'ils soient de nature commerciale.—Pardessus, nº 62.

250. — Delvincourt pense cependant que l'hypothèque consentie par le mineur doit être présumée l'avoir été pour fait de commerce, par argument de l'art. 638, C. comm., sauf au mineur à prouver le contraire.

251. — Pardessus (nº 62) n'admet cette décision que dans le cas où l'engagement aurait une forme essentiellement commerciale, tels que sont des billets à ordre, des lettres de change, des mandats négociables, des comptes courans, etc., tant que le mineur ne prouverait pas que ces engagemens ont une cause absolument étrangère au commerce.

252. — Le mineur émancipé et autorisé à faire le commerce, auquel un billet à ordre a été endossé *valeur reçue en marchandises* et qui l'a endossé pour *valeur reçue comptant et pour fait de son commerce*, est recevable, à l'égard de celui qui a reçu son endossement, à soutenir qu'il n'était pas commerçant et qu'il n'a pas fait un acte de commerce, et, par suite, à former requête civile envers le jugement en dernier ressort qui le condamne au paiement du montant du billet. — *Aix*, 17 janv. 1823, Clément c. Lézac.

253. — Si les actes du mineur étaient faits en dehors de son commerce, et s'il excédait les pouvoirs qu'il tient de l'émancipation, il rentrerait aussitôt dans la classe des mineurs, et pourrait invoquer l'action en nullité ou rescision dans les cas où elle est ouverte à tout autre mineur. Jousse cite plusieurs arrêts qui le décidaient ainsi dans l'ancien droit, et les principes n'ont pas varié depuis à cet égard. — Procès-verbal du cons. d'état, 15 nov. 1806, nº 45. — Aussi le mineur n'est-il plus considéré comme majeur lorsqu'il transige sur des contestations purement civiles, ou qu'il cautionne un tiers pour une affaire étrangère à ses opérations commerciales. — Duranton, t. 3, nº 701 ; Locré, *Esprit du C. de commerce*, sur l'art. 2, § 3 ; Orillard, *Compétence des trib. de comm.*, nº 160 ; Nouguier, t. 1er, p. 251, nº 2 ; Sebire et Carteret, nº 276 ; Pardessus, nº 62 ; Delvincourt, t. 2, p. 3.

254. — Pareillement, l'achat que ferait un mineur d'une manufacture, d'une maison ou de tout autre immeuble destiné à devenir le siége de son commerce serait soumis aux règles du droit commun. Ses achats même mobiliers, s'ils étaient étrangers à son commerce, seraient sujets à réduction au cas où ils lui auraient occasionné une perte. — Pardessus, nº 62 ; Sebire et Carteret, nº 277.

255. — Ainsi, jugé qu'un mineur émancipé a capacité pour acquérir des immeubles, alors surtout qu'il fait le commerce et qu'il s'agit d'immeubles pour y établir son industrie, et la lésion qui se trouve dans le contrat donne lieu en sa faveur, non à la nullité de l'acte, mais seulement à la réduction du prix. — *Colmar*, 31 janv. 1826, Ribstein c. Durr. — V. ÉMANCIPATION.

256. — L'autorisation postérieure ne validerait pas les spéculations extra-commerciales du mineur. Il faudrait qu'une ratification expresse de ces mêmes actes fût donnée en vertu de cette autorisation, ou que, depuis cette époque, ils eussent été exécutés par ce mineur, devenu capable de s'obliger de manière à rendre non-recevable une demande en nullité. — C. civ., art. 1338 ;—Pardessus, nº 61.

257. — Au surplus, les personnes qui se seraient engagées avec le mineur commerçant ou envers lui ne pourraient lui opposer une incapacité qui n'est que relative et dans son intérêt. — C. civ., art. 1125.

258. — La simple déclaration faite par le mineur qu'il a l'âge ou qu'il possède les conditions exigées pour pouvoir commercer ne suffirait pas pour valider ses obligations. — C. civ., art. 1307.

259. — Mais si un mineur avait fait avec quelqu'un des négociations dont les unes paraîtraient avantageuses, les autres désavantageuses, il ne lui serait pas permis de profiter des premières et de répudier les autres.—L'équité, en effet, ne permet pas de décider différemment. — Pardessus, nº 61.

260. — Les principes que nous venons d'établir ne s'opposent pas à l'application de ceux qui forceraient un mineur à rester intéressé dans une société commerciale qui aurait été formée par son père avec stipulation qu'elle continuerait avec ses héritiers. — C. civ., art. 1868. — Toutefois, ce mineur ne serait pas réputé commerçant ; s'il était tenu à quelques dettes, ce ne serait que civilement. — Pardessus, nº 61. — V. SOCIÉTÉS.

261. — Les formalités que la loi exige du mineur qui veut se livrer au commerce s'appliquent également au mineur qui ne ferait qu'un seul ou quelques actes isolés de commerce. — C. comm., art. 3.

262. — Le mineur réputé majeur pour les faits de son commerce, ou qui a reçu l'autorisation de faire certains actes commerciaux, est contraignable par corps pour l'exécution de ses engagemens. — L. 17 avr. 1832, art. 1er, alinéa 1er, § 2.—V. CONTRAINTE PAR CORPS.

263. — Il pourrait être déclaré banqueroutier.— *Paris* (implic.), 2 déc. 1826, Fremeaux.

264. — L'autorisation donnée au mineur de faire le commerce ne saurait être révoquée isolément. Autrement, la fraude deviendrait trop facile à l'égard des tiers. Le mineur, de concert avec ses parens, ferait révoquer l'autorisation, et, profitant cependant de l'ignorance où le public serait de cette révocation, il continuerait à se livrer à des spéculations dont les tiers seraient victimes.

265. — Il peut arriver cependant qu'on se soit trompé en attribuant au mineur une aptitude pour les affaires qu'il était loin de posséder. Faut-il lui laisser alors compromettre sa fortune et son avenir ? — Non, certainement : on peut, en ce cas, lui retirer le bénéfice de l'émancipation, car la loi n'établit pas pour le mineur commerçant d'exception à la règle qui permet de faire rentrer en tutelle le mineur qui abuse de l'émancipation. — C. civ., art. 485. — En lui retirant le bénéfice de l'émancipation, on lui enlève aussi une des conditions exigées par l'art. 2, C. comm., et on le rend à son incapacité primitive. On concilie ainsi les droits des tiers et ceux du mineur. — Pardessus, nº 58 ; Nouguier, t. 1er, p. 249 ; Orillard, nº 165.

266. — La révocation du pouvoir qui avait été donné à un mineur devra, au surplus, être rendue publique dans les mêmes formes que l'autorisation, avec les précautions que le jugement qui révoquerait l'émancipation ne manquerait pas d'ordonner en pareil cas.— Pardessus, nº 58, Nouguier, p. 249 ; Orillard, nº 165 ; Sebire et Carteret, nº 279.

267. — En s'obligeant, on n'engage que soi, à moins qu'on n'agisse pour le compte d'autrui et en vertu d'un mandat. Aussi est-il évident que les actes du mineur ne peuvent rejaillir sur ceux qui l'ont autorisé.—Pardessus, nº 59 ; Nouguier, p. 251, nº 3.

268. — Ce que nous avons dit du mineur commerçant s'appliquerait au mineur artisan. Une fois qu'il a terminé son apprentissage et obtenu un livret, ce qui ne peut avoir lieu que du consentement de son père ou de sa famille, il est réputé majeur pur tout ce quitient à son art ou métier. S'il exécute mal les travaux qu'on lui a confiés ; s'il se trompe dans cette exécution, ses père et mère ou tuteur ne sont point responsables ; c'est à celui qui a traité avec lui à s'imputer sa confiance. — Pardessus, nº 59.

Sect. 2e. — *De la femme mariée commerçante.*

269. — De tous temps il a été permis aux femmes de faire le commerce. D'après Hérodote, les femmes égyptiennes se livraient même seules aux opérations de ce genre, pendant que leurs maris fabriquaient les tissus et autres marchandises. — A Rome, les femmes avaient également le droit de commerce.

270.—En France, les femmes, dès les temps les plus reculés, furent aussi autorisées à devenir commerçantes. Elles pouvaient, à raison de cette profession, être traduites en justice, condamnées par corps; elles pouvaient même ester en justice sans le consentement de leurs maris. En effet, on lit dans les *établissemens de Saint-Louis*, chap. 145 : « Nul fame n'a réponse en cour laie, puisqu'ele a seigneur, si ce n'est du fet de son corps. Mais qui l'aurait batue ou dit folie, ou autre déloiauté, en tele manière ele a réponse sans son seigneur; *ou si ele était marchande, ele aurait bien la réponse des choses que ele aurait baillies de sa marchandise, et autrement non.* » Plusieurs arrêts du parlement, entre autres ceux des 20 avr. 1578, mars 1580, févr. 1644, rapportés par Mareschal, avaient décidé dans le même sens.

271. —La femme pouvait bien, dans les pays de droit écrit, s'obliger sans le consentement de son mari (Denisart, vº *Autorisation*, nos 2, 4 et suiv.), mais cette faculté lui était refusée, sous peine de nullité de ses engagemens, dans presque tous les pays de droit coutumier.— Ferrière, *Dict. de droit*, vº *Autorisation du mari*. — Toutefois, il était certaines circonstances où la femme était relevée de son incapacité. Elle pouvait notamment, lorsqu'elle était *marchande publique*, contracter des obligations valables pour ses affaires commerciales, sans être spécialement autorisée par son mari. Mais son incapacité reparaissait, lorsque les actes auxquels elle se livrait étaient étrangers à son négoce.— Ferrière, *loc. cit.*; Denisart, vº *Autorisation du mari*, nº 22; — Procès-verbal du cons. d'état 6 janv. 1807, nº 10.

272.—Bornier (sur l'ord. 1667, tit. 34, art. 8) nous apprend que l'on décidait que la femme mariée n'avait pas besoin pour commercer d'une autorisation expresse de son mari. Il lui suffisait qu'elle trafiquât publiquement, à la connaissance de ce dernier.

273. — Dans le cas où le mari donnait son autorisation à sa femme pour qu'elle commerçât, il était tenu personnellement, et même par corps, au paiement des dettes de sa femme, encore bien qu'il fût resté étranger à l'engagement. — Valin, sur l'art. 23 de la coutume de la Rochelle, nos 118 et 120; Coquille, sur l'art. 2, chap. 29, de la coutume du Nivernais; Bourjon, *Droit commun de la France*, t. 2, p. 708; Brodeau sur Louet, lettre F, somm. 2; Renusson, *De la communauté*, art. 1er, chap. 7, nº 44; Pothier, *De la puissance du mari*, nº 22.

274.—Toutefois, Ferrière enseigne (*loc. cit.*) que, pour exécuter contre le mari le titre obtenu contre la femme, il fallait préalablement le faire déclarer exécutoire contre lui.

275. — La femme qui gérait seulement le commerce de son mari n'était tenue des dettes commerciales qu'autant qu'elle s'était personnellement engagée.— *Ibid.*

276. — La femme marchande publique avait le droit de renoncer à la communauté des biens laissés par son mari; mais cette renonciation n'avait pas pour effet de la décharger des dettes contractées par elle pour son commerce. A leur égard, elle restait obligée, ainsi que son mari. — Ferrière, *loc. cit.*; Coquille, *Quest.* 108; Denisart, vº *Renonciation à la communauté*, nº 25.

277. — Celui-ci pouvait à son gré révoquer l'autorisation qu'il avait donnée à sa femme de faire le commerce. — Cout. de Reims, art. 13; de Châlons, art. 25; de Laon, art. 19; et Denisart, vº *Marchandes publiques*, nº 6.

278.—Il n'a guère été apporté à ces dispositions de l'ancienne jurisprudence que de légères modifications.— Sebire et Carteret, vº *Commerçant*, nº 285.

279.—Ainsi, aujourd'hui, d'après le Code civil, comme dans l'ancien droit, d'après les coutumes, la femme mariée ne peut contracter d'engagemens sans le consentement de son mari.—C. civ., art. 217 et 1538. — Ceux qu'elle aurait souscrits sans y être autorisée par lui, ou en dehors des pouvoirs qu'elle tiendrait de son émancipation ou de son contrat de mariage, seraient entachés d'une nullité radicale. — Favard de Langlade, *Rép.*, vº *Autorisation de femme mariée*, nº 1er; Duranton, *Cours de dr. français*, t. 2, nos 445 et 446; Sebire et Carteret, nº 246 — V. AUTORISATION DE FEMME MARIÉE, nos 30 et suiv., 105 et suiv.

280.— Cette nullité est tellement absolue, qu'une autorisation générale de s'obliger ne saurait la couvrir, et qu'elle pourrait être invoquée soit par la femme, soit par son mari ou même par ses héritiers. —C. civ., art. 225 et 1538. —Bien plus, le tiers qui aurait de bonne foi traité avec elle ne serait pas admis, comme à l'égard du mineur, à démontrer qu'elle a profité des conventions passées avec elle, c'est là un fait constant. — V. AUTORISATION DE FEMME MARIÉE, nos 514 et suiv.

281.— Enfin, il est aussi généralement admis que l'autorisation qui serait donnée postérieurement à l'acte ne peut rendre l'obligation valable.— V. *infrà* nos 667 et suiv. — V. AUTORISATION DE FEMME MARIÉE.

282. — Ainsi, en principe général, l'autorisation du mari ou de la justice est nécessaire pour chaque engagement commercial qu'une femme veut former, et la femme ainsi autorisée est personnellement obligée à toutes les suites de cet acte, sauf les modifications que la faveur de son sexe peut avoir fait établir.— C. comm., art. 112; — Pardessus, nº 63.

283. — Mais lorsque la femme est commerçante, une autorisation particulière n'est plus requise pour chacun des actes dont son commerce se compose. Il y a présomption qu'elle en a reçu une générale pour les faire tous. — Pardessus, nº 63; *Autorisation de femme mariée*, nº 50; Zachariæ, *Dr. civ. franç.*, t. 3, p. 335; Toullier, t. 2, nº 634.

§ 1er. — *Nécessité de l'autorisation du mari.*

284. — La législation commerciale n'a point dérogé aux principes du droit civil relatifs à la puissance maritale. L'art. 4, C. comm., a maintenu, en effet, la nécessité pour la femme qui veut devenir marchande publique de se faire autoriser par son mari. « La femme, dit cet article, ne peut être marchande publique sans le consentement de son mari. »

285. — Il en devait être ainsi, le commerce ne pouvant se faire sans une suite journalière d'obligations dont les conséquences peuvent réfléchir non seulement contre la femme, mais même contre le mari.

286. — Aussi, la femme qui entreprendrait un commerce à l'insu de son mari, par exemple, pendant son absence, n'engagerait-elle ni les biens de son mari ni ceux de la communauté. — Toullier, t. 2, nº 637, et t. 12, nº 247.

287.—M. Pardessus (nº 63) enseigne qu'en cas de refus du mari, la femme ne pourrait se faire autoriser par justice à commercer. L'autorisation accordée en pareil cas aurait, en effet, pour résultat de soustraire presque entièrement la femme à la puissance maritale (C. civ., art. 221). Mais cette opinion, admise par Bravard-Veyrières (p. 17), Aubry et Rau, sur Zachariæ (t. 3, p. 334, note 44e), est combattue par Locré (*Espr. du Cod. de comm.*, sur l'art. 4).

288.—Et il a été jugé, dans ce dernier sens, que, bien qu'aux termes de l'art. 4, C. comm., la femme mariée ne puisse faire le commerce qu'avec l'autorisation de son mari, elle peut néanmoins y être autorisée par justice en cas d'impossibilité de celui-ci de l'accorder, ou de refus reposant sur d'injustes motifs. — *Paris*, 24 oct. 1844 (t. 2 1844, p. 461), Lavocat. — Dans l'espèce, les époux étaient séparés de biens, et sous ce point de vue, aucun préjudice ne pouvait, disent les motifs de l'arrêt, résulter pour le mari des conséquences qu'auraient les opérations auxquelles la femme se livrerait.

289.—Lorsqu'il s'agit de décider si la femme est commerçante, il faut considérer la nature des actes par elle faits, et surtout leur multiplicité; car c'est seulement l'*habitude* de faire des actes de commerce qui donne la qualité de commerçant. — C. comm., art. 1er.

290. — La femme doit être autorisée par son mari, sans qu'il y ait lieu de distinguer entre la femme commune, la femme séparée de biens ou celle mariée sous le régime dotal. Le principe posé par l'art. 4 est absolu et se rattache à la puissance maritale; la femme doit toujours obéissance à son mari, quel que soit le régime que les époux aient adopté. Il y aurait danger, dans une question qui se rattache d'une façon si intime à la tranquillité du ménage et à l'avenir des enfans, à décider que la femme ne doit relever que d'elle-même lorsqu'elle n'engage que ses propres capitaux. — *Trib. comm. de Seine*, 3 nov. 1842 (*Droit*, 18 nov. 1843);— Nouguier, p. 256, n. 3; Pardessus, nº 63; Locré, t. 3, p. 489.

291. — La femme, à la différence du mineur, n'a pas besoin que l'autorisation qui lui est accordée soit affichée et enregistrée au tribunal de commerce. La loi n'exige d'elle que le *consentement* de son mari (C. comm., art. 4). Il n'est pas nécessaire que ce consentement soit exprès et par écrit; il peut aussi être tacite et résulter des circonstances Ainsi, si la femme se livre à des opérations commerciales au vu et au su de son mari, elle satisfait pleinement aux prescriptions de la loi.—Pardessus, nº 63; Vincens, t. 1er, p. 228; Merlin, *Rép.*, vº *Autorisation maritale*, sect. 7e, nº 16; Favard, vº *Commerçant*, nº 6; Delvincourt, *Cours de dr. civ.*, t. 1er, note 4e, p. 80; *Institutes du dr. comm.*, t. 2, p. 5; Duranton, t. 2, nº 475; Toullier, t. 12, nº 241; Vazeille, *Traité du mariage*, t. 2, nº 329; Orillard, nº 166; Nouguier, t. 1er, p. 254; Dageville, sur l'art 4, C. comm., t. 1er, p. 27; *Praticien des consuls*, p. 631; Teulet, d'Auvilliers et Sulpicy, sur l'art. 5, C. comm.; Locré, sous l'art. 4, C. comm., p. 34 à 42; Sebire et Carteret, nº 291. — Ce point de doctrine a été solennellement reconnu lors de la discussion du Code de commerce au conseil d'état, qui s'est borné à exprimer le principe général de la nécessité du consentement, en laissant aux tribunaux le soin de décider quand il existe; il a été aussi consacré par la jurisprudence.

292. —Ainsi, jugé qu'à défaut d'un écrit, le consentement exigé par l'art. 4, C. comm., pour que la femme mariée soit réputée marchande publique résulte suffisamment de ce que la femme n'a fait un commerce séparé qu'au vu et au su de son mari et sans opposition de sa part.—*Cass.*, 27 mars 1832, Clément c. Morell.

293 — ... Que lorsqu'un mari ne s'oppose pas au commerce de sa femme fait sous ses yeux, il est réputé consentir à ce qu'elle soit marchande publique. — *Cass.*, 14 nov. 1820, Mora c. Gelten.

294. — ... Que la femme mariée n'a pas besoin, pour faire le commerce, d'une autorisation écrite de son mari; qu'il suffit de son consentement tacite, lequel peut résulter notamment de ce qu'étant marchande publique avant son mariage, elle n'a pas cessé de continuer son commerce. — *Cass.*, 27 avr. 1841 (t. 2 1841, p. 144), Eymard c. Saint-Paul.

295. —Ce consentement peut résulter aussi de ce que le mari, absent, a laissé à sa femme une procuration générale à l'effet d'administrer ses biens et affaires. — *Paris*, 5 mars 1835, Seuret c. Grand-Roqueblave.— V. AUTORISATION DE FEMME MARIÉE, nº 545.

296.—La femme mariée, qui tient sous son nom un hôtel garni, est réputée marchande publique, et peut valablement s'obliger sans l'autorisation de son mari. — *Paris*, 21 nov. 1812, Levaillant c. Cendrier.

297. — Lorsqu'un mari commun en biens souffre que sa femme fasse, dans le domicile conjugal, un commerce de détail distinct de celui qu'il exerce lui-même dans ce domicile, il est censé l'avoir expressément autorisée ou constituée sa mandataire, et les obligations de la femme, à raison de son négoce, engagent la communauté. —Le mari ne peut exciper du défaut d'autorisation expresse, lorsque, après avoir manifesté l'intention d'empêcher sa femme de faire le commerce, il l'a néanmoins laissé continuer celui qu'elle avait commencé. — *Cass.*, 1er mars 1826, Homon c. Lejudec.

298. — Mais l'autorisation, quoique tacite, doit être certaine et ne saurait s'induire de circonstances douteuses ou d'une prétendue analogie.

299.—Ainsi, le pouvoir qu'un mari aurait donné à sa femme de gérer la communauté, si étendu qu'il fût, ne saurait faire décider qu'elle a reçu le droit de se livrer à des spéculations commerciales étrangères à son mandat. Le silence du mari, en pareil cas, ne pourrait valider les engagemens pris par la femme. Au surplus, les circonstances doivent faire juger l'intention, et c'est aux juges qu'il appartient de les apprécier. — Pardessus, nº 63; Nouguier, p. 255.

300.—Le motif qui a fait exiger une autorisation tacite seulement pour la femme, tandis qu'il faut au mineur un consentement formel, se conçoit facilement. La femme est forcée de vivre avec son mari; or, il est impossible que le mari ne soit pas averti du commerce auquel peut se livrer sa femme par le mouvement, la publicité que celui-ci exige. Par suite, les tiers qui voient ce commerce, en quelque sorte se passer sous les yeux de l'époux, n'ont pas besoin d'être officiellement avertis de son concours. Le mineur peut, au contraire, ne pas habiter avec sa famille; rien n'indique au public son âge, son aptitude légale; il était donc convenable que le législateur ordonnât une salutaire publicité, établit une distinction fondée sur la situation respective des personnes. — Nouguier, p. 255, nº 2.

301. — Le mari étant toujours chef et maître de sa femme, peut révoquer le consentement qu'il lui a donné de faire le commerce. Il aurait le droit de déclarer qu'il s'oppose à ce qu'elle se livre au négoce, même dans le cas où la femme était déjà commerçante à l'époque de son mariage. En effet, l'art. 4, C. comm, ne porte pas que la femme marchande publique ne pourra *devenir* commerçante, mais bien qu'elle ne peut *être*, ce qui réserve toujours au mari le droit de révoquer son autorisation. Et dans tous les cas, quel danger n'y aurait-il pas d'accorder à la femme le droit de continuer un commerce pour lequel elle se montre incapable et que son mari réprouve. —*Trib de comm. de la Seine*, 3 nov. 1843 (journal le *Droit* du 18 nov. 1843); — Pardessus, nº 64; Toullier, t. 12, nº 257; Locré, sur l'art. 4, C. comm.; Nouguier, p. 256, nº 4; Sebire et Carteret, *Encycl. du dr.*, nº 293; Orillard, nº 170; Aubry et Rau, sur Zachariæ, t. 3, p. 335, nº 44.

302. — Le mari pourrait, après avoir toléré que sa femme fît le commerce, déclarer qu'il s'y oppose, même quand la femme se serait mariée avec la profession de commerçante, et que l'autorisation aurait été donnée par contrat de mariage, et cela, malgré la disposition de la loi portant que les conventions matrimoniales ne peuvent recevoir aucun changement après la célébration du mariage (C. civ., art. 1395); car l'autorisation générale stipulée par contrat de mariage n'est valable que quant à l'administration des biens de la femme (C. civ., art. 223), et faire le commerce excède les bornes de l'administration. Du reste, les dispositions qui enjoignent à la femme d'obtenir l'autorisation du mari sont d'ordre public, et l'on ne peut y déroger. — C. civ., art. 1388; — Pardessus, nº 64; Sebire et Carteret, nº 293.

303. — Mais, au cas où le mari révoque son consentement, la femme peut-elle demander à la justice et obtenir de celle-ci l'autorisation de faire le commerce? — Locré déduit l'affirmative des discussions du conseil d'état sur le projet du Code de commerce (procès-verbal du cons. d'état, 8 janv. 1807, nos 11, 13, 16 et 20). Il pense que le mari n'a pas le droit de révoquer brusquement et arbitrairement le droit qu'avait la femme de commercer.

304. — Toutefois, M. Pardessus (nº 64) résout la question dans un sens contraire. Il n'admet d'exception à cette doctrine qu'en faveur de la femme séparée judiciairement, et dont le mari révoquerait sans motifs valables le consentement qu'il lui avait donné. Cette exception lui semble fondée sur ce que la nécessité de demander la séparation à laquelle le mari a, par sa faute, réduit sa femme, peut rendre suspect aux yeux de la justice son changement de volonté. Cette opinion, partagée par M. Nouguier (t. 1er, p. 257, nº 5), a été consacrée par un jugement parfaitement motivé du tribunal de commerce de la Seine, 3 nov. 1843. (*Droit* du 18 nov. 1843.) — V. aussi Toullier, t. 12, nº 259.

305. — Toutefois, MM. Sebire et Carteret estiment l'opinion de Locré plus raisonnable que cette dernière; ils reconnaissent cependant que la demande de la femme ne doit être admise qu'avec une grande circonspection par les tribunaux, et pensent, avec Orillard (nº 170), que la justice ne doit pas lui permettre trop facilement de se créer une position et une existence à part de celle de son mari, dont elle doit suivre la condition. « Toutes les fois, dit ce dernier auteur, que le mari peut fournir à tous les besoins de sa femme et à ceux de ses enfans avec ses propres ressources, les tribunaux doivent respecter la volonté maritale. Mais si un époux ne pouvait, avec ses propres moyens, subvenir à toutes les dépenses de sa famille, et que la femme pût, par un commerce lucratif et honorable, faire face à tous les besoins, ce serait le cas seulement pour les juges d'accorder une autorisation qu'un mari mal éclairé refuserait contre ses propres intérêts. *Malitiis hominum non est indulgendum.* »

306. — En somme, avec ce tempérament, la question nous paraît pouvoir être résolue dans ce dernier sens. Il ne faut pas, en effet, se laisser trop préoccuper par la considération tirée du respect dû à l'autorité maritale; car, en permettant ici à la femme de s'adresser aux tribunaux pour obtenir le consentement que son mari lui refuse, on ne froisse guère plus la puissance maritale que lorsqu'on autorise cette femme à demander aux tribunaux, en cas de refus du mari, le droit d'ester en justice ou de passer un acte. — C. civ., art. 218 et 219.

307. — Pour éviter que la révocation ne fût préjudiciable aux tiers, il serait convenable de lui donner de la publicité par l'affiche au tribunal de commerce et l'insertion dans les journaux (Pardessus, nº 64; Sebire, nº 295); autrement on pourrait reprocher au mari d'avoir, par son silence, commis une faute, causé un préjudice dont il doit réparation (C. civ., art. 1382). Pour échapper à une pareille demande, le mari devrait prouver sa bonne foi, établir ou que le créancier a pu connaître le retrait du consentement ou que lui-même a été dans l'impossibilité de le rendre public. — Bravard-Veyrières, *Manuel de droit commercial*, p. 20; Nouguier, t. 1er, p. 260, nº 6; Toullier, t. 12, nº 258.

308. — Ces principes étaient déjà admis sous l'ord. de 1673. « Le mari, dit Rogue (t. 1er, ch. 22, nº 7), peut révoquer *publiquement* la liberté qu'il donne à sa femme d'être marchande publique. » — Denisart, vº *Marchande pubique*, nº 6.

309. — Toutefois, l'omission de cette formalité, qui n'est exigée par aucune loi, ne pourrait être opposée par les tiers qui ont traité avec la femme dans l'ignorance de l'incapacité qui l'aurit resa saisie.

310. — Ce sont là, au surplus, des questions de fait que les tribunaux décideront d'après les circonstances, l'équité et la bonne foi des parties. — Pardessus, nº 64; Nouguier, t. 1er, p. 261, nº 6, *in fine*.

311. — Le point de savoir si la femme a fait le commerce au su de son mari peut être, comme la preuve de tout *fait*, établi par témoins, quelle que soit d'ailleurs la somme dont la demande fait naître cette question.

312. — La femme, quoique autorisée par son mari, pourrait quelquefois se voir interdire certaines opérations qu'évidemment un mineur dûment autorisé aurait le droit de faire. Ainsi la femme marchande ne pourrait contracter une société sans y être spécialement autorisée. Le mari qui a trouvé bon que sa femme fît le commerce peut avoir de légitimes motifs pour qu'elle ne s'associe pas avec un tiers. — *Trib. comm. de la Seine*, 3 nov. 1843 (*Droit* du 18 nov. 1843); — Pardessus, nº 66; Sebire et Carteret, nº 296.

313. — Toutefois, le consentement du mari n'a pas plus besoin d'être exprès ici que dans le cas où il s'agit d'autoriser la femme à devenir commerçante. Il suffit que les juges puissent le présumer d'après les circonstances. — Pardessus, nº 66; Sebire et Carteret, nº 297.

314. — Ainsi jugé que la femme mariée peut même former une société en commandite et apporter un de ses immeubles dans cette société, lorsque cette opération a eu lieu au vu et su du mari et sans opposition de sa part. — *Cass.* (implic.), 27 avr. 1841 (t. 2 1841, p. 143), Eymard c. Saint-Paul.

315. — Mais dans d'autres cas, la femme, comme nous le verrons plus bas (nos 476 et suiv.), a des droits plus étendus que ceux du mineur.

§ 2. — *Femme mineure.*

316. — La minorité a, dans ses rapports avec la femme mariée commerçante, des conséquences importantes à signaler.

317. — Si la femme est mineure, le consentement du mari est-il suffisant pour la rendre habile à commercer? Faut-il, au contraire, qu'elle soit en outre âgée de dix-huit ans et qu'elle ait été autorisée par ses père ou mère ou par un conseil de famille, aux termes de l'art. 2, C. comm.? — L'affirmative sur cette dernière question ne saurait être douteuse; autrement un mari pourrait, de sa propre autorité, accorder à sa femme le droit d'engager ses immeubles avant sa majorité, et se ménager ainsi les moyens d'une spoliation frauduleuse. — Pardessus, nº 63; Delvincourt, *Inst. de dr. comm.*, t. 2, p. 7, note 8e; Duranton, t. 2, nº 476, et t. 3, nº 700; Vazeille, *Du mariage*, t. 2, nº 330, Nouguier, t. 1er, p. 261, nº 7; Sebire et Carteret, nº 298; Orillard, nº 168; Bravard-Veyrières, p. 19.

318. — La jurisprudence paraît s'être aussi rangée à cette opinion. Ainsi jugé qu'une femme mineure ne peut faire le commerce avec la seule autorisation de son mari; il lui faut encore le consentement de son père. — *Toulouse*, 26 mai 1821, Viguier c. Mondières.

319. — Jugé également que la femme mineure émancipée par mariage, qui achète solidairement avec son mari un fonds de commerce, n'est pas suffisamment autorisée par celui-ci à souscrire tous les engagemens relatifs à cette acquisition; son engagement n'est valable qu'avec l'autorisation du conseil de famille. — *Paris*, 15 fév. 1838 (t. 1er 1838, p. 519), Liéven.

320. — Cette jurisprudence a été aussi consacrée par arrêt de la cour d'appel de l'île Maurice (autrefois l'île de France, cédée à l'Angleterre par le traité de 1814), décidant que la femme mineure qui s'oblige avec l'autorisation de son mari peut, nonobstant cette autorisation, se faire relever pour cause de minorité contre son obligation, en prouvant qu'elle a été lésée et que la somme par elle empruntée n'a pas tourné à son profit. — *Ile Maurice*, 1er juin 1819, Nolin c. Roworth.

321. — Toutefois, l'opinion contraire a trouvé des partisans, et elle a été adoptée par la cour royale de Grenoble, qui a décidé que le consentement du mari suffit pour autoriser sa femme mineure à faire le commerce, et qu'il n'est pas nécessaire que celle-ci soit en outre autorisée de ses parens. — *Grenoble*, 14 fév. 1826, Jasset c. Brochenin.

322. — Nous préférons cependant l'opinion contraire, qui est presque généralement adoptée. La femme mariée mineure est frappée d'une double incapacité. L'autorisation du mari l'habilite bien à contracter en sa qualité de *femme mariée*, et, sous ce rapport, sa capacité de contracter ne peut pas être contestée; mais cette autorisation ne lui confère pas la capacité pleine et entière de contracter et de s'obliger sans espérance de restitution, capacité que les lois n'accordent qu'aux majeurs. Elle ne fait pas cesser l'incapacité résultant de sa qualité de *femme mineure*, et fondée sur la faiblesse et l'inexpérience présumée des personnes en minorité, présomption que l'état de mariage ne détruit pas plus à l'égard de la femme qu'à l'égard du mari mineur que le mariage ne rend pas capable de contracter. Pour faire disparaître cette seconde incapacité, il est donc besoin de l'autorisation de la famille, affichée et enregistrée. — L'art. 2, C. comm., ne fait, au surplus, aucune distinction entre le mineur marié et celui qui ne l'est pas : sa disposition est absolue, et l'art. 4 ne renferme aucune dérogation à ses dispositions. — L'émancipation résultant du mariage ne lui confère que le droit de faire tout ce que peut un mineur émancipé, et rien de plus. « Ainsi, dit Orillard, la femme mineure commerçante ne peut ni hypothéquer ni aliéner sans le consentement de sa famille. »

323. — L'opinion que nous défendons ici est conforme à ce qu'indiquait Pothier (*Tr. de la puissance maritale*, nº 32) : « A l'égard des actes que les mineurs ne peuvent faire valablement, même avec un curateur, écrivait-il, un mari, quoique majeur, ne peut les rendre valables en autorisant sa femme mineure pour les faire. Par exemple, l'aliénation volontaire que la femme mineure aurait faite de quelqu'un de ses immeubles ne laisserait pas d'être nulle, quoiqu'elle eût été autorisée par son mari majeur, etc. » — V. aussi LL. 1 et 44, ff., *De minor.*; Cout. Paris, art. 223; — Bourjon, *Tr. du dr. comm. de la France*, t. 1er, part. 4e, chap. 2; Toullier, nos 1285 et 1294.

324. — Mais si la femme était majeure, et que ce fût le mari qui se trouvât en minorité, le consentement de celui-ci ne pourrait produire l'effet de rendre sa femme habile à commercer. En effet, le mari qui, sans autorisation de sa famille, ne saurait être commerçant, ne peut donner à sa femme une capacité qu'il n'a pas. Un arrêt du parlement du 19 avr. 1717 l'avait ainsi décidé (*Praticien des consuls*, p. 21). — Toutefois, si la femme est obligée d'attendre que son mari soit majeur, ce retard peut lui être très préjudiciable. S'adressera-t-elle alors aux parens de son mari? — Mais ceux-ci n'ont qu'un pouvoir limité à leur famille. Demandera-t-elle alors à la justice de lui accorder la faculté qui lui manque? — C'est ce qu'enseignent MM. Duranton (t. 2, nº 478) et Pardessus (nº 63).

325. — Ce dernier auteur enseigne même, ainsi que Vazeille (t. 2, nº 331), que les parens de l'époux mineur, pouvant le rendre capable de faire le commerce, peuvent aussi l'habiliter à donner à sa femme l'autorisation de se faire marchande publique. — Cette opinion semble à Orillard (nº 167) devoir être préférée à celle de M. Duranton. « Un ou plusieurs juges, dit-il, pris dans le sein de la famille, seront toujours mieux à même de décider la question relative à l'autorisation sollicitée que des magistrats, qui n'ont pas un intérêt aussi direct à la prospérité du jeune mariage, et qui ne sont pas, comme des parens, initiés à tous les secrets de la famille. »

326. — Mais il s'est formé une troisième opinion, suivant laquelle le silence de la loi est pour la femme une négation formelle de commercer, dans l'hypothèse qui nous occupe. « Les incapacités, dit-on, ne peuvent cesser qu'en présence d'une disposition légale. Or, la législation n'a autorisé ni le mari mineur, ni les parens du mari, ni la justice, à donner à la femme le consentement nécessaire à l'exercice du négoce. L'incapacité doit donc être maintenue jusqu'à la majorité. » — Nouguier, t. 1er, p. 262; Delamarre et Lepoitvin, *Du contrat de commission*, t. 1er, chap. 3, nº 53, p. 92, à la note; Sebire et Carteret, nº 300.

327. — Il en serait de même, et par le même motif, si le mari était interdit. — Nouguier, t. 1er, p. 262; Bravard-Veyrières, p. 19.

328. — Si les deux époux étaient mineurs, l'art. 2, C. comm., leur serait applicable dans toute la rigueur des principes. — Orillard, nº 169.

329. — La femme dont le mari est commerçant et qui fait des actes de commerce, même avec autorisation, ne peut être réputée contracter qu'en qualité de préposée ou mandataire. — V. *infrà* nos 344 et suiv.

330. — Il peut arriver que la femme, sans être marchande publique, fasse quelques actes de commerce isolés. — Locré, sur l'art. 4, C. comm. — Mais ici encore le consentement de son mari, tacite ou exprès, lui est nécessaire.

331. — Et l'autorisation que lui aurait donnée son mari de faire *tel* ou *tel* acte ne lui conférerait pas le droit de vendre ou d'hypothéquer ses immeubles, à moins d'une énonciation expresse. La femme marchande publique a, en effet, seule, le droit d'engager, aliéner et hypothéquer ses immeubles (C. comm., art. 7), et quelques actes de commerce isolés ne suffiraient pas pour constituer la femme commerçante. — Pardessus, nº 66; Nou-

guier, t. 1er, p. 268, n° 4; Sebire et Carteret, n° 320.

332. — Si les actes de commerce isolés faits par la femme étaient accomplis sans l'autorisation du mari, ils perdraient leur caractère commercial pour devenir des actes civils, nuls eux-mêmes à défaut d'autorisation.— V. *suprà* n° 279; — Sebire et Carteret, n° 323.

333. — Il suffit, pour qu'une femme qui s'est engagée à payer une dette de son mari soit obligée à en payer les intérêts à 6 %, qu'il soit reconnu que la dette était commerciale.—*Bordeaux*, 22 nov. 1832, Benquarel c. Casse.

334. — Une femme déclarée fabricante par le jury est réputée commerçante et peut être condamnée comme coupable de banqueroute frauduleuse, quoiqu'il n'y ait pas de déclaration sur l'autorisation qu'elle aurait reçue de son mari pour exercer le commerce.—*Cass.*, 7 mars 1828, Cauchy.

§ 3. — *Commerce distinct.*

335. — D'après l'art. 235, cout. Paris, la femme n'était jamais réputée marchande publique, lorsqu'elle se bornait à débiter la marchandise dont se mêlait son mari, et elle n'était réputée telle que lorsqu'elle faisait *marchandise séparée, et autre que celle de son mari.* — Pothier, *De la puissance maritale*, part. 1re, sect. 2e, § 2, n° 20.

336. — Ces principes ont été consacrés par le Code de commerce. La femme n'est pas aujourd'hui commerçante, par cela seul qu'elle se livre au commerce, de l'aveu de son mari. Il faut de plus qu'elle fasse un commerce séparé. — C. civ., art 220; C. comm., art. 5. — V. AUTORISATION DE FEMME MARIÉE, nos 196 et suiv., 426 et suiv.

337. — Par suite, si la femme se mariait, sous le régime de la communauté et sans stipuler que le commerce auquel elle se livrait antérieurement restera sous son nom, elle cesserait d'être commerçante, parce qu'elle serait présumée avoir apporté dans la communauté son industrie, qui deviendrait alors celle du mari. — Pardessus, n° 65; Nouguier, t. 1er, p. 263; Toullier, t. 12, n° 243.

338. — Par suite aussi, la femme qui ne fait qu'exploiter un fonds de commerce avec son mari n'est pas réputée légalement marchande publique, et conséquemment ne peut être déclarée en état de faillite. — *Paris*, 19 oct. 1843 (t. 2 1843, p. 697), Treifons c. Laignier.

339. — De même, une femme ne peut être réputée marchande publique, par cela qu'elle fait habituellement le commerce, mais sous le nom et en vertu de la patente de son mari. — *Bruxelles*, 4 fév. 1809, Reyns.

340. — Le mari ne peut être actionné à raison des dettes provenant du commerce distinct et séparé que fait sa femme, qu'autant qu'il y a communauté entre eux. — *Nîmes*, 17 juin 1809, Guérin c. Saturnin.

341. — Les circonstances peuvent seules servir à lever les doutes sur le point de savoir qui du mari ou de la femme est commerçant.— Pardessus, n° 65.

342. — Mais de ce que le commerce de la femme doit être séparé de celui du mari, il ne s'ensuit pas qu'il doive être différent. La femme peut ainsi exercer la même industrie que son mari, pourvu qu'elle agisse en son propre et privé nom, et non en celui du mari comme son mandataire, que celui-ci ne puisse diriger ses actes ni les modifier suivant son intérêt personnel, et que la raison sociale des maisons respectives des époux ne soit pas la même.—Nouguier, t. 1er, p. 263; Pardessus, n° 65; Sebire et Carteret, n° 302.

343. — Ces principes étaient déjà en vigueur sous l'ordonnance de 1673. « Une femme est marchande publique, lit-on dans Rogue (t. 1er, chap. 22, n° 7, p. 226), lorsqu'elle fait un commerce distinct et séparé de celui de son mari. Le commerce de la femme doit être incompatible avec celui de son mari ou avec son état. »

344. — La femme qui ne fait que détailler les marchandises du commerce de son mari n'est pas marchande publique.— C. civ., art. 220; C. comm., art. 5.

345. — Ainsi, la femme d'un commerçant failli qui n'a fait que détailler les marchandises du commerce de son mari, ne peut être déclarée en état de faillite dans le cas même où elle figurerait au bilan et l'aurait signé conjointement avec son mari. — *Paris*, 7 fév. 1835, Marthe c. Laurens.

346. — Cependant, lorsqu'elle est dans l'usage de signer les factures et les billets, de faire, en un mot, toutes les opérations commerciales, les obligations qu'elle contracte ne sont pas nulles par défaut d'autorisation : elles engagent le mari, *propter bonam fidem*; la femme est, en effet, considérée comme son facteur, elle est *quasi ejus institrix.* — Delvincourt, t. 1er, p. 165; Toullier, t. 2, n° 640, et t. 12, n° 242; Duranton, t. 2, n° 484; Vazeille, t. 2, n° 334; Orillard, n° 174; Nouguier, t. 1er, p. 265, n° 8; Pardessus, n° 65; Sebire et Carteret, n° 311; Vincens, t. 1er, p. 230; Favard de Langlade, v° *Commerçant*, n° 5.

347. — Il n'est pas besoin que le mandat attribué à la femme soit constaté par écrit. Ainsi, il a été jugé que la femme qui est dans l'habitude de gérer et administrer le commerce de son mari peut, sans son autorisation par écrit, vendre en gros les marchandises de ce commerce, et bien qu'elle ne s'oblige pas personnellement en contractant ainsi, elle oblige son mari dont elle est censée mandataire. — *Poitiers*, 14 mai 1823, Darbez c. Aubin.

348. — Pareillement, la femme qui gère habituellement, et même exclusivement le commerce et les affaires de son mari (qui ne sait ni lire ni signer), oblige celui-ci, par sa signature, au paiement des billets de commerce souscrits ou endossés par elle, au nom et pour le compte de son mari. — *Angers*, 27 fév. 1819, Belleuvre c. Rogeron.

349. — Le commerçant est même tenu par corps des obligations commerciales contractées par sa femme, lorsqu'il est notoire que celle-ci fait en tout ou en partie le commerce de son mari, et que les engagemens souscrits par elle ont toujours été exécutés. — *Rennes*, 17 mars 1823, Eveillard c. Leroy. — V. CONTRAINTE PAR CORPS.

350. — Mais l'habitude qu'aurait la femme d'un commerçant de signer pour son mari ne lui donnerait cependant pas les pouvoirs nécessaires pour disposer d'un brevet d'invention qui sert de base au commerce de ce dernier. — *Caen*, 22 juill. 1842 (t. 1er 1843, p. 187), Guersant c. Fradel.

351. — La femme qui gère le commerce de son mari et qui a l'habitude de signer des billets pour lui, sans faire aucun commerce pour son compte particulier, n'engagerait pas non plus son mari en endossant un billet souscrit à l'ordre d'elle-même, et qui n'avait pas pour cause le commerce du mari. — V. AUTORISATION DE FEMME MARIÉE, n° 417.

352. — Le consentement du mari peut résulter de l'aveu fait par lui. Ainsi jugé, qu'un tribunal de commerce est compétent pour connaître de l'action en paiement d'un billet à ordre souscrit par la femme qui, du consentement de son mari, gérait seule les affaires du commerce de celui-ci. — Dans ce cas, le billet à ordre souscrit par la femme oblige le mari, lorsque, de son aveu, il lui laissait la gestion du commerce qu'elle faisait en son nom, lors surtout que le montant du billet se trouve énoncé dans un inventaire fait entre les époux après leur séparation de corps.— *Douai*, 2 déc. 1813, Duchesne c. Dubois.

353. — Elle doit être déclarée agir alors non comme marchande publique de son chef, mais seulement comme mandataire du mari. Et le mandat, non pas tacite, mais formel, peut résulter des aveux et faits du mari lui-même, notamment de ce qu'il a toujours et indistinctement ratifié et exécuté les engagemens commerciaux contractés par sa femme.—*Cass.*, 25 janv. 1821, Quilheral c. Caugy.

354. — Ce consentement peut résulter aussi de la procuration donnée par un marchand qui s'absente à sa femme, à l'effet de gérer et administrer leurs biens et affaires. Ce pouvoir suffit pour autoriser la femme à emprunter.— *Douai*, 15 fév. 1814, Lechartier c. Bourgeois.

355. — Le billet à ordre souscrit par cette femme comme fondée de pouvoir de son mari, est censé, s'il n'exprime le contraire, avoir été créé pour fait de commerce. — Même arrêt.

356. — L'autorisation donnée à la femme de gérer peut résulter aussi de la notoriété publique. — *Cass.*, 25 avr. 1821, Quitteray c. Caugy; 2 avr. 1822, Boullanger c. Caron.

357. — Dans tous les cas, la tolérance du mari équivaut à une autorisation expresse. — *Cass.*, 1er mars 1826, Homon c. Lejudec; — Sebire et Carteret, n° 313.

358. — Jugé toutefois qu'une femme ne peut être réputée marchande publique, par cela seul qu'elle fait habituellement le commerce, mais sous le nom et en vertu de la patente de son mari. — Dès lors, les effets de commerce qu'elle a souscrits en cette qualité n'ont pu engager ni elle ni son mari, à défaut d'autorisation de ce dernier. —*Bruxelles*, 4 fév. 1809, Reyns.

359. — ...Et la femme qui se mêle habituellement et même exclusivement du commerce qui se fait sous le nom de son mari, n'oblige pas celui-ci par sa signature, bien qu'il y ait communauté entre eux, lorsque, d'ailleurs, il n'est pas justifié d'un consentement formel de la part du mari.—*Bruxelles*, 27 fév. 1809, Reyns c. Vubucken.

360. — Jugé encore que la femme qui n'est pas marchande publique, faisant un commerce séparé de celui de son mari, ne peut, en son propre nom, obliger ce dernier qu'autant qu'elle aurait été instituée et commise par lui pour gérer une partie de ses opérations. Elle aurait, dans ce dernier cas, le droit de l'obliger pour tous les actes concernant sa gestion. — *Bruxelles*, 12 vent. an XII, Blondeau c. Coraly.

361. — La femme qui gère le commerce de son mari, du consentement de ce dernier, ne s'oblige personnellement, ni civilement, ni commercialement, à l'exécution des engagemens qu'elle peut prendre relativement au commerce de son mari. — Pothier, *Obligations*, n° 448; Duranton, n° 485; Sebire et Carteret, n° 316.

362. — La femme ne s'obligerait réellement elle-même qu'autant qu'elle s'en expliquerait d'une manière expresse et qu'elle en aurait reçu l'autorisation. Dans ce cas, elle se rend caution de son mari, ou elle fait un acte de commerce isolé, suivant la manière dont est conçu l'engagement. — Pardessus, n° 65.

363. — La question de savoir si le mari doit être tenu des engagemens que prend la femme gérant son commerce, doit être, au surplus, résolue par l'appréciation des faits. Les juges auront à voir si le mari a connu, approuvé les actes de sa femme, si celle-ci gérait habituellement.—Orillard, n° 174; Nouguier, t. 1er, p. 266.

364. — Lorsque deux époux font le même commerce, c'est aussi aux tribunaux qu'il appartient de décider quel est celui qui doit être réputé commerçant. — Pardessus, n° 65.

365. — La profession du mari, la nature du commerce pourraient les guider alors dans leur décision.

366. — Ainsi, la femme commerçante, mariée à un huissier, doit être présumée faire le commerce en son propre nom et non en celui de son mari. — *Rennes*, 26 nov. 1834, Thierrée c. Allard.

367. — Si le mandat du mari n'était pas clairement prouvé, la femme ne pourrait céder à des tiers, même à titre onéreux, ni des créances à elle appartenant, ni des effets tombant dans la communauté. — *Cass.* (implic.), 7 août 1843 (t. 2 1843, p. 724), Delachaume c. d'Ancla; — Nouguier, p. 266.

§ 4. — *Effets et étendue de l'autorisation.*

368. — L'autorisation donnée par le mari est générale et s'applique à tous les actes nécessités par le commerce, sans qu'il soit besoin qu'elle soit renouvelée à chacun des actes dont la répétition doit rendre la femme commerçante. En effet, les art. 220 C. civ., et 5, C. comm., portent : « La femme, si elle est marchande publique, peut, sans l'autorisation de son mari, s'obliger pour ce qui concerne son négoce. » C'est là une reproduction du principe inscrit dans l'art. 236 de la cout. de Paris : La femme marchande se peut obliger sans le consentement de son mari, pour les choses relatives à son commerce. »

369. — La femme marchande peut donc, sans avoir besoin d'autorisation, faire préalablement tous les contrats qui dépendent de son commerce, tels sont les ventes et achats de marchandises, achats d'ustensiles et louage d'ouvriers qu'elle emploie, lettres de change qu'elle donne, qu'elle endosse ou qu'elle accepte pour son commerce, etc. — Pothier, *Puissance marit.*, 1re part., sect. 2e, § 2, art. 21.

370. — L'utilité du commerce et la nécessité ont fait dispenser la marchande publique de l'autorisation pour ces actes, cette femme n'ayant pas toujours son mari à ses côtés qui puisse l'autoriser pour ces actes, lesquels souvent ne souffrent pas de retardement. — Pothier, *ibid.*

371. — L'autorisation ne donne à la femme le droit de s'engager que pour les actes de son commerce, et non pour ses autres affaires. Ainsi, elle ne pourrait sans une autorisation spéciale, non seulement contracter une société, comme nous l'avons vu (*suprà* n° 312), mais encore se porter caution d'une dette. On doit même en général ne réputer acte de commerce ses engagemens lorsque la cause n'est pas exprimée, que s'ils ont une forme commerciale, tels que les mandats, comptes courans, lettres de change, billet à ordre, etc. — Vincens, t. 1er, p. 229; Pardessus, nos 62 et 66 comb.; Toullier, t. 12, n° 251, Aubry et Rau sur Zachariæ, t. 3, p. 335, note 47; Duranton, t. 2, n° 479 et t. 14, n° 254.

372. — La femme ne peut s'obliger que pour ce qui *concerne son négoce*; en conséquence, elle n'est pas valablement engagée, si elle n'a pas reçu d'autorisation, lorsque faisant, par exemple, le commerce de toile, elle contracte des obligations pour achat de fer. — Delvincourt, t. 1er, p. 167.

373. — Voët (*Ad pandect.*, lib. 23, t. 2, n° 44) prétend que la femme marchande peut, sans autorisation, cautionner un négociant.

374. — Jugé, conformément à cette opinion, qu'une femme marchande publique, séparée de corps et de biens d'avec son mari, peut, sans l'autorisation de celui-ci, ni de justice, s'obliger sur ses

biens mobiliers pour une somme déterminée, dans le but de cautionner un failli qui a obtenu sa liberté sous caution. — *Paris*, 7 déc. 1824, Derivières c. Ledat.

375. — Mais, dit Merlin (*Rép.*, vo *Autorisation maritale*), « l'assertion de Voët est trop générale ; on doit la restreindre au cas où la femme serait associée d'intérêt avec le marchand qu'elle cautionnerait ; c'est la seule circonstance où une telle obligation soit relative à son négoce, et où, par conséquent, on puisse adopter l'exception que la faveur du commerce a fait apporter à l'incapacité des personnes du sexe. On peut appliquer ici un arrêt rapporté par Boudot (t. 1er, vo *Fidéjusseur*, quest. 3e), par lequel un mineur marchand a été restitué contre un cautionnement qu'il avait subi pour un autre commerçant. » — V. conf. Vazeille, t. 2, no 332.

376. — Dans certains cas, la femme marchande publique a des pouvoirs plus étendus que le mineur. Ainsi, elle peut engager et hypothéquer ses immeubles et même les aliéner, sans autorisation spéciale de son mari. — C. comm., art. 7 ; — Pardessus, no 66 ; Duranton, t. 3, no 700 ; Orillard, no 171 ; Locré, sur l'art. 4, C. comm. ; Sebire et Carteret, no 307 ; Nouguier, t. 1er, p. 264 ; Toullier, t. 12, no 251. — C'est, dit Delvincourt (t. 1er, p. 167), une dérogation aux art. 223 et 1538, C. civ., qui ne permettent pas au mari de donner à la femme, même par contrat de mariage, une autorisation générale d'aliéner ses immeubles ; ici, l'autorisation tacite de faire le commerce suffit.

377. — M. Duranton (*Tr. des obligations*, t. 1er, no 238 ; *Droit civ.*, t. 14, no 254) enseigne que la présomption légale est en faveur de l'acquéreur, et que c'est au mari ou à la femme à prouver que la vente n'a pas eu pour objet le commerce de la femme. Mais cette opinion est rejetée par Bellot des Minières (*Contrat de mariage*, t. 1er, p. 263) ; Toullier (t. 12, nos 251 et 252). — V. aussi Aubry et Rau sur Zachariæ, t. 3, p. 335, note 47.

378. — Les immeubles que la femme peut aliéner comprennent tant ceux qui lui ont été constitués en dot, que ceux qui lui sont advenus pendant le mariage, par succession, donation ou autrement, et qui ne tombent pas dans la communauté. — Locré, sur l'art. 7, C. comm. ; Vincens, t. 1er, p. 229.

379. — Toutefois, Vazeille (t. 2, no 333) prétend que la femme marchande, dispensée de l'autorisation pour les opérations directes de son négoce, à cause de leur multiplicité et de la rapidité de leur mouvement, y reste soumise pour les actes qui ne sont pas purement du négoce, ou qui n'en sont que la suite indirecte, et qui peuvent être préparés par le temps et mûris par les conseils du mari.

380. — Cette opinion nous semble erronée. En effet, l'art. 7, C. comm., ne parle pas d'autorisation, silence d'autant plus significatif, que l'art. 6 exige, au contraire, cette formalité pour la vente des biens des mineurs.

381. — Ainsi, il a été jugé que la femme mariée faisant un négoce qui embrasse toutes sortes de spéculations peut former, sans autorisation spéciale, un établissement industriel sur un immeuble à elle appartenant. — *Cass.*, 27 avr. 1841 (t. 2 1841, p. 143), Eymard c. Saint-Paul.

382. — Il a aussi été jugé que, dans l'intervalle de la publication du Code civil au Code de commerce, une femme marchande publique, séparée de biens, a pu vendre, sans autorisation, les immeubles qu'elle avait acquis des bénéfices de son commerce. — *Cass.*, 8 sept. 1814, Montanier c. Basset.

383. — Mais la femme qui fait un commerce avec son mari ne peut, sans l'autorisation de celui-ci, s'engager valablement comme séquestre judiciaire qu'autant que le fait du séquestre se rattache à son commerce. — Ainsi la femme d'un cabaretier (*non aubergiste*) qui, sans l'autorisation de son mari, a été constituée gardienne des boissons saisies sur des fraudeurs, n'est pas responsable de la valeur de ces objets dans le cas où ils sont postérieurement enlevés par les fraudeurs. On ne saurait, dans ce cas, considérer comme valable son engagement de séquestre ou gardienne judiciaire, le fait de séquestre ne se rattachant pas à la nature de son débit. — Il en serait autrement si son mari était *aubergiste*. — *Cass.*, 10 fév. 1840 (t. 1er 1840, p. 499), Contrib. indir. c. Rodier.

384. — La femme marchande publique pourrait-elle acheter une maison pour y établir une manufacture, une fabrique ou des magasins ? — Suivant Vazeille, une acquisition de cette nature n'est pas en soi un acte de commerce qui puisse se faire sans une autorisation particulière. — Mais ne peut-on pas répondre que, la femme ayant la faculté de faire non seulement des actes de commerce, mais encore *tout ce qui concerne son négoce*, on ne peut dès-lors la soumettre à des retards qui pourraient lui préjudicier ?

385. — Toutefois, la femme mariée sous le régime dotal, ne peut hypothéquer ni aliéner ses biens stipulés dotaux, que dans les cas déterminés et avec les formes réglées par le Code civil. (C. civ., art. 1557 et 1558 ; C. comm., art. 7.) — Autrement ce serait changer les conventions matrimoniales, contrairement à l'art. 1395. — Merlin, *Rép.*, vis *Dot*, § 8, et *Puissance maritale*, sect. 2e, § 2, art. 2 ; Duranton, t. 3, no 700.

386. — Sous la coutume de Normandie, la femme marchande publique ne pouvait non plus affecter ses biens dotaux aux engagemens concernant son négoce. — *Cass.*, 19 déc. 1810, Martin. — Cet arrêt cassait une décision de la cour de Rouen, qui avait jugé que la femme marchande publique ne peut demander la nullité d'une hypothèque qu'elle a consentie pour sûreté d'une obligation relative à son négoce, alors même que l'immeuble hypothéqué serait dotal. — *Rouen*, 16 juill. 1807, Martin c. Castillon.

387. — Si la femme était mineure, elle ne pourrait également aliéner ses biens qu'en suivant les formalités prescrites par les art. 457 et suiv., C. civ. — C. comm., art. 68 ; — Duranton, t. 3, no 700.

388. — Quant à la femme non commerçante qui aurait été autorisée par son mari à faire *tel* ou *tel* acte, elle ne pourrait pas pour cela vendre et hypothéquer conventionnellement ses immeubles, si elle n'en avait reçu l'autorisation spéciale. En l'autorisant à faire certains actes, on a donné seulement aux tiers qui traitent avec elle une action directe et personnelle contre sa personne, et dont rien ne pourrait l'affranchir. Elle conserve, toutefois, le droit d'invoquer les prérogatives de son sexe. — C. comm., art. 113 ; — Pardessus, no 66 ; Sebire et Carteret, nos 321 et 322 ; Nouguier, t. 1er, p. 268, no 4.

389. — Si la capacité de la femme commerçante est plus étendue que celle du mineur, sous le rapport des aliénations immobilières, elle l'est moins lorsqu'il s'agit de comparaître en justice. La femme mariée, marchande ou non, ne peut ester en justice sans l'autorisation maritale (C. civ., art. 215), l'action de plaider n'étant point un fait commercial.

390. — En cas de refus du mari, la femme peut être autorisée par les tribunaux. — Pardessus, no 70 ; Orillard, no 171 ; Nouguier, t. 1er, p. 265 ; Duranton, t. 2, no 455 ; Sebire et Carteret, no 309 ; Carré, *Comp.*, t. 7, p. 348, no 540. — V. aussi Merlin, vo *Senatus-consulte Velléien*, § 3, no 4 ; *Quest. de droit*, *ibid.*

391. — Mais si la femme ne peut ester en justice sans y être autorisée, elle peut toutefois faire des actes extrajudiciaires, préparatoires ou conservatoires, tels que protêts, saisies provisoires, etc. — Pardessus, no 70 ; Nouguier, p. 265 ; Vincens, t. 1er, p. 229 ; Delvincourt, t. 1er, p. 156, à la note ; Sebire et Carteret, no 310. — Elle pourrait même donner des assignations : il suffirait que, pour plaider, son mari l'autorisât ou l'assistât, ou qu'à son refus elle obtînt l'autorisation du tribunal. — Pardessus et Nouguier, *ibid.*

392. — La femme non commerçante qui a indûment été assignée devant le tribunal de commerce avec son mari commerçant peut, même après avoir comparu devant un juge commissaire nommé par ce tribunal, soutenir qu'elle n'est pas commerçante et demander sa mise hors d'instance. — *Agen*, 12 déc. 1800, Laucou c. Valmary.

393. — Les billets souscrits par la femme commerçante sont, d'après l'art. 638, C. comm., censés faits pour son commerce, à moins qu'une autre cause n'y soit énoncée. Delvincourt (t. 1er, p. 160) pense qu'il doit en être ainsi d'un emprunt contracté par acte notarié. — *Contrà* Toullier, t. 12, no 250.

394. — Une femme est non-recevable à prétendre qu'elle n'est pas marchande publique lorsqu'elle a déclaré dans le billet souscrit par elle qu'elle agissait pour son commerce, et que cette déclaration a été ratifiée à diverses époques par le mari, qui a reconnu la validité du billet. — *Cass.*, 2 fév. 1836, Thierrée c. Allard et Hartmann.

395. — L'obligation de la femme marchande envers ses créanciers commerciaux est directe ; et, dans le cas même où elle serait en communauté, elle ne pourrait s'en affranchir par une renonciation. — Pardessus, no 66.

396. — Les poursuites contre elles sont les mêmes que contre un commerçant, et elle ne pourrait se prévaloir des faveurs que la loi accorde à son sexe, telle que l'exemption de la contrainte par corps. — C. civ., art. 2066 ; — Pardessus, no 66.

397. — Mais lorsque la femme est contraignable par corps, la contrainte peut-elle être prononcée contre le mari ? — Delvincourt soutient l'affirmative, en s'appuyant sur Pothier (*Puiss. marit.*, no 22) ; Valin (*Sur l'art. 23 de la cout. de La Rochelle*, nos 118 et 120) ; et un arrêt du *Parlement de Paris* du 23 mai 1718 (Denisart, vo *Marchande publ.*, no 5). Le mari, ajoute-t-il, est réputé l'associé de sa femme, et, dans les sociétés de commerce, l'associé est tenu par corps des engagemens contractés par l'associé qui a droit de signer pour la société. Cette question fut agitée au conseil d'état, mais n'y fut pas précisément décidée. — Locré, *Législ. civ.*, t. 4, p. 399.

398. — Il nous semble, dans l'hypothèse, que le mari n'est point contraignable par corps. L'assimilation des associés est sans force ; on n'argumente pas par analogie lorsqu'il s'agit d'appliquer une voie d'exécution si rigoureuse qu'on peut l'assimiler à une peine. Cette assimilation est d'ailleurs inexacte : les associés ont un droit égal à s'obliger mutuellement, tandis que le mari ne pourra jamais obliger sa femme. — Maleville, t. 1er, p. 231 ; Toullier, t. 2, no 639, et t. 12, no 245 ; Duranton, *Droit civ. fr.*, t. 2, no 482, et t. 14, no 251 ; Locré, t. 3, p. 509 ; Vazeille, *Tr. du mariage*, t. 2, p. 105 ; Sebire et Carteret, no 306. — V. *contrà* Fournel, *Contrainte par corps*, p. 112 ; Pothier, no 22.

399. — Ainsi, jugé que le mari non commerçant n'est pas tenu, *par corps*, des obligations contractées par sa femme, marchande publique et commune en biens. — *Lyon*, 26 juin 1822, de Pyron c. Doguin.

400. — Réciproquement, la veuve d'un négociant ne peut pas être condamnée par corps pour raison des dettes contractées par son mari dans les opérations de son commerce. — *Bruxelles*, 13 janv. 1812, Graincourt c. Goffin.

401. — Dans l'ancienne jurisprudence, la contrainte par corps prononcée contre la femme atteignait le mari. — Bourjon, *Dr. commun de la France*, t. 2, p. 708 ; Renusson, *Tr. de la comm.*, part. 1re, ch. 7, no 44, et Pothier, *Tr. de la puiss. du mari*, no 22.

402. — Jugé de même, depuis le Code, que le commerçant est tenu par corps des obligations commerciales contractées par sa femme, lorsqu'il est notoire que celle-ci est marchande publique, qu'elle fait en tout ou en partie le commerce de son mari, et que les engagemens souscrits par elle ont toujours été exécutés. — *Rennes*, 17 mars 1823, Eveillard c. Leroy. — V. au surplus CONTRAINTE PAR CORPS.

403. — Un des effets de l'autorisation donnée à la femme de se livrer au commerce, est d'obliger le mari, s'il y a communauté entre les époux (C. civ., art. 220 ; C. comm., art. 5). Le mari, dans ce cas, profitant des bénéfices, doit être tenu des charges. — Pothier, *De la puissance maritale*, 1re partie, sect. 2e, § 2, no 22 ; Toullier, t. 12, no 240 ; Duranton, t. 2, no 477 et 480. — V. aussi AUTORISATION DE FEMME MARIÉE, nos 562 et 586.

404. — Le mari, comme la femme, est obligé pour le total de la dette. — Duranton, t. 2, no 481 ; Toullier, t. 12, no 260 ; Delvincourt, t. 1er, p. 167.

405. — L'art. 234 de la coutume de Paris portait aussi « qu'une marchande publique s'oblige et oblige son mari, touchant le fait et les dépendances de la marchandise. »

406. — Il n'y a pas à distinguer si le contrat de mariage a modifié les effets de la communauté, en la réduisant aux acquêts, ou si celle-ci doit être réglée par les principes généraux de la communauté légale. Le mari est alors réputé l'associé de la femme, ou du moins sa caution solidaire. — Pardessus, no 67 ; Toullier, t. 12, no 255 ; Duranton, t. 2, no 480.

407. — La femme commune ne pourrait se dégager de l'obligation contractée comme marchande publique, en renonçant à la communauté. — Toullier, t. 2, no 638, et t. 12, no 244.

408. — S'il n'y a pas communauté, il faut distinguer. Si les époux sont séparés de biens, le mari ne saurait être tenu des engagemens commerciaux de sa femme, puisqu'il ne profite pas des bénéfices de son commerce. — Orillard, no 172 ; Pardessus, no 68 ; Nouguier, t. 1er, p. 265, no 2 ; Sebire et Carteret, no 305 ; Toullier, t. 12, no 253 ; Delvincourt, t. 1er, p. 167.

409. — S'il y a simple exclusion de communauté, comme alors tous les gains appartiennent au mari, il devra être tenu des dettes. — C. civ., art. 1530 et 1531 ; — Pardessus et Orillard, *loc. cit.* : Toullier, t. 12, no 254 ; Duranton, t. 2, no 480 ; Delvincourt, t. 1er, p. 167.

410. — Il le serait même encore que, par une clause autorisée par l'art. 1525, la totalité des bénéfices dût appartenir à la femme. Cette clause, en effet, ne la prive pas de la faculté de renoncer à la communauté ; elle n'empêche pas non plus que le mari puisse en disposer pendant le mariage. — Delvincourt, t. 1er, p. 167 ; Duranton, t. 2, no 480 ; Toullier, t. 12, no 256.

411. — Mais si les époux sont mariés sous le ré-

gime dotal, sans communauté d'acquêts, le mari devant seul supporter les dettes, doit profiter des bénéfices.—Duranton, t. 2, n° 289; Orillard, n° 172; Delvincourt, t. 1er, p. 167. —« La femme, dit M. Nouguier (t. 1er, p. 265, n° 2), est présumée faire dans l'intérêt du mari le commerce dont les produits n'augmentent pas ses reprises. »

412. — La règle, dit Delvincourt (t. 1er, n° 169), qui affranchit le mari des engagemens commerciaux de sa femme, soumise au régime dotal, reçoit exception lorsque la constitution de dot embrasse tous les biens à venir de la femme, car alors, les bénéfices du commerce appartenant au mari, au moins quant à l'usufruit, il doit être engagé.

413.—M. Pardessus (n° 68) enseigne, au contraire, que, les bénéfices n'appartenant qu'à la femme mariée sous le régime dotal, le mari ne peut être obligé par les engagemens de cette dernière. — C. civ., art. 1576.

414. — Jugé ainsi que le mari ne peut être actionné à raison des dettes provenant du commerce distinct et séparé de sa femme qu'autant qu'il y a communauté entre eux. Tel n'est pas le cas où le mariage a eu lieu sans conventions matrimoniales en pays de droit écrit. — *Nîmes*, 17 juin 1809, Guérin c. Saturnin.

415. — Dans le cas même où le mari perçoit tous les bénéfices et supporte tous les engagemens pris par sa femme, son droit se trouve limité nécessairement par la nature des choses et l'intérêt des tiers. Si sa femme ne lui avait pas donné sa procuration, il ne pourrait l'engager par des obligations, causées même pour faits de commerce. Le prix des marchandises semblables à celles que sa femme débite et dont il se serait rendu acquéreur, ne pourrait être réclamé de cette dernière qu'autant qu'il serait prouvé qu'elle les a reçues dans ses magasins ou que toute autre présomption indiquerait que l'achat a eu lieu de son consentement. Les créanciers personnels du mari ne pourraient saisir les marchandises de la femme au préjudice des créanciers de celle-ci.—Pardessus, n° 69.

416. — La qualification de marchande publique prise par la femme non autorisée ne suffirait pas pour valider son obligation.—Toullier, t. 12, n° 246.

Sect. 3e. — *Incompatibilité du commerce avec certaines dignités et professions.*

417. — Il est certaines personnes capables de contracter, à qui cependant les convenances sociales ou l'intérêt du commerce ont fait défendre le négoce. Nous allons donc, dans les deux paragraphes suivans, examiner quelles sont ces personnes, et nous déterminerons dans un troisième quels sont les effets de ces interdictions.

§ 1er. — *Prohibitions fondées sur les convenances sociales.*

418. — Les lois de l'Eglise, sanctionnées en cela par la puissance civile, défendaient autrefois, comme nous l'avons dit plus haut, aux ecclésiastiques de se livrer aux opérations commerciales. Aujourd'hui encore, les considérations puissantes qui s'opposaient à ce qu'une personne vouée au culte s'agenouillât au pied des autels et s'assît tour à tour dans un comptoir, pour trafiquer de la même main qui vient de bénir, doivent éloigner de tout commerce les membres du clergé. Du reste, bien que le concordat n'ait pas d'une manière expresse remis en vigueur les lois civiles qui sanctionnaient les règles de la discipline et les canons de l'Eglise, on doit reconnaître que le clergé, par suite de sa réorganisation, s'est vu soumis de nouveau à ses lois propres, à celles qui régissaient son organisation intérieure. — V. L. 26 messid. an IX, tit. 1er, art. 6. — Avec ces lois a donc dû renaître la prohibition de commercer, et le prêtre qui enfreindrait celle-ci aurait à répondre devant ses chefs spirituels de cette infraction aux lois de l'Eglise. — Orillard, n° 133; Nouguier, t. 1er, p. 275, n° 1er; Pardessus, t. 1er, n° 73. — V. cependant Merlin, v° *Commerce*.

419. — Il est inutile de dire que les lois qui interdisaient anciennement le commerce à la *noblesse* n'existent plus actuellement.

420.—Les plus anciennes ordonnances du royaume, celles de mars 1356, sous Charles V, notamment, de 1669, 1701, 1706 et 1756, rappelées dans l'édit de mars 1765, défendaient aux magistrats tout négoce. Les raisons de convenance et autres qui interdisaient anciennement le commerce aux officiers de judicature doivent encore le défendre aux magistrats. — Nouguier, t. 1er, p. 272; Pardessus, n° 73; Orillard, n° 136.

421. — Il est bien entendu que, sous ce nom de magistrat, ne sont point compris les juges consulaires, puisqu'ils sont pris parmi les commerçans. — C. comm., art. 620.

422. — Merlin (*loc. cit.*) pense cependant qu'en vertu des lois nouvelles, les magistrats peuvent tous se livrer aux transactions commerciales. Mais comment supposer une pareille tolérance dans les législateurs modernes, lorsqu'on voit une ordonnance royale, confirmant en cela l'art. 18 du décret du 14 nov. 1810, venir signaler l'incompatibilité qui existe entre la profession d'avocat et celle de commerçant? — Ord. 20 nov. 1822, art. 42.

423. — Aussi l'avocat qui méconnaîtrait ce principe de sa profession serait rayé du tableau de son ordre, et il ne pourrait dès-lors chercher dans son titre d'avocat un prétexte pour neutraliser les effets que le Code de commerce attache à la cessation des paiemens du négociant.

424. — Jugé qu'un avocat qui, alors qu'il a abandonné la plaidoirie et ne fait plus aucun acte ostensible de sa profession, se livre habituellement à des opérations de change, de banque ou de courtage, à des entreprises d'agence ou de bureau d'affaires, doit être réputé commerçant. —*Montpellier*, 11 mai 1844 (t. 1er 1844, p. 682), Odun-Roch. — V. *suprà* 109.

425. — Les notaires ne peuvent non plus se livrer aux opérations commerciales. — Ord. 4 janv. 1843, art. 12. — V. NOTAIRE.

§ 2. — *Prohibitions fondées sur l'intérêt du commerce.*

426. — Une maxime de droit public s'oppose aujourd'hui, comme elle s'y opposait autrefois, à ce que le gouvernement puisse commercer. — Montesquieu, *Esp. des lois*, liv. 20, chap. 19. — L'exercice du commerce deviendrait bientôt entre ses mains un monopole destructif de la liberté indispensable à l'industrie. — V. ACTE DE COMMERCE, nos 226 et 261.

427. — La même raison d'intérêt public doit faire défendre le commerce aux grands dignitaires de l'état, aux hauts fonctionnaires administratifs. Il leur est trop facile de trouver dans leur position des sources d'avantage personnel, et aussi des moyens d'écraser leurs concurrens. On comprend l'avantage qu'aurait notamment à spéculer sur les fonds publics, un ministre de l'intérieur ou un directeur de télégraphe; à prendre part aux sociétés formées pour l'exploitation des chemins de fer, un ministre des travaux publics, etc. La dignité du pouvoir, la considération dont ses représentans ont besoin s'opposent, en outre, à ce qu'ils tentent les chances des opérations commerciales.

428. — Il est inutile d'ajouter que ces personnes pourraient cependant établir un nouveau commerce ou continuer celui qu'elles exerçaient, toutes les fois que les opérations seraient complétement indépendantes de leurs fonctions.

429. — On trouve dans le Code pénal des dispositions qui se rattachent à ce que nous venons de dire. Ainsi, l'art. 175 punit tout fonctionnaire, tout officier public, tout agent du gouvernement qui, soit ouvertement, soit par actes simulés, soit par interposition de personnes, aura pris ou reçu quelque intérêt que ce soit dans les actes, adjudications, entreprises ou régies dont il a en tout ou en partie l'administration ou la surveillance, ainsi que tout agent du gouvernement qui aura pris un intérêt quelconque dans une affaire dont il était chargé d'ordonnancer le paiement ou de faire la liquidation. — L'art. 176 punit aussi tout commandant militaire de division, département, place ou ville, tout préfet ou sous-préfet, qui dans l'étendue des lieux où il a droit d'exercer son autorité fait ouvertement, ou par des actes simulés ou par interposition de personne, le commerce de grains, grenailles, farines, substances farineuses, vins ou boissons, autres que ceux provenant de ses propriétés.

430. — Il ne faudrait pas toutefois conclure de ce dernier article que les fonctionnaires qu'il mentionne pourraient faire le commerce dans les lieux autres que ceux désignés, et que tous les autres agens du gouvernement pourraient librement s'y livrer; c'est le contraire qui doit être tenu pour vrai, par suite des raisons que nous avons fait valoir en parlant des hauts fonctionnaires.

431. — L'art. 20, tit. 1er, ord. 3 mars 1781, a défendu aux consuls en pays étrangers, et l'art. 19, tit. 14, ord. 31 oct. 1784, a également prohibé aux officiers et administrateurs de la marine, d'exercer directement ou indirectement le commerce dont la surveillance leur est confiée. Ces dispositions ont été rappelées par l'art. 122 de l'acte du gouvernement du 2 prair. an XI.

432. — L'intérêt du commerce avait fait aussi interdire autrefois aux agens de change et aux courtiers, le droit de s'immiscer dans les opérations commerciales, autres que celles qui ressortaient de la nature même de leurs fonctions. — Ord 1673, art. 413; décl. 13 juill. 1714; arr. du cons. 30 août 1720, 24 sept. 1724; 9 août 1785; décr. 4 therm. an III L. 28 vend. an IV, tit. 3, art 14. — Le danger qu'il y avait à permettre à ces agens, bien qu'ils soient commerçans, de prendre intérêt dans des négociations qui se font forcément par leur entremise, la crainte qu'ils ne parvinssent, par leur connaissance des affaires et la confiance qu'on est forcé de leur accorder, à créer en leur faveur un monopole destructif de la liberté commerciale, leur a fait interdire également le commerce par les lois nouvelles. — Arr. 27 prair. an X; C. comm., art. 85. — V. AGENT DE CHANGE, COURTIER DE COMMERCE.

§ 3. — *Effets de la violation des prohibitions de faire le commerce.*

433. — Les individus dont nous venons de parler ne peuvent violer, même indirectement, les prohibitions portées contre eux. Ainsi, ils ne peuvent devenir intéressés dans une société dont tous les membres auraient droit à la gestion et seraient soumis à une responsabilité indéfinie. Ils ne pourraient autoriser même tacitement leurs femmes communes en biens à faire le commerce. — Pardessus, n° 77.

434. — C'est la profession, le trafic, qui sont interdits, mais non les actes isolés qui, tout en ayant reçu de la loi le caractère commercial, peuvent être reconnus par les tribunaux avoir été faits occasionnellement sans intention de violer la loi. Ainsi ces personnes pourraient, sans encourir de pénalité, tirer et endosser, par exemple, quelques lettres de change pour leurs affaires particulières. — Pardessus, n° 76; Nouguier, t. 1er, p. 283, n° 4.

435. — Ce serait, au surplus, aux supérieurs légitimes à apprécier les faits et les circonstances, en ce qui touche les interdictions fondées sur la décence publique, et aux tribunaux, en ce qui touche les prohibitions prononcées sous certaines peines et dans l'intérêt du commerce. — Pardessus, n° 76; Nouguier, t. 1er, p. 283, n° 4.

436. — Mais quels que soient le rang, le titre, la dignité ou la profession de celui qui fait des actes de commerce, il devient justiciable des tribunaux consulaires; il est commerçant dès que les actes de commerce qu'il exerce sont assez multipliés pour qu'on puisse dire qu'il en fait sa profession habituelle. — Orillard, n° 137; Nouguier, t. 1er, p. 282.

437. — Les engagemens commerciaux pris par les personnes à qui le commerce est défendu, sont, en outre, valables aux yeux de la loi, et donnent lieu aux mêmes condamnations que si leurs auteurs étaient libres de faire le commerce, sauf l'application des peines prononcées contre ceux qui ont violé la loi ou les réglemens de leur profession. — Pardessus, n° 76; Vincens, t. 1er, p. 142. — V. pour l'application de cette règle aux agens de change, AGENT DE CHANGE, nos 217 et suiv.

CHAPITRE IV. — *Obligations imposées aux commerçans.*

438. — L'exercice du commerce touche à tant d'intérêts, se lie d'une manière si intime à la fortune publique, que le commerçant a dû être soumis à certaines obligations; les unes sont générales, en ce qu'elles frappent tous ceux qui se livrent au commerce; les autres sont spéciales, c'est-à-dire n'atteignent que certaines industries pour l'exercice desquelles la loi impose certaines conditions.

Sect. 1re. — *Obligations générales imposées à tout commerçant.*

439. — Parmi les obligations auxquelles est astreinte toute personne se livrant au commerce, se trouve celle de payer patente. — V. PATENTE.

440. — Tout commerçant doit aussi tenir des livres. Cette obligation est de la plus haute importance et remonte aux temps les plus anciens. « Les livres, disait Cicéron dans son discours pour Roscius, sont les dépositaires de la bonne foi, de la religion, de la conscience, de la réputation du marchand. »

441. — A côté de la tenue des livres se place, pour tout commerçant, l'obligation de faire, au moins une fois chaque année, sous seing-privé, un inventaire de toutes ses valeurs mobilières et immobilières, et de ses dettes actives et passives. — V. LIVRES DE COMMERCE.

442. — Tout commerçant doit, en outre, rendre publiques ses conventions matrimoniales, ainsi que les changemens qui peuvent survenir dans ces conventions, par suite de séparation de biens ou de corps. — C. comm., art. 65 et suiv. — V. CONTRAT DE MARIAGE, SÉPARATION DE BIENS, SÉPARATION DE CORPS.

443. — Les commerçans doivent également pu-

blier les extraits de leurs actes de société en nom collectif ou en commandite. — C. comm., art. 42 et suiv. — V. SOCIÉTÉ.

444. — Tout commerçant failli est tenu, dans les trois jours de la cessation de ses paiemens d'en faire la déclaration au greffe du tribunal de commerce de son domicile. — C. comm., art. 437 et 438. — V. FAILLITE.

Sect. 2e. — *Obligations spéciales imposées à certaines professions.*

445. — Certaines opérations industrielles ou l'exercice de certaines professions sont soumis, dans l'intérêt public, dans l'intérêt privé ou dans l'intérêt du trésor, à des règles particulières.

446. — Ainsi, le voisinage des frontières pouvant procurer aux manufacturiers et fabricans le moyen de violer les lois sur les importations et exportations, il est défendu d'établir dans la distance de neuf kilomètres des frontières de terre, aucun entrepôt de marchandises manufacturées dont la sortie est prohibée, ou dont le droit de sortie excède une certaine proportion. — L. 22 août 1791, art. 37 et suiv. — V. DOUANES.

447. — Un motif analogue, tendant à prévenir les fraudes en matière de perception de contributions locales, a fait défendre les constructions près des murs de clôture de Paris. — Décr. 11 janv. 1808.

448. — L'intérêt de la conservation des forêts a fait aussi défendre l'établissement de certaines industries dans leur voisinage. — V. FORÊTS.

449. — La loi, pour prévenir la fabrication de la fausse monnaie, astreint les entrepreneurs de manufactures, orfèvres, bijoutiers, horlogers, graveurs, fourbisseurs, et autres artistes ou ouvriers se servant de presses, moutons, laminoirs, balanciers, coupoirs, etc., à se pourvoir d'une autorisation à cet égard.

450. — Il est même défendu à toutes personnes, quelle que soit leur profession, de frapper des médailles, jetons ou pièces de plaisir, d'or, d'argent, ou d'autres métaux, ailleurs que dans les ateliers de la Monnaie, à moins d'être munies d'une autorisation spéciale. — V. MÉDAILLES.

451. — L'intérêt des particuliers a fait établir pour les bijoux ou autres objets d'or et d'argent une marque de garantie que doivent faire apposer les fabricans avant de les livrer au commerce, par des préposés spéciaux du gouvernement. — V. GARANTIE DES MATIÈRES D'OR ET D'ARGENT.

452. — Le même intérêt a astreint à certaines obligations les entrepreneurs de voitures publiques, et leur a imposé un grand nombre de mesures de précaution que la loi détermine. Il a aussi fait enjoindre aux commissionnaires de transport aux individus autorisés à tenir des maisons de prêt, de posséder certains registres.

453. — Le commerce des soies, les établissemens de tontines ou caisses d'épargne, les sociétés anonymes sont aussi soumis, dans l'intérêt privé, à des obligations particulières. Il en est de même de l'inspection de la qualité des denrées, de la taxe du pain, du commerce du poisson de mer, des entrepôts de vins.

454. — L'intérêt public a fait apporter aussi certaines restrictions au principe d'égalité consacré par la loi de 1791. — Ainsi, les seuls maîtres de poste, commissionnés par le gouvernement, possèdent le droit de relais sur les routes. — Les agens de change et les courtiers exercent seuls, à l'exclusion de tous autres, les actes constitutifs de leur profession. — V. ces mots.

455. — Des règles ont aussi été imposées, dans ce même intérêt, aux pharmaciens, hôteliers, aubergistes et logeurs, aux serruriers, boulangers, bouchers, fabricans de sucre, etc.

456. — Le bien public ou les besoins du trésor ont déterminé l'état à se réserver l'exercice exclusif d'une certaine branche d'industrie. Ainsi, le débit de la poudre à tirer n'est permis qu'à ceux qui ont une commission spéciale, et l'état s'en est réservé la fabrication et celle des salpêtres. De même, l'administration des postes a seule le droit de transporter les lettres, journaux et ouvrages périodiques du poids de moins d'un kilogramme, excepté seulement les papiers de procédure et ceux relatifs au service personnel des entrepreneurs de messageries. — L'achat, la fabrication, la vente des tabacs sont aussi exclusivement attribués à l'administration des contributions indirectes.

457. — L'intérêt qu'a l'état à restreindre ou régler la faculté de faire des établissemens commerciaux dans des pays où la différence de religion, de mœurs et de civilisation commande les plus grandes précautions, a fait soumettre à l'approbation préalable du roi l'établissement par des Français de maisons de commerce dans les échelles du Levant.

458. — Les professions d'imprimeur et de libraire sont, ainsi que les théâtres, journaux, placards et affiches, soumis, dans l'intérêt public, à certaines règles déterminées par la loi. — Le même intérêt a dicté les mesures qui régissent le travail des enfans dans les manufactures, les établissemens insalubres, les mines, la vente des substances médicales, des poisons, des armes à feu, etc.

459. — La nomenclature que nous venons de donner ne saurait être complète, mais elle suffit pour faire connaître dans quel esprit des obligations spéciales ont été imposées à certains commerçans, et pour indiquer ces obligations d'une manière satisfaisante. Nous n'avons entendu faire non plus qu'une simple énumération raisonnée, et nous renvoyons aux articles spéciaux du *Répertoire*, pour connaître d'une manière plus approfondie les règles qui se rattachent aux objets que nous venons d'indiquer.

CHAPITRE V. — *Des droits conférés au commerçant et des conséquences de l'exercice de sa profession.*

460. — Si la loi a imposé certaines obligations aux commerçans, elle leur a aussi, dans l'intérêt commercial, conféré certains droits.

461. — Le premier des priviléges accordés au commerçant, c'est celui d'être jugé par ses pairs, promptement et à peu de frais. En un mot, il est justiciable des tribunaux de commerce. — V. COMPÉTENCE COMMERCIALE.

462. — A côté de ce privilége vient se placer le mode d'exécution des décisions consulaires. Ainsi le commerçant est soumis à la contrainte par corps pour l'exécution des engagemens relatifs à son commerce. — V. CONTRAINTE PAR CORPS.

463. — Les commerçans seuls ont la prérogative de concourir à l'élection des membres des tribunaux de commerce, et ces membres ne peuvent être pris que parmi les commerçans exerçant encore leur profession ou parmi les anciens négocians. — V. TRIBUNAL DE COMMERCE.

464. — Les commerçans composent aussi les *chambres de commerce* et les *conseils de commerce et des manufactures*. — V. ces mots.

465. — De plus, la loi du 21 mars 1831 (art. 11) a appelé les membres des chambres de commerce, des conseils de manufactures et des conseils de prud'hommes, à concourir, en cette qualité, à l'élection des conseillers municipaux.

466. — La Charte a placé, en outre, parmi les personnes à qui le roi peut conférer la dignité de pair de France, les présidens des tribunaux de commerce dans les villes de 30,000 ames et au-dessus, après quatre nominations à ces fonctions; — les chefs de manufacture et de maison de commerce et de banque, payant 3,000 fr. de contributions directes, soit à raison de leurs propriétés foncières depuis trois ans, soit à raison de leurs patentes depuis cinq ans, lorsqu'ils auront été pendant six ans membres du conseil général ou d'une chambre de commerce. — Les manufacturiers, commerçans ou banquiers payant 3,000 fr. d'impositions, qui auront été nommés députés ou juges de tribunaux de commerce, pourront aussi être admis à la pairie sans autre condition. — L. 29 déc. 1831, remplaçant l'art. 23 de la Charte.

467. — Si le commerçant, malgré sa bonne foi et sa probité, se voit exposé à de rigoureuses poursuites, le législateur lui a ouvert le recours de la faillite, qui peut le placer à l'abri de la contrainte par corps. — V. FAILLITE.

468. — Le commerçant qui tombe en faillite peut devenir, suivant les circonstances, passible de peines correctionnelles ou infamantes. — V. BANQUEROUTE.

469. — Tous les billets souscrits par un commerçant sont réputés faits pour son commerce, s'ils n'indiquent une cause purement civile. — V. ACTE DE COMMERCE, nos 12-15, 442 et suiv., 453 et 483; BILLET A DOMICILE, no 7; BILLET SIMPLE, no 4.

470. — La qualité de propriétaire prise par un commerçant dans un effet qu'il souscrit ne détruirait même pas la présomption établie par la loi jusqu'à preuve contraire que la dette est contractée pour son commerce. — *Paris*, 31 janv. 1842 (t. 1er 1842, p. 227), Hayet c. Delaloi.

V. ACTE DE COMMERCE, AGENT DE CHANGE, AUTORISATION DE FEMME MARIÉE, BANQUEROUTE, BILLET A DOMICILE, BILLET A ORDRE, BILLET SIMPLE, BOUCHER, BOULANGER, CABARETIER, CAFETIER, CAPITAINE DE NAVIRE, CESSION DE BIENS, COMPÉTENCE COMMERCIALE, CONTRAINTE PAR CORPS, CONTRAT DE MARIAGE, COURTIER DE COMMERCE, ENDOSSEMENT, FAILLITE, HUISSIER, LIVRES DE COMMERCE, NOTAIRE, PATENTE, SÉPARATION DE BIENS, SÉPARATION DE CORPS, SOCIÉTÉ, TRIBUNAL DE COMMERCE.

COMMERCE.

1. — On entend par commerce tout ce qui est négoce ou trafic de marchandises, d'effets ou d'argent. — V. Merlin, *Rép.*, vo *Commerce.*

2. — Le commerce s'exerce non seulement sur les productions du sol, mais encore sur les produits des arts et de l'industrie. Ainsi, les sources du commerce sont l'agriculture, l'exploitation des mines, la pêche et les arts industriels. Les choses qui peuvent être l'objet du commerce sont donc les productions de l'industrie, des mines, des pêches et des manufactures, les valeurs ou effets, les matières d'or et d'argent.

3. — Les moyens du commerce sont le roulage, la navigation intérieure et extérieure, les bourses, les foires et marchés, les banques et caisses d'escompte, les commissionnaires, les courtiers, les agens de change, les papiers de crédit ou lettres de change, les billets à ordre, les monnaies, les poids et mesures. — Monbrion, *Dict. de comm.*, vo *Commerce.*

4. — Les effets que produit le commerce sont : les richesses nationales, les capitaux en circulation, l'augmentation du revenu public, de l'aisance des populations et de la puissance de l'état.

5. — Sous le rapport de l'exploitation, le commerce se divise : en commerce de spéculation en marchandises; en commerce de commission; en commerce de banque et commerce d'assurance.

6. — Le commerce de spéculation en marchandises consiste à se procurer des marchandises au plus bas prix possible, pour les revendre au plus haut prix qui puisse être honnêtement obtenu.

7. — Le commerce de commission consiste à vendre, échanger, acheter pour le compte d'un commettant, moyennant une certaine rétribution.

8. — Le commerce de banque consiste dans le trafic de l'argent au moyen de traites et remises, et dans l'escompte des lettres de change et billets à ordre.

9. — Le commerce d'assurance consiste à calculer les risques de mer sur une certaine quantité de voyages qui offrent plus ou moins de sinistres ou de cas d'avarie. Ce genre de commerce comprend aussi d'autres risques, et, par exemple, ceux qui peuvent résulter de la grêle ou de l'incendie.

10. — On divise aussi le commerce en commerce de détail et commerce en gros.

11. — Le commerce de détail consiste à acheter et à vendre en petites portions pour les besoins et la consommation des particuliers.

12. — Le commerce en gros consiste à acheter et vendre des marchandises en caisses, en balles, barils, futailles ou barriques, tonneaux entiers, sans les détailler par portions.

13. — On distingue encore le commerce de terre du commerce maritime.

14. — Le commerce de terre est celui qui se fait par le roulage, dans l'étendue d'un même état ou d'un même continent, sans traverser la mer. — Il ne faut pas confondre le commerce de terre avec le commerce intérieur ; le premier se borne à celui qui n'a pas lieu par eau, au lieu que le commerce intérieur se fait sur les fleuves, canaux, lacs, détroits, ou la mer.

15. — Le commerce maritime est celui qui se fait sur mer par des voyages de long cours, dans des pays lointains, ou d'une partie du monde à l'autre; et celui qui a lieu d'un port de mer à l'autre, dans un même état.

16. — Le commerce intérieur se distingue aussi du commerce extérieur.

17. — Le commerce intérieur comprend, comme nous le disions tout à l'heure (no 14), celui de terre et de mer, par les fleuves et les canaux d'un même pays, ou d'un même continent, d'une ville à une autre, ou d'un port de mer à l'autre, sans changer de continent. — Monbrion, vo *Commerce.*

18. — Le commerce extérieur s'entend de tout commerce par mer ou par terre, proche ou lointain, que les commerçans d'un même pays font hors des limites d'un même état. La plus grande utilité du commerce extérieur, c'est d'établir, entre les différentes nations, les mêmes relations que le commerce intérieur établit entre les différentes parties de la même nation.

19. — On reconnaît encore le *commerce de proche en proche*, qui s'entend d'un commerce ne nécessitant pas de grands voyages pour le transport des marchandises, et s'applique particulièrement au cabotage qui se fait sur les côtes d'un même pays ou avec les ports des pays étrangers les plus voisins. — V. CABOTAGE.

20. — Le *commerce de long cours* comprend celui qui se fait avec les pays éloignés, notamment de celui pour lequel on passe la ligne, double le cap Horn, pour se rendre dans l'Océan Pacifique,

double le cap de Bonne-Espérance, pour se rendre aux Indes, en Chine, etc.

21. — Le commerce prend quelquefois un nom particulier tiré du pays avec lequel il se pratique. Ainsi on distingue le *commerce des colonies*, *le commerce des Indes*, *le commerce d'Afrique et du Sénégal*, *le commerce du Levant*.

V. ACTE DE COMMERCE, COMMERÇANT, COMMERCE ÉTRANGER, COMPÉTENCE COMMERCIALE.

COMMERCE ÉTRANGER.

1. — Le commerce étranger est, par opposition au *commerce intérieur*, qui se fait de ville à ville, ou de province à province, le commerce qui se fait de nation à nation, et qui consiste à fournir à une société politique les objets qu'elle ne produit pas, en tirant de chez elle les objets dont on a besoin.

2. — Une nation ne peut produire à elle seule tout ce qui est nécessaire pour l'approvisionner, pour subvenir aux besoins de tous ceux qui la composent. Ses efforts seraient impuissans pour acclimater sous le ciel du nord les productions du midi, et celles du nord sous le ciel du midi, et elle négligerait ce qu'elle sait faire pour produire mal et chèrement ce que d'autres lui donneraient en abondance et à vil prix. Mais ce serait se jeter dans un système également vicieux que d'ouvrir ses ports, ses places et ses marchés à tous les produits étrangers, de borner l'industrie nationale à faire ce qu'elle fait mieux que tout le monde, d'abandonner toute production qu'un peuple étranger peut établir à meilleur marché, et de se le procurer par le commerce. Ce serait, en effet, se mettre à la merci des étrangers, s'exposer à être privé, en cas de guerre, des choses de première nécessité. Les lois relatives au commerce étranger doivent donc être combinées de façon à favoriser l'industrie nationale sans priver, toutefois, la nation des produits des peuples étrangers et des avantages d'un échange réciproque.

3. — Le droit public des nations commerçantes autorise chacune d'elles à prohiber l'importation ou l'exportation de productions ou marchandises quelconques; à charger d'impôts les marchandises étrangères qui passent la frontière, et à borner à certains ports, à certaines villes et à certaines périodes de temps l'entrée de ces marchandises. Chaque nation peut aussi imposer des droits à la sortie de son territoire de ses propres productions.

4. — Une grande population est un des avantages qui met un peuple en état de fournir le plus possible aux besoins des autres peuples, et réciproquement son commerce extérieur occupe tous les hommes que le commerce intérieur n'aurait pu nourrir.

5. — Les relations de la France avec les autres nations résultent, soit des traités de paix, soit des conventions et des traités de commerce. « Les peuples qui font entre eux des traités de commerce, s'accordent toujours la liberté de porter les uns chez les autres toutes les marchandises qui ne sont pas prohibées par les lois de l'état. Les commerçans sont protégés, et, afin qu'on ne leur fasse aucune difficulté, on doit afficher dans tous les bureaux des douanes les tarifs pour tous les droits d'entrée et de sortie... Ils tiennent leurs livres de commerce dans la langue qu'ils jugent à propos; et, s'il était nécessaire de les produire en justice, le juge ne pourrait prendre connaissance que des articles qui regardent la contestation. » — Mably, *Droit public de l'Europe*.

6. — Il est des nations qui vont chercher chez d'autres les denrées qui leur manquent pour les distribuer à ceux qui les consomment. Parmi ces denrées, il en est dont le législateur a défendu l'usage dans le commerce intérieur; mais, pour ne pas priver la nation du profit qu'elle peut faire sur les marchandises étrangères, il a été établi dans quelques états des ports où l'on permet l'importation franche de tout ce qu'il est avantageux de réexporter. — On les appelle *ports francs*.

7. — Un décret du 28 juill. 1791 a réglé les relations commerciales de Marseille avec l'intérieur du royaume, les colonies et l'étranger. L'art. 1er prescrit une déclaration du chargement à la douane, vingt-quatre heures après l'arrivée pour les navires entrans, et avant la sortie pour les navires partans. Elle doit être faite alors même que les navires seraient sur lest. — Art. 2.

8. — Les art. 6, 7 et suiv. exemptent certains produits étrangers de tout droit d'entrée, notamment ceux qui sont entreposés et destinés à la réexportation. La durée de l'entreposage est fixée à dix-huit mois. — Art. 10. — Elle a été étendue jusqu'à deux ans par l'arrêté du 6 messid. an X, qui porte établissement d'un entrepôt à Marseille pour les marchandises étrangères. — Art. 6.

9. — Certaines denrées, notamment les bestiaux et les vins, à moins qu'elles ne soient destinées à l'approvisionnement des navires français, sont soumises au tarif d'entrée. — Décr. 28 juill. 1791, art. 13.

10. — Les marchandises étrangères transportées à Marseille par mer, et celles expédiées à la destination de l'étranger, peuvent être versées de bord à bord, en exemption de tous droits, à la charge de prendre un permis, comme s'il s'agissait d'un embarquement ou d'un débarquement. — Art. 16.

11. — Plusieurs villes de commerce jouissaient de certains priviléges ou *franchises*, qui consistaient notamment dans l'exemption des droits de douanes. Un décret du 11 niv. an III a supprimé les franchises de Dunkerque, de Bayonne, de Marseille et du ci-devant pays de Labour (*pays basque*). — V. Merlin, *Rép.*, vo *Infançon*.

12. — Les franchises de Marseille ont été rétablies par une loi du 16 déc. 1814 et réglées, d'abord par ordonnance du 20 fév. 1815, puis par celle du 17 sept. 1817, qui détermine le mode d'exécution des lois de douanes à Marseille.

13. — Une autre facilité accordée au commerce étranger, mais dans l'intérêt de certaines branches du commerce intérieur, c'est le transit, c'est-à-dire la faculté de transporter à travers le pays des marchandises étrangères, sans payer la taxe d'importation. Ainsi, des marchandises destinées à un pays du Nord, par exemple, sont déposées dans l'entrepôt d'un port du midi de la France; la douane leur applique un plomb empreint de son sceau, et sous la protection de cette marque, qui constatera, à la sortie, leur identité, ces marchandises, moyennant un léger droit de transit, traversent la France dans un délai donné, et, après avoir été contrôlées et reconnues dans l'un des bureaux de douanes de la frontière du Nord, elles passent sur le territoire étranger.

14. — Cette faculté de transit a même été étendue à des marchandises dont l'entrée est prohibée en France, et qui, sous la plus rigoureuse surveillance, pour empêcher qu'on ne les détourne de leur destination, traversent la France pour être exportées.

15. — Pour faciliter aussi les relations et les développemens du commerce étranger, on lui a accordé la faculté d'entreposer ses marchandises. L'entrepôt a été assez exactement défini une sorte de terrain neutre affecté, dans quelques ports et même dans quelques villes de l'intérieur, à recevoir les produits étrangers soumis à des droits d'entrée ou de douane. Les marchandises étrangères qui ne sont pas immédiatement vendues sont déposées dans l'entrepôt, qui est soumis à la surveillance de la douane, et leur propriétaire n'acquitte les droits de douanes qu'au moment de livrer ses produits à la consommation.

16. — Pour encourager le commerce avec l'étranger des produits de la fabrication française, la législation a introduit le système des *primes*, qui consiste à restituer au négociant qui présente à la frontière pour être réexportées des marchandises fabriquées ou transformées par lui, les droits que ces marchandises ont payés à leur entrée en France, sous la forme de matières premières.

17. — Ainsi la prime consiste dans la restitution, à la sortie d'un produit fabriqué, du droit qu'a supporté à son introduction en France la matière première qui en a été l'élément. Ainsi on a calculé que les droits perçus sur la laine, les matières tinctoriales, etc., entraient dans le prix du drap pour 13 et demi %; on rend donc à la sortie du drap une prime de 13 et demi % de sa valeur.

18. — Afin de procurer au commerce les avantages qu'il pourrait retirer de la faculté de réexporter, après les avoir convertis en farines, les grains étrangers reçus en entrepôt réel, une ordonnance du 28 sept. 1828 a autorisé cette conversion des grains en farines, sous certaines obligations qu'elle impose, afin de prévenir les abus qui pourraient résulter de cette faculté. — Cette mesure, prise d'abord dans l'intérêt exclusif de Marseille, a été déclarée, par l'art. 9 de l'ordonnance, applicable aux autres entrepôts qui offriront les moyens d'accomplir les conditions de garanties imposées à Marseille. — Une ordonnance du 20 juill. 1835 a complété les dispositions de la précédente.

19. — Le 26 janv. 1826 une convention de navigation avec articles additionnels a été conclue à Londres, entre la France et l'Angleterre. Ratifiée à Paris le 31 du même mois, elle a été publiée par ordonnance du 8 fév. suivant.

20. — Le même jour une autre ordonnance, rendue pour l'exécution de ces conventions, prescrit l'accomplissement des conditions de réciprocité stipulées dans ces conventions. L'art. 4 affranchit de tout droit de navigation les bateaux pêcheurs appartenant au Royaume-Uni ou à ses possessions d'Europe, lorsqu'étant forcés par le mauvais temps de chercher un refuge dans les ports ou sur les côtes de France, ils n'y auraient effectué aucun chargement ni déchargement.

21. — Pour ce qui concerne le commerce de l'étranger avec les colonies françaises, V. COLONIES.

V. en outre DOUANES, ENTREPOT, NAVIGATION, PRIMES, TRANSIT.

COMMERCE MARITIME.

1. — C'est celui qui prend ses moyens de transport sur la mer.

2. — Le commerce maritime est à considérer en ce qui concerne les nations entre elles et en ce qui regarde chaque peuple en particulier.

3. — Sous le premier point de vue, comme le commerce maritime s'exerce le plus souvent entre des membres de nations étrangères, ou donne lieu entre eux à des rapports fréquens, il a dû s'introduire, dans l'intérêt commun des nations civilisées, des règles de droit que toutes se sont obligées à suivre. — Nous rappellerons les plus importantes.

4. — Il est convenu entre les nations qu'un vaisseau marchand est confiscable, lorsque ces nations sont en guerre, et qu'elles se sont interdit tout commerce réciproque. On saisit même des vaisseaux neutres qui portent des munitions de guerre à un ennemi. Mais il est permis aux nations neutres de commercer avec celles qui sont en guerre, si elles ne leur portent pas des marchandises utiles à la guerre. — Merlin, *Rép.*, vo *Commerce*, § 2, no 4.

5. — En temps de paix on ne peut jamais courir sur des vaisseaux quelconques; et ils ne sont confiscables que lorsqu'ils chargent ou débarquent dans un port des marchandises défendues ou grevées de droits. — Merlin, *ibid.* — V. CONTREBANDE, DOUANES, PRISES MARITIMES.

6. — Tous les bâtimens marchands doivent être munis de lettres qui fassent connaître leur maître et leur capitaine, le pays d'où ils sont, celui où ils vont, les marchandises qu'ils portent, afin de prévenir les fraudes des prête-noms. — Merlin, *ibid.* — V. CHARTE-PARTIE, CONGÉ, CONNAISSEMENT, FRANCISATION (acte de).

7. — Tous les bâtimens marchands doivent prendre dans les ports qu'ils quittent, des certificats de santé, afin de prévenir la contagion des maladies pestilentielles. — Merlin, *ibid.* — V. PATENTE DE SANTÉ.

8. — Le propriétaire d'un navire échoué sur les côtes doit recouvrer tout ce qu'on sauve de sa cargaison ou du bâtiment, s'il fait sa déclaration dans un délai convenable, et s'il rembourse les dépenses faites pour retirer les effets de l'eau. — Merlin, *ibid.*, — V. NAUFRAGE, SAUVETAGE.

9. — En temps de paix il est contre le droit des gens d'arrêter les marchands, les pilotes, les navires et leur cargaison, pour quelque cause que ce soit, excepté les saisies de justice faites par les voies ordinaires pour dettes légitimes. — Merlin, *ibid.* — V. CAPITAINE DE NAVIRE, NAVIRE, PILOTE.

10. — D'après le droit public des nations commerçantes, qui permet à chacune d'elles de ne consentir qu'aux importations et aux exportations de marchandises que bon lui semble (V. DOUANES), elle peut borner à certains ports et à certaines villes l'exercice du commerce avec l'étranger. — Merlin, *Rép.*, vo *Commerce*, § 2, no 3.

11. — Relativement à chaque peuple en particulier, et spécialement en ce qui concerne la France, le commerce maritime donne lieu à un grand nombre de dispositions, selon le point de vue sous lequel on le considère.

12. — La France, en raison de l'étendue de ses côtes, pouvait avoir un commerce maritime considérable. Aussi depuis Charles IX, les rois de France ont-ils tenté de l'encourager.

13. — D'après des édits successifs, la noblesse put faire le commerce de mer ou y prendre part sans déroger. — Lettres patentes de 1556 et 1627; édit 1er juin 1604, édits mai et août 1664. — A plus forte raison en fut-il de même quand par ses édits de 1699 et 1701, Louis XIV permit aux gentilshommes de faire le commerce en général. — Merlin, *Rép.*, vo *Commerce*, § 1er, art. 1er, no 3.

14. — Mais tels sont les inconvéniens qui résultent de notre système commercial et maritime, que bien loin que notre commerce extérieur ait pris un plus grand développement, il est resté stationnaire et n'a point suivi le progrès du mouvement général. — Monbrion, *Dict. univ. du comm.*, vo *Navigation*.

15. — C'est là un résultat qu'il faut attribuer aux idées trop généralement répandues en France. — Par un intérêt mal entendu on voudrait ne rien accepter en échange de l'étranger et pourtant lui vendre nos produits. — Anisson, séance de la chambre des députés du 24 mai 1836.

16. — La loi s'occupe du commerce maritime : 1o en ce qui regarde les moyens de le protéger. — A ce sujet nous ne pouvons que renvoyer aux différent mots indiqués ci-dessus, à propos des règles

du droit international. — A quoi il faut ajouter:

17.—...Qu'une ordonnance du roi du 9 janv. 1818 accorde des facilités au commerce maritime pour l'entrepôt des marchandises importées en France.

18.—...Qu'une loi a été rendue le 10 avr. 1825, pour la sûreté de la navigation et du commerce maritime. — Cette loi s'occupe spécialement des crimes de piraterie et de baraterie.—V. BARATERIE, PIRATERIE.

19. — La loi s'occupe du commerce maritime 2° en ce qui concerne ceux qui le font, les choses qui en sont l'objet et les moyens employés pour le faire. — V. ASSURANCE MARITIME, CAPITAINE DE NAVIRE, CHARTE-PARTIE, COMMERÇANT, CONNAISSEMENT, DOUANES, ÉQUIPAGES, FRÊT, NAVIGATION, NAVIRE, PRÊT A LA GROSSE, SOCIÉTÉ COMMERCIALE

20. —La plupart des actes relatifs au commerce maritime sont réputés par la loi actes de commerce.— V. ACTE DE COMMERCE, nos 19 et suiv., 435 et suiv.

21.— Et, par conséquent, ceux qui les font sont passibles de la contrainte par corps. —L. 17 avr. 1832, art. 1er.

COMMETTANT.

1. — C'est celui qui charge un autre d'une affaire ou d'une fonction.—V. COMMISSIONNAIRE, MANDAT.

2. — Les commettans sont responsables du dommage causé par leurs préposés dans les fonctions auxquelles ils les ont employés.—C. civ., art. 1384. — V. RESPONSABILITÉ.

COMMINATOIRE.

1° Se dit des nullités, amendes et déchéances prononcées par une loi ou par un jugement, et qui cependant ne sont pas exécutées rigoureusement.—V. CLAUSE COMMINATOIRE. —2° L'art. 1029, C. proc. civ., défend aux juges de considérer comme comminatoire aucune des nullités, amendes et déchéances prononcées dans ce Code; néanmoins, il y a encore des dispositions qui renferment des pénalités que la loi abandonne à la discrétion du juge; ces dispositions ne sont pas précisément comminatoires, elles sont facultatives.

COMMIS.

Table alphabétique.

COMMIS. — 1. — C'est une personne qui loue ses services à une autre personne pour l'exercice du commerce de celle-ci.

2. — L'art. 634, C. comm., parle des facteurs, commis ou serviteurs. Le *facteur* est l'employé qui a reçu d'un manufacturier ou du propriétaire d'un établissement commercial l'autorisation de le remplacer. Le nom *de commis* désigne plus spécialement ceux qui n'ont qu'une portion de travail et une confiance plus limitée dans une maison que le maître dirige seul, et qui sont chargés, par exemple, de la tenue des livres et des détails de la vente. — Goujet et Merger, vo *Commis*, no 2. — Les commis diffèrent des serviteurs en ce que ceux-ci sont des personnes à gages préposées à une certaine espèce de services plus corporels qu'intellectuels. — Pardessus, no 30.

3. — Tous les commis, quelles que soient leurs fonctions, sont les mandataires des commerçans auxquels ils louent leurs services. Ce louage de service constitue celui qui engage ses services ou son industrie dans une situation analogue à celle d'un mandataire salarié.

4. — Le contrat qui intervient entre le patron et ses commis est presque toujours verbal, et il faut s'en remettre aux circonstances et aux usages pour déterminer l'étendue des pouvoirs conférés par le maître au commis.

5. — La femme d'un commerçant, le mari d'une marchande publique remplissent parfois les fonctions de commis, et ils doivent dès-lors obliger leur conjoint à raison des actes qu'ils font sans opposition de sa part.

6. — Les commis agissent toujours au nom de leurs patrons, et, étant aux gages exclusifs du négociant qui les emploie, diffèrent du courtier et du commissionnaire, qui agissent en leur nom personnel et pour le compte de tous ceux qui veulent recourir à leur ministère.—Pardessus, no 38; Goujet et Merger, vo *Commis*, no 8.

7.—Les commis sont toujours réputés agir pour le compte de leurs patrons et considérés comme de simples mandataires. Leurs droits et leurs devoirs sont déterminés par les lois sur le mandat; dès-lors ils obligent valablement leurs maîtres et ne contractent aucune obligation personnelle tant qu'ils demeurent dans les limites de leurs pouvoirs. — C. civ., art. 1998.

8. — En excédant les limites de son mandat le commis n'engage sa responsabilité qu'autant qu'il a donné à ceux avec qui il a contracté une connaissance suffisante de sa position. — C. civ., art. 1997; — Pardessus, no 561.

9. — L'étendue, la durée du mandat tacite que tout commerçant est présumé avoir confié à son préposé, sont déterminées par la nature des occupations habituelles de chaque commis, par les actes que son patron a laissé faire sans opposition et par les attributions ordinaires des agens semblables.

10. — Ainsi, un commis placé dans une boutique est autorisé à vendre les marchandises qui se trouvent dans cette boutique et à en recevoir le prix. Il ne pourrait recevoir des paiemens ailleurs que dans la boutique où il est préposé, à moins qu'il ne soit porteur d'une facture acquittée ou de la marchandise dont le prix lui est valablement remis et dont il a le droit de donner quittance. — Pardessus, no 561.

11 — La signature qu'il apposerait à des actes de correspondance, même avec la formule *par procuration*, n'obligerait le commettant qu'autant que des circulaires, un pouvoir exprès ou une constante approbation auraient annoncé qu'il a ce droit. — Pardessus, no 561;—*Cass.*, 22 vent. an XII, Parthou c. Hèbre.

12. — Les pouvoirs du commis ne prennent fin ni par la faillite, ni par la mort, ni par l'interdiction du maître; le commis est présumé maintenu dans son emploi tant qu'il continue à l'exercer. En présence de ce fait, les tiers ne peuvent croire que ses pouvoirs lui ont été retirés. Une révocation expresse connue d'eux pourrait seule anéantir les actes postérieurs que le commis aurait accomplis.

13. — Le commis ne pourrait engager ses services à perpétuité; mais l'art. 1780, C. civ., autorise le louage de services pour un temps indéfini; dans ce cas, le contrat peut être rompu au gré des parties ou de l'une d'elles, à moins qu'il n'existe des usages locaux qui déterminent des formes et des délais d'avertissemens préalables. Quand le louage a été convenu pour un certain temps, il ne peut généralement cesser qu'à l'expiration du terme fixé, sauf accord des parties.—V. Pardessus, *Droit comm.*, no 532, — V. LOUAGE D'INDUSTRIE.

14.— En général, le commis ne peut pas se faire remplacer sans l'assentiment de son maître; car son obligation consiste dans un fait que le maître a intérêt à voir accomplir par la personne qu'il a choisie. — Art. 1237, C. civ.

15. — De ce que l'exécution du contrat réside dans un fait personnel à l'obligé, il suit qu'en cas d'inexécution l'obligation du commis se résout en dommages-intérêts. — C. civ., art. 1142.

16. — On décide généralement que le commis ne peut pas faire le commerce pour son compte, à moins que son maître ne l'y autorise. On conçoit, en effet, que l'affaire du maître souffrirait par suite de l'emploi que le commis ferait de son temps pour une autre affaire. — Pardessus, no 533.

17. — Toutefois, si l'affaire du maître ne souffrait aucun préjudice de ce commerce séparé; si, par exemple, le commis qui ne serait employé que pendant certaines heures de la journée chez le maître employait les autres à un négoce, nous croyons que rien ne s'opposerait à ce trafic. Il est très commun de voir des individus qui travaillent pour le compte de deux et trois maisons différentes: dans l'une, ils sont teneurs de livres, dans une autre caissiers, etc. Pourquoi ne pourraient-ils pas s'occuper d'affaires pour leur propre compte, sauf à leur maître le droit de demander la résiliation du contrat, s'il en éprouvait préjudice?

18. — Les commis ont droit à un salaire ou à des appointemens qui sont fixés à l'année, au mois ou à la journée. La quotité de ce salaire, à défaut de convention, devrait être déterminée par les tribunaux. Pour cette quotité comme pour les paiemens faits, on doit s'en rapporter aux livres du maître. Si celui-ci, en matière civile, est cru sur son affirmation, il est naturel, en matière de commerce, d'exiger du négociant la représentation des livres que la loi l'oblige à tenir. Si les livres ne contenaient rien de précis ou portaient des mentions contraires à ses allégations, les tribunaux pourraient déférer le serment au commis. — Pardessus, no 534; Troplong, *Du louage*, no 887; Goujet et Merger, vo *Commis*, no 15.

19. — Le maître doit en outre rembourser à ses commis les avances faites pour lui. — C. civ., art. 1999. —Il n'est pas tenu vis-à-vis d'eux, comme il le serait à l'égard d'un mandataire, des pertes essuyées par eux par suite de leur gestion, mais de celles dont cette gestion aurait été la cause. — Pardessus, *Droit comm.*, no 536.

20. — Quelquefois, au lieu ou en supplément d'appointemens fixes, le maître promet au commis une part dans les bénéfices annuels de l'établissement. C'est ce que dans l'usage on nomme un *commis intéressé*. Il est alors locateur de services pour une condition aléatoire; mais il ne devient pas associé de son patron et ne peut prétendre que les marchandises qu'il a achetées avec les fonds de son patron soient pour partie sa propriété.—*Cass.*, 31 mai 1831, Gouet c. Bocher.

21. — Les rapports du commis sont encore toujours les mêmes tant envers le patron qui l'emploie qu'envers les tiers avec qui il traite. — Pardessus, no 969.

22. — L'art. 1781, C. civ., qui porte que le maître sera cru sur son affirmation pour la quotité des gages, ne pourrait (à supposer qu'il réglât les rapports de négocians à commis) s'appliquer qu'au cas où le commis reçoit un salaire fixe, et non à celui où il reçoit une quote-part dans les bénéfices. —Il ne saurait s'appliquer alors surtout que la contestation entre le négociant et son commis ne porte pas sur la quotité du gage ou sur le point de savoir si des paiemens ont eu lieu sur le salaire promis, mais sur l'existence et la consistance des bénéfices produits par le commerce. — *Lyon*, 30 mai 1838 (t. 2 1845, p. 390), P... c. F... et C...

23. — Le commis intéressé dans les bénéfices du commerçant qui l'emploie n'est pas associé En conséquence, les contestations relatives à la fixation de ses émolumens ne doivent pas être renvoyées devant arbitres. — Même arrêt.

24. — Il en serait ainsi alors même qu'il aurait fourni sans intérêts un compte de fonds égal à celui du négociant, et quelle que fût d'ailleurs sa part proportionnelle dans les bénéfices. — *Lyon*, 21 fév. 1844 (t. 2 1845, p. 391), Fino c. Vignet. — V. ARBITRAGE, no 283. — Toutefois, il a le droit de demander la production des comptes, pièces, registres et inventaires relatifs à l'exploitation, à l'effet de vérifier et faire déterminer la part de bénéfices à laquelle il a droit. — Même arrêt.

25. — Le salaire promis n'étant que l'équivalent des services rendus, si le commis s'est trouvé dans l'impossibilité d'accomplir ses engagemens pendant un certain temps, le maître est en général fondé à faire au commis une déduction sur ses appointemens.

26. — Toutefois, si l'impossibilité n'avait été que momentanée et causée par un cas fortuit, le commis pourrait réclamer la totalité de ses salaires, le maître ayant dû s'attendre à un événement de cette nature; mais il en serait autrement si c'était par sa faute que le commis fût malade. — Arg. C. comm., art. 264. — S'il n'a été loué qu'à la journée, il n'aurait, d'après la nature même de la convention, droit qu'au paiement des jours durant lesquels il aurait travaillé. — Pardessus, no 535; Goujet et Merger, vo *Commis*, no 17.

27. — Lorsque le commis est congédié dans le cours d'une année, il est non-recevable à réclamer les appointemens de l'année courante, quoique le négociant n'allègue aucun motif de mécontentement contre lui. — Il peut seulement, d'après les circonstances, obtenir des dommages-intérêts pour le tort que lui cause le congé imprévu qui lui est donné. — *Metz*, 21 avr. 1818, Texier c. Manhelin.

28. — Les commis sont responsables envers leurs maîtres du tort qu'ils pourront leur causer par leur faute ou leur négligence. — Pardessus, no 534; Goujet et Merger, vo *Commis*, no 21.

29. — L'action du commis contre son maître en paiement de ses salaires est prescrite par six mois ou un an à compter de la cessation de son travail,

selon qu'il l'avait loué au mois ou à l'année. — C. civ., art. 2271 et 2272. — *Metz*, 4 mai 1829, B... C. syndics R....

30. — Dans tous les cas, le commis a la faculté de déférer le serment au maître sur la question de savoir s'il les a réellement payés. — C. civ., art. 2275. — Si le maître est mort, le serment peut être déféré à sa veuve et à ses héritiers, ou au tuteur des héritiers, s'ils sont mineurs, pour qu'ils déclarent s'ils ne savent pas que les appointemens sont encore dus. — Pardessus, n° 536 ; Goujet et Merger, v° *Commis*, n° 22.

31. — Le commis a droit, en cas de faillite de son patron, au privilége établi par l'art. 2101, C. civ., pour les six mois de leurs salaires qui ont précédé la déclaration de faillite. — C. comm., art. 547. — V. PRIVILÉGE.

32. — Pour la compétence du tribunal qui doit connaître de ces actions, et réciproquement du tribunal qui connaît des actions des commerçans contre leurs commis ou facteurs, V. COMPÉTENCE COMMERCIALE.

33. — Le maître est responsable des réparations civiles résultant des délits ou quasi-délits que le commis commet dans l'exercice de ses fonctions, sauf le recours du maître contre son commis. — *Cass.*, 7 fév. 1822, Jailloux ; — Pardessus, n° 561. — V. ABUS DE CONFIANCE, DÉPOSITAIRE PUBLIC, LOUAGE D'INDUSTRIE, VOL.

COMMIS-GREFFIER.

Employé du greffe, qui aide le greffier dans ses fonctions, et qui, quelquefois, le remplace ; mais dans ce cas il faut qu'il soit assermenté. — V. GREFFIER.

COMMIS-VOYAGEUR.

Table alphabétique.

COMMIS-VOYAGEUR. — 1. — Commis chargé de représenter la maison de commerce qui l'emploie, de vendre les marchandises de cette maison ou de faire les actes dont cette maison a besoin dans les lieux où elle le fait voyager.

2. — Les commis-voyageurs sont soumis aux mêmes règles que les autres commis pour ce qui concerne leurs rapports avec leur patron ou avec les tiers. — V. COMMIS.

3. — Le mandataire engagé en qualité de commis-voyageur, ou muni de pouvoirs qui la lui confèrent, peut vendre, acheter ou recevoir des commissions de son commettant. L'effet de ses engagemens à l'égard de son commettant se règle d'après les termes de la convention, ou, suivant les circonstances. Quand il n'y a pas eu de conventions on applique les règles du mandat. — Pardessus, *Dr. comm.*, t. 2, n° 561.

4. — Si le mandat est exprès, le mandant n'est obligé que d'après les termes de la convention, et celui qui aura traité avec le commis-voyageur en dehors des termes de son mandat, devra s'imputer sa négligence si le commettant refuse de ratifier. Dans le premier cas, le commettant est obligé comme s'il avait contracté personnellement, dès l'instant que le mandat est prouvé ; pourvu bien entendu que le commis-voyageur ait agi avec circonspection ; et de plus, pourvu que l'opération faite par le commis-voyageur n'excède pas la valeur de 150 fr., conformement aux art. 1985 et 1341. Et si le commettant avait ratifié *même tacitement* l'opération du commis-voyageur, il serait tenu pour le tout, alors même que cette opération serait d'une valeur supérieure à 150 fr. — C. civ., art. 1998.

5. — Le mandat confié au commis-voyageur se suppose plus difficilement en l'absence d'une preuve écrite, par la raison que ce commis n'agit pas comme le commis sédentaire sous les yeux de son patron. — Goujet et Merger, *Dict. de Dr. comm.*, v° *Commis-voyageur*, n° 2.

6. — Jugé qu'un commis-voyageur peut engager la maison de commerce pour laquelle il voyage, si la preuve de son mandat résulte des circonstances ; il n'est pas nécessaire qu'il soit muni d'un mandat écrit. — *Angers*, 12 août 1825, Marais c. Vinais.

7. — Le commis-voyageur est, par ce seul titre, investi du pouvoir de vendre ; et le négociant qui l'a chargé de son mandat est tenu d'exécuter la vente conclue par lui. — *Paris*, 2 janv. 1828, Dupon Blondel c. Gandon-Aubry.

8. — Le commis-voyageur porteur de cartes imprimées énonçant qu'il représente telle maison, et avec cette mention : *Note des marchandises vendues par...* (nom des commettans), *entremise de...* (nom du commis-voyageur), *leur représentant*, est réputé muni de pouvoirs suffisans pour vendre au nom de ses commettans. — Dès-lors les ventes qu'il a conclues avec les tiers sont valables à l'égard de ceux-ci, encore bien qu'en réalité ses pouvoirs ne consistaient qu'à prendre des ordres et commissions subordonnés à l'agrément de ses commettans. — *Douai*, 29 août 1844, (t. 2 1845, p. 359), Perrier et Tessier c. Lessens.

9. — Le marché conclu dans la limite des usages du commerce par un commis-voyageur accrédité par un négociant, oblige ce dernier, qui ne peut en refuser l'exécution. — *Paris*, 8 nov. 1836, Vézien c. Soupault.

10. — Jugé de même qu'une maison de commerce est obligée de remplir les engagemens qui ont été contractés en son nom par son commis-voyageur, sans pouvoir s'y soustraire, sous le prétexte qu'elle est dans l'ignorance de ses engagemens, et qu'il ne lui en a pas été donné connaissance par le demandeur. — *Metz*, 4 juin 1825, Célerier c. Letrange-Marchot.

11. — Une vente de marchandises à livrer, faite par un commis-voyageur, au nom de la maison qu'il représente, pour un prix déterminé payable à terme, est valable et obligatoire pour cette maison, lorsque après avoir été avisée de cette vente et du nom de l'acheteur, elle n'a point manifesté à celui-ci qu'elle refusait de la ratifier, et qu'elle s'est bornée à prévenir son voyageur qu'elle n'y donnait pas son adhésion. — *Aix*, 3 mars 1830, Raimaud c. Lejouteux.

12. — Jugé toutefois que lorsqu'un commis-voyageur n'a point de pouvoir exprès pour contracter des ventes et des achats au nom de la maison qui l'emploie, il est réputé n'avoir d'autre mission que celle de recevoir des ordres pour les transmettre à cette maison ; que du moins, l'arrêt qui le juge ainsi ne donne point ouverture à cassation. — *Cass.*, 19 déc. 1821, Joudas c. Tourret.

13. — ... Que les commis-voyageurs n'ont qualité pour engager d'une manière définitive les maisons de commerce pour lesquelles ils voyagent qu'autant qu'ils sont munis de pouvoirs spéciaux à cet égard. — Autrement, les marchés qu'ils passent ne sont définitifs qu'après la ratification de leurs commettans, et, par suite, c'est au domicile de ces derniers que la promesse est censée faite. — C'est dès-lors devant le tribunal de ce domicile que doivent être portées les contestations relatives à l'exécution du marché. — *Rennes*, 8 juill. 1839 (t. 2 1839, p. 589), Guérin-Doudet c. Cap ; *Montpellier*, 24 déc. 1841 (t. 2 1842, p. 762), Fayard c. Bouillon. — Pardessus, n°s 1354 et 1355.

14. — Jugé, en sens contraire, qu'en thèse générale, et à moins de preuve du contraire, le commis-voyageur, étant le mandataire de la maison qu'il représente, contracte au nom de celle ci et l'oblige ; que dès-lors les marchés qu'il fait sont arrêtés et conclus dans le lieu même où il en convient avec l'acheteur ; et que si plus tard des difficultés surviennent, ce dernier ne peut pas être enlevé à ses juges naturels et forcé d'aller plaider devant le tribunal du domicile de la maison de commerce au nom de laquelle on a vendu, sous prétexte que la vente n'aurait été parfaite que par l'assentiment que cette maison y aurait donné, et que dès-lors la promesse aurait été faite et la marchandise livrée au domicile de la maison de commerce, qui pourrait se prévaloir des dispositions de l'art. 420. C. procéd. civ. — *Rouen*, 7 janv. 1845 (t. 1er 1845, p. 270), Meulin c. Guérin-Chemin. — V. au surplus, quant à la détermination du tribunal compétent pour connaître des marchés conclus par l'entremise d'un commis voyageur, COMPÉTENCE COMMERCIALE.

15. — ... Que le commis-voyageur chargé de vendre est censé, par cela même, avoir mandat suffisant pour s'obliger, au nom de son commettant, à faire assurer la marchandise vendue lorsque l'acheteur exige cette sûreté. — *Bordeaux*, 23 nov. 1830, Sigar c. Loubet. — Cet arrêt nous paraît peu en harmonie avec l'art. 1989, C. civ., qui porte que le mandataire ne peut rien faire au delà de son mandat. Il peut paraître que, dans l'espèce, le commis-voyageur qui avait reçu seulement pouvoir de vendre outrepassait ce pouvoir limité en promettant l'assurance des marchandises. Mais il faut remarquer que c'est d'après les circonstances que les juges apprécieront l'étendue du mandat.

16. — Les commis-voyageurs français sont exempts de la patente (L. 25 avr. 1844, art. 13). Les commis-voyageurs des nations étrangères avaient toujours profité de l'exemption ; mais dans quelques pays voisins, les voyageurs des maisons de commerce françaises étant traités avec une grande rigueur, on leur a fait, en vertu de la loi nouvelle, payer des droits équivalant à la patente. Il était en effet juste que les commis voyageurs de ces pays fussent traités avec la même sévérité. — M. Vitet, Rapport à la chambre des députés.

17. — Aussi on lit dans la loi du 25 avr. 1844, art. 19 : « Les commis-voyageurs des nations étrangères sont traités sur le même pied que les commis-voyageurs français chez ces mêmes nations. »

18. — Par ces mots : « les commis-voyageurs des nations étrangères, » on a entendu les commis-voyageurs qui voyagent pour le compte des nations étrangères. « Ce n'est pas la nationalité du commis-voyageur que l'on considérera, a dit, à la chambre des pairs, le ministre des finances (M. Lacave-Laplagne), mais la nationalité des affaires (si je puis m'exprimer ainsi) dont s'occupera le commis-voyageur ; c'est le système appliqué dans les autres pays que nous appliquerons par réciprocité. — *Moniteur* 1844, p. 943.

V. COMMIS, VOL.

COMMISE.

1. — Dans son acception la plus étendue, ce mot, qui vient du latin *commissum*, signifie toute espèce de confiscation. Le mot latin *commissum*, dit Guyot (*Rép.*, v° *Commise*), est employé au même sens dans le corps de droit au titre *De publicandis vectigalibus et commissis*, et dans plusieurs lois particulières.

2. — Dans l'usage, le nom de *commise* ou *commis*, comme on le disait dans quelques provinces, désignait la réunion qui se faisait par suite de la confiscation d'un fief servant au fief dominant, en punition de quelque délit commis par le vassal envers son seigneur. — Denisart, *Rép.*, v° *Commise*, n° 1er.

3. — On connaissait encore : 1° dans les pays de droit coutumier la *commise censuelle*. « La commise des rotures, à défaut de paiement du cens, était autrefois de droit commun. » Loysel a fait de cet usage une de ses règles : « Qui ne paie son cens, dit-il (*Institut. coutum.*, liv. 2, tit. 2, règle 531, t. 2, p. 25, édit. de MM. Dupin et Laboulaye), doit perdre son champ » qui est ce que disent nos capitulaires : *qui negligit censum perdat agrum.* »

4. — ... 2° Dans les pays de droit écrit, la *commise emphytéotique* par cessation de paiement du canon emphytéotique.

5. — La commise ordinaire a évidemment disparu avec le régime féodal auquel elle appartenait. — V. au surplus FIEF. — En est-il de même de la commise censuelle et surtout de la commise emphytéotique, alors qu'elle n'a aucun caractère de féodalité ? — V. EMPHYTÉOSE, RENTE FONCIÈRE.

COMMISSAIRES ARBITRES (Colonies)

1. — Commissaires chargés, dans les colonies, d'examiner, d'apurer et d'arrêter les comptes d'administration rendus par le procureur-gérant, sortant d'une habitation, au nouveau procureur-gérant.

2. — D'après l'ord. 15 oct. 1786, ces commissaires arbitres, au nombre de trois, doivent être nommés devant les commandans de la milice des paroisses.

3. — Lorsque le procureur-gérant sortant d'une habitation rend le compte de sa gestion au procureur-gérant entrant, les commissaires arbitres allouent, réduisent ou rejettent les articles débattus par ce dernier. — Ils clôturent le compte par un arrêté signé d'eux, lequel vaut sentence arbitrale et n'est, dans aucun cas, susceptible d'opposition.

4. — Cette sentence est homologuée par le juge des lieux, sur la requête de la partie la plus diligente, sans retard ni frais, pour être exécutée selon sa forme et teneur, même par provision en cas d'appel, et, sans préjudice d'icelui, avec caution.

5. — La compétence des *commissaires arbitres* créés par l'ord. du 15 oct. 1786, pour les *Iles du Vent*, est bornée aux purs actes d'administration des procureurs-gérans des habitations de ces îles ;

elle ne peut être étendue à d'autres actes, à l'occasion desquels des contestations seraient élevées avec ces procureurs-gérans.— *Cass.*, 9 juill. 1823, Barbançois c. de Lévis.

6. — Les arbitres qui, aux termes de la déclaration du 24 août 1726, sont nommés par les parties pour régler les dommages-intérêts en cas de déguerpissement d'une habitation, sont de simples experts, dont le rapport peut être modifié ou même réformé en entier par les tribunaux. —*Cass.*, 11 mars 1819, Kiquandon et Lacoudré c. Astorg.

COMMISSAIRE AU CHATELET.

1.—On appelait ainsi dans l'ancien droit des officiers de robe longue, établis pour faire des instructions, soit judiciaires, soit de police, et remplir certaines commissions dont étaient primitivement chargés les conseillers au Châtelet.

2. —Suivant Delamarre (*Tr. de la police*, t. 1er, liv. 1er, tit. 12), les commissaires au Châtelet, qu'on appelait aussi *commissaires enquêteurs-examinateurs*, sont plus anciens que les conseillers au Châtelet ; mais cette assertion n'est pas exacte. Les examinateurs et enquêteurs en titre, ayant des fonctions permanentes et distinctes de celles des conseillers, n'existaient pas avant le quatorzième siècle; et s'il est question, dans d'anciens titres, d'officiers délégués pour les enquêtes, informations et instructions, ces passages ne s'appliquent qu'aux conseillers eux-mêmes ou à des avocats chargés spécialement par le prévôt de ces commissions. —V. *Encyclopéd. méth.* (jur.), vo *Commissaires au Châtelet*.

3.—L'auteur du *Grand coutumier* dit qu'il y avait de son temps, au Châtelet, seize examinateurs, lesquels étaient établis pour faire tous examens, enquêtes, informations, inventaires, partages, lorsqu'ils y étaient commis par le prévôt, ses lieutenans ou auditeurs.—Ce qui montre, ajoute Loyseau (*Tr. des offices*, liv. 1er, ch. 8), que les juges pourraient retenir et faire eux-mêmes ces expéditions comme dépendant naturellement de leurs charges.

4.—On peut croire que cet état de choses a duré, jusqu'à l'époque où François Ier a introduit la vénalité des offices.—Nouveau Denisart, vo *Commissaires au Châtelet*, no 2.

5.— Les plus anciennes des fonctions des commissaires au Châtelet consistaient à entendre et à examiner les témoins, d'après les faits qui leur étaient administrés par les juges. — Ord. de 1327, art. 9 et 10;—Nouveau Denisart, *loc. cit.*, no 3.

6. — On y ajouta dans la suite les inventaires, partages, comptes, et *autres besognes qui leur seraient chargées et commises.* — Réglem. 12 déc. 1388.

7. —Le droit de faire les inventaires et partages, attribué aux commissaires, ne leur appartenait que lorsqu'ils étaient ordonnés en justice.— V. INVENTAIRE, NOTAIRE, PARTAGE.

8. — Les commissaires au Châtelet étaient seuls chargés de la taxe des dépens et dommages-intérêts adjugés en ce tribunal. — *Parlem. de Paris*, 9 juill. 1766.

9. — Ils procédaient aux ordres et distributions de deniers ouverts devant le Châtelet.

V. CHATELET, COMMISSAIRE DE POLICE, ENQUÊTE.

COMMISSAIRE DES CLASSES.

V. COMMISSAIRE DE L'INSCRIPTION MARITIME.

COMMISSAIRE DU DIRECTOIRE EXÉCUTIF.

1. — Aux termes de l'art. 191 de la constitution du 5 fructid. an III, le directoire exécutif nommait auprès de chaque administration départementale et municipale une commission qu'il révoquait lorsqu'il le jugeait convenable, et qui surveillait et requérait l'exécution des lois.

2.—Le commissaire près de chaque administration locale devait être pris parmi les citoyens domiciliés depuis un an dans le département où cette administration était établie. Il devait être âgé de vingt-cinq ans, au moins.

3. — Les fonctions de ces commissaires leur avaient fait imposer l'obligation de ne pas s'absenter de leur poste sans autorisation. — Arrêté 19 pluv. an IV.

4. —Les commissaires attachés aux administrations municipales remplissaient les fonctions de commissaires du pouvoir exécutif près les tribunaux de police. —L. 3 brum. an IV, art. 158 et 162.

5.—La nouvelle organisation départementale et municipale, créée à la suite de la constitution de l'an VIII, a mis fin aux fonctions de ces commissaires.

V. COMMUNE, DÉPARTEMENT, PRÉFET.

COMMISSAIRE DU DIRECTOIRE EXÉCUTIF PRÈS LES TRIBUNAUX.

V. COMMISSAIRE DU POUVOIR EXÉCUTIF PRÈS LES TRIBUNAUX, COMMISSAIRE DU ROI.

COMMISSAIRE ENQUÊTEUR.

V. CHATELET, COMMISSAIRE AU CHATELET, COMMISSAIRE DE POLICE.

COMMISSAIRE GÉNÉRAL DE LA MARINE.

1. — Fonctionnaire chargé, sous les ordres du préfet maritime, de la direction d'une partie du service général de la marine.

2. — Le commissaire général de la marine est ordonnateur secondaire. Ses attributions sont rapportées vo MARINE.

3. — Il a sous ses ordres différens commissaires chargés des détails du service; tels sont, entre autres, le commissaire de l'inscription maritime et le commissaire des prises. — V. ces mots.

COMMISSAIRE DU GOUVERNEMENT PRÈS LES TRIBUNAUX.

1. — Nom substitué par la constitution du 22 frim. an VIII à celui de commissaire du pouvoir exécutif, qui servait auparavant à désigner les officiers du ministère public. — V. COMMISSAIRE DU POUVOIR EXÉCUTIF, COMMISSAIRE DU ROI.

2.— Les commissaires du gouvernement étaient à la nomination du premier consul (Constit. 22 frim. an VIII, art. 41); ils devaient être choisis dans les listes communale, départementale ou nationale, suivant l'importance du tribunal auquel ils étaient attachés. — *Ibid.*, art. 67.

3. —Les commissaires du gouvernement ne pouvaient être requis pour aucun service public. — L. 27 vent. an VIII, art. 5.

4. — La loi du 27 vent. an VIII, art. 4, avait fixé à trente ans l'âge auquel on pouvait être appelé aux fonctions de commissaire du gouvernement, même en qualité de substitut.

5. — Celle du 22 vent. an XII, art 17, exigea le titre de licencié, du moins à partir d'une certaine époque.

6. —L'art. 30 de la même loi permit aux avocats et aux avoués de remplacer les commissaires du gouvernement aux audiences, lorsque ces magistrats se trouveraient empêchés.

7. — Par le sénatus-consulte organique du 28 flor. an XII, art 136, les commissaires du gouvernement près les divers tribunaux prirent le titre de *procureurs généraux*, *procureurs impériaux*. —

V. AVOCAT DU ROI, AVOCAT GÉNÉRAL, COMMISSAIRE DU POUVOIR EXÉCUTIF PRÈS LES TRIBUNAUX, COMMISSAIRE DU ROI, COUR DE CASSATION, COURS ROYALES, PROCUREUR DU ROI, PROCUREUR GÉNÉRAL, MINISTÈRE PUBLIC.

COMMISSAIRE DES GUERRES.

1.—L'institution des commissaires des guerres, aujourd'hui supprimée et remplacée par celle des intendans militaires, était fort ancienne dans l'armée française.

2. — « Ce sont, disait Guyot (*Rép.*, vo *Commissaire des guerres*), des officiers préposés à la conduite et à la police des troupes, pour leur faire observer les ordonnances militaires, faire la revue des différens corps, les faire payer, veiller à ce que les hôpitaux militaires soient bien administrés, etc. »

3. —Pendant fort longtemps les offices de commissaires des guerres furent vénaux et héréditaires. — V. à ce sujet les édits de mars 1667, déc. 1691, sept. 1694, mars 1704, mars et oct. 1709 : les déclarations des 9 août 1722, et 20 août 1767 ; l'arrêt du conseil du 14 sept. 1776, et l'édit du mois de mars 1783; — Merlin, *Rép.*, vo *Commissaire des guerres*.

4. — L'édit du 20 mars 1780 avait établi sur de nouvelles bases le corps des commissaires des guerres, lorsque l'assemblée constituante, par la loi du 20 sept. 1791 (tit. 1er, art. 1er), le déclara supprimé. — Il fut dit toutefois que les *pourvus moyennant finance* en seraient remboursés sur le pied de la liquidation qui serait faite de leurs offices, conformément aux décrets rendus précédemment sur cet objet.

5. — La même loi reconstituait en même temps ainsi qu'il suit le corps qu'elle venait de supprimer. —Elle disposait 1o (art. 3) ...Qu'il serait établi *vingt-trois commissaires ordonnateurs, grands juges militaires*, chargés chacun de la présidence d'une cour martiale, et de diriger en chef, dans l'étendue de son territoire, toutes les parties de l'administration militaire, sous les ordres et d'après les instructions du ministre de la guerre.

6. — ... 2o (art. 4) Qu'il serait établi vingt-trois *commissaires-auditeurs des guerres*, répartis dans les vingt-trois cours martiales, et chargés de la poursuite des crimes et délits militaires dans le territoire soumis à la surveillance; que cette poursuite devait s'étendre sur toutes les parties de l'administration militaire, sur tous les objets tenant au bon ordre et à la discipline, et sur tout ce qui intéressait l'exactitude et la régularité du service.

7. — ... 3o (art. 5). Que les détails de l'administration militaire seraient confiés, sous les ordres des commissaires ordonnateurs, à ceux des trente-quatre *commissaires ordinaires des guerres*, répartis entre les vingt-trois cours martiales; et que ces commissaires ordinaires seraient tenus de concourir, sous la surveillance des auditeurs, à la surveillance prescrite à ces derniers pour assurer la parfaite exécution des lois concernant les gens de guerre.

8. — L'art. 6 de la même loi déclarait les commissaires des guerres tous inamovibles; il disposait qu'ils ne pourraient être privés de leur état que par un jugement légal; et qu'en outre ils ne relèveraient en matière civile et criminelle que des tribunaux ordinaires.

9. — Suivant les art. 7 et 8, nul ne pouvait être nommé commissaire ordinaire des guerres avant vingt-cinq ans; commissaire ordonnateur ou auditeur avant trente-cinq ans accomplis; en outre, jusqu'à l'âge de trente ans les commissaires ordinaires des guerres ne pouvaient faire, en cette qualité, aucun acte de magistrature.

10. — Enfin, l'art. 9 portait que les commissaires des guerres ne pouvaient accepter aucune autre place ou commission pour exercer un emploi ni remplir d'autres fonctions que celles propres à leur état et déterminées par le présent décret; à l'exception toutefois des fonctions de députés à l'assemblée nationale ou de membres des conseils généraux des départemens, de district et de commune.

11. — Les titres suivans de cette loi, fort étendue, réglaient les fonctions des commissaires-ordonnateurs, tant comme *grands juges militaires*, que comme *premiers* et *principaux agens de l'administration militaire*, celles des commissaires auditeurs et des commissaires ordinaires; en outre ils déterminaient les règles d'admission et d'avancement, l'uniforme, les appointemens, récompenses, retraites, et les honneurs auxquels ils avaient droit.

12. — Les commissaires-auditeurs furent bientôt suprimés par le décret du 11 sept. 1792, qui ne reconnut plus que des commissaires-ordonnateurs, des commissaires ordinaires et des aides-commissaires que le ministre pouvait révoquer pour incivisme, incapacité ou mauvaise administration (art. 3 du même décret), et dont il pouvait augmenter le nombre, autant qu'il jugerait nécessaire, pour le prompt et bon service des différentes armées (art. 5).

13. — Mais ce décret lui-même disparut bientôt devant un autre du 16 avr. 1793, par lequel la convention supprima le corps des commissaires des guerres pour le reconstituer sur de nouvelles bases; ce corps dut, dès-lors, être composé de trois cent quatre-vingt-dix commissaires des guerres, partagés en quatre classes : vingt commissaires ordonnateurs de première classe; même nombre de seconde classe; cent cinquante commissaires ordinaires de première classe; deux cents de seconde classe.—Le décret portait en outre que les commissaires des guerres conserveraient leurs fonctions administratives militaires comme par le passé.

14. — Survint bientôt après la loi du 12 mai 1799, sur l'organisation des *tribunaux criminels militaires*, laquelle (tit. 1er, art. 8) met les commissaires des guerres en dehors de toute attribution judiciaire, les restreignant ainsi désormais à l'administration.

15. — La dissolution et la réorganisation du corps des commissaires des guerres eut lieu encore une troisième fois par la loi du 28 niv. an III, qui établit six cents commissaires ordonnateurs, deux cent quarante commissaires ordinaires de première classe et trois cents commissaires de seconde classe.

16. —« Cette loi, dit Merlin (*Rép.*, vo *Commissaires des guerres*), est très remarquable par les détails dans lesquels elle entre sur les fonctions et les devoirs des uns et des autres; elle forme sur cette matière un code complet. — Une disposition à no-

ter est l'art. 9 de la 1re section du titre 1er : « Les » commissaires desguerres sont dans une indé- » pendance entière des chefs militaires; ils ne sont » susceptibles d'aucune peine à infliger militaire- » ment; mais ils seront traduits devant les tribu- » naux militaires pour cause de malversation et » punis selon la rigueur des lois. Pourront néan- » moins les commissaires des guerres être punis des » arrêts, par l'autorité de leurs ordonnateurs, pour » le cas de simple négligence, et pour raison de » quelque inconduite personnelle capable de com- » promettre le service. » — Ainsi, ajoute Merlin, les commissaires des guerres qui avaient été affran- chis de la juridiction militaire par la loi du 20 sept. 1791, y furent de nouveau assujétis; et c'est ce qui résulte encore des art. 9 et 10, L. 13 brum. an V. »

17. — De nouveaux changemens furent encore introduits par l'arrêté du gouvernement du 9 pluv. an VIII, qui partagea entre deux corps distincts et indépendans, celui des *inspecteurs aux revues* et celui des *commissaires des guerres*, les attributions jusque-là dévolues exclusivement au corps des commissaires des guerres.

18. — Les inspecteurs aux revues furent chargés de l'organisation, embrigadement, incorporation, levée, licenciement, soldeet comptabilitédescorps militaires, de la tenue des contrôles et de la for- mation des revues.

19. — Quant aux commissaires des guerres, leur nombre fut fixé ainsi qu'il suit : trente-cinq com- missaires ordonnateurs; cent vingt commissaires ordinaires de première classe; cent vingt commis- saires ordinaires de deuxième classe; trente-cinq adjoints (art. 22); et leurs attributions consiste- rent désormais dans : 1° la surveillance desappro- visionnemens en tous genres, tant dans les armées que dans les places; — 2° la levée des contribu- tions en pays ennemi; — 3° la police des étapes et convois militaires; — 4° des équipages, des vi- vres, de l'artillerie, de l'ambulance; — 5° des hô- pitaux, des prisons, corps-de-garde et autres éta- blissemens militaires; — 6° les distributions des vi- vres, fourrages, chauffage, habillement et équipe- ment; — 7° la vérification des dépenses résultant de ces distributions, et de toutes les autres dé- penses, excepté celle de la solde.

20. — Une décision du ministre de la guerre, en date du 14 brum. an IX, vint ensuite déterminer les conditions d'aptitude exigées pour être admis dans le corps des commissaires des guerres.

21. — L'ordonnance du 29 juill. 1817 (art. 45) supprima définitivement le corps des commissaires des guerres, des inspecteurs aux revues, et les remplaça par celui de l'intendance militaire.
V. INTENDANT MILITAIRE.

COMMISSAIRES DE L'INSCRIP-TION MARITIME.

1. — On désigne ainsi des fonctionnaires chargés de l'enrôlement des gens de mer et de l'exécution de tout ce qui tient à cet enrôlement. On les ap- pelle encore *commissaires des classes*.

2. — Avant la révolution, leurs attributions étaient fixées en dernier lieu par l'ordonnance de 1784, qui était le code des classes.

3. — L'art. 13, décr. 7 janv. 1791, définit ainsi les fonctions des commissaires : « ils tiendront les matricules et les registres où seront inscrits les gens de mer de leurs quartiers; ils recevront les ordres de l'administration sur l'époque des levées et le nombre des personnes dont elles doivent être composées, en feront la répartition entre les différens syndicats de leur quartier, et adresseront les ordres particuliers aux syndics chargés de leur exécution; ils surveilleront la comptabilité des paiemens à faire dans chaque quartier aux gens de mer qui l'habitent; ils se- ront chargés de la correspondance avec l'admi- nistration exigée par les différentes fonctions; enfin à eux appartiendront les ordres relatifs aux levées. »

4. — Ils sont également chargés de l'expédition et délivrance des rôles d'équipage, de la certifica- tion de tous les extraits de pièces nécessaires pour constater l'état des gens de mer et leurs conven- tions avec leurs armateurs. — Même article.
V. GENS DE MER, NAVIRE.

5. — Le concours du commissaire aux classes ne peut être suppléé dans l'opération des gens de mer par l'émargement d'un commis non entretenu. — Cons. d'état, 18 août 1824, Mayne.

6. — Les commissaires, en l'absence des arma- teurs, propriétaires, ou consignataires ou corres- pondans, sont encore chargés du sauvetage et de tout ce qui concerne les naufrages. — V. NAUFRAGE.

7. — En cas de contravention aux lois sur la police de la marine marchande, les fonctions des commissaires se bornent à dresser des procès-ver- baux, ou plutôt à les faire dresser par les gendar- mes maritimes, qui sont en cela auxiliaires de po- lice judiciaire, et à les transmettre au procureur du roi; ils ne peuvent prononcer aucune peine, quelle qu'elle soit. — *Code maritime*, t. 4er, p. 81.

8. — Les commissaires de marine peuvent infli- ger des peines de discipline aux marins classés qui n'obtempèrent pas aux ordres qu'ils leur ont donnés pour le service; mais, sauf ce cas, ils n'ont pas le droit de les faire emprisonner. — Beaussant, t. 4er, p. 79 et 85.

9. — Le sous-commissaire de marine chargé de la police des classes qui donne un ordre d'arresta- tion contre un marin inscrit, pour avoir refusé de représenter, soit une feuille de route, soit un rôle d'équipage à la pêche, n'est justiciable, à raison des poursuites auxquelles cet ordre peut donner lieu, que des tribunaux maritimes.—Cass., 13 déc. 1828, Offret.

10. — Mais lorsqu'un commissaire des classes, qui est en même temps sous-commissaire de la marine, chargé de la police de la navigation, or- donne arbitrairement l'arrestation d'un pêcheur qui refuse de lui remettre, soit son rôle de pêche, soit son rôle d'équipage, le fait qui a donné lieu à ce délit n'ayant aucun rapport à la police des clas- ses, le prévenu doit être jugé par les tribunaux or- dinaires. — Même arrêt.
V. CAPITAINE DE NAVIRE, INSCRIPTION MARITIME.

COMMISSAIRE DE LA MARINE.

1. — Terme générique dont on se sert pour dé- signer, soit le commissaire général de la marine, soit un des commissaires ou sous-commissaires chargés d'une partie du service sous ses ordres. —
V. COMMISSAIRE GÉNÉRAL DE LA MARINE, MARINE.

2. — Un corps du commissariat de la marine, avec diverses dénominations, existait déjà anciennement; mais ce ne fut que sous Louis XIV, et par les soins de Colbert, qu'il prit une véritable organisation. Un corps du commissariat de la marine, avec ses dispo- sitions avaient été complétées par une autre ord. du 41 oct. 1836. Ces ordonnances ont été depuis modifiées par celle du 14 juin 1844.

3. — Le cadre du commissariat de la marine a été fixé par ord. du 21 déc. 1844.
V. ENREGISTREMENT, GARDE NATIONALE, MARINE.

COMMISSAIRE ORDONNATEUR.
V. ORDONNATEUR.

COMMISSAIRE DE POLICE.

Table alphabétique.

COMMISSAIRE DE POLICE. — 1. — Fonctionnaire chargé de veiller au maintien du bon ordre et de la paix publique, de constater les délits et de re- chercher et poursuivre, dans une certaine limite, ceux qui enfreint les lois répressives.

SECT. 1re. — *Historique* (n° 2).

SECT 2e. — *Organisation des commissaires de police* (n° 34).

§ 1er. — *Dispositions générales* (n° 34).

§ 2. — *Dispositions spéciales à la ville de Paris* (n° 55).

SECT. 3e. — *Fonctions des commissaires de police* (n° 69).

SECT. 4e. — *Commissaires généraux, spéciaux et centraux de police* (n° 132).

—

Sect. 1re. — *Historique.*

2. — L'institution des commissaires de police n'est point d'origine moderne. En effet, elle répond à une nécessité qui a dû se faire sentir de tout temps dans toutes les sociétés. « La création d'of- ficiers chargés de veiller, sous l'autorité d'un ma- gistrat suprême, à l'exécution des mesures qui concernent la sûreté et la tranquillité publique, disent les auteurs du *Nouv. dict. de police* (introd., p. 106), est un fait d'une utilité si évidente, qu'on retrouve la même institution chez les peuples ci- vilisés comme chez les peuples à demi barbares, à l'origine comme au déclin des sociétés. » Le nom seul est changé; les fonctions sont toujours à peu près les mêmes : car toujours à celui qui pense et qui dirige, il faut des délégués chargés de trans- mettre sa pensée et d'exécuter ses ordres. »

3. — Sans remonter sur ce point à une antiquité bien reculée, nous voyons, à Rome, les *curatores urbis*, *magistratus minores*, préposés, sous l'auto- rité du préfet de la ville, à la surveillance des qua- torze quartiers de Rome.

4. — En France, dès l'origine de la monarchie, il existait, sous le nom de *adjutores*, *missi comitum*, *missi regulari*, *missi discurrentes*, *missi regu- les*, etc., des magistrats chargés de veiller à la bonne administration des provinces et à l'exacte distribution de la justice.

5. — L'institution des prévôtés amena celle des *commissaires enquêteurs* et *examinateurs*. Lorsque dans les procès il y avait des faits contestés, ces commissaires étaient délégués pour faire des en- quêtes, entendre les témoins, ils devaient ensuite en référer aux juges qui les avaient commis.

6. — A Paris, les commissaires enquêteurs-exa- minateurs portaient le nom de *commissaires au Châtelet*. — V. ce mot. — Leur nombre varia beau- coup depuis l'époque de leur établissement (sur laquelle il n'est pas bien d'accord, mais qui pa- raît remonter au règne de Philippe-le-Bel) jusqu'à celle de leur suppression. — Guyot, *Rép.*, v° Com- missaire, t. 4, p. 119; Nouveau Denisart, v° Com- missaire au Châtelet.

7. — En matière civile, les commissaires au Châ-

telet étaient chargés de procéder, par délégation de juges, non seulement à l'audition et à l'examen des témoins, mais encore aux inventaires, partages, comptes, appositions de scellés, ordres et contributions, taxes de dépens et dommages-intérêts, etc. — Nouveau Denisart, *ibid.*, § 2.

8. — En matière criminelle, dans le cas de flagrant délit et de clameur publique, ils avaient droit non seulement d'informer d'office, mais même de faire constituer l'accusé prisonnier. — Nouveau Denisart, v° *Commissaire au Châtelet*, § 3, n° 1er.

9. — Enfin tous les détails de la police rentraient dans leurs attributions.

10. — Ainsi, 1° ils devaient répondre de jour et de nuit au guet et à la garde de Paris, qui étaient tenus de leur amener tous les délinquans en cas de batterie et autres cas semblables, ainsi que les personnes blessées, et de leur apporter les corps des noyés et de ceux qui étaient trouvés morts dans les rues et sur les places publiques. — *Ibid.*, § 3, n° 3.

11. — 2° Ils pouvaient envoyer d'office en prison les délinquans qui étaient sans aveu et sans domicile, ainsi que les filles publiques qui causaient du scandale. — *Ibid.*

12. — 3° C'était à eux qu'était confiée l'exécution des réglemens de police concernant les aubergistes. — *Ibid.*

13. — 4° Ils devaient se transporter dans les marchés et chez les boulangers, aubergistes et cabaretiers, pour visiter les denrées et marchandises que ceux-ci vendaient au public, vérifier les poids et mesures, et empêcher les cabaretiers de donner à boire le dimanche et les fêtes aux heures du service divin. — *Ibid.*

14. — 5° Ils devaient également empêcher les ouvriers, tels que les maçons, charpentiers, couvreurs, de travailler les fêtes et dimanches. — *Ibid.*

15. — 6° Ils accompagnaient les jurés et gardes des différentes communautés dans les visites que ceux-ci faisaient chez les marchands, et c'était à eux qu'il appartenait de dresser des procès-verbaux de contravention. — *Ibid.*

16. — 7° Une déclaration du 18 juill. 1729, enregistrée le 5 sept. 1730, chargeait les commissaires de constater les maisons qui étaient en péril imminent et de faire assigner les propriétaires à la police. — *Ibid.*

17. — Enfin, tout ce qui concernait la sûreté, la propreté et l'illumination de la ville était du ministère des commissaires. — *Ibid.*

18. — Un édit de nov. 1699 créa, dans les principales villes du royaume, des commissaires de police en titres d'offices héréditaires, dont les fonctions consistaient à faire exécuter les ordres et mandemens des lieutenans généraux de police, à faire le rapport de tout ce qui concernait la police, et, en général, toutes les autres fonctions que remplissaient en matière de police les commissaires du Châtelet de Paris.

19. — Le décret du 4 août-21 sept. 1789, en supprimant la vénalité des offices (art. 7), supprima par cela même l'institution des commissaires-enquêteurs, celle des commissaires au Châtelet, celle enfin des commissaires de police, qui en faisaient partie; mais bientôt prit naissance l'institution nouvelle des commissaires de police, qui, restreinte d'abord à la ville de Paris, fut successivement étendue à toute la France, du moins à toutes les villes de quelque importance.

20. — Ainsi la loi du 21 mai-27 juin 1790, qui divisait Paris en quarante-huit sections, portait (tit. 4, art. 3) qu'il y aurait dans chaque section un commissaire de police dont les attributions étaient déterminées par les art. 12 et suiv.

21. — La même loi portait (tit. 4, art. 4 et suiv.) qu'il y aurait en outre, dans chaque section, seize commissaires, appelés *commissaires de section*, qui seraient chargés de surveiller et de seconder au besoin le commissaire de police; elle leur conférait en outre quelques autres attributions.

22. — Chaque commissaire de police avait sous ses ordres un secrétaire-greffier chargé de tenir la plume et de faire toutes les écritures nécessaires. — L. 21 mai-27 juin 1790, art. 13 et 20.

23. — Les commissaires de police, le secrétaire-greffier et les commissaires de section étaient élus au scrutin par les assemblées générales de chaque section, immédiatement après les élections des membres du corps municipal et du conseil général de la commune. — Les uns et les autres ne pouvaient être choisis que parmi les citoyens éligibles de la section. — L. 21 mai-27 juin 1790, art. 22 et suiv.

24. — Les commissaires de police étaient élus pour deux ans et pouvaient être réélus. — *Ibid.*, art. 12. — Le secrétaire-greffier était également élu pour deux ans (art. 34), ainsi que les commissaires de section. Ces derniers sortaient par moitié chaque année. — Art. 33.

25. — La loi du 21 mai 1790 n'avait statué que pour la ville de Paris. — Bientôt après intervint la loi du 21-29 sept. 1791, portant qu'il serait établi par le corps législatif des commissaires de police dans toutes les villes du royaume où on les jugerait nécessaires, après l'avis de l'administration du département. — La même loi déterminait leurs fonctions et le mode de fixation de leur traitement.

26. — D'après la loi du 1er-8 juin 1792 (art. 1er à 5), les commissaires de police établis dans les villes du royaume où ils étaient jugés nécessaires étaient élus au scrutin, dans la forme prescrite pour les élections des municipalités et ne pouvaient être choisis que parmi les citoyens éligibles. — Ils étaient élus pour deux ans et pouvaient être réélus.

27. — Ils ne pouvaient être révoqués dans le cours de leur exercice; ils pouvaient être réélus à chaque nouvelle nomination. — Même loi, *ibid.*

28. — La loi du 19 vendém. an IV, généralisant l'institution plus que ne l'avaient fait les diverses lois rendues jusqu'alors, et statuant tant pour la ville de Paris que pour les départemens, disposa qu'il y aurait des commissaires de police dans les communes au-dessus de 5,000 habitans; savoir : un seul dans les communes au-dessous de 10,000 habitans, et un par section dans les communes au-dessus de 10,000 habitans. — Art. 10.

29. — La même loi portait (art. 11) que dans les cantons de Bordeaux, Lyon, Marseille et Paris, les commissaires de police seraient nommés et pourraient être révoqués par le bureau central, lequel les nommerait sur une liste triple des places à remplir, présentée par la municipalité d'arrondissement où ils devraient exercer leurs fonctions; que dans les autres municipalités au-dessus de 5,000 habitans, la nomination et la révocation des commissaires de police appartiendraient à l'administration municipale.

30. — Le Code des délits et des peines du 3 brum. an IV disposa que dans les communes dont la population ne s'élevait pas à 5,000 habitans, les fonctions de commissaire de police seraient exercées par l'agent municipal ou son adjoint. A l'égard des communes de plus de 5,000 habitans, il renouvelait, confirmait et développait les dispositions de la loi du 19 vendém. an IV. — C. 3 brum. an IV, art. 25 et suiv.

31. — Le même Code ajouta aux attributions des commissaires de police, notamment en ce qui concerne la police judiciaire.

32. — Un arrêté du 19 niv. an VIII décida que les commissaires de police seraient nommés par le premier consul, sur la présentation du ministre de la police générale.

33. — Vint enfin la loi du 28 pluv. an VIII, qui posa les bases d'une nouvelle organisation administrative de la France. C'est à cette loi que se rattache l'organisation actuelle des commissaires de police, et c'est en combinant ses dispositions, soit avec celles des lois qui l'ont précédée, soit avec celles des lois qui l'ont suivie, que nous déduirons toutes les règles de la matière.

Sect. 2e. — *Organisation des commissaires de police.*

§ 1er. — *Dispositions générales.*

34. — Aux termes de la loi du 28 pluv. an VIII (art. 12), dans les villes de 5,000 à 10,000 habitans, il y a un commissaire de police. — Dans celles dont la population excède 10,000 habitans, outre celui dont il vient d'être parlé, il y a un commissaire de police par 10,000 habitans d'excédant. — Dans les communes de moins de 5,000 habitans, les fonctions de commissaires de police sont remplies par le maire, ou, à son défaut, par son adjoint (C. inst. crim., art. 11). — Ce n'est point que dans ces communes il ne doive point être établi de commissaires de police : le gouvernement a toujours le droit d'y en nommer un; à cet égard même, l'art. 1er, décr. 21 sept. 1791, portait d'une manière générale qu'il serait établi des commissaires de police *dans les villes où ils seraient jugés nécessaires*; seulement, quand le gouvernement croit devoir user de son droit, le traitement et les frais de bureau, mis à la charge des communes lorsque la loi elle-même ordonne l'institution de ces fonctionnaires, ne sont plus obligatoires pour elles; c'est ce qui est ressorti, du reste, de la discussion de l'art. 30, L. 18 juill. 1837, sur l'organisation municipale.

35. — Les commissaires de police sont nommés par le roi, sur la présentation du ministre de l'intérieur. — Arr. 19 niv. an VIII; Charte const., art. 13. — Pour être nommé aux fonctions de commissaire de police, il faut être âgé de vingt-cinq ans accomplis. — L. 5 fruct. an III, art. 5.

36. — Dans l'un des projets primitifs de la loi municipale du 18 juill. 1837, adopté par la chambre des députés, figurait une disposition qui attribuait aux maires la présentation des candidats pour les fonctions de commissaire de police. Mais cette disposition n'a pas trouvé place dans la rédaction définitive. Elle en fut retranchée sur l'observation faite par le ministre de l'intérieur (séance de la chambre des députés, 28 janv. 1836) que, si ces fonctionnaires sont, à la vérité, rétribués sur les fonds de la commune, leurs attributions ne sont pas uniquement communales; que, s'ils sont officiers de police municipale, ils sont aussi officiers de police judiciaire; qu'enfin, dans les grandes villes, les commissaires de police sont surtout agens politiques.

37. — Les commissaire de police doivent réunir les mêmes qualités que celles exigées pour être nommé maire, c'est-à-dire être citoyens et âgés de vingt-cinq ans accomplis. — Mangin, *Tr. des proc.-verb.*, n° 70.

38. — Les fonctions de commissaires de police sont incompatibles avec celles de maire ou d'adjoint, de notaire ou d'avoué. — L. 1er-8 juin 1792, art. 2.

39. — On les regarde aussi comme incompatibles avec celles d'huissier, par la raison que, les commissaires de police remplissant les fonctions du ministère public près le tribunal de simple police, ils ne peuvent être chargés d'exécuter eux-mêmes les conclusions de leurs réquisitoires. Cette incompatibilité, déclarée par des décisions ministérielles, n'est pas prononcée par la loi; toutefois, elle nous paraît résulter de la nature des choses. — Favard de Langlade, *Rép.*, v° *Commissaires de police*, n° 14.

40. — Mais la cour de Cassation a jugé que les fonctions de commissaire de police ne sont pas incompatibles avec celles de juge suppléant. — *Cass.*, 2 juin 1807, Fergata c. Canaveri. — « Les juges suppléans des tribunaux civils d'arrondissement ou des justices de paix, dit M. Carré (*Lois de la compétence*, t. 1er, p. 383), n'ayant pas de fonctions habituelles, ne pouvaient, quant aux incompatibilités, être mis sur la même ligne que les juges : il leur est donc permis de cumuler toute autre fonction. La loi n'excepte que celles d'huissier et de greffier près le tribunal auquel ils sont attachés, et des percepteurs de contributions. » — L. 27 mars 1791, art. 8.

41. — Les commissaires de police prêtent serment entre les mains des maires. — Décr. 1er-8 juin 1792, art. 9.

42. — Le traitement des commissaires de police est : — à Bordeaux, Lyon et Marseille, de 2,400 fr.; — et dans les villes de 40,000 ames et au-dessus, de 1,800 fr.; — de 25,000 jusqu'à 40,000 ames, de 1,500 fr.; — de 15,000 jusqu'à 25,000 ames, de 1,200 fr.; — de 10,000 jusqu'à 15,000 ames, de 1,000 fr. — Dans les villes au-dessous de 10,000 habitans, le traitement est fixé par un réglement d'administration, sur l'avis du préfet, et après que le conseil municipal a émis son vœu. — Arr. 23 fructid. an IX, art. 1er, 2 et 4.

43. — Un décret du 17 germin. an XI (art. 4) porte que, dans ces dernières villes, le traitement des commissaires de police ne pourra être au-dessus de 800 fr.

44. — Quant aux frais de bureau, ils ont été déterminés par un décret du 22 mars 1813 (non inséré au *Bulletin des lois*). — Ces frais sont : — à Lyon, Bordeaux et Marseille, de 800 fr.; — dans les villes de 40,000 habitans et au-dessus, de 600 fr.; — dans les villes de 25,000 jusqu'à 40,000 habitans, de 450 fr.; — dans les villes de 15,000 jusqu'à 25,000 habitans, de 350 fr.; — dans celles de 10,000 jusqu'à 15,000 habitans, de 250 fr.; — et dans les autres villes, de 200 fr. — Favard de Langlade, *Rép. de la législ.*, v° *Commissaire de police*, n° 8.

45. — La loi du 18 juill. 1837, art. 30-8°, range au nombre des dépenses obligatoires des communes le traitement et les frais de bureau des commissaires de police, tels qu'ils sont déterminés par les lois.

46. — Dès-lors, une ville renfermant plus de 5,000 habitans n'est pas recevable à attaquer une ordonnance qui y nomme un commissaire de police, et ne peut se refuser à payer son traitement. — *Cons. d'état*, 26 mai 1842, Comm. de Lambezellec.

47. — Les commissaires de police portent l'habit noir complet, le chapeau français, uni, et une ceinture tricolore à franges noires. — Arr. 17 flor. an VIII, art. 4 et 5.

48. — Les officiers publics ne sont pas obligés d'être revêtus des marques distinctives de leur autorité pour les actes ordinaires de leur ministère, par exemple, pour constater un fait, mais seulement lorsqu'il s'agit de forcer la volonté d'un citoyen, de s'introduire dans son domicile et de faire un acte quelconque qui puisse rendre la rébellion

inexcusable.—*Cass.*, 11 oct. 1821 (intérêt de la loi), Menessier.

49. — Ainsi, les procès-verbaux des commissaires de police n'en font pas moins foi, quoique ces fonctionnaires ne fussent pas revêtus de leur costume ou des marques distinctives de leur qualité. — *Cass.*, 10 mars 1815 (intérêt de la loi), Mauriès.

50.—Ainsi encore, les outrages envers un commissaire de police dans l'exercice de ses fonctions, de la part d'un individu qui connaissait sa qualité, sont considérés et punis comme faits à ce fonctionnaire et non à un simple particulier, quoiqu'il ne fût point revêtu de son costume au moment où il les a reçus. — *Cass.*, 26 mars 1813, Alessio.

51. — Les commissaires de police peuvent être suspendus par les préfets. A la vérité, ce droit ne résulte d'aucun texte formel, mais il peut s'induire du droit qu'ont les préfets de suspendre les maires. — Mangin, *Tr. des procès-verbaux*, no 70.

52. — Aux termes d'une circulaire ministérielle du 26 mai 1820, les préfets doivent adresser tous les six mois un état présentant des renseignemens sur les commissaires de police de leur département, et notamment sur la manière dont chacun d'eux remplit les devoirs de sa place. — Magnitot et Delamarre, *Dict. de droit administ.*, vo *Commissaire de police*, § 4, *in fine*.

53. — L'art. 8 du décret du 24 messid. an XII, qui règle les préséances dans les cérémonies publiques, place les commissaires de police au dernier rang des autorités, après les juges de paix.

54. — Aucune disposition de loi ne règle les retraites à donner aux commissaires de police. — Il y a lieu, par suite, de recourir, à cet égard, à l'avis du conseil d'état du 17 nov. 1811, qui renvoie au décret du 4 juill. 1806, lequel pose les règles d'après lesquelles doivent être accordées les pensions de retraite aux employés dépendant du ministère de l'intérieur.

§ 2. — *Dispositions spéciales aux commissaires de police de Paris.*

55. — A Paris, tout ce qui concerne la police se trouve placé sous la haute direction du préfet de police; il a sous ses ordres des commissaires distribués dans les douze municipalités. — L. 28 pluv. an VIII, art. 12; arr. 12 messid. an VIII, art. 35.

56. — Chaque mairie ou arrondissement est divisée en quatre quartiers à chacun desquels un commissaire de police est attaché.

57. — Indépendamment des quarante-huit commissaires de police de quartier, il existe : 1o un commissaire-adjoint attaché au quartier des Champs-Elysées, et chargé particulièrement de la section de Chaillot; — 2o un commissaire de police, chef de la police municipale; — 3o des commissaires affectés aux délégations judiciaires; leur nombre, qui est aujourd'hui de trois, varie selon les besoins du service; — 4o un commissaire de police chargé de la surveillance de la Bourse; — 5o un commissaire remplissant les fonctions du ministère public près le tribunal de police municipale; — 6o deux commissaires interrogateurs; — 7o un commissaire de police vérificateur en chef des poids et mesures, et sept commissaires inspecteurs de la même partie. — Elouin, Trébuchet et Labat, *Dict. de police*, vo *Commissaire de police*, tit. 2.

58. — Il existe aussi près des chemins de fer des commissaires de police chargés spécialement de la police dans les gares et même sur la ligne de parcours.

59. — Le préfet de police assigne à chaque commissaire de police, nommé par le roi, le quartier dans lequel il doit habituellement et plus spécialement exercer ses fonctions. — Elouin et Trébuchet, *Dict. de police*, vo *Commissaire de police*, tit. 2.

60. — Les quarante-huit commissariats de police établis pour les divers quartiers de Paris, sont divisés en vingt-huit commissariats de première classe, et vingt de seconde classe. — Ord. 31 août-17 sept. 1830, art. 1er.

61. — C'est le préfet de police qui désigne ceux de ces commissariats qui feront partie de la première classe, et ceux qui appartiendront à la seconde. — Cette désignation doit être renouvelée, s'il y a lieu, de cinq ans en cinq ans. — *Ibid.*, art. 2.

62. — Un traitement de 6,000 fr. et une indemnité de 1,500 fr. pour frais de bureau sont affectés aux commissariats de police de première classe. — Un traitement de 5,400 fr., et une indemnité de 1,200 fr. pour frais de bureau, sont affectés aux commissariats de police de seconde classe. — *Ibid.*, art. 3.

63. — Nul ne peut être nommé à un commissariat de police de première classe s'il n'a exercé, pendant deux ans au moins, dans un ou plusieurs commissariats de police de seconde classe. — *Ibid.*, art. 4.

64. — Chaque commissaire de police a sous ses ordres un secrétaire, un inspecteur de police et un sonneur, tous rétribués par la préfecture, et nommés par le préfet de police. — Elouin et Trébuchet, vo *Commissaire de police*, tit. 2.

65. — Les secrétaires des commissaires de police ne peuvent signer aucun acte ni expédition; en cas d'absence du commissaire, ils peuvent rédiger les actes et les faire signer par le commissaire de police qui le remplace. — Décis. du préfet de police du 2 flor. an XII.

66. — Le secrétaire général de la préfecture détermine à l'avance les dimanches pendant lesquels chaque commissaire de police est de service, et ceux de congé pendant lesquels il est remplacé par un collègue voisin, qui se trouve alors chargé de deux quartiers : cet alternat est combiné de manière à ne point intervertir l'ordre du service des commissaires dans les théâtres. L'alternat du soir pour les autres jours de la semaine n'est point admis par l'administration. — Elouin et Trébuchet, *Dict. de police*, vo *Commissaire de police*, tit. 2.

67. — Ils prêtent serment entre les mains du préfet de police. — Décr. 1er-8 juin 1792, art. 9.

68. — Les commissaires de police doivent toujours être en habit noir complet, et, lorsqu'ils sont en fonctions, être revêtus de leurs écharpes. — Circul. du préfet des 18 mai 1818, et 29 avr. 1819.

Sect. 3e. — *Fonctions des commissaires de police.*

69. — Les commissaires de police exercent deux ordres de fonctions bien distinctes : les unes appartiennent à la police administrative, les autres à la police judiciaire.

70. — En matière administrative, les fonctions des commissaires de police s'exercent sous la surveillance des préfets et sous-préfets, et sous l'autorité immédiate des maires (à Paris sous la direction immédiate et exclusive du préfet de police), sur tout ce qui intéresse le maintien du bon ordre, de la tranquillité, de la salubrité et de la sûreté publiques. — L. 21 sept. 1791, art. 2. — V. aussi Elouin et Trébuchet, *Dict. de police*, vo *Commissaire de police*, tit. 3; Dupin, réquisitoire prononcé le 2 mars 1838 (*J. Pal.*, t. 1er 1838, p. 333), aff. Gérard.

71. — Entre les objets divers qui rentrent dans cette partie de leurs fonctions, on peut citer notamment : — tout ce qui intéresse la sûreté et la commodité du passage dans les rues, quais, places et voies publiques; ce qui comprend le nettoiement, l'illumination, l'enlèvement des encombremens, la démolition ou la réparation des bâtimens menaçant ruine, l'interdiction d'exposer aux fenêtres ou autres parties des bâtimens des objets qui puissent nuire par leur chute, et celle de jeter des choses qui puissent blesser ou endommager les passans, ou causer des exhalaisons nuisibles. — Favard de Langlade, *Rép.*, vo *Commissaire de police*, no 5.

72. — ... Le soin de prévenir les délits contre la tranquillité publique, tels que les rixes et disputes accompagnées d'ameutement dans les rues, le tumulte dans les lieux publics, les bruits et attroupemens nocturnes qui troublent le repos des citoyens. — Favard de Langlade, *ibid.*

73. — ... Le maintien du bon ordre dans les endroits où il se fait de grands rassemblemens d'hommes, tels que foires, marchés, réjouissances et cérémonies publiques, spectacles, jeux, cafés, églises et autres lieux publics. — Favard de Langlade, *ibid.*

74. — ... L'inspection sur la fidélité du débit des denrées qui se vendent au poids, au mètre, ou à la mesure de capacité, et sur la salubrité des comestibles exposés en vente. — Favard de Langlade, *ibid.*

75. — ... Le soin d'obvier ou de remédier aux événemens fâcheux qui pourraient être occasionnés par les insensés ou furieux laissés en liberté, et par la divagation des animaux malfaisans ou féroces. — Favard de Langlade, *ibid.*

76. — ... Le soin de prévenir par des précautions convenables, et celui de faire cesser, par la distribution des secours nécessaires, les accidens et fléaux calamiteux, tels qu'incendie, épidémie, épizootie, etc. — Favard de Langlade, *ibid.*

77. — ... L'inspection des fours et cheminées, la vente du pain et de la viande au-delà du prix fixé par la taxe légalement faite et publiée. — Favard de Langlade, *ibid.*

78. — ... L'observation des réglemens relatifs aux matières d'or et d'argent, à la vente des substances vénéneuses et à la tenue des registres que doivent avoir les pharmaciens, les brocanteurs, les orfèvres, les armuriers et autres artisans. — Favard de Langlade, *ibid.*

79. — ... Les établissemens, ateliers ou fabriques qui peuvent nuire à la sûreté ou à la salubrité de la ville, etc. — Favard de Langlade, *ibid.*

80. — Les commissaires de police sont également chargés de parapher, à défaut d'officier municipal, le registre que doivent tenir les aubergistes et logeurs pour l'inscription de tous ceux qui couchent chez eux ; de tenir la main à la sévère exécution de la loi sur ce point, de se faire représenter le registre tous les quinze jours, et plus souvent s'il est nécessaire. — LL. 19-22 juill. 1791, art. 5; 2 germin. an IV, art. 9.

81. — ... De veiller à ce que nul citoyen non domicilié dans le canton ne puisse s'y introduire sans passe-port; de faire arrêter les individus qui voyageraient sans en avoir. — L. 2 germin. an IV, art. 8.

82. — ... De faire des visites et tournées pour veiller à la tranquillité et à l'observation des réglemens, de dresser procès-verbal des contraventions. — L. 19-22 juill. 1791, art. 7 à 12.

83. — Ils doivent veiller à ce que les nouveaux poids et mesures soient seuls employés dans le commerce, assister les inspecteurs et obtempérer à leurs réquisitions pour les visites et la rédaction des procès-verbaux de contravention. — Arrêté 29 prair. an IX, art. 16.

84. — A Paris, Marseille, Lyon et Bordeaux, les commissaires exercent la police de la Bourse. — Arrêté 29 germin. an IX, art. 14.

85. — Ils doivent prendre les mesures nécessaires pour empêcher qu'on se réunisse ailleurs qu'à la Bourse et à d'autres heures qu'à celles fixées, pour proposer et faire des négociations commerciales et d'effets publics. — Arrêté 27 prair. an X, art. 3.

86. — Quant aux fonctions d'officiers de police judiciaire dont les commissaires de police sont investis, elles sont de deux sortes : les unes leur sont attribuées directement, les autres, en qualité d'auxiliaires du procureur du roi.

87. — Ils sont chargés directement, sous l'autorité des cours royales, de rechercher les contraventions de police, même celles qui sont sous la surveillance spéciale des gardes champêtres et forestiers, à l'égard desquels ils ont concurrence et même prévention; de recevoir les dénonciations et plaintes relatives à ces contraventions, et de dresser les procès-verbaux. — C. instr. crim., art. 11.

88. — Des termes de cet article il résulte que, quand un commissaire de police a, le premier, commencé la recherche et la poursuite d'une contravention rurale ou forestière, il peut continuer la procédure, alors même que le garde champêtre ou forestier surviendrait pour constater lui-même cette contravention. — Favard de Langlade, *Rép.*, vo *Commissaire de police*, no 6.

89. — A l'égard des crimes et délits, les commissaires de police ne sont que les auxiliaires des procureurs du roi. Ainsi ils peuvent bien recevoir des plaintes et des dénonciations ou donner avis au procureur du roi des faits qui sont parvenus à leur connaissance ; mais ils ne peuvent les constater, sauf les cas de flagrant délit, ou de réquisition d'un chef de maison. — C. instr. crim., art. 29 et 50. — V. au surplus OFFICIERS DE POLICE JUDICIAIRE.

90. — Jugé cependant, en matière de brevet d'invention, que la plainte en contrefaçon formée par le bréveté devant être, aux termes de la loi du 25 mai 1838, portée devant les tribunaux de police correctionnelle, et cette contrefaçon étant dès-lors considérée comme un délit, les commissaires de police, officiers de police judiciaire, ont le droit, comme pour les délits ordinaires, de faire, sur la plainte des parties, tous les actes nécessaires pour constater le délit, et de mettre ainsi sous la main de justice les objets contre lesquels est dirigée la plainte en contrefaçon. — *Paris*, 30 nov. 1842 (t. 1er 1843, p. 369), Bissonnet c. Decaché et Pautret.

91. — A cet égard, une circulaire de M. le procureur du roi près le tribunal de la Seine, adressée aux commissaires de police, contient les passages suivans : « En ce qui concerne les contrefaçons industrielles, celles portant atteinte à un brevet d'invention, aux termes de l'art. 12 de la loi du 7 janv. 1791, le propriétaire du brevet pouvait, *en donnant bonne caution*, requérir la saisie des objets contrefaits et traduire les contrefacteurs devant les tribunaux ; — sous l'empire de cette législation, vous aviez dû obtempérer, sans autre délégation, à la réquisition de saisie formée par le plaignant, à la charge par lui de donner caution. — Mais un décret du 25 mai 1791 (tit. 3, art. 1er) a supprimé de l'art. 12 ces mots : « en donnant bonne et suffisante caution, requérir la saisie des objets contrefaits. » Il en résulte non seulement que vous n'avez plus à exiger de caution du plaignant, mais que, la disposition de la loi qui autorisait le breveté à requérir directement la saisie ayant disparu, vous

vous trouvez aujourd'hui sans droit pour saisir sur la seule réquisition des parties ; la saisie doit être ordonnée par l'autorité judiciaire, une délégation vous est nécessaire, et jusqu'à ce qu'elle vous soit donnée, soit par M. le président du tribunal, soit par un de MM. les juges d'instruction, votre rôle se borne à recevoir la plainte, à en dresser procès-verbal et à me le transmettre. — En matière de contrefaçon d'écrits, peintures, et objets d'art, les règles changent. Vous reprenez ici le droit et le devoir de procéder à la saisie des objets argués de contrefaçon sur la réquisition des parties lésées ; ce sont les prescriptions des art. 3, L. 19 juillet 1793, et 1er de celle du 25 prairial an III. La loi du 19 juillet 1793 n'exigeant pas de caution de la part du plaignant, vous n'avez d'autres conditions à lui imposer que la justification de son droit à se plaindre et à poursuivre. — Quant aux règles à suivre pour ces sortes de saisies, elles n'ont rien de spécial ; l'art. 425, C. pén., range cette sorte de contrefaçon au nombre des délits. Le droit de saisie comporte pour vous le droit de rechercher chez l'inculpé, aussi bien que chez tout débitant ou possesseur des objets contrefaits, les choses provenant du délit ou ayant servi à le commettre. »

92. — Quant aux procès-verbaux des commissaires de police, à leurs énonciations et formes, et à la foi qui leur est due, V. PROCÈS-VERBAL.

93. — Les gardes champêtres et forestiers étant chargés (C. instr. crim., art. 16) de rechercher et constater, en matière rurale et forestière, même les délits correctionnels, il s'ensuit que les commissaires de police, qui, comme nous l'avons vu *suprà* (nº 87), ont à leur égard concurrence et prévention, sont également compétens pour rechercher et constater directement les mêmes délits. — Favard de Langlade, *Rép.*, vº *Commissaire de police*, nº 6.

94. — Indépendamment des attributions générales que nous venons d'indiquer, les commissaires de police ont reçu de diverses lois spéciales la mission de rechercher et constater : — les infractions commises contre la police générale de la pêche fluviale, et cela, sans distinction entre les simples contraventions et les délits correctionnels (L. 15 avr. 1829, art. 36). — Mangin, *Tr. des procès verbaux*, nº 73.

95. — ... Les contraventions en matière de grande voirie, telles qu'anticipations, dépôts de fumiers ou d'autres objets, et toutes espèces de détériorations commises sur les grandes routes, sur les arbres qui les bordent, sur les fossés, ouvrages d'art et matériaux destinés à leur entretien, sur les canaux, fleuves et rivières navigables, leurs chemins de halage, francs-bords, fossés et ouvrages d'art. — L. 29 flor. an X, art. 1er et 2.

96. — ... Les contraventions à l'ordonnance du 4 fév. 1820 sur la police des diligences et des voitures publiques. — Art. 13 de ladite ordonnance.

97. — ... Les contraventions à la police de l'imprimerie et de la librairie. — L'ordonnance du 13 sept. 1829, qui a supprimé les inspecteurs de la librairie, a investi les commissaires de police de leurs attributions.

98. — ... La vente illicite, le colportage, la circulation illégale du tabac et des cartes à jouer. Ils doivent procéder à la saisie de ces objets, à celle des ustensiles et mécaniques prohibés, des chevaux et voitures, bateaux et autres objets servant au transport, et constituer prisonniers les fraudeurs et colporteurs. — L. 28 avr. 1816, art. 169 et 223. — *Cass.*, 10 fév. 1826, Dupré.

99. — Comme officiers de police judiciaire, les commissaires de police peuvent : — 1º requérir directement la force publique (C. inst. crim., art. 25) ; — 2º faire saisir les prévenus en cas de flagrant délit (*ibid.*, art. 40, 49 et 50 combinés) ; — 3º décerner les mandats d'amener dans le même cas. — Mêmes articles.

100. — Ils font les sommations aux attroupements, concurremment avec les maires et autres officiers de la police judiciaire autres que les gardes champêtres et forestiers. — L. 10 avr. 1831, art. 1er. — V. ATTROUPEMENT.

101. — Lorsqu'un mandat d'amener ou d'arrêt a été délivré, et que le prévenu est trouvé hors de l'arrondissement de l'officier qui a délivré le mandat, il doit, aux termes de l'art. 98, C. inst. crim., être conduit devant le juge de paix ou son suppléant, à leur défaut, devant le maire ou l'adjoint du maire, ou le commissaire de police du lieu, lequel, dit cet article, visera le mandat sans pouvoir en empêcher l'exécution.

102. — Lorsque le prévenu contre lequel un mandat d'amener a été décerné ne peut être trouvé, le mandat doit être exhibé au maire ou à l'adjoint, ou au commissaire de police de la commune de la résidence du prévenu, qui met son visa sur l'original de la notification. — C. inst. crim., art. 105.

103. — Le commissaire de police est également chargé, concurremment avec le maire et son adjoint, à défaut du juge de paix et de son suppléant, de viser le procès-verbal de perquisition qui doit être dressé lorsque le prévenu contre lequel un mandat d'arrêt a été délivré ne peut être saisi ; il lui est remis copie de ce procès-verbal.

104. — Les commissaires de police assistent, concurremment avec les juges de paix et avec les maires, les officiers ministériels, agens de la force publique, employés des contributions indirectes et des douanes, etc., lorsqu'ils veulent s'introduire dans les maisons, ateliers, etc. — V. notamment C. procéd., art. 587 ; C. inst. crim., art. 16 ; C. forest., art. 161 ; Ordonn. 29 oct. 1820, sur la gendarmerie, art. 168 ; L. 28 avr. 1816, art. 237 ; 19 brum. an VI, art. 101 ; 22 août 1791, tit. 13, art. 36.

105. — Considérés sous le rapport de leurs fonctions purement administratives, les commissaires de police sont les agens nécessaires des administrations municipales. Ils doivent à ces administrations un compte habituel et journalier de leurs opérations. Ils doivent les instruire régulièrement de tous les faits qui intéressent le bon ordre, la tranquillité, la sûreté des habitans. — Mais dans l'exercice des fonctions judiciaires qui leur sont déléguées par les lois, ils sont tout-à-fait indépendans de l'autorité administrative. — Favard de Langlade, *Rép.*, vº *Commissaire de police*, nº 5.

106. — Ainsi, les actes d'instruction qu'ils font en qualité d'auxiliaires, les procès verbaux qu'ils dressent, les déclarations qu'ils reçoivent, doivent être par eux transmis directement aux procureurs du roi. — Favard de Langlade, *Rép.*, vº *Commissaire de police*, nº 6.

107. — Il est arrivé quelquefois que, les procès-verbaux ayant été adressés à l'autorité administrative, c'est par elle que les procureurs du roi ont été saisis des affaires criminelles et correctionnelles. Cette marche est irrégulière : d'abord elle tend à subordonner l'autorité judiciaire à l'autorité administrative ; de plus, elle retarde l'expédition des affaires et peut entraîner l'anéantissement des preuves. Un commissaire de police compromettrait donc gravement sa responsabilité en manquant aux obligations qui lui sont imposées à cet égard envers les membres du ministère public, et cette responsabilité serait partagée par les fonctionnaires qui auraient autorisé une telle violation des règles établies. — Favard de Langlade, *loc. cit.*

108. — A la vérité, les commissaires de police doivent des rapports à l'autorité administrative sur tout ce qui intéresse l'ordre public. Ils doivent même, quand ils en reçoivent l'ordre, lui donner extrait ou expédition de leurs procès-verbaux ; mais c'est aux procureurs du roi que les actes doivent être adressés en original, directement et sans délai. — Favard de Langlade, *loc. cit.*

109. — Les commissaires de police exercent les fonctions du ministère public près des tribunaux de police, et, à ce titre, ils font citer les prévenus et les témoins, concluent, requièrent et font exécuter les jugemens. En pareil cas, c'est le commissaire de police du lieu où siége ce tribunal qui remplit lesdites fonctions. — C. inst. crim., art. 144, 145, 153, 165. — Dupin, Réquisitoire prononcé le 2 mars 1838 (*J. Pal.*, t. 1er 1838, p. 333), aff. Gérard.

110. — Dans les communes divisées en plusieurs arrondissemens (et notamment à Paris), les commissaires de police exercent ces fonctions dans toute l'étendue de la commune où ils sont établis, sans pouvoir alléguer que les contraventions ont été commises hors de l'arrondissement particulier auquel ils sont préposés. — Les arrondissemens ne limitent ni ne circonscrivent leurs pouvoirs respectifs, mais indiquent seulement les termes dans lesquels chacun d'eux est plus spécialement astreint à un exercice constant et régulier de ses fonctions. — C. inst. crim., art. 12.

111. — Cette disposition, toutefois, n'est pas applicable aux cas où les commissaires de police doivent remplir les fonctions de ministère public près le tribunal de simple police. Il résulte, en effet, de l'art. 144 du même code que, dans les communes où il y a plusieurs commissaires de police, le procureur général doit nommer celui ou ceux qui seront chargés d'exercer le ministère. — Favard de Langlade, vº *Commissaire de police*, nº 7.

112. — Lorsque l'un des commissaires d'une même commune se trouve légitimement empêché, celui de l'arrondissement voisin est tenu de le suppléer, sans qu'il puisse retarder le service pour lequel il est requis, sous prétexte qu'il n'est pas le plus voisin du commissaire empêché, ou que l'empêchement n'est pas légitime ou n'est pas prouvé. — C. inst. crim., art. 13.

113. — Un commissaire de police, à Paris, ne doit pas renvoyer à un de ses collègues l'exécution d'un ordre du préfet de police, sous le prétexte que le lieu où il doit être exécuté n'est pas situé dans son quartier. — Décis. du préfet de police 13 prair. an VIII.

114. — Toutefois, il ne faut pas conclure de la compétence générale donnée aux commissaires de police pour toute l'étendue de la commune où ils sont établis, qu'il est permis aux parties de se soustraire aux commissaires de police de leur arrondissement, pour aller dans un autre chercher un commissaire duquel elles espèrent plus de complaisance, plus d'intérêt. Tant que le commissaire de leur quartier n'est pas empêché, elles ne peuvent s'adresser qu'à lui. Cette vérité, dit Mangin (*Tr. des proc.-verb.*, nº 74), a été tenue pour constante lors de la discussion du code, et s'il ne l'a pas consacrée par une disposition expresse, c'est qu'on a craint que les commissaires n'en abusassent pour se refuser à instrumenter dans le quartier l'un de l'autre.

115. — Mais, en tous cas, la compétence des commissaires de police cesse aux limites de la commune ; hors de là, les actes de leur ministère n'auraient aucune valeur.

116. — Dans les communes où il n'existe point de commissaires de police, les maires, et, à leur défaut, les adjoints du maire, en remplissent les fonctions. — Dans celles où il n'existe qu'un commissaire, s'il se trouve légitimement empêché, les mêmes fonctionnaires le remplacent, tant que dure l'empêchement. — C. inst. crim., art. 11, 14 et 144.

117. — L'art. 144, C. inst. crim., porte : « En cas d'empêchement du commissaire de police, il sera par le maire, etc. » — On s'est demandé s'il en était ainsi quand le commissaire de police désigné par le procureur général pour remplir les fonctions de ministère public près le tribunal de police était empêché, ou s'il pouvait être remplacé par un autre commissaire de police ? — MM. Legraverend (t. 2, p. 340), Carnot (*Inst. crim.*, art. 144, nº 4), Mangin (*Act. publ.*, nº 101), enseignent qu'il peut être remplacé par son collègue. — Ce n'est qu'une mesure d'ordre prise par le procureur général, et rien de plus.

118. — Mangin pense même (*loc. cit.*) que le maire et les adjoints ne doivent remplir les fonctions du ministère public que quand tous les commissaires de police sont empêchés. — Du reste, cet empêchement est suffisamment justifié par la mention qu'en font les maires et adjoints qui ont procédé.

119. — A défaut des commissaires de police, des maires et adjoints, les fonctions de ministère public peuvent être remplies par les membres du conseil municipal, mais devant les tribunaux tenus par les maires seulement. — L'art. 167, C. inst. crim., est conçu en termes restrictifs qui ne permettent pas d'en étendre la disposition aux tribunaux tenus par les juges de paix. — Carnot, *Inst. crim.*, art. 144, nº 7 ; Mangin, *Act. publ.*, nº 101.

120. — Jugé, en effet, que les membres des conseils municipaux ne pouvant remplir les fonctions de ministère public que près les tribunaux de police tenus par les maires, mais non près celui tenu par le juge de paix, le jugement du tribunal de police du juge de paix est nul, s'il est rendu en présence d'un membre du conseil municipal remplissant les fonctions d'officier du ministère public. — *Cass.*, 10 sept. 1835, Deligny c. Hesdin.

121. — Les commissaires de police exerçant, par délégation directe de la loi, une part de l'autorité publique, soit qu'ils agissent comme fonctionnaires de l'ordre administratif ou comme officiers de police judiciaire, soit qu'ils remplissent les fonctions du ministère public devant les tribunaux de police, et ayant de plus le pouvoir de requérir la force publique, ne peuvent être considérés comme agens de la force publique, mais comme magistrats de l'ordre administratif ou judiciaire, selon qu'ils agissent dans l'un ou l'autre de leur double caractère. — Magnitot et Delamarre, *Dict. dr. adm.*, vº *Commissaire de police*, § 5 ; Chauveau et Hélie, *Th. C. pén.*, t. 4, p. 355 ; Legraverend, t. 2, ch. 4, p. 368, note 11, 3º ; Carnot, *C. pén.*, t. 1er, art. 224, nos 6 et 7 ; Chassan, *Dél. de la par.*, p. 393 ; Parant, *Dél. de la presse*, p. 142, de Grattier, *Comm. L. de la pr.*, t. 2, p. 54, note. — V. surtout le réquisitoire de M. le procureur général Dupin, prononcé devant les chambres réunies de la cour de Cassation, lors de l'arrêt du 2 mars 1838 (t. 1er 1838, p. 333), Gérard.

122. — Ainsi jugé que les commissaires de police sont compris, quant à la répression des outrages par paroles à eux faits dans l'exercice de leurs fonctions ou à l'occasion de cet exercice, dans la qualification générale de magistrats de l'ordre administratif ou judiciaire que porte l'art. 222, C. pén., et qui se réfère aux divers genres de dépositaires de l'autorité publique. — *Cass.*, 9 mars 1837 (t. 1er 1837, p. 434), Gérard (ch. réun.) ; 2 mars 1838 (t. 1er 1838, p. 333), c. Gérard.

123. — Dès-lors les outrages commis envers un commissaire de police dans l'exercice de ses fonctions ne peuvent pas être considérés comme faits à un simple officier ministériel ou agent de la force publique. — *Cass.*, 30 juill. 1812, Russchaert.

124. — Et par suite ces outrages doivent être punis des peines portées par l'art. 222, C. pén., et non de celles écrites dans l'art. 224, applicables seulement aux dépositaires de la force publique. — *Cass.*, arrêts de 1837 et 1838 précités (nº 122.)

125. — Le fait d'avoir dit à un commissaire de police qui explique à un individu les motifs de son expulsion d'un lieu public, *qu'il en a menti et qu'il est un gredin*, constitue de la part de cet individu l'outrage envers un magistrat de l'ordre administratif et judiciaire dans l'exercice de ses fonctions, prévu par l'art. 222, C. pén., et non l'outrage fait publiquement à un fonctionnaire public à raison de ses fonctions ou de sa qualité, réprimé par l'art. 6, L. 25 mars 1822. — *Cass.*, 4 juill. 1833, Lamarthonie.

126. — Jugé cependant que les outrages qui n'ont été faits à un commissaire de police, ni dans l'exercice des fonctions du ministère public au tribunal de simple police, ni à l'occasion de cet exercice, ne peuvent pas être considérés comme faits à un magistrat, et sont passibles des peines portées, non par l'art. 222, mais par l'art. 224, C. pén. — *Cass.*, 7 août 1818, Cambournac.

127. — Carnot (sur l'art. 224, C. pén., nº 7) prétend que cet arrêt n'implique aucune contradiction avec celui du 30 juill. 1812, qui jusqu'alors avait été seul rendu en cette matière, parce que, dans l'espèce de l'arrêt de 1818, ce n'était pas à raison de l'exercice des fonctions de la police judiciaire que le commissaire de police avait été outragé, lorsqu'au contraire c'était dans cet exercice que le commissaire de police l'avait été dans l'espèce de l'arrêt de 1812. — Carnot se trompe évidemment : l'arrêt de 1818 ne reconnaît aux commissaires de police la qualité de magistrats que dans les fonctions de ministère public au tribunal de simple police ; celui de 1812 dit au contraire que ces fonctionnaires sont magistrats de l'ordre administratif ou judiciaire, selon les fonctions qu'ils remplissent ; et que, dans toutes celles qui leur sont confiées par la loi, ils doivent également jouir de la sauvegarde qu'elle leur accorde en cette qualité. — Au surplus, dans l'espèce de l'arrêt de 1818, l'outrage avait bien été fait à un officier de police judiciaire, puisque au moment du délit le prévenu s'était rendu chez le commissaire de police pour lui déposer une plainte. — L'observation de Carnot est donc mal fondée sous tous les rapports : nous avons vu d'ailleurs que la cour de Cassation était revenue sur la doctrine par elle émise en 1818 : aucun doute sérieux ne peut donc plus s'élever sur cette question.

128. — Quant aux crimes ou délits que les commissaires de police peuvent commettre dans l'exercice de leurs fonctions, V. AGENT DE L'AUTORITÉ PUBLIQUE, FONCTIONNAIRE PUBLIC.

129. — Lorsque le fait imputé à un commissaire de police se rattache à ses fonctions de police administrative, il ne peut être poursuivi qu'en vertu d'une autorisation du conseil d'état. — Le Sellyer, *Tr. de dr. crim.*, t. 3, nº 815. — V. FONCTIONNAIRE PUBLIC.

130. — Lors, au contraire, que le fait incriminé se rattache aux fonctions de la police judiciaire, l'autorisation n'est pas nécessaire ; mais alors c'est devant la cour royale que l'action doit être portée. — V. OFFICIERS DE POLICE JUDICIAIRE, FONCTIONNAIRE PUBLIC.

131. — Quant aux crimes ou délits qui peuvent être commis contre les commissaires de police, soit dans l'exercice de leurs fonctions, soit à l'occasion de cet exercice, V. AGENT DE L'AUTORITÉ PUBLIQUE, BLESSURES ET COUPS, OUTRAGES, RÉBELLION.

Sect 4e. — *Commissaires généraux, spéciaux et centraux de police.*

132. — Outre les commissaires de police dont nous avons parlé jusqu'ici, des décrets ou ordonnances ont, à diverses époques, établi des fonctionnaires désignés sous les noms de *commissaires généraux*, *commissaires centraux*, *commissaires spéciaux*.

133. — *Commissaires généraux.* — L'institution de ces fonctionnaires remonte à la loi du 28 pluv. an VIII, qui, en les subordonnant aux préfets et au ministre, leur donnait le même costume que le préfet de police à Paris. — Cette loi fut suivie de deux arrêtés des consuls, tous deux du 17 vent. an VIII, et qui réglaient le traitement, le logement attribués aux commissaires généraux, ainsi que les frais d'installation et de poste qui leur étaient accordés à leur entrée en fonctions.

134. — Leurs attributions, fort étendues, furent déterminées d'une manière détaillée par l'arrêté du 5 brum. an IX, modifié depuis par le décret du 23 fructid. an XIII, puis enfin par le décret du 25 mars 1811, portant organisation de la police générale de l'empire.

135. — Aux termes de l'art. 1er de l'arrêté du 5 brum. an IX, ils exerçaient, sous l'autorité des préfets, les fonctions de police locale que leur attribuaient les articles suivans, toutes autres demeurant dévolues aux maires et officiers municipaux. — L'art. 2 leur donnait entre autres le pouvoir de publier de nouveau les lois et réglemens de police, les ordonnances qu'ils rendaient pour en assurer l'exécution restant soumises à l'approbation du préfet du département.

136. — La police générale et la police municipale rentraient dans leurs attributions. Outre les commissaires de police placés sous leurs ordres, ils avaient à leur disposition, pour l'exercice de la police, la garde nationale et la gendarmerie, auxquelles l'art. 17, décr. 23 fructid. an XIII, ajouta les compagnies de réserve départementale. — Ils pouvaient aussi requérir la force armée en activité.

137. — Le décret ajoutait encore que les commissaires généraux de police exerceraient leurs fonctions, 1º dans le lieu de leur résidence ; — 2º dans la banlieue de la ville où ils résidaient, laquelle banlieue serait réglée par décrets impériaux délibérés en conseil d'état ; — 3º pour ceux qui étaient sur les frontières de terre et de mer, dans la ligne des douanes et dans l'étendue de cette ligne qui serait réglée par Sa Majesté, sur le rapport du ministre de la police ; — 4º dans toute l'étendue des lignes des camps ou cantonnemens militaires, quand il en serait établi dans l'intérieur, et lorsqu'ils seraient contigus à l'arrondissement du commissaire général. — Art. 20.

138. — Suivant le tableau annexé au décret, des commissaires généraux de police durent être établis à Nice, Toulon, Marseille, Cette, Perpignan, Toulouse, Bayonne, Bordeaux, Rochefort, Paimbœuf, Lorient, Brest, Morlaix, Saint-Malô, Cherbourg, le Havre, à Boulogne (le voisinage de l'Angleterre avait fait donner à ces derniers des attributions particulières), à Ostende, Anvers, Clèves, Cologne, Mayence, Strasbourg, Huningue, Genève, Lyon. — L'accroissement considérable du territoire français nécessita postérieurement encore diverses modifications à cette classification et la création de nouveaux commissaires généraux.

139. — Le décret du 25 mars 1811 partagea les commissaires généraux en trois classes quant au traitement, aux frais de bureaux et dépenses accessoires dont il fixait le chiffre (art. 9) ; il leur donnait le second rang parmi les fonctionnaires dépendant du ministère général de la police et décidait qu'ils ne pouvaient plus être choisis que parmi les commissaires spéciaux (art. 1er).

140. — Les traitemens et les dépenses accessoires devaient être supportés moitié par les villes, moitié par le trésor, sur le budget général du ministère de la police ; les frais de tournée et dépenses secrètes restant exclusivement à la charge du ministre de la police, lorsqu'ils avaient été ordonnés par le ministre de ce département. Quant au logement, il devait être fourni par les villes de la résidence des commissaires généraux, auxquels il devait, en outre, être fourni un emplacement pour leurs bureaux.

141. — A l'intérieur, les commissaires généraux correspondaient directement avec le ministre de la police. Dans les gouvernemens, au contraire, c'est-à-dire dans les pays qui, bien que réunis à l'empire français, avaient reçu une organisation particulière et un gouvernement spécial, ils exerçaient leurs fonctions sous les ordres du directeur général de la police de leur gouvernement.

142. — Cependant, et quelle que fût leur classe, ils devaient toujours informer les préfets de leur département de tout ce qui pouvait intéresser le département ; comme aussi ils étaient tenus de déférer aux réquisitions qui leur étaient adressées par ces fonctionnaires pour le bien du service. — Art. 15.

143. — Ils prêtaient serment devant le prince archi-chancelier de l'empire, puis présentaient et faisaient enregistrer l'acte de leur prestation de serment à la cour impériale de leur résidence. — Décr. 22 juin 1811, art. 2 et 3.

144. — Outre les pouvoirs que leur conféraient les décrets spéciaux dont nous venons de parler, les commissaires généraux de police reçurent encore du code d'instruction criminelle mission de recevoir la dénonciation des crimes et délits commis dans les lieux où ils exerçaient leurs fonctions habituelles (art. 48), et qualité pour surveiller les prisons (art. 612 et 613). — V. PRISON.

145. — De plus, un autre décret, du 8 juin 1806, avait déclaré applicables aux commissaires généraux de police et à leurs délégués les dispositions des art. 2, 3 et 4 de l'arrêté du 7 thermid. an IX, touchant les cas où les préfets, sous-préfets et maires seraient appelés hors de leur arrondissement pour reconnaître leurs signatures ou servir de témoins. — V. INSTRUCTION CRIMINELLE.

146. — Le décret du 28 mars 1815, rendu sous le gouvernement des Cent-Jours, et qui changea l'organisation de la police du royaume, supprima à la fois les directeurs généraux, commissaires généraux et spéciaux de police, auxquels il substituait sept lieutenans de police. — V. ce mot.

147. — Depuis, l'institution des commissaires généraux de police n'a pas été rétablie ; du moins les essais de rétablissement tentés dans quelques circonstances ont été abandonnés.

148. — 2º *Commissaires spéciaux de police.* — Le décret du 25 mars 1811, déjà cité (*suprà* nº 134), sur l'organisation de la police de l'empire, attribua officiellement cette qualification à certains fonctionnaires à qui il assignait le troisième rang dans la hiérarchie (art. 1er), et dont il déterminait les résidences et les attributions.

149. — Ils ne pouvaient être choisis que parmi les commissaires ordinaires de police (art. 1er), et ne composaient qu'une seule classe ; leur traitement, fixé à 6,000 francs, devait être payé par les villes reconnues en état d'acquitter cette dépense, et, à leur défaut, par le trésor, sur le budget du ministre de la police. — Art. 11. — Mais, dans tous les cas, leur logement était à la charge des villes. — Quant aux frais de voyage et tournées, ils étaient réglés par le ministre de la police et payés séparément. — Art. 12.

150. — La résidence des commissaires spéciaux pouvait varier toutes les fois que le ministre le jugeait convenable. — Même article.

151. — Placés sous la direction des commissaires généraux, auxquels ils devaient rendre compte de toutes leurs opérations, les commissaires spéciaux ne pouvaient, hors le cas de flagrant délit, opérer d'arrestations qu'après en avoir reçu l'ordre du commissaire général. — L'objet de leur surveillance était du reste le même. — Art. 13.

152. — Toutefois et dans les cas extraordinaires, les commissaires spéciaux pouvaient écrire directement au ministre de la justice. — Art. 14.

153. — Ainsi que les commissaires généraux (V. *suprà* nº 142), les commissaires spéciaux étaient tenus d'informer les préfets de leur arrondissement de tout ce qui pouvait intéresser leur département, comme aussi de déférer aux réquisitions qui leur étaient adressées par ces fonctionnaires pour le bien du service. — Art. 15.

154. — Ils devaient également prêter serment entre les mains du prince archi-chancelier (V. *suprà* nº 143) ; cependant l'enregistrement de l'acte de la prestation de serment avait lieu non à la cour royale, mais au tribunal de première instance de leur résidence. — Décr. 22 juin 1811, art. 2 et 3.

155. — Le décrt du 28 mars 1815 supprima également l'institution des commissaires spéciaux de police qui n'ont pas été non plus rétablis depuis.

156. — 3º *Commissaires centraux de police.* — L'abolition des commissaires généraux et spéciaux de police se justifiait par les conflits que pouvait amener le contact de leur autorité avec celle des préfets, sous-préfets et maires ; néanmoins il était nécessaire, dans les grands centres de population, et là où plusieurs commissariats de police doivent se partager la surveillance de la cité, d'établir un centre commun qui les rattachât entre eux.

157. — Telle est l'origine de la création des commissaires centraux de police, institués par diverses ordonnances dans un certain nombre de grandes villes de France, telles que Lyon, Marseille, Bordeaux, Nantes, Rouen, Toulouse.

158. — Ces fonctionnaires sont chargés, sous l'autorité du maire, de diriger les opérations des autres commissaires et de centraliser l'action de la police.

159. — Du reste, ils n'ont aucune supériorité sur les commissaires ordinaires, et n'exercent aucune autre fonction que celles dévolues à ces derniers ; leurs pouvoirs ne sont pas plus étendus.

V. AGENT DE L'AUTORITÉ PUBLIQUE, ATTROUPEMENT, BLESSURES ET COUPS, OFFICIERS DE POLICE JUDICIAIRE, OUTRAGE, RÉBELLION.

COMMISSAIRE DU POUVOIR EXÉCUTIF PRÈS LES TRIBUNAUX.

1. — Nom donné aux officiers du ministère public sous l'empire de la constitution du 5 fructid.

an III. On leur donna aussi, à cette époque, le nom de COMMISSAIRES DU DIRECTOIRE EXÉCUTIF.

2.—Les commissaires du pouvoir exécutif étaient nommés par le directoire, qui pouvait aussi les destituer.—Constit. 5 fructid. an III, art. 447, 261 et 264.

3.—Leurs fonctions, distinctes de celles d'accusateur public (ibid., art. 248 et 249), étaient semblables à celles attribuées aux commissaires du roi par l'art. 5, tit. 8, L. 16-24 août 1790.—V. COMMISSAIRE DU ROI PRÈS LES TRIBUNAUX, n° 3.

4.— Pour être apte à remplir les fonctions de commissaire du pouvoir exécutif près les tribunaux, il fallait être âgé de trente ans. — Constit., 5 fructid. an III, art. 209. — La loi du 7 sept. 1792 n'exigeait que vingt-cinq ans.

5.— D'après la loi du 19 vendém. an IV, art. 23, les commissaires du directoire exécutif pouvaient, en cas d'empêchement, être suppléés par des juges. —Ils ne pouvaient, d'ailleurs, s'absenter de leur poste sans autorisation.

6.— Les fonctions de commissaire du directoire étaient incompatibles avec celles du législateur.— L. 30 germin. an V, art. 2.

V. COMMISSAIRE DU ROI, COMMISSAIRE DU GOUVERNEMENT PRÈS LES TRIBUNAUX, MINISTÈRE PUBLIC.

COMMISSAIRE DES PRISES.

1.— Fonctionnaire qui, sous les ordres du commissaire-général de la marine, est chargé de liquider et de répartir les produits des prises maritimes. — V. COMMISSAIRE GÉNÉRAL DE LA MARINE.

2.— Le commissaire des prises poursuit l'instruction de la procédure, vérifie l'état des scellés et dresse l'inventaire des pièces. — Ord. 14 juin 1844, art. 39, § 4.

3.—Le sous-commissaire de la marine du quartier maritime où une prise est conduite est compétent pour procéder à l'instruction de cette prise. —Cons. d'état, 16 avr. (et non 18 mai) 1816, le Marsouin c. le Théophile et le Lucifer.

4.— Il est loisible au sous-commissaire de la marine chargé de l'instruction de procéder à de seconds interrogatoires, pour éclairer des faits restés obscurs, sans qu'on soit tenu d'appeler tous les prétendants à la capture, lorsque les capteurs sont entendus une seconde fois, ni les armateurs des corsaires, lorsque les capitaines choisis par eux sont entendus sur des faits dont les armateurs n'étaient pas témoins. — Même arrêt.

5.— Après le jugement définitif de condamnation, lorsque des prises procède, si fait n'a été, à la vente de la cargaison et du navire ; il établit la liquidation des produits, et il dresse l'état de répartition entre les capteurs. — Ord. 14 juin 1844, art. 39, § 4.

6.— Toute action dirigée contre un sous-commissaire de la marine, à l'occasion d'une prise par lui liquidée, doit être rejetée, s'il n'a agi que comme représentant de la caisse des invalides et de l'équipage capteur.—Cons. d'état, 9 sept. 1818, Grant Webb c. Pleche.

7.— Le commissaire des prises est encore commissaire des revues et armemens.—V. MARINE.

COMMISSAIRE-PRISEUR.

Table alphabétique.

1. — COMMISSAIRE-PRISEUR. — Officier ministériel institué dans certaines villes pour faire la prisée et la vente aux enchères des meubles et effets mobiliers, soit exclusivement, soit concurremment avec d'autres officiers publics.

Sect. 1re. — Historique et législation.

2. — Avant le règne de Henri II, les prisées et estimations et les ventes publiques de meubles, tant volontaires que forcées, étaient faites par les huissiers et sergens des juridictions royales, et, dans certaines localités, par les notaires.

3.—En février 1556, un édit bursal conféra cette attribution à des officiers spéciaux, désignés sous le titre d'huissiers-priseurs et vendeurs de meubles. — V. Joly, Offices, p. 1604.

4. — Ces charges nouvelles trouvant peu d'acquéreurs, à cause de la finance exigée par le roi, un nouvel édit de mars 1576 les réunit à celles des sergens royaux ordinaires. — V. Jousse, Administration de la justice, t. 1er, p. 586, n° 64.

5. — Comme cette réunion des offices de priseur et d'huissier n'était autorisée qu'en faveur de ceux qui auraient financé pour les acquérir, il y eut encore peu d'empressement de la part des huissiers et sergens royaux à satisfaire aux conditions stipulées dans l'édit. Toutefois, à partir de cette époque, tous les huissiers firent les ventes et prisées, comme par le passé.

6.—Par un édit du mois d'octobre 1696, Louis XIV, revenant au système de 1556, créa des offices spéciaux de jurés-priseurs, vendeurs de biens meubles, auxquels il donna le droit exclusif de faire : « la prisée, exposition et vente de tous biens meu-

bles, soit qu'elles fussent faites volontairement après inventaires, ou par autorité de justice, en quelque sorte et manière que ce pût être et sans aucune exception. »

7. — Et pour que ces nouvelles charges fussent plus recherchées, il donna en outre aux titulaires la faculté d'exploiter concurremment avec les huissiers, et de recevoir les deniers provenant des ventes. — V. Jousse, *loc. cit.*, p. 587, n° 65.

8. — Ces offices de jurés-priseurs, vendeurs de biens meubles furent établis dans toutes les villes et bourgs du royaume du ressort immédiat des justices royales, à l'exception de Paris et de sa banlieue. — Merlin, *Rép.*, v° *Huissiers-priseurs*.

9. — Dans cette ville, les fonctions de priseur-vendeur de meubles furent attribuées, par édit du mois de février 1691, à cent vingt sergens seulement, pris parmi les sergens à verge, les sergens fieffés ou à la douzaine, qui reçurent le nom d'*huissiers-priseurs*, et qui, quelques années après, furent mis à contribution. — V. aussi édit 22 mars 1697.

10. — En effet, en 1712, la pénurie des finances fit établir, à Paris, trente offices de *commissaires aux ventes*. Mais ces offices, en mars 1713, furent réunis à ceux des huissiers-priseurs qui les rachetèrent.

11. — Les nombreuses variations que la législation éprouva sur cette matière furent toujours amenées par une question d'argent. En 1771, comme on trouva que la finance des jurés-priseurs était trop modique, on supprima tous ces offices, à l'exception de ceux établis à Paris, et on en créa de nouveaux ayant les mêmes prérogatives que les anciens.

12. — Cet édit excita de vives réclamations, et par des lettres patentes du 7 juillet suivant, le roi décida qu'il serait sursis jusqu'à nouvel ordre à la vente et à la levée de ces offices. Provisoirement, les notaires, greffiers, huissiers ou sergens royaux furent autorisés à faire, comme par le passé, lorsqu'ils en seraient requis, les ventes et prisées de biens meubles, avec défense à toute autre personne de s'immiscer dans ces fonctions. — Un mois après (17 août 1771), les anciens jurés-priseurs étaient rétablis.

13. — D'après les anciens réglemens, les huissiers-priseurs ne pouvaient exercer l'état de fripiers et revendeurs de meubles. — Édit de février 1556.

14. — Ils devaient résider dans le lieu de leur établissement et n'avaient aucun caractère hors de leur ressort. — Même édit, art. 2.

15. — Cependant, par exception, les huissiers priseurs de Paris avaient le droit de faire les ventes et prisées par suite d'inventaire dans toute la France. — *Encyclop. méthodique* (Jurisp.), v° *Huissier-priseur*.

16. — Ils devaient estimer les meubles séparément, *quand la pièce excédait trente sous*. — Édit de février 1556.

17. — Le tarif des huissiers et jurés-priseurs, fixé d'abord par l'édit de fév. 1556 et par les lettres de justice du 20 mai 1557, fut modifié dans la suite, d'abord par la déclaration du 12 mars 1697, et définitivement par lettres patentes du 8 janvier 1782.

18. — Les offices de jurés-priseurs furent supprimés par lettres patentes du 26 juillet 1790, en conséquence des décrets précédens de l'assemblée constituante. Par l'art. 6 de ces lettres, les notaires, greffiers, huissiers et sergens furent investis des fonctions de ces officiers.

19. — Le 17 sept. 1793 une loi de la Convention conserva les attributions conférées aux notaires, huissiers et greffiers et détermina la quotité de leurs droits. — V. *infrà* n° 33.

20. — Le silence de cette loi sur le droit exclusif qu'avaient les officiers ministériels de remplir les fonctions des anciens huissiers et jurés-priseurs » donna lieu à de graves abus résultant du droit que des particuliers s'arrogeaient, dans quelques cantons, de faire des ventes publiques de meubles et effets mobiliers.

21. — Mais, par deux arrêtés des 12 fructid. an IV et 27 niv. an V, le directoire exécutif mit fin à toute incertitude à cet égard.

22. — Voici le dispositif de ces décisions : « Art. 1er. Il est défendu à tous autres que les notaires, greffiers et huissiers de s'immiscer dans les prisées, estimations et ventes publiques de meubles et effets mobiliers, soit qu'elles soient faites volontairement après inventaire, ou par autorité de justice, en quelque sorte et manière que ce puisse être et sans aucune exception. » — Les contrevenans seront poursuivis devant les tribunaux à la requête et diligence des commissaires du directoire exécutif près les administrations, pour être condamnés aux amendes portées par les réglemens non abrogés, sans préjudice des dommages-intérêts des notaires, greffiers et huissiers, pour raison desquels ceux-ci se pourvoiront contre eux ainsi qu'ils aviseront. »

23. — Enfin, la loi du 27 vent. an IX vint créer les commissaires-priseurs, mais pour le département de la Seine seulement.

24. — Les motifs de cette loi furent exposés en ces termes par le rapporteur : « En établissant les commissaires-priseurs, vous supprimez ces scandaleux encans, où les objets volés trouvent un recélé facile, où l'on n'expose que des marchandises inférieures et détériorées... vous déjouez les injustes coalitions des marchands courant habituellement les ventes pour acheter à vil prix et partager ensuite un bénéfice illicite sur les objets vendus ; vous rendez au commerce légitime des marchands en boutique ou en magasin les occasions de vente dont ces encans les privent journellement ; enfin, par les cautionnements, vous garantissez la solvabilité de ces fonctionnaires dépositaires nécessaires et forcés. »

25. — Le nombre des commissaires-priseurs institués à Paris fut porté à 80, et une chambre syndicale fut établie, à l'instar de celle des avoués, par l'arrêté consulaire du 29 germin. an IX.

26. — Indépendamment de cet arrêté, il existe aussi un réglement homologué par le tribunal civil, et portant la date du 21 frim. an X, qui reproduit les dispositions de l'arrêté précité, et qui en crée d'autres de détail et de discipline intérieure relatives notamment à l'élection des membres, aux renseignemens à prendre sur les aspirans aux fonctions de commissaires-priseurs, sur l'examen de la capacité des candidats, et sur leur admission, sur les difficultés qui peuvent exister entre les membres de la compagnie, sur toutes les questions de préférence relatives à leurs fonctions, et sur les peines de discipline qui peuvent leur être appliquées. — V. Benou, t. 2, p. 95, n° 18.

27. — En 1816, l'institution des commissaires-priseurs fut étendue de Paris à toute la France.

28. — Voici en quels termes la loi des finances du 28 avril statue dans son art. 87 : « Il pourra être établi dans toutes les villes et lieux où Sa Majesté le jugera convenable des commissaires-priseurs dont les attributions seront les mêmes que celles des commissaires-priseurs établis à Paris par la loi du 27 vent. an IX. Ces commissaires n'auront, conformément à l'art. 1er de ladite loi, de droit exclusif que dans le chef-lieu de leur établissement. Ils auront, dans tout le reste de l'arrondissement, la concurrence avec les autres officiers ministériels d'après les lois existantes. »

29. — En exécution de cette disposition, une ordonnance royale, du 26 juin 1816, a établi des commissaires-priseurs dans les villes chefs-lieux d'arrondissement ou qui sont le siége d'un tribunal de première instance, et dans celles qui, n'ayant ni sous-préfecture ni tribunal, renferment une population de cinq mille ames et au-dessus.

30. — Cette ordonnance établissait un commissaire-priseur par chaque justice de paix dans les villes de plus de cinq mille ames, mais elle est restée sans exécution sur ce point. Des ordonnances spéciales fixent le nombre des commissaires-priseurs dans les départemens suivant les besoins des localités. Quant à Paris, le nombre est resté fixé à 80.

31. — Un avis du conseil d'état du 18 août 1818 met en doute l'utilité de l'institution des commissaires-priseurs partout ailleurs que dans les grandes villes ; il se fonde sur ce que les fonctions de ces officiers sont aussi bien remplies et à moins de frais par les notaires, huissiers et greffiers.

32. — La loi du 28 avril 1816 avait promis qu'une disposition législative réglerait le tarif des commissaires-priseurs, mais cette promesse resta sans effet, l'abus prit la place de droit, et bientôt chaque département, chaque ville eut son tarif : l'usage devint la règle.

33. — Cet état de choses provenait de ce que, les émolumens fixés par la loi du 17 sept. 1793 étant manifestement insuffisans, les tribunaux répugnaient à l'appliquer dans l'intérêt même des parties qui auraient pu l'invoquer.

34. — La loi du 18 juin 1843 est enfin venue faire cesser cette anarchie, en réglant d'une manière uniforme et précise les émolumens auxquels les commissaires-priseurs auraient droit.

35. — Il est à remarquer que, dans ce tarif, la ville de Marseille a été assimilée aux villes de Paris, Lyon, Bordeaux et Rouen.

36. — Avant la loi du 25 avr. 1844, les commissaires-priseurs étaient soumis à la même patente que les huissiers (*Cons. d'état*, 16 janv. 1822, Boivin) ; mais aujourd'hui ils en sont exempts, comme tous les autres officiers publics et ministériels. — V. PATENTE.

Sect. 2e. — *Nomination des commissaires-priseurs. — Conditions d'admission. — Costume.*

37. — Les commissaires-priseurs sont nommés par ordonnance du roi, sur la présentation du ministre de la justice. — LL. 27 vent. an IX, art. 9 ; 28 avr. 1816, art. 89.

38. — Les candidats doivent avoir vingt-cinq ans, ou avoir obtenu du roi des dispenses d'âge. — Ord. 26 juin 1816, art. 10.

39. — Aujourd'hui, les dispenses ne sont plus accordées pour quelque cause que ce soit.

40. — Ils doivent être Français, jouir de l'exercice des droits civils,

41. — ... Et être libérés du service militaire.

42. — Ils doivent en outre être présentés par un titulaire ou par ses héritiers et ayans-cause, à moins qu'il n'y ait eu destitution. — L. 28 avr. 1816, art. 91. — V. OFFICE.

43. — M. Bioche (v° *Commissaire-priseur*, n° 17) dit que le candidat aux fonctions de commissaire-priseur doit justifier d'un stage semblable à celui qu'on exige d'un huissier ; mais aucun texte n'exige cette formalité.

44. — « Toutefois, dit M. Benou (*Code des commissaires-priseurs*, t. 1er, p. 69), il est nécessaire qu'il (le candidat) ait suivi un cours de droit, ou du moins qu'il possède certaines connaissances des lois et de la jurisprudence dont il est appelé à faire l'application. Nous approuvons les jeunes gens qui puisent ces connaissances dans les études de notaire, mais nous leur conseillons aussi de travailler quelque temps dans une étude d'avoué ; c'est là qu'ils se familiariseront avec la pratique et qu'ils deviendront capables de se tirer avec honneur des difficultés de procédure qu'ils sont exposés à rencontrer à chaque pas, et dans lesquelles l'inexpérience pourrait compromettre les intérêts de leurs cliens et même les compromettre personnellement. »

45. — A Paris, la chambre des commissaires-priseurs a pris, le 20 août 1835, un arrêté duquel il résulte que les candidats doivent, pendant le temps qui s'écoule entre le jour de leur *admittatur* à la chambre et le jour de leur nomination par le roi, travailler, soit chez le commissaire-priseur démissionnaire, leur prédécesseur, soit chez un des membres de la chambre, et assister deux fois par semaine aux ventes confiées aux soins de la chambre.

46. — D'après la même délibération, pour constater leur présence à ces ventes, les candidats sont tenus de signer une feuille et sont passibles, pour chaque absence, d'une amende égale à la valeur d'un jeton, à moins d'empêchemens jugés légitimes. — Benou, t. 1er, p. 70.

47. — Du reste, la capacité et la moralité du candidat sont attestées par un certificat de la chambre, homologué par le tribunal et transmis à la chancellerie par le procureur général.

48. — En province, le certificat de moralité et de capacité est suppléé par une attestation du procureur du roi.

49. — L'aspirant aux fonctions de commissaire-priseur doit obtenir l'agrément du tribunal du lieu où il doit exercer ses fonctions. Expédition de la délibération du tribunal qui fait droit à sa demande lui est délivrée et doit être jointe aux pièces qu'il adresse à la chancellerie. — Massabiau, t. 3, n° 3153. — V. OFFICE.

50. — Sous la loi du 21 avr. 1832 (art. 34), l'ordonnance de nomination était soumise à un droit d'enregistrement s'élevant à 10 % sur le montant du cautionnement. Aujourd'hui l'enregistrement est perçu non sur l'ordonnance, mais sur le traité ; le droit est restitué lorsque le candidat n'obtient pas l'agrément du roi. — L. 25 juin 1841. — V. OFFICE.

51. — Avant d'entrer en fonctions, le commissaire-priseur doit verser son cautionnement. — LL. 27 vent. an IX, art. 10 ; 28 avr. 1816, art. 96 ; — ord. 26 juin 1816, art. 1er, 13. — V. CAUTIONNEMENT, FONCTIONNAIRES, etc.

52. — Ce n'est qu'après avoir justifié de l'accomplissement de cette formalité qu'il est admis à prêter serment. — Ord. 26 juin 1816, art. 15 ; — LL. 27 vent. an IX, art. 10 et 11 ; 28 avr. 1816, art. 92 ; 31 août 1830.

53. — Le serment doit être prêté devant le tribunal de première instance dans le ressort duquel le commissaire-priseur doit exercer ses fonctions. Il est à la fois politique et spécial. — V. OFFICIER MINISTÉRIEL, SERMENT.

54. — Jugé que la loi du 31 août 1830 sur le serment politique n'a pas abrogé les dispositions législatives qui imposent aux fonctionnaires publics des sermens spéciaux à raison de leurs fonctions. — *Cass.*, 28 août 1831, Rogiard ; 14 déc. 1836 (t. 1er

1837, p. 572), Rosaguti; 17 janv. 1838 (t. 1er 1838, p. 162), procureur général à la cour de Cassation.

55. — Jugé, en conséquence, que les commissaires-priseurs, outre le serment politique prescrit par la loi du 31 août 1830, doivent prêter le serment spécial exigé par le décret du 14 juin 1813 (art. 7), qui a conservé force de loi. — *Cass.*, 17 janv. 1838 (t. 1er 1838, p. 162), procureur général à la cour de Cassation.

56. — Le serment une fois prêté s'étend à tous les actes de leur ministère, pendant toute la durée de leur exercice. — En conséquence, ils n'ont point à le répéter à chaque opération, lorsque ces opérations ont lieu dans l'étendue du territoire qui leur est imparti par la loi. — Benou, *Code des commissaires priseurs*, t. 1er, p. 39.

57. — Le costume des commissaires-priseurs dans l'exercice de leurs fonctions est un habillement noir; leur insigne, une ceinture de soie noire. — L. 29 germin. an IX, art. 13. — Dans les cérémonies, notamment lors de la prestation du serment, ils portent une toge de laine noire fermée par devant, à manches larges, toque noire, cravate tombante de batiste blanche plissée. — Ord. 26 juin 1816, art. 8.

Sect. 3e. — *Droits et attributions des commissaires-priseurs.*

58. — Les commissaires-priseurs de Paris ou des départemens ont les uns et les autres les mêmes attributions, c'est-à-dire qu'ils font exclusivement toutes les prisées de meubles et ventes publiques aux enchères dans la ville chef-lieu de l'arrondissement dans lequel ils résident, et concurremment avec les notaires, huissiers et greffiers, dans tout le surplus de l'arrondissement, à l'exception toutefois des villes où résiderait un commissaire-priseur. — Ord. 26 juin 1816. — V. PRISÉE, VENTE PUBLIQUE DE MEUBLES.

59. — Cette concurrence pour les commissaires-priseurs établis dans les villes qui ne sont pas chefs-lieux d'arrondissement se borne à l'étendue de leur canton.

60. — Ainsi, les commissaires-priseurs créés en vertu de la loi du 20 avril 1816 n'ont pas le droit exclusif de faire les estimations et ventes de meubles au delà du chef-lieu de leur établissement. — *Rouen*, 17 mai 1817, Hazé c. Diunat.

61. — Le droit de décider si telle ou telle localité fait partie du chef-lieu d'établissement d'un commissaire-priseur appartient exclusivement aux tribunaux; leur décision à cet égard échappe à la censure de la cour suprême. — *Cass.*, 22 mars 1832, huissiers de Lyon c. commissaires-priseurs. — Galouzeau de Villepin, *Comment. sur la loi des marchandises neuves*, no 98.

62. — Ainsi jugé que les commissaires-priseurs de la ville de Lyon ont le droit exclusif de procéder aux ventes publiques de meubles non seulement dans l'étendue du territoire de la mairie de Lyon, mais encore dans l'étendue du territoire des mairies de la Guillotière, de la Croix-Rousse et de Vaise; bien que ces trois faubourgs forment trois communes distinctes de celle de Lyon, ils doivent être néanmoins réputés faire partie de la ville de Lyon. — Même arrêt.

63. — La compétence respective des commissaires priseurs entre eux ou les officiers ministériels qui ont concurrence avec eux se détermine par la situation des objets à vendre. — Benou, *Code des commissaires-priseurs*, p. 20.

64. — Nous avons dit que les commissaires-priseurs de Paris et des départemens avaient les mêmes attributions, et que ces attributions comprenaient les *prisées et les ventes*. Cependant nous ferons remarquer que la loi du 27 ventôse an IX, dans la seconde disposition de son article 1er, ne parle que des *ventes*; l'art. 8 ord. du 29 juin 1816 a réparé cette omission. D'ailleurs la pensée de la loi du 27 ventôse an IX était si évidente, quoique sa rédaction fût équivoque, que jamais personne n'a songé à contester aux commissaires-priseurs le droit de faire les prisées.

65. — Au surplus, l'ordonnance du 26 juin 1816, pour assurer d'autant plus l'exécution de son article 3, fait défense à tous particuliers, à tous autres officiers publics de s'immiscer dans les prisées et ventes qui se font à Paris, à peine d'amende qui ne pourra excéder le quart du prix des objets prisés et vendus.

66. — On a fait remarquer avec raison que la loi du 10 juin 1824, qui réduit les amendes prononcées par les lois sur les ventes publiques, n'est pas applicable. Celle dont il vient d'être question ne concerne que les amendes encourues par les officiers publics. — Benu, t. 1er, p. 16.

67. — Quoiqu'il soit de principe que la concurrence existe entre tous les commissaires-priseurs d'une même résidence, cependant dans les villes où il existe des monts-de-piété, les opérations de prisée et de vente concernant ces établissemens sont faites *exclusivement* par quelques uns seulement des commissaires-priseurs de ces villes. — Décr. 8 thermid. an XIII; ordonn. 26 juin 1816, art. 5.

68. — Ces commissaires-priseurs sont nommés par le ministre de l'intérieur, sur la présentation faite par les administrateurs, qui fixent le nombre de ces officiers nécessaire pour le service.

69. — A Paris, les candidats ne peuvent être choisis que parmi les commissaires-priseurs ayant trois ans d'exercice au moins; cependant il est dérogé à ce principe en faveur des gendres ou fils de commissaires-priseurs déjà attachés au mont-de-piété et aux fonctions desquels ils succèdent. — Benou, t. 1er, p. 51.

70. — Dans d'autres localités, par exemple, à Versailles et à Rouen, le service des monts-de-piété se fait à tour de rôle.

71. — Les commissaires-priseurs près les monts-de-piété sont personnellement soumis à la garantie des prêts faits sur les objets déposés. — Ordonn. 26 juin 1816, art. 5.

72. — Jugé que les contestations qui pourraient s'élever entre des commissaires-priseurs et des appréciateurs du Mont-de-Piété, en ce que ceux-ci se seraient immiscés dans les fonctions de commissaires-priseurs, étant des contestations d'intérêt privé seulement, doivent être déférées aux tribunaux et non à l'autorité administrative. — *Cons. d'etat*, 25 fév. 1818, Aillaud c. les appréciateurs du Mont-de-Piété de Marseille.

73. — Le privilége des commissaires-priseurs ne s'étend pas à la vente du mobilier de l'Etat. La loi du 2 niv. an IV, art. 2, autorise le gouvernement à faire procéder à la vente de ce mobilier de la manière qu'il trouve la plus prompte et la plus avantageuse.

74. — En exécution de cette loi, un arrêté du directoire exécutif a ordonné (22 niv. an VI, art. 3), que ces ventes seraient faites exclusivement par les receveurs et autres préposés de la régie de l'enregistrement et des domaines.

75. — Mais cette loi et cet arrêté n'ont-ils pas été abrogés par les lois postérieures? La cour de Paris s'était prononcée pour l'affirmative par arrêt du 6 fév. 1830; mais la cour suprême a cassé cet arrêt et consacré le système contraire. — *Cass.*, 7 mai 1832, Domaines c. commissaires-priseurs.

76. — L'affaire ayant été renvoyée devant la cour d'Orléans, y a reçu une solution semblable.

77. — Ainsi, de cette jurisprudence il résulte que l'arrêté du gouvernement du 23 niv. an VI, par lequel la vente du mobilier de l'État, non réservé pour le service public, a été confiée exclusivement aux préposés de la régie des domaines, n'a pas été abrogé par les lois qui ont établi les commissaires-priseurs et les autres officiers chargés des ventes mobilières. — *Orléans*, 20 juin 1833, Domaines c. commissaires-priseurs.

78. — En conséquence, les préposés de l'enregistrement et des domaines sont fondés à procéder, à l'exclusion des commissaires-priseurs, aux ventes publiques et par enchères du mobilier ou de partie du mobilier de l'Etat. — Même arrêt.

79. — Il s'est élevé de sérieuses difficultés entre les commissaires-priseurs et d'autres officiers publics sur l'étendue de leur privilége et sur les limites des droits de ceux qui, dans certains cas, leur font concurrence.

80. — C'est ainsi d'abord qu'il s'est agi de déterminer, au point de vue de la loi du 27 vent. an IX et de l'ordonnance du 26 juin 1816, quel est le sens du mot *meubles*, et s'il comprend les meubles incorporels, les fonds de commerce, etc... — Sur cette question, il a été décidé qu'aux notaires seuls appartenait le droit de faire ces sortes de ventes, même quand elles comprenaient des métiers, ustensiles et autres objets mobiliers dépendant du fonds.

81. — Seulement, il est à remarquer que, dans ce cas, les notaires qui procèdent à la vente du fonds de commerce et de ses accessoires, ne peuvent vendre qu'en masse, et non en détail. — V. NOTAIRE, VENTE PUBLIQUE DE MEUBLES.

82. — Une question plus controversée, et sur laquelle il existe depuis plus de quinze ans un référé législatif, est celle de savoir si les commissaires-priseurs ont le droit de procéder à la vente de récoltes sur pied et de fruits pendans par racines, mais destinés à être détachés du sol. Après une controverse animée et qui dure depuis près de trente ans, la jurisprudence de la cour de Cassation s'est prononcée en faveur des notaires et contre les commissaires-priseurs; les autres cours ont fini, non sans une vive résistance, par adopter la même doctrine. Mais il faut remarquer que tous les projets de loi qui ont été présentés aux chambres sur cette matière, depuis 1830, ont repoussé le système de la cour de Cassation, et que si, sur ces projets, il s'est élevé un conflit entre la chambre des pairs et la chambre des députés, ce point du moins était hors de discussion. — V. NOTAIRE, VENTE PUBLIQUE DE MEUBLES.

83. — Aux termes du décret du 22 nov. 1811, les ventes publiques de marchandises à la bourse et aux enchères, que l'art. 492, C. comm., autorise les courtiers de commerce de faire en cas de faillite, peuvent être faites par eux dans tous les cas, même à Paris, avec autorisation du tribunal de commerce, donnée sur requête.

84. — Cette disposition fut modifiée par le décret du 17 avr. 1812 et par l'ordonnance du 23 avr. 1819, qui apportèrent des restrictions au droit trop absolu que le décret du 22 nov. avait conféré aux courtiers de commerce.

85. — Sur ce point encore, de nombreuses contestations surgirent entre les commissaires-priseurs et les courtiers. Il s'agissait notamment de savoir si l'ordonnance de 1819 avait pu modifier le décret du 17 avr. 1812. La jurisprudence s'est encore prononcée cette fois contre les commissaires-priseurs. — V. COURTIERS DE COMMERCE.

86. — Les ventes aux enchères de *marchandises en gros*, comprises dans les tableaux dressés par le tribunal de commerce et approuvées par le ministre du commerce, conformément au décret du 17 avr. 1812 et à l'ordonnance du 1er juill. 1818, elles doivent être faites exclusivement par les courtiers de commerce. — L. 25 juin 1841, art. 6.

87. — Cependant les commissaires-priseurs ont qualité pour procéder à ces ventes dans les villes où il n'existe pas de courtiers; mais, dans ce cas, ils doivent se soumettre pour ces ventes aux formes, conditions et tarifs imposés aux officiers dont ils remplissent les fonctions. — Même loi, art. 10. — V. VENTE DE MARCHANDISES NEUVES.

88. — Quant aux ventes publiques de marchandises et effets mobiliers dépendant d'une faillite, les courtiers avaient autrefois le droit d'y procéder concurremment avec les commissaires-priseurs, ou, à leur défaut, avec les notaires, huissiers et greffiers, suivant les localités. — V. COURTIERS DE COMMERCE.

89. — Aujourd'hui, il faut distinguer entre les marchandises et le mobilier proprement dit.

90. — Les commissaires-priseurs, dans les villes où ils sont établis, sont exclusivement compétens pour procéder à la vente aux enchères du mobilier. — A leur défaut, la vente est faite par les notaires, huissiers et greffiers. — L. 25 juin 1841, art. 4, § 2.

91. — Quant à celle des marchandises, elle peut être faite conformément à l'art. 486, C. comm., par un officier public de la classe que le juge commissaire aura désigné. — L. 25 juin 1841, art. 4.

92. — La combinaison de cette disposition avec l'art. 486, C. comm., qui donne au juge commissaire le droit de décider si la vente des marchandises se fera à l'amiable, ou par l'entremise des courtiers *ou de tous autres officiers publics préposés à cet effet*, a donné lieu à une contestation qui est en ce moment soumise à la cour de Cassation. Il s'agit de savoir si, dans les villes où sont établis des commissaires-priseurs, le juge-commissaire peut désigner, pour procéder à la vente des marchandises, les huissiers, notaires et greffiers.

93. — La question s'est présentée devant la cour de Caen, qui, après avoir jugé d'abord que l'art. 486, C. comm., ne portait aucune atteinte au privilége des commissaires-priseurs (arrêt du 26 août 1843. Gobier c. Legeay...), est revenue sur sa jurisprudence, et a statué en sens contraire par un nouvel arrêt du 18 janv. 1844 (t. 1er 1844, p. 665), Poitrineau c. Lemercier.

94. — Le pourvoi contre cet arrêt a été admis par la chambre des requêtes et est en ce moment soumis à la chambre civile. — Sur cette question, V. FAILLITE, VENTE DE MARCHANDISES NEUVES; VENTE PUBLIQUE DE MEUBLES.

95. — Les commissaires-priseurs ont-ils le droit de faire des *ventes à terme*? — Les notaires l'ont contesté: ils ont prétendu que stipuler des termes, fixer des conditions dans une vente mobilière, c'était constater des conventions et, par conséquent, empiéter sur leurs attributions. — Selon eux, les commissaires-priseurs ne peuvent, d'après la loi de leur institution, que faire des ventes *au comptant*.

96. — Contrairement à ce système, les commissaires-priseurs ont soutenu, 1o que, dans l'ancien droit, les huissiers-priseurs et les jurés-priseurs avaient le droit de faire des ventes à terme, et que la loi nouvelle n'avait pas changé leurs anciennes attributions; — 2o qu'il était dans la nature des

choses que ce droit leur appartînt ; qu'en effet, un grand nombre de ventes seraient impossibles sans cette faculté ; qu'ainsi, lorsqu'il s'agit de vendre des matériaux à provenir de bâtimens non encore démolis, du mobilier d'exploitation d'une ferme, des fumiers et approvisionnemens, des coupes de bois ou des récoltes sur pied, la livraison ne peut avoir lieu instantanément, et que le paiement doit nécessairement être différé, car il ne peut précéder la tradition. — D'ailleurs, quand il s'agit de ventes mobilières considérables, comment espérer que chaque enchérisseur aura sur lui l'argent nécessaire pour acquitter les objets dont il se rend adjudicataire ? Il faut donc absolument que des termes puissent être accordés par le vendeur. Agir autrement, ce serait lui nuire et écarter un grand nombre d'enchérisseurs.

97. — Ce dernier système, consacré par la cour de Cassation le 6 mars 1837 (t. 1er 1837, p. 229), Munier c. Salle), mais contraire à la jurisprudence de la cour de Paris (V. VENTE PUBLIQUE DE MEUBLES), a paru à la chambre des députés devoir être préféré à celui que les notaires avaient essayé de faire prévaloir. Il en a été autrement à la chambre des pairs, et comme cette chambre n'a pu parvenir à s'entendre avec l'autre, il a fallu que le projet de loi fût retiré par le gouvernement, afin d'éviter un conflit législatif.

98. — Du reste, la question avait été très sérieusement examinée par la commission de la chambre des députés, en 1840, et le rapporteur, M. Hébert, l'avait discutée avec tout le soin qu'elle comportait : son travail reste comme un document important, indispensable à consulter par tous ceux qui veulent prendre parti dans la discussion en parfaite connaissance de cause.

99. — Nous ferons seulement remarquer ici que ce n'est qu'en matière de ventes volontaires que la question peut se présenter ; quand il s'agit de ventes judiciaires, l'adjudication doit être faite *au comptant* ; il n'y a pas de contestation à cet égard.

100. — Nous ajouterons que, dans toutes les opinions, on reconnaît que le commissaire-priseur est toujours le maître de faire crédit, mais sous sa responsabilité personnelle. — *Paris*, 26 août 1830, Barrier c. Mussiot ; *Colmar*, 17 janv. 1831, Guérin c. Marx.

101. — Lorsque deux commissaires-priseurs se trouvent nommés dans une même opération, et qu'ils procèdent ensemble à une vente, le plus ancien, d'après son rang d'inscription au tableau, a droit de garder la minute et est chargé des deniers de la vente. — Réglem. 21 germin. an X, tit. 7, art. 11.

102. — Lorsque le commissaire-priseur est appelé à prendre, concurremment avec un notaire ou un huissier, la minute est reçue par l'officier le plus ancien, et reste toujours dans ses mains. C'est une règle établie, à moins qu'il n'y soit dérogé par des conventions particulières. — Benou, t. 1er, p. 276.

103. — Les commissaires-priseurs peuvent recevoir toutes déclarations concernant les ventes auxquelles ils procèdent, recevoir et viser toutes oppositions qui y sont formées, introduire devant les autorités compétentes tous référés auxquels leurs opérations peuvent donner lieu et citer à cet effet les parties intéressées devant ces autorités. — L. 27 vent. an IX, art. 3 ; Ord. 26 juin 1816, art. 6.

104. — Les procès-verbaux des commissaires-priseurs ne font preuve que du fait de la vente, et n'emportent ni hypothèque ni exécution parée. — V. aussi *Bruxelles*, 22 mars 1810, Vermeulen c. Deracker.

105. — Pour rendre exécutoires les procès-verbaux des commissaires-priseurs, il faut obtenir du président une ordonnance d'exequatur. — Carré, t. 2, p. 358.

106. — Les commissaires-priseurs ont la police des ventes auxquelles ils procèdent, et peuvent faire, pour y maintenir l'ordre, toute réquisition de l'autorité de la force publique. — L. 27 vent. an IX, art. 5 ; ord. de police, 29 avr. 1806.

107. — Aux termes de cette ordonnance, les commissaires-priseurs de Paris, qui voulaient requérir la force publique, devaient se faire assister par un commissaire de police ; mais cette formalité n'est plus exigée depuis que le préfet de police a fait inscrire les commissaires-priseurs au nombre des fonctionnaires qui ont le droit de requérir la force armée. — Benou, t. 1er, p. 41, note 1re.

108. — Lorsque leur autorité est méconnue, ou qu'ils sont outragés dans l'exercice de leurs fonctions, ils dressent un procès-verbal, constatant les faits dont ils ont à se plaindre, et l'adressent en minute au procureur du roi.

109. — Aux termes de l'art. 91, L. 28 avr. 1816, les commissaires-priseurs sont rangés dans la catégorie des officiers publics qui ont le droit de présenter leurs successeurs. Ce droit disparaît en cas de destitution. — V. OFFICE.

Sect. 4e. — *Devoirs et obligations des commissaires-priseurs. — Incompatibilités.*

110. — Rappelant une sage disposition de l'ancienne législation (V. *suprà*, no 13), l'ordonnance du 26 juin 1816 fait défenses à tous les commissaires-priseurs indistinctement d'exercer la profession de marchand de meubles, de marchand fripier ou tapissier, et même d'être associés à aucun commerce de cette nature, à peine de destitution. — V. art. 12.

111. — Mais elle permet de cumuler, partout ailleurs qu'à Paris, les fonctions de commissaires-priseurs et celles d'huissier, de greffier de justice de paix et de greffier de tribunal de simple police. — Ord. 26 juin 1816, art. 11.

112. — D'après le même article, les fonctions de notaire et de commissaire-priseur n'étaient pas non plus incompatibles ; mais cette disposition a été rapportée par une ordonnance postérieure du 3 juill. 1822.

113. — Le ministère des commissaires-priseurs est forcé, comme celui des huissiers et des avoués.

114. — Jugé que la clause que les enchérisseurs paieront en sus du prix 10 centimes par franc pour les frais de vente ne présente rien de contraire aux lois. Les commissaires-priseurs ne pourront donc, à raison de cette clause, refuser leur ministère. — *Lyon*, 21 nov. 1832, Besnard c. Teyssier.

115. — Avant de procéder à une vente, le commissaire-priseur doit en faire la déclaration au bureau d'enregistrement dans la circonscription duquel elle doit avoir lieu, sous peine de 20 francs d'amende — L. 22 pluv. an VII, art. 5.

116. — A Paris, chaque commissaire-priseur est tenu en outre de faire, au secrétariat de la chambre, déclaration de toutes les ventes dont il est chargé 24 heures au moins avant le commencement de la vente, et d'indiquer les jour, lieu et heure où elles doivent être faites, ainsi que le nom des requérants. — Arrêté 29 germ. an IX, art. 8 ; réglem. 21 frim. an X.

117. — Le commissaire-priseur qui néglige de faire cette déclaration est tenu de payer trois francs pour la première fois, dix francs pour la deuxième et 25 francs pour la troisième. — Même article.

118. — Ces déclarations sont reçues moyennant un franc, et sont portées, jour par jour, sur un registre ouvert à cet effet, signé et paraphé par le président. — Même art., § 2.

119. — Lorsque la vente déclarée n'a pas lieu, une contre-déclaration doit être faite à la chambre avant l'expiration des deux mois courans, afin de constater qu'il n'y a lieu à aucun rapport en bourse commune. — Benou, t. 1er, p. 319.

120. — « Les commissaires-priseurs doivent dans les opérations, soit de vente, soit de prisée, apporter l'impartialité la plus sévère, se pénétrer des obligations imposées aux comptables et aux dépositaires publics; les procès-verbaux qu'ils rédigent en minute et les deniers qu'ils reçoivent sont des dépôts sacrés auxquels ils ne peuvent porter la moindre atteinte sans se rendre coupables des crimes prévus par les art. 169 et 173, Cod. pénal. » — Benou, t. 1er, p. 40.

121. — Dans les ventes publiques de meubles, le commissaire-priseur doit être assisté de deux témoins, ayant la qualité de Français, jouissant de leurs droits civils et sachant signer. — L. 15 janv. 1803, art. 9.

122. — Quelques commissaires-priseurs se font assister par l'un de leurs confrères et suppléent ainsi à la présence et à la signature des témoins ; mais rien n'autorise ce mode de procéder. — V. Benou, t. 1er, p. 328 et suiv.

123. — Tous les objets mis en vente ou vendus doivent être inscrits sur le procès-verbal. — L. 22 pluv. an VII ; art. 5 et 7 ; Ord. du 1er mai 1816.

124. — Les procès-verbaux des commissaires-priseurs doivent être rédigés sur papier timbré. — L. 13 brum. an VII ; art. 12 et 18.

125. — Ils doivent être enregistrés dans le délai de quatre jours, à peine du double droit et de la responsabilité envers les parties. — L. 22 frim. an VII, art. 8.

126. — Les expéditions ne peuvent être délivrées que sur grand papier à 1 fr. 25 c. la feuille. — L. 13 brum. an VII, art. 19.

127. — Les minutes des procès-verbaux des commissaires-priseurs doivent être conservées avec soin ; ces officiers sont tenus de les représenter quand ils en sont requis et peuvent y être contraints même par corps. — Benou, *Cod. des comm. priseurs*, t. 1er, p. 40. — V. aussi lettre du ministre de la justice du 8 fév. 1830.

128. — Les commissaires-priseurs sont responsables : 1o des minutes qu'ils rédigent, ainsi que des pièces y annexées.

129. — ... 2o Des adjudications et des deniers provenant des ventes faites par leur ministère, ou qui leur ont été remis du consentement des parties, tels que ceux trouvés lors de l'ouverture d'une succession, et dont le dépôt leur est fait provisoirement.

130. — ... 3o Du paiement, dans les délais fixés par la loi, des droits d'enregistrement, soit fixes, soit proportionnels, à percevoir sur leurs procès-verbaux.

131. — ... 4o Du montant des contributions dues par les propriétaires des objets vendus. — L. 12 nov. 1808.

132. — Ils ne peuvent recevoir des adjudicataires aucune somme au-dessus de l'enchère, à peine de concussion. — C. pr., art. 625.

133. — Les commissaires-priseurs ne peuvent procéder à la vente à l'encan de marchandises neuves faisant l'objet d'un commerce qu'à défaut de courtiers de commerce et en remplissant d'ailleurs les formalités qui sont imposées aux courtiers eux-mêmes par les décrets des 22 nov. 1811 et 17 avril 1812. — L. 25 juin 1841, art. 6 et 10. — *Cass.*, 13 fév. 1838 (t. 1er 1838, p. 238), Hue c. Wolf.

134. — Les commissaires-priseurs ne peuvent procéder à la vente de marchandises neuves sous peine d'une amende de 50 à 3,000 fr. — L. 25 juin 1841, art. 1.

135. — Ils peuvent, en outre, être condamnés à des dommages-intérêts. — *Ibid.*, art. 7.

136. — Le délit de vente à l'encan de marchandises neuves n'existe qu'autant qu'il y a eu mise en vente; il ne suffit pas que la vente aux enchères ait été annoncée par des placards publiquement apposés et même par la voie des journaux. — *Cass.*, 12 avril 1844 (t. 2 1844, p. 190), Hamel.

137. — Les commissaires-priseurs sont astreints à tenir un répertoire où ils inscrivent jour par jour leurs actes et procès-verbaux. — Ord. 26 juin 1816, art. 13., L. du 22 frim. an VII.

138. — Une expédition du répertoire doit être déposée tous les ans *avant le premier mars* au greffe du tribunal, à peine de 10 fr. d'amende par chaque mois de retard. — Ord. 26 juin 1816, art. 13. V. RÉPERTOIRE. — Ainsi, l'amende est encourue lorsque le dépôt n'a eu lieu que le *premier mars*. — Décis. minist. fin. 5 mai 1817 ; — *Cass.*, 10 mai 1819, Didier et Clémenceau ; 4 juill. 1820, Colisan.

139. — Jugé de même que l'ordonnance du 26 juin 1816 doit être entendue en ce sens que les commissaires-priseurs sont obligés de déposer leurs répertoires au greffe du tribunal civil de l'arrondissement *dans les deux premiers mois de l'année qui suit celle à laquelle ces répertoires se rapportent.* — *Cass.*, 7 fév. 1843 (t. 1er 1843, p. 524), commiss.-priseurs de Paris.

140. — D'une décision du ministre des finances en date du 18 août 1812 il résulte : 1o que l'obligation d'inscrire jour par jour les procès-verbaux dans son répertoire n'existe que pour le commissaire-priseur qui a procédé à la vente et qu'elle n'est pas imposée au signataire en second.

141. — ... 2o Que le procès-verbal doit être inscrit au répertoire, alors même qu'il constate seulement que la vente n'a pu commencer.

142. — ... 3o Qu'une seule mention est nécessaire, quel que soit le nombre des vacations.

143. — Les commissaires-priseurs sont, comme tous les officiers publics, tenus de verser à la caisse des consignations les sommes provenant de ventes de biens meubles de toute espèce, même de ventes volontaires s'il y a des oppositions. — Ord. 3 juill. 1816, art. 2, no 8, et art. 7. — V. CAISSE DES DÉPÔTS ET CONSIGNATIONS, CONSIGNATION.

144. — Avant l'ordonnance du 3 juill. 1816, aucune loi n'ordonnait que le commissaire-priseur qui avait procédé à la vente de meubles dépendant d'une succession vacante, se dessaisît des deniers ou les versât dans une caisse publique, à peine d'en payer personnellement l'intérêt dans un délai déterminé depuis la vente. — *Rennes*, 30 mars 1812, Alexandre c. N ... ; 30 nov. 1812, Alexandre c. Maillé.

145. — Par suite, on devait juger également que le commissaire-priseur devait l'intérêt des sommes provenant de la vente, non du jour où il l'avait faite, mais de celui où il avait été mis en demeure. — *Rennes*, 30 nov. 1812, Alexandre c. Maillé.

146. — Il a été jugé aussi, avant le code de procédure, que les commissaires-priseurs sont mandataires comptables et non dépositaires, dans le sens de la loi du 23 sept. 1793, et qu'en conséquence, s'il survient entre leurs mains des saisies-arrêts ou oppositions, ils ne sont point tenus de déposer à la trésorerie nationale. Mais qu'il en serait autre-

ment, si le commissaire-priseur avait été substitué judiciairement au gardien établi par un procès-verbal sur saisie-gagerie.— *Paris*, 11 prair. an XII, Enregist. c. Thuret. — Cette décision est maintenant sans application.

147. — Les commissaires-priseurs sont-ils dans la catégorie des personnes soumises à l'obligation d'avoir des poids et mesures? — On les y avait d'abord compris, mais sur les réclamations de la chambre syndicale de Paris on les a affranchis de cette formalité, sans intérêt pour les parties comme pour le trésor. — V. POIDS ET MESURES.

148. — A Paris chaque commissaire-priseur doit avoir chez lui et à sa disposition un exemplaire du réglement du 21 frim. an X.

Sect. 5e. — *Emolumens des commissaires-priseurs. — Bourse commune.*

§ 1er. — *Emolumens.*

149. — Aux termes de la loi organique du 27 vent. an IX, les commissaires-priseurs établis à Paris avaient droit : 1° pour frais de prisée, à 6 fr. par chaque vacation de trois heures ; — 2° pour frais de vente à 8 % sur le produit, lorsque ce produit était inférieur à 1,000 fr.; 7 % lorsqu'il s'élevait de 1,000 à 4,000 fr.; et 5 % lorsqu'il excédait cette dernière somme.

150. — Quant aux commissaires-priseurs des départemens, les émolumens auxquels ils avaient droit étaient fixés par la loi du 17 sept. 1793, combinée avec celle du 21 juill. 1790 (L. 28 avr. 1816, art. 89); c'est-à-dire qu'il leur revenait *une livre dix sols* par vacation de trois heures, soit à la prisée, soit à la vente.

151. — Cette taxation évidemment insuffisante, et qui resta la seule légale pendant près de trente ans, fut modifiée par l'usage et par les tribunaux suivant les localités. De là, des abus, des anomalies auxquels le législateur a dû mettre un terme, quoiqu'il ait peut-être attendu bien long-temps pour le faire.

152. — «En donnant au gouvernement le droit de créer les offices de commissaires-priseurs, dit M. Dugabé, dans son rapport à la chambre des députés, la loi du 28 avr. 1816 avait promis qu'une disposition législative réglerait leur tarif. L'insuffisance de celui qui leur était provisoirement imposé était évidente. L'abus prit la place du droit, et les tribunaux furent entraînés eux-mêmes à tolérer, à consacrer des perceptions illégales. Bientôt chaque province, chaque département, chaque ville eut son tarif. On ne songea plus aux prescriptions de la loi, mais seulement aux nécessités locales, et l'usage devint la règle. »

153. — Pour changer cet état de choses, le gouvernement proposa, en 1817, un projet de loi sur les commissaires-priseurs. L'art. 5 de ce projet allouait à ceux des villes de Rouen, Bordeaux, Marseille et Lyon, les mêmes droits que ceux alloués par la loi du 27 vent. an IX, aux commissaires priseurs de Paris. — Pour les autres, les droits étaient réduits d'un quart. Ce projet fut rejeté par la chambre des députés.

154. — Dans la session suivante, une proposition fut faite; elle ne s'appliquait qu'aux villes les plus importantes; elle n'eut aucune suite.

155. — Les choses demeurèrent en cet état jusqu'en 1840, époque à laquelle le gouvernement présenta un projet de loi relatif aux ventes publiques de meubles, et qui réglait à la fois les attributions des commissaires-priseurs et leurs émolumens. Mais la loi fut retirée le 24 fév. 1841.

156. — Enfin, un nouveau projet, relatif uniquement au tarif des commissaires-priseurs, fut présenté le 23 fév. 1842 et définitivement adopté en 1843, après quelques remaniemens. — C'est cette loi (18 juin 1843) qui règle aujourd'hui la matière, tant pour les commissaires-priseurs de Paris que pour ceux des départemens.

157. — Le nouveau tarif, reproduit le système de la loi du 27 vent. IX, admet un double mode de rémunération ; l'un par *vacation*, pour les prisées de meubles et pour quelques actes accessoires; l'autre reposant sur les *produits des ventes*.

158. — Ce système a pour résultat d'associer l'intérêt du commissaire-priseur aux intérêts du vendeur, et de profiter ainsi à ce dernier.

159. — Le tarif du 18 juin 1843, conforme en cela à celui du 10 oct. 1841, attribue le même droit proportionnel à tous les commissaires-priseurs, quelle que soit leur résidence. Il n'y a de différence dans leur salaire que pour les vacations, dont le prix varie suivant les localités.

160. — Voici, du reste, quelles sont les principales dispositions de la loi nouvelle : il est alloué aux commissaires-priseurs : 1° pour droits de prisée pour chaque vacation de trois heures à Paris, Lyon, Bordeaux, Rouen, Toulouse et Marseille, 6 fr. — Partout ailleurs 5 fr. — L. 18 juin 1843, art. 1er.

161. — ... 2° Pour assistance aux référés et pour chaque vacation à Paris, Lyon, Bordeaux, Rouen, Toulouse et Marseille 5 fr. — Partout ailleurs 4 fr. — Même article.

162. — ... 3° Pour tous droits de vente, non compris les déboursés pour y parvenir et en acquitter les droits, non plus que la rédaction des placards, 6 % sur le produit des ventes sans distinction de résidence. — Même article.

163. — Les commissaires-priseurs ont le droit de rédiger les placards destinés à faire connaître la vente, mais il n'entre pas dans leurs attributions de procéder à leur apposition. C'est aux huissiers que ce droit appartient; la rédaction de l'art. 1er a été modifiée afin d'éviter toute équivoque à cet égard.

164. — Indépendamment des émolumens ci-dessus, il peut être alloué une ou plusieurs vacations sur la réquisition des parties, constatée par procès-verbal du commissaire-priseur à l'effet de préparer les objets mis en vente. — L. 18 juin 1843, art. 1er.

165. — Ces vacations extraordinaires ne sont passées en taxe qu'autant que le produit de la vente s'élève à 3,000 fr. — *Ibid.*

166. — Chacune de ces vacations de trois heures donne droit à l'émolument de 6 fr. pour Paris, Lyon, Bordeaux, Rouen, Toulouse et Marseille. — Et de 5 fr. pour tout autre lieu. — *Ibid.*

167. — Enfin, il est alloué, pour expédition ou extrait de procès-verbaux de vente, s'ils sont requis, outre le timbre, et pour chaque rôle de vingt-cinq lignes à la page et de quinze syllables à la ligne, 1 fr. 50 c. — *Ibid.*

168. — Pour consignation à la caisse, s'il y a lieu, à Paris, Lyon, Bordeaux, Rouen, Toulouse et Marseille, 6 fr. — Partout ailleurs 5 fr. — *Ibid.*

169. — Pour assistance à l'essai ou au poinçonnage des matières d'or et d'argent, à Paris, Lyon, Bordeaux, Rouen, Toulouse et Marseille, 6 fr. — Partout ailleurs 5 fr. — *Ibid.*

170. — Pour paiement des contributions, conformément aux dispositions des lois des 5-18 août 1791 et 12 nov. 1808, à Paris, Lyon, Bordeaux, Rouen, Toulouse et Marseille, 4 fr. — Partout ailleurs 3 fr. — *Ibid.*

171. — L'état des vacations, droits et remises alloués aux commissaires priseurs, doit être délivré sans frais aux parties. — L. 18 juin 1843, art. 2.

172. — Au surplus, la taxe peut être requise, et, dans ce cas, elle est faite par le président du tribunal de première instance ou par un juge délégué. — Même article.

173. — Toutes perceptions directes ou indirectes, autres que celles autorisées par la loi, sont formellement interdites aux commissaires-priseurs sous peine d'être suspendus ou destitués et sans préjudice de l'action en répétition de la partie lésée et des peines prononcées par la loi contre la concussion. — Art. 3.

174. — Il est également interdit aux commissaires-priseurs de faire aucun abonnnement ou modification à raison des droits fixés par le tarif, si ce n'est avec l'état et les établissemens publics.

175. — Toute contravention à cette disposition est punie d'une suspension de quinze jours à six mois. En cas de récidive, la destitution peut être prononcée. — *Ibid.*

176. — L'émolument des commissaires-priseurs au mont-de-piété de Paris est de 1/2 % pour les prisées des objets déposés, et de 3 1/2 % du prix d'adjudication pour les ventes. — Décr. 8 thermid. an XIII; — Bioche, v° *Commissaires-priseurs*, p. 249, n° 68.

177. — Nous ferons remarquer, en terminant, que le tarif du 18 juin 1843 n'est applicable qu'aux commissaires-priseurs. La chambre des pairs, à la vérité, avait ajouté au projet une disposition à laquelle le gouvernement avait adhéré et qui avait pour objet de rendre le tarif commun aux notaires, huissiers et greffiers; mais la chambre des députés a rejeté cet article, qui n'a plus été reproduit.

178. — Il suit de là que les officiers publics, autres que les commissaires-priseurs, sont restés, quant à leur salaire, dans la position fâcheuse où les a placés la législation antérieure, c'est-à-dire en présence d'un tarif évidemment insuffisant. Ainsi, les abus dont on se plaignait avant la loi de 1843 continueront à subsister en partie, cela est incontestable : n'eût-il pas mieux valu, pendant qu'on était à l'œuvre, trancher la difficulté et mettre fin à un régime que tout le monde réprouve ?

179. — Voici, du reste, en quels terme M. le garde des sceaux s'est exprimé à cet égard dans l'exposé des motifs : « Que résultera-t-il du retranchement de l'art. 10 ? Dans les lieux où il existe des commissaires-priseurs, leur concurrence empêchera que les autres officiers publics exigent plus de 6 p. %. Ailleurs les magistrats, en taxant les états de frais, *réduiront toujours à ce taux*, *et* SOUVENT AU-DESSOUS, *les droits réclamés*. Ainsi l'intérêt des propriétaires sera garanti. Les honoraires de l'officier ministériel chargé de la vente *ne s'élèveront jamais au delà de* 6 p. %, *et pourront être beaucoup moins considérables.* »

180. — Si telle est la pensée de la loi, il est à regretter qu'elle n'ait pas été expressément formulée, car les paroles du ministre n'étant pas obligatoires pour les tribunaux, il s'ensuit que la plus grande incertitude continuera à subsister, dans les différens tribunaux, quant à la fixation des émolumens revenant aux notaires, huissiers et greffiers. — Il y aura, comme par le passé, un tarif particulier suivant les localités, et le plus grand arbitraire régnera dans la taxe des états de frais.

181. — Il y a plus, ce système va contre le but même de la loi. — En effet, n'est-ce pas rendre toute concurrence impossible que de fixer des émolumens différens suivant la classe des officiers publics chargés de procéder aux adjudications? Si par exemple on n'alloue aux notaires et aux huissiers que 1 ou 2 %, tandis que les commissaires-priseurs ont droit à 6 %, n'est-il pas évident qu'on n'aura jamais recours à ces derniers officiers, si ce n'est dans le chef-lieu de leur résidence, où ils ont le monopole ?

182. — Cette observation est d'autant plus importante que, d'après l'art. 4, L. 18 juin 1843, il est interdit aux commissaires-priseurs de faire aucun abonnement ou modification à raison des droits et émolumens qui leur sont attribués. En cas de contravention à cette disposition, ils encourent une suspension de quinze jours à six mois, et même la destitution en cas de récidive.

183. — En présence d'une semblable disposition, il leur est impossible de soutenir la concurrence avec les autres officiers publics, à moins que les tribunaux ne se conforment au tarif du 18 juin, pour la fixation du salaire des huissiers, notaires et greffiers, comme pour celui des commissaires-priseurs.

184. — Quoi qu'il en soit, il y a du moins un point incontestable, c'est que les huissiers, greffiers et notaires ne peuvent, dans aucun cas, obtenir un émolument supérieur au tarif du 18 juin 1843 : c'est là le maximum des salaires qui leur sont dus.

185. — Il a été jugé, avant la loi du 18 juin 1843, que la convention par laquelle le vendeur ayant la libre administration de ses biens décharge le commissaire-priseur de toute responsabilité, est licite, bien que ce vendeur ait mis pour condition que la vente serait abandonnée à sa direction. — *Colmar*, 17 janv. 1831, Guérin c. Marx.

186. — Jugé aussi que le commissaire-priseur qui a perçu de bonne foi, et sur la foi d'un usage constamment pratiqué par tous ses collègues, des honoraires volontairement payés par les parties, n'est passible d'aucune peine ni blâme, et ne peut être condamné à les restituer en l'absence de toute réclamation de la part des intéressés. — *Aix*, 30 juill. 1824, Procureur général c. Charles.

§ 2. — *Bourse commune.*

187. — Il y a une bourse commune entre les commissaires-priseurs d'une même résidence. — Arrêté du 29 germin. an IX, art. 10; réglement 21 frim. an X, tit. 8; ord. 18 fév. 1815, art. 1er; 26 juin 1816, art. 4 ; L. 18 juin 1843, art. 5.

188. — Les fonds de la bourse commune se composent : 1° du produit des déclarations des ventes; — 2° du montant des peines pécuniaires encourues par les commissaires-priseurs; — 3° d'une quote-part des droits provenant des ventes. — Réglement 21 frim. an X, tit, 8, art. 1er.

189. — L'arrêté du 29 germin. an IX avait fixé aux deux cinquièmes alloués sur chaque vente la mise en bourse commune de chaque commissaire-priseur; depuis, la quotité des versemens a été élevée à la moitié. — Ord. 18 fév. 1815 ; L. 18 juin 1844, art. 5.

190. — Néanmoins les commissaires-priseurs attachés aux monts-de-piété et les commissaires-priseurs du domaine font leurs versemens à la bourse commune, conformément aux traités passés entre eux et les autres commissaires. Ces traités doivent être soumis à l'homologation du tribunal de première instance, sur les conclusions du procureur du roi. — L. 18 juin 1843, art. 5. — V. aussi L. 27 vent. an IX, art. 11.

191. — D'après le traité existant entre les com-

missaires-priseurs de Paris et les quatorze commissaires-priseurs attachés au mont-de-piété de Paris, le versement est des deux cinquièmes de leurs remises sur les ventes.

192. — Il a été jugé, antérieurement à la loi du 18 juin 1843, que les commissaires-priseurs des départemens ne sont pas tenus de verser à la bourse commune, en outre de la moitié de leurs droits fixes de vacations, la moitié des honoraires ou des droits proportionnels qui leur sont alloués par les traités faits avec les parties. — *Cass.*, 24 juin 1833, Dereims-Logez c. Crou et Brulé.

193. — Les fonds de la bourse commune sont affectés comme garantie principale au paiement des deniers produits par les ventes; ils sont saisissables. — L. 18 juin 1843, art. 7; réglem. 21 frim. an X, tit. 8, art. 1er; arr. 29 germin. an IX, art. 10.

194. — Toutefois ce n'est que sur la part afférente à chaque commissaire-priseur que doit être fait le paiement des sommes qu'il peut devoir. — Duvergier, *Collect. des lois*, année 1843, p. 220, note.

195. — Ainsi jugé que l'art. 5, ord. 26 juin 1816, qui a établi des commissaires-priseurs à Nantes (article relatif à la responsabilité de ces commissaires), n'est applicable qu'aux commissaires-priseurs attachés au mont-de-piété comme appréciateurs; — qu'en conséquence les autres commissaires-priseurs ne sont pas cautions de leurs confrères attachés au mont-de-piété. — *Rennes*, 31 août 1822, Admin. du mont-de-piété c. Delinée.

196. — Lorsque la vente est faite concurremment par un commissaire-priseur et par un notaire ou un huissier, ce dernier officier ne doit pas contribuer sur sa part au versement à la bourse commune. — L'opinion contraire est enseignée par M. Benou (t. 1er, p. 278), mais elle doit être repoussée sans difficulté; la bourse commune est étrangère à tout autre qu'au commissaire-priseur, cet officier seul est donc tenu d'y faire le versement exigé par la loi.

197. — La répartition de la bourse commune se fait tous les deux mois par portions égales. — L. 18 juin 1843, art. 8; réglem. 21 frim. an X, tit. 8, art. 2.

198. — Toute convention entre les commissaires-priseurs, ayant pour objet de modifier le taux de la mise en bourse commune, est nulle de plein droit. — L. 18 juin 1843, art. 6.

199. — Les officiers qui concourraient à cette convention pourraient être suspendus de quinze jours à six mois, et même destitués en cas de récidive. — Même loi, art. 6.

200. — Jugé que les commissaires-priseurs, en présence de l'ordonnance du 18 fév. 1815, qui fixe le montant de cette mise à la moitié de leurs honoraires, ne peuvent, par des conventions, l'étendre à la totalité. — *Angers*, 23 avr. 1842 (t. 1er 1842, p. 655), Julien c. Bulot.

201. — ... Et qu'ils ne peuvent non plus s'engager à rapporter à la masse des droits plus élevés que ceux qui leur sont alloués par le tarif, ni convenir que les inventaires, prisées et ventes, se feront alternativement par chaque commissaire-priseur, quel que soit celui qui ait été requis ou commis. — Même arrêt.

202. — A Paris, si des commissaires-priseurs négligeaient de faire le rapport à la bourse commune des droits résultant des ventes dont ils auraient fait les déclarations, et auxquelles ils auraient procédé dans les deux mois expirés, ils seraient passibles d'une amende de 10 fr. par chaque procès-verbal pour la première fois, et de 25 fr. pour la seconde. — Réglem. 21 frim. an X, tit. 8, art. 4.

203. — Les nouvelles contraventions sont dénoncées par la chambre au procureur du roi près le tribunal de première instance, pour être par lui pris tel parti qu'il appartiendra. — Même article.

204. — Les sommes à payer par le commissaire-priseur en contravention doivent être versées par lui à la bourse commune, dans les mains du trésorier, et, à défaut de paiement, retenues sur la portion qui lui revient dans la répartition. — Même article.

205. — Si le commissaire-priseur n'avait pas déclaré une vente qu'il aurait faite et n'en avait pas rapporté les droits à la bourse commune, il serait dénoncé à la chambre, censuré par le président, et tenu au paiement d'une somme de 25 fr. pour cette contravention. — Même réglement, tit. 8, art. 5.

206. — Les veuves et enfans des commissaires-priseurs décédés ont droit à la portion des défunts dans la répartition de la bourse commune, jusqu'au jour de la prestation de serment par les successeurs; néanmoins, cette portion de répartition ne peut excéder six mois, à partir du jour du décès du commissaire-priseur. — Art. 8.

207. — Cette portion de répartition, attribuée aux veuves et enfans des commissaires-priseurs décédés, est incessible et insaisissable. — Art. 8, § 2.

Sect. 6e. — *Chambre syndicale des commissaires priseurs. — Honorariat. — Discipline.*

§ 1er. — *Chambre syndicale. — Honorariat.*

208. — A Paris, une chambre de discipline a été établie, en vertu d'un arrêté consulaire du 29 germin. an IX, qui rend communes aux commissaires-priseurs les dispositions de l'arrêté du 13 frim. an IX, relatives aux avoués (V. AVOUÉ). — Elle est soumise à un réglement qui a été homologué par le tribunal civil de la Seine le 21 frim. an X.

209. — Quant aux commissaires-priseurs des départemens, ils ne peuvent avoir de chambre syndicale qu'autant qu'il en a été institué par une ordonnance royale, rendue dans la forme des réglemens d'administration publique, ce qui jusqu'à ce jour n'a pas encore eu lieu.

210. — Le ministre de la justice avait bien songé à créer des chambres syndicales dans les principales villes, telles que Bordeaux, Lyon, Rouen, Marseille, etc. Mais il n'a été donné aucune suite à ce projet. Il a paru que le petit nombre des commissaires-priseurs existant dans chacune de ces villes enlevait à cette mesure toute son utilité.

211. — Cependant le droit subsiste, et le gouvernement pourra toujours donner des chambres de discipline aux commissaires-priseurs des départemens comme à ceux de Paris, lorsqu'il le jugera nécessaire. Il résulte même du rapport qui a été présenté à la chambre des députés en 1843 que, dans ce cas, l'arrêté du 29 germin. an IX peut être modifié suivant les besoins particuliers des localités.

212. — Provisoirement, dit M. Morin (*De la discipline*, t. 1er, p. 252), les commissaires-priseurs dans certaines villes ont adopté d'un commun accord quelques dispositions d'ordre et de discipline qui confient à tels et tels d'entre eux une surveillance et un pouvoir d'administration nécessaires. L'autorité judiciaire et le gouvernement tolèrent les arrangemens qui ont un but utile et inoffensif.

213. — La chambre des commissaires-priseurs à Paris est composée d'un président, d'un syndic, d'un rapporteur, d'un secrétaire, d'un trésorier et de dix autres membres. — Arrêté 29 germin. an IX, art. 2.

214. — Le président fait les convocations, dirige les délibérations et a la police d'ordre. En cas de partage, sa voix est prépondérante. — Réglem. 21 frim. an X, tit. 3, art. 2, no 1er.

215. — Le syndic est chargé des poursuites contre les commissaires-priseurs inculpés. Il est entendu préalablement à toutes les délibérations de la chambre, et est chargé de les faire exécuter. Il a, comme le président, le droit de convocation. — Même réglem., tit. 3, art. 2, no 2.

216. — Le rapporteur recueille les renseignemens sur les plaintes et réclamations portées contre les commissaires-priseurs et en fait son rapport à la chambre. — *Ibid.*, no 3.

217. — Le secrétaire rédige les délibérations de la chambre; il est gardien des archives et délivre toutes expéditions. — *Ibid.*, no 4.

218. — Le trésorier a la bourse commune; il reçoit le produit des déclarations de ventes, celui des droits de bourse commune et des sommes dues par les commissaires-priseurs contrevenant aux réglemens. Il fait les recettes et dépenses autorisées par la chambre et rend compte de tout à la chambre. — *Ibid.*, tit. 3, art. 2, no 5.

219. — La chambre est renouvelée tous les ans par tiers. — Arrêté 29 germ. an IX, art. 6.

220. — Ses membres sont nommés par l'assemblée générale des commissaires priseurs, réunis à cet effet dans le local qui leur est indiqué par le procureur du roi. — Même arrêté, art. 5.

221. — L'élection a lieu, chaque année, le 20 avril. — *Ibid.*, art. 6.

222. — Lors des assemblées de la chambre et de l'assemblée générale, les membres de la chambre sont tenus d'y paraître en habit noir, avec le chapeau à la française, et les cinq officiers en fonctions revêtus de leur ceinture. — Réglem. 21 germ. an X, tit. 7, art. 8.

223. — Les attributions de la chambre sont les mêmes que celles des chambres d'avoués. — V. AVOUÉ.

224. — Elle a en outre sur les ventes publiques un droit de surveillance qui permet à ses membres de se transporter dans les ventes, d'inspecter les procès-verbaux et de les parapher. — Arrêté, 29 germ. an IX, art. 9.

225. — Lorsque l'un des membres de la chambre découvre une contravention, il en dresse procès verbal; requiert la signature du contrevenant, constate son refus de signer, et fait son rapport dans les vingt-quatre heures au syndic, qui agit ensuite ainsi que de droit. — Réglem. 21 frim. an X, tit. 7, art. 7.

226. — Tout avis de la chambre est sujet à l'homologation du tribunal, à l'exception des décisions sur les cas de police et de discipline intérieure. — Réglem. 21 frim. an X, tit. 2, art. 6.

227. — Jugé en ce sens que le tribunal civil, sans avoir le droit d'infirmer les décisions disciplinaires de la chambre syndicale, qui ne prononcent que des mesures ou peines de discipline intérieure, est autorisé à réviser et peut annuler toute décision ou délibération qui va au-delà, telle que celle qui impose à un membre de la compagnie une retenue sur sa part dans la bourse commune. — *Paris*, 4 mars 1844 (t. 1er 1846).

228. — A Paris, il y a des commissaires-priseurs *honoraires*: ce titre ne peut être conféré que par la chambre.

229. — Pour l'obtenir, il faut avoir exercé pendant vingt ans, ou seulement quinze ans, si l'on a fait partie de la chambre pendant trois années. — Délibér. 12 mai 1820.

230. — Le commissaire-priseur honoraire a droit: 1° d'être inscrit au tableau de la compagnie; 2° d'assister aux réunions et aux assemblées générales avec voix délibérative. — Benou, t. 1er, p. 99.

231. — Celui qui veut être admis à l'honorariat doit présenter sa demande dans un délai de trois ans au plus après la nomination du successeur. — Benou, t. 1er, p. 100.

§ 2. — *Discipline.*

232. — Le droit de discipline sur les commissaires-priseurs appartient aux tribunaux de première instance et au ministre de la justice; la chambre syndicale de Paris a également sur les membre de la compagnie une juridiction disciplinaire limitée, semblable à celle des chambres d'avoués. — V. AVOUÉ.

233. — Ainsi, la chambre syndicale peut, suivant la gravité des cas, prononcer contre les commissaires-priseurs passibles de peines disciplinaires: 1° le rappel à l'ordre; — 2° la censure simple par la décision même; — 3° la censure avec réprimande par le président au commissaire-priseur en personne, dans la chambre assemblée; — 4° le prélèvement de 10 francs pour le défaut de comparution du membre inculpé à la deuxième invitation; — 5° l'interdiction de l'entrée de la chambre. — Réglem. 21 frim an X, tit. 4, art. 1er.

234. — Quant au mode de procéder de la chambre syndicale, il est semblable à celui des chambres d'avoués (V. arr. 13 frim. et 29 germin. an IX); il est d'ailleurs tracé dans le réglement du 21 frim. an X, tit. 5.

235. — D'après l'art. 45, L. 23 avr. 1810, le procureur général du ressort a sur les commissaires-priseurs, comme sur les autres officiers ministériels, un droit de surveillance qui est particulièrement confié au procureur du roi de chaque arrondissement. — V. aussi ordonn. 26 juin 1816, art. 14, et *infrà* v° MINISTÈRE PUBLIC.

236. — Le procureur du roi peut appeler près de lui tout commissaire priseur auquel est imputée une faute ou infraction disciplinaire, lui faire toute représentation, à défaut de chambre de discipline, le poursuivre disciplinairement et requérir contre lui, ou dénoncer sa conduite au procureur général. — Morin, *De la discipline*, t. 1er, p. 253, n° 321.

237. — Les tribunaux, lorsqu'ils sont appelés à exercer sur les commissaires-priseurs leur juridiction disciplinaire, doivent se réunir en assemblée générale et à huis clos. — Décr. 30 mars 1808, art. 102 et 104.

238. — Ils peuvent aussi, en vertu de l'art. 103, même décret, connaître des fautes commises ou découvertes à leurs audiences. — Dans ce cas, il n'est pas nécessaire que le jugement soit rendu en assemblée générale; le débat a lieu publiquement, à l'audience ordinaire. — V. AVOUÉ, DISCIPLINE.

239. — Les commissaires-priseurs, atteints par des mesures disciplinaires, n'ont pas le droit d'appel, si ce n'est pour incompétence ou excès de pouvoir (V. APPEL, AVOUÉ, DISCIPLINE); mais ils peuvent recourir au garde des sceaux, qui a le droit de réviser et de modifier la décision attaquée. — Décr. 30 mars 1808, art. 103 et 104.

V. ALGÉRIE, AMENDE, BANLIEUE, BIBLIOTHÈQUE, BIENS, BOURSE COMMUNE, CAUTIONNEMENT (fonctionnaires, etc.), COURTIER DE COMMERCE, DÉ

CLARATION (Enregistrement), DISCIPLINE, GREFFIER, HUISSIER, MONT-DE-PIÉTÉ, NOTAIRE, OFFICE, OFFICIER MINISTÉRIEL, POIDS ET MESURES, PRISÉE, SERMENT, VENTE DE MARCHANDISES NEUVES, VENTE PUBLIQUE DE MEUBLES.

COMMISSAIRE DU ROI.

1. — Le nom de commissaire du roi se donne en général aux personnes que le roi a chargées de remplir quelques fonctions. — Ainsi, par exemple, les fonctionnaires et magistrats chargés de présider à la rédaction des diverses coutumes avaient, ainsi que l'attestent les procès-verbaux de la plupart de ces coutumes, le titre de *commissaires du roi*.

2. — Après 1789, on appela commissaires du roi les magistrats remplissant les fonctions du ministère public ; ce nom est même encore appliqué aujourd'hui en ce sens dans l'organisation des tribunaux militaires (V. *infrà* n° 12) et dans celle du conseil d'état.

3. — La loi du 16-24 août 1790 (tit. 8, art. 1er), sur l'organisation judiciaire, portait que les officiers du ministère public, *agens du pouvoir exécutif* près les tribunaux, prendraient le titre de *commissaires du roi*.

4. — Nommés à vie et soumis, quant à la nomination, aux mêmes conditions d'âge et de capacité que les juges, comme eux investis de leurs fonctions par le roi et à vie, ils ne pouvaient être destitués que pour forfaiture dûment jugée par juges compétens. — *Ibid.*, tit. 2, art. 9 et 10. — Ils devaient prêter serment devant les juges avant d'entrer en fonctions. — *Ibid.*, tit. 7, art. 5.

5. — Les fonctions de commissaire du roi étaient incompatibles avec celles de membre des corps administratifs, des directoires ou des corps municipaux. — *Ibid.*, tit. 8, art. 7. — Avec celles de juge de paix, d'officier municipal, de greffier, d'avoué, d'huissier, de juge de district ou de commerce, de percepteur, de notaire et de défenseurs officieux. — L. 6 mars 1791, art. 1er et 27 combinés. — Elles l'étaient aussi avec celles de préposé à l'exercice des droits d'enregistrement. — L. 5 déc. 1790, art. 15. — Les commissaires du roi ne pouvaient être jurés. — L. 16 sept. 1791, tit. 11, art 5 ; 2 niv. an II, art. 2 ; C. 3 brum. an IV, art. 484. — Ni faire partie de la garde nationale. — L. 29 sept. 1791, sect. 1re, art. 16.

6. — Les commissaires du roi exerçaient leur ministère non par voie d'action, mais seulement par voie de réquisition. — Leurs fonctions consistaient à faire observer, dans les jugemens à rendre, les lois qui intéressaient l'ordre général, et à faire exécuter les jugemens rendus. — L. 16-24 août 1790, tit. 8, art. 1er et 5.

7. — En matière criminelle, ils n'étaient point accusateurs publics, mais ils devaient être entendus sur toutes les accusations poursuivies et intentées. — Ils requéraient, pendant le cours de l'instruction, pour la régularité des formes, et, avant le jugement, pour l'application de la loi. — *Ibid.*, tit. 8, art. 4. — V. ACCUSATEUR PUBLIC.

8. — Du reste, les fonctions des commissaires du roi étaient en général les mêmes que celles dévolues aujourd'hui au ministère public. — V. MINISTÈRE PUBLIC.

9. — La constitution du 3 sept. 1791 (tit. 3, art. 25 et suiv.) définit de nouveau les attributions des commissaires du roi près les tribunaux. — Mais le 18 août 1792, par un décret d'urgence, les commissaires du roi, *dans l'intérêt public*, furent suspendus de leurs fonctions, et ils furent définitivement supprimés par le décret du 30 août suivant.

10. — Appelés successivement *commissaires du pouvoir exécutif* sous la convention, puis *commissaires du directoire exécutif* sous le régime directorial, enfin *commissaires du gouvernement* par la loi du 27 vent. an VIII, les membres du ministère public gardèrent cette dernière qualification jusqu'au sénatus-consulte du 28 flor. an XII, qui leur attribua (avec la seule différence de la dénomination *impériale* ou *royale*) les diverses qualifications qu'ils portent encore aujourd'hui. — V. ACCUSATEUR PUBLIC, ACTION PUBLIQUE, AVOCAT GÉNÉRAL, AVOCAT DU ROI, COMMISSAIRE DU POUVOIR EXÉCUTIF, MINISTÈRE PUBLIC, PROCUREUR GÉNÉRAL, PROCUREUR DU ROI.

11. — Mais, ainsi que nous l'avons dit (*suprà* n° 1er), le titre de commissaire du roi est encore employé : 1° dans la juridiction militaire ; — 2° dans la juridiction administrative.

12. — La loi du 13 brum. an V, organique des conseils de guerre, porte, art. 3 : « qu'il y aura toujours près les conseils de guerre un capitaine faisant les fonctions de commissaire du pouvoir exécutif, tant pour l'observation des formes que pour l'application et l'exécution de la loi. »

13. — La loi du 18 vendém. an VI, qui a créé des conseils permanens pour la révision des jugemens des conseils de guerre, avait institué auprès de ces conseils un *commissaire ordonnateur* pour y remplir les fonctions de *commissaire du pouvoir exécutif*. — Art. 3. — Par suite de la suppression du corps des commissaires ordonnateurs (V. COMMISSAIRE DES GUERRES), ces fonctions sont aujourd'hui confiées à un membre du corps de l'intendance militaire. — V. INTENDANT MILITAIRE.

14. — Les commissaires créés par la loi du 13 brum. an V ont repris la dénomination de *commissaires du roi*. Leurs fonctions sont toujours les mêmes qu'à l'époque de leur institution. — V. TRIBUNAUX MILITAIRES.

15. — Au conseil d'état, les fonctions du ministère public dans les affaires contentieuses sont remplies par trois maîtres des requêtes en service ordinaire, désignés autrefois pour six mois, et, depuis la loi du 19 juillet 1845, pour un an, par le garde des sceaux, et qui assistent en outre aux séances du comité du contentieux. Ces maîtres des requêtes prennent le titre de *commissaires du roi*. — V. CONSEIL D'ÉTAT.

16. — Le roi peut nommer, pour soutenir la discussion d'une loi, ou même pour en exposer les motifs, des commissaires qui ont dans les chambres les mêmes prérogatives que les ministres. — Il n'est presque pas de session dans laquelle le roi ne charge, soit des conseillers d'état, soit des chefs d'administration publique, de soutenir certains projets de loi spéciaux présentés aux chambres. On peut citer, comme exemples d'exposés de motifs faits par des commissaires du roi, ceux du Code forestier, par M. de Martignac, et du Code de la pêche fluviale, par M. de Bouthillier.

17. — Il existe enfin des commissaires du roi institués auprès de certaines sociétés anonymes, telles que celles qui ont pour objet l'assurance contre l'incendie, l'exploitation d'un chemin de fer, des tontines ou banques de prévoyance, etc. Les fonctions de ces délégués consistent à veiller à ce que les sociétés dont il s'agit se conforment exactement aux obligations qui leur sont imposées par leurs statuts homologués par ordonnance royale, ou par les lois qui leur ont accordé la concession qu'ils exploitent. Les rapports adressés par ces divers délégués, selon les cas, au ministre des travaux publics ou au ministre du commerce, mettent l'autorité administrative supérieure à portée d'apprécier si les conditions qu'elle a cru devoir imposer sont accomplies, ou bien s'il y a lieu de révoquer l'autorisation accordée.

COMMISSAIRE DU ROI PRÈS LES TRIBUNAUX.

V. COMMISSAIRE DU ROI.

COMMISSAIRES AUX SAISIES RÉELLES.

C'étaient des officiers créés en titre dans les justices royales pour prendre soin de faire affermer les biens saisis réellement et d'en recevoir les revenus. — V BAIL JUDICIAIRE, nos 5 et suiv., CAISSE DES DÉPOTS ET CONSIGNATIONS, n° 4.

COMMISSAIRE-VOYER.

V. VOIRIE.

COMMISSION.

1. — Ce terme a plusieurs acceptions dans la jurisprudence. — Ainsi on appelle commission :

2. — ... L'acte par lequel un individu qui ne peut vaquer par lui-même à ses affaires, donne pouvoir à un autre de le faire pour lui. — Dans cette acception, la commission est la même chose que le *mandat* ou la *procuration*. — V. ces mots.

3. — ... Et, plus spécialement, l'acte par lequel un négociant charge d'autres marchands qui demeurent dans des lieux éloignés de sa résidence d'acheter ou de vendre des marchandises pour son compte et de tirer ou d'acquitter des lettres de change, en son nom, moyennant un certain profit qu'il leur accorde pour leur peine. Ce profit se nomme *droit de commission*, et plus souvent même, dans l'usage, *commission*. — V. COMMISSIONNAIRE.

4. — ... La délégation qui est faite à un juge ou à un autre fonctionnaire à l'effet de faire quelque acte de procédure. — V. COMMISSION ROGATOIRE, COMPULSOIRE, LIQUIDATION, PARTAGE.

5. — ... Le brevet ou l'acte de nomination d'un officier public ou d'un employé du gouvernement. — V. OFFICE, TIMBRE.

6. — ... La réunion de certaines personnes à qui une juridiction extraordinaire a été attribuée sur certains objets. — V., par exemple, COMMISSION DES PRISES.

7. — ... Une réunion de plusieurs personnes chargées soit de préparer des projets de lois, de réglemens, d'arrêtés, de délibérations, soit de vérifier des faits, d'examiner des pièces et d'en faire un rapport, soit d'administrer et de surveiller certains objets. — V., par exemple, COMMISSION DU SCEAU, COMMISSION MIXTE DES TRAVAUX PUBLICS, etc.

COMMISSION ADMINISTRATIVE.

1. — Les commissions administratives sont instituées dans le but d'étudier certaines matières, de représenter ou défendre certains intérêts ou d'exercer sur un service public une surveillance spéciale. — Ces attributions sont du reste à peu près les mêmes que celles données à des institutions analogues nommées *conseils permanens administratifs*. — V. ce mot.

2. — De même que les conseils administratifs permanens, les commissions administratives peuvent se partager en deux classes bien distinctes : tantôt, juridiction gracieuse, elles ne sont instituées que pour éclairer l'administration par leur avis ; tantôt, au contraire, juridiction contentieuse, elles sont investies du droit de résoudre les contestations qui s'élèvent en certaines matières déterminées.

3. — Dans la première classe on peut ranger la commission mixte des travaux publics, la commission du sceau (V. ces mots), dont les fonctions sont permanentes. D'autres commissions spéciales et permanentes ont encore été établies, telle est notamment la commission administrative des chemins de fer. — V. CHEMINS DE FER, n° 33.

4. — De plus, chaque fois que l'administration supérieure le juge nécessaire, elle nomme des commissions spéciales et temporaires pour s'éclairer de leurs avis ; et cela, pour toutes espèces de matières : c'est ainsi qu'ont été nommées, en ces derniers temps, la commission supérieure du tracé des chemins de fer (V. CHEMINS DE FER, n° 33), les hautes commissions des études du droit et de médecine, etc.

5. — La formation de ces commissions est surtout en usage, lorsqu'il s'agit de l'adjudication de travaux publics, ou de leur réception, ou bien encore de marchés et fournitures. — V. COMMISSION MIXTE ET DES TRAVAUX PUBLICS, FOURNITURES, TRAVAUX PUBLICS.

6. — Quant aux commissions administratives de la seconde classe, c'est-à-dire celles dont les attributions ne se bornent pas à donner des avis, mais qui, au contraire, sont investies du droit de décider certaines, contestations, leur existence n'est que temporaire.

7. — Sous le gouvernement consulaire, un décret du 13 prairial an X institua la commission de la dette publique, chargée de la liquidation générale et définitive de toutes les parties de la dette publique, et supprimée depuis par décrets des 25 février 1808 et 13 décembre 1809, et par la loi du 15 janvier 1810, art. 12. — V. DETTE DE L'ÉTAT, DETTE PUBLIQUE.

8. — Sous la restauration, on vit successivement 1° les commissions départementales établies par la loi du 28 avril 1816, art. 6, pour arrêter tous les comptes et marchés faits pour réquisitions de guerre pendant l'invasion de 1815 ; — 2° la commission de la liquidation des émigrés, instituée en vertu de la loi du 27 avril 1825, art. 10 (V. ÉMIGRÉ) ; — 3° la commission de liquidation de l'indemnité de Saint-Domingue, établie par la loi du 30 avril 1826. — V. SAINT-DOMINGUE.

9. — Depuis la révolution de 1830, on doit mentionner : 1° la commission créée par la loi du 14 juin 1835, pour apprécier les réclamations adressées au gouvernement et répartir la somme laissée à sa disposition par le traité du 4 juillet 1831 passé entre la France et les Etats-Unis ; — 2° la commission établie par l'ordonnance du 30 novembre 1839, pour liquider toutes les réclamations d'indemnité fondées sur l'art. 1er de la convention entre la France et le Mexique.

10. — Comme on le voit, l'institution de ces commissions spéciales n'a eu lieu dans ces derniers temps que pour l'exécution des conventions diplomatiques passées entre la France et les gouvernemens étrangers. — Dufour, *Tr. gén. de Dr. adm.*, t. 1, n° 2 ; Serrigny, *Tr. de l'Org. en matière adm.*, t. 1er, n° 2.

11. — Mais, outre ces commissions spéciales, il y a eu et il peut encore y avoir des commissions administratives qui, sans être permanentes, sont cependant établies par la loi d'une manière générale pour intervenir toujours dans la direction et l'instruction de certaines affaires.

12. — Telles sont d'abord les différentes commissions appelées à statuer sur la validité des prises maritimes, et qui, sous l'empire, furent si souvent convoquées. — V. PRISES MARITIMES. — Mentionnons, à cette occasion, l'existence de la commission temporaire établie par l'ordonnance du 28 février 1824, pour liquider l'indemnité due pour les prises maritimes faites pendant la guerre de 1823 entre la France et l'Espagne.

13. — Ainsi encore, aux termes de la loi du 16 septembre 1807, il ne peut y avoir lieu au desséchement d'un marais, sans la formation d'une commission qui prononce sur toutes les difficultés relatives au classement des propriétés, à leur estimation, à l'exécution des actes de concession, à la réception des travaux, à la vérification du rôle de plus-value, etc. — V. DESSÉCHEMENT, MARAIS.

14. — Suivant la même loi, la composition de ces commissions devient nécessaire lorsqu'il s'agit de travaux de défense contre la mer, les torrens et les fleuves. — V. DIGUES.

15. — Les lois ou ordonnances qui ont constitué les diverses commissions, quelle que soit leur nature, ont déterminé en même temps les règles de leur composition quant au nombre des membres et aux qualités qu'ils doivent avoir, ainsi que pour ce qui concerne la fixation des époques de leurs séances, des lieux où elles se réunissent, les règles pour la présidence, le secrétariat, la garde des papiers, en un mot tout ce qui tient à leur organisation.

16. — C'est, au surplus, un principe constant que le pouvoir des commissions est borné et limité par le titre de leur création; elles doivent surtout, si elles décident des matières contentieuses, en suivre scrupuleusement les termes et ne peuvent y donner aucune extension, parce que toute commission est un démembrement des juridictions ordinaires. — Merlin, *Rép.*, v° *Commission*.

17. — La légalité de la formation des commissions administratives, en tant qu'appelées à éclairer de leurs lumières l'administration, n'a jamais été contestée; ces commissions peuvent être créées aussi bien par une ordonnance, ou même une simple décision ministérielle, que par une loi.

18. — Il n'en est pas de même en ce qui concerne les commissions appelées à statuer sur les matières contentieuses; il importe ici de distinguer en vertu de quelle autorité la commission a été établie.

19. — Aucune difficulté, si la commission est établie conformément à une loi. — Ainsi, il est certain que les commissions administratives *créées par la loi* peuvent recevoir toute espèce de juridiction contentieuse, même en dernier ressort, si telle est la prescription de la loi.

20. — D'un autre côté, il est également évident que les ministres n'ont pas le droit d'instituer des commissions ayant une juridiction propre en matière contentieuse administrative. Les décisions de pareilles commissions ne peuvent jamais constituer que de simples avis n'ayant de force exécutoire que par l'approbation du ministre. — *Cons. d'état*, 14 mai 1817, Moroy; 1er déc. 1819, Lepine; — Serrigny, t. 1er, p. 529.

21. — Quant aux commissions administratives nommées par ordonnance du roi, leur légalité a été contestée. — M. Macarel (*Trib. admin.*, p. 245) pense que la prérogative royale ne renferme pas le pouvoir d'établir de pareilles commissions, surtout lorsqu'elles ont pour objet de statuer définitivement. « La loi seule, dit-il, a le pouvoir de créer des juges dont les décisions soient obligatoires; ce serait mettre à la discrétion du prince les garanties que présentent aux citoyens les conseils de préfecture et le conseil d'état. »

22. — Selon M. Serrigny (*loc cit.*), ces raisonnemens ont quelque chose d'exagéré, car le contentieux vient, en définitive, se concentrer avec l'administration active dans la puissance exécutive, qui fait partie de la prérogative royale, suivant les art. 12 et 23 de la charte. — « Toutefois, dit cet auteur, il faut convenir qu'il est peu conforme aux règles du droit constitutionnel de voir des commissions instituées par de simples ordonnances, avec un pouvoir propre à l'effet de prononcer des décisions contentieuses administratives sans recours.

23. — Les commissions spéciales tiennent, du reste, la place des conseils de préfecture, dont elles exercent les fonctions pour tout le contentieux qui leur est confié: par conséquent, elles doivent se conformer au mode de procéder adopté par ces conseils. — *Cons. d'état*, 8 sept. 1819, Defrance; 6 août 1823, de l'Aubepin; 22 mars 1817, de Brézé; 20 fév. 1828, de Brézé; 2 avr. 1828, Benaut; 20 mai 1831, Vallée.

24. — Comme aussi leurs décisions, à moins de dispositions spéciales, étant en premier ressort, de même que celles des conseils de préfecture, le recours doit être porté au conseil d'état. — *Cons. d'état*, 2 avr. 1828, Bernaut; — Dufour, t. 1er, n° 232.

25. — Remarquons enfin que les membres des commissions étant juges du contentieux administratif, peuvent être récusés suivant les règles tracées par le Code de procédure. — *Cons. d'état*, 2 avr. 1828, Bernaut.

COMMISSION ADMINISTRATIVE DES HOSPICES.

V. HOSPICES.

COMMISSION D'APPEL.

C'est le nom qu'on donne au conseil privé des colonies, constitué en tribunal d'appel, pour prononcer sur l'appel des jugemens rendus par le tribunal de première instance relativement aux contraventions en matière de commerce étranger et de douanes. Cette commission a remplacé l'ancienne *commission d'appel*. — V. COLONIES, n°s 612 et suiv. et CONSEIL PRIVÉ DES COLONIES.

COMMISSION MILITAIRE.

1. — On désignait sous ce nom des tribunaux *exceptionnels*, établis d'une manière transitoire, à raison de certaines circonstances, pour connaître de certains crimes ou de certains délits commis par des militaires, et quelquefois même par des individus non militaires.

2. — Le caractère distinctif de la commission militaire était que, composée pour le jugement d'une ou plusieurs affaires déterminées, ses pouvoirs expirassent aussitôt après la décision rendue, à la différence des conseils de guerre qui sont *permanens*. — V. CONSEIL DE GUERRE, TRIBUNAUX MILITAIRES.

3. — La loi du 9 oct. 1792 et celle du 28 mars 1723 (art. 74), et 25 brum. an III (tit. 5, sect. 1re, art. 7), disposèrent que les émigrés qui, ayant porté les armes contre la France, seraient arrêtés, soit en France, soit en pays étranger, seraient jugés dans les vingt-quatre heures *par une commission militaire* de cinq membres, nommés par le chef de l'état-major de la division de l'armée occupant le territoire dans l'étendue duquel ils auraient été saisis; la loi du 19 fruct. an V étendit cette disposition sans distinction à tous les émigrés *non rayés définitivement*, qui seraient arrêtés sur le territoire de la république, avec cette modification (art. 17) que la commission devait être composée de sept membres, nommés par le général commandant la division dans l'étendue de laquelle l'arrestation aurait eu lieu. — V. ÉMIGRÉ.

4. — Le décret du 17 messid. an XII institua des commissions militaires pour le jugement des embaucheurs et des espions. — V. EMBAUCHAGE, ESPIONNAGE.

5. — *Des commissions militaires furent également établies pour juger les prisonniers de guerre*, par décret du 17 frim. an XIV; et ces commissions furent déclarées par décret du 4 mai 1812 compétente, pour juger les officiers prisonniers de guerre, qui, ayant faussé leur parole, seraient repris les armes à la main. — V. PRISONNIER DE GUERRE.

6. — La loi du 19 vendém. an XII (art. 51 et 55) institua également des *commissions militaires pour juger les condamnés au boulet et aux travaux publics coupables de délits*.

7. — Indépendamment des cas qui viennent d'être signalés, d'autres commissions furent également établies *pour des cas spéciaux*. — V., par exemple, décr. du 4 prair. an III, portant création d'une commission militaire pour juger les individus surpris faisant de fausses patrouilles et employant des moyens de subornation envers les troupes ou portant des signes séditieux. — Autre décret du même jour, investissant la commission militaire du droit de juger tous les faits relatifs à la conspiration du 1er prair. an III. — Décr. du 15 vendém. an IV, qui prononce des peines contre les auteurs ou principaux instigateurs de la conspiration et rébellion des 12, 13, 14 vendém., et ordonne la formation de trois conseils militaires pour les juger. — Autre décret du 3 frim. an VIII, portant formation d'une commission militaire extraordinaire pour l'examen des causes de la reddition de plusieurs places fortes d'Italie.

8. — Une loi du deuxième jour complém. an III avait établi des commissions militaires pour le jugement des délits militaires; mais la suppression de ces commissions fut prononcée par l'art. 42, L. 13 brum. an V (relative à la manière de procéder au jugement des délits militaires).

9. — Un avis du conseil d'état du 7 vent. an XIII, déclara applicables aux commissions militaires les art. 31 et 32, L. 13 brum. an V, sur les conseils de guerre, relativement au nombre de voix nécessaire pour la condamnation.

10. — Les jugemens des commissions militaires n'étaient susceptibles d'aucun recours. (Décr., 17 messid. an XII, art. 7.) Sauf pour incompétence, auquel cas le pourvoi en cassation était admissible. — L. 21 fructid. an IV. — V. CASSATION.

11. — La compétence d'une commission militaire extraordinaire était circonscrite dans les circonstances des faits pour le jugement desquels elle avait été instituée. Ainsi, lorsqu'elle déclarait que les faits dont elle était saisie avaient un tout autre caractère que celui sous lequel ils lui avaient été renvoyés, rien ne lui donnait juridiction pour statuer sur un délit rentrant dans la classe des délits ordinaires. — *Cass.*, 8 mai 1806, Parelle; 27 vendém. an X, Balaruque.

12. — Ainsi, décidé encore que la commission militaire n'ayant été créée par la loi du 15 vendém. an IV, que pour juger les auteurs et les principaux instigateurs de la conspiration et rébellion des 12, 13 et 14 vendém., elle n'avait pas pu juger un individu qui n'était pas accusé d'y avoir pris part. — *Cass.*, 14 vendém. an V, Langevin.

13. — Les commissions militaires extraordinaires pouvaient, comme les cours spéciales, infliger des peines correctionnelles aux prévenus traduits devant elles. — *Cass.*, 24 vent. an XIII, Rolle.

14. — Mais elles ne pouvaient prononcer des dommages-intérêts que d'après les lois qui y autorisaient les tribunaux criminels ordinaires, et dans les limites fixées pour ces tribunaux. Spécialement, une commission militaire n'avait pas juridiction pour prononcer des dommages-intérêts contre un individu qui n'était ni partie plaignante ni accusé. — *Cass.*, 23 messid. an XII, Merlet c. Inoult; 8 frim. an XIII, mêmes parties.

15. — ... Ni pour juger un individu entendu devant elles, et lui appliquer des peines à raison d'un faux témoignage dont il se serait rendu coupable. — *Cass.*, 15 nov. 1811, Georgette; — Carnot, sur l'art. 310, C. inst. crim., t. 3, p. 138, n° 23, et sur l'art. 589, même Code, t. 3, p. 551, n° 4; Legraverend, t. 2, chap., 7, § 6, p. 520, note 9e. — V. TRIBUNAUX SPÉCIAUX.

16. — Les commissions militaires ont disparu nécessairement depuis la Charte de 1814, dont l'art. 62 et 63 disposent que nul ne peut être distrait de ses juges naturels, et qu'il ne pourra être, en conséquence, créé des commissions et des tribunaux ordinaires (à l'exception seulement des juridictions prévotales, dont l'art. 54 de la Charte de 1830 a proscrit définitivement le rétablissement).

17. — Aussi a-t-il été jugé que les commissions militaires, les conseils de guerre extraordinaires et les conseils de guerre spéciaux formés pour juger d'une manière spéciale certains délits, étant, dans la juridiction militaire, des tribunaux d'exception, leur création, depuis la Charte, serait une violation du principe par elle consacré. — *Cass.*, 12 oct. 1815, Mire; 8 août 1816, Prudhomme.

V. CASSATION, CONSEIL DE GUERRE, EMBAUCHAGE, ÉMIGRÉ, ESPIONNAGE, ÉTAT DE SIÉGE, TRIBUNAUX MILITAIRES, TRIBUNAUX SPÉCIAUX.

COMMISSION MIXTE DES TRAVAUX PUBLICS.

1. — Commission chargée d'examiner les travaux qui intéressent à la fois les départemens de l'intérieur, de la guerre et de la marine, et de donner son avis sur chacun des objets renvoyés à son examen. — Ord. 28 déc. 1828, art. 1er.

2. — Ainsi, l'intérêt de l'agriculture et de l'industrie peut réclamer l'ouverture d'une route; mais cette route donnerait un accès facile à l'ennemi. La marine voudrait augmenter un port ou un arsenal; mais cette augmentation ne peut se faire qu'en démolissant une partie des remparts. Ces occasions, où tant d'intérêts divers sont en présence et se contredisent, sont celles où la commission prononce. — Magnitot et Delamarre, *Dict. de dr. admin.*, v° *Travaux publics* (commission mixte).

3. — Créée et organisée par les décrets des 20 fév. et 20 juin 1810 (inédits) et du 22 déc. 1812, la commission mixte a été modifiée dans sa composition par les ordonnances des 18 sept. 1816 et 28 déc. 1828.

4. — La commission mixte est composée ainsi qu'il suit: un ministre d'état, président; trois conseillers d'état; deux inspecteurs généraux du génie militaire; un inspecteur général des ponts et chaussées; un inspecteur général membre du conseil des travaux maritimes; un secrétaire-archiviste. — Ord. 28 déc. 1828, art.

3. — Le président et les membres sont nommés par le roi, sur la présentation des ministres de la guerre, de l'intérieur et de la marine.— De plus, les deux secrétaires du comité du génie et du conseil général des ponts et chaussées assistent aux séances de la commission, mais n'ont pas voix délibérative. — Même ord., art. 2.

6. — Le secrétaire-archiviste, choisi par la commission mixte, est chargé de la réception et du renvoi des dossiers, de la rédaction des procès-verbaux des séances, de la tenue des registres, de l'expédition du travail et de la conservation des minutes et papiers. — Il est pris parmi les officiers du corps royal du génie, ou parmi les ingénieurs des ponts et chaussées.—Ord. 16 sept. 1816, art. 3.

7. — Les travaux mixtes du génie, des ponts et chaussées et de la marine, sont concertés sur les lieux entre les directeurs ou ingénieurs en chef des divers services. Ce concert s'établit dès l'époque de la rédaction primitive des projets, et les ingénieurs ne sont point obligés d'attendre, pour entrer en conférence, qu'ils en aient reçu l'ordre ou l'invitation. L'initiative, à cet égard, leur appartient de droit et par devoir. — Ils rédigent et signent conjointement les procès-verbaux de leurs conférences, contenant, avec les développemens convenables, leurs avis communs, ou leurs opinions respectives. Ils annoncent les plans nécessaires, arrêtés et signés de la même manière que le procès-verbal. Ces procès-verbaux et plans sont faits et signés en un nombre d'exemplaires suffisant pour qu'il en soit adressé un par chaque chef de service au ministère du département auquel il ressortit. — Ord. 18 sept. 1816, art. 4.

8. — Ces procès-verbaux et plans, avec les pièces à l'appui, sont renvoyés au comité des fortifications, au conseil général des ponts et chaussées, à l'inspection générale des travaux maritimes. Les délibérations de ces conseil et comité sont ensuite portées, avec les pièces, à la discussion de la commission mixte, dans le mode de réception de cette commission. — Même ord., art. 5.

9. — Une circulaire du ministre du commerce et des travaux publics, du 17 sept. 1833, rappelle aux préfets et aux ingénieurs les formalités à observer lors de la rédaction des procès-verbaux de conférence.

10. — La commission mixte se réunit d'après la demande de celui du conseil ou comité qui a des projets à présenter à son examen, et sur l'avis qui en est donné par leurs présidens respectifs.— Ord. 18 sept. 1816, art. 2.

11. —La présence de quatre membres, indépendamment du président et des secrétaires dudit comité du génie et conseil général des ponts et chaussées est nécessaire pour délibérer. En cas de partage de voix, celle du président est prépondérante. — En cas d'absence du président, la présidence est dévolue momentanément au plus ancien des conseillers d'état membres de la commission. — Ord. 28 déc. 1828, art. 3.

12. — Le comité des fortifications, le conseil général des ponts et chaussées et l'inspecteur général des travaux maritimes, peuvent nommer, lorsqu'ils le jugent nécessaire, un de leurs membres, comme rapporteur chargé de soutenir leur opinion devant la commission, et indiquer, s'il y a lieu, les moyens de conciliation. — Ord. 28 déc. 1828, art. 4.

13. — Le président convoque la commission ainsi que les rapporteurs des conseil et comité, et fait mettre sous les yeux toutes les pièces envoyées. Les rapporteurs du comité et du conseil sont entendus, et peuvent assister à la discussion; mais ils se retirent au moment de la délibération. — Ord. 28 déc. 1828, art. 5.

14.—Le président transmet au ministre de chacun des départemens dont le concours a été réclamé un extrait de la délibération. — Ord. 28 déc. 1828, art. 6.

15. — Les discussions de la commission ne peuvent, par leur nature, emporter aucune décision, et elles n'ont pour résultat que de présenter aux ministres l'opinion mûrie et débattue des membres qui la composent. — Préambule de l'ord. 18 sept. 1816.

16. — Si l'un des ministres ne croit pas devoir adhérer à la délibération de la commission, il porte l'affaire devant le roi en son conseil des ministres, pour qu'il y soit statué définitivement.— Ord. 28 déc. 1828, art. 7.

17. — Chaque année, les ministres de l'intérieur et de la marine doivent donner connaissance au ministre de la guerre de tous les projets de construction ou démolition nouvelle dépendant de leurs départemens, qu'ils se proposeraient de faire exécuter dans les limites militaires fixées sur une carte qui leur est adressée à cet effet par le minis-

tre de la guerre; et aucuns travaux, excepté ceux de réparation et entretien, ne peuvent être exécutés dans l'étendue de ces limites, qu'autant qu'ils ont été jugés sans inconvénient pour la défense du territoire. — Ord. 18 sept. 1816, art. 7.

18.—De même, le ministre de la guerre doit donner connaissance au département de l'intérieur et à celui de la marine, des travaux militaires qui pourraient intéresser l'un ou l'autre de ces départemens. — Même ord., art. 8.

19. — Aucun plan ou mémoire relatif aux travaux publics du ressort de la commission mixte ne peut être publié ni imprimé sans l'autorisation du ministre de la guerre. — Même ord., art. 9.

COMMISSION DES MONNAIES.

V. MONNAIES.

COMMISSION DES PRISES (Colonies).

1. — C'est, dans les principales colonies, un tribunal chargé de juger les prises conduites dans les ports ou sur les rades de la colonie et de ses dépendances.

2. — Cette commission est composée du gouverneur, de l'ordonnateur, du procureur général, de l'inspecteur colonial et de l'officier de l'administration de la marine le plus élevé en grade. Le gouverneur convoque et préside cette commission. — Ord. 24 août 1825, art. 18; 9 fév. 1827, art. 19; 27 août 1828, art. 18; et 22 août 1833, art. 2.

3. — Les jugemens de cette commission sont rendus dans les formes et de la manière déterminées par les lois et réglemens, et sauf l'appel en France. — Mêmes ord., ibid. — V. COLONIES.

4. — Les décisions rendues en matière de prises par les gouverneurs et commissaires envoyés dans les colonies françaises sont de véritables jugemens assimilés à ceux des tribunaux réguliers de ces mêmes colonies. — Cons. d'état, 16 mars 1807, Grégorie.

5. — En conséquence, le délai d'appel de ces décisions est le même que celui des autres jugemens rendus par les tribunaux des colonies, et le délai d'appel le plus long est d'un an, du jour de la signification. — Même arrêt.

6. — Lorsqu'il s'agit de prises faites par les bâtimens de l'état, les jugemens rendus par les commissions des prises établies dans les colonies ne sont que provisoires, et doivent être soumis au conseil d'état (faisant fonctions de conseil des prises) pour devenir définitives. — Rapp. du ministre de la marine. — Cons. d'état, 17 avr. 1822, François et la Paloma.

7. — Dans les ports, les commissions des prises sont incompétentes pour juger une prise, même en première instance, lorsque, étant capturée sous pavillon allié, elle n'est pas évidemment ennemie, et que le capitaine et son équipage protestent contre la prise. — Art. 9 et 12 de l'arrêté des 6 germ. an VIII. — Cons. d'état, 31 oct. 1827, la goëlette la Minerva.

COMMISSION ROGATOIRE (Matière civile).

1. — Commission donnée par un tribunal à un juge d'un autre siège pour quelque acte d'instruction.

2.—Autrefois les commissions rogatoires étaient d'un usage beaucoup plus fréquent qu'elles ne le sont aujourd'hui; on leur avait donné alors une extension qui n'était pas sans inconvénient. Ainsi, on admettait, dans l'ancien droit comme dans le droit romain, qu'un tribunal pouvait déléguer sa juridiction. *Quœcumque jure magistratus competunt, mandari possunt.*—L. 1, ff., *De eo cui mandat.* — V. aussi L. 5, ff., *De jurisd.*

3 — Aujourd'hui, le législateur a circonscrit ce droit de délégation dans de plus sages limites. En effet, d'après l'art. 1035, C. proc., les juges ne peuvent commettre un tribunal voisin ou un juge de paix, suivant l'exigence des cas, que lorsqu'il s'agit de recevoir un serment, une caution, de procéder à une enquête, à un interrogatoire sur faits et articles, de nommer des experts, et généralement de toute autre opération quelconque, et que les parties et les lieux contentieux sont trop éloignés.

4. — D'après le même article, le droit de délégation peut aller jusqu'à autoriser un tribunal voisin à nommer soit un de ses membres, soit un juge de paix de son ressort, pour procéder aux opérations ordonnées. — Mais la délégation du pouvoir juridictionnel ne peut aller au-delà des cas énumérés dans l'art. 1035. — Carré et Chauveau,

Lois de la procéd., t. 6, p. 366, au texte; Carré, *Compétence*, liv. 2, tit. 3.

5.—Remarquons toutefois que, d'après l'art. 16, C. comm., les juges consulaires peuvent adresser une commission rogatoire à un autre tribunal, ou déléguer la négative pour prendre connaissance des livres de commerce dont la représentation est offerte, requise et ordonnée, lorsque, ces livres se trouvent en des lieux éloignés du tribunal saisi de l'affaire.

6. — Peut-on donner une commission rogatoire à un juge étranger? La cour de Bruxelles s'est prononcée pour la négative par arrêt du 18 oct. 1826 (N... C. N...); attendu qu'un juge étranger n'est pas tenu d'obtempérer à une réquisition émanant d'un tribunal soumis à un autre souverain. — Nous ne pensons pas que cette raison soit déterminante. Qu'importe que le tribunal étranger puisse, en principe, répondre par un refus, si, en fait, il ne refuse jamais? Ce n'est pas une réquisition, ce n'est pas unordre qu'on lui adresse, c'est une invitation, un mandat, et presque toujours il y déférera : pourquoi donc s'abstenir? Nous ne voyons pas, quant à nous, que la dignité des magistrats soit compromise en quoi que ce soit par l'envoi d'une commission rogatoire à un jury étranger, même en cas de refus; nous pensons donc que la cour de Bruxelles est allée trop loin.

7. — La commission rogatoire doit-elle être décernée par le jugement même qui ordonne l'opération? — Carré (*Lois de la procéd.*, t. 6, Q. 3418) se prononce pour l'affirmative; mais M. Adolphe Chauveau (*ibid.*) fait remarquer avec raison que quelque celle forme soit plus convenable et plus usitée, cependant il peut se présenter tel cas où il serait impossible de la suivre. En effet, il arrive quelquefois que la nécessité de déléguer un autre tribunal ou un juge d'un autre ressort ne se manifeste qu'après la prononciation du jugement qui a ordonné l'opération; force est alors de faire une délégation distincte, et c'est ce qui se pratique sans difficulté.

8. — Les tribunaux ont la faculté de révoquer les commissions rogatoires qu'ils ont décernées pour des actes d'instruction, si elles n'ont pas reçu un commencement d'exécution. — *Rennes*, 10 avr. 1810. Penisel c. Quesnaye.

9. — M. Pigeau (*Comment.*, t. 2, p. 745) pense que le greffier du tribunal doit envoyer la *minute* du procès-verbal constatant l'opération, lorsqu'il s'agit d'une enquête, d'un interrogatoire, d'un rapport d'expert, ou de toute autre opération où la vue de la minute peut jeter plus de jour sur l'affaire. Mais il est d'avis qu'il suffit d'une *expédition*, lorsqu'il s'agit d'une réception de caution d'une nomination d'experts, etc..., où la vue de la minute est indifférente.—Nous n'admettons pas cette distinction; le greffier doit, dans tous les cas, envoyer la minute, car il importe que ce soit au greffe même du tribunal qui a fait la délégation et qui doit juger l'affaire, que celte minute soit déposée.—V. en ce sens Chauveau sur Carré, t. 6, Q. 3418 ter.

V. ENQUÊTE, EXPERTISE, INTERROGATOIRE SUR FAITS ET ARTICLES, JUGEMENT.

COMMISSION ROGATOIRE (Matière criminelle).

Table alphabétique.

COMMISSION ROGATOIRE (mat. crim.). — 1. — Commission donnée *avec prière* (de *rogare*, prier) par un juge à un autre juge à l'effet de procéder à un ou plusieurs actes d'instruction qu'il ne peut ou ne veut pas faire lui-même.

2. — Le principe de la délégation des actes d'instruction en matière criminelle en usage sous l'empire des anciennes lois (Muyart de Vouglans, *Inst. crim.*, p. 227; Jousse, *Just. crim.*, t. 3, p. 150; Rousseaud de Lacombe, *Mat. crim.*, p. 255) fut maintenu par la législation intermédiaire (C. 3 brum. an IV, art. 119), et a été de nouveau consacré par le Code d'instruction criminelle.

3. — Toutefois nos anciens criminalistes font remarquer que c'était abusivement que l'expression *commission rogatoire* était employée pour désigner toute délégation de pouvoirs quant aux actes d'instruction; que cette dénomination ne pouvait convenir qu'à l'acte par lequel le juge chargé de l'instruction *committait* ou *priait* un autre juge, son supérieur ou son égal; qu'au contraire, si le juge se substituait un juge ou officier de police judiciaire d'un ordre inférieur, il fallait qualifier l'acte simplement de *commission*.

4. — Ces observations conservent encore aujourd'hui toute leur valeur, et Carnot (*Inst. crim.*, t. 1er, p. 379, n° 4) remarque même qu'il semble que les rédacteurs du Code d'instruction criminelle aient été frappés de leur justesse, puisque la loi emploie des expressions différentes, selon le rang hiérarchique des fonctionnaires. Ainsi le procureur du roi peut, dans le cas de l'art. 52, *charger* l'un de ses auxiliaires d'une partie des actes de sa compétence. Le juge d'instruction peut *commettre* le juge de paix pour recevoir une déposition (art. 83 et 84), et lorsqu'il s'agit d'un autre juge d'instruction, la loi dit seulement qu'il le *requerra* (art. 84 et 90); il en est de même s'il s'agit d'un président *requis* par un juge d'instruction (art. 511, 512, 514 et 516), tandis qu'au contraire le juge d'instruction est *commis* par le premier président ou le conseiller instructeur (art. 237 et 303), etc.

5. — Ces nuances dans les expressions n'ont au surplus d'autre intérêt que de maintenir le respect des convenances hiérarchiques, dont on ne doit jamais s'écarter, et n'empêchent point, au reste, tous les criminalistes d'employer le mot *commission rogatoire* pour désigner en général toute délégation, à quelque autorité qu'elle soit adressée. — C'est donc en ce sens, et sous le bénéfice des observations que nous venons de faire, qu'il convient de l'accepter.

6. — La commission rogatoire, en matière criminelle est d'un usage beaucoup plus fréquent qu'en matière civile, et la loi n'étant pas, en ce point, suffisamment explicite, il s'est élevé sur ce droit et sur son exercice quelques difficultés qu'il importe d'examiner et de résoudre.

§ 1er. — *Cas dans lesquels il y a lieu de donner des commissions rogatoires* (n° 7).

§ 2. — *Qui peut donner ou recevoir une commission rogatoire* (n° 44).

§ 3. — *Formes des commissions rogatoires* (n° 71).

§ 4. — *Exécution des commissions rogatoires* (n° 91).

—

§ 1er. — *Cas dans lesquels il y a lieu de donner des commissions rogatoires.*

7. — Trois articles du Code d'instruction criminelle confèrent aux juges chargés de l'instruction le droit d'opérer des délégations; ce sont : 1° les art. 83 et 84, pour les cas où il y a lieu d'interroger des témoins qui, soit à raison de maladie, soit à raison de leur éloignement, ne peuvent venir déposer devant lui; — 2° l'art. 90, pour le cas où il s'agit de recherche de papiers et effets dans un lieu éloigné de celui où se fait l'instruction.

8. — Dans certaines circonstances même, la délégation est obligatoire. — C'est ce qui arrive 1° quand un prévenu, arrêté en vertu d'un mandat d'amener, se trouve hors de l'arrondissement et à plus de cinq myriamètres de la résidence du magistrat qui a décerné le mandat. — C. inst. crim., art. 101 et 103.

9. — ... 2° Quand il y a lieu de recevoir le témoignage de princes et princesses et de certains hauts dignitaires. — Art. 511 et 514.

10. — ... 3° S'il est nécessaire d'avoir le témoignage d'un agent du gouvernement français résidant à l'étranger, ou d'un étranger non résidant en France. — Art. 514.

11. — 4° De plus, aux termes de la loi du 18 prair. an II, la délégation doit encore nécessairement avoir lieu, lorsqu'il s'agit de recevoir la déposition d'un militaire ou de toute autre personne attachée à l'armée ou employé à la suite, si ce militaire ou cette personne réside hors de l'arrondissement du juge d'instruction.

12. — Les dispositions de la loi sont-elles, en matière de délégation, limitatives, et, de même qu'en matière civile, la commission rogatoire ne peut-elle avoir lieu que dans les cas exprimés par la loi?

13. — L'affirmative semblerait résulter d'un arrêt de la cour de Cassation décidant que les premiers présidens de cour royale peuvent, dans le cas de l'art. 484, C. instr. crim., à la différence des juges d'instruction, *dont les droits sont restreints* par les art. 83, 84 et 90, se faire suppléer par tels officiers de police judiciaire qu'il leur plaît de désigner. — *Cass.*, 27 août 1818, Constans.

14. — Mais cette doctrine, que plusieurs magistrats avaient cru devoir adopter, est aujourd'hui universellement abandonnée; elle est également repoussée formellement par des circulaires réitérées du ministre de la justice, et notamment par celles des 19 avr. 1811, 23 sept. 1812, 9 avr. 1825, 20 nov. 1829, 16 août 1842.

15. — Ainsi, quelques uns avaient cru ne pouvoir user du droit de délégation qu'autant que les témoins étaient dans l'impossibilité de comparaître, et que cette impossibilité était constatée par un certificat de médecin. Le ministre a fait observer, dans une de ces circulaires, que les art. 83 et 84 ont seulement *indiqué*, dans un cas particulier, la marche à suivre, mais ne sont point limitatifs.

16. — « Le droit de déléguer, porte la même circulaire, tient aux règles générales de la procédure criminelle, et les cas où il y a lieu de faire cette délégation sont très fréquens. Le juge d'instruction ne doit se déplacer que dans des circonstances graves et urgentes; il doit aussi, autant que possible, éviter de faire citer devant lui des témoins éloignés, lorsque leur présence n'est pas nécessaire pour l'éclaircissement des faits, et surtout lorsqu'ils sont chargés d'un service public. »

17. — Cependant Carnot (sur l'art. 83, n° 2 et *Observ. addit.*), s'attachant aux termes de la loi, et regardant les dispositions de l'art. 83 comme restrictives, pense que si le témoin qui se trouve dans le canton de la résidence du juge d'instruction ne peut comparaître, le juge ne peut déléguer ses fonctions, et est obligé de se transporter lui-même auprès de ce témoin.

18. — Cet avis est combattu par Legraverend (t. 1er, p. 285 et 288), qui soutient, au contraire, que le droit du juge d'instruction n'est pas limité par l'art. 83, et qu'il peut user, dans le cas prévu par cet article, comme dans les autres, du pouvoir qu'il tient des principes généraux de la législation. Ce dernier avis est, selon nous, celui qui doit prévaloir; il est, au surplus, généralement adopté. — Bourguignon, *Jur. C. crim.*, t. 1er, p. 193; Duverger, *Man. du juge d'inst.*, n° 381; Massabiau, *Man. du proc. du roi*, t. 2, p. 281.

19. — Au résumé, il faut dire avec Legraverend (*Lég. crimin.*, t. 1er, p. 284) que « le magistrat qui fait l'instruction doit employer ce moyen toutes les fois qu'il n'y a pas nécessité absolue de recevoir, avant la mise en jugement du prévenu, les déclarations du témoin, dans le lieu où se fait cette instruction. Ce mode est plus expéditif et prévient des déplacemens inutiles et des frais frustratoires. »

20. — Mais de ce que le magistrat instructeur a le pouvoir de délivrer une commission rogatoire, dans tous les cas où il peut être utile d'agir ainsi, de ce que même les circulaires ministérielles lui en font presque un devoir, cependant il ne faudrait pas en conclure que cette délivrance fût obligée : à part les cas exceptionnels mentionnés plus haut, l'exercice du droit de délégation est facultatif.

21. — Ainsi, c'est un point incontesté en pratique que, dans le cas même où le témoin serait domicilié hors de l'arrondissement du juge d'instruction, celui-ci peut néanmoins le citer directement devant lui, s'il croit utile d'employer cette voie pour arriver à la découverte de la vérité.

22. — Cependant, sous l'empire de notre ancienne législation, la délégation était, dans cette hypothèse, prescrite comme nécessaire (Ord. de Blois, art. 168). Et si le juge délégué refusait de procéder, le juge chargé de l'instruction obtenait un arrêt qui l'autorisait à informer en personne, hors des limites de sa juridiction, *par emprunt de territoire*. — Muyart de Vouglans, *De l'inst. crimin.*, p. 227 et 228.

23. — Cette disposition ne se trouve plus dans notre législation. Sans doute, l'art. 84 se sert du mot *requerra*; mais pour saisir le sens de ce mot, il faut rapprocher l'art. 84 de celui qui le précède. La loi s'occupe dans ces deux articles du cas où le témoin dont l'audition est nécessaire serait dans l'*impossibilité de se rendre auprès du juge*. Or, de deux choses l'une, ou il demeure dans le ressort du juge d'instruction, et alors celui-ci peut se transporter auprès de lui ou déléguer ses pouvoirs au juge de paix : c'est le cas de l'art. 83; ou il demeure hors du ressort, et comme alors le juge ne peut procéder dans le lieu de son domicile, la délégation devient nécessaire : tel est le cas de l'art. 84. Ainsi s'explique le terme impératif *requerra*, qu'on trouve dans ce dernier article, et qu'il faut se garder d'appliquer hors de l'hypothèse spéciale pour laquelle l'article lui-même a été rédigé. — Duverger, t. 2, n° 375.

24. — Le droit d'interroger le prévenu peut-il être délégué?

25. — S'il s'agit de l'interrogatoire que doit faire le président des assises à la maison de justice, l'art. 266, C. inst. crim., consacre formellement le droit de délégation; — de même, l'art. 497 le confère au président chargé de l'instruction dans certaines affaires criminelles.

26. — L'art. 103 reconnaît aussi, bien qu'implicitement, cette faculté au juge d'instruction ordinaire. Il est vrai que cet article ne dispose en termes exprès que pour un cas spécial, mais il faut le considérer comme contenant un principe général, qui doit servir de règle dans les autres circonstances.

27. — Ainsi, dans l'art. 103, il ne s'agit que du cas où un prévenu, arrêté en vertu d'un mandat d'amener ayant plus de deux jours de date, se trouverait encore hors de l'arrondissement du juge qui a décerné le mandat, et à plus de cinq myriamètres de sa résidence. Mais ne doit-on pas décider de même, au cas où une maladie empêcherait le transport, ou bien encore si, le prévenu étant enfermé déjà dans une prison ou dans un bagne, il fallait l'en extraire, et que cette extraction présentât des dangers? Comme aussi, l'intérêt du prévenu lui-même ne doit-il pas en faire un devoir au juge d'instruction, lorsque les charges sont légères, et qu'il faudrait faire franchir à ce prévenu de grandes distances, peut-être pour fournir des explications fort simples? — Duverger, *Man. du juge d'inst.*, t. 2, n° 367.

28. — S'appuyant sur l'art. 237, C. inst. crim., Carnot (même article, n° 2) ne veut pas reconnaître au conseiller chargé d'instruire une affaire le droit de déléguer l'interrogatoire, parce que cet article énonce que le conseiller entendra les témoins ou déléguera leur audition, *interrogera* le prévenu et *décernera* les mandats d'amener. — Mais l'opinion de cet auteur n'est suivie par personne et doit en effet être rejetée.

29. — S'il s'agit de rechercher des papiers et généralement toutes pièces de conviction qui ne se trouvent pas dans le lieu de son ressort, le juge d'instruction peut déléguer ses pouvoirs au juge d'instruction du lieu où l'on peut les trouver. L'art. 190 contient sur ce point une disposition formelle.

30. — Que si ces mêmes pièces se trouvaient au contraire dans l'arrondissement, Carnot (t. 1er, sur l'art. 374, no 1er, et *Obs. addit.*) estime qu'aucune délégation n'est possible et que le juge est tenu d'opérer par lui-même. Les motifs de son opinion sont que l'art. 89 ne renvoie pas à l'art. 52, et qu'en résumé il s'agit d'une opération trop importante pour qu'elle puisse être confiée à un auxiliaire.

31. — Nous ne pouvons non plus admettre ce sentiment : L'art. 52 n'est applicable qu'au cas de flagrant délit. Si le législateur n'a pas renvoyé aux art. 83 et 84, les seuls applicables, c'est sans doute parce qu'il lui a paru qu'il suffisait de ne point déroger au droit commun, pour que le juge d'instruction conservât la faculté d'y recourir. L'objection tirée de l'importance de l'opération ne l'a pas arrêté lorsqu'il a confié le même pouvoir aux auxiliaires du procureur du roi, en cas de flagrant délit (art. 52). — Au surplus, l'usage des délégations, devenu très fréquent, même dans cette hypothèse, atteste que l'opinion de Carnot n'a point trouvé de partisans. — Teulet, d'Auvilliers et Sulpicy, *Codes français*, sur l'art. 87, C. inst. crim., no 5 ; Bourguignon, *Jurisp. des C. crim.*, t. 1er, p. 195 ; Duverger, t. 2, no 282.

32. — Jugé, conformément à ces principes, que lorsque la découverte de la vérité exige des perquisitions simultanées et sur divers points éloignés les uns des autres, le juge d'instruction peut commettre un ou plusieurs juges de paix de son arrondissement pour procéder aux perquisitions de papiers, effets et autres objets. — *Cass.*, 6 mars 1841 (t. 2 1841, p. 148), Chevalier.

33. —... Sauf au juge d'instruction à joindre à la commission rogatoire les instructions qu'il jugera nécessaires pour que le fonctionnaire délégué n'outrepasse pas le mandat qui lui est confié. — Duverger, *ibid.*

34. — « Il ressort de la force des choses, dit encore M. Duverger (t. 2, no 869), que le juge d'instruction peut encore déléguer ses pouvoirs à un autre juge d'instruction, pour ordonner le retrait du greffe, ou la remise par des tiers, des pièces de comparaison dont parle l'art. 454, C. inst. crim., puisque, d'après l'art. 455, le détenteur peut exiger, en s'en dessaisissant, qu'il lui en soit remis une copie collationnée par le président du tribunal civil de *son arrondissement*, qui peut être autre que l'arrondissement du juge d'instruction saisi de l'affaire. »

35. — Sous l'empire de l'ancienne législation, on tenait pour constant que la délégation pouvait aussi avoir lieu à l'effet de procéder à la vérification d'écriture. — Jousse, *Tr. de la just. crim.*, t. 3, p. 152. — Ces délégations sont encore en usage aujourd'hui. — Duverger, *ibid.*

36. — Enfin, du principe général qu'en matière criminelle la faculté de délégation est de droit commun, on doit conclure, et c'est là une opinion universellement reçue, que, malgré le silence du Code d'instruction criminelle, le juge d'instruction peut adresser des commissions rogatoires pour toutes les opérations relatives au cas de flagrant délit. — Duverger, t. 2, no 270.

37. — Une question plus délicate est celle de savoir si le juge d'instruction pourrait déléguer le droit de décerner des mandats ? — Sur ce point, il importe, selon nous, de distinguer entre les diverses espèces de mandats.

38. — En ce qui concerne les mandats d'amener, de dépôt et d'arrêt, quelque graves que soient les considérations qu'on peut invoquer pour l'affirmative, aucun doute ne nous paraît exister. L'art. 283 interdit formellement cette délégation. Le procureur du roi de l'arrondissement où le prévenu est trouvé peut, à la vérité, délivrer le mandat de dépôt dans le cas de l'art. 100, mais c'est en vertu de la loi et non d'une délégation. — Bourguignon, *Jurisp. C. crim.*, t. 1er, p. 181, no 8.

39. — Quant au mandat de comparution, comme il n'est pas mentionné dans l'art. 283, Carnot (t. 2, sur l'art. 283, no 3) en conclut que le droit de le décerner peut être délégué.

40. — La cour de Douai, appelée à statuer sur la question, n'a pas adopté cette opinion, et considérant que les mandats de comparution sont, comme tous autres mandats, des actes de juridiction, elle a décidé que le juge d'instruction ne pouvait, par une commission rogatoire, en déléguer l'exercice. — *Douai*, 24 juill. 1835, Deschamps. — Une autre raison, qui ne se trouve pas dans l'arrêt, mais qui est donnée encore à l'appui de cette décision, consiste à dire que, les mandats de toute nature étant, aux termes de l'art. 96, exécutoires par toute la France, toute délégation devient par cela même inutile.

41. — Nous n'hésitons pas, malgré l'autorité de la cour de Douai, à nous ranger à l'avis de Carnot. — L'objection tirée de la nature même du mandat nous touche peu, en présence du peu d'inconvéniens qui peuvent résulter de la délégation, d'ailleurs toute favorable au prévenu : en effet, le mandat de comparution n'est guère, à vrai dire, qu'une citation revêtue seulement d'une plus grande autorité que les citations ordinaires ; quant à cet argument, que le mandat de comparution est exécutoire, comme tous les autres mandats, par toute la France, il y a, ce nous semble, quelque abus de raisonnement à en conclure qu'il ne peut être l'objet d'une délégation. — Il y aurait même une évidente contradiction à reconnaître le droit de délégation de l'interrogatoire et à refuser au juge commis le moyen d'appeler le prévenu resté en liberté et de la comparution spontanée duquel on ne serait pas assuré. — V. en ce sens Duverger, *loc. cit.*, no 372.

42. — Mais au mandat de comparution seul se borne le pouvoir du juge délégué ; que si le prévenu n'y obtempère pas, il ne saurait décerner un mandat d'amener, qui sort du cercle de sa compétence. Toutefois, la délégation étant dans le cas qui nous occupe, un acte de faveur pour le prévenu, l'impuissance du juge délégué n'a pas de graves conséquences. Il est d'ailleurs extrêmement rare que les circonstances déterminent le juge d'instruction à commettre un autre juge pour l'interrogatoire du prévenu, qui est un acte plus important que le mandat de comparution.

43. — Du reste : « il est sans doute inutile, dit Legraverend (*Lég. crim.*, t. 1er, p. 28), de rappeler ici que les commissions rogatoires dont l'usage doit être fréquent, dans l'instruction préliminaire, ne peuvent plus être employées, lorsqu'il s'agit de la mise en jugement. La règle suivant laquelle toute l'instruction doit être orale devant les jurés, ou devant les juges seulement, lorsque les cours ou les tribunaux prononcent sans le concours des jurés, n'admet d'exception dans la législation Française, qu'à l'égard de certains fonctionnaires appelés en témoignage et des témoins militaires. »

§ 2. — *Qui peut donner ou recevoir une commission rogatoire.*

44. — Le pouvoir de déléguer étant de droit commun en matière criminelle (V. *suprà* no 36), il appartient à tous les magistrats chargés d'une instruction ; toutefois son étendue varie suivant la qualité du magistrat qui l'exerce.

45. — Et d'abord il est constant que, hors les cas spécialement indiqués par la loi, le magistrat inférieur ne peut donner une commission rogatoire à celui qui, hiérarchiquement, est placé au-dessus de lui.

46. — Le juge d'instruction est le magistrat appelé le plus ordinairement à faire usage des commissions rogatoires ; divers articles de loi ont déterminé à quels magistrats il pouvait en adresser.

47. — Ces magistrats sont : 1o les premiers présidens des cours royales, et les présidens des tribunaux de première instance, dans les cas prévus par les art. 511 et 515, C. inst. crim., c'est-à-dire lorsqu'il s'agit de recevoir le témoignage des princes et princesses, ou de certains hauts fonctionnaires désignés dans ces articles.

48. —... 2o Les juges d'instruction siégeant près les autres tribunaux, pour toute espèce d'actes de l'instruction, ainsi que nous l'avons déjà vu *suprà* nos 23, 26, 29 (art. 84, 90 et 103), et sauf les exceptions que nous avons signalées.

49. — Notons ici que le droit de commettre ne peut être exercé qu'à l'égard du juge d'instruction, et non d'un tribunal entier, ou même d'un simple juge autre que celui chargé de ces fonctions, nulle disposition de la loi n'accordant sur ce dernier point au juge d'instruction le droit concédé au conseiller instructeur, dans le cas particulier prévu par l'art. 237, C. inst. crim.

50. —... 3o Les commissaires rapporteurs près les conseils de justice des armées de terre et de mer, sauf, bien entendu, l'observation des formalités prescrites (V. *infrà* nos 71 s., 91 s.) pour la transmission et l'exécution de la commission rogatoire.

51. —... 4o Les juges de paix de son arrondissement pour tous les actes pour lesquels la loi autorise la délégation. — Nous avons vu (*suprà* no 23) que ce droit peut être exercé même à l'égard du juge de paix du canton où est situé le tribunal. — Circ. minist. just. 23 sept. 1812.

52. —... 5o Les officiers de police judiciaire de son arrondissement autres que les juges de paix, mais dans des limites plus étroites qu'en ce qui concerne ces derniers. — La raison en est qu'il existe une grande différence entre le juge de paix, véritable magistrat, et les autres officiers simples auxiliaires du procureur du roi, et qui n'ont pas le caractère de juges.

53. — D'où il suit que, tandis que les juges de paix peuvent recevoir délégation pour tous les actes d'instruction indistinctement, les autres officiers de police judiciaire ne peuvent, au contraire, être commis que pour certains actes de l'instruction criminelle.

54. — Ainsi, le juge de paix est le seul officier de police judiciaire à qui puisse être déléguée l'audition d'un témoin. — Carnot, *C. inst. crim.*, art. 49, *Obs. addit.*, no 2 ; Duverger, t. 2, no 515 ; Bourguignon, *Jurisp. des Code crim.*, t. 1er, p. 195.

55. — Il n'en est pas tout-à-fait de même au cas de flagrant délit ; alors, tout officier de police judiciaire peut être commis pour l'accomplissement de tous les actes que pourrait leur confier le procureur du roi, et notamment dans les cas prévus par les art. 32, 35, 36, 38, 39, 44, C. inst. crim. — Mêmes auteurs.

56. — Journellement encore cependant les officiers auxiliaires du procureur du roi sont commis, même hors du cas de flagrant délit, à l'effet d'opérer les perquisitions mentionnées en l'art. 90, et cela, bien qu'on ne leur reconnaisse pas le droit de procéder à une enquête. — A ce sujet MM. Teulet, d'Auvilliers et Sulpicy (*Codes français annotés*, sur l'art. 90, no 3), s'expriment ainsi : « En droit, les dispositions de la loi étant les mêmes, ou la délégation ne peut pas leur être faite pour les perquisitions, ou elle peut l'être pour l'enquête ; il n'y a pas de distinction possible. Néanmoins, l'usage l'a consacrée. Nous pensons que ce qui se pratique est ce qu'il y a de plus convenable. Le législateur sanctionnera sans doute un jour cette réforme. »

57. — Du reste, un principe commun aux juges de paix et à tous autres officiers de police judiciaire, c'est qu'ils ne peuvent être légalement commis que par le juge d'instruction de leur ressort, d'où la conséquence que si le juge chargé de l'instruction d'une affaire se trouvait amené à donner une commission rogatoire hors de son arrondissement, il ne pourrait l'adresser qu'au juge d'instruction près le tribunal du lieu, sauf à celui-ci à subdéléguer un juge de paix. L'art. 84 trace, à cet égard, d'une manière assez précise, la marche qui doit être suivie.

58. — Toutefois cette règle souffre une exception dans le cas prévu par l'art. 283, C. inst. crim. — On s'accorde généralement alors à reconnaître au juge d'instruction le droit que cet article donne formellement au procureur du roi, agissant comme officier de police judiciaire, de déléguer un juge de paix même *d'un arrondissement voisin*. — Les motifs d'utilité publique, qui ont déterminé, dans l'intérêt de la vindicte publique, cette extension de pouvoir à l'égard du procureur du roi, sont évidemment les mêmes, s'il s'agit du juge d'instruction : il n'y a donc pas raison de distinguer. — Bourguignon, *Jurisp. des Codes crim.*, t. 1er, p. 192 ; Duverger, t. 2, no 383 ; Delamorte-Félines, *Man. du juge d'instr.*, p. 78.

59. — Le droit de délégation accordé au juge d'instruction à l'égard d'autres fonctionnaires est réciproque, et dès-lors il peut, à son tour, recevoir des délégations de même nature.

60. — Ainsi il peut être délégué : — 1o par le commissaire rapporteur près un tribunal maritime et militaire.

61. — Jugé cependant que, dans les villes où il existe un conseil de guerre permanent, le juge d'instruction du tribunal de première instance n'est pas tenu de déférer à la commission rogatoire que lui adresse le capitaine rapporteur d'un autre conseil de guerre, à l'effet d'entendre des témoins, militaires ou non. — *Cass.*, 11 fév. 1830, N..... ; — Merlin, *Quest. de droit*, vo *Témoins judiciaires*, § 12.

62. —... 2o Par le conseiller de la cour, chargé de instruction d'une affaire criminelle en vertu de l'art. 237, C. inst. crim., dans le ressort de cette cour. — Mais remarquons qu'aux termes de ce même article la délégation peut être faite à *l'un des juges du tribunal*, et non pas spécialement et nécessairement au juge d'instruction. — V. CHAMBRE DES MISES EN ACCUSATION.

63. —... 3o Par le président des assises, quand il y a lieu à l'audition de témoins nouveaux ; en effet, l'art. 303, C. inst. crim., reconnaît au président d'assises le droit de commettre le *juge d'instruction* de l'arrondissement où ils résident, ou même d'un autre arrondissement.

64. — L'art. 293 du même Code reconnaît encore au président des assises le droit de déléguer l'interrogatoire de l'accusé lors de son arrivée dans la maison de justice ; et la cour de Cassation a reconnu que cette délégation pouvait être confiée, sans qu'il en résultât aucune nullité, au juge qui avait été chargé de l'instruction, si d'ailleurs il n'avait participé en rien au jugement. — *Cass.*, 5 juill. 1832, Fourcade ; 17 sept. 1835, Laidet.

65. —... 4o Par les cours d'assises, lorsqu'il y a lieu à supplément d'instruction contre des complices

qui ne sont point compris dans l'acte d'accusation. — C. inst. crim., art. 433.

66. — ... 5° Par les premiers présidens de la cour de Cassation ou des cours royales, dans les cas prévus par les art. 288, 488, 497 du même Code.

67. — ... 6° Enfin par les commissaires chargés par la cour des pairs d'une instruction criminelle.

68. — Aucune loi n'a conféré le droit de délégation aux officiers auxiliaires du procureur du roi; ils ne sauraient donc décerner légalement aucune commission rogatoire.

69. — Un arrêt a cependant décidé que le juge de paix pouvait déléguer un commissaire de police à l'effet d'opérer des perquisitions pour la recherche d'objets volés. — *Cass.*, 25 fructid. an VI, Lebrun. — Mais cet arrêt a été rendu sous l'empire du Code du 3 brum. an IV, qui (art. 48 et suiv.) conférait aux juges de paix le soin de procéder aux premières informations, à l'exception de quelques affaires que les art. 148 et suiv. réservaient spécialement au directeur du jury; c'était donc comme magistrat chargé d'une instruction, et non comme officier auxiliaire de police judiciaire, qu'il agissait dans ce cas.

70. — Quant au droit de délégation que peut avoir le procureur du roi à l'égard des officiers auxiliaires de police judiciaire, V. FLAGRANT DÉLIT, INSTRUCTION CRIMINELLE, MINISTÈRE PUBLIC.

§ 3. — *Forme des commissions rogatoires.*

71. — Une commission rogatoire ne peut jamais être verbale; il faut qu'elle soit donnée par écrit : elle doit être intitulée au nom du magistrat de qui elle émane, et porter le visa des articles de la loi en vertu desquels elle est donnée.

72. — De même qu'elle contient le titre du magistrat qui la donne, la commission rogatoire désigne spécialement le magistrat officier de police judiciaire à qui elle est adressée.

73. — Que la commission rogatoire ait pour but l'interrogatoire d'un prévenu, d'un témoin, ou tout autre acte d'instruction, elle doit avant tout contenir la désignation exacte du prévenu, s'il est connu, ou mention qu'il est ignoré, ainsi que l'indication du crime ou du délit qui donne lieu aux poursuites, tel qu'il est qualifié légalement, avec les circonstances aggravantes qui peuvent s'y rattacher.

74. — Surtout, la commission rogatoire doit fournir, soit par elle-même, soit par une note distincte qui y est annexée, les renseignemens qui peuvent être utiles au magistrat ou juge délégué pour remplir le mandat qui lui est confié (C. inst. crim., art. 83). — L'utilité d'une note séparée est surtout évidente lorsque les documens qu'elle contient sont de nature à ne pas être insérés dans les actes patens de la procédure.

75. — Il importe d'autant plus de se conformer à ces prescriptions, que les procès-verbaux et autres pièces de l'information ne doivent pas être joints à la commission rogatoire, car il y aurait du danger à les déplacer en minute. De plus, l'art. 59 du décret du 18 juin 1811 défend ce déplacement; il n'autorise (et encore n'est-ce que par mesure exceptionnelle, et avec l'autorisation du ministre de la justice) que les expéditions ou extraits de ces pièces. — Des instructions ministérielles défendent d'ailleurs, au cas de commission rogatoire, les copies ou extraits de pièces.

76. — La loi impose donc sagement au magistrat instructeur, qui connaît bien la nature de la prévention, le soin de déterminer lui-même les points sur lesquels des renseignemens sont nécessaires, et de tracer le cercle dans lequel le juge ou l'officier auxiliaire de police délégué doit agir pour que la procédure devienne complète dans toutes ses parties. — V. au surplus Legraverend, t. 1er, p. 285.

77. — Ainsi, si la commission rogatoire a pour but l'interrogatoire du prévenu, il faut qu'elle contienne un état des faits et une série de questions aussi complète que possible, sauf au juge délégué à adresser spontanément les interpellations que pourraient lui suggérer les réponses de la personne intéressée. — Duverger, t. 2, n° 377.

78. — Que si la commission a pour but l'audition de témoins, elle doit autant que possible contenir la désignation de leurs noms, prénoms, qualités, professions, demeures. Par une prévoyance fort utile pour la découverte de la vérité, en pareil cas, la commission rogatoire comprend encore pour le juge délégué le pouvoir d'entendre, outre les témoins désignés, telles autres personnes qu'il jugera convenable, par suite des renseignemens qu'il aura été à même de recueillir, et de recevoir les dépositions.

79. — La commission rogatoire est-elle, au contraire, donnée à l'effet d'opérer tout autre acte d'instruction, tel qu'une visite domiciliaire ou une perquisition de papiers, il faut préciser les objets recherchés et la nature des recherches.

80. — La commission rogatoire peut être du reste plus ou moins étendue quant à son objet; mais quelle qu'elle soit, le juge doit apporter le plus grand soin à sa rédaction et y joindre les instructions nécessaires, surtout si elle doit être adressée à des officiers auxiliaires de police judiciaire.

81. — Elle doit être datée, signée et scellée par le juge commettant.

82. — Doit-elle être préalablement communiquée au procureur du roi, pour que celui-ci y joigne son réquisitoire? — La question est controversée : pour l'affirmative, on soutient qu'en principe général, l'intervention du ministère public est indispensable pour l'exécution des actes prescrits par le juge d'instruction, et spécialement qu'aux termes des art. 47 et 72 du Code d'instruction criminelle, cette intervention est indispensable, s'il s'agit d'expertise ou d'audition de témoins, cas les plus fréquens de commission rogatoire. — Massabiau, t. 2, n° 1884.

83. — La thèse, au contraire, d'après laquelle la commission rogatoire n'aurait pas besoin d'être précédée d'un réquisitoire spécial du procureur du roi, s'appuie sur les dispositions de l'art. 85, d'après lesquelles les communications auxquelles elle donne lieu, peuvent se faire directement et sans son intermédiaire. — De deux choses l'une, dit-on encore : ou il s'agit de flagrant délit, et alors le juge, réunissant en sa personne tous les pouvoirs, aucune discussion n'est possible (V. FLAGRANT DÉLIT); ou il s'agit d'une instruction ordinaire, et dans ce cas le juge saisi par le réquisitoire du ministère public peut désormais procéder seul aux actes d'instruction, le mandat d'arrêt excepté (art. 94) et faire des délégations pour tout ou partie de ces actes, sauf la prohibition portée en l'art. 283, relativement aux mandats d'amener, de dépôt et d'arrêt. — Bourguignon, *Man. d'inst. crim.*, t. 1er, p. 174; Duverger, t. 2, n° 376; Delamorte-Félines, *Man. du juge d'inst.*, p. 296.

84. — Quelle que soit, du reste, l'opinion à laquelle on s'arrête, il faut remarquer que la loi ne défend ni expressément ni implicitement aux juges d'instruction de s'entendre à cet effet avec le ministère public; aussi les magistrats procèdent-ils le plus souvent de cette manière; et, dans ce cas, l'officier du parquet qui instrumente auprès du juge délégué, appose aux pièces de la commission rogatoire ces simples mots : *Soit fait ainsi qu'il est requis.* — Tel est en particulier l'usage suivi à Paris.

85. — La commission rogatoire n'est jamais envoyée en expédition; elle est transmise en minute. — Inst. minist. 7 juin 1814. — Il en était déjà ainsi dans l'ancien droit. — Jousse, t. 3, p. 154.

86. — On s'est encore demandé si l'intervention du ministère public était nécessaire pour cet envoi, ou si, au contraire, il pouvait être fait directement au juge ou officier de police délégué par le juge commettant. — Une décision du ministre de la justice, du 6 janvier, 1825 a reconnu la légalité de la communication directe, qui peut du reste s'inférer par argument *à simili* de ce que les art. 85, 303, 489, 512 et 516 indiquent cette marche comme devant être suivie pour le retour de la commission rogatoire. — V. cependant Massabiau, t. 2, n° 1884.

87. — Toutefois, et dans l'usage, sans qu'on puisse rien en conclure contre le droit de correspondance directe, la commission rogatoire est transmise par l'intermédiaire du ministère public : on se fonde en cela sur les termes de l'art. 28, C. inst. crim., qui charge généralement les procureurs du roi de pourvoir à l'envoi, à la notification et à l'exécution des ordonnances rendues par le juge d'instruction.

88. — Remarquons encore, en ce qui concerne l'envoi des commissions rogatoires, que si la commission a pour objet de faire entendre des témoins hors du territoire français, elle ne doit pas être envoyée directement par le magistrat qui la donne au magistrat étranger chargé ou requis de l'exécuter; on suit alors une autre marche, les magistrats d'un état souverain ne pouvant pas charger ou requérir ceux d'un autre état souverain de déférer à leur délégation; il faut donc en adresser les pièces au ministre de la justice qui, par l'intermédiaire du ministre des affaires étrangères, prend les mesures convenables pour qu'elles parviennent à leur destination dans les formes que comportent les relations diplomatiques. — Circ. minist., 22 mars 1820. — Dans aucun cas, les magistrats français ne peuvent correspondre directement avec les autorités judiciaires de l'étranger pour la transmission ou l'exécution de ces commissions; les notes explicatives que le juge croirait convenable d'y joindre, devraient également passer sous les yeux du ministre. — La commission ne doit, dans ce cas, contenir aucune réquisition, mais être rédigée sous la forme de prière aussi simple et aussi brève que possible. — Circ. minist. 5 avr. 1841.

89. — ... Réciproquement les commissions rogatoires qui peuvent venir de l'étranger suivent la même voie et ne doivent être exécutées que de l'autorité du ministre de la justice, qui en apprécie l'opportunité ou les dangers. — Bourguignon, *Jurisprud. des Codes crim.*, t. 1er, p. 269, n° 7.

90. — Enfin, aux termes de la loi du 2 prairial an II, c'est encore au ministre de la justice, qui les transmet au ministère de la guerre pour en assurer l'exécution, que doivent être adressées les commissions rogatoires tendant à l'audition de témoins militaires.

§ 4. — *Exécution des commissions rogatoires.*

91. — Légalement requis par une commission rogatoire régulièrement donnée et transmise, le juge ou l'officier auxiliaire de police judiciaire délégué, est tenu d'accepter la mission qui lui est déférée.

92. — S'il refusait, cependant, le juge requérant ne pourrait sans doute le contraindre : mais il devrait en informer le procureur général près la cour du ressort. — Carnot, sur l'art 84, n° 5. — Et M. Duverger (t. 2, n° 385) ajoute que si ce refus entravait absolument la procédure, le juge requérant pourrait demander le réglement de juges, conformément aux art. 525 et suiv. du C. d'inst. crim.

93. — Le juge ou officier commis doit donc examiner avec soin la commission qui lui est transmise, se bien pénétrer du but à atteindre et se mettre en mesure de l'exécuter sans retard. — Duverger, t. 2, n° 385.

94. — Et en effet, si, hors les cas que la loi détermine, il apportait un sursis à l'exécution du mandat qui lui est confié, il pourrait, selon les circonstances, être considéré comme coupable de déni de justice. — Carnot, sur l'art. 84, notes addit.

95. — Dans l'ancien droit, il fallait qu'avant de procéder à une opération quelconque, le juge rendît lui-même une ordonnance notifiée au prévenu, et par laquelle il déclarait accepter la commission. — Jousse, t. 3, p. 154; Rousseau de Lacombe, *Mat. crimin.*, p. 262.

96. — Aujourd'hui, cette ordonnance n'est plus prescrite; il suffit qu'en tête de ses actes, le juge, et il en est de même de l'officier auxiliaire de police judiciaire, vise la commission rogatoire en vertu de laquelle il procède.

97. — Il n'est guère supposable que le juge d'instruction, lorsqu'il adresse une commission rogatoire à un officier auxiliaire de son ressort, se trompe dans la désignation de l'officier commis; mais si, cependant, il en était ainsi, l'officier indûment commis devrait retourner immédiatement la commission au juge d'instruction. La distance qui sépare leur résidence n'est jamais assez considérable pour qu'il puisse en résulter un retard fâcheux pour la marche de l'instruction criminelle.

98. — S'il s'agit, au contraire, soit d'une commission rogatoire adressée à un autre juge d'instruction, ici l'erreur peut avoir des conséquences plus graves, à raison de la distance souvent fort grande qui peut séparer le ressort du juge déléguant de celui du juge délégué.

99. — Sans doute, en principe, le juge commis doit retourner sans retard la commission au juge commettant, afin que celui-ci se mette en mesure de réparer son erreur; mais, quelque activité qu'on apporte à ce renvoi et à l'expédition de la nouvelle délégation, un temps parfois considérable s'écoule, et il pourrait en résulter des inconvéniens assez graves. Aussi faut-il admettre que, s'il y avait urgence, le juge commis par erreur pourrait, au lieu de retourner la commission au juge commettant, la transmettre directement au juge qui aurait dû être délégué, en libellant ce renvoi au bas de la commission rogatoire. — Duverger, t. 2, p. 387.

100. — Il était autrefois de principe, en matière d'instruction criminelle, que le juge commis devait procéder par lui-même, sans pouvoir subdéléguer tout ou partie de la mission qu'il avait reçue. — Ord. 1670, tit. 6, art. 7. — Jousse, t. 3, p. 155; Muyart de Vouglans, p. 228; Serpillon, *Code crimin.* t. 1er, p. 255; Denisart, *Rép.*, v° *Commission*, n° 11.

101. — Aujourd'hui il n'en est plus de même, et l'art. 84, au cas où il s'agit d'audition de témoins, permet au juge délégué de commettre à son tour le juge de paix du canton où demeurent ces témoins. — Cette délégation nouvelle peut avoir lieu, soit par une commission nouvelle, contenant la première, ou simplement ajoutée à la suite de celle-ci.

102. — Il est vrai que l'art. 84, le seul qui traite expressément de ce pouvoir de subdélégation, ne

parle que de l'audition de témoins et du juge de paix; mais ces énonciations ne sont pas limitatives, et peuvent également, malgré le silence de l'art. 90, s'appliquer aux perquisitions de papiers et effets; la parfaite analogie qui existe entre ce cas et celui prévu ne permet pas de douter de cette faculté de subdélégation, qui résulte d'ailleurs des principes généraux du droit.

103.—Il ne faut pas oublier cependant que c'est au juge d'instruction seul qu'appartient le droit de subdélégation, qui n'est au résumé qu'une conséquence du droit de délégation, et non à aucun des officiers de police judiciaire, à qui aucune loi n'a conféré cette faculté.

104.—Le juge délégué ne doit évidemment faire que les actes d'instruction pour lesquels il a commission; il outrepasserait ses pouvoirs, s'il agissait autrement.—*Cass.*, 12 pluv. an XIII, Bigot.

105.—Il faut toutefois se garder d'exagérer les conséquences de ce principe: en effet, le juge commis devant procéder comme l'eût fait le juge requérant, il est nécessairement investi du droit de faire tous les actes qui sont la conséquence ou l'accessoire de ceux spécifiés dans la commission. — Legraverend, t. 1er, p. 287.

106.—Ainsi, si la commission rogatoire est donnée pour procéder à l'audition des témoins, il peut employer contre les témoins défaillans les moyens de contrainte autorisés par l'art. 84, comme aussi décerner, en vertu de l'art. 86, un mandat de dépôt contre ceux qui ont produit un faux certificat et contre les officiers de santé qui le leur ont délivrés.

107.—Il pourrait encore notamment contraindre les dépositaires publics à lui remettre les pièces arguées de faux ou devant servir de comparaison (art. 452, 454), requérir la force publique, se faire assister d'experts, ou bien encore réprimer les injures et voies de fait qui le troubleraient dans ses fonctions.—Art. 504 et 505.

108.—Le juge délégué peut même donner une certaine extension à la commission qu'il a reçue, pourvu bien entendu qu'elle ne soit point limitative dans ses termes. Ainsi, lorsque de nouveaux témoins lui sont signalés comme pouvant donner sur le fait à éclaircir des renseignemens plus positifs que ceux indiqués dans la commission, rien ne s'oppose à ce qu'il les entende, pour éviter les longueurs d'une nouvelle commission rogatoire. —V. supra n° 78.

109.—De même, chargé de saisir une pièce de conviction, il peut en saisir deux ou un plus grand nombre; il peut aussi faire perquisition dans les dépendances d'une habitation quoique l'habitation ait été seule mentionnée dans la commission, multiplier ses visites dans ce domicile, etc.

110.—Mais commis pour faire perquisition chez une personne désignée, pourrait-il la faire au domicile d'un tiers? — En fait, cela se pratique quelquefois ainsi; mais MM. Teulet, d'Auvilliers et Sulpicy (*Codes français annotés* sur l'art. 90, n° 4er), croient devoir combattre en droit un pareil principe. « L'extension, disent-ils, donnée à une commission dans son exécution, ne présente sans doute aucun inconvénient quand on se renferme dans de simples actes d'instruction; mais il y a bien du danger à étendre ainsi les voies de rigueur. Le délégué qui ne possède pas tous les secrets de la poursuite est exposé à faire une fausse démarche. Si, dans la pratique, on se permet quelquefois cet excès de pouvoirs, il n'y a que le résultat ou des circonstances majeures qui le rendent excusable. »

111.—Évidemment ces questions ne peuvent s'élever, s'il s'agit d'une commission rogatoire donnée à un officier auxiliaire de police judiciaire, dont la compétence est beaucoup trop restreinte, et qui doit, se renfermant avec soin dans l'exécution de son mandat, référer, quant au reste, au juge d'instruction qui a donné la commission, si la délégation qui lui a été faite est directe, et au juge d'instruction dont il relève, s'il s'agit que par subdélégation.—Legraverend, t. 1er, p. 287.

112.—De même qu'elle est parvenue close, cachetée, signée, la commission rogatoire exécutée doit être retournée dans le même état, avec les notes et renseignemens qui y avaient été joints. (C. inst. crim., art. 85, 503, 480, 512, 516). Rien ne doit en effet transpirer au dehors de ces communications nécessaires.—Carnot; sur l'art. 85, n° 4er.

113.—» Les pièces sont cotées par le juge délégué, dit M. Duverger (t. 2, n° 290), puis détaillées dans un inventaire que dresse et signe le greffier. On y joint, s'il y a lieu, un état de pièces de conviction. Enfin, il faut y ajouter, dans tous les cas, un état de frais, qui est aussi dressé par le greffier, mais qui doit être signé et vérifié par le juge. »

114.—Et de même que la commission rogatoire a été envoyée en minute (V. *supra* n° 85), c'est

également en minute et non en expédition que doivent être retournées les pièces constatant les opérations pratiquées par le juge commis. Cela résulte au surplus des dispositions de l'art. 59, décret 18 juin 1811.

115.—« Lors même, dit Carnot (sur l'art. 85, n° 2) que le juge de paix aurait été commis par un juge d'instruction qui serait lui-même requis, et qu'il ne tiendrait pas directement sa commission du juge d'instruction saisi, ce n'en serait pas moins à celui-ci qu'il devrait faire l'envoi de son procès-verbal, sans passer par l'intermédiaire du juge d'instruction qui l'aurait commis. L'art. 85 ne fait dans ce cas aucune distinction, et c'est le moyen d'éviter des frais en pure perte et des longueurs inutiles. »

116. — Nous ne saurions partager cet avis; le juge de paix ou autre officier auxiliaire de police judiciaire délégué ne peut avoir de compte à rendre de ses actes qu'au magistrat qui l'a commis, c'est-à-dire à son supérieur hiérarchique, qui seul avait qualité pour lui donner mission; c'est donc à lui qu'il devra retourner la commission rogatoire. L'objection tirée de l'économie des frais n'est pas sérieuse; la marche du moins nous indiquons, et qui est d'ailleurs consacrée par la pratique, n'augmente en rien les frais.

117. — Sans doute ce circuit peut occasionner quelques lenteurs dans le renvoi, mais ne peut-il pas arriver que l'officier auxiliaire de police judiciaire n'ait pas rempli convenablement son mandat, ou que, par suite des informations par lui prises, de nouveaux renseignemens soient à recueillir sinon en dehors des lieux sur lesquels s'étend sa compétence, du moins dans le ressort du tribunal dont il relève; d'on cette conséquence, que si la commission était retournée directement au juge requérant originaire, il faudrait que celui-ci adressât une nouvelle commission rogatoire au juge d'instruction qu'il aurait déjà requis. Ne serait-on-ce pas là des causes de lenteur beaucoup plus grande que celles dont parle Carnot ?

118. — Rien n'empêche, d'ailleurs, le juge subdéléguant d'autoriser son subordonné, lorsque les circonstances l'exigent, et qu'il le juge à propos, à transmettre directement au juge requérant originaire le résultat de ses informations. — V. conf. Duverger, t. 2, n° 391.

119. — Quant à l'intervention, ordinaire dans la pratique, du ministère public pour le retour de la commission rogatoire, même difficulté et même solution que pour l'envoi. — V. *supra* n° 86.

120. — Aussitôt que la commission rogatoire lui a été retournée, le juge d'instruction doit l'examiner, et si elle lui paraît n'avoir pas été convenablement remplie, alors il la renvoie avec de nouvelles observations pour en assurer mieux l'exécution, il peut même délivrer une commission nouvelle.

121. — De même, dans le cas particulier où il aurait donné une commission rogatoire à un officier de police judiciaire de son ressort, il pourrait, soit faire refaire, s'ils lui paraissaient insuffisans, les actes d'instruction, soit les refaire par lui-même. — Cod. inst. crim., art. 60 ; — *Cass.*, 27 août 1818, Constant.

122. — Mais il n'a pas le droit d'annuler ces actes, quelque défectueux qu'ils puissent être : cette annulation ne peut être prononcée que par la chambre du conseil ou la chambre d'accusation, suivant les cas. — Même arrêt.

V. CHAMBRE DES MISES EN ACCUSATION, FLAGRANT DÉLIT, INSTRUCTION CRIMINELLE, JUGE D'INSTRUCTION, MINISTÈRE PUBLIC, OFFICIER DE POLICE JUDICIAIRE.

COMMISSION SANITAIRE.

Corps exerçant la police sanitaire dans les petits ports maritimes, et sous la direction immédiate des intendances sanitaires ou des préfets. — V. POLICE SANITAIRE.

COMMISSION DU SCEAU.

1. — Instituée par une ordonnance du 15 juillet 1814, la commission du sceau des titres remplaça le conseil du sceau des titres, créé par l'art. 11 du décr. 1er mars 1808, dont les doubles attributions étaient réglées par l'ordre du 14 octobre 1814, et que le décret du 24 avril 1815, durant les cent-jours, substitua à la commission qui, après la seconde restauration, reprit de fait ses fonctions. La commission du sceau des titres a été supprimée par ordonnance royale du 31 octobre 1830.

2. — Cette commission était chargée de prononcer sur toutes les demandes relatives aux collations, confirmations, reconnaissances et vérifications des titres de noblesse, aux changemens de noms, aux concessions d'armoiries, à l'érection

des majorats, aux dotations et, par suite, à l'expédition des brevets d'inscription des successeurs des titulaires. — Ord. 15 juill. 1814, art. 2.

3. — Elle était également chargée du sceau des lois, des lettres patentes, des diplômes pour déclaration de naturalité, dispenses d'âge et de parenté pour mariage, autorisation de service dans les armées étrangères.

4. — Aux termes de l'ord. du 15 juillet 1814, il y avait auprès de cette commission un commissaire du roi, faisant les fonctions de ministère public. Ce commissaire était chargé spécialement de l'examen préalable des pièces soumises à la commission et de donner ses conclusions sur les rapports des requêtes et mémoires, il présentait au sceau les lois et ordonnances qui devaient le recevoir, les lettres patentes portant collation ou confirmation de titres et de fonctions inamovibles, et celles d'institution de majorats; il en suivait l'exécution au dehors et certifiait le chancelier de l'enregistrement desdites lettres dans les cours et tribunaux à ce compétens. — Ord. 15 juill. 1814, art. 4er et 3.

5. — Les fonctions de la commission du sceau des titres ont été attribuées par l'ordonnance du 31 octobre 1830 au conseil d'administration établi auprès du garde des sceaux. — Ord. 31 oct. 1830, art. 2. — Le secrétaire-général du sceau a pris le titre de chef de division.

6. — Les fonctions de commissaire du roi ou de sceau de France sont remplies aujourd'hui par le secrétaire général près le ministère de la justice, sans traitement supplémentaire. — Ord. 31 oct. 1830 art. 8.

7. — Les fonds de la caisse du sceau avaient dû être employés sous la restauration à la continuation du recueil des anciens historiens de France. — Ord. 27 mars 1816. — Mais par l'ordonn. du 31 oct. 1830, art. 7, cette caisse a été remise au trésor public.

8. — Les référendaires au sceau exercent exclusivement pour l'instruction et suite des affaires sur lesquelles la commission délibère. — Ord. 15 juill. 1814 art. 6; ord. 31 oct. 1835 art. 5. — Cette dernière disposition pose les règles relatives au cautionnement des référendaires.

9. — Il peut être fait remise des droits de sceau et des droits d'enregistrement pour la délivrance des lettres de naturalité et des dispenses d'âge et de parenté pour mariage.—Ord. 8 oct. 1814, art.5.

10. — Chaque année la loi des comptes doit mentionner par département le nombre des remises entières ou partielles qui ont été accordées. —L. 21 avr. 1832.

V. ARMOIRIES, DISPENSE, GRACE, LETTRES PATENTES, MAJORAT, MARIAGE, NATURALISATION, NOBLESSE, RÉFÉRENDAIRES AU SCEAU, SCEAU.

COMMISSION SPÉCIALE D'APPEL.

V. COMMISSION D'APPEL.

COMMISSIONNAIRE.

Table alphabétique.

COMMISSIONNAIRE. — 1. — C'est celui qui agit
pour le compte d'un commettant soit en son propre nom ou sous un nom social, soit même au nom
du commettant.

**CHAPITRE Ier. — Des commissionnaires en
général.**

**Sect. 1re. — Nature, formation et preuve
du contrat de commission.**

2. — La commission est un contrat par lequel
l'un des contractans donne le pouvoir de faire
pour lui une ou plusieurs opérations de commerce
individuellement déterminées, à l'autre contractant, qui s'engage à les traiter et conclure, soit
sous un nom social ou sous le sien propre, soit au
nom du commettant, et à lui en rendre compte.—
Delamarre et Lepoitvin, Tr. de la comm., t. 1er,
n° 32.

3. — Malgré un type analogique entre l'institor,
le præpositus et notre commissionnaire, il est fort
douteux que les Romains aient jamais connu la
commission telle qu'on la pratique de nos jours.
— Delamarre et Lepoitvin, Introd., p. 3.

4. — La commission se mêle aujourd'hui à presque toutes les transactions du négoce et du trafic;
aussi est-il peu de contestations portées en justice
commerciale où elle n'intervienne soit à découvert, soit indirectement.—Delamarre et Lepoitvin,
ibid.

5. — Cette institution, toute commerciale, est
une dérogation au droit commun; car la loi commune dit qu'en général on ne peut s'engager ni
stipuler en son propre nom que pour soi-même
(Vincens, Légis. comm., t. 2, p. 120). — Si elle a
été admise, ce n'est qu'à raison des grands avantages qu'elle procure aux commerçans, que la distance et une foule d'autres causes forcent de recourir à des fondés de pouvoirs : 1° sous le rapport de la célérité des opérations, qui seraient en-
travées par la nécessité où se trouverait celui qui
traite avec un fondé de pouvoir de chercher des
renseignemens sur la solvabilité du mandant; —
2° au point de vue du secret qui ne pourrait plus
être gardé si le fondé de pouvoir était obligé de
dire qu'il agit pour un autre et de nommer celui
qu'il représente. — Pardessus, Dr. comm., t. 1er,
n° 40.

6. — Le contrat de commission n'est autre chose
qu'un mandat commercial.—Cependant il diffère
sur certains points du mandat ordinaire.

7. — Ainsi le mandat est gratuit de sa nature,
tandis que la commission est salariée. — Mais le
salaire n'est pas plus essentiel à la commission
que la gratuité n'est essentielle au mandat. Seulement ce qui est la règle commune dans l'un de ces
contrats devient l'exception dans l'autre. — Goujet et Merger, Dict. de dr. comm., v° Commissionnaire, n° 4; Pardessus, n° 40; Persil et Croissant,
Des commission, n° 4.

8. — De plus, à la différence du mandataire qui
n'engage que son mandant, le commissionnaire
s'engage le plus souvent en son nom personnel.
Mais cette circonstance ne change aucunement les
relations respectives des parties, même en cas de
faillite. Elle n'a d'effet qu'à l'égard des tiers qui
ne connaissent que le commissionnaire. — Pardessus, n° 563; Goujet et Merger, n° 5.

9. — Le contrat de commission n'exclut pas du
reste celui du mandat proprement dit, qui est également permis aux commerçans pour les opérations de leur commerce, comme pour leurs affaires
civiles. Seulement l'intention des parties doit être
évidente, car, en matière commerciale, le simple
mandat ne se présume pas. — Pardessus, n° 556.

10. — Ce qui distingue plus spécialement la commission, c'est, d'une part, le caractère commercial
de l'affaire commise, parce que c'est là ce qui
constitue le mandat commercial; et, d'une autre
part, la spécialité de la même affaire, parce que
c'est cette spécialité qui fait qu'un mandat commercial est une commission. — Voilà les deux
choses nécessaires, mais suffisantes pour caractériser ce contrat et empêcher la confusion avec aucun autre, à quelque droit qu'il appartienne.—Delamarre et Lepoitvin, t. 1er, n° 30.

11. — Comme le mandat civil, le contrat de commission est du droit des gens, consensuel, synallagmatique imparfait, c'est-à-dire ne donnant
naissance à des obligations réciproques qu'ex post
facto, et révocable. Tous deux sont fondés sur les
mêmes principes de nécessité, de confiance et de
capacité. — Goujet et Merger, n° 40.

12. — Il ne faut pas confondre les commissionnaires avec les courtiers et les agens de change.
Ceux-ci, limités en nombre, soumis pour leur réception à l'agrément du gouvernement, obligés de

fournir un cautionnement, sont des officiers publics chargés de constater les conventions qui se sont formées par leur ministère. — Les commissionnaires ne sont que de simples particuliers, sans aucun caractère public, exerçant une profession abandonnée à la libre concurrence, et agissant à leurs propres risques, le plus souvent loin du commettant, à la condition de lui rendre compte. — Persil et Croissant, n° 10.

13. — Il ne faut pas non plus confondre les commissionnaires avec les préposés ou commis des négocians. — V. COMMIS.

14. — Quant aux agens d'affaires qui s'occupent de toutes sortes d'opérations tant civiles que commerciales, ils font tantôt l'office de préposés, tantôt celui de commissionnaires, suivant qu'ils gèrent un ensemble d'affaires ou qu'ils exécutent une opération de commerce déterminée. — Goujet et Merger, n° 14.

15. — La commission peut embrasser toute espèce d'affaires commerciales, pourvu cependant qu'elle n'ait rien de contraire à l'ordre public et aux bonnes mœurs. — Persil et Croissant sur l'art. 91, n° 32; Goujet et Merger, n° 15.

16. — Toute personne capable de faire des actes de commerce peut valablement stipuler le contrat de commission.

17. — Peu importe que le commettant et le commissionnaire résident dans le même lieu. La condition d'un domicile différent ou plutôt d'une expédition de place en place, n'est exigée que pour le privilége accordé au commissionnaire pour le remboursement de ses avances. — Goujet et Merger, n° 18. — V. *infrà* n° 163 et suiv.

18. — Le mineur, même émancipé, ne pouvant faire le commerce sans avoir accompli certaines formalités, ne peut, dans les mêmes conditions, stipuler le contrat de commission. Toutefois, les engagemens qu'il aurait pris à cet égard ne pourraient être attaqués que par lui seul. — Il faut décider de même au sujet de la femme mariée agissant sans l'autorisation de son mari, ou de l'interdit non assisté de son tuteur. — Goujet et Merger, nos 19 et 20.

19. — Bien que l'art. 85, C. comm., défende aux agens de change et aux courtiers de faire des actes de commission, il ne prononce cependant pas la nullité des opérations faites au mépris de sa prohibition. — *Cass.*, 15 mars 1810, Lelièvre de Rochefort c. Martine. — Dès-lors il n'y a lieu qu'à une amende et même à destitution pour les contrevenans. — Goujet et Merger, n° 21.

20. — Une société quelconque, en nom collectif, en commandite ou anonyme, peut se livrer aux opérations de commission. Il en est de même d'une société en participation, bien qu'il n'y ait pas de *nom social* sous lequel on agisse, et que par conséquent ce cas ne soit pas supposé dans l'art. 91, C. comm. — Persil et Croissant, *Des commission.*, p. 5; Bravard, *Manuel de dr. comm.*, p. 231; Goujet et Merger, *Dict. de dr. comm.*, n° 113.

21. — Le contrat de commission se forme, comme tous les contrats, par le concours des volontés des deux parties, du commettant et du commisionnaire. La manifestation de ces volontés peut être expresse ou tacite.

22. — Il se forme d'une manière expresse, par acte authentique ou sous seing-privé, par lettre ou même verbalement. — Bravard, p. 187.

23. — Le contrat de commission a lieu tacitement, quand l'une des parties fait un acte qui ne peut s'expliquer que par l'acceptation des offres de l'autre, et même quelquefois quand elle garde le silence sur ces mêmes offres. — Pothier, *Mandat*, n° 29; Merlin, *Quest.*, v° *Compte courant*; Persil et Croissant, n° 26.

24. — Ainsi, l'acceptation tacite de la commission résulte de son exécution. — Bravard, p. 131; Goujet et Merger, n° 25.

25. — De même, il y a de ma part commission tacite, par exemple, lorsque, sachant qu'une opération se fait pour mon compte, et pouvant l'empêcher, je ne m'y oppose pas. — Bravard, p. 131.

26. — Un silence prolongé au-delà du temps nécessaire pour répondre ferait supposer aussi l'acceptation (Savary, *Parf. négoc.*; Pardessus, t. 2, p. 558; Persil et Croissant, n° 7, p. 101); — car c'est un principe constant en matière de commerce que le négociant qui reçoit par lettre un ordre, une commission, un mandat, etc., est censé acquiescer au contenu de la lettre, s'il tarde à s'expliquer ou s'il ne le fait pas en temps utile.

27. — Jugé en ce sens que le silence gardé par le commettant après plusieurs lettres du commissionnaire qui lui annoncent l'envoi de certaines marchandises, équivaut à un consentement formel de les accepter malgré le retard dans l'envoi. — *Liége*, 16 mars 1812, Scheibler c. Garcia.

28. — Mais on n'a pu considérer comme dépositaire, aux termes de la loi du 15 germ. an IV, le commissionnaire qui a retenu pendant près d'un an, et sans en donner avis à son commettant, les valeurs reçues pour le compte de ce dernier. — *Cass.*, 11 vendém. an VII, Combe Rivet.

29. — Le contrat de commission se prouve de la même manière que les autres opérations commerciales, c'est-à-dire par l'un des modes énoncés dans l'art. 109, C. com. — Et à ces preuves il faut joindre les présomptions, l'aveu et le serment, preuves essentiellement de droit commun, et que pour cette raison le Code de commerce n'a pas rappelées. — Pardessus, n° 557; Goujet et Merger, n° 29.

30. — Toutefois, il est un cas où le contrat de commission ne peut être prouvé que par un acte authentique ou sous seing-privé; c'est quand le commettant et le commissionnaire demeurent dans le même lieu, ce genre de preuve est exigé pour établir le privilége du commissionnaire. — V. *infrà* n° 163 et suiv.

Sect. 2e. — *Obligations du commissionnaire.*

31. — Les entreprises de commission constituant des actes de commerce (C. com., art. 632) et rendant par conséquent commerçans ceux qui en font leur profession habituelle (C. com., art. 1er); il s'ensuit que les commissionnaires sont astreints à toutes les obligations que la loi impose aux commerçans en général. — V. COMMERÇANT.

32. — Ainsi ils sont tenus de payer patente. — Par suite, doit être imposé à la patente de commissionnaire :

33. — ... Celui qui exerce en qualité de commissionnaire. — *Cons. d'état*, 16 nov. 1835, Minist. des finances c. Halley.

34. — ... Celui qui de son propre aveu fait des achats chez les fabricans d'une ville pour des maisons de commerce étrangères à la ville. — *Cons. d'état*, 16 mai 1834, Ponsin; 26 juin 1835, Tuffier.

35. — ... Celui qui reçoit des marchandises pour le compte de maisons étrangères et françaises. — *Cons. d'état*, 7 août 1835, Bucelle.

36. — Celui qui exerce la profession de commissionnaire en gros doit être porté au rôle des patentes en cette qualité, sans pouvoir demander un dégrèvement à raison de l'évaluation du droit de patente dans la ville où il exerce, et du peu d'importance de son commerce. — *Cons. d'état*, 9 mars 1836, Tisné.

37. — Celui qui, en attendant sa nomination de courtier de commerce, opère sous le nom de celui auquel il doit succéder, doit être considéré comme commissionnaire en marchandises, et soumis en cette qualité tout à la fois à la patente et à la contribution pour frais de la chambre de commerce. — *Cons. d'état*, 7 déc. 1843, Sénéquier.

38. — Les commissionnaires en marchandises sont mis au nombre des patentables par la loi du 25 avril 1844, sur les patentes, et imposés à : 1° un droit fixe de 400 fr. à Paris; de 300 fr. dans les villes d'une population de 50,000 ames et au-dessus; de 200 fr. dans les villes de 30,000 à 50,000 ames, et dans celles de 15,000 à 30,000 ames qui ont un entrepôt réel; de 150 fr. dans les villes de 15,000 à 30,000 ames, et dans les villes d'une population inférieure à 15,000 ames qui ont un entrepôt réel; de 75 fr. dans toutes les autres communes; — 2° à un droit proportionnel du quinzième de la valeur locative de la maison d'habitation et des locaux servant à l'exercice de la profession. — V. PATENTE.

39. — Les commissionnaires porteurs pour les fabricans de tissus sont rangés dans la sixième classe des patentables et imposés aux mêmes droits, sauf la différence de classe. — V. PATENTE.

40. — Les commissionnaires sont tenus aussi, comme toutes autres personnes, de ne pas s'immiscer dans les fonctions que la loi a exclusivement attribuées à certains individus, par exemple, dans celles des courtiers de commerce ou des agens de change. — V. COURTIER.

41. — Jugé en conséquence qu'un commissionnaire n'a pas le droit de s'entremettre dans les achats et ventes des négocians et marchands résidant dans la même ville. Ce droit n'appartient qu'aux courtiers. — *Cass.*, 14 août 1818, Froust et Cosson c. Courtiers.

42. — ... Que les peines portées par l'art. 8, L. 28 vent. an IX, contre ceux qui, sans en avoir le droit, s'immiscent dans les fonctions de courtier de commerce, sont applicables aux commissionnaires qui, dans une ville où il y a une bourse, s'entremettent dans les achats et ventes de marchandises entre négocians de la même ville. — *Bruxelles*, 31 déc. 1825, N...

COMMISSIONNAIRE, ch. 1er, sect. 2e.

43. — Mais tout en reconnaissant que ces arrêts peuvent avoir bien jugé en fait, s'il était reconnu qu'il y avait eu réellement, de la part des commissionnaires, immixtion dans les opérations du ministère des courtiers, MM. Goujet et Merger (n° 12) pensent, avec raison, qu'on ne saurait assimiler le commissionnaire à un courtier clandestin par cela seul qu'il demeurerait dans la même ville que le commettant. En effet, il est toujours possible de vérifier s'il y a eu simple entremise, ce qui est l'affaire du courtier, ou engagement personnel, ce qui est le propre du commissionnaire.

44. — Les obligations principales qui naissent pour le commissionnaire du contrat de commission sont de deux sortes. Les unes concernent le commettant et les autres sont relatives aux tiers.

45. — L'intervention d'un commissionnaire intermédiaire ne change rien aux obligations du commissionnaire, soit vis-à-vis de son commettant, soit vis-à-vis des tiers, seulement elle fait naître entre le commissionnaire primitif et le commissionnaire intermédiaire de nouveaux rapports qui sont ceux du commettant au mandataire.

§. 1er. — *Obligations du commissionnaire envers le commettant.*

46. — Dans les rapports du commissionnaire avec le commettant, la commission doit être considérée comme un véritable mandat et doit en produire les effets, sous les modifications que commande la nature des choses. — Pardessus, n° 563.

47. — Jugé en ce sens que les obligations imposées au mandataire par la loi du mandat sont les mêmes pour le commissionnaire à l'égard de son commettant, bien que, dans l'intérêt du commerce, il soit obligé direct du vendeur. — *Lyon*, 23 août 1831, Bresson.

48. — Bien que le contrat de commission n'ait lieu que par le consentement mutuel des parties (nos 11 et 21), le commissionnaire qui ne consent pas à accepter le mandat qui lui est adressé, doit cependant prendre les précautions nécessaires pour que les intérêts du commettant ne soient pas lésés. — Goujet et Merger, v° *Commissionnaire*, nos 31 et 33.

49. — Ainsi, il doit veiller à la conservation des marchandises qui lui sont envoyées, jusqu'à ce qu'il se soit écoulé un temps raisonnable pour l'arrivée des instructions du commettant, ou bien se faire autoriser à les déposer en mains tierces, ou à les vendre jusqu'à concurrence des avances occasionnées par leur réception. — Pardessus, n° 558; Vincens, t. 2, p. 128.

50. — Et même, dans certains cas, le commissionnaire ne peut pas refuser le mandat qui lui est adressé, alors que la commission ne peut souffrir de retard et que son exécution ne l'entraîne dans aucun risque. Tel est le cas où il s'agit de recouvrer le montant ou de faire le protêt d'un effet dont le délai expire le jour même de sa réception. On ne saurait alors considérer comme un risque l'avance des frais de protêt, car cette avance serait faite par un officier ministériel, pour le compte du commettant, soit volontairement, soit après avoir été commis par justice. — Delamarre et Lepoitvin, t. 2, n° 28; Goujet et Merger, n° 34.

51. — Toutefois, on ne saurait exiger que des négocians-commissionnaires l'exécution de ces obligations rigoureuses. Il y aurait imprudence à confier une commission à un non-commerçant qui n'est pas plus tenu de connaître les usages du commerce que de se livrer à des démarches et à une correspondance hors de ses habitudes. Les tribunaux pourraient cependant, suivant les circonstances, ne pas décharger cet individu de toute responsabilité. — Delamarre et Lepoitvin, t. 2, n° 29.

52. — Le commissionnaire qui a accepté la commission qui lui est adressée ou qui est reputé l'avoir acceptée, doit l'exécuter et la mettre à fin. Il est responsable des suites de l'inexécution, à moins qu'il ne prouve qu'il a été empêché, soit par un fait du commettant, soit par un cas fortuit ou de force majeure. — C. civ., art. 1148, 1302 § 3; *Id.*, 1315, 1808.

53. — Le commissionnaire doit exécuter le mandat avec toutes les conditions qui lui ont été imposées d'une manière claire et précise, ou qui résultaient soit de la nature du mandat, soit des usages du lieu de l'exécution; il ne saurait les changer en aucune manière, même non préjudiciable, suivant lui, puisqu'il n'a pas le droit de discuter les intentions, du commettant, qui n'est pas obligé de les lui faire connaître. — Delamarre et Lepoitvin, t. 2, n° 105.

54. — Le négociant qui reçoit et place dans ses magasins, sans les réexpédier à qui de droit, des

COMMISSIONNAIRE, ch. 1er, sect. 2e.

marchandises que la lettre de voiture indique devoir être remises à une autre personne, est responsable des suites de cette indue rétention. — *Paris*, 9 fruct. an XIII, Rodrigue c. Legret.

55. — Cependant les instructions du commettant peuvent n'être pas toujours suivies à la lettre par le commissionnaire, sans engager sa responsabilité; celles de forme ou qui indiquaient les moyens d'exécution ont pu être négligées si la marche adoptée n'était pas plus onéreuse au commettant. Dans le cas contraire, le préjudice doit être réparé, car il y a présomption que le commissionnaire eût mieux réussi en suivant ses instructions (Delamarre et Lepoitvin, 1, 2, n° 108). Le commissionnaire est à l'abri de toute responsabilité, s'il prouve qu'il eût fait tort à son commettant en se conformant littéralement à ses ordres. — Pardessus, n° 558.

56. — Et même, dans certains cas, l'intérêt du commerce donne au mandat beaucoup plus d'extension que le droit civil n'en comporterait, et permet de dénaturer l'objet de la commission. Il en est ainsi, par exemple, quand le commissionnaire a reçu ordre de vendre des marchandises dans un pays, avec retour en certaines autres marchandises, et que la sortie des espèces et desdites marchandises est prohibée. Alors il est tenu d'en acheter d'autres; et sa responsabilité n'est pas aggravée dès qu'il a agi comme le mandant l'eût fait lui-même. — Delamarre et Lepoitvin, t. 2, nos 70 et suiv.; Goujet et Merger, n° 48.

57. — Le contrat de commission peut être fait à terme ou sous condition simple ou complexe, avec mandat impératif, facultatif ou alternatif. Pour déterminer les divers effets de ces modalités, il faut suivre les règles ordinaires d'interprétation des conventions. — Pour cette interprétation, le lieu d'exécution de la commission est surtout à considérer; car, outre la compétence qu'il détermine, il fixe encore les droits et les devoirs des parties, les preuves à exiger. De plus, il peut être une condition principale du mandat, soit que le commettant ait recherché spécialement des provenances de tel lieu plutôt que d'un autre, soit qu'il ait préféré la réputation commerciale des négocians d'un tel lieu, soit pour tout autre motif. — Goujet et Merger, n° 54.

58. — De ce que le commissionnaire traite de mandataire à mandant avec son commettant, il suit qu'il n'est point garant envers ce dernier des suites de la négociation, pourvu qu'il l'ait faite dans les limites de ses instructions, s'il n'y a stipulation contraire, ou si la garantie ne se déduit de la manière dont les droits de commission ont été réglés. — Pardessus, n° 564.

59. — D'après l'art. 1994, C. civ., le mandataire répond de celui qu'il s'est substitué dans sa gestion, s'il n'a pas de pouvoir exprès, et dans le cas même de ce pouvoir, si la personne qu'il s'est substituée ne lui a pas été indiquée par le mandant et que cette personne soit notoirement insolvable ou incapable. Mais ces principes sont incompatibles avec l'activité et les intérêts du commerce. S'il y a urgence ou péril en la demeure, le commissionnaire que la maladie ou tout autre accident empêche d'agir doit pouvoir se substituer quelqu'un, sans être tenu de répondre de son choix, à moins qu'il n'y ait eu imprudence de sa part. — Ce ne serait que dans le cas où il aurait méprisé la défense de se substituer un tiers, qu'il deviendrait responsable d'une manière absolue; car alors ayant excédé son mandat, il aurait agi comme agent d'affaires, et le commettant ne serait obligé qu'autant que l'affaire aurait été bien administrée. — Delamarre et Lepoitvin, t. 2, nos 49 et suiv.; Goujet et Merger, nos 42 et suiv.

60. — Lorsque celui qui a reçu commission d'expédier des marchandises dans un bref délai les a remises sans retard à un commissionnaire de roulage pour en faire le transport, et en stipulant un court délai pour ce transport, son mandat est rempli; il n'est pas, par conséquent, responsable envers le mandant des retards occasionnés par la faute du commissionnaire de roulage. — *Metz*, 16 fév. 1816, Desrues c. Genot.

61. — Si, en matière civile, le mandataire doit apporter à l'exécution du mandat les soins d'un bon père de famille, et si cette responsabilité est plus rigoureuse, quand le mandat est salarié (C. civ., art. 1992), il en est de même en matière de commission, où le salaire est de droit; le commissionnaire est dès-lors tenu de toutes ses fautes, même légères. — Goujet et Merger, n° 44.

62. — Le commissionnaire est tenu, sous sa responsabilité, de transmettre au commettant tous les renseignemens utiles aux opérations dont il est chargé, et de l'avertir aussitôt après l'exécution du mandat, pour qu'il puisse en tirer parti pour ses autres affaires. — Favard de Langlade, *Rép.*, v° *Commissionnaire*, § 1er.

63. — Le commissionnaire peut s'autoriser de la nature des affaires et de l'usage des lieux, pour se dispenser de faire connaître les tiers avec lesquels il a contracté toutes les fois qu'il répond de leur solvabilité, le commettant pouvant abuser de tels renseignemens pour faire des offres directes aux correspondans de son commissionnaire. Mais celui-ci ne pourrait refuser à son commettant de le mettre à même de s'éclairer sur les actes qui le concernent, en lui fournissant les bordereaux, états de situation et tous autres renseignemens utiles ou nécessaires. — Pardessus, n° 564.

64. — Le commissionnaire répond de la perte, de la détérioration ou des avaries des marchandises, arrivées autrement que par cas fortuit ou force majeure. C'est au commettant à faire la preuve du préjudice éprouvé. Quant aux dommages-intérêts, ils sont déterminés par le prix des marchandises au temps de la perte ou de la détérioration. — Pardessus, t. 2, n° 565; Delamarre et Lepoitvin, t. 2, n° 233.

65. — Cependant, la responsabilité du commissionnaire peut être plus étroite et s'étendre même aux cas fortuits. Pour cela, il faut une convention spéciale; et cette convention a lieu avec ou sans augmentation du droit de commission. Dans l'usage, elle donne lieu à un double droit de commission ou *ducroire*. — Pardessus, n° 864.

66. — De même, bien qu'en général le commissionnaire ne soit pas responsable de ceux avec qui il contracte, il peut se charger de cette garantie par une stipulation particulière qui motive dans l'usage le double droit ou *ducroire*. — Pardessus, n° 864; Goujet et Merger, n° 50.

67. — En cas de contestation sur la question de savoir laquelle de ces deux responsabilités pèse sur le commissionnaire qui, pour échapper à la plus rigoureuse, prétend n'avoir entendu exiger qu'une *simple* commission, l'usage des lieux fera loi entre lui et son commettant. — Pardessus, n° 864.

68. — Le commissionnaire salarié, qui vend en son nom les marchandises de son commettant, est responsable du prix que les acheteurs, qu'il n'a pas fait connaître à son commettant, sont en retard d'acquitter, si de sa correspondance, et surtout du taux élevé de la commission qui lui est donnée, il résulte qu'il a dû prendre sur lui cette responsabilité. — *Bruxelles*, 7 oct. 1818, Dewaele c. Vermeulen; — Persil et Croissant, p. 42, n° 30.

69. — En règle générale, toutes les fois qu'entre l'expéditeur et le commissionnaire, il a été convenu d'un prix supérieur à celui qui se paie d'ordinaire pour le transport, le commissionnaire est présumé avoir pris sur lui tous les risques, et la surélévation du salaire n'est que le prix de cette garantie. — Persil et Croissant, p. 124, n° 6.

70. — La stipulation d'un *ducroire* emporte responsabilité, non seulement de la solvabilité du débiteur, mais encore du paiement au terme convenu, sans que le commissionnaire puisse, dans aucun cas, opposer le bénéfice de discussion. — C. civ., art. 2012. — Goujet et Merger, n° 92.

71. — Une pareille stipulation étant un véritable contrat d'assurance, il n'est pas indispensable que le commissionnaire soit l'assureur; une autre personne pourrait se porter tel. — Goujet et Merger, n° 92.

72. — Le *ducroire* ne confère pas la propriété de la marchandise au commissionnaire chargé de la vendre. — *Lyon*, 14 juin 1824, Manoel c. Goma.

73. — Lorsque plusieurs commissionnaires agissant sous un nom social sont chargés d'une même commission, il est hors de doute qu'ils sont obligés solidairement. (C. comm., art. 22 et 23). — La question est plus délicate dans le cas où le mandat a été donné à plusieurs commissionnaires non associés. MM. Goujet et Merger (n° 57) pensent que les habitudes du commerce doivent la faire résoudre dans le même sens.

74. — La consignation des marchandises entre les mains du commissionnaire n'en fait pas perdre la propriété au commettant; celui-ci a donc le droit de les revendiquer en cas de faillite du commissionnaire.

75. — L'art. 575, C. comm., permet de revendiquer : 1° aussi long-temps qu'elles existeront en nature, en tout ou en partie, les marchandises consignées au failli à titre de dépôt ou pour être vendues pour le compte du propriétaire; — 2° et même le prix ou la partie du prix desdites marchandises qui n'aura été ni payé ni réglé en valeurs, ni compensé en compte courant entre le failli et l'acheteur. — Au surplus V. FAILLITE.

76. — Le commissionnaire doit, quand le mandat est accompli, rendre compte de sa gestion à son commettant.

77. — Lorsqu'un préposé à une espèce d'opérations commerciales, assigné en reddition de compte, prétend qu'il n'a pas de comptes à rendre d'une partie des opérations, parce qu'elles ont été faites par le commettant lui-même, il peut exiger que celui-ci produise son livre-journal pour y puiser des renseignemens à ce sujet. En cas de refus de la part du commettant, le compte du préposé peut, à titre de dommages-intérêts, être alloué tel qu'il est présenté. — *Paris*, 29 janv. 1818, Gounon et Mozer c. Saget.

78. — Le compte doit toujours être rendu à celui qui a donné l'ordre, à moins qu'il ne soit lui-même un mandataire ou que la gestion qu'il avait entreprise n'ait été ratifiée. Dans ces cas, c'est au maître de la chose que le compte doit être rendu, pourvu toutefois que sa capacité n'ait pas reçu quelque changement par interdiction, faillite, ou par tout autre événement qui lui donnerait des représentans légaux. — Goujet et Merger, n° 62.

79. — Celui qui a expédié des marchandises au nom et pour le compte d'un tiers n'est pas recevable à poursuivre le commissionnaire pour non-exécution du mandat, lorsque le tiers ne réclame point. — *Cass.*, 20 juin 1826, Brocard c. Charlier.

80. — Le commissionnaire n'a pu, au moyen de l'affaire commise et en dehors de son droit de commission, faire aucun profit au préjudice du commettant, lors même qu'il s'agirait de profits non prévus par ce dernier. — Arg. C. civ., art 1993; — Goujet et Merger, n° 61. — Il doit donc rendre compte du tout.

81. — Mais l'action du mandant contre le commissionnaire, à raison de ce qu'il a retiré un bénéfice autre que son droit de commission, n'est pas recevable après les liquidation et apurement définitifs des comptes entre le commissionnaire et lui. — *Lyon*, 23 août 1831, Bresson.

82. — L'infidélité de la part du commissionnaire dans l'exécution du mandat est couverte par la ratification expresse ou tacite du commettant. — Persil et Croissant, p. 54, n° 53.

83. — La ratification donnée en termes généraux par le commettant s'étendrait à tous les actes faits par le commissionnaire en dehors des bornes de son mandat. — Persil et Croissant, n° 55, p. 55.

84. — Des lettres missives adressées à des tiers étant réputées confidentielles, des personnes étrangères ne peuvent se prévaloir de ce qu'elles renferment. Le commissionnaire ou mandataire qui a excédé son mandat ne peut mettre sa responsabilité à couvert en prétendant que le mandant a approuvé la gestion dans une lettre écrite à un tiers. — *Cass.*, 4 avr. 1821, Vincens.

85. — Le commissionnaire est tenu des intérêts des sommes qu'il a employées à son usage personnel (C. civ., art. 1996), ainsi que de ceux des sommes qu'il est en demeure de recouvrer ou dont il se trouve reliquataire. — Goujet et Merger, n° 61.

§ 2. — *Obligations du commissionnaire envers les tiers.*

86. — Vis-à-vis des tiers avec lesquels il contracte, le commissionnaire s'oblige personnellement, de même que s'il agissait pour son propre compte. — Savary, *Parf. négociant*, t. 1er, p. 566; Dupuy de la Serra, art. *Des lettres de change*, ch. 16, § 9 et 10; Delvincourt, *Institut. comm.*, t. 2, p. 78, note sur la p. 53; Pardessus, *Dr. comm.*, t. 2, n° 563; E. Vincens, *Législ. comm.*, t. 2, p. 120 et suiv.

87. — Puisque le commissionnaire est seul obligé envers les tiers, il ne peut être forcé de faire connaître pour qui il a négocié; la loi dans les cas même où elle est le plus exigeante (art. 332 C. comm) ne l'oblige qu'à déclarer sa qualité, sans révéler le nom de son commettant. — Pardessus, t. 1er, n° 40, t. 2, n° 563.

88. — Le commettant ne peut, dès-lors, être recherché par les tiers, alors même qu'il aurait été nommé. Ces tiers ont suivi la foi du commissionnaire et ne peuvent agir que contre lui. — Pardessus, *ibid.*

89. — Jugé en conséquence que les fournisseurs qui n'ont traité de leurs fournitures qu'avec un commissionnaire, n'ont pas d'action personnelle contre le commettant; alors même qu'il était notoire que la fourniture se faisait pour ce dernier. — *Rouen*, 12 avr. 1826, Morlière c. Drouet.

90. — ...Que le commissionnaire qui fait assurer se rend le contrat personnel, quoiqu'il désigne le commettant par ordre et pour compte duquel il a agi. — *Aix*, 17 juill. 1829, Charbonnel c. Trouchaud. — V. au surplus ASSURANCE MARITIME, nos 493 et suiv.

91. — ...Que les commissionnaires qui ont fait un chargement en leur nom personnel sont tenus personnellement de contribuer aux avaries communes,

sauf leur recours contre leurs commettans.—*Bordeaux*, 19 juin 1844 (t. 2 1845, p. 235), Balguerie c. Lopès-Dubec.

92. — Quand il répond de leur solvabilité, le commissionnaire a également le droit, suivant la nature des affaires et les usages commerciaux, de taire à son commettant le nom de ceux avec lesquels il contracte. — Pardessus, n° 564.

93. — Mais les règles du Code de comm. relatives aux commissionnaires agissant en leur nom personnel ne sont pas applicables au cas où il résulte d'une correspondance entre le commettant et une tierce personne chargée de recevoir du premier des fonds pour payer des achats de vins faits pour lui par son commissionnaire, que ce dernier n'a pas agi en son nom personnel, et qu'au contraire le commettant s'est constitué débiteur direct du vendeur des vins. Dans ce cas, il faut recourir aux règles établies par le Code civil pour le mandat; en conséquence, le commettant est tenu de payer au vendeur les achats faits par le commissionnaire, encore qu'il ne redoive rien à ce dernier. — *Cass.*, 18 nov. 1829, Degrandpré c. Guénoud et Bigeard; — Delamarre et Lepoitvin, t. 2, n° 346.

94. — L'individu, marchand lui-même ou commissionnaire, qui a accompagné un marchand pour l'aider à acheter des marchandises ou des bestiaux, a pu, sans que le jugement qui le décide ainsi soit susceptible d'encourir la cassation, être considéré comme acheteur principal, et, par suite, comme obligé au paiement de la chose vendue. — *Cass.*, 25 nov. 1829, Coquclin c. Grosse.

95. — Le commettant peut, suivant les cas, n'être pas généralement tenu des engagemens pris en son nom par son commissionnaire. — Spécialement, dans le cas où un commissionnaire servant d'intermédiaire entre deux commerçans pour une vente de marchandises convient avec l'acheteur d'une clause résolutoire, le vendeur, qui croyait faire une vente pure et simple, et à qui l'on n'avait pas fait connaître la clause, ne peut être cependant tenu de l'exécuter. — *Bordeaux*, 4 juill. 1843 (t. 2 1844, p. 53), Audicq c. Hannapier et Louzeau-Coudrais. — V. *contrà Bordeaux*, 26 juill. 1843 (t. 2 1844, p. 53), mêmes parties.

96. — Dans tous les cas, celui des commerçans qui a été condamné a une action en garantie contre le commissionnaire.—*Bordeaux*, 4 juill. 1843, cité au n° précédent.

97. — En cas d'infidélité de la part du commissionnaire qui aurait répété plusieurs fois la même opération au nom du commettant, celui-ci serait engagé valablement envers les tiers de bonne foi. C'est surtout dans la crainte de cet abus que la commission se fait le plus souvent sous le nom personnel du commissionnaire. — Goujet et Merger, n° 70.

98. — Alors même que le commettant serait seul obligé envers les tiers, le commissionnaire n'en aurait pas moins, en raison de sa qualité de commissionnaire, le droit d'agir contre eux comme représentant son commettant.

99. — Ainsi, le commissionnaire qui a fait assurer les marchandises de son commettant a qualité pour réclamer, en sa qualité de commissionnaire, et alors qu'il est porteur de la police d'assurance et du connaissement, l'exécution de ladite police d'assurance, sauf le droit qui appartient à l'assureur de lui opposer toutes les exceptions qui procèdent du chef du commettant. — *Orléans*, 7 janv. 1845 (t. 1er 1845, p. 171), Assureurs Orléanais c. Séjourné.

100. — Le consignataire d'un bâtiment ou de sa cargaison, peut, de même qu'un commissionnaire de commerce, assigner en son propre nom dans l'intérêt de ses commettans et sans faire connaître leurs noms. Quand la partie adverse a formé une demande reconventionnelle contre le consignataire personnellement, un tribunal ne peut déclarer le consignataire non-recevable dans sa demande principale sur le fondement de la maxime : *Nul en France ne plaide par procureur.* — *Rennes*, 9 juin 1817, Dugray c. de la Blanchetais.

101. — Les tiers seraient encore recevables à former une action contre le commettant, s'ils agissaient au nom et comme exerçant les droits du commissionnaire leur débiteur. — Arg. C. civ., art. 1166; — Pardessus, n° 563; E. Vincens, t. 2, p. 121.

102. — Réciproquement, le commettant ne peut poursuivre les tiers engagés envers le commissionnaire que du chef de ce dernier, comme subrogé à ses droits, et sauf à se voir opposer toutes les exceptions que les tiers pourraient avoir à lui opposer. — Savary, t. 1er, p. 566; Pardessus., t. 2, n° 563; Vinçens, t. 2, p. 121.

Sect. 3e. — *Droits du commissionnaire.*

103. — Le commissionnaire a, comme on va le voir, deux droits principaux à exercer contre son commettant, savoir : 1° en remboursement de ses avances et frais; 2° et en paiement de ses droits de commission. Et pour sûreté de ces droits, il a, soit un privilége sur le prix des marchandises consignées, soit un droit de retention de ces mêmes marchandises.

104. — Lorsque le commissionnaire s'est engagé pour le commettant, il est de plus recevable, même avant l'échéance, à actionner celui-ci en garantie de ses engagemens, à réclamer des sûretés, telles qu'une hypothèque, une caution, un dépôt de marchandises, etc., à moins qu'il n'en ait été autrement convenu entre les parties. Si le commettant préfère anticiper le paiement, il en est libre; il peut même retenir l'escompte, si le versement anticipé n'a eu lieu que sur la demande du commissionnaire. — Goujet et Merger, v° *Commissionnaire*, n° 72.

105. — D'après l'art. 2002, C. civ., lorsqu'il y a plusieurs mandans pour une affaire commune, ils sont tenus solidairement de tous les effets du mandat. Cet article s'applique, sans aucun doute, au contrat de commission, puisqu'en matière commerciale les obligations sont encore plus strictes et plus rigoureuses qu'en matière civile. — Goujet et Merger, n° 73.

106. — Le commissionnaire qui a chargé un sous-commissionnaire de l'exécution du mandat conserve toujours les mêmes droits, soit à l'égard de son commettant, soit à l'égard des tiers. Seulement les rapports qui résultent de là entre lui et le sous-commissionnaire sont d'un commettant vis-à-vis du mandataire.

Art. 1er. — *Remboursement des frais et avances.*

107. — Le commettant doit, comme tout mandant, rembourser au commissionnaire les avances et frais que celui-ci a faits pour l'exécution de la commission. S'il n'y a aucune faute imputable au commissionnaire, il ne peut se dispenser de faire ce remboursement, lors même que l'affaire n'a pas réussi, ni faire réduire le montant des frais avancés, sous prétexte qu'ils pouvaient être moindres. — C. civ., art. 1999.

108. — Jugé en conséquence qu'en matière commerciale le commettant peut être condamné envers le prêteur au remboursement des sommes que le commissionnaire a empruntées pour l'exécution de la commission. Du moins l'arrêt qui le décide ainsi, par appréciation des circonstances de la cause, est sous ce rapport à l'abri de la cassation. — *Cass.*, 15 fév. 1830, Mandard et Lyonnet c. Letellier.

109. — ...Que le droit de commission payé à des courtiers marrons par le commissionnaire peut être répété contre le commettant, alors que celui-ci, loin de demander la nullité de l'opération, a au contraire accepté la marchandise achetée et en a tiré profit. — *Cass.*, 27 mars 1843 (t. 1er 1844, p. 49), Vinay c. Lichtinstin.

110. — Mais lorsque, faute par le commissionnaire d'avoir transmis à son correspondant l'ordre entier de son commettant, des assurances ont été faites à un prix tellement élevé que celui-ci a fait ristourner les assurances, les frais occasionnés par le ristourne doivent être supportés par le commissionnaire, alors même que le commettant, dans sa lettre d'ordre, après avoir commis l'assurance à une prime déterminée, aurait ajouté dans un *post-scriptum* d'assurer au mieux sans aucune explication. — *Aix*, 7 déc. 1831, Fabre c. Richardson.

111. — Le commissionnaire ou mandataire salarié auquel le mandant donne avis de se faire payer par un tiers, qui a des fonds pour cet objet, tous les frais auxquels l'exécution du mandat a pu donner lieu et qui néglige de déférer à cet avis, est responsable de sa négligence, et par suite mal fondé à répéter du mandant le remboursement de ces mêmes frais. — *Cass.*, 15 mars 1821, Basterrèche c. Banque de Saint-Charles; — Persil et Croissant, p. 59, n° 61.

112. — Le commettant doit aussi indemniser le comissionnaire des pertes que celui-ci a essuyées à l'occasion de sa gestion sans imprudence qui lui soit imputable. — C. civ., art. 2000.

113. — L'intérêt des avances faites par le commissionnaire lui est dû par le commettant, à dater du jour des avances constatées. — C. civ., art. 2001.

114. — Le commissionnaire-commerçant qui a fait des avances sur des marchandises appartenant à un non-commerçant a droit à un intérêt de 6 % des avances qu'il a faites. L'intérêt peut lui être alloué à ce taux par le tribunal civil devant lequel il a appelé le non-commerçant. — *Bordeaux*, 17 janv. 1839 (t. 1er 1839, p. 364), de Pommiers c. Fontimoins.

115. — Le commissionnaire se rembourse de ses avances suivant la convention ou suivant l'usage, s'il n'a rien été réglé à cet égard. Toutefois, à défaut de convention, l'usage général peut être repoussé par les usages particuliers suivis précédemment dans des affaires semblables, entre le commettant et le commissionnaire. — Goujet et Merger, nos 78 et 79.

116. — D'après l'usage, le commissionnaire peut réclamer le remboursement de ses avances aussitôt qu'il justifie les avoir faites, l'exiger en argent, à son domicile, et avant de livrer les objets achetés d'ordre du commettant, ou de se dessaisir de ceux consignés qu'il n'a pu encore négocier ou vendre. — Pardessus, n° 573; Delamarre et Lepoitvin, t. 2, n° 183.

117. — Le commissionnaire peut-il tirer sur son commettant une traite que celui-ci doive nécessairement accepter? — Pour l'affirmative, on dit que le négociant qui a des fonds disponibles et exigibles chez un autre, a le droit de les faire retirer comme il l'entend. — E. Vincens, *Législ, comm.*, t. 2, p. 191, n° 4; Favart, *Rép.*, v° *Lettre de change*. — Pour la négative, on répond avec raison que le commissionnaire ne saurait avoir le droit de changer la position du commettant. En effet, celui-ci peut avoir intérêt : 1° à payer au domicile même du commissionnaire; — 2° à ne pas divulguer ses relations commerciales, le mode de ses paiemens; — 3° à ne pas se constituer sur la place débiteur de sommes peut-être minimes; — 4° et dans le cas où elles seraient considérables, à ne pas se mettre dans les liens d'une lettre de change, pour le paiement de laquelle il ne peut obtenir aucun délai. — Pardessus, n° 364; Goujet et Merger, n° 81.

Art. 2. — *Paiement du droit de commission.*

118. — D'après l'art. 1999, C. civ., le mandant est tenu de payer au mandataire ses salaires, lorsqu'il en a été promis. Or, en fait de commission, cette promesse est toujours présumée, et le commissionnaire est fondé à réclamer un droit de commission, à moins d'une stipulation contraire. — Goujet et Merger, nos 83 et 84.

119. — Le droit de commission est, 1° ou *fixe*, quand il consiste dans une somme certaine, convenue à l'avance pour les soins que donnera le commissionnaire aux affaires dont la réussite lui est confiée; — 2° ou *indéterminé*, quand il consiste dans une somme proportionnée à l'importance des opérations faites pour le commettant.

120. — La quotité du droit de commission dépend de la convention des parties; mais elle est fixée par l'usage du lieu où le mandat s'exécute. — Elle consiste ordinairement en une remise de *tant* pour cent sur le montant de l'affaire gérée. — Delamarre et Lepoitvin, t. 2, nos 279 et suiv.

121. — Mais on a vu (nos 65 et suiv.) qu'il existe deux espèces de droits de commission, l'une simple, qui est la récompense du travail du commissionnaire; l'autre double, appelé *ducroire*, qui constitue une véritable prime d'assurance de la part du commissionnaire contre l'insolvabilité des tiers. — Le premier de ces droits est de droit commun et n'a pas besoin d'être stipulé; le second, au contraire doit l'être généralement, comme droit exceptionnel. — Delamarre et Lepoitvin, t. 2, nos 279 et suiv.; Goujet et Merger, n° 86.

122. — Le droit de commission est dû, bien que l'affaire ne réussisse pas au gré du commettant ou qu'elle soit interrompue par ses ordres après un commencement d'exécution. — Goujet et Merger, n° 88.

123. — Les nouvelles opérations nécessitées par un contre-ordre donnent lieu à un nouveau droit de commission; mais, dans la prévoyance de ce cas, on stipule ordinairement une réduction sur ce second salaire. On n'accorde généralement qu'un demi-droit sur les marchandises qui ont déjà payé un droit entier au même commissionnaire. La même chose se pratique pour les marchandises achetées du produit d'autres marchandises, pour la vente desquelles on avait touché déjà un droit de commission. — Goujet et Merger, n° 89.

124. — Quand la commission n'a été exécutée que partiellement, malgré le désir du commettant et sans aucune faute imputable au commissionnaire, le droit de commission est dû partiellement, et la proportion en est déterminée par l'usage ou par le juge. Dans certains pays, l'usage est de se contenter d'un demi-droit pour *vente tentée* (E. Vincens, *Legisl. comm.*, t. 2, p. 133); — mais si rien n'a empêché d'exécuter la commission d'une manière complète, le salaire n'est dû, même en partie, qu'autant que ce qui a été fait est utile, ou qu'autant que l'exécution pouvait être partielle. — Delamarre et Lepoitvin, t. 2, n° 292.

125. — Le droit de commission est ordinairement

de 2 % sur la valeur des achats, des ventes, des recouvremens et autres négociations confiés aux soins du commissionnaire. Ce droit est nécessairement calculé sur la valeur brute, puisqu'il se réduirait à rien en cas d'insuccès; mais s'il comprend ainsi les frais de vente, qui ont certainement augmenté la valeur des marchandises, il ne faut pas permettre au commissionnaire de compter ces frais en dehors du prix. Toutefois, cette décision ne saurait s'appliquer au commissionnaire pour acheter, dont le droit est d'autant plus bas qu'il achète à meilleur marché, et dont les frais d'emballage, d'assurance et d'expédition ne seraient pas rétribués, si on lui remboursait simplement ses déboursés. — Delamarre et Lepoitvin, t. 2, nos 294 et suiv.; Goujet et Merger, no 91.

126. — La condition de *ducroire* étant l'objet d'un risque, suppose des opérations à terme. Cependant elle produit tout son effet si le débiteur paie avant le terme, pourvu que le risque ait duré pendant un temps quelconque. — Goujet et Merger, no 93.

127. — La prescription de six mois et celle d'un an, autorisées par les art. 2271 et 2272, C. civ., ne sont point applicables au droit de commission. — *Cass.*, 29 oct. 1813, Marcel c. Julien.

ART. 3. — *Privilége et droit de rétention.*

128. — « Tout commissionnaire, qui a fait des avances sur des marchandises à lui expédiées d'une autre place pour être vendues pour le compte d'un commettant, a privilége pour le remboursement de ses avances, intérêts et frais sur la valeur des marchandises, si elles sont à sa disposition, dans ses magasins ou dans un dépôt public, ou si, avant qu'elles soient arrivées, il peut constater, par un connaissement ou par une lettre de voiture, l'expédition qui lui en a été faite. » — Art. 93, C comm.

129. — Le privilége du commissionnaire que l'intérêt du commerce et l'usage général ont fait admettre, quoiqu'il soit une exception au droit commun, repose sur une sorte de nantissement commercial. — Ce nantissement a cela de commun avec le gage, qu'il assure au créancier la préférence sur les marchandises et le droit de rétention jusqu'au jour du remboursement, mais il en diffère sous plusieurs rapports. — Locré, t. 1er, p. 244; Persil et Croissant, p. 67, no 4.

130. — Le commissionnaire, même non commerçant, a un privilége sur les marchandises qu'il a reçues en consignation de son débiteur, pour en faire la vente et en affecter le prix au paiement de sa créance personnelle. — *Cass.*, 23 avr. 1816, Happey c. Chauvet.

131. — L'expression *commissionnaire*, employée dans l'art. 93, C. comm., est purement démonstrative; et le privilége que confère cet article peut exister en faveur de tout autre bailleur de fonds qui se trouve dans les mêmes conditions que le commissionnaire. — *Nancy*, 14 déc. 1838 (t. 2 1845, p. 128), Boulet-Leblanc c. Massenat.

§ 1er. — *Pour quelles sommes le privilége a lieu.*

132. — Les mots *avances, intérêts et frais* dont parle l'art. 93, ne se bornent pas aux dépenses relatives à la marchandise; ils embrassent toutes les sommes avancées sur la foi de la consignation; toutes les valeurs qui, sorties des mains du commissionnaire, profitent au commettant. — Delamarre et Lepoitvin, *De la commission*, t. 2, no 421

133. — Ainsi jugé qu'il faut entendre par *avances* dans le sens de l'art. 93, C. comm.

134. — ... Non seulement les sommes déboursées ou avancées spécialement à raison de ces marchandises, mais encore toutes sommes et valeurs quelconques qui sortent des mains des commissionnaires et profitent au commettant. — *Cass.*, 28 juin 1830, Chevalier c. Bertout; 29 avr. 1833, Séris c. Delalande.

135. — ... Les sommes que le commissionnaire a été obligé de restituer par suite de l'annulation de la vente qu'il en avait consentie à un tiers, qui, avant réception des marchandises, avait donné des à-compte sur le prix. — *Cass.*, 8 juin 1829, Bonnaric c. Morel.

136. — Mais le privilége ne s'étend pas au droit de commission qui peut être dû au commissionnaire. — *Bruxelles*, 23 fév. 1828, N...

137. — Dans les avances doit-on comprendre celles antérieurement faites par le commissionnaire? — Il nous semble que non. En effet, le privilége est attaché par la loi elle-même à certaines créances favorables, telles que celle qui peut résulter du contrat de commission. Mais lorsque la créance est étrangère à ce contrat, et que par sa nature elle ne peut être privilégiée, on ne saurait concevoir que le créancier puisse ensuite se créer un privilége, d'accord avec le débiteur, en se faisant consigner des marchandises par celui-ci, à titre de commissionnaire. Admettre ce privilége, ce serait ouvrir une large porte à la fraude.

138. — Jugé en ce sens que le privilége n'est accordé qu'à raison des avances par lui faites à son commettant postérieurement à la réception soit des marchandises, soit du connaissement ou de la lettre de voiture constatant l'expédition qui lui en a été faite. — *Nîmes*, 7 juin 1843 (t. 2 1843, p. 182), Laponnière c. Boyer; *Douai*, 5 janv. 1844 (t. 1er 1845, p. 226), Lecomte c. Cavois; *Cass.*, 18 mars 1845 (t. 1er 1845, p. 387), Levasseur c. Paris.

139. — ... Que lorsqu'un commissionnaire a acquitté des traites tirées sur lui par son commettant, il ne peut en être remboursé par privilége sur le prix des marchandises que ce dernier lui envoie postérieurement, qu'autant qu'il se trouverait avoir reçu le connaissement ou la lettre de voiture de ces marchandises à l'époque même où il a payé les traites. — *Aix*, 11 janv. 1831, Cohen c. Reynier.

140. — ... Que le privilége ne s'applique qu'aux avances faites pour la réception des marchandises ou sur l'avis de leur expédition, mais non aux avances antérieures, alors même qu'il existerait un compte courant entre le commissionnaire et le commettant. — *Douai*, 29 nov. 1843 (t. 2 1844, p. 154), Carlier c. Courvoisier.

141. — ... Que le commissionnaire ne peut invoquer le privilége de l'art. 93, C. comm., contre les créanciers de son commettant tombé en faillite, pour des avances à lui faites sur des marchandises qui étaient en route à la destination de ce même commettant, et que celui-ci ne lui a expédiées, après les avoir reçues lui-même, que postérieurement aux avances, mais avant sa faillite. — *Bruxelles*, 15 mars 1821, Reyniers-Vrancken c. Weverberg.

142. — Jugé au contraire que le commissionnaire a privilége non seulement pour les avances qu'il a faites au commettant postérieurement à l'expédition, mais encore pour celles faites antérieurement pour le même genre d'expédition et de marchandises, surtout lorsqu'il y a eu à cet égard convention non suspecte entre les parties. — *Dijon*, 10 avr. 1843 (t. 2 1844, p. 37), Loron c. Vincent.

143. — ... Que lorsque des marchandises ont été consignées à un commissionnaire pour les vendre, sous la condition que le prix en serait affecté au paiement d'une créance personnelle qu'il a contre son commettant, le privilége existe, soit que cette créance ait précédé ou suivi l'expédition et la consignation des marchandises, et soit que les avances aient été ou non déterminées par la remise des marchandises. — *Cass.*, 23 avr. 1816, Chauvet c. Happey.

144. — Le privilége s'applique indistinctement à toutes les avances faites sur la foi de la consignation et depuis l'expédition, et non pas simplement aux avances relatives aux marchandises consignées. — *Cass.*, 2 juill. 1817, Raymond Hortel c. Barthe; *Rouen*, 29 nov. 1838 (t. 2 1838, p. 577), Sarran c. Laffitte; *Douai*, 5 janv. 1844 (t. 1er 1845, p. 226), Lecomte c. Cavois.

145. — Ainsi il a lieu, encore bien que les avances aient une cause autre que la consignation et la conservation desdites marchandises. — *Rouen*, 29 nov. 1838 (t. 2 1838, p. 577), Sarran c. Laffitte.

146. — Celui qui a reçu, en qualité de commissionnaire, des marchandises qu'il avait antérieurement vendues au commettant ne peut prétendre, en vertu de l'art. 93, et à l'encontre des créanciers de la faillite de ce dernier, se faire payer par privilége, sur le prix de ces marchandises, du montant de ce qui lui reste dû à raison de la vente, alors même que cette vente n'aurait eu lieu que sur la promesse de la consignation. — *Cass.*, 18 mars 1845 (t. 1er 1845, p. 387), Levasseur c. Paris.

147. — Le commissionnaire a privilége pour les avances faites sans l'avis du commettant, si celui-ci les ratifie; mais s'il refuse de ratifier et qu'il soit condamné au remboursement, aux termes de l'art. 1375, C. civ., le privilége existera-t-il? — Oui, disent MM. Persil et Croissant (p. 74, no 9); puisque l'art. 93, C. comm., l'accorde pour toutes les avances faites.

148. — Le privilége accordé par l'art. 93, C. comm., au commissionnaire, à raison de ses avances, existe alors même que les avances ont été faites non pas au propriétaire expéditeur, mais à un tiers qui a agi comme propriétaire et qui a transmis au commissionnaire les connaissemens. — *Bruxelles*, 25 avr. 1821, Espanet c. Degros. — Persil et Croissant, p. 75, no 10.

149. — Bien que les avances aient été faites à l'acheteur et non à l'expéditeur, ou que celui-ci n'ait pas remis, avec le connaissement à ordre, une facture signée, le privilége du commissionnaire n'en existe pas moins sur les marchandises qui lui ont été adressées avec connaissement passé à son ordre par l'acheteur. — *Rouen*, 18 juill. 1827, Sauvajol c. Damblat.

150. — Le commissionnaire ne peut exercer le privilége que lui accorde l'art. 93, C. comm., sur les marchandises consignées entre ses mains, alors que ces marchandises ont été expédiées pour le compte d'une maison de commerce autre que celle à laquelle les avances ont été faites. — *Cass.*, 11 juill. 1837 (t. 2 1837, p. 334), Ducarrey c. Labalette.

151. — Pour que le commissionnaire ait droit au privilége à raison des avances par lui faites sur un connaissement, il n'est pas absolument nécessaire qu'il ait reçu mandat de vendre les marchandises auxquelles ce connaissement se rapporte. — *Aix*, 25 août 1831, Arata c. Luce; *Rouen*, 29 nov. 1838 (t. 2 1838, p. 577), Sarran c. Laffitte.

152. — Jugé également que le consignataire a un privilége sur la valeur des marchandises consignées, alors même qu'il n'a pas reçu expressément du propriétaire le mandat de les vendre; ce mandat dérive virtuellement du fait même de la consignation. — *Nancy*, 14 déc. 1838 (t. 2 1845, p. 128), Boulet-Leblanc c. Massenat.

153. — Le commissionnaire acquiert un privilége sur les marchandises qui lui sont confiées, lorsque, sur la promesse d'être chargé de les vendre, il a fait des avances de fonds. — *Rouen*, 20 avr. 1810, Humann c. Delmarles et Moinery.

§ 2. — *Conditions pour l'existence du privilége.*

154. — La loi exige l'accomplissement de deux conditions pour qu'il y ait lieu au privilége, savoir : 1o que les marchandises soient expédiées de place en place; 2o et qu'elles soient mises à la disposition du commissionnaire.

155. — *Expédition de place en place.* — Pour que le privilége ait lieu en faveur du commissionnaire, il faut que la place d'où les marchandises lui sont expédiées pour être vendues soit *autre* que celle où elles devront être à sa disposition. — C. comm., art. 93.

156. — La loi n'a pas déterminé les conditions nécessaires pour qu'une commune soit rangée dans la classe des places de commerce. — *Cass.*, 6 mars 1833, Poisson c. Dupont-Blondel.

157. — Aussi la cour royale de Paris a-t-elle décidé que la commune de la Villette est une place distincte de celle de Paris, et que les marchandises expédiées de Paris et consignées à un commissionnaire de la Villette ont subi le déplacement de place en place exigé pour assurer le privilége au commissionnaire à raison de ses avances. — *Paris*, 1er mars 1832 (sous *Cass.* 6 mars 1833), Dupont-Blondel c. Poisson; *Paris*, 22 août 1836, Dupont c. Dermenon-Annet.

158. — En le décidant ainsi, la cour royale de Paris a statué sur des questions de fait qui étaient dans ses attributions exclusives et qui échappaient à la censure de la cour de Cassation. — *Cass.*, 6 mars 1833, Poisson c. Dupont-Blondel.

159. — Mais un négociant domicilié à Paris, et qui n'a pas de maison de commerce à la Villette, ne peut, à raison d'avances faites à un autre négociant de Paris sur marchandises consignées la Villette, réclamer le privilége de commissionnaire en vertu de l'art. 93, C. comm., alors même qu'il aurait stipulé la faculté de vendre les marchandises, s'il apparaît que ce droit lui a été donné non dans l'intérêt du commettant, mais à titre de garantie dans son seul intérêt. — Une telle négociation ne peut constituer qu'un contrat de prêt sur nantissement, dont la validité est subordonnée à l'accomplissement de certaines formalités prescrites par la loi. — *Paris*, 12 mai 1842 (t. 1er 1842, p. 693), Hervieu c. Signol-Richer.

160. — La convention intervenue entre deux commerçans, même résidant dans des lieux différens, sous la dénomination de contrat de commission, mais qui n'est réellement qu'un prêt sur gage déguisé, doit se régler d'après les principes relatifs au contrat de nantissement. Ainsi, en cas de faillite de l'emprunteur, elle n'engendre de privilége au profit du prêteur qu'autant qu'elle a été consignée dans un acte public ou sous seing-privé, enregistré conformément aux dispositions des art. 207 et 2075, C. civ. — *Poitiers*, 21 juill. 1842 (t. 2 1842, p. 643), Ayraud c. Beynix.

161. — Le commissionnaire consignataire qui, sans fraude et sur la foi d'une lettre de voiture portant que les marchandises lui sont expédiées *d'une autre place*, fait des avances au commettant, a droit au privilége établi par l'art. 93, C. comm., encore que, plus tard, il soit établi que la lettre de voiture et le lieu d'expédition ont été simulés par

le commettant. — *Paris*, 25 juill. 1843 (t. 2 1843, p. 310), Groddé c. Courtin-Jordis.

162. — Lorsqu'un armateur a fait des avances à un expéditeur pour un achat de marchandises destinées à un voyage de long cours et qui, sans entrer dans ses magasins, ont été immédiatement chargées sur son navire, l'art. 93, C. comm., reçoit son application, alors même que l'armateur et l'expéditeur habiteraient la même ville, qu'une partie des marchandises y aurait été achetée, et que l'armateur n'aurait pas lui-même mandat de les vendre au lieu de la destination. — *Cass.*, 16 déc. 1835, Villeneuve-Lasserve c. Delbos.

163. — Tous prêts, avances ou paiemens qui pourraient être faits sur des marchandises déposées ou consignées par un individu résidant dans le lieu du domicile du commissionnaire, ne donnent privilége au commissionnaire ou dépositaire qu'autant qu'il s'est conformé aux dispositions prescrites par le Code civil (liv. 3, tit. 17), pour les prêts sur gages ou nantissemens. — C. comm., art. 95.

164. — Ainsi, lorsque le commissionnaire et le commettant habitent la même ville, le privilége n'existe pour les prêts ou avances excédant 150 francs qu'autant qu'il a été passé un acte public ou sous seing-privé dûment enregistré, contenant la déclaration de la somme due, ainsi que l'espèce et la nature des choses remises en gage, ou un état annexé de leurs qualité, poids et mesure. — Persil et Croissant, p. 87, no 2.

165. — Cette exigence de la part du législateur a pour but de mettre une barrière aux fraudes qu'il serait facile à un débiteur de commettre en confiant, au moment de sa faillite, à une personne dévouée, les marchandises qu'il voudrait soustraire à ses créanciers, ou en donnant à l'un d'eux, au préjudice des autres, des marchandises en paiement de sa créance.

166. — Jugé en conséquence que le commerçant qui a fait des avances sur des marchandises qu'une personne résidant dans la même ville que lui l'a chargé de vendre, ne peut exercer de privilége sur ces marchandises, en vertu de l'art. 93, C. comm., alors surtout que les marchandises ne lui ont pas été expédiées d'une autre place, et qu'il n'a pas non plus de privilége en qualité de détenteur à titre de gage, si, conformément à l'art. 2074, C. civ., il n'a pas été passé acte du nantissement pardevant notaires ou sous seing-privé. — *Aix*, 4 juill. 1810, Coullange c. Tronchet.

167. — ... Que si la transmission d'un connaissement par la voie de l'ordre donne au porteur le droit de poursuivre la vente des marchandises, elle ne lui confère aucun privilége sur ces mêmes marchandises, alors qu'elles ne lui ont pas été expédiées à lui-même d'une autre place. — *Cass.*, 28 juin 1826, Brindeau c. Lescigneur.

168. — Les commissionnaires-chargeurs habitant la même ville que leurs commettans, n'ont pas, à raison des avances qu'ils ont faites à ceux-ci, de privilége sur la marchandise, quand ils n'ont pas observé les formalités prescrites par l'art. 2074, C. civ.; peu importe que la lettre de voiture porte que le commissionnaire aura le droit de se faire rembourser de ses avances par le consignataire; en ce cas, ils n'ont de privilége que pour les frais de voitures et dépenses accessoires. — *Cass.*, 9 avr. 1829, Barillon c. Berton.

169. — Mais *quid*, si, le commettant et le commissionnaire habitant la même place, il y a cependant eu expédition des marchandises d'un lieu sur un autre? — M. Pardessus (t. 4, no 3) pense qu'en ce cas le privilége n'a pas lieu; mais cette opinion est contraire à la jurisprudence.

170. — La seule condition exigée par l'art. 93, C. comm., pour donner lieu au privilége en faveur du commissionnaire, à raison de ses avances sur les marchandises à lui expédiées, c'est qu'il y ait envoi de ces marchandises d'un lieu dans un autre pour y être vendues, et le prix en être recouvré au compte du commettant par l'entremise du commissionnaire. — *Cass.*, 1er juill. 1841 (t. 2 1841, p. 319), Ricquier c. Carlier.

171. — Dès-lors, le commissionnaire qui a fait des avances sur des marchandises à lui expédiées d'une autre place, a privilége pour le remboursement de ses avances, encore que le commettant réside dans la même ville que lui. — *Bordeaux*, 24 déc. 1824, Nunès c. Raba; *Cass.*, 7 déc. 1826, mêmes parties.

172. — L'art. 95, C. comm., n'est relatif qu'aux prêts sur gage faits à des marchands, par des marchands du même lieu, sur des marchandises sorties des magasins des premiers. — Mêmes arrêts.

173. — Aucune disposition de la loi n'exige non plus que le commissionnaire ait son domicile ou sa résidence dans le lieu où les marchandises sont

envoyées. — *Cass.*, 1er juill. 1841 (t. 2 1841, p. 319), Ricquier c. Carlier.

174. — De même, le commettant peut habiter une autre ville que celle d'où ses marchandises sont expédiées. — Goujet et Merger, no 145.

175. — Par la même raison, les avances et la remise du connaissement peuvent être faites dans le lieu même du domicile du commissionnaire où le porteur du connaissement, négociant d'une autre place, s'était transporté. — *Aix*, 25 août 1831, Arata c. Luce.

176. — Dans ce cas, de ce que le porteur du connaissement qui a traité avec le commissionnaire se trouvait alors au lieu du domicile de ce dernier, il ne s'en suit pas qu'il doit être censé *résidant* en ce lieu, dans le sens de l'art. 95, C. comm., et que le commissionnaire ne puisse avoir privilége pour ses avances, qu'autant qu'il s'est conformé aux dispositions prescrites pour les prêts sur gages ou nantissemens, aux termes de cet article. — Il est, au contraire, de règle et d'usage, en pareil cas, que les opérations de commerce que le chef d'une maison fait passagèrement sur une place étrangère doivent être considérées comme faites dans le lieu de son domicile ordinaire et de son établissement commercial. — Même arrêt.

177. — M. Bravard (p. 136) pense que si le commettant et le commissionnaire ne résident pas dans le même lieu, il faut accorder le privilége au commissionnaire, quoique les marchandises ne lui aient pas été expédiées d'une autre place. Dans ce cas, il y aurait trop de difficulté encore à remplir les conditions prescrites par le Code civil pour le gage.

178. — Au surplus, les dispositions de l'art. 95, C. comm., peuvent n'être pas toujours appliquées à la rigueur. — Ainsi jugé que cet article n'est pas applicable aussi complétement au cas de consignation que lorsqu'il s'agit de dépôt. — *Rouen*, 4 juill. 1842 (t. 2 1842, p. 117), Staub c. Houllier.

179. — ... Qu'ainsi les dispositions des art. 2076, 2078 et 2079, C. civ., desquelles il résulte que le privilége ne subsiste sur le gage qu'autant que le créancier en reste possesseur, sauf à lui, si on ne le paie pas, à faire ordonner en justice que le gage lui demeurera en paiement ou qu'il sera vendu, ne doivent pas être observées, à peine de nullité, dans le cas où les marchandises ont été simplement *consignées* avec faculté de vendre au cours de la place, et non *déposées* avec obligation de conserver. — Même arrêt.

180. — Le négociant qui a fait des avances sur les objets qui lui ont été adressés pour être vendus pour le compte de l'envoyeur et être employés jusqu'à la vente à profit commun, avec stipulation que ces objets serviraient de garantie aux avances, a privilége sur ces mêmes objets, quoique les formalités prescrites par l'art. 2074, C. civ., n'aient pas été remplies. — *Metz*, 5 fév. 1820, Bridier c. Mather.

181. — Les formalités prévues par l'art. 2074, C. civ., pour la validité du nantissement, ne sont pas applicables en matière de commerce, sauf les cas prévus par l'art. 59 de ce dernier Code. — Même arrêt.

182. — Les règles du droit civil relatives au nantissement ne sont applicables aux matières de commerce que dans le cas spécial prévu par l'art. 95, C. comm. — Dès-lors la consignation de marchandises expédiées d'une place sur une autre est valable, indépendamment de tout acte écrit. — *Nancy*, 14 déc. 1838 (t. 2 1845, p. 128), Boulet-Leblanc c. Massenat.

183. — Enfin, l'art. 95, C. comm., n'est applicable qu'au véritable commissionnaire qui a fait des prêts, avances ou paiemens en cette qualité, et, loin d'offrir une exception à l'art. 93, il n'a pour but que d'empêcher les prêteurs et emprunteurs sur gages, habitant le même lieu, de masquer un prêt sur nantissement sous les apparences du contrat de commission qui fait l'objet dudit art. 93. — *Poitiers*, 21 juill. 1842 (t. 2 1842, p. 642), Ayraud c. Beyneix.

184. — *Tradition des marchandises.* — Indépendamment de l'expédition de place en place, il faut, — 1° ou bien que les marchandises soient à la disposition du commissionnaire dans ses magasins, ou dans un dépôt public. — C. comm., art. 93.

185. — Les magasins du commissionnaire sont partout où la marchandise consignée se trouve à sa disposition, par exemple, un navire qui ne lui appartient pas, un quai, une place publique, les greniers d'un tiers qui le représente, ceux d'une personne convenue quelconque, fût-ce même le commettant. — Delamarre et Lepoitvin, t. 2, no 408.

186. — Ainsi jugé que les marchandises expédiées à un commissionnaire doivent être considérées comme étant dans ses magasins, lorsqu'elles

sont entrées dans les magasins d'un tiers qui les a reçues au nom et pour le compte du commissionnaire. — *Gênes*, 12 juill. 1813, Firtz c. Broglio; *Cass.*, 1er déc. 1840 (t. 1er 1841, p. 402), Odiot c. Robertson. — C'est l'application du principe : *Nam possidet cujus nomine possidetur. Procurator alienæ possessionis præstat ministerium.* — L. 18, ff., *De acquir. vel amitt. poss.*

187. — ... Que le privilége subsiste non seulement tant que les marchandises sont matériellement en la possession du commissionnaire, mais encore pendant le temps qu'elles sont possédées par les employés intermédiaires de son choix, et dont il est garant, tels que des voituriers. — *Cass.*, 7 juin 1825, Perrée et Guillot c. Picard.

188. — Le négociant qui a fait des avances sur des marchandises dont il était chargé d'opérer la vente, mais qui se trouvaient dans les magasins d'un tiers habitant le même lieu que lui, et à qui elles avaient été expédiées, doit être considéré comme simple *mandataire* du propriétaire des marchandises, et non comme *commissionnaire*, dans le sens de l'art. 93, C. comm. Il ne peut, en conséquence, réclamer, pour ses avances, le privilége établi par cet article. — *Cass.*, 6 nov. 1827, Joly c. Bovard.

189. — Si l'on s'en tenait judaïquement au texte de l'art. 93, C. comm., le privilége n'existerait qu'autant que la marchandise a été *réellement dirigée, mise en voyage* d'une place sur une autre place, et que le commissionnaire en a reçu la tradition effective ou virtuelle, sans laquelle il est clair qu'il n'en pourrait disposer. — Il faudrait de plus que l'expédition fût nommément faite à l'adresse du commissionnaire et qu'il eût le pouvoir de vendre. — Goujet et Merger, vo *Commissionnaire*, no 139.

190. — Jugé en ce dernier sens que l'art. 93, C. comm., suppose que les marchandises ont été expédiées directement au commissionnaire. — *Cass.*, 1er mars 1843 (t. 1er 1843, p. 367), Muller c. Tissot et Prévost.

191. — Mais la loi n'est que démonstrative du cas le plus fréquent. Tout dépend quelquefois de la coutume commerciale et des circonstances, dont l'appréciation est nécessairement abandonnée aux lumières des juges. — Delamarre et Lepoitvin, t. 2, no 401.

192. — Jugé en conséquence que le privilége établi en faveur du commissionnaire, à raison de ses avances, existe encore, bien que les marchandises ne lui aient pas été expédiées directement à lui-même du point de départ et qu'il ne les ait reçues que par un connaissement passé à son ordre par le premier destinataire ou par l'acheteur. — *Douai*, 12 avr. 1828, Auriol-Kruger c. Morel; même jour, Bonnaric c. Morel; *Cass.*, 8 juin 1829, mêmes parties; *Aix*, 25 août 1831, Arata c. Luce; *Paris*, 31 juill. 1835, Lecercler c. Coissieu; *Douai*, 29 nov. 1843 (t. 2 1844, p. 154), Carlier c. Courvoisier.

193. — ... Que la négociation du connaissement à ordre suffit pour donner au bénéficiaire qui en est porteur par endossement régulier la qualité de commissionnaire, alors même que les marchandises ne lui auraient pas été expédiées directement. — *Rouen*, 29 nov. 1838 (t. 2 1838, p. 577), Sarran c. Laffitte.

194. — ... Que le commissionnaire a droit au privilége, alors même qu'au lieu de lui être expédiées directement par le vendeur, les marchandises n'auraient été par lui reçues que par suite d'un ordre transmis postérieurement par l'acheteur qui les lui aurait consignées. — *Cass.* (implic.), 1er déc. 1840 (t. 1er 1841, p. 402), Odiot c. Robertson.

195. — C'est l'envoi qui est fait au commissionnaire d'une place autre que celle qu'il habite, et non l'expédition faite directement du point originaire, qui forme le privilége qui lui est accordé par la loi. — *Douai*, 29 nov. 1843 (t. 2 1844, p. 154), Carlier c. Courvoisier.

196. — 2° Si les marchandises ne sont pas à la disposition du commissionnaire, si elles ne sont pas arrivées, il faut au moins que le commissionnaire puisse constater, par un connaissement ou par une lettre de voiture, l'expédition qui lui en a été faite. — C. comm., art. 93.

197. — Avant le Code de commerce, le connaissement n'était pas entre les mains du consignataire ou commissionnaire un titre suffisant pour lui donner le droit d'exercer un privilége sur les effets du chargement à raison des avances faites par son commettant. Le privilége n'existait qu'autant qu'il y avait nantissement réel au profit du commissionnaire. — *Cass.*, 3 brum. an XII, Pobechemi c. Ropenacx.

198. — L'art. 93, C. comm., suppose que le connaissement ou la lettre de voiture a été fait au profit du commissionnaire de l'une des manières indiquées dans l'art. 281, même Code. — Mais, hors ce cas, le connaissement *à ordre* ne peut conférer

de privilége au commissionnaire qu'autant qu'il lui est transmis régulièrement. — Cette transmission n'est réputée régulière que si l'endossement qui l'opère renferme toutes les conditions exigées par les art. 137 et 138, C. comm. (lesquels posent en matière d'endossement des règles *générales* applicables à tous les actes susceptibles de transmission par cette voie). — Spécialement l'endossement doit, à peine de ne valoir que comme procuration, indiquer la valeur fournie. — *Cass.*, 1er mars 1843 (t. 1er 1843, p. 367), Muller c. Tissot et Prévost.

199. — La transmission du connaissement n'a pas besoin, pour être valable, d'exprimer une valeur fournie. — *Douai*, 5 janv. 1844 (t. 1er 1845, p. 226), Lecomte c. Cavois.

200. — La disposition de l'art. 95, C. comm., relativement au mode de constater l'expédition qui a été faite au commissionnaire, n'exclut pas tout autre genre de preuve. Ainsi, l'expédition peut être prouvée par des lettres de l'expéditeur et par la représentation d'un engagement contracté par le commissionnaire de transport, de faire parvenir les marchandises au consignataire, engagement qui a été remis entre les mains de ce dernier par l'expéditeur. — *Douai*, 17 mai 1820, Vandalle-Gaspard c. Choquet-Julien.

201. — Jugé, au contraire, que l'art. 93 est restrictif; qu'ainsi, une lettre du commettant et le connaissement relatif à l'expédition des marchandises faite à ce commettant par un tiers, ne sont pas des preuves suffisantes entre les mains du commissionnaire. — *Cour supér. Bruxelles,* 15 mars 1821, Beyniers-Vrancken c. Weverberg.

202. — ... Que pour qu'il y ait lieu au privilége dont parle l'art. 93, C. comm., en faveur du commissionnaire, il faut qu'il se rencontre l'un des cas déterminés par cet article; on ne pourrait y suppléer par des cas plus ou moins analogues. — Ainsi, de simples bordereaux d'expédition, embrassant une plus ou moins grande quantité de marchandises, pour diverses personnes, et contenant des désignations incertaines ou équivoques, ne sauraient tenir lieu du connaissement ou de la lettre de voiture dont parle l'art. 93, C. comm. — *Lyon*, 26 juill. 1837 (t. 1er 1838, p. 187), Gandolfi c. Larat et Mille.

203. — Lorsque les avances ont été faites avant l'arrivée des marchandises, l'expédition ne peut être constatée que par une lettre de voiture ou un connaissement relatif à cette même expédition. — *Bruxelles*, 15 mars 1821, Beyniers-Vrancken c. Weverberg.

204. — Quand il s'agit d'effets mis en route à la destination du commissionnaire, soit que le commettant les ait expédiés de son propre domicile, soit qu'il les ait fait expédier d'un autre lieu, on conçoit que le connaissement ou la lettre de voiture puissent seuls constater l'expédition. — Mais si la marchandise ne voyage pas, si, par exemple, elle se trouve en dépôt à la douane d'une ville, il est impossible de remettre une lettre de voiture, on supplée alors valablement à cet acte par un pouvoir spécial de retirer les marchandises et de les vendre ensuite. Ce pouvoir met, en effet, les marchandises à la disposition du commissionnaire; le lieu où ces marchandises sont déposées devient son magasin. — Delamarre et Lepoitvin, t. 2, no 411.

205. — Il en est de même, s'il s'agit d'effets en mer qui ne voyagent pas actuellement à la destination du commissionnaire, ou qui se trouvent dans une contrée au-delà des mers. La loi n'a pas voulu priver un commerçant de la faculté de les consigner, pas plus que de la faculté de les vendre, ni, par conséquent, plus priver le commissionnaire de son privilége que l'acheteur de son droit de propriété. Dans ce cas, la tradition est parfaite par la remise d'une facture clairement énonciative des effets consignés et du pouvoir de s'en saisir. — Delamarre et Lepoitvin, t. 2, no 411; Valin, liv. 2, tit. 10, art. 3, ord. 1681; — *Parlem. Paris*, 11 mars 1752.

§ 3. — *Effets et extinction du privilége.*

206. — Le privilége du commissionnaire existe à compter du jour que les marchandises sont sorties des magasins de l'expéditeur si le prêt est antérieur au départ, et à compter du jour du prêt s'il est fait pendant le voyage. — Pardessus, t. 4, no 1203.

207. — Le commissionnaire, consignataire de marchandises sur lesquelles il a fait des avances, peut, lorsque ses expéditeurs suffisamment avertis diffèrent de le payer, faire ordonner en justice la vente des marchandises pour s'en appliquer le prix. — *Colmar*, 29 nov. 1816, Schnell c. Mogg.

208. — Si les marchandises avaient été consignées au commissionnaire avec mandat de les vendre lui-même pour un prix déterminé, on verra *infrà* nos 323 et suiv. qu'il peut se faire autoriser à les vendre au-dessous du prix fixé.

209. — Dans tous les cas, le jugement qui ordonne la vente par un courtier ou un autre officier ministériel, peut être valablement rendu sur simple requête, et sans qu'au préalable les expéditeurs aient été appelés ni entendus. — *Paris*, 13 mars 1815, Lequil et Eck c. Piel et Goest; *Colmar*, 29 nov. 1816, Schnell c. Mogg.

210. — Le commettant qui n'a aucune faute ou négligence à imputer à son commissionnaire n'est pas fondé à demander à vendre lui-même les marchandises qui sont entre les mains de ce dernier, sauf à lui en laisser encaisser le prix, si ce mode de vente peut retarder le paiement du commissionnaire. — *Bruxelles*, 15 juin 1822, Silva c. Donnet.

211. — Le consignataire qui a les marchandises à sa disposition, dans ses magasins ou dans un dépôt public, peut abandonner au commettant le soin de les vendre, sans cesser de conserver son privilége sur leur valeur. — *Nancy,* 14 déc. 1838 (t. 2 1845, p. 128), Boulet-Leblanc c. Massenat.

212. — Mais alors le consignataire peut refuser de se dessaisir des marchandises jusqu'à parfait paiement de ce qui lui est dû. — Même arrêt.

213. — Le commissionnaire résidant dans le même lieu que le commettant peut valablement, comme celui qui réside dans un lieu différent, procéder lui-même à la vente des marchandises consignées, sans être tenu de suivre les formalités relatives à la vente des choses données en gage. — *Rouen*, 4 juill. 1842 (t. 2 1842, p. 117), Staub c. Houllier.

214. — Si les marchandises ont été vendues et livrées pour le compte du commettant, le commissionnaire se rembourse, sur le produit de la vente, du montant de ses avances, intérêts et frais, par préférence aux créanciers du commettant. — C. comm., art. 94.

215. — Le privilége est spécial; il n'existe que sur le prix des marchandises dont la remise ou l'expédition a déterminé les avances du commissionnaire. — *Rouen*, 29 nov. 1838 (t. 2 1838, p. 577), Sarran c. Laffitte.

216. — MM. Goujet et Merger (vo *Commissionnaire*, no 164) pensent, au contraire, avec MM. Delamarre et Lepoitvin (t. 2, no 391), que le privilége doit, d'après l'usage, avoir un effet plus étendu; et qu'il doit s'exercer non seulement sur la marchandise à l'occasion de laquelle le commissionnaire a fait des déboursés et des avances, mais encore, pour le solde général de son compte, sur toutes celles dont il a la détention, quelque étrangères qu'elles soient au résultat de ce compte.

217. — La convention faite entre le commettant et le commissionnaire, que les avances de celui-ci seraient affectées spécialement sur la partie des marchandises à propos de laquelle elles seraient faites, n'empêche pas les art. 93 et 94, C. comm., de produire effet en ce qu'ils assurent au commissionnaire un privilége sur toutes les marchandises qui lui ont été expédiées. — *Toulouse,* 25 nov. 1831, Mayaonnade et Carbonery c. Chaptive.

218. — Le privilége s'exerce sur le prix des assurances faites par le commissionnaire; la police que détient celui-ci représente, entre ses mains, le prix de la marchandise à laquelle l'assurance se réfère. — Delamarre et Lepoitvin, t. 2, no 420.

219. — Le privilége du commissionnaire s'exerce non seulement vis-à-vis du commettant, mais encore vis-à-vis des autres créanciers de celui-ci. Entre plusieurs créanciers dont l'un détient la chose, le concours n'est pas possible. — Goujet et Merger, no 176.

220. — Par la même raison le consignataire qui a consenti que les marchandises qu'il a à sa disposition fussent vendues par le commettant lui-même a, en consentant à la délivrance de ces marchandises, le privilége de toucher, de préférence à tous autres créanciers, le montant de ses avances sur le prix de la vente. — *Nancy,* 14 déc. 1838 (t. 2 1845, p. 128), Boulet-Leblanc c. Massenat.

221. — Le privilége accordé au commissionnaire par l'art. 93, C. comm., n'est pas du nombre de ceux qui, aux termes de l'art. 443 même code, ne peuvent s'acquérir dans les dix jours qui précèdent l'ouverture de la faillite. — *Rennes*, 13 juin 1818, Aubin et Truchard c. Rochery; *Douai*, 29 nov. 1843 (t. 2 1844, p. 154), Carlier c. Courvoisier.

222. — En effet, l'art. 443, C. comm., qui ne reconnaît ni privilége ni hypothèque sur les biens du failli acquis dans les dix jours de l'ouverture de la faillite, n'embrasse pas les actes ou engagemens commerciaux, mais les transactions civiles auxquelles peut se livrer le failli dans les dix jours de la faillite, ou les transactions commerciales qui, n'ayant pas privilége de leur nature, ne l'obtiendraient que postérieurement à leur confection, et dans les dix jours de la faillite. — Persil et Croissant, p. 84, no 18.

223. — L'armateur qui a fait des avances à un expéditeur pour un achat de marchandises destinées à un voyageur de long cours, et qui, sans entrer dans ses magasins, ont été immédiatement chargées sur son navire, a, en cas de faillite de l'expéditeur, et à titre de commissionnaire, le droit d'être payé de ses avances par privilége sur les marchandises, tant qu'elles restent à sa disposition sur son navire, ou dans les mains de son mandataire. — *Cass.*, 16 déc. 1835, Villeneuve-Laserve c. Delbos.

224. — Mais celui qui a reçu, en qualité de commissionnaire, des marchandises qu'il avait antérieurement vendues au commettant, ne peut, à l'encontre des créanciers de la faillite de ce dernier, prétendre à un privilége, soit comme créancier gagiste (en l'absence des formalités prescrites par les art. 2073 et 2074, C. civ.), soit comme vendeur, l'art. 558 du nouveau Code de comm. refusant au vendeur d'effets mobiliers un privilége en cas de faillite. — *Cass.*, 18 mars 1845 (t. 1er 1845, p. 387), Levasseur c. Paris.

225. — La convention entre le commettant et le commissionnaire, portant que des marchandises emmagasinées seront affectées spécialement au remboursement des avances du commissionnaire, doit recevoir son effet, en l'absence de créanciers contestans, alors même que les parties ne seraient point placées dans les circonstances prévues par l'art. 93, C. comm., ou qu'elles ne se seraient point soumises aux formalités prescrites par l'art. 95 du même Code. — L'héritier bénéficiaire du commettant n'est point représentant des créanciers de la succession, et ne peut à ce titre invoquer les dispositions des art. 93 et 95, pour détruire cette convention. — *Paris*, 31 août 1836 (t. 1er 1837, p. 224), Obriot c. Artault.

226. — Le privilége du commissionnaire est-il primé par le droit de revendication du vendeur? — Pour le vendeur on fait observer que, la vente étant résolue, les parties se trouvent dans la même position que si jamais il n'y avait eu vente; que tous les droits et priviléges que des tiers auraient pu acquérir intermédiairement sur les marchandises doivent être dès-lors être regardés comme non avenus à l'égard du revendiquant; enfin que le privilége assuré par l'art. 93 C. Com. aux commissionnaires, en cas d'avances faites par eux sur les marchandises qui leur sont expédiées, ne saurait avoir d'effet que vis-à-vis des autres créanciers du mandant et sur les marchandises appartenant à celui-ci, etc. — Locré, t. 1er, p. 285.

227. — Pour le commissionnaire on répond que l'art. 577, C. comm., n'est point aussi absolu qu'on le prétend; que loin de résoudre de plein droit la vente, il pose lui-même des limites à l'exercice du privilége du vendeur. L'art. 578 surtout est plus positif encore sur ce point. Il reconnaît les droits des tiers, et, en cas de faillite, si les marchandises ont été vendues avant leur arrivée, et sans fraude, le privilége du vendeur s'arrêtera devant le droit du tiers acheteur. Or, si les marchandises avant tout paiement, et même avant leur arrivée, ont pu être vendues, n'ont-elles pas pu être également affectées au privilége du commissionnaire? — D'un autre côté, les termes absolus de l'art. 93, C. Comm. ne permettent pas de soutenir que le privilége du commissionnaire ne puisse opérer que vis-à-vis des autres créanciers du mandant et sur les marchandises appartenant à celui-ci. L'art. 577 n'a point dérogé à sa disposition, et s'il l'a passée sous silence, c'est « qu'il était inutile, dit Merlin, de rappeler cet article parce qu'il subsistait par lui-même, et qu'il suffisait pour mettre le commissionnaire à l'abri de toute inquiétude. La part du commissionnaire étant faite par l'un, s'occuper de lui une seconde fois dans les autres, c'eût été une redondance indigne du style simple et majestueux des lois. » — La revendication du vendeur ne peut donc entraver l'exercice du privilége du commissionnaire. — Merlin, *Quest. de dr.*, vo *Revendication*, § 7; Persil et Croissant, p. 80, no 17; Delamarre et Lepoitvin, t. 2, no 412.

228. — Jugé en conséquence que le droit de revendication que l'art. 576, C. comm., accorde au vendeur, en cas de faillite de l'acheteur, ne peut être exercé au préjudice du privilége attribué au commissionnaire par l'art. 93, même code. — *Bruxelles*, 13 nov. 1818, Thuret c. Hawker.

229. — ... Que le commissionnaire qui a fait des avances sur des marchandises à lui adressées, avec connaissement passé à son ordre par l'acheteur, peut réclamer, sur ces marchandises, le pri-

vilége établi par l'art. 93, C. comm., même vis-à-vis du vendeur ou expéditeur qui, avant leur arrivée dans les magasins du commissionnaire, exerce la revendication autorisée par les art. 576 et 577, C. comm. — Peu importe que les avances aient été faites à l'acheteur et non à l'expéditeur, ou que celui-ci n'ait pas remis, avec le connaissement à ordre, une facture signée. — *Rouen*, 18 juill. 1827, Sauvajol c. Damblat.

250. — ... Que le vendeur qui revendique ses marchandises en cas de faillite de son acheteur doit rembourser préalablement les avances que le commissionnaire a faites au failli sur ces marchandises. — *Cass.*, 8 juin 1829, Auriol-Krugen c. Morel; 8 juin 1829, Bonnaric c. Morel.

251. — ... Que le consignataire de marchandises expédiées et achetées de plusieurs vendeurs peut, en cas de revendication par l'un d'eux d'une partie de ces marchandises après la faillite de l'expéditeur, se couvrir de l'intégrité de ses avances, sur le prix des marchandises non revendiquées. — *Amiens*, 6 juin 1838 (t. 1er 1839, p. 279), Boullanger et Maillard c. Candelot.

252. — Le revendiquant ne saurait être tenu, dans ce cas, d'autres charges que celles formellement déterminées par l'art. 579, C. comm. — Même arrêt.

253. — Le vendeur de marchandises est sans qualité pour contester le privilége du commissionnaire, la loi n'ayant déclaré nuls les actes intervenus dans le cas de l'art. 446, C. comm., que contre le failli au profit de tous les créanciers, et non dans l'intérêt individuel d'un créancier. — *Douai*, 29 nov. 1843 (t. 2 1844, p. 154), Carlier c. Courvoisier.

254. — Mais le commissionnaire à la vente qui, par un arrangement ignoré du vendeur, et fait avec l'acheteur pendant le transport des marchandises à leur destination, qui n'était pas chez lui, se charge de les revendre, et fait des avances à celui dont il prend cette commission, ne peut empêcher la revendication du vendeur. — Il ne peut pas non plus avoir un privilége sur ces marchandises, pour la répétition de ses avances, au préjudice du vendeur. — *Rouen*, 15 juin 1825, Mousset c. Galiois.

255. — Le privilége du commissionnaire sur la marchandise, pour ses avances, a lieu même vis-à-vis du porteur de traites acceptées par le commissionnaire, alors qu'au moment de l'acceptation la valeur des marchandises était absorbée par les avances. Le porteur de ces traites n'est pas fondé à réclamer un privilége sur la provision. — *Toulouse*, 20 mars 1830, Lacals et Evesque c. Dumas et Rey.

256. — Le commissionnaire qui a fait à son commettant, sur des marchandises à lui expédiées d'une autre place, des avances destinées au paiement du commissionnaire expéditeur, est subrogé au droit de ce premier commissionnaire. — *Cass.*, 7 déc. 1826, Nunès c. Raba.

257. — Le vendeur qui, après avoir donné avis à l'acheteur qu'il lui envoie des marchandises à l'adresse d'un commissionnaire, au nom duquel il a pris l'acquit-à-caution, et sur lequel il a fait traite pour le prix de ces marchandises, les expédie à un autre individu, a pu être condamné à rembourser le montant de la traite au commissionnaire indiqué, et qui l'avait payée après avoir connu la lettre d'avis. Du moins, une telle décision, rendue par appréciation des faits et circonstances de la cause, échappe à la censure de la cour de Cassation sans qu'on puisse y voir une violation de l'art. 93, C. comm., en ce qu'un privilége aurait à tort été accordé au commissionnaire. — *Cass.*, 7 déc. 1829, Guez c. Baudeuf.

258. — Lorsque le produit des marchandises expédiées a été affecté par l'expéditeur ou chargeur à l'acquit de billets par lui souscrits au destinataire, le privilége qui résulte de cette destination profite à tous les porteurs d'effets; et, en cas d'insuffisance, le prix des marchandises doit être réparti entre eux au marc le franc, sans que le consignataire qui se trouverait porteur en même temps de quelques uns de ces billets puisse, à raison de sa qualité, réclamer le privilége à l'exclusion des autres porteurs. — *Bordeaux*, 17 janv. 1833, Sorbé c. Rey.

259. — Le commissionnaire qui expédie à son commettant des marchandises pour lesquelles il a fait des dépenses sur la promesse que lui fait celui-ci de le rembourser immédiatement, conserve, en cas de non réalisation cette sa promesse, son privilége, tant que les marchandises sont dans le port, dans un entrepôt ou autre lieu public ou entre les mains du voiturier dont il a fait choix pour les conduire au lieu indiqué par le commettant. Des tiers ne pourraient y acquérir de droit, à son préjudice, qu'à partir du moment où le voiturier les

aurait remises soit au commettant, soit à un commissionnaire chargé de les recevoir en son nom. — Pardessus, n° 1203.

240. — Le privilége cesse d'exister, le jour où le commissionnaire s'est dessaisi des choses mises à sa disposition. — Persil et Croissant, n° 8, p. 88.

241. — Celui qui, après avoir reçu des connaissemens pour garantie d'une avance, accepte en échange d'autres connaissemens relatifs à une expédition différente, ne conserve pas son privilége sur les marchandises fictivement consignées par la remise de ces derniers connaissemens, et ne peut, dès-lors, en cas de faillite du commettant, s'opposer à l'exercice du privilége de l'expéditeur non payé. — *Rouen*, 29 nov. 1838 (t. 2 1838, p. 577), Sarran, Bazile et Leroux c. Laffitte.

§ 4. — *Droit de rétention.*

242. — Le contrat de commission est un des plus puissans auxiliaires du commerce. Tantôt il épargne au commerçant une grande perte de temps et des absences dispendieuses; tantôt il lui économise des frais de recouvrement et de transport de fonds, ou il lui procure les capitaux et le crédit nécessaires pour continuer ses spéculations ou en entreprendre de nouvelles. Or, tous ces avantages s'évanouiraient du moment où le commissionnaire ne serait plus certain du paiement de ses débours et avances. C'est donc avec raison que les peuples commerçans se sont accordés à reconnaître au commissionnaire le droit de retenir, pour sûreté de sa créance, la marchandise ou les valeurs qui existent entre ses mains. — Delamarre et Lepoitvin, *De la commiss.*, t. 2, p. 385.

243. — En matière civile, les jurisconsultes sont partagés sur les effets du droit de rétention : suivant les uns, le privilége du créancier nanti l'emporte sur tous les autres; au contraire, d'autres jugent que le droit de rétention ne peut passer qu'après les priviléges généraux énumérés dans l'art. 2101, C. civ. — Mais en matière commerciale, il n'y a pas de doute possible. A part les priviléges sur les navires, clairement classés dans l'art. 191, C. comm., le droit de rétention a toujours la priorité, jamais la concurrence. Il produit les effets d'un privilége de premier ordre. — Delamarre et Lepoitvin, t. 2, n° 387; Goujet et Merger, n° 122.

244. — Pour qu'il y ait lieu au droit de rétention de la part du commissionnaire, il faut que la détention ait commencé du consentement ou en conséquence du consentement du propriétaire, et qu'elle n'ait dans sa cause rien d'incompatible avec une juste rétention. — Par exemple, si je vous adresse pour être tramises à Jacques, dont vous êtes créancier, des marchandises qui lui appartiennent, vous ne pouvez les retenir pour sûreté de votre créance. — Delamarre et Lepoitvin, t. 2, n° 388.

245. — Comme le gage, le droit de rétention qui compète au commissionnaire s'attache à la chose et ne subsiste qu'avec la détention de la chose. Cependant on ne saurait dire que le droit de rétention et le gage soient la même chose : Le gage s'établit par une convention passée dans le but spécial d'affecter la chose au paiement de la dette, tandis que le droit de rétention a lieu sans aucune convention préalable. — Delamarre et Lepoitvin, t. 2, nos 389 et 393.

246. — Le droit de rétention a une nature toute spéciale; il produit les effets des priviléges et n'est pas pourtant un privilége proprement dit dans la rigueur de ce mot, bien que l'art. 93, C. comm., le qualifie ainsi. — De plus l'usage s'accorde également pour donner le nom de privilége au droit de rétention accordé au commissionnaire (Goujet et Merger, nos 126 et 128). Dès-lors, plusieurs des arrêts rapportés plus haut sur les effets du privilége, s'appliquent nécessairement aux effets du droit de rétention.

247. — Le commissionnaire qui est détenteur de marchandises qu'il a achetées pour son commettant tombé depuis en faillite ne peut être tenu de les délivrer à la masse des créanciers, avant d'avoir été préalablement remboursé de ses avances, encore que la majorité des créanciers ait passé un concordat avec le failli. — C. comm., art. 93; — *Bruxelles*, 12 juin 1810, Hope c. Béclants; — Persil et Croissant, p. 76, n° 12.

248. — Et cela, alors même qu'il aurait signé le concordat et expédié précédemment une partie des marchandises à son commettant, la réduction par lui ainsi consentie, n'étant censée porter que sur les avances faites à l'occasion des marchandises dont il est encore détenteur. — Même arrêt.

249. — Lorsque les marchandises ont été expédiées de bonne foi à un commissionnaire pour le remplir de ses avances, par un négociant dont la

faillite a été déclarée ouverte dans les dix jours de cet envoi, les agens de cette faillite qui se sont emparés de ces marchandises ont commis une voie de fait qui les rend passibles des dommages-intérêts envers le commissionnaire. — *Rennes*, 13 juin 1818, Aubin et Truchard c. Rochery.

Sect. 4e. — *Fin du contrat de commission.*

250. — Comme le mandat civil, le contrat de commission finit par la révocation du commissionnaire, par la renonciation de celui-ci au contrat, par la mort naturelle ou civile, l'interdiction ou la déconfiture, soit du commettant, soit du commissionnaire (C. civ., art. 2003). — A quoi il faut ajouter la perte de la chose et l'exécution même du contrat.

251. — Le commettant peut révoquer le mandat quand bon lui semble (C. civ., art. 2004). Toutefois les effets de la révocation varient selon qu'elle a lieu avant ou après l'exécution commencée. Dans le premier cas le mandat est considéré comme n'ayant jamais existé; dans le second cas, il ne cesse d'exister que pour l'avenir, mais il conserve tous ses effets pour le passé. Le commissionnaire peut prétendre au remboursement de ses frais et au droit de commission. — V. *suprà* nos 107 et suiv., 118 et suiv.). — Goujet et Merger, n° 101; Persil et Croissant, n° 36.

252. — La révocation est expresse ou tacite. Cette seconde espèce de révocation, consistant le plus souvent dans la constitution d'un nouveau commissionnaire pour la même affaire, offre souvent des difficultés dans la pratique. C'est alors au juge à interpréter l'intention des parties d'après les circonstances; mais en général, la révocation ne s'induit pas du silence du commettant. — Goujet et Merger, nos 103 et suiv.

253. — Le commettant qui laisse sans réponse plusieurs lettres par lesquelles son commissionnaire, bien qu'étant en retard, lui annonce l'envoi de marchandises, ne peut, en se fondant sur ce retard, refuser de recevoir ces marchandises. — *Liège*, 16 mars 1812, Scheibler c. Garcia.

254. — Lorsque les choses ne sont plus entières au moment où le commissionnaire apprend la révocation du mandat, il peut, bien que révoqué, faire ce qui est une suite nécessaire de ce qu'il avait commencé : par exemple, livrer ce qu'il a vendu, expédier ce qu'il a acheté. — Delamarre et Lepoitvin, t. 2, n° 438.

255. — Le commissionnaire qui, après avoir affrété un navire, reçoit contre-ordre, doit suspendre l'expédition, sauf à se faire rembourser les dépenses de l'affrétement, mais s'il la consomme, elle reste pour son compte. — *Cass.*, 24 déc. 1817, Durand c. Pinte-de-Vin.

256. — Le commissionnaire peut renoncer au mandat; mais il faut que cette renonciation ne préjudicie pas au commettant (C. civ., art. 2007), ou en d'autres termes qu'elle ne soit pas faite à contre-temps ou qu'elle ait une juste cause.

257. — La renonciation a lieu à contre-temps, lorsqu'il ne serait plus possible au commettant de confier l'affaire à un autre ou de l'entreprendre lui-même, sans préjudice pour lui. — Goujet et Merger, n° 109.

258. — Sont considérés comme justes causes de renonciation l'infidélité du mandant à remplir ses engagemens, le dérangement dans ses affaires. — Delamarre et Lepoitvin, t. 2, nos 48, 85; E. Vincens, t. 2, p. 129.

259. — Il en est encore de même de la maladie du commissionnaire; toutefois comme le commissionnaire seul se trouve frappé, et que le mandat reste possible en soi, il y a lieu d'examiner si le commissionnaire ne pouvait pas le faire exécuter par un tiers, ou en d'autres termes se substituer quelqu'un. — Goujet et Merger, n° 41.

260. — Mais devrait-on considérer comme une juste cause, le cas où le commissionnaire se trouverait dans l'impossibilité de continuer le mandat, sans en éprouver lui-même un préjudice considérable (C. civ., art. 2007)? — Non, car le commissionnaire recevant un salaire ne saurait jouir de la même faveur que le mandataire, et avant de se charger d'une commission, il n'a qu'à calculer toutes les chances favorables ou défavorables. — Delamarre et Lepoitvin, t. 2, n° 46.

261. — La renonciation faite en temps opportun n'a pas besoin d'être motivée; mais celle fondée sur une juste cause ne peut être faite à contre-temps s'il était possible de la faire en temps opportun; du moins en agissant ainsi, le commissionnaire s'expose à des dommages-intérêts. — Goujet et Merger, n° 110.

262. — La révocation du commissionnaire, ou sa renonciation au mandat, n'ont pas besoin d'être notifiées, c'est-à-dire portées à la connaissance,

soit du commissionnaire, soit du commettant, par un acte extrajudiciaire. D'après la simplicité et la rapidité des formes commerciales, une simple lettre suffit. — Goujet et Merger, n° 39.

263. — La mort naturelle ou civile soit du commettant, soit du commissionnaire, met fin au mandat, avec les conséquences ci-dessus indiquées, suivant qu'il était ou non en voie d'exécution au moment du décès.

264. — Ainsi, le commissionnaire est tenu d'achever la chose commencée au décès du mandant, s'il y a péril en la demeure (C. civ., art. 1991); par exemple, s'il s'agit d'éviter une prescription ou déchéance.

265. — En cas de décès du commissionnaire, ses héritiers doivent en donner avis au commettant, et pourvoir en attendant à ce que les circonstances exigent pour l'intérêt de celui-ci. — C. civ., art. 2010.

266. — Toutefois, dans l'un et l'autre cas, le mandat n'en a pas moins cessé par la mort de l'une ou de l'autre des parties; ce qui a suivi présente tous les caractères d'une gestion d'affaires; d'où la conséquence que la responsabilité des héritiers du commissionnaire doit être moins rigoureuse. — Goujet et Merger, n° 111.

267. — Le mandat de vendre donné à une société commerciale cesse de plein droit par la dissolution de la société, et ne continue pas dans la personne du liquidateur. — *Cass.*, 11 vendém. an VII, Combe c. Rivet; — Merlin, v° *Commissionnaire*, § 1er.

268. — La cessation du mandat par l'interdiction ou les changemens d'état qui restreignent la capacité des parties, produit les mêmes résultats qu'en cas de mort.

269. — Lorsque le commissionnaire a ignoré l'une des causes qui faisaient cesser le contrat de commission, ce qu'il a fait dans cette ignorance est valide; et ses engagemens doivent être exécutés à l'égard des tiers de bonne foi. — C. civ., art. 2008 et 2009.

270. — Le contrat de commission cesse encore par le cas fortuit qui détruit la chose commise ou la met dans un nouvel état tel que, si le commettant l'eût connu, il n'aurait pas donné le mandat. Toutefois, dans le second cas, il y a plutôt cause de suspension que de révocation de mandat, et il autorise seulement à demander de nouvelles instructions. — Goujet et Merger, n° 115.

Sect. 5e. — *Compétence.*

271. — Lorsque la commission a pour objet un acte commercial par sa nature, comme la négociation d'une lettre de change, il est évident que les parties sont justiciables à ce sujet du tribunal de commerce. — Goujet et Merger, v° *Commissionnaire*, n° 181.

272. — Lorsque la commission n'a pas pour objet une opération essentiellement commerciale de sa nature, la loi réputant acte de commerce toute entreprise de commission (C. comm., art. 632), il s'ensuit que le commissionnaire est toujours, en ce qui le concerne, soumis à la juridiction consulaire.

273. — Le commissionnaire qui, abusant de la confiance de son commettant, se prétendrait propriétaire de ce que ce dernier lui aurait confié, serait, à raison de cette contestation, justiciable du tribunal de commerce, parce que le seul engagement intervenu entre les parties est la commission, acte commercial, et que la contestation est née précisément à l'occasion de son exécution. — Pardessus, n° 64.

274. — Mais une seule commission, dont se serait chargée une personne non commerçante, suffirait-elle pour rendre cette personne justiciable du tribunal de commerce? La solution de cette question, laissée à l'appréciation des juges, sera affirmative ou négative, suivant que le fait résultant de l'exécution de la commission aura ou n'aura pas le caractère d'un acte de commerce. — Persil et Croissant, n° 21.

275. — Quant au commettant, il faut distinguer. — S'il n'est pas commerçant, si, par exemple, simple propriétaire, il n'a fait que charger un commissionnaire de la vente de ses récoltes, il ne saurait être poursuivi devant le tribunal de commerce. — Carré, *Compét.*, t. 2, n° 507; Goujet et Merger, n° 182.

276. — Mais lorsque le commettant est commerçant, le commissionnaire peut l'assigner devant le tribunal de commerce. — *Aix*, 29 oct. 1813, Marcel c. Julien.

277. — De même, on doit réputer *commercial* le mandat donné par un commerçant à un autre commerçant d'opérer le recouvrement d'une créance commerciale moyennant une commission convenue, alors même que le mandataire aurait eu à suivre un procès; cette circonstance ne change pas le caractère du mandat et ne lui donne pas celui de mandat civil. — En conséquence, c'est devant le tribunal de commerce que doit être portée la demande formée par le commissionnaire contre le commettant à fin de remboursement de ses droits et avances. — *Bordeaux*, 8 mars 1841 (t. 2 1841, p. 60), Echevaria c. Wilson.

278. — Quant à la situation du tribunal qui doit être saisi des contestations, il y a lieu de distinguer entre les actions intentées par les tiers contre le commissionnaire et réciproquement, et les actions intentées par le commettant contre le commissionnaire et réciproquement.

279. — Le commissionnaire aux achats n'étant qu'un simple intermédiaire, ne travaillant que pour le compte de son commettant, et n'étant considéré par la loi que comme un mandataire, les demandes relatives à l'exécution des commissions qui lui sont données doivent être portées devant le tribunal de son domicile; ici ne s'appliquent pas les dispositions de l'art. 420, C. procéd. — *Riom*, 6 fév. 1818, Tachard c. Valin; *Colmar*, 30 août 1821, N...

280. — Jugé également que le commissionnaire qui n'a agi qu'en cette qualité ne peut être assigné devant un autre tribunal de commerce que celui de son domicile. — *Limoges*, 3 juill. 1823, Rouz c. Ramellenard.

281. — ...Que le commissionnaire qui s'est chargé seulement d'expédier des marchandises à l'acheteur, en restant étranger à la vente, ne peut être assigné devant le tribunal du lieu de la livraison de ces marchandises. Aucune des dispositions de l'art. 420, C. procéd., ne lui est applicable. — *Montpellier*, 22 janv. 1814, Gayraud c. Bouillon.

282. — Le commissionnaire qui expédie à un tiers, auquel son commettant les a vendues directement, des marchandises sur lesquelles il a fait des avances, et qui envoie directement facture en son nom, indiquant que le paiement doit être fait à son domicile, peut régulièrement assigner l'acheteur devant le tribunal de ce domicile. — *Cass.*, 6 mars 1833, Vidalé c. Daran.

283. — De ce que l'acheteur, en contestant, obtient un rabais sur la facture dans laquelle le domicile du commissionnaire expéditeur est indiqué comme le lieu où le paiement doit être fait, il n'en résulte pas une novation qui empêche de l'asssigner devant le tribunal du lieu indiqué dans la facture. — Même arrêt.

284. — Le commissionnaire chargé de vendre peut citer l'expéditeur en réglement de compte devant le tribunal de son propre domicile (à lui commissionnaire), alors qu'il est constant que les parties étaient dans l'usage de régler leurs comptes dans ce lieu. — *Aix*, 7 fév. 1832, Robert c. Pascal.

285. — Lorsqu'entre des commissionnaires de différentes villes, des offres d'affaires ont été respectivement faites et agréées, la convention est censée conclue, et le paiement doit être réalisé dans le lieu de l'acceptation des offres. — *Metz*, 30 nov. 1808, Detongre c. Lacombe.

286. — Dans le cas où une commission a été prise avec obligation de livrer la marchandise conforme à l'échantillon, dans une ville autre que celle où la commission a été donnée, s'il survient plus tard un refus d'en prendre livraison, la contestation doit être portée devant le tribunal du lieu où la livraison devait être effectuée. — *Lyon*, 16 mai 1840 (t. 2 1840, p. 641), Pougnet c. Perrichon.

287. — Le consignataire qui, avant la réception des marchandises, en a payé le prix à son domicile, peut, en cas de perte survenue depuis qu'elles ont été confiées à un commissionnaire de transport, assigner en remboursement du prix tant l'expéditeur que le commissionnaire devant le tribunal du lieu où le prix a été payé. — *Cass.*, 8 juill. 1814, Moinery et Bringeron, c. Gré et Malville.

288. — En vain le commissionnaire prétendrait-il qu'il s'agissait à son égard d'un contrat de louage, l'art. 420, C. procéd. (dont les termes sont généraux et absolus), étant applicable à toute espèce de traités de commerce. — Même arrêt.

289. — En matière d'expédition à titre de commission, la marchandise est réputée livrée au lieu où se fait l'expédition. — *Cass.*, 19 (et non 21) juill. 1819, Léobel c. Valin.

290. — En cas de faillite de l'expéditeur, c'est le tribunal du domicile du consignataire, et non celui du lieu de la faillite, qui doit connaître de la demande à fin de vente des marchandises consignées et de paiement par privilége des sommes avancées sur ces marchandises. — *Paris*, 14 janv. 1826, Bedel c. Horne.

291. — Le commissionnaire ou consignataire, domicilié ou établi en France, de marchandises à lui expédiées de l'étranger par des étrangers, a pu être personnellement assigné par un étranger devant les tribunaux français, en réglement des avaries relatives à ces marchandises. — *Cass.*, 26 avr. 1832, Hugues c. Tracy.

292. — L'action qui naît du mandat de commission est personnelle et doit être portée, même en matière commerciale, devant le tribunal du domicile du mandataire, et non devant celui du lieu où le paiement devait être fait. — *Cass.*, 19 (et non 21) juill. 1819, Léobel c. Valin.

293. — Jugé également que le tribunal du domicile du commissionnaire est seul compétent pour connaître de l'action que peut avoir à exercer contre lui son commettant, à raison de ses opérations. Il y a lieu à l'application de l'art. 527, C. procéd., et non de l'art. 420. — *Colmar*, 30 août 1831, Buffeton c. Rack.

294. — De ce qu'un commissionnaire se serait engagé à envoyer à son commettant, au fur et à mesure des ventes, des remises sur la place où le commettant a son domicile, il ne résulte pas que ce domicile soit le lieu du paiement, de sorte que le commissionnaire puisse être actionné devant le tribunal du lieu où il est situé. — *Toulouse*, 17 déc. 1825, Gleize c. Astruc.

295. — Le commissionnaire qui a un privilége, à raison des avances qu'il a faites sur les marchandises à lui expédiées, peut intenter l'action en paiement devant le tribunal de son propre domicile, au lieu d'en saisir le tribunal du domicile du commettant, encore que celui-ci soit en état de faillite. — *Paris*, 4 mars 1825, Lemaire c. Gallois.

296. — Lorsqu'un commissionnaire a acheté une marchandise aux lieu et place et pour le compte de son commettant, si celui-ci en refuse la livraison, il doit être assigné par le commissionnaire devant le tribunal du domicile de ce dernier. — *Rennes*, 8 juill. 1839 (t. 2 1839, p. 589), Guerin-Doudet c. Cappe.

297. — L'action en paiement de salaire et en remboursement de frais, formée par un commissionnaire contre son commettant, doit être intentée devant le tribunal du domicile de ce dernier, sans pouvoir l'être devant celui dans l'arrondissement duquel la commission a été donnée et la marchandise livrée. — *Bruxelles*, 13 juin 1829, Dekeyser c. Gallesloot.

CHAPITRE II. — *Diverses espèces de commissionnaires.*

Sect. 1re. — *Commissionnaire pour vendre.*

298. — Les obligations particulières imposées au commissionnaire à qui sont adressées des marchandises pour les vendre sont de deux sortes: les unes sont relatives à la réception et à la conservation des objets qu'on lui a confiés; les autres à la vente des mêmes objets.

299. — Pour la réception des marchandises et leur conservation, le commissionnaire est tenu d'apporter le même soin que si elles étaient sa propriété. A cet égard, il est soumis aux mêmes devoirs et à la même responsabilité que le dépositaire ou consignataire auquel il est assimilé. — Pardessus, t. 2, n° 563; Persil et Croissant, n° 4, sur l'art. 92.

300. — Dès l'arrivée des marchandises, il y a pour lui obligation de vérifier immédiatement si les objets envoyés sont bien ceux qui lui ont été annoncés, s'ils sont convenablement conditionnés et s'ils n'ont éprouvé aucune diminution, perte ou avarie dans la route. — Pardessus, n° 565.

301. — Si, par suite de perte ou d'avaries, la responsabilité du voiturier est engagée, le consignataire est tenu de faire constater l'état des choses, renvoyer le procès-verbal à l'expéditeur ou à celui qui lui est indiqué à cet effet, et même agir en cas d'urgence. — Pardessus, n° 495.

302. — A défaut de remplir ces formalités, il serait censé avoir reçu les objets tels qu'on les lui avait annoncés. Les pertes ou avaries qu'il ne prouverait être ni antérieures à la remise à lui faite, ni l'effet d'une force majeure ou autre excuse légitime, retomberaient sur lui. — Pardessus, t. 2, n° 565; Persil et Croissant, n° 4, sur l'art. 92

303. — Il doit choisir un lieu convenable pour déposer les marchandises et veiller à ce qu'elles ne soient ni détériorées ni détournées. — Goujet et Merger, n° 194.

304. — La responsabilité du consignataire, en cas d'incendie, de pillage, est laissée à l'appréciation des juges. — Les circonstances seules peuvent également diriger le jugement des contestations nées à l'occasion de plusieurs objets déposés par diverses personnes, et dont les uns auraient été sauvés et les autres auraient péri. Le consignataire serait présumé avoir agi de bonne foi et avec exactitude, tant qu'il ne serait pas prouvé qu'il a pu

sauver les uns et les autres, ou qu'il a fait une préférence injuste en consultant plutôt l'attachement qu'il avait pour les propriétaires que l'importance des objets. — Pardessus, no 499.

305. — Le commissionnaire chez lequel on a déposé des marchandises pour les vendre est responsable, vis-à-vis du commettant, du vol commis sans effraction, s'il n'a pas pris les précautions nécessaires pour prévenir l'accident. — *Aix*, 28 fév. 1840 (t. 2 1840, p. 694), Camagni c. Albert.

306. — Lorsque les marchandises expédiées sont de la nature de celles dont l'introduction ou le séjour nécessite des déclarations, des dations de caution ou une consignation de droits, c'est au dépositaire à remplir toutes ces conditions, à moins de défense expresse de la part de l'expéditeur. — Pardessus, no 495.

307. — Malgré cette défense, et pour le cas où, en s'y conformant, il s'exposerait à des poursuites et à des amendes, le consignataire pourra accomplir toutes les formalités, acquitter les droits et faire les dépenses qu'elles exigent, sans avoir à craindre le refus de remboursement de la part de l'expéditeur, non plus que si celui-ci l'y avait expressément autorisé. — Pardessus, *ibid.*

308. — Le commissionnaire serait tenu de vendre, en se faisant autoriser par le juge, encore que le moment fixé par ses instructions ne fût pas venu, si les marchandises étaient dans un état tel que, n'étant pas vendues, elles périraient ou en totalité ou en partie. — Persil et Croissant, p. 38.

309. — Lorsque, par une faute quelconque dont il est responsable, la marchandise vient à périr, le commissionnaire doit en tenir compte au commettant, non au prix indiqué par celui-ci pour la vente, ce qui pourrait quelquefois entraîner une injustice, mais au plus haut prix qu'avaient, lors de l'événement, les marchandises de même espèce et qualité. — Pardessus, no 563; Persil et Croissant, p. 39.

310. — Le commissionnaire qui a reçu de plusieurs commettans des marchandises à vendre, doit tenir ses registres avec une exactitude telle qu'au premier coup on puisse reconnaître à qui appartiennent les marchandises vendues ou à vendre. — Pardessus, no 568.

311. — En ce qui concerne la vente, le commissionnaire est tenu de se conformer aux instructions qui lui ont été données sur le prix. — Pardessus, no 563; Persil et Croissant, p. 38.

312. — En effectuant la vente, le commissionnaire doit conserver aux marchandises les marques et indications qui font la réputation du commettant et appellent sur lui la confiance des consommateurs. — Pardessus, no 565.

313. — Le commissionnaire ne peut vendre qu'au comptant, à moins qu'il ne soit autorisé par le commettant ou par l'usage local à donner terme. — Cependant, si, à cette condition, il vend plus cher que le prix fixé, le commettant ne peut exiger de lui le paiement immédiat qu'en lui laissant l'excédant à titre d'escompte. — Pardessus, no 567; Persil et Croissant, p. 40 et 41.

314. — Lorsqu'il est autorisé à vendre à crédit, le commissionnaire est tenu de ne pas accorder de trop longs délais et de ne pas contracter avec des personnes notoirement insolvables. — Goujet et Merger, no 202.

315. — Si le commettant désire toucher le montant de la vente avant le terme consenti avec son autorisation, le commissionnaire qui le lui remet de suite est fondé à percevoir un droit d'escompte, même dans le cas où il s'est porté fort pour l'acheteur. — Pardessus, no 568.

316. — Quand la faculté de vendre au cours ne lui a pas été laissée et qu'il ne trouve pas à vendre au prix qui lui a été fixé, il doit en référer à son commettant, et attendre ses ordres. — Pardessus, no 571.

317. — Le commissionnaire chargé par un correspondant de vendre des marchandises, et par un second d'en acheter de même nature et qualité, peut-il réunir ces deux commissions, et transmettre à l'un les marchandises de l'autre, moyennant un prix non débattu et fixé par lui seul? — Cette cumulation accidentelle de fonctions n'est nullement prohibée par la loi. Toutefois, comme il se trouve arbitre unique entre les deux commettans, sa position exige de lui la plus grande impartialité. Il y a plus : loin de répugner à ce mode d'exécution de leurs ordres, les commerçans le recherchent souvent et s'adressent plus volontiers au commissionnaire qu'ils savent le mieux en état de combiner, entre ses propres mains, les ventes et les achats. — Pardessus, no 570; Vincens, t. 2, p. 135.

318. — Mais le commissionnaire ne doit jamais profiter du droit qu'il a de garder le secret pour se rendre lui-même acquéreur des marchandises qu'il est chargé de vendre. Il ne peut opérer pour son propre compte qu'à la charge d'en prévenir son commettant. — Pardessus, no 570. — Et alors il perd le droit à la commission convenue.

319. — Cependant, dans l'usage, ajoutent MM. Goujet et Merger (no 208), lorsque l'opération n'est pas fort importante, et qu'elle est exécutée au prix courant, le commissionnaire ne se fait pas scrupule de devenir partie principale sans en avertir son commettant, et par suite de percevoir la rétribution qui lui est allouée, comme s'il avait traité avec un tiers.

320. — Le commissionnaire qui, après avoir annoncé à son commettant, sans désigner les acheteurs, la vente de marchandises à un prix déterminé, prétend, plus tard, ne les avoir vendues qu'à des conditions moins avantageuses, et à une personne tombée postérieurement en faillite, est responsable, envers le commettant, de la vente, d'après les termes et le prix primitivement annoncés; en vain dirait-il : L'annonce de ce premier prix n'a été que le résultat d'une erreur : il faudrait, au moins, pour qu'il pût se prévaloir de cette erreur, qu'il en offrît des preuves certaines, et capables d'être opposées à des tiers. — *Bordeaux*, 18 mai 1829, Velasco c. Pauzat de Zuniga.

321. — Quelquefois le détenteur n'accepte les limites que le commettant lui impose pour la vente que jusqu'à un certain terme, et se réserve la liberté de réaliser au mieux qu'il pourra, ce délai passé. Ce pacte n'a rien d'irrégulier. — Il est vrai que la loi civile déclare nulle toute condition entre l'emprunteur et le prêteur, qui autoriserait le premier à disposer du gage ou à se l'approprier de sa propre autorité et sans mandat du juge (art. 2078, C. civ.). — Mais dans le nantissement, le prêt est le contrat principal; le gage n'est donné que pour garantie, sa destination est d'être libéré et retiré et nullement vendu; au contraire, la marchandise consignée est destinée à la vente; l'avance faite dessus est accessoire, et la faculté de vendre au cours, après avoir attendu un prix plus élevé pendant un temps donné, n'a rien d'illégal, si les parties en sont convenues. — Vincens, t. 2, p. 134.

322. — Il résulte des usages du commerce que le négociant qui reçoit des marchandises pour les vendre peut, indépendamment du droit de commission, exiger un droit d'emmagasinage. — *Lyon*, 24 juill. 1839 (t. 2 1840, p. 444), Granger-Veyron c. Clayaux.

323. — On a vu (*suprà* no 207) qu'en général le commissionnaire consignataire de marchandises avait le droit, quand son commettant, suffisamment averti, différait de le rembourser de ses avances et frais, de faire ordonner en justice la vente de ces marchandises, pour se rembourser sur leur prix. — Le commissionnaire chargé de vendre peut de plus, en pareil cas, demander à être autorisé à vendre les marchandises au-dessous du prix fixé par son commettant.

324. — Le commissionnaire à qui des marchandises ont été expédiées pour les vendre, et qui a accepté des traites tirées sur lui par les expéditeurs pour être payées sur le prix des marchandises, peut, si les objets n'ont pu être vendus au prix fixé par les expéditeurs, et faute par ceux-ci d'avoir fait les fonds de ses acceptations, faire ordonner en justice la vente desdites marchandises, pour se remplir de ses avances et du montant des acceptations. — *Paris*, 13 mars 1815, Lequil et Eck c. Piel et Goest.

325. — C'est au tribunal de commerce du domicile du commissionnaire qu'il appartient d'autoriser cette vente aux enchères et par l'entremise d'un courtier. — Pardessus, no 131; Vincens, t. 2, p. 134.

326. — La vente faite par le commissionnaire d'une partie des marchandises de son commettant au-dessous du prix qui lui avait été fixé ne le prive pas du droit de réclamer le privilége que lui accorde l'art. 93, C. comm., et de requérir la vente du restant des marchandises pour être remboursé de ses frais et avances; si, toutefois, il n'a commis ni faute ni négligence dans l'exécution de la commission. — *Bruxelles*, 15 juin 1822, Silva c. Donnet; — Persil et Croissant, no 11, p. 76.

327. — Le commissionnaire, bien qu'autorisé à vendre au-dessous du prix fixé, n'en conserve pas moins la qualité de mandataire vis-à-vis de son commettant (Locré, t. 1er, p. 240, *Esprit C. comm.*). — Dès-lors il lui doit compte de tout le produit de la vente. — Pardessus, no 566.

328. — Mais si, sans être pressé par l'urgence, ni autorisé par le juge, le commissionnaire vend à un prix inférieur à celui qui lui a été fixé, il est passible envers son commettant d'une indemnité, indemnité qui consiste dans la différence, à moins que cette différence ne soit minime et que le commissionnaire ne prouve qu'il n'y a eu de sa part ni dol ni fraude. — En tout cas, le commettant n'aurait aucun droit de revendication à exercer contre les tiers-acheteurs. — Pardessus, no 566.

329. — On a vu (*suprà* nos 74 s.) que le commissionnaire n'étant que le dépositaire des marchandises qui lui ont été confiées pour être vendues, le commettant peut, si celui-ci vient à tomber en faillite, revendiquer les marchandises non vendues qui se trouvent encore entre les mains du commissionnaire, ou le prix s'il n'a pas été payé. — V. FAILLITE.

330. — Jugé, en conséquence, que l'envoyeur de marchandises destinées à être vendues pour son compte, peut, en cas de faillite du commissionnaire, revendiquer le prix de celles de ces marchandises que le commissionnaire a vendues à un tiers qui les a laissées dans les magasins de ce dernier et ne les a pas encore payées. — *Bruxelles*, 27 mars 1816, Willink c. Vanimmersael.

331. — ... Qu'un propriétaire de marchandises, vendues par l'entremise d'un commissionnaire est fondé à en revendiquer le prix, tant qu'il n'a pas été payé ou passé en compte courant. — *Cass.*, 23 nov. 1813, Levi et Sacerdote c. Tron.

332. — Le tiers qui a acheté des marchandises d'un commissionnaire tombé depuis en faillite ne peut opposer à l'envoyeur qui revendique les marchandises ou le prix qui en est dû, qu'il les a payées au moyen de la compensation avec un prêt d'actions sur les fonds publics fait personnellement à ce commissionnaire. — *Bruxelles*, 27 mars 1816, Willink c. Vanimmersael.

333. — En matière commerciale, comme en matière civile, le cessionnaire n'étant saisi vis-à-vis des tiers que par la signification ou l'acceptation du transport faite dans les termes de l'art. 1690, C. civ., la cession non signifiée ni acceptée du prix des marchandises vendues, faite par le commissionnaire tombé ultérieurement en faillite, est sans effet à l'égard du propriétaire et ne fait aucun obstacle à la revendication. — *Cass.*, 23 nov. 1813, Levi et Sacerdote c. Tron.

334. — Quand le destinataire a chargé un commissionnaire de vendre une partie des marchandises entrées dans les magasins de celui-ci, il ne résulte pas de là que l'expéditeur, en cas de faillite de l'acheteur ou destinataire, ne puisse revendiquer l'autre partie, sur laquelle n'a point porté le mandat de vendre. — *Bordeaux*, 4 mars 1834, Courtois c. Lusseaud.

335. — La revendication peut également avoir lieu lorsque le commissionnaire a reçu de l'acheteur, avant sa faillite, l'ordre de recevoir les marchandises et qu'elles sont réellement entrées dans ses magasins. — Même arrêt.

336. — Quand les marchandises déposées pour être vendues ne l'ont pas été, le dépositaire en reste aux termes d'un mandat salarié par sa nature, et l'indemnité doit être portée à la moitié de la commission de vente. — *Lyon*, 23 juill. 1839 (t. 2 1840, p. 244), Granger-Veyron c. Clayaux; — Vincens, *Législ. comm.*, t. 2, p. 133.

337. — Le consignataire qui n'a pas trouvé le placement des marchandises à lui confiées, doit les vendre identiquement; mais il ne peut les renvoyer au commettant sans l'avoir prévenu et sans avoir attendu ses ordres. — Pardessus, no 571.

338. — L'usage détermine alors le taux de la rétribution due au commissionnaire dont les soins et démarches sont restés infructueux. Ce dernier peut retenir les marchandises jusqu'à ce qu'on lui ait remboursé toutes les avances et toutes les dépenses qu'il a faites à leur occasion. — Pardessus, no 571; — Persil et Croissant, p. 37.

339. — A l'échéance, le commissionnaire devra faire les recouvremens et les poursuites nécessaires; après quoi, il pourvoira à l'emploi des fonds de son commettant suivant les instructions qu'il aura reçues. — Pardessus, no 569; Persil et Croissant, no 29, p. 42.

340. — Celui qui a reçu mandat de vendre un objet moyennant un prix déterminé, ne peut, lorsqu'il y a eu erreur évidente dans la fixation du chiffre, se retrancher dans les termes de son mandat pour n'offrir au mandant que le prix indiqué; il doit compte de la totalité de ce qu'il a reçu, et s'il refuse de déclarer à quelles conditions la vente a eu lieu, les juges peuvent arbitrer ce qu'elle a dû produire. — *Paris*, 25 sept. 1812, Busch c. M....

341. — La convention, et l'usage, à défaut de convention, peuvent seuls décider la question de savoir si le commissionnaire doit tenir compte à son commettant de l'intérêt de ses fonds jusqu'au jour où il les lui envoie. — Pardessus, no 569.

342. — Les fonds, lettres ou billets envoyés par l'acheteur au vendeur ou commissionnaire en paiement de la marchandise vendue, voyagent aux risques de l'acheteur, et périssent pour son compte,

tant qu'ils ne sont pas arrivés au pouvoir du vendeur. — *Aix*, 4 janv. 1821, Beyssade c. Colin.

Sect. 2e. — *Commissionnaire pour acheter.*

343. — Le commissionnaire pour acheter est tenu de se conformer rigoureusement aux instructions qu'il a reçues tant relativement à l'espèce ou à la qualité des marchandises, qu'à l'égard du prix d'achat; autrement il serait responsable, suivant l'ancien proverbe rapporté par Savary (*Parf. négociant*, t. 1er, p. 567) : *qui passe commission perd* — Pardessus, no 672; Persil et Croissant, p. 45, no 34.

344. — Quand le commissionnaire s'est écarté du mandat qui lui a été donné, il faut distinguer si la faute est relative à la qualité ou à la quantité des marchandises, ou bien seulement au prix d'achat.

345. — Si les marchandises ne sont pas de la qualité conforme à celle indiquée dans la commission, elles peuvent être laissées par le commettant pour le compte du commissionnaire. — Pardessus, no 572. — Si la quantité seulement à l'égard de certaines marchandises avait été dépassée, l'excédant pourrait également être laissé pour le compte du commissionnaire. — Persil et Croissant, p. 45, no 35.

346. — Jugé en ce sens que le commissionnaire peut être forcé de garder pour son compte des marchandises qu'il a achetées pour son commettant si elles ne sont pas de la qualité convenue. — — *Bordeaux*, 3 fructid. an VIII, Delaitre c. Dufresne.

347. — ... Que le commettant peut refuser les marchandises à lui expédiées par le commissionnaire et qui ne se trouvent pas conformes à la commission, alors même qu'il n'a pas fait dresser procès-verbal de cette différence, avant de payer les frais de voiture et au moment de la réception des marchandises. L'art. 106, C. comm., n'est pas applicable à ce cas. — *Lyon*, 9 avr. 1823, Ferrand-Comte c. Garcin; — Persil et Croissant, p. 46.

348. — Le destinataire qui a reçu, fait entrer dans ses magasins et confondu avec d'autres marchandises de même nature, des marchandises achetées pour son compte par un commissionnaire, est non recevable à demander ultérieurement que ces marchandises restent pour le compte du commissionnaire, sous prétexte qu'elles seraient de mauvaise qualité. — *Douai*, 26 août 1844 (t. 2 1845, p. 358), Bourdon c. Belton.

349. — Mais la fin de non-recevoir établie contre le contre-signataire, et résultant, aux termes de l'art. 105, C. comm., de la réception de la marchandise et du paiement de la voiture, ne peut être invoquée dans le cas où il s'agit de contestations à raison de la qualité de la marchandise. — Spécialement, un commerçant qui, après avoir donné commission, a reçu une marchandise et a payé le voiturier sans protestation, est recevable, même trois mois après la réception, à attaquer son expéditeur pour l'obliger à reprendre la marchandise lorsqu'elle n'est pas conforme à ses ordres. — *Aix*, 15 juill. 1825, Giraud c. Arnald.

350. — Lorsque le commissionnaire a acheté la marchandise à un prix plus élevé que le prix indiqué par le commettant, celui-ci ne saurait se refuser à la recevoir, si le commissionnaire consent à supporter la différence de prix. On dit, il est vrai, en droit rigoureux, que le commissionnaire, en achetant à un prix supérieur, n'a pas exécuté la commission, qu'il a fait toute autre chose, et doit être réputé avoir agi pour lui-même; que de même que le commettant ne saurait le contraindre à livrer la chose au prix du mandat, il est de son côté non recevable à l'offrir à ce prix, et à se décharger par là d'une plus grande perte dont il se verrait menacé. Mais, en équité, on répond, avec plus de force, qu'en offrant la chose au prix fixé, le commissionnaire est censé avoir exécuté le mandat, puisque le commettant n'éprouve aucun préjudice. — Delamarre et Lepoitvin, t. 2, nos 160 et suiv.; Pardessus, no 572.

351. — Le commissionnaire qui a acheté des marchandises à un prix plus bas que celui fixé par son commettant, mais qui a dépassé le prix déterminé pour le transport, est passible de l'excédant du prix de transport, sans pouvoir établir une compensation entre les deux opérations. — *Bruxelles*, 20 juin 1819, Garonne c. N...

352. — Le fait, de la part du commissionnaire chargé à la fois d'acheter des marchandises d'un prix déterminé et de convenir des frais de transport également d'un prix déterminé, d'avoir dépassé le prix fixé pour le transport n'emporte pas l'anéantissement du mandat. Dès-lors, le commettant ne peut refuser de recevoir les marchandises, sauf au commissionnaire à supporter l'excédant de la limite du prix déterminé pour le transport. — Même arrêt. — Pardessus, no 572.

353. — Le commissionnaire qui a acheté à un prix inférieur au prix indiqué par le commettant, lui doit compte des fonds qui restent entre ses mains, puisqu'il n'est que mandataire (art. 1696). — Persil et Croissant, p. 49, no 42.

354. — Par cela seul qu'un commissionnaire, auquel des marchandises ont été adressées pour les faire parvenir à un tiers, au lieu de les adresser avec la facture de l'expéditeur, les comprend dans une facture faite en son nom avec d'autres marchandises qu'il envoie pour son propre compte, et se rend créancier, sans faire de distinction de la somme résultant de ses marchandises propres et de celles qui lui ont été adressées, il ne doit cependant pas être considéré comme s'étant approprié ces marchandises, et il n'est pas obligé d'en tenir compte à l'expéditeur, surtout s'il n'a reçu le paiement qu'en sa qualité de créancier d'autres sommes pour précédentes expéditions. — *Paris*, 21 mars 1829, Crozier c. Brindeau et Carlier (sous *Cass.*, 3 avr. 1832).

355. — Jugé cependant que lorsqu'un commissionnaire qui a compris dans une seule facture des objets à lui personnels et des objets qui lui avaient été remis pour les faire parvenir à un tiers, en supprimant la facture adressée à ce tiers, a reçu du destinataire le montant des uns et des autres, l'expéditeur est en droit de lui demander compte des motifs de sa conduite, puisqu'il est responsable à son égard; et l'arrêt qui lui dénie ce droit encourt la cassation. — *Cass.*, 3 avr. 1832, Crozier c. Brindeau et Carlier.

356. — De ce qu'un commissionnaire a compris dans une seule facture les marchandises par lui expédiées à une maison de commerce et celles qui lui avaient été adressées par un autre négociant pour la même maison, et avec facture au nom direct de celle-ci, il n'en résulte pas qu'il doive être réputé avoir agi comme mandataire de l'autre négociant, et qu'il soit, à ce titre, responsable du prix envers celui-ci. Peu importe d'ailleurs qu'il ait reçu de l'acheteur un à-compte excédant le prix de ses propres marchandises, cette circonstance ne saurait le soumettre à une action en répétition, alors, d'ailleurs, qu'il se trouvait déjà créancier, avant l'envoi, pour des sommes supérieures. — *Cass.*, 20 fév. 1836, Crozier c. Brindeau-Carlier.

357. — Le commissionnaire doit aussi se conformer aux instructions qu'il a reçues en ce qui concerne le délai dans lequel les marchandises achetées doivent être expédiées au commettant.

358. — Lorsqu'un commettant, en chargeant son commissionnaire dans une ville maritime d'acheter des marchandises, et de convenir du fret à des prix déterminés, lui donne en même temps ordre d'expédier *de suite*, cet ordre n'est pas tellement de rigueur, que, si le navire part après d'autres navires, le commettant puisse refuser la réception des marchandises, alors que le retard ne peut être imputé au commissionnaire. — *Bruxelles*, 20 juin 1819, Garonne c. N...

359. — De la part d'un commettant, demander un envoi de marchandises du cours de la réception de la lettre qui contient cette demande, c'est demander un envoi immédiat. — Le marchand est responsable du retard qu'il met à effectuer cet envoi. — *Rennes*, 18 janv. 1815, Coutancin et Collet c. Boileau.

360. — La livraison des marchandises envoyées sur commission n'est légalement faite qu'au moment où elles ont été reçues et reconnues dans le magasin du commerçant. — *Grenoble*, 16 fév. 1816, Reussel c. Bertrand.

361. — A partir du moment où le commissionnaire a pris livraison des marchandises qu'il a achetées d'un tiers, pour le compte de son commettant, elles sont aux risques de ce dernier, et sous la responsabilité du commissionnaire jusqu'au moment où elles sortiront de ses magasins. — Pardessus, no 573.

362. — Lorsque la marchandise est achetée, elle est aux risques du commissionnaire, et il répond même du cas fortuit s'il était en retard ou si le cas fortuit a été précédé d'une faute occasionnelle de sa part. — Persil et Croissant, p. 49, no 40.

363. — C'est d'après les circonstances, les usages et les règles de la bonne foi, qu'on doit décider si le commissionnaire qui a reçu de son commettant des fonds pour faire des achats, et qui les garde long-temps sans les employer à l'exécution de ses ordres, doit lui tenir compte des intérêts. La cause du retard est surtout à considérer : car s'il est la suite d'événemens imprévus, le commissionnaire n'en est point responsable. — Pardessus, no 573.

364. — Mais le commissionnaire serait passible des intérêts à partir du moment qu'il aurait été mis en demeure de faire l'emploi des fonds ou de rembourser. — Persil et Croissant, p. 50, no 43.

365. — La mise en demeure, à l'effet de faire courir les intérêts des sommes dont le mandataire salarié est reliquataire envers son mandant, résulte suffisamment de la correspondance des parties dans le cas où il s'agit d'un mandat commercial. — *Cass.*, 15 mars 1821, Basterrèche c. banque de Saint-Charles.

366. — Le commissionnaire qui a bien et dûment rempli son mandat a droit au remboursement de toutes les avances qu'il a faites. — Pardessus, no 573.

367. — Le plus ordinairement, le mode de remboursement des avances faites par le commissionnaire a été réglé par une convention. A défaut de convention, c'est l'usage local qui fait loi. Dans aucun cas, le commettant ne pourrait forcer le commissionnaire pressé de rentrer dans sa créance, à tirer sur lui, puisqu'en tirant, celui-ci s'oblige à payer si la lettre n'est pas acquittée, ce qui peut, dans certaines circonstances, exposer son crédit à quelque atteinte. — Pardessus, no 573.

368. — Le commissionnaire qui s'est fait payer des marchandises un prix supérieur à celui d'achat ne peut être reçu à justifier cette fraude, en alléguant que c'est l'usage reçu dans le commerce. — *Lyon*, 23 août 1831, Bresson c. B.

369. — Dans le cas où le commissionnaire se conformant à la convention ou à l'usage, tire sur son commettant pour se rembourser, les pertes de change, frais de négociation et autres accessoires, sont à la charge de ce dernier, à moins de convention contraire. — Pardessus, no 573.

370. — Le fait de la part d'un commissionnaire, en cas de faillite de l'acheteur de qui il avait reçu des effets à son ordre pour le prix d'une vente faite au nom de son commettant, d'avoir porté ces effets au débit de ce dernier, n'emporte pas de sa part renonciation à la propriété des billets. On ne peut dire qu'il ait voulu suivre seulement la foi de son commettant. — *Rouen*, 28 juin 1828, Maille c. Riberprey.

371. — Du reste, le commissionnaire a sur les choses achetées, pour sûreté de ses avances et déboursés, les droits qu'aurait le vendeur contre l'acheteur qui ne remplit pas ses engagemens. — Pardessus, no 573.

372. — Le commissionnaire qui, d'après les ordres de son commettant, achète et acquitte en son nom et de ses propres deniers des marchandises au paiement desquelles il s'était personnellement obligé peut, en vertu de l'art. 1251, C. civ., en cas de faillite du commettant, exercer comme subrogé aux droits du vendeur la revendication établie par l'art 576, C. comm. — *Cass.*, 14 nov. 1810, Galliano c. Saltzmann; *Rouen*, 4 janv. 1825, Fort c. Nelaton. — V. au surplus FAILLITE.

373. — Cette décision est fondée sur ce motif que le commissionnaire est directement et personnellement obligé envers les tiers avec lesquels il contracte en son nom, et que ceux-ci n'ont point entendu s'engager envers une personne autre que lui. D'où il résulte que, quand il acquitte une obligation formée dans l'intérêt de son commettant, il acquiert contre lui une double action, dont l'une prend sa source dans l'exécution de la commission, et l'autre dans la subrogation légale, établie au profit de celui qui, étant tenu d'une dette avec d'autres ou pour d'autres, avait intérêt à l'acquitter. — C. civ., art. 1251; — Pardessus, no 573.

374. — Jugé également que le commissionnaire qui, d'après les ordres de son commettant, achète et acquitte en son nom et de ses propres deniers des marchandises au paiement desquelles il s'était formellement obligé, peut, en vertu de l'art. 1251, C. civ., en cas de faillite du commettant, exercer comme subrogé aux droits du vendeur un droit de rétention sur ces marchandises dont il ne s'est pas dessaisi, quoiqu'il les ait expédiées, en prenant soin, par exemple, de rédiger les connaissemens en son nom et à son ordre. — *Cass.*, 18 avr. 1843 (t. 2 1843, p. 85), Mérentié c. Rabaud.

375. — Mais, en pareil cas, le commissionnaire ne pourrait agir ainsi comme étant lui-même vendeur direct (solut. impl.). — *Cass.*, 14 nov. 1810, Galliano c. Saltzmann.

376. — Le commissionnaire qui revendique, contre son commettant tombé en faillite, les marchandises qu'il a achetées en son propre nom et payées de ses deniers, forme nécessairement sa demande dans toute l'étendue des qualités et des droits que lui donne l'achat par lui fait; il est censé, par conséquent, invoquer virtuellement la subrogation légale résultant de l'art. 1251, C. civ., et dès-lors le moyen tiré de la subrogation peut être discuté pour la première fois devant la cour de Cassation. — *Cass.*, 14 nov. 1810, Galliano c. Saltzmann; — Merlin, *Rép.*, vo *Revendication*, § 1er, no 6 *bis*.

Sect. 3e. — *Commissionnaire pour opérations de change.*

377. — Toutes les opérations de change peuvent être faites par commission. — Pardessus, n° 578.

378. — Comme les principales difficultés sur cette matière concernent surtout les rapports du commissionnaire avec les tiers, on en trouvera la solution au mot LETTRE DE CHANGE.—Nous nous contenterons de retracer ici quelques principes généraux et de parler des rapports entre le commissionnaire et le commettant.

379.—La commission pour opérations de change peut avoir pour objet de tirer, d'accepter, de prendre, de faire accepter, de négocier, ou de recouvrer des effets de commerce.

380. — Celui qui, ayant reçu d'un commettant l'ordre de tirer pour son compte une lettre de change, a pris, soit expressément, soit même implicitement, l'engagement d'exécuter cette commission, doit tirer dans les termes et pour la somme convenus. — Pardessus, n° 579.

381.—Quelquefois l'ordre de souscrire des effets de commerce peut être présumé, d'après les circonstances, avoir été donné tacitement par le commettant au commissionnaire.

382.—Ainsi, l'individu chargé par un entrepreneur de constructions de conduire les travaux et de payer les ouvriers, est, par là même, et sans avoir besoin d'un mandat exprès à cet égard, autorisé à emprunter pour payer les ouvriers, si le mandant, qui ne se trouvait pas sur les lieux, ne lui a pas laissé les fonds nécessaires; dès-lors, le mandant ne peut refuser de lui payer les effets que ce mandataire aurait souscrits comme son préposé, et dont le montant aurait servi à l'exécution du mandat, surtout lorsqu'il est reconnu que des avances faites antérieurement par le préposé lui étaient remboursées à chaque réglement. — *Bordeaux*, 9 fév. 1829, Croneau.

383. — La lettre de change tirée par commission peut être au profit soit du commettant personnellement, soit du tiers désigné par celui-ci.—Elle peut même être au profit du commissionnaire lui-même, si ce mode de remboursement lui est indiqué par le commettant. — Pardessus, n° 579.

384. — Il est d'usage que le tireur indique par des lettres initiales celui pour qui il tire. Plus d'éclaircissemens donnés au preneur de la lettre seraient sans objet. En effet, le tiers porteur peut toujours, à défaut d'acceptation ou de paiement, poursuivre le commissionnaire, comme s'il eût tiré en son propre nom ; et le donneur d'ordre ne peut être l'objet de poursuites directes exercées par ce même porteur. — Pardessus, n° 580; Merlin, *Rép.*, v° *Lettre de change*; Nouguier, *Des commerçans*, t. 1er, p. 118, n° 4.

385. — Jugé, en conséquence, que le négociant qui charge un commissionnaire de tirer pour son compte sur un tiers des lettres de change en paiement de marchandises ne saurait être considéré comme tireur de ces mêmes traites. — *Cass.*, 16 août 1809, Pouyet c. Delon.—V. au surplus LETTRE DE CHANGE.

386.—Mais le commissionnaire n'est obligé qu'envers les endosseurs et le porteur seulement; il ne l'est pas envers le tiré, lors même que celui-ci aurait accepté à découvert.—L. 19 mars 1817 ;— Merlin, *Rép.*, v° *Lettre de change*, § 4, n° 10 *bis* ; Vincens, t. 2, p. 194.

387. — Toutefois, le commissionnaire est soumis au recours du tiré, lorsque celui-ci a accepté ou payé par intervention pour le compte du premier. —Pardessus, n° 580.

388. — Le commissionnaire qui a tiré dans l'intérêt de son commettant doit se hâter de donner avis au tiré.—Pardessus, n° 580.

389. — Cet avis est ordinairement précédé ou suivi d'un avis semblable adressé par le commettant au tiré. — Cependant le tiré qui a, sans attendre un avertissement de celui pour compte de qui la lettre est tirée, payé le montant de la traite, n'en est pas moins fondé à exiger de celui-ci le remboursement de ce qu'il a payé, pourvu qu'il prouve que le commissionnaire était autorisé par lui.— *Cass.*, 14 août 1817, Gazay c. Vidal.

390. — Dans le cas où le commissionnaire qui a tiré la lettre se trouve poursuivi par le porteur ou par ceux contre qui celui-ci a exercé son recours, il peut agir soit contre son commettant pour se faire indemniser, soit contre le tiré, à la charge de prouver que celui-ci est, à quelque titre que ce soit, débiteur de son commettant.—Pardessus, t. 2, n° 580.

391. — Lorsque le commissionnaire a accepté, pour le compte de son commettant, ses rapports avec lui sont ceux d'un accepteur ordinaire envers le tireur. — Pardessus, n° 578.

392. — Le commissionnaire qui prend ou plutôt qui achète une lettre de change pour le compte de son commettant, s'oblige envers le vendeur de la même manière que s'il avait acheté toute autre marchandise. — Pardessus, n° 581 ; Goujet et Merger, v° *Commissionnaire*, n° 244.

393. — Mais le négociant qui charge un commissionnaire d'acheter pour son compte et de tirer sur un tiers des lettres de change en paiement de marchandises, ne saurait être considéré comme tireur de ces mêmes traites. — *Cass.*, 16 août 1809, Pouyet c. Delon.

394. — Si le commettant a fait tirer ou endosser à son profit la lettre de change, il est obligé, pour en transférer la propriété à son commettant, de l'endosser à son tour au nom de ce dernier.—Cet endossement le rend responsable envers le porteur et les endosseurs qui lui sont postérieurs de la même manière que s'il avait négocié la lettre de change pour son compte.—Pardessus, n° 581 ; Savary, *Parf. négoc.*, t. 1er, p. 583.

395.— Mais le commissionnaire est-il garant envers son commettant?—On a jugé, par application de l'art. 140, C. comm., que le commissionnaire qui, par un endossement au profit de son correspondant, lui transporte une traite en représentation des fonds qu'il a reçus pour lui, est garant du paiement de cette traite, à moins d'une convention expresse que l'endossement est sans garantie, et que la convention de non-garantie ne saurait s'induire de la modicité du droit de commission. — *Paris*, 31 janv. 1812, Schlumberger c. Muguet-Varange.

396. — Cette décision ne saurait être suivie ; la solidarité prononcée par l'art. 140, C. comm., ne concerne que les porteurs ordinaires, et ne s'applique point au cas où la négociation n'est que l'exécution d'un mandat. Il y a lieu alors d'appliquer les principes du mandat, et s'il est constant que le commissionnaire n'a pas entendu se rendre garant de la solvabilité des signataires, l'endossement par lui souscrit ne produit aucune garantie en faveur du commettant.—Pardessus, *Dr. comm.*, n° 581, et *Contr. de change*, t. 1er, n° 120 ; Merlin, *Rép.*, v° *Endossement*, n° 2, et *Quest.*, v° *Endossement*, § 4; Goujet et Merger, n° 246 ; Persil et Croissant, p. 62, n° 70.

397. — Tels étaient, au surplus, les principes adoptés sous l'ord. de 1673. — Toubeau, *Instit. du dr. consulaire*, t. 2, liv. 2, chap. 1er; Boniface, t. 2, liv. 4, tit. 13, chap. 1er; Savary, *Parf. négoc.*, liv. 3, chap. 4, *Des commiss.* — Et jugé, sous l'empire de cette ordonnance, que le banquier commissionnaire qui endossait la lettre de change qu'il achetait sur la place pour le compte de son commettant, ne se rendait pas par là garant envers celui-ci de la solvabilité de la personne sur laquelle la lettre de change était tirée. — *Cass.*, 12 fructid. an X, Meulemeester c. Tourton et Ravel.

398. — La commission de faire accepter, négocier ou recouvrer des effets de commerce se donne soit par un endossement irrégulier qui vaut procuration, soit par un endossement régulier qui, d'après les conventions particulières entre les parties, ne confère au preneur que les droits et obligations d'un commissionnaire.—Pardessus, n° 582.

399. — A partir du moment où celui à qui les lettres ont été remises s'en est chargé et en a accusé réception, il est tenu de remplir toutes formalités nécessaires pour leur acceptation et le recouvrement de leur montant.—Toutefois, il n'est tenu de procéder qu'aux actes prescrits pour éviter les déchéances ; et le défaut de dénonciation de protêt et d'assignation dans le délai fixé par la loi ne saurait lui être opposé par le commettant, parce que, entre eux, il n'est intervenu qu'un contrat de commission, et nullement un contrat de change. — Pardessus, n° 583.

400. — Le commissionnaire qui a négocié la lettre de change est garant envers le porteur, de la même manière que s'il l'eût endossée pour son propre compte, sauf son recours contre son commettant, vis-à-vis duquel il est subrogé dans les droits du tiers-porteur désintéressé par lui. — Pardessus, n° 583.

401. — Le commissionnaire qui a négocié des traites qui lui ont été envoyées dans ce but, peut retenir les fonds provenant de la négociation pour se garantir du recours ultérieur contre lui, lorsque le commettant est tombé en faillite depuis la négociation des traites. — Vincens, *Législ. comm.*, t. 1er, p. 518.

402. — Le commettant qui a remis au commissionnaire directement ou par l'entremise d'un tiers, des effets de commerce ou autres titres de créances, avec ordre d'en faire le recouvrement et d'en employer le montant, se trouve exactement dans la même position que si c'étaient des marchandises qu'il lui eût expédiées. Il peut donc, en cas de faillite ultérieure du commissionnaire, former une demande en revendication de ces effets. — V. FAILLITE.

403. — Lorsque des effets ont été remis à un négociant pour en opérer le recouvrement et en garder les fonds à la disposition de celui qui transmet ces effets, leur existence en nature au moment de la faillite de ce négociant, entre les mains de ses préposés ou de ses mandataires, qu'il s'est substitués pour les exiger, équivaut, dans l'esprit de l'art. 588, C. comm., à leur existence matérielle dans le portefeuille du failli. — *Cass.*, 5 fév. 1812, Choisnard c. Lettré.

404.—Le commissionnaire peut quelquefois être obligé d'employer un intermédiaire pour opérer le recouvrement dont il est chargé. Les principes sont alors les mêmes ; mais le commissionnaire répond du sous-commissionnaire qu'il s'est choisi. — Pardessus, n° 583.

Sect. 4e. — *Commissionnaire en matière d'assurances.*

405. — En matière d'assurances maritimes le commissionnaire qui souscrit une police d'assurance, est tenu de déclarer la qualité dans laquelle il agit. — C. comm., art. 332.

406. — Toutefois, le commissionnaire n'en est pas moins considéré comme principal obligé envers les assureurs. —V. *suprà* n° 90, et ASSURANCE MARITIME.

407. — Ses obligations et ses droits vis-à-vis de son commettant sont les mêmes que ceux des commissionnaires en général.— Goujet et Merger, v° *Commissionnaire*, n° 232.—V. aussi *suprà* nos 403 et suiv.

Sect. 5e. — *Commissionnaire de transport.*

408. — Les commissionnaires de transport sont ceux qui, en leur nom, mais pour le compte d'autrui, font des marchés de transport avec des voituriers pour conduire les marchandises qui leur sont confiées.

409. — Le contrat qui intervient entre le commettant et le commissionnaire de transport, étant soumis à des règles spéciales, on en a fait l'objet d'un article particulier. — V. COMMISSIONNAIRE DE TRANSPORT.

V. ABUS DE CONFIANCE, ASSURANCES MARITIMES, ASSURANCES TERRESTRES, CONNAISSEMENT, NOVATION, SUBROGATION, TIMBRE.

COMMISSIONNAIRE AU MONT-DE-PIÉTÉ.

1.—Agent qui est nommé par l'administration du mont-de-piété pour servir d'intermédiaire entre l'administration centrale et les particuliers pour la facilité des emprunts.

2.—Après l'établissement des monts-de-piété par lettres patentes du 9 déc. 1777, les anciens courtiers-prêteurs sur gages continuèrent à exercer leur ministère auprès des monts-de-piété.—Parmi ces courtiers, il y en avait d'infidèles qui n'apportaient au mont-de-piété qu'une partie des effets qui leur avaient été remis ou qui se prêtaient au recèlement d'effets volés.— Le parlement, pour faire cesser ce désordre, fit défense à toutes personnes de faire *la commission* ou le courtage au mont-de-piété sans y être autorisées par le bureau d'administration de cet établissement, à peine de 3,000 livres d'amende, et il autorisa le bureau à faire tels réglemens qui pourraient être nécessaires pour la police et la discipline *de ses commissionnaires.* — Favard de Langlade, *Répert. de la nouv. législ.*, v° *Monts-de-piété.*

3.—L'organisation des commissionnaires s'éteignit avec les monts-de-piété eux-mêmes dans la crise du papier-monnaie.—Mais lorsque la loi du 6 fév. 1806 eut encore une fois prohibé les maisons de prêt sur nantissement, des commissionnaires furent nommés de nouveau par la nouvelle administration.

4.—Une réclamation du mont-de-piété de Bordeaux fit naître un décret qui devint la règle générale pour les commissionnaires de tous les monts-de-piété de France.

5. — Il existe aujourd'hui des commissionnaires au mont-de-piété, à Paris, et dans plusieurs grandes villes de France ; eux seuls ont droit, en vertu de leur nomination, de se livrer à ce genre de commission. — Décr. 30 juin 1806, art. 123.

6.—Les droits dus aux commissionnaires sont : 1° pour les engagemens et renouvellemens deux centimes pour franc de la somme prêtée par le mont-de-piété ; —2° pour les dégagemens, un centime pour franc de la même somme ; — 3° et pour la perception du *boni* ou excédant du produit de la vente des effets engagés, un pour cent de ce

boni. Les commissionnaires ne peuvent exiger d'autres droits que ceux indiqués ci-dessus, sous prétexte d'intérêt, d'avance, d'indemnité ou pour telle autre cause que ce soit. Ils doivent représenter leurs registres à leur directeur et aux officiers de police, à toute réquisition. — *Ibid.* art. 140.

7. — Le commissionnaire salarié d'un mont-de-piété, qui détourne à son profit une partie des fonds remis entre ses mains pour les emprunteurs se rend coupable du délit d'abus de confiance. — *Bruxelles,* 22 nov. 1833, Antoinette W.

8. —Les commissionnaires au mont-de-piété sont passibles des peines prononcées par les ordonnances de police contre les prêteurs sur gages, dans le cas où ils ne se sont pas assurés que les objets en nantissement appartenaient aux prêteurs, et où ils ont négligé de se conformer à cet égard aux réglemens qui leur sont applicables. — *Paris,* 5 oct. 1821, Laborey.

9. — A Paris, le nombre des commissionnaires est de vingt-cinq répartis dans les divers quartiers de la ville. Ils sont placés sous la surveillance d'un inspecteur spécial.

10. — Les commissionnaires au mont-de-piété sont rangés dans la quatrième classe des patentables et imposés à : 1° un droit fixe basé sur le chiffre de la population ; — 2° un droit proportionnel du vingtième de la valeur locative de la maison d'habitation et des locaux servant à l'exercice de la profession.

V. MAISON DE PRÊT SUR GAGES, MONT-DE-PIÉTÉ, NANTISSEMENT.

COMMISIONNAIRE DE TRANSPORT.

Table alphabétique.

COMMISSIONNAIRE DE TRANSPORT.—1.—C'est celui qui,en son nom,mais pour le compte d'autrui, fait des marchés de transports avec des voituriers, pour conduire des marchandises de son commettant. — Pardessus, *Dr. comm.,* n° 537. — On lui donne encore le nom de *commissionnaire de roulage* ou *commissionnaire chargeur.*

2. — Dans l'usage, le titre de commissionnaire de transports est pris par un grand nombre de personnes qui expédient les marchandises par des individus à leurs gages, ou qui conviennent, avec des voituriers ou bateliers, de prix particuliers et inférieurs à ceux qu'ils se font payer par le commettant ; mais ces personnes sont alors de véritables entrepreneurs, et doivent être considérées comme telles, lorsqu'il se présente des occasions de responsabilité. — Pardessus, *ibid.*

3. — Ainsi, celui qui a souffert qu'on lui donnât la qualité de commissionnaire de roulage ne peut opposer à la demande en garantie des objets qu'on l'a chargé de faire transporter d'un lieu à un autre, qu'il n'a rendu, en se chargeant des objets, qu'un office d'ami. — *Rennes,* 27 juill. 1818, Lejan c. Vivier.

4. — Nous supposons ici qu'on se renferme dans les limites de la commission, tel est le cas où un voyage ne peut être fait par un même voiturier, et qu'il faut, au cours du voyage, en changer les agens ou le mode. — Pardessus, n°ˢ 574 et 575.

CHAP. Iᵉʳ. — *Du contrat de commission de transport* (n° 5).

CHAP. II. — *Obligations et droits des commissionnaires de transport* (n° 28).

SECT. 1ʳᵉ. — *Obligations des commissionnaires* (n° 28).

SECT. 2ᵉ. — *Droits des commissionnaires* (n° 55).

CHAP. III. — *Responsabilité des commissionnaires* (n° 68).

SECT. 1ʳᵉ. — *Cas de responsabilité* (n° 69).

§ 1ᵉʳ. — *Défaut de transport. — Retard.— Fausse direction* (n° 69).

§ 2. — *Avaries ou pertes des objets* (n° 98).

SECT. 2ᵉ. — *Faits des agens intermédiaires* (n° 144).

CHAP. IV. — *Action en responsabilité des commissionnaires* (n° 167).

SECT. 1ʳᵉ. — *Espèce de l'action en responsabilité* (n° 167).

SECT. 2. — *Fins de non-recevoir contre l'action en responsabilité* (n° 173).

§ 1ᵉʳ. — *Réception des objets et paiement du prix de transport* (n° 174).

§ 2. — *Prescription* (n° 187).

CHAP. V. — *Actions du commissionnaire contre les agens intermédiaires et réciproquement* (n° 213).

CHAPITRE Iᵉʳ. —*Du contrat de commission.*

5. — Le contrat par lequel le commissionnaire se charge de faire arriver des objets à une destination indiquée n'est point un contrat purement consensuel.Ce contrat, participant du dépôt, n'est parfait que par la remise même des objets au commissionnaire. — Goujet et Merger, *Dict. de comm.,* v° *Commissionnaire de transport,* n° 1ᵉʳ.

6. — Toutefois, la remise pourrait être valablement faite à l'un des préposés ayant qualité pour recevoir les objets.— Merlin, *Rép.,* v° *Vol,* sect. 4ᵉ, § 3, n° 3 ; Pardessus, n° 554 ; Duvergier, *Louage,* n° 327 ; Troplong, *Contr. de louage,* n° 981. —Arg. *Cass.,* 4 déc. 1837 (t. 1ᵉʳ 1838, p. 284), Boscher c. Levasseur. — Mais un domestique ne devrait pas être réputé avoir cette qualité.— Duvergier, *Ibid.*; Troplong, n° 982.

7. — La remise est réputée faite au commissionnaire, ou à l'un de ses préposés, du moment que livraison leur a été faite, soit sur le port, soit dans quelque local public dont la surveillance n'appartient ni à l'expéditeur ni à des personnes dont il répond. — Pardessus, n° 542.

8. — En matière d'expédition à titre de commission, la marchandise est réputée livrée au lieu même de l'expédition. — *Cass.,* 19 juill. 1819, Léobel c. Valin.

9. — La remise entre les mains du commissionnaire d'objets à transporter est ordinairement établie et prouvée 1° par l'inscription de ces objets sur les registres du commissionnaire ; mais cette inscription n'est pas absolument nécessaire.

10. — Et le seul fait de la remise rend applicables les règles de la responsabilité, alors même que le commissionnaire ne s'en serait pas expressément chargé par une inscription sur son livre-journal. — *Cass.,* 4 déc. 1837 (t. 1ᵉʳ 1838. p. 284), Boscher c. Levasseur.

11. — 2° Par la lettre de voiture remise au voiturier par le commissionnaire, et qui constate ordinairement les conditions sous lesquelles le transport doit être effectué. — Pardessus, n° 538.

12. — On peut voir (v° LETTRE DE VOITURE) dans quelle forme cette lettre doit être faite et quelles indications elle doit contenir.

13.—Toutefois, il est à remarquer que. quand le transport a lieu par l'entremise d'un commissionnaire, la lettre de voiture doit indiquer le nom et le domicile de ce commissionnaire et être signée par lui.— C. comm., art. 102.

14. — La lettre de voiture peut être signée soit par le commissionnaire lui-même, soit par un de ses préposés. — Goujet et Merger, n° 8.

15. — Ainsi, le commis d'une maison de roulage qui, durant plusieurs années, a signé, pour ses commettans, des lettres de voiture, est réputé leur mandataire, et ceux-ci ne peuvent point désavouer ses pouvoirs à l'égard des tiers de bonne foi. — *Bruxelles,* 30 août 1844, Lambot c. Souplet.

16. — On donne à l'original de la lettre de voiture le nom de *bonne lettre de voiture,* et la copie celui de *fausse lettre de voiture.* Cette dernière est le plus souvent remise au voiturier.

17. — Le commissionnaire qui, après avoir reçu les bonnes lettres de voiture d'un envoi de marchandises, garde ces lettres sans faire connaître l'intention où il serait de ne pas se charger de la commission, est censé, par cela seul, accepter le mandat, et devient, en conséquence, responsable de leur perte à l'égard de l'expéditeur. — *Rennes,* 2 juillet 1844, Hamon c. Leprieur et Aubry.

18. — La preuve que le commissionnaire s'est chargé du transport de marchandises résulte suffisamment de la signature de la lettre de voiture

et dès-lors le signataire ne peut se soustraire à la responsabilité qui résulte contre lui de la perte et de l'avarie des marchandises, en soutenant n'avoir pas entendu se charger de l'expédition, mais avoir remis seulement au voiturier une lettre de voiture appelée *fausse* ou *simulée*, pour être remboursé des avances par lui faites au voiturier sur les lettres nommées *bonnes* qui lui ont été laissées en gage. — *Bruxelles*, 30 août 1814, Lambot c. Souplet.

19. — La lettre de voiture forme un contrat entre l'expéditeur, le commissionnaire et le voiturier. — C. Comm., art. 101.

20. — Ainsi, le commissionnaire est responsable de tous les effets, en quantité et qualité, énoncés dans la lettre de voiture; cette lettre le constitue dans l'obligation de remettre tous ces effets, sans qu'il puisse lui suffire d'alléguer une erreur commise dans le lieu du départ. — *Cass.*, 20 mai 1818, Bourée c. Delanoue.

21. — Mais les lettres de voiture souscrites par le commissionnaire seul ne forment pas un contrat synallagmatique entre lui et le propriétaire des marchandises. — *Cass.*, 21 janv. 1807, Merillon c. Lartigue.

22. — La remise d'objets au commissionnaire pour les transporter dans un lieu désigné peut encore être prouvée de toute autre manière.

23. — Ainsi elle peut l'être par témoins. — *Metz*, 17 juin 1819, Brouhet c. Montguyon.

24. — On pourrait également la prouver par le serment déféré par le commettant au commissionnaire. — Delamarre et Lepoitvin, *Du contrat de commission*, t. 1er, nos 340 et 341.

25. — En l'absence d'une lettre de voiture, les marchandises sont présumées avoir été remises en bon état au commissionnaire. C'était à ce dernier à ne pas s'en charger sans lettre de voiture ou à refuser celle qui aurait contenu des énonciations inexactes. — Pardessus, no 539.

26. — Une fois que le contrat de commission est devenu parfait par la remise des objets entre les mains du commissionnaire, celui-ci ne peut consentir à sa résiliation qu'en prenant les mesures nécessaires pour n'être pas inquiété par qui de droit.

27. — Dès-lors, le commissionnaire qui, par un acte remis à l'expéditeur, s'est engagé à faire parvenir les marchandises qui lui étaient confiées à un consignataire désigné, ne peut ultérieurement les remettre à la disposition de l'expéditeur, sans que celui-ci lui représente ou sa promesse ou le consentement du consignataire. S'il le fait, il est passible de dommages-intérêts envers le consignataire auquel son imprudence préjudicie. — *Douai*, 17 mai 1820, Vandalle-Gaspard c. Choquet-Julien; — Persil et Croissant, *Des commissionnaires*, p. 104.

CHAPITRE II. — *Obligations et droits des commissionnaires de transports.*

Sect. 1re. — *Obligations des commissionnaires.*

28. — Les commissionnaires de transports sont tenus de remplir les obligations imposées à tous les commerçans en général. — Ainsi, ils sont tenus de prendre patente.

29. — Dès-lors, un prévenu de contravention aux lois sur les droits réunis ne peut exciper de la qualité de commissionnaire de roulage, s'il n'est pourvu d'une patente. — *Cass.*, 18 juill. 1806, Droits réunis c. Chautreuil.

30. — Doit être imposé à la patente de commissionnaire de roulage le particulier qui exerce, conjointement avec deux autres, la profession d'entrepreneur de roulage par eau. — *Cons. d'état*, 3 mai 1842, Billuart-Marchot.

31. — Les commissionnaires entrepositaires, commissionnaires de transports par terre et par eau, sont mis, par la loi du 25 avr. 1844 sur les patentes, au nombre des patentables, et imposés à : 1º un droit fixe de 250 fr. à Paris, de 200 fr. dans les villes de 50,000 ames et au-dessus, de 150 fr. dans les villes de 30,000 à 50,000 ames, et dans celles de 15,000 à 30,000 ames qui ont un entrepôt réel; de 100 fr. dans les villes de 15,000 à 30,000 ames, et dans des villes d'une population inférieure à 30,000 ames, qui ont un entrepôt réel, et de 50 fr. dans toutes autres communes; — 2º un droit proportionnel du quinzième de la valeur locative de la maison d'habitation et des locaux servant à l'exercice de la profession. — V. PATENTE.

32. — Les commissionnaires de transport sont en outre tenus de remplir les différentes obligations imposées aux commissionnaires en général. — V. COMMISSIONNAIRE.

33. — Enfin, il est quelques obligations particulières imposées spécialement aux commissionnaires de transports.

34. — Le commissionnaire qui se charge d'un transport par terre ou par eau est tenu d'inscrire sur son livre-journal la déclaration de la nature et de la quantité des marchandises, et s'il en est requis, de leur valeur. — C. comm., art. 96.

35. — Quand la lettre de voiture est signée par le commissionnaire, celui-ci doit la copier sur un registre coté et paraphé, sans intervalle et de suite. — C. comm., art. 102.

36. — Le commissionnaire de transports se trouve être tout à la fois le propriétaire et le mandataire de l'expéditeur ou du destinataire. De là différentes obligations qu'il est tenu de remplir.

37. — Comme dépositaire, et dépositaire salarié, il doit apporter dans la garde des objets qui lui sont confiés les mêmes soins qu'il apporterait dans la garde des choses qui lui appartiennent. — C. civ., art. 1927. — V. au surplus DÉPOT.

38. — Il doit veiller au chargement des marchandises et à ce qu'elles partent en bon état de conservation; ainsi, il a dû réparer les tonneaux qui fuyaient. — Pardessus, no 542.

39. — Toutes les obligations imposées au voiturier jusqu'à la remise des objets lui sont également communes. — V. VOITURIER.

40. — De cette qualité de dépositaire, et comme la profession du commissionnaire de transports consiste à avoir la détention et le mandement de marchandises appartenant à autrui, il s'ensuit qu'on ne peut appliquer à son égard le principe de l'art. 2279, C. civ., qu'en fait de meubles la possession vaut titre. Une pareille possession n'opère pas même une présomption de propriété en sa faveur. — Delamarre et Lepoitvin, *Du contr. de commission*, t. 1er, no 314.

41. — Les commissionnaires de roulage et leurs correspondans sont assimilés à des mandataires salariés. — *Cass.*, 13 fév. 1844 (t. 1er 1844, p. 664), Auffant et Blanc c. Levy.

42. — D'où la conséquence : 1º qu'ils doivent se conformer littéralement aux instructions qu'ils ont reçues de l'expéditeur. — Même arrêt.

43. — ...2º Qu'ils doivent faire parvenir les objets à leur destination dans le délai fixé par la convention ou par l'usage. — Goujet et Merger, no 26.

44. — ...3º Qu'ils sont tenus de remplir ou faire remplir par leurs voituriers toutes formalités et conditions imposées, soit par les lois, soit par les réglemens locaux, par exemple, d'acquitter les droits dont les marchandises sont tenues, sauf à se les faire rembourser par l'expéditeur ou le destinataire. — Pardessus, no 542.

45. — Un commissionnaire répond de la saisie des marchandises qu'il a reçues en entrepôt, lorsqu'il a négligé de remettre au voiturier à qui il les a confiées les acquits, les certificats et les autres pièces qui doivent assurer à ces marchandises un libre passage par les différens bureaux des douanes où elles doivent être visitées. — Merlin, *Rép.*, vº *Commissionnaire*, § 5, no 5.

46. — ...4º Qu'ils doivent remettre les objets au véritable destinataire.

47. — Un commissionnaire demeurerait responsable envers l'expéditeur, s'il avait remis ces objets à une personne qu'il avait faussement présumée être le destinataire, et cela, bien qu'il y eût désignation insuffisante dans l'adresse. — *Cass.*, 25 avr. 1837 (t. 2 1837, p. 429), Laurent c. Perrault.

48. — ...5º Qu'enfin ils doivent faire vérifier et constater, conformément à l'art. 106, C. comm., l'état des objets transportés, en cas de refus ou de contestation de la part du destinataire. — V. VOITURIER.

49. — ...Ou bien encore quand le destinataire n'a pu être trouvé faute de désignation suffisante dans l'adresse. — *Cass.*, 25 avr. 1837 (t. 2 1837, p. 429), Laurent c. Perrault.

50. — La loi ne prescrit aucun délai pour la vérification et constatation des marchandises transportées. Il suffit que le procès-verbal de leur vérification ou constatation ait été dressé avant la demande formée par le destinataire contre le commissionnaire, si d'ailleurs celui-ci n'a pas payé le prix du transport. — *Cass.*, 18 avr. 1831, Bourgeois c. Vernant.

51. — De même, les formalités prescrites par l'art. 106, C. comm., peuvent être suppléées par des équivalens. — Goujet et Merger, no 29.

52. — Ainsi, jugé que le destinataire des marchandises peut, en cas de perte ou de soustraction, exercer son recours contre le commissionnaire expéditeur, encore bien qu'il n'ait pas fait procéder à une expertise dans les formes voulues par l'art. 106, C. comm., et que, dans ce cas, le déficit peut être constaté régulièrement de toute autre manière, notamment par le procès-verbal d'un commissaire de police. — *Lyon*, 21 août 1838 (t. 2 1842, p. 389), Vieillet c. Carlan.

53. — ...Que le destinataire qui a reçu d'un commissionnaire, par l'intermédiaire du capitaine, chargé de le lui consigner, un groupe accompagné d'un connaissement signé par ce capitaine avec la clause : *poids et contenu inconnus*, et qui a trouvé ce groupe intact et conforme aux indications extérieures portées au connaissement, mais à l'intérieur ne contenant que du cuivre au lieu d'or, est recevable à réclamer contre cette substitution, bien qu'il ait reçu le groupe du capitaine et lui en ait donné purement et simplement décharge, s'il a fait constater la substitution dans les formes exigées par les lois de son pays. — *Aix*, 23 juill. 1838 (t. 1er 1839, p. 213), Mavrocordato Versami c. Poulin.

54. — Au surplus, les formalités dont parle l'art. 106, C. comm., ne sont exigées que pour les contestations qui s'élèvent entre le voiturier qui transporte des marchandises et le commissionnaire à qui elles sont adressées; dès-lors, et d'après le principe *in positivis non licet argumentari à pari*, leur omission ne peut constituer en faute le mandataire à qui on a envoyé dans des navires et autres bâtimens de mer des marchandises qui, à leur débarquement, se sont trouvées en état de corruption. — *Bruxelles*, 25 janv. 1816, Vassal c. Weber.

Sect. 2e. — *Droit des commissionnaires de transport.*

55. — En général, par l'engagement qu'il a contracté, le commissionnaire ne s'est obligé qu'à faire arriver la marchandise au lieu indiqué pour la destination. Pour arriver à ce but, il peut donc, à moins de stipulations contraires, employer des agens intermédiaires, tels que d'autres commissionnaires ou des voituriers. — V. *infrà* nos 144 et s.

56. — Jugé, en ce cas, qu'il est libre au commissionnaire, si la faculté ne lui en a pas été interdite par une convention expresse, de charger en route un commissionnaire intermédiaire qu'il emploie. — *Cass.*, 1er août 1820, Belliob c. Coste.

57. — La marchandise sortie du magasin du vendeur ou de l'expéditeur voyage, s'il n'y a convention contraire, aux risques et périls de celui à qui elle appartient, sauf, s'il y a lieu, son recours contre le commissionnaire chargé du transport (C. comm., art 100). — Cette disposition n'est pas autre chose que l'application du principe *res perit domino*, consacré par la législation et les usages existans au jour de la rédaction de notre code. — Locré, *Esprit du C. de comm.*, t. 1er, p. 302.

58. — Il suit de là que, sauf le cas où le recours contre le commissionnaire est fondé, le prix du transport n'est pas moins dû à celui-ci, à raison de la distance parcourue, encore bien que la marchandise ait péri en tout ou en partie.

59. — Dans tous les cas, le commissionnaire ne peut exiger de l'expéditeur le prix du transport qu'il prétend avoir effectué, qu'en rapportant la preuve qu'il a remis les marchandises à leur destination, lors même qu'il n'aurait été employé que comme agent de la personne pour laquelle il a fait le transport. — *Cass.*, 20 mai 1818, Boubée c. Delanoue.

60. — Le commissionnaire a les mêmes droits et actions que le voiturier tant contre l'expéditeur que contre le destinataire. — C. comm., art 107; Goujet et Merger, no 35.

61. — Ainsi il a, comme le voiturier, le droit de rétention sur les marchandises transportées, parce que, *stricto jure*, on ne peut le forcer à faire une délivrance définitive qu'après l'avoir payé. — Delamarre et Lepoitvin, t. 2, no 417; Vincens, t. 1er, p. 628.

62. — Il a également privilége sur les marchandises transportées pour les frais de voitures et dépenses accessoires. — *Cass.*, 9 avr. 1829, Barillon c. Berton. — ...Par exemple, pour les dépenses de conservation. — Troplong, *Hypoth.*, t. 1er, no 207; Delamarre et Lepoitvin, t. 2, no 417.

63. — De plus, comme ni les usages ni les convenances ne permettent, si ce n'est dans certains cas extraordinaires, que le commissionnaire ou le voiturier exige toujours le prix de la voiture avant de délivrer les effets, la coutume commerciale lui reconnaît un droit de privilège, même après qu'il s'est dessaisi, pourvu qu'il ait agi dans un court délai, dont la durée utile est laissée à l'appréciation du juge. — Troplong, *Hypoth.*, t. 1er, no 207; Delamarre et Lepoitvin, t. 2, no 417; Vincens, t. 1er, p. 628; Goujet et Merger, no 38.

64. — Les commissionnaires-chargeurs, habitant la même ville que leurs commettans, n'ont pas, à raison des avances qu'ils ont faites à ceux-ci, de privilège sur la marchandise, quand ils n'ont pas observé les formalités prescrites par l'art. 2074, C. civ., c'est-à-dire si la convention n'est pas constatée par un acte public ou par un acte sous-seing privé dûment enregistré. — *Cass.*, 9 avr. 1829,

Barillon c. Berton. — *Contrà* Vincens, t. 1er, p. 628, qui accorde le privilége pour toutes avances indistinctement.

65. — Peu importe que la lettre de voiture porte que le commissionnaire aura le droit de se faire rembourser de ses avances par le consignataire. — *Cass.*, 9 avr. 1829, Barillon c. Berton.

66. — Au surplus, si, d'après les ordres de l'expéditeur, ou d'un autre commissionnaire, de qui il tient les marchandises, le commissionnaire avait payé ou remboursé une somme que la vente ne suffit pas à rembourser, il aurait recours, pour la différence, contre celui de qui il tiendrait ce gage. — Vincens, t. 1er, p. 628.

67. — Mais *quid* si le commissionnaire faisait une avance à un voiturier sur le dépôt de sa lettre de voiture? — Il n'aurait point de privilége sur le montant du transport par préférence aux autres créanciers de ce voiturier. Car, relativement à celui-ci, le montant de la lettre de voiture n'est qu'une créance ordinaire qui est le gage commun de tous ses créanciers. — Horson, *Quest.* 35.

CHAPITRE III. — *Responsabilité des commissionnaires.*

68. — La responsabilité des commissionnaires a lieu en cas de défaut de transport ou de retard dans le transport des objets qui leur ont été confiés, ou bien encore en cas de perte ou d'avaries de ces mêmes objets. — Cette responsabilité a lieu non seulement pour leurs propres faits, mais encore pour ceux de leurs agens intermédiaires.

Sect. 1re. — *Cas de responsabilité.*

§ 1er. — *Défaut de transport. — Retard. — Fausse direction.*

69. — Le commissionnaire est garant de l'arrivée des marchandises et effets dans le délai déterminé par la lettre de voiture. — C. comm., art. 97.

70. — Mais il y a exception : 1° en cas de force majeure (C. comm., art. 97). — *Limoges*, 22 mars 1811, Deschelettes c. Cramaille; — Pardessus, n° 544; Troplong, *Louage*, n° 910; Vincens, t. 1er, p. 627.

71. — Par exemple, lorsque, la ville où se trouvent les marchandises à transporter ayant été mise en état de siége par suite de sédition ou autrement, on a interdit la sortie de toute espèce d'objets. — Delamarre et Lepoitvin, t. 2, n° 40.

72. — Mais il faut que cette force majeure soit légalement constatée. — C. comm., art. 97.

73. — ... Et c'est le commissionnaire qui est tenu de faire cette constation ou preuve. — *Colmar*, 6 janv. 1815, Guez c. Bellemany.

74. — En cas de retard, par suite d'événemens imprévus ou de force majeure, l'expéditeur ne peut prétendre d'indemnité pour le tort qu'il éprouve, ni le commissionnaire de supplément de prix. — Pardessus, n° 532.

75. — ... 2° En cas de stipulation contraire. — *Limoges*, 22 mars 1811, Deschelettes c. Cramaille.

76. — La lettre de voiture contient ordinairement la fixation d'une indemnité pour le cas de retard. Cette indemnité consiste presque toujours dans une diminution du prix de transport.

77. — En pareil cas, lorsque le retard est constant, le destinataire a droit à l'indemnité, sans avoir à justifier d'un préjudice éprouvé. — Persil et Croissant, *Des commissionnaires*, p. 111; Goujet et Merger, n° 50.

78. — Un jugement du tribunal de commerce de la Seine, du 16 janv. 1828, a décidé qu'un commissionnaire de roulage, qui, après s'être chargé de transporter des marchandises dans un délai fixé, en livre une partie dans ce délai et le reste après son expiration, n'est passible de la retenue du tiers du prix de la voiture que sur la portion tardivement livrée. — M. Horson (*Quest.* 37e) croit ce principe susceptible de controverse, surtout s'il était établi que le destinataire ne pouvait utiliser la partie livrée en temps utile qu'après l'arrivée du reste.

79. — La stipulation dans la lettre de voiture d'une diminution dans le prix du transport, pour le cas de retard dans l'arrivée des marchandises, n'est censée faite que pour les retards ordinaires indépendans des fautes du commissionnaire. — *Pau*, 25 fév. 1813, Lassarde c. Favre Petit-Pierre; *Cass.*, 6 déc. 1814, Mercier c. Baes; *Metz*, 17 fév. 1816, Desrues c. Genot et Vanrecum; *Rennes*, 21 déc. 1824, Duprey c. Mazier.

80. — Mais si le retard a été extraordinaire, le propriétaire a droit à une indemnité proportionnée au dommage qu'il a éprouvé. — *Pau*, 25 fév. 1813, Lassarde c. Favre Petit-Pierre; *Cass.*, 6 déc. 1814, Mercier c. Baes; *Metz*, 16 déc. 1816, Desrues c. Genot et Vanrecum; *Rennes*, 21 déc. 1814, Duprey c. Mazier.

81. — Dès-lors, en cas de retard extraordinaire dans l'arrivée, si les marchandises ont baissé de prix, l'indemnité se calcule d'après la baisse survenue depuis le jour où, suivant la convention, elles auraient dû être livrées jusqu'au jour où elles l'ont été effectivement, et non depuis le jour où l'ordre de faire l'expédition avait été donné. — *Metz*, 16 fév. 1816, Desrues c. Génot et Vanrecum.

82. — Lorsque le retard dans l'arrivée des marchandises transportées ne peut être imputé à la négligence du commissionnaire, mais uniquement à la rigueur de la saison, celui-ci ne peut être passible, à raison de ce retard, d'autres dommages-intérêts que ceux réglés par la lettre de voiture. — *Montpellier*, 27 août 1830, Menard et Salze c. Condamine.

83. — En général, le retard dans le transport ne peut, en thèse générale, et sauf des circonstances particulières, donner lieu qu'à des dommages-intérêts. — *Douai*, 24 juin 1837 (t. 1er 1838, p. 180), Guendré c. Leconte.

84. — Et aucune disposition de loi n'autorise l'expéditeur ou le destinataire à laisser pour le compte des commissionnaires la chose qu'ils ont été chargés de transporter, faute par eux d'en avoir effectué le transport dans le délai fixé par la lettre de voiture. — *Pau*, 25 fév. 1813, Lassarde c. Favre Petit-Pierre; *Douai*, 24 juin 1837 (t. 1er 1838, p. 180), Guendré c. Leconte.

85. — Cependant, comme la loi garde le silence sur le mode de l'indemnité à laquelle elle soumet les commissionnaires de roulage, voituriers et entrepreneurs de messageries, pour le cas où les marchandises sont arrivées tardivement à leur destination, elle laisse par conséquent aux tribunaux à déterminer cette indemnité suivant les circonstances. — *Cass.*, 3 août 1835, Poulain, Caillard et Laffitte c. Cazeing.

86. — Les juges du fond sont donc libres de choisir, pour régler l'indemnité due en pareil cas, tel mode de réparation que bon leur semble. — Même arrêt.

87. — Dès-lors, ils ont pu, au cas de simple retard dans l'arrivée de marchandises confiées à des commissionnaires, condamner ces derniers, à titre de réparation du préjudice causé, à garder les marchandises pour leur compte, en en payant la valeur. — Même arrêt.

88. — On devrait encore décider de même, dans le cas où, à raison du retard, le destinaire se trouverait dans l'impossibilité de tirer aucun parti des marchandises. — Pardessus, n° 544.

89. — Mais si les marchandises n'ont pas éprouvé d'avaries graves, et qu'elles soient susceptibles d'être livrées au commerce, le destinataire ne peut, sous prétexte de simple retard, les laisser pour le compte du commissionnaire. — *Rennes*, 21 déc. 1824, Duprey c. Mazier.

90. — De plus, l'offre faite par le destinataire de prouver par témoins la perte qu'il a subie, si elle est vague, indéterminée et démentie par les pièces du procès, doit être rejetée. — Même arrêt.

91. — Lors même qu'aucun délai n'aurait été fixé pour le transport des marchandises, le commissionnaire ne doit pas moins les faire parvenir à leur destination, sans y mettre du retard.

92. — Ainsi, jugé que le commissionnaire qui a reçu des marchandises pour les faire parvenir à une destination convenue, est responsable du retard apporté à la remise de ces marchandises. — *Paris*, 9 fructid. an XIII, Rodrigue c. Legret et Zindel; 5 mars 1812, Roustain c. Grébauval et Métayer.

93. — ... Qu'un commissionnaire coupable de négligence dans l'envoi des effets qui lui sont confiés, doit garantir son expéditeur des condamnations que ce dernier a subies par suite de cette négligence. — *Cass.*, 26 août 1812, Montluisant c. Mineur.

94. — Le commissionnaire de roulage est également responsable de la fausse direction qu'ont pu prendre les marchandises dont le transport lui a été confié. — *Colmar*, 18 déc. 1812, Barisone c. Schoen.

95. — Et il est responsable vis-à-vis du commettant du changement de destination de la marchandise, alors même qu'il aurait eu lieu par ordre supérieur, s'il ne lui en a pas donné avis en temps utile. — *Paris*, 30 sept. 1812, Hébray c. Prévoteau.

96. — Le commissionnaire qui, par la lettre de voiture, s'est engagé à faire parvenir les marchandises à lui confiées exclusivement par la voie de terre, doit indemniser le propriétaire, lorsque le chargement ayant, malgré la convention, marché tant par terre que par eau, a éprouvé des avaries par fortune de mer. — *Bordeaux*, 22 juill. 1835, Bahans, Tardieu c. Malcouronne.

97. — Il en serait ainsi, alors même que le voiturier par terre n'aurait fait que se conformer à un usage général en transbordant, en raison des localités, son chargement dans un bateau pour en achever le transport. — Même arrêt.

§ 2. — *Avaries ou perte des objets.*

98. — Le commissionnaire est garant des avaries ou pertes des marchandises et effets qui lui ont été confiés. — C. comm., art. 98.

99. — ... Et cela encore bien qu'il soit agent de la personne pour laquelle il doit faire le transport. — *Cass.*, 20 mai 1818, Boubée c. Delanoue.

100. — Lorsqu'il est constant que la perte d'une caisse qui a été remise à l'un des préposés d'un commissionnaire a eu lieu par suite du désordre avoué qui régnait dans les magasins de l'entreprise, le commissionnaire est valablement déclaré responsable de la perte. — *Cass.*, 4 déc. 1837 (t. 1er 1838, p. 284), Boscher c. Levasseur.

101. — Le simple fait, par le commissionnaire, d'avoir, sur la fausse nouvelle que des marchandises expédiées à un tiers, à qui il est chargé de les transmettre, sont arrivées dans ses magasins, donné avis de cette prétendue arrivée au destinataire, et de l'avoir invité à les retirer de suite, ne le rend pas nécessairement responsable envers ce destinataire en cas de perte et avarie; et l'arrêt qui le décharge de toute responsabilité, d'après les faits et actes de la cause, et en se fondant sur ce qu'il n'a pris aucun engagement avec lui, ni par un contrat particulier, ni par la lettre de voiture, ni par l'avertissement qu'il a donné sur fausse nouvelle, ne viole pas les art. 98, 99, 100 et 101, C. comm. — *Cass.*, 7 avr. 1835, Bertrand et Lesca c. Lassarade.

102. — La responsabilité du commissionnaire cesse : 1° quand il y a eu stipulation contraire; — 2° et en cas de force majeure. — C. comm., art. 98.

103. — *Stipulation de non-garantie.* — Le commissionnaire n'est pas garant de la perte ou des avaries des marchandises et effets, quand il y a stipulation contraire dans la lettre de voiture. — C. comm., art. 98. — *Limoges*, 22 mars 1811, Deschelettes c. Cramaille.

104. — Mais bien que l'art. 98, C. comm., ne parle que de *la lettre de voiture*, relativement à la stipulation de non garantie, rien n'empêche que cette stipulation résulte d'un autre acte, ou même de la correspondance. — Goujet et Merger, n° 79.

105. — Toutefois, cette stipulation ne s'applique qu'aux faits de pertes ou d'avaries imputables à des tiers; elle ne saurait s'étendre aux faits personnels des commissionnaires. C'est toujours là une chose dont ils doivent répondre, puisqu'ils reçoivent le prix du transport. — Goujet et Merger, n° 80.

106. — Dès-lors, devrait être considérée comme nulle et illégale la clause d'une lettre de voiture qui affranchirait les patrons et capitaines de toute responsabilité, même à raison de leurs faits personnels et de leur négligence. — *Aix*, 6 août 1823, Gignoux c. N...; — Pardessus, n° 542.

107. — De même, la stipulation de non-garantie des avaries ou pertes de marchandises ou effets, autorisée par l'art. 98, C. comm., n'affranchit pas le commissionnaire de transport par terre ou par eau de l'obligation de fournir une voiture ou un navire en bon état et propre à faire le transport convenu. — En conséquence, malgré cette stipulation, l'armateur répond envers l'affréteur des avaries et pertes de marchandises causées par le vice propre du navire. — Spécialement, la clause d'un connaissement portant que l'armateur ne sera pas responsable *des périls et fortunes de mer, de la navigation et des accidens de toute nature*, ne peut, quelque larges que soient ses termes, être considérée comme applicable à la responsabilité des avaries et pertes de marchandises causées par le vice propre du navire. — Du moins, l'arrêt qui le décide ainsi par interprétation de la clause ne viole aucune loi. — *Cass.*, 11 janv. 1842 (t. 1er 1842, p. 307), Maillet-Duboulay c. Delaroche-Delessert.

108. — De ce qu'un commissionnaire de roulage a annoncé dans ses prospectus et fait imprimer sur ses lettres de voitures qu'il ne se rendait garant en aucun cas ni du coulage des liquides ni du bris des choses fragiles, il n'en résulte pas que les juges ne puissent faire peser sur lui la responsabilité des avaries de ce genre. — *Cass.*, 21 janv. 1807, Mérillon c. Lartigue.

109. — Toutefois, le commissaire pourrait valablement stipuler qu'il ne sera pas garant du fait de son voiturier; car chacun a le droit de se décharger par convention de la garantie du fait d'un autre, dont il se trouve chargé par la nature du contrat. — Pardessus, nos 542 et 576. — Et une pareille clause aurait pour résultat de mettre à la charge

de l'expéditeur ou du destinataire la preuve de la négligence et de la faute du voiturier.—Troplong, *Louage*, n° 942.

110. — 2° *Cas de force majeure.*—Le commissionnaire n'est point garant des avaries ou de la perte des objets quand il y a eu force majeure. — *Limoges*, 22 mars 1811, Deschelettes c. Cramaille.

111. — La force majeure est ici tout ce qui dépasse les bornes de la diligence du bon père de famille; ce que la vigilance ou l'industrie des hommes ne peut ni prévenir ni empêcher. — Locré, *Espr. C. comm.*, t. 1er, p. 516; Duvergier, n° 330; Troplong, *Louage*, nos 915 et 916; Delamarre et Lepoitvin, *Du contr. de commission*, t. 2, nos 38 et suiv.

112.— On ne peut considérer comme le résultat de la force majeure, mais bien comme celui de la négligence, l'incendie occasionné par le contact d'un chargement d'acides nitreux et d'huiles à vernis, mêlé par le commissionnaire à d'autres objets qu'il devait expédier.—*Paris*, 1er frim. an XIV, Pernet c. Rozet.

113. — De même, l'incendie des objets expédiés ne peut être considéré comme un événement de force majeure dont un commissionnaire ne soit pas responsable, lorsque cet accident n'a été causé que par le mélange de matières inflammables chargées sur la même voiture. — *Paris*, 29 avr. 1820 (et non 1819), Lherbette c. Barrand-Buffet.

114.— Le commisionnaire ne peut, dans ce cas, échapper à la garantie, en alléguant qu'il n'a pas fourni le chargement en entier et qu'il ignorait la nature des autres objets fournis par le voiturier. — Même arrêt.

115. — La force majeure ne saurait être considérée comme une excuse, quand les précautions n'ont pas été prises contre l'accident. — V. Lafargue, *Code voiturin*, Introd., sect. 5e, chap. 1er, et Merlin, *Rép.*, v° *Voiturier*, n° 5.

116. — Le vol ne peut être réputé cas de force majeure qu'autant que le commissionnaire a fait tout ce qui dépendait de lui pour l'empêcher. — Pardessus, n° 545; Goujet et Merger, n° 89.

117. — Le vol avec effraction, commis de jour dans l'entrepôt d'un commissionnaire de transport ou d'un voiturier quelconque, de même que sur le véhicule employé pour le transport, pouvant être prévenu par une active surveillance, ne saurait être considéré comme un cas de force majeure. — Vanhuffel, *Traité du louage des voitures pub.*, n° 16.

118.—On peut voir encore (v° VOITURIER) quels événemens peuvent ou non être réputés cas de force majeure.

119. — C'est au commissionnaire à prouver les événemens de force majeure; tant qu'il n'a pas fait cette preuve, la présomption est en faveur de la responsabilité. — Pardessus, n° 545; Delamarre et Lepoitvin, t. 2, n° 39.

120. — Ainsi, jugé que les commissionnaires de roulage sont responsables de la perte des effets qui leur sont confiés, quand ils ne prouvent pas qu'elle est le résultat de la force majeure. — *Paris*, 20 vent. an XIII, Duplessis c. Guary; 1er frim. an XIV, Pernet c. Rozet.

121. — Il ne leur suffit pas de faire connaître l'événement dont ils auraient été victimes pour être déchargés de la responsabilité et mettre la preuve de la négligence ou de la faute à la charge du propriétaire des effets perdus.—*Paris*, 20 vent. an XIII, Duplessis c. Guary.

122.—Lorsqu'il est constant, en fait, que les marchandises qui ont disparu des magasins du commissionnaire, par un événement de force majeure, n'ont pu être expédiées, faute par le vendeur d'avoir indiqué la personne à laquelle elles étaient destinées, la perte de ces marchandises est à la charge du vendeur. — *Cass.*, 8 mars 1827, Rémond c. Bruzon et Lannegrasse.

123.—Le commissionnaire qui se charge d'introduire en fraude des marchandises prohibées, et le commettant qui lui en donne la commission, doivent supporter chacun pour moitié le dommage résultant de la saisie et de la confiscation des marchandises.—*Trèves*, 13 therm. an XI, Lambert c. Rasella.

124. — Comment la force majeure doit-elle être constatée? — La loi n'en fait aucune mention. La force majeure supposant un événement subit, en dehors de toutes les prévisions, et qu'on n'est jamais prêt à constater, il s'ensuit que la preuve peut en être faite par toute espèce de moyens, sauf aux juges à en apprécier le mérite. — Persil et Croissant, n° 15; Goujet et Merger, n° 97.

125.—Jugé cependant que la force majeure doit être constatée *hic et nunc*, c'est-à-dire dans le moment et dans le lieu où elle se manifeste, et non par des certificats ou des enquêtes obtenus après coup et depuis le procès. — *Colmar*, 6 janv. 1815, Guez c. Dillemann; — Pardessus, t. 2, n° 545.

126.—L'art. 96, C. comm., ne parle pas du cas fortuit prévu par l'art. 1784, C. civ.; mais il est évident que le cas fortuit rentre dans celui de la force majeure, tel qu'il est défini *suprà*, n° 111. — V. Au surplus CAS FORTUIT.

127. — Le cas fortuit n'est pour le commissionnaire et le voiturier une cause de dispense de la garantie qu'autant qu'ils justifient qu'il n'y a eu ni imprudence ni négligence ni incurie de leur part, et qu'ils n'ont pu prévoir, prévenir, éviter ni atténuer les effets de l'événement qui a occasionné la perte. — Encore qu'il n'y ait que de la négligence de la part du voiturier, et que l'auteur immédiat du dommage soit reconnu et désigné par un jugement passé en force de chose jugée, le propriétaire des marchandises peut néanmoins s'adresser au voiturier. — *Metz*, 18 janv. 1815, Mandrot c. Spiegel; — Merlin, v° *Messageries*, § 2, n° 2; Duvergier, *Louage*, n° 330; Pardessus, t. 2, n° 545; Troplong, v° *Louage*, n° 937.

128. — Il y a encore des cas où le commissionnaire ne saurait être responsable des avaries et même, en certains cas, de la perte des marchandises et effets; tels sont les cas :

129. — 1° Où ces avaries ou pertes ont été occasionnées par la faute de l'expéditeur lui-même, par exemple, par suite du défaut d'emballage convenable. — Pardessus, n° 542; Vincens, t. 1er, p. 623.

130. — De même, le commissionnaire n'est pas responsable des avaries survenues aux objets transportés, notamment à des machines, s'il est établi que ces avaries proviennent d'un mode de chargement vicieux opéré par les ouvriers du fabricant expéditeur. — *Bourges*, 24 janv. 1844 (t. 1er 1845, p. 706), Derosne et Cail c. maire de Nevers et Barthe-Debladis.

131. — L'état des objets au moment où ils ont été confiés au commissionnaire est constaté par la lettre de voiture. — En l'absence d'une lettre de voiture, ils sont présumés avoir été remis en bon état. C'était au commissionnaire à ne pas s'en charger sans lettre de voiture. — Pardessus, n° 539.

132.— 2°... Lorsque les déperditions ou détériorations sont provenues des vices propres des choses à transporter. — Pardessus, n° 545; Boulay-Paty, *Dr. comm. marit.*, t. 1er, p. 43.

133. — Cependant il y a une distinction à faire d'après la nature des choses et l'usage. S'il s'agit d'objets enfermés dans des caisses, enveloppes et autres fermetures, le commissionnaire, ainsi que le voiturier, n'est tenu que de rendre les ballots et caisses dans un bon état. Mais s'il s'agit de choses dont la qualité ou la quantité peut être altérée ou changée sans effraction extérieure, le commissionnaire ou voiturier est tenu de délivrer ce qui est indiqué comme contenu dans les barriques ou autres vaisseaux semblables. — Pardessus, n° 543.

134.—Quant à l'étendue de la responsabilité encourue par le commissionnaire, elle varie suivant que les objets ont été ou perdus ou seulement avariés.

135. — Lorsque les objets ont été perdus, la responsabilité du commissionnaire s'étend à la valeur totale de ces objets. — *Paris*, 1er germ. an XIII, Girard c. Dubois; *Rouen*, 20 fév. 1816, Carpentier-Prevot c. Lecomte.

136.—La disposition de la loi du 24 juill. 1793, qui fixait à 150 fr. l'indemnité due par l'administration des postes et par les messageries nationales, en cas de perte des objets qui leur avaient été confiés, et dont la valeur et la description n'étaient pas constatées, ne peut être invoquée par les commissionnaires de roulage. — *Cass.*, 1er germin. an XIII, Girard c. Dubois; *Rouen*, 20 fév. 1816, Carpentier-Prevot c. Lecomte.

137.—Relativement à l'appréciation de la valeur des objets perdus les juges peuvent s'en tenir à l'estimation faite de bonne foi par le propriétaire sur la demande du commissionnaire, au moment de la réclamation de ces objets, et avant le procès. —*Rouen*, 20 fév. 1816, Carpentier-Prevot c. Lecomte.

138. — Il n'y a pas ouverture à cassation en ce qu'un tribunal, après avoir ordonné, pour s'éclairer sur la perte d'un objet confié à un commissionnaire, non une enquête proprement dite, mais la simple comparution des parties en personne, aurait reçu des déclarations, soit de ces parties, soit de leurs préposés, sans suivre les règles tracées pour les enquêtes sommaires par les art. 407 et 488, C. procéd.—*Cass.*, 4 déc. 1837 (t. 1er 1838, p. 284), Boscher c. Levavasseur.

139. — Le commissionnaire peut être condamné par corps à restituer la valeur des objets perdus. —*Paris*, 1er germin. an XIII, Girard c. Dubois.

140. — Lorsque les marchandises avariées sont encore susceptibles d'être mises dans le commerce, le destinataire ne peut les refuser, sous prétexte qu'elles auraient éprouvé quelque détérioration; il n'a droit qu'à une indemnité proportionnée au dommage.—*Metz*, 18 janv. 1815, Mandrot c. Spiegel.

141. — Lorsque des marchandises appartenant au destinataire ont éprouvé des avaries, pour avoir été transportées par eau, tandis qu'elles avaient dû l'être par terre, aux termes de la lettre de voiture, le destinataire ne peut refuser d'en prendre livraison et de payer au voiturier par eau qui les lui remet les frais de transport. Son droit à cet égard se borne à réclamer contre le commissionnaire des dommages-intérêts qui ne doivent consister que dans la différence existant entre la valeur actuelle des marchandises et celle portée au prix d'achat d'après les factures. — *Bordeaux*, 22 juill. 1835, Bahans et Tardieu c. Malcouronne.

142. — Mais si les marchandises avariées ne pouvaient plus être d'aucune utilité au destinataire, on pourrait conclure de ce qu'on a vu *suprà*, n° 88, qu'il pourrait les laisser au compte du commissionnaire et en exiger la valeur.

143. — Le destinataire de marchandises peut, en cas de perte ou de soustraction, exercer son recours contre le commissionnaire-expéditeur, encore bien qu'il n'ait pas fait procéder à une expertise dans les formes voulues par l'art. 106, C. comm.; dans ce cas, le déficit peut être constaté régulièrement de toute autre manière, notamment par le procès-verbal d'un commissaire de police. — *Lyon*, 21 août 1838 (t. 2 1842, p. 389), Viallet c. Castan.

Sect. 2e. — *Faits des agens intermédiaires.*

144. — L'entremise du commissionnaire est surtout nécessaire quand, dans le cours du voyage, il y a nécessité de changer les agens ou le mode de transport. En relation avec d'autres personnes de la même profession que la sienne, il leur fait tenir les marchandises qu'après avoir payé le voiturier précédemment employé elles remettent à destination définitive, sinon à de nouveaux commissionnaires, chargés à leur tour, de procéder à la réexpédition.— Pardessus, n° 575.

145. — Mais l'intervention d'un commissionnaire intermédiaire ne change pas l'engagement du commissionnaire principal; son obligation reste la même, celle de faire arriver la marchandise; dès-lors il ne doit pas cesser d'être garant du transport, sauf son recours contre celui qu'il a employé. C'est avec lui que l'expéditeur a contracté, c'est donc à lui à répondre de l'inexécution des engagemens qu'il a librement consentis. — Persil et Croissant, p. 125, n° 3.

146. — Aussi l'art. 99, C. comm., porte-t-il que « Le commissionnaire est garant des faits du commissionnaire intermédiaire auquel il adresse les marchandises. »

147. — Ce n'est pas sans intention que le Code de commerce a consacré par une disposition spéciale un principe qui résultait de la nature des choses. « Bien des fois, avant sa promulgation, les commissionnaires avaient essayé de secouer le joug de cette responsabilité indéfinie, et prétendre qu'on devait leur appliquer seulement les règles ordinaires du mandat.—Merlin, *Rép.*, v° *Commissionnaire*, § 6. — Ces raisons, tirées du droit commun, furent repoussées par une jurisprudence constante. —Delamarre et Lepoitvin, t. 2, n° 63.

148. — Ainsi jugé, avant comme depuis le Code de commerce, que les commissionnaires sont garans des faits des commissionnaires intermédiaires qu'ils emploient. — *Bordeaux*, 3 fructid. an VIII, Bourguignon c. Durand; *Limoges*, 22 mars 1811, Deschelettes c. Cramaille; *Paris*, 5 mars 1812, Houstain c. Grebauval; *Lyon*, 5 avr 1824, Gaillard c. Dupré.

149. — Le commissionnaire n'est libéré vis-à-vis de l'expéditeur qu'en justifiant que les marchandises sont parvenues à la destination convenue, alors même que la nature du mandat l'obligerait à se substituer un ou plusieurs sous-commissionnaires.— *Pau*, 3 mars 1837 (t. 1er 1837, p. 506), Juda c. Frainet.

150. — De ce que les commissionnaires de roulage sont responsables des faits des commissionnaires intermédiaires qu'il leur convient de charger il suit : 1° que si les objets qui leur ont été confiés n'arrivent pas à leur destination, ils ne peuvent se décharger de toute responsabilité vis-à-vis des propriétaires en indiquant le nom du commissionnaire intermédiaire, alors même que celui-ci avouerait les avoir reçus. — *Bordeaux*, 3 fructid. an VIII, Bourguignon c. Durand.

151. — ... 2° Que faute par leurs correspondans de s'être conformés littéralement aux instructions envoyées par l'expéditeur, ils répondent des événemens qui ont amené pour cet expéditeur la perte de la marchandise expédiée. — *Cass.*, 13 fév. 1844 (t. 1er 1844, p. 664), Auffant et Blanc c. Lévy.

152. — Ainsi, lorsque, sur l'ordre de l'ex-

péditeur d'arrêter en chemin la marchandise expédiée pour qu'elle n'arrive pas au destinataire, devenu insolvable, un commissionnaire de roulage, après avoir promis d'exécuter cet ordre, a négligé de le faire, il est responsable du préjudice éprouvé par l'expéditeur qui n'a pu se faire payer de la marchandise. — Même arrêt.

153. — La responsabilité encourue par le commissionnaire primitif et les commissionnaires intermédiaires donne lieu contre eux à une action solidaire. — Persil et Croissant, p. 126.

154. — Jugé, en ce sens, que la responsabilité est encourue solidairement par le commissionnaire correspondant établi dans une ville intermédiaire, qui, ayant reçu de l'expéditeur le même ordre que le commissionnaire primitif, n'y a point eu égard, sous prétexte qu'il n'avait aucun ordre à recevoir de cet expéditeur. — Même arrêt.

155. — Les juges saisis de la demande en indemnité dirigée contre un commissionnaire de roulage, qui n'a pas fait parvenir à sa destination une malle à lui confiée, commettent un excès de pouvoir s'ils le relaxent de cette demande après l'avoir reconnu responsable de ses sous commissionnaires, et s'ils ne condamnent que le dernier de ceux-ci à payer l'indemnité réclamée. — *Cass.*, 2 déc. 1833, Vidal c. Morel.

156. — Si, sur la demande en indemnité, formée par le propriétaire des marchandises contre le commissionnaire principal, le commissionnaire intermédiaire, appelé en garantie par ce dernier, a été affranchi de toute responsabilité, l'expéditeur, qui n'a interjeté appel que vis-à-vis du commissionnaire principal, ne peut, devant la cour, lui demander compte des prétendues fautes qu'il reproche au sous-commissionnaire. — Dans ce cas, le jugement qui a acquis force de chose jugée, à l'égard du sous-commissionnaire, en ce qui concerne son irréponsabilité, protége le commissionnaire principal. — *Cass.*, 1er août 1820, Belliol et Vallat c. Coste et Bimar.

157. — Le commissionnaire de transports, qui a reçu un groupe d'or dont l'enveloppe est scellée du cachet de l'expéditeur, et un extrait de registre portant l'empreinte du même cachet, pour faire parvenir ces deux objets à un autre commissionnaire chargé d'envoyer le groupe à sa dernière destination, est seul responsable de la substitution qui a été faite en route d'un groupe de cuivre au groupe d'or, lorsqu'il ne justifie pas avoir fait remettre à ce commissionnaire, non plus qu'aux commissionnaires intermédiaires par lui employés, l'empreinte du cachet de l'expéditeur. — *Aix*, 23 juill. 1838 (t. 1er 1839, p. 213), Mavrocordato Versami c. Poulin.

158. — Tout ce que nous venons de dire reçoit exception : 1° quand le commissionnaire principal a stipulé qu'il ne serait pas garant des faits des commissionnaires intermédiaires. — Pardessus, n° 576.

159. —... 2° Quand le commissionnaire intermédiaire a été nommément choisi par l'expéditeur ou le destinataire ; car alors il est le préposé de ces derniers et non plus du commissionnaire. — Pardessus, n° 576 ; Delamarre et Lepoitvin, t. 2, n° 63.

160. — Le commissionnaire, alors même que la nature du mandat l'obligerait à se substituer un ou plusieurs sous-commissionnaires, n'est pas déchargé de la garantie des faits de ces derniers, par cela qu'il justifie que les effets expédiés ont été reçus par un des commissionnaires substitués ; il lui faut encore pour cela justifier d'un ordre exprès du destinataire autorisant spécialement l'envoi par ce sous-commissionnaire. — *Pau*, 3 mars 1837 (t. 1er 1837, p. 506), Juda c. Frainel.

161. — La responsabilité du commissionnaire à l'égard du sous-commissionnaire s'étend à plus forte raison à l'égard du voiturier, quand celui-ci est l'agent du commissionnaire. A ce sujet, on a reconnu, lors de la discussion du Code de commerce, que le commissionnaire était responsable du voiturier qu'il employait jusqu'à ce que les marchandises fussent arrivées au destinataire. Le voiturier ne serait pas recevable à invoquer les principes en matière de substitution de mandat, puisque le bénéfice de ces principes ne peut être invoqué par les sous-commissionnaires eux-mêmes. — Regnault de Saint-Jean d'Angely, discuss. du Code de comm. ; Locré, sur l'art. 99 ; Delamarre et Lepoitvin, t. 2, n° 63.

162. — Jugé, en ce sens, avant comme depuis le Code de commerce, que les commissionnaires sont responsables des accidens ou avaries arrivés par la faute de leurs voituriers. — *Paris*, 12 vent. an XI, Bouic c. Legret-Desmarets ; *Bordeaux*, 22 juill. 1835, Bahans et Tardieu c. Malcouronne.

163. — En cas de simple retard provenant du fait du voiturier, M. Pardessus (n° 576) pense que le commissionnaire n'est point responsable du préjudice qui en résulte pour le destinataire, et que celui-ci n'a qu'à exercer son droit de retenue contre le voiturier.

164. — Si le voiturier est celui, non du commissionnaire principal, mais du sous-commissionnaire, la même garantie existe toujours à l'égard du premier, puisqu'alors le voiturier est l'agent de son agent. — Goujet et Merger, n° 112.

165. — La garantie du commissionnaire, relativement au voiturier, cesse, 1° quand il a stipulé qu'il ne serait pas responsable des pertes ou avaries imputables au voiturier employé par lui (Pardessus, n° 576 ; Bravard, *Manuel de droit comm.*, p. 139. — V. *suprà* nos 102 et s.) ; 2° quand le voiturier a été nommément choisi par l'expéditeur ou le destinataire (Pardessus, *ibid.*). A cet égard, il y a même raison de décider qu'en ce qui concerne le sous-commissionnaire.

166. — L'art. 99, C. comm., ne s'applique qu'aux transports par eau qui s'opèrent par les canaux, les fleuves et les rivières navigables, et nullement aux expéditions maritimes. — Delamarre et Lepoitvin, t. 2, n° 64. — Le commissionnaire qui se charge de faire effectuer une expédition par mer n'est pas un commissionnaire de transports par eau dans le sens de cet article; c'est donc dans le droit ordinaire, et notamment dans l'art. 1994, C. civ., qu'il faut chercher les règles de la garantie à laquelle il est assujéti. — Horson, *Quest.* 34e ; Goujet et Merger, n° 114.

CHAPITRE IV. — *Action en responsabilité des commissionnaires de transports.*

Sect. 1re. — *Exercice de l'action en responsabilité.*

167. — Toute personne qui avait intérêt à ce que les marchandises arrivassent à leur destination dans le délai fixé et en bon état de conservation, a qualité pour former l'action en responsabilité contre le commissionnaire ou les agens qui l'ont représenté. — Pardessus, n° 545 ; Vincens, t. 1er, p. 625 ; Goujet et Merger, n° 115.

168. — Ainsi, lorsque des marchandises dont le transport a été confié à un commissionnaire de roulage, se trouvent perdues ou égarées, l'expéditeur a contre ce commissionnaire une action en dommages-intérêts, sans être tenu de justifier qu'il est propriétaire des marchandises ou responsable de leur valeur. — *Pau*, 16 déc. 1814, Benuza c. Basterrech.

169. — Dès-lors, le commissionnaire ne peut opposer à l'expéditeur une exception prise de son défaut d'intérêt, en ce qu'aux termes du Code de commerce la marchandise, sortie du magasin de l'expéditeur voyage aux risques de celui à qui elle appartient. — Même arrêt.

170. — Jugé, cependant, que l'action en responsabilité contre le commissionnaire, à raison de la fausse direction qu'ont pu prendre les marchandises qui lui ont été confiées, n'appartient qu'au propriétaire des marchandises et ne peut être exercée par le vendeur. — *Colmar*, 18 déc. 1812, Barisone c. Schoen.

171. — Toute entreprise de commission et de transport par terre ou par eau constituant un acte de commerce (C. comm., art. 632. — V. au surplus ACTE DE COMMERCE, nos 338 et suiv.), il s'ensuit que c'est aux tribunaux de commerce qu'il appartient de connaître des contestations relatives à ces actes. — V. COMPÉTENCE COMMERCIALE.

172. — Jugé même que les tribunaux de commerce doivent connaître des contestations relatives à un transport effectué par un particulier, quoiqu'il ne soit point de profession ni commissionnaire ni voiturier. — *Pau*, 20 avr. 1822, Lasserre c. Lagardère.

Sect. 2e. — *Fins de non-recevoir contre l'action en responsabilité.*

173. — Indépendamment des moyens du fond par lesquels le commissionnaire peut repousser la demande, il peut invoquer une double fin de non-recevoir tirée : 1° de la réception des objets et du paiement du prix de transport ; 2° de la prescription.

§ 1er. — *Réception des objets et paiement du prix de transport.*

174. — Suivant l'art. 105, C. comm., la réception des objets transportés et le paiement du prix de la voiture éteignent toute action contre le voiturier.

175. — Cette disposition de l'art. 105, C. comm., est nécessairement applicable au commissionnaire toutes les fois que le voiturier n'est en réalité que l'agent de celui-ci. — Goujet et Merger, n° 124.

176. — Ces deux circonstances de la réception des marchandises et du paiement du prix de transport doivent concourir simultanément. En effet, il peut arriver qu'un destinataire n'ait pas eu, lors de l'arrivée des marchandises, le temps nécessaire pour vérifier dans quel état elles se trouvaient ; il serait donc injuste de conclure de là qu'il les a reçues en bon état. — Locré, *Esprit du C. comm.*, t. 1er, p. 532 ; Pardessus, n° 547.

177. — Et, réciproquement, la remise des marchandises opérée par le voiturier ne fait preuve du paiement des frais de transport par le destinataire qu'autant que celui-ci représente la lettre de voiture acquittée ou la quittance donnée par le voiturier ou le commissionnaire de roulage. — *Cass.*, 20 juin 1834, Lajoie c. Brouchon.

178. — L'art. 105, C. comm., d'après lequel la réception des objets transportés et le paiement du prix de la voiture éteignent toute action contre le commissionnaire ou le voiturier, n'est pas tellement absolu que l'application ne puisse pas en être écartée par une exception de dol et de fraude. — *Liége*, 5 déc. 1822, Rauler c. Chainaye ; *Cass.*, 5 avr. 1824, Godemard c. Coubayon et Carcassonne.

179. — Ainsi le commissionnaire voiturier qui, en dissimulant l'accident arrivé aux marchandises pendant le voyage, lorsque l'état extérieur des marchandises ne permettait pas de le soupçonner, s'est mis, par cette réticence, dans la position d'un commissionnaire voiturier négligent ou frauduleux, est dès-lors non-recevable à opposer à l'action en avaries intentée contre lui la fin de non-recevoir tirée de ce que les marchandises ont été reçues, à leur arrivée, et le prix de transport payé, sans aucune protestation. — *Cass.*, même arrêt.

180. — Jugé également que la réception sans protestation des marchandises transportées et le paiement du prix de la voiture ne rendent pas le propriétaire irrecevable à agir contre le commissionnaire ou voiturier, à raison du déficit ou des avaries de ces marchandises, alors que les moyens frauduleux employés par ce dernier n'ont permis de découvrir que postérieurement le dol pratiqué à son préjudice. — *Bordeaux*, 10 avr. 1834, de Calvimont c. Chardavoine.

181. — ... Que la même fin de non-recevoir ne peut être invoquée par les commissionnaires contre l'expéditeur, lorsque les marchandises n'ont pas été réellement remises à leur destination : ainsi, par exemple, lorsque la marchandise dont la remise a été opérée se trouve, par suite d'un échange fait en route, n'être pas celle qui avait été expédiée, et qu'ainsi il y a erreur dans l'avis de réception qu'a donné le consignataire à qui la marchandise était adressée. — *Paris*, 18 déc. 1830, Loys Puiné c. Coustelier.

182. — La réception des objets sans réclamation ne saurait élever une fin de non-recevoir, lorsqu'il y a eu substitution intérieure d'une substance à une autre ; par exemple si, au lieu d'un groupe en or et annoncé comme tel dans le connaissement, il n'a été remis qu'un groupe en cuivre. — *Aix*, 23 juill. 1838 (t. 1er 1839, p. 213), Mavrocordato Versami c. Poulin.

183. — De ce que les commissionnaires sont garans des faits des commissionnaires intermédiaires qu'ils emploient, il suit qu'en cas de fraude ou d'infidélité de ceux-ci, ils ne peuvent opposer à l'expéditeur la fin de non-recevoir tirée de la réception des marchandises et du paiement du prix de la voiture. — *Lyon*, 5 avr. 1824, Gaillard c. Dupré.

184. — La fin de non-recevoir ne peut non plus être invoquée par l'expéditeur, lorsqu'il s'agit de contestations relatives à la qualité de la marchandise. — *Aix*, 15 juill. 1825, Giraud c. Arnald ; *Lyon*, 20 déc. 1826, Ouen c. Tezenas.

185. — Spécialement, un commerçant qui, après avoir donné commission, a reçu une marchandise et a payé le voiturier sans protestation, est recevable, même trois mois après la réception, à attaquer son expéditeur pour l'obliger à reprendre la marchandise, lorsque celle-ci n'est pas conforme à ses ordres. — *Aix*, 15 juill. 1825, Giraud c. Arnald.

186. — La fin de non-recevoir établie par les art. 435 et 436, C. comm., et relative aux actions dirigées contre les capitaines de navires et les assureurs, n'est pas applicable aux actions dirigées contre les voituriers ou expéditeurs de marchandises par terre. — Même arrêt.

§ 2. — *Prescription.*

187. — Toutes actions contre le commissionnaire à raison de la perte ou de l'avarie des marchandises sont prescrites après six mois, pour les expéditions faites dans l'intérieur de la France, et après un an pour celles faites à l'étranger ; le tout à compter, pour les cas de perte, du jour où le

transport des marchandises aurait dû être effectué, et, pour les cas d'avarie, du jour où la remise des marchandises aura été faite, sans préjudice des cas de fraude ou d'infidélité. — C. comm., art 108.

188. — Mais cette prescription ne peut s'étendre au défaut d'envoi. — *Liége*, 20 avr. 1814, Jacob c. Renkin-Gerard ; *Cass*., 21 janv. 1839 (t. 1er 1839, p. 193), Guinet c. Pagelle Ronnay. — C'est ce qui résulte de la discussion de l'art. 108 au conseil d'état : « La prescription établie par cet article, dit Regnault de Saint-Jean-d'Angély, ne fait pas cesser la responsabilité pour défaut d'envoi, mais seulement la responsabilité pour pertes et pour avaries. » — C'est afin qu'on ne pût s'y méprendre, ajoute Locré, que le texte de l'article a formellement exprimé cette limitation, qui ne l'était pas dans la rédaction que la section avait présentée. —*Esprit C. comm*., t. 1er, p 536 ; Pardessus, no 546.

189. — Il y a défaut d'envoi lorsque le commissionnaire ne prouve pas que le commissionnaire intermédiaire qui l'a chargé ait opéré cet envoi. — *Liége*, 20 avr. 1814, Jacob c. Renkin Gérard.

190. — Dès-lors, le commissionnaire actionné en paiement d'un ballot qu'il reconnaît avoir reçu, mais qu'il dit avoir été perdu après qu'il l'a remis à d'autres commissionnaires, ne peut reprocher aux juges d'avoir refusé de déclarer acquise en sa faveur la prescription établie par l'art. 108, C. comm., si, dans leur jugement, ils ont reconnu, en fait, qu'il avait reçu le ballot, et qu'il n'avait justifié d'aucune manière qu'il était sorti de ses mains. — *Cass*., 21 janv. 1839 (t. 1er 1839, p. 193), Guinet c. Pagelle Ronnay.

191. — Il ne peut non plus demander la cassation de leur jugement comme ayant scindé l'aveu qu'il a fait d'avoir reçu la marchandise, et de l'avoir ensuite envoyée à sa destination, si, pour déclarer que cet envoi n'a pas été fait, ils se sont fondés sur la correspondance des parties et les élémens de la cause. — Même arrêt.

192. — La prescription n'est pas non plus applicable au cas où la marchandise n'a pas été rendue à sa véritable destination. — *Paris*, 30 sept. 1812, Hebray c. Prevoleau.

193. — ... Ni au cas où un paquet contenant des papiers a été remis à un tiers à qui il n'était pas adressé, et qui n'avait pas de mandat pour le retirer. — *Nîmes*, 20 fév. 1828, Plagniol c. Bimard.

194. — Jugé, au contraire, que la prescription est applicable au cas de fausse destination ou de défaut de remise des marchandises, sauf indemnité contre ceux qui sont coupables de la faute ou du retard. — *Colmar*, 10 juill. 1832, Fortier c. Bischoff.

195. — La prescription n'est pas applicable au cas où il y a eu simple retard dans le transport. — *Montpellier*, 27 août 1830, Menard c. Condamine.

196. — ... Ni au cas où l'action intentée contre le commissionnaire est motivée sur ce qu'il n'a pas rempli certaines obligations dont il était tenu par la convention ou par l'usage ; par exemple, sur ce qu'il n'a pas fait viser, à des barrières ou bureaux de passage, des acquits à caution ou autres pièces de cette nature destinées à opérer la décharge de l'expéditeur ou du destinataire envers le fisc. — Pardessus, no 546.

197. — La prescription est applicable non seulement au cas où les marchandises ont été tout à fait *perdues*, mais encore lorsqu'elles n'ont été que simplement *égarées* par suite d'une fausse route. — *Cass*., 18 juin 1838 (t. 2 1838, p. 197), Sambucy et Cariol c. Gallaud.

198. — Elle est même applicable au cas où la perte est arrivée par fraude ou infidélité, si aucune fraude ou infidélité personnelle n'est imputée au commissionnaire : ainsi, par exemple, au cas où une partie des marchandises aurait été volée par des individus auxquels ce commissionnaire ou voiturier les avait confiées pour les décharger. — *Cass*., 29 mai 1826, Bricaud c. Gaillard.

199. — Mais, de ce que les commissionnaires sont garans des faits des commissionnaires qu'ils emploient, il suit qu'en cas de fraude ou d'infidélité de ceux-ci, ils ne peuvent opposer à l'expéditeur la fin de non-recevoir tirée de la prescription. — *Lyon*, 5 avr. 1824, Gaillard c. Dupré.

200. — La simple faute commise par le commissionnaire dans l'expédition des marchandises, telle que le défaut de précautions suffisantes pour l'emballage, ne peut être assimilée à la fraude ou à l'infidélité et n'empêche pas le cours de la prescription. — *Bruxelles*, 31 août 1814, Santoro c. Monty.

201. — Pour que les commissionnaires puissent invoquer la prescription, il n'est pas nécessaire que la perte ou l'avarie des marchandises soit constatée ; il suffit qu'on ne puisse alléguer contre eux ni fraude ni dol. — *Cass*., 8 mars 1819, Hemon c. Bonnel.

202. — De ce que la prescription court, pour le

cas de perte, du jour où le transport aurait dû être effectué, il s'en suit qu'elle ne peut être invoquée par le commissionnaire :

203. — ... Quand il y a incertitude sur le jour du transport de l'objet à lui confié. — *Rennes*, 27 juill. 1818, Lejan c. Vivier.

204. — ... Lorsqu'il n'a été fixé aucun délai pour le transport. — *Pau*, 16 déc. 1814, Benuza c. Basterrech.

205. — Celui qui a expédié des marchandises à un commissionnaire pour les remettre à un autre commissionnaire, doit intenter son action en représentation des marchandises, dans le délai de six mois, soit qu'il la dirige contre le premier ou le second commissionnaire. — En conséquence, en cas de faillite du destinataire qui a reçu les marchandises, le sous-commissionnaire actionné en représentation de ces marchandises peut, alors qu'on ne lui impute, du reste, ni fraude ni infidélité, invoquer la prescription de six mois, prononcée par l'art. 108, C. comm. — *Cass.*, 18 juin 1827, Stullmann c. Hardempont.

206. — Bien que des marchandises soient expédiées pour l'étranger, l'action en avaries contre le commissionnaire qui a fait le transport à l'intérieur se prescrit par six mois et non par un an. — *Bruxelles*, 31 août 1814, Santoro c. Monty.

207. — Dans le cas d'une expédition portant à la fois sur deux colis ayant chacun une destination spéciale, si, par suite d'une erreur provenant d'un échange dans la direction donnée à chacun d'eux, aucun n'est arrivé à sa véritable destination, l'action intentée en temps utile par l'expéditeur contre le commissionnaire à raison de l'un des deux colis, ne peut être réputée suspensive de la prescription de six mois à l'égard de l'autre colis, et de l'action que l'expéditeur intenterait ultérieurement contre un commissionnaire intermédiaire reconnu auteur de l'erreur commise, si d'ailleurs ce commissionnaire n'a pas été mis en cause dans la première instance. — *Cass*., 18 juin 1838 (t. 2 1838, p. 197), Sambucy et Cariol c. Gallaud.

208. — Lorsque plusieurs commissionnaires ont été chargés successivement, et pour des distances différentes, d'une expédition à l'étranger, c'est à partir du jour où la marchandise a été remise d'un commissionnaire à un autre, et non du jour où elle est parvenue à sa destination finale, que court, pour le cas d'avarie, la prescription établie par l'art. 108. — *Bruxelles*, 31 août 1814, Santoro c. Monty.

209. — Les termes de l'art. 108, étant généraux et absolus, il s'en suit que du moment que les conditions qu'il exige se trouvent remplies, la prescription peut être opposée par le commissionnaire à toute espèce de personnes. Elle ne saurait être restreinte aux négocians qui expédient des marchandises relatives à leur commerce ; et comme elle a pour but de protéger les commissionnaires contre des réclamations tardives, elle doit être applicable contre les simples particuliers, aussi bien que contre les commerçans. — Pardessus, no 554 ; Duvergier, *Louage*, no 332 ; Persil et Croissant, p. 267 ; Goujet et Merger, no 152.

210. — Jugé en ce sens que la prescription peut être opposée à un particulier non commerçant qui réclame un objet confié à un commissionnaire de roulage. — *Rennes*, 25 juill. 1820, Alliot c. Leprieur.

211. — Jugé, au contraire, que la prescription ne peut être opposée à un particulier non commerçant qui réclame une malle perdue ; et qu'elle n'est applicable qu'au cas où des négocians expédient des marchandises relatives à leur commerce. — *Cass*., 4 juill. 1816, Lacombe. — V. conf. Troplong, *Louage*, no 928.

212. — En tout cas, l'acquéreur qui réclame du vendeur une indemnité pour vices existant dans la marchandise vendue, ne peut être repoussé par l'exception de la prescription, l'art. 108 C. comm., ne concernant que le commissionnaire et le voiturier. — *Bordeaux*, 25 avr. 1828, Soucaret c. Tissot.

CHAPITRE V. — *Actions du commissionnaire contre les agens intermédiaires, et réciproquement.*

213. — Le contrat qui intervient entre le commissionnaire primitif et le commissionnaire intermédiaire est un véritable contrat de commission, comme celui intervenu entre le commissionnaire primitif et le commettant. — Delamarre et Lepoitvin, t. 2, no 67.

214. — Ce contrat peut être présumé avoir été accepté d'avance par le sous-commissionnaire, si en raison des relations d'affaires existant entre lui et le commissionnaire principal, celui-ci avait une juste raison de croire que le mandat qu'il donnait serait accepté. — Goujet et Merger, no 155.

215. — Ainsi, un commissionnaire de roulage

qui, depuis longues années, se trouve en relations suivies et intimes avec un commissionnaire d'une autre ville, est passible de dommages-intérêts, s'il se refuse à faire le transport d'un colis qui lui est adressé par cette maison, alors surtout que les deux maisons sont en compte courant, et que ce compte se balance en faveur de l'expéditeur. — *Paris*, 21 déc. 1836 (t. 1er 1837, p. 230), Roure c. Tesnières et Terral.

216. — La création d'un chemin de fer peut être considérée, en ce qui concerne des conventions précédemment intervenues entre des commissionnaires de roulage, comme un cas de force majeure qui rend ces conventions résiliables sans indemnité. — *Rouen*, 9 fév. 1844 (t. 1er 1844, p. 234), Robillard c. Dispor-Merlin.

217. — Le contrat qui intervient entre le commissionnaire principal et le sous-commissionnaire se prouve de la même manière que nous l'avons vu entre le commettant et le commissionnaire principal, et il donne naissance aux mêmes droits et obligations.

218. — Le sous-commissionnaire doit, après avoir payé le voiturier qui lui a amené les marchandises, en charger un autre pour les conduire à destination définitive. — Pardessus, no 575.

219. — Le commissionnaire intermédiaire, qui avait reçu mandat d'exercer un recours en garantie contre le voiturier, en cas de perte ou d'avaries, et qui a reçu la marchandise et payé le prix du transport sans réclamation ni réserve, est garant ou responsable, vis-à-vis du commissionnaire expéditeur, des avaries existant au moment de l'arrivée des marchandises à leur destination. — *Colmar*, 13 mai 1833, Robert c. Briandas et Delaroche.

220. — Souvent il arrive que le second commissionnaire ne peut, par lui-même, faire arriver les marchandises à destination. Dans ce cas il se substitue un autre sous-commissionnaire. Toutefois il demeure responsable vis-à-vis du commettant, à la différence du cas où celui-ci a autorisé la substitution. — Delamarre et Lepoitvin, t. 2, no 67.

221. — Par cela seul qu'un commissionnaire intermédiaire se charge d'un transport, il est, par la nature du contrat qui se forme, et par le fait de la possession des marchandises, tenu de garantir à l'expéditeur les frais qui lui sont dus à raison de l'expédition. — *Liége*, 26 juin 1811, Leussent et Trompetter c. Meurice.

222. — Il en est de même des autres commissionnaires envers le commissionnaire intermédiaire qui les a employés. En conséquence, si ce dernier commissionnaire fait la remise des marchandises sans exiger le paiement de la totalité des frais et accessoires, chacun des commissionnaires peut agir valablement en remboursement de ce qui lui est dû contre celui qu'il a chargé, sauf les droits de celui qui a fait la remise contre celui auquel elle a été faite. — Même arrêt.

223. — Le commissionnaire qui en recevant des marchandises pour les expédier fait des avances à l'expéditeur, et qui est remboursé de ses avances par le commissionnaire intermédiaire auquel il envoie ces mêmes marchandises, est tenu à restitution envers celui-ci, si les marchandises expédiées ne sont pas de valeur à couvrir les avances et les frais. — *Paris*, 15 juin 1808, Pistre c. Serre, Coton et Darlu.

224. — Le commissionnaire qui a effectué une partie du transport ne peut, au cas d'avarie, exercer un recours en garantie, contre les commissionnaires ou voituriers qu'il s'est substitués pour achever ce transport, qu'en prouvant que c'est par la faute de ces derniers, et non par la sienne propre, que la perte ou les avaries ont eu lieu. Il n'y a pas présomption entre les commissionnaires ou voituriers, comme entre l'expéditeur et le commissionnaire premier chargé, que les marchandises ont été remises en bon état. — *Cass*., 18 avr. 1821, Bourgeois c. Vernant.

225. — Lorsqu'une marchandise est successivement transportée par plusieurs commissionnaires, il ne peut être exigé que chacun d'eux fasse procéder à une expertise pour conserver son recours contre le commissionnaire qui lui remet cette marchandise, alors surtout qu'il n'y a ni déficit de poids ni avarie apparente. — Pour qu'un commissionnaire puisse échapper à la responsabilité qui pèse sur lui à raison d'une avarie non apparente, il ne suffit pas que le commissionnaire auquel il a remis la marchandise ait reçu cette marchandise et ait payé le prix du transport sans réclamation ni réserve ; il faut encore que le dernier commissionnaire ait reçu le prix intégral du destinataire. Jusque-là chaque commissionnaire reste engagé tant à l'égard du commissionnaire qui le suit qu'à l'égard du destinataire lui-même. — *Colmar*, 29 avr. 1845 (t. 2 1845, p. 728), Canard et Damiron c. Jumes Amet.

226. — Lorsque le commissionnaire primitif est responsable envers l'expéditeur du fait des commissionnaires intermédiaires qu'il a employés, il peut exercer son recours contre ces derniers. — *Paris*, 5 mars 1812; Rousaing c. Gréhauval.

227. — Le commissionnaire qui, actionné avec d'autres commissionnaires en paiement de marchandises perdues, a conclu seulement à ce que cette action soit déclarée prescrite, ne peut se plaindre de ce que les juges, en accueillant cette action, ne lui a-t-il point accordé de recours contre les autres commissionnaires. — *Cass.*, 21 janv. 1839 (t. 1er 1839, p. 193). Guinet c. Pagelle-Rounay.

228. — C'est par le délai de six mois, à partir de l'action exercée contre le commissionnaire, que se prescrit l'action en garantie du ce dernier contre un commissionnaire intermédiaire. — *Rennes*, 11 sept. 1819; Durand Boucheron c. Tanet.

229. — L'action dirigée par l'expéditeur contre le commissionnaire ou voiturier chargé de faire effectuer un transport qui, en réalité, n'a pas été effectué, interrompt la prescription de six mois, même vis-à-vis des commissionnaires ou voituriers intermédiaires qui auraient été employés au même transport, alors même que l'action récursoire des premiers commissionnaires n'aurait été formée qu'après les six mois. — *Cass.*, 5 mai 1829, Moigneau c. Vatteville.

230. — Jugé cependant que la prescription de six mois est absolue, en ce sens qu'elle peut être invoquée non-seulement par le commissionnaire primitivement chargé, à l'égard de l'expéditeur, mais encore par les agens intermédiaires, soit à l'égard du commissionnaire primitif, soit pour le recours qu'ils peuvent exercer entre eux, et que cette prescription qui fait interrompue à l'égard des sous-commissionnaires par l'action formée en temps utile contre le commissionnaire primitif. Peu importe que l'action principale du propriétaire n'ait été introduite qu'à une époque tellement rapprochée de l'expiration du délai, qu'il ne serait plus resté au défendeur le temps nécessaire pour intenter son action en garantie avant l'expiration de ce délai. — *Paris*, 3 août 1829, Bourget c. Bomei ; *Cass.*, 6 août 1830, mêmes parties.

231. — Cette application de la loi est rigoureuse, disait M. le conseiller rapporteur dans cette affaire; mais la loi est ainsi faite; il faut l'exécuter. D'ailleurs le commissionnaire primitif doit s'imputer de n'être pas assuré à temps de l'exécution du mandat qu'il a donné.

V. ACTE DE COMMERCE, CAS FORTUIT, COMMISSIONNAIRE, COMPÉTENCE COMMERCIALE, DÉPÔT, PATENTE, VOITURIER.

COMMITTIMUS.

1. — Privilège accordé, dans l'ancien droit, à certaines personnes de faire juger les causes qui les intéressaient par des juges particuliers. — On appelait ce privilège *committimus*, parce que c'était par ce mot que commençaient, avant François 1er, les lettres de chancellerie en vertu desquelles on commettait les juges qui devaient connaître de la cause privilégiée.

2. — Le droit de *committimus* était fort ancien en France. M. Pardessus (*Loi salique*, p. 569) le fait remonter jusqu'aux premiers temps de la monarchie. « En lisant avec attention les lois de cette époque (la troisième race), dit-il, il est facile de reconnaître qu'elles ont simplement fait revivre des usages conciens dans les deux premières races, usages que les rois remirent peu à peu en vigueur par suite de leur système qui consistait à amoindrir l'autorité des juridictions seigneuriales. »

3. — Le privilège de *committimus* ne fut d'abord accordé qu'aux officiers de la maison du roi; mais bientôt, afin de jouir du même avantage, d'autres personnes se firent donner le titre d'*officiers de la maison du roi*, quoiqu'ils n'eussent ni gages, ni fonctions.

4. — Pour remédier à ce désordre, Charles VI spécifia, dans des lettres patentes à la date du 46 janv. 1386, quels seraient les offices qui, à l'avenir, donneraient droit au privilège de *committimus*. Ces lettres-patentes furent confirmées par d'autres lettres du 12 août 1410. — Ord. du Louvre, t. 7, p. 461; t. 9, p. 528.

5. — Ce droit fut successivement étendu à un grand nombre de privilégiés dont la nomenclature serait trop longue et sans intérêt aujourd'hui; nous dirons seulement qu'indépendamment des officiers et commensaux de la maison du roi, de la reine, des enfans de France et du premier prince du sang, le *committimus* était attribué aux archevêques et évêques, aux officiers du parlement de Paris, aux comtilles de la Miséricorde, aux avocats et huissiers au parlement de Paris, à un certain nombre de magistrats du Châtelet de Paris, etc.

6. — La connaissance des causes évoquées en vertu du privilège de *committimus* appartenait dans le principe aux maîtres des requêtes de l'hôtel; mais, en 1320, Philippe-le-Long créa un parlement une chambre des requêtes à laquelle il donna la même juridiction. Ainsi les privilégiés avaient le choix ou de saisir les requêtes de l'hôtel ou de plaider devant les requêtes du palais.

7. — Le droit de *committimus* n'avait lieu anciennement qu'en matière de *committimus* et dans les demandes purement personnelles. — Ord. 1314 ; 28 déc. 1859.

8. — Mais l'art. 1er, tit. 4, ord. 1669, permit de l'exercer tant en demandant qu'en défendant, et dans les causes civiles, personnelles, possessoires et mixtes.

9. — En 1771, on jugea convenable de modifier l'ordonnance de 1669 sur ce point, et l'on réduisit le privilège de *committimus* aux seules œuvres personnelles (Déclar. 25 fév. 1771, art. 2); mais cette disposition ne fut pas très bien exécutée. — Nouveau Denisart, v° *Committimus*, § 3, n° 1er.

10. — Le *committimus* n'avait lieu ni dans les matières domaniales, ni dans les causes de la compétence des tribunaux extraordinaires (chambre des comptes, cour des aides, grand-conseil), cour des monnaies, élections, etc.), ni dans les affaires relatives aux tutelles, curatelles; à la garde noble, aux scellés et inventaires, aux matières réelles ou de police, etc.

11. — On distinguait deux offices de *committimus*: l'un au grand sceau, dont l'effet était de faire évoquer les procès du privilégié de toutes les provinces du royaume; l'autre du petit sceau, en vertu duquel on ne pouvait faire évoquer que les causes pendantes devant un des tribunaux du ressort d'un parlement.— Pour le premier, il fallait des lettres de grande chancellerie; pour le second, des lettres de petite chancellerie suffisaient.

12. — Le *committimus* au grand sceau n'avait lieu que lorsque l'objet du litige s'élevait au moins à 4,000 livres; quant aux lettres de *committimus* au petit sceau, on ne pouvait les obtenir que dans les causes dont l'importance était de 200 livres au moins. — Ord. 1669, tit. 4, art. 2.

13. — Les habitans de l'Artois, du Hainaut, du Cambrésis et d'une partie de la Flandre, ceux de l'Alsace, du Dauphiné, du comté de Bourgogne, de la Bretagne, ne pouvaient être distraits de leurs juges naturels, par l'effet du droit de *committimus*. C'était un privilège que qu'ils s'étaient expressément réservé lors de leur réunion à la France, et jusqu'à la révolution il n'y fut porté aucune atteinte.

V. au surplus AVOCAT, COMMENSAUX, COMMISSAIRES AU CHATELET, ÉVOCATION, PARLEMENT.

COMMITTITUR.

On désignait par cette expression, dans l'ancienne pratique, l'ordonnance du président d'une chambre, mise au bas d'une requête, pour commettre un conseiller et le charger de l'instruction d'une affaire, d'une enquête, de toute autre opération semblable. — Ce mot n'est plus en usage.

COMMIXTION.

V. ACCESSION, n°s 406 et suiv.

COMMODAT.

V. PRÊT.

COMMODO ET INCOMMODO.

V. ENQUÊTE DE COMMODO ET INCOMMODO.

COMMUNAUTÉ.

Table alphabétique.

CHAPITRE Iᵉʳ. — Historique.

2. — L'origine de la communauté est fort ancienne ; peut-être même remonte-t-elle à ces premiers temps de la civilisation où le mariage, sans avoir encore un caractère légal, était déjà cette société d'affections et d'intérêts, ce consortium omnis vitæ, cette communauté, enfin, de toutes les affaires de la vie à laquelle les traditions de notre plus ancien droit coutumier donnaient en quelque sorte une sanction, en déclarant communs en biens l'homme et la femme qui avaient habité ensemble pendant l'an et jour.— Pothier, De la communauté, n° 2 ; Bellot des Minières, Du contrat de mariage, t. 1ᵉʳ, p. 84. — M. Battur (De la communauté, n° 62) ne partage pas, il est vrai, cette opinion. Il pense qu'il est inexact de dire que la communauté soit la conséquence naturelle de la vie commune et indivisible des époux ; car, dit-il, la communauté d'affections et d'existence n'entraîne point nécessairement celle des biens.— Sans doute la communauté n'est pas la conséquence nécessaire de la vie commune des époux, mais elle est dans la marche naturelle des choses, et il a dû se trouver dès le principe de la société plus d'intérêts réunis entre l'homme et la femme vivant ensemble, que d'intérêts distincts et isolés.

3. — Quoi qu'il en soit, les auteurs ont fait de vains efforts pour préciser les lieux et le temps où la communauté a pris naissance ; les uns, De Laurière (sur le tit. 10 de la cout. de Paris, t. 2, p. 485) Bouhier (t. 1ᵉʳ, chap. 1ᵉʳ, p. 360), ont cru en trouver des traces chez les Romains ; ils citent à l'appui de leur thèse la loi 16, § 1ᵉʳ, ff., De alimente. vel cibar. Ils n'ont cependant rien trouvé qui pût attester l'existence de la communauté : ce qui a, du reste, été bien reconnu par Ferrière, sur la cout. de Paris, t. 3, p. 1ʳᵉ et 2.

4. — D'autres auteurs ont cru reconnaître cette existence chez les Gaulois, par un passage de César (De bello gallico, lib. 6), conçu en ces termes : « Quantas pecunias ab uxoribus dotis nomine acceperunt, tantas ex suis bonis cum dotibus communicant; uter eorum vita superavit, ad eum pars utrius que pervenit. » Il y a bien, il est vrai, dans ce fragment historique, sinon la communauté entière comprenant la fusion de tous les bénéfices d'une collaboration commune, du moins cette égalité d'apports qui déjà signale l'intention manifeste de former une société de biens. Toutefois ce ne serait là qu'une preuve bien faible et bien vague que la communauté légale nous fût venue de cette source.

5. — Quoi qu'il en soit de ces conjectures plus ou moins fondées, arrivons aux monuments de législation ancienne qui, par leurs dispositions formelles, signalent l'existence de la communauté.

6. — La loi des Saxons (tit. 8, De acquisitis) accordait à la femme, la moitié de ce qui avait été acquis pendant le mariage. « De eo quod vir et mulier, simul acquisierint, mulier mediam partem accipiat. » — Codex legum antiquarum de Lindenbrog, p. 477.— La loi des Ripaires (tit. 88, n° 2) lui en accordait le tiers. Et ces lois, fidèle expression des traditions coutumières des peuples du Nord, ont bien pu être, comme le dit M. Battur (De la communauté, t. 1ᵉʳ, n° 61), le type de la communauté des pays coutumiers qui en étaient voisins.

7. — Si ce n'est là qu'une présomption, du moins est-il certain que, sous le règne de Louis-le-Débonnaire, il existait déjà en France une loi qui accordait à la femme, après le décès de son mari, le tiers des produits de la collaboration commune : Volumus ut uxores defunctorum, post obitum maritorum, tertiam partem collaboraverunt, accipiant ; si quam simul in beneficio collaboraverunt, secundum illam quantitatem. C'est sous le règne de la maison de Bourgogne, que, réglée en 1459, portait une disposition qui accordait à la femme la moitié des biens de la communauté.

8. — « Comment, dit Merlin (Rép., v° Communauté de biens, § 1ᵉʳ, n° 1ᵉʳ), les droits de la femme se sont-ils élevés ainsi du tiers à la moitié ? Comment la loi des Saxons a-t-elle devenue, sur ce point, le droit commun des pays coutumiers français ? C'est que sans doute l'on ne peut former que des conjectures hasardées. » Et en effet, la législation de ces temps intermédiaires est tout-à-fait incertaine à cet égard.

9. — Suivant Pothier (Communauté, n° 4), la France législative était divisée, quant à la communauté, en quatre parties distinctes : la première, qui comprenait Paris, Orléans et presque tous les pays coutumiers proprement dits, admettait la communauté entre les époux, lorsqu'ils n'avaient fait aucune stipulation, et la faisait commencer à l'instant de la bénédiction nuptiale ; elle avait lieu, quelque courte qu'eût été la durée du mariage.

10. — La seconde se composait de la partie du territoire régi par les coutumes d'Anjou, du Maine, du Grand-Perche, de Chartres, qui n'admettaient la communauté de biens entre mari et femme que si l'avaient par la expressément stipulée, que dans le cas où le mariage avait duré un an et jour.

11. — La troisième comprenait les pays de droit écrit qui n'admettaient pas la communauté, mais qui ne défendaient pas de la stipuler.

12. — La quatrième, enfin, réunit le pays soumis à la coutume de Normandie. — Un arrêt de la cour de Cassation (du 18 juin 1835 (Tessier c. Serr s), avait décidé que cette coutume était négative mais non prohibitive de la communauté. Mais, depuis, deux autres arrêts ont reconnu que l'art. 539 de cette coutume était exclusif du régime de la communauté, et qu'il n'avait pu y être dérogé, même depuis la loi du 17 niv. an II, par une stipulation de communauté au principe d'inaliénabilité consacré par la coutume. — Cass., 4 déc. 1844 (1. 1ᵉʳ 1844, p. 188), Barbey c. Lerpux; 31 déc. 1845 (1. 1ᵉʳ 1846, p. 44), de Beaumay c. Quesmé. — V. au surplus l'article Normandie.

13. — Mais ces divisions du droit qui nous régissaient alors, quant à la communauté, ne nous indiquent nullement la véritable origine de ce régime, puisqu'en est la une question et d'où vient-il ? ce que l'on peut en conclure, c'est qu'il paraît certain qu'au lieu du droit romain qui avait pénétré, le régime dotal s'y était établi à l'exclusion presque entière de la communauté, ce qui conduit naturellement à penser que les pays coutumiers où cette dernière était en pleine vigueur, l'avaient empruntée aux peuples du Nord dont ils étaient les voisins ; et c'est là en effet l'opinion la plus générale.

14. — Quoi qu'il en soit, lors de la rédaction du Code civil, bien que la France fût partagée entre le régime dotal et celui de la communauté, le projet sorti des mains de la commission ne reconnaissait que ce dernier régime, et gardait un silence presque absolu sur le premier. Cette exclusion fit naître une grande opposition ; ou vit Portalis, Cambacérès, Maleville et tous les tribunaux du midi de la France réclamer hautement, pour l'admission au moins facultative du régime dotal, et le projet fut, rectifié en ce sens.

15. — Il n'entre pas dans notre plan de décider la question de savoir si l'un de ces régimes devait prévaloir exclusivement sur l'autre ; la loi les a consacrés tous les deux ; nous nous attacherons donc à expliquer les règles qui les concernent. — En ce qui concerne le régime dotal, V. ce mot. — Nous conserverons, autant que possible, pour la communauté, la division donnée par le Code civil lui-même au titre De la communauté.

CHAPITRE II. — Du régime en communauté, — Principes généraux.

16. — Le régime en communauté forme (sauf les dérogations que la loi permet aux parties d'y apporter), le droit commun de la France. — C. civ., art. 1393. — Quant au régime dotal, c'est un régime d'exception qui doit être restreint dans les limites du contrat qui l'établit.

17. — La communauté est légale ou conventionnelle. — C. civ., art. 1399.

18. — « La communauté légale est celle qui s'établit, soit par, la simple déclaration qu'on se marie sous le régime de la communauté, soit par l'absence de toute stipulation de régime dans le contrat de mariage, soit par l'absence absolue de contrat. » — C. civ., art. 1400. — Dans ce dernier cas, la clause immédiate, dit Toullier (t. 42, n° 87), est une convention présumée des parties, qui, à défaut de conventions écrites, sont censées avoir choisi le régime que leur offre la loi, dont la sage prévoyance a réglé d'avance leurs droits respectifs d'une manière impartiale.

19. — Dans certaines coutumes, telles que celle de la Marche, la communauté tacite ou légale n'avait lieu qu'entre personnes de condition serve ou mortaillable ; elle n'avait jamais lieu entre personnes de condition franche et possédant des biens libres de servitudes. — L'association entre ces dernières ne pouvait être établie que par écrit, conformément à l'ordonnance de Moulins. — Bourges, 19 déc. 1825, Laveau.

20. — La communauté est conventionnelle lorsque, tout en déclarant vouloir être communs en biens, les époux, dérogeant aux règles tracées par la loi pour la communauté légale, soumettent leur société conjugale à des règles particulières et conventuent entre elles.

21. — Elle peut même (et c'est ce qui arrive le plus souvent) être à la fois légale et conventionnelle. Ainsi, par exemple, lorsque les parties n'ont déterminé que quelques unes de leurs conditions de communauté : dans ce cas, la communauté est conventionnelle pour ce qui a été prévu par les époux, et légale pour ce qui ne l'a pas été. — Duranton, t. 14, n° 93; Toullier, t. 12, n° 68.

22. — C'est, au surplus, ce qui résulte formellement de l'art. 1528, Cₑ civ., lequel dispose que « la communauté conventionnelle reste soumise aux règles de la communauté légale pour tous les cas auxquels il n'a pas été dérogé explicitement ou implicitement par le contrat. »

23. — De là il ressort que c'est la communauté légale qui forme le droit commun des conventions matrimoniales et que toutes autres conventions que les époux peuvent adopter pour modifier l'application des règles tracées par la loi sont essentiellement exceptionnelles

24. — C'est donc par un enchaînement logique d'idées que le Code civ. commence par établir les règles de la communauté légale, pour s'occuper ensuite de la communauté conventionnelle, en expliquant les conventions les plus usitées pour modifier la communauté légale, ou même pour former une communauté conventionnelle.

25. — Sous l'empire de la coutume de Paris (art. 220), la communauté commençait du jour des épousailles et de la bénédiction nuptiale. Il en était de même sous la coutume de Poitou (art. 229). — Merlin, Rép., v° Communauté, § 2, n° 2. — Le Code civil, conséquent avec les nouveaux principes qui rendent l'existence civile du mariage indépendante de la consécration religieuse, dispose (art. 1399) que la communauté légale ou conventionnelle commence du jour du mariage contracté devant l'officier de l'état civil. — C. civ., art. 1399.

26. — L'article ajoute : « On ne peut stipuler qu'elle commencera à une autre époque. » Cette dernière disposition est due, suivant Toullier (t. 42, n° 83), à ce que, pour objet de retrancher irrévocablement les embarras et les difficultés qui naissaient entre les dispositions de certaines coutumes, telles que celles de Bretagne, d'Anjou, du Maine, de Chartres et du Perche, qui exigeaient, pour l'établissement de la communauté légale entre époux, qu'ils eussent été en mariage par an et jour après les épousailles. — Duranton, t. 14, n° 95.

27. — Il était autrefois de principe que, pour être habile à contracter sans stipulation la communauté légale, il fallait avoir son domicile dans le pays où l'on se mariait et qui établissait ce régime. — Dumoulin, cons. 53, n° 8.

28. — Pothier (De la communauté, n° 278) nous apprend même qu'on pouvait faire de cette condition l'objet d'une stipulation spéciale.

29. — Lorsque des étrangers, dit Toullier (t. 42, n° 91), quoique non naturalisés, mais domiciliés en France, y contractent mariage, sans passer aucun

contrat de mariage, la communauté légale a lieu entre ces personnes. Il est vrai qu'elles ne sont pas capables du droit civil...., mais elles sont capables de ce qui appartient au droit des gens, telles que sont toutes les conventions. — Or, la communauté légale n'est fondée que sur une convention que les personnes qui contractent mariage sont présumées avoir eue, d'établir entre elles une communauté telle que la loi de leur domicile l'établit, de laquelle convention, de même que de toutes les autres conventions, les étrangers sont capables. La communauté légale peut donc avoir lieu entre ces personnes, à plus forte raison la conventionnelle. — V. aussi l'annotateur de Lebrun, *De la communauté*, liv. 1er, chap. 2, nos 73 et suiv.

30. — La communauté légale, dit Pothier (no 21), étant, aussi bien que la communauté conventionnelle, un effet civil du mariage, elle ne peut être contractée que par des personnes capables de contracter ensemble un mariage civil. C'est pourquoi, si l'une des parties qui ont contracté mariage ensemble était alors privée de l'état civil par une condamnation à une peine capitale, ne pouvant y avoir mariage civil entre ces personnes, il n'y aurait pas non plus entre elles de communauté conjugale. Cela a lieu, à plus forte raison, lorsque ce mariage, non seulement n'est pas un mariage civil, mais est absolument nul. — V. aussi Toullier, t. 12, no 89.

31. — Néanmoins, ajoutent les mêmes auteurs, la bonne foi de l'une des parties qui a eu une juste cause d'ignorance de l'empêchement à la validité du mariage, peut donner les effets civils à ce mariage, quoiqu'il ne soit pas mariage civil, et même quoiqu'il soit absolument nul, et, en conséquence, la communauté conjugale aura lieu entre ces personnes. — V. au surplus MARIAGE.

32. — L'étendue des droits du mari sur les biens de la communauté, et le pouvoir qui lui est donné de les aliéner sans le concours de la femme, pouvoir depuis long-temps établi par la plupart des coutumes de France (V. cout. de Paris, art. 225; de Bretagne, art. 424; Blois, art. 178) avaient fait dire à Dumoulin, sur l'art. 25, cout. de Paris, que, pendant le mariage, le mari était seul propriétaire actuel des biens meubles et des acquêts : *Constante matrimonio, solus actu dominus, propter auctoritatem administrationis et alienandi potestatem* : d'où ce savant jurisconsulte tirait la conséquence que la communauté proprement dite ne s'ouvrait réellement qu'au moment où finit la société conjugale : *et quamvis ista communio, pendente matrimonio, proprie non sit in actu sed in credito et habitu, tamen, soluto matrimonio, ipso jure exit in actum et actualem dominii et possessionis communionem.*

33. — Cette thèse, présentée d'une manière générale et sans examen des dispositions légales qu'elle heurtait de front, ou tout au moins avec lesquelles elle ne se trouvait pas en harmonie, fut adoptée par plusieurs auteurs. — Pontanus (*sur cout. Blois*, t. 2, p. 201) émit l'opinion formelle que la communauté n'existait point réellement pendant le mariage, quoique la femme fût appelée à recueillir la moitié des biens, s'ils existaient au moment de sa dissolution, et que la communauté ne prenait naissance que par cette dissolution.

34. — Pothier, séduit sans doute par la nouveauté de cette doctrine et par l'apparence de vérité qu'elle présentait, en devint aussi le propagateur : il écrivit que le droit de la femme à la communauté, tant que dure le mariage, n'était qu'un droit informe qui se réduisait à partager un jour les biens qui se trouveraient la composer lors de sa dissolution : ce qui avait fait dire à Dumoulin (sur l'art. 109, cout. de Paris) que la femme durant le mariage *non est proprie socia, sed speratur fore.*

35. — Enfin, Toullier lui-même a fait de cette opinion l'objet d'une dissertation approfondie dans laquelle il va jusqu'à dire que si l'on trouve dans le texte du Code civil et dans celui des coutumes ces phrases, *la communauté commence, la communauté se compose, la communauté se dissout*, ce sont autant d'*inexactitudes ou d'impropriétés de langage* qu'il devait signaler, « car il en naît des équivoques qui occasionnent dans les idées une confusion dont les meilleurs esprits ont peine à se défendre. »

36. — Cette manière d'envisager la communauté a été victorieusement combattue. — V. Ferrière, *Compilation de tous les comment. sur la coutume de Paris*, t. 3, p. 10; Duranton, t. 14, no 96; Battur, t. 1er, no 64. — Ce dernier auteur termine sa réfutation par un raisonnement qui nous semble sans réplique : « La puissance du mari, dit-il, est entière sans doute; mais cependant, s'il en abusait trop, la femme pourrait, pour cause de dilapidation de la communauté elle-même, en demander la dissolution, et, par l'effet d'une séparation judiciaire, exercer ses droits sur cette communauté. Or, *cela serait impossible si elle n'y avait aucun droit*; si la communauté n'existait point réellement, *le langage du Code ne serait, en effet, qu'un contre-sens*, ce qui n'est pas supposable. »

37. — De ce que, suivant le Code civil, la communauté commence dès le jour du mariage, de ce qu'elle se compose du revenu des propres des deux conjoints, de ce qu'enfin elle peut être créancière ou débitrice de l'un des époux ou de tous les deux, quelques auteurs ont conclu qu'elle devait être considérée comme un être moral ou comme une tierce personne placée entre les deux époux, et qui a des droits distincts et séparés de chacun d'eux, et à laquelle la loi attribue l'usufruit de leurs biens personnels et la propriété de tous les meubles et acquêts; or, comme un être moral, ont-ils dit, ne peut agir et administrer ses biens par lui-même, la loi lui nomme pour administrateur le mari. — Delvincourt, *Cours de droit civil*, t. 1er, p. 528; Proudhon, *Usufruit*, t. 1er, no 279.

38. — Cette théorie est réfutée par Toullier (t. 12, no 82) : « Ériger la communauté conjugale, dit-il, en personne morale, placée entre les deux époux et ayant des droits distincts et séparés de chacun d'eux, c'est visiblement confondre toutes les notions en jurisprudence. La nouveauté d'une pareille doctrine, et, ce n'est pas trop dire, les absurdités qui en seraient les conséquences, suffiraient pour la faire proscrire. Il s'ensuivrait, par exemple, que, depuis le mariage, le mari ne régirait plus ses propres biens et n'en percevrait plus les revenus en qualité de propriétaire, mais seulement en qualité d'administrateur d'une personne morale, ayant des droits distincts et séparés des siens, comme faisant et agissant non plus en son nom propre, mais au nom de la personne morale de la communauté, de laquelle cependant il peut vendre, hypothéquer, donner même les biens, sans en devoir, en aucun temps, compte à qui que ce soit. Il est évident que cette nouvelle doctrine ne peut s'accorder avec les principes des coutumes, qui donnent au mari la qualité de *seigneur et maître*, ni avec ceux du Code civil, qui n'a pas changé la nature de la communauté conjugale, ni enfin, avec ceux du droit romain, adoptés par le Code. » — V. conf. Battur, t. 1er, p. 244, no 150.

39. — De ce qu'on ne peut stipuler que la communauté commencera à une autre époque que celle du mariage, il ne faut pas conclure qu'on ne puisse convenir qu'elle n'aura lieu que sous certaine condition; par exemple, *s'il naît des enfans de l'union des époux*. — Pothier, no 278; Lebrun, *Tr. de la communauté*, liv. 1er, chap. 3, no 10; Duranton, t. 14, no 97; Toullier, t. 12, no 84. — Ce dernier auteur en donne pour raison que, le Code n'ayant point défendu les stipulations qui subordonnent l'existence de la communauté à une condition casuelle, elles sont valides : « D'ailleurs, ajoute-t-il, une pareille stipulation n'a rien de contraire à la disposition de l'art. 1399, car, la condition ayant un effet rétroactif, il en résulte, si elle s'accomplit, que la communauté aura commencé à l'époque de la célébration du mariage, et qu'elle n'aura jamais existé, si la condition vient à défaillir. »

40. — Mais dans ce dernier cas, c'est-à-dire si la condition vient à défaillir, sous quel régime se trouveront mariés les époux? — Évidemment ce ne sera pas celui de la communauté, puisqu'ils n'ont voulu l'admettre qu'autant que la condition s'accomplirait; ce ne sera pas non plus sous le régime dotal, puisqu'il n'y aurait pas soumission formelle à ce régime; il n'y aurait pas non plus séparation de biens, car il faut aussi qu'elle soit expressément stipulée; M. Duranton (t. 14, no 97), et nous partageons son avis, pense que dans ce cas les époux seraient mariés avec exclusion de communauté, telle qu'elle est prévue aux art. 1530 et suiv., C. civ.

41. — La communauté consentie sous condition est nulle si la condition est potestative; comme si les époux avaient stipulé qu'ils établiraient la communauté entre eux *si, plus tard, cela leur convenait*. — Renusson, *De la communauté*, part. 1re, chap. 4, no 12. — La raison en est que ce serait là un moyen de changer les conventions matrimoniales après la célébration du mariage, ce qui est contraire au vœu de la loi. — Duranton, t. 14, no 99.

42. — Toullier (t. 12, nos 35 et suiv.) professe cependant l'opinion contraire; il se fonde : 1o sur ce qu'il est permis aux époux de s'avantager pendant le mariage pour tout ce dont ils peuvent disposer en faveur d'un étranger; — 2o sur ce que le Code civil ne prononce pas la nullité des actes faits contre les dispositions des art. 1394 et 1395. Mais en admettant, avec ce savant jurisconsulte, que la faculté accordée aux époux de s'avantager durant le mariage soit une modification aux conventions matrimoniales, nous pensons que ce ne serait là qu'une exception à la prohibition d'ailleurs générale de la loi, et qu'on ne doit pas en conclure d'une manière générale que les conventions matrimoniales peuvent être changées durant le mariage. — V. en ce sens Duranton, t. 14, nos 97 et 98; Battur, t. 1er, nos 2 et suiv.

43. — Quoi qu'il en soit, si une condition potestative était stipulée, et qu'elle vînt à défaillir, les époux seraient mariés avec exclusion de communauté. — Duranton, t. 14, no 99.

44. — C'est la loi en vigueur à l'époque où le mariage a été contracté qui, à défaut de contrat, régit et forme la communauté conjugale. — *Bruxelles*, 8 fév. 1819, Dagneaux; 7 mars 1823, Prevener c. Paillet; — Chabot, *Quest. transit.*, vo *Communauté conjugale*, t. 1er, p. 73; Proudhon, t. 1er, chap. 4, sect. 3e, p. 29; Duranton, t. 14, no 92.

45. — Il a été jugé qu'à défaut de contrat de mariage, c'est la loi du lieu où les époux ont entendu fixer leur domicile, et non celle du domicile d'origine du mari, non plus que du lieu où le mariage a été célébré, qui règle le sort des conventions matrimoniales. — *Cass.*, 29 déc. 1836 (t. 1er 1837, p. 537), Dagès c. Laborde. — Telle était aussi depuis long-temps la doctrine des auteurs. — Dumoulin, sur la loi 1, Cod. *De summâ trinitate*, tit. *de statutis*; Bacquet, *Des droits de justice*, chap. 31, no 74; Lebrun, *Des successions*, chap. 3, sect. 7e, no 13; Merlin, vo *Autorisation maritale*, sect. 10e, no 5.

46. — Jugé, cependant, que la communauté conjugale est régie par les lois et coutumes du lieu où le contrat de mariage a été célébré. — *Bruxelles*, 25 avr. 1817, Vendendriessche. — V. à cet égard CONVENTIONS MATRIMONIALES.

47. — Il a été jugé que le réglement des juifs de Metz, rédigé en 1743, et qui établissait, à défaut de contrat de mariage, un régime exclusif de la communauté, ne formait qu'une coutume personnelle aux individus de la nation juive. — En conséquence, les juifs, en devenant citoyens français par l'effet du décret du 27 sept. 1791, ont été placés sous l'empire du droit commun et dégagés de toutes lois particulières, de tous réglemens personnels qui avaient assujetti jusque-là leurs contrats à des formes spéciales. — Dès lors, leur association conjugale, pour les mariages contractés postérieurement à ce décret, mais avant la promulgation du Code civil, s'est trouvée régie par la coutume du domicile des époux à l'époque de la célébration du mariage. — *Colmar*, 11 mai 1842 (t. 2 1842, p. 302), Wahl et Sicklin c. Whal.

48. — Jugé, en conséquence, qu'un mariage israélite célébré à Issenheim en 1799, sans contrat, étant régi, quant aux biens, non par le réglement de 1743, mais par la coutume de Ferrette, établissant communauté universelle, c'est d'après cette coutume que les droits des enfans issus du mariage ont dû être réglés pour servir de base au compte de tutelle à rendre par leur père. — Même arrêt.

49. — L'art. 61, L. 17 niv. an II, prononçait l'abolition de toutes lois, coutumes, usages et statuts relatifs à la transmission des biens, — par succession ou donation. L'art. 62 disait ensuite : « La loi ne reconnaît aucune différence dans la nature des biens ou dans leur origine, pour en régler la transmission. » Enfin, l'art. 64 établissait l'égalité des partages entre enfans. En présence de ces dispositions, on pensa en Normandie et dans le pays soumis à la coutume de Metz que cette loi consacrait un retour au droit commun pour tous les cas de transmission, et comme elle abolissait les nombreuses dispositions des coutumes de ces provinces qui accordaient une grande faveur aux mâles, et qui reconnaissaient une grande différence dans la nature et l'origine des biens, on en conclut que, d'après l'esprit de cette même loi, le régime de la communauté pouvait être stipulé dans les contrats de mariage, ou, à défaut de convention, que les droits des époux mariés postérieurement à la loi du 17 niv. an II devaient être réglés comme s'il s'était établi entre eux une communauté naturelle. — V. en ce sens *Rouen*, 10 messid. an XIII, Delamare c. N...; 16 août 1808, Anquetil c. Sagniel; *Metz*, 2 et 10 juin 1814, Fautrier c. Vivien; *Rouen*, 12 déc. 1822, Alix c. Rouland; 2 avr. 1824, Guilbere c. Maire; *Cass.*, 29 fév. 1832, Boulot.

CHAPITRE III. — *De la communauté légale.*

Sect. 1re. — *De l'actif de la communauté.*

50. — La communauté a, comme toutes les sociétés de biens, un actif et un passif; cet actif et ce passif ne se composent pas de l'universalité des biens et des dettes des époux, mais seulement des biens et des dettes que la loi a voulu y faire en-

trer, à défaut de stipulation de la part des époux.— Toullier, t. 12, nº 92.

51.—Il suit de là que tous les biens qui ne sont pas compris dans ces dispositions demeurent *propres* aux époux, s'il est prouvé que l'un d'eux les possédait ou qu'il en était propriétaire avant le mariage.—Toullier, t. 12, nº 92, *in fine*.

52. — Toutefois, la clause par laquelle l'un des époux stipulerait dans son contrat de mariage que ses meubles lui demeurent propres n'empêcherait pas ces meubles de tomber dans la communauté et de se confondre avec les autres biens mobiliers de cette communauté; sauf à payer à l'autre époux ou à ses héritiers la valeur de ces mêmes meubles stipulés propres.— *Bruxelles*, 12 mars 1825, Vaelkens; — Merlin, *Répert.*, vº *Réalisation*, § 1er, nº 4; Battur, t. 1er, nº 153. — Le motif de cette décision est qu'il est de l'intérêt des époux, et particulièrement de celui au profit duquel est faite la réserve, d'avoir en créance la valeur de ces meubles, dont il exercera la reprise sur le pied de l'inventaire, plutôt que les meubles eux-mêmes, qui peuvent dépérir ou disparaître, et dont l'identité peut être difficile à établir. — Battur, *eod. loc.*

53. — La communauté se compose activement : 1º de tout le mobilier que les époux possédaient au jour de la célébration du mariage, ensemble de tout le mobilier qui leur échoit pendant le mariage à titre de succession ou même de donation, si le donateur n'a exprimé le contraire; — 2º de tous les fruits, revenus, intérêts et arrérages, de quelque nature qu'ils soient, échus ou perçus pendant le mariage et provenant des biens qui appartenaient aux époux lors de sa célébration, ou de ceux qui leur sont échus pendant le mariage, à quelque titre que ce soit; — 3º de tous les immeubles qui sont acquis pendant le mariage.—Cout. de Paris, art. 220; Cout. d'Orléans, art. 86. —C. civ., art. 1401.

54. — Jugé que la communauté dans laquelle il est stipulé qu'entreront les apports déterminés au contrat de mariage n'est pas restreinte à ces seuls apports : elle n'en comprend pas moins tout ce qui, d'après l'art. 1401, C. civ., forme son actif.—*Douai*, 18 juin 1845 (t. 2 1845, p. 233), Chopin c. Debriois.

55. — Nous allons reprendre successivement chacune de ces dispositions.

ART. 1er. — *Du mobilier.*

56.—Le mot *mobilier* doit être pris ici dans son acception la plus étendue; il comprend tout ce qui est meuble par sa nature ou d'après la détermination de la loi.—C. civ., art. 535 et 537;—Pothier, *De la communauté*, nº 25; Battur, t. 1er, nº 155; Duranton, t. 14, nº 106.

57.— Ainsi, tous les meubles corporels, non devenus immeubles par accession, incorporation ou destination que possédaient les époux lors du mariage, ou qui leur sont échus pendant sa durée, tombent dans la communauté. — Merlin, *Rép.*, vº *Communauté*, § 2, nº 3; Duranton, t. 14, nº 106; Toullier, t. 12, nº 94; Battur, *loc. cit.*

58.—Il en est de même des meubles incorporels; et l'on entend par meubles incorporels les actions et les droits qui ont pour objet des sommes ou des effets mobiliers. (C. civ., art. 529). — Toullier, t. 12, nº 95.— V. BIENS, nºs 201 et suiv.

59. — Quant aux actions qui auraient des immeubles pour objet, comme elles ne seraient en réalité que des immeubles, elles n'entreraient pas en communauté; et ce qui détermine le caractère des actions, ce n'est pas leur cause mais leur objet. Il est vrai que Lebrun (*Traité de la communauté*, liv. 1, chap. 5) dit qu'on regarde comme un principe général qu'en matière de communauté, à la différence de celle des successions, on a toujours eu égard à la cause et non à l'objet des actions.

60. — Mais cette opinion est contredite par son annotateur et par Renusson dans son *Traité de la comm.*, part. 1re, chap. 3, nº 15.

61.—Elle est également réfutée par Pothier (*De la Communauté*, nº 77) et par Toullier (t. 12, nº 95, note), qui ajoute que cette erreur ne peut plus être reproduite sous le Code civil.

62.—Si l'action a pour objet en même temps des meubles et des immeubles, elle est mobilière en partie et immobilière en partie.— « Ainsi, dit Toullier (nº 96), avant mon mariage, j'ai acheté une maison avec tous les meubles qui s'y trouvaient, elle ne m'a pas encore été livrée lors de la célébration du mariage; l'action que j'ai contre mon vendeur étant en partie mobilière et en partie immobilière, tous les meubles de la maison entreront en communauté, et la maison seule en sera exclue et me restera propre. »

63. —C'était autrefois une question controversée que celle de savoir si l'on devait réputer mobilière ou immobilière, et dès lors faire entrer dans la communauté ou l'en exclure, l'action en reprise ou remploi d'une femme devenue veuve, pour récompense du prix de ses immeubles aliénés.—En Bretagne (V. Duparc-Poullain, t. 3, p. 47), on considérait comme immobilière cette action qui, au contraire, était réputée mobilière au parlement de Paris. — V. Rousseau de Lacombe, vº *Remploi*; Merlin, *Rép.*, vº *Legs*, sect. 4, § 2, nº 4. — Aujourd'hui, sous l'empire du Code, l'action de la femme en remploi du prix de ses propres immeubles aliénés est purement mobilière, puisqu'elle ne tend qu'à en prélever le prix en deniers. — C. civ., art. 1433; —Toullier, t. 12, nº 111.

64. — La loi a prévu des cas où les actions demeurent mobilières pour le tout, quoiqu'elles aient pour objet accessoire des immeubles dépendant du mobilier qui est l'objet principal de l'action. — Ainsi, l'art. 529, C. civ., porte que les actions ou intérêts dans les compagnies de finance, de commerce ou d'industrie, encore que des immeubles dépendant de ces entreprises appartiennent aux compagnies, sont réputés meubles à l'égard de chaque associé tant que dure la société (V. BIENS, nºs 212 et suiv.); d'où il faut conclure qu'elles entrent en communauté.

65.—Toutefois, et de ce que l'art. 529 lui-même n'attache à ces actions et intérêts le caractère mobilier que *tant que dure une pareille société*; de ce qu'en outre le même article ne dispose que dans le rapport des actions avec les *immeubles dépendant de l'entreprise*, on a été amené à quelques distinctions importantes :

66.— Ainsi, il suit de là que si, lorsque l'associé d'une compagnie d'où dépendent des immeubles se marie pendant la durée de la société, ses actions ou intérêts entrent en communauté pour la totalité, nonobstant l'existence de ces immeubles; et qu'au contraire, lorsque le conjoint ne se marie qu'après la dissolution de la société, quoique avant le partage des effets qui lui appartiennent, sa portion dans les immeubles qui en dépendent n'entre point dans la communauté.—Toullier, t. 12, nº 97; Duranton, t. 14, nº 122.

67. — Il en résulte encore que si l'entreprise possédait des immeubles qui ne fussent pas une dépendance nécessaire de son exploitation, les actions, pour ce qui concernerait ces immeubles, seraient immobilières et n'entreraient pas en communauté. — Toullier, t. 12, nº 98; Battur, t. 1er, nº 170.

68. — Si l'entreprise n'avait pour objet que des immeubles, par exemple, l'acquisition de terres pour les défricher et les mettre en valeur, dans ce cas les actions changeraient de caractère; elles seraient considérées comme immobilières et ne tomberaient pas dans la communauté : les produits, en effet, ne seraient que les accessoires, et ces produits, déduction faite des frais, entreraient seuls dans la communauté de l'associé qui se marierait pendant la durée de l'association. — Battur, t. 1er, nº 170; Toullier, t. 12, nº 97.

69. — Mais il ne faudrait pas cependant considérer comme immobilières les actions dans une compagnie pour le dessèchement des marais; la raison en est que les bénéfices que se proposent les entrepreneurs consistent originairement dans l'indemnité qui leur est due en argent par les propriétaires des marais desséchés. — Toullier, t. 12, nº 1701.— V. aussi L. du 16 sept. 1807, art. 21.

70. — Il faut aussi comprendre dans ces mots *tout le mobilier* de l'art. 1401, le mobilier qui est le produit de l'industrie commune des époux; le Code civil a pleinement adopté à cet égard les dispositions de la coutume de Paris, qui déclarait les époux communs *en tous meubles*, et la doctrine de Pothier (*De la Communauté*, nºs 96, 97, 98, 99 et 100), qui enseigne que tous les meubles, quelle qu'en soit l'origine, font partie de la communauté. —V. au reste l'art. 1498, C. civ.

71.—Et M. Duranton (t. 14, nº 141) enseigne que même les produits d'une profession déshonnête, ceux de la contrebande, par exemple, tombent dans la communauté.

72.—Nous avons expliqué, au mot BIENS, ce que la loi, les auteurs et la jurisprudence considèrent comme ayant un caractère mobilier.—C'est donc à ces explications qu'il faut recourir pour se rendre compte des objets qui tombent, à ce titre, dans la communauté. — V. notamment, en ce qui concerne les matériaux des bâtimens, vº BIENS, nºs 196 et suiv.; — les arbres des pépinières, *eod. verbo*, nº 40.

73. — La part du trésor accordée par la loi à l'inventeur (C. civ., art. 716) est mobilière et tombe dans la communauté. — Toullier, t. 12, 129; Duranton, t. 14, nº 133, et t. 4, nºs 308 et suiv.

74.—Mais les auteurs précités déclarent exclure de la communauté la part du trésor que la loi attribue au propriétaire du sol (Art. 716.). « C'est un meuble, il est vrai, dit M. Toullier, mais un meuble que le conjoint ne possédait pas au jour de la célébration du mariage; qui ne lui est pas échu à titre de donation ou de succession, qui n'est pas le produit de son industrie : c'est un meuble provenu de son fonds, mais qui n'est ni un usufruit ni un revenu de ce fonds. Or, l'art. 1401 ne fait entrer en communauté que les fruits et revenus provenant des biens propres des conjoints : *Quidquid ex re nasci et renasci solet*; les trésors n'étant pas des fruits n'y doivent pas entrer. » —Pothier, *Communauté*, nº 98; Battur, t. 1er, nº 160; Bellot des Minières, t. 1er, p. 150.

75. — Que faut-il décider dans le cas où le trésor a été trouvé par l'un des époux sur son propre fonds? M. Toullier prétend que le trésor est propre en totalité à l'époux, et n'entre par conséquent pas dans la communauté. Cet auteur se fonde sur ce que l'art. 716 C. civ., a changé le droit ancien, en disant que *la propriété du trésor appartient à celui qui le trouve dans son propre fonds*; il se fonde sur ce que *la propriété du sol emporte la propriété du dessus et du dessous*.— V. t. 12, nºs 130 et suiv.—M. Duranton rejette cette opinion, et voici comment il la combat : « D'abord, il est bien évident que l'art. 716, en disant que la propriété du trésor appartient à celui qui le trouve dans son propre fonds, statue par opposition au cas qui suit immédiatement celui où le trésor est trouvé *par un tiers*, cas dans lequel le propriétaire du fonds n'en a que la moitié. Cet article n'a pas eu pour objet de dire que le maître du fonds qui a lui-même trouvé le trésor l'a en totalité à titre de propriétaire; au contraire, il en a la moitié, au même titre que si c'eût été un tiers qui l'eût trouvé, et l'autre moitié à titre de propriétaire; et cela ne pourrait être autrement sans désaccord dans les principes et dans les motifs de la loi; car en ce qui touche la découverte du trésor, l'*invention* et le droit qui en résulte, la qualité de propriétaire du fonds devait être fort indifférente. Et quant à la règle que *la propriété du sol emporte la propriété du dessus et du dessous*, M. Toullier en fait une bien étrange application en ce qui concerne la moitié du trésor que nous prétendons devoir tomber dans la communauté, quoique celui des époux qui l'a trouvé l'ait trouvé sur son propre fonds. Si cette règle était applicable, il faudrait dire aussi que tout le trésor doit appartenir à l'époux, quoique ce fût un tiers qui l'ait trouvé. Mais en réalité, ce n'est pas à titre de propriétaire du dessous que la loi attribue au maître du fonds une portion du trésor trouvé par un tiers, puisque le trésor *n'appartient à personne* (C. civ., art. 716.). C'est par une faveur de la loi, motivée sans doute sur le titre de la propriété du fonds, qu'une portion lui en est *attribuée*; mais le trésor ne faisait pas plus partie du fonds que les bêtes fauves qui s'y trouvent n'en font partie. » Cette opinion de M. Duranton, que nous adoptons pleinement, est aussi professée par M. Bellot des Minières (t. 1er, p. 151 et suiv.); par Delvincourt (t. 3, p. 238), et par Rolland de Villargues (vº *Trésor*, nº 15).

76. — Par suite de ce qui vient d'être dit, si le trésor était trouvé sur un fonds appartenant à la communauté, cette communauté en deviendrait propriétaire en totalité, moitié par accession, *jure soli*, moitié par droit d'invention.—Duranton, t. 14, nº 13; Rolland de Villargues, *loc. cit.*, nº 16.

77. — Les rentes perpétuelles sont meubles (vº BIENS, nºs 236 et suiv., et RENTE). A ce titre, elles entrent en communauté. Sous la coutume de Paris (art. 94), qui était sur ce point le droit commun de la France, les rentes perpétuelles étaient réputées immeubles, le créancier ne pouvant alors racheter le capital, on en concluait que ce capital n'était plus un objet mobilier, et que la rente n'étant point en soi la créance d'une somme d'argent exigible, elle était immeuble et n'entrait par conséquent point dans la communauté. Les rédacteurs du projet du Code civil avaient adopté cette doctrine. L'art. 11 de ce projet portait que « les immeubles que les époux possèdent n'entrent point en communauté. *Il en est de même des capitaux des rentes.* » Mais lors de la discussion (Séance du 30 vendém. an XII), et sur la proposition de Tronchet, on confondit dans la communauté légale et les capitaux de rentes et les capitaux d'obligations authentiques que l'on avait aussi voulu exclure. — V. Toullier, t. 12, nº 198; Battur, t. 1er, nº 166; Duranton, t. 14, nº 123.

78. — Remarquons toutefois que, par exception à la règle générale, les rentes sur l'état et les actions de la banque de France ont pu être immobilisées, pour les faire admettre dans la formation d'un majorat, aux termes des décrets des 16 janv. 1808 (art. 7), et 1er mars suivant (art. 2).—Dans ce cas, ces rentes n'entrent point en communauté.— Battur, t. 1er, nº 167.

79. — Que doit-on décider à l'égard des rentes

foncières? Au premier aspect, il semblerait que la rente foncière, qui représente l'immeuble aliéné, devrait être considérée comme immeuble et par conséquent être exclue de la communauté. Dans l'ancien droit, il en était généralement ainsi; mais les lois des 9-11 août 1789 et 18-29 déc. 1790 déclarèrent d'abord les rentes foncières rachetables; puis la loi du 11 brum. an VII, sur le régime hypothécaire, leur enleva leur caractère d'immeubles en déclarant que désormais elles ne pourraient plus être hypothéquées; et enfin, l'art. 530 du Code civil les déclara aussi essentiellement rachetables. On pensa avec raison que la rente foncière était moins la représentation réelle de l'immeuble que le prix moyennant lequel il avait été aliéné; de là on a conclu que ce prix, étant une somme d'argent, a dû, depuis cette législation nouvelle, appartenir à la communauté. — Duranton, t. 14, no 123; Bellot des Minières, t. 1er, p. 114 et suiv.

80. — Jugé, d'après ce principe, que les rentes foncières ne forment plus que de simples créances, qui ne peuvent se conserver que par l'inscription. — *Cass.*, 29 juin 1813, Varré C. d'Avranche d'Haugerauville; — Battur, t. 1er, no 168. — V. RENTE FONCIÈRE. — V. aussi BIENS, nos 237 et suiv.

81. — Il faut cependant remarquer que les rentes perpétuelles et foncières, acquises avant ou durant le mariage, sous une loi qui les déclarait immeubles, conservent la même nature dans une communauté dissoute sous l'empire du Code civil, lorsqu'il s'agit de régler les droits des époux sur leurs diverses espèces de biens.—V. Chabot, *Quest. trans.*, vo *Droits matrimoniaux*; Bellot des Minières, *loc. cit.*; Duranton, t. 14, no 124.

82. — Jugé, d'après ce principe, que les rentes qui étaient réputées immeubles lors de la célébration du mariage, ne sont pas entrées dans la communauté par l'effet de la mobilisation qui en a été faite depuis par le Code civil. — *Bruxelles*, 21 août 1814, N...

83. — Jugé, de même, que les rentes réputées immeubles à l'époque du mariage et lors de leur acquisition, sont exclues du douaire mobilier de la femme survivante, bien que le mariage se soit dissous depuis le Code civil. — *Bruxelles*, 8 fév. 1819, Dagneaux.

84.—Il a néanmoins été décidé : 1o que lorsqu'il s'agit de fixer les droits du conjoint survivant à la communauté, c'est d'après la loi existante à l'époque de la dissolution du mariage et non d'après la loi existante à l'époque du contrat de mariage que les juges doivent décider si les biens sont meubles ou immeubles.— *Bruxelles*, 22 mars 1811, Delvaux.

85. — ... 2o Que c'est d'après le Code civil, et non d'après la loi de l'époque du contrat de mariage, que doit être déterminée la nature mobilière ou immobilière de l'action appartenant à une femme mariée sous la loi ancienne pour droits successifs à elle échus depuis la promulgation du Code. — *Cass.*, 16 août 1841 (t. 2 1841, p. 559), Revol c. Maussan.

86. — En ce qui concerne *les rentes viagères*, il s'est élevé la question de savoir si celles appartenant aux époux avant le mariage entraient dans la communauté non seulement pour les arrérages échus pendant la durée du mariage, mais encore pour les arrérages qui échoient depuis sa dissolution. Dans l'ancien droit, on n'y faisait entrer que les arrérages échus pendant le cours du mariage. Pothier (*De la communauté*, no 90) cite un arrêt du 4 août 1729, qui l'avait jugé ainsi, dans la cause de la comtesse de la Motte-Houdancourt et son fils. Bourjon (*Droit commun de la France*, t. 1er, p. 545, édit. de 1770, no 35) partage aussi cette opinion, qui a été complétement adoptée par Toullier (t. 12, no 110). Ce dernier auteur se fonde sur ce que, en constituant une telle rente pour la durée de sa vie seulement, le conjoint n'a pas voulu qu'elle fût transmissible à ses héritiers, pas même à ses enfans, et qu'il a voulu, au contraire, se la rendre propre et l'attacher à sa personne, soit pour augmenter ses revenus, qu'il jugeait insuffisans pour ses besoins, soit pour augmenter son aisance et vivre avec plus de luxe, *ut lautiùs viveret*. Il a donc voulu expressément se rendre cette rente propre, et l'attacher à sa personne de manière à ce qu'elle n'en pût être détachée sans un acte exprès de sa volonté. — M. Battur (t. 1er, no 166) traite cette doctrine de sophisme; M. Bellot des Minières (t. 1er, p. 119) et M. Glandaz (vo *Communauté*, no 59) la repoussent, et M. Duranton, qui la refute complétement, fait cependant une distinction entre la pension viagère léguée à l'un des époux pour alimens et celle qui a été créée à tout autre titre. « Dans le premier cas, dit-il, le droit est inaliénable; l'époux n'est pas présumé avoir voulu faire entrer dans la communauté une chose dont il ne pouvait disposer; mais dire la même chose à l'égard de toute autre rente viagère quelconque, c'est ce que nous ne concevons réellement pas. »

87. — Pour démontrer qu'il n'est pas exact de soutenir que la rente viagère est de sa nature un droit exclusivement attaché à la personne, le même auteur suppose le cas où le créancier vient à être atteint par la mort civile et où la rente n'est pas éteinte pour cela; enfin, raisonnant d'après les textes mêmes de la loi, il ajoute : « La décision de M. Toullier est incompatible avec l'art. 529, suivant lequel les rentes viagères sont meubles, rapproché de l'art. 1405, qui fait entrer dans la communauté tout le mobilier que possédaient les époux lors du mariage, et tout le mobilier qui leur échoit pendant sa durée à titre de succession ou même de donation, à moins que le donateur n'ait déclaré le contraire. » Cette dernière raison nous paraît décisive : dès que la rente viagère est reconnue mobilière, il ne peut plus, selon nous, y avoir de discussion raisonnable sur la question.

88.—La cour d'Orléans a jugé que la stipulation faite par deux époux qu'une rente viagère acquise par eux avec le prix d'un conquêt de leur communauté *sera reversible sur la tête du survivant*, a seulement pour objet de fixer la durée du service des arrérages de cette rente, *et non pour effet d'en attribuer la totalité à cet époux.* — *Orléans*, 28 déc. 1843 (t. 1er 1844, p. 433), Aubert c. Barré.

89.—Cette décision est conforme à un précédent arrêt de Paris (19 déc. 1819, Chaumet), qui a décidé que lorsque des rentes viagères ont été acquises par deux époux pendant leur communauté et de leurs deniers, *avec clause de jouissance au profit du survivant*, ces rentes se partagent, nonobstant cette clause, avec les héritiers de l'époux prédécédé.

90.— Elle est conforme également à l'opinion de Lebrun (*Traité de la communauté*, liv. 1er, chap. 5, distinct. 2, no 17) et à celle de Pothier (*De la rente*, no 212); mais il faut remarquer qu'à l'époque où écrivait ce dernier auteur, les époux ne pouvaient s'avantager pendant le mariage, si ce n'est par don mutuel (V. cout. de Paris, art. 282); d'un autre côté, aux yeux de Pothier, la clause de reversibilité contenue au contrat de rente viagère constituait une véritable donation, que le mari faisait à sa femme, pour le cas de survie de cette dernière, de la moitié à lui appartenant dans les arrérages de la rente; et, en effet, sans cette clause, la femme n'aurait eu droit qu'à la moitié de ces arrérages, puisqu'en sa qualité de commune elle ne pouvait prétendre qu'à la moitié du capital ou du conquêt qui en était le prix; donc elle devenait réellement donataire de l'autre moitié.

91.— C'est ainsi, au reste, que la cour de Cassation a envisagé la stipulation dont il s'agit, dans les motifs d'un arrêt du 18 janv. 1830, Sacriste c. Baritaud.

92. —Voici, au surplus, les observations que nous avons présentées sur cette question au *J. Pal.*, t. 1er 1844, p. 433.—« Dans l'espèce jugée par la cour d'Orléans (V. *suprà* no 88), avons-nous dit, chacun des époux avait fourni, sinon en argent, du moins en nature, à savoir la moitié dans le conquêt de communauté, le prix de la rente constituée d'abord sur sa tête, et ensuite sur celle de son conjoint en cas de survie de sa part. Donc, par le fait, chacun des époux a fait donation à l'autre de sa moitié dans les arrérages de ladite rente, puisque, sans la clause de reversibilité, ces arrérages auraient dû être partagés par moitié entre l'époux survivant et les héritiers du prédécédé. — On objecte que la femme n'étant pas propriétaire des objets de la communauté, puisque le mari seul a droit d'en disposer, elle n'a en réalité rien donné. Mais si, pendant l'existence du mariage, le mari, comme mandataire légal de sa femme, a seul l'administration et la libre disposition des biens de la communauté, cette circonstance n'empêche pas que celle-ci n'en soit propriétaire pour moitié, sous la condition qu'elle acceptera la communauté, en sorte que, lorsqu'elle dispose de sa part avec l'autorisation de son mari, et qu'après la mort de ce dernier elle accepte la communauté, elle a réellement disposé de sa chose. Il n'est donc pas exact de dire, avec la cour d'Orléans, que la clause de reversibilité a seulement pour effet de fixer la durée du service de la rente. Cela est vrai à l'égard des débiteurs, mais non à l'égard du créancier; quant à celui-ci, elle a, du moins nous croyons l'avoir établi, tous les caractères d'une libéralité. C'est une donation aléatoire, il est vrai, mais une donation qui ne diffère de celle permise aux époux par l'art. 1094, C. civ., qu'en ce qu'elle est faite pendant le mariage au lieu de l'être par le contrat de mariage. Nous ajouterons que, s'il était permis, avec M. Duranton (t. 18, p. 122, no 136), de ne pas voir dans la stipulation dont il s'agit un avantage fait par le prédécédé au survivant, mais de n'y voir qu'un contrat aléatoire, il en résulterait que chacun des époux pourrait, en vendant à rente viagère et avec clause de reversibilité sa moitié dans toutes les valeurs de la communauté, s'approprier ainsi toutes ces valeurs au préjudice de ses héritiers à réserve. Or, tel n'est pas le vœu de l'art. 1973, C. civ. : car, s'il affranchit ces sortes de libéralités des formes requises pour les donations, il a soin de réserver aux héritiers du donataire le droit d'en demander la réduction dans le cas où elles excéderaient la portion disponible. »

93. — La rente viagère constituée par le mari à son profit tombe dans la communauté, qui en a payé la valeur, et celui-ci ne saurait se l'approprier en s'engageant à rembourser à la communauté le prix de constitution.— *Agen*, 6 mars 1844 (t. 1er 1845, p. 705), Renard c. Courvarin.

94. — Les pensions alimentaires entrent dans la communauté, mais seulement pour les annuités qui échoient pendant la durée de la communauté seulement.—*Cass.*, 3 fév. 1830, Pontard.—La raison en est, pour les dons et legs d'alimens faits à l'un des époux pendant le mariage, que ces dons et legs sont insaisissables, qu'on ne peut en faire l'objet d'une transaction, et que le donateur est censé avoir voulu attacher son bienfait à l'époux personnellement. — Duranton, t. 14, no 136.

95. — Il en est de même, et à plus forte raison, à l'égard des pensions de retraite des militaires, car la raison de décider est fondée sur une déclaration du 7 janv. 1779, sur un arrêté du gouvernement du 7 thermid. an X, et enfin sur un avis du conseil d'état du 28 janv. 1808, qui déclarent les pensions de retraite incessibles et insaisissables sous quelque prétexte que ce soit.

96. — C'est donc avec raison qu'il a été jugé que si les pensions de retraite accordées aux fonctionnaires publics tombent, comme les traitemens, dans la société d'acquêts ou dans la communauté à mesure de leurs échéances, elles lui deviennent absolument étrangères après sa dissolution; ainsi, l'on ne saurait les compter, soit directement, soit indirectement, dans la communauté, et elles ne peuvent devenir la cause d'un prélèvement correspondant à leur valeur, au profit de l'époux du titulaire, sur les biens de la communauté. — *Caen*, 27 juin 1845 (t. 2 1845, p. 365), M...

97.— ...Et que la femme ne peut non plus, dans le même cas de dissolution de la communauté, réclamer aucun prélèvement à raison des retenues subies pendant le mariage, en faveur de la caisse des retraites, sur le traitement du mari, ces retenues ne devant pas être assimilées à une dépense faite par la communauté pour acquérir le droit à la pension, mais constituant en réalité un impôt levé sur le traitement. — *Caen*, 27 juin 1845 (t. 2 1845, p. 365), M...

98. — Toutefois, il ne faudrait pas confondre ce cas avec celui où une gratification aurait été accordée à un officier par le gouvernement, à raison de ses services et postérieurement à son mariage. Il a été jugé que cette gratification tombait dans la communauté alors même qu'aux termes du contrat de mariage tout ce qui adviendrait aux époux par legs ou donation, tant en meubles qu'en immeubles, serait exclu de la communauté.—*Cass.*, 7 nov. 1827, Razout.— V. aussi en ce sens Glandaz, no 46.

99. — Jugé également qu'une rente sur l'état, accordée à titre de récompense nationale à un blessé de juillet, a dû tomber dans la communauté d'acquêts; cette gratification n'était pas l'effet d'un don ou d'une libéralité quelconque faite en considération de la personne du donataire, mais le produit de ses travaux. — *Colmar*, 20 déc. 1832, Siès.

100. — Jugé cependant que le don honorifique, fait par un prince au mari, d'une tabatière accompagnée d'une lettre d'envoi, ne tombe pas dans la communauté. — *Bastia*, 26 fév. 1840 (t. 2 1842, p. 437), Pieraggi.

101. — Les offices tels que les charges d'avocat à la cour de Cassation, de notaire, d'avoué, de greffier, etc., tombent dans la communauté, sans qu'il y ait lieu de distinguer si le mari en était ou non pourvu avant le mariage. — Duranton, t. 14, no 130; Toullier, t. 12, no 112; Glandaz, no 42.

102. — En conséquence, si le titulaire de l'une de ces charges se marie sous le régime de la communauté, sans faire de stipulation relative à sa charge, la valeur de cet office tombe dans la communauté. — Ainsi jugé relativement à un office de commissaire-priseur. — *Douai*, 15 nov. 1833, Ducorroy.—V. aussi en ce sens Toullier, t. 12, no 112; Battur, no 184; Duranton, t. 14, no 130; Rolland de Villargues, vo *Communauté*, no 82; Carré, *Compétence*, t. 1er, no 297, aux notes, Dard, *Traité des offices*, p. 260 et suiv.

103. — ... A une charge de greffier. — *Cass.*,

8 mars 1843 (t. 2 1843, p. 113), Knoeffler c. Monnet et Ostermann.

104. — ... A un office de notaire. — *Agen*, 2 déc. 1836, Baudel et Calsnac.

105. — Il a même été décidé que la collation gratuite d'un office, faite au mari pendant le mariage, devait être considérée comme un bénéfice de communauté, et non comme une donation, en telle sorte que la valeur de cet office tombait dans la communauté, encore qu'aux termes du contrat de mariage, tout ce qui adviendrait aux époux, par legs ou donation, tant en meubles qu'en immeubles, en serait exclu. — *Douai*, 15 nov. 1833, Ducorroy; *Agen*, 2 déc. 1836, Baudel et Calsnac. — V. cependant en sens contraire sur les deux points, *Metz*, 24 déc. 1835, Gillet c. Villain; *Bordeaux*, 2 juill. 1840 (t. 2 1840, p. 445), Bouvin et Laplante.

106. — Le principe que les offices, ou plutôt leur valeur, entrent dans la communauté a été étendu même au cas d'échange de cet office : il est ainsi fait au profit de la communauté. — *Paris*, 23 juill. 1840 (t. 2 1840, p. 689), Racine.

107. — Si le mari exerce encore son office au moment de la dissolution de la communauté, il le conserve, s'il le veut; la raison en est, dit Pothier (nº 663), qu'il y aurait de l'indécence à dépouiller un officier de son office.

108. — Mais il ne le conserve qu'en faisant raison de sa valeur à la communauté. — Pothier, *loc. cit.*; Duranton, t. 14, nº 130.

109. — Dans tous les cas, cette valeur doit être déterminée non d'après le prix d'acquisition de l'office, mais d'après celui qui lui est donné à la dissolution de la communauté. — Duranton, *loc. cit.*

110. — Il en était autrement dans l'ancienne jurisprudence, qui, malgré l'avis de Dumoulin (*Sur la cout. de Paris*, art. 111), décidait que le mari devait seulement le prix d'achat de l'office : « la faveur des officiers ayant fait donner cette prérogative au mari. » — V. toutefois Pothier, nº 667.

111. — Au reste, et en principe, lorsqu'il s'agit de fixer l'époque à laquelle l'office doit être estimé pour en faire entrer la valeur dans la communauté, on a décidé que c'est la valeur au moment de la dissolution. — *Douai*, 15 nov. 1833, Ducorroy; *Agen*, 2 déc. 1836 (t. 2 1837, p. 450), Boudet. — La raison de ces décisions, c'est que c'est au moment de la dissolution du mariage que se fait le partage de la communauté, et que si le mari déprécie, postérieurement à cette dissolution, la valeur de la charge, lui seul sera passible de la perte. — V. aussi en ce sens Glandaz, *Encycl. du dr.*, vº *Communauté*, nº 43.

112. — Il a été jugé que le prix de la vente de l'étude d'un notaire, faite même antérieurement à la loi du 28 avril 1816, n'était pas tombé dans la communauté d'entre ce notaire et son épouse, lorsque, par contrat de mariage, il avait été stipulé qu'il n'entrerait en communauté qu'une somme déterminée des biens de chacun, et que dans ce cas la valeur de toutes les minutes des actes reçus pour le mariage était également exclue de la communauté. — *Amiens*, 17 déc. 1824, Nusse.

113. — Le prix des ventes d'immeubles faites par l'un des époux avant le mariage, et les soultes de partage d'immeubles encore dues lors de la célébration entrent dans la communauté En effet, l'action de l'époux vendeur ou copartageant n'était qu'une action pour avoir un prix ou une soulte, c'est-à-dire, une chose mobilière; par conséquent elle est tombée dans la communauté sans récompense pour l'époux, puisque tout le mobilier des époux y tombe dès qu'ils n'ont pas fait de stipulation de réalisation ou de propre. — Pothier, *Communauté*, nº 69; Duranton, t. 14, nº 112; Toullier, t. 12, nº 104; Glandaz, *loc. cit.*, nº 30.

114. — Par application d'un principe analogue, on a jugé que l'achalandage d'une pharmacie tombe dans la communauté. — *Metz*, 10 août 1841, sous *Cass.*, 29 nov. 1842 (t. 1er 1842, p. 51), Bouché c. Gilbrin.

115. — Lebrun (*De la communauté*, liv. 1er, ch. 5) a cependant émis une opinion entièrement contraire à cette doctrine; cet auteur se fonde sur ce qui s'observe à l'égard du passif de la communauté, où on a effectivement égard quelquefois à la cause d'où procède la dette passive d'un conjoint, pour décider si la communauté en doit être chargée; mais Pothier, qui réfute victorieusement cette opinion (*De la communauté*, nº 77), fait remarquer avec raison qu'on ne peut tirer aucune conséquence pour l'actif de la communauté de ce qui a lieu pour le passif. Cet auteur fait, au reste, remarquer que l'erreur de Lebrun est relevée par son annotateur, lequel cite un arrêt qui a jugé contre ce principe, et par Renusson (*De la communauté*, part. 1re, chap. 3, nº 15).

116. — L'action en rescision de la vente d'un immeuble est immobilière; dès lors elle n'entre point dans la communauté. — V. en ce sens *Bourges*, 25 janv. 1832, N... c. Leriche; — Pothier, *De la vente*, nº 349; Ferrière, *Dict. de dr.*, vº *Lésion*; Duvergier, *De la vente*, t. 2, nºs 114 et 115; Delvincourt, t. 3, p. 167; Duranton, t. 14, nº 114, et t. 16, nº 460; Troplong, *De la vente*, t. 2, nºs 808, 825, 837 et 840; Glandaz, nº 86. — V. aussi *infrà* nº 202.

117. — Jugé cependant que l'action en rescision pour cause de lésion est mobilière, comme ayant pour objet principal et direct le supplément du juste prix. — *Cass.*, 23 prair. an XII, Durout c. Cinget; 14 mai 1806, Fabre c. Blaquiène-Limoux. — Mais ces arrêts sont réfutés avec succès par Duranton (*loc. cit.*).

118. — Quant à la question de savoir si le supplément de prix fourni par l'acquéreur, par suite de l'exercice de l'action en rescision, entre dans la communauté, V. *infrà* nºs 207 et suiv.

119. — On doit considérer également comme tombant dans la communauté les dommages-intérêts qu'une femme mariée a obtenus à titre de réparation civile contre un tiers qui s'était rendu coupable envers elle de voies de fait graves. — *Colmar*, 11 avr. 1828, Halffler-Meyer. — Cet arrêt établit même ce préjugé que les dommages-intérêts, alors même qu'on les considérerait comme un bien personnel de la femme, resteraient à la disposition du mari en sa qualité de chef de la communauté, et pourraient être saisis par ses créanciers; enfin que, dans ce cas, la femme n'aurait qu'un droit de récompense lors de la dissolution.

120. — Il en est de même de toute créance mobilière, alors même que l'existence en serait suspendue par une condition, si d'ailleurs l'espérance en était acquise à l'un des conjoints avant le mariage.

121. — On s'est demandé, à ce sujet, s'il en doit être ainsi, lorsque l'événement de la condition n'arrive qu'après la dissolution du mariage. D'une part, on dit : un droit qui n'a jamais existé ni avant, ni pendant le mariage, et que la femme n'a jamais possédé, n'a pu de son chef entrer dans la communauté légale; mais d'autre part on répond, avec plus de vérité : si la créance n'existait pas encore, l'espérance de la voir se réaliser existait à sa place; or, dans cette conjoncture, ou la condition devait s'accomplir, ou elle devait défaillir; dans la première hypothèse, elle avait un effet rétroactif au jour du contrat (C. civ., art. 1179), et, par conséquent, le droit de l'époux est tombé, comme espérance qui s'est réalisée, dans la communauté; dans la deuxième hypothèse, l'époux n'a pas eu de droit, et il n'y a plus de question en ce qui touche la communauté. — V. Toullier, t. 12, nº 109; Duranton, t. 14, nº 109; Glandaz, *Encycl. du dr.*, vº *Communauté*, nº 33. — « Il en serait ainsi, ajoute M. Duranton (nº 109), quoique la créance provînt de l'aliénation d'un immeuble, et que la condition fût venue à s'accomplir pendant le mariage ou après sa dissolution. — Ainsi, dans le cas où l'un des époux aurait, avant son mariage, vendu un immeuble sous une condition suspensive qui est venue à s'accomplir pendant le mariage, ce prix serait tombé dans la communauté sans récompense pour l'époux; celui-ci ne serait pas censé avoir aliéné son immeuble seulement à l'époque où la condition est venue à s'accomplir, ce qui lui donnerait droit à une récompense; il serait censé l'avoir aliéné le jour même du contrat de vente, et avoir eu le prix à cette époque par l'action qui le représentait. Et si la condition n'était pas encore accomplie à l'époque de la dissolution de la communauté, le droit au prix, au cas où elle viendrait à s'accomplir, ferait également partie de la masse partageable, comme espérance acquise à la communauté. »

122. — Cette décision s'applique sans difficulté à toutes créances conditionnelles résultant d'actes entre-vifs à titre gratuit ou onéreux (Duranton, t. 14, nº 110). — Mais, dit encore le même auteur, il y a plus de doute lorsqu'il s'agit d'un legs de meubles fait à l'un des époux sous une condition qui était encore en suspens à la dissolution de la communauté, soit que le testateur soit mort avant le mariage, soit qu'il soit mort pendant le mariage (dans le cas bien entendu où la dissolution a eu lieu pour toute autre cause que le décès du légataire, tout legs conditionnel étant caduc par le décès du légataire avant l'accomplissement de la condition. — V. LEGS). — Toutefois, et même dans le cas d'un legs, M. Duranton pense que le droit se trouve acquis à la communauté.

123. — Les choses dues sous une alternative entrent ou n'entrent pas dans la communauté, selon que celle donnée en paiement est mobilière ou immobilière. Ainsi, par exemple, quelqu'un avait légué à Pierre une maison ou la somme de 10,000 fr.; la créance qui résulterait de ce legs, qui était dû à Pierre lors de son mariage, sera censée une créance mobilière, et, comme telle, entrera dans la communauté, si, par la suite, c'est la somme de 10,000 fr. qui est payée à Pierre; au contraire, elle sera censée avoir été immobilière, exclue de la communauté, si c'est la maison qui lui est délivrée. — Pothier, *Commun.*, nºs 74 et 174; Toullier, t. 12, nº 102; Duranton, t. 14, nº 116; Bellot des Minières, t. 1er, nº 112; Glandaz, *loc. cit.*, nº 34.

124. — Peu importerait, d'ailleurs, que le choix du paiement fût laissé au créancier ou réservé au débiteur. — Duranton, *loc. cit.*

125. — « Au surplus, ajoute le même auteur, si, dans le cas où le choix appartenant à l'époux, le débiteur du legs avait fait périr la chose immobilière, comme alors l'époux légataire pourrait demander, à son choix (art. 1194), ou le prix de cette chose ou l'autre chose, il est certain que si c'était pendant le mariage que la maison eût péri, et que l'époux en demandât le prix, ce prix ne tomberait pas dans la communauté, car il serait représentatif d'un droit immobilier perdu pour lui durant son mariage; il en serait autrement si la maison eût péri avant le mariage; alors il ne pourrait plus être dû à l'époux que le prix de cette chose, avec dommages-intérêts, s'il y avait lieu, ou l'autre chose; mais ce prix et ces dommages-intérêts ne seraient pas représentatifs d'un droit immobilier appartenant à l'époux lors du mariage, puisqu'alors il n'y avait plus d'immeuble. — C'est comme si cet époux eût vendu un de ses fonds avant son mariage. »

126. — Mais lorsqu'il n'y a qu'une chose due, quoique avec faculté accordée au débiteur de payer une autre chose à la place, c'est la nature de la chose due qui règle la qualité de la créance et non celle de la chose qui a été payée à la place. — Pothier, *Commun.*, nº 75. — « Par exemple, dit cet auteur, si quelqu'un m'a fait un legs en ces termes : *Je lègue à un tel la somme de 10,000 fr., en paiement de laquelle il sera néanmoins permis à mon héritier de lui donner une telle maison qui est de la valeur de ladite somme*, la créance qui résulte de ce legs qui m'a été fait, n'est pas une créance alternative de la somme de 10,000 fr. ou de la maison; la somme de 10,000 fr. est la seule chose due; la maison qu'on peut me payer à la place de cette somme ne m'est pas proprement due, elle n'est pas *in obligatione*, elle n'est que *in facultate solutionis*; c'est pourquoi cette créance, étant la créance d'une somme d'argent, qui est la seule chose due, est une créance mobilière qui, en cette qualité, si le legs n'était pas encore acquitté lors de mon mariage, entrera dans la communauté légale. » — V. aussi Glandaz, vº *Communauté*, nº 35. — La décision serait la même dans le cas où la chose due serait un immeuble, avec faculté pour le débiteur de se libérer en meubles. Quel que fût le mode par lui choisi pour le paiement, la *chose due* n'en serait pas moins immobilière et, à ce titre, elle serait exclue de la communauté. — Duranton, nº 115. — Aussi serait-il dû récompense à l'époux.

127. — Il faudrait en dire autant du cas où il aurait été légué à l'un des époux une somme de 10,000 f. à prendre sur un immeuble déterminé; ce ne serait pas une partie de l'immeuble qui serait due, mais seulement la somme de 10,000 fr., à prendre sur le prix de cet immeuble, laquelle, par conséquent, tomberait dans la communauté. — Duranton, t. 14, nº 107.

128. — Suivant M. Glandaz (*ibid.*, nº 36), l'indemnité accordée aux émigrés par la loi du 27 avr. 1825, a fait aussi partie de la communauté. — V. ÉMIGRÉS. — Et il en est de même de l'indemnité des colons de Saint-Domingue. — V. SAINT-DOMINGUE.

129. — Il a néanmoins été jugé que l'indemnité accordée au mari émigré, représentant ses immeubles propres confisqués, conserve le caractère de propre du mari. — *Toulouse*, 22 juin 1844 (t. 2 1844, p. 219), de Folmont c. Gobert et de Surval.

130. — Le reliquat d'un compte de tutelle entre-t-il dans la communauté? — Oui, sans doute, car ce n'est qu'une créance mobilière.

131. — « Il n'y aurait qu'une exception à cette règle, dit Battur (*Commun.*, t. 1er, nº 181), c'est le cas où l'époux à qui le compte est dû serait encore mineur, et où les immeubles auraient été aliénés sans formalités de justice; il est bien certain alors que le tuteur ne serait pas débiteur d'un reliquat seulement, mais d'un compte qui ne peut être réputé mobilier tant qu'il n'est point apuré dans les formes voulues par la loi. »

132. — Nous ne partageons pas l'opinion de cet auteur. En effet, dans le cas qu'il prévoit, il y aurait dans les biens du mineur deux espèces de droits : celui résultant du reliquat de compte de tutelle proprement dit, lequel serait purement mobilier, et devrait en cette qualité faire partie de la communauté; et celui résultant de la vente de ses immeubles illégalement aliénés, purement

immobilier, qui en serait exclu. Remarquons en effet que l'action en rescision ou nullité qui naîtrait de ce droit ne ferait pas partie du compte de tutelle, du moins quant à la revendication des immeubles; cette action serait dirigée contre les tiers détenteurs seulement.

133. — Dans quelles limites les droits résultant de la propriété littéraire tombent-ils dans la communauté ?

134. — Il ne semble pas d'abord y avoir de difficulté pour le produit des éditions publiées pendant le mariage; il tombe dans la communauté, sans récompense pour le mari, soit qu'il s'agisse d'ouvrages composés avant le mariage, soit qu'il s'agisse d'ouvrages composés depuis; c'est en effet là une chose mobilière échue pendant le mariage, et le produit d'une industrie. —Battur, t. 1er, nº 188; Duranton, t. 14, nº 121; Toullier, t. 12, nº 116; Glandaz, *Encycl. du dr.*, vº *Communauté*, nº 83.

135. — Et il en serait de même de ce qu'il resterait à vendre d'une édition que le mari aurait fait imprimer à ses frais, et du prix d'une édition qu'il aurait vendue à un libraire, quoiqu'elle ne fût pas encore tirée ni le prix payé au moment de la dissolution de la communauté; il n'y avait qu'une créance, dit M. Duranton (nº 132), et cette créance, quoiqu'avec terme, est tombée dans la masse commune.

136. — Mais il peut s'élever quelque doute relativement au produit des éditions ou au prix de cessions postérieures à la dissolution de la communauté. — M. Toullier (t. 12, nº 116) dit formellement que, bien que ce soient là des meubles, la communauté n'y a aucun droit, sans une stipulation expresse des conventions matrimoniales, et que c'est ce qui résulte du décret du 5 février 1810, dont l'art. 39 porte: «le droit de propriété est garanti à l'auteur et à sa veuve pendant leur vie si *les conventions matrimoniales de celle-ci lui en donnent le droit.*» — M. Battur (t. 1er, nº 188) professe aussi cette opinion.

137.— Cependant elle est vivement combattue, et avec succès, selon nous, par M. Duranton (t. 14, nº 132). Cet auteur fait d'abord remarquer que le décret du 5 fév. 1810 n'est qu'un réglement, et que son but n'a point été de fixer les droits respectifs des époux, ni ceux des veuves, des enfans et des héritiers, les uns à l'égard des autres, mais seulement de régler les droits des auteurs, de leurs veuves, enfans et cessionnaires par rapport aux tiers, par rapport au public; quant aux intéressés entre eux, il les a laissés dans le droit commun; qu'ensuite il n'est pas exact de dire que le décret exige, pour que la veuve ait des droits à la propriété littéraire de son mari, que les conventions matrimoniales les lui donnent expressément; qu'il se borne à dire simplement : *Si les conventions matrimoniales lui en donnent le droit.* « Or, dit M. Duranton (*loc.cit.*), nous soutenons que la femme, en adoptant le régime de la communauté ordinaire, est censée avoir stipulé que la propriété des ouvrages que son mari se trouvait alors avoir composés entrerait dans leur communauté puisqu'elle savait que, d'après la loi, tout le mobilier de l'un et de l'autre en ferait partie, aux termes de l'art. 1401, C. civ. Et elle est encore mieux censée avoir stipulé que les ouvrages qu'il composerait pendant le mariage feraient partie de leur communauté comme fruit de son industrie. C'est peut-être en cette considération qu'elle a adopté le régime de la communauté, qu'elle a peut-être même contracté le mariage.»

138. — Ainsi, dit en se résumant M. Duranton (*loc. cit.*), soit qu'il s'agisse d'ouvrages composés avant ou pendant le mariage, non seulement le produit des éditions vendues pendant le mariage ou ce qu'il en resterait à vendre est tombé dans la communauté comme produits d'une industrie perçus pendant le mariage, mais encore le *droit d'auteur lui-même* ou le prix de la cession, si l'auteur l'a cédé, fait également partie de la masse commune, de quelque manière que la communauté soit venue à se dissoudre, et quels que soient les héritiers du mari ou de la femme, enfans ou autres.

139. — Au surplus (et cette restriction nous semble parfaitement juste), le même auteur enseigne que lorsque la communauté est dissoute par la mort de la femme ou par la séparation de corps ou de biens, le mari doit avoir le droit de conserver la propriété de ses ouvrages pour les améliorer, par une raison analogue à celle qui veut que le mari, titulaire d'une charge lors de la dissolution de la communauté, la conserve, si bon lui semble, moyennant indemnité; — mais dans ce cas le mari devrait récompense à la communauté suivant la valeur commerciale qu'aurait à ce moment l'ouvrage, à dire d'experts.

140. — M. Duranton ajoute que, dans tous les cas, le décret du 5 février 1810 ne statuant que sur les ouvrages littéraires, et non sur les compositions musicales, les peintures, dessins et autres ouvrages de l'esprit et du talent, il faudrait en conclure que la propriété de ces compositions reste réglé par le droit commun, et que dès-lors les ouvrages d'un artiste faits avant son mariage ou pendant son mariage sont tombés, même quant à la propriété, dans la communauté, sauf stipulation contraire dans le contrat de mariage.

141. — Et il faudrait appliquer les mêmes principes aux droits résultant des brevets d'invention.

142. — Tout le mobilier qui échoit aux époux à titre de succession entre dans la communauté; c'est la disposition textuelle de l'art. 1401, C. civ.

143. —Il est également de principe que les choses mobilières, qui sont, pendant le mariage, substituées à quelques propres de l'un des époux, sont, comme l'était le propre lui-même, exclues de la communauté. — Toullier, nº 118; Pothier, nº 99.

144. — Il résulte de là que si, dans une succession purement mobilière échue à l'un des époux, celui-ci reçoit de ses cohéritiers une soulte de partage, soit en argent, soit en rente, cette soulte lui est propre, puisque, comme le dit Toullier (*loc. cit.*), elle est substituée à des immeubles qui étaient exclus de la communauté.

145. — M. Duranton (nº 118) soutient de même, en s'étayant de l'opinion de Pothier et de Lebrun contre celle de Bourjon, que ce qui est dû à l'époux à titre de soulte ou de retour de lots, ou pour sa part dans le prix des immeubles adjugés à un cohéritier, ne tombe pas en communauté, attendu qu'une pareille créance, quoique mobilière, est provenue à l'époux d'un droit immobilier qu'il a aliéné pendant le mariage et dont par conséquent il lui est dû récompense, comme, en sens inverse, il la devrait à la communauté, si c'était lui qui en fût chargé envers le cohéritier, ou qui se fût rendu adjudicataire sur licitation, pourvu, si le partage avait été fait avant le mariage, qu'il possédât encore les immeubles lors de la célébration.

146. — Mais on s'est demandé si dans le cas où, par l'événement du partage portant sur une succession à la fois mobilière et immobilière, le conjoint cohéritier reçoit toute sa part en meubles, ces meubles doivent entrer dans la communauté pour la totalité ou pour une partie seulement.

147. — La question était controversée dans le droit ancien. — Lebrun (*Traité de la commun*, liv. 1er, chap. 3, sect. 1re, dist. 1re, nº 20), et Valin (*sur la coutume de la Rochelle*, art. 48, § 2, nº 11), décident que la portion de meubles échue au conjoint au lieu de sa portion dans les immeubles, est propre de communauté et qu'il lui en est dû récompense. — Pothier est d'avis, au contraire, qu'il n'est dû aucune récompense au conjoint cohéritier : «Lorsque, dit-il (*de la Communauté*, nº 100), par le partage d'une succession composée de meubles et d'immeubles, il est échu beaucoup plus de meubles à proportion que d'immeubles dans le lot du conjoint, tout ce qu'il lui est échu de mobilier tombe dans la communauté, sans qu'il en puisse avoir aucune reprise. On ne peut pas dire en ce cas que ce qu'il y a eu de mobilier dans son lot de plus que le montant de sa part, lui tienne lieu et soit subrogé à ce qu'il y a eu de moins que sa part dans la masse immobilière. Les meubles et les immeubles de cette succession ne composent qu'une même succession, dans laquelle le conjoint est censé n'avoir jamais eu de droit qu'aux choses échues dans son lot, par lequel il est rempli de toute sa portion héréditaire.»

148. — Cette dernière opinion était incontestablement la plus rationnelle, et, dans notre droit actuel, on a toujours appliqué à la communauté légale la disposition de l'art. 883, C. civ., qui porte : «Chaque cohéritier est censé avoir succédé seul et immédiatement *à tous les effets compris dans son lot* ou à lui échus sur licitation, et n'avoir *jamais eu* la propriété des autres effets de la succession.» Ainsi, il n'est dû de récompense ni à l'héritier ni à la communauté de ce qu'il serait entré dans son lot plus de meubles ou d'immeubles qu'il ne devait en avoir proportionnellement, eu égard à sa part héréditaire. — V. en ce sens les auteurs du Nouveau Denisart, vº *Communauté*, p. 111; Toullier, t. 12, nºs 119 et suiv.; Duranton, t. 14, nº 117.

149. — Il a été jugé que le conjoint qui, dans une succession partie mobilière et partie immobilière, ouverte à son profit, reçoit dans son lot plus de meubles que d'immeubles, ne peut, pour ce qu'il lui est échu du mobilier, exercer une action en reprise sur la communauté après sa dissolution. — *Rennes*, 31 juill. 1811, Penhœdic c. Le Brigant.

150.—Toutefois, M. Duranton (nº 119) se demande si dans le cas où, dans un partage fait durant le mariage, l'époux cohéritier n'a eu dans son lot que des *créances* de la succession ou en a eu *plus qu'il ne lui en revenait*, proportion gardée, tandis que son cohéritier a eu beaucoup plus d'immeubles qu'il ne lui en revenait proportionnellement, ou *vice versâ*, on doit considérer comme soulte ou retour de lots la portion héréditaire, dans ces mêmes créances, de l'héritier qui a eu les immeubles, ou bien si on doit appliquer purement et simplement le principe de l'art. 883; et il paraît pencher pour l'exclusion, en ce cas, de l'art. 883. — Mais les observations présentées à l'appui de cette distinction entre les créances et les objets corporels seraient tout aussi puissantes pour repousser en principe l'application de l'art. 883 aux rapports de communauté.

151. — «Quoi qu'il en soit, ajoute M. Toullier (*loc. cit.*), pour qu'il y ait lieu à faire application de l'art. 883, il faut qu'il y ait eu partage régulier des meubles et des immeubles, et qu'ils aient été mis *en lots*; en un mot que, partageant confusément et par un même acte, les meubles et les immeubles, on compense l'inégalité de la lotie où se trouve le moins d'immeubles par une plus grande quantité de meubles de la même succession. Il pourrait même arriver que si le défunt avait laissé un mobilier, tel qu'un fonds de commerce d'une valeur égale à ses immeubles, on eût du tout composé deux loties, l'une des immeubles, l'autre du mobilier; dans ce cas, si le lot des meubles était échu à un cohéritier, marié sous le régime de la communauté, il y entrerait en un tiers sans aucune récompense.»

152. — Toutefois, s'il y avait eu collusion entre l'héritier commun en biens et ses cohéritiers, dans le but de frustrer la communauté, dans ce cas il pourrait y avoir lieu à récompense, tous les cas de fraude étant toujours exceptés par la loi.—Duranton, *loc. cit.* — Mais il ne serait pas nécessaire entre majeurs, dit Toullier (*loc. cit.*), de tirer les loties au sort.

153. — Jugé que, bien que dans un contrat de mariage, les époux, après avoir stipulé une somme déterminée au profit de leur communauté, se soient réservé *propres* leurs biens actuels et futurs, la vente faite au mari par quelques uns de ses cohéritiers de leurs parts dans une succession mobilière ouverte pendant le mariage, ne pouvant être assimilée à un partage, les droits ainsi acquis par le mari doivent être réputés conquêts de communauté. — *Paris*, 3 déc. 1836 (t. 2 1837, p. 127), Ragois c. Moineau.

154. — Le mobilier donné à l'un des époux pendant le mariage entre aussi dans l'actif de la communauté, à moins que le donateur n'ait exprimé le contraire. — C. civ., art. 1401.

155. — Il n'est pas nécessaire que la volonté du donateur soit exprimée en termes formels. Il suffit, dit Toullier (t. 12, nº 115), qu'elle soit manifestée d'une manière non équivoque.—V. aussi Glandaz, *Encylop. du dr.*, vº *Communauté*, nº 22.

156. — M. Delvincourt (t. 3, p. 238) enseigne que la clause d'exclusion dans une libéralité mobilière, excédant la réserve, n'a d'effet, si le donateur prédécède, que pour la portion de bien dont il pouvait disposer, et que l'excédant devrait entrer en communauté. Cet auteur en donne pour raison « qu'on ne peut, en général, imposer la condition qu'aux choses qu'on est le maître de donner ou de ne pas donner. Or, l'ascendant sur la succession duquel il est dû une réserve ne peut en priver celui à qui elle est due. »

157.—Toullier (t. 12, nº 114) et M. Duranton (t. 14, nº 135) repoussent cette opinion et professent que l'exclusion doit valoir pour le tout.

158. — Mais M. Glandaz (*Encyclopédie du droit*, vº *Communauté*, nº 24) regarde ces deux systêmes comme trop absolus et fait la distinction suivante: «Si le donataire, dit-il, accepte la succession, les biens mobiliers, recueillis par lui, *jure hæreditario* et à titre de légitime, tomberont dans la communauté; mais s'il la répudie, comme il n'a plus pour en recueillir les valeurs d'autre titre que l'acte de libéralité, il devra en accepter la condition pour le tout, sauf l'action en réduction des cohéritiers, action tout-à-fait étrangère au conjoint.» — Nous adoptons pleinement cette distinction.

159. — Il n'y a pas lieu de distinguer entre la libéralité faite par donation et celle faite par testament.—Duranton, t. 14, nº 137; Glandaz, *loc. cit.*

160. — Les droits résultant d'un bail à ferme ou à loyer entrent en communauté; ainsi, le bail passé par le conjoint avant son mariage fait partie de la communauté, et, s'il subsiste encore à sa dissolution, ce qui reste à courir fait partie de la masse commune.—Lebrun, liv. 2, sect. 3, nº 35; Pothier, nº 71; Duranton, t. 14, nº 126; Battur, t. 1er, nº 197; Bellot des Minières, p. 111; Glandaz, *Encyclop du dr.*, vº *Communauté*, nº 37; Zachariæ, t. 3, § 507; Duvergier, *Louage*, t. 1er, nºs 279 et suiv.

161. — Ainsi encore, le droit du fermier sur l'hé-

ritage qu'il a pris à ferme avant son mariage, est mobilier et entre en communauté, de telle sorte que la femme survivante ou ses héritiers, si elle prédécède, peuvent, en acceptant la communauté, contraindre le propriétaire à les laisser jouir jusqu'à l'expiration du bail.—V. en ce sens Toullier, t. 12, nº 105.

ART. 2. — *Des fruits et revenus des biens des époux.*

162. — La communauté se compose en second lieu de tous les fruits, revenus, intérêts et arrérages, de quelque nature qu'ils soient, échus ou perçus pendant le mariage, et provenant des biens qui appartenaient aux époux lors de sa célébration ou de ceux qui leur sont échus pendant le mariage à quelque titre que ce soit. — C. civ., art. 1401, nº 2.

163. — On appelle *fruits*, en général, tout ce qui naît et renaît d'une chose : *fructus est quidquid ex re nasci et renasci solet.*

164. — Les fruits se divisent en fruits naturels, fruits industriels et fruits civils. (C. civ., art. 582). — V. FRUITS.

165. — Les fruits naturels et industriels tombent dans la communauté aussitôt qu'ils ont été perçus, et ils sont censés perçus après leur séparation de la terre où ils étaient pendans; car c'est par cette séparation qu'ils cessent de faire partie de l'immeuble. — Pothier, nº 200; Toullier, t. 12, nº 121.

166. — On remarquera que ces fruits ne doivent être perçus qu'à l'époque de leur maturité; s'ils l'étaient plus tôt, ce serait une fraude coupable dont la communauté ne pourrait profiter. — V. Battur, t. 1er, nº 192; Duranton, t. 14, nº 148.

167. — Les fruits naturels et industriels ne sont point acquis à la communauté au *prorata* du temps qu'elle a duré; elle n'y a droit qu'autant qu'ils ont été perçus pendant qu'elle subsistait : ainsi, si la communauté est venue à se dissoudre au moment où une récolte allait être perçue, elle n'y a aucun droit; au contraire, si la récolte des fruits pendans sur l'héritage de l'un des conjoints s'était faite peu de temps après le mariage, quelque peu de jours qu'il eût duré, la récolte entière appartiendrait à la communauté. — Pothier, t. 1er, nº 201; Duranton, t. 14, nº 146; Toullier, t. 12, nº 123; Battur, t. 1er, nº 192.

168. — Par application du même principe, les fruits pendans par racines sur les propres des époux à la dissolution du mariage, leur appartiennent en propre ou à leurs héritiers; mais ils doivent récompense à la communauté pour les frais de labours et semences. — *Bordeaux*, 22 mai 1841 (t. 2 1841, p. 247), Paulet; — Pothier, *Communauté*, nº 209; Toullier, t. 12, nº 123; Duranton, t. 14, nº 152; Battur, nº 194. — La raison en est que toutes les fois que l'un des époux a tiré un profit personnel des biens de la communauté, il en doit récompense (C. civ., art. 1437). — La cout. de Paris contenait une disposition expresse à cet égard : l'art. 231 portait : « Les fruits des héritages propres pendans par racines au temps du trépas de l'un des conjoints par mariage appartiennent à celui auquel advient ledit héritage, à la charge de payer la moitié des labours et semailles. »

169. — Toutefois, Delvincourt (t. 3, p. 240) a professé l'opinion contraire; il se fonde sur ce que, d'après le principe analogue, la communauté, qui perçoit les fruits pendans par racines au moment de la célébration, aurait dû également être astreinte au paiement des frais de labours et de semences; que cependant elle ne l'est pas; qu'il doit donc y avoir réciprocité. Mais Toullier (*loc. cit.*) réfute cette opinion d'une manière qui nous paraît sans réplique : « Si la communauté, dit-il, perçoit les fruits pendans par racines au jour du mariage, les frais de culture ont été payés avec des sommes qui seraient entrées en communauté, si elles étaient restées dans la bourse du conjoint qui a fait les frais. Comment donc la communauté pourrait-elle être astreinte au paiement des frais de culture faits pour son utilité, avec les fonds qui devaient entrer dans sa caisse? Ce serait donc à elle-même qu'elle devrait récompense. Elle serait créancière et débitrice elle-même, ce qui implique contradiction. Au contraire, lorsqu'à la dissolution de la communauté l'un des conjoints trouve ses propres ensemencés, les frais de culture ont été tirés de la communauté, et comme il percevra seul les fruits pendans par racines, il s'enrichirait évidemment aux dépens de la communauté qui reste à partager et dans les biens de laquelle se trouveraient les sommes qui en ont été tirées pour les frais de culture de ses propres, dont il percevra seul les fruits. »

170. — Les fruits civils, qui comprennent les baux à loyer comme les baux à ferme, les intérêts et arrérages de rentes ou de sommes exigibles, s'acquérant jour par jour, entrent en communauté à proportion du temps qu'elle a duré et lui appartiennent pour la dernière année à concurrence du nombre de jours écoulés : *fructus civiles tunc nasci intelliguntur quum incipiunt deberi.* — Pothier, nº 219; Battur, t. 1er, nº 195.

171. — Remarquons cependant que les loyers et arrérages de rentes ne se comptent pas *de momento ad momentum*, c'est-à-dire que ce qui est dû pour chaque jour de loyer ou d'arrérages de rente ne se subdivise pas; peu importe donc à quelle heure du jour soit arrivée la mort du conjoint prédécédé qui a dissous la communauté; ce qui est dû pour ce jour de loyer ou d'arrérages de rente, ne commence à l'être que lorsque ce jour est entièrement écoulé.

172. — Les rentes et les sommes exigibles qui sont *réalisées* ou stipulées *propres* n'entrent point en communauté, mais les intérêts et arrérages en provenant en font toujours partie; c'est ainsi que s'expliquent les mots *intérêts* et *arrérages* de l'art. 1401, qui, différemment, paraîtraient une superfluité, puisque, les rentes et les sommes exigibles entrant dans la communauté, ces intérêts et arrérages qui n'en sont que les accessoires ne pouvaient manquer d'être compris dans son actif. — Battur, t. 1er, nº 195.

173. — Ce n'est pas sous la qualité générale de meubles que les fruits entrent dans la communauté, mais en leur qualité particulière de *fruits* : cette distinction, faite par Pothier (nº 204), se justifie facilement : supposons, en effet, que des époux, après avoir déclaré qu'ils se marient sous le régime de la communauté, en limitent l'étendue en stipulant que leurs biens meubles n'y entreront que jusqu'à concurrence de 10,000 fr. Dans ce cas, la communauté aura droit, d'abord, aux meubles proprement dits jusqu'à concurrence de 10,000 fr.; de plus, à tous les fruits des biens des époux, parce que ces fruits, destinés à soutenir les charges du mariage, ne peuvent, même par une stipulation expresse des époux, être soustraits à cet emploi. — Lebrun, liv. 1er, chap. 5, p. 120; Battur, t. 1er, nº 190.

174. — Les fruits et les revenus entrent dans la communauté alors même qu'il y aurait stipulation contraire, car les fruits sont destinés à soutenir les charges du mariage. — Lebrun, liv. 1er, chap. 5, p. 120; Pothier, t. 1er, p. 236; Battur, t. 1er, nº 190.

175. — Cette règle reçoit une exception en cas d'absence de l'un des époux; l'art. 127, Cod. civ., attribue à l'époux présent qui a opté pour la communauté, une certaine portion de fruits qui lui demeure propre. — Duranton, t. 14, nº 149. — V. ABSENCE, nº 336.

176. — Il en est de même, selon cet auteur (*loc. cit.*), lorsque celui qui a donné ou légué à l'un des époux une chose, a expressément déclaré qu'il entendait que les fruits ou revenus de la chose demeurassent propres à l'époux donataire.

177. — Les fruits perçus par le possesseur de bonne foi et ceux acquis à l'envoyé en possession entrent aussi dans la communauté. — Duranton, t. 14, nº 142.

178. — Il en est encore de même de ceux perçus par le père sur les biens de ses enfans mineurs en vertu de l'art. 384, C. civ. — Duranton, *loc. cit.*

179. — Les coupes de bois et les produits des carrières et mines tombent dans la communauté pour tout ce qui en est considéré comme usufruit, d'après les règles tracées par la loi. — Cod. civ., art. 1403. — V., à l'égard de ces règles, USUFRUIT.

180. — Ainsi, quant aux bois, si ce sont des taillis, le mari, chef de la communauté, est tenu d'observer l'ordre et la quotité des coupes, conformément à l'aménagement ou à l'usage constant des propriétaires; si ce sont des bois de haute futaie, le mari ne peut y faire des coupes qu'autant qu'ils ont été mis en coupes réglées, soit que ces coupes se fussent périodiquement sur une certaine étendue de terrain, soit qu'elles se fassent d'une certaine quantité d'arbres pris indistinctement sur toute la surface du domaine. — C. civ., art. 590 et 591.

181. — Dans tous les autres cas, le mari, comme l'usufruitier, ne peut toucher aux arbres de haute futaie; il peut seulement employer, pour faire les réparations aux héritages de sa femme, les arbres arrachés ou brisés par accident : il peut même, pour cet objet, en faire abattre s'il est nécessaire, mais à la charge d'en faire constater la nécessité avec le conjoint. — C. civ., art. 592.

182. — Il en devrait récompense si c'était pour les réparations de ses héritages propres. — Battur, t. 1er, p. 199.

183. — Remarquons, toutefois, qu'en ce qui concerne les coupes de bois qui, d'après les règles de l'usufruit, auraient pu être faites durant la communauté et qui ne l'ont pas été, la loi établit une différence entre la communauté et l'usufruit; ainsi, tandis que l'usufruitier ne peut réclamer aucune indemnité à raison des coupes qu'il aurait pu faire et qu'il n'a pas faites, au contraire, il est dû récompense à la communauté dans le même cas. — C. civ., art. 1403, nº 2.

184. — La raison en est, dit M. Toullier (t. 12, nº 127), que ces coupes étaient, comme les autres fruits, destinées à supporter les charges de la communauté, dont elles sont comme un crédit, de même que les fruits civils arriérés. — Duranton, t. 14, nº 148.

185. — Que faut-il décider à l'égard d'une récolte qui, pouvant être faite durant la communauté, ne l'aurait pas été? — M. Battur (t. 1er, nº 193) subordonne la solution de cette question aux circonstances : ainsi, dit-il, si aucun obstacle ne s'était opposé à ce que le mari fît cette récolte, et qu'il n'y eût qu'un retard volontaire, sans qu'on pût dire qu'il y eût fraude, le mari devrait s'imputer sa négligence, et la récolte ne tomberait point en communauté; mais si, au contraire, des obstacles graves s'y étaient opposés, dans ce cas, il serait juste d'accorder récompense à la communauté.

186. — A l'égard des carrières et mines, les produits en sont acquis à la communauté, mais seulement pour celles qui étaient en exploitation à l'époque où le mariage a été contracté; si les carrières, dit l'art. 1403, ont été ouvertes pendant le mariage, les produits n'en tombent dans la communauté que sauf récompense ou indemnité *à celui des époux à qui elle pourra être due.*

187. — Delvincourt critique cette rédaction. « Elle est inexacte, dit-il (t. 3, p. 240), car elle supposerait que l'indemnité peut être due à l'époux non propriétaire du fonds, *ce qui ne peut pas être.* L'indemnité est due à l'époux propriétaire ou à la communauté. » — V. aussi en ce sens Duranton, nº 147.

188. — Mais cette critique de Delvincourt semble fort contestable, et Toullier (nº 128) la combat très vivement, en établissant que l'indemnité peut être due même à l'époux non propriétaire de la mine : il suppose, par exemple, le cas où une mine étant ouverte pendant le mariage sur les fonds de la femme, des dépenses considérables auraient été faites pour en préparer l'exploitation; mais qu'au moment où elle va commencer, la femme meure et ses héritiers renoncent à la communauté; dans une telle hypothèse, il est certain qu'ils devront au mari seul l'indemnité de toutes les dépenses qu'il a pu faire pour la mise en activité de l'exploitation d'une mine qui a amélioré le fonds de la femme; on ne peut pas dire que ce soit à la communauté que l'indemnité est due, puisqu'il n'y a point de communauté. — L'opinion de Toullier peut, au reste, être fortifiée par ce qu'on lit dans les conférences du Code civil, sur l'art. 1403 : on y voit que le Tribunat vote une *indemnité* au mari, s'il a employé des sommes considérables à l'ouverture d'une mine dont il n'aurait pu recueillir assez de produits pour se couvrir de ses dépenses. — V. aussi Battur, t. 1er, nº 200.

189. — La redevance annuelle due pour concession de mine à un tiers, en vertu de l'art. 16 de la loi du 21 avril 1810, n'entre pas dans la communauté, parce que c'est un droit immobilier (art. 18 de ladite loi); mais les produits en font partie. — Duranton, t. 14, nº 147.

190. — Quoiqu'un usufruit soit par lui-même un objet immobilier, et qu'il forme une propriété personnelle à l'époux auquel il est échu, les revenus qui en dérivent n'en tombent pas moins dans la communauté, sans que l'époux qui a l'usufruit ait aucune reprise à exercer à ce sujet. — *Paris*, 20 fév. 1815, Bourdon.

191. — Il a même été jugé que si, pendant la communauté, un tel usufruit vient à être cédé, le prix de la cession appartient intégralement à la communauté sans récompense à l'époux propriétaire, lorsque la consolidation s'est opérée avant la dissolution de la communauté. — *Cass.*, 31 mars 1824, de Gouy d'Arsy. — La raison en est que le prix de cette cession est la représentation des fruits dont la communauté a été privée par la vente même.

192. — Quoique les revenus d'une mise sociale industrielle réservée propre au mari tombent dans la communauté, le prix de la cession de cette part sociale ou de la renonciation faite par lui en est exclu et reste propre au conjoint qui l'a stipulé. La raison en est qu'on ne saurait considérer ce prix comme représentant les bénéfices annuels que la société eût pu donner si elle eût continué, puisqu'au moment où la cession est faite, il est incertain si la société aura des pertes ou des bénéfices et que la renonciation porte non sur des bénéfices qui ne sont pas encore échus et déterminés, mais sur le droit social lui-même. — *Cass.*, 9 juin 1836, Hunaire.

ART. 3. — *Des immeubles acquis durant le mariage ou acquêts de communauté.*

193. — La communauté, dit l'art. 1401 (nº 3),

se compose en outre de tous les immeubles acquis pendant le mariage.

194. — Pour désigner ces biens, le Code civil se sert indifféremment des mots *acquêts* et *conquêts*, employés par les anciennes coutumes. — V. C. civ., art. 1402 et 1408. — Remarquons toutefois que, par l'expression de *conquêt*, on désignait plus spécialement autrefois en pays coutumier l'immeuble acquis avec les économies provenant de la collaboration commune des époux. — V. Cout. de Paris, art. 220; Toullier, t. 12, nº 131. — Quant au mot *acquêt*, il était et est encore usité par opposition à celui de *propre*, qui signifie le bien personnel de l'époux n'entrant point en communauté. — V. ACQUÊTS et CONQUÊTS.

195. — Dans les pays de droit écrit, on ne connaissait pas cette distinction des biens des époux. Tout ce que possédait un particulier, soit à titre d'acquisition, soit à titre d'hérédité, ne formait pour lui qu'un patrimoine qui n'était désigné par aucune dénomination spéciale. Seulement, en ce qui regardait la femme mariée, on divisait ses biens en biens libres ou paraphernaux, et en biens inaliénables ou dotaux. — V. Merlin, *Rép.*, vis *Acquêt*, *Dot* et *Paraphernaux*.

196. — L'art. 1401 a son corollaire dans les art. 1402 et 1404, qui disposent, savoir : (art. 1402) que « tout immeuble *est réputé acquêt de communauté*, s'il n'est prouvé que l'un des époux en avait la propriété ou la possession légale antérieurement au mariage ou qui lui est échu depuis à titre de succession ou de donation » et (art. 1404) que « les immeubles que les époux possèdent au jour de la célébration du mariage ou qui leur échoient pendant son cours à titre de succession n'entrent pas en communauté. »

197. — Nous expliquerons successivement chacune de ces dispositions, qui peuvent se réduire, ainsi que le fait remarquer Toullier, à ces trois règles : 1º tous les immeubles acquis pendant le mariage entrent dans la communauté légale; — 2º tous les immeubles dont l'un des conjoints avait la propriété ou la possession au jour du mariage ou qui lui sont échus à titre de succession ou de donation lui sont propres et n'entrent pas en communauté : — 3º tout immeuble existant dans la masse des biens *est réputé acquêt*, si le contraire n'est pas prouvé.

198. — Il résulte de l'art. 1402 que, pour qu'un immeuble soit déclaré acquêt de communauté, il faut que le *titre ou la cause* de l'acquisition soit postérieur au mariage; s'il est antérieur, l'immeuble doit être déclaré propre à l'époux : *Non omnis acquisitio*, dit Dumoulin dans son *Traité des fiefs*, § 4, nº 201, *communicatur inter virum et uxorem, sed ea quæ fit constante matrimonio et quæ non pendet à jure alterutri eorum jàm antè matrimonium quæsito*. — V. Pothier, *Communauté*, t. 12, nº 151; Duranton, t. 14, nº 170; Battur, t. 1er, nº 204.

199. — Ainsi on applique ce principe : 1º à l'achat d'un immeuble fait par le conjoint avant le mariage, sous une condition suspensive. En effet, bien que l'on puisse dire que, tant que la condition n'est pas arrivée, l'acquéreur n'est ni propriétaire ni possesseur de la chose acquise, qu'il n'y a en quelque sorte point encore eu de vente, qu'il n'y a dans le domaine de l'époux qu'une espérance, un droit éventuel, subordonné à l'événement de la condition, néanmoins ce droit, quelqu'incertain qu'il soit, ne suffit pas moins pour assurer au conjoint acquéreur la propriété exclusive de l'immeuble dès que la condition sera arrivée. Cette décision est fondée sur ce que, la condition accomplie ayant un effet rétroactif au jour auquel l'engagement a été contracté (C. civ., art. 1179), on considère le contrat comme parfait à partir du jour même où il a eu lieu. — Pothier, *Communauté*, nº 157; Duranton, t. 14, nº 171; Glandaz, *Encyclop. du droit*, vº *Communauté*, nos 84 et 85.

200. — ...2º Au cas où un tiers aurait acheté *au nom* de l'époux, sans mandat de sa part, un immeuble dont ce dernier n'aurait ratifié l'acquisition qu'après son mariage; la raison en est que sa ratification équivaut au mandat qu'il aurait donné au tiers pour acheter l'immeuble au moment où il en a fait l'acquisition pour lui : *Rati enim habitio mandato æquiparatur, et qui mandat ipse fecisse videtur*. — Pothier, *Communauté*, t. 1er, nº 155; Toullier, t. 12, nos 182 et suiv.; Duranton, t. 14, nº 171.

201. — ...3º Au cas où il y a eu promesse de vente faite à l'époux avant le mariage et où la vente projetée n'a eu lieu que postérieurement; la raison en est que, bien que le conjoint acquéreur ne soit devenu définitivement propriétaire et qu'il n'ait été mis en possession de l'immeuble vendu qu'après le mariage, néanmoins son titre remonte à une époque antérieure au mariage, d'où il résulte que cet immeuble doit lui rester en propre.

202. — ...4º Au cas où le conjoint, ayant vendu un immeuble et n'étant pas payé du prix, demande la résolution de la vente aux termes des art. 1183, 1184 et 1654, C. civ.

203. — Cette opinion, qui est celle de Pothier (*Traité de la Communauté*, nos 181 et suiv.), de Toullier (t. 12, nº 191), de Battur (t. 1er, nº 204), a cependant trouvé un contradicteur dans M. Duranton (t. 14, nos 173 et suiv.). « Le mari, dit-il, n'avait plus de droits, personnellement, quant à cet immeuble; il les avait transportés à sa communauté, puisque ce n'était plus qu'une somme qui lui était due à ce sujet lors du mariage. C'est dans l'intérêt de la communauté que la résolution a été demandée, puisque c'était à elle et à elle seule que le prix était dû; par conséquent, c'est à elle seule aussi qu'elle doit profiter, comme ce serait à un cessionnaire des droits de l'époux vendeur qu'elle profiterait dans le même cas; or, la communauté est réellement cessionnaire des droits mobiliers qu'avait chacun des époux lors du mariage. »

204. — Mais à cette argumentation on répond : 1º que si en réalité le conjoint, par l'effet de la vente, avait perdu tous ses droits sur l'immeuble, cette perte était entièrement subordonnée à la condition que l'acquéreur exécuterait tous ses engagemens, mais que l'inexécution de ces engagemens avait précisément pour résultat de lui restituer l'immeuble *au même titre* qu'il l'avait aliéné; d'où il résultait nécessairement que cet immeuble lui était propre, puisqu'il en avait la propriété avant son mariage; — 2º qu'en ce qui concerne la communauté, elle n'était devenue propriétaire du prix qu'autant qu'un prix serait payé par suite de l'exécution de la vente, mais que les choses étant remises au même état qu'elles étaient antérieurement au mariage par l'effet de la cause résolutoire et l'immeuble rentrant dans les mains du conjoint qui l'avait aliéné, il ne pouvait plus être question de prix, puisqu'il n'y avait plus de vente; — 3º qu'enfin c'est une erreur de dire que la résolution soit demandée dans l'intérêt de la communauté, en ce qu'elle seule était propriétaire du prix; qu'en effet, la résolution n'a pas pu être demandée dans l'intérêt de la communauté, puisque cette résolution, bien loin de lui procurer le prix de la vente, fait, au contraire, rentrer l'immeuble dans les mains du vendeur, et dispense l'acquéreur de payer ce même prix. Dès qu'il y a résolution du contrat, il n'y a point de prix; dès qu'il n'y a point de prix, la communauté est sans droit. — V. les auteurs cités plus haut.

205. — Le principe de l'art. 1402 s'applique encore au cas où, avant le mariage, l'un des conjoints a vendu un immeuble avec faculté de rachat, si le conjoint se marie avant l'expiration du terme fixé pour le réméré et qu'il rembourse à l'acheteur le prix de l'immeuble qui rentre dans ses mains; alors il faut considérer l'immeuble comme propre et non comme acquêt; car l'origine du droit de propriété du conjoint remonte à une époque antérieure au mariage, au contrat de vente contenant la faculté de racheter l'immeuble vendu. — Pothier, *Communauté*, nº 181; Toullier, t. 12, nº 193; Duranton, t. 14, nº 172; Battur, t. 1er, nº 204.

206. — ... Ainsi qu'au cas où l'un des conjoints ayant, avant le mariage, vendu un immeuble avec lésion de plus des sept douzièmes, il recouvre l'immeuble par suite d'un jugement qui prononce la rescision; dans ce cas, l'immeuble est évidemment propre au conjoint; son titre était antérieur au mariage. — Pothier, nº 180; Toullier, t. 12, nº 186; Duranton, t. 14, nº 172; Battur, t. 1er, nº 204.

207. — Mais un autre cas se présente : l'acquéreur antérieur au mariage, actionné en rescision, préfère, au lieu de vendre l'immeuble, garder le fonds, comme il en a le droit, en payant le supplément du prix (C. civ., art. 1681 et 1682); dans cette hypothèse, la somme payée par cet acquéreur sera-t-elle propre au conjoint ou tombera-t-elle dans la communauté? — La question est controversée.

208. — Pothier, qui regarde l'action en rescision comme un droit immobilier (*Communauté*, nº 598), décide que le supplément de l'action, étant la représentation d'un droit, n'entre dans la communauté que moyennant récompense pour l'époux; et cette opinion est partagée par Toullier (t. 12, nos 187 et 188), par Duranton (t. 14, nº 114), et par Troplong (*De la vente*, t. 2, nº 808).

209. — Delvincourt, au contraire (t. 3, p. 286 et suiv.), regarde le supplément du prix comme une partie du prix, et de même, dit-il, que tout le prix serait entré dans la communauté s'il eût été convenu avant le mariage, de même la partie qui en a été réglée depuis le mariage doit y tomber également. — A l'appui de cette doctrine, on ajoute que l'action en rescision est purement mobilière, et qu'à ce titre, existant au moment du mariage, elle a fait partie de l'actif de la communauté; et pour mieux établir ce point et prouver que l'action en rescision ne peut pas avoir d'autre résultat que celui de faire entrer dans la communauté le supplément de prix payé par l'acquéreur, on cite deux arrêts de la cour de Cassation des 23 prair. an XII (Dubouë) et 14 mai 1806 (Fabre), qui ont formellement jugé que l'action en rescision était mobilière. Ces arrêts sont motivés principalement sur ce que l'action en rescision pour cause de lésion a pour objet principal et direct le supplément du juste prix de l'immeuble vendu; que si elle a pour effet de faire rentrer l'immeuble dans les mains du vendeur, ce n'est qu'éventuellement, au cas où l'acquéreur aime mieux le rendre au vendeur que fournir le supplément du prix.

210. — On répond que ce système est contraire à la disposition formelle de la loi 2, Cod., *De rescind. vend.*, qui, selon Merlin (*Rép.*, vº *Lésion*, nº 1), a été constamment observée dans toute la France, et au Code civil, qui dispose (art. 1674) que : « Si le vendeur a été lésé de plus des sept douzièmes, il a le droit de demander *la rescision de la vente*. » D'où l'on conclut que si le vendeur a le droit de demander la rescision, c'est donc la rescision qui est l'objet principal de l'action et non le supplément de prix. Enfin, on cite un arrêt de la cour de Bourges, à la date du 25 janv. 1832, qui a jugé, contrairement à la jurisprudence de la cour de Cassation, que l'action en rescision est immobilière de sa nature. — V. au surplus VENTE.

211. — La question pouvait se présenter dans le cas inverse : dans celui, par exemple, où le conjoint, au lieu d'avoir vendu, aurait acheté avant son mariage un immeuble à vil prix, cet immeuble serait, sans nul doute, propre à l'époux acquéreur; mais que faudrait-il décider si ce dernier, au lieu de payer le supplément du juste prix, délaissait l'immeuble et reprenait le prix qu'il aurait payé; ce prix ainsi remboursé ferait-il partie de la communauté comme meuble, ou bien serait-il propre à l'époux? — Pothier décide (nº 598) que le prix appartiendrait à la communauté; il se fonde sur ce que, la vente qui lui a été faite de l'héritage étant rescindée par le jugement qui intervient sur l'action en rescision, il est censé n'en avoir jamais été propriétaire; que le délaissement qu'il en fait sur cette action ne peut point passer pour une aliénation de son héritage propre; qu'il est censé avoir été seulement créancier pour la répétition de cette somme, *condictione sine causâ*, comme l'ayant payée en vertu d'un contrat nul; que cette créance, étant mobilière, est tombée dans la communauté sans que le conjoint puisse avoir la reprise.

212. — Toullier (t. 12, nº 189) combat cette opinion; ce qu'il dit à ce sujet peut se résumer en ces termes : La jurisprudence n'a pas établi comme règle à suivre dans le cas proposé que l'on dût considérer la vente comme n'ayant jamais existé; la loi ne le pourrait pas davantage; le passé n'est pas dans son domaine, et d'ailleurs le contrat a réellement existé, puisque l'acquéreur a possédé l'immeuble. Or, dès qu'il y a eu possession avant le mariage, l'époux a dû être considéré comme propriétaire exclusif de l'immeuble vendu, et le prix, succédant à la chose, ne peut pas entrer dans la communauté.

213. — Cette doctrine nous paraît erronée. En effet, étant convenu qu'au jour du mariage la vente était consommée, que l'immeuble acquis était dans les mains de l'acheteur, qu'enfin, le prix en était payé; dans cette position, quels étaient les droits de la communauté? — Elle n'en avait aucun sur l'immeuble; il était propre à l'époux, il était dans son patrimoine avant le mariage. Elle n'avait pas plus de droit sur le prix payé : il n'était plus dans le domaine du mari. Mais si l'acquisition n'avait pas eu lieu, ce prix se serait trouvé dans les mains du conjoint vendeur, il serait entré dans la communauté comme chose mobilière. Eh bien ! il est arrivé précisément que les choses ont été remises à ce point par le résultat de l'action en rescision. Le vendeur a repris son immeuble, le prix restitué est rentré dans les mains du conjoint vendeur, et comme ce prix, ainsi que le dit très bien Pothier, n'est pas celui d'un propre vendu par le mari, il doit faire partie de la communauté.

214. — Le principe que, pour que l'immeuble soit déclaré acquêt de communauté, il faut que le titre ou la cause de l'acquisition soit postérieur au mariage, s'applique encore au cas où l'un des époux avait fait avant le mariage une donation entre-vifs qui a été révoquée par l'une des causes exprimées par la loi. Ici, comme pour les cas précédens, la cause ou le titre de la propriété étant antérieur au mariage, l'immeuble donné rentre dans les mains de l'époux donateur comme propre, la communauté ne peut y avoir aucun droit.

215. — Le même principe s'applique également au cas où l'immeuble a été acquis antérieurement au mariage d'un mineur ou d'une femme mariée sans l'observation des formalités exigées par la loi ; si le mineur devenu majeur ou la femme ratifient le contrat ou même gardent le silence sur les vices dont il est entaché et laissent l'époux en possession, l'immeuble lui reste propre, la communauté n'y a aucun droit, car l'autre époux ne pourrait se prévaloir de ces mêmes vices pour demander la nullité du contrat ; la femme et le mineur ayant seuls le droit d'agir dans cet objet. —Toullier, t. 12, nº 184.

216. — Jugé également que (dans le cas où la communauté dissoute par l'émigration a été rétablie par l'amnistie) les biens acquis par chacun des époux dans l'intervalle de la dissolution au rétablissement de la communauté demeurent propres à chacun d'eux. — *Toulouse*, 22 juin 1844 (t. 2 1844, p. 219), Folmont c. Gobert et de Surval. — V. ÉMIGRÉ.

217. — Dans l'ancien droit, les acquisitions faites par les père et mère au profit de leurs enfans ne pouvaient être considérées comme acquêts et la propriété leur en appartenir qu'autant que ces derniers avaient manifesté l'intention d'en profiter. — *Douai*, 24 août 1839 (t. 2 1839, p. 659), Delalleau.

218. — De même, on décidait qu'un immeuble cédé par la mère du futur aux deux époux par leur contrat de mariage, moyennant un prix d'estimation et des stipulations alimentaires, était un propre du futur époux et non un conquêt de communauté.— *Colmar*, 28 nov. 1816, Pfeiffer c. Schuster.

219. — Lorsqu'une acquisition a été faite par le mari, pendant la communauté, et que, soit durant cette communauté, soit après la dissolution, cette acquisition a toujours été en litige ; qu'enfin la nullité en a été, même après la dissolution, prononcée contre celui-là seul qui avait fait cette acquisition, et sur le fondement d'une fraude à laquelle il avait participé, il résulte de là que l'objet acquis n'a jamais fait légalement partie de la communauté, et en conséquence les héritiers de la femme sont non-recevables à réclamer à ce sujet. — *Cass.*, 7 juill. 1824, Fontan c. Gestas.

220. — Dans l'ancien droit, lorsque les époux étaient mariés sous une coutume de communauté, les immeubles acquis pendant le mariage dans une coutume exclusive de la communauté formaient néanmoins des conquêts communs.—*Paris*, 20 fév. 1815, Bosredon c. de Rannes.

221. — Jugé que lorsqu'il résulte d'actes d'adjudication et d'autres actes administratifs qu'un domaine dépendant d'une succession était un conquêt de communauté, il ne peut appartenir aux tribunaux civils, sans qu'il y ait de leur part atteinte portée aux actes administratifs, de donner à ce bien la qualité de propre. — *Cass.*, 24 juill. 1816, d'Equevilly.

222.—L'immeuble acquis pendant une première communauté, mais dont une portion du prix a été payée des deniers d'une seconde communauté, ne devient point par là conquêt de cette seconde communauté pour la portion proportionnelle du prix par elle payée. — *Metz*, 28 nov. 1817, Gallez.

223. — Bien qu'en principe la loi exclue de la communauté les immeubles dont l'acquisition est postérieure au mariage, cependant elle a disposé, par exception que « si l'un des époux a acquis un immeuble depuis le contrat de mariage, *contenant stipulation de communauté*, et avant la célébration du mariage, l'immeuble acquis dans cet intervalle entrera dans la communauté, à moins que l'acquisition n'ait été faite en exécution de quelque clause du mariage, auquel cas elle serait réglée suivant la convention. » — Battur, t. 1er, nº 204.

224. — Et la stipulation par laquelle l'époux qui a convolé en secondes noces convient que l'immeuble acquis par la première communauté sera considéré comme acquêt de la seconde, si le prix en est acquitté par elle, n'est point valable et doit être déclarée nulle sur la demande de l'enfant du premier lit. — Même arrêt.

225.—La disposition de l'art. 1402 a eu pour but de faire cesser la controverse qui existait à cet égard sous l'ancien droit. —Lebrun, liv. 1er, ch. 4, nos 8 et 9 ; Boucheul, *sur la coutume de Poitou*, art. 229, nº 6 ; Duparc-Poullain, *Princip. du droit*, t. 5, p. 83.

226. —Elle n'est d'ailleurs susceptible d'aucune extension et elle doit être renfermée dans son cas précis ; ainsi, on ne doit pas l'étendre à celui où, n'y ayant point de contrat de mariage, l'un des futurs fait des acquisitions peu de jours avant, et la veille même de la célébration, quand même tous les préliminaires du mariage, tels que les publications, auraient été faits. — Toullier, t. 12, nº 171 ; Duranton, t. 14, nº 183 ; Glandaz, nº 80.

227. — De ce que les conventions matrimoniales ne peuvent être changées, le contrat une fois signé, que dans la même forme, il résulte que, si, postérieurement au contrat, mais antérieurement à la célébration du mariage, l'un des époux a vendu ses immeubles, le prix n'entre dans la communauté qu'à la charge de la reprise à sa dissolution. — Pothier, nos 281 et 603 ; Duranton, t. 14, nº 184.— Toullier (t. 12, nº 171) est d'un avis opposé ; mais M. Duranton réfute avec avantage l'opinion de cet auteur.—V. aussi dans le sens de l'opinion de M. Duranton, qui est la nôtre, Glandaz, *Encycl. du droit*, vº *Communauté*, nº 81.

228.—Par exception au principe posé dans l'art. 1401, que les immeubles acquis pendant le mariage tombent dans la communauté, l'art. 1407 dispose que « l'immeuble acquis pendant le mariage à titre d'échange contre l'immeuble appartenant à l'un des deux époux n'entre point en communauté et est subrogé au lieu et place de celui qui a été aliéné ; sauf la récompense s'il y a soulte. »

229. — Toutefois, cette règle n'est pas tellement absolue que la femme ne puisse pas renoncer à la faculté que lui ouvre cet article de conserver l'immeuble acquis comme remploi de son propre. — *Cass.*, 31 juill. 1832, Enregistr.

230. — L'immeuble reçu en contre-échange ne devient pas même conquêt au prorata de la somme payée pour la soulte ; seulement, comme le dispose l'art. 1407, il est dû récompense pour la soulte : il en était ainsi dans l'ancien droit. —Pothier, nº 197 ; d'Argentré, sur l'art. 418, Coul. de Bretagne, gl. 2, nº 3 ; Lebrun, liv. 3, chap. 2, sect. 1re, dist. 1re, nos 4 et suiv.—La raison en est que la soulte, n'étant que l'accessoire du contrat, ne peut pas en changer la nature.—V. cependant en sens contraire Delvincourt, t. 3, p. 247, note 3e, et Bellot des Minières, *Contrat de mariage*, t. 1er, p. 213.—Mais cette opinion est vivement repoussée par Toullier, t. 12, nº 150.—V. aussi en ce sens Glandaz, vº *Communauté*, nº 113.

231. —M. Battur (t. 1er, nº 208) émet sur ce point une opinion assez bizarre ; il pense que si la soulte payée pour l'immeuble accepté en échange, était une somme d'argent qui formât le tiers de la valeur de l'immeuble donné en contre-échange, le contrat serait mixte, mêlé de vente et d'échange, et que l'héritage acquis serait conquêt au *prorata* de la somme donnée pour l'acquérir, et propre pour le surplus ; que si cette somme ne formait que le tiers, il ne lui serait dû qu'une récompense. Cette opinion, qui pourrait donner lieu à des expertises, à des contestations et à des frais considérables, nous paraît diamétralement opposée au texte même de l'art. 1407, qui veut que l'immeuble reçu soit subrogé dans la place de l'immeuble donné en échange, sauf la récompense due à la communauté, s'il y a soulte.

232. — L'immeuble acquis en remploi d'un propre aliéné ne tombe pas dans la communauté, il reste propre à l'époux propriétaire ; c'est ici, comme dans le cas d'échange, le lieu d'appliquer la maxime *subrogatum capit naturam subrogati.* — Toullier, t. 12, nº 154 ; Glandaz, nº 115.

233. — Jugé que l'immeuble acquis en remploi d'un bien propre à la femme, et payé en partie des deniers de la bourse communale, ne devient pas pour cela conquêt de communauté ; il y a seulement lieu à récompense. — *Cass.*, 23 nov. 1826, Frennais.

234. — Mais il a été jugé que l'immeuble acheté par le mari pendant le mariage, pour lui appartenir comme remploi de propres qu'il se propose d'aliéner, doit être considéré comme acquêt de communauté, bien que l'aliénation projetée ait eu lieu peu de temps après. — *Angers*, 6 mars 1844 (t. 1er 1845, p. 704), Renard c. Courvarin.

235. — Dans l'ancien droit et dans les pays de droit écrit, l'immeuble donné au mari en paiement de la dot n'était pas réputé acquêt ; c'était *un propre du mari*, qui restait débiteur de la somme dotale. — *Agen*, 21 déc. 1809, Augé c. Saint Pol.

236. — … A moins qu'il n'eût été donné au mari et à la femme conjointement ; cas auquel il devenait la propriété de la femme. — *Toulouse*, 5 juin 1809, Ghaton ; —Henrys, liv. 4, quest. 164, t. 2, p. 909. —V. au surplus DOT.

237.—Mais il a été jugé que, d'après la coutume du Poitou *et les principes du Code civil*, l'immeuble abandonné par contrat de mariage en paiement de la dot de la femme mariée sous le régime de la communauté constitue un propre de la femme et non un acquêt de communauté ou un propre du mari. — *Cass.*, 3 juill. 1844 (t. 1er 1845, p. 35), Balton-Lacôte c. de Vieillechèze-Descessarts.

238. — La subrogation n'a pas lieu seulement pour l'immeuble acquis en remploi ou reçu en échange, elle s'opère aussi pour le prix, encore dû lors de la dissolution de la communauté, du propre aliéné, et au cas où l'héritage de l'un des époux a été aliéné pour une rente perpétuelle ou viagère. —Toullier, t. 12, nº 152.

239. — Lorsqu'un contrat de mariage (antérieur au Code civil) porte : 1º qu'en cas d'aliénation des propres de la femme, le prix en sera employé en acquisition d'autres biens ayant même nature de propres, et qu'à défaut de remploi, la femme, à la dissolution de la communauté, aura son action en reprise, soit sur les biens de la communauté, soit sur les propres du mari, *laquelle action sera propre et immobilière ;* 2º et porte en outre donation réciproque entre les époux des valeurs mobilières que le prémourant laissera à son décès ; — un tel contrat a pu, sauf qu'il y eût lieu à cassation, être interprété en ce sens que le mari survivant ne peut comprendre dans la donation le prix des propres de la femme, non remplacés. — *Cass.*, 27 avr. 1841 (t. 2 1841, p. 332), Dubois c. Roussel. —V. aussi *Paris*, 18 déc. 1819, Aubry c. Verrier ; — Toullier, t. 12, nº 369.

240. — La clause d'un contrat de mariage portant que « *Rien ne sera réputé conquêt entre les futurs marians que leurs propres ne soient retrouvés ou remplacés de part et d'autre* », signifie seulement que les conquêts ne seront partagés entre les époux qu'après le paiement des reprises et récompenses qui pourront leur être dues pour leurs propres aliénés. Elle ne crée pas de plein droit, au profit de l'époux dont les propres auront été aliénés, des remplois sur les conquêts acquis durant le mariage. — *Douai*, 30 déc. 1843 (t. 1er 1844, p. 260), Portelance.

241. — On considère aussi comme propre de communauté tout ce qui s'accroît ou s'incorpore à l'immeuble de l'un des époux : par exemple, les îles, les alluvions, les constructions faites sur un terrain ou les additions faites par des constructions à un bâtiment, sauf récompense à la communauté pour les dépenses qu'elle se trouverait avoir faites pour cet objet. — Duranton, t. 14, nº 166 ; Battur, t. 1er, nº 219.

242. — Ainsi encore, ne tombent pas en communauté les choses mobilières qui, comme immeubles par destination, telles que les cheptels, sont attachées aux immeubles échus par succession à l'un des époux pendant le mariage.—*Bordeaux*, 22 mai 1841 (t. 2 1841, p. 247), Paulet. — V. aussi Toullier, t. 12, nº 94.

243.—En parlant des immeubles *acquis* pendant le mariage, l'art. 1401 entend que l'acquisition aura eu lieu du produit de la collaboration commune ; il suit de là que le titre en vertu duquel l'acquisition est faite, doit être *un titre onéreux* ; aussi tous les immeubles qui adviennent aux époux par succession ou donation sont-ils exclus de la communauté. — C. civ., art. 1402 et 1404 ; — Battur, t. 1er, nº 201.

244. — En ce qui concerne la succession, il faut ainsi décider : 1º que l'exclusion de la communauté atteint même la portion d'immeubles que, par l'effet du partage, le conjoint se trouve avoir eus en sus de ce qu'il aurait eu si ces mêmes immeubles avaient pu être partagés sans soulte ; c'est là une application du principe porté par l'art. 883, qui dispose que le cohéritier est censé avoir succédé seul et immédiatement à tous les objets tombés dans son lot et n'avoir jamais eu de droit aux objets échus à ses cohéritiers. — Duranton, t. 14, nº 185.

245. — Mais il a été jugé que cette fiction de l'art. 883 ne s'applique pas au cas où il s'agit de déterminer la nature des apports de chacun des époux dans la communauté. Ainsi, en cas de licitation, durant le mariage, d'un immeuble qui appartenait par indivis à l'un des époux, la portion du prix revenant à cet époux ne doit pas être considérée comme chose purement mobilière, et tomber à ce titre dans la communauté ; mais elle continue à représenter la part de l'époux dans l'immeuble, et il y a lieu en conséquence à prélever ce prix à son profit sur l'actif de la communauté. — *Nancy*, 3 mars 1837 (t. 1er 1839, p. 525), Beugnot. — V. aussi, en ce sens, Pothier, *Comm.*, nº 100 ; Toullier, t. 12, nº 118 ; Duranton, t. 14, nº 118.

246. — … 2º Que l'immeuble acquis par suite du retrait successoral est également propre à l'époux qui l'a exercé. La raison en est que ce retrait est un droit de succession. — Duranton, t. 14, nº 186 ; Toullier, t. 12, nº 134 *bis* ; Glandaz, *Encycl. du dr.*, vº *Communauté*, nº 99.

247. — Par application de ce principe, on décidait, dans l'ancienne jurisprudence, que l'héritage retiré pendant la communauté par retrait lignager était propre au conjoint retrayant, sauf la récompense à la communauté des sommes qui en avaient été tirées pour exercer le retrait. — *Paris*, 20 fév. 1815, Bosredon ; 8 juill. 1833, Meunier.

248. — Cependant on avait décidé que lorsque

par contrat de mariage il avait été stipulé dans la coutume de la Châtellenie de Lille que les fiefs acquis en retrait lignager par le mari, pendant le mariage, seraient compris dans les conquêts et que néanmoins ils suivraient les côté et ligne du retrayant en rendant, par les héritiers de ces côté et ligne, le prix du retrait, ces fiefs devaient entrer dans la communauté. — *Cass.*, 2 vent. an XI, Montmaur c. de Mouchy.

249. — ... 3° Qu'il faut déclarer propre au mari, sans qu'il y ait lieu à récompense envers la communauté, l'immeuble dont il s'est rendu, depuis le mariage, adjudicataire sur licitation avec ses cohéritiers, et dont, par un partage postérieur à cette adjudication, il a compensé le prix avec la part qui lui revenait dans le mobilier dépendant de la succession. — *Amiens*, 19 déc. 1837 (t. 1er 1838, p. 345), Dubois.

250. — ... 4° Que l'exclusion de la communauté ne comprend pas seulement les immeubles proprement dits possédés par le défunt dont l'un des époux recueille la succession : qu'elle embrasse encore les actions ou les droits en vertu desquels le défunt pouvait les revendiquer; que c'est ici, comme le dit Toullier (t. 12, n° 134), l'une des nombreuses applications de la règle : *Is qui actionem habet ad rem recuperandam, ipsam rem habere videtur* (L. 15, ff., *De regul. jur.*).

251. — .... 5° Que si deux époux mariés sous le régime de la communauté ont fait donation à leur enfant, décédé sans postérité, d'un immeuble acquis des fonds de leur communauté, lequel est retrouvé en nature dans sa succession, ces époux le recueillant par *succession*, aux termes de l'art. 747, C. civ., il leur sera propre par moitié. La raison en est que c'est là une véritable acquisition *à titre successif* faite pendant le mariage, l'immeuble étant sorti d'une manière incommutable des mains du donateur. — Duranton, t. 14, n° 187.

252. — Toutefois, M. Duranton (*loc. cit.*) dit avec raison qu'il en serait autrement, si la donation eût été faite avec stipulation du droit de retour, conformément à l'art. 951, C. civ.; dans ce cas, en effet, l'immeuble serait revenu aux donateurs au même titre et serait conquêt ; mais, dans le premier cas, ils y *succèdent* comme aux premiers biens de l'enfant. — V. aussi en ce sens Glandaz, *Encyclopédie du dr.*, v° *Communauté*, n° 100.

253. — C'est une question assez grave que celle de savoir si le rachat avec les deniers de la communauté d'un usufruit grevant un immeuble propre de l'un des époux constitue un *acquêt de communauté* et non un *propre* de l'époux, à qui appartient la nue-propriété de l'immeuble. — La cour de Rouen et la cour de Cassation avaient décidé que ce rachat constituait un acquêt de communauté sur lequel la femme ne pouvait prétendre aucun droit en renonçant à la communauté, et que ce n'était pas le cas d'invoquer la disposition de l'art. 1427, C. civ., qui permet à la femme de reprendre son immeuble libre de toutes charges, sauf toutefois la récompense due à la communauté: les expressions *rachat de services fonciers*, dont se sert cet article, n'étant point applicables à un usufruit d'immeubles, lequel en diffère complétement par sa nature et par son importance. — C. civ., art. 1437 ; — *Rouen*, 1er juill. 1841 (t. 1er 1842, p. 212), Duchesne; *Cass.*, 16 juill. 1845 (t. 2 1845, p. 663), mêmes parties. — V. aussi en ce sens Proudhon, *Tr. des dr. d'usufruit*, nos 2681 et suiv. — V. en sens contraire Pothier, *De la communauté*, n° 639 : Duranton, *Dr. franç.*, t. 14, n° 371.

254. — Dans le Brabant et avant le Code civil, les rentes assignées aux filles, à titre de partage, pour prix de leur renonciation aux successions soit échues, soit futures, constituaient des propres. — *Bruxelles*, ... mai 1813 (t. 11, p. 335), d'Ursel c. de Stain.

255. — L'acquisition faite pendant le mariage, à titre de licitation ou autrement, de portion d'un immeuble dont l'un des époux était propriétaire par indivis, ne forme point un conquêt, sauf à indemniser la communauté de la somme qu'elle a fournie pour cette acquisition. — C. civ., art. 1408, § 1er.

256. — La copropriété ou l'indivision de l'un des époux peut résulter ou d'une succession échue à ce conjoint, ou d'une société. Dans l'un comme dans l'autre cas, il y a deux moyens de faire cesser l'indivision : le partage en nature des biens possédés en commun, ou leur vente à l'amiable ou par licitation. Si le partage se fait en nature, il n'y a pas de difficulté. L'immeuble ou la portion d'immeuble qui tombe dans le lot du conjoint prend le caractère de propre, encore que le partage se soit fait après le mariage; la raison en est que, par le partage, le cohéritier n'acquiert rien ; saisi à la mort du défunt de l'universalité des biens indivis, le partage ne fait que déterminer sa part dans ces biens. — V. en ce sens Pothier, *Communauté*, n° 140.

257. — La licitation a les mêmes effets que le partage; elle est considérée comme remplaçant cet acte. Il suit de là que le cohéritier ou le copropriétaire qui devient adjudicataire n'est pas plus censé acquérir que par le partage même ; il est regardé comme ayant succédé immédiatement au défunt pour la totalité de l'héritage qui lui est adjugé, à la charge de payer à ses cohéritiers leur part dans le prix, et n'avoir rien acquis de ses cohéritiers. — *Bordeaux*, 29 juin 1833, Raffinet ; — Pothier, t. 1er, n° 145 ; Duranton, t. 14, n° 196 ; Battur, t. 1er, n° 253 ; Toullier, t. 12, n° 155 ; Glandaz, v° *Communauté*, nos 116 et 117.

258. — Il importe peu que la licitation ait été volontaire ou forcée; qu'elle se soit faite entre les seuls héritiers, ou qu'on ait admis des étrangers à enchérir; c'était là un point reconnu dans l'ancienne jurisprudence : *Nec obstat*, disait Dumoulin, *quod extraneus licitator fuerit admissus ; quia victus fuit et repulsus ; ex quo res remansit socio, et sic idem ut et si solùm inter socios fuisset licitatio.* — V. aussi en ce sens Pothier, t. 1er, n° 141 ; Toullier, t. 12, n° 156 ; Battur, t. 1er, n° 257 ; Glandaz, *Encyclop. du dr.*, v° *Communauté*, n° 119.

259. — L'acquisition, faite pendant le mariage, de portion d'un immeuble dont l'un des époux était propriétaire par indivis, n'est réputée propre à l'époux déjà propriétaire et exclue de la communauté qu'autant que l'indivision des portions d'héritages existe au moment même des acquisitions. Mais si, à cette époque, les portions d'héritages étaient distinctes et divisées, la réunion qui en serait faite ultérieurement pendant le mariage et la jouissance indivise qui en serait établie n'auraient pas pour effet de donner la qualité de propre à la portion acquise, qui devient, au contraire, un conquêt de communauté. — *Douai*, 10 mars 1828, Debayeux c. Brabant.

260. — C'est une question fort grave que celle de savoir quelle est, relativement à l'adjudication qui en est la suite, l'influence de la saisie opérée sur les biens de la succession. — On a jugé (dans une espèce où les principes de l'ancien droit devaient être appliqués) que l'immeuble possédé par indivis par une femme, comme héritière, sous bénéfice d'inventaire, de sa mère, et qui, par conséquent, était un propre de succession, devenait un conquêt de communauté lorsque la femme s'en rendait adjudicataire en justice, sur la poursuite de saisie réelle d'un créancier de la succession. — *Paris*, 2 juin 1817, d'Equevilly.

261. — Mais, sous l'empire de l'art. 1408, les auteurs résistent à cette interprétation. — Ainsi, suivant M. Duranton, il faut regarder comme propre de communauté l'immeuble qui, dans une succession bénéficiaire, a été saisi réellement et adjugé à l'un des héritiers bénéficiaires, le bénéfice d'inventaire ne détruisant pas dans la personne du cohéritier celle de copropriétaire. — Et si l'héritier bénéficiaire était héritier unique, l'immeuble saisi dont il se rendrait adjudicataire lui serait encore propre, car il le posséderait à titre de succession (art. 1404) la saisie étant, à l'égard de sa communauté, *res inter alios acta*. — Duranton, t. 14, n° 200. — V. aussi Merlin (*Questions*, v° *Propre*, § 2, n° 5), qui cite un arrêt conforme du 26 mars 1782 et deux arrêts contraires des 13 juin 1662 et 26 mai 1696.

262. — De même, si les créanciers de deux cohéritiers avaient saisi les portions indivises de leurs débiteurs dans les immeubles de la succession et que, par suite de cette affaire, la licitation fût provoquée (art. 2205), l'adjudication prononcée au profit du troisième cohéritier pour la totalité, à la charge de payer les deux tiers du prix aux créanciers inscrits de ses consorts, serait régie par l'art. 1408, et les immeubles qui en proviendraient devraient être réputés propres de communauté, sauf récompense, suivant cet article. « La présence des créanciers saisissans, dit M. Toullier (nos 157 et suiv.), ne peut rien changer à la nature du contrat, puisqu'ils ont été désintéressés et repoussés par le troisième adjudicataire. » — V. cependant en sens contraire, Bellot des Minières (t. 1er, p. 219), qui cite comme conforme à son opinion un arrêt de la cour de Cassation du 26 juill. 1816, mais que M. Toullier (*loc. cit.*) démontre n'être nullement applicable à la question. L'arrêt de Paris du 2 juin 1817 (*suprà* n° 260) précité est le seul qui y ait rapport.

263. — Quelque minime que soit la part dont l'époux serait copropriétaire, ne serait-elle que d'un dixième, la disposition de l'art. 1408 ne serait pas moins applicable; l'immeuble serait propre à l'époux pour ce qui aurait été acquis et pour ce dont il était déjà propriétaire. — Duranton, t. 14, n° 199.

264. — L'art. 1408, dans son deuxième paragraphe, dispose que, dans le cas où le mari deviendrait seul, et en son nom personnel, acquéreur ou adjudicataire de portion ou de la totalité d'un immeuble appartenant par indivis à la femme, celle-ci, lors de la dissolution de la communauté, a le choix, ou d'abandonner l'effet à la communauté, laquelle devient alors débitrice envers la femme de la portion appartenant à celle-ci dans le prix, ou de retirer l'immeuble, en remboursant à la communauté le prix de l'acquisition.

265. — Ce droit accordé à la femme, appelé *retrait d'indivision*, a pour but de prévenir l'abus que le mari pourrait faire de son autorité, en empêchant la femme d'acquérir par elle-même la part de son cohéritier, pour en faire l'acquisition lui-même et la faire tomber dans la communauté ; ou bien en achetant à un prix exorbitant les biens indivis à la convenance de son épouse, qui se trouverait obligée de tenir compte à la communauté de ce prix excessif à la dissolution du mariage. — Toullier, t. 12, n° 161 ; Duranton, t. 14, n° 201.

266. — Il a été jugé que le retrait d'indivision accordé à la femme par l'art. 1408, C. civ., est applicable sous le régime dotal aussi bien que sous celui de la communauté. — *Riom*, 29 mai 1843 (t. 2 1845, p. 355), Roux Laval c. Pelissier. — V. DOT.

267. — Avant le Code civil, on n'admettait pas, en France, dans les pays de droit écrit, la loi 78, § 4, ff. *De jure dotium*, qui obligeait la femme au retrait de la totalité de l'immeuble qui lui avait appartenu par indivis, et que, durant le mariage, le mari avait acquis en son nom personnel. La femme jouissait au contraire de la faculté d'option consacrée par l'art. 1408, C. civ. — *Cass.*, 8 mars 1837 (t. 1er 1837, p. 615), Blondeau c. Falèze.

268. — Jugé que, lorsque le mari devient acquéreur d'immeubles ou de droits appartenant par indivis à sa femme, l'acquisition est censée faite par celle-ci, et à son profit, alors surtout qu'il est prouvé que le mari a payé en partie le prix de la cession avec le mobilier appartenant à sa femme. — *Toulouse*, 6 déc. 1834, Bayonne c. Dufaut.

269. — Jugé encore que le mari qui (marié sous le régime dotal) se rend acquéreur de droits successifs dépendant d'une succession encore indivise entre sa femme et les cohéritiers de celle-ci, est censé avoir acheté pour cette dernière, qui pourrait, au cas où, par suite d'une séparation de biens ou de la dissolution de la communauté, elle reprendrait l'administration de sa fortune, retirer, conformément à l'art. 1408, les droits acquis par son mari en lui remboursant le prix d'acquisition. — *Riom*, 20 mai 1839 (t. 1er 1845, p. 56), Mosnier.

270. — Il a été jugé que, si au lieu d'être faite par le mari, seul et en son nom personnel, l'acquisition de l'immeuble dont la femme était copropriétaire par indivis, est faite au nom commun du mari et de la femme, sans exprimer que l'acquisition est pour le compte personnel de cette dernière, l'immeuble devient propre de la femme, et non conquêt de communauté. — *Rennes*, 25 août 1826, Cheffontaines ; — Pothier, *Communauté*, n° 152.

271. — Toullier (t. 12, n° 165) est d'un avis contraire; il pense qu'on ne peut pas dire que cet immeuble soit irrévocablement un propre de la femme, puisqu'elle ne l'a point accepté, ni expressément ni tacitement; qu'elle n'a fait que concourir par complaisance à une acquisition commune à laquelle sa présence ou son concours n'étaient nullement nécessaires; d'où il conclut que, lors de la dissolution du mariage, on ne pourrait contraindre la femme de prendre comme propre l'immeuble ainsi acquis, à la charge d'indemniser la communauté du prix qu'elle a payé.

272. — La question, selon nous, doit être résolue d'après l'intention présumée du législateur ; or, il ne nous paraît pas douteux que l'art. 1408 ait été porté dans l'intérêt unique de la femme, et qu'il doive être interprété dans ce même intérêt dans tous les cas douteux : ainsi, il faudra déclarer l'immeuble propre à la femme toutes les fois qu'il lui sera avantageux de se le conserver tel, et conquêt de communauté lorsque l'acquisition lui sera défavorable ; c'est au reste vers cette doctrine qu'incline la jurisprudence.

273. — Ainsi, il a été décidé que, lorsque deux époux acquièrent ensemble un bien dont la femme était déjà propriétaire par indivis, ce bien est de droit attribué à celle-ci, sans même qu'elle ait besoin d'exercer l'option indiquée dans l'art. 1408 ; que cette option n'est exigée que dans le cas où c'est le mari seul qui a acquis en son propre nom. — *Caen*, 27 fév. 1837 (t. 2 1838, p. 300), Malassis-Cussonnière.

274. — Ainsi, encore, on a jugé que lorsque le mari et la femme conjointement acquièrent une

portion d'un immeuble dont la femme était déjà propriétaire par indivis pour une autre portion, celle-ci peut exercer, sur la portion acquise, le retrait autorisé par l'art. 1408. — *Colmar*, 20 janv. 1831, Biehler; *Lyon*, 20 juill. 1843 (t. 2 1844, p. 455), Coméal c. Guichard. — V. aussi, conforme à notre opinion, Pothier, *De la Communauté*, no. 152; Glandaz, *Encycl. du droit*, vo *Communauté*, no 126; Duranton, t. 14, no 205.

275. — Ce qui vient, au reste, corroborer notre opinion sur ce point, c'est que, dès que l'intérêt exclusif de la femme cesse, on revient à l'application des principes du droit commun : on décide, en effet, que la faculté de retrait accordée à la femme propriétaire d'un immeuble, relativement à la portion indivise de ce même immeuble acquise par le mari seul durant le mariage, est un droit personnel à la femme que ses créanciers ne peuvent demander à exercer en son lieu et place. — *Cass.*, 14 juill. 1834, Blondeau c. Falize; *Riom*, 10 fév. 1836, et *Cass.*, 8 mars 1837 (t. 1er 1837, p. 615), mêmes parties. — V. aussi Conflans, *Jurisprud. des success.*, p. 374.

276. — Le système contraire a été consacré par la cour de Limoges, le 30 août 1831 (arrêt cassé par celui de 1834 cité au numéro qui précède et rapporté sous cet arrêt). — Et M. Duranton (no 233) dit que les motifs de l'arrêt de cassation ne l'ont pas convaincu.

277. — Quoi qu'il en soit, le droit d'option passe aux héritiers de la femme. — Toullier, t. 12, no 169; Glandaz, *Encyclopéd. du droit*, vo *Communauté*, no 128.

278. Le retrait d'indivision ne peut être exercé par la femme si son copropriétaire a donné ou légué sa portion au mari; la raison en est qu'alors il n'y aurait pas de prix à restituer. — Duranton, t. 14, no 202.

279. — Il en est de même dans le cas où le mari, étant copropriétaire avec sa femme et des tiers, a acquis l'immeuble par licitation ou autrement; il n'y aurait pas de raison, en effet, pour que le mari fût privé du droit que lui attribue la première partie de l'art. 1408. — Duranton, t. 14, no 202. — « S'il s'était rendu adjudicataire, dit cet auteur, l'immeuble lui appartiendrait en propre pour le tout; et s'il avait simplement acquis les parts des tiers copropriétaires, la femme conserverait la sienne. » — Le même auteur ajoute (*cod. loc.*) que, dans ce dernier cas, la femme peut demander un prix de sa part proportionné à celui que le mari a payé pour les portions des autres copropriétaires, et que, s'il les avait acquises successivement et à des prix différens, on devrait prendre le terme moyen comme point de comparaison.

280. — La cour de Cassation a posé en principe que, sous le régime de la communauté, le mari seul ne peut hypothéquer un immeuble indivis acquis pendant le mariage, et qui, avant l'acquisition, appartenait par indivis à sa femme; cette prohibition étant la conséquence de l'art. 1408, § 1er. — *Cass.*, 30 juill. 1806, Karn c. Oberlin. — V. aussi *Riom*, 20 mai 1839 (t. 1er 1845, p. 56), Monier.

281. — Et Toullier (no 170) décide de même, pour le cas où l'hypothèque ou l'aliénation porterait sur des immeubles soumis au retrait de la femme dans les termes du § 2 de l'art. 1408. — « Autrement, dit-il, ce serait priver la femme du droit d'opter que la loi lui accorde. » — L'option de la femme pour le retrait devrait donc, dans l'opinion de cet auteur, faire évanouir soit la vente, soit l'hypothèque consentie par le mari. — V. en ce sens Duranton, t. 14, no 209.

282. — Il a toutefois été jugé que le mari qui est censé avoir acheté le fonds indivis pour le compte de sa femme peut néanmoins aliéner l'immeuble par lui ainsi acquis en son nom, et par conséquent l'hypothéquer; d'où il suit que la femme ne peut exercer son droit de retrait sur l'immeuble ainsi acquis par le mari que dans le cas où elle trouve les choses dans leur entier après la dissolution de la communauté, et à la charge de désintéresser les créanciers hypothécaires personnels du mari inscrits sur l'immeuble. — *Grenoble*, 22 juill. 1825, Allier.

283. — Et le pourvoi dirigé contre cet arrêt a été rejeté par le motif que, le mari ayant déclaré acquises les portions indivises appartenant aux cohéritiers de sa femme au nom et pour le compte de lui-même et non de son épouse, il avait pu les hypothéquer en faveur de ses propres créanciers, et que les héritiers de la femme ne pouvaient exercer le retrait sans tenir ces créanciers indemnes. — *Cass.*, 13 juill. 1826, Allier.

284. — Enfin, dans un arrêt plus récent encore, on trouve ce principe que, jusqu'à l'époque de la dissolution de la communauté, le mari est, à l'égard des tiers, seul propriétaire des droits acquis. — *Cass.*, 25 juill. 1844 (t. 1er 1845, p. 48), Montvio c. Gaillard.

285. — On doit considérer comme jugeant en sens contraire l'arrêt qui décide que l'immeuble acquis par le mari, et sur lequel l'art. 1408, C. civ., accorde à la femme dotale le retrait d'indivision, ne peut être exproprié sur le mari tant que la femme n'a pas usé de son droit d'option, ce qu'elle ne peut faire qu'à la dissolution du mariage, et que, par suite, si la femme le requiert, les poursuites d'expropriation doivent être déclarées nulles. — *Riom*, 29 mai 1843 (t. 2 1845, p. 355), Roux-Laval c. Pélissier.

286. — Si la femme avait consenti à l'aliénation ou à la concession d'une hypothèque faite pendant le mariage, il est incontestable qu'elle serait tenue de respecter l'acte, comme elle serait tenue, en pareil cas, de respecter la vente ou l'hypothèque de son immeuble personnel.

287. — De ce que le mari est, jusqu'à l'époque de la dissolution de la communauté, propriétaire, au regard des tiers, des biens acquis, la cour de Cassation conclut que la femme ne peut, avant cette époque, exercer le retrait. — *Cass.*, 25 juill. 1844 (t. 1er 1845, p. 48), de Montviol c. Gaillard; *Limoges*, 12 mars 1808, Guyard; *Riom*, 29 mai 1843 (t. 2 1845, p. 355), Roux-Laval c. Pelissier.

288. — Il a été jugé, en sens contraire, par la cour de Lyon que la disposition qui indique la dissolution de la communauté pour faire l'option est purement énonciative et nullement exclusive de toute autre époque qu'indiquerait l'intérêt de la femme, comme, par exemple, une demande en partage de la part d'un créancier du mari tendant à faire vendre l'immeuble. — *Lyon*, 20 juill. 1843 (t. 2 1844, p. 455), Comeal c. Guichard. — Remarquons néanmoins que cet arrêt est rendu dans une espèce où les époux étaient mariés sous le régime dotal. — Mais l'interprétation qu'il donne de l'art. 1408 n'en est pas moins générale.

289. — Jugé que le retrait d'indivision ne peut s'exercer que sur un immeuble déterminé, et non sur une acquisition de droits successifs. — *Cass.*, 25 juill. 1844 (t. 1er 1845, p. 48), de Montviol c. Gaillard.

290. — Dans quel délai la femme doit-elle faire son option? Pourrait-elle, après la dissolution de la communauté, ajourner indéfiniment la demande en retrait, ou bien devra-t-elle la faire immédiatement? — La loi ne s'explique pas sur ce point; Toullier (t. 12, no 168) pense que si la femme accepte la communauté, elle doit faire son option en formant son action en partage, et que plus tard elle ne le pourrait plus, parce que le partage dans lequel elle aurait laissé entrer l'immeuble contiendrait une véritable option, quoique tacite; mais aussi il ajoute que si la femme renonce à la communauté, elle a pour faire son option tout le temps que les lois lui accordent pour former son action en règlement de ses droits, c'est-à-dire pendant trente ans.

291. — Nous partageons l'opinion de M. Toullier pour le cas où la femme accepte la communauté; il serait en effet peu conséquent d'accueillir la demande en retrait après le partage et la liquidation de tous ses droits. Mais lorsque la femme renonce à la communauté, lui accorder trente ans pour former sa demande en retrait, cela nous paraît contraire à tous les principes de la matière. L'art. 1408, en disant que la femme a le choix; *lors de la dissolution de la communauté*, de retirer ou d'abandonner l'immeuble, fait assez pressentir que ce choix ne doit pas être remis à une autre époque, car alors on ne pourrait jamais dire que l'option a été faite à cette époque.

292. — M. Duranton se décide, au reste, d'une manière absolue pour l'option immédiate. Que la femme accepte ou qu'elle renonce, elle doit, selon cet auteur, exercer son retrait après la dissolution de la communauté. Et M. Glandaz (*Encyclop. du dr.*, vo *Communauté*, no 131) pense qu'on doit accorder aux héritiers le droit de forcer la femme à s'expliquer soit par une mise en demeure, soit par une demande en justice.

293. — Il a été jugé, en matière fiscale, que lorsque la femme n'a, ni avant ni depuis la mort de son mari, fait l'option que lui réserve l'art. 1408, les biens acquis par le mari en son nom sont compris dans la succession du mari. — *Cass.*, 31 mars 1835, Enregist. c. Vincent.

294. — L'option de la femme consiste ou à demander l'immeuble et à rembourser le prix d'acquisition, ou bien à abandonner l'immeuble et à réclamer le prix de sa portion. Dans le premier cas, la femme doit tenir compte de tout ce qui a été payé par le mari; elle ne serait pas admise à rembourser seulement la valeur au jour de la dissolution de la communauté, des parts acquises de ses copropriétaires, ni à faire réduire le prix d'acquisition à dire d'experts sous prétexte qu'il serait trop élevé. La raison en est que la loi, en lui conférant le droit de réclamer l'immeuble, lui a imposé une condition qui ne peut être méconnue ni modifiée, le remboursement du prix payé; c'est donc l'offre de ce remboursement seul qui peut rendre la femme recevable dans sa demande en délaissement de l'immeuble acquis par le mari. — Duranton, no 207.

295. — Elle doit également faire raison à la communauté des frais et loyaux coûts, car c'est là une dépense dont elle profite. — Duranton, *loc. cit.*

296. — Enfin, indépendamment du prix et des loyaux coûts payés par le mari, la femme, en recevant l'immeuble, doit rembourser les impenses faites pour sa *conservation* et son *amélioration*. Cette opinion est fondée sur le texte de l'art. 1437, C. civ., qui porte : « Toutes les fois qu'il est pris sur la communauté une somme, soit pour acquitter les dettes ou charges personnelles à l'un des époux, telles que le prix ou partie du prix d'un immeuble à lui propre, ou le rachat de services fonciers, soit pour le recouvrement, la *conservation* ou l'*amélioration* de ses biens personnels, et généralement toutes les fois que l'un des époux a tiré un profit personnel des biens de la communauté, il en doit récompense. » — Duranton, *loc. cit.*

297. — C'est par application de ce principe qu'on décide que toutes les impenses faites par la communauté sur un des immeubles propres à l'un des époux, doivent être estimées pour fixer les reprises de l'autre époux, même celles d'*embellissement*, si elles ont ajouté à la valeur de l'immeuble. — *Paris*. 21 juin 1814, Millet; — Pothier, *Communauté*, no 626; Toullier, t. 13, no 169; Duranton, t. 14, no 380.

298. — Cette règle s'applique aussi aux frais de labours et de semences. — *Rennes*, 26 janv. 1828, Lefeuvre; — Cout. de Paris, art. 231; Pothier, t. 1er, no 206; Toullier, t. 12, no 124, et t. 13, no 149; Rolland de Villargues, *Répert. du notar.*, vo *Communauté*, no 118.

299. — Suivant l'art. 1405, les donations d'immeubles faites pendant le mariage *à l'un des époux* ne tombent pas dans la communauté et appartiennent au donataire seul, à moins que la donation ne contienne expressément la clause que la chose donnée appartiendra à la communauté.

300. — Cette disposition est contraire au droit de la plupart des coutumes : celle de Paris, art. 246, décidait que si l'immeuble était donné simplement à l'un des conjoints, il était commun à tous les deux, et qu'il n'était exclu de la communauté que lorsqu'il était donné à la charge qu'il serait propre au donataire. Cependant les donations faites en ligne directe étaient exceptées, et les biens qui en étaient l'objet devenaient propres de communauté comme étant réputés donnés en avancement d'hoirie. — Cout. d'Orléans, art. 211. — V. aussi Pothier, no 168.

301. — Au reste, sous l'empire de ces principes, on jugeait que les immeubles légués à une femme mariée, *sans déclaration expresse* qu'ils seront propres à la donataire, ne tombaient cependant pas dans la communauté, surtout si, de l'ensemble des dispositions, il résultait clairement que le testateur n'entendait point qu'ils en fissent partie. — *Paris*, 28 nov. 1809, Keller.

302. — La raison de l'innovation introduite par le Code est que celui qui fait une donation à l'un des époux personnellement, sans s'occuper de l'autre, manifeste assez ouvertement l'intention de ne pas vouloir faire porter sa libéralité sur tous les deux. Il était d'ailleurs inconséquent de faire passer sur la tête du conjoint non désigné dans la donation la moitié et quelquefois la totalité des biens donnés, alors que le donateur n'en avait pas manifesté la moindre intention.

303. — Mais quel est le sort de l'immeuble donné conjointement *aux deux époux?* — Cet immeuble tombe-t-il dans la communauté, ou bien au contraire reste-t-il propre à chacun d'eux pour moitié, de manière que le mari ne puisse aliéner la portion de la femme sans son consentement? — Cette question, en présence du texte assez ambigu de l'art. 1405, ne manque pas de difficulté.

304. — Toullier (t. 12, no 135) pense que l'art. 1405 est une exception à la règle générale qui fait entrer en communauté tous les immeubles acquis pendant le mariage à quelque titre que ce soit : « Or, dit-il, comme il est de la nature des exceptions de ne pouvoir être étendues au-delà des termes de la disposition qui les a créées, il faut en conclure que les donations d'immeubles faites conjointement aux deux époux pendant le mariage, rentrent dans la règle générale et qu'elles tombent dans la communauté, à moins que le contrat ne contienne le contraire expressément ou équivalemment. »

305. — Telle n'est pas l'opinion de M. Duranton,

— Cet auteur, après avoir expliqué (t. 14, no 189) que la combinaison des art. 1405 et 1406 s'oppose à ce que l'immeuble donné aux deux époux conjointement entre dans la communauté, lorsque la donation émane d'un ascendant de la femme ou d'un ascendant commun, s'attache à démontrer qu'il en doit être de même lorsque la donation émane d'un étranger. — L'argument *à contrario*, puisé par Toullier dans l'art. 1405, lui paraît sans force réelle, et il pense qu'il faut remonter à l'intention du donateur, laquelle incontestablement a dû être de faire la donation la plus avantageuse à chacun des époux ; or, il n'existe d'avantage réel pour la femme qu'autant que la moitié de l'immeuble lui revient en propre. — Enfin, M. Duranton puise une autre raison de décider dans l'art. 849, suivant lequel, si des legs ou dons ont été faits à deux époux dont l'un seulement est successible, *celui-ci en rapporte la moitié*, sans que l'article fasse de distinction entre le cas où les époux seraient mariés en communauté et celui où ils auraient adopté un régime différent. — « Or, dit cet auteur, pour qu'il en soit ainsi, pour que la femme obéisse à l'art. 849, il faut qu'elle soit donataire elle-même, puisqu'il n'y a que le donataire qui soit assujéti au rapport, et si elle est donataire et que la donation consiste en immeubles, elle doit donc avoir en propre sa part dans l'objet donné, puisque les immeubles donnés à l'un des époux pendant le mariage n'entrent pas en communauté, à moins que le donateur n'ait expressément déclaré sa volonté à cet égard. — La conséquence est irrécusable.

306. — Et M. Duranton ajoute (*loc. cit.*) que, si la donation émanait d'un ascendant du mari, on ne devrait pas balancer à décider que l'objet lui demeure en propre pour sa part, à moins de déclaration contraire de la part du donateur.

307. — Au reste, la cour de Toulouse a jugé en principe la question que les biens donnés pendant le mariage aux deux époux conjointement ne tombent pas dans la communauté, qu'ils demeurent propres à chacun des époux pour moitié. — *Toulouse*, 23 août 1827, Montant c. Gernau. — Toutefois Duranton, qui rapporte cet arrêt, fait remarquer qu'après avoir motivé sa décision en principe, la cour s'est également appuyée sur l'intention du donateur résultant des faits et circonstances de la cause.

308. — Il ne semble pas qu'il puisse y avoir de difficulté sérieuse dans le cas où la donation, quoique faite conjointement aux deux époux, contiendrait assignation de parts dans la chose donnée, quel que fût d'ailleurs le donateur ; ainsi, par exemple, si elle était faite *à chacun pour la moitié*; dans ce cas, en effet, il y aurait deux donations bien distinctes quant aux choses et quant aux personnes. — Duranton, *loc. cit.*

309. — Ce qui vient d'être dit s'applique au cas d'une donation purement gratuite ; mais que faut-il décider lorsque la donation faite à l'un des époux est une donation *à titre onéreux?* Lorsque le donataire, par exemple, est chargé de payer les dettes du donateur ou qu'il est soumis à d'autres charges qui diminuent de beaucoup la libéralité? Dans ce cas, M. Duranton pense qu'il faut voir quel est le caractère dominant de l'acte; si c'est la vente ou l'échange, l'immeuble donné devient conquêt de communauté; si, au contraire, c'est la donation qui domine, l'immeuble est propre au donataire, sauf récompense pour la partie acquise à titre onéreux. — Duranton, t. 14, nos 190 et 192; Battur, t. 1er, no 230; — V., en sens contraire, Toullier, t. 11, no 143. — Cet auteur pense qu'en pareil cas, l'acte étant mixte, il y a lieu de rentrer dans le principe général, qui fait tomber (sauf le cas d'exception formelle) dans la communauté tous les immeubles acquis pendant le mariage.

310. — Jugé, dans le premier sens, que la chose donnée avec charge de rente viagère n'entre point dans la communauté, même lorsque la donation a été dissimulée sous l'apparence d'une vente, s'il est constant que le donataire seul, et non la communauté, a été l'objet de la libéralité, et si d'ailleurs les charges de la donation ne peuvent pas être considérées comme l'équivalent du prix de l'objet donné. — *Montpellier*, 13 nov. 1844 (t. 1er 1845, p. 541), Morin c. Bascon.

311. — Quoi qu'il en soit, suivant l'art. 1406, l'immeuble abandonné ou cédé par les père et mère ou par un autre ascendant à l'un des époux, soit pour le couvrir de ce qu'il lui est dû, soit à la charge par lui de payer les dettes du donateur à des étrangers, n'entre pas dans la communauté, sauf récompense ou indemnité.

312. — C'est là ce que les auteurs appellent un *arrangement de famille*. On suppose que l'époux aurait recueilli l'immeuble dans la succession du donateur, si l'abandon n'avait pas eu lieu, et l'on ne voit là qu'une espèce d'avancement d'hoirie, une anticipation de l'obligation du donateur de transmettre sa succession à ses enfans et de l'obligation des enfans d'acquitter les dettes de leurs auteurs. — Pothier, *Comm.*, no 139; Duranton, t. 14, no 191; Battur, t. 1er, no 231, Toullier, t. 12, no 143.

313. — C'est par application de cette règle que la cour de Colmar a jugé que les immeubles qui font l'objet d'un abandon en faveur de deux époux, dans leur contrat de mariage, par un de leurs ascendans, moyennant une somme d'argent qu'ils doivent payer, sont censés avoir été donnés en vue du mariage à celui des deux époux qui était le futur successible de cet ascendant, et font partie des propres de cet époux. — *Colmar*, 20 janv. 1831, Biehler.

314. — Jugé cependant que l'immeuble cédé conjointement à deux époux par le père de l'un d'eux, moyennant une rente foncière et perpétuelle, doit être considéré comme acquêt de communauté et ne tombe pas sous l'empire de la présomption légale de libéralité portée dans l'art. 1406, C. civ. — *Caen*, 1er août 1844, (t. 2 1844, p. 621), Geffroy c. Langlois et Girard.

315. — Il ne faudrait pas appliquer le principe de l'art. 1406 au cas où ce serait le fils qui ferait l'abandon de l'immeuble au père; l'abandon ne pourrait en effet être considéré comme un avancement de succession, puisqu'il n'est pas dans l'ordre de la nature qu'un père succède à son fils; l'acte devrait, dans ce cas, être considéré comme étant à titre onéreux, et par suite l'immeuble ainsi abandonné au père ou à l'ascendant serait un conquêt de communauté. — Battur, t. 1, no 242.

316. — L'immeuble abandonné par l'ascendant est propre au donataire, alors même qu'il ne serait pas héritier présomptif de l'ascendant au jour de l'abandon, ni son successible au jour de son décès. — Duranton (t. 14, no 191).

317. — Si la donation avait été déguisée sous la forme d'un contrat onéreux, l'immeuble donné n'en resterait pas moins propre à l'époux donataire. Glandaz, *Encyclop. du dr.*, vo *Communauté*, no 110; ce jurisconsulte dit qu'il en doit d'autant plus être ainsi que les motifs de la simulation peuvent être personnels à cet époux et tout-à-fait étrangers à la pensée d'avantager la communauté : *Optima lex quæ minimum judici relinquit, optimus judex qui minimum sibi.*

318. — Jugé en conséquence que lorsqu'il est constant qu'un acte, quoique passé sous la forme d'un contrat à titre onéreux, n'est, dans la réalité, qu'un avancement d'hoirie fait en faveur de l'un des époux par un parent dont il était le successible, l'objet de cette donation ainsi déguisée doit être considéré comme un propre de l'époux auquel elle s'adressait, sauf récompense à la société d'acquêts des débours occasionnés par ladite donation dont ne l'aurait pas indemnisée la jouissance des biens sur lesquels elle portait. — *Caen*, 27 juin 1845 (t. 2 1843, p. 365) M.

319. — Il a été jugé que l'art 1406, C. civ., qui exclut de la communauté l'immeuble abandonné par un ascendant à l'un des époux pour le remplir de ce qu'il doit, s'applique au cas où la dette de l'ascendant a pour objet une somme promise à titre de dot, tout comme à celui où cette dette aurait une autre cause. — *Cass.*, 3 juill. 1844, (t. 1 1845, p. 85), Balton Lacôte, c. de Vieillecheze, Desessarts et autres.

320. — L'art. 1402 dispose, ainsi que nous l'avons déjà dit, que *tout immeuble est réputé acquêt de communauté*, s'il n'est prouvé que l'un des époux en avait la propriété ou la possession légale antérieurement au mariage ou qu'il lui est échu depuis à titre de succession ou de donation.

321. — De là il résulte que si on ne trouve pas le titre d'acquisition d'un immeuble, il est, dans le doute, présumé conquêt. « La raison de cette règle, dit Pothier (*Communauté*, t. 1er, no 203), est évidente : celui des deux conjoints qui prétendrait que l'héritage lui est propre devrait le prouver suivant cette règle de droit : *Ei incumbit probatio, qui dicit.* L. 2, *ff De probat.* — Aucun des deux ne pouvant le justifier, il ne peut passer pour le *propre* d'aucun des deux ; il ne peut par conséquent être considéré autrement que comme conquêt. » — V. aussi en ce sens Renusson, *des Propres*, sect. 4 et 13; Lebrun, *des Successions*, liv. 2, chap. 1er, sect. 1re, no 2; Toullier, t., 12, no 172; Duranton, t. 14, no 169; Battur, t. 1er; no 202.

322. — La présomption établie par l'art. 1402, C. civ., n'existant que jusqu'à preuve contraire, on a demandé par quel genre de preuve il sera permis d'établir la possession du conjoint antérieure au mariage.

223. — Jugé que la présomption de la qualité d'acquêt d'un immeuble peut céder aux indications fournies par un titre ancien et les circonstances, que cet héritage est propre à l'un des époux. — *Rennes*, 27 janv. 1813, Jarnou et Menet c. Rousset.

324. — Pothier (t. 1er, no 203), Toullier (t. 12, no 172), Battur (t. 1er, no 202) admettent tous les genres de preuve, même la preuve testimoniale.

325. — Toutefois, la thèse contraire s'appuie sur des argumens qui ne sont pas sans valeur. Il est de principe général, peut-on dire, que la preuve testimoniale n'est pas admise au-delà du taux fixé par la loi, et au-delà duquel aussi il doit être passé acte par-devant notaire ; or, la possession d'un immeuble d'une valeur excédant ce taux ne peut devenir l'objet de cette preuve. En vain opposerait-on qu'en matière de possession on admet toujours la preuve, et que, s'il en était autrement, on pourrait bien rarement arriver à une prescription quelconque. — Cette argumentation n'est peut-être pas décisive. Il y a, en effet, une grande différence entre la possession qui opère la prescription et celle qui devient, par cela seul qu'elle existe, attributive d'un droit de propriété : celui qui veut prouver sa possession pour arriver à la prescription n'a pas seulement besoin de prouver qu'il a possédé, il faut qu'il prouve en outre qu'il a possédé à titre de propriétaire et que sa possession a duré un certain temps. Dans le cas de l'art. 1402, au contraire, il suffit que le conjoint prouve sa possession, quelque courte que soit sa durée, pour que l'immeuble lui soit attribué comme *propre*. Or, ne serait-ce pas aller trop loin que d'admettre la preuve de la possession lorsqu'elle doit avoir un résultat prompt et décisif? La principale raison donnée par les auteurs, partisans du système de la preuve testimoniale, que les titres peuvent se supprimer, suffit-elle pour que l'on doive créer en faveur de cette doctrine une exception qui n'est pas dans la loi ? Ne peut-on pas ajouter aussi que l'époux qui a possédé un immeuble avant le mariage ayant eu la faculté de faire constater et reconnaître sa possession dans son contrat, doit s'imputer de ne l'avoir pas fait?

326. — La présomption d'acquêt de communauté ne peut être invoquée qu'autant qu'il est au moins établi que les époux ont possédé l'immeuble pendant le mariage, et non lorsque, bien loin que cette possession soit justifiée, il paraît résulter des actes, qu'il a été acquis par le survivant postérieurement à la dissolution de la communauté. — *Cass.*, 14 fév. 1816, Arnous c. Delaizère.

327. — Doivent être considérés, non comme acquêts, mais comme propres pour moitié à chacun des époux, les biens acquis par eux dans l'acte même qui renferme leurs conventions matrimoniales. — *Agen*, 12 nov. 1814, Castex c. David.

328. — Jugé cependant que l'exclusion de communauté d'acquêts, insérée dans un contrat de mariage, ne doit être entendue que pour les acquêts faits particulièrement par le mari ou par la femme et non pour ceux qu'ils peuvent faire conjointement. — *Angers*, 11 mars 1807, Ladurée.

329. — L'aveu du mari qu'un bien est propre de sa femme fait preuve contre lui au profit de sa femme et de ses héritiers. L'appréciation de ces aveux et des actes qui viendraient les corroborer appartient aux juges du fond. — *Cass.*, 29 déc. 1836 (t. 1er, 1837, p. 537), Dagès c. Laborde.

330. — Les stipulations de propres contenues dans un contrat de mariage n'ont pu produire aucun effet depuis la publication des lois de l'an II. — *Angers*, 1er mars 1811, Quentin c. Marage.

331. — Il a été décidé que l'époux qui, après avoir demandé et fait ordonner une application de titres par lui produits, à l'effet de déterminer si certains biens lui sont propres, refuse au moment de l'opération de produire de nouveau ses titres, peut, lorsque sur son refus, le tribunal a décidé que les biens sont des acquêts, être déclaré non-recevable à renouveler en cause d'appel sa demande en application de titres. — *Bourges*, 28 fév. 1832, Boulu c. Jacquet.

332. — Lorsqu'un soumissionnaire de domaines nationaux se trouvait en état de mariage et de société d'acquêts, lors de la soumission et du paiement des deux premiers quarts, et divorcé, quand, plus tard, il y eut passation du contrat administratif, l'acquisition est réputée faite non du jour de la passation du contrat administratif, mais du jour de la soumission suivie de paiemens; en conséquence, l'immeuble acquis fait partie des acquêts. — *Cass.*, 21 déc. 1826, Salager c. Popp.

333. — Les auteurs ne sont pas d'accord sur le point de savoir si l'art. 1402, en admettant l'époux à prouver qu'il possédait l'immeuble qu'il réclame comme propre avant le mariage, a introduit un droit nouveau. — Toullier (t. 12, no 173) se prononce formellement pour l'affirmative : « Cette

disposition, dit-il, est remarquable en ce qu'elle est nouvelle, et contient une règle générale ajoutée par le Code à celle que suivait l'ancienne jurisprudence, qui n'excluait de la communauté que les immeubles dont les époux avaient la propriété au jour du mariage. »

334. — M. Duranton (t. 14, no 175) combat cette assertion, et dit qu'elle est sans fondement, qu'on peut s'en convaincre par la lecture de plusieurs passages de Pothier; il ajoute qu'il n'aurait pas relevé cette erreur, si Toullier n'eût tiré de cette prétendue règle quelques conséquences évidemment contraires à l'esprit du Code. — V. aussi en ce sens Glandaz, *Encycl. du dr.*, vo *Communauté*, no 95.

335. — Comme M. Duranton, nous pensons que la disposition de l'art. 1402 n'est pas nouvelle, et que Toullier s'est mépris lorsqu'il a cru voir dans d'Argentré la preuve que la possession de l'immeuble antérieurement au mariage ne suffisait pas pour rendre propre à l'époux l'immeuble possédé. En effet, dans le droit ancien, comme dans le droit actuel, la possession légale, la possession propre à opérer la prescription équivalait au droit de propriété; mais dès que cette possession était interrompue par un acte quelconque, l'immeuble pouvait devenir conquêt de communauté. Ce que nous disons ici se confirme par l'hypothèse même proposée par d'Argentré, sur laquelle s'appuie Toullier. Cet auteur suppose que l'un des conjoints possède avant son mariage un immeuble comme propre; postérieurement, cette possession lui est contestée par un tiers; sur cette contestation, il intervient une transaction qui met fin au procès, au moyen d'une somme versée entre les mains du tiers; à la dissolution du mariage, l'autre époux réclame la moitié de l'immeuble comme conquêt de communauté.

336. — De cette hypothèse, Toullier semble conclure que c'est par le résultat de la transaction et non point par celui de la possession que l'immeuble était reconnu propre au mari par d'Argentré; et pour justifier cette conséquence, il dit que le commentateur de la coutume de Bretagne ajoute que si, après la dissolution du mariage, l'autre conjoint veut renouveler le procès et prouver que l'époux auquel l'héritage a été adjugé par transaction ou même par jugement, n'y avait aucun droit, il doit y être admis, et qu'en faisant cette preuve il doit partager l'héritage comme conquêt. Il est facile de voir que Toullier fait déduire à d'Argentré une conséquence qui n'était pas dans sa pensée. Remarquons, en effet, que dans le cas proposé, il ne peut être question de possession, puisque cette possession a été interrompue et même reconnue vicieuse en quelque sorte, par la somme que l'époux a comptée au tiers avec lequel il a transigé, et que par conséquent cette possession ne pouvait suppléer un titre. Cette possession est censée n'avoir jamais existé, c'est une possession commencée pour prescrire, mais interrompue par un fait reconnu par la loi. Dès-lors, si le conjoint parvient à prouver le vice de cette possession, et, comme dit d'Argentré, *probare quod olim litiganti conjugi jus in re non erat frui*, il faut bien en conclure que la jouissance antérieure au mariage n'aura rien opéré pour assurer comme propre à l'époux l'immeuble ainsi possédé; et dès-lors aussi il faudra dire qu'à défaut de possession et de droit de propriété cet immeuble sera conquêt de communauté. Mais aussi, il ne faudrait pas en conclure, avec Toullier, que la possession légale ne pouvait alors servir de fondement et de titre au conjoint dans toute autre hypothèse où elle ne serait pas contestée, car le contraire est prouvé par plusieurs passages de Pothier et, entre autres, par celui-ci (no 157) : « Lorsque j'ai commencé avant mon mariage de posséder sans titre un héritage, quoique j'en sois devenu propriétaire durant la communauté par l'accomplissement du temps de la possession qui s'est opéré durant la communauté, l'héritage sera propre de communauté.»

337. — La simple détention suffit pour établir en faveur du conjoint que l'immeuble est propre et non acquêt; la raison en est que l'on est toujours présumé posséder pour soi et à titre de propriétaire, jusqu'à ce qu'il soit prouvé qu'on a commencé à posséder pour un autre.—C. civ., art. 2230. —Il suit de là que l'époux qui réclame un immeuble comme propre a seulement à prouver qu'il en avait la détention antérieurement au mariage : ainsi, s'il établit qu'il le cultivait, qu'il en a recueilli les récoltes, qu'il en a payé les contributions, il aura suffisamment prouvé qu'il en avait la possession, car celui qui a une présomption légale en sa faveur est dispensé de preuves plus complètes et résultant de titres de propriété. Mais il suit aussi de là que si le conjoint parvient à prouver que la possession de son époux n'était qu'à titre précaire, à titre de fermier ou d'engagiste, par exemple, alors ce sera au conjoint détenteur à prouver lui même que sa possession a changé de nature avant le mariage; que, de précaire qu'elle était, elle est devenue à titre de propriétaire; car celui qui a commencé à posséder pour autrui est présumé avoir continué à posséder au même titre, s'il n'y a preuve contraire.—C. civ., art. 2231;—Duranton, t. 14, no 177.

338. — Mais quelle doit avoir été la durée de la possession antérieure au mariage pour que le conjoint qui réclame comme propre l'immeuble possédé, puisse l'invoquer? Faut-il la possession annale, ou suffit-il d'une possession d'une plus courte durée? — M. Duranton pense qu'il suffit d'une possession de quelques mois, d'un seul même, pourvu qu'elle soit bien prouvée et qu'elle ait été à titre de propriétaire; il se fonde sur ce que la possession, quelque courte qu'elle soit, est exclusive de la supposition que l'immeuble a été acquis pendant le mariage. Il est certain, en effet, que si, lorsqu'il s'agit, de la part du possesseur, d'établir vis-à-vis du propriétaire un droit quelconque sur l'immeuble possédé, il est nécessaire qu'il se soit écoulé au moins une année, parce que pendant ce temps-là, le propriétaire a pu être éclairé sur l'usurpation commise à son préjudice par les divers actes de possession qui ont eu lieu, dans le cas présent, où il ne s'agit que de prouver par une possession antérieure au mariage, que l'immeuble réclamé n'est pas acquêt de communauté, il serait trop rigoureux d'exiger du conjoint qu'il fît la preuve de la possession annale.

Sect. 2e. — *Du passif de la communauté.*

339. — Suivant l'art. 1409, C. civ., le passif de la communauté se compose : 1o de toutes les dettes mobilières dont les époux étaient grevés au jour de la célébration de leur mariage, ou dont se trouvent chargées les successions qui leur échoient durant le mariage, sauf la récompense pour celles relatives aux immeubles propres à l'un ou à l'autre des époux.

340.—...2o Des dettes, tant en capitaux qu'en viager ou intérêts, contractées par le mari pendant la communauté, ou par la femme, du consentement du mari, sauf la récompense dans les cas où elle a lieu.

341. — ...3o Des arrérages et intérêts seulement des rentes ou dettes passives qui sont personnelles aux deux époux.

342. — ... 4o Des réparations usufructuaires des immeubles qui n'entrent point en communauté.

343.—...5o Des alimens des époux, de l'éducation et entretien des enfans et de toute autre charge du mariage.

344. — Nous reprendrons successivement chacune de ces dispositions.

ART. 1er. — *Dettes mobilières antérieures au mariage.*

345. — La raison qui a fait entrer dans la communauté tout l'avoir mobilier des époux antérieur au mariage, y a aussi fait comprendre toutes les dettes mobilières dont ils étaient grevés au moment de la célébration; c'est la conséquence de cette règle de droit : *Secundùm naturam est commoda cujusque rei eum sequi quem sequuntur incommoda* (L. 10, ff., *De reg. jur.*). — Toullier, t. 12, no 197.

346.. Les immeubles appartenant aux époux ne tombant pas dans la communauté, la communauté n'est pas tenue de l'acquittement de leurs dettes immobilières; toutefois cette règle doit être entendue en ce sens, qu'à l'égard de celles du mari, elles peuvent être poursuivies sur les biens de la communauté, sauf récompense, le mari et la communauté ne formant sous ce rapport qu'un seul individu contre lequel toutes les actions doivent être formées; tandis que les dettes immobilières de la femme en sont exclues d'une manière absolue. La raison en est que le droit de la femme dans la communauté n'est point actuel et que ce n'est que lorsqu'elle s'oblige avec le consentement de son mari que les biens de la communauté peuvent être engagés par elle. — Battur, t. 1er, no 265.

347. — Quant aux dettes mobilières relatives aux propres de l'un des époux, elles ne sont à la charge de la communauté que sauf récompense. —Telles seraient, dit M. Duranton (no 214), celles qu'il devrait pour le prix d'acquisition d'immeubles ou pour soulte ou retour de lot dans un partage qui lui aurait attribué plus d'immeubles qu'à ses copartageans, ou les dettes et les legs mobiliers d'une succession d'immeubles ou les sommes qu'il devait à un entrepreneur pour construction ou réparation d'une maison; — pourvu toutefois qu'il possédât encore lors de la célébration les immeubles auxquels ces dettes se rapporteraient, car autrement on ne pourrait les réputer relatives à des *biens propres* de communauté.

348. — C'est par application de ce principe qu'il a été décidé que, lorsque des époux en se mariant sous la communauté de biens, sont convenus par leur contrat de mariage que les meubles appartiendraient à l'un d'eux, et les immeubles à l'autre, avec stipulation qu'ils ne seraient pas tenus de leurs dettes réciproques antérieures au mariage, s'il arrive que des sommes aient été prises sur la communauté pour payer le prix d'immeubles acquis avant le mariage par celui des époux auquel est attribuée la propriété des immeubles, récompense de ces sommes est due à l'autre époux. — *Cass.*, 16 avr. 1833, Dieudonnat.

349. — Il ne se fait pas de compensation ou de confusion au profit de l'époux entre les dettes relatives à ses propres et ses créances ou ses autres valeurs mobilières. « Ces créances, dit M. Duranton (t. 14, no 215), ou ce mobilier entrent dans la communauté sans récompense pour lui, et la dette relative à un de ses propres demeure à sa charge personnelle. »—Glandaz, *Encycl. du droit*, vo *Communauté*, no 140; Battur, t. 1er, no 267.

350. — Ainsi, disent ces auteurs, s'il a vendu peu de temps avant son mariage un immeuble dont le prix était encore dû lors de la célébration, et qu'il ait acheté un immeuble dont il devait encore le prix à la même époque, le prix de l'immeuble par lui vendu est tombé dans sa communauté sans récompense pour lui, et celui de l'immeuble par lui acheté n'est à la charge de la communauté que sauf récompense pour elle.

351. — Si l'époux, après avoir vendu avant le mariage un immeuble par lui acquis et dont il devrait encore le prix, en avait acheté un autre dont il aurait payé le prix, la première dette restée à sa charge n'est plus qu'une dette mobilière, puisqu'elle n'a plus la propriété de l'immeuble pour objet, et elle devient dès-lors une dette de communauté, sans que l'autre époux soit admis à prouver que c'est avec le prix du premier immeuble que le second, demeuré propre à son conjoint, a été payé. — Duranton, no 218; Battur, *eod. loc.*

352. — On entend par dettes mobilières celles qui ont pour objet une somme d'argent ou des effets mobiliers. Ainsi, les obligations de livrer des meubles de quelque espèce qu'ils soient, une somme d'argent, une quantité quelconque de blé, de vin, un cheval, un troupeau, des marchandises, sont des dettes mobilières qui font partie de la communauté.

353. — Il en est ainsi, alors même qu'une hypothèque a été fournie à titre de garantie; l'hypothèque n'est considérée ainsi que comme un accessoire de la dette qui n'en peut changer la nature. — Toullier, t. 12, no 203; Duranton, t. 14, no 216; Glandaz, no 138.

354. — Mais de ce que la communauté n'est chargée que des dettes personnelles et mobilières des époux, il résulte qu'elle ne saurait être tenue de leurs dettes *purement hypothécaires*, c'est-à-dire celles dont ils ne sont tenus que comme possesseurs de l'héritage hypothéqué. — Dès-lors, si l'un des époux n'était tenu d'une dette que pour un quart seulement, bien qu'il en fût tenu pour le tout hypothécairement, la communauté ne serait chargée que du quart.—Toullier, t. 12, no 204; Duranton, t. 14, no 220.

355. — Il en est autrement lorsque le conjoint s'est obligé personnellement, même pour autrui, soit principalement, soit comme caution; la communauté est tenue de son obligation. — Duranton, t. 14, no 221.

356. — D'après le texte même de l'art. 1409, C. civ., ce n'est pas seulement une partie, une quotité des dettes mobilières qui sont à la charge de la communauté, ce sont *toutes* les dettes des époux, sans égard à la valeur du mobilier apporté par eux dans la société conjugale. Il peut résulter de là cet effet bizarre que l'un des époux apportera dans la communauté une somme importante sans aucunes dettes, et que cette somme sera employée à payer les dettes de l'autre conjoint qui n'aura rien apporté dans l'actif de la communauté. Mais cette injustice apparente se justifie par la raison que les époux ont la faculté de prévenir cet abus par les stipulations de leur contrat. — Duranton, t. 14, no 213. — V. aussi Toullier, t. 12, no 200.

357. — Lorsque l'un des époux a vendu, avant le mariage, une coupe de bois à faire sur son fonds, mais non encore opérée après la célébra-

tion, M. Duranton pense que, dans ce cas, la dette est mobilière, et que, dès-lors, la communauté n'en doit aucune récompense, quoique le prix entre dans sa caisse. Cet auteur (t. 14, n° 223) fonde son opinion sur ce que c'est par rapport au créancier, plutôt que par rapport au débiteur, qu'il faut considérer la dette pour en déterminer la nature; or, dans ses rapports avec le créancier, la dette est mobilière. Battur (t. 1er, n° 268) pense au contraire, et nous partageons son avis, que les arbres sur pied vendus par un conjoint avant son mariage, et non encore livrés, forment la dette passive d'un corps certain, qui est mobilière sans doute, quant aux arbres coupés, mais immobilière en tant que ces arbres sont de la substance du propre d'un conjoint et n'en sont point des fruits; d'où cet auteur conclut avec raison que cette dette n'est pas à la charge de la communauté.

358. — La somme due par un des conjoints à cause de l'éviction d'un héritage vendu avant son mariage, constitue une dette immobilière et n'est point à la charge de la communauté. — Dumoulin, *Cout. de Paris*, § 109, n° 6 ; Lebrun, p. 264 et suiv.; Battur, *loc. cit.*, n° 268.

359. — Si le conjoint est débiteur, lors de la célébration du mariage, d'une dette alternative de deux choses dont l'une est mobilière et l'autre immobilière, la qualité de la dette ne sera connue qu'au paiement : si c'est la chose mobilière qui est exigée par le créancier, la dette sera à la charge de la communauté ; si c'est l'immeuble, la dette en sera exclue. Il faudrait décider de même alors que le choix serait laissé au débiteur. — Pothier, n° 627 ; Toullier, t. 12, n° 206 ; Duranton, t. 14, n° 226 ; Glandaz, n° 139.

360. — Il ne faut pas confondre la dette alternative avec la dette facultative, dans laquelle le débiteur a seulement la faculté de payer une chose au lieu d'une autre de nature différente. — « Ainsi, dit Duranton (t. 14, n° 227), qui rend ce principe saillant par un exemple, je lègue ma maison à Paul, si mieux n'aime mon héritier lui donner 10,000 fr., dans ce cas *c'est la maison qui est due*; la dette est donc immobilière, et, dès-lors, si l'héritier paie les 10,000 fr., il doit récompense à sa communauté qui n'était pas tenue de la dette. — Ou bien je lègue 10,000 fr. à Paul, si mieux n'aime mon héritier donner une maison : dans ce cas, si l'héritier donne la maison, la communauté qui était tenue de la dette de 10,000 fr., dette mobilière, lui doit récompense de l'aliénation de son propre. » — V. aussi Toullier, t. 12, n° 207.

361. — L'obligation de faire ou de ne pas faire se résolvant en dommages-intérêts, suivant l'art. 1142, la dette qui en résulte est mobilière et fait partie du passif de la communauté. — Toullier, t. 12, n° 208. — Cette décision peut paraître extraordinaire lorsqu'il s'agit, par exemple, de l'obligation de construire une maison ou de toute autre obligation de ce genre; mais, en résultat, le créancier ne pouvant exiger la maison promise, puisque le débiteur ne veut pas la construire et qu'il ne peut être contraint à cette construction, suivant la maxime *Nemo cogi potest ad factum*, la loi ne lui accorde, dans ce cas, que des dommages-intérêts qui, par leur nature essentiellement mobilière, sont à la charge de la communauté.

362. — Tous les auteurs sont d'accord sur ce point, que si l'un des époux était, au moment de son mariage, obligé de livrer un immeuble déterminé à un tiers, la dette ne serait pas à la charge de la communauté à cause de sa nature purement immobilière. — Pothier, nos 243 et 244 ; Toullier, t. 12, n° 212 ; Duranton, t. 14, n° 225.

363. — Mais il s'est élevé quelque doute sur le point de savoir s'il en devrait être ainsi lorsque l'époux serait obligé de livrer un immeuble indéterminé qu'il n'aurait pas en sa possession lors de la célébration du mariage. Supposons, par exemple, que l'époux institué héritier avant son mariage, ait été chargé par le testateur de donner à un tiers un arpent de vigne des bons cantons de la province, et que l'époux n'eût pas de vignes, et qu'il n'en eût point trouvé dans la succession, dans ce cas M. Duranton (*loc. cit.*) pense que la dette cesse d'être immobilière, puisque celui qui n'a point de vignes et qui lègue un arpent de vignes, ne fait que nominalement un legs d'immeuble, et qu'en réalité c'est une obligation d'acheter un arpent de vignes qu'il impose à son héritier; or, cette obligation au fond est de la *valeur* d'un arpent de vignes et doit, par conséquent, être à la charge de la communauté comme étant purement mobilière.

364. — La communauté n'est pas chargée des obligations qui ont pour objet l'affranchissement d'un héritage propre à l'un des époux de servitudes qui existaient sur cet héritage avant le mariage; l'époux seul est tenu d'exécuter les conventions à cet égard, et s'il est pris une somme quelconque dans la communauté, cet époux en doit récompense. — Battur, t. 1er, n° 269; Duranton, t. 14, n° 224.

365. — On s'est demandé si les dettes contractées par l'un des époux dans l'intervalle du contrat de mariage à la célébration sont à la charge de la communauté ; M. Delvincourt enseignait que ces dettes, bien que non relatives aux propres de l'époux, ne tombent à la charge de la communauté que moyennant récompense. — On peut, en effet, dire que ces dettes tendent à frauder le conjoint qui, n'en ayant pas eu connaissance, n'a pu s'en mettre à couvert par une stipulation quelconque. — Lebrun, *De la communauté*, p. 272 et suiv.; Lemaître, sur le tit. 10, *Cout. de Paris*; Battur, t. 1er, n° 290.

366. — Mais M. Duranton (n° 220) combat ce système, peu conciliable, dit-il, avec la disposition de l'art. 1409, et qu'il serait difficile surtout d'appliquer au mari; puisque celui-ci peut contracter des dettes à la charge de la communauté à la veille du mariage, on ne voit pas trop ce qui pourrait l'empêcher de le faire la veille. — « Quant aux dettes contractées par la femme, ajoute-t-il, comme elles doivent avoir acquis date certaine avant la célébration du mariage, pour que le mari en soit tenu, il n'y a pas non plus de raison bien concluante pour les laisser à sa charge personnelle si elles n'ont pas pour cause des libéralités; ce qui, dans le cas contraire, changerait un peu, il faut l'avouer, les conventions matrimoniales dans leurs effets. Mais si la cause de ces dettes existait déjà quand la femme s'est obligée, il serait bien difficile au mari de prétendre, à la dissolution de la communauté, que ces dettes doivent rester à la charge personnelle de la femme.

367. — L'acte par lequel des époux mariés sous le régime de la communauté déclarent se tenir respectivement quittes des réparations et améliorations faites à leurs biens personnels avec les deniers de la communauté, ne peut être annulé pour violation de l'art. 1437, C. civ., qui porte que toutes les fois qu'il est pris sur la communauté une somme pour la conservation ou l'amélioration des biens personnels de l'un des époux, celui-ci en doit la récompense. — *Poitiers*, 19 fév. 1829, Chevreau.

368. — Si l'un des époux avait vendu le même immeuble à deux personnes successivement et avait reçu le prix de chacune d'elles, ce qui serait par lui dû au second acquéreur (l'immeuble ayant été délivré au premier), bien que constituant une dette immobilière, tomberait cependant dans le passif de la communauté par la raison, d'une part, que cette dette ne serait plus qu'une obligation mobilière, une obligation de dommages-intérêts ; et, de l'autre, que la communauté ayant profité non seulement du premier prix, mais encore du second, il est juste qu'elle soit tenue de la dette. — Duranton, t. 14, n° 225.

369. — Quoiqu'en principe la communauté soit chargée de toutes les dettes mobilières de l'un ou de l'autre époux contractées avant le mariage, cependant le Code, pour empêcher que la femme ne pût la grever par des actes antidatés, dispose : 1° que la communauté n'est tenue des dettes mobilières contractées avant le mariage, par la femme, qu'autant qu'elles *résultent d'un acte authentique antérieur au mariage*, ou ayant reçu avant la même époque une date certaine, soit par l'enregistrement, soit par le décès d'un ou de plusieurs signataires dudit acte. — C. civ., art. 1410.

370. — 2° Que le créancier de la femme, en vertu d'un acte n'ayant pas de date certaine avant le mariage, ne peut en poursuivre contre elle le paiement que sur la nu propriété de ses immeubles personnels. — Même article.

371. — La première de ces dispositions déroge à l'ancienne jurisprudence, sous laquelle le créancier pouvait établir par des présomptions que la date de sa créance remontait avant la célébration du mariage. — Pothier, nos 74, 245 et 627. — V. aussi Toullier, t. 6, n° 699, et t. 12, n° 202.

372. — Sur cette disposition, il a été décidé que la communauté est tenue des dettes mobilières de la femme, et qui se trouvent énoncées dans le contrat de mariage, quoique ce contrat ait été déclaré nul pour l'insertion d'une clause qui entraîne sa nullité. — *Rennes*, 17 juillet 1816, Briand, C.N...

373. — Jugé de même que le premier paragraphe de l'art. 1410 n'est pas applicable aux dettes qu'une veuve remariée avait contractées en acceptant la communauté après le décès de son premier mari. — Trèves, 31 mars 1809, School c. Schmitz et Lindelau.

374. — Les créanciers personnels de la femme commune en biens, dont les titres n'ont pas une date certaine avant le mariage, ne peuvent exercer contre elle une action dont l'effet retomberait sur la communauté et augmenterait les charges du mari. Particulièrement, ces créanciers ne peuvent saisir-arrêter la somme annuelle que la femme, par une stipulation expresse de son contrat de mariage, s'est réservé de toucher sans l'autorisation de son mari, pour subvenir à son entretien personnel. — *Cass.*, 9 août 1820, Dumas de Polard ; Glandaz n° 144; Roger, *De la saisie-arrêt*, n° 192.

375. — Le créancier de la femme peut, malgré l'absence de titre ayant date certaine, s'adresser à la communauté lorsqu'il se trouve dans un des cas prévus par l'art. 1348. — V. OBLIGATION, PREUVE LITTÉRALE.

376. — L'obligation de la femme souscrite avant le mariage et exécutoire contre elle, l'est de plein droit contre la communauté durant le mariage, et conséquemment contre le mari, sauf, dit M. Duranton (n° 230), la contrainte par corps, dont les effets sont personnels. Il suffit que la formalité prescrite par l'art. 877, C. civ., ait été remplie envers le mari en sa qualité de chef de la communauté. — Duranton, *loc. cit.*

377. — Il n'en était pas ainsi dans le droit ancien; il fallait que les créanciers de la femme, avant de pouvoir agir contre le mari, eussent obtenu une sentence qui le condamnât au paiement de la dette, ou qui déclarât exécutoires contre lui les titres qu'ils avaient contre la femme. — Pothier, n° 242.

378. — L'art. 1410 ajoute que le mari qui prétendrait avoir payé pour sa femme une dette n'ayant pas date certaine avant le mariage, n'en peut demander la récompense ni à sa femme ni à ses héritiers.

379. — M. Duranton (n° 230) demande ce que signifie cette disposition. « Ou elle est insignifiante, dit-il, ou elle est injuste. — Elle est insignifiante, s'il s'agit d'une dette pour laquelle, à raison de sa nature, le mari n'aurait eu aucune récompense à réclamer ; elle est injuste, s'il doit en résulter que la femme se sera enrichie aux dépens du mari ; aussi, dans l'ancienne jurisprudence, n'a-t-on jamais rétorqué contre le mari une disposition introduite en sa faveur. — M. Duranton est donc disposé à conclure que la loi a simplement voulu dire que le mari qui aurait payé une dette de cette nature l'aurait fait avec toutes les conséquences du droit commun, ni plus ni moins ; avec récompense dans le cas où elle serait due, sans récompense dans le cas contraire; il vaut mieux encore voir, dit-il, une superfétation dans la rédaction de la loi que de lui donner un sens et un effet en opposition directe avec l'équité et les principes de la loi elle-même sur la matière. »

ART. 2. — *Dettes des successions et donations échues durant le mariage.*

380. — Les successions qui échoient aux époux durant le mariage sont ou purement mobilières ou purement immobilières ou en partie mobilières et en partie immobilières.

381. — Les dettes des successions purement mobilières sont pour le tout à la charge de la communauté. — C. civ., art. 1411. — La raison qu'on en donne est que la communauté profitant, en ce cas, de la totalité de la succession, doit en supporter toutes les charges, et être tenue de toutes les dettes du défunt. — Toullier, t. 12, n° 278; Glandaz, *Encyclop. du dr.*, v° *Communauté*, n° 149.

382. — Cette règle ne s'applique cependant pas d'une manière absolue; on distingue entre les successions échues au mari et les successions échues à la femme. Si la succession mobilière échue au mari est acceptée par lui purement et simplement, la communauté qui l'a recueillie tout entière est tenue indéfiniment de toutes les dettes, quoiqu'elles excèdent la valeur des biens dont elle a profité. Il en est de même, lorsque la femme a accepté la succession avec le consentement du mari, car les actes qu'elle fait avec ce consentement engagent, comme nous l'avons dit ci-dessus, tout l'avoir de la communauté. — C. civ., art. 1426; — Toullier, t. 12, n° 278.

383. — Mais si la femme, sur le refus du mari, se fait autoriser par la justice à accepter la succession et que cette succession se trouve plus onéreuse que profitable, la communauté n'est alors tenue des dettes dont elle est grevée que jusqu'à concurrence de ce dont elle a profité. La raison en est que la femme n'ayant pas, comme le mari, le droit de disposer des biens de la communauté, ne peut la grever des dettes qu'elle contracte sans le consentement de son mari, si ce n'est jusqu'à concurrence de ce dont la communauté s'est prévalue. — Pothier, nos 261 et 262; Toullier, t. 12, n° 279; Duranton, t. 14, n° 232; Battur, t. 1er, n° 320.

384. — Il suit de là que si un créancier de la succession, acceptée par la femme avec l'autorisation de la justice, poursuit le mari pour être payé, celui-ci se libère en offrant de lui tenir compte de tout ce qui est entré dans la communauté; ce créancier ne peut même alors agir sur les revenus des biens personnels de la femme, car ils appartiennent à la communauté; il ne peut recourir que sur la nu-propriété de ces biens. — Art. 1417; — Toullier, t. 12, nº 279.

385. — Il en serait différemment si le mobilier de la succession s'était confondu avec celui de la communauté, avant inventaire préalable, dans ce cas le créancier pourrait s'adresser au mari comme chef de la communauté. — Toullier, *eod. loc.*; Rolland de Villargues, vº *Communauté*, nº 301; art. 1416, C. civ.

386. — Si une succession purement mobilière était échue à la femme avant le mariage et avait été acceptée par elle, le mari se trouverait lié par cette acceptation, et la communauté serait tenue *etiam ultrà vires* des dettes de cette succession. — Duranton, t. 14, nº 232.

387. — Si la succession déjà ouverte lors du mariage n'avait pas encore été acceptée par la femme, celle-ci ne pourrait l'accepter sans le consentement du mari, et si elle recourait à l'autorisation de justice il en serait comme du cas précité, où elle accepte sous une pareille autorisation une succession échue pendant le mariage.

388. — M. Duranton (nº 232) ajoute que le mari, en sa qualité de chef de la communauté peut accepter une succession mobilière échue à sa femme, alors même que celle-ci refuserait de concourir à l'acceptation, que, dans ce cas seulement, la femme ne serait obligée envers les créanciers de la succession qu'en sa qualité de femme commune en biens.

389. — Battur (t. 1er, nº 328) fait remarquer que ce ne sont pas seulement les dettes mobilières de la succession purement mobilière qui sont à la charge de la communauté, mais qu'elle est aussi tenue des dettes immobilières. Cet auteur pense qu'un vice de rédaction s'est glissé dans le § 1er de l'art. 1409, qui dit : « *de toutes les dettes mobilières.... dont se trouvent chargées les successions qui leur échoient durant le mariage*; » que si on prenait à la lettre cette disposition, elle se trouverait en contradiction avec les principes du droit, qui veulent que la succession mobilière acquitte pour la totalité les dettes dont elle est grevée; avec le texte de l'art. 1411, qui se sert du mot générique *dettes*; et avec celui de l'art. 1414, qui ne met à la charge de la communauté que la portion contributoire du mobilier dans les *dettes*, quand la succession est mobilière et immobilière.

390. — Suivant l'art. 1412, les dettes d'une succession purement immobilière qui échoit à l'un des époux pendant le mariage, ne sont point à la charge de la communauté; sauf le droit qu'ont les créanciers de poursuivre leur paiement sur les immeubles de la succession.

391. — Néanmoins, si la succession est échue au mari, les créanciers de la succession peuvent poursuivre leur paiement, soit sur tous les biens propres du mari, soit même sur ceux de la communauté; sauf, dans le second cas, la récompense due à la femme ou à ses héritiers. — Même article.

392. — Si la succession purement immobilière est échue à la femme, et que celle-ci l'ait acceptée du consentement de son mari, les créanciers de la succession peuvent poursuivre leur paiement sur tous les biens personnels de la femme. — Art. 1413.

393. — Mais si la succession n'a été acceptée par la femme que comme autorisée en justice, au refus du mari, les créanciers, en cas d'insuffisance des immeubles de la succession, ne peuvent se pourvoir que sur la nue propriété des autres biens personnels de la femme. — Même article.

394. — Il en était ainsi dans l'ancienne jurisprudence. — Bourjon, *Tit. de la Communauté*, part. 4e, chap. 3, sect. 4e, nº 28.

395. — Il suit de là que les créanciers ne pourraient pas, avant la dissolution de la communauté, faire saisir et vendre les biens personnels de la femme sans en réserver la jouissance au mari. — Bourjon, *loc. cit.*; Toullier, t. 12, nº 282; Bielot des Minières, t. 1er, p. 250; Rolland de Villargues, vº *Communauté*, nº 307.

396. — Toullier soutient (t. 12, nº 282) que, lorsque la succession purement *immobilière* a été acceptée par la femme, du consentement du mari, les créanciers peuvent exercer leur action, non seulement sur les biens qui la composent et sur ceux personnels de la femme, mais encore sur les biens de la communauté et sur ceux du mari, sauf la récompense telle que de droit; cet auteur, en l'absence de disposition formelle sur ce point, se fonde sur les termes de l'art. 1419, qui porte que « les créanciers peuvent poursuivre le paiement des dettes que la femme a contractées avec le consentement de son mari, tant sur les biens de la communauté que sur ceux du mari ou de la femme, sauf récompense; » or, dit-il, l'acceptation d'une succession est un quasi-contrat qui oblige l'héritier acceptant envers les créanciers de la succession; et si la femme accepte, avec le consentement de son mari, elle engage nécessairement par là les biens de la communauté. Toullier se fonde encore sur l'art. 1426, C. civ., qui pose en principe que « les *actes* faits par la femme sans le consentement du mari et même avec l'autorisation de la justice, n'engagent point les biens de la communauté. » D'où il conclut par l'argument *à contrario* que ces mêmes biens sont engagés par les actes faits avec le consentement du mari.

397. — M. Duranton (t. 14, nº 236) et Delvincourt (t. 3, p. 255) sont d'un avis contraire : ils soutiennent que si l'art. 1413 garde le silence sur les biens de la communauté, c'est parce qu'il est certain, en principe, que le mari qui ne fait que seulement autoriser sa femme à faire un acte dont le bénéfice ne doit pas entrer dans la communauté, ne s'oblige pas personnellement et n'engage pas par conséquent les biens de la communauté elle-même.

398. — Battur, qui examine aussi la question (t. 1er, nº 332), se range à l'avis de Delvincourt et Duranton; la raison sur laquelle il s'appuie principalement et qui nous a frappés, c'est que les conséquences d'une adition d'hérédité peuvent être incalculables et que le mari ne doit point être victime d'une autorisation qu'il donne sur un objet qui est absolument étranger à la communauté et dont il ne peut connaître toute l'étendue; tandis qu'il peut facilement apprécier la portée d'un acte isolé et se le rendre propre dans l'intérêt de la communauté. — V. aussi en ce sens Bellot des Minières, t. 1er, p. 279; Battur, t. 1er, nº 332; Demante (*Thémis*), t. 18, p. 166. — V. aussi Rolland de Villargues, vº *Communauté*, nº 305.

399. — Tant que les créanciers d'une succession immobilière échue à la femme et acceptée par elle avec le consentement du mari, ne sont pas payés, la communauté ne peut faire siens les fruits de cette succession; le mari doit compte à ces créanciers des fruits perçus sur les immeubles qui la composent. — Battur, t. 1er, nº 333.

400. — Lorsque la succession échue à l'un des époux est en partie mobilière et en partie immobilière, les dettes dont elle est grevée ne sont à la charge de la communauté que jusqu'à concurrence de la portion contributoire du mobilier dans les dettes, eu égard à la valeur de ce mobilier comparée à celle des immeubles (C. civ., art. 1414), c'est-à-dire que si le mobilier forme le quart ou le tiers des biens, la communauté est tenue du quart ou du tiers des dettes. — Duranton, nº 237.

401. — Dans l'ancien droit, les opinions étaient divisées sur ce point. Le Code a érigé en loi l'opinion de Pothier (nº 261), contraire à celle de Lebrun et de Renusson. — V. Toullier, nºs 284 et suiv.; Duranton, t. 14, nº 237; Billot des Minières, t. 1er, p. 188; Glandaz, *Encyclop. du dr.*, vº *Communauté*, nº 152.

402. — Il suit de là que, dans la division des dettes d'une succession échue durant le mariage à l'un des conjoints, on ne doit nullement s'arrêter au point de savoir si telle ou telle de ces mêmes dettes était affectée à un immeuble possédé par le défunt, lors de sa mort, et devenu propre de l'héritier; ce n'est que par rapport aux dettes de celui-ci, lors du mariage, que cette distinction est à faire. — Duranton, t. 14, nº 237. — « L'époux, dit cet auteur, est censé payer personnellement toutes les dettes relatives aux immeubles qu'il a recueillis du défunt par le paiement d'une portion de la totalité des dettes calculée en raison de la valeur de ces mêmes immeubles comparés à la valeur du mobilier. »

403. — La part des dettes de la succession à la charge de la communauté ne se règle pas d'après la part de meubles qui entre dans la communauté, mais jusqu'à concurrence de la portion contributoire du mobilier dans les dettes. En conséquence, si cette portion est de 15,000 fr. et qu'il n'entre que pour 10,000 fr. de meubles de la succession échue dans la communauté, celle-ci n'en sera pas moins tenue des 5,000 fr. excédant, sauf l'acceptation sous bénéfice d'inventaire. — Toullier, t. 12, nº 292; Billot des Minières, t. 1er, p. 290; Rolland de Villargues, nº 311; Battur, t. 1er, nº 335.

404. — S'il arrivait que l'époux héritier fût créancier ou débiteur de la succession, il n'y aurait pas confusion, la dette ou la créance de cet héritier devrait être comprise dans l'actif ou dans le passif, pour déterminer la contribution aux dettes entre la communauté et lui. — Pothier, nºs 262 et 263; Toullier, t. 12, nº 293; Rolland de Villargues, nº 312; Duranton, t. 14, nº 243; Battur, t. 1er, nº 341.

405. — La portion contributoire, dit l'art. 1414, § 2, se règle d'après l'inventaire, auquel le mari doit faire procéder, soit de son chef, si la succession le concerne personnellement, soit comme dirigeant et autorisant les actions de sa femme, s'il s'agit d'une succession à elle échue.

406. — Pour que le mari puisse être à l'abri d'une demande excédant la part contributoire du mobilier, il faut que non seulement un inventaire soit fait, conformément à l'art. 1414, mais encore que cet inventaire contienne, avec la description et l'estimation de tout le mobilier, l'énumération des immeubles composant la succession, et qu'il en soit fait un état estimatif. — Toullier, t. 12, nº 288; Battur, t. 1er, nº 336.

407. — Le mari pourrait, postérieurement à l'inventaire, être admis à faire cet état des immeubles, s'il avait omis d'y faire procéder lors de sa confection. — Toullier, *eod. loc.*

408. — A défaut d'inventaire, dit l'art. 1415, et dans tous les cas où ce défaut préjudicie à la femme, elle ou ses héritiers peuvent, lors de la dissolution de la communauté, poursuivre les récompenses de droit, et même faire preuve, tant par titres et papiers domestiques que par témoins, et au besoin par la commune renommée, de la consistance et valeur du mobilier non inventorié.

409. — Il a été jugé, d'après cette disposition, que la preuve par commune renommée, à défaut d'inventaire, de la consistance et de la valeur du mobilier apporté par la femme à son mari, peut être faite contre les tiers aussi bien que contre le mari ou ses héritiers. — *Bordeaux*, 20 juin 1826, Ferchat c. Faure; 20 juin 1835, mêmes parties.

410. — Jugé encore que lorsque, dans les cas spécifiés par les art. 1415 et 1442, C. civ., et dans ceux analogues, il est nécessaire d'établir par commune renommée la consistance des biens d'une succession, lors de l'ouverture de laquelle il n'y a pas eu d'inventaire, cette preuve ne pouvant résulter que des témoignages reçus dans les formes prescrites par les enquêtes, et le droit d'entendre des témoins, de leur faire prêter serment, la puissance de les contraindre à déposer et celle de statuer sur les reproches, appartenant exclusivement au ministère du juge, c'est devant un juge qu'il y a lieu de renvoyer à cet effet, et non devant un notaire. — *Cass.*, 17 janv. 1838 (t. 1er 1838, p. 190), Dupont c. Ledoux.

411. — Cette décision est grave, car elle vient, et avec raison à notre avis, signaler le vice d'une pratique généralement adoptée et suivie. — Dans la pratique, en effet, les notaires procèdent en vertu de délégation de juge à ce qu'on appelle, par une locution essentiellement vicieuse, des *inventaires par commune renommée*; mais ces inventaires ne sont en réalité que des *enquêtes*, et les enquêtes sont exclusivement du ministère du juge, qui seul a qualité pour y procéder. — V. INVENTAIRE.

412. — La femme peut également prouver par témoins ou par commune renommée la quotité des dettes de la succession, et cela, soit que la succession lui soit échue, soit qu'elle soit échue au mari. — Toullier, t. 12, nº 289; Battur, t. 1er, nº 338. — La raison qu'on en donne est que la veuve n'ayant pas été dans la possibilité de se procurer une preuve par écrit, elle se trouverait, si cette preuve ne lui était pas permise, dépouillée de son droit, sans qu'aucun acte lui fût imputable.

413. — L'art. 1415, § 2, ajoute que le mari *ne sera jamais reçu* à faire la preuve permise ainsi à la femme à défaut d'inventaire.

414. — Aussi Toullier dit-il (nº 289) que si le mari, quoique n'ayant pas fait inventaire, paie néanmoins la dette, il ne pourra, après la mort de sa femme, demander aucune récompense aux héritiers de celle-ci, acceptant la communauté, à moins qu'il n'ait *une preuve écrite de tous les moyens qui fondent sa demande*; car, ajoute-t-il, supposons qu'il ait la preuve écrite et authentique, par exemple, du paiement de 50,000 fr., quel parti en pourra-t-il tirer? Il est certain qu'il était dû une portion de ces dettes, par les immeubles dont la femme seule a profité; mais quelle portion? Il s'est mis dans l'impossibilité de la déterminer, et le Code le déclare non-recevable à faire cette preuve, pour le punir de sa faute.

415. — Malgré cette disposition, qui interdit au mari la preuve de la consistance du mobilier non inventorié, M. Duranton (t. 14, nº 239) pense que si l'existence et la valeur du mobilier de la succession échue au mari étaient constatées par un titre authentique, par un partage judiciaire, par exemple, la preuve qui en résulterait en sa faveur devrait être admise, la production de son titre devant tenir lieu d'inventaire.

416. — On peut tirer une induction en faveur de

ce système de l'arrêt qui juge que les héritiers du mari ne peuvent, lorsqu'il n'a pas été fait inventaire du mobilier d'une succession à la fois mobilière et immobilière échue à la femme, exercer de répétition contre celle-ci à raison des dettes de cette succession payées par la communauté, et qui ne sont à la charge de ladite communauté jusqu'à concurrence de la portion contributoire du mobilier, *qu'autant qu'ils etablissent la consistance et la valeur de ce mobilier.*—*Cass.*, 10 août 1842 (t. 2 1842, p. 576), Delée.

417. — Il a été jugé que lorsqu'à défaut d'inventaire par le mari, soit lors de l'ouverture de la succession, soit après le décès de la femme, les héritiers de cette dernière ont été admis à prouver par commune renommée l'importance de la communauté qui avait existé entre elle et son mari, dans laquelle la succession mobilière avait été confondue, le mari ne peut, par les seules dispositions d'une contre-enquête, et s'il ne produit aucun titre ni aucune quittance, établir que cette communauté était grevée de dettes par lui acquittées depuis la dissolution. — *Rouen*, 29 août 1840 (t. 1er 1841, p. 246), Rance.

418. — Jugé que lorsqu'un mari s'est assujéti, par son contrat de mariage, à faire rapporter un inventaire estimatif des biens dépendant des successions qui écherraient à son épouse, et qu'il n'en a rien fait, son fils peut invoquer la commune renommée contre ses consorts, héritiers de leur père, qui a survécu à sa mère. Dans ce cas, toutefois, la reddition du compte doit précéder l'enquête tendant à connaître, par la commune renommée, la valeur des successions échues. — *Rennes*, 15 fév. 1821, Tranchant des Tulays c. Visdelou de la Villethéart et autres.

419. — Cette division des dettes entre la communauté et l'époux à qui la succession est échue est étrangère aux créanciers, et l'art. 1416 porte que les dispositions de l'art. 1414 du Code civil ne font point obstacle à ce que les créanciers d'une succession en partie mobilière et en partie immobilière poursuivent leur paiement sur les biens de la communauté, soit que la succession soit échue au mari, soit qu'elle soit échue à la femme, lorsque celle-ci l'a acceptée du consentement de son mari ; le tout, sauf les récompenses respectives.

420.—Il en est de même, dit l'art. 1416, si la succession n'a été acceptée par la femme que comme autorisée en justice, et que néanmoins le mobilier en ait été confondu dans celui de la communauté sans inventaire préalable. — C. civ., art. 1416.

421. — Mais si la succession n'a été acceptée par la femme que comme autorisée en justice au refus du mari, et s'il y a eu inventaire, les créanciers ne peuvent poursuivre leur paiement que sur les biens tant mobiliers qu'immobiliers de ladite succession, et, en cas d'insuffisance, sur la nue propriété des autres biens personnels de la femme.— C. civ., art. 1417.

422. — De ce que la nue propriété des biens personnels de la femme ne peut être poursuivie qu'en cas d'insuffisance des biens de la succession, il suit que la femme peut demander que ces biens soient préalablement discutés. — Toullier, t. 12, no 291.

423. — Toutes les règles que nous venons d'exposer relativement aux dettes des successions échues aux époux durant le mariage sont applicables, ainsi que le dit textuellement l'art. 1418, aux dettes dépendant des donations qui ont pu leur être faites pendant le même temps. — C. civ., art. 1418.

424. — « L'art. 1418, dit Toullier (no 294), est général et s'applique par conséquent aux donations ou aux legs d'usufruit d'immeubles, soit universels, soit à titre universel, qui ne seraient faits qu'à l'un des époux (V. aussi Rolland de Villargues, no 323 ; Duranton, no 244). Ce don ou legs est immobilier (art. 526) et n'entre pas en communauté (art. 1405); cependant les jouissances y tomberont tant qu'elle durera. Néanmoins, les dettes dont cet usufruit sera grevé en vertu de l'opération prescrite par l'art. 612 (V. USUFRUIT) ne seront pas à la charge de la communauté à laquelle il en sera dû récompense, si elles sont payées durant le mariage. »

ART. 3. — *Dettes contractées pendant le mariage.*

425. — L'art. 1409, § 2, pose en principe que les dettes, tant en capitaux qu'arrérages ou intérêts contractées par le mari pendant la communauté, ou par la femme, du consentement du mari, entrent dans le passif de la communauté, sauf la récompense, dans le cas où elle a lieu.

426. — Ainsi, on distingue les dettes contractées par le mari de celles contractées par la femme.

427. — Le mari est pendant le mariage seul maître de la communauté; il dispose à son gré des biens qui la composent, sans le consentement de sa femme; il peut les dissiper, les perdre même; son pouvoir à cet égard est illimité. Il suit de là que toutes les dettes qu'il contracte durant le mariage sont à la charge de la communauté. — Toullier, t. 12, no 217 ; Duranton, t. 14, no 246 ; Battur, t. 1er, no 298. — « Le droit absolu du mari, dit ce dernier auteur, est une condition essentielle de sa qualité de chef de la société conjugale et de l'unité du gouvernement domestique consacré par nos mœurs et par nos lois.»

428. — Pothier (no 248) pense que si le mari peut ainsi engager tous les biens de la communauté sans le consentement de sa femme, c'est qu'elle est *censée*, en sa qualité de commune, contracter et s'obliger avec lui-même sans qu'elle ait été instruite de l'obligation. — Toullier (t. 12, no 218) combat vivement cette opinion : « Quelque profond respect, dit cet auteur, quelque déférence que nous ayons pour la doctrine de ce savant jurisconsulte, nous ne saurions l'adopter en ce point. La femme est, dit-il, *censée* contracter et s'obliger avec son mari à toutes les dettes qu'il contracte durant la communauté. *Censée*, c'est-à-dire *présumée*. Ce mot ne peut avoir d'autre acception dans le passage de Pothier ; or, les présomptions ne sont que des conjectures, des conséquences que la loi ou le magistrat tire d'un fait connu à un fait inconnu. Le fait connu ne peut être ici que celui du mariage ; d'où l'on tirerait, par conjectures, que la femme a donné au mari le pouvoir non seulement d'administrer les biens de la communauté, mais de les perdre, de les dissiper en profusions inutiles et même condamnables. On ne saurait certes tirer une conjecture aussi peu raisonnable du fait du mariage, et l'on regarderait comme insensée la femme qui, en se mariant, donnerait un tel pouvoir à son mari. »

429. — Nous partageons pleinement l'opinion de Toullier : la femme n'est point présumée avoir donné à son mari, en se mariant sous le régime de la communauté, le droit de la réduire elle et ses enfans à la misère ; une telle supposition est hors de raison.

430. — La communauté est tenue d'acquitter les dettes contractées par le mari, alors même qu'elles l'auraient été dans le seul intérêt d'un tiers et sans qu'elle en eût profité : dans le cas, par exemple, où le mari s'est rendu caution d'un ami aux affaires duquel il n'aurait aucun intérêt, et uniquement dans le but de lui rendre service. — Toullier, t. 12, no 214 ; Duranton, t. 14, no 246.

431. —Le principe que la communauté est chargée de toutes les dettes contractées par le mari pendant sa durée, reçoit encore exception à l'égard de celles qu'il n'a contractées que dans son propre intérêt, et dont il profite exclusivement. Ceci s'applique : 1o au cas où le mari aurait libéré son fonds d'une servitude par une somme payée au propriétaire de l'héritage dominant ; — 2o à celui où le mari se serait obligé envers l'architecte qui lui aurait contruit un bâtiment sur un de ses immeubles ; — 3o enfin à celui où il aurait contracté en faveur de ses enfans d'un premier mariage, ou même en faveur d'un de ses héritiers présomptifs. La raison en est qu'il ne peut pas plus avantager, du bien de la communauté, ces personnes que lui-même, au préjudice de la part qu'y doit avoir la femme ; dans ces divers cas il doit récompense.— Pothier, no 251 ; Toullier, t. 12, nos 227 et 228. — V. aussi Merlin, *Rép.*, vo *Communauté*, § 5, no 5.

432. — L'art. 221 de la cout. de Paris laissait du doute sur le point de savoir si la communauté devait acquitter les dettes immobilières contractées par le mari. —L'art. 1409 § 2, C. civ., a levé toutes les incertitudes sur ce point ; sous le mot général *dettes* il comprend évidemment les dettes immobilières comme les mobilières. — Battur, t. 1er, no 298.

433. —Les amendes encourues par le mari pour crime n'emportant pas mort civile, peuvent se poursuivre sur les biens de la communauté, sauf la récompense due à la femme (C. civ., art. 1424). Mais cette récompense n'a lieu qu'autant que les amendes ont été acquittées par la communauté, et que la femme l'accepte — Duranton, t. 14, no 298.

434. —Cette disposition de l'art. 1424, relative à la récompense, est-elle introductive d'un droit nouveau ? — Delvincourt (t. 3, p. 18), Toullier (t. 12, no 225) et Duranton soutiennent l'affirmative ; le premier de ces auteurs rapporte un passage de Pothier (no 298), où il n'est en effet nullement question de récompense. — M. Battur (t. 1er, no 316) prétend au contraire que la récompense était de droit commun, et il cite à l'appui de son opinion Rousseaud de Lacombe (vo *Communauté*, sect. 3e). —Maleville prétend que la disposition de l'art. 1424 est conforme à la jurisprudence des pays coutumiers, et cet auteur cite à l'appui de son opinion le passage même de Pothier rapporté par Duranton.

435. — C'est, nous le pensons, à l'opinion de MM. Toullier et Duranton qu'il convient de s'arrêter ; Merlin, dans son *Répert.* (vo *Communauté*, § 3, no 3) ne fait aucune mention de la jurisprudence invoquée par de Maleville. — Après avoir dit, comme Pothier, que les amendes encourues par le mari sont à la charge de la communauté, sans parler de récompense, il cite l'art. 1424, en annonçant que cet article établit la récompense au profit de la communauté.

436. — En disant que le mari doit récompense à la communauté des amendes prononcées *pour crimes* n'emportant pas mort civile, l'art. 1414 n'a pas entendu charger la communauté des amendes prononcées pour simples *délits*. — Le mot *crime*, dit M. Duranton (no 298), a été employé dans cet article comme expression générique et non dans le sens particulier des lois sociales. — Il serait d'ailleurs bizarre et tout-à-fait injuste que la femme supportât sa part de l'amende à laquelle le mari aurait été condamné pour l'avoir maltraitée ou pour avoir entretenu une concubine dans la maison commune ; et ces faits-là sont de simples délits, d'après le Code pénal.

437. — Zachariæ (*Cours de dr. franç.*, t. 3, § 509) paraît être de cet avis ; mais il soutient que le mari ne doit pas récompense pour les amendes de discipline qu'il a encourues dans l'exercice de ses fonctions.

438. — Quant aux condamnations prononcées contre l'un des époux pour crime emportant mort civile, elles ne frappent que sa part de la communauté et ses biens personnels. — C. civ., art. 1425.

439. — Il n'en était pas ainsi dans le droit ancien : il était de maxime que, *qui confisque le corps confisque les biens* (Cout. de Paris, art. 183), et l'on décidait que le mari condamné pour crime emportant confiscation, entraînait, par sa condamnation la confiscation de toute la communauté ; la part afférente à la femme comme celle du mari. Il y avait dans cette disposition une rigueur extrême, contre laquelle s'éleva Dumoulin ; il professa hautement que les crimes donnant lieu à la confiscation, étant punis de peines capitales, emportaient la mort civile ; que, dès l'instant que le mari était retranché de la société par la mort civile, il y avait dissolution de la communauté, que le mari cessait d'en être le maître, et qu'enfin, par une suite nécessaire, il n'y avait que sa part et ses biens personnels qui pussent être affectés aux condamnations prononcées contre lui. Cette doctrine amena la réforme de la jurisprudence sur ce point (V. Loysel, liv. 6, tit. 2, no 36), et fut désormais suivie.

440. — Les art. 1424 et 1425 s'appliquent-ils aux réparations civiles et aux dépens obtenus contre l'époux ? Les auteurs ne sont pas d'accord sur cette question. — Toullier (t. 12, nos 224 et suiv.) pense que la réparation du dommage causé n'étant point une peine, mais l'accomplissement d'une obligation que la loi impose au mari (C. civ., art. 1382), il est naturel que la communauté soit chargée de la remplir sans récompense. Il est d'ailleurs une autre raison qui, selon cet auteur, tranche la question d'une manière décisive.— « Si, en cause criminelle, dit-il, le mari avait obtenu contre la partie adverse une réparation pécuniaire, la communauté en profiterait. Il est donc juste qu'elle supporte réciproquement les réparations pécuniaires auxquelles le mari est condamné. » — V. aussi conf. Glandaz, *Encycl. du dr.*, vo *Communauté*, no 162 ; Zachariæ, *Cours de dr. franç.*, t. 3, § 509.

441. — Jugé en ce sens que la femme mariée sous le régime de la communauté n'a droit à aucune récompense sur les biens qui en dépendent, à raison des réparations et des frais ou dépens qui frappent le mari condamné pour un fait n'emportant pas mort civile ; l'art. 1424, qui ne parle que des amendes, ne peut être étendu aux réparations civiles ni aux frais. — *Douai*, 30 janv. 1840 (t. 2 1840, p. 698), Legru c. Hache.

442. — M. Duranton (t. 14, no 298) ne partage pas cette opinion : il importe peu, selon lui, que les condamnations civiles soient une dette et l'amende une peine ; il suffit que l'une et l'autre dérivent de la même cause, pour qu'il n'y ait pas de différence dans l'application. S'il y a justice d'imposer la récompense pour l'amende, elle doit également exister pour les réparations civiles puisqu'elles ont la même cause. C'est le crime qui a entraîné l'une et l'autre.

443. — Quant à la raison présentée par Toullier comme décisive, que la femme aurait profité des dommages-intérêts si le mari avait été acquitté,

M. Duranton la repousse également : « La femme, dit-il, aurait profité de ces dommages-intérêts pour une très juste cause, puisqu'elle aurait souffert du tort causé à son mari par une accusation calomnieuse; tandis que ce serait sans cause qu'elle éprouverait un préjudice par le crime de son mari. D'ailleurs, si cette raison avait quelque valeur, il faudrait dire aussi, par voie de conséquence, que la femme n'a pas d'indemnité à réclamer non plus quant aux amendes, dans le cas où un tiers se serait porté partie civile au procès; car le mari eût pu être acquitté et obtenir des dommages intérêts dont elle aurait pareillement profité; et cependant il n'en est pas ainsi. »

444. — Nous adoptons l'opinion de ce dernier auteur; si elle n'est pas justifiée par la lettre de la loi, qui garde un silence absolu sur ce point, elle l'est incontestablement par son esprit : les réparations civiles sont, comme les amendes, une conséquence immédiate du crime ou du délit; les unes sont la réparation envers la société, les autres la réparation envers les parties lésées. — V. au reste, en ce sens, Delvincourt, t. 3, p. 118; Vazeille, *Du mariage*, t. 2, no 371; Battur, t. 1er, nos 316 et 317.

445. — Lorsque les condamnations emportant mort civile ont été rendues par coutumace, elles peuvent s'exécuter sur la communauté entière; dans ce cas, en effet, le mariage et la communauté existent jusqu'à l'expiration du délai de cinq ans donné au contumax pour se représenter, il n'y a pas de raison pour que la communauté ne soit pas chargée de la totalité des condamnations, sauf toutefois l'indemnité à la femme pour sa part, et sauf également le droit qui lui appartient de demander la séparation de biens, et de s'opposer ainsi à ce que les condamnations soient exécutées sur sa part dans la communauté. — Duranton, t. 14, no 297; Glandaz, *Encyclop. du dr.*, vo *Communauté*, no 163.

446. — L'obligation de garantie contractée par le mari en vendant un propre de sa femme, sans son consentement, est-elle une dette de communauté? (Pothier no 253) soutient la négative; Toullier (t. 12, no 226) est d'un avis opposé et il fait remarquer que Pothier (*Traité de la vente*, no 179), avait d'abord émis une opinion contraire qui, selon lui, était la seule qu'il fallût adopter.

447. — Et il a été jugé (dans une espèce où la vente avait été faite par le mari et la femme, celle-ci étant encore mineure, et à la charge d'une ratification qui n'avait pas eu lieu), que l'obligation de garantie contractée par le mari qui vend les propres de sa femme ne pèse pas sur le mari seul, mais sur la communauté; et qu'en conséquence, la femme qui, après le décès de son mari, a accepté la communauté, ne peut revendiquer que la moitié de ses propres aliénés durant sa minorité, parce qu'elle est garante de la moitié des ventes, en sa qualité de commune. — *Amiens*, 18 juin 1814, Esseux c. Minard.

448. — Nous ne partageons pas l'opinion de Toullier; il nous semble que dès que la loi défend au mari d'aliéner les biens personnels de sa femme sans son consentement, cette prohibition ne doit pas lui profiter; et elle lui profiterait si l'obligation de garantie devait être remplie sur les biens de la communauté, puisque la femme en supporterait la moitié; lui seul doit d'ailleurs supporter la peine attachée à la violation de la prohibition légale. — V. au reste en ce sens, Merlin, vo *Communauté*, no 6; Battur, t. 1er, no 308.

449. — Les actes faits par la femme sans le consentement du mari et même avec l'autorisation de la justice, n'engagent point les biens de la communauté, si ce n'est lorsqu'elle contracte comme marchande publique et pour le fait de son commerce. — Cod. civ., art. 1426.

450. — Il faut entendre, par *actes, quodcumque agitur*, c'est-à-dire non seulement les contrats faits sans autorisation, mais encore les quasi-contrats, les délits et les quasi-délits où l'autorisation n'est pas nécessaire pour que la femme soit obligée. — Toullier, t. 12, no 231; Glandaz, *Encyclop. du dr.*, vo *Communauté*, 167. — Dans ces divers cas, tant que dure la communauté, les obligations de la femme ne peuvent être exécutées que sur la nue propriété de ses biens personnels, tous les revenus de ses biens appartenant à la communauté. — Toullier, *eod. loc.*

451. — Il y a cependant une exception à cette règle pour le cas où le mari est déclaré civilement responsable des délits commis par sa femme; en pareil cas, l'exécution des condamnations a lieu sur tous les biens de la communauté et même sur les propres du mari, sauf la récompense due par la femme. — Toullier (t. 12, no 232); Glandaz, *Encyclop. du dr.*, vo *Communauté*, no 167.

452. — Par application du principe posé par l'art. 1426, on a jugé que les frais d'une demande en séparation de corps intentée par une femme contre son mari et rejetée, ne sont pas à la charge de la communauté, et que le paiement ne doit par conséquent pas en être poursuivi contre le mari. — *Paris*, 8 janv. 1841 (t. 1er 1841, p. 317), Merger. — V. dans le même sens *Paris*, 7 fév. 1806, Louault; 8 nov. 1827, Guérin c. Baudin; Chauveau, *Comment. du tarif*, t. 2, p. 365, Bioche et Goujet, *Dict. de procédure*, vo *Femme mariée*, no 150; Glandaz, *Encyclop. du dr.*, vo *Communauté*, no 169. — V. aussi *Cass.*, 11 juill. 1837 (t. 2 1837, p. 255), Fornier c. Marchand, arrêt qui juge que lorsqu'en exécution de l'art. 878, C. procéd. civ., la femme demanderesse en séparation de corps a obtenu une provision destinée aux frais du procès, l'avoué qui a occupé pour elle ne peut, après le procès perdu, et sous prétexte de l'insuffisance de la provision, répéter le montant de ses frais contre la communauté, attendu que c'était à lui, s'il prévoyait cette insuffisance, de réclamer, pour sa cliente, pendant le cours de l'instance, un supplément de provision. — V. cependant en sens contraire, *Bruxelles*, 5 juill. 1809, D...; *Limoges*, 28 avril 1813, Beaune-Borie c. Parotin; *Cass.*, 11 juill. 1837 (t. 2 1837, p. 255), Fornyer c. Marchand; — Pigeau, *Comment.*, t. 1er, p. 311.

453. — Cependant on a décidé que l'exécutoire de dépens dont la condamnation a été prononcée contre la femme au profit du mari, donne à l'avoué qui a obtenu la distraction le droit de réclamer le paiement de ses frais contre le mari en sa qualité de chef de la communauté, sauf le recours de celui-ci contre sa femme à l'époque de la dissolution de la communauté. — *Paris*, 14 août 1840 (t. 1er 1841, p. 317); Merger c. Lepelletier; 11 mai 1815, Lemaire c. Houveau; *Poitiers*, 7 mars 1827 Brémaud c. Bastard. — M. Glandaz, *Encyclop. du dr.*, vo *Communauté*, no 169, trouve cette jurisprudence peu conforme aux principes.

454. — Toutefois le même droit n'est pas accordé à l'avocat pour le montant de ses honoraires et avances mêmes, non réglés par voie de taxe. — *Bruxelles*, 8 juill. 1807, N... c. Vanderin.

455. — La femme marchande publique engage les biens de la communauté pour les actes relatifs à son commerce; elle est en effet censée faire chacun de ces actes avec le consentement exprès ou tacite de son mari et d'ailleurs tous les bénéfices de ses opérations commerciales tombant dans la communauté, il est juste que cette communauté en supporte les dettes. — Cod. civ., art. 220; Battur, t. 1er, no 318; Toullier, t. 12, no 240; Duranton, t. 14, no 300; Merlin, vo *Communauté*, § 3, no 7. — V. COMMERÇANT, nos 403 et suiv.

456. — La femme n'est réputée marchande publique qu'autant qu'elle fait un commerce distinct et séparé de celui de son mari. — C. civ., art. 220. C. comm., art. 5. — V. au surplus, à cet égard, vo COMMERÇANT.

457. — La femme marchande publique n'engage la communauté que par les actes qui concernent son négoce; toutefois comme elle est commerçante et qu'aux termes de l'art. 638, Cod. comm., si un billet est souscrit par un commerçant il est présumé de plein droit fait pour son commerce, il en résulte que la marchande publique s'oblige valablement, ainsi que son mari, par de simples billets, alors même que ces billets n'ont aucun caractère commercial. — Toullier, t. 12, no 249; Duranton, t. 14, no 253.

458. — Mais on ne doit pas étendre cette règle aux obligations passées par-devant notaire, parce qu'en général ce genre d'obligation n'est pas usité dans le commerce. — Duranton, t. 14, no 253; Toullier, t. 12, no 250. — V. au surplus, vo COMMERÇANT, nos 372 et suiv., 393 et suiv.

459. — Bien que la femme marchande publique oblige la communauté et son mari par les actes relatifs à son négoce, la contrainte par corps ne peut cependant pas être prononcée contre ce dernier à raison de ces actes; l'engagement emportant contrainte par corps n'y soumet que la personne qui l'a signé. — *Lyon*, 26 juin 1822, de Pyron; *Paris*, 7 août 1832, Lemaire; — Locré, t. 3, p. 509; Malleville, sur l'art. 220; Duranton, t. 2, no 438 et t. 14, no 251; Vazeille, *du Mariage*, t. 2, p. 105; Toullier, t. 2, no 639 et t. 12, no 245; Zachariæ, t. 3, § 510, note 3e. — V. à cet égard vo COMMERÇANT, no 597.

460. — Il a été jugé que l'obligation légale du mari aux dettes contractées par la femme commune en biens, qu'il a autorisée à faire le commerce, continue à subsister entière contre celui-ci personnellement après la faillite de la femme, et nonobstant le concordat à elle accordé. — *Paris*, 19 fév. 1845 (t. 1er, 1845, p. 286), Scellier c. Patricot. — V. FAILLITE.

461. — L'autorisation que le mari donne à sa femme de faire le commerce est essentiellement révocable. — V. COMMERÇANT, nos 301 et suiv.

462. — La femme ne pouvant être marchande publique sans le consentement de son mari, il en résulte que si elle entreprend un commerce à l'insu de celui-ci, ses obligations n'engagent ni lui ni la communauté; c'est ainsi qu'on le décidait sous l'ancienne jurisprudence. — Toullier, t. 14, no 247; arrêt 16 juill. 1750, rapporté par Duparc-Poullain.

463. — Pour que la communauté et le mari soient engagés par les actes de la femme, marchande publique, il suffit qu'il y ait communauté. Et alors qu'il n'y aurait que simple communauté d'acquêts entre les époux, conformément à l'art. 1498, les actes de la femme commerçante n'engageraient pas moins le mari; car, dans ce cas, il y aurait communauté et partage des produits de la collaboration commune. — Toullier, t. 12, no 255.

464. — La femme marchande publique oblige-t-elle son mari lorsqu'il y a entre eux séparation de biens ou exclusion de communauté? — V. à cet égard vo COMMERÇANT, nos 408 et suiv.

465. — La disposition de l'art. 1426, qui décide que les actes faits par la femme sans le consentement de son mari n'engagent pas les biens de la communauté, peut recevoir une exception à l'égard des engagemens ayant pour objet des achats de comestibles, provisions de ménage, vêtemens, locations et autres objets de ce genre, la femme étant, à cet égard, réputée avoir reçu de son mari un mandat tacite. — V. sur ce point les règles tracées et les monumens de jurisprudence rappelés sous le mot AUTORISATION DE FEMME MARIÉE, nos 260 et suiv.

466. — Aux arrêts cités au mot AUTORISATION DE FEMME MARIÉE, nos 219 et suiv., il faut ajouter les suivans, qui jugent :

467. — 1o Que les dettes contractées par la femme pour pourvoir à ses besoins pendant le temps que son mari l'a tenue éloignée du domicile conjugal en refusant de la recevoir, et sans lui fournir aucun secours, tombent à la charge de la communauté. — *Bordeaux*, 8 juin 1839 (t. 2 1842, p. 415), Paulet.

468. — 2o Que le mari qui, depuis longues années, souffre que sa femme ait une habitation séparée, est tenu de payer les fournitures de ménage, telles que des fournitures de toiles, faites à cette dernière, alors qu'elles ne sont pas exagérées, et que, durant la séparation de fait, le mari a seul perçu la totalité des revenus de la communauté. — *Cass.*, 13 fév. 1844 (t. 1er 1844, p. 686), de La Planche c. Roux.

469. — 3o Mais aussi que la femme demanderesse ou défenderesse en divorce, qui a quitté le domicile du mari pendant la poursuite, ne peut, si elle a obtenu une pension alimentaire, obliger la communauté à raison du loyer de la maison qui lui a été indiquée par le juge. — *Bruxelles*, 27 mai 1819, N... c. dame Demenlinaëre.

470. — La loi fait exception au principe que les obligations de la femme, contractées sans le consentement du mari, ne peuvent engager les biens de la communauté, pour le cas où ces actes ont pour but de tirer le mari de prison. — Elle considère que, dans ce cas, la femme remplit un devoir de secours et d'assistance; seulement, et pour empêcher que l'accomplissement de ce devoir ne devienne un prétexte pour surprendre la femme, elle exige formellement que celle-ci soit autorisée de justice. — Art. 1427.

471. — Dans ce cas, l'autorisation de justice équivaut à celle du mari, quant aux conséquences qui en résultent contre la communauté (art. 1427), et l'exécution des engagemens ainsi contractés par la femme peut être poursuivie sur les biens de la communauté et sur ceux du mari. — Toullier, no 239.

472. — « Il paraît, dit cet auteur (no 235), que cette autorisation de justice est, à raison de la nature de l'obligation, suffisante, même en cas de minorité de la femme, et sans qu'il soit nécessaire d'y joindre une délibération du conseil de famille, ainsi que l'exige l'art. 483, pour autoriser un mineur émancipé à faire des emprunts. »

473. — Dans le droit ancien, on reconnaissait aussi comme obligatoire pour la communauté l'engagement de la femme pour tirer le mari de prison, et même pour payer sa rançon, pourvu qu'il fût autorisé par la justice. — V. Ordonn. de la marine, liv. 3, tit. 6, art. 12. — Cette doctrine était fondée sur un arrêt du 27 août 1564, rendu *consultis classibus*, et rapporté par Pothier, *Tr. de la puissance du mari*, no 33; Glandaz, *Encyclop. du droit*, vo *Communauté*, no 181. — Toullier (no 236) pense que, dans le droit actuel, ce qui est dit du cas où la femme s'oblige pour tirer le mari de prison, s'applique également à celui où elle s'engage pour

payer sa rançon. — V. en ce sens Duranton, t. 14, no 301.

474. — La justice doit-elle autoriser la femme à s'obliger lorsque le mari peut obtenir sa liberté par une cession de biens? Pothier (*De la puissance du mari*, no 37), Faber (*Ad Sen.-Cons. Vell.*), Fromental (vo *Dot*, p. 256) soutiennent la négative; et Toullier, adoptant cette opinion, dit que le refus de justice pourrait même, en ce cas, être avantageux au mari lui-même en ménageant la fortune de sa femme, qui lui doit des alimens dans tous les cas.

475. — L'opinion contraire est professée par M. Duranton (t. 15, no 508); cet auteur se fonde sur ce que la loi ne distingue pas et ne devait pas en effet distinguer; autrement, dit-il, l'homme de mauvaise foi serait traité plus favorablement, sous ce rapport, que le débiteur malheureux et de bonne foi. — V. aussi Roussilhe, *Tr. de la dot*, t. 1er, no 418, qui cite à l'appui de cette thèse un arrêt du 16 déc. 1665, et Boutaric, en ses *Instit.*, liv. 2, tit. 8, qui affirme que le parlement de Toulouse jugeait de cette manière.

476. — L'intérêt de la femme a fait prévaloir la doctrine de Pothier. — Benoît, *Tr. de la dot*, t. 1er, no 229; Bellur, t. 1er, no 299.

477. — Mais si l'engagement de la femme pour tirer son mari de prison est valable, il ne l'est pas, lorsque le mari est seulement *menacé* de la contrainte par corps; il faut que l'emprisonnement soit effectué. — *Caen*, 4 (et non 14) juill. 1826, Poline c. Brunet; *Rouen*, 16 janv. 1838 (t. 1er 1841, p. 193), Nicolle (ces arrêts ont été rendus en matière de régime dotal et pour le cas prévu par l'art. 1558). — Mais le principe est le même pour le cas de l'art. 1427). — Valin, *Cout. de la Rochelle*, no 9; Soëfve, t. 1er, cent. 4e, no 38; Pothier, *De la puissance du mari*, no 38; Benoît, t. 1er, no 227; Duranton, t. 15, no 509; Toullier, t. 14, no 199; Merlin, *Répert.*, vo *Dot*, § 8; Teissier, *De la dot*, t. 1er, p. 419, no 73.

478. — M. Toullier (no 237), combattant l'opinion de Lebrun (*Tr. de la comm.*, liv. 2, ch. 1er, nos 27 et 28), enseigne qu'il en serait du cas où la femme voudrait se tirer elle même de prison, comme de celui où elle veut venir au secours de son mari. — Les magistrats, dit-il, ne pourraient lui refuser l'autorisation qui lui est nécessaire, dans tous les cas où elle ne peut avoir celle de son mari. — Et M. Duranton (no 301), allant plus loin, dit que la femme, marchande publique, pourrait valablement, comme dans l'ancien droit, et sans l'autorisation de son mari ou de justice, prendre avec ses créanciers des engagemens qui seraient obligatoires aussi pour le mari: « En effet, dit il, elle agit ainsi dans l'intérêt de son commerce, qui ne peut souffrir de sa détention. »

479. — L'art. 1427 contient une nouvelle exception au principe de l'art. 1426, en disant que la femme peut obliger la communauté en s'engageant pour l'établissement de ses enfans, en cas d'absence du mari, à la condition toutefois qu'elle aura été autorisée par justice. — Dans ce cas également, l'exécution des obligations peut être poursuivie contre la communauté et contre le mari.

480. — Le mot *établissement* n'est pas restreint à un établissement par mariage. Il s'étend à toute espèce d'établissemens. La jurisprudence et la doctrine sont d'accord sur ce point. — V. conf. *Toulouse*, 22 niv. an X, Théron c. Granier; *Caen*, 25 janv. 1823, Legonix c. Pagny; *Toulouse*, 17 mai 1826, Daubert c. Bonnecarrière; *Rouen*, 25 fév. 1828, Legras c. Min. pub.; *Grenoble*, 21 janv. 1835, Maumet c. Fillieul; *Nîmes*, 10 août 1837 (t. 2 1837, p. 520), Favier c. Hir-Vincent; *Cass.*, 9 avr. 1838 (t. 2 1838, p. 73), Hauchard et Dumont; *Bordeaux*, 30 avr. 1841 (t. 2 1841, p. 189), Cordonne. — V. aussi Furgole, *Quest.* 24e *sur les donat.*, p. 181; Vedel sur Catelan, liv. 4, ch. 4, t. 2, p. 19; Serres, *Inst.*, p. 219; Fromental, vo *Dot*, p. 256; Boutaric, *Inst.*, p. 219; Duport-Lavillette, *Quest. de dr.*, t. 2, p. 522; Benoît, *Tr. de la dot*, t. 1er, p. 300, no 222; Tessier, *Tr. de la dot*, t. 1er, p. 379, no 575; *Dict. du notar.*, vo *Régime dotal*, no 167. — V. cependant en sens contraire, Coulon, *Quest. de dr.*, t. 2, p. 400, dialog. 78.

481. — Mais, dit M. Duranton (t. 12, no 301), la femme ne peut faire qu'un *acte d'établissement*; c'est en cela seulement que, dûment autorisée, elle représente le mari; ainsi, la clause par laquelle, en donnant à l'enfant commun les biens de la communauté, elle le dispenserait du rapport à la succession du mari, serait non avenue.

482. — Dans l'ancienne jurisprudence, les auteurs étaient d'accord pour reconnaître que les femmes ne pouvaient s'obliger pour tirer leurs fils de prison. — Bouhier, *Observ.* 19e, no 91; Merlin, *Répertoire*, vo *Autorisation maritale*, sect. 7e, no 15. — « Aux raisons qu'ils donnent, dit Toullier (no 286), on peut ajouter que c'est au père seul, pendant le mariage, qu'appartient la puissance paternelle, et qu'il peut avoir des motifs pour ne pas faire sortir de prison un fils dérangé sur lequel, attendu sa majorité, il n'a plus le droit de correction que la loi lui accorde sur ses enfans mineurs. — « D'ailleurs, ajoute Duranton (*loc. cit.*), *ce n'est pas là un établissement.* »

483. — Ces mots de l'art. 1427, *même* pour tirer son mari de prison, etc., indiquent, suivant M. Duranton (no 305), que la disposition n'est pas conçue dans un sens rigoureusement limitatif, et qu'en cas d'absence du mari, la femme pourrait être autorisée à engager la communauté pour d'autres causes urgentes.

484. — Au surplus, l'art. 1427 ne dispose que pour le cas d'absence du mari: d'où M. Duranton conclut que si le mari était interdit, la femme, lors même qu'elle serait tutrice, devrait faire régler la dot de l'enfant par un conseil de famille, avec homologation, si cette dot devait être fournie par les biens de la communauté. — C. civ., art. 511. — V. au surplus INTERDICTION. — V. aussi, sur le consentement à mariage en matière d'absence du mari, et sur ce qu'on doit dans ce cas entendre par le mot *absence*, vo MARIAGE.

485. — Toute dette qui n'est contractée par la femme qu'en vertu de la procuration générale ou spéciale du mari, est à la charge de la communauté, et le créancier n'en peut poursuivre le paiement ni contre la femme ni sur ses biens personnels. — C. civ., art. 1420.

486. — Dans le cas où l'obligation contractée par la femme, l'a été du consentement du mari, elle peut être exécutée tant sur les biens de la communauté que sur ceux du mari ou de la femme, sauf la récompense due à la communauté, ou l'indemnité due au mari. — C. civ., art. 1419.

487. — La femme qui s'oblige solidairement avec son mari pour les affaires de la communauté ou du mari, n'est réputée à l'égard de celui ci, s'être obligée que comme caution; elle doit être indemnisée de l'obligation qu'elle a contractée. — C. civ., art. 1431. — V. *infrà* sect. 4e, art. 1er.

488. — Il a été jugé que l'obligation solidaire contractée par deux époux communs est une dette de la communauté cautionnée par la femme, et non une dette pour moitié à la charge de chacun des époux; qu'en conséquence, leur codébiteur solidaire qui a payé le créancier peut répéter contre la femme la totalité de la part dont la communauté était tenue. — *Cass.*, 29 nov. 1827, Huinque.

489. — On a également décidé que les créanciers envers qui la femme s'est obligée solidairement avec son mari ont droit, comme exerçant les droits de leur débitrice, d'être colloqués en vertu de l'hypothèque légale de la femme, et à raison de la dette qu'elle a contractée, même avant que la femme l'ait payée, ou avant qu'elle ait été poursuivie pour le paiement. — *Cass.*, 25 mars 1834, Domaine; *Amiens*, 19 et 20 déc. 1837 (t. 1er 1838, p. 345 et 347), Dubois et Diard; *Cass*, 2 janv. 1838 (t. 1er 1838, p. 561), Charles.

490. — Jugé que la clause insérée dans un contrat de mariage portant adoption du régime de la communauté, et par laquelle il est stipulé qu'une partie déterminée des biens de la future ne pourra être aliénée qu'à la condition d'être remplacée, ne met pas obstacle à ce que la femme reste capable de tous engagemens quelconques, sauf leur inefficacité en ce qu'ils auraient de contraire à la clause du remploi. — ... Et que, spécialement, la femme peut s'engager solidairement avec son mari à l'acquit d'une obligation contractée par celui-ci. — *Caen*, 22 fév. 1845 (t. 2 1845, p. 187), de Boisdeffre c. Lerouge.

491. — Si, durant le mariage, la dette contractée par la femme, avec le consentement du mari, n'avait pas été acquittée, et que la femme acceptât la communauté, elle serait payée sur la masse commune, et alors il n'y aurait ni récompense ni indemnité. Si elle n'acceptait pas et qu'elle fût poursuivie par le créancier, il lui serait dû une indemnité par les héritiers du mari. — Toullier, t. 12, no 233.

492. — Sous l'empire de la coutume de Paris, la femme commune en biens, qui n'avait pas été partie à une obligation souscrite par son mari, ne pouvait être condamnée solidairement avec lui, bien qu'elle eût déclaré dans des actes postérieurs que cette obligation avait eu lieu tant à son profit qu'à celui de son mari. — *Cass.*, 5 brum. an XI, Fargeon c. Courvoisié.

493. — Les frais de dernière maladie sont une dette de la communauté qui doit être supportée par moitié par chacun des époux. — *Bastia*, 26 fév. 1840 (t. 2 1842, p. 436), Pieraggi. — Mais non les frais funéraires. — Bellur, t. 1er, no 321.

ART. 4. — *Arrérages et intérêts des rentes et des dettes passives personnelles aux deux époux.*

494. — La communauté, profitant de tous les produits des biens personnels des époux, doit avoir à sa charge les intérêts et arrérages des rentes ou dettes passives qui sont personnelles aux deux époux; c'est la disposition formelle du § 3, art. 1409, C. civ., fondée sur la règle *eadem debet esse ratio commodi et incommodi.*

495. — « On entend par là, dit M. Duranton (no 256), non pas les arrérages des rentes et les intérêts des capitaux tombés eux-mêmes à la charge de la communauté (car il allait sans dire que ces intérêts et arrérages y étaient tombés comme accessoires des capitaux et des rentes), mais les arrérages et intérêts des rentes et capitaux restés à la charge personnelle de l'époux qui en était débiteur lors du mariage ou qui l'est devenu pendant le mariage. »

496. — Ainsi, la communauté doit acquitter: 1o Les intérêts du prix d'un héritage acquis avant le mariage par l'un des époux. — Pothier, no 239; Toullier, t. 12, no 215; Duranton, t. 14, no 256; Rolland de Villargues, vo *Communauté*, no 328.

497. — 2o Les arrérages ou intérêts des rentes ou sommes que l'un des époux doit pour soulte ou retour de lot à la suite d'un partage. — Toullier, t. 12, no 215; Duranton, t. 14, no 256; Rolland de Villargues, vo *Communauté*, no 329; Bellur, t. 1er, no 267.

498. — 3o Les arrérages ou intérêts des rentes ou sommes que l'époux devait au moment du mariage comme charge des biens d'une succession immobilière dont il possède encore les immeubles. — Toullier, t. 12, no 215; Duranton, t. 14, no 256.

499. — En un mot, les arrérages ou intérêts de toute rente, de toute redevance ou de toute somme à la charge de l'un des époux personnellement, comme relative à des biens meubles ou immeubles qui lui sont propres. — Duranton, *loc. cit.*

500. — 4o Sont encore à la charge de la communauté les arrérages et intérêts des rentes ou sommes appartenant aux enfans, et dont le père a la jouissance, aux termes de l'art. 385, C. civ. — Duranton, *loc. cit.*

501. — 5o Cette règle s'applique même aux arrérages et intérêts des rentes et capitaux dont sont grevés les biens des enfans du mari, issus d'un premier lit, et dont il a aussi la jouissance. — Arg. de l'art. 386, C. civ.

502. — « Ce qui est dit des arrérages et intérêts, ajoute Duranton (no 258), s'applique à tout ce qui peut être considéré comme charge de fruits des biens personnels de l'un ou de l'autre époux, comme les contributions. »

ART. 5. — *Des réparations usufructuaires des immeubles qui n'entrent pas dans la communauté.*

503. — La communauté est tenue, comme charge de sa jouissance, des réparations d'entretien des immeubles demeurés propres à l'un ou à l'autre époux.

504. — Le Code ne s'explique pas sur ce qu'il faut entendre par réparations d'entretien, mais Pothier (t. 1er, no 271) comprend sous cette dénomination toutes les dépenses qu'il faut faire pour la jouissance des héritages et pour les tenir en état selon leur différente nature. « Par exemple, dit-il, l'entretien d'un héritage en nature de vignes comprend les dépenses qu'il faut faire pour les cultiver, pour les fumer, pour les garnir suffisamment d'échalas, pour les provigner, pour les renouveler, en arrachant celles qui sont trop vieilles pour en planter d'autres à leur place. Les dépenses qui sont à faire pour l'empaillement d'une métairie, pour marner les terres, pour peupler un colombier ou une garenne, pour empoissonner un étang, pour entourer les héritages de fossés ou de haies, où il en est besoin, sont aussi des charges qui concernent l'entretien dont la communauté est chargée. »

505. — Quant aux grosses réparations, elles restent à la charge personnelle de l'époux propriétaire. — Duranton, t. 14, no 259.

506. — Les grosses réparations sont celles des gros murs et des voûtes, le rétablissement des poutres et des couvertures entières, celui des digues et des murs de soutènement et de clôture aussi en entier. — C. civ., art. 606. — V. USUFRUIT.

507. — Ni la communauté ni les conjoints ne doivent reconstruire ce qui est tombé de vétusté, ou ce qui a été détruit par cas fortuit. — C. civ., art. 607; — Bellur, t. 1er, no 324.

508. — Mais que doit-on décider lorsque la grosse réparation faite pendant le mariage a été nécessitée par le défaut d'entretien? — Duranton (t. 14, no 260) enseigne que la femme ne doit à ce sujet aucune indemnité à la communauté, à moins

qu'en résultat cette grosse réparation n'eût donné à l'immeuble une plus-value réelle, auquel cas la femme devrait récompense de cette plus-value, telle qu'elle existerait lors de la dissolution du mariage.

509. — Au contraire, la femme doit récompense à la communauté de ce que celle-ci a payé pour les grosses réparations faites sur l'immeuble, et dont la nécessité n'est pas due au défaut d'entretien.— Duranton, *loc. cit.*

510. —Le même auteur (t. 14, nº 260) pense que si des réparations d'entretien n'ont pas été faites lorsqu'elles étaient nécessaires, et que cette omission ait causé un notable dépérissement à l'immeuble de la femme, la communauté devra, outre l'indemnité des réparations omises, une seconde indemnité pour toute la dépréciation qu'a subie l'immeuble.

511. — Si c'est sur l'immeuble du mari que le défaut de réparation d'entretien a nécessité de grosses réparations, faites pendant la communauté, il doit indemnité de ces réparations.— Duranton, t. 14, nº 261.

512.— Mais le mari pourrait-il réclamer une indemnité à raison de l'inexécution des réparations d'entretien dont le défaut aurait rendu nécessaires de grosses réparations qui n'ont pas non plus été faites? —Duranton (*loc. cit.*) enseigne la négative, attendu qu'il ne suffit pas, pour qu'il puisse réclamer une indemnité de la communauté, que sa propre chose ait subi des détériorations, il faut encore que la communauté ait profité de ces détériorations. — « Tout ce qu'il pourrait dire, ajoute le même auteur, c'est qu'il a épargné à la communauté ce qu'auraient coûté les réparations d'entretien; ce serait, en effet, le seul point de vue sous lequel il pourrait prétendre à une indemnité.»

513. — Nous pensons qu'en effet, sous ce dernier rapport, il pourrait réclamer une indemnité. — Toullier va plus loin (t. 13, nº 163) : rejetant toute distinction entre les propres du mari et ceux de la femme, il soutient que, dans l'un comme dans l'autre cas, les grosses réparations nécessitées par le défaut d'entretien sont dues par la communauté. « Il est vrai, dit-il, que, le mari étant maître de la communauté, le défaut d'entretien des biens est une faute personnelle de sa part, et qu'il est responsable de toutes les dégradations survenues par sa négligence; mais il engage la communauté par ses fautes et même par ses dettes; ce qui est d'autant plus juste dans le cas proposé, que la communauté a profité de sa négligence, qu'il n'en a été tiré aucune somme pour les impenses d'entretien négligées par le mari. »

ART. 6. — *Des alimens des époux, de l'éducation et entretien des enfans et des autres charges du mariage.*

514. — La communauté est chargée des alimens des époux, de l'éducation et entretien des enfans et des autres charges du mariage. — C. civ., art. 1409, § 5.

515. — Tout ce qui concerne cette obligation est expliqué aux mots ALIMENS, MARIAGE.

516. — Ce n'est pas seulement à l'égard des enfans issus du mariage que la communauté est tenue des frais d'entretien et d'éducation; elle en est aussi chargée à l'égard des enfans issus d'un précédent mariage, et alors même que ces enfans n'auraient aucun bien dont jouirait la communauté. Les alimens et l'éducation sont, dans ce cas, des dettes naturelles de leur père ou mère dont la communauté, dans laquelle entrent les dettes de chacun des conjoints, doit être chargée.— Pothier, nº 270; Battur, t. 1er, nº 326. — V. aussi en ce sens *Caen*, 29 mars 1844 (t. 2 1844, p. 488), Coppin c. Vallée; — Duranton, t. 14, nº 262; Toullier, t. 12, nº 298.

517. — Aussi est-il constant que le mari ne serait pas tenu à rapport, à raison des libéralités faites en faveur de son enfant du premier lit et uniquement relatives à de simples prestations alimentaires ou à des sommes dépensées pour son éducation. — Pothier, nº 489. — L'art. 1469 ne recevrait pas application dans ce cas.

518. — La demande en pension alimentaire peut être dirigée contre le père seul, comme chef de la communauté. — *Rennes*, 12 juin 1840, D. de la M...

519.— Si les enfans avaient des biens personnels et un revenu suffisant pour subvenir à leurs besoins, la communauté n'en serait pas chargée. — Pothier, *eod. loc.*

520. — Jugé que les père et mère, même lorsqu'ils ont perdu l'usufruit légal des biens de leurs enfans, peuvent employer à la nourriture, à l'éducation et à l'entretien de ces derniers les revenus des biens personnels de ceux-ci; mais ils n'ont pas le droit, lorsque leurs propres revenus suffisent au soutien de leur famille, d'exercer de répétition

sur les capitaux de leurs enfans. — Ils ne le peuvent point surtout s'ils n'ont pas obtenu l'autorisation du conseil de famille avant de faire les dépenses. — *Caen*, 29 mars 1844 (t. 2 1844, p. 488), Coppin c. Vallée. — V. ALIMENS, MARIAGE, USUFRUIT LÉGAL.

521. — Lorsque le mari, agissant tant de son chef que de celui de son épouse, s'est obligé, par le contrat de mariage de l'un de ses enfans, à lui servir une pension, non à titre de dot, mais à titre d'alimens, c'est là une dette de la communauté, qui, par conséquent, est à la charge des deux époux. — *Bordeaux*, 12 déc. 1834, Bodin c. Linard.

522. — La communauté est aussi tenue de la dette alimentaire que l'un ou l'autre époux doit à son ascendant, à son beau-père ou à sa belle-mère, à son gendre ou à sa belle-fille, conformément aux art. 205 et suiv., C. civ. Peu importe que ces alimens aient été déterminés par jugement ou par transaction, avant le mariage, ou qu'ils l'aient été postérieurement.— Duranton, t. 14, nº 263.—V. ALIMENS.

523. — A l'égard des alimens dus aux époux, on s'est demandé si la communauté doit payer la dette contractée par la femme pour subvenir à sa nourriture et à son entretien, alors qu'elle vit séparée de son mari, nonobstant les sommations qui lui ont été faites de rentrer dans le domicile conjugal. Battur (t. 1er, nº 325) pense que le mari est tenu d'acquitter la dette, si elle n'est pas exagérée; cependant il est de jurisprudence constante que le mari peut contraindre la femme à réintégrer le domicile conjugal par la saisie de ses revenus. — V. ce que nous avons dit aux mots ABANDON D'ÉPOUX, MARIAGE, et les nombreux arrêts qui y sont cités.

524.—La disposition d'un arrêt qui alloue à une veuve une somme à prélever sur la communauté pour sa nourriture et celle de ses domestiques pendant les trois mois et quarante jours qui lui sont accordés pour faire inventaire et délibérer, ne peut être critiquée devant la cour de Cassation, en ce que la somme allouée serait excessive. — *Cass.*, 7 nov. 1827, Rezout; 10 janv. 1837 (t. 1er 1837, p. 54), de Buissy.

525. — Les droits de la femme commune à la nourriture et au logement, pendant les trois mois et quarante jours qui lui sont accordés pour faire inventaire et délibérer, peuvent être considérés comme remplis par voie d'équipollence au moyen d'une jouissance de fait. — *Cass.*, 10 janv. 1837 (t. 1er 1837, p. 54), de Buissy.

526. — Le tiers qui a logé, nourri, blanchi, etc., la femme demanderesse en séparation de corps, laquelle s'est retirée chez lui, en vertu de l'autorisation du juge, a le droit de répéter ses dépenses contre le mari, comme chef de la communauté, lors même que la femme a succombé. — *Poitiers*, 7 mars 1827, Bremaud c. Bastard. —V. MARIAGE.

527. — Lorsque la femme commune en biens a stipulé par contrat de mariage le droit de toucher chaque année sur ses propres quittances une somme déterminée sur les biens de la communauté pour subvenir à son entretien personnel, ses créanciers peuvent saisir cette somme, sans justifier d'un titre ayant une date certaine antérieure au mariage. — *Cass.*, 9 août 1819, de Polart.

528. — On considère aussi comme charge de la communauté les frais de l'inventaire qui doit être fait après sa dissolution; les frais de liquidation des reprises que les conjoints ou leurs héritiers ont à exercer sur la masse commune ou des récompenses qu'ils lui doivent; enfin les frais de partage des biens de la communauté, et tous ceux qu'il faut faire pour y parvenir, tels, par exemple, que ceux faits pour l'estimation des biens. — Pothier, t. 1er, nº 263.

Sect. 3e. — *Administration de la communauté. — Effets des actes de l'un ou l'autre époux relativement à la société conjugale.*

ART. 1er. — *Droits du mari et de la femme quant à la gestion et à la disposition des biens de la communauté.*

529. — Le mari administre seul les biens de la communauté; il peut les vendre, aliéner et hypothéquer sans le concours de la femme. — C. civ., art. 1421.

530. — La coutume de Paris contenait une disposition semblable. L'art. 225 portait : « Le mari est seigneur des meubles et conquêts immeubles par lui faits durant et constant le mariage de lui et de sa femme; en telle sorte qu'il les peut vendre, aliéner ou hypothéquer. »

531. — On tirait de cette disposition plusieurs corollaires qui doivent aussi être admis dans notre droit : le premier, que le mari peut grever les biens de la communauté de toutes les dettes qu'il lui plaît de contracter, soit qu'elles concernent les biens de la communauté, soit qu'elles lui soient étrangères. — Pothier, t. 1er, nº 469.

532. — Le second, que le mari peut à son gré dissiper et perdre les biens de la communauté, sans en être comptable; qu'il peut les laisser périr par la prescription, les dégrader, briser les meubles, tuer par brutalité les animaux dépendant de la communauté, etc.—Pothier, nº 470; Merlin, *Répert.*, vº *Communauté de biens*; Battur, t. 2, nº 525.

533. — Mais si, par ces divers actes du mari et par une administration ainsi déréglée, la dot de la femme est mise en péril, la femme peut provoquer sa séparation de biens. — C. civ., art. 1443.— Duranton, t. 14, nº 265; Battur, t. 2, nº 527. — V. SÉPARATION DE BIENS.

534. —Du principe qui permet au mari de vendre et aliéner les biens de la communauté sans le concours de la femme, il suit qu'il peut : 1º à plus forte raison, faire valablement sans son concours le délaissement par hypothèque d'un conquêt de communauté. — *Bruxelles*, 9 flor. an XIII, Charlier.

535. — 2º Notifier une surenchère lorsque la créance fait partie de la communauté. — *Paris*, 4 mars 1815, Lemne.

536. — 3º Opérer la vente des biens de la communauté en faveur de ses enfans d'un premier lit. — *Orléans*, 12 août 1818, Deshayes c. Grimaud.

537. — 4º Compromettre et plaider, relativement aux biens qui dépendent de la communauté.— *Bourges*, 17 avr. 1841 (t. 1er 1842, p. 272), Chamblant c. comm. de Thenay.

538. — Mais il a été jugé qu'encore bien que le mari, agissant en justice comme chef de la communauté, l'engage tout entière, même pour la part éventuelle de la femme; celle-ci, devenue veuve, n'est censée, sous le rapport de l'instance, y avoir été partie ou représentée, qu'autant qu'elle accepte la communauté et manifeste la volonté d'y prendre part. — *Cass.*, 30 janv. 1843 (t. 1er 1843, p. 667), Chamblant c. comm. de Thenay.

539. — La cour de Paris a décidé que le mari pouvait, comme chef de la communauté, recevoir les capitaux légués à sa femme et en disposer même avant la majorité de celle-ci et leur exigibilité, alors même qu'une clause du testament prescrirait le placement de ces capitaux sur hypothèque, ou en acquisition d'immeubles, jusqu'à la majorité de la légataire, de manière à ce que les remboursemens ne soient pas faits avant cette époque. — *Paris*, 21 janv. 1837 (t. 1er 1837, p. 197), Borderie C. Penjon.

540. — Mais si le mari peut à son gré aliéner les biens de la communauté, il faut que les aliénations aient été faites sans fraude. — Cout. de Paris, art. 225; Pothier, nºs 467 et suiv.; Toullier, t. 12, nº 310; Rolland de Villargues, vº *Communauté*, nº 347.

541. — Il a été jugé, par application de ce principe, que la femme peut attaquer comme frauduleuse la vente faite par le mari des effets de la communauté, bien qu'elle ait eu lieu avant la demande en séparation, mais depuis la retraite de la femme du domicile marital. — *Bruxelles*, 13 août 1812, Hubens c. Servais.

542. — Au reste, le principe qui permet au mari de vendre et hypothéquer les immeubles de la communauté reçoit exception dans le cas où il s'agit d'un immeuble acquis pendant le mariage et qui, avant l'acquisition, appartenait par indivis à sa femme. — *Cass.*, 30 juill. 1816, Kahn c. Oberlin.

543. — Il reçoit encore exception au cas où il s'agit d'acquêts faits avant la promulgation du Code civil, et sous l'empire d'un statut qui refusait au mari la faculté d'aliéner les acquêts sans le concours de la femme. — *Liége*, 25 janv. 1808, Liers. — V. aussi, en ce sens, *Bruxelles*, 30 mars 1820, N... — Merlin, *Répert.*, vº *Effet rétroactif*, sect. 3e, § 3, art. 3, nº 3.

544. — Jugé aussi que l'aveu fait par le mari, assigné tant en son nom qu'au nom de sa femme, et sans le consentement de celle-ci, de l'existence d'une créance contre la communauté, n'engage point la femme personnellement, mais seulement en sa qualité de commune. — *Paris*, 27 août 1816, Prignot c. Robin.

545. — Lorsque le mari a aliéné un acquêt de communauté avec clause de garantie, sa veuve, qui a accepté la qualité de légataire universelle, est devenue par là non-recevable à revendiquer contre l'acquéreur la moitié de l'immeuble aliéné,

encore bien qu'elle soutînt que cette aliénation fût une donation déguisée contraire à l'art. 1422. — *Cass.*, 20 mai 1840 (t. 2 1840, p. 518), Dubessy c. Moye.

546. — On ne peut stipuler par contrat de mariage que le mari n'aura pas l'administration des biens de la communauté. — Toullier, n°s 307 et suiv.; Duranton, t. 14, n° 268; Rolland de Villargues, v° *Communauté*, n° 351; Glandaz, *Encycl. du dr.*, v° *Communauté*, n° 790.

547. — Mais le mari pourrait, postérieurement au mariage, donner procuration à la femme et l'investir de l'administration.

548. — ...Sous cette réserve toutefois que la procuration serait toujours révocable, et que, si elle était générale et indéfinie, elle ne vaudrait que quant à l'administration des biens de la femme : c'est la disposition formelle de l'art. 223, C. civ.—Duranton, n° 267. — V. MARIAGE.

549.—Toutefois, si l'on ne peut enlever au mari le droit exclusif d'administrer les biens de la communauté, on peut cependant limiter par le contrat de mariage la faculté de les aliéner; ainsi, serait valable la stipulation qui porterait que le mari ne peut vendre les immeubles de la communauté sans le consentement ou le concours de la femme. Ce ne serait pas là porter atteinte aux droits du mari comme *chef*, aux termes de l'art. 1388, C. civ.; car cette prohibition a trait aux droits du mari comme chef sur *la personne* de sa femme et de ses enfans, et non à ceux qui lui appartiennent comme chef *sur les biens*. Une pareille limitation du droit du mari d'aliéner les immeubles de la communauté ne serait d'ailleurs qu'une juste application de l'art. 1387, C. civ., qui porte que : La loi ne régit l'association conjugale, *quant aux biens*, qu'à défaut de conventions spéciales, que les époux peuvent faire *comme ils le jugeront à propos*, pourvu qu'elles ne soient point contraires aux bonnes mœurs et aux modifications introduites par l'art. 1388, c'est-à-dire aux droits résultant de la puissance maritale sur *la personne* de la femme et des enfans. — Toullier, t. 12, n° 309; Duranton, t. 14, n° 266; Battur, t. 2, n° 549; Rolland de Villargues, v° *Communauté*, n° 354; Bellot des Minières, t. 1er, p. 314; Zachariæ, t. 3, § 504, note 1re; Glandaz, *Encycl. du dr.*, v° *Communauté*, n° 193.

550. — La restriction du contrat de mariage, en ce qui concerne le droit du mari, pourrait porter aussi bien sur les *conquêts* de la communauté que sur les immeubles qui n'auraient pas ce caractère. — Duranton, *loc. cit.*

551.—Si par contrat de mariage il avait simplement été stipulé que le mari ne pourrait aliéner les immeubles de la communauté sans le concours de la femme, cette clause ne serait point un obstacle à ce que le mari ne pût les hypothéquer sans ce concours.—Duranton, t. 14, n° 269. —« Par une telle convention, dit cet auteur, le mari ne s'interdit pas le pouvoir d'emprunter sans le concours de sa femme; or, en empruntant, s'il ne payait pas la dette, le créancier pourrait prendre hypothèque en vertu d'un jugement, ce qui conduirait au même résultat que si le mari avait hypothéqué lui-même.»

552. — Quelque étendu que soit le droit du mari sur les biens de la communauté, il est cependant restreint quant aux dispositions à titre gratuit des immeubles et à celles embrassant l'universalité ou une quotité du mobilier. Ainsi, l'art. 1422, C. civ., porte : « qu'il ne peut disposer entre-vifs à titre gratuit des immeubles de la communauté ni de l'universalité ou d'une quotité du mobilier, si ce n'est pour l'établissement des enfans communs. »

553.—Il en était autrement dans le droit ancien; la coutume de Paris (art. 225) permettait au mari de disposer indéfiniment des biens de la communauté à titre gratuit, pourvu que ce fût en faveur de personnes capables et sans fraude. Il y avait cependant quelques coutumes qui, ne considérant le mari que comme un simple administrateur, ne lui permettaient pas de disposer entre-vifs des biens de la communauté, si ce n'est pour sa part seulement; telles étaient les coutumes d'Anjou, art. 289; du Maine, art. 304; de Lodunois, chap. 26, art. 6.

554.—Quoi qu'il en soit, depuis long-temps on avait senti l'abus du droit illimité laissé au mari de disposer, à titre gratuit, des biens de la communauté, droit qui pouvait dépouiller impunément la femme lorsque les biens personnels de son mari ne suffisaient pas à ses reprises; tel est le motif de la disposition nouvelle sur ce point.— Glandaz, *Encyclop. du dr.*, V° *Communauté*, n° 98.

555.—Bien que le mari ne puisse disposer entre-vifs du mobilier de la communauté par forme de *quotité*, il n'est cependant point limité dans la somme ou la valeur dont il peut disposer.— Toullier, t. 1, n° 370; Rolland de Villargues, v° *Communauté*, n° 371; Glandaz, *Encycl. du dr.*, v° *Communauté*, n° 199.

556. — La donation à titre particulier pourrait cependant être attaquée si elle avait été faite avec l'intention de frauder les dispositions prohibitives de la loi. — Glandaz, *Encyclop. du dr.*, v° *Communauté*, n° 201.

557. — La prohibition portée par l'art. 1422 s'applique aux donations déguisées sous la forme d'un contrat onéreux.— Toullier, t. 12, n°s 310 et 311; Rolland de Villargues, v° *Communauté*, n° 357; Glandaz, *loc. cit.*

558.—En permettant, par exception, au mari de disposer entre-vifs et à titre gratuit des immeubles de la communauté, ou de l'universalité, ou d'une quotité du mobilier pour *l'établissement* des enfans communs, l'art. 1422 n'a pas entendu restreindre l'application de cette faculté au cas *d'établissement* par mariage; ce mot doit s'entendre dans un sens plus général. — Duranton, n° 276.

559.—Le mari (ajoute l'art. 1422) peut cependant disposer des effets mobiliers à titre gratuit et particulier, au profit de toutes personnes, pourvu qu'il ne s'en réserve pas l'usufruit.

560. — Cette dernière disposition a pour but de refroidir chez le mari l'intention d'une libéralité par laquelle il ne pourrait nuire à sa femme sans se nuire à lui-même.

561.—Toutefois, si la réserve d'usufruit avait été faite tant en faveur du mari qu'en faveur de la femme, la libéralité serait à la charge de la communauté. — Duranton, t. 14, n°s 273 et 274; Glandaz, *Encyclop. du dr.*, v° *Communauté*, n° 204.

562. — Mais la restriction de l'art. 1422 cesse d'avoir lieu lorsque la disposition concerne les enfans communs; en effet, si le mari donne les objets à un enfant commun, rien ne s'oppose à ce qu'il s'en réserve l'usufruit; pouvant lui donner même les immeubles ou une quotité du mobilier, il peut, à plus forte raison, lui donner de simples effets particuliers, avec la réserve de l'usufruit. — Duranton, t. 14, n° 273.

563. — Quel serait l'effet d'une donation faite contrairement aux termes de l'art. 1422? —M. Delvincourt (t. 3, p. 261) pense que si la femme renonce à la communauté, le mari ne peut se faire un titre de sa propre contravention pour attaquer la donation; mais qu'en cas d'acceptation, si les immeubles donnés ont été partagés avec ceux qui restaient dans la communauté et qu'ils soient tombés dans le lot du mari, le donataire ne pourra pas les revendiquer; cet auteur se fonde sur ce qu'il y a contravention à la loi, tant de la part du donateur que de celle du donataire, et que l'on doit appliquer à ce cas la disposition de la loi 8, ff., *De condict. ob turp. caus.*; c'est-à-dire que si le donataire est en possession, le donateur ne peut le forcer à restituer, mais que, réciproquement, s'il n'y est pas, il ne peut rien demander au donataire, *quia in pari causâ melior est conditio possidentis*; donc, quand les objets ont été une fois réunis dans la masse pour la liquidation et le partage, les donataires n'ont pas le droit d'en demander la restitution.

564. — M. Toullier (t. 12, n° 315) s'élève avec force contre cette opinion; il s'efforce de prouver qu'il n'y a nullement contravention de la part du donataire, qui, la plupart du temps, ignore que les objets donnés dépendent de la communauté du donateur, et qu'alors même qu'il ne l'eût pas ignoré, il n'aurait encore nullement contrevenu à la loi, puisqu'il n'y a pas de sa part incapacité de recevoir; or, s'il n'y a pas incapacité de recevoir, l'application de la loi 8, citée, cesse entièrement.

565. — M. Duranton (t. 14, n° 275) combat aussi la doctrine de M. Delvincourt : après avoir démontré qu'il n'y a rien de honteux dans l'acceptation de la donation de la part du donataire, il établit que, dès que les immeubles donnés sont tombés dans le lot du mari, les intérêts de la femme sont entièrement à couvert, et que si, dans une pareille hypothèse, le mari pouvait retenir les biens volontairement et librement donnés par lui, il y aurait mauvaise foi et iniquité de sa part; il conclut de là que la donation doit avoir son effet par rapport au mari et à ses héritiers, soit que l'objet donné tombe dans son lot, soit qu'il tombe dans celui de la femme; seulement, dans ce dernier cas, ce sera la valeur de la chose qu'aura le donataire. — V. aussi en ce sens Rolland de Villargues, v° *Communauté*, n°s 358 et suiv.; Glandaz, *Encyclop. du dr.*, v° *Communauté*, n° 207.

566.—Enfin, M. Battur (t. 2, n° 530) n'adopte en entier aucune de ces opinions; il pense, avec MM. Toullier et Duranton, qu'il n'y a point d'incapacité de la part du donataire, mais il soutient qu'il y a indisponibilité de l'objet donné, incapacité dans celui qui donne, puisqu'il donne ce qui ne lui appartient pas, et ce que la loi lui défend expressément de donner.

567.—Au milieu de ces doctrines diverses, nous pensons qu'il n'y a rien dans l'hypothèse qui puisse provoquer l'application de la loi, 8 ff., *De condict. ob turp. caus.*, et qu'il ne saurait y avoir incapacité de recevoir de la part du donataire; quant à l'incapacité de celui qui donne et à l'indisponibilité de l'objet donné, elles n'existent qu'autant que les intérêts de la femme peuvent en souffrir, car, évidemment, l'art. 1422 n'a eu qu'un seul but, celui qu'il n'y fût porté aucune atteinte. Il suit donc de là qu'il faut décider avec MM. Toullier et Duranton que la donation devra produire son effet pour la totalité si la femme renonce, et pour la moitié si elle accepte. — V. en ce sens Bellot des Minières, t. 1er, p. 419.

568. — L'exception consacrée par l'art. 1422, en faveur des dispositions concernant les enfans communs, est fortifiée et développée dans l'art. 1439 en ces termes : « la dot constituée par le mari seul à l'enfant commun, en effets de la communauté, est à la charge de la communauté; et dans le cas où la communauté est acceptée par la femme, celle-ci doit supporter la moitié de la dot, à moins que le mari n'ait déclaré expressément qu'il s'en chargeait pour le tout, ou pour une portion plus forte que la moitié. »

569. — Ce point était controversé dans l'ancien droit. Lebrun, dans son *Traité de la communauté* (p. 207 et suiv.), et Valin, sur l'art. 22 de la Coutume de la Rochelle, prétendaient que la mère, n'étant pas obligée de doter, suivant la maxime : *ne dote qui ne veut*, suivie dans les pays coutumiers, ne devait en aucun cas être considérée comme ayant doté tacitement, et que par conséquent il lui était dû récompense à la dissolution de la communauté.

570. — Pothier (t. 1er, n° 477) combattait cette doctrine : il disait que la maxime *ne dote qui ne veut* ne s'appliquait à la femme que par rapport à ses biens propres et nullement à l'égard des biens de la communauté; que, dans la constitution de dot faite par le mari, la femme était censée représentée par ce dernier, comme chef de l'association conjugale. Cet auteur citait, à l'appui de son opinion, Denisart, v° *Conquêts*, et plusieurs arrêts qui avaient jugé de cette manière. On a vu, par l'art. 1439, que c'est le sentiment de Pothier qui a prévalu dans l'esprit des rédacteurs du Code civil; et en effet c'était celui qui devait prévaloir. Cependant M. Toullier, tout en admettant la décision de Pothier, en rejette les motifs; on peut voir ce qu'il dit à ce sujet au t. 12 de ses œuvres, n° 318.

571. — Il a été jugé, par application de l'art. 1422, que le mari peut disposer entre-vifs, à titre gratuit, *de toute la communauté*, pourvu que ce soit pour l'établissement des enfans communs.— *Cass.*, 2 janv. 1844 (t. 1er 1844, p. 297), Lamilhade c. Touzery.

572. — L'exception créée par l'art. 1439, pour le cas où le mari a déclaré *expressément* qu'il se chargeait pour le tout de la constitution dotale, n'est encore que la reproduction de l'ancienne jurisprudence. On trouve à l'ancien *Journal du Palais* (t. 1er, p. 825, Blondeau et Gueret) un arrêt qui avait jugé en ce sens, dans la cause de la veuve Carré. — M. Toullier fait remarquer, il est vrai, à l'occasion de cet arrêt, qu'il n'y avait pas déclaration expresse de la part du constituant, et qu'aujourd'hui on jugerait différemment. — On voit, en effet, en parcourant l'espèce de cet arrêt, que le sieur de Montgeron ne s'était pas exprimé d'une manière formelle dans la disposition qu'il avait faite en faveur de son fils : qu'il s'était borné à dire : *Je donne à mon fils la moitié par indivis, à moi appartenant, de mon conquêt des terres de Montgeron, Chalandray, etc.*, ce qui ne serait pas, selon M. Toullier, équivalent à une déclaration expresse.

573. — Nous ne partageons pas cette opinion de M. Toullier; lorsque le législateur exige une déclaration expresse de la part du mari, c'est qu'il veut qu'aucun doute ne puisse s'élever sur son intention. Que cette intention résulte d'ailleurs des termes formels de la déclaration ou qu'elle soit la conséquence *nécessaire* du sens des expressions dont l'auteur de la libéralité s'est servi, peu importe : l'intention est toujours manifeste. Or, nous croyons que le donateur, en disant : *Je donne à mon fils la moitié, par indivis, à moi appartenant, de mon conquêt, etc.*, a suffisamment déclaré qu'il n'entendait donner que la partie du conquêt qui lui appartient, et qu'il veut conséquemment laisser intacte celle de sa femme; le mot *indivis* en est l'expression exacte. —V., en ce sens, Duranton, t. 14, n° 292.

574. — Si le père donne, par contrat de mariage, à son fils, un de ses héritages propres, la femme ne prend aucune part à cette libéralité et n'est nullement tenue à récompense même sur la moitié

qu'elle prend dans la communauté. — Pothier, t. 1er, no 658 ; Toullier, t. 12, no 328.

575. — De même, si la femme constitue en dot un immeuble qui lui soit propre, et que le mari intervienne au contrat, mais seulement pour l'autoriser et en déclarant qu'il n'entend pas concourir à la donation, il ne sera pas obligé à raison de ce, mais il ne pourra pas empêcher l'enfant doté de se mettre en possession de l'immeuble donné sous le prétexte qu'il a droit, en qualité de chef de la communauté, aux fruits de ce même immeuble. La raison de cette dernière décision est qu'en autorisant la libéralité, il a tacitement consenti l'abandon de tous les fruits qui pourraient en provenir. — Pothier, t. 8, no 658 ; Toullier, t. 12, no 329.

576. — Il a, au surplus, été jugé que l'appréciation de la question de savoir si la donation faite par un père à sa fille dans le contrat de mariage de celle-ci comprend dans sa généralité et dans ses effets, soit les biens propres du donateur, soit les biens dépendant de la communauté des père et mère de la donataire, rentre dans l'appréciation exclusive des juges du fond. — *Cass.*, 2 janv. 1844 (t. 1er 1844, p. 297), Lamilhade c. Touzery.

577. — ... Et spécialement que la donation ainsi faite par le père d'un enfant commun *de tous ses biens présens et à venir* a pu, sans qu'une pareille décision tombe sous la censure de la cour de Cassation, être réputée comprendre tous les biens de la communauté existant entre le donateur et son épouse. — Même arrêt.

578. — Si la femme, en vertu d'une procuration que lui aurait donnée le mari de *vendre, aliéner et faire tous les actes nécessaires au mariage de leur fils*, avait constitué une dot à ce dernier, tant en son nom qu'en celui du mari, la dot devrait être supportée par tous les deux, et l'arrêt qui le jugerait ainsi serait à l'abri de la cassation. — *Cass.*, 14 juin 1827, Luxembourg.

579. — La femme n'est tenue de la moitié de la constitution dotale faite par le père en effets de la communauté, qu'autant qu'à la dissolution du mariage elle déclare l'accepter ; d'où la conséquence que si elle a stipulé la reprise de ses apports en renonçant à la communauté, elle sera déchargée de sa part de la dot constituée. — Duranton, t. 14, no 291.

580. — Au reste, le rapport des biens constitués en dot dans les conditions ci-dessus exposées, se fait aux successions des père et mère en raison de la part que chacun d'eux en supporte effectivement après la dissolution de la communauté. — Duranton, t. 14, nos 291 et suiv. ; Battur, t. 1er, nos 543 et 544. — M. Toullier n'admet cependant cette règle qu'avec certaines restrictions. — V. t. 12, nos 322 et suiv.

581. — Si le père et la mère, dit l'art. 1438, C. civ., ont doté conjointement l'enfant commun, sans exprimer la portion pour laquelle ils entendaient y contribuer, ils sont censés avoir doté chacun pour moitié, soit que la dot ait été fournie ou promise en effets de la communauté, soit qu'elle l'ait été en biens personnels à l'un des deux époux.

582. — Ce principe a été formellement reconnu par la cour de Cassation dans un arrêt du 2 avr. 1834, Josselin c. Larenaudie.

583. — Si la dot constituée en commun a été fournie en biens personnels à l'un des époux, l'époux dont l'immeuble ou l'effet personnel a été constitué en dot, a, sur les biens de l'autre, une action en indemnité pour la moitié de ladite dot, eu égard à la valeur de l'effet donné au temps de la donation. — C. civ., art. 1438, § 2.

584. — Cette disposition n'est pas nouvelle : depuis long-temps elle avait été consacrée par la jurisprudence et la doctrine. — Lebrun, *De la Communauté*, liv. 3, chap. 2, sect. 1re, distinct. 6e ; Renusson, *De la Communauté*, part. 1re, chap. 13, no 12 ; Brodeau sur Louet, Lett. R, liv. 44, p. 627 et suiv. ; Pothier, part. 4e, chap. 1er, art. 5.

585. — Les dots constituées aux enfans par les père et mère conjointement ne sont pas dettes de la communauté ; purement volontaires de la part des père et mère, elles deviennent leur dette personnelle, imputables sur la succession de chacun d'eux. — *Paris*, 6 juill. 1813, Administrateurs du canal de Briare.

586. — Ainsi, dans une constitution faite conjointement par le mari et la femme, cette dernière n'étant pas seulement obligée comme commune en biens, mais aussi personnellement, comme ayant *parlé* au contrat, est tenue de la dot pour sa part, soit qu'elle renonce à la communauté, soit qu'elle l'accepte. — Duranton, t. 14, no 285 ; Battur, t. 1er, no 544.

587. — Il suit de là que si la femme avait stipulé dans son contrat de mariage la reprise de ses apports en renonçant à la communauté, et qu'elle y renonçât en effet, on déduirait sur ces mêmes apports sa part de la dot constituée ; et si pareille stipulation n'avait pas été faite en sa faveur, la valeur de la moitié de la constitution dotale serait prise sur ses biens personnels, sans récompense de la part du mari ou de ses héritiers. — Duranton, t. 14, no 285.

588. — Il suit aussi de là que l'objet donné conjointement doit être rapporté par moitié à la succession de chaque époux quand même la femme aurait renoncé à la communauté ; la raison en est que son concours à la dotation de l'enfant est une dette personnelle qu'elle acquitte, puisqu'elle a été partie active au contrat. — Battur, t. 2, no 544 ; Duranton, t. 14, no 285 ; Toullier, t. 12, no 327.

589. — Jugé que la fille dotée en meubles et en immeubles conjointement par ses père et mère, est obligée au rapport, en imputant la moitié de la dot sur chacune des successions des père et mère, quoique les biens n'appartiennent qu'à l'un d'eux. — *Cass.*, 16 nov. 1824, de Croy-Chanel.

590. — Mais il en serait autrement si la femme, en constituant la dot conjointement avec le mari, avait stipulé qu'elle ne s'obligeait que comme commune en biens, c'est-à-dire au cas seulement où elle accepterait la communauté. — Pothier, t. 1er, no 688 ; Duranton, t. 14, no 286.

591. — Il a été jugé que, lorsque des père et mère ont constitué à leur fils une dot, *chacun par moitié*, avec obligation *solidaire* d'en servir les intérêts, et affectation hypothécaire sur une maison dépendant de la communauté, la mère venant à renoncer à la communauté, par suite de la faillite du père, le fils peut exercer ses droits pour la *totalité de la dot*, sur l'immeuble affecté. — Dans ce cas, comme subrogé tacitement à l'hypothèque légale de sa mère, le fils doit être colloqué avant elle dans l'ordre du prix de la maison. — *Paris*, 9 fév. 1826, Lefort c. Sapey.

592. — Lorsqu'il a été stipulé que la dot constituée conjointement par le mari et la femme serait imputée en totalité sur la succession du prédécédé, dans ce cas l'enfant, objet de la libéralité, n'a rien à demander au survivant, lors même qu'il renoncerait à la succession du prédécédé. — Massé, *Jurisprud. et style du notaire*, t. 5, p. 255 ; Toullier, t. 12, no 336.

593. — Ce dernier auteur explique très bien la raison de cette opinion : « En effet, dit-il, jusqu'à l'événement du prédécès, il n'y a pas de raison pour que la charge de la dot tombe plutôt sur l'un des époux que sur l'autre ; tous les deux l'ayant constituée, l'équité veut que la charge en soit également répartie entre eux, jusqu'à l'événement qui doit décider lequel en supportera seul le poids. En deux mots, la clause d'imputation est, d'une part, une condition résolutoire, qui, lorsqu'elle est arrivée, affranchit le survivant de contribuer à la dot pour moitié, et de l'autre, elle est une condition suspensive qui, lors du même événement, reporte sur la succession du prédécédé la charge de la moitié, dont le survivant est affranchi. L'une et l'autre ont un effet rétroactif qui remonte au jour de la constitution de la dot ; en sorte que, si l'enfant doté meurt du vivant de ses père et mère, les droits, comme les obligations de la clause, passent à ses héritiers. »

594. — Par application de ce principe il a été décidé que la clause portant que la dot constituée conjointement par les père et mère sera imputable pour le tout sur la succession du prémourant, était valable ; que l'effet légal de cette condition est de faire que le survivant n'a rien donné ; qu'elle doit d'autant plus être adoptée qu'elle est très favorable aux enfans, que les père et mère dotent plus avantageusement lorsque le survivant n'a pas à craindre de se voir ruiné par des constitutions dotales tout-à-fait disproportionnées à l'état de sa fortune personnelle. — *Cass.*, 11 juill. 1814, Durand.

595. — Autrefois on considérait comme licite (Cout. de Paris, art. 281) la clause par laquelle l'enfant doté conjointement par le mari et par la femme s'engageait à laisser jouir le survivant de ses père et mère, des meubles et conquêts, moyennant la dot constituée. — V., sur l'usage et la validité de cette clause, Pothier, *Des donations entre mari et femme*, nos 256 et suiv.

596. — Mais on a pensé qu'une pareille clause était nulle en ce qu'elle renfermait une renonciation à une succession future prohibée par l'art. 791, C. civ. ; et même que la ratification tacite, résultant de la jouissance où l'enfant aurait laissé le survivant, ne pourrait la valider. — V. en ce sens Massé, *Jurisprud. et style du notaire*, t. 5, p. 250 ; Battur, t. 2, no 545 ; Toullier, t. 12, no 338.

597. — Et il a été jugé que, sous l'empire de la loi du 17 niv. an II, la condition imposée à l'enfant donataire par contrat de mariage de laisser jouir le survivant des père et mère donateurs de tous les biens du prédécédé sans pouvoir lui en demander compte ni partage était nulle et ne pouvait valoir ni comme renonciation à succession future, ni comme convention autorisée par la cout. de Paris (art. 281). — *Paris*, 13 messid. an XIII, Poixmenu.

598. — Il a toutefois été jugé qu'on ne saurait considérer comme une stipulation sur une succession future la condition alternative imposée à l'enfant par les époux qui l'ont doté conjointement pour moitié, de laisser jouir le survivant des donateurs de tous les biens du prédécédé, sans pouvoir lui demander compte ni partage, ou d'imputer, en cas de partage, la totalité de la dot sur la succession du prémourant ; ce n'est là (dit l'arrêt dans ses motifs) ni une stipulation sur une succession future, ni une aliénation des droits éventuels de l'enfant doté à une pareille succession, puisqu'en venant au partage, il conserve tous ses droits dans la succession du prémourant et n'altère en rien ceux qu'il pouvait avoir sur la succession du survivant. — *Paris*, 11 janv. 1819, Schneider c. Mareuse.

599. — Lorsque la dot conjointement constituée et imputable sur la succession du prémourant a été acquittée entre les mains de l'enfant, celui-ci en doit le rapport en entier à la succession du prédécédé qui alors est censé avoir fait, lui seul, la constitution dotale et l'avoir payée des deniers de la communauté. — Toullier, t. 12, no 339. — Il suit de là que la succession du prédécédé doit récompense à la communauté de la somme qu'elle a fournie pour acquitter la dot.

600. — Que faudrait-il décider dans l'espèce suivante ? — Un père et une mère constituent conjointement et par moitié à leur fils une dot de 100,000 francs *imputable* sur la succession du prédécédé ; les droits de l'enfant doté ne s'élevant qu'à 80,000 francs, rapportera-t-il la dot entière à la mort de son père prédécédé, ou seulement les 80,000 fr. qu'il trouve dans sa succession, les 20,000 fr. restant de sa dot demeurant pour le compte de sa mère, et rapportables seulement à la succession de cette dernière, qui, sans la clause d'imputation, aurait supporté la moitié de la dot, c'est-à-dire 50,000 fr. ?

601. — M. Toullier, qui pose ainsi cette question (t. 12, no 340), en fait une pure question d'intention ; mais il pense que la seule clause d'*imputation* n'indique point suffisamment la volonté des père et mère de faire retomber tout le poids de la dot sur la succession seule du prédécédé, et d'en affranchir entièrement le survivant ; cet auteur combat sur ce point M. Massé, qui, dans sa *Jurisprudence du notaire* (t. 5, p. 266, nos 481 et 541), a formellement émis l'opinion contraire.

602. — Il a été jugé que l'enfant doté sous la condition alternative de laisser jouir le survivant des donateurs de tous les biens du prédécédé, sans pouvoir lui demander compte ni partage, ou d'imputer, en cas de partage, la totalité de la dot sur la succession du prémourant, n'est tenu d'imputer la dot sur la succession du père ou de la mère prédécédé que jusqu'à concurrence de ses droits dans cette même succession, et qu'il peut retenir l'excédant de la dot à valoir sur la succession du survivant. — *Paris*, 11 janv. 1819, Schneider c. Mareuse.

603. — L'art. 1469 veut que chaque époux rapporte « les sommes tirées de la communauté ou la valeur des biens que l'époux y a pris pour *doter un enfant d'un autre lit*. » Cette disposition ne souffre pas de difficulté lorsque c'est pendant le mariage que la dot a été promise et payée. — Dans ce cas, il est dû évidemment récompense à l'autre époux de ce que la communauté a payé. — Mais M. Duranton (t. 14, no 287) soutient que si la dot mobilière constituée par l'un des époux à un enfant d'un premier lit, mais avant la célébration de son second mariage, est encore due lors de cette même célébration, elle tombe, comme toute autre dette de cet époux, dans le passif de la communauté (C. civ., art. 1409 1o), et que dès-lors récompense n'est pas due.

604. — Il a été jugé en sens contraire que la promesse de dot faite à l'enfant du premier lit par le père de famille, antérieurement à son second mariage, donne lieu à récompense au profit du conjoint, lorsqu'elle a été acquittée depuis le mariage. — *Bastia*, 31 janv. 1844 (t. 1er 1844, p. 481), Renucci c. Paoletti.

605. — M. Duranton (t. 14, no 288) pense que la récompense n'est pas due pour le cas où le mari aurait constitué en effets mobiliers (dont il ne se serait pas réservé l'usufruit) une dot à une parente, à sa nièce, par exemple. Il se fonde avec raison sur ce que l'art. 1422, autorisant le mari à disposer du mobilier par acte entre-vifs et à titre particulier au profit de *toutes personnes*, pourvu qu'il ne s'en réserve pas l'usufruit, ne l'a pas assujéti à une récompense, à cet égard, envers la communauté.

606. — Sous l'ancien droit, lorsqu'un enfant du *premier mariage* avait été doté *conjointement* par les deux époux en effets de la communauté, la dot n'en était pas moins censée fournie par l'*ascendant en totalité*, et celui-ci devait récompense à cette communauté du montant de cette dot, car il était de principe constant que les époux ne pouvaient s'avantager, ni les leurs, aux dépens de la communauté. — Pothier, t. 2, no 641. — Toutefois, il en était autrement, dans la coutume de Paris (art. 283), au cas où il n'y avait pas d'enfans du mariage.

607. — Aujourd'hui que les avantages entre époux sont autorisés dans les limites posées par l'art. 1094, M. Duranton (t. 14, no 289) pense que l'enfant du premier lit serait censé avoir été doté pour moitié par le mari et par la femme; seulement, dit-il, cette portion de dot serait regardée comme ayant été donnée à l'époux, et serait en conséquence imputable sur la quotité disponible telle qu'elle est réglée à son égard par l'art 1094.

608. — La garantie de la dot est due par toute personne qui l'a constituée; et les intérêts courent du jour du mariage, encore qu'il y ait terme pour le paiement, s'il n'y a stipulation contraire. — C. civ., art. 1440. — La première de ces dispositions est la juste application de cette règle générale que toute obligation impose à ceux qui la contractent la nécessité de l'acquitter ou de la garantir. Ces principes de l'art. 1440 sont également reproduits dans les art. 1547 et 1548, relatifs au régime dotal.

609. — Dans le droit romain, on n'admettait pas la garantie pour toutes les constitutions dotales; on distinguait celle faite par le père ou par la femme de celle faite par un étranger; dans le cas de la constitution du père ou de la femme, le mari évincé de la chose dotale avait une action contre eux ou contre leurs héritiers; mais si c'était un étranger, il n'y avait point alors de garantie, parce qu'on considérait cette dernière constitution comme une véritable donation; tandis que, dans le premier cas, elle était regardée comme une obligation nécessaire de la part du père ou de la femme. — L. 1, Cod., *De jur. dot.*; — Burgundius, *De evict.*, cap. 19, p. 136; Benoît, *De la dot*, t. 1er, no 78.

610. — L'ancienne jurisprudence avait aussi consacré la garantie de la dot de la part du père et de la femme. — Bouvot, t. 2, quest. 6e, vo *Garantie*; nouveau Denisart, vo *Dot*, § 4, no 11; Domat, *Lois civiles*, liv. 1er, tit. 9, sect. 3e, no 24 et 25. — Un arrêt du parlement de Dijon, du 15 mars 1618, avait même obligé la mère à garantir le mari de l'éviction d'un immeuble par elle constitué à sa fille, bien qu'elle ne fût que subsidiairement obligée par la loi à lui fournir une dot. Mais, hors ces cas, on jugeait communément qu'il n'était dû aucune garantie par le constituant. — Basnage, sur l'art. 250 de la coutume de Normandie; Brillon, *Dictionn. des arrêts*, vo *Dot*, no 52.

611. — M. Delvincourt (p. 331, note 5e) enseigne que la garantie n'est due qu'autant qu'elle est exercée pendant le mariage, et qu'après sa dissolution la femme ne peut la réclamer; la constitution dotale est à son égard une véritable donation.

612. — Cette opinion est repoussée par M. Toullier (t. 14, no 92) et par M. Benoît (*Traité de la dot*, t. 1er, no 80). Ces auteurs disent, avec raison, qu'indépendamment de ce que la loi ne dit rien de pareil, et que là où elle ne distingue pas, on ne doit admettre aucune distinction, un pareil système conduirait à faire décider que la constitution de dot n'est faite que dans l'intérêt du mari, ce qui n'est pas, ce qui ne peut pas être; les biens dotaux étant destinés, non-seulement *ad sustinenda onera matrimonii*, mais encore à assurer une existence à la femme et aux enfans après la mort du mari. — Ces auteurs font en outre remarquer que, s'il fallait admettre le système de M. Delvincourt, il faudrait décider qu'après le décès de l'époux, la femme et les enfans pourraient être dépouillés par l'éviction, non seulement des biens compris dans la constitution dotale, mais encore de ceux qui auraient été donnés par la femme par contrat de mariage, puisque la loi les assimile entièrement et leur imprime en même temps le sceau de la dotalité; or, il a été jugé par la cour de Cassation que la garantie était due non-seulement par le constituant, mais encore par tout donateur au contrat de mariage. — *Cass.*, 22 niv. an X, Marcelin.

613. — Les parties peuvent déroger à l'obligation de la garantie (argum. art. 1387 et 1627, C. civ.). — Cependant toute stipulation de non garantie n'empêcherait pas que le constituant ne fût tenu de celle résultant de son fait personnel; une pareille convention serait considérée comme non écrite. *Illud non probabis, dolum non esse præstandum si convenerit; nam hæc conventio contrà bonam fidem, contra bonos mores est, et ideò nec sequenda est.* — L. 1, § 7, ff., *De poss.*; — Benoît, *De la dot*, no 822.

614. — La donation testamentaire faite par le mari ne peut excéder sa part dans la communauté. — C. civ., art. 1423. — La raison en est que les legs n'ont d'effet qu'après la mort du testateur, et qu'à ce moment la communauté est dissoute.

615. — Cette disposition est un fait que reproduit le droit de la plupart des anciennes coutumes de France. — Pothier, no 475; Toullier, t. 12, no 313; Battur, t. 2, no 546; Glandaz, *Encycl. du droit*, vo *Communauté*, no 209.

616. — Si le mari, ajoute l'art. 1423, a donné en cette forme (la forme testamentaire) un effet de la communauté, le donataire ne peut le réclamer en nature qu'autant que l'effet, par l'événement du partage, tombe au lot des héritiers du mari. Si l'effet ne tombe point au lot de ces héritiers, le légataire a la récompense de la valeur totale de l'effet donné sur la part des héritiers du mari dans la communauté et sur les les biens personnels de ce dernier.

617. — Sous l'ancien droit, où le legs de la chose d'autrui était valable, on agitait la question de savoir si le mari, léguant un effet de la communauté, une maison, un pré, un cheval, avait voulu léguer la totalité ou seulement sa moitié dans cet effet; on faisait sur ce point plusieurs distinctions, tout-à-fait sans intérêt, aujourd'hui que le legs de la chose d'autrui est nul (art 1021) (V. LEGS), mais dont on peut voir les termes dans Pothier, no 476.

618. — La disposition de l'art. 1423, qui limite à la moitié la donation testamentaire faite par le mari des biens de la communauté s'applique-t-elle également aux donations par contrat de mariage, de tout ou partie des biens que le mari laissera au jour de son décès?

619. — M. Duranton (no 281) pense que l'art. 1423 est applicable en ce cas, lors même que le mari aurait fait la donation au profit d'un enfant commun; car, dit-il, l'art. 1422 ne s'entend que des biens présens, tandis que dans une pareille donation il s'agit de *biens à venir*.

620. — Toutefois le système contraire résulte d'un arrêt récent de la cour de Cassation déjà cité, et que M. Duranton (dans sa nouvelle édition, *loc. cit.*) combat d'une manière très vive. — *Cass.*, 2 juill. 1844 (t. 1er 1844, p. 297), Lamilhade c. Touzery.

621. — Nous avons vu (*suprà* nos 449 et suiv.) dans quel cas et sous quelles conditions la femme peut engager les biens de la communauté. Aux explications que nous avons données nous ajouterons les suivantes :

622. — Bien que la femme ne puisse ni engager les biens de la communauté ni en disposer sans le consentement de son mari (C. civ., art 1426), elle a cependant le droit, en se faisant autoriser par la justice, de rendre la condition de la communauté meilleure. — Battur, t. 2, no 570.

623. — En outre, nous avons vu qu'elle peut recevoir du mari des pouvoirs pour administrer; les actes qu'elle ferait en cette qualité de mandataire engageraient nécessairement la communauté.

624. — Jugé qu'une mère peut, dans un legs fait à sa fille mariée sous le régime de la communauté ou sous un régime qui attribue au mari l'administration des biens et la jouissance des revenus, apposer pour condition au legs qu'elle jouira seule des biens donnés et en percevra les revenus sur simples quittances, sans que le mari puisse s'immiscer dans leur administration, une telle disposition ne portant atteinte ni aux droits essentiels de la puissance maritale ni à l'irrévocabilité des conventions matrimoniales. — *Paris*, 27 janv. 1835, Brochand; 27 août 1835, Guérin c. Cavart; — V. aussi *Toulouse*, 20 août 1840 (t. 1er 1841, p. 364), Pons de Villeneuve; *Paris*, 29 mars 1843 (t. 1er 1843, p. 487), Thinel.

625. — Jugé de même que la clause d'un contrat de mariage portant que la communauté se composera seulement des revenus des biens des futurs époux ne fait pas obstacle à ce qu'un testateur lègue à la femme un revenu annuel qu'elle touchera sur ses propres quittances, et sans avoir besoin de l'autorisation de son mari. — *Cass.*, 9 mai 1842 (t. 2 1842, p. 274). Pons de Villeneuve.

626. — La doctrine des auteurs est en général conforme à cette jurisprudence. — V. Toullier, t. 12, no 142; Proudhon, *De l'usufruit*, nos 283 et suiv.; Duranton, *Dr. franç.*, t. 14, no 150; Glandaz, *Encycl. du dr.*, vo *Communauté*, no 23. — Cependant Delvincourt (t. 3, p. 259) émet une opinion contraire : il se fonde sur ce que cette clause serait une dérogation aux conventions matrimoniales en ce sens qu'elle donne à la femme un droit qui lui est refusé par son contrat de mariage, et qu'elle lui facilite les moyens de se soustraire à la dépendance conjugale. M. Bellot des Minières partage aussi cette opinion; mais elle a été rejetée, comme on l'a vu, par la cour de Cassation et par la cour de Paris, par le motif, que nous adoptons, qu'une pareille condition n'était prohibée par aucune loi, et n'était contraire ni à l'ordre public ni aux bonnes mœurs, et ne modifiait en aucune manière les conventions matrimoniales. Au reste, sous l'ancien droit, la question était aussi controversée. — V. Duperrier, *Questions notables*, liv. 1er, quest. 10; et Furgole, sur l'art. 9 de l'ordonn. de 1731.

627. — Les droits de la femme qui opte, en cas d'absence du mari, pour la continuation de communauté, sont expliqués au mot ABSENCE, nos 319 et suiv.

628. — En cas d'interdiction du mari, la femme peut, si elle est nommée tutrice, administrer en son lieu et place la communauté; mais alors, s'il s'agit d'actes qui excèdent les bornes de l'administration, elle doit se faire autoriser par la justice. — Battur, t. 2, no 574.

629. — Après l'interdiction du mari, jusqu'à la nomination du tuteur, l'administration de la communauté n'appartient pas de plein droit à la femme. Dans ce cas il y a lieu à la nomination d'un administrateur provisoire. — *Rennes*, 27 déc. 1830, Le Reverend. — V. aussi *Paris*, 7 janv. 1815, Villetard c. Devillers. — En ce qui concerne l'administration de la communauté, lorsque la femme n'est pas nommée tutrice à l'interdiction, V. INTERDICTION.

630. — Il a été jugé que, durant l'existence de la communauté, la femme n'a pas le droit de disposer, en faveur d'un tiers, même avec le consentement de son mari, des biens qui la composent. — *Bourges*, 10 août 1840 (t. 2 1841, p. 141), Fradet. — La raison qu'en donne l'arrêt est, 1o que la femme n'a rien à prétendre sur les biens de la communauté avant la dissolution d'icelle, qu'elle ne peut disposer de sa part avant d'avoir accepté, et qu'elle ne saurait renoncer à l'avance au droit de répudiation; — 2o que l'autorisation du mari ne saurait l'habiliter à donner, quand la loi le lui défend, et que, d'ailleurs, l'art. 1422, C. civ., interdisant au mari de disposer des biens de la communauté envers des étrangers, à titre gratuit, il ne peut transporter à son épouse un droit qu'il n'a pas lui-même. — Battur, t. 2, no 576.

631. — Jugé également que, de ce que la femme mariée sous le régime de la communauté générale de tous biens n'a aucuns biens propres pendant le mariage, il résulte qu'elle est sans capacité pour donner ou aliéner les biens dépendans de la communauté, et dont le mari a seul la disposition. — *Cass.*, 19 avr. 1843 (t. 2 1843, p. 62), Millerand.

632. — Il a même été jugé que la femme mariée sous l'empire d'une coutume qui consacrait le régime de la communauté n'a pu, depuis le Code civil, valablement aliéner, même avec l'autorisation de son mari, des immeubles situés en Normandie et provenant de la succession de son père, régie par la loi du 17 niv. an II. — *Cass.*, 11 janv. 1831, Lafitte c. Joly.

633. — Mais aussi il a été jugé que la femme titulaire d'un bureau de loterie, et considérée à ce titre comme marchande publique, a pu, même postérieurement à la faillite du mari, vendre ce bureau, quoiqu'il eût été acquis des deniers de la communauté. — *Paris*, 26 avr. 1811, Bailleux c. Billelsen.

634. — La donation *testamentaire* faite par la femme de sa part dans la communauté, *dissoute ou non*, est valable. — Duranton, t. 14, no 280.

635. — Mais à son égard, comme lorsqu'il s'agit du mari, si elle a donné en cette forme un effet de la communauté, le donataire ne peut le réclamer en nature qu'autant que l'effet, par l'événement du partage, tombe au lot de ses héritiers : sinon le donataire a la récompense de la valeur totale de l'objet sur la part des héritiers de la femme dans la communauté et sur ses biens personnels. — C. civ., art. 1423; — Duranton, *loc. cit.*

ART. 2. — *Droits du mari sur les biens personnels de la femme.*

636. — Le mari a l'administration de tous les biens personnels de la femme (C. civ., art. 1428). C'est la conséquence de sa qualité de chef de la société conjugale.

637. — Il y a toutefois cette différence essentielle entre l'administration des biens personnels de la femme et celle des biens de la communauté, que la première peut être réservée à la femme par le contrat de mariage, tandis que, pour les biens de la communauté, la femme ne peut par aucune stipulation s'en réserver l'administration; ce serait porter atteinte au droit du mari. — Battur, t. 2,

n° 550. — Cet auteur ajoute que la femme ne pourrait pas même se réserver par contrat de mariage un droit d'administration qui la rendrait habile à ester en justice pour les actions mobilières et possessoires; car si la femme peut stipuler l'exclusion de la communauté et la séparation de biens, ces deux clauses ne s'étendent pas jusque là. — V. aussi, en ce sens, Toullier, t. 12, n° 380.

638. — Le mari, ayant l'administration des biens personnels de la femme, peut en jouir comme il l'entend, pourvu que ce soit en bon père de famille; il peut donc les cultiver et faire valoir par lui-même ou par un tiers; il a sur ce point les mêmes droits qu'un tuteur (C. civ., art. 1718) et un usufruitier (C. civ., art. 595). — Duranton, t. 14, n° 310.

639. — Au reste, la loi n'ayant pas déterminé les actes qui appartiennent à l'administration, ce qui était assez difficile et n'aurait guère pu être fait que d'une manière purement démonstrative, elle a laissé ce pouvoir à la prudence du magistrat. — Toullier, t. 12, n° 382, *in fin.*

640. — L'administration consiste principalement à recevoir les revenus ainsi que les sommes qui sont dues à la femme. — Aussi le § 2 de l'art. 1428 dit-il que le mari peut exercer seul toutes les actions mobilières et possessoires qui appartiennent à la femme. — V. Cout. de Paris, art. 233.

641. — Par actions mobilières appartenant à la femme on doit, dit M. Duranton (n° 315), entendre principalement celles qui ont pour objet des choses qui ne sont point entrées dans la communauté ou qui n'y sont tombées que moyennant récompense, et par *actions possessoires* celles qui tendent à faire cesser le trouble apporté à la jouissance des biens de la femme, accordée par la loi au mari seul. — Toullier, t. 12, n° 383. — V. BORNAGE, nos 63 et suiv.

642. — Remarquons toutefois avec Dumoulin (*sur la coutume de Bourgogne*, chap. 4, art. 5), dont tous les auteurs rapportent et adoptent l'opinion, que la femme peut toujours intervenir dans l'instance, lorsqu'elle en craint les suites pour son droit de propriété, ou lorsqu'elle présume la collusion: *Potest tamen uxor intervenire, etiam invito marito, authorata a judice in propriis suis ne colludatur.* — Toullier, t. 12, n° 383; Duranton, t. 14, n° 317; Glandaz, *Encycl. du droit*, v° *Communauté*, n° 234.

643. — Et non seulement elle peut intervenir, mais encore elle peut exercer seule les actions mobilières et possessoires, si son mari a négligé de le faire, car l'art. 1429 ne dit pas, comme l'art. 1549 à l'égard des biens dotaux, que le mari a seul le droit d'exercer ces actions; il dit simplement: « Il peut exercer seul les actions mobilières et possessoires qui appartiennent à la femme, » ce qui est bien différent. — Duranton, t. 14, n° 317.

644. — Les actions intentées antérieurement au mariage par la femme sont continuées par ou contre le mari. — Pothier, n° 473.

645. — On a vivement agité la question de savoir si l'art. 1428, en accordant au mari l'exercice des actions mobilières et possessoires de la femme, lui défendait par là, et par l'argument *a contrario*, celui des actions immobilières. — M. Toullier (t. 12, n° 385) dit d'abord qu'en bonne logique cet argument ne procède pas; que la conséquence n'est pas contenue dans les prémisses et qu'on ne saurait argumenter raisonnablement sur la question en y appliquant le « méchant » brocard des glossateurs, *inclusio unius est exclusio alterius*; puis, arrivant au fond de la difficulté, il s'exprime en ces termes: « Puisque le Code place la femme et ses biens sous la puissance, et pour ainsi dire sous la tutelle du mari; qu'il donne à celui-ci l'administration générale de tous les biens personnels de sa femme; qu'il prononce contre lui la responsabilité de *tout dépérissement* de ses biens, causé par défaut d'actes conservatoires, ce serait évidemment faire un raisonnement vicieux que de conclure de la disposition particulière qui porte que le mari peut exercer seul les actions mobilières et possessoires de la femme, qu'il ne peut exercer les pétitoires sans son consentement. » — V. aussi en ce sens Carré, *Compét.*, t. 2, n° 255; Battur, t. 3, n° 552.

646. — M. Duranton (t. 14, n° 316) ne partage pas cette opinion; il pense que la règle *inclusio unius est exclusio alterius* est applicable à la question; il se fonde 1° sur ce que l'art. 1549, C. civ., en disant que le mari a seul le droit de poursuivre les débiteurs et détenteurs de la dot, donne par cela même positivement au mari l'exercice des actions en revendication, et que si l'on eût entendu lui accorder un pareil avantage sous le régime de la communauté, et relativement aux biens personnels de la femme, on l'eût formellement exprimé; — 2° sur ce que, sous le régime exclusif de la communauté le Code n'a pas mieux donné au mari seul l'exercice des actions immobilières de la femme, bien qu'il ait l'administration de ses biens meubles et immeubles; — 3° sur ce que la loi n'a même accordé l'action en partage au mari que pour les objets qui tombent dans la communauté (C. civ., art. 818); — 4° enfin, sur ce que l'expropriation des immeubles de la femme qui ne sont pas entrés en communauté se poursuit contre le mari *et la femme* (C. civ., art. 2208). — Du concours de tous ces textes, M. Duranton conclut qu'on n'a pas entendu laisser au mari seul, même passivement, l'exercice des actions relatives aux droits immobiliers de la femme, nonobstant la responsabilité dont il est tenu pour ses fautes.

647. — A ces raisons, qui nous paraissent d'un grand poids et que nous adoptons entièrement, on pourrait encore ajouter que l'exercice des actions pétitoires est un droit trop important pour être conféré au mari par voie d'argumentation et de conséquence; l'action est une dépendance de la propriété, quelquefois elle est la propriété même: *qui habet actionem ad rem recuperandam, rem habere videtur*; or, elle ne peut être accordée au mari sans une disposition expresse de la loi, ce qui n'existe pas ici. — V. au reste, en ce sens, Pothier, *Cout. d'Orléans*, Introd., n° 154, et *De la puissance du mari*, n° 84; Zachariæ, t. 3, § 509, note 19.

648. — Jugé, d'après ces principes: 1° que le mari qui, sans le concours de sa femme, a intenté une demande en partage d'immeubles qui sont propres à cette dernière, ne peut régulariser son action en se réduisant à la demande d'un partage provisionnel. — *Bruxelles*, 13 messid. an XIII, Malingreau c. Cucher.

649. — ... 2° Que le mari commun en biens n'a pas qualité pour intenter seul et sans le concours de sa femme, une action en bornage relative aux immeubles de celle-ci, lorsqu'il s'élève un litige sur la propriété. — *Cass.*, 17 juin 1839 (t. 1er 1839, p. 618), Devillepaix c. comm. de Villy-val-du-Roi.

650. — ... 3° Que si le mari exerce les actions immobilières de la femme sans son concours, le jugement rendu contre lui n'aura point force de chose jugée. — *Cass.*, 14 nov. 1831, Dumont c. Martinox; 15 mai 1832, Préfet de l'Ardèche c. Méjean.

651. — Il ne faudrait pas argumenter contre cette doctrine de deux arrêts de la cour de Cassation des 23 prair. an XII (Duboul), et 14 mai 1806 (Bournezeau), qui ont jugé que l'action en rescision pour cause de lésion peut être exercée par le mari sans le concours de la femme; car cette jurisprudence est fondée sur ce que l'action en rescision pour cause de lésion est mobilière, ce qui est très controversé en doctrine et en jurisprudence (V. *suprà* nos 286 et suiv.). Nous pensons même qu'en se prononçant ainsi, la cour de Cassation reconnaît que si elle eût considéré cette action comme immobilière, elle n'eût pas reconnu au mari le droit de l'exercer sans le concours de la femme.

652. — Cependant il a été jugé que la nullité résultant du défaut de qualité dans la personne du mari, pour intenter seul et sans le concours de sa femme une action concernant les immeubles de celle-ci, est purement relative; elle peut être effacée par la ratification ultérieure de la femme, alors même que cette ratification n'interviendrait qu'en cause d'appel. — *Colmar*, 17 avr. 1817, Blech; *Bruxelles*, 15 fév. 1812, Valvavens.

653. — Bien que le mari puisse exercer les actions mobilières de sa femme, il ne peut pas néanmoins accepter une succession mobilière, à elle échue, sans son consentement; mais il peut l'accepter de son chef et dans son propre intérêt; alors il n'engage pas sa femme. — Battur, t. 2, n° 551.

654. — Il a été jugé que le mari, établi par le contrat de mariage procureur général et spécial de sa femme sous le régime de la communauté, n'est pas réduit à la condition d'un simple mandataire, quant aux biens personnels de sa femme. Il conserve au contraire tous les droits que la loi lui confère comme chef de la communauté. — *Lyon*, 20 avr. 1831, D..... c. Domaines.

655. — Les créanciers du mari ne pourraient pas saisir la jouissance qu'a le mari des biens personnels de sa femme, pour en jouir à sa place; leurs droits se borneraient à faire saisir les fruits existans et les revenus échus. — Glandaz, *Encycl. du droit*, v° *Communauté*, n° 229.

656. — Le mari, sous le régime de la communauté, comme sous le régime dotal, peut recevoir seul le remboursement des capitaux appartenant à sa femme. — *Paris*, 13 juin et 28 août 1838 (t. 1er 1839, p. 135), De Villeneuve.

657. — De ce que le mari doit administrer en bon père de famille, il résulte qu'il est responsable *de tout dépérissement* des biens personnels de sa femme, causé par défaut d'actes conservatoires, — C. civ., art. 1428, n° 4: « Ce qui doit s'entendre, dit M. Toullier (n° 413), de toute détérioration ou diminution de valeur occasionnée par sa faute ou par sa négligence. »

658. — Ainsi, le mari est tenu, sous sa responsabilité, d'entretenir les biens de sa femme en bon état de réparations, afin qu'ils ne dépérissent pas, d'empêcher les usurpations, de faire rentrer les crédits, de discuter les débiteurs, d'arrêter le cours des prescriptions. — Toullier, n° 413.

659. — L'insolvabilité des débiteurs constatée peut servir d'excuse au mari, s'il est prouvé qu'elle existait avant le mariage; mais il faut que cette insolvabilité soit prouvée; il ne suffirait pas au mari de l'alléguer. — Toullier, t. 12, n° 420.

660. — C'est par application de cette règle qu'on a jugé: 1° que le mari n'est point responsable du défaut de recouvrement des créances personnelles de sa femme, lorsqu'il est suffisamment prouvé que les poursuites qu'il aurait faites auraient été infructueuses. — *Cass.*, 31 mars 1824, de Gouy d'Arcy.

661. — ... 2° Que le mari n'est responsable des sommes qu'il a autorisé sa femme à recevoir, et dont elle a donné quittance avec son autorisation, qu'autant que ces sommes ont réellement tourné au profit du mari. — *Agen*, 31 janv. 1832, Wauregementer c. Dauriac.

662. — Jugé que, dans les pays de droit écrit, comme sous l'empire du Code civil, le mari, mandataire naturel et légal de sa femme, est responsable tout à la fois du prix des propres aliénés et des valeurs dont il a donné conjointement quittance avec elle. — *Agen*, 19 juill. 1832, Boutan c. Barbot; — Furgole, 4e et 15e quest., n° 20, *sur les Donations*; Lapeyrère, lettre *P*, n° 125; Dumoulin, *De Usur.*, quest. 38, n° 288; Mornac, *ad leg.*, 5, Cod., *Si cert. pet.*; *Auth. Si qua mul.*; *Cod., de senat, Vell.*; Vedel sur Castellan; Automne, *sur la cout. de Bordeaux.*

663. — Cette responsabilité du mari doit entraîner les mêmes effets lorsque les sommes perçues sont la représentation de la valeur des biens indivis et communs aux deux époux. — Même arrêt.

664. — Le mari, comme il a été dit plus haut, est responsable de toutes les prescriptions qui pourraient être acquises contre ces mêmes biens. — Arg. art. 2254 et 1562, C. civ.; — Duranton, t. 14, n° 306; Toullier, t. 12, n° 414; Battur, t. 2, n° 553.

665. — Peu importe, suivant M. Toullier (t. 12, n° 414), que la prescription ait commencé avant le mariage.

666. — Cependant, s'il ne restait lors de la célébration du mariage que peu de jours pour consommer la prescription, le mari serait affranchi de cette obligation; telle était du moins la disposition du droit romain relativement au fonds constitué en dot: *Si fundum quem Titius possidebat bonâ fide, et longi temporis possessione poterat sibi quærere, mulier ut suum marito dedit in dotem, eumque petere neglexerit vir cùm id facere posset, rem periculi sui fecit; planè si paucissimi dies ad perficiendam longi temporis possessionem superfuerunt, nihil erit quod imputabitur marito* (L. 16, ff., *De fund. dot.*). — Toullier, t. 12, n° 415. — Le temps après lequel le mari peut être déclaré responsable, est abandonné à l'arbitrage du juge. — Toullier, *eod. loc.*

667. — Le droit d'administrer les biens de la femme comprend celui de les affermer; mais ce droit a ses limites. A cet égard, l'art. 1429 dispose que les baux que le mari seul a faits des biens personnels de sa femme pour un temps qui excède neuf ans, ne sont, en cas de dissolution de la communauté, obligatoires vis-à-vis de la femme ou de ses héritiers que pour le temps qui reste à courir, soit de la première période de neuf ans, si les parties s'y trouvent encore; soit de la seconde, et ainsi de suite, de manière que le fermier n'ait que le droit d'achever la jouissance de la période de neuf ans où il se trouve. — C. civ., art. 1429.

668. — Il n'y a que la femme ou ses héritiers qui soient recevables à se plaindre de la longueur excessive du bail. L'action en réduction à la durée déterminée par la loi n'a été créée que dans leur intérêt. — Duvergier, *Du louage*, t. 1er, n° 41; Zachariæ, t. 3, p. 4; Troplong, *Du louage*, t. 1er, n° 151; Duranton, t. 14, n° 311.

669. — Si le mari en affermant les biens personnels de sa femme avait caché sa qualité de mari, il pourrait être condamné à des dommages-intérêts envers le fermier expulsé, à moins qu'il ne fût prouvé que ce dernier connaissait sa qualité de simple administrateur des biens de la femme. — Toullier, t. 12, n° 406.

670. — Les baux de neuf ans ou au-dessous que le mari seul a passés ou renouvelés des biens de sa femme plus de trois ans avant l'expiration du bail courant s'il s'agit de biens ruraux, et plus de

deux ans avant la même époque s'il s'agit de maisons, *sont sans effet*, à moins que leur exécution n'ait commencé avant la dissolution de la communauté. — C. civ., art. 1430.

671. — Les termes *sont sans effet*, de l'art. 1430, doivent, comme dans le cas de l'art. 1429, s'expliquer en ce sens, que la femme ou ses héritiers ne sont pas obligés d'exécuter les baux ; mais le fermier ou locataire ne peut se refuser à leur exécution ; c'est dans l'intérêt de la femme seule que le pouvoir du mari est limité. — Duranton, t. 14, no 311.

672. — Quant aux baux de neuf ans ou au-dessous, passés par le mari trois ans seulement ou deux ans (selon qu'il s'agit de baux à ferme ou de maisons) avant l'expiration du bail lors courant, ils doivent être exécutés pendant toute leur durée, lors même que la communauté se dissoudrait avant leur expiration ; bien plus, lors même qu'à la dissolution de la communauté ils ne seraient pas encore entrés en cours d'exécution. — Troplong, *Louage*, no 151 ; Toullier, t. 12, no 410.

673. — Sous l'ancien droit, les baux faits par anticipation n'étaient maintenus qu'autant qu'ils avaient reçu un commencement d'exécution avant la dissolution de la communauté. — Lebrun, liv. 2, chap. 2, sect. 4e, no 43 ; *Arrêtés* de Lamoignon, tit. 32, no 70. — D'après ces arrêtés, le mari n'était autorisé à renouveler les baux des villes que neuf mois avant leur expiration, et ceux des campagnes que dix-huit mois auparavant. Cependant, ce n'était pas là le droit commun de toute la France ; on suivait, dans certains cantons, les usages, qui variaient beaucoup. — Toullier, t. 12, no 410.

674. — Non seulement les baux ne doivent être faits par anticipation que dans certaines limites ; mais ils doivent être exempts de fraude et de simulation ; on tenait pour constant autrefois qu'ils étaient censés faits avec fraude s'ils avaient été contractés à l'extrémité de la vie par le mari malade, ou faits à vil prix à un ami ou à un héritier présomptif du mari ; enfin s'il avait été donné des pots de vin considérables ; ou s'ils avaient été faits dans le dessein de nuire à la femme. — Pothier, nos 609, 610 et 611 ; *Arrêtés* de Lamoignon, tit. 32, no 69 ; Lebrun, liv. 2, chap. 2, sect. 4e, no 44. — Ces principes ont été assez généralement adoptés par les auteurs modernes. — Battur, t. 2, no 560 ; Toullier, t. 12, no 408 ; Proudhon, *De l'usufruit*, t. 3, no 1219 ; Troplong, *Louage*, sur l'art. 718, no 155 ; Glandaz, *Encycl. du dr.*, vo *Communauté*, no 247.

675. — Toutefois on a jugé, et les auteurs sont d'accord sur ce point, que le seul fait de la vileté du prix, même joint à l'anticipation, ne suffit pas pour établir la fraude. — V., en ce sens, *Cass.*, 11 mars 1824, Morméri ; — Brillon, *Dict. des arrêts*, vo *Bail*, no 23 ; Charondas, liv. 12, rép. 87 ; Pothier, *Du louage*, no 36 ; Domat, liv. 1er, tit. 4, sect. 1re, no 8 ; Dumoulin, *Cout. de Paris*, § 33, glos. 1re, nos 41 et 47 ; Duvergier, *Du louage*, t. 1er, no 102 ; Duranton, *Du louage*, no 33 ; Troplong, *Du louage*, t. 1er, no 154.

676. — Si le mari avait consenti par anticipation un bail de plus de neuf ans, et que ce bail eût été suivi de l'entrée en jouissance du fermier, on a demandé si ce bail devrait être annulé ou si seulement il devrait être réduit à neuf ans ? — M. Proudhon (*De l'usufruit*, t. 3, no 1213) pense que le bail n'est pas obligatoire parce que la loi n'accorde d'effet aux baux anticipés qu'autant qu'ils ne sont que de neuf ans et au-dessous. M. Troplong (*Du louage*, t. 1er, no 152) est d'un avis contraire : il pense que ce n'est là qu'un argument *à contrario* qui manque de justesse : que l'exécution efface la date du contrat, et que, la loi réduisant à neuf ans les baux faits pour un temps plus considérable, c'est comme si de prime abord ils avaient été consentis pour cette durée. Cette dernière opinion nous paraît la plus conforme aux principes.

677. — Le mari même, pendant l'instance en séparation de biens, peut affermer les immeubles appartenant à sa femme, s'il le fait sans fraude. — *Rennes*, 2 janv. 1808, Franguel ; *Poitiers*, 21 mai 1823, Gilbert.

678. — Mais le bail peut être annulé comme frauduleux si le prix de ferme a été stipulé payable par anticipation. — *Angers*, 16 août 1820, Roulois.

679. — Lorsque la femme ou ses héritiers ne veulent pas exécuter les baux passés par le mari, contrairement aux dispositions des art. 1429 et 1430, ils doivent notifier au fermier ou locataire l'expression de leur intention ; à défaut par eux de prendre cette mesure, on pourrait induire de leur silence ou de leurs actes une ratification de leur part. — Duranton, t. 14, no 313.

680. — Le mari, n'étant qu'administrateur des biens personnels de sa femme, ne peut aliéner les immeubles sans son consentement. — C. civ., art. 1428.

681. — La concession de la faculté d'extraire des cendres minérales constitue une aliénation du fonds ; dès lors le mari ne peut faire cette concession sur un propre de sa femme, sans le consentement de celle-ci. — *Amiens*, 30 nov. 1837 (t. 1er 1838, p. 348), Poitevin.

682. — Jugé de même que la reconstruction d'un immeuble propre à la femme excède les limites de l'administration confiée au mari, et celui-ci ne peut obliger la femme aux dépenses de la reconstruction sans son consentement. — *Paris*, 4 janv. 1842 (t. 1er 1842, p. 73), Herodier c. Corel.

683. — Au surplus, le même arrêt décide que le consentement de la femme résulte de son concours aux ordres donnés aux architectes et ouvriers, de la surveillance et direction par elle exercées, et que ce consentement suffit pour l'obliger personnellement au paiement des travaux envers les ouvriers et constructeurs.

684. — Il a même été jugé que, dans ce cas, les ouvriers qui n'ont traité qu'avec le mari sans que le concours de la femme apparaisse en aucune façon, ont néanmoins contre celle-ci une action directe pour le remboursement de ce qui leur est dû jusqu'à concurrence de la plus-value que ces réparations ou constructions ont donnée à l'immeuble. — *Cass.*, 14 juin 1820, Grouillebois c. Galand-Delisles. — Cette décision, conforme aux anciens principes (L. 206, ff., *De reg. jur.*, et L. 3, § 2, ff., *eod. tit.*), a en sa faveur Perezius, *Ad cod.*, *De neg. gest.*, no 2 ; Faber, *Cod.*, liv. 2, art. 10 ; Pothier, *Traité du quasi-contrat*, no 179.

685. — Jugé que le prix des propres de la femme lui demeure propre, et ne peut être saisi, entre les mains de l'acquéreur, par les créanciers personnels du mari. — *Nancy*, 20 août 1827, Brocard c. Fortier ; 7 fév. 1840 (t. 1er 1841, p. 107), Aubel c. Perrin.

686. — Mais il a été jugé aussi que, sous le régime de la communauté, le mari peut, sans le consentement de la femme, recevoir et même transporter à un tiers la part de celle-ci dans le prix d'un immeuble attribué à l'un de ses cohéritiers par un partage ou une licitation. En pareil cas, la femme étant censée n'avoir jamais eu la propriété des immeubles licités et avoir succédé seule et immédiatement aux objets compris dans son lot, la somme destinée à lui tenir lieu de sa part dans les immeubles est une valeur purement mobilière. — *Angers*, 26 janv. 1842 (t. 1er 1843, p. 434), Fasseau c. Bellanger.

687. — Si le mari, contre la prohibition de la loi, avait vendu un immeuble propre à sa femme, celle-ci pourrait attaquer la vente ; mais à elle seule appartient l'action en nullité ; elle est refusée à l'acquéreur. — *Colmar*, 21 fév. 1815, Levy c. Seleworiz.

688. — Toutefois, quoique la vente que fait le mari du propre de sa femme soit nulle, elle ne peut néanmoins l'attaquer tant que dure le mariage ; la raison en est qu'elle est sans intérêt, puisque les fruits de l'immeuble vendu appartiennent au mari, et que sa réclamation prématurée pourrait troubler la paix du ménage. — Valin, sur l'art. 22, Cout. de la Rochelle, § 1er, no 43 ; Ferrières sur l'art. 226, Cout. de Paris, no 4 ; Toullier, t. 12, no 400 ; Glandaz, no 239.

689. — Si le mari avait vendu un immeuble de sa femme mineure en promettant sa ratification lors de sa majorité, l'action de cette dernière, en cas de renonciation de sa part à la communauté, ne se prescrirait que par trente ans et non par dix ans. — Duranton, t. 14, no 320.

690. — L'acquéreur évincé par la femme dont le mari aurait promis la ratification dans un délai déterminé, aurait droit à des dommages-intérêts contre le mari ; mais il ne lui en serait pas dû, si la femme venait à décéder avant le terme convenu pour la ratification. — Battur, t. 2, no 565.

691. — L'art. 439, Cout. Bretagne, qui accordait à la femme la récompense de ses *propres*, s'appliquait tant aux *propres fictifs* qu'aux *propres réels*. — *Cass.*, 22 germin. an X, Cornibert ; 10 août 1809, Desmerandois ; — Duparc-Poullain, *Principes du droit français suivant les maximes de Bretagne*, t. 2, p. 63 ; *Comment. sur la cout. de Bretagne*, t. 3, p. 65 ; Merlin, *Rép.*, vo *Remploi*, § 2, no 5, et *Quest. de droit*, vo *Remploi*, § 5.

692. — De ce que l'art. 1428, § 3, ne semble interdire au mari que les aliénations d'immeubles, doit-on en conclure qu'il peut aliéner les meubles qui sont demeurés propres à la femme ? — La jurisprudence et la doctrine distinguent d'abord sur ce point entre les choses fongibles et celles qui ne sont pas susceptibles de dépérissement par l'usage.

693. — A l'égard des premières, le mari, en étant devenu propriétaire, a le droit d'en disposer sans le consentement de sa femme, sauf à la communauté à en rembourser la valeur à la femme ou à ses héritiers lors de la dissolution. — Duranton,

t. 14, no 318 ; Glandaz, *Encycl. du dr.*, vo *Communauté*, no 236 ; Toullier, t. 12, nos 377 et suiv.

694. — Il a cependant été jugé qu'un créancier de la communauté ne peut saisir arrêter entre les mains d'un tiers des deniers provenant de la vente par licitation d'un propre échu à la femme. — *Douai*, 11 nov. 1812, Fauqueux c. Bernard.

695. — En ce qui concerne les choses qui ne se détériorent pas par l'usage, M. Duranton (t. 14, no 318) enseigne que, si elles ont été livrées au mari avec estimation sans déclaration que la mise à prix ne lui en transporte pas la propriété, il peut en disposer sans le consentement de la femme ; il en est ainsi devenu propriétaire. — Glandaz, no 237.

696. — Quant aux meubles non estimés, et qui ne sont pas susceptibles de dépérissement par l'usage, Pothier (*De la communauté*, no 325) pensait que leur réalisation et leur exclusion de la communauté ne donnaient naissance qu'à une créance de reprise de leur valeur, que le conjoint, qui les avait réalisés, avait droit d'exercer après la dissolution de la communauté et contre la communauté dans laquelle ces meubles réalisés s'étaient confondus ; que le conjoint n'était pas créancier *in specie* des meubles réalisés, qu'il ne l'était que de leur valeur. Telle est aussi l'opinion de Delvincourt (t. 3, p. 42), de Battur (no 153), de Bellot des Minières (t. 3, p. 101), et de Rolland de Villargues, *Répert. du not.*, vo *Réalisation*.

697. — Cependant M. Duranton (t. 14, no 318) combat vivement cette opinion ; il dit que Pothier a évidemment tort d'étendre, ainsi qu'il le fait, sa décision à toute espèce de choses mobilières ; que les dispositions des art. 589, 1551 et 1531 s'y opposent ; qu'il serait contraire à la raison et aux véritables principes du droit que si l'on avait donné, par exemple, un contrat de rente à la femme, avec déclaration que la chose n'entrerait point dans la communauté, le mari pût vendre cette rente et en recevoir le remboursement sans le consentement de sa femme.

698. — Malgré ces raisons, qui ne sont pas sans force, la cour de Paris a jugé, conformément à l'opinion de Pothier : 1o que sous le régime de la communauté, le mari peut, comme chef de la communauté, aliéner seul et sans le consentement de sa femme les meubles que, celle-ci s'est réservés *propres* par le contrat de mariage ; que la clause de réalisation donne seulement à la femme, ou à ses représentans, le droit de réclamer contre la communauté, lors de sa dissolution, la valeur des propres réalisés. — *Paris*, 11 mai 1837 (t. 1er 1837, p. 491), Thion ; 21 janv. 1837 (t. 1er 1837, p. 497), Bordère c. Pinjou.

699. — 2o Que les valeurs mobilières de la femme, quoique stipulées propres par le contrat de mariage, se confondent avec les autres effets de la communauté, qui en devient propriétaire, en telle sorte qu'elles peuvent être valablement saisies par les créanciers du mari. — *Paris*, 15 avr. 1837 (t. 1er 1837, p. 492), Langlois c. Dugner.

700. — Jugé au contraire que le mari ne peut disposer seul et sans le consentement de sa femme, du mobilier qui a été exclu de la communauté et ainsi réservé propre à la femme par la clause de réalisation, alors surtout qu'il s'agit de choses non fongibles, telles qu'une créance. — *Paris*, 15 avr. 1839 (t. 2 1839, p. 69), Bourgeois c. Fesnagu ; *Cass.*, 2 juill. 1840 (t. 2 1843, p. 707), mêmes parties.

701. — Le mari, administrateur des biens personnels de sa femme, a capacité pour recevoir les capitaux dus à celle-ci, alors même qu'ils auraient été exclus de la communauté par clause de réalisation, et qu'ils proviendraient du prix d'immeubles dont elle était copropriétaire. — *Cass.*, 25 juill. 1843 (t. 2 1843, p. 710), Henry c. Desbassyns.

702. — Le mari conserve l'administration des biens de sa femme jusqu'à ce qu'un jugement, passé en force de chose jugée ait prononcé la séparation de biens. — *Poitiers*, 21 mai 1823, Gilbert c. Danglare.

Sect. 4e. — *Récompenses dues par la communauté à l'un ou à l'autre des époux, ou dues par l'un d'eux à la communauté. — Remplois.*

ART. 1er. — *Récompenses dues aux époux par la communauté.*

703. — La matière des récompenses est régie par ce double principe que les époux ne peuvent, pendant le mariage, ni enrichir la communauté aux dépens de leurs biens propres, ni s'enrichir eux-mêmes aux dépens de la communauté. — Toullier, t. 12, no 343 ; Pothier, no 618.

704. — La loi prévoit elle-même plusieurs cas où la communauté doit récompense aux époux ;

l'art. 1433 est conçu en ces termes: «S'il est vendu un immeuble appartenant à l'un des époux, de même que si l'on s'est rédimé en argent de services fonciers dus à des héritages propres à l'un d'eux, et que le prix en ait été versé dans la communauté, le tout sans remploi, il y a lieu au prélèvement de ce prix sur la communauté, au profit de l'époux qui était propriétaire, soit de l'immeuble vendu, soit des services rachetés.» — C. civ., art. 1433.

705. — Cette disposition n'est pas nouvelle, elle est tirée en grande partie de l'art. 232 de la coutume de Paris, qui était ainsi conçu : « Si durant le mariage est vendu aucun héritage ou rente propre, appartenant à l'un ou l'autre des conjoints par mariage, ou si ladite rente est rachetée, le prix de vente ou rachat est repris sur le bien de la communauté, au profit de celui auquel appartenait l'héritage ou rente, encore qu'en vendant il n'eût été convenu du remploi ou récompense, et qu'il n'y ait eu aucune déclaration sur ce fait. »

706. — L'art. 192 de la coutume d'Orléans s'exprimait dans les mêmes termes, et la jurisprudence en avait étendu l'application dans tous les pays où les coutumes se taisaient sur ce point. — Merlin, *Rép.*, v° *Remploi*, § 2, n° 1.

707. — Quoique le principal motif de cette disposition des coutumes de Paris et d'Orléans fût d'empêcher les avantages indirects entre mari et femme, elle fut néanmoins étendue aux coutumes qui leur permettaient de s'avantager; il parut alors qu'il y aurait quelque danger à permettre, dans ces coutumes, des avantages qui ne seraient pas l'effet d'une volonté expresse des parties. — Pothier, n° 574 ; Lebrun, liv. 3, chap. 2, sect. 1, distinct. 2°.

708. — Aujourd'hui, la prohibition d'apporter aucun changement aux conventions matrimoniales après la célébration du mariage devient un motif de plus pour maintenir la règle des récompenses, dans les cas où la communauté ou l'un des époux a pu s'enrichir aux dépens de l'époux ou de la communauté.

709. — Pour que l'époux dont le propre a été vendu puisse être admis à en prélever le prix sur la communauté, il faut qu'il soit établi que ce prix y a été versé. Tant que ce prix est encore dû, il appartient exclusivement à celui des conjoints dont provenait l'immeuble aliéné.

710. — Le fait seul de la vente pendant le mariage n'emporte pas présomption que le prix a été versé dans la communauté, la preuve doit en être faite. — *Nancy*, 20 août 1827, Brocard c. Fortier; *Cass.*, 13 août 1832, Douls et Pradet c. Lecamus-Rochette; — Rolland de Villargues, v° *Reprises matrimoniales*, n°s 32 et 35; Toullier, t. 13, n° 152; Duranton, t. 14, n° 359; Bellot des Minières, t. 1er, p. 203.

711. — La cour de Cassation a décidé en termes généraux que c'est à l'époux qui réclame le prélèvement, sur la masse, du prix d'un de ses propres aliénés qu'est imposée la charge de faire la preuve que ce prix a été versé dans la communauté. — *Cass.*, 13 août 1832, Douls et Pradet c. Lecamus-Rochette.

712. — Jugé en ce sens, et même d'une manière plus absolue, que la femme, dont les biens personnels ont été aliénés pendant le mariage, et qui exerce son action en indemnité, n'est pas tenue de justifier que son mari a réellement reçu des acquéreurs le prix de la vente; que la présomption est qu'il a été payé ou qu'il a négligé de se faire payer, sauf à celui-ci ou à ceux qui le représentent à poursuivre contre qui de droit ce qui pourrait être dû, cette obligation ne pouvant jamais être imposée à la femme. — *Metz*, 18 juill. 1820, Morin c. Dubois de Riocourt.

713. — Toutefois, M. Zachariæ (t. 3, § 511, note 4), pense que ce principe ne saurait, du moins en général, être appliqué à la femme : qu'en effet, le mari doit, comme administrateur légal des biens de cette dernière, être présumé avoir touché le prix de ses propres aliénés, et qu'il ne peut dès-lors se soustraire aux conséquences de cette présomption qu'en prouvant, ou bien que le prix est encore dû, ou bien qu'il a été touché par la femme. — Arg. art. 1450. — V. aussi Glandaz, *Encycl. du dr.*, v° *Communauté*, n° 255.

714. — Le prix de l'immeuble propre à l'un des conjoints appartient, tant qu'il se trouve entre les mains de l'acquéreur, à celui des conjoints auquel l'immeuble était propre; par exemple, si l'immeuble vendu était propre à la femme, il ne peut être frappé de saisie-arrêt par les créanciers personnels du mari, tant que le prix n'en a pas été versé dans la communauté. — *Nancy*, 20 août 1827, Brocard c. Fortier ; 7 fév. 1840 (t. 1er 1841, p. 107), Aubel c. Perrin.

715. — L'art. 1436 (*in fine*) dispose que, quelque allégation qui soit faite touchant la valeur du propre vendu, la récompense n'a lieu que sur le prix de la vente. Ainsi, quelle que puisse être la valeur donnée à l'immeuble dans le contrat de mariage, ou celle qu'il avait réellement lors de l'aliénation, la récompense ne peut être au-dessus du prix stipulé dans la vente. — Pothier, t. 1er, n° 575; Merlin, *Rép.*, v° *Remploi*, § 2, n° 2. — C'était déjà la disposition de l'art. 232 de la coutume de Paris ci-dessus rapporté. — Ferrière, *Coutume de Paris*, sur l'art. 232 ; Battur, t. 2, n° 714; Rolland de Villargues, v° *Reprises matrimoniales*, n°s 36 et suiv.

716. — Toutefois, on juge que l'art. 1436 C. civ., suivant lequel la récompense due à la femme pour le prix de son immeuble aliéné n'a lieu que sur le pied de la vente, ne met pas obstacle à ce que la femme prouve que le prix réel a été dissimulé et était supérieur à celui énoncé au contrat. Cette preuve peut être faite par témoins, l'art. 1341 n'étant pas applicable aux cas de dol et de fraude. — *Cass.*, 14 fév. 1843 (t. 1er 1843, p. 607), Berne c. Bruyn; — Toullier, t. 12, n° 445 ; Duranton, t. 14, n° 352 ; Delvincourt, t. 3, p. 63.

717. — Sous la coutume de Bretagne, on distinguait entre la vente du propre de la femme et celle du propre du mari. La récompense pour la vente du propre du mari avait lieu sur le prix de vente; la faute en était à lui s'il l'avait vendu trop bon marché. Mais la femme avait, selon l'art. 439 de cette coutume, « la récompense de l'aliénation de son propre, eu égard à l'estimation des choses vendues, du jour du contrat et consentement par elle prêté. » Cette distinction pouvant tourner au préjudice de la femme, dans le cas où le prix de l'immeuble aurait augmenté depuis la vente, les auteurs du Code l'ont fait disparaître.

718. — Ces mots, *sur le pied de la vente*, de l'art. 1436, doivent s'entendre non seulement du prix principal, mais de tout ce qui est accessoire de ce prix, et dont la communauté a profité, comme, par exemple, pour ce qui a été reçu pour pot de vin, pour épingles, ou sous quelqu'autre dénomination que ce soit, soit en argent, soit en effets mobiliers. — Pothier, n° 586; Merlin, *Rép.*, v° *Remploi*, § 2, n° 2; Battur, t. 2, n° 715; Rolland de Villargues, v° *Reprises matrimoniales*, n° 39; Glandaz, v° *Communauté*, n° 259; Bellot des Minières, t. 2, p. 377 ; Duranton, t. 14, n° 359.

719. — Par la même raison, le prix à restituer par la communauté doit comprendre la valeur des charges appréciables à prix d'argent qui ont été imposées à l'acquéreur et dont a profité la communauté. Supposons, par exemple, que la communauté ait aliéné un immeuble propre au mari en exigeant de l'acquéreur qu'il servirait, en qualité de domestique, les époux pendant trois années; la charge de ce service est appréciable à prix d'argent ; la communauté a été déchargée, pendant les trois années qu'il a duré, des gages qu'il eût fallu donner à un autre domestique; il doit donc être tenu compte de cette somme. — Pothier, n° 588; Toullier, t. 12, n° 349 : Bellot des Minières, t. 2, p. 377; Rolland de Villargues, v° *Reprises matrimoniales*, n° 40.

720. — Lorsque l'héritage dont la reprise est due a été vendu avec les fruits pendans, pour un seul prix, si la communauté a duré au-delà du temps où ces fruits auraient été récoltés, il faut déduire sur le prix celui des fruits pendans, car la communauté ne profite pas du prix desdits fruits, lesquels lui auraient appartenu s'ils n'eussent pas été vendus, elle ne profite que du surplus; c'est donc du surplus seulement qu'elle doit récompense. — Pothier, n° 590 ; Duranton, t. 14, n° 339; Bellot des Minières, t. 2, p. 378; Rolland de Villargues, v° *Reprises matrimoniales*, n° 42.

721. — De même, si l'immeuble propre à l'un des conjoints a été vendu pour un certain prix, stipulé payable seulement après trois ans, à dater de l'entrée en jouissance de l'acquéreur, et sans intérêts pendant ce temps, si la communauté a duré jusques et au-delà des trois ans, le conjoint ne peut prétendre à la reprise de ce prix que sous la déduction de celui de trois années de jouissance, qui aurait appartenu à la communauté, et qui est entré dans ce prix. — Pothier, *loc. cit.*; Duranton, t. 14, n° 339; Bellot des Minières, t. 2, p. 378 ; Rolland de Villargues, v° *Reprises*, n° 43.

722. — Il faut appliquer le même principe au cas inverse où l'un des conjoints a vendu son immeuble, durant la communauté, moyennant un prix déterminé et payable de suite, mais sous la condition que l'acquéreur n'entrerait en jouissance qu'après trois années expirées; si la communauté a duré jusqu'à ce temps, le conjoint doit avoir la reprise, non seulement du prix porté au contrat, mais de ce que l'héritage aurait été vendu de plus, sans la réserve de ces trois années de jouissance, qui en a diminué le prix. — Pothier, n° 391; Duranton, *loc. cit.*

723. — Plusieurs auteurs ont soutenu que, si pendant la communauté il a été vendu un usufruit propre à l'un des époux ou une rente viagère lui appartenant, moyennant une somme payée comptant, le conjoint ne peut exiger la reprise de cette somme que déduction faite de la valeur des revenus dont la communauté aurait profité pendant le temps couru depuis la vente, jusqu'à celui de la dissolution de la communauté, et au-delà des intérêts de la somme reçue pour le prix ; la communauté n'ayant profité du prix payé que sous cette déduction : Pothier (n° 592) explique cette proposition par l'exemple suivant : « Supposons, par exemple, qu'un droit d'usufruit, dont le revenu était, toutes charges et risques déduits, de 1,000 livres par an, ait été vendu pour le prix de 12,000 livres, et que la communauté ait duré dix ans, dans un temps auquel l'intérêt de l'argent était au denier vingt, cet usufruit, s'il n'eût pas été vendu, aurait, pendant les dix ans courus depuis la vente jusqu'à la dissolution, produit par chacun an 400 livres de plus que l'intérêt des 12,000 livres, ce qui fait pour les dix ans 4,000 livres ; le conjoint ne doit donc avoir la reprise de la somme de 12,000 livres, prix de son propre vendu, que sous la déduction de ladite somme de 4,000 livres. » — V. aussi en ce sens Delvincourt, t. 3, p. 60 ; Toullier, t. 12, n°s 347 et 348 ; Bellot des Minières, t. 2, p. 382. — V. en outre Duranton, t. 14, n° 340.

724. — Toutefois, Proudhon (*De l'usufruit*, t. 5, n° 2678) ne partage pas cette opinion : il pense que « vouloir forcer le vendeur à souffrir sur la reprise du prix versé dans la communauté une réduction qui serait composée d'un nombre d'annuités égal à celui des années écoulées depuis la vente jusqu'à la dissolution du mariage, et dont chacune serait équivalente à la valeur de l'excédant du revenu de l'usufruit sur l'intérêt annuel du prix qu'on en a tiré, ce serait supposer que le conjoint qui confie à la communauté la jouissance d'un immeuble, s'interdit la faculté de le vendre ou s'oblige à en garantir le produit intégral pendant toute la durée du mariage. »

725. — Cette dernière opinion nous paraît préférable ; l'époux, en apportant à la communauté la jouissance d'un immeuble, ne la confère pas d'une manière perpétuelle, mais seulement pour le temps où il ne disposera pas de cet immeuble. Une fois qu'il l'a aliéné, la communauté n'a plus d'autre droit de jouissance à réclamer que celui du prix de l'immeuble ; elle ne peut demander la plus-value d'une jouissance sur l'autre, car ce serait là imposer à l'époux vendeur une obligation qui ne pèse point sur lui. Concluons donc de là, avec Proudhon, que l'époux dont on a vendu le droit d'usufruit a le droit d'en reprendre le prix tout entier, comme s'il s'agissait de la vente de tout autre immeuble.

726. — La récompense a lieu, non seulement dans le cas de la vente d'un immeuble propre à l'un des époux, mais encore dans le cas de toute autre espèce d'aliénation par laquelle il parvient à la communauté quelque avantage appréciable à prix d'argent. — Pothier, n° 593 ; Toullier, t. 12, n° 349.

727. — Ainsi, lorsque l'un des conjoints a donné son héritage propre en paiement d'une dette de la communauté, ou pour l'affranchissement d'une servitude établie sur un immeuble lui appartenant, il y a lieu à récompense du montant de la dette ou de la valeur de la servitude. — Pothier, n° 583; Toullier, t. 12, n° 349 ; Battur, t. 2, n° 790.

728. — De même, la donation rémunératoire que fait l'un des conjoints de ses propres en récompense de services appréciables à prix d'argent, donne lieu à une reprise jusqu'à concurrence de la valeur des services rendus, si les services devaient être rémunérés par la communauté. — Pothier, n° 584 ; Toullier, t. 12, n° 349 ; Battur, t. 2, n° 756. — Ce dernier auteur va plus loin, il pense que non seulement il y a reprise du prix des services rendus, mais encore de tout ce que le conjoint a donné.

729. — Lorsque, durant la communauté, le propre d'un conjoint a été aliéné pour une rente viagère, il est dû récompense par la communauté à ce conjoint. Cette récompense consiste dans la somme dont les arrérages de la rente viagère, courus depuis l'aliénation de l'héritage jusqu'à la dissolution de la communauté, excèdent les revenus dudit héritage, lesquels seraient tombés dans la communauté, si l'héritage n'eût pas été aliéné. — Pothier, n° 583 ; Toullier, t. 12, n° 350; Battur, t. 2, n° 756.

730. — Il est encore dû récompense par la communauté lorsque l'un des conjoints a reçu, dans l'échange qu'il a fait de son propre, une somme en retour ou pour soulte, qui est entrée dans la com-

munauté. — Pothier, n° 584 ; Toullier, t. 12, n° 351 ; Battur, t. 2, n° 756.

731. — Si, sur une action en réméré, l'un des époux a été obligé de délaisser un immeuble qui lui était propre et que le prix qui lui a été restitué ait été versé dans la communauté, il lui est dû récompense du montant de ce prix. — Pothier, n° 586.

732. — Pothier (n° 587) enseigne qu'il n'en serait pas ainsi du cas où le conjoint aurait été obligé, sur une action en rescision du vendeur, soit pour cause de minorité, soit pour cause de lésion, de délaisser un immeuble acquis avant le mariage ; la raison en est, suivant lui, que, la vente qui lui avait été faite de cet immeuble, étant rescindée par le jugement qui intervient sur cette action, le conjoint est censé n'en avoir jamais été propriétaire ; le délaissement qu'il en fait ne peut passer pour une aliénation de son propre, et la somme qui lui est rendue sur cette action par le vendeur ne peut être considérée comme le prix de son héritage propre ; cette créance, étant purement mobilière, est tombée dans la communauté, sans que l'époux puisse en exiger récompense. — C'est ce que nous avons déjà exposé à l'art. 3, sect. 1re, nos 68 et suiv.

733. — M. Duranton (t. 14, n° 346) ne partage pas l'opinon de Pothier ; selon lui, la récompense est due à l'époux tout comme dans le cas de réméré, et il ajoute même que, s'il y avait quelque raison de différence, elle serait plutôt en faveur de l'époux qui a été obligé de rendre l'immeuble au tiers par suite d'une action en rescision qu'en faveur de l'époux qui a été forcé de le rendre sur une action en réméré. Cet auteur se fonde sur l'intention présumée des parties lors du mariage : or, dit-il, leur pensée a évidemment été de ne mettre dans leur communauté que le mobilier existant lors du contrat, et celui qui leur adviendrait durant le mariage, pourvu qu'il ne fût pas la représentation d'un droit immobilier. Puis, partant de ce principe, l'auteur conclut que la somme qui a été remboursée au mari en cas de rescision représente le fonds restitué ou un droit immobilier, d'où la conséquence que la récompense en est due au conjoint acquéreur. Que si l'acte a été déclaré nul, ce n'est que par rapport au tiers, mais que par rapport au conjoint le droit subsiste, tellement que, d'après l'art. 1402, l'époux qui a vendu l'immeuble l'aurait repris comme propre, à la dissolution de la communauté, s'il n'en eût pas été évincé.

734. — Ces divers raisonnemens ne paraissent pas à M. Battur (t. 2, n° 757) détruire la distinction de Pothier : Ne peut on pas dire, en effet, qu'en matière de rachat ou de réméré, la somme rendue au conjoint représente l'immeuble légalement acheté et qui était propre au vendeur ; que, si le contrat pouvait être résolu, comme il l'a été, il n'en a pas moins conservé toute sa force et sa légalité tant que le rachat n'a pas été exercé ; que ce contrat a investi l'époux acquéreur de la propriété de l'objet acquis ; qu'enfin le rachat a équivalu à une rétrocession, et que le prix restitué a été pour lui la représentation de son propre rétrocédé ; car il y a eu réellement aliénation par le réméré. Ne peut-on pas ajouter qu'au contraire, en cas de rescision pour cause de lésion ou de minorité, le prix remboursé ne peut jamais être considéré comme la représentation d'un propre, car il n'y a pas eu aliénation d'un propre ; que, la vente ayant été annulée, les choses ont été remises au même état qu'avant le contrat ; qu'il y a eu délaissement, mais non revente de l'immeuble ; que la somme restituée au conjoint est redevenue ce qu'elle était avant l'acquisition, une simple valeur mobilière, ne représentant nullement un propre, et que, si elle été versée en cette qualité dans la communauté, elle n'y est entrée que comme tout autre objet mobilier, pour lequel il n'est jamais dû de récompense.

735 — Dans le cas inverse, si l'époux avait vendu à vil prix, avant le mariage, un immeuble, et que, sur l'action en rescision exercée contre l'acquéreur, durant la communauté, il lui eût été payé une somme à titre de supplément de prix, Pothier soutient que, cette somme étant tombée dans la communauté, l'époux en aurait la reprise, attendu, dit-il, que cette créance serait le prix de l'action rescisoire que le conjoint avait contre l'acheteur, et par conséquent le prix du rachat d'un propre, car cette action rescisoire était un droit immobilier qui appartenait à ce conjoint dès avant son mariage, et par conséquent un propre de communauté (n° 587). — V. au surplus ce que nous avons dit à cet égard *suprà* nos 207 et suiv.

736. — Lorsque, par suite d'une action hypothécaire, l'un des conjoints a été obligé, pendant la communauté, de délaisser un immeuble qui lui était propre, et qu'il a reçu du demandeur une somme pour améliorations faites par lui sur cet héritage avant son mariage, il est créancier de cette somme sur la communauté, et peut en exercer la reprise. — Pothier, n° 588. — La raison qu'en donne cet auteur est que ces améliorations sont quelque chose qui fait partie de l'héritage sur lequel elles ont été faites, et que dès-lors la somme qu'il a reçue pour leur prix est une valeur représentant son propre qu'il a été obligé de délaisser et d'aliéner pendant la communauté. — V. aussi en ce sens Battur, t. 2, n° 760.

737. — Il en serait autrement si c'était sur une action en revendication que l'un des conjoints aurait été contraint de délaisser l'immeuble sur lequel les améliorations auraient été faites ; il ne pourrait réclamer la reprise de la somme reçue pour prix de leur valeur, bien que cette somme eût été versée dans la communauté. Dans ce cas, en effet, on ne pourrait pas dire que le prix de ces améliorations fût le prix de son propre, car, par le jugement rendu sur la demande en revendication, il a été décidé que l'immeuble ne lui appartenait pas et n'était pas, par conséquent, un héritage qui lui fût propre ; les améliorations faites sur cet héritage, quoique faites de ses deniers, étant quelque chose qui fait partie de l'héritage, ne lui appartenaient pas ; elles appartenaient au propriétaire de l'héritage, suivant la règle : *accessorium sequitur jus ac dominum rei principalis*. Le conjoint n'avait pour le remboursement du prix de ces améliorations qu'une créance personnelle, *ex quasi contractu negotiorum gestorum*, contre le propriétaire de l'héritage : cette créance, étant la créance d'une somme d'argent de sa nature purement mobilière, est tombée dans la communauté, comme le restant de son mobilier ; donc il ne lui en est pas dû récompense. — Pothier, *loc. cit.*

738. — Le même auteur décide que, s'il a été transigé sur l'action en revendication, et que, par suite de cette transaction, le conjoint ait reçu une somme pour délaisser l'immeuble, et que cette somme ait été versée dans la communauté, il en aura la reprise, car, dit l'auteur (n° 590), quoiqu'il soit incertain si cet héritage lui appartenait, et qu'il soit incertain, par conséquent, si la somme qu'il a reçue pour faire ce délaissement est le prix d'un héritage propre de ce conjoint, au moins il est certain que cette somme qu'il a reçue, durant la communauté, est le prix de la prétention qu'il avait sur cet héritage ; cette prétention est une espèce de droit qu'il avait dès avant son mariage et qui était par conséquent propre ; la somme qu'il a reçue pour l'abandon de cette prétention peut donc être regardée comme le prix d'un abandon de son propre, dont il doit, par conséquent, avoir la reprise. — V. aussi Battur, t. 2, n° 756.

739. — Il est dû récompense à l'époux de la chose mobilière à lui donnée ou léguée sous la condition que cette chose ne tomberait pas dans la communauté. — Duranton, t. 14, nos 327 et 134. — Toutefois il n'est pas dû de récompense si la chose donnée existe en nature à la dissolution de la communauté ; le conjoint en fait seulement la reprise dans l'état où elle se trouve. — Duranton, *eod. loc.*

740. — S'il a été vendu des objets attachés aux immeubles de l'un des époux et devenus par là immeubles par destination, tels que les instrumens aratoires, les animaux attachés à la culture, etc., s'ils n'ont pas été remplacés, il en est dû récompense à l'époux propriétaire. — Duranton, t. 14, n° 328.

741. — Il en est de même lorsque ces bestiaux ou ustensiles ont péri ou se sont détériorés par cas fortuit. — Battur, t. 2, n° 716 ; Duranton, 4e édit., n° 328.

742. — Lorsqu'il a été ouvert pendant le mariage une usine ou une carrière sur le fonds de l'un des époux, et que la communauté en a été enrichie, elle doit récompense de tout ce qui a excédé les fruits que le fonds aurait produits. — Duranton, t. 14, n° 335.

743. — Lorsqu'il a été fait sur le fonds de l'un des époux des coupes de bois taillis ou de hautes futaies, dans un temps où elles n'auraient pas encore dû avoir lieu, il en est dû récompense à l'époux propriétaire du fonds, alors même que ce serait le mari ; la raison en est que l'anticipation de ces coupes pourrait avoir pour cause une occasion de vendre avantageusement ou un pressant besoin d'argent, et non l'intention de faire un avantage indirect à sa femme. — Duranton, t. 14, n° 336.

744. — Mais il n'est pas dû récompense au conjoint propriétaire d'une forêt pour les bois délaissés, coupés pendant la communauté, lorsqu'il est constant en fait que, dans l'aménagement de ses coupes, le mari réservait certain nombre de baliveaux, outre ceux exigés par l'ordonnance, et comprenait cette réserve dans la coupe suivante. — *Cass.*, 31 mars 1824, de Gouy-d'Arsy c. Franconville.

745. — Dans le cas où les coupes n'ont pas eu lieu régulièrement, la récompense se règle d'après les bases suivantes : s'il y a eu interversion dans les coupes, on compense jusqu'à due concurrence la valeur de celles qui auraient dû être faites avec la valeur de celles qui ne devaient pas l'être. — S'il y a eu anticipation, il faut déduire du montant de leur produit ce que peut valoir, pour l'époux, le nouveau bois, suivant son âge ; ainsi, par exemple, une coupe qui ne devait être faite qu'en 1842 l'a été en 1838, la communauté s'étant dissoute en 1840, on fera la déduction sur l'indemnité due à l'époux propriétaire de la valeur des deux années qu'avait le bois au jour de la dissolution de la communauté, car il en profite. — Duranton, t. 13, n° 337.

746. — M. Duranton (*loc. cit.*) pense, en troisième lieu, qu'il faut distinguer si les coupes ont été faites sur le fonds du mari ou sur celui de la femme ; dans la dernière hypothèse, il importe de savoir aussi si les coupes ont été vendues avec le consentement de la femme ou en l'absence de ce consentement : si elles ont été vendues avec son consentement, la récompense n'a lieu que sur le pied de la vente, quelque allégation qui soit faite à l'égard de la coupe vendue ; on se conforme alors à l'art. 1436. Mais si la femme n'a pas donné son consentement, l'indemnité est due de la valeur réelle qu'auraient eue les coupes lors de la dissolution de la communauté, déduction faite de la valeur qu'aurait à cette époque le nouveau bois. Si c'était sur le fonds du mari que les coupes eussent été faites, l'indemnité ne serait que du montant du prix de vente, attendu qu'il ne lui est jamais dû d'indemnité pour la mauvaise gestion de ses biens.

747. — Enfin, ajoute le même auteur (*loc. cit.*), si des coupes qui auraient dû être faites ne l'ont pas été, il en est dû récompense à l'époux non propriétaire du fonds ou à ses héritiers (art. 1403), pourvu, si c'était la femme, qu'elle acceptât la communauté.

748. — Dans le cas où le conjoint, étant créancier d'un immeuble, avec faculté au débiteur de se libérer au moyen d'une valeur mobilière, a reçu cette valeur à la place de l'immeuble, la communauté en doit récompense à l'époux créancier, car la chose ou la somme payée est la représentation du droit immobilier dont l'époux était propriétaire. — Duranton, t. 14, nos 115 et 348. — V. à cet égard, aussi bien que sur les créances alternatives, quant au point de savoir quand elles entrent dans la communauté ou en sont exclues, *suprà*, sect. 1re, art. 1er.

749. — La communauté doit récompense à la femme qui s'est obligée et qui a payé pour la communauté avec ses biens propres. — C. civ., art. 1426 et 1431 ; — Duranton, t. 14, n° 350, et ci-dessus nos 716 et suiv.

750. — Nous avons déjà vu que, suivant l'art. 1450, C. civ., la femme qui s'oblige solidairement avec son mari pour les affaires de la communauté ou du mari n'est réputée, à l'égard de celui-ci, s'être obligée que comme caution, et qu'elle doit être indemnisée de l'obligation qu'elle a contractée.

751. — « Mais que doit-on décider, demande M. Delvincourt, si la dette concerne les affaires d'un tiers, *putà* si le mari et la femme se sont portés cautions solidaires d'un tiers ? — Dunod et Lebrun, dit cet auteur, pensent que cette dette doit être regardée comme dette de la communauté, et que le droit de la femme doit être déterminé en conséquence. Je crois cette décision juste s'il est prouvé que l'affaire dans laquelle le cautionnement a été donné intéressait la communauté ; mais il me semble qu'il n'en doit pas être de même si le cautionnement a eu lieu uniquement par bienveillance pour le tiers. Dans ce cas, en effet, le cautionnement est un pur contrat de bienfaisance entre le débiteur principal et la caution. Le mari et la femme peuvent donc être en quelque sorte considérés comme donateurs à l'égard de celui envers qui ils se sont portés cautions ; or certainement, s'ils avaient fait conjointement une donation à la même personne, la femme, qui en aurait payé la moitié, ne pourrait exiger l'indemnité de son mari. Je pense donc qu'il en doit être de même dans l'espèce, et que le mari et la femme doivent être traités comme le seraient deux cofidéjusseurs étrangers. » — C. civ., art. 2033.

752. — Il a été jugé, en ce sens, que le cautionnement solidaire du mari et de la femme souscrit par pure bienveillance en faveur et dans l'intérêt d'un tiers constitue de leur part une dette personnelle divisible entre eux, conformément aux principes qui régissent e tionnement. — *Paris*, 30

déc. 1841 (1. 1er 1842, p. 294), Lecomte c. Duperret; Lyon, 11 juin 1833, Blanchin.

753. — L'obligation solidaire contractée par la femme avec son mari au paiement du prix du remplacement militaire de l'un de ses enfans l'engage personnellement, et non pas seulement comme caution, pour la moitié de la dette. Elle ne peut donc exercer aucune action en indemnité pour cette moitié contre son mari. — Lyon, 11 juin 1833, Blanchin.

754. — L'indemnité à laquelle la femme a droit pour les obligations qu'elle a contractées avec son mari doit être réglée sur le dommage réel qu'elle a éprouvé; en conséquence, si elle a été tenue de payer et que les biens de son mari soient vendus, elle a droit de se faire colloquer au prix. — Amiens, 9 fév. 1829, Darras-Maille c. Deberny.

755. — Il a même été jugé par la cour de Paris que la femme commune en dette, qui a droit à une indemnité à raison de l'obligation qu'elle a souscrite solidairement avec son mari, peut exiger une collocation actuelle, sans être tenue de justifier qu'elle a payé, ni même qu'elle a été poursuivie pour le paiement, et lors même que les créanciers postérieurs lui offriraient des sûretés pour le cas où elle serait obligée de payer. — Paris, 26 août 1836, Charles c. Violet.

756. — Mais la thèse contraire a été consacrée par la cour d'Orléans (1er déc. 1836, Forcher c. Bourgogne et Charterie) et par celle d'Amiens (9 fév. 1829, Darras-Maille c. Deberny), qui ne lui accordent, dans le cas où elle n'a pas payé, que le droit d'exiger des sûretés comme caution.

757. — Lorsque des époux, en se mariant sous le régime de la communauté, sont convenus, par leur contrat de mariage, que les meubles appartiendraient à l'un d'eux et les immeubles à l'autre, avec stipulation qu'ils ne seraient pas tenus de leurs dettes réciproques antérieures au mariage, s'il arrive que des sommes aient été prises sur la communauté pour payer le prix d'immeubles acquis avant le mariage par celui des époux auquel est attribuée la propriété des immeubles, récompense de ces sommes est due à l'autre époux. — Cass., 16 avr. 1833, Dicudonnal.

758. — Est-il dû récompense à celui des époux qui a vendu des immeubles dans l'intervalle du contrat de mariage à la célébration, et dont le prix est entré dans la communauté? — Pothier (n° 603) est de l'avis de l'affirmative, si la vente principalement sur ce que les époux peuvent bien se faire tels avantages que bon leur semble par leur contrat de mariage, mais que dans le temps qui s'écoule entre le contrat et la célébration, il ne leur est plus permis d'en changer la condition; or, la vente que le conjoint a faite de ses héritages dans ce temps est un avantage qu'il a fait à l'autre conjoint en faisant entrer dans la communauté les sommes provenant de la vente de ses immeubles; c'est un changement notable apporté aux conventions matrimoniales.

759. — Cette doctrine n'est pas celle de Toullier (t. 12, n° 174). « Le futur époux, dit-il, ne trompe personne en dénaturant ses immeubles et en recevant, à la place, des meubles ou de l'argent qui entrent dans la communauté; au lieu qu'en convertissant son mobilier en immeubles, il tromperait l'autre conjoint, si ces immeubles n'entraient pas en communauté, ou s'il n'en devait pas récompense. »

760. — M. Duranton, en adoptant l'opinion de Pothier, prétend que Toullier n'a pas aperçu la raison que donne cet auteur relativement au changement apporté par le mari aux conventions matrimoniales. Ce que dit M. Duranton sur ce point nous paraît inexact, car Toullier, en disant que le conjoint en vendant ses immeubles ne trompe personne, fait assez entendre qu'il ne considère pas la vente comme un changement apporté au contrat de mariage, et peut-être a-t-il raison : remarquons en effet que, puisque la loi a gardé le silence sur les aliénations d'immeubles des conjoints, dans l'intervalle du contrat et de la célébration du mariage, c'est qu'elle a pensé qu'on ne pouvait point, tant que le mariage n'existait pas, porter atteinte au droit de propriété et à l'exercice qu'en voudraient faire les conjoints; qu'en cas de fraude, on serait toujours libre d'attaquer les aliénations, mais que, la fraude ne se présumant pas, il était convenable de laisser entiers les droits des époux à cet égard.

761. — La récompense du prix de l'immeuble appartenant au mari s'exerce que sur la masse de la communauté; celle du prix de l'immeuble appartenant à la femme s'exerce sur les biens personnels du mari, en cas d'insuffisance des biens de la communauté. — C. civ., art. 1436.

762. — Il suit de cette disposition que, si la communauté est insuffisante pour remplir le mari de

la récompense qui peut lui être due, il perd ce qui manque : c'est sa faute s'il a mal administré.— Pothier, nos 598 et 599; Duranton, t. 14, n° 352.

763. — Le recours de la femme, en cas de déficit, sur les biens personnels du mari a lieu, non pas seulement pour la moitié, mais pour la totalité. La raison en est que, ne prenant aucune part à l'administration de la communauté, il ne serait pas juste que le mari pût compromettre les biens de sa femme par des actes qui lui sont presque toujours étrangers.— Duranton, t. 14, n° 353.

764. — Les propres aliénés du mari doivent être repris sur les acquêts de la communauté, et le surplus partagé entre les héritiers et sa veuve; les héritiers peuvent exercer la reprise en argent.— Rennes, 22 mai 1818, Pouencé.

765. — Un père de famille peut liciter à ses enfans la moitié des acquêts de la communauté, en considération de leur renonciation au droit de demander l'assiette ou la récompense des propres de leur mère aliénés pendant la communauté. — Rennes, 22 mai 1818, Evenet c. Dayot. — Dans tous les cas, ni les enfans qui ont adhéré à un pareil acte, ni leurs créanciers ne sont recevables à en demander la nullité.— Même arrêt.

766.— Sous l'empire de la coutume de Bretagne, pour récompenser le mari de son immeuble aliéné, sur les acquêts de la communauté, on devait estimer les acquêts sur le pied de leur valeur à l'époque de la dissolution de la communauté, dans le cas même où l'assiette n'aurait été demandée et n'aurait pu être consommée que long-temps après. — Rennes, 27 juin 1818, Pouencé.

767. — Sous l'empire de la même coutume, l'époux ou son héritier qui avait joui des acquêts remplaçant les propres aliénés en devait les fruits, à dater du jour de la dissolution de la communauté. — Même arrêt.

768. — Jugé également, sous la même coutume, que les intérêts des propres d'une femme aliénés par son mari étaient dus par celui-ci à ses enfans, seulement du jour où il aurait arrêté sa communauté.—Rennes, 17 mai 1811, Morvan c. Favennec.

769. — L'art. 1473, C. civ., dispose que les récompenses dues par la communauté aux époux emportent intérêts de plein droit du jour de la dissolution de la communauté.

770. — Cette règle reçoit son application alors même que l'époux créancier a renoncé à la communauté.—Cass., 3 fév. 1835, duc d'Havré c. Deurbroeq et Petit.

ART. 2.—Récompenses dues par les époux à la communauté.

771. — Le principe qui domine cette matière est ainsi formulé par l'art. 1437, C. civ. : « Toutes les fois qu'il est pris sur la communauté une somme, soit pour acquitter les dettes ou charges personnelles de l'un des époux , soit pour le recouvrement, la conservation ou l'amélioration de ses biens personnels , et généralement toutes les fois que l'un des époux a tiré un profit personnel des biens de la communauté, il en doit la récompense. »

772. — Cette disposition n'est pas nouvelle : elle était rigoureusement appliquée sous les anciennes coutumes, et Pothier l'avait posée comme un des principes fondamentaux de la communauté.— Pothier , t. 2 , t n° 614 ; distinct. 7 ; Renusson , De la communauté, part. 2e , chap. 3 ; nos 10 et suiv. ; et Des propres , chap. 4, sect. 1re, nos 1er, 2 et 3. — La récompense n'est pas de ce qu'il en a coûté à la communauté pour l'affaire particulière du conjoint ; elle n'est due que jusqu'à concurrence du profit que celui-ci en a retiré.— Pothier, n° 613.

773. — De même, la récompense ne peut excéder ce qu'il en a coûté à la communauté, quelque grand qu'ait été le profit que le conjoint en a tiré. — Pothier, loc. cit.

774. — Toutefois, M. Toullier (t. 13 , nos 431 et 468) enseigne que cette règle reçoit exception dans le cas où les impenses faites des deniers communs sur le propre d'un des conjoints l'ont porté à une valeur hors de toute proportion avec le prix de l'impense, par l'industrie du conjoint qui a dirigé les travaux.

775. — La règle écrite dans l'art. 1437 s'applique aux dettes provenant d'une succession purement immobilière, échue à l'un des époux pendant le mariage; l'époux, libéré au moyen de la somme fournie par la communauté, en doit la récompense.

776. — Mais il faut remarquer, quant à l'acquittement des dettes personnelles aux époux et existantes lors du mariage, que récompense n'est due à la communauté qu'autant que les biens auxquels

ces dettes sont relatives étaient encore dans les mains de l'époux à l'époque du mariage; s'ils avaient été aliénés, ils ne seraient plus propres au conjoint, et l'art. 1409 1° ne réserve la récompense à la communauté, à raison des dettes de l'époux antérieures au mariage, qu'autant qu'elles étaient relatives aux immeubles propres à l'un ou à l'autre des époux. — Duranton, t. 14, n° 362.

777. — La récompense est due par l'époux pour les dettes relatives à ses propres, alors même qu'au moment du mariage il avait des valeurs mobilières s'élevant à une somme supérieure au total de ses dettes; il ne se fait à cet égard ni confusion ni compensation. — Duranton, t. 14, n° 363.

778. — Nous avons déjà dit (V. suprà nos 101 et suiv.) que les offices de notaires, d'avocats à la cour de Cassation, d'avoués, etc. , tombaient dans la communauté;[nousrappellerons seulement que le titulaire d'un office peut le retenir à la dissolution de la communauté, mais à la charge de faire raison à la masse commune de ce que vaut alors cet office, et non pas seulement de ce qu'il lui a coûté. §—V. suprà loc. cit.

779. — Le conjoint doit récompense, non seulement pour le paiement total ou partiel du prix d'un immeuble qui lui est resté propre, mais encore pour toutes les sommes qu'il aurait données pour en devenir propriétaire par d'autres voies. Ainsi, il doit récompense à la communauté de tout ce qui en a été tiré pour l'exercice du retrait successoral qui a fait arriver dans ses mains un immeuble compris dans les droits successifs vendus. — Pothier, n° 627; Toullier, t. 13, n° 455; Glandaz, Encycl. du dr., v° Communauté, n° 279.

780. — Ainsi, il doit encore récompense pour les sommes payées par une action intentée par lui en réméré ou en rescision , pour rentrer dans la propriété d'un héritage précédemment aliéné à vil prix ou avec faculté de rachat. — Pothier, n° 628; Toullier , t. 13, n° 457.

781. — Le conjoint doit aussi récompense à la communauté de ce qu'il y a puisé pour la conservation d'un immeuble qu'il avait acquis avant son mariage. Ainsi, lorsque l'époux, sur une action en réméré ou en rescision , a payé des deniers de la communauté un supplément de prix, ou lorsque, sur une action hypothécaire, le conjoint a payé les causes de l'hypothèque des mêmes deniers pour éviter le délaissement, dans tous ces cas il doit récompense à la communauté. — Pothier, n° 621.

782. — Lorsqu'un père a promis, dans le contrat de mariage de sa fille , de lui payer à titre de dot une somme quelconque , et qu'il lui a donné un immeuble en paiement, la fille au profit de qui l'immeuble reste propre (V. suprà), doit récompense à la communauté de la somme promise au contrat.— Toullier, t. 13, n° 456 ; Battur, t. 2, n° 750.

783. — Lorsque le conjoint a aliéné avant son mariage un fonds dont le prix ne lui avait pas été payé, et que pendant la communauté il soit rentré dans ce fonds au lieu d'en exiger le prix , Pothier (n° 628) décide que , dans ce cas, le conjoint doit récompense à la communauté du montant de ce prix ; la raison qu'il en donne est qu'il profiterait de la communauté si elle ne payait le prix du fonds à raison duquel elle lui appartiendrait ; à ses dépens de la communauté si le prix du même immeuble. Nous partageons complétement cette opinion.

784. — L'époux reste débiteur d'un immeuble qui lui est propre pourrait-il s'affranchir de l'indemnité envers la communauté en lui abandonnant l'immeuble lors de sa dissolution ? — M. Duranton , d'accord avec Pothier , soutient la négative, par le motif que l'époux aurait couru la chance favorable de l'augmentation de l'immeuble et aurait laissé à la charge de la communauté la chance désavantageuse. « Il ne tenait qu'à lui, dit-il (n° 364), de dire dans le contrat de mariage qu'il mettait l'immeuble dans la communauté avec la charge du prix encore dû. »

785. — La récompense du prix payé au vendeur n'en serait pas moins due, alors même que l'immeuble serait venu à périr pendant la communauté, puisque cette communauté aurait enrichi l'époux à ses dépens de tout ce qu'il aurait épargné à sa propre bourse pour cet objet. — Duranton, loc. cit.

786. — Si le prix de l'acquisition d'un immeuble devenu propre au conjoint consistait dans une vente rachetée par la communauté, l'époux ne lui devrait à titre de récompense, à sa dissolution, que la continuation de la même rente, à moins qu'il ne préférât lui faire raison de la somme déboursée. « Il y aurait alors cette distinction à établir, que si c'est la femme qui, ayant renoncé à la communauté, elle doit servir au mari des héritiers la rente en totalité ; et elle,accepte, elle devrait la servir pour la moitié seulement. Si, au

contraire, c'est le mari et que la femme ait accepté la communauté, le service de la rente aurait lieu pour moitié; mais il ne serait dû pour aucune partie en cas de renonciation, car, par sa renonciation, la femme aurait perdu tous droits sur les biens qui la composent. — C. civ., art. 1492; — Duranton, t. 14, no 365; Toullier, t. 13, no 153.

787. — Du reste, il n'y a pas lieu d'établir un compte pour voir si les fruits perçus par la communauté ont été inférieurs ou non en valeur aux arrérages payés par elle; la loi ne procède pas à cet égard par objets particuliers, mais bien par masses. — Duranton, t. 14, no 365, *in fin*.

788. — S'il s'agissait d'une rente viagère qui, aux termes de l'art. 1979, aurait été rachetée durant la communauté, la récompense serait ou ne serait pas due selon la distinction suivante : si la personne, sur la tête de qui était créée la rente était morte pendant la communauté, il ne serait dû aucune récompense par le conjoint qui en était débiteur; la raison en est que la communauté seule aurait alors profité du rachat, puisque le service de la rente était à sa charge; si, au contraire, la dissolution de la communauté était arrivée du vivant de la personne sur la tête de laquelle la rente avait été créée, dans ce cas, comme le conjoint, débiteur de la rente, profiterait du rachat aux dépens de la communauté par qui il se serait effectué, récompense serait due à cette dernière. — Pothier, no 626; Duranton, t. 14, no 367; Toullier, t. 13, no 154; Battur, t. 2, no 729.

789. — Cette récompense consiste alors dans la continuation que le conjoint doit faire d'une semblable rente à l'autre conjoint pour la part qu'il a dans les biens de la communauté, pendant le temps de la vie de la personne sur la tête de laquelle elle était constituée, si mieux n'aimait le conjoint débiteur de la rente rembourser à l'autre conjoint sa part dans la somme tirée de la communauté pour opérer le rachat, sous la déduction de ce que la communauté a profité elle-même du rachat, c'est-à-dire de ce dont les arrérages de la rente eussent excédé les intérêts de la somme pour laquelle le rachat a eu lieu, pendant tout le temps couru depuis ce rachat jusqu'à la dissolution de la communauté. — Pothier, no 626; Duranton, *loc. cit.*; Toullier, t. 13, no 154; Battur, t. 2, no 729.

790. — Lorsque, par suite d'un partage d'immeubles fait avant ou pendant la communauté, l'un des conjoints a été soumis à une soulte de retour, laquelle a été payée des deniers de la communauté, ce conjoint en doit récompense, pourvu toutefois que si le partage avait eu lieu avant le mariage, l'époux, comme nous l'avons dit plus haut, possédât encore à l'époque de la célébration les immeubles par rapport auxquels il était débiteur de cette soulte. — Pothier, no 618; Duranton, t. 14, no 368.

791. — Il en serait de même, disent les mêmes auteurs (à la même condition), si l'époux s'était rendu adjudicataire de l'immeuble sur licitation intervenue entre lui et ses cohéritiers.

792. — Nous avons vu (*suprà* no 253) que le rachat par la communauté d'un usufruit grévant un immeuble propre de l'un des époux constitue un *acquêt de communauté et non un propre* de l'époux nu-propriétaire. — On ne saurait donc appliquer à ce cas l'art. 1437; à la dissolution de la communauté l'usufruit rentre dans le partage des biens communs, et l'époux nu-propriétaire ne saurait prétendre y avoir des droits exclusifs, sauf récompense. — V., *loc. cit.*, un arrêt récent en ce sens.

793. — Il est dû récompense à la communauté par le conjoint dont l'immeuble a été affranchi d'un droit de servitude. Cette récompense est de ce que le fonds a augmenté de valeur, mais cependant pas au-delà de la somme déboursée pour le rachat de la servitude. — Pothier, no 627; Duranton, t. 14, no 372; Battur, t. 2, no 750. — V. aussi Glandaz, *Encycl. du droit*, vo *Communauté*, no 278.

794. — Pothier ajoute que si la servitude était établie sur un propre de la femme et qu'elle n'eût pas consenti à ce rachat, elle ou ses héritiers pourraient, lors de la dissolution de la communauté, se dispenser de la récompense en offrant de souffrir la servitude, sauf au mari son recours contre le voisin, mais dans le cas seulement où ce voisin n'aurait pas employé le prix du rachat à faire des ouvrages nécessaires pour lui tenir lieu de la servitude rachetée. — V. aussi en ce sens Battur, t. 2, no 750.

795. — Si, dans l'héritage propre à la femme, se trouvaient des bois taillis dont le mari eût négligé la coupe pour les laisser croître en haute-futaie, le défaut de coupe de ces bois étant une augmentation sur l'héritage de la femme, celle-ci en devrait récompense à la communauté. — Pothier, no 629; Duranton, t. 14, no 372. — Toutefois, ajoute ce dernier auteur, pour régler l'indemnité due à la communauté, il ne faut pas s'attacher à la valeur qu'ont les coupes à l'époque de la dissolution, puisque le bois étant plus âgé, il vaut davantage; il faut s'attacher à la valeur qu'elles avaient aux époques où elles devaient être faites.

796. — Par application du même principe, il serait dû récompense à la communauté à raison des produits non retirés par elle des mines et carrières ouvertes sur le fonds de l'un des conjoints lors du mariage. Dans ce cas, cependant, l'indemnité ne serait que de ce que le fonds du conjoint aurait augmenté de valeur, eu égard à ce qu'il aurait valu si la mine ou la carrière eût été exploitée par la communauté et à son profit. — Duranton, t. 14, no 374; Glandaz, no 283.

797. — S'il a été fait par le conjoint une donation rémunératoire pour services rendus à la communauté, il est dû récompense du prix des services dont elle est libérée. — Pothier, no 583. — Battur (t. 2, no 756) prétend que cela ne lui semble pas suffisant, et que le conjoint doit avoir reprise de la valeur de ce qu'il a donné; mais c'est là une erreur; la récompense ne doit jamais excéder le profit obtenu.

798. — Si l'un des conjoints a été contraint de rapporter, durant le mariage, une somme d'argent à la succession de ses père et mère, et qu'il n'ait obtenu dans ce partage que des immeubles dans son lot, il doit à la communauté la récompense de la somme rapportée. S'il est échu dans son lot du mobilier, il ne doit récompense à la communauté de cette somme que déduction faite de la valeur du mobilier tombé dans son lot. — Pothier, no 619; Battur, t. 2, no 759.

799. — L'époux doit récompense à la communauté du montant des grosses réparations faites sur ses biens propres; tels sont la reconstruction des gros murs et des voûtes; le rétablissement des poutres et des couvertures entières; celui des digues et des murs de soutènement et de clôture aussi en entier; de toutes celles, en un mot, que l'on ne peut se dispenser de faire, lorsque l'on veut conserver la chose : *Necessariæ dicuntur quæ habent necessitatem impendendi.* (L. 1, § 1, ff., *De impens. in reb. dot.*) — C. civ., art. 605 et 1409 4o; — Pothier, no 261; Duranton, t. 14, no 375; Battur, t. 2, no 734.

800. — La récompense est due alors même que l'immeuble sur lequel les dépenses auraient été faites serait venu à périr ou que l'époux en aurait été évincé. — Duranton, t. 14, no 375.

801. — Mais l'époux ne doit récompense des grosses réparations qu'à concurrence de la plus-value qui en est résultée pour l'immeuble. — *Cass.*, 24 août 1839 (t. 2 1839, p. 659), Delalleau.

802. — Quant aux simples réparations d'entretien, l'époux ne doit pas de récompense, puisqu'elles sont une charge de la jouissance. — C. civ., art. 1409; Pothier, no 271; Duranton, t. 14, no 375.

803. — Nous avons vu (art. 5, sect. 2e) de quelles modifications le principe peut être susceptible lorsque les grosses réparations ont été nécessitées par le défaut d'entretien. — V. *suprà* nos 508 et s.

804. — On a agité la question de savoir si l'époux devait récompense pour les réparations faites sur ses propres, à raison de dégradations déjà existantes lors du mariage. — MM. Bellot des Minières (t. 3, p. 401), Toullier (t. 13, no 160), Battur (t. 2, no 734) ont soutenu la négative. — M. Proudhon (*Traité de l'usufruit*, t. 5, p. 475) s'est, au contraire, décidé pour l'affirmative : « Si durant le mariage, dit cet auteur, il a été fait des réparations d'entretien sur les propres de l'un des époux, mais qu'elles aient été faites à raison de dégradations déjà existantes à l'époque du mariage, il en sera dû récompense à la communauté par le propriétaire, dont on aura ainsi augmenté la valeur de l'apport, tandis qu'on n'était obligé qu'à l'entretenir dans l'état où il avait été fait. »

805. — Cette dernière opinion nous paraît préférable. — On ne voit pas pourquoi la communauté serait obligée à des réparations nécessitées par des dégradations antérieures à sa jouissance. C'est cette jouissance qui seule donne naissance à l'obligation de réparer; tant qu'elle n'existe pas en faveur de la communauté, il ne peut y avoir d'action pour obliger celle-ci aux réparations. Vainement dirait-on, avec M. Bellot des Minières, que ces réparations « sont des charges naturelles non seulement des fruits qu'on espère mais encore des fruits qui ont été récoltés antérieurement au mariage, et dont le produit est présumé avoir été apporté dans la communauté. » Comment, en effet, présumer que les fruits de la jouissance passée ont été versés dans la communauté, alors que le premier emploi qui devait en être fait était celui de réparer l'immeuble, de l'entretenir de manière à lui en faire produire d'autres, conduite ordinaire d'un bon père de famille? La présomption contraire devrait plutôt être admise, car, puisque les réparations n'ont pas été faites, c'est que les fruits, s'il y en a eu, ont été dissipés. Enfin, ce n'est pas sur des conjectures qu'une obligation peut être imposée à la communauté. — V. en ce sens Glandaz, *Encycl. du droit*, vo *Communauté*, no 280.

806. — Si la communauté a payé les dépens auxquels l'époux a été condamné sur une action en rescision, ou en revendication, celui-ci n'en doit aucune récompense, car la dépense n'a pas eu lieu pour l'amélioration ou le recouvrement d'un immeuble, quoiqu'elle ait été faite en apparence pour cela; il en serait différemment si l'époux avait gagné le procès; la dépense aurait réellement eu, dans ce cas, le recouvrement de l'immeuble pour objet. — Duranton, t. 14, no 377.

807. — Il en serait encore autrement alors même que le conjoint eût perdu le procès, s'il avait plaidé en qualité de défendeur; la raison en est que la défense avait réellement pour objet la *conservation* d'un immeuble qui lui était propre et qu'en payant les frais avec les deniers de la communauté, il se serait enrichi à ses dépens. — Duranton, *eod. loc.*

808. — Plusieurs auteurs enseignent qu'il n'est pas dû de récompense par l'époux pour les dépenses faites sur son fonds, alors que ces dépenses ne sont que de pur agrément et qu'elles n'ont pas réellement augmenté la valeur de l'héritage ou des produits : ainsi, les bosquets, les jets d'eau, les lambris, les peintures, n'ont, la plupart du temps, qu'une valeur d'affection, souvent toute personnelle, et à raison de laquelle il n'est pas alors dû de récompense. — Duranton, t. 14, no 380; Battur, t. 2, no 734.

809. — Nous partageons l'opinion de ces auteurs; mais nous ne l'admettons que dans une condition purement relative et nullement absolue. Il n'est pas douteux, en effet, que, dans certaines localités et pour certains individus, les ouvrages d'agrément et de luxe ont une valeur réelle et augmentent la valeur de l'héritage. Dans ces cas, il est juste de laisser la question de la récompense à l'arbitraire du juge. — L. 10 ff. *De imp. in rem dat. fact.* — V. au reste Toullier, t. 13, no 171; et Domat, *Lois civiles*, liv. 21, tit. 10, sect. 3, no 77.

810. — Quant aux dépenses utiles qui ont amélioré la chose, mais sans être nécessaires (ainsi, par exemple, si on a augmenté l'étendue d'un bâtiment, desséché un marais, etc.), l'époux sur le fonds duquel elles ont été faites en doit indemnité à la communauté, mais seulement jusqu'à concurrence de ce dont la valeur de son immeuble s'en trouve augmentée au moment de la dissolution de la communauté, et jamais au-delà du montant des dépenses, soit qu'il s'agisse de l'immeuble du mari ou de celui de la femme. — Duranton, no 379.

811. — Jugé que toutes les impenses faites par la communauté sur un immeuble propre à l'un des époux doivent être estimées pour fixer les reprises de l'autre époux, même celles d'embellissement, si elles ont ajouté à la valeur de l'immeuble. — *Paris*, 21 juin 1814, Millet.

812. — On sait que le mari est tenu, à l'égard des biens dotaux, de toutes les obligations de l'usufruitier; l'on sait aussi que l'usufruitier des meubles n'est tenu de les rendre, à la fin de son usufruit, que dans l'état où ils se trouvent. Il semblerait, d'après cette règle, que la communauté ne devrait pas remplacer les meubles immobilisés qui auraient péri par accident ou par un long usage, et que l'époux n'aurait droit à aucune récompense, si, à la dissolution de la communauté, ces meubles immobilisés et devenus propres existaient dépourvus de toutes réparations d'entretien.

813. — Les partisans de cette opinion pourraient dire que la perte ou la détérioration de la chose est toujours au péril du propriétaire, quand elle a lieu sans la faute d'un tiers; que le cas de l'immobilisation des meubles ne doit pas changer la proposition; que l'obligation de rendre ces meubles ne cesse pas d'avoir des corps certains pour objet; qu'en conséquence, cette obligation ne doit plus subsister dès que la perte de la chose est arrivée sans la faute de la communauté; que s'il en était autrement, il pourrait arriver que cette communauté usufruitière fût grevée d'une charge immense et disproportionnée à l'étendue de ses droits, dans le cas où son usufruit n'aurait duré que quelques mois.

814. — Nonobstant ces raisonnemens, qui, il faut le dire, ne manquent pas d'une certaine force, M. Proudhon (t. 3, p. 134 et suiv.) résout la question dans un sens opposé; il se fonde sur ce que : 1o les meubles immobilisés rendent l'usufruit immobilier, et que par suite on ne peut, sans tomber en contradiction, appliquer ici les règles sur la conservation ou restitution des meubles,

puisque la loi n'y voit qu'un immeuble; — 2o que, bien qu'en principe la chose périsse pour le maître, ce n'est pas le cas d'appliquer cette règle, par la raison que la chose n'est pas détruite dans notre espèce, mais seulement détériorée par la perte d'un ou de plusieurs de ses accessoires; que quant aux réparations à faire pour cette dégradation, il est évident que la communauté usufruitière doit en être exclusivement chargée, parce qu'elles ne sont pas classées dans les grosses réparations à la charge du propriétaire; — 3o que si la charge de remplacer les accessoires du fonds qui ont péri paraît onéreuse pour la communauté usufruitière, elle se trouve compensée par le produit de l'immeuble dont le revenu est d'autant plus considérable, qu'il se trouve mieux assorti de tous ses moyens d'exploitation; que si l'immeuble eût manqué de ses accessoires, la communauté aurait été obligée de les remplacer pour rendre sa jouissance productive ou bien de l'abandonner ou de la voir considérablement diminuée. De là cet auteur conclut, et Toullier (t. 13, no 165) avec lui, que la communauté est responsable, sans récompense pour elle, des animaux attachés à la culture, des ustensiles aratoires et de tous les autres genres d'immeubles par accession dont il serait trop long de faire l'énumération, et que l'époux ou ses héritiers auraient par conséquent la reprise de la valeur des réparations manquantes sur ses propres.

815. — Il n'est dû aucune récompense à la communauté par l'époux propriétaire, si les dépenses faites sur ses propres n'ont produit qu'une augmentation de valeur instantanée, et qui a entièrement cessé au moment de la dissolution de la communauté. — Toullier, t. 13, no 169.

816. — Mais l'époux qui reprend ses biens propres ensemencés à la dissolution de la communauté doit récompense à celle-ci des frais de labours et semences. — *Rennes*, 26 janv. 1828, Lefeuvre; — Toullier, t. 12, no 124, et t. 13, no 149; Rolland de Villargues, *Rép. du not.*, vo *Communauté*, no 118. — V. néanmoins en sens contraire Delvincourt, t. 3, no 6.

817. — Cette doctrine n'est pas nouvelle; elle avait été consacrée par la coutume de Paris, art. 131 : « Les fruits des héritages propres, portait cet article, pendants par racines au temps du trépas de l'un des conjoints par mariage, appartiennent à celui auquel advient ledit héritage, à la charge de payer la moitié des labours et semences. » Et les commentateurs, dit Toullier (t. 12, *loc. cit.*), ajoutent avec raison : et le remboursement entier, si l'héritage appartient à la femme renonçante. — C'était là le droit commun de la France. — Pothier, no 209.

818. — L'acte par lequel des époux mariés sous le régime de la communauté déclarent se tenir respectivement quittes des réparations et améliorations faites à leurs biens personnels avec les deniers de la communauté ne peut être annulé pour violation de l'art. 1437, C. civ. Dans ce cas, si l'acte contenait une donation déguisée au profit de l'un des époux, il y aurait lieu seulement de réduire cette donation à la quotité disponible. — *Poitiers*, 19 fév. 1819, Chevreau.

819. — L'époux ne doit tenir compte à la communauté que du montant en capital des charges extraordinaires imposées par la loi sur ses immeubles pendant le mariage. Quant aux intérêts, ils sont au compte de la communauté. — Duranton, t. 14, no 376.

820. — Est-il dû récompense à raison des sommes tirées de la communauté pour doter un enfant du premier lit? — Sur cette question, V. *suprà*, nos 603 et suiv.

821. — V. également, en ce qui concerne les sommes prises dans la communauté pour payer les amendes, frais et réparations civiles auxquels l'un des époux a été condamné, *suprà* nos 434 et suiv.

822. — M. Zachariæ (t. 3, § 511) dit que la femme est tenue d'indemniser la communauté des dommages qu'elle peut, par sa faute, avoir causés aux biens communs (arg., art. 1850, C. civ.), mais que, sous ce rapport, sa responsabilité doit être appréciée avec beaucoup de réserve. — V. aussi Bellot des Minières, t. 1er, p. 442.

823. — Jugé que la femme doit récompense aux héritiers du mari pour toutes les sommes tirées du mobilier, et employées en acquisition d'immeubles tombant en communauté. — *Bruxelles*, 5 nov. 1823, Devroede.

824. — Les récompenses et indemnités dues par les époux à la communauté ne peuvent, comme celles dues par la communauté aux époux, être poursuivies qu'à la dissolution de la communauté.

825. — Les récompenses dues par l'époux à la communauté, de même que celles dues par la communauté aux époux (V. *suprà* no 769), emportent intérêts de plein droit du jour de la dissolution de la communauté. — C. civ., art. 1473.

826. — Mais la femme qui renonce n'a droit aux intérêts de sa dot que du jour de la demande, et non du jour de la dissolution de la communauté. C'est le cas d'appliquer l'art. 1470, et non les art. 1473 et 1570, C. civ. — *Nancy*, 29 mai 1828, Beaufort c. de Giroucourt.

ART. 3. — *Du remploi.*

827. — Nous avons expliqué plus haut qu'il est dû récompense des immeubles et droits immobiliers propres à l'un ou l'autre des époux, et qui n'ont pas été remplacés par d'autres acquis à titre de remploi (C. civ., art. 1433). — Il nous reste à donner quelques détails sur la manière dont le remploi peut et doit être fait.

828. — Ainsi qu'on le voit, on entend par *remploi* l'acquisition faite d'un immeuble propre à l'un des époux et aliéné durant la communauté.

829. — Pour qu'il y ait remploi, il faut qu'il y ait eu aliénation d'*immeubles* propres à l'un des époux; s'il n'y avait pas eu aliénation d'un propre, l'acquisition qui serait faite par le conjoint même avec des deniers à lui propres en ce qu'ils lui auraient été légués ou donnés avec déclaration qu'ils n'entreraient pas en communauté ne lui serait pas propre pour cela et tomberait dans la communauté, car ce ne serait pas là un *remploi* de droits immobiliers aliénés. — Duranton, t. 14, no 389.

830. — « Toutefois, ajoute M. Duranton (no 390) si la somme avait été donnée à la femme ou au mari avec déclaration qu'il en *serait fait emploi par acquisition d'un immeuble*, ou si l'époux avait réalisé par le contrat de mariage une somme par lui apportée avec cette condition d'emploi, l'immeuble ainsi acquis devrait être réputé propre à l'époux. »

831. — La clause de remploi devient sans effet, s'il est reconnu que la femme n'était pas propriétaire des biens dont le remploi avait été stipulé. Dans ce cas, les immeubles acquis par les époux en remplacement de ceux qui avaient été vendus comme propres de la femme, et dont elle et les acquéreurs ont été par suite évincés, appartiennent à la communauté et non pas à la femme qui s'en prétend propriétaire moyennant une simple récompense. — *Angers*, 12 mars 1823, Fresnais.

832. — Sous la coutume de Bordeaux, bien que le remploi des propres aliénés ne fût point admis sur les acquêts en matière de succession, il en était autrement entre époux et en règlement opéré entre eux de la société d'acquêts. — *Cass.*, 27 déc. 1830, Sabourin c. Bedresne.

833. — La clause d'un contrat de mariage, portant (au cas de stipulation du régime de la communauté) que les biens de la femme ne pourront être aliénés qu'à la charge de remploi, ne s'applique pas aux ventes volontaires, mais seulement aux ventes forcées, et ne met pas, conséquemment, obstacle à ce que ses biens soient saisis et vendus pour l'exécution de ses conventions. — *Bordeaux*, 16 avr. 1842 (t. 2 1842, p. 502), Roullet c. Bernard.

834. — Jugé que la clause portant immobilisation des actions en reprise ou en remploi d'immeubles de l'un des époux aliénés durant le mariage, usitée sous le droit coutumier, a pu être valablement inséré dans un contrat de mariage passé sous l'empire de la loi du 17 niv. an II, comme elle pourrait l'être sous le Code civil. — *Paris*, 13 juill. 1841 (t. 2 1841, p. 369), Chaperon.

835. — La femme ne peut, après la prononciation du divorce, demander à son mari le remploi de ses propres aliénés pendant le mariage, alors qu'elle reconnaît qu'elle a seule profité de la vente de ces biens. — *Cass.*, 11 juill. 1809, Quarré c. Leroux.

836. — En Nivernais, l'action en remploi d'un propre, quoique stipulée propre par le contrat de mariage, n'en était pas moins mobilière. — Ainsi, elle n'était pas comprise dans les réserves coutumières, et elle pouvait être donnée par un époux à son conjoint. — *Bourges*, 9 mai 1808, Saint-Phale.

837. — Sous l'empire de la coutume de Normandie, le remploi des immeubles aliénés pendant le mariage devait avoir lieu, soit sur les immeubles acquis par les époux *au sou la livre*, soit, à défaut d'immeubles, sur les meubles. — *Cass.*, 11 pluv. an V, Lagacenne c. Lemoine.

838. — La loi ne permet pas que le remploi ait lieu en *meubles*; toutefois M. Bellot des Minières (t. 1er, p. 523) pense qu'il peut y avoir remploi par des meubles incorporels. Nous ne partageons pas cette opinion, la loi ne parle que d'immeubles. — Glandaz, *Encycl. du dr.*, vo *Communauté*, no 270.

839. — Le mari peut, durant le mariage, vendre à sa femme à titre de remploi, non seulement des meubles à lui propres, mais aussi du mobilier tombé dans la communauté. — *Cass.*, 9 mars 1837 (t. 1er 1837, p. 207), Poupilier c. Cuttier; — Toullier, t. 12, no 366.

840. — Une telle vente a pour effet de transférer immédiatement à la femme la propriété *in specie* des meubles cédés, et non une simple créance en reprise de leur valeur à exercer lors de la dissolution de la communauté. — Même arrêt.

841. — Si le prix payé pour l'acquisition de l'immeuble excède celui de l'immeuble aliéné, l'héritage, objet du remploi, sera propre à concurrence de la valeur de l'immeuble aliéné et conquêt pour le surplus. — Pothier, t. 2, no 191; Duranton, t. 14, no 391; Toullier, t. 12, no 357. — V. aussi Glandaz, *Encycl. du dr.*, vo *Communauté*, no 262.

842. — Toutefois si la différence existante entre les deux prix n'était pas considérable, l'immeuble acquis serait propre pour le tout, sauf récompense à la communauté de l'excédant. — Duranton, *eod. loc.*

843. — Le remploi, dit l'art. 1434, est aussi fait à l'égard du mari toutes les fois que, lors d'une acquisition, il a déclaré qu'elle était faite des deniers provenus de l'aliénation de l'immeuble qui lui était personnel, et pour lui tenir lieu de remploi. — C. civ., art. 1434.

844. — Jugé que la déclaration de remploi au profit du mari doit être faite dans l'acte d'acquisition même. — *Bourges*, 26 avr. 1837 (t. 2 1837, p. 52), Voillaud c. de Lespinasse.

845. — Si, postérieurement à l'acte, la femme déclarait ne rien prétendre dans l'acquisition, et consentir à ce que l'immeuble appartînt en entier à son mari, en atténuation de ses propres fictifs, il y aurait là une véritable vente prohibée par l'art. 1595, C. civ. — Même arrêt.

846. — Il en était de même dans l'ancienne jurisprudence. — V. Rousseaud de Lacombe, vo *Remploi*, p. 97; Renusson, *Traité des propres*, sect. 5e, et *De la subrogation*, chap. 17; Pothier, *De la communauté*, no 198.

847. — Toutefois il a été jugé qu'avant le Code le mari, qui, après avoir vendu un de ses propres, achetait un autre immeuble peu de jours après, pouvait être considéré comme ayant eu l'intention de faire et comme ayant effectué un remploi, quoique le contrat d'acquisition ne contînt aucune déclaration à cet égard. — *Cass.*, 14 frim. an XII, Enregist. c. Le Fond.

848. — La déclaration du mari, lors d'une acquisition d'immeubles par lui faite pendant le mariage, qu'elle a lieu avec des deniers provenant d'un de ses biens propres précédemment aliéné, et pour lui servir de remploi, peut s'induire des énonciations générales de l'acte d'acquisition, sans qu'il soit besoin d'une clause expresse, ni d'aucuns termes sacramentels. — *Cass.*, 23 mai 1838 (t. 2 1838, p. 311), Mathieu c. Chatelain.

849. — Ainsi, jugé spécialement que la rétrocession au mari d'un immeuble à lui propre, adjugé par suite de saisie immobilière, portant que la revente est faite moyennant un prix déterminé pour sûreté duquel le mari délègue à l'adjudicataire, son vendeur, pareille somme à prendre sur le prix de l'aliénation d'un autre immeuble à lui personnel, peut être considérée comme contenant la double déclaration par le mari de l'origine des deniers, et de son intention d'acquérir à titre de remploi. L'arrêt qui le décide ainsi échappe à la censure de la cour de Cassation. — Même arrêt.

850. — Il avait déjà été jugé, sous l'empire de la coutume de Paris, que, lorsque dans un contrat de mariage, le mari s'est réservé propre une somme d'argent pour en être fait emploi à son profit, cet emploi est censé fait si, dans l'acte par lequel les deux époux se sont rendus conjointement acquéreurs d'un immeuble, il est dit que le prix en a été payé des deniers propres du mari à ce destinés. — *Cass.*, 26 mai 1835, Dulauloy.

851. — Si le mari n'a pas déclaré dans l'acte que l'acquisition a été faite par lui, pour lui tenir lieu de remploi, l'immeuble acquis est irrévocablement conquêt. La raison en est que, si le mari avait le droit de faire sa déclaration postérieurement, il pourrait s'avantager au détriment de la communauté, en profitant de la plus-value qu'aurait acquise l'immeuble. — Duranton, t. 14, no 392.

852. — La déclaration du mari le lie irrévocablement; il ne peut pas, par la suite, abandonner les biens acquis en remploi, à la communauté, pour exercer de préférence le prélèvement du prix à sa dissolution. — Toullier, t. 12, no 356; Glandaz, *Encycl. du droit*, vo *Communauté*, no 268.

853. — Il suit de là que l'augmentation de valeur ou la diminution et même la perte totale de l'immeuble acquis, restent à la charge du mari (*ibid.*).

854. — Quand il s'agit du bien de la femme, le remploi ne peut également être considéré comme existant qu'autant que la déclaration en a été faite par le mari dans l'acte d'acquisition. — C. civ., art. 1435.

855.—Et si le mari n'a pas fait dans l'acte d'acquisition la déclaration du remploi, la femme ne peut, en l'acceptant plus tard, même avec le consentement du mari, soutenir que l'immeuble lui appartient à titre de remploi ; la raison est prise de ce que l'immeuble est devenu irrévocablement conquêt par le défaut de déclaration de remploi de la part du mari. — Duranton, t. 14, nº 396.

856. — Mais la déclaration n'est exigée que dans l'acte d'acquisition : aussi a-t-il été jugé qu'il n'est pas nécessaire, pour imprimer à l'immeuble acquis la nature du remploi, que, dans l'acte de vente des propres de la femme, il soit dit que l'aliénation se fait pour en employer le prix à l'acquisition d'un autre bien. — *Bruxelles*, 10 fév. 1818, Caroly c. Buzine.

857. — La déclaration du mari que l'acquisition est faite des deniers provenant de l'immeuble vendu par celle-ci, et pour lui servir de remploi, n'est pas elle-même suffisante si ce remploi n'a été formellement *accepté par la femme*.—C. civ., art. 1435.

858. — Jugé en ce sens que la simple déclaration faite par le mari dans l'acte d'acquisition d'un immeuble que les deniers employés à payer le prix de l'immeuble proviennent des propres aliénés de son épouse, ne suffit pas pour constituer le remploi, s'il n'est pas mentionné que l'acquisition a été faite à ce titre, et si la femme ne l'a jamais acceptée comme telle. — *Nancy*, 26 juin 1833, de Follin c. Marchal et Tardieu.

859. — Jugé également que, sous la coutume de Nivernais (tit. 23, art. 31), un objet acquis des deniers provenant d'un bien propre de la femme ne devenait propre à cette dernière par subrogation qu'autant que le mari le déclarait et que la femme l'acceptait. — *Bourges*, 5 juin 1811, Maratral c. Collin.

860.—Il a été jugé que, dans l'ancienne Franche-Comté, aucune loi ne prescrivait, pour que le remploi conventionnel eût lieu, que la stipulation en eût été faite dans le contrat de mariage, dans l'acte de vente et dans celui d'acquisition; il suffisait que cette stipulation fût énoncée dans le titre d'acquisition et qu'elle eût été faite sans fraude et acceptée par la femme. — *Besançon*, 21 niv. an X, Carteux c. Tabourey.

861.—La déclaration d'acceptation de la femme peut être réputée valable alors même qu'elle ne serait pas contenue dans l'acte même d'acquisition; l'art. 1435 fait au contraire supposer qu'elle n'est ni présente, ni représentée au contrat. — Pothier, t. 1er, nº 200; Duranton, t. 14, nº 393; Toullier, t. 12, p. 361; Bellot des Minières, t. 1er, p. 516.—V. toutefois en sens contraire, Delvincourt, t. 3, p. 290; mais cette opinion a été généralement repoussée.

862. — Toutefois si la femme n'a pas accepté le remploi avant la dissolution de la communauté, elle est considérée comme l'ayant refusé et alors l'immeuble est conquêt. — Duranton, t. 14, *eod. loc.*, Toullier, t. 12, nº 361.—La question était controversée dans l'ancien droit.—V. Pothier, nº 194.

863. —Jugé de même que, sous l'ancienne coutume de Nivernais, les héritiers de la femme ne pouvaient faire l'acceptation du remploi, surtout si les objets vendus par le mari et appartenant à la femme étaient des droits mobiliers et immobiliers, en sorte qu'on ne pût distinguer la valeur des uns et des autres. — *Bourges*, 5 juin 1811, Maratral c. Collin.

864. — En disant que le remploi n'est valable qu'autant qu'il a été *formellement* accepté, l'art. 1435 a-t-il entendu proscrire toute acceptation autre que celle qui serait faite en *termes exprès?* — Cette interprétation serait trop rigoureuse.— Aussi Toullier (t. 12, nº 361), suivant en cela l'opinion de Pothier (t. 1er, nº 194), enseigne-t-il que si la femme avait été présente au contrat d'acquisition par lequel le mari eût déclaré que l'acquisition était faite pour tenir lieu à la femme de son remploi, quoiqu'il ne fût pas dit expressément par le contrat que la femme avait accepté l'héritage pour lui tenir lieu de son remploi, sa présence au contrat serait une preuve suffisante de son acceptation.

865. — Jugé en ce sens que lorsque la femme est partie au contrat d'achat dans lequel le mari déclare que l'acquisition est faite des deniers provenus de l'immeuble vendu par la femme et pour lui servir de remploi, cette intervention suffit pour opérer le remplacement, sans qu'il faille, de la part de la femme, une acceptation en termes exprès.— *Bruxelles*, 10 fév. 1812, Caroly c. Buzine.

866. — Jugé, au surplus, que l'arrêt qui décide, par interprétation, que le remploi des deniers d'une femme mariée et l'acceptation par elle de ce remploi peuvent s'induire des termes généraux du contrat d'acquisition, ne donne point ouverture à cassation. — *Cass.*, 17 août 1813, Bilbocq c. Leborgne.

867. — La circonstance que la femme aurait acquis un immeuble conjointement avec le mari, ne pourrait faire inférer que l'acquisition aurait été faite pour lui tenir lieu de remploi ; faute de déclaration, l'héritage serait conquêt. — Pothier, nº 195.

868. — Le remploi peut-il avoir lieu par anticipation? —La question est controversée : ainsi on a jugé dans le sens de l'affirmative : 1º que lorsque le prix de l'immeuble acquis en remploi excède le prix de l'immeuble remplacé, on peut stipuler que cet excédant servira de remploi aux biens propres à la femme qui seront vendus ultérieurement. — *Cass.*, 23 nov. 1826, Fresnais.

869. — ... 2º Qu'il n'est pas nécessaire que l'aliénation des propres ait lieu avant le remploi. — *Angers*, 5 fév. 1829, Roux.

870.—...3º Qu'il en était de même avant la promulgation du Code civil. — *Poitiers*, 19 janv. 1825, N...

871. — Telle est aussi l'opinion de M. Rolland de Villargues, vº *Remploi*, nº 39, et de M. Glandaz, *Encycl. du droit*, vº *Communauté*, nº 264.

872. — Jugé, au contraire : 1º que les époux ne peuvent valablement stipuler dans un contrat de vente, que les biens par eux acquis tiendront lieu de remploi à la femme dont les propres seraient ultérieurement aliénés, et qu'ils ne sont point liés par une pareille clause—*Paris*, 27 janv. 1820, Maurissure.

873. — ... 2º Qu'il ne suffit pas qu'une femme ait accepté en remploi de ses biens *non encore vendus* un immeuble consacré par le mari à cet objet, pour que cet immeuble lui soit réellement acquis ; il faut encore, pour que son acceptation soit efficace, qu'elle ait eu lieu d'une manière formelle, lors de l'aliénation *ultérieure de ses propres*. — *Bourges*, 1er août 1838 (t. 2 1838, p. 507), Bondoux c. Chaunier; *Paris*, 27 janv. 1820, Maurissure. —V., en sens contraire, *Angers*, 5 févr. 1829, Roux.

874.—...3º Que le prix des biens dotaux, employé au paiement partiel d'un immeuble acquis personnellement par le mari avant l'aliénation du bien dotal, ne peut être considéré comme remploi, encore bien qu'il ait été stipulé dans l'acte de vente du bien dotal, et avec le consentement de la femme, que, moyennant le versement du prix par l'acquéreur, celle-ci aurait son remploi sur l'immeuble acquis par le mari.— *Cass.*, 12 janv. 1838 (t. 2 1848, p. 290), Rives c. Jaumond.

875. — MM. Toullier (t. 12, nº 370 et Duranton, t. 14, nº 393) ont adopté cette dernière opinion. « En effet, dit le premier, le remploi est un remplacement d'une chose qu'on met en la place d'une autre. Il est donc contraire à la nature qu'on mette une chose à la place d'une autre qui n'est pas déplacée, qui occupe encore sa place. »

876. — « Mais, ajoute Toullier, t. 12, nº 370, on peut très bien par contrat de mariage, stipuler que s'il est vendu des propres de la femme, le remploi en sera fait jusqu'à due concurrence, sur les immeubles du mari ; on peut même désigner l'immeuble et déterminer le taux du remplacement. »

877.—Et le même auteur dit encore que, dans le cas où il est stipulé dans le contrat de mariage que le remploi sera fait et aura lieu de plein droit sur le premier acquêt, la femme sera censée avoir accepté d'avance, son acceptation ultérieure ne sera pas nécessaire, et elle ne pourrait même refuser l'immeuble ainsi acquis en remploi, sous prétexte que le prix en est trop élevé.—Toullier, t. 12, nº 363; Glandaz, *Encycl. du Dr.*, vº *Communauté*, nº 367.

878. — Tant que la déclaration de remploi n'a pas été acceptée, le mari peut la rétracter. — Toullier, t. 12, nº 362; Duranton, t. 14, nº 393.

879. — Mais lorsque, après l'aliénation d'un immeuble propre à la femme, le mari en place le prix ou permet à la femme de le placer, à titre de remploi, la créance ainsi acquise à la femme contre l'emprunteur lui est propre en tel sens que le mari seul ne puisse pas en disposer avant son échéance. — *Bourges*, 6 août 1834, Barreau c. Denglien.

880. — La femme n'a pas besoin d'autorisation pour l'acceptation du remploi; l'autorisation est censée donnée par l'acte même où le mari a déclaré que c'était pour lui en tenir lieu que l'acquisition était faite. — Duranton, t. 14, nº 395.

881. — Les immeubles acquis en remploi à la femme lui sont irrévocablement propres. Il a même été jugé que, lorsque des immeubles appartenant à la femme ont été revendiqués par un tiers, et que le délaissement en a été ordonné à son profit, ceux acquis en remploi avant ce délaissement n'en sont pas moins propres à la femme. Le mari n'est pas fondé dans ce cas à se prévaloir du jugement qui évince sa femme. — *Cass.*, 4 mai 1825, Rousseau c. Fresnois.

882. —Jugé que, lorsque l'immeuble acquis en remploi d'un bien propre à la femme a été payé en partie des deniers de la communauté, il y a seulement lieu à récompense, l'immeuble n'étant pas pour cela acquêt de communauté. — *Cass.*, 23 nov. 1826, Fresnais.

883. — Mais que faudrait-il décider dans le cas où il serait prouvé, contrairement à la déclaration du mari, que l'immeuble acquis n'a pas été payé des deniers de la femme et pour en faire emploi? Pourrait-on, nonobstant cette déclaration et l'acceptation de la femme, contester à cette dernière la propriété de l'immeuble acquis? — Toullier (t. 12, nº 371) se déclare, et avec raison, pour la négative; la femme ayant accepté le remploi, le contrat est parfait et ne peut être anéanti par la volonté du mari.

884.—Jugé en ce sens que, lorsque, dans le contrat d'acquisition d'un immeuble, le mari a déclaré que l'acquisition était faite pour servir de remploi aux deniers dotaux de sa femme, dont il était détenteur, il ne peut, après que sa femme a formellement accepté le remploi, faire tomber cet immeuble dans la communauté, sous le prétexte que le prix en a été payé avec les deniers de cette même communauté.—*Cass.*, 6 déc. 1819, Voitier c. Humont.

885.— La femme à qui des immeubles du mari déjà grevés d'hypothèques ont été donnés en remploi de ses propres aliénés, ne peut s'opposer à l'action en expropriation dirigée par les créanciers hypothécaires ; elle peut seulement, s'il y a lieu, faire valoir à l'état d'ordre ses droits de préférence sur le prix. — *Caen*, 22 fév. 1845 (t. 2 1845, p. 187), de Boisdeffre c. Lerouge.

886. — La condition de remploi non accomplie n'a pas pour effet de soumettre les tiers acquéreurs au recours de la femme, à moins qu'une semblable responsabilité n'ait été expressément stipulée dans le contrat de mariage. — *Bordeaux*, 30 avr. 1840 (t. 1er 1841, p. 320), Boutry c. Marty.

887. — Il suit de là que le tiers acquéreur des propres de la femme n'est pas recevable à se refuser au paiement de son prix, jusqu'à ce qu'il lui ait été justifié du remploi. — Même arrêt.

888.— Lorsqu'il a été stipulé dans un contrat de mariage, avec convention de séparation de biens, que le futur époux serait tenu de faire remploi des immeubles de la femme, en acquisition d'autres immeubles, l'acquéreur d'un bien appartenant à la femme n'est pas fondé à exiger la justification de ce remploi avant le paiement de son prix. —*Paris*, 17 mars 1836, Guérard c. Petit de la Borde.

889.—Les futurs époux peuvent, tout en adoptant le régime de la communauté, stipuler l'inaliénabilité absolue ou conditionnelle des biens de la femme, et cette stipulation est opposable aux tiers. — C. civ., art. 1387. — Spécialement, si, dans un contrat de mariage portant adoption du régime de la communauté, il a été dit que les immeubles de la femme ne pourraient être vendus ou échangés que moyennant remploi, l'aliénation desdits immeubles peut être annulée tant que ce remploi n'a pas eu lieu, et une action en revendication être dirigée contre les acquéreurs. —Mais si aucun délai n'avait été fixé par le contrat de mariage pour réaliser le remploi des biens vendus ou échangés, les acquéreurs pourraient toujours, même après la dissolution du mariage, arrêter l'action révocatoire dirigée contre eux, en fournissant le remploi exigé; le tribunal devrait leur impartir un délai pour satisfaire à cette condition.—*Caen*, 21 fév 1845 (t. 2 1845, p. 485), Provost c. Lhoste-Desfaveries.— V. conf. *Caen*, 4 juill. 1842 (t. 1er 1843, p. 43), Merand c. Dumesnil ;—Merlin, *Quest. de droit*, vº *Remploi*, § 7 ; Toullier, t. 12, nº 372 ; Duranton, t. 15, nºs 255 et 297; Rolland de Villargues, *Rép. du not.*, vº *Communauté*, nº 312 ; Zachariæ, t. 3, p. 402 — V. *contrà Cass.*, 29 déc. 1841 (t. 1er 1842, p. 43), Tissot c. Chavot; — Battur, *Traité de la communauté*, t. 2, p. 349.

890. — Les frais occasionnés par les poursuites dirigées contre les acquéreurs qui n'ont point fourni le remploi auquel ils étaient tenus doivent être supportés par eux. — *Caen*, 21 fév. 1845 (t. 2 1845, p. 185), Provost c. Lhoste-Desfaveries.

891. — Jugé que lorsqu'un contrat de mariage, contenant adoption du régime de la communauté, porte que la femme a mis en communauté, à titre d'ameublissement, une somme de........ à prendre sur des biens immeubles qui peuvent être aliénés jusqu'à concurrence de ladite somme, et que ses autres immeubles ne pourront être aliénés qu'à la charge d'un bon et valable remplacement en biens ruraux, l'aliénation desdits biens immeubles faite sans remplacement peut être révoquée. — *Rouen*, 13 déc. 1832, Croisé c. Letondeur.

892.— V. au surplus, sur cette question de surveillance du remploi de la part des tiers, vº DOT.

893. — Les immeubles déclarés inaliénables par contrat de mariage ne peuvent être affectés à l'acquit d'obligations quelconques contractées pendant le mariage. — *Caen*, 21 fév. 1845 (t. 2 1845

p. 185), Provost c. Lhoste-Desfaveries; *Toulouse*, 26 juill. 1844 (t. 1er 1845, p. 317), Alciat c. Abribat. — V. surtout la note insérée sur ce dernier arrêt.

894. — Dans les coutumes où il n'est dû ni remploi, ni récompense, en cas d'aliénation des propres de la femme, les créanciers du mari ne peuvent évincer celle-ci des biens qu'elle a acquis à titre de remploi ou du consentement de son mari. — *Bruxelles*, 10 fév. 1818, Caroly c. Buzyne.

895. — Les héritiers de la femme, encore qu'ils aient accepté la communauté, ont sur les biens de cette communauté pour le paiement du prix des immeubles personnels de la femme aliénés sans remploi, un privilége qui prime tous les autres créanciers du mari. — *Angers*, 2 déc. 1830, Ricordeau et Vayer c. Caturet.

896. — Il est dû un droit fixe sur la déclaration faite par la femme, dans le contrat de vente même pour constater qu'elle a accepté l'immeuble acquis par son mari à titre de remploi de sa dot. — *Cass.*, 18 fév. 1833, Renaud c. Enregist. — V. ENREGISTREMENT.

Sect. 5e. — *De la dissolution de la communauté et de quelques unes de ses suites.*

897. — « La communauté, porte l'art. 1441, se dissout par la mort naturelle ou par la mort civile de l'un des deux époux, par le divorce, par la séparation de corps et par la séparation de biens. »

898. — On peut ajouter à ces causes de dissolution de la communauté l'absence, dans certains cas, de l'un des époux et la nullité prononcée du mariage. — V. ABSENCE, MARIAGE.

899. — Mais en cas d'absence, et lorsqu'elle est déclarée, la dissolution de la communauté, demandée et obtenue par l'époux présent, ne donne lieu qu'à une dissolution provisoire. — Duranton, t. 14, no 398.

900. — A moins que l'absence n'ait duré trente ans depuis l'envoi en possession provisoire, ou qu'il se soit écoulé cent ans depuis la naissance de l'absent, auxquels cas il y a lieu à l'envoi en possession définitive et à la dissolution définitive de la communauté. — Duranton, *loc. cit.*

901. — L'état de faillite et la déconfiture ne dissolvent pas la communauté; ils donnent seulement lieu à la demande en séparation de biens, qui entraîne cette dissolution. — Duranton, t. 14, no 397.

902. — La mort naturelle, brisant à jamais tous les liens de l'homme avec la famille et la société, devait nécessairement entraîner la dissolution de la communauté : *Morte socii solvitur societas.*

903. — La mort civile, image de la mort naturelle quant aux droits civils des époux, dissolvant de plein droit le mariage, ne peut laisser subsister la communauté; aussi la loi dispose-t-elle que l'époux et les héritiers du mort civilement peuvent exercer respectivement tous les droits et actions auxquels sa mort naturelle donnerait ouverture. — C. civ., art. 25, § ult.

904. — Il en était de même dans le droit ancien. — V. Pothier, t. 2, no 493; Lebrun, t. 3, ch. 1er; Duplessis, liv. 1er, ch. 5, sect. 3e; Pocquet de Livonière, liv. 4, ch. 1er; Augeard, t. 2, ch. 7.

905. — L'émigration, emportant la mort civile, avait affranchi la femme de la puissance maritale et dissous la communauté, sans qu'il fût nécessaire qu'elle recourût au divorce. — *Cass.*, 24 flor. an XIII, Joubert c. Koford; 10 juin 1806, Masson.

906. — Jugé, d'après ce principe, que la mort civile encourue par le mari émigré a eu pour effet de dissoudre la communauté qui avait existé entre lui et sa femme, et de rendre propres à celle-ci les biens qui lui sont échus par suite du partage de communauté fait avec l'état, ou qu'elle a acquis avant l'amnistie de son mari. — *Cass.*, 10 août 1842 (t. 2 1842, p. 576), Delée. — V. *infrà*, nos 977 et suiv. — V. ÉMIGRÉ.

907. — Pour la dissolution de la communauté par le divorce, la séparation de corps et la séparation de biens, V. les mots DIVORCE, SÉPARATION DE BIENS, SÉPARATION DE CORPS.

908. — Dans l'ancienne jurisprudence, l'abandon de la femme par son mari dissolvait la communauté existant entre eux sans contrat de mariage et en vertu d'un statut local; par suite, et encore bien que la femme soit décédée sous le Code civil, le mari a pu être déclaré mal fondé à exercer, à titre de communauté, des droits dans la succession de sa femme. — *Cass.*, 4 août 1829, Pracht c. Brunner.

909. — Le statut matrimonial sous l'empire duquel les époux se sont mariés régit à toujours l'association conjugale, et cette loi, qui supplée au contrat, conserve aux biens qui se trouvent à la dissolution de l'association, et par rapport aux époux ou leurs représentans, la même nature qu'ils avaient avant le changement de législation. — *Cass.*, 27 janv. 1840 (t. 1er 1840, p. 206), Davez c. Delcau. — V. aussi, en ce sens, *Cass.*, 25 avr. 1818, Vandendresche; *Bruxelles*, 21 août 1814, N... N...; et 8 fév. 1819, Dagneaux. — V. cependant Merlin, *Quest.*, vo *Communauté entre époux*, § 1er, no 4.

910. — La dissolution de la communauté opérée par la séparation, soit de corps et de biens, soit de biens seulement, ne donne pas ouverture aux droits de survie de la femme; mais celle-ci conserve la faculté de les exercer lors de la mort naturelle ou civile de son mari. — C. civ., art. 1452.

911. — La femme séparée peut renoncer aux droits de survie qui lui sont réservés par l'art. 1452. — Toullier, t. 13, no 122. — V. en sens contraire Battur, t. 2, no 664. — V. GAINS DE SURVIE, SÉPARATION DE CORPS.

ART. 1er. — *De la continuation de la communauté.*

912. — Sous l'empire de la coutume de Paris (art. 240 et 241), qui formait à cet égard le droit commun de la France, si l'époux survivant négligeait de faire inventaire, la communauté n'était pas dissoute, s'il existait des enfans mineurs issus du mariage; ceux-ci pouvaient en demander la continuation. — *Paris*, 23 nov. 1815, Menier c. Taskin; — Pothier, t. 2, nos 782 et suiv.

913. — La continuation de la communauté était une peine que la coutume imposait au survivant des deux conjoints. Pothier fait observer que ce bénéfice n'avait été introduit qu'en faveur des enfans mineurs, qui, n'étant pas en état de veiller à leurs intérêts, devaient trouver dans le père ou la mère survivante un appui, un protecteur qui veillât pour eux, tandis que les majeurs ayant les moyens de défendre leurs droits ne devaient s'en prendre qu'à eux-mêmes si l'inventaire n'avait pas été fait dans le délai fixé par la coutume. — L'inventaire seul pouvait donc faire cesser la communauté entre l'époux survivant et ses enfans mineurs; et ceux-ci avaient droit jusque là de demander la continuation de la communauté, quel que fût d'ailleurs le temps qui s'était écoulé depuis leur majorité acquise, parce que le privilége réservé aux enfans ne pouvait être sujet à aucune autre prescription que celle des actions ordinaires.

914. — Le principe de la continuation de la communauté à défaut d'inventaire était admis en Flandre. — *Bruxelles*, 12 mars 1823, de Coster.

915. — Il en était de même sous la coutume du Berry, et cela même au cas où le survivant dotait ses enfans pour leur tenir lieu de leurs droits dans la succession de leur auteur décédé, et où ils ne demeuraient pas avec le survivant. — *Bourges*, 24 nov. 1819, Pasquet c. Darchis.

916. — On a jugé que, sous l'empire de l'art. 240 de la coutume de Paris, le mari qui, après le décès de sa femme, ne procédait pas à l'inventaire des biens composant la communauté, conservait néanmoins la faculté d'aliéner, à titre onéreux, les immeubles indivis, même ceux acquis postérieurement au décès de sa femme et payés de deniers qui lui étaient propres. — *Paris*, 25 juill. 1839 (t. 2 1839, p. 388), Croserio c. Perdonnet.

917. — Sous la coutume d'Artois, il existait sur la continuation de la communauté une jurisprudence fort sage : on décidait que, lorsqu'après le décès de son conjoint, l'époux survivant s'était remarié sans avoir fait procéder à un inventaire, les enfans mineurs, issus du premier mariage, qui voulaient invoquer le bénéfice de la continuation de la communauté, devaient respecter les stipulations du contrat de mariage qui régissaient la communauté elle-même; et que, dès-lors, la charge d'usufruit qui grevait les acquêts et conquêts de cette communauté devait s'étendre aux acquêts et conquêts faits durant l'existence de cette continuation de communauté. — *Douai*, 24 août 1839 (t. 2 1839, p. 659), Delalleau. — Toutefois, cette question était controversée. — V., dans le sens de l'arrêt que nous venons de citer, Renusson, *De la communauté*, part. 3e, chap. 3, no 44; Rousseaud de Lacombe, vo *Continuation de communauté*, no 3; Pothier, t. 2, nos 711 et suiv.; Merlin, *Rép.*, vo *Continuation de communauté*, § 1er. — V. en sens contraire Duplessis, *Communauté*, liv. 3, chap. 2; Denisart, vo *Continuation de communauté*, no 35; Ferrière, *Cout. de Paris*, art. 242, no 17.

918. — Jugé toutefois que si la continuation de communauté à laquelle donnait lieu, suivant les coutumes d'Artois et de Paris, le défaut d'inventaire de la part du conjoint survivant soumettait les biens acquis pendant son existence aux stipulations relatives aux réglemens de la communauté, il en était autrement en ce qui concerne les stipulations contractuelles constitutives d'avantages entre époux; et que ces stipulations restaient soumises aux conditions qui leur étaient propres, et restreintes aux biens qui y étaient spécialement désignés. — *Cass.*, 8 mars 1843 (t. 1er 1843, p. 66), Delalleau.

919. — ... Qu'en conséquence, les immeubles acquis par le conjoint survivant pendant la continuation de communauté n'ont pu être considérés comme soumis à la donation d'usufruit, contenue dans le contrat de mariage au profit du survivant, de la part du prédécédé dans les biens de la communauté, alors surtout que le contrat portait donation de l'usufruit des immeubles patrimoniaux et des acquêts *que délaisserait* le premier mourant. — Et que la jouissance exclusive que le survivant aurait conservée jusqu'à la dissolution de la communauté continuée des immeubles par lui acquis depuis le décès de son conjoint donne ouverture à une action en indemnité qui peut être exercée contre sa succession par l'héritier du prédécédé. — Même arrêt.

920. — Dans ce cas, le silence gardé par le fils pendant la vie de son père, et même le fait d'avoir pris à loyer moyennant un prix qu'il payait à celui-ci une maison acquise pendant la continuation de communauté, ne peuvent être considérés comme une reconnaissance du droit d'usufruit exercé par le survivant, alors que ce fils a déclaré, sans que le contraire ait été établi, que le paiement ne devait s'appliquer qu'à la portion de la maison qui appartenait alors à son père, son silence s'expliquant d'ailleurs par la nature des liens qui l'unissaient à celui-ci. — Même arrêt.

921. — Il en est de même du refus qu'il aurait fait de rembourser certaines dépenses opérées sur un immeuble acquis pendant la continuation de communauté, si ce refus n'était fondé que sur la nature des dépenses et sur le motif qu'elles étaient purement voluptuaires; en effet, de semblables conclusions auraient pu être prises par tout autre propriétaire à qui un tiers aurait demandé indemnité pour de pareilles dépenses. — Même arrêt.

922. — Sous l'empire de la coutume du Bourbonnais, la continuation de communauté n'était pas interrompue à l'égard de la fille mariée, par le fait seul de son mariage. — *Riom*, 17 nov. 1821, Ruognet c. Buisson.

923. — Avant la promulgation du Code civil, et sous l'empire de la coutume du Poitou, il était de jurisprudence constante que les acquisitions faites par les enfans pendant la continuation de la communauté avec le survivant étaient présumées de droit commun et, jusqu'à preuve contraire, avoir été faites de leurs propres deniers. — *Bourges*, 28 thermid. an X, David; 17 juin 1808, Bourdin c. Gabillaud; 8 août 1808, Paumier c. Dadou, 11 mai 1812, Eliou c. Yvernault.

924. — Il a été également jugé que les biens mobiliers échus à l'époux survivant depuis la dissolution du mariage par succession, donation ou autrement, ne tombaient point dans la continuation de communauté, lorsque le contrat de mariage excluait ces sortes de biens de la communauté et voulait qu'ils fussent propres à chacun des époux. — *Paris*, 23 nov. 1815, Menier c. Taskin.

925. — Toutefois, cette question n'était pas sans difficulté, et l'arrêt précité se trouve en opposition avec l'opinion de Pothier : cet auteur (*Traité de la communauté*, no 827) commence par établir que les dons ou legs faits sous la condition qu'ils seraient propres au donataire, n'entrent pas dans la continuation de la communauté, attendu que le donateur a été le maître d'apposer telle condition que bon lui semblait à sa libéralité; mais il ajoute dans le paragraphe suivant : « Il n'en est pas de même des clauses du contrat de mariage du survivant avec le prédécédé : par exemple, s'il était stipulé par ce contrat que tout ce qui adviendrait pendant le mariage aux conjoints par succession, don ou legs, leur serait propre, cette clause qui aurait exclu de la communauté le mobilier des successions qui seraient échues aux conjoints pendant le mariage, n'exclura pas de la continuation de communauté le mobilier des successions qui écherront au survivant après la dissolution du mariage et pendant la continuation de la communauté. Notre opinion, poursuit l'auteur, est fondée sur deux raisons : la première est que les conventions de réalisation sont de droit étroit, et par conséquent non susceptibles d'extension. Celles qui réalisent ce qui adviendra pendant le mariage aux conjoints par succession, don ou legs, ne peuvent donc pas s'étendre à ce qui n'est advenu au survivant, à ces titres, que depuis la dissolution du mariage, pendant la continuation de la communauté. — La seconde raison est que la communauté étant formée par la convention expresse ou tacite des parties, c'est leur convention qui doit régler ce qui doit y entrer ou n'y pas entrer; mais c'est la loi et non la convention qui forme la continuation de communauté. Il n'y a donc que la loi seule qui

doive régler ce qui doit y entrer ou n'y pas entrer.» — Les deux raisons que donne Pothier, et surtout la première, ne nous paraissent pas déterminantes : et d'abord, la continuation de communauté n'étant, suivant la coutume de Paris, dans le sens de laquelle il raisonne cependant, qu'une suite, une image fidèle de la communauté première, elle ne peut avoir lieu à des conditions plus onéreuses pour le survivant que celles qui servaient de base à celle-ci, puisque, encore une fois, c'est la même communauté, prolongée à défaut d'inventaire qui l'ait fait cesser. — La seconde raison donnée par Pothier est plus spécieuse ; cependant, et toujours d'après le même principe, on peut dire que la loi ne faisant entrer en communauté le mobilier qui échoit aux époux pendant le mariage, qu'à défaut de clause contraire énoncée dans le contrat, la clause d'exclusion doit s'exécuter à l'égard de la continuation de communauté, comme à l'égard de la communauté même, dont elle n'est que la suite et l'effet prolongé. Cela d'ailleurs paraît plus conforme à l'équité et à l'intention des époux, qui n'ont contracté que sous la condition de réalisation, et c'est aussi ce que la cour de Paris a jugé par l'arrêt précité.

926. — Il a été jugé que lorsqu'un immeuble acquis par l'époux survivant pendant la continuation de communauté, et qui dès-lors a fait partie de la communauté continuée, a été, postérieurement à la dissolution de cette communauté, échangé par ledit époux contre un autre immeuble, cet échange est réputé avoir eu lieu dans l'intérêt de la communauté, dont l'échangiste s'est par là constitué le *negotiorum gestor* ; et qu'en conséquence les communistes ont le droit de faire comprendre dans le partage l'immeuble reçu en contre-échange. — *Bourges*, 21 mars 1842 (t. 1er 1844, p. 718), Leblanc c. Chatelain.

927. — Lors de la rédaction du Code civil, on pensa que la communauté continuée à défaut d'inventaire, pouvant se prolonger fort longtemps et sous un second et un troisième mariage, donnerait lieu, comme l'expérience l'avait déjà prouvé, à une foule de procès, ce qu'il était urgent de prévenir : en conséquence il fut décidé que la communauté ne serait plus continuée par défaut d'inventaire.

928. — L'art. 1442 dispose donc que « le défaut d'inventaire après la mort naturelle ou civile de l'un des époux ne donne pas lieu à la continuation de la communauté ; sauf les poursuites des parties intéressées, relativement à la consistance des biens et effets communs, dont la preuve pourra être faite tant par titre que par la commune renommée. »

929. — Il a été jugé néanmoins que la communauté contractée sous l'empire d'une coutume doit, quant à tous ses effets, et nonobstant toutes lois ultérieures, être réglée par les dispositions de cette coutume ; qu'ainsi, la communauté contractée avant le Code civil avec convention qu'elle serait régie par une coutume qui en admettait la continuation même après le décès de l'un des époux à défaut par le survivant de faire dresser inventaire, a dû être continuée en effet au cas de défaut d'inventaire, bien que l'époux décédé ait survécu à la promulgation du Code civil, sous l'empire duquel l'absence d'inventaire ne produit pas cet effet. — *Bordeaux*, 5 janv. 1826, Estenave c. Laprada, sous *Cass.*, 12 août 1828.

930. — Toutefois Toullier (*loc. cit.*) nous paraît avoir mal compris l'art. 1442 sur la disposition qui permet la preuve par commune renommée ; suivant cet auteur, il faudrait la restreindre aux mineurs seuls et la refuser aux majeurs ; mais en lisant attentivement le premier paragraphe de cet article on se convainc facilement de l'erreur de Toullier ; ces mots « *Les parties intéressées* » comprennent évidemment les majeurs, puisqu'ils ne les excluent pas. Notre opinion est au reste confirmée par le rapport fait au Tribunat par le tribun Duveyrier sur le titre du Contrat de mariage. « Pour la conservation de tous les droits, disait-il, le même article autorise les parties intéressées *sans distinction* à poursuivre et *faire preuve*, tant par titres que par la commune renommée de la consistance des biens et effets communs au moment de la communauté dissoute. »

931. — Il ne faut pas conclure de cette disposition de l'art. 1442 que le conjoint survivant soit toujours tenu de faire inventaire, sous peine d'être exposé aux poursuites et au mode de preuve autorisé par cet article. — Cette disposition, dit Toullier (t. 13, no 5), n'est faite que pour le cas où le défaut d'inventaire donnait lieu autrefois à la continuation de communauté, c'est-à-dire pour le cas où il existe des enfans mineurs lors de la dissolution. — Mais si tous les enfans sont majeurs, la nécessité de l'inventaire n'est imposée à l'époux survivant qu'autant qu'il est requis par ces mêmes enfans.

932. — Jugé en conséquence que, quand un enfant est majeur et présent lors du décès de sa mère, il ne peut être admis, à défaut d'inventaire, à prouver plus tard par témoins la valeur du mobilier conservé par son père. — *Caen*, 4 janv. 1840 (t. 1er 1843, p. 305), Charnel c. Hélie.

933. — S'il y a des enfans mineurs, l'inventaire est de rigueur, et l'art. 1442 ajoute comme sanction que « le défaut d'inventaire fait perdre en outre à l'époux survivant la jouissance de leurs revenus. »

934. — La perte de l'usufruit, qui est la peine attachée au défaut d'inventaire, a lieu de plein droit. — Battur, t. 2, no 619 ; Toullier, t. 13, no 7.

935. — En disant que le défaut d'inventaire fait perdre à l'époux survivant la *jouissance des revenus* des enfans mineurs, l'art. 1442 dispose d'une manière générale. Ce n'est donc pas seulement, dit avec raison Toullier (t. 13, no 7), de la jouissance des biens compris dans la portion qui leur revient dans la communauté, que le survivant est privé, mais généralement de la jouissance de tous leurs biens, et, par conséquent de la jouissance de tous leurs autres biens tels que ceux qui leur sont échus du chef de leur auteur et qui n'entraient pas en communauté, etc.

936. — Mais Toullier refuse de faire porter cette privation de jouissance sur les biens qui seraient survenus depuis aux enfans mineurs de l'époux. — Il se fonde sur ce que le législateur ne parlant que des biens non inventoriés, n'a pu étendre sa disposition à des biens qui n'existaient pas encore. Nous ne pouvons adopter cette opinion, et la raison de Proudhon (*Tr. de l'usufruit*, t. 1er, p. 221), qui consiste à dire que l'art. 1442 dit en général et sans exception que le conjoint perd la jouissance de *leurs revenus*, ce qui comprend tout, nous paraît préférable. — V. en ce sens, Battur, t. 2, no 619.

937. — La peine de la perte de l'usufruit ne peut être étendue par analogie au cas où l'époux donataire en usufruit n'a pas rempli la formalité de l'inventaire. — *Cass.*, 23 fév. 1836, Coupé c. Legeay.

938. — Les auteurs ne sont pas d'accord sur la question de savoir si la disposition de l'art. 1442, qui prive l'époux survivant des revenus des biens des mineurs, lorsqu'il n'a pas fait inventaire, s'applique à l'époux marié sous le régime dotal. MM. Toullier (t. 13, no 10) et Battur (t. 2, no 620) sont d'avis de l'affirmative ; ces auteurs se fondent 1o sur ce que l'art. 1442 ayant pour objet de prévenir la confusion des biens du conjoint prédécédé avec ceux du survivant, il peut arriver que la femme mariée sous le régime dotal ait des biens paraphernaux et, qu'en cas de prédécès du père, il y ait mélange de ces biens et que la mère puisse soustraire ceux de la succession du père ; — 2o sur ce que le régime de la communauté étant le droit commun de l'association conjugale, toutes les dispositions conservatrices prescrites dans ce régime qui s'adaptent au régime dotal doivent de droit lui être appliquées. — Proudhon (*Traité de l'usufruit*, t. 1er, p. 221) et M. Duranton (t. 3, p. 390, t. 14, no 400) professent, avec raison, l'opinion contraire. On peut, en effet, dire avec ces auteurs, que cette disposition de l'art. 1442 étant placée sous le titre de la *Communauté*, et n'étant relative qu'au défaut d'inventaire des biens communs, ce n'est que l'inventaire de ces mêmes biens qu'elle prescrit ; que si on eût voulu la rendre commune aux deux régimes on s'en fût expliqué, et qu'alors elle aurait été placée au titre de la Puissance paternelle, comme celle relative au convol de la femme ; que d'ailleurs, sous le régime dotal, les biens, droits et reprises de la femme sont toujours constatés par le contrat de mariage ou par les inventaires des successions qui lui échoient ; que dans le cas où c'est la mère qui survit et qu'il y ait des parapharnaux dans ses biens, il existe toujours ou presque toujours des actes qui constatent l'existence et la quotité du mobilier ; et que la soustraction clandestine du mobilier de la communauté lui serait au reste fort difficile.

939. — L'art. 1442 ne fixe pas de délai pour la confection de l'inventaire. Nous pensons qu'il faut d'abord recourir sur ce point à l'art. 451 C. civ., qui prescrit au tuteur de faire procéder à l'inventaire des biens du mineur dans les dix jours qui suivent celui de sa nomination. C'est au reste l'opinion de Toullier (t. 13, no 16), qui pense que la clôture en doit être faite dans les trois mois, sauf à s'adresser à la justice pour demander une prorogation de délai.

940. — Si, après l'expiration des trois mois, le survivant des père et mère n'a pas fait procéder à l'inventaire, sans avoir obtenu une prorogation, Toullier (t. 13, no 17) le déclare déchu de plein droit tant pour le passé que pour l'avenir, alors même qu'il aurait fait plus tard un inventaire régulier des biens de la communauté.

941. — Toutefois, Proudhon fait à ce sujet une distinction : il pense que si la communauté n'a pas encore éprouvé d'altérations assez notables pour empêcher qu'elle ne soit exactement constatée, l'inventaire doit avoir son effet pour l'avenir, mais que, dans le cas contraire, la déchéance est entière, elle embrasse le passé comme le futur. Toullier (*loc. cit.*) repousse cette distinction : « Lorsqu'une fois la condition est défaillie, dit-il, elle anéantit pour toujours l'obligation ou la disposition, sans que les événemens qui pourraient arriver par la suite puissent la faire revivre ou la rétablir ; c'est ce qu'on exprime par cet axiôme *Conditio quæ defuit non restauratur, impleretur frustrà ; nec enim solent resumi conditiones.* »

942. — Il a été jugé que l'art. 1442, C. civ., a pu être appliqué, sans effet rétroactif, au cas où, lors de la promulgation du Code civil, la veuve était encore dans le délai pour faire inventaire, aux termes de l'art. 308 de la coutume du Poitou. — *Limoges*, 17 juin 1822, Biabaud c. Bonnet.

943. — Au reste, on a jugé que la communauté, contractée avant le Code civil, avec convention qu'elle serait régie par une coutume qui en admettait la continuation, même après le décès de l'un des époux, à défaut par le survivant de faire dresser inventaire, a dû être continuée, en effet, en cas de défaut d'inventaire, bien que l'époux décédé ait survécu à la promulgation du Code civil, sous l'empire duquel l'absence d'inventaire ne produit pas cet effet. — *Cass.*, 12 août 1828, Estanave c. Laprada.

944. — Lorsque la loi exige un inventaire comme condition à la conservation du droit de jouissance du survivant, elle entend parler, dit Toullier (no 13), d'un inventaire régulièrement fait.

945. — Toutefois la cour supérieure de Bruxelles a jugé que l'arrêt qui décide qu'un état et inventaire irrégulier présenté par l'époux survivant avait pour effet d'empêcher la communauté sous l'empire des anciennes coutumes de Flandre, ne donne pas ouverture à cassation. — *Bruxelles*, 25 juillet 1823, Opsoncer.

946. — Pour être valable, l'inventaire doit être fait en présence du subrogé tuteur lequel, selon Proudhon (*Traité de l'usufruit*, t. 1er, no 65), ne peut se faire représenter par un mandataire. Toullier (t. 13, no 13) est sur ce dernier point d'un avis contraire ; et M. Battur (t. 2, no 620) pense qu'il ne peut se faire représenter qu'en cas d'empêchemens graves. — V. au reste, dans le sens de Proudhon, Ferrière sur l'art. 240 de la *Cout. de Paris*, glos. 2, no 14. — V. aussi INVENTAIRE, TUTELLE.

947. — Nous avons vu (*suprà* no 928) qu'à défaut d'inventaire les parties intéressées pouvaient faire preuve de la consistance des biens et effets communs tant par titres que par la commune renommée (art. 1442).

948. — Mais cet article, en admettant la preuve par commune renommée, n'exclut pas celle par témoins dans les formes ordinaires. — Toullier, t. 13, no 4. — V., sur le caractère de ces deux genres de preuves, PREUVE PAR COMMUNE RENOMMÉE, PREUVE TESTIMONIALE.

949. — La preuve par commune renommée doit établir non pas les objets qui sont entrés dans la communauté, mais bien la consistance de cette communauté à l'époque de sa dissolution, et les héritiers, dans ce cas, ne peuvent prétendre que c'est au mari d'établir l'emploi de ce qui est entré dans la communauté. — *Cass.*, (solut. implic.), 26 janv. 1842 (t. 1er 1843, p. 303), Poisle-Ducoury c. Chamblant.

950. — Au surplus la disposition de l'art. 1442, C. civ., qui admet dans le cas de défaut d'inventaire la preuve de la consistance des biens par commune renommée, n'est point impérative, c'est une mesure facultative laissée à l'arbitraire des juges. — *Cass.*, 26 juin 1827, De la Brosse c. Guillemet.

951. — Jugé aussi que l'appréciation des forces d'une communauté, au moment de sa dissolution, peut être faite par les tribunaux, soit d'après les élémens fournis par la commune renommée, soit d'après les divers documens de la cause, sans que leur décision à cet égard puisse tomber sous la censure de la cour de Cassation. — *Cass.*, 26 janv. 1842 (t. 1er 1843, p. 303), Poisle-Ducoury c. Chamblant.

952. — L'art. 1442 dispose que « le subrogé tuteur qui n'a point obligé l'époux survivant à faire inventaire est *solidairement* tenu avec lui de toutes les condamnations qui peuvent être prononcées au profit des mineurs. »

953. — Mais le subrogé tuteur ainsi condamné a

son recours contre le tuteur pour toutes les condamnations principales prononcées contre lui : la dette ne se divise pas entre eux, comme pour les obligations solidaires ; c'est là plutôt une responsabilité *in solidum* qu'une obligation solidaire proprement dite. — Duranton, t. 14, nº 400; Battur, nº 620; Toullier, t. 13, nº 12.

954. — Toutefois les mêmes auteurs ajoutent que le subrogé tuteur doit supporter les frais faits pour le faire condamner; « ces frais, dit Toullier, ont été occasionnés par une faute commune ; si le survivant des père et mère était tenu de faire inventaire, le subrogé tuteur était tenu de l'y contraindre. »

ART. 2. — *Du rétablissement de la communauté.*

955. — La communauté dissoute par la séparation, soit de corps et de biens, soit de biens seulement, peut être établie du consentement des deux parties. — C. civ., art. 1451.

956. — Il en était de même dans le droit ancien. — Pothier, nº 525 et suiv.; Duplessis, liv. 2, sect. 4e, ch. 2, *in fin.*; Lebrun, liv. 3, ch. 1er, nº 25; Renusson, part. 1re, ch. 9, nºs 62 et 63; Bourjon, part. 5e, sect. 1re, dist. 3, nº 17.

957. — L'effet de ce consentement est d'anéantir la séparation judiciaire, ce qui ne pourrait avoir lieu pour la séparation contractuelle, car il est de principe que les conventions matrimoniales ne peuvent recevoir aucun changement après la célébration du mariage. — C. civ., art. 1395. — « Au contraire, dit Pothier, le retour à la loi du contrat étant favorable, lorsque les parties en se mariant ont, par une convention expresse ou implicite, établi entre elles une communauté, laquelle, pour de justes raisons, a été dissoute par une sentence de séparation, il est au pouvoir des parties de se départir, par un consentement mutuel, de cette séparation judiciaire, et de rétablir leur communauté, en remettant leurs biens ensemble. »

958. — La communauté ne peut être rétablie que par un acte passé par devant notaires, et avec minute dont une expédition doit être affichée dans la forme prescrite par l'art. 1445, C. civ., pour la publicité à donner au jugement de la séparation de biens. — V. SÉPARATION DE BIENS.

959. — L'acte authentique du rétablissement de la communauté est de rigueur ; il en était de même dans le droit ancien. — Lebrun, *De la communauté*, liv. 3, ch. 1er, nº 5; Brodeau sur Louet, lettre 5, ch. 16, nº 12; Pothier, t. 2, nº 516.

960. — Ainsi, on ne peut induire le rétablissement de la communauté entre époux de ce que la femme, dans un acte qu'elle aurait fait en commun avec son mari, n'aurait pas pris la qualité de femme séparée de biens. — *Colmar*, 18 niv. an 11, Frantz c. Vernier.

961. — De même, la réunion de deux époux séparés de corps et biens, dont la communauté a été dissoute, sous l'empire du Code civil, par un acte authentique, ne suffit pas pour rétablir cette communauté. — *Paris*, 16 avr. 1807, Charpy c. Ponterie.

962. — On faisait cependant autrefois une distinction entre la séparation de corps et la séparation de biens : pour celle-ci, on ne pouvait faire dépendre le rétablissement de la communauté d'indices équivoques et incertains, il fallait qu'il fût constaté par acte authentique ; mais à l'égard de la séparation de corps, il suffisait du retour de la femme dans la maison de son mari. — Pothier, t. 2, nº 513.

963. — Mais cette doctrine ne serait pas admise aujourd'hui; on juge au contraire que la réunion de deux époux séparés de corps et de biens ne suffit pas pour rétablir la communauté. — *Paris*, 16 avr. 1807, Charpy c. Laporterie. — V. aussi en ce sens Battur, t. 2, nº 660; Toullier, t. 13, nº 118.

964. — La publicité à donner à l'acte de rétablissement de la communauté est prescrite dans l'intérêt des tiers ; aussi n'est-ce qu'à compter de l'accomplissement de cette formalité que la communauté est, vis-à-vis de ces tiers, censée rétablie. — *Rouen*, 6 nov. 1835, sous *Cass.*, 17 juin 1839 (t. 1er 1839, p. 613), de Villepoix c. comm. de Villyval-le-Roi ; — Zachariæ, t. 3, § 516; Bellot des Minières, t. 2, p. 71.

965. — Quant au mode de publicité, l'art. 1451 se borne à renvoyer aux formalités prescrites par l'art. 1445, qui prescrit l'affiche dans le tableau placé dans la principale salle du tribunal de première instance. — Mais ici se présente naturellement la question de savoir si, depuis la promulgation de l'art. 872, C. procéd. civ., relatif au mode de publicité en matière de jugement de séparation de biens, cet article n'était pas devenu nécessairement applicable en matière de rétablissement de communauté.

966. — Cette question ne manque pas de gravité, et les auteurs ne l'ont pas, pour la plupart, résolue d'une manière explicite. — Fayard de Langlade (*Répert.*, vº *Communauté*, sect. 5e, nº 7), Carré et Pigeau se bornent à dire que les formalités exigées pour le rétablissement de la communauté sont celles de l'art. 1445, C. civ., sans parler de l'art. 872. Peut-on induire de leur silence que ce dernier article leur ait paru inapplicable?

967. — M. Berriat (p. 672) repousse l'application de l'art. 872, même au cas de séparation de biens, en tant au moins que son inobservation emporte nullité. On peut conclure de là *à fortiori*, qu'il considère l'art. 872 comme inapplicable au rétablissement de la communauté.

968. — M. Bellot des Minières (*Tr. du contrat de mariage*, t. 2, p. 172) dit qu'il est très prudent d'observer, pour le rétablissement de la communauté, les formalités de l'art. 872.

969. — Quant à M. Duranton (t. 14, nº 430, à la note), il résout formellement la question dans le sens de l'application de l'art. 872 au cas de rétablissement de la communauté.

970. — On peut encore considérer comme professant cette opinion Toullier (t. 13, nº 118). Voici en effet comment cet auteur s'exprime, après avoir cité l'art. 451 : « On voit que cet article est commun au cas de rétablissement de la communauté dissoute, soit par la simple séparation de biens, soit par la séparation de corps et d'habitation. » — Pothier (nº 524) faisait entre ces deux cas une distinction qui paraissait fondée sur des motifs assez plausibles, mais dont on ne doit plus s'occuper aujourd'hui, non plus que de la question de savoir si un acte notarié est absolument nécessaire pour le rétablissement de la communauté. *Notre article exige même que cet acte soit affiché dans la forme de l'art. 1445, qui doit s'entendre aujourd'hui tel qu'il est développé et ratifié par le Code de procédure.* — V. *suprà* nºs 45 et suiv.

971. — Et ces nºs 45 et suiv. traitent précisément de l'application de l'art. 872 au cas d'affiche du jugement de séparation de biens.

972. — Quoi qu'il en soit, la cour de Cassation ayant eu à se prononcer sur la question l'a résolue très nettement, en décidant que les actes qui font cesser la séparation de biens et rétablissent les conventions matrimoniales dans leur forme originaire, ne sont soumis qu'aux formalités prescrites par l'art. 1445, et non pas à celles indiquées par l'art. 872 C. proc. civ. — *Cass.*, 17 juin 1839, (t. 1, 1839, p. 612) de Villepoix c. comm. de Villyvel-du-Roi.

973. — Dans le cas de rétablissement de la communauté, la communauté rétablie reprend son effet du jour du mariage ; les choses sont remises au même état que s'il n'y avait point eu de séparation, sans préjudice néanmoins de l'exécution des actes qui, dans cet intervalle, ont pu être faits par la femme en conformité de l'art. 1449. — C. civ., art. 1451.

974. — Les choses étant remises au même état qu'avant la séparation, et la communauté reprenant son effet du jour du mariage, il suit que toutes les choses que chacun des conjoints a acquises depuis la séparation entrent dans la communauté, comme elles y seraient entrées s'il n'y avait jamais eu de séparation, et les dettes que chacun des conjoints a contractées depuis la séparation, y tombent également. — Pothier, t. 2, nº 516; Battur, t. 2, nº 663.

975. — Les actes de la femme que l'art. 1451 laisse subsister sont ceux-là seuls qui n'excèdent pas les bornes d'une simple administration, tels que les baux à ferme ou à loyer, les ventes et achats que comporte cette administration, etc. — Pothier, t. 2, nº 518; Toullier, t. 13, nº 119; Battur, t. 2, nº 663.

976. — Au reste, comme la loi l'indique, la communauté rétablie par le consentement mutuel des époux, n'a lieu que vis-à-vis des conjoints et entre eux ; les droits des tiers leur sont irrévocablement acquis ; ainsi, par exemple, s'il avait été convenu par le contrat de mariage qu'une somme de 10,000 fr. constituée en dot retournerait au donateur en cas de séparation judiciaire entre les époux, la somme serait acquise au constituant par l'effet de l'événement de la condition, et l'anéantissement de la séparation par la réunion des époux, authentiquement consentie, ne ferait pas rentrer la somme dans la communauté ; on applique à ce cas la L. 63 ff., *De jure dotium*, qui est ainsi conçue : *Stipulatio de dote reddendâ ab extraneo interposita, facto divortio statim committitur, nec redintegrato matrimonio actio stipulatori quæsita intercidit*; ce qui est conforme au principe général sur l'accomplissement des conditions : *Conditio semel impleta non resumitur.* — Battur, t. 2, nº 663; Toullier, t. 13, nº 120.

977. — La communauté conjugale dissoute par l'émigration a été rétablie de plein droit pour l'avenir par le seul effet de la réintégration de l'émigré dans ses droits civils. — *Toulouse*, 22 juin 1844, (t. 2 1844, p. 219), Folmont c. Gobert et de Surval. — V. conf. *Cass.*, 11 août 1812, Decouville c. Ducost; 10 juin 1806, Masson. — V. toutefois en sens contraire, *Paris*, 8 flor. an XII, d'Hervault de Pleumartin; *Cass.*, 22 pluv. an XIII, Delcroix c. Carondelet.

978. — Mais la communauté n'a pas été rétablie pour le passé. — *Cass.*, 12 nov. 1810, Enregistrement c. Janvier. — V. aussi Battur, t. 2, nº 614.

979. — Jugé encore, en ce sens, que ce rétablissement de la communauté n'a pu en rien préjudicier aux droits antérieurement acquis et expressément réservés par l'acte d'amnistie au profit des tiers, au nombre desquels on doit comprendre la femme de l'amnistié. — *Toulouse*, 22 juin 1844 (t. 2 1844, p. 219), de Folmont c. Gobert.

980. — Et que cette amnistie n'a pu rétablir rétroactivement la communauté comme si elle n'avait pas cessé d'exister, et faire considérer comme acquêts de communauté les biens antérieurement advenus à la femme ou acquis par elle. — *Cass.*, 16 août 1842 (t. 2 1842, p. 576), Delée.

981. — L'art. 1451, C. civ., ajoute que la convention par laquelle les époux rétabliraient leur communauté, sous des conditions différentes de celles qui la réglaient antérieurement, est nulle.

982. — Cette disposition doit-elle être entendue en ce sens que c'est seulement la partie de la convention qui serait contraire au contrat de mariage qui devrait être annulée, ou bien la nullité porte-t-elle sur la convention tout entière? — Delvincourt avait émis l'opinion que c'était la convention tout entière, il avait dit : « Il me semble qu'il résulte du texte même de l'article, que c'est l'acte de rétablissement qui est entièrement nul et que les époux restent dans l'état de séparation, et cela est même assez conforme à l'équité. On peut présumer, en effet, que les époux n'ont consenti à rétablir leur communauté que parce qu'ils croyaient pouvoir le faire sous des conditions différentes, et rien ne prouve qu'ils eussent pensé de même s'ils avaient cru être obligés de la rétablir aux mêmes conditions. » — V. en ce sens Battur, t. 2, p. 669.

983. — M. Duranton (t. 14, nº 431) combat cette opinion ; il la repousse principalement, par le motif que l'art. 1451 ne dit pas que c'est l'acte de rétablissement de la communauté qui est nul, mais qu'il dit simplement que toute convention par laquelle les époux rétabliraient leur communauté sous des conditions différentes de celles qui la régissaient antérieurement, est nulle, d'où cet auteur conclut que la nullité ne tombe que sur ce qui serait différent, sur ce que le législateur a voulu prohiber, et non pas sur le rétablissement lui-même V. en ce sens Zachariæ (t. 3, p. 516). — « A moins, toutefois, dit cet auteur, que les époux n'aient subordonné le rétablissement de la communauté à l'exécution des clauses dérogatoires aux conditions primitives de leur communauté. — En ce cas, l'annulation devrait être prononcée sur le tout. »

984. — Le raisonnement de M. Duranton n'est pas à l'abri de toute critique. N'est-il pas juste de dire que, grammaticalement, les mots annuler l'acte de *rétablissement* ou toute convention qui *rétablirait* la communauté sont synonymes, d'où la conséquence que la conclusion de Delvincourt serait préférable?

ART. 3. — *Acceptation de la communauté. — Renonciation qui peut y être faite. — Notions générales ; dispositions communes aux cas d'acceptation et de renonciation.*

985. — Après la dissolution de la communauté, la femme ou ses héritiers et ayant-cause ont la faculté de l'accepter ou d'y renoncer ; toute convention contraire est nulle. — C. civ., art. 1453.

986. — Il en était ainsi dans l'ancien droit ; longtemps avant Pothier, la jurisprudence avait proscrit les conventions qui avaient pour objet d'empêcher la femme ou ses héritiers d'accepter la communauté ou d'y renoncer. Cet auteur dit que cette jurisprudence était fondée : 1º sur ce qu'il a paru contre le bon ordre et l'intérêt public de laisser au pouvoir des maris d'engager et d'absorber les propres de leurs femmes : *Nam reipublicæ interest mulieres dotes salvas habere* (l. 2, ff., *De jure dot.*); 2º sur ce que le mari n'a aucun intérêt à ce que la femme soit exclue du droit de renoncer à la communauté ; que les créanciers seuls y sont intéressés. Il faut cependant remarquer que la coutume d'Orléans autorisait ces sortes de stipulations; mais Pothier prétend que le passage de la coutume qui les permettait s'y était glissé par inadvertance.

987. — La convention qui interdirait à la femme la faculté d'accepter la communauté ou d'y renoncer serait nulle, alors même qu'elle aurait été faite pendant le mariage. — Duranton, t. 14, no 434.

988. — Il ne faut pas toutefois confondre avec une pareille convention celle par laquelle la femme donnerait à son mari, comme elle pourrait le faire à tout autre, ses droits dans la communauté; cette donation serait valable, pourvu toutefois qu'elle n'excédât pas la quotité disponible. — Duranton, t. 14, no 434.

989. — L'art. 1453 n'est applicable qu'à la femme; le mari ou ses héritiers n'ont pas le choix d'accepter ou de renoncer à la communauté; il est toujours censé acceptant. La raison en est que c'est lui seul qui a administré, et qu'il doit supporter seul les fautes de sa mauvaise gestion. — Duranton, t. 14, no 435.

990. — Il a même été jugé que la faculté de renoncer à la communauté ayant été accordée à la femme dans son intérêt personnel, et contre le mari, celui-ci ne peut l'invoquer en qualité d'héritier testamentaire de sa femme, et qu'en conséquence, il ne peut, sous prétexte qu'il a renoncé à la communauté, se soustraire au paiement du droit de mutation pour les biens qu'il a recueillis. — *Cass.*, 9 mars 1842 (t. 1er 1842, p. 405), Guénin c. Enregist.

991. — Que faut-il entendre par ces mots de l'art. 1453, C. civ., les *ayant-cause* de la femme ? — On entend ordinairement par là les héritiers du sang, les légataires universels ou à titre universel ; — les créanciers, les légataires à titre particulier n'y sont pas compris. Quant aux créanciers, ils peuvent faire annuler la renonciation de la femme, si elle est faite en fraude de leurs droits; mais ils ne peuvent accepter de son chef (C. civ., art. 1464); les légataires particuliers ne le peuvent pas non plus. — Battur, t. 2, no 666. — V. *infrà*, nos 1122 et suiv. — V. AYANT-CAUSE.

992. — La veuve, porte l'art. 1465, soit qu'elle accepte, soit qu'elle renonce, a droit, pendant les trois mois et quarante jours qui lui sont accordés pour faire inventaire et délibérer, de prendre sa nourriture et celle de ses domestiques sur les provisions existantes, et, à défaut, par emprunt, au compte de la masse commune, à la charge d'en user modérément.

993. — Elle ne doit aucun loyer à raison de l'habitation qu'elle a pu faire pendant les délais de trois mois et quarante jours accordés par la loi pour faire inventaire et délibérer, dans une maison dépendante de la communauté ou appartenant aux héritiers du mari; et si la maison qu'habitaient les époux à l'époque de la dissolution de la communauté, était tenue par eux à titre de loyer, la femme ne contribuera point, pendant les mêmes délais, au paiement dudit loyer, lequel sera pris sur la masse. — C. civ., art. 1465.

994. — Il en était de même dans le droit ancien. — V. Pothier, nos 570 et 571; Bourjon, part. 4, ch. 5, dist. 3, no 19; cout. du Bourbonnais, ch. 21, art. 245.

995. — M. Duranton (t. 14, no 466) signale plusieurs inexactitudes dans la rédaction de l'art. 1465.

996. — « D'abord, enseigne-t-il, il n'est pas juste de dire que la femme en aucun cas ne contribue au loyer de la maison dans laquelle elle habite lors de la dissolution. Elle y contribue, au contraire, lorsqu'elle accepte, puisque l'art. 1465 porte que le loyer est pris *sur la masse*. »

997. — D'un autre côté, ce n'est pas non plus nécessairement pendant trois mois et quarante jours que la femme a droit au bénéfice de l'art. 1465. La pensée dominante du législateur a été seulement d'accorder la nourriture et l'habitation à la veuve pendant le temps nécessaire pour faire inventaire et délibérer. D'où il résulte : 1o que si l'inventaire a été clos avant le délai de trois mois, comme le délai de quarante jours commence à courir du jour de cette clôture (V. *infrà*), la femme n'aura droit à sa nourriture et à l'habitation que jusqu'à l'expiration de ces quarante jours seulement; 2o et que s'il y avait lieu à prorogation, le droit subsisterait pendant cette prorogation. — Duranton, *loc. cit.* — M. de Maleville (art. 1465) émet une opinion contraire sur ce dernier point.

998. — La loi ne parle pas des enfans, parce qu'ils sont héritiers de leurs père et mère et qu'ils ont droit à la nourriture et à l'habitation, à un double titre. Toutefois, s'il s'agissait des enfans de la femme provenant d'un premier mariage, M. Duranton (t. 14, no 467) pense que la mère seule devrait supporter les frais de leur nourriture et de leur habitation.

999. — Si la maison habitée par les époux à la mort du mari appartenait à la femme, elle ne pourrait réclamer aucune indemnité pour son logement pendant les délais de trois mois et quarante jours, mais elle pourrait en réclamer une pour le logement des effets de la communauté jusqu'au partage. — Duranton, t. 14, no 468.

1000. — Les dispositions relatives à la nourriture et à l'habitation ne concernent que la veuve et sans doute, par identité de motifs, on les appliquerait aux femmes des individus morts civilement (arg. art. 1462); mais elles ne peuvent être invoquées par la femme séparée de corps ou de biens.

1001. — Et il a été jugé que la provision alimentaire allouée à la femme plaidant en séparation de corps et de biens ne constitue ni une reprise ni une indemnité à son profit, et le droit de la femme qui n'a pas touché cette provision se borne à faire exécuter le jugement qu'elle a obtenu à cet égard. — *Paris*, 28 août 1837 (t. 1er 1838, p. 666), Sergent.

1002. — Le deuil de la femme est aux frais des héritiers du mari prédécédé. La valeur de ce deuil est réglée selon la fortune du mari. Il est dû, même à la femme qui renonce à la communauté. — C. civ., art. 1481.

1003. — Ce deuil s'étend aux vêtemens des domestiques de la femme et aux draperies des voitures. — *Pau*, 27 mai 1837 (t. 1er 1838, p. 134), Hidembaig ; — Pothier, no 678 ; Duranton, t. 14, no 469; Battur, t. 2, no 791 ; Toullier, t. 13, no 271. — V. DEUIL.

§ 1er. — *De l'acceptation de la communauté.*

1004. — La femme ou ses héritiers acceptent la communauté expressément ou tacitement.

1005. — L'acceptation est expresse lorsque, depuis la dissolution de la communauté, la femme prend dans quelque acte la qualité de femme commune. — C. civ., art. 1455.

1006. — Cela n'est vrai toutefois qu'autant qu'elle était majeure lorsqu'elle a pris cette qualité. — Même article.

1007. — La femme majeure qui a pris la qualité de femme *commune* ne peut renoncer ni se faire restituer contre cette qualité, quand même elle l'aurait prise avant d'avoir fait inventaire, s'il n'y a eu dol de la part des héritiers du mari. — C. civ., art. 1455. — Pothier, no 536.

1008. — Toutefois, si la femme avait pris cette qualité dans un acte, *avant la dissolution de la communauté*, on ne devrait pas pour cela la considérer comme commune; « car, dit Pothier (*loc. cit.*), le droit de la femme à la communauté n'étant ouvert qu'à la dissolution de la communauté, la femme n'a pu, avant cette dissolution, accepter valablement une communauté à laquelle elle n'avait aucun droit formé. Il en est de cela comme de celui qui aurait pris la qualité d'héritier d'une personne encore vivante. »

1009. — La femme accepte tacitement *facto*, en s'immisçant dans les biens de la communauté, et, dans ce cas, elle ne peut plus y renoncer ; toutefois, et de même que lorsqu'il s'agit d'acceptation expresse, il faut qu'elle soit majeure au moment où elle a fait l'acte d'immixtion qu'on lui oppose; si elle était mineure, elle pourrait se faire restituer si elle se trouvait lésée par son acceptation. — Duranton, t. 14, no 438; Battur, t. 2, no 682.

1010. — Il ne faut pas considérer comme acte d'immixtion les actes qui ont pour objet la conservation des biens de la communauté; car la veuve, après la dissolution de la communauté, est de droit administratrice des biens qui la composent, avant même qu'elle ait manifesté son intention d'accepter ou de renoncer (Pothier, no 541); c'est ce que dit formellement l'art. 1454 : « Les actes *purement administratifs ou conservatoires n'emportent pas immixtion.* »

1011. — Ainsi, les réparations urgentes faites aux biens de la communauté, la vente des effets périssables, faite pour en éviter la perte, ou des marchandises d'un commerce de détail, pour ne pas perdre l'achalandage de la maison, les actes interruptifs de prescription, les congés donnés aux locataires qui ne paient pas, les baux des biens de la communauté pour les termes d'usage, n'emporteraient pas immixtion, car ce sont des actes de pure administration. — Pothier, no 541 ; Duranton, t. 14, no 439; Glandaz, *Encycl. du dr.*, vo *Communauté*, nos 306 et 307.

1012. — Toutefois M. Battur (t. 2, no 677) ne considère pas la passation des baux comme un acte d'administration. Il se fonde sur ce que, d'après l'art. 778, C. civ., il n'y a que les actes d'*administration provisoire* qui soient au pouvoir de la femme; or, dit-il, ces sortes d'actes ne doivent pas être classés dans cette catégorie. Cette opinion nous paraît erronée ; l'art. 1454, C. civ., ne parle pas d'*administration provisoire*, mais d'actes purement *administratifs* ou *conservatoires*; or, c'est la loi spéciale qu'il faut nécessairement appliquer au cas dont il s'agit.

1013. — Il faut en dire autant du paiement des frais funéraires fait par la veuve, quoiqu'avec les deniers de la communauté, et des poursuites qu'elle aurait faites pour venger la mort du défunt; on applique à ces actes la loi 20, ff., *De acquirendâ hæred. Si quid pietatis causâ fuit... apparet non videri pro hærede gessisse.* — Pothier, no 543.

1014. — La femme ne fait pas acte de commune en requérant l'apposition des scellés. — Duranton, t. 14, no 469.

1015. — Mais la femme ferait acte de commune en disposant, après la dissolution de la communauté, de quelques effets en provenant, pourvu qu'elle n'eût pas d'autre qualité pour en disposer que celle de femme commune. — Pothier, no 538 ; Glandaz, no 306.

1016. — Jugé toutefois que la femme qui, immédiatement après le décès de son mari et avant l'inventaire, disposerait de quelques effets de la communauté, ne serait point pour cela tenue des dettes au-delà de son émolument, s'il était reconnu qu'en agissant ainsi elle a fait un acte de bonne et sage administration. — *Cass.*, 18 juin 1817, Louvet c. Thermeau.

1017. — Il faudrait aussi considérer la femme comme ayant fait acte de commune, alors même que les choses dont elle aurait disposé n'auraient pas appartenu à la communauté; « il suffit, dit Pothier (*loc. cit.*), que la femme en ait disposé, ignorant qu'elles appartinssent à autrui pour qu'elle soit considérée comme ayant fait acte de femme commune : *Interdum animus solus eum obstringet hæreditati, ut puta, si re non hæreditariâ quasi hæres usus sit.* » — L. 21, § 1er, ff., *De acquir. hæred.*

1018. — La femme fait aussi acte de commune en payant pour sa part quelque dette de la communauté, à laquelle elle n'est point obligée en son propre nom ; en effet, comme personne n'est présumé vouloir payer ce qu'il ne doit pas, la femme, en payant cette dette, est censée s'en constituer débitrice, et comme elle n'en peut être débitrice que par la qualité de commune, elle est censée, en faisant ce paiement, prendre la qualité de commune et déclarer suffisamment la volonté qu'elle a de l'être. — Pothier, no 539.

1019. — Il faut en dire autant de la femme d'un fermier des immondices qui, après le décès de son mari, cède au successeur de celui ci dans la ferme les objets servant à son exploitation, encore bien qu'il fût stipulé dans le cahier des charges que le successeur du fermier aurait le droit de reprendre les objets dont il s'agit, sans estimation à faire par experts. — *Bruxelles*, 20 mai 1826, N...

1020. — Mais si la femme était obligée en son propre nom à la dette de la communauté qu'elle a payée, quand ce ne serait que comme caution de son mari qu'elle s'y serait obligée, elle ne serait pas censée, en la payant, faire acte de commune, ayant pu la payer par le seul motif de se libérer de sa propre obligation. — Pothier, no 540.

1021. — La cession que la femme fait, après la dissolution de la communauté, de tous les droits qu'elle a d'y prétendre, renferme une acceptation qui l'oblige, pour sa part, envers les créanciers, sauf son recours contre son cessionnaire, qui doit l'en indemniser; la raison en est évidente : on ne peut céder que ce qu'on a ; la femme ne peut donc céder son droit à la communauté si elle ne l'a pas acceptée. — Pothier, no 544 ; Battur, t. 2, no 678.

1022. — Il en serait de même de la renonciation que la femme ferait à la communauté en faveur de l'un des héritiers du mari ; ce serait là une véritable cession qui renfermerait aussi une acceptation implicite de la communauté. — Pothier et Battur, *loc. cit.*

1023. — Mais si la renonciation était faite indistinctement en faveur des héritiers du mari, la femme, dans ce cas, ne serait point censée avoir fait une vente ou une cession de ses droits, et il n'y aurait pas acceptation implicite de la communauté. — Pothier, no 544 ; Battur, no 679.

1024. — La femme ne serait pas non plus censée avoir accepté la communauté, si elle avait reçu des héritiers de son mari une somme pour n'y prendre aucune part ; il en est de cette renonciation comme de celle que quelqu'un fait à une succession qui lui est déférée, pour une somme d'argent qu'il reçoit de ses cohéritiers; or, suivant la L. 24, ff., *De acquir. hæred.*, une telle renonciation ne renferme point un acte d'héritier ; *qui prætium omittendæ hæreditatis causâ capit, non videtur hæres esse.* — Pothier, no 545; Battur, t. 2, no 679.

1025. — Toutes les règles que nous venons de développer relativement à la femme qui accepte tacitement ou expressément sont applicables à ses héritiers. — Battur, t. 2, no 680.

1026. — Ainsi que cela a été dit plus haut, l'ac-

ceptation de la communauté est irrévocable, à moins qu'elle ne soit le résultat du dol et de la fraude pratiqués envers la femme. — Glandaz, nº 303. — Le droit de revenir contre une acceptation ainsi obtenue pourrait être invoqué par les héritiers.

1027. — On avait douté, dans le droit ancien, si la femme séparée de biens pouvait accepter la communauté. — Duparc-Poullain pensait qu'il était inconséquent d'accorder une part à la femme dans une communauté dont elle avait demandé la dissolution, précisément à cause de son mauvais état; d'autres auteurs, en tête desquels se trouvait Pothier (t. 2, nº 539), décidaient, au contraire, qu'il était juste et naturel que la femme eût la faculté de partager les débris de la communauté alors que ces débris existaient; qu'elle était assez malheureuse de n'avoir pu arrêter plus tôt les dilapidations de son mari. Cette doctrine, appuyée sur un usage du Châtelet, attesté par un acte de notoriété du 27 juill. 1709, rapporté par Denisart, était la plus suivie. Aujourd'hui, cela ne peut plus faire question. — Duranton, t. 14, nº 150; Toullier, t. 13, nº 128. — V. cependant le rapport fait au corps législatif sur le projet de Code de procédure par le tribun Mouricault, et Glandaz, *Encyc. du dr.*, nº 303.

1028. — La veuve accepte également la communauté en divertissant ou en recélant des effets qui en dépendent; dans ce cas, elle est déclarée commune malgré sa renonciation. Il en est de même à l'égard de ses héritiers.

1029. — On entend par *recélé* l'omission frauduleuse que l'époux survivant a faite dans son inventaire de quelques effets dépendant de la communauté, dans le but de priver les héritiers du prédécédé de la part qu'ils ont droit de prétendre dans ces mêmes effets. — Pothier, nº 688.

1030. — Jugé que l'art. 1460, C. civ., portant que la veuve qui a diverti ou recélé quelques effets de la communauté est déclarée commune, ne s'étend pas à la femme séparée de biens; celle-ci peut, nonobstant le recélé, renoncer à la communauté, sauf l'obligation de précompter. — *Toulouse*, 23 août 1827, Montant c. Gornau.

1031. — Il a été jugé, par application de l'art. 1460, que la veuve qui n'a point déclaré, dans l'inventaire fait après le décès de son mari, une somme placée par le défunt, et qui en fait renouveler la reconnaissance en son nom, est coupable de recélé, bien qu'elle offre ultérieurement d'en tenir compte à la succession. — *Colmar*, 6 avr. 1813, N...

1032. — Il n'y a recélé, comme nous l'avons dit, qu'autant que l'omission des effets dans l'inventaire est reconnue frauduleuse; ainsi, lorsque le survivant, avant que personne se soit plaint de la fraude, a ajouté à l'inventaire les effets ou titres omis, on ne doit pas provoquer contre lui la peine du recélé. — *Paris*, 5 août 1839 (t. 2 1839, p. 485), Bosquin c. Périer; — Pothier, *loc. cit.*

1033. — Jugé par le même arrêt qu'il doit en être ainsi à l'égard de l'héritier de l'auteur du recélé, lorsqu'il a déclaré, avant toutes réclamations, les objets divertis par son auteur.

1034. — De même, on a jugé que quand il est établi qu'il existait au moment du décès une somme d'argent non comprise dans l'inventaire, la veuve commune en biens, qui a déclaré avoir tout représenté et n'avoir rien détourné ni vu détourner, peut échapper à l'application de la peine du recélé et du divertissement, en expliquant l'usage qu'elle avait fait de cette somme avant l'inventaire pour les affaires de la communauté. — *Dijon*, 19 mars 1829 (sous *Cass.*, 31 mai 1831), Barbier c. Caron.

1035. — Du moins, l'arrêt qui décide qu'il n'y a dans ce défaut de déclaration qu'une simple inexactitude, donnant lieu à une demande en compte, est à l'abri de la cassation, comme fondé sur le droit qui appartient aux cours royales de déterminer souverainement la nature et le caractère des faits constituant le recélé ou le divertissement. — *Cass.*, 31 mai 1831, mêmes parties.

1036. — Lorsque des personnes, appartenant à la famille d'une femme survivante, ont diverti des effets de la communauté, et que celle-ci n'a pas fait mention de cette soustraction dans l'inventaire, on peut en induire, de la part de la femme elle-même, un fait de *divertissement* ou de *recélé* qui entraîne contre elle la déchéance du droit de renoncer à la communauté. — *Bruxelles*, 22 avr. 1817, Carpentier c. Coche.

1037. — L'héritier qui opte pour la continuation de la communauté ne peut prouver par témoins et par commune renommée que l'époux survivant a soustrait, dilapidé ou dissipé une partie des biens qui sont de nature à entrer dans la communauté continuée. — *Rennes*, 14 janv. 1811, Robert.

1038. — On avait agité dans l'ancien droit la question de savoir si la veuve pouvait être déclarée commune pour recélé commis postérieurement à la renonciation. On peut voir pour la négative Louet et Brodeau (lett. *R.*, nº 1er) et Duparc-Poullain (*Principes de droit*, t. 5, p. 228 et 239). Ces auteurs pensaient que les recélés postérieurs ne donnaient lieu qu'à l'action *rerum amotarum*.

1039. — Mais cette doctrine était repoussée par d'autres jurisconsultes, notamment par Argou, dans ses *Institut. du dr. franç.*, liv. 3, chap. 4. « Il y en a, disait-il, qui veulent qu'on ne prononce cette peine contre la femme que quand elle a commis le recélé avant sa renonciation, et que si le recélé n'a été commis qu'après qu'elle a renoncé, on doit se contenter de lui faire rapporter les choses qu'elle a soustraites et de la condamner aux dommages-intérêts; mais il faut avouer que cette indulgence est directement contraire aux termes et à l'esprit de la coutume (art. 240), qui veut, pour la validité de la renonciation, qu'il y ait un bon et loyal inventaire: ce qu'on ne peut pas dire, soit que le recélé ait été fait avant ou après la renonciation. Puisque la coutume y est expresse, pourquoi avoir recours à des subtilités de droit pour autoriser le crime par l'espérance de l'impunité? D'ailleurs, si on punit le recélé quand il a été fait avant la renonciation, ou même après l'acceptation de la femme, pourquoi le laisser impuni dans le troisième cas, c'est-à-dire quand il est fait après la renonciation? Le crime est même plus grand après la renonciation, puisque alors la femme vole un bien dans lequel elle ne peut avoir aucune part. »

1040. — La question s'est représentée sous le Code civil; on a prétendu que l'art. 1460 ne pouvait s'entendre que d'un recélé fait avant la renonciation. M. Toullier (t. 13, nº 217) dit qu'il ne faut pas appliquer l'art. 1460 à la femme qui recèle, après avoir renoncé, parce que, dès ce moment, il n'y a plus de communauté, et que s'il y a détournement, ce détournement est un vol: *Contractatio rei alienæ fraudulosa*; d'où il conclut que la distinction entre les soustractions antérieures ou postérieures à la renonciation, empruntée du droit romain par l'ancienne jurisprudence, est encore suivie sous l'empire du Code; qu'elle est fondée sur la nature des choses. — V. en ce sens Duranton, t. 14, nº 443.

1041. — M. Battur est d'une opinion contraire; il pense que ces termes de l'art. 1460, *est déclarée commune nonobstant sa renonciation*, prêtent peu à l'équivoque, et qu'aujourd'hui surtout, qu'aucune poursuite extraordinaire ne peut être exercée contre la veuve qui a recélé après sa renonciation (art. 380, C. pén.), il serait difficile de croire que la loi ne lui inflige pas la peine du recélé; il ajoute que les orateurs du Tribunat ont été unanimes pour déclarer que le recélé après la renonciation rendait la femme commune. — Remarquons néanmoins qu'à l'égard de la pensée des orateurs du Tribunat, Toullier l'interprétait tout autrement, et que sur ce point il y a dissidence comme sur le fond de la question.

1042. — Dans ce conflit d'opinions, nous pensons que, pour arriver à la solution de la question, il faut s'attacher, sinon à la lettre de la loi qui, il faut bien le dire, est complétement amphibologique, du moins à ce qu'a dû vouloir le législateur. Or, est-il supposable que le législateur ait voulu laisser impunie la soustraction frauduleuse commise par la femme renonçante? A l'abri de toutes poursuites criminelles, cette femme pourrait ainsi se livrer à une spoliation ouverte des biens qui composeraient la communauté, sans courir d'autre danger que celui d'une action en restitution; n'y aurait-il pas là quelque chose d'injuste, d'autant plus que ce serait laisser la femme entièrement libre de se soustraire à la peine du recélé, puisque, au moyen de la renonciation purement facultative, elle ne pourrait jamais être déclarée commune.

1043. — Toutefois, il a été jugé: 1º que des soustractions postérieures à la renonciation ne peuvent en entraîner la déchéance. — *Rennes*, 11 août 1817, Lambert.

1044. — ... 2º Que la soustraction faite après l'inventaire, par la femme commune en biens, d'objets qui ont été inventoriés, pour en disposer à son profit personnel, ne peut êre considérée comme un acte de recel ou de divertissement devant entraîner la déchéance de ses droits personnels; elle devient seulement comptable envers les héritiers des objets dont elle s'est emparée. — *Paris*, 5 niv. an XIII, Godefroy c. Lemire.

1045. — Sous l'empire de la coutume de Bretagne, la veuve renonçante ne pouvait être déclarée déchue de cette qualité et poursuivie pour cause de recélé commis avant sa renonciation, lorsqu'il s'était écoulé plus de cinq ans depuis l'époque où les recélés avaient eu lieu. — *Rennes*, 31 août 1814, Pittet c. Richer.

1046. — L'action des héritiers de l'époux prédécédé, pour faire prononcer la déchéance contre l'époux qui a diverti ou recélé des objets dépendant de la communauté, se prescrit non par trois ans, mais par trente ans. — *Paris*, 24 juin 1843 (t. 2 1843, p. 179), Melot et Mourlon c. Gray et Bontron.

1047. — La déchéance du droit de renoncer n'est pas la seule peine imposée à la veuve qui recèle ou divertit des objets de la communauté. Aux termes de l'art. 1477, cette veuve est privée de sa portion dans les effets divertis ou recélés. Nous expliquerons ci-dessous (nos 1234 et suiv.) ce qui est relatif à cette pénalité; on y trouvera des arrêts qui reçoivent également leur application à l'acceptation forcée de la communauté.

1048. — Lorsque les héritiers du mari contestent à la veuve l'administration qui lui appartient de droit jusqu'au partage, les parties se pourvoient en référé. — C'est aussi en référé que le président lève les difficultés qui se présentent sur l'utilité ou l'opportunité de tel ou tel acte que la femme voudrait ou ne voudrait pas faire. — V. RÉFÉRÉ.

1049. — La loi ne fixe aucun délai à la veuve ou à ses héritiers pour accepter la communauté; ils peuvent donc le faire pendant trente ans à partir de la dissolution sans préjudice des interruptions et suspensions telles que de droit. — Duranton, nº 448.

1050. — Et cela s'applique aux femmes des morts civilement, lesquelles sont assimilées, sous ce rapport, aux femmes veuves. — C. civ., art. 1462.

1051. — Toutefois lorsque la dissolution de la communauté a eu lieu par suite de la séparation de corps, la femme qui n'a pas accepté cette communauté dans les trois mois et quarante jours après la séparation définitivement prononcée, est censée y avoir renoncé, à moins qu'étant encore dans le délai, elle n'en ait obtenu la prorogation en justice contradictoirement avec le mari, ou lui dûment appelé. — C. civ., art. 1463.

1052. — La loi, dans l'art. 1463, ne parle que de la femme séparée de corps, mais plusieurs auteurs sont d'accord pour reconnaître que cet article est applicable *à fortiori* à la femme séparée de biens. — Duranton, t. 14, nº 459; Zachariæ, t. 3, § 517. — V. cependant Bellot des Minières, t. 2, p. 312.

1053. — Toutefois on lit dans les considérans d'un arrêt de la cour de Rouen: « qu'on ne peut appliquer à la femme civilement séparée l'art. 1463 qui *ne concerne textuellement que la femme divorcée ou séparée de corps.* » L'arrêt, il est vrai, ajoute que s'il s'agissait d'opter, en ce qui la concerne, entre les art. 1459 et 1463, ce dernier article aurait plus d'analogie que l'autre avec sa position; mais l'arrêt n'en exclut pas moins son application. — *Rouen*, 8 juill. 1826, N...

1054. — Par les mots *après la séparation définitivement prononcée*, la loi a voulu dire *à compter du moment où le jugement qui a prononcé la séparation est devenu définitif en acquérant l'autorité de la chose jugée en cessant d'être attaquable par les voies ordinaires.* — *Colmar*, 8 août 1833, et *Cass.*, 2 déc. 1834, Lacroix. — Zachariæ, *loc. cit.*

1055. — Le délai de trois mois est fatal, et court à partir du jour de l'arrêt de séparation, et non de celui de sa notification. — *Poitiers*, 23 fév. 1842 (t. 2 1842, p. 42), Rioux.

1056. — Jugé également que la disposition de l'art. 1463 est absolue, et que la veuve séparée de corps qui n'a pas accepté dans les trois mois et quarante jours après la séparation définitivement prononcée, se trouve frappée, quant au droit d'accepter, d'une déchéance complète. — *Paris*, 22 avril 1840 (t. 1. 1840, p. 673), Ruelle Pomponne.

1057. — ... Et que des projets d'arrangement amiable constatés par la correspondance des époux ne dispensent pas la femme de demander une prorogation de délai avant l'expiration du terme légal. — Même arrêt.

1058. — Jugé toutefois que la femme séparée de corps et de biens a le droit, lorsqu'un premier inventaire a été dressé d'une manière irrégulière par le fait de son mari, d'obtenir un nouveau délai pour faire inventaire avant d'être tenue de prendre qualité. — *Angers*, 15 juill. 1808, Aurat.

1059. — Et qu'après une séparation de corps, lorsque l'acceptation ou la répudiation de la communauté par la femme, est subordonnée au compte à rendre par le mari, le délai accordé à la femme pour faire son option ne commence à courir que du jour de la reddition du compte. — *Cass.*, 29 janv. 1818, Jarry Desloges.

1060. — Jugé au reste qu'en disant que la femme séparée de corps qui n'a pas accepté la communauté dans le délai prescrit est censée y avoir renoncé, l'art. 1463 n'établit qu'une simple présomption fondée sur le silence de la femme et qui peut être combattue par des présomptions con-

traires.—L'acceptation peut être tacite dans ce cas comme dans celui de dissolution de la communauté par suite du prédécès du mari, et résulter des faits dont la cour royale a plein pouvoir pour apprécier la pertinence et l'admissibilité. — *Cass.*, 8 fév. 1843 (t. 1er 1843, p. 634), Riou. — V. aussi *Poitiers*, 23 fév. 1842 (t. 2 1842, p. 42), mêmes parties.

1061. — Bien que l'art. 1463 porte que la prorogation devra être demandée, avant l'expiration du délai légal, il a été jugé que si le délai imparti par cet article, quoique expiré, a été retardé par des discussions soulevées par le besoin de fixer la masse de la communauté, la justice peut proroger ce délai sans violer l'art. 1463. — Mêmes arrêts.

1062. — En disant que la femme a la faculté d'accepter ou de renoncer, *après la dissolution de la communauté*, l'art 1453 n'a pas eu pour objet d'interdire à la femme une acceptation anticipée; en conséquence, la femme qui, pendant l'instance en séparation, a accepté, par avance, expressément ou tacitement, la communauté, se trouve par là dispensée de l'accepter, sous peine de déchéance, dans le délai prescrit par la loi. — *Cass.*, 21 juin 1831, Guilin; *Orléans*, 24 nov. 1817, de Teure c. Basson.

§ 2. — *De la renonciation à la communauté et de ses effets.*

1063. — La faculté de renoncer à la communauté n'était autrefois accordée qu'aux femmes nobles : « Il est loisible à une *noble femme* (portait l'art. 115 de l'ancienne coutume de Paris), extraite de noble lignée, et vivant noblement, de renoncer, si bon lui semble, après le trépas de son mari, à la communauté, etc. » L'origine de ce droit remonte, suivant Lebrun (*De la communauté*, liv. 3, chap. 2, sect. 2), au temps des croisades; il fut accordé, dit-on, aux veuves des gentilshommes, qui contractaient, en ce temps, des dettes considérables pour leurs voyages d'outre-mer. — V. aussi Pothier, no 549.

1064. — Toutefois M. Toullier (t. 13, no 127) prétend que c'était là une fausse doctrine de notre ancien droit; la faculté de renoncer à la communauté, de la part de la femme, étant de droit commun. Quoi qu'il en soit, l'art. 237 de la nouvelle coutume de Paris avait étendu indistinctement le droit de renoncer à toutes les femmes, nobles ou roturières : « Il est loisible à toute femme noble ou non noble, de renoncer, si bon lui semble, après le trépas de son mari, à la communauté de biens entre elle et son dit mari, la chose étant entière. »

1065. — La coutume de Meaux (art. 52) nous fait connaître le mode de renonciation employé autrefois par la femme : lors des obsèques de son mari, et lorsque le corps avait été déposé dans la fosse, la veuve détachait sa ceinture, à laquelle tenaient la bourse et les clés de la maison, et les jetait sur les restes du défunt, en déclarant qu'elle renonçait à la communauté. *La chronique* de Monstrelet (t. 1er, chap. 17) nous apprend que Marguerite, veuve de Philippe, duc de Bourgogne, qui mourut en 1404, renonça à la communauté en déposant sur la fosse du défunt sa ceinture avec sa bourse et ses clefs, *comme il est de coutume, et de ce demanda instrument à un notaire qui était là présent.*

1066. — L'art. 237 de la coutume de Paris, en permettant à la femme de renoncer à la communauté, mettait à cette faculté la condition expresse d'un inventaire préalable (*en faisant bon et loyal inventaire*); s'il n'en avait point été fait, la renonciation était nulle, et la femme pouvait être poursuivie comme commune.—Merlin, *Répert.*, vo *Inventaire.*

1067. — Aujourd'hui, l'art 1456, C. civ., dispose que la femme survivante qui veut conserver la faculté de renoncer à la communauté, doit dans les trois mois du jour du décès du mari, faire faire un inventaire fidèle et exact de tous les biens de la communauté.

1068. — Et il a été jugé que la renonciation à la communauté sans inventaire préalable ne peut produire aucun effet civil. — *Cass.*, 9 mars 1842 (t. 1er 1842, p. 405), Guénin c. Enregist. — V. aussi *Paris*, 2 avr. 1816, Descaves c. Tranchant; *Bruxelles*, 18 mai 1811, Lammens c. Champon.

1069. — Toutefois la cour de Besançon a décidé que la veuve peut renoncer à la communauté dans les trois mois du décès de son mari, sans faire préalablement inventaire; la nécessité de l'inventaire n'étant imposée qu'à la veuve qui veut conserver, après les trois mois, la faculté de renoncer. — *Besançon*, 23 février 1828, Bouillier et Paillot c. Bouillier; en ce sens Toullier, t. 13. no 130; Bellot des Minières, t. 2, p. 322.

1070. — Le défaut d'inventaire dans les trois mois du décès du mari (décédé sous le Code civil entraîne contre la femme ou ses héritiers déchéance du droit de renoncer à la communauté, alors même que le mariage aurait été contracté sous une législation qui accordait trente ans pour la confection de l'inventaire.—*Bordeaux*, 7 mai 1836 (t. 1er 1837, p. 380), Raymond c. Latournerie; *Agen*, 13 janv. 1836, Rousier c. Dulong; *Limoges*, 19 juin 1835, Pauty et Chastenet c. Barrot.

1071. — Jugé que la disposition qui oblige la femme qui veut conserver la faculté de renoncer à la communauté, à faire inventaire dans les trois mois du décès de son mari, n'est pas applicable à la femme mariée antérieurement au Code civil, et sous l'empire d'une jurisprudence qui l'autorisait à renoncer sans faire inventaire. — *Bordeaux*, 24 fév. 1831, Daysson c. Portié.

1072. — La déchéance de la veuve qui n'a pas fait inventaire est encourue alors même qu'il y aurait eu apposition de scellés de la part des créanciers de la succession. — *Bruxelles*, 18 mai 1811, Lammens c. Champon.

1073. — Jugé également que la veuve qui n'a pas fait inventaire dans les trois mois du décès de son mari est déchue de la faculté de renoncer à la communauté, encore qu'un inventaire ait été dressé à la requête des créanciers de la succession, si cet acte n'a été fait que dans les cinq mois après le décès du mari, ou si la veuve ne se l'est pas approprié en l'affirmant. — *Cass.*, 22 déc. 1829, Schirmer c. Labrut.

1074. — Jugé toutefois (dans une espèce où le mariage était survenu pendant l'émigration) que la femme renonçante ou ses héritiers ne peuvent se voir opposer le défaut d'inventaire, s'ils ne sont saisis de rien ou bien s'il y a eu inventaire déjà fait par d'autres parties intéressées. — *Nancy*, 29 mai 1828, Beaufort c. de Gironcourt.

1075. — Lorsque le divorce prononcé entre deux époux, et la renonciation à la communauté faite par la femme à la suite de ce divorce, ont été, postérieurement au décès du mari, annulés par décision passée en force de chose jugée, pour cause de simulation et de concert frauduleux entre les époux, la femme qui n'a point fait inventaire ou renoncé de nouveau à la communauté durant l'intervalle qui s'est écoulé du jour de la mort de son mari à celui de l'annulation tant du divorce concerté entre eux que de la renonciation par elle originairement faite à la communauté résultant de leur contrat de mariage, est déchue de la faculté de renoncer, et demeure définitivement investie de la qualité de commune. — *Cass.*, 2 juill. 1838 (t. 2 1838, p. 20), Séguin c. Vanlerberghe.

1076. — La déchéance résultant du défaut d'inventaire a lieu aussi bien dans le cas de communauté conventionnelle que dans le cas de communauté légale. — *Limoges*, 19 juin 1835, Pauty et Chestenet c. Barrot.

1077. — M. Duranton (t. 14, no 453) enseigne, en se fondant sur l'art. 1458, C. civ., que la femme peut obtenir une prorogation de délai pour faire inventaire. — L'art. 1458 ne lui confère nullement cette faculté; il ne suppose la prorogation de délai que pour le cas de la renonciation, mais toujours dans la supposition que le droit de renoncer a été conservé par un inventaire préalable; c'est dans une espèce où la prorogation était demandée après le délai expiré pour l'inventaire, qu'a été rendu l'arrêt de Paris précité, du 2 avr. 1816, qui a déclaré la déchéance définitive.

1078.—Toutefois, on lit dans un arrêt de la cour de Metz que, « même après le délai de l'art. 1456 expiré, la veuve assignée comme commune peut obtenir un délai convenable pour faire l'inventaire, si elle justifie qu'il n'a pu être fait dans le délai ordinaire. » — *Metz*, 24 juill. 1824, Noizet c. Gillet.

1079. — Dans tous les cas, il nous paraît certain que la déchéance du droit de faire inventaire et de se conserver ainsi la faculté de renonciation n'existe qu'autant que l'inventaire n'a pas été commencé dans le délai légal, et non si, commencé dans ce délai, il n'avait pas été mis à fin avant l'expiration des trois mois. — Il est, en effet, tel inventaire qui doit exiger pour sa confection un délai beaucoup plus considérable.

1080. — Bien que le délai de l'art. 1456 paraisse de rigueur, il a cependant été décidé que l'inventaire qui a été dressé par une femme, dans le jour qui a suivi l'expiration des trois mois après le décès du mari, est censé fait dans le délai de l'art. 1456, C. civ. — *Bordeaux*, 24 fév. 1829, Versaveaud c. Launet.

1081. — ... Et que la femme qui n'a point fait inventaire après le décès du mari ne peut être déchue du droit de renoncer à la communauté, lorsqu'il est établi qu'elle était absente au moment du décès, et qu'il résulte des documens de la cause que si elle a vendu le peu d'objets dépendant de la succession, le prix en a été employé à payer les dettes de cette succession, sans que personnellement elle en ait retiré aucun émolument. —*Paris*, 18 janv. 1835, Donnequelles c. Buglet; *Nîmes*, 19 avr. 1839 (t. 1er 1839, p. 529), Merle c. Halot.

1082. — De même, on a jugé que la veuve qui n'a fait inventaire qu'après le délai n'est point déchue du droit de renoncer à la communauté, alors qu'il résulte des circonstances qu'il ne lui a pas été possible de procéder plus tôt à cet inventaire, qu'elle n'a jamais eu l'intention d'accepter cette communauté, et que, de plus, on ne peut lui reprocher aucun fait d'immixtion. — *Colmar*, 28 fév. 1838 (t. 2 1838, p. 605), Hartmann c. Colméraner.

1083. — ... Et que le défaut d'inventaire dans les trois mois n'empêche pas que les tribunaux ne puissent valider la renonciation, lorsqu'il est établi que la femme n'a détourné aucun objet dépendant de la communauté, et que d'ailleurs l'inventaire était impossible en raison soit de la misère de la femme, soit de l'absence de tout objet à inventorier. — *Agen*, 13 janv. 1836, Romier c. Dulong; *Nancy*, 29 mai 1828, Beaufort c. Gironcourt.

1084.—...Et que la veuve ne peut, à défaut d'inventaire dans le délai de trois mois, être déclarée déchue du droit de renoncer à la communauté, si d'ailleurs elle ne s'est pas immiscée et si le retard provient d'un fait qui ne peut lui être imputé. — *Metz*, 24 juill. 1824, Noiset c. Gillet.

1085. — L'ancienne jurisprudence admettait aussi la femme au bénéfice de la renonciation dans certaines circonstances établissant qu'elle n'avait détourné aucun effet de la communauté et que quelque obstacle s'était opposé à ce qu'elle fît inventaire. — Ricard et Fortin, *Cout. de Paris*, art. 237; arr. 7 fév. 1707, rapporté par Augeard, t. 2, chap. 69; Pothier, no 563.

1086. — L'inventaire doit être dressé contradictoirement avec les héritiers du mari ou eux dûment appelés. — Art. 1456. — En outre, il doit être par la veuve affirmé sincère et véritable, lors de sa clôture, devant l'officier public qui l'a reçu. — Même article.

1087.—La formalité de l'affirmation a été considérée comme indispensable dans une espèce (V. *suprà* no 1073) où cette affirmation seule aurait pu équivaloir, pour la veuve, à la formalité de l'inventaire, l'inventaire ayant été dressé non à sa requête, mais à celle des créanciers.

1088. — Mais il a été également décidé que la formalité de l'affirmation n'est pas de l'essence de l'inventaire, et que s'il peut résulter de son omission une présomption d'inexactitude, cette présomption peut être détruite par des présomptions contraires. — Dans l'espèce de cet arrêt, c'est à la requête de la veuve que l'inventaire avait été dressé. — *Bordeaux*, 24 fév. 1829, Versaveaud c. Launet.

1089. — Sous la coutume de Paris, l'inventaire fait par la femme renonçante était nul pour n'avoir pas été contradictoire avec un représentant du mari. — *Rennes*, 3 janv. 1816, Chevalier.

1090.—Lorsqu'il y a dissentiment entre la veuve et les héritiers sur le choix du notaire qui doit procéder à l'inventaire, c'est le notaire désigné par la veuve qui doit avoir la préférence. — *Cass.*, 8 oct. 1808, Simonet de Singly c. Connan.

1091.—Cette décision est conforme à l'ancienne jurisprudence; de tout temps au Châtelet de Paris et même au parlement, la préférence entre deux notaires était ainsi réglée : d'abord le survivant, lorsqu'il était commun en biens, avait le droit de désigner le notaire, et cette préférence lui était accordée sur les héritiers du défunt, non seulement à cause de sa copropriété dans les meubles inventoriés, mais encore à cause de sa qualité d'époux. — V. l'arrêt précité. — V. aussi en ce sens Pigeau, *Comment.*, t. 2, p. 641; Duranton, *Droit franç.*, t. 7, no 24; Berrial, *Procéd. civ.*, p. 700, note 5e.

1092.—Toutefois cet arrêt de la cour de Cassation est critiqué par Carré (t. 3, p. 313, no 3130, éd. in-4o). Suivant lui, la doctrine qu'il consacre est contraire à l'art. 935 du Code de procédure civile, qui exige référé en cas de dissentiment; d'un autre côté, un autre arrêt de la cour de Colmar, du 11 nov. 1831 (Mittelberger), a décidé qu'en cas de dissentiment entre le conjoint commun en biens et les héritiers du défunt, le tribunal n'est pas absolument tenu de nommer le notaire choisi par le conjoint survivant; il peut nommer les deux notaires proposés par les deux parties.

1093. —Il a aussi été jugé que la minute de l'inventaire dressé par deux notaires respectivement choisis, l'un par les héritiers du défunt, l'autre par la veuve commune en biens et légataire universelle en usufruit de son mari, doit rester déposée en l'étude du notaire le plus ancien. — *Nancy*,

24 août 1835, Viry c. Bastien. — V. au surplus INVENTAIRE.

1094. — La loi exige un inventaire fidèle et exact; aussi l'infidélité de l'inventaire fait par la femme renonçante emporterait-elle la déchéance de la renonciation. — *Rennes*, 3 janv. 1816, Chevalier.

1095. — Mais l'omission de quelques effets mobiliers dans l'inventaire, résultat de la négligence ou de l'erreur de la femme, ne peut la faire réputer commune malgré sa renonciation. — *Cass.*, 16 fév. 1832, Bouté c. Soulé.

1096. — Si après le décès du mari, les créanciers de la communauté ont procédé par voie de saisie-exécution et vente générale des meubles, la femme peut produire pour inventaire les procès-verbaux de saisie et de vente; il ne lui suffirait pas d'alléguer, sans le prouver, que son mari n'a laissé aucun effet; elle doit en justifier par un procès-verbal de carence. — Battur, t. 2, n° 690.

1097. — L'inventaire d'une communauté fait preuve contre l'époux survivant, de l'existence des créances qu'il constate; en sorte que, si l'époux survivant prétend, sans en faire la preuve, qu'il a été commis une erreur dans cet inventaire, il n'en est pas moins tenu, vis-à-vis des héritiers de l'époux décédé, de leur part dans ces créances, surtout s'il y a lieu de croire, par leur nature, qu'il a dû les toucher. — *Cass.*, 19 janv. 1841 (t. 1er 1841, p. 711), Demangeot c. Tabouret.

1098. — Jugé aussi que, lorsque l'époux survivant déclare dans l'inventaire fait après le décès de son conjoint que la communauté qui a existé entre eux est débitrice d'une certaine somme envers l'un des héritiers du prédécédé, et que cet héritier, présent à l'inventaire, ne conteste pas cette déclaration, les juges peuvent, alors surtout que d'autres circonstances viennent fortifier la présomption résultant du silence du créancier, décider que le chiffre porté à l'inventaire comprend toutes les créances de l'héritier contre la communauté, même celles qui résulteraient d'arrêtés de compte antérieurs. — *Cass.*, 9 août 1842 (t. 2 1843, p. 470), Depuichant c. Massé.

1099. — Si la femme veut renoncer, elle doit le faire dans les trois mois et quarante jours après le décès du mari; ce délai de quarante jours ajouté à celui de trois mois accordé pour l'inventaire, lui est donné pour délibérer.

1100. — Lorsque la femme a fait procéder à l'inventaire avant les trois mois portés par l'art. 1456, le délai de quarante jours accordé à la veuve pour délibérer court à partir de la clôture de l'inventaire, en sorte que la veuve n'a pas toujours trois mois et quarante jours après le décès du mari pour faire sa renonciation. — Duranton, t. 14, n° 452. — C'est ce qui résulte de la dernière disposition de l'art. 1458.

1101. — Le délai de quarante jours accordé par l'art. 1457 n'est pas tellement de rigueur que la veuve ne puisse, suivant les circonstances, demander au tribunal de première instance une prorogation de délai; cette prorogation est, s'il y a lieu, prononcée contradictoirement avec les héritiers du mari, ou eux dûment appelés. — C. civ. art. 1458.

1102. — Mais M. Toullier (t. 13, n° 138) enseigne que cette prorogation ne pourrait être accordée, si le délai était expiré.

1103. — Quoi qu'il en soit, lors même qu'elle n'a point fait sa renonciation dans le délai ci-dessus, la veuve n'est pas pour cela déchue de la faculté de renoncer, si elle ne s'est point immiscée et qu'elle ait fait inventaire; mais elle peut être poursuivie comme commune jusqu'à ce qu'elle ait renoncé, et elle doit les frais faits contre elle jusqu'à sa renonciation. — C. civ., art. 1459.

1104. — Elle peut également être poursuivie après l'expiration des quarante jours depuis la clôture de l'inventaire, s'il a été clos avant les trois mois. — C. civ., art. 1459.

1105. — Quant à la veuve qui n'a renoncé à la communauté qu'après les trois mois accordés par la loi, sans avoir même commencé l'inventaire et demandé une prorogation de délai, elle est par cela seul, et indépendamment de toute immixtion, réputée commune. — *Rennes*, 18 mai 1811, Gouraud c. Fleuriot de Langle.

1106. — L'art. 1457 porte que la femme doit faire sa renonciation au greffe du tribunal de première instance dans l'arrondissement duquel le mari avait son domicile, et que cet acte doit être inscrit sur le registre établi pour recevoir les renonciations à succession.

1107. — Sous la coutume de Paris, une femme divorcée pouvait renoncer à la communauté par acte notarié. — *Rennes*, 3 janv. 1816, Chevalier.

1108. — On doit se conformer, pour les formes de la renonciation, à la communauté, aux dispositions des lois en vigueur à l'époque de la dissolution, bien que le mariage ait été contracté sous l'empire d'autres lois. — *Rennes*, 11 août 1817, Lambert.

1109. — Mais jugé que la renonciation n'est pas permise à la femme mariée sous l'empire d'un statut qui le lui interdisait, bien que la communauté se soit dissoute sous l'empire de la loi qui permet la renonciation et qui prohibe même toute stipulation contraire. — *Bruxelles*, 18 déc. 1811, Devos c. Galle.

1110. — Si la veuve meurt avant l'expiration des trois mois, sans avoir fait ou terminé l'inventaire, les héritiers ont, pour faire ou pour terminer l'inventaire, un nouveau délai de trois mois, à compter du décès de la veuve, et de quarante jours pour délibérer, après la clôture de l'inventaire. — C. civ., art. 1461.

1111. — Si la veuve meurt ayant terminé l'inventaire, ses héritiers auront, pour délibérer, un nouveau délai de quarante jours après son décès. Ils peuvent au surplus renoncer à la communauté dans les formes établies par la loi; les art. 1458 et 1459, C. civ., leur sont applicables. — *Ibid.*

1112. — La coutume de Vermandois (art. 27) n'accordait aux héritiers que le temps qui restait à courir, soit des trois mois pour faire l'inventaire, soit des quarante jours pour délibérer.

1113. — M. Duranton (t. 14, n° 455) fait remarquer qu'en n'accordant aux héritiers qu'un délai de quarante jours pour délibérer, la loi statue dans la supposition que tous les biens de la veuve ont été inventoriés avec ceux de la communauté; mais qu'il serait possible que cela ne fût pas; qu'il pourrait même arriver qu'elle en eût acquis d'autres depuis la clôture de l'inventaire; que dans ce cas il devrait leur être accordé un délai de trois mois pour l'inventaire; et qu'on ne pourrait les contraindre à prendre une détermination quant à la communauté dans les quarante jours qui ont suivi le décès de la veuve, puisque ce serait par là accepter sa succession.

1114. — Il ne faudrait donc pas dire avec M. Delvincourt que ce n'est là que le cas d'une prorogation de délai; il y a en effet dans cette hypothèse deux renonciations ou deux acceptations à faire de la part des héritiers, à raison desquelles il doit leur être accordé deux délais de trois mois; seulement, les héritiers n'auront qu'un seul délai de quarante jours pour délibérer. — Duranton, *loc. cit.*

1115. — En cas de décès de l'un des époux émigrés et mariés en communauté, le survivant n'a pas été dans l'obligation de renoncer dans le délai prescrit par la loi de leur statut matrimonial; dès-lors il a pu, lui ou ses héritiers rentrés en France par suite de l'amnistie, faire la renonciation sans qu'aucun délai fatal ait couru contre eux, alors d'ailleurs qu'il ne leur est pas reproché d'acte d'immixtion. — *Nancy*, 29 mai 1828, Beaufort c. de Gironcourt.

1116. — On ne peut plus renoncer à la communauté lorsqu'on a laissé s'écouler trente ans sans faire la renonciation; l'art. 789, relatif aux renonciations à successions, s'applique aux renonciations à communauté. — *Paris*, 11 août 1825, Chevalier c. Delabay-Chavannes. — V. au surplus SUCCESSION.

1117. — Dans le cas de dissolution de la communauté par la mort de la femme, ses héritiers peuvent renoncer à la communauté dans les délais et dans les formes que la loi prescrit à la femme survivante. — C. civ., art. 1466.

1118. — Mais il a été jugé que cette disposition n'astreint point les héritiers de la femme, comme la femme survivante, à faire faire inventaire des effets de la communauté avant de pouvoir faire leur renonciation. — *Rennes*, 11 août 1817, Lambert.

1119. — L'ancienne jurisprudence dispensait aussi les héritiers de la femme prédécédée de faire inventaire, par le motif qu'au décès de la femme ils n'étaient point saisis de la possession des biens qui composaient la communauté. — V. les motifs de l'arrêt précité.

1120. — Les règles qui viennent d'être tracées, sont applicables au cas où la communauté vient à se dissoudre par la mort civile. — C. civ., art. 1462.

1121. — Quant à la femme séparée de corps ou biens qui veut renoncer à la communauté, elle n'est pas tenue, comme la femme survivante, de faire inventaire des biens de la communauté. — *Grenoble*, 12 fév. 1830, Rostaing c. Eyme et Ronin; *Rouen*, 10 juill. 1826, N.... — V. aussi en ce sens Pothier, n° 561; Merlin, *Rép.*, v° *Inventaire*; Battur, t. 2, n° 672; Duranton, t. 14, nos 458 et 459. — V. au surplus, en ce qui concerne le droit d'option pour la femme séparée de corps et de biens, *suprà* nos 1051 et suiv.

1122. — Les créanciers de la femme peuvent attaquer la renonciation qui aurait été faite par elle ou par ses héritiers en fraude de leurs créances, et accepter la communauté de leur chef. — C. civ., art. 1464.

1123. — Cette disposition est une application à la communauté du principe général porté par l'art. 1167; mais suffit-il que les créanciers établissent que la renonciation de la femme leur a fait préjudice, sans qu'il soit nécessaire qu'ils prouvent qu'il y a eu fraude de sa part? — M. Duranton (t. 14, n° 462) se prononce pour l'affirmative; cet auteur raisonne et se décide par analogie de l'art. 788, C. civ., suivant lequel les créanciers d'un héritier qui renonce *au préjudice* de leurs droits peuvent se faire autoriser à accepter la succession en son lieu et place, jusqu'à concurrence du montant de leurs créances, et ne sont point obligés de prouver qu'il a voulu, par la renonciation, leur faire fraude; or, pourquoi en serait-il autrement dans le cas de communauté?

1124. — Mais les créanciers postérieurs à la renonciation ne peuvent l'attaquer. — Duranton, t. 14, n° 462.

1125. — L'effet de la renonciation de la femme ou de ses héritiers est de les exclure des biens de la communauté dont la propriété passe tout entière sur la tête du mari ou de ses héritiers. — C. civ., art. 1492; — Pothier, n° 568; Toullier, t. 12, n° 322; Battur, t. 2, n° 691.

1126. — La femme renonçante doit être réputée n'avoir jamais eu la propriété même des conquêts qu'elle aurait, conjointement avec son mari, constitués en dot à l'un de ses enfans, de telle sorte que, lorsque la succession vient à s'ouvrir, la restitution de ces conquêts ne peut être réclamée *en nature* par les autres enfans, pour fixer une légitime ou réserve, et qu'ils sont obligés de s'en tenir à l'estimation donnée par le contrat de mariage. — *Cass.*, 18 mai 1824, Carpentier c. Lemaire.

1127. — La femme qui a renoncé à la communauté est un tiers à l'égard du mari dans le sens de l'art. 1338; en d'autres termes, on ne peut opposer à la femme qui a renoncé à la communauté des actes sous seing-privé non enregistrés, souscrits par son mari. — *Orléans*, 29 déc. 1830, Charton c. Murreau et Lecourt.

1128. — Il suit de là que, lorsque par suite de sa renonciation à la communauté, la femme exerce son action en reprise sur les biens de cette même communauté, elle agit à titre de créancière et non de copropriétaire, sur les biens devenus personnels au mari, et il y a là une mutation qui donne lieu au droit proportionnel d'enregistrement. — *Cass.*, 22 nov. 1837 (t. 2 1837, p. 566), Enregist. c. Dubuisson.

1129. — C'est aussi par suite du même principe qu'au cas de renonciation de la femme à la communauté, les droits de mutation dus par la succession du mari s'étendent à tous les biens qui faisaient partie de la communauté, sans qu'il y ait lieu d'en distraire ce qui pouvait être attribué à la femme pour ses reprises. — *Cass.*, 18 mai 1824, Enregist. c. de Cotignon; 10 août 1830, Enregist. c. Humann. — V. ENREGISTREMENT.

1130. — La femme perd son droit au mobilier, qui est entré dans la communauté même de son chef (C. civ., art. 1492); elle retire seulement les linges et hardes à son usage. — Même article.

1131. — Sous l'ancien droit (V. Pothier, n° 560), la femme ne pouvait reprendre qu'un habit complet; *non debebat abire nuda*, d'autres coutumes, entre autres celle de Tours (art. 293), lui accordaient un lit garni, ses heures et patenôtres, une de ses meilleures robes, et l'autre moyenne, tant d'hiver que d'été.

1132. — La loi n'admet aucune restriction quant aux objets qu'elle désigne; la femme les reprend donc, quelque nombreux qu'ils soient, quelle qu'en soit la valeur, et alors même que ce seraient des objets de pur agrément. — Mais M. Duranton (n° 510) enseigne qu'on ne saurait comprendre sous les mots : « *elle retire seulement les linges et hardes à son usage* » les diamans, bijoux, bagues, etc., alors même qu'il s'agirait de bijoux à elle donnés lors du mariage ou pendant le mariage par son mari, ou par toute autre personne, mais sans stipulation qu'ils lui demeureront propres, à l'exception toutefois de son anneau nuptial, de la montre et de la tabatière à son usage journalier. — Cette décision nous paraît rigoureuse, et nous serions disposés à accorder à cet égard aux magistrats un plein pouvoir d'appréciation.

1133. — Toutefois, en cas de faillite du mari, le droit de la femme, à ce sujet, est restreint aux habits et linges nécessaires à son usage. — C. comm. nouveau, art. 560.

1134. — La femme perd également, par le fait de sa renonciation, tous droits sur les immeubles

qui sont entrés de son chef dans la communauté soit par l'effet d'une clause d'ameublissement, soit par l'effet d'une stipulation de communauté universelle. — V. *infrà* nos 1754 et suiv.

1135. — Elle perd également tout droit au préciput stipulé en sa faveur, à moins qu'il n'ait été convenu qu'elle le reprendrait même en cas de renonciation. — V. *infrà* nos 1661 et suiv.

1136. — Un des effets de la renonciation, c'est de donner à la femme le moyen d'exercer la stipulation de reprise de ses apports francs et quittes de toutes charges de la communauté, lorsque cette stipulation existe dans le contrat de mariage. — V. *infrà* nos 1592 et suiv.

1137. — Indépendamment de toute stipulation la femme renonçante a le droit de reprendre : 1o les immeubles à elle appartenant, lorsqu'ils existent en nature, ou l'immeuble qui a été acquis en remploi; — 2o le prix de ses immeubles aliénés dont le remploi n'a pas été fait et accepté; — 3o toutes les indemnités qui peuvent lui être dues par la communauté. — C. civ., art. 1493.

1138. — Elle reprend également les objets mobiliers qu'elle a stipulés propres ou qui lui ont été donnés avec déclaration qu'ils lui demeureraient propres. — C. civ., art. 1401, no 1er.

1139. — Jugé que la femme qui renonce à la communauté n'en a pas moins le droit de réclamer la reversibilité d'une rente viagère constituée à son profit et à celui de son mari pour le prix d'un immeuble appartenant à cette communauté et vendu par tous deux. — *Cass.*, 15 mai 1844 (t. 1er 1844, p. 746), Langellé c. Rousseau et Saint-Leger.

1140. — Jugé aussi qu'un époux marié sous le régime de la communauté ne peut se dispenser de faire restitution à sa femme, qui, par suite de séparation de corps, opte pour la renonciation à la communauté, d'une somme qu'elle avait déclaré exclure de la communauté et se réserver comme propre; et cela en s'appuyant d'une quittance pleine et entière que sa femme lui a donnée durant le mariage. — *Bruxelles*, 14 fév. 1831, Descamps.

1141. — Mais la femme est obligée, de son côté, de faire raison de tout ce dont elle est débitrice envers la communauté à titre d'indemnité ou de récompense. — Et il se fait une compensation jusqu'à due concurrence entre ce dont elle est débitrice et créancière.

1142. — Elle peut, ajoute l'art. 1495, exercer toutes les actions et reprises ci-dessus détaillées tant sur les biens de la communauté que sur les biens personnels du mari. — Ses héritiers le peuvent de même, sauf en ce qui concerne le prélèvement des linges et hardes, ainsi que le logement et la nourriture pendant le délai donné pour faire inventaire et délibéreer, lesquels sont purement personnels à la femme survivante.

1143. — La femme qui renonce est déchargée de toute contribution aux dettes de la communauté, tant à l'égard du mari qu'à l'égard des créanciers. Elle reste néanmoins tenue envers ceux-ci lorsqu'elle s'est obligée, conjointement avec son mari, ou lorsque la dette, devenue dette de la communauté, provenait originairement de son chef; le tout sauf son recours contre le mari ou ses héritiers. — C. civ., art. 1494.

1144. — Il en était de même sous le droit ancien. — *Paris*, 3 vent. an II, Pillard c. Enregist.; — Pothier, no 573.

1145. — M. Duranton rappelle (no 514) que la femme n'aurait pas le droit d'exercer le recours ouvert par l'art. 514, si la dette était relative à ses propres ou si elle devait être, pour quelque autre cause, supportée, en définitive, par la femme, comme dans le cas où celle-ci l'aurait contractée pour l'établissement d'un enfant d'un premier lit (art. 1469), ou même personnellement pour l'établissement d'un enfant commun (art. 1438), ou lorsque cette dette avait pour cause un crime commis par la femme pendant le mariage. — C. civ., art. 1424.

1146. — Pothier enseigne (no 574) que l'affranchissement de toutes dettes de la communauté prononcée en faveur de la femme qui renonce s'étend même à celles dont elle a profité; telles sont celles des fournisseurs et du marchand qui a vendu les étoffes dont elle s'est habillée, etc. La raison qu'il en donne, c'est que la femme est censée avoir payé à son mari tout ce qu'elle a consommé de ses différentes fournitures par la jouissance de la dot qu'elle lui a apportée; cet auteur cite deux arrêts qui ont consacré cette doctrine, l'un du 16 fév. 1794, et l'autre du 22 juill. 1762. — V. aussi, en ce sens, Renusson, part. 2e, ch. 61, no 53; Lebrun, liv. 2, no 60; Battur, t. 2, no 693.

1147. — Toutefois cet auteur, en professant cette doctrine, y apporte une restriction pour le cas où le mari est insolvable; il s'appuie sur plusieurs arrêts rapportés par Brodeau sur Louet (lett. C., no 29), et sur la loi *quandò suis lapsus est facultatibus* (Cod., *De jurà dot.*

1148. — Il a néanmoins été jugé d'une manière absolue que la femme qui renonce à la communauté n'en est pas moins tenue au paiement des dettes contractées pendant la communauté lorsque ces dettes ont eu pour cause des fournitures dont la femme a disposé personnellement, sauf son recours contre son mari. — *Paris*, 14 nov. 1818, de Medavi c. Bertin.

1149. — Par application de l'art. 1494, on a jugé que la renonciation de la femme à la communauté ne l'affranchit point de l'engagement qu'elle a prise avec un tiers en acceptant une traite tirée sur elle. — *Paris*, 2 fév. 1830, Belon c. Montoli.

1150. — Le droit de la femme qui s'est obligée avec son mari et qui a renoncé à la communauté, ne se borne pas à pouvoir exiger de son mari ou de ses héritiers qu'ils la garantissent, quand des poursuites seront exercées contre elle; elle peut exiger qu'ils la libèrent dès la dissolution de la communauté. — *Bourges*, 28 juill. 1819, de Remigny c. de Chabrillant.

1151. — Sous la cotume du Nivernais, la femme pouvait s'affranchir des dettes contractées tant par elle que par son mari en renonçant à la communauté dans les vingt-quatre heures du décès de ce dernier; mais la renonciation faite après ce délai et dans celui de trois mois fixé par l'ord. de 1667 ne produisait le même effet que relativement aux dettes de la communauté. — *Cass.*, 24 nov. 1806, Simonin c. Barbier-Chantery.

1152. — Jugé que l'aveu que le mari assigné, tant en son nom qu'au nom de sa femme, fait (sans pouvoir de celle-ci) de l'existence de la créance, et le jugement qui intervient contre lui, n'engagent la femme qu'en sa qualité de commune; et dès-lors, si elle renonce à la communauté, on ne peut lui opposer l'obligation résultant du jugement. — *Paris*, 27 août 1816, Prignot c. Robin.

1153. — La femme qui renonce est même affranchie des frais de l'inventaire qu'elle a provoqué et fait faire à sa réquisition; c'est là une charge des biens de la communauté. — *Rouen*, 1er juill. 1841 (t. 1er 1842, p. 212), Duchesne; — Pothier, no 576; Toullier, t. 12, no 300.

1154. — Celui qui a vendu un immeuble à deux époux communs en biens peut poursuivre, sur la moitié réputée acquise par la femme, le paiement du prix qui lui est dû, après la renonciation de cette femme à la communauté, bien que cette renonciation ait eu lieu sans aucune opposition de sa part. — *Cass.*, 16 juill. 1818, Berthier c. Bachais.

1155. — La femme a une hypothèque légale sur les biens de son mari pour sûreté de ses droits, reprises et indemnités : a-t-elle également hypothèque sur les conquêts de la communauté aliénés pendant le mariage? — V. HYPOTHÈQUE LÉGALE.

ART. 4. — *Du partage de la communauté et de la contribution aux dettes.*

1156. — Après l'acceptation de la communauté par la femme ou ses héritiers, l'actif se partage, et le passif est supporté ainsi qu'il va être indiqué.

§ 1er. — *Du Partage de l'actif.*

1157. — Le partage de l'actif de la communauté est précédé d'une liquidation générale qui s'opère par les rapports, prélèvemens et reprises que les époux ou les héritiers ont à exercer respectivement.

1158. — *Rapports.* Avant de composer la masse partageable, les époux ou leurs héritiers rapportent à la masse des biens existans tout ce dont ils sont débiteurs envers la communauté à titre de récompense ou d'indemnité d'après les règles précédemment exposées. — C. civ., art. 1468.

1159. — Ce rapport se fait d'une manière fictive, les époux étant rarement en position de le faire en numéraire; c'est-à-dire, ou en ajoutant à la masse des biens la créance que la communauté a contre l'époux débiteur, et en la lui précomptant sur sa part; ou en laissant la partie copartageante prélever une somme égale à celle dont l'époux est débiteur, après quoi on partage le surplus. — Toullier, t. 13, no 198; Duranton, t. 14, no 472.

1160. — Chaque époux ou son héritier rapporte également les sommes qui ont été tirées de la communauté, ou la valeur des biens que l'époux y a pris pour doter un enfant d'un autre lit, ou pour doter personnellement l'enfant commun. — C. civ., art. 1469.

1161. — Jugé que, lorsqu'après le décès de la femme, ses héritiers reçoivent partie du prix d'un immeuble dépendant de la communauté, vendu par le mari avant la liquidation des reprises, ils doivent rapporter ou partager les sommes qu'ils ont reçues et non les imputer sur leurs créances; s'ils ont reçu des sommes en papier-monnaie, ils doivent les rapporter seulement pour la valeur qu'avait ce papier au temps du paiement. — *Paris*, 1er juill. 1814, Bormànes c. Coste.

1162. — ... Et que lorsque la femme a acquis des immeubles depuis son veuvage, s'il est déclaré par les tribunaux qu'ils ont été payés avec les deniers du mari, ces mêmes tribunaux peuvent limiter les droits de cette veuve d'après les bénéfices qu'elle peut être censée avoir faits personnellement et les ressources qu'elle peut être présumée avoir eues en sa possession. Dans tous les cas, la femme n'est pas obligée, lors de la dissolution de la communauté, de rapporter à la masse les immeubles en nature; elle n'est obligée qu'au rapport des sommes qui lui ont servi à les acquérir. Au reste, les sommes que la femme est tenue de rapporter doivent consister uniquement dans les prix indiqués aux contrats d'acquisition et non dans leur valeur réelle à dire d'experts. — *Toulouse*, 9 janv. 1835, Courbin.

1163. — *Prélèvemens.* — *Reprises.* — Sur la masse des biens, chaque époux ou son héritier prélève : 1o ses biens personnels qui ne sont point entrés en communauté, s'ils existent en nature, ou ceux qui ont été acquis en remploi; 2o le prix de ses immeubles qui ont été aliénés pendant la communauté, et dont il n'a point été fait remploi; 3o les indemnités qui lui sont dues par la communauté. — C. civ., art. 1470.

1164. — La coutume de Paris et celle d'Orléans avaient une disposition semblable (V. art. 232 de la première et 192 de la seconde). — V. aussi Pothier, Introd. à la cout. d'Orléans, tit. *De la communauté d'entre homme et femme*, chap. 5, nos 99 et suiv., et *Traité de la communauté*, nos 584 et suiv. 606 et suiv.; Lebrun, liv. 3, chap. 2, sect. 6, dist. 1re, nos 3 et 5.

1165. — Pour opérer ses prélèvemens, la femme doit prouver ses apports; cette preuve serait insuffisante à l'égard des tiers si l'acte au moyen duquel elle prétendrait établir son apport ne constatait pas la numération réelle des espèces. — *Toulouse*, 23 déc. 1818, Turben c. Canne.

1166. — Ce n'est que d'une des manières exprimées en l'art. 1328, C. civ., que peut être prouvée la date de l'aliénation des propres de la femme, comme celle de tous autres contrats; elle ne saurait l'être par témoins. — *Metz*, 9 mars 1833, Houziaux c. Dufresnois.

1167. — De même c'est à l'époux qui réclame le prélèvement sur la masse du prix d'un de ses propres aliéné, qu'est imposée la charge de faire la preuve que ce prix a été versé, dans la communauté. — *Cass.*, 13 août 1832, Douhet-Pradat c. Lecamus-Rochette.

1168. — Lorsque les reprises de la femme ont été fixées d'après les aveux du mari résultant d'un interrogatoire sur faits et articles, celui-ci n'est pas recevable à se plaindre de ce que la femme ne les a justifiées ni par titre, ni par témoins ou commune renommée, l'appréciation des résultats de cet interrogatoire rentrant dans les pouvoirs souverains des juges du fond. — *Cass.*, 30 janv. 1828, Levasseur.

1169. — Jugé que le conjoint qui, dans une succession partie mobilière, partie immobilière, ouverte à son profit, reçoit dans son lot plus de meubles que d'immeubles, ne peut, pour ce qui lui est échu du mobilier, exercer une action en reprise sur la communauté, après sa dissolution. — *Rennes*, 31 juill. 1811, Penhœdic c. le Brigant.

1170. — Jugé que l'obligation de garantie contractée par le mari qui vend les propres de sa femme, ne pèse pas sur le mari seul, mais sur la communauté; en conséquence, la femme qui, après le décès de son mari, a accepté la communauté, ne peut revendiquer que la moitié de ses propres aliénés durant sa minorité, parce qu'elle est garante de la moitié des ventes, en sa qualité de commune. — *Amiens*, 18 juin 1814, Esseux c. Minard.

1171. — Les prélèvemens de la femme ou de ses héritiers s'exercent avant ceux du mari; ils s'exercent pour les biens qui n'existent plus en nature, d'abord sur l'argent comptant, ensuite sur le mobilier, et subsidiairement sur les immeubles de la communauté; dans ce dernier cas le choix des immeubles est déféré à la femme ou à ses héritiers. — C. civ., art. 1471.

1172. — Jugé que les prélèvemens que les époux communs en biens ont le droit d'exercer sur l'actif de la communauté, à raison de leurs biens propres dont la valeur a été versée dans la communauté (C. civ., art. 1470), constituent, non pas une

simple créance, mais un droit de propriété qui s'exerce selon l'ordre prescrit par l'art. 1471, d'abord sur les sommes d'argent, puis sur le mobilier et, en cas d'insuffisance, sur les immeubles. — *Caen*, 19 janv. 1832, Lemaître c. Beaussire.

1173. — ... Et qu'il en est à cet égard des prélèvemens du mari comme de ceux de la femme. — Même arrêt.

1174. — Ainsi, lorsqu'un des époux a été institué légataire de tout le mobilier qui appartiendrait à l'autre époux à l'époque de son décès, si l'époux légataire a des prélèvemens à exercer sur les biens de la communauté, il ne peut prétendre que les héritiers de l'autre époux doivent contribuer à ces prélèvemens pour une part proportionnelle à la valeur des immeubles qu'ils ont recueillis dans la communauté du chef de leur auteur; ces héritiers ne sont tenus de contribuer aux prélèvemens que dans le cas où ils excéderaient la valeur du mobilier. — Même arrêt.

1175. — Jugé aussi que les prélèvemens que chacun des époux a le droit d'exercer sur la communauté ne se compensent point entre eux : ils doivent s'exercer dans l'ordre prescrit par l'art. 1471, C. civ. — Même arrêt.

1176. — Il a encore été jugé, sur l'application de l'art. 1471 : 1° que cet article, suivant lequel la femme a droit de faire ses prélèvemens dans la communauté avant ceux du mari (ou de ses héritiers), et de les exercer sur les immeubles de la communauté à défaut d'argent et de mobilier, n'est applicable, ainsi que les art. 1476, 832 et 833, qu'au cas où un partage en nature est possible. — Dans le cas contraire, la femme ne peut empêcher la licitation qui est poursuivie en offrant de les garder, à la charge d'une soulte. — *Cass.*, 21 avr. 1840 (t. 2 1840, p. 460), Caillaud c. Giboud.

1177. — ... 2° Que la disposition de cet article qui veut que les prélèvemens de la femme s'exercent avant ceux du mari, est inapplicable au cas où la femme est donataire de toute la communauté. En conséquence, l'arrêt qui ordonne que la femme donataire de tous les biens de la communauté, et qui n'a pas fait inventaire, sera tenue indéfiniment envers les héritiers du mari pour le paiement des reprises de leur auteur, ne viole pas cet article. — *Cass.*, 24 mars 1828, Leroy de Cochois c. Dutertre.

1178. — ... 3° Que le prélèvement subsidiaire que la loi accorde à la femme ou à ses héritiers, sur les immeubles de la communauté, à défaut d'argent comptant et de mobilier dans l'actif, ne peut être exercé que dans le cas où il aurait pour cause des biens immeubles propres à la femme, qui n'existeraient plus en nature, c'est-à-dire dont l'aliénation aurait eu lieu pendant la durée de la communauté; — et qu'en conséquence, la femme, pour les indemnités qui lui sont dues, n'a qu'un droit de créance en vertu duquel elle peut faire vendre les immeubles, mais non exercer sur eux un prélèvement en nature. — *Lyon*, 3 mars 1841 (t. 2 1841, p. 639), Baronnat c. Lassonery.

1179. — La femme est préférée au mari, parce qu'il a joui des avantages de l'administration de la communauté et qu'il doit en supporter les suites, si elles sont onéreuses. Sous l'ancien droit, la femme avait, pour les prélèvemens, le choix sur tous les biens de la communauté; aujourd'hui il faut qu'elle les exerce dans l'ordre indiqué par l'art. 1471. — Pothier, n° 701; Toullier, t. 13, nos 184 et suiv.

1180. — Après l'épuisement de l'argent comptant, la femme a le choix des meubles, comme, après l'épuisement du mobilier, elle a le choix des immeubles. — Toullier, t. 13, n° 186.

1181. — Les récompenses dues à la communauté font partie du mobilier de cette communauté, et, comme telles, elles entrent dans les valeurs mobilières sujettes aux prélèvemens de la femme. — *Caen*, 27 juin 1845 (t. 2 1845, p. 365), M...

1182. — La femme peut, avant de faire son choix des biens à prélever, exiger qu'il soit procédé à leur estimation préalable. — Même arrêt.

1183. — Les immeubles, objet des prélèvemens de la femme, doivent être estimés par experts; elle ne pourrait les reprendre pour le prix qu'ils ont coûté. — Duranton, t. 14, n° 474.

1184. — Par la même raison, le mari ne pourrait exiger qu'elle les reprît d'après le prix pour lequel ils auraient été acquis, dans le cas où ils vaudraient moins; c'est la valeur actuelle qu'il faudrait suivre. — Duranton, *eod. loc.*

1185. — Lorsqu'il s'agit de fixer les droits du conjoint survivant à la communauté, c'est d'après la loi existant à l'époque de l'ouverture de la communauté, et non d'après la loi existant à l'époque du contrat de mariage, que les juges doivent se guider pour décider si tels biens sont meubles ou immeubles. — *Bruxelles*, 22 mars 1811, Delvaux.

1186. — Par cela qu'une femme mariée en communauté, sous la coutume d'Orléans, aurait omis de faire inventaire après le décès de son mari, elle ou ses héritiers n'en conservent pas moins le droit d'exercer ses reprises. — *Cass.*, 1er juill. 1828, Porcher.

1187. — Il a été jugé que le survivant des époux communs en biens n'est pas, à défaut d'inventaire, déchu du droit d'exercer ses reprises sur les biens de la communauté; mais, dans ce cas, les héritiers de l'époux prédécédé doivent être admis à établir, tant par titres que par commune renommée, la valeur du mobilier de la communauté. — *Caen*, 19 janv. 1832, Lemaitre c. Beaussire.

1188. — Bien qu'il ait été stipulé dans un contrat de mariage que la femme, en renonçant à la communauté, pourrait exercer ses reprises, il n'en résulte pas que, pour n'avoir point fait cette renonciation, la femme n'avait point le droit d'exercer les reprises, alors d'ailleurs que l'insuffisance de la communauté était constante. — Même arrêt.

1189. — Lorsqu'il y a clause d'apport à la communauté, il est dû reprise à chacun des conjoints de ses revenus échus lors du mariage. — *Paris*, 20 fév. 1815, Bosredon c. de Rannes.

1190. — Lorsqu'une femme commune en biens avec son premier mari est demeurée copropriétaire avec ses enfans d'un fonds de commerce géré par celui-ci, on doit estimer ce fonds de commerce, dans la liquidation de la première communauté, au prix pour lequel il a été vendu pendant la durée du second mariage, et non pas à la valeur qu'il paraît avoir au jour de la dissolution de cette première communauté. — *Paris*, 22 mars 1834, Vallansot c. Bouchet.

1191. — Lorsque les dépens d'une instance entre mari et femme ont été mis à la charge de la communauté, la femme qui depuis a obtenu sa séparation de corps, ne peut, à raison de ces dépens, agir contre son mari, par voie de saisie-exécution, au lieu de les prélever lors de la liquidation de la communauté. — *Bruxelles*, 13 août 1811, Vanderenne.

1192. — La femme mariée sous l'empire des chartes du Hainaut, et avant la suppression du régime féodal et censuel, n'a point droit, lors de la dissolution de la communauté, à la propriété de la moitié des biens ci-devant main-fermes acquis par son mari durant le mariage, mais après la publication des lois abolitives de la féodalité. — *Bruxelles*, 7 mars 1814, Vion.

1193. — L'obligation imposée par la femme à son mari, son légataire pour partie en propriété et en usufruit, de payer seul le prix de la vente de ses biens propres, tombés en communauté, n'est point d'ordre public, en telle sorte que le paiement mis à sa charge personnelle doive s'opérer par prélèvement sur la masse de la communauté. — *Cass.*, 8 déc. 1832, Guichenon c. Nazareth.

1194. — Le mari ne peut exercer ses reprises que sur les biens de la communauté. La femme et ses héritiers, en cas d'insuffisance de la communauté, exercent leurs reprises sur les biens personnels du mari. — C. civ., art. 1472.

1195. — La raison en est que le mari avait seul l'administration de la communauté; qu'il avait toute latitude pour l'obliger, mais non pour grever les biens de la femme; qu'en ce qui concerne cette dernière, le mari et la communauté ne pouvant s'enrichir à ses dépens, il est naturel et juste qu'elle exerce ses prélèvemens tant sur les biens communs que sur ceux du mari, qui doit, au reste, supporter la peine de sa mauvaise administration. — V. en ce sens Duranton, t. 14, n° 475.

1196. — Mais le recours accordé à la femme sur les biens du mari ne constitue pas dans sa main un droit de propriété sur les biens personnels du mari, mais une simple action hypothécaire, qui ne peut, au reste, donner lieu à aucune distraction dans l'évaluation des biens à déclarer par les héritiers du mari, pour le paiement des droits de mutation. — *Cass.*, 18 mai 1824, Enregist. c. Cotignon.

1197. — Le prélèvement pour la femme se faisant en nature, il suit qu'il est dû indemnité en cas de dégradations. — Toullier, t. 13, n° 176.

1198. — Lorsque des meubles ont été immobilisés avec mise à prix par le contrat, sans déclaration que l'estimation n'en rend pas la communauté propriétaire, dans ce cas, le montant de l'estimation est seul immobilisé ou exclu de la communauté. — Toullier, t. 13, n° 177. — Il en est de même des choses fongibles; la reprise ne peut s'exercer que sur la valeur. — *Id.*

1199. — L'action en prélèvement qui est accordée à la femme pour le recouvrement de ses reprises, sur les immeubles de son mari, continue d'avoir un caractère *mobilier*, alors même qu'un arrêt a ordonné le prélèvement sur les immeubles, tant qu'il n'a pas été effectué; et en conséquence, si les immeubles du mari ont été vendus, la portion du prix qui est destinée à acquitter le montant du prélèvement doit être distribuée entre les créanciers, même hypothécaires de la femme, comme chose mobilière. — *Bourges*, 18 mai 1822, Rossignol c. Camus et Lepère.

1200. — L'époux survivant peut exercer ses reprises sans faire déclarer le contrat de mariage exécutoire contre les héritiers du prédécédé. — *Paris*, 1er juin 1811, Cerveau c. Larue.

1201. — Comme la clause du contrat de mariage en vertu de laquelle la femme pourrait reprendre à la dissolution de la communauté, et dans le cas d'acceptation, la somme qu'elle serait convenue d'y verser, blesserait l'usage et la convention même de mise en communauté, les tribunaux ne peuvent présumer ni admettre une semblable clause, lorsque les expressions qui paraissent la renfermer sont susceptibles d'un autre sens. — *Bourges*, 31 août 1814, D'Arquinvilliers c. de Berthier-Bizy.

1202. — Les rapports, liquidations, reprises, etc., peuvent entraîner des délais et retarder le partage; l'art. 1473 dispose « que les remplois et les récompenses dus par la communauté aux époux, et les récompenses et indemnités par eux dues à la communauté, emportent les intérêts de plein droit du jour de la dissolution de la communauté. »

1203. — Jugé cependant que la femme qui, à la mort de son mari, est restée en possession des biens de la communaute, ne doit pas de plein droit l'intérêt des valeurs laissées entre ses mains. — *Cass.*, 18 mars 1835, ve Colignon c. Danel.

1204. — Après que tous les prélèvemens des deux époux ont été exécutés sur la masse, le surplus se partage par moitié entre les époux et ceux qui les représentent. — C. civ., art. 1474.

1205. — Lorsque des époux se sont mariés avant la loi du 17 niv. an II, le partage des conquêts de biens immeubles situés dans l'ancienne coutume de Normandie doit avoir lieu conformément à cette coutume, quels que soient le lieu où le contrat de mariage a été passé, la coutume de ce lieu, le domicile des contractans et leurs conventions matrimoniales. — *Rouen*, 17 fév. 1827, Petit c. Levieux.

1206. — Jugé que les lois portées par le droit romain contre la femme qui se remariait dans l'année du deuil ont dû être exécutées en Franche-Comté jusqu'à la promulgation du Code civil; en conséquence, celle qui passait à de secondes noces avant le terme fixé était déchue de tous les avantages matrimoniaux et de toutes les libéralités que lui avait faits son premier mari, mais elle conservait sa part d'acquêts dans la communauté. — *Besançon*, 13 fév. 1813, Poupeney c. Saulnier.

1207. — Il a été jugé que les principes relatifs à la société ordinaire entre étrangers ne sont pas applicables à une communauté entre époux stipulée par contrat de mariage. — *Cass.*, 17 fév. 1829, Briansaux c. Loriole.

1208. — ... Et que la faculté réservée par le contrat de mariage aux héritiers de l'époux qui décédera le premier de prendre, à défaut d'inventaire ou d'état des biens, la moitié de tout ce qui se trouvera au décès du survivant, ne constitue qu'un droit d'option qui n'empêche pas les héritiers de s'en tenir à la communauté, telle qu'elle se composait à la mort de leur auteur. — *Cass.*, 17 fév. 1829, Briansiaux c. Loriole.

1209. — Du moins l'arrêt qui le décide ainsi par appréciation du contrat de mariage ne viole aucune loi. — Même arrêt.

1210. — Si les héritiers de la femme sont divisés, en sorte que l'un ait accepté la communauté à laquelle l'autre a renoncé, celui qui a accepté ne peut prendre que sa portion virile et héréditaire dans les biens qui échoient au lot de la femme. Le surplus reste au mari qui demeure chargé envers l'héritier renonçant des droits que la femme aurait pu exercer en cas de renonciation, mais jusqu'à concurrence seulement de la portion virile héréditaire du renonçant. — C. civ., art. 1475.

1211. — Cette disposition n'était pas nettement établie par la doctrine des anciens auteurs; Lebrun soutenait que lorsque les héritiers de la femme étaient divisés, que les uns renonçaient et qu'un seul acceptait, celui-ci recueillait toutes leurs parts d'après les principes du droit d'accroissement; Pothier pensait au contraire (n° 578) que le droit d'accroissement n'avait pas lieu dans ce cas, et c'est son opinion qui a été adoptée par les rédacteurs du Code civil. — V. Duranton, t. 14, n° 479.

1212 — Mais, ajoute M. Duranton, bien que le droit d'accroissement qui a lieu entre les héritiers en ce qui concerne la succession n'ait pas lieu en ce qui concerne la communauté, il est clair que la portion qu'aurait pu avoir dans la communauté le successible qui a renoncé à la succession de la

femme a accru à celle des successibles qui se sont portés héritiers, puisque ceux-ci sont les héritiers et les seuls héritiers qu'ait laissés la femme (n° 479).

1213.—Le partage de la communauté, pour tout ce qui concerne les formes, la licitation des immeubles quand il y a lieu, les effets, la garantie qui en résultent, et les soultes, est soumis à toutes les règles qui sont établies au titre *Des successions* pour les partages entre cohéritiers.—C. civ., art. 1476. — V. PARTAGE.

1214.—M. Toullier (t. 13, n° 207) pense que l'art. 1476 est limitatif en ce sens qu'on ne peut appliquer au partage de la communauté que les règles relatives *aux formes, à la licitation, aux effets* du partage, *à la garantie et aux soultes*, mais qu'il ne l'est pas en ce qui concerne les développemens et les conséquences des dispositions relatives à ces divers points; ainsi, dit-il, s'il s'élève une difficulté entre l'époux et les héritiers, on doit examiner si elle se rattache à l'une de ses opérations du partage; si on peut l'y rapporter, on peut la résoudre par les principes qui lui sont propres et *par toutes les conséquences ou développemens* qui peuvent en découler. Cet auteur donne pour exemple de sa proposition l'action en rescision pour cause de lésion; la raison qu'il en donne c'est que l'égalité est l'âme des partages; que toutes les fois qu'il y a inégalité il y a erreur présumée; que la rescision pour lésion ne peut être ainsi étrangère aux partages, que même elle en dérive naturellement, d'où il suit qu'elle doit être appliquée au partage de la communauté.

1215.—M. Bellot des Minières (t. 2, p. 460) pense au contraire que l'art. 1476 n'est nullement limitatif, et pour preuve de ce qu'il avance il cite précisément aussi la rescision pour cause de lésion, dont il n'est pas parlé dans l'art. 1476. La cause de cette dissidence vient de ce que M. Toullier place par voie de conséquence la rescision dans les *effets* du partage, cas prévu par l'art. 1476, tandis que M. Bellot l'y place par l'application générale de toutes les règles du partage des successions à la communauté. Pour nous, et à en juger par l'extension que M. Toullier paraît disposé à donner aux *conséquences* et aux *développemens* de l'art. 1476, il nous semble que ces auteurs n'auraient pas été éloignés d'être du même avis lorsqu'il se serait agi de son application. Ce qui tendrait à le prouver c'est que M. Bellot, tout en donnant à l'art. 1476 une extension générale, en exclut cependant la demande en séparation des patrimoines et le retrait successoral.

1216. — Au reste, il a été jugé plusieurs fois, comme le décident ces deux auteurs, que l'action en rescision pour cause de lésion a lieu en matière de partage de communauté. — *Cass.*, 14 av. 1807, Hudelot c. Delelis; *Paris*, 21 mai 1813, Oudry c. Lobite; *Bourges*, 29 mai 1830, Gabrier c. Roblot. — L'action en partage de la communauté est soumise à la prescription trentenaire au profit de l'époux survivant contre les héritiers du prédécédé. — *Bruxelles*, 15 oct. 1818, Bigot.

1217.—Toutefois, tant que les parties possèdent les biens de la communauté par indivis, l'action en partage que chacune d'elles a droit d'intenter contre les autres parties, n'est sujette à aucune prescription de temps, quelque long qu'il soit; car l'indivision réclame perpétuellement en faveur de l'action en partage. — Pothier, n° 698.

1218.—Le même auteur décide que si l'une des parties avait possédé séparément et pendant trente ans des biens de la communauté, quoiqu'elle ne pût produire aucun acte de partage qui fût intervenu, cette possession séparée ferait qu'il y en a eu un, et opérerait en sa faveur contre l'action en partage, si elle était intentée contre elle, la prescription ordinaire de trente ans. — Pothier, n° 698.

1219.—Le tuteur d'une femme interdite qui, sur la demande en partage de la communauté formée par les héritiers du mari, a déclaré s'en rapporter à la justice et réserver expressément les droits de la femme, ne peut être réputé avoir reconnu définitivement à ces héritiers le droit de prendre part dans cette communauté; il est au contraire recevable, tant que le partage n'est pas consommé, à demander l'exécution d'un titre donnant à la femme le droit d'exclure du partage les héritiers du mari. On ne peut dire que les jugemens ordonnant soit l'expertise des immeubles de la communauté, soit la division des lots, ont acquis contre ce tuteur l'autorité de la chose jugée jusqu'à l'effet de rendre définitive à son égard la qualité de copartageant invoquée par les héritiers. Ces jugemens sont au contraire purement préparatoires et sans aucune influence sur la qualité des prétendant droits.—*Cass.*, 13 janv. 1836, Egret c. Mosnier.

1220. — Lorsqu'il a été stipulé dans un contrat de mariage qu'en cas de prédécès de la future épouse, sans enfans, les biens appartiendraient au futur époux et que les parens collatéraux de la future auraient seulement la liberté de demander une certaine somme, ceux-ci ne peuvent rien réclamer au-delà de ladite somme, et l'arrêt qui les admet à demander le partage de la communauté doit être cassé pour violation du contrat d'entre les parties. — *Cass.*, 30 prair. an XIII, Soyer c. Coudré.

1221. — Les héritiers de l'époux prédécédé n'ont pas le droit d'exiger la vente des meubles dépendant de la communauté, lorsque le survivant demande le partage en nature: ici ne s'applique pas l'art. 826, C. civ. — *Bruxelles*, 13 nov. 1811, Nappe.

1222.— Jugé que les héritiers de l'un des époux communs en biens ne peuvent former contre le tiers détenteur d'un immeuble dépendant de la communauté une action en partage ou en licitation de cet immeuble tant qu'il n'a pas été procédé, avec l'autre époux ou ses représentans, à la liquidation et au partage de la communauté. En pareil cas, les tribunaux ne doivent point se borner à surseoir à statuer sur l'action en partage formée contre le tiers détenteur jusqu'après la liquidation et le partage de la communauté. Ils doivent déclarer cette action dès à présent non-recevable. — *Dijon*, 9 fév. 1844 (t. 1er 1844, p. 801), Jeannin c. Berard et de Monthelie.

1223. — Lorsqu'en vertu d'un arrêt il est procédé à une liquidation de communauté entre époux, les créanciers peuvent y intervenir par requête, sans prendre la voie de la tierce opposition. — *Orléans*, 30 août 1820, N....

1224. — Lorsqu'un mari est donataire de sa femme de l'usufruit de tous leurs conquêts, et qu'au décès de cette dernière, il n'existe dans la communauté que des immeubles reconnus impartageables, il peut être contraint à la licitation, quoiqu'il ait, soit comme propriétaire de la moitié de ces biens, soit comme usufruitier de l'autre moitié, droit à la jouissance de la totalité, sauf à n'exercer son usufruit que sur le prix en provenant. — *Cass.*, 10 mai 1826, Barbé c. N....

1225. — Le retrait successoral n'a pas lieu en matière de communauté; ainsi lorsqu'un des époux a cédé ses droits à la communauté non encore partagée, l'autre époux ne peut repousser le cessionnaire en lui remboursant le prix de sa cession. —*Metz*, 17 mai 1820, Schoumacker c. Kieffel; *Paris*, 2 août 1821, Savoie c. Morlot; *Bourges*, 12 juill. 1831, Gallois c. Febvre; — Toullier, t. 13, n° 209; Bellot des Minières, t. 3, p. 460 et suiv.; Delvincourt, t. 2, p. 137; Bousquet, *Dict. des Contrats et Obligations*, v° *Communauté*, t. 1er, p. 700; Benoît, *Tr. du retrait successoral*, p. 171.

1226. — Mais il a été jugé que la faculté accordée par l'art. 866, C. civ., au successible donataire de plus de moitié de la valeur d'un immeuble, d'empêcher le partage de cet immeuble en payant l'excédant à ses cohéritiers, est applicable au cas de partage de communauté conjugale. — *Colmar*, 4 janv. 1831, Rodolph.

1227. — Un acte contenant liquidation et partage de communauté ou de succession n'étant jamais que déclaratif et non attributif de droits, l'ordre du prix de l'immeuble dépendant de cette communauté, lors même qu'il serait provoqué et clos avant cette liquidation, ne peut, sauf ce qui résulterait formellement de l'autorité de la chose jugée, avoir pour effet de porter atteinte aux droits préexistant déterminés par ce même acte.—*Cass.*, 18 juin 1834, Colmbacher c. Sommier.

1228. — L'adjudicataire d'immeubles vendus comme dépendant d'une communauté entre époux dont la liquidation, ordonnée par jugement, n'était point opérée au moment de la vente, n'a pu se libérer valablement de son prix qu'en le payant de gré à gré ou par la voie de l'ordre à celui des époux communs en biens que l'acte de liquidation en déclarait propriétaire ou à ses représentans. — Même arrêt.

1229 — Jugé par le même arrêt que, la liquidation de communauté dans laquelle l'adjudicataire a été partie, et qui a été homologuée contradictoirement avec lui par jugement passé en force de chose jugée, ayant attribué aux héritiers de la femme, à titre de reprises et à l'exclusion de la créance de ce dernier, le prix de l'immeuble qui avait fait la matière de l'ordre, la collocation dudit adjudicataire est devenue caduque, comme portant sur un prix auquel il n'avait jamais eu de droit, et, par suite, la compensation qu'il voulait établir du prix par lui dû avec sa créance sur le mari, était inefficace.

1230. — Lorsqu'à la liquidation de la communauté par suite du décès de la femme une somme a été portée à l'actif et une autre au passif de la communauté, mais sans affectation spéciale au profit du créancier figurant au passif, le paiement fait à ce dernier par le créancier porté à l'actif après la faillite du mari doit être réputé reçu et fait par le mari lui-même et au préjudice de la masse, laquelle a le droit de revendiquer ou de répéter la somme payée.—*Angers*, 17 déc. 1841 (t. 1er 1843, p. 428), syndic Bellière c. Vollaige et Gaultier-Alléton.

1231. — Les actes sous seing-privé souscrits par le mari durant l'existence de la communauté, et même depuis la demande en séparation, font sans doute par eux-mêmes foi de leur date à l'égard de la femme. Mais ils peuvent toutefois être rejetés de la liquidation pour cause de dol, de fraude et de simulation; ainsi, bien qu'une quittance en paiement d'intérêts délivrée par le prétendu créancier ait été trouvée au domicile conjugal lors de la levée des scellés, les juges peuvent, malgré la reconnaissance formelle de la dette, faite en justice par le mari, rejeter une obligation de cette nature en la déclarant entachée de simulation à l'égard de la femme. — *Douai*, 22 mai 1838 (t. 1er 1840, p. 610), Boisieux c. Haudouard.

1232. — C'est à l'héritier d'un conjoint décédé qui prétend qu'un immeuble vendu depuis par le survivant dépendait de la communauté à en fournir la preuve. — *Cass.*, 22 nov. 1815, Groux c. Worbe.

1233. — Celui qui, après la dissolution d'une communauté, achète, avant le partage, la part d'une femme dans un immeuble qui en dépend, ne peut être tenu des dettes de cette communauté au-delà du prix de son acquisition, lorsqu'il a rempli les formalités voulues pour purger l'immeuble de toute hypothèque. — *Cass.*, 3 juin 1817, Bosseret c. Giraud.

1234. — Le recélé ou le divertissement de quelques effets de la communauté entraîne contre l'époux qui s'en est rendu coupable la privation de sa portion dans lesdits effets. — C. civ., art. 1477.

1235. — Nous avons déjà dit (V. *suprà* nos 1029 et suiv.) à quels caractères on devait reconnaître le *divertissement* et le *recélé*, tels que la loi les punit.

1236.—Nous rappellerons ici qu'il n'y a divertissement ou recélé coupable qu'autant qu'il y a eu de la part de l'époux intention frauduleuse.— Indépendamment des arrêts déjà cités, et qui tous pourraient trouver ici leur application, nous indiquerons les suivans.

1237.—Il a été jugé que l'héritier d'une femme commune qui, du vivant de celle-ci, a coopéré avec le mari au détournement frauduleux d'un objet dépendant de la communauté, doit, lors du partage de ladite communauté, être privé de sa part dans cet objet. — *Cass.*, 10 déc. 1835, Deschamps c. Gorel.

1238.—...Que la vente simulée faite par le mari d'effets mobiliers de la communauté, dans le but de se les approprier, est un cas de recélé prévu par l'art. 1477. —*Cass.*, 5 avr. 1832, Gémon et Deschamps c. Gorel.

1239. — ... Que l'époux commun en biens qui, après la mort de son conjoint, a fait des actes ou des déclarations tendant à faire considérer comme lui appartenant en propre des sommes qui faisaient partie de la communauté, a pu être déclaré coupable de recel, et, par suite être privé de sa portion dans lesdites sommes. — Au moins l'arrêt qui le décide ainsi par appréciation des actes est à l'abri de la cassation. — *Cass.*, 12 août 1828, Estanave c. Laprada.

1240.—Mais jugé aussi que le seul défaut ou la mention insuffisante dans l'inventaire, de la part du mari, de créances appartenant à la communauté et touchées même en partie par le mari, n'établit pas, en l'absence de la preuve du dol, le recélé et la tentative de détournement qui emporte privation de prendre part à ces créances. — *Paris*, 23 août 1837 (t. 1er 1838, p. 666), Sergent.

1241. — Au contraire, si les effets omis dans l'inventaire ont été par le survivant, depuis la mort ou pendant la dernière maladie du prédécédé, détournés du lieu où ils étaient, et portés hors de la maison, il y a recélé.— Pothier, *loc. cit.*

1242. — Les art. 1460 et 1477, C. civ., qui déclarent commune la veuve qui a diverti ou recélé quelques effets de la communauté, et la privent de sa part dans lesdits effets, s'appliquent non seulement à la soustraction des effets mobiliers corporels, mais encore à la soustraction ou au recel des titres de créance et de propriété immobilière. — *Orléans*, 23 août 1844 (t. 2 1844, p. 203), Lacoste c. Chappeau;—Toullier, t. 13, n° 214.

1243. —En conséquence, elle doit être déclarée commune et privée de sa part dans l'immeuble dont on l'accuse d'avoir soustrait le titre de propriété,

s'il est prouvé que ce titre a existé, et que c'est sciemment et avec intention de profiter du droit de propriété au préjudice des héritiers de son mari, qu'elle l'a recélé ou omis dans l'inventaire.—Même arrêt.

1244. — L'époux survivant qui a détourné des effets dépendant de la communauté est privé non seulement de la part qui lui revient personnellement et de son chef, mais encore des droits qui résultent à son profit des donations que lui a faites son conjoint. — *Riom*, 6 août 1840 (t. 1er 1841, p. 303), Soathal c. Lemège; *Cass.*, 5 avr. 1832, Gémond et Desclaux c. Grat; *Bourges*, 10 fév. 1840 (t. 2 1840, p. 612), Poisle-Ducoury c. Chamblant; *Paris*, 25 juin 1828, Vazin.

1245.— La disposition de l'art. 1477, C. civ., d'après laquelle celui des deux époux qui a diverti des effets de la communauté est privé de sa part dans lesdits effets, embrasse tous les droits que l'époux spoliateur pourrait avoir à exercer à différens titres (par exemple, comme légataire) sur les objets détournés. — *Cass.*, 1er déc. 1841 (t. 1er 1842, p. 18), Grattereau; — Toullier, t. 13, no 214; De Confians, *Esprit de la jurispr. sur les successions*, p. 198, no 5.

1246. — Cette jurisprudence est conforme au droit romain et à l'ancienne jurisprudence, qui privaient le légataire aussi bien que l'héritier des objets qu'il avait recélés.—V. L. 48, ff., *ad S.-C.* Trebell; *Parlement de Paris*, 15 mai 1656 (*Journal des audiences*, t. 1er, liv. 8, ch. 37, p. 665); Brodeau, sur Louet, tit. 2, lett. R, somm. 48, p. 339; Renusson, *De la communauté*, 2e part., ch. 2, nos 37 et suiv.; Duplessis, *Tr. de la communauté*, liv. 2, ch. 3, p. 438; Pothier, no 690; Merlin, *Rép.*, vo *Recélé*; Lamoignon, *Arrêtés*, tit. 31, art. 99.

1247. — Il a cependant été jugé que l'époux institué par son conjoint légataire de l'usufruit de tous ses biens, qui divertit ou recèle un effet de la communauté, perd sa part dans l'effet diverti ou recélé, mais qu'il ne peut être privé de l'usufruit de la portion afférente à l'autre époux —*Colmar*, 29 mai 1823, Nusser c. de Lecritz.

1248.—La valeur des meubles et effets soustraits par la femme déchue de la renonciation doit être reprise sur ses propres.—*Rennes*, 3 janv. 1816, Chevalier.

1249. — Si l'auteur du recélé a joui pendant un certain temps des objets recélés, il en doit les fruits et en outre des dommages-intérêts équivalens à la perte que le recélé a causée; il doit de plus réparer la détérioration faite aux choses détournées. — Battur, t. 2, no 703.

1250. — Jugé que tant que la communauté n'est pas dissoute, le mari peut exiger des dommages-intérêts de sa femme pour la soustraction qu'elle a commise des effets de cette communauté.—*Metz*, 18 juin 1818, N...

1251. —On ne peut, avant la liquidation définitive de la communauté, écarter, comme dépourvue d'intérêt, l'offre de preuve, par la femme, d'un détournement commis par le mari, sous prétexte que le montant rapporté n'empêcherait pas que la communauté ne fût en déficit. — *Amiens*, 20 déc. 1839 (t. 1er 1841, p. 552), Barrué.

1252. — Les donations que l'un des époux a faites à l'autre ne s'exécutent que sur la part du donateur dans la communauté et sur ses biens personnels.— C. civ., art. 1480.

1253. — Et cette disposition s'applique aux legs faits par l'époux à son conjoint comme aux donations entre-vifs qu'il a pu lui faire par le contrat de mariage ou pendant le mariage.—Duranton, no 482.

1254.—Il suit de là que ces donations ne s'exécutent pas sur la masse commune, mais les époux peuvent déroger à cette disposition. — Duranton, t. 14, no 482.

§ 2. —*Du passif de la communauté à la dissolution, et de la contribution aux dettes.*

1255. — Les dettes de la communauté sont pour une moitié à la charge de chacun des époux ou de leurs héritiers. — C. civ., art. 1482.

1256. — Les frais de scellé, d'inventaire, de vente de mobilier, liquidation et partage, font partie de ces dettes. — Même article.

1257. — Il en est de même, suivant M. Duranton (t. 14, no 483), des frais des incidens qui peuvent s'élever à l'occasion des scellés ou de l'inventaire, ou de l'administration provisoire des biens communs, à moins que l'incident n'ait été élevé par esprit de chicane; auquel cas les frais qu'il a occasionnés sont à la charge personnelle de la partie qui a succombé.

1258. —Il en est de même, ajoute enfin le même auteur (*loc. cit.*), des frais faits, lors de la liquidation ou du partage, à l'occasion d'une prétention mal fondée de l'un des époux à une récompense sur la communauté, ou pour que le conjoint rapportât à la masse une chose dont il ne devait pas le rapport. — Au surplus, les juges apprécieront s'il s'agit de frais pour arriver à la liquidation, ou de frais frustratoires.

1259. — Le compte dû aux enfans d'un premier lit est, par l'effet de la réalisation des dettes stipulées lors du second mariage, une dette personnelle à l'époux et non une charge de la seconde communauté. — Il n'en est pas de même des intérêts du reliquat de compte. — *Rennes*, 14 janv. 1811, Robert.

1260. — Le testament par lequel une femme, décédée sans enfans, a légué à son mari tout son mobilier, en chargeant ses héritiers du paiement de la moitié des dettes de sa communauté, doit recevoir son exécution.—En ce cas, si les héritiers de la femme renoncent à la communauté pour ne recueillir que ses propres, ils peuvent être contraints à payer la moitié des dettes de la communauté. — *Rennes*, 8 juin 1816, Épondry c. Gicquean.

1261. — Il ne faut pas confondre *l'obligation* aux dettes, qui ne regarde que les créanciers, et la *contribution* aux dettes, qui concerne les époux; on peut être tenu ou obligé aux dettes pour une quotité plus forte, et n'être tenu d'y contribuer que pour une moindre; ainsi on voit dans l'art. 1484, C. civ., que « le mari est tenu pour la *totalité* des dettes de la communauté par lui contractées, sauf son recours contre la femme ou ses héritiers pour la moitié desdites dettes. » —Toullier, t. 13, no 322.

1262. — Quelles que soient les dispositions de la loi relativement à la contribution aux dettes, l'art. 1490 porte que ces dispositions ne font pas obstacle à ce que, par le partage, l'un ou l'autre des copartageans soit chargé de payer une quotité de dettes autre que la moitié, même de les acquitter entièrement. — Seulement le même article ajoute que toutes les fois que l'un des copartageans a payé des dettes de la communauté au-delà de la portion dont il était tenu, il y a lieu au recours de celui qui a trop payé contre l'autre.

1263. — Mais M. Duranton (no 505) ajoute avec raison que la convention autorisée par l'art. 1490 ne porterait en aucune façon atteinte aux droits des créanciers, tels qu'ils sont déterminés par les art. 1482 et suiv. — Ce serait à leur égard *res inter alios acta*.

1264.—Jugé qu'un créancier de la communauté peut diriger sa demande contre le mari survivant et contre le tuteur de l'enfant, héritier de sa mère. — *Rennes*, 27 fév. 1815, N...

1265. — Au surplus, ce qui va être dit à l'égard du mari ou de la femme, a lieu à l'égard des héritiers de l'un ou de l'autre; et ces héritiers exercent les mêmes droits et sont soumis aux mêmes actions que le conjoint qu'ils représentent.—C. civ., art. 1491.

1266. — *Contribution de la femme.* — La femme n'est tenue des dettes de la communauté, soit à l'égard du mari, soit à l'égard du créancier, que jusqu'à concurrence de son émolument, pourvu qu'il y ait eu bon et fidèle inventaire, et en rendant compte tant du contenu de cet inventaire que de ce qui lui est échu par le partage.—C. civ., art. 1483.

1267. — Ces dispositions sont tirées des art. 221 et 228, cout. de Paris, et de l'art. 187 de celle d'Orléans. Le motif qui les a dictées est, comme le dit Dumoulin, sur l'art. 252, Cout. de Poitou, qu'il ne doit pas être permis au mari de charger les propres de la femme: *marito non licet onerare propria uxoris*. — Duranton, t. 14, no 486.

1268. — L'art. 435, cout. Bretagne, obligeait la femme qui acceptait la communauté, à en payer la moitié des dettes indéfiniment et sans restriction, et non pas seulement à raison de ce qu'elle amendait des biens de la communauté. — *Cass.*, 21 juill. 1812, Lentidoux c. Desmanotz.

1269.—Sous la coutume de Nivernais, la femme pouvait s'affranchir des dettes contractées tant par elle que par son mari, en renonçant à la communauté dans les vingt-quatre heures du décès de ce dernier; mais la renonciation faite après ce délai et dans les trois mois fixés par l'ord. de 1667 ne produisait le même effet que relativement aux dettes de la communauté.—*Cass.*, 17 fév. 1806, Simonin c. Barbier-Chantery.

1270. — Suivant l'ancienne jurisprudence du duché de Luxembourg, les héritiers de l'époux prédécédé n'étaient pas solidaires, soit entre eux, soit avec le conjoint survivant, pour le paiement des dettes de la communauté. —*Metz*, 10 juin 1812, Tornaco c. Vandernoot.

1271. — Dans les coutumes qui attribuent à l'époux survivant la totalité de la communauté mobilière, tant activement que passivement, les héritiers de l'époux prédécédé sont déchargés du paiement des dettes contractées par celui-ci avant le mariage, si ces dettes sont tombées à la charge de la communauté. — Les créanciers ne peuvent faire valoir leurs droits de ce chef que contre l'époux survivant. — *Bruxelles*, 7 mars 1823, Prevener c. Anne Paillet.

1272. — Dans les pays où les dettes *mobilières* sont toutes à la charge des meubles, le conjoint survivant qui, d'après son contrat de mariage, demeure propriétaire des meubles de la communauté, n'est pas pour cela seul tenu d'acquitter la dette du prix des immeubles acquis pendant le mariage. En ce cas, la dette du prix est réputée inhérente à l'immeuble, et tombe à la charge des héritiers du mari auxquels il échoit en partage. — *Cass.*, 24 août 1809, Devilliers c. Billois.

1273. —Ainsi qu'il a été dit plus haut, la femme commune en biens n'est tenue pour moitié seulement, et seulement aussi jusqu'à concurrence de son émolument, qu'autant qu'elle a fait bon et fidèle inventaire.

1274. — Aussi la veuve qui n'a point accompli les conditions sous lesquelles la loi l'affranchit du paiement des dettes de la communauté, doit-elle supporter toutes les suites de son erreur ou de son imprudence. Et il a été jugé que la veuve qui n'a point fait d'inventaire est tenue *ultrà vires*, alors même qu'elle se serait trompée sur la quotité des dettes à la *charge de la communauté*. —*Douai*, 6 nov. 1824, Fons; *Cass.*, 24 mars 1828, Leroy de Cochois c. Dutertre.

1275. — Mais la cour de Cassation a également posé en principe que la veuve commune qui n'a point fait inventaire, est tenue seulement *de la moitié* et non de la *totalité* des dettes de la communauté. — *Cass.*, 21 déc. 1830, Drouet-Chalus c. Vantelou.

1276. —Pour profiter du bénéfice que lui accorde l'art. 1483, elle n'a pas besoin d'accepter sous bénéfice d'inventaire; sa position est réglée par l'art. 1483, C. civ., et non par les art. 793 et suiv.—Duranton, t. 14, no 488.

1277. — Suivant Pothier (no 745), l'inventaire n'est absolument nécessaire que vis-à-vis du créancier; il ne l'est pas pour que les héritiers de la femme puissent jouir du privilége de n'être tenus des dettes de la communauté que jusqu'à concurrence des biens qu'ils y prennent; la raison en est que le partage peut justifier aussi bien qu'un inventaire de ce qu'ils ont retiré de la communauté, et que c'est une preuve que le mari ne peut désavouer, puisqu'il y a été partie. — V. aussi Duranton, t. 14, no 489.

1278. — Cependant M. Battur (t. 2, no 804) est d'un avis contraire; il se fonde sur ce que l'inventaire est commandé, soit par l'intérêt des enfans, soit dans celui de la loi, qui ne veut pas que les époux puissent se faire d'avantages indirects. — Nous préférons l'opinon de Pothier; elle nous paraît mieux établie en principe.

1279. — Pour jouir du privilége, la femme doit rendre compte aux créanciers, tant du contenu de l'inventaire que de ce qui lui est échu par le partage. — Mais que doit-on entendre par ces mots: *rendre compte?*—Les auteurs sont divisés sur le point de savoir si la femme commune est tenue de représenter les biens en nature.

1280.—Toutefois, à l'égard des meubles, ils sont d'accord pour reconnaître que la femme en reste chargée suivant la prisée qui en a été faite par l'inventaire.—Pothier, no 747; Toullier, t. 13, no 247.— La raison qu'en donne Pothier, c'est que la femme ne pourrait être admise à les abandonner après les avoir usés.—V. en ce sens, Duranton, no 489.— D'où il suit, ajoute cet auteur, que si ces meubles ont acquis une plus-value, cette plus-value doit profiter à la femme d'après la règle « *Quem sequuntur incommoda eumdem sequi debent commoda.* »

1281. — Mais, ajoute M Duranton (*loc. cit.*), les créanciers peuvent faire saisir le mobilier échu à la femme, et celle-ci ne peut plus le vendre librement sans leur payer sa moitié dans les dettes.

1282. — Mais que doit-on décider à l'égard des immeubles? — Pothier (*loc. cit.*) enseigne que la femme doit s'en charger, suivant l'estimation qui en a été faite dans le partage, *si mieux elle n'aime les abandonner de son côté.*— Toullier (t. 13, no 247) pense que la femme ne peut être contrainte d'abandonner aux créanciers les biens qui lui sont échus, mais qu'elle ne peut non plus les forcer à les recevoir. Cet auteur se fonde: 1o sur l'art. 1243, C. civ., qui porte que le créancier ne peut être contraint de recevoir une autre chose que celle qui lui est due, quoique la valeur de la chose offerte soit égale ou même plus grande; — 2o sur ce que la femme ne jouit pas du privilége de l'héritier bénéficiaire auquel seul l'art. 802 donne le privilége

de pouvoir se décharger du paiement des dettes, en abandonnant tous les biens de la succession aux créanciers et aux légataires.

1283. — M. Duranton (t. 14, n° 469) pose d'abord en principe que la femme n'a pas le droit de se libérer de la poursuite des créanciers par le paiement de l'estimation qui a été faite de ces immeubles. — Il reconnaît bien que, si elle les a vendus, elle peut se libérer par le paiement de l'estimation faite dans l'acte de partage, mais il pense aussi que, si ces immeubles sont encore en sa possession, elle doit les abandonner aux créanciers, afin qu'ils puissent en retirer un prix supérieur à l'estimation, s'il y a lieu. — Enfin, il ajoute que, si la vente a eu lieu contre l'opposition des créanciers, elle est responsable de la différence entre l'estimation portée au partage et la valeur réelle, et que, même, si elle les a vendus sans opposition, elle doit faire raison de ce qu'elle en a retiré en sus de l'estimation « puisque cet excédant lui vient encore de la communauté. » — V. aussi Glandaz, n° 364.

1284. — Si une maison échue au lot de la femme venait à brûler sans sa faute, celle-ci ne serait pas tenue de faire raison de sa valeur aux créanciers pour pouvoir user du bénéfice de l'art. 1483. — Duranton, *loc. cit.*

1285. — La femme doit aussi compte des fruits qu'elle a perçus pour ce qui reste après compensation faite de ces fruits avec les intérêts des sommes qu'elle a payées, tant à des tiers qu'à elle-même pour l'acquittement des dettes de la communauté. — Pothier, n° 747.

1286. — Elle doit encore se charger de la moitié de ce qui a été pris dans la communauté pour la dotation des enfans communs lorsqu'elle les a dotés conjointement avec son mari. — Pothier, *eod. loc.*

1287. — Mais aussi on doit admettre dans le compte de la femme comme venant en déduction de ce qu'elle doit : 1° sa part des frais d'inventaire et de partage. — Pothier, n° 748.

1288. — ... 2° Ce qu'elle a payé à d'autres créanciers de la communauté, qui ont été plus vigilans à se faire payer que celui par qui elle est poursuivie. — *Ibid.*

1289. — ... 3° Ce qui lui était dû par la communauté. — *Ibid.*

1290. — Sous la coutume de Normandie, comme sous le Code civil, la femme ou ses héritiers ne sont tenus des dettes de la communauté jusqu'à concurrence de leur émolument, qu'autant que ces dettes sont justifiées par des titres non suspects, ayant date certaine avant la dissolution de la communauté. — *Cass.*, 8 sept. 1807, Simon c. Lefebre.

1291. — Autrement le mari serait maître, par des obligations simulées, d'anéantir l'actif de la communauté. — Battur, t. 2, n° 801.

1292. — La reconnaissance d'une dette faite par l'époux survivant dans l'inventaire d'une communauté, même en l'absence du créancier, constitue au profit de celui-ci un titre suffisant contre cet époux. Néanmoins, cette reconnaissance n'oblige l'époux de qui elle émane que dans la proportion de sa part dans la communauté, et n'engage en aucune façon celle des héritiers de l'époux décédé. — *Bourges*, 24 avr. 1839 (t. 1er 1840, p. 320), Repoux c. Berger.

1293. — La femme paie les créanciers au fur et à mesure qu'ils se présentent, s'ils n'ont point formé d'opposition et n'ont pas demandé la répartition par contribution. — Duranton, t. 14, n° 490.

1294. — Et les créanciers ainsi payés ne seraient pas obligés de restituer à ceux qui se présenteraient plus tard, lorsque l'émolument de la femme serait épuisé par le paiement fait aux premiers. — Duranton, n° 490.

1295. — Mais le même auteur ajoute avec raison que les paiemens ainsi faits ne sont valables qu'autant qu'ils ont eu lieu de bonne foi et sans faute, mais que la femme pourrait, ainsi que le décidait textuellement la coutume de Paris, être déclarée responsable, si elle payait avant les échéances dans la vue de favoriser tel créancier au préjudice de tel autre.

1296. — Ce qui vient d'être dit s'applique aux dettes dont la femme n'est tenue que comme commune en biens; mais aux termes de l'art. 1486, la femme peut être poursuivie pour la totalité des dettes qui procèdent de son chef et étaient entrées dans la communauté, sauf son recours contre le mari ou ses héritiers, *pour la moitié desdites dettes.*

1297. — Il en était ainsi avant le Code. — Pothier, nos 731 et 759.

1298. — Toutefois, M. Duranton (*loc. cit.*) fait remarquer que ces mots *pour la moitié desdites dettes* n'expriment pas une idée tout-à-fait exacte à cause du privilége de l'art. 1483. Aussi dit-il que le recours de la femme a lieu contre le mari ou ses héritiers pour ce qu'ils doivent supporter des dettes, c'est-à-dire pour la moitié, dans le cas où l'émolument de la femme dans la communauté serait insuffisant pour la couvrir de l'autre moitié, et aussi pour le surplus, dans le cas contraire.

1299. — La femme peut être poursuivie pour la totalité de la dette lorsqu'elle s'est obligée seule ou solidairement avec d'autres, soit avant le mariage, soit pendant le mariage. — Mais si elle s'est obligée conjointement avec d'autres, sans solidarité, elle n'est tenue que de sa part, quand même ce serait avec son mari qu'elle se serait obligée. — C. civ., art. 1487.

1300. — On le décidait ainsi sous le droit ancien. — V. Lebrun, liv. 2, chap. 3, sect. 1re, n° 8; Pothier, n° 732; Renusson, part. 2e, chap 6, nos 12 et 13.

1301. — La promesse de fournir hypothèque, faite par le mari seul durant la communauté, ne constitue pas une obligation indivisible, de telle sorte qu'en cas d'acceptation de cette communauté par la femme ou ses héritiers, ceux-ci pussent être poursuivis pour la totalité de la dette. — *Bruxelles*, 29 août 1807, Bys c. Eman.

1302. — La femme qui a payé une dette de la communauté au-delà de sa moitié, n'a point de répétition à exercer contre le créancier pour l'excédant, à moins que la quittance n'exprime que ce qu'elle a payé était pour sa moitié. — C. civ., art. 1488.

1303. — Dans le premier cas prévu par cet article la femme est censée payer tant pour son mari que pour elle, puisqu'on paie valablement la dette d'autrui. — C. civ., art. 1236. — Dans le second, au contraire, la femme est censée n'avoir payé que pour elle; ce qu'elle a payé de trop elle l'a donc payé par erreur; or, aux termes de l'art. 1377, il y a lieu à répétition : *indebitum est non tantum quod omninò, non debetur, sed si id quod alius debebat, alius quasi ipse debeat, solvit.* — L. 65, § ult., ff., *De condict. indeb.* — V. aussi Duranton, t. 14, n° 492; Battur, t. 2, n° 807.

1304. — *Contribution du mari.* — Le mari est tenu, pour la totalité, des dettes de la communauté par lui contractées, sauf son recours contre sa femme ou ses héritiers pour la moitié desdites dettes. — C. civ., art. 1484.

1305. — Il en était de même sous le droit ancien. — Pothier, n° 629; Renusson, part. 2e, chap. 6, n° 5; Lebrun, liv. 2, chap. 3, sect. 1re, nos 2 et 3 *in pr.*

1306. — Il en est seul tenu pour la totalité, vis-à-vis des tiers, alors même que la femme se serait obligée conjointement avec lui, si elle ne l'est pas solidairement. — C. civ., art 1487; — Battur, t. 2, n° 798.

1307. — ... Et alors encore que la communauté serait acceptée par la femme. — *Besançon*, 29 juin 1810, Crestin c. David Saint-Georges.

1308. — A l'égard des dettes procédant du chef de la femme, tombées dans la communauté, le mari n'en supporte que la moitié. — C. civ., art. 1485.

1309. — ... A moins que la femme n'ait renoncé, cas auquel le mari supporte la totalité des dettes. — C. civ., art. 1494.

1310. — M. Battur (t. 2, n° 813) pense que le mari a une hypothèque privilégiée sur les conquêts échus à sa femme, à raison des dettes qu'il a payées à sa charge; selon cet auteur, on peut considérer le recours du mari, dans ce cas, comme une clause tacite de partage. — V. PRIVILÉGE.

1311. — *Dettes hypothécaires.* — D'après l'art. 1489, celui des deux époux qui, par l'effet de l'hypothèque sur l'immeuble à lui échu en partage, se trouve poursuivi pour la totalité d'une dette de communauté, a de droit son recours pour la moitié de cette dette contre l'autre époux ou ses héritiers. — C. civ., art. 1489.

1312. — L'application de l'art. 1489 ne semble pas devoir souffrir de difficulté à l'égard des hypothèques constituées pour dettes contractées pendant le mariage par les deux époux ou par le mari seul. Les auteurs s'accordent pour reconnaître que ces hypothèques s'exercent fort bien sur la portion des conquêts échue par le partage à la femme, parce que la femme est censée les avoir hypothéqués avec son mari. — Pothier, n° 752; Delvincourt, t. 3, p. 292, édit. 1819; Duranton, n° 298.

1313. — Mais que doit-on décider à l'égard des dettes contractées par le mari avant le mariage et qui emportaient une hypothèque qui s'étendait aux biens à venir, et par conséquent à ceux acquis par le mari pendant la communauté? — Ces dettes autorisent-elles le créancier à exercer son hypothèque sur la portion de conquêts échue à la femme par le partage de la communauté?

1314. — Pothier soutenait la négative en se fondant sur ce que le mari n'avait pu conférer hypothèque sur cette portion, puisqu'il n'aurait eu ce droit qu'en qualité de chef de la communauté, et qu'à l'époque de l'établissement de l'hypothèque, il n'avait pas encore cette qualité. Il avouait néanmoins que l'art. 190 de la coutume d'Orléans avait une disposition contraire. — Pothier, n° 753. — L'avis de Pothier a été adopté par M. Delvincourt, qui donne pour motif de cette opinion que, d'après le principe général en matière de partage, la femme est censée avoir été propriétaire des objets tombés dans son lot, du moment où ils ont été acquis à la communauté, que le mari est censé n'en avoir jamais été propriétaire, et, par conséquent, que l'hypothèque qui frappait ses biens présens et à venir lors du mariage n'a pu couvrir les conquêts qui sont échus au lot de la femme.

1315. — M. Duranton (n° 498) est d'un avis contraire; il invoque la généralité des termes de l'art. 1498, qui parle du cas où l'époux se trouve, par l'effet de l'hypothèque, poursuivi pour la totalité *d'une dette de la communauté*; or, dit-il, la dette du mari, quoique antérieure au mariage, est une dette de la communauté, puisqu'elle y est tombée aux termes de l'art. 1409, n° 1er.

1316. — Bien plus, ajoute-t-il, l'art. 190 de la coutume d'Orléans le décidait ainsi, même quant à des hypothèques constituées pour sûreté du service de rentes créées par le mari avant son mariage et qui restaient alors à sa charge personnelle pour le capital. Et il faudrait le décider de même sous le Code, quoique la dette pour laquelle le mari avait constitué l'hypothèque dût demeurer en définitive à sa charge personnelle, comme étant relative à un de ses propres, puisque, d'après l'art. 1409 (n° 1er), elle n'en est pas moins tombée à la charge de la communauté, sauf récompense. — Duranton, n° 498.

1317. — Quant aux dettes particulières de la femme, antérieures ou non au mariage, quoiqu'avec hypothèque s'étendant aux biens à venir, elles ne peuvent grever d'hypothèque la portion de conquêts échue au mari (Duranton, n° 499; Pothier, n° 754); — parce que la femme n'a pu, dans aucun temps, hypothéquer les biens de la communauté sans le consentement de son mari. — Et il n'y a qu'un cas, dit M. Duranton (*loc. cit.*), où le mari puisse, après la dissolution de la communauté, être poursuivi hypothécairement par les créanciers particuliers de la femme, c'est lorsqu'il lui est échu un immeuble ameubli par celle-ci et qu'elle avait hypothéqué avant son mariage.

1318. — Si l'hypothèque constituée sur un conquêt de communauté l'avait été pour une dette qui dût rester en entier à la charge personnelle de l'un des époux, l'époux qui aurait été obligé de payer par suite de l'action hypothécaire aurait son recours pour le tout contre l'époux débiteur. — Duranton, n° 504.

1319. — De même, si l'hypothèque était antérieure à l'acquisition faite pendant la communauté, l'époux qui aurait payé aurait, indépendamment de son recours contre le débiteur personnel de la dette, un autre recours contre son époux pour lui en faire supporter sa part; attendu que les époux se doivent la garantie des évictions de toutes sortes dont la cause est antérieure au partage. — Duranton, *loc. cit.*

ART. 5. — *Des créances de l'un des conjoints contre l'autre.*

1320. — Après le partage consommé, si l'un des deux époux est créancier personnel de l'autre, comme lorsque le prix de son bien a été employé à payer une dette personnelle de l'autre époux, ou pour toute autre cause, il exerce sa créance sur la part qui est échue à celui-ci dans la communauté ou sur ses biens personnels. — C. civ., art. 1478.

1321. — Il en était de même sous le droit ancien. — V. Pothier, n° 680.

1322. — De ce que ce n'est qu'après le partage consommé que l'époux peut exercer sa créance sur la part de son conjoint ou sur ses biens personnels, il suit que le mari qui a des créances à exercer contre sa femme ne peut en poursuivre le paiement avant la dissolution de la communauté. — *Paris*, 10 frim an XIII, Bulot.

1323. — ... Ni faire saisir les immeubles de sa femme pour une condamnation aux dépens. — *Paris*, 1er août 1820, Marsandre c. Mounot.

1324. — La raison en est qu'il y a confusion de droits; qu'il y a une liquidation à opérer entre eux pour savoir lequel sera créancier de l'autre. — Battur, t. 2, n° 820.

1325. — Néanmoins la femme peut figurer dans la procédure en expropriation forcée dirigée contre son mari pour la conservation de ses droits et sa collocation dans l'ordre. — Battur, t. 2, n° 821.

1326. — Le mari, porte l'art. 1432, qui a garanti solidairement ou autrement, la vente que sa femme a faite d'un immeuble personnel, a un recours contre elle, soit sur sa part dans la communauté, soit sur ses biens personnels.

1327. — Il peut même, à la dissolution de la communauté, s'il a de justes motifs de craindre d'être inquiété à raison de cette garantie, demander à sa femme ou à ses héritiers la décharge de son engagement, ou bien une contre-garantie. — Duranton, t. 4, n° 337.

1328. — Ces principes sont applicables au cas où c'est la femme qui s'est rendue garante de la vente faite par le mari de l'un de ses immeubles personnels. — Duranton, *loc. cit.*

1329. — Sur les droits qui peuvent résulter, de l'un des époux à l'autre, de la constitution de dot faite en faveur des enfans d'un premier lit ou des enfans communs, V. *suprà* nos 368 et suiv.

1330. — Au reste, les créances personnelles que les époux ont à exercer l'un contre l'autre, ne portent intérêts que du jour de la demande en justice. — C. civ., art. 1479.

1331. — De même, la femme qui renonce à la communauté n'a droit aux intérêts de sa dot que du jour de la demande et non du jour de la dissolution de la communauté : c'est le cas d'appliquer l'art. 1470 et non les art. 1473 et 1570 C. civ.

ART. 6. — *Dispositions relatives à la communauté légale, en cas d'existence denfans de précédens mariages.*

1332. — L'art. 1496, C. civ., porte que tout ce qui a été dit sur la communauté légale doit être observé même lorsque l'un des époux ou tous deux ont des enfans de précédens mariages.

1333. — Mais il ajoute aussi que si la confusion du mobilier ou des dettes opérait, au profit de l'un des époux, un avantage supérieur à celui qui est autorisé par l'art. 1098, C. civ., les enfans du premier lit de l'autre époux ont l'action en retranchement. — Même article.

1334. — Suivant cet art. 1098, « l'homme ou la femme qui, ayant des enfans d'un autre lit, contractera un second ou subséquent mariage, ne pourra donner à son nouvel époux qu'une part d'enfant légitime le moins prenant, et sans que, dans aucun cas, ces donations puissent excéder le quart des biens. »

1335. — La seule difficulté que présente la combinaison de ces deux articles consiste, dit Toullier (t. 13, n° 289), dans la manière de prouver l'avantage ; lorsqu'il y a un contrat, il n'y a pas de difficulté; mais lorsqu'il n'y en a pas, la preuve, tant par titres que par témoins, doit être admise, même celle par commune renommée; car, dans ce cas, il s'agirait de prouver la fraude.

1336. — Suivant Pothier (*Contr. de mariage*, n° 553), on ne devait avoir aucun égard, dans la confusion du mobilier et des dettes, aux successions mobilières échues pendant le mariage à l'époux ayant des enfans du premier lit ; cet auteur ne s'attachait qu'à l'inégalité des apports lors du mariage, parce que, disait-il, elle présente quelque chose de déterminé et de certain, tandis que les successions échues depuis la célébration n'offrent rien de certain et de déterminé, et qu'on ne peut pas dire que l'époux remarié auquel elles sont échues ait voulu, par l'adoption du régime en communauté, avantager son nouveau conjoint, au moyen de ces successions. — V., en ce sens, Toullier, t. 13, n° 290.

1337. — M. Duranton professe une opinion contraire ; il se fonde sur ce qu'il importe peu que l'époux ait voulu ou non avantager au delà de la quotité permise, son nouveau conjoint; il ne l'a pas moins fait. — Nous partageons pleinement cette doctrine, qui nous paraît la plus conforme au véritable esprit de l'art. 1496, qui ne fait aucune distinction.

1338. — Quoi qu'il en soit, Toullier (*loc. cit.*) accorde que si l'époux avait l'espoir prochain de recueillir une succession au moment du mariage, et qu'il ne l'eût point exclue de la communauté, cette omission de sa part pourrait être regardée comme un avantage indirect fait au nouvel époux, et, par conséquent, sujet à réduction.

1339. — M. Duranton enseigne (n° 521), en se fondant sur l'art. 1527, que pour déterminer s'il y a avantage ou non, on n'a pas égard à l'inégalité des bénéfices qui peuvent être le résultat d'une industrie de l'un et l'autre époux, ni à l'inégalité de leurs revenus respectifs. — C. civ., art. 1527.

1340. — Il faut, pour opérer le retranchement, joindre aux avantages résultant de la confusion du mobilier et des dettes ceux que l'époux ayant des enfans du premier lit a faits à son nouvel époux, soit par contrat de mariage, soit pendant le mariage, soit par testament. — Duranton, n° 522.

1341. — L'action en retranchement n'est ouverte qu'en faveur des enfans du premier lit, et nullement en faveur des enfans du second mariage ou des ascendans, sauf l'action en réduction qui leur appartient, s'il a été donné au nouveau conjoint au delà de la quotité disponible fixée par l'art. 1094; mais, par rapport à eux, l'adoption du régime de la communauté dans laquelle on aurait mis une part inégale de mobilier ou de dettes, ne pourrait être regardée comme un avantage proprement dit. — Duranton, t. 14, n° 523.

1342. — Toutefois, M. Duranton (*loc. cit.*) est d'avis que, si l'action en retranchement n'est pas ouverte aux enfans du second lit, en ce sens qu'ils ne peuvent l'exercer à défaut d'enfans du premier lit, le produit de cette action, une fois exercée par les enfans du premier lit, ne leur en profite pas moins. Il en donne pour raison que l'action en retranchement est instituée pour que la libéralité excessive opérée par la confusion du mobilier *ne nuise* pas aux enfans du premier lit, mais non pour qu'elle leur profite. Il se fonde, en outre, sur ce que si l'on admettait la doctrine contraire, le principe de l'égalité dans les partages serait détruit.

1343. — L'action en retranchement n'est ouverte qu'au décès de l'époux qui avait des enfans d'un premier lit ; si la communauté vient à se dissoudre par toute autre cause que la mort de cet époux, elle doit se liquider et se partager comme à l'ordinaire, sauf aux enfans du premier lit à exercer leurs droits à la mort de leur auteur. — Duranton, n° 526.

CHAPITRE IV. — *De la communauté conventionnelle et des conventions qui peuvent modifier ou même exclure la communauté légale.*

1344. — La communauté conventionnelle est celle qui est formée par la convention expresse des parties, portée par leur contrat de mariage. — Pothier, n° 278.

1345. — Les époux, ayant la faculté de faire leurs conventions matrimoniales, comme ils le jugent à propos, pourvu qu'elles ne soient pas contraires aux bonnes mœurs (C. civ., art. 1387) ni à la loi, peuvent, sous l'observation de cette condition, modifier la communauté légale par toute espèce de conventions. — C. civ., art. 1388, 1389 et 1390 ; — Duranton, t. 15, n° 2. — C'est ce que dit expressément l'art. 1527, C. civ.

1346. — Ainsi que nous l'avons déjà dit, dans ce cas, la communauté conventionnelle reste soumise aux règles de la communauté légale pour tous les cas auxquels il n'a pas été dérogé explicitement ou implicitement par le contrat de mariage.

1347. — Il peut arriver, au surplus, que la communauté conventionnelle ne soit autre que la communauté légale; c'est ce qui arrive lorsque les parties ont simplement dit, dans le contrat de mariage, qu'il y aura entre elles communauté de biens sans s'expliquer davantage. — Pothier, n° 279; Duranton, t. 15, n° 2.

1348. — La loi a tracé (mais sans entendre leur en interdire d'autres) les principales modifications que les parties peuvent apporter à la communauté légale; ce sont celles qui ont lieu en stipulant de l'une ou de l'autre des manières qui suivent, savoir : 1° que la communauté n'embrassera que les acquêts; — 2° que le mobilier présent ou futur n'entrera point en communauté ou n'y entrera que pour partie; — 3° qu'on y comprendra tout ou partie des immeubles présens ou futurs, par la voie de l'ameublissement ; — 4° que les époux paieront séparément leurs dettes antérieures au mariage ; — 5° qu'en cas de renonciation, la femme pourra reprendre ses apports francs et quittes; — 6° que le survivant aura un préciput; — 7° que les époux auront des parts inégales ; — 8° qu'il y aura entre eux communauté à titre universel. — C. civ., art. 1497.

1349. — Quel que soit le pouvoir de modifier accordé aux époux, nous avons vu qu'entre autres prohibitions (V. *suprà* n° 26) les époux ne peuvent convenir que la communauté commencera à une autre époque que le jour de la célébration du mariage. — C. civ., art. 1399.

1350. — Néanmoins on peut convenir de l'adoption du régime de la communauté sous une condition ; et si la condition s'accomplit, les époux auront (par suite de l'effet rétroactif de cette condition) été mariés en communauté à partir du jour

de la célébration du mariage. — Duranton, t. 15, n° 5.

1351. — L'art. 1527, C. civ., ajoute que, dans le cas où il y aurait des enfans d'un premier mariage, toute convention qui tendrait dans ses effets à donner à l'un des époux au-delà de la portion réglée par l'art. 1098, au titre *Des donations entre-vifs et des testamens*, sera sans effet pour tout l'excédant de cette portion, mais que les simples bénéfices résultant des travaux communs et des économies faites sur les revenus respectifs, quoique inégaux, des époux, ne sont pas considérés comme un avantage fait au préjudice des enfans du premier lit. — C. civ., art. 1527.

1352. — Dans l'application de cet article, il n'y a pas à examiner si l'époux qui a des enfans d'une première union a voulu ou non avantager son nouveau conjoint; la loi ne s'attache qu'au fait, parce qu'en effet c'est ce qui lèse les enfans du premier lit. — Duranton, t. 15, n° 239.

1353. — Jugé que la convention matrimoniale qui attribue au survivant des époux, indépendamment d'une part d'enfant, la totalité de la communauté mobilière, résultat des travaux communs et des revenus respectifs des époux, doit être considérée comme un avantage indirect, lorsque l'époux prédécédé a laissé des enfans d'un premier mariage. Les enfans du premier lit sont fondés à soutenir que cet avantage est sujet à retranchement. — *Cass.*, 24 mai 1808, Richard; — Duranton, t. 15, n° 244.

1354. — La disposition de l'art. 1527 ayant été portée dans l'intérêt seul des enfans du premier lit, elle cesse d'avoir son effet après le décès de ces mêmes enfans avant leur auteur, et alors qu'ils ne laissent pas de descendans. — Duranton, t. 15, n° 245.

1355. — Il en serait de même dans le cas où les enfans du premier lit renonceraient à la succession de leur père ou de leur mère, et dans celui où ils seraient déclarés indignes. — Duranton, t. 15, n° 246.

1356. — Mais s'il existe des enfans ou descendans du premier mariage, même un seul, se portant héritiers, et non indignes, alors l'action en réduction, dans les limites de l'art. 1098, est ouverte, et les enfans du deuxième mariage en profitent indirectement. — Duranton, n° 247.

1357. — Les conventions dont il est question dans l'art. 1537 ne sont pas nulles; elles sont seulement réductibles. — Battur, t. 2, n° 393.

1358. — Lorsque, dans la vue d'un double mariage dont un seul s'est réalisé à raison du décès de l'un des contractans, il a été stipulé par le contrat anténuptial commun que les parties s'associaient en tous biens pour participer chacun pour un quart, et être, en exécution de la présente société, égaux et communs en tous biens et charges pendant la durée du présent mariage, cette clause peut, sans que l'arrêt qui le décide ainsi tombe sous la censure de la cour de Cassation, être considérée comme ayant établi, à l'égard de ceux qui se sont mariés, une communauté de biens, et non une simple société à quatre, que la mort d'un des associés serait venue dissoudre à son origine. — Les juges peuvent puiser la preuve de l'existence de cette communauté dans les stipulations du contrat, dans l'exécution que les contractans y ont donnée, et dans la reconnaissance qu'en ont faite elles-mêmes les parties litigantes. Peu importe d'ailleurs que le contrat ait été passé dans un pays de droit écrit où la dérogation au régime dotal devait être formellement stipulée. — *Cass.*, 23 août 1842 (t. 2 1842, p. 477), Labrosse et Petit.

1359. — M. Duranton (n° 248) enseigne que si la communauté vient à se dissoudre par la séparation de corps ou de biens, quand même il y aurait des enfans du premier lit vivans au moment de sa dissolution, comme ces enfans peuvent mourir avant leur auteur, et que dans ce cas les dispositions des art. 1496 et 1527 cesseraient d'être applicables, la communauté doit se liquider d'après le droit commun et les stipulations du contrat de mariage, sauf aux enfans, s'ils survivent et qu'ils se portent héritiers, à exercer, s'il y a lieu, l'action en réduction contre le nouvel époux ou ses représentans. — V. cependant *infrà* deux arrêts des 27 mars 1823 et 5 juill. 1824 (n° 1769).

1360. — Des époux normands pouvaient stipuler, en se mariant, que leur association serait soumise au régime de la communauté, dans le cas où ils iraient s'établir dans une province admettant ce régime. — *Caen*, 14 sept. 1824, de Puysaye c. de Coulonges.

1361. — Les époux qui se marient en communauté peuvent stipuler que les biens immeubles de la femme seront inaliénables en tout ou en partie. — *Rouen*, 10 juill. 1821, Mongrard c. Doré.

1362. — Mais lorsque le contrat ne présente à cet égard qu'une limitation des droits du mari pendant la communauté, si la femme fait prononcer sa séparation de biens et reprend ainsi la libre administration de ceux qui lui appartiennent, elle recouvre la faculté d'aliéner ses immeubles avec le consentement de son mari ou l'autorisation de justice. — Même arrêt.

1363. — Et il a été jugé que, lorsqu'un contrat de mariage porte que les époux mariés sous le régime de la communauté sont autorisés à vendre les immeubles qui pourront appartenir à la future, situés en tel endroit seulement, il ne s'ensuit pas qu'on doive considérer comme inaliénables les immeubles que l'épouse possède hors de l'endroit désigné; du moins l'arrêt qui le décide ainsi échappe à la censure de la cour de Cassation. — *Cass.*, 28 fév. 1828, Doré c. Montgrand.

1364. — Les principes relatifs à la société ordinaire entre étrangers ne sont pas applicables à une communauté entre époux, stipulée par contrat de mariage. — *Cass.*, 17 fév. 1829, Briansiaux c. Loriole.

1365. — Nous passerons successivement en revue les différentes clauses de modifications à la communauté légale prévue par l'art. 1497.

Sect. 1re. — *De la communauté réduite aux acquêts.*

1366. — Lorsque les époux stipulent qu'il n'y aura entre eux qu'une communauté réduite aux acquêts, ils sont censés exclure de la communauté et les dettes de chacun d'eux actuelles et futures, et leur mobilier respectif, présent et futur. — C. civ., art. 1498.

1367. — En ce cas, et après que chacun d'eux a prélevé les apports dûment justifiés, le partage se borne aux acquêts faits par les époux ensemble ou séparément durant le mariage, et provenant tant de l'industrie commune que des économies faites sur les fruits et revenus des biens des deux époux. — Même article.

1368. — Ce partage se fait par moitié, à moins que les conventions matrimoniales n'accordent à l'un des époux une part plus forte qu'à l'autre.

1369. — Selon Toullier (t. 13, n° 317), pour que la communauté soit réduite aux acquêts, il faut nécessairement que les époux déclarent qu'*il n'y aura entre eux qu'une communauté d'acquêts*; s'ils se contentent de stipuler qu'*il y aura entre eux une communauté d'acquêts*, le mobilier présent et futur des époux n'en sera pas exclu. M. Duranton repousse avec force cette doctrine : « Quel sera donc, dit-il, le sens et l'effet d'une telle clause : *Les époux déclarent qu'il y aura entre eux communauté d'acquêts?* On demeure réellement confondu devant une telle interprétation de l'art. 1498. Quoi! les époux auront clairement et positivement déclaré *vouloir établir une communauté d'acquêts*, et néanmoins ils auront réellement stipulé une communauté légale proprement dite! On n'en croit pas réellement ses yeux en lisant une pareille assertion. »

1370. — Ce n'est là, selon nous, qu'une querelle de mots. — Ce qu'il faut dire, c'est que la communauté ne sera réduite aux acquêts qu'autant que les parties auront exprimé leur volonté, à cet égard, d'une manière formelle ; mais il n'y a pas de clause sacramentelle.

1371. — Aussi la cour de Cassation a-t-elle jugé que la clause d'un contrat de mariage portant que *les futurs époux seront associés pour moitié en tous les acquêts, meubles et immeubles, qu'ils feront durant le mariage*, emporte stipulation de la simple communauté d'acquêts régie par l'art. 1498, C. civ., et, par suite, exclusion de la communauté pour tout le mobilier présent et futur des époux qui ne résulte point de la collaboration commune. — En conséquence, une créance mobilière échue à l'un des époux par succession, durant le mariage, doit être considérée comme propre à cet époux, et non comme commune. — *Cass.*, 16 déc. 1840 (t. 2 1840, p. 781), Grand c. Desse.

1372. — Il est certain, au surplus, que la réduction de la communauté aux acquêts résulterait nécessairement de la clause d'exclusion de tout le mobilier présent ou futur, à la condition qu'elle fût bilatérale. — En effet, dit Toullier (n° 300), par cette stipulation, les époux manifestent clairement leur volonté qu'il y ait entre eux une communauté, laquelle ne peut être, d'après les termes mêmes de l'art. 1498, qu'une communauté d'acquêts.

1373. — Le régime de la communauté d'acquêts a pu être valablement stipulé en Normandie sous l'empire de la loi du 17 niv. an II, et antérieurement au Code civil. Cette stipulation n'avait rien d'inconciliable avec le statut normand. — *Cass.*, 11 juill. 1838 (t. 2 1838, p. 67), Lherbette c. de Martainville; *Rouen*, 16 août 1808, Anquetil c. Sagniel; 13 juin 1822, Labarre c. Lecavellier; 12 déc. 1822, Alix c. Rouland; 2 avr. 1824, Guilbery c. Maire; *Cass.*, 29 fév. 1832, Boulot.

1374. — Il suit de l'art. 1498 que tout ce que les époux possèdent en meubles ou immeubles lors du mariage leur demeure propre, ainsi que ce qu'ils acquerront dans la suite à titre de succession, de donation ou de legs. — Duranton, n° 10.

1375. — Il suit également de cet article qu'on doit comprendre dans l'exclusion de communauté les arrérages ou intérêts qui leur seraient dus lors du mariage ; ce sont là des fruits civils qui s'acquièrent jour par jour ; il en est de même des loyers des maisons et du prix des baux à ferme. — Duranton, t. 15, n° 10 ; Glandaz, *Encyclop. du dr.*, v° *Communauté*, n° 386.

1376. — Les fruits pendans par branches ou par racines au moment du mariage appartiennent à la communauté s'ils ont été perçus pendant sa durée ; au contraire, ceux qui sont dans cet état au moment de sa dissolution appartiennent à l'époux propriétaire du fonds. — Duranton, *loc. cit.*

1377. — Mais la communauté doit-elle indemnité pour les frais de semences et de culture à l'époux propriétaire d'un fonds sur lequel il existe, lors du mariage, des fruits pendans par branches ou racines, et qu'elle a perçus? — M. Duranton (t. 15, n° 11) enseigne la négative, par cette raison, que nous trouvons concluante, que l'époux est censé avoir mis la jouissance de ses biens dans la communauté dans l'état où ils se trouvaient alors. « Tout ce qu'on peut dire, ajoute-t-il, c'est que si les frais faits étaient encore dus à des tiers, la communauté qui les a ensuite payés ne pourrait rien réclamer de l'époux à ce sujet. »

1378. — Quant au point de savoir s'il est dû, pour la même cause, indemnité à la communauté par l'époux sur le fonds duquel la récolte est à faire au jour de la dissolution, il en est de même pour ce cas que pour celui de la communauté légale. — V. *suprà* n°s 771 et suiv.

1379. — Les gains de fortune, tels que la découverte d'un trésor, le montant d'un billet gagnant à la loterie, le gain fait au jeu, font-ils partie de la communauté d'acquêts? — M. Duranton (t. 15, n° 12) enseigne l'affirmative. — Toutefois, Pothier (n° 323) décide que le gain fait à la loterie est exclu de la communauté, à moins que le prix du billet n'ait été payé avec son argent, attendu, dit-il, qu'elle a couru la chance de perdre ; M. Duranton, pour repousser cette opinion, se fonde sur ce que, si la fortune a joué le principal rôle dans le gain qui a été obtenu, il y a toujours eu le fait de la personne dans l'action de jouer ; sa prévoyance a été une sorte d'industrie ; c'est cette sorte d'industrie, *juvante fortunâ*, qui a procuré le bénéfice.

1380. — Néanmoins, le même auteur convient que, si l'un des époux avait mis à la loterie avant le mariage, et que le tirage n'eût été fait que depuis la célébration, dans ce cas, le principe et la cause de la créance qui en résulterait pour l'époux étant antérieurs au mariage, la somme gagnée lui demeurerait propre. — Il en serait de ce cas comme d'une créance que l'époux aurait sur un tiers.

1381. — La communauté d'acquêts comprend la propriété des ouvrages composés et des nouvelles éditions faites durant son cours. — Duranton, t. 15, n° 13.

1382. — A l'égard de ceux déjà composés lors du mariage, la propriété en reste à l'époux, mais le produit des éditions faites durant le mariage tombe dans la communauté d'acquêts, comme produit de l'industrie de l'époux, comme une sorte de revenu. — Duranton, *loc. cit.*

1383. — On a jugé qu'une rente sur l'état accordée, à titre de récompense nationale, à un blessé de juillet tombe dans une communauté d'acquêts. — *Colmar*, 20 déc. 1832, Siès.

1384. — ...Et qu'il faut en dire autant de la gratification accordée à un général à la suite de la campagne de Russie. — *Cass.*, 7 nov. 1827, Razout.

1385. — Mais non du profit résultant d'une prescription d'une dette antérieure ou de l'accroissement d'un immeuble par alluvion. — Maleville, t. 3, p. 344 ; Battur, t. 2, n° 358.

1386. — ...Ni même de l'immeuble donné directement en dot à la femme, ou même donné à elle seule en paiement de la dot. — Maleville, *eod. loc.*; Bellot des Minières, t. 3, p. 25 ; Duranton, t. 15, n° 10.

1387. — On considère aussi comme acquêts le bien acquis par la femme pendant la communauté réduite aux acquêts, quoiqu'il soit prouvé qu'elle a vendu quelques uns de ses paraphernaux peu de jours avant l'acte d'acquisition, lorsque cet acte ne dit point d'où provient la somme payée par la femme, ni que l'acquisition soit un remploi du prix de la vente qui a eu lieu antérieurement. — *Agen*, 7 fév. 1821, Caignac c. N....

1388. — Enfin, on comprend aussi dans la communauté d'acquêts la valeur des offices, tels que les charges d'avocat à la cour de Cassation, de notaire, d'avoué, de greffier, etc. — V. *suprà* n°s 101 et suiv., et 777.

1389. — Le passif de la communauté réduite aux acquêts se compose de toutes les dettes contractées par les époux pendant sa durée, sauf la récompense à l'égard de celles qui seraient relatives aux propres mobiliers ou immobiliers de l'un ou de l'autre, ou qui devraient rester à leur charge personnelle pour quelque autre cause. L'exclusion des dettes *futures* dont il est parlé dans l'art. 1498, C. civ., ne concerne que celles relatives aux biens personnels des époux. — Duranton, t. 15, n° 14.

1390. — Pour qu'une dette soit à la charge de la communauté réduite aux acquêts, il faut que *la cause* de cette dette soit réellement née pendant la communauté. — Duranton, n° 14.

1391. — A la dissolution, et comme l'indique l'art. 1498, chaque époux prélève ses apports dûment justifiés, et le partage n'a lieu qu'une fois ce prélèvement opéré.

1392. — A cet égard, l'art. 1499, C. civ., dispose que, si le mobilier existant lors du mariage ou échu depuis n'a pas été constaté par inventaire ou état en bonne forme, il est réputé acquêt.

1393. — Quel genre de preuve les époux seront-ils admis à invoquer pour justifier de leurs apports? — Les auteurs s'accordent d'abord pour reconnaître que, s'il s'agit du mobilier échu *pendant le mariage*, l'art. 1504, C. civ., reçoit son application directe, et que dès-lors, d'après les termes de cet article, et suivant qu'il s'agit de la femme ou du mari, la preuve par témoins et par commune renommée est ou n'est pas admissible. — Duranton, t. 15, n° 16 ; Toullier, n° 305. — Toutefois, M. Duranton dit que Delvincourt enseignait l'opinion contraire. — V. au surplus *infrà* n°s 1484 et suiv.

1394. — Mais les opinions sont partagées sur le point de savoir si la femme peut être dispensée de produire soit un inventaire, soit un état en bonne et due forme, à l'égard du mobilier existant lors du mariage. — La raison de douter résulte de ce que si la loi s'est montrée tolérante pour le cas où la femme était sous la puissance du mari et pouvait être réputée dominée par son influence, il est permis de supposer qu'elle s'est montrée moins tolérante lorsque la femme, en dehors de toute influence, a négligé personnellement l'accomplissement d'une formalité prescrite.

1395. — Aussi M. Bellot des Minières (t. 3, p. 27 et suiv.) semble-t-il incliner à réduire l'application de l'art. 1504 au cas où il s'agit de mobilier échu pendant le mariage; et M. Duranton enseigne formellement cette doctrine, en ajoutant que l'état en bonne forme ou l'inventaire doit être fait non pas après la célébration, mais auparavant, « et que, fait après, quoique peu de temps après, le vœu de la loi ne serait pas rempli. »

1396. — Toullier n'est pas de cet avis ; il invoque (n° 307) l'art. 1415, lequel, dit-il, établit, *comme règle générale*, qu'à défaut d'inventaire, et *dans tous les cas où* ce défaut préjudicie à la femme, elle ou ses héritiers peuvent, lors de la dissolution, faire preuve..... par papiers domestiques, témoins ou commune renommée, de la consistance et valeur du mobilier non inventorié; mais M. Duranton répond que les mots *dans tous les cas* de l'art. 1415 ne s'appliquent qu'au mobilier échu *pendant* le mariage, et non à celui existant *lors du mariage*; et il ajoute que, d'ailleurs, la position de la femme mariée sous la communauté réduite aux acquêts est régie spécialement par l'art. 1499.

1397. — Au surplus, la cour de Cassation a jugé en termes exprès que l'art. 1499 n'est pas exclusif des preuves de la propriété privée des apports, et que, dès lors, il suffit qu'un arrêt déclare que l'apport allégué par un époux a été suffisamment justifié, pour que l'art. 1499 n'ait pas été violé. — *Cass.*, 17 août 1825, Baillon. — V. aussi en ce sens Battur, t. 2, n° 368.

1398. — Et la même cour a jugé en outre que si l'art. 1499 ne doit pas être entendu dans un sens tellement restrictif, *qu'aucune preuve autre que celle résultant d'un inventaire ou d'un état en forme ne puisse être admise pour constater le mobilier apporté par chacun des époux* qui ont formé entre eux une société d'acquêts, c'est aux tribunaux et aux cours royales qu'il appartient d'apprécier les preuves supplétoires qui, à défaut d'inventaire ou d'état, peuvent être fournies pour justifier les demandes en prélèvement de leurs apports respectifs. — *Cass.*, 3 août 1831, Soucaret c. Maydien.

1399. — M. Duranton (t. 15, n° 19) enseigne d'ailleurs que, sous l'empire de la communauté ré-

COMMUNAUTÉ, ch. 4, sect. 1re.
COMMUNAUTÉ, ch. 4, sect. 1re.

duite aux acquêts, comme sous l'empire de la clause d'apport dont parle l'art. 1502 (V. *infrà* nos 1474 et suiv.), la déclaration du mari au contrat de mariage que son mobilier est de telle valeur justifie suffisamment de la consistance et de la valeur du mobilier qu'il avait lors du mariage, et que, de même, le mobilier de la femme est suffisamment justifié par la quittance que le mari lui donne ou à ceux qui l'ont dotée.

1400. — Jugé en outre que, lorsque l'époux qui convole en secondes noces, ayant des enfans du premier lit, stipule qu'il y aura entre lui et sa nouvelle épouse une communauté d'acquêts, et qu'à défaut d'avoir fait constater par un inventaire ou état en bonne forme le mobilier qui lui appartenait à cette époque, ce mobilier est réputé acquêt, aux termes de l'art. 1499, C. civ., l'avantage qui peut en résulter pour sa nouvelle épouse est sujet à réduction, s'il excède la quotité que l'art. 1098 du même Code permet de lui laisser. — *Bruxelles*, 27 fév. 1832, Duprel.

1401. — A l'égard des tiers, le mobilier réservé doit être prouvé par un inventaire ou état authentique antérieur au mariage. — Toullier, t. 13, no 309. — M. Battur (t. 2, no 364) pense qu'il suffit d'un inventaire sous seing privé, pourvu qu'il soit enregistré.

1402. — Et il a été jugé, conformément à ce principe, que la femme mariée sous le régime de la communauté réduite aux acquêts, ne peut, à défaut d'inventaire ou d'état en due forme du mobilier qu'elle prétend avoir apporté lors de son mariage, être admise, à l'égard des tiers, à prouver cet apport par témoins, bien que son contrat de mariage lui en confère la faculté. — *Poitiers*, 6 mai 1836, Martineau c. Choime.

1403. — Toutefois, il a été jugé que, sous le régime de la communauté réduite aux acquêts, le fonds de commerce que la femme s'est constitué en dot, avec désignation dans le contrat de mariage, demeure propre à la femme sans pouvoir servir de gage aux créanciers personnels du mari, bien que ce fonds n'ait pas été constaté par inventaire, lorsqu'il est certain qu'il n'a pas changé de nature. — *Paris*, 23 fév. 1835, Jaullain c. Bourdeau.

1404. — Suivant M. Duranton (t. 15, no 20), en l'absence d'inventaire du mobilier, soit du mari, soit de la femme, il y a lieu à l'application de l'art. 1510, et dès lors les créanciers, soit de la femme, soit du mari, ou de la communauté peuvent exercer leurs droits sur la masse des biens confondus, sauf les recours respectifs. — V. *infrà* nos 1555 et suiv.

1405. — Au contraire, lorsqu'il y a eu inventaire du mobilier échu à la femme, les créanciers de celle-ci ne peuvent poursuivre leur paiement que sur ce mobilier et sur les autres biens de leur débitrice; le mari, en les leur livrant, s'affranchit de leurs poursuites. — Duranton, *loc. cit.*

1406. — Quant aux objets dont la femme a conservé la propriété, elle peut s'opposer à ce qu'ils soient saisis et vendus à la requête des créanciers.

1407. — Mais les créanciers du mari ou de la communauté pourraient faire vendre le mobilier inventorié de la femme, lorsque ce mobilier est devenu la propriété de la communauté et que la femme n'a conservé sur elle qu'une simple créance. — M. Duranton (*loc. cit.*) dit qu'il faut considérer comme telles les choses qui se consomment naturellement ou civilement par l'usage; les choses qui étaient destinées à être vendues; et enfin les meubles qui ont été livrés au mari sur l'estimation, sans déclaration que cette estimation n'en transportait pas la propriété au mari.

1408. — Toullier paraît admettre le principe posé par M. Duranton, seulement il refuse de regarder comme tombé, quant à la propriété, dans la communauté, le mobilier de la femme livré au mari sur estimation; — il écarte l'application de l'art. 1551, comme spécial au régime dotal. Mais M. Duranton nous paraît démontrer avec justesse que, sous le régime de la communauté comme sous le régime dotal, l'estimation donnée au mobilier met ce mobilier à la charge du mari, et convertit le droit de la femme (et cela dans son intérêt le plus souvent) en un droit de créance.

1409. — Le mari a sur les acquêts, durant le mariage, les mêmes droits que la loi lui confère dans le cas de communauté légale. — C. civ., art. 1421 et 1422; — Battur, t. 2, no 361. — V. *suprà* nos 529 et suiv.

1410. — Jugé que, sous le régime de la communauté réduite aux acquêts, le remploi en acquisition d'immeubles peut avoir lieu au profit de la femme pour les sommes mobilières, deniers dotaux et autres qui lui sont restés propres en vertu du contrat de mariage, comme pour le prix de ses immeubles aliénés. — *Paris*, 9 juill. 1841 (t. 2 1841, p. 335), de Grammont c. Bouard.

1411. — ... Et que, lorsque les époux ont stipulé la communauté réduite aux acquêts, les immeubles acquis avec les propres mobiliers de la femme dont le contrat de mariage n'accorde pas l'emploi, doivent rester propres à la femme, comme le seraient des immeubles acquis en remploi de propres immobiliers. — *Toulouse*, 27 mai 1834, Coste c. Jauge.

1412. — La communauté réduite aux acquêts finit, comme la communauté légale, par la dissolution du mariage ou la séparation de biens (Battur, t. 2, no 369); elle ne se continue point entre le conjoint survivant et les héritiers de l'époux prédécédé.

1413. — La femme, comme dans le cas de communauté ordinaire, reste libre de renoncer à la communauté d'acquêts.

1414. — Mais si elle n'a point fait inventaire au décès de son mari, elle est déchue du droit de renoncer à cette société. — *Trib. civ. d'Agen* (sous *Agen*, 1er mai 1830), Goubil c. Doat-Roseau.

1415. — Dans le ressort du parlement de Bordeaux on jugeait le contraire. — *Cass.*, 22 vent. an IX, Lagaville c. Dupin; — V. en ce sens, Lapeyrère, lett. C., nos 18, 25 et 58; Salviat, *Jurisp. du parlem. de Bordeaux*, vo *Acquêts*.

1416. — La femme qui renonce à la société d'acquêts reprend ses biens propres et ses apports dûment justifiés; elle n'est pas soumise aux dettes contractées par le mari pendant qu'elle a duré. — Battur, t. 2, no 369.

1417. — Jugé que lorsque, dans un contrat de mariage, la communauté a été réduite aux acquêts immobiliers, et que le mobilier présent et futur a été stipulé devoir rester au mari, dans ce cas la femme, s'il n'a rien été convenu sur le paiement des dettes, doit supporter, non pas seulement la moitié de celles relatives aux acquêts immeubles, mais encore la moitié de toutes celles qui ont été contractées pendant le mariage. — *Bruxelles*, 5 nov. 1823, Devroëde.

1418. — Jugé que lorsqu'un immeuble dépendant d'une société d'acquêts qui vient à se dissoudre est vendu, les créanciers de cette société doivent être colloqués par préférence aux créanciers personnels de l'époux survivant, et même à ceux des enfans donataires des acquêts, tant pour le capital que pour les intérêts échus de leurs créances; — *Bordeaux*, 23 janv. 1826, Viaud et Gabaud c. Sabrier; 28 mai 1832, Sou c. Jadot, Charron, Boizet.

1419. — ... Et que la circonstance que l'actif d'une société d'acquêts se trouve dépassé par le passif ne peut avoir d'influence sur la nature des biens, et enlever à un immeuble acquis pendant le mariage la qualité d'acquêt. La maxime : *Il n'y a d'acquêts que les dettes payées*, veut dire seulement qu'on ne peut prendre les biens de la société qu'à la charge et sous la déduction des dettes qui en sont le gage. — *Bordeaux*, 28 mai 1832, Sou c. Jadot, Charron et Boizet.

1420. — Il a cependant été jugé que le droit qui appartient à un créancier d'une société d'acquêts d'être payé sur les biens dépendant de cette société préférablement aux créanciers personnels de l'un des associés, cesse après le partage de ces biens, ainsi que dans le cas où le créancier de la société a accepté, par l'acte de partage, hypothèque sur les biens de chacun des copartageans. — *Bordeaux*, 6 juill. 1832, Lajouie.

1421. — L'usage et la jurisprudence du parlement de Bordeaux autorisaient le survivant des époux, mariés sous une communauté d'acquêts, à vendre les acquêts pour le paiement des dettes, et cette vente pouvait avoir lieu sans formalités de justice, alors que plusieurs des enfans étaient en état de minorité. — *Agen*, 7 août 1817, Farges c. Massias.

1422. — L'art. 299, cout. du Maine, interdisait au survivant des époux qui avait l'usufruit de la portion d'acquêts de la communauté échue à ses enfans mineurs, de la vendre sans les formalités prescrites par cet article, même en s'obligeant de leur faire ratifier la vente, lorsqu'ils auraient atteint leur majorité. — *Cass.*, 23 juin 1824, Gaillard c. Perrigois.

1423. — Jugé que lorsqu'une communauté d'acquêts a été dissoute par le décès de l'un des deux époux, laissant des enfans mineurs, le survivant peut, tant en sa qualité de tuteur qu'en son nom personnel, et sans aucunes formalités préalables, liquider le compte d'une société commerciale formée durant le mariage, et consentir, s'il y a lieu, la réduction d'une créance due par son coassocié. — *Bordeaux*, 27 mars 1833, Sudrie c. Eymery.

1424. — Sous le régime dotal, avec société d'acquêts, lorsqu'il est procédé au partage des acquêts immobiliers, en présence des créanciers, la femme n'a pas le droit de réclamer une part d'immeubles pour se remplir de sa dot mobilière; il y a lieu seulement à licitation, afin qu'elle puisse prélever, avant tout partage, ses deniers dotaux. — *Agen*, 11 août 1832, Quittot c. Villeneuve.

1425. — Lorsque l'époux survivant s'est obligé solidairement avec ses enfans, et que ceux-ci, par la même convention, ont hypothéqué les acquêts dont ils sont donataires, l'époux survivant est présumé avoir consenti implicitement que l'hypothèque constituée par ses enfans produisît son effet préférablement à ses propres reprises. — *Bordeaux*, 28 mai 1832, Sou c. Jadot, Charron et Boizet.

1426. — En cas de constitution par le mari, durant la société d'acquêts, d'une rente viagère, c'est à l'héritier du mari donataire des biens acquêts, et non à la veuve usufruitière de ces biens, qu'il appartient de retenir sur lesdits biens la somme nécessaire pour le service de la rente, surtout lorsque la veuve ne se trouve point actionnée par le crédit-rentier. — *Bordeaux*, 24 août 1831, Barris c. Cavaillhon.

1427. — Les avances faites par l'époux survivant pour arriver à la libération de la société d'acquêts sont réputées faites par cet époux en qualité de mandataire, et, en conséquence, portent intérêts du jour où elles ont eu lieu. — *Bordeaux*, 29 déc. 1831, Bodin c. Linard.

1428. — Les époux qui ne sont séparés ni de corps ni de biens ne peuvent liquider et partager la société d'acquêts stipulée entre eux, alors surtout que les intéressés n'y sont pas appelés. — *Bordeaux*, 8 déc. 1831, David.

1429. — La clause de réversion des acquêts au profit des enfans à naître du mariage était presque de style dans les contrats de mariage passés à Bordeaux, pays où la société d'acquêts était particulièrement en usage. Suivant Maleville, elle avait pour effet de transporter la propriété des acquêts auxdits enfans dès l'instant de la dissolution du mariage, et le survivant n'avait *que la jouissance* de sa part, sans pouvoir en rien aliéner pour dettes postérieures à la dissolution du mariage, en sorte qu'en cas d'aliénation les enfans avaient, contre l'acquéreur, l'action en éviction. — V. Lapeyrère, p. 8, et Salviat, p. 7 et suiv.

1430. — Il a été jugé, au sujet de cette clause, que, suivant la jurisprudence du parlement de Bordeaux, la clause d'affectation des acquêts en faveur des enfans à naître du mariage n'avait pour effet, à la mort de l'un des époux, de rendre les enfans immédiatement propriétaires que de la moitié des acquêts du chef de l'époux décédé. A l'égard de l'autre moitié, du chef de l'époux survivant, elle leur était non pas transmise, mais simplement *dévolue*, et les biens ainsi dévolus ne constituaient à leur profit qu'une simple expectative soumise à la condition de survie de leur part. — *Bordeaux*, 2 juill. 1840 (t. 2 1840, p. 445), Bourinet-Laplante c. Dubut.

1431. — ...Que, dans l'ancienne province de Bresse, la clause d'un contrat de mariage portant réversion des acquêts aux enfans à naître, en attribuait la propriété aux enfans, et que le survivant des époux conservait seulement la jouissance de la moitié de ses acquêts. — *Lyon*, 11 août 1832, Damour c. Solichon.

1432. — ... Que, lorsqu'il y a communauté réduite aux acquêts, l'époux survivant ne peut aliéner, pour son utilité personnelle, les acquêts stipulés réversibles aux enfans par le contrat de mariage; il ne peut les aliéner que pour acquitter les dettes contractées pendant le mariage. — *Caen*, 10 juill. 1822, Constant c. Camazeuil.

1433 ... — Que lorsque les acquêts ont été déclarés réversibles aux enfans, l'un des époux ne peut grever ces acquêts de legs d'usufruit. — La circonstance qu'un enfant du premier lit, qui n'avait pas droit aux acquêts, a été appelé par les enfans du second lit au partage des acquêts faits pendant ce second mariage, ne peut changer la qualité des biens et les soumettre à l'usufruit. — *Agen*, 16 mars 1815, Lacoste c. Dosles.

1434. — Décidé aussi que les jugemens obtenus, sans collusion, contre le propriétaire apparent, ayant force de chose jugée contre le propriétaire réel qui est resté inconnu durant le procès, il en résulte que si, par leur contrat de mariage, des époux ont stipulé que les acquêts de la communauté appartiendront aux enfans après sa dissolution, et que, le mariage encore subsistant, une instance ait été commencée contre le mari au sujet d'un acquêt, et qu'elle soit continuée contre lui seul après la dissolution du mariage, sans que ni cette dissolution, ni la clause insérée au contrat, aient été notifiées à l'adversaire, qui était de bonne foi, et sans que le mari ait cessé de posséder les immeubles, les jugemens qui, dans cet état de choses, sont rendus contre ce dernier, acquièrent l'autorité de la chose jugée contre ses enfans, et que ceux-ci sont non-recevables à les attaquer par tier-

ce-opposition. — *Cass.*, 7 juill. 1824, Fontan c. Gestas.

1435. — Lorsque deux époux ont stipulé, par leur contrat de mariage, une société d'acquêts, avec affectation aux enfans à naître, ceux-ci ne peuvent exiger du survivant de leurs père et mère qu'il donne caution pour sûreté de la moitié des acquêts dont il conserve la possession, surtout lorsqu'ils consistent en choses fongibles, et demander, quant à la moitié du prix provenant de l'aliénation des immeubles vendus par licitation, qu'elle reste dans les mains de l'acquéreur, ou qu'il en soit fait emploi. — *Bordeaux*, 23 janv. 1827, Jaumard c. Delboy.

1436. — Lorsque l'enfant réclame les acquêts qui lui étaient assurés par le contrat de mariage de ses père et mère, ce n'est pas à lui de faire procéder à la liquidation de la succession afin de prouver que les dettes n'absorbaient pas la valeur des acquêts, et que par conséquent l'époux survivant n'a pu les aliéner; c'est à l'acquéreur, au contraire, de prouver l'existence des dettes, et, par suite, la validité de la vente. — *Caen*, 10 juill. 1822, Constant c. Samazeuil.

Sect. 2e. — *De la clause qui exclut de la communauté le mobilier en tout ou en partie.*

1437. — L'art. 1500 du Code civil dispose que les époux peuvent exclure de leur communauté tout leur mobilier présent et futur.

1438. — Cette clause s'appelle indifféremment *clause d'exclusion du mobilier*, *clause de réalisation*, *stipulation de propres*. — Pothier (*Tr. de la communauté*, n° 325), appelle *propres conventionnels ou fictifs* les objets ainsi demeurés propres à l'un ou à l'autre des conjoints, par opposition à leurs immeubles, lesquels sont, dit-il, des *propres légaux*.

1439. — La clause d'exclusion du mobilier est expresse ou tacite. Elle est expresse lorsqu'il y a stipulation formelle d'exclusion *de tout ou partie* du mobilier présent et futur.

1440. — Les conventions sont tout-à-fait libres à cet égard. — Ainsi, les parties peuvent exclure, ou leur mobilier présent, ou leur mobilier futur, ou une quote part de leur mobilier présent et futur, ou enfin, telle somme ou tel effet. — Duranton, t. 15, n° 26.

1441. — L'un des conjoints peut même exclure une partie de son mobilier, et l'autre mettre la totalité du sien, et la communauté n'en partagera pas moins par égales portions, à moins de stipulations contraires. — Par la même raison, l'un des époux peut exclure seulement son mobilier présent en tout ou partie, et l'autre seulement son mobilier futur, aussi en tout ou partie. — Duranton, t. 15, n° 26.

1442. — Et tout ce qui a été ainsi exclu de la communauté, ajoute cet auteur, demeure propre à l'époux, qui en exerce la reprise à la dissolution de la communauté.

1443. — On ne doit pas comprendre dans le mobilier *futur* les fruits qui seront produits par les biens réservés propres aux époux; ces fruits tombent dans la communauté comme fruits.

1444. — Et la femme ne peut, par aucune clause de réalisation, stipuler que les fruits de son héritage lui demeureront propres et n'appartiendront pas à la communauté. — Lebrun, ch. 2, sect. 4; Battur, t. 2, n° 377.

1445. — Mais on peut cependant stipuler propres à la femme les fruits d'un héritage déterminé pendant un temps limité; sa nourriture et celle de l'autre conjoint aussi pendant un certain temps; les fruits pendans par racines de l'immeuble constitué en dot, pourvu que ces diverses clauses soient expressément formulées. — Battur, t. 2, n° 377.

1446. — Quant aux fruits civils échus et aux fruits naturels perçus lors de la célébration du mariage, ils se trouvent compris dans la réalisation du mobilier présent. Aussi en est-il dû reprise aux conjoints. — *Paris*, 20 fév. 1815, Bosredon c. de Raunes.

1447. — La clause de réalisation ne comprend que ce qui est expressément stipulé. — Aussi M. Duranton dit-il avec raison que l'exclusion par les époux de *leur mobilier*, et même de *tout leur mobilier*, ne comprendrait que le mobilier présent et non le mobilier futur.

1448. — Quant à la stipulation par les époux que « *leurs biens à venir*, ou que tous les *biens présens* leur demeureraient propres, » elle comprend l'exclusion des *meubles* comme des *immeubles*. — Duranton, n° 31.

1449. — La clause de réalisation peut être tacite; ainsi, par exemple, lorsque les époux stipulent qu'ils mettront, de leur mobilier, réciproquement, dans la communauté, jusqu'à concurrence d'une somme ou d'une valeur déterminée, dans ce cas, dit l'art. 1500, ils sont, par cela seul, censés se réserver le surplus.

1450. — Cette clause s'appelle *clause ou convention d'apport*. — Pothier, nos 287 et suiv.; Duranton, t. 15, n° 33.

1451. — M. Duranton enseigne (n° 34) que, bien que l'art. 1500 s'explique sur le cas d'un apport bilatéral et réciproque, l'apport peut être fait par l'un des époux seulement, tandis que l'autre se réservera propre tout son mobilier présent et futur, ou le laissera entrer totalement dans la communauté.

1452. — Mais que doit-on entendre par ces mots de l'art. 1500 : « Ils sont censés s'être réservé *le surplus* »? — Pothier (n° 296) pensait que la clause *d'apport*, même avec réalisation du surplus des biens, n'excluait de la communauté que le surplus du mobilier présent de l'époux qui avait fait l'apport, et non son mobilier futur.

1453. — Delvincourt (t. 3, p. 387) enseigne que l'opinion de Pothier doit être suivie sous le Code; mais Toullier (n° 312) la repousse complètement en s'appuyant sur les termes de l'art. 1500; tel est aussi l'avis de M. Duranton (n° 35), qui pense avec raison que l'art. 1500 doit être traduit ainsi qu'il suit : « Lorsque les époux stipulent qu'ils mettront réciproquement une certaine somme dans la communauté, ils sont censés, par cela seul, vouloir limiter à cette somme tout ce qui doit entrer du chef de l'un ou de l'autre dans la communauté, présent ou futur. »

1454. — Il y aurait aussi exclusion tacite de communauté, dans le cas où il serait stipulé qu'une somme d'argent donnée à l'un des époux, ou à prendre sur le mobilier apporté par lui, sera employée en achat d'héritage. — Pothier, n° 316; Toullier, t. 13, n° 318; Duranton, t. 15, n° 36.

1455. — La somme serait également réalisée *tacitement*, s'il avait été dit qu'elle serait employée en acquisition de rentes sur l'état, ou en placement en rentes sur particuliers. — Duranton, *loc. cit.*

1456. — Jugé, d'après ce principe, que la clause de réalisation peut être tacite sous l'empire du Code civil, comme dans l'ancienne jurisprudence, et qu'elle peut résulter d'une stipulation portant qu'il sera fait emploi au profit de la femme de telle somme entrée de son chef dans la communauté. — *Nîmes*, 19 (et non 7) déc. 1830, Isoard.

1457. — Et M. Duranton (*loc. cit.*) ajoute qu'il ne serait même pas besoin, pour que la réalisation tacite s'opérât, qu'il fût ajouté que l'emploi sera fait *au profit* du mari ou de la femme, la désignation d'un emploi indiquant par lui-même que la chose ne doit pas rester dans la communauté.

1458. — Jugé aussi que, l'art. 1500, C. civ., n'indiquant pas de termes sacramentels pour exclure tout ou partie du mobilier de la communauté, les cours royales, à qui il appartient d'interpréter aussi bien les clauses des contrats de mariage que celles des autres contrats, ont pu voir cette exclusion dans l'estimation qui a été faite du mobilier. — *Cass.*, 6 déc. 1842 (t. 2 1843, p. 226), Hubert.

1459. — Mais il faut remarquer que, dans ces divers cas, le surplus du mobilier présent et à venir tombe dans la communauté, puisqu'il n'en a été exclu que la somme, à la différence de ce qui a lieu dans le cas de clause d'apport.

1460. — La clause que les futurs conjoints seront communs *en tous les biens qu'ils acquerront* emporte réalisation de tout leur mobilier actuel, et comprend dans sa généralité, comme entrant dans la communauté, tous les immeubles qui leur adviendront, soit à titre onéreux, soit à titre gratuit, comme succession, donation, legs. — Duranton, t. 15, n° 37.

1461. — Il en est de même (malgré l'opinion de Pothier, qui refuse d'y voir la réalisation du mobilier présent) de la clause qui déclare les futurs conjoints *communs en biens meubles et immeubles qu'ils acquerront*. — Duranton, *loc. cit.*

1462. — La stipulation qui exclurait de la communauté tout ce qui écherrait aux époux par succession ne s'étendrait pas à ce qui leur adviendrait par donation ou legs. — Pothier, n° 319; Toullier, t. 13, nos 319 et suiv.; Duranton, t. 15, nos 38 et suiv.; Battur, t. 2, n° 384.

1463. — ... A moins toutefois, suivant Pothier et Toullier, que la donation ne fût faite par un ascendant, parce que la donation du père au fils est regardée comme une espèce de succession anticipée. — V. aussi Merlin, *Rép.*, v° *Réalisation*. — M. Duranton n'adopte cette distinction que d'une manière très restrictive.

1464. — D'après le même principe, la clause qui exclut de la communauté le mobilier qui adviendra aux futurs époux par donation ne peut s'étendre à ce qui leur échoit par succession. — Toullier, t. 13, n° 320; Duranton, *loc. cit.*

1465. — Mais le mot *donation*, étant une expression générique, comprendrait, suivant Pothier, les donations testamentaires comme celles entre-vifs. — V. en ce sens Duranton, *loc. cit.*

1466. — On doit comprendre dans la clause d'exclusion ce qui est advenu à l'époux pendant le mariage en suite d'un titre qu'il avait eu en se mariant, mais qui n'a produit son effet que depuis le mariage. — Toullier, t. 13, n° 321.

1467. — La clause par laquelle les époux ont mis respectivement une somme, ou de leur mobilier jusqu'à concurrence d'une certaine valeur, dans la communauté, ou un objet certain, rend l'époux débiteur envers la communauté de la somme ou de l'objet qu'il a promis d'y mettre, et l'oblige à justifier de cet apport. — C. civ., art. 1501.

1468. — L'apport que la femme déclare faire à la communauté de *tous ses meubles et effets mobiliers* peut, si elle a fait suivre sa déclaration de l'estimation desdits meubles et effets, et par appréciation des circonstances et des autres clauses du contrat de mariage, être réduit au montant de ladite estimation. — *Cass.*, 6 déc. 1842 (t. 2 1843, p. 228), Hubert.

1469. — L'époux peut imputer sur la somme qu'il a promis d'apporter à la communauté tous les effets mobiliers qu'il justifie avoir eus lors de son mariage. — Pothier, n° 288; Toullier, t. 13, n° 340.

1470. — Cette imputation se fait sur la valeur qu'avait au temps du mariage le mobilier du conjoint. — Pothier, *eod. loc.*; Toullier, t. 13, n° 341.

1471. — L'imputation doit même avoir lieu sur le mobilier échu pendant le mariage, puisque, ainsi que nous l'avons dit plus haut, la clause d'apport a eu pour effet d'exclure de la communauté aussi bien le mobilier futur que le mobilier présent.

1472. — L'époux débiteur envers la communauté à raison de la *clause d'apport*, est garant envers la communauté en cas d'éviction. — En outre, l'art. 1511, qui trouve son application dans ce cas, dispose que : « lorsque les époux apportent dans la communauté une somme certaine ou un corps certain, un tel apport emporte convention tacite qu'il n'est pas grevé de dettes antérieures au mariage, et qu'il doit être fait raison par l'époux débiteur à l'autre, de toutes celles qui diminueraient l'apport promis. »

1473. — Ainsi, dit avec raison M. Duranton (n° 43), la clause d'apport d'une somme ou d'un corps certain emporte évidemment séparation des dettes de l'époux qui a promis l'apport.

1474. — L'apport est suffisamment justifié, quant au mari, par la déclaration portée au contrat que son mobilier est de telle valeur. — C. civ., art. 1502.

1475. — Il peut cependant être stipulé que le mari justifiera plus tard de son apport de telle ou telle manière. — Duranton, t. 15, n° 44. — Cette stipulation doit même être insérée dans le contrat de mariage, dans l'intérêt de la femme, car rien ne prouvant la véracité de la déclaration du mari, il pourrait annoncer qu'il a 100,000 fr., lorsqu'il n'en aurait que 20,000 fr., et exercer à la dissolution de la communauté une reprise de 80,000 fr. qu'il n'aurait jamais eus. — Battur, t. 2, n° 389.

1476. — Pothier (n° 290) soutient même que, lorsque l'apport du mari consiste en créances, la déclaration du mari ne suffit pas pour qu'il puisse exercer la reprise de ses créances; il doit justifier que leur montant a été versé dans la communauté. — V. en ce sens Battur, t. 2, n° 386.

1477. — Mais M. Duranton (t. 15, n° 45) repousse cette doctrine; il soutient que le mari n'est pas soumis à cette obligation, par la raison que si, après avoir touché le montant de ses créances, le mari les avait dissipées, la perte en aurait été supportée par la communauté. A cette raison on peut ajouter que, puisque la loi s'en rapporte à la simple déclaration du mari que son mobilier est de telle valeur, sa condition ne doit pas être aggravée par une exigence qui n'est ni dans son esprit ni dans ses termes.

1478. — Mais, ajoute aussi M. Duranton (*loc. cit.*), si, dans le mobilier apporté par le mari lors du mariage et qu'il a réalisé, moins une certaine valeur, il se trouve des créances qui n'ont pas été mises spécialement dans la communauté, dans ce cas, pour qu'il puisse en exercer la reprise, il faut qu'il justifie par des contre-quittances ou autrement que le paiement lui a été fait; car, s'il les a laissées périr par sa faute ou s'il en fait remise aux débiteurs, la communauté n'en doit pas souffrir.

1479. — L'apport est suffisamment justifié à l'égard de la femme par la quittance que le mari lui donne, ou à ceux qui l'ont dotée. — Art. 1502.

1480. — Dans le droit ancien, indépendamment

de la déclaration dans le contrat de mariage pour le mari et de la quittance passée à la femme, l'apport se prouvait aussi par un état fait entre les conjoints, même depuis leur mariage, et sous signature privée, et qui en contenait le détail et la prisée; il se prouvait aussi par des actes non suspects, par exemple, par un partage du mobilier des successions des père et mère qui auraient exprimé la quantité du mobilier qui serait échue au conjoint; par un compte de tutelle qui lui serait rendu; enfin, par la commune renommée. — Pothier, nos 297 et suiv.

1481. — La simple déclaration de la femme que son mobilier est de telle valeur ne suffirait pas. — M. Duranton est même d'avis (t. 15, no 46) que la simple déclaration, faite dans le contrat de mariage, que le mari *demeure chargé* des valeurs composant l'apport de la femme ne suffit pas pour prouver la remise effective; mais qu'il en serait autrement du cas où il s'en déclarerait chargé *dès à présent*, ou *par le seul fait de la célébration du mariage*.

1482. — Jugé d'ailleurs que la disposition de l'art 1502, C. civ., portant que l'apport est suffisamment justifié, à l'égard de la femme, par la reconnaissance du mari, n'empêche pas que les enfans d'un premier lit n'arguent la déclaration du mari de fraude et de simulation. — *Bruxelles*, 27 fév. 1832, Dupret.

1483. — La prescription de dix ans, portée par l'art 1569, C. civ. (pour paiement de la dot), peut-elle être appliquée au cas de l'apport mobilier de la femme? — En d'autres termes, si le mariage a duré dix ans depuis l'échéance des termes pris pour le paiement de la dot, la femme ou ses héritiers pourront-ils répéter contre le mari, après la dissolution du mariage, le montant de cet apport, sans qu'ils soient tenus de prouver que le mari l'a reçu? — M. Duranton (t. 15, no 47) dit que, bien qu'il semble y avoir même raison de prononcer pour les deux cas, il n'oserait le décider ainsi. Il se fonde principalement sur ce que cet article 1569 est tiré du droit romain et que la présomption qu'il établit, étant exorbitante du droit commun, doit par cela même être restreinte au cas pour lequel elle a été créée. On pourrait ajouter que, puisqu'il existe une disposition spéciale pour le cas qui nous occupe (art. 1502), il convient de ne pas s'en écarter; que ce serait là créer une exception nouvelle en faveur de la femme, qui ne serait appuyée par aucune disposition législative.

1484. — Quant au mobilier qui échoit à chacun des époux pendant le mariage, il doit être constaté par un inventaire. — C. civ., art. 1504.

1485. — A défaut d'inventaire du mobilier échu au mari, ou d'un titre propre à justifier sa consistance et valeur, déduction faite des dettes, le mari ne peut en exercer la reprise. — Même article.

1486. — Si le défaut d'inventaire porte sur un mobilier échu à sa femme, celle-ci ou ses héritiers sont admis à faire preuve, soit par titres, soit par témoins, soit par commune renommée, de la valeur de ce mobilier. — C. civ., art. 1504.

1487. — On peut au surplus consulter, sur l'application de cet article, les arrêts des 3 août 1831 et 17 août 1825 cités aux nos 1397 et 1398.

1488. — Chaque époux ou son héritier a le droit de reprendre et de prélever, lors de la dissolution de la communauté, la valeur de ce dont le mobilier qu'il a apporté lors du mariage ou qui lui est échu depuis excédait sa mise en communauté. — C. civ., art. 1503.

1489. — Toutefois M. Duranton (no 49) dit avec raison qu'à l'égard des objets dont la propriété même serait restée aux époux (et nous avons vu au paragraphe précédent qu'il en était ainsi de ceux non estimés ou estimés avec déclaration que l'estimation n'en opère pas vente. — Arg. art. 1551, 1564 et 1566, C. civ.), l'époux propriétaire peut les reprendre en nature, et qu'en cas de vente il en reprend le prix avec indemnité s'ils ont été vendus au-dessous de leur valeur et sans son consentement. — V., au surplus, ce que nous avons dit (*suprà* no 1406) sur l'application de l'art. 1551.

1490. — Cette règle s'applique aussi aux rentes, aux inscriptions sur le grand-livre et autres fonds publics appartenant à l'un ou à l'autre des époux, ainsi qu'aux créances ordinaires non encore payées. — Duranton, *eod. loc.*

1491. — Lorsque les époux excluent de leur communauté tout leur mobilier présent ou futur, sans parler de leurs dettes, sont-ils censés par cela même exclure aussi leurs dettes personnelles présentes ou futures? De même, la clause par laquelle ils excluent tout leur mobilier présent emporte-t-elle tacitement exclusion de leurs dettes présentes? — M. Duranton, qui pose cette question, la résout (t. 15, no 50) affirmativement. — Ce qui, conformément à l'opinion de Toullier, fait produire à l'exclusion du mobilier présent et futur les mêmes effets qu'à la communauté réduite aux acquêts.

1492. — Et si la réalisation n'a lieu que pour une quote part du mobilier, les dettes, d'après ces auteurs, sont exclues dans la même proportion. — Ainsi, dit M. Duranton (*loc. cit.*), « si les époux ont déclaré réaliser la moitié de leur mobilier présent et futur, ils seront par cela même censés s'être soumis à supporter personnellement la moitié de leurs dettes présentes et futures, indépendamment de celles relatives à leurs immeubles propres; que s'ils ont réalisé seulement leur mobilier présent, ils doivent supporter personnellement leurs dettes présentes quelconques et leurs dettes futures relativement à leurs immeubles. — Enfin, s'ils réalisent seulement leur mobilier futur, ils ne seront personnellement tenus que de leurs dettes présentes relatives à leurs immeubles présens, et des dettes relatives à leurs meubles et immeubles futurs. »

Sect. 3e. — *De la clause d'ameublissement.*

1493. — La clause d'*ameublissement* est celle par laquelle les époux ou l'un d'eux font entrer en communauté tout ou partie de leurs immeubles présents ou futurs. — C. civ., art. 1505.

1494. — Les immeubles des conjoints qui, en conséquence de cette convention, entrent en communauté, sont appelés *propres ameublis*, parce que cette convention fait entrer dans la communauté ces immeubles, de la même manière que les meubles y entrent, et qu'elle donne au mari le même pouvoir sur ces immeubles qu'il a sur les meubles. — Pothier, no 303.

1495. — L'ameublissement n'est point une libéralité et n'est par conséquent point sujet à la réduction. Il doit être exprès pour produire son effet. — Battur, t. 2, no 374.

1496. — Il ne doit pas non plus être transcrit; il n'y a point de mutation et d'hypothèques à purger. Autrefois il n'y avait pas lieu à l'insinuation pour ameublissement d'héritages, dit Chopin (liv. 2, part. 3e, chap. 3, no 21). — Battur, t. 2, no 408.

1497. — L'ameublissement peut être déterminé ou indéterminé. Il est déterminé quand l'époux a déclaré ameublir et mettre en communauté un tel immeuble, en tout ou jusqu'à concurrence d'une certaine somme. — C. civ., art. 1506.

1498. — Suivant M. Duranton (t. 15, no 62) l'ameublissement fait d'une manière générale des immeubles que l'un des époux possède dans telle localité, tel arrondissement, tel département, serait un ameublissement déterminé, encore que l'époux n'eût pas d'autres immeubles.

1499. — De même, l'ameublissement qui est fait de la portion d'immeubles qu'on a dans la succession d'un individu encore indivise, forme un ameublissement déterminé, dans le sens de la loi: la raison en est que, le partage ayant un effet rétroactif au jour de l'ouverture de la succession, et chaque héritier étant censé avoir succédé seul et immédiatement aux immeubles compris dans son lot, l'ameublissement ainsi fait se trouverait réellement déterminé aux immeubles échus à l'époux. — Duranton, t. 15, no 62; Toullier, no 330. — V. cependant Delvincourt, t. 3, p. 311, note 2.

1500. — L'ameublissement est indéterminé quand l'époux a simplement déclaré apporter en communauté ses immeubles, jusqu'à concurrence d'une certaine somme. — Même article.

1501. — Il n'y a pas ameublissement dans le cas où il est dit au contrat que le mari pourra vendre des héritages de la femme jusqu'à concurrence d'une somme déterminée qui entrera en communauté. — Pothier, no 305. — La raison que donne cet auteur est « que ce n'est pas l'héritage que la femme promet par cette clause d'apporter en communauté, mais la somme qu'il vaut, et pour laquelle il sera vendu. » — V. aussi en ce sens, Toullier, t. 13, no 336.

1502. — Les expressions de l'art. 1505 n'ont rien de sacramentel: ainsi il y aurait ameublissement alors que l'époux se serait contenté de dire qu'il ameublit tel immeuble, sans ajouter qu'il le met dans la communauté; de même, il y aurait ameublissement dans le cas où l'époux aurait dit qu'il apporte tel immeuble dans la communauté, sans dire qu'il l'ameublit. — Duranton, t. 15, no 59.

1503. — Cette clause, en dehors du droit commun, doit être, comme celle de réalisation, restreinte dans ses limites et ne peut être étendue d'une chose à une autre. — Duranton, t. 15, no 53.

1504. — Elle est au reste susceptible de toutes les modifications que les époux veulent y apporter; ainsi, l'un des époux peut ameublir tous ses immeubles, ou seulement quelques uns d'entre eux, et l'autre conserver les siens comme propres; ainsi encore l'un des époux peut ameublir ses immeubles présens, et l'autre ses immeubles futurs seulement. — Duranton, t. 15, nos 54 et suiv.

1505. — La clause d'ameublissement stipulée par les époux ou l'un d'eux *de tous leurs immeubles*, sans autre explication, ne doit-elle s'entendre que des immeubles présens et non de ceux qui pourraient échoir aux époux par successions, donations ou legs pendant le mariage? — Cette question est controversée.

1506. — Toullier (t. 10, no 333) est d'avis que que l'ameublissement stipulé par une semblable clause s'étend à tous les immeubles présens et à venir; il est vrai, selon lui, que les termes de la clause ont une certaine ambiguité, mais il n'est pas douteux que les parties aient voulu que les immeubles entrassent dans la communauté au même titre que les meubles, or, tous les meubles, même les meubles à venir, entrent dans la communauté. — V. en ce sens Battur, no 395.

1507. — Au contraire, M. Duranton (t. 15, no 57) nous semble soutenir avec plus de raison que la clause d'ameublissement, étant exceptionnelle, doit être rigoureusement restreinte dans ses termes; or, n'est-il pas impossible de dire qu'en ameublissant leurs immeubles, les époux ont par cela même ameubli des immeubles qui n'étaient pas encore *leurs* et qui ne leur ont été acquis que par la suite. Ne doit-on pas admettre plus naturellement qu'ils n'ont entendu ameublir que ceux dont ils pouvaient apprécier l'importance et non ceux à l'égard desquels tout était incertain, l'échéance aussi bien que la valeur? — V. en ce sens Pothier, *Communauté*, n. 304; Delvincourt, t. 3, p. 313.

1508. — Lorsque l'un des époux ou tous les deux ont ameubli leurs biens présens, ceux acquis dans le temps qui s'est écoulé entre le contrat et la célébration du mariage y sont compris. — Battur, t. 2, n. 395.

1509. — L'effet de l'ameublissement déterminé est de rendre l'immeuble ou les immeubles qui en sont frappés, biens de la communauté comme les meubles mêmes; et l'art. 1507, C. civ., dispose que lorsque l'immeuble ou les immeubles de la femme sont ameublis en totalité, le mari en peut disposer comme des autres effets de la communauté, et les aliéner en totalité.

1510. — Il n'est pas absolument nécessaire que l'ameublissement soit déterminé, il suffit qu'il soit déterminable pour qu'il produise les mêmes effets; ainsi, supposons que l'ameublissement consiste en une certaine quantité de mesures à prendre dans tel champ; dans ce cas, le mari pourrait vendre cette quantité de mesures avant même de les avoir fait déterminer. — Duranton, t. 15, no 64.

1511. — Si l'immeuble n'est ameubli que pour une certaine somme, le mari ne peut l'aliéner qu'avec le consentement de la femme; mais il peut l'hypothéquer sans son consentement, jusqu'à concurrence seulement de la portion ameublie. — C. civ., art. 1507.

1512. — MM. Toullier et Duranton ne sont pas d'accord sur le caractère et les effets de la convention par laquelle l'un des époux met dans la communauté un tel immeuble, jusqu'à concurrence d'une telle somme, cas où, selon l'art. 1507, l'ameublissement est déterminé. Selon le dernier de ces auteurs (t. 15, no 65), ce n'est pas un ameublissement, mais un assignat limité à cet immeuble: c'est seulement la mise d'une somme dans la communauté. Toullier, au contraire (t. 13, no 329), pense que ce genre d'ameublissement ne doit pas être considéré comme *déterminé*, mais comme *indéterminé*, *déterminable*, et que, par suite, au moyen d'une prisée de l'immeuble et d'une délimitation, une partie entrera en nature dans la communauté, partie que le mari pourra vendre sans avoir besoin pour cela du consentement de sa femme. — Cette dernière opinion ne nous paraît pas admissible. Il est certain que la femme n'a, par sa stipulation, aliéné aucune portion de son immeuble au profit de la communauté. Elle a, comme le dit très bien M. Duranton, seulement conféré à son mari le droit d'hypothéquer jusqu'à concurrence de la somme convenue.

1513. — Quoi qu'il en soit, lorsque l'ameublissement déterminé n'est que pour partie de l'immeuble, c'est-à-dire jusqu'à concurrence d'une certaine somme, l'immeuble périt pour la femme, qui n'a pas cessé d'en être propriétaire (Battur, t. 2, no 402; Delvincourt, t. 3, p. 84), parce que si l'immeuble périt en totalité, l'obligation est éteinte; que si la perte n'est que d'une partie de l'immeuble, ce qui restera sera employé à payer la somme pour laquelle l'immeuble était ameubli.

1514. — Si, au lieu d'apporter dans la communauté la moitié d'un immeuble, la femme avait

simplement déclaré mettre la moitié du prix à provenir de la vente de ce même immeuble, le mari n'aurait pas le droit de le vendre sans le consentement de sa femme, car la propriété entière en serait restée sur sa tête.—Duranton, t. 15, n° 66.

1515. — Il est dû garantie de l'immeuble ameubli. La question était controversée dans l'ancien droit; Pothier avait d'abord élevé quelque doute sur cette solution; mais plus tard (n° 311) il l'a complétement adoptée. — Duranton, t. 15, n° 70; Toullier, t. 13, nos 342 et 344; Battur, t. 2, n° 401.

1516. — Remarquons cependant que cette règle n'est applicable qu'au cas d'un ameublissement spécial et non à celui de l'ameublissement général de tous les immeubles. — Duranton, t. 15, n° 72; Toullier, t. 13, n° 243; Battur, t. 2, n° 401.

1517. — L'ameublissement indéterminé ne rend point la communauté propriétaire des immeubles qui en sont frappés; son effet se réduit à obliger l'époux qui l'a consenti à comprendre dans la masse, lors de la dissolution de la communauté, quelques-uns de ses immeubles, jusqu'à concurrence de la somme par lui promise. — C. civ., art. 1508.

1518.—Le mari ne peut aliéner, en tout ou en partie, sans le consentement de sa femme, les immeubles sur lesquels est établi l'ameublissement indéterminé; mais il peut les hypothéquer jusqu'à concurrence de cet ameublissement. — Même art.

1519.— Lorsque l'ameublissement est indéterminé, l'époux supporte la perte de l'immeuble qui vient à périr, tant qu'il lui en reste d'autres pour faire face à la somme promise. Il y a ici subrogation des immeubles qui restent à l'époux à celui qui a péri.—Battur, t. 2, n° 403.

1520.—L'ameublissement indéterminé peut être déterminé pendant le mariage : 1° par l'aliénation consentie conjointement par les deux époux d'un ou plusieurs immeubles dont le prix viendra en compensation de la somme jusqu'à concurrence de laquelle elle a fait l'ameublissement;—2° par la convention par laquelle la femme abandonne au mari un ou plusieurs immeubles en paiement de la somme promise, aux termes de l'art. 1595, C. civ. — Duranton, t. 15, n° 83. — M. Battur, au contraire, pense que l'art. 1595 est applicable à la question, qu'il ne peut s'entendre que d'une cession étrangère à la communauté, lorsque les intérêts des époux sont distincts (t. 2, n° 405).

1521. — L'art. 1509 dispose que l'époux qui a ameubli un héritage, a, lors du partage, la faculté de le retenir en le précomptant sur sa part, pour le prix qu'il vaut alors, et que ses héritiers ont le même droit.—C. civ., art. 1509.

1522. — Jugé que cet article, qui accorde à l'époux qui a ameubli un héritage la faculté de le retenir lors du partage, en le précomptant sur sa part pour le prix qu'il vaut, entend par ce prix celui que vaut l'héritage à l'époque même du partage. — *Bruxelles*, 17 juill. 1828. dame M... c. son mari.—V. aussi en ce sens Delvincourt, t. 2, note 6e, p. 127.

1523. —M. Duranton (t. 15, n° 76) fait observer sur cet article que la retenue n'a lieu que dans l'état où se trouve l'immeuble, c'est-à-dire sans préjudice des servitudes et autres droits réels qui y auraient été imposes durant le mariage. Cette observation nous semble superflue, car, le mari ayant le droit de disposer des immeubles ameublis comme de tous autres acquêts, il a pu, *à fortiori*, les grever de servitudes.

1524. — Si l'immeuble n'a été ameubli que jusqu'à concurrence d'une certaine somme, l'époux a le choix de retenir l'immeuble en totalité en tenant compte au conjoint de la somme convenue ou d'abandonner une partie équivalente de l'immeuble ameubli.— Duranton, t. 15, n° 77.

1525.—La femme qui renonce à la communauté peut-elle reprendre l'immeuble qu'elle y a mis par la voie de l'ameublissement, et qui n'a pas été aliéné, en faisant raison de sa valeur actuelle au mari ou à ses héritiers?—M. Duranton (t. 15, n° 78) soutient l'affirmative, soit qu'elle ait stipulé la reprise de ses apports, soit qu'elle ne l'ait pas stipulée, cas auquel elle n'aurait pas pour elle la lettre de la loi, qui, en lui donnant ce droit, suppose son acceptation, mais au moins l'esprit de la loi, qui a voulu évidemment conserver, autant que possible, les biens dans la famille de l'époux qui a fait l'ameublissement.

1526.—L'art. 1509 ne dispose, ainsi que le prouvent ses termes, que pour le cas d'ameublissement déterminé; mais M. Duranton (t. 15, n° 81) pense que, même dans le cas d'ameublissement indéterminé, c'est-à-dire lorsque l'époux a ameubli ses immeubles jusqu'à concurrence seulement d'une certaine somme, cet époux n'est pas obligé de laisser dans la masse une quantité d'immeubles équivalente à la somme pour laquelle ses immeubles

ont été ameublis, et qu'il peut les retenir en comptant à son conjoint sa portion dans la somme convenue. « En effet, dit cet auteur, la propriété doit encore plus facilement se retenir que se recouvrer.»

1527. — Si un immeuble a été ameubli par la femme et qu'elle ait stipulé la clause de le reprendre franc et quitte, en renonçant à la communauté, l'immeuble ne peut être aliéné ni hypothéqué sans son consentement.— De Laurière, *Sur la coutume de Paris*, tit. 10; Battur, t. 2, n° 399.

1528.—Le mineur n'est pas restituable contre la stipulation d'ameublissement, lorsqu'elle a été consentie selon les termes de l'art. 1398, C. civ.; si elle n'a pas eu lieu conformément à cet article, il ne serait même restitué qu'autant qu'il aurait été lésé, suivant la maxime : *minor restituitur non tanquàm minor, sed tanquàm læsus*.—Battur, t. 2, n° 396.

1529.—Les auteurs font remarquer que l'ameublissement, soit déterminé, soit indéterminé, n'a d'effet qu'entre les parties et dans l'intérêt du mari seulement, et que les immeubles n'en conservent pas moins leur nature de propres immobiliers, tellement que, dans le cas de l'ameublissement déterminé, l'immeuble ameubli qui tomberait au lot du mari serait compris dans le legs d'immeubles fait par lui, et M. Duranton ajoute (t. 15, n° 86) que cela n'est pas douteux, encore que ce fût la femme qui eût fait l'établissement, et qu'il est pareillement certain que, si l'immeuble ameubli, même par le mari, tombait au lot de la femme, il serait compris aussi dans le lot d'immeubles fait par celle-ci. — V. aussi Delvincourt, t. 3, p. 310.

Sect. 4e. — *De la clause de séparation de biens.*

1530. — Le Code civil réunit dans une même section les clauses connues sous les nom de clause de *séparation de dettes* et de clause *de franc et quitte*. Nous les traiterons séparément.

1531.—*Clause de séparation de dettes*.—La clause de séparation de dettes est celle par laquelle les futurs époux stipulent qu'ils paieront séparément leurs dettes personnelles.

1532. — La disposition de l'art. 1510 ne s'applique, bien qu'elle ne le dise pas expressément, qu'aux *dettes antérieures* au mariage, et non à celles qui sont contractées durant la communauté ou qui sont échues aux époux avec des successions mobilières, lesquelles restent à la charge de cette même communauté. — Duranton, t. 15, n° 91. — V. aussi cout. Paris, art. 222, et cout. d'Orléans, art. 212.

1533. — Mais que faut-il décider relativement aux dettes dont est grevée une succession mobilière échue à l'un des époux lors du mariage, mais qui n'était point acceptée par lui ou partagée avec ses cohéritiers?—M. Duranton décide, et nous pensons avec lui que l'époux n'a entendu mettre le mobilier de cette succession dans sa communauté, au cas où il se porterait héritier, que sous la déduction des dettes dont elle se trouverait chargée d'après la règle : *Bona non intelliguntur, nisi deducto ære alieno*; et que si la succession était déjà acceptée, mais non encore partagée, lors du mariage, il faut croire aussi que l'époux n'avait entendu comprendre dans la communauté la portion qui doit lui échoir que sous la même déduction des dettes.

1534. — La séparation des dettes est expresse ou tacite. Elle est expresse, lorsque des époux sont convenus que chacun d'eux acquittera séparément et personnellement ses dettes, ou bien encore lorsque les époux stipulent simplement qu'ils seront séparés quant aux dettes.— Duranton, t. 15, n° 93; Toullier, t. 13, n° 348.

1535. — La communauté tacite a lieu, selon l'art. 1511, « lorsque les époux apportent dans la communauté une certaine somme ou un corps certain. Un tel apport emporte la convention tacite qu'il n'est pas grevé de dettes antérieures au mariage, et il doit être fait raison par l'époux débiteur à l'autre de toutes celles qui diminueraient l'apport promis. »

1536.—La raison qu'on donne de cette décision est que les dettes ne sont une charge qu'à l'égard d'une universalité de biens, et non de choses ou de sommes certaines : *Æs alienum universi patrimonii non certarum rerum onus est.* — Pothier, n° 352.

1537. — La séparation de dettes, soit expresse, soit tacite, peut n'être que unilatérale; dans ce cas, l'autre époux reste soumis au droit commun relativement à ses dettes et à son mobilier. — Duranton, t. 15, n° 96; Toullier, t. 13, n° 349.

1538.—Les dettes comprises dans la convention de séparation de dettes sont celles dont chacun des conjoints était débiteur envers des tiers, et même celles dont l'un des conjoints était débiteur envers

l'autre. — Pothier, n° 353; Toullier, t. 13, n° 350; Duranton, t. 15, n° 102.

1539. — Par dettes antérieures au mariage, on doit entendre celles dont la *cause* est antérieure à la célébration. Ainsi, les dettes à terme ou celles qui ont été contractées sous une condition sont comprises dans la convention de séparation de dettes, quand même le terme ou la condition n'arriverait qu'après le mariage. — Pothier, n° 354; Toullier, t. 13, n° 351; Delvincourt, t. 3, p. 86.

1540. — De même, les dettes contractées avant le mariage sont comprises dans la séparation de dettes, quoiqu'elles n'aient été liquidées que depuis le mariage; ainsi, lorsque l'un des conjoints a été condamné durant le mariage à une certaine somme envers quelqu'un, pour réparations civiles d'un délit commis avant le mariage, cette réparation adjugée par la sentence, quoique rendue postérieurement, est comprise dans la séparation de dettes; car c'est une dette antérieure au mariage que la sentence n'a fait que liquider; elle avait été contractée par le délit avant le mariage. —Pothier, n° 355; Toullier, t. 13, n° 351; Duranton, t. 15, n° 97 et suiv.

1541. — On comprend aussi dans la séparation de dettes les amendes, bien que le jugement qui les prononce soit postérieur au mariage, si le délit a été commis avant. La raison qu'en donne Pothier (*loc. cit.*) est que la dette de l'amende, comme celle des réparations civiles, prend sa source dans le délit.—V. aussi Toullier (*eod. loc.*).

1542. — Par suite du même principe, Pothier décide encore que, lorsqu'un individu a intenté un procès avant son mariage, et qu'il a été condamné aux dépens, postérieurement à la célébration, la dette qui résulte de cette condamnation doit être comprise dans la convention de séparation de dettes (*loc. cit.*).—Duranton, t. 15, n° 101.—Ce dernier auteur pense cependant qu'on devrait excepter le cas où le procès serait relatif à un objet qui serait entré dans la communauté; nous adoptons cette exception : la communauté, profitant de l'objet qui était en litige, doit payer les frais faits pour sa conservation.

1543. — Si le conjoint était, dès avant son mariage, chargé d'une tutelle ou de quelque autre comptabilité publique ou particulière qu'il aurait continuée après, le reliquat de son compte ne serait compris dans la séparation de dettes qu'à raison des articles dont il était débiteur avant son mariage.— Pothier, n° 349; Toullier, t. 13, n° 351; Duranton, n° 100.

1544. — Il ne faudrait pas conclure de ce qui vient d'être dit que les dettes et arrérages qui ont couru depuis le mariage ne fussent pas à la charge de la communauté, parce que leur cause serait antérieure à sa célébration. La raison en est que ces intérêts et arrérages sont des charges de revenus, lesquels n'entrent en communauté que déduction faite de ces mêmes intérêts et arrérages. —C. civ., art. 1512.—Pothier, n° 360; Toullier, n° 352; Battur, t. 2, n° 417; Duranton, t. 15, n° 98.

1545. — Quelques auteurs sont néanmoins d'avis que les époux pourraient convenir que les arrérages et les intérêts des rentes ou des sommes dont ils sont débiteurs et qui auraient couru pendant le mariage resteraient à leur charge personnelle.—Pothier, n° 360; Duranton, t. 15, n° 99.

1546.— Mais cette opinion est repoussée par Lebrun (liv. 2, ch. 3, sect. 4, n° 16) et par Battur (t. 2, n° 417). —Ce dernier auteur pense (et nous nous rangeons complétement à son avis) que ces intérêts et arrérages sont une condition essentielle de la jouissance; que s'il en était autrement, il pourrait en résulter la ruine de la femme : « Ainsi, par exemple, dit-il, une femme qui aurait pour 20,000 f. de biens et pour 10,000 fr. de dettes passives dont l'intérêt courrait, les arrérages s'accumulant faute de paiement pendant la communauté dont le mari est le maître, en vingt ans verrait tout son bien consommé; elle serait encore contrainte, après le décès de son mari, de renoncer à la communauté pour s'exempter des dettes qu'il aurait lui-même contractées avant ou depuis le mariage; elle se trouverait dans la fâcheuse position de n'avoir ni bien de son chef, ni occasion d'en reprendre sur celui de son mari pour ses conventions matrimoniales. »

1547. — Les effets de la clause de séparation de dettes sont différens selon qu'on la considère par rapport aux époux ou à leurs héritiers entre eux, ou par rapport aux tiers.

1548.—En ce qui concerne les époux entre eux, l'art. 1510 dispose que la clause de séparation de dettes oblige les époux à se faire, lors de la dissolution de la communauté, respectivement raison des dettes qui sont justifiées avoir été acquittées par la communauté, à la décharge de celui des époux qui était débiteur.

1549. — Il semblerait, en lisant ces mots de l'art. 1510, *à la dissolution de la communauté*, que c'est seulement à cette époque que l'époux doit faire raison à son conjoint des sommes employées pour payer ses dettes; Toullier (t. 13, n° 353) pense même qu'un traité intervenu entre les époux sur ce point, pendant le mariage, pourrait être considéré comme prématuré. Cependant il ajoute qu'il peut y avoir des cas où un traité de ce genre aurait une cause légitime. « Par exemple, dit-il, si, ces deux époux séparés de dettes, le mari payait des deniers qu'il avait réalisés une dette de 10,000 fr. personnelle à la femme et antérieure à son mariage, les deux époux pourraient entre eux traiter à l'amiable sur le remboursement de cette somme, qu'elle devra nécessairement un jour fournir à son mari ou à ses héritiers et lui céder, pour en demeurer quitte, comme le prescrit l'art. 1595, n° 2, l'un de ses propres immeubles, qui ne sera point acquêt de communauté, mais qui demeurera propre au mari. En ce cas, la femme n'aura rien à prétendre lors de la dissolution de la communauté, puisque la dette aurait été payée sur ses biens personnels. »

1550. — Lorsqu'une dette est justifiée avoir été payée pendant le mariage, il y a présomption qu'elle l'a été avec les deniers de la communauté, sauf preuve contraire. La raison en est que, tout le mobilier présent et futur des époux étant entré dans la communauté, ce n'est que là qu'on peut avoir puisé pour opérer la libération du conjoint. — Duranton, t. 15, n° 104.

1551. — Il y a plus de difficulté à décider comment doit se faire la justification qu'une dette a été acquittée à la décharge de l'époux qui en était débiteur. D'abord, il faut prouver son existence par titre et non par témoins, s'il n'y a un commencement de preuve par écrit. Lorsque la preuve de l'existence est faite et qu'il est justifié qu'elle a été payée, la présomption est, comme nous venons de le dire, que c'est avec les deniers de la communauté; mais, quant au paiement lui-même, la présomption n'existe plus, et c'est à l'époux qui réclame une indemnité de prouver qu'elle a réellement été payée, attendu que si la dette avait été éteinte par prescription, il n'y aurait pas lieu à indemnité, et qu'il n'en serait point dû non plus, si la dette avait été remise. — Duranton, t. 15, n° 106.

1552. — Jugé que lorsqu'il y a clause de séparation de dettes, il est dû récompense à la communauté des sommes qui en ont été tirées pour payer les dettes de l'un des conjoints, antérieures au mariage. Cette récompense se confond avec la part que ce conjoint doit prendre dans les bénéfices de la communauté, en sorte qu'il n'est débiteur que de ce qui manque à la part de l'autre conjoint et qu'il ne doit les intérêts que de ce déficit. — *Paris*, 20 fév. 1815, Bosredon c. de Rannes.

1553. — M. Duranton enseigne (n° 170) que le dernier § de l'art. 1410 suivant lequel « le mari qui prétendrait avoir payé pour sa femme une dette n'ayant pas acquis date certaine au jour du mariage n'en peut demander récompense ni à sa femme, ni à ses héritiers » n'est pas applicable au cas où il y a simple séparation de dettes.

1554. — Aux termes de l'art. 1510, l'obligation qu'il renferme à la charge des époux est la même, soit qu'il y ait ou non inventaire.

1555. — En ce qui concerne les droits des tiers, l'art. 1510 ajoute que si le mobilier apporté par les époux n'a pas été constaté par un inventaire ou état authentique antérieur au mariage, les créanciers de l'un et de l'autre époux peuvent, sans avoir égard à aucune des distinctions qui seraient réclamées, poursuivre leur paiement sur le mobilier non inventorié, comme sur tous les autres biens de la communauté.

1556. — ... Et que les créanciers ont le même droit sur le mobilier qui serait échu aux époux pendant la communauté, s'il n'a pas été pareillement constaté par un inventaire ou état authentique. — Même article.

1557. — Ces dispositions sont tirées des articles 222 de la coutume de Paris et 212 de celle d'Orléans, qui portaient : « Et combien qu'il soit convenu entre deux conjoints, qu'ils paieront séparément leurs dettes faites auparavant le mariage, ce néanmoins ils en sont tenus, s'il n'y a inventaire préalablement fait : auquel cas ils demeurent quittes, représentant l'inventaire ou l'estimation d'icelui. »

1558. — Si le contrat de mariage contenait en détail les biens mobiliers apportés par la femme, il tiendrait lieu d'inventaire : — « De même, dit M. Toullier (n° 356), si les époux étaient deux enfans de famille n'ayant pas de mobilier, parce qu'ils vivent chez leurs parens, et qui, néanmoins, se marient séparés de dettes, on porte dans le contrat de mariage que les deux époux déclarent, pour tenir lieu d'inventaire, n'avoir d'autres meubles que les effets à leur usage personnel ; cette déclaration, qui est authentique, suffit pour arrêter les créanciers de l'épouse qui voudraient saisir le mobilier acquis pendant la communauté. »

1559. — Suivant Pothier (n° 363), le compte rendu à la femme, quoique depuis la mariage, peut tenir lieu d'inventaire, lorsque celui qui lui rend compte a administré les biens jusqu'au temps de son mariage. — Toullier (*loc. cit.*) est aussi de cet avis, mais il ajoute qu'il faudrait que ce compte fût passé devant notaire, puisque le code exige que l'état soit authentique pour tenir lieu d'inventaire.

1560. — Si l'inventaire ou l'état authentique exigé par la loi existé, et qu'il se présente des créanciers de la femme, le mari peut les repousser en leur abandonnant soit le mobilier lui-même, en cas qu'il existe en nature, soit son estimation, s'il l'a vendu, et même le prix qu'il a pu en retirer au-delà de l'estimation, mais ils ne leur doit pas compte des fruits et des revenus de sa femme, perçus depuis la communauté. — Pothier, n° 364; Toullier (*loc. cit.*)

1561. — La femme qui renonce n'est pas déchargée des dettes payées pour elle par la communauté. — Battur, t. 2, n° 421. — Mais sa renonciation lui interdit le droit de réclamer indemnité à raison des dettes que le mari avait lors du mariage et qui ont été acquittées avec les deniers de la communauté. — Duranton, t. 15, n° 111.

1562. — *De la clause de franc et quitte.* — La clause de franc et quitte est celle par laquelle on déclare dans le contrat que le futur ou la future sont exempts de toutes dettes antérieures au mariage.

1563. — Cette clause peut être stipulée tant par les époux eux-mêmes que par les parens soit de la femme, soit du mari, et même, comme nous le verrons (*infrà* n° 1590), par des étrangers. — Toullier, t. 13, n° 369.

1564. — La clause de franc et quitte existait avant le code civil, bien que son sens précis ne fût déterminé par aucun texte de loi ni de coutume : « Mais on a toujours pensé, dit Toullier (n° 357), que cette déclaration ne pouvait avoir pour objet que la garantie des droits de l'autre conjoint, et que les déclarans s'engageaient par cette courte formule à l'indemniser du préjudice que pourraient lui occasionner les dettes antérieures au mariage, s'il s'en découvrait par la suite, et de le mettre ainsi au même état qu'il se trouverait, si l'époux déclaré franc et quitte s'était marié sans dettes. » — V. aussi, dans le même sens, Pothier, *Tr. de la communauté*, n° 365.

1565. — Mais dans l'ancienne jurisprudence la clause de franc et quitte était entre les époux *res inter alios acta*, elle n'obligeait que les parens de l'homme déclaré franc et quitte vis-à-vis de la femme abusée par cette clause.

1566. — Il résulte au contraire des dispositions du code que l'époux déclaré franc et quitte est aujourd'hui principalement obligé par cette convention et que les parens ne le sont que subsidiairement.

1567. — En effet, l'art. 1513, C. civ., porte que, lorsque la communauté est poursuivie pour les dettes de l'un des époux, déclaré, par contrat, *franc et quitte* de toutes dettes antérieures au mariage, le conjoint a droit à une indemnité qui se prend *soit sur la part de communauté revenant à l'époux débiteur, soit sur les biens personnels dudit époux, et en cas d'insuffisance*, cette indemnité peut être poursuivie par voie de garantie, contre le père, la mère, l'ascendant ou le tuteur qui l'auraient déclaré franc et quitte.

1568. — Dans la stipulation de *franc et quitte*, les dettes seules de l'époux, objet de la clause, sont exclues de la communauté. Celles de l'autre conjoint sont régies par le droit commun. — Duranton, t. 15, n° 113.

1569. — Il ne faut pas confondre la clause de franc et quitte avec l'obligation que contracteraient les parens du futur époux d'acquitter ses dettes antérieures au mariage. En effet, par la clause de franc et quitte, les parens promettent seulement de garantir la femme du tort que pourraient lui causer les dettes du mari antérieures au mariage, s'il en existait (Pothier, n° 372 ; Toullier, n° 367). D'où il suit que si le préjudice est nul, parce que le mari n'a pas laissé de biens sur lesquels la femme aurait pu être payée de ses droits et reprises, alors même que son mari eût été effectivement franc et quitte de dettes, la femme, dans ce cas, n'a aucune action contre l'ascendant qui a fait la déclaration de franc et quitte. — Duranton, t. 15, nos 119 et 123.

1570. — Au contraire, la clause par laquelle les parens de l'un des époux s'obligent à payer les dettes de leur enfant antérieures au mariage, contient de leur part une donation qui les oblige à faire raison à la communauté, quel que soit d'ailleurs son état à sa dissolution, du montant de celles de ces mêmes dettes qu'elle aurait acquittées ou qui resteraient à acquitter. — Duranton, t. 15, n° 121.

1571. — Dès-lors encore, dans le cas de la clause de franc et quitte, les parens ont un retour contre l'époux pour le remboursement de ce qu'ils ont payé pour lui; dans l'autre cas, c'est l'époux, au contraire, qui a une action contre eux pour qu'ils soient tenus d'acquitter ses dettes, si cela n'a pas encore été fait. — Pothier, *Tr. de la communauté*, n° 377 ; Toullier, n° 367; Duranton, t. 15, nos 119 et suiv.

1572. — Il ne faut pas non plus confondre la clause de franc et quitte avec celle par laquelle l'ascendant du mari ou tout autre se serait obligé comme caution à la garantie de la dot et des conventions matrimoniales de la femme; car, dans ce cas, l'ascendant serait tenu de payer à la femme tout ce qu'elle aurait manqué de recouvrer par suite de l'insolvabilité de son mari. — Duranton, t. 15, n° 120.

1573. — La garantie due à la femme par les ascendans du mari déclaré franc et quitte s'étend-elle au préjudice qui peut résulter pour elle de l'amoindrissement occasionné par le paiement de ces dettes dans l'actif de la communauté? — Les anciens auteurs étaient divisés à cet égard. Lebrun (*Tr. de la communauté*, liv. 2, chap. 3, nos 41 et 42) soutenait que la garantie n'était pas due ; Renusson (*Tr. de la communauté*, 1re part., chap. 11, nos 36 et 37) enseignait le contraire, et Pothier (n° 366 et suiv.) dit que l'opinion de Lebrun était suivie dans la pratique. — Aujourd'hui, dit M. Duranton (t. 15, n° 123), la garantie serait incontestablement regardée comme due, car c'est cette espèce de préjudice que prévoit plus particulièrement l'art. 1613. — V. aussi Delvincourt, t. 3, p. 38 ; Bellot des Minières, t. 3, p. 195, 199 et suiv. ; Toullier, t. 13, n° 366.

1574. — Toutefois, ajoute M. Duranton (*loc. cit.*), si la communauté, lors de sa dissolution, était tellement mauvaise que, en joignant à son actif une somme égale à celle du montant des dettes du mari antérieures au mariage, la femme ne dût rien y avoir d'effectif; comme ces dettes, dans ce cas, ne lui auraient causé aucun préjudice, il est clair qu'elle n'aurait aucune indemnité à réclamer ni du mari, ni de ceux qui l'avaient déclaré franc et quitte.

1575. — Si donc elle croyait devoir renoncer à la communauté, elle ne serait pas admise à dire que les dettes du mari lui ont fait préjudice; car, par sa renonciation, elle perd toute espèce de droit sur les biens de la communauté, même sur ceux qui sont entrés de son chef, et elle est affranchie de toute contribution aux dettes, même à l'égard de celles qui lui étaient personnelles. — Duranton, *loc. cit.*

1576. — Et si elle avait cru devoir accepter, comme, en vertu de l'art. 1483, elle n'est pas tenue des dettes de la communauté au-delà de son émolument, il est clair encore que les dettes du mari ne lui auraient non plus causé aucun préjudice; il faudrait, pour qu'elles lui en eussent causé, que la communauté, sans ces mêmes dettes, lui eût présenté quelque avantage; alors la clause de franc et quitte produirait ses effets dans la mesure du préjudice par elle éprouvé. — Duranton, *loc. cit.*

1577. — Il en serait autrement, si c'était la femme qui eût été déclarée franche et quitte; dans ce cas, dit M. Duranton, quel que fût l'état de la communauté lors de sa dissolution, la clause produirait ses effets au profit du mari contre la femme et ses parens qui auraient fait la déclaration de franc et quitte, dans la mesure de ce que la communauté aurait payé de ces mêmes dettes et de ce que le mari pourrait avoir à craindre d'être forcé d'en payer. — « L'art. 1513, dit à ce sujet M. Duranton, n'a pu entrer dans ces distinctions; il s'est borné à établir le principe et les effets généraux de la clause; mais elles résultent du système général de la communauté. »

1578. — La garantie de l'ascendant s'étend même au préjudice que la femme subit sur sa dot ou ses reprises matrimoniales, lorsque, à la dissolution de la communauté, elle ne trouve pas de quoi se remplir de leur montant. — Pothier, n° 366 ; Duranton, t. 15, n° 124 ; Toullier, n° 366.

1579. — L'existence de dettes du mari antérieurement au mariage peut encore préjudicier à la femme, soit à raison des indemnités qu'elle aurait à réclamer pour les obligations qu'elle a contractées dans l'intérêt du mari, ou pour l'aliénation de ses immeubles dont le remploi n'aurait pas été fait, ou à cause du dépérissement de ses biens par la faute du mari, soit parce que les dettes du mari seraient par hypothèque et primeraient ainsi la

femme sur les immeubles qu'il a laissés, soit parce qu'elles seraient chirographaires et que des créanciers prenant part dans les distributions mobilières enlèveraient ainsi à la femme des sommes qu'elle aurait touchées à raison de ces mêmes indemnités. Dans ces divers cas, les auteurs sont d'avis qu'il est dû garantie à la femme par les ascendans. — Pothier, no 309 ; Renusson, part. 1re, chap. 2, no 36 ; Duranton, t. 15, no 128 ; Toullier, no 366 ; Battur, t. 2, no 424.

1580. — Lebrun (*Tr. de la communauté*, liv. 3, chap. 2, sect. 2e, no 19) n'accordait pas à la femme d'action contre ceux qui avaient déclaré le mari franc et quitte, à raison des indemnités qui lui étaient dues pour les obligations qu'elle avait contractées dans l'intérêt du mari ; il se fondait sur ce que si la femme subit une perte par son obligation, c'est à elle-même qu'elle doit l'imputer, puisqu'elle était libre de ne pas s'engager ; que, d'un autre côté, l'ascendant n'a garanti les conventions de la femme que contre les dettes du mari antérieures au mariage, et non contre celles qui ont été contractées postérieurement ; que, s'il en était autrement, il serait au pouvoir des époux de ruiner l'ascendant.

1581. — Pothier répondait péremptoirement à cette argumentation. « On convient, dit-il, que les parens qui ont déclaré leur fils franc et quitte ne garantissent par cette clause la femme que des dettes antérieures au mariage, et qu'en conséquence, s'il ne s'en trouve aucune, ils ont rempli leur obligation, et ils ne sont point tenus, en ce cas, de la perte que la femme a soufferte en s'obligeant pour son mari, pour des dettes postérieures à son mariage ; mais en garantissant la femme des dettes de son mari antérieures au mariage, ils s'obligent de l'indemniser de tout le préjudice que ces dettes lui ont causé, en empêchant qu'elle ne pût être payée, sur les biens de son mari, de son indemnité pour les obligations qu'elle a contractées pour son mari depuis le mariage. Quant au second moyen, qui consiste à dire qu'il serait au pouvoir des conjoints de ruiner l'ascendant, cela est faux, car quoique le mari puisse, depuis son mariage, contracter des dettes immenses, et que la femme puisse s'obliger pour des dettes immenses, les parens du mari, qui l'ont déclaré franc et quitte, ne seront pas néanmoins, par cette clause, obligés *in immensum*, ne pouvant l'être que jusqu'à concurrence du montant des dettes antérieures au mariage et du montant de la somme pour laquelle les créanciers antérieurs au mariage auront été utilement colloqués sur les biens du mari. »

1582. — Au surplus, les dettes de l'époux déclaré franc et quitte, qui n'auraient pas une date certaine antérieure au mariage, ne pourraient être opposées à l'ascendant, parce que c'est un tiers, et qu'il serait trop facile d'aggraver sa garantie par des antidates. — Pothier, no 367 ; Duranton, t. 15, no 130. — Mais aujourd'hui, ajoute ce dernier auteur, le conjoint ne pourrait pas moins réclamer l'indemnité du préjudice que lui auraient causé ces mêmes dettes.

1583. — Pothier (no 373) suppose le cas où la femme déclarée franche et quitte aurait fait par le contrat de mariage, à son mari, une donation, en cas de survie, d'une somme à prendre sur ses biens ; dans cette hypothèse, la clause pourrait s'entendre en ce sens, dit l'auteur, que les parens de la fille s'obligeraient d'indemniser le mari de ce dont les créanciers de la femme, antérieurs au mariage, qui auraient été utilement colloqués sur les biens de sa femme, auraient empêché qu'il n'eût pu être payé sur lesdits biens de la somme comprise en la donation. — Nous adoptons cette opinion, qui est au reste celle de Toullier, no 365.

1584. — L'indemnité due à l'époux par son conjoint à raison du préjudice résultant de ce que la communauté a payé les dettes de l'époux déclaré franc et quitte, comprend les intérêts des sommes déboursées pour le libérer. — Et M. Duranton, qui soutient cette opinion (t. 15, no 135), dit que la prescription de cinq ans établie par l'art. 2277 n'aurait même pas lieu, parce que la prescription ne court pas entre époux, et que d'ailleurs elle ne court pas non plus entre celui qui a payé pour le débiteur, à titre de *negotiorum gestor*, et ce dernier.

1585. — Ceux qui ont garanti l'époux franc et quitte devraient également faire raison des arrérages et intérêts des rentes et capitaux dont cet époux était débiteur, sans pouvoir, dit M. Duranton (*loc. cit.*), se prévaloir de la prescription de cinq ans, parce que, dès qu'elle n'a pas couru au profit du débiteur vis-à-vis de son conjoint, elle n'a pas couru non plus au profit du garant qui doit, en cette qualité, tout ce que doit l'époux garanti franc et quitte.

1586. — La garantie des dettes de la femme, que ses parens ont déclarée franche et quitte, comprend celles dont elle est débitrice envers eux. — Lebrun, liv. 2, chap. 3, sect. 3e, no 50. — Pothier (no 374) dit que cet auteur fait de longs raisonnemens pour prouver cette proposition, qui est évidente par elle-même. — V. aussi Duranton, t. 15, no 131.

1587. — Mais la dette serait-elle éteinte à l'égard de la femme elle-même, en tant que la déclaration du père en emporterait remise au profit de la fille ? — Lebrun soutenait l'affirmative, et Pothier la négative. — Et M. Duranton (t. 15, no 132) adopte cette dernière opinion par la considération, fort juste à notre avis, que la clause de franc et quitte n'a plus seulement effet entre les ascendans et le conjoint de l'époux franc et quitte, mais qu'elle a également effet entre les époux respectivement, et qu'elle n'est même que subsidiaire à l'égard des ascendans. — V. *suprà* no 1566.

1588. — La garantie contre les personnes qui ont déclaré la femme franche et quitte peut être exercée par le mari même durant la communauté ; sauf, en ce cas, le remboursement dû par la femme, ou ses héritiers aux garans, après la dissolution de la communauté. — C. civ., art. 1513.

1589. — Mais si l'art. 1513 donne au mari le droit d'agir durant la communauté, il n'en est pas ainsi de la femme, elle est obligée d'attendre la dissolution de la communauté. — Toullier, t. 13, no 363.

1590. — La disposition de l'art. 1513, relative à la garantie des parens, n'est pas restrictive dans son énumération ; aussi les auteurs sont-ils d'avis qu'elle s'étend même au frère ou à la sœur, à l'oncle ou à la tante, et même à un étranger qui aurait déclaré l'époux franc et quitte. — Duranton, t. 15, no 134 ; Toullier, t. 13, no 369. — V. *suprà* no 1563.

1591. — La clause de franc et quitte peut être stipulée, bien que le contrat porte exclusion de communauté, car le mari conservant, en ce cas, le droit d'administrer les biens de sa femme et d'en percevoir les fruits pour soutenir les charges du ménage, a intérêt qu'il ne se trouve aucune dette de la femme antérieure au mariage, qui en diminuerait les revenus. — Toullier, t. 13, no 369 ; Duranton, t. 15, no 135. — Elle pourrait même, dit ce dernier auteur (*loc. cit.*), et par identité de motifs, être stipulée sous le régime dotal.

Sect. 5e. — *De la faculté accordée à la femme de reprendre son apport franc et quitte.*

1592. — La femme peut stipuler *qu'en cas de renonciation à la communauté*, elle reprendra tout ou partie de ce qu'elle y aura apporté, soit lors du mariage, soit depuis. — C. civ., art. 1516.

1593. — Et par là elle s'affranchit des dettes de la communauté, puisqu'elle y renonce.

1594. — « L'origine de cette clause, dit M. Duranton (t. 15, no 140), est fort ancienne ; elle remonte au temps des croisades : comme les nobles, pour prendre part à ces expéditions lointaines, étaient obligés de faire de grands frais et consommaient de la sorte les biens de leur communauté, sans parler des leurs, ils devint à peu près d'usage de stipuler, dans les contrats de mariage de personnes nobles, la clause que la femme, en renonçant à la communauté, pourrait reprendre ce qui y serait entré de son chef ; et, successivement, cette faculté fut étendue à toutes les femmes indistinctement. »

1595. — Il a été jugé que la faculté de reprendre ses apports francs et quittes, stipulée par la femme mariée sous le régime de la communauté conventionnelle, ne peut être exercée par elle qu'au cas où elle renonce préalablement à la communauté, *surtout si elle n'a pas déclaré qu'elle entendait exercer cette faculté sans être obligée de renoncer à celle-ci*. — *Toulouse*, 27 janv. 1844 (t. 2 1844, p. 468), Puech.

1596. — Par cette décision, la cour royale de Toulouse semble reconnaître que la femme pourrait stipuler à son profit le droit de reprendre ses apports francs et quittes, et se réserver expressément la faculté d'exercer ce droit sans être obligée de renoncer à la communauté. — Cette opinion, il est vrai, est combattue par M. Battur (*Tr. de la communauté des biens entre époux*, t. 2, no 347) ; par M. Bellot des Minières (*Tr. du contrat de mariage*, t. 3, p. 213) ; et enfin par Pothier (*Tr. de la communauté*, part. 1re, chap. 3, art. 6, § 1er, no 380), qui s'exprime en ces termes : « La répudiation que la femme doit faire pour exercer la reprise de son apport n'est pas seulement une condition suspensive qui arrête l'ouverture du droit de reprise, mais *lex faciendi*, c'est-à-dire une chose que la femme à qui le droit est acquis ou ses héritiers doivent faire, pour pouvoir exercer ce droit, *qui n'est accordé qu'à cette charge*. » — Nous pensons néanmoins que la solution qui ressort implicitement de l'arrêt de Toulouse est préférable et plus conforme aux principes, en ce qu'elle peut s'appuyer sur la généralité des termes de l'art. 1527, C. civ., sur ce que l'énumération que fait la loi des diverses modifications de la communauté n'a rien de limitatif ; et sur ce qu'enfin la clause ci-dessus n'a rien de contraire à l'ordre public ni aux bonnes mœurs.

1597. — Au surplus, dans le droit ancien, où cette stipulation était cependant très usitée (Pothier, no 379), elle était considérée comme de droit étroit, et il en est de même aujourd'hui. — Delvincourt, t. 3, p. 46 ; Toullier, t. 13, no 375.

1598. — L'art. 1514 dispose, en effet, que la stipulation dont il s'agit ne peut s'étendre au delà des choses formellement exprimées, ni au profit de personnes autres que celles désignées ; — Et qu'ainsi la faculté de reprendre le mobilier que la femme a apporté lors du mariage ne s'étend point à celui qui serait échu pendant le mariage ; qu'ainsi encore la faculté accordée à la femme ne s'étend point aux enfans ; et celle accordée à la femme et aux enfans ne s'étend point aux héritiers ascendans ou collatéraux.

1599. — Il suit de là que si, par exemple, la femme s'est réservé la faculté de reprendre ses inscriptions sur le grand livre de la dette publique, la clause ne s'étendra pas à d'autres créances, ni à d'autres effets mobiliers. — Duranton, t. 15, no 141.

1600. — Il est cependant un cas où la stipulation de reprise peut s'étendre d'une chose à une autre : ainsi, s'il est dit dans le contrat que les deniers apportés par la femme dans la communauté pourront être repris en renonçant sur les meubles et conquêts, sans parler des propres du mari, les deniers se reprendront sur ses propres, si les meubles et les conquêts ne sont pas suffisans. — Battur, t. 2, no 438. — La raison qu'en donne cet auteur est que, le mari étant débiteur des biens à reprendre, ils doivent être repris sur tous ses biens sans distinction ; il cite à l'appui Chopin, *sur la coutume d'Anjou*, liv. 3, chap. 1er, tit. 2, chap. 22 ; Bacquet, *Des droits de justice*, chap. 1er, nos 98 et 99 ; Ferrières, p. 398, et l'art. 427 de la coutume de Bretagne.

1601. — S'il avait été stipulé que la femme, en renonçant, *aura le droit de reprendre ce qui sera entré de son chef dans la communauté*, le mobilier futur y sera compris. — Pothier, no 401 ; Duranton, t. 15, no 143.

1602. — De même, si le contrat portait que la femme en renonçant à la communauté *reprendra tout ce qu'elle se trouvera y avoir apporté* ; ou s'il y était dit simplement, *ce qu'elle aura apporté*, le mobilier futur se trouverait aussi compris dans la clause de reprise. — Pothier et Duranton, *loc. cit.* ; — Brodeau sur Louet, lett. F, no 29, rapporte cependant un arrêt qui a jugé le contraire. — V. aussi Battur, t. 2, no 434.

1603. — Si la clause portait, *ce qui lui sera échu par succession*, elle ne s'étendrait pas à ce qui lui serait échu par donation ou legs, à moins que le testateur ou le donateur ne fût un ascendant, et qu'ainsi la femme n'eût recueilli également ce mobilier comme héritière du donateur ou testateur s'il ne lui avait pas été donné ou légué ; — attendu, dit Pothier, que le don ou legs fait par un ascendant est une espèce de titre de succession. — Pothier, no 322 ; Duranton, t. 15, no 146 ; Battur, t. 2, no 436 ; Lebrun, liv. 3, chap. 2, sect. 2e, dist. 5, nos 11 et suiv. ; Dumoulin, sur l'art. 115 de l'ancienne coutume.

1604. — Quant à la faculté de reprendre le mobilier qui écherra à la femme *par donation*, elle ne s'étend pas à celui qui écherra par succession, mais elle comprend celui qui lui écherra par legs ou substitution, le mot *donation* étant générique. — Mais le mot *legs* ne comprendrait pas les donations entre-vifs. — Duranton, t. 15, no 147.

1605. — De l'art. 1514, il résulte que la femme qui veut user de la faculté de reprise est obligée de prouver son apport ; elle doit constater les choses qu'elle a apportées par un inventaire fait lors du mariage ou par un état en bonne forme : ici s'appliquent les principes relatifs à la réalisation. — Toullier, t. 13, no 377.

1606. — Mais la femme peut-elle être admise à prouver la valeur de son apport par témoins et même par commune renommée ? — Toullier (t. 13, no 378) incline vers l'affirmative ; mais il ajoute « qu'il est à craindre que les tribunaux, influencés par les anciens préjugés contre la clause de reprise des apports francs et quittes, ne se déterminent pour la négative. »

1607. — Ainsi qu'il a été dit plus haut, la faculté de reprise accordée à la femme ne s'étend pas aux enfans. — C. civ., art. 1514.

1608.—Cette disposition exclusive des enfans est motivée, suivant Pothier (nº 384), sur ce que : « La convention dont il s'agit étant de droit *très étroit*, lorsqu'une femme a stipulé qu'arrivant la dissolution de la communauté, elle pourrait, en y renonçant, reprendre franchement ce qu'elle y a apporté, elle est censée n'avoir stipulé cela *que pour elle* et non pour ses héritiers. »

1609. — M. Toullier (t. 13, nº 380) combat cette opinion de Pothier avec une extrême vivacité; il prétend que ce grand jurisconsulte était « courbé sous le poids de la jurisprudence du temps, *judicio sincere non utebatur, sed tanquam à vinculis sermocinabatur* (Bacon, *In princ. tractatûs de justitiâ universali*); qu'assez fort pour secouer le joug qui l'opprimait, s'il avait voulu écouter la raison, Pothier craignit de le faire, dans la crainte d'égarer ses lecteurs; car il n'aurait pu réprimer la fausse, mais constante jurisprudence des tribunaux et des cours de son temps. »

1610.—Quoi qu'il en soit de cette critique, l'opinion de Pothier a été introduite dans le Code : il est vrai que M. Toullier reproche aux rédacteurs du Code de *s'être laissé conduire comme des enfans à la lisière par Pothier, sans approfondir sa doctrine*, ce qui est sans doute aller un peu loin.

1611. — Malgré les termes de l'art. 1514, pour que les *enfans* soient expressément compris dans la stipulation, il n'est pas précisément nécessaire qu'ils y soient nommés. Il suffit que les parties se soient, par les termes de la convention, expliquées de manière qu'il n'y ait pas lieu de douter raisonnablement de la volonté qu'elles ont eue de les y comprendre.—Pothier, nº 391; Toullier, t. 13, nº 388.

1612. — Ainsi, M. Duranton pense (nº 154) que les enfans seraient compris dans la clause « *advenant le prédécès du mari*, la femme et ses enfans, en renonçant à la communauté, reprendront, etc., » alors même que la communauté se serait dissoute par la mort de la femme; la condition devant, dans ce cas, être réputée accomplie, *secundum mentem contrahentium*. « Car, dit-il, la femme ne peut raisonnablement avoir voulu autre chose si ce n'est que, son mari mourant le premier, elle pourrait exercer la reprise de ses apports, ou que si elle-même mourait la première, ses enfans auraient le droit qu'elle aurait eu, si elle eût survécu à son mari. »

1613. — Mais la clause « *advenant* dissolution de la communauté, et en cas de renonciation, reprise sera faite de tout ce que la femme y aura apporté » ne s'applique qu'à la femme et non aux enfans. — Pothier, nº 385; Duranton, nº 155.

1614. — La faculté accordée à la femme et aux enfans par le contrat s'étend-elle aux petits-enfans?—Lebrun s'était décidé pour la négative (liv. 3, chap. 2, sect. 2e, dist. 5e, nº 18); Pothier rejette cette opinion (nº 386), et Toullier trouve mauvais (nº 384) que Pothier ait tenté de prouver l'erreur de Lebrun. « Pothier, dit-il, pour réfuter Lebrun, croit devoir invoquer une loi romaine qui dit que nos petits-enfans sont au nombre de nos enfans; car le terme d'*enfans*, dans notre langue, répond au terme latin *liberi*; or, la loi 220, ff., *De verb. sign.*, qui est de Callistrate, nous apprend que, *Liberorum appellatione nepotes et pronepotes cæterique qui ex his descendunt continentur*; comme si nous avions besoin de l'autorité de Callistrate pour savoir que nos *petits-enfans* sont aussi nos enfans. »

1615. — Nous approuvons cette manière d'entendre le mot *enfans*, mais la question n'était pas moins controversée dans l'ancien droit. — Henrys, liv. 5, p. 83; — ord. 1735, art. 62. — V., en ce sens, Duranton, nº 156.

1616.—De même la clause, « la future *et les siens* » comprendra les enfans et les petits-enfans. — Duranton, *loc. cit.*

1617. — Le mot *enfans*, dans le contrat de mariage, comprend ceux d'un premier lit aussi bien que ceux à naître du mariage. — Pothier, nº 387; Toullier, t. 13, nº 385; Duranton, t. 15, nº 157. — V. *contrà* Lebrun, qui rapporte un arrêt du 3 fév. 1611, qui a décidé le contraire.

1618. — Mais quelques auteurs enseignent que la reprise stipulée en faveur de la *femme et des enfans à naître du mariage* ne comprend pas les enfans issus d'un premier lit. — Duranton, t. 15, nº 149; Pothier, *loc. cit.* — Toutefois, Pothier rapporte un arrêt du mois d'août 1685 (rapporté par Berroyer, t. 1er des arrêts de Bardet, liv. 2, chap. 11), qui a jugé le contraire, dans une espèce, il est vrai, où la reprise avait été stipulée tant au profit des enfans à naître que des collatéraux; on jugea que la femme, ayant étendu la faculté de reprise aux collatéraux, avait par cela même prouvé qu'elle ne voulait pas exclure les enfans du premier lit.

1619.—Toullier (t. 13, nº 385), raisonnant d'une manière générale, soutient au contraire que les enfans d'un premier lit se trouvent compris dans la stipulation relative aux enfans du mariage.—Et M. Battur (nº 454) adopte cette opinion en se fondant sur ce que, si l'on refusait de leur appliquer le bénéfice de la clause, ils n'en profiteraient pas moins, puisque ceux du second lit devraient leur faire le rapport dans la succession.

1620. — Au reste, et même en admettant que les enfans du premier lit sont exclus par la clause ci-dessus, M. Duranton convient (*loc. cit.*) que s'il y avait des enfans du mariage et qu'ils voulussent profiter du bénéfice de la stipulation, en renonçant à la communauté, ceux du premier mariage en profiteraient indirectement.— V. aussi Pothier, nº 387.

1621. — Si la reprise avait été stipulée en faveur des collatéraux, sans parler des enfans, il faudrait néanmoins les y comprendre. — Battur, nº 453; Duranton, t. 15, nº 158; Pothier (contre l'avis de Lebrun, Lemaître et Duplessis).

1622. — Pothier était même d'avis que la clause « *la femme et ses héritiers collatéraux* » comprenait les ascendans de la femme. — V. aussi Battur, *loc. cit.* — Mais M. Duranton (nº 159) doute que cette opinion doive être suivie, attendu qu'aux termes de l'art. 750, C. civ., les frères et sœurs et leurs descendans sont préférés par la loi aux ascendans autres que les père et mère, et qu'ils ont généralement plus, dans la succession, que les père et mère eux-mêmes.— D'où il conclut qu'il n'y a rien de surprenant que la femme ait entendu parler de ses collatéraux (songeant probablement à ses frères et sœurs), sans cependant avoir eu en vue ses ascendans qu'elle ne prévoyait guère devoir lui succéder.

1623.—Au surplus, M Duranton (nº 160) ajoute (et cela est incontestable) que la clause qui comprendra les collatéraux ne saurait s'étendre ni à l'état, ni aux légataires, même universels.

1624. — Mais il en serait autrement de celle qui mentionnerait la femme et *tous successeurs quelconques*, ou seulement *tous ses successeurs*, ou *ses successeurs*. — Une pareille clause comprendrait même l'enfant naturel.

1625.—Mais la clause « la femme *et ses héritiers* » ne comprendrait ni l'état, ni l'enfant naturel, lesquels ne sont pas héritiers. — Duranton, *loc. cit.*

1626. — Dans le cas d'une clause ainsi conçue : « La future *survivant* pourra renoncer à la communauté, et, ce faisant, reprendre ce qu'elle y aura apporté », y a-t-il lieu à reprise, lorsque la communauté ne se dissout pas par le prédécès du mari, mais par la séparation de corps ou la séparation de biens seulement? — Suivant Lebrun et Pothier (nº 381), le mot *survivant* n'emporte pas nécessairement une condition de survie de la part de la femme, et ces auteurs rapportent d'anciens arrêts qui l'ont ainsi jugé. — M. Duranton adopte cette opinion. « Il est, en effet, peu naturel de penser, dit-il (nº 151), que la femme n'ait pas entendu stipuler la clause pour les cas où elle devrait surtout lui être le plus utile, celui où le désordre des affaires du mari donnerait lieu à la séparation de biens. » — V. en ce sens, Battur (t. 2, nº 446), qui cite un arrêt conforme du 31 juill. 1697.

1627. — L'action en reprise ouverte au profit de la femme constitue un droit qui fait partie de ses biens, soit qu'elle ait ou qu'elle n'ait pas encore renoncé à la communauté; elle le transmet ainsi à ses héritiers si elle vient à mourir avant d'avoir pris qualité. — Arrêt du 19 juill. 1716 (*Journal des Audiences*, t. 6); Pothier, nº 380; Duranton, t. 15, nºs 151 et suiv.; Delvincourt, t. 3, nº 191; Battur, t. 2, nº 447.

1628. — Remarquons, en effet, qu'il n'y a dans cette décision rien de contraire au § 3 de l'art. 1514, qui dispose que la reprise accordée à la femme ne s'étend pas à ses héritiers; en effet, dans le cas ainsi posé, la reprise s'est ouverte du vivant de la femme; dans celui, au contraire, prévu par l'article précité, on suppose que la reprise pourrait être exercée après son décès par ses héritiers, ce qui ne serait pas admis.—V., au reste, en ce sens, Dumoulin, *Sur la cout. d'Auvergne*, art. 11, chap. 4; les annotateurs de Duplessis, liv. 2, chap. 2; Bacquet, *Des droits de justice*, chap. 15, nº 63.

1629. — Et il en serait de même, quoique ce fût par la séparation de corps ou de biens que la communauté fût venue à se dissoudre, car la femme avait acquis par la dissolution, et à la charge de renoncer à la communauté, le droit de reprendre ce qu'elle y avait fait entrer. — Or, ce droit, elle l'a transmis à ses représentans. — Duranton, t. 15, nº 152; Pothier, nº 382.

1630. — Dans ces divers cas, si les héritiers de la femme ne sont pas d'accord, en sorte que l'un veuille accepter et l'autre renoncer pour exercer la reprise d'apports, il y a lieu, suivant M. Duranton (nº 153), de faire application de l'art. 1475; dès lors, celui qui a accepté ne peut prendre que sa portion héréditaire dans celle que la femme aurait eue dans la communauté, et le surplus reste au mari ou à ses héritiers; mais alors ceux-ci sont tenus, envers le renonçant, de sa part héréditaire dans les reprises de la femme, sous la déduction d'une portion correspondante dans les dettes personnelles de cette dernière que la communauté aurait acquittées.

1631. — Si la femme, après sa séparation de biens, avait exercé ses reprises, et qu'elle vînt ensuite à prédécéder, son mari n'aurait pas la répétition des objets repris contre ses héritiers. — Battur, t. 2, nº 449.

1632. — Dans l'ancienne jurisprudence la question était controversée; l'annotateur de Lebrun rapporte deux arrêts des 20 décembre 1712 et 26 février 1718 qui avaient jugé en faveur du mari; mais le même annotateur en rapporte ensuite un autre du 30 décembre 1718, qui aurait décidé la question en sens contraire. L'opinion de Battur nous paraît sur ce point hors de toute controverse.

1633. — De même, le droit de reprise, une fois ouvert au profit de la femme, peut être exercé par ses créanciers. — Pothier, nº 394; Duranton, t. 15, nº 164.

1634. — Il y a plus, si la femme avait, en fraude de ses créanciers, et pour favoriser ses enfans, débiteurs de la reprise, accepté une communauté évidemment mauvaise, ces créanciers devraient, en faisant déclarer nulle et frauduleuse l'acceptation que leur débitrice aurait faite de cette communauté, être admis à y renoncer pour elle et à exercer la reprise de son apport. — Pothier, nº 394; Duranton, t. 15, nº 164.

1635. — Que doit-on décider dans le cas où la communauté est venue à se dissoudre par la mort de la femme, qui a laissé pour héritier un enfant ou un autre parent compris dans la stipulation de reprise et pour légataire universel une personne qui n'y est pas comprise? — Lebrun excluait du droit de reprise à la fois l'héritier et le légataire, et Pothier (nº 397) faisait plusieurs distinctions.— M. Duranton (t. 15, nº 165) tranche la question d'une manière fort juste en disant que, s'il s'agit d'un héritier réservataire, comme il est saisi, même au regard du légataire universel, il peut exercer la reprise; qu'au contraire, s'il s'agit d'un héritier non réservataire, comme il est exclu de tout droit par le légataire universel, il ne peut non plus exercer la reprise; — qu'enfin si le legs est à titre universel, l'héritier, réservataire ou non, peut exercer la reprise, pourvu qu'il accepte l'hérédité.

1636. — Quant au légataire, soit universel, soit à titre universel, il ne peut, n'étant pas compris dans la clause, exercer la reprise, mais il profite de celle exercée par l'héritier. — Duranton, *loc. cit.*

1637. — La reprise ne se fait pas des objets en nature apportés dans la communauté, mais seulement de leur valeur.—Pothier, nº 407.—Cependant si les effets mobiliers existaient lors de la dissolution de la communauté, elle aurait le droit de les revendiquer. — Battur, t. 2, nº 442.

1638. — Le mari contre lequel la reprise est exercée, est tenu à l'égard des créances apportées par la femme, non seulement de ce qu'il a reçu, mais encore de ce qu'il a dû recevoir. — Pothier, nº 408; Battur, t. 2, nº 443; Bellot des Minières, t. 3, p. 248.

1639. — A l'égard des immeubles que la femme a apportés, la femme peut les reprendre en nature, lorsqu'ils se trouvent en la possession du mari ou dans sa succession à l'époque de la dissolution du mariage. S'ils se trouvaient détériorés par le fait ou la faute du mari, celui-ci tiendrait compte du montant des détériorations. Si, au contraire, le mari avait fait des améliorations, s'il les avait faites du consentement exprès de la femme, il devrait lui être tenu compte de la somme qu'elles lui auraient coûtées; dans le cas où le mari aurait fait les améliorations sans le consentement de la femme, on devrait lui rembourser seulement le montant de la plus value de l'immeuble. — Pothier, nº 409; Battur, t. 2, nº 444. — Mais lorsque le mari, pendant la communauté, a aliéné les immeubles que la femme avait ameublis, cette dernière ne peut exercer son action en reprise contre les acquéreurs, parce que, dit Pothier (nº 410), la clause pour la reprise de l'apport doit se concilier avec la clause d'ameublissement, c'est-à-dire, conserver au mari le droit d'aliéner les immeubles ameublis. — M. Battur est d'un avis contraire; il soutient que la reprise de l'immeuble vendu doit avoir lieu contre le tiers acquéreur; la raison qu'il en donne, est que ce dernier devait savoir que

l'immeuble dont il faisait l'acquisition était sujet à une clause de reprise.

1640. — Nous préferons l'opinion de Pothier, qui est aussi suivie par M. Duranton (t. 15, n° 170), « sauf, ajoute cet auteur, l'action de la femme en indemnité et qui est en raison du prix de vente, quelque allégation qui fût faite d'ailleurs touchant la valeur des immeubles. » — Art. 1436 et 1528 combinés.

1641. —... Sauf aussi, ajoute encore M. Duranton (n° 171), son hypothèque légale sur ces immeubles, si elle n'a pas concouru à la vente. — V. HYPOTHÈQUE LÉGALE.

1642. — Et il a été jugé que lorsque, dans un contrat de mariage, il est stipulé que les apports et le préciput de la femme qui aura renoncé à la communauté seront francs et quittes des dettes et hypothèques de cette communauté, et que si elle s'était obligée ou qu'elle fût condamnée à payer ces sortes de dettes, elle en sera indemnisée sur *les biens du futur époux*, sur lesquels il y aura hypothèque légale à compter de la célébration du mariage, la femme, après avoir renoncé à la communauté, peut exercer la reprise de ses apports sur les immeubles de la communauté, et n'est point obligée de la restreindre aux biens propres du mari. — *Bruxelles*, 26 janv. 1822, Hertogs c. Lacoste.

1643. — Les apports, dit l'art. 1514, ne peuvent, dans tous les cas, être repris que déduction faite des dettes personnelles à la femme, et que la communauté auraient acquittées.

1644. — La quotité de ces dettes doit être mise en rapport avec la quotité du mobilier repris : ainsi, si la femme reprend le mobilier qu'elle a apporté lors du mariage, elle doit faire raison des dettes qu'elle avait à cette époque et qui ont été payées par la communauté ; si elle ne reprend que le mobilier qui lui est échu par succession, elle ne rembourse que les dettes dont il est grevé ; enfin si elle reprend tout le mobilier entré de son chef dans la communauté, elle tient compte de toutes les dettes qu'elle avait au jour du mariage et de celles dont étaient grevés les successions, donations ou legs à elle échus pendant la communauté. — V. l'art. 1514, § ult. — Duranton, t. 15, n° 166.

1645. — Malgré les termes de l'art. 1514, la reprise exercée par la femme ne serait pas soumise à la déduction de ses dettes si elle avait stipulé, ainsi que l'art. 1522 le lui permet, une somme fixe pour tous droits de communauté, ou même si elle avait stipulé que, en cas de renonciation, elle pourrait reprendre une somme de ..... pour lui tenir lieu de ce qu'elle a apporté. — Dans ces deux cas, dit M. Duranton (t. 15, n° 168), la clause serait un forfait, et la somme serait due à la femme sans aucune réduction quant à ses dettes.

1646. — Si la femme, en exerçant ses reprises, doit tenir compte de ses dettes personnelles acquittées par la communauté, elle n'est nullement tenue des intérêts de ces mêmes dettes. Ces intérêts sont des charges des fruits et revenus de ses apports ; or, elle ne reprend pas ces fruits et revenus. — Duranton, t. 15, n° 169.

Sect. 6e. — *Du préciput conventionnel.*

1647. — On appelle préciput (de *præcipere*, prendre avant) ce que l'époux survivant a le droit de prélever sur les biens de la communauté, lors du partage qui en est à faire. — Pothier, n° 412.

1648. — Il existait autrefois, dans certaines coutumes, un préciput légal qui consistait ou dans la propriété des meubles, ou dans l'usufruit des acquêts faits durant le mariage, ou dans l'un et l'autre de ces avantages à la fois. On l'appelait légal pour le distinguer du préciput conventionnel ; l'un et l'autre étaient considérés comme des gains de survie. — Merlin, *Rép.*, v° *Préciput*.

1649. — A cet égard, la coutume de Paris contenait (art. 238) la disposition suivante : « Quand l'un des deux conjoints nobles demeurant tant en la ville de Paris que dehors, et vivant noblement, va de vie à trépas, il est en la faculté du survivant de prendre et accepter les meubles étant hors la ville et les faubourgs de Paris, sans fraude ; auquel cas il est tenu de payer les dettes mobilières et les obsèques et funérailles d'icelui trépassé, selon sa qualité, pourvu qu'il n'y ait pas d'enfans ; et s'il y a des enfans, partissent par moitié. »

1650. — Aujourd'hui, on ne connaît que le préciput conventionnel. « En effet, dit M. Duranton (t. 15, n° 176), auquel nous croyons devoir emprunter ce résumé, on ne doit pas regarder comme préciput légal le droit qu'a la femme, soit qu'elle accepte, soit qu'elle renonce, de prendre, pendant les délais pour faire inventaire et délibérer, sa nourriture et celle de ses domestiques sur les provisions existantes, ou, à défaut, par achat ou emprunt au compte de la masse commune, ainsi que son logement pendant ces mêmes délais (art. 1465), ni le droit qu'elle a, en renonçant, de retirer les linges et les hardes à son usage (art. 1492), ni enfin les frais de son deuil (art. 1481) ; ce sont là des droits spéciaux. — V. *suprà*, n° 1002. — V. aussi DEUIL.

1651. — La clause du préciput conventionnel est celle par laquelle les époux stipulent que le survivant d'entre eux prélèvera, avant tout partage, sur la masse commune, une certaine somme ou une certaine quantité d'effets mobiliers en nature. — C. civ., art. 1515.

1652. — Le droit ainsi formulé dans cet article peut être stipulé en faveur de l'un ou de l'autre des conjoints, ou même en faveur de tous les deux. — Toullier, t. 13, n° 390.

1653. — L'art. 1515 ajoute que cette clause ne donne droit à ce prélèvement, au profit de la femme survivante, que lorsqu'elle accepte la communauté, à moins que le contrat de mariage ne lui ait réservé ce droit, même en renonçant, et que, hors le cas de cette réserve, le préciput ne s'exerce que sur la masse partageable, et non sur les biens personnels de l'époux prédécédé.

1654. — La clause qui accorde le préciput à la femme, même en renonçant, ne doit pas être confondue avec celle par laquelle elle stipule qu'en cas de renonciation par elle à la communauté, *elle pourra prendre* une somme déterminée. « Cette dernière clause, dit M. Duranton (t. 15, n° 188), est généralement moins avantageuse à la femme que celle de préciput, en ce que la femme ne peut l'exercer qu'en renonçant. »

1655. — Il a été jugé que lorsque, dans leur contrat de mariage, les futurs époux, après avoir stipulé une communauté de tous biens présens et à venir, sont convenus qu'à défaut d'enfant, lors du décès de l'un d'eux, le survivant aurait, par préciput et hors part, les trois quarts en propriété et le quart en usufruit des biens qui adviendront aux héritiers du prédécédé, il résulte de cette clause un simple préciput, et non point une institution contractuelle ; et conséquemment la femme, renonçant à la communauté, est déchue du droit de réclamer ce préciput. — *Colmar*, 15 mai 1829, Reichardt ; *Cass.*, 8 nov. 1830, mêmes parties.

1656. — L'art. 1515 n'est pas conçu dans un sens restrictif : les parties peuvent stipuler le préciput comme bon leur semble : ainsi, au lieu de stipuler que le survivant aura telle somme ou tels effets en préciput sur la masse partageable, on peut convenir que le mari prendra à titre de préciput les livres, les instrumens ou les effets à son usage ; ou bien, si c'est la femme, qu'elle prendra par préciput son linge, ses habits, etc. — Duranton, t. 15, n° 181.

1657. — La clause du préciput doit être restreinte dans ses termes ; elle ne doit pas être étendue au delà. Ainsi, par exemple, s'il était stipulé que la femme prendra à titre de préciput son linge et les hardes à son usage, les diamans, joyaux et bijoux n'y seraient pas compris. — Pothier, n° 440 ; Duranton, t. 15, n° 183 ; Toullier, t. 13, n° 408.

1658. — Ainsi on a jugé que le préciput établi en faveur des enfans du premier lit par l'art. 20, tit. 22, de la coutume de Cambrai, sur les terres, maisons et héritages de main ferme, etc., ne comprenait pas la créance d'un simple capital, quand même les époux avaient stipulé dans leur contrat de mariage que la somme due serait propre à chacun d'eux et à sa ligne. — *Cass.*, 11 vent. an XI, Bourdon c. Franqueville.

1659. — Lorsque le préciput porte sur deux choses alternatives, l'époux en faveur duquel il est stipulé a seul le choix. — Duranton, t. 15, n° 184 ; Glandaz, *Encyc. du dr.*, v° *Communauté*, n° 442.

1660. — Si le préciput est limité, comme lorsqu'il est dit qu'il s'exerce sur les meubles *jusqu'à concurrence de telle somme*, alors on en détermine l'étendue par un prisage. — Toullier, t. 13, n° 406.

1661. — Lorsque le contrat de mariage ne réserve pas à la femme le droit de prélever le préciput, même en renonçant, le préciput ne peut s'exercer que sur *la masse partageable*, et ces mots doivent être entendus en ce sens qu'il faut d'abord distraire toutes les récompenses, reprises, remplois et indemnités de chaque époux ou de leurs héritiers, dans l'ordre prescrit par le Code, avant que l'exercice du préciput puisse avoir lieu. — Toullier, t. 13, n° 401.

1662. — Il faut encore distraire toutes les dettes et charges de la communauté envers les étrangers, puisqu'elles diminuent la masse partageable. — Toullier, *loc. cit.*

1663. — Il résulte de là que si, tous les prélèvemens préalablement faits, il ne restait rien dans la communauté, le préciput deviendrait caduc. — Toullier, t. 13, n° 402.

1664. — Mais s'il restait de quoi faire face au préciput, et rien que cela, le survivant s'en prévaudrait exclusivement. — Toullier, *loc. cit.*

1665. — Le préciput ne s'exerce que sur les biens de la communauté, en sorte que s'il ne reste pas suffisamment de quoi remplir le préciput sur les biens qui la composent, il devient caduc pour ce qui manque ; le survivant ne peut exiger qu'il soit pris, pour le compléter, sur les biens de la succession du prédécédé qui ne faisaient pas partie de la communauté. — Toullier, *loc. cit.* ; Battur, t. 2, n° 475.

1666. — Au contraire, s'il avait été stipulé au contrat que la future épouse aurait droit au préciput, alors même qu'elle renoncerait à la communauté, dans ce cas, le mari et sa succession seraient garans du préciput de la femme. — Pothier, n° 448 ; Toullier, t. 13, n° 403 ; Duranton, t. 15, n° 187. — C'est ce qui résulte de la disposition finale de l'art. 1515.

1667. — Lorsque le préciput consiste en une certaine quantité d'effets mobiliers, le survivant peut empêcher les héritiers du prédécédé de faire vendre les meubles qu'il a choisis ; il en est de même lorsque le préciput doit s'exercer sur le mobilier jusqu'à concurrence d'une certaine somme. — Toullier, t. 13, n° 404.

1668. — Les intérêts du préciput ne courent pas de plein droit, comme ceux de la dot, mais seulement du jour de la demande. — Lebrun, liv. 3, ch. 2, sect. 1re, distinct. 4, n° 22 ; Toullier, t. 13, n° 405. — La raison qu'en donnent ces auteurs, c'est que le préciput est un titre lucratif.

1669. — Le préciput n'est point regardé comme un avantage sujet aux formalités des donations, mais comme une convention de mariage. — C. civ., art. 1516.

1670. — Ainsi, il n'est point dû de droits de mutation à raison du prélèvement qui en est fait par le conjoint en faveur duquel il a été stipulé. — *Cass.*, 30 juill. 1823, Enreg. c. Delahaye ; — Battur, t. 2, nos 470 et 477.

1671. — Cependant il faut le considérer comme assujetti aux mêmes formalités que celles auxquelles sont soumises les donations portées par le contrat de mariage ; ainsi il doit avoir lieu par devant notaire, avec minute ; s'il est stipulé par un mineur, il doit avoir lieu avec le consentement des personnes dont le consentement est requis pour le mariage. — Duranton, t. 15, n° 190.

1672. — En outre, et bien que le préciput ne soit qu'une convention de mariage, il n'en contient pas moins, au fond, un avantage susceptible d'être réduit s'il dépasse la quotité disponible. — Duranton, n° 190.

1673. — Mais il ne peut être réduit que dans ce cas. Ainsi, on ne suivrait pas aujourd'hui l'opinion de Pothier (n° 441), qui dit que si le préciput a pour objet des effets mobiliers d'un prix excessif eu égard à l'état et aux facultés des parties, les héritiers du prédécédé seraient bien fondés à en demander la réduction, *arbitrio judicis*. — Toullier, t. 13, n° 407 ; Duranton, t. 15, n° 190 ; Glandaz, *Encyclop. du dr.*, v° *Communauté*, n° 440. — Toutefois, Battur, t. 2, n° 467, est d'un avis contraire.

1674. — Si, durant la maladie du conjoint prédécédé, l'autre conjoint avait augmenté, sans nécessité, le nombre des choses comprises dans son préciput dans la vue de *l'augmenter de valeur*, la demande de cette partie du préciput devrait être rejetée. — Battur, n° 468.

1675. — Suivant l'art. 1517, C. civ., la mort naturelle ou civile donne ouverture au préciput.

1676. — On pensait assez généralement dans l'ancien droit que la mort civile ne donnait pas ouverture à l'exercice du préciput ; on en donnait pour raison que c'était une convention conditionnelle qui ne peut être subordonnée qu'à la condition que les parties ont mise à son ouverture ; or, disait-on, il n'est pas vraisemblable que les parties aient eu en vue le cas de mort civile : *Malum omen non est providendum*. — Pothier cite (n° 443) un arrêt célèbre du 2 juin 1549, par lequel le roi Henri II, tenant son lit de justice, avait jugé que la mort civile ne donnait pas ouverture au préciput ; mais un peu plus bas, il dit que la cour s'était formellement écartée du principe consacré par cet arrêt, en jugeant dans l'espèce d'un homme qui avait encouru la mort civile par sa sortie du royaume, pour cause de religion. — Duranton, t. 15, n° 191 ; Toullier, t. 13, n° 393 ; Battur, t. 2, n° 471.

1677. — M. Duranton fait remarquer que l'art. 1517 ne dispose que dans la prévision de ce qui a lieu ordinairement ; mais aussi que les parties peuvent convenir que le préciput s'ouvrira quelle que soit la cause qui amène la dissolution de la communauté ; dans ce cas, la volonté des parties de-

vrait être respectée. — V. *infrà* (nos 1680 et suiv.) ce que nous disons sur le cas de divorce ou de séparation de corps.

1678. — Pothier (no 444) décide que lorsque les deux conjoints, qui, par leur contrat de mariage, étaient convenus d'un préciput, sont morts par un même accident, sans qu'on puisse prouver lequel a survécu à l'autre, il ne doit point y avoir de préciput au partage qui est à faire entre les héritiers des conjoints, car ni les uns ni les autres ne peuvent justifier que c'est celui des conjoints auquel ils ont succédé qui a survécu et au profit de qui il y a ouverture au préciput.

1679. — Faudrait-il, sous le Code civil, en présence de l'art. 720, admettre cette doctrine de Pothier, adoptée d'ailleurs par les auteurs modernes (V. Duranton, t. 15, no 192; Battur, t. 2, no 472, et Glandaz, *Encyclop. du dr.*, vo *Communauté*, no 446)? —Nous ne le pensons pas : il ne faut pas laisser une convention sans résultat lorsqu'on peut lui appliquer des dispositions législatives, faites pour un cas analogue, et dont l'application au nôtre est, en quelque sorte, commandée par la justice et la nécessité.

1680.—Suivant l'art. 1518, C. civ., lorsque la dissolution de la communauté s'opère par le divorce ou par la séparation de corps, il n'y a pas lieu à la délivrance actuelle du préciput, mais l'époux qui a obtenu, soit le divorce, soit la séparation de corps, conserve ses droits au préciput en cas de survie.

1681. — Dans cet article également, le Code ne fait que poser un principe, mais sans défendre d'y déroger. Ainsi, les parties pouvaient convenir que, dans le cas de séparation de corps ou de biens, il y aura ouverture au préciput. Ce qui serait présumé convenu si elles stipulaient le préciput *en cas de dissolution de la communauté*.—Duranton, t. 15, no 194.

1682. — Il a donc été jugé par la cour de Cassation que, lorsque le contrat de mariage porte que le préciput stipulé au profit de la femme aura lieu dans tous les cas de dissolution de la communauté, les juges peuvent, au cas de séparation de biens, autoriser la femme à prélever ce préciput.—L'art. 1452, C. civ. (suivant lequel la dissolution de la communauté opérée par le divorce et la séparation de corps ou de biens ne donne pas ouverture aux droits de survie), n'étant ni limitatif ni restrictif, ne met pas obstacle à l'exécution d'une pareille clause. — *Cass.*, 6 (et non 26) janv. 1808, Daveluy.

1683. — Jugé de même que lorsque, dans un contrat de mariage passé sous l'empire d'une loi qui autorise le divorce, les parties ont stipulé un préciput, *en cas de dissolution de la communauté*, les juges peuvent ordonner la délivrance du préciput, dès le moment que la communauté est dissoute, encore que la dissolution ait eu lieu par le divorce. — *Cass.*, 14 août 1814, Thouret.

1684. — Mais il résulte bien évidemment de l'art. 1515 que l'époux contre lequel le divorce ou la séparation de biens a été prononcé, perd tous ses droits au préciput. — Duranton, *loc. cit.*

1685. — L'art. 1518, raisonnant (*in fine*) dans l'hypothèse où le droit au préciput ne s'ouvre pas par la séparation de corps, et reste soumis à la condition de survie, ajoute que, si c'est la femme qui a obtenu la séparation, la somme ou la chose qui constitue le préciput reste toujours provisoirement au mari, à la charge de donner caution.

1686. — Les auteurs sont d'accord que cette disposition ne peut s'entendre que du cas où, le contrat de mariage ayant réservé le préciput à la femme, en renonçant à la communauté, celle-ci, de fait, a renoncé. Dans ce cas, en effet, comme la femme n'a droit au préciput qu'en raison de la clause préciputaire et non à titre de commune, il est nécessaire d'attendre la survie pour qu'elle ait droit de le réclamer. — Autrement, et si la faculté de conserver le préciput, à la charge de caution, était accordée au mari, même au cas d'acceptation de la femme, le Code aurait consacré une injustice, puisqu'il aurait donné au mari le droit de jouir pendant sa vie de la portion que la femme acceptante aurait eue dans les objets du préciput, s'il n'avait pas été stipulé ; en sorte que, comme le dit Toullier (t. 13, no 397), il y aurait plus d'avantage pour elle que le préciput n'eût pas été convenu, ce qui serait absurde. — Duranton, t. 15, no 194 ; Battur, no 478.

1687. — Ce qui vient d'être dit pour le cas de séparation de corps trouverait aussi son application pour le cas de séparation de biens. — Et pour ce double cas, M. Duranton (no 195), examinant le mode d'exécution de la clause du préciput, dans l'hypothèse de l'acceptation de la femme, pose en principe :

1688. — ... 1o Que si le préciput a été stipulé au profit de la femme seulement, elle a le droit de décider actuellement la délivrance de la moitié de la somme ou des objets qui composent le préciput, et l'autre moitié reste provisoirement au mari, qui lui doit caution.

1689. — ... 2o Que si c'est au profit du mari seulement que le préciput a été convenu, le mari le garde provisoirement en totalité ; mais qu'il doit caution pour sûreté de la restitution de la moitié des objets qui le constituent, pour le cas où il viendrait à prédécéder ; car cette moitié appartiendrait alors à la femme.

1690. — ... 3o Que si c'est au profit du survivant indistinctement que la stipulation a été faite, la somme ou les objets qui le constituent doivent se partager actuellement, sauf aux parties à s'arranger pour la garantie réciproque qu'elles se doivent pour la sûreté de la restitution, au survivant, de la part que le prédécédé en a retirée lors du partage. — Pothier, ajoute l'auteur, décidait que ce partage actuel du préciput devait avoir lieu, et on ne concevrait pas pourquoi, en effet, le mari garderait par devers lui aussi la part de la femme dans la situation où se trouvent ses affaires ; elle a aussi bien que lui des droits au préciput, quoiqu'ils soient éventuels, et la communauté est dissoute.

1691. — Dans le cas où le mari a été déclaré absent, la femme qui a opté pour la dissolution provisoire de la communauté, peut, si elle accepte la communauté, et en donnant caution, exercer le préciput qui aurait été stipulé en faveur des époux indistinctement ; elle le peut, même en renonçant, si le préciput a été convenu aussi en cas de renonciation.—Duranton, t. 15, no 196; Toullier, t. 13, no 359. — V. ABSENCE, nos 314 et 333.

1692. — Le mari peut aussi exercer le préciput dans le cas d'absence déclarée de la femme, mais il n'est pas tenu de donner caution ; la raison en est que, la femme revenant, le mari n'aurait rien à lui restituer de la communauté. — Duranton, t. 15, no 197, et t. 1er, no 470.

1693. — Dans le cas de l'art. 1518, si le mari ne peut fournir la caution exigée, la femme est fondée à demander le dépôt du préciput à la caisse des consignations. — Duranton, t. 15, no 195.

1694. — Il a été jugé que la femme peut exiger une caution du mari dans la simple espérance d'un gain de survie, en usufruit seulement, pour sûreté des objets mobiliers compris dans cet usufruit. — *Bruxelles*, 20 nov. 1807, Dispoel c. Biché.

1695. — ... Mais aussi qu'elle ne peut exiger de caution à raison de ses droits immobiliers, lesquels sont suffisamment garantis par son hypothèque légale. — Même arrêt.

1696. — Les créanciers de la communauté ont toujours le droit de faire vendre les effets qui la composent, sauf le recours de l'époux auquel il était dû contre les héritiers du conjoint, conformément à l'art. 1515. — Art. 1519. — En effet, ces objets n'étaient pas moins affectés des dettes de la communauté, puisqu'ils faisaient partie de son actif. — Duranton, t. 15, no 189.

Sect. 7e.— *Des clauses par lesquelles on assigne à chacun des époux des parts inégales dans la communauté.*

1697. — Les époux ayant la libre faculté de modifier la communauté légale, pourvu que leurs conventions ne soient pas contraires aux lois ou aux bonnes mœurs, le législateur a établi en principe « qu'ils peuvent déroger au partage égal établi par la loi, soit en ne donnant à l'époux survivant ou à ses héritiers dans la communauté qu'une part moindre que la moitié, soit en ne lui donnant qu'une somme fixe pour tout droit de communauté, soit en stipulant que la communauté entière, en certains cas, appartiendra à l'époux survivant, ou à l'un d'eux seulement. — C. civ., art. 1520.

1698. — M. Duranton (t. 15, no 198) fait remarquer qu'il s'est glissé une erreur de rédaction dans l'art. 1520; qu'il faut lire : *à l'héritier du prédécédé*, au lieu de : à l'époux survivant *ou à ses héritiers* ; que, le partage de la communauté ayant lieu entre le survivant et les héritiers du prédécédé, il ne peut venir dans la pensée des époux de stipuler une part à l'héritier du survivant.

1699. — La première stipulation autorisée par l'art. 520, celle qui attribuerait des parts inégales aux époux, peut avoir lieu de plusieurs manières: ou bien en accordant au survivant, indistinctement, une part plus forte dans la communauté, ou bien (ce qui sera rare) en accordant cet avantage aux héritiers du prémourant ; ou bien en ne dérogeant aux règles établies par la loi qu'en faveur du mari survivant ou de la femme survivante.

1700. — On peut également convenir d'un partage inégal sous une condition, indépendamment de celle de survie, par exemple, en cas d'absence d'enfans du mariage, ou sous toute autre condition qu'il plaira aux parties de stipuler. — Duranton, t. 15, no 200.

1701. — S'il a été convenu que l'un des époux désigné aurait, en cas de survie, une part excédant la moitié, et que, la condition de survie vienne à faillir, la communauté se partage par portions égales, suivant les règles ordinaires ; il en est de même si la condition, quelle qu'elle soit, imposée à la clause, ne se réalise pas. — Duranton, t. 15, nos 199 et 200.

1702. — Et le partage doit aussi avoir lieu par égales portions si, plusieurs conditions ayant été mises, elles ne se réalisent pas toutes. — Duranton, *loc. cit.*

1703. — L'inégalité dans les parts ne suppose pas nécessairement l'inégalité dans les apports ; celui qui a apporté le moins dans la communauté peut avoir une plus grande part dans le partage. L'industrie, les espérances de l'un des époux peuvent avoir déterminé l'avantage stipulé en sa faveur. — Duranton, t. 15, no 201.

1704. — L'avantage résultant de la clause qui donne au survivant une part excédant la moitié n'est pas une libéralité imputable sur la quotité disponible, si ce n'est lorsqu'il y a des enfans d'un premier mariage dont la clause lèse les droits. — C. civ., art. 1527 ; — Duranton, t. 15, no 202.

1705. — L'époux pour lequel il n'y a lieu qu'à la prise d'une part bien inférieure, a-t-il le droit de prélever d'abord son apport dans la communauté, puis sa part ensuite ?—Ce qui donne lieu à ce doute, c'est qu'il peut arriver, par exemple, que l'époux en faveur duquel a été stipulée la clause de reprise des dix-neuf vingtièmes dans la communauté, ait apporté une somme moins considérable que l'autre conjoint ; or, l'art. 1525, C. civ., dispose que, dans le cas où il a été stipulé que *la totalité* de la communauté appartiendrait au survivant, les héritiers de l'autre époux peuvent reprendre ses apports; la différence minime qui peut se trouver entre la totalité et les dix-neuf vingtièmes, par exemple, doit-elle donc entraîner une décision diamétralement opposée?—Toutefois, M. Duranton (t. 15, no 203) se décide avec raison contre le prélèvement des apports : « Dès qu'il n'y a pas de clause de reprise d'apports, dit-il, ou de réalisation, ou de stipulation de propres mobiliers, ou de convention de simple communauté réduite aux acquêts, il ne faut pas agir comme si l'une ou l'autre de ces clauses existait dans le contrat ; et c'est cependant ce qui aurait lieu dans les effets, si l'on procédait par ces prélèvemens avant partage. »

1706. — Suivant l'art. 1521, C. civ., lorsqu'il a été stipulé que l'époux ou ses héritiers n'auront qu'une certaine part dans la communauté, comme le tiers ou le quart, l'époux ainsi réduit ou ses héritiers ne supportent les dettes de la communauté que proportionnellement à la part qu'ils prennent dans l'actif.

1707.—Il résulte de cette disposition, dit M. Battur (t. 2, no 479), que la règle qui veut que l'égalité règne dans le partage de la communauté, ne consiste pas dans l'égalité matérielle des parts, mais dans la contribution proportionnelle aux dettes de la part de chacun des époux.

1708. — L'art. 1521 va plus loin : il ajoute que la convention est nulle, si elle oblige l'époux ainsi réduit ou ses héritiers à supporter une plus forte part, ou si elle les dispense de supporter une part dans les dettes égale à celle qu'ils prennent dans l'actif. — C. civ., art. 1521.

1709. — M. Toullier (t. 13, no 241) s'élève avec force contre cette dernière disposition de l'art. 1521; il la considère comme contraire à la saine raison, au droit commun des sociétés et aux principes du Code civil sur les donations entre époux. M. Battur (t. 2, no 479) fait remarquer, à l'occasion de cette critique amère de la loi, que Toullier y a été conduit par la doctrine par lui précédemment professée que les époux peuvent, pendant le mariage, se faire des avantages indirects, doctrine qui est repoussée par M. Battur.—V. nos observations sur ce point au mot DONATION ENTRE ÉPOUX. — M. Duranton trouve, comme M. Battur, la disposition fort juste ; il se fonde, avec raison, sur ce que, dans le cas d'une convention de société, où l'on regarde la clause comme licite, ce que l'on met en balance ce n'est pas l'actif et le passif, c'est le gain et la perte ; au lieu que, dans le cas de la clause, on opère sur la masse partageable et sur le passif ou les dettes. Or, il n'y a de biens que dettes déduites.

1710. — La nullité dont parle l'article 1521 est-elle relative ou absolue? — M. Duranton (t. 15, no 206), après quelque hésitation, se décide pour la nullité purement relative; il se fonde sur ce que, la partie lésée par la convention, étant replacée dans l'état proportionnel où elle devrait être, n'a plus aucun intérêt à se plaindre; d'où la conséquence que la convention doit être exécutée pour le surplus. M. Battur (t. 2, no 480) est d'un avis contraire: il se fonde, avec raison, sur ce que, si l'on n'annulait qu'une partie de la convention, l'intention des parties ne serait pas respectée.

1711. — Jugé que la clause portant que la communauté mobilière appartiendra au survivant des deux époux, à la charge de payer les dettes d'icelle, doit s'entendre seulement de la partie des dettes afférente au mobilier; et que les héritiers du prémourant, appelés à la nu-propriété de moitié des conquêts, doivent contribuer, eu égard à leur émolument, au paiement des dettes de la communauté. — *Douai*, 18 juin 1845 (t. 2 1845, p. 233), Chopin c. Debriols.

1712. — L'art. 1420 prévoit et autorise un autre mode de convention à l'égard duquel l'art. 1522 dispose ainsi qu'il suit: « Lorsqu'il est stipulé que l'un des époux ou ses héritiers ne pourront prétendre qu'une certaine somme pour tout droit de communauté, la clause est un forfait qui oblige l'autre époux ou ses héritiers à payer la somme convenue, soit que la communauté soit bonne ou mauvaise, suffisante ou non pour acquitter la somme. »

1713. — Cette disposition n'est pas nouvelle; elle est tirée de l'ancien droit, qui donnait à la clause le nom de *forfait de communauté*. — Pothier (no 450). — D'Argentré, sur l'art. 22 de l'ancienne cout. de Bretagne (glos. 4), rappelle cette disposition en ces termes: « *Si maritus sponsæ ducenta pepigisset pro sua parte conquæstum, etiamsi secuto matrimonio nulli acquæstus fierent, tamen non minùs ducenta deberentur, veluti incerto eventus redempto.* »

1714. — Pothier fait remarquer que le forfait de communauté ne contient pas une simple faculté donnée au mari de retenir tous les biens de la communauté, en donnant la somme convenue; il renferme une véritable cession que la femme fait à son mari, au cas qu'il lui survive, de la part incertaine qu'elle aurait pu avoir dans les biens de la communauté, lors de la dissolution; il suit de là que l'époux qui doit payer la somme stipulée, ne serait pas admis à dire que la clause n'a été mise qu'en sa faveur, et qu'il peut dès-lors y renoncer en demandant le partage égal de la communauté. — Pothier, no 450; Delvincourt, t. 3, p. 93; Battur, t. 2, no 481; Toullier, t. 13, no 414; Bellot des Minières, t. 3, p. 291.

1715. — Si, après la clause que les héritiers de la femme auraient, pour tout droit de communauté, une somme déterminée, on avait ajouté cette restriction, *si tant s'en trouve*, ce ne serait plus le cas d'appliquer la clause du forfait de communauté; car, en ce cas, la somme portée par la convention ne serait due que jusqu'à concurrence de ce qui se trouverait de biens dans la communauté. — C'est ainsi que le décide d'Argentré, *loc. cit.*: *Nisi quidem conditionaliter concepta esset stipulatio, veluti sub verbis* si quos fieri contingeret. — V. aussi Pothier, no 451; Toullier, t. 13, no 415; Battur, t. 2, no 482; Bellot des Minières, t. 3, p. 292.

1716. — Il en est de même si la clause était conçue en ces termes: *Il sera loisible au futur survivant de retenir tous les biens de la communauté, en donnant aux héritiers de la femme une somme de 10.000 francs, par exemple.* Ces termes *il sera loisible* expriment une faculté et un droit accordé au mari, ou de retenir tous les biens de la communauté, en donnant la somme aux héritiers de la femme, ou de les admettre au partage suivant le droit commun. — Pothier, no 452; Toullier, t. 13, no 416; Battur, t. 2, no 483.

1717. — Bien que, dans ces divers cas pris par Pothier, il ne soit parlé que de la femme ou de ses héritiers, il n'est pas moins certain, d'après l'art. 1522, C. civ., que le forfait peut être stipulé à l'égard de l'un et de l'autre époux, soit du mari, soit de la femme (Toullier, t. 13, no 413); mais remarquons que la femme peut toujours renoncer à la communauté, comme nous l'expliquerons bientôt.

1718. — Il a été jugé que lorsqu'il a été stipulé dans un contrat de mariage, qu'en cas de prédécès de la future épouse sans enfans, ses biens appartiendraient au futur époux, et que les parens collatéraux de la future *auraient seuls la liberté* de demander une certaine somme, *avec défense de demander le partage*, ceux-ci ne peuvent rien réclamer au delà de ladite somme, et que l'arrêt qui les admet à demander le partage de la communauté doit être cassé, pour violation d'un contrat entre les parties. — *Cass.*, 30 prair. an XIII, Soyer c. Coudré.

1719. — M. Bellot des Minières (t. 3, p. 295) fait remarquer avec raison que ces mots « *auront la liberté* » sembleraient donner l'option aux héritiers; mais qu'en y ajoutant ceux-ci « *avec défense,* » on a enlevé tous les doutes.

1720. — Si la clause n'établit le forfait qu'à l'égard des héritiers de l'époux, celui-ci, dans le cas où il survit, a droit au partage légal par moitié. — C. civ., art. 1523.

1721. — Une pareille clause ne peut avoir d'effet, comme le fait remarquer avec raison M. Battur (t. 2, no 484), que par le prédécès du conjoint et non par la séparation de biens. La raison qu'en donne cet auteur est que, dans ce dernier cas, le droit de partager la communauté avec le mari ayant été ouvert en faveur de la femme par le jugement de séparation de biens, quand même la femme viendrait à mourir peu après, avant d'avoir procédé à ce partage, elle transmettrait ce droit à ses héritiers, et le mari ne pourrait en ce cas les exclure en leur offrant la somme portée par la convention.

1722. — Lorsque c'est à la femme que la somme a été promise pour tous droits de communauté, elle a pour son recouvrement une action et une hypothèque légale sur tous les biens du mari. — Bellot des Minières, t. 3, p. 294. — V. HYPOTHÈQUE LÉGALE.

1723. — Le mari ou ses héritiers qui retiennent, en vertu de la clause énoncée en l'art. 1520, la totalité de la communauté, sont obligés d'en acquitter toutes les dettes. — C. civ., art. 1524.

1724. — Les créanciers n'ont, en ce cas, aucune action contre la femme ni contre ses héritiers. — Même article.

1725. — Si c'est la femme survivante qui a, moyennant une somme convenue, le droit de retenir toute la communauté contre les héritiers du mari, elle a le choix, ou de leur payer cette somme en demeurant obligée à toutes les dettes, ou de renoncer à la communauté et d'en abandonner aux héritiers du mari les biens et les charges. — Même article.

1726. — L'affranchissement pour la femme ou ses héritiers de toutes poursuites à raison des dettes de la communauté, lorsque les biens de cette dernière passent au mari en vertu de la stipulation autorisée par l'art. 1520, C. civ., a lieu, qu'il y ait ou qu'il n'y ait pas eu stipulation de forfait de communauté. — Duranton, t. 15, no 209. — La raison qu'en donne fort justement cet auteur est que, dans les deux cas, le mari ou ses héritiers retiennent toute la communauté, et que ce n'est point d'elle que la somme, s'il en a été stipulé une, est censée provenir à la femme, puisqu'elle doit être payée, soit que la communauté soit bonne ou mauvaise, suffisante ou non pour l'acquitter. D'ailleurs, ajoute M. Duranton, le rapprochement de la seconde partie de l'art. 1524 avec la première ne laisse aucun doute sur ce point.

1727. — Mais si la femme s'était obligée conjointement avec son mari, ou si la dette provenait originairement de son chef, elle resterait soumise à l'action des créanciers; le lien de droit qui existait entre elle et ces créanciers ne serait point rompu. — Toullier, t. 13, no 420; Bellot des Minières, t. 3, p. 294.

1728. — La femme ne serait point affranchie des dettes de la communauté si, après la dissolution, elle y renonçait moyennant une somme que le mari ou les héritiers lui paieraient à cet effet, d'après une convention faite actuellement; dans ce cas, la femme serait réputée acceptante et soumise par conséquent aux poursuites des créanciers, d'après les règles du droit commun, c'est-à-dire jusqu'à concurrence de ce qu'elle aurait retiré par l'abandon de ses droits dans la communauté. — Duranton, t. 15, no 210.

1729. — Le mari qui, en conséquence de la clause du forfait de communauté, demeure propriétaire de tous les biens de la communauté, en payant aux héritiers de la femme la somme portée par la convention, peut leur imputer toutes les créances de la communauté contre la femme: ainsi, il pourra déduire, sur la somme à compter par lui, celle qui aurait été tirée de la communauté pour acquitter les dettes mobilières de la femme antérieures au mariage, et exclues de la communauté par une clause quelconque, celles payées pour grosses réparations sur les héritages propres de la femme, ou pour quelque autre cause que ce soit. — Pothier, no 455; Duranton, t. 15, no 211; Toullier, t. 13, no 419; Battur, t. 2, no 486; Delvincourt, t. 3, p. 96; Bellot des Minières, t. 3, p. 293.

1730. — Mais le mari ou ses héritiers doivent payer à la femme ou à ses héritiers, indépendamment de la somme stipulée pour forfait de communauté, tout ce qui lui est dû par cette dernière pour remplois, reprises, récompenses. — Toullier, t. 13, no 410; Battur, t. 2, no 488; Bellot des Minières, t. 3, p. 293.

1731. — Il est permis aux époux de stipuler que la totalité de la communauté appartiendra au survivant ou à l'un d'eux seulement, sauf aux héritiers de l'autre à faire la reprise des apports et capitaux tombés dans la communauté, du chef de leur auteur. — C. civ., art. 1525.

1732. — A la condition de survie prévue par par cet article, on peut en ajouter telle autre que bon semble; et, comme il a été dit plus haut pour la cause prévue par l'art. 1520, si la condition manque, on rentre dans le droit commun. — Duranton, t. 15, no 212.

1733. — Cette stipulation n'est point réputée un avantage sujet aux règles relatives aux donations, soit quant au fond, soit quant à la forme, mais simplement une convention de mariage et entre associés. — C. civ., art. 1525.

1734. — M. Duranton (t. 15, no 214) fait remarquer que la clause stipulée en suite des dispositions de l'art. 1525 est mal à propos qualifiée *convention entre associés*, car une telle stipulation serait nulle entre associés, aux termes de l'art. 1855, qui porte que la convention qui donnerait à l'un des associés la totalité des bénéfices ou qui affranchirait de toute contribution aux pertes les sommes ou effets mis dans le fonds de la société par l'un ou plusieurs des associés, est nulle. Nous croyons que M. Duranton a mal compris le sens de ces mots *et entre associés*; le législateur n'a pas voulu assimiler les époux, dans ce cas, à de véritables associés dans le sens de l'art. 1855, mais bien à des époux communs, liés par un contrat qui constitue entre eux une espèce de société matrimoniale, s'écartant de la communauté ordinaire; il a surtout voulu faire connaître que la clause qu'il autorisait n'était point soumise aux règles des donations.

1735. — Au surplus, de ce que la clause autorisée par l'art. 1525 n'est qu'une convention de mariage, M. Duranton (t. 15, no 213), conclut avec raison qu'elle ne cesse de produire son effet, même au profit de l'époux contre lequel la séparation de corps a été prononcée.

1736. — Il a été jugé que la clause d'un contrat de mariage portant que les époux seront associés *par moitié* aux acquêts, et qu'ils se font réciproquement *donation* de la totalité des acquêts en faveur du survivant, ne perd pas son caractère de simple convention entre associés, et ne devient pas *donation* de la portion de l'un des époux à l'autre, par cela seul qu'ils ont commencé par déclarer qu'ils s'associaient *par moitié*. — Cette association *par moitié* n'est pas la stipulation irrévocable d'un partage égal, et n'exclut pas l'attribution de la totalité des acquêts au profit de l'époux survivant. — *Bordeaux*, 11 mai 1841 (t. 2 1841, p. 260), Peyrusson c. Castaing.

1737. — ... Que lorsqu'il a été stipulé entre époux, comme le permet l'art. 1525, C. civ., que la totalité de la communauté appartiendra au survivant, les avantages dont il jouit par suite de cette stipulation ne sont pas réductibles à la portion disponible. — *Bruxelles*, 24 juill. 1828, P. c. C.

1738. — ... Et qu'il en est de même si la stipulation porte, non sur la totalité de la communauté, mais seulement sur une partie déterminée, lorsque d'ailleurs le survivant est chargé de la totalité des dettes, et qu'il n'y a point d'indices de fraude. — Même arrêt.

1739. — Mais il ne faudrait pas considérer comme rentrant dans la disposition de l'art. 1525 la stipulation par laquelle deux époux déclarent, par leur contrat de mariage, que le survivant aura l'usufruit des immeubles du prédécédé, et la pleine propriété des effets mobiliers peut être considérée comme un avantage attaquant la quotité disponible. La raison qu'en donne l'arrêt est que si la stipulation autorisée par l'art. 1525 n'est pas réputée avantage, c'est parce que le survivant est investi de tout ce qui compose la communauté active et passive, et qu'à ce titre il est soumis à la totalité des dettes, circonstance qui ne se rencontre pas dans l'espèce, où la communauté n'a pas été laissée en entier au survivant. — *Bruxelles*, 21 juill. 1810, Vauswae c. Scheltiens.

1740. — Jugé que la donation par contrat de mariage, au survivant des époux, de l'universalité des meubles et immeubles composant les conquêts de la communauté et de l'usufruit seulement des biens propres, avec ces circonstances que le préciput stipulé ne se confondra point avec la donation et que les biens donnés seront indistinctement soumis à la réduction pour cause d'existence d'enfans, doit être réputée, non une simple convention de mariage, aux termes de l'art. 1525, C. civ., mais une véritable donation entre époux, dans le sens

de l'art 1091, C. civ. — Dès-lors, au décès du prémourant, une pareille stipulation opère une mutation de propriété qui donne ouverture au droit d'enregistrement. — *Cass.*, 15 fév. 1832, Enregist. c. Collignon. — V. ENREGISTREMENT.

1741. — Il a été jugé que l'époux survivant qui, après avoir demandé que la totalité des acquêts lui soit attribuée, aux termes de son contrat de mariage, consent ensuite, sur la défense des enfans du premier lit de son conjoint décédé, que le partage desdits acquêts soit fait en deux portions égales, se rend par là non recevable à redemander plus tard que la totalité des acquêts lui soit délaissée. — Il ne pourrait faire révoquer ce consentement, sous le prétexte qu'il est le résultat d'une erreur de droit, parce que, si, d'un côté, l'art. 1525, C. civ., permet de stipuler que la totalité des acquêts appartiendra à l'époux survivant, de l'autre, on peut induire de l'art. 1527 que cette stipulation doit, dans le cas où le conjoint décédé laisse des enfans d'un premier lit, se réduire au partage égal des acquêts. — *Bordeaux*, 14 juin 1838 (t. 2 1838, p. 579), Moreau.

1742. — La clause qui attribue la totalité de la communauté au survivant ou à l'un d'eux, d'une manière déterminée, ou qui la lui attribue moyennant une certaine somme à payer à l'héritier du prédécédé pour tous droits de communauté, doit recevoir son exécution dans le cas de mort civile, comme dans celui de mort naturelle ; cela résulte évidemment de la combinaison des art. 25, 1441, 1452 et 1517, C. civ. — V. au reste Duranton, t. 15, n° 216.

1743. — Si les époux ont péri dans le même événement, et s'il ne peut être établi par les circonstances du fait lequel des deux a survécu, il faut, ainsi que nous l'avons dit à l'égard du préciput, appliquer les art. 721 et 722, C. civ. — V. ci-dessus n° 1678. — *Contrà* Duranton, t. 15, n° 216.

1744. — Quant à la séparation de corps et à la séparation de biens, elles ne donnent pas ouverture au bénéfice de ces clauses ; c'est ce que dit formellement l'art. 1452, C. civ., à l'égard des gains de survie en général, et les avantages résultant de pareilles clauses doivent être rangés dans cette catégorie. — Duranton, t. 15, n° 217.

1745. — M. Duranton (t. 15, n° 217), examinant comment doivent être exécutées, en cas de séparation de corps, les clauses autorisées par les art. 1522 et 1525, dont il vient d'être question, résume ainsi qu'il suit le mode d'exécution.

1746. — 1° Si la clause est en faveur du mari seulement, et que ce soit lui qui ait obtenu la séparation de corps, il garde toute la communauté provisoirement, à la charge néanmoins de rendre à la femme ses apports ou la somme convenue ; car ce n'est pas là pour la femme un gain de survie, ce qui rend inapplicable à ces objets l'art. 1452, puisqu'à tout le moins la femme doit retirer ses apports, en vertu de l'art. 1525, ou la somme convenue, en vertu de l'art. 1522 ; mais le mari n'est pas tenu de fournir caution pour sûreté des droits de la femme au partage égal de la communauté, au cas où il ne lui survivrait pas.

1747. — 2° Si, dans la même hypothèse, c'est contre le mari que la séparation de corps a été prononcée, il doit donner caution à la femme, par argument de l'art. 1518, et lui relâcher dès à présent, comme il vient d'être dit, ses apports ou la somme convenue.

1748. — 3° Si, au contraire, c'est en faveur de la femme que la clause a été stipulée, et que ce soit elle qui ait obtenu la séparation de corps, elle peut demander dès à présent la moitié de la communauté, puisque, à tout événement, cette moitié doit lui revenir si elle accepte, et le mari lui doit caution pour le surplus de ce qui lui reviendrait, au cas où la condition de survie se réaliserait. — Le mari, dans ce cas, ne reprendrait pas de suite ses apports ou la somme stipulée comme forfait de communauté ; ce seraient ses héritiers qui, en cas de son prédécès, les retiendraient sur la moitié de la communauté restée en ses mains : à moins qu'il n'aimât mieux exécuter de suite la clause, comme si la condition de survie dans la personne de la femme était accomplie.

1749. — 4° Dans la même espèce, si c'est contre la femme que la séparation de corps a été prononcée, le mari ne doit pas caution, mais la femme peut demander dès à présent sa moitié dans la communauté, puisque, à tout événement, cette moitié doit lui appartenir ; car si elle ne survit pas, on reste dans le droit commun, et si elle survit, elle a toute la communauté.

1750. — 5° Enfin, dans le cas où la clause a été stipulée au profit du survivant indistinctement, si c'est le mari qui a obtenu la séparation de corps, il garde provisoirement, s'il le veut, la communauté, sans être astreint à donner caution pour le bénéfice éventuel de la clause en faveur de la femme ; mais alors il doit encore à celle-ci ses apports, ou lui payer la somme stipulée pour tous droits de communauté, puisque, à tout événement, elle doit avoir cela et que la communauté est dissoute.

1751. — 6° Et si c'est elle qui a obtenu la séparation, le mari retient bien encore la communauté, conformément à l'art. 1452 ; mais indépendamment de ce qu'il doit restituer de suite à la femme ses apports ou lui payer la somme convenue, il lui doit caution pour sûreté du bénéfice éventuel de la clause.

1752. — V., en ce qui concerne le cas où la communauté s'est dissoute par la séparation de biens, *suprà* nos 1687 et suiv.

1753. — Lorsqu'en vertu d'une clause de son contrat de mariage, le survivant de deux époux demeure propriétaire de tous les meubles et effets mobiliers de l'autre, la prescription des créances que la communauté avait sur un particulier, devenu héritier des immeubles du prédécédé, et qui se trouvent dès-lors dévolues au survivant, est suspendue dès ce moment jusqu'après la liquidation de la communauté entre le survivant et cet héritier. — *Cass.*, 24 août 1809, Devillers c. Billois.

Sect. 8e. — *De la communauté à titre universel.*

1754. — L'art. 1526 dispose que les époux peuvent établir par leur contrat de mariage une communauté universelle de leurs biens tant meubles qu'immeubles, présens et à venir, ou de tous leurs biens présens seulement, ou de tous leurs biens à venir seulement. — C. civ., art. 1526.

1755. — Le Code a formellement défendu la société de tous les biens présens et à venir entre particuliers autres que les époux ; si elle l'a autorisée entre ces derniers, c'est parce qu'il a voulu ne pas déroger au principe précédemment établi qui laisse aux époux la plus grande liberté dans leurs conventions matrimoniales. C'est donc là un droit exceptionnel dont les esprits sages n'ont pas toujours approuvé l'introduction à cause des fâcheux effets qu'elle peut avoir relativement aux intérêts des femmes. — Toullier, t. 13, nos 425 et 427.

1756. — Lorsqu'il a été stipulé que les époux mettaient en communauté *tous leurs biens meubles et immeubles* sans autre explication, la clause ne comprend pas les immeubles à venir, si ce n'est pour la jouissance. — Duranton, t. 15, n° 221. — La raison qu'en donne cet auteur est que les immeubles n'entrant pas de droit commun dans la communauté, l'on doit restreindre l'effet de la clause à ceux que les époux ont en leur possession au moment du contrat.

1757. — Il en serait de même, alors que les époux auraient déclaré contracter *une communauté universelle*, sans autre addition. Cette clause doit être restreinte aux immeubles présens. — Duranton, n° 222 ; Bellot des Minières, t. 3, p. 318.

1758. — De même encore, si les époux ont simplement déclaré que les immeubles qui leur écherraient par succession, donation ou legs, entreraient dans leur communauté, leurs immeubles présens n'y entrent pas. La clause est restreinte aux immeubles qui adviennent aux époux par les causes énoncées dans le contrat. — Duranton, t. 15, n° 224.

1759. — Si les époux avaient stipulé que les biens qui leur écherraient par succession feraient seuls partie de la communauté, ceux qui leur adviendraient par donation ou legs n'y seraient pas compris, et *vice versa*. — Duranton, t. 15, n° 225.

1760. — La clause par laquelle les époux déclarent mettre dans la communauté *tous leurs biens* ne comprend pas leurs immeubles futurs. — Duranton, t. 15, n° 227.

1761. — La clause par laquelle les époux déclarent établir *une communauté de leurs biens présens*, ne comprend pas le mobilier futur ; mais celle par laquelle les époux déclarent *mettre dans leur communauté leurs biens présens*, comprend au contraire le mobilier à venir. — Duranton, t. 15, n° 228.

1762. — D'après les mêmes motifs, si les époux ont simplement déclaré *mettre dans leur communauté leurs biens à venir*, cette clause fait entrer dans la communauté les immeubles futurs, et y laisse tomber le mobilier présent, en vertu du droit commun. — Duranton, *loc. cit.*, n° 229.

1763 ... — Au lieu que la clause par laquelle les parties déclarent *établir une communauté de leurs biens à venir*, est exclusive non seulement des immeubles présens, mais aussi du mobilier présent, lequel se trouve ainsi réalisé. — Duranton, n° 230.

1764. — Lorsqu'il a été stipulé que les époux mettent *dans leur communauté* leurs immeubles présens et à venir, ou leurs immeubles présens ou leurs immeubles futurs, cette clause laisse leur mobilier sous l'empire du droit commun et ne l'exclut pas. — Duranton, t. 15, n° 232.

1765. — La clause autorisée par l'art. 1526 n'est pas nécessairement bilatérale, et un seul des époux peut mettre tous ses biens en communauté, tandis que l'autre conserve les siens propres. — Duranton, n° 233.

1766. — M. Zachariæ (t. 3, p. 536) enseigne que la clause de communauté universelle, ne constituant une donation ni quant à la forme ni quant au fond, n'est pas en général, et sauf l'application de l'art. 1527, pour le cas où il existe des enfans du premier lit, sujette à réduction comme excédant la quotité disponible dont les époux ont pu disposer à titre gratuit. — Tel est aussi l'avis de M. Duranton, t. 15, n° 234.

1767. — Toutefois, la cour de Cassation a posé en principe que la stipulation de communauté universelle contenue dans un contrat de mariage, conformément à l'art. 1526, C. civ., peut, suivant les circonstances, et par appréciation des clauses du contrat, être réduite, dans l'intérêt de l'héritier réservataire, comme renfermant une donation déguisée, même hors du cas spécialement prévu par l'art. 1527 en faveur des enfans du premier lit. — *Cass.*, 3 avr. 1843 (t. 1er 1843, p. 576), Sillian c. Blanchard.

1768. — Il a été jugé, en outre, que la femme qui s'est mariée ayant des enfans d'un premier lit, et qui a stipulé avec son second mari une communauté universelle de tous ses biens, peut, lors de la dissolution de la communauté opérée par la séparation de biens, demander elle-même à être restituée contre une telle clause, ou au moins faire réduire l'avantage qu'elle présente en ce qui excède la quotité disponible fixée par l'art. 1098, C. civ. — *Bordeaux*, 5 juill. 1824, Régis-Leblanc c. Gravier.

1769. — ... Et que les enfans du premier mariage ont le droit d'intervenir sur la demande en restitution formée par leur mère, tant dans son intérêt que dans le leur, contre la clause dont s'agit, pour la conservation de leurs droits éventuels. — *Cass.*, 27 mars 1822, Régis c. Gravier ; *Bordeaux*, 5 juill. 1824, mêmes parties.

1770. — Le mari peut, à moins de stipulation spéciale, disposer seul de tous les meubles et immeubles composant la communauté universelle. — Duranton, n° 235. — C'est aussi ce que reconnaît dans ses motifs l'arrêt de Bordeaux précité.

1771. — En cas de communauté universelle de tous biens présens et à venir, les conjoints ne sont admis à aucun prélèvement. La masse se partage par moitié. La femme même qui renonce n'exerce aucune reprise. — Toullier, t. 13, n° 428.

1772. — Mais M. Duranton pense que, s'agissant d'un véritable ameublissement, il y aurait lieu, dans ce cas, d'appliquer ce qui a été dit au sujet de la clause d'ameublissement sur le droit de *rétention* accordé tant aux époux qu'à leurs héritiers par l'art. 1509. — V. *suprà* nos 1521 et suiv.

CHAPITRE V. — *Des conventions exclusives de communauté.*

1773. — Les époux, sans se soumettre au régime dotal, peuvent cependant convenir qu'ils se marient sans communauté ou qu'ils seront séparés de biens. — C. civ., art. 1529.

1774. — La déclaration que les époux se marient sans communauté, de même que la stipulation que la femme *constitue* ou qu'il *lui est constitué des biens en dot*, ne suffisent pas pour constituer une soumission au régime dotal : il faut une déclaration expresse à cet égard ; C. civ., art. 1392. — V. ce que nous disons à ce sujet, aux mots CONTRAT DE MARIAGE et DOT. — V. aussi Duranton, t. 15, n° 252, et Toullier, t. 14, n° 21.

1775. — Est-il vrai, comme l'a écrit M. Rolland de Villargues, *Répert.*, v° *Communauté*, nos 56 et 794, que lorsque les époux ont stipulé la communauté, mais sous une condition qui ne s'est pas accomplie, la clause doit valoir comme renfermant implicitement une exclusion de communauté ? — Nous ne le pensons pas ; une clause conditionnelle ne peut pas être ainsi transformée en une convention formelle et positive. Dès que la condition vient à défaillir, il n'y a plus de contrat, et alors les parties retombent sous l'empire du droit commun, c'est-à-dire, dans ce cas, sous le régime de la communauté légale.

1776. — Il faut, pour établir la séparation de biens contractuelle, une clause formelle à cet égard, et la stipulation qu'on se marie sans communauté ne l'emporte pas implicitement. — Duranton, t. 15, n° 253.

1777. — Il y a entre la clause d'exclusion de communauté et le régime dotal cette différence notable, que, sous ce dernier régime, les biens dotaux sont inaliénables, tandis que sous celui d'exclusion de communauté, ils ne le sont pas. — Duranton, t. 15, nº 254.

1778. — Toutefois cette différence n'est pas essentielle; il peut y être dérogé par les époux; ainsi, sous le régime dotal, on peut stipuler que les biens dotaux pourront être aliénés, et sous la clause d'exclusion de communauté qu'ils seront inaliénables. — Duranton, t. 15, nº 255. — V. le mot DOT.

1779. — Ces observations générales faites, voici les principes qui se rattachent à ces deux clauses.

Sect. 1re. — *De la clause portant que les époux se marient sans communauté.*

1780. — La clause portant que les époux se marient sans communauté ne donne point à la femme le droit d'administrer ses biens, ni d'en percevoir les fruits; ces fruits sont censés apportés au mari pour soutenir les charges du mariage. — C. civ., art. 1530.

1781. — Cette disposition n'est pas nouvelle: c'était là un point constant dans l'ancien droit. — Renusson (*Traité de la communauté*, part. 1re, chap. 4, nos 5 et 6), s'exprimait ainsi: « Lorsque les conjoints ont stipulé par leur contrat de mariage qu'il n'y aura point de communauté entre eux, cette clause opère que chacun d'eux demeure propriétaire de son bien et empêche que leurs biens ne se confondent. Il y a encore cette observation que, quand il est dit simplement qu'il n'y aura point de communauté entre les conjoints, cette clause n'empêche pas que le mari n'ait droit de jouir des biens de sa femme, et d'en faire les fruits siens; car tous les biens de sa femme en ce cas sont sa dot, et le mari a droit de jouir pendant et constant le mariage de la dot de sa femme, pour soutenir les charges du mariage. » — V. aussi Pothier, nº 462.

1782. — Toutefois l'application de cette règle n'empêche pas que la femme ne puisse se réserver de toucher annuellement, sur ses seules quittances, certaines portions de ses revenus pour son entretien et ses besoins personnels. — C. civ., art. 1534.

1783. — Il en était de même dans le droit ancien. — Pothier, nº 466.

1784. — L'art. 1531, qui est une conséquence du précédent, ajoute que le mari conserve, sous la convention exclusive de communauté, l'administration des biens meubles et immeubles de la femme, et par suite le droit de percevoir tout le mobilier qu'elle apporte en dot, ou qui lui échoit pendant le mariage, *sauf la restitution qu'il en doit faire après la dissolution du mariage*, ou après la séparation de biens qui serait prononcée par justice.

1785. — Ainsi (sauf exception stipulée au contrat), c'est le mari qui perçoit tout le mobilier de la femme, et qui doit avoir, par la force du principe écrit dans l'art. 1530, le droit de se prévaloir de tous les produits du travail et de l'industrie de celle-ci. — Duranton, t. 15, nº 259. — V. cependant Toullier, t. 14, nº 22.

1786. — Et il faut le décider ainsi, même à l'égard des bénéfices que la femme ferait comme marchande publique, et quoiqu'elle eût d'ailleurs des revenus suffisans pour sa nourriture et son entretien. — Duranton, t. 15, nº 259.

1787. — Mais aussi le mari supporte les charges du mariage, et il est tenu de pourvoir aux besoins de la femme et à l'éducation et entretien des enfans.

1788. — Il supporte aussi, et sans recours, la nourriture et les frais d'éducation des enfans que la femme a d'un précédent mariage et qui n'ont pas de fortune personnelle. — Duranton, t. 15, nº 271.

1789. — Il faut en dire autant des pensions alimentaires que la femme serait obligée de payer à ses ascendans. — Duranton, *loc. cit.*; Battur, t. 2, nº 503. — V. ALIMENS.

1790. — A l'égard des fruits des biens de la femme, il faut faire les distinctions suivantes: s'il s'agit de fruits civils (lesquels s'acquièrent jour par jour), tous ceux qui se trouvaient échus lors du mariage, faisant partie de l'apport de la femme, doivent lui être restitués à l'époque fixée par l'art. 1531; quant à ceux courus pendant le mariage, ils appartiennent au mari. — Duranton, t. 15, nº 266.

1791. — A l'égard des fruits naturels et industriels pendans par branches et par racines au jour du mariage, ils appartiennent au mari; ceux qui sont dans le même état lors de la dissolution appartiennent à la femme; ce n'est pas le cas d'appliquer l'art. 1571 du Cod. civ., qui veut que les fruits des biens dotaux se partagent à la dissolution du mariage à proportion de sa durée pendant la dernière année. — Duranton, t. 15, nº 267.

1792. — Quant aux semences et frais de culture, ils sont dus par la femme pour la récolte qu'elle trouve à faire sur ses biens, à la dissolution du mariage. Il n'en est pas ainsi du mari, il ne doit pas d'indemnité pour la récolte qu'il a recueillie au moment du mariage sur les biens de la femme; cette dernière est censée avoir voulu livrer au mari ses biens dans l'état où ils étaient alors. — Duranton, t. 15, nº 268.

1793. — Comme administrateur des biens meubles et immeubles de la femme, le mari a le droit de recevoir le remboursement des capitaux des rentes dont les débiteurs veulent se libérer. — Duranton, t. 15, nº 275.

1794. — Il a de même le droit de poursuivre les débiteurs et les détenteurs de choses mobilières appartenant à sa femme. — Duranton, t. 15, nº 276; Battur, t. 2, nº 503.

1795. — Et ce qui est jugé dans ces cas pour ou contre lui, est jugé pour ou contre la femme; toutefois, s'il y a eu collusion ou fraude, la femme a le droit, après la dissolution du mariage, de former tierce opposition aux jugemens rendus. — Duranton, *loc. cit.*

1796. — Mais le mari n'a pas le droit d'exercer les actions immobilières de la femme, ni de défendre à celles qui seraient intentées par des tiers. — Duranton, t. 15, nº 278.

1797. — Il ne pourrait pas même exercer valablement l'action en partage d'une succession, même mobilière, échue à sa femme et à d'autres cohéritiers. — Duranton, t. 15, nº 279.

1798. — Le mari, en sa qualité d'administrateur des biens de la femme, a le droit de passer et de renouveler les baux de ses héritages, comme dans le cas de communauté. — Duranton, t. 15, nº 269. — V. sur les baux *suprà* nos 667 et suiv.

1799. — Sous le régime d'exclusion de communauté, le mari est tenu de toutes les charges de l'usufruit. — C. civ., art. 1533. — V. USUFRUIT.

1800. — Il n'est toutefois pas soumis à fournir caution de jouir en bon père de famille; la raison qu'en donnent les auteurs, c'est qu'il en est tacitement dispensé par le titre même qui lui donne le droit de jouir et qu'il doit au moins avoir sur ce point le privilége du père et de la mère, qui sont dispensés de donner caution pour l'usufruit légal. — Delvincourt, t. 3, p. 98; Bellot des Minières, t. 3, p. 347; Battur, t. 2, nº 503. — A moins, dit M. Duranton, nº 270, qu'il n'y soit obligé par le contrat de mariage.

1801. — L'art. 1532 dispose que si, dans le mobilier apporté en dot par la femme, ou qui lui échoit pendant le mariage, il y a des choses dont on ne peut faire usage sans les consommer, il en doit être joint un état estimatif au contrat de mariage, ou il doit en être fait inventaire lors de l'échéance, et le mari doit en rendre le prix d'après l'estimation. — Cod. civ., art. 1532.

1802. — C'est là l'application au régime d'exclusion de communauté d'une règle du régime dotal: *Res in dotem datæ, quæ pondere, numero, mensurâve constant, mariti periculo sunt, quia in hoc dantur, ut eas maritus ad arbitrium suum distrahat; et quandòque soluto matrimonio ejusdem generis et qualitatis alias restituat vel ipse, vel hæres ejus* — L. 42, ff., *De jure dot.* — V. au reste les art. 1414 et 1415, C. civ. — Duranton, t. 15, nº 280.

1803. — Le mari devient évidemment et nécessairement propriétaire de ces objets, puisque sans cela, il ne pourrait en jouir; c'est donc pour lui qu'elles périraient, de quelque manière que la perte eût lieu. — Duranton, nº 280.

1804. — Mais à l'égard des objets dont on peut faire usage sans les consommer, le mari n'a que la jouissance, et s'ils se détériorent et périssent sans la faute du mari, ils périssent pour la femme. — Duranton, *loc. cit.*

1805. — M. Duranton ajoute qu'il y a lieu d'appliquer au régime d'exclusion de communauté la règle qui porte que, si la dot ou partie de la dot consiste en objets mobiliers, *mis à prix par le contrat*, sans déclaration que l'estimation n'en fait pas vente, le mari ne devient propriétaire et n'est débiteur que du prix donné au mobilier; cet auteur se fonde sur ce qu'il serait impossible d'assigner une raison de différence tant soit peu plausible entre les deux régimes, quant à ce point, et qui dût faire rejeter cette décision.

1806. — Nous ne partageons pas cette opinion; et la raison que demande M. Duranton nous paraît résulter de ce que le régime dotal et le régime d'exclusion de communauté, étant l'un et l'autre en dehors du droit commun, doivent être restreints dans les limites tracées par la loi elle-même; or si, dans le régime dotal, le législateur a décidé que le mari deviendrait propriétaire des meubles que la femme n'avait pas formellement exclus de son domaine, en déclarant que l'estimation n'en ferait pas vente, c'est qu'il a voulu favoriser la femme en étendant le principe conservateur de la dot à ce point tout exceptionnel, et que, sous le régime d'exclusion de communauté, il ne l'a pas répété, parce qu'il n'a pas voulu assimiler les deux régimes.

1807. — Il a été jugé que lorsque les époux ont exclu, à la fois, par leur contrat de mariage, le régime dotal et la communauté, et qu'il a été constitué en dot à la femme des meubles estimés, avec déclaration que l'estimation n'en conférait pas la propriété, le mari n'est pas tenu à la restitution du prix de l'estimation, mais seulement à la restitution des meubles en nature, *tels qu'ils sont*, sauf le cas, toutefois, où ils auraient péri par sa faute ou sa négligence. — *Paris*, 12 mai 1813, Jumelin c. de Bonnaire.

1808. — A la charge de qui doit être mise l'obligation de faire faire, conformément à l'art. 1532, C. civ., l'état estimatif des biens apportés en dot, ou l'inventaire de ceux échus pour le mariage? — Il semble qu'à cet égard il faut distinguer:

1809. — S'il s'agit des biens apportés lors du mariage, c'est la femme qui doit les faire constater: autrement, et si elle n'a pas rempli cette formalité, elle ne peut en exercer la reprise. Il y a présomption qu'ils appartiennent au mari. — Bellot des Minières, p. 341 et suiv.; Duranton, t. 15, nº 288. — V., en sens contraire, Toullier, t. 14, nº 24. — Cet auteur se fonde, pour établir que ce n'est pas à la femme, mais au mari à faire cette constatation, sur ce que ce dernier est soumis, sous le régime d'exclusion de communauté, à toutes les obligations de l'usufruit, et qu'en cette qualité il est obligé, aux termes de l'art. 600, C. civ., à faire faire inventaire.

1810. — Mais il n'en est pas de même du mobilier qui est échu à la femme pendant le mariage; c'est au mari que la charge de la constatation appartient; s'il omet d'en faire faire inventaire, la femme est admise à en prouver la consistance, tant par titres que par témoins, et même par commune renommée; la raison en est que le mari ne peut pas profiter de sa négligence ou de sa fraude, et qu'il n'a pas dépendu de la femme de le faire constater elle-même. — Duranton, t. 15, nº 289; Toullier, *loc. cit.*; Delvincourt, t. 3, p. 98.

1811. — Il a même été jugé que la femme non commune en biens peut réclamer contre les créanciers de son mari le mobilier garnissant la maison maritale, sans être tenue de justifier de la propriété dudit mobilier par titre authentique. — *Paris*, 6 fruct. an XI, Emeric c. Pacotte.

1812. — Mais M. Duranton (t. 15, nº 290) professe une opinion contraire; il pense que la femme ne peut jamais être admise à faire la preuve testimoniale ou par commune renommée, contre les créanciers de son mari, de son droit de propriété sur le mobilier garnissant la maison maritale; que ce n'est pas contre ce dernier que la preuve peut être reçue.

1813. — Lorsque la femme reste propriétaire du mobilier qu'elle a apporté au mari ou qui lui est échu pendant le mariage, les créanciers du mari ne peuvent faire saisir ce mobilier, et la femme serait admise à en exercer la revendication et à s'opposer à la vente. — Duranton, nº 284.

1814. — A défaut de représentation des objets appartenant à la femme, et dont il n'est pas devenu propriétaire, le mari doit à la femme le prix de l'estimation qui en a été faite, et non pas seulement la valeur qu'ils auraient eue lors de la dissolution du mariage. — Duranton, nº 287.

1815. — Le mari doit payer les dettes existantes à la charge de la femme lors de son mariage, et qui avaient alors acquis date certaine, jusqu'à concurrence de la valeur des biens de cette dernière. — Toullier, t. 14, nº 30. — Et s'il a négligé de faire inventorier le mobilier, il peut être tenu envers les créanciers, même au-delà de cette valeur. — Duranton, t. 15, nos 291 et 293.

1816. — Mais s'il a fait faire de bons états de la valeur du mobilier, il peut (comme dans le cas de communauté avec clause de séparation de dettes, v. *suprà*, nº 1560) se libérer de la poursuite des créanciers en leur abandonnant ce mobilier. — Duranton, *loc. cit.*

1817. — Quant aux dettes des successions échues à la femme pendant le mariage, les créanciers ne peuvent poursuivre leur paiement que sur les biens, tant meubles qu'immeubles, de la succession et sur la nu-propriété seulement des autres biens de la femme, si celle-ci n'a accepté la succession qu'en vertu d'une autorisation de justice, au refus du mari; mais si elle a été autorisée par lui,

ils peuvent aussi poursuivre leur paiement sur les autres biens de la femme sans être tenus d'en réserver la jouissance au mari. — Arg. art. 1413, C. civ. — Duranton, nº 293.

1818. — Et, dans tous les cas, si le mobilier de la succession a été confondu avec les biens du mari sans inventaire préalable, les créanciers peuvent poursuivre leur paiement même sur les biens du mari, sauf à lui, s'il y a lieu, sa répétition contre la femme ou ses héritiers à la dissolution de la communauté. — Arg. art. 1510, C. civ. — Duranton, *loc. cit.*

1819. — Lorsque la femme s'est obligée, même avec le consentement du mari, celui-ci n'est tenu de payer la dette qu'autant qu'il est prouvé qu'il a profité de la somme reçue; l'art. 1419 n'est pas applicable au régime d'exclusion de communauté. — Duranton, t. 15, nº 294.

1820. — Mais il a été jugé que lorsque la femme mariée avec exclusion de communauté contracte solidairement avec son mari, et qu'il ne résulte pas de l'obligation que les deniers ont été empruntés dans l'intérêt de la femme et ont tourné à son profit, on doit nécessairement admettre la présomption que l'engagement a été formé dans l'intérêt du mari. — *Cass.*, 25 mars 1834, Domaine c. Gombault et Henry.

1821. — M. Duranton (nº 295) excepte du principe qui vient d'être posé le cas où la femme ferait le commerce du consentement tacite du mari, et à l'égard des obligations contractées pour son négoce, car le mari profite de ces obligations : il pense donc que, dans ce cas, le mari pourrait être poursuivi.

1822. — Sous le régime exclusif de communauté, le mari est seul propriétaire des acquisitions en meubles ou immeubles qui ont été faites pendant le mariage, comme aussi c'est lui seul qui est débiteur des dettes contractées durant le mariage. — Duranton, nº 261.

1823. — Toutefois, ajoute cet auteur, les acquisitions faites par la femme pendant le mariage, en vertu d'une clause du contrat, pour emploi de deniers par elle apportés au mari, ou celles faites pour emploi de deniers à elle donnés pendant le mariage avec condition d'emploi en immeubles, lui appartiendraient.

1824. — Mais, en l'absence d'une condition d'emploi des deniers de la femme, les acquisitions par elle faites avec ces deniers apportés ou échus, ou par son mari pour elle, lui demeurent-elles propres ? — L'affirmative est incontestable, selon M. Duranton (nº 264), lorsqu'elle prouve que, lors des acquisitions, elle avait des deniers suffisans pour payer.

1825. — Il y a, au contraire, plus de difficulté lorsque la femme ne justifie pas qu'elle ait eu des deniers suffisans pour payer le prix des acquisitions.

1826. — Jugé que l'exclusion de communauté d'acquêts insérée dans un contrat de mariage ne doit être entendue que pour les acquêts faits particulièrement par le mari ou par la femme, et non pour ceux qu'ils peuvent faire conjointement. — *Angers*, 11 mars 1807, Ladurie.

1827. — Mais il a été aussi décidé que les immeubles acquis par une femme qui n'a pas de biens extradotaux sont réputés acquis des deniers du mari, et lui appartiennent. — *Riom*, 22 fév. 1809, Clavières c. Lafont. — V. aussi une décision conforme du parlement de Paris, du 26 juillet 1689, rapportée au *Journal des audiences*, et citée par Duranton, nº 265. — V. au surplus à cet égard DOT.

1828. — Quoique, sous le régime exclusif de la communauté, le mari ait tous les bénéfices et jouisse de tous les revenus de la femme, cependant une femme, ayant des enfans du premier lit, n'en peut pas moins adopter ce régime; mais M. Duranton (t. 15, nº 272) pense, tout en approuvant cette décision fort contestable, que ces enfans ont le droit de demander la réduction de la quotité des revenus de leur mère, lorsque ces revenus excèdent de moitié les besoins du ménage.

1829. — Toutefois, dit-il, on ne doit le décider ainsi qu'autant que le mari s'est réellement enrichi avec les revenus des biens de la femme; s'il avait dépensé tous ses revenus plus les siens, il n'y aurait pas lieu à réduction en faveur des enfans du premier lit. — Duranton, *eod. loc.*

1830. — Les immeubles de la femme, sous ce régime, ne sont pas inaliénables; néanmoins ils ne peuvent être aliénés sans le consentement du mari, et, à son refus, sans l'autorisation de la justice. — C. civ., art. 1535.

1831. — Ces immeubles ne sont pas non plus imprescriptibles. — Duranton, t. 15, nº 298. — Il en résulte, dit cet auteur, que la prescription peut commencer pendant le mariage, comme elle a pu continuer, sauf le recours de la femme contre le mari. — *loc. cit.*

1832. — Toutefois la prescription serait suspendue pendant le mariage, dans le cas où l'action de la femme contre le tiers réfléchirait contre le mari, qui aurait vendu ou donné l'immeuble de la femme sans son consentement, et qui serait garant de la vente ou de la donation. — C. civ., art. 2256. — Duranton, *loc. cit.*

1833. — Sous le régime d'exclusion de communauté, les intérêts de la dot de la femme ne courent pas de plein droit à partir de la dissolution du mariage; il faut une demande en justice. — Duranton, t. 15, nº 301.

1834. — Les règles qui régissent, sous le régime dotal, la restitution de la dot, s'appliquent au régime d'exclusion de communauté. — Toullier, t. 14, nº 28. — Toutefois M. Duranton (t. 18, nº 299) est d'un avis opposé; quant à la restitution de la dot en argent, il pense que le mari est obligé d'opérer de suite après la dissolution du mariage, et qu'il n'a pas, comme sous le régime dotal, le délai d'un an. Cet auteur refuse aussi à la femme, dans le cas d'exclusion de communauté, l'option que l'art. 1570 accorde à la femme dotale entre les intérêts de sa dot et les alimens dans la maison maritale pendant l'an de deuil.

1835. — La femme a droit, sous le régime d'exclusion de communauté, comme sous celui de communauté et sous le régime dotal, à ses habits de deuil sur la succession du mari. — Duranton, nº 302. — V. *suprà* nº 1002. — V. aussi DEUIL.

1836. — ... Mais non à l'habitation pendant l'année de deuil. — Duranton, nº 303.

1837. — Le mari est responsable du défaut d'emploi des sommes qu'il reçoit pour sa femme, et du défaut de remploi du prix des immeubles aliénés. — Duranton, t. 15, nº 305; Battur, t. 2, nº 503. — Toutefois, il est des auteurs qui soutiennent qu'on ne peut forcer le mari à faire emploi. — V. Delvincourt, t. 3, p. 98; Bellot des Minières, t. 3, p. 437. — Nous inclinons vers cette dernière opinion. L'emploi est une mesure exceptionnelle qui doit être prescrite d'une manière formelle.

1838. — Il a été jugé que le mari non commun en biens et saisi pour dettes de sa femme, peut réclamer ses meubles, quoique la stipulation de non communauté n'ait été insinuée que postérieurement à la saisie. — *Paris*, 16 germin. an X, Lafaille c. Merlinot.

Sect. 2e. — *De la clause de séparation de biens.*

1839. — Lorsque les époux ont stipulé par leur contrat de mariage qu'ils seraient séparés de biens, la femme conserve l'entière administration de ses biens meubles et immeubles, et la jouissance libre de ses revenus. — C. civ., art. 1536.

1840. — La séparation contractuelle a les mêmes effets que la séparation judiciaire, avec cette différence cependant que la dernière peut cesser par le consentement des époux, ce qui ne peut avoir lieu pour la première, les conventions matrimoniales ne pouvant recevoir aucune modification après le mariage. — C. civ., art. 1395. — Pothier, nº 465; Duranton, t. 15, nº 306.

1841. — La séparation de biens contractuelle ne peut résulter que d'une déclaration formelle; la simple déclaration que les époux se marient sans communauté ne serait pas suffisante. — Duranton, t. 15, nº 308; Battur, t. 2, nº 502.

1842. — Chacun des époux contribue aux charges du mariage, suivant les conventions contenues dans leur contrat; et, s'il n'en existe point à cet égard, la femme contribue à ces charges jusqu'à concurrence du tiers de ses revenus. — C. civ., art. 1537.

1843. — Lorsqu'il s'est écoulé un temps considérable, l'époux, qui est tenu de contribuer aux dépenses du ménage, ne peut être forcé de justifier par quittances du fait de sa contribution. — *Paris*, 2 messid. an XI, Nicolaï.

1844. — Il a aussi été décidé que lorsque des époux se sont obligés, en se mariant, à supporter les charges du mariage par égales portions, et qu'ils ne sont pas ensuite d'accord sur la dépense faite ou à faire, les juges doivent prendre pour base de leur décision les revenus du moins riche des deux époux, n'étant pas présumable qu'il ait voulu prendre sur son capital. — *Angers*, 26 mai 1810, Tyrand des Avies c. N...

1845. — Il en était de même dans l'ancien droit : si la femme refusait de contribuer aux charges du mariage, le mari pouvait la faire condamner à y contribuer; le juge devait en ce cas régler la pension que la femme devait payer à son mari, eu égard à ses facultés et à sa qualité. — Pothier, nº 464.

1846. — Le tiers fixé par l'art. 1537 n'est pas la quotité absolue de la contribution de la femme aux charges du mariage; si le mari tombait dans l'indigence, ces charges devraient être supportées en totalité par elle. — Duranton, t. 15, nº 310; Benoit, *Tr. des biens paraphernaux*, nº 56; Battur, t. 2, nº 515. — V. aussi C. civ., art. 1448.

1847. — Les dispositions de l'art. 1537, C. civ., qui règle la portion pour laquelle la femme est tenue aux charges du mariage, n'ont d'effet qu'entre les époux et non à l'égard des tiers. — *Paris*, 3 juin 1842 (t. 2 1842, p. 19), les Dames de la congrégation de Notre-Dame c. d'Esclignac.

1848. — Dans aucun cas, ni à la faveur d'aucune stipulation, la femme ne peut aliéner ses immeubles sans le consentement spécial de son mari, ou, à son refus, sans être autorisée par justice. Toute autorisation générale d'aliéner les immeubles donnés à la femme, soit par contrat de mariage, soit depuis, est nulle. — C. civ., art. 1538.

1849. — On jugeait, sous l'empire de la coutume de Paris, que le consentement du mari, nécessaire à la femme séparée de biens pour aliéner ses immeubles, pouvait ne pas être contenu dans ce contrat même d'aliénation. Et il n'y avait point nullité lorsqu'il avait été donné par acte séparé, antérieurement à la vente. — *Cass.*, 22 brum. an XII, Lecomte c. Maupercher.

1850. — Mais le consentement ne pouvait être donné postérieurement à l'acte. — V. Pothier, *De la puissance maritale*, nº 717; Lebrun, liv. 2, ch. 1er, sect. 4e, nº 19. — Il en serait de même sous le Code civil. — V. Toullier, t. 2, nº 645; Nougarède, *Lois du mariage*, p. 461, aux notes; Merlin, *Rép.*, vº *Autorisation maritale*; Benoit, *Tr. de la dot*, t. 1er, nº 224, et *Tr. des biens paraphernaux*, nº 35; Battur, t. 2, nº 513.

1851. — La dernière disposition de l'art. 1538 avait depuis longtemps été consacrée par l'ancienne jurisprudence. — V. Pothier, nº 464; Lebrun, *De la Communauté*, liv. 2, chap. 1er, sect. 4, nº 8. — Cet auteur décide que les autorisations doivent être spéciales pour chaque affaire; il cite un arrêt du 18 déc. 1652, rapporté par Soëfve, t. 1er, art. 4, chap. 5, et un autre recueilli par Leprêtre, art. 1er, chap. 67.

1852. — L'autorisation du mari qui donnerait pouvoir d'aliéner les immeubles situés dans les colonies ou dans un département déterminé, ne serait pas considérée comme générale. — Duranton, t. 15, nº 311.

1853. — La femme séparée de biens contractuellement peut aliéner son mobilier; néanmoins ce mobilier ne peut être donné entre-vifs par elle sans l'autorisation du mari. — Duranton, t. 15, nº 314, et t. 8, nº 208; Battur, t. 2, nº 514.

1854. — La femme séparée de biens n'a pas non plus la faculté indéfinie de s'obliger sans autorisation; cette faculté est limitée aux engagemens relatifs à l'administration de ses biens. — De Laurière, sur l'art. 224 de l'ancienne coutume de Paris; Duranton, t. 2, nº 492, et t. 15, nº 315; Battur, t. 2, nº 514.

1855. — Sous le régime de la séparation contractuelle, le mari n'est responsable envers la femme du défaut d'emploi ou de remploi du prix de l'immeuble aliéné qu'autant qu'il a concouru au contrat ou qu'il est prouvé qu'il a profité des deniers. — Duranton, t. 15, nº 316.

1856. — Cependant il en est garant si la vente a été faite de son consentement ou avec son autorisation; toutefois il n'est pas responsable de l'utilité de l'emploi. — Argum. C. civ., art. 1450; — Duranton, t. 15, nº 316.

1857. — Jugé, avant la promulgation du Code civil, que la femme séparée de biens contractuellement n'avait point contre son mari d'action en remploi pour raison de ses propres aliénés avec son autorisation, s'il était établi qu'il n'avait point profité du prix de ces biens. — *Paris*, 2 messid. an XI, Nicolaï.

1858. — Lorsque la femme séparée a laissé la jouissance de ses biens à son mari, celui-ci n'est tenu, soit sur la demande que la femme pourrait lui faire, soit à la dissolution du mariage, qu'à la représentation des fruits existans, et il n'est point comptable de ceux qui ont été consommés jusqu'alors. — C. civ., art. 1539. — La raison en est que le mari est censé avoir consommé ces fruits pour les besoins du ménage ou en avoir tenu compte à la femme. — Duranton, t. 15, nº 317. — V. aussi C. civ., art. 1578.

1859. — Que doit-on entendre par fruits *consommés* et fruits *existans?* — Les fruits *consommés* sont ceux qui n'existent plus en nature, soit qu'ils aient été vendus, soit qu'ils aient été employés par le mari dans le ménage ou ailleurs. Les fruits *existans* sont ceux qui sont encore dans les mains du mari ou dont le prix, s'ils ont été aliénés, est encore dû. — Battur, nº 519.

1860. — Mais si le mari a joui des biens de sa

femme malgré son opposition constatée, il est responsable de tous les fruits tant existans que consommés. — Arg. art. 1579, C. civ.

V. ABANDON D'ÉPOUX, ABSENCE, ALIMENS, AUTORISATION DE FEMME MARIÉE, AYANT-CAUSE, COMMERÇANT, CONTRAT DE MARIAGE, CONVENTIONS MATRIMONIALES, DIVORCE, DOT, ÉMIGRÉ, ENREGISTREMENT, FAILLITE, GAINS DE SURVIE, HYPOTHÈQUE LÉGALE, INTERDICTION, INVENTAIRE, LEGS, MARIAGE, PARTAGE, SÉPARATION DE BIENS, SÉPARATION DE CORPS, USUFRUIT.

COMMUNAUTÉS RELIGIEUSES.

Table alphabétique.

COMMUNAUTÉS RELIGIEUSES. — 1. — La dénomination de *communauté* ou *congrégation religieuse* s'emploie aujourd'hui pour désigner toute association d'individus de l'un et de l'autre sexe, s'engageant par des vœux religieux à vivre sous l'empire de certains statuts particuliers.

CHAPITRE Ier. — *Historique.* — *Principes généraux.*

2. — Le mot *communauté religieuse,* employé pour désigner aujourd'hui les associations religieuses, est d'un usage récent. Les principales dénominations employées autrefois en ces matières étaient celles de *communauté ecclésiastique, ordre religieux, congrégation.*

3. — Les *communautés ecclésiastiques* étaient des sociétés de plusieurs personnes de l'un ou de l'autre sexe, réunies en un corps, à la permission du prince pour l'utilité de la religion.—Denisart, Rép., v° *Communauté ecclésiastique,* n° 1er.

4. — On en connaissait de deux sortes : 1° les *communautés séculières,* formées de personnes réunies en un corps sans avoir fait de vœux solennels et qui, s'ils eût entre elles vie commune (c'étaient les congrégations de l'*Oratoire,* des *Prêtres de la Mission* ou *Saint-Lazare,* les *Eudistes,* les *prêtres de Saint-Sulpice,* les prêtres de *Saint-Nicolas,* les *Missions Étrangères,* les prêtres de la congrégation du *Saint-Sacrement* ou la congrégation du *Saint-Esprit* ou *Spiritaine.* — V. au surplus *SÉMINAIRE ;* — soit que, chacun des membres vivant dans le siècle, la communauté ne se réunit que pour la célébration des offices divins ou pour les affaires intéressant le corps: ainsi, les chapitres des églises cathédrales et collégiales.— Denisart, *loc. cit.,* n° 2.—V. CHAPITRE, COLLÉGIALE.

5 ... 2° Les *communautés régulières* composées d'individus réunis en commun pour vivre sous une règle spécialement déterminée : tels étaient les chanoines réguliers de *Prémontré,* de la congrégation de *France,* de la *Sainte-Trinité* ou de *Mercy* pour la rédemption des captifs, de *Saint-Antoine,* de *Saint-Ruf,* de *Chancelade,* de la réforme du *P. Moulin,* de *Sainte Croix,* du *Sauveur,* et généralement tous les chapitres réguliers.—V. CHAPITRE.— Tels étaient encore les *Clercs réguliers,* qui comprenaient les *Théatins,* les *prêtres de la Doctrine Chrétienne,* les *Barnabites ;* les *couvens des Chanoines réguliers* (V. CHANOINESSE), et en général tous les *monastères de religieux et de religieuses.*

6. — C'était aux communautés régulières, composées de personnes vivant dans les monastères, sous l'obligation de règles communes et liées par des vœux solennels, que s'appliquait la dénomination d'*ordres religieux.*

7.—Les ordres religieux placés sous la direction d'un supérieur général qui portait d'ordinaire le titre de *général de l'ordre,* et sous la surveillance d'un procureur-général, tous deux résidant à Rome, centre du monde catholique, s'étaient tous successivement établis en France, où leurs nombreux établissemens étaient placés sous la protection de l'autorité temporelle.

8.—Le plus ancien de tous les ordres religieux en France et dans tout l'Occident était l'ordre des *Bénédictins,* fondé dans la cinquième siècle; les religieux Bénédictins avaient une constitution différente de celle des autres ordres ; dans l'origine même ils étaient soumis à la juridiction de l'ordinaire, et les Bénédictins restèrent toujours dans cette position. Les monastères de l'ordre des Bénédictins étaient les plus répandus ; diverses réformes successives eurent lieu, d'où provinrent certaines communautés qui prirent des titres distincts (V. *infrà* n° 12), et même, quant à quelques-unes d'entre elles, elles constituèrent des ordres particuliers ayant eux-mêmes des subdivisions ; ainsi, les ordres de Clugny, de Grammont, des Célestins, de Citeaux, des Feuillans. — Ainsi encore devait se constituer canoniquement, en 1834, l'ordre de la Trappe.

9.—Au dixième siècle parut l'ordre des *Camaldules* ; au onzième fut fondé en France, dans le Dauphiné, l'ordre des *Chartreux,* appelés aussi *Ermites de Saint Bruno,* du nom de leur fondateur.

10. — Postérieurement, on vit surgir : — au douzième siècle, les *Dominicains* ou *frères prêcheurs,* à qui l'usage avait donné en France le nom de *Jacobins,* leur première maison ayant été établie à Paris rue Saint-Jacques; — au treizième siècle, les *Cordeliers observantins,* les *Augustins,* les *Carmes,* les *Servites ;*—au quatorzième siècle, les *Cordeliers conventuels ;*—au quinzième siècle, les *Minimes ;*— au treizième siècle, les *religieux de la Merci,* chanoines réguliers consacrés au rachat des captifs dans les états barbaresques ;—au quatorzième siècle, les *Capucins ;*—au douzième siècle, les *Trinitaires ;* — enfin, au seizième siècle, les *Théatins* : ces deux derniers, ordres de chanoines réguliers. — V. encore *infrà* n° 25.

11. — Telle est la liste complète des principaux ordres religieux existant au moment de la révolution de 1789, en France, et d'après le rang que tenait chacun d'eux dans la chapelle papale. — Il convient encore de mentionner l'ordre des *Jésuites,* en 1777, et que devait rétablir plus tard une autre bulle du pape Pie VII, en 1816. — V. au surplus *JÉSUITES.*

12.— Parmi ces ordres religieux, quelques uns, ainsi que nous l'avons déjà fait observer (n° 8), n'étaient dans l'origine que des démembremens, d'ordres primitifs; d'autres fois ces démembremens qui n'étaient pas assez importans pour recevoir le titre d'ordre, prirent le titre de *congrégations,* particulièrement chez les Bénédictins, où l'on vit naître les congrégations illustres de *Saint-Maur* et de *Saint-Vannes* ; et encore dans certaines communautés régulières de chanoines dont la plus connue est celle des *Génovéfains.*

13.—Outre ces *congrégations* dites *régulières,* on connaissait encore : les *congrégations séculières,* qui n'étaient pas que les communautés séculières ; — les *congrégations laïques* ou *confréries* (V. CONFRÉRIE) ; enfin, on connaissait encore les *congrégations romaines,* dénominations employées pour désigner les différens bureaux dans lesquels sont partagés les cardinaux pour l'expédition des affaires de l'église.

14.—A côté des communautés d'hommes, et souvent sous l'application des mêmes règles et portant le même nom, s'étaient formées également en grand nombre les communautés de femmes : c'est ainsi que l'on connaissait les *Bénédictines,* les *Dominicaines, Carmélites, Augustines,* etc. — On peut citer notamment l'ordre célèbre de *Fontevrault* suivant la règle de Saint-Benoît.

15.—La vie contemplative était en général le but principal de ces diverses communautés de femmes; néanmoins et accessoirement un certain nombre d'entre elles s'occupaient aussi d'œuvres charitables, ou de l'enseignement.

16.—Ce n'est pas cependant que le soin des pauvres et des malades, ainsi que l'enseignement, ne trouvât un concours actif de la part de congrégations spéciales, en général de formation plus récente, et qui avaient pris de rapides développemens : ainsi, l'on connaissait principalement parmi les hommes, les *frères de la Charité,* appelés

en France, en 1602, par la reine Marie de Médicis, et chargés de desservir la plupart des hôpitaux militaires; les *frères de Saint-Jean-de-Dieu*, *l'institut des frères des Écoles Chrétiennes*; et parmi les femmes, les *Filles de la Charité*, fondées par saint Vincent de Paul; les *religieuses de la Visitation*, fondées par saint François de Sales.

17.—Les communautés d'hommes et de femmes faisant partie des ordres religieux se divisaient en deux classes bien distinctes : les *abbayes* placées sous la direction d'un supérieur ayant le titre d'*abbé*, et les *prieurés*, établissemens moins importans, obéissant à un *prieur*.

18.—Et parmi les abbayes d'hommes on distinguait les *abbayes commendataires*, où le titre et les prérogatives d'abbé se trouvaient dévolus à des ecclésiastiques séculiers, revêtus même souvent de hautes fonctions ecclésiastiques, et les *abbayes en règle*, c'est-à-dire où l'abbé, choisi parmi les membres de la communauté, était tenu à la résidence.

19. — Toutes les communautés religieuses, que nous venons d'indiquer, reconnues par l'état, jouissaient d'une existence civile; et l'autorité temporelle prêta plus d'une fois son appui à l'autorité spirituelle pour la réforme des abus qui pouvaient s'être introduits dans les monastères; c'est ainsi qu'à différentes reprises furent rendues plusieurs ordonnances sur la discipline des monastères, ordonnances renouvelées en dernier lieu par celle de février 1773.

20. — Le roi, qui se qualifiait d'*évêque extérieur*, ne se contentait pas toujours d'interposer son autorité pour régler les rapports des communautés avec l'état, ou même le régime intérieur temporel de communauté; comme disaient nos anciens légistes, il étendait parfois *sa main si longue* qu'il statuait évidemment comme évêque extérieur, et l'on vit, par exemple, Henri II prescrire aux religieux *de chanter et de ne pas crier leurs offices par le simple récit et prononciation*. — Arrêt de 1556 (Brillon, v° *Religieux*, n° 739). — On vit également Louis XV, par lettres patentes d'avril 1746, interdire aux *Réguliers* de donner la communion pascale dans leurs églises sans la permission du curé de la paroisse.

21.—Quoi qu'il en soit, c'était du reste un principe constant que nulle association religieuse ne pouvait exister en France qu'autant qu'elle avait été formellement autorisée; il n'y avait point d'état intermédiaire entre l'existence légale ou la prohibition.—V. sur ce point l'édit du 21 nov. 1629; la déclaration de Louis XIV du 27 juin 1659; l'édit de déc. suivant; la déclaration de juin 1671; les lettres patentes du 9 juill. 1738; la déclaration du roi du 1er juin 1739; enfin l'édit d'août 1749 imposant uniformément l'obligation d'obtenir une autorisation expresse du roi, pour la formation de toute maison, couvent ou communauté religieuse.

22. — C'est par application de ces principes, et quoique la loi consacrât formellement le vœu solennel, qu'il ne fut jamais permis en France d'aller faire profession solennelle dans un monastère étranger. Le vœu était réputé nul, quand il était fait en fraude de cette prohibition. —Portalis, *Rapport sur les articles organiques*.

23. — Mais, prêté en France, le vœu religieux, sanctionné par la loi, engageait pour toujours celui qui l'avait formé; le religieux était frappé d'une incapacité civile absolue; *mort civilement*, il ne pouvait contracter mariage, acquérir ou aliéner à titre gratuit ou onéreux.

24. — Si le religieux ne pouvait rien posséder par lui-même, il n'en était pas ainsi de sa communauté; et c'est ainsi que plusieurs ordres religieux notamment arrivèrent à posséder des biens considérables.

25.—Il est vrai de dire que, dans l'origine, telle n'avait point été la pensée des fondateurs, et lors de leur établissement la plupart des ordres étaient *mendians*, c'est-à-dire incapables de posséder, les religieux devant vivre de quêtes et d'aumônes. Or, on comptait *quatre ordres mendians* ou plutôt quatre familles d'ordres mendians : 1° les *dominicains*; — 2° les divers ordres de *franciscains*, savoir : les *cordeliers* ou *frères mineurs*, les *capucins*, les *récollets*, les *religieux du tiers-ordre*; — 3° les *carmes*, soit de l'*ancienne observance*, soit *réformés* dits *déchaussés*; — 4° les *augustins*, comprenant les *grands-augustins*, les *petits-augustins*, les *petits-pères*.

26. — Mais avec le temps on s'était écarté des règles primitives; certains des ordres mendians avaient positivement cessé de l'être; et les autres, sans avoir expressément modifié leurs statuts, étaient néanmoins devenus propriétaires. — Ainsi, suivant le décret pontifical du 14 fév. 1633, des legs faits aux religieux mendians étaient valables; et bien que ces religieux fussent dans l'impuissance d'agir en justice pour en exiger le service, le débiteur du legs n'en était pas moins tenu de l'acquitter. — *Cass.*, 27 oct. 1813, Magnani. — V. *infrà*, n° 48.

27. — Au moment de la révolution, le nombre des communautés religieuses existant en France avait pris un développement considérable. — On comptait, en effet, en communautés d'hommes, 696 abbayes commendataires, 98 abbayes en règle, 1001 prieurés; en communautés de femmes, 488 abbayes et 41 prieurés de femmes.

28. — *Droit intermédiaire*. — Les lois révolutionnaires devaient modifier bien rapidement cet état de choses.

29.—Et d'abord fut rendue la loi du 19 fév. 1790, qui portait : art. 1er : « La loi constitutionnelle du royaume *ne reconnaît plus le vœu monastique solennel de l'un ni de l'autre sexe*. — Déclarons en conséquence que les ordres et congrégations régulières dans lesquels on fait de pareils vœux sont et demeurent supprimés en France, sans qu'il puisse en être établi de semblables à l'avenir. »

30. — Et l'art. 2 de la même loi ajoutait : — « Tous les individus, de l'un et de l'autre sexe, existant dans les monastères et maisons religieuses, pourront en sortir en faisant leur déclaration devant la municipalité du lieu; il sera pourvu incessamment à leur sort par une pension convenable (V. PENSIONS ECCLÉSIASTIQUES). Il sera indiqué des maisons où seront tenus de se retirer les religieux qui ne voudront pas profiter de la disposition des présentes. »

31. — Toutefois ces dispositions n'étaient pas applicables à tous les ordres religieux, et la même loi, établissant quelques distinctions, disait, art. 2, « Déclarons, au surplus, qu'il ne sera rien changé, quant à présent, à l'égard des maisons chargées de l'éducation publique et des établissemens de charité, et ce, jusqu'à ce qu'il ait été pris un parti sur ces objets. » Et (art. 8) : « Les religieuses pourront rester dans les maisons où elles sont aujourd'hui, les exceptant expressément de l'article qui oblige les religieux à réduire plusieurs maisons en une seule. »

32. — Bientôt parut, en exécution de la loi du 19 fév. 1790, et pour régler le sort des religieux qui *préféraient* la vie commune, une loi fort détaillée, en date du 14 oct. 1790, et contenant, entre autres dispositions : « Aussitôt que les religieux seront arrivés dans les maisons à eux indiquées, ils choisiront entre eux, au scrutin et à la pluralité absolue des suffrages, dans une assemblée qui sera présidée par un officier de la municipalité, un supérieur et un procureur ou économe, lesquels seront renouvelés tous les deux ans de la même manière. Pourront néanmoins être réélues les mêmes personnes autant de fois qu'il plaira aux autres membres de la maison. »

33. — Ces lois furent suivies du décret du 18 août 1792, qui, poussant la réaction jusqu'à ses dernières limites, supprima complètement toutes les corporations religieuses d'hommes et de femmes de quelque nature qu'elles fussent, même celles qui, vouées à l'enseignement public, ou au service des hôpitaux et au soulagement des malades, *avaient bien mérité de la patrie*, attendu qu'*un état vraiment libre ne doit souffrir dans son sein aucune corporation*.

34. — *Droit actuel*. — Maintenues implicitement par l'art. 11 de la loi organique de germ. an X, qui ne reconnaissait d'autres établissemens ecclésiastiques que les chapitres cathédraux et les séminaires, ces prohibitions, si absolues quant à l'existence des ordres religieux, cessèrent d'être en vigueur dès que le décret du 3 messid. an XII vint rétablir officiellement le principe que les communautés religieuses pouvaient être reconnues et recevoir une existence légale et civile.

35. — Les règles de reconnaissance ont du reste varié depuis, suivant qu'il s'agit de l'autorisation d'une communauté d'hommes ou de femmes, d'une communauté-mère ou principale, ou d'un établissement détaché d'une communauté déjà autorisée. — V. *infrà* nos 75 et suiv., 113 et suiv., 134 et suiv.

36. — Néanmoins, en consacrant de nouveau l'existence légale des communautés religieuses, la législation nouvelle est loin de les avoir rétablies avec toutes les conséquences qui y étaient autrefois attachées. Ainsi, la loi ne reconnaît plus le vœu solennel; celui qui se consacre à la vie religieuse conserve l'exercice complet de ses droits civils quant à sa personne et quant à ses biens, sauf cependant sur ce dernier point quelques restrictions parfaitement justifiées. — V. *infrà* nos 231 et suiv.

37. — Cependant l'abrogation de la législation ancienne relative aux vœux solennels a donné lieu devant les tribunaux à quelques questions transitoires qu'il importe de mentionner.

38. — Ainsi, avant l'abolition des vœux solennels en France les religieux étaient incapables de contracter mariage. — *Cass.*, 12 prair. an XI, Spiess c. Davrilly; *Rouen*, 24 prair. an XII, mêmes parties; *Cass.*, 3 flor. an XIII, mêmes parties.

39. — Et en conséquence la cour de Cassation avait d'abord décidé qu'un mariage contracté à l'étranger, avant la révolution, par un religieux étant frappé d'une nullité absolue, cette nullité n'avait pu être réparée par un acte de ratification fait en France depuis l'abolition des vœux solennels. — *Cass.*, 12 prair. an XI, Spiess c. Davrilly.

40. — Mais la cour de Rouen, sur le renvoi, décida, en sens contraire, que la nullité des mariages contractés par les religieux avant la révolution n'était pas tellement absolue qu'elle n'ait pu être réparée par un acte de ratification fait en France après l'abolition des vœux solennels. — *Rouen*, 24 prair. an XII, Spiess c. Davrilly. — Et le pourvoi contre l'arrêt a été rejeté. — *Cass.*, 3 flor. an XIII, mêmes parties.

41. — Et il a encore été jugé qu'un religieux a pu, depuis la suppression de ses vœux, reconnaître un enfant naturel qu'il aurait eu pendant leur existence. — *Grenoble*, 14 vent. an XII, Brunel.

42. — Il a été aussi décidé que l'incapacité d'un religieux de disposer par testament a cessé au moment de la suppression de sa corporation par le souverain du pays, encore qu'il n'ait pas été dégagé de ses vœux par l'autorité spirituelle. — *Trèves*, 13 août 1813, Goerres.

43. — Et qu'une ex-religieuse capable de succéder au moment du décès de ses père et mère, pouvait demander sa légitime sur une donation entre-vifs faite par contrat de mariage en 1788, à l'époque où elle était frappée d'incapacité. — *Cass.*, 20 nov. 1815, Desforges c. Maillefer.

44. — Mais pour cela il faut que la réclamation ait été exercée en temps utile, et que le religieux ait demandé aux tribunaux sa déclaration de la nullité de ses vœux, comme entachés de violence, les lois révolutionnaires n'ayant en principe établi la capacité des anciens religieux que pour l'avenir. — *Paris*, 12 juill. 1814, de Polignac.

45. — Dès-lors, si, dans le délai des cinq ans fixé par l'ordonnance de Blois, ou même dans les dix ans qui ont suivi sa majorité, le religieux n'a pas réclamé, il est non recevable, et à plus forte raison ses héritiers, après plus de trente ans, le sont aussi à réclamer les biens qui lui auraient été dévolus par l'effet d'une substitution, dans le cas où il n'aurait point prononcé les vœux qu'on prétend être l'effet de la contrainte. — Même arrêt.

46. — En même temps qu'il avait prononcé la dissolution des communautés religieuses, le législateur, disposant de leurs biens, en avait attribué la propriété à l'état, au profit duquel en eut lieu la vente. (V. BIENS NATIONAUX.) Or, cette dévolution a été absolue quant à ses effets, et n'a pu être détruite par aucun acte législatif postérieur.

47. — Aussi a-t-il été jugé que, bien que, sous l'empire de la législation révolutionnaire, une congrégation religieuse charitable n'ait point été dissoute et soit restée de fait en possession de ses biens, jusqu'à l'époque de son rétablissement légal, elle n'en est pas moins obligée de remettre au bureau de bienfaisance, par application de la loi du 12 janv. 1807, tous les biens qu'elle possédait lors du décret impérial qui a prononcé son rétablissement. — *Cons. d'état*, 20 mai 1843, sœurs Saint-Charles d'Angers.

48. — Jugé en outre, dans une espèce où il s'agissait du legs d'une rente fait à un ordre mendiant, et où l'on contestait la validité du legs à raison de l'incapacité de l'ordre, que cette incapacité des ordres religieux ne peut (à supposer son existence) être opposée au domaine, auquel les fondations de cette nature ont été dévolues par la loi du 16 oct. 1791. — *Cass.*, 27 oct. 1813, Magnani. — V. *suprà* n° 26.

49. — Jugé également que les membres des anciennes communautés supprimées seraient eux-mêmes non recevables à élever, en leur nom personnel, aucune réclamation relativement à ces mêmes biens ayant appartenu à leurs communautés. — *Cons. d'état*, 29 mars 1811, pèlerins de saint Jacques.

50. — Ils n'étaient, en effet, que simples bénéficiaires des biens possédés par elles; leur jouissance a donc cessé par la suppression de ces corporations prononcée par la loi. — *Cons. d'état*, 16 vend. an IX, Klein et Saive.

51. — Et la réclamation de biens confisqués dirigée contre l'état par le membre d'une corporation supprimée a pu être jugée par l'autorité administrative, alors qu'il s'agissait moins de prononcer sur la propriété que sur la nature des biens, et que, d'ailleurs, les biens avaient été adjugés par l'état antérieurement à toute réclamation. — Même arrêt.

52. — Toutes ces questions, d'une application

transitoire, n'offrent aucune difficulté sérieuse quant à leur solution; mais il en est une fort grave et souvent agitée, c'est celle de savoir si, sans existence légale, et en se conformant du reste aux lois de police et de sûreté du royaume, les communautés religieuses peuvent exister aujourd'hui en France ?

53.—Sans doute, autrefois, et sous l'empire des anciennes lois, il n'y avait point de terme moyen possible entre l'existence légale et la prohibition; ou la communauté était consacrée par la loi, ou elle constituait une réunion illicite. — Mais aujourd'hui en est-il de même, et ne peut-on pas admettre qu'en dehors des communautés légalement reconnues, il soit loisible à plusieurs personnes de se réunir pour vivre en commun, sous l'empire de certaines règles religieuses ?

54. — Dans le sens de la négative, on rappelle que les lois de 1790 et 1792 ont expressément défendu en France les ordres monastiques et religieux des deux sexes, et que les dispositions prohibitives de ces lois non abrogées ont été renouvelées par le décret du 3 messidor an XII.

55. — On ajoute qu'en présence de textes aussi formels, il y a plus de subtilité que de raison dans la distinction que l'on voudrait introduire entre la vie religieuse proprement dite, sous l'empire d'une règle, de statuts qui déterminent expressément le but et l'exercice des religieux réunis, et cette vie réduite à la simple vie en commun. Une telle distinction ne se trouve nulle part dans les prévisions de la loi, parce que le but visible de la loi est de supprimer non seulement les anciennes corporations religieuses, comme telles, mais encore comme réunions pouvant, sous un prétexte ou sous un autre, ramener secrètement sous d'autres formes, mais avec le même esprit, les corporations prohibées.

56. — Enfin, on rappelle que la cour de Paris, dans une affaire demeurée célèbre, a, sur la dénonciation du comte de Montlosier, décidé en effet qu'il appartenait à la haute police du royaume de dissoudre tous établissemens, congrégations ou associations qui sont ou seraient formés au mépris des lois et réglemens. — *Paris*, 18 août 1826, Montlosier c. les jésuites.

57. — C'est par application de ces principes qu'à plusieurs reprises le gouvernement a prononcé la dissolution de certaines communautés religieuses, notamment, en 1831, la dissolution des trappistes de la Meilleraye, près Nantes, et, en 1839, celle d'un établissement de capucins qui s'était établi à Lyon, dans les bâtimens des Brotteaux.

58. — D'un autre côté, on conteste l'exactitude de ces principes, et on nie que les lois de 1790 et 1792, et le décret du 3 messid. an XII, aient la portée qu'on leur attribue.

59. — Qu'a voulu, dit-on, la loi du 19 fév. 1790? *Prohiber les vœux monastiques solennels, les interdire à l'avenir, supprimer les établissemens où ils étaient reçus.* — Mais a-t-elle entendu interdire la vie en commun aux membres de ces établissemens supprimés?—Nullement. Et la preuve du contraire résulte du texte même de la loi; car elle prononce qu'il sera indiqué des maisons où les religieux *qui ne voudront pas profiter de sa disposition seront tenus de se retirer.*

60. — Quoique rendue à une époque de passion et de violence, la loi du 18 août 1792 est-elle allée plus loin? A-t-elle entendu nécessairement prohiber la vie en commun? — Pas davantage. Malgré ce singulier considérant, par lequel elle débute : « Qu'un état vraiment libre ne doit souffrir aucune corporation, *pas même celles qui, vouées à l'enseignement public, ont bien mérité de la patrie* », elle ne supprime encore les corporations religieuses que comme êtres collectifs, appartenant à un régime détruit; et il est tellement dans l'intention de la loi de les proscrire uniquement dans ce but, que le port seul de l'ancien costume monacal prohibé, attendu les souvenirs qu'il rappelle, sera puni comme un attentat à la sûreté générale. — Art. 10. — V. au surplus *infrà* n° 69.

61. — Le décret du 3 messid. an XII, ajoute-t-on, contient, il est vrai, une disposition plus précise; ainsi il dispose: — Art. 1er. « Seront pareillement dissoutes toutes autres agrégations ou associations formées sous prétexte de religion, et non autorisées. » — Art. 2. « Les ecclésiastiques composant lesdites agrégations ou associations se retireront, sous le plus bref délai, dans leurs diocèses, pour y vivre conformément aux lois et sous la juridiction de l'ordinaire. » — Art. 6. « Nos procureurs généraux près nos cours et nos procureurs impériaux sont tenus de faire poursuivre, même par voie extraordinaire, suivant l'exigence des cas, les personnes de tout sexe qui contreviendront directement ou indirectement au présent décret, qui sera inséré au bulletin des lois. » — C'est là, si l'on veut, un texte formel, mais rédigé *ab irato*, et avec tant de précipitation, qu'après avoir enjoint au ministère public de poursuivre, on avait oublié d'établir une sanction pénale pour assurer le résultat de ces poursuites; aussi ce décret ne tarda-t-il pas à être oublié; et ceux-là même contre qui il avait été rendu, les *pacanaristes* ou *pères de la foi*, existèrent publiquement à Lyon vers la fin de l'empire.

62. — En tous cas, dût-on admettre que ces diverses lois et décrets eussent prohibé en France, et d'une manière absolue, le droit de vivre en commun de la vie religieuse, les dispositions du Code pénal, de l'art. 5 de la Charte, et la loi du 12 avr. 1834, auraient évidemment entraîné l'abrogation de cette législation, et substitué, expressément ou virtuellement, à ce régime celui de la liberté naturelle, pour tout ce qui n'a pas été jugé devoir faire partie des garanties inséparables de la paix publique, de l'ordre général, du maintien et de l'action facile et absolue de nos institutions.

63. — On fait remarquer enfin que l'exposé des motifs de la loi de 1825 (sur les communautés religieuses de femmes) reconnaissait formellement que *les communautés religieuses ont pu, sans être autorisées, librement se former et se propager*; et plusieurs arrêts ont consacré plus ou moins explicitement ce principe de la liberté des citoyens, quant à la vie religieuse, sous l'application des règles générales du droit commun, en ce qui concerne la haute surveillance de l'état. — *Toulouse*, 23 juill. 1835, Guillon c. Berger; *Grenoble*, 13 janv. 1841 (t. 1er 1841, p. 411), Reynaud c. Suttet. — V. encore Janvier, *Affaire des trappistes de la Meilleraye*, 1831; de Vatisménil, *Mémoire sur les associations religieuses non autorisées*, 1845.

64. — Quoi qu'il en soit, on sait que, la question s'étant présentée récemment au sein des chambres législatives, la majorité parut pencher pour l'existence de la législation prohibitive, et le droit absolu résultant surtout de la loi de messidor an XII, et pour l'impossibilité de vivre en commun de la vie religieuse, sans autorisation donnée dans les formes légales. — *Moniteur*.

65. — C'est en ce sens qu'il a été jugé qu'un simple citoyen a qualité pour dénoncer aux cours royales l'existence de congrégations ou associations religieuses prohibées, ou non autorisées par les lois du royaume. — *Paris*, 18 août 1826 (solut. implic.), Montlosier c. les jésuites.

66. — En tous cas, il nous paraît hors de toute contestation (et dans ce moment de nombreux exemples, et notamment ceux des deux prédicateurs les plus célèbres de cette époque, MM. Lacordaire et de Ravignan, appartenant l'un à l'ordre des dominicains, l'autre à la compagnie des jésuites, viennent à l'appui de cette opinion) qu'un religieux revêtu du sacerdoce peut, comme tout autre prêtre, bien qu'il fasse partie d'une congrégation non autorisée par l'évêque d'un diocèse, exercer les fonctions ecclésiastiques, telles que la célébration des offices divins ou la prédication. — Cependant M. Vuillefroy (*loc. cit.*, n° 4, § 2) est d'un avis contraire.

67. — Mais peut-il y paraître avec l'habit particulier de son ordre? — Une décision ministérielle, du 8 prair. an XI, dit, il est vrai, qu'on ne peut porter le costume religieux, dès que l'état religieux lui-même n'est pas autorisé; et qu'en conséquence le religieux ne peut paraître dans une église avec l'habit particulier de son ordre.

68.—Or, sur quoi se fonde cette décision? — Ce n'est évidemment pas sur la loi du 14 oct. 1790. — Sans doute on y trouve (art. 23) une disposition ainsi conçue : « Les costumes particuliers de tous *les ordres religieux demeurent abolis*; en conséquence, chaque religieux sera libre de se revêtir *comme bon lui semblera.* » —Mais, consultée par une pétition sur la portée qu'il fallait donner à cet article de la loi, l'assemblée constituante, dans sa séance du 11 mars 1791, s'empressa de déclarer qu'elle n'avait entendu *qu'affranchir les religieux de la nécessité de porter un costume*, mais non *proscrire ce costume lui-même.*

69. — Il est vrai que la loi du 18 avr. 1792 établit dans son art. 9 cette prohibition, et déclara (art. 9) que les contraventions à cette disposition seraient punies par voie de police correctionnelle, la première fois de l'amende; en cas de récidive, comme délits de sûreté générale.

70. — Mais la cour d'Aix a reconnu avec beaucoup de raison que « la loi du 28 août 1792, outre qu'elle pouvait donner lieu à de très graves difficultés dans l'application des peines qu'elle prononce, a d'ailleurs disparu avec les circonstances malheureuses auxquelles elle a dû naissance, et qu'elle n'est pas moins tombée en désuétude que les autres lois qui prohibent en général l'habit ecclésiastique; enfin toutes ces lois sont aujourd'hui inconciliables avec les dispositions de la Charte constitutionnelle, et ont été abolies par elles. » — *Aix*, 29 juin 1830, Père Eugène.

71. — Aussi le même arrêt juge-t-il que le fait d'avoir porté le costume d'un ordre religieux non autorisé en France, et particulièrement le costume de capucin, ne constitue pas de délit. — V. *contrà* Vuillefroy, p. 165.

72. — Toutefois, et d'un autre côté, il importe de remarquer que, l'art. 259, C. pén., ne pouvant s'appliquer qu'au port illégal d'un costume reconnu par les lois ou réglemens, le costume non reconnu appartient à tout citoyen qui juge à propos de le porter. — V. COSTUME.

CHAPITRE II. — *Communautés d'hommes.*

Sect. 1re. — *Communautés d'hommes en général.*

73. — Les lois de 1790 et 1792, ainsi que nous l'avons vu *suprà* nos 28 et suiv., supprimèrent en France toute communauté religieuse de l'un ou de l'autre sexe, et ces dispositions prohibitives furent confirmées et renouvelées par la loi organique du 18 germin. an X.

74. — Sous l'empire de cette législation, aucune communauté religieuse d'hommes pas plus que de femmes ne pouvait donc être reconnue; et tel fut l'état de choses jusqu'au décret du 3 messid. an XII, qui y apporta quelques modifications.

75. — Rendu principalement dans le but de dissoudre certaines associations religieuses qui s'étaient formées dans plusieurs parties de l'empire (V. JÉSUITES), le décret du 3 messid. an XII posait sans doute en principe, dans son art. 1er, « que toutes agrégations ou associations formées sous prétexte de religion et non autorisées, seraient dissoutes » ; — et dans son art. 3, « que les lois qui s'opposent à l'admission de tout ordre religieux dans lequel on se lie par des *vœux perpétuels*, continueraient d'être exécutées selon leur forme et teneur. » — Mais, par son art. 4, le même décret reconnaissait que des agrégations ou associations d'hommes ou de femmes pourraient se former, à l'avenir, à la condition d'être autorisées par un décret impérial, *sur le vu* des statuts et réglemens selon lesquels on se proposerait de vivre dans ces agrégations ou associations.

76. — C'est en vertu du droit que lui conférait le décret de messid. an XII que, par plusieurs décrets successifs, le gouvernement impérial autorisa les établissemens connus sous les noms du *Mont Saint Bernard*, du *Mont-Genèvre*, de la *Grande-Chartreuse* et de la *forêt de Sénart*. — Les établissemens du Mont-Genèvre et de la Grande-Chartreuse subsistent encore; ils tiennent l'un et l'autre leur dotation de l'état (Vuillefroy, *loc. cit.*, sect. 2e, n° 6, note *a*). —Celui de la forêt de Sénart a cessé d'exister; quant au mont Saint-Bernard, les événemens politiques l'ont depuis séparé du sol français.

77. — Il existait aussi en France des communautés religieuses dont le concours avait été fort utile pour les besoins religieux des colonies et des infidèles; c'était pour les colonies la *communauté des prêtres du Saint-Esprit*, et pour les missions étrangères, les *congrégations de Saint Lazare* et *des Missions étrangères.* — Divers décrets, rendus pendant le cours de l'année 1804, consacrèrent l'existence légale de ces communautés, qui avaient déjà été l'objet de deux décrets antérieurs, des 7 prair. an XII et 2 germin. an XIII. — Le décret du 7 prair. an XII, relatif aux lazaristes, leur assurait en outre une dotation annuelle de 15,000 francs; les Missions étrangères déclarèrent n'avoir pas besoin de cette subvention.

78. — Mais, quelques années après, les décrets de 1804 furent abrogés par le décret du 26 sept. 1809, et les trois communautés dont nous venons de parler cessèrent en conséquence d'exister.

79. —Le ministre des cultes écrivait, à cette époque, que « il n'entrait plus dans les intentions du gouvernement impérial d'autoriser d'autres établissemens religieux d'hommes que ceux qui étaient chargés du service des montagnes. » — Aussi ces derniers établissemens continuèrent-ils seuls d'exister sous l'empire.

80. —Telles n'avaient point été toujours les vues du gouvernement impérial en cette matière; et dans diverses autres circonstances, il s'était au contraire montré disposé à reconnaître l'existence d'associations purement religieuses.

81. — Ainsi, en l'an XII, deux rapports successifs, en date des 2 et 8 pluv., adressés par le ministre des cultes à l'empereur, concluaient à accueillir favorablement la demande du cardinal archevêque de Lyon sur l'établissement dans son diocès

d'une association ecclésiastique, dont le but serait de se vouer à l'instruction de la jeunesse et aux missions. — *Discours, rapports et travaux inédits sur le concordat de* 1801, par Portalis.

82. — Et, le 4 août 1806, un nouveau rapport du même ministre, rapport demandé par l'empereur au sujet des missions à l'intérieur, proposait la reconnaissance officielle, sous la direction supérieure du grand-aumônier de France, d'une maison à Lyon, dotée et subventionnée par l'état, et destinée à réunir des prêtres missionnaires dont les évêques pourraient demander le concours pour la prédication dans les divers diocèses. — *Ibid.*

83. — Ce projet ne reçut pas alors d'exécution, et ce ne fut que sous la restauration qu'une ordonnance royale du 25 sept. 1816 vint consacrer officiellement l'existence de la *société des missions de France*, laquelle fut placée, comme le proposait le rapport du 4 août 1806, dans les attributions du grand-aumônier, et reçut pour supérieur le prêtre même que ce rapport proposait pour ces fonctions.

84. — De nouvelles faveurs devaient, pendant le cours de la restauration, enrichir cette société; deux ordonnances, des 22 sept. 1824 et 19 oct. 1825, vinrent, la première, lui accorder le bail emphythéotique pendant soixante ans du mont Valérien; et la seconde, lui faire donation d'une maison domaniale à Paris.

85. — En même temps qu'il reconnaissait la société des missions de France, le gouvernement s'empressa de revenir sur l'abrogation prononcée par le décret du 26 sept. 1809 en ce qui concernait la congrégation des missions étrangères, par l'ord. du 2 mars 1815, et par celle du 3 fév. 1816 à l'égard des congrégations des lazaristes et du Saint-Esprit. — De plus, ces trois congrégations, en vertu d'autres ordonnances, l'une relative aux missions étrangères, l'autre, du 2 avr. 1816, relative deux autres, figurèrent au budget de l'état pour une subvention annuelle de 5,000 fr.

86. — Mais bientôt intervint la loi du 2 janv. 1817, laquelle, rendue dans le but de déterminer la capacité des établissemens ecclésiastiques, limita d'une manière formelle cette capacité aux établissemens *reconnus par la loi*, ce qui était décider implicitement que désormais la reconnaissance d'une communauté religieuse entrait dans les attributions du pouvoir législatif.

87. — C'est, du reste, dit M. Vuillefroy (*loc. cit.*, no 5), la conclusion formelle d'un avis rendu par le conseil d'état, le 4 mars 1817, qui a obligé le gouvernement à proposer la loi du 24 mai 1825, pour autoriser *en principe* l'établissement des congrégations religieuses de femmes et déterminer les règles de la capacité civile.

88. — Et M. Vuillefroy ajoute que, dans les exposés de motifs comme dans la discussion, les déclarations les plus positives ont été faites à différentes reprises, par les rapporteurs comme par les ministres, pour rassurer les esprits sur le rétablissement des congrégations d'hommes. — « La présentation même du projet, disait le garde des sceaux, consacre la nécessité d'une loi pour autoriser en principe les congrégations d'hommes, si le gouvernement avait l'intention d'en établir. Les chambres, dans ce cas, seraient appelées à examiner si les congrégations d'hommes sont utiles, quelles règles générales il convient de leur imposer, et si le droit de les reconnaître doit être abandonné au roi ou au pouvoir législatif. » — « Il ne s'agit ici, disait également le président du conseil, que des congrégations de femmes; si jamais on venait à désirer l'établissement des congrégations d'hommes, une loi nouvelle serait nécessaire, et les chambres seraient nécessairement appelées à la discuter. »

89. — On sait quelles récriminations a excitées, vers la fin du gouvernement de la restauration, l'existence des communautés religieuses d'hommes, qui donnèrent lieu notamment à la dénonciation du comte de Montlosier. — V. *suprà* no 65.

90. — « Le 7 mars 1829, une pétition fut adressée à la chambre des députés pour signaler l'existence de plusieurs congrégations d'hommes, que le pétitionnaire désignait comme illégales; la chambre divisa les questions qui naissaient de cette controverse; et quant à celle qui touchait la société des missions de France, la chambre vota le renvoi au gouvernement, et par là le ministère fut mis en demeure de s'occuper du sort de cette association. » — Rapport du min. de l'inst. publ. sur l'ord. 25 déc. 1830.

91. — Ce renvoi ne devait produire aucun effet immédiat; mais, après la révolution de 1830, une ord. du 25 déc. 1830 révoqua celle du 25 sept. 1816 sur la société des missions de France, ainsi que celles des 22 sept. 1824 et 19 oct. 1825. — V. *suprà* nos 83 et suiv.

92. — Cette ord. du 25 déc. 1830 se fonda sur ce que l'ord. du 25 sept. 1816 devait être rapportée *comme contraire aux lois*. Décision très grave, puisqu'elle semblait proclamer implicitement l'illégalité des autres communautés également autorisées avant la loi du 2 fév. 1817.

93. — Et telles sont les trois communautés religieuses, dont nous avons parlé, reconnues: les missions étrangères par l'ord. du 2 mars 1815, les lazaristes et le Saint-Esprit par celle du 3 fév. 1816.

94. — Or, il faut rappeler qu'avant l'ord. du 25 déc. 1830 et sous la restauration (en 1827), on avait déjà agité la question de savoir si les ord. des 2 mars 1815 et 3 fév. 1816, intervenues dès-lors avant la loi du 2 fév. 1817, avaient pu conférer aux communautés qu'elles avaient eues en vue une existence régulière, à tel point que ces communautés pussent être considérées comme investies d'une capacité légale qui leur permît de posséder et de recevoir. La question s'était présentée au sujet de la publication d'un bref du pape qui nommait un supérieur à la congrégation de Saint-Lazare, publication qui ne pouvait avoir lieu qu'autant que la congrégation était en possession d'un titre régulier. — M. Portalis, rapporteur au conseil d'état, pensait que les ord. de 1815 et de 1816 n'avaient pas été suffisantes pour autoriser régulièrement l'existence de la congrégation, par le motif (tout-à-fait étranger au droit d'autorisation) « qu'elles gardaient un silence complet sur l'institution, les statuts et les conditions d'admission dans l'état, et qu'elles n'avaient pas été insérées au *Bulletin des lois.* » Néanmoins, le conseil d'état ne s'était pas arrêté devant ces objections, et la publication du bref avait été autorisée par une combinaison des ord. de 1815 et de 1816 avec d'anciennes lettres patentes (de 1627, 1642, 1714 et 1743) qui avaient réglé en France les conditions d'existence de la congrégation de Saint-Lazare. — Ainsi s'était trouvée reconnue implicitement la régularité de l'établissement des lazaristes, et, par voie de conséquence, la valeur des ord. de 1815 et de 1816 et la capacité légale qu'elles avaient conférée aux trois établissemens par elles autorisés.

95. — M. Vuillefroy (*loc. cit.*) pense qu'en présence de ces divers documens, la situation des congrégations des missions étrangères, de Saint-Lazare et du Saint-Esprit reste indécise, et que si leur existence comme association est suffisamment autorisée sous le rapport de la police, il semble que leur existence comme congrégation religieuse et leur capacité civile comme établissement ecclésiastique ne pourraient être établis que par une loi spéciale. — Il ajoute, au surplus, que le gouvernement sera dans la nécessité de se prononcer à cet égard, lorsque ces congrégations demanderont à faire acte de capacité civile, et qu'il aura à choisir entre le précédent de la restauration, en 1827, et le précédent qu'il s'est créé lui-même par l'ord. du 25 déc. 1830.

96. — Pour nous, il nous semble que la légalité des ord. de 1815 et 1816 se trouve justifiée (sauf le point de savoir si elles ont été régulièrement libellées) par leurs dates elles-mêmes. A l'époque où furent rendues ces ordonnances, on était encore sous l'empire du décret du 3 messid. an XII, qui consacrait formellement pour le gouvernement le droit d'autoriser les communautés religieuses sur le vu de leurs statuts et réglemens: comment, dès-lors, prétendre qu'à cette époque les ordonnances rendues sur le vu des statuts et réglemens furent entachées d'illégalité?

97. — Au reste, l'ord. du 25 oct. 1830 ne concernait que les missions de France. — Il est vrai qu'une ord. du 25 oct. 1830 modifia celle du 2 avr. 1816 en ce qui concerne l'allocation accordée à la communauté du Saint-Esprit, mais sans toucher en rien à celles des lazaristes et des missions étrangères. Et même cette modification n'a été que temporaire, car, depuis, la communauté du Saint-Esprit a été de nouveau appelée à prendre part aux subventions votées en faveur des établissemens ecclésiastiques dans le budget annuel.

Sect. 2e. — *Communauté des frères des écoles chrétiennes.*

98. — Outre les communautés religieuses dont nous venons de parler, il en est d'autres d'une nature particulière, qui ont été l'objet de dispositions spéciales, et dont l'existence a été consacrée par plusieurs ordonnances: ce sont les *frères des écoles chrétiennes.*

99. — Ces frères, répandus sur toute la France et consacrés à l'instruction primaire des enfans dans les écoles gratuites, portent divers noms; les plus nombreux et les plus connus sont ceux de la *congrégation de Saint-Yon.*

100. — L'empire se montra toujours disposé à favoriser le développement de ces congrégations, considérées par lui comme associations charitables, fondées en faveur de l'instruction primaire, et qu'à ce titre il comprit dans l'université, en les plaçant sous l'autorité du grand-maître.

101. — On lit en effet dans le décret organique de l'université, du 17 mars 1808, art. 109: « Les frères des écoles chrétiennes seront brevetés et encouragés par le grand-maître, qui visera leurs statuts intérieurs, les admettra au serment, leur prescrira un habit particulier et fera surveiller leurs écoles. — Les supérieurs de la congrégation pourront être membres de l'université. »

102. — Rien n'a été changé à ces principes par les ordonnances ultérieures des 29 fév. 1816, 14 avr. 1824, 21 avr. 1828, qui ont confirmé depuis l'existence des frères des écoles chrétiennes.

103. — Suivant la première de ces ordonnances, toute association religieuse et charitable, telle que celle des écoles chrétiennes, peut être admise à fournir, à des conditions convenues, des maîtres aux communes qui en demandent, *pourvu que cette association soit autorisée par ordonnance royale, et que les réglemens et méthodes qu'elle emploie aient été approuvés par l'autorité supérieure universitaire.* — Ord. 29 fév. 1816, art. 36.

104. — L'art. 19 de la même ordonnance ajoute que ces associations et spécialement leurs noviciats peuvent être soutenus au besoin, soit par les départemens où il est jugé nécessaire d'en établir, soit sur des fonds de l'instruction publique.

105. — Quant aux réglemens qui peuvent exister sur l'admission des frères aux fonctions de l'enseignement et à la tenue de leurs écoles, V. ENSEIGNEMENT, UNIVERSITÉ.

106. — On a pu agiter la question de savoir quelle est la capacité civile de ces communautés et si elles sont aptes ou non à acquérir ou à posséder.

107. — Toutefois, la difficulté ne peut exister en ce qui concerne les associations dont l'existence légale a été consacrée par le décret de 1808; la constitutionnalité de leur reconnaissance est évidente; ces associations ont capacité civile et sont aptes à recueillir directement par leurs supérieurs les dons et legs qui leur sont faits, et généralement à acquérir et posséder, sous l'application des règles générales en ce qui concerne les établissemens publics.

108. — Mais depuis la loi du 2 janv. 1817, et surtout depuis celle du 24 mai 1825, les associations de cette nature ont-elles pu être valablement reconnues par ordonnance royale, et par conséquent les associations ainsi reconnues sont-elles ou non pourvues d'une complète capacité?

109. — Saisi plusieurs fois de la question, notamment en 1839, le conseil d'état a cru devoir décider en faveur des frères, et cela par un moyen détourné et en les considérant, non pas comme formant des *communautés religieuses*, mais des *établissemens de charité publique*, placés sous la dépendance de l'université et en faisant partie.

110. — M. Vuillefroy (*loc. cit.*, no 7, note *a*) s'élève contre cette interprétation. « Les frères, dit-il, constituent véritablement des communautés religieuses, car ils réunissent les trois caractères qui constituent ces congrégations et qui sont l'émission des vœux, l'admission des novices et les statuts religieux. — Or, est-il permis de faire abstraction du caractère religieux de ces congrégations et de les soustraire de cette manière à l'action des lois spéciales aux congrégations?..... Or, ajoute-t-il, depuis la loi de 1825, qui veut qu'aucune congrégation *enseignante* de femmes ne soit établie que par *une loi* et après que ses statuts ont été *approuvés et enregistrés* par le conseil d'état, n'y a-t-il pas anomalie à prétendre que des congrégations d'hommes, formées dans les mêmes conditions et dans le même but, puissent être établies en vertu d'une simple ordonnance ou même d'une simple décision ministérielle, et sans que les mêmes garanties aient été prises à l'égard de leurs statuts? »

111. — Quoi qu'il en soit, il est certain que les associations autorisées des frères des écoles chrétiennes sont admises, en fait, à jouir de la capacité civile; mais cette capacité est exercée différemment, suivant qu'il s'agit des frères dont l'existence est reconnue par le décret de 1808, ou des associations du même genre qui ont été établies par des ordonnances de la restauration. — Comme nous l'avons dit, les associations reconnues par le décret de 1808 acceptent directement, par l'intermédiaire de leur supérieur général, les dons et legs qui leur sont faits; elles sont représentées par lui dans tous les actes civils. — Quant aux autres associations, leur capacité civile a été restreinte par les ordonnances mêmes qui les ont instituées; aux termes de ces ordonnances (V. ord. 11 juin 1823, art. 3 [non insérée au *Bulletin*]), les legs et dons qui leur sont faits sont acceptés par l'université, à la charge d'en faire jouir soit l'association

en général, soit chacune des écoles fondées par elles.

112. — Les acquisitions, aliénations et autres actes faits dans l'intérêt de ces derniers établissemens doivent également être faits au nom de l'université. — Avis du cons. d'état, 18 déc. 1829.

CHAPITRE III. — *Communautés de femmes.*

Sect. 1re. — *Principes généraux.*

113.—Ainsi que les communautés d'hommes, les communautés de femmes furent supprimées par les lois de 1790 et 1792; mais cette suppression devait être de courte durée, principalement en ce qui concerne les communautés charitables.

114. — « Dès qu'on a pu, après les orages révolutionnaires, s'occuper des hospices, le premier soin des administrateurs a été d'y rappeler les *sœurs de la charité*. L'établissement de ces sœurs est national : il est né en France; il est le fruit de la religion de nos pères. » — Portalis, Rapport et projet d'arrêt au conseil d'état du 19 prair. an XII, *loc. cit.*, p. 460.

115. — Le rétablissement de ces communautés était donc déjà un fait accompli, lorsque le décret du 3 messid. an XII vint conférer au gouvernement le droit de leur accorder une existence officielle et civile. — V. *suprà* n° 34.

116. — En exécution de ce décret, et sur la demande de l'empereur, qui désirait savoir s'il n'était pas possible de réunir les diverses communautés en une seule, le ministre des cultes adressa, le 13 prair. an XIII, à l'empereur un rapport sur l'état et le nombre de ces communautés, qu'il divisait en sept classes, suivant le but qu'elles se proposaient. — Portalis, Rapport du 13 prair. an XIII, *loc. cit.*, p. 480.

117.—A la suite de cette énumération, qui, par suite de la création de communautés nouvelles, ne se trouverait plus exacte aujourd'hui, le ministre des cultes exposait à l'empereur quelles raisons graves lui paraissaient s'opposer à ce que l'on tentât la fusion de toutes les communautés en une seule, celle des *sœurs de la charité*, par exemple, comme étant l'ordre le plus répandu.

118. —Ces conclusions du rapport furent adoptées; on renonça à l'idée de réunir toutes les communautés en une seule; mais divers décrets furent successivement rendus, portant autorisation de diverses communautés de femmes.

119.— Et le nombre de ces autorisations fut assez considérable, puisqu'en 1813 on comptait douze mille quatre cent vingt-six religieuses dans les maisons autorisées, dont une partie, il est vrai, étaient placées sur des portions du territoire séparées depuis de la souveraineté française, lors de la chute de l'empire.—Vuillefroy, sect. 8e, note 6e. —Depuis, des autorisations nombreuses ont encore été accordées.

120.—Il y a toutefois, sous le rapport de l'autorisation, à distinguer entre les diverses espèces de communautés; ainsi on connaît les communautés hospitalières, les communautés enseignantes, les communautés contemplatives.

121.—En principe, l'autorisation n'est accordée qu'aux communautés religieuses et hospitalières. — « Dans aucun temps, dit un avis du conseil d'état du 18 mars 1836, le gouvernement n'a entendu autoriser des congrégations où l'on se livrerait à des occupations et à une vie purement contemplatives, et il a toujours voulu, ainsi que l'indiquent les nombreux décrets et ordonnances rendus en pareille matière, borner l'autorisation légale aux seules congrégations hospitalières ou enseignantes. » —Mais l'autorisation est également accordée aux communautés qui, bien que destinées principalement à la vie contemplative, ont en outre une destination secondaire, charitable ou enseignante.

122.—Sous un autre rapport, les communautés religieuses peuvent encore se diviser en deux classes bien distinctes, quelle que soit du reste leur destination; il y a les communautés à supérieure générale et les communautés à supérieures locales.

123. — Les communautés à supérieure générales sont celles qui, comptant un nombre plus ou moins grand d'établissemens, sont soumises à la direction d'une même supérieure générale, résidant d'ordinaire dans un des établissemens, qui porte le titre de maison ou communauté-mère.

124. — Les communautés à supérieures locales sont celles qui sont soumises à des supérieures particulières, et restent indépendantes les unes des autres quand même leurs statuts seraient uniformes.—C'est ainsi qu'un grand nombre de maisons de la congrégation des *ursulines* existent en France, sans avoir entre elles aucune relation. — Vuillefroy, *loc. cit.*, p. 175, note.

125. — Les établissemens des communautés locales sont nécessairement d'une seule espèce; au contraire, quant aux communautés à supérieure générale, il importe de ne pas confondre l'établissement de la communauté elle même avec celui des divers établissemens.

126. — Et cette distinction a acquis une grande importance depuis que la législation nouvelle a établi des règles différentes pour chacune des deux hypothèses. — V. *infrà* nos 134 et suiv.

127. — Il serait du reste bien difficile de donner ici l'énumération complète de toutes les communautés religieuses de femmes autorisées; la liste officielle n'en a jamais été dressée; et le seul document officiel que l'on puisse consulter à ce sujet est le dernier compte général des travaux du conseil d'état, présenté au roi par le garde des sceaux, en fév. 1845.

128. —Il en résulte que, jusqu'au 1er janv. 1840, on comptait en France : 1° pour les communautés à supérieure générales, quatre-vingt-dix maisons autorisées, mille trente-un établissemens secondaires; —2° pour les communautés à supérieures locales, six cent vingt-deux établissemens.—Ils se subdivisaient ainsi :

129. — ...1° *Hospitalières et enseignantes* : onze cent soixante-douze établissemens. — Les communautés les plus connues de cette classe sont celles des filles de la charité de saint Vincent de Paul, les sœurs de la charité de Besançon, de Nevers, d'Evron, les sœurs de la doctrine chrétienne, de l'institution chrétienne, de la Sagesse, de Saint-Charles de Nancy, de Lyon, de Saint-Joseph, de la Croix ou de Saint-André, de Saint-Thomas de Villeneuve; presque toutes les maisons de la Providence, une partie de celles de la Visitation, de la Miséricorde, des Ursulines, des Dominicaines.

130. — ... 2° *Hospitalières* : deux cent quarante-deux établissemens.—Presque toutes à supérieures locales : ainsi les hospitalières de Paris, d'Orléans, de Lyon, etc.; et encore une partie des maisons des sœurs de la Miséricorde.

131. — ... 3° *Enseignantes* : trois cent deux établissemens. — Les principales communautés de cette classe sont celles du Sacré-Cœur, de Notre-Dame, des Bernardines, de Saint-Maur; presque toutes les maisons des Ursulines et de la Visitation.

132. — ...4° *Contemplatives* : les moins nombreuses et en général servant de maisons de refuge, vingt-sept établissemens.—On peut citer les dames de Saint-Michel, à Paris.

133. — Ces principes posés, examinons quelles sont les règles relatives à la formation et à l'existence légale des communautés de femmes.

Sect. 2e. — *Formation des communautés.*

134. — Les règles relatives à la formation des communautés sont différentes, suivant qu'il s'agit de la formation de communautés nouvelles, ou seulement de la formation de maisons nouvelles de communautés déjà autorisées.

§ 1er. — *Communautés nouvelles.*

135. — La loi du 2 janv. 1817, en déclarant que les seuls établissemens publics *reconnus par la loi* pourraient seuls désormais avoir la faculté d'acquérir, devait nécessairement amener un changement dans la législation sur les communautés de femmes.

136. — Bientôt en effet les conclusions formelles d'un avis du conseil d'état du 4 mars 1817 obligèrent le gouvernement à présenter aux chambres le projet devenu, depuis, la loi du 24 mai 1825, et qui par son art. 2 réserve au pouvoir législatif seul le droit d'accorder l'autorisation à une communauté nouvelle.

137. — Néanmoins, à l'égard de celles de ces congrégations qui *existaient antérieurement* au 1er janv. 1825, la même loi dispose (art. 2) que l'autorisation peut être accordée par une ordonnance du roi.

138. — La raison de cette disposition est facile à saisir. — Evidemment les communautés autorisées définitivement avant la loi du 2 janv. 1817, demeuraient reconnues et n'étaient obligées en aucune manière d'obtenir une autorisation nouvelle, pourvu, bien entendu, que cette autorisation eût été donnée par décret ou ordonnance royale depuis le concordat, car les autorisations données par lettres patentes sous l'ancien régime ont été révoquées par les lois prohibitives. — Inst. minist. 17 juill. 1825. — Mais depuis la loi du 2 janv. 1817, le gouvernement n'avait cru devoir accorder que des autorisations provisoires, et c'est principalement en vue des communautés qui se trouvaient dans cette position incertaine, qu'a été introduite la disposition finale de l'art. 2, L. 24 mai 1825.

139. — Il résulte, au surplus, des termes mêmes de l'art. 2 précité que, pour que le pouvoir royal exerce le droit d'autorisation, il n'est pas nécessaire que la communauté nouvelle ait été préalablement l'objet d'une autorisation provisoire; il suffit que, *fondée avant le 1er janvier* 1825, elle n'ait pas cessé d'exister depuis lors.

140. — Mais c'est une question qui n'a pas toujours été uniformément résolue que celle de savoir ce qui, dans l'esprit du législateur, constitue *la fondation d'une communauté nouvelle*. — On a quelquefois confondu cette fondation proprement dite avec la simple formation de maisons se rattachant à une congrégation déjà existante, déjà autorisée. — Or, la distinction à établir entre elles est importante, puisque, ainsi que nous le verrons plus bas, les formes de l'établissement, et surtout la compétence, sont différentes, suivant qu'il s'agit de l'une ou de l'autre.

141. — M. Vuillefroy (*loc. cit.*, p. 176) pose à cet égard des principes qu'il importe de recueillir. « Il y a, dit-il, fondation *d'une communauté nouvelle* toutes les fois qu'une maison religieuse ne se rattache pas à une congrégation à supérieure générale, ou n'adopte pas la dénomination, la règle et les statuts d'une congrégation à supérieures locales, déjà existante et établie en vertu d'autorisations régulières. »

142. — « Au contraire, il y a simplement formation d'un établissement toutes les fois que la nouvelle maison religieuse qui demande à se former se rattache à une congrégation à supérieure générale dont elle a l'aveu et sous la dépendance de laquelle elle doit rester placée, ou qu'elle adopte la dénomination et s'engage à suivre les statuts et la règle d'une congrégation à supérieures locales régulièrement autorisée. »

143. — Mais que décider dans le cas où l'autorisation est demandée par une communauté qui, en se bornant à s'approprier les statuts d'une communauté à supérieure générale déjà autorisée, formerait du reste une communauté séparée, ayant une dénomination distincte, sa maison-mère et ses établissemens particuliers, et serait gouvernée *par une supérieure générale différente*, malgré la conformité des statuts? — M. Vuillefroy dit que dans ce cas il serait impossible de ne pas voir l'établissement d'une congrégation nouvelle. — V., en ce sens, avis du comité de législation, 24 janv. 1840, 26 mars 1840.

144. — Il en serait de même si la maison religieuse à supérieure locale demandant l'autorisation, bien qu'adoptant les statuts d'une communauté déjà autorisée, n'en prenait pas la dénomination et se formait dans un but différent.

145. — On devrait également décider qu'un établissement dépendant d'une communauté générale ne pourrait, sans devenir une congrégation nouvelle, se rendre indépendante et se transformer en un établissement à supérieure locale, ou en maison chef-lieu d'une association nouvelle, bien qu'elle conservât les statuts de la communauté générale. « Le fait de sa séparation, dit M. Vuillefroy (*loc. cit.*, n° 12, note A, alinéa 5), n'est-il pas, en effet, la dérogation la plus formelle à ses statuts? »

146. — Et ces principes ont été appliqués par le conseil d'état dans une espèce où il s'agissait d'une maison religieuse, existant avant 1825 avec des statuts particuliers, et qui depuis, ayant, avec l'autorisation du gouvernement, renoncé à ses statuts et s'étant affiliée à une autre communauté, voulait, en obtenant sa séparation, reprendre les anciens statuts auxquels elle avait renoncé : le conseil a vu dans cette demande le cas d'une communauté nouvelle sollicitant l'application de statuts nouveaux, et par conséquent ne pouvant invoquer le bénéfice de la disposition finale de l'art. 2, L. 24 mai 1825, mais n'étant susceptible d'être autorisée que par une loi. — Avis cons. d'état, 14 janv. 1835.

147. — Les formalités à remplir pour obtenir l'autorisation de former une communauté nouvelle sont utiles à connaître. — Et d'abord la demande en autorisation doit être transmise au ministre des cultes. — Inst. minist. 17 juill. 1825, art. 2.

148. — La demande doit nécessairement être accompagnée des statuts que la communauté se propose de suivre. — *Ibid.* — Ce n'est en effet que sur le vu des statuts que l'autorisation est ou non accordée. — Décr. 18 fév. 1809, art. 2, L. 24 mai 1825, art. 2. — V. *infrà* nos 156 et suiv.

149. — Les statuts communiqués doivent régler tous les points fondamentaux qui peuvent établir le but et le régime général de la communauté. — Inst. min. 17 juill. 1825. — « Il est donc nécessaire que les statuts traitent de tout ce qui tient à l'organisation, à l'administration et au but d'utilité

générale que se propose l'établissement. » — Décis. minist. 12 sept. 1807. — Ainsi ils doivent indiquer quel est le caractère de la communauté, si, par exemple, elle est enseignante ou hospitalière.

150. — « Mais il est inutile d'y faire entrer tout ce qui a rapport aux pratiques religieuses. » — Décis. minist. 12 sept. 1807. — Ainsi « il n'est pas nécessaire de communiquer les réglemens particuliers sur la discipline intérieure des maisons, tels que ceux qui fixent les heures, la nature et la durée des exercices religieux. » — Inst. minist. 17 juill. 1825, art. 8. — V. *infrà* nº 214.

151. — Au contraire, les statuts doivent nécessairement contenir, entre autres clauses, celle que la congrégation sera soumise, dans les choses spirituelles, à la juridiction de l'ordinaire. » — L. 24 mai 1825, art. 2. — V. au surplus *infrà* nºs 216 et s.

152. — Quant à ce qui concerne les vœux et les conditions du noviciat, conséquence inévitable de l'établissement d'une communauté religieuse (V. *infrà* nºs 233 et s.), M. Vuillefroy (*loc. cit.*, nº 14, note *a*, § 4) pense qu'il est *indispensable* que leur nature et leur durée soient indiquées dans les statuts, en ce que cette mention est le seul moyen de s'assurer que les lois qui prohibent les vœux perpétuels seront respectées. Et cet auteur se plaint de ce que le gouvernement ne s'est pas toujours montré assez exigeant sur ce point, et ait plus d'une fois accordé des autorisations, sans avoir pris connaissance des statuts sur les vœux et le noviciat.

153. — Cette observation est fort juste; il est incontestable, en effet, que les statuts présentés ne doivent renfermer aucunes clauses contraires aux lois. — Or, telle serait la clause qui établirait des vœux, soit perpétuels, soit même temporaires, s'ils excédaient le temps déterminé par les lois. — Décis. minist. 12 sept. 1807; instr. min., 17 juil. 1825, art. 11; avis cons. d'état 15 oct. 1841. — V. au surplus *infrà* nºs 234 et suiv.

154. — On devrait considérer comme contraire aux lois et comme ne pouvant figurer dans les statuts la clause qui tendrait à enlever aux membres de la communauté la jouissance de l'intégrité des droits qui leur sont garantis par les lois : ainsi notamment quant à la propriété de ses biens et la faculté d'en disposer. — Décis. minist. 12 sept. 1807, 24 août 1822. — V. au surplus *infrà* nº 249.

155. — Enfin, une dernière condition indispensable pour que le ministre puisse être valablement saisi de la demande, c'est que les statuts présentés aient reçu l'approbation de l'évêque diocésain. — L. 24 mai 1825, art. 2.

156. — Les statuts envoyés au ministre des cultes, il examine s'il y a lieu d'autoriser la communauté nouvelle, et, en conséquence, transmet au conseil d'état les statuts qui lui ont été communiqués.

157. — Les statuts y sont vérifiés et enregistrés en la forme requise par les bulles d'institution canonique. — L. 24 mai 1825, art. 2. — D'où il suit que l'ordonnance qui constate la vérification ordonne en même temps la transcription des statuts sur les registres du conseil d'état. — C'était, du reste, déjà ce que prescrivait l'art. 2, décr. 18 fév. 1809.

158. — Et il importe d'observer que l'adoption par une communauté nouvelle de statuts déjà enregistrés et approuvés par une communauté autorisée ne dispenserait pas cette communauté (qui sollicite l'autorisation) de l'envoi préalable des statuts au conseil d'état et de leur enregistrement. — Avis cons. d'état 19 mai 1840. — Le gouvernement peut en effet refuser son approbation complète ou partielle même à des statuts qu'à une autre époque, et dans d'autres circonstances, il n'aurait pas vu d'inconvéniens à approuver. — Vuillefroy, *loc. cit.*, nº 14, note 6ᵉ.

159. — Ce n'est qu'après l'accomplissement de ces formalités, que le pouvoir législatif peut être valablement saisi de la question de savoir s'il y a lieu ou non d'accorder l'autorisation demandée. — *Ibid.*

160. — Toutes les formalités ci-dessus indiquées sont nécessaires soit que l'autorisation rentre dans le domaine de la loi ou de l'ordonnance, conformément à l'art. 2, L. 24 mai 1825, suivant la situation de la congrégation.

161. — L'art. 4, décr. 18 fév. 1809, sur les congrégations hospitalières porte : « Le nombre des maisons, le costume et les autres priviléges qu'il est dans notre intention d'accorder aux congrégations hospitalières, sont spécifiés dans des brevets d'institution. » — Cette disposition doit encore être appliquée aujourd'hui, quelle que soit la communauté autorisée.

162. — Une fois la communauté autorisée, si une modification dans ses statuts est jugée nécessaire, c'est encore au pouvoir législatif qu'il faut recourir.

163. — En effet la loi du 24 mai 1825, après avoir reconnu les congrégations existantes, exige pour la formation de toute congrégation nouvelle le concours des chambres, et n'admet, par exception, l'autorisation par ordonnance que pour les simples établissemens d'une congrégation déjà reconnue. Les changemens demandés par une congrégation à ses statuts organiques constitueraient la création d'une congrégation nouvelle. — Avis cons. d'état 14 nov. 1834.

164. — Ainsi une congrégation dont les statuts portent qu'elle sera régie par une supérieure locale ne peut être autorisée, par *ordonnance royale*, à substituer à cette disposition la direction d'une supérieure générale, lors même qu'elle alléguerait que la disposition a été introduite par erreur dans les statuts. — Avis cons. d'état 19 juill. 1841.

165. — De même un évêque ne peut, sans excéder ses pouvoirs, prétendre modifier les statuts d'une communauté religieuse; s'il le faisait, il y aurait lieu à appel comme d'abus. — Avis cons. d'état 25 avr. 1824.

166. — A plus forte raison ne pourrait-il prononcer de sa seule autorité, même pour le spirituel, la suppression d'une communauté religieuse, dont l'établissement a été approuvé par une décision du souverain. — Même avis.

167. — En effet, une fois autorisée, soit par la loi, soit par un acte du pouvoir administratif, dans le cas où cette autorisation était suffisante, la communauté ne peut plus voir son existence civile révoquée que par une loi. — L. 24 mai 1825, art. 6.

168. — En outre il est encore un cas où la communauté religieuse peut, quoique non révoquée, cesser d'exister, c'est celui d'extinction par suite du défaut de vocations nouvelles, ainsi que nous le verrons ultérieuement.

§ 2. — *Maisons nouvelles d'une communauté déjà autorisée.*

169. — La loi du 24 mai 1825, après avoir dit, dans son art. 2, que nulle communauté ne pouvait désormais, à part quelques exceptions, être autorisée que par une loi, s'occupe ensuite, dans son art. 3, des établissemens que peut vouloir former une communauté reconnue.

170. — A cet égard, l'article précité dispose que l'autorisation spéciale de former l'établissement d'une congrégation religieuse de femmes, déjà autorisée, sera accordée par ordonnance royale.

171. — La distinction entre l'autorisation de la communauté elle-même et celle des divers établissemens qu'elle peut former n'est pas, du reste, une innovation de la loi de 1825. Le décret du 18 fév. 1809, qui régissait les congrégations de femmes avant la loi de 1825, établissait la même distinction. — Avis cons. d'état 21 juill. 1840.

172. — Mais elle avait peu d'importance sous l'empire du décret de 1809, tandis qu'elle est devenue fondamentale depuis que, modifiant la législation antérieure, la loi de 1825 est venue établir la nécessité de l'intervention du pouvoir législatif lorsqu'il s'agit de l'autorisation générale de la communauté, laissant au contraire dans les attributions du gouvernement le droit d'autoriser les établissemens spéciaux. — L. 24 mai 1825, art. 3.

173. — Que doit-on entendre par établissement? — Suivant l'instruction ministérielle du 17 juill. 1825 (art. 7), des sœurs appelées d'une maison autorisée pour desservir un hospice, assister les pauvres ou faire l'école dans une commune, et placées dans un local fourni par l'hospice ou la commune, ne devaient être réputées former un établissement susceptible d'être autorisé, qu'autant que l'engagement souscrit par la communauté était à perpétuité.

174. — « Mais, dit M. Vuillefroy (*loc. cit.*, nº 17, note *a*), depuis 1830, on a considéré avec raison que cette interprétation ne tendait rien moins qu'à éluder la loi et à éviter aux congrégations la nécessité de remplir les formalités exigées par elle pour la formation de leurs établissemens. »

175. — Chaque fois donc que des sœurs appartenant à une congrégation forment une école ou ouvrent un hospice, partout où elles s'établissent, en un mot, il y a établissement dépendant de la congrégation et nécessité d'obtenir une autorisation régulière, autorisation nouvelle et spéciale pour chaque établissement, ainsi que cela résulte formellement de la loi du 24 mai 1825. — Avis cons. d'état 1er janv. 1828, 23 juin 1840.

176. — Et cette autorisation est également nécessaire, soit qu'il s'agisse de l'établissement d'une congrégation formée depuis la loi du 24 mai 1825, soit qu'il s'agisse d'un établissement dépendant d'une communauté régulièrement autorisée avant cette loi. Un établissement qui ne présenterait qu'un décret ou une ordonnance approbatifs des

statuts de la congrégation, et qui n'aurait pas été lui-même autorisé par un acte spécial, ne pourrait donc être considéré comme légalement formé. — Avis cons. d'état 21 juill. 1840; — Vuillefroy, p. 183.

177. — ... Alors même qu'il prétendrait que sa formation est antérieure à la loi du 24 mai 1825. — Même avis. — V. en effet *suprà* nº 146.

178. — Toute demande en autorisation est adressée à l'évêque et au préfet. Il n'est pas nécessaire qu'elle soit formée par la communauté; elle peut l'être, par exemple, par les communes elles-mêmes, ou, s'il s'agit de communautés hospitalières, par le conseil d'administration des hospices, auquel cas, aux termes du décret du 18 fév. 1809, art. 5, la demande est adressée par le préfet à l'autorité supérieure.

179. — Ainsi que la demande en autorisation de la communauté, celle à fin d'autorisation d'un établissement d'une communauté déjà autorisée, doit être transmise au ministre des cultes; celui-ci ne peut y donner suite qu'autant que l'on produit à l'appui certaines pièces justificatives, savoir :

180. — ... 1º L'état des personnes qui doivent former l'établissement et l'engagement souscrit par elles de se conformer aux règles et statuts approuvés pour la congrégation mère.

181. — ... 2º Si l'établissement est formé par les membres d'une communauté à supérieure générale, l'adhésion de cette supérieure générale sous l'autorité de laquelle doit être placé le nouvel établissement.

182. — ... 3º Le consentement de l'évêque diocésain du lieu où l'on se propose de former l'établissement. — L. 24 mai 1825, art. 3.

183. — ... 4º Le procès-verbal de l'enquête faite par l'autorité sur la convenance et les inconvéniens de l'établissement dans la commune où il doit être formé. — L. 24 mai 1825, art. 3. — V. au surplus *infrà*, nºs 187 et suiv.

184. — ... 5º L'avis du préfet et celui du sous préfet.

185. — ... 6º La justification que l'établissement possède les ressources financières nécessaires pour se former et pour exister. — Avis cons. d'état 24 janv. 1840.

186. — Il n'y a pas lieu, en effet, d'autoriser un établissement qui ne présente aucune des conditions propres à garantir sa durée et à lui mériter le titre et les avantages d'un établissement public. — Avis cons. d'état 24 fév. 1840.

187. — ... 7º L'avis du conseil municipal de la commune où l'établissement doit être formé. — L. 24 mai 1825, art. 3. — Cet avis doit indiquer si la congrégation se destine à l'enseignement, les motifs d'utilité publique de l'enseignement; si elle peut se soutenir par ses propres ressources, sans être à charge à l'état ou à ses habitans; si l'autorisation qui serait accordée ne pourrait pas nuire à un établissement précédemment autorisé. — Décis. min. 24 août 1822.

188. — Pourrait-il être donné suite à la demande en autorisation si l'avis du conseil municipal y était contraire? — Sous l'ancien régime, la question ne pouvait s'élever, l'édit du mois de déc. 1659 déclarant qu'aucun établissement religieux ne pouvait s'établir dans une paroisse sans le *consentement* des habitans.

189. — Cette disposition n'est pas reproduite dans la loi du 24 mai 1825. Toutefois, un avis du conseil d'état, indiqué et approuvé par M. Vuillefroy (*loc. cit.*, p. 184), porte que, « en présence de l'opposition formelle du conseil municipal, il ne paraît pas possible d'autoriser un établissement d'une congrégation religieuse, l'art. 3, L. 24 mai 1825, disant qu'il n'en sera formé aucun, si l'on ne produit *à l'appui* de la demande l'avis du conseil municipal. » — Avis du cons. d'état 31 mai 1836.

190. — Cette interprétation de la loi ne nous paraît pas exacte, et nous croyons que le gouvernement n'est point lié par l'opinion du conseil municipal, à qui l'on ne demande qu'un *avis*, et non pas le *consentement*, comme cela est nécessaire de la part de l'évêque diocésain. Le texte de l'art. 3 nous paraît évident sur ce point. *Il ne sera formé aucun établissement..., si l'on ne produit à l'appui de la demande le* CONSENTEMENT *de l'évêque diocésain et l'*AVIS *du conseil municipal.* Pourquoi ces deux expressions distinctes, si elles n'exprimaient pas des idées différentes? — Mais, en fait, nous le reconnaissons, le refus du conseil municipal est de nature fort grave, et le gouvernement, à moins de motifs sérieux, ne doit point en pareille circonstance accorder l'autorisation demandée.

191. — Une fois transmise au ministre des cultes, la demande en autorisation est encore, de la part de celui-ci, l'objet d'un examen sérieux, pour savoir s'il y a utilité publique à saisir le conseil d'état de la demande à fin d'autorisation.

192. — Or, un avis du conseil d'état du 18 mars

1836 a reconnu que, s'il peut y avoir des avantages pour l'intérêt public, lorsque l'établissement a pour objet le soin des malades, l'instruction des enfans pauvres ou tout autre service d'utilité publique, il n'en serait pas de même si l'on devait s'y livrer à des occupations ou à une vie purement contemplative.

193. — Le ministre doit aussi apprécier si de l'autorisation demandée il ne doit point résulter d'inconvéniens : ainsi, notamment, si dans le même lieu il ne se trouve pas déjà un nombre considérable d'établissemens du même genre. — Avis cons. d'état 11 avr. 1837.

194. — ... Ou bien encore si l'établissement doit dépendre d'une communauté religieuse dont les maisons déjà nombreuses lui donnent une influence considérable, dont le gouvernement pourrait craindre l'abus. — Ainsi décidé spécialement quant aux dames du Sacré-Cœur. — Avis cons. d'état 15 fév. 1834, 14 mars 1834, 3 fév. 1835, 23 fév. 1836. — V. encore avis cons. d'état 18 mars 1816.

195. — En outre, suivant qu'il s'agit d'une communauté charitable ou enseignante, le ministre de l'intérieur ou celui de l'instruction publique doit être invité à donner son avis ; l'autorisation doit être essentiellement subordonnée à cette appréciation. — Avis cons. d'état 31 janv. 1840, 17 fév. 1840.

196. — Lorsque ces formalités ont été remplies, le comité de législation du conseil d'état est saisi de la demande, et l'autorisation spéciale de former un établissement est accordée, s'il y a lieu, par ordonnance du roi, laquelle est insérée dans la quinzaine au *Bulletin des lois*. — L. 24 mai-2 juin 1825, art. 3.

197. — L'ordonnance doit indiquer l'accomplissement des formalités exigées par la loi. — S'il s'agit d'un établissement destiné à l'instruction, il importe qu'il y soit inséré une disposition portant « que l'établissement sera soumis aux lois et réglemens universitaires. » — Avis cons. d'état 29 déc. 1840.

198. — Toutefois, M. Vuillefroy (*loc cit.*, p. 187) fait remarquer avec raison que l'omission d'une semblable disposition ne pourrait pas avoir pour effet de soustraire l'établissement aux lois générales et aux réglemens universitaires, qui s'appliquent nécessairement à toutes les maisons d'instruction, quel que soit d'ailleurs le titre particulier des directeurs.

199. — On lit dans un avis du conseil d'état rapporté par M. Vuillefroy (*loc. cit.*) que l'ordonnance d'autorisation ne doit pas *spécifier* qu'une congrégation sera établie dans les bâtimens d'un hospice et que ses membres seront chargés de le desservir. En effet, la commission administrative est libre de retirer, quand elle le juge convenable, le service de l'hospice à la congrégation. — Avis cons. d'état 11 avr. 1837. — V. *infrà* n° 226.

200. — Ainsi que les communautés-mères, les maisons séparées ne peuvent changer les conditions de leur nature et de leur existence sans y avoir été formellement autorisées par une ordonnance royale rendue après une nouvelle instruction.

201. — Une nouvelle autorisation leur est donc nécessaire, soit pour abandonner les statuts qu'ils se sont engagés à suivre en s'attachant à une autre communauté, soit pour se déclarer indépendans de la communauté-mère, dont elle dépend, ou, si elle est indépendante, pour s'affilier à une communauté-mère. — Avis cons. d'état, 7 mars 1834, 21 oct. 1834 ; — Vuillefroy, *loc. cit.*, n° 20.

202. — Et l'art. 9 de l'instruction ministérielle du 27 juill. 1825, mettant une sanction à cette prohibition, porte que « nul établissement autorisé comme faisant partie d'une congrégation à supérieure générale ne peut s'en séparer, soit pour s'affilier à une autre congrégation, soit pour former une maison à supérieure locale indépendante, sans perdre, par cela seul, les effets de son autorisation.

203. — Et en conséquence le conseil d'état a été d'avis que si, en transférant un établissement chef-lieu d'une commune dans une autre, on veut laisser dans la première et à la place de l'établissement chef-lieu un établissement succursale, remplacer en un mot l'un par l'autre, il faut une nouvelle autorisation spéciale pour l'établissement succursale et une nouvelle instruction, la maison succursale constituant, par l'effet de la translation de la maison-mère, un établissement tout-à-fait nouveau et soumis à toutes les formalités exigées par l'art. 3, L. 24 mai 1825. — Avis cons. d'état 11 avr. 1837.

204. — Les maisons particulières autorisées par ordonnances royales comme dépendant d'une communauté générale ne peuvent voir leur autorisation révoquée que par une nouvelle ordonnance et rendue dans les mêmes formes que celle d'autorisation. — L. 24 mai 1825, art. 6.

205. — Les motifs qui ont fait assimiler la révocation à l'autorisation elle-même, en ce qui touche les formalités à remplir, sont très bien expliquées dans un avis du conseil d'état du 3 oct. 1837 (communauté du *Verbe-Incarné*). — La loi, porte cet avis, en donnant aux congrégations religieuses le droit de former un être moral, ayant capacité pour acquérir, aliéner, recevoir des dons et legs, a exigé que l'extinction de cet être moral ne pût être prononcée qu'après l'accomplissement de certaines formalités conservatrices des droits de tous. En effet, il pourrait arriver qu'un conseil municipal eût fait des sacrifices pour l'établissement d'une communauté religieuse ; que des donateurs ou leurs ayant-cause eussent droit de réclamer le bénéfice du droit ouvert à leur profit par l'art. 7, L. 24 mai 1825 ; que des créanciers vissent leurs intérêts compromis par la dispersion des membres d'une communauté et à raison de l'attribution que le même art. 7 fait des biens des congrégations éteintes. — Il est nécessaire que ces différens intérêts soient mis en demeure de se faire connaître avant que la dissolution d'une communauté puisse être prononcée. — Avis cons. d'état 3 oct. 1837.

206. — Au surplus la loi ne distingue pas entre les cas où la suppression d'une communauté a lieu d'office, par suite des sujets de plainte de l'autorité supérieure, et celui où elle est demandée par les membres eux-mêmes de ces communautés ; les formalités à remplir sont les mêmes. — Même avis.

207. — Il n'est pas sans intérêt de remarquer que l'art. 6, L. 24 mai 1825, qui renvoie simplement aux prescriptions de l'art. 3 pour les formalités à suivre en cas d'ordonnance de révocation, mentionne cependant d'une manière expresse qu'il faut prendre *l'avis de l'évêque diocésain*. — C'est qu'en effet on a tenu toujours pour constant que « il faut, avant que les maisons religieuses soient dissoutes par le gouvernement comme dangereuses, que le chef ecclésiastique ait, de son côté, donné l'avis et les renseignemens par lesquels il est de son devoir de seconder l'autorité civile. » — Décis. min. 5 mars 1811 ; — Vuillefroy, p. 188.

208. — Lorsqu'un établissement particulier d'une communauté générale prétend se réunir à un autre, c'est là pour cet établissement une véritable dissolution, et par conséquent il faut appliquer ici les mêmes règles et remplir les mêmes formalités que dans le cas de révocation. — Avis cons. d'état 13 oct. 1837.

Sect. 3e. — *Régime des communautés.*

209. — *Régime intérieur.* — La direction de toute maison religieuse appartient nécessairement à une supérieure appelée à ces fonctions suivant les règles de sa communauté et les statuts qui la régissent.

210. — La loi du 24 mai 1825 ne reconnaissant que des *supérieures*, aucun ecclésiastique ne peut être dénommé dans les actes relatifs à l'administration temporelle d'une communauté, en qualité de directeur d'une congrégation.

211. — Suivant que la maison dépend ou non d'une communauté à supérieure générale, elle est placée sous la direction de la supérieure générale ou locale.

212. — Dans le premier cas, la supérieure générale conserve une action immédiate sur tous les établissemens et sur les sujets qui en dépendent ; elle a le droit de les placer et déplacer, de les transférer d'un établissement dans un autre, comme aussi de surveiller le régime intérieur et l'administration de ces établissemens. — Inst. min. 17 juill. 1825, art. 8.

213. — Mais chaque établissement n'en reste pas moins soumis, dans les choses spirituelles, à l'évêque diocésain. — Même article.

214. — C'est aux supérieures qu'il appartient de faire, sauf l'approbation de l'évêque, les réglemens de discipline intérieure ; mais elles ne sauraient modifier les statuts, tels qu'ils ont été approuvés par le gouvernement.

215. — C'est en effet un point incontestable que les communautés religieuses, soit comme établissement principal, soit comme établissement dépendant ou secondaire, doivent se conformer exactement à leurs statuts. Ainsi, par exemple, une congrégation enseignante qui, d'après ses statuts, doit se livrer gratuitement à l'éducation des jeunes filles de la classe indigente, ne peut se livrer à l'éducation de la classe aisée et recevoir des pensionnaires avec *rétribution*. — Avis cons. d'état 1er mars 1842. — V. au surplus *suprà* nos 162 et suiv.

216. — *Régime spirituel.* — Un des priviléges les plus notables des anciennes communautés religieuses, ou du moins d'un grand nombre d'entre elles, était d'être indépendantes de la juridiction spirituelle de l'ordinaire. Il n'en est plus ainsi aujourd'hui, la loi organique du 18 germin. an X ayant, par son art. 10, déclaré aboli tout privilége portant exemption ou attribution de la juridiction épiscopale.

217. — Dès-lors, quant à la juridiction spirituelle, chaque maison, et même celle du chef-lieu, s'il y en a, est soumise à l'évêque diocésain, qui la visite et règle exclusivement. — Décr. du 18 fév. 1809, art. 17.

218. — C'est à l'évêque également qu'il doit être rendu compte de toutes peines de discipline, autorisées par les statuts, qui ont pu être infligées. — Même décr., art. 18.

219. — Aussi avons-nous vu que la loi du 24 mai 1825, renouvelant sur ce point la prescription du décret de 1809, veut qu'aucune autorisation ne soit accordée, si les statuts présentés ne contiennent la clause que la communauté est soumise, dans les choses spirituelles, à la juridiction de l'ordinaire. — L. 24 mai 1825, art. 2.

220. — Sauf donc ce qui concerne l'exercice des droits conférés à la supérieure générale dans les communautés qui, d'après leurs statuts, sont ainsi organisées (Décis. min. 31 mars 1809), nulle autre autorité que celle de l'évêque n'est reconnue par le gouvernement quant à la juridiction spirituelle.

221. — En conséquence, un ecclésiastique qui prend la qualité de directeur d'un établissement religieux ne peut être considéré que comme délégué de l'évêque, et seulement par rapport aux choses spirituelles. — Déc. min. 29 nov. 1827. — V. *suprà* n° 210.

222. — *Régime civil.* — Sous le rapport temporel, les maisons de communautés religieuses sont, comme tout autre établissement public, soumises à la police des maires, préfets et officiers de justice. — Décr. 18 fév. 1809, art. 19.

223. — Et nul privilége, nulle exemption des règles ordinaires ne sauraient non plus être invoqués par ces établissemens pour se soustraire aux règles du droit commun.

224. — D'où il suit que toutes les fois qu'une religieuse a à porter des plaintes sur des faits contre lesquels la loi prononce des peines de police correctionnelle, ou autres plus graves, la plainte doit être renvoyée devant les juges ordinaires. — Décr. 18 fév. 1809, art. 20.

225. — En outre, certaines communautés religieuses sont, en particulier, soumises à des obligations spéciales envers l'autorité temporelle, résultant de leur position spéciale.

226. — C'est ainsi que, suivant l'art. 16 du décret du 18 fév. 1809, les dames hospitalières sont, pour le service des malades et des pauvres, tenues de se conformer, dans les hôpitaux ou autres établissemens d'humanité, aux réglemens de l'administration. — « Et la commission administrative est libre de retirer, quand elle le juge convenable, le service de l'hospice à la congrégation. » — Avis cons. d'état 11 avr. 1837.

227. — Mais aussi, et par une compensation bien légitime, les religieuses qui se trouvent hors de service par leur âge ou leurs infirmités doivent être entretenues aux dépens de l'hospice dans lequel elles sont tombées malades ou dans lequel elles ont vieilli. — Décr. du 18 fév. 1809, art. 16.

228. — De même encore celles qui se destinent à l'instruction de la jeunesse doivent se conformer aux lois et réglemens universitaires. — Avis cons. d'état 29 déc. 1840.

229. — Une circulaire du ministre des cultes du 29 juill. 1819 porte sur ce point que les institutrices appartenant à des communautés doivent être soumises aux mêmes formalités que les institutrices libres, et que la seule formalité dont on puisse les dispenser est celle de se pourvoir de brevet de capacité.

230. — Enfin, relativement aux communautés consacrées à servir de maisons de refuge, leur régime est réglé par le décret du 26 déc. 1810. — V. MAISON DE REFUGE.

Sect. 4e. — *Position civile des religieuses.*

231. — *Des vœux et de leurs effets.* — Du moment où la loi reconnaissait l'existence des communautés religieuses, par cela même elle admettait aussi, et comme conséquence nécessaire, l'émission des vœux religieux de la part des membres de ces communautés.

232. — Mais bien que de sa nature le vœu religieux soit un acte qui ne trouve sa sanction que dans le for intérieur (V. *infrà* nos 238 et suiv.), néanmoins la loi civile a cru devoir intervenir en

cette matière, tant pour protéger ceux qui se croient appelés à la vie religieuse contre un entraînement irréfléchi, que pour prémunir les établissemens religieux eux-mêmes contre la légèreté, l'inconstance ou le défaut de réflexion et de maturité des personnes qui les composent.

233. — Le décret de 1809 contient pour ces divers rapports des règles qu'il importe de recueillir. — Ainsi, les communautés religieuses peuvent avoir des noviciats en se conformant aux règles établies à ce sujet par leurs statuts.—Décr. 18 fév. 1809, art. 6.

234. — Mais « les élèves ou novices ne peuvent contracter des vœux si elles n'ont seize ans accomplis. Les vœux des novices âgées de moins de vingt-un ans, ne peuvent être que pour un an.»—Décr. 18 fév. 1809, art. 7.

235. — De plus, « les novices sont tenues de présenter les consentemens demandés pour contracter mariage, par les art. 148, 149, 150, 159 et 160 C. civ. » — *Ibid.* — Elles ne peuvent donc, jusqu'à vingt-un ans contracter des vœux sans l'autorisation de leurs parens.

236.— Au-dessus de vingt-un ans, l'engagement cesse d'être annuel : mais il ne peut être formé par la religieuse pour plus de cinq ans. — Même décr., art. 8.

237. — En tous cas, « l'engagement doit être fait en présence de l'évêque (ou d'un ecclésiastique délégué par l'évêque) et de l'officier civil, qui dresse l'acte et le consigne sur un registre double, dont un exemplaire est déposé entre les mains de la supérieure, et l'autre à la municipalité (et pour Paris, à la préfecture de police).

238. — Mais quel est l'effet de ces vœux ainsi prêtés, et quelle force la loi y a-t-elle attachée ?

239. — Sous le rapport spirituel, la femme qui se consacre à la vie religieuse se soumet par cela même aux règles et statuts de l'ordre qu'elle embrasse ; mais c'est de sa part une obéissance purement volontaire, et qui n'a d'autre sanction que sa conscience.

240. — Et en effet, comme le disait, le 20 mars 1823, M. Portalis dans son rapport à la chambre des pairs, les vœux simples ne sont pas du ressort des lois, qui ne peuvent régler que des actions. — La religieuse conserve donc sa liberté personnelle pleine et entière, et tous les droits qui s'y rattachent, comme inaliénables, alors même qu'elle aurait consenti formellement à les aliéner.

241. — En outre, on lit dans une lettre de M. le ministre de la justice au procureur général de Douai : « qu'il est de principe en France que nul ne peut aliéner sa liberté et qu'on ne peut en être privé qu'en vertu d'un mandat ou d'un ordre de justice : que ce principe est formulé dans l'art. 2063, C. civ. : le Code pénal, le Code d'instruction criminelle le consacrent, il est écrit dans toutes nos lois ; enfin, que si l'engagement des religieuses est pris devant l'officier civil, c'est pour que le pouvoir s'assure que de plus longs vœux que ceux autorisés ne seront pas reçus, et n'engagent pas les consciences. » — Lettre min. just. au proc. gén. de Douai, 14 mai 1838.

242. — Si donc il y a de la part d'une religieuse infraction à ses vœux, cette infraction peut sans doute donner lieu à des réprimandes ou à des peines spirituelles ; mais elle est comme non avenue aux yeux de la loi civile. D'où il suit que, le pouvoir spirituel n'ayant à sa disposition que les peines dont il vient d'être parlé, tout moyen coërcitif, détention, séquestre ou autre, employé par lui pour retenir un membre de la congrégation contre sa propre volonté, constituerait le crime prévu par l'art. 341, C. pén., de séquestration de personnes. Ajoutez que l'art. 119 du même Code rend les fonctionnaires publics qui, légalement prévenus de ces détentions arbitraires, ne justifieraient pas de leurs diligences pour les faire cesser, passibles eux-mêmes de poursuites criminelles.

243. — En effet, dit une lettre du ministre des cultes à l'évêque de Cambrai, « le droit de séquestrer et de retenir les membres des congrégations contre leur propre volonté, et à l'aide de moyens coërcitifs, serait tellement en opposition avec les principes de notre droit constitutionnel et civil, qu'une disposition légale *formelle* serait indispensable pour le conférer : or, on chercherait en vain cette disposition dans nos lois actuelles... Même sous l'ancien régime, les lois ne garantissaient que l'exécution des vœux solennels, et non pas des vœux simples, les seuls admis aujourd'hui. » — Lettre min. just. et cult. à l'évêque de Cambrai, 14 mars 1838.

244.— Et la même lettre ajoute : « La considération principale que l'on fait valoir à l'appui de l'opinion contraire, est que l'émission des vœux constitue au moins un engagement civil ordinaire ; qu'en conséquence, il doit avoir des effets civils, et que les lois doivent en assurer l'exécution. Il y a là une erreur de droit. L'engagement par lequel une personne aliénerait sa liberté pour un temps plus ou moins long n'aurait pas, aux yeux des lois civiles, la valeur qu'on paraît lui attribuer : ainsi, considéré uniquement comme engagement civil, le vœu d'une religieuse serait entièrement nul : il ne peut avoir d'autre valeur que celle qui lui a été spécialement *attachée* par la loi. Sous ce point de vue, on peut le comparer à l'engagement pris par les jeunes gens qui entrent dans l'université, de se consacrer pendant dix ans à leurs fonctions ; or, il n'y a aucun doute que les lois ne donnent pas le droit d'assurer l'exécution de ce dernier engagement à l'aide de moyens coërcitifs.... Dans le mariage même, dont l'acte est bien un contrat civil solennel, les tribunaux n'ont jamais reconnu au mari le droit de séquestrer sa femme. L'assimilation des religieuses aux soldats et aux marins qui ne peuvent abandonner leur drapeau avant l'époque de leur libération, n'est pas davantage admissible. En effet, il s'agit ici d'un service public, général, *et commandé par les lois* ; elles en ont réglé l'exercice, déterminé les infractions, autorisé les peines disciplinaires ou autres. Rien de tout cela n'existe pour les congrégations religieuses. »

245. — Mais, de même qu'une religieuse ne peut, malgré ses vœux, être contrainte à rester dans une communauté contre sa volonté, la communauté de son côté ne peut être forcée de la garder, si elle trouble l'ordre de la maison ou mène une vie scandaleuse. — Décis. min. 24 août 1811. — « Les dispositions des lois constatent la faculté réciproque, que conserve toujours l'association, de répudier tout sujet indocile ou scandaleux, et chaque sœur de rompre ses engagemens, en tout temps et en toute liberté, sans cause déterminée. » — Rapp. de M. Portalis à la ch. des pairs, 20 mars 1823.

246. — Toutefois, le renvoi d'une sœur ne peut avoir lieu que par suite d'une déclaration de la communauté approuvée par l'évêque. — Décis. min. 24 août 1811.

247. — « Si la communauté dessert un établissement public, tel qu'un hospice, par exemple, la commission administrative a le droit de provoquer les exclusions qu'elle juge nécessaires, sauf, dans le cas d'opposition de la part de la communauté ou de l'évêque, à recourir à la décision de l'autorité supérieure. » — Même décision.

248.— Remarquez, au surplus, que les membres d'une communauté religieuse, exclus en conformité des statuts, ne peuvent demander le partage des bénéfices et économies faits pendant la communauté.

249.—*Du droit de disposer des biens.*— Libres dans leurs personnes, les religieuses le sont également en ce qui concerne leurs biens.—Chaque religieuse, quels que soient les statuts de son ordre, conserve l'entière propriété de ses biens et revenus, et le droit de les administrer et d'en disposer conformément au Code civil. — Décr. 18 fév. 1809, art. 9.

250. — Toutefois, une exception à la faculté de disposer de la part des religieuses, a été introduite par l'art. 5, L. 24 mai 1825. — Cet article porte que nulle personne faisant partie d'un établissement autorisé ne pourra disposer, par donations entre vifs ou par testament, soit en faveur de cet établissement, soit au profit de l'un de ses membres, au delà du quart de ses biens, à moins que le don ou legs n'excède pas la somme de 10,000 fr. Néanmoins, cette prohibition elle-même cesse d'avoir son effet à l'égard des membres de l'établissement qui sont héritiers en ligne directe de la testatrice ou de la donatrice. — L. 24 mai 1825, art. 5.

251.—Nous parlerons plus bas (V. nos 290 et suiv.) de ce qui concerne les donations ou legs faits en faveur des communautés elles-mêmes ; quant aux libéralités faites entre religieuses de la même communauté, elles peuvent donner lieu à une difficulté.

252.— On peut se demander : 1° si ces libéralités sont valables bien qu'elles soient faites *à titre universel* (la difficulté vient de ce que l'art. 4 n'autorise les donations et legs en faveur *des communautés*, qu'autant qu'ils ont lieu *à titre particulier*) ; — 2° si, lorsqu'elles excèdent le quart des biens, elles sont nulles pour le tout ou seulement réductibles. — V., à cet égard, *infrà* nos 294 et suiv. en ce qui concerne les libéralités faites en faveur *des communautés*.

253. — Pour nous, il ne nous semble pas douteux 1° que la libéralité *à titre universel* faite entre religieuses de la même communauté ne soit valable.—La restriction apportée à ce droit par l'art. 4, L. 24 mai 1825, est une exception au droit commun, et à ce titre elle doit être restreinte dans ses termes. Or, l'art. 5, qui traite seul des libéralités entre religieuses, ne reproduit pas les termes de l'art. 4. — Ajoutons qu'il ne devait pas les reproduire, car l'inconvénient qu'on a voulu éviter (celui de voir les communautés investies de droits dont la nature les obligerait de remplir les formalités relatives à l'ouverture des successions), ne peut se présenter quand il s'agit d'un legs universel fait à une religieuse par une de ses sœurs en religion, puisqu'alors ce n'est pas la communauté, mais un membre isolé de cette communauté qui représente le défunt, et qui le représente tout aussi bien qu'il peut représenter son père ou sa mère, ou tout autre parent, lorsqu'il est appelé à recueillir leurs successions.

254. — Nous pensons également que la libéralité qui, entre religieuses, excède la quotité indiquée par l'art. 5, est seulement réductible. — En effet, puisque la loi civile ne reconnaît plus la perpétuité des vœux monastiques ; que, par suite, les religieux et les religieuses ne sont pas réputés morts civilement, et qu'en conséquence ils jouissent, comme tous les autres citoyens, du droit de disposer de leurs biens dans les limites déterminées par les lois, on doit appliquer ici les principes généraux (art. 920, C. civ.) qui ne prononcent pas la nullité, mais simplement la réduction des libéralités qui excèdent la quotité disponible.

255.— Les principes que nous venons d'exposer ont été consacrés par deux arrêts qui jugent que l'art. 4, L. 1825, ne s'applique pas aux dispositions faites par les religieuses entre elles ; que, dès-lors, le legs universel fait par un membre d'une communauté à un autre membre de la même communauté, n'est pas nul, mais qu'il est seulement réductible à la portion déterminée par l'art. 5 de la susdite loi.— *Orléans*, 23 août 1844 (t. 2 1844, p. 429), Desbois c. Chambon ; *Cass.*, 27 déc. 1845 (t. 2 1845, p. 785), mêmes parties.

256. — Il a, au surplus, été expliqué que la loi doit s'entendre en ce sens que les libéralités, soit au profit de l'établissement, soit au profit d'un ou de plusieurs de ses membres, ne peuvent, toutes réunies, excéder le quart des biens de la personne qui dispose. — Duvergier, *Coll. des lois*, sur la loi du 24 mai 1825, art. 5.

257. — On avait même proposé de dire que la religieuse ne pourrait disposer des trois quarts restant qu'en faveur de ses héritiers légitimes, et cela dans la crainte de voir éluder la loi par des fidéi-commis ou libéralités faites à des personnes interposées ; mais c'eût été créer une sorte de réserve au profit des collatéraux, aussi la proposition n'a-t-elle pas été accueillie. Mais les héritiers légitimes restent toujours maîtres de prouver qu'il y a libéralité indirecte ou déguisée, ou faite à des personnes interposées. « Ils pourront même, dit M. Duvergier (*loc. cit.*), invoquer la présomption légale établie par l'art. 911, C. civ. — V. INTERPOSITION DE PERSONNES.

258. — On pourrait également prouver (s'il y avait intérêt) que le legs fait nominativement en faveur d'un membre de la congrégation, contient une interposition de personne et concerne en réalité la congrégation elle-même. — *Orléans*, 23 août 1844 (t. 2 1844, p. 429), Desbois c. Chambon.

259. — Mais le même arrêt décide aussi avec beaucoup de raison que, la loi distinguant le cas où la religieuse donne à la communauté, de celui où elle donne à une de ses sœurs en religion, le legs fait par un membre d'une communauté à un autre membre ne saurait être réputé de droit fait à une personne interposée. — Même arrêt.

260. — Quant à la question de savoir si une disposition testamentaire faite universellement ou à titre universel, au profit de plusieurs membres d'une communauté religieuse de femmes, l'a été dans le but de gratifier, à l'aide de personnes interposées, l'établissement lui-même, incapable de recevoir à aucun de ces titres, mais seulement à titre particulier (V. *infrà*), c'est une question d'appréciation et d'interprétation qui rentre dans le domaine souverain des cours royales. — Dès-lors, l'arrêt qui déclare qu'une telle disposition n'est pas entachée du vice d'interposition échappe à la censure de la cour de Cassation. — *Cass.*, 2 déc. 1845 (t. 2 1845, p. 785), Desbois c. Chambon.

261. — Il est, au surplus, évident que, dans aucun cas, les libéralités ne pourraient entamer la réserve ordinaire ; on a considéré cette énonciation d'un principe général comme surabondante. C'est de droit commun, a-t-on dit. — Duvergier, *loc. cit.*

262. —Nous avons vu plus haut (nos 250 et suiv.) quelles limites la loi de 1825 apporte aux droits des communautés quant aux libéralités qui leur sont faites par quelques uns de leurs membres.—Toutefois, comme il était notoire que les propriétés de beaucoup d'établissemens, même avec leurs habitations et leurs dépendances, avaient été acquises par l'un ou quelques uns de leurs membres, la loi du

24 mai 1825 a voulu empêcher le tort que ces établissemens pourraient souffrir de l'exécution immédiate de son art. 5 ; en conséquence, elle ajoute que, si une religieuse voulait disposer en faveur de sa communauté, elle restait dans le droit commun pendant six mois, à dater du jour de la promulgation de la loi, s'il s'agissait d'établissemens déjà autorisés définitivement, et pendant six mois, à partir de l'autorisation définitive, s'il s'agissait d'établissemens qui, existant de fait au 1er janvier 1825, pourraient être autorisés à l'avenir. — L. 1825, art. 5 *in fine* ; inst. min. du 27 juill. 1825, art. 13. — V. aussi *infrà* nos 268 et suiv.

263. — Il importe d'abord de remarquer, quant à l'exécution de la disposition de l'art. 5, qu'il suffit que la donation et la demande en autorisation d'accepter soient faites dans le délai des six mois, fixé par la loi. — Inst. 27 juill. 1825, art. 14. — On conçoit, en effet, que le retard dans la concession de l'autorisation ne peut préjudicier à la communauté.

264. — Quant à la portée précise de l'art. 5, la jurisprudence a eu à l'apprécier, et se conformant à l'esprit général qui domine la loi de 1825, et se prêtant à une sorte d'interprétation pieuse des actes faits par interposition de personnes, elle a reconnu qu'il avait été dans sa volonté de consacrer rétroactivement la validité de ces actes, après avoir obtenu l'autorisation nécessaire.

265. — Ainsi, il a été jugé que la loi a, par un effet rétroactif, validé en leur entier les acquisitions faites à cette époque, soit directement, soit aux moyens de prêts, mais par les communautés religieuses non encore autorisées lors de sa promulgation, et qui l'ont été depuis. — *Caen*, 7 juin 1837, sous *Cass.*, 5 juill. 1841 (t. 2 1841, p. 425), de Tourville c. Bénédictines de Valognes.

266. — ... Et que dans tous les cas, et lorsqu'il est reconnu que le prête-nom a acheté uniquement des deniers de la communauté, son héritier est sans qualité pour attaquer l'acte par lequel celui-ci a transmis à cette communauté les biens acquis par elle. — *Cass.*, même arrêt.

267. — Jugé encore que l'acquisition à titre onéreux d'un immeuble, faite sans autorisation spéciale du roi et par interposition de personnes, postérieurement à la loi du 24 mai 1825, par une communauté religieuse non autorisée par le gouvernement, est inattaquable, lorsque la communauté, après l'autorisation qui lui a conféré une existence légale, est devenue propriétaire en nom direct de l'immeuble par une donation de la part de la personne interposée, qu'elle a été régulièrement autorisée à accepter, dans les six mois, depuis l'autorisation de la communauté. — *Cass.*, 11 déc. 1832, Pinel c. Vonlousan. — V. toutefois *infrà* nos 276 et suiv.

268. — Mais le délai fixé par la loi de 1825 est-il absolu, et la religieuse qui n'a pas profité du délai de six mois peut-elle être admise à rendre à la communauté ce qu'elle prétend lui appartenir aux moyens de *rétrocessions* ?

269. — Le conseil d'état, consulté sur la question, n'a pas hésité à consacrer la négative. « Le gouvernement, a-t-il dit, chargé de veiller au maintien et à l'exécution des lois, ne doit accorder qu'en parfaite connaissance de cause sa sanction à des actes qui, bien que réguliers en apparence, et peut-être en réalité, pourraient néanmoins servir à déguiser des infractions aux lois et réglemens existans. En autorisant des rétrocessions semblables, on s'exposerait à donner une sanction indirecte à des acquisitions faites antérieurement et à une époque où le gouvernement, tuteur des établissemens publics, n'a pas été mis à même d'apprécier les avantages et les inconvéniens de ces acquisitions. D'autre part, il y aurait possibilité que dans de pareilles rétrocessions il se cachât de véritables donations, excédant les limites imposées par la loi précitée à la quotité disponible des membres des communautés religieuses. » — Avis cons. d'état 20 août 1841 et 28 déc. 1841.

270. — Jugé que les biens acquis sous le nom d'un membre d'une communauté religieuse non autorisée, peuvent, après l'autorisation obtenue, être déclarés la propriété de la communauté, encore que cette communauté fût dépositaire, lors de l'acquisition, des fonds appartenant à la personne qui a figuré au contrat comme acquéreur, alors qu'il n'est pas établi que ces fonds aient servi à l'acquisition, et qu'au contraire il est certain que les immeubles acquis ont été consacrés immédiatement à l'usage de la communauté. — *Lyon*, 8 mai 1844 (t. 2 1845, p. 377), comm. des Ursulines c. Pitrat.

271. — On s'est demandé si, depuis la loi du 24 mai 1825, des actes de libéralité, exercés à l'aide d'interposition de personnes envers des établissemens religieux non autorisés, sont valables ? — Un arrêt de rejet, confirmatif d'un arrêt de la cour royale de Nîmes, paraît avoir décidé qu'une telle disposition (un legs par testament olographe) était nulle, *comme faite à un être moral non existant légalement, puisqu'il n'était pas autorisé* ; du moins elle a reconnu que l'arrêt qui le décide ainsi d'après les faits et les documens de la cause échappe à la censure de la cour de Cassation. — *Cass.*, 5 août 1841 (t. 2 1841, p. 558), Couderc c. Joseph.

272. — Plus explicite, un autre arrêt de rejet a consacré, depuis, que le legs fait par interposition de personnes à une communauté non autorisée, est nul. — *Cass.*, 5 juill. 1842 (t. 2 1842, p. 99), De Fonclare c. Congrégation de la Présentation de Castres.

273. — Et c'est encore dans ce sens qu'il a été jugé que, toute disposition faite au profit des communautés religieuses non autorisées étant nulle, on doit réputer nul le legs fait à *des membres de ces communautés*, s'il est établi que le don n'est pas destiné aux légataires désignés, pour leur compte personnel, mais que ceux-ci ne sont que personnes interposées pour la communauté religieuse non autorisée. — *Agen*, 12 août 1842 (t. 2 1843, p. 47), Treillis c. Maudibcron.

274. — ... Et que l'existence de l'interposition de personnes dans un testament, et d'un fidéi-commis tacite, peut être établie par des présomptions graves, précises et concordantes ; que cette interposition une fois prouvée entraîne la nullité du testament ; qu'ainsi, le legs fait par personne interposée à une communauté religieuse, incapable, suivant la loi, de recevoir au-delà d'une quotité déterminée, n'en doit pas moins être annulé pour le tout, si la communauté n'est pas en cause, et si, d'ailleurs, le légataire désigné, en défendant la validité du testament, n'a pas conclu à ce que son effet fût restreint dans les limites légales. — *Poitiers*, 21 juin 1839 (t. 2 1839, p. 514), Savignat c. d'Argcus.

275. — Jugé, au contraire et en termes formels, que les donations et legs que des personnes appartenant à une communauté religieuse de femmes non autorisée reçoivent d'un membre de cette communauté ne peuvent être attaqués, sous le prétexte que dans la réalité ils seraient faits en faveur de l'établissement incapable de recevoir ; que l'examen de la question d'interposition de personnes est inutile, attendu que, les communautés religieuses non autorisées ne constituant pas un corps moral, capable de posséder en propre, le legs fait à des individus de ces communautés leur est acquis personnellement ; qu'en admettant même que ces individus ne seraient que des personnes interposées, pour faire passer cette donation à tous les individus composant l'association religieuse, ces individus étant tous capables de recevoir, la donation n'en serait pas moins valable. — *Grenoble*, 13 janv. 1841 (t. 1er 1841, p. 411), Reynaud c. Juffet.

276. — ... Et encore, que les établissemens religieux qui n'ont pas sollicité l'autorisation prévue par la loi du 24 mai 1825 demeurent soumis aux règles du droit commun, soit pour la transmission des biens, soit pour les droits divers et les questions de propriété auxquels ils donnent lieu ; que, dès-lors, chacun des membres de ces établissemens peut donner ou recevoir sans être frappé d'autres incapacités que celles qui lui sont personnelles. — *Toulouse*, 23 juill. 1835, Guillon c. Berger.

Sect. 5e. — *Capacité civile des communautés.*

§ 1er. — *Principes généraux.*

277. — Les établissemens de communautés de femmes, dûment autorisées, forment *un être moral* ayant capacité civile. Ils peuvent dès-lors, sous l'accomplissement de certaines formalités qui seront indiquées ci-après, acquérir à titre gratuit ou onéreux, aliéner, échanger, transiger ; ils peuvent faire en outre tous les actes de gestion et d'administration qui appartiennent aux établissemens publics.

278. — Il importe d'abord de remarquer que la capacité civile n'existe au profit des communautés qu'autant qu'elles sont légalement autorisées. Un avis du conseil d'état, du 1er juin 1838, a en effet posé en principe que les établissemens *dûment autorisés* ont seuls une existence légale qui leur permette d'acquérir ou d'aliéner. — V. aussi en ce sens avis cons. d'état 22 avr. 1831, sœurs de charité de Saint-Jean ; 26 août 1837, missionnaires de Beaupré.

279. — C'est par application de cette règle qu'il a été décidé qu'un établissement non autorisé ne pouvait être gratifié d'un secours ou encouragement par un conseil général sur les fonds du département. — Déc. min. 1818, citée par M. Vuillefroy, p. 196.

280. — ... Et que la commission administrative nommée par les fondateurs d'une maison hospitalière non encore autorisée n'a pas qualité pour se pourvoir au conseil d'état contre une décision ministérielle qui déclare qu'elle ne peut avoir la gestion des revenus de ladite maison hospitalière. — *Cons. d'état*, 25 juill. 1834, maison de charité de Verdun-sur-le-Doubs.

281. — Le conseil d'état a même reconnu que pour que l'autorisation d'acquérir puisse être donnée par le gouvernement, l'existence légale de l'établissement doit avoir précédé l'acte constitutif d'acquisition, par exemple, l'acte constitutif de la libéralité faite à son profit (arg. art. 906, C. civ.). — En effet, porte un avis du 14 mai 1834, l'autorisation d'acceptation donnée à un établissement non autorisé impliquerait sa reconnaissance à une époque où il n'existait pas légalement ; elle ne peut donc être donnée, bien que cet établissement ait été reconnu depuis. — V. aussi autre avis des 11 mai 1838, 30 oct. 1840.

282. — L'autorisation d'accepter dans le cas qui précède ne pourrait pas être donnée alors même que, d'après les termes du testament ou de la donation, la libéralité aurait été subordonnée au cas où l'établissement viendrait à être autorisé ; car, aux termes du même avis du 14 mai 1834, des motifs puissans d'ordre public s'opposent à ce qu'une pareille clause puisse valider une disposition nulle en elle-même, et présenter ainsi un moyen trop facile d'éluder les lois qui ont voulu frapper d'interdit les établissemens ecclésiastiques dont l'existence est illégale.

283. — Aussi a-t-il été jugé que l'ordonnance royale qui approuve la concession du bâtimens faite par une commune à une congrégation religieuse peut être révoquée si, au moment où elle est intervenue, la congrégation n'était pas autorisée, et si après son autorisation elle n'a jamais été mise en possession des bâtimens. — *Cons. d'état*, 2 juill. 1836, dames de Sainte-Claire.

284. — ... Et que, dans ce cas, les religieuses au profit desquelles cette concession était faite sont sans droit à critiquer l'ordonnance qui la révoque, attendu que l'ordonnance approbative d'une concession de ce genre, et celle qui la révoque, sont deux actes de tutelle administrative qui, ni l'un ni l'autre, ne peuvent être attaqués par la voie contentieuse. — Même décision.

285. — Mais il a été jugé également que, bien qu'en principe le legs fait au profit d'une communauté religieuse non autorisée soit nul, lorsque l'établissement depuis autorisé s'est mis en possession de biens légués, il peut, malgré le vice de cette possession, repousser la demande en délaissement formée contre lui par l'héritier du testateur, en prouvant que ce testateur était lui-même une personne interposée. — *Cass.*, 5 juill. 1842 (t. 2 1842, p. 99), de Fonclare c. Congrégation de la Présentation de Castres.

286. — V. au surplus, quant aux actes faits par des communautés non autorisées sous le nom de personnes interposées, *infrà* nos 264 et suiv.

287. — En tous cas s'il n'y a pas lieu d'attribuer à des établissemens qui n'ont pas d'existence légale, les dons et les legs faits en leur faveur, il n'appartient pas au gouvernement de changer la destination donnée par le donateur ou testateur, aux libéralités qu'il a entendu faire, par exemple, en autorisant un établissement autre que le légataire à accepter un legs fait à un établissement non autorisé. — Avis cons. d'état, 17 fév. 1840 ; — — Vuillefroy, vo *Dons et legs*, p. 276.

288. — L'autorisation préalable de la communauté est également nécessaire pour pouvoir agir en justice ; ainsi il a été jugé dans une espèce où il s'agissait d'une association d'hommes, mais les principes sont les mêmes, qu'une association religieuse, non autorisée par le gouvernement, ne peut être actionnée en justice dans la personne de son prieur. — *Aix*, 27 janv. 1825, pénitens-noirs d'Arles c. Auty.

289. — Ces préliminaires posés, examinons ce qui concerne la capacité des communautés relativement aux acquisitions à titre gratuit, aux actes à titre onéreux et aux actes de gestion ou d'administration.

§ 2. — *Donations. — Legs. — Acquisitions et aliénations.*

290. — Les communautés légalement autorisées ont sans doute capacité pour faire les actes dont nous avons parlé plus haut, mais lorsqu'il s'agit

de recevoir à titre gratuit, leur capacité se trouve restreinte par certaines dispositions législatives.

291. — Ainsi, comme tous autres établissemens ecclésiastiques ou religieux, les communautés religieuses ne peuvent recevoir aucune donation faite avec réserve d'usufruit en faveur du donateur. — Ord. 4 janv. 1831, art. 4.

292. — Cette restriction a été établie dans l'intérêt des familles. Il ne faut pas que de telles donations, qui ne sont au fond, sauf l'irrévocabilité, que de véritables legs, mettent le gouvernement hors d'état de connaître et de vérifier la fortune du donateur et la position relative de ses héritiers; qu'elles paralysent ainsi presque entièrement le droit de haute surveillance que la loi a entendu lui réserver. Or, c'est le désir d'échapper à cette surveillance, pour se livrer à des actes de libéralité irréfléchis envers les établissemens religieux, qui suggère habituellement cette forme aux donateurs. — Avis cons. d'état, 24 juill. 1835.

293. — En outre, et spécialement, les communautés religieuses sont, quant à l'acquisition à titre gratuit, frappées d'incapacités particulières, qui n'existent pas pour les autres établissemens religieux.

294. — Ainsi, d'une part, suivant l'art. 4, L. 24 mai 1825, elles ne peuvent recevoir de dons ou legs qu'à *titre particulier*, et non de legs universel ou à titre universels

295. — Car, comme le faisait observer, dans la discussion de la loi, M. Laisné, il ne faut pas, dans l'intérêt des communautés religieuses elles-mêmes, mais surtout pour éviter à la religion le scandale qui en résulterait, que des acceptations de dons ou legs universels ou à titre universel puissent les entraîner dans des débats intéressés ou violens, souvent contraires aux bienséances, et les soumettre aux formalités nombreuses qui accompagnent habituellement ces sortes d'acceptations.

296. — La prohibition établie par l'art. 4, L. 24 mai 1825, est absolue, et un avis du cons. d'état du 5 juill. 1833 a même décidé que : « l'autorisation d'accepter un legs universel doit être refusée à toute congrégation religieuse, encore bien que le testateur n'ait aucun parent, et que sa succession doive tomber en déshérence et, à ce titre, revenir à l'état. On ne doit, en effet, remonter aux intentions du législateur, que lorsque le texte de la loi présente des doutes; alors seulement on peut déterminer le véritable sens de la loi par les motifs connus qui engagèrent les législateurs a la rendre; mais invoquer ces motifs pour s'affranchir de ses prescriptions évidentes ne serait qu'un prétexte pour la violer. Le devoir de l'administration se borne à vérifier si les demandes en autorisation, qui lui sont adressées, concernent des legs à titre particulier ou universel. — Dans ce dernier cas, les congrégations religieuses ont, par l'effet de la loi du 24 mai 1825, une véritable incapacité pour les recevoir. »

297. — En outre, nulle personne faisant partie d'un établissement autorisé ne pourra disposer, par acte entre-vifs ou par testament, en faveur de cet établissement, au-delà du quart de ses biens, à moins que le don ou le legs n'excède pas la somme de dix mille francs. — L. 24 mai 1825, art. 5.

298. — Et un avis du conseil d'état, du 20 fév. 1833, a décidé que lorsqu'un legs est fait par une religieuse à sa congrégation et qu'il apparaît qu'il y a eu des dons manuels antérieurs, il est nécessaire de connaître si leur importance n'a pas excédé les limites tracées par l'art. 5, L. 24 mai 1825.

299. — M. Vuillefroy (v° *Congrégation*, p. 198) ajoute même que quelquefois on a exigé une déclaration signée de la supérieure sur l'importance des dons antérieurs.

300. — Il est à remarquer que l'art. 5 de la loi de 1825 ne répète pas la défense que fait l'art. 4 aux communautés religieuses de recevoir aucun legs universel ou à titre universel; doit-on conclure de là qu'un legs universel ou à titre universel fait par une religieuse à la communauté est valable?

301. — Nous ne le croyons pas : un pareil legs est, suivant nous, évidemment nul, et l'on ne pourrait même prétendre qu'il soit simplement réductible. En effet, l'inconvénient que le législateur a voulu prévenir en défendant aux communautés religieuses de recevoir aucun legs universel, ou à titre universel, est le même pour les communautés, soit qu'il émane d'un étranger, soit qu'il émane d'un membre de la communauté; c'est en vain qu'on objecte que l'art. 5 ne répète pas la défense contenue en l'art. 4; il ne répète pas non plus la nécessité de l'autorisation royale, et cependant, qui oserait soutenir que cette autorisation n'est pas nécessaire quand le legs est fait par un membre de la communauté à la communauté elle-même? Personne. Car ce serait admettre cette conséquence absurde que le législateur aurait pris d'autant moins de précautions que le danger aurait été plus grand! Il résulte, d'ailleurs, de la discussion qui a eu lieu aux chambres, que l'art. 5 se réfère nécessairement à l'art. 4, et qu'ainsi la disposition de cet article se rapporte nécessairement à celle de l'art. 5 : « Il ne s'agit pas, disait en effet M. Laisné, à l'occasion de l'art. 5, d'attribuer aux communautés le droit de recevoir, mais d'apporter à ce droit une restriction. » Ainsi, quoique l'art. 5 permette à une religieuse de disposer du quart de ses biens, pourvu que ce quart n'excède pas 10,000 francs, elle ne peut user de ce droit qu'en disposant à titre particulier, c'est-à-dire en léguant une somme équivalente au quart de ses biens, mais non en léguant ce quart d'une manière générale, car ce serait disposer à titre universel, ce que l'art. 4 interdit formellement.

302. — Et nous disons que le legs est nul pour le tout, et non pas simplement réductible, parce que si les communautés religieuses ne sont pas frappées d'une incapacité absolue de recevoir, elles le sont du moins quant à la faculté de recevoir un legs universel ou à titre universel; et de là il suit que toute disposition qui est faite en leur faveur autrement qu'à titre particulier est radicalement nulle, attendu que la prohibition dont il s'agit est d'ordre public.

303. — Telle est, au surplus, l'opinion consacrée par la jurisprudence, qui décide que l'art. 5, L. 24 mai 1825, qui permet aux membres des communautés religieuses de disposer, soit en faveur d'un autre membre de la communauté, soit en faveur de la communauté elle-même, jusqu'à concurrence du quart de leurs biens, ou de la somme de 10,000 francs au plus, n'a pas dérogé à l'art. 4 de la même loi, qui prohibe toute disposition universelle, ou à titre universel, en faveur de ces communautés. — *Lyon*, 22 mars 1843 (t. 2 1844, p. 428), Pitrat; *Orléans*, 23 août 1844 (t. 2 1844, p. 429), Desbois c. Chambon.

304. — Et qu'en conséquence, le legs universel ou à titre universel, fait au profit d'une communauté religieuse de femmes par l'une des personnes faisant partie de cette communauté, est nul, quand même il n'excéderait pas le quart des biens de la testatrice, ou la somme de 10,000 francs. — *Lyon*, 22 mars 1843 (t. 2 1844, p. 428), Pitrat. — La cour paraît s'être, pour sa décision, particulièrement appuyée sur ce motif développé par M. Laisné à la chambre des députés, qu'il s'agit surtout d'éviter aux établissemens formés par des congrégations de femmes vouées à la vie religieuse les embarras et les discussions sans nombre qu'entraînent habituellement les institutions universelles ou à titre universel.

305. — Mais la loi de 1825 ne met aucun obstacle aux apports que les religieuses pourraient, dans certaines limites, faire dans la communauté, à titre de dot ou de trousseau. — V. à cet égard *infrà*, n°s 325 et suiv.

306. — En outre, en ce qui concerne les donations faites par les membres d'une communauté à la communauté elle-même, en vertu du droit réservé par la disposition finale de l'art. 5, L. 24 mai 1825, V. *suprà* n°s 255 et suiv.

307. — Les donations et legs faits aux communautés « sont acceptés par la supérieure de la maison, quand la donation est faite à une maison spéciale, et par la supérieure générale, quand la donation est faite à toute la congrégation. — Décr. 18 fév. 1809, art. 12.

308. — Mais cette acceptation n'est valable qu'autant qu'elle est autorisée par ordonnance royale. A cet effet, diverses formalités doivent être remplies. — D'abord, « la demande en autorisation de recevoir doit être transmise au ministre, revêtue de l'avis de l'évêque dans le diocèse duquel se trouve l'établissement donataire ou légataire. » — Inst. min. 17 juill. 1825, art. 17.

309. — La demande doit être communiquée au préfet, afin qu'il fournisse les réclamations qui pourraient être faites. — Ord. 14 janv. 1831, art. 5.

310. — L'état de l'actif et du passif, ainsi que des revenus et charges des établissemens légataires ou donataires, vérifié et certifié par le préfet, doit être produit à l'appui de la demande en autorisation d'accepter les dons ou legs qui leur ont été faits. — *Ibid.*

311. — Tout notaire dépositaire d'un testament renfermant un legs au profit d'une communauté religieuse est tenu de lui en donner avis lors de l'ouverture de ce testament; et en attendant l'acceptation, le devoir de la supérieure est de faire tous les actes conservatoires jugés nécessaires. — Ord. 2 avr. 1817, art. 5.

312. — Les donations entre-vifs doivent, aux termes d'un avis du conseil d'état (inédit) du 4 juin 1840 « être régulièrement passées par devant notaires, avant que l'autorisation de les accepter puisse être demandée. »

313. — Et c'est parce que l'autorisation est une condition indispensable, que la donation qui n'aurait pas été *autorisée* et légalement acceptée, en vertu de cette autorisation, *du vivant du donateur*, serait nulle de plein droit. — Avis cons. d'état 7 janv. 1831.

314. — ... Et que même le consentement donné par les héritiers à l'exécution d'une donation non acceptée du vivant du donateur ne saurait suppléer à ce défaut de formes. Il n'y aurait donc pas lieu d'autoriser l'acceptation d'une pareille donation; et pour rendre efficaces les intentions du donateur, il n'y aurait d'autre voie que d'inviter les héritiers à faire directement la donation entre vifs. — Avis cons. d'état 24 mars 1835.

315. — S'il s'agit d'un legs, nulle acceptation au profit d'une communauté religieuse ne peut être présentée à l'autorisation du roi, sans que les héritiers connus du testateur aient été appelés, par acte extrajudiciaire, pour prendre connaissance du testament, donner leur consentement à son exécution, ou produire leurs moyens d'opposition. S'il n'y a pas d'héritiers connus, extrait du testament doit être affiché de huitaine à huitaine, et à trois reprises consécutives, au chef lieu de la maison du domicile du testateur, et inséré dans le journal judiciaire du département, avec invitation aux héritiers d'adresser au préfet, dans le même délai, les réclamations qu'ils auraient à présenter. — Ord. 14 janv. 1831, art. 3.

316. — La circonstance que l'établissement donataire serait étranger ne détruit pas la nécessité de l'autorisation; dans ce cas, sans doute, l'autorité n'a pas à intervenir comme tuteur de ces établissemenset dans leur intérêt; mais elle doit interposer son autorité pour le maintien des droits des familles et de tous les intérêts qui se rattachent à l'ordre public. Il faut qu'aucun bien ne puisse être mis hors du commerce sans son autorisation. — Avis cons. d'état 17 janv. 1823; — Vuillefroy, v° *Dons et legs*, p. 279.

317. — Et en conséquence, en pareille circonstance, et tant que l'autorisation n'est pas intervenue, les héritiers doivent refuser la délivrance du legs. — Décis. min. 22 fév. 1816; 16 oct. 1817, trappistes de Bedeira en Suisse.

318. — Remarquons que, quand même la disposition faite en faveur de l'établissement étranger émanerait d'un individu étranger, si la donation ou le legs consistait en *valeurs immobilières*, l'autorisation serait nécessaire pour que la disposition produisît ses effets.

319. — Il en serait autrement si la disposition ne consistait qu'en *valeurs mobilières*. — Avis cons. d'état 4 nov. 1835, hospice de Pratz en Savoie. — « En effet, ainsi que le fait observer M. Vuillefroy (v° *Dons et legs*, p. 279), dans ce dernier cas, le gouvernement n'est pas intéressé, puisque aucune portion du territoire français ne se trouve engagée et frappée de main-morte; et, d'une autre part, les intérêts particuliers des nationaux ne le sont pas davantage, puisque le testateur et ses héritiers sont étrangers. »

320. — C'est au roi seul qu'il appartient en principe d'accorder l'autorisation demandée. Si aucune réclamation ne s'est élevée, et si le don ou legs ne dépasse pas 50,000 fr., l'ordonnance est délibérée dans le comité de législation; au cas contraire, elle est rendue en conseil d'état. — Ord. 25 mars 1830, art. 1er.

321. — Toutefois une simple autorisation du préfet suffit pour l'acceptation d'objets mobiliers qui n'excèdent pas 300 fr. — Ord. 2 avr. 1817, art. 1er. — Toutes les autres dispositions des lois et ordonnances sur la matière leur sont du reste applicables, et notamment celles de l'ordonnance du 14 janv. 1831. — Ord. 14 janv. 1831. art. 6.

322. — Il n'est perçu, pour l'enregistrement des actes de donation, legs ou acquisitions, légalement faits en faveur des congrégations hospitalières, qu'un droit fixe de 1 franc. — Décr. 18 fév. 1809, art. 11. — V. ENREGISTREMENT.

323. — Quant au détail de toutes les formalités à observer, ainsi que pour les conditions qui peuvent être apposées à une donation, et les effets de l'acceptation, V. ÉTABLISSEMENS RELIGIEUX.

324. — Notons seulement que entièrement libre dans son action, le gouvernement est toujours le maître d'accorder ou non l'autorisation sollicitée, d'apprécier les conditions mises à la donation ou au legs : rien ne peut gêner sur ce point son droit d'examen.

325. — Mais il importe d'observer que les com-

munautés religieuses peuvent, sans autorisation du gouvernement, recevoir les sommes qui leur sont données, à titre de dot ou de trousseau, pour pourvoir à l'entretien des personnes qui entrent dans leurs établissemens, sauf aux tribunaux à apprécier si la convention ne renferme pas une donation déguisée. — *Agen*, 22 mars 1836, comm. de la Visitation c. Bressac; 12 juill. 1836 (t. 1er 1837, p. 81), comm. des Ursulines c. Daynac; *Lyon*, 8 mai 1844 (t. 2 1845, p. 377), comm. des Ursulines c. Pitrat.

326. — Jugé de même que la promesse d'une certaine somme, faite en faveur d'une communauté religieuse par une personne admise à y prononcer ses vœux, constitue une obligation valable, alors surtout que la somme promise n'a rien d'excessif. — *Bordeaux*, 17 mai 1832, Quinefault c. religieuses de Notre-Dame.

327. — Et, en effet, ainsi que le dit l'arrêt du 12 juill. 1836, le gouvernement ayant autorisé ces communautés, a dû, par voie de conséquence, permettre les moyens de les former et de les entretenir. La défense d'aliénation, d'échange, de donation ou d'acceptation par le gouvernement, ne saurait concerner la somme promise ou donnée pour fournir à l'entretien ou la nourriture de la personne qui entre en communauté. — Il ne s'agit réellement ici que d'actes administratifs.

328. — Aussi faut-il tenir pour certain que la convention passée entre la supérieure d'une communauté religieuse et le père d'une jeune fille qui veut faire profession dans cette communauté, convention par laquelle le père s'oblige à payer entre les mains de la supérieure une somme déterminée, à titre d'aumône dotale, et la supérieure à pourvoir à tous les besoins de la jeune fille, présente les caractères d'un contrat commutatif et non d'une donation. — *Agen*, 22 mars 1836 (précité).

329. — Une pareille convention renferme les caractères d'un contrat aléatoire, et doit, en conséquence, avoir son effet, quelle qu'ait été la durée de l'existence de la jeune fille. — Même arrêt.

330. — ... Et ce quand même dans l'acte la constitution de dot aurait été qualifiée donation. — *Agen*, 12 juill. 1836 (t. 1er 1837, p. 81), comm. des Ursulines c. Daynac.

331. — La circonstance que la fille serait intervenue dans l'acte, et que la stipulation aurait été faite à son profit et sous son acceptation, ne suffit pas pour la constituer propriétaire du fonds, et rendre la communauté simple usufruitière, alors surtout que le fonds a été stipulé payable entre les mains de la communauté et que les intérêts ne sont pas suffisans pour fournir aux besoins de la personne qu'elle admet dans son sein. — Même arrêt.

332. — Dès-lors, en cas de prédécès de la fille, la somme abandonnée ne fait pas retour au père, et elle reste la propriété de la communauté. — Même arrêt.

333. — Jugé même que, de ce que les père et mère auraient distingué dans le contrat la part contributive de chacun d'eux, il n'en résulte pas que la communauté religieuse soit dans aucun cas tenue à restitution, attendu que la somme payée dans ces circonstances ne peut être assimilée à une constitution dotale, mais constitue un contrat aléatoire et commutatif. — *Agen*, 22 mars 1836, comm. de la Visitation c. Bressac.

334. — Jugé également que la communauté religieuse, comptable envers les héritiers d'un de ses membres des sommes dont celui-ci l'avait constituée dépositaire, a le droit de retenir à titre de dot, même en l'absence de toute promesse ou donation formelle, la somme que la règle de l'ordre l'autorise à exiger de chaque novice lors de son entrée...., alors d'ailleurs qu'il est certain que le novice jouissait d'une fortune plus que suffisante pour satisfaire à cette règle, et qu'il n'est pas supposable qu'il y ait été fait exception en sa faveur. — *Lyon*, 8 mai 1844 (t. 2 1845, p. 377), comm. des Ursulines de Lyon c. Pitrat.

335. — La loi du 24 mai 1825 pose en principe que les communautés autorisées peuvent acquérir, à titre onéreux, des biens immeubles ou des rentes, aliéner les biens immeubles ou les rentes dont elles seraient propriétaires.

336. — On avait proposé, lors de la discussion de la loi, *de forcer* les communautés à revendre après cinq ans les immeubles qu'elles auraient acquis; on se fondait sur ce que la possession des biens par des établissemens de main-morte arrêtait leur circulation et nuisait aux développemens de l'industrie agricole; mais cette proposition a été repoussée. — Duvergier, *Coll.*, sur la loi de 1825.

337. — *Les acquisitions et actes à titre onéreux, aliénations, échanges, transactions* ne peuvent avoir lieu que suivant les formes prescrites pour les établissemens publics en général, et avec l'autorisation du gouvernement. — L. 24 mai 1825, art. 4; inst. min. 17 juill. 1825, art. 18. — V. ÉTABLISSEMENS PUBLICS.

338. — La demande en autorisation d'acquérir ou d'aliéner est transmise au ministre des cultes avec les pièces qui constatent l'accomplissement des formalités exigées, l'avis de l'évêque et celui du préfet; c'est sur ces documens qu'est rendue l'ordonnance royale d'autorisation.

339. — Il faut observer que, lorsqu'il s'agit d'acquisition, une formalité est indispensable pour motiver l'autorisation : c'est l'indication, dans la demande, de l'origine des fonds destinés au paiement. Si l'acquisition devait avoir lieu au moyen de dons manuels ou de fonds dont l'origine serait inconnue, l'autorisation devrait être refusée. « En effet, une pareille autorisation pourrait donner lieu à des abus graves. Elle ne permettrait pas au gouvernement de connaître la position des donateurs, ni aux héritiers d'attaquer la libéralité, s'il y avait lieu, devant les tribunaux; elle pourrait fournir un moyen d'éluder l'art. 5, L. 24 mai 1825, qui n'admet les membres des congrégations à disposer au profit des établissemens dont ils font partie que jusqu'à concurrence du quart de leurs biens. » — Avis cons. d'état 12 janv. 1840.

340. — Un avis du conseil d'état du 24 avr. 1840 porte qu'il « est d'une bonne administration de n'autoriser les établissemens d'utilité publique à placer leurs fonds disponibles en propriété immobilière, que dans le cas où il doit en résulter pour ces établissemens un avantage immédiat, tel que l'agrandissement ou l'assainissement de leur local. »

341. — Aucun notaire ne peut passer un acte de vente d'acquisition ou d'échange, de cession ou de transport, de constitution de rentes, de transaction au nom d'une communauté religieuse, s'il n'est justifié de l'ordonnance royale portant autorisation de l'acte et qui devra y être entièrement insérée. — Ord. 14 janv. 1831, art. 2. — Un avis du conseil d'état du 24 avr. 1840 a appelé sur ce point l'attention du garde des sceaux.

342. — De même, on ne peut effectuer aucun transfert ni prendre une inscription de rentes sur l'état au profit d'une communauté religieuse, si elle n'a été autorisée à cet effet par une ordonnance royale dont elle doit présenter expédition en due forme, par l'intermédiaire de son agent de change ou directeur du grand-livre de la dette publique. — Ord. 14 janv. 1831 (art. 11, qui rapporte l'art. 6, ord. 6 avr. 1817).

§ 2. — *Administration.*

343. — Le décret de 1809, relatif aux congrégations hospitalières, dispose que les donations, revenus et biens des religieuses, de quelque nature qu'ils soient, sont possédés et régis conformément au Code civil; et qu'ils ne peuvent être administrés que conformément à ce code, et aux lois et réglemens sur les établissemens de bienfaisance. — Décr. 18 fév. 1809, art. 14.

344. — Et l'art. 15 du même décret ajoute à cet effet : « Le compte des revenus de chaque congrégation ou maison séparée, doit être remis, chaque année, au ministre des cultes. »

345. — Cette disposition est encore en vigueur en ce qui concerne les congrégations hospitalières, ou celles qui leur sont assimilées, lesquelles sont, à raison de leur nature, sur la même ligne que les établissemens de bienfaisance.

346. — Mais à l'égard des autres communautés religieuses, qui sont régies exclusivement par la loi du 24 mai 1825, on doit, en l'absence de toute disposition légale, dire que les actes de simple administration et de gestion qui les concernent, appartiennent aux supérieures des congrégations dans les limites de leurs statuts, et que le gouvernement n'a pas à en connaître. — Vuillefroy, *loc. cit.*, p. 201.

347. — En effet, la question de savoir si les congrégations religieuses ne doivent pas être placées par une ordonnance générale, quant aux actes d'administration de leurs biens, sous le régime des lois et réglemens qui régissent les communes, les hospices et les fabriques, a été présentée au conseil d'état et résolue négativement par lui.

348. — Les termes de cet important avis méritent d'être rapportés : « L'art. 4, est-il dit, de la loi du 24 mai 1825 oblige les établissemens dépendant des congrégations religieuses de femmes, à recourir à l'autorisation spéciale du roi : 1° pour l'acceptation des legs et donations; 2° pour l'acquisition de biens meubles ou immeubles; 3° pour l'aliénation des mêmes biens. Mais les dispositions de cet article ne paraissent pas avoir été conçues en vue de l'intérêt particulier des congrégations religieuses; elles semblent avoir été déterminées par des considérations d'un intérêt plus général, et avoir eu pour objet de parer aux abus qui pourraient résulter : d'une part, de la concentration d'une trop forte masse de biens entre les mains d'établissemens de main-morte, et d'autre part, de legs ou donations excessifs faits au détriment des familles. L'art. 4 a donc eu pour but de rassurer l'esprit public, en conférant au gouvernement, sur ceux des actes de ces congrégations qui sont susceptibles des plus graves abus, un droit de surveillance, qui devait servir de garantie à la fois à l'état et aux familles, et non de placer les congrégations religieuses sous la tutelle administrative. Dès-lors, cette tutelle ne peut être regardée comme la conséquence de ses dispositions. » — Avis cons. d'état, 13 janv. 1835.

349. — « La loi de 1825 ne renferme aucune autre disposition à l'égard des actes d'administration que peuvent faire les congrégations religieuses; il semble impossible de les placer par une ordonnance, quant à ces derniers actes, sous la tutelle de l'administration, lorsque la loi qui les a créées paraît leur avoir donné, du moins par son silence, une existence indépendante. Il n'y a pas d'ailleurs d'analogie entre les communes, les hospices, les fabriques et les congrégations religieuses; les premières sont des établissemens *publics* destinés à pourvoir à des services *publics*; les hospices et les fabriques ont été dotés par l'état; la mauvaise gestion de leurs biens retomberait en définitive sur les communes, puisqu'elles sont obligées de fournir à leur entretien et aux frais du culte. Les congrégations religieuses, au contraire, sont des établissemens *particuliers*; ils ont, il est vrai, un but *d'utilité publique*; mais ils n'ont aucun des autres caractères essentiels des établissemens publics. L'état ne leur doit ni dotation ni subvention. — En conséquence, leur bonne ou leur mauvaise gestion n'a pas pour lui un intérêt puissant et direct : dès lors, ce serait donner au gouvernement une charge inutile, que de lui en confier la tutelle; il n'y a donc pas lieu d'appliquer aux congrégations religieuses les réglemens relatifs aux actes d'administration des communes, des hospices et des fabriques. » — Même avis.

350. — L'instruction ministérielle du 27 juil. 1825, rendue en exécution de la loi du 24 mai, porte, il est vrai (art. 18), que les dispositions des lois et réglemens qui prescrivent les formalités à remplir par les établissemens d'utilité publique pour acquisition, aliénation *et en général pour l'administration des biens*, sont applicables aux actes de cette nature concernant les congrégations et communautés. — Mais cette interprétation de la loi ne saurait prévaloir devant l'avis du conseil d'état, dont nous venons de rapporter les termes.

351. — La question de savoir si les communautés religieuses peuvent plaider sans une autorisation obtenue dans la forme prescrite pour les hospices et les établissemens de bienfaisance, a été soumise aussi au conseil d'état. — Un avis du 21 mai 1841 porte que les congrégations religieuses en général ne peuvent plaider sans cette autorisation. — Toutefois le conseil, se défiant sans doute de sa décision, a exprimé le vœu que cette règle fût établie explicitement par une ordonnance royale, ainsi que cela a eu lieu pour les consistoires en 1834. (V. AUTORISATION DE PLAIDER, n° 354). — V. Reverchon, *Aut. de plaider*, p. 362 et suiv.

352. — Nous ne sachions pas qu'il ait été déféré à ce vœu. En cet état la question nous paraît devoir être résolue par les principes suivans : — Ou bien il s'agit de congrégations hospitalières régies par le décret de 1809 ou de maisons qui leur sont assimilées (V. notamment les maisons de refuge, décr. 26 déc. 1810), et, dans ce cas, on doit, en ce qui concerne le droit de plaider, décider comme pour les hospices et les établissemens de bienfaisance (V. AUTORISATION DE PLAIDER, n° 357). — Ou bien il s'agit de communautés régies uniquement par la loi du 24 mai 1825, et dans ce cas il ne nous paraît pas que l'autorisation leur soit nécessaire pour plaider. — Les considérations développées par l'avis de 1835, pour exclure l'intervention de l'autorité en matière d'administration des biens, reçoivent leur application en ce qui touche leur droit de plaider.

353. — Les communautés peuvent donc citer en justice, répondre aux actions intentées contre elles, passer les baux, toucher les revenus, faire des emplois de fonds, sauf les restrictions précédemment indiquées (V. *suprà* n° 348), sans être soumises à aucun compte de tutelle envers qui que ce soit.

354. — Et pour tous ces actes, les communautés sont représentées, suivant les cas, par la supérieure générale ou par la supérieure locale.

355. — Si les supérieures exèdent leurs pouvoirs et sortent des limites de leurs statuts, elles n'obligent pas l'établissement; mais elles sont passibles

personnellement de toute action ou recours de la part des créanciers.

336 — S'il s'agit d'appliquer et exécuter, entre deux corporations religieuses qui réclament toutes deux un revenu, un décret qui a déterminé la destination de ce revenu, l'application en appartient, non aux tribunaux, mais aux préfets, comme chargés de la surveillance des biens des corporations. — *Cons. d'état*, 26 mars 1814, chanoines de Chavillan c. chanoines de Mondovi.

Sect. 6e. — *Suppression et extinction des communautés.*

337. — Ainsi que nous l'avons dit (*suprà* nos 167 et suiv.), l'existence civile des communautés religieuses peut prendre fin : 1° par le retrait de l'autorisation accordée : ce principe incontestable du droit public a été appliqué par la loi du 24 mai 1825 aux communautés religieuses de femmes ; — 2° par extinction.

338. — Or, de quelque manière que s'opère la suppression, il y a en quelque sorte une succession ouverte quant aux biens que pouvait posséder la communauté supprimée ou éteinte; la loi du 24 mai 1825 s'est occupée, par son art. 7, de régler la dévolution des biens qui pouvaient appartenir à la communauté.

339. — Elle distingue, à cet effet, entre les biens donnés et les biens acquis; de plus, au cas de révocation, elle réserve aussi certains droits sur ces biens aux religieuses appartenant aux communautés supprimées.

340. — En cas d'extinction d'une congrégation ou maison religieuse de femmes, ou de révocation de l'autorisation accordée, les biens acquis par donation entre-vifs ou par disposition à cause de mort font retour aux donateurs ou à leurs suc-cessors au degré successible, ainsi qu'à ceux des testateurs au même degré. — *L.* 24 mai 1825, art. 7.

341. — Quant aux biens qui ne font pas retour ou qui ont été acquis à titre onéreux, ils sont attribués et répartis, moitié aux établissement ecclésiastiques, moitié aux hospices des départemens dans lesquels sont les établissemens éteints. — *Ibid.*

342. — La transmission de ces biens s'opère du reste avec les charges et obligations imposées aux précédens possesseurs. — *Ibid.*

343. — Dans le cas de révocation, les membres de la congrégation ou communauté religieuse de femmes ont droit à une pension alimentaire prélevée, 4° sur les biens acquis à titre onéreux ; 2° subsidiairement sur les biens acquis à titre gratuit, lesquels, dans ce cas, ne font retour aux familles des donateurs ou testateurs qu'après l'extinction desdites pensions. — *Ibid.*

344. — Ces principes sur la dévolution des biens sont d'une application incontestable au cas où il s'agit de la suppression d'une communauté; mais il n'en est pas de même si la suppression ne s'applique qu'à un établissement dépendant d'une communauté qui continue d'exister. — « Dans ces établissements, la supérieure générale ayant une action immédiate sur tous les sujets de la congrégation, surveillant le régime intérieur de l'administration de tous les établissements, ils peuvent être considérés comme des dépendances de la congrégation, et les biens ne doivent pas être considérés comme vacans tant que la congrégation-mère subsiste. Souvent, d'ailleurs, les établissemens partiels ne sont formés qu'avec les fonds de la congrégation ; il s'ensuit que les biens acquis à titre onéreux ou qui ne pourraient faire retour, faute d'ayant-droits, doivent rester la propriété de la congrégation.—Quant à ceux donnés ou légués, comme les donataires peuvent avoir en vue l'avantage particulier de l'établissement supprimé, et non celui de la congrégation-mère, on ne peut donner à leur égard une solution générale; il faut, sur chaque espèce, recourir aux actes pour examiner s'ils ont fait, implicitement du moins, de l'existence de l'établissement une condition de leur libéralité. — Avis cons. d'état, 27 octobre 1830.

V. BIENS NATIONAUX, CHANOINE, CHANOINESSE, CHAPITRE, COLLÉGIALE, CONFRÉRIE, COSTUME, CURE, ENSEIGNEMENT, ÉTABLISSEMENT RELIGIEUX, ÉVÊQUE, HOSPICE, INTERPOSITION DE PERSONNES, JÉSUITES MAISON DE REFUGE, SÉMINAIRE, UNIVERSITÉ.

COMMUNAUX.

Sous le nom de *communaux* ou *communs*, on désigne les biens qui appartiennent à une commune.
V. COMMUNE.

COMMUNE.

Table alphabétique.

COMMUNE. — 1. —C'est, suivant M. Dupin (*Introduction aux lois des communes*, p. 7, une réunion de citoyens qui sont habitans ou propriétaires dans une même ville, bourg ou village, et dans le territoire qui leur est affecté.

2. — C'est ainsi que l'entendait l'assemblée constituante ; nous lisons en effet dans la constitution de 1791, l'article suivant : « Les citoyens français considérés sous le rapport des relations sociales qui naissent de leur réunion dans les villes et dans de certains arrondissemens du territoire des campagnes, forment les communes. » —Const. du 3 sept. 1791, tit 2, art. 8.

3. — Le mot *commune* est souvent pris comme synonyme de *municipalité*, il ne faut cependant pas les confondre : la *commune* est, comme on vient de le dire, l'agrégation d'individus, formant dans l'état une personne à part, ayant son existence propre et une organisation particulières. La *municipalité* est le corps chargé de représenter la commune, d'agir pour elle et de remplir, dans de certaines limites, les fonctions publiques et administratives.

4. — Le mot *municipalité* était fort peu usité au moyen âge. On le trouve, est la *Somme rurale* de Bouteiller, et l'emploi qu'il en fait annonce que ce mot s'appliquait alors à la *manence*, « c'est-à-dire, à la résidence des manans ès-villes et cités que les clercs appellent de *municipibus*. »

5. — Quant au mot *commune*, c'est peut-être parmi tous les termes de la langue politique du moyen-âge qui se sont conservés le mieux, celui qui a le plus complètement perdu sa signification. Réduit à exprimer une simple circonscription rurale sous des autorités dépendantes, il ne produit plus sur les esprits aucune espèce d'impression, et nous avons besoin d'efforts pour replacer sous ce signe les grandes idées qu'il rappelait il y a plusieurs siècles. — Aug. Thierry, *Lettres sur l'Hist. de France*, 13e lettre, p. 240 (5e édit.).

CHAPITRE Ier. — Historique.

6. — Les savans éditeurs de la grande *Collection des historiens de France* déclarent, dans la préface du t. 14, qu'on ne connaît aucun ouvrage complet et réellement instructif sur l'histoire du droit communal ou municipal ; cette observation est par malheur aussi vraie aujourd'hui qu'elle l'était lors de la publication de cette collection, et cependant il n'est guère de sujet plus intéressant que celui-là.

7. — Il est à remarquer que Montesquieu ne prononce pas dans l'*Esprit des lois* le nom de *municipalité*; on regrettera toujours qu'un tel publiciste n'ait pas traité de l'origine et de la nature du pouvoir municipal.

8. — Suivant Henrion de Pansey, « le pouvoir municipal est le plus ancien de tous ; c'est le premier dont le besoin se soit fait sentir. Il n'y a pas de bourgade qui, à l'instant de sa formation, n'ait reconnu la nécessité d'une première administration intérieure et d'une police locale. Cette administration, cette police exigeaient de l'action et de la surveillance, et les hommes réputés les plus sages en furent chargés. Ces régulateurs ont été successivement connus sous les dénominations d'anciens, de gérontes, d'édiles, de duumvirs, de consuls, d'échevins, de maires et d'officiers municipaux. — C'est une première assise que les législateurs des nations ont élevé l'édifice social. Cet édifice fut porté à sa hauteur lorsque, plusieurs bourgades s'étant réunies pour former un corps de nation, au-dessus des municipalités particulières fut érigée une municipalité générale à laquelle on donna le nom de *gouvernement*. » — V. *Traité du pouvoir municipal*, chap. 1er, p. 1re.

9. — Ce qui est certain c'est que, comme le fait remarquer M. de Baraute, dans son ouvrage *Des communes et de l'aristocratie*, ch. 1er, « les plus grands états se sont formés par la réunion successive de diverses portions de territoire, de diverses masses de populations qui apportaient dans cette agrégation, plus souvent contrainte que volontaire, des coutumes, des lois et des intérêts particuliers. En ce sens, les communes sont plus anciennes que les monarchies... »

10. — Dans le droit romain le régime municipal offre trois époques distinctes et marquées par de véritables révolutions dans la constitution et l'existence des cités.

11. — La première s'étend depuis les plus anciennes conquêtes de Rome jusqu'au 1er siècle de l'empire. A cette époque, les cités vaincues conservaient leurs lois, leurs magistrats, et recevaient du moins en partie le droit de cité romaine.

12. — Il parut convenable, dit l'auteur du *Régime municipal et de l'administration de département* (2e édit., p. 2), de laisser aux villes éloignées du centre quelque droit d'administrer elles-mêmes leurs propres affaires. On exigeait d'elles des impôts, des services militaires, et on leur abandonnait le soin de leur intérêts particuliers, on maintenait même plusieurs de leurs anciennes lois. »

13. — Dans la suite, toutes les villes de l'Italie et une partie de la Gaule méridionale reçurent le droit de cité romaine dans toute sa plénitude. Les villes ainsi admises s'appelaient *municipes*, elles conservaient leurs officiers, leurs droits et intérêts particuliers qu'elles exerçaient avec une entière indépendance. Quant aux droits politiques, ils ne pouvaient être exercés que dans les murs de Rome.

14. — Pendant cette période, les principales attributions qui demeurèrent locales, sont : 1° le culte, les cérémonies et fêtes religieuses ; 2° l'administration des biens et revenus particuliers de la cité ; 3° la police et la juridiction relatives aux poids et mesures, à la salubrité publique, à la tenue des marchés, etc... — V. *Dig. De re munic.* rom., p. 24, note 34.

15. — Toutes ces affaires locales étaient régies par des magistrats individuels nommés par les habitans, soit par la curie ou ville ou collège des décurions, c'est-à-dire par tous les habitans possédant un revenu territorial. — Guizot, *Essais sur l'Hist. de France*, p. 10 (6 ill. de 1823).

16. — Pendant la seconde époque, qui commence à l'empire et s'arrête au règne de Constantin, les municipes profitèrent de la décadence politique où tomba la ville de Rome. Ils acquirent une partie de l'importance qu'elle avait perdue. — « Le régime municipal, dit M. Guizot (*loc. cit.*, p. 15), conserva une assez grande indépendance ; il se constitua même avec plus de régularité, et des droits plus positifs, plus étendus peut-être que ceux qu'il possédait auparavant. »

17. — C'est depuis le règne de Nerva jusqu'à celui de Dioclétien que l'état des municipes se présente sous un nouvel aspect. — Un grand nombre de lois eurent pour objet d'accroître et d'assurer les propriétés et les revenus des villes. Les revenus ordinaires suffisaient communément pour couvrir les impôts ; l'état ne rejetait point sur les cités les charges qui ne les concernaient point directement.

18. — A cette époque, le décurionat était re-

cherché et traité avec faveur. Les fonctions municipales n'étaient pas devenues la plus onéreuse des conditions sociales.

19. — Les choses changèrent sensiblement pendant la troisième époque, qui commence à Constantin et qui finit à la chute de l'empire en Occident.

20. — C'est pendant cet intervalle de temps que le pouvoir central tombe en ruines dans l'empire romain, et que le régime municipal dégénère, se dissout, et finit par n'être plus qu'un principe de ruine, un instrument d'oppression.

21. — Il faut lire, dans les remarquables *Essais* de M. Guizot sur l'histoire de France, comment s'accomplit petit à petit cette décadence. Constatons seulement qu'à cette époque non seulement les revenus des villes furent grevés de charges considérables, mais encore que les propriétés municipales furent envahies par plusieurs empereurs.

22. — Pour faire face aux dépenses, qui semblaient augmenter à mesure que les revenus diminuaient, les décurions furent obligés de combler le déficit sur leurs propriétés *personnelles*.

23. — Ce n'est pas tout, les décurions étaient chargés presque partout de la perception des impôts, et on les rendait responsables de l'insolvabilité des contribuables.

24. — Sous un régime aussi oppresseur, la qualité de décurion devint bien vite la fonction la plus redoutée, la charge la plus onéreuse. Chacun voulait s'en faire exempter, mais ce privilége était difficile à obtenir.

25. — D'ailleurs, comme il fallait que les membres de la curie fussent assez nombreux pour supporter les charges qui pesaient sur eux, on rendit le décurionat *héréditaire*. On fit plus, on enleva, dans une multitude de cas, à ceux qui étaient revêtus de cette dignité, la disposition de leurs biens, et même on en disposa sans eux au profit de la curie; un tel régime était réellement intolérable.

26. — Vainement quelques empereurs essayèrent-ils de relever les communes; vainement Julien leur fit-il rendre une partie des biens qu'elles avaient déjà perdus, ces alternatives de la législation demeurèrent sans effet. Une nécessité fatale, dit M. Guizot, pesait sur les municipes.

27. — La révolution opérée dans les mœurs par le christianisme acheva la ruine du régime municipal; les empereurs dépouillèrent les villes d'une partie de leurs biens pour les donner aux églises, et les magistrats municipaux d'une portion de leur autorité pour en investir les évêques: la paroisse prit la place du municipe.

28. — Il resta cependant quelques traces du régime antérieur; mais ce fut surtout, comme le fait remarquer M. Guizot (p. 51), « par le clergé que furent conservées les lois et les coutumes romaines, pour passer plus tard dans la législation de l'état. Entre l'ancien régime municipal des Romains et le régime civil des communes du moyen âge le régime municipal ecclésiastique est placé comme transition. »

29. — Les Francs, qui trouvèrent le régime municipal établi dans les Gaules, en conservèrent tout ce qui était compatible avec le droit de conquête; mais cette institution, successivement affaiblie pendant les troubles de la première race, se perdit dans la confusion des derniers règnes de la seconde et ne reparut sous la troisième que dans les premières années du douzième siècle. — Henrion de Pansey, *Du pouvoir municipal*, chap. 3, *Œuvres judiciaires*, p. 195.

30. — Toutefois, il est bon d'ajouter que parmi les nombreuses cités qui, dans l'origine, et sous la domination romaine, jouissaient de la liberté municipale, quelques unes en conservèrent l'exercice jusqu'à l'époque de l'établissement des communes. — M. Reynouard cite comme se trouvant dans ce cas les villes de Périgueux, de Bourges, de Narbonne, de Marseille, d'Arles, de Nîmes, de Metz, de Toulouse, de Reims et de Paris. — V. *Hist. du droit municipal en France*, liv. 4, chap. 1er, tit. 2, p. 177 et suiv.

31. — C'est ce qu'atteste aussi l'auteur du *Régime municipal*, p. 8: « Dans les domaines immédiatement soumis aux rois, dit-il, quelques villes, bourgs ou cantons conservèrent les droits ou usages municipaux que les Romains leur avaient laissés; à ces exceptions près, qui n'étaient pas nombreuses, le régime féodal s'étendait partout. »

32. — Les abus de ce régime finirent par amener une réaction. L'oppression sous laquelle le peuple gémissait exerça sur les habitans des villes sa lente mais inévitable influence. Elle leur révéla le secret de leur force, et ils arrachèrent aux seigneurs des concessions que nous appelons *Chartes des communes*. — Henrion de Pansey, *Du pouvoir municipal*, chap. 3, *Œuvres judic.*, p. 195.

33. — On lit dans la plupart des historiens, et l'on a répété dans le préambule de la Charte constitutionnelle de 1814, que c'est à Louis-le-Gros qu'est dû l'affranchissement des communes. Cette idée se retrouve même dans des ouvrages modernes, dont les auteurs ne manquaient cependant ni d'instruction ni d'indépendance.

34. — Ainsi nous voyons, dans l'*Abrégé des révolutions de l'ancien gouvernement français*, de Thourel (p. 143), que c'est Louis-le-Gros qui créa les communes. « On ne doit pas louer ce prince, ajoute l'auteur, d'avoir rendu à la nation ce droit naturel et primitif dont elle n'aurait jamais dû être privée. Il faut le blâmer plutôt de lui avoir vendu cette portion de la liberté; il faut le blâmer encore des motifs qui l'y déterminèrent. Il eut moins en vue de rendre justice au peuple et de préparer la restitution complète de ses droits que d'affaiblir les seigneurs, pour faire tourner à son profit particulier l'usurpation de la souveraineté nationale. »

35. — Telle est aussi la manière de voir de M. Dupin (*Introd. aux lois des communes*, ch. 3, p. 59); seulement il se montre moins sévère. « Encore bien que Louis-le-Gros, dit-il, ait eu principalement en vue d'accroître sa propre autorité en relevant les communes, et d'enrichir son trésor par la vente de quelques *franchises*, il n'en faut pas moins lui savoir gré d'avoir, le premier, donné l'exemple d'une amélioration qui est devenue pour la France la source de toutes les autres libertés. »

36. — Nous retrouvons le même aperçu dans l'ouvrage intitulé *Du régime municipal* (p. 8): « Quand les rois eurent besoin de contenir ou de réprimer l'ambition des grands seigneurs, devenus leurs rivaux, ils s'avisèrent, dit l'auteur, de rendre aux communes une partie de leurs anciens droits. Cette révolution que les rois faisaient par nécessité et à contre cœur, date principalement du douzième siècle, et elle n'est devenue sensible qu'au quatorzième. »

37. — Enfin voici comment s'exprime sur le même sujet M. de Barante, dans son livre *Des communes et de l'aristocratie*: « Le premier but des sociétés communales fut de conserver ou d'acquérir une protection que les souverains ne pouvaient pas accorder à leurs sujets. Les rois de France, impuissans à défendre les communes contre la tyrannie des seigneurs, autorisèrent ces corporations de citoyens à chercher en elles-mêmes des garanties contre le désordre et l'oppression; d'autres fois, ils reconnurent ces droits comme existant avant la réunion des provinces à la France. »

38. — M. Augustin Thierry n'accepte pas cette donnée historique, qui lui paraît démentie par les faits. Il établit que le pouvoir royal ne régissait alors qu'une partie et une très petite partie de la France, et que ses pri[illegible]ces, quoique soumises féodalement [illegible]nt en aucune manière de son autorité administrative. « Il n'y avait donc pas lieu pour Louis VI, ajoute-t-il, d'affranchir par des ordonnances les villes de ces différens pays; et les grandes vues qu'on lui prête ne pouvaient se réaliser qu'entre la Somme et la Loire. Or, comment se fait-il, si c'est ce roi qui est le législateur des communes, qu'on les voie s'établir dans toute l'étendue de la Gaule, et en plus grand nombre dans les provinces indépendantes de la couronne, par exemple, dans celles du Midi?

39. — Suivant M. Thierry, c'est le désir d'échapper à une oppression devenue intolérable, c'est la nécessité de lutter avec la puissance féodale, partout où la population était assez nombreuse pour le faire, qui a produit la révolution politique qu'on signale dans le douzième siècle.

40. — Les habitans des villes se réunissaient dans la grande église ou sur la place du marché, et là, ils prêtaient, sur les choses saintes, le serment de se soutenir les uns les autres, de ne point permettre que qui que ce fût fît tort à l'un d'entre eux, ou le traitât désormais en serf. — « *Statutum est*, portent la plupart des chartes de communes qui sont rapportées dans le recueil des ordonnances du Louvre, *statutum est itaque et sub religione confirmatum quod unusquisque jurato suo fidem, vim, auxiliumque præbebit*.

41. — C'est ce serment ou cette *conjuration*, comme disent les anciens documens, qui donnait naissance à la commune. Tous ceux qui étaient liés de cette manière prenaient dès-lors le nom de *communiers* ou de *jurés*. — Thierry, *ubi suprà*, p. 248.

42. — Pour garantie de leur association, les membres de la commune constituaient, d'abord tumultuairement, et ensuite d'une manière régulière, un gouvernement électif ressemblant sous quelques rapports à l'ancien gouvernement municipal des Romains, et s'en éloignant sous d'autres. Au lieu des noms de *curie* et de *décurion*, tombés en désuétude, les communes du Midi adoptèrent celui de *consul*, et les communes du Nord ceux de *juré* et d'*échevin*.

43. — Il est vrai que souvent les rois intervinrent dans les luttes que les communes eurent à soutenir pour assurer leurs franchises, mais ce ne fut pas toujours pour leur prêter appui. « Ce qui les déterminait, il faut le dire, à se déclarer pour ou contre les villes, c'était l'argent que leur offrait l'une ou l'autre des parties... Ce rôle d'intervention est le seul qu'aient réellement joué les rois de France dans les événemens qui signalèrent la naissance des premières communes... » — Thierry, *loc. cit.*, p. 250.

44. — Tel est le système de M. Thierry, système appuyé sur des preuves qu'il n'entrait pas dans notre plan de reproduire, mais qu'on peut considérer comme parfaitement établi. Il a d'ailleurs été reproduit par Sismondi, *Histoire des Français*; Ortolan, *Cours de droit public*; Michelet, *Histoire de France*, etc. — M. Henrion de Pansey (*Du pouvoir municipal*, chap. 3) avait émis une opinion semblable qui, ainsi que le fait remarquer M. Foucart, son annotateur, était nouvelle pour le temps où il écrivait, et dont la vérité a été depuis démontrée historiquement par M. Augustin Thierry. « La France, dit M. Henrion de Pansey, présentait alors le spectacle d'un grand royaume déchiré par une multitude de seigneurs de fiefs, qui avaient envahi presque tous les droits du prince et toutes les libertés du peuple; telle était la triste condition des habitans des campagnes, qu'ils avaient perdu jusqu'au sentiment de leur dégradation. Mais ceux des villes, plus éclairés, sentaient mieux le poids et la honte du joug sous lequel ils gémissaient. Enfin, l'oppression exerça sur eux sa lente mais inévitable influence. Elle leur révéla le secret de leur force et ils arrachèrent aux seigneurs ces concessions que nous appelons *chartes de commune*. — ... Dans toutes les villes érigées en communes, il s'éleva un pouvoir qui, habilement secondé par les rois, rivalisa bientôt avec la puissance féodale, et dont les forces, combinées avec celles de la couronne, ne tardèrent pas à dépouiller les seigneurs de la plupart des prérogatives qu'ils avaient usurpées sur elle. A cet événement se rattache tout ce qui a été fait depuis dans l'intérêt de la liberté. »

45. — Si l'on veut, du reste, se faire une idée du misérable état du peuple et de la légitimité des droits qui furent reconnus aux communes, il suffit de jeter les yeux sur quelques unes des clauses les plus remarquables des chartes qui leur furent octroyées.

46. — La ville de Sens obtint son affranchissement à cause des misères auxquelles elle était en proie et dans la perspective d'un meilleur avenir; *intuitu pietatis et pacis in posterum conservandæ*.

47. — ... Celle de Mantes, à cause de la trop grande oppression des pauvres gens: *pro nimiâ oppressione pauperum*.

48. — ... Celle de Compiègne, pour que les habitans pussent se garantir des excès du clergé: *ob enormitates clericorum*.

49. — ... Celle d'Abbeville, à cause des injustices et des avanies trop souvent commises envers les bourgeois: *propter injurias et molestias burgensibus frequenter illatas*. — V. au surplus les nombreuses *chartes de commune* insérées dans le recueil des *Ordonnances du Louvre*. — V. aussi Dupin, *Introduction aux lois des communes*, p. 55 et suiv.

50. — Suivant M. Raynouard (*Hist. du droit municipal*, t. 1er, Introd., p. 40), il existe une différence entre le droit municipal proprement dit et le privilége de commune. « Le droit municipal, dit-il, est ce droit antique proclamé par la législation romaine, qui autorise les habitans de la cité à choisir les magistrats destinés à administrer les affaires locales et à surveiller les intérêts communs. — Les chartes de communes étaient des concessions particulières, des priviléges; beaucoup de villes en France, Paris, entre autres, n'avaient pas de chartes de commune, bien qu'elles fussent soumises au régime municipal. »

51. — Cette différence, tout exacte qu'elle est, touche moins au fond de l'institution qu'à son origine. Il n'y a donc pas lieu de s'y arrêter.

52. — Nous ne croyons pas non plus qu'il faille regarder comme parfaitement exact le passage suivant, de M. de Barante (*Des communes et de l'aristocratie*, ch. 1er, p. 5): — « Conformément aux idées de ce temps-là, les véritables communes furent constituées dans des droits politiques; car, il ne suffisait pas à une ville d'avoir sa coutume, sa justice, l'élection de ses magistrats, la répartition de ses taxes, pour être une commune. Tant qu'elle ne jouissait de ces avantages que sous l'autorité royale, elle vivait par grace et non par droit. Elle devait, de plus, être reconnue et autorisée à se former en association indépendante (V. *Ordonn. de rois de France*, t. 11); elle devait prendre rang parmi les membres de cette fédération féodale dont le roi était le chef; elle était, pour ainsi dire,

inféodée à elle-même. Il fallait alors n'être pas moins que souverain pour pouvoir être libre. »

53.—Pour prouver qu'il n'en fut pas tout-à-fait ainsi, il suffit de rappeler, d'abord, que plusieurs villes, jouissant des droits les plus étendus, n'eurent jamais de chartes de communes; et en second lieu, que les communes les plus libres furent précisément celles dont la fondation avait coûté le plus de peine et de sacrifices.

54. — Du reste, l'état politique, la constitution des communes, offre au moyen âge une foule de degrés et de nuances, depuis la cité républicaine qui, comme Toulouse, avait des rois pour alliés, entretenait une armée et exerçait tous les droits de la souveraineté, jusqu'à ces rassemblemens de serfs et de vagabonds auxquels les rois et les seigneurs ouvraient un asile sur leurs terres. — V. *Lettres sur l'hist. de France*, p. 256.

55. — Nous n'essaierons pas de faire ici l'énumération des nombreux priviléges, droits politiques et concessions particulières dont jouirent, après leur affranchissement, ces associations bourgeoises devenues des *communes*; cet examen nous entraînerait trop loin; il nous suffira de rappeler les caractères généraux des chartes de commune.

56. — Voici comment Henrion de Pansey s'exprime à ce sujet dans son livre du *Pouvoir municipal*: « Les chartes de communes, dit-il (p. 11), différaient en quelques points; mais uniformes sur les plus importans, toutes abolissaient la servitude personnelle et les taxes arbitraires.— Toutes renfermaient un certain nombre de dispositions législatives qui réglaient les principaux actes civils et déterminaient les peines des délits les plus communs, notamment des délits de police. — Toutess consacraient le principe que le choix des officiers municipaux appartient aux habitans.—Toutes attachaient au pouvoir municipal la manutention des affaires de la commune, le maintien de la police et l'administration de la justice dans les cas où il s'agissait de statuer sur des points réglés par la Charte.»

57. — Un point essentiel à remarquer c'est que toutes les chartes des communes autorisaient les officiers municipaux à faire prendre les armes aux habitans toutes les fois qu'ils le jugeaient nécessaire pour défendre les droits et les libertés de la commune, soit contre des voisins entreprenans, soit contre le seigneur lui-même. — Ce droit précieux, dans des temps d'anarchie, fut enlevé aux communes dès le commencement du quatorzième siècle.

58. — Aux villes qui n'étaient pas assez populeuses pour présenter une force imposante ou dans lesquelles il était difficile de retrouver des hommes capables de remplir successivement les charges municipales, on réunissait les bourgs et villages circonvoisins qui, tous ensemble, ne formaient qu'une seule municipalité. — Henrion de Pansey, *Pouvoir municipal*, chap. 3.

59. — Mais lorsque la puissance féodale eut été dépouillée par l'action de ces municipalités de ce qu'elle avait de menaçant pour l'ordre public et de plus oppressif pour les citoyens, l'autorité royale qui, pendant toute la lutte, les avait puissamment secondées, leur retira son appui et abolit successivement toutes les chartes des communes.

60.—Les prétextes les plus vains servirent à colorer cette abolition, et les charges des communes furent augmentées à ce point, qu'au quatorzième siècle plusieurs communes sollicitèrent comme une grace la révocation de leurs chartes.

61. — Les offices municipaux dépouillés de leurs attributions judiciaires par l'érection des justices royales, par l'établissement de la juridiction consulaire et par les édits qui leur firent défense de connaître des affaires, furent dénaturés par la vénalité qui les envahit.

62. — Le droit d'élire les officiers municipaux, temporairement rendu aux habitans par l'édit d'août 1764, leur fut définitivement enlevé par l'édit de novembre 1771, et ce ne fut qu'après la révolution de 1789, par la loi du 18 déc. 1789, que toutes les communes reçurent, sur des bases nouvelles, une organisation uniforme.

CHAPITRE II. — *Constitution des communes.*

Sect. 1re. — *Principes généraux.*

63. — Les communes se composent de réunions de citoyens formées sur des points délimités du territoire et constituées en corps administratifs. — V. L. 3 sept. 1791, tit. 2, art. 8; 10-11 juin 1793, sect. 1re, art. 2. — Foucard, *Dr. admin.*, t. 1er, p. 364; Bost, *Traité de l'organisation et des attributions des corps municipaux*, t. 1er, p. 13; Cormenin, *Dr. admin.*, t. 1er, p. 364, no 1er.

64. — Les communes sont tout à la fois des unités de la division territoriale du royaume et des corps spéciaux vivant d'une existence qui leur est propre, ayant des intérêts à eux, et à la conservation desquels ces corps veillent par eux-mêmes ou par leurs délégués.

65. — Si la commune est l'unité de division territoriale, il arrive quelquefois que dans le sein de cette unité il se trouve des fractions qui, bien que réunies sous le rapport matériel du territoire, ont cependant des intérêts distincts qui ont besoin d'être séparément défendus; ces fractions constituent les sections de communes.

66. — Relativement aux personnes, chaque commune a pour membres: 1o ceux qui y ont établi leur domicile conformément aux règles tracées par le Code civ., art. 102 à 111; — 2o les citoyens qui y possèdent des propriétés. Ces derniers concourent en effet, à raison de ces propriétés, à l'acquit des charges municipales, et ils coopèrent à l'administration de la commune.

67. — Il faut remarquer toutefois avec M. Bost (t. 1er, no 6), que pour être membre d'une commune, il ne suffit pas d'avoir fait la déclaration expresse de changement de domicile qui, aux termes de l'art. 1104, C. civ., doit être faite tant à la municipalité du lieu qu'on quitte qu'à celle du lieu où l'on transfère son domicile, aux termes des lois spéciales sur la matière; il faut, de plus, une année de résidence dans la commune pour être compris parmi ses membres. C'est par cette année de résidence que s'établit le domicile communal. — V. sur ce point décr. 14 août 1792; 10 juin 1793, sect. 2e, art. 3, sect. 3e, art. 37; 10 vendém. an IV, tit. 3, art. 4; Constit. 22 frim. an VIII, tit. 1er, art. 6; Circ. min. de l'intérieur, 23 vendém. an XI; décr. 23 avr. 1807; avis cons. d'état, 4 juin 1807.

68. — Tous les habitans de la commune qui ont acquis le domicile communal, et sont ainsi devenus membres de la communauté ont, du reste, des droits égaux. Les anciens priviléges connus sous le nom de *droits d'entrée en jouissance*, *droits d'incolat*, *droits de bourgeoisie*, etc., qui avaient été autrefois établis en faveur des *anciens domiciliés* de la commune, seraient incompatibles avec nos mœurs, et la loi du 18 juill. 1837 sur l'organisation municipale (V. *infrà*), est rédigée en des termes qui ne permettraient pas de les faire revivre. — Décr. 9 brum. an XIII; C. forest., art. 105; C. civ., art. 542; L. 18 juill. 1837, art. 18; Circ. min. intér. 28 mars 1838.

69. — Relativement aux biens, elles peuvent être propriétaires de la même manière que le seraient de simpl[illegible] V. *infrà* no 209.

70. — Il faut remarq[illegible] cependant que sous aucun rapport les communes ne peuvent être considérées comme propriétaires de leur territoire; de telle sorte que l'annexion de portion de ce territoire à d'autres communes puisse donner à celles à qui il est enlevé *droit* à une indemnité. Les limites territoriales des communes ne sont que de simples *circonscriptions administratives* déterminées uniquement par un intérêt d'ordre public. — Avis cons. d'état 9 janv. 1835. — Bost, *Traité de l'organisation municipale*, t. 1er, nos 21 et suiv.

71. — Mais les communes exercent leurs droits de propriété sur des biens communaux de trois espèces. Il faut distinguer: 1o les *communaux* proprement dits, qui sont les biens dont les habitans jouissent en nature; — 2o les biens dits patrimoniaux; ce sont ceux qui sont donnés à bail, et dont le produit, entrant dans la caisse municipale, est destiné à faire face aux charges communes; — 3o les monumens et édifices consacrés à un usage public. — C. civ., art. 542; — Foucart, t. 3, no 30; Dufour, *Dr. admin.*, t. 1er, no 672.

Sect 2e.—*Constitution territoriale des communes.*

72. — Considérées spécialement comme circonscriptions de territoire, les communes et sections de communes représentent les plus petites et les dernières divisions politiques et administratives du sol de la France. Elles se forment ou perdent, au contraire, leur individualité d'après certaines règles tracées par les lois sur la matière.

73. — Lorsqu'en 1789 l'Assemblée constituante s'occupa de réorganiser la constitution territoriale de la France, elle se trouva en présence de municipalités qui, comme nous l'avons indiqué *suprà* nos 29 et suiv., s'étaient formées au gré des événemens, selon la force des choses, et avec des circonscriptions dissemblables en étendue. Le sol était divisé en paroisses d'importance diverse. L'Assemblée constituante, craignant avec raison qu'une division du territoire en parties égales ne rencontrât des obstacles presque insurmontables, respecta les circonscriptions des paroisses alors existantes, et se contenta de réorganiser les administrations locales en leur attribuant les limites qu'avaient les anciennes paroisses ou municipalités.

74. — En donnant ainsi aux administrations municipales la même circonscription qu'avaient les anciennes paroisses, on fut obligé de réunir en une seule plusieurs communes d'une étendue trop restreinte pour être le siége d'une autorité locale. Mais il fut décidé que les communes ainsi réunies à d'autres conserveraient sous plusieurs rapports leur individualité. Telle est l'origine de ces fractions divisées d'intérêt dont nous parlions no 65, et qui forment aujourd'hui les *sections de communes*. — Foucart, t. 3, no 26.

75. — Le décret du 26 fév. 1790, qui a divisé la France en quatre-vingt-trois départemens portait dans son art. 2, quant aux circonscriptions territoriales des villes et autres communes: « Dans toutes les démarcations fixées entre les départemens et les districts, il est entendu que les villes emportent le territoire soumis à l'administration directe de leurs municipalités, et que les communautés de campagne comprennent de même tout le territoire, tous les hameaux, toutes les maisons isolées dont les habitans sont cotisés sur les rôles d'imposition du chef-lieu. »

76 — La constitution du 3 sept. 1791, tit. 2, art. 8, réserva au pouvoir législatif le droit de fixer l'étendue de l'arrondissement de chaque commune. — Dufour, *Dr. admin*, t. 1er, no 670.

77. — La loi du 10-11 juin 1793, sur le mode de partage des biens communaux, reconnut l'existence et l'individualité des sections de communes, car elle portait: Art. 1er. « Les biens communaux sont ceux sur la propriété ou le produit desquels tous les habitans d'une ou plusieurs communes ou d'une section de commune ont un droit commun. »

78. — Le décret de la convention nationale du 10 brum. an II, qui supprima les qualifications de *ville*, *bourg* et *village* pour y substituer celle de *commune*, ne changea pas les divisions territoriales.

79.—Depuis la constitution de 1791, qui attribua au pouvoir législatif seul le droit de décider les questions que ferait naître la composition territoriale des communes, aucune innovation ne fut tentée sur ce point par les constitutions qui se sont succédé.

80. — L'art. 9, L. 8 pluv. an IX, sur les justices de paix, donna seulement au gouvernement le droit de fixer les limites des arrondissemens de justices de paix tels qu'ils étaient créés par cette loi. — V. Henrion de Pansey, *Du pouvoir municipal*; Duvergier, *Coll. des lois*, t. 31, p. 130.

81.— Quant aux sections de communes, ce fut l'arrêté du 24 germin. an XI (14 avr. 1803) qui établit de quelle manière les contestations entre différentes sections devaient être suivies devant les tribunaux.

82.—Mais, dès l'an VIII le gouvernement, s'était emparé du droit de prononcer sur les séparations et les réunions de communes, et il n'a cessé de l'exercer que dans les dernières années qui ont précédé la loi du 18 juill. 1837 sur les attributions municipales, qui régit actuellement la matière.— V. Duvergier, *Collect. des lois*, t. 37, p. 230, note 1re.

83. — Jugé, avant la loi du 18 juill. 1837, que l'adjonction d'une partie du territoire d'une commune à une autre commune n'était pas définitivement fixée par les procès-verbaux de délimitation approuvés par le préfet; qu'elle ne pouvait produire d'effet qu'après avoir reçu la sanction de l'autorité supérieure. — *Cass.*, 23 mars 1830, comm. de Montagnac.

84. — Il faut remarquer qu'avant la loi du 18 juill. 1837 on tenait pour certain que les réunions ou distractions de communes ne pouvaient s'opérer sans l'intervention du pouvoir législatif lorsque ces opérations devaient avoir pour effet de modifier la circonscription d'un *arrondissement communal* et par suite les limites de la juridiction du tribunal d'arrondissement. Le gouvernement pouvait ordonner ces opérations seulement lorsqu'elles changeaient la circonscription d'un arrondissement de justice de paix (ou canton) compris dans un arrondissement communal, ou lorsque les divisions cantonnales n'étaient pas intéressées. — Proudhon, *Tr. du dom. publ.*, t. 1er, p. 75, no 63.

85. — Lorsqu'une commune, étant réunie à une autre, devient une section de commune, elle n'est pas absorbée par celle à laquelle elle est réunie. Les habitans de la section de commune conservent la jouissance exclusive des *communaux*. Les biens *patrimoniaux* et ceux qui sont destinés à un usage

public deviennent seuls la propriété de la commune, siége du chef-lieu. — V. Foucart, t. 3, nº 30; Merlin, *Rép.*, vº *Communaux*, § 1er; Cormenin, t. 1er, p. 373; Proudhon, *Usufruit*, t. 6, nº 2834; Dufour, t. 1er, p. 560, nº 671; Davenne, *Régime des communes*, p. 170, nº 27.

86. — Ainsi jugé, avant la loi de 1837, que la réunion des communes ne doit porter aucune atteinte à leurs droits de propriété. — En conséquence, les habitans d'un hameau, qui ne présentent, indépendamment de l'acte de leur réunion, aucun titre qui les constitue propriétaires des bois appartenant à cette commune, ne peuvent prétendre à la distribution de l'affouage, et, par suite, sont exempts de toutes charges inhérentes aux bois de la commune. — *Cons. d'état*, 17 janv. 1813, Hameau des Soupois.

87. — ... De même, que le hameau réuni à une commune n'a aucun droit aux affouages des bois de la commune. — *Cons. d'état*, 27 mai 1816, comm. de Treveray.

88. — Pareillement, lorsqu'il y a lieu de détacher d'une commune d'une étendue fort considérable une portion de son territoire, la portion distraite emporte avec elle la propriété de tous les biens qui lui appartenaient exclusivement. — Cormenin, *Dr. admin*, t. 1er, p. 366; Dufour, t. 1er, p. 560 et 568, nos 671, 672 et suiv.

89. — Ce double principe est consacré par les art. 5 et 6, L. 18 juill. 1837, sur l'administration municipale, qui sont ainsi conçus : — Art. 5. « Les habitans de la commune réunie à une autre commune conserveront la puissance exclusive des biens dont les fruits étaient perçus en nature. Les édifices et autres immeubles servant à un usage public deviendront propriété de la commune à laquelle sera faite la réunion. » — Art. 6. « La section de commune érigée en commune séparée ou réunie à une autre commune emportera la propriété des biens qui lui appartenaient exclusivement. Les édifices et autres immeubles servant à un usage public et situés sur son territoire, deviendront propriété de la nouvelle commune ou de la commune à laquelle sera faite la réunion. »

90. — Jugé avec raison, avant la loi du 18 juill. 1837, que pour constituer une section de commune, il ne suffit pas qu'une partie des individus qui composent la commune aient des droits de propriété indépendans du reste des habitans : qu'il faut en outre que ces individus possèdent sous le nom d'une communauté distincte ayant un territoire déterminé, et que leurs droits de propriété et de jouissance communales soient attachés à la résidence sur ce territoire. — *Cons. d'état*, 17 juin 1829, Raviou.

91. — ... Et qu'un hameau dépendant d'une commune ne peut être considéré comme une section de cette commune lorsqu'il n'est pas établi qu'il a des intérêts distincts et séparés. — *Cass.*, 6 avr. 1836, Bruneau c. comm. de Cinais.

92. — Jugé cependant que les hameaux sont des sections, dans le sens de l'arrêté du gouvernement du 24 germin. an XI, et que les règles administratives établies par cet arrêté leur sont applicables. — *Cons. d'état*, 6 déc. 1820, Lerolou. — Cette décision nous paraît devoir être critiquée comme trop absolue.

93. — Les opérations de réunion de plusieurs communes en une seule, ou au contraire de distraction d'une section de commune, soit pour la réunion d'une autre commune, soit pour l'ériger en commune séparée, sont soumises à certaines formalités. Le préfet doit prescrire préalablement dans les communes intéressées une enquête tant sur le projet en lui-même que sur ses conditions. Les conseils municipaux, assistés des plus imposés en nombre égal à celui de leurs membres, les conseils d'arrondissement et le conseil général donnent leur avis. — L. 18 juill. 1837, art. 2.

94. — L'art. 3, L. 18 juill. 1837, ajoute : « Si le projet concerne une section de commune, il sera créé pour cette section une commission syndicale. Un arrêté du préfet déterminera le nombre des membres de la commission. Ils seront élus par les électeurs municipaux domiciliés dans la section, et si le nombre des électeurs n'est pas double de celui des membres à élire, la commission sera composée des plus imposés de la section. La commission nommera son président. Elle sera chargée de donner son avis sur le projet. »

95. — Il faut observer que les expressions *section de commune* qu'emploie cet art. 3, ont un sens plus étendu que celui que nous y avons attaché ci-dessus. On avait prévu, en effet, qu'il pourrait être nécessaire de créer une commune nouvelle en détachant certaines parties de territoire d'une autre commune non fractionnée par sections. M. Vivien, dans son rapport à la chambre des députés disait : « Nous entendons par cette expression : *section de commune*, toute portion habitée du territoire, qu'elle ait ou non des droits, des propriétés spéciales ou une origine distincte, il est juste qu'elle soit représentée par des organes distincts. » La création d'une commission syndicale était du reste nécessaire pour représenter dans ces opérations la fraction de territoire à détacher, lors même qu'elle aurait représenté une section de commune proprement dite, le corps municipal ne pouvant être l'organe des intérêts de cette fraction, alors qu'il s'agissait de l'isoler de la commune. — Duvergier, sur la loi du 18 juill. 1837 (t. 1837, p. 230); — Laferrière, *Dr. publ. et adm.*, p. 558 et 559.

96. — Lorsqu'il a été procédé à l'enquête prévue par l'art. 2, L. 18 juill. 1837, les réunions ou distractions de communes sont ordonnées, s'il y a lieu, par l'autorité compétente. Ces mesures sont prescrites par une loi ou par une ordonnance royale.

97. — Une loi est nécessaire lorsque les réunions ou distractions modifient la composition d'un département, d'un arrondissement *ou d'un canton.* — L. 18 juill. 1837, art. 4. — En effet, ces changemens portent atteinte aux divisions électorales qui ont été établies par une loi. Le pouvoir législatif doit également intervenir lorsqu'il y a résistance au projet de la part des conseils municipaux intéressés, ou pour les communes de moins de 300 habitans, lorsqu'à cette résistance vient se joindre un avis défavorable du conseil général du département. Dans les autres cas une ordonnance royale suffit. — Même article.

98. — Le canton étant l'une des divisions adoptées par nos lois électorales, la loi du 18 juill. 1837 a dû sous ce rapport abroger l'art. 9, L. 8 pluv. an IX. — V. *suprà* nº 80.

99. — L'équité pouvant être blessée sous plusieurs rapports par les réunions ou distractions de communes, l'acte qui les prononce doit en régler les conditions. Lorsqu'elles sont prescrites par une loi, cette fixation peut être renvoyée à une ordonnance royale ultérieure, sauf réserve, dans tous les cas, de toutes les questions de propriété. — L. 18 juill. 1837, art. 7.

100. — Jugé que les questions d'indemnité auxquelles peut donner lieu la distraction ou la réunion des communes, relativement aux établissemens publics non susceptibles de partage, doivent être décidées par l'autorité qui prononce cette distraction ou cette réunion, et non par le conseil de préfecture et le conseil d'état. — *Cons. d'état*, 25 août 1841, comm. de Saint-Agbert.

101. — Dans tous les cas, ces changemens de circonscription ayant pour effet d'altérer la constitution territoriale des communes, il en résulte qu'ils nécessitent une dissolution des conseils municipaux existant au moment où ils s'effectuent et la formation de nouveaux conseils qui doivent être composés immédiatement. — L. 18 juill. 1837, art. 8.

102. — Lorsqu'une réunion ou distraction de commune a eu lieu, la répartition des contributions entre les communes doit nécessairement en être modifiée. — Foucart, t. 3, nº 33. — V. CONTRIBUTIONS DIRECTES.

103. — A partir du moment de la réunion à une commune d'une autre qui devient section de la première, il n'existe qu'un seul corps municipal. Un adjoint supplémentaire est seulement nommé pour représenter spécialement la nouvelle section. — V. MAIRE.

104. — Il ne faut pas confondre les changemens de circonscription territoriale prévus par la loi de 1837 avec les simples *délimitations* de territoire. Ces dernières opérations, qui ont pour but de fixer quelles sont les limites exactes des communes, n'influent en rien sur leur existence comme agglomération d'intérêts et corps spéciaux. Les délimitations ou rectifications de territoire sont des mesures purement administratives qui n'exigent pas l'accomplissement des formalités exigées par la loi du 18 juill. 1837. — V. le réglement général sur le cadastre, du 10 oct. 1821; — Duvergier sur cette loi, année 1837, p. 230; Dufour, *Dr. adm.*, t. 1er, nº 671.

105. — Pareillement, les formalités ci-dessus prescrites sont étrangères au cas où deux communes ou sections de communes se disputeraient la *propriété* d'un terrain. La question de propriété qui serait ainsi soulevée ne pourrait être tranchée que par les tribunaux. — L. 18 juill. 1837, art. 7; Foucart, t. 3, nº 27; Dufour, t. 1er, nº 672.

106. — Jugé que les délimitations des territoires de deux communes sont des actes purement administratifs, qui n'ont aucune influence sur l'exercice du droit de vaine pâture que des sections de ces communes ont à prétendre respectivement sur tout ou partie de leur territoire, et que ces droits doivent être appréciés par l'autorité judiciaire, d'après les titres anciens et les règles du droit commun. — Le préfet qui règle les droits de vaine pâture entre deux communes, d'après leurs limites, excède ses pouvoirs. — *Cons. d'état*, 17 mars 1835, Carpentier.

107. — Jugé pareillement que le pourvoi au conseil d'état, par la voie contentieuse, contre une ordonnance royale qui fixe les limites du territoire de deux ou plusieurs communes, en leur réservant leurs droits d'usage et autres, est non-recevable. — *Cons. d'état*, 26 fév. 1833, comm. d'Ozan; 16 nov. 1836, comm. de St-Cyr au Mont-d'Or.

108. — ... Qu'il appartient aux préfets, lors des opérations cadastrales, de statuer sur les questions relatives aux délimitations entre les communes d'un même département; l'arrêt pris en pareille circonstance est un acte de pure administration, qui ne peut être déféré au conseil d'état par la voie contentieuse, et qui, d'ailleurs, ne préjuge rien sur la question de propriété entre les communes. — *Cons. d'état*, 4 sept. 1840, comm. de Fons.

109. — ... Qu'un préfet est compétent pour prescrire le maintien de la délimitation administrative de deux communes et le rétablissement de la viabilité sur des chemins vicinaux; et que, dans ce cas, ses arrêtés ne font point obstacle à ce qu'il soit statué par les tribunaux sur la question de propriété. — *Cons. d'état*, 18 nov. 1838, comm. de Ploumilliau.

110. — ... Que lorsque, sur la demande d'un particulier et dans son intérêt, l'autorité administrative fait procéder à la délimitation de deux communes, les frais de cette opération sont à la charge de celui qui l'a requise. — La fixation des honoraires et des frais de cette opération appartient au préfet. — *Cons. d'état*, 7 août 1812, Béruble.

111. — ... Et que n'est pas sujette à cassation la sentence arbitrale qui, en décidant une question de propriété entre deux communes, a aussi statué sur la délimitation de leurs territoires respectifs, si cette délimitation a été opérée depuis, conformément à la sentence, par l'autorité administrative elle-même; le pourvoi en cassation contre la sentence doit, en ce cas, être rejeté pour défaut d'intérêt. — *Cass.*, 2 juill. 1827, comm. de Mouthier c. comm. de Lods.

112. — Jugé encore que lorsque entre deux communes il y a contestation sur la propriété des terres et des bois, le litige est de la compétence des tribunaux civils, bien qu'au fond il entraîne la modification des limites de la commune. — *Cons. d'état*, 24 déc. 1810, comm. de Zévaco.

113. — ... Que lorsqu'une partie du territoire d'une commune est réunie à une autre commune voisine, la commune à qui le terrain est enlevé perd le droit de cueillir le varech qu'elle récoltait précédemment, en raison de la *contiguïté* de cette partie de son territoire avec les rochers qui le produisent; — Et que c'est aux tribunaux qu'il appartient de statuer sur la question de savoir si la commune dépouillée a droit à une indemnité, à raison de la récolte du varech, de la part de la commune qui s'est accrue. — *Cons. d'état*, 21 oct. 1835, comm. de Siouville. — V. sur les actions des communes et sections de communes et sur la compétence, *infra* nos 488 et suiv., 657 et suiv.

114. — Il peut y avoir lieu de transporter certaines parcelles de terrain de la circonscription d'une commune dans celle d'une autre. Ces transports s'appliquent notamment aux *enclaves*, c'est-à-dire aux terrains entièrement séparés de la commune dont ils dépendent, et aux terrains prolongés, c'est-à-dire à ceux qui, adhérant par quelques points à la commune à qui ils appartiennent, font saillie sur le territoire de la commune voisine. — Bost, t. 1er, nº 21.

115. — Le transport d'une enclave d'une commune à une autre ne peut avoir lieu que par ordonnance royale. — Av. cons. d'état, 11 févr. 1800; Cir. min. int. 7 avr. 1828. — V. une autre circ. min. du 13 mars 1806, et le réglement sur le cadastre du 10 oct. 1821, qui n'exigent qu'un arrêté préfectoral. L'administration procède toujours en provoquant une ordonnance royale pour autoriser ces opérations. — Bost, t. 1er, nº 22.

116. — Les transports de territoire d'une commune à une autre ont lieu sur la proposition de l'administration supérieure. La proposition ou projet doit être accompagné des pièces suivantes : 1º Les délibérations des conseils municipaux des communes intéressées; — 2º l'avis du géomètre en chef; — 3º celui du directeur des contributions directes; — 4º deux expéditions du plan des lieux; — 5º un tableau indiquant l'étendue, la population, les revenus et dépenses ordinaires des communes, ainsi que l'étendue des terrains à distraire ou à échanger, le nombre des habitans qu'ils ren-

erment et le revenu communal qu'ils produisent en centimes additionnels ; — 6° les renseignemens relatifs aux biens et aux droits communaux, — 7° enfin l'avis du préfet, motivé en forme d'arrêté.

117. — Quant aux contestations qui surgiraient entre deux communes au sujet de leurs limites lors des opérations cadastrales, V. circ. du min. de l'int. 13 mars 1806, et régl. sur le cadastre, art. 8. — V. CADASTRE, nos 26 et suiv. — V. aussi un av. du cons. d'état 10 fev. 1806, qui règle le *bornage* des communes. — Il n'y a lieu de faire ce bornage aux frais des communes qu'autant qu'il s'élève des contestations sur les limites. — Bost, t. 1er, n° 30.

118. — Jugé que les questions de bornage et de limite de propriété entre communes sont du ressort des tribunaux. — *Cons. d'état*, 3 juin 1820, comm. de Chatel-Neuf.

119. — Mais si le transport de terrain ou le changement de limites amenait le déplacement d'une portion de territoire assez considérable et assez peuplée pour modifier sensiblement la constitution de la commune, ce serait une des *distractions de sections de communes*, prévues par l'art. 2, L. 18 juill. 1837 ; et il faudrait opérer conformément à cette loi.

120. — Les communes ont un chef-lieu qui est le clocher de la paroisse. Lorsqu'une commune est placée partie dans la circonscription d'un département et partie dans celle d'un autre, la fraction dans laquelle se trouve le chef-lieu est le siége du pouvoir municipal, et c'est au département qui comprend cette fraction qu'appartient la commune. La partie comprise dans le département voisin est soumise, quant aux actes de police, aux autorités des deux départemens. — V. décr. du 20 janv. 1790.

Sect. 3e. — *Des communes considérées comme êtres moraux.*

121. — Les communes ne sont pas seulement des circonscriptions territoriales ; elles sont des agglomérations d'intérêts unis entre eux dans une véritable communauté. A ce titre, elles forment des personnes morales dont l'existence ne saurait se confondre avec celle des individus qui font partie de la communauté. Elles se perpétuent et existent à toutes les époques, abstraction faite de la vie ou du décès de chacun de leurs membres.

122. — Leur existence politique et administrative se manifeste sous deux rapports différens.

123. — Ce sont d'abord des corps administratifs faisant partie de l'administration générale de la France. A ce point de vue, elles forment le dernier terme de la hiérarchie administrative. Le maire et les adjoints qui composent la représentation active de la commune doivent appliquer sur son territoire les lois et les mesures d'ordre public et général. — V. *infrà* nos 133, 153 et suiv. — Dufour, t. 1er, p. 556, nos 766 et 767.

124. — D'autre part, comme siége de l'administration municipale, la commune a une existence indépendante, et elle n'appartient plus à l'administration générale. Elle a des intérêts distincts, une administration qui lui est propre. Elle forme un corps spécial dont les intérêts sont surveillés et défendus par un corps délibérant et par des magistrats municipaux. — Foucart, t. 1er, n° 35 ; Cormenin, t. 1er, p. 364 ; Dufour, t. 1er, p. 556, n° 667.

125. — Les communes sont en outre des personnes *civiles* capables de tous les actes de disposition que la loi permet aux simples particuliers. Elles peuvent être propriétaires, créancières et débitrices ; elles perçoivent leurs revenus par l'intermédiaire de leurs représentans. Elles plaident en demandant et en défendant.

126. — Néanmoins, le législateur n'a pas cru pouvoir laisser aux communes une liberté d'action complète qui leur aurait donné les moyens de compromettre leur avenir par des actes irréfléchis, et, dans leur intérêt même, il les a soumises à la tutelle de l'administaalion supérieure.

127. — C'est en effet un principe de droit municipal que les communes sont assimilées aux mineurs, et qu'une autorisation spéciale leur est nécessaire, soit pour passer un acte de disposition ou d'acquisition, soit pour engager ou soutenir une contestation contre d'autres communes ou contre des particuliers. — Foucart, t. 3, n° 36.

128. — En reconnaissant aux communes une individualité administrative et politique, on a dû leur reconnaître la faculté d'annoncer cette individualité par des signes extérieurs. Outre le nom spécial par lequel chaque commune est désignée, un certain nombre de villes avaient et ont encore le droit d'avoir des armoiries ou bannières. Quelques autres ont conservé la dénomination de *bonnes villes*. — V. *infrà* n° 131.

129. — L'ordonnance royale du 8 juill. 1814 a décidé que les communes qui pendant la révolution avaient changé leur ancien nom pour prendre une qualification nouvelle, reprendraient le nom qu'elles portaient avant 1790.

130. — Pareillement, les ord. des 26 sept. et 26 déc. 1814 ont autorisé les villes qui, avant la même époque, possédaient des armoiries que leur avaient conférées les anciens rois de France à les reprendre. Ces ordonnances ont tracé les règles que devraient observer les villes qui voudraient obtenir à l'avenir des signes distinctifs de la même nature. Ils sont accordés par ordonnance royale. — V. ARMOIRIES, nos 40 et suiv.

131. — Le titre de *bonne ville*, auquel étaient attachés quelques priviléges autrefois, a été rétabli par la législation impériale. — Sénatus-consulte du 18 flor. an XIII, art. 52. — Une ordonnance royale du 28 avr. 1821 a pris soin de donner l'énumération des villes qui peuvent prétendre à cette qualification. — Foucard, t. 3, n° 38. — V. BONNES VILLES.

CHAPITRE III. — *Organisation municipale.*

132. — Le corps municipal, porte l'art. 1er, L. 21 mars 1831, sur l'organisation municipale, se compose du maire, de ses adjoints et des conseillers municipaux. Nous avons à déterminer quelles sont les attributions de ces divers représentans de la commune, et ce sera l'objet de la section suivante.

133. — Les fonctions des maires sont très diverses, et les pouvoirs les plus dissemblables entre eux ont été réunis entre leurs mains. Ils ne sont considérés ici que comme officiers municipaux concourant par leurs actes au jeu du pouvoir communal et à la représentation de la commune. — Quant au caractère et aux fonctions des maires, soit comme délégués de l'administration supérieure, soit sous d'autres rapports, V. ACTES DE L'ÉTAT CIVIL, MAIRE, POUVOIR MUNICIPAL. — Bost, t. 1er, nos 284 et suiv.

Sect. 1re. — *De l'organisation municipale depuis* 1789 *jusqu'à la législation actuelle.*

134. — L'organisation municipale a beaucoup varié en France depuis 1789. La première loi qui ait déterminé la constitution des municipalités est celle du 14 déc. 1789.

135. — D'après cette loi, le chef de tout corps municipal portait le nom de maire. — Art. 4. — Il y avait dans chaque municipalité un procureur de la commune, sans voix délibérative ; il était chargé de défendre les intérêts et de poursuivre les affaires de la commune. — Art. 26. — Les citoyens actifs de chaque commune nommaient, par un seul scrutin de liste et à la pluralité relative des suffrages, un nombre de notables double de celui du corps municipal. Ces notables formaient, avec les membres du conseil municipal, le conseil général de la commune et n'étaient appelés que pour les affaires importantes. — Art. 30 et 31.

136. — Les membres des corps municipaux des villes, bourgs, paroisses ou communautés, étaient au nombre de trois, y compris le maire, lorsque la population était au-dessous de 500 ames ; — de six, y compris le maire, depuis 500 ames jusqu'à 3,000 ; — de neuf, depuis 3,000 ames jusqu'à 10,000 ; — de douze, depuis 10,000 ames jusqu'à 25,000 ; — de quinze, depuis 25,000 jusqu'à 50,000 ; — de dix-huit, depuis 50,000 jusqu'à 100,000 ; — de vingt-un, au-dessus de 100,000 ames. — Art. 25.

137. — Chaque corps municipal composé de plus de trois membres était divisé en conseil et en bureau. — Le bureau était composé du tiers des officiers municipaux, y compris le maire, qui en faisait toujours partie ; les deux autres tiers formaient le conseil. — Art. 34 et 35. — L'élection du corps municipal appartenait à la réunion des citoyens actifs de chaque ville, bourg, paroisse ou communauté. — Art. 5. — Henrion de Pansey, *Du pouvoir municipal* ; Bost, t. 1er, p. 8. — V. ÉLECTIONS MUNICIPALES.

138. — Il y avait donc tout à la fois un maire, un conseil municipal, un conseil général de la commune, et dans certaines communes un bureau.

139. — Le *bureau* était chargé de l'administration et de l'exécution. Dans les municipalités qui, étant réduites à trois membres, n'avaient pas de bureau, ces fonctions appartenaient au maire. — Art. 37.

140. — Les corps municipaux avaient deux espèces de fonctions à remplir, les unes propres au pouvoir municipal, les autres propres à l'administration générale de l'état. — Art. 49.

141. — Les fonctions propres au pouvoir municipal étaient : de régir les biens et revenus communs des villes, bourgs, paroisses et communautés ; de régler et d'acquitter celles des dépenses locales qui devaient être payées des deniers communs ; de diriger et faire exécuter les travaux publics qui étaient à la charge de la communauté ; d'administrer les établissemens qui appartenaient à la commune, qui étaient entretenus de ses deniers, ou qui étaient particulièrement destinés à l'usage des citoyens dont elle était composée ; de faire jouir les habitans des avantages d'une bonne police, notamment de la propreté, de la salubrité, de la sûreté et de la tranquillité dans les rues, lieux et édifices publics. — Art. 50.

142. — Le *conseil général* devait être nécessairement convoqué lorsqu'il s'agissait de délibérer sur des acquisitions ou aliénations d'immeubles, sur des impositions extraordinaires pour dépenses locales, sur des emprunts, sur des travaux à entreprendre, sur l'emploi du prix des ventes, des remboursemens ou des recouvremens, sur les procès à intenter, même sur ceux à soutenir, dans le cas où le fond du droit était contesté. — Art. 54.

143. — Ce régime fut changé par la constitution du 5 fructid. an III, qui apporta une modification profonde dans le mode de représentation d'un grand nombre de communes. — Suivant cette constitution, toute commune dont la population s'élevait depuis 5,000 habitans jusqu'à 100,000 avait pour elle seule une administration municipale. — Art. 178. — Il y avait dans chaque commune dont la population était inférieure à 5,000 habitans, un *agent municipal* et un adjoint. — Art. 179. — La réunion des agens municipaux de chaque commune formait la municipalité du canton. — Art. 180. — Il y avait de plus un président de l'administra-municipale, choisi dans tout le canton. — Art. 181.

144. — Dans les communes dont la population s'élevait de 5,000 à 10,000 habitans, il y avait cinq officiers municipaux ; — sept, depuis 10,000 jusqu'à 50,000 ; — neuf, depuis 50,000 jusqu'à 100,000. — Art. 182. — Dans les communes dont la population excédait 100,000 habitans, il y avait au moins trois administrations municipales. — Art. 183. — Le directoire exécutif nommait auprès de chaque administration départementale et municipale un commissaire qu'il révoquait lorsqu'il le jugeait convenable. Ce commissaire surveillait et requérait l'application des lois. — Art. 191.

145. — Cette constitution gardait un silence complet sur le *conseil général* de la commune qu'avait créé la loi du 14 déc. 1789. Ce silence équivalait à une suppression de ce conseil, alors que le législateur se proposait de reconstituer toutes les lois fondamentales de la France.

146. — Quant aux pouvoirs des agens municipaux, adjoints et administrations municipales ainsi constituées, cette constitution portait seulement : — Les administrations départementales et municipales ne peuvent modifier les actes du corps législatif, ni ceux du directoire exécutif, ni en suspendre l'exécution. Elles ne peuvent s'immiscer dans les objets dépendant de l'ordre judiciaire. — Art. 189. — Les administrateurs sont essentiellement chargés de la répartition des contributions directes et de la surveillance des deniers provenant des revenus publics sur leur territoire. Le corps législatif détermine les règles et le mode de leurs fonctions, tant sur ces objets *que sur les autres parties de l'administration intérieure*. — Art. 190.

147. — Les administrations *municipales* étaient soumises aux administrations départementales, qui pouvaient les suspendre dans certains cas et approuvaient ou cassaient leurs actes. Les suspensions ou annulations devaient être approuvées par le directoire exécutif. — Art. 193, 194, 195 et 196. — Le directoire pouvait aussi prendre ces mesures directement. — Art. 196. — L'administration municipale rendait annuellement ses comptes à l'assemblée départementale. — Art. 200.

148. — La loi du 29 vendém. an V ajouta : — « Art. 1er. Le droit de suivre les actions qui intéressent uniquement les communes est confié aux agens desdites communes, et, à leur défaut, à leurs adjoints. — Art. 2. Dans les communes au-dessus de 5,000 ames, le droit de suivre les actions qui les intéressent est attribué à l'officier municipal qui sera choisi à cet effet par l'administration municipale. »

149. — Le système de la constitution de l'an III, qui subordonnait le jeu des institutions municipales à un calcul de population, fit place à celui qu'établit la loi du 28 pluv. an VIII sur la division du territoire français et l'administration. Cette loi, revenant à l'organisation de 1789, créa dans chaque commune un maire et un ou plusieurs adjoints administrant avec l'assistance d'un conseil municipal. Mais le principe électif qu'avaient adopté les

lois antérieures fut abandonné, et la nomination des maires et adjoints fut attribuée au gouvernement et aux préfets, d'après certaines distinctions. Le préfet dut nommer les conseillers municipaux. — V. CONSEIL MUNICIPAL, ÉLECTIONS MUNICIPALES, MAIRE.

150. — Les attributions des maires et adjoints et des conseils municipaux ont été ainsi définies par la loi du 28 pluv. an VIII : — Art. 13. « Les maires et adjoints rempliront les fonctions administratives exercées maintenant par l'agent municipal et l'adjoint. Relativement à la police et à l'état civil, ils rempliront les fonctions exercées maintenant par les administrations municipales de canton, les agens municipaux et adjoints. » — Art. 14. « Le conseil municipal entendra et pourra débattre le compte des recettes et dépenses municipales, qui sera rendu par le maire au sous-préfet, lequel l'arrêtera définitivement. — Il réglera le partage des affouages, pâtures, récoltes et fruits communs. Il réglera la répartition des travaux nécessaires à l'entretien et aux réparations des propriétés qui sont à la charge des habitans. — Il délibérera sur des besoins particuliers et locaux de la municipalité, sur les emprunts, sur les octrois ou contributions en centimes additionnels qui pourront être nécessaires pour subvenir à ces besoins, sur les procès qu'il conviendra d'intenter ou de soutenir pour l'exercice et la conservation des droits communaux. »

151. — Un arrêté du 4 thermid. compléta cette organisation en mettant la comptabilité communale dans les attributions du conseil municipal. Il faut remarquer, du reste, avec Henrion de Pansey (*Du pouvoir municipal*, p. 221), qu'il était dans l'esprit de la loi du 28 pluv. an VIII de conférer au conseil municipal toutes les attributions qui, en 1799, appartenaient au conseil général de la commune. Néanmoins, quelques actes législatifs postérieurs prescrivent la convocation d'un *conseil général* de la commune pour un objet déterminé. — V. notamment *infrà* n° 198.

152. — L'organisation municipale était encore telle que l'avait établie la loi du 28 pluv. an VIII, lorsque les lois du 21 mars 1831 et du 18 juill. 1837 sont venues créer par leur combinaison un système complet de législation sur ce point. La première, réalisant l'une des promesses de la Charte de 1830, a rendu aux communes l'élection des membres du corps municipal. La seconde, déterminant quelles sont la nature et l'étendue du pouvoir communal, n'a fait que reproduire, sous les rapports les plus essentiels, le système de l'an VIII. C'est conformément aux prescriptions de ces deux lois que fonctionnent actuellement les corps municipaux. — Davenne, *Encyclop. du dr.*, v° *Communes*.

Sect. 2e. — *Des attributions municipales des maires et adjoints.*

153. — Les attributions exclusivement municipales des maires sont ainsi déterminées par l'art. 10, L. 18 juillet 1837 : — Le maire est chargé, sous la *surveillance* de l'autorité supérieure : 1° de la police municipale, de la police rurale et de la voirie rurale, et de pourvoir à l'exécution des actes de l'autorité supérieure qui y sont relatifs. — Macarel, *Cours de dr. admin.*, t. 2, p. 276 et suiv.; Dufour, t. 1er, p. 65, n° 74; Leber et de Puibusque, *Code municipal*, p. 351 et suiv.; Cormenin, t. 1er, p. 307, n° 4. — V. POUVOIR MUNICIPAL.

154. — ... 2° De la conservation et de l'administration des propriétés de la commune, et de faire en conséquence tous actes conservatoires de ses droits. — V. ACTES CONSERVATOIRES.

155. — ... 3° De la gestion des revenus, de la surveillance des établissemens communaux et de la comptabilité communale. — V. *infrà* nos 1404 et suiv.

156. — ... 4° De la proposition du budget et de l'ordonnancement des dépenses. — V. *infrà* nos 1382 et suiv.

157. — ... 5° De la direction des travaux communaux.

158. — ... 6° De souscrire les marchés, de passer les baux des biens et les adjudications des travaux communaux dans les formes établies par les lois et réglemens.

159. — ... 7° De souscrire, dans les mêmes formes, les actes de vente, échange, partage, acceptation de dons et legs, acquisition, transaction, lorsque ces actes ont été autorisés conformément à la loi de 1837.

160. — ... 8° De représenter la commune en justice, soit en demandant, soit en défendant. — V. *infrà*, nos 505 et suiv. — V. aussi AUTORISATION DE PLAIDER.

161. — L'art. 11, L. 18 juill. 1837, porte : « Le maire prend des arrêtés à l'effet : 1° d'ordonner les mesures locales sur les objets confiés par les lois à sa vigilance et à son autorité; — 2° de publier de nouveau les lois et réglemens de police et de rappeler les citoyens à leur observation.

162. — Les arrêtés pris par le maire sont immédiatement adressés au sous-préfet. Le préfet peut les annuler ou en suspendre l'exécution. Ceux de ces arrêtés qui portent réglement permanent ne sont exécutoires qu'un mois après la remise de l'ampliation constatée par les récépissés donnés par le sous-préfet. — Même article.

163. — Cet article fait une distinction entre les arrêtés des maires portant réglement permanent et ceux qui ne portent qu'un réglement temporaire. Les premiers ne peuvent être rendus exécutoires qu'un mois après leur réception par le sous-préfet; les seconds peuvent être appliqués immédiatement, sauf le pouvoir d'annulation ou de suspension qui appartient au préfet.

164. — « Il ne faut pas croire, dit M. Duvergier (*Collect. des lois*, t. 37, p. 285), en parlant des arrêtés portant réglement permanent, qu'en gardant le silence pendant un mois, l'autorité supérieure ait abdiqué son droit de suspension ou d'annulation, et qu'elle ne puisse plus en user, soit spontanément, soit sur la réclamation des parties intéressées. Il est incontestable au contraire que le préfet, à qui les inconvéniens d'un arrêté seront révélés plus d'un mois après la publication, pourra et devra l'annuler ou du moins le suspendre. — V. aussi Bost, t. 1er, n° 290.

165. — Remarquons toutefois que la loi n'a pas voulu mettre l'autorité municipale à l'entière discrétion du préfet, et qu'elle n'autorise ce dernier à procéder lui-même aux actes pour lesquels le maire refuse d'agir, que si ces actes sont prescrits par la loi. Et s'il ne s'agissait que d'une mesure d'intérêt local, le préfet ne pourrait la prendre à défaut du maire. « Il faut, disait M. Vivien dans son rapport, que le préfet ne soit admis à user du droit que le projet lui confère, que pour des actes formels précisément exigés par la loi, et qu'à l'aide de ce droit il ne puisse annuler l'autorité municipale. Pour prévenir toute incertitude, nous avons effacé de l'article tous les mots qui présentaient une signification vague, et nous limitons le droit du préfet aux seuls cas où le maire a refusé ou négligé de faire *un acte prescrit par la loi.* »

166. — Au nombre des lois qui confient certains objets à la vigilance et à l'autorité des maires, dans les termes du § 2 de l'art. 11, il faut ranger l'art. 50, L. 14 déc. 1789, l'art. 3, tit. 11, L. 16 août 1790, qui charge les maires de prendre un certain nombre de mesures de sûreté publique; l'art. 46, tit. 1er, L. 19 juill. 1791, sur la police municipale et correctionnelle. — V. POUVOIR MUNICIPAL.

167. — Les attributions purement municipales des maires, telles qu'elles sont définies par la loi, peuvent donc être ramenées à trois points principaux : 1° les maires sont préposés à la *police* et à la *voirie* municipale, et à la police rurale; — 2° ils *administrent* les affaires de la commune; — 3° ils *représentent* la commune, soit dans les actes de la vie civile qui la concernent, soit dans les contestations dans lesquelles elle figure. Il faut ajouter que, comme représentans de la commune, les maires peuvent être appelés à donner des avis, et qu'ils peuvent réclamer, s'il y a lieu, au nom des intérêts municipaux auprès de l'administration générale. — Leberquier, *Corps municipal*, p. 357 et 359.

168. — La nomination à certains emplois salariés par la commune rentre dans les attributions des maires comme administrateurs. Ainsi, d'après l'art. 12, L. 18 juill. 1837, le maire nomme à tous les emplois communaux pour lesquels la loi ne prescrit pas un mode particulier de nomination; il suspend ou révoque les titulaires de ces emplois.

169. — D'après l'art. 13, le maire nomme les gardes champêtres, sauf l'approbation du conseil municipal; ils doivent être agréés et commissionnés par le sous-préfet; ils peuvent être suspendus par le maire, mais le préfet peut seul les révoquer. — V. GARDE CHAMPÊTRE.

170. — Le maire nomme également les pâtres communs, sauf l'approbation du conseil municipal. Il peut prononcer leur révocation.

171. — Lorsque le maire procède à une adjudication publique pour le compte de la commune, il est assisté de deux membres du conseil municipal désignés d'avance par le conseil, et, à défaut, appelés dans l'ordre du tableau. Le receveur municipal est appelé à toutes les adjudications.

172. — Toutes les difficultés qui peuvent s'élever sur les opérations préparatoires de l'adjudication sont résolues séance tenante par le maire et les deux conseillers assistans à la majorité des voix, sauf le recours de droit. — Art. 16 de la loi.

173. — Quant à l'élection et à la nomination des maires, aux incompatibilités entre leurs fonctions et certaines autres, et à la durée de leurs fonctions, V. ÉLECTIONS COMMUNALES, MAIRE.

174. — Les adjoints, considérés uniquement comme investis d'un pouvoir municipal, exercent ce pouvoir de la même manière que le maire, lorsque, pour cause d'absence ou d'empêchement de ce dernier, ils sont appelés à le remplacer. Il faut donc leur appliquer les principes qui ont été indiqués précédemment comme dominant les fonctions communales des maires.

175. — En cas d'absence, ou d'empêchement, porte l'art. 5 de la loi du 21 mars 1831, le maire est remplacé par l'adjoint disponible, le premier dans l'ordre des nominations. En cas d'absence ou d'empêchement du maire et des adjoints, le maire est remplacé par le conseiller municipal, le premier dans l'ordre du tableau, lequel sera dressé suivant le nombre des suffrages obtenus. Si les suffrages étaient égaux, le plus ancien conseiller serait placé le premier. — Duvergier, *Coll. des lois*, t. 37, p. 86, note 5. — Dans les cas prévus par cet article, l'adjoint ou le conseiller municipal, appelé à suppléer le maire, exercerait les fonctions municipales comme le maire lui-même l'aurait fait.

176. — L'art. 14 de la loi du 18 juill. 1837 autorise le maire à déléguer une partie de ses fonctions à un ou plusieurs de ses adjoints, et, en l'absence des adjoints, à ceux des conseillers municipaux qui sont appelés à en faire les fonctions. Si la délégation, ainsi faite par le maire, portait sur le pouvoir qu'il exerce comme chef et représentant de la commune, l'adjoint ou conseiller municipal délégataire exercerait ces fonctions sans que leur caractère fût altéré en rien par leur délégation. — Macarel, t. 2, p. 380.

177. — Les règles qui s'appliquent à l'élection et la nomination des maires, aux incompatibilités entre leurs fonctions et certaines autres, à la durée de leurs fonctions, sont communes aux adjoints. V., en conséquence, sur ces divers points, ÉLECTIONS MUNICIPALES, MAIRE. — Quant à la délégation de partie des fonctions du maire à un ou plusieurs adjoints, V. aussi MAIRE.

Sect. 3e. — *Des conseils municipaux.*

178. — Les conseils municipaux, pouvoir délibérant de la commune, peuvent fonctionner de trois manières différentes dans l'exercice de leurs attributions.

179. — 1° Ils *réglent* par leurs délibérations certains points. Les réglemens qu'ils font ainsi, n'ayant pour objet que des mesures d'administration intime de la commune et qui n'engagent pas l'avenir, ne présentent pas de danger, soit pour les intérêts généraux, soit pour ceux de la commune, et ils peuvent être exécutés sans autorisation de l'administration supérieure. — Macarel, *Cours de droit admin.*, t. 2, p. 19; Dufour, t. 1er, p. 508, n° 676; Davenne, *Régime des comm.*, p. 371, 372; Cormenin, t. 1er, p. 369, nos 6 et 7.

180. — 2° Leurs délibérations peuvent porter sur des objets intéressant la commune, mais qu'il ne leur appartient pas de régler par leur seul pouvoir. Les délibérations de cette catégorie ne sont pas exécutoires par elles-mêmes, elles ne le deviennent qu'autant que le préfet, à qui elles sont communiquées, leur donne ce caractère. — Bost, t. 1er, n° 234; Dufour, t. 1er, p. 570, n° 678.

181. — 3° Enfin, ces conseils sont appelés à émettre un simple avis sur des objets qui sont du domaine de l'administration supérieure. Ces avis sont destinés à éclairer l'administration sur les besoins et les vœux du corps municipal, et ils ne peuvent être considérés que comme des actes d'instruction. — Dufour, t. 1er, p. 571, n° 679.

182. — Cette triple compétence des conseils municipaux a été très nettement définie dans le rapport présenté par M. Vivien à la chambre des députés, sur le projet de la loi du 18 juill. 1837. — « Les réglemens, disait le rapporteur, ne concernent que le présent, ils ne s'appliquent qu'à de simples jouissances qui ne peuvent ni engager un long avenir, ni compromettre le fonds de la propriété communale. — Après les délibérations portant réglement, et qui ne touchent qu'à la jouissance et au temps présent, se trouvent celles qui sont susceptibles d'engager l'avenir ou d'altérer la fortune communale et qui, à ce titre, ne peuvent valoir par elles-mêmes ; ces délibérations ne sont exécutoires qu'avec l'approbation de l'autorité supérieure. Il est enfin une troisième espèce de questions, à l'égard desquelles les conseils municipaux sont seulement consultés : leurs délibérations n'aboutissent qu'à un simple avis. Cette dernière catégorie comprend les objets qui n'intéressent qu'indirec-

tement la commune, dont l'initiative est confiée à d'autres pouvoirs et dont la décision appartient à l'administration. »

183. — La loi du 18 juill. 1837 a déterminé par des dispositions spéciales quelle devait être l'étendue des pouvoirs des conseils municipaux en observant la distinction qui vient d'être indiquée. — « Les conseils municipaux, porte-t-elle dans son art. 17, réglent par leurs délibérations les objets suivans : 1o le mode d'administration des biens communaux; — 2o les conditions des baux à ferme ou à loyer dont la durée n'excède pas dix-huit ans pour les biens ruraux, et neuf ans pour les autres biens; — 3o le mode de jouissance et la répartition des pâturages et fruits communaux, autres que les bois, ainsi que les conditions à imposer aux parties prenantes; — 4o les affouages, en se conformant aux lois forestières. » — V. AFFOUAGE, FORÊTS.

184. — Expédition de toute délibération sur un des objets qui viennent d'être énoncés est immédiatement adressée par le maire au sous-préfet, qui en délivre ou en fait délivrer récépissé. La délibération est exécutoire si, dans les trente jours qui suivent la date du récépissé, le préfet ne l'a pas annulée, soit d'office, pour violation d'une disposition de loi ou d'un réglement d'administration publique, soit sur la réclamation de toute partie intéressée. Toutefois, le préfet peut suspendre l'exécution de la délibération pendant un autre délai de trente jours. — Art. 18.

185. — L'art. 19 spécifie les objets sur lesquels le conseil peut délibérer, mais sans que ses délibérations puissent être exécutoires autrement que par arrêté du préfet. — Le conseil municipal, dit cet article, délibère sur les objets suivans : 1o le budget de la commune, et en général toutes les recettes et dépenses, soit ordinaires, soit extraordinaires.

186. — 2o ... Les tarifs et réglemens de perception de tous les revenus communaux.

187. — ... 3o Les acquisitions, aliénations et échanges des propriétés communales, leur affectation aux différens services publics, et en général tout ce qui intéresse leur conservation et leur amélioration.

188. — ... 4o La délimitation ou le partage des biens indivis entre deux ou plusieurs communes ou sections de commune.

189. — ... 5o Les conditions des baux à ferme ou à loyer dont la durée excède dix-huit ans pour les autres biens, ainsi que celles des baux des biens pris à loyer par la commune, quelle qu'en soit la durée.

190. — ... 6o Les projets de constructions, de grosses réparations et de démolitions et en général tous les travaux à entreprendre. — Ce paragraphe ne s'applique qu'aux travaux à entreprendre. Les travaux déjà entrepris ou autorisés doivent être surveillés par le maire.

191. — ... 7o L'ouverture des rues et places publiques et les projets d'alignement de voirie municipale. — V. § 1er de l'art. 10 de la loi. — V. ALIGNEMENT, VOIRIE.

192. — ... 8o Le parcours et la vaine pâture. — V. ces deux mots.

193. — ... 9o L'acceptation des dons et legs faits à la commune et aux établissemens communaux. — V. art. 48 de la loi, et *infrà* no 305.

194. — ... 10o Les actions judiciaires et transactions. — V. art. 59 de la loi, et *infrà* nos 409 et suiv., 487 et suiv. — Et tous les autres objets sur lesquels les lois et réglemens appellent les conseils municipaux à délibérer.

195. — Jugé, antérieurement à la loi de 1837, que les conseils municipaux n'avaient pas le droit de modifier ni d'interpréter les réglemens de l'octroi sanctionnés par l'autorité supérieure, à moins que leurs arrêtés interprétatifs ne fussent eux-mêmes revêtus d'une semblable approbation. — *Cass.*, 2 juin 1820, Octroi de La Ferté-sous-Jouarre. — V. conf. *Cass.*, 22 déc. 1820, Octroi de Belfort c. Nicolas Dauphin; *Metz*, 31 juill. 1821, mêmes parties. — La loi du 18 juill. 1837 n'a fait que confirmer ce principe par les termes généraux du § 2 de son art. 19.

196. — L'art. 20 déclare les délibérations qui portent sur les objets ci-dessus énumérés d'après l'art. 19, L. 18 juill. 1837, exécutoires sur l'approbation du préfet, sauf les cas où l'approbation par le ministre compétent, ou par ordonnance royale, est prescrite par les lois ou par les réglemens d'administration publique. — Le législateur ne pouvait, en effet, attribuer une force exécutoire virtuelle à cette catégorie de délibérations, puisqu'elles ont pour objet de modifier la fortune publique. — Foucart, t. 3, no 44.

197. — Il faut remarquer que les art. 19 et 20 ne fixent aucun délai dans lequel le préfet doive se prononcer sur les délibérations dont ils s'occupent. — Dans la discussion à la chambre des députés on avait manifesté la crainte que l'administration ne procédât avec des lenteurs interminables lorsqu'il s'agirait de donner l'approbation, et plusieurs membres avaient insisté pour qu'on fixât un délai. Mais cette opinion a été repoussée. On n'a pas voulu introduire dans la loi une disposition qui aurait permis aux administrateurs d'éluder la responsabilité de leurs actes et entraîné la validité de délibérations illégales par le seul effet du silence de l'autorité supérieure. — Duvergier, *Collect. des lois*, t. 37, p. 240; Foucart, t. 3, no 44.

198. — L'art. 19, L. 18 juill. 1837, ne porte aucune atteinte à l'application de l'art. 9, décr. 30 sept. 1807, sur l'augmentation du nombre des succursales. Aux termes de ce dernier article, lorsqu'il y a lieu d'ériger une chapelle supplémentaire dite *annexe* dans les paroisses ou succursales trop étendues, cette érection doit être provoquée par une délibération du conseil général de la commune dûment autorisé à s'assembler à cet effet, et qui doit contenir l'engagement de doter le chapelain. — V. ANNEXE (Chapelle), no 8.

199. — Le conseil municipal, porte l'art. 21, L. 18 juill. 1837, est toujours appelé à donner son avis sur les objets suivans : 1o les circonscriptions relatives au culte; — 2o les circonscriptions relatives à la distribution de secours publics; — 3o les projets d'alignement de grande voirie dans l'intérieur des villes, bourgs et villages; — 4o l'acceptation des dons et legs faits aux établissemens de charité et de bienfaisance; — 5o les autorisations d'emprunter, d'acquérir, d'échanger, d'aliéner, de plaider ou de transiger, demandées par les mêmes établissemens et par les fabriques des églises et autres administrations préposées à l'entretien des cultes dont les ministres sont salariés par l'état; — 6o les budgets et les comptes des établissemens de charité et de bienfaisance; — 7o les budgets et les comptes des fabriques et autres administrations préposées à l'entretien des cultes dont les ministres sont salariés par l'état, lorsqu'elles reçoivent des secours sur les fonds communaux (V. CULTES, FABRIQUES); — 8o enfin, tous les objets sur lesquels les conseils municipaux sont appelés par les lois et réglemens à donner leur avis ou seront consultés par le préfet. — Bost, t. 1er, no 270.

200. — La loi donne, en outre, aux conseils municipaux le droit d'exprimer des vœux sur tous les objets d'intérêt local (L. 18 juill. 1837, art. 24). S'ils usaient de cette faculté en l'étendant à d'autres objets, les délibérations seraient nulles de plein droit comme portant sur des points étrangers à leurs attributions (V. L. 21 mars 1831, art. 28). Pour prévenir les dangers que présenterait une forme abusive donnée à ces manifestations, l'art. 24, L. 18 juill. 1837, leur interdit de faire ou publier aucune protestation, proclamation ou adresse. — Dufour, t. 1er, p. 572, no 680; Cormenin, t. 1er, p. 572, no 8.

201. — Les mesures d'intérêt local sur lesquelles les conseils municipaux peuvent exprimer des vœux sont toutes celles qui, concernant les intérêts communaux, se distinguent d'intérêts plus généraux que d'autres autorités doivent apprécier. Il faudrait considérer comme intérêt local, dans le sens de l'art. 24, celui qui serait annoncé par un conseil municipal comme s'appliquant collectivement à plusieurs communes. — Duvergier, *Collect. des lois*, t. 37, p. 241.

202. — Les conseils municipaux n'ont pas seulement les attributions générales qui viennent d'être indiquées, ils ont quelquefois des pouvoirs spéciaux dont ils n'usent que dans des circonstances particulières.

203. — Ils peuvent réclamer, s'il y a lieu, contre le contingent assigné à la commune dans l'établissement des impôts de répartition. — Art. 22. — V. CONTRIBUTIONS DIRECTES.

204. — Ils surveillent la comptabilité communale. Ils délibèrent sur les comptes présentés annuellement par les maires. Ils entendent aussi, débattent et arrêtent les comptes de deniers des receveurs. — Art. 23.

205. — Il est enfin un cas dans lequel les conseils municipaux exercent l'une de leurs attributions les plus importantes en ayant recours à un mode de délibération exceptionnel. — L'art. 42, L. 18 juill. 1837, porte : Dans les communes où les revenus sont inférieurs à 100,000 fr., toutes les fois qu'il s'agira de contributions extraordinaires et d'emprunts, les plus imposés au rôle de la commune seront appelés à délibérer avec le conseil municipal, en nombre égal à celui des membres en exercice. — Ces plus imposés seront convoqués individuellement par le maire, au moins dix jours avant celui de la réunion. Lorsque les plus imposés appelés seront absens, ils seront remplacés en nombre égal par les plus imposés portés après eux sur le rôle.

206. — L'art. 40 porte : Les délibérations du conseil municipal concernant une contribution extraordinaire destinée à subvenir aux dépenses obligatoires, ne seront exécutoires qu'en vertu d'un arrêté du préfet, s'il s'agit d'une commune ayant moins de 100,000 fr. de revenu, et d'une ordonnance du roi, s'il s'agit d'une commune ayant un revenu supérieur. — Dans le cas où la contribution extraordinaire aurait pour but de subvenir à d'autres dépenses que les dépenses obligatoires, elle ne pourra être autorisée que par ordonnance du roi, s'il s'agit d'une commune ayant moins de 100,000 fr. de revenu, et par une loi, s'il s'agit d'une commune ayant un revenu supérieur.

207. — La nécessité de l'adjonction des plus imposés au conseil municipal, alors qu'il s'agit d'imposer à la commune des charges extraordinaires n'a pas besoin d'être démontrée. Il n'en était pas ainsi cependant avant la loi du 15 mai 1818, sur les finances, qui l'a prescrite la première. Cette loi est remplacée, sous ce rapport, par les dispositions qui précèdent. — V. circul. min. int. 18 mai 1818, qui résout plusieurs difficultés que faisait naître la loi du 15 mai sur ce point. — Henrion de Pansey, *Du pouvoir municipal*, p. 223.

208. — Quant à l'élection des conseillers municipaux par l'assemblée des électeurs communaux, et aux conditions de forme auxquelles cette élection est soumise, V. ÉLECTIONS MUNICIPALES. — Pour tout ce qui est relatif aux incompatibilités entre les fonctions de conseiller municipal et d'autres fonctions, à la convocation des conseils, à la régularité et à la publicité de la délibération et du vote, à la distinction des réunions en ordinaires et extraordinaires, enfin à la dissolution des conseils et à leur renouvellement, V. CONSEIL MUNICIPAL.

CHAPITRE IV. — *Des communes considérées comme personnes civiles.*

Sect. 1re. — *De la tutelle administrative.*

209. — Les communes ne sont pas seulement des fractions administratives. Considérées comme une agrégation de familles unies par des intérêts, des biens et des droits communs, elles rentrent dans la classe des personnes civiles. Comme celles-ci, elles peuvent dès-lors posséder et contracter; elles ont des biens et des dettes; elles sont capables d'acquérir, d'aliéner, de transiger, de plaider, et de faire, en un mot, tous les actes de la vie civile. Et cette existence de la commune, bien que la conséquence, le résumé de celle de ses membres, se distingue de la leur considérée individuellement. — Foucart, *Elém. de dr. publ. et admin.*, t. 3, no 86; Cormenin, *Quest. de dr. adm.*, t. 2, p. 72, 2e édit.

210. — Pour se livrer à ces divers actes, les communes sont toutefois assujéties, dans leur intérêt même, à certaines formalités spéciales. La loi a ainsi exigé des communes, pour l'accomplissement des actes de leur vie civile, des formalités analogues à celles qu'elle a prescrites dans l'intérêt des mineurs et des interdits. Elle a voulu leur assurer ainsi des garanties plus certaines, de telle façon que la tutelle administrative remplace à leur égard la tutelle civile.

211. — On trouve, dans les codes civil et de procédure, des traces nombreuses des mesures de précaution et de prudence dont la loi a cru devoir entourer les communes. — V. notamment C. civ., art. 537, 910, 2045 et 2121; C. procéd., art. 49, 83, 132, 481, 1004 et 1032.

212. — En principe, les communes ne peuvent acquérir, aliéner, même la simple jouissance, partager des biens indivis, s'imposer, plaider, transiger, compromettre, sans y avoir été préalablement autorisées par l'administration supérieure, ou sans que la délibération du conseil municipal relative à ces objets ait été approuvée par elle, ou, au moins, sans que, le contrat passé, l'acte qui le constate ait été soumis à cette approbation. — L. 18 juill. 1837, art. 19, 20, 33 et suiv., 46 et suiv., 59, etc.

213. — La pénurie ou le bien-être des communes intéresse l'état, à cause des charges plus ou moins considérables qui peuvent être, pour les administrés, la suite de l'opulence ou de la détresse de ces fractions importantes de l'empire. De là cette maxime de notre droit public, que les communes sont en état perpétuel de minorité; de là le droit de haute tutelle qui appartient à l'administration supérieure sur tout ce qui intéresse la fortune des communes, et comme cette fortune pouvait être compromise par des engagemens contractés imprudemment, par des contestations légèrement élevées, il a été sage de ne pas permettre qu'il y fût donné suite, sans l'autorisation préalable, ou

tout au moins sans l'approbation ultérieure de ceux à qui est confié l'exercice de cette tutelle et de cette surveillance.

214.—C'était d'ailleurs un puissant moyen d'arriver à la centralisation; but constant de tous les efforts du pouvoir royal dans la lutte engagée pour son agrandissement.

215. — Cette tutelle administrative appartient essentiellement à l'autorité royale. Dans certains cas extraordinaires, le législateur doit néanmoins intervenir. Dans d'autres cas, il suffit de l'autorisation du ministre, du préfet, du conseil de préfecture ou du sous-préfet.

216.— L'administration supérieure exerce donc, par le ministère du roi et de ses ministres, des préfets et des sous-préfets, un droit de haute tutelle et de surveillance sur les communes qui ne peuvent accomplir un grand nombre d'actes, sans provoquer l'exercice de cette tutelle ; lorsque l'usage qui en est fait par l'administration n'a pas pour résultat de blesser un droit (*jus*), les communes ne peuvent le critiquer par la voie contentieuse.

217.— Les communes sont aussi non-recevables à attaquer devant le conseil d'état, par la voie contentieuse, les actes ministériels de pure administration et de tutelle.

218.—Ainsi, l'arrêté du préfet et la décision confirmative du ministre qui refusent d'approuver une délibération du conseil municipal pour le rachat d'une rente servie par la commune, sont des actes de pure administration qui ne peuvent être déférés au conseil d'état par la voie contentieuse. — *Cons. d'état*, 19 mai 1843, Marc. — V. aussi *Cons. d'état*, 17 janv. 1838, comm. de Vellerot-les-Belvoir.

219. — Mais ces décisions ne font pas obstacle à ce que le propriétaire de la rente fasse valoir, ainsi qu'il avisera, ses droits au service ou au remboursement de la rente. — Mêmes ordonnances.

220. — Jugé également que l'arrêté préfectoral qui autorise la vente d'un terrain communal et la décision ministérielle qui confirme cet arrêté sont des actes de tutelle administrative qui ne font pas obstacle à ce que les tiers fassent valoir, devant l'autorité compétente, les droits qu'ils peuvent avoir sur ledit terrain; que dès-lors l'arrêté et la décision dont il vient d'être parlé ne peuvent être déférés au conseil d'état par la voie contentieuse. — *Cons. d'état*, 23 fév. 1841, Devilette.

221. — Les décisions par lesquelles le ministre de l'intérieur a statué sur la nomination d'un médecin des pauvres d'une commune, en exécution d'un testament qui contient un legs pour cet objet, sont des actes de tutelle administrative contre lesquels la commune n'est pas recevable à se pourvoir par la voie contentieuse. — *Cons. d'état*, 13 juin 1838, comm. de Chaumes. — V. COMPÉTENCE ADMINISTRATIVE, CONSEIL MUNICIPAL, PRÉFET, MINISTRE.

222.—La commune, dans tous les actes de la vie civile qui l'intéressent, est représentée, comme nous l'avons dit *suprà* (nº 168), par le maire, sous la surveillance de l'administration supérieure, à qui appartient un droit de haute tutelle administrative.

223. —Ainsi, le maire administre les propriétés de la commune et souscrit les baux ; — il passe les marchés, adjuge les travaux communaux, dans les formes légales, et en dirige l'exécution ; — il souscrit tous les contrats et fait tous les actes d'acquisition, de partage ou d'aliénation, consent les transactions, le tout dans les formes et sous les conditions exigées par la loi ; il représente la commune en justice ; — enfin il propose le budget, ordonnance les dépenses, gère les revenus et rend compte.

224. — Le maire qui agit pour la conservation des intérêts d'une commune, en constatant un abus qui pouvait préjudicier à une propriété communale, agit dans l'ordre de ses fonctions d'administrateur des biens de la commune, et non pas comme officier de police judiciaire. Dès-lors, il engage le corps moral de la commune, qui doit être déclarée responsable de toutes les conséquences du fait de son administrateur, même non autorisé par le conseil municipal, et, par exemple, de la saisie, opérée par le maire, d'un four à chaux dans lequel avaient été transportées des pierres extraites d'une carrière communale. — *Cass.*, 19 avr. 1836, comm. de Messigny c. Fremyet.

225. — Un maire est responsable et garant envers les entrepreneurs de l'illégalité des engagemens qu'il contracte envers eux pour le compte de la commune, alors même qu'ils n'auraient eu lieu que par simple ordre d'exécution. — *Douai*, 20 juin 1835, Béthune-Hourriez et comm. de Cambrai c. Quersin.

226. — Outre l'autorisation qui est donnée par la commune à son représentant, elle doit elle-même obtenir, dans des cas déterminés par la loi, l'autorisation du conseil de préfecture. — Art. 1er.

227. — Lorsque plusieurs communes ont des biens ou des droits par indivis, cet intérêt commun peut être, sur la demande de l'une d'elles, confié à l'administration et à la garde d'une commission spéciale formée conformément à l'art. 70, L. 18 juill. 1837, et dans le sein de laquelle le préfet nomme un syndic. La commission spéciale et son syndic ont, en ce qui touche l'objet commun, les mêmes attributions que les conseils municipaux et les maires à l'égard des biens des communes, art. 70 et 71.

228. — Dans le cas où un même travail intéresse plusieurs communes, il est procédé comme l'indiquent les art. 72 et 73.

229. — Lorsque les communes veulent passer un contrat pour lequel elles ont besoin d'obtenir une ordonnance royale, le ministre de l'intérieur peut-il se dispenser de soumettre à la délibération du conseil d'état la demande d'autorisation, et apporter ainsi un obstacle indirect au contrat? — Deux fois le conseil d'état a jugé la négative, et annulé des décisions ministérielles qui avaient refusé de soumettre au conseil d'état et rejeté des demandes en acceptation de legs formées par un hospice (*Cons. d'état*, 12 janv. 1835, hospices de Compiègne c. Gobart) et par une commune (*Cons. d'état*, 6 avr. 1836, comm. de Croissy c. Min. du comm.). — Depuis, le conseil a repoussé la réclamation formée par une commune contre une décision du ministre de l'intérieur, lui refusant l'autorisation de faire une acquisition. Le motif sur lequel il s'est appuyé était tiré de ce que l'acte du ministre attaqué par le pourvoi était un acte d'administration et de tutelle, non susceptible dès-lors de lui être déféré par la voie contentieuse. — *Cons. d'état*, 17 janv. 1838, comm. de Vellerot-les-Belvoir c. Min. de l'int. — Mais cette dernière décision est combattue, comme contraire aux véritables principes, par M. Foucart, nº 1624.

Sect. 2e. — *Contrats des communes.*

ART. 1er. — *Règles générales.*

230.—La forme des contrats communaux a subi de nombreuses variations sous l'ancien droit. Quelquefois l'approbation des intendans a suffi pour les rendre définitifs; mais, d'après les usages en vigueur en 1789, les communautés d'habitans ne pouvaient valablement emprunter ni aliéner leurs immeubles, en tout ou en partie, sans l'autorisation du roi.

231. — La loi des 14-18 déc. 1789, art. 54, prescrivait la convocation du conseil général de la commune (V. *suprà*, nº 142), lorsqu'il devait être délibéré sur des acquisitions et aliénations d'immeubles. Les ventes, d'après cette loi, ne se trouvaient soumises qu'au contrôle de l'administration du département. Les lois des 3 avr. et 10 août 1791 permirent les aliénations faites avec l'approbation de l'administration locale.

232. — D'après les lois du 10 août 1791 et du 2 prair. an V, les communes ne pouvaient acquérir, aliéner, emprunter, échanger, sans l'autorisation du pouvoir législatif. En l'an XIII, le ministre des finances proposa de faire rendre une loi qui permît ces divers actes aux communes, sans qu'il fût besoin de recourir aux formalités d'une loi. Mais un avis du conseil d'état du 15 niv. an XIII rejeta cette proposition. « La forme législative, prescrite et usitée jusqu'à ce jour, portait cet avis, offrant plus de garantie de la conservation des propriétés communales, et ne présentant guère plus de formalités que l'émission d'un simple décret impérial, doit continuer à être suivie. »

233.—« Cependant, dit M. de Cormenin (t. 2, p. 121, note 2), les idées changèrent, et l'autorisation par décret fut substituée à l'autorisation par la loi. Les ordonnances ont depuis remplacé les décrets ; c'est le mode actuel, illégal, mais usité. » — V. notamment ord. réglem. du 23 juin 1819. — Il résulte de ce qui précède que les lois de 1791 et de l'an V sont tombées en désuétude, mais n'ont pas néanmoins été abrogées. — V. le rapport fait à la chambre des pairs, le 19 mars 1835, par M. Mounier.

234.—En effet, par une circulaire du 18 juin 1806, le ministre de l'intérieur fit connaître que son collègue de la justice avait, à sa demande, défendu expressément aux notaires de recevoir les actes d'acquisitions d'immeubles faites par les maires au nom des communes, si le gouvernement n'avait préalablement accordé son autorisation ; il enjoignit, par suite, aux préfets de lui faire parvenir toutes les demandes de cette nature.

235. — Un décret du 5 avr. 1811 ajouta une sanction pénale à ces dispositions. « Il est défendu, portait l'art. 2, audit sieur..... et à tous autres de faire aucune acquisition pour les départemens, arrondissemens ou communes, même quand les fonds auraient été alloués par nous aux budgets, à moins d'une autorisation spéciale donnée par nous en notre conseil, à peine de nullité des actes à l'égard des départemens, des arrondissemens et des communes, et de délaissement des acquisitions au compte des administrateurs. »

236. — La loi du 28 juill. 1824, art. 10, dont l'art. 10 de la loi du 21 mai 1836, sur les chemins vicinaux, a reproduit la disposition, porte que les acquisitions, aliénations et échanges concernant les chemins vicinaux, seront autorisés par arrêtés des préfets en conseil de préfecture, après délibération des conseils municipaux intéressés, et après enquête *de commodo et incommodo*. Toutefois, la loi du 21 mai 1836, n'établissant pas de distinction, comme celle de 1824, l'arrêté doit avoir son effet, quelle que soit la valeur des terrains auxquels il s'applique. — Inst. min. 24 juin 1836. — V. CHEMINS VICINAUX.

237.—Nous avons dit, *suprà* nº 187, dans quelle forme le conseil délibère sur les acquisitions, aliénations et échanges des propriétés communales, leur affectation aux différens services publics, et en général tout ce qui intéresse leur amélioration et leur conservation, et quelles sont les autorisations et formalités indispensables pour que les délibérations deviennent exécutoires.

238.—Ces diverses dispositions constituent, avec les prescriptions de la loi du 16 sept. 1807 sur les acquisitions de terrains par voie d'alignement, l'ensemble de la législation en matière d'acquisitions communales.

239 — Les engagemens contractés par une commune non autorisée sont absolument nuls, et incapables, dans le cas d'inexécution, d'engendrer contre elle une action en dommages-intérêts de la part de celui envers lequel elle s'est obligée. — *Cass.*, 30 janv. 1828, Comm. de Marseille c. Barlatier.

240. — Mais le défaut d'une autorisation régulière pour contracter ne peut être opposé à une commune quand l'acte a reçu son exécution pendant plus de trente années. — *Bordeaux*, 29 mars 1833, Comm. de Villejoubert c. Roger et Hevart.

241. — Le principe qui ne permet pas aux communes de transiger ou acquérir sans autorisation, n'est établi qu'en leur faveur. En conséquence, la nullité résultant du défaut d'autorisation ne peut pas être relevée par ceux qui ont contracté avec elles. Du moins, il en était ainsi sous l'ancienne législation. — *Cass.*, 16 mars 1836, Renouard de Bussières c. comm. de Zinswiller.

242.—Pareillement, lorsqu'une commune a contracté, sans y être autorisée, conformément aux art. 54 et 56 de la loi du 14 déc. 1789, la nullité résultant de ce défaut d'autorisation ne peut être invoquée contre la commune par ceux qui ont contracté avec elle. En d'autres termes, le défaut d'autorisation d'une commune ne produit pas une nullité absolue, mais seulement une nullité relative. — *Nîmes*, 25 nov. 1836 (t. 2 1837, p. 258), D'Albert c. comm. de Dubour.

243. — De même, l'incapacité d'une commune non autorisée est purement relative, de sorte qu'elle ne peut être opposée par les tiers qui ont contracté avec cette commune. — *Bourges*, 9 juin 1828, Comm. de Quincy c. Pinoteau. — V. *infrà*, nºs 257 et suiv.

244. — L'intervention des notaires pour la passation des actes des communes, si elle est utile, n'est pas nécessaire en thèse générale (Déc. min. du 21 juin 1838; Circ. du 19 déc. 1840). Elle ne l'est que quand la loi l'exige formellement, en cas de donation, par exemple (C. civ., art. 931, 932). — Foucart, nº 1595 ; Magnitot et Delamarre, *Dict. de droit admin.*, vº *Commune*, nº 241.

245. — Si l'immeuble appartient au domaine, la vente est faite administrativement par le préfet. — Foucart, *ibid.*; Rolland, vº *Commune*, nº 51. — V. DOMAINE DE L'ÉTAT.

246. — Les communes deviennent propriétaires par acquisition, donation, échange, emprunt. — Nous allons successivement examiner les divers actes que peuvent faire les communes, en indiquant les formes qui doivent accompagner chacun d'eux.

ART. 2. — *Acquisitions.*

247. — La commune qui veut acquérir un immeuble doit commencer par obtenir l'autorisation de l'administration supérieure.

248. — Il en était de même d'après les lois des 20 août 1790 et 24 avr. 1793. Les communes ne pouvaient directement ou indirectement, ou par personnes interposées, acquérir des domaines

nationaux, sans y être préalablement autorisées par un décret du corps législatif — *Cass.*, 23 janv. 1816, Comm. de Charbonnière c. Chevalier.

249. — Ainsi, jugé que l'acquisition, par acte notarié, faite d'un particulier au nom d'une commune, est nulle, si elle n'a pas été précédée d'une autorisation légale. — *Cons. d'état*, 7 prair. an IX, comm. de Saint-Egrève.

250. — Mais l'acquisition faite par une commune non autorisée est viciée d'une nullité purement relative, établie uniquement en faveur de la commune, de telle sorte que ceux qui ont contracté avec elle ou en son nom sont non recevables à se prévaloir de cette nullité. — *Cass.*, 22 mai 1827, Niefergold c. Lehmann; 8 mai 1827, Lecomte c. comm. de Goupillières; *Colmar*, 28 août 1827, Gissy; *Grenoble*, 26 fév. 1831, comm. de Frontannas; — Trolley, *Cours de droit admin.*, t. 2, n° 464.

251. — De même encore, la nullité résultant de ce qu'une commune, sans y avoir été autorisée, a donné mandat d'acquérir un immeuble, ne peut être proposée par ceux avec qui la commune a contracté ou qui ont contracté pour la commune; elle ne pourrait être opposée que par la commune elle-même ou par le domaine. — *Colmar*, 28 août 1827, Gissy.

252. — Il suit de ce principe que les communes peuvent acquérir par voie de prescription, et en se rendant adjudicataires d'immeubles dont l'expropriation a été poursuivie par elles. — Proudhon, n° 904.

253. — Celui qui a acquis un immeuble pour le compte d'une commune non pourvue d'autorisation ne peut, après avoir consenti à la mise en possession de la commune, se prévaloir de la nullité résultant du défaut d'autorisation, afin de revendiquer par lui-même la propriété des biens acquis. — *Cass.*, 25 nov. 1829, Gissy c. comm. de Kruth.

254. — Il avait été cependant jugé, antérieurement à ces diverses décisions, que le mandat donné par une commune non autorisée de faire l'acquisition d'un bien national, était nul *et n'était pas le mandataire tenu de restituer l'objet qu'il avait acquis par suite de ce mandat.* — *Cass.*, 23 janv. 1816, comm. de Charbonnière c. Chevalier.

255. — La délibération du conseil municipal qui permet l'acquisition ne constitue pas pour les représentans de la commune une autorisation suffisante. — *Cons. d'état*, 7 prair. an IX, comm. de Saint-Egrèves.

256. — Un décret qui, conformément à une délibération du conseil municipal, autorise une commune à acquérir un terrain jugé nécessaire à l'exécution d'un monument public, ne fait pas obstacle à ce que le conseil municipal, adoptant, par une seconde délibération, de nouveaux plans, renonce à l'acquisition projetée. — Il ne peut résulter des droits définitivement acquis au profit du particulier dont le terrain devait être originairement acheté par la commune, ni de ce décret, ni du contrat d'acquisition, que, sur l'ordre du préfet donné par une fausse interprétation dudit décret, le maire aurait signé postérieurement à la seconde délibération du conseil municipal. — *Cons. d'état*, 20 mars 1810, ville de Cambrai.

257. — Un tiers peut vendre à une commune, sous la condition qu'elle obtiendra l'autorisation administrative. Le maire peut donc accepter conservatoirement la proposition faite à la commune d'acquérir sous la condition de remplir les formalités prescrites, et en attendant, le tiers ne pourra révoquer sa proposition et s'affranchir de son engagement.

258. — Il existe une différence entre la convention faite purement et simplement avec la commune non autorisée et la convention faite au contraire sous la condition qu'elle obtiendra l'agrément de l'autorité administrative. Dans le premier cas, le contrat, quoique entaché d'une nullité relative, est définitif; dans le second, il est conditionnel, et l'accomplissement de la condition annulle l'acte *ab initio*, et profite à toutes les parties.

259. — On admettra facilement que cette condition a été stipulée, car on ne doit pas supposer qu'une partie ait voulu se lier envers la commune qui ne contracterait elle-même aucun engagement valable. — Trolley, *Cours de dr. admin.*, t. 2, p. 35, n° 465.

260. — Aucun délai n'étant fixé pour l'accomplissement de la convention, le maire fera toujours en temps opportun accomplir les formalités administratives; cependant, l'équité ne veut pas que le tiers reste ainsi éternellement sous le coup d'un acte dont le sort est incertain : aussi doit-on décider que les tribunaux pourraient déterminer un délai passé lequel, l'autorisation n'étant pas obtenue, l'engagement sera résilié. — Trolley, *Cours de droit admin.*, t. 2, p. 35, n° 466.

261. — Quant aux formalités à remplir par les communes qui veulent obtenir l'autorisation d'acquérir un immeuble, elles n'ont pas varié.

262. — Ces formalités consistent dans l'estimation de l'immeuble à acquérir, estimation faite contradictoirement par deux experts, nommés l'un par le maire, l'autre par le vendeur. Un plan figuré et détaillé des lieux doit accompagner le procès-verbal, au bas duquel le soumissionnaire appose son consentement. Une enquête *de commodo et incommodo* est ensuite faite, et le tout est soumis au conseil municipal, dont le procès-verbal de délibération, avec l'avis du sous-préfet et celui du préfet, en forme d'arrêté, est envoyé, ainsi que le procès-verbal d'enquête, le plan des lieux, le rapport des experts, au ministre de l'intérieur, si l'acquisition est d'une telle importance qu'il y ait lieu à ordonnance royale. — Arrêté du 7 germin. an IX; avis du cons. d'état 3 sept. 1811.

263. — Nous avons dit que le préfet autorise, par un arrêté pris en conseil de préfecture, les acquisitions jusqu'à concurrence de 3,000 francs, pour les communes qui ont moins de 100,000 francs de revenu, et jusqu'à concurrence de 20,000 francs pour les autres; que, s'il s'agit d'une valeur supérieure, il est statué par ordonnance du roi (L. 18 juill. 1837, art. 46). Quant à la fixation des valeurs, on l'obtient, selon l'usage suivi par l'administration, au moyen de l'estimation faite à la diligence du maire. — « Il peut fort bien arriver, ajoute M. Dufour (*Dr. admin. appl.*, t. 1er, p. 583), que cette estimation se trouve démentie par le résultat de l'opération, que l'immeuble évalué moins de 3,000 francs se vende en définitive à un prix plus élevé; mais on est convenu, dans la discussion qui a amené la rédaction de la loi, que l'estimation préalablement faite pour savoir de quelle autorité devait émaner l'approbation, n'en conserverait pas moins toute sa validité, pourvu qu'elle ait été faite de bonne foi. »

264. — La commune qui veut acquérir doit aussi justifier de ressources suffisantes pour solder le prix (Avis du comité de l'int. du 19 juill. 1833). Il est conséquemment nécessaire d'adresser au ministre de l'intérieur, avec les pièces dont il vient d'être parlé, le budget communal.

265. — Un avis du comité de l'int., du 25 fév. 1824, défend au vendeur, s'il est membre du conseil municipal, de figurer dans la délibération de ce conseil relative à l'acquisition de son immeuble.

266. — Le maire qui, d'après l'art. 1596, C. civ., ne peut acheter le bien de la commune, peut cependant lui vendre le sien. — Lettre min. 27 avr. 1840.

267. — C'est aux ministres qu'il appartient, sauf recours au conseil d'état, de statuer sur l'application des décrets et ordonnances qui ont affecté ou cédé à des communes des terrains ou bâtimens de l'état; mais les tribunaux sont seuls compétens pour statuer sur les contestations relatives aux ventes faites par des particuliers à des communes. — Cormenin, *Quest. de dr. admin.*, 4e édit., t. 2, p. 116.

268. — Décidé que les conseils de préfecture sont compétens pour statuer sur l'exécution d'un décret portant cession de bâtimens à une commune. — *Cons. d'état*, 8 mai 1822, comm. de Saint-Jean-d'Angely c. Massion.

269. — L'obligation souscrite par un maire, en son nom personnel, d'acheter une maison, moyennant un prix convenu, pour en faire un presbytère, dès que la commune serait autorisée par l'administration à faire cette acquisition, constitue un acte privé dont la connaissance appartient à l'autorité judiciaire. — *Cons. d'état*, 7 août 1816, Jeannet.

270. — Mais le traité intervenu entre un particulier et le maire d'une commune qui ne s'est pas porté fort et qui a agi sans autorisation préalable du conseil municipal, n'est qu'un simple projet, sans force obligatoire entre les parties qui l'ont souscrit. — En conséquence, ce particulier peut rétracter son consentement audit traité, tant que le maire n'a pas, par une acceptation, régulièrement autorisée par le conseil municipal, rendu irrévocable la convention dont il s'agit. — *Toulouse*, 1er fév. 1840 (t. 1er 1843, p. 557), Andrieu c. Maire de Grauilhet.

171. — Mais le maire d'une commune qui, autorisé à cet effet par le conseil municipal, a promis d'acheter un immeuble moyennant un prix convenu avec le vendeur, et sous réserve de l'autorisation royale, contracte une obligation qui lie les parties (commune et vendeur), dès que cette autorisation est accordée. Le conseil municipal ne peut, par suite, se refuser à la réalisation du contrat, par le motif que l'acquisition a été autorisée avec destination d'écoles, dont la nature n'était pas indiquée, tandis que la commune n'avait entendu acheter l'immeuble que pour y établir des écoles communales et secondaires. — *Agen*, 22 mai 1840 (t. 1er 1846, p. 9), ville de Nérac c. Pougès et Busca.

272. — Les acquisitions faites par les communes ont lieu à l'amiable ou par voie d'expropriation forcée pour cause d'utilité publique. — V. sur les formes à suivre au second cas, le mot EXPROPRIATION POUR CAUSE D'UTILITÉ PUBLIQUE.

283. — Dans le cas où une commune voudrait faire l'acquisition d'un bien de mineurs, il lui faudrait remplir les formalités exigées par les art. 457, 458 et 459, C. civ., sous peine de voir le vendeur, à sa majorité, intenter contre elle l'action en rescision. Mais s'il y avait préjudice pour la commune à remplir ces formalités, et si, d'autre part, l'acquisition était indispensable et urgente, il y aurait lieu, pour garantir la commune, sans qu'elle eût cependant à accomplir les formalités ordinaires, à faire déclarer l'utilité publique. — Avis du com. de l'int. du 9 mai 1834.

274. — De même, si l'immeuble était de peu de valeur, et si le tuteur se trouvait solvable, ou consentait hypothèque sur ses biens propres, il pourrait y avoir lieu d'autoriser l'acquisition, à la condition expresse que le tuteur se porterait fort pour son pupille, et prendrait l'engagement de lui faire ratifier la vente à sa majorité. — Avis du com. de l'int. 6 mai 1831 et 4 janv. 1833.

275. — Il est clair qu'il n'y aurait pas lieu à l'application de ces règles au cas où il s'agirait d'acquisitions de biens produisant des revenus, l'utilité publique ne pouvant être invoquée alors.

276. — Un avis du cons. d'état du 21 fév. 1808 permet d'aliéner les propriétés domaniales, comme les propriétés particulières, pour utilité publique départementale ou *communale*, sur le rapport d'experts.

277. — Lorsqu'il y a lieu, pour une commune, d'acquérir une propriété domaniale, pour un service public, le préfet en adresse la demande au ministre des finances, qui provoque l'ordonnance d'autorisation de concert avec son collègue de l'intérieur.

278. — Les acquisitions communales sont soumises aux règles du droit commun; conséquemment les formalités prescrites pour la purge des privilèges et hypothèques leur sont applicables. Les frais de transcription des actes d'acquisition sont prélevés sur les fonds portés au budget pour dépenses imprévues.

279. — « Le prix des acquisitions immobilières faites avec autorisation légale par les communes pour cause d'utilité publique régulièrement constatée, s'il n'excède pas la somme de 100 fr., peut néanmoins être payé sans que les formalités prescrites pour la radiation et la purge légale des hypothèques aient été préalablement accomplies, et sans que, dans aucun cas, cette faculté puisse porter atteinte aux droits, actions et privilèges des tiers créanciers quand il en existe. » — Magnitot et Delamarre, v° *Commune*, p. 244.

280. — Quoique les habitans d'une commune aient payé une portion du prix d'un bien national adjugé à une commune et qu'ils en soient en possession, la commune n'en reste pas moins propriétaire, lorsqu'elle n'a donné aucun consentement pour l'occupation du bien dont il s'agit. — *Cons. d'état*, 22 janv. 1813, Teissier c. comm. de Saint-Michel-en-l'Herme.

281. — L'acquisition faite par une commune qui doit en payer le prix est soumise au droit d'enregistrement. L'art. 70, § 2, L. 22 frim. an VII, d'après lequel les acquisitions, échanges et partages faits par l'état doivent être enregistrés *gratis*, ne saurait être étendu aux communes. Toutefois, si l'acquisition avait pour objet une maison destinée à être démolie pour servir à l'embellissement d'une place et à l'élargissement d'une rue faisant partie de la voie publique, la commune pourrait alors faire rejeter sur l'État, s'il y avait lieu, une partie du droit proportionnée à l'avantage que lui procure l'acquisition. — *Cass.*, 18 nov. 1823, Enregist. c. ville de Lyon.

282. — Les communes qui ont à faire une acquisition, mais qui ne posséderaient pas des ressources suffisantes pour la payer, n'ont en général que trois moyens de réaliser un capital, savoir : l'*aliénation d'une portion de communaux*, une *imposition extraordinaire* ou un *emprunt*. Ce dernier mode n'est guère usité que dans les grandes villes. — Magnitot et Delamarre, v° *Commune*, p. 241.

283. — L'achat des objets mobiliers se fait d'une manière plus simple que celui des immeubles. Il suffit, lorsque la dépense a été nominativement portée au budget, que l'autorité compétente l'ait autorisée. Si des fonds ont été votés pour des dépenses de la même nature, une délibération du

conseil municipal, approuvée par le préfet, est suffisante pour l'acquisition; s'il y avait nécessité d'acheter, et qu'un crédit n'eût pas été ouvert, il y aurait lieu d'ouvrir un crédit supplémentaire. Dans le cas où l'achat doit porter sur des objets d'une certaine importance, on doit recourir à une adjudication publique sur soumissions cachetées. — Ord. 14 nov. 1837, art. 1er. — Foucart, no 1598.

284. — Le maire, régulièrement autorisé, traite au nom de la commune par acte sous seing-privé ou par le ministère d'un notaire; quelle que soit la forme du contrat, sa nature demeure la même, les conventions qu'il contient puisent leur force dans le droit commun; c'est donc par application de ces principes et devant le juge ordinaire institué pour les faire respecter que se porteront les contestations qui s'élèveront entre les contractans ou même les tiers. — Dufour, *Dr. admin. appliq.*, t. 1er, no 692.

ART. 3. — *Dons et legs.*

285. — Les donations et les legs sont, pour les communes comme pour les particuliers, un moyen d'acquérir; mais il était à craindre que sous les avantages apparens de ce moyen d'acquérir, il ne pût se cacher des charges qui détruisissent tous les avantages résultant de la donation ou du legs; aussi, l'acceptation de la commune donataire ou légataire a-t-elle été placée sous la tutelle de la haute administration.

286. — L'autorisation est aussi commandée par l'intérêt public, qui ne permet pas d'enlever à la circulation un trop grand nombre de biens, et par le respect dû aux droits des héritiers que le donateur pourrait mal à propos et par des sentimens peu avouables avoir dépouillés en faveur de la commune.

287. — Aussi, les dispositions entre-vifs ou par testament au profit des communes ne peuvent avoir d'effet qu'autant qu'elles sont autorisées par une ordonnance royale. — Telle est la disposition du Code civil, art. 910.

288. — Pour l'exécution de cette disposition législative, il est intervenu, le 2 avril 1817, une ordonnance royale portant (art. 1er) que les dispositions entre-vifs ou testamentaires au profit des communes ne pourront être acceptées qu'en conseil d'état, et sur l'avis des préfets et sous-préfets.

289. — La même ordonnance, dérogeant à la règle absolue du Code civil, permettait aux préfets d'autoriser l'acceptation des dons et legs en argent ou objets mobiliers d'une valeur n'excédant pas 300 fr.

290. — La loi du 18 juill. 1837, art. 48, a été beaucoup plus loin dans cette voie de dérogation au Code civil. Elle a décidé que les délibérations ayant pour objet l'acceptation des dons et legs d'objets mobiliers ou de sommes d'argent faits à la commune et aux établissemens communaux seraient exécutoires en vertu d'un arrêté du préfet lorsque leur valeur n'excède pas 3,000 fr., et elle n'a conservé la nécessité de l'autorisation par ordonnance royale que pour les cas où la valeur du legs ou de la donation est supérieure à 3,000 fr., ou qu'il y a aliénation du prétendant droit à la succession.

291. — Les réclamations dont il est parlé ici n'ont rien de commun avec les contestations juridiques qui pourraient être dirigées contre la validité ou le sens de l'acte. Il ne s'agit ici que de la faculté pour les prétendans droit à la succession de s'adresser à l'autorité supérieure par la voie administrative pour obtenir la réduction de la disposition testamentaire, réduction qui se demande et s'accorde assez ordinairement en raison de l'intérêt qu'inspire la position de fortune de ceux qui se trouvent frustrés dans leurs espérances d'hérédité; leur demande est, à cet effet, adressée au préfet, et celui-ci la renvoie au roi par l'intermédiaire du ministre de l'intérieur, avec la délibération du conseil municipal. — Dufour, *Dr. admin. appliq.*, t. 1er, no 694.

292. — Les délibérations qui concerneraient des dons et des legs d'objets immobiliers ne sont exécutoires qu'en vertu d'une ordonnance du roi. — L. 18 juill. 1837, art. 48.

293. — Une ordonnance royale est également nécessaire pour rendre exécutoires les délibérations portant refus de dons et legs (L. 18 juill. 1837, art. 48). — En effet, les intérêts de la commune exigeaient que la renonciation faite pour la commune au bénéfice qui lui était conféré, ne devînt définitive et exécutoire qu'après avoir été revêtue de toutes les garanties que la loi a voulu assurer à la commune par la protection de la haute tutelle administrative.

294. — L'ordonnance d'acceptation ne saurait cependant modifier les clauses de la donation, ou répartir entre les héritiers le montant des réductions; dans le cas où l'autorisation n'aurait été donnée que pour l'acceptation d'une partie de la libéralité. Remarquons aussi, comme l'a fait le ministre de l'intérieur, dans un rapport au roi, du mois d'avril 1835, que l'intérêt des héritiers ne vient qu'en seconde ligne, les dispositions du code civil sur la réserve étant habituellement insuffisantes pour les protéger. — Foucart, *Elém. de dr. publ. et administ.*, t. 3, no 1591.

295. — Lorsque les dons ou legs sont faits au profit de la généralité des habitans, ou pour le soulagement et l'instruction des pauvres de la commune, l'acceptation en est faite par le maire. — Ord. 2 avr. 1817, art. 3.

296. — En général, une commune n'a pas qualité, si elle n'a pas été autorisée du gouvernement à l'accepter, pour réclamer l'exécution d'un legs qui fonde un hospice sur son territoire, encore qu'il ne s'agisse que de fixer l'assiette et la nature de la disposition, sans en régler actuellement les effets; cette réclamation équivaut à une acceptation. — *Cass.*, 7 juill. 1834, Hospices de Paris c. comm. de Garches.

297. — L'autorisation pour l'acceptation ne fait aucun obstacle à ce que les tiers intéressés se pourvoient, par les voies de droit, contre les dispositions dont l'acceptation a été autorisée. — Ord. 2 avr. 1817, art. 3.

298. — Du reste, nulle acceptation ne doit être présentée sans que les héritiers connus aient été appelés, par acte extrajudiciaire, pour prendre connaissance du testament, donner leur consentement à son exécution ou produire leurs moyens d'opposition. S'il n'existe pas d'héritiers connus, extrait du testament doit être affiché de huitaine en huitaine, et à trois reprises consécutives, au chef-lieu de la mairie du domicile du testateur, et inséré dans le journal judiciaire du département, avec invitation aux héritiers d'adresser au préfet, dans les mêmes délais, les réclamations qu'ils auraient à présenter. — Magnitot et Delamarre, vo *Commune*, p. 248, 1re col.

299. — Il résulte cependant d'un avis du comité de l'intérieur, 31 mars 1835, qu'aucune loi n'exige que les héritiers du testateur soient mis en demeure de présenter leurs réclamations.

300. — Tout notaire dépositaire d'un testament contenant un legs au profit d'une commune sera tenu d'en donner avis au maire lors de l'ouverture ou publication du testament. — En attendant que l'acceptation soit ordonnée dans les formes prescrites, le maire fait tous les actes conservatoires qui sont jugés nécessaires. — Cette dernière disposition est reproduite par la loi de 1835. — Ord. 2 avr. 1815, art. 5.

301. — Jugé ainsi que les administrateurs d'une communauté qui n'ont point encore été autorisés à accepter un legs peuvent néanmoins faire tous les actes conservatoires pour l'objet légué, et notamment intervenir dans une instance relative à cet objet. — *Metz*, 19 août 1819, Bertrand c. le maire de Metz.

302. — Le maire peut toujours, à titre conservatoire, accepter les dons et legs en vertu de la délibération du conseil municipal. L'ordonnance du roi ou l'arrêté du préfet, qui intervient ensuite, a effet du jour de cette acceptation. — L. 18 juill. 1837, art. 48. — L'acceptation ainsi faite conservatoirement est, comme on le voit, consentie sous une condition résolutoire à l'égard de la commune. — Dufour, *Dr. adm. appl.*, t. 1er, no 696.

303. — On voit que cette disposition finale de l'art. 48 est fort importante, par rapport aux donations entre-vifs, qui ne lient le donateur que du jour de l'acceptation; elle a pour effet de mettre obstacle à la caducité, si le donateur venait à décéder avant que l'autorisation d'accepter eût été rendue. — C. civ., art. 932; — Foucart, no 1594.

304. — Tant que le gouvernement n'a pas autorisé le maire à accepter, le donateur n'est donc pas obligé. Lors de la discussion au conseil d'état de l'art. 937, C. civ., on rejeta une proposition tendant à ce que l'acceptation provisoire des administrateurs pût donner à l'acte ses effets, sauf la ratification du gouvernement. — Magnitot et Delamarre, vo *Commune*, p. 243, 2e col., *in fine*.

305. — Quand il s'agit d'arriver à une acceptation définitive, le conseil municipal doit d'abord délibérer sur l'acceptation des dons et legs faits à la commune et aux établissemens communaux. — L. 18 juill. 1837, art. 19, no 9.

306. — Les legs faits à une commune ou à un établissement public sont assujétis au même droit que ceux faits aux particuliers. — L. 18 janv. 1831.

307. — L'acceptation provisoire d'une donation faite à une commune ou à un établissement public ne rend pas exigible le droit proportionnel; il ne le devient que par l'ordonnance qui autorise l'acceptation définitive. — Délibér. de la régie, 11 juill. 1837.

308. — Un avis du conseil d'état, du 4 juin 1840, rapporté par Foucart (no 1594), dispose que les donations au profit d'établissemens publics doivent être réalisées devant notaire avant que l'acceptation en soit autorisée, afin que l'autorisation royale intervienne sur un acte ayant une valeur légale, et qu'il n'y ait pas lieu de craindre que, dans la rédaction définitive, le projet sur lequel l'autorisation serait intervenue ne soit modifié.

309. — Le don manuel devant être annulé quand il est fait au profit d'un incapable, et les communes étant frappées d'incapacité pour recevoir, incapacité qui ne peut être levée que par ordonnance royale, il en résulte que toute acceptation de dons manuels faite par elles avant l'obtention de l'ordonnance n'est que provisoire. La rigueur de ces principes serait inapplicable s'il s'agissait d'objets de modique valeur, comme seraient des effets mobiliers donnés pour les pauvres de la commune, des sommes provenant de quêtes faites dans des circonstances malheureuses. Un avis du comité de législ., en date du 28 janv. 1840 (Vuillefroy, *Admin. du culte catholique*, p. 282, note 6), a consacré cette doctrine. — Foucart, t. 3, no 1594. — V. aussi Magnitot et Delamarre, vo *Commune*, p. 244. — V. DONATION, ÉTABLISSEMENS PUBLICS.

310. — Il est fait quelquefois un legs à un établissement public, sous la condition de services rentrant dans les attributions d'autres établissemens. Ainsi, une somme peut être, par exemple, léguée à une fabrique, à la condition qu'elle ouvrira une école primaire gratuite. Or, comme la fondation d'une telle école n'appartient qu'à la commune et que celle-ci n'est pas légataire, il faudrait donc, suivant la rigueur des principes, prononcer la caducité du legs. Mais la difficulté a été tranchée par un avis du conseil d'état, du 4 mars 1841, lequel a décidé qu'en pareil cas on accorderait simultanément aux deux établissemens l'autorisation d'accepter. La volonté du testateur se trouve ainsi accomplie sans violation des règles de l'administration publique.

311. — La demande en autorisation doit être accompagnée de l'état de l'actif et du passif, ainsi que de l'état des revenus et charges des communes ou établissemens légataires ou donataires, vérifié et certifié par le préfet. — Magnitot et Delamarre, vo *Commune*, p. 243.

312. — L'autorisation peut être implicite et résulter d'une ordonnance autorisant l'emploi de la somme léguée. — *Ibid.*

313. — L'autorisation donnée à une commune suffit aussi pour une autre qui réclamerait le même legs. — *Ibid.*

314. — Les contestations qui ont trait à la validité et aux effets des donations seront sans doute prises en considération pour approuver la délibération emportant l'autorisation d'accepter; mais, selon M. Dufour (*Dr. admin. appliq.*, no 695), cette seule circonstance ne saurait nécessiter l'intervention de l'autorité royale, et, puisqu'il ne s'agit que de guider et assister la commune dans une position analogue à celle qui lui appartient, quand il s'agit pour elle de s'engager dans un procès, le préfet, en conseil de préfecture, semble à cet auteur offrir toutes les garanties désirables.

315. — La distinction faite par M. Dufour ne nous semble pas fondée. Quand la commune instituée légataire assigne les héritiers en délivrance de son legs, il faut qu'elle soit munie de l'autorisation d'accepter le legs, autorisation que, selon les cas et conformément à l'art. 48 précité, elle aura obtenue, soit d'une ordonnance royale, soit d'un arrêté du préfet; et il faudra de plus que, pour suivre la contestation judiciaire, la commune soit munie de l'autorisation de plaider, que des circonstances particulières peuvent aussi rendre nécessaire.

ART. 4. — *Echanges.*

316. — Les règles tracées par le Code civil pour le contrat d'échange s'appliquent aux communes comme aux particuliers, sauf à celles-ci à se faire autoriser par ordonnance royale, dans les formes prescrites pour les acquisitions et aliénations, l'échange participant de la nature de ces deux contrats.

317. — Il est indispensable, en cas d'échange, de remplir les formalités prescrites pour l'aliénation, telles sont l'estimation préalable des immeubles, l'enquête *de commodo et incommodo*, etc.

318. — Aussi l'ordonnance royale qui a autorisé l'échange d'un chemin vicinal et de deux sources publiques, sans être précédée d'enquête *de commodo et incommodo*, ainsi que l'exige la loi du 28

juill. 1824, peut être attaquée par des habitans de la commune, qui n'ont été entendus dans aucune enquête, et qui prétendent avoir des droits de propriété sur les sources litigieuses.—*Cons. d'état*, 14 juill. 1831, comm. des Menuls c. Singler de Welle.

319. — L'expertise à faire doit ici porter tant sur le bien à donner en échange que sur celui à recevoir à sa place, afin qu'on puisse apprécier les conséquences du contrat. Au cas où il s'agirait d'un échange de bois, un troisième expert devrait être nommé par l'administration des forêts.—Foucart, nº 1604.

320. — Il n'est pas nécessaire de présenter à l'appui de la demande, comme dans le cas d'acquisition, l'état des revenus et des dépenses de la commune. L'échangiste doit, avant la présentation de l'acte, justifier de ses titres de propriété, et fournir la preuve que l'immeuble offert par lui en contre-échange est libre de toute hypothèque. — Foucart, nº 1604; Rolland de Villargues, *Dict. du not.*, vº *Commune*, nº 59.

321. — Le refus fait par un ministre d'approuver un échange proposé par une commune, quels que soient les motifs qui l'aient déterminé, est un acte de tutelle administrative qui ne peut être attaqué par la voie contentieuse, et qui ne fait pas obstacle à ce que les tiers qui se croient lésés par cet acte fassent valoir leurs droits devant qui il appartiendra. — *Cons. d'état*, 21 juin 1826, de La Peyrière et Perrot.

322. — Les délibérations des conseils municipaux ayant pour objet des échanges d'immeubles, sont exécutoires sur arrêté du préfet, ou doivent être approuvées par ordonnance royale, suivant les règles fixées pour les acquisitions et aliénations. Mais ces règles ne sont pas applicables aux acquisitions, aliénations et échanges de terrains nécessaires pour l'élargissement, l'ouverture et le redressement des chemins vicinaux, ainsi que nous l'avons vu plus haut.

323. — La commune qui veut obtenir l'autorisation d'échanger doit prouver, avant tout, l'utilité de l'échange.

324. — Il résulte d'une décision du ministre de l'intérieur, du 15 déc. 1826, rapportée par M. Davenne (*Encycl. du dr.*, vº *Commune*, nº 199), qu'il est de règle de n'autoriser les échanges entre les communes et les particuliers qu'autant que les terrains qui seraient attribués à la commune auraient une destination déterminée pour un service municipal.

325. — Il faut, dans les échanges, chercher surtout à ne pas servir des intérêts privés en voulant favoriser ceux de la commune. Aussi, l'autorité centrale accorde difficilement la faculté d'échanger, et sa pratique constante est qu'il y a toujours plus d'intérêt pour les communes, ainsi que pour les établissemens publics, à vendre et à placer le produit en rentes sur l'état. — *Encycl. du dr.*, vº *Commune*, nº 199.

326. — Les maires ne peuvent pas plus contracter d'échanges que d'acquisitions avec leurs communes. — Avis com. de l'int. 13 juin 1834 et 19 nov. 1836; décis. min. de l'int. 1er fév. 1840. — Cette solution, qui nous paraît incontestable, est fondée sur les art. 1596 et 1707, C. civ., combinés, qui sont formels à cet égard.

327. — Le maire pourrait toutefois se rendre, directement ou par voie d'échange, adjudicataire de terrains susceptibles d'être cédés aux riverains, en exécution d'un plan d'alignement, ou pour ouverture ou redressement des chemins vicinaux. — L. 21 mai 1836, art. 19; décis. min. de l'int. 19 nov. 1841.

328. — Lorsqu'une commune a été autorisée par le préfet à consentir un échange d'une portion de forêt contre une autre portion appartenant à un particulier, qu'elle a agréé cet échange, que les copermutans se sont mis respectivement en possession des immeubles dont l'échange a été convenu, bien que cet échange n'ait pas encore été approuvé par le gouvernement, la commune qui a ainsi exécuté le contrat n'est pas fondée, si elle n'a pas été lésée, à demander d'être relevée de son consentement, soit à raison de son incapacité, soit à raison du défaut d'approbation de l'échange par les autorités compétentes. — *Colmar*, 10 juill. 1823, comm. de Rouffach c. Mouton.

ART. 5. — *Emprunts.*

329. — D'après les lois des 14-18 déc. 1789 (art. 54), 22 déc. 1789-janv. 1790 (sect. 3e. art. 6), 7-11 fév. 1791 et 5-10 août 1791, les communes ne pouvaient emprunter sans l'autorisation du corps législatif.

330. — La faculté d'emprunter n'est accordée aux communes par l'autorité supérieure qu'en cas d'urgence bien constatée, l'abus de cette faculté pouvant produire des résultats ruineux. Aussi la loi a-t-elle exigé des conditions plus rigoureuses pour les emprunts que pour les autres opérations financières des communes. Ainsi, elle prescrit le concours des plus fort imposés, que la législation antérieure ne demandait que pour les impositions extraordinaires. Le recours au conseil d'état et même au pouvoir législatif est encore une garantie pour les intérêts communaux. —*Encycl. du dr.*, vº *Communes*, nº 403.

331. — « Aucun emprunt, porte l'art. 41, L. 18 juill. 1837, ne pourra être autorisé que par ordonnance du roi, rendue dans la forme des réglemens d'administration publique, pour les communes ayant moins de 100,000 fr. de revenu, et par une loi s'il s'agit d'une commune ayant un revenu supérieur. — Néanmoins, en cas d'urgence et dans l'intervalle des sessions, une ordonnance du roi, rendue dans la forme des réglemens d'administration publique, pourra autoriser les communes dont le revenu est de 100,000 fr. et au-dessus, à contracter un emprunt jusqu'à concurrence du quart de leurs revenus.»—V. aussi L. 15 mai 1818, art. 43.

332. — Art. 42.— « Dans les communes dont les revenus sont inférieurs à 100,000 fr., toutes les fois qu'il s'agira de contributions extraordinaires ou d'emprunts, les plus imposés aux rôles de la commune seront appelés à délibérer avec le conseil municipal, en nombre égal à celui des membres en exercice.— Ces plus imposés seront convoqués individuellement par le maire, au moins dix jours avant celui de la réunion. — Lorsque les plus imposés appelés seront absens, ils seront remplacés en nombre égal par les plus imposés portés après eux sur le rôle. »

333. — On avait proposé d'admettre les plus imposés à se faire représenter par des mandataires, mais cette proposition fut rejetée.—L. 15 mai 1818.

334.—La disposition contenue au § 2 de l'art. 41 ne serait pas applicable, d'après la jurisprudence du comité de l'intérieur, si la commune était déjà grevée d'emprunts antérieurs excédant le quart de ses revenus.

335. — L'art. 45, L. 15 mai 1818, prescrit de présenter aux chambres, dans chacune de leurs sessions, un tableau détaillé des emprunts auxquels des communes auront été autorisées.

336. — Les emprunts contractés par les communes ont lieu, soit avec publicité et concurrence, c'est-à-dire par voie d'adjudication, après rédaction préalable d'un cahier des charges fixant un *maximum* d'intérêt (4 et demi % ordinairement), soit par un traité passé avec la caisse des dépôts et consignations, qui prête aux communes à raison de 4 et demi %, et en leur accordant toutes les facilités que ses réglemens comportent. — *Encycl. du dr.*, vº *Commune*, nº 405.

337. — Les conditions que la caisse des dépôts et consignations met à son prêt sont principalement : 1º que l'intérêt sera servi à raison de 4 et demi %;—2º que l'époque du remboursement du capital ne devra pas excéder douze années; — 3º que les sommes prêtées seront relevées directement de la caisse des dépôts et consignations à Paris; que ces sommes seront remboursées sans frais entre les mains du caissier de la direction générale et que les intérêts qu'elles produisent seront également payés sans frais tous les six mois; — 4º que les communes souscriront des obligations pour le remboursement tant du capital que des intérêts, aux échéances convenues, dans l'espace de douze ans. — V. circul. 2 août 1840 et l'instr. de la caisse des dépôts et consignations qui y fait suite (*Bull. officiel*).

338. — Les pièces à produire à l'appui des propositions d'emprunt sont : 1º la délibération municipale énonçant, outre la demande en autorisation, le taux de l'intérêt, le mode et les termes du remboursement, ainsi que les ressources au moyen desquelles la commune entend y pourvoir, et qui doivent être régulièrement votées; — 2º un relevé présentant, dans des colonnes distinctes, le total des recettes et dépenses ordinaires, d'après le compte des trois derniers exercices, afin qu'il puise être jugé si la commune possède les moyens de s'acquitter dans le délai fixé; — 3º un état dûment certifié des dettes de la commune; — 4º le projet des travaux à exécuter, ou l'énoncé des charges auxquelles doit subvenir l'emprunt proposé;—5º le budget communal réglé pour l'exercice courant; — 6º l'avis du sous-préfet et du préfet. —L'autorisation accordée, l'emprunt doit être réalisé à l'époque convenue, sinon il faudrait obtenir une autorisation nouvelle. Instr. 12 août 1840; — Foucart, nº 1623.

339. — Tout mode d'emprunt dont l'effet serait de diviser la dette de la commune en coupons transmissibles par voie d'endossement et comme effets de commerce, est repoussé par le comité de l'intérieur. « Ce mode aurait, dit-il, de graves inconvéniens. L'un des principaux serait de mettre la commune dans l'impossibilité de se libérer avant le terme fixé, si ses ressources venaient à le lui permettre. » — Avis cons. d'état, 6 janv. 1835; — *Encycl. du dr.*, nº 406.

340. — Le même comité décide, en outre, que les emprunts avec prime ne sauraient être autorisés par ordonnance. « Ces sortes d'autorisations tendraient à établir un jeu de loterie interdit par la loi. La loi seule, qui interviendrait dans des cas spéciaux, pourrait apporter une exception à ce principe d'interdiction. » — Avis cons. d'état, 11 janv. 1832 et 19 sept. 1834.

341. — Par un autre avis du 16 nov. 1831, le comité a fait observer avec raison qu'une commune ne peut créer des bons au porteur pour l'acquittement de ses dettes, sans contracter un véritable emprunt, et pour lequel elle doit conséquemment être autorisée dans les formes ordinaires.—*Encycl. du dr.*, nº 407.

342. — Avant la loi du 18 juill. 1837, les communes ne pouvaient, pour garantir l'emprunt qu'elles contractaient, consentir hypothèque sur les biens, à raison du grave inconvénient de placer le gouvernement dans la nécessité de consentir des aliénations qu'il doit toujours pouvoir autoriser ou non, suivant les circonstances.— Avis du com. de l'int. 24 oct. 1832; avis du cons. d'état 20 mars 1834; lettre du min. de l'int. au préfet du Bas-Rhin 30 janv. 1835.

343. — Mais la disposition insérée dans l'art. 46 de la loi précitée, et d'après laquelle la vente des biens des communes, autres que ceux qui servent à un usage public, peut, sur la demande de tout créancier porteur de titres exécutoires, être autorisée par une ordonnance du roi, déterminant la forme de la vente; cette disposition a fait rentrer les communes dans le droit commun, quant à la faculté que peuvent avoir les créanciers de prendre hypothèque sur leurs biens, à la condition toutefois d'obtenir l'autorisation du gouvernement, qui est toujours réservée. — *Encycl. du dr.*, nº 408.

344. — Diverses décisions du ministre de l'intérieur, notamment des 27 janv. 1845 et 13 mai 1839, ont posé en principe qu'un conseil municipal ne peut, sans accomplir les formalités prescrites en cas d'emprunt, traiter avec un entrepreneur pour la construction d'un bâtiment, l'ouverture d'une rue ou toute autre opération d'utilité communale, en stipulant que la dépense ne sera payée à cet entrepreneur qu'en plusieurs années, et sauf à la ville à lui tenir compte de l'intérêt de ses avances. Il y a dans ces dispositions un véritable emprunt. —*Encycl. du dr.*, nº 409.

345.—Il a été décidé par un avis du conseil d'état, du 9 août 1838, que les communes ne pouvaient être autorisées à prêter à d'autres communes. En pareil cas, les fonds libres des caisses municipales doivent être placés au trésor ou en rentes sur l'état. — *Encyclop. du dr.*, nº 410.

346. — Lorsque la commune emprunte, en donnant pour gage l'augmentation des droits d'octroi, il faut se conformer à la loi du 11 frim. an VII, dont l'art. 56 porte : « Les administrations et bureaux centraux auront égard dans leurs projets de taxes municipales : 1º à ce que le tarif et le produit en soient, le plus qu'il se pourra, proportionnels au montant des sommes reconnues rigoureusement nécessaires; — 2º à ce que ce mode de perception entraîne le moins de frais possible et le moins de gêne qu'il se pourra pour la liberté des citoyens; — 3º aux exemptions et franchises qui pourront être jugées nécessaires au commerce de la commune et à raison de sa position. »

347. — Le comité de l'intérieur, par avis du 14 fév. 1840, rappelant ces dispositions, recommande de n'avoir recours à l'élévation des taxes d'octroi comme moyen de remboursement d'un emprunt, qu'à défaut de toute autre ressource, dans des cas urgens, et à condition que la durée de cet accroissement sera limitée au terme du remboursement. — *Encyclop. du dr.*, nº 411.

348. — Une instruction générale de 1826, rapportée par Magnitot et Delamarre (vº *Commune*, p. 242, *in fine*), porte que le recouvrement des emprunts contractés par les communes sera suivi par les receveurs municipaux, en vertu de la loi et de l'ordonnance qui les autorisent, et d'après les clauses et conditions exprimées dans les délibérations des conseils municipaux.

349. — Les commissaires nommés par le conseil municipal, à l'effet d'acheter des grains pour une commune et d'emprunter les fonds nécessaires à

cet effet, sont réputés avoir contracté un engagement personnel, lorsque rien n'indique, dans les billets souscrits, qu'ils ont agi en qualité de mandataires de la commune. — *Cons. d'état*, 2 fév. 1809, Fournier.

350. — Lorsque les contrats d'emprunts ne prouvent pas que les sommes empruntées l'aient été pour le compte, au nom et dans l'intérêt d'une commune ; qu'il résulte, au contraire, de ces actes que ces emprunts ont été faits dans l'intérêt personnel des parties stipulantes, la demande en paiement doit être portée devant les tribunaux civils. — *Cons. d'état*, 12 sept. 1811, Willemsen.

ART. 6. — *Aliénations.*

351. — Le principe de l'inaliénabilité des biens communaux a disparu de la législation : on a compris que la nécessité d'obtenir l'autorisation préalable du gouvernement formait une suffisante garantie contre le danger de voir les habitans, pour se procurer plus d'aisance dans le présent, compromettre l'avenir de la communauté. — Dufour, *Droit adm. appliq.*, t. 1er, no 699.

352. — L'aliénation a lieu de quatre manières : en *donnant*, *vendant*, *échangeant* et *transigeant*, et cependant la première ne peut jamais être approuvée, en général, par la raison que *donare est perdere*. Mais les autres modes d'aliénation doivent être admis, si la cause en est juste ou avantageuse à la communauté. — Magnitot et Delamarre, *Droit adm.*, vo *Commune*, p. 245.

353. — Une commune pourrait néanmoins céder gratuitement à l'état un terrain pour un travail d'utilité publique qui lui serait avantageux. Une ordonnance royale suffirait en pareil cas. — Foucart, no 1599.

354. — Dans l'ancien droit, les échevins ne pouvaient pas seuls transiger et aliéner les forêts de la commune. Il fallait qu'ils y fussent autorisés par la majorité des habitans. — *Cass.*, 23 nov. 1828, comm. de Chazelot c. commune de Rougemont.

355. — La loi du 10 août 1791 avait, par son art. 2, autorisé les communes ayant des dettes, à vendre leurs biens, pour acquitter celles-ci, les édifices et terrains destinés au service public exceptés. Ces communes devaient toutefois présenter à cet effet au directoire du district une pétition qui était soumise au directoire du département. Elles devaient de plus se conformer, pour l'estimation et la mise en vente, à ce que prescrivaient les lois sur les domaines nationaux.

356. — Les formes prescrites aux communes pour aliéner, sont en général les mêmes que pour acquérir. Les délibérations du conseil municipal sont exécutoires par arrêté du préfet en conseil de préfecture, quand il s'agit d'une valeur n'excédant pas trois mille francs pour les communes dont le revenu est au-dessous de 100,000 francs et 20,000 francs pour les autres communes. S'il s'agit d'une valeur supérieure, il est statué par ordonnance royale. — Dufour, no 700.

357. — Les pièces à fournir sont le procès-verbal d'estimation des biens à aliéner, lequel doit avoir été dressé contradictoirement, si l'aliénation a lieu autrement qu'aux enchères ; l'enquête *de commodo et incommodo* ; la soumission de l'acquéreur si la vente ne se fait pas aux enchères ; la délibération du conseil municipal, l'avis du sous-préfet et celui du préfet s'il est besoin d'une ordonnance.

358. — Les municipalités ne peuvent aliéner leurs propriétés ni disposer d'aucuns capitaux sans l'avis des autorités supérieures et l'autorisation du gouvernement ; dès-lors est nul le paiement fait en vertu d'une simple délibération du conseil municipal à compte sur une acquisition opérée au nom de la commune sans que la nécessité en ait été préalablement reconnue par l'autorité supérieure ; ainsi les sommes payées doivent être réintégrées dans la caisse municipale. — *Cons. d'état*, 23 prair. an IX, comm. de Tain.

359. — Les communes étant toujours assimilées aux mineurs, un maire ne peut consentir à l'aliénation d'un terrain communal, lors même qu'elle serait avantageuse à la commune, sans l'autorisation du conseil municipal et une estimation préalable ; il faut de plus l'autorisation du gouvernement, laquelle n'est délivrée que sur le rapport du ministre et après le vu de ces pièces et de l'avis du préfet. — *Cons. d'état*, 29 niv. an X, comm. de Dampierre.

260. — La vente de biens communaux faite par un maire sans autorisation est nulle. Le conseil de préfecture commet un excès de pouvoir en approuvant une pareille vente. — *Cons. d'état*, 17 juin 1818, Bergeon c. comm. de Bayet.

361. — L'avis à donner sur les demandes des communes tendant à obtenir l'autorisation d'aliéner leurs propriétés ou de faire des réparations à une digue, n'est pas dans les attributions du conseil de préfecture, mais dans celles du préfet qui, chargé seul de l'administration supérieure dans son département, a le droit et le devoir d'éclairer le gouvernement. — *Cons. d'état*, 13 niv. an X, comm. de Ferraix.

362. — Il y a lieu d'annuler la vente d'un bien communal faite malgré la décision du préfet qui déclare ce bien inaliénable, lorsque, d'ailleurs, ce bien, par sa nature, n'était pas susceptible d'être cédé à la caisse d'amortissement. — *Cons. d'état*, 23 oct. 1816, comm. de Saint-Germain.

363. — Les communes, dont les propriétés sont essentiellement distinctes de celles de l'état, ne peuvent aliéner que dans les formes prescrites par la loi, et ne cessent d'être propriétaires qu'à partir d'une vente régulière, de telle sorte que leurs droits de propriété ne reçoivent aucune altération de simples actes administratifs par lesquels l'autorité supérieure ordonne, par exemple, la clôture provisoire d'une rue pour la sûreté d'un établissement public dépendant de l'état. — *Cass.*, 5 juill. 1836, Alibert c. Administration de la guerre.

364. — Celui qui, depuis plusieurs années, possède un terrain litigieux entre lui et une commune, et à qui le maire de cette commune, autorisé par le conseil municipal, cède la propriété de ce terrain, pour en jouir comme de chose à lui appartenant, après autorisation de l'autorité compétente, peut valablement hypothéquer ce terrain, avant que l'ordonnance royale qui autorise cette cession et l'acte public qui le constate soient intervenus. — Le créancier auquel une hypothèque a été consentie sur le même terrain, après que la première hypothèque est devenue valide, est non-recevable à attaquer cette première hypothèque, comme consentie sur chose d'autrui. — *Metz*, 20 avr. 1836, Bry-d'Arcy c. Lembourg.

365. — D'après les lois et la jurisprudence antérieures au Code civil, si les communes ne pouvaient, pas plus qu'aujourd'hui, aliéner sans formalités leurs biens communaux, la prescription de trente et de quarante ans fondée sur la seule possession faisait présumer l'accomplissement de ces formalités et tenait lieu de titre. — *Besançon*, 30 nov. 1843 (t. 2 1844, p. 71), Chapuis c. comm. de Valdahon.

366. — La prescription de dix ans contre l'action en nullité ou en rescision des conventions est opposable aux communes comme aux particuliers, alors même qu'il s'agit d'une aliénation que le maire a consentie en cette qualité, mais sans autorisation régulière. — *Cass.*, 19 juin 1838 (t. 2, 1838, p. 88), comm. de Taintreux c. Henrion.

367. — La rétrocession d'un droit d'usage dans les bois taillis, que fait une commune pour se décharger d'une redevance sans mélange de cens moyennant laquelle ce droit lui a été concédé, n'est pas soumise aux formalités prescrites pour l'aliénation des biens communaux. — *Paris*, 20 août 1816, de Raincourt c. comm. de Troissy.

368. — La vente des biens mobiliers et immobiliers des communes autres que ceux qui servent à un usage public, peut, sur la demande de tout créancier porteur de titres exécutoires, être autorisée par une ordonnance du roi, qui détermine les formes de la vente. — L. 18 juill. 1837, art. 46, § 2.

369. — Cette disposition a eu pour but de combler une lacune, en donnant aux créanciers des communes, ce qu'ils n'avaient pas eu jusque-là, action sur les biens de celles-ci. La commission de la chambre des pairs se fondant sur ce que l'intention générale de la loi était de conserver les biens des communes, et sur ce que la génération présente n'ayant que l'usufruit de ces biens qu'elle doit transmettre aux générations futures, avait demandé que cette disposition fût retranchée du projet de loi. Mais M. Girod (de l'Ain) répondit : « Vis-à-vis des tiers, les communes, l'état lui-même, sont comme un simple particulier, à moins de conditions expresses que des intérêts supérieurs commandent. Lorsqu'une commune a des dettes et que son créancier a un titre exécutoire, il faut que ce créancier soit payé comme s'il s'adressait à un particulier. Quand la commune a des propriétés et que la vente de ces propriétés est le meilleur mode de paiement, il faut que la commune vende ses propriétés. Mais, dit-on, elle peut employer d'autres moyens ; elle peut avoir recours à des contributions extraordinaires et à un emprunt. Il y a des cas où ces moyens peuvent être bons, d'autres où la vente peut leur être préférable. Le gouvernement se gardera bien de l'autoriser si elle est préjudiciable à la commune ou aux intérêts de l'état. Il faut, à cet égard, comme sur beaucoup d'autres points, s'en rapporter à l'administration du soin d'apprécier les circonstances et les véritables intérêts. »

370. — L'art. 46 de la loi du 18 juillet 1837 est applicable aux meubles, pris non individuellement mais collectivement, et le créancier, même non hypothécaire, peut s'en prévaloir. — Proudhon, no 906.

371. — L'ordonnance royale dont parle l'art. 46, L. 18 juill. 1837, est sollicitée par la voie administrative ; la demande adressée directement au ministre de l'intérieur ou, pour plus de célérité, au préfet, qui est toujours appelé à donner son avis, est soumise au roi, qui prononce sur le rapport du ministre de l'intérieur. — Dufour, no 762.

372. — Cette loi du 18 juill. 1837 n'a point abrogé les lois spéciales, qui, pour des cas ou des matières déterminés, ont tracé des règles et exigé des garanties particulières. Ainsi, pour ce qui regarde les lois notamment, la loi n'a pas entendu modifier les dispositions du code forestier qui les concernent, et qui modifient la propriété des communes. Tout ce qui tient aux bois soumis au régime forestier étant réglé par des ordonnances royales, le préfet n'en peut autoriser les aliénations par vente, échange ou partage, quand même la valeur serait au-dessous de 3,000 fr. — Avis cons. d'état, du 30 juill. 1840.

373. — Quand un immeuble, dont le préfet pouvait autoriser l'aliénation d'après sa valeur estimative, dépasse par suite des enchères, la limite établie par l'art. 46 de la loi du 18 juill. 1837, c'est au roi seul qu'il appartient alors d'approuver l'adjudication. — Circul. du 31 juill. 1837.

374. — Le produit de la vente des biens communaux doit être porté en recette extraordinaire au budget de la commune et converti ensuite en acquisitions de rentes sur l'état. Si cependant les fonds provenant de la vente étaient destinés à quelque besoin communal, on devrait les verser en compte courant au trésor, en attendant qu'ils fussent employés.

375. — Les administrateurs des communes ne peuvent, aux termes des art. 1596 C. civ. et 175 C. pén., se rendre adjudicataires, par eux-mêmes ou par personnes interposées, des biens confiés à leurs soins. Mais les membres du conseil municipal n'étant pas *administrateurs* ne sont pas frappés de cette incapacité. Ces membres, d'après leurs fonctions, prennent seulement des délibérations, donnent des avis, mais l'administration proprement dite ne leur est pas confiée. Ils ne peuvent aucunement influer sur l'adjudication, excepté quand ils assistent le maire pour cette adjudication, mais alors ils ne sauraient devenir adjudicataires. — Foucart, no 1602.

376. — Le ministre des finances a pensé aussi que les receveurs municipaux pouvaient acquérir les biens des communes, mais qu'ils ne sauraient concourir aux adjudications pour ferme ou loyer, à raison des obligations que leur impose l'arrêté du 19 vendém. an XII.

377. — Le maire pourrait également se rendre acquéreur des terrains communaux usurpés par lui, en remplissant les formalités exigées par l'ord. du 23 juin 1819. — Avis du Com. de l'Int. du 13 fév. 1833.

378. — La vente d'un bien communal faite au profit du sous-préfet de l'arrondissemen dans lequel ces biens sont situés, n'est pas nulle, lorsque la vente n'a pas été faite par le ministère du sous-préfet. — *Conseil d'état*, 19 novembre 1819 Torcy.

379. — Un avis du comité de l'intérieur, du 28 janv. 1824, a décidé qu'un individu qui serait tout à la fois tuteur d'un mineur et maire de sa commune ne pourrait acquérir, au compte de celle-ci, dans une adjudication publique, les biens de son pupille. « Car, dit le comité, en supposant qu'un pareil acte ne puisse donner lieu à une résiliation de la vente, nonobstant l'art. 1596, C. civ., il est certain que la position d'un maire, dans cette circonstance, serait fausse et inconvenante, puisqu'on pourrait lui supposer un intérêt à ce que le bien dont il a été administrateur fût porté à la plus grande valeur possible, et que cet intérêt serait en opposition directe avec celui de la commune pour le compte de laquelle il agirait. »

380. — La vente des biens communaux se fait ordinairement aux enchères avec concurrence et publicité. C'est l'acte d'autorisation, arrêté du préfet ou ordonnance royale, qui détermine la forme à suivre pour la vente. Les communes peuvent néanmoins être autorisées à aliéner de gré à gré, dans certains cas. — Foucart, no 1601.

381. — Ces cas sont : 1o celui où l'usurpateur d'un bien communal en fait la déclaration conformément aux dispositions de l'ordonnance réglementaire du 23 juin 1819 ; — 2o celui où l'objet n'a qu'une médiocre valeur, ou si l'aliénation pré-

sente un avantage évident pour la commune (il faut alors ajouter aux pièces à fournir l'acte renfermant les offres faites par l'acquéreur); — 3° lorsque la vente est faite à un établissement public; — 4° quand il s'agit de l'exécution d'alignemens de voirie urbaine ou vicinale. — Circ. 23 janv. 1836. — *Encycl. du dr.*, v° *Commune*, n° 187.

382. — Il doit être dressé, antérieurement à la vente aux enchères, un cahier des charges contenant les diverses conditions auxquelles sera soumis l'acquéreur. La commune n'est pas tenue d'employer le ministère d'un notaire. — Circ. min. intér. 19 déc. 1840.

383. — Le conseil municipal ne peut exclure les étrangers, au profit des seuls habitans de la commune, du droit de se porter enchérisseurs et de se rendre adjudicataires. — Avis du com. de l'intér. 17 juill. 1833. — « L'exclusion des étrangers, porte cet avis, loin d'être un avantage pour la généralité des habitans, serait un privilége en faveur des plus riches au préjudice des plus pauvres, qui, dans le cas d'une vente régulière, trouveraient au moins une compensation à la perte de la jouissance des terrains communaux dans l'augmentation des revenus de la commune. »

384. — Un autre avis de ce comité, à la date du 24 déc. 1833, déclare que le résultat des adjudications doit être arrêté définitivement par le maire, et ne saurait dépendre d'une délibération ultérieure du conseil municipal.

385. — Dans le cas où l'enquête *de commodo et incommodo* qui doit précéder la vente soulèverait des oppositions par lesquelles serait contesté le droit de propriété de la commune, il devrait être sursis à la vente, jusqu'à ce que les tribunaux eussent décidé la question. — Avis com. de l'intér., 29 mars 1833.

386. — Les habitans qui ont intérêt à ce que les biens dont l'aliénation est projetée restent dans le domaine commun, adressent leur opposition avec les motifs à l'appui à l'autorité appelée à approuver la délibération du conseil municipal. — Dufour, t. 1er, n° 701.

387. — Le conseil municipal doit examiner les observations que les opposans ont fait entendre dans l'enquête, et ses réponses doivent être jointes aux pièces à produire pour valoir ce que de droit. Si la vente avait eu lieu à l'amiable, aucune modification ne pourrait être apportée par le conseil municipal à l'acte souscrit par le soumissionnaire, à moins d'adhésion de celui-ci. — Com. de l'intér. 9 août 1833.

388. — Il appartient aux tribunaux de connaître exclusivement des contestations soulevées par les actes d'aliénation communale, ainsi que des actions en nullité pour vice de forme. — Avis cons. d'état 20 juin 1835.

389. — « Du principe, dit M. de Cormenin (t. 2, p. 121, 4e édit.), que l'ordonnance royale d'autorisation est un acte de haute tutelle qui confère seulement aux communes la capacité d'aliéner, et que les adjudications ne sont qu'une forme de contrat volontaire, lorsqu'il s'agit de ventes ordinaires, et du principe que, lorsqu'il s'agit de ventes de biens communaux cédés aux domaines et aliénés pareillement aux biens nationaux, la raison fiscale, qui seule est la cause de ces sortes de ventes, ne les enlève pas à la juridiction des tribunaux, en ce qui concerne la revendication des tiers, — il suit que les tribunaux sont compétens pour statuer sur les questions d'interprétation ou d'exécution des actes d'adjudication, de surenchère et autres semblables. »

390. — Décidé, par suite, que l'interprétation d'un contrat d'adjudication passé entre la municipalité d'une ville et des particuliers, ainsi que toute discussion sur les clauses et termes dudit contrat, doivent être jugées par l'autorité judiciaire. — *Cons. d'état*, 6 juill. 1810, Lehon des Warannes c. Dupuy Perrault; 3 déc. 1828, Bourla c. ville de Paris; 1er août 1834, Mazel c. Clet; 3 sept. 1836, Varès c. comm. de Fousseret.

391. — De même, les tribunaux sont seuls compétens pour prononcer sur une contestation relative à l'exécution des clauses et conditions d'un acte de vente d'une maison, consentie à une commune par un particulier. — *Cons. d'état*, 1er nov. 1820, Bourgeois et Leblond c. ville de Chauny.

392. — Les contestations relatives au paiement du prix de biens communaux, lorsqu'elles ont pour motif l'existence d'hypothèques qui grèvent les biens, sont de la compétence des tribunaux civils. — *Cons. d'état*, 11 déc. 1808, comm. de Coussel.

393. — Néanmoins, lorsqu'un préfet a statué sur une contestation de cette nature, les tribunaux doivent s'abstenir, jusqu'à ce que la décision du préfet ait été annulée par l'autorité supérieure de celui-ci. — *Cons. d'état*, 11 déc. 1808, comm. de Coussel.

394. — Le maire, en autorisant un propriétaire à ouvrir une porte sur un terrain qu'il qualifie de *rue*, ne donne qu'une autorisation de police, subordonnée à la question de savoir si le terrain qu'il qualifie de *rue* l'était ou non. Cette dernière question, qui a pour objet la propriété de ce terrain, est dans l'attribution exclusive de l'autorité judiciaire, bien que celui qui revendique le terrain tienne ses droits d'une commune qui les lui a cédés par un acte administratif. — *Cass.*, 17 avr. 1823, Dupuis c. compagnie du canal de la Villette.

395. — Mais c'est aux conseils de préfecture de connaître des contestations qui peuvent s'élever entre l'adjudicataire d'un bien communal et la commune sur les limites de l'objet vendu. Ces conseils doivent se déterminer uniquement d'après le procès-verbal d'estimation. Si ce procès-verbal donne à l'immeuble des limites certaines, le conseil de préfecture doit se borner à déclarer ces limites, et renvoyer les parties devant les tribunaux, pour faire prononcer sur les difficultés relatives à la propriété, au bornage, etc.. — Magnitot et Delamarre, *Dict. de dr. adm.*, v° *Commune*, p. 245. — V. BIENS COMMUNAUX.

396. — La loi du 20 mars 1813, en chargeant l'autorité administrative de statuer sur les difficultés qui pourraient s'élever, à l'occasion de la vente des biens communaux, entre les communes et la régie des domaines, ne lui a pas attribué le jugement des contestations élevées entre particuliers relativement à la propriété des biens communaux. — *Cons. d'état*, 13 fév. 1815, D'herbois.

397. — Lorsque les dispositions de la loi du 20 mars 1813, relatives à l'aliénation de quelques biens des communes, étaient en vigueur, les communes avaient toujours intérêt et qualité pour défendre leurs droits antérieurs sur les biens remis à la caisse d'amortissement, puisque sur ce droit reposait celui de la fixation d'une rente représentative des revenus. — *Cons. d'état*, 7 août 1816, De Chalup.

398. — Nous avons déjà vu que la loi du 14 déc. 1789 ne soumettait les ventes de propriétés communales qu'au contrôle de l'administration départementale. Les lois des 3 avril et 10 août 1791 permettaient aussi ces ventes avec l'approbation de l'autorité locale. Il est dit positivement, en outre, par l'art. 11, sect. 3e, de la loi du 10 juin 1773, que la vente d'un bien communal ne peut avoir son effet qu'après avoir été autorisée par le directoire du département. Un grand nombre de ventes ont eu lieu sous l'empire de ces diverses dispositions. Il n'appartient pas à l'autorité administrative d'en détruire ou changer l'effet; et, en cas de contestation, les tribunaux seuls sont compétens pour connaître de leur régularité relative, qui leur imprime force de contrat. — Magnitot et Delamarre, v° *Commune*, p. 245, § 2; Cormenin, *Quest. de dr.* t. 2, p. 122, à la note, 4e éd.

399. — L'autorisation donnée à une commune, même par une loi, d'aliéner un bien, implique nécessairement que la commune est propriétaire. Si donc il survient un jugement contraire à cette présomption, la loi tombe d'elle-même, puisqu'elle n'a plus d'objet (décr. 24 mars 1809). — Cormenin, t. 2, v° *Communes*, p. 124, à la note.

400. — L'administration municipale ne peut, sans l'intervention de l'autorité supérieure, effectuer en faveur d'un particulier aucune concession, par exemple, du droit d'appuyer une construction immobilière sur un mur appartenant exclusivement à la commune. — *Cons. d'état*, 7 août 1810, Pérou.

401. — Mais les concessions de marais faites, en 1792, par les communes à ceux qui se sont dévoués à la défense de la patrie, doivent être maintenues, bien qu'il n'y ait pas eu d'autorisation expresse donnée à la commune, surtout si ces concessions ont été suivies d'une possession paisible de 22 ans pendant lesquels les familles ou les ayans-cause des volontaires ont défriché, cultivé et enclos les portions de marais concédées. — *Cons. d'état*, 10 mai 1813, Trouvain.

402. — Une commune ne peut demander l'augmentation d'une rente créée à son profit, en échange de ses biens aliénés, lorsque cette rente est égale au revenu net de ses biens déterminé d'après le bail existant lors de la vente, et que la commune, à cette époque, n'a pas réclamé contre cette évaluation. — *Cons. d'état*, 28 nov. 1821, comm. de Widensohlen.

403. — Une commune qui a vendu des biens dont la contenance est indiquée dans l'acte de vente, mais n'est pas garantie, ne peut néanmoins revendiquer l'excédant de cette contenance. — *Cons. d'état*, 18 juill. 1821, comm. de Magnes et Rigobert.

404. — La vente d'objets mobiliers appartenant à une commune doit, après avoir été autorisée, être faite aux enchères.

405. — Il résulte d'une circulaire du directeur de la dette inscrite que les communes peuvent aliéner leurs rentes sur l'état en vertu de simples arrêtés du préfet. — Foucart, n° 1603.

406. — Les aliénations des biens communaux faites avec l'autorisation de l'autorité compétente sont-elles soumises au droit de surenchère? — V. SURENCHÈRE.

ART. 7. — *Transactions.*

407. — Dans l'ancienne jurisprudence, les communes ne pouvaient transiger sans y avoir été *préalablement* autorisées par l'intendant de la province. — V., sur les pouvoirs des échevins à cet égard, *Cass.*, 25 nov. 1828, comm. de Chazolot c. comm. de Rougemont.

408. — Mais les transactions sur procès, passées par les communes, étaient à l'abri de toute critique, lorsqu'elles avaient été homologuées sur les conclusions formelles du procureur général du roi, par arrêt passé en force de chose jugée. — Cette homologation équivalait à l'autorisation préalable de transiger, que les communes devaient obtenir de l'intendant de la province. — *Cass.*, 20 mai 1828, comm. de Ger, d'Azelin et d'Ibos.

409. — Aux termes de l'art. 2045, C. civ., les communes ne peuvent transiger qu'avec l'autorisation expresse du roi.

410. — La raison de cette disposition est que la transaction suppose le droit d'aliéner, et qu'on a dû conséquemment l'entourer des mêmes garanties que l'aliénation. — Henrion de Pansey, *Des biens comm.*, p. 302.

411. — D'après la loi du 18 juill. 1837, art. 59, « toute transaction consentie par un conseil municipal ne peut être exécutée qu'après l'homologation par ordonnance royale, s'il s'agit d'objets immobiliers d'une valeur supérieure à 3,000 fr., et par arrêté du préfet en conseil de préfecture, dans les autres cas. » — Cette disposition fait donc exception à l'art. 2045, C. civ., pour les transactions relatives à des objets mobiliers d'une valeur inférieure à 3,000 fr.

412. — En effet, l'art. 59 doit être entendu en ce sens que l'ordonnance royale est nécessaire toutes les fois qu'il s'agit d'objets immobiliers, quelle qu'en soit la valeur, et lorsqu'il s'agit d'objets mobiliers d'une valeur supérieure à 3,000 fr. A voir les termes de la loi, on pourrait supposer que, même à l'égard des objets immobiliers, il n'est besoin d'ordonnance royale que si leur valeur dépasse 3,000 fr. : ce serait une erreur. — Discuss. à la ch. des pairs. — Dufour, *Dr. admin. appliqué*, t. 1er, n° 765.

413. — Le projet de loi contenait les mots *sur procès* après le mot *transaction*; mais on les a supprimés, la transaction pouvant avoir lieu sans qu'il y ait procès engagé.

414. — Pour déterminer la valeur des objets du litige, afin de savoir si l'homologation doit être donnée par ordonnance royale ou par arrêté du préfet, on suit les formes et on prend les moyens employés pour l'estimation qui doit être faite au cas d'aliénation prévu par l'art. 46, L. de 1837. — V. *suprà* nos 368 et suiv.

415. — On ne saurait, après une transaction homologuée par arrêté du préfet, en demander la nullité sous prétexte que l'objet, évalué 3,000 fr. au moins, a en réalité une valeur supérieure à ce chiffre. — Duvergier, *Collect. des lois*, sur l'art. 59, L. de 1837.

416. — Il a été reconnu, lors de la discussion de la loi, que, dans le cas où les objets auraient une valeur indéterminée, l'ordonnance royale serait nécessaire.

417. — Il résulte en outre, de la discussion de la loi à la chambre des députés, que les formes établies pour les transactions des communes par l'arrêté du 21 frim. an XII, ne sont point abolies par la loi actuelle.

418. — Aux termes de cet arrêté, dans les procès entre des communes et des particuliers, sur des droits de propriété, les premières ne peuvent transiger qu'après délibération du conseil municipal, prise sur la consultation de trois jurisconsultes désignés par le préfet du département, et sur l'autorisation de ce même préfet, donnée d'après l'avis du conseil de préfecture. Enfin, cette transaction, pour être valable, doit être homologuée par un arrêté du gouvernement rendu dans la forme prescrite pour les réglemens d'administration publique.

419. — Cette consultation préalable de trois jurisconsultes est tellement nécessaire, qu'il a été décidé que la transaction faite par une commune sur une question de propriété est nulle, lorsqu'elle n'a pas été précédée de cet avis. — *Cons. d'état*, 18

janv. 1813, Juchault-Desjamonières; — Henrion de Pansey, *Des biens comm.*, p. 304.

420. — Les termes de l'arrêté de frimaire an XII, « donnée *d'après* l'avis du conseil de préfecture, » ne veulent pas dire que le préfet ne peut autoriser que si le conseil de préfecture partage cet avis; autrement, ce serait ce conseil et non le préfet qui accorderait l'autorisation. Pourquoi dès lors faire intervenir celui-ci? Il s'agit donc ici d'un avis que l'administration supérieure peut suivre ou rejeter à son choix. Cette interprétation résulte implicitement de l'art. 59, L. 18 juill. 1837, portant que la transaction qui a pour objet des effets mobiliers d'une valeur ne dépassant pas 3,000 fr., peut être autorisée par un arrêté du préfet pris en conseil de préfecture. Et l'on n'ignore pas que le préfet n'est cependant pas tenu de se ranger à l'avis du conseil de préfecture. — Foucart, nº 1642, note.

421. — L'autorisation donnée dans les formes prescrites, les transactions rentrent dans les règles ordinaires du droit, comme si elles avaient été passées entre particuliers. L'autorisation donnée pour une transaction, l'homologation même de cette transaction n'est qu'une simple mesure de tutelle administrative; elle ne préjuge en rien le mérite du contrat, et ne fait pas obstacle à ce qu'on l'attaque pour dol, erreur ou fraude. Ainsi il appartient aux tribunaux, et non à l'autorité administrative, de connaître des contestations qui pourraient surgir. — Merlin, *Rép.*, vº *Transactions*, nº 4; Magnitot et Delamarre, vº *Commune*, p. 259, 1re col; Dufour, t. 1er, nº 766.

422. — Par suite, lorsque les tribunaux saisis d'une contestation élevée entre un particulier et une commune, relativement à une transaction attaquée pour dol et fraude, déclarent ne pouvoir statuer, attendu l'existence d'un décret approbatif de la transaction, il y a lieu, par le conseil d'état, de suspendre l'exécution du décret, jusqu'à ce que les tribunaux aient statué sur la transaction. — *Cons. d'état*, 26 oct. 1825, comm. de Navilly.

423. — La décision rendue en forme d'avis par un conseil de préfecture auquel une commune aurait demandé l'homologation d'une transaction passée entre elle et un particulier, ne peut être attaquée par la voie contentieuse devant le conseil d'état. Lors même que l'avis du conseil de préfecture aurait reçu l'approbation du préfet, il n'y aurait là qu'un acte d'administration dont l'examen devrait être déféré, non au conseil d'état, mais au ministre de l'intérieur. — *Cons. d'état*, 26 mai 1824, Séguineau.

424. — Une commune ne peut attaquer, par la voie contentieuse, une ordonnance royale qui a homologué une transaction passée entre elle et un propriétaire de marais. Mais cette transaction, ainsi homologuée, ne fait pas obstacle à ce que la commune fasse valoir devant qui de droit, si elle s'y croit fondée, tous les moyens de nullité qu'elle pourrait opposer à la transaction. — *Cons. d'état*, 16 mars 1837, comm. de Bonneuil.

425. — L'arrêt qui, dans le but de rejeter des nullités alléguées contre une transaction entre une commune et un particulier, approuvée par ordonnance royale, — nullités tirées, 1º de ce que la délibération préalable à cette transaction n'a pas été prise par un nombre suffisant de conseillers municipaux, 2º de ce qu'elle n'a pas été précédée de l'avis de trois jurisconsultes, — se fonde sur ce que ces faits ne sont pas établis, repose à cet égard sur une appréciation qui appartient à la cour royale, et échappe à la censure de la cour de Cassation: et les faits fussent-ils justifiés, ces nullités ne se rapporteraient qu'à des formalités extérieures et administratives qui tomberaient sous la compétence du pouvoir administratif. — *Cass.*, 18 nov. 1840 (t. 1er 1841, p. 316), comm. de Bonneuil c. Cagniard-Damainville.

426. — Une commune n'a pas besoin, pour être recevable à attaquer une transaction par elle faite, de demander préalablement la rétractation de l'ordonnance qui l'a autorisée à consentir cette transaction. — *Cons. d'état*, 21 nov. 1834, comm. de Troissezeux. — V. Henrion de Pansey, *Compét. des juges de paix*, ch. 27; Dufour, t. 1er, nº 766.

427. — Lorsqu'un pourvoi en cassation a été formé dans l'intérêt d'une commune autorisée à cet effet par le conseil de préfecture à ester en justice, il n'appartient ni au maire ni au conseil municipal de terminer le procès par une transaction ou un désistement. Ce désistement et cette transaction ne peuvent avoir lieu que sous l'autorisation du conseil de préfecture. — *Cass.*, 5 mars 1845 (t. 1er 1845, p. 385), Ville de Clermont-Ferrand c. N...

428. — Il ne peut appartenir à aucun habitant de la commune de renouveler, même à ses risques et périls, une instance primitivement introduite par la commune, lorsqu'elle a été terminée par une transaction régulière et qui a reçu son exécution. — *Cons. d'état*, 25 oct. 1841, comm. de Mauvières.

429. — Lorsqu'un acte quelconque, une transaction, par exemple, a été passé entre un particulier stipulant pour lui-même, et quelques habitans stipulant au nom d'une commune, cet acte ne peut être attaqué pour défaut de qualité des mandataires prétendus, si d'ailleurs la commune, loin de les avoir désavoués postérieurement, les a au contraire formellement reconnus. — *Cass.*, 16 mars 1836, Renouard de Bussières c. comm. de Zinswiller.

430. — Les termes d'une transaction intervenue entre un ci-devant seigneur et une communauté d'habitans, dans laquelle celle-ci a stipulé à son profit le droit de *jouir et user* d'une forêt, n'impliquent point nécessairement reconnaissance d'une possession précaire à titre d'usager. — *Toulouse*, 5 janv. 1844 (t. 2 1844, p. 43), comm. de Barbazan. — Proudhon, *Tr. des droits d'usufruit* (t. 6, p. 195); Latruffe, t. 1er, p. 119 et suiv.

431. — On ne peut considérer comme une aliénation de biens communaux régie par l'édit de 1683 la transaction passée entre une commune et l'ancien propriétaire d'une forêt pour le réglement des droits d'usage des habitans de cette commune. — *Cass.*, 20 mai 1835, Roger et Lérard c. comm. de Villejoubert.

432. — Les droits acquis aux tiers s'opposent à ce que l'empereur, en son conseil d'état, accorde des lettres de relief de temps à un demandeur en cassation qui a négligé de signifier un arrêt d'admission et a signé seulement une transaction avec la commune défenderesse, transaction annulée par l'autorité supérieure. Une transaction faite dans de telles circonstances, qui a été annulée par l'administration départementale, ne peut être imposée à la commune, si au fond elle est injuste et sans motifs suffisans. — *Cons. d'état*, 6 mars 1807, comm. de Beaucourt.

433. — La prescription quinquennale établie contre les communes par l'art. 6, L. 28 août 1792, qui les a autorisées à faire réviser, casser ou réformer les jugemens ou transactions intervenus entre elles et leurs ci-devant seigneurs, sur des questions de propriété ou d'usage, n'a pu courir contre les communes tant qu'elles étaient en possession publique et paisible. La même prescription n'est pas applicable aux dispositions de l'art. 8, même loi, qui autorisent les communes à se faire réintégrer dans les biens ou droits d'usage dont elles avaient été dépouillées par des ci-devant seigneurs. — *Cass.*, 16 juill. 1822, comm. de Wentzwiller c. Rothberg.

ART. 8. — *Compromis.*

434. — On ne peut, aujourd'hui, compromettre dans les matières qui intéressent les communes ou sections de communes. — C. proc. civ., art 1003, 1004 et 83-1º, combinés. — Dans tous les cas, le conseil de préfecture est incompétent pour prononcer l'homologation du jugement arbitral intervenu dans une contestation relative à des biens dont deux hameaux voisins se disputaient la propriété. — *Cons. d'état*, 6 déc. 1820, Lerotou.

435. — Les communes qui demandent la nullité de sentences arbitrales, en invoquant leur incapacité pour compromettre, doivent porter leur demande devant les tribunaux, et non devant le conseil d'état. — *Cons. d'état*, 26 déc. 1830, village de Laborie.

436. — Dans un procès entre une commune et d'autres individus, des arbitres ne pouvaient recevoir les déclarations d'habitans de la commune sans serment préalable et en faire la base de leur jugement. — *Cass.*, 21 mai 1811, De Ganay c. comm. de Savigny.

ART. 9. — *Hypothèques.*

437. — Pour constituer une hypothèque comme pour en donner mainlevée, il faut être investi de la même capacité que pour aliéner.

438. — Le maire d'une commune n'a pas qualité pour donner seul, et sans l'autorisation du conseil municipal, mainlevée d'une inscription hypothécaire prise au profit de la commune. — *Douai*, 29 nov. 1834, Paillart c. Lebrun.

439. — Les délibérations des conseils municipaux ayant pour objet d'autoriser les maires à donner mainlevée des hypothèques inscrites au profit des communes sont exécutoires sur arrêté du préfet en conseil de préfecture. — Ord. 15 juill. 1840.

440. — C'est au receveur municipal, dont le cautionnement est exigé pour garantie de ses actes, à poursuivre et à surveiller, dans l'intérêt et à la requête de la commune, les inscriptions hypothécaires prises ou à prendre à son profit, et, par conséquent, à consentir la radiation de ces inscriptions, sous l'approbation des surveillans légaux de la commune. — *Douai*, 29 nov. 1834, Paillart c. Lebrun.

441. — Un préfet peut aussi valablement prendre inscription au nom d'une commune de son département, pour sûreté d'une créance qu'elle a contre le fermier de son octroi. — *Aix*, 12 fév. 1806, comm. de Draguignan c. comm. de Brignoles.

ART. 10. — *Acquiescement, désistement et contrats divers.*

442. — L'acquiescement et le désistement sont de véritables engagemens, qui, dans certains cas, prennent le caractère de l'aliénation. Les communes ne peuvent donc les consentir qu'autant qu'elles y ont été autorisées dans les formes prescrites. — Foucart, nº 1643; Rolland de Villargues, vº *Communes*, nºs 87 et 88.

443. — La loi n'exigeant que l'autorisation du conseil de préfecture, pour l'introduction d'une instance engagée par la commune ou contre elle, il en résulte que cette autorisation suffit pour l'acquiescement ou le désistement, dont le but est de terminer l'instance. Toutefois, si ces engagemens étaient le résultat d'une transaction, ils devraient être autorisés par ordonnance royale.

444. — Le désistement pouvant léser des intérêts communaux, il en résulte que le maire ne peut se désister d'une action par lui intentée au nom d'une commune, il faut donc, pour la régularité du désistement, qu'il y ait eu délibération du conseil municipal et autorisation du conseil de préfecture. — Magnitot et Delamarre, vº *Commune*, p. 259, 1re col.

445. — On ne saurait considérer comme renfermant une autorisation implicite de se désister du pourvoi, l'arrêté qui donne pouvoir au maire de prendre telles conclusions qu'il appartiendra. — *Cass.*, 5 mars 1845 (t. 1er 1845, p. 385), ville de Clermond Ferrand c. N...

446. — La délibération d'un conseil municipal portant désistement d'un jugement frappé d'appel, et reconnaissance des droits de l'appelant, est nulle, et ne peut interrompre la péremption de l'instance pendante devant la cour, si elle n'a pas été prise dans les formes prescrites par l'arrêté du 21 frim. an XII. — Les tribunaux sont compétens pour apprécier le mérite d'une semblable délibération, lorsqu'elle est invoquée dans les contestations qui divisent les particuliers qu'elle intéresse et la commune. — *Cass.*, 21 janv. 1837 (t. 2 1837, p. 409), de Marion c. comm. de Glatigny.

447. — L'autorisation du conseil de préfecture suffit pour rendre valable l'engagement pris par la commune de payer les frais, ou plutôt cet engagement a une cause plus ancienne, qui résulte de l'autorisation de plaider, et le conseil de préfecture, en lui accordant la faculté de se désister, ne fait que diminuer les frais qu'aurait mis à sa charge un jugement de condamnation. — Foucart, nº 1643.

448. — Si la commune était défenderesse, elle aurait besoin, pour accepter le désistement de son adversaire, d'y être spécialement autorisée, ce désistement laissant subsister l'action et l'exposant à un nouveau procès. Mais la nullité du désistement ne pourrait être invoquée que par la commune et non contre elle. — Foucart, nº 1643.

449. — Dans le cas où le désistement fait par la commune, au lieu de porter sur la seule procédure, serait une reconnaissance qu'elle n'avait aucun droit à la chose réclamée, comme il n'aurait pas alors pour effet seulement de remettre les parties dans l'état où elles se trouvaient avant l'instance, mais qu'il pourrait entraîner une aliénation des droits de la commune, l'autorisation du conseil de préfecture serait-elle encore suffisante? — Nous le pensons, car pourquoi ce conseil, qui pouvait empêcher la commune de plaider, ne pourrait-il pas également, lorsque les débats ont démontré le manque de droits de la commune, l'autoriser à abandonner un procès qu'elle doit infailliblement perdre, et lui épargner par là une condamnation aux dépens? — Si le conseil de préfecture refusait conséquemment à la commune l'autorisation de se désister, cette autorisation pourrait être accordée, suivant nous, par le roi en conseil d'état. — Ces considérations s'appliquent à l'acquiescement. — Foucart, nº 1643.

450. — Une lettre du ministre de l'intérieur, du 10 juill. 1834, décide que la commune ne peut, lorsqu'elle a été autorisée à intenter une action, s'abstenir de le faire qu'autant qu'elle a reçu une nouvelle autorisation à cet effet; soit du préfet si la cause a changé de face, soit du conseil de préfecture au cas contraire. — Mais cet avis est combattu par M. Foucart (t. 3, nº 1643, p. 114, note), qui

pense que le conseil de préfecture, en autorisant la commune à plaider, ne lui en impose pas l'obligation, comme le ministre semble le croire. « La commune, dit-il, libre de solliciter l'autorisation de plaider, est libre aussi d'intenter ou de ne pas intenter son action après l'avoir obtenue. C'est seulement quand l'action est intentée qu'elle ne peut l'abandonner sans autorisation, parce que cet abandon entraîne pour elle l'obligation de payer les frais, et, suivant les circonstances, la reconnaissance des droits de son adversaire. »

451. — Dans la pratique, les désistemens et acquiescemens se font sous la forme de transactions; c'est là un surcroît de précautions qui ne peut pas nuire. Toutefois, il ne serait pas, à notre avis, nécessaire d'employer cette forme dans les cas, du reste fort rares, où le désistement et l'acquiescement sont purs et simples. La transaction impose, en effet, des sacrifices mutuels et diffère, en cela, d'un acte qui n'est que l'abandon d'une prétention mal fondée. Il n'est, conséquemment, besoin que de se servir des formes ordinairement employées pour ces sortes d'actes. — Foucart, n° 1643.

452. — Dans le cas où l'autorisation aurait été accordée par le conseil d'état, sur le refus du conseil de préfecture, ce serait au conseil d'état à autoriser le désistement ou l'acquiescement, lui seul pouvant, en effet, revenir sur ce qu'il a décidé. Comment espérer, d'ailleurs, trouver dans le conseil de préfecture une saine appréciation des raisons qui peuvent porter la commune à se désister, lorsqu'il n'a pas su voir, dès l'abord, les motifs d'un procès que le conseil d'état a cependant cru devoir autoriser? — Foucart, n° 1643.

453. — Le maire d'une commune comprenant plusieurs sections du même nom peut déclarer, même en appel, qu'il n'agit que pour l'une des sections, quoique l'autorisation et le jugement de première instance ne désignent que la commune, sans distinction de section. — Cette déclaration du maire, destinée à faire cesser une équivoque, ne peut être considérée, de sa part, comme un désistement en ce qui touche l'action des autres sections de la commune. Par suite, les sections au nom desquelles le maire a déclaré n'avoir point agi ne peuvent attaquer les décisions rendues par requête civile. — *Cass.*, 1er déc. 1836 (t. 1er 1837, p. 151), sections de la comm. de Roussillon c. de Chastellux.

454. — Une commune ne peut accepter un désistement qu'après y avoir été formellement autorisée. — *Colmar*, 3 août 1837 (t. 1er 1838, p. 213), Lacroix c. comm. d'Etuffon.

455. — Un maire qui, par mesure conservatoire, appelle, sans y être autorisé, d'un jugement rendu contre sa commune, a besoin d'être autorisé pour se désister de cet appel. — *Toulouse*, 21 mars 1832, comm. Lécussan c. d'Uzès.

456. — Le maire ne peut, non plus, en général, acquiescer qu'autant qu'il a été autorisé par une délibération du conseil municipal. — V. ACQUIESCEMENT, nos 93, 94 et 95.

457. — L'acquiescement d'une commune à une demande formée contre elle, ne la lie en aucune manière, s'il a été donné avant que cette commune ait été autorisée à plaider. — *Cass.*, 11 janv. 1809, comm. de Toulouse et de Fontenay c. comm. de Calonne. — L'autorisation de plaider ultérieurement, même avant le jugement de l'instance, ne peut valider cet acquiescement. — Même arrêt.

458. — Les communes ont aussi le droit de procéder au partage de biens indivis entre elles et d'autres communes ou des particuliers. — Le partage est un acte non *translatif*, mais *déclaratif* de propriété; en substituant un droit de propriété à un droit indivis, il tient et de l'acquisition et de l'aliénation. C'est dans le chapitre relatif aux *biens communaux* que nous traiterons de ce qui concerne ce partage.

459. — Le bornage a beaucoup d'analogie avec le partage. Il est comme lui une détermination de propriété, et a lieu de la même manière. Les difficultés qu'il peut soulever sont du ressort des tribunaux ordinaires. — Foucart, n° 1611.

460. — La commune peut aussi passer des marchés pour constructions à faire dans son intérêt. Les règles à suivre en pareil cas sont tracées au mot TRAVAUX PUBLICS.

461. — Lorsque les réparations à faire à une église et la levée d'une contribution pour les payer ont été ordonnées par des actes administratifs, toutes les contestations, soit sur le mode de paiement des entrepreneurs de ces travaux, soit sur le recouvrement et sur l'emploi de ces contributions, doivent être jugées administrativement. — Lorsque l'autorité judiciaire s'est immiscée dans la connaissance de ces contestations, il y a lieu par le conseil d'état d'annuler par voie de conflit les décisions qu'elle a rendues. — *Cons. d'état*, 24 juill. 1806, comm. d'Oismont.

462. — L'acte par lequel le maire, sur la demande d'un entrepreneur, renonce au bénéfice d'un marché sans y être autorisé, tombe dans la juridiction administrative. — Mais s'il s'élevait des contestations entre le maire et l'entrepreneur sur l'interprétation et l'exécution des clauses de l'adjudication, elles seraient de la compétence des tribunaux. — *Cons. d'état*, 19 oct. 1825, Poullain.

463. — Les tribunaux sont seuls compétens, nonobstant toutes stipulations contraires, pour connaître des marchés passés entre les communes et les particuliers. — *Cons. d'état*, 8 nov. 1829, Delahaye.

464. — Ainsi, jugé que les tribunaux ordinaires étaient seuls compétens pour connaître des difficultés s'élevant sur l'exécution d'un marché conclu entre une commune et un particulier pour une fourniture d'arbres aux troupes alliées. — *Cons. d'état*, 8 sept. 1819, Seitz c. Schweighausen. — V. MARCHÉS ET FOURNITURES.

465. — Les sommes dues à un certain nombre d'habitans d'une commune, pour fournitures faites en vertu de réquisitions militaires, peuvent être considérées comme formant une créance communale. — La cession de cette créance faite par le maire, avec l'autorisation des habitans y ayant droit, ne peut pas servir de base à une demande formée *individuellement* contre chacun d'eux. — *Cass.*, 20 juin 1832, Féline c. habitans d'Ebersheim.

466. — Les difficultés relatives à l'exécution d'un traité passé entre une ville et un directeur de spectacles, pour l'exploitation du théâtre de la ville, sont de la compétence des tribunaux, encore bien que, par une clause du traité, le directeur se soit soumis à la juridiction administrative. — *Cons. d'état*, 10 juin 1829, Singier.

467. — Lorsqu'il s'agit de poursuites en paiement, dirigées en vertu d'un marché passé par une commune avec un entrepreneur pour l'enlèvement des boues, cette contestation est du ressort des tribunaux et non de la compétence de l'autorité administrative. — *Cons. d'état*, 27 août 1828, commune de Dol.

468. — Les difficultés relatives à l'exécution d'un marché d'éclairage passé entre une ville et un particulier, sont de la compétence des tribunaux, encore que, par une clause du marché, l'entrepreneur se soit soumis à la juridiction administrative. — *Cons. d'état*, 10 juin 1829, Guihat-Chassis.

469. — C'est au pouvoir judiciaire qu'il appartient de connaître des contestations qui s'élèvent entre une commune et un particulier relativement aux droits et aux intérêts de ce dernier; ainsi, par exemple, de la question de savoir si les frais d'une opération faite par un particulier dans l'intérêt d'une commune doivent être mis à la charge de la commune. — *Cass.*, 31 août 1841 (t. 1er 1842, p. 49), comm. de Voysey c. Menne.

470. — Aux termes de la loi du 11 frim. an VII (art. 6), les dépenses relatives aux pâtres et aux troupeaux communs ne sont pas communales; en conséquence, les difficultés qui s'élèvent entre un pâtre et les particuliers qui ont traité individuellement avec lui, au lieu de demander un règlement au conseil municipal, sont de la compétence des tribunaux. — *Cons. d'état*, 26 août 1818, Bertrand.

471. — Les tribunaux sont compétens pour statuer sur l'exécution d'une convention privée, passée entre un particulier et une commune, sans l'intervention de l'autorité administrative. — *Cons. d'état*, 14 juill. 1819, Brumpter.

472. — Un ancien traité, par lequel les consuls et conseillers d'une ville se sont obligés à astreindre les habitans à aller faire moudre leurs blés aux moulins d'un particulier, moyennant un prix déterminé, ne peut, alors même qu'on le supposerait encore obligatoire à l'égard de tous les habitans, avoir l'effet de soumettre au prix de mouture stipulé des farines étrangères que des négocians de la ville y ont introduites. — Du moins, une cour royale qui interprète en ce sens le traité ne viole aucune loi. — *Cass.*, 30 déc. 1828, Charleval c. Fauchier.

473. — Les engagemens pris au nom d'une commune par le maire autorisé seulement par le conseil municipal avec des entrepreneurs de moulins et dont l'objet serait d'établir pendant un certain temps une surtaxe sur le pain, sont absolument nuls et ne peuvent même, en cas d'inexécution, engendrer contre la commune une action en dommages-intérêts au profit de celui envers lequel elle s'est obligée. — *Montpellier*, 6 août 1829, Barlatier c. ville de Marseille.

474. — L'engagement pris par un maire envers des ouvriers, sans autorisation préalable du conseil municipal, ou en conformité des budgets votés à raison de travaux exécutés pour le compte de la commune, par exemple, pour un reposoir permanent, n'est pas obligatoire pour la commune. — C'est au conseil municipal, et non aux tribunaux civils, qu'il appartient d'apprécier l'utilité de la dépense ainsi faite. — *Douai*, 20 juin 1835, comm. de Cambrai c. Quersin.

475. — Les habitans d'une commune ne peuvent être condamnés solidairement à servir une redevance foncière. — *Cass.*, 29 niv. an VIII, comm. de Gueberschwir c. Goll.

ART. 11. — *Baux.*

476. — Un arrêté du gouvernement du 7 germin. an IX défendait de concéder à bail, à longues années, aucun bien rural appartenant à une commune, si ce n'est en vertu d'une autorisation du gouvernement. — Inst. min. int., 12 flor an IX, sur l'exécution de cet arrêté. — La loi du 18 juill. 1837 a reproduit cette disposition. — V. le mot BAIL ADMINISTRATIF, § 2, où nous avons tracé les règles concernant les baux des biens des communes.

477. — Des instructions données par le ministre des finances, le 5 janv. 1815, instructions auxquelles il n'a depuis été apporté aucune dérogation, portaient que les fermiers et adjudicataires des revenus communaux ne peuvent, sous prétexte de réclamations en indemnité ou autrement, se refuser au paiement intégral, aux échéances convenues, du prix de leurs fermes ou adjudications, sauf à eux à se pourvoir devant qui de droit pour faire fixer les indemnités qui leur seraient légitimement dues et dont il leur serait tenu compte, soit par remboursement, soit par compensation sur les termes à échoir. Si donc il y a contestation sur l'interprétation du bail ou sur l'exécution des clauses, ou si le fermier réclame des indemnités pour non-jouissance, perte ou toute autre cause, il doit commencer par payer les termes échus, et ses réclamations ne sauraient arrêter le receveur municipal dans ses poursuites en cas de retard. — M. Davenne, *Encyclop. du dr.*, v° *Commune*, n° 204.

478. — Quant aux contestations en elles-mêmes, c'est aux tribunaux qu'il appartient d'en connaître. — V. BAIL ADMINISTRATIF, nos 278 et suiv.

479. — Lorsqu'une contestation relative à l'exécution d'un bail émané de l'autorité administrative a pour but de faire décider si le bail des biens communaux est ou non expiré, et si le fermier a droit à une récolte échue, la solution de cette question dépendant d'une question de fait et de l'usage des lieux appartient aux tribunaux civils. — *Cons. d'état*, 23 nov. 1808, Thomas.

480. — La contestation relative au bail du droit de subvention d'une ville, dont une cour des aides était saisie, doit être portée, non devant le conseil de préfecture, mais devant les tribunaux, en vertu de la loi des 12-19 oct. 1790, et par le motif qu'il s'agit de prononcer sur l'exécution d'un bail. — *Cons. d'état*, 15 nov. 1814, Gausset.

481. — La liquidation des rentes emphytéotiques dues aux communes appartient à l'autorité administrative. — Mais la question de savoir s'il y avait lieu ou non au rachat d'une rente était de la compétence des arbitres forcés qui, pendant un certain temps, ont remplacé les tribunaux de l'ordre judiciaire, dans les affaires intéressant les communes. — *Cons. d'état*, 10 mars 1807, Fristch.

482. — Les receveurs municipaux doivent, en vertu de l'acte d'adjudication, poursuivre le paiement du prix de fermage aux échéances fixées par le bail. Si l'adjudicataire se trouve en retard, les receveurs emploient contre lui les moyens de poursuite fixés par la loi, savoir : le *commandement* par ministère d'huissier, à la requête du maire ; la *saisie-exécution* des meubles, en se référant aux formes tracées par le Code de procédure. Les receveurs n'ont pas besoin, pour employer ces moyens de poursuite, d'y être spécialement autorisés. — Instr. gén. min. fin., 15 déc. 1826, art. 593, 594 et 618, et art. 737 de celle du 17 juin 1840. — M. Davenne, *Encycl. du dr.*, v° *Commune*, n° 207.

483. — L'instruction générale du ministre des finances, du 15 déc. 1826, portait, art. 795, que, quant à la vente des meubles du débiteur et autres poursuites judiciaires, elles devaient être exercées *par les maires* avec l'autorisation des conseils de préfecture. C'était là une erreur : une circulaire du ministre de l'intérieur, du 5 nov. 1839, insérée au *Bulletin officiel*, a tracé la marche que le receveur municipal aurait à suivre en pareil cas. — Ces règles s'appliquent à tous les biens communaux sans distinction. — M. Davenne, v° *Commune*, n° 208.

484. — Quant aux propriétés bâties, les règles à suivre sont les mêmes que pour les propriétés rurales. Seulement, le conseil municipal n'en peut régler les baux que jusqu'à concurrence d'un laps de neuf ans (L. 18 juill. 1837, art. 17) ; de neuf à dix-huit, l'approbation du préfet suffit. Au-delà de

ce dernier terme, il est besoin d'une ordonnance royale (*ibid.*, art. 47). L'acte demeure, dans tous les cas, soumis à la sanction du préfet (*ibid.*). — Davenne, vº *Commune*, nº 211.

485. — Le bail à ferme d'une halle, passé devant le maire de la commune, doit être considéré comme un acte public. — Mais un tel bail, qui n'est pas revêtu de la formule exécutoire prescrite pour les jugemens et les actes notariés, n'emporte point exécution parée. — *Colmar*, 28 janv. 1833, Schlienger.

486. — De même, les adjudications de baux à ferme de biens communaux, passés devant le maire, n'emportent pas l'exécution parée, bien qu'elles soient revêtues de l'approbation du préfet. — L'exécution de ces baux ne doit pas être suivie par voie de commandement. — Le maire doit intenter une demande judiciaire contre l'adjudicataire qui n'acquitte pas ses fermages. — *Cass.*, 27 nov. 1833, comm. de Doissac c. Rivailler; même jour, comm. de Doissac c. Upel et Fleurat (deux arrêts).

487. — Sur les formes à observer quand, au lieu de remplir dans le bail le rôle de bailleur, la commune remplit celui de preneur, V. BAIL ADMINISTRATIF, nº 103.

CHAPITRE V. — *Procès des communes.*

488. — Les communes, étant propriétaires, et ayant la faculté d'obliger, par des contrats, les individus envers elles et de s'obliger envers ces individus, peuvent avoir besoin d'ester en justice pour réclamer un droit ou repousser une prétention mal fondée. Le législateur a toutefois entouré l'exercice de ce droit de précautions analogues à celles que nous avons rappelées au chapitre précédent, et dont le but est d'empêcher les communes de se jeter inconsidérément dans des procès ruineux. — C. procéd., art. 1032.

Sect. 1re. — *Délibération préalable du conseil municipal.*

489. — Les communes ne peuvent ainsi intenter ou soutenir une action qu'avec l'assentiment du conseil municipal, chargé en première ligne, de veiller aux intérêts de la communauté. « Le conseil municipal délibère sur.... 10º les actions judiciaires, » porte l'art. 19, L. 18 juill. 1837, qui ne fait que reproduire une disposition déjà sanctionnée par les lois antérieures.

490. — En effet, sous la loi du 14 déc. 1789, une commune, pour intenter ou soutenir un procès, devait être autorisée par une délibération du conseil général de la commune, approuvée par les administrations ou directoires du district et du département, et le jugement rendu sur une demande qui n'avait pas été précédée de cette formalité devait être annulé. — *Cass.*, 15 niv. an V, Simon Regnier.

491. — Cette délibération du conseil général d'une commune ne suffisait même pas pour autoriser cette commune à intenter une action. Elle devait de plus être soumise à l'approbation des administrations départementales et, s'il y avait lieu, être approuvée par elles. — *Cass.*, 19 juin 1815, N....

492. — Jugé encore, sous l'empire de cette loi du 14 déc. 1789, art. 3, 4, 5 et 6, que pour intenter valablement un procès, les communes devaient y être autorisées par une délibération du conseil général de la commune, revêtue de l'approbation du directoire du département. — *Cass.*, 8 déc. 1806, Flamen et Vertegans c. habit. du hameau d'Ancoisne.

493. — Aux termes de l'art. 15, L. 28 pluv. an VIII, un maire ne pouvait non plus, s'il n'y était autorisé par délibération du conseil municipal, intervenir, au nom de la commune, dans une contestation pendante au conseil d'état entre des particuliers. — *Cons. d'état*, 8 sept. 1819, Ruellan.

494. — De même, le maire d'une commune ne pouvait introduire ni soutenir aucune action sans une autorisation préalable du conseil municipal. — *Cons. d'état*, 13 nov. 1810, comm. de Moy c. Labomet.

495. — Une délibération de tous les habitans d'une commune ne suffisait pas pour l'autoriser à intenter devant les tribunaux une action au nom de cette commune. — *Cass.*, 24 pluv. an V, comm. de Chaumont c. Lépine.

496. — Le maire d'une commune était aussi sans qualité pour représenter la commune ou section de commune devant le conseil d'état, lorsqu'il ne justifiait d'aucune autorisation à cet égard et qu'il ne figurait dans la contestation que comme simple particulier. — *Cons. d'état*, 13 mars 1822, Fourton.

497. — Le maire, ne pouvant sans autorisation du conseil municipal exercer les actions de la commune, n'a pas qualité pour se pourvoir devant le conseil d'état, au nom de la commune, contre un arrêté du conseil de préfecture, en vertu de l'autorisation de poursuivre donnée à son prédécesseur par le conseil municipal, si, depuis l'arrêté qu'il s'agit d'attaquer, le conseil municipal a retiré cette autorisation et émis l'avis qu'il n'y a pas lieu de se pourvoir. L'ancien et le nouveau maire sont non-recevables à exercer les actions de la commune. — *Cons. d'état*, 5 août 1829, Uthurbide et Hiriart c. d'Huart.

498. — Jugé, dans le même sens, que le maire ne peut sans l'autorisation du conseil municipal se pourvoir au conseil d'état. Autrement il doit être condamné personnellement aux dépens. — *Cons. d'état*, 5 nov. 1823; maire de Longeville c. Chavassieux; 9 mars 1832, Lemaire c. Ducoudray.

499. — Le pourvoi formé au conseil d'état, dans l'intérêt collectif des habitans d'une commune, à raison de la surcharge qui résulterait, pour eux, de la réduction accordée à des contribuables, dans leur cotisation personnelle, ne peut l'être régulièrement que par le maire, avec l'autorisation du conseil municipal de ladite commune. — Un tel pourvoi formé par le maire et les répartiteurs est non-recevable, s'il n'est justifié de cette autorisation. — *Cons. d'état*, 26 juill. 1837, le maire et les répart. de la comm. de Ribeauvile.

500. — Un conseil de préfecture ne peut, sur la demande de quelques habitans, contraindre une commune à intervenir dans une instance, pour y soutenir une action que le conseil municipal juge mal fondée. — *Cons. d'état*, 9 juin 1830, comm. de Beaufort.

501. — Une commune est recevable à se pourvoir devant le conseil d'état, contre un arrêté du conseil de préfecture, bien que cet arrêté ait été exécuté par le maire, lorsque l'exécution a eu lieu sans l'aveu du conseil municipal. — *Cons. d'état*, 31 mars 1825, comm. de Prez-sous-la-Fauche c. hosp. de Strasbourg.

Sect. 2e. — *Par qui doivent être exercées les actions de la commune.*

ART. 1er. — *Du maire, des adjoints et des conseillers municipaux.*

502. — Si au conseil municipal appartient la délibération, c'est à d'autres à faire exécuter celle-ci. C'est un principe dès longtemps établi, que le maire, et à son défaut, l'adjoint, a seul qualité pour exercer les actions, soit actives, soit passives, des communes. — LL. 29 vend. an V; 28 pluv. an VIII; 21 mars 1831, art. 50; — *Toulouse*, 10 janv. 1826, Marc et Bugis c. Carayon; — *Cons. d'état*, 6 sept. 1826, Terral et Bonnet. — V. AUTORISATION DE PLAIDER, nºs 290 et suiv.

503. — C'est aussi au maire qu'il appartient d'exercer les actions possessoires de sa commune. — V. ACTION POSSESSOIRE, nºs 461 et suiv.; AUTORISATION DE PLAIDER, nºs 46 et suiv.

504. — Mais l'action civile intentée par le maire d'une commune agissant en vertu des pouvoirs généraux attachés à sa qualité, et non pour les propriétés et les intérêts matériels de la commune, ne doit pas être précédée d'une autorisation de plaider. — *Cass.* 14 août 1832, Albarel c. maire de Carcassonne. — AUTORISATION DE PLAIDER, nº 66.

505. — L'art. 10 de la loi du 18 juill. 1837 a reproduit la disposition qui confiait au maire l'exercice des actions communales. « Le maire, y est-il dit, est chargé, sous la surveillance de l'administration supérieure, ... 8º de représenter la commune en justice, soit en demandant, soit en défendant. » La commune de Paris est représentée en justice par le préfet de la Seine. — C. procéd. civ., art. 69, 5º.

506. — Mais lorsqu'un arrêté a été rendu contre une collection d'habitans d'une commune, agissant dans leur intérêt particulier, le maire est sans qualité pour se pourvoir, au nom de la commune, devant le conseil d'état, contre cet arrêté. — *Cons. d'état*, 5 nov. 1823, le maire de Longeville.

507. — En cas d'absence ou de vacance, les pouvoirs et les fonctions du maire passent de plein droit à l'adjoint, qui les exerce temporairement. — *Cass.*, 8 mars 1834, comm. d'Ambutrix c. comm. de Saint-Denis.

508. — « En cas d'absence ou d'empêchement du maire et des adjoints, le maire est remplacé par le conseiller municipal le premier dans l'ordre du tableau, lequel est dressé suivant le nombre des suffrages obtenus. » — L. 21 mars 1831, art. 5.

509. — Mais, tant que cet empêchement n'existe pas, il résulte de la loi du 18 juillet 1837, que nul autre ne saurait exercer les actions de la commune, aux lieu et place du maire et des adjoints.

510. — Aucune loi, en effet, n'autorise le conseil municipal à leur substituer d'autres agens pris dans son sein. — *Cons. d'état*, 22 nov. 1836, Morteaux.

511. — Ainsi, décidé que le droit de suivre les actions qui intéressent une commune est confié exclusivement au maire et ne peut être exercé par les conseillers municipaux. — *Cons. d'état*, 20 avr. 1840, conseill. municip. d'Autreville.

512. — Un conseil de préfecture ne peut donc pas déléguer, pour suivre le procès d'une commune, un agent autre que le maire ou l'un des adjoints. — La cour de Cassation est compétente pour apprécier la nullité d'une pareille délégation donnée par un acte administratif. — *Cass.*, 17 juin 1834, comm. de Savianges c. Dulac; 21 nov. 1837 (t. 1er 1838, p. 286), Martin c. comm. de Thianges.

513. — L'art. 5 de la loi du 21 mars 1831, qui autorise le remplacement du maire et des adjoints par un conseiller municipal, est limitatif et applicable seulement au cas d'absence ou d'empêchement; mais il ne peut être étendu au cas où il y a, de la part du maire et des adjoints, refus d'agir en leursdites qualités. — Alors, pour obvier à ce refus, c'est au préfet à faire suppléer le maire par un délégué spécial, conformément à l'art. 15 de la loi du 18 juill. 1837. — En conséquence, un conseiller municipal, même autorisé par le conseil municipal, n'a point qualité pour intenter une action civile devant le tribunal de police au nom de la commune, ni pour se pourvoir en cassation contre le jugement qui a rejeté cette action. — *Cass.*, 7 mai 1842 (t. 2 1842, p. 25), Buleau c. Burgé.

514. — Le pourvoi d'une commune contre un arrêté du conseil de préfecture ne peut être introduit que par la commune elle-même ou son maire, et par le ministère d'un avocat aux conseils : cette action ne peut être exercée au nom de la commune par le directeur général de l'administration communale. — L'art. 16 du réglement du 22 juill. 1806, relatif à l'introduction des affaires par les ministres, n'est applicable qu'aux affaires administratives de leur département. — *Cons. d'état*, 8 sept. 1819, comm. de Gonès.

515. — L'administration des domaines est sans qualité pour défendre ou introduire devant l'autorité administrative des demandes relatives à la propriété de biens attribués à une commune par jugemens passés en force de chose jugée. — *Cons. d'état*, 26 nov. 1822, Dolter.

516. — Indépendamment du cas d'empêchement ou d'absence, la règle générale posée par la loi du 21 mars 1831, reçoit encore une exception lorsque le maire et les adjoints ont un intérêt opposé à celui de la commune.

517. — Ainsi, dans le cas où les intérêts du maire seraient en opposition avec ceux de la commune, l'autorisation de suivre le procès doit être donnée à l'adjoint. — *Cons. d'état*, 4 mars 1829, comm. de Bouage.

518. — Pareillement, bien que les maires, adjoints, etc., soient les représentans légaux des habitans des communes pour agir en justice, néanmoins, toutes les fois que, par les circonstances, il est démontré que le maire, l'adjoint ou même un officier munipal d'une commune ne saurait, sans de graves inconvéniens, la représenter, il appartient à l'autorité administrative, en autorisant la commune à agir en justice, de lui permettre de nommer ou élire un syndic pour la représenter et poursuivre l'action autorisée. — Tel est le cas où le maire, l'adjoint et les officiers municipaux auraient des intérêts opposés aux prétentions de la commune et auraient manifesté, dans une délibération, une opinion contraire à ses prétentions. — L'autorité judiciaire ne peut, dès lors, méconnaître la légalité de la nomination du syndic, ni, par suite, la qualité pour agir en justice. — *Cass.*, 13 juin 1838 (t. 2 1838, p. 317), de Riberolles.

519. — Ici, comme en cas d'empêchement, l'agent délégué ne peut être que le conseiller municipal le premier dans l'ordre du tableau. — Davenne, vº *Commune*, nº 452.

520. — Et il résulte implicitement d'un arrêt de la cour de Cassation, du 2 juin 1840 (de Bonnault c. comm. de Sainte-Thorette) [t. 2 1840, p. 139], que, si ce conseiller municipal avait aussi des intérêts opposés à ceux de la commune, il faudrait choisir, pour représenter celle-ci, le conseiller inscrit immédiatement après lui.

521. — C'est dans le même sens qu'il a été établi que le conseiller municipal qui se trouverait en contestation avec la commune ne pourrait participer aux délibérations relatives à ce litige, si ce n'est pour donner des renseignemens. — Instr. minist. 27 janv. 1840.

522. — Une action formée contre un maire n'est pas pour cela formée contre la commune si ce maire n'excipe dans l'instance ni de sa qualité, ni des intérêts de la commune, et s'il apparaît, au contraire, qu'il a un intérêt personnel dans la contestation. — *Cons. d'état*, 16 juin 1808, Tabourat.

523. — Les propriétaires qui ont des intérêts opposés à ceux de la généralité des habitans ne sont pas représentés par le maire autorisé à plaider au nom de la commune, et dès lors ils ont droit de former tierce-opposition aux arrêts, rendus contre la commune, qui préjudicient à leurs droits. — *Amiens*, 12 janv. 1821, Lépine c. Tronc de Gressac et comm. de Reilly.

524. — Les maires ou adjoints sont aussi seuls compétens pour demander l'autorisation de plaider, ou pour attaquer les arrêts qui refusent cette autorisation. — Les habitans de la commune sont sans qualité pour attaquer ces arrêtés en leur nom personnel. — *Cons. d'état*, 6 sept. 1826, Terral. — V. AUTORISATION DE PLAIDER, nos 172 suiv.

525. — Le maire seul, et, à son défaut, le fonctionnaire municipal désigné par l'art. 5, L. 21 mars 1831, a le droit de déférer au conseil d'état, au nom de la commune et en vertu d'une délibération du conseil municipal, un arrêté du conseil de préfecture. — *Cons. d'état*, 6 déc. 1841, comm. de Soupex.

526. — L'intervention du maire d'une commune devant la cour de Cassation couvre la nullité résultant de ce que le pourvoi a été formé sous le nom collectif des habitans de la commune. — *Cass.*, 21 juin 1815, comm. de Chevigney c. Dornier.

527. — Lorsqu'un maire, qui a été autorisé à revendiquer un terrain au nom de la commune, commet des voies de fait pour s'en emparer et est cité devant les tribunaux pour leur répression, les condamnations encourues doivent être prononcées contre lui personnellement et non contre la commune. — *Cass.*, 21 août 1809, Levaillant c. Dupont, Chrétien et Rousselin ; — Merlin, *Rép.*, vo *Maire*, sect. 14e, § 15.

528. — Quand un maire intente en cette qualité une action qui ne se rattache pas à des objets faisant partie du patrimoine communal ou d'un établissement de bienfaisance de la commune, et qu'il succombe, on doit le condamner *personnellement* aux dépens. — *Colmar*, 10 janv. 1839 (t. 1er 1840, p. 567), Stipende Boll c. Eguisheim. — Les dépens encourus sont ici le résultat d'un fait personnel et volontaire, et de l'inobservation des règles administratives.

529. — On doit aussi le condamner aux dépens, lorsqu'il a, sans autorisation régulière du conseil municipal, intenté un pourvoi, et ce recours doit alors être rejeté. — *Cons. d'état*, 5 nov. 1823, Longeville ; 9 mars 1832, Lemaire.

530 — Lorsqu'un arrêté de conseil de préfecture est intervenu entre une commune et des particuliers, le maire ne peut se pourvoir, au nom de la commune, sans y être autorisé par une délibération du conseil municipal. En cas de pourvoi sans cette autorisation, il y a lieu de le condamner personnellement aux dépens. — *Cons. d'état*, 20 nov, 1822, Fourton.

531. — Mais lorsqu'un maire intervient dans un procès, le tribunal ne peut, sans une autorisation préalable du conseil d'état, le condamner à des dommages-intérêts pour un fait relatif à ses fonctions. — *Cass.*, 13 nov. 1809 (int. de la loi).

532. — Dans une instance où est engagée une commune représentée par son maire, il n'est pas nécessaire que le nom de ce fonctionnaire soit énoncé dans les actes de procédure. — *Douai*, 28 mars 1836, comm. de Busigny c. Villoutreys.

533. — Lorsqu'une demande a été formée contre plusieurs défendeurs, habitans de la même commune, actionnés comme débiteurs solidaires d'une redevance foncière, en vertu des mêmes titres, qu'ils ont opposé les mêmes moyens et que le même jugement les a condamnés, l'appel formé régulièrement par l'un d'eux profite à ceux qui n'ont pas appelé, surtout si l'appelant est maire de la commune et peut, en cette qualité, être considéré comme autorisé à soutenir seul cette espèce d'instance populaire, à lui particulièrement confiée. — *Turin*, 9 mars 1811, habitans de Gambasca c. Donadio. — V. aussi Merlin, *Rép.*, vo *Domaine public*, § 5, et *Quest.*, vo *Nation*, § 2.

534. — Un arrêt a été valablement obtenu contre l'ancien maire d'une commune, quoique, depuis l'appel, il ait été remplacé dans ses fonctions, si ce remplacement n'a pas été légalement notifié à la partie adverse de la commune. — *Cass.*, 11 janv. 1830, comm. de Ventavon c. Jaubert.

535. — Lorsque l'adjoint d'un maire quitte ses fonctions avant le jugement d'un procès soutenu par lui, au nom de la commune, le nouvel adjoint qui continue les poursuites judiciaires commencées par son prédécesseur ne doit pas préalablement assigner l'adversaire au nom de la commune. — *Cass.*, 3 juin 1818, Robert de Lierville.

536. — Celui qui, ayant qualité d'officier municipal, a, en première instance, représenté légalement une commune, conserve, alors même que ses fonctions d'officier municipal auraient cessé depuis le jugement rendu, le droit d'interjeter appel au nom de la commune. On ne peut dire qu'il ait été sans qualité pour faire cet acte conservatoire, qui rentrait même dans ses devoirs. — Mais il est sans qualité pour poursuivre, au nom de la commune, l'instance d'appel, alors même qu'il aurait été délégué à cet effet par le conseil de préfecture : les conseils de préfecture ne pouvant déléguer, pour suivre les procès d'une commune, un agent autre que le maire ou l'adjoint, ou, en cas d'empêchement, un conseiller municipal dans l'ordre de la liste. — *Cass.*, 21 nov. 1837 (t. 1er 1838, p. 286), Martin c. comm. de Thianges.

537. — Le vice résultant du défaut de qualité de la personne qui représente une commune devant les tribunaux est d'ordre public ; néanmoins, les adversaires d'une commune ne peuvent, pour la première fois, devant la cour de Cassation, opposer le défaut de qualité de la personne qui l'a représentée dans l'instance, lorsqu'ils ne se sont pas prévalus de ce moyen avant l'arrêt définitif qui a terminé le procès d'une manière favorable à la commune : les lois ayant désigné les fonctionnaires chargés de représenter les communes devant les tribunaux principalement dans l'intérêt de celles-ci. — *Cass.*, 17 déc. 1838 (t. 1er 1839, p. 345), Guyot c. comm. de Ville-les-Aulesy.

538. — Il n'y a pas lieu à cassation d'un arrêt dans lequel une commune a été représentée par un membre du conseil municipal désigné par arrêté du préfet, alors surtout que le demandeur en cassation n'a pas contesté devant la cour royale la qualité de ce conseiller municipal. — *Cass.*, 2 juin 1840 (t. 2 1840, p. 139), De Bonnault c. comm. de Sainte-Thorette..

539. — N'est point nulle la signification d'un jugement obtenu par une commune, encore qu'elle soit faite à la requête des habitans de la commune, poursuite et diligence non du maire seul, mais conjointement avec les officiers municipaux et agens nationaux. — En conséquence, le délai, pour se pourvoir contre ce jugement, a pu courir à dater d'une pareille signification. — *Cass.*, 6 avr. 1819, Andréas de Marcy c. comm. de Cuncy-les-Varzy.

540. — Le réglement du 22 juill. 1806, sur l'introduction et l'instruction des affaires contentieuses au conseil d'état, ne prononce pas la nullité des significations faites à une commune, en la personne de l'adjoint au maire de cette commune. — En conséquence, malgré les art. 69 et 70, C. civ., il y a lieu de maintenir une signification faite en ces termes. — *Cons. d'état*, 31 mars 1819, habitans de Vernoy-sur-Marne.

541. — La fin de non-recevoir tirée de ce que l'ordonnance de soit communiqué d'un pourvoi formé contre une commune, a été signifiée, en l'absence du maire, au membre du conseil municipal délégué, à défaut d'adjoint, et non au juge de paix ou au procureur du roi, n'est pas recevable. — *Cons. d'état*, 8 janv. 1836, Caron.

542. — Il résulte du principe que les maires et adjoints ont seuls le droit de représenter la commune en justice, que les jugemens rendus contre eux ont force de chose jugée contre tous et chacun des habitans de la commune.

543. — Décidé ainsi qu'en matière de banalité, l'exception de la chose jugée contre le maire et les officiers municipaux est opposable à chacun des habitans présens ou futurs. — *Cass.*, 1er juin 1830, hab. de Beausset.

544. — Lorsque les habitans d'une commune sont condamnés en la personne du maire, ensemble et solidairement, l'exécution de la sentence peut être poursuivie contre un habitant en particulier. — *Bordeaux*, 26 août 1833, Lignac c. Verlhiac.

545. — La décision obtenue contre une commune représentée par son maire, relativement à un droit de servitude par elle originairement concédé, n'a pas force de chose jugée contre les tiers qui, antérieurement, auraient acquis de cette commune la propriété des terrains grevés de la servitude. Ces tiers sont, en conséquence, recevables à y former tierce-opposition. — *Cass.*, 31 mai 1837 (t. 2 1837, p. 357), com. de Vernoy c. Hoirot. — V. CHOSE JUGÉE.

546. — La partie qui assigne une commune dans la personne du maire ne peut ensuite opposer le défaut de qualité de cette commune. — *Rennes*, 6 juill. 1818, Allaire c. comm. de Saint-Etienne.

547. — En 1791, et d'après la pratique d'alors, les communes devaient être assignées au domicile du maire et non à celui du procureur de la commune. — *Colmar*, 6 flor. an XI, comm. de Sainte-croix et de Dessenheim c. Merian.

548. — Aujourd'hui une commune ne peut être assignée en la personne d'aucun autre que le maire. — En cas d'absence du maire, l'exploit ne peut être laissé à l'adjoint et visé par lui. Mais le visa doit être donné, exclusivement à tous autres, par le juge de paix ou par le procureur du roi. — *Cass.*, 10 juin 1812, Fulgrand ; 22 nov. 1813, comm. d'Ermezat.

549. — Pareillement, la copie d'une assignation donnée à une commune ne peut valablement, en l'absence du maire, être laissée à l'adjoint, et celui-ci ne peut viser l'original. — *Cass.*, 10 fév. 1817, maire de Reynel ; 7 juill. 1828, comm. d'Ambutrix ; 12 mai 1830, comm. de Loisia. — Cette interprétation de l'art. 69, C. procéd., était tirée de ce que la législation qui régissait les fonctions et attributions des maires et adjoints ne pouvait modifier la loi relative à un acte de procédure et à ses formes, et que la loi spéciale, dont les dispositions étaient claires et expresses, devait prévaloir sur les dispositions de la loi générale.

550. — Jugé encore que la copie d'un appel signifié à une commune doit même être laissée, en l'absence du maire, au procureur du roi et non à l'adjoint, encore que le maire n'eût été que provisoire et eût cessé ses fonctions par l'installation d'un nouveau conseil municipal. — *Nîmes*, 17 déc. 1834, Delpech.

551. — Mais, depuis les arrêts qui viennent d'être rapportés, la Cour suprême est revenue de cette interprétation judaïque de l'art. 69 ; par son arrêt solennel du 8 mars 1834 (comm. d'Ambutrix c. comm. de Saint-Denis), rendu sur les conclusions conformes de M. le procureur général Dupin, et dans une espèce antérieure à la loi du 21 mars 1831, elle a reconnu, en principe, qu'en France les fonctions ne sont jamais vacantes, et que leurs titulaires, en cas d'absence, d'abstention, démission, mort ou maladie, sont toujours remplacés par ceux qui, dans la hiérarchie, viennent immédiatement après eux. En conséquence, elle a déclaré que, toutes les fois que l'absence d'un maire est légalement et régulièrement constatée, l'assignation donnée à la commune, au domicile et en la personne de l'adjoint, attendu l'absence du maire, reçue et visée par cet adjoint qui le remplace, est valablement donnée ; — que la disposition de l'art. 69, C. procéd., relative au visa du juge de paix ou du procureur du roi, est générale, et ne s'applique pas exclusivement aux assignations données aux communes ; — qu'en conséquence, le visa du juge de paix ou du procureur du roi n'est obligatoire qu'en cas d'absence des fonctionnaires dont il s'agit dans tout l'article, et de leurs suppléans naturels et légaux.

552. — Jugé, dans le même sens, que la copie d'un appel signifié à une commune peut, en l'absence du maire de cette commune, être remise à l'adjoint. — *Cass.*, 24 août 1836 (t. 1er 1837, p. 5), Delpuech.

553. — Jugé aussi que, bien qu'en l'absence du maire, l'adjoint ait qualité pour recevoir la signification d'un exploit, l'huissier n'est obligé ni de s'informer si l'absence du maire est telle que ses fonctions se trouvent dévolues à l'adjoint, ni de chercher le domicile de cet adjoint, avant de remettre au procureur du roi l'exploit destiné au maire. — *Cass.* 8 juill. 1834, hospices de Paris.

554. — ... Que l'appel contre une commune poursuivant une expropriation forcée peut être signifié au domicile élu dans le commandement, chez l'individu qui la représente dans la poursuite, encore que ce soit un autre que le maire. — *Liége*, 16 déc. 1809, Gilson c. comm. de Stavelot.

555. — L'assignation devant le tribunal civil en radiation des listes communales contre le maire personnellement, est valablement donnée par une double copie laissée au maire lui-même, en sa double qualité de défendeur personnel et de représentant de la commune ; on ne peut attaquer la procédure comme irrégulière en ce que la commune n'aurait pas été assignée en la personne de son adjoint, surtout si un avoué a été constitué pour elle, et a conclu en son nom. — *Cass.*, 23 juill. 1839 (t. 2 1839, p. 423), Malbos c. Bargeton, Bonnet et Dugar.

556. — L'exploit laissé à un maire, *en parlant comme dessus*, est valable, encore que la copie n'indique pas à qui elle a été laissée, si le visa du maire apposé sur l'original indique que c'est lui qui l'a reçue. — *Cass.*, 16 déc. 1840 (t. 1er 1841, p. 706), Gilbert-Paille c. de Bosrédon.

557. — Lorsqu'une commune n'a pas fourni de défense sur la contestation qui fait l'objet d'une ordonnance royale, elle peut se pourvoir, par op-

position contre cette ordonnance. — *Cons. d'état*, 22 juill. 1823, comm. de Melun.

558. — Mais une commune est non recevable à se pourvoir, par voie de tierce opposition, contre un arrêté rendu contradictoirement avec elle. — *Cons. d'état*, 24 déc. 1818, comm. de Talairou.

559. — Toutefois, lorsqu'une ordonnance royale a statué contradictoirement sur la demande d'une commune en nullité de la vente de ses biens, la tierce opposition de quelques uns des habitans est recevable, s'ils se prétendent propriétaires desdits biens, en vertu d'un acte régulier de concession. — *Cons. d'état*, 31 oct. 1821, Schmith.

560. — Mais leur tierce opposition est non recevable, s'ils ne sont propriétaires ni en vertu d'un acte écrit de partage, ni en vertu d'un acte de concession passé dans les formes prescrites par la loi du 9 vent. an XII, et s'il résulte, au contraire, d'un bail existant qu'à l'époque de la vente des biens en litige, ils étaient détenteurs desdits lots comme simples fermiers. — Même arrêt.

561. — Les sous-acquéreurs sont sans qualité pour intervenir dans l'instance entre leurs vendeurs et la commune. — Même arrêt.

562. — Le principe que c'est au maire qu'il appartient de soutenir les actions communales est tellement constante, que le ministre de l'intérieur ne pourrait directement intenter devant le conseil d'état ou y défendre une action contentieuse au nom et dans l'intérêt des communes. Bien qu'en effet il soit le tuteur-né de celles-ci, il ne possède pas leurs actions judiciaires: ces actions dérivant d'un droit et d'une qualité qui appartient en propre à la commune seule. — *Cons. d'état*, 19 déc. 1821, comm. de Molay; — Magnitot et Delamarre, vo *Commune*, p. 257, Dufour, t. 1er, no 745.

563. — Jugé de même que la commune est recevable à former tierce opposition à l'ordonnance intervenue sur la défense présentée par le ministre, lorsque cette ordonnace la condamne aux dépens. — *Cons. d'état*, 19 déc. 1821, comm. de Molay.

564. — Il existe quelques décisions rendues par les tribunaux administratifs vis-à-vis des communes représentées par le ministre de l'intérieur; mais dans les espèces jugées par ces décisions, on avait omis d'opposer la fin de non-recevoir. — V. par ex. *Cons. d'état*, 6 janv. 1830, Gallope.

565. — Le ministre de l'intérieur n'a pas qualité pour se pourvoir au conseil d'état, dans l'intérêt d'une commune, contre l'arrêt d'un conseil de préfecture. — *Cons. d'état*, 22 nov. 1829, Dubail. — V. *contrà*, mais à tort, selon nous, Magnitot et Delamarre, vo *Commune*, p. 257, 2e col.

566. — Mais M. Dufour (*Droit admin. appliq.*, t. 1er, no 745) admet, comme exception au principe que la commune ne peut être représentée que par son maire que, d'après l'art. 15, L. 18 juill. 1837, qui a été introduit, dit-il, pour mettre la commune à l'abri de l'inaction ou du mauvais vouloir de son représentant, le préfet est autorisé à suppléer le maire qui, après en avoir été requis, négligerait de procéder aux actes prescrits par la loi; or, ajoute M. Dufour, l'exercice des actions intéressant la commune est assurément du nombre de ces actes.

567. — Cette opinion ne nous paraît pas admissible, et il suffit pour la faire rejeter de rappeler ce qui s'est passé lors du vote de la loi du 18 juill. 1837. Le projet de loi primitif donnait à l'art. 15 une portée plus étendue, et sa rédaction première présentait sur le droit de substitution du préfet au maire des énonciations d'une telle élasticité, que la commission en fut effrayée: car il pouvait y avoir à craindre qu'à l'aide de ce droit d'agir à défaut du maire, l'autorité du préfet ne se substituât d'une manière en quelque sorte absolue à l'autorité municipale et n'arrivât à l'anéantir. — C'est donc avec une intention bien marquée que l'art. 15 limite le droit du préfet aux seuls cas où le maire a refusé ou négligé de faire *un acte prescrit par la loi*. — Et cette disposition repose, ainsi que le disait le rapport de M. Vivien, sur cette considération que *l'exécution des lois* ne saurait être suspendue par la résistance d'un simple fonctionnaire. Peut-on considérer les actions en justice qui intéressent les communes comme des actes *prescrits par la loi?* Non assurément, car aucune loi ne prescrit aux maires d'intenter ou de soutenir des procès. Lorsque le maire, autorisé par le conseil de préfecture, représente la commune en justice, soit en demandant, soit en défendant, il ne fait là qu'un acte municipal, un acte de pur intérêt local, et non pas un acte obligatoire et voulu par la loi. On ne se trouve donc pas dans le cas de l'art. 15, L. 1837. Comment admettre, d'ailleurs, que, lorsque le maire ne pourrait agir sans autorisation du conseil municipal, le préfet pût agir, à défaut du maire, contre le refus formel? — V., en ce sens, Reverchon, *Autoris. des comm.*, no 32.

568. — Aussi a-t-il été jugé qu'en cas de refus par un conseil municipal d'autoriser le maire à se pourvoir contre un arrêt qui intéresse la commune, le préfet n'a pas, en se fondant sur l'art. 15. L. 18 juill. 1837, qualité pour intenter, à défaut du maire, le pourvoi en cassation. — Le droit pour le préfet de représenter dans ce cas la commune à défaut du maire ne peut être exercé que dans les termes de l'art. 49 de ladite loi. — Le préfet qui intente ainsi un pourvoi sans avoir qualité doit être condamné personnellement en l'amende, en l'indemnité et aux dépens. — *Cass.*, 28 juin 1843 (t. 2 1843, p. 294), comm. de Pléchatel c. Blerge et Déo.

Art. 2. — *Des habitans.*

569. — Quelques habitans d'un hameau pouvaient autrefois agir pour la conservation des droits communs à tout le hameau, en stipulant pour l'universalité des habitans. — *Bourges*, 9 mars 1814, Pernin de Verdier c. hameau de Montigny.

570. — Aujourd'hui, de simples habitans peuvent-ils exercer des actions communales? En d'autres termes, les habitans d'une commune peuvent-ils exercer *ut singuli*, les droits et actions qui leur appartiennent seulement *ut universi?* Cette question était fort débattue, avant la loi du 18 juill. 1837 surtout. On faisait à cet égard une distinction. Si la contestation portait sur le fond du droit, en d'autres termes, si la propriété de l'objet réclamé par un habitant était contestée à la commune, comme il s'agissait alors d'intérêts concernant la commune en corps, celle-ci était déclarée avoir seule qualité pour agir. Dans le cas, au contraire, où il ne s'élevait aucune contestation sur le droit ou la propriété de la commune, et où l'on contestait seulement à l'habitant qui réclamait un droit particulier de jouissance, comme il s'agissait seulement d'un droit individuel sur une chose reconnue communale, chaque habitant pouvait intenter, en son nom privé, les actions relatives à ce droit. — L. 29 vendém. an V, art. 29; — Décr. régl. 9 brum. an XIII; — Garnier, *Tr. des chemins*, no 28; Proudhon, *Traité du domaine privé*, nos 935 et 936; *Traité du droit d'usage*, no 772; Henrion de Pansey, *Des biens communaux*, partie 1re, chap. 32; Cormenin, vo *Communes*, t. 2, p. 164, note; Pardessus, *Des servitudes*, no 336; Rodière, *Revue de lég.*, t. 3, p. 315; Magnitot et Delamarre, vo *Commune*, no 257, 2e col., *in fine*; Dufour, *Dr. administ. appl.*, t. 1er, no 748. — V. aussi ACTION POSSESSOIRE, nos 465 et suiv.

571. — Les actions en revendication d'un bien communal sont, par suite, du nombre de celles qui, aux termes de la loi du 29 vendém. an V, intéressent uniquement les communes, et, d'après cette même loi, ces actions ne peuvent être intentées que par les administrateurs à qui a été confiée la surveillance des intérêts communaux. Il en résulte que des habitans sont sans qualité pour représenter légalement la commune, et sans action personnelle pour faire juger (*ut singuli*) communale une propriété que la commune (*ut universi*) ne croit pas devoir réclamer. — Magnitot et Delamarre, vo *Commune*, no 258, 1re col.

572. — La distinction établie par la doctrine a été aussi consacrée par la jurisprudence. Nous allons rapporter les nombreuses décisions desquelles cette distinction résulte, et qui sont intervenues dans des espèces où il s'agissait, tantôt de la propriété et jouissance des biens communaux en général, tantôt de la jouissance ou propriété seulement de quelques-uns de ces biens, ou chemins, rues, places, etc., tantôt de droits de pâturage et de vaine pâture, tantôt enfin de droits d'usage dans les forêts.

§ 1er. — *Actions exercées par des habitans relativement à la propriété et à la jouissance des biens communaux en général.*

573. — Aux termes du décret du 9 brum. an XIII, chaque habitant a un droit personnel à la jouissance des biens communaux dont la propriété n'est pas contestée et peut, par conséquent, intenter en son nom personnel toutes les actions relatives à l'exercice de ce droit. Mais, aux termes de la loi du 29 vendém. an V, les actions qui tendent à la revendication d'un bien communal intéressent non pas chaque habitant individuellement, mais uniquement la commune et elles ne peuvent être intentées que par les administrateurs. — *Cons. d'état*, 27 nov. 1814, Arrouet.

574. — Le maire seul peut donc revendiquer un terrain appartenant à sa commune. Des habitans de cette commune sont non-recevables à exercer cette action. — *Rennes*, 21 juin 1816, N...; — *Cons. d'état*, 6 sept. 1826, Terral et Bonnet.

575. — Une action relative à une propriété communale ne peut être exercée par de simples particuliers, ou en leur nom par l'un d'eux se disant syndic des autres. — *Riom*, N... c. maire de la comm. de Cheylade, et Garinot.

576. — Quelques habitans d'une commune ne peuvent exciper du droit de propriété de la commune, et cette exception ne peut donner lieu à l'admission d'une question préjudicielle. — *Bordeaux*, 6 janv. 1831, Dufour.

577. — Quelques habitans d'une commune ne sont pas recevables à poursuivre en leur nom personnel une action qui concerne l'intérêt commun des habitans, et qui dès lors ne peut être exercée que par le maire. — *Metz*, Brion c. Vesseron.

578. — Le maire peut ainsi, seul et à l'exclusion de tous autres habitans agissant *ut singuli*, exercer une action résultant d'un droit collectif appartenant à la commune. Cette faculté exclusive attribuée au maire a lieu surtout lorsque le fond du droit est contesté. — *Cass.*, 30 mars 1835, Mullot.

579. — Si donc les habitans d'une commune peuvent réclamer *ut singuli* l'exercice individuel d'un droit à la jouissance d'un bien communal dont la propriété n'est nullement contestée à la commune, il n'en est pas ainsi quand il s'agit d'actions concernant la revendication d'un bien dont la propriété est disputée à la commune; le maire a seul, dans ce cas, qualité pour la représenter et la défendre. — *Lyon*, 15 juill. 1828, Charbonnier c. comm. de la Guillotière, *Cass.*, 5 juill. 1828, Voury; — Mangin, *Traité de l'action publique*, no 218.

580. — Les habitans d'une commune ne peuvent pas revendiquer *ut singuli* la jouissance d'une propriété communale, si le fond du droit est contesté. — *Cass.*, 16 juill. 1822, Marracou c. Bataille; 31 mars 1835, Hacot c. Treuteil; *Cons. d'état*, 20 juin 1815, de Saint-Victor; — Mangin, no 215.

581. — Ils ne peuvent agir ainsi que pour réclamer l'exercice d'un droit communal reconnu et avoué. — *Cass.*, 31 mars 1835, Hacot c. Treuteil.

582. — Jugé de même que ce n'est qu'aux communes dûment représentées par leurs maires qu'il appartient de poursuivre et de défendre les droits dont les habitans de ces communes peuvent jouir. Nul habitant d'une commune, soit de son chef-lieu, soit de l'un des hameaux, n'a qualité pour défendre les droits qui peuvent lui compéter comme habitant de la commune. — *Turin*, 31 déc. 1810, habitans des hameaux de Bussolino c. Rignon et Pelrolo.

583. — Des habitans d'une commune ne sont pas recevables à poursuivre, tant dans l'intérêt de la commune que dans leur propre intérêt, la revendication d'un terrain qu'ils prétendent communal, mais sur lequel le conseil municipal a déclaré n'avoir aucun droit. — *Cass.*, 20 oct. 1814, Robert de Saint-Victor c. Vilermont. — V. aussi *Cons. d'état*, 11 fév. 1824, habitans d'Allogny; 9 juin 1830, comm. de Beaufort.

584. — Des habitans d'un hameau ne peuvent réclamer contre un tiers la propriété de terrains qu'ils prétendent avoir fait constamment partie des biens communaux du hameau, surtout lorsque la commune ainsi que l'autorité administrative désavouent leur demande et reconnaissent les droits d'un particulier à la propriété des biens réclamés. — *Cons. d'état*, 30 mars 1812, ham. de Noue.

585. — Les habitans d'une commune agissant individuellement et sans l'autorisation de leur maire ne peuvent réclamer, au nom de la commune, la propriété d'un bien communal, et ils sont sans qualité pour se pourvoir contre un arrêt rendu contradictoirement avec leur maire. — *Cons. d'état*, 23 déc. 1810, Boiron-Garbi.

586. — L'habitant d'une commune ne peut pas attaquer isolément et en son nom personnel une délibération prise par le conseil municipal de la commune, relativement à des propriétés communales, et l'arrêté confirmatif du préfet. — *Cons. d'état*, 18 avr. 1821, Armel.

587. — De ce que des habitans d'une commune n'ont pas qualité pour la représenter et exercer ses droits et actions, ils ne peuvent prétendre que l'action qu'ils ont intentée les constitue représentans de cette commune, puisqu'ils ne pouvaient défendre que leur intérêt individuel. — *Cons. d'état*, 26 nov. 1817, Gabaude.

588. — Un habitant ne peut se pourvoir au Conseil d'état, dans l'intérêt de la commune, pour demander l'annulation d'arrêtés du conseil de préfecture relatifs à la possession de marais communaux, sans justifier d'un acte qui autorise ce pourvoi. — *Cons. d'état*, 30 nov. 1811, comm. de Cleville.

589. — Des habitans d'une commune qui ont mal à propos réclamé en leur nom personnel un droit communal, sont non-recevables à demander la mise en cause du maire, afin de l'obliger à agir au nom de la commune. — *Toulouse*, 10 janv. 1826, Marc et Bugis c. Carayon.

590. — Mais si plusieurs particuliers se disputent la propriété d'un terrain, et qu'il y ait lieu de supposer que ce terrain est communal, le maire peut intervenir pour faire reconnaître la propriété de la commune. — Proudhon, nº 932.

591. — Un prévenu n'est admissible à élever une question de propriété qu'autant qu'il s'agit d'un droit qui lui est personnel. En conséquence, les habitans d'une commune sont individuellement sans qualité pour exciper du droit de propriété qui pourrait appartenir à la commune, qui n'a pas été mise en cause et qui n'est point intervenue au procès. — *Cass.*, 7 avr. 1809, Basseinheim c. Groff.

592. — Lorsqu'un prévenu excipe d'un droit qu'il prétend appartenir à sa commune, le tribunal ne peut, sans qu'il existe aucune demande en intervention de la part du maire, le recevoir partie intervenante pour prendre le fait et cause de cet habitant. — *Cass.*, 22 avr. 1824, Forêts c. Rivière, dit Baillet.

593 — Les habitans d'une commune qui, après avoir réclamé individuellement l'exercice d'un droit commun à tous les habitans, ont appelé en cause le maire de la commune, et ont procédé avec lui en première instance et en appel, sont non-recevables à se pourvoir seuls en cassation, bien qu'ils aient été personnellement condamnés. — *Cass.*, 2 janv. 1811, Maire de Medeyrolle et Bonnabaud c. Villaguet; — Merlin. *Rép.*, vº *Usage*, sect. 2e, § 7, et *Vaine pâture*, § 5; Favard, vis *Quest. préjudicielles*, nº 6, et *Usage*, sect. 1re, § 2, nº 10; Henrion de Pansey, *Des biens communaux*, chap. 32, § 14; de Vaulx et Fœlix, *Code forest. annoté*, t. 2, art. 61, nº 21.

594. — Si l'habitant d'une commune ne peut former *ut singulus* une demande en revendication d'un immeuble appartenant à la commune, il est fondé au moins à exciper du droit de propriété ou de possession de la commune pour repousser l'action exercée contre lui. — *Cass.*, 20 juin 1834, Noël Nogent.

595. — Celui qui, actionné pour usurpation d'un terrain, oppose que ce terrain est communal et n'appartient point au demandeur, ne doit pas nécessairement mettre en cause la commune pour défendre ses droits. — Dans ce cas, il suffit que le demandeur ne prouve point son droit à la propriété du terrain en litige pour qu'il soit déclaré non recevable ou mal fondé dans sa demande. — *Cass.*, 14 fév. 1831, Quenissel c. Vincent; — Proudhon, nos 928, 929 et 930. — Mais, dit cet auteur, si la commune voulait faire déclarer le jugement commun avec elle, on devrait suivre les formes propres aux actions communales.

596. — Lorsqu'en prononçant la nullité d'un partage de biens communaux, pour défaut d'autorisation, l'autorité administrative a maintenu, conformément à la loi du 9 vent. an XII, les possesseurs actuels dans la possession des parties de ces biens communaux par eux défrichées, les habitans de la commune ainsi maintenus dans leur propriété ont le droit de la défendre personnellement, *ut singuli*, sans aucune intervention de la commune. — *Cass.*, 20 août 1822, hab. de Corcelles. — V. toutefois *Cass.*, 11 germ. an VII, hab. de Luceuil.

597. — Des officiers municipaux prévenus d'avoir commis des dévastations sur un terrain dont un particulier a la possession annale, ne peuvent, sous le prétexte que la commune est propriétaire de ce terrain, demander le renvoi devant les tribunaux civils, à l'effet de statuer sur la question de propriété. — *Cass.*, 23 mai 1822, Balmain c. Bertrand.

598. — Lorsque l'état ou ses ayans-cause réclament contre quelques habitans d'une commune le paiement d'une rente dont la commune tout entière était autrefois débitrice, les autres habitans ont le droit d'intervenir dans l'instance. — *Cass.*, 28 janv. 1835, hab. de Geispolsheim c. Mayer.

599. — Pour qu'une banalité conventionnelle ait pu être établie sur une commune, il a fallu le consentement de tous les habitans. — Toutefois, c'est uniquement dans le cas où les habitans ont agi *ut singuli* que le consentement unanime et individuel de chacun d'eux a été nécessaire — Mais l'expresse unanimité de ce consentement n'a pas été nécessaire, si les habitans ont agi en corps de commune, *ut universi*, et représentés par leurs mandataires légaux régulièrement autorisés. — Cela posé, le droit de demander la nullité ou la résolution de l'acte par lequel une banalité a été ainsi établie appartient exclusivement aux habitans agissant en corps de commune, *ut universi*, et non point isolément à quelques uns d'entre eux. — *Grenoble*, 21 août 1832, Colomb c. Liothaud; — Merlin, *Rép.*, vº *Banalité*, nº 5; Bacquet, *Traité des droits de justice*, chap. 29, nos 22 et 23; Boutaric, *Traité des droits seigneuriaux*, p. 356 et suiv., et Ferrière, *Comment. sur la cout. de Paris*, art. 71, nos 7 et 11. — V. surtout Henrion de Pansey, *Dissertations féodales*, vº *Banalité*, §§ 3 et 17.

600. — La fin de non-recevoir tirée du défaut de qualité des habitans d'une commune pour intenter, *ut singuli*, une action qui concerne la commune, peut être proposée en appel pour la première fois. — *Toulouse*, 10 janv. 1826, Marc et Bugis c. Carayon; *Turin*, 31 déc. 1810, hab. des hameaux de Bussoliro c. Rignon et Peirolo; *Agen*, 25 avr. 1809, Cardonne c. Lusserre.

601. — Lorsqu'il a été décidé par un jugement passé en force de chose jugée que ce n'est point en qualité d'habitans et comme exerçant un droit communal que des particuliers ont formé l'action possessoire, mais à titre singulier et comme ayant chacun individuellement la jouissance du terrain litigieux, on ne peut soutenir devant la cour de Cassation, sur le pourvoi dirigé contre un second jugement qui prononce au fond, qu'ils auraient dû, pour plaider, être assistés du maire de leur commune. — *Cass.*, 26 juill. 1832, Formon c. Vailland.

602. — Toutefois, on peut, dans l'intérêt d'une commune, exciper pour la première fois en cassation de ce qu'elle n'a pas été mise en cause dans un procès qui l'intéressait. — *Cass.*, 14 déc. 1831, Gendret c. Villoutreys. — V. AUTORISATION DE PLAIDER, nº 240.

§ 2. — *Actions exercées par des habitans relativement à la propriété et à la jouissance des chemins et voies publics.*

603. — Des particuliers ne peuvent pas davantage réclamer en leur nom privé un chemin qu'ils qualifient de public et un abreuvoir qu'ils disent appartenir à la commune, lorsque l'adversaire conteste les droits de la commune. — *Poitiers*, 18 juill. 1823, Pineau c. habitans de la comm. d'Asionne.

604. — Un particulier, et spécialement un hospice, n'a pas qualité pour réclamer le libre passage d'une voie publique contre un autre particulier qui a intercepté ce passage. — *Cass.*, 11 juill. 1826, hospice de Dieppe.

605. — L'action tendant à réprimer une anticipation sur la voie publique ne peut être intentée par un particulier. Elle ne peut être intentée que par le maire de la commune sur le territoire de laquelle le chemin est ouvert. — *Bourges*, 13 déc. 1831, Séjournet c. Sacrot; 28 avr. 1822, Masseron.

606. — En cas d'anticipation faite sur la route publique dans une commune, le maire seul a qualité pour en poursuivre la répression. Ce droit n'appartient point individuellement aux habitans, quand les constructions élevées ne nuisent point à l'usage public de la rue, et notamment à la desserte particulière des maisons voisines. — *Cons. d'état*, 11 mai 1807, Morgue.

607. — Le propriétaire riverain d'un chemin est non-recevable à s'opposer à des clôtures élevées par un autre riverain sur ce chemin, lorsqu'elles ne le privent pas tout-à-fait des issues qu'il avait sur ce chemin, et que la commune a refusé d'intervenir. — *Caen*, 24 déc. 1825, Tourailles c. Maubant.

608. — Mais un particulier a qualité pour réclamer, dans son intérêt privé, l'usage d'un chemin public, sans que le maire de la commune intente une action au nom de la commune. — *Nîmes*, 23 mars 1829, Dejoug.

609. — On doit considérer, relativement à ces actions individuelles, comme chemin public celui qui aboutit à plusieurs communes, et qui établit entre elles des communications utiles et nécessaires. — *Bourges*, 30 déc. 1822, Durbois c. Roy.

610. — De même, l'habitant d'une commune qui réclame contre un autre habitant un droit individuel sur une rue reconnue publique peut exercer son action sans être tenu de mettre en cause le maire de la commune. — *Cass.*, 15 juin 1829, Maubon c. Gros; *Bourges*, 30 déc. 1822, Durbois c. Roy; *Cass.*, 24 juill. 1827, Collin c. Malossane.

611. — ... Quand bien même la commune garderait le silence à cet égard. — *Agen*, 15 déc. 1836 (t. 1er 1837, p. 357), Manene c. Constantin.

612. — Celui qui conteste à un habitant un droit de passage sur un terrain que cet habitant soutient être communal prétendrait vainement que le droit de propriété de la commune étant par lui contesté, il est nécessaire, pour la régularité de la procédure, que la commune intervienne dans l'instance. — *Cass.*, 24 juill. 1827, Collin c. Malossane.

613. — ... Sauf aux tribunaux à statuer sur le fond du droit de propriété entre le contestant et ladite commune. — *Cass.*, 12 fév. 1834, Foll et c. Vanderyaken.

614. — Lorsqu'une servitude de passage appartient aux habitans d'une commune, *ut singuli*, chacun de ces habitans peut individuellement et sans être obligé de mettre en cause la commune, défendre à une action relative à cette servitude. — *Cass.*, 2 fév. 1820, Tarnier c. Aubin Mairet.

615. — Jugé de même que tout habitant d'une commune peut réclamer en son nom personnel contre l'entreprise d'un autre habitant qui barre un chemin vicinal, surtout lorsqu'il allègue une jouissance immémoriale du droit de passage, tant par lui que par les siens. — Dans ce cas, la contestation est du ressort des tribunaux civils, et non des conseils de préfecture. — *Bordeaux*, 11 janv. 1831, Massonneau c. Girard.

616. — Des particuliers qui pourraient être déclarés sans droits pour réclamer *ut singuli* la jouissance d'un chemin appartenant à une commune peuvent, en défendant sur une action négatoire de servitudes dirigée contre eux, exciper dans leur intérêt individuel des titres et droits de la commune, ainsi que de l'ancienneté et de la publicité du chemin. — *Colmar*, 16 mars 1826, Dolfus c. Mieg.

617. — Les entreprises commises sur un chemin communal par un propriétaire, au préjudice de ses voisins, donnent ouverture à une action directe, *jure singulari*, de la part de ceux-ci pour en obtenir la répression. — Cette action n'appartient pas exclusivement aux officiers municipaux chargés par la loi de veiller à la conservation des droits appartenant à la collection des habitans de leur commune. — *Agen*, 30 mars 1824, Talazac c. Darnaud. — V. *contrà* (sur les deux questions) *Cass.*, 23 fév. 1825, Reculard.

618. — La contestation par laquelle un particulier prétend faire interdire à un autre le passage sur la voie publique, mais seulement avec voitures et chevaux, peut, dans l'intérêt privé de ces deux individus, s'engager entre eux sans le concours du maire de la commune à laquelle cette discussion particulière ne saurait préjudicier. — *Cass.*, 18 mai 1830, Boucheron c. Delamartinière.

619. — Dans le cas où une issue est ouverte par un propriétaire sur un chemin contigu à son fonds, et où l'ordre de la boucher est donné par le maire, par le motif que le terrain est communal, le particulier qui prétend droit au passage doit actionner le maire dans la forme suivie pour les actions contre les communes. Il doit d'ailleurs obtenir gain de cause au fond, à moins de circonstances particulières, les terrains communaux étant grevés de plein droit des chemins nécessaires pour toutes les issues, communications et exploitations des fonds particuliers. — *Grenoble*, 6 juin 1838 (t. 1er 1839, p. 584), Rey c. Billez; — Proudhon, nº 927.

620. — Lorsqu'un particulier revendique le droit de passer sur un terrain qu'il articule être un chemin communal; que les juges ordonnent la mise en cause du maire de la commune, mais que le conseil municipal et le conseil de préfecture, tout en reconnaissant que le chemin dont il s'agit est une voie publique, refusent l'autorisation nécessaire au maire pour intervenir, ce particulier peut, à ses risques et dans son seul intérêt, être admis à établir que le terrain litigieux est une rue qui, de tout temps, a servi de passage à tout le monde. — *Bourges*, 22 mai 1826, Bandat.

621. — Lorsque l'autorité administrative s'est déclarée incompétente pour connaître d'une anticipation commise sur un chemin, attendu qu'il n'est point vicinal, mais qu'il sert particulièrement aux riverains, les tribunaux devant qui la contestation est ensuite portée par un ou plusieurs riverains, *dans leur intérêt privé*, ne peuvent déclarer la demande non-recevable, sous prétexte que les demandeurs ont fait valoir, à l'appui de leurs conclusions, des moyens d'un intérêt général dont la commune seule pouvait exciper. — Dans ce cas, l'arrêt qui déclare les demandeurs non-recevables doit être cassé, encore qu'il juge, en fait, après avoir apprécié les erremens du procès, que l'action était dirigée dans un intérêt général. — *Cass.*, 26 fév. 1827, Delafoy.

622. — Lorsque deux champs sont séparés par un chemin vicinal, l'un des propriétaires riverains ne peut demander, contre l'autre, le bornage de ce chemin. — C'est contre le maire représentant la commune que l'action doit être dirigée. — *Bourges*, 28 avr. 1832, Masseron.

§ 3. — *Actions exercées par des habitans relativement au pâturage et à la vaine pâture.*

623. — Quelques habitans d'une commune ne peuvent réclamer un droit de dépaissance appar-

tenant à elle seule. — Leur défaut de qualité peut être invoqué pour la première fois en appel. — *Agen*, 25 avr. 1809, Cardonne c. Lasaerre.

624. — Est non-recevable la demande formée par deux individus en leur nom personnel, afin qu'il soit fait défense à des habitans d'une autre commune d'exercer à l'avenir aucun droit de parcours ou de vaine pâture sur le territoire de la commune à laquelle appartiennent les deux demandeurs. — *Amiens*, 3 mai 1823, Lefebvre et Hordez c. Poitevin.

625. — Des particuliers faisant partie d'une communauté d'habitans ne peuvent invoquer les droits de cette communauté, afin d'être maintenus dans la jouissance d'une prairie qu'ils prétendent communale. — *Cass.*, 25 juill. 1826, Clergeaux c. Congloux.

626. — Les habitans d'une commune ne peuvent exercer individuellement l'action en réintégrande d'un droit de servitude ou d'usage, commun à tous. — *Cass.*, 29 frim. an XII, De Croeser c. Martans et Saclens.

627. — Les habitans d'une commune ne peuvent exercer, individuellement et sans l'autorisation du pouvoir administratif, une action qui n'appartient qu'à la commune, et, par exemple, la revendication de la propriété et jouissance de la seconde herbe d'une prairie. — *Cass.*, 10 niv. an XIII, de Fongières; 24 avr. 1809, com. de Turckeim.

628. — Un habitant d'une commune ne peut être maintenu dans la jouissance d'un droit d'usage ou de servitude sur un terrain qu'il prétend communal, lorsque la commune n'est pas en cause. — *Paris*, 18 juill. 1814, Andry c. Linon.

629. — Deux habitans d'une commune ne sont pas recevables à réclamer personnellement sur une propriété particulière un droit de vaine pâture qu'ils prétendent appartenir à cette commune : le droit de suivre en justice les actions qui intéressent les communes appartenant aux maires. — *Toulouse*, 10 janv. 1826, Marc et Bugis c. Carayon.

630. — Celui qui, ayant un droit de pacage sur des biens d'une commune ou section de commune, prétend que des défrichemens qui portent atteinte à son droit ont été faits par les habitans, peut agir contre les habitans individuellement pour leurs faits personnels, sans être obligé de diriger son action contre le maire, ni d'obtenir l'autorisation administrative. — *Limoges*, 26 janv. 1824, habit. de Chassaneguilloux c. La Chapelle.

631. — Tout habitant d'une commune, attaqué en raison d'un pacage exercé sur une propriété particulière non close et soumise à la vaine pâture d'après les réglemens locaux, est fondé à se prévaloir du droit de la commune établi par une suite de réglemens administratifs, sans qu'on puisse lui opposer que le maire a seul qualité pour agir au nom de la commune. — *Angers*, 20 juill. 1827, Lair et Juteau c. Deniau.

632. — L'habitant d'une commune peut se pourvoir en cassation contre un arrêt dans lequel il a été partie et qui a été rendu sur la question de savoir s'il existe un droit de vaine pâture sur les biens de cette commune. — *Cass.*, 14 déc. 1831, Gendret c. Villoutreys.

§ 4. — *Actions exercées par des habitans relativement aux droits d'usage dans les forêts.*

633. — Les habitans d'une commune qui ont un droit d'usage dans une forêt domaniale peuvent individuellement en réclamer l'exercice. — *Lyon*, 10 avr. 1832, Forêts c. Bouvier.

634. — Lorsqu'un droit d'usage a été accordé par arrêt à une commune, chaque habitant peut, en cas de poursuite, exciper seul des moyens de justification que cet arrêt lui fournit, sans être obligé d'appeler le maire en cause. — *Cass.*, 29 mai 1830, princesse de Rohan c. Genus.

635. — Lorsqu'un jugement rendu entre l'administration des forêts et une partie des habitans d'une commune a acquis l'autorité de la chose jugée, d'autres habitans, qui n'étaient pas dans l'instance, ne peuvent s'en faire un titre sous prétexte que le droit est le même. — *Cass.*, 23 mars 1837 (t. 1er 1838, p. 91), Forêts c. les habitans de Colonne.

636. — Jugé cependant que lorsque des habitans qui prétendent avoir des droits de pâturage dans des bois communaux mis en défens par le préfet se fondent sur des titres de concessions faites à la commune, ils sont sans qualité pour attaquer les arrêtés de défens. — *Cons. d'état*, 10 janv. 1827, De Trinquelague.

637. — Lorsque des individus poursuivis pour avoir enlevé de la terre et des herbages dans une forêt, excipent des droits de la commune à laquelle ils appartiennent, le tribunal ne peut surseoir à statuer, s'il n'y a aucune intervention de la part de cette commune. — *Cass.*, 3 août 1827, Forêts.

638. — Pareillement, celui qui st prévenu d'avoir fait paître ses bestiaux dans une forêt, ne peut, en excipant des droits qu'il prétend appartenir à la commune qu'il habite, demander un sursis aux poursuites et son renvoi devant le tribunal civil, pour faire statuer sur la question de propriété. — Mais il peut demander un délai, pour provoquer l'intervention de la commune, sauf au tribunal à le déclarer non-recevable dans son exception, après l'expiration de ce délai, si la commune n'était pas intervenue pour appuyer ses prétentions. — *Cass.*, 16 août 1822, Laudeuix.

639. — Lorsque celui qui est prévenu d'avoir coupé du bois dans une forêt prétend qu'il n'a fait qu'user d'un droit appartenant à la commune qu'il habite, cette exception ne peut pas être considérée comme préjudicielle et n'autorise pas un sursis aux poursuites. — *Cass.*, 20 mars 1823, princesse de Rohan.

640. — Celui qui a introduit des brebis et des moutons dans une forêt, est sans qualité pour élever, au nom de sa commune, l'exception préjudicielle résultant d'un prétendu droit d'usage; cette exception ne peut être proposée que par le maire. — *Cass.*, 25 juin 1824, Forêts c. Giraudel; même jour, Forêts c. Monier.

641. — Le maire qui n'a figuré en rien au procès, soit en première instance, soit en appel, est non-recevable à intervenir sur le pourvoi en cassation formé par l'administration forestière contre le jugement par lequel un habitant a été admis à exciper des droits de la commune. — *Cass.*, 25 juin 1824, Forêts c. Monier; même jour, Boucher. — Toutefois, il n'y avait pas d'intervention de la part du maire.

§ 5. — *Actions de la commune exercées par un habitant à ses frais et risques.*

642. — C'était, comme on vient de le voir par les diverses décisions qui précèdent, une question fort débattue que celle de savoir si les habitans d'une commune peuvent exercer *ut singuli* les droits et actions qui leur appartiennent seulement *ut universi*.

643. — En général, dans aucune matière, les particuliers ne peuvent exciper d'un droit communal. — Et spécialement, n'est pas recevable à exciper personnellement des droits qu'une commune peut avoir sur un terrain l'individu qui, actionné en dommages-intérêts pour voie de fait par lui commise sur ce terrain, prétend avoir agi par ordre de l'autorité municipale, et cela quand même, sur l'action en garantie formée contre le maire, ce dernier n'aurait pu obtenir l'autorisation de plaider au nom de la commune. — *Cass.*, 18 août 1840 (t. 1er 1841, p. 35), Quélier de Saint-Éloy c. Maire du Plessis-Ballisson et Collas.

644. — Il a été jugé, avant la loi du 18 juillet 1837, que, lorsque le maire d'une commune, appelé dans une instance pendante sur la question de savoir si le chemin traversant un héritage est ou non public, a obtenu sa mise hors de cause en déclarant que la commune ne réclamait aucun droit de servitude ni de passage sur ce chemin, le particulier resté seul en cause n'en a pas moins le droit de poursuivre l'action dans son intérêt personnel, à ses risques et périls, et de soutenir le droit qu'il prétend avoir au passage sur le chemin litigieux. — *Cass.*, 31 mai 1837 (t. 2 1837, p. 211), Petit c. Martin, Delaquinterie et Barral.

645. — La loi du 18 juillet 1837 paraît avoir voulu couper court à toute controverse par la disposition suivante : « Cependant, tout contribuable inscrit au rôle de la commune a le droit d'exercer, à ses frais et risques, avec l'autorisation du conseil de préfecture, les actions qu'il croirait appartenir à la commune ou section, et que la commune ou section, préalablement appelée à en délibérer, aurait refusé ou négligé d'exercer. La commune ou section sera mise en cause, et la décision qui interviendra aura effet à cet égard. » — Art. 49, § 3. — V. ACTION POSSESSOIRE, nos 11 et 12.

646. — M. Vivien, rapporteur de la commission de la chambre des députés, ne s'est pas dissimulé l'inconvénient que pourrait présenter le pouvoir ainsi donné à un particulier de soutenir les droits communaux; mais il a pensé qu'une garantie suffisante était offerte par la nécessité d'obtenir l'autorisation du conseil de préfecture. « Au surplus, la décision qui interviendra aura, a-t-il dit, à l'égard de la commune, l'autorité de la chose jugée. Il ne faut pas que l'on remette en question ce qui aura reçu une décision judiciaire. La commune sera consultée par le conseil de préfecture avant l'autorisation; toutes les circonstances seront pesées; elle devra être mise en cause et appelée à présenter ses moyens de défense. Dans cette situation, la décision à intervenir doit nécessairement être définitive à son égard. »

647. — La chambre des députés avait même adopté cette disposition, que la décision rendue contre le particulier aurait l'autorité de la chose jugée contre la commune; mais la chambre des pairs a craint qu'on ne se méprît sur le sens de cette expression; elle a reconnu que le jugement aurait contre la commune le même effet que contre le particulier. « Si le particulier perd, disait M. Mounier, c'est comme si la commune avait perdu; et s'il gagne, c'est au profit de la commune. » Mais cet orateur demandait un changement de rédaction, afin qu'on ne fît pas sortir de fausses conséquences des mots *autorité de la chose jugée*. On renvoya le paragraphe à la commission, et celle-ci proposa la rédaction qui est passée dans la loi, expliquant d'ailleurs que, si le particulier vient à perdre, il paie les frais; en sorte que la commune est indemne, mais qu'elle profite des chances favorables. — V. Duvergier, *Collect. des lois*, année 1837, p. 248, note 4e.

648. — Un simple habitant ne peut exercer les actions d'une commune qu'au nom de cette commune, et dans la forme prescrite par l'art. 49, L. 18 juill. 1837. — *Cons. d'état*, 23 fév. 1841, de Villette.

649. — Des habitans non inscrits au rôle des contributions de leur commune sont sans qualité pour exercer les actions qu'ils croient appartenir à elle ou à l'une de ses sections. — *Angers*, 20 janv. 1843 (t. 1er 1843, p. 517), habitans du hameau de Bogrolles c. maire de la commune de May.

650. — Si un contribuable inscrit au rôle de la commune peut, avec l'autorisation du conseil de préfecture, faire valoir les droits appartenant à cette commune et que celle-ci refuse ou néglige d'exercer, ce n'est jamais qu'à la charge de mettre en cause la commune elle-même. Une commune ne pouvant être représentée en justice que par son maire, l'autorisation donnée en pareil cas au contribuable par le conseil municipal ne saurait suppléer la mise en cause de la commune et sa représentation par son maire; par suite, le contribuable est non recevable à intervenir au nom de la commune. — *Grenoble*, 6 juin 1843 (t. 1er 1845, p. 214), Poncet c. Loubet.

651. — Le contribuable qui s'est fait autoriser par un conseil de préfecture à exercer, à ses frais et risques, une action appartenant à la commune qu'il habite, est tenu, pour plaider en appel, de se pourvoir d'une nouvelle autorisation. Néanmoins il n'y a pas lieu, à défaut d'autorisation, de déclarer l'appel non-recevable, mais seulement d'accorder à l'appelant un délai pour obtenir ladite autorisation. — *Poitiers*, 16 août 1844 (t. 2 1844, p. 589), Savariau.

652. — Quelques habitans d'une commune ne peuvent, par application des termes de l'art. 49, L. 18 juill. 1837, poursuivre l'instance d'appel à leurs frais et risques, lorsque la commune, après avoir succombé devant les premiers juges, n'a pas été autorisée à interjeter appel. Les habitans ne peuvent être admis à exercer les actions de la commune que dans le cas où celle-ci, préalablement appelée, a refusé ou négligé de les exercer elle-même, et non lorsqu'elle les a directement formées et suivies, et n'a qu'à défaut d'autorisation nouvelle négligé de les poursuivre en appel. — *Bordeaux*, 29 janv. 1839 (t. 1er 1846), Coyeault, Tauzin et comm. de Lerm c. section de Tarbes.

653. — L'appelant n'est pas recevable à proposer pour la première fois devant la cour la nullité de la demande formée contre lui, en ce que cette demande, qui intéresse une commune, ne pouvait être intentée qu'après que la commune appelée à délibérer aurait refusé ou négligé d'exercer l'action qui lui appartenait. — *Grenoble*, 27 mai 1844 (t. 1er 1845, p. 216), Morin c. comm. de Montellier et Escoffier.

654. — Si les contribuables inscrits au rôle de la commune n'ont le droit d'exercer les actions qu'ils croiraient appartenir à la commune que lorsque la commune, préalablement appelée à délibérer, a refusé ou négligé d'exercer ces actions, leur demande n'est pas nulle pour avoir été formée avant que la commune ait été appelée à délibérer, et elle peut être régularisée par l'accomplissement de cette formalité et la mise en cause de la commune avant le jugement du fond. — Même arrêt.

655. — L'intervention *ut singuli* de shabitans d'une commune dans une instance d'appel où ils sont déjà représentés par leur maire, peut, bien que faite sans droit, ne pas motiver contre ces habitans une condamnation aux dépens, lorsque l'erreur qui les a fait intervenir provient de ce qu'ils avaient été, dans le principe, assignés tous individuellement devant les premiers juges. —

Cass., 23 janv. 1838 (t. 1er 1838, p. 535), de Retz et de Chapelain c. section de Serviès.

656. — L'acte d'association intervenu entre plusieurs habitans d'une commune dans le but de réclamer en justice pour obtenir un cantonnement est licite; mais il n'en résulte qu'un mandat essentiellement révocable par tel des associés qui juge à propos de se retirer. — *Angers*, 20 janv. 1843 (t. 1er 1843, p. 517), habitans du hameau de Begrolles c. maire de la commune de May.

ART. 3. — *Actions des sections de communes.*

657. — Nous avons vu ci-dessus ce qu'est une section de commune, et nous avons examiné ce qui concerne ses biens et ses intérêts dans la communauté : le législateur a prévu le cas où les sections de communes peuvent avoir des intérêts contraires à ceux de la commune dont elles font partie, et il leur a donné les moyens de défendre leurs droits.

658. — Les contestations concernant le mode d'administration des biens d'une section sont du ressort de l'autorité administrative, mais celles qui ont trait à la propriété de ces biens et de tous les droits en général qui appartiennent à la section, sont de la compétence de l'autorité judiciaire.

659. — Ainsi, la question de savoir si un bien appartient à une commune ou à une section de commune est de la compétence des tribunaux civils. — *Cons. d'état*, 28 mai 1812, habitans des hameaux de Jussy, Sirseau et Brasse; 18 juill. 1821, comm. de Poyanne c. Dubroca; 19 juill. 1833, Byot c. comm. de Mazerat; 1er août 1834, Vernada.

660. — Lorsque plusieurs sections de commune sont en contestation sur un droit de pâturage, il appartient à l'administration de régler provisoirement la portion dont chaque section de la commune doit jouir pour la dépaissance sur le fonds contesté. L'arrêté du préfet sur ce point doit être déféré au ministre de l'Intérieur avant d'être attaqué devant le conseil d'état. Cet arrêté ne fait pas obstacle à ce que la question de propriété soit portée devant les tribunaux. — *Cons. d'état*, 14 janv. 1824, comm. de Balmelles c. village d'Aidouy.

661. — Pour la manière dont les actions appartenant à des sections de commune doivent être exercées, les règles à suivre étaient tracées, avant la loi du 18 juill. 1837, par l'arrêté du 24 germin. an XI et par celui du 14 av. 1803.

662. — L'action intentée dans l'intérêt d'une section de commune devait être autorisée par l'administration supérieure, et suivie par un agent ou préposé désigné à cet effet. — L'omission de ces deux conditions pouvait être opposée en tout état de cause, même devant la cour de Cassation. — *Cass.*, 24 avr. 1809, comm. de Turkeim.

663. — Puisqu'aux termes du décret du 24 germ. an IX, le choix des syndics devait être fait par cinq personnes de chaque section désignées par le sous-préfet, si le conseil municipal, en remplacement d'un des syndics précédemment nommés en nommait un autre, cette nomination était irrégulière, et la cour royale pouvait ordonner que, pour procéder sur l'appel, il serait fait un autre choix dans la forme prescrite par le décret. — *Cass.*, 25 nov. 1823, sections de la comm. de Guéret.

664. — Dans le cas où une section de commune plaidait contre le reste de la commune, le conseil de préfecture était incompétent pour désigner le syndic chargé de représenter la section, et le droit de nommer ce syndic appartenait à une commission choisie par le sous-préfet parmi les habitans intéressés. — *Cons. d'état*, 17 juin. 1829, Raviou.

665. — Le syndic d'une section de commune, nommé pour défendre ses intérêts, en exécution de l'arrêté du 24 germin. an XI, perdait de plein droit sa qualité en devenant maire de la commune, d'après l'incompatibilité prononcée par cet arrêté entre l'une et l'autre qualité. — Bien qu'il cessât d'être maire, il ne recouvrait pas la qualité de syndic sans nomination nouvelle. — *Cass.*, 25 nov. 1823, sections de la comm. de Guéret. — Il en serait encore de même aujourd'hui.

666. — Les règles tracées par l'arrêté de l'an XI de celui de 1803 ont été remplacées par les formalités contenues dans les art. 56 et 57, L. 18 juill. 1837, ainsi conçus : « Lorsqu'une section est dans le cas d'intenter ou de soutenir une action judiciaire contre la commune elle-même, il est formé par cette section une commission syndicale, de trois ou cinq membres, que le préfet choisit parmi les électeurs municipaux, et, à leur défaut, parmi les citoyens les plus imposés. — Les membres du corps municipal qui seraient intéressés à la jouissance des biens ou droits revendiqués par les sections ne devront point participer aux délibérations du conseil municipal relatives au litige. — Ils seront remplacés, dans toutes ces délibérations, par un nombre égal d'électeurs municipaux de la commune, que le préfet choisira parmi les habitans ou propriétaires étrangers à la section. — L'action est suivie par celui de ses membres que la commission syndicale désigne à cet effet. » — Art. 56.

667. — « Lorsqu'une section est dans le cas d'intenter une action judiciaire contre une section de la même commune, il est formé, pour chacune des sections intéressées, une commission syndicale, conformément à l'article précédent. » — Art. 57.

668. — Mais il n'y a lieu de former une commission syndicale que quand la section plaide soit contre la commune dont elle fait partie, soit contre une section de la même commune. Si elle plaide contre un particulier ou une autre commune, elle doit alors procéder par l'organe du maire représentant légal de la commune. La chambre des députés, lors de la discussion de la loi du 18 juill. 1837, avait pensé que, dans tous les cas, la section devait être représentée par une commission syndicale; mais la chambre des pairs a adopté une autre décision.

669. — Cette opinion a été consacrée, au surplus, par la jurisprudence, avant comme depuis la loi de 1837.

670. — Ainsi, jugé qu'une section de commune qui demande à plaider soit contre une autre commune, soit contre des particuliers, n'a, pour suivre l'action qui l'intéresse, d'autre mandataire légal que le maire ou l'adjoint de la commune dont elle dépend. — Il n'y a pas lieu de nommer un syndic pour représenter cette section de commune. — *Cons. d'état*, 4 juill. 1827, Lepage; 17 mai 1833, section de Berval; *Orléans*, 10 avr. 1835, maire de la comm. de Cinais c. Bruneau; *Cass.*, 6 avr. 1836, Bruneau c. comm. de Cinais; 22 nov. 1837 (t. 2 1837, p. 483), héritiers Bataille c. comm. de Puyvalador.

671. — Les conseils de préfecture ne peuvent déléguer, pour agir au nom d'une section de commune contre un simple particulier, un agent autre que le maire, adjoint, ou, en cas d'empêchement, un conseiller municipal dans l'ordre de la liste ; alors d'ailleurs que la commune n'a pas d'intérêts opposés à ceux de la section. — *Cass.*, 16 fév. 1841 (t. 1er 1841, p. 636), Bourel-Duboucia c. Lespineux.

672. — En général, un maire est le représentant légal de chaque fraction de sa commune toutes les fois qu'il n'existe pas entre celle-ci et la fraction une opposition d'intérêts. — *Angers*, 20 janv. 1843 (t. 1er 1843, p. 517), habitans du hameau de Begrolles c. le maire de la comm. de May.

673. — Il a été décidé, toutefois, que les sections de communes qui plaident contre des tiers peuvent être représentées par un conseiller municipal désigné par le conseil municipal et délégué par le préfet ; il n'est pas nécessaire, à peine de nullité, qu'elles soient représentées par le maire ou l'adjoint de la commune. — *Cass.*, 20 nov. 1837 (t. 2 1839, p. 190), Balguerie c. section de comm. d'Andernos. — Mais cette décision s'explique par ce fait, rappelé en note de l'arrêt, que, dans l'espèce, la cour de Bordeaux avait décidé que le maire et les adjoints étaient en opposition d'intérêt avec les habitans, ce qui les rendait inhabiles à les représenter.

674. — Jugé encore que l'arrêté du 24 germin. an XI, qui dispose que les sections de commune seront représentées en justice, non par le maire, mais par des agens particuliers, doit s'appliquer non seulement au cas où ces sections plaident les unes contre les autres, mais encore au cas où elles ont un adversaire commun. — *Cass.*, 15 mars 1831, Préfet de l'Ardèche c. Armand. — Mais cette décision ne serait plus suivie : elle est en opposition tant avec le texte qu'avec l'esprit des art. 56 et 57, L. 18 juill. 1837, et, comme on le voit par les numéros qui précèdent, la jurisprudence de la cour de Cassation et du Conseil d'état paraît désormais fixée dans un sens opposé.

675. — La commune qui plaide contre une de ses sections n'en conserve pas moins sa qualité de commune et ne saurait être assimilée elle-même à une section; il ne peut, par suite, lui être donné, dans aucun cas, un syndic pour la représenter en justice, cette mission appartenant exclusivement au maire et, à son défaut, aux adjoints ou au plus ancien membre du conseil municipal. — *Bordeaux*, 9 juill. 1839 (t. 1er 1846, p. 165), Coyenult Tauzin et comm. de Lerme c. section de Tarbes.

676. — Lorsqu'une concession de droits d'usage a été faite originairement à cinq habitans d'une commune nominativement pour eux et les leurs, à feux croissans et décroissans, et que les habitans actuels de deux hameaux sont reconnus comme les successeurs des concessionnaires primitifs, l'action en reconnaissance des droits d'usage est valablement exercée au nom de ces deux sections de commune collectivement, poursuite et diligence du maire de la commune. — *Cass.*, 30 mai 1837 (t. 1er 1837, p. 567), d'Aubigny.

677. — Le maire d'une commune comprenant plusieurs sections du même nom peut déclarer, même en appel, qu'il n'agit que pour l'une des sections, quoique l'autorisation et le jugement de première instance ne désignent que la commune sans distinction de sections. — Cette déclaration du maire, destinée à faire cesser une équivoque, ne peut être considérée, de sa part, comme un désistement, en ce qui concerne l'action des autres sections de la commune. — Par suite, les sections au nom desquelles le maire a déclaré n'avoir point agi, ne peuvent attaquer les décisions rendues par requête civile. — *Cass.*, 1er déc. 1836 (t. 1er 1837 p. 151), sect. de la comm. de Roussillon.

678. — Une commune n'a pas qualité pour représenter en justice un hameau réuni à elle, sur une question de propriété de biens possédés par ce hameau avant la réunion. — En conséquence, la partie qui a obtenu un jugement contre la commune ne peut l'opposer aux habitans du hameau, comme ayant contre eux l'autorité de la chose jugée. — *Cass.*, 19 nov. 1833, comm. de Chevery c. hameau de Naz.

679. — Les habitans d'une section de commune qu'ils ne représentent point n'ont pas qualité pour se pourvoir au conseil d'état contre des arrêtés préfectoraux qui refusent à ladite section l'autorisation de plaider. — *Cons. d'état*, 3 mai 1832, habit. de Queynac.

680. — Une instance commencée entre les habitans de divers villages, *ut singuli*, est censée ne plus exister qu'entre les corps communs des habitans de ces villages, lorsque des syndics ont été nommés dans le cours du procès pour les représenter. — La péremption de cette instance ne peut être demandée par requête d'avoué à avoué par le corps commun dont le syndic est décédé, quoiqu'elle soit acquise avant son décès, et que ce décès n'ait pas été notifié au corps commun, demandeur en péremption. — *Riom*, 26 nov. 1820, habitans du Theil c. habitans de la Mongie.

681. — L'adversaire d'une section de commune peut être compris parmi les plus imposés appelés à nommer les syndics qui doivent la représenter. — *Cons. d'état*, 25 juill. 1834, sect. de Latude.

682. — Est valable la signification d'une ordonnance de soit communiqué faite, aux termes de cette ordonnance, au maire d'une commune dont deux sections plaident l'une contre l'autre. — *Cons. d'état* 21 mars 1821, habitans de Couchas.

683. — A défaut de syndic dans l'une des sections de la même commune qui sont en procès entre elles, l'acte d'appel à signifier à cette section a pu l'être au maire de la commune. — *Cass.*, 25 nov. 1823, sections de la comm. de Guéret.

684. — Lorsqu'il n'est point établi que des habitans d'une commune qui ont intenté une action contre le reste de la commune en forment une section, le maire a qualité pour défendre à cette action. — *Cons. d'état*, 17 juin 1829, Raviou. — Il en serait encore ainsi alors même que la commune aurait pour adversaire une section d'elle-même. Toutes les fois que la commune est en cause, elle est représentée par son maire ou celui qui en fait les fonctions.

685. — L'arrêté du gouvernement du 24 germin. an XI qui autorise la nomination d'un syndic pour exercer l'action judiciaire d'une section de commune contre une autre section, ne peut être étendu au cas où une commune veut plaider contre son maire. — Dans ce cas, l'action de la commune doit être exercée par l'adjoint. — *Cons. d'état*, 19 juill. 1826, comm. de Bellechassaigne.

686. — Lorsqu'il y a opposition d'intérêt entre une commune et une section de commune qui demande à être autorisée à plaider, la commune doit d'abord être renvoyée devant le sous-préfet de l'arrondissement pour remplir les formalités prescrites par l'arrêté du 24 germin. an XI. — *Cons. d'état*, 13 avr. 1828, section de Latude c. comm. de Sarbs.

687. — Mais lorsque les habitans d'un village ou hameau forment une action en nom individuel, au lieu de la former en nom collectif et comme section de commune, ils n'ont pas besoin de l'autorisation administrative. — *Cass.*, 10 nov. 1812, Faubertaud c. Etelcim.

688. — Lorsque plusieurs habitans demandent l'autorisation de plaider comme section de commune, le conseil de préfecture doit se conformer aux règles tracées à ce sujet par l'arrêté du 22 germin an XI, et aujourd'hui par la loi du 18 juill. 1837. — *Cons. d'état*, 5 avr. 1833, habitans de Bourg-aux-Nonnains c. comm. de Renazé.

689. — Un conseil de préfecture n'a pas le droit

d'homologuer une sentence arbitrale qui statue sur un débat de propriété entre deux sections de commune. — Cette sentence ne peut être rendue exécutoire que par le président du tribunal de première instance, conformément à l'art. 1020, C. procéd. — *Cons. d'état*, 26 déc. 1830, village de Laborie.

690. — Dans le cas où un arrêté a été rendu contre une section d'habitans d'une commune agissant dans leur intérêt particulier, le maire est sans qualité pour se pourvoir, au nom de la commune, devant le conseil d'état contre cet arrêté. — *Cons. d'état*, 5 nov. 1825, maire de Longeville c. Chavassieux.

691. — Les habitans d'une section de commune ne peuvent former tierce-opposition contre l'ordonnance homologative d'une transaction passée entre un particulier et la commune dont la section fait partie. — Cette ordonnance n'empêche pas les réclamans d'attaquer les transactions devant les tribunaux. — *Cons. d'état*, 17 mai 1833, section de Beryal.

692. — Lorsqu'une instance a été dirigée contre une section de commune représentée par un syndic spécial, la demande en péremption de cette instance, après le décès de ce syndic, peut être formée contre le maire de la commune. — *Cass.*, 16 déc. 1840 (t. 1er 1841, p. 706), Gilbert-Pailler c. de Bosrédon.

693. — Un préfet commet un excès de pouvoir, et son arrêté doit être annulé lorsqu'il refuse d'accéder à la demande formée par les habitans d'une section de commune ayant pour objet la nomination de la commission syndicale prescrite par l'art. 56, L. 18 juill. 1837. — *Cons. d'état*, 5 déc. 1839, section de la comm. de Sargé.

694. — Il a été jugé que le ministre de l'intérieur a qualité pour intervenir, au nom et dans l'intérêt d'une section de commune, sur le refus du conseil municipal d'agir dans cet intérêt. — *Cons. d'état*, 24 mars 1819, habitans d'Arboux. — V. cependant *suprà*, no 679.

CHAPITRE VI. — *Des biens communaux.*

Sect. 1re. — *Nature et origine des biens communaux.*

695. — On a vu au mot BIENS COMMUNAUX, nos 5 et suiv., quelles sont les différentes espèces de biens communaux; nous avons distingué ceux qui sont hors du commerce comme destinés à un usage commun et ceux qui sont dans le commerce; nous avons divisé les biens communaux en biens communaux proprement dits, qui appartiennent à la communauté, et dont les habitans jouissent en commun, et en biens patrimoniaux, qui appartiennent à la commune considérée comme personne morale.

696. — Nous avons également énuméré (V. BIENS COMMUNAUX, nos 28 et suiv.) tous les objets qui forment ordinairement les biens communaux.

697. — Tout droit utile, dont la participation s'acquiert par le seul fait de l'habitation dans une commune, constitue un bien communal. — *Nancy*, 14 juin 1844 (t. 2 1844, p. 240), de Frégeville.

698. — Une grande controverse, qui appartient plutôt au domaine de l'histoire qu'à celui de la jurisprudence et de la législation, s'est élevée sur le point de savoir quelle est l'origine du droit de propriété des communes.

699. — M. Proudhon (*Traité de l'usufruit*) soutient cette doctrine : que la propriété communale remonte à l'origine même des sociétés, à ce droit primitif de propriété que la généralité des habitans d'une commune est naturellement présumée avoir sur les biens compris dans les limites de son territoire et qui, par leur nature, sont à l'usage de tous. — V. dans ce même sens Davenne, vo *Commune*, no 124.

700. — Un autre système s'attache à établir historiquement l'anéantissement complet des communes dans les Gaules à l'époque de l'invasion des barbares; et, tirant de ce point de fait la preuve du droit préexistant des seigneurs et de la création postérieure de la propriété communale, arrive à cette conclusion que les communes sont nées sous la main de la féodalité. — Troplong, *Revue de législation et de jurisprudence.*

701. — Quelle que soit l'opinion à laquelle on se range dans cette controverse qui se renferme presque entièrement dans la théorie historique, on retrouve, quand on arrive à des époques plus récentes, des actes du pouvoir royal qui tendent à protéger les communes et à leur assurer l'intégralité de la jouissance de leurs biens. — V. les exemples rapportés *infrà* nos 714 et suiv., 889 et suiv.

702. — La révolution de 1789 fit plus encore pour les biens des communes.

703. — A partir de la loi du 15-28 mars 1790, l'objet de la législation, sur ces biens communaux, a été primitivement de restituer les communes contre les actes de la puissance féodale qui, en enrichissant leurs seigneurs, pouvaient avoir eu pour effet de les spolier ou de les léser.

704. — Cette première période de législation s'applique principalement à la révocation des triages, à la révision des cantonnemens, à l'attribution faite aux communes des terres vaines et vagues, et à leur réintégration dans les biens dont elles avaient été dépouillées par abus de la puissance féodale. Elle s'occupe aussi du rachat des biens aliénés par les communes en cas de détresse.

705. — L'esprit qui a guidé les législateurs des premiers temps de la révolution, outre qu'ils le proclament ouvertement eux-mêmes dans l'art. 9, sect. 4e, L. 10 juin 1793, n'était pas de troubler les possessions particulières et paisibles, mais seulement de réprimer les abus de la puissance féodale et les usurpations; cet esprit s'était manifesté clairement, d'ailleurs, dans l'art. 12, L. 28 août 1792, ainsi conçu : — « Pour statuer sur les demandes en révision, cassation ou réformation des cantonnemens, ou sur des questions de propriété, de servitude ou d'usage, s'il y a concours de plusieurs titres, le plus favorable aux communes ou particuliers sera toujours préféré, sans égard au plus ou moins d'ancienneté de leur date, ni même à l'autorité de la chose jugée en faveur des ci-devant seigneurs. »

706. — Toutefois, cet effet n'a lieu que vis-à-vis des anciens seigneurs.

707. — Jugé, en effet, que la loi du 28 août 1792, relative au rétablissement des communes et des citoyens dans les propriétés dont ils ont été dépouillés par l'effet de la puissance féodale, n'est nullement applicable au cas de la revendication par l'état d'un bien domanial que détient une commune; et qu'en conséquence, dans le concours de plusieurs titres, il n'y a pas lieu de décider que les plus favorables aux communes doivent être préférés. — *Cass.*, 12 nov. 1838 (t. 2 1838, p. 450), comm. de Provenchères c. préfet de la Haute-Marne.

708. — Mais, dans le cours de l'année 1793, le besoin d'argent porta le gouvernement à s'approprier le patrimoine des communes. En conséquence, la loi du 24 août-13 sept. 1793, mit les dettes des communes à la charge de l'état, qui, de son côté, devint propriétaire de tout l'actif des communes, à l'exception des biens communaux dont le partage avait été décrété par la loi du 10 juin précédent, et des objets destinés aux établissemens publics. — Art. 82 à 91.

709. — Une mesure analogue fut ordonnée par la loi du 20 mars 1813; mais la loi du 28 avril 1816 rétablit les communes dans leurs droits de propriété, auxquels on doit désirer qu'il ne soit plus porté atteinte.

710. — Les communes de la Flandre française ne peuvent, pour défaut de lettres d'octroi, être inquiétées pour la propriété des biens dont elles avaient la possession avant 1681. — *Cass.*, 24 pluv. an X, héritiers Denel c. comm. de Wharem.

Sect. 2e. — *Restitution des communes dans les propriétés et droits dont elles ont été dépouillées par abus de la puissance féodale.*

ART. 1er. — *Révocation des triages.*

711. — Le triage était, suivant Merlin, le droit pour un seigneur de distraire à son profit le tiers des bois ou des marais concédés par lui ou ses auteurs gratuitement et en toute propriété à la commune de son territoire, ou, pour parler plus clairement, le droit de reprendre ce qu'il avait donné.

712. — Les anciens auteurs qui avaient traité des matières féodales et auxquelles les suppositions même mensongères ne coûtaient guères lorsqu'il s'agissait de prêter une coloration aux abus que commettait la puissance féodale, prétendaient que les biens dont il s'agissait venaient de la libéralité des seigneurs, qui devaient être présumés s'être réservé le droit d'y participer eux-mêmes comme principaux habitans, et que le droit du seigneur dans la chose commune étant le plus éminent, sa part était déterminée au tiers. — Henrion de Pansey, *Des biens comm.*, ch. 18.

713. — Les triages étaient en usage long-temps avant l'ord. de 1669. — *Cass.*, 14 brum. an XIII, préfet de la Côte-d'Or c. comm. de Villotte. — En effet, selon Guichard (*Des landes, bruyères, friches et marais*, p. 112), ce privilége, tout féodal, commença à s'introduire dans le seizième siècle par la seule autorité des baillis et sénéchaux.

714. — Le triage, qui avait fini par être reconnu par les tribunaux, amena de si grands abus, que l'ord. de 1667, art. 7 et 8, disposa que « tous seigneurs prétendant droit de tiers dans les usages communs et communaux, et qui en auraient fait le triage à leur profit depuis l'année 1630, seraient tenus d'en abandonner et délaisser la libre et entière possession aux communautés d'habitans; nonobstant tous contrats, transactions, arrêts, jugemens et autres choses à ce contraires, et qu'au regard des seigneurs qui se trouveraient en possession desdits usages, auparavant lesdites trente années, sous prétexte dudit tiers, ils seraient tenus de représenter les titres de leur possession par-devant les commissaires à ce députés pour en connaissance de cause y être pourvu. »

715. — Mais bientôt l'ord. de 1669, tit. 25, art. 4, prescrivit ce qui suit : « Si les bois étaient de la concession *gratuite* des seigneurs sans charge d'aucun cens, redevance, prestation ou servitude, le tiers ne pourra être distrait ou séparé à leur profit qu'au cas qu'ils le demandent et que les deux autres tiers suffisent pour l'usage de la paroisse. Sinon le partage n'aura lieu; mais les seigneur et habitans en jouiront en commun comme auparavant, ce qui sera pareillement observé pour les prés, marais, îles, pastis, landes, bruyères et grandes pastures, où les seigneurs n'auront aucun droit que l'usage, et d'envoyer leurs bestiaux aux pastures comme premiers habitans, sans part ni triage, s'ils ne sont de leur concession, sans prestation, redevance ou servitude. »

716. — L'art. 5 ajouta : « La concession ne pourra être réputée gratuite si les habitans justifient du contraire par l'acquisition qu'ils en auront faite, et s'ils sont tenus d'aucunes charges. Mais s'ils en faisaient ou payaient quelque reconnaissance en argent, corvées ou autrement, la concession passera pour onéreuse, quoique les habitans n'en montrent pas le titre, et empêchera toute distraction au profit des seigneurs, qui jouiront seulement de leurs usages et chauffages, ainsi qu'il est accoutumé. »

717. — La loi du 15-28 mars 1790, tit. 2, art. 30, abolit pour l'avenir le droit de triage établi par l'art. 4, tit. 25, ord. 1669.

718. — L'art. 31 ajouta : « Tous édits, déclarations, arrêts du conseil et lettres-patentes rendus depuis trente ans, tant à l'égard de la Flandre et de l'Artois qu'à l'égard de toutes autres provinces du royaume qui ont autorisé le triage hors des cas permis par l'ordonnance de 1669, demeureront à cet égard comme non avenus, et tous les jugemens rendus et actes faits en conséquence sont révoqués, et pour rentrer en possession des portions de leurs communaux dont elles ont été privées par l'effet desdits édits, déclarations, arrêts et lettres-patentes, les communautés seront tenues de se pourvoir dans l'espace de cinq ans par-devant les tribunaux, sans pouvoir prétendre aucunes restitutions des fruits perçus, sauf à les faire entrer en compensation dans les cas où il y aurait lieu à des indemnités pour cause d'impenses. »

719. — La loi du 28 août-14 sept. 1792, art. 1er, adopta des mesures plus énergiques et plus radicales, comme on va le voir. « L'art. 4, tit. 25, ord. 1669, ainsi que tous édits, déclarations, lettres-patentes et arrêts du conseil qui depuis cette époque ont autorisé les triages, partages, distributions partielles ou concessions de bois et forêts domaniales et seigneuriales au préjudice des communautés usagères, soit dans les cas, soit hors des cas permis par ladite ordonnance, et tous les jugemens rendus et autres actes faits en conséquence, sont révoqués et demeurent à cet égard comme non avenus. »

720. — L'art. 2 révoqua également tous édits, déclarations, etc., tous jugemens rendus ou actes faits en conséquence qui, depuis 1669, auraient distrait, sous prétexte de droit de tiers denier, au profit du seigneur, des portions de bois et autres biens communaux, à la même condition pour les communes de se pourvoir dans les cinq ans, réservant aux seigneurs le droit de tiers denier sur le prix des bois et autres biens dont les communes n'étaient qu'usagères, dans le cas où ce droit aurait été réservé dans le titre primitif de concession de l'usage, lequel devait être représenté.

721. — La loi du 28 août 1792 n'a voulu révoquer que les triages postérieurs à l'ordonnance de 1669. — *Cass.*, 14 brum. an XIII, préfet de la Côte-d'Or c. comm. de Villotte; 12 juin 1809, de Tanlai c. comm. de Saint-Vinnemer. — V. conf. Merlin, *Quest. de dr.*, vo *Triage.*

722. — L'art. 1er, L. 28 août 1792, par conséquent

maintient les triages opérés avant l'ordonnance de 1669. — *Cass.*, 1ᵉʳ avr. 1806, Maynon d'Inval c. comm. de Michery; 7 mai 1806, Chavaudon c. comm. de Sainte-Maure; 22 oct. 1806, Maynon d'Inval c. comm. de Gizy; 12 juin 1809, de Tanlai c. comm. de Saint-Vinnemer.

723. — Or l'édit d'avril 1667 n'a annulé que les triages faits depuis l'année 1637. — Dans tous les cas, la loi du 28 août 1792 a conservé les triages faits avant 1669, qui avaient subsisté malgré cet édit. — *Cass.*, 22 brum. an XIII, Testu-Balincourt. — V. conf. Merlin, *Quest. de dr.*, vᵒ *Triage*, § 2.

724. — La révocation des triages frappe non seulement sur les bois, mais encore sur tous les autres biens communaux indistinctement où le triage a été exercé. — *Cass.*, 9 mars 1809, Lafresnaye c. comm. de Saint-Aignan.

725. — La loi du 10 juin 1793 n'a pas abrogé celle du 28 août 1792, portant révocation de tous les triages postérieurs à l'ordonnance de 1669. — Même arrêt; — Latruffe, *Des dr. des comm.*, t. 1ᵉʳ, p. 355.

726. — Jugé de même que l'art. 3, L. 28 août 1792, n'a pas été abrogé par la loi du 10 juin 1793, et qu'il est applicable à une instance introduite avant sa promulgation. — *Cass.*, 4 août 1813, comm. d'Houplin c. Flemen.

727. — Le droit de propriété résultant, au profit d'un ci-devant seigneur, du partage de bois indivis entre lui et une commune, ne se trouve pas compris dans la révocation de l'art. 1ᵉʳ, L. 28 août 1792, qui ne concerne que les triages. — *Cass.*, 20 avr. 1807, Loppin de Monmort c. comm. de Givry; — Guichard, *Des landes*, etc., chap. 17, nᵒ 8. — V. *contrà* Latruffe, *Des dr. des comm.*, t. 1ᵉʳ, p. 368, quest. 5ᵉ.

728. — Un acte de triage fait postérieurement à l'ord. de 1669 prouve, par cela seul qu'il existe, qu'au moment où il est intervenu la commune était propriétaire des biens qui en ont fait l'objet. — *Cass.*, 30 juin 1806, de Plotho et de Rumancourt; 27 avr. 1829, préfet des Landes c. comm. de Pouy.

729. — La commune qui obtient la révocation d'un triage ne peut, en aucun cas, obtenir la restitution des fruits et revenus perçus par l'ancien seigneur. — *Cass.*, 22 vendém. an X, comm. de Champigny c. Testu-Balincourt.

730. — L'art. 8, L. 28 août 1792, qui autorise les communes à se faire réintégrer dans la propriété et la possession des biens dont elles ont été dépouillées par l'effet de la puissance féodale, sans fixer aucun délai à l'exercice de leur action, est inapplicable au cas où il s'agit de biens qui ne sont passés dans les mains des seigneurs que par la voie du triage. — Dans ce cas, c'est uniquement l'art. 1ᵉʳ, loi précitée, qu'il faut appliquer, et la commune qui ne s'est point pourvue dans les cinq ans fixés par cet article, doit être déclarée non-recevable dans sa demande en réintégration. — *Cass.*, 27 avr. 1829, préfet des Landes c. comm. de Pouy.

731. — Mais on ne peut opposer à une commune une fin de non-recevoir tirée de ce que, pour faire révoquer les triages obtenus par son ci-devant seigneur, depuis l'ord. de 1669, elle n'aurait pas agi dans les cinq ans qui ont suivi la promulgation de cette loi, lorsqu'elle a repris de fait la possession des terrains litigieux. — *Cass.*, 9 mars 1809, Lafresnaye c. comm. de Saint-Aignan; 29 nov. 1825, hab. de Véronnes c. Saulx-Tavannes.

732. — La prescription de cinq ans, établie par l'art. 1ᵉʳ, L. 28 août 1692, contre la revendication des biens communaux aliénés à titre de triage, n'a pas couru lorsque les poursuites, même irrégulières, exercées dans ce délai par les communes, pour rentrer en possession de leurs triages, ont été suivies d'une possession paisible et publique. — *Cass.*, 4 mai 1819, Beauffremont c. comm. de Traves; 2 août 1822, hab. de Corcelles c. Tircuy de Corcelles; — Merlin, *Rép.*, vᵒ *Triage*, § 6, et *Quest.*, vᵒ *Triage*; Guichard, *Des landes*, etc., chap. 17, nᵒ 6; Latruffe, *Dr. des comm.*, t. 1ᵉʳ, p. 354.

733. — Le laps de cinq années pendant lequel, suivant la loi du 28 août 1792, les communes devaient agir en revendication de leurs biens aliénés à titre de triage, n'a pas couru contre elles, si les poursuites, même irrégulières, exercées par elles, ont été suivies d'une possession paisible, publique, non interrompue et à titre de propriétaire. — *Cass.*, 4 mai 1819, comm. d'Auby c. de Razières; même jour, comm. de Raimbecourt c. de Razières.

734. — Jugé de même qu'il suffit que, dans le cours des cinq années accordées aux communes par l'art. 1ᵉʳ, L. 28 août 1792, pour exercer leur action en réintégration des biens dont elles avaient été dépouillées par la puissance féodale, une commune se soit mise en possession de ces biens, en vertu d'une sentence arbitrale, pour que la prescription des cinq ans ait été interrompue, bien que la sentence ait été depuis annulée. — *Cass.*, 27 nov. 1827, Saulx-Tavannes c. hab. de Véronnes.

735. — ... Que la demande adressée à l'administration forestière, à fin de permission de faire des coupes de bois est un acte de possession interruptif de la prescription, bien que la permission ait été refusée, sur le fondement de la loi du 17 brum. an III, qui suspendait l'exécution des sentences arbitrales obtenues par les communes : les habitans réintégrés par un jugement de cette nature ayant fait des actes de possession utiles contre la prescription, en coupant des biens dans le bois restitué, en y ramassant le bois mort et en y faisant pacager leurs bestiaux. — *Cass.*, 29 nov. 1825, hab. de Véronnes c. Saulx-Tavannes.

736. — La prescription de cinq ans établie par la loi du 28 août 1792 n'a pas été suspendue par la promulgation de la loi du 10 juin 1793, qui a déféré à des arbitres la connaissance de ces actions. — *Cass.*, 12 mars 1828, comm. de Pouy c. préfet des Landes.

737. — L'art. 3, L. 27 août 1792, qui maintient les particuliers qui ont acquis des biens dont les communes ont été dépouillées par droit de triage depuis l'ord. de 1669, est interprétatif de l'art. 31, L. 15 mars 1790, qui a réintégré les ci-devant provinces de Flandres et d'Artois dans la propriété de ces biens. — *Cass.*, 4 août 1813, comm. d'Houplin c. Flemen; — Merlin, *Rép.*, vᵒ *Triage*, § 8.

738. — Les lois des 28 mars 1790 et 28 août 1792 établirent, pour la ci-devant Lorraine et le ci-devant Barrois, et relativement aux bois qui appartenaient aux communautés d'habitans ou dont elles n'étaient qu'usagères, une différence très marquée entre le droit de propriété et le simple droit d'usage. — Les coupes des bois dont elles n'avaient que le simple usage étaient assujéties au droit du tiers-denier, tandis que les communautés, lorsqu'elles étaient propriétaires, n'étaient assujéties à aucune sorte de droit. — *Cass.*, 27 niv. an XII, préfet de la Marne c. comm. de Saint-Thiébault.

739. — Il faut ajouter que le droit des communes a dû céder devant une vente faite à un particulier non seigneur, par acte suivi d'exécution, sauf à recevoir le prix, quel qu'il fût, en capital ou redevances, si ce prix n'avait pas encore été payé au seigneur vendeur. — Art. 3 et 4.

740. — Lors donc qu'un bois abandonné par une commune à un seigneur autre que le sien est passé par vente légitime des mains de celui-ci entre celles d'un tiers, cette commune est mal fondée à revendiquer ce bois contre le dernier acquéreur. — *Cass.*, 17 fév. 1806, Lecourt de Féru c. comm. de Chichée.

741. — Mais n'est pas sujet à cassation l'arrêt de cour royale qui juge en fait, et par interprétation d'actes, qu'un abandon de biens fait par un oncle à son neveu, sous certaines clauses et conditions, n'est pas une acquisition à titre onéreux pour le cessionnaire, et ne peut dès-lors être considéré comme une vente protégée par l'art. 3, L. 28 août 1792. — *Cass.*, 4 mai 1819, Bauffremont c. comm. de Traves. — V. TRIAGE.

ART. 2. — *Révision des cantonnemens.*

742. — Les lois de la révolution qui ont complètement aboli le triage, ont conservé le cantonnement.

743. — Le cantonnement, qui ne remonte pas plus haut que le commencement du dix-huitième siècle, et sur lequel l'ord. de 1669 était muette, consiste à convertir un droit d'usage sur un canton dont l'étendue excède les besoins de l'usager en un droit de propriété sur une partie de ce canton proportionnée à ces mêmes biens.

744. — On voit en quoi diffèrent le triage et le cantonnement; le triage suppose la propriété des bois dans les mains de la communauté, tandis que pour que le cantonnement ait lieu, il faut que cette propriété réside dans les mains du seigneur. La communauté propriétaire est affranchie du triage lorsqu'elle paie une redevance pour les bois; la communauté usagère est obligée de souffrir le cantonnement, quelles que soient les prestations dont son usage est grevé; pour obtenir le cantonnement il faut que le seigneur prouve qu'il est propriétaire des bois, et les habitans simples usagers; pour obtenir le triage il faut que ses auteurs aient donné les bois, que les habitans les possèdent en propriété et à titre absolument gratuit. — Henrion de Pansey, *Des biens communaux*, chap. 18.

745. — Les demandes de cantonnement étaient, sous l'ancien régime, portées au conseil du roi, car on considérait le cantonnement comme une interversion du contrat primitif que les tribunaux auraient pu seulement interpréter et qu'il appartenait au pouvoir royal de modifier en substituant à un droit d'usage un droit de propriété. Le décret du 19 sept. 1790 déféra les demandes de cantonnement aux tribunaux de district.

746. — Avant 1789, le cantonnement ne pouvait être demandé que par le propriétaire; mais la loi du 28 août 1792, art. 5, disposa en ces termes : « Conformément à l'art. 8, décr. 19 sept. 1790, les actions en cantonnement continueront d'avoir lieu dans les cas de droit, et le cantonnement pourra être demandé tant par les usagers que par les propriétaires. »

747. — Jugé que le propriétaire du terrain grevé d'un droit d'usage, est, comme la commune, recevable à demander le cantonnement, et qu'une commune usagère ne peut, sous le prétexte de ses besoins, forcer le propriétaire à demeurer dans l'indivision. — *Paris*, 10 août 1815, de Walsh c. comm. de Denée et Mozé.

748. — La loi du 28 août 1792, art. 6, porte que tous cantonnemens prononcés par édits, déclarations du roi, arrêts du conseil, lettres-patentes, jugemens, ou convenus par transactions ou autres actes de ce genre pourront être revisés, cassés ou réformés par les tribunaux de districts; que tous jugemens, accords ou transactions qui, sans prononcer de cantonnement, auraient statué sur des questions de propriété et d'usage, entre les ci-devant seigneurs et les communautés ainsi que tous actes qui auraient ordonné ou autorisé des arpentages, agrimensations, bornage ou repassemens de chemins entre les particuliers et les ci-devant seigneurs, ou qui, à ce sujet, auraient adjugé à ceux-ci des revenans-bons, *pourront* être également revisés, cassés ou réformés.

749. — ... Et que pour l'effet de cette disposition les communes devront encore se pourvoir dans le délai de cinq ans, pour obtenir ces révisions des tribunaux. — *Ibid.*

750. — La faculté accordée aux communes par les lois des 19 sept. 1790 et 28 août 1792, de demander la révision des cantonnemens prononcés contre elles par d'anciens arrêts du conseil, est subordonnée, dans son exercice, au cas où les communes prouveraient que ces cantonnemens leur sont préjudiciables et portent atteinte à leur droit de propriété. — *Cass.*, 14 flor. an X, comm. de Chassagne c. l'état.

751. — Un arrêt du ci-devant conseil qui, en ordonnant un cantonnement, a jugé une question de propriété débattue entre une commune et un seigneur qui se prétendait propriétaire d'une forêt, n'a pas été de plein droit annulé par l'art. 6, L. 19-27 sept. 1790 : il a été simplement déclaré sujet à révision, et les tribunaux en le vérifiant ont pu le confirmer. — *Cass.*, 8 brum. an XI, comm. de Jasseron c. le domaine et Groslier. — V. conf. Merlin, *Quest. de dr.*, vᵒ *Communaux*, § 2. — V. CANTONNEMENT.

752. — Décidé qu'à la différence de ce qui a lieu en matière de terres vaines et vagues dont les communes sont en possession, ou en matière de triage, une commune, bien qu'elle se trouvât, lors de la promulgation de la loi du 28 août 1792, en possession de bois attribués à une abbaye par voie de cantonnement opéré avec elle en vertu d'arrêt souverain, a dû, à peine de déchéance, se pourvoir en révision de ce cantonnement dans les cinq ans de la promulgation de cette loi. — *Cass.*, 25 août 1834, comm. de Menneton et Couture c. préfet du Cher.

753. — Mais il avait été jugé antérieurement que le délai de cinq ans pendant lequel, suivant la loi du 28 août 1792, les communes ont dû faire réviser les cantonnemens faits avec leurs ci-devant seigneurs, n'a pas couru, dans le cas où les communes sont restées en possession de leurs usages, sans exécution du cantonnement. — *Cass.*, 16 juill. 1822, comm. de Wentzwiller c. Rothberg; 30 juin 1825, préfet des Vosges c. comm. de Girancourt; — Merlin, *Rép.*, vᵒ *Triage*, et *Quest.*, vᵒ *Triage*; Guichard, *des Landes*, chap. 17, nᵒ 6; Latruffe, *Droits des communes*, t. 1ᵉʳ, p. 354.

754. — Enfin les communes peuvent revendiquer la propriété et jouissance des biens fonds qui, depuis 1669, auraient été adjugés, lors du remboursement de leurs biens, aux ci-devant seigneurs, à titre de blanc ou déshérence, ainsi que ceux qui leur auraient été cédés pour se rédimer de l'exercice ou effet de ce droit. — Art. 7.

ART. 3. — *Attribution aux communes des terres vaines et vagues de toute nature.*

755. — D'après les art. 9, L. 28 août 1792, et 1ᵉʳ, sect. 4ᵉ, L. 10 juin 1793, tous les biens communaux en général connus sous les divers noms de terres vaines et vagues, gastes, garrigues, landes, pacages, pâtis, ajoncs, bruyères, bois communs, hermes vacans,

palus, marais, marécages, montagnes, et sous toutes autres dénominations quelconques sont et appartiennent de leur nature à la généralité des habitans ou membres des communes ou des sections de communes dans le territoire desquelles ces communaux sont situés, qu'ils justifient ou non en avoir été anciennement en possession ; et comme tels, lesdites communes ou sections de communes sont fondées et autorisées à les revendiquer, sauf quelques restrictions. — V. TERRES VAINES ET VAGUES.

ART. 4. — *Réintégration des communes dans les biens qu'elles ont anciennement possédés et dont elles ont été dépouillées par abus de la puissance féodale.*

756. — Les art. 9, L. 28 août 1792, et 1er, sect. 4e, L. 10 juin 1793, relatifs aux terres vaines et vagues, constituaient plutôt des *attributions* au profit des communes, que des *restitutions*. Ce dernier caractère appartient complétement à l'art. 8, L. 28 août 1792.

757. — Déjà la loi du 25 août 1792, art. 3, ordonnait la restitution de tous corps d'héritages cédés, pour prix d'affranchissement de la main morte, soit par les communautés, soit par les particuliers, et qui se trouvaient encore entre les mains des anciens seigneurs.

758. — L'art. 8, L. 28 août 1792, généralisant le principe, dispose que toutes communes qui justifieraient avoir anciennement possédé des biens ou des droits d'usage quelconques dont elles auraient été dépouillées en tout ou partie par des ci-devant seigneurs, pourront se faire réintégrer dans les propriétés et possessions desdits biens ou droits d'usage, nonobstant tous édits, déclarations, arrêts du conseil, lettres-patentes, jugemens, transactions et possessions contraires, à moins que les ci-devant seigneurs ne représentent un acte authentique constatant qu'ils ont *acheté légitimement* lesdits biens.

§ 1er. — *De l'ancienne possession et de la spoliation.*

759. — De ce qu'il ne s'agit ici que d'une restitution, il suit que la commune doit justifier d'abord qu'elle a anciennement possédé les biens ou droits d'usage qu'elle réclame ; ensuite qu'elle a été dépouillée en tout ou en partie par abus de la puissance féodale ; enfin que c'est contre le ci-devant seigneur qui a commis l'usurpation, ou contre ses ayant-droit, qu'elle dirige sa demande en revendication, et non contre un tiers détenteur de bonne foi.

760. — Celui par conséquent contre lequel est dirigée une semblable action se défend péremptoirement lorsqu'il représente un titre authentique constatant qu'il a légitimement acheté lesdits biens.

761. — La commune qui se constitue demanderesse doit établir qu'elle a anciennement possédé, à titre non précaire, les biens et les droits qui sont l'objet de sa revendication, et qu'elle en a été dépouillée par abus de la puissance féodale.

762. — En effet, la loi du 28 août 1792 a eu seulement pour but de rendre aux communes les propriétés qu'elles avaient anciennement possédées, et dont elles avaient été dépouillées par abus de la puissance féodale. — *Cass.*, 8 brum. an XI, comm. de Jasseron c. le Domaine.

763. — Dans l'économie de la loi du 28 août 1792, la revendication exercée par les communes à l'égard des biens productifs dont elles prétendent avoir été dépouillées par la puissance féodale n'est admissible qu'à la charge par les communes de rapporter la preuve qu'elles ont anciennement possédé ces mêmes biens à titre de propriétaires. — *Cass.*, 28 mai 1816, Dandlaw c. comm. de Ronchamp ; *Pau*, 26 fév. 1839 (t. 2 1840, p. 108), comm. de Luscan c. l'État.

764. — Il n'y a d'exception à cette règle que pour le cas où les biens revendiqués sont des terres vaines et vagues, dont la possession en faveur des communes est légalement présumée jusqu'à la preuve contraire. — *Cass.*, 28 mai 1816, Dandlaw c. comm. de Ronchamp ; — Guichard, *Des landes*, ch. 8.

765. — En effet, à l'égard des biens improductifs, la loi du 10 juin 1793 a créé pour les communes un titre positif dans la simple présomption de propriété qu'elle déclare trouver dans la nature même de ces biens. — *Pau*, 26 fév. 1839 (t. 2 1840, p. 108), comm. de Luscan c. l'État.

766. — Une commune qui réclame, en vertu des lois des 28 août 1792 et 10 juin 1793, la propriété des terrains mis en état de culture à l'époque de la publication de ces lois, est tenue de justifier qu'elle a anciennement possédé ces terrains, et qu'elle en a été dépouillée par abus de la puissance féodale. — *Cass.*, 8 déc. 1818, Bourrée c. comm. de Troissereux.

767. — De même, une commune ne peut être réintégrée dans un terrain enclos ou cultivé, lorsqu'elle ne prouve pas l'avoir anciennement possédé et en avoir été dépouillée par son ci-devant seigneur. — *Cass.*, 21 (et non 12) fév. 1809, de Virieu c. habitans de Cormaillon ; — Guichard, *des Landes, marais*, etc, chap. 8.

768 — Une commune, pour revendiquer des bois en vertu de la loi du 28 août 1792 et de la loi du 10 juin 1893, doit prouver qu'elle en avait originairement eu la possession et qu'elle en a été dépouillée par abus de la puissance féodale. — *Cass.*, 9 vent. an V, Labriffe c. comm. du Chesne.

769. — On ne peut considérer comme compris dans la classe des terrains vains et vagues, que la loi du 10 juin 1793 répute biens communaux, des marais auxquels il a été fait anciennement des travaux pour les mettre en valeur. — Dès-lors, une commune ne peut revendiquer ces marais qu'en prouvant qu'elle les a anciennement possédés et qu'elle en a été dépouillée par abus de la puissance féodale. — *Cass.*, 14 vendém. an IX, comm. de Pont et de Quérieux c. Godechard ; — Guichard, *Des landes*, ch. 8 ; Henrion de Pansey, *Des biens communaux*, ch. 2, p. 10 ; Merlin, *Quest. de dr.*, vo *Biens communaux*, § 3, no 1er.

770. — Une commune ne peut réclamer, comme terre vaine et vague, une île située dans le lit d'une rivière navigable. — Pour que cette revendication soit admise, la commune doit prouver son ancienne possession, à titre de propriétaire, du terrain revendiqué. — *Cass.*, 1er brum. an VI, Teillay c. comm. de Bannay ; — Guichard, *Des landes*, ch. 4, no 4.

771. — Il est également incontestable qu'une commune, pour obtenir sa réintégration en vertu de la loi du 28 août 1792, doit prouver qu'elle a anciennement possédé, à titre de propriétaire, les biens par elle réclamés et qu'elle en a été dépouillée par abus de la puissance féodale. — *Cass.*, 18 juin 1806, Daverton et Hennequin c. comm. de Cramant ; — Guichard, *Des landes*, chap. 8.

772. — La commune qui demande sa réintégration dans des biens prétendus communaux, doit prouver qu'elle a été originairement en possession de ces fonds, et qu'elle en a été dépouillée par abus de la puissance féodale. — *Cass.*, 27 vent. an V, Courdurier c. comm. de Montbrun ; 5 germin. an V, de Montmorency c. comm. de Grainville.

773. — Pour pouvoir invoquer le bénéfice de la loi du 28 août 1792, une commune doit prouver qu'elle a anciennement possédé, à titre de propriétaire, les bois qu'elle revendique, et qu'elle en a été abusivement dépouillée par la puissance féodale. — *Cass.*, 25 brum. an XI, comm. de Bourogne c. Barth et préfet du Haut-Rhin ; — Guichard, *Des landes*, chap. 15, no 1er. — V. *contrà* Latruffe, *Droits des communes*, t. 1er, p. 281.

774. — Une commune ne peut, en vertu de la loi du 28 août 1792, revendiquer des biens prétendus communaux qu'autant qu'elle prouve qu'elle les a anciennement possédés et qu'elle en a été dépouillée par abus de la puissance féodale : par exemple, qu'ils ont été adjugés à son ci-devant seigneur à titre de blancs ou de déshérence. — *Cass.*, 14 niv. an VIII, Custine c. comm. d'Obersteuzel.

775. — Pour qu'une commune puisse se faire réintégrer dans la *totalité* de la propriété d'un bois, il ne suffit pas qu'elle produise une ancienne transaction par laquelle ce bois a été attribué pour partie au seigneur et pour partie à la commune ; la commune devrait justifier de ses droits par la production de titres antérieurs à la transaction. — *Cass.*, 8 messid. an XII, Damas et de Sainte-Maure c. comm. d'Origny et de Bellenot ; — Merlin, *Quest. de droit*, vo *Usage*, § 2.

776. — Lorsqu'une commune ne justifie pas qu'elle a ou qu'elle a eu anciennement la propriété ou la possession d'un bien prétendu communal, elle n'est pas recevable à revendiquer ce même bien et à exiger de la part du détenteur la représentation du titre de propriété légitime prescrit par l'art. 8, L. 28 août 1792. — *Cass.*, 24 nov. 1818, comm. de Laroche-Canilhac c. Specher.

777. — La revendication par les communes des biens dont elles prétendent avoir été dépouillées par la puissance féodale, ne peut être admise qu'autant qu'elles prouvent ou qu'elles les ont anciennement possédés, ou que les biens revendiqués se trouvent dans la catégorie précisée par l'art. 1er, L. 10 juin 1793, c'est-à-dire qu'au 4 août 1789 c'étaient des terres *vaines et vagues*, landes, pâtis, bruyères, etc. — L'arrêt qui, sans établir comme constante l'une des deux hypothèses, rend néanmoins aux communes les biens revendiqués, est sujet à cassation comme contraire aux lois des 28 août 1792 et 10 juin 1793. — *Cass.*, 12 mai 1813, Robert de la Rivière c. comm. de Magny-le-Freul ; — Merlin, *Rép.*, vo *Usage (droit d')*, sect. 2e, § 1er, no 2 ; Henrion de Pansey, *Des biens communaux*, p. 8 ; Guichard, *Des landes*, chap. 8, no 2 ; Bost, *Traité de l'organ. et des attributions des corps municipaux*, t. 1er, p. 37.

778. — Doit être cassé le jugement arbitral qui, sans décider que les terrains revendiqués par une commune sont vains et vagues, les adjuge cependant à cette commune qui n'a pas justifié de sa propriété. — *Cass.*, 22 niv. an VII, François Remy c. comm. de Cantin.

779. — ... Ou se borne pour les adjuger à déclarer que ces biens, n'ayant pas été vendus par la nation, doivent être considérés comme communaux. — *Cass.*, 28 mai 1816, Dandlaw c. comm. de Ronchamp.

780. — Les terres autres que les terres vaines et vagues, landes, garrigues, etc., ne sont pas censées de leur nature être biens communaux. — V. *contrà* Henrion de Pansey, *Des biens communaux*, chap. 2, p. 7 ; Proudhon, *Traité de l'usufruit*, t. 6, no 2837. — Dès-lors, les communes ne peuvent les revendiquer qu'en justifiant de leur ancienne possession. — *Cass.*, 28 brum. an VII, Honnot c. comm. d'Heauville.

781. — La qualification de terre vaine et vague donnée à tort à un chemin communal par les juges ne peut vicier le dispositif du jugement dont la décision est conforme à la loi. — La demande en revendication de ce chemin, formée par la commune, est suffisamment justifiée par l'ancienne possession du terrain, induite de divers actes. — *Cass.*, 5 mars 1818, Loevenhaupt c. comm. d'Uhrweiler.

782. — Le titre positif de propriété qui, comme nous l'avons dit *suprà* nos 764 et suiv., d'après la loi du 10 juin 1793, militait au profit de la commune quant aux terres vaines et vagues, ne pouvait être invoqué par elle, par exemple, quand le ci-devant seigneur, détenteur de ces biens, les avait mis à profit avant le 4 août 1789, de l'une des manières indiquées par la loi, et qu'ainsi l'immeuble avait perdu son caractère de terrain vain et vague.

783. — Dès-lors, la commune qui s'était emparée de ces biens ne devait pas, par le fait seul de son appréhension, en être déclarée propriétaire. Il fallait que pour être valablement dépossédé, le ci-devant seigneur ou ses ayant cause fussent reconnus avoir, par abus de la puissance féodale, usurpé les biens dont la commune aurait été ainsi injustement dépouillée. — *Douai*, 21 déc. 1831, comm. de Somain c. Delagonde.

784 — Ce n'est pas à la commune à prouver que les biens contre elle revendiqués n'avaient point, avant le 4 août 1789, été mis à profit par le ci-devant seigneur. — C'est au contraire à ce dernier à établir que dès avant cette époque le vœu de la loi se trouvait rempli. — Les biens étant reconnus avoir été mis à profit, la commune, pour les revendiquer, ou plutôt pour se faire maintenir dans sa possession, doit prouver que ces biens avaient précédemment fait partie de son domaine, et que l'abus de la puissance féodale l'en avait dépouillée. — En d'autres termes, lorsque les biens revendiqués par le ci-devant seigneur avaient été mis à profit par lui avant le 4 août 1789, la présomption d'abus de puissance féodale provenant de son fait n'existe pas contre lui, et il ne doit pas fournir la preuve contraire. — Même arrêt.

785. — Par suite des mêmes principes, une commune ne peut être réintégrée en vertu de l'art. 8, sect. 4e, L. 10 juin 1793, dans des terrains qui, bien que qualifiés de *vacans* dans des titres anciens, ont été depuis un temps immémorial défrichés et mis en valeur. — *Cass.*, 24 mars 1807, De Valence et de Belissens c. comm. de Saint-Jory.

786. — On ne peut considérer comme compris dans la classe des terrains vains et vagues que la loi du 10 juin 1793 répute biens communaux, des marais auxquels il a été anciennement fait des travaux pour les mettre en valeur. Dès-lors, une commune ne pouvait revendiquer ces marais qu'en prouvant qu'elle les avait anciennement possédés, et qu'elle en avait été dépouillée par abus de la puissance féodale. — *Cass.*, 2 vent. an VII, Chazeron c. comm. d'Offoy ; 8 fructid. an XIII, de Wignacourt c. comm. de Marquillies ; — Guichard, *Des landes*, ch. 4, no 1er, et ch. 8.

787. — De même pour obtenir sa réintégration dans un fonds qui était en état de culture au moins en partie, à l'époque de la promulgation des lois des 28 août 1792 et 10 juin 1793, la commune doit justifier qu'elle l'a anciennement possédé et qu'elle en a été dépouillée par abus de la puissance féodale. — *Cass.*, 27 avr. 1808, De Blosseville c. comm. de Montrolier. — V. conf. Guichard, *Des landes*, ch. 4, no 1er et ch. 8.

788. — Jugé même que des terrains en état de

culture au moment de la réintégration demandée par une commune ne peuvent être considérés comme des biens communaux et ne sont pas compris dans la nomenclature que contient l'art. 1er, sect. 4, L. 10 juin 1793. La commune qui les revendique doit donc prouver qu'elle les a anciennement possédés et qu'elle en a été dépouillée par abus de la puissance féodale. — *Cass.*, 22 niv. an VII, Remy c. comm. de Cantin.

789. — Une commune qui ne justifie d'aucun droit à la propriété d'un terrain formant ci-devant une forêt domaniale, ne peut se faire, en vertu de la loi du 28 août 1792, réintégrer dans ce terrain, au préjudice d'un particulier qui en a obtenu la concession. — *Cass.*, 7 sept. 1807, héritiers de Vachon c. comm. de Réaumont; — Guichard, *Des landes*, ch. 7, no 4.

790. — La possession invoquée par la commune doit se révéler par des faits qui ne laissent aucun doute sur le caractère de cette possession.

791. — Ainsi le fait du pacage des bestiaux de la commune sur le terrain litigieux ne peut être envisagé comme une preuve de propriété. — *Cass.*, 1er brum. an VI, Teillay c. comm. de Bannay; — Guichard, *Des landes*, ch. 15, no 5; Dunod, *Des prescript.*, part. 1re, ch. 12.

792. — Qu'il n'y a pas lieu de réintégrer, comme ayant été dépouillée de sa propriété une commune qui n'aurait jamais été propriétaire et qui, si elle avait possédé à titre de propriétaire, ne l'aurait fait que pendant un temps insuffisant pour prescrire. — *Cass.*, 18 brum. an XI, comm. de Jasseron c. le Domaine et Groslier. — V. *contrà* Latruffe, *Dr. des comm.*, t. 1er, p. 281.

793. — Lorsqu'une commune ne justifie pas avoir la propriété d'un terrain en état de culture possédé par son ci-devant seigneur, elle ne peut être réintégrée dans la propriété de ce terrain par ce motif qu'il paraît que le seigneur en a joui en vertu de la puissance féodale. — *Cass.*, 5 mars 1806, Laurent c. comm. de Peyrolles.

794. — Une commune ne peut revendiquer la propriété d'un terrain sur lequel elle justifie qu'elle a seulement un droit d'usage. — *Cass.*, 1er juin 1824, comm. de Vaux-sous-Corbie c. Domaine. — Une commune qui n'a jamais possédé sur un terrain qu'un droit d'usage, ne peut prétendre à sa propriété. — *Paris*, 10 août 1815, de Walsh c. comm. de Denée et Mozé.

795. — Jugé même qu'une commune déclarée par une sentence définitive usagère des terres vaines et vagues ne peut revendiquer la propriété de ces terres en se fondant sur ce que la loi du 10 juin 1793 dispose que les terres vaines et vagues appartiennent de leur nature aux communes. — *Cass.*, 25 juill. 1831, comm. de Pomas c. La Rochefoucauld.

796. — De même une commune déclarée usagère de marais compris dans son territoire ne peut revendiquer la propriété de ces marais, en se fondant sur ce que la loi du 10 juin 1793 dispose que les terres vaines et vagues appartiennent de leur nature aux communes, s'il n'y a eu interversion de son titre. — *Cass.*, 30 janv. 1843 (t. 1er 1843, p. 653), , comm. des Landes, de Saint-Loup, d'Anezay c. Debeaucorps; — Latruffe, *Des dr. des comm.*, t. 1er, p. 267.

797. — Décidé, au contraire, que les décisions, même souveraines, rendues avant les lois de 1792, n'ont pu faire obstacle à l'exécution de ces lois, en ce qui touche les droits des communes par rapport aux seigneurs; — Qu'en conséquence, et malgré l'existence d'une pareille décision ne reconnaissant à une commune que des droits d'usage sur un marais, les juges ont pu, depuis les lois de 1792 et 1793 et en exécution de ces lois, reconnaître à cette même commune des droits de propriété sur ces mêmes marais, sans qu'on puisse voir là une violation de la chose jugée. — *Cass.*, 5 déc. 1836 (t. 1er 1837, p. 245), Lebœuf de Brasseuse c. Mayan.

798. — La preuve offerte par une commune de sa possession trentenaire, à titre de propriétaire, de certains terrains, ne peut être refusée sur le fondement que la commune, simple usagère, n'aurait pu intervertir son titre de possession, alors d'ailleurs qu'elle aurait toujours décliné cette qualité de simple usagère. — *Cass.*, 4 mars 1833, comm. de La Bastide c. d'Espagnet.

799. — Jugé cependant que, lorsque les communes étaient en possession de certains ténemens à titre précaire, et se trouvaient, par là, dans l'impossibilité de prescrire, la loi du 28 août 1792 est devenue pour elles un titre qui a interverti le principe de leur possession, et leur a rendu la faculté de posséder à titre de propriétaire. — *Riom*, 24 juin 1825, de Veyny c. comm. de Gannat.

800. — La commune qui ne justifie pas d'une possession à titre de propriétaire, mais seulement d'un droit d'usage, ne peut être réintégrée en vertu de l'art. 1er, L. 28 août 1792, dans des droits plus étendus que ceux qu'elle possédait. — *Cass.*, 22 niv. an VII, Remy c. comm. de Cantin. — V. conf. Dunod, *Prescript.*, ch. 12, part. 1re; Guichard, *Des landes*, ch. 15, no 5.

801. — Une commune qui n'avait qu'un droit d'usage sur un bois ne peut, en vertu de l'art. 8, L. 28 août 1792, se faire réintégrer dans la propriété de ce bois. — *Cass.*, 27 niv. an XII, préfet de la Marne c. comm. Saint-Thiébault; 30 avr. 1806, Mac-Mahon c. comm. de Repas; — Guichard, *Des landes et marais*, chap. 15, no 5; Merlin, *Quest. de droit*, vo *Usage*, § 4.

802. — Une commune qui n'avait qu'un droit d'usage sur une partie des bois par elle revendiqués, ne peut être réintégrée indistinctement dans la propriété de ces bois. Les arbitres qui lui ont accordé des droits plus étendus que ceux qu'elle justifiait avoir anciennement possédés ont fait une fausse application de l'art. 8, L. 28 août 1792, et leur jugement doit être cassé. — *Cass.*, 23 brum. an VII, Letellier-Souvré c. comm. de Tonnerre.

803. — Un bois situé dans le territoire d'une commune n'est pas censé lui appartenir, par cela seul qu'elle en a l'usage, et cette commune ne peut, sans autre titre, prétendre évincer le ci-devant seigneur qui en est en possession comme propriétaire. — *Cass.*, 14 flor. an X, comm. de Chassagne c. l'état; — Merlin, *Quest. de droit*, vo *Communaux*, § 1er; Guichard, *Des landes et marais*, chap. 15, no 15.

804. — Il ne suffit pas à une commune, pour obtenir sa réintégration en vertu de la loi 24 août 1792, de justifier d'un droit d'usage, il faut qu'elle fasse preuve d'une possession à titre de propriétaire. — *Cass.*, 8 fructid. an XIII, de Wignacourt c. comm. de Marquillies; 9 pluv. an XIII, de Chaunes c. comm. de Vezannes; — Guichard, *Des landes*, chap. 15, no 1er; Dunod, *Traité des prescriptions*, chap. 12, part. 1re.

805. — Une commune ne peut être réintégrée, en vertu de la loi du 28 août 1792, dans la propriété d'un bois, lorsqu'elle a formellement reconnu que ce bois appartenait en toute propriété à son ci-devant seigneur, et qu'elle n'avait que des droits d'usage à réclamer à la charge même de payer les redevances déterminées par les anciens titres. — La faculté accordée aux habitans de cette commune de mettre le bois en bas, de veiller à la conservation des bois, de réclamer des indemnités des étrangers mésusans, n'a pour objet que l'intérêt des usagers, et par conséquent n'altère pas le droit de propriété du ci-devant seigneur. — *Cass.*, 26 niv. an XIII, Grammont c. comm. d'Ounans, et Grammont c. comm. de Chamblay.

806. — Des communes ne peuvent se prétendre propriétaires d'une plaine comprenant des terres vaines et vagues lorsqu'il résulte d'anciens titres et jugemens qu'elles n'y avaient qu'un droit d'usage et de pâturage, et que la propriété en appartenait à l'ancien seigneur. — Et l'arrêt de cour royale qui, en appréciant ces jugemens et ces titres, reconnaît que ces communes ne sont qu'usagères n'est pas susceptible de cassation comme ayant violé les art. 8, L. 28 août 1792; 1er et 8, sect. 4e, L. 10 juin 1793. — *Cass.*, 15 juill. 1828, comm. de Vougeay c. Montmort; — Dunod, *Prescript.*, chap. 12, part. 1re; Guichard, *Des landes et marais*, chap. 15, no 15.

807. — Une commune qui, antérieurement aux lois de 1792 et 1793, ne possédait qu'à titre d'usagère un terrain en nature de bois, n'a pu en prescrire la propriété depuis la publication de ces lois. — *Cass.*, 15 mars 1837 (t. 1er 1840, p. 527), comm. de Villa-Saint-Anselme c. Jean et Valent. — Mais elle pourrait acquérir par prescription un droit d'usage plus étendu.

808. — De ce qu'une commune était anciennement assujétie à la main-morte, il ne s'ensuit pas que les bois dont elle a eu depuis l'usage aient appartenu à cette époque, et qu'elle en ait cédé la propriété à ses ci-devant seigneurs pour prix de son affranchissement. — *Cass.*, 18 brum. an XI, comm. de Jasseron c. le Domaine et Groslier.

809. — De ce que d'anciens titres désignent comme étant *communs* des bois dont une commune avait l'usage, il n'en résulte pas qu'elle puisse revendiquer en exécution de l'art. 8, L. 28 août 1792, si cette expression n'a été employée que pour faire connaître que ces bois étaient la propriété indivise de deux seigneurs. — *Cass.*, 25 brum. an XI, comm. de Bourogne c. Barth et préfet du Haut-Rhin; — Merlin, *Quest. de droit*, vo *Communaux*, § 4.

810. — Bien qu'une commune ait prétendu anticiper sur la propriété d'un bois dans lequel, d'après les titres, elle avait seulement un droit d'usage, ses entreprises fréquemment interrompues par des jugemens qui les réprimaient, ne peuvent créer, au sens même de la loi du 28 août 1792, un droit de propriété en sa faveur. — *Cass.*, 25 brum. an XI, comm. de Bourogne c. Barth et préfet du Haut-Rhin.

811. — N'est pas sujet à cassation l'arrêt qui décide que les mots *usages communaux*, employés dans des titres anciens, n'emportent pas l'idée de propriété, mais seulement désignent des droits d'usage, par opposition au droit de propriété. — *Cass.*, 18 août 1830, comm. de Bligny c. comtesse de Sainte-Maure.

812. — La possession du bas bois ne peut faire supposer la possession de la haute futaie et n'établit pas la présomption de la propriété de toute la forêt. — Une commune ne peut être réintégrée dans la propriété d'un bois qu'elle revendique qu'autant qu'elle prouve qu'elle l'a anciennement possédé et qu'elle en a été dépouillée par abus de la puissance féodale. — *Cass.*, 21 messid. an VIII, commissaire du gouvernement près l'administration centrale du département du Haut-Rhin c. comm. d'Andolsheim; 22 messid. an VIII, commissaire du gouvernement près l'administration centrale du Haut-Rhin c. comm. de Fortschwir; 4 fructid. an VIII, Domaine c. comm. d'Appenwir; 23 brum. an IX, Domaine c. comm. de Wolffganzen; — Guichard, *Des landes*, chap. 4, no 1er.

813. — La commune qui prouve sa possession du droit de vendre du bois de chauffage et de jouir exclusivement du bas bois dans une forêt ne peut être, en vertu de l'art. 8, L. 28 août 1792, réintégrée dans la propriété de la totalité de cette forêt, si elle ne prouve qu'elle a autrefois possédé la forêt tout entière et que c'est par abus de la puissance féodale qu'elle en a été dépouillée. — *Cass.*, 24 vendém. an IX, Domaine c. comm. de Muntzenheim; — Guichard, chap. 4, no 1er.

814. — Une commune ne peut être, en vertu de l'art. 8, L. 28 août 1792, réintégrée dans la propriété d'une forêt lorsqu'elle ne prouve pas qu'elle l'a anciennement possédée et qu'elle en a été dépouillée par son ci-devant seigneur, et qu'elle produit seulement des enquêtes et comptes de communauté qui ne portent que sur les bois de chauffage, bas bois et arbres de chêne sur le retour. — *Cass.*, 23 vendém. an IX, Domaine c. comm. de Sundhoffen; — Guichard, *Des landes*, chap. 4, no 1er.

815. — Le droit de jouir et de disposer des chênes d'une forêt ne peut être considéré comme dérivant de la féodalité et compris parmi les droits seigneuriaux abolis par les lois qui ont détruit le régime féodal. — Il y a présomption que ceux qui ont disposé des chênes d'une forêt ont exercé ce droit non à titre de servitude féodale, mais comme propriétaires. — En conséquence, lorsqu'une commune a joui seulement des bas bois, et qu'elle reconnaît que son ci-devant seigneur avait la libre et exclusive disposition des chênes, elle ne peut être présumée propriétaire de la forêt entière, ni obtenir sa réintégration, si elle ne prouve qu'elle a anciennement possédé cette forêt et qu'elle en a été dépouillée par abus de la puissance féodale. — *Cass.*, 1er thermid. an IX, Voyer c. comm. d'Heimbsprunn; — Guichard, chap. 4, no 1er.

816. — Une commune ne peut être réintégrée dans la totalité d'une forêt lorsqu'elle a prétendu avoir la possession à titre de propriétaire, non de l'intégralité, mais seulement d'une partie de cette forêt, et qu'au contraire, reconnaissant le ci-devant seigneur pour propriétaire exclusif du surplus, elle n'a pas prouvé qu'elle avait originairement possédé la forêt tout entière et qu'elle en avait été dépouillée par abus de la puissance féodale. — *Cass.*, 11 messid. an VIII, Domaine c. comm. du Val de Delémont.

817. — Pour qu'une commune puisse, en vertu de la loi du 28 avr. 1792, se faire réintégrer dans la totalité de la propriété d'un marais, il ne suffit pas qu'elle produise une transaction par laquelle ce marais a été attribué pour partie au seigneur et pour partie à la commune : la commune devrait justifier de ses droits par des titres qui puissent établir qu'elle avait été originairement propriétaire de l'immeuble devenu depuis litigieux. — *Cass.*, 19 déc. 1808, Bouquel-Beauval c. comm. de Sarton; — Merlin, *Quest.*, vo *Usage*, § 2.

818. — La loi du 28 août 1792, qui réintègre les communes dans les biens dont elles ont été dépouillées par la puissance féodale, ne peut être invoquée par la commune qui a été déclarée, par un jugement rendu en 1670, par des commissaires réformateurs, sans droit à la propriété d'une forêt qui n'était pas dans la mouvance du roi. — *Cass.*, 17 mars 1836, comm. de Sauveterre c. préfet de la Haute-Garonne.

819. — Les lois des 28 août 1792 et 10 juin 1793 ont réintégré les communes dans les droits de propriété dont elles avaient été dépossédées, même en vertu d'arrêts contradictoires du conseil du roi,

lorsque ces arrêts avaient pour fondement le droit que les seigneurs s'attribuaient dans les pays non allodiaux.—*Grenoble*, 30 mars 1832, Mortel c. comm. de Saint-Symphorien d'Ozon.

820. — La réintégration d'une commune dans la possession et jouissance d'un bois litigieux emporte l'attribution sur ce même bois d'un droit de propriété absolue, et non d'un simple droit d'usage.—*Cass.*, 22 mai 1832, préfet de l'Yonne c. comm. de Coulanges.— V. toutefois Proudhon, *Usufruit*, t. 6, nos 2864, 2876 et 2884.

821. —L'ancienne possession des communes, de laquelle la loi du 28 août 1792 fait dépendre le succès de leurs demandes en revendication, peut être prouvée, comme les autres possessions, soit par titres, soit par preuves vocales ou par des présomptions graves, précises et concordantes. — *Cass.*, 5 mars 1818, N. c. comm. de Rothbach.

822. — Le triage prouve, indépendamment de tout autre titre, l'ancienne possession de la commune, relativement aux biens sur lesquels il a eu lieu.— *Cass.*, 9 mars 1809, Laffresnaye c. comm. de Saint-Aignan; 27 avr. 1829, préfet des Landes c. comm. de Pouy; — Merlin, *Rép.*, vo *Triage*, § 6.

823. — Lorsqu'un jugement arbitral accueille la demande en réintégration d'une commune et considère un acte de cession à titre onéreux comme l'effet d'un abus de la puissance féodale, comme une aliénation de biens communaux faite sans nécessité, comme le fruit du dol, de la surprise et de la précipitation, la cour de cassation auquel ce jugement est déféré a le droit de rechercher et de déclarer que l'acquisition a été faite par le seigneur qui a payé à la décharge de la commune une dette sérieuse et légitime; que cette transmission a été confirmée et ratifiée par plusieurs jugemens et arrêts; enfin, qu'elle ne présente aucun acte de la puissance féodale. Il a, par suite, le pouvoir de casser ce jugement arbitral comme violant l'art. 8, L. 28 août 1792, l'art. 9, sect. 4e, L. 10 juin 1793, et enfin l'autorité de la chose jugée. — *Cass.*, 4 brum. an VII, Simonet c. comm. de Singly. — Le tribunal de cassation, en rendant cette décision, s'est évidemment immiscé dans l'examen et l'appréciation des faits; mais cette nécessité lui était imposée par le besoin impérieux d'imprimer une marche uniforme et régulière à ces juridictions arbitrales improvisées. — Merlin, *Quest. de dr.*, vo *Communaux*, § 9.

824. —Aussi a-t-il été expressément jugé que lorsqu'un tribunal d'appel a déclaré qu'un bien était anciennement possédé par une commune, à titre de propriétaire, et qu'il a, par application de l'art. 8, L. 28 août 1792, réintégré cette commune dans la propriété de ce bien, la cour de cassation peut, sur le recours exercé contre la décision du tribunal d'appel, entrer dans l'examen des faits et des actes caractéristiques de la prétendue ancienne possession de la commune. — *Cass.*, 22 messid. an IX, préfet de la Haute-Saône c. comm. de Saponcourt.— V. conf. Merlin, *Quest. de dr.*, vo *Communaux*, § 9, qui, en rapportant ce jugement, y ajoute cette mention : « *Rendu sur délibéré et de toutes voix.* »

825. —... Que lorsque des arbitres forcés ont déclaré réintégrer une commune dans la propriété d'un terrain comme lui appartenant, d'après certains titres, la cour de Cassation est compétente pour apprécier ces titres, et s'ils ne consacrent au profit de la commune qu'un simple droit d'usage, elle doit casser la décision des arbitres.—*Cass.*, 24 mars 1807, de Valence et de Bélisseus c. comm. de Saint-Jory; 14 août 1821, de Lauraguais c. comm. de Bélieu.

826. —Mais la cour de Cassation paraît être revenue sur cette jurisprudence, car elle a décidé que l'arrêt qui, par appréciation des actes et des titres produits, décide qu'une commune n'a jamais eu la propriété ni la possession de terrains productifs qu'elle revendique, en vertu de la loi du 28 août 1792, échappe à la censure de la cour régulatrice. —*Cass.*, 9 déc. 1828, comm. de Puyloubier c. Fassy.

827. —...Que, lorsqu'au lieu de se baser seulement sur les lois des 28 août 1792 et 10 juin 1793 pour réintégrer une commune dans la propriété d'un terrain, la cour royale, se fondant sur l'examen des titres produits, a positivement reconnu que cet immeuble avait toujours été une propriété communale, son arrêt ne saurait être cassé, lors même que l'application superflue qu'elle a faite des lois prescrites serait inexacte. — *Cass.*, 9 nov. 1830, Paulus c. comm. d'Haguenau.

828. — Toutefois, la cour de Cassation jugerait sans doute encore que, lorsqu'une commune revendique, comme l'ayant autrefois possédée et comme en ayant été dépouillée par abus de la puissance féodale, *telle* forêt nominativement, le jugement qui la réintègre dans la propriété d'une forêt désignée dans les titres sous un autre nom, sans constater que les deux désignations s'appliquent à un objet identique, doit être cassé.—*Cass.*, 16 août 1813, Truschess c. comm. de Niederentzheim.

829. — La commune qui, en vertu de la loi du 28 avr. 1792, est réintégrée dans les biens dont elle avait été dépouillée par la puissance féodale, ne peut, dans aucun cas, demander la restitution des fruits perçus par le ci-devant seigneur. — *Cass.*, 22 vendém. an X, comm. de Champigny c. Testu-Balincourt.

830. — La commune qui succombe dans sa réclamation d'un terrain par elle prétendu communal doit, dans tous les cas, être condamnée à des dommages-intérêts.— *Rennes*, 6 juill. 1818, Allaire c. comm. de Saint-Etienne.

§ 2.— *Par qui et contre qui doit être exercée l'action en réintégration.*

831. —Les lois des 28 août 1792 et 10 juin 1793 n'ont pour objet que de réprimer les abus de la puissance féodale, de venir au secours des communes qui en ont été victimes, et d'annuler les actes passés entre les seigneurs et leurs vassaux.— *Cass.*, 6 avr. 1808, préfet du Haut-Rhin c. comm. de Blauen.

832. — De cette décision, qui rappelle ce double but du législateur, réparer les abus et les maux qu'avait pu engendrer la féodalité et ne pas troubler les possessions particulières et paisibles, il résulte une double conséquence :

833. — La première est relative à ceux qui peuvent intenter ces sortes d'actions. — Ce sont les communes seules qui peuvent réclamer le bénéfice de réintégration dans les biens usurpés par abus de la puissance féodale. — Le bénéfice ne peut en être revendiqué par des usagers possédant *ut singuli*. — *Cass.*, 31 juill. 1837 (t. 2 1838, p. 397), Boissard c. comm. de Chalonne.—Les dispositions des art. 8 et 9, L. 28 août 1792, sont exclusivement relatives aux communes dépossédées. — Mais des particuliers agissant individuellement ne peuvent en réclamer le bénéfice. — *Lyon*, 8 déc. 1838 (t. 2 1839, p. 272), Cyvoct et Mornieux c. Domaine de l'Etat.

834. — La seconde conséquence est relative à ceux contre lesquels l'action peut être intentée.

835.—Une commune ne peut exercer contre un particulier non seigneur l'action en revendication ouverte par la loi du 10 juin 1793. — *Cass.*, 12 juill. 1814, Beauvoir du Roure c. comm. de Beaulieu.

836. — La présomption de propriété établie en faveur des communes par les lois des 28 août 1792 et 10 juin 1793, qui les ont réintégrées dans les biens dont on les avait dépouillées par la puissance féodale, cesse dans le cas où il s'agit de simples particuliers étrangers au privilége du régime féodal, possédant en vertu de titres d'acquisition purs de féodalité et soutenus d'une possession de nature à faire acquérir la plus longue prescription. —*Cass.*, 9 janv. 1838 (t. 2 1838, p. 138), comm. de Thenay c. Chamblant; 25 janv. 1842 (t. 2 1842, p. 651), comm. de Saint-Ouen c. Delavaud; *Poitiers*, 21 mars 1838 (t. 2 1840, p. 42), Douillard c. comm. de Saint-André-Treize-Voies; — Guichard, *Des landes et marais*, chap. 7, no 6.

837. — Des terres vaines et vagues que des particuliers possèdent depuis un temps immémorial, soit comme usagers, soit comme propriétaires, ne peuvent être considérées comme des biens communaux, dans le sens des lois des 28 août 1792 et 10 juin 1793.—*Angers*, 22 avr. 1825, Peccale c. comm. de Saint-Calais; 21 mai 1825, Manzeau c. comm. de Chazé-Henri;—Guichard, chap. 7, nos 7 et 8.

838. — Une commune ne pouvait pas invoquer contre un ci-devant seigneur qui n'était pas le sien les lois des 26 août 1792 et 20 juin 1793, d'après lesquelles toute commune était présumée avoir été dépouillée par l'effet de la puissance féodale des biens dont elle avait anciennement joui et qui étaient possédés par son ci-devant seigneur.—*Cass*, 1er niv. an VIII, d'Erlach c. comm. de Voisnon-Sigy et de Villeneuve-au-Chemin; — Guichard, chap. 7, no 5.

839. — Il ne peut y avoir eu envers une commune abus de la puissance féodale de la part de celui qui n'était pas son seigneur. Dès-lors, cette commune est non-recevable à se prévaloir contre lui des dispositions de la loi du 28 août 1792.—*Cass.*, 17 vendém. an XIII, Menciey et Chevigny c. comm. de Frasne; 7 sept. 1807, Vachon c. comm. du Mandement-de-Réaumont; 20 juin 1808, Vachon c. comm. de Réaumont; 26 oct. 1808, Delatouche c. comm. de Veluire; 18 déc. 1809, mêmes parties. — Guichard, *Des landes et marais*, chap. 7, no 5; Merlin, *Rép.*, vo *Communaux*, § 5.

840. — ... Ni contre un seigneur qui n'était pas seigneur des biens réclamés. — *Cass.*, 3 prair. an XI, Vendel c. comm. de Ranguevaux; 17 prair. an XI, Mairot-Froissard c. comm. de Dommartin; — Guichard, chap. 7, no 5.

841. —Doit être cassé le jugement qui, pour motiver la réintégration d'une commune, se borne à dire que l'individu actionné ou son auteur était seigneur dans la commune, sans s'expliquer sur la question de savoir si les habitans de ce lieu avaient été ses vassaux. — *Cass.*, 11 déc. 1809, Latouche c. comm. de Veluire.

842. —Les habitans d'une commune qui ont cédé à un ci-devant seigneur, qui n'était pas leur seigneur, leurs biens communaux et en outre leurs biens particuliers, à la condition par le seigneur de payer leurs dettes et de les prendre pour ses colons partiaires, ne peuvent user du bénéfice de la loi du 28 août 1792 pour se faire réintégrer dans les biens par eux aliénés comme s'ils en avaient été dépouillés par abus de la puissance féodale.— *Turin*, 29 mars 1811, hab. de Gambasca c. Donadio.

843. — L'art. 8, L. 28 août 1792, qui restitue aux communes les droits dont elles ont été privées par l'abus de la puissance féodale, n'est pas applicable à la transaction passée entre une commune et le seigneur d'une autre commune dont la puissance lui était étrangère. — *Cass.*, 14 nov. 1825, comm. d'Aurel c. des Adrets.

844. — Une commune n'est pas fondée à se faire réintégrer, en vertu des lois des 28 août 1792 et 10 juin 1693, dans la propriété de bois dont elle s'est dépouillée par un traité conclu entre elle et le prince souverain, seigneur qui n'était pas le sien, mais sous le gouvernement duquel elle était placée. — *Cass.*, 6 avr. 1808, préfet du Haut-Rhin c. comm. de Blauen.

845. — Jugé cependant que les lois des 28 août 1792 et 10 juin 1793 sont applicables à l'action en revendication exercée par une commune, alors qu'il est constant que les biens revendiqués étaient de leur nature *vains et vagues*, et que la commune en avait la possession et jouissance antérieurement à 1789, encore bien que le possesseur contre lequel la revendication a été exercée ne fût point aux droits des anciens seigneurs de sa commune. — *Cass.*, 2 juin 1842 (t. 2 1840, p. 139), de Bonnault c. comm. de Sainte-Thorette.

846. —Les jugemens qui avaient autrefois évincé des communes dont le roi n'était pas seigneur des propriétés qu'elles prétendaient communales, mais qu'elles avaient, dans le fait, usurpées sur le domaine de l'état, n'ont pas été révoqués par la loi du 28 août 1792. — Au contraire, la loi du 28 août 1792 et celle du 10 juin 1793, qui autorisent les communes à demander la réformation des jugemens ou arrêts par lesquels elles ont été évincées, doivent être restreintes au cas où l'éviction aurait eu lieu par abus de la puissance féodale, et elles ne peuvent être étendues aux jugemens et arrêts rendus au profit du domaine. — *Cass.*, 26 vendém. an XI, préfet du Doubs c. comm. de Villars-Saint-Georges; — Merlin, *Quest. de dr.*, vis *Usage*, § 1er et *Communaux*, §§ 8 et 9; Guichard, chap. 7, no 4.

§ 3.- *Du titre légitime à opposer à l'action en réintégration.*

847. — L'art. 8, L. 28 août 1792, admet les anciens seigneurs à combattre l'action en réintégration des communes par la représentation d'un acte authentique constatant qu'ils avaient acheté légitimement les biens réclamés.

848. —L'action en réintégration formée par cette commune peut être repoussée par son ci-devant seigneur lui-même, s'il a un titre légitime d'acquisition. — *Cass.*, 17 prair. an XI, Mairot-Froissart c. comm. de Dommartin.

849. — Ce n'est que lorsque les communes ont établi qu'elles avaient été dépouillées par abus de la puissance féodale et justifié ainsi leur revendication des terres prétendues communales, que les ci-devant seigneurs peuvent être tenus, pour se maintenir dans leur propriété, de rapporter des titres de leur légitime acquisition. — *Cass.*, 27 vent. an V, Courdurier c. comm. du Montbrun.

850. — Dans le silence des titres sur la propriété de bois contentieux et terres adjacentes, on ne peut aujourd'hui induire l'existence de cette propriété du statut ancien et féodal qui en investissait le seigneur haut-justicier, et ce, nonobstant les lois abolitives de la féodalité.— *Cass.*, 4 mars 1833, comm. de la Bastide c. d'Espagnet.

851. — La loi du 10 juin 1793, sect. 4, art. 8, déclare que le titre légitime ne pourra en aucun cas

être suppléé par la possession quadragénaire et que le titre légitime ne pourra être celui qui émanerait de la puissance féodale; mais seulement un acte authentique constatant qu'ils ont légitimement acquis lesdits biens.

852. — L'art. 9, sect. 4, L. 10 juin 1793, complète les notions que nous exposons; l'esprit de la présente loi n'étant pas, porte cet article, de troubler les possessions particulières et paisibles, mais seulement de réprimer les abus de la puissance féodale, elle excepte des dispositions des articles précédens toutes concessions, ventes, collocations forcées ou autres possessions depuis et au-delà de quarante ans jusqu'à l'époque du 4 août 1789, en faveur des possesseurs actuels, mais non acquéreurs volontaires, donataires, héritiers ou légataires de fiefs à titre universel.

853. — Ainsi, le ci-devant seigneur ne pourra se prévaloir avec succès que d'un acte *authentique*, c'est-à-dire reçu par officier public compétent avec les solennités requises et constatant une *acquisition légitime*.

854. — Le titre d'acquisition pour être légitime devrait avoir été entouré des formalités et autorisations exigées d'abord par la jurisprudence des tribunaux, et plus tard par la déclaration du roi, de 1659, concernant les communes de Champagne et de Picardie.

855. — Bien que le titre fût régulier dans ses formes intrinsèques et extrinsèques, l'acquisition ne devrait pas être réputée légitime si elle paraissait avoir été accompagnée de circonstances qui dussent faire présumer l'abus de la puissance féodale, le dol, la tromperie, une lésion énorme au profit des habitans. — Guichard, *Des landes*, chap. 16, no 3.

856. — Lorsqu'une commune a anciennement possédé des prairies dont elle a, par acte passé en 1631, cédé la moitié à son seigneur, sans que cet acte énonce que ce seigneur avait des droits à cette cession qui paraît avoir été gratuite, cette commune peut revendiquer ces immeubles en vertu de l'art. 8, L. 28 août 1792, et l'acte dont il s'agit ne peut être considéré comme constituant au profit du seigneur un titre légitime d'acquisition. — *Cass.*, 16 août 1813, comm. de Grembergen c. de Ribeaucourt; — Guichard, *Des landes et marais*, chap. 16, no 10.

857. — L'art. 10, sect. 4, L. 10 juin 1793, spécifie plusieurs cas où le titre d'acquisition peut à bon droit être rejeté comme illégitime, par exemple: 1o celui où les officiers municipaux auraient consenti l'aliénation sans avoir pris le consentement des habitans réunis en assemblée de commune; — 2o celui où le seigneur, en cédant son acquisition à un autre, aurait stipulé la clause de *non-garantie*, etc.

858. — En disant que le titre légitime ne pourra être celui qui émanerait de la puissance féodale, l'art. 8, sect. 4e, L. 18 juin 1793, entend proscrire les acquisitions que les ci-devant seigneurs auraient faites en vertu et par le seul effet de leur puissance seigneuriale, telles que celles par voie de confiscation ou de commise, par voie de triage, même celles faites à titre et sous forme de transaction, si de cette transaction même il résultait que la commune aurait été lésée et trompée, comme aussi celles faites par voie d'échange, si des actes il résultait que le seigneur n'avait pas formé un contr'échange effectif. — Guichard, chap. 16, no 5.

859. — Une transaction homologuée au conseil d'état, entre une commune et son ci-devant seigneur qui n'offre, pour prix de la cession d'une portion considérable de bois dont cette commune était en possession, qu'un abandon de droits féodaux, tels que le triage et le retrait féodal, n'est pas, pour le seigneur contestant à la commune la propriété de ces bois, un titre légitime d'acquisition. — *Cass.*, 11 nov. 1807, Tinseau c. comm. de Bout; — Guichard, chap. 16, no 9; Henrion de Pansey, *Des biens communaux*, chap. 31.

860. — Il n'y a pas abus de la puissance féodale, quand c'est par suite d'un cantonnement, qu'un seigneur a été investi de la propriété d'une partie des bois de cette commune. — Cette commune pourrait tout au plus exercer l'action en révision du cantonnement si elle était encore en temps utile pour la former. — *Cass.*, 17 vendém. an XIII, Meneley et Chevigny c. comm. de Frasne; — Guichard, chap. 7, no 5.

861. — On ne peut considérer comme usurpés par la puissance féodale et comme appartenant à ce titre à des communes, des biens d'origine domaniale qui leur avaient été autrefois accensés, et qui, rentrés, à raison de leur origine, dans les mains du domaine, se trouvaient, au moment de la promulgation de la loi du 10 juin 1793, entre les mains de particuliers. — *Cass.*, 24 pluv. an V, comm. de Chaumont c. Lépine. — V. conf. Guichard, ch. 7, no 4.

862. — Lorsqu'un acte d'échange passé entre un seigneur et une commune n'a pas été revêtu des signatures des parties, mais que cet acte a été sanctionné par des lettres de confirmation émanées du souverain et enregistrées par les tribunaux en présence des parties, et qu'il a été suivi d'une possession paisible de part et d'autre, les nullités dont cet acte était entaché dès son origine sont couvertes, et il constitue pour le seigneur un titre légitime qui rend la commune non-recevable à demander la réintégration en vertu de la loi du 28 août 1792. — *Cass.*, 24 vendém. an VII, Grammont c. comm. de Mayeuvre-la-Petite.

863. — La réintégration d'une commune ne peut être ordonnée si elle n'a cessé de posséder les biens dont il s'agit qu'en vertu d'une sentence d'adjudication rendue à la poursuite de ses créanciers, autres que le ci-devant seigneur, dans laquelle celui-ci n'était intervenu que comme offrant et adjudicataire aux enchères publiques. — *Cass.*, 23 fructid. an IX; Préfet de la Haute-Marne c. comm. de Joinville; — Guichard, ch. 16, no 11.

864. — De même, si le fief d'où dépend l'immeuble en question a été vendu par décret forcé à celui qui s'en trouvait possesseur au moment de la révolution, ce titre est respecté, sans doute parce que, sous l'ancien droit, l'adjudication par décret forcé avait pour effet de purger la propriété, c'est-à-dire de transmettre à l'adjudicataire, d'une manière irrévocable, tous les objets compris dans le décret, même ceux appartenant à autrui, pour lesquels il n'avait pas été fait d'opposition avant le décret.

865. — Aussi a-t-il été jugé qu'un décret par suite duquel un ci-devant seigneur s'est rendu adjudicataire de bois communaux usurpés sur une commune par son ancien seigneur, sur lequel la vente par décret a été poursuivie, constitue au profit de cet adjudicataire un titre légitime, qui, joint à une possession de quarante ans, le met à l'abri de l'action en revendication intentée par la commune en vertu de la loi du 28 août 1792. — *Cass.*, 6 juin 1812, comm. de Bellefontaine c. d'Anthès. — V. Guichard, ch. 11, no 4; et Merlin, *Quest. de droit*, vo *Communaux*.

866. — On ne devrait pas non plus considérer comme titre légitime d'acquisition les cessions faites pour prix d'affranchissement de la mainmorte ou de droits féodaux quelconques, si les immeubles cédés se trouvaient encore dans les mains des ci-devant seigneurs, de leurs héritiers, légataires, donataires ou autres successeurs à titre gratuit. — *Décr.* 25 août 1792 et 28 niv. an II.

867. — Une commune ne peut se faire réintégrer en vertu de la loi du 28 août 1792, dans la propriété d'un bois qu'elle a abandonné à son seigneur pour s'affranchir de la main-morte, lorsque ce bois a été acquis à titre onéreux par un tiers dont l'acquisition a été reconnue valable par l'autorité administrative, qui a reçu le prix de la vente comme étant substituée au vendeur. — *Cass.*, 17 fév. 1806, Lecourt de Béru c. comm. de Chichée.

868. — Une commune qui a été de temps immémorial reconnue propriétaire d'un bois ne peut, en vertu de la loi du 28 août 1792, évincer son ci-devant seigneur de la propriété qu'il a aussi de temps immémorial des chênes croissant dans ce bois. — *Cass.*, 23 vent. an X, comm. de Mesnil-Latour c. Migot. — V. conf. Merlin, *Quest. de droit*, vo *Communauté*, § 7.

269. — On ne peut considérer comme résultant d'un abus de la puissance féodale la vente faite par une commune, au profit de son ci-devant seigneur, d'un bois indépendant de la mouvance seigneuriale, et par conséquent de l'influence féodale de ce dernier, et qu'elle aurait pu également vendre à tout autre particulier non seigneur. Cette vente doit donc être considérée comme une acquisition à titre légitime que l'art. 8, L. 28 août 1792, excepte de l'action en revendication des communes. — *Cass.*, 14 janv. 1811, comm. de Montigny-sur-Aube c. Vaillant de Savoisy.

870. — Les art. 1er et 10, tit. 20, ord. 1669, qui suppriment tous droits de chauffage et d'usage dans les forêts de l'état, sont relatifs à la police générale des forêts; ils constituent un acte de la puissance publique qui n'a rien de commun avec la féodalité. En conséquence, une commune dont les droits d'usage ont été supprimés par un jugement basé sur ces dispositions ne peut obtenir sa réintégration dans les usages en s'appuyant sur l'art. 8, L. 28 août 1792. — *Cass.*, 1er frim. an X, Préfet du Jura c. comm. de Gendrey; 20 juin 1808, Vachon c. comm. de Réaumont; 17 juill. 1810, comm. d'Hyanges c. Domaine; — Merlin, *Quest. de dr.*, vis *Usage*, § 1er, et *Communaux*, § 9; et Guichard, nos 5 et 8.

871. — La loi du 28 niv. an II, qui ordonne la restitution de tous héritages cédés pour affranchissement de droits seigneuriaux ne s'applique pas à des héritages cédés en paiement de sommes dues à raison de droits de cette nature déjà acquis. — *Cass.*, 1er fév. 1809, de Sauvagney c. comm. de Géziers et de Montbrillon.

872. — Les détenteurs qui ont défriché des communes en vertu de la déclaration du 5 juill. 1770 sont compris dans les exceptions établies par l'art. 7, sect. 3e, L. 10 juin 1793. — *Cass.*, 24 frim. an VIII, Descorbiac c. comm. de Corbarieu. — V. conf. Guichard, ch. 9, no 2.

873. — Mais le défrichement de marais opéré par un individu pendant qu'il est en litige avec une commune sur la propriété de ces marais, ne suffit pas pour le faire déclarer propriétaire. — *Cass.*, 3 fév. 1812, comm. de Fay c. Boys.

474. — Du principe qu'on ne peut se prévaloir d'une reconnaissance ou déclaration contenue en un acte dans lequel on n'a pas été partie, il suit qu'une commune à qui son seigneur avait concédé depuis un temps immémorial son droit d'usage, moyennant une redevance en grains et en argent, n'a pu en être privée en vertu d'un acte postérieur où elle a déclaré que *ce droit n'était que de pure tolérance*, si le seigneur ou ses représentans n'ont pas été parties dans cet acte. — *Cass.*, 29 déc. 1818, comm. de Traitteault c. Guérin; — Merlin, *Quest.*, vo *Reconnaissance*.

875. — L'art. 8, L. 28 août 1792, qui ordonne la réintégration des communes, nonobstant tous arrêts, etc., n'a pas pour but d'écarter les arrêts intervenus sur la question même de la légitimité du titre du seigneur. — *Cass.*, 8 prair. an XI, Vendel c. comm. de Ranguevaux.

876. — Les arrêts du ci-devant conseil des finances contradictoirement rendus sur des questions de propriété, entre le domaine et une commune dans laquelle le domaine n'avait ni fief ni extension de fief, émanaient d'une juridiction compétente et n'ont pas été annulés par l'art. 8, L. 28 août 1792, qui ne s'applique qu'aux jugemens rendus en faveur de la puissance féodale. — *Cass.*, 22 frim. an X, Préfet du Calvados c. comm. de Ranville; — Merlin, *Quest. de droit*, vis *Arrêts du conseil*, § 1er; *Usage*, § 1er, et *Communaux*, § 9, Guichard, ch. 7, nos 5 et 6.

877. — Quel doit être l'effet de la possession? — Jointe au titre, elle ne peut qu'être favorable, et même quelquefois elle peut servir à couvrir les vices de ce titre.

878. — Le ci-devant seigneur qui à la possession continue d'un bois, soit par lui, soit par ses auteurs, joint un titre légitime d'acquisition, n'a pu en être dépouillé par suite de l'action en revendication de la commune. — *Cass.*, 24 déc. 1817, Brunet de Neuilly c. comm. de Sauville.

879. — Les art. 8, L. 28 août 1792, et 8, sect. 4e, L. 10 juin 1793, sont inapplicables à celui qui possède depuis plus de quarante ans, en vertu d'un titre non émané d'un ci-devant seigneur, qui avait acquis à titre de propriété les bois appartenant à une commune, et avait payé, à l'effet de consolider sa propriété, le droit de confirmation exigé par l'édit du 6 nov. 1677. — *Cass.*, 21 juill. 1812, ville de Montbard c. de Buffon. — V. conf. Bost, *Tr. de l'organis. et des attrib. des corps municip.*, t. 1er, p. 41. — *Contrà* Latruffe, *Dr. des comm.*, t. 1er, p. 312.

880. — Les vices d'une vente faite sans formalités par une commune à son seigneur sont couverts par une possession sans trouble de plus de quarante ans, et cette vente devient, pour le ci-devant seigneur ou ses représentans, un titre légitime dans le sens de l'art. 8, L. 28 août 1792. — *Cass.*, 21 juin 1815, comm. de Chevigny c. Dornier.

881. — Mais la possession dépourvue de tout titre paraît complètement inefficace, en présence des termes des art. 8, L. 28 août 1792, et 8, sect. 4e, L. 10 juin 1793.

882. — Observons cependant, en passant, que la possession quadragénaire de terres originairement vaines et vagues, mais mises en pleine culture depuis ce laps de temps, suffirait à paralyser l'effet de la revendication que la commune voudrait tenter sur ces immeubles en les considérant comme vains et vagues. — *Cass.*, 12 juill. 1814, Beauvoir Duroure c. comm. de Beaulieu; 8 mars 1816, Laurent c. comm. de Peyrolles. — V. TERRES VAINES ET VAGUES.

§ 4. — *Prescription de l'action en réintégration.*

883. — L'action des communes pour obtenir leur réintégration dans les biens dont elles ont été dépouillées par abus de la puissance féodale, est, comme toute autre action, soumise à la prescription.

884. — Par quel laps de temps s'accomplit cette prescription? — L'art. 8, L. 28 août 1792, en exposant les diverses conditions sous l'accomplissement desquelles a lieu l'action des communes en réintégration, n'a déterminé aucun délai ; on est donc fondé à conclure du silence de la loi que c'est par le laps de temps le plus long, par le délai de trente ans, qu'une semblable action s'éteindra.— Il est vrai que l'art. 9 de la même loi borne à cinq années le délai dans lequel les communes pourront réclamer les terres vaines et vagues qui, d'après cette loi, sont censées leur appartenir. Mais, en matière de prescription, tout est de droit étroit; et la disposition relative aux terres vaines et vagues, ne saurait être étendue à une autre matière que celle pour laquelle elle a été édictée; c'est au surplus ce qui résulte d'une jurisprudence constante.

885. — Ainsi jugé que la prescription *quinquennale*, établie par l'art. 9, L. 28 août 1792, portant rétablissement des communes dans les propriétés et droits dont elles auraient été dépouillées par l'effet de la puissance féodale, ne s'applique pas au cas où la revendication a pour objet un *chemin communal*. —*Cass.*, 5 mars 1818, Lovenhaupt c. comm. d'Urhweiller.

886.—..,Que le délai de cinq ans, dans lequel les lois des 28 août 1792 et 10 juin 1793 veulent que les communes exercent leur action en réintégration, ne s'applique qu'aux terres vaines et vagues dont elles auraient été dépouillées par leur seigneur, et non aux terres productives, à l'égard desquelles l'action en revendication rentre dans le droit commun. — *Colmar*, 21 nov. 1821, comm. d'Obersansheim c. d'Andlau-Hombourg; *Cass.*, 16 juill. 1822, comm. de Wentzwiller c. Rothberg; 18 mai 1825, Leseillyer de Chezelles c. comm. de Farlionel-Frières; 1er juill. 1839 (t. 2 1839, p. 192), Lamey c. comm. de Saint-Magne.

887. — ... Mais que celui qui possède, à titre de propriétaire, n'ayant pas d'action à intenter pour faire reconnaître son droit de propriété, lorsqu'il est reconnu qu'une commune possédait des marais avant 1789, et que cette possession était entière, absolue, et à titre de propriétaire, elle n'a pas été dans la nécessité de former dans les cinq ans, à partir de la loi du 28 août 1792, sa demande en revendication. — *Cass.*, 3 janv. 1842 (t. 1er 1842, p. 166), comm. de Vauvert c. de Cabrières et de Lisleroi.

888. — C'est par le même motif qu'on a décidé que la prescription quinquennale établie contre les communes par l'art. 6, L. 28 août 1792, qui les a autorisées à faire réviser, casser ou réformer les jugemens ou transactions intervenus entre elles et leurs ci-devant seigneurs, sur des questions de propriété ou d'usage, n'a pu courir contre les communes tant qu'elles étaient en possession publique et paisible.—*Cass.*, 16 juill. 1822, comm. de Wentzwiller c. Rothberg.

ART. 5. — *Rachat des biens aliénés en cas de détresse.*

889. — Divers édits des rois de France avaient cherché à tirer, par divers moyens, les communes de leur état de détresse. — V. édits de 1567, de 1600 et de 1659. — Enfin parut l'édit d'avr. 1667.

890. — Le préambule de cet édit porte : « Quoique les usages et communaux appartiennent au public à un titre qui n'est ni moins favorable, ni moins privilégié que celui des autres communautés qui se maintiennent dans leurs biens par l'incapacité de les aliéner, sinon en des cas singuliers et extraordinaires, et toujours à faculté de regrès, néanmoins on a partagé ces communaux; chacun s'en est accommodé selon sa bienséance, et pour en dépouiller les communautés, l'on s'est servi de dettes simulées et l'on a abusé, pour cet effet, des formes les plus régulières de la justice. Ainsi, ces communaux, qui avaient été concédés par forme d'usage seulement pour demeurer inséparablement attachés aux habitations des lieux, pour donner aux habitans le moyen de nourrir les bestiaux et de fertiliser leurs terres par les engrais et plusieurs autres usages, en ayant été aliénées, les habitans étant privés des moyens de faire subsister leurs familles, ont été forcés d'abandonner leurs maisons, et par cet abandonnement les bestiaux ont péri, les terres sont demeurées incultes, les manufactures et le commerce en ont souffert des préjudices très considérables.»

891. — Cet édit dispose que, « *dans un mois à compter du jour de la publication des présentes*, les habitans des paroisses et communautés..... rentreront, *sans aucune formalité de justice*, dans les fonds, prés, pâturages, bois, terres, usages, communes, communaux, droits et autres biens communaux *par eux* vendus ou baillés à baux à cens emphytéotique depuis l'année 1620 pour quelque cause et occasion que ce puisse être, même à titre d'échange, en rendant toutefois en cas d'échange les héritages échangés. »

892. — A l'égard des biens aliénés avec toutes les formalités requises, en vertu de lettres patentes, et pour cause légitime, les communautés d'habitans étaient autorisées par ce même édit à en reprendre la possession en remboursant par dixième d'année en année le prix principal qui serait reconnu avoir profité à la communauté d'après liquidation faite par des commissaires royaux.

893. — Les sommes nécessaires pour rembourser ces créanciers devaient être imposées sur tous les habitans des communautés et paroisses, même sur les exempts et privilégiés; le, tout nonobstant tous contrats, transactions, arrêts, jugemens, lettres patentes vérifiées et autres choses à ce contraires.

894. — Enfin cet édit interdit aux habitans d'aliéner leurs usages et communaux sous quelque cause et prétexte que ce put être, à peine de fortes amendes contre ceux qui auraient concouru à la vente, de nullité du contrat et de perte du prix contre les acquéreurs.

895. — La faculté donnée aux habitans de reprendre possession sans aucune formalité de justice, occasionna dans les premiers temps de son application des désordres auxquels un arrêt du conseil du 14 juill. 1667 vint mettre un terme, en disposant que les habitans des communes seraient tenus, avant de se mettre en possession, de présenter requête aux commissaires départis dans les provinces.

896. — Plus tard, une déclaration du 6 nov. 1677 exempta de la faculté de rachat les acquéreurs qui paieraient au fisc le huitième denier de la valeur des biens acquis.

897. — L'art. 14, sect. 4e, L. 10 juin 1793, déclarant n'entendre « porter aucun préjudice aux communes, pour les droits de rachat à elle accordés par les décrets précédens, sur les biens communs et patrimoniaux par elle aliénés forcément en temps de détresse, lesquels seront exécutés, dans leurs vues bienfaisantes, selon leur forme et teneur, » — on a élevé la question de savoir si les communes pouvaient encore aujourd'hui exercer le droit à elles accordé par l'édit de 1667.

898. — Cette question fut d'abord résolue négativement par deux arrêts, sur le fondement que cette faculté n'avait pu être exercée postérieurement au délai d'un mois, à partir de l'ordonnance de 1667.

899.—Ainsi jugé que l'art. 14, sect. 4e, L. 10 juin 1793, n'est pas introductif d'un droit nouveau en faveur des communes; qu'il n'est qu'énonciatif et confirmatif de celui qui leur avait été accordé par l'édit du mois d'avril 1667; que les communes ne peuvent donc pas invoquer cette loi de 1793, pour exercer la faculté que leur accordait cet édit, de racheter les biens qu'elles avaient aliénés en temps de détresse. — *Cass.*, 8 messid. an V, Gauville c. comm. de Coole; 27 niv. an VI, Demandolx c. comm. de Demandolx.

900. — Mais cette interprétation était combattue et par le fait de l'existence de la déclaration de 1677 et de l'art. 14, sect. 4e, L. 10 juin 1793, parfaitement inutiles, s'il n'était plus temps d'user du bénéfice de l'édit de 1667. Aussi Merlin (*Rép.*, v° *Faculté de rachat*, § 3) a-t-il énergiquement combattu la doctrine de ces arrêts, et fait changer la jurisprudence.

901. — Jugé, en conséquence, que les communes peuvent encore aujourd'hui exercer la faculté que leur accordaient les anciennes lois, de racheter leur biens communaux aliénés en temps de détresse. — *Cass.*, 3 août 1808, comm. d'Ivri c. de la Broulière.

902. — Mais l'édit de 1667, qui accorde aux communes la faculté de rachat de leurs biens ne peut s'appliquer aux aliénations postérieures à cet édit. — *Cass.*, 21 juin 1815, comm. de Chevigney c. Dornier.

903. — Et une commune n'a pu, en vertu de la loi du 10 juin 1793, exercer le rachat de ses biens aliénés pour cause de détresse avant 1620. —Edit avr. 1667; L. 10 juin 1793, sect. 4e, art. 14.— *Cass.*, 5 sept. 1809, Simianne c. comm. de Baudrecourt; — Merlin, *Quest.*, v° *Faculté de rachat*, § 4; Henrion de Pansey, *Des Biens commun.*; chap. 31; Guichard, chap. 14, n° 5. — Mais V. *contrà* Latruffe, *des Droits des comm.*, t. 1er, p. 313.

904. — Les aliénations faites par les communes, de 1620 à 1667, sont présumées faites en temps de détresse, surtout lorsqu'elles ont eu lieu pour acquitter des dettes. — *Cass.*, 6 avr. 1831, Guilhamon c. comm. d'Oroix.

905. — La loi du 10 juin 1793 a non-seulement confirmé mais elle a renouvelé formellement les dispositions de l'édit de 1667, qui accorde aux communes le droit de reprendre, moyennant le prix de vente, les fonds par elles aliénés, en temps de détresse, depuis 1620 jusqu'à 1667.—En conséquence, le bénéfice de cet édit peut être invoqué par une commune située dans le ressort d'un parlement où il n'avait pas été enregistré. — Même arrêt.

906. — Jugé, au contraire, que l'édit d'avril 1667, qui consacrait au profit des communes le droit de racheter leurs biens aliénés en temps de détresse, n'ayant été ni publié ni enregistré en Franche-Comté depuis la réunion de cette province à la France, le bénéfice ne saurait en être invoqué par une commune située dans cette province, malgré la publication de la déclaration de 1702 (laquelle ne reproduit pas l'édit de 1667), et la promulgation de la loi du 10 juin 1793, laquelle n'a pas été introductive d'un droit nouveau, mais s'est bornée à confirmer les dispositions des lois précédentes sur le droit de rachat là où elles avaient force obligatoire. — *Cass.*, 12 fév. 1844 (t. 1er 1844, p. 275), comm. d'Orchamps c. Millot.

907. — Une commune est déchue du bénéfice de rachat que lui accordait l'édit de 1667, lorsqu'en exécution de l'édit de 1677, elle a reçu d'un acquéreur le huitième de la valeur de son acquisition. — *Cass.*, 21 juill. 1812, ville de Montbard c. de Buffon.

908. — Toutefois, le possesseur actuel pourrait invoquer la prescription s'il avait acquis de bonne foi, ignorant le vice de l'aliénation primitive. — *Cass.*, 6 avr. 1831, Guilhamon c. comm. d'Oroix.

Sect. 3e.—*Main mise par l'état sur les biens des communes.*

ART. 1er. — *Dettes des communes nationalisées par la loi du 24 août 1793.*

909. — La convention, qui, par la loi du 17 août 1792, avait prescrit des mesures dont le but était de restituer aux communes les biens fonds qui leur avaient appartenu et dont elles avaient été dépouillées par abus de la puissance féodale, et qui, par la loi du 10 juin 1793, les avait déclarées propriétaires des terres vaines et vagues situées sur leur territoire, semble avoir promptement répudié cette ligne de conduite. En effet, le 24 août 1793, intervint la loi concernant la dette publique, qui déclara les dettes des communes *dettes nationales*; mais en même temps l'art. 91 de cette loi mit la nation en possession de l'actif des communes, et, en conséquence, ordonna que, dès ce moment, tous leurs biens meubles et immeubles seraient régis, administrés et vendus comme les autres biens nationaux, à l'exception toutefois des communaux, dont le partage était décrété, et des objets destinés pour les établissemens publics.

910. — Ainsi, l'art. 82, L. 24 août 1793, déclarait *dettes nationales* toutes les dettes des communes contractées en vertu d'une délibération légalement autorisée, ou dont le fonds en provenant aurait été employé pour l'établissement de la liberté, jusques et compris le 10 août 1793, sauf aux créanciers à se pourvoir en liquidation, dans les formes et délais prescrits par les art. 85, 86 et 76.—V. DETTE DE L'ÉTAT.

911. —Ainsi sont devenues dettes nationales les dettes des communes antérieures à la loi du 24 août 1793, qui détermine le mode de leur liquidation.— *Cons. d'état*, 13 août 1811, Favart d'Albine; 15 août 1821, Verdalle; 3 juill. 1822, Barbe; 16 juin 1824, Monnet; 31 janv. 1827, Duplessis; 3 déc. 1831. Bagnères.

912. — Jugé que les dettes contractées par les communes antérieurement à la date du 24 août 1793 ayant été nationalisées, les communes n'en sont plus tenues. — *Cons. d'état*, 2 fév. 1821; comm. de Vif c. David; 22 fév. 1821, Molinos c. ville de Paris; 20 juin 1821, Crispin c. comm. de Vinautiers.

913. — Les art. 82 et 85, L. 24 août 1793, ont déclaré nationales toutes les dettes des communes contractées antérieurement au 10 août de ladite année, sans égard à leur nature et à leur objet, et quel qu'ait pu être l'actif des communes abandonné au trésor. — *Cons. d'état*, 23 déc. 1835 Mayot; 22 fév. 1837, comm. de Templeuve.

914. — ... Sans distinction du cas où l'état se serait ou non mis en possession des biens des communes.—*Cons. d'état*, 19 oct. 1837, de Forbin d'Oppède.

915. — L'ancienne dette d'une commune est devenue dette de l'état par suite de la loi du 24 août 1793, lors même qu'il n'aurait pas recueilli le bien

à l'occasion duquel elle a été créée. — *Grenoble*, 5 mars 1834, sous *Cass.*, 17 avr. 1837 (t. 1er 1837, p. 373), de Moidière c. comm. de Toussieux.

916. — La loi du 24 août 1793, qui a déclaré nationales les dettes des communes antérieures au 10 août de la même année, et a éteint, par l'effet de la confusion, celles de ces dettes contractées avec l'état, s'applique à une rente censuelle représentant le prix de l'aliénation d'une propriété domaniale. — *Cons. d'état*, 25 nov. 1842, ville de Mirecourt.

917. — Est conforme à la loi l'arrêté du district qui a déclaré nationales les dettes des communes antérieures à la loi du 24 août 1793. — Mais un district excède ses pouvoirs en déclarant domaine national un canal dont une commune n'était pas propriétaire, et en statuant à l'égard des dettes contractées par des particuliers pour la confection du canal.— *Cons. d'état*, 28 août 1822, arrosans du canal de Cabedan.

918. — Les dettes des communes antérieures au 24 août 1793 sont devenues dettes nationales. — La nation ayant offert à ses créanciers le remboursement de leurs créances, l'action hypothécaire qu'ils pouvaient exercer subsidiairement contre des particuliers a été éteinte. — Dès-lors, le créancier d'une commune dont la créance est antérieure au 24 août 1793, et qui avait une action hypothécaire contre un particulier, est déchu de tous ses droits, tant contre la commune que contre ce particulier. — *Cons. d'état*, 20 sept. 1809, Bottu de la Barmondière.

919. — En refusant de comprendre une créance antérieure au 10 août 1793 dans le budget de la commune, le ministre de l'intérieur fait un acte d'administration attribué par les lois à son autorité, et en même temps une juste application de la loi. — *Cons. d'état*, 3 déc. 1831, Baguères.

920. — Les dettes des communes étant devenues nationales, par l'effet des dispositions de l'art. 82, L. 24 août 1793, l'état, depuis cette loi, n'a pu valablement transférer à un tiers une rente autrefois due par une commune. — *Cons. d'état*, 25 nov. 1826, comm. de Châtillon-le-Duc.

921. — Lorsque le débiteur d'une rente due à une commune a, en vertu d'autorisation du directoire du département, effectué le remboursement de cette rente dans les caisses de l'état, pendant l'espace de temps écoulé depuis la loi du 24 août 1793 jusqu'à celle du 2 prair. an V, il est valablement libéré. — *Cons. d'état*, 5 niv. an XII, comm. d'Azile.

922. — L'art. 84, L. 24 août 1793, excepte de la nationalité les dettes des communes pour lesquelles des impositions en *sous additionnels* avaient été votées. — *Cons. d'état*, 17 janv. 1833, comm. de Sassenage.

923. — Aux termes de l'art. 28, L. 32 messid. an II, le comité des finances de la convention nationale était autorisé à statuer, par arrêté, sur les difficultés auxquelles pouvait donner lieu l'exécution des lois relatives à la dette publique. — Lorsque ce comité a décidé que les dettes particulières des communes étaient toutes à la charge de l'état, sans distinguer entre les divers modes établis pour leur acquittement, que son arrêté, transmis aux départemens par le directeur général de la liquidation, a été constamment suivi dans la liquidation des dettes des communes; qu'il a été publié et affiché dans la commune débitrice, et qu'il a été appliqué aux créanciers de cette commune, les demandes en paiement dirigées contre les communes sont mal fondées. — *Cons. d'état*, 16 août 1833, ville de Marseille.

924. — Lorsque la dette d'une commune a été nationalisée, en vertu de la loi du 24 août 1793, un arrêt n'a pu condamner la commune à la payer — *Cass.*, 28 déc. 1835, comm. de Luby c. Bagnères.

925. — Jugé cependant que les débiteurs solidairement obligés avec les communes, sont justiciables de l'autorité judiciaire, pour les obligations qu'ils ont contractées antérieurement au 10 août 1793. — *Cons. d'état*, 10 mars 1807, Lautremange.

926. — Les dettes des communes de la ci-devant Belgique, contractées avant leur réunion à la France, sont devenues, d'après la loi du 5 prair. an VI, dettes de l'état, sans distinction de celles exigibles et de celles constituées. — La connaissance des questions de cette nature est de la compétence exclusive des tribunaux. — *Cass.*, 4 fructid. an XI, comm. de Theux c. Goer.

927. — Jugé, au contraire, que c'est à l'autorité administrative qu'il appartient de statuer sur le point de savoir si une dette d'une commune est restée à la charge de cette commune, ou si elle est, en vertu de la loi du 24 août 1793, devenue dette de l'état. — *Cass.*, 28 déc. 1835, comm. de Luby c. Bagnères.

928. — La loi du 24 août 1793 ayant chargé l'état de toutes les dettes des communes, c'est à l'autorité administrative qu'il appartient de connaître de la demande en paiement d'une créance reconnue due antérieurement à cette loi. — *Cons. d'état*, 7 fév. 1809, Le Baigne; 22 juin 1825, Fontaine.

929. — La reconnaissance et la liquidation desdites dettes tombent dans les attributions de l'autorité administrative. — *Cons. d'état*, 10 fév. 1816, Delacourtie; 17 août 1825, Monnet; 16 fév. 1827, Spenlé; même jour, Klinglin; même jour, Stroltz; 11 avr. 1827, Munch.

930. — La question de savoir si une dette réclamée est restée dette communale, ou si elle est devenue dette de l'état, aux termes de la loi du 24 août 1793, est de la compétence administrative. — *Cons. d'état*, 28 fév. 1828, Dorchies.

931. — C'est à l'autorité administrative, et non à l'autorité judiciaire, à décider si une dette contractée par une commune avant la loi 24 août 1793 a été nationalisée et mise à la charge de l'état par cette loi. — En conséquence, doit être cassé l'arrêt par lequel une cour royale condamne une commune à payer une dette qui lui est réclamée, par le motif qu'elle n'a pas fourni au directeur général de la liquidation l'état de ses dettes. — *Cass.*, 21 août 1822, comm. de Roanne c. Goulard; — Henrion de Pansey, *Des biens comm.*, p. 341 et suiv.; Cormenin, *Quest. de dr. admin.*, vo *Communes*, t. 3, p. 391, no 1er.

932. — Doit être cassé l'arrêt qui condamne une commune à payer une dette originairement contractée par elle, mais que l'autorité administrative a déclarée nationale en vertu de la loi du 24 août 1793, encore bien que cet arrêt se fonde sur des arrêts antérieurs à la décision administrative, passés en force de chose jugée, et qui ont condamné la commune au paiement. — *Cass.*, 21 déc. 1835, comm. de Luby c. Bagnères.

933. — Le créancier d'une commune doit se pourvoir en liquidation devant le préfet et non devant le conseil de préfecture. — *Cons. d'état*, 16 juin 1824, Monnet.

934. — Lorsqu'une dette communale a été reconnue nationale, le créancier ne peut, postérieurement à cette reconnaissance, poursuivre contre la commune le paiement de cette créance, sous prétexte que la dette a été à tort nationalisée parce que l'établissement sur lequel elle était affectée ne devait pas être compris parmi les biens communaux réunis au domaine par la loi du 24 août 1793. — *Cass.*, 25 mai 1819, Albert de la Jaubertie c. ville de Bordeaux; — Merlin, *Quest.*, vo *Dettes des communes*; Henrion de Pansey, *Des biens comm.*, chap. 32, § 7; Cormenin, p. 177 et suiv.

935. — C'est au ministre des finances, sauf recours au conseil d'état, à décider si une dette contractée antérieurement à la loi du 24 août 1793 est devenue nationale en vertu de cette loi. — *Cons. d'état*, 24 fév. 1843, ville d'Honfleur.

936. — Lorsqu'un prétendu créancier d'une commune demande au préfet de porter au budget de cette commune la somme nécessaire pour le désintéresser, le préfet a qualité pour examiner si la dette réclamée n'est pas devenue nationale. — *Cons. d'état*, 19 oct. 1837, de Forbin d'Oppède.

937. — Mais les conseils de préfecture sont incompétens pour décider entre une commune et des particuliers, si une dette communale a été ou non déclarée nationale. — *Cons. d'état*, 17 janv. 1833, comm. de Sassenage.

938. — Toutefois, un conseil de préfecture ne sort pas des limites de sa compétence lorsque, sur une demande en paiement d'une dette de commune antérieure à 1793, il prononce qu'il n'y a pas lieu à délibérer, sauf le recours du créancier au conseil de liquidation. — *Cons. d'état*, 15 août 1821, Verdalle.

939. — Quoique la loi du 24 août 1793 ait mis à la charge de la nation les dettes antérieurement contractées par les communes, il n'appartient pas moins aux tribunaux civils de reconnaître et constater ces dettes, sauf à renvoyer les créanciers à se pourvoir en liquidation. — *Cons. d'état*, 2 fév. 1812, comm. de Mourel.

940. — Toutes les dettes des communes antérieures à la loi du 24 août 1793 sont, dans tous les cas, devenues nationales. — Les créanciers qui n'ont été ni payés par les communes, ni liquidés par l'état, quels que soient d'ailleurs leurs titres, sont indistinctement frappés d'une déchéance absolue et irrévocable, alors même que les communes auraient été réintégrées dans tout ou partie des biens dont l'état s'était emparé. — *Cons. d'état*, 10 janv. 1821, Vinot; 16 janv. 1828, André.

941. — Les dettes contractées par une commune, pour acquisitions par elle faites avant la loi du 24 août 1793, sont dettes nationales, et les créanciers qui ont négligé de se pourvoir en liquidation sont aujourd'hui non recevables à poursuivre contre les communes le paiement de ces mêmes dettes. — *Cons. d'état*, 28 mars 1821, comm. de Rochefort.

942. — Les délibérations du conseil municipal et des actes judiciaires ne peuvent faire revivre une dette lorsque la créance est frappée de déchéance par les lois de finances. — *Cons. d'état*, 31 janv. 1827, Duplessis.

943. — Les paiemens d'intérêts effectués bénévolement pendant plus de trente ans par une commune ne peuvent faire mettre à sa charge une dette consentie par elle, mais devenue nationale par la loi du 24 août 1793. — *Cons. d'état*, 14 nov. 1834, Auscher; 22 fév. 1837, comm. de Templeuve.

944. — Le paiement par le receveur communal des arrérages d'une créance éteinte par la déchéance ne peut pas être considéré comme une reconnaissance de la dette lorsqu'il n'a été fait qu'en vertu d'une ordonnance royale non contradictoire et que le conseil municipal a protesté à l'instant même contre ce paiement. — *Cons. d'état*, 28 mars 1821, comm. de Rochefort.

945. — Une commune ne peut être admise à réclamer les sommes qu'elle a versées au domaine de l'état en remboursement des dettes par lui payées à la décharge de la commune lorsqu'il est constant qu'à l'époque de l'exécution de la loi du 20 mars 1813, cette commune possédait encore en immeubles un revenu d'un capital supérieur aux sommes acquittées. — *Cons. d'état*, 23 déc. 1829, ville de Digne.

946. — Les habitans de beaucoup de communes, pour échapper à la main-mise nationale, se hâtèrent soit de partager les biens communaux, soit de les vendre. Mais de nombreuses irrégularités entachèrent ces opérations, qui suscitèrent des contestations auxquelles le législateur dut apporter remède.

947. — La loi du 2 prair. an V, portant qu'il ne sera plus fait de ventes de biens de communes, quels qu'ils soient, ni en exécution de l'art. 11, sect. 3e, L. 10 juin 1793, et de l'art. 92, L. 24 août suivant, ni en vertu d'aucune autre loi, et qu'à l'avenir les communes ne pourront aliéner ni échanger leurs biens sans une loi particulière (art. 1 et 2), est considérée comme ayant abrogé l'attribution faite à l'état des biens des communes par la loi du 24 août 1793.

948. — Cette opinion est confirmée : 1o par la loi du 20 mars 1813 portant cession à la caisse d'amortissement des *biens ruraux*, *maisons* et *usines* possédés par les communes, qui recevront en retour, en inscription 5 %, une rente proportionnée au revenu net des biens cédés (art. 1 et 3); — 2o par le décret du 6 nov. 1813 et les ordonnances royales des 6 juin, 26 déc. 1814 et 16 juillet 1815, rendus pour l'exécution de cette loi; — 3o enfin par la loi du 28 avr. 1816 abrogeant en cette partie la loi du 20 mars 1813 et ordonnant la remise à la disposition des communes des biens non encore vendus.

949. — Les dispositions de la loi du 2 prair. an V, qui rendent aux communes les biens que leur avait enlevés la loi du 24 août 1793 pour les réunir au domaine ont été de nouveau consacrées par la loi du 20 mars 1813 et l'art. 15, L. 28 avr. 1816. — *Cass.*, 26 juin 1826, Préfet de Vaucluse c. comm. de Châteauneuf.

ART. 2. — *Vente des biens communaux en vertu de la loi du 20 mars 1813.*

950. — Cette loi du 20 mars 1813 ordonna, par son art. 1er, que les biens ruraux, maisons et usines possédés par les communes, seraient cédés à la caisse d'amortissement qui en percevrait les revenus à partir du 1er janv. 1813.

951. — L'art. 2 exceptait de cette mesure les bois, les biens communaux proprement dits, tels que pâtis, pâturages, tourbières et autres, dont les habitans jouissent en commun, ainsi que les halles, marchés, promenades, et les emplacemens utiles pour la salubrité ou l'agrément. Etaient également exceptés les églises, casernes, hôtels-de-ville, salles de spectacle et autres édifices que possédaient les communes et qui étaient affectés à un service public.

952. — En compensation de cet abandon, il était transféré aux communes, sur le grand livre de la dette publique, des inscriptions 5 % formant l'équivalent du revenu net pour 1813 des biens ainsi cédés à la caisse d'amortissement.

953. — Le prétexte mis en avant pour arriver à vendre à un prix élevé des biens qu'on achetait moyennant une faible rente, fut le désir de conserver dans son intégrité, en le mettant à l'abri de toute chance de diminution, le revenu des communes.

954. — La véritable cause de cette spoliation des

propriétés communales était la nécessité où se trouvait le gouvernement impérial de se créer des ressources extraordinaires pour faire face à un ennemi qui déjà menaçait les frontières.

955. — Aussi cette loi du 20 mars 1813, suivie d'abord dans son exécution par la restauration, fut abrogée par la loi du 28 avr. 1815, art. 15, qui, en maintenant les ventes opérées, remit à la disposition des communes les biens non encore vendus.

956. — La vente ainsi opérée devait profiter à la caisse d'amortissement seule : aussi a-t-il été décidé qu'une commune était sans qualité pour critiquer une vente faite par cette caisse, et par suite pour revendiquer partie de ces biens sous prétexte qu'ils n'auraient pas été compris dans la vente. — *Cons. d'état*, 16 mai 1827, comm. de Chalette c. Adam.

957. — Les ventes de biens ainsi dévolus à la caisse d'amortissement devaient être faites et jugées dans les formes prescrites pour les domaines nationaux.

958. — Mais les questions de propriété élevées par des tiers au sujet des adjudications de biens communaux cédés à la caisse d'amortissement doivent être jugées d'après le droit commun et sont de la compétence des tribunaux. — *Cons. d'état*, 1er août 1834, Mazel et Clet.

Sect. 4e. — *Partage des biens communaux.*

959. — Les anciennes ordonnances des rois de France et, par exemple, l'ordonnance de 1659, avaient frappé d'une sorte d'inaliénabilité les biens communaux, dont, conséquemment, le partage avait été généralement prohibé. On en était venu à considérer ces biens comme substitués indéfiniment, au profit des générations futures.

960. — Cette maxime de l'ancien droit public avait sa raison, d'une part, dans l'intérêt pour le roi à assurer la puissance de ses auxiliaires contre les grands vassaux, d'autre part, dans le principe de bonne administration qui commandait de maintenir à chaque communauté des avantages de nature à attirer des habitans dans son sein et des cultivateurs sur son territoire. — Dufour, *Dr. adm. appliq.*, t. 1er, no 684.

961. — Cependant, même dans l'ancien droit, le principe du partage a été quelquefois adopté. Ainsi un édit de 1762 accorde à la province des Trois-Evêchés la permission de partager les communaux par tête; d'autres édits, rendus en 1774, 1776 et 1777, autorisaient le partage par ménage, c'est-à-dire par feu, pour les généralités d'Auch, de Pau, pour le Mâconnais et l'Auxerrois.

962. — Mais la prospérité de l'état, qui a aussi sa source dans les relations commerciales, souffrait de la trop grande agglomération des propriétés dans les mains des gens de mainmorte. Le morcellement de ces propriétés devait en outre favoriser les progrès de l'agriculture et seconder surtout la propagation des idées révolutionnaires et rattacher ainsi, par l'amour de la propriété, la masse des pauvres au nouveau gouvernement.

963. — Aussi, la loi du 14 août 1792, adoptant une marche diamétralement opposée, *ordonna-t-elle* que, dès cette année, immédiatement après les récoltes, tous les biens et usages communaux, autres que les bois, seraient partagés entre les citoyens de chaque commune, et que chaque citoyen jouirait, en toute propriété, de la portion qui lui serait échue.

964. — Néanmoins cette loi ne reçut pas son exécution, et, le 10 juin 1793, il en intervint une autre qui modifia le principe posé par la précédente, en rendant le partage des biens communaux facultatif pour les communes (sect. 3, art. 1er), au lieu de l'ordonner impérativement, comme l'avait fait la première, et établit en même temps les règles et formes suivant lesquelles ce partage devait être opéré.

965. — Mais comme cette loi du 10 juin 1793, dont nous avons déjà eu occasion de nous occuper, faisait de plus attribution de certains biens aux communes, statuait sur certaines possessions, annulait ou maintenait, sous certaines conditions, d'anciens partages, son exécution donna lieu, sous ce rapport, à de nombreuses réclamations, qui amenèrent la loi du 21 prairial an IV, ordonnant qu'il serait sursis provisoirement à toutes actions et poursuites résultant de l'exécution de la loi du 10 juin 1793, et maintenant provisoirement dans leur jouissance les possesseurs actuels des terrains revendiqués par les communes.

966. — La loi du 21 prairial an IV avait pour but de surseoir provisoirement aux actions résultant de l'exécution de la loi du 10 juin 1793 sur le partage des biens communaux, mais elle n'empêchait pas les tribunaux de statuer sur les différends qui s'étaient élevés à propos de forêts entre les particuliers et les communes. — *Cass.*, 12 brum. an X, comm. de Nehou c. Douessey.

967. — La loi du 2 prairial an V vint interdire définitivement aux communes de faire aucune aliénation ni aucun échange de leurs biens sans une loi particulière.

968. — La loi du 9 ventôse an XII a levé d'une manière générale le sursis prononcé par l'art. 1er de la loi du 21 prairial an IV, relativement aux actions en partage des biens communaux. — *Cass.*, 16 janv. 1837 (t. 1er 1837, p. 255), hameau de Lenglet c. comm. de Lambres. — Cette loi contenait aussi d'autres dispositions dont nous aurons à nous occuper plus tard. — V. *infrà* nos 1038 et suiv., 1062 et suiv.

969. — Lors de la discussion, à la chambre des députés, de la loi du 18 juill. 1837, et à propos d'une proposition faite par M. Leyraud, et qui tendait à ajouter à l'art. 19 de la loi un amendement ainsi conçu : « le partage facultatif de terres vaines et vagues et autres fonds de terre susceptibles d'être partagés », — M. Demarçay émit l'opinion que la loi du 10 juin 1793 existait encore, et qu'elle pouvait aujourd'hui encore autoriser un partage de biens communaux. Cette opinion est contredite par la législation que nous venons de rappeler, et surtout par la loi de sursis du 21 prair. an IV; par la loi du 2 prair. an V, qui, pour les aliénations, exige une autorisation du gouvernement; par le décret du 9 brum. an XIII, relatif au mode de jouissance de ces biens, qui dispose que les communes qui n'ont pas profité de la loi du 10 juin 1793, pour partager leurs communaux, continueront d'en jouir comme par le passé. Un avis du comité de l'intérieur fournit encore cette considération qui se rattache à l'argument tiré de la loi du 2 prair. an V, que le but de la loi du 10 juin 1793 était d'autoriser les communes à partager leurs biens sans aucun contrôle, et de les soustraire, sous ce rapport, à la tutelle du gouvernement. Or, comment les communes, qui ne peuvent aliéner sans cette tutelle, pourraient-elles partager sans ce contrôle? Aussi, le conseil d'état, par l'avis précité du 4 août 1835, a-t-il décidé que le conseil d'état conserve incontestablement le droit d'accorder comme de refuser son autorisation à des partages de biens communaux, par suite de ce droit même qui lui est conféré d'autoriser l'aliénation de ces biens, droit qui n'est soumis à d'autres règles que celles qu'il s'est imposées lui-même comme garantie d'une bonne administration.

970. — Aussi, depuis la suspension de la loi du 10 juin 1793, plusieurs communes ont été autorisées à faire des partages; mais ces partages ont été faits avec les formes de véritables aliénations.

971. — Ajoutons encore qu'à la chambre des députés l'amendement de M. Leyraud n'ayant pas été appuyé, et le ministre de l'intérieur ayant demandé que la question fût réservée, la chambre, en ne se prononçant pas sur le partage des biens communaux, a donc maintenu la législation existante.

972. — Mais la loi du 10 juin 1793, étant la seule qui ait présenté un ensemble sur la matière des partages des biens communaux, il ne sera pas inutile d'en analyser toutes les dispositions qui ont pour objet le partage des biens communaux; car elles pourront encore, sous le mérite des observations qui précèdent, fournir, sur certains points, d'utiles indications.

ART. 1er. — *Quels biens peuvent être partagés.*

973. — En principe, tous les biens appartenant aux communes, soit communaux (dont les habitans jouissent en commun), soit patrimoniaux (dont les habitans ne jouissent pas en commun, mais qui produisent des revenus pour la commune), peuvent être partagés, pourvu qu'ils soient susceptibles de partage, et sauf quelques exceptions. — L. 10 juin 1793, sect. 1re, art. 3.

974. — Ces exceptions comprennent : 1o les places, promenades, voies publiques et édifices à l'usage des communes. — *Ibid.*, art. 5.

975. — 2o Les bois communaux déjà exceptés par la loi du 14 août 1792, lesquels doivent être *soumis aux règles qui ont été ou seront décrétées par l'administration des forêts nationales.* — *Ibid.*, art. 4. — V. C. forest., nos 90 et suiv. — V. aussi le mot FORÊTS.

976. — La propriété des bois communaux ne peut jamais donner lieu à partage entre les habitans. — Seulement, lorsque deux ou plusieurs communes possèdent un bois par indivis, chacune conserve le droit d'en provoquer le partage. — C. forest., art. 92.

977. — Cependant, lorsque, d'après les visites et procès-verbaux des agens de l'administration forestière, auxquels se seront joints les officiers municipaux, il demeure constant que tout ou portion des bois d'une commune n'est pas d'un produit suffisant pour rester en cette nature, l'exception portée en l'art. 4 cesse d'avoir lieu, après que lesdits procès-verbaux ont été autorisés par le directoire du département (le préfet), sur l'avis de celui du district (le sous-préfet d'arrondissement); mais il doit être statué sur son partage ou son repeuplement, par l'assemblée des habitans et dans la forme ci-après prescrite. — *Ibid.*, art. 7. — V. aujourd'hui l'art. 92, C. forest.

978. — 3o Sont encore exceptés du partage et tenus en réserve les terrains qui renfermeraient des mines, minières, carrières et autres productions minérales dont la valeur excéderait celle du sol qui les couvre, ou qui seraient reconnus d'une utilité générale, soit pour la commune, soit pour l'état. — *Ibid.*, art. 9.

979. — En conséquence, sont nuls tous partages de marais communaux renfermant des tourbières. — Décr. 12 frim. an XIII.

980. — 4o Enfin, si le sol des communaux est submergé, en tout ou en partie, et que le dessèchement ne puisse s'opérer que par une entreprise générale, le partage de la partie submergée doit être suspendu jusqu'après l'exécution du dessèchement. — L. 10 juin 1793, sect. 1re, art. 8.

981. — De plus, les communes ne peuvent procéder à aucun acte relatif au partage de leurs biens *patrimoniaux*, avant d'avoir justifié qu'elles ont pourvu à l'acquittement de leurs dettes, conformément au décret du 5 août 1791. — *Ibid.*, art. 10.

ART. 2. — *Qui a droit au partage.*

982. — D'après la loi 10 juin 1793, sect. 2e, art. 1er, le partage des biens communaux doit être fait *par tête d'habitant domicilié, de tout âge et de tout sexe, absent ou présent.*

983. — Dans une note sur cet article, M. Duvergier, au tome 5 de la *Collection des lois* (1re édit.), semble induire des avis du conseil d'état, des 20 juill. 1807 et 26 avr. 1808, qu'aujourd'hui le partage des biens communaux entre les habitans de la même commune doit avoir lieu *par feu* et non par tête. C'est aussi l'opinion émise par M. Dufour, *Dr. admin. appliq.*, t. 1er, no 716.

984. — On peut objecter, contre l'opinion de ces deux jurisconsultes, d'abord qu'une loi qui consacre aussi formellement un principe, que la loi du 10 juin 1793, ne peut pas, lorsqu'on en revient exceptionnellement à son application, être considérée comme abrogée par deux avis du conseil d'état, même approuvés par décrets impériaux. On peut faire remarquer ensuite que l'objet des deux avis précités n'est pas de régler le partage des biens communaux entre les habitans d'une même commune, mais de fixer le mode de partage à suivre entre deux communes.

985. — Mais ce qui peut faire disparaître quant à présent, pour la pratique, la difficulté de cette solution, c'est que le partage, étant une sorte d'aliénation, demeure, à ce titre, soumis à l'autorisation du gouvernement qui, se conformant au mode tracé par les avis du conseil d'état, et usant de son droit d'imposer à l'octroi de son autorisation les conditions qui lui paraissent utiles, peut prescrire d'observer le partage par feux.

986. — D'après la loi de 1793, sect. 2, art. 5, est réputé *habitant* tout citoyen français ayant son domicile réel dans la commune. — V. aussi le mot DOMICILE.

987. — De plus, l'art. 3 réputait *habitant* tout citoyen français, domicilié dans la commune, un an avant le jour de la promulgation du décret du 14 août 1792, ou qui ne l'aurait pas quittée un an avant cette époque, pour aller s'établir dans une autre commune.

988. — Cependant l'acceptation de fonctions publiques temporaires n'emportant pas translation du domicile (V. C. civ., art. 106), celui qui, pour l'exercice d'une fonction de cette nature, est obligé de résider dans une autre commune, et qui n'a pas manifesté l'intention d'y transférer son domicile, conserve son droit au partage dans la commune où il a conservé son domicile. — *Ibid.*, art. 6.

989. — Les fermiers, métayers, valets de labour, domestiques, et généralement tous citoyens, ont droit au partage, pourvu qu'ils réunissent les qualités exigées pour être réputés *habitans*. — Sect. 2, art. 4. — V. le mot DOMICILE.

990. — Les étrangers non autorisés à établir leur domicile en France ne peuvent avoir, dans une commune, la qualité d'habitans propre à leur permettre de participer au partage.

991. — *Quid* de ceux qui ont obtenu l'autorisation d'établir leur domicile en France? — Ils n'y jouissent que des droits civils (C. civ., art. 19);

ils ne sont pas *citoyens français* (C. civ., art. 7 ; — Constit. 22 frim. an VIII, art. 2, 3, 4, 5, 6). — V. cependant les mots DOMICILE, DROITS CIVILS ÉTRANGER.

992. — Le propriétaire non habitant n'a pas droit de partage. — L. 10 juin 1793, sect. 2e, art. 2.

993. — Nul ne peut avoir droit au partage dans deux communes. — *Ibid.*, art. 7.

994. — Le droit de parcours sur le territoire d'une commune ne donne pas celui de participer au partage de ses biens communaux. — *Cass.*, 22 brum. an X, comm. d'Aillevilliers c. comm. de Poirmont.

995. — De plus, l'art. 10 exclut du partage le ci-devant seigneur, quoique habitant, qui aurait usé du droit de triage, en exécution de l'art. 4, tit. 25, ord. 1669, quand même il aurait disposé de sa portion en faveur de particuliers non seigneurs.

996 — Aux termes de l'art. 15, doit être regardé comme nul ou de nul effet tout acte ou usage qui fixerait une manière de procéder au partage des biens communaux ou patrimoniaux différente de celle portée par la loi du 10 juin 1793.

997. — En attribuant les biens communaux aux *habitans*, à l'exclusion des propriétaires forains, la loi du 10 juin 1793 (à laquelle il n'a été dérogé, sous ce rapport, par aucune loi postérieure), a entendu interdire, à peine de nullité, toute convention qui, *antérieurement* au partage de ces biens, en assurerait le bénéfice aux propriétaires, à l'exclusion des fermiers. — *Cass.*, 1er août 1842 (t. 2 1842, p. 193), Hergas c. Banet et Blondel.

ART. 3. — *Comment est décidé le partage et comment il y est procédé.*

998. — A raison de leur nature particulière qui en fait une sorte de propriété publique, les biens communaux sont régis par les lois qui leur sont spéciales. L'art. 537, C. civ., en fait la réserve formelle.

999. — Un habitant ne saurait donc, en vertu de l'art. 815, C. civ., demander à sortir de l'indivision, et un décret du 3 sept. 1808 a annulé un partage de biens communaux fait entre les habitans d'une commune, sur la demande d'un seul individu. — V. Duvergier, *Collect. des lois*, t. 5, p. 406, à la note.

1000. — Selon M. Dufour (*Dr. admin. appliq.*, t. 1er, no 717), les conseils municipaux délibèrent sur le projet de partage. S'ils l'adoptent, leur délibération est adressée au préfet, qui la transmet au ministre avec toutes les réclamations qu'elle a pu soulever de la part des tiers ; enfin, l'opération est, s'il y a lieu, autorisée par une ordonnance royale, qui indique la manière dont il y a lieu de l'effectuer. Mais, ajoute avec raison M. Dufour, cette ordonnance ne constitue qu'un acte administratif, et ne saurait par conséquent préjuger les questions que leur nature réserve aux autorités juridiques.

1001. — La loi du 10 juin 1793, pour le partage à faire entre les habitans d'une même commune, avait établi les formes populaires qu'il était de règle alors d'appliquer à tout.

1002. — Le partage se décide dans une assemblée générale de tous les citoyens ayant droit au partage, convoquée par l'administration municipale, ou, à son défaut, celle du district (aujourd'hui le sous-préfet), et toujours tenue un dimanche. — L. 10 juin 1793, sect. 3e, art. 2 et 3.

1003. — Tout individu, de tout sexe, ayant droit au partage et âgé de vingt-un ans, a le droit d'y voter. — Art. 5.

1004. — L'assemblée délibère si elle doit partager les biens communaux en tout ou en partie ; les opinions sont recueillies par *oui* ou par *non*. Si le tiers des voix vote pour le partage, celui-ci est décidé. Une fois cette détermination prise, la délibération portant partage ne peut plus être révoquée. — Art. 7, 8, 9 et 10.

1005. — L'assemblée peut aussi délibérer sur la vente ou l'afferme d'un bien communal non susceptible de partage ou dont la jouissance en commun ne paraîtrait pas utile. Mais cette délibération ne peut avoir effet qu'après approbation du directoire du département (le préfet), sur l'avis de celui du district (le sous-préfet), qui ne donne cette approbation qu'après avoir fait constater que le bien communal n'est pas susceptible de partage, et que l'intérêt de la commune en demande la vente ou l'afferme. — Art. 11.

1006. — Elle peut également délibérer la jouissance en commun d'un bien communal et fixer les règles de cette jouissance. — Cette délibération, qui ne peut être révoquée pendant un an, est elle-même soumise à l'approbation de l'administration. — Art. 12 et 13. — V. *infrà* no 1060.

1007. — Lorsque le partage est décidé, l'assemblée nomme trois experts pris hors de la commune, dont un au moins doit être arpenteur, et deux indicateurs choisis dans son sein, pour effectuer le partage. — Ces nominations sont faites à haute voix et à la pluralité des suffrages. — Art. 16 et 17. — Le conseil de la commune convient ensuite et d'avance, avec les experts nommés, du prix qui devra leur être payé. — Art. 20.

1008. — Si l'assemblée n'a pas terminé ses opérations dans la première séance, elle peut s'ajourner au dimanche suivant. — Art. 18.

1009. — Le procès-verbal de l'assemblée est dressé en double original, dont l'un est déposé aux archives de la commune, et l'autre à celle du district (de l'arrondissement). — Art. 19.

1010. — Les experts procèdent sans retard au partage et à la fixation comparative et proportionnelle de chaque lot, suivant les différentes qualités du sol, avec bornages distinctifs. — Chaque lot est numéroté. — Art. 21 et 22.

1011. — Conjointement avec les indicateurs, ils désignent préalablement les chemins, canaux, fossés d'égoût et autres objets nécessaires ou d'une utilité commune. — Art. 23 et 24.

1012. — Ils dressent et signent, avec les indicateurs, leur procès-verbal, en double original, pour être déposé comme celui de l'assemblée qui a décidé le partage. — Art. 25.

1013. — Lorsque les experts ont terminé leurs opérations, il ne reste plus qu'à tirer au sort le lot de chaque copartageant.

1014. — Le tirage au sort a lieu dans une assemblée annoncée huit jours à l'avance, par les officiers municipaux, et tenue également un dimanche. — Art. 26 et 27.

1015. — Les numéros correspondant à chaque lot sont placés dans une urne ; l'appel se fait par ordre alphabétique, et les officiers municipaux tirent pour les absens. — Il est encore dressé du tout procès-verbal en double original, déposé comme les précédens. — Art. 28 à 30.

1016. — Les frais du partage sont répartis par tête entre les copartageans, à moins qu'ils n'aiment mieux aliéner portion suffisante du bien communal pour les payer. — Art. 31 et 32.

1017. — De même, si un bien communal était assujéti à une rente foncière ou redevance non supprimée, il y a lieu de l'amortir avant le partage, et le prix de l'amortissement est réparti entre les intéressés, à moins qu'ils ne préfèrent aliéner partie du bien communal pour effectuer cet amortissement. — Art. 32.

ART. 4. — *Des effets du partage.*

1018. — Tout partage fait en vertu de la loi du 10 juin 1793, conformément à ses dispositions, et dont il a été dressé acte, produit tous les effets qui lui sont attribués par cette loi. — L. 9 vent. an XII, art. 1 et 2.

1019. — Chaque habitant jouit en toute propriété de la portion qui lui est échue dans le partage. — L. 10 juin 1793, sect. 2e, art. 12.

1020. — Cependant l'art. 13 en défendait, à peine de nullité, l'aliénation pendant les dix années qui suivraient la promulgation de cette loi.

1021. — Pendant ces dix années également, le lot de chaque copartageant ne pouvait être saisi, pour dettes même antérieures à la promulgation de la loi, excepté pour le paiement des contributions publiques. — Art. 16.

1022. — Si tout ou partie d'un communal est affermé, lors du partage, les copartageans sont tenus d'entretenir le bail ou d'indemniser le fermier. Sect. 3e, art. 33. — V. C. civ., art. 1743 et suiv., et le mot BAIL.

1023. — De plus, les citoyens qui, en vertu du décret du 11 oct. 1792, avaient cultivé et ensemencé une partie d'un bien communal, devaient jouir, sans trouble ni empêchement, des récoltes provenant de leur travaux. — Art. 34.

1024. — L'art. 7, sect. 2e, ne donne aux pères et mères des enfans mineurs la jouissance du lot de ceux ci, que jusqu'à ce qu'ils aient atteint l'âge de 14 ans, et il semble qu'il en doive être encore ainsi, nonobstant l'art. 384, C. civ., en vertu du principe que les lois spéciales ne sont point tacitement abrogées par les lois générales. — V. au surplus, les mots PUISSANCE PATERNELLE, USUFRUIT LÉGAL.

1025. — Les tuteurs ou personnes chargées de l'entretien des orphelins doivent veiller avec soin à la conservation du lot de ceux-ci. — Art. 8.

1026. — La même obligation est imposée aux corps municipaux, à l'égard des portions échues aux défenseurs de la patrie... Ils doivent, de plus, en temps de guerre, les faire cultiver, aux frais de la commune, et recueillir au profit des partageans. — Art 9.

1027. — Lorsqu'il s'agit d'un partage de biens communaux, exécuté par vente de lots, suivant le mode déterminé par une ordonnance royale, l'action pour excès dans la mesure ne peut être intentée que dans l'année à partir du contrat de vente. — *Caen*, 4 août 1842 (t. 1 1843, p. 69), comm. d'Egrameville c. Roussel. — V. le mot PARTAGE.

1028. — L'art. 6, sect. 4e, déclare nul et de nul effet tout partage antérieur à sa promulgation et contraire à ses dispositions.

1029. — On ne doit pas considérer comme un partage les actes qui n'opéraient pas la division des biens communaux entre tous les habitans de la commune et qui attribuaient ces biens à une certaine classe de propriétaires, à l'exclusion des autres. — *Cons. d'état*, 14 fév. 1839, Borda.

1030. — Sous l'ancienne législation, les partages des biens communaux étaient prohibés ; en conséquence, on ne peut entretenir un tel partage exécuté en 1792, sans l'observation des formalités prescrites, pour certains cas exceptionnels à la prohibition ci-dessus. — Même ord.

1031. — Toutefois, l'art. 7 excepte de l'annulation prononcée par le précédent les partages faits en vertu du titre 1er, décr. 13-20 avril 1791, lesquels sont maintenus, ainsi que les possesseurs des terrains desséchés et défrichés, aux termes et en exécution de l'édit et de la déclaration des 14 juin 1764 et 13 avr. 1766. — V. *infrà* no 1034.

1032. — Les détenteurs qui ont défriché des communaux, en vertu de la déclaration du 5 juill. 1770, sont compris dans les exceptions établies par l'art. 7, sect. 4e, L. 10 juin 1793. — *Cass.*, 24 frim. an VIII, Descorbiac.

1033. — Une commune ne peut revendiquer comme biens communaux, des terres autrefois vaines et vagues, mais que des tiers possesseurs ont fait défricher, en conséquence de la déclaration du 13 août 1766 et après avoir rempli les formalités qu'elle prescrit. — *Cass.* 9 déc. 1813, comm. de Cluny.

1034. — L'art. 7, sect. 4e, L. 10 juin 1793, fait une exception expresse aux dispositions de l'art. 1er, en ce qu'il maintient formellement les possessions de terrains desséchés et défrichés aux termes et en exécution de l'édit et de la déclaration du 14 juin 1764 et du 16 avril 1766. — Même arrêt.

1035. — Cette exception est distincte et indépendante de celles énoncées aux art. 9 et 10, même section. — Même arrêt.

1036. — Dans certaines provinces du Nord et de l'Est de la France, il avait été fait des partages qui n'ont pas été non plus abolis par l'art. 6, sect. 4e, L. 10 juin 1793. Ces partages avaient distribué des marais communaux ou autres terrains de cette nature entre tous les chefs de famille, en réglant la transmission de manière à ce qu'à la mort de l'alloti, sa part fût acquise, soit à l'aîné des enfans, soit à l'aîné d'entre les enfans qui auraient un feu particulier, et en stipulant, en cas de vacance, le retour à la commune, pour en faire l'attribution aux chefs de famille non allotis, lors de la vacance, en commençant par le plus ancien inscrit sur des listes tenues à cet effet.

1037. — Mais ce n'étaient pas là de véritables partages, puisqu'ils ne conféraient point aux allotis la propriété pleine et entière comme aux partageans. Ces actes avaient plutôt pour objet de régler d'une manière particulière le mode de jouissance de certains biens communaux. Nous aurons occasion d'en parler, en traitant de cette jouissance. — V. *infrà*. nos 1124 et suiv.

ART. 5. — *Des usurpations de biens communaux.*

1038. — L'art. 6, sect. 4, L. 10 juin 1793, était inspiré par une pensée de réaction contre les usurpations ; tel fut aussi le but de la loi du 9 vent. an XII, du décret du 4 complém. an XIII, et de l'ordonn. du 23 juin 1819, qui tendirent à réprimer les usurpations tant antérieures que postérieures à 1793, tout en donnant à la possession et au travail certaines garanties que l'équité réclamait.

1039. — Après avoir, par les art. 1er et 2, garanti, sauf les droits des tiers (v. *infrà* nos 1099 et suiv.), l'exécution des partages faits en vertu de la loi de 1793, et constatés par un acte régulier, la loi du 9 vent. an XII s'occupe de ceux qui, dans les communes où des partages auraient eu lieu, sans qu'il en eût été dressé acte, détiendraient des biens communaux, sans justifier d'un titre écrit.

1040. — Lorsque les détenteurs ont défriché ou planté le terrain dont ils ont joui, ou l'ont clos de murs, fossés ou haies vives, ou enfin y ont fait quelques constructions, ils en sont maintenus en possession provisoire et peuvent devenir propriétaires incommutables, à la charge par eux de

remplir, dans les trois mois de la promulgation de la loi, les conditions suivantes. — Art. 3.

1041. — Ils doivent : 1° faire, devant le sous-préfet de l'arrondissement, la déclaration du terrain qu'ils occupent, de l'état où ils l'ont trouvé, et de celui dans lequel ils l'ont mis. — Art. 3.

1042. —... 2° Se soumettre à payer à la commune une redevance annuelle, rachetable en tout temps pour vingt fois la rente, et fixée, d'après estimations faites par trois experts choisis, l'un par le détenteur, l'autre par le sous-préfet, le troisième par le préfet, à la moitié du produit annuel des biens ou du revenu dont il aurait été susceptible au moment de l'occupation. — *Ibid.*

1043. — Le paiement de la redevance doit courir à compter du 1er vend. an XIII. — *Ibid.*

1044. — L'aliénation définitive au profit du détenteur ne peut avoir lieu qu'en vertu d'une loi rendue après l'exécution des dispositions précédentes, et autorisant le maire à passer contrat de concessions aux frais des concessionnaires. — Art. 4.

1045. — Néanmoins, jusqu'à l'émission de cette loi, les concessionnaires restent en possession provisoire, à charge de payer annuellement la redevance. — *Ibid.*

1046. — Tous les biens communaux qui ne se trouvaient pas dans le cas prévu par l'art. 3, ou dont les détenteurs n'avaient pas rempli les conditions imposées par cet article, devaient rentrer aux mains des communes, et l'art. 5 enjoignait aux administrations municipales, aux préfets et sous-préfets, de faire toutes recherches et diligences pour faire rentrer les communes en possession; mais cette injonction fut mal observée, ce qui nécessita plus tard l'ordonn. du 23 juin 1819. — V. *infrà* nos 1053 et suiv.

1047. — Spécialement, la reconnaissance d'usurpation de terrains communaux, qu'a avouée un habitant de la commune devant le juge de paix, appelé par celle-ci pour borner ses propriétés d'avec celles de ses voisins, ne peut être opposée à cet habitant, bien que le juge de paix (antérieurement à la loi du 25 mai 1838) l'eût reproduite dans un procès-verbal, si elle n'avait pas été signée par celui auquel on prétend l'opposer. — *Bourges*, 30 décembre 1843 (t. 1er 1845, p. 187), commune de Saint-Denis de Palin c. Gamard.

1048. — Enfin, l'art. 9 autorisait à prononcer, au profit des communes, la restitution des fruits à compter du 1er vend. an XIII.

1049. — Les dispositions de la loi du 9 vent. an XII s'appliquent à tous partages de biens communaux effectués avant la loi du 10 juin 1793, en vertu d'arrêts du conseil, d'ordonnances des états et autres, émanées des autorités compétentes, conformément aux usages établis. — Décr. 4 complém. an XIII, art. 1er.

1050. — Mais d'anciens actes de partage de biens communaux non représentés ne peuvent être suppléés par les statuts de la paroisse, lesquels ne font pas même connaître les dispositions de ces actes. — *Cons. d'état*, 14 fév. 1839, Borda.

1051. — Un partage de biens communaux opéré en 1818, contrairement aux lois des 21 prair. an IV, et 9 vent. an XII, est nul, alors même qu'il aurait été approuvé par le préfet, si, plus tard, cette approbation a été annulée par une décision ministérielle. — Même ord.

1052. — Lorsque, en prononçant la nullité d'un partage de biens communaux pour défaut d'autorisation, l'autorité administrative a maintenu, conformément à la loi du 9 vent. an XII, les possesseurs actuels dans la possession des parties de ces communaux par eux défrichées, les habitans de la commune, ainsi maintenus dans leur propriété, ont le droit de la défendre personnellement, *ut singuli*, sans aucune intervention de la commune. — *Cass.*, 20 août 1822, Habitans de Corcelles c. Tircuy de Corcelles.

1053. — L'ordonnance du 23 juin 1819 a renouvelé et modifié en partie les dispositions de la loi du 9 vent. an XII.

1054. — L'art. 1er rappelle les administrations locales à l'exécution de l'obligation qui leur était imposée par l'art. 5 de la loi de l'an XII, relativement à la recherche et reconnaissance des biens communaux usurpés depuis la loi de 1793, et généralement de tous les biens d'origine communale dont la possession privée ne résulterait pas d'un acte régulier de partage ou autre qui aurait dessaisi la communauté en faveur des détenteurs.

1055. — Les lois et ordonnances qui ont autorisé les administrations locales à rechercher et reconnaître tous les biens d'origine communale actuellement en jouissance privée, ne les ont point autorisées par là à s'en mettre par elles-mêmes, et par voies de fait, en possession immédiate; elles peuvent seulement en poursuivre les détenteurs, à la diligence du maire, à fin de restitution des biens usurpés. — *Cass.*, 23 mai 1838 (t. 2 1838, p. 349), de Borda c. Saint-Vincent-de-Xaintes.

1056. — L'art. 1er de l'ordonnance du 23 juin 1819 ne saurait être l'objet d'aucune critique, en droit. Il ne faisait qu'ordonner l'exécution de l'art. 5, L. 9 vent. an XII. Mais il en est autrement des articles suivans.

1057. — Il résulte, en effet, de la loi du 9 vent. an XII, que les détenteurs qui n'avaient pas satisfait aux dispositions de son art. 3 étaient, aux termes de l'art. 5, déchus du bénéfice qu'elle leur accordait de garder leurs fonds en ne payant qu'une partie de leur valeur.

1058. — Mais une loi seule pouvait déroger à ces dispositions : c'est un principe élémentaire de droit public. Or, c'est ce que fait précisément l'ordonnance de 1819, car elle accorde aux détenteurs de biens communaux un nouveau délai de trois mois pour faire les déclarations exigées par l'art. 3, L. 9 vent. an XII; elle autorise à leur abandonner les biens détenus par eux, moyennant les quatre cinquièmes de la valeur actuelle desdits biens, déduction faite de la plus-value résultant des améliorations, ou une redevance annuelle égale au vingtième du prix du fonds ainsi évalué et réduit à dire d'experts; enfin elle leur fait remise des fruits depuis le 1er vend. an XIII. — Art. 2 et 3.

1059. — A défaut des déclarations prescrites et des conditions exigées, le détenteur doit être poursuivi en restitution du fonds et des fruits, et il ne peut devenir acquéreur qu'en payant la valeur intégrale du fonds, sans aucune remise ni modération, et suivant toute la rigueur du droit commun. — Art. 4.

1060. — Dans tous les cas, l'aliénation définitive ne peut avoir lieu qu'avec l'autorisation du gouvernement. — V. aussi L. 18 juill. 1837, art. 46.

1061. — Nous avons dit (*suprà* n° 966) que la loi du 21 prair. an IV avait ordonné le sursis pour toutes les poursuites et actions résultant de la loi du 10 juin 1793.

1062. — La loi du 9 vent. an XII, en autorisant les communes à agir contre les usurpateurs de biens communaux, devait également lever le sursis à l'égard des actions à intenter aux communes par les propriétaires de biens dont les communes se seraient emparées et qu'elles auraient même partagés, à titre de communaux. — C'est ce que font les art. 7 et 8 de cette loi.

1063. — Une conséquence du sursis devait être l'interruption ou la suspension des déchéances. Aussi l'art. 8 déclare-t-il que la prescription, la péremption d'instance et le délai du pourvoi en cassation non échu avant le 21 prair. an IV, ne courront contre les revendicans que du jour de la publication de la loi du 9 vent. an XII. — V. le mot FORÊTS.

1064. — Toutefois une condition était imposée aux tiers réclamant des biens partagés ou occupés par des particuliers, comme biens communaux : c'était de justifier qu'eux ou leurs auteurs étaient en possession de ces biens, avant le 4 août 1789, ou qu'à cette époque il y avait instance devant les tribunaux, pour la réintégration. — Art. 8.

1065. — Il ne peut être prononcé restitution de fruits, à leur profit, qu'à compter du jour de la demande. — Art. 9.

1066. — Le propriétaire qui revendique contre une commune des biens dont il a été dépouillé par la violence, et qui ont été partagés entre les habitans, par suite de la loi du 10 juin 1793, n'est pas fondé à exiger la restitution des fruits, à compter de l'indue possession, conformément au principe du droit commun, qui oblige le possesseur de mauvaise foi à la restitution des fruits. — La loi du 9 vent. an XII a dérogé en ce point au droit commun. — *Cass.*, 19 mars 1816, comm. de Gannat c. Defaure. — V. conf. Merlin, *Quest.*, v° *Fruits*, § 5.

1067. — La loi du 9 vent. an XII ne s'applique qu'aux communaux partagés en vertu de la loi du 10 juin 1793; certains faits isolés de pacage et de prise de bois par quelques habitans ne peuvent motiver contre le corps entier de la commune une condamnation à des dommages-intérêts au profit du propriétaire, lors même que la commune aurait allégué ces faits isolés comme la preuve d'une possession en sa faveur. — *Cass.*, 14 avr. 1829, comm. de Combrailles c. Bosredon.

1068. — Lorsque des biens considérés comme communaux ont été, en vertu de la loi du 10 juin 1793, partagés entre les seuls habitans domiciliés d'une commune, la restitution de ces biens et des fruits qui ont été indûment perçus doit, lorsqu'elle est ordonnée, être supportée exclusivement par les habitans domiciliés et non par les propriétaires non domiciliés qui n'ont pas profité du partage. — *Amiens*, 12 janv. 1821, Lépine c. Tronc de Gressac et comm. de Reilly.

1069. — En cas d'éviction, par suite de l'action intentée par un tiers, le détenteur ou occupant, même en vertu d'un partage régulier, ne peut exercer aucune répétition, soit contre la commune, soit contre ses copartageans. Seulement, s'il a fait des plantations ou constructions, il doit être indemnisé par la partie, conformément à l'art. 548, C. civ. — L. 9 vent. an XII, art. 10.

1070. — Bien qu'aucun recours ne puisse, aux termes de la loi du 9 vent. an XII, art. 10, être exercé contre une commune en cas d'éviction du lot attribué à l'un de ses habitans, dans le partage des biens communaux, cette commune peut néanmoins, sur la demande de cet habitant, sans qu'il y ait lieu à cassation, être mise en cause dans l'instance en éviction. — Si cette commune était sans intérêt à figurer dans la contestation, et si les juges s'étaient trompés en décidant qu'elle y avait intérêt, il ne résulterait de là qu'une erreur de fait qui ne constituerait pas une contravention à l'art. 10, L. 9 vent. an XII, et ne saurait fournir une ouverture à cassation. — *Cass*, 9 mars 1809, Lafresnaye c. comm. de Saint-Aignan. — V. conf. Merlin, *Rép.*, v° *Triage*, § 6.

ART. 6. — *Partage des biens indivis entre plusieurs communes ou sections de commune.*

1071. — Les communes peuvent se prévaloir des lois qui autorisent les propriétaires à faire cesser l'indivision. — *Cass.*, 4 thermid. an VII, comm. de Dettwiller c. comm. de Saverne ; — Henrion de Pansey, *Des biens comm.*, p. 65; Merlin, *Rép.*, v° *Communaux*, § 6, et v° *Partage*, § 10, n° 5.

1072. — Telle est aussi la disposition de l'art. 2, sect. 4, L. 10 juin 1793, qui reconnaît formellement aux communes qui possèdent concurremment avec d'autres communes, depuis plus de trente ans, un bien communal, sans titre de part ni d'autre, la même faculté de faire ou de ne pas faire le partage ou la partition des terrains sur lesquels elles ont un droit ou un usage commun, que les habitans d'une commune relativement au partage de leurs communaux entre eux. — V. aussi L. 19 brum. an II.

1073. — Lorsque l'art. 2, L. 10 juin 1793, porte que le partage des biens possédés *concurremment par plusieurs communes*, pourra être demandé si elles sont en possession depuis plus de trente ans *sans titre de part ni d'autre*, ces mots doivent s'entendre d'un titre de propriété exclusive à l'une de ces communes, et non d'une simple présomption d'enclave ou de titres constatant des droits d'usage communs et réciproques. — *Cass.*, 5 août 1833, comm. de Saint-Denis-de-Vaux c. comm. de St-Jean.

1074. — La commune qui a intérêt à la division s'adresse aux tribunaux civils, à défaut d'accord amiable, par une action exercée dans les formes prescrites pour les actions à intenter au nom des communes. Le juge examine les questions incidentes ou préjudicielles à la demande qui se rattachent à la propriété ou doivent se décider par application des titres, et il fixe d'après ces titres les bases du partage. — Dufour, t. 1er, n° 718.

1075. — L'arrêt qui, sur une demande en partage formée en vertu de la loi du 10 juin 1793 par une commune contre une autre commune, déclare, par suite de l'appréciation des titres produits, que la commune demanderesse n'est qu'usagère, et que l'autre est seule propriétaire, n'est contraire à aucune loi, et ne peut être sur ce point attaqué en cassation. — *Cass.*, 26 janv. 1819, comm. de Barr c. comm. de Zelweiller.

1076. — En cas d'accord amiable, le partage est délibéré par les conseils municipaux dont les délibérations ne sont exécutoires que sur arrêté du préfet, en conseil de préfecture, quand il s'agit d'une valeur n'excédant pas 3,000 francs pour les communes dont le revenu est au-dessus de 100,000 francs, et 20,000 fr. pour les autres communes. — S'il s'agit d'une valeur supérieure, il est statué par ordonnance du roi. — L. 18 juill. 1837, art. 46.

1077. — Le partage est fait par experts nommés par les communes, lesquels dressent de leurs opérations procès-verbal, pour être déposé aux archives de l'arrondissement et dont expédition en forme est délivrée à chacune des communes, et déposée aussi dans leurs archives. — L. 10 juin 1793, sect. 4, art. 3.

1078. — En cas de division entre les experts, un tiers expert est nommé par le préfet. — *Ibid.*, art. 4. — Bost, *Tr. de l'organisation municip.*, t. 1er, n° 242.

1079. — Des difficultés se sont élevées sur le mode de partage à suivre. Une ordonnance, rendue le 1er juin 1744 par M. Chauvelin, intendant d'Artois, avait décidé qu'un marais indivis entre

les communes de Barnes, d'Aunoy et de Loison serait partagé entre elles, par portions égales, en ne s'attachant qu'aux communes en elles-mêmes et en se renfermant dans les règles des sociétés privées. Mais, sur l'appel, cette ordonnance fut réformée par un arrêt du conseil du 5 août 1748, et il fut dit que le partage se ferait à proportion des sommes que chaque commune payait annuellement aux états de la province, suivant ses cahiers de *centièmes*, qui étaient des impositions réelles et calquées sur l'étendue du terrain. Cette décision était conforme au sentiment de Leiser, *Jus georgium*, p. 279, no 8; de Simon de Monte, *De Finibus regundis*, p. 173, no 20, et de Stephanus, décis. 9, p. 25, no 25. — Des lettres patentes données pour la Flandre française, le 27 mars 1777, avaient voulu, au contraire, qu'en cas d'indivision d'un marais entre plusieurs communes, il fût partagé entre elles à raison des feux dont elles étaient respectivement composées. C'est le mode prescrit aujourd'hui pour toute la France, par l'avis du conseil d'état du 4 juillet 1807, approuvé par l'empereur le 20 du même mois. Un autre avis du conseil d'état, du 12 avril 1808, approuvé le 26, a décidé que l'avis du 20 juillet 1807 est applicable au partage des bois comme à celui de tous autres biens dont les communes veulent faire cesser l'indivis; qu'en conséquence, les partages se feront par *feux*, c'est-à-dire par chef de famille ayant domicile. Sur l'application de ces avis au partage entre les habitans d'une même commune, V. *suprà* no 884.

1080. — Aux termes de la loi du 10 juin 1793, les partages des biens communaux indivis entre deux communes doivent être faits par feux, et sans aucun égard à la plus ou moins grande étendue de territoire de chacune d'elles. — *Cass.*, 12 sept. 1809, comm. d'Odratzheim; — *Cons. d'état*, 25 août 1841, comm. de Saint-Aybert. — V. conf. *Cons. d'état*, 20 juin 1806, comm. d'Ecrameville; 21 déc. 1808, comm. de l'Hôpital-sous-Conflans; 21 déc. 1825, comm. de Bavent; 28 déc. 1825, comm. de Lahaieville. — V. Merlin, *Rép.*, vo *Marais*, § 5, no 2; Bost, *Tr. de l'organisation municipale*, t. 1er, no 243.

1081. — Le partage entre deux communes des produits de la coupe d'un quart en réserve de bois communaux doit se faire en raison du nombre de feux de chacune d'elles, et non d'après ses besoins. — *Cons. d'état*, 18 mars 1841, commune de Ronceux.

1082. — Une forêt indivise entre plusieurs communes doit être partagée par feux, quoique jusqu'au partage les communes copropriétaires eussent divisé par égales parts entre elles les produits et les charges. — *Cass.*, 1er fév. 1814, comm. de Ribauvilliers c. comm. de Bennewihr; 28 mai 1838 (t. 2 1838. p. 307), commune de Bidon c. commune de Sainte-Remèze. — L'art. 105, C. forest., qui n'est point relatif au partage du fonds des bois, ni au partage entre plusieurs communes, est inapplicable à un tel cas. — *Cass.*, 28 mai 1838 (t. 2 1838, p. 307), comm. de Bidon c. comm. de Saint-Remèze; — Brousse, *Code forest. annoté*, p. 260.

1083. — Le partage par feux de biens indivis entre plusieurs communes ou sections de commune doit être opéré suivant le nombre de feux existant au moment où le partage est demandé, quoique d'anciens actes faisant l'application des droits des communes propriétaires par indivis aient pris pour base le nombre de feux existant alors, et aient ainsi attribué à chacune de ces communes des portions différentes de celles résultant du nombre actuel de feux. — Cette attribution, dont l'objet n'était pas de faire cesser l'indivision, n'a pas pu avoir pour effet de déterminer définitivement les droits respectifs des parties. — L'interprétation de ces actes anciens faite par la cour royale ne peut donner ouverture à cassation. — *Cass.*, 20 juill. 1840 (t. 2 1841, p. 200), commune de Courson c. hameau de Suchois.

1084. — Bien que deux communes aient été séparées *de droit* et érigées en municipalités distinctes à une époque éloignée (en 1792), si leur séparation *de fait* n'a eu lieu que postérieurement, en vertu d'une ordonnance royale, et si, dans l'intervalle, elles ont continué à subsister en communauté d'intérêts, jouissant indivisément d'un terrain dont elles ont payé ensemble les impôts et supporté proportionnellement les charges en y envoyant un pâtre commun, les juges peuvent décider que le partage du terrain resté indivis doit avoir lieu entre les deux communes d'après le nombre de leurs feux existant à l'époque de la séparation absolue et de fait, et non pas seulement à l'époque de la séparation de droit. — *Cass.*, 13 juill. 1841 (t. 2 1841, p. 556), commune de Guémar c. commune d'Illheusern.

1085. — Néanmoins, si la règle générale est que le partage des biens communaux doit se faire par feux, il y a une exception pour le cas où il existe entre les mains des copartageans des titres qui déterminent un autre mode de partage. — *Cass.*, 12 avr. 1841 (t. 2 1841, p. 200), commune de Pomarez c. commune de Castelnau; 15 avr. 1840 (t. 2 1841, p. 198), commune de Saint-André-de-Cubzac c. commune de Saint-Antoine; 13 mai 1840 (t. 2 1840, p. 164), commune de Dun-le-Roy c. communes de Contres et Saint-Germain-des-Bois; 15 fév. 1841 (t. 2 1841, p. 198), commune de Colonne c. commune de Biefmorin.

1086. — Des bois indivis entre plusieurs communes doivent être, à défaut de titres établissant le droit de chacune d'elles, partagés entre elles, suivant le nombre de feux dont se compose chacune de ces communes. — Ces communes ne peuvent, pour suppléer au titre de propriété déterminé en invoquant la possession où elles prétendent avoir été, répartir également entre elles le prix des ventes et les charges, si cette possession ne s'étend pas sur tous les produits des bois, et si ces communes ont joui confusément et indivisément du bois mort, du mort-bois ou du pâturage. — *Metz*, 5 fév. 1818, comm. de Bennenwhir c. commune de Ribeauvilliers.

1087. — Le partage de propriétés communales (par exemple d'un marais) indivises entre plusieurs communes doit s'opérer en raison du nombre de feux existant dans chacune des communes copartageantes, à moins que l'une d'elles ne justifie par titres avoir obtenu des droits certains et déterminés. — Ne sont pas des titres suffisans les pièces qui établissent que l'une des communes copartageantes a payé la moitié des impôts, d'après l'ancienne coutume, qui réputait deux communautés d'habitans propriétaires par moitié des communaux indivis entre elles. — *Douai*, 22 juin 1838 (t. 2 1841, p. 199), comm. de Marcsquelle c. comm. de Beaurainville.

1088. — Les avis du conseil d'état des 20 juill. 1807 et 26 avr. 1808, suivant lesquels les biens indivis entre plusieurs communes doivent être partagés dans la proportion du nombre de feux de chaque commune sont inapplicables au cas où il résulte soit d'un titre, soit d'une possession immémoriale, que la jouissance de ces communes est immémoriale. — Le partage, en ce cas, doit être réglé d'après l'étendue du droit de jouissance respective déterminée par les titres ou la possession immémoriale. — *Cass.*, 26 août 1816, commune de Villiers-Laforêt c. commune de Vanvey; 19 juill. 1820, commune de Ville-sous-Corbie c. commune de Treux.

1089. — Dès lors, si l'une des communes copartageantes a joui depuis un temps immémorial du droit de faire pâturer ses bestiaux sur un marais indivis pendant toute la journée, tandis que l'autre n'y conduisait ses troupeaux que pendant la matinée seulement, les tribunaux peuvent arrêter la propriété d'après cette base, et attribuer à la première commune les deux tiers de la propriété, et à la deuxième le tiers seulement. — *Cass.*, 19 juill. 1820, commune de Ville-sous-Corbie c. commune de Treux.

1090. — Quand un arrêt de parlement a fixé les bases d'après lesquelles devaient se partager entre les ayant-droit les produits d'une forêt communale, la division du sol est implicitement, mais nécessairement, soumise aux mêmes bases. — *Cass.*, 15 fév. 1841 (t. 2 1841, p. 198), commune de Colonne c. commune de Biefmorin.

1091. — L'arrêt par lequel une cour royale, interprétant l'acte qui a fait concession d'un immeuble à deux communes, décide que chacune des communes doit obtenir une part égale dans ces biens, ne peut être attaqué devant la cour de Cassation pour excès de pouvoir, ni pour incompétence, ni pour violation des lois sur le partage des biens communaux. — *Cass.*, 15 avr. 1840 (t. 2 1841, p. 198), comm. de Saint-André-de-Cubzac c. comm. de Saint-Antoine.

1092. — Le partage intervenu entre une commune et une section de cette commune, d'après les titres respectivement produits, ne peut être, surtout après un temps immémorial, annulé comme contraire à la loi du 10 juin 1793. — *Cass.*, 25 avr. 1832, comm. de Busseau c. ham. de la Grange-Didier.

1093. — Les avis du conseil d'état des 20 juill. 1807 et 6 avr. 1808, qui prescrivent le mode de partage en raison du nombre de feux pour les biens indivis entre plusieurs communes, sont applicables, en cas de division d'une commune, au partage des fonds et valeurs numéraires, quelle que soit d'ailleurs l'origine de ces fonds. — *Cons. d'état*, 3 fév. 1843, d'Harprich.

1094. — Un partage intervenu entre plusieurs communes, approuvé par le conseil de préfecture et exécuté par les parties, ne peut plus être attaqué par elles. — *Cons. d'état*, 31 janv. 1838, comm. de Vernois.

1095. — Une commune qui, avant la loi du 9 vent. an XII, s'est mise en possession et a fait entre ses habitans le partage d'un terrain dont elle était propriétaire par indivis avec une autre commune, peut être, sur la revendication de cette dernière, condamnée, attendu sa mauvaise foi, à la restitution des fruits perçus depuis la demande formée contre elle, même avant la loi du 9 vent. an XII. — *Riom*, 13 fév. 1811, comm. d'Ennezat c. ville de Riom; — Merlin, *Quest.*, vo *Biens communaux*, § 11.

1096. — Les principes exposés ci-dessus et consacrés par la jurisprudence que nous venons de rappeler seraient également applicables s'il s'agissait d'un partage entre plusieurs sections de commune ou entre une commune et une section de commune.

ART. 7. — *Compétence.*

1087. — La compétence se divise entre les tribunaux ordinaires et les tribunaux administratifs.

1098. — S'agit-il de prononcer sur un incident ayant pour objet le mode de partage à opérer, soit entre les habitans d'une commune, soit entre plusieurs communes, la contestation est portée, par simple mémoire, devant le préfet, qui statue après avoir pris l'avis du sous-préfet. — L. 10 juin 1793, sect. 5e, art. 1er et 2.

1099. — Les conseils de préfecture sont compétens, lorsqu'il s'agit de statuer sur le maintien ou l'annulation des partages, à raison de l'observation ou de l'inobservation des formalités prescrites, qu'il s'agisse de partages antérieurs ou postérieurs à la loi du 10 juin 1793. Mais leurs décisions, dans ce cas, ne peuvent être exécutées qu'après avoir été soumises au conseil d'état, pour être confirmées, s'il y a lieu, par une ordonnance royale. — Décr. 4 complém. an XIII, art. 2.

1100. — Les tribunaux sont incompétens pour connaître des sentences rendues sur le partage des biens communaux, à l'effet d'examiner si ces partages ont été faits suivant les formes prescrites par la loi du 10 juin 1793, mais ils peuvent statuer sur des questions de propriété jugées incidemment à ces partages. — *Cass.*, 16 fructid. an XIII, comm. de Damloup c. comm. de Soupleville et d'Abancourt. — V. *infrà* no 1121.

1101. — Il appartient encore aux conseils de préfecture de juger les contestations qui peuvent s'élever entre les copartageans, détenteurs ou occupans, depuis la loi du 10 juin 1793, et les communes, soit sur les actes et les preuves de partage de biens communaux, soit sur l'exécution des conditions prescrites par l'art. 3, L. 9 vent. an XII et par l'ordonn. du 23 juin 1819. — V. cette loi, art. 6, et l'ordon. citée, art. 6.

1102. — Il en est de même, lorsqu'il s'agit du fait et de l'étendue de l'usurpation commise au préjudice des communes, depuis la loi de 1793, lorsqu'il y a eu partage exécuté, et même des usurpations commises dans l'intervalle de la loi de 1793 à celle de l'an XII, qu'il y ait eu ou non partage, lorsqu'il s'agit de l'intérêt de la commune contre les usurpateurs. — L. 9 vent. an XII, art. 5; ordon. 23 juin 1819, art. 6; avis du cons. d'état du 18 juin 1809.

1103. — Les autres questions sont du ressort des tribunaux. — L. 10 juin 1793, sect. 5e, art. 3, 4 et 5; L. 9 vent. an XII, art. 7, 8 et 9; ordon. 23 juin 1819, art. 6.

1104. — Ainsi les usurpations d'un copartageant, vis-à-vis d'un autre, sont du ressort des tribunaux. — Avis cons. d'état, 18 juin 1809.

1105. — De plus, l'autorité administrative cesse d'être compétente, même quand il s'agit de l'intérêt des communes, lorsque la qualité de communal du terrain prétendu usurpé est contestée par l'adversaire de la commune. Le litige présente alors à résoudre une question de propriété dont les tribunaux seuls peuvent connaître. — *Cons. d'état*, 10 fév. 1816, Guinier c. comm. de Moneteau.

1106. — C'est à l'autorité judiciaire et non à l'autorité administrative qu'il appartient de statuer en matière d'usurpation de biens communaux commise depuis la loi du 10 juin 1793, s'il n'y a pas eu de partage exécuté. — *Cass.*, 18 mars 1806, Boblique c. comm. de Termes.

1107. — La loi du 10 juin 1793 avait appliqué à ces contestations le principe général alors en vigueur de l'arbitrage, et réglé les formes de cet arbitrage. — V. les articles précités et suiv. et la loi du 28 déc. 1793.

1108. — Lorsqu'il y avait lieu à la nomination d'arbitres, d'après la loi du 10 juin 1793, relative au partage des communaux, la partie qui ne voulait pas comparaître volontairement devant le juge

de paix devait, à peine de nullité, être sommée de le faire par cédule délivrée par ce juge de paix. — *Riom*, 3 juill. 1810, N.

1109. — En cas de partage entre deux arbitres nommés par deux communes, en vertu de la loi du 10 juin 1793, ces communes doivent être appelées devant le bureau du juge de paix pour la nomination du tiers arbitre; si le tiers arbitre a été nommé par le juge de paix, hors la présence et sans le concours des communes, la sentence rendue par cet arbitre est nulle. — Loi citée, sect. 5e, art. 15 et 16.

1110. — Les arbitres nommés en vertu de la loi du 10 juin 1793 ne pouvaient sans excès de pouvoir procéder eux-mêmes à la reconnaissance des bornes et à l'estimation des clôtures et cultures des terrains revendiqués par une commune; ils devaient confier ces vérifications aux gens de l'art. — *Cass.*, 21 fév. 1809, De Virieu c. habitans de Cormaillon; 3 nov. 1818, Montalivet c. comm. de Saint-Maurice; — Merlin, *Quest.*, vo *Expert*, § 10.

1111. — Une sentence rendue sur la demande en réintégration d'une commune par des arbitres forcés, antérieurement à la loi du 12 prair. an IV, peut être attaquée par le recours en cassation, bien que les voies de l'opposition et de l'appel soient encore ouvertes contre elle. — *Cass.*, 6 déc. 1813, de Saulx Tavannes c. comm. de Beaumont-sur-Vingeanne.

1112. — Les lois des 28 brum. an VII et 11 frim. an IX, et les déchéances qu'elles édictent contre l'état, dans le cas où il n'attaquerait pas dans certains délais les sentences arbitrales rendues entre lui et les communes, ne sont applicables qu'aux sentences sur arbitrage forcé rendues par application de la loi du 10 juin 1793, mais non à celles sur arbitrage volontaire rendues même antérieurement à l'établissement de l'arbitrage forcé. — *Nîmes*, 25 juill. 1842 (t. 2 1842, p. 241), comm. de Caudiès c. préfet des Pyrénées-Orientales.

1113. — Sous la loi du 10 juin 1793, les vérifications par experts en matière de partage de biens communaux étaient nulles si on n'y avait pas appelé les parties. — *Cass.*, 6 vendém. an V, Régie de l'enregistrement c. Gagneur.

1114. — Lors du rétablissement des tribunaux, ceux-ci sont rentrés dans la plénitude de leurs attributions, et ont ainsi remplacé les arbitres pour les matières qui avaient été législativement déférées au jugement de ceux-ci.

1115. — Les questions relatives aux droits de propriété entre les communes et les sections de commune sont de la compétence des tribunaux. — *Cons. d'état*, 7 août 1843, comm. de Leutenheim.

1116. — Lorsqu'une commune se prétend propriétaire, par indivis avec une autre commune, d'un terrain que cette dernière a partagé entre ses habitans, l'autorité judiciaire est seule compétente pour connaître de cette contestation. — L'autorité administrative ne doit connaître que de la division et distribution des parts. — Bien que le terrain revendiqué ait été partagé entre les habitans de la commune défenderesse, la commune qui revendique peut diriger son action contre la commune qui a opéré le partage, sans être tenue de mettre en cause chacun des habitans possesseurs des biens. — *Riom*, 13 fév. 1811, comm. d'Ennezat c. ville de Riom.

1117. — Le conseil de préfecture est incompétent pour statuer sur une question de propriété débattue entre plusieurs communes, et pour prescrire les opérations administratives à faire pour procéder au partage, entre ces communes, d'une portion de lande indivise entre elles. La question de propriété doit être jugée par les tribunaux, et les opérations, pour parvenir au partage, être ordonnées par le préfet et le ministre de l'intérieur. — *Cons. d'état*, 25 janv. 1839, comm. de Coutivoir.

1118. — S'il appartient aux conseils de préfecture d'apprécier les difficultés relatives au mode de partage des bois des communes, et de prononcer sur les questions qui se rattachent au mode de jouissance des biens communaux, c'est aux tribunaux ordinaires, comme seuls compétens pour connaître des questions de propriété, à apprécier les titres privés sur lesquels reposent les contestations existantes entre des particuliers et des communes relativement au droit d'affouage dans les bois communaux. — *Cass.*, 1er déc. 1834, de Magnoncour c. comm. de Frasne-le-Château.

1119. — Le tribunal, saisi d'une contestation relative à des communaux indivis entre deux communes, peut ordonner partage sans excéder les bornes de sa compétence, si la demande portée devant lui n'a pas pour objet direct le partage lui-même. — *Cass.*, 5 août 1833, comm. de Saint-Denis-de-Vaux c. comm. de Saint-Jean.

1120. — ... Sauf à renvoyer les parties devant l'autorité administrative pour faire opérer ce partage. — *Cass.*, 24 avr. 1833, comm. de Carnay c. sections de Vaudey et Fournet; *Douai*, 22 juin 1838 (t. 2 1841, p. 199), comm. de Maresquelle c. comm. de Beaurainville; — Cormenin, *Quest. de droit administ.*, vo *Commune*, t. 2, p. 96 et suiv.; — Foucart, *Elém. de droit administ.*, t. 3, nos 96 et suiv.

1121. — Le tribunal saisi d'une question de validité d'un partage de biens communaux doit renvoyer sur ce point les parties devant le conseil de préfecture, mais retenir la connaissance des questions de propriété et de prescription qui s'élèvent entre elles. — *Lyon*, 27 août 1830, hab. de Saint-Didier-de-Forman c. Morel.

1122. — Lorsqu'un individu accusé d'avoir usurpé des terrains prétendus communaux nie l'usurpation et prétend être propriétaire desdits terrains à un autre titre qu'en vertu d'un partage de biens communaux, cette contestation renferme une question de propriété dont la connaissance appartient aux tribunaux ordinaires. — *Cons. d'ét.*, 18 mars 1841, Quesnoy. — V. conf. *Cons. d'état*, 18 mai, Lautier; 28 nov., comm. de Saint-Germain-en-Cressin; 28 nov. 1809, comm. de Vanves; 27 mai 1812, hameau de Jussy; 7 août 1816, Martin Legeay; 27 sept. 1827, Rigobert-Gougeon; 27 sept. 1827, comm. des Allemands; 24 déc. 1828, Rativeau; 25 janv., comm. de Continvoin; 29 janv. 1829, Tourangin; 25 mars 1829, Beau; 31 août 1830, Cadoux. — V. aussi Cormenin, *Droit administ.*, t. 1er, p. 375 et 381; Chevalier, *Jurisprudence administ.*, t. 1er, p. 130, 131 et 132.

1123. — Les questions d'indemnité auxquelles peut donner lieu la distraction ou la réunion des communes, relativement aux établissemens publics non susceptibles de partage, doivent être décidées par l'autorité, qui prononce cette distraction ou cette réunion, et non par le conseil de préfecture et le conseil d'état. — *Cons. d'état*, 25 août 1841, comm. de Saint-Aybert; — Foucart, *Elém. de droit publ.*, t. 3, no 30.

Sect. 5e. — *Jouissance des biens communaux.*

ART. 1er. — *Réglement et mode de jouissance.*

1124. — Les biens communaux consacrés à l'usage personnel et commun des habitans, tels que les temples, les édifices publics, les fontaines, etc., ne doivent que très rarement donner matière à des contestations, quant à la jouissance dont ils peuvent être l'objet. Les mesures d'administration ou de police qu'il appartient aux officiers municipaux de prendre à l'égard de ces objets peuvent faire parfois la matière de réclamations, mais ces réclamations doivent se produire par la voie administrative, et être portées devant le préfet, sauf recours au ministre de l'intérieur. — V. POLICE MUNICIPALE.

1125. — Il est aussi des biens dont la jouissance commune ne serait pas le mode le plus avantageux pour la commune, et qu'il est plus profitable d'affermer ou de donner à bail. — Sur les formes à suivre pour les baux des communes, V. *suprà* no 476 et suiv.

1126. — Quant aux biens dont les fruits se perçoivent en nature, soit qu'on les livre au pâturage des bestiaux, soit qu'on procède à une répartition de leurs produits, leur jouissance importe à la prospérité d'un grand nombre de communes, aussi a-t-elle été respectée à l'époque même où les droits de la propriété communale étaient violés. — L. 20 mars 1813, art. 2.

1127. — Avant 1789, la jouissance des biens communaux était généralement répartie en considération de la qualité de propriétaire; mais de nombreuses dérogations avaient été introduites par les usages locaux. Dans l'Artois, par exemple, les communaux, concentrés dans un nombre limité de familles, passaient par héritage à leurs descendans, moyennant certaines conditions d'âge, de primogéniture ou de résidence, et ne faisaient retour à la commune qu'en cas où, ces conditions n'étant plus remplies par la famille titulaire, il y avait lieu d'investir d'autres habitans des mêmes droits.

1128. — L'égalité absolue, qui était un des principes de la loi du 10 juin 1793, fit adopter alors le partage par tête, en laissant toutefois aux habitans la liberté d'établir, pour leur jouissance, telles règles qu'ils aviseraient. — L. 10 juin 1793, sect. 3e, art. 12 et 13. — V. BIENS COMMUNAUX, nos 64 et suiv.

1129. — Nous avons dit (vo BIENS COMMUNAUX, nos 68, 69 et 70), quelles furent les dispositions du décret du 9 brum. an XIII, relativement à la jouissance des biens communaux, et comment l'état des choses avait pu être modifié pour en revenir à d'anciens usages ou en arriver au partage par feux. Enfin, nous avons dit quelle était l'intervention que la loi du 18 juill. 1837, art. 17 et 18, attribue aujourd'hui au conseil municipal dans le réglement du mode de jouissance et dans la répartition des pâturages et fruits communaux. — V. BIENS COMMUNAUX, no 72.

1130. — Aujourd'hui, les conseils municipaux règlent, par leurs délibérations, le mode de jouissance et la répartition des pâturages et fruits communaux autres que les bois, ainsi que les conditions à imposer aux parties prenantes; et si l'administration supérieure a le droit d'annuler celles de ces délibérations qui violent une disposition de loi, un réglement d'administration ou des droits acquis, elle n'aurait pas le droit de refaire ce réglement ou d'y procéder *de plano*. — *Encycl. du dr.*, vo *Communaux*, no 12.

1131. — Les bois communaux sont, quant à la jouissance dont ils peuvent être l'objet, soumis à des règles particulières. — V. FORÊTS.

1132. — Lorsqu'une commune a été réintégrée dans une forêt, postérieurement à la promulgation du code forestier, elle est autorisée à suivre le mode de jouissance antérieurement adopté par elle: on ne peut la contraindre à suivre celui tracé par l'art. 105, C. forest., qui n'est applicable qu'à défaut d'usage. — *Cons. d'état*, 22 fév. 1838, comm. d'Arc-sous Montenot.

1133. — Les conseils municipaux peuvent, pour les biens communaux autres que les bois, remplacer les anciens usages par un nouveau réglement; c'est un droit qui nous paraît résulter pour eux de la rédaction générale de l'art. 17, L. 18 juill. 1837.

1134. — Le pouvoir du conseil municipal peut aller jusqu'à enlever les biens communaux à la jouissance commune des habitans pour les donner à ferme (ord. 7 oct. 1818), ou jusqu'à établir une cotisation sur les ayans-droit à la jouissance (L. 18 juill. 1837 art. 31). — La fixation de cette cotisation doit être très modérée; car les biens communaux étant surtout la jouissance du pauvre, il ne faut pas que son droit de jouissance puisse lui devenir onéreux.

1135. — Les conseils municipaux peuvent déterminer en quelle nature et de quelle manière les biens communaux seront livrés à la jouissance des habitans; si, par exemple, ils seront conservés en nature de pâturage, ou labourés et ensemencés. Ils peuvent régler les époques du pâturage, déterminer les portions de biens communaux qui y seront affectées selon les saisons, fixer le nombre des bestiaux que chaque ayant-droit pourra y envoyer, établir des déchéances contre ceux qui ne se conformeraient pas aux prescriptions arrêtées; enfin prendre toutes les mesures d'administration que les circonstances peuvent rendre nécessaires. — *Encycl. du dr.*, vo *Communaux*, no 21.

1136. — Quant aux droits de recueillir le varech ou goëmon, et d'en profiter, V. VARECH.

ART. 2. — *Qui a droit de participer à la jouissance.*

1137. — Le décret réglementaire du 20 juin 1806 et les avis du conseil d'état des 20 juill. 1807 et 24 avr. 1808 ne confèrent de participation à la jouissance des biens communaux qu'aux *Français* ayant feu et domicile dans la commune. — Décr. 16 juill. 1810; — Cormenin, *Quest. de dr. admin.*, 4e édit., t. 2, p. 100, no 1. — Sur ce que l'on doit entendre par *feu*, V. AFFOUAGE.

1138. — Les droits de pâturage et d'affouage que les habitans d'une commune exercent sur les biens communaux qui sont réservés à cet effet, sont des droits réels existant pour l'utilité des maisons et héritages de la commune. — La jouissance en appartient dès lors à tous ceux qui possèdent, habitent ou exploitent les maisons ou héritages, quelle que soit leur qualité ou leur nationalité. — Spécialement, les étrangers à qui nos lois permettent d'être propriétaires ou fermiers en France, doivent, comme tous les autres habitans, jouir des droits de pâturage sur les biens communaux. — *Cass.*, 11 mai 1838 (t. 1er 1838, p. 597), Belot. — Henrion de Pansey, *Des biens communaux*, liv. 2, ch. 16, p. 372 et suiv. — V. AFFOUAGE, nos 75 et 76.

1139. — Celui qui veut jouir du bénéfice d'un droit communal doit être habitant de la commune. — Spécialement, quand un droit d'usage a été par titre constitué au profit des habitans d'une commune, pour, par eux, envoyer paître leurs troupeaux sur des terrains désignés, il ne suffit pas d'être propriétaire ou d'exploiter des terres situées dans cette commune, il faut y avoir son habitation réelle pour participer à l'avantage du droit communal. — *Rouen*, 12 juill. 1836, Maruitte c. comm. de Cressy, Sevis et Montreuil.

1140. — Le droit de concourir au partage du produit des biens communaux, tels que jones, bruyères et autres engrais, est un droit réel attaché au fonds, qui peut être exercé par les fermiers ou métayers du propriétaire, et non pas un droit exclusivement attaché à la personne du propriétaire, et subordonné à la résidence de celui-ci dans la commune. — *Cass.*, 23 juill. 1834, Larrieu c. comm. de Ponayes et Saint-Geours.

1141. — La réunion opérée, en vertu d'un décret, de partie d'un domaine au territoire d'une commune, ne confère pas au propriétaire le droit de participer à l'affouage des bois de cette commune, surtout si ce décret réserve les droits respectifs de propriété. — *Besançon*, 28 fév. 1828, Bonnet c. comm. de Champagney.

1142. — Le conseil municipal ne pourrait accorder la jouissance à des forains, même moyennant une redevance, ni la refuser aux habitans chefs de ménage, ni leur imposer des conditions contraires au principe de leurs droits. — *Encycl. du dr.*, vo *Communaux*, no 19.

1143. — L'art. 105, C. forest., n'a pas eu pour but de faire revivre l'ancien usage suivant lequel les nouveaux habitans (*les manans*) n'étaient admis à participer aux affouages qu'après avoir versé dans la caisse communale un droit dit *de bourgeoisie*. — *Cass.*, 9 avr. 1838 (t. 1er 1838, p. 485), comm. de Rondorff c. Bréda.

1144. — Une perception variable et arbitraire, et qui n'a jamais fait l'objet d'un article de recette au budget communal, ne suffirait pas pour établir que certains habitans d'une commune doivent, pour participer à l'affouage, être soumis au paiement d'un droit à verser dans la caisse communale. — Même arrêt. — V. le mot AFFOUAGE.

1145. — Aux termes de l'arrêt du conseil du 25 fév. 1779, sur les partages des marais communaux, en Artois, l'aîné mâle de chaque famille est seul admis à succéder aux parts de marais possédées par ses parens au moment de leur décès. — *Cons. d'état*, 23 juin 1841, Dehayes; 20 fév. 1835, Wins.

1146. — Aux termes de l'art. 5 de l'édit de juin 1769 sur le partage des biens communaux, les portions régies par cet édit sont héréditaires dans la ligne directe des derniers possesseurs. Dès lors, si, au décès du père, l'aîné des enfans se trouve exclu de toute participation à la transmission de la portion communale appartenant à son auteur, soit parce qu'il n'habite pas la commune, soit parce qu'il est déjà apportionné, le lot du père passe aux fils puînés. — *Cons. d'état*, 25 juin 1841, Jacquart; 22 avril 1842, Renaud; 8 janv. 1843, Léonard, et 19 mai 1843, Courtot.

1147. — Aux termes de l'édit de 1729, art. 6, qui, en matière de biens communaux, attribue le lot du père décédé à l'aîné des *enfans établis*, le puîné qui est établi au moment du décès de son père recueille le lot communal, à l'exclusion de l'aîné non établi. — *Cons. d'état*, 8 avril 1835, Calba.

1148. — D'après l'édit de 1769, relatif au partage des biens communaux, si, lors du décès d'une mère pourvue d'une portion, son fils aîné n'est pas apte à recueillir sa portion, parce qu'il est déjà pourvu d'un lot, le lot de la mère passe à son fils puîné, et non au plus ancien marié des habitans non pourvus. — *Cons. d'état*, 5 déc. 1842, Briguier.

1149. — Dans les communes formant l'ancien territoire des Trois-Évêchés, lorsque de deux frères, l'aîné était depuis longtemps pourvu d'un lot de biens communaux à titre personnel et comme plus ancien habitant, le lot dont le père commun était en possession a dû appartenir au puîné, aux termes de l'édit de 1769 et d'un usage constant en ce pays. — *Cons. d'état*, 26 déc. 1837, Pauline.

ART. 3. — *Réclamations et compétence.*

1150. — La réclamation contre la délibération du conseil municipal qui règle la jouissance des biens communaux peut être portée devant le conseil municipal lui-même, qui a toujours la faculté de revenir sur sa délibération.

1151. — Cette réclamation peut encore être portée devant le préfet, qui, en vertu de l'art. 18, L. 18 juillet 1837, peut annuler la délibération, soit d'office, pour violation d'un règlement d'administration publique, soit sur la réclamation de toute partie intéressée agissant pour la privation de ses droits privés.

1152. — Enfin le conseil de préfecture ou les tribunaux seraient, suivant quelques distinctions, compétens pour connaître de la contestation juridique élevée sur ces réclamations.

1153. — Un habitant d'une section de commune est sans qualité pour contester la délibération du conseil municipal qui autorise un nouvel habitant: 1o à jouir des communaux conformément à l'usage établi parmi les autres co-usagers, 2o et à conduire les eaux d'une source devant son habitation, à la charge d'une indemnité dans le cas où la communauté en éprouverait quelque dommage. — *Cons. d'état*, 18 avril 1821, Armet c. Roux.

1154. — Lorsqu'un lot de jouissance communale devenu vacant a été, par décision du conseil de préfecture, attribué à un particulier, des habitans de la commune ne peuvent former tierce opposition à cet arrêté, sans réclamer, pour eux-mêmes, le lot dont le conseil a disposé, et par le seul motif que l'arrêté du conseil de préfecture serait contraire aux principes sur le droit de reversibilité. — *Cons. d'état*, 21 juin 1839, Derache.

1155. — Il a été jugé, il est vrai, d'une manière générale, que l'autorité administrative est seule compétente, à l'exclusion de l'autorité judiciaire, pour décider si les prétendans droit à une part dans les affouages d'une commune remplissent les conditions d'aptitude exigées par la loi. — *Cons. d'état*, 7 août 1842, comm. de Bonchamp; 4 mai 1843, Clément; 1er juin 1843, Blandine; 31 juill. 1843, Perrin. — Et c'est aussi l'opinion soutenue par M. Serrigny, *Tr. de la compét. et de la procéd. admin.*, t. 2, no 779 et suiv.

1156. — Mais cette thèse nous paraît trop absolue, et il nous semble qu'il faut décider que toutes les fois qu'il s'agira de statuer sur des titres privés ou sur une question d'hérédité, ou de reconnaître si un prétendant droit possède un domicile légal dans la commune, les tribunaux civils seront compétens.

1157. — L'arrêté d'un conseil de préfecture qui refuse de comprendre au rôle d'affouage un habitant d'une commune, en se fondant sur une ancienne transaction, ne peut être considéré comme emportant force de chose jugée, et dès lors il n'empêche pas les tribunaux d'apprécier les effets de la transaction. — *Cass.*, 1er déc. 1834, De Magnoncour c. commune de Frasne-le-Château.

1158. — La compétence administrative en cette matière se partageant entre le préfet et le conseil de préfecture, le préfet connaîtra des réclamations dirigées contre le principe même des règlemens, ou contre les délibérations arrêtant une répartition contraire à la loi ou aux usages et règlemens en vigueur, ou posant sur des bases inégales la répartition des cotisations.

1159. — Pour le conseil de préfecture, d'après les principes de ses attributions telles qu'elles sont réglées par la loi du 28 pluv. an VIII, il doit connaître des difficultés pouvant s'élever sur la répartition au point de vue de l'attribution individuelle faite à chacun des ayant-droit. — *Cons. d'état*, 21 juin 1841, Laconaise.

1160. — Le conseil de préfecture est juge du point de savoir si un prétendant droit réunit, indépendamment du domicile legal, les conditions de résidence et d'habitation voulues pour participer aux biens communaux. — *Cons. d'état*, 16 mars 1836, Etienne.

1161. — La question de savoir si, dans le territoire ancien des Trois-Evêchés, le lot du père doit être attribué au puîné n'est pas une question d'hérédité, mais une question d'interprétation du mode de jouissance des biens communaux qui rentre dans la compétence du conseil de préfecture. — *Cons. d'état*, 26 décembre 1837, Pauline.

CHAPITRE VII. — *Des dépenses, des recettes, du budget et de la comptabilité des communes.*

1162. — La commune formant d'une part une fraction de l'état, une circonscription administrative qui se rattache à l'ensemble de notre organisation, et constituant d'autre part une personne morale qui a des biens et des charges, des revenus et des dettes, la détermination, la constatation et la balance de ses recettes et de ses dépenses méritaient de fixer l'attention du législateur. Ces diverses matières vont faire l'objet des sections suivantes.

Sect. 1re. — *Dépenses.*

1163. — Les dépenses et les recettes des communes étaient autrefois divisées en *ordinaires* et *extraordinaires*. — Mais cette dénomination a paru impropre aux *dépenses*, dont quelques unes sont imposées aux communes et mises à leur charge, tandis que d'autres, au contraire, sont laissées au libre arbitre du conseil municipal. On les a dès-lors classées en *dépenses obligatoires*, et *dépenses facultatives*, dénominations adoptées par l'art. 10, L. 18 juill. 1837.

ART. 1er. — *Dépenses obligatoires.*

1164. — Les dépenses *obligatoires* sont: « celles qui peuvent affecter l'état et les intérêts généraux, celles qui ont pour objet l'exécution d'une loi, l'accomplissement d'une obligation publique ou privée, enfin celles qui intéressent essentiellement l'existence même de la commune, et dont le refus suspendrait, si l'on peut s'exprimer ainsi, la vie communale. » (Rapport de M. Vivien à la chambre des députés, 26 avr. 1836.) Ces dépenses ont été classées, par l'art. 30, L. 18 juill. 1837, de la manière suivante:

1165. — 1o « *L'entretien, s'il y a lieu, de l'Hôtel-de-Ville ou du local affecté à la mairie.* » — Des expressions dont s'est servi le législateur, il résulte que cette dépense n'est obligatoire qu'autant qu'elle est nécessaire. — Foucart, *Elém. de dr. publ. et admin.*, t. 3, p. 407, no 117; Bost, *Tr. de l'organ. et des attrib. des corps municip.*, t. 2, p. 375, no 611; Duvergier, *Coll. des lois*, année 1837, p. 242, note 4e.

1166. — Il faut, pour l'exécution de ces travaux d'entretien, se conformer aux règles tracées pour les travaux communaux. — Davenne, *Encyclop. du dr.*, vo *Commune*, no 216. — V. aussi TRAVAUX PUBLICS.

1167. — Des logemens étaient accordés autrefois à certains fonctionnaires dans les hôtels de ville; mais une circulaire du ministre de l'intérieur, du 13 nov. 1810, enjoint aux préfets de veiller à ce que ces bâtimens soient entièrement réservés au service public. — Davenne, *loc. cit.*

1168. — ... 2o « *Les frais de bureau et d'impression pour le service de la commune.* » — D'après un arrêté du gouvernement du 4 therm. an X, art. 12, les frais d'administration des communes doivent être portés au budget des communes sous un chapitre séparé. Ces frais sont indiqués dans un décret du 12 germin. an XI, art. 1er, qui en fixe en même temps la quotité légale à 50 cent. par habitant, dans les communes qui ont 20,000 fr. de revenus et au-dessus, et dont le chiffre de la population ne s'élève pas à cent mille âmes.

1169. — Des circulaires, en date du 14 avr. 1812 et du 16 avr. 1817, sont relatives à l'exécution de ce décret. Enfin, une troisième, de flor. an XI, ajoute à la nomenclature de l'art. 1er, décr. de germin. an XI, toutes les dépenses de police, qui n'ont pas de caractère spécial, mais qui se trouvent groupées sous un titre vague, comme dépenses secrètes, dépenses relatives à la sûreté, etc. — Davenne, *ibid.*

1170. — Mais aujourd'hui, dans les bureaux de beaucoup de mairies, les frais d'administration ont dépassé dans beaucoup de communes le taux de 50 cent. par habitant; aussi le ministre de l'intérieur, dans une instruction du 15 juin 1836, a prévu le cas où un conseil municipal, par suite des besoins réels de sa commune, viendrait à dépasser le crédit calculé sur le chiffre de la population. « Dans ce cas, dit le ministre, il ne faudrait pas rejeter du budget ce supplément d'allocation, mais seulement il suffirait de le comprendre au chapitre des dépenses extraordinaires, sauf à le porter plus tard à celui des dépenses ordinaires, s'il était possible, sans enfreindre les dispositions de la loi. » — Davenne, *ibid.*

1171. — La dépense du traitement de l'officier de santé chargé de constater les décès est obligatoire, bien qu'elle ne soit pas mentionnée dans l'art. 30, L. 18 juill. 1837. — Décis. min. intér. 10 nov. 1838.

1172. — Cet article est ainsi conçu: « Si le conseil municipal n'allouait pas les fonds exigés pour une dépense obligatoire, ou n'allouait qu'une somme insuffisante, l'allocation nécessaire serait inscrite au budget, par ordonnance du roi, pour les communes dont le revenu est de cent mille francs et au-dessus, et par arrêté du préfet en conseil de préfecture pour celles dont le revenu est inférieur. — Dans tous les cas, le conseil municipal sera préalablement appelé à en délibérer. — S'il s'agit d'une dépense annuelle et variable, elle est inscrite pour sa quotité moyenne pendant les trois dernières années. S'il s'agit d'une dépense annuelle et fixe de sa nature ou d'une dépense extraordinaire, elle est inscrite pour sa quotité réelle. — Si les ressources de la commune sont insuffisantes pour subvenir aux dépenses obligatoires inscrites d'office en vertu du présent article, il y est pourvu par le conseil municipal, ou, en cas de refus de sa part, au moyen d'une contribution extraordinaire établie par une ordonnance du roi. »

1173. — Ainsi, s'il s'agissait de supprimer ou de réduire le traitement du secrétaire de la mairie, qui est désigné dans le décret de l'an XI comme

dépense obligatoire, le préfet devrait d'abord vérifier, si, en comprenant ce traitement, le total des frais d'administration est ou non plus fort que le chiffre calculé à raison de cinquante centimes par habitant.

1174. — S'il n'est pas plus élevé, le préfet, après avoir appelé le conseil à en délibérer, doit, par un arrêté, faire inscrire au budget de la commune la somme nécessaire, à raison de sa quotité moyenne pendant les trois dernières années.

1175. — Si, au contraire, le chiffre des frais d'administration dépasse la fixation légale de 50 c. par habitant, le préfet doit retrancher ou réduire, s'il y a lieu, les articles étrangers à la nomenclature insérée au tableau nº 2 annexé au décret de germinal an XI, et y substituer, comme étant plus particulièrement obligatoire, le traitement du secrétaire. Mais si tous les articles de dépense compris à ce chapitre du budget sont également obligatoires, le préfet doit se conformer aux dispositions de la loi et n'employer aucune mesure de contrainte qui leur soit contraire. — Davenne, *Encycl. du droit*, vº *Commune*, nº 220.

1176. — Le plus ordinairement, d'après une circulaire ministérielle du 22 déc. 1837, dans les petites communes, c'est la quotité moyenne des trois dernières années qui doit servir de base, en cas de refus de la part des conseils municipaux. Et aucune difficulté ne peut s'élever ensuite sur l'allocation par le préfet, ou même l'imposition d'office par ordonnance. — V. Davenne, *loc. cit.*

1177. — Les frais d'impression comprennent seulement tous ceux nécessaires au service de la commune. — V. Boyard, *Nouveau manuel des maires*, vº *Municipalité*, 2e part., p. 177, note 2. — V. la nomenclature de ces imprimés dans une circulaire ministérielle du 17 janv. 1837, et ajoutez le registre destiné à recueillir les arrêtés des maires. — Inst. minist. 8 janv. 1838. — V. Bost, t. 2, p. 438, nº 667.

1178. — L'embarras pour les créanciers de suivre le recouvrement de leur créance auprès des diverses communes auxquelles ils auraient fait une fourniture collective, a fait établir le système des fonds de *cotisations municipales*, au moyen duquel les fonds destinés au paiement de ces fournitures se trouvent centralisés à la caisse du receveur général et employés sur les mandats du préfet (Circ. du 25 nov. 1836). — V. Davenne, *Encyclop. du dr.*, *ibid.* nº 227; et Bost, *loc. cit.*

1179. — Il résulte d'une instruction générale du min. des fin. du 15 déc. 1826, art. 725, que, les frais d'administration étant payables par douzièmes, les mandats sont délivrés à la fin de chaque mois.

1180. —... 3º « *L'abonnement au bulletin des lois.* » — Arrêté des consuls 29 prairial an VIII, et décret 25 mai 1811. — Mais il résulte du rejet d'un amendement présenté par un député, M. Pataille, que les frais de reliure de ce bulletin rentrent dans les dépenses facultatives. — Bost. *loc. cit.*, p. 377, nº 613.

1181. — La collection qui est mise sous la responsabilité du maire doit toujours rester déposée au secrétariat de la mairie. — Lorsqu'un maire cesse ses fonctions, il doit remettre la collection à son successeur, qui doit prendre le soin de constater régulièrement l'état dans lequel il la reçoit. — Si cette formalité a été omise, le maire est présumé avoir reçu la collection complète de son prédécesseur, et si des numéros sont égarés ou détruits, il serait naturel d'en mettre le remplacement à sa charge. — Avis du com. de l'int. 25 juin 1830.

1182. —... 4º « *Les frais de recensement de la population.* » — Ces frais, qui ne sont le plus souvent que ceux des imprimés, dont le prix est payé, comme nous l'avons dit *suprà* (nº 1177), sur les fonds des cotisations municipales, revenaient assez fréquemment quand, aux termes des lois des 22 juill. 1791 et 10 vendém. an IV, sur la police des communes, le recensement général de la population de chaque commune devait être fait annuellement. Mais aujourd'hui on se borne à le renouveler tous les cinq ans. — V. RECENSEMENT.

1183. —... 5º « *Les frais des registres de l'état civil et la portion des tables décennales à la charge des communes.* » — Ces frais sont : 1º la fourniture des registres; — 2º le timbre des feuilles; — 3º et le prix du transport des registres. — V. Instr. du 13 mai 1810; circ. 28 oct. 1814 et 18 août 1825. — V. ACTES DE L'ÉTAT CIVIL. — D'après une circulaire du directeur général de la comptabilité des communes et des hospices du 7 août 1813, cette dépense des tables décennales, payable par les communes, devant être considérée comme extraordinaire, le paiement devait en être effectué au moyen des fonds portés au chapitre des dépenses imprévues, s'il n'était pas possible de le faire par un autre crédit. — Davenne, *ibid.*, nº 232.

1184... — 6º « *Le traitement du receveur municipal, du préposé en chef de l'octroi et les frais de perception.* » — On aurait pu penser que le traitement du chef de l'octroi aurait dû être pour partie à la charge du gouvernement, qui prélève un dixième sur les produits de l'octroi; mais un amendement, proposé à cet effet par M. Vatout, fut rejeté comme contraire à la législation permanente. — Bost, t. 2, nº 615. — Il faut remarquer que les frais dont il est question dans le § 6 s'appliquent uniquement, d'après les termes et l'esprit de la loi, aux frais de perception de l'octroi, et non à ceux de tous les revenus communaux en général. — Lettre du min. de l'int. au min. des fin. 14 juin 1838.

1185. —... 7º « *Le traitement des gardes des bois de la commune et des gardes champêtres.* » — Ces dépenses étaient déjà obligatoires pour chaque commune, aux termes des lois des 6 oct. 1791, 8 juill. 1792, 20 messid. an III, 14 frim. an VII et 28 pluv. an VIII. — Elles leur étaient imposées encore par le décret du 25 fructid. an XIII et par le Code forestier, art. 160 et suiv. — Mais ces dépenses sont-elles obligatoires en ce sens que la loi force chaque commune à avoir un garde champêtre, soit exclusivement, soit collectivement? — V. sur ce point le mot GARDE CHAMPÊTRE.

1186. —.. 8º « *Le traitement et les frais de bureau du commissaire de police, tels qu'ils sont déterminés par les lois.* » — Ces dépenses ne sont obligatoires que dans les termes d'un arrêté du 23 fructid. an IX, d'un décret du 9 germin. an XI et de la loi du 22 mars 1813, qui sont les lois auxquelles le § 8 renvoie. Le rapporteur de la chambre des députés s'est expliqué formellement à cet égard. — Bost, nº 618; Foucart, nº 8; Laferrière, *Cours de dr. pub. et admin.*, p. 561, note 2e. — V. COMMISSAIRE DE POLICE.

1187... — 9º « *Les pensions des employés municipaux et des commissaires de police, régulièrement liquidées et approuvées.* » — Cette dépense n'est obligatoire pour les communes qu'autant qu'elles se sont imposé elles-mêmes cette obligation de donner des pensions à certains employés. La loi se borne ici à forcer la commune à payer la dette qu'elle a bien voulu s'imposer à elle-même. — Bost *ibid.*; Duvergier, *Collect. des lois*, année 1837, p. 243, note 2e; avis du comité de l'int. 1er juill. 1831 et 24 fév. 1835.

1188. — Si cependant il existait un règlement particulier qui liât les communes vis-à-vis de leurs employés, ou si les traitemens de ces derniers étaient assujétis à retenue au profit d'une caisse de retraite, il y aurait lieu de se conformer au décret du 4 juill. 1806, relatif aux pensions des employés du ministère de l'intérieur et déclaré applicable aux employés des services départementaux et communaux par un avis du conseil d'état des 12-17 nov. 1811, pour poursuivre et opérer les liquidations. — Davennes, vº *Commune*, nº 257.

1189. —... 10º « *Les frais de loyer et de réparation du local de la justice de paix, ainsi que ceux d'achat et d'entretien de son mobilier, dans les communes chefs-lieux de canton.* » — Plusieurs députés pensaient qu'il était injuste de faire supporter à une seule commune des dépenses occasionées dans l'intérêt de plusieurs, et ils se fondaient sur ce qui se passe, à cet égard, pour les tribunaux de première instance et les cours royales, dont les dépenses sont à la charge des départemens. — Cette opinion, qui est aussi celle de M. Boyard (vº *Municipalité*, p. 177, note 4e), fut repoussée par ce motif que les justices de paix offrent une source de profits nombreux pour les communes chefs-lieux de canton où elles sont établies. — Bost, *ibid.*, nº 620.

1190. — Les villes composées de plusieurs cantons sont-elles obligées de fournir, dans chaque justice de paix, un lieu spécial pour la tenue des audiences de chaque juge de paix, ou bien le même prétoire doit-il servir à tous? — Cette question, à laquelle avaient donné lieu les prétentions de quelques administrations municipales, a été résolue de concert par les ministres de la justice et de l'intérieur, conformément à ce principe de droit commun, que tout tribunal, tout juge, n'est compétent que sur son territoire. — Il n'existe, d'ailleurs, dans les lois des 11 sept. 1790 et 28 flor. an X, ni dans la loi de 1837, aucune distinction à cet égard, et, le plus souvent, la tenue des audiences dans un même local entraverait le cours de la justice dans beaucoup de villes. — Décis. min. int. 19 juin 1839; Davenne, *Encyclop. du droit*, nº 258.

1191. — Quant aux autres dépenses relatives à ces objets, non insérées dans la loi de 1837, elles sont mises à la charge des départemens par la loi du 10 mai 1838, art. 12, § 8. — Foucart, t. 3, nº 123.

1192. —.. 11º « *Les dépenses de la garde nationale telles qu'elles sont déterminées par les lois.* » — Ces dépenses sont fixées par la loi du 22 mars 1831, art. 81, et par une circulaire ministérielle du 25 avr. 1832. — V. GARDE NATIONALE. — Il résulte de deux décisions du ministre de l'intérieur, l'une du 22 sept. et l'autre du 15 mars 1837, qu'il n'y a d'obligatoire dans le sens de notre paragraphe, que les dépenses qualifiées par la loi de 1831 de *dépenses ordinaires*; quant à celles qui forment la seconde catégorie de l'art. 81, et qui sont réputées *dépenses extraordinaires*, les communes ne sont point obligées d'y pourvoir. — V. aussi un avis du cons. d'état du 5 août 1831, interprétatif de l'art. 81, L. 22 mars 1831, sur le concours de plusieurs communes pour la formation d'un bataillon.

1193. —... 12º « *Les dépenses relatives à l'instruction publique, conformément aux lois.* » — Ces lois sont un décret des 15 nov. 1811, sur les colléges communaux, et la loi du 23 juin 1833, sur l'instruction primaire, art. 9, 10, 12 et suiv. — V. aussi circul. min. 20 avr. et 25 nov. 1835.

1194. —... 13º « *L'indemnité de logement aux curés et desservans, et autres ministres des cultes salariés par l'état, lorsqu'il n'existe pas de bâtiment affecté à leur logement.* » — L'art. 92, § 2, décr. 30 déc. 1809, contenait les mêmes dispositions. — Cette indemnité doit être évidemment proportionnée à la position plus ou moins élevée du curé dans l'ordre hiérarchique. Mais est-elle tellement obligatoire pour la commune que celle-ci soit tenue, dans tous les cas, d'en payer le montant, même lorsque les revenus de la fabrique sont suffisans pour y subvenir?

1195. — Cette question, soumise à l'administration et aux tribunaux, a soulevé une grande controverse. — Ainsi, l'administration a reconnu, en principe, qu'aux termes du décret précité du 30 déc. 1809, art. 93, les communes n'étaient tenues que subsidiairement de ces sortes de dépenses, qu'elles n'étaient donc obligatoires pour elles que dans le cas d'insuffisance des revenus propres des fabriques. Mais la cour de Cassation a décidé le contraire. — *Cass.*, 7 janv. 1839 (t. 1er 1846, p. 91), ville de Dijon c. fabrique de la paroisse Notre-Dame.

1196. — La doctrine adoptée par cet arrêt est aussi enseignée par plusieurs auteurs. — Ainsi, Merlin (*Rép.*, vº *Maire*, sect. 15e, § 2) dit que « les presbytères et les jardins y attenant, qui n'ont pas été aliénés, sont rendus aux curés et desservans des succursales; mais à défaut de ces presbytères, les communes leur procurent, *à leurs frais*, un logement, et, à défaut de logement, y suppléent par une indemnité en argent. » — V. conf. Favard, *Rép. de la nouvelle législation*, vº *Fabrique*, § 6, et Lebesnier, *Traité spécial sur la législation des fabriques*.

1197. — Le ministre de l'intérieur, par décision du 19 janv. 1823, s'exprimait aussi dans le même sens. « Toutes les fois, disait-il, que des contestations sont survenues au sujet des logemens des curés ou desservans, il a toujours été décidé que les communes étaient tenues, quels que fussent d'ailleurs *les revenus de la fabrique*, de procurer au desservant un presbytère, ou, à défaut de presbytère, une indemnité pécuniaire. » Ainsi, d'après cette décision, il paraîtrait même que la jurisprudence administrative était alors fixée sur ce point.

1198. — Depuis l'arrêt de la cour de Cassation, le Conseil d'état a émis, le 21 août 1839, un avis contraire à la décision de la cour suprême, et dont voici les motifs : « Vu l'art. 72 de la loi du 18 germin. an X; vu l'arrêté du 7 vent. an XI; vu la circulaire ministérielle du 20 vent. an XI; vu le décret du 30 mai 1806; vu le décret du 30 déc. 1809; vu la loi municipale du 18 juill. 1837; considérant que l'obligation pour les fabriques de subvenir, lorsque leurs ressources sont suffisantes, à toutes les dépenses relatives à la célébration, aux édifices et au logement des ministres du culte, ressort également de leur destination, de celle des biens qui leur ont été affectés par l'état à titre de dotation et des dispositions formelles des décrets qui régissent la matière; que le décret du 30 mai 1806, notamment, leur a donné les églises et presbytères des anciennes paroisses supprimées, précisément afin, dit son art. 2, qu'elles en tirent, soit par la vente, soit par la location, un revenu qui serve, en première ligne, à l'acquisition des presbytères, ou de toute autre manière aux dépenses de logement des curés ou desservans dans les paroisses où il n'existerait pas de presbytère; que l'esprit et les termes du décret du 30 déc. 1809 sur l'organisation et l'administration des fabriques, ne sont pas moins clairs ni moins explicites; que dans le § 4 de son art. 37, comme dans les art. 42, 43 et 46, relatifs aux charges et au budget des fabriques, il appelle formellement ces dernières à concourir, jusqu'à concurrence de l'excédant de leurs revenus, aux grosses réparations et reconstructions des églises et des presbytères, et leur impose par conséquent en réalité la charge du logement des

curés ou desservans; que, dans ses art. 92 et 93, relatifs aux charges des communes, après avoir mis au nombre de ces charges le logement du curé, ou, à défaut de presbytère, l'indemnité de logement, il explique encore, en termes exprès et formels, que les fabriques ne peuvent cependant recourir aux communes pour cette dépense que dans le cas d'insuffisance de leurs propres revenus; que, d'après le système de ce décret, les fabriques sont constamment les *premières obligées* pour toutes les dépenses du culte, quelle que soit leur nature, de même que les communes sont appelées, par réciprocité, à subvenir à l'insuffisance de leurs revenus, quelle que soit également la nature de la dépense; qu'aucun acte législatif nouveau n'a modifié à cet égard l'état de la législation; qu'à la vérité la loi municipale, intervenue en 1837, en faisant l'énumération des dépenses obligatoires des communes, y a compris l'indemnité de logement, sans faire la réserve des obligations imposées en première ligne à la fabrique, mais que, dans cette énumération, la loi n'a eu pour objet que de résumer et de coordonner les charges imposées aux communes par les différens actes de la législation antérieure, et qu'il est impossible de conclure de son silence à l'égard des fabriques qu'elle ait voulu modifier la situation que leur avait faite le décret organique du 30 déc. 1809: Est d'avis que les fabriques doivent appliquer l'excédant de leurs revenus à l'indemnité de logement due au curé ou desservant, à défaut de presbytère, et que cette indemnité n'est à la charge des communes que dans le cas où l'insuffisance des revenus de la fabrique ne permet pas d'y subvenir sur ses propres revenus. » — V. conf. Foucart, t. 3, p. 185, no 216.

1199.—...14o. «*Les secours aux fabriques des églises et autres administrations préposées aux cultes dont les ministres sont salariés par l'état, en cas d'insuffisance de leurs revenus, justifiée par leurs comptes et budgets.* » — A propos de ce paragraphe, plusieurs députés ne voulaient faire entrer cette sorte de dépenses que dans la classe des dépenses facultatives. Mais cependant, comme on ne pouvait refuser aux fabriques un secours, dans le cas d'insuffisance de leurs revenus, la chambre rangea ce secours dans la classe des dépenses obligatoires des communes, mais seulement après la justification, par des comptes et des budgets réguliers, que ce secours est indispensable.

1200. — Le projet du gouvernement allait plus loin: il comprenait dans cette même classe les secours aux hôpitaux et hospices; mais la commission jugea qu'ils ne devaient être compris que dans celle des dépenses facultatives.

1201. — De ce que les communes, en cas d'insuffisance des ressources des fabriques, sont tenues de subvenir aux dépenses du culte, il s'ensuit que les fabriques ne doivent pas plaider sans la participation de l'autorité municipale, les frais du procès de la fabrique pouvant retomber à la charge de la commune. Toutefois le concours de la commune n'est plus nécessaire, si les fabriciens ont pris l'engagement personnel de supporter tous les frais qui pourraient résulter de l'action par eux intentée; cette obligation est valable et ne peut être annulée par le conseil de préfecture.—*Cons. d'état*, 25 fév. 1818, fabrique de Fontenay. — V. Cormenin, vo *Fabriques*, § 2, p. 251; et Chevalier, *Jurispr. admin.*, vo *Fabriques*, t. 2, p. 105 et 106.

1202. — Lorsqu'il s'agit des presbytères dont les communes sont propriétaires, ce n'est pas seulement à cause de la responsabilité des frais, c'est à cause de la qualité de propriétaire que la commune doit intervenir. — *Cons. d'état*, 15 juin 1832, fabrique d'Annebecq.

1203. — De même, l'action en réparation d'une usurpation commise au préjudice de l'église peut être intentée par la commune aussi bien que par la fabrique.— *Paris*, 29 déc. 1835, Gérard c. comm. de Montreuil; *Poitiers*, 20 fév. 1835, Habroue de Vareilles c. comm. de Sommières.

1204. — Lorsque, sur l'action dirigée contre elle en délaissement d'une église, une fabrique se défend en soutenant qu'elle a été établie dans cette église par les autorités compétentes, sur l'offre des propriétaires, constatée et acceptée, au nom de la commune, par délibération du conseil municipal, une telle action concernant dès-lors en réalité la commune, le délaissement ne peut être ordonné, ni une condamnation en dommages-intérêts, pour jouissance prolongée de l'église, prononcée contre la fabrique seule, sans que cette commune ait été mise en cause. — *Cass.*, 12 mars 1839 (t. 1er 1839, p. 380), Fabrique de Sainte-Eulalie et Masclary c. Pradel.

1205. — C'est au maire, dûment autorisé, et non au trésorier de la fabrique, qu'il appartient de former l'action pétitoire concernant un terrain donné par des particuliers aux habitans d'une section de commune pour y bâtir une église, encore bien que cette église ait cessé d'être une succursale, et qu'elle ne soit plus desservie que comme chapelle. — *Angers*, 16 déc. 1842 (1er 1843, p. 81), Maire de Pruniers c. Mabille-Ouvrard.

1206. — Cependant il a été jugé que les communes n'ont pas qualité pour intenter les actions réelles qui concernent les églises: aux fabriques seules appartient ce droit. — *Nancy*, 31 mai 1827, Ville de Mirecourt c. Thirion; — V. Noyon, *Législation sur les cultes*, p. 174, et Bioche, *Dict. de procéd.*, vo *Fabrique*, nos 20 et 21. — Il y a eu contre cet arrêt un pourvoi qui a été admis par la chambre des requêtes, mais sur lequel il est intervenu une transaction.

1207. — Lorsqu'une paroisse se compose de plusieurs communes, la répartition des frais du culte doit être faite administrativement et au marc le franc de leurs contributions respectives, nonobstant les anciens titres.—*Cons. d'état*, 11 juin 1828, commune de Brettigney.—V. aussi *Cons. d'état*, 4 nov. 1831, ville de Saint-Étienne; 17 juin 1834, commune de Villars-Rollin; 3 mai 1837, ville de Saint-Étienne; — Cormenin, vo *Communes*, t. 1er, p. 374. — V. CULTE, ÉGLISE.

1208.—Ainsi encore, lorsqu'un même travail intéresse plusieurs communes et qu'il s'élève des difficultés sur la part de la dépense que chacune d'elles doit supporter, c'est à l'autorité administrative, et non aux tribunaux ordinaires, qu'il appartient de prononcer. — *Cons. d'état*, 23 avril 1840, commune d'Orgelet.

1209. — Si les revenus des communes étaient eux-mêmes insuffisans pour subvenir à ces dépenses, il y aurait lieu de prélever un impôt extraordinaire; et ce dernier moyen épuisé, s'il ne suffisait pas, le maire devrait alors demander au sous-préfet une subvention, qui pourrait être accordée, en cas de besoin, par les ministres de l'intérieur et des cultes. — V. Bost, t. 2, p. 389, no 624.

1210.—... 15o «*Le contingent assigné à la commune, conformément aux lois, dans la dépense des enfans trouvés et abandonnés.* » — La partie de cette dépense mise à la charge des communes par le décret du 19 janvier 1811, art. 11 et 12, n'est, d'après une circulaire du 19 mars 1817, que subsidiaire. Le droit de délibérer sur cette part de dépenses afférentes aux communes est attribué au conseil général par la loi du 10 mai 1838, art. 4, § 15, et sa délibération a une force obligatoire incontestable, sauf l'approbation de l'autorité supérieure exigée par l'art. 5 de cette dernière loi. Cependant le concours des communes ne doit, dans aucun cas, excéder le cinquième de la dépense. — Circ. minist. du 21 août 1839. — V. Foucart, t. 2, p. 189, 126, 209, 248. — V. ENFANS TROUVÉS ET ABANDONNÉS.

1211.—Il n'est pas question, dans ce paragraphe, de la dépense imposée aux communes relativement aux aliénés; mais elle se trouve mentionnée dans l'art. 5 de la loi du budget des dépenses du 20 juill. 1837, et la commune est encore appelée à concourir à cette dépense sur le vœu du conseil général. — V. ALIÉNÉS.

1212.—... 16o «*Les grosses réparations aux édifices communaux, sauf l'exécution des lois spéciales concernant les bâtimens militaires et les édifices consacrés au culte.* » — Il était à craindre de voir tomber en ruine certains édifices communaux, par la négligence ou l'insouciance de quelque administration municipale; la loi a voulu parer à cet inconvénient en rendant obligatoires les dépenses nécessaires pour y faire les grosses réparations. — L'art. 606, C. civ., indique ce que l'on doit entendre par ces mots: grosses réparations.—M. Duvergier, *Collect. des lois*, ann. 1837, p. 243, note 7, fait remarquer que s'il n'est question que des grosses réparations, le § 1er de l'art. 30 considère comme obligatoire, ainsi que nous l'avons vu *suprà* (no 1165), la dépense nécessaire pour l'entretien de l'Hôtel-de-Ville.—Il semblerait, dès lors, que les dispositions du § 16 forment la règle générale.—Selon M. Boyard, vo *Municipalité*, p. 178, note 1re, les presbytères et maisons d'école doivent être compris sous la dénomination d'édifices communaux.

1213. — Les lois spéciales concernant les bâtimens militaires, tels que casernes, hôpitaux, manutentions, corps de garde et autres, sont: 1o le décret du 23 avr. 1810, qui les donna aux villes où ils sont situés, pour en jouir et les entretenir à partir du 1er juill. suivant, mais sans pouvoir en disposer sans l'autorisation du gouvernement; 2o le décret du 16 sept. 1811, qui détermine leur mode d'administration, tant dans les places de guerre que dans les villes non fortifiées; et 3o la loi des 5-27 août 1818, qui attribue au département de la guerre l'usufruit de ces bâtimens, et en conserve aux communes la propriété.

1214. — La loi du 15 mai 1818 et l'ordonnance royale du 5 août suivant ont établi une règle nouvelle et fixe, à compter de l'exercice 1818; et, à dater de cette époque, elles ont mis à la charge du département de la guerre toutes les dépenses relatives au service principal ou accessoire du casernement; mais les communes doivent payer les dépenses qui auraient eu lieu par suite d'un défaut de réparations dans les exercices antérieurs, ainsi que celles qu'elles auraient évitées, pour l'avenir, par des constructions neuves ou un entretien régulier. — Les communes n'ont le droit de répéter aucune indemnité pour raison des constructions qui auraient été faites pour casernement. — *Cons. d'état*, 22 fév. 1821, commune de Toulouse.

1215. — Mais la commune qui s'est engagée à contribuer, pour une quotité, aux frais des constructions d'une caserne, ne peut pas, si les dépenses excèdent les prévisions du devis, être forcée par le ministre à contribuer, dans la même proportion, au paiement de l'excédant — *Cons. d'état*, 29 nov. 1833, ville de Pau c. min de la guerre.

1216. —La loi du 15 mai 1818, qui affranchit les villes de l'obligation de fournir les magasins des lits militaires, ne s'applique pas au cas où les cessions absolues de bâtimens et de terrains faisaient l'objet d'un bénéfice ou d'une charge déterminée, et, par exemple, ne les affranchit pas de la condition de fournir un emplacement pour les magasins des lits militaires.—Ces cessions ne sont maintenues qu'autant que la condition prescrite se trouve entièrement remplie.—*Cons. d'état*, 9 janv. 1828, ville de Toulouse.

1217. — Les communes doivent être mises en jouissance des casernes et autres bâtimens militaires dont la nu-propriété leur avait été attribuée par le décret du 23 avril 1810, lorsque ces bâtimens, qui, pour leur conservation et leur police, étaient restés sous l'administration directe et exclusive du ministre de la guerre, sont abandonnés, par ce ministre, par suite de leur inutilité absolue.—Une ordonnance royale qui affecte un bâtiment de cette nature à un autre service, sans le consentement de la commune, et sans qu'elle ait été appelée à faire valoir ses droits, peut être attaquée par la voie de l'opposition. — *Cons. d'état*, 21 janv. 1829, ville de Strasbourg. — V. CASERNE, CASERNEMENT.

1218. — Quant aux édifices consacrés au culte, le décret de 1809 impose aux communes la charge de faire faire les réparations qui sont nécessaires pour leur conservation. — Art. 37, 46, 92 et 94. — V. CULTE, ÉGLISE.

1219. — Il faut considérer aussi comme obligatoires les dépenses nécessaires pour les travaux communaux qui présentent un caractère d'utilité publique, ainsi que celles qui ont pour objet la construction d'une église, d'une fontaine, d'une place, de voies publiques, etc.—V. TRAVAUX PUBLICS.

1220.— ... 17o « *La clôture des cimetières, leur entretien et leur translation dans les cas déterminés par les lois et réglemens d'administration publique.* » —Ce paragraphe est une modification de la législation antérieure, qui laissait cette dépense à la charge des fabriques. — Décr. 30 déc. 1809. — Quant à la clôture, l'entretien et la translation du cimetière, V. CIMETIÈRE.

1221. — ... 18o « *Les frais des plans d'alignement.* » —L'art. 52 de la loi du 16 sept. 1807 n'exigeait la levée des plans d'alignement que pour les villes. Le paragraphe ci-dessus ne fait aucune distinction entre les villes et les communes rurales. Il faut conclure de là que ces dernières sont obligées de faire confectionner des plans d'alignement. — Il résulte, du reste, des observations présentées par les rapporteurs des deux chambres pour obtenir la suppression des mots *prescrits par la loi*, qui se trouvaient dans le projet, que le vœu de la loi est de donner à l'administration supérieure le pouvoir de contraindre les communes à faire la dépense nécessaire à la confection des plans d'alignement. — V. Duvergier, *Collect. des lois*, année 1837, p. 244, note 1re.

1222.—C'est aussi l'opinion de M. Bost (t. 1er, p. 421, no 304), qui fait observer toutefois que la difficulté d'exécution qu'offrent pour certaines communes rurales les dispositions du § 18 de l'art. 30 de la loi du 18 juill. 1837, engage l'administration à continuer de mettre ces communes sous les dispositions d'une circulaire du 17 août 1813. Cette circulaire dispense de l'obligation de faire confectionner des plans d'alignemens les communes dont la population agglomérée ne s'élève pas à deux mille individus.

1223. — M. Boyard (*loc. cit.*, note 2) ne semble pas admettre entièrement cette opinion: « La loi, dit-il, ne prescrit rien à cet égard pour les communes rurales; mais par cela même elle ne défend

rien ; c'est aux conseils municipaux qu'il appartient de juger de la nécessité d'un plan et d'en voter les frais. — V ALIGNEMENT, VOIRIE.

1224. — ... 19° « *Les frais et dépenses des conseils de Prud'hommes pour les communes où ils siègent.* » —Ces frais et dépenses se trouvent réglés par le décret du 11 juin 1809, art. 70, 71 et 72 La loi de 1837 n'a fait que rendre obligatoires ces sortes de dépenses. — V. PRUD'HOMMES.

1225. — Il en est de même pour ce qui concerne les mêmes frais des chambres consultatives des arts et manufactures, la loi de 1837 n'a fait que les rendre obligatoires pour les communes où elles existent, confirmant dès-lors les dispositions de l'arrêté du 10 therm. an XI, art. 8 et 9, qui règlent ces frais. Ces dispositions avaient aussi été maintenues par l'ordon. royale du 16 juin 1832, art. 16. — V. CHAMBRE CONSULTATIVE.

1126. — ... 20° « *Les contributions et prélèvemens établis par les lois sur les biens et revenus communaux.* »—La loi de 1837 confirme, dans ce paragraphe, les dispositions de la loi du 3 frim. an VII, art. 109 et 110, qui assujétit au paiement de la contribution foncière tous les biens des communes productifs de revenus.

1227. — Les établissemens publics, tels que les halles, marchés, abattoirs, qui rapportent également un revenu à la commune, sont-ils, comme les biens communaux, également imposables ? — L'affirmative résulte de plusieurs décisions du conseil d'état.—Ainsi, jugé que les halles appartenant primitivement à une commune et lui produisant un revenu sont soumises à la contribution foncière ; — que l'exemption d'impôt accordée par les art. 103 et 105 de la loi du 3 frim. an VII ne s'applique qu'aux foires et marchés établis sur les rues ou places publiques et aux établissemens non productifs de revenu. — *Cons. d'état*, 3 mars 1837, min. des fin. c. comm. de Beuzeville.— V. conf. *Cons. d'état*, 26 oct. 1836, ville d'Alençon; et, à l'égard des abattoirs, 19 juill. 1837, Tessier.

1228. — Cependant le comité des finances, consulté sur la cotisation à la contribution foncière d'une halle de Marseille, émit, le 26 juin 1813, un avis contraire à ces décisions. Il décida, en effet, qu'il n'était pas dû de contribution foncière par la ville pour la halle, et que la cote de cette halle devait être rayée du rôle. Il se fonda 1° sur l'art. 103 de la loi du 3 frim. an VII; 2° sur la loi du 11 du même mois.

1229. — Les prescriptions de la loi du 26 germ. an XI relatives au mode de réglement de ces contributions, soit qu'elles soient prélevées sur les biens donnés à bail, ou sur des biens abandonnés à la jouissance commune, continuent toujours à recevoir leur exécution. Ce sont ces divers prélèvemens et celui du dixième du produit de l'octroi au profit du trésor (loi du 28 avr. 1816) qui font l'objet des dispositions de ce paragraphe. — V. OCTROI.

1230.—...21° « *L'acquittement des dettes exigibles.* » —Nous avons vu *suprà* (nos 909 et suiv.) que toutes les dettes contractées anciennement par les communes jusque et y compris le 10 août 1793, ont été nationalisées et mises à la charge de l'état par la loi du 24 août 1793, art. 82, 83 et 90.—Il ne s'agit donc ici que des dettes que la commune a été autorisée régulièrement à contracter, et qui ne peuvent plus dès-lors faire l'objet de contestations ; — et 2° de celles qui, ayant été contestées, ont été reconnues légitimes ou par un arrêté du conseil de préfecture ou par une décision judiciaire. — Bost, t. 2, p. 391, n° 631.

1231. — « Il est nécessaire de bien s'entendre, dit une circulaire du ministre de l'intérieur, du 8 août 1833, sur la nature des engagemens qui constituent les dettes. Il ne faudrait pas ranger dans cette catégorie des dépenses qui, bien que créditées au budget, n'ont pas encore été acquittées, soit parce que les fournisseurs n'ont pas produit leurs mémoires, soit parce que la liquidation n'est pas entièrement terminée, soit enfin par toute autre circonstance analogue. Il est évident, en effet, que ce ne sont pas là des dettes à proprement parler, puisque les fonds nécessaires pour solder les dépenses existent dans les caisses municipales. Ce qu'il faut comprendre ici sous cette dénomination, ce sont, par exemple, les rentes ou redevances dues par les communes, soit à des établissemens, soit à des particuliers, en vertu de titres réguliers, et tous les engagemens, en un mot, qui constituent pour la commune une charge de quelque durée, et à laquelle elle n'est pas libre de se soustraire. »

1232. — En un mot, le caractère de dettes exigibles doit être attribué à toute délibération municipale qui a reçu l'approbation de l'autorité supérieure sur le vote d'une dépense, même facultative, laquelle, devant profiter à des tiers, ouvre

COMMUNE, ch. 7, sect. 1re.

des droits en leur faveur. — L'autorité supérieure compétente a dès-lors le droit d'en assurer l'exécution et d'office et par les voies de droit, si la commune oppose son refus.— Décis. min. de l'int. 20 juin 1839.

1233. — Cette transformation de dépense facultative en dépense obligatoire ne doit avoir lieu que dans les cas extraordinaires, car elle nécessite la sanction de l'autorité royale sur une imposition à laquelle il faut recourir. — Il est donc bon que les préfets refusent l'autorisation des communes pour de pareils engagemens lorsqu'ils dépassent les ressources qu'elles peuvent y affecter. — Davenne, *Encycl. du dr.*, v° *Communes*.

1234. — La loi du 10 vendém. an IV met encore à la charge des communes certaines dettes obligatoires pour elles. —V. à cet égard *infrà* nos 1484 et suiv.— Bost, t. 2, p. 392, n° 632.

1235.—De ce que nous avons dit *suprà* (nos 1250 et suiv.) il résulte qu'il y a des dettes communales qui peuvent donner lieu à contestation et d'autres qui ne peuvent être contestées. — Cette différence dans la nature de la dette influe-t-elle en quelque chose sur la compétence des tribunaux chargés de connaître des engagemens des communes ?

1236. — Les règles qui servent de base aux engagemens communaux, quant à leurs effets et leur exécution, prennent évidemment leur source dans le droit commun et tombent dans le domaine du juge civil; ce dernier doit donc être seul compétent pour reconnaître et déclarer la dette.— Dufour, *Dr. admin. appliq.*, t. 1er, p. 612, n° 724.

1237.— Cependant, de ce principe que les communes ne peuvent rien payer qu'autant qu'elles y ont été autorisées par leur budget annuel (Avis du cons. d'état 26 mai 1813; — *Cons. d'état*, 19 oct. 1825, Reynes), on a quelquefois tiré une conséquence erronée, en attribuant, dans tous les cas, à l'autorité administrative le jugement des contestations relatives aux dettes des communes.— Dufour, *ibid.*

1238.— Ainsi il a été jugé, dans ce sens, que c'est devant l'autorité administrative que doit être portée la demande à fin de paiement d'une dette communale; et que, les corps municipaux étant spécialement chargés, par la loi du 5 déc. 1790, de régler et d'acquitter les dépenses qui doivent être payées des deniers communs, c'est aux autorités administratives supérieures que doit s'adresser, pour se faire rendre justice, le créancier qui a éprouvé une résistance injuste de la part des magistrats de la commune. — *Cass*, 2 flor. an IX (int. de la loi), Albert et Grandeserre c. Royer.

1239. — ...Qu'aux termes de l'avis du conseil d'état, approuvé le 26 mai 1813, le paiement des sommes dues par les communes doit être poursuivi par la voie administrative; qu'en conséquence, les tribunaux sont incompétens pour prononcer la condamnation d'une somme empruntée par un conseiller municipal, pour le compte d'une commune, afin de subvenir aux charges de guerre. — *Cons. d'état*, 11 déc. 1816, Loeglin et Mégel c. Althanser.

2240. — Mais la jurisprudence a pour règle que les tribunaux sont compétens pour prononcer sur l'existence ou la quotité de la dette, lorsqu'il y a contestation à ce sujet, et qu'à l'administration seule appartient d'ordonner le paiement et de prescrire les mesures nécessaires pour y arriver. — Dufour, *ibid.*; Cormenin, *Dr. admin.*, v° *Communes*, t. 1er, p. 421.

1241. — Toutefois, cette règle ne dispense pas le créancier qui se voit forcé de poursuivre judiciairement une commune, de s'adresser préalablement à l'administration départementale pour la faire autoriser à défendre à l'action qu'il veut intenter contre elle. —L. 18 juill. 1837, art. 51. — V. aussi AUTORISATION DE PLAIDER.

1242. — C'est à cette obligation que se rapporte la décision suivante :—Le particulier qui se prétend créancier d'une commune doit s'adresser à l'administration départementale pour demander son paiement, et le préfet excède ses attributions s'il déclare qu'il n'y a lieu de faire droit à cette demande. — Mais l'arrêté du préfet doit être déféré au ministre de l'intérieur, avant d'être attaqué devant le conseil d'état.—*Cons. d'état*, 19 déc. 1821, Morin. — Sur la voie à suivre par les créanciers des communes, V. *Cons. d'état*, 17 janv. 1814 (Marquet), et le renvoi.

1243. — S'il appartient à l'autorité administrative d'assigner des fonds pour le paiement des rentes dues par les communes, c'est à l'autorité judiciaire à statuer sur les questions de savoir si ces rentes sont dues, et à qui elles sont dues. — *Cons. d'état*, 19 août 1808, Goès c. Goossens.

1244. — En conséquence, l'échevin qui a constitué une rente au nom de la commune et s'est obligé personnellement à la garantie de cette

COMMUNE, ch. 7, sect. 1re.

rente, peut être poursuivi devant les tribunaux. — *Cons. d'état.*, 19 août 1808, Goes c. Goossens.

1245.— Quoique la loi du 24 août 1793 ait mis à la charge de la nation les dettes antérieurement contractées par les communes, il n'appartient pas moins aux tribunaux civils de reconnaître et constater ces dettes, sauf à renvoyer les créanciers à se pourvoir en liquidation. — *Cons. d'état*, 2 fév. 1815, comm. de Moncel et Happencourt c. Beaulieu.

1246. — Jugé que, si, aux termes de l'avis du conseil d'état du 12 nov. 1806, il a été sursis à toutes poursuites contre les communes jusqu'après la liquidation de leurs dettes, néanmoins, c'est aux tribunaux civils et non à l'autorité administrative d'appliquer cette mesure et de décider jusqu'à quel point ce sursis peut être réclamé par ceux qui se sont volontairement rendus cautions d'une commune. — *Cons. d'état*, 13 janv. 1818, Hubert Lavigne.

1247. — Lorsque, entre une commune et un hospice, s'élève la question de savoir si la commune est assujétie au paiement d'une redevance envers l'hospice, les tribunaux sont seuls compétens pour prononcer. — Les décisions administratives intervenues, en pareille matière, ne peuvent faire obstacle au pourvoi devant les tribunaux, pour faire juger la contestation.— *Cons. d'état*, 16 juin 1824, Brunath c. hospice de Stephansfeld.

1248. —C'est devant les tribunaux et non devant l'autorité administrative que doit être portée la question de savoir si une ville peut invoquer contre son créancier la loi du 16 juill. 1793, qui défend aux administrations publiques d'exécuter sans caution les jugemens qu'elles ont attaqués par le recours en cassation.—*Cons. d'état*, 2 fév. 1826, Marseille.

1249. — Néanmoins, aux termes du décret du 9 vendém. an XIII, relatif à la liquidation des dettes des quatre départemens de la rive gauche du Rhin, il appartenait au préfet de vérifier et reconnaître les titres des créances réclamées contre les communes et d'en dresser le projet de liquidation; mais du moment que la liquidation devenait contentieuse, les parties devaient être renvoyées devant le conseil de préfecture, sur les objets de la contestation. — *Cons. d'état*, 22 mai 1813, Lengler.

1250. — Mais lorsqu'il ne s'élève aucune contestation, soit sur l'existence, soit sur la quotité de la dette, le rôle des tribunaux cesse, et l'affaire devient purement administrative. — Cormenin, *loc. cit.*, p. 424; Foucart, *Elém. de dr. pub. et administ.*, t. 3, n° 132.

1251. — Ainsi, aux termes de l'avis du conseil d'état, approuvé le 26 mai 1813, le paiement des sommes dues par les communes doit être poursuivi par la voie administrative, lorsque ni l'existence ni la quotité de la dette ne sont contestées par la commune. — *Cons. d'état*, 4 août 1819, Richaud.

1252. —Lorsqu'il s'agit du paiement d'une dette communale, elle ne peut être acquittée par un comptable de deniers publics que d'après les ordres de l'autorité administrative. En conséquence, le créancier d'une commune doit se pourvoir pour obtenir paiement devant le préfet, et non devant les tribunaux. — *Cons. d'état*, 11 août 1808, Schwal c. Kirchmer.

1253. — Les tribunaux ne sont compétens pour statuer sur une demande en paiement formée contre une commune, qu'autant qu'il ne s'agit que de fixer le chiffre de la créance.— A l'autorité administrative seule appartient le droit de régler la manière dont la dette sera acquittée par la commune.—*Cons. d'état*, 15 janv. 1809, comm. de Saint-Jouin.

1254. — Lorsqu'une créance contre une commune résulte de mandats délivrés par un maire sur le receveur de la commune, et qu'elle n'est pas contestée, c'est à l'administration qu'il appartient de régler le mode des paiemens à faire sur le budget de la commune. — *Cons. d'état*, 24 oct. 1821, Pastor.

1255. — Il n'appartient qu'à l'autorité administrative de régler la manière dont les dépenses doivent être acquittées.—*Cons. d'état*, 11 brum. an XI, comm. de Nalliers.

1256. — L'autorité judiciaire consomme ses pouvoirs en prononçant des condamnations contre les communes autorisées à plaider : aucune loi ne lui attribue le droit de répartir le montant des condamnations entre les habitans. — Même décision.

1257. —De même, lorsqu'un tribunal condamne une commune à payer une redevance qui est le prix d'un droit d'usage dont tous les habitans jouissent individuellement, il ne peut ordonner au maire de fournir le rôle de ces habitans au créancier, afin que celui-ci puisse se faire payer directement par chacun d'eux. — *Cass.*, 23 oct. 1809,

contin. des Vallois et Sans-Vallois, Rollet et Claude c. Bresson.

1258. — Les dettes qui ont été reconnues après contestation, comme celles qui n'ont pas été contestées, doivent être acquittées. — Mais, comme nous l'avons vu *suprà* (nos 1381 et suiv.), les communes ne pouvant rien payer sans y être autorisées par leur budget annuel, il est nécessaire que le créancier se fasse allouer, par l'administration, une somme destinée à payer sa créance; cette somme est ordinairement portée au passif du budget de l'année suivante. — Foucart, *loc. cit.*, p. 118, no 182.

1259. — Si la commune lui refuse cette allocation, il doit la demander au préfet; et si ce dernier continue à la lui refuser, il peut s'adresser au ministre et au roi. — Foucart, *ibid.*

1260. — Décidé que, lorsqu'une commune refuse le paiement de sa dette, le créancier est en droit de se pourvoir devant le ministre, pour faire comprendre la somme due dans le budget de la commune. — Avis du cons. d'état, des 15 mars 1807 et 26 mai 1813; — *Cons. d'état*, 21 avr. 1832, Gentil de Chavagnac.

1261. — ... Que l'arrêté du préfet qui refuse d'ordonner le paiement d'une dette de commune, ne peut être attaqué devant le conseil d'état par la voie contentieuse; il doit préalablement être déféré au ministre de l'intérieur. — *Cons. d'état*, 15 mars 1815, Palier. — V. conf. Cormenin, vo *Communes*, p. 422.

1262. — Lorsque le revenu ou les fonds libres de la caisse municipale ne suffisent pas pour faire face aux dettes de la commune, il faut alors ou contracter un emprunt, ou établir un impôt extraordinaire, ou aliéner des biens communaux, s'il y en a. — Foucart, *ibid.*; Bost, t. 2, p. 391, no 631.

1263. — Dans ce dernier cas, le créancier, porteur de son titre, doit alors se pourvoir auprès du ministre de l'intérieur, pour être autorisé à poursuivre la vente des rentes ou des propriétés immobilières, conformément à l'art. 46, L. 18 juill. 1837. — Davenne, *Encycl. du dr.*, vo *Commune*, no 287.

1264. — Quant au mode de libération, il est réglé par une ordonnance royale rendue sur le rapport du ministre et du comité de l'intérieur, après, toutefois, que le préfet et le sous-préfet ont été consultés, et que le conseil municipal lui-même a donné son avis. — Et si l'ordonnance royale est contraire aux droits du créancier, ce dernier peut y former tierce-opposition devant le conseil d'état. — Bost, *ibid.*; Cormenin, t. 1er, p. 432.

1265. — Mais ce droit de former opposition accordé au créancier n'appartient pas à la commune. — Ainsi, jugé que les ordonnances royales qui règlent le mode de paiement des condamnations judiciaires prononcées contre une commune, sont des actes de tutelle administrative, contre lesquels cette commune ne peut se pourvoir par la voie contentieuse. — *Cons. d'état*, 11 janv. 1829, comm. de Cassis.

1266. — Si les ressources de la commune sont épuisées, il faut alors avoir recours à l'imposition d'office, conformément à l'art. 39, *in fine*, L. 18 juill. 1837.

1267. — Si enfin la dette de la commune est excessive et hors de proportion avec ses ressources, il y a lieu de la déclarer insolvable. — Avis du cons. d'état des 27 oct. 1830 et 23 août 1836.

1268. — Lorsque la créance d'un particulier contre une commune a été reconnue et liquidée, et que le créancier en a touché le montant sans réserve, il ne peut être admis plus tard à réclamer des intérêts. — *Cons. d'état*, 30 nov. 1832, Veissade.

1269. — Mais les communes doivent les intérêts des sommes dues par elles pour travaux exécutés à leur profit, et ces intérêts doivent être payés à partir du jour de la demande, soit en justice, soit devant l'autorité liquidatrice, lorsqu'ils n'ont pas été stipulés, et surtout qu'il n'y a aucune contestation sur le montant de la créance. (Décr. du 5 germ. an XI.) — *Cons. d'état*, 26 fév. 1823, Soubiron et Vincent c. min. de l'int. — V. conf., Bost, *ibid.*

1270. — M. Davenne (*Encyc. du dr.*, vo *Communes*, no 291) émet l'opinion que ces intérêts ne sont exigibles que par cinq ans. Si M. Davenne a voulu dire que ces intérêts pourraient être frappés par la prescription de cinq ans, fondée par l'art. 2277, il s'est trompé, car cette prescription n'a pu courir pendant le cours de l'instruction qui a lieu sur la demande, soit en justice, soit devant l'autorité liquidatrice.

1271. — Les créanciers porteurs d'obligation contractée pour et au nom de la commune par personne ayant mandat et qualité, ne peuvent actionner que la commune; c'est un principe incontestable. — V. Bost, *ibid.*

1272. — Jugé, dans ce sens, que la dette contractée par des conseillers municipaux pour le compte de la commune, et, par exemple, pour nourriture de soldats placés en subsistance dans la commune, ne peut devenir légalement la cause d'une condamnation judiciaire contre ces conseillers municipaux. C'est là une dette communale dont le recouvrement ne doit être poursuivi, par les créanciers, que par les voies administratives. — *Cons. d'état*, 12 février 1817, Huëler et Rohmer c. Négel.

1273. — Mais, dans le cas contraire, le créancier peut se dispenser de poursuivre la commune. Ainsi, que le maire ou un adjoint, ou un conseiller municipal, soit un ou plusieurs habitans, se soient engagés en leur nom personnel, dans l'intérêt de la commune, sans autorisation, ou en déclarant renoncer au bénéfice de discussion, ou bien encore se porter solidaire et garant: le créancier, dans ce cas, n'est pas forcé d'attaquer la commune. — « La raison en est, dit M. de Cormenin (t. 2, p. 420), que le créancier est maître de choisir entre ses deux débiteurs. »

1274. — Ainsi, les particuliers qui se sont engagés pour des fournitures à faire à une commune peuvent être poursuivis personnellement, lorsqu'il ne résulte pas des termes de la convention qu'ils aient eu qualité ou mandat pour contracter au nom de la commune. — *Cons. d'état*, 26 août 1818, Fumery. — Bost, *ibid.*; Cormenin, p. 419.

1275. — Et, dans ce cas, ce sont les tribunaux civils qui doivent être appelés à connaître des poursuites. — Cormenin, *loc. cit.*, t. 2, p. 420; Dufour, t. 1er, p. 618, no 725.

1276. — Les tribunaux civils sont seuls compétens pour statuer sur l'obligation solidaire contractée par les magistrats d'une commune en leurs noms personnels, dans l'intérêt de la commune. — *Cons. d'état*, 3 janvier 1818, Le Bailly. — Ainsi, jugé que, lorsque les habitans d'une commune, dans l'intérêt de la commune, se sont engagés personnellement et sur leurs biens, les contestations relatives à l'exécution de cette obligation doivent être soumises aux tribunaux. — *Cons. d'état*, 18 mars 1816, Durand.

1277. — De même, lorsque divers habitans d'une commune se sont engagés au paiement d'une dette de la commune, personnellement et solidairement, comme agissant au nom de la commune, la reconnaissance postérieure de la dette par la commune ne peut avoir pour effet de substituer, sans l'intervention du créancier, un autre débiteur à ceux qui ont contracté l'obligation personnelle; et l'exécution de cette obligation doit être poursuivie devant les tribunaux contre les particuliers qui l'ont souscrite. — *Cons. d'état*, 23 mai 1810, préf. de La Drôme.

1278. — Et le billet souscrit par le maire et son adjoint, au profit d'un tiers, pour fournitures faites pour le compte de leur commune, doit être considéré comme un engagement personnel aux signataires, et la demande en paiement de ce billet peut être portée directement devant les tribunaux. — *Cons. d'état*, 8 août 1821, Bœschelin. — V. dans le même sens, 8 janv. 1817, Popirer; 20 juill. 1817, Perret c. Berthod; même jour, Ernst c. Beudélé; — Cormenin, t. 1er, p. 420.

1279. — A l'égard des dettes contractées par les habitans d'une commune, vis-à-vis d'un particulier, résultant d'obligations à eux personnelles et étrangères à la commune, les tribunaux seuls peuvent connaître de ces contestations. — *Cons. d'état*, 10 févr. 1816, Delacourtie.

1280. — Mais s'il y avait difficulté sur la question de savoir si la créance, objet de la contestation, doit ou non être mise à la charge de la commune, par exemple, par suite d'une fin de non recevoir élevée par le maire, se disant n'avoir agi qu'en cette qualité, pour et au nom exclusif de la commune, le tribunal devrait-il surseoir à statuer et renvoyer devant l'autorité administrative? — M. Cormenin (t. 1, p. 42) se prononce pour l'affirmative. Il cite à l'appui de son opinion deux ordonnances des 11 déc. 1816 (Perrin) et 30 juill. 1817 (Perret). — Mais, comme le fait très bien remarquer M. Dufour (t. 1er, p. 615, no 725), les deux ordonnances citées par M. Cormenin sont entièrement étrangères à la question, elles sont intervenues l'une et l'autre sur conflit. — L'opinion de M. Dufour est préférable, surtout aujourd'hui que les tribunaux sont chargés d'appliquer et de faire exécuter les obligations contractées au nom des communes.

1281. — De ce principe, consacré par l'avis du conseil d'état du 12 août 1807, que tout créancier ne peut obtenir, en vertu de son titre, de paiement forcé que de l'administration; et de cet autre principe plus positif encore, que nous avons rappelé *suprà* (nos 1381 et suiv.), et qui se trouve écrit dans un avis du Cons. d'état du 26 mai 1813, qu'une commune ne peut rien payer sans y avoir été autorisée par son budget annuel, il résulte évidemment l'impossibilité pour les créanciers légitimes des communes d'obtenir le paiement de ce qui leur est dû par voie de saisie-arrêt.

1282. — Ainsi, jugé que les créanciers des communes ne peuvent agir par voie de saisie-arrêt, pour obtenir le paiement de leurs créances reconnues en justice. — Ils doivent s'adresser au préfet, seul chargé d'indiquer les fonds affectés à ces paiemens, et de prendre les mesures propres à les effectuer. — *Cons. d'état*, 19 oct. 1825, Reynu et Loujon c. comm. de Blagnac; 17 janv. 1814, Marquet c. comm. de Blagnac; 1er mars 1815, Bazin.

1283. — ... Que l'exécution d'un jugement obtenu contre une commune ne peut être poursuivie par les voies ordinaires employées contre les particuliers; — mais que le créancier doit se pourvoir devant l'autorité administrative pour faire porter un crédit en sa faveur au budget de la commune. — *Bordeaux*, 26 août 1833, Lignac c. Verlhiac. — V. conf. Cormenin, *Quest. de dr. admin.*, vo *Communes*, t. 2, p. 153 et suiv.

1284. — Toutefois, lorsque les habitans d'une commune sont condamnés en la personne du maire, ensemble et solidairement, l'exécution de la sentence peut être poursuivie contre un habitant en particulier. — Même arrêt.

1285. — Mais les tribunaux civils sont seuls compétens pour statuer sur la validité d'une saisie-arrêt formée au préjudice d'une commune, quels que soient d'ailleurs les motifs sur lesquels on voudrait en fonder la nullité. — *Cons. d'état*, 29 avr. 1809, comm. de Bartaine.

1286. — C'est à l'autorité administrative qu'il appartient de connaître d'une action récursoire exercée par des particuliers contre une commune et ayant pour objet le paiement d'une somme qu'ils prétendent avoir avancée, dans l'intérêt de celle-ci, à une époque où ils en étaient administrateurs, et de décider si cette dépense a été régulièrement faite, et doit être admise ou rejetée dans les comptes de la commune. — *Cons. d'état*, 28 fév. 1827, Mariette.

1287. — L'autorité judiciaire est incompétente pour statuer sur la demande intentée contre l'agent d'une commune par l'adjudicataire des travaux à faire au cimetière communal, et tendant au paiement d'ouvrages faits au delà des termes du devis, s'il a été stipulé qu'il ne serait rien fourni de plus sans l'autorisation de l'administration, et si cette administration a refusé de payer l'excédant réclamé. — *Cass.*, 14 vent. an IX, Sandro.

1288. — Lorsqu'un arrêt a condamné solidairement les habitans d'une commune à payer des dommages-intérêts et les frais qu'il met à la charge de cette commune, l'autorité administrative ne peut intervenir pour empêcher l'effet de cette condamnation. — *Cons. d'état*, 29 nov. 1833, préfet de la Dordogne.

1289. — ... 22o « *Et généralement toutes les autres dépenses mises à la charge des communes par une disposition de loi.* » — Cette disposition finale de l'art. 30 n'est qu'indicative et non limitative. — Il y a donc des dépenses autres que celles textuellement rappelées dans l'art. 30, qui sont obligatoires pour les communes.

1290. — Parmi ces dépenses, il faut comprendre: 1o la dépense d'entretien des chemins vicinaux mise à la charge des communes jusqu'à concurrence de cinq centimes additionnels aux contributions directes, si les communes n'ont pas de fonds libres, par l'effet de la loi du 21 mai 1836, art. 2 et 5. — Bost, t. 1er, p. 475. — V. aussi CHEMINS VICINAUX.

1291. — ... 2o Les frais de logement des présidens des cours d'assises. — Ces frais sont mis à la charge des communes par un décret du 27 février 1811. Mais il résulte d'une décision du ministre de l'intérieur, du 13 décembre 1842, que les frais de chauffage et d'éclairage ne peuvent être considérés comme obligatoires pour les villes.

1292. — ... 3o Les frais de route des indigens envoyés aux eaux minérales. — Aux termes de l'art. 6 du décret du 29 floréal an VII, les frais de route des indigens et leurs dépenses pendant leur séjour à l'établissement thermal doivent être supportés par les communes qui les envoient. — Bost, t. 1er, p. 299; Davenne, *Encycl. du dr.*, *loc. cit.*, no 295. — Le même art. 6 ajoute *in fine* que « les communes ont des revenus ou des secours du gouvernement sur lesquels elles doivent pourvoir à cette nature de dépenses. — Cette disposition nous paraît difficile à concilier avec l'état actuel de notre législation. — En effet, aujourd'hui les communes ne reçoivent plus de secours pour cet usage. La seule subvention allouée par le ministre de l'intérieur

aux communes consiste dans celle affectée aux secours pour la construction des ponts à péage sur les chemins vicinaux, et pour la conservation des monumens historiques. — Davenne, *Encycl. du dr.*, *loc. cit.*

1293. — Les communes doivent donc affecter ces dépenses aux revenus de leurs établissemens de secours à domicile, et, en cas d'insuffisance, aux fonds destinés aux dépenses municipales. — Bost, t. 1er, p. 299.

1294. — ... 4° Les frais d'établissement et de service des entrepôts de douanes. — Ces frais, mis d'abord à la charge des communes autorisées à en créer, par la loi du 27 fév. 1832 (art. 10), ont été mis depuis, par la loi de finances du 10 août 1839 (art. 11) à la charge de l'état, pour ce qui concerne le service de la perception et de la surveillance. — Davenne, n° 296.

1295. — L'art. 10, L. 1832, laissant aux communes qui ont des entrepôts de douane la faculté de céder temporairement par adjudication et aux enchères publiques leurs droits de magasinage dans les entrepôts, ces communes peuvent facilement ainsi se décharger de tous les frais qu'occasionnent ces établissemens. — Et, d'ailleurs, comme le fait remarquer un avis du comité de l'intér. du 19 août 1834, ces communes pourraient aussi s'imposer pour ces dépenses comme pour toutes autres dépenses communales.

1296. — ... 5° Les frais d'entretien des aliénés indigens. — L'art. 28, L. 30 juin 1838, après avoir annoncé cette dépense comme essentiellement départementale, ajoute : « sans préjudice du concours de la commune du domicile de l'aliéné, d'après les bases proposées par le conseil général, sur l'avis du préfet, et approuvées par le gouvernement. » — Mais cette subvention imposée à la commune de l'aliéné doit être déterminée d'après des bases équitables, et non pas de manière à ce qu'elle soit entièrement à la charge de la caisse municipale. — Circul. min. de l'intér. 23 juill. 1838. — V. ALIÉNÉS.

1297. — ... 6° Les dépenses mises à la charge des communes par la loi du 7 juin 1845 sur la construction des trottoirs, dans les rues et places désignées par le conseil municipal. — Les frais de constructions des trottoirs doivent être répartis entre les communes et les propriétaires riverains, dans une proportion telle que la portion mise à la charge de la commune soit au moins égale à la moitié de la dépense totale. — Art. 2. — V. TROTTOIRS.

1298. — Quand les ressources des communes sont insuffisantes pour subvenir aux dépenses obligatoires, il y a lieu de prélever une contribution extraordinaire (art. 39) ; mais les délibérations des conseils municipaux sur ce point ne peuvent être exécutoires qu'avec l'autorisation du préfet s'il s'agit d'une commune ayant moins de 100,000 fr. de revenus, et que par une ordonnance royale s'il s'agit d'une commune ayant un revenu plus élevé. — Art. 40, § 1er.

1299. — Mais si cette contribution avait pour but de subvenir à d'autres dépenses qu'à celles qui sont imposées obligatoirement aux communes, l'autorisation du préfet ne serait plus suffisante ; il faudrait alors une ordonnance royale ; là où l'ordonnance du roi était nécessaire, une loi deviendrait indispensable. — Même article, § 2. — Cet article est une modification aux lois des 15 mai 1818 et 28 juill. 1824, qui exigeaient toujours une ordonnance royale. — Duvergier, *Collect.*, année 1837, p. 246, note 3e.

1300. — Il a été jugé que les dépenses communales ne doivent, pour leur régularité, être précédées d'une délibération du conseil municipal qu'autant qu'elles sont FACULTATIVES. — Mais les dépenses OBLIGATOIRES (ainsi, par exemple, celles qui sont ordonnées par la loi) doivent être supportées par la commune, bien que le conseil municipal ne les ait ni préalablement autorisées, ni approuvées ultérieurement. — Il suffit, dans ce cas, que la dépense soit jugée utile par l'autorité judiciaire, laquelle est compétente pour constater cette utilité. — L. 28 pluv. an VIII, art. 15 ; arr. 4 thermid. an X, art. 9. — On doit réputer obligatoire la dépense qui s'applique à des travaux de recherche et reconnaissance de biens communaux usurpés, alors que lesdits travaux ont été faits par un particulier commis par le sous-préfet, d'après une décision du préfet, conformément à la loi du 9 vent. an XII et à l'ordonnance du 23 juin 1819. — *Cass.*, 31 août 1841 (t. 1er 1842, p. 49), comm. de Voisey c. Menne.

1301. — Le conseil municipal, en portant au budget d'une commune une somme pour le loyer du théâtre de la ville, reconnait par là explicitement que ce loyer doit être à la charge de la commune. — Elle ne peut pas se pourvoir contre l'arrêté du préfet et les décisions ministérielles qui ont mis à sa charge les sommes dues pour l'arriéré de ces loyers, si elle a déjà, sans réserve, payé sur eux des à-compte. — *Cons. d'état*, 3 juill. 1822, ville de Marseille.

1302. — La dépense des communes, pour la distribution des soupes économiques prescrites par le décret du 24 mars 1812, était bornée à ce qui restait disponible sur le budget des communes, et au quart du produit net de leur octroi. — Et les communes ne sont obligées de rembourser que dans ces limites les avances faites par la caisse d'amortissement pour les distributions de ces soupes. — *Cons. d'état*, 23 avr. 1836, comm. de Blaye.

ART. 2. — *Dépenses facultatives.*

1303. — Les dépenses facultatives sont toutes celles qui n'ont pas été classées sous l'art. 1er, ou qui ne sont pas indiquées comme obligatoires par une loi spéciale. — Art. 30, *in fine*.

1304. — Lorsque le conseil municipal se réunit pour voter ce budget, il s'occupe de ces dépenses, dont la dénomination indique suffisamment qu'elles peuvent subir toutes les modifications, augmentations, ou même le rejet. — Bost, *Tr. de l'organ. et des attrib. des corps municip.*, t. 2, p. 394, n° 636.

1305. — Les dépenses facultatives se divisent généralement en deux classes : les unes facultatives ordinaires, les autres facultatives extraordinaires. — Bost, *ibid.* ; Davenne, *Encycl. du dr.*, v° *Commune*, n° 313.

1306. — Dans la première classe se rangent principalement : 1° le supplément du traitement des curés, desservans ou pasteurs ; — 2° le supplément de traitement de l'instituteur et le traitement de l'institutrice ; — 3° l'établissement des bourses dans les colléges royaux et communaux, encore bien que cette dépense puisse être regardée comme obligatoire aux termes des décrets des 18 mai 1808, 15 nov. 1811, et l'ord. du 17 fév. 1815 ; — 4° l'entretien de l'horloge, des fontaines, lavoirs, abreuvoirs, halles et marchés ; — 5° l'entretien des bibliothèques, jardins, musées, promenades et autres établissemens communaux ; — 6° les traitemens, pensions et secours accordés à tous les agens et employés salariés par la commune ; — 7° les subventions aux établissemens de bienfaisance ; — 8° la solde des sapeurs-pompiers et l'entretien des pompes et sceaux à incendie (L. 5 nov. 1792) ; — 9° les frais de curage des canaux et l'entretien des digues (L. 14 mai 1813 et 14 flor. an XI) ; — 10° l'entretien du pavé des rues non classées dans la grande voirie, quand cet entretien n'est pas, en vertu de l'usage local, à la charge des propriétaires riverains. — L. 11 frim. an VII ; avis cons. d'état, 25 mars 1807 ; décr. 7 août 1810, etc.

1307. — Cette dernière dépense se trouvait comprises, dans le projet du gouvernement, parmi les dépenses obligatoires. Plusieurs orateurs voulaient l'y maintenir, et faisaient valoir à cet effet une considération assez importante. Ils se fondaient sur ce que, d'après la loi sur les chemins vicinaux, comme nous l'avons dit *suprà* (n° 1290), les communes pouvaient être forcées à y faire les réparations nécessaires ; et qu'alors, si on ne leur imposait pas la même obligation pour le pavage des rues, les voies de communication pourraient en souffrir, s'il arrivait (comme cela se voit dans certains pays) que les rues qui sont la continuation des chemins vicinaux fussent laissées dans un état complet de dégradation. — Duvergier, *Collect.*, ann. 1837, p. 244. — Mais là n'était pas la question. Les défenseurs du projet faisaient confusion, comme le leur fit remarquer le rapporteur de la loi, M. Vivien. « La commission, dit-il, n'entend en aucune façon porter atteinte aux droits que vous avez accordés à l'administration, en ce qui touche les chemins vicinaux. Ces droits existent ; remarquez, en effet, qu'il s'agit de tout autre chose que de ce qui a été réglé par la loi des chemins vicinaux. De quoi s'agit-il dans cette loi ? De l'entretien, c'est-à-dire des travaux par lesquels la voie de communication doit être entretenue viable, accessible ; il ne s'agit pas de pavés. Ici, au contraire, il s'agit de pavés, et la prétention du ministère serait, non pas d'empêcher qu'on touche à la loi des chemins vicinaux, mais d'ajouter à cette loi en créant l'obligation de mettre du pavé. »

1308. — Les dépenses facultatives extraordinaires sont celles qui ne se présentent que dans des cas exceptionnels, telles que les acquisitions de propriété, le paiement des frais des procès que la commune a eu intérêt à soutenir ; les constructions ou reconstructions des édifices communaux ; les dépenses des fêtes publiques, etc. — Bost, *ibid.*, n° 636 *in fine*.

1309. — Quant à ces diverses dépenses, elles ne peuvent être faites que d'après les distinctions établies par les lois et réglemens. Ainsi, pour les constructions et reconstructions, l'approbation du ministre est rigoureusement exigée quand la dépense s'élève au-dessus de 30,000 fr. — L. 18 juill. 1837, art. 45. — Pour les acquisitions, V. *suprà*, n° 996.

ART. 3. — *Dépenses imprévues.*

1310. — L'impossibilité de prévoir toutes les dépenses nécessaires qui peuvent se présenter dans le cours d'une année avait fait consacrer l'usage de porter dans les budgets communaux une certaine somme pour les dépenses imprévues. Mais l'administration pouvait en réduire le chiffre et rejeter même entièrement ce chapitre. — Foucart, *Elémens de dr. pub. et admin.*, t. 3, p. 114, n° 135.

1311. — Ce droit de rejet et de réduction avait ses inconvéniens ; le législateur de 1837 a donc cru devoir le limiter. — Les dispositions nouvelles de l'art. 37 sont ainsi conçues : « Les conseils municipaux peuvent porter au budget un crédit pour dépenses *imprévues*. La somme inscrite pour ce crédit ne pourra être réduite ou rejetée qu'autant que les revenus ordinaires, après avoir satisfait à toutes les dépenses obligatoires, ne permettraient pas d'y faire face, ou qu'elle excéderait le dixième des recettes ordinaires. Le crédit pour dépenses imprévues sera employé par le maire, avec l'approbation du préfet et du sous-préfet. — Dans les communes autres que les chefs-lieux de département ou d'arrondissement, le maire pourra employer le montant de ce crédit aux dépenses urgentes, sans approbation préalable, à la charge d'en informer immédiatement le préfet et d'en rendre compte au conseil municipal dans la première session ordinaire qui suivra la dépense effectuée. »

1312. — Cette distinction établie par le législateur entre l'autorisation préalable exigée pour les maires des villes des chefs-lieux de département et d'arrondissement, et négligée pour ceux des autres villes et communes rurales, repose entièrement sur ce motif qu'il pourrait y avoir inconvénient à suspendre l'exécution de travaux urgens pendant le temps nécessaire pour obtenir l'autorisation du préfet et du sous-préfet. — Duvergier, *Collect.*, ann. 1837, p. 246, note 1re.

1313. — Les fonds alloués à titre de dépenses imprévues doivent être employés à payer les dépenses de l'exercice pour lequel ils ont été votés ; ils ne peuvent servir à couvrir les dépenses d'un autre exercice, ni celles proposées au budget et qui en ont été rejetées. En général, à moins que le maire ou le préfet n'aient été autorisés spécialement par l'autorité régulatrice du budget, ils ne doivent jamais se servir de ces fonds pour payer les dépenses qui, par leur objet, sortent de la classe de celles qui s'effectuent ordinairement en vertu de lois et réglemens généraux. — L. 20 avr. 1834.

Sect. 2e. — *Recettes.*

1314. — Les recettes des communes se divisent en recettes ordinaires ou extraordinaires. — L. 18 juill. 1837, art. 31.

ART. 1er. — *Recettes ordinaires.*

1315. — Les objets dont se composent les recettes sont (art. 31) : « 1° *Les revenus de tous les biens dont les habitans n'ont pas la jouissance en nature.* » — Ces revenus sont tous ceux qui se rattachent au droit de propriété, tels que les fermages des immeubles, les arrérages des rentes, soit sur l'état, soit sur particuliers, appartenant aux communes. — V. *suprà* nos 1124 et suiv.

1316. — Il faut aussi comprendre dans cette catégorie le prix de la location du droit de chasse dans les bois et sur les terrains communaux, et le produit des établissemens d'eaux minérales appartenant aux communes et gérés pour leur compte, d'après les dispositions d'une ordonnance du 18 juin 1823. — Bost, *Tr. de l'org. et des attrib. des corps municip.*, t. 2, p. 401, nos 639 et 640 ; Foucart, *Elémens du dr. publ. et admin.*, t. 3, n° 400 ; Davenne, *Encyc. du dr.*, v° *Commune*, n° 318.

1317. — ... 2° « *Les cotisations imposées annuellement sur les ayant-droit aux fruits qui se perçoivent en nature.* » — Ces cotisations sont les taxes proportionnelles ou redevances imposées annuellement par le conseil municipal sur la jouissance en nature non seulement des affouages, mais encore des pâturages, du panage, de la glandée, etc.

1318. — Ce paragraphe de l'article, introduit par voie d'amendement lors de la discussion, ne

fait du reste que consacrer, au point de vue légal, un usage ancien. Il résulte, en effet, d'une circulaire du 18 mai 1818, sur le mode d'établissement des taxes de pâturage, que cet usage était généralement adopté et suivi. — V. Davenne, *loc. cit.* — V. PATURAGE. — Quant à la manière dont la répartition doit avoir lieu entre les usagers, la loi nouvelle n'a rien innové, et cette répartition doit s'opérer entre eux d'après les bases posées par la loi du 26 germin. an XI. — V. Davenne, *ibid.* — V. *suprà* n°s 1134 et suiv.

1319. — Mais elle a changé le mode de recouvrement des rôles d'affouages et autres taxes locales, qui ne se faisaient autrefois que conformément aux règles du droit commun. L'art. 44, relatif à ce point, porte : « Les taxes particulières dues par les habitans ou propriétaires, en vertu des lois et des usages locaux, sont réparties par délibération du conseil municipal, approuvée par le préfet. Ces taxes sont perçues suivant les formes établies pour le recouvrement des contributions publiques. »

1320. — Cette dernière disposition rend évidemment inapplicable au cas dont s'agit la marche tracée, pour la perception des recettes municipales, par l'art. 63, même loi de 1837. Ce dernier article n'indique, en effet, qu'un mode général de recouvrement qui ne doit être suivi qu'à défaut du mode spécial prescrit par la loi. Or, en indiquant que les taxes locales dont nous venons de parler sont recouvrables par les mêmes voies de contrainte que celles des contributions directes, l'art. 44 indique un mode spécial qui exclut le mode général. — V. Davenne, *ibid.*

1321. — Mais lorsqu'une commune, autorisée à concéder des terrains en nature de marais, s'est engagée à faire creuser plusieurs fossés aux frais des concessionnaires, le recouvrement de ces frais ne peut se faire, par application de l'art. 44, L. 18 juill. 1837, dans les formes établies pour le recouvrement des contributions publiques : il doit avoir lieu conformément à l'art. 63 de ladite loi. — *Cons. d'état*, 7 déc. 1843, Briard-Lalonde.

1322. — Lorsqu'au lieu de se conformer aux dispositions de la loi du 18 juill. 1837 pour procéder à la répartition et au recouvrement des dépenses d'une coupe affouagère, le maire d'une commune a agi *suivant les instructions qu'il a reçues* de l'autorité supérieure, la régularité de ses actes ne peut être contestée devant les tribunaux, et c'est devant l'autorité administrative qu'il faut d'abord se pourvoir pour les faire anéantir ou réformer. — *Cass.*, 9 déc. 1839 (t. 2 1839, p. 641), Gautherin c. maire de Vitry.

1323. — ...3° « *Le produit des centimes ordinaires affectés aux communes par les lois des finances.* » — D'après la loi du 15 mai 1818 (art. 31), le nombre de centimes qui doivent être perçus additionnellement aux contributions pour les dépenses de l'année suivante, a été fixé définitivement à cinq.

1324. — Ces centimes ordinaires sont employés, comme les autres revenus communaux, aux dépenses obligatoires d'abord, puis aux dépenses facultatives, s'il y a lieu.

1325. — Mais il arrive souvent qu'ils sont insuffisans même pour satisfaire aux dépenses obligatoires auxquelles il n'a pas été pourvu par des lois spéciales; alors, les communes sont obligées de s'imposer un certain nombre de centimes en sus.

1326. — Cependant les communes ne pouvaient s'imposer extraordinairement pour subvenir à leurs dépenses ordinaires, sous l'empire du décr. 4 thermid. an X : l'art. 4 de ce décret leur refusait cette faculté. Mais l'art. 39, L. 15 mai 1818, prévoit le cas dont nous parlions dans le numéro précédent, et trace aux communes le moyen d'obtenir l'autorisation nécessaire pour s'imposer en sus des cinq centimes fixés par l'art. 31.

1327. — Le chiffre de cette imposition extraordinaire avait d'abord été évalué de 20 à 25 cent. par une circulaire du 16 avr. 1817; mais une instruction générale du 18 mai 1818 l'a fixé, d'une manière générale, à 20 cent., quelle que fût la nature des besoins, à moins cependant de cas tout-à-fait exceptionnels.

1328. — Cette limite ne s'étend pas aux centimes spéciaux créés par la loi du 18 juin 1833, sur l'instruction primaire, et celle du 21 mai 1836, sur les chemins vicinaux. — Circul. min. de l'intér. 27 mars 1837. — V. CHEMINS VICINAUX, INSTRUCTION PRIMAIRE.

1329. — Elle ne s'étend pas non plus aux centimes extraordinaires imposés d'office, par la loi du 14 juill. 1838 (art. 8); ces centimes ne devant dépasser le maximum de 10 cent. que pour acquitter les dettes provenant de condamnations judiciaires, auquel cas elles peuvent s'élever jusqu'à 20. — Cette limite ne concerne donc que les centimes extraordinaires facultatifs. — V. CONTRIBUTIONS DIRECTES.

1330. — Dans tous les cas, lorsqu'il s'agit de voter ces dépenses supplémentaires, il faut suivre les règles tracées par la loi du 18 juill. 1837, art. 42.

1331. — ...« 4° *Le produit de la portion accordée aux communes dans l'impôt des patentes.* » — Plusieurs lois avaient rangé parmi les recettes des communes une partie du produit des patentes. — V. entre autres, L. du 11 frim. an VII, art. 9; 2 vent. an XIII; 25 mars 1817, art. 40; 15 mai 1818, art. 27, et un avis du conseil d'état du 28 février 1809. — Chaque année, une portion de ce produit a continué d'être votée dans les lois de finances, mais d'une manière assez inégale. La loi nouvelle sur les patentes du 25 avr. 1844, art. 32, § 3, fixe définitivement à huit centimes la part réservée aux communes sur ce produit. — V. PATENTE.

1332. — ... 5° *Le produit des octrois municipaux.* » — L'octroi est un impôt prélevé sur les objets consommés dans l'intérieur des villes ou communes, pour faire face aux dépenses qui pèsent sur elles. — Foucart, t. 3, p. 284 et suiv.; décr. des 17 mai 1809 et 28 avr. 1816. — Toutes les communes n'ont pas d'octroi. Ainsi, aux termes de la loi du 25 nov. 1808, la ville qui n'a pas une population de 2,000 habitans n'est pas assujettie aux droits d'entrée sur les boissons. — L'application de cette loi est un acte purement administratif qui appartient au ministre des finances. — *Cons. d'état*, 31 juill. 1812, commune de Phalsbourg. — V. OCTROI.

1333. — ... « 6° *Le produit des droits de place perçus dans les halles, foires, marchés, abattoirs, d'après les tarifs dûment autorisés.* » — Ces droits ne peuvent pas frapper sur les marchandises, mais seulement sur l'occupation temporaire du lieu où elles sont vendues. — V. Duvergier, *Collect.*, ann. 1837, p. 244, note 4e; Foucart, t. 3, p. 100, n° 104; et Boyard, v° *Municipalités*, 2e part., p. 178, note 5e. — V. ABATTOIRS, FOIRES HALLES ET MARCHÉS.

1334. — ... « 7° *Le produit des permis de stationnement et des locations sur la voie publique, sur les ports et rivières, et autres lieux publics.* » — Ce paragraphe est une nouvelle extension de la loi du 4 frim. an VII, qui accordait déjà aux communes la faculté de percevoir des droits d'occupation sur les ports, rivières et promenades publiques. — Les mots *promenades publiques* ne sont pas répétés textuellement dans la loi de 1837, mais ils se trouvent explicitement compris sous les mots *autres lieux publics.* — V. Duvergier, *ibid*, p. 245, note 1re. — Les expressions dont s'est servi le législateur sont générales et embrassent les stationnemens sur les rues de grande et petite voirie, sur les rivières navigables, sur les ports et sur les routes royales, etc., etc. — V. Foucart, *ibid*; Bost, t. 2, p. 416 et suiv., n° 654, et Davenne, *Encylop. du dr.*, v° *Commune*, n°s 343 et suiv.

1335. — La perception de droits de place, sur les routes et emplacemens dépendant de la grande voirie, peut être autorisée dans la forme ordinaire, sauf l'avis préalable de l'administration des ponts et chaussées, en ce qui tient à l'intérêt de la circulation. — Circ. min. 15 sept. 1837.

1336. — Sous la loi de frimaire an VII, la cour de Cassation avait jugé dans le même sens, relativement au droit de plaçage pour les marchandises vendues à bord des navires stationnés dans le bassin d'un port ou le lit d'une rivière navigable.

1337. — Ainsi, la disposition de la loi du 11 frim. an VII, qui autorise les communes à percevoir un droit de location pour les places assignées aux marchands sur les ports et sur les rivières, s'applique non seulement au cas où les marchandises sont vendues sur le bord des rivières et des ports, mais aussi à celui où elles sont vendues à bord de bateaux ou de navires mouillés au large, dans le bassin des ports et le lit des rivières. — On dirait en vain, pour se soustraire à l'acquittement de ce droit de location, que le bassin du port ou le lit de la rivière appartient à l'état et non à la commune. — *Cass.*, 22 juin 1830, Astruc c. Conseil.

1338. — Ce droit, reconnu par la loi de frim., et consacré par celle de 1837, est donc désormais acquis aux communes. Seulement l'exercice en est toujours subordonné à certaines conditions, dont l'appréciation est soumise au gouvernement. Ces conditions reposent 1° sur le besoin financier de la commune; — 2° sur le non-empêchement pour le service de la navigation, et sur les intérêts du commerce en général, qui ne doivent pas en souffrir. — Davenne, *ibid.*, n° 354.

1339. — ... 8° « *Le produit des péages communaux, des droits de pesage, mesurage et jaugeage, des droits de voirie et autres droits légalement établis.* » — Le privilége accordé aux particuliers ou compagnie de se faire autoriser, par ordonnance royale, à construire des ponts, bacs et canaux, sur lesquels ils prélèvent un certain péage fixé par la même ordonnance, existe aussi en faveur des communes.

1340. — ...9° « *Le prix des concessions dans les cimetières.* » — Les communes chargées d'acquérir les terrains nécessaires pour transférer ou agrandir les cimetières doivent jouir du produit des concessions qui s'y rattachent. — V. CIMETIÈRE.

1341. — ... 10° « *Le produit des concessions d'eau, de l'enlèvement des boues et immondices de la voie publique, et autres concessions autorisées pour les services communaux.* » — Aucun de ces divers produits ne se trouve sous l'application d'une loi spéciale, ils sont donc tous soumis au droit commun des objets d'utilité communale auxquels ils se rapportent de la manière la plus directe. — Bost, t. 2, p. 427, n° 657.

1342. — Il ne faut entendre ici par concessions d'eau que celles qui se font *à domicile*, car l'autorité locale doit prendre les mesures convenables pour que chaque habitant puisse se procurer gratuitement l'eau nécessaire pour ses besoins journaliers. — Davenne, *ibid.*, n°s 358 et suiv. — Ainsi, la perception du droit de lavage dans certains lieux publics ne rentre pas dans cette catégorie des produits appartenant aux communes, mais bien dans celle du n° 6 ci-dessus, comme droit de place dans un local construit aux frais de la commune. Du reste, cette perception ne doit être autorisée que par exception, dans les petites communes dont les autres ressources sont insuffisantes pour subvenir à leurs besoins. — Décis. min. int., 20 fév. 1838.

1343. — L'enlèvement des boues et immondices de la voie publique est plutôt une mesure de police urbaine qu'un moyen d'accroître les ressources des communes. Cependant leur produit est souvent assez considérable. — Il résulte d'une ordonnance réglementaire du 14 nov. 1837, et d'une instruction du 9 juin 1838, que les concessions de ce droit d'enlèvement doivent être faites avec publicité et concurrence. — Davenne, *ibid.*, n°s 364 et suiv.

1344. — ..11° « *Le produit des expéditions des actes administratifs et des actes de l'état civil.* » — Il résulte d'un avis du conseil d'état, du 18 août 1807, 1° que toutes les premières expéditions des décisions des autorités administratives de préfecture, sous-préfecture ou de municipalités doivent être, aux termes des lois, délivrées gratuitement ; — 2° que les secondes ou ultérieures expéditions desdites décisions, ou les expéditions des titres, pièces ou renseignemens déposés dans les bureaux des administrations, doivent être payées au taux fixé par l'art. 37, L. 7 messid. an XI. » — Cette dernière loi porte chaque rôle à 75 cent. — Les sommes provenant de la délivrance de ces expéditions doivent être enregistrées sur un registre à ce destiné, afin que nul ne puisse se les approprier indûment. — Circul. min. int., 4 mai 1808. — Elles doivent aussi figurer au budget des communes, chapitre des recettes. — Autre circul. du même min. du 26 même mois. — Toutes les expéditions nécessaires aux indigens doivent leur être délivrées sur papier *libre* et *gratis* par les maires. — L. 15 mai 1818, art. 80. — V. au surplus ACTES DE L'ÉTAT CIVIL.

1345. — ...12° « *La portion que les lois accordent aux communes dans le produit des amendes prononcées par les tribunaux de simple police, par ceux de police correctionnelle et par les conseils de discipline de la garde nationale.* » — Nous avons déjà parlé de la portion attribuée par la loi aux communes sur les amendes prononcées par les tribunaux de simple police et par les tribunaux de police correctionnelle. — V. AMENDE.

1346. — Quant à celles prononcées par les conseils de discipline de la garde nationale dans les cas prévus par l'art. 84, L. 22 mars 1831, l'analogie qui existe entre cette sorte d'amendes et celles de police municipale peut les faire considérer comme amendes de simple police; c'est à ce titre qu'elles rentrent dans les termes de l'art. 466, C. pén., pour être distribuées aux communes où la contravention a été commise. — Lett. min. int., 27 juill. 1831.

1347. — Outre les amendes qui sont énumérées dans le n° 12, art. 31, L. de 1837, le décret du 16 déc. 1811 (art. 115) attribue aux communes un tiers des amendes prononcées en matière de grande voirie; et l'ord. 9 déc. 1814 (art. 84) moitié des amendes et confiscations pour contraventions aux réglemens de l'octroi. On ne saurait induire du silence de la loi nouvelle à l'égard de ces sortes d'amendes, qu'elles ne doivent plus appartenir aux communes ; les dispositions de la loi de 1837 sont générales et établissent clairement que son but est de conserver aux communes toutes les dispositions antérieures qui leur sont favorables. — Bost, t. 2, p. 428, n° 659; Foucart, t. 3, p. 103, n° 109; Davenne, *ibid.*, v° *Communes*, n° 382.

1548. — L'art. 68, L. de 1837, attribue aussi aux communes les amendes prononcées contre les comptables en retard de présenter leurs comptes. Cette disposition se trouve encore consignée dans l'art. 482, ord. 31 mai 1838.

1549. — Enfin, aux termes de la loi du 3 mai 1844, art. 19, § 2, les communes doivent encore profiter d'une portion des amendes prononcées contre les chasseurs pris en contravention. — V. CHASSE.

1550. — Quelques auteurs, se fondant sur l'art. 600, inst. gén. min. fin. 15 déc. 1826, voulaient aussi comprendre aux recettes ordinaires des communes les amendes pour contraventions aux lois sur le roulage; mais c'était méconnaître le texte de l'art. 32 du décr. du 23 juin 1806. Aussi cette erreur a-t-elle été rectifiée par une circulaire du directeur de la compagnie générale des finances du 25 sept. 1827.

1551. — La disposition finale de l'art. 31 indique suffisamment que les recettes ordinaires qu'elle mentionne ne sont pas les seules qui doivent figurer au budget des communes; elle ajoute, en effet, que généralement le produit de toutes les taxes de ville et de police dont la perception est autorisée par la loi, doit aussi y être compris.

1552. — Parmi les taxes de ville et de police, on peut comprendre : 1° les taxes attribuées aux communes, au lieu et place des fabriques, pour les convois funèbres et le transport des corps; — 2° les droits de marque; — 3° les taxes de pavage; — 4° les taxes relatives aux travaux de salubrité; — 5° les droits de magasinage dans les entrepôts de douane, etc. — V. DESSÉCHEMENS, MAGASINAGE, PAVAGE, POMPES FUNÈBRES, TRAVAUX PUBLICS.

1553. — Il y a aussi quelques autres taxes qui ont figuré dans les budgets de certaines villes, mais qui doivent en être rayées. Ces taxes étaient prélevées sur le langueyage des porcs; les colliers et marques pour les chiens; les livrets d'ouvriers et le dépôt de matériaux sur la voie publique. — Davenne, *ibid.*, nos 392 et suiv.

ART. 2. — *Recettes extraordinaires.*

1554. — L'art. 32, L. 18 juill. 1837, énumère ainsi les recettes extraordinaires des communes : — 1° « *Les contributions extraordinaires dûment autorisées.* » — Nous avons dit *suprà* (nos 1298 et suiv.) que les communes pouvaient, aux termes des lois des 15 mai 1818 et 28 juill. 1824, s'imposer extraordinairement, lorsque leurs ressources ordinaires étaient insuffisantes pour faire face aux dépenses nécessaires urgentes.

1555. — Ce principe, un des plus fondamentaux de notre droit public, qu'aucune contribution ne peut être levée qu'après avoir été votée par les représentans de ceux qui la paient, est applicable aux dépenses communales, comme aux dépenses départementales et de l'état. Les contributions extraordinaires doivent donc être votées d'abord par le conseil municipal. — Foucart, t. 3, p. 103, n° 110; Bost, t. 2, p. 430, n° 661. — Mais comme ces impositions extraordinaires pèsent principalement sur les riches, et que ces derniers ne forment pas toujours la majorité dans les conseils communaux, la loi nouvelle a voulu que les plus imposés fussent appelés aux votes de ces contributions. L'art. 42 porte, en effet, que « toutes les fois qu'il s'agira de *contributions extraordinaires ou d'emprunts*, les plus imposés aux rôles de la commune seront appelés à délibérer avec le conseil municipal, en nombre égal à celui de ses membres en exercice. — Ces plus imposés seront convoqués individuellement par le maire, au moins dix jours avant celui de la réunion. Lorsque les plus imposés appelés seront absens, ils seront remplacés en nombre égal par les plus imposés portés après eux sur le rôle. »

1556. — Si aucun des plus imposés appelés ne se présente, il faut convoquer les plus imposés après eux. On ne pourrait passer outre. Le refus des contribuables appelés à se présenter doit être considéré comme absence, et alors il y a lieu d'appliquer la dernière disposition de l'art. 42 ci-dessus, en tenant compte toutefois des motifs qui ont pu empêcher les citoyens convoqués de se rendre à l'assemblée.

1557. — Si un ou deux seulement se présentent ou veulent prendre part au vote, la délibération dans ce cas sera valable, car, aux termes de la loi du 21 mars 1831 (art. 25), la majorité des membres des conseils municipaux suffit pour valider leur délibération. — V. CONSEIL MUNICIPAL. — Or, du moment que les conseillers municipaux et un ou plusieurs membres des plus imposés appelés se réunissent, ils ne forment plus qu'un seul et même corps délibérant sur la même chose, à la majorité plus un des membres votans. Quand cette majorité est acquise à une opinion, cette opinion doit alors être suivie et sanctionnée. — Bost, *ibid.*

1558. — Nous avons dit déjà que ces votes d'impositions sont limités par le maximum établi par les lois de finances de chaque année, et que, pour être exécutoires, ils doivent être sanctionnés, tantôt par le préfet, tantôt par l'autorité royale, tantôt même par l'autorité législative. — L. 18 juill. 1837, art. 40.

1559. — De même, sous l'ancien droit, ce n'était pas au conseil de préfecture, mais au préfet, qu'il appartenait d'émettre un avis sur une demande en imposition extraordinaire formée par une commune. — Arrêté consul. 3 pluv. an X, comm. de Vallebrègues.

1560. — Lorsque l'ordonnance du roi, relative à la répartition d'un impôt entre les habitans d'une commune, pour satisfaire à une condamnation envers un particulier, préjudicie aux droits de créance de ce particulier, il peut y avoir, de sa part, opposition à cette ordonnance. — *Cons. d'état*, 21 août 1816, Tronc c. comm. de Boubiers.

1561. — Les dispositions du décret du 24 avril 1815, concernant l'armement général des gardes nationales, qui permet de porter jusqu'au dixième et demi le prélèvement à faire sur les revenus des octrois municipaux des communes, ne donnent pas à ce prélèvement le caractère d'une simple avance, mais celui d'une contribution. — Il n'y a pas lieu à contestation, lorsque le prélèvement fait sur une commune, loin de dépasser les limites fixées par ce décret est resté bien au-dessous du dixième de ses revenus. — *Cons. d'état*, 10 août 1828, ville de Toulon.

1562. — Lorsqu'une contribution de guerre a été imposée à une commune, et qu'elle a été perçue provisoirement et comme avance, sur les principaux habitans, sauf à faire ultérieurement la répartition entre tous les contribuables, si l'administration municipale renonce à cette répartition, et annonce l'intention de rembourser ces avances avec les ressources ordinaires de la commune, elle n'a pas le droit de retenir, sur la somme avancée par un contribuable, la part pour laquelle il aurait été cotisé, dans la répartition, si elle avait eu lieu. — Elle ne peut non plus imputer la somme qui forme le contingent de ce contribuable sur un rôle de contributions arriérées, lorsque ce rôle n'a pas été mis en recouvrement. — *Cons. d'état*, 4 juin 1841, ville de Bar.

1563. — Lorsqu'une ordonnance royale a autorisé, sur la demande d'un conseil municipal, une imposition extraordinaire, elle doit être établie par addition aux contributions directes et au marc le franc de ces contributions. — *Cons. d'état*, 13 août 1823, Petit.

1564. — Lorsqu'il a été déclaré, par des ordonnances, que les condamnations prononcées contre une commune seront acquittées par une imposition extraordinaire établie, par addition aux contributions directes, au marc le franc des dites contributions, les propriétaires forains de cette commune portés au rôle desdites contributions doivent concourir au paiement de cette imposition extraordinaire, proportionnellement à la cote des impositions par eux payées. — *Cons. d'état*, 7 mai 1823, Lépine; 13 août 1823, Petit; 31 août 1828, Declercq; 19 janv. 1832, Legingois.

1565. — Mais le particulier qui a plaidé contre une commune et qui a gagné son procès ne doit pas être compris, pour sa quote part, dans la contribution extraordinaire destinée à acquitter les frais du procès. — *Cons. d'état*, 27 juin 1838, de Bussel; 1er sept. 1819, Lefrère-Desmaisons c. comm. de Ménilglaise; même jour, Clermont-Tonnerre c. comm. de Gaudreville; 2 août 1836, Foureau c. comm. de Coussais. — Cependant le contraire avait été jugé antérieurement à la loi de 1837. — *Cons. d'état*, 1er mars 1833, Prudo et Réchin c. comm. de Leugny et Lepère; 4 nov. 1836, Renault c. comm. de Valizy.

1566. — Mais aujourd'hui il ne peut plus y avoir de difficultés; l'art. 58, § 2 de la loi nouvelle, tranche nettement la question. — Cet article est ainsi conçu : — « La section (de commune) qui aura obtenu une condamnation contre la commune ou contre une autre section ne sera point passible des charges ou contributions imposées pour l'acquittement des frais et dommages intérêts qui résulteraient du fait du procès. — Il en sera de même à l'égard de toute partie qui aurait plaidé contre une commune ou une section de commune. »

1567. — Selon M. Duvergier (*Collect.* ann. 1837, p. 252, note 1re), cette disposition, quelque juste qu'elle paraisse, est injuste en elle-même; car la dette dont il s'agit est une dette communale à laquelle devraient contribuer tous les membres de la commune sans distinction. — Au reste, comme l'a fait remarquer le rapporteur, M. Vivien, cette disposition n'est applicable qu'au cas de contribution extraordinaire levée pour l'acquittement des frais. — V. *Moniteur* des 16, 17 et 19 mai 1837.

1568. — Il y a lieu de rapporter une ordonnance royale qui condamne une commune à s'imposer extraordinairement pour payer les frais d'un procès lorsque le remboursement de ces frais a été fait par l'état; et le montant des sommes payées par les habitans, en exécution de cette ordonnance, doit être remboursé à chacun d'eux. — *Cons. d'état*, 28 oct. 1831, ville d'Oloron.

1569. — Celui qui a été imposé à une contribution communale, pour un loyer de 6,000 fr., a droit à une réduction de taxe s'il prouve qu'un tiers lui payait la moitié du loyer, sauf le recours de l'administration contre qui de droit. — *Cons. d'état*, 7 août 1816, Soubeyraud.

1570. — ... 2° « *Le prix des biens aliénés.* » — V. *suprà*, nos 351 et suiv., les règles relatives aux aliénations des biens communaux.

1571. — ... 3° « *Les dons et legs.* » — V. *suprà* nos 285 et suiv.

1572. — ... 4° « *Le remboursement des capitaux exigibles et des rentes rachetées.* » — Les débiteurs des communes peuvent, comme ceux des particuliers, rembourser, quand ils le veulent, le montant de leurs dettes (C. civ., art. 1187); mais, aux termes d'un avis du conseil d'état du 22 déc. 1808, ils sont tenus d'avertir les maires un mois d'avance, afin que ces fonctionnaires avisent au moyen de placement, et obtiennent les autorisations nécessaires.

1573. — Quant au rachat des rentes constituées au profit des communes, les dispositions de l'art. 530, C. civ., doivent être suivies. Mais lorsqu'il s'agit de liquider et de recevoir le prix de ces rentes, les officiers municipaux doivent demander avis aux autorités administratives, qui doivent les surveiller et veiller au remploi. — L. 29 déc. 1790, art. 5; — Bost, *ibid.*, n° 664; Foucart, *ibid.*, n° 113.

1574. — ... 5° « *Le produit des coupes extraordinaires de bois.* » — Les trois quarts seulement des bois communaux doivent être coupés après une révolution de vingt-cinq ans. — Ord. règlem. 1er août 1827, art. 69. — L'autre quart est réservé pour croître en futaie. — Aucune coupe ne peut avoir lieu sur ce dernier quart sans une absolue nécessité et l'approbation royale. — C. forest., art. 16. — V. FORÊTS.

1575. — ... 6° « *Le produit des emprunts.* » — V. *suprà*, nos 329 et suiv., dans quels cas les communes peuvent emprunter et quelles formalités elles doivent remplir à cet effet.

ART. 3. — *Recettes accidentelles.*

1576. — Les dispositions finales de l'art. 32 sont relatives aux recettes accidentelles. La loi n'établit pas quelles sont ces recettes; elles comprennent en général tous les produits non compris dans le cadre normal du budget des communes, et dans les nomenclatures établies par la loi.

1577. — On peut considérer comme restant dans cette catégorie : 1° les dommages-intérêts alloués dans certains cas aux communes; 2° le produit des tarifs additionnels de l'octroi; 3° l'excédant des recettes sur les dépenses à la fin de chaque exercice; 4° le prix des cessions de terrains retranchés de la voie publique; 5° le montant des débets mis à la charge des receveurs municipaux, etc. — V. Davenne, *loc. cit.*, nos 412 et 413.

1578. — M. Bost (t. 2, p. 437, n° 667) cite comme rentrant aussi dans cette catégorie tous les fonds connus sous le nom de *cotisations municipales*, et qui se trouvent énumérés d'une manière complète dans une instruction du 23 nov. 1836.

Sect. 3e. — *Budget des communes.*

1579. — Les recettes et les dépenses doivent toujours se balancer, c'est un principe vrai en administration publique et privée. — Cette balance entre l'actif et le passif s'appelle budget. — V. Bost, *Tr. de l'org. et des attr. des corps municipaux*, t. 2, p. 439, n° 669. — V. BUDGET. — Le budget des communes est donc une énumération complète et comparée, sous deux sections différentes, de leurs dépenses et de leurs revenus. — V. Bost, *ibid.*

ART. 1er. — *Formation et règlement du budget.*

1580. — Chaque commune doit avoir son budget dressé, chaque année, sur le modèle envoyé par la sous-préfecture. — V. Déclaration du 11 fév. 1764; édit d'août même année; lois du 14 déc. 1789; du 29 mars-3 avr. 1791; arrêté du 4 therm. an X, art. 1er à 7; décret du 23 avr. 1806; ordonnances royales des 28 janv. 1815, 16 mars 1816, 15 mai 1818, art. 44; 8 août 1821, 23 avr. 1828 et 1er mars 1835.

— V. aussi de Gerando, *Institut. de droit adm. français*, t. 2, p. 391, art. 2081 ; et Duvergier, *Coll.*, année 1837, p. 245, note 5e.

1381. — Une commune ne peut faire de dépense que sur le crédit ouvert pour y subvenir, c'est-à-dire sur l'allocation des sommes nécessaires pour le paiement des dépenses pendant le cours de l'année. — V. Bost, *ibid.*

1382. — L'art 33 de la loi de 1837, porte : « Le budget de chaque commune proposé par le maire, et voté par le conseil municipal, est définitivement réglé par arrêté du préfet. — Toutefois, le budget des villes dont le revenu est de 100,000 fr. ou plus, est réglé par une ordonnance du roi. — Le revenu d'une commune est réputé atteindre 100,000 fr., lorsque les recettes ordinaires constatées dans les comptes se sont élevées à cette somme pendant les trois dernières années. Il n'est réputé être descendu au-dessous de 100,000 fr. que lorsque, pendant les trois dernières années, les recettes ordinaires sont restées inférieures à cette somme. » — L'ord. du 31 mai 1838, art. 435, contient les mêmes dispositions.

1383. — En exigeant ainsi de l'autorité supérieure son approbation pour les budgets des communes, la loi a voulu évidemment retenir les conseils municipaux dans les voies de la légalité, en les forçant, au moins indirectement, à voter toutes les dépenses obligatoires et à se conformer aux intérêts généraux et communaux. — V. Foucart, *Elémens du droit public*, t. 3, p. 115, no 136.

1384. — Le ministre de l'intérieur n'excède pas ses pouvoirs, en prononçant sur la régularité d'une délibération du conseil municipal et sur le maintien d'une allocation subséquente au budget de la commune. — *Cons. d'état*, 28 fév. 1831, Zœpffel c. comm. d'Oswald.

1385. — Le préfet est compétent pour interpréter un article d'un budget communal par lui approuvé. — L'arrêté interprétatif doit être déféré directement au ministre de l'intérieur et non au conseil d'état. — *Cons. d'état*, 8 janv. 1836, Thibault. — V. Dufour, *ibid*, no 736.

1386. — La formation des budgets des communes et l'admission des dépenses à y porter sont des actes de pure administration, soumis à la seule autorité des préfets. — *Cons. d'état*, 23 déc. 1835, Mayet et Collet c. comm. de Brosses ; — Dufour, *Dr. adm., appliq.*, t. 1er, p. 622, no 734.

1387. — Un arrêté du préfet et une décision ministérielle relatifs à l'établissement d'un article dans le budget d'une ville ne constituent que des actes de tutelle qui ne sont pas susceptibles d'être déférés au conseil d'état par la voie contentieuse. — *Cons. d'état*, 2 fév. 1826, ville de Marseille c. Lieutaud ; — Cormenin, vo *Rejet des requêtes*, t. 1er, p. 92.

1388. — Le réglement du budget consiste à augmenter, approuver, réduire ou rejeter dans certains cas les crédits alloués pour faire face aux dépenses, soit obligatoires, soit facultatives. — L. 18 juill. 1837, art. 36 et 38 ; ord. 31 mai 1838, art. 439. — Il faut, autant que possible, que ce réglement soit terminé à l'époque où commence l'exercice. — V. Foucart, *ibid.*

1389. — Mais dans le cas où, par une cause quelconque, le budget n'aurait pas été approuvé avant le commencement de l'exercice, les recettes et dépenses ordinaires continuent, jusqu'à l'approbation de ce budget, à être faites conformément à celui de l'année précédente. — L. 18 juill. 1837, art. 35 ; ord. 31 mai 1838, art. 437. — Par recettes ordinaires, il faut entendre ici, a dit le rapporteur, M. Vivien, toutes celles qui concernent les besoins journaliers de la commune. — V. Duvergier, *Collect.*, ann. 1837, p. 245, note 6e

1390. — Un maire qui allègue qu'il a employé une somme à la réparation des chemins vicinaux, mais qui ne justifie pas suffisamment des dépenses et des travaux qui ont été, d'ailleurs, effectués sans autorisation, ne peut demander que la créance soit portée au budget de la commune. — *Cons. d'état*, 23 avr. 1837, Pougin de Maisonneuve c. comm. de Bailleau Lévêque.

1391. — Si des crédits sont reconnus nécessaires après le réglement du budget, ils sont délibérés par le conseil municipal et autorisés par le préfet, dans les communes dont il est appelé à régler le budget, et par le ministre dans les autres communes. Toutefois, dans ces dernières communes, les crédits supplémentaires pour dépenses urgentes peuvent être approuvés par le préfet. — L. 18 juill. 1837, art. 34 ; ord. 31 mai 1838, art. 436.

1392. — Le préfet, en cas de négligence du maire, et après l'en avoir requis, peut dresser et soumettre au conseil municipal, soit par lui-même, soit par un délégué spécial, le budget de la commune. — L. 18 juill. 1837, art. 15, ord. 31 mai 1838, art. 438.

ART. 3. — *Durée et clôture des exercices.*

1393. — On appelle *exercice* le temps pendant lequel le crédit est ouvert. Il commence au 1er janvier et finit au 31 décembre de l'année qui lui donne son nom. — Ord. 31 mai 1838, art. 433.

1394. — L'exercice de chaque budget ne dure qu'un an. Ainsi, les sommes votées pour l'exercice d'une année ne peuvent s'étendre à celui d'une année précédente ou suivante. Elles ne doivent servir qu'à payer les dépenses effectuées dans l'année pour laquelle elles ont été votées, c'est-à-dire du 1er janvier au 31 décembre.

1395. — Sous l'ord. du 23 avr. 1823, les crédits étaient ouverts pendant deux années. Il en résultait que le compte du budget de la première année ne pouvait être arrêté d'une manière définitive et qu'on ne pouvait ainsi fixer l'excédant des recettes sur les dépenses, puisque les sommes qui paraissaient disponibles lors du réglement du nouveau budget étaient souvent absorbées pendant le temps d'exercice qui restait à courir. Aujourd'hui, de nouvelles mesures ont abrogé ces dispositions. — V. Bost, *Tr. de l'org. et des attrib. des corps municipaux*, t. 2, p. 442, no 670 ; Foucart, *Elém. du dr. public et admin.*, t. 3, p. 117, no 138.

1396. — Ainsi, l'ord. du 1er mars 1835, art. 1er, a fixé la clôture des exercices au 30 juin pour les communes justiciables de la cour des comptes, et au 31 mars pour toutes les autres. — V. aussi ord. 31 mai 1838, art. 433. — Mais cette distinction a été supprimée par l'ord. du 24 janvier 1843, qui a fixé la clôture des exercices de toutes les communes au 31 mars, sauf ce qui serait ultérieurement statué pour la ville de Paris. Ainsi, il est possible d'arrêter, d'une manière définitive et avant le réglement du nouveau budget, le compte du budget de l'année précédente.

1397. — Toutes les dépenses faites au 31 décembre et qui n'ont pas été payées, doivent être, aussitôt après le 31 mars, portées sur un état dressé d'accord par le maire et le receveur. Ils doivent le certifier conforme aux écritures, sous leur garantie et leur responsabilité. — Bost, *ibid.*

1398. — Dans la quinzaine qui suit la clôture de l'exercice, le receveur doit remettre au maire un état correspondant aux chapitres et aux articles du budget, et indiquant les recettes faites et à faire et les dépenses payées et à payer. — Bost, *ibid.*

1399. — Si les recettes encaissées ou à encaisser donnent un excédant, il doit être reporté, non plus au budget à régler, mais à celui qui commence au jour de la clôture. Cet excédant doit servir aussi à payer les dépenses de l'ancien budget portées au nouveau.

1400. — Si les crédits de l'ancien exercice étaient insuffisans pour couvrir les dépenses, il y aurait lieu de demander une allocation supplémentaire au budget courant. On ne pourrait *de plano* entamer sur les ressources de ce dernier pour payer les dettes de l'ancien.

1401. — Les recettes et dépenses de deux exercices ne doivent jamais être confondues. Ainsi, l'excédant des ressources de l'exercice clos doit figurer au budget en cours d'exécution, par un chapitre additionnel, contenant deux sections, l'une pour les sommes recouvrées, l'autre pour celles à recouvrer. — Il en est de même pour les dépenses. — V. Bost, *ibid.*

Sect. 4e. — *Comptabilité des communes.*

1402. — Les comptables doivent justifier non-seulement que les dépenses nécessaires ont été faites, mais encore qu'elles l'ont été régulièrement ; c'est là la première de leurs obligations. — Vérifier et régler les dépenses faites, voilà donc ce qui compose la comptabilité. — Bost, t. 2, p. 445, no 671.

ART. 1er. — *Ordonnancement et paiement des dépenses.*

1403. — Il est de principe qu'aucune dépense ne peut être acquittée si elle n'a été préalablement ordonnancée par un ordonnateur chargé de le faire. — V. ord. 23 avr. 1823, art. 3 ; 31 mai 1838, art. 447. — V. aussi Magnitot et Delamarre, vo *Commune*, t. 1er, p. 263.

1404. — Cet ordonnateur, choisi par la loi, c'est le maire, qui *seul* peut délivrer des mandats. — L. 18 juill. 1837, art. 10 et 61 ; ord. 31 mai 1838, art. 445 et 449.

1405. — Quoique la loi ait employé cette expression *lui seul*, l'adjoint du maire, régulièrement délégué, pourrait le remplacer dans l'ordonnancement des dépenses.

1406. — Mais le préfet et le sous-préfet, n'étant pas investis de l'administration municipale d'une manière immédiate, ne pourraient, sans substitution de pouvoir, délivrer directement des mandats. S'ils le faisaient, leurs ordonnances devraient être refusées par le comptable. — Inst. 17 févr. 1802.

1407. — C'est aussi ce qui résulte, au moins implicitement, des dispositions de l'art. 61 de la loi de 1837, qui n'accorde ce droit aux préfets que sur le refus par le maire d'ordonnancer une dépense régulièrement autorisée et liquidée ; et, dans ce cas même, l'ordonnancement du préfet doit être fait en conseil de préfecture.

1408. — Les maires doivent mentionner dans leurs mandats l'exercice et le crédit auxquels ils s'appliquent, et y joindre toutes les pièces qui peuvent servir à constater la légitimité de la dette pour laquelle ils les délivrent. — Ord. 23 avr. 1823, art. 3. — Bost, *ibid.* no 672 ; Magnitot, *Diction. de dr. pub. et adm.*, vo *Commune*, p. 268 ; et Foucart, t. 3, p. 118, no 140.

1409. — Ces dispositions de l'art. 3 de l'ordon. du 23 avril 1823 se trouvaient déjà consignées dans la loi constitutive des corps municipaux du 14 déc. 1789 ; celle du 1er déc. de la même année, art. 31, 34 et 36 ; l'arrêté du 23 juill. 1802, et l'instruction ministérielle du 17 fév. même année.

1410. — Il est défendu aux ordonnateurs des dépenses des communes et des établissemens publics d'excéder en aucun cas les crédits de l'exercice courant, et d'en changer la destination. — Arr. 23 juill. 1802, art. 14, 20 et 34 ; déc. 7 avr. 1802, art. 9 ; et 27 fév. 1811, art 9. — Magnitot et Delamarre, *loc. cit.* ; Bost, *loc. cit.*

1411. — Aucune dépense ne peut être ordonnancée après le 15 du mois de la clôture de l'exercice, et les mandats non payés dans les quinze jours suivans sont annulés, sauf réordonnancement, s'il y a lieu, avec imputation sur les reliquats de l'exercice clos reportés au budget de l'année courante. — Ord. 1er mars 1835, art. 2.

1412. — Tout mandat ou ordonnance de paiement doit être donné par écrit, et conforme au budget ou aux autorisations extraordinairement données. Il faut donc nécessairement qu'une copie du budget ou de ces autorisations soit délivrée au comptable avant même qu'il ait à faire aucun des paiemens autorisés par ces actes.

1413. — Nous avons déjà fait observer que les ordonnateurs doivent joindre à leurs mandats diverses pièces. Ces pièces, qui servent à constater la réalité de la dépense dont la régularité est constatée par l'allocation du budget ou l'autorisation qui en tient lieu, et dont l'accomplissement est établi par les quittances des parties prenantes, ne peuvent être indiquées d'une manière générale, elles varient selon l'objet auquel elles se rapportent.

1414. — Parmi ces pièces il en est qui n'ont besoin d'être produites qu'une première fois, sauf à s'y reporter ensuite ; telles que les actes d'acquisition, les baux à ferme, les certificats d'inscriptions ou de purge d'hypothèque, etc. — Bost, t. 2, p. 448, no 677.

1415. — En règle générale, les comptables doivent acquitter les mandats ou ordonnances qui leur sont présentés ; ils ne peuvent en retarder le paiement. Cependant, comme ils sont responsables des paiemens qu'ils font, la loi les a autorisés à se refuser au paiement dans certains cas.

1416. — Ces cas se présentent : 1o lorsque le mandat délivré par l'ordonnateur qui avait qualité pour le délivrer ne porte pas sur le crédit ouvert, ou l'excède ; 2o lorsque les pièces produites à l'appui du mandat sont insuffisantes ou irrégulières ; 3o et lorsqu'il y a opposition dûment signifiée entre ses mains contre le paiement réclamé. — Ord. 23 avr. 1823, art. 4.

1417. — Hors ces cas ils doivent payer. S'ils refusent, s'ils retardent, ils doivent en faire connaître le motif dans une déclaration immédiatement délivrée par le receveur municipal au porteur du mandat, lequel se retire devant le maire, pour que ce dernier avise aux mesures à prendre ou à provoquer. — Même article.

1418. — Si le refus ou le retard des comptables porte sur un paiement régulier, ou si la déclaration ci-dessus n'est pas délivrée aux porteurs du mandat par les comptables, ces derniers sont responsables des dommages que leur refus peut entraîner ; et même, dans certains cas, ils peuvent perdre leur emploi. — Même article ; Inst. gén., art. 736.

1419. — Il résulte de cette instruction générale, art. 737, que ces comptables n'ont à faire qu'un examen matériel des pièces qui leur sont produites. Il suffit qu'elles soient visées et attestées par l'ordonnateur pour que leur responsabilité soit à couvert. — Cependant ils pourraient suspendre le paiement s'ils avaient des motifs suffisans de croire que l'ordonnateur a été trompé ; mais, après avoir averti ce

dernier, ils devraient payer si l'ordre leur en était donné de nouveau. — Bost, t. 2, p. 446, n. 677 ; Magnitot et Delamarre, v° *Commune*, p. 265.

1420. — Ce sont les quittances des personnes qui reçoivent, soit pour elles-mêmes, soit comme fondées de pouvoir, qui justifient l'*accomplissement* de la dépense, le paiement de la dette (V. *suprà* n° 1413). Si ces personnes ne savent pas signer, il n'est pas nécessaire de recourir au ministère des notaires pour les sommes minimes, qui souvent sont inférieures à la dépense qu'occasionnerait cette formalité. Une quittance notariée n'est donc nécessaire que dans les termes du droit commun, lorsque la somme excède 150 fr. (C. civ., art. 1341); Et encore la cour des comptes n'applique-t-elle pas rigoureusement cet article. — Magnitot et Delamarre, *ibid.*

421. — Pour toutes les sommes inférieures à 150 fr., la loi du 18 niv. an II exige seulement que, sur la déclaration de ne savoir pas signer, faite par la partie au comptable, en présence de deux témoins, ce dernier l'inscrive immédiatement, sur les pièces justifiant la dépense; qu'il signe lui-même la déclaration et la fasse signer aux deux témoins présens.

1422. — Les quittances au-dessus de 10 fr. sont seules soumises aux droits du timbre, celles au-dessous en sont affranchies par la loi du 10 brum. an VII, à moins qu'elles n'aient pour objet un à-compte ou une quittance définitive sur une plus forte somme. — Bost, t. 1, p. 453, n° 684; Magnitot et Delamarre, *loc. cit.*

1423. — Il y en a d'autres qui sont également exemptes du timbre. Ce sont : 1° celles de tous les agens ou employés des communes, délivrées pour le paiement de leur traitement, lorsque ce traitement ne s'élève pas au-dessus de 300 fr.; 2° celles des indigens, pour les secours, quelqu'élevés qu'ils soient, qui leur sont accordés; 3° celles des indemnités accordées en général pour les cas fortuits, tels qu'incendie, inondation et autres; 4° celles des sommes versées à la caisse des receveurs des finances pour le compte des communes; 5° celles données par le maire au receveur municipal du montant des sommes allouées pour la réparation de la maison commune et des chemins vicinaux, lorsqu'il n'y a pas de mémoire de fournisseurs ou d'ouvriers; et 6° celles des sommes allouées aux bureaux de bienfaisance à titre de secours. — V. Bost, *ibid.*

1424. — On ne doit mettre qu'une seule quittance sur la même feuille de timbre; et les mandats au pied desquels on délivre des quittances sont assujettis aux droits du timbre. — Décis. du min. des fin. du 20 déc. 1834.

1425. — Les formalités indiquées par le ch. 4, tit. 2, de l'ord. du 31 mai 1838, pour assurer la régularité de la comptabilité des communes, ayant été prescrites dans l'intérêt exclusif de celles-ci, ne peuvent faire exception au droit commun, et être dès-lors invoquées par les tiers qui ont traité avec elles. — En conséquence est valable une quittance donnée par un entrepreneur de travaux communaux au bas d'un mandat du maire de la commune, quoiqu'elle ne soit pas datée et ne contienne pas l'énonciation de la somme reçue, et quoique le mandat ne soit pas délivré dans la forme prescrite par l'ordonnance précitée. — *Orléans*, 7 août 1845 (t. 2 1845, p. 344), comm. de Cléry c. Delaunay.

ART. 2. — *Reddition et apurement des comptes.*

1426. — La bonne administration d'une commune ne se justifie dans l'intérêt de la commune, comme dans l'intérêt du fonctionnaire, que par la reddition du compte de ce dernier. Aussi, de tout temps, les ordonnateurs ont-ils été obligés de rendre compte. — Bost, t. 2, p. 447, n° 678; Magnitot et Delamarre, t. 1er, p. 265; Foucart, t. 3, p. 118, n° 141 ; Boyard, *Nouv. man. des maires*, v° *Comptabilité des communes*, t. 1er, p. 222 ; de Gérando, 2, p. 408. — Mais le compte du maire ne peut être un compte de deniers ; il n'est pas comptable, il n'est qu'ordonnateur : c'est donc un compte moral qu'il doit rendre. — V. Duvergier, *Collect.*, ann. 1837, p. 252, note 5e.

1427. — Il y a cette différence entre les comptes que doivent rendre les ordonnateurs et les comptables, que les premiers doivent faire connaître dans quel but et par quels motifs ils ont été dirigés dans leur administration, et que les seconds doivent se borner à présenter, au point de vue matériel en quelque sorte, les recettes qu'ils ont faites et les dépenses qu'ils ont payées. — Inst. min. 22 sept. 1808. — Bost, *ibid.*; de Gérando, t. 2, p. 408. — Leur point de ressemblance porte donc seulement sur les faits d'ordonnancement et de paiement, qui doivent nécessairement concorder ensemble. — V. Bost, *loc. cit.*; Magnitot et Delamarre, *loc. cit.*

1428. — Les comptes des maires doivent indiquer d'une manière complète les faits d'administration qui s'appliquent aux dépenses de l'exercice, en même temps que l'ordre, l'économie et la prévoyance qui ont présidé à leur accomplissement.

1429. — Dans chaque mairie il doit y avoir un registre destiné à recevoir les opérations d'ordonnancement au fur et à mesure qu'elles se font. Mais, dans les administrations municipales importantes, les maires doivent en outre faire tenir un journal et un grand livre, pour y consigner sommairement toutes les opérations financières relatives aux crédits, à la liquidation, à l'ordonnancement et au paiement; ce qui n'empêche pas de détailler les mêmes opérations sur les livres ou registres auxiliaires, suivant les instructions qui leur sont données à cet égard par MM. les préfets. — Inst. min. de l'int. de sept. 1824 ; ord. 31 mai 1838, art. 455.

1430. — Les comptes d'administration des maires ordonnateurs, rendus par exercice, sont nécessairement présentés par les maires aux conseils municipaux, dans la session qui suit immédiatement la clôture de chaque exercice, c'est-à-dire dans celle de mai. — Ord. 31 mai 1838, art. 457.

1431. — Toutes les opérations qui ont été faites dans le cours de l'exercice doivent y être mentionnées. — Le maire ordonnateur présente à cet effet, par colonnes distinctes, et en suivant l'ordre des chapitres et des articles du budget : — *En recette* : 1° la désignation de la nature de recette ; — 2° l'évaluation admise au budget ; — 3° la fixation définitive de la somme à recouvrer d'après les titres justificatifs ; — 4° les sommes recouvrées pendant l'année du budget et pendant les premiers mois de la seconde année; — 5° la somme restant à recouvrer. — *En dépense* : 1° la désignation des articles de dépense admis par le budget ; — 2° le montant des crédits ; — 3° le montant des sommes payées sur ces crédits, soit pendant la première année, soit dans les premiers mois de la seconde; — 4° le reste à payer à reporter au budget de l'exercice suivant; — 5° les crédits ou portions de crédits à annuler faute d'emploi dans les délais prescrits. — Ord. 31 mai 1838, art. 456; circ. min. de l'int. 10 avr. 1845.

1432. — Le conseil municipal délibère sur le compte du maire, lorsqu'il est définitivement approuvé, savoir : par le préfet, pour les communes qui jouissent d'un revenu inférieur à 100,000 fr., et par le ministre pour les autres. — L. 18 juill. 1837, art. 23 et 60.

1433. — Jugé dans ce sens, avant la loi de 1837, que c'est au préfet, et non au conseil de préfecture, qu'il appartient de statuer sur la comptabilité du maire, lorsque les revenus n'excèdent pas 10,000 fr. — Les membres du conseil de préfecture n'ont, dans ce cas, que voix consultative, et ne peuvent juger hors la présence des préfets. — *Cons. d'état*, 28 déc. 1825, Dequeux.

1434. — De même, le compte que doit un maire de ses recettes, soit par réquisition, soit par collecte volontaire, est dû au préfet et ne doit point être débattu par le conseil de préfecture. — *Cons. d'état*, 16 août 1820, Leguichem.

1435. — Cet examen du conseil municipal sur le compte présenté par le maire porte principalement sur l'utilité, la régularité et l'autorisation des dépenses, et sur leur ordonnancement, qui doit toujours être restreint aux limites des fonds alloués et par le budget et par des crédits extraordinaires ou provisoires. — V. Bost, t. 2, p. 449, n. 682. — Si les renseignemens fournis par le maire ne paraissent pas suffisans au conseil, il a le droit d'en demander de plus spéciaux avant d'émettre son avis. — L. 28 pluv. an VIII, art. 15. — V. Boyard, *Comptabilité des communes*, t. 1er, p. 223.

1436. — La présidence du conseil municipal, dans ce cas, n'appartient plus au maire (L. 2 prair. an IX, art. 5); il doit être remplacé par un des membres du conseil choisi au scrutin secret et à la pluralité des suffrages.

1437. — Une copie conforme du compte d'administration, tel qu'il a été vérifié par le conseil municipal et arrêté définitivement ou provisoirement par le préfet, doit être, comme élément de contrôle, joint au compte de gestion du comptable, lorsque celui-ci est soumis à l'apurement du tribunal compétent. — Ord. 31 mai 1838, art. 460; et inst. min. intér. de sept. 1824.

1438. — Comme nous l'avons vu, les attributions assignées au maire le rendent tout-à-fait étranger au maniement des deniers de la commune; mais si, par une impulsion volontaire, il croit devoir s'en mêler, il devient alors comptable, et sous ce point de vue son compte doit être apuré comme celui des autres comptables. — Dufour, t. 1er, p. 624, n° 740.

1439. — Ainsi, jugé que le maire qui s'est immiscé dans le maniement des deniers communaux est devenu comptable de fait et est soumis aux règles de la comptabilité communale; on ne peut admettre dans les comptes de ce maire les dépenses qui n'ont été ni votées par le conseil municipal, ni approuvées par l'autorité supérieure, ni inscrites d'office dans le budget de la commune. — *Cons. d'état*, 8 avr. 1842, Duvergier et le ministre de l'intérieur c. Recordère; — Cormenin, *Dr. admin.*, t. 1er, p. 433.

1440. — Mais ne doivent pas être comprises dans le compte que doit rendre un maire qui s'est immiscé dans le maniement des deniers communaux les sommes provenant de concessions de terrains abandonnés à la fabrique, ou le prix de jouissances de terrains également abandonnés à ladite fabrique, lorsque les actes d'abandon faits par le maire n'ont pas été déférés à l'autorité supérieure compétente. — Même ordonnance.

1441. — Il en est de même pour l'adjoint remplissant les fonctions de maire : ainsi, lorsque l'adjoint d'une commune qui a plus de 100 fr. et moins de 10,000 fr. de revenus s'est rendu comptable de fait envers sa commune, en faisant volontairement pour elle des recettes et des dépenses non portées au budget communal, le conseil de préfecture est compétent pour arrêter les comptes en recettes et en dépenses. — *Cons. d'état*, 14 juin 1837, Tenaille Saint-Cyr c. comm. de Chatel-le-Censoir. — V. aussi Dufour, *ibid.*; Serrigny, *Traité de la compétence et de la procédure en matière contentieuse administrative*, t. 2, p. 251, n° 884.

1442. — Dans ce cas, lorsqu'un maire s'est rendu volontairement comptable envers sa commune en recevant des contributions extraordinaires imposées aux habitans, ou en faisant pour la commune des recettes et des dépenses, il doit, aux termes de l'ordonnance royale du 23 avr. 1823, rendre son compte devant le conseil de préfecture. — *Cons. d'état*, 5 mai 1831, comm. de Gilly sur-Loire c. Bernard; 7 mai 1828, Billery ; 26 nov. 1828, Frédéric; 6 janv. 1830, Galoffre; 5 mai 1831, Daugy; 23 oct. 1833, Vignol; — Cormenin, v° *Communes*, t. 1er, p. 455; — V. encore L. 18 juill. 1837, art. 64 et 66 ; et ord. réglem. 31 mai 1838, art. 466, 483, 484 et 485.

1443. — Cependant il a été jugé qu'il appartient aux préfets, sauf recours au ministre et au conseil d'état, de régler les comptes d'un maire qui a reçu des fonds du trésor ou de la caisse municipale ou des citoyens pour une souscription nationale. — *Cons. d'état*, 22 fév. 1833, Salleron.

1444. — Avant l'ordonnance de 1823, c'était aussi à l'administration active du préfet, et non du conseil de préfecture, qu'un maire devait rendre compte de toutes les recettes qu'il pouvait faire. — Magnitot et Delamarre, v° *Commune*, p. 266.

1445. — Si le maire qui s'est immiscé sans titre dans la manutention et la perception des deniers de la commune refuse de rendre son compte dans le délai qui lui est fixé, il peut y être contraint par toutes voies de droit, et notamment par le séquestre de ses biens meubles et immeubles, et au besoin il peut y être pourvu par l'application des mesures indiquées dans les art. 1033 et 1238 du réglement du 15 déc. 1826, pour la formation d'un compte d'office. — *Cour des comptes*, 25 juill. 1835, Min. intér. c. Recordère.

1446. — Dans ce cas même et sans attendre le résultat des comptes, il doit être pris inscription à la diligence du receveur municipal sur les biens du maire, et ce, pour sûreté de l'hypothèque légale accordée par l'art. 2121, C. civ., sur les biens des manutenteurs des deniers communaux. — Même décision; — Magnitot et Delamarre, v° *Commune*, p. 266.

1447. — Le maire qui, au lieu de transmettre à l'autorité supérieure, conformément à un arrêté du préfet, les bons des fournitures faites par les habitans, a cédé ces bons à l'entrepreneur, sans l'autorisation du conseil municipal, pour une somme au-dessous de leur valeur réelle, doit être déclaré comptable de cette valeur envers les habitans de la commune.

1148. — Il n'est pas fondé à demander la mise en cause de l'entrepreneur, lorsqu'il a traité seul avec ce dernier, et sans l'autorisation soit du conseil municipal, soit des autorités supérieures. — *Cons. d'état*, 18 janv. 1826, Coqueromont c. comm. de Montfermeil; 8 janv. 1817, Gœtschy; 8 août 1821, Rœschelin.

1449. — La création, par un maire, d'un bon fictif de fournitures aux armée, l'affectation de ce bon à couvrir des cotes irrecouvrables, et l'emploi de ce bon à cet objet par le percepteur des contributions directes, constituent des actes d'adminis-

tration et de perception qui ne peuvent être soumis à la juridiction du conseil de préfecture et de la cour des comptes statuant comme juge des comptabilités communales. — Dès-lors, l'arrêt de la cour des comptes qui a statué sur la création, l'affectation et l'emploi de ce bon doit être annulé. — *Cons. d'état*, 8 janv. 1836, Rozier.

1450. — Des habitans d'une commune agissant *ut singuli* sont sans qualité et, par conséquent, non-recevables à demander l'autorisation de poursuivre, à fins civiles, un maire qu'ils accusent d'avoir détourné des revenus communaux. — *Cons. d'état*, 15 juin 1825, habitans de la comm. d'Esserval-Tastre c. Grappe.

1451. — Mais une commune a été autorisée de poursuivre devant l'autorité judiciaire un ancien maire en restitution des sommes indûment retenues. — *Cons. d'état*, 16 août 1820, comm. d'Obermagstatt c. Rapp.

1452. — De ce que le conseil municipal aurait admis en compte une quittance donnée par un ouvrier pour paiement de travaux exécutés par l'ordre du maire, sans autorisation, il ne résulte pas qu'il ait voulu ratifier la dépense, alors que ce paiement partiel avait été opéré par le maire sur le crédit qui lui était alloué pour les fêtes publiques. — *Douai*, 20 juin 1835, Béthune-Hourriez et comm. de Cambrai c. Quersin.

1453. — Le mandataire d'une commune doit être à l'abri de toutes recherches, lorsque l'état des avances et déboursés faits pour le compte de la commune a été présenté par lui à l'administration municipale, définitivement arrêté par l'administration centrale du département et qu'il a reçu le solde qui lui était dû comme créancier. — *Cons. d'état*, 12 sept. 1811, Lecerf c. habitans de Touville; — Cormenin, *Dr. administ.*, vo *Mode de procéder devant le conseil d'état*, t. 1er, p. 67.

1454. — L'art. 62, L. 18 juill. 1839, dispose : « Les recettes et les dépenses communales s'effectuent par un comptable chargé seul et sous sa responsabilité, de poursuivre la rentrée de tous les revenus de la commune, et de toutes les sommes qui lui seraient dues, ainsi que d'acquitter les dépenses ordonnancées par le maire, jusqu'à concurrence des crédits régulièrement accordés. — Tous les rôles de taxe, de sous-répartition et de prestation locales doivent être remis à ce comptable. »

1455. — L'administration doit lui remettre aussi une expédition en forme de tous les baux, contrats, jugement, déclaration, *titres nouvels* et autres, qui se rapportent aux revenus qu'il est chargé de percevoir. Il peut même au besoin se faire remettre, sur son récépissé, les originaux de ces divers actes. — Arr. 19 vendém. an XII; inst. gén. 15 déc. 1826; ord. réglem. 31 mai 1838, art. 462; — Bost, t. 2, p. 450, no 684.

1456. — Ce comptable est ordinairement le percepteur. Cependant, dans les villes dont le revenu excède 30,000 fr., ces fonctions peuvent être confiées, sur la demande du conseil municipal, à un individu chargé spécialement des recettes de la commune. Dans ce cas, le conseil adresse une liste de trois candidats au chef de l'état, et le roi nomme à son choix. — L. 18 juill. 1837, art. 65; ord. 31 mai 1838, art. 465.

1457. — Les cautionnemens des percepteurs avaient été portés par l'ordonn. du 31 oct. 1824 au douzième des rôles de 1823, quel que fût le montant des sommes à recouvrer par eux. Mais cet état de choses exagérait la proportion qui, aux yeux de la loi, doit exister entre l'importance des sommes à recouvrer et celle du cautionnement. Aussi, d'après l'ordonn. du 17 sept. 1837, le cautionnement des percepteurs est-il fixé, à chaque mutation, et sauf les exceptions que renferme le § 2 de l'art. 82 de la loi du 28 avr. 1816, au douzième des rôles généraux et supplémentaires de l'année antérieure à la nomination du nouveau titulaire. — Et dans les localités où les rôles des contributions et les revenus de la commune éprouvent, après la nomination des receveurs, un accroissement sensible et permanent, il peut être procédé à une nouvelle fixation du cautionnement, si le préfet et le receveur général du département l'exigent; et alors on doit se baser sur la disposition de la loi du 28 avr. 1816 (art. 9 et 10). — V. CAUTIONNEMENT (fonctionnaires, etc.)

1458. — Les communes ont privilége sur toutes les parties du cautionnement versé par leur receveur tant en cette qualité qu'en celle de percepteur, et non pas seulement sur le supplément de cautionnement que la loi du 30 frim. an XIII a exigé des percepteurs en les imposant aux communes comme receveurs. — L'étendue de ce privilége ne peut surtout être mise en doute lorsque le trésor public ne la conteste pas et adhère à la réclamation de la commune. — *Cass.*, 5 déc. 1843 (t. 1er 1844, p. 29), Lefebvre-Banville c. comm. du Vrétot et le Trésor. — Il est à remarquer que, par cette dernière partie de son arrêt, la cour de Cassation semble indiquer qu'elle ne consacre ainsi le droit des communes sur la totalité du double cautionnement qu'en l'absence de toute réclamation de la part du trésor, se réservant sans doute d'examiner quelle serait la position respective du trésor et des communes en cas de déficit sur les deux gestions comme percepteur et comme receveur, et d'insuffisance des deux cautionnemens.

1459. — Bien que les arrêtés administratifs qui règlent la comptabilité d'un percepteur, receveur communal, soient encore susceptibles de recours, les tribunaux ordinaires sont compétens pour apprécier les questions de privilége qui peuvent s'élever entre une commune et les tiers relativement à la distribution de son cautionnement, alors d'ailleurs qu'ils se déclarent incompétens pour connaître au fond de ces arrêtés administratifs. — Ils ne sont pas tenus de surseoir à statuer sur la contestation relative au privilége jusqu'à ce que l'autorité administrative ait définitivement statué sur l'apurement de la comptabilité. — Même arrêt.

1460. — Le receveur municipal est chargé de recevoir tous les produits de la commune aux échéances fixées par les titres de perception ou par l'administration. — Inst., 15 déc. 1826, art. 507; L. 11 frim. an VII; ord. 31 mai 1838, art. 467.

1461. — Lorsqu'une somme est versée à sa caisse, il doit délivrer immédiatement une quittance qu'il détache d'un journal à souche. — Ord. 8 déc. 1832, art. 7; Inst. 15 déc. 1826, art. 599; arr. 19 vendém. an XII; ord. 31 mai 1838, art. 468 et 469.

1462. — Le receveur municipal est personnellement responsable de la perception de toutes les ressources affectées au service des communes. Il doit donc faire toutes les poursuites et diligences nécessaires pour y arriver; il doit veiller aussi à l'expiration des baux, aux prescriptions, et à la conservation des domaines, droits, priviléges et hypothèques. — Circul., min. de l'int. 10 avr. 1835; ord. 31 mai 1838, art. 471.

1463. — « Les écritures de receveurs municipaux sont tenues en partie simple; elles nécessitent l'emploi des livres ci-après : 1o *un journal à souche* pour l'enregistrement de toutes les recettes et pour la délivrance des quittances aux parties versantes; 2o *des livres de détail*, dans lesquels les recettes et les dépenses sont classées par nature; 3o *un journal* présentant les opérations décrites sur les livres de détail, et la situation journalière de la caisse; 4o enfin un grand-livre contenant le rapport à chacun des comptes qui y sont ouverts des recettes et des dépenses inscrites au journal. — « Le journal général et le grand-livre sont remplacés, chez les percepteurs receveurs, par un *livre des comptes divers par services*, destiné à ouvrir un compte distinct pour les recettes et dépenses propres à chacun des services dont ces comptables sont chargés concurremment, et par un livre récapitulatif, destiné à présenter la situation complète de chaque percepteur sur tous les services qui lui sont confiés. » — Inst. 15 déc. 1826, et 3 mai 1827; ord. 31 mai 1838, art. 473.

1464. — Le 31 déc. de chaque année, les maires, assistés de l'un des membres du conseil municipal, doivent clore et arrêter les registres des recettes et dépenses des comptables, et cela en leur présence. Ils doivent aussi constater d'une manière régulière l'état des valeurs recouvrées et à recouvrer. — Ord. 14 sept. 1822; 23 avr. 1823. — V. Bost, t. 2, p. 455, no 686.

1465. — Cela fait, les receveurs dressent leurs comptes; lesquels doivent contenir : 1o le solde restant en caisse et en portefeuille au commencement de chaque gestion; 2o les recettes et les dépenses de toute nature effectuées pendant la gestion sur chaque exercice; 3o le montant des valeurs en caisse et en portefeuille composant le reliquat à la fin de leur gestion. — Ord. 23 avr. 1823, art. 11; et 31 mai 1838, art. 475. — Ainsi, le compte du receveur doit contenir deux parties distinctes, l'une, qu'on peut appeler compte administratif, embrassant seulement les opérations en recette comme en dépense, pour un exercice entier, du jour de son ouverture jusqu'à celui de sa clôture; l'autre, compte de caisse, embrassant au contraire toutes les opérations d'une année, du 1er janvier au 31 déc., celles qui se rapportent à l'exercice clos, et celles qui concernent l'exercice courant. — Bost. t. 2. p. 456, no 686.

1466. — Il doit exister une concordance nécessaire entre ce compte et les écritures de caisse. Cette concordance s'établit au moyen de la remise que doit faire le maire au conseil municipal de l'état de situation de l'exercice clos, état qui, comme nous l'avons vu *suprà* no 1398, doit lui être remis par le receveur dans la quinzaine de la clôture de l'exercice. — Circul., min. de l'int. du 10 avr. 1835; ord. 31 mai 1838, art. 477. — V. Bost, *ibid.*

1467. — Si, pendant le cours de l'exercice, le receveur municipal obtient son changement, il ne doit compte que des faits relatifs à sa gestion; il en sera de même de son successeur; le compte de l'exercice sera donc divisé suivant la durée de la gestion de chaque titulaire. — Ord. 23 avr. 1823, art. 13, et 31 mai 1838, art. 476.

1468. — Les comptes du receveur sont débattus et arrêtés provisoirement par le conseil municipal. Ils le sont définitivement par le conseil de préfecture pour les communes dont le revenu n'excède pas 30,000 francs, sauf recours à la cour des comptes, laquelle apure et règle ainsi définitivement tous les comptes d'un chiffre plus élevé. — L. 18 juill. 1837, art. 23 et 66; instr. 15 déc. 1826, art. 1230 et 1236; ord. 23 avr. 1823, art. 10, et 31 mai 1838, art. 478, 483 et 484.

1469. — Mais les comptes des percepteurs qui touchent les revenus des communes dont les budgets ne sont pas soumis à la cour des comptes, doivent être réglés par les préfets séant en conseil de préfecture, et non par le conseil de préfecture. — Ord. 28 janv. 1815, art. 10; — *Cons. d'état*, 26 mai 1824, Adelving; — Cormenin, *Droit adm.*, vo *Communes*, t. 1er, p. 433.

1470. — Les comptes des receveurs sont donc toujours soumis, quels qu'ils soient, à la vérification de la cour des comptes, par l'entremise des préfets, qui doivent les envoyer, avec leurs observations, deux mois au plus tard après l'examen des conseils municipaux. — Ord. 23 avr. 1823, art. 5, § 2, et 31 mai 1838, art. 480.

1471. — Dans certains cas même, la cour des comptes est appelée à réformer les arrêtés de comptes rendus par les conseils de préfecture, sur les pourvois formés par les communes ou les comptables. — Ord. 23 avr. 1823, art. 7, et 31 mai 1838, art. 485 à 493.

1472. — Nous avons vu déjà que les receveurs municipaux en retard de produire leurs comptes, pouvaient être condamnés à des amendes. Ces amendes sont de 10 à 100 fr. pour chaque mois de retard, pour les receveurs justiciables des conseils de préfecture, et de 50 à 500 fr., également par mois, pour ceux qui sont justiciables de la cour des comptes. — L. 18 juill. 1837, art. 68; ord. 31 mai 1838, art. 482.

1473. — Les comptes et les budgets des communes sont publics. Tous les contribuables peuvent en prendre connaissance à la mairie, où ils restent déposés. Ceux même des communes dont le revenu s'élève à 100 fr., doivent être imprimés. Ceux des communes d'un revenu inférieur peuvent l'être aussi, mais seulement lorsque le conseil municipal a voté la dépense de l'impression. — L. 18 juill. 1837, art. 69; ord. 31 mai 1838, art. 494.

1474. — Quant à la responsabilité des receveurs municipaux, l'art. 67, L. 18 juill. 1837, porte qu'elle est déterminée par des réglemens d'administration publique, qui doivent être exécutés par les receveurs, sous la surveillance des receveurs des finances en général, et sous la surveillance du receveur particulier des finances de l'arrondissement, pour le comptable qui réunit les fonctions de receveur municipal et de percepteur. — V., pour connaître en détail toutes ces règles, ord. 27 sept. 1837, et 31 mai 1838, art. 495 à 497 inclusivement.

1475. — Cette réunion des fonctions de receveur municipal et de percepteur ne rend pas l'état responsable, vis-à-vis des communes, de la gestion du receveur municipal, bien que ce dernier soit en même temps investi des fonctions de percepteur. — *Cons. d'état*, 14 déc. 1836, comm. de Fresnes et d'Antoni c. min. des finances. — V. conf. Dufour, *Traité gén. de droit adm. appliqué*, t. 1er, p. 629, no 743.

1476. — L'ordonnance royale qui, lors du réglement du budget d'une commune, a fixé le traitement du receveur municipal, conformément aux ordonnances des 17 avr. et 23 mai 1839, est susceptible, de la part de cette commune, d'un recours contentieux devant le conseil d'état; mais cette commune ne peut, à cette occasion, mettre en question la légalité desdites ordonnances (Sol. impl.). — *Cons. d'état*, 15 juin 1841, ville d'Orléans.

1477. — Les communes ne peuvent se refuser à exécuter les ordonnances des 17 avr. et 23 mai 1839, relatives aux remises des receveurs municipaux, alors même que ces derniers, en sollicitant leur emploi, se seraient engagés à le remplir moyennant un traitement fixe annuel, promettant de ne point demander d'augmentation. — *Cons. d'état*, 10 mars 1843, ville de Provins.

1478. — Du reste, ces remises font partie de leur traitement et peuvent être regardées comme telles. Elles sont, dès lors, saisissables, mais dans les proportions déterminées par la loi du 21 vent. an IX. On ne pourrait induire le contraire des dispositions renfermées dans l'avis du conseil d'état du 15 oct. 1828. — V. Durieu, *Poursuites en matière de contributions directes*, t. 2, p. 222, nº 24.

1479. — Le comptable qui a avancé, pour des communes, des contributions arriérées, est substitué aux droits du trésor contre les communes. Les créances à cet égard n'ont pas été déclarées nationales par la loi du 24 août 1793. — *Cons. d'état*, 29 juin 1832, comm. d'Arles c. Pin.

1480. — Le droit de statuer sur la demande formée par un particulier en délivrance d'un dépôt judiciaire fait entre les mains du receveur municipal, n'appartient pas à l'autorité administrative, lors même que le receveur municipal a porté le dépôt en recette dans ses comptes avec la commune. — *Cons. d'état*, 11 déc. 1808, Oderieu c. Regny.

1481. — L'autorité administrative est seule compétente pour statuer sur le recouvrement des reliquats de compte et autres revenus communaux, même sur le réglement des dépens. — *Cons. d'état*, 19 mars 1808, comm. de Wolfersweiler. — V. aussi *Cons. d'état*, 25 janv. 1807, Grandjean; — Cormenin, *Droit adm.*, vº *Contributions directes*, t. 1er, p. 493 et 495.

1482. — Si les tribunaux civils sont compétens pour juger sommairement et sans frais la validité extrinsèque des poursuites dirigées en recouvrement de ces deniers, ils ne peuvent prononcer de condamnation de dépens contre le percepteur ni ordonner la suspension de ses poursuites. — *Cons. d'état*, 19 mars 1808, comm. de Wolfersveiler. — V. aussi la note placée sous cette décision.

1483. — On ne peut attaquer, pour cause d'incompétence, un jugement qui, quels que soient ses motifs, s'est borné, par son dispositif, à condamner un receveur municipal à verser dans les mains d'un entrepreneur, en deniers ou quittances valables, et ce, sur mandats en bonne forme de l'autorité compétente, le montant des sommes qui lui appartiennent, tant en cette qualité que comme cessionnaire de son coadjudicataire, et a autorisé expressément le receveur municipal à retenir une somme suffisante pour se couvrir des causes d'une opposition formée par un créancier d'un entrepreneur. — Ce jugement ne préjuge rien sur les résultats de la liquidation des ouvrages, ni sur les conséquences de cette liquidation, par rapport au mode de retenue. — *Cons. d'état*, 6 déc. 1827, Hugot c. Ancelot.

CHAPITRE VIII. — *Responsabilité des communes.*

Sect. 1re. — *Responsabilité des communes, en général.*

1484. — La commune, comme être moral, comme personne civile, a des droits qu'elle exerce, à ses risques et périls, par ses représentans ou ses préposés. Sous ce point de vue, elle est manifestement responsable, dans les termes ordinaires du droit, des faits, des obligations, des engagemens de ses agens. Il n'y a pas de raison, en effet, pour qu'on ne lui fasse pas l'application du principe général posé dans l'art. 1382, C. civ.

1485. — Mais à côté de cette responsabilité de droit commun, il en existe une autre tout exceptionnelle et fort importante, qui pèse sur la commune dans le cas où des délits ont été commis par des attroupemens avec les circonstances énumérées dans la loi du 10 vendém. an IV. C'est cette responsabilité spéciale qui nous occupera surtout dans les sections qui vont suivre.

1486. — Relativement à la responsabilité ordinaire que les communes peuvent encourir comme les simples particuliers, le principe est fort simple, et son application ne présente aucune difficulté sérieuse. En effet, on considère dans ce cas la commune comme un *individu*, et on la force à réparer le préjudice qu'elle a causé par ses préposés ou par ses représentans, d'après les règles ordinaires du droit. — V. DOMMAGES-INTÉRÊTS, RESPONSABILITÉ.

1487. — M. Davenne, *Encyclop. du dr.*, vº *Commune*, nº 416, soutient qu'on ne peut atteindre une commune avec le principe de la responsabilité naissant des délits ou quasi-délits, parce que, dès que les représentans ou préposés de la commune commettent un acte de cette nature, ils excèdent leurs pouvoirs, ils sortent de leur mandat et ne sont plus les représentans de la commune.

1488. — Cette objection est loin de nous paraître déterminante, car elle s'appliquerait aussi à tous les délits ou quasi-délits qui engendrent une responsabilité au préjudice des parens, maîtres et commettans, de quelque nature qu'ils soient. Au surplus la justification de cette responsabilité ressort des documens judiciaires que nous allons résumer.

1489. — Ainsi, jugé par application de l'art. 1382 C. civ., que lorsque l'autorité municipale, dûment autorisée, a pris des engagemens envers un particulier, qu'elle ne les a pas remplis et qu'elle a, par suite, causé un préjudice à ce particulier, la commune peut être, comme responsable, condamnée à des dommages-intérêts envers ce particulier. — *Cass.*, 31 mai 1827, comm. de Nantes c. Orillard.

1490. — Et que lorsqu'une commune a donné à ferme un pré, sous la condition que s'il était mis en réserve, le fermier jouirait du regain, si l'autorité municipale prend une délibération par laquelle elle déclare que ce pré n'est pas compris au nombre de ceux réservés pour donner de secondes herbes, les tribunaux ne peuvent condamner la commune aux dommages-intérêts envers le fermier, alors même que, sur la demande du fermier de poursuivre la municipalité, l'administration départementale aurait décidé n'y avoir lieu à statuer et aurait déclaré que l'affaire n'était pas de sa compétence. — *Cass.*, 1er frim. an XII, comm. de Montmirey c. Ratelot et Laplante.

1491. — Jugé de même que les communes sont responsables des amendes encourues par le pâtre du troupeau communal, sauf à être fait administrativement, et conformément à la loi du 11 frim. an VII, une répartition ultérieure desdites amendes entre les propriétaires des bestiaux trouvés en délit. — *Cass.*, 22 fév. 1811, comm. de Rollingen c. N.... — V. PATURAGE, VAINE PATURE.

1492. — Jugé encore que la commune à laquelle il a été fait une délivrance de bois pour son droit d'usage dans une forêt de l'état est responsable des délits commis dans sa coupe et à l'ouïe de la cognée, encore bien qu'il s'agisse d'arbres à prendre dans une sapinière en jardinant. La loi ne fait aucune distinction. — *Cass.*, 10 août 1821, Forêts c. comm. de Croix-aux-Mines.

1493. — ... Que quoique, dans la délivrance d'un affouage, on permette un partage entre les habitans de la même commune et des exploitations individuelles, l'administration forestière n'en a pas moins le droit de poursuivre la commune collectivement à raison des infractions de quelques-uns de ses habitans. — Même arrêt.

1494. — ... Que l'arrêté du préfet qui permet aux habitans d'une commune usagère des exploitations individuelles, n'a pas pour effet d'affranchir cette commune de la responsabilité collective dont elle est tenue. — *Cass.*, 29 juin 1821, Forêts c. comm. de Granges.

1495. — ... Que la dispense accordée à une commune d'avoir un garde affouager, n'a pas pour effet de la soustraire à la responsabilité des délits commis à l'ouïe de la cognée. — *Cass.*, 10 août 1821, Forêts c. comm. de Croix-aux-Mines.

1496. — ... Qu'une commune est responsable des dommages qui résultent de l'exécution de mesures ordonnées par son maire, agissant sur l'invitation formelle du conseil municipal. — *Toulouse*, 1er juin 1827, Boué et Ferrage c. comm. de Saint-Girons.

1497. — Une observation importante, c'est que les communes ne sont pas responsables de tous les actes de leurs maires indistinctement, la raison nous dit, en effet, que lorsqu'un maire agit, non comme représentant de la commune, mais comme agent du gouvernement, la responsabilité de ses actes ne peut atteindre la commune.

1498. — Jugé, en conséquence, que les arrêtés rendus par les maires comme magistrats de police chargés de veiller à la salubrité et à la sûreté publique, n'engagent point la responsabilité des communes. — *Bordeaux*, 18 mai 1841 (t. 2 1841, p. 580), Bourg c. ville de Bordeaux.

1499. — ... Que les mesures de police et de salubrité sont du domaine de l'administration, qui peut dès-lors prescrire celles que l'intérêt public paraît exiger; mais qu'une commune n'est pas responsable du dommage que l'intérêt privé a à souffrir; que, par exemple, lorsqu'une ordonnance royale crée un abattoir général et supprime tous les abattoirs particuliers, la commune, en supposant qu'il soit dû une indemnité, n'a point à répondre à l'action des individus qui, propriétaires de tels établissemens, ont éprouvé un préjudice par la disposition en vertu de laquelle ils ont été privés du droit de les exploiter à l'avenir. — *Cass.*, 24 déc. 1839 (t. 1er 1840, p. 668), Lannes et Descoux c. ville de Toulouse.

1500. — Il est bien entendu que si le maire, agissant en qualité de représentant de la commune, ne s'était pas renfermé dans les limites de ses attributions, il pourrait être poursuivi personnellement.

Sect. 2e. — *Responsabilité des communes d'après la loi du 10 vendém. an IV.*

1501. — Quoique la loi du 10 vendém. an IV soit une loi de circonstance et de nécessité, quoiqu'elle ait dans la plupart de ses dispositions un caractère révolutionnaire, on ne peut pas dire cependant que le principe qu'elle consacre soit nouveau. On trouve, en effet, dans une ordonnance de Louis XIV, rendue en 1697, que les seigneurs féodaux étaient responsables des désordres qui avaient lieu dans leurs fiefs, et que ceux qui étaient chargés de poursuivre les délits commis dans l'étendue de leur juridiction étaient punis de leur négligence.

1502. — En l'an IV, époque de troubles civils et d'agitations politiques, le principe posé par Louis XIV reçut une nouvelle application. La Convention voulut que la responsabilité municipale existât toutes les fois que la faute qui cause un dommage à autrui serait commune à tous les habitans, ou du moins présumée telle. — « Tous citoyens habitant la même commune, porte la loi du 10 vendém. an IV, tit. 1er, article unique, sont garans civilement des attentats commis sur le territoire de la commune, soit envers les personnes, soit envers les propriétés. »

1503. — L'objet de la loi était essentiellement utile et moral. On voulait, par la menace d'une sérieuse responsabilité, forcer les bons citoyens à faire leurs affaires eux-mêmes, à intervenir dans l'intérêt de la paix publique, à comprimer le désordre par leur courageuse fermeté, et à faire ainsi respecter les droits et les propriétés de tous.

1504. — C'est ce que confirme un arrêt de Bruxelles, qui constate que le but de la loi du 10 vendém. an IV, en menaçant tous les habitans d'une commune d'une grave responsabilité, a été tout à la fois de les détourner d'une participation active et de toute excitation secrète aux attentats qu'elle punit, d'assurer leur prompte obéissance et leur concours efficace aux mesures ordonnées pour la répression des excès, et de les appeler, dans l'absence ou l'inaction de l'autorité ordinaire, à user de toute leur influence et à réunir, dans l'emploi des moyens qu'autorise la nécessité d'une légitime défense, tous leurs efforts pour prévenir le mal ou en arrêter le cours. — *Bruxelles*, 15 juill. 1832, Ville de Bruges c. N...

1505. — Si tels sont les motifs qui ont déterminé le législateur de l'an IV, il est naturel de penser que la loi de vendémiaire a dû survivre aux circonstances extraordinaires au milieu desquelles elle a pris naissance; cependant il s'est élevé des doutes à cet égard, et l'on a prétendu que cette loi avait été tacitement abrogée ou du moins qu'elle était tombée en désuétude.

1506. — Cette opinion a trouvé des partisans sous la Restauration, même dans les chambres législatives. On soutenait alors que les circonstances particulières où se trouvait placée la France en l'an III avaient motivé la loi; que ces circonstances n'étant plus les mêmes, il n'y avait plus de raison pour appliquer la loi. On insistait surtout, à cette époque, sur ce que la responsabilité imposée aux habitans des communes pouvait être justifiée, toute rigoureuse qu'elle était, lorsque les habitans nommaient les officiers municipaux, chargés de maintenir l'ordre et de prévenir les délits; mais on ajoutait qu'avec l'organisation municipale, telle qu'elle avait été créée depuis, la responsabilité n'avait plus de motifs plausibles.

1507. — M. Duvergier n'était pas éloigné de cette opinion; il trouvait justes les observations présentées contre le principe de la loi du 10 vendém. an IV; seulement, il n'admettait pas qu'il y eût abrogation tacite. « La loi du 10 vendém. an IV n'est pas abrogée, disait-il (*Collect. des Lois*, t. 2, p. 369, note 1re), *mais elle devrait l'être.* »

1508. — Les tribunaux n'ont point partagé cette manière de voir; non seulement ils n'ont pas admis qu'il y eût abrogation tacite, mais ils ont décidé que la loi du 10 vendémiaire n'était pas une loi de circonstance, qu'elle était éminemment protectrice des personnes et des propriétés, et qu'elle avait été implicitement maintenue par l'art. 68 de la Charte de 1814.

1509. — Ainsi, il a été jugé que la loi du 10 vendém. an IV, bien qu'elle ait cessé d'être en vigueur dans certaines dispositions particulières, n'a été abrogée ni expressément ni tacitement, dans son ensemble et dans son principe fondamental; elle continue d'être applicable, quant au principe de la responsabilité des communes, dans les différens cas qu'elle prévoit. — *Cass.*, 5 mars 1839 (t. 1er 1839, p. 249), ville de Lyon c. Flacheron; 17 juin 1817, com-

mune d'Haplincourt c. Bresson ; 24 avr. 1811 commune de Château-Thierry; *Nîmes*, 4 août 1837 (t. 2 1837, p. 266), ville d'Uzès; *Orléans*, 8 fév. 1839 (t. 2 1839, p. 572), préfet de la Seine c. Juste; — Bost, *Tr. de l'organ. des corps municip.*, t. 2, p. 382; Boyard, *Man. munic.*, vis *Responsabilité* et *Commune*, § 2; Foucart, *Elém. de dr. admin.*, t. 3, no 196.

1510. — Cependant, il a été jugé que la loi du 10 vendém. an IV, sur la responsabilité des communes, faite à une époque où les citoyens nommaient les fonctionnaires administratifs et municipaux, est implicitement abrogée depuis que le droit de nommer ces fonctionnaires est exercé par le gouvernement. — *Bordeaux*, 19 mars 1834, comte de Carzay c. ville de Bordeaux.

1511. — Nonobstant cette décision isolée, il faut tenir pour constant que la disposition législative qui rend une commune responsable des délits commis à force ouverte sur son territoire par des rassemblemens est toujours en vigueur, et qu'elle est d'ailleurs conforme à la justice. — V. Foucart, t. 3, p. 162, no 197.

1512. — Il est, au surplus, une considération qui, invoquée sous la restauration avec une certaine insistance, ne peut plus avoir la même force aujourd'hui : c'est celle qui consiste à prétendre que la responsabilité doit disparaître, puisque les communes ne concourent pas à la nomination de leurs officiers municipaux. Il est évident que cette objection n'a plus la même valeur depuis qu'aux termes de la nouvelle législation sur l'organisation municipale, les communes nomment *directement* leurs officiers municipaux, ou du moins présentent les candidats parmi lesquels ils sont choisis.

1513. — Ajoutons qu'en Belgique, comme en France, la loi du 10 vendém. an IV, sur la responsabilité des communes, continue d'avoir force obligatoire. — *Bruxelles*, 26 nov. 1832, ville de Bruxelles c. Jones.

1514. — Pour assurer la police intérieure et l'exécution du principe de la responsabilité des communes, la loi du 10 vendémiaire imposa aux officiers municipaux l'obligation de faire dresser un tableau de tous les habitans de chaque commune au-dessus de douze ans. — Faute par les officiers municipaux de se conformer à cette disposition, la loi les déclarait personnellement responsables des dommages-intérêts résultant des délits commis à force ouverte ou par violence sur le territoire de la commune. — L. vendém. an IV, tit. 2, art. 4

1515. — On a vu (*suprà* no 1501) que l'article unique du titre 1er, L. 10 vendém. an IV, ne contient qu'un principe purement théorique, et que les règles d'application sont précisées dans le titre 4.

1516. — Aux termes de l'art. 1er de ce titre 4e, les communes sont responsables des délits contre les personnes ou les propriétés, lorsqu'ils ont été commis sur leur territoire, à force ouverte ou par violence, par des attroupemens ou rassemblemens armés ou non armés.

1517. — La responsabilité des communes existe encore : 1o lorsque les cultivateurs tiennent les voitures démontées et n'exécutent pas les réquisitions qui leur sont légalement faites pour transports et charrois. — *Ibid.*, art. 9.

1518. — ... 2o Lorsque des cultivateurs à part de fruits refusent de livrer, aux termes du bail, la portion due aux propriétaires. — Art. 10.

1519. — ... 3o Lorsqu'un adjudicataire de domaines nationaux a été contraint à force ouverte, par suite de rassemblemens ou attroupemens, de payer le prix de son adjudication à d'autres qu'au receveur des domaines et revenus nationaux. — Art. 12.

1520. — ... 4o Lorsqu'un fermier ou locataire a également été contraint de payer tout ou partie du prix du bail à d'autres qu'au propriétaire. — Art. 12.

1521. — Lorsque des ponts ont été rompus, des routes coupées ou interceptées par des abattis d'arbres ou autrement, dans une commune, la municipalité doit les faire réparer, sans délai, aux frais de la commune, sauf le recours de celle-ci contre les auteurs du délit. — Art. 7.

1522. — La responsabilité cesse, dans le cas ci-dessus, lorsque la commune justifie avoir résisté à la destruction des ponts et des routes, ou bien avoir pris toutes les mesures qui étaient en son pouvoir pour prévenir l'événement, ou enfin lorsqu'elle désigne les auteurs, provocateurs et complices du délit, tous étrangers à la commune. — Art. 8.

1523. — La loi du 10 vend. an IV s'applique aux grandes et aux petites communes, considérées dans leur totalité, mais non aux arrondissemens dans lesquels elles sont divisées. — Avis cons. d'état 18 prair. an VIII.

1524. — Mais n'y a-t-il pas exception dans le cas où il s'agit de la ville de Paris? — L'organisation particulière de la ville de Paris, siége du gouvernement, et dont la police appartient à un magistrat placé sous l'autorité immédiate des ministres, et correspondant directement avec eux (V. L. 28 pluv. an VIII, art. 16; arr. 12 messid. an VIII, art. 1er et 2; — les mots POLICE MUNICIPALE, PRÉFET DE POLICE, PARIS (ville de), a fait naître la question de savoir si la loi du 10 vend. an IV lui était applicable. — Décidée affirmativement d'abord par la cour royale de Paris, dont l'arrêt fut cassé, et, ensuite, par la cour royale d'Orléans, elle a été résolue dans le sens de la négative, par quatre arrêts successifs de la cour de Cassation, dont les trois derniers, rendus toutes chambres réunies, paraissent devoir fixer la jurisprudence. — Ainsi jugé, contrairement à ce qu'avait décidé la cour royale de Paris, que la ville de Paris se trouve hors des conditions ordinaires qui constituent la base de la responsabilité établie par la loi du 10 vend. an IV. — *Cass.*, 4 avr. 1836, préfet de la Seine. — Appelée de nouveau à statuer sur la question, par suite du pourvoi formé contre deux arrêts de la cour d'Orléans (8 fév. 1838 [t. 1er 1838, p. 248], Préfet de la Seine c. Saint-Quentin ; 8 fév. 1839 [t. 2 1839, p. 572], préfet de la Seine c. Juste), qui avaient décidé que la loi du 10 vend. an IV, qui rend les communes responsables des délits commis à force ouverte ou par violence sur son territoire, par des attroupemens armés ou non armés, soit envers les personnes, soit envers les propriétés, s'applique à la ville de Paris aussi bien qu'à toutes les autres communes de la France, la cour de Cassation a persisté dans sa jurisprudence en déclarant que la ville de Paris, siége du gouvernement et régie par une administration particulière différente de l'organisation des autres communes, se trouve hors des conditions ordinaires qui constituent la base de la responsabilité imposée aux communes par la loi du 10 vendém. an IV. — *Cass.*, 15 mai 1841 (t. 2 1841, p. 8), préfet de la Seine c. Scipion et Perrier. — V., dans le même sens, deux arrêts de la même cour, rendus, chambres réunies, le 18 déc. 1843 [t. 1er 1844, p. 111], préfet de la Seine. — V. enfin Cormenin, *Quest. de dr. adm.*, vo *Communes*, t. 2, p. 87; Foucart, *Élém. de dr. adm.*, t. 3, no 299; Davenne, *Encycl. du dr.*, vo *Communes*, no 424.

1525. — Des termes mêmes de la disposition de l'art. 1er, L. 10 vendém. an IV, il résulte que la responsabilité n'est pas applicable aux communes en corps, quand il n'est pas prouvé que le délit a été commis par un attroupement ou rassemblement. — *Cass.*, 27 av. 1813, int. de la loi.

1526. — Or, d'après la jurisprudence de la cour suprême, on ne peut considérer comme un rassemblement une réunion qui n'excède pas le nombre de quatre individus. — *Cass.*, 27 av. 1813, int. de la loi.

1527. — Jugé aussi que le fait, de la part de quelques habitans voisins d'une propriété privée, de s'en être emparés pour ouvrir passage à une rue projetée, ne peut être assimilé au délit commis à force ouverte par des rassemblemens ou attroupemens, et rendre, à ce titre, la commune responsable en vertu de la loi du 10 vend. an IV. — *Bordeaux*, 3 janv. 1839 (t. 1er 1839, p. 499), le maire de Bordeaux c. Taffard de Saint-Germain.

1528. — Jugé aussi que la loi du 10 vend. an IV a pour objet la réparation des dommages faits à la propriété par des rassemblemens tumultueux, et non la réparation du dommage causé à un particulier par une commune qui a pris possession d'un terrain qu'elle croyait communal. — *Cons. d'état*, 31 août 1828, Declercq.

1529. — Du reste, la responsabilité imposée aux communes par la loi du 10 vend. an IV est encourue dès que le dommage a été causé par un attroupement et à force ouverte; peu importe d'ailleurs que le fait se soit passé la nuit, sans opposition, et hors la présence des gardes ou de toute autre personne. — En conséquence, le tribunal ne peut refuser d'admettre la preuve par témoins, du fait de l'attroupement et de la force ouverte, sous prétexte que, le préjudice dont on se plaint ayant été causé la nuit et sans opposition, il n'y aurait point eu violence, et que la preuve serait illusoire. — *Cass.*, 2 mai 1842 (t. 1er 1842, p. 606), Vallée c. commune de Priziquiau.

1530. — Quelque étendue que soit la responsabilité des communes, elle cesse, lorsque les délits ont été commis par des rassemblemens formés d'individus étrangers à la commune, et que celle-ci a pris toutes les mesures qui étaient en son pouvoir, à l'effet de les prévenir et d'en faire connaître les auteurs (tit. 4, art. 5).

1531. — Jugé en conséquence que, pour pouvoir être déchargées de la responsabilité que la loi du 10 vend. an IV fait peser sur elles, les communes doivent justifier à la fois de ces deux conditions : 1o que les rassemblemens qui ont commis les délits dont on demande la réparation étaient formés d'individus étrangers à la commune; 2o que la commune avait pris toutes les mesures qui étaient en son pouvoir à l'effet de prévenir les délits et d'en faire connaître les auteurs. — *Nîmes*, 4 août 1837 (t. 2 1837, p. 266), la ville d'Uzès c. Bosne; *Metz*, 5 juin 1833, Boulet Ducolombier c. commune de Sainte-Ruffine; *Orléans*, 8 fév. 1838 (t. 1er 1838, p. 248), préfet de la Seine c. Saint-Quentin, Scipion et Perrier; 8 fév. 1839 (t. 2 1839, p. 572), préfet de la Seine c. Juste; *Rennes*, 18 janv. 1834, Valentin; *Cass.*, 5 mars 1839 (t. 1er 1839, p. 249), ville de Lyon c. Flacheron; 24 juill. 1837 (t. 2 1837, p. 141), ville de Toulouse c. Manavit.

1532. — Il ne suffirait pas de l'accomplissement d'une seule de ces conditions pour les affranchir de l'action en dommages-intérêts qui appartient aux parties lésées. — *Cass.*, 24 juill. 1837 (t. 2 1837, p. 141), ville de Toulouse c. Manavit et Tislet.

1533. — En cas d'action dirigée contre une commune, en vertu de la loi du 10 vendém. an IV, par suite de dégâts causés par des rassemblemens, il est nécessaire, pour qu'il y ait lieu à l'exception d'irresponsabilité édictée par l'art. 5 de la loi, que les deux conditions y exprimées soient remplies, savoir : l'absence des habitans dans un rassemblement et les mesures de répression prises par la commune. Il ne suffit pas que la commune prouve qu'elle a pris les mesures nécessaires pour prévenir et arrêter les troubles. — *Colmar*, 26 avr. 1834; sous *Cass.*, 20 fév. 1837 (t. 1er 1837, p. 622), comm. de Bergheim c. Sée.

1534. — Cependant il a été jugé, en thèse générale, que la commune qui a pris toutes les mesures qui étaient en elle pour empêcher les dévastations commises sur son territoire est déchargée de toute responsabilité. — *Agen*, 30 nov. 1830, Molard.

1535. — ...Que, dans tous les cas, la responsabilité d'une commune cesse lorsqu'elle a pris toutes les mesures qui étaient en son pouvoir pour prévenir les délits, encore qu'il ne soit pas établi que les rassemblemens étaient composés d'individus étrangers à cette commune. — *Cass.*, 6 avr. 1836, Préfet de la Seine c. Scipion et Perrier.

1536. — ...Et que la commune qui prouve qu'elle a pris toutes les mesures qui étaient en son pouvoir à l'effet de prévenir et de dissiper les rassemblemens séditieux formés sur son territoire, et d'en faire connaître les auteurs, demeure déchargée de toute responsabilité à raison des dommages causés par ces rassemblemens, soit que ceux qui en auraient fait partie fussent tous étrangers à ladite commune, soit qu'il s'y fût trouvé un certain nombre d'habitans de cette commune. — *Cass.*, 15 mai 1841 (t. 2 1841, p. 8), préfet de la Seine c. Scipion et Perrier.

1537. — Une commune sur le territoire de laquelle un délit a été commis par des attroupemens ne peut être condamnée à l'amende qu'autant qu'il est prouvé que ses habitans y ont pris part. — *Metz*, 5 juin 1833, Boulet-Ducolombier c. comm. de Sainte-Ruffine.

1538. — Jugé cependant qu'une commune est civilement responsable du pillage commis dans son territoire, sur les biens d'un particulier, par des habitans de communes voisines, à moins qu'elle ne justifie avoir fait tout ce qui était en son pouvoir pour empêcher le dommage, et alors même que la partie lésée a renoncé à agir contre les communes voisines. — *Cass.*, 4 déc. 1827, comm. de Montaguac c. Cazelles.

1539. — En admettant que la preuve faite par une commune qu'elle a fait tous ses efforts pour arrêter les désordres suffise pour la décharger de toute responsabilité, les juges ne sont pas tenus de l'admettre à cette preuve lorsque, des faits articulés eux-mêmes, il résulte que toutes les mesures qui étaient au pouvoir de l'autorité locale n'ont pas été prises. — L'arrêt qui, en se fondant sur les articulations de fait, rejette comme non pertinente la preuve offerte, échappe à la censure de la cour de Cassation. — *Cass.*, 20 fév. 1837 (t. 1er 1837, p. 622), comm. de Bergheim c. Sée.

1540. — La responsabilité établie par la loi du 10 vendém. an IV pèse sur la commune dans le territoire de laquelle des gendarmes sont assaillis et blessés par un rassemblement de plus de cinquante hommes armés retranchés dans une maison, quoique aucun de ces individus ne soit désigné comme habitant de cette commune. — Cette commune, pour se soustraire à la responsabilité légale qui lui est imposée, devrait prouver que les gendarmes connaissaient ce rassemblement, et que, après l'avoir chassé d'une commune voisine, ils en faisaient la poursuite. — *Rennes*, 8 vent. an X, comm. de Langonnet c. gendarmes du Faouet.

1541. — On remarquera, du reste, que la jurisprudence a souvent atténué ce que le principe de la loi du 10 vendém. pouvait avoir de trop absolu, de trop rigoureux.

1542. — Ainsi l'on a jugé que pour qu'une commune soit responsable du pillage commis sur son territoire par un attroupement de douze à quinze cents personnes, il ne suffit pas que dix à douze des habitans de cette commune en aient fait partie. — *Cass.*, 30 déc. 1824, Jacolot c. comm. de Saint-Georges et de Chalonnes.

1543. — ... Qu'une commune n'est responsable des désordres commis dans son sein, au préjudice d'un de ses habitans, qu'autant que, pouvant agir pour prévenir les désordres, elle est restée dans l'inaction ; — mais que sa responsabilité est à couvert toutes les fois qu'elle s'est trouvée placée dans des circonstances telles que le pouvoir municipal a été paralysé dans son action. — *Cass.*, 11 mai 1836, de Curzay c. ville de Bordeaux.

1544. — ... Qu'une commune ne peut être déclarée responsable du pillage commis dans son sein, lorsqu'il est constant que la désorganisation la plus complète avait détruit dans cette commune tous les liens sociaux, que les lois y étaient sans force et les magistrats sans autorité. — *Cass.*, 27 juin 1822, Fournier c. ville de Marseille. — Un arrêt semblable a été rendu le même jour, dans l'affaire Gouve c. ville de Marseille.

1545. — ... Qu'une commune ne peut être déclarée responsable des délits commis sur son territoire si, au moment où la maison d'un habitant a été pillée par un attroupement séditieux, la municipalité qui devait remplacer l'ancienne n'était pas encore reconstituée et s'il n'existait réellement aucune autorité investie de la force nécessaire pour faire respecter les lois, les personnes et les autorités. — *Cass.*, 5 déc. 1822, Guy c. comm. d'Agde.

1546. — Jugé, au contraire, que la responsabilité imposée aux communes par la loi du 10 vendém. an IV, relativement aux pillages commis par des individus qui y habitent, ne cesse pas parce que ces communes se seraient trouvées, à l'époque du pillage, dans une anarchie complète. — Que dès-lors la preuve de l'existence d'une semblable anarchie, articulée par une commune pour s'affranchir de la responsabilité dont il s'agit, est inadmissible, et que l'arrêt qui la rejette est à l'abri de la cassation. — *Bruxelles*, 15 juill. 1832, ville de Bruges c. N.

1547. — La responsabilité imposée à une commune, par la loi du 10 vendém. an IV, à raison du dommage occasionné par des attroupemens, ne peut être invoquée contre elle lorsque les dégâts sont attribués non à un attroupement, mais aux agens de la force publique et aux troupes réunies pour maintenir l'ordre. — *Toulouse*, 31 juill. 1844 (t. 1er 1845, p. 288), Arnaudel c. ville de Toulouse.

1548. — Dans l'espèce de cet arrêt, il s'agissait de dommages causés par des troupes agissant en corps (un détachement de chasseurs et un piquet d'artillerie). Il se justifie aisément par cette circonstance. Mais il est moins facile d'admettre le principe posé par l'arrêt suivant, dans une espèce où les militaires, quoique formant un attroupement, n'agissaient pas en corps organisé.

1549. — Jugé, en effet, que si les délits dont parle la loi du 10 vendém. an IV ont été commis exclusivement par des soldats en garnison dans la commune, sans que des habitans y aient pris aucune part, on doit considérer les délits comme commis par des étrangers. — *Nimes*, 4 août 1837 (t. 2 1837, p. 266), ville d'Uzès c. Bosne. — V. *contrà Aix*, 2 juin 1832, Ambroix c. comm. de Tarascon.

1550. — Le pillage de denrées par les troupes ennemies constitue un fait de guerre qui ne peut donner lieu à aucune réclamation, soit contre la commune, soit contre l'état. — *Cons. d'état*, 11 fév. 1824, Moget.

1551. — De ce que le titre 5, qui fixe l'étendue de la responsabilité des communes, ne mentionne, dans son article 1er, que les cas d'extorsion, de vol et de pillage, on avait conclu qu'elles échappaient à la responsabilité, dans tous les autres cas, et notamment lorsqu'il y avait eu destruction, dégradation ou incendie des objets appartenant au demandeur. Mais cette distinction a été proscrite par la cour de Cassation.

1552. — Ainsi, il a été jugé que, d'après la loi du 10 vendém. an IV, les communes sont passibles de dommages-intérêts à raison des objets détruits ou incendiés sur leur territoire, comme à raison des objets pillés ou volés. — *Cass.*, 4 déc. 1827, comm. de Montagnac c. Cazelles.

1553. — Jugé de même que les dispositions de la loi du 10 vendém. an IV, qui déclarent, dans certains cas, les communes civilement responsables des attentats commis sur leur territoire par des rassemblemens armés ou non armés, soit envers les personnes, soit envers les propriétés, ainsi que des dommages-intérêts auxquels ces attentats peuvent donner lieu, s'appliquent à tous les dommages soufferts, quelle que soit la nature des faits qui ont pu les causer. — Qu'ainsi, elles s'appliquent aussi bien au cas où les attentats ont eu pour objet la dévastation, la destruction et la dégradation, qu'à ceux qui ont un caractère d'extorsion et de vol. — *Cass.*, 13 avr. 1842 (t. 1er 1842, p. 549), Auriol c. ville de la Croix-Rousse.

1554. — On s'est demandé si la loi du 10 vendém. an IV devait recevoir application lorsque les attroupemens ont un but politique et tendent moins au pillage des propriétés qu'au renversement du gouvernement.

1555. — Sur cette question il est intervenu des arrêts en sens contraire. Ainsi, il a été jugé que la loi du 10 vendém. an IV est applicable au cas où les attroupemens ont un but politique, comme à celui où ils n'ont qu'un but de pillage et de dévastation. — *Orléans*, 8 fév. 1839 (t. 2 1839, p. 572), préf. de la Seine c. Juste.

1556. — ... Que la loi du 10 vendém. an IV ne cesse pas d'être applicable, quand la rébellion a pour but le renversement du gouvernement. — *Orléans*, 3 fév. 1838 (t. 1er 1838, p. 248), préf. de la Seine c. Saint-Quentin.

1557. — La cour de Paris n'a pas admis cette doctrine ; revenant sur la jurisprudence qu'elle avait d'abord consacrée (V. *suprà* no 1524), elle a jugé, contrairement aux décisions précédentes, que la loi du 10 vendém. an IV, qui rend les communes responsables des délits commis par violence sur leur territoire, tout en continuant de recevoir son exécution, doit, comme toute loi pénale, être restreinte rigoureusement aux cas qu'elle a prévus ; — que cette responsabilité n'est applicable qu'autant que les attroupemens n'ont eu pour objet et pour résultat qu'une attaque contre les personnes ou les propriétés ; qu'au contraire, elle ne peut être invoquée dans le cas où les rassemblemens avaient les caractères d'une révolte ouverte tendant au renversement du gouvernement et des institutions du pays ; — que la loi de vendémiaire n'a pas prévu le cas extraordinaire de guerre civile ; — qu'enfin, les pillages commis à Paris, dans les journées des 5 et 6 juin 1832, sont les suites d'une révolte de cette nature ; — qu'en conséquence, la ville de Paris, qui justifie avoir fait tout ce qui dépendait d'elle pour les prévenir et les réprimer, est affranchie de toute responsabilité, alors qu'il est constant que le gouvernement fut forcé d'intervenir dans la lutte, et que cette intervention dut nécessairement faire cesser l'action de l'autorité municipale. — *Paris*, 20 mars 1838 (t. 1er 1838, p. 479), préfet de la Seine c. Mazuray, et Bouloye c. préfet de la Seine (deux arrêts).

1558. — Quoi qu'il en soit, lorsqu'un attroupement s'est formé sur une commune, s'il est établi qu'il n'a point été dirigé contre le gouvernement ou contre les autorités, mais qu'il n'a eu pour objet qu'une vengeance personnelle, et que la commune n'a point fait ce qui était en son pouvoir pour en prévenir les effets, il y a lieu d'appliquer les dispositions de la loi du 10 vendém. an IV relatives aux cas de responsabilité. — *Cass.*, 17 juill. 1838 (t. 2 1838, p. 400), comm. de Bélesta c. Digeon.

1559. — Une commune ne peut puiser une exception à la responsabilité que lui impose la loi du 10 vendém. an IV dans des événemens qui n'offrent pas une de ces crises politiques qui relâchent le lien social, qui paralysent complétement l'autorité, qui établissent une véritable guerre civile entre plusieurs provinces, qui opposent des autorités de fait à l'autorité légale, et qui rendent la loi impuissante et l'action de l'autorité impossible. — *Orléans*, 8 fév. 1839 (t. 2 1839, p. 572), préfet de la Seine c. Juste.

1560. — Nul doute que les attentats commis sur le territoire de plusieurs communes, dans les circonstances prévues par la loi du 10 vendém. an IV, n'engagent la responsabilité de toutes ces communes, pour les dommages commis sur le territoire de chacune d'elles.

1561. — Une commune condamnée par un arrêt à la réparation d'un dommage, en vertu de la loi du 10 vendém. an IV, est recevable à se pourvoir contre cet arrêt, par requête civile, *pour non valable défense*, lorsqu'on a négligé d'opposer, dans son intérêt, qu'une partie du dommage a eu lieu sur un territoire étranger à sa circonscription, encore qu'un arrêté du préfet ait déclaré, avant le dommage, réunir ce territoire à celui de la commune, si cet arrêté n'a été sanctionné que depuis par l'autorité supérieure. — *Cass.*, 23 mars 1830, commune de Montagnac c. Cazelles.

1562. — Si le rassemblement composé d'habitans de plusieurs communes n'a commis de délits que sur le territoire d'une d'entre elles, la difficulté naît de ce que l'article unique du tit. 1er et l'art. 1er du tit. 4 semblent n'obliger les communes à répondre que des délits commis sur leur territoire, et non sur celui d'une autre commune où elles ne peuvent exercer ni autorité ni surveillance, tandis que l'art. 3, tit. 4, paraîtrait imposer le fardeau de la responsabilité à toute commune dont les habitans ont pris part aux désordres, quel que soit le territoire où ces désordres ont eu lieu.

1563. — Jugé que lorsque l'attroupement a été composé de personnes appartenant à diverses communes, celle sur le territoire de laquelle il a commencé à se former doit être seule déclarée responsable, sauf son recours, s'il y a lieu. — *Cass.*, 17 juill. 1838 (t. 2 1838, p. 400), commune de Bélesta c. Digeon.

1564. — La cour de Cassation de Belgique a décidé, au contraire, que toute commune dont les habitans ont fait partie d'un attroupement qui s'est livré au pillage est responsable, lors même que l'attroupement s'est formé et a commis les excès sur le territoire d'une autre commune, et qu'en conséquence la partie lésée peut agir directement contre les deux communes, sauf à celles-ci leur recours entre elles. — *Cass. belge*, 17 juin 1835, commune de Welteren c. Antheunis.

1565. — Cet arrêt, du reste, ainsi que le précédent, réserve aux communes intéressées le droit d'exercer tout recours entre elles. On peut citer comme exemple des cas où, même dans le système de l'arrêt du 17 juill. 1838, un recours serait admissible, de la part de la commune condamnée contre une autre, celui où la commune dont les habitans auraient pris part aux dommages causés sur un territoire étranger, aurait eu connaissance des rassemblemens qui se formaient, en vue de ces désordres, et n'aurait pas employé toutes les mesures dont elle pouvait disposer pour dissiper ces rassemblemens et empêcher le départ de ceux qui en faisaient partie.

1566. — Au surplus, le principe posé par la cour de Cassation de Belgique paraît également avoir été admis en France, comme l'indiquent les arrêts suivans, quoique la question n'ait pas été précisément soulevée.

1567. — Lorsque les habitans de plusieurs communes ont concouru au désordre, et qu'il est impossible de déterminer la part qui y a été prise par chacune de ces communes, elles doivent contribuer également à la réparation du dommage. — *Cass.*, 5 mars 1839 (t. 1er 1839, p. 249), ville de Lyon c. Flacheron.

1568. — Dans le cas où un particulier a souffert des dommages, par suite d'attroupemens ou rassemblemens formés d'habitans de plusieurs communes, la condamnation qui intervient contre ces communes déclarées civilement responsables par la loi au paiement des dommages causés ne doit pas être prononcée solidairement. — Ces communes sont seulement tenues de contribuer au paiement de l'évaluation de ces dommages dans la proportion numérique de leurs habitans. — *Toulouse*, 1er août 1835, comm. de Saint-Conac et Lordat c. Soulié.

1569. — Jugé, au contraire, que lorsque les faits dont la réparation est demandée sont imputables à plusieurs communes, comme il s'agit de faits qualifiés de *délits*, la condamnation doit être prononcée solidairement contre les communes, sauf le recours de celles-ci entre elles. — *Lyon*, 31 mai 1839, sous *Cass.*, 13 avr. 1842 (t. 1er 1842, p. 549), Auriol c. ville de la Croix-Rousse.

1570. — Les communes dont les habitans ont, dans une émeute, participé à des faits de dévastation et de pillage, sont solidairement tenues des indemnités ou restitutions prononcées au profit des propriétaires pillés. — La répartition de ces indemnités et restitutions se fait entre les communes délinquantes, d'après le degré de culpabilité de chacune, et, à faute égale, d'après sa population et sa richesse, évaluées par le chiffre des contributions qu'elle paie. — *Riom*, 14 juin 1843 (t. 1er 1844, p. 192), comm. de Clermont, d'Aubières et de Beaumont c. Conchon.

1571. — Une commune condamnée comme civilement responsable, en vertu de la loi du 10 vendémiaire an IV, ne peut se faire un moyen de cassation de ce que des individus étrangers à la commune ont pris part au désordre, si, loin d'appeler en cause les communes auxquelles ces individus auraient pu appartenir, elle n'a pas conclu sur cette prétendue complicité d'individus étrangers, et ne l'a pas même articulée devant les juges de la cause. — *Cass.*, 17 juin 1817, comm. d'Haplincourt c. Bresson.

1572. — La question de savoir à qui profitent les dispositions de la loi du 10 vendémiaire an IV, et en faveur de qui la responsabilité a lieu, est tranchée par l'art. 6, tit. 4, de la loi, ainsi conçu :

1573. — « Lorsque, par suite de rassemblemens et attroupemens, un individu, domicilié ou non sur une commune, y a été pillé, maltraité ou homicidé, tous les habitans sont tenus de lui payer, ou, en cas de mort, à sa veuve et enfans, des dommages-intérêts. »

1574. — La même disposition a été reproduite dans l'arrêté du quatrième jour complémentaire an IV, et spécialement appliquée aux préposés des douanes. — Art. 14.

1575. — De ce que la loi et l'arrêté ne parlent que de la veuve et des enfans, on en a conclu que les dommages-intérêts dont la loi du 10 vendém. an IV charge les communes responsables ne sont pas dus au père et à la mère de l'homicidé. — *Cass.*, 3 vendém. an X, Lacaux c. comm. de Lahaie.

1576. — « Mais cette jurisprudence, dit avec raison M. Foucart (t. 3, p. 168, 2e édit.), doit céder aujourd'hui devant l'art. 1er du Code d'instruction criminelle, qui accorde la réparation du dommage causé par un crime à tous ceux qui ont souffert de ce dommage. »

1577. — Il n'est pas douteux que celui qui a été contraint par des rassemblemens et attroupemens qui se sont portés à sa demeure de livrer des grains et farines à un prix inférieur à leur valeur, peut demander la réparation du préjudice qu'il a éprouvé, contre la commune sur le territoire de laquelle le délit a été commis. — *Metz*, 5 juin 1833, Boulet-Ducolombier c. commune de Sainte-Ruffine.

1578. — Jugé, de même, que l'art. 1er, tit. 4, L. 10 vend. an IV, sur la police des communes, s'applique en faveur des gendarmes qui, dans une révolte arrivée dans une commune, ont perdu leurs chevaux et leurs effets. — *Cass.*, 8 brum. an VII, comm. de Palluad.

1579. — Mais l'administrateur qui, lors d'une révolution instantanée causée par des actes du pouvoir hostiles à la nation, s'est associé à ces actes en essayant de les faire exécuter, n'est pas fondé à demander une indemnité à la commune, siége de ses fonctions, si, par suite de sa conduite, il a éprouvé un dommage considérable dans sa personne et dans ses propriétés. — *Bordeaux*, 19 mars 1834, de Curzay c. ville de Bordeaux.

1580. — Jugé aussi que celui sur la propriété duquel ont été pris des arbres et des terres pour renforcer une digue, dans le but de prévenir une inondation imminente qui aurait ravagé cette propriété ainsi qu'une grande partie des terrains appartenant à la commune, n'a aucune action en indemnité contre cette commune, encore bien que les travaux aient été effectués sous la direction du maire par les habitans eux-mêmes, et alors que lesdits habitans ne se sont portés aux travaux de la digue que sur la provocation du fermier du réclamant, lequel, d'ailleurs, en a retiré un avantage supérieur à la perte qu'il a éprouvée. — *Angers*, 1er juin 1842 (t. 2 1842, p. 569), Du Landreau c. commune de Longué.

1581. — La loi du 10 vend. an IV, sur la responsabilité civile des communes, à raison des dégâts commis sur leur territoire par des attroupemens, est une loi de police et de sûreté qui oblige tous ceux (étrangers ou régnicoles) qui habitent le territoire, et leur assure une juste réciprocité de protection. — *Cass.*, 17 nov. 1834, Debaut c. commune de Metz. — *Contrà Metz*, 1er août 1832, Debaut.

1582. — Ainsi, les étrangers sont recevables à demander des dommages-intérêts contre une commune pour la réparation du préjudice que leur ont causé des attroupemens formés sur son territoire. — *Cass.*, 17 nov. 1834, Debaut c. commune de Metz.

1583. — Ainsi encore, on ne peut déclarer l'étranger non-recevable, sous prétexte qu'il n'a pas été autorisé à établir son domicile en France, qu'il y réside seulement depuis quelques mois; qu'il n'y supporte aucune charge publique, et qu'il ne justifie pas qu'en vertu des traités de sa nation, les Français résidant chez elle y jouiraient des mêmes droits civils que ceux qu'il prétend en ce moment exercer en France. — Même arrêt.

1584. — Dans le système de la loi du 10 vend. an IV, la partie lésée a droit d'abord à la *réparation* du préjudice causé, et en outre, à des *dommages-intérêts*. — V. tit. 4, art. 3; tit. 5, art. 1er, 3, 5 et 6.

1585. — La *réparation* consiste dans la restitution en nature des objets pillés, volés ou extorqués, sinon, dans le paiement du double de leur valeur; et les dommages-intérêts ne peuvent jamais être moindres que la valeur entière de ces mêmes objets. — Tit. 5, art. 1er et 6.

1586. — Lorsque les objets volés ou pillés ne sont pas rendus en nature, la commune responsable est toujours tenue d'en payer le prix sur le pied du double de leur valeur. — *Cass.*, 1er juill. 1822, Clément c. commune de Château-Thierry.

1587. — Indépendamment de la restitution en nature ou du paiement de la valeur double des objets pillés, les communes peuvent être condamnées, à titre de dommages-intérêts, à payer en outre la valeur simple de ces mêmes objets. — *Cass.*, 24 juill. 1837 (t. 2 1837, p. 141), ville de Toulouse c. Manavit et Tislet; 17 juill. 1838 (t. 2 1838, p. 400), comm. de Bélesta c. Digeon.

1588. — Lorsque des objets ont été pillés par un attroupement, et que le propriétaire demande contre la commune la restitution du double des objets pillés, et à titre de dommages-intérêts la valeur simple de ces objets, l'arrêt qui se borne à accorder la valeur simple des objets pillés et non restitués, pour tenir lieu tant du principal que des dommages-intérêts, doit être cassé pour violation de la loi du 10 vend. an IV. — *Cass.*, 1er juill. 1822, Béranger c. comm. de Château Thierry.

1589. — Ainsi, la restitution du préjudice souffert devant, d'après la loi elle-même, être équivalente au double de sa valeur, et les dommages-intérêts ne pouvant être moindres que la valeur de ce préjudice, il en résulte que, dans tous les cas où le dommage est reconnu, l'indemnité accordée au propriétaire lésé ne peut être inférieure au triple de sa valeur. — *Cass.*, 13 avr. 1842 (t. 1er 1842, p. 549), Auriol c. ville de la Croix-Rousse.

1590. — Peu importe, d'ailleurs, pour l'estimation de l'indemnité, que le préjudice ait été causé par les rassemblemens eux mêmes ou par les moyens employés à les dissiper. — Même arrêt.

1591. — Les communes, déclarées responsables, en vertu de la loi du 10 vendém. an IV, doivent être condamnées à payer le double de la valeur des objets enlevés, et non restitués en nature; elles ne peuvent se libérer en offrant de les remplacer par des objets semblables. — *Cass.*, 20 fév. 1837 (t. 1er 1837, p. 622), comm. de Bergheim c. Sée.

1592. — Néanmoins, en cas de pillage, les dommages-intérêts ne doivent pas être de la valeur des objets pillés, lorsque partie de cette valeur a été retirée de la vente desdits objets pillés. — Ils doivent être seulement de la différence qui existe entre la valeur réelle de ces objets au cours du jour du pillage et le prix de la vente forcée de ces mêmes objets. — *Metz*, 7 mars 1833, Boulet-Ducolombier c. comm. de Châtel-Saint-Germain.

1593. — Les art. 1er et 6 du titre 5, L. 10 vendém. an IV, d'après lesquels le propriétaire a droit à la restitution ou au prix des objets pillés au double de leur valeur, et à des dommages-intérêts égaux à la valeur de ces mêmes objets, sont encore en vigueur, et le propriétaire dévasté ne peut être réputé avoir renoncé à leur application par cela seul qu'il aurait été plaidé en son nom qu'il ne voulait pas s'enrichir par suite des désastres dont il avait été victime. — *Riom*, 14 juin 1843 (t. 1er 1844, p. 192), comm. de Clermont, d'Aubières et de Beaumont c. Conchon.

1594. — Du principe posé *suprà* (no 1551), il suit que les mots *vol* et *pillage*, employés dans l'art. 1er, tit. 5, ne sont pas limitatifs, et que les dommages-intérêts et la réparation civile réglés par les dispositions de ce titre s'appliquent nécessairement à toutes les espèces de délits énoncés au titre 4. — *Cass.*, 13 av. 1842 (t. 1er 1842, p. 549), Auriol c. ville de la Croix-Rousse.

1595. — Il y a donc également lieu, lorsqu'il s'agit d'objets détruits ou dévastés, d'ordonner, au profit de la partie lésée, tant la restitution au double du préjudice souffert, que le paiement des dommages-intérêts égaux au montant de ce préjudice. — Même arrêt.

1596. — La commune condamnée à payer une certaine somme en réparation du dégât commis par un attroupement, ne peut se plaindre, devant la cour de Cassation, de ce que la restitution en nature des objets pillés n'a pas été ordonnée, lorsque cette restitution n'a pas été offerte, et ne pouvait pas même être opérée. — *Cass.*, 17 juin 1817, comm. d'Haplincourt c. Bresson.

1597. — Les communes assujetties à la responsabilité prévue par la loi du 10 vend. an IV (tit. 5, art. 1er), doivent, *lorsqu'il ne s'agit pas de choses fongibles*, payer, au double de leur valeur, les objets *détruits* par les attroupemens, *et non les remettre en leur état primitif*. — Dans ce cas, la condamnation au paiement du double n'exclut pas l'allocation de dommages-intérêts, lesquels ne peuvent être moindres que de la valeur entière des objets. — *Montpellier*, 16 mars 1840 (t. 1er 1843, p. 556), Gaudy c. comm. de Chalabre.

1598. — Les communes doivent être condamnées au paiement de la valeur des choses enlevées ou *détruites*, et, en outre, à des dommages-intérêts au moins égaux à cette valeur. — *Grenoble*, 27 juin 1832, Vincent c. comm. de Voreppe.

1599. — Une commune condamnée au paiement d'une somme en réparation d'un pillage commis sur son territoire, peut être condamnée à payer les intérêts de cette somme à compter du jour du pillage. — *Cass.*, 4 déc. 1827, comm. de Montagnac c. Cazelles.

1600. — Lorsque, par suite d'une émeute populaire, les registres de l'octroi d'une commune ont été brûlés, et que la perception des droits est devenue, pendant quelque temps, impossible, sans que le maire ait pris aucune mesure pour empêcher les désordres, la réparation que la commune doit au fermier de l'octroi est, non pas du double de la perception dont il a été privé, comme dans les cas prévus par les art. 1er et 6, tit. 5, L. 10 vendém. an IV, mais seulement d'une valeur égale à cette perception. — *Cass.*, 24 mai 1837 (t. 1er 1837, p. 518), Laurent c. ville d'Issoudun. — Il a été jugé par la cour de Cassation, le 4 déc. 1827 (V. *suprà* no 1552), que la loi du 10 vendém. an IV s'appliquait au cas d'*incendie* comme au cas de *pillage* ou de *vol*. Ce n'est donc pas dans ce fait qu'il y aurait eu incendie et non pillage, mais bien dans la nature même des objets incendiés et dans celle du préjudice causé au fermier de l'octroi, qu'il faut chercher la raison de décider de cet arrêt.

1601. — Indépendamment de la responsabilité civile dont la commune est tenue envers la partie lésée, d'après la loi du 10 vendém. an IV, elle encourt encore une autre peine; l'art. 2 veut qu'elle soit frappée d'une amende égale au montant de la réparation principale; cette amende est prononcée au profit de l'état.

Sect. 3e. — *De la poursuite et du jugement.*

1602. — La loi du 10 vendém. an IV ouvre deux actions, l'une au ministère public, tant dans l'intérêt public que dans celui de la partie lésée; l'autre à cette partie elle-même. — Dans l'un et l'autre cas, l'action est portée devant le tribunal civil de l'arrondissement. — L. 10 vendém. an IV, tit. 5, art. 3.

1603. — Indépendamment de cette double action, la loi en ouvre une autre au préfet, mais pour un cas spécial. En effet, d'après l'art. 16 de l'arrêté du quatrième jour complémentaire an XI, lorsqu'une commune a encouru la responsabilité prévue par les art. 13 et 14 de l'arrêté, en laissant dévaster par des attroupemens les propriétés nationales et les bureaux de douanes, ou en ne prévenant pas les attentats contre la personne ou les propriétés des préposés, la poursuite de la réparation et des dommages-intérêts doit être faite à la diligence du préfet du département, autorisé par le gouvernement, devant le tribunal civil de l'arrondissement dans lequel ce délit a été commis.

1604. — Aux termes de l'art. 2, tit. 5, les délits doivent être constatés dans les vingt-quatre heures par les officiers municipaux, qui adressent leurs procès-verbaux, dans les trois jours au plus tard, au procureur du roi.

1605. — Ce devoir imposé aux officiers municipaux n'est pas toujours exactement accompli; mais il n'appartient qu'aux autorités administratives supérieures de rappeler à leur devoir les administrations inférieures, lorsqu'elles négligent de remplir la mission qui leur est déférée par la loi du 10 vendém. an IV. — *Cass*, 2 fructid. an VIII, comm. de Courtheson c. Michel.

1606. — Ainsi un tribunal, en enjoignant à l'autorité municipale de procéder à une enquête, conformément à la loi du 10 vendém. an IV, excède ses pouvoirs et entreprend sur ceux des autorités administratives. — Même arrêt.

1607. — Le procureur du roi poursuit d'office la réparation devant le tribunal qui doit, sur le vu des procès-verbaux, prononcer dans les dix jours qui suivent l'envoi des pièces au parquet. — Tit. 5, art. 3, 4 et 5.

1608. — Les tribunaux civils saisis, aux termes de la loi du 10 vendém. an IV, des demandes en réparation de pertes éprouvées par suite des émeutes ou attroupemens, sont compétens pour prononcer en même temps la condamnation à l'amende, sur la réquisition du ministère public. — *Metz*, 12 mars 1833, ville de Metz c. Bourson.

1609. — On a regardé longtemps comme indispensable, pour l'application des formes exceptionnelles autorisées par la loi de vendém. an IV, la rédaction d'un procès-verbal, *par l'administration municipale, dans les vingt-quatre heures du délit*.

1610. — Ainsi l'on jugeait, conformément à ce principe, qu'il n'y a lieu de procéder sommairement et extraordinairement, dans les formes prescrites par les art. 2 et 4, tit. 5, L. 10 vendém. an IV, que dans le cas où l'administration municipale a constaté sur-le champ et sans délai les attroupemens dont il est résulté des excès: hors ce cas, les délits ne peuvent être constatés et jugés qu'en la forme ordinaire. — *Cass.*, 2 fruct. an VIII, comm. de Courtheson c. Michel.

1611. — On a jugé encore que la forme de procédures et jugemens extraordinaires introduite par la loi du 10 vendém. an IV, tit. 5, et suivant laquelle le tribunal peut, sur le vu des pièces et procès-verbaux et sans assignation préalable, condamner une commune à des dommages-intérêts, à raison des délits commis sur son territoire, n'est applicable qu'au cas où les procès-verbaux ont été dressés par l'autorité municipale dans un temps très voisin des délits, et que ces procès-verbaux ne peuvent être suppléés par un certificat délivré près de deux ans après le délit, même par l'adjoint de la commune. — *Cass.*, 2 flor. an IX, comm. de Pernes c. Traverse.

1612. — ... Que l'on doit annuler le jugement qui, en vertu de la loi du 10 vend. an IV, condamne une commune à des dommages-intérêts sans qu'il paraisse que les juges aient vu les procès-verbaux et autres pièces constatant les voies de fait et excès, et qu'ils aient épuisé les moyens qui étaient en leur pouvoir pour acquérir la preuve de l'existence du délit. — *Cass.*, 14 therm. an VII, Benoît c. Sabon.

1613. — ... Que les tribunaux civils ne sont autorisés par les art. 2 et 4, tit. 5, L. 10 vendém. an IV, à prononcer des dommages-intérêts contre les communes, dans les formes déterminées par cette loi, que dans les cas de flagrant délit constatés par des procès-verbaux dressés dans le délai prescrit par les officiers municipaux, ou par l'agent municipal, qu'elle charge seuls et exclusivement de cette obligation. — *Cass.*, 30 brum. an XIII, comm. de Massat c. la République.

1614. — ... Qu'on ne peut regarder comme un procès-verbal, selon la loi du 10 vend. an IV, un procès-verbal de l'adjoint de la commune qui ne porte que la dénonciation faite par les gendarmes qui se prétendent lésés, et ne présente aucunement la vérification et la constatation des faits de la part de ce fonctionnaire. — Même arrêt.

1615. — ... Enfin, que les procès-verbaux dressés par des gendarmes et un lieutenant de gendarmerie ne peuvent avoir effet que comme procès-verbaux d'officiers de police de sûreté, mais non servir de base à la responsabilité d'une commune. — Même arrêt.

1616. — Jugé même que le commissaire du gouvernement ne peut exercer contre une commune l'action en responsabilité pour les délits commis sur son territoire, qu'autant qu'il représente un procès-verbal de constatation dressé dans les vingt-quatre heures par les officiers municipaux, et que la production d'un procès-verbal dressé par un officier de police de sûreté ne remplit pas le vœu de la loi. — *Cass.*, 23 messid. an X, comm. de Saint-Martin-de-Boubaux c. Gevaudan.

1617. — Mais cette jurisprudence fut modifiée par l'avis du conseil d'état des 26 germ.-5 flor. an XIII, ainsi conçu : « Considérant que la loi du 10 vend. an IV, tit. 5, art. 4, suppose nécessairement d'autres pièces que les procès-verbaux des officiers municipaux, puisqu'il statue que les dommages-intérêts sont fixés sur le vu des procès-verbaux et autres pièces constatant les voies de fait, excès et délits; — considérant que ce serait rendre illusoire la mesure de la responsabilité des communes, que de considérer la formalité du procès-verbal des officiers municipaux comme absolument indispensable pour son application, en ce que les officiers municipaux, par faiblesse, par ménagement, et même par des vues d'intérêt personnel, se dispensent presque toujours de dresser procès-verbal des délits qui entraînent la responsabilité; — considérant, par ces derniers motifs, que l'admission de cette mesure aurait surtout de funestes effets, relativement à la perception des contributions indirectes et à la prohibition de certaines marchandises à l'entrée ou à la sortie : — est d'avis que, lorsqu'une commune est dans le cas de la responsabilité, le procès-verbal des officiers municipaux n'est pas absolument indispensable pour l'application de cette responsabilité. »

1618. — Jugé, en conséquence, que les procès-verbaux des préposés des douanes peuvent tenir lieu de ceux des officiers municipaux, pour constater le flagrant délit dont la responsabilité pèse sur les communes. — *Cass.*, 9 déc. 1806, douanes c. comm. de Lees.

1619. — Déjà même il avait été jugé antérieurement que les délits commis à force ouverte ou par violence sur le territoire d'une commune contre les propriétés d'un particulier, sont légalement constatés par un procès-verbal dressé, un mois après l'événement, par le juge de paix, et qu'ils doivent, dès lors, donner naissance à la responsabilité imposée aux communes par la loi du 10 vend. an IV; qu'en conséquence, doit être cassé le jugement qui refuse de condamner une commune à des dommages envers l'individu dont les propriétés ont été pillées, sous le prétexte que la perte n'a pas été constatée suivant le mode établi par l'art. 160, cout. de Bretagne, qui exigeait une information préalable. — *Cass.*, 24 frim. an VIII, Lebris c. comm. de Laniscat.

1620. — On remarquera que, dans cette procédure exceptionnelle de la loi de l'an IV, il n'est besoin ni d'assigner la commune, ni que la partie lésée soit présente. C'est du moins ce qui résulte de la jurisprudence. La promptitude avec laquelle le jugement doit être rendu justifie par elle-même cette dérogation aux formes ordinaires.

1621. — Ainsi, jugé que dans les cas où il y a lieu à responsabilité de la part des communes, aux termes de la loi du 10 vendém. an IV, le tribunal doit régler le montant des dommages-intérêts dans la décade, sur le vu des procès-verbaux et autres pièces qui constatent les délits qui ont été commis, sans exiger assignation à aucune partie. En conséquence, une commune peut être condamnée à des dommages-intérêts sans avoir été assignée ou entendue; et il y a excès de pouvoir de la part du tribunal qui, statuant en appel, infirme la décision des premiers juges, par le motif que la commune n'a pas été préalablement assignée. — *Cass.*, 17 vendém. an VIII, int. de la loi, commune de Tignes. — V. Merlin, *Quest. de dr.*, v° *Responsabilité des communes*, § 1er.

1622. — Jugé encore que, suivant les dispositions de la loi du 10 vendém. an IV, introductive d'un mode nouveau de procéder contre les communes, il n'est pas nécessaire, lorsque les poursuites ont lieu à la diligence du ministère public, que la commune soit assignée. — *Cass.*, 4 juill. 1834, comm. de Boussenac c. Lafont.

1623. — Mais, évidemment, elle a le droit d'intervenir et de se défendre. La partie lésée peut aussi prendre qualité au procès et soutenir ses droits.

1624. — Jugé, en effet, que la loi du 10 vendém. an IV, en chargeant le ministère public de poursuivre d'office la réparation civile et les dommages-intérêts contre une commune pour dégâts commis par ses habitans, n'interdit pas à la partie lésée l'exercice de l'action qui lui est assurée par les principes généraux, et, par exemple, le droit d'intervenir sur l'appel de l'instance qui avait été introduite primitivement par le ministère public. — *Cass.*, 4 juill. 1834, commune de Boussenac c. Lafont.

1625. — La loi du 10 vendém. an IV ne prévoit aucun moyen de recours dans l'intérêt de la commune qui a pu être condamnée sans avoir été entendue. En résulte-t-il que le jugement du tribunal saisi soit nécessairement inattaquable? — Non. L'opposition et l'appel sont de droit commun; ce sont des voies de recours qui existent toutes les fois que la loi ne les a pas expressément interdites; c'est un principe souvent appliqué par la jurisprudence, et qui peut être invoqué ici avec d'autant plus de raison que les formes expéditives tracées par la loi laissent plus de prise à l'erreur.

1626. — Ainsi, si la commune a fait défaut ou n'a pas été appelée dans l'instance, le jugement peut être frappé d'opposition. Il serait également attaquable par voie d'appel, à moins que l'importance pécuniaire de l'affaire ne dépassât point les limites du dernier ressort.

1627. — Jugé que, pour fixer le dernier ressort, on doit cumuler les dommages-intérêts adjugés à la partie lésée et l'amende prononcée au profit de l'état. — *Cass.*, 2 flor. an IX, comm. de Fernes c. Traverse.

1628. — Et que, d'après ce principe, en matière de responsabilité de commune, le jugement est en dernier ressort, lorsque la condamnation à la réparation civile, jointe à la condamnation à l'amende, n'excède pas 1,000 fr. — *Metz*, 12 mars 1833, ville de Metz c. Bourson. — Ce serait aujourd'hui 1,500 fr. — V. L. du 11 avr. 1838.

1629. — Alors même que la partie lésée n'a pas été appelée en l'instance, elle y a été représentée par le ministère public, et s'il lui a été adjugé des dommages-intérêts à raison de délits dont la loi du 10 vendém. an IV déclare civilement responsables les communes sur le territoire desquelles ils ont été commis, elle peut faire signifier elle-même les jugemens ou arrêts qui ont fixé ces dommages-intérêts, et, par cette signification, faire courir le délai pour le recours en cassation, afin de rendre irrévocable le droit qui leur est acquis par ces jugemens ou arrêts. — *Cass.*, 25 janv. 1810, comm. de Provenchère c. ministère public.

1630. — Jugé également que la partie lésée a qualité pour suivre l'exécution des jugemens et arrêts rendus à son profit sur les conclusions du ministère public, bien qu'elle n'ait point paru dans l'instance. — *Cass.*, 4 juill. 1834, comm. de Boussenac c. Lafont.

1631. — Le jugement du tribunal civil portant fixation des dommages-intérêts est adressé dans les vingt-quatre heures, par le ministère public, au préfet, qui est tenu de l'envoyer sous trois jours à la commune condamnée. — L. 10 vendém. an IV, tit. 5, art. 7.

1632. — La commune est tenue de verser dans les dix jours le montant des dommages-intérêts à la caisse du département. A cet effet, elle fait contribuer les vingt plus forts contribuables résidant dans la commune. — Tit. 5, art. 8.

1633. — Mais ce paiement n'est qu'une avance dont le remboursement s'effectue à l'aide d'une perception sur tous les habitans de la commune, conformément au rôle de répartition arrêté par le conseil municipal. — Tit. 5, art. 9.

1634. — En cas de réclamation contre la répartition, le conseil de préfecture statue sur la demande en réduction. — Tit. 5, art. 10. — V. Foucart, t. 3, p. 169.

1635. — Du reste, ce n'est pas aux tribunaux, dans le cas de pillage, à déterminer le mode particulier d'exécution de leur sentence, conformément aux dispositions de la loi du 10 vend. an IV, et notamment à décider si l'indemnité accordée à la partie lésée sera payée par les vingt habitans les plus imposés de la commune. Ce droit est réservé à l'autorité administrative, à qui appartient le mode de recouvrement. — *Metz*, 7 mars 1833, Boulet c. comm. de Châtel-Saint-Germain.

1636. — Lorsqu'une commune est déclarée responsable, il est constant que les vingt plus forts contribuables peuvent interjeter appel en leur nom personnel de cette décision. — *Cass.*, 14 pluv. an X, Renoît c. Rochaude.

1637. — Ils peuvent également exercer de leur chef l'action récursoire contre les auteurs et complices du délit.

1638. — Jugé, en effet, que les vingt plus forts contribuables qui ont été désignés pour avancer le montant des condamnations prononcées en vertu de la loi du 10 vendém. an IV contre une commune, ont qualité pour exercer de leur chef l'action récursoire contre les auteurs et complices du délit. — *Colmar*, 15 germin. an XIII, Laurent Hennu c. Stadler.

1639. — A plus forte raison, cette action récursoire appartient-elle aux habitans de la commune ou des communes déclarées responsables. — C'est la disposition expresse de l'art. 4, tit. 4, L. 10 vendém. an IV.

1640. — Il a été jugé néanmoins que la commune, quoique responsable des dommages causés dans l'étendue de son territoire par une partie des militaires du régiment qui s'y trouve en garnison, est non-recevable à exercer son recours en garantie contre le conseil d'administration du régiment, et qu'elle n'a pas même une action en garantie contre le corps du régiment. — *Aix*, 2 juin 1832, Ambroix c. comm. de Tarascon et le 2e régiment de chasseurs.

1641. — Si une enquête est ordonnée, les habitans de la commune condamnée peuvent être entendus comme témoins. Il s'agit ici des suites d'un délit qui intéresse l'ordre public, et c'est plutôt le code criminel qu'il faut consulter à cet égard que le Code de procédure civile. — *Colmar*, 15 germin. an XIII, Laurent Hennu c. Stadler.

1642. — Les étrangers peuvent être témoins dans cette enquête, encore qu'ils ne soient pas domiciliés en France et qu'ils n'y jouissent pas des droits civils, ce qui les rendrait seulement inhabiles à être témoins instrumentaires dans les actes passés en France. — Même arrêt.

1643. — Les actions récursoires des habitans les uns contre les autres sont évidemment de la compétence des tribunaux. Mais s'il s'agissait de réclamations, de la part d'un contribuable, fondées, soit sur ce qu'il n'est pas domicilié dans la commune, soit sur ce que la part contributive qui lui est imposée excède ses facultés (tit. 5, art. 9), ce ne serait plus aux tribunaux, mais à l'administration qu'il devrait s'adresser (art. 10). — V. *suprà*, n° 1633.

1644. — Les actions récursoires ou réclamations des habitans ne doivent pas retarder le paiement dû à la partie lésée. — A défaut, par la commune, d'opérer le versement prescrit par l'art. 8, dans les dix jours de la réception par elle du jugement, elle y est contrainte par l'envoi d'une force armée et d'un commissaire. Les frais de celui-ci et ceux de séjour de la force armée sont ajoutés au montant des condamnations prononcées contre elle. — Art. 11 et 12.

1645. — Dans les dix jours du versement fait dans la caisse départementale, l'administration doit faire remettre aux parties intéressées le montant des dommages-intérêts fixés par le jugement. — Tit. 5, art. 13.

1646. — Le créancier d'une commune ne peut réclamer contre elle l'application du mode de libération prescrit par la loi du 10 vendém. an IV, lo sque cette loi n'a pas servi de base aux jugemens rendus contre la commune. — *Cons. d'état*, 20 juin 1821, Coulet c. comm. de Cassis.

1647. — Indépendamment de l'action d'office, les parties lésées peuvent agir directement, même en l'absence du ministère public. — *Cass.*, 24 juill. 1837 (1.2 1837, p. 444), ville de Toulouse c. Manavit.

1648. — Mais quand elle agit directement, la partie lésée doit suivre la marche de la procédure ordinaire : c'est en effet ce qui a près, ne toujours lieu dans les procès de cette nature, et il est très rare qu'on ait recours aujourd'hui a x formes expéditives de la loi du 10 vendémiaire.

1649. — Lorsque la partie lésée agit personnellement, doit-elle se pourvoir en autorisation? — Avant la loi du 18 juill. 1837, il était de jurisprudence qu'elle n'était pas obligée de demander à l'administration départementale l'autorisation d'actionner la commune, et tout porte à croire qu'elle serait encore aujourd'hui dispensée d'adresser au préfet le mémoire prescrit par l'art. 51 de cette loi.

1650. — Jugé qu'il n'est pas nécessaire de se munir d'une autorisation pour assigner une commune en réparation des pillages commis par des attroupemens sur son territoire. — *Cass.*, 17 juin 1817, comm. d'Baplincourt c. Bresson.

1651. — Que l'autorisation exigée par l'arrêté du 17 vendém. an X pour plaider contre une commune n'est pas nécessaire, lorsqu'il s'agit d'une action formée par un particulier contre une commune, à raison des délits dont la loi du 10 vendém. an IV la rend responsable ou à raison des dispositions d'ordre public et de haute police prescrites par une loi spéciale. — *Cass.*, 19 nov. 1821, Cazelles c. comm. de Montagnac.

1652. — Particulièrement, lorsque les procès-verbaux de l'autorité administrative constatant un délit dont la responsabilité incombe à une commune, d'après la loi du 10 vendém. an IV, ont été transmis au ministère public, que le tribunal civil a été saisi, la partie lésée n'a pas besoin, pour intervenir dans l'instance ainsi engagée, de se faire autoriser à agir contre la commune, et les juges ne peuvent ordonner un sursis jusqu'à l'obtention de cette autorisation. — Même arrêt.

1653. — Jugé encore que l'arrêté du 4 vendém. an X, qui porte que les créanciers des communes ne pourront intenter aucune action contre elles qu'après qu'ils en auront obtenu par écrit la permission du conseil de préfecture, n'est pas applicable aux demandes en dommages-intérêts formées contre les communes à raison des délits dont la loi du 10 vendém. an IV les rend responsable. — *Cass.*, 28 janvier 1826, Cazelles c. comm. de Montagnac. — V. conf. Cormenin, *Quest. de droit administratif*, v° Communes, n° 44, t. 2, p. 157.

1654. — Que les parties lésées ne sont pas forcées d'obtenir l'autorisation préalable de l'administration pour intenter leur demande en réparation du dommage. — *Cass.*, 24 juill. 1837 (1.2 1837, p. 444), ville de Toulouse c. Manavit.

1655. — En supposant enfin l'autorisation administrative nécessaire, la commune ne pourrait faire résulter un moyen de cassation de ce qu'elle n'aurait pas été obtenue en première instance, si le demandeur l'obtenue sur l'appel et si le jugement de première instance a été, par quelque motif que ce soit, annulé par la cour, qui a évoqué l'affaire au fond. — *Cass.*, 17 juin 1817, comm. d'Haplincourt c. Bresson.

1656. — Le conseil d'état a jugé que lorsqu'un particulier demande à un conseil de préfecture l'autorisation de traduire une commune devant les tribunaux, à l'effet d'obtenir contre elle des dommages-intérêts comme étant responsable des délits commis sur son territoire, si le conseil de préfecture méconnaît ses attributions, s'il refuse de prononcer et s'il en réfère à l'autorité souveraine, il doit ordonner, dans l'intérêt de la commune, s'il y a lieu de l'autoriser à défendre. — *Cons. d'état*, 14 juill 1819, Guy c. comm. d'Agde ; — Duvergier, *Coll. des lois*, t. 8, p. 372, note 2e (1re édit.).

1657. — Quant au mode de preuve, on ne peut imputer à celui qui se plaint de l'attentat le défaut de rédaction du procès-verbal de la part des autorités, dans les vingt-quatre heures du délit. — *Grenoble*, 27 juin 1832, Vincent c. comm. de Voreppe.

1658. — En conséquence, la représentation des procès-verbaux exigés par l'art. 2e du titre 5 de la loi du 10 vendé. an IV, n'est nécessaire que lorsque c'est le ministère public qui poursuit directement la réparation des dommages en vertu de l'art. 3 du même titre. — *Orléans*, 3 fév. 1836 (1. 1er 1836, p. 248), Préfet de la Seine c. Saint-Quentin,

Scipion et Perrier. — V. l'avis du conseil d'état du 5 flor. an XIII ; Merlin, *Rep.*, v° *Procès-verbal*, et *Quest. de droit*, v° *Dernier ressort*, § 1er, n° 1er, et supra n° 1617.

1659. — Quand la poursuite a lieu à la requête de la partie civile, la preuve des dommages causés peut être faite par les voies ordinaires. — *Orléans*, 3 fév. 1838 (1. 1er 1838, p. 248), préfet de la Seine c. Saint-Quentin.

1660. — Partant, lorsque la condamnation n'a pas lieu d'office et sur la seule provocation de l'administration et du procureur du roi ; que la contestation a été engagée par assignation, et dans les formes ordinaires de la procédure, à la requête de la partie lésée, les juges peuvent prononcer sur la cause et leur conscience. — *Cass.*, 4 déc. 1827, comm. de Montagnac c. Cazelles.

1661. — Si donc, pour apprécier le dommage, les juges ne peuvent se fonder uniquement sur des procès-verbaux qui n'ont pas été rédigés dans les vingt-quatre heures à partir du moment où les dégâts ont été commis, de son côté, la commune ne peut se plaindre, devant la cour de Cassation, de ce que des expertises dressées par son agent municipal ont servi d'élément aux juges pour apprécier le dommage, sous prétexte que, d'après la loi du 10 vendém. an IV, l'agent municipal doit faire constater les dégâts et non les constater lui-même. — Même arrêt.

1662. — Le recours en cassation est aussi ouvert à la partie condamnée ; mais l'arrêt qui a déclaré une commune civilement responsable des dégâts commis par ses habitans dans un bois qu'elle détenait injustement, mais qui ne s'est pas fondé sur la loi du 10 vendém. an IV, ne peut être attaqué comme ayant violé cette loi. — *Cass.*, 6 fév. 1816, comm. d'Agnos c. Courrèges. — Merlin, *Quest.*, v° *Responsabilité de communes*, § 3.

V. ABATTOIRS, ACTES CONSERVATOIRES, ACTION POSSESSOIRE, AFFOUAGE, ALIÉNÉS, ALIGNEMENT, AUTORISATION DE PLAIDER, BAIL ADMINISTRATIF, BIENS COMMUNAUX, CANTONNEMENT, CHEMINS VICINAUX, COMMISSAIRE DE POLICE, CONSEIL MUNICIPAL, CONTRIBUTIONS DIRECTES, DESSÈCHEMENS, DOMAINE DE L'ÉTAT, ÉLECTIONS MUNICIPALES, ÉTABLISSEMENS PUBLICS, EXPROPRIATION POUR UTILITÉ PUBLIQUE, FORÊTS, GARDE CHAMPÊTRE, MAIRE, MINISTRE, OCTROI, PATENTE, PAVAGE, POMPES FUNÈBRES, POUVOIR MUNICIPAL, PRÉFET, TRAVAUX PUBLICS, TERRES VAINES ET VAGUES, USAGE (Droit d'.), VARENNE, VOIRIE.

COMMUNE RENOMMÉE.

V. PREUVE PAR COMMUNE RENOMMÉE. — V. aussi COMMUNAUTÉ.

COMMUNICATION.

1. — Représentation d'actes, de pièces, de registres.

2. — Les dépositaires des registres de l'état civil, ceux des rôles des contributions, et tous autres chargés des archives et dépôts des titres publics sont tenus de les communiquer, sans déplacer, aux préposés de l'enregistrement, à toute réquisition, et de leur laisser prendre, sans frais, les renseignemens, extraits et copies qu'ils leur sont nécessaires pour les intérêts de l'état, à peine de 10 fr. d'amende. — L. 22 frim. an VII, art. 54 ; 16 juin 1824, art. 40.

3. — Ces dispositions s'appliquent aussi aux notaires, huissiers, greffiers et secrétaires d'administrations centrales et municipales pour les actes dont ils sont dépositaires, à l'exception des testamens et autres actes de libéralité à cause de mort, du vivant des testateurs. — *ibid.*, v° au surplus ENREGISTREMENT, TIMBRE.

4. — Les receveurs de l'enregistrement doivent communiquer, sans déplacement, aux contrôleurs des contributions directes, sur leur réquisition, les registres et tables des ventes, partages, etc. — Décis. min. fin., 17 prair. an IX ; Circ. 12 messid. an IX et 22 fév. 1836 ; Inst. 436 et 1005.

5. — Ils ne sont point tenus de donner communication de leurs registres aux parties ; mais ils en délivrent des extraits. — L. 22 frim. an VII, art. 58.

V. ENREGISTREMENT.

6. — Les notaires ne peuvent, sans l'ordonnance du président du tribunal de première instance, donner connaissance des actes à d'autres qu'aux personnes intéressées en nom direct, héritiers ou ayant-droit, à peine des dommages-intérêts, d'une amende de 20 francs, et d'être, en cas de récidive, suspendus de leurs fonctions pendant trois mois, sauf néanmoins l'exécution des lois et réglemens sur le droit d'enregistrement, et de celles relatives aux actes qui doivent être publiés dans les tribunaux. — L. 25 vent. an XI, art. 23 ; 16 juin 1824, art. 40. — V. NOTAIRE.

COMMUNICATION AU MINISTÈRE PUBLIC. — 1. — Il est des causes dans lesquelles le ministère public figure comme *partie principale*; il en est d'autres, et c'est le plus grand nombre, où il ne remplit que le rôle de *partie jointe*; c'est dans cette dernière classe d'affaires que la communication est exigée.

2. — Dans le Code de procédure, cette matière était régie par la loi 16-24 août 1790 sur l'organisation judiciaire. L'art. 4er et 8 de cette loi, modifiés depuis par l'art. 83 du C. proc., étaient ainsi conçus : art. 4er. « Les officiers du ministère public sont agens du pouvoir exécutif auprès des tribunaux. Leurs fonctions consistent à faire observer, dans les jugemens à rendre, les lois qui intéressent l'ordre général, et à faire exécuter les jugemens rendus. » — Art. 8. « Ils seront entendus dans les causes des pupilles, des mineurs, des interdits, des femmes mariées, et dans celles où les propriétés et les droits, soit de la nation, soit d'une commune, seront intéressés : ils seront en outre chargés de veiller pour les absens indéfendus. »

3. — Sous la législation actuelle, c'est principalement dans l'art. 83, C. proc., que la loi a pris soin d'indiquer quelles sont les causes spécialement communicables au ministère public, et les principes de la matière sont restés à peu près les mêmes qu'ils étaient antérieurement. — Boitard, *Leçons sur la procéd. civ.*, t. 4, n° 272.

4. — Aussi, presque toutes les décisions rendues sous l'empire de la loi de 1790 sont-elles encore applicables actuellement, les dispositions de cette loi se confondant presque entièrement avec le système du Code de procédure et le même point.

5. — Voici, du reste, quelle est la disposition de l'art. 83, C. proc. « Seront communiqués au procureur du roi les causes suivantes : 1° celles qui concernent l'ordre public, l'État, le domaine, les communes, les établissemens publics, les dons et legs au profit des pauvres ; — 2° celles qui concernent l'état des personnes et les tutelles ; — 3° les déclinatoires sur l'incompétence ; — 4° les réglemens de juges, les récusations et renvois pour parenté et alliance ; — 5° les prises à partie ; — 6° les causes des femmes non autorisées par leurs maris, ou même autorisées, lorsqu'il s'agit de leur dot et qu'elles sont mariées sous le régime dotal ; les causes des mineurs, et généralement toutes celles où l'une des parties est défendue par un curateur ; —7° les causes concernant ou intéressant les personnes présumées absentes. — Le procureur du roi pourra néanmoins prendre communication de toutes les autres causes dans lesquelles il croira son ministère nécessaire, le tribunal pourra même l'o donner d'office. »

6. — L'utilité de l'intervention du ministère public dans les causes civiles où il n'est que partie jointe n'a pas besoin d'être démontrée ; c'est une des plus précieuses garanties que la loi ait pu assurer aux intérêts qui réclament une protection éclairée et impartiale. « Il faut à la justice un guide, à la faiblesse un appui, à la société tout entière une sorte de représentant, et surtout, aux lois d'intérêt général un organe, une sauvegarde contre les prétentions toujours renaissantes de l'intérêt particulier. Mieux valait prévenir les infractions à ces lois que d'attendre qu'elles eussent été commises, pour casser les jugemens. » — Boncenne, *Théorie de la procéd.*, t. 2, p. 278.

7. — Telle est, ajoute le même auteur, l'utilité de la communication au ministère public. Il se fait partie jointe, mais il ne se joint ni à l'un ni à l'autre des plaideurs, il ne prend parti que pour la loi.

8. — Quelquefois, dit Merlin (*Répert.*, vo *Ministère public*), § 8, aperçevant le bien public compromis dans la contestation privée qui s'est agitée devant lui, il élève en sa faveur une voix prédominante, et la justice est sans cesse ramenée au principe qui consacre tous les droits particuliers, en les réglant d'après l'intérêt général.

§ 4er. — *Cas dans lesquels la communication au ministère public est exigée* (n° 9).

§ 2. — *Formes et délais de la communication* (n° 141).

§ 3. — *Effets de la communication ou du défaut de conclusions du ministère public* (n° 152).

§ 4er.—*Cas dans lesquels la communication au ministère public est exigée.*

9. — Toutes les fois que le ministère public est appelé à prendre la parole dans un débat judiciaire, en matière civile, comme partie jointe, il a le droit d'exiger la communication des pièces qui se rattachent à la cause ; car il importe qu'il puisse, par un examen attentif, se former une conviction éclairée et consciencieuse.

10. — Cependant la mission que le ministère public a reçue de la loi, lorsqu'il joue le rôle de partie jointe, n'est pas la même dans tous les cas.

11. — En effet, tantôt le ministère public doit prendre des conclusions devant le tribunal à peine de nullité ; c'est lorsqu'il doit intervenir pour assurer l'exécution de la loi, ou lorsque des incapables dont la tutelle lui est confiée sont parties au procès ; tantôt son audition est facultative et abandonnée à son appréciation.— V. MINISTÈRE PUBLIC

12. — Dans le premier cas, la communication est nécessaire, est obligatoire ; dans le second, elle est facultative, comme l'audition du ministère public lui-même. — Art. 83 *in fine*.

13. — Quelquefois le tribunal peut ordonner d'office la communication au ministère public d'une cause non communicable (art. 83). Dans ce cas, le ministère public ne peut refuser cette communication, mais il peut s'en rapporter à la sagesse du tribunal.—Orléans, 16 août 1809, N...;— Chauveau, sur Carré, t. 4er, Q. 412; Favard de Langlade, *Rép.*, t. 5, p. 750, n° 18 ; Merlin, *Rép*, vo *Ministère public*.

14. — M. Chauveau sur Carré (t. 4er, Q 412), est d'avis qu'il est un cas où le ministère public pourrait refuser de conclure, nonobstant le jugement rendu par le tribunal : c'est celui où, le préfet ayant élevé un conflit, le tribunal déclarerait retenir la cause, malgré le réquisitoire du procureur du roi.

15. — Avant d'entrer dans l'énumération des cas où la communication au ministère public est nécessaire, nous ferons remarquer que quoique une affaire, soit par sa nature, soit à raison de la qualité des parties, rentre dans la catégorie des causes communicables, la communication n'est pas nécessaire, si, devant la juridiction saisie, le ministère public n'a pas de représentant.

16. — Ainsi, lorsqu'un tribunal civil juge des affaires commerciales à défaut d'existence d'un tribunal de commerce dans l'arrondissement, il doit se considérer sous tous les rapports comme tribunal de commerce, soumis aux formes de procéder de cette juridiction. Dans ce cas, le ministère public n'a pas le droit d'assister aux audiences commerciales, et, au moins d'y intervenir (L. 16-24 août1790;—Avis, cons. d'état 29 prair an VIII); et par conséquent il n'y a pas lieu à communication.

17. — Jugé, en ce sens, que lorsqu'un tribunal de première instance juge comme tribunal de commerce, le ministère public ne doit pas être entendu.— Rennes, 23 déc. 1816, Cheron-Keraly c. Danton.

18. — Jugé de même que l'art. 83, C. procéd., qui ordonne la communication au ministère public dans les causes concernant les communes, est relatif aux contestations que celles-ci ont devant les tribunaux civils, et non à celles portées devant les tribunaux de commerce. — Liège, 23 déc. 1817, comm. de Vinenne c. Michaux

19. — S'il s'élevait devant le tribunal civil, jugeant commercialement, un incident d'une nature civile, le tribunal devrait se déclarer incompétent et renvoyer devant la juridiction qui doit en connaître ; l'incident devrait alors être communiqué au ministère public attaché au tribunal qui en sera juge. — Biocne, *Dictionn. de proc.*, vo *Communication au ministère public*, no 89; Chauveau sur Carré, t. 4er, p. 514, quest. 410.

20. — Il n'en est pas en appel comme en première instance. — Lorsqu'une cour royale est saisie d'un appel formé contre un jugement d'un tribunal civil jugeant commercialement, le ministère public près la cour doit prendre communication et conclure, si la cause est commerciale.—C'est en effet en vertu de leurs attributions légales que les cours royales jugent commercialement, et non comme substituées à une autre juridiction. — Favard de Langlade, *Rép.*, t. 5, p. 749, n° 16 ; Chauveau sur Carré, t. 4er, p. 505, quest. 440.

21. — Jugé que le ministère public peut donner des conclusions sur l'appel des jugemens rendus par les tribunaux de commerce, surtout lorsqu'il s'agit d'une question de compétence. — Cass., 15 janv. 1842, Bernard c. Mounot. — Ortolan et Ledeau, *Tr. du minist. publ.*, t. 4er, p. 349.

22. — Lorsqu'une cause est commerciale de sa nature, comme l'on n'ont dans l'une des catégories énoncées dans l'art. 83, mais qu'elle est sommaire, on a douté que la communication en fût nécessaire. En effet, le tit. 24, C. procéd., sur les affaires sommaires, est muet sur cette communication, et l'art. 405, qui y est compris, dispose que les matières sommaires seront jugées sans procédure ni formalités autres que celles prescrites par ce titre. Cependant, comme il y a même motif pour que les affaires sommaires soient communiquées dans ce cas, nous pensons, avec M. Pigeau (*Comm.*, t. 4er, p. 223), que la communication en est indispensable. — V., dans le même sens, Biocne, vo *Communication au ministère public*, no 88 ; Chauveau sur Carré, t. 4er, p. 504, quest. 409.

23. — 4° Ordre public. — Le ministère public doit être entendu dans toutes les affaires qui tiennent à l'ordre public.

24. — A cette règle générale, établie par l'art. 83, C. procéd., viennent se rattacher, comme autant de conséquences, une infinité de dispositions éparses dans nos lois et nos réglemens. — V. notamment C. civ., art. 53, 99, 114, 184, 200, 360, 474, 515 ; C. procéd., art. 47, 227, 249, 251, 311, 359, 372, 385, 389, 498, 668, 762, 782, 795, 805, 856, 858, 863, 879, 885, 886, 891, 892, 900, 1039.

25. — On a fait remarquer avec raison que les mots *ordre public*, dont se sert l'art. 83, sont vagues et susceptibles de diverses interprétations ; mais il ne saurait y avoir d'inconvénient à les étendre. — De Molènes, *Fonct. du procur. du roi*, t. 2, p. 221 ; Boitard, n° 273 ; Massabiau, *Man. du procur. du roi*, t. 4er, n° 272.

26. — Au surplus, il n'est pas nécessaire d'entrer ici et égard dans de longues explications, les causes qui intéressent l'ordre public sont particulièrement celles relatives à l'état des personnes, à la validité ou à la nullité des mariages, aux séparations de corps, aux désaveux d'enfans, etc. — V. MINISTÈRE PUBLIC, ORDRE PUBLIC.

27. — Lorsqu'il s'agit d'une demande en nullité de mariage, formée par l'une des personnes à qui le Code attribue ce droit, la cause est communicable, que la nullité soit fondée sur l'ordre public, ou seulement sur l'intérêt privé. — Ortolan et Ledeau, t. 4er, p. 168.

28. — Jugé que, en matière de séparation de corps, il y a nullité de l'ordonnance qui statue sur la demande en nomination d'un juge commissaire pour procéder à une enquête, à défaut de communication au ministère public. — Grenoble, 20 août 1825, Eymonot.

29. — Lorsqu'on fait qualifié de délit par la loi se révèle dans un débat civil, il n'est pas douteux que le ministère public doit se borner porter la parole comme partie jointe, sans préjudice des réserves qu'il peut faire pour la répression de ce fait par la juridiction criminelle.

30. — Si, par exemple, il résultait d'un débat civil que l'une des parties fût convaincue d'habitudes d'usure punissables par la loi, le procureur du roi devrait donner son avis après communica-

tion des pièces; car les faits signalés intéresseraient l'ordre public.

51.—Mais lorsqu'un procès prend sa source dans un fait d'usure, et qu'il n'est pas établi qu'il y ait habitude d'usure de la part du créancier partie en cause, il n'est pas nécessaire que le ministère public soit entendu. — *Cass.*, 9 fév. 1836, Gaffet c. Fayez-Bouthors.

52.—Jugé, dans le même esprit, que la demande de réparation, par la voie civile, du dommage causé par de prétendus délits, ne peut être rangée dans la classe des causes intéressant l'ordre public, et conséquemment sujettes à la communication au ministère public. — *Cass.*, 8 août 1837 (t. 2 1837, p. 615), Adelon c. Dervier.

53. — Il faut décider de même lorsque, dans une instance, l'une des parties invoque pour exception l'autorité de la chose jugée. On ne peut pas prétendre, en effet, que l'ordre public soit intéressé sur une question de cette nature. — *Cass.*, 14 messid. IX, N...; — Merlin, *Rép.*, v° *Ministère public*, § 6; Chauveau sur Carré, t. 1er, Quest. 408.

54.—2° *Domaine de l'état.*—Dans les causes qui intéressent le domaine de l'état, le ministère public doit porter la parole après avoir pris communication des mains du représentant du domaine et de celles de l'adversaire, s'il y a lieu.

55. — L'état, être collectif qui représente les intérêts généraux du pays, peut être propriétaire au même titre qu'un simple particulier, et le domaine public s'entend de l'ensemble des biens dont il a tout à la fois la propriété et la jouissance. — Merlin, *Rép.*, v° *Domaine public.*

56. — Le domaine public ou domaine de l'état est diversement représenté en justice selon qu'il s'agit, au procès, de la propriété des choses qu'il possède, ou seulement de leurs revenus et de leur administration.

57. — Lorsque l'état plaide en demandant ou en défendant à propos des revenus des biens domaniaux, il a pour représentant le directeur de l'administration du domaine et de l'enregistrement. — Boitard, n° 230.

58. — Lorsque l'état se défend contre un simple particulier, qui exerce contre lui une revendication d'un domaine, ou lorsqu'il plaide en général sur une question de propriété, il est représenté par le préfet, qui figure dans la procédure (C. procéd., art. 69, § 1er), et qui doit dès-lors communiquer au ministère public toutes les pièces, en ce qui le concerne. — Boitard, n° 230.

59. — Au lieu de se faire représenter par un avoué ou par un avocat, le préfet peut, en matière domaniale, s'adresser directement au ministère public, qui présente l'action en son nom. Dans ce cas, l'art. 83, C. procéd., ne reçoit plus d'application, le ministère public n'agissant plus comme partie jointe, mais comme partie principale. — Ortolan et Ledeau, *Du ministère public*, t. 1er, p. 341. — V. MINISTÈRE PUBLIC.

40. — 3° *Domaine privé du roi.* — Le ministère public a en outre le droit de se faire communiquer les pièces dans les procès engagés entre le domaine privé du roi ou celui de la couronne et des tiers. — Massabiau, t. 1er, n° 703.

41. — Avant la loi du 7 mars 1832, le roi plaidant pour son domaine privé ou pour le domaine de la couronne, était représenté par le ministre de sa maison. Néanmoins, les actions étaient présentées par le procureur du roi, qui avait aussi qualité exclusivement pour recevoir les significations, aux termes de l'art. 69, C. pr., § 4. — V. art. 14 de la loi du 8 nov. 1814, et Boitard, n° 230.

42. — Ce régime a été changé par l'art. 27 de la loi du 2 mars 1832, sur la liste civile, qui est ainsi conçu : « Les actions concernant la dotation de la couronne seront dirigées par et contre l'administrateur de cette dotation. Les actions intéressant le domaine privé seront dirigées par et contre l'administrateur de ce domaine. » — Massabiau, *Man. du proc. du roi*, n° 704.

43. — 4° *Communes.* — Les communes doivent obtenir, pour plaider, une autorisation spéciale. (V. AUTORISATION DE PLAIDER.) Valablement autorisées, elles plaident par l'organe de leur maire, et lorsque la contestation dans laquelle elles sont engagées est civile, le procureur du roi doit se faire communiquer les pièces et intervenir, soit pour constater la régularité de la procédure, soit pour défendre les intérêts communaux s'ils étaient en péril. — V. C. procéd., art. 83 et 1032; — Ortolan et Ledeau, t. 2, p. 403.

44. — Lorsque deux sections de commune plaident l'une contre l'autre, le préfet, en conseil de préfecture, nomme des syndics pour représenter chacune d'elles, et le ministère public intervient également. — Boitard, n° 236. — V. COMMUNE.

45. — 5° *Etablissemens publics.* — Les établissemens publics, tels que les hospices, les fabriques, etc., sont dans la même catégorie que les communes; ils ont besoin, comme elles, d'autorisation pour plaider, et la défense de leurs intérêts appelle toute la surveillance du ministère public. Aussi, dans les procès qui les concernent, la communication est-elle nécessaire.

46. — 6° *Dons et legs au profit des pauvres.* — Les contestations relatives aux dons et legs faits au profit des pauvres sont communicables. MM. Ortolan et Ledeau font remarquer (t. 1er, p. 283), qu'il ne suffirait pas, pour qu'il y eût lieu à communication, que la demande fût relative à des dons et legs de cette nature. Il est nécessaire que les pauvres soient réellement parties au procès, car c'est en leur faveur seulement que la communication est exigée.

47. — Jugé, dans ce sens, que le défaut de conclusions du ministère public dans une instance en nullité de testament, où figure seulement l'héritier légitime et le légataire universel, n'emporte pas nullité du jugement rendu sur cette instance, lors même que le légataire universel aurait conclu à la délivrance de legs particuliers faits aux pauvres de l'arrondissement du testateur. — *Cass.*, 28 brum. an XIV, Dutronc c. Bruslée.

48. — La mission du ministère public en pareille matière se borne à une surveillance des intérêts des pauvres, et comme la loi ne lui donne pas le pouvoir spécial d'agir en leur faveur par voie d'action, il doit se contenter de prendre communication des pièces et de porter la parole, s'il n'aime mieux s'en rapporter à la prudence du tribunal. — Bioche et Goujet, *Dict. de procéd.*, v° *Indigent.* — L. du 20 avr. 1810, art. 46. — V. MINISTÈRE PUBLIC.

49. — L'art. 83 exige la communication au ministère public de toutes les causes qui intéressent l'Etat, les communes, les établissemens publics et les pauvres, sans distinguer, comme l'ancienne jurisprudence, entre les cas où il s'agit d'un droit de propriété et ceux où il s'agit seulement de revenus. — V. Pigeau, *Comm.*, t. 1er, p. 232, Chauveau sur Carré, t. 1er, p. 498, *Quest.* 400. — V. MINISTÈRE PUBLIC.

50. — 7° *Etat des personnes.* — Les cas prévus par la loi dans lesquels la cause doit être communiquée au ministère public, comme touchant à l'état des personnes sont assez nombreux; mais l'énumération n'en est pas nécessaire. En effet, c'est à un double titre que ces sortes de causes sont communicables, puisque, indépendamment de la disposition spéciale de l'art. 83, qui exige la communication, elles rentrent encore dans la catégorie de celles qui *intéressent l'ordre public.* — V. *suprà* n° 26.

51. — De ce nombre sont les demandes en contestation de l'état d'un enfant. — Art. 315, C. civ.; — Bioche et Goujet, *Dict. de procéd.*, v° *Ministère public*, n° 95.

52. — ... Les demandes en désaveu d'enfant (C. civ., art. 312 et 318 ; C. procéd., art. 859), et généralement toutes les causes relatives à la paternité et à la filiation. — C. civ., art. 319 et suiv.

53. — ... Les instances en adoption. — C. civ., art. 355 et 356. — Dans ces causes, le ministère public est appelé à donner son avis lorsque l'homologation de l'acte d'adoption est demandée au tribunal. — Massabiau, t. 1er, n° 537 et 538.

54. — ... Les demandes en rectification d'un acte de l'état civil. — ... Les instances en nullité de mariage, etc. — Art. 99, C. civ.; — Massabiau, n° 802.

55. — 8° *Tutelles.* — Toutes les instances relatives à la nomination des tuteurs, à leurs excuses, à leur exclusion ou destitution, sont nécessairement communicables. — C. civ., art. 411 et 437; C. procéd., art. 882 et 883; — Massabiau, nos 1129 et suiv.; Bioche, *eod. verb.* n° 96.

56. — La cause est également communicable lorsqu'elle est relative à la reddition des comptes de tutelle. — C. civ., art. 473.

57. — 9° *Déclinatoires sur incompétence.* — Il est d'ordre public que chaque juridiction se renferme dans les limites de sa compétence. Aussi l'intervention du ministère public est-elle nécessaire toutes les fois qu'un déclinatoire d'incompétence est soulevé devant un tribunal civil.

58. — On a élevé des doutes, néanmoins, sur le droit du ministère public de conclure, et par suite de se faire communiquer les pièces, lorsque l'incompétence n'existe qu'à l'égard du domicile des parties, et que, dès-lors, elle peut être couverte par leur silence.

59. — Il paraît certain que le ministère public ne peut soulever d'office le déclinatoire dans ce cas, lorsqu'il n'est pas proposé par le défendeur, mais il n'en résulte pas qu'il ne puisse pas donner ses conclusions lorsque cette incompétence est invoquée devant le tribunal. Le projet de Code de procédure n'exigeait les conclusions du ministère public que dans les déclinatoires *ratione materiæ*, mais, sur l'observation formelle du Tribunat, on généralisa le texte en supprimant ces mots. — Boitard, t. 1er, nos 274 et 275; Chauveau sur Carré, t. 1er, p. 499, quest. 402. — V. cependant Pigeau, *Proc. civ.*, t. 1er, p. 224, qui est d'un avis contraire.

60. — Jugé, en ce sens, que des jugemens rendus sur déclinatoire pour cause d'incompétence, en raison du domicile, doivent être rendus sur les conclusions du ministère public. — *Rennes*, 12 mai 1813, Denou.

61. — Mais le ministère public ne serait pas obligé de conclure, si le moyen soulevé devant le tribunal ne constituait pas un déclinatoire proprement dit.

62. — Ainsi, jugé que des conclusions par lesquelles la partie qui poursuit l'exécution d'une vente administrative demande aux juges qu'elle a saisis de surseoir au jugement du procès, en cas de doute sur le sens et la portée de cette vente, jusqu'à ce que l'autorité administrative l'ait interprétée, ne tendant qu'à un moyen d'instruction et n'ayant pas pour but de dessaisir les juges de la connaissance du litige, ne constituent pas un déclinatoire pour incompétence, qui rende nécessaire l'audition du ministère public. — *Cass.*, 16 avr. 1838 (t. 1er 1838, p. 529), Chabannes c. Jacquet.

63. — Le déclinatoire fondé sur la connexité ou la litispendance est-il communicable? — Il nous semble que cette question doit être résolue affirmativement, car dans ces deux cas il y a véritablement incompétence du juge. — V. en ce sens Chauveau sur Carré, t. 1er, p. 499, quest. 402, à la note. — V. *contrà* Pigeau, *Comm.*, t. 1er, p. 235.

64. — On remarquera, du reste, que, suivant Pigeau (*Procéd.*, t. 1er, p. 224), l'art. 83 doit être entendu en ce sens que la communication n'est obligatoire que lorsqu'il s'agit d'une incompétence absolue, de l'incompétence *ratione materiæ.* Nous repoussons cette restriction qui n'est pas dans la loi et qui ne s'appuie sur aucun motif sérieux : d'ailleurs, le système de Pigeau a été implicitement rejeté par le législateur, car le projet contenait la restriction dont parle cet auteur, mais elle a disparu lors de la rédaction définitive de l'art. 83, sur les observations du Tribunat.

65. — 10° *Réglemens de juges.* — Le réglement de juges est la décision par laquelle une juridiction supérieure déclare quel est, de deux tribunaux saisis de la même contestation, celui qui a compétence pour en connaître. — C. procéd., art. 47, 371, 385 et 394; — Massabiau, t. 1er, n° 1037.

66. — 11° *Récusations.* — Les récusations peuvent être proposées, soit contre un juge de paix (C. procéd., art. 44), soit contre les juges de première instance (C. procéd., art. 378), soit contre des arbitres ou experts (C. procéd., art. 237, 283, 310 et 1014). Le ministère public lui-même peut être recusé lorsqu'il est partie jointe. — C. procéd., art. 378 et 381.

67. — L'art. 83, C. procéd., § 4, veut que les récusations soient communiquées au ministère public. Le projet de Code de procéd., art. 75, § 4, disait *les récusations de juges*, mais la disposition ainsi rédigée a paru trop limitative et elle a été généralisée, il faut donc l'appliquer à tous les cas qui viennent d'être énumérés. — Chauveau sur Carré, t. 1er, p. 500, quest. 403.

68. — Si le ministère public était l'objet de la récusation, la communication aurait lieu entre les mains du juge ou suppléant qui le remplacerait. — C. procéd., art. 84.

69. — 12° *Renvois pour parenté et alliance.* — Lorsqu'un magistrat d'un tribunal de première instance a un procès pendant devant ce tribunal et un parent parmi les juges du même siége, ou lorsque toute autre partie a deux parens ou alliés parmi les juges de première instance qui doivent connaître de la contestation, la partie adverse peut demander le renvoi de l'affaire devant un autre tribunal. — C. procéd., art. 368; — Massabiau, n° 1041.

70. — 13° *Prises à partie.* — Les juges peuvent être pris à partie dans les cas suivans : 1° s'il y a dol, fraude ou concussion, qu'on prétendrait avoir été commis, soit dans le cours de l'instruction, soit lors des jugemens; — 2° si la prise à partie est expressément prononcée par la loi; — 3° si la loi déclare les juges responsables, à peine de dommages-intérêts; — 4° s'il y a déni de justice. — C. procéd., art. 505. — V. PRISE A PARTIE.

71. — On comprend facilement pourquoi, lorsqu'il s'agit de réglement de juges, de récusations, de renvois pour parenté et alliance et de prises à partie, la loi appelle d'une manière nécessaire l'intervention du ministère public. Dans ces questions, la dignité de la justice est en jeu. — Boitard, t. 1er, n° 276.

72. — 14° *Femmes mariées.* — La loi du 24 août 1790, sur l'organisation judiciaire (tit. 8, art. 5), voulait que, dans toutes les causes où figuraient des femmes mariées, le ministère public fût

entendu, qu'elles fussent ou non autorisées.

73. — Aussi jugeait-on, sous l'empire de cette loi, que le ministère public devait être entendu dans toutes les causes intéressant les femmes mariées. — *Cass.*, 15 niv. an III, Kieger c. Lahler.

74. — ... Et que son audition était nécessaire, alors même qu'elles étaient assistées de leurs maris. — *Bruxelles*, 9 flor. an XIII, Charlier c. Dercuser.

75. — Mais le Code de procédure (art. 83, § 6) n'exige l'intervention du ministère public, lorsqu'une femme mariée est autorisée, qu'autant qu'il s'agit dans la cause d'un bien dotal. Le principe est que la femme mariée autorisée de son mari est aussi capable pour tous les actes de la vie civile que si elle n'était pas mariée, et que dès-lors elle n'a pas besoin de la protection du ministère public. — Boitard, t. 1er, no 277.

76. — Jugé, en conséquence, que la présence d'une femme dans une instance ne nécessite pas la communication au ministère public, lorsque d'ailleurs elle y paraît autorisée de son mari, et qu'il ne s'agit pas d'un bien dotal. — *Cass.*, 29 mars 1836, Floceau.

77. — La cause est communicable lorsque la femme mariée est autorisée par le tribunal à ester en justice, soit par suite du refus du mari de l'autoriser, soit parce que ce dernier serait dans l'impossibilité de le faire, comme étant, par exemple, interdit ou absent. — Bioche, vo *Ministère public*, nos 102 et 104.

78. — Mais il est des actes que la femme mariée ne peut faire, même avec l'autorisation maritale, sans violer la loi. Telle serait l'aliénation de l'immeuble dotal, contrairement au principe d'inaliénabilité écrit dans l'art. 1554, C. civ. La loi n'a pas voulu que les époux pussent faire indirectement, et sous prétexte de plaider, ce qu'elle leur défendait de faire directement. Aussi toutes les fois qu'il s'agit, dans la cause d'un bien dotal, l'affaire est communicable. — Boitard, t. 1er, no 277.

79. — Lorsque l'aliénabilité du bien dotal a été stipulée, comme le permet l'art. 1557, C. civ., on rentre dans le droit commun, et la nécessité de la communication ne se fait plus sentir. — Tel est l'avis de Boncenne, t. 2, p. 285; Boitard, t. 1er, no 277; Pigeau, *Comm.*, t. 1er, p. 237. — V. aussi Chauveau sur Carré, t. 1er, no 404.

80. — Il en est de même à plus forte raison lorsqu'il s'agit de biens paraphernaux. — Boncenne, t. 2, p. 285; Chauveau sur Carré, no 404.

81. — Le ministère public doit être entendu même quand la femme mariée est séparée de biens d'avec son mari, à moins qu'elle ne soit autorisée de lui et qu'il ne s'agisse pas d'un bien dotal.

82. — Jugé, sous l'empire de la loi du 24 août 1790, que le ministère public doit être entendu dans les causes des femmes mariées, même séparées de biens. — *Cass.*, 18 prair. an II, Catillon c. Vival. — Cette décision est encore applicable actuellement avec la restriction qui vient d'être indiquée.

83. — 15o *Mineurs* — Les mineurs ne pouvant aliéner leurs biens, même avec le concours de leurs tuteurs, la surveillance du ministère public et son intervention sont nécessaires dans les causes qui les concernent. — L. 24 août 1790, tit. 8, art. 3; C. procéd., art. 83, § 6.

84. — Est nul le jugement rendu dans une cause intéressant des mineurs, si le ministère public n'a pas été entendu. — *Cass.*, 11 flor. an IX, Pajot c. Paval.

85. — Jugé que le ministère public doit être entendu dans toutes les affaires relatives à l'expropriation forcée des biens des mineurs. — *Cass.*, 26 avr. 1809, Folliex c. Tabuis; 30 oct. 1811, Beteille c. Montagu.

86. — Lorsque le conseil de famille a autorisé la vente d'un bien d'un mineur ou un emprunt à contracter en son nom, l'avis du conseil doit être homologué par le tribunal, sur les conclusions du procureur du roi — Massabiau, t. 1er, no 1140.

87. — Pareillement, le procureur du roi doit donner ses conclusions lorsqu'il s'agit d'homologuer une délibération du conseil de famille, qui autorise l'abandon d'une succession échue à un mineur aux créanciers de cette succession. — Massabiau, no 1147.

88 — En matière de transaction au nom du mineur, autorisée par le conseil de famille, c'est le procureur du roi qui désigne les trois jurisconsultes qui doivent être consultés; de plus, il donne ses conclusions comme partie jointe lors du jugement qui statue sur l'homologation. — C. civ., art. 467.

89. — 16o *Interdits.* — Il faut appliquer aux interdits la disposition de l'art. 83, qui s'occupe des mineurs. Il y a dans les deux cas les mêmes dangers et par conséquent la même nécessité de l'intervention du ministère public. La loi, par son esprit, met, du reste, les mineurs et les interdits sur la même ligne. — C. civ., art. 509; Bioche no 107.

90. — Lorsqu'une interdiction est provoquée par un simple particulier contre un autre, le ministère public, figurant au procès comme partie jointe, doit assister à l'interrogatoire du défendeur en la chambre du conseil. — C. civ., art. 496. — Il peut demander un second interrogatoire et même requérir une enquête. — C. procéd., art. 893. — Il peut aussi provoquer la nomination d'un administrateur provisoire. — C. civ., art. 497; — Massabiau, t. 1er, no 903.

91. — Avant la loi du 30 juin 1838, sur les aliénés, le ministère public ne pouvait faire enfermer ceux qui lui étaient signalés comme atteints d'aliénation mentale qu'en provoquant et en faisant prononcer leur interdiction. Le soin de placer les aliénés dans les établissemens publics ou privés a été confié par cette loi, à l'autorité administrative, sans qu'il soit besoin de les faire interdire. L'art. 40 de la loi porte: « Le ministère public sera entendu dans toutes les affaires qui intéresseront les personnes placées dans un établissement d'aliénés, lors même qu'elles ne seraient pas interdites. » — De Molènes, t. 1er, p. 199.

92. — Les condamnés à la peine des travaux forcés à temps, de la détention ou de la réclusion, sont pendant la durée de leur peine en état d'interdiction légale; il leur est nommé un tuteur et un subrogé tuteur pour gérer et administrer leurs biens dans les formes prescrites pour les nominations des tuteurs et subrogés tuteurs aux interdits. — C. pén., art. 29. — Les procès dans lesquels ces condamnés plaideraient, par l'intermédiaire de leurs tuteurs, seraient communicables.

93. — Le prodigue, assisté de son conseil judiciaire, est capable de tous les actes de la vie civile. Aucune fraude n'étant à craindre, la surveillance du ministère public est inutile; aussi les causes qui concernent les prodigues ne sont-elles pas communicables. — Chauveau sur Carré, t. 1er, p. 502, *Quest.* 405; Boncenne, t. 2, p. 286; Boitard, t. 1er, p. 355 (1re édit.); Pigeau, *Comm.*, t. 1er, p. 237, 238. — V CONSEIL JUDICIAIRE.

94. — 17o *Curatelles.* — Sont essentiellement communicables toutes les causes dans lesquelles figure une partie assistée d'un curateur. — C. procéd., art. 83, § 6. — En effet, les curateurs ne peuvent aliéner; ils doivent donc être soumis au contrôle du ministère public dans les procès où ils jouent un rôle. — Boitard, t. 1er, no 280.

95. — Ce principe s'applique au mort civilement, qui ne peut plaider que sous le nom et par le ministère d'un curateur spécial. — C. civ., art. 25.

96. — ... Aux affaires dans lesquelles plaide un curateur au ventre. — C. civ., art. 393.

97. — ... Au mineur émancipé, qui doit être assisté de son curateur. — C. civ., art. 482.

98. — ... Au curateur d'une succession vacante. — C. civ., art. 812; C. procéd., art. 998; — Ortolan et Ledeau, t. 1er, p. 236.

99. — 18o *Présumés absens.* — Tantôt le ministère public a la voie d'action comme représentant l'absent présumé jusqu'à l'envoi en possession provisoire; tantôt, comme partie jointe, il se borne à donner ses conclusions dans les affaires qui l'intéressent. — Toullier, t. 1er, p. 183; Carré, *Org. et comp.*, t. 1er, p. 137; Schenck, t. 1er, p. 173; Massabiau, t. 1er, nos 508 et 511. — V. ABSENCE.

100. — Les contestations privées qui concernent un présumé absent sont communicables. — C. procéd., art. 83, § 6. — Comme défenseur de ses intérêts, le ministère public a le droit de provoquer la nomination d'un notaire pour le représenter dans les partages et liquidations dans lesquels il est intéressé. — C. civ., art. 113, 114. — Le procureur du roi peut, en effet, prendre des mesures conservatoires sans abdiquer son rôle de partie jointe. — V. MINISTÈRE PUBLIC.

101. — Jugé que le principe suivant lequel les héritiers présens peuvent recueillir la succession à l'exclusion de ceux dont l'existence n'est pas reconnue, n'empêche pas le ministère public de provoquer la nomination d'un notaire pour représenter ces derniers seulement dans l'inventaire de la succession. — *Riom*, 20 mai 1816, Rougier.

102. — Lorsque la déclaration d'absence est provoquée par les intéressés, le jugement de déclaration ne peut être rendu que sur les conclusions du ministère public; mais, dans ce cas, il joue plutôt le rôle de partie principale que celui de partie jointe; car l'enquête doit être faite contradictoirement avec lui, et il a le droit de recourir à une contre-enquête. — Toullier, t. 1er, no 404.

103. — Le procureur du roi doit aussi être entendu en ses conclusions sur toute demande d'envoi en possession provisoire des biens d'un absent dont l'absence est déclarée. — C. procéd., art. 860.

104. — Après l'envoi en possession provisoire, le ministère public ne peut agir par voie principale, mais il continue à figurer comme partie jointe, lorsqu'une demande qui concerne l'absent est portée devant le tribunal. — C. civ., art. 114; — Massabiau, no 520.

105. — De ce que la loi déclare nécessairement communicables les causes qui intéressent les présumés absens, en résulte-t-il que dans le cas où le tribunal ignorerait l'état d'absence du défendeur, le jugement par défaut pris contre lui soit nul pour défaut de communication? — Nous pensons qu'il ne saurait y avoir nullité dans ce cas. La loi n'a pu vouloir protéger que celui dont l'absence peut être connue du tribunal et du ministère public. — V. dans ce sens Delaporte, t. 1er, p. 97; Chauveau sur Carré, t. 1er, p. 502, Quest. 406.

106. — Lorsque l'absence a été déclarée, l'audition du ministère public n'est plus nécessaire dans les causes qui intéressent l'absent. Le tribunat avait demandé que la communication eût lieu forcément pour tous les absens; mais son vœu n'a pas été accueilli. On doit regretter que la loi ait ainsi limité la surveillance du ministère public aux présumés absens. — Pigeau, *Comment.*, t. 1er, p. 238; Chauveau sur Carré, t. 1er, p. 503, *Quest.* 407 *bis.*

107. — Les militaires absens sont soumis aux mêmes règles que les absens non militaires; cependant quelques dispositions spéciales leur sont appliquées par les lois des 11 vent. an II; 6 brum an V, et 13 janv. 1817.

108. — Lorsqu'une demande en déclaration d'absence est introduite à propos d'un militaire dont on n'a pas de nouvelles, le procureur du roi doit se faire communiquer la requête et les pièces justificatives présentées par les parties. — L. 13 janv. 1817, art. 2.

109. — La requête, après avoir été ordonnancée par le président du tribunal, est de nouveau communiquée au ministère public. — Elle est publiée par insertion au *Moniteur*. — L. 13 janv. 1817, art. 5 et 6.

110. — Jugé qu'il n'est pas nécessaire, à peine de nullité, que le ministère public porte la parole dans les affaires qui intéressent les militaires absens pour service de terre et de mer. — *Cass.*, 13 messid. an IX, Careau.

111. — Ici s'arrête l'énumération donnée par l'art. 83 des cas dans lesquels il y a nécessité de communiquer au ministère public, mais elle n'est pas complète, et la législation renferme d'autres dispositions qui veulent que le procureur soit entendu à peine de nullité du jugement. Nous citerons notamment les cas suivans:

112. — 1o *Vérification d'écriture.* — En matière de vérification d'écriture la cause peut être communicable à peine de nullité. En effet, lorsque les pièces de comparaison ne peuvent être déplacées ou lorsque leurs détenteurs sont trop éloignés, le tribunal peut ordonner, sur le rapport du juge commissaire, et après avoir entendu le procureur du roi, que la vérification se fera dans le lieu de la demeure des dépositaires, ou dans le lieu le plus proche, ou que, dans un délai déterminé, les pièces seront envoyées au greffe. — C. procéd., art. 202.

113. — Dans les causes où il y a dénégation d'écriture et de signature, l'intervention du ministère public n'est pas indispensable, comme elle l'est dans les instances en inscription de faux. — *Cass*, 25 juin 1833, Destournelles c. Fabre. — En effet, lorsqu'une signature étant déniée, il est procédé judiciairement à sa vérification, le procureur du roi n'est tenu de conclure que dans le cas prévu par l'art. 202.

114. — 2o *Faux incident.* — Dans les poursuites de faux incident civil, le procès-verbal de l'état de la pièce arguée de faux doit être dressé par le juge commissaire, en présence du procureur du roi. — C. procéd., art. 227.

115. — Lorsque, sur les poursuites en faux incident, il est intervenu une transaction, elle ne peut être exécutée qu'après avoir été communiquée au procureur du roi et homologuée sur ses conclusions. — C. procéd., art. 249.

116. — Tout jugement d'instruction ou définitif, en matière de faux, ne peut être rendu que sur les conclusions du ministère public. — C. procéd., art. 251. — Les jugemens dont parle cet article sont ceux qui sont énoncés aux art. 218, 220, 221, 231 et 232, C. procéd.

117. — Il a été jugé, avec raison, qu'un jugement rendu sur une demande en inscription de faux, doit, à peine de nullité, faire mention que le ministère public a été entendu. — *Turin*, 7 fév. 1809, Rocca; — Massabiau, t. 1er, no 877.

118. — 3o *Requête civile.* — La requête civile est une voie extraordinaire de réformation des jugemens, et il importe qu'elle ne soit pas accueillie par les tribunaux en dehors du cas dans lequel la loi permet d'y avoir recours. Aussi cette procédure est-elle indispensablement communicable au procureur du roi, qui doit donner son avis sur l'ad-

missibilité des moyens présentés par le demandeur. — C. procéd., art. 498. — V. REQUÊTE CIVILE.

119. — 4° *Distribution par contribution.* — En matière de distribution par contribution, le procureur du roi a l'obligation de contrôler la procédure ; il porte également la parole à l'audience, si le tribunal est saisi d'une contestation. — C. procéd., art. 668. — V. DISTRIBUTION PAR CONTRIBUTION.

120. — 5° *Ordre.* — En matière d'ordre, le ministère public exerce une surveillance générale sur les diverses parties de la procédure, comme défendant les droits de la masse ; en outre lorsqu'une contestation s'élève sur la distribution entre les créanciers, il intervient et conclut comme partie jointe. — C. procéd., art. 762. — V. ORDRE.

121. — Il a droit de se faire communiquer les actes de production dressés par les avoués, et le procès-verbal même du juge commissaire pour vérifier s'il fait mention de chacun de ces actes. — C. procéd., art. 753 et 754. — Il doit veiller aussi à ce que lorsque des ventes de meubles ont été faites, le prix en soit déposé exactement à la caisse des consignations. — L. 28 niv. an XIII, sur la caisse des consignations ; C. procéd., art. 657 ; Circ. min., 23 nov. 1814 ; — Massabiau, t. 1er, n° 985.

122. — 6° *Contrainte par corps. — Emprisonnement.* — Lorsqu'il s'agit, au procès, de contrainte par corps, il est certains cas où la communication au ministère public est indispensable.

123. — Aux termes de l'art. 782, C. procéd., lorsqu'un débiteur est appelé à déposer comme témoin devant un tribunal de première instance ou une cour royale ou d'assises, le président du tribunal ou de la cour peut lui accorder un sauf-conduit sur les conclusions du ministère public, qui doit donner son avis.

124. — Lorsque les formalités qui doivent précéder ou accompagner l'emprisonnement n'ont pas été observées, le débiteur peut en demander la nullité. La cause est, dans ce cas, jugée sommairement sur les conclusions du ministère public. — C. procéd., art. 794-795. — V. EMPRISONNEMENT.

125. — Enfin, les demandes en élargissement formées par le débiteur incarcéré pour défaut de consignation d'alimens doivent être formées à bref délai, et jugées par le tribunal après communication au ministère public, qui doit être entendu. — C. procéd., art. 805.

126. — On ne peut penser néanmoins que la loi ait voulu prescrire d'une manière absolue la communication au ministère public des causes relatives à la contrainte par corps. D'une part, les affaires commerciales, qui entraînent principalement cette mesure de rigueur, se plaident le plus souvent devant les tribunaux qui n'ont pas près d'eux de ministère public, ce qui indique que la législation n'a pas considéré la contrainte par corps comme rendant la cause nécessairement communicable ; de l'autre, les art. 126, 127, 191, 201, 213, 221, 690, 714, 744, C. procéd., les art. 2059 et 2070, C. comm., et la loi du 17 avr. 1832 sur la contrainte par corps, sont muets sur la communication au ministère public. — De Molènes, t. 2, p. 221.

127. — Le ministère public doit être entendu dans toutes les demandes formées par un Français pour obtenir l'arrestation d'un étranger, ou par celui-ci en nullité de son emprisonnement. — Massabiau, t. 1er, n° 693.

128. — Jugé, sous l'empire de la loi du 17 sept. 1807, que l'audition du ministère public était requise en matière d'arrestation d'étrangers. — *Cass.*, 22 mars 1809, Swan c. Lubbert. — Cette décision doit encore être suivie aujourd'hui, la loi du 17 avr. 1832, sur la contrainte par corps, ayant reproduit presque toutes les dispositions de celle de 1807.

129. — 7° *Cession de biens.* — Lorsqu'un débiteur veut se faire admettre au bénéfice de cession, conformément à l'art. 1268, C. proc., on peut craindre que ce ne soit de sa part un moyen de se soustraire frauduleusement aux poursuites de ses créanciers ; aussi toutes les demandes de cette nature doivent-elles être communiquées au ministère public avant tout jugement. — C. procéd., art. 900. — V. CESSION DE BIENS.

130. — 8° *Successions bénéficiaires.* — Lorsque l'héritier bénéficiaire veut faire vendre des immeubles de la succession, il doit présenter au président du tribunal de première instance du lieu de l'ouverture de la succession, une requête qui est communiquée au ministère public. — C. procéd., art. 987. — L'héritier bénéficiaire n'a, en effet, le droit de vendre les immeubles successifs qu'en employant certaines formalités destinées à prévenir toute fraude à l'égard des créanciers.

131. — C'est aussi sur les conclusions du ministère public que doit être rendu le jugement qui ordonne l'expertise des biens à vendre (même article), et qu'ensuite le tribunal entérine le rapport de l'expert et ordonne la vente (art. 988.)

132. — Lorsqu'un curateur a été nommé pour gérer la succession bénéficiaire, le ministère public figure comme partie jointe dans toutes les causes où ce curateur agit ou défend en cette qualité. — C. procéd., art. 83, § 6, et 996.

133. — Mais, à part ces cas, les causes intéressant les successions bénéficiaires ne sont pas nécessairement communicables au ministère public. — *Orléans*, 16 août 1809, N...

134. — 9° *Droit de correction.* — Aux termes de l'art. 377, C. civ., lorsqu'un père veut requérir la détention de son enfant âgé de plus de seize ans, il doit s'adresser au président du tribunal d'arrondissement, qui, après en avoir conféré avec le procureur du roi, délivre ou refuse l'ordre d'arrestation. — Du reste, ce n'est pas là, à proprement parler la communication dont s'occupe l'art. 83, C. procéd. civ.

135. — 10° *Enregistrement.* — Le ministère public a reçu des lois sur l'enregistrement la mission de veiller à ce que les tribunaux ne prononcent pas de jugemens sur des pièces qui ne seraient pas timbrées et enregistrées et de déférer ces jugemens au ministre de la justice. — V. LL. 18 brum. an VII, art. 24 ; 22 frim. an VII, art. 47 ; 28 avr. 1816, art. 57 ; Circul. min. 6 mars 1815, et 25 mai 1834.

136. — En matière d'enregistrement, un jugement est nul, s'il ne constate pas qu'il a été rendu sur le rapport d'un juge et les conclusions du ministère public. — *Cass.*, 19 déc. 1809, Nicolis c. Enregistr. ; 5 mars 1811, Enregistr. c. Laurent ; 15 mars 1814, Enregistr. c. Bonneau.

137. — Du reste, lorsqu'un jugement a été rendu par défaut contre la régie, sans qu'elle se soit défendue, les conclusions données par le ministère public ne rendent pas l'affaire contradictoire. — *Cass.*, 11 mars 1812, Enregistr. c. Cazals.

138. — Lorsque la régie de l'enregistrement demande une expertise pour constater la valeur d'un immeuble aliéné à titre onéreux ou gratuit, elle doit former cette demande au tribunal civil dans le ressort duquel les biens sont situés et par requête. La demande est jugée dans les dix jours, sur les conclusions du ministère public partie jointe. — V. LL. 22 frim. an VII, art. 18 et 65, § 5 ; — Massabiau, t. 1er, n° 754.

139. — 11° *Contributions indirectes.* — L'art. 2, LL. 7-11 sept. 1790, sur la manière de procéder devant les tribunaux en matière de contributions, etc., porte : « Les actions civiles relatives à la perception des impôts indirects seront jugées en premier et dernier ressort sur simples mémoires et sans frais de procédure par les juges de district, lesquels une ou deux fois la semaine, selon le besoin du service, se formeront en bureau ouvert au public composé d'au moins trois juges, et prononceront après avoir entendu le commissaire du roi. »

140. — L'art. 88, L. 5 vent. an XII, sur les finances, est ainsi conçu : « Les contestations qui pourront s'élever sur le fond des droits établis ou maintenus par la présente loi, seront portées devant les tribunaux de première instance, qui prononceront dans la chambre du conseil et avec les mêmes formalités prescrites pour le jugement des contestations qui s'élèvent en matière de paiement des droits perçus par la régie de l'enregistrement. » (Les droits dont parle cet article sont les droits réunis ou contributions indirectes.) — V. *suprà*, n° 135 et suiv.

§ 2. — *Formes et délais de la communication au ministère public.*

141. — Dans l'ancien droit, les communications aux gens du roi se faisaient au parquet, et elles ne consistaient pas seulement dans la remise des pièces au magistrat chargé de donner ses conclusions ; elles se faisaient aussi sous la forme d'exposé par les avocats de la cause. — V. AVOCAT DU ROI, n° 28.

142. — Aujourd'hui les communications se font le plus souvent à l'audience, contrairement aux prescriptions du décret du 30 mars 1808.

143. — En effet, l'art. 83 de ce décret porte : Dans toutes les causes où il y aura lieu de communiquer au ministère public, les avoués seront tenus de faire cette communication avant l'audience où la cause devra être appelée, et même, dans les causes contradictoires, de communiquer trois jours avant celui indiqué pour la plaidoirie. Ces communications se feront au parquet dans la demi-heure qui précède ou qui suit l'audience. Si la communication n'a pas été faite dans le temps voulu, elle n'entrera pas en taxe. — Il est certain que cette disposition est fort mal exécutée dans la plupart des tribunaux ; mais il est rare que la pénalité que prononce la loi soit appliquée. »

144. — Aux termes de l'art. 84 du même décret, lorsque celui qui remplit le ministère public ne porte pas la parole sur-le-champ, il ne peut demander qu'un seul délai, et il doit en être fait mention sur la feuille d'audience. — C'est encore une disposition sage sans doute, mais mal observée ; il n'y a d'ailleurs aucune sanction.

145. — Dans les procès dont l'instruction est par écrit, le juge rapporteur doit veiller à ce que les communications au ministère public soient faites assez à temps pour que le jugement ne soit pas retardé. — V. décret 30 mars 1808, art. 85.

146. — On s'est demandé si lorsque l'une des parties néglige de communiquer au ministère public dans les délais fixés par l'art. 83 du réglement, la partie adverse doit lui faire sommation de remplir cette formalité, ou bien si le procureur du roi peut porter la parole sur les pièces de la partie qui a communiqué.

147. — Nous croyons avec Carré (*Lois de la procéd., Quest.* 411) que cette sommation est inutile. Quand le ministère public veut se faire communiquer des pièces, il a droit de provoquer un jugement préparatoire du tribunal qui ordonne cette communication, et ce jugement constitue pour les parties une mise en demeure suffisante de communiquer. — Cependant Lepage (*Quest.*, p. 124) est d'un avis contraire.

148. — MM. Boncenne (t. 2, p. 288) Boitard (t. 1er, p. 362 et suiv.), et Chauveau sur Carré (*loc. cit.*), signalent comme un véritable abus le privilége qu'a le ministère public, aux termes de l'art. 87 du réglement, de ne pouvoir être contredit même lorsqu'il soulève un moyen qu'il a le droit de proposer spontanément, comme, par exemple, en cas d'incompétence *ratione materiæ*.

149. — Le ministère public ne peut, sans dépouiller son caractère de partie jointe, prendre des conclusions nouvelles différentes de celles qu'auraient prises les parties elles mêmes. Seulement il est généralement reconnu qu'il peut développer des conclusions qui n'auraient été prises qu'implicitement par les parties. — Voir, sur ce point, Merlin, *Rép.*, v° *Conventions matrimoniales*, § 2 ; Chauveau sur Carré, t. 1er, p. 507, *Quest.* 414. — V. MINISTÈRE PUBLIC.

150. — Jugé que les tribunaux civils ne peuvent statuer sur les droits des parties d'après les conclusions prises d'office par le ministère public. — *Cass.*, 18 prair. an VII, Montaxier c. Veau.

151. — ... Que le ministère public ne peut d'office, dans une instance de réglement de compte entre un particulier et un établissement public, former une demande dans l'intérêt de cet établissement. — *Cass.*, 7 juin 1832, bureau de charité de Foye c. Delamotte.

§ 3. — *Effets de la communication ou du défaut de conclusions du ministère public.*

152. — La communication ordonnée par l'art. 83, C. procéd. civ., n'est pas une insignifiante formalité ; la mission du ministère public ne consiste pas seulement à prendre connaissance des pièces ; il faut qu'il donne ses conclusions, qu'il soit entendu.

153. — La loi des 16-24 août 1790 et le Code de procédure sont muets tous deux sur la forme des conclusions du ministère public ; cependant il n'est pas douteux que le ministère public ne doive donner ses conclusions verbalement. En effet, il est nécessaire que les parties connaissent ces conclusions, puisqu'elles ont le droit de faire passer des notes au tribunal pour rectifier les inexactitudes qui auraient pu échapper au procureur du roi. Aussi la jurisprudence a-t-elle proclamé ce principe. — Chauveau sur Carré, t. 1er, p. 516, *Quest.* 414 *bis*.

154. — La cour de Cassation a jugé que lorsque le ministère public doit donner des conclusions, il doit le faire verbalement et non par écrit. — *Cass.*, 26 niv. an III, N...

155. — ... Et qu'un jugement, quoique prononcé à l'audience, est nul s'il a été rendu sur rapport fait par un juge commissaire, et sur des conclusions données par le ministère public dans la chambre du conseil (L. 16-24 août 1790, tit. 2, art. 14). — *Cass.*, 29 messid. an II, Lanthome c. Faure.

156. — Jugé aussi qu'en matière d'enregistrement, un jugement est nul, si le ministère public n'a pas été présent à l'audience et n'y a pas donné ses conclusions ; qu'il ne suffirait pas que ces conclusions fussent données par écrit en marge du mémoire signifié par la régie. — *Cass.*, 14 avr. 1830, Enregist. c. Claudel ; 16 mai 1831, Enregist. c. Lalande. — V. ENREGISTREMENT.

157. — L'absence de communication et de conclusions du ministère public dans les causes essentiellement communicables entraînant une nullité,

il est nécessaire que son audition soit constatée régulièrement. Cette preuve ne peut résulter que du jugement lui-même.—V. JUGEMENT.

158. — Jugé que les jugemens doivent constater non seulement la présence, mais encore l'audition du ministère public dans les causes où il doit être entendu (L. 16-24 août 1790, tit. 8, art. 3). — *Cass.*, 49 vendém., an VII, Day c. Verdier ; 43 flor. an X, Grimaud c. Davin; 16 juill. 1806, Desson c. Pailté; 10 fév. 1849, Enregist.; 30 avr. 1822, Bellier c. Enregist.; Turin, 7 vent. an XI, Cavaliero c. N...; — Merlin, *Rép.*, v° *Ministère public*, § 7; Circul. de la régie de 1820; Instr. 5 juin 1837, art. 1557, n° 94; *Dict. des droits d'enregist.*, v°s *Conclusions*, n° 7, et *Instance*, n° 63 ; Roland et Trouillet, *Dict. de l'enregist.*, v° *Instance relative à l'enregistrement*, § 3, n° 46.

159. — Il résulte de cette règle que, lorsqu'un arrêt garde le silence sur la communication au ministère public, on doit présumer qu'elle n'a pas eu lieu. — *Cass.*, 25 avr. 1833, Maillé-Landry c. Dibarrart.

160. — Mais il n'y a pas nullité en ce qu'un arrêt ne mentionne pas le nom de l'officier du ministère public qui a porté la parole, alors d'ailleurs qu'il constate que le ministère public a été entendu.— *Cass.*, 12 juin 1822, Cauvin c. Lamartinière ; *Lyon*, 24 janv. 1834, Mathon c. Perroud ; —Bioche, *Dict. de proc.*, v° *Ministère public*, n° 405.

161. — La cour de Nîmes a jugé au contraire, mais à tort, qu'il y a nullité d'un jugement qui ne contient pas le nom du magistrat qui a porté la parole comme ministère public, qu'il ne suffit pas qu'il soit dit le *ministère public entendu*, mais *le procureur du roi entendu*. — *Nîmes*, 1er août 1827, Giraud c. Sarrazin.

162. — Jugé qu'on ne peut suppléer, par des certificats ni d'autres preuves, au défaut de mention, dans un jugement, de l'audition du ministère public. — *Cass.*, 30 fruct. an III, Charday; 29 trim. an XIII, Chardaget-Renard c. Eme; 16 vend. an XIII, Mirback c. Derciiz.

163. — Les prescriptions de l'art. 83, C. procéd., relatives à la communication au ministère public sont dictées tantôt par un intérêt d'ordre public, tantôt par une pensée de protection en faveur de l'une des parties.

164. — Lorsqu'un motif d'ordre public nécessite la communication et qu'elle n'a pas eu lieu, il semble que le droit d'invoquer la nullité doive appartenir à toutes les parties en cause, soit qu'appelant d'un jugement de première instance, elles la soulèvent sur l'appel, soit qu'elles attaquent par la voie de la requête civile une décision définitive. — Chauveau sur Carré, *Quest. 414 ter*; Ortolan et Ledeau, t. 4er, p. 293; Bioche et Goujet, v° *Ministère public*, n° 428.

165. — Il faudrait même tenir pour certain que les nullités de cette nature peuvent être réparées en tout état du cause conformément aux principes généraux sur les nullités d'ordre public.

166. — Jugé, dans ce sens, que la nullité résultant de ce que le ministère public n'a pas été entendu dans une cause où cette audition était exigée par la loi, comme en matière de déclinatoire des juges français, n'est pas couverte par les conclusions que les parties ont prises, au fond, sur l'appel. — C. procéd., art. 173 ; — *Bordeaux*, 20 mai 1829, Ducot c. Salmon.

167. — Mais le défaut d'intervention du ministère public devant les premiers juges, dans les causes où il devait être entendu, peut être réparé en cause d'appel. — *Limoges*, 31 juill. 1811, N...

168. — Le ministère public ne pourrait lui-même interjeter appel ni se pourvoir par requête civile lorsque le jugement aurait été rendu sans communication préalable. En pareille matière, il n'est, en effet, que partie jointe. — Ortolan et Ledeau, t. 4er, p. 293.

169. — Si la communication n'était exigée que dans l'intérêt de l'une des parties, la nullité résultant du défaut d'audition du ministère public ne pourrait être soulevée que par elle et dans le cas seulement où le jugement aurait été rendu contrairement à ses prétentions.

170. — Ainsi jugé que le défaut d'audition du ministère public ne peut être invoqué par l'adversaire de celui en faveur duquel cette audition est prescrite. — *Paris*, 20 fév. 1824, X. Gilles c. hosp. de Pontoise; *Bordeaux*, 17 mars 1829, Dassis c. Roy et Mirande.

171. — ...Que spécialement l'adversaire d'une femme mariée ne peut demander la cassation du jugement qu'elle a obtenu contre lui, sous prétexte que le ministère public n'a pas été entendu. — *Cass.*, 29 mars 1815, Chenu c. Husson.

172. — De même, que le défaut de communication au ministère public dans une cause intéressant un mineur ne peut être proposé comme

moyen de nullité du jugement que par le mineur, et non par la partie adverse. — *Cass.*, 25 avr. 1833, Maillé-Landry c. Dibarrart.

173. — ...Et que le défaut de communication au ministère public ne peut donner lieu au recours en cassation ni à requête civile, quoique la décision contre laquelle le pourvoi est formé ait été rendue en faveur de la partie dans l'intérêt de laquelle la communication était ordonnée. — *Cass.*, 29 mars 1836, Floreau.

174. — Lorsqu'un jugement est entaché de nullité parce que le ministère public n'a pas été entendu, alors qu'un incapable était cependant en cause, la cour royale saisie de l'appel a le droit de juger le fond conformément à l'art. 472, C. procéd. La nullité remet en effet tout en question. — *Rennes*, 17 avr. 1812, Trauroul c. Guégant.

175. — Quand un jugement ou arrêt définitif a été rendu sans communication au ministère public ni conclusions de sa part, alors qu'il devait être entendu, ce n'est pas par la voie de la cassation qu'on doit se pourvoir, mais par celle de la requête civile aux termes de l'art. 480, § 8, C. procéd. La jurisprudence a fait de fréquentes applications de cette disposition.

176. — L'arrêt rendu sans communication préalable au ministère public dans une cause où il devait être entendu, peut être attaqué par voie de requête civile, mais non par voie de cassation. — *Cass.*, 26 avr. 1808, théâtre Feydeau ; 22 mars 1809, Swan c. Lambert ; 25 avr. 1833, Maillé-Landry c. Dibarrart; 27 nov. 1833, Delamarine c. de Bernis ; 9 février 1836, Gaffel c. Fayès.

177. — Jugé de même dans des espèces où il s'agissait de biens dotaux. — *Cass.*, 21 juin 1837 (t. 4 1837, p. 609). Lagonie c. Imbert ; 22 nov. 1837 (L. 2 1837, p. 505), Levié c. Ramolino. — Quant aux développemens du principe, ajouté dans l'art. 480, § 8, V. REQUÊTE CIVILE ET MINISTÈRE PUBLIC.

178. — Il faut remarquer que lorsque le ministère public a pris la parole à l'audience dans les causes communicables, le vœu de la loi est rempli, et que toutes les autres circonstances qui pourraient se présenter dans chaque affaire ne sont plus qu'accessoires.

179. — Ainsi, il a été jugé : 1° qu'en matière d'enregistrement, lorsque le juge rapporteur et le ministère public ont été entendus à une première audience, dans leur rapport et conclusions, il n'est pas nécessaire qu'ils soient entendus de nouveau le jour de la prononciation du jugement. — *Cass.*, 23 avr. 1816, Enregistr. c. Gléanard.

180. — 2° Qu'on ne peut demander la cassation d'un arrêt définitif portant que le ministère public a été entendu la veille du jour auquel un arrêt précédent avait remis la cause pour entendre ses conclusions. — *Cass.*, 2 janv. 1834, comp. de Ressart c. Marcoul.

181. — ...3° Qu'un arrêt en matière civile n'est pas nul non plus par cela que le ministère public, qui avait donné ses conclusions dans l'affaire, n'était pas présent à l'audience dans laquelle cet arrêt a été rendu. — *Cass.*, 26 avr. 1824, Pescheur c. Rolfe.

182. — ...4° Qu'il n'est pas nécessaire, à peine de nullité, que le magistrat du parquet qui donne ses conclusions dans une affaire civile ait assisté à toutes les audiences où l'affaire a été plaidée. Il n'en est pas à cet égard comme des juges. — *Cass.*, 48 avr. 1836, Delahaie c. Hubert.

183. — ...5° Que l'assistance d'un organe du ministère public à l'audience où l'arrêt a été prononcé, n'est pas prescrite, à peine de nullité, même dans les causes communicables. Il suffit, pour la validité de l'arrêt, qu'il soit constaté que le ministère public a été entendu dans ses conclusions à l'audience où les plaidoiries ont eu lieu et ont été closes. — *Cass.*, 8 janv. 1838 (t. 4er 1838, p. 58), Bérit c. Barrière.

V. ABSENCE, AUTORISATION DE PLAIDER COMMUNE, CONSEIL JUDICIAIRE, DISTRIBUTION PAR CONTRIBUTION, EMPRISONNEMENT, ENREGISTREMENT, JUGEMENT, MINISTÈRE PUBLIC, ORDRE, ORDRE PUBLIC, PRISE À REQUÊTE, REQUÊTE CIVILE.

COMMUNICATION AVEC LES ACCUSÉS.
V. SECRET.

COMMUNICATION DE PIÈCES.

Table alphabétique.

COMMUNICATION DE PIÈCES. — 1. — Ce mot, qui porte avec lui sa définition, s'emploie en procédure pour désigner la remise provisoire que fait une partie, à son adversaire, des titres, pièces et documens dont elle entend faire usage au procès, afin que ces titres et pièces puissent être examinés et critiqués s'il y a lieu.

§ 1er. — *Objet et caractère de la communication de pièces* (n° 2).

§ 2. — *Cas dans lesquels la communication de pièces peut être demandée* (n° 26).

§ 3. — *Délai et mode de la communication. — Retrait des pièces communiquées* (n° 64).

§ 1er. — Objet et caractère de la communication de pièces.

2. — La loyauté qui doit présider aux luttes judiciaires, avait fait établir dans l'ancien droit, comme une règle de procédure certaine, que les parties ne pourraient employer l'une contre l'autre des pièces qui n'auraient pas été préalablement signifiées ou communiquées.

3. — Cette règle était si rigoureusement observée, que les magistrats n'auraient pas hésité à rejeter de la cause la pièce la plus décisive, si la communication n'en eût pas été faite au préalable. — « *Optimum statutum*, dit Rebuffe, *ut fiat communicatio inter partes, ... ut nihil ex insidiis agatur.* »

4. — En effet, pour qu'il n'y ait pas de surprise dans les procès, les plaideurs ont besoin, dans l'intérêt de leur défense, de connaître leurs titres réciproques et les moyens sur lesquels se fondent leurs prétentions.

5. — « Ce serait une déloyale illégalité dans la condition des plaideurs, dit Boncenne (*Théorie de la procéd.*, t. 3, p. 427), que d'accorder à l'un la licence d'employer contre l'autre des pièces qui n'auraient pas été préalablement signifiées ou communiquées. Autant vaudrait abroger ce précepte d'éternelle sagesse qui veut que nul ne puisse être condamné s'il n'a pu se défendre. L'instruction d'un procès doit se faire à ciel découvert. »

6. — Aussi lisons-nous dans Guy-Pape (quest. 241) que les actes communiqués au juge sans être produits dans l'instance, ne peuvent lui servir à asseoir son jugement ; cet auteur atteste, au surplus, que le parlement de Grenoble tenait pour principe que l'on ne devait considérer comme pièces du procès que celles qui avaient été respectivement communiquées. — *An aliquæ exhibitæ coram judice per partem, ad ipsius judicis animi informationem sint et dici possint de actis causæ? Credo quod non... et ita de stylo etiam servat hæc curia parlamenti, nec talia dicuntur de actis causæ, nisi in causâ judicialiter producantur.*

7. — La nécessité des communications préalables est si évidente, si indispensable, qu'on doit s'étonner que les rédacteurs du Code ne l'aient pas sanctionnée par une disposition expresse, d'autant mieux que plusieurs cours avaient signalé cette lacune dans le projet.

8. — Voici, en effet, ce que disait la cour d'Orléans dans ses observations : « C'était une chose rare dans les anciennes juridictions, c'est maintenant un abus fréquent dans beaucoup de tribunaux, que l'emploi à l'audience et en plaidant de pièces non signifiées ou signifiées à l'instant même; *cet abus doit être sévèrement proscrit.* Il faut ramener les défenseurs à leur antique délicatesse et aux procédés qu'ils se doivent dans l'intérêt respectif des cliens et dans l'honneur de la profession ; on propose l'addition d'un nouvel article qui prohibe *l'emploi de toutes pièces non signifiées ou communiquées au moins trois jours avant l'audience.*» — *Observat. des cours et tribunaux.*

9. — La même observation fut faite par la cour de Toulouse en ces termes : « Il arrive souvent que les parties font usage à l'audience de certaines pièces dont elles n'ont point donné connaissance à leur adversaire, ce qui oblige la partie adverse à demander la communication de ces pièces et par conséquent de nouveaux délais. *Pour prévenir un pareil inconvénient et les surprises qui peuvent en résulter, la loi devrait porter inhibition et défense aux parties de faire usage d'aucune pièce qui n'aurait pas été signifiée ou employée.* »

10. — Mais si le Code de procédure n'a pas explicitement ordonné la communication, au moins peut-on dire qu'il la consacre implicitement, puisque, par l'art. 188, il reconnaît aux parties la *faculté* de la demander et partant le *droit* de l'obtenir.

11. — D'ailleurs si la loi est muette, les traditions ont encore au Palais leur autorité; et malgré la lacune que nous avons signalée, on ne doit pas moins tenir pour maxime constante, avec Pigeau et tous les auteurs, que *la bonne foi ne permet pas de se servir de pièces inconnues à l'adversaire.*

12. — C'est un principe que le barreau de Paris maintient avec une grande rigueur; mais peut-être les magistrats n'apportent-ils pas assez de fermeté à le faire observer exactement.

13. — « C'est le devoir des tribunaux surtout, dit Boncenne (t. 3, p. 428), de veiller au maintien de nos traditions d'honneur et de délicatesse sur ce point, afin que chacun sache à quoi s'en tenir quand est venu le moment de la discussion, et que les plaidoiries ne soient pas hachées par ces aigres communications de surprise et par ces petits incidens de remise. Comme les anciens juges du camp dans les tournois, ils doivent, avant d'ouvrir la barrière aux combattans, leur partager le soleil, inspecter leurs armes et s'assurer qu'ils ne cachent rien qui puisse servir aux tromperies et maléfices. »

14. — Le Code de procédure a rangé la communication de pièces parmi les exceptions. C'est ce qu'avait fait avant lui Pigeau dans sa *Procéd. du Châtelet*, Pigeau qui eut tant de part à la rédaction du Code.

15. — Malgré cette double autorité, nous ne croyons pas qu'il soit exact de prétendre, au moins théoriquement, que la communication de pièces soit réellement une exception.

16. — D'abord si l'on consulte les auteurs dont s'honore l'ancienne jurisprudence et qui se sont particulièrement occupés des matières de procédure, tels que Imbert, Serpillon, Jousse, Rodier, Rebuffe, Lange, Pothier, Bornier, on ne trouvera pas trace dans leurs écrits qu'ils aient jamais considéré la communication comme une exception. Nous croyons que Pigeau est le premier auteur dans l'ancien droit qui ait embrassé cette doctrine.

17. — Cette opinion de Pigeau resta isolée, car nous voyons que, lors de la rédaction du projet de Code judiciaire, la cour de Cassation, qui proposa un titre préliminaire sur la *juridiction*, les *actions* et les *exceptions*, n'eut garde d'y comprendre la communication des pièces.

18. — D'ailleurs, si les exceptions, qu'on appelait dans l'ancien droit des *barres*, ne sont que des moyens *préjudiciels* de procédure qu'emploie le *défendeur* pour embarrasser ou *reculer* l'instruction du procès ; si ce sont des épisodes de l'instance, qui interrompent l'action, qui en éloignent, soit pour un temps, soit pour toujours, la conclusion, en un mot, des *fins de non procéder*, formant obstacle, non pas simplement au *jugement*, mais bien à *l'instruction* de la cause, il faut convenir que la communication de pièces ne peut être rangée dans cette catégorie, et que ce ne sont pas là les caractères qui la distinguent.

19. — En effet, elle n'est pas propre au défendeur, puisque les parties peuvent *respectivement* la demander. — C. procéd., art. 188.

20. — Elle n'est pas *préjudicielle*, puisqu'elle peut être demandée pour la première fois en appel. — Pigeau, *Procéd. du Châtelet*, t. 1er, p. 191 ; Rauter, p. 193; Poncet, *Tr. des actions*, p. 300 ; Lepage, *Quest.*, p. 170; Boncenne, t. 3, p. 432 ; Chauveau sur Carré, t. 2, *Quest.* 789 *bis*.

21. — Enfin elle ne tend point à entraver l'instruction, car elle a au contraire pour objet de la faciliter, d'éclaircir la cause. Ce n'est point une *barre*, un *obstacle à l'instruction*, c'est au contraire un *commencement*, un *moyen d'instruction*, et quelquefois même très efficace; car il suffit souvent pour arrêter le procès.

22. — Il nous semble résulter des observations qui précèdent que la demande en communication n'est pas une véritable *exception*, quoiqu'elle ait, dans certains cas, le caractère d'*incident*. — Ce qui nous confirme, du reste, dans cette opinion, c'est que la communication dans les procès *instruits par écrit* n'a certainement pas un autre objet, une autre nature que la communication dans les procès d'*audience* ; or, dans le premier cas, la communication n'est pas une *exception* : pourquoi en serait-elle une dans le second ?

23. — Quoi qu'il en soit, Boncenne (t. 3, p. 446 et 447, note 1re) enseigne que non seulement la communication est une exception, mais même une exception *dilatoire*, quoique le Code ne lui ait pas donné cette qualification. — V. aussi Pigeau, *Procéd. du Châtelet*, t. 1er, p. 190 et 191, § 4 ; *Procéd. civ.*, t. 1er, p. 191, *in fine*; Poncet, *Tr. des actions*, p. 300 ; Demiau, p. 136 et 137.

24. — Sur ce point, nous sommes encore en dissidence avec Boncenne, et nous partageons l'opinion émise par M. Duranton dans sa thèse de concours pour la chaire vacante par la mort de Pigeau.

25. — « C'est à tort, selon nous, dit M. Duranton, qu'on s'est habitué à comprendre indistinctement dans la classe des exceptions dilatoires, et celles qui n'ont pas pour objet direct et avoué de procurer *un délai* à celui qui les invoque, et celles qui n'ont pas d'autre but. Les premières apportent bien, il est vrai, un retard plus ou moins considérable dans la marche d'une affaire, mais ce n'est pas là leur *objet* : ce n'est point *à cette fin qu'elles ont été introduites*, tandis que les autres n'ont pas *d'autre but* que de fournir un délai à la partie qui en fait usage. On a donc mal à propos confondu l'objet avoué des exceptions dilatoires proprement dites, comme celle qui résulte du terme de paiement avec les effets nécessaires, il est vrai, mais indirects, de certaines exceptions, en les rangeant toutes dans la classe des *dilatoires*. Ainsi, conclut M. Duranton, nous ne pouvons regarder comme *exceptions dilatoires*, à proprement parler, que celles qui ont non seulement pour effet indirect, mais encore pour *objet avoué*, de procurer au défendeur un délai pour défendre à l'assignation, parce qu'il ne peut y répondre pour le moment, ou parce qu'il a le droit de jouir d'un terme. »

§ 2. — *Cas dans lesquels la communication des pièces peut être demandée.*

26. — La demande en communication est toujours favorable, car elle se rattache au privilége de la défense. Néanmoins elle reçoit quelques restrictions nécessaires qu'il importe de signaler.

27. — Le principe de la matière, c'est qu'une partie doit à son adversaire la communication des pièces et titres dont elle entend se servir contre lui.

28. — Cette communication est de droit et ne peut être refusée sous prétexte que les pièces et titres ont été préalablement *signifiés*. En effet, l'adversaire a toujours la faculté de s'assurer si la copie qu'on lui a notifiée est conforme à l'original.

29. — La communication doit être ordonnée, lors même que l'avoué ou sa partie aurait eu connaissance de la pièce extra judiciairement.

30. — Au surplus, la communication peut être demandée aussi bien en matière criminelle ou correctionnelle qu'en matière civile. — *Cass.*, 14 mai 1835, Hugonnet.

31. — Peut-elle être demandée aussi en matière commerciale ? — Evidemment oui, car elle est aussi nécessaire dans ce dernier cas que dans le cas prévu par l'art. 188, C. procéd. civ. — *Cass.*, 14 mai 1821, Crespin c Smith.

32. — Cependant, par une sage restriction, la communication des livres et inventaires ne peut être ordonnée en justice que dans les affaires de succession, communauté, partage de société, et en cas de faillite. — C. comm., art. 14. — La loi n'a pas voulu qu'à l'occasion d'un point litigieux, souvent de peu d'importance, on pût mettre un commerçant dans l'obligation de livrer le secret de toutes ses affaires à la connaissance d'un adversaire mal intentionné, et qui pourrait être intéressé à en abuser. — Bioche, vº *Exception*, nº 148.

33. — Mais la communication par extrait peut en être ordonnée dans toutes les affaires, même d'office. — C. comm., art. 15.

34. — La communication peut être jugée inutile et refusée lorsque la teneur des livres est reconnue. — *Cass.*, 9 janv. 1839 (t. 1er 1839, p. 495), Desroches c. Kieffer.

35. — Les extraits doivent être fournis, notamment si le débiteur d'un billet de commerce prétend que les livres de l'adversaire établissent qu'il est basé sur une fausse cause ou qu'il est payé. — *Cass.*, 20 juin 1810, Marimpoly c Dandurim ; *Aix*, 3 avr. 1832, Larmichu c. Véran; — Bioche, vº *Exception*, nº 152; Pardessus, t. 2, nº 259.

36. — Jugé que la communication des livres ayant plus de dix ans de date peut être ordonnée, s'il est prouvé que le commerçant n'a pas détruit ces livres. — *Caen*, 24 juin 1828, Lannec c. Blanchard; — Bioche, vº *Exception*, nº 153.

37. — C'était une question fort débattue autrefois que de savoir si une partie pouvait être contrainte à communiquer une pièce dont elle n'entendait point se servir.

38. — L'opinion la plus générale était celle de la négative; elle se fondait sur l'adage : *nemo tenetur edere contrà se.* — L. 4, ff., *De edendo*; et L. 7, *De testibus.* — Serpillon, *C. civil*, p. 119; Despeisses, t. 2, p. 530, tit. 5, nº 4.

39. — Cet axiôme aujourd'hui reçoit exception dans les cas où les titres non représentés sont considérés comme appartenant au réclamant, ou comme étant communs aux deux parties. — Carré et Chauveau, t. 2, *Quest.* 788; Thomine-Desmazures, t. 1er, p. 345; Merlin, *Rép.* vº *Compulsoire*, § 2; Favard de Langlade, vº *Exception*, § 5.

40. — Il faut même remarquer que, dans certains cas, la rétention par l'adversaire d'une pièce dont la communication a été demandée, pourrait donner ouverture à requête civile. — C. procéd., art. 480, § 10 ; — Carré et Chauveau, *loc. cit.*, à la note; Favard, *Rép.*, vº *Exception*, § 5.

41. — Jugé que s'il est vrai que le demandeur peut exiger la communication de pièces qui sont entre les mains de son adversaire, mais dont il ne fait pas emploi, ce n'est qu'autant que la demande, paraissant déjà appuyée de présomptions plus ou moins fortes, la production des titres du défendeur serait indispensable pour que le juge pût statuer en parfaite connaissance de cause sur les contestations qui lui sont soumises. — *Gand*, 17 déc. 1833 c. N... ; — Bioche, *Dict. de procéd.*, vº *Exception*, nº 121; Favard, vº *Exception*, nº 5; Carré, *Lois de la procéd.*, nº 788.

42. — Jugé encore que les seules pièces dont une partie soit recevable à demander communication sont celles qui ont été signifiées ou employées contre elle, et non pas celles que les juges se sont fait représenter par la partie adverse, alors d'ailleurs qu'ils n'ont fondé sur ces pièces aucune disposition d'un jugement. Ainsi, lorsque, sur action en faux principal dirigée contre un testament, les juges se sont fait présenter par le notaire les minutes d'autres testamens reçus par lui, pour connaître la manière dont ils étaient rédigés habituellement, les demandeurs ne sont pas recevables à requérir la communication de ces mêmes minutes, complétement étrangères à leur cause. — *Cass.*, 22 juin 1843 (t. 1er 1844, p. 537), Gaussin c Maurin.

43. — Jugé aussi que le négociant assigné par un autre négociant en paiement d'une somme dont il prétend s'être libéré entre les mains d'un tiers ayant mandat de recevoir pour le demandeur peut demander la communication des pièces tendant à

prouver le fait de la libération, encore que le demandeur n'en ait pas fait emploi dans le procès. — *Bruxelles*, 15 juin 1812, Deloose c. Hamelinck. — *Reus implorare potest rationes creditoris, ut fides veri constare possit.* » V. L. 5, ff., *De edendo*, Bioche, *Dict. de proc.*, v° *Exception*, n° 121.

44. — Le parlement de Rennes a jugé, en 1555, qu'une partie qui voulait s'aider d'une pièce sous la réserve de s'en départir ensuite, si elle le jugeait à propos, devait déclarer positivement si elle voulait ou non s'en servir. — Dufaïlh, t. 1er, liv. 1er, ch. 485, p. 429; Prost de Royer, t. 2, p. 635, v° *Acte.*

45. — Une partie ne peut invoquer contre son adversaire les lettres adressées à celui-ci, ni les notes contenues dans son carnet. — *Agen*, 31 janv. 1807, Tissèdre.

46. — Jugé à plus forte raison que les lettres missives adressées à une partie ne peuvent être employées contre elle par sa partie adverse, lorsque ces lettres ne sont arrivées entre les mains de celle-ci que par des voies que l'honnêteté réprouve. — *Agen*, 10 déc. 1806, Philipeaux c. Thémines.

47. — Pourrait-on forcer un tiers étranger au procès à communiquer à l'une des parties une pièce dont il serait détenteur ? — Despeisses (t. 2, p. 530, tit. 5, n° 4) soutient l'affirmative, à la condition que la communication ne puisse préjudicier à celui qui détient la pièce ; et le motif qu'il en donne est que, comme on peut contraindre quelqu'un à porter témoignage de ce qu'il sait, même contre son ami, on peut aussi le contraindre à exhiber des pièces pour s'en servir contre un autre. — V. aussi L. 22, Cod., *De fid. instrument.*

48. — On ne peut guère adopter, sur ce point, une opinion qui soit absolue; la solution dépend surtout des circonstances, c'est-à-dire de la nature de l'acte dont la communication est poursuivie, du caractère de celui qui le détient, et de l'influence qu'il peut exercer sur la décision à intervenir. — Ici la part la plus large est faite à l'appréciation du juge.

49. — Et cette appréciation même est là-dessus tellement souveraine, que le jugement rendu échapperait à la censure de la cour de Cassation. — Chauveau sur Carré, t. 2, p. 788, note 2e.

50. — Jugé que le garanti, mis hors de cause, peut être contraint à communiquer ses pièces par simple sommation d'avoué à avoué et non par voie de demande principale, s'il reste en cause pour veiller à la conservation de ses droits. — *Bruxelles*, 19 fév. 1831, Bunder c. Dewaha ; — Carré et Chauveau, *Lois de la procédure*, quest. 776e.

51. — Si une partie refusait de communiquer une pièce sur le fondement qu'elle s'est égarée, les juges devraient mettre à sa charge la preuve de la perte de cette pièce, et, d'après cette preuve, comme dans le cas où la preuve n'en serait pas faite, prononcer, suivant les circonstances, sur l'influence que pourrait avoir dans la cause le défaut de communication. — *Rennes*, 24 août 1816, Amiot c. Lemierre ; — Bioche, v° *Exception*, n° 124 ; Carré et Chauveau, n° 790.

52. — Quoiqu'une pièce ait été communiquée en première instance, on peut en demander de nouveau communication en appel. — *Rouen*, 9 déc. 1807, Labarre c. Faust ; 24 déc. 1807, N... ; — Boncenne, t. 3, p. 432 ; Chauveau sur Carré, t. 2, 53.. 789 *bis*.

Quest. — Mais aux frais de qui doit se faire la communication en appel ? — La cour de Rouen a décidé, par son arrêt du 9 déc. 1807, que ce devait être aux frais du requérant, et par son arrêt du 24 déc. 1807 que ce devait être aux frais de la partie qui succombe en définitive.

54. — Suivant M. Chauveau sur Carré (t. 2, *Quest.* 789 *bis*), la solution de la question dépend des circonstances. Les juges doivent apprécier si la communication est utile, et partant si les frais sont ou non frustratoires. — V. en ce sens, Pigeau, *Procéd.*, t. 1er, p. 192 ; Berriat, t. 1er, p. 234, n° 75, Favard de Langlade, *Répert.*, t. 1er, p. 467.

55. — Quelle que soit, du reste, la solution qu'on adopte sur cette question, il faut tenir pour constant que d'avocat en avocat la communication ne peut pas plus être refusée en appel qu'en première instance. Entre eux la communication se fait en tout état de cause, sans égard à celle qui a pu s'accomplir, avec les formes de la procédure, entre les officiers ministériels. Elle a lieu sans récépissé, sans autre garantie de restitution que la loyauté des avocats ; et il n'est pas d'exemple que les parties aient eu à souffrir de ces habitudes de confiance.

56. — La communication des pièces doit être refusée lorsqu'elle est inutile à la solution du point à juger, par exemple, lorsqu'il s'agit de savoir si des tiers peuvent intervenir par une ou plusieurs requêtes. — *Rennes*, 31 juill. 1811, N...

57. — Lorsqu'il est constaté par les qualités d'un jugement que des pièces non communiquées à la partie qui avait intérêt à les connaître ont été remises par la partie adverse au ministère public, qui les a mises ensuite sous les yeux du tribunal, il ne résulte pas nécessairement de cette énonciation que les juges aient fondé leur décision sur cette production, et qu'elle ait même exercé une influence quelconque sur leur détermination ; dès lors on ne saurait voir là une violation de l'art. 188. C. proc. civ. — *Cass.*, 23 janv. 1844 (t. 1er 1844, p. 252), ville de Tours c. Chaudesais.

58. — En général, la communication est ordonnée en bloc et sans désignation des pièces afin, de ne pas préjuger leur existence.

59. — Si l'existence de la pièce est déniée, la partie intéressée peut obtenir un compulsoire, qui est exécuté par les présentes ou dûment appelées.

60. — Une pièce communiquée dans le cours d'une contestation judiciaire devient commune à toutes les parties et ne peut plus être retirée par celle qui l'a produite. — *Paris*, 3 vent. an X, Hupaix c. Mercier ; — Bioche, v° *Exception*, n° 143; Boucher, *Manuel des arbitres*, n° 570; Carré et Chauveau, *Quest.* 791.

61. — Ainsi, la pièce communiquée dans un arbitrage doit rester à la disposition des arbitres et de toutes les parties jusqu'au prononcé de la sentence. — *Paris*, 3 vent. an X, Hupaix c. Mercier.

62. — Jugé même que les juges d'appel peuvent ordonner l'exécution d'un billet sous seing-privé communiqué en première instance et égaré depuis, bien que les premiers juges l'aient annulé. — *Rennes*, 24 août 1816, Amiot c. Lemierre.

63. — L'art. 409 du code pénal punit d'une amende de 25 à 300 fr. quiconque, après avoir produit, dans une contestation judiciaire, quelque titre, pièce ou mémoire, l'aura soustrait, de quelque manière que ce soit ; il laisse au tribunal saisi de la contestation le soin de porter cette condamnation.

§ 3. — *Délai et mode de la communication des pièces. — Retrait des pièces communiquées.*

64. — L'art. 188, C. procéd., veut que la communication soit demandée dans les trois jours où les pièces ont été signifiées ou employées ; mais cette disposition n'est pas suivie en toute rigueur et n'emporte point déchéance. — Pigeau, *Procéd. civ.*, t. 1er, p. 192, 3e alin.; Thomine Desmazures, t. 2. p. 346 : Carré et Chauveau, t. 2, *Quest.* 789 ; Boitard, *Leçons de procéd.*, t. 1, p. 144, 1re édit.

65. — Ainsi la communication de pièces ne peut être refusée, par le motif qu'elle n'aurait pas été demandée dans les trois jours, à compter de la constitution d'avoué ou de la production des pièces. — *Cass.*, 14 mai 1821, Crespin c. Smith.

66. — Jugé aussi que les juges peuvent proroger ce délai, car ils peuvent ordonner plusieurs fois la communication, s'il y a nécessité — *Bordeaux*, 15 juin 1833, Chauvin c. Lefèvre ; — Bioche, v° *Exception*, n° 136 ; Thomine, t. 1er, p. 347 ; Carré et Chauveau, n° 793.

67 — Du reste, la cour de Dijon avait même proposé, dans ses observations sur l'art. 181 du projet (aujourd'hui 188, C. pr), de supprimer la fin de l'article, disant qu'il était impossible de déterminer le délai dans lequel la communication des pièces peut être demandée, puisque mille circonstances peuvent la rendre nécessaire postérieurement au délai fixé.

68. — Suivant Carré et Chauveau, t. 2, n° 789, le délai fixé par l'art. 188, ne peut courir, relativement aux pièces dont le demandeur a donné copie dans son exploit d'ajournement, qu'à partir de la constitution de l'avoué défendeur. — V. aussi *Comment. des annales du notariat*, t. 1er, p. 382.

69. — La communication est volontaire ou forcée : c'est-à-dire que les parties ou leurs conseils peuvent réciproquement se faire connaître les documens de la cause, sans qu'il intervienne aucune décision judiciaire, ou bien, au contraire, réclamer du juge le dépôt de ces documens entre les mains du greffier.

70. — La communication entre avocats se fait toujours à l'amiable et sans récépissé. (V. *suprà*, n° 55). Elle est indépendante de celle que les avoués ont pu se faire entre eux.

71. — La communication entre avoués se fait ou sur récépissé, ou par dépôt au greffe. — Art. 189, C. procéd.

72. — Quand les pièces sont déposées au greffe, mode qui n'est guère en usage, elles ne peuvent être déplacées, si ce n'est qu'il y en ait minute ou que la partie y consente. — Même disposition.

73. — Le délai de la communication est fixé, ou par le récépissé de l'avoué, ou par le jugement qui l'a ordonnée ; lorsqu'il n'est pas fixé, il est de trois jours. — Art. 191.

74. — Si, après l'expiration du délai, l'avoué n'a pas rétabli les pièces, il peut être contraint à ladite remise incontinent et par corps, et encourir une condamnation de trois francs par chaque jour de retard, à titre de dommages-intérêts envers l'autre partie. — Art. 191.

75. — Cette condamnation est prononcée par ordonnance rendue sur requête et même sur simple mémoire de la partie. — Même article.

76. — Les frais des requête et ordonnance sont à la charge de l'avoué qui a indûment retenu les pièces ; il ne peut les comprendre dans son état de frais. — Art. 191, *in fine*.

77. — L'avoué peut former opposition à l'ordonnance qui le condamne à la restitution des pièces. Dans ce cas, l'incident est jugé sommairement. — Art. 192.

78. — Si l'avoué succombe sur son opposition, il est personnellement condamné aux frais de l'incident, et même *à de tels dommages-intérêts et peines qu'il appartiendra, suivant la nature des circonstances*, dit l'art. 192.

79. — Est-ce par le président ou par le tribunal que doit être rendue l'ordonnance dont parle l'art. 191, C. procéd., contre l'avoué qui n'a pas rétabli les pièces au greffe dans le délai ?

80 — De tous les auteurs qui ont écrit sur la procédure, le plus grand nombre enseigne que c'est au *président* qu'il faut s'adresser, et qu'à lui seul appartient le droit de rendre cette ordonnance. — V. Carré, t. 2, *Quest.* 794 ; Lepage, *Quest.*, p. 170; Demiau, p 154 ; Hautefeuille, p. 128, 5e alin.; Delaporte, t. 1er, p. 194 : Favard, v° *Exceptions*, p. 5, n° 3 ; Thomine Desmazures, t. 1er, p. 349, n° 226.

81. — Pour le soutenir, ils ont dit que : 1° jamais le Code ne confond le mot *ordonnance* et le mot *jugement*,

82. — ...2° Que si le législateur eût entendu que le tribunal prononçât la contrainte, il n'eût pas prescrit une *requête*, mais un simple *avenir*, comme il l'a fait en l'art. 167.

83. — ...3° Que tel était l'usage suivi sous l'empire de l'ordonnance de 1667.

84. — ...4° Qu'enfin, le droit d'opposition, qui ne devrait pas appartenir à l'avoué si c'était le tribunal qui eût rendu l'ordonnance, puisqu'il ne peut se réformer lui-même, est cependant accordé à cet officier ministériel.

85. — Cependant, MM. Pigeau (*Procéd. civ.*, t. 1er, p. 170), Boncenne (t. 3, p. 436), Chauveau (t. 2, *Quest.* 794), et les auteurs du *Praticien Français* (t. 2, p. 47), et, plus récemment, MM. Sebire et Carteret (*Encyclop. du droit*, § 5, n° 28), proclament la compétence du tribunal.

86. — Nous nous rangeons à cette dernière opinion, et voici ce qui nous détermine : — d'abord, il nous paraît exorbitant de reconnaître à un seul magistrat le pouvoir de prononcer des dommages-intérêts avec contrainte par corps. D'ailleurs, lorsque le Code entend qu'une requête soit présentée au *président*, ne s'en explique-t-il pas formellement ?

87. — Que si l'on veut s'assurer que quelquefois le législateur prend l'une pour l'autre les expressions d'*ordonnance* et de *jugement*, il suffit de relire l'art. 325 et 329, C. procéd.

88. — Il en est de même de l'argument tiré du mot *requête* ; il est certain que, dans bien des cas, des jugemens sont rendus sur *requête* et non sur *ajournement* et sur *avenir*. — L'expression qu'emploie l'art. 191 ne justifie donc aucune conclusion.

89. — Quant à l'objection tirée de l'art. 192, elle ne nous paraît pas avoir grande valeur, car il est de principe que celui qui a été condamné sans être défendu puisse revenir par opposition.

90. — Pour ce qui est de l'ancien usage, outre qu'il s'agit de savoir si le législateur y a dérogé, il serait facile de prouver qu'il était loin d'être constant : que chaque siège avait un réglement particulier sur ce point ; que tantôt on se contentait d'une *ordonnance* du juge ou du rapporteur, et que tantôt il fallait un *jugement* ; et c'est ce qu'atteste Pigeau (*Procéd. du Châtelet*, t. 1er, p. 192).

91. — Enfin, nous ferons remarquer que, dans l'art. 184 du projet, il était dit que la requête serait présentée au *président* du tribunal ; mais, sur les observations des cours de Dijon et de Grenoble, qui voulaient que ces ordonnances fussent rendues par le tribunal, l'article fut modifié, et les mots *présentée au président du tribunal* disparurent du projet.

92. — La contrainte par corps doit-elle être prononcée, pour défaut de restitution de pièces, lorsque l'intérêt de la partie paraît être au-dessous de 300 fr. ?

93. — M. Thomine Desmazures, après avoir exa-

miné la question avec soin, se décide pour l'affirmative. — Il donne pour raison que c'est pour éviter que les d.spositions des art. 191 et 192 soient éludées, pour ôter tout prétexte d'argumenter, soit de l'art. 2265, C. civ., soit de l'art. 552, C. procéd., que la loi a donné au juge le pouvoir de prononcer la contrainte.

94. — Mais rien n'annonce, de la part du législateur, l'intention de déroger aux principes généraux posés en l'art. 2265, dont la disposition est générale et se réfère aux articles précédens. — Et ne serait-il pas trop rigoureux de punir un avoué coupable d'une simple négligence à l'égal d'un stellionataire ou d'un dépositaire de deniers publics qui retient les fonds qui lui sont confiés?

95. — Autrefois, la contrainte par corps était aussi prononcée; mais il faut lire dans Rodier (Quest., p. 177) comment on l'appliquait: « Au parlement de Toulouse, dit-il, les procureurs qui sont mieux disciplinés, et qui exécutent leur ministère avec plus de loyauté et de décence, ont coutume de donner avis au procureur contraire de rendre le procès, avant de requérir l'ordonnance de contrainte. On n'exécute pas même ordinairement la contrainte par corps contre la personne du procureur, mais contre quelqu'un de ses clercs. »

96. — Quoique de telles choses ne puissent plus avoir lieu aujourd'hui, il n'en faut pas moins dire que les magistrats répugneront à appliquer la loi dans ce que sa disposition a de trop rigoureux, et qu'ils sauront l'éluder. — Cela prouve que l'état de nos mœurs ne justifie plus l'existence d'une semblable pénalité et qu'elle doit disparaître du Code. — Il faut dire, avec la cour de Rennes, que c'est par la bourse que doivent être punis ceux qui nuisent aux intérêts d'autrui, et que toute autre peine est hors de la ligne de proportion. — Observations sur le projet.

V. AVOCAT, AVOUÉ, AUTORISATION DE PLAIDER, EXCEPTION, PREUVE.

COMMUNION, COMMUNISTES.

1. — C'est l'état de deux ou plusieurs personnes qui jouissent en commun de biens dont elles sont co-propriétaires. — V. INDIVISION, PARTAGE.

2. — Autrefois on désignait ainsi les associations qui avaient lieu entre toutes sortes de personnes, et spécialement entre les main-mortables. — Merlin, Rép. v° Communion entre main-mortables.

3. La maxime Nemo invitus in communione detinetur, appliquée dans l'ancienne jurisprudence, est consacrée par l'art. 815. C. civ., et y est traduite en ces termes: « Nul n'est tenu de rester dans l'indivision. »

4. — On appelle communistes ceux qui possèdent en commun une chose dont ils sont copropriétaires.

V. BORNAGE, CHOSE JUGÉE, INDIVISION, PARTAGE, SOCIÉTÉ.

COMMUTATION DE PEINE.

La commutation de peine est la substitution d'une peine inférieure à une peine supérieure. — V. GRACE ET COMMUTATION DE PEINE. — V. aussi AMNISTIE.

FIN DU TROISIÈME VOLUME